LAROUSSE

Gran Diccionario
usual
de la Lengua
Española

LAROUSSE

Gran Diccionario
usual
de la Lengua
Española

LAROUSSE

ES UNA OBRA

LAROUSSE

dirección editorial
Núria Lucena Cayuela

coordinación editorial
Eladio Pascual Foronda

revisión
Sofía Acebo
Enric Hernández-March
María Ángeles Martínez de Marigorta

coordinación de redacción
María Antonia Martí,
profesora de Lingüística General de la Universidad de Barcelona

equipo de redacción
Montserrat Alberte, *licenciada en Filología Hispánica*
Montserrat Brau, *licenciada en Lingüística*
Carmen González, *licenciada en Filología Hispánica*
Enric Hernández-March, *licenciado en Filología Hispánica*
Rosario Morante, *licenciada en Lingüística*
Mariona Taulé, *licenciada en Filología Catalana*
Edurne Zunzunegui, *licenciada en Filología Hispánica*

1ª edición: © 1998, Larousse Editorial, S.A.
2ª edición: © 2004, Spes Editorial, S.L.
          © 2006, Larousse Editorial, S.L.
          Tercera reimpresión: julio 2006
Mallorca, 45 - 08029 Barcelona
Tel.: 93 241 35 05 Fax: 93 241 35 06
larousse@larousse.es • www.larousse.es

ISBN: 84-8016-380-1
Depósito legal: B. 33.491-2006
Impresión: Egedsa
Impreso en España - Printed in Spain

PRESENTACIÓN

El Gran Diccionario Usual de la Lengua Española ha sido concebido con el objetivo de ofrecer al lector información precisa y detallada sobre el uso y contenido del léxico de la lengua española actual. Se trata de una obra de consulta imprescindible para aquellas personas inmersas en la vida activa de nuestra época, para quienes se encuentran en contacto con cualquiera de los aspectos de la vida cotidiana y de la actividad intelectual, artística, técnica y científica que necesariamente tiene su reflejo en el léxico de la lengua.

Los medios de comunicación han facilitado la difusión del conocimiento especializado entre amplias capas de la sociedad. El Gran Diccionario Usual de la Lengua Española responde a la necesidad que tiene el ciudadano medio de acceder a información amplia, precisa y sistemática sobre todas aquellas áreas temáticas que constituyen el conocimiento acerca del mundo en que vivimos. El léxico del Gran Diccionario Usual de la Lengua Española incluye un espectro amplio del vocabulario del español actual, tanto del léxico común como especializado. Se ha puesto especial interés en incluir aquellas palabras y acepciones de uso habitual en los medios de comunicación: prensa, radio y televisión, y en revistas de difusión cultural, técnica y científica.

Por tratarse de un diccionario de uso del español, se ha querido reflejar también los aspectos más vivos y cambiantes de la lengua: el léxico coloquial, el habla juvenil y familiar. Somos conscientes de que dicho léxico tiene a menudo una vida efímera, de que algunos términos se consolidan, mientras que muchos de ellos acaban por desaparecer. No por ello se han dejado de incluir; posteriores ediciones darán cuenta de los cambios operados, eliminando aquellas voces que hayan caído en desuso e incorporando las nuevas aportaciones.

El diccionario contiene también una relación extensa del léxico específico del español hablado en Hispanoamérica, con información detallada del ámbito geográfico de uso.

Se ha tenido especial interés en aplicar los actuales criterios de corrección lingüística para evitar toda expresión tendenciosa o parcial, de carácter discriminatorio, basada en criterios de sexo, etnia, religión o ideología.

La totalidad del léxico descrito incluye cerca de 70 000 voces y más de 144 000 acepciones, de las que se ha excluido la terminología excesivamente especializada y aquellas voces y acepciones que han caído en desuso.

La entrada del diccionario se ha concebido como un todo estructurado con información de tipo general, la etimología, e información específica que se expresa en cada una de las acepciones. Cada acepción constituye una unidad de contenido autónoma que incluye la definición y su categoría y, opcionalmente, información referente al área temática, registro de uso, sinónimos y antónimos, régimen preposicional, modelo de conjugación, variantes ortográficas, formas irregulares, información gramatical y ejemplos.

Las definiciones se han elaborado utilizando un vocabulario controlado, fácilmente comprensible con el fin de evitar la realización de búsquedas sucesivas para satisfacer una consulta. Con este mismo fin se han evitado las definiciones consistentes en el envío a una nueva entrada. En los casos de duplicidad siempre existe una entrada básica con información más completa y una o más entradas secundarias con un mínimo de información suficiente para resolver un primer nivel de consulta. Gracias a la adopción de este sistema se han evitado las circularidades, ya que prácticamente todas las acepciones son autosuficientes.

Se ha dedicado especial atención al mantenimiento de la coherencia interna de la información. Los contenidos se han tratado por áreas temáticas y se han adoptado estructuras de información semejantes en aquellas acepciones pertenecientes a una misma área. De este modo, el contenido del diccionario se enmarca en la línea de rigor metodológico que exigen las obras concebidas para su difusión en soporte informático.

Si bien las definiciones informan sobre el contenido léxico de las acepciones, los ejemplos constituyen una valiosa información complementaria, ya que muestran la voz en contextos de uso más habituales. Conocer en qué contextos se puede utilizar una palabra constituye un aspecto fundamental, para muchos el más importante, de su significado. En la elaboración del Gran Diccionario Usual de la Lengua Española se ha dedicado un esfuerzo muy especial a la búsqueda de ejemplos representativos que ilustraran de manera clara y precisa los matices que separan unas acepciones de otras y que ofrecieran al lector una guía segura sobre su uso.

La formalización constituye uno de los aspectos más novedosos de este diccionario. En un momento en que la mayoría de obras de consulta disponen de una versión electrónica que facilita el acceso a los datos por parte del usuario, en que se puede obtener información desde perspectivas diversas y con grados de precisión impensables en el formato tradicional, se hacía evidente la necesidad de actualizar la presentación de la información con el fin de hacer más agradable y eficaz la tarea de consulta.

En esta línea se ha reservado el texto para la información concerniente a la etimología, la definición y los ejemplos y se ha utilizado la columna de la derecha para la información restante. Se ha utilizado un sistema iconográfico para identificar el tipo de información de que se trata, de modo que junto al contenido más estrictamente lexicográfico de la definición, y en el mismo ámbito de visión, encontramos toda la información complementaria correspondiente a cada acepción.

Los códigos correspondientes a la información contenida en la columna constituyen conjuntos cerrados, previamente definidos, con el objetivo de eliminar cualquier lectura ambigua y garantizar su aplicación sistemática.

La obra que el lector tiene en sus manos ha sido el resultado de un trabajo en equipo. Su elaboración ha requerido una compleja tarea de coordinación y la consulta de muchas y muy variadas fuentes de información. Nuestro objetivo ha sido la elaboración de un diccionario que se caracterice por la claridad y rigor en el contenido, por la comodidad en las tareas de consulta y que ofreciera una visión completa sobre el léxico de la lengua española actual, de la lengua viva, siguiendo las directrices de la lexicografía moderna.

M.ª ANTONIA MARTÍ ANTONÍN

Profesora de Lingüística General

USO DEL GRAN DICCIONARIO USUAL
DE LA LENGUA ESPAÑOLA

Lema: Voz que encabeza cada uno de los artículos, incluidos los componentes de palabra (**pref., suf.**).

Etimología: Aparece inmediatamente después del lema y en ella se especifica la lengua y la palabra de origen, si es una voz onomatopéyica, un exónimo o marca registrada, un préstamo de otra lengua, un acrónimo o una sigla. Un * delante de una palabra significa que se trata de una forma no atestiguada. El signo < indica "procedente de", y > "evolucionado a".

Variantes ortográficas: Cuando una palabra puede escribirse con una simple variación ortográfica (por ejemplo: **armonía = harmonía; sicología = psicología**), se ha prescindido de la definición en la forma menos usual y se ha sustituido por un envío a la más común o se ha marcado en la columna derecha con la abreviatura (**tb:**).

Homónimos: Las palabras con una misma ortografía, pero con etimología distinta, se presentan con un solo lema de entrada, separándose la una de la otra con numeración romana.

Acepciones: Cada acepción está diferenciada y marcada con una numeración correlativa, siguiendo un orden que va desde la de uso más extendido a la más especializada.

Colocaciones: Tras las acepciones normales se han consignado las colocaciones o secuencias de palabras que suelen ir juntas habitualmente, pero que no tienen una unidad semántica que las caracterice (por ejemplo: **agua de colonia; oso panda**).

Locuciones: Son combinaciones estables de dos o más palabras que funcionan como una sola y que pueden equivaler a un adjetivo (**loc.adj.**), un adverbio (**loc.adv.**), una conjunción (**loc.conj.**), o una preposición (**loc.prep.**). Van inmediatamente después de las colocaciones y siguen la numeración correspondiente.

Frases: Son proposiciones con significado completo, de forma fija o con flexión en algún elemento, que suelen ser comunes a una comunidad de hablantes. Ocupan el mismo lugar que las locuciones siguiendo un orden alfabético.

Ejemplos: Al final de cada definición, y siempre que se ha considerado necesario, aparece un ejemplo en letra cursiva que sirve para ilustrar los matices que diferencian una acepción de otra dentro de un mismo lema.

Nombre científico: Las definiciones correspondientes a animales y plantas contienen el nombre científico (entre paréntesis y en cursiva) de cada especie, o sólo el género o los géneros cuando no es posible especificar.

Categoría gramatical: Es la información que encabeza la columna de la derecha. Especifica si una palabra o una acepción funciona como adjetivo (**adj.**), sustantivo (**s.**), verbo (**v.**), pronombre (**pron.**), adverbio (**adv.**), conjunción (**conj.**), interjección (**interj.**), artículo (**art.**), o como locución (**loc.adj., adv., prep.**). De la misma manera, se señala si tiene género masculino (**m.**), femenino (**f.**) o es ambiguo (**m/f.**). En los casos en que la flexión de una voz es irregular o tiene más de una forma se indica pertinentemente: masculino irregular (**m:, m.tb:**), femenino irregular (**f:, f.tb:**), plural (**pl:, pl.tb:**).

Modelo de conjugación: Los verbos irregulares llevan la indicación de cual es el modelo de conjugación que siguen (**conj:**). Hay 88 en total, y al final del artículo encabezado por el lema de su infinitivo, se conjugan sus formas irregulares (**CONJ.:**). También se indica si un verbo tiene un participio irregular (**part:**) o más de un participio (**part.tb:**).

Americanismos: Se especifica en la columna de la derecha el área o el país de América Latina en que se usa una voz o una determinada acepción (*Amér., Amér. Central, Amér. Central y Merid., Amér. Merid., Antillas, Argent., Bol., Chile, Colomb., C. Rica, Dom., Ecuad., Guat., Hond., Méx., Nicar., Pan., Par., Perú, P. Rico, R. de la Plata, Salv., Urug., Venez.* Ver tabla de abreviaturas.).

Código temático: Siempre que se ha creído oportuno, se ha completado la información de una acepción con un código temático que ayuda a situarla en un campo concreto de las ciencias y de las artes, o en el lenguaje especializado (ver tabla de códigos temáticos).

Nivel de uso: Cuando se ha creído pertinente, se ha indicado si una palabra tiene un registro peculiar o un uso característico entre la comunidad de hablantes. Para ello se han utilizado las siguientes etiquetas: **argot** (habla de grupos marginales, como el de la droga), **coloquial** (la usada de forma no autocontrolada en las relaciones informales o en ambientes y situaciones distendidas), **culto** (el del habla usada por personas de alto nivel cultural y con un conocimiento elevado de la lengua), **despectivo** (el de aquellas voces o acepciones que se utilizan con un matiz de menosprecio hacia la persona o cosa a la que se refiere), **familiar** (el habla que se circunscribe al ámbito de la familia), **formal** (nivel de gente muy educada; voces usadas sólo en el lenguaje escrito; expresiones de cortesía), **jerga** (habla de grupos marginales, en especial la de algunos colectivos profesionales o estudiantiles), **literario** (el usado exclusivamente en las composiciones literarias con una alta connotación poética), **vulgar** (palabras o expresiones malsonantes, insultantes o vejatorias).

Rección: El régimen preposicional se ha marcado en la columna de la derecha con el signo (**+**), de esta manera es posible saber qué verbos necesitan una determinada preposición para concretar el significado de una de sus acepciones.

Sinónimos: Se introducen con el signo (**=**). A cada acepción, y siempre que ha sido posible, se le ha otorgado uno o más sinónimos que se ajustan a la definición correspondiente.

Antónimos: Se introducen con el signo (**≠**) siguiendo los mismos criterios que con los sinónimos.

Abreviaturas empleadas en el diccionario

adj.	Adjetivo
adj.ant.	Adjetivo antiguo
adj.dem.	Adjetivo demostrativo
adj.f.	Adjetivo femenino
adj.indef.	Adjetivo indefinido
adj.indef.pl.	Adjetivo indefinido plural
adj.m.	Adjetivo masculino
adj.num.	Adjetivo numeral
adj.pl.	Adjetivo plural
adj.pos.	Adjetivo posesivo
adv.	Adverbio
alem.	Alemán
alem. ant.	Alemán antiguo
alto alem. ant.	Alto alemán antiguo
Amér.	*América*
Amér. Central	*América Central*
Amér. Central y Merid.	*América Central y Meridional*
Amér. Merid.	*América Meridional*
ant.	Antiguo
ant. part.	Antiguo participio
ár.	Árabe
ár. ant.	Árabe antiguo
Argent.	*Argentina*
ár. hispánico	Árabe hispánico
ár. marroquí	Árabe marroquí
ár. vulgar	Árabe vulgar
art.	Artículo
bajo alem.	Bajo alemán
bajo lat.	Bajo latín
bajo lat. hispánico	Bajo latín hispánico
Bol.	*Bolivia*
cast.	Castellano
cat.	Catalán
cat. ant.	Catalán antiguo
Colomb.	*Colombia*
COND.:	Condicional
CONJ:	Modelo de conjugación
conj:	Conjugar como:
conj.	Conjunción
conj.advers.	Conjunción adversativa
conj.causal	Conjunción causal
conj.compar.	Conjunción comparativa
conj.conces.	Conjunción concesiva
conj.cond.	Conjunción condicional
conj.cop.	Conjunción copulativa
conj.distribut.	Conjunción distributiva
conj.disyunt.	Conjunción disyuntiva
conj.final	Conjunción final
contr.	Contracción
C. Rica	*Costa Rica*
Dom.	*República Dominicana*
Ecuad.	*Ecuador*
f:	Femenino irregular
fr.	Francés
fr. ant.	Francés antiguo
fr. dialectal	Francés dialectal
fr. medio	Francés medio
fr. oriental	Francés oriental
f.tb:	Variante del femenino
FUTUR.IMPERF.:	Futuro imperfecto
germ.	Germánico
germ. ant.	Germánico antiguo
GERUND.:	Gerundio
gr.	Griego
gr. ant.	Griego antiguo
gr. bíblico	Griego bíblico
gr. bizantino	Griego bizantino
gr. dórico	Griego dórico
Guat.	*Guatemala*
Hond.	*Honduras*
IMP.:	Imperativo
inf.	Infinitivo
INFINIT.:	Infinitivo
ingl.	Inglés
ingl. ant.	Inglés antiguo
ingl. medio	Inglés medio
interj.	Interjección
intr.	Intransitivo
ital.	Italiano
ital. ant.	Italiano antiguo
ital. dialectal	Italiano dialectal
lat.	Latín
lat. científico	Latín científico
lat. escolástico	Latín escolástico
lat. hispánico	Latín hispánico
lat. macarrónico	Latín macarrónico
lat. moderno	Latín moderno
lat. moderno científico	Latín moderno científico
lat. vulgar	Latín vulgar
lat. vulgar hispánico	Latín vulgar hispánico
loc.	Locución
loc.adj.	Locución adjetiva
loc.adj/adv.	Locución adjetiva y adverbial
loc.adv.	Locución adverbial
loc.conj.	Locución conjuntiva
loc.prep.	Locución prepositiva
loc.v.	Locución verbal
m:	Masculino irregular
Méx.	*México*
m.tb:	Variante del masculino
Nicar.	*Nicaragua*
Pan.	*Panamá*
Par.	*Paraguay*
part.	Participio
PART.:	Participio
part.pas.irreg.	Participio de pasado irregular
part.tb:	Variante del participio
pl:	Plural irregular
pl.tb:	Variante de plural
port.	Portugués
port. ant.	Portugués antiguo
pref.	Prefijo
prep.	Preposición
PRES.:	Presente
PRET.IMPERF.:	Pretérito imperfecto
PRET.INDEF.:	Pretérito indefinido
P. Rico	*Puerto Rico*
prnl.	Pronominal
pron.dem.	Pronombre demostrativo
pron.dem.f.	Pronombre demostrativo femenino
pron.exclam.	Pronombre exclamativo
pron.indef.	Pronombre indefinido
pron.interr.	Pronombre interrogativo
pron.num.	Pronombre numeral
pron.pers.	Pronombre personal
pron.pos.	Pronombre posesivo
pron.relat.	Pronombre relativo
R. de la Plata	*Río de la Plata*
s.	Sustantivo
Salv.	*El Salvador*
s.f.	Sustantivo femenino
s.f.pl.	Sustantivo femenino plural
s.m.	Sustantivo masculino
s.m.f.	Sustantivo masculino y femenino
s.m.f.pl.	Sustantivo masculino y femenino plural
s.m/f.	Sustantivo masculino o femenino
s.m.pl.	Sustantivo masculino plural
s.pl.	Sustantivo plural
SUBJ.:	Subjuntivo
suf.	Sufijo
superl.	Superlativo
tb:	También: variante ortográfica
tr.	Transitivo
Urug.	*Uruguay*
v.atrib.	Verbo atributivo
v.aux.	Verbo auxiliar
v.defectivo	Verbo defectivo
Venez.	*Venezuela*
v.impers.	Verbo impersonal
v.intr.	Verbo intransitivo
v.prnl.	Verbo pronominal
v.tr.	Verbo transitivo

Códigos temáticos

AERONÁUTICA	CAZA	FILOSOFÍA	JUEGOS	MÚSICA	SOCIOLOGÍA
AGRICULTURA	CINE	FÍSICA	LINGÜÍSTICA	NÁUTICA	TAUROMAQUIA
ANATOMÍA	COCINA	FÍSICA NUCLEAR	LITERATURA	OCULTISMO	TEATRO
ARQUITECTURA	COMERCIO	FISIOLOGÍA	LÓGICA	ÓPTICA	TECNOLOGÍA
ARTE	CONSTRUCCIÓN	FOTOGRAFÍA	MATEMÁTICAS	PESCA	TELECOMUNICACIONES
ARTES GRÁFICAS	DEPORTES	GEOGRAFÍA	MECÁNICA	POESÍA	TEOLOGÍA
ASTRONÁUTICA	DERECHO	GEOLOGÍA	MEDICINA	POLÍTICA	TEXTIL
ASTRONOMÍA	ECOLOGÍA	GEOMETRÍA	METALURGIA	PUBLICIDAD	VETERINARIA
AUDIOVISUALES	ECONOMÍA	GRAMÁTICA	MICOLOGÍA	QUÍMICA	ZOOLOGÍA
BIOLOGÍA	ELECTRICIDAD	HERÁLDICA	MILITAR	RELIGIÓN	
BIOQUÍMICA	EQUITACIÓN	HISTORIA	MINERALOGÍA	RETÓRICA	
BOTÁNICA	ESTADÍSTICA	INDUSTRIA	MINERÍA	SICOLOGÍA	
CARPINTERÍA	FARMACIA	INFORMÁTICA	MITOLOGÍA	SIQUIATRÍA	

Normas de acentuación

palabras agudas (con acento fónico en la última sílaba)		
terminadas en vocal, n o s	llevan tilde	*magrebí, gabán, además*
terminadas en consonante que no sea *n* ni *s*	no llevan tilde	*soledad, cascabel, reloj*
palabras llanas (con acento fónico en la penúltima sílaba)		
terminadas en vocal, n o s	no llevan tilde	*terraza, dolmen, tijeras*
terminadas en consonante que no sea *n* ni *s*	llevan tilde	*lápiz, árbol, álbum*
palabras con acento fónico en cualquier otra sílaba		
	llevan tilde	*análisis, atmósfera*
primer elemento de las palabras compuestas		
	no llevan tilde (excepto los adverbios terminados en *mente* y las compuestas con guiones)	*decimotercero (rápidamente, histórico-económico)*
monosílabos		
	no llevan tilde (excepto los homónimos, en los que se pone la tilde en uno para diferenciarlo del otro).	*dos, sol, tos, fue, pie, dio (Tengo más, mas no te daré; mi hijo vino hacia mí, él es el de la foto)*
demostrativos		
(en función adjetiva) sin acento		*Me he comprado este vestido en lugar de aquel*
demostrativos		
en función pronominal	con acento, aunque es lícito prescindir de él cuando no existe riesgo de anfibología	*Me gusta más este libro que aquel. Hay un callejón aquí mismo, y más al norte de éste encontrará la casa.*
solo		
(en función adjetiva) sin acento		*Pasea solo (sin compañía) de día. Vive solo (sin compañía)*
en función adverbial	podrá llevar acento si se considera que existe riesgo de anfibología	*Pasea sólo (solamente) de día. Solo (solamente) vive para la música*
diptongos		
si está formado por una vocal abierta y otra cerrada	la tilde se pone en la vocal abierta	*retruécano, cantáis*
si está formado por dos vocales cerradas	la tilde se pone en la segunda vocal	*casuística, lingüística*
vocales que no forman diptongo y el acento fónico recae sobre la vocal cerrada.		
	la tilde se pone sobre la vocal cerrada	*búho, cacatúa, frío, reúma*

Clasificación de los complementos

Complementos del sustantivo			
adjetivo	calificativo		*La frente sudorosa.*
	determinativo		*Tu casa.*
sustantivo	con preposición		*Mesa de madera.*
	sin preposición		*Río Ebro.*
infinitivo con preposición			*Piso por alquilar.*
oración sustantiva adnominal			*El miedo a que aparezca.*
oración adjetiva o de relativo			*La casa en que viví.*
Complementos del verbo			
adverbio			*Vive mal.*
sustantivo	sin preposición	directo de cosa	*Compró una flor. Vendió el coche.*
	con preposición	directo de persona	*Recibe a María. Llamaron al médico.*
		indirecto	*Obsequiaron a los novios. Llamó al vecino.*
		complemento preposicional	*Se acordó de su amiga.*
		circunstancial	*Estudió con ahínco. Vino desde el pueblo.*
		agente	*Fue multado por el guardia. Será defendido por un abogado.*
pronombre	átono sin preposición	directo	*Te admira mucho.*
		indirecto	*Le pagaron los gastos.*
	tónico con preposición	directo	*Os saludé a vosotros.*
		indirecto	*Se lo compré a él.*
		circunstancial	*Se casará con ella.*
		agente	*Fueron derrotados por ellos.*
infinitivo	sin preposición	directo	*No pudieron llegar.*
	con preposición	circunstancial	*Se fue sin despedirse.*
oración sustantiva		directo	*Deseo que se vaya bien.*
		atributo	*Juan está que arde.*
		complemento preposicional	*Salió sin que lo vieran.*
oración adverbial			*Termina cuando te apetezca. No sabe de donde salió.*
Complementos del adjetivo			
adverbio			*Muy interesante.*
sustantivo con preposición			*Es cariñoso con sus hijos.*
infinitivo con preposición			*Listo para llevar.*
Complemento del adverbio			
adverbio			*Muy rápidamente.*

Formación de plurales de sustantivos y adjetivos

Regla general

añaden s	los sustantivos y adjetivos terminados en vocal no acentuada: *masa/masas; triste/tristes.*
	los sustantivos y adjetivos que terminan en *e u o* acentuadas: *café/cafés; dominó/dominós.*
añaden es	los sustantivos y adjetivos que acaban en consonante, excepto los acabados en *s*, y cuya última sílaba es átona: *pared/paredes; francés/franceses:* pero *lunes, martes, miércoles, jueves, viernes,* términos médicos acabados en *-isis, -itis,* y palabras como *crisis,* no se modifican.
añaden s o es	gran parte de los sustantivos y adjetivos que terminan en vocal acentuada que no sea *e* ni *o* han adoptado la desinencia *es,* en competencia con la desinencia *s;* la primera parece gozar de mayor prestigio literario, en contraste con la segunda, más coloquial y espontánea: *faralá/faralaes; bigudí/bigudíes, bigudís; maniquí/maniquíes, maniquís; bambú/bambúes, bambús;* se exceptúan *papá* y *mamá,* que toman *s,* y *maravedí,* que puede hacer *maravedís, íes, íses;* se emplean de modo casi exclusivo los plurales *sofás, bajás, bisturís, chacolís, esquís, gachís, ambigús, canesús, champús* y *menús.*

Otros casos

nombres propios	se pluralizan siguiendo las reglas generales de la lengua española, excepto los patronímicos acabados en *s* o *z* (*Pomés, Hernández, Sánchez, Pérez,* etc.), porque son invariables.

voces extranjeras	forman el plural según las reglas de la lengua española: *álbum/álbumes; frac/fraques; lord/lores;* hay en ello gran vacilación, según que la consonante final de la palabra se use o no como final en la lengua española.
	en las palabras de introducción reciente existe fuerte tendencia a añadir simplemente una *s: bits, pivots.*
	palabras de origen latino que no han variado formalmente: *déficit, superávit, ultimátum, vademécum,* etc.
nombres compuestos forman el plural según la cohesión de sus componentes	
desinencias en los dos elementos	composiciones imperfectas, del tipo *ricohombre/ ricoshombres; mediacaña/mediascañas.*
desinencia en el último elemento	composiciones perfectas: *bocacalle/bocacalles; vanagloria/vanaglorias;* pero *cualquiera, quienquiera* hacen *cualesquiera* y *quienesquiera.*
cambio de acento en el plural	las palabras *carácter* y *régimen* en su plural cambian el acento de vocal, manteniéndolo en la misma posición relativa que en el singular: *carácter/caracteres* (ambas son llanas); *régimen/regímenes* (ambas son esdrújulas).
defectivos de número	algunos sustantivos se usan sólo en plural: *creces, albricias, víveres,* etc.

Estas normas tienen un valor predominantemente fonológico y morfológico; en algunos casos su cumplimiento comporta variaciones de tipo ortográfico: por ejemplo, en los casos de palabras terminadas en *z* o en *c,* éstas se convierten en *c* y *qu,* respectivamente: *luz/luces; frac/fraques.*

Partes variables de la oración

DETERMINANTES

Artículos

Género	Determinado		Indeterminado	
	Singular	Plural	Singular	Plural
masculino	el	los	un	unos
femenino	la	las	una	unas
neutro	lo			

Demostrativos

Género	Persona	Singular	Plural
masculino	1.ª	este	estos
	2.ª	ese	esos
	3.ª	aquel	aquellos
femenino	1.ª	esta	estas
	2.ª	esa	esas
	3.ª	aquella	aquellas

Posesivos

Persona	Poseedores	Formas tónicas	Formas átonas
1.ª	uno	mío, mía	mi
		míos, mías	mis
	varios	nuestro, nuestra	
		nuestros, nuestras	
2.ª	uno	tuyo, tuya	tu
		tuyos, tuyas	tus
	varios	vuestro, vuestra	
		vuestros, vuestras	
3.ª	uno o	suyo, suya	su
	varios	suyos, suyas	sus

Indefinidos

abundante, -s	algún, -a, -os, -as
bastante, -s	cierto, -a, -os, -as
cualquier, cualesquiera	cualquiera, cualesquiera
demasiado, -a, -os, -as	diferente, -s
distinto, -a, -os, -as	idéntico, -a, -os, -as
igual, -es	más
menos	mismo, -a, -os, -as
mucho, -a, -os, -as	ningún, -a, -os, -as
otro, -a, -os, -as	parecido, -a, -os, -as
poco, -a, -os, -as	semejante, -s
tal, -es	tanto, -a, -os, -as
todo, -a, -os, -as	un, -a, -os, -as
varios, -as	

Numerales

(Ver cuadro de la página siguiente).

Distributivos

cada	Cada oveja con su pareja.
sendos, -as	La pareja recibió sendos ramos de flores.

Interrogativos

¿qué?	¿Qué vestido quieres?
¿cuál, -es?	¿Cuáles cuadros prefieres?
¿cuánto, -a, -os, -as?	¿Cuánta lluvia ha caído?

Exclamativos

¡qué!	¡Qué trabajo tan pesado!
¡cuán!	¡Cuán largo fue el camino!
¡cuánto, -a, -os, -as!	¡Cuánto esfuerzo para nada!

Relativo posesivo

cuyo, -a, -os, as	Este es el pintor cuyo cuadro vimos ayer.

PRONOMBRES

Personales

Persona	Número	Género	Sujeto	Tónico	Átono
1.ª	singular	masculino	yo	mí, conmigo	me
		femenino			
	plural	masculino		nosotros	nos
		femenino		nosotras	
2.ª	singular	masculino	tú, usted,	ti, vos,	te
		femenino	vos	contigo	
	plural	masculino		vosotros, ustedes	os
		femenino		vosotras, ustedes	
3.ª	singular	masculino	él	sí, consigo	lo, le, se
		femenino	ella		la, le, se
	plural	masculino	ellos	sí, consigo	los, les, se
		femenino	ellas		las, les, se

Demostrativos

Sólo llevan acento cuando es posible la anfibología o ambigüedad y se puede confundir el pronombre con el determinante.

Género	Persona	Singular	Plural	
masculino	1.ª	este	estos	Sólo quiero este.
	2.ª	ese	esos	Ese es el que más me gusta.
	3.ª	aquel	aquellos	Aquel llegó tarde.
femenino	1.ª	esta	estas	Esta es nuestra esperanza.
	2.ª	esa	esas	A esa se lo dije yo.
	3.ª	aquella	aquellas	Aquellas son las que ganaron.
neutro	1.ª	esto		No quedamos en esto.
	2.ª	eso		Eso fue lo que pasó.
	3.ª	aquello		Aquello que te contó es mentira.

Posesivos

Persona	Poseedores	Formas tónicas	
1.ª	uno	mío, mía	
		míos, mías	Estos libros son míos.
	varios	nuestro, nuestra	
		nuestros, nuestras	Las obligaciones son nuestras.
2.ª	uno	tuyo, tuya	
		tuyos, tuyas	Tuya es la responsabilidad.
	varios	vuestro, vuestra	
		vuestros, vuestras	¿Si no es vuestro, de quién es?
3.ª	uno o	suyo, suya	
	varios	suyos, suyas	La culpa será suya.

Indefinidos

algo	Tiene algo que te interesa.
alguien	Alguien llegó de madrugada.
alguno, -a, -os, -as	Algunas llegaron más tarde.
cualquiera	Te lo dirá cualquiera que pase.
nadie	Nadie supo como sucedió.
ninguno, -a	Por aquí no pasó ninguno.
otro, -a, -os, -as	Me lo dijo otra que no te diré.
uno, -a, -os, -as	Se lo contó uno que pasaba por allí.
varios, -as	Varios se equivocaron.

Numerales

(Ver cuadro de la página siguiente).

Interrogativos

¿qué?	¿Qué quieres ahora?
¿cuál, -es?	¿Cuál crees que es el más bonito?
¿quién, -es?	¿Quién vendrá a cenar esta noche?
¿cuánto, -a, -os, -as?	¿Cuántas dices que van a venir?
¿cuán?	¿Cuán difícil crees que va a resultar?

Exclamativos

¡qué!	¡Qué le vamos a hacer!
¡quién, -es!	¡Quién iba a decir que terminaría lloviendo!
¡cuánto, -a, -os, -as!	¡Cuánto lo vamos a lamentar!
¡cuán!	¡Cuán triste se puso!

Relativos

que	Las flores que trajiste son muy bonitas.
cual, -es	El profesor, el cual es muy distraído, faltó a clase.
quien, -es	La estudiante de quien me hablaste es muy inteligente.

Usos del pronombre SE

con flexión	con función	reflexivo/recíproco	El muchacho se afeita la barba.
		sustituto de le	Se lo dije a él.
		enfático	María se bebió el refresco.
	sin función	medial	Se paró el reloj.
		pronominal	Se arrepintió de sus pecados.
		modificador léxico	Se acordaron de ella.
sin flexión		impersonal	Se recibió a los comensales.
		pasiva refleja	Se alquilan pisos.

Determinantes y pronombres numerales

cifras arábigas	cifras romanas	formas cardinales	formas ordinales	formas fraccionarias	múltiplos
1	I	uno	primero / primer / uno		
2	II	dos	segundo	medio / mitad	doble / duplo
3	III	tres	tercero / tercer / tres	tercero / tercio	triple
4	IV	cuatro	cuarto	cuarto	cuádruple / cuádruplo
5	V	cinco	quinto / cinco	quinto	quíntuplo
6	VI	seis	sexto / seis	sexto	séxtuplo
7	VII	siete	sétimo / séptimo / siete	sétimo / séptimo	séptuplo
8	VIII	ocho	octavo / ocho	octavo	óctuplo
9	IX	nueve	noveno / nono / nueve	noveno	nónuplo
10	X	diez	décimo / diez	décimo	décuplo
11	XI	once	undécimo / once	onceavo / onzavo / undécimo	undécuplo
12	XII	doce	duodécimo / doce	doceavo / dozavo / duodécimo	duodécuplo
13	XIII	trece	decimotercero / trece	treceavo / trezavo	
14	XIV	catorce	decimocuarto / catorce	catorceavo / catorzavo	
15	XV	quince	decimoquinto / quince	quinceavo / quinzavo	
16	XVI	dieciséis	decimosexto / dieciséis	dieciseisavo	
17	XVII	diecisiete	decimosétimo / decimoséptimo / diecisiete	diecisieteavo	
18	XVIII	dieciocho	decimoctavo / dieciocho	dieciochavo	
19	XIX	diecinueve	decimonoveno / decimonono / diecinueve	diecinueveavo	
20	XX	veinte	vigésimo / veinte	veintavo / vigésimo	
21	XXI	veintiuno	vigésimo primero / veintiuno	veintiunavo	
22	XXII	veintidós	vigésimo segundo / veintidós	veintidosavo	
23	XXIII	veintitrés	vigésimo tercero / veintitrés	veintitresavo	
24	XXIV	veinticuatro	vigésimo cuarto / veinticuatro	veinticuatroavo	
25	XXV	veinticinco	vigésimo quinto / veinticinco	veinticincoavo	
26	XXVI	veintiséis	vigésimo sexto / veintiséis	veintiseisavo	
27	XXVII	veintisiete	vigésimo sétimo / vigésimo séptimo / veintisiete	veintisieteavo	
28	XXVIII	veintiocho	vigésimo octavo / veintiocho	veintiochavo	
29	XXIX	veintinueve	vigésimo noveno / vigésimo nono / veintinueve	veintinueveavo	
30	XXX	treinta	trigésimo / treinta	treintavo / trigésimo	
31	XXXI	treinta y uno	trigésimo primero / treinta y uno	treintaiunavo	
32	XXXII	treinta y dos	trigésimo segundo / treinta y dos	treintaidosavo	
...	...	....	....	....	
40	XL	cuarenta	cuadragésimo / cuarenta	cuarentavo / cuadragésimo	
50	L	cincuenta	quincuagésimo / cincuenta	cincuentavo / quincuagésimo	
60	LX	sesenta	sexagésimo / sesenta	sesentavo / sexagésimo	
70	LXX	setenta	septuagésimo / setenta	setentavo / septuagésimo	
80	LXXX	ochenta	octogésimo / ochenta	ochentavo / octogésimo	
90	XC	noventa	nonagésimo / noventa	noventavo / nonagésimo	
100	C	ciento / cien	centésimo / ciento	centésimo	céntuplo
101	CI	ciento uno	centésimo primero / ciento uno	cientounavo	
102	CII	ciento dos	centésimo segundo / ciento dos	cientodosavo	
...	...	....	....	....	
200	CC	doscientos	ducentésimo / doscientos	doscientosavo / ducentésimo	
300	CCC	trescientos	tricentésimo / trescientos	trescientosavo / tricentésimo	
400	CD	cuatrocientos	cuadrigentésimo / cuatrocientos	cuatrocientosavo / cuadrigentésimo	
500	D	quinientos	quingentésimo / quinientos	quinientosavo / quingentésimo	
600	DC	seiscientos	sexcentésimo / seiscientos	seiscientosavo / sexcentésimo	
700	DCC	setecientos	septingentésimo / setecientos	setecientosavo / septingentésimo	
800	DCCC	ochocientos	octingentésimo / ochocientos	ochocientosavo / octingentésimo	
900	CM	novecientos	noningentésimo / novecientos	novecientosavo / noningentésimo	
1.000	M	mil	milésimo / mil	milésimo	
10.000	X̄	diez mil	diezmilésimo / diez mil	diezmilésimo	
100.000	C̄	cien mil	cienmilésimo / cien mil	cienmilésimo	
1.000.000	Ī o M̄	millón	millonésimo / millón	millonésimo	

Partes invariables de la oración

Adverbio

Clase de palabras de significación léxica que complementa a un verbo, a un adjetivo o a otro adverbio, y su función en la oración es de complemento circunstancial.

1. Clasificación formal:

1.1. Simples
Los que se corresponden con una sola palabra: *hoy, más, bien, poco, bastante,* etc.
1.2. Compuestos
Los que se forman con sufijos o con dos o más palabras.
    1.2.1. Adverbios formados con el sufijo *–mente: alegremente, verdaderamente,* etc.
    1.2.2. Locuciones adverbiales o conjunto de dos o más voces que funcionan como un adverbio.

2. Clasificación semántica:

  2.1. Modo:
  bien, mal, claramente, a ciegas, etc.
  2.2. Tiempo:
  ayer, hoy, mañana, antes, después, probablemente, etc.
  2.3. Lugar:
  ahí, allá, allí, aquí, en medio, a lo lejos, etc.

  2.4. Duda:
  acaso, quizá, tal vez, probablemente, etc.
  2.5. Afirmación:
  sí, también, en efecto, en verdad, etc.
  2.6. Negación:
  no, nunca, jamás, tampoco, etc.
  2.7. Cantidad:
  más, menos, mucho, poco, a más y mejor, etc.

3. Clasificación según la función sintáctica:

  3.1. Circunstanciales:
  modales, temporales, de lugar, de cantidad.
  3.2. Modificadores oracionales:
  de duda, afirmativos, de negación.
  3.3. Relativos:
  como, cuando, donde.

4. Conectores oracionales con valor de conjunción:

  4.1. Modal: *como.*
  4.2. Temporal: *cuando.*
  4.3. De lugar: *como.*

Preposición

Partícula o término no léxico que relaciona una palabra (sustantivo, pronombre, adjetivo, verbo, adverbio) con sus complementos en un enunciado dado.
- Saco **de** patatas (sustantivo: saco).
- Este **de** aquí (pronombre: este).
- Loco **de** atar (adjetivo: loco).
- Ganó **por** poco (verbo: ganó).
- Cerca **de** mí (adverbio: cerca).

Clases de preposiciones:

1. Simples:
a, ante, bajo, cabe, con, contra, de, desde, durante, en, entre, hacia, hasta, mediante, para, por, según, sin, so, sobre, tras.

2. Preposiciones agrupadas:
de + a: *Monedas de a duro.*
de + entre: *Salió de entre los matorrales.*
de + hacia: *Soplaba el viento de hacia el sur.*
desde + por: *Llueve desde por la mañana.*
hasta + de: *Vino gente hasta de las montañas.*
hasta + en: *Me lo encuentro hasta en la sopa.*
hasta + con: *Llegó hasta con la suegra.*
hasta + para: *Pide permiso hasta para ir al lavabo.*
hasta + por: *Se cansa hasta por dormir.*
hasta + sin: *Se quedó hasta sin camisa.*
hasta + sobre: *No llegará hasta sobre la una.*
para + de: *Esto no es para de repente.*
para + por: *Lo dejaré para por la tarde.*
por + bajo: *Pasó por bajo la valla.*
por + entre: *Se perdió por entre la multitud.*

3. Locuciones preposicionales:
Agrupaciones de dos o más palabras con valor y función de preposición: *a fuerza de, a través de, debajo de, delante de, detrás de, encima de, en favor de, en lugar de, en medio de, en vez de, junto a,* etc.

4. Sintagmas preposicionales:
Preposición + sintagma nominal que puede ejercer distintas funciones sintácticas.
- Complemento de un nombre: *café con leche.*
- Complemento de un pronombre: *varias de nosotras.*
- Complemento de un adjetivo: *rojo de ira.*
- Complemento de un verbo:
  a) Directo: *miré a los atletas.*
  b) Indirecto: *regaló flores a su novia.*
  c) Preposicional: *habla de política.*
  d) Circunstancial: *jugamos con los niños.*

Interjección

La interjección no es una parte específica de la oración, sino que equivale a una proposición completa. Son palabras o expresiones breves que suelen escribirse entre signos de admiración y tienen siempre un significado emotivo.

Clasificación:

1. Propias o primarias:
Ordenación de fonemas que no tienen relación con el léxico castellano, sancionadas por el uso y utilizadas solamente como interjecciones: *¡ah! ¡ay! ¡bah! ¡caramba! ¡ea! ¡hola! ¡huy! ¡olé! ¡uf!,* etc.

2. Impropias o secundarias:
Palabras de diversas clases que por transposición se emplean con diversas intenciones expresivas: *¡atención! ¡bravo! ¡cómo! ¡Dios mío! ¡qué horror! ¡socorro! ¡venga! ¡viva!,* etc.

3. Onomatopeyas:
Constituyen intentos de reproducir sumariamente por sus sonidos aquello que se trata de representar: *¡cataplum! ¡guau! ¡miau! ¡plaf! ¡pum! ¡zas!,* etc.

Uso de las preposiciones

relación expresada		ejemplos
a		
tiempo		*Salimos de casa a las doce menos cuarto.*
lugar		*Este verano ha dado la vuelta al mundo.*
introducción de	directo	*Saludó a un amigo en la calle.*
complementos	indirecto	*Ofrece ayuda a los necesitados.*
número, medida o precio		*Compro los huevos a veinte duros la docena.*
modo, medio o instrumento		*Le gustan los calamares a la romana.*
comparación		*Le trataban como a un tonto.*
coincidencia o simultaneidad		*Se encontró con su novia a media mañana.*
finalidad u objeto		*Salió a pasear para estirar las piernas.*
figurado	término de una acción o movimiento	*Es propenso a los dolores de cabeza.*
	exclamaciones imperativas	*¡A ver si nos portamos bien!*
	modismos y locuciones	*A la chita callando.*
con		
instrumento, medio o modo		*Sacó el clavo con unas tenazas.*
compañía		*Sale con un amigo de la infancia.*
contenido		*Perdió el bolso con las llaves dentro.*
reciprocidad o comparación		*Se relaciona con gente indeseable.*
relación o comunicación		*El camarero es amable con los clientes.*
seguida de un infinitivo, expresa cierto medio o antecedente suficiente para que se realice lo que se expresa		*Para conseguir lo que quiere bastaría con ser amable.*
significa *a pesar de*		*Con lo rico que es y no es feliz.*
se emplea en exclamaciones de queja para expresar que algo señalado antes o consabido hace injusta la situación actual		*Con lo bien que nos lo pasábamos y nos tenemos que ir.*
interviene en algunos modismos con el significado de *en el caso de que*		*Con que llegues a la una bastará.*
de		
materia de que está hecho algo		*La silla es de plástico.*
atribución del contenido al continente		*Levantó un saco de patatas.*
asunto o tema		*Estudia una asignatura de lengua.*
naturaleza o condición		*Es un hombre de carácter violento.*
tiempo		*La tienda está abierta de noche.*
origen, procedencia o principio en el espacio		*Ha salido de la oficina hace un rato.*
causa		*Está temblando de frío.*
modo		*Se lo bebió en un solo trago.*
destino o finalidad		*Ha comprado una máquina de afeitar.*
seguida de un infinitivo, expresa condición		*De no ser por ti, no lo habría conseguido.*
interviene en numerosos modismos y locuciones		*Lo dice sólo de boquilla.*
en		
lugar		*Estuvo en París el año pasado.*
tiempo		*Hizo el examen en una hora.*
modo o manera		*Sólo fotografía en blanco y negro.*
forma o formato		*La espada acaba en punta.*
medio o instrumento		*Siempre viaja en autobús.*
precio		*Me lo dejó en cien pesetas.*
aquello en que se ocupa o sobresale una persona		*Es especialista en termodinámica.*
con determinados verbos, término de un movimiento		*El aeroplano aterrizó en el aeropuerto.*
seguida de un infinitivo o de ciertos sustantivos y adjetivos, forma oraciones adverbiales modales		*Tardó una hora en llegar a casa.*
seguida de un gerundio, indica anterioridad inmediata		*En viniendo, te he comprado un regalo.*
puede emplearse con verbos como *creer, esperar, confiar, pensar, dudar, entender* y otros		*Confío en tu eficacia.*
para		
dirección de un movimiento		*Sale para Madrid dentro de un rato.*
finalidad o utilidad		*Hace lo que sea para conseguir sus propósitos.*
término de un transcurso de tiempo		*Lo dejó para el día siguiente.*
comparación o desproporción de una cosa respecto a otra		*Había poca comida para tanta gente.*
motivo		*Lo dice para que te enfades.*
precedida de un verbo, especialmente *estar*, y seguida de infinitivo, expresa resolución, inminencia de la acción o propósito de llevarla a cabo		*Está listo para salir de viaje.*
seguida de voces como *colmo, postre, remate,* etc. se antepone al enunciado de una acción indicando una circunstancia adversa que se suma a otras anteriores		*Para colmo, me quedé sin luz.*
introduce oraciones finales que pueden expresarse mediante un infinitivo o bien en forma personal		*Pidió permiso para ir al lavabo.*
interviene en modismos y locuciones		*Es generoso para con los suyos.*

Conjunción

1. Coordinantes: Partículas o conectores que relacionan dos o más palabras de igual función gramatical, o dos proposiciones de la misma jerarquía gramatical.

2. Subordinantes: Establecen una relación sintáctica entre dos proposiciones de distinta jerarquía, estando una de ellas subordinada a la otra. Las hay de dos clases:

2.1. Simples: Las formadas por una sola palabra.
2.2. Compuestas o locuciones conjuntivas: Las formadas por dos o más palabras.

Coordinantes

copulativas	**y, e, ni**
distributivas	**bien, ya, ora**
disyuntivas	**o, u**
adversativas	**mas, pero, sino, empero, aunque**
ilativas	**pues, conque, luego, por consiguiente, por tanto, así que, por lo tanto**

Subordinantes

sustantivas

sujeto	**que**
complemento de nombre	**preposición + que**
complemento de adjetivo	**preposición + que**
complemento directo	**que**
complemento de atributo	**que**
complemento preposicional	**preposición + que**

adverbiales

lugar

donde, en donde, de donde, adonde, por donde, hacia donde, hasta donde

tiempo

cuando, en cuanto, apenas, aun apenas, aun, aun no, no bien, ya que, luego que, así que, como, tan pronto como, mientras que, a medida que, conforme, antes (de) que, después (de) que, al + infinitivo

modo

como, cual, según, de modo que, igual que, conforme

causales

que, pues que, porque, puesto que, supuesto que, de que, ya que, como, como que

consecutivas

tanto que, tal que, de modo que, de manera que, así que, de forma que, de grado que

condicionales

si, como, cuando, siempre que, ya que, con tal que, con que, con sólo si, puesto que, a condición de, en caso de que, sólo si, puesto que, supuesto que, en el supuesto de que, a menos que

concesivas

aunque, así, si bien, siquiera, ya que, a pesar de que, bien que, mal que, aun, por mucho que, por más que, aun cuando

finales

a que, para que, a fin de que, con el objeto de que, con el fin de que

comparativas

	modales	**así...como, bien así... como, tal...como, así...cual**
igualdad	cualitativas	**tal...cual, tal...como**
	cuantitativas	**tanto...cuanto, tanto... como, tal como**
superioridad		**más...que, más...de**
inferioridad		**menos...que, menos...de**

Verbos auxiliares

HABER

Indicativo

Presente (Bello: Presente)	Pretérito perfecto (Bello: Antepresente)	
he	he	habido
has	has	habido
ha*	ha	habido
hemos	hemos	habido
habéis	habéis	habido
han	han	habido

Pretérito imperfecto (Bello: Copretérito)	Pret. pluscuamp. (Bello: Antecopretérito)	
había	había	habido
habías	habías	habido
había	había	habido
habíamos	habíamos	habido
habíais	habíais	habido
habían	habían	habido

Pretérito indefinido (Bello: Pretérito)	Pretérito anterior (Bello: Antepretérito)	
hube	hube	habido
hubiste	hubiste	habido
hubo	hubo	habido
hubimos	hubimos	habido
hubisteis	hubisteis	habido
hubieron	hubieron	habido

Futuro imperfecto (Bello: Futuro)	Futuro perfecto (Bello: Antefuturo)	
habré	habré	habido
habrás	habrás	habido
habrá	habrá	habido
habremos	habremos	habido
habréis	habréis	habido
habrán	habrán	habido

Condicional (Bello: Pospretérito)	Condicional perfecto (Bello: Antepospretérito)	
habría	habría	habido
habrías	habrías	habido
habría	habría	habido
habríamos	habríamos	habido
habríais	habríais	habido
habrían	habrían	habido

Subjuntivo

Presente (Bello: Presente)	Pretérito perfecto (Bello: Antepresente)	
haya	haya	habido
hayas	hayas	habido
haya	haya	habido
hayamos	hayamos	habido
hayáis	hayáis	habido
hayan	hayan	habido

Pretérito imperfecto (Bello: Pretérito)	Pret. pluscuamp. (Bello: Antepretérito)	
hubiera	hubiera	
o hubiese	o hubiese	habido
hubieras	hubieras	
o hubieses	o hubieses	habido
hubiera	hubiera	
o hubiese	o hubiese	habido
hubiéramos	hubiéramos	
o hubiésemos	o hubiésemos	habido
hubierais	hubierais	
o hubieseis	o hubieseis	habido
hubieran	hubieran	
o hubiesen	o hubiesen	habido

Futuro imperfecto (Bello: Futuro)	Futuro perfecto (Bello: Antefuturo)	
hubiere	hubiere	habido
hubieres	hubieres	habido
hubiere	hubiere	habido
hubiéremos	hubiéremos	habido
hubiereis	hubiereis	habido
hubieren	hubieren	habido

Imperativo

Presente	
he	tú
haya	él
hayamos	nosotros
hayáis	vosotros
hayan	ellos

Formas no personales

Infinitivo haber
Gerundio habiendo
Participio habido
Infinitivo compuesto
  haber habido
Gerundio compuesto
  habiendo habido

SER

Indicativo

Presente (Bello: Presente)	Pretérito perfecto (Bello: Antepresente)	
soy	he	sido
eres	has	sido
es	ha	sido
somos	hemos	sido
sois	habéis	sido
son	han	sido

Pretérito imperfecto (Bello: Copretérito)	Pret. pluscuamp. (Bello: Antecopretérito)	
era	había	sido
eras	habías	sido
era	había	sido
éramos	habíamos	sido
erais	habíais	sido
eran	habían	sido

Pretérito indefinido (Bello: Pretérito)	Pretérito anterior (Bello: Antepretérito)	
fui	hube	sido
fuiste	hubiste	sido
fue	hubo	sido
fuimos	hubimos	sido
fuisteis	hubisteis	sido
fueron	hubieron	sido

Futuro imperfecto (Bello: Futuro)	Futuro perfecto (Bello: Antefuturo)	
seré	habré	sido
serás	habrás	sido
será	habrá	sido
seremos	habremos	sido
seréis	habréis	sido
serán	habrán	sido

Condicional (Bello: Pospretérito)	Condicional perfecto (Bello: Antepospretérito)	
sería	habría	sido
serías	habrías	sido
sería	habría	sido
seríamos	habríamos	sido
seríais	habríais	sido
serían	habrían	sido

Subjuntivo

Presente (Bello: Presente)	Pretérito perfecto (Bello: Antepresente)	
sea	haya	sido
seas	hayas	sido
sea	haya	sido
seamos	hayamos	sido
seáis	hayáis	sido
sean	hayan	sido

Pretérito imperfecto (Bello: Pretérito)	Pret. pluscuamp. (Bello: Antepretérito)	
fuera	hubiera	
o fuese	o hubiese	sido
fueras	hubieras	
o fueses	o hubieses	sido
fuera	hubiera	
o fuese	o hubiese	sido
fuéramos	hubiéramos	
o fuésemos	o hubiésemos	sido
fuerais	hubierais	
o fueseis	o hubieseis	sido
fueran	hubieran	
o fuesen	o hubiesen	sido

Futuro imperfecto (Bello: Futuro)	Futuro perfecto (Bello: Antefuturo)	
fuere	hubiere	sido
fueres	hubieres	sido
fuere	hubiere	sido
fuéremos	hubiéremos	sido
fuereis	hubiereis	sido
fueren	hubieren	sido

Imperativo

Presente	
sé	tú
sea	él
seamos	nosotros
sed	vosotros
sean	ellos

Formas no personales

Infinitivo ser
Gerundio siendo
Participio sido
Infinitivo compuesto
  haber sido
Gerundio compuesto
  habiendo sido

* Cuando este verbo se usa impersonalmente, la 3ª persona del singular es hay.

Conjugaciones regulares

AMAR — Indicativo

Presente (Bello: Presente)	Pretérito perfecto (Bello: Antepresente)	
amo	he	amado
amas	has	amado
ama	ha	amado
amamos	hemos	amado
amáis	habéis	amado
aman	han	amado

Pretérito imperfecto (Bello: Copretérito)	Pret. pluscuamp. (Bello: Antecopretérito)	
amaba	había	amado
amabas	habías	amado
amaba	había	amado
amábamos	habíamos	amado
amabais	habíais	amado
amaban	habían	amado

Pretérito indefinido (Bello: Pretérito)	Pretérito anterior (Bello: Antepretérito)	
amé	hube	amado
amaste	hubiste	amado
amó	hubo	amado
amamos	hubimos	amado
amasteis	hubisteis	amado
amaron	hubieron	amado

Futuro imperfecto (Bello: Futuro)	Futuro perfecto (Bello: Antefuturo)	
amaré	habré	amado
amarás	habrás	amado
amará	habrá	amado
amaremos	habremos	amado
amaréis	habréis	amado
amarán	habrán	amado

Condicional (Bello: Pospretérito)	Condicional perfecto (Bello: Antepospretérito)	
amaría	habría	amado
amarías	habrías	amado
amaría	habría	amado
amaríamos	habríamos	amado
amaríais	habríais	amado
amarían	habrían	amado

AMAR — Subjuntivo

Presente (Bello: Presente)	Pretérito perfecto (Bello: Antepresente)	
ame	haya	amado
ames	hayas	amado
ame	haya	amado
amemos	hayamos	amado
améis	hayáis	amado
amen	hayan	amado

Pretérito imperfecto (Bello: Pretérito)	Pret. pluscuamp. (Bello: Antepretérito)	
amara	hubiera	
o amase	o hubiese	amado
amaras	hubieras	
o amases	o hubieses	amado
amara	hubiera	
o amase	o hubiese	amado
amáramos	hubiéramos	
o amásemos	o hubiésemos	amado
amarais	hubierais	
o amaseis	o hubieseis	amado
amaran	hubieran	
o amasen	o hubiesen	amado

Futuro imperfecto (Bello: Futuro)	Futuro perfecto (Bello: Antefuturo)	
amare	hubiere	amado
amares	hubieres	amado
amare	hubiere	amado
amáremos	hubiéremos	amado
amareis	hubiereis	amado
amaren	hubieren	amado

AMAR — Imperativo

Presente	
ama	tú
ame	él
amemos	nosotros
amad	vosotros
amen	ellos

AMAR — Formas no personales

Infinitivo	amar
Gerundio	amando
Participio	amado
Infinitivo compuesto	haber amado
Gerundio compuesto	habiendo amado

TEMER — Indicativo

Presente (Bello: Presente)	Pretérito perfecto (Bello: Antepresente)	
temo	he	temido
temes	has	temido
teme	ha	temido
tememos	hemos	temido
teméis	habéis	temido
temen	han	temido

Pretérito imperfecto (Bello: Copretérito)	Pret. pluscuamp. (Bello: Antecopretérito)	
temía	había	temido
temías	habías	temido
temía	había	temido
temíamos	habíamos	temido
temíais	habíais	temido
temían	habían	temido

Pretérito indefinido (Bello: Pretérito)	Pretérito anterior (Bello: Antepretérito)	
temí	hube	temido
temiste	hubiste	temido
temió	hubo	temido
temimos	hubimos	temido
temisteis	hubisteis	temido
temieron	hubieron	temido

Futuro imperfecto (Bello: Futuro)	Futuro perfecto (Bello: Antefuturo)	
temeré	habré	temido
temerás	habrás	temido
temerá	habrá	temido
temeremos	habremos	temido
temeréis	habréis	temido
temerán	habrán	temido

Condicional (Bello: Pospretérito)	Condicional perfecto (Bello: Antepospretérito)	
temería	habría	temido
temerías	habrías	temido
temería	habría	temido
temeríamos	habríamos	temido
temeríais	habríais	temido
temerían	habrían	temido

TEMER — Subjuntivo

Presente (Bello: Presente)	Pretérito perfecto (Bello: Antepresente)	
tema	haya	temido
temas	hayas	temido
tema	haya	temido
temamos	hayamos	temido
temáis	hayáis	temido
teman	hayan	temido

Pretérito imperfecto (Bello: Pretérito)	Pret. pluscuamp. (Bello: Antepretérito)	
temiera	hubiera	
o temiese	o hubiese	temido
temieras	hubieras	
o temieses	o hubieses	temido
temiera	hubiera	
o temiese	o hubiese	temido
temiéramos	hubiéramos	
o temiésemos	o hubiésemos	temido
temierais	hubierais	
o temieseis	o hubieseis	temido
temieran	hubieran	
o temiesen	o hubiesen	temido

Futuro imperfecto (Bello: Futuro)	Futuro perfecto (Bello: Antefuturo)	
temiere	hubiere	temido
temieres	hubieres	temido
temiere	hubiere	temido
temiéremos	hubiéremos	temido
temiereis	hubiereis	temido
temieren	hubieren	temido

TEMER — Imperativo

Presente	
teme	tú
tema	él
temamos	nosotros
temed	vosotros
teman	ellos

TEMER — Formas no personales

Infinitivo	temer
Gerundio	temiendo
Participio	temido
Infinitivo compuesto	haber temido
Gerundio compuesto	habiendo temido

PARTIR — Indicativo

Presente (Bello: Presente)	Pretérito perfecto (Bello: Antepresente)	
parto	he	partido
partes	has	partido
parte	ha	partido
partimos	hemos	partido
partís	habéis	partido
parten	han	partido

Pretérito imperfecto (Bello: Copretérito)	Pret. pluscuamp. (Bello: Antecopretérito)	
partía	había	partido
partías	habías	partido
partía	había	partido
partíamos	habíamos	partido
partíais	habíais	partido
partían	habían	partido

Pretérito indefinido (Bello: Pretérito)	Pretérito anterior (Bello: Antepretérito)	
partí	hube	partido
partiste	hubiste	partido
partió	hubo	partido
partimos	hubimos	partido
partisteis	hubisteis	partido
partieron	hubieron	partido

Futuro imperfecto (Bello: Futuro)	Futuro perfecto (Bello: Antefuturo)	
partiré	habré	partido
partirás	habrás	partido
partirá	habrá	partido
partiremos	habremos	partido
partiréis	habréis	partido
partirán	habrán	partido

Condicional (Bello: Pospretérito)	Condicional perfecto (Bello: Antepospretérito)	
partiría	habría	partido
partirías	habrías	partido
partiría	habría	partido
partiríamos	habríamos	partido
partiríais	habríais	partido
partirían	habrían	partido

PARTIR — Subjuntivo

Presente (Bello: Presente)	Pretérito perfecto (Bello: Antepresente)	
parta	haya	partido
partas	hayas	partido
parta	haya	partido
partamos	hayamos	partido
partáis	hayáis	partido
partan	hayan	partido

Pretérito imperfecto (Bello: Pretérito)	Pret. pluscuamp. (Bello: Antepretérito)	
partiera	hubiera	
o partiese	o hubiese	partido
partieras	hubieras	
o partieses	o hubieses	partido
partiera	hubiera	
o partiese	o hubiese	partido
partiéramos	hubiéramos	
o partiésemos	o hubiésemos	partido
partierais	hubierais	
o partieseis	o hubieseis	partido
partieran	hubieran	
o partiesen	o hubiesen	partido

Futuro imperfecto (Bello: Futuro)	Futuro perfecto (Bello: Antefuturo)	
partiere	hubiere	partido
partieres	hubieres	partido
partiere	hubiere	partido
partiéremos	hubiéremos	partido
partiereis	hubiereis	partido
partieren	hubieren	partido

PARTIR — Imperativo

Presente	
parte	tú
parta	él
partamos	nosotros
partid	vosotros
partan	ellos

PARTIR — Formas no personales

Infinitivo	partir
Gerundio	partiendo
Participio	partido
Infinitivo compuesto	haber partido
Gerundio compuesto	habiendo partido

Gran Diccionario Usual
de la Lengua Española

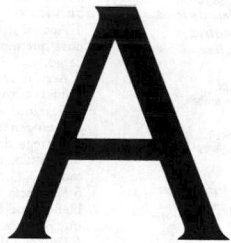

A

a

I Primera letra del alfabeto español, representación gráfica de la vocal más abierta del sistema fonológico. **s.f. pl: aes**
II (Del lat. *ad*, a, hacia, para.)
1 Indica la dirección o el término hacia el que se encamina una persona o cosa: *voy a París; volverás a mí.* **prep./= hacia, hasta, junto a**
2 Expresa lugar o momento preciso en el espacio o en el tiempo: *me levanté a las diez; siempre estarás a mi lado; le llega a la rodilla.*
3 Denota finalidad u objetivo de una acción, así como su causa: *fue inducida a error; vengo a que me corten el pelo; lo hizo a instancias del director.* **= para**
4 Expresa el intervalo entre dos puntos temporales o espaciales: *se venden entradas de nueve a una; la distancia de tu casa a la mía es muy corta.*
5 Indica modo, manera o instrumento de la acción: *lo hizo a escondidas; a sangre y fuego; compró un cojín hecho a mano.*
6 Se usa para indicar el precio de las cosas: *valen a cuarenta la docena.*
7 Precede al complemento directo de persona: *atiende a todo el mundo.*
8 Precede al complemento indirecto: *regaló unas flores a su abuela.* **= para**
9 Precede al complemento regido por ciertos verbos, como los que expresan inicio de acción y percepción: *comenzó a escribir a los cinco años; aquí huele a podrido.*
10 *a que*: Denota un reto o desafío: *¿a que no me ganas?*

a- (Del gr. *a*, privativo.) Indica negación, carencia o privación: *atípico; acéfalo; anhídrido; anovulación.* **pref. tb: an-**

aaronita De Aarón, hermano mayor de Moisés, y su descendencia. **adj/s.m.f. = aarónico**

ababol
1 Amapola, planta herbácea. **s.m./BOTÁNICA**
2 Persona simple, que se distrae con facilidad. **= ababa**

abacado Aguacate, árbol lauráceo de fruto comestible. **s.m./Antillas BOTÁNICA**

abacería Tienda de comestibles. **s.f./COMERCIO**

abacero, a (Derivado de *haba*.) Vendedor de aceite, vinagre, legumbres y otros productos. **s.**

abacial Del abad, la abadesa o la abadía. **adj.**

ábaco (Del lat. *abacus* < gr. *abax*.)
1 Instrumento de cálculo consistente en un tablero de madera con alambres horizontales y paralelos, y **s.m.** unas bolas agujereadas que corren a lo largo de éstos, usado para realizar operaciones de aritmética y para contabilizar los tantos obtenidos en algunos juegos como el billar.
2 Gráfico de escalas para abreviar los cálculos aritméticos. **= nomograma**
3 Plancha o tablero que decora un mueble, un techo y otros objetos.
4 Parte superior en forma de tablero que corona el capitel de la columna. **ARQUITECTURA**
5 Artesa o recipiente que se usaba para lavar los minerales, especialmente el oro. **MINERÍA**

abacorar Perseguir u hostigar a una persona o a un animal. **v.tr./Amér.**

abad (Del lat. *abbas*, *abbatis* < gr. *abbas* < arameo *abba*, padre.)
1 Persona que tiene el cargo superior en un monasterio o en algunas colegiatas. **s.m. RELIGIÓN**
2 Cura o párroco, en algunas regiones. **RELIGIÓN**
3 Abadejo, insecto coleóptero. **ZOOLOGÍA**

abada (Del port. *abada* < malayo *badaq*.) Rinoceronte, mamífero. **s.f. tb: bada**

abadejo
1 Pez teleósteo marino, parecido al bacalao. (*Gadus pollachius.*) **s.m. ZOOLOGÍA**
2 Bacalao, pez. **ZOOLOGÍA**
3 Reyezuelo, ave de pequeño tamaño. **ZOOLOGÍA**
4 Cantárida, carraleja, insectos coleópteros de color oscuro metálico y cuerpo alargado. **= abad ZOOLOGÍA**
5 Pez teleósteo marino de las Antillas, de color oscuro y carne delicada. (*Serranus alexandrinus.*) **ZOOLOGÍA**

abadengo, a
1 De la dignidad o jurisdicción del abad: *los bienes abadengos quedan exentos de contribución.* **adj. RELIGIÓN**
2 Dominios del abad o de la abadesa. **s.m.**
3 Poseedor de bienes abadengos.

abadesa (Del lat. *abbatissa*.) Mujer que tiene el cargo superior en una comunidad religiosa. **s.f. RELIGIÓN**

abadía
1 Iglesia o monasterio bajo la jurisdicción de un abad o una abadesa. **s.f./= abadiado, abadiato**
2 Dignidad de abad o de abadesa. **RELIGIÓN**
3 Territorio, jurisdicción y bienes pertenecientes al abad o a la abadesa. **RELIGIÓN**
4 Casa del cura, en algunas regiones. **RELIGIÓN**

5 Cantidad de dinero que, en algunos pueblos gallegos, se paga al párroco a la muerte de un feligrés. — RELIGIÓN

ab aeterno (Expresión latina.) Desde muy antiguo, desde la eternidad. — loc.adv. formal

abajadero Cuesta, terreno inclinado. — s.m.

abajeño, a
1 De las costas y tierras bajas: *el clima abajeño empeora su asma.* — adj/s./Amér. Central y Merid.
2 De El Bajío, región central de México. — adj./Méx.
3 Persona natural de El Bajío. — s./Méx.

abajo
1 En un lugar o parte inferior: *tengo el coche abajo, en el garaje.* — adv. ≠ arriba
2 Hacia un lugar o parte inferior: *se han ido abajo.*
3 ¡abajo!: Expresión usada para desaprobar a una persona o cosa: *¡abajo las dictaduras!* — interj. = ¡fuera!

abalanzar
1 Lanzar, impulsar hacia adelante violentamente. — v.tr/conj: cazar
2 Lanzarse hacia una persona o una cosa violentamente: *se abalanzó hacia la puerta.* — v.prnl.
3 Decir o hacer una cosa precipitadamente: *se abalanzó al juego sin pensarlo demasiado.*

abalaustrado, a Que tiene balaustres. — adj.

abaleadura
1 Abaleo, faena agrícola. — s.f./AGRICULTURA
2 Granzones y paja gruesa que queda después de abalear el grano. — AGRICULTURA

abalear
1 Separar la paja gruesa del grano ya aventado. — v.tr/AGRICULTURA
2 Disparar contra una persona: *unos desconocidos lo abalearon a la salida del casino.* — Amér.

abaleo
1 Faena agrícola de abalear el grano. — s.m./= abaleadura
2 Escoba de abalear.
3 Planta de ramas duras y espinosas con que se hacen escobas para abalear.

abalizamiento Señalización con balizas. — s.m.

abalizar
1 Señalar un lugar con balizas. — v.tr/conj: cazar
2 Determinar un barco su situación. — v.prnl./NÁUTICA

aballar
I (Del lat. *ad*, a + *vallem*, valle.) Mover de un lugar a otro. — v.tr/intr/prnl. tb: abalar
II (Del ital. *abbagliare*, rebajar.) Hacer menos intensos, amortiguar los colores de una pintura. — v.tr/ARTE

aballestar (De *ad*, a + *ballesta*.) Tirar de un cabo por tensarlo. — v.tr. NÁUTICA

abalorio (Del ár. *al-balluri*, cristalino.)
1 Adorno de pequeñas bolas de vidrio ensartadas. — s.m.
2 Pequeña bola de vidrio agujereada que, ensartada con otras, sirve para hacer adornos o labores. — = cuenta

abaluartar Fortificar un lugar con baluartes: *abaluartar las almenas.* — v.tr/MILITAR = abastionar

abanar (Del port. *abanar*, aventar, cribar < lat. *vannus*, criba.) Hacer aire con el abano. — v.tr. = abanicar

abancalar Dividir un terreno en bancales. — v.tr.

abanderado, a
1 Persona encargada de llevar la bandera o el estandarte en procesiones u otros actos. — s.
2 Militar encargado de llevar la bandera. — s.m./MILITAR
3 Representante de una causa, movimiento u organización: *se erigió en abanderado del ecologismo.* — s. = portavoz

abanderar
1 Inscribir bajo la bandera de un estado una embarcación de otro país. — v.tr/prnl. NÁUTICA
2 Proporcionar a una embarcación los documentos que acreditan su bandera. — NÁUTICA
3 Ponerse o estar al frente de una causa, movimiento u organización. — v.prnl. = comandar

abanderizar
1 Dividir una colectividad en bandos: *abanderizaron el barrio para repartir esfuerzos.* — v.tr/prnl. conj: cazar
2 Entrar a formar parte de un bando o partido. — v.prnl.

abandonado, a Que descuida el aseo y estado de sus cosas o de su persona. — adj.

abandonar (Del fr. *abandonner* < *bandon*, poder.)
1 Dejar a una persona o una cosa desamparada desatendiendo o eludiendo una obligación: *abandonó a sus hijos.* — v.tr. = desamparar
2 Dejar una cosa ya emprendida: *abandonó la carrera en el último año.* — = desistir, renunciar
3 Salir, dejar un lugar: *abandonó el recinto sin ser visto por el cuerpo de seguridad.*
4 Dejar de tener una persona algo de lo que solía disfrutar: *le abandonó la fortuna.*
5 Inclinar el cuerpo apoyándolo sobre una cosa: *se abandona lánguidamente en el sofá.* — v.tr/prnl. = reclinarse
6 Confiar, entregar algo a alguien.
7 Dejarse llevar por un estado de ánimo depresivo: *se abandonó a los lamentos y autocompasión.* — v.prnl./+ a
8 Descuidar una persona sus obligaciones o su aspecto y aseo personal.

abandonismo Tendencia de una persona a renunciar sin lucha a una cosa que le es propia o que le corresponde. — s.m.

abandono
1 Acción de dejar o descuidar a una persona o una cosa que pertenece a una persona o que la tiene a su cargo. — s.m. = desamparo
2 Acción de dejar una persona de realizar una determinada actividad. — = renuncia
3 Descuido en el aseo y arreglo personales o en el orden en general. — = dejadez, desaseo
4 Entrega de una persona a un estado de ánimo determinado, intenso, o a algo que domina su voluntad.
5 Renuncia que se hace, sin nombrar beneficiario, de bienes que le pertenecen o están bajo su dominio y que pasan a no tener dueño o no es conocido. — DERECHO
6 Derecho del asegurado a exigir, en el caso de determinados accidentes marítimos que impiden navegar, el pago de la cantidad estipulada en la póliza. — DERECHO
7 Delito que consiste en el incumplimiento de la obligación legal de suministrar alimentos a personas con derecho a recibirlos. — DERECHO
8 Entrega total que el alma hace de sí misma a Dios. — TEOLOGÍA

abanicar
1 Hacer aire con un abanico o utensilio semejante: *se abanicaba para combatir el calor.* — v.tr/prnl. conj: sacar
2 Dar una reprimenda. — v.tr.
3 Incitar al toro, agitando el capote de un lado a otro, para que cambie de lugar en la suerte de varas. — TAUROMAQUIA

abanico
1 Utensilio para dar o darse aire, compuesto por una montura de varillas recubierta por una banda de papel o tela y que se abre en semicírculo. — s.m. = abano
2 Conjunto más o menos amplio de asuntos, proposiciones o soluciones: *dispone de un abanico de posibilidades.* — = gama
3 Sable, arma blanca semejante a la espada.
4 Cabria o cosa que se monta en los barcos. — NÁUTICA

abaniqueo Movimiento repetido del abanico: *expresaba su enfado con enérgicos abaniqueos.* — s.m.

abaniquería Fábrica de abanicos y tienda donde se venden. — s.f.

abaniquero, a Persona que hace o vende abanicos. — s.

abano
1 Abanico, utensilio para hacer o darse aire. — s.m.
2 Aparato que, colgado del techo, hace aire. — = ventilador

abanto
1 Alimoche, ave rapaz parecida al buitre. (*Neophron pernopterus.*) — s.m. ZOOLOGÍA
2 Cualquier ave parecida al buitre. — ZOOLOGÍA
3 Hombre atolondrado y torpe. — adj.
4 Toro que al comenzar la lidia parece aturdido. — TAUROMAQUIA

abarajar
1 Asir o tomar al vuelo. — v.tr/Amér.
2 Parar los golpes de un adversario con un cuchillo. — Amér.
3 Adivinar las intenciones de otra persona. — Argent.

abaratamiento Rebaja o disminución de precios. — s.m.

abaratar Hacer una cosa más barata: *a causa de la liquidación abarataron las prendas en un cincuenta por ciento.* — v.tr/prnl.

abarbar Enjambrar, criar las abejas. — v.intr.

abarbetar Fortificar un lugar o una plaza con barbetas o baluartes. — v.tr. MILITAR

abarca (Del vasco *abarka*.)
1 Calzado de cuero, caucho o goma que cubre la planta del pie y se asegura con cuerdas o correas sobre el empeine y el tobillo. — s.f. tb: albarca
2 Calzado muy ancho y poco ajustado.

abarcar (Del bajo lat. **abbracchicare* < *bracchium*, brazo.)
1 Abrazar, rodear una cosa con los brazos o las manos. — v.tr. conj: sacar
2 Comprender una cosa en otra, contener en sí: *este capítulo abarca tres cuentos.* — = englobar
3 Alcanzar o dominar algo con la mirada. — = atisbar
4 Tomar una persona a su cargo varias cosas a un tiempo: *abarcaba demasiadas tareas en la fábrica.*
5 Rodear un terreno para sorprender la pieza. — CAZA

abaritonado, a Se refiere a la voz o sonido de instrumento que es parecido al timbre de voz del barítono. — adj. MÚSICA

abarquero, a Persona que hace o vende abarcas. — s.

abarquillar Curvar o dar forma de barquillo convexo a una cosa delgada y flexible: *abarquilló los juncos para empezar la cesta.* — v.tr/prnl.

abarracar Acampar las tropas en barracas: *los soldados franceses se abarracaron ante la fortificación.* — v.intr/prnl. conj: sacar

abarrado, a Se refiere a la tela que, por defecto, tiene listas de distinto color. — adj. tb: barrado

abarraganarse Hacer un hombre y una mujer vida de pareja sin estar casados. — v.prnl. = amancebarse

abarrajar Tirar, arrojar una cosa violentamente. — v.tr.

abarrancadero
1 Lugar donde pueden encallar los barcos. — s.m./NÁUTICA
2 Asunto o circunstancia muy problemáticos: *se metió en un abarrancadero del que difícilmente saldrá airosa.*

abarrancar
1 Quedar una embarcación detenida en la arena o en las rocas: *el velero abarrancó ante la costa.* — v.tr/prnl. conj: sacar/= varar
2 Meter a una persona o una cosa en un barranco. — v.tr/prnl.
3 Hacer barrancos en un lugar. — v.tr.
4 Meterse en un negocio de difícil salida. — v.prnl.

abarrisco (De *a barrisco.*) Sin distinción, todo junto. — loc.adv.

abarrocado, a Se aplica a la obra artística o estilo que es recargado y ampuloso: *presentó una línea de abarrocada bisutería.* — adj. ≠ sencillo

abarrotar
1 Asegurar o fortalecer con barrotes. — v.tr./tb: embarrotar
2 Llenar, ocupar un sitio o una cosa completamente: *la sala de actos se abarrotó de periodistas y estudiantes.* — v.tr/prnl.
3 Asegurar la carga de un barco con abarrotes. — NÁUTICA
4 Llenar un barco aprovechando todos los huecos. — NÁUTICA

abarrote
1 Fardo pequeño que sirve para llenar huecos. — s.m./NÁUTICA
2 Artículos de comercio, como conservas alimenticias, especias, papel, velas y otros productos. — s.m.pl. Amér.

abarrotería Ferretería, tienda donde se venden herramientas, vasijas, recipientes y objetos metálicos usados en carpintería y herrería. — s.f. Amér. Central

abasí (Del ár. *abbasi,* patronímico del nombre propio *Abbás.*) De la dinastía árabe de Abul-l-Abbás, que se apoderó del califato omeya. — adj/s.m.f. tb: abasida pl. tb: abasíes

abasia Imposibilidad de andar por descoordinación de movimientos. — s.f. MEDICINA

abastecer Proporcionar todo lo necesario, en especial, artículos de primera necesidad: *las fuerzas internacionales abastecían el campo de refugiados.* — v.tr/prnl. conj: carecer = proveer

abastecimiento Acción de abastecer o abastecerse: *el abastecimiento llegó con retraso.* — s.m. = abastamiento

abastero, a
1 Proveedor de frutas, hortalizas, ganado y otros artículos. — s.m./Amér. Central y Merid.
2 Persona que compra reses vivas, las sacrifica y las vende al por mayor. — Chile, Cuba

abastionar Fortificar un lugar con bastiones. — v.tr./MILITAR

abasto
1 Provisión de víveres. — s.m.
2 Gran cantidad de una cosa. — = abundancia
3 Parte secundaria en una labor de bordado.
4 **dar o no abasto**: Tener, hacer o producir lo suficiente para cierta cosa o ser capaz de conseguirlo, o no: *con tanto trabajo no daba abasto.*

abatanado, a Se refiere al tejido muy compactado, como el paño. — adj. TEXTIL

abatanar
1 Golpear un paño para desengrasarlo. — v.tr./= batanear
2 Dar golpes a una persona o una cosa. — = golpear

abatatar Avergonzar, apocar, turbar: *le abatató con sus comentarios íntimos.* — v.tr/prnl./ Argent., Par., Urug.

abate (Del ital. *abate* < lat. *abbas, abbatis,* abad.)
1 Eclesiástico de órdenes menores que solía vestir traje clerical a la romana. — s.m.
2 Clérigo extranjero, en especial italiano o francés.

abatí
1 Maíz, planta gramínea originaria del continente americano, cuyo fruto se presenta en mazorcas. — s.m./Argent., Par. BOTÁNICA
2 Aguardiente que se extrae del maíz. — Par.

abatible Que se puede abatir o hacer bajar: *instalaron una cama abatible en la habitación.* — adj.

abatidero Cauce de desagüe. — s.m.

abatido, a
1 Que está desanimado y sin fuerzas: *abatida, se retiró de la capilla, después de haber velado su cadáver.* — adj. = decaído
2 Que es abyecto y despreciable. — = vil
3 Se refiere a la mercancía y al fruto que ha bajado en su estimación depreciándose. — ECONOMÍA

abatimiento
1 Acción de derribar o hacer bajar una cosa. — s.m.
2 Desmoronamiento físico o moral de una persona: *su pérdida le produjo un fuerte abatimiento.* — = decaimiento, desánimo
3 Acción de obligar a alguien a abandonar una actitud orgullosa o soberbia. — = humillación
4 Acción de levantar un sillar, una viga u otros materiales de construcción pesados. — CONSTRUCCIÓN

abatir
1 Derribar, hacer caer lo que estaba en pie: *abatió el tronco ya talado.* — v.tr/prnl. = tumbar
2 Herir el amor propio de alguien: *sus reproches me abatieron totalmente.* — = humillar
3 Causar desánimo o debilidad: *las fiebres la abatieron y le quitaron el buen aspecto.* — = debilitar
4 Hacer bajar o descender una cosa. — v.tr.
5 Poner tumbado o inclinar algo que estaba vertical. — = extender
6 Deshacer o desarmar una cosa para reducir su volumen: *abatir la tienda de campaña.*
7 Mostrar los naipes en abanico al conseguir la máxima puntuación. — JUEGOS
8 Descender un ave o un objeto que vuela: *el águila se abatió sobre su presa.* — v.prnl. + sobre
9 Dejar de mantener una actitud ante un obstáculo. — = doblegarse
10 Hacer girar alrededor de su traza un plano secante a otro, hasta superponerlo a éste. — v.tr/prnl. MATEMÁTICAS
11 Separarse una embarcación de su rumbo. — v.intr/NÁUTICA

abayado, a Se aplica al organismo vegetal, o a una parte de él, que tiene forma de baya. — adj./BOTÁNICA = baciforme

abazón Cada una de las dos bolsas del interior de la boca de algunos mamíferos, donde guardan los alimentos antes de masticarlos. — s.m. ZOOLOGÍA

abdicación
1 Traspaso de la dignidad de soberano a otra persona: *presenció la ceremonia de abdicación del rey.* — s.f.
2 Renuncia a un derecho, puesto, dignidad, ideal o cualquier otra cosa. — = dimisión
3 Documento en que consta la abdicación de un soberano o dignidad.

abdicar (Del lat. *abdicare* < *ab,* separativo + *dicare,* ofrecer, proclamar.)
1 Traspasar la dignidad de soberano a otra persona: *abdicó el trono en su hija menor.* — v.tr/intr. conj: sacar/ + en
2 Renunciar a una soberanía o derecho. — v.tr.
3 Abandonar los ideales o los principios. — v.tr/intr.

abdicativamente Por delegación. — adv.

abdicativo, a Que tiene relación con la abdicación: *documento real abdicativo.* — adj.

abdomen
1 Cavidad del cuerpo humano y de algunos animales, que contiene gran parte del aparato digestivo y otros órganos. — s.m. ANATOMÍA = vientre
2 Región posterior del cuerpo de los insectos, arácnidos y crustáceos: *las patas se unen al abdomen.* — ZOOLOGÍA
3 Adiposidad, gordura, vientre de la persona cuando es prominente: *rebajó su abdomen con gimnasia diaria.*

abdominal
1 Del abdomen: *extremidades abdominales.* — adj./ANATOMÍA
2 Ejercicio gimnástico en el que se ejercitan o fortalecen los músculos del abdomen. — s.f.pl.

abducción (Del lat. *abductio, -onis,* separación.)
1 Movimiento por el cual un miembro o un órgano cualquiera se aleja del plano medio que divide imaginariamente el cuerpo en dos partes simétricas. — s.f.
2 Silogismo en el que la proposición mayor es evidente y la menor probable, pero más creíble o fácilmente demostrable que la conclusión. — LÓGICA
3 Operación que consiste en conducir un gas desde un recipiente a otro que contiene un sólido o un líquido para retenerlo. — QUÍMICA
4 Supuesto secuestro que sufre una persona por intervención extraterrestre.

abductor Se refiere al músculo que realiza la abducción. — adj/s.m.

abecé (Del nombre de las letras: *a* + *b* + *c.*)
1 Serie ordenada de las letras de un idioma. — s.m./= abecedario
2 Principios básicos de un conocimiento o materia. — = abecedario
3 **no entender o saber el abecé**: Ser muy torpe e ignorante.

abecedario
1 Serie ordenada de las letras de un idioma. — s.m./ = abecé
2 Cartilla o cuaderno para aprender las letras.
3 Serie de cosas que están en orden alfabético. — = lista
4 Principios básicos de un conocimiento o materia. — = abecé
5 Conjunto de signos que sirve para comunicarse.
6 Orden de las signaturas de los pliegos de una impresión cuando van marcados con letras. — ARTES GRÁFICAS
7 **abecedario manual**: Sistema de signos equivalentes a las letras del alfabeto, que se hacen con los dedos de la mano y que usan principalmente los sordomudos para comunicarse.
8 **abecedario telegráfico**: Conjunto de signos o cifras que se usan en telegrafía. — TELECOMUNICACIONES

abedul (Voz celta, a través del lat. *betula.*)
1 Árbol de la familia de las betuláceas de hasta 30 metros de altura, de hojas pequeñas y puntiagudas, dentadas a ambos lados y caducas, e inflorescencias en amento, típico de climas fríos y templados. *(Betula.)* — s.m. BOTÁNICA

2 Madera de este árbol, blanca y medianamente dura, muy usada en carpintería.

abeja (Del lat. *apicula*, diminutivo de *apis*, abeja.)
1 Insecto himenóptero agrupado en colonias, que vive en colmenas, y se alimenta de néctar y polen de flores, a los que transforma en miel y cera. (*Apis mellifica.*) — s.f. ZOOLOGÍA
2 Persona laboriosa, trabajadora. — = hormiga
3 Ave del paraíso, constelación. — ASTRONOMÍA
4 **abeja albañila:** Insecto himenóptero que habita en agujeros horizontales en las tapias y terrenos duros, que previamente taladra. (*Chalidocoma muraria.*) — ZOOLOGÍA
5 **abeja carpintera:** Abeja grande violácea oscura que construye sus nidos en las grietas de los árboles secos. (*Xylocopa violacea.*) — ZOOLOGÍA
6 **abeja obrera o neutra:** La abeja hembra estéril, que forma el grupo más amplio de la colmena y se encarga de mantenerla y defenderla, y de recolectar el alimento. — ZOOLOGÍA
7 **abeja parásita:** Abeja de otra especie que penetra en la colmena para depositar sus huevos. — ZOOLOGÍA
8 **abeja reina, machiega, maesa o maestra:** Única hembra fértil de la colmena, de mayor tamaño que las otras abejas, es la encargada de poner los huevos. — ZOOLOGÍA

abejar
1 Sitio donde están las colmenas. — s.m./= colmenar
2 Se aplica a la variedad de uva de grano más grueso que suelen preferir las abejas y avispas. — adj.

abejarrón Abejorro, insecto himenóptero. — s.m./ZOOLOGÍA

abejaruco Ave pequeña, de coloración vistosa y brillante, que se alimenta de abejas, avispas y otros insectos voladores. (*Merops apiaster.*) — s.m./ZOOLOGÍA = azulejo, abejero

abejera
1 Abejar, zona donde hay colmenas. — s.f./= colmenar
2 Toronjil o melisa, planta cuyas hojas se usan como tónico. — BOTÁNICA

abejero, a
1 Colmenero, persona que cuida de las colmenas. — s.
2 Abejaruco, ave que se alimenta de abejas y otros insectos voladores. — s.m. ZOOLOGÍA

abejón
1 Zángano de la abeja, abeja macho. — s.m./ZOOLOGÍA
2 Abejorro, insecto himenóptero. — ZOOLOGÍA
3 **jugar al abejón con alguien:** Tratarle con desprecio, burlarse de él.

abejorreo
1 Zumbido que hacen las abejas. — s.m.
2 Rumor confuso de voces: *el abejorreo de la sala me impedía oír al conferenciante con claridad.*

abejorro
1 Insecto himenóptero, de color negro, grande y peludo, que vuela con un zumbido característico y suele construir nidos subterráneos. (*Bombus.*) — s.m. ZOOLOGÍA = abejarrón, abejón
2 Escarabajo sanjuanero, que causa estragos en olmedos y pinares. (*Melolontha.*) — ZOOLOGÍA
3 Persona de conversación pesada y molesta.

abellacar Envilecer o volverse una persona bellaca o perversa. — v.tr/prnl. conj: *sacar*

abelmosco (Del ár. *habb al-musk*, grano de almizcle.) Planta herbácea, originaria de la India, con semillas de olor almizcleño que se utilizan en medicina y perfumería. (*Hibiscus abelmoschus.*) — s.m. BOTÁNICA

abemolar
1 Hacer más suave la voz de una persona. — v.tr.
2 Poner bemoles a una nota musical. — MÚSICA

abencerraje
1 Se refiere a los miembros de una familia del reino musulmán granadino. — adj/s.m. HISTORIA
2 **ser alguien un abencerraje:** Ser terco y obstinado. — coloquial

abenuz (Del ár. *abnus* < gr. *ebenos*, ébano.) Ébano, árbol de madera negra muy apreciada en ebanistería. — s.m./pl: abenuces BOTÁNICA

aberración (Del lat. *aberratio* < *aberrare*, andar errante.)
1 Desviación de la línea de acción o del comportamiento que se considera conveniente o natural. — s.f. = perversión
2 Acción o palabras absurdas, increíbles o imprudentes: *no decía más que aberraciones.* — = disparate
3 Anormalidad morfológica o fisiológica. — BIOLOGÍA
4 Desviación de una radiación del camino recto. — FÍSICA
5 Alteración en la imagen dada por un sistema óptico que impide establecer una correspondencia exacta entre el objeto real y la percepción óptica del mismo. — ÓPTICA
6 Diferencia entre la posición real de un astro y aquella en que se ve por efecto del movimiento de la tierra y de la velocidad de la luz. — ASTRONOMÍA
7 **aberración cromática:** Coloración de los bordes de la imagen dada por una lente, por efecto de la dispersión de las distintas radiaciones. — ÓPTICA
8 **aberración de esfericidad:** Alteración de la imagen dada por una lente o un espejo estérico debida a la imperfecta esfericidad. — ÓPTICA

aberrante
1 Que se aparta de lo que se considera conveniente, — adj.

natural, lógico: *propone un razonamiento aberrante, inadmisible.* — = absurdo, disparatado
2 Que causa aversión: *hablan de un crimen aberrante.* — = horroroso

aberrar (Del lat. *aberrare*, errar.) Cometer una equivocación. — v.intr./conj: *errar* culto

abertal
1 Se refiere al campo de cultivo que no está cercado. — adj./AGRICULTURA
2 Se aplica al terreno que se agrieta con la sequía.

abertura
1 Acción de abrir o abrirse. — s.f./tb: apertura
2 Separación entre dos partes de una cosa o entre dos cosas próximas. — = agujero, hendidura
3 Espacio vacío dentro de un cuerpo. — = hueco
4 Grieta formada en la tierra por la sequedad y los torrentes.
5 Valle ancho entre dos montañas. — = abra
6 Ensenada, entrante de mar en la costa.
7 Apertura de un testamento. — DERECHO
8 Amplitud dejada por los órganos articulatorios al paso del aire, cuando se emite un sonido. — LINGÜÍSTICA
9 Cualidad que el sonido recibe según la amplitud dejada por los órganos articulatorios al paso del aire. — LINGÜÍSTICA
10 **abertura relativa:** Relación entre el diámetro útil del objetivo y la distancia focal. — ÓPTICA

abertzale (Voz vasca.) Del nacionalismo vasco. — adj./s.m.f.

abesón Eneldo, hierba medicinal. — s.m./BOTÁNICA

abetal Terreno poblado de abetos. — s.m./tb: abetar

abete
I (Del fr. *happette* < germánico *happen*, morder.) Pieza de hierro con un gancho en cada extremo con la que se aseguraba el paño a un tablero para tundirlo. — s.m.
II (Del lat. *abies*.) Abeto, árbol pináceo. — s.m./BOTÁNICA

abetinote Resina líquida que fluye a través de la corteza del abeto. — s.m. = abietino

abeto (Del lat. *abies*.)
1 Conífera arbórea de hasta 50 metros, tronco alto y recto, corteza lisa, copa cónica de ramas horizontales, con hojas aciculares persistentes y frutos cilíndricos en piñas, que vive en clima frío. (*Abies.*) — BOTÁNICA tb: abete
2 Madera de este árbol, no muy resistente, apreciada por su tamaño y blancura.
3 **abeto falso, rojo o del norte:** Picea, de corteza de color pardorrojizo cobre, que se utiliza a menudo para la repoblación artificial. — BOTÁNICA

abetunado, a Que es negro, como el betún o la pez: *ese chico tiene el cabello abetunado.* — adj. = moreno

abey Árbol leguminoso de las Antillas, cuyas hojas se dan como pienso al ganado y cuya madera se usa en carpintería. (*Poeppigia excelsa.*) — s.m. BOTÁNICA

abiar Manzanilla loca, planta usada como tinte y como infusión. — s.m. BOTÁNICA

abicharse Agusanarse una planta o la herida de un animal. — v.prnl. Amér. Merid.

abierto, a (Part. irreg. de *abrir*.)
1 Que permite el paso: *con la ventana abierta entrarán moscas.* — adj. ≠ cerrado
2 Que está separado o extendido: *se sentó con las piernas abiertas.* — ≠ cerrado
3 Se refiere al campo que no tiene obstáculos que limiten la visión.
4 Se refiere a la ciudad o plaza que no está murada, cercada o fortificada.
5 Se refiere a la herida que está mal cerrada o cicatrizada.
6 Que está libre o sin prohibición: *es tiempo de veda abierta.* — ≠ cerrado
7 Que es franco, espontáneo o extravertido: *tiene un carácter muy abierto.* — = sincero ≠ cerrado
8 Que se expresa o se manifiesta públicamente: *publicaron una carta abierta en el periódico.* — = público
9 Que es transigente o tolerante: *mentalidad abierta.* — tb: + a
10 Se refiere a la caballería que padece distensión de los músculos o de los tejidos fibrosos de la parte superior de los miembros torácicos. — VETERINARIA
11 Se aplica a la vocal que se articula con una mayor abertura concedida al paso del aire por los órganos de articulación: *las vocales a, e, o son abiertas.* — LINGÜÍSTICA ≠ cerrado
12 Prueba, torneo que se disputa entre profesionales y no profesionales: *se celebró el abierto de tenis.* — s.m. DEPORTES
13 Se aplica a la embarcación que no tiene cubierta. — adj./NÁUTICA
14 Abra, desmonte de un bosque. — s.m./Colomb.

abietáceo, a Perteneciente a una familia de plantas gimnospermas coníferas, de hojas estrechas, flores unisexuales y fruto en piña, como el abeto y el pino. — adj/s.f. BOTÁNICA = abietíneo

abietino, a
1 Perteneciente o semejante a la resina del abeto. — adj.
2 Abetinote, resina del abeto. — s.m.

abigarrado, a
1 Que tiene varios colores mal combinados: *cuadro abigarrado; colcha abigarrada.* — adj. = estridente

2 Que es heterogéneo e inconexo: *¿qué quiere esa muchedumbre abigarrada?*   ≠ **homogéneo**

abigarramiento
1 Cualidad de lo abigarrado.   s.m.
2 Aplicación de colores mal combinados.

abigarrar Poner varios colores mal combinados en una cosa.   v.tr.

abigeato (Del lat. *abigeatus* < *abigere*, llevarse < *agere*, conducir.) Hurto de ganado.   s.m. DERECHO

ab initio (Expresión latina.) Desde el principio, desde tiempo inmemorial.   loc.adv. formal

ab intestato (Expresión latina.)
1 Sin testamento, que ha muerto sin testar.   loc.adv.
2 Abandonadamente, hecho sin cuidado.

abintestato (Del lat. *ab intestato*, sin testar.) Procedimiento judicial sobre herencia y adjudicación de bienes de la persona que muere sin hacer testamento.   s.m. DERECHO

abiogénesis Generación espontánea o formación de una sustancia a partir de materia inorgánica sin intervención de organismo vivo.   s.f./pl: abiogénesis BIOLOGÍA = abiogenesia

abiosis Cesación aparente de la vida por sustracción de oxígeno, agua u otra sustancia.   s.f./pl: abiosis BIOLOGÍA

abiótico, a Se aplica al medio ambiente que no permite la vida de algunas especies animales o vegetales.   adj. BIOLOGÍA

abirritación Disminución de los fenómenos vitales en los tejidos al cesar la irritación.   s.f. MEDICINA

abisagrar Poner bisagras en una puerta, ventana, tapa u otro elemento semejante.   v.tr.

abisal
1 Se aplica a las profundidades y regiones oceánicas, con ausencia de luz solar a partir de los seiscientos metros.   adj. BIOLOGÍA, GEOLOGÍA
2 Relativo al abismo oceánico, especialmente a la fauna que vive en sus profundidades.   = abismal

abisinio, a
1 Que es de Abisinia, actual Etiopía.   adj.
2 Persona natural de Abisinia.   s.= etíope
3 Lengua del grupo etiópico, hablada en Etiopía.   s.m./LINGÜÍSTICA

abismado, a
1 Se aplica a la pieza del escudo que está colocada en el abismo.   adj. HERÁLDICA
2 Que está ensimismado: *gesto abismado.*   = absorto

abismal
1 Del abismo oceánico.   adj./= abisal
2 Se refiere a la diferencia que es muy grande o marcada: *la disparidad de sus posiciones respecto al nuevo código es abismal e irreconciliable.*   = profundo
3 Que es insondable o incomprensible.

abismar
1 Meter en un abismo o un lugar muy profundo.   v.tr/prnl.
2 Causar confusión o abatimiento a una persona.   = abatir
3 Caer en un estado de abstracción o desesperación: *se abismó en su dolor tras la separación.*   v.prnl. = sumergirse
4 Asombrarse o sorprenderse.   Amér. Merid.

abismo (Del lat. **abyssimus* < *abyssus* < gr. *abyssos*, sin fondo < *a*, privativo + *byssos*, fondo.)
1 Precipicio de enorme profundidad.   s.m.
2 Lugar sobrenatural donde sufren castigo los condenados por la justicia divina.   literario = infierno
3 Diferencia importante que existe entre personas o cosas por sus ideas, sus acciones o sus cualidades.
4 Parte del alma, del pensamiento, de una persona a la que no se puede llegar.   culto
5 Grado máximo de una cualidad negativa: *toda su conducta es un abismo de maldad.*
6 Punto o parte central del escudo.   HERÁLDICA

abitaque Pieza de madera serrada longitudinalmente.   s.m./= cuartón

abitar Bitar, amarrar un cabo dando vueltas a la bita.   v.tr./NÁUTICA

abitón Madero que se coloca verticalmente en un barco para amarrar los cabos.   s.m. NÁUTICA

abjuración Acción de abjurar.   s.f.

abjurar Renunciar con juramento o solemnemente a una doctrina, creencia o compromiso: *abjuró de su religión.*   v.tr/intr. + de = renegar

ablación (Del lat. *ablatio*, separación.)
1 Acción de cortar, quitar o separar.   s.f.
2 Extirpación o separación de cualquier parte o tejido del cuerpo: *se le practicó la ablación de la próstata.*   MEDICINA
3 **ablación continental:** Arrastre de materiales de la corteza terrestre producido por los ríos, vientos, olas u otros agentes erosivos.   GEOLOGÍA
4 **ablación de clítoris:** Mutilación forzosa que padecen algunas mujeres en este órgano, en algunos países africanos y asiáticos.
5 **ablación glaciar:** Fusión parcial de un glaciar producida por el calor.   GEOLOGÍA

ablactación Cese parcial o total de la lactancia.   s.f./formal = destete

ablandabrevas Persona inútil o perezosa: *nunca le tuvieron en consideración por ser un ablandabrevas < empedernido y un gandul.*   s.m.f. coloquial pl: ablandabrevas

ablandahígos Persona inútil y perezosa.   s.m.f./coloquial pl: ablandahígos

ablandamiento Acción y resultado de ablandar o ablandarse: *ablandamiento de pieles para el curtido.*   s.m.

ablandar
1 Poner o hacerse una cosa blanda: *antes de cocinarlo ablandaron el pulpo a golpes.*   v.tr/prnl. = blandear
2 Poner suave, aflojar la tensión de una cosa.   = laxar
3 Moderar la agresividad o el rigor de una persona, convencerle, hacerle ceder: *se ablandó con palabras de cariño.*   = apaciguar
4 Disminuir el viento o el frío su intensidad.   v.intr/prnl.
5 Sentir miedo: *se ablandó al oír aquellos ruidos tan extraños.*   v.prnl. = acobardarse
6 Hacer supurar una tumoración para poderla sanar y eliminarla.   v.tr./MEDICINA = molificar

ablande Rodaje de un automóvil.   s.m./Argent.

ablaquear Cavar alrededor de un árbol o una cepa con el fin de retener el agua.   v.tr. AGRICULTURA

ablativo
1 Caso de la declinación que expresa relaciones diversas, clasificables todas ellas como complementos circunstanciales, como la procedencia, la materia, el tiempo o el instrumento.   s.m. GRAMÁTICA
2 **ablativo absoluto:** Construcción elíptica que en español se construye en aposición y suele estar formada por un participio y un sustantivo, dos sustantivos en aposición o un adjetivo y un sustantivo concertados: *"una vez fritas las patatas, comenzó a preparar la ensalada"* es un ejemplo de ablativo absoluto.   GRAMÁTICA

-able Unido a verbos de la primera conjugación indica capacidad o aptitud para la acción denotada por el verbo: *contable; explotable.*   suf.

ablegación Destierro impuesto por el padre a un hijo, en el derecho romano.   s.f. DERECHO

ablegado Enviado apostólico encargado de entregar el birrete a los nuevos cardenales.   s.m. RELIGIÓN

ablepsia Ceguera, pérdida de la visión.   s.f./MEDICINA

ablución (Del lat. *ablutio* < *abluere*, sacar lavando < *ab*, separativo + *lavare*, lavar.)
1 Lavatorio, acción de lavarse.   s.f.
2 Ceremonia de purificarse con agua, según los ritos de ciertas religiones, como el bautismo cristiano.   RELIGIÓN
3 Ceremonia con que el sacerdote purifica el cáliz y sus dedos en el rito católico.   RELIGIÓN
4 Vino y agua con que se hace esta purificación.   s.f.pl.

ablusado, a Se aplica a la prenda que es holgada, como la blusa: *préstame el corpiño ablusado.*   adj.

abnegación Actitud o cualidad de quien es capaz de sacrificarse por otros o por un ideal: *dio muestras de una abnegación inquebrantable.*   s.f. = generosidad

abnegar (Del lat. *abnegare*, negar.) Renunciar voluntariamente una persona a sus deseos o intereses.   v.tr/prnl. conj: regar

abobar
1 Hacer boba a una persona: *tanta televisión le abobó; sin saber cómo, se ha abobado.*   v.tr/prnl. = atontar
2 Dejar embobada o admirada a una persona.   = embobar

abobra Planta de la familia de las cucurbitáceas, trepadora, que se cultiva en jardines.   s.f. BOTÁNICA

abocado, a
1 Que está próximo o expuesto a una inminente situación: *estamos abocados a la bancarrota.*   adj. + a
2 Se refiere al vino algo más suave que el seco, sin llegar a ser dulce.   adj/s.m.

abocar
1 Echar el contenido de un recipiente en otro: *abocar el vino en los toneles.*   v.tr. conj: sacar
2 Poner una cosa cerca, aproximar.
3 Empezar a entrar una embarcación en un puerto, canal o estrecho.   v.intr. NÁUTICA
4 Reunirse varias personas para tratar de un asunto.   v.prnl.
5 Entregarse con fuerza y entusiasmo a la realización de una cosa, dedicarse plenamente.   Argent., Méx., Urug.

abocardar Hacer la boca de un tubo o un agujero más ancha: *abocardó el empalme de la tubería.*   v.tr.

abocardo Barrena para taladrar maderas.   s.m./= alegra

abocelado, a Que tiene sección convexa y lisa, como la del bocel.   adj.

abocetar
1 Ejecutar un boceto.   v.tr.
2 Dar carácter de boceto a una obra artística.   = bosquejar

abochornar
1 Causar el calor excesivo bochorno a una persona.   v.tr/prnl.
2 Hacer que se pongan rojas las mejillas de una per-   = sonrojar

sona a causa de la vergüenza que siente: *se abochornó al oírles contar aquellas historias.*
3 Secarse o enfermar las plantas por excesivo calor. — v.prnl./BOTÁNICA

abocinado, a
1 Se aplica al arma que tiene la boca como la de una trompeta o una bocina. — adj. = abocardado
2 Se refiere al arco que tiene más luz en un paramento que en el opuesto. — ARQUITECTURA = embocinado

abocinar
1 Tomar una cosa forma de bocina. — v.tr.
2 Caer una persona de bruces. — v.intr/prnl.
3 Inclinarse la caballería sobre el cuarto delantero. — v.prnl./EQUITACIÓN

abofarse Hincharse, ponerse una cosa blanda, con menos consistencia: *abofarse la madera.* — v.prnl. = bofarse

abofetear Dar bofetadas a una persona: *lo abofeteó en público, en un arrebato de cólera.* — v.tr.

abogacía
1 Profesión y ejercicio del abogado. — s.f./DERECHO
2 Cuerpo de abogados. — DERECHO

abogadear Ejercer una persona de abogado con poca dignidad o sin el título necesario. — v.intr. DERECHO

abogaderas Argumentos capciosos: *no me venga usted con abogaderas y reláteme lo que pasó.* — s.f.pl. Amér. Merid.

abogadismo
1 Intervención excesiva de los abogados en asuntos públicos: *se criticó el abogadismo en la prensa.* — s.m. DERECHO
2 Empleo de métodos propios de los abogados en cuestiones ajenas a la abogacía.

abogado, a (Del lat. *advocatus < advocare*, cônvocar < *vocare*, llamar.)
1 Licenciado en derecho que se dedica a defender en juicio los derechos e intereses de los litigantes y dar dictamen sobre cuestiones judiciales. — s. DERECHO
2 Persona que intercede o media en un asunto. — = intercesor
3 Santo al que se tiene como protector de ciertas cosas, personas o colectividades: *santa Rita es abogada de los imposibles.* — RELIGIÓN
4 Promotor de la fe, eclesiástico que se encarga de poner objeciones en las causas de canonización, en la Iglesia católica. 2. Contradictor de buenas causas. — coloquial
5 **abogado del estado:** El que está al servicio del estado para defender sus derechos en juicio, asesorar a los organismos oficiales y liquidar en las oficinas de hacienda el impuesto de derechos reales. — DERECHO
6 **abogado de oficio o de pobres:** El designado por turno en los colegios de abogados para defender gratuitamente a los procesados que no han nombrado defensor propio. — DERECHO
7 **abogado de secano:** 1. Letrado que no ejerce ni sirve para ello. 2. El que sin haber estudiado jurisprudencia entiende de leyes o presume de ello. 3. El que habla de cosas en que es lego. 4. Rústico avisado y astuto en el manejo de los negocios superiores a su educación. — coloquial
8 **abogado firmón:** El que, por remuneración, se dedica a firmar escritos ajenos. — DERECHO

abogar (Del lat. *advocare*, convocar.)
1 Hablar en favor de una persona o de una cosa: *abogó por la renovación de la empresa; abogó por la paz mundial.* — v.intr. conj: pagar + por
2 Defender a una de las partes en un juicio: *abogó por el acusado.* — + por, a, en favor de

abohetado, a Que está hinchado o pálido. — adj./= abuhado

abohmio Unidad de resistencia en el sistema electromagnético. — s.m. FÍSICA

abolengo (Derivado de *abuelo < lat. *aviolus*, diminutivo masculino de *avia*, abuela.)
1 Ascendencia de una persona, en especial ascendencia ilustre. — s.m. = abolorio
2 Patrimonio heredado de los abuelos o de cualquier otro ascendiente lejano: *bienes de abolengo.* — DERECHO

abolición Anulación, invalidación, acción de abolir: *abolición de la esclavitud.* — s.f.

abolicionismo Doctrina político-social que defendía la abolición de la esclavitud y posteriormente propugna la derogación de otras leyes o prácticas como la de la pena de muerte. — s.m. POLÍTICA

abolicionista
1 Que tiene relación con el abolicionismo: *doctrina abolicionista.* — adj.
2 Partidario de esta doctrina. — s.m.f.

abolir (Del lat. *abolere*.)
1 Suspender una costumbre, una práctica o el uso de una cosa mediante una disposición legal. — v.tr. defectivo = derogar
2 Dejar un órgano sin vitalidad.
CONJ.: IND.: PRES.: abolimos, abolís. PRET. IMPERF.: abolía, abolías, abolía, abolíamos, abolíais, abolían. PRET. INDEF.: abolí, aboliste, abolió, abolimos, abolisteis, abolieron. FUTUR.: aboliré, abolirás, abolirá, aboliremos, aboliréis, abolirán. IMP.: abolid.

abolladura Pequeño hundimiento de una superficie, — s.f.

especialmente metálica, producido por un golpe o por la presión ejercida sobre ella: *la abolladura del capó del coche.* — = abollón, bollo

abollar (Del lat. *bulla*, burbuja, bola.)
1 Hacer bollos o concavidades en la superficie de una cosa: *los niños abollaron la pared.* — v.tr/prnl.
2 Adornar metales o telas con bollos. — v.tr.

abollonar Trabajar una lámina metálica con el martillo formando bollones o bultos en una de sus caras. — v.tr. METALURGIA

abolorio Abolengo o ascendencia de una persona o de una familia. — s.m.

abolsarse
1 Tomar una cosa forma de bolsa. — v.prnl.
2 Ponerse una pared hueca: *abolsarse por la humedad un muro.* — = afollarse

abomaso (Derivado culto del lat. *omasum*, tripas de buey.) Cuajar, parte del estómago de los rumiantes. — s.m. ZOOLOGÍA

abombamiento
1 Convexidad, redondez de un cuerpo: *el abombamiento de una pared.* — s.m.
2 Pliegue con un gran radio de curvatura. — GEOLOGÍA

abombar
1 Dar o adquirir forma convexa una cosa. — v.tr/prnl.
2 Dejar un ruido muy fuerte a una persona momentáneamente incapacitada para oír. — v.tr. = ensordecer
3 Hacer funcionar una bomba. — v.intr.

abominable Que es digno de ser abominado, detestado o aborrecido: *la más abominable de las traiciones.* — adj.

abominación
1 Acción y efecto de aborrecer una cosa. — s.f.
2 Cosa aborrecible: *la obra resultó una abominación.* — = asco

abominar (Del lat. *abominare.*)
1 Sentir o mostrar una persona aversión: *abomina las películas de terror.* — v.tr. = aborrecer
2 Estar una persona descontenta o enfadada por algo. — v.tr/intr. + de

abonado, a
1 Persona que ha suscrito o adquirido un abono para recibir un servicio, un suministro o asistir a un espectáculo: *la revista ha quebrado por falta de abonados.* — s. = suscriptor
2 Que es de fiar por su caudal o crédito. — adj.
3 Acción de abonar la tierra. — s.m./AGRICULTURA
4 **abonado foliar:** El que se ejecuta con el propósito de fertilizar las viñas durante los años secos. — AGRICULTURA

abonanzar Ponerse el tiempo mejor o calmarse una tormenta: *la tarde abonanza por levante.* — v.intr. conj: cazar

abonar
I (Del lat. *bonus*, bueno.)
1 Echar abono a la tierra. — v.tr./AGRICULTURA
2 Decir que una cosa es buena o darla por cierta. — = acreditar
3 Salir fiador de la verdad de una cosa o del comportamiento de una persona: *abonar a un cliente.* — = avalar
II (Del fr. *abonner*, suscribir, del ant. *bonne*, límite.)
1 Pagar lo que se debe: *les abonaré el segundo plazo en un par de días.* — v.tr.
2 Inscribir a una persona para que, mediante el pago de una cuota, reciba un servicio o pueda usar una cosa: *se abonó al nuevo canal de televisión.* — v.tr/prnl. + a = suscribir
3 Tomar una cosa como parte de un pago.
4 Poner las partidas correspondientes al haber en una cuenta corriente. — ECONOMÍA
5 Pagar el importe de cada uno de los vencimientos de una renta o de un préstamo a plazos. — ECONOMÍA

abonaré Documento de crédito que se expide en equivalencia de una partida de cargo o un saldo preexistente. — s.m. = pagaré

abono
I (Derivado de *abonar < lat. *bonus*, bueno.) Sustancia mineral u orgánica que se añade a la tierra para que aumente la fertilidad. — s.m. AGRICULTURA = fertilizante
II (De *abonar < fr. *abonner*, suscribir.)
1 Lote de entradas que se compran conjuntamente y que permiten a una persona el uso y disfrute de un servicio o la asistencia a una serie de espectáculos: *tenía un abono para la ópera.*
2 Documento que refleja el derecho de quien se abona a alguna cosa.
3 Derecho que adquiere el que se abona.
4 Cosa, generalmente dinero, que se deja depositada para garantizar el cumplimiento por parte de una persona de una obligación o de un compromiso. — = fianza, garantía

aboquillar
1 Poner una boquilla a una cosa. — v.tr.
2 Dar forma de bocina a una abertura. — ARQUITECTURA
3 Hacer un chaflán. — ARQUITECTURA

aboral Se refiere al polo o extremo del animal que está biológicamente opuesto a la boca. — adj. ZOOLOGÍA

abordaje
1 Acción de abordar una embarcación. — s.m./NÁUTICA
2 Choque entre dos buques o de un buque contra un muelle. — NÁUTICA

3 al abordaje: Indica la manera como los integrantes del buque abordador pasan o invaden al abordado para combatir y adueñárselo.   *loc.adv.* MILITAR

abordar (Del fr. *bord* < germ. *bord*, lado de la nave.)
1 Chocar dos embarcaciones.   *v.tr/intr.*
2 Atracar una embarcación en un muelle.   *v.tr./NÁUTICA*
3 Acercarse a una persona para proponerle o pedirle una cosa: *abordó a su jefe en mitad de la calle.*
4 Empezar la exposición de un asunto o la realización de una cosa difícil.
5 Llegar una embarcación a un lugar.   *v.intr./NÁUTICA*

aborigen (Del lat. *aborigines* < *ab*, desde + *origo*, origen.)
1 Que es originario del lugar en que vive: *planta aborigen de Indonesia.*   *adj.*
2 Habitante originario de un país o lugar.   *adj/s.m.f.*

aborrachado, a De color rojo intenso.   *adj.*

aborrajarse Secarse las mieses antes de tiempo.   *v.prnl.*

aborrascarse Ponerse el tiempo borrascoso: *al iniciar la ascensión, el tiempo se aborrascó.*   *v.prnl.* conj: *sacar*

aborrecer (Del lat. *abhorrescere* < *ab*, de + *horrere*, tener horror.)
1 Sentir aversión hacia una persona o cosa: *aborrece la carne, pero le encanta el pescado.*   *v.tr.* conj: *carecer*
2 Dejar o abandonar un animal sus crías.
3 Fastidiar, molestar a una persona.   *v.tr/prnl.*

aborrecimiento
1 Sentimiento de repulsa o repugnancia hacia alguien o algo: *le dirigió una mirada de aborrecimiento.*   *s.m.* = aversión
2 Acción de abandonar o rechazar un animal sus crías: *murieron por el aborrecimiento de su madre.*
3 Aburrimiento o exasperación producidos por una actividad desagradable.   = animadversión

aborregarse
1 Cubrirse el cielo de nubes blanquecinas, parecidas a los vellones de lana de los borregos.   *v.prnl.* conj: *pagar*
2 Perder una persona la iniciativa.

aborricarse Hacerse una persona ruda, torpe o tosca: *se aborricó con la vida que llevaba.*   *v.prnl.* conj: *sacar*

abort (Voz inglesa.) Interrupción de una operación o de un proceso realizado por una rutina de control o por un operador para impedir su realización.   *s.m.* = aborto INFORMÁTICA

abortar (Del lat. *abortare* < *aboriri*, perecer < *oriri*, nacer.)
1 Expulsar el feto muerto antes del tiempo de gestación necesario, de forma natural o provocada.   *v.intr./BIOLOGÍA* = malparir
2 Dejar de crecer un órgano de una planta.   BOTÁNICA
3 Interrumpirse o fracasar un proyecto antes de completarse.   *v.tr/intr.* = malograr
4 Desaparecer o curarse una enfermedad antes del tiempo o evolución previstos: *los antibióticos abortaron la infección.*   MEDICINA
5 Producir algo deforme o monstruoso.   *v.tr.*

abortista Partidario del derecho a abortar.   *s.m.f.*

abortivo, a
1 Que hace abortar: *producto abortivo.*   *adj/s.*
2 Se refiere al feto que es expulsado antes de tiempo.   *adj.*

aborto
1 Interrupción, voluntaria o no, del embarazo.   *s.m.*
2 Ser o cosa abortada.   = abortamiento
3 Fracaso, cosa o situación que acaba mal: *el plan ha resultado un aborto.*
4 Cosa o persona desagradable: *la película que vimos ayer es un aborto.*   coloquial = engendro

abortón
1 Animal mamífero que muere como consecuencia de un nacimiento prematuro.   *s.m.* ZOOLOGÍA
2 Piel del cordero nacido antes de tiempo.

abotagarse Ponerse el cuerpo o parte de él hinchado, generalmente por enfermedad.   *v.prnl./conj: pagar* tb: abotargarse

abotinado, a
1 Se aplica al zapato que tiene una parte que cubre el empeine, como el botín.   *adj.*
2 Se refiere al pantalón que se ajusta a los tobillos por encima del calzado.   = pitillo

abotonador Utensilio de metal con un gancho o un agujero en la punta que sirve para abotonar.   *s.m.*

abotonar
1 Pasar un botón por su ojal para que quede cerrada una prenda.   *v.tr/prnl.* = abrochar
2 Echar yemas una planta.   *v.intr./BOTÁNICA* COCINA
3 Echar el huevo botoncillos de clara al cocerlo.

abovedado, a Que está construido o cubierto con una bóveda: *ejemplo de arquitectura abovedada.*   *adj.* CONSTRUCCIÓN

abovedar Cubrir una construcción con bóveda o dar forma de bóveda: *el aparejador abovedó la bodega.*   *v.tr./tb: embovedar* CONSTRUCCIÓN

aboyado, a
1 Se refiere a la finca rústica o terreno cerrado que se destina al mantenimiento del ganado vacuno.   *adj.* AGRICULTURA
2 Se refiere a la finca o heredad que se arrienda con bueyes para el labrado.   AGRICULTURA

aboyar
1 Poner boyas en un lugar.   *v.tr./NÁUTICA*
2 Mantenerse un cuerpo en la superficie de un líquido sin hundirse.   *v.intr.* = boyar

abozalar Poner bozal a un animal.   *v.tr.*

abra (Del fr. *havre* < neerlandés *havene*, puerto.)
1 Bahía no muy extensa.   *s.f./*= ensenada
2 Espacio abierto entre montañas.   = garganta
3 Abertura producida en el terreno por un seísmo.   = grieta
4 Espacio que queda entre dos filas de cubas en una bodega.
5 Campo abierto y amplio situado entre bosques o camino abierto a través de la maleza.   Amér. Central y Merid.
6 Hoja de una ventana o puerta.   Colomb.
7 Distancia entre los palos de la arboladura.   NÁUTICA

abracadabra Palabra cabalística a la cual se le atribuyen propiedades mágicas.   *s.m.* OCULTISMO

abracadabrante Que tiene elementos sorprendentes o aterradores: *lío abracadabrante.*   *adj.*

abranquio, a Que no tiene branquias.   *adj./ZOOLOGÍA*

abrasar
1 Quemar, reducir a brasas: *el incendio abrasó varias hectáreas de bosque.*   *v.tr/prnl.* = incinerar
2 Secar el calor o el frío excesivos una planta.   = marchitar
3 Poner una cosa muy caliente: *este horno abrasa.*   *v.tr/intr.*
4 Causar una cosa sensación de dolor, picor o sequedad: *la fiebre le abrasaba la garganta.*   *v.tr.* = quemar
5 Gastar los bienes o caudales sin prudencia.   = despilfarrar
6 Provocar o encender un sentimiento violento en una persona: *este actor abrasa al público.*   = apasionar
7 Sentir una persona mucho calor o ardor.   *v.prnl.*

abrasión (Derivado del lat. *abrasus* < *abradere*, raer.)
1 Desgaste que se hace al frotar o friccionar.   *s.f.*
2 Erosión originada por el frotamiento de los materiales transportados por el agua o el hielo.   GEOLOGÍA
3 Fuerte irritación producida por algunos líquidos al entrar en contacto con la piel o con las mucosas.   MEDICINA
4 Ulceración no profunda de la piel o de las mucosas causada por quemadura o traumatismo.   MEDICINA

abrasivo, a
1 Que produce abrasión: *producto abrasivo.*   *adj.*
2 Se refiere a la sustancia que se utiliza para limpiar o pulir materiales.   *adj/s.m.*

abraxas
1 Palabra que simboliza el curso del sol en los 365 días del año y a la que los nósticos atribuían propiedades mágicas.   *s.m.* pl: abraxas OCULTISMO
2 Piedra o talismán que tiene grabada esta palabra.   OCULTISMO

abrazadera
1 Pieza de metal o madera, usada para ceñir una cosa a otra: *fijar la tubería con abrazaderas.*   *s.f.* = manija
2 Signo de imprenta que representa el corchete.   ARTES GRÁFICAS
3 Se refiere a la sierra de grandes dimensiones que sirve para dividir grandes maderos sobre caballetes.   *adj/s.f.* CARPINTERÍA

abrazador, a
1 Que abraza.   *adj.*
2 Se refiere a la hoja que se prolonga en la base abrazando el tallo.   BOTÁNICA
3 Hierro o palo combado que en la noria mantiene el peón sujeto al puente.   *s.m.* CONSTRUCCIÓN
4 Almohada utilizada en Filipinas para evitar el calor.

abrazar
1 Rodear a una persona o una cosa con los brazos: *se abrazó al árbol para no caer.*   *v.tr/prnl.* conj: *cazar*
2 Rodear a una persona con los brazos en señal de cariño: *abrazaba a su abuela con ternura.*   = estrechar
3 Poner una cosa dentro de unos límites: *la plantación abraza mucho terreno.*   *v.tr.* = abarcar
4 Contener algo una cosa: *este libro abraza toda la historia del arte.*   = abarcar, incluir
5 Escoger o seguir una doctrina o una religión: *abrazó el judaísmo al casarse.*   = adoptar
6 Tomar una persona una cosa a su cargo.   = adoptar

abrazo Acción de estrechar entre los brazos.   *s.m.*= abrazada

abrebalas Máquina para abrir y limpiar las fibras de algodón al ser extraídas de las balas o fardos.   *s.m.* pl: abrebalas

abreboca Aperitivo, alimento ligero que se toma antes de las comidas.   *s.m.*

abrebotellas Utensilio para extraer el tapón de las botellas.   *s.m/pl: abrebotellas* = decapsulador

abrecartas Utensilio semejante a un cuchillo, para abrir los sobres de las cartas.   *s.m.* pl: abrecartas

ábrego (Del lat. *ventus africus*, viento del sur, africano.) Viento que sopla del sur.   *s.m.*

abrelatas Utensilio o aparato para abrir las latas de conserva: *se fabrican múltiples modelos de abrelatas.*   *s.m.* pl: abrelatas

abrepuño Planta herbácea ranunculácea anual, de flores amarillas y varios frutos agrupados, provistos de púas o espinas recurvadas, que crece en los campos de cereales. *(Ranunculus arvensis.)* — s.m. BOTÁNICA

abrevadero Sitio al aire libre donde va a beber el ganado o la caballería. — s.m./= aguadero, abrevador

abrevar (De *abebrar* < lat. **abbiberare* < *bibere*, beber.)
1 Dar de beber al ganado o a una caballería. — v.tr/intr.
2 Dar de beber, especialmente un brebaje a una persona. — v.tr.
3 Poner las pieles en remojo para adobarlas.
4 Dar satisfacción a la ambición o los deseos de una persona. — v.tr/prnl. = saciar
5 Beber el ganado. — v.intr.

abreviación Acción y resultado de abreviar, resumir o acortar algo. — s.f. = abreviatura

abreviador, a
1 Que abrevia o resume. — adj/s.
2 Oficial de la cancillería romana o de la nunciatura apostólica que extracta los documentos. — s.m. RELIGIÓN

abreviaduría Cargo de abreviador, en la cancillería romana o en la nunciatura apostólica. — s.f./RELIGIÓN tb: abreviaturía

abreviar
1 Hacer una cosa más breve: *abreviar una carta.* — v.tr.
2 Hacer una cosa más deprisa: *abrevió en su discurso.* — v.tr/intr.

abreviatura
1 Representación de una palabra por medio de una o varias de sus letras. — s.f. = abreviación
2 Palabra abreviada.
3 Compendio o resumen.

abribonarse Hacerse una persona bribona. — v.prnl.

abridero, a
1 Se refiere a la fruta que se abre espontáneamente o con facilidad en dos mitades. — adj.
2 Árbol frutal, variedad del melocotonero, cuyo fruto se abre con facilidad y deja suelto el hueso. — s.m./BOTÁNICA = abridor
3 Fruto de este árbol. — BOTÁNICA

abridor, a
1 Que abre. — adj.
2 Abridero, árbol y fruto. — s.m./BOTÁNICA
3 Utensilio o aparato que sirve para abrir las latas de conservas y las botellas. — = abrelatas, abrebotellas
4 Cuchilla que se emplea para ir despegando la corteza del árbol hasta que cabe la púa que se va a injertar.
5 Aro de oro que se pone en la oreja para impedir que se cierre el agujero practicado en el lóbulo.
6 **abridor de láminas:** Grabador, que se dedica al arte o impresión del grabado. — ARTES GRÁFICAS

abrigadero
1 Abrigo, sitio defendido de los vientos. — s.m./= abrigada
2 Lugar de la costa para resguarde de las naves. — NÁUTICA

abrigado Sitio resguardado del viento. — s.m./= abrigadero

abrigaño, a
1 Que abriga o da calor. — adj.
2 Lugar o paraje donde no da el viento. — s.m.

abrigar (Del lat. *apricare*, calentar con el calor del sol.)
1 Tapar a una persona o una cosa para protegerla del frío: *me abrigué con la manta.* — v.tr/prnl. conj: pagar
2 Proteger o cuidar a una persona o una cosa: *muchas personas abrigan a los niños pobres.* — v.tr. = amparar
3 Tener una idea, una manifestación, un afecto o un estado de ánimo: *abriga buenos propósitos.* — = cobijar
4 Apretar el vientre de un caballo con las piernas para ayudarle. — EQUITACIÓN
5 Defender una embarcación del viento o del oleaje. — NÁUTICA

abrigo (Del lat. *apricus*, que le da el sol.)
1 Prenda de vestir larga y con mangas que sirve para abrigarse y se pone sobre el traje u otras prendas. — s.m.
2 Defensa contra el frío: *una colcha de mucho abrigo.*
3 Sitio defendido de los vientos que se usa como refugio: *buscó un abrigo en las rocas.* — = abrigadero, abrigado
4 Cosa que auxilia o protege: *el portal fue un buen abrigo para la lluvia.* — = cobijo, resguardo
5 Cueva natural poco profunda. — GEOLOGÍA
6 Lugar de la costa para protección de las embarcaciones. — NÁUTICA
7 **al abrigo de:** Bajo la protección de: *pasó los primeros meses de gestación al abrigo de las carmelitas.* — loc.adv.
8 **de abrigo:** Se usa para referirse a una persona temible, peligrosa, de la que hay que cuidarse: *ten cuidado con ella, porque es de abrigo.* — loc.adj.
9 **de mal abrigo:** Se refiere al sitio muy frío.

abril (Del lat. *aprilis*, abril.)
1 Cuarto mes del año, entre marzo y mayo en el calendario occidental: *el 20 de abril es mi aniversario.* — s.m.
2 Años de la primera juventud: *tiene quince abriles.* — s.m.pl.
3 **estar hecho o parecer un abril:** Lucir, estar hermoso: *a pesar de su edad, está hecha un abril.*

abrillantador, a
1 Que abrillanta. — adj.
2 Artesano que abrillanta piedras preciosas. — s.m.
3 Utensilio o sustancia para abrillantar. — = pulidor

abrillantar
1 Dar brillo a una cosa frotándola: *mandó que abrillantasen la cubertería de plata.* — v.tr. = pulir
2 Dar mayor valor o apariencia de valor: *abrillantaba sus mercancías para que parecieran nuevas.*
3 Trabajar una piedra preciosa o un metal formando facetas como las de los brillantes.
4 Dar brillo a pasteles y otros preparados con grasa, jalea o huevo batido. — COCINA = glasear

abriolar Poner los brioles de las velas. — v.tr./NÁUTICA

abrir (Del lat. *aperire*.)
1 Separar las partes de una cosa dejando su interior al descubierto: *el telón se abrió y comenzó la obra; abrir un libro.* — v.tr/prnl. part: abierto ≠ cerrar
2 Hacer una grieta o un agujero: *la pared se abrió a causa del terremoto.* — ≠ agujerear
3 Separar del marco la hoja o las hojas de una puerta o una ventana: *la puerta se abrió a causa del viento.* — v.tr/intr/prnl. ≠ cerrar
4 Tirar de un cajón hacia fuera sin sacarlo del todo. — v.tr. ≠ cerrar
5 Mover una pieza o un mecanismo que sirve para mantener cerrada una cosa, de modo que permita el paso de un fluido o de cualquier otra cosa: *abrir un grifo.* — v.tr. ≠ cerrar
6 Separar partes del cuerpo o de un objeto articulado: *abrir las piernas; abrir una navaja.* — ≠ cerrar
7 Desplegar un objeto doblado o encogido: *abrir un paraguas; abrir el abanico.* — = extender ≠ cerrar
8 Romper o despegar un sobre, una carta o un paquete para ver o extraer lo que contiene. — ≠ cerrar
9 Hacer un paso por un lugar: *abrir camino en la selva.*
10 Iniciar un negocio o empezar a funcionar un establecimiento público: *abrir un café.* — ≠ cerrar
11 Empezar o reanudar una actividad que estaba temporalmente suspendida: *se abrirá el curso escolar mañana mismo.* — = inaugurar ≠ cerrar
12 Empezar una inscripción o un concurso: *el lunes se abre el plazo de matrícula.*
13 Ir una o varias personas delante en una marcha o un desfile: *abrir una manifestación.*
14 Hacer un ingreso y la gestión correspondiente en un banco para tener en él una cuenta: *abrir una cuenta-vivienda.* — v.tr/prnl.
15 Provocar una cosa el apetito, dar ganas de comer: *el jarabe le abrió el apetito.* — v.tr.
16 Quedar el tiempo o el cielo despejado. — v.prnl.
17 En algunos juegos de naipes, empezar a jugar o apostar. — v.intr./JUEGOS
18 Separar una flor los pétalos al llegar al desarrollo completo. — v.intr/prnl. BOTÁNICA
19 Dar a conocer una persona sus pensamientos o sentimientos íntimos a otra: *finalmente, mi hija se abrió a su maestra.* — v.prnl. + a, con = sincerarse
20 Separar una embarcación de su atracadero. — NÁUTICA
21 Irse de un lugar, o huir con precipitación: *se abrió para que no lo detuvieran.* — coloquial
22 Estar orientada una cosa hacia un lugar: *este balcón se abre a un hermoso bosque.*
23 Separar a un toro de la barrera para colocarlo en suerte. — v.tr. TAUROMAQUIA

abrochar Sujetar las partes de una prenda de vestir con botones, broches o elementos similares: *se abrochó la chaqueta a toda prisa.* — v.tr/prnl.

abrogar Invalidar una ley o una disposición que hasta ese momento estaba en vigor. — v.tr/conj: pagar DERECHO

abrojal Terreno donde abundan los abrojos. — s.m.

abrojín Cañadilla, molusco gasterópodo comestible que segrega un líquido del que se extraía la púrpura. — s.m./= corneta ZOOLOGÍA

abrojo (Del lat. *aperi oculos*, abre los ojos.)
1 Planta de tallo rastrero, hojas compuestas con folíolos pares y fruto casi esférico y espinoso, que es frecuente en los sembrados. *(Tribulus terrestris.)* — s.m./BOTÁNICA = tríbulo, abrojos
2 Fruto del abrojo. — BOTÁNICA
3 Cardo estrellado, planta. — BOTÁNICA
4 Pieza de plata u otro metal, que tiene forma de abrojo y que colocaban los disciplinantes en el extremo del azote para aumentar su penitencia.
5 Pieza de hierro, con cuatro puntas o cuchillas dispuestas de forma que siempre queda una mirando hacia arriba, cuya finalidad era dificultar el avance del ejército enemigo, especialmente de la caballería. — MILITAR
6 Penas o sufrimientos. — s.m.pl./literario
7 Escollos o peñas agudas, que se encuentran en el mar a poca profundidad. — NÁUTICA

abroma Planta arbustiva de origen tropical, con tronco recio, hojas verdes, grandes y lobuladas, flores encarnadas y fruto capsular. — s.m. BOTÁNICA

abroncar
1 Regañar, echar una bronca: *el capataz abroncó a los trabajadores.* — v.tr. conj: sacar

2 Expresar descontento, disconformidad o disgusto con abucheos. = abuchear

3 Hacer que una persona sienta vergüenza o bochorno delante de otras. = avergonzar

4 Hacer que una persona se enfade: *¿por qué se abroncó?* v.tr/prnl. coloquial

abroquelado, a Se refiere a la hoja que es de lámina redondeada y tiene el pecíolo inserto en el centro. adj. BOTÁNICA

abroquelar
1 Proteger a una persona o una cosa para evitar que sufra un daño. v.tr. = amparar
2 Cubrirse con un broquel o escudo para defenderse. v.prnl.
3 Usar cualquier medio de defensa material o moral: *se abroqueló con mil excusas.* + con, de = escudarse
4 Hacer que el viento hiera en la cara de proa de las velas maniobrando con éstas. v.tr. NÁUTICA

abrótano (Del lat. *abrotanum* < gr. *abrotonon*, tierno al tacto, delicado.)
1 Planta compuesta, con flores en cabezuelas amarillas, de olor suave, que se emplea como vermífugo. *(Artemisa abrotanum.)* s.m. BOTÁNICA tb: brótano
2 abrótano hembra: Planta compuesta, con flores también en cabezuelas amarillas, muy aromáticas, que se emplean en infusión como antiespasmódicas y antihelmínticas. *(Santolina chamaecyparissus.)* BOTÁNICA

abrotoñar Brotar, echar una planta brotes. v.intr./ BOTÁNICA

abrumador, a Que abruma, agobia o apabulla: *un trabajo abrumador; reacción abrumadora.* adj.

abrumar
1 Ser una cosa una carga penosa para una persona: *me abruma tanta responsabilidad.* v.tr./tb: brumar = agobiar
2 Dejar a una persona confundida: *me abrumó su comportamiento.* = apabullar
3 Llenarse la atmósfera de bruma. v.prnl.

abrupción
1 Desgarro, fractura o separación. s.f./MEDICINA
2 Figura retórica que consiste en suprimir las transiciones para dar más viveza al discurso. RETÓRICA

abrupto, a (Del lat. *abruptus* < *abrumpere*, romper.)
1 Referente al terreno o camino que tiene rocas, cortes o pendientes muy pronunciadas, por lo que su acceso o tránsito es difícil: *el último tramo del camino de ascensión era muy abrupto.* adj. = escarpado ≠ practicable
2 Que es áspero o violento: *tiene un carácter abrupto; se trata de una declaración abrupta.* = rudo ≠ amable

abruzarse Inclinarse, ponerse de bruces. v.prnl./conj: cazar

absceso Acumulación de pus en cavidades o tejidos orgánicos. s.m. MEDICINA

abscisa (Del lat. *abscissa*, cortada.) Coordenada horizontal en un plano, que constituye la distancia entre un punto y el eje vertical, medida sobre una línea paralela al eje horizontal. s.f. MATEMÁTICAS

abscisión (Del lat. *abscissio, -onis*, cortadura, mutilación.) Separación de una parte pequeña en un cuerpo cualquiera, hecha con un instrumento cortante. s.f. culto

absenta (Del cat. *absenta*.) Ajenjo, bebida alcohólica. s.f.

absentina Principio amargo obtenido del ajenjo. s.f.

absentismo (Del ingl. *absenteeism* < lat. *absens*, ausente.)
1 Abstención frecuente de asistencia al trabajo. s.m.
2 Costumbre de vivir el propietario, especialmente el terrateniente, fuera del lugar donde están sus bienes.
3 Abandono del desempeño de los deberes propios de un cargo.

ábside (Del lat. *absis, -idis* < gr. *apsis*, nudo, bóveda.)
1 Parte de una iglesia, normalmente semicircular, que sobresale de su fachada posterior. s.m./ARQUITECTURA tb: abside
2 Extremo del eje mayor de la órbita de un astro. tb: ápside

absintio Ajenjo, planta medicinal. s.m./BOTÁNICA

absolución (Del lat. *absolutio.*)
1 Declaración en que se afirma la inocencia de una persona o se le libera de una obligación o culpa. s.f. = perdón
2 absolución de la demanda: Terminación de un juicio con resultado favorable al demandado. DERECHO
3 absolución de posiciones: Acto en que una de las partes de un juicio responde, bajo juramento, a las preguntas del juez en presencia de la otra parte. DERECHO
4 absolución general: 1. Suspensión de todas las censuras y aplicación de indulgencias que, en determinadas festividades, dan a sus feligreses los prelados regulares u otros sacerdotes autorizados, en la Iglesia católica. **2.** Perdón que todo sacerdote católico puede conceder a los que están en peligro o trance de muerte. RELIGIÓN
5 absolución libre: Terminación del juicio criminal con fallo en que se declara la inocencia del acusado. DERECHO tb: libre absolución
6 absolución sacramental: Perdón de los pecados que otorga el confesor al penitente en el sacramento católico de la penitencia. RELIGIÓN

absolutismo Forma de gobierno en la que el poder es ejercido sin ningún tipo de control o limitación legal. s.m. POLÍTICA

absolutista
1 Del absolutismo: *época absolutista.* adj./POLÍTICA
2 Partidario del absolutismo. s.m.f./POLÍTICA

absoluto, a (Del lat. *absolutus*, sin limitaciones.)
1 Que no admite ninguna relación o comparación: *el valor absoluto de las cifras.* adj. ≠ relativo
2 Que no tiene límites o no está sujeto a ninguna limitación o control por parte de las leyes: *detentó el poder absoluto por dos décadas.* = despótico, totalitario
3 De carácter imperioso o dominante. = despótico
4 Que es completo o total: *hay un silencio absoluto.*
5 Se aplica al concepto que se considera como existente en sí mismo y no realizado en una cosa concreta con determinación de espacio y tiempo: *la belleza absoluta; la verdad absoluta.* FILOSOFÍA
6 Se refiere a la magnitud que se mide a partir de un valor cero, que corresponde a la ausencia de esa magnitud. FÍSICA
7 Se refiere a la sustancia química líquida que está en estado puro y sin agua: *el alcohol y el éter son sustancias absolutas.* QUÍMICA
8 Entidad infinita, intemporal y cuyo valor designativo varía con cada filosofía: *lo absoluto.* s.m. FILOSOFÍA
9 en absoluto: 1. De manera determinante: *no dijo, en absoluto, lo contrario.* **2.** De ningún modo: *no me interesa, en absoluto.* loc.adv.

absolutorio, a Que absuelve: *sentencia absolutoria.* adj.

absolvederas Inclinación de algunos confesores a absolver y perdonar con facilidad. s.f.pl. coloquial

absolver (Del lat. *absolvere* < *ab*, de + *solvere*, desatar.)
1 Dejar a una persona libre de un cargo u obligación: *les absolvieron de todas las acusaciones del subordinado.* v.tr./conj: volver part: absuelto
2 Dar el confesor el perdón por los pecados a un penitente. RELIGIÓN = eximir
3 Declarar a un procesado inocente. DERECHO

absorbencia
1 Acción de absorber: *la absorbencia de un papel secante; la absorbencia de una esponja.* s.f.
2 Magnitud que caracteriza el poder de absorción de las radiaciones monocromáticas por parte de una sustancia. ÓPTICA = densidad óptica

absorbente
1 Que absorbe: *tejido absorbente.* adj.
2 Referente a una persona que intenta imponer su voluntad o acaparar la atención de los demás. = dominante, embebedor
3 Sustancia con capacidad de absorción. s.m.

absorber (Del lat. *absorbere*, sorber.)
1 Atraer y retener un cuerpo sólido líquidos o gases: *el bicarbonato absorbe los malos olores de la nevera.* v.tr. part.tb: absorto
2 Atraer los tejidos orgánicos sustancias nutritivas. BIOLOGÍA
3 Gastar o consumir completamente: *las reformas de la oficina absorbieron los beneficios.* = chupar, engullir
4 Recibir, asumir una entidad política o económica otra similar. = incorporar
5 Atraer toda la atención de una persona. = cautivar
6 Hacer un cuerpo que sean menores las radiaciones o las vibraciones que lo afectan. FÍSICA

absorciómetro Instrumento para medir directamente la cantidad de un gas absorbida por un líquido. s.m. QUÍMICA

absorción
1 Acción de absorber. s.f./= absorbencia
2 Pérdida de la fuerza de una radiación al atravesar la materia. FÍSICA

absortar Dejar o quedarse absorto: *se absortaba con relativa frecuencia.* v.tr./prnl. = ensimismarse

absorto, a (Part. irreg. de *absorber.*)
1 Que puesta toda su atención en lo que está haciendo: *estaba tan absorta en la película que no oía el timbre del teléfono.* adj. = abstraído
2 Pasmado, que ha perdido el control de los sentidos a causa de algo. = boquiabierto

abstemio, a (Del lat. *abstemius.*) Que no toma ninguna bebida alcohólica. adj/s. ≠ dipsómano

abstención (Del lat. *abstentio.*)
1 Hecho de abstenerse de opinar, votar o intervenir en algo: *su abstención en la rueda de opiniones desconcertó a la moderadora.* s.f.
2 Privación, por cuestiones morales o religiosas, de ciertos placeres y necesidades materiales, como la comida y el sexo. = abstinencia

abstencionismo Práctica de los que se abstienen o propugnan la abstención, generalmente en unas elecciones. s.m.

abstenerse (Del lat. *abstinere* < *abs*, privativo + *tenere*, tener.) Privarse de realizar, tomar o hacer una cosa: *me abstuve de intervenir; me abstengo de fumar.* v.prnl/conj: tener + de/= refrenarse

absterger (Del lat. *abstergere* < *abs* + *tergere*, limpiar.) Limpiar las llagas de sustancias nocivas. v.tr./conj: coger MEDICINA

abstersión Limpieza de llagas o heridas. — s.f./MEDICINA

abstinencia
1 Acción de abstenerse. — s.f.
2 Privación voluntaria de una cosa. — = abstención
3 Cese en el consumo habitual de cualquier tipo de droga: *síndrome de abstinencia.* — MEDICINA
4 Precepto de la religión católica que prohíbe comer carne en cuaresma. — RELIGIÓN

abstracción
1 Resultado de la operación mental que consiste en separar una cosa de todo elemento con el que esté relacionada, accidental o esencialmente, en la realidad. — s.f. = conceptualización
2 Estado de embebecimiento, meditación o distracción. — = ensimismamiento

abstracto, a (Part. irreg. de *abstraer.*)
1 Que resulta de un proceso de abstracción. — adj.
2 Que parece tener existencia propia e independiente, pero que corresponde a una idea que sólo se realiza en otra u otras. — ≠ concreto
3 Que no se refiere a la realidad concreta: *le gusta más el arte abstracto que el figurativo.* — ≠ real
4 Se aplica al arte que rechaza la representación de la realidad tangible. — ARTE
5 **en abstracto:** Con exclusión del sujeto en que se halla cierta cualidad. — loc.adv.

abstraer (Del lat. *abstrahere < abs + trahere,* traer hacia sí.)
1 Separar mentalmente las cualidades de una cosa: *abstrajo las ideas principales del discurso.* — v.tr./conj: *traer* part.tb: abstracto
2 Hacer caso omiso o prescindir de una persona o una cosa: *quisiera abstraerme de lo que me rodea.* — v.intr/prnl. + de
3 Concentrar toda la atención en un pensamiento, olvidándose del entorno: *abstraerse con la lectura.* — v.prnl. = ensimismarse

abstraído, a Que está muy concentrado en una cosa, de manera que no se da cuenta de lo que sucede a su alrededor: *abstraída en la lectura.* — adj. = ensimismado

abstricción Separación de una espora de su filamento esporógeno. — s.f. BOTÁNICA

abstruso, a (Del lat. *abstrusus,* oculto.) Que es difícil de comprender. — adj./= incomprensible, recóndito

absurdidad
1 Calidad de absurdo. — s.f.
2 Cosa que se dice o se hace de manera contraria a la razón: *eso ha sido una absurdidad.* — = absurdo

absurdo, a
1 Que no se atiene a la lógica o a la razón: *es absurda su manera de comportarse.* — adj./= irracional ≠ razonable
2 Que es extravagante o anormal. — = disparatado
3 Que es chocante o contradictorio. — = incoherente
4 Cosa irracional o arbitraria. — s.m./= sinrazón

abubilla (Del lat. **upupella < upupa.*) Ave coraciforme, de tamaño mediano, color marrón, alas bandeadas de blanco y negro, pico largo y curvado y una vistosa cresta. (*Upupa epops.*) — s.f. ZOOLOGÍA

abuchear Mostrar el público desagrado con silbidos o gritos ante una persona que habla, actúa o aparece en público: *abuchearon a toda la compañía.* — v.tr. tb: ahuchear

abucheo Acción de abuchear: *los abucheos del público se intensificaron al final del segundo acto.* — s.m. = pita

abuela (Del bajo lat. **aviola < avia,* abuela.)
1 Madre del padre o de la madre de una persona. — s.f.
2 Mujer de edad muy avanzada. — = anciana
3 **habérsele muerto, no necesitar o no tener abuela:** Expresión irónica con que se censura a la persona que se alaba mucho a sí misma. — coloquial
4 **contárselo a su abuela:** Forma de poner en duda o no creer algo: *¡cuéntaselo a tu abuela!, ni el más ingenuo te creería.* — coloquial

abuelastro, a
1 Padre o madre del padrastro o la madrastra de una persona. — s.
2 Segundo o ulterior marido de la abuela, o segunda o ulterior esposa del abuelo.

abuelo (Derivado de *abuela.*)
1 Padre del padre o de la madre de una persona. — s.m.
2 Hombre de edad muy avanzada. — = anciano
3 Número noventa, en la lotería de cartones.
4 Soldado que, haciendo el servicio militar, pertenece al antepenúltimo reemplazo. — MILITAR argot
5 El abuelo y la abuela. — s.m.pl.
6 Personas de las cuales descienden otras. — = antepasados
7 Vello o pelos que nacen en el cogote.

abuhado, a
1 Que está abotagado o hinchado: *después de la extracción de las muelas del juicio la cara le quedó abuhada.* — adj. = abohetado
2 Que está pálido o tiene mal color. — = demacrado

abuhardillado, a Se refiere al edificio o habitación que tiene buhardilla o forma de buhardilla. — adj. tb: aguardillado

abujardar Labrar la piedra con una bujarda. — v.tr./AGRICULTURA

abulaga Aulaga, planta arbustiva. — s.f./BOTÁNICA

abulagar Aulagar, terreno poblado de aulagas. — s.m/BOTÁNICA

abulense (Del lat. *abulensis < Abula,* Ávila.)
1 De Ávila, ciudad y provincia españolas. — adj.= avilés
2 Persona natural de esta ciudad o provincia. — s.m.f./= avilés

abulia (Del gr. *abulia < a,* privativo + *bule,* voluntad.) Carencia de la voluntad o la energía necesarias para realizar algo. — s.f. = apatía, desgana

abúlico, a
1 Referente o relativo a la abulia. — adj.
2 Que padece abulia. — adj/s.= apático

abulón Caracol marino comestible, de concha nacarada y vistosa, que vive en aguas del Pacífico. (*Haliotis.*) — s.m./Méx. ZOOLOGÍA

abulonar Sujetar con bulones o tornillos grandes de cabeza redondeada. — v.tr. Argent.

abultamiento
1 Aumento de las proporciones o dimensiones de una cosa. — s.m. = hinchamiento
2 Proceso de hinchazón en una parte del cuerpo. — MEDICINA
3 Aglomeración o cúmulo de cosas o personas. — = montón

abultar
1 Aumentar el volumen, la cantidad o la intensidad de una cosa. — v.tr. = ampliar
2 Hacer aparecer una cosa, al hablar de ella, más grande o importante de lo que realmente es: *abultó sus méritos para fanfarronear.* — = exagerar
3 Hacer bulto: *estos paquetes abultan demasiado.* — v.intr.

abundamiento
1 Abundancia o copiosidad. — s.m.
2 **a mayor abundamiento:** Además, con mayor razón o seguridad. — loc.adv.

abundancia
1 Gran cantidad de una cosa: *la abundancia de recursos es positiva y recomendable.* — s.f. = copiosidad
2 **en abundancia:** Se aplica a lo que es abundante: *has de comer fruta en abundancia.* — loc.adj.
3 **nadar o vivir en la abundancia:** Disfrutar de un gran bienestar económico: *es el único de la familia que nada en la abundancia.*

abundante Copioso, que abunda: *una abundante comida; un abundante número de asistentes.* — adj.

abundar (Del lat. *abundare < undare,* inundar.)
1 Tener o haber gran cantidad de una cosa: *esta región abunda en fábricas; este año abundan las patatas.* — v.intr.
2 Estar adherido a un criterio o a una opinión: *el conferenciante abundó en los mismos razonamientos.* — + en

abuñolar Freír una cosa de manera que quede esponjosa y con forma redondeada. — v.tr/conj: *contar* tb: abuñuelar

¡abur! (Del vasco *agur,* probablemente del lat. *augurium,* agüero.) Expresión usada para despedirse, equivalente a ¡adiós! — interj. tb: agur

aburar Quemar completamente. — v.tr.

aburguesamiento Adopción de las costumbres de la burguesía, en especial el gusto por las comodidades y por la vida ordenada y tranquila. — s.m.

aburguesarse
1 Hacerse burgués. — v.prnl.
2 Acomodarse en un puesto o una situación estables. — coloquial

aburrado, a
1 Que es parecido al burro. — adj.
2 Que se comporta con grosería y tosquedad. — = bruto, tosco

aburrarse Volverse una persona torpe o violenta: *en el poco tiempo que estuvo en la mili se aburró.* — v.prnl. = embrutecerse

aburrimiento Hastío provocado por la ausencia de cosas que interesan, por falta de novedades o molestias: *bostezaba de aburrimiento.* — s.m. = aburrición

aburrir (Del lat. *abhorrere,* tener horror.)
1 Causar aburrimiento, tedio o pesadez: *sus clases me aburren mucho; hay días en que se aburre con todo.* — v.tr/prnl. + con, de, por
2 Estar sin motivaciones, diversión, carecer de estímulo: *se aburre cuando no trabaja.* — v.prnl.
3 Dejar de cuidar un animal a sus crías. — v.tr/= aborrecer

abusado, a Que sabe aprovechar la ocasión y es listo, despierto y perspicaz. — adj. Méx., Guat.

abusar
1 Obtener provecho de una persona o una cosa con exceso: *abusa de su generosidad.* — v.intr. + de
2 Hacer objeto de trato deshonesto a una persona de menor experiencia, fuerza o poder: *abusa del nuevo empleado; abusaba de las niñas.* — = propasarse + de

abusión
1 Abuso, uso excesivo. — s.f.
2 Absurdo, contrasentido o disparate. — = sinrazón
3 Creencia extraña a la fe y la razón. — = superstición
4 Señal que anuncia un suceso bueno o malo. — = augurio
5 Catacresis, figura retórica. — RETÓRICA

abusivo, a Se aplica a lo que constituye un abuso: *precios abusivos; tratar a alguien de forma abusiva.* — adj. = desmedido

abuso
1 Uso excesivo de algo en perjuicio propio o ajeno. — s.m./= exceso
2 Aprovechamiento excesivo de los servicios o cualidades de una persona o trato deshonesto por el poder o la fuerza.
3 **abuso de autoridad:** Delito cometido por una autoridad o funcionario público al exagerar o extralimitarse en el ejercicio de las facultades propias de su cargo. — DERECHO
4 **abuso de confianza:** Uso que alguien hace, en beneficio propio o perjuicio ajeno, de la confianza depositada en él, y que constituye circunstancia agravante en ciertos delitos.
5 **abuso del derecho:** Ejercicio de un derecho con la intención de perjudicar a alguien. — DERECHO
6 **abuso deshonesto:** Acto sexual, excepto el coito, que se realiza con una persona en contra de su voluntad. — DERECHO
7 **abuso de poder:** Delito cometido por un organismo de la administración pública al extralimitarse en el ejercicio de sus facultades. — DERECHO
8 **abuso de superioridad:** Circunstancia agravante de un delito determinada por la desproporción de fuerza o número entre delincuentes y víctimas. — DERECHO

abusón, a Persona que abusa de otras perjudicándolas: *el muy abusón se mete con los más pequeños.* — adj/s.

abutilón Planta malvácea, con hojas acorazonadas y algo dentadas y flores amarillas, que crece en sitios húmedos y en cultivos, y de cuyas fibras se fabrican cuerdas. *(Abutilon avicennae.)* — s.m. BOTÁNICA

abuzarse Abruzarse, echarse una persona de bruces: *se abuzaron para beber el agua del arroyo.* — v.prnl. conj: cazar

abyección Modo de ser o comportamiento vil y despreciable. — s.f. = bajeza

abyecto, a (Del lat. *abjectus*, bajo, humilde < *abjicere*, rebajar, envilecer.) Que es despreciable o vil: *es un ser rastrero y abyecto capaz de las mayores felonías.* — adj. = mezquino, rastrero

acá (Del lat. *eccum hac*, he aquí.)
1 Expresa el lugar en que se encuentra el que habla, menos determinado que aquí, y admite ciertos grados de comparación: *vente más acá; ella es de por acá; acércate hasta o hacia acá; vuelve por acá.* — adv. = aquí
2 Indica en este momento, en el presente: *del verano acá todo ha cambiado.* — = ahora
3 Designa la persona o grupo de personas que habla: *acá creemos en los curanderos.* — coloquial
4 **el más acá:** La vida terrena. — loc.adv.
5 **de acá para allá:** De aquí para allá.

acabado, a
1 Que está terminado de hacer o de arreglar. — adj.
2 Que está muy viejo o que tiene poca salud o pocas energías: *está acabado como futbolista.* — = agotado ≠ útil
3 Operación que se lleva a cabo sobre una cosa, un objeto ya terminado para perfeccionarlos: *dio un acabado mate a la pintura.* — s.m. = remate
4 Características finales de una fotografía, como puede ser el tipo de papel, brillante o mate, y el tamaño. — s.m.pl. FOTOGRAFÍA

acaballadero
1 Sitio destinado al apareamiento de los caballos o asnos con sus hembras. — s.m.
2 Temporada en que se realiza el apareamiento de los caballos o asnos.

acaballar
1 Cubrir el caballo o el asno a sus hembras. — v.tr.
2 Poner una cosa o parte de ella sobre otra: *las hojas se acaballaron.* — v.tr/prnl. tb: encaballar

acaballerado, a
1 Que tiene el aspecto o los modales de un caballero. — adj.
2 Que presume de caballero. — despectivo

acaballerar Dar la consideración de caballero a una persona o adquirir modales de tal. — v.tr/prnl.

acaballonar Hacer caballones en la tierra: *acaballonó la huerta para plantar verduras.* — v.tr. AGRICULTURA

acabañar Hacer cabañas los pastores para guarecerse de la intemperie. — v.intr/prnl.

acabar
1 Concluir o dar fin a una cosa: *la obra ya se ha acabado, sólo faltan los detalles.* — v.tr/prnl. = finalizar
2 Gastar o consumir una cosa totalmente: *se ha acabado toda la cerveza.* — = terminar
3 Dar el último retoque a una cosa: *acabó el poema.* — v.tr.
4 Quitar la vida a una persona: *acabarán con él si no pagan su rescate.* — v.intr. = matar
5 Dejar de vivir: *por fin acabó y dejó de sufrir.* — = morir
6 Poner fin o destruir a una persona, un animal o una cosa: *acabó con el enemigo.* — + con
7 Tener una cosa el final de una forma determinada: *este cuchillo acaba en punta.* — + con, en, por
8 Ocurrir una acción inmediatamente antes del momento en que se está hablando: *acababan de salir cuando empezó a diluviar.* — + de + inf.
9 Llegar a hacer una cosa: *acabó por negarse.* — = terminar
10 Desaparecer una cosa poco a poco: *el fuego se acabó de madrugada.* — v.intr/prnl.
11 **de nunca acabar:** Se refiere al asunto, negocio que se prolonga o puede prolongarse indefinidamente. — loc.adj.
12 **se acabó lo que se daba:** Frase que se emplea para zanjar una situación. — coloquial

acabildar Poner criterios u opiniones de acuerdo. — v.tr/prnl.

acabóse Se usa en la frase **ser el acabóse** para expresar asombro y descontento ante una situación o comportamiento negativos en grado extremo: *no puedo más, esto es el acabóse.* — s.m. = ser el colmo

acabronado, a Que es parecido al cabrón o macho cabrío. — adj.

acachetar Apuntillar, clavar el cachete al toro para rematarlo: *acacheté el novillo dos veces.* — v.tr. TAUROMAQUIA

acachetear Dar cachetes a una persona. — v.tr/= abofetear

acacia
1 Género de plantas, de árboles y arbustos de la familia de las mimosáceas, con fruto en legumbre, flores de distintos colores en racimos olorosos y del que se obtiene madera, resinas y esencias. — s.f. BOTÁNICA
2 Madera que se obtiene de sus árboles.
3 Sustancia medicinal astringente que se extrae de sus arbustos. — FARMACIA
4 **acacia bastarda:** Endrino, ciruelo silvestre. — BOTÁNICA
5 **acacia de Persia:** Carisquio, árbol mimosáceo. — BOTÁNICA
6 **acacia falsa:** Árbol de jardín de la familia de las papilionáceas, de unos 25 metros de altura, tronco corto que se ramifica desde abajo, copa amplia poco densa, hojas caducas, alternas y pinnadas, y flores blancas amariposadas. *(Robinia pseudacacia.)* — BOTÁNICA

academia (Del lat. *academia* < gr. *Akademia*, jardín de Akademos, donde enseñaba filosofía Platón.)
1 Establecimiento privado dedicado a la enseñanza. — s.f.
2 Sociedad científica, literaria o artística, establecida con autoridad pública.
3 Junta o reunión de académicos.
4 Sede o edificio donde se reúnen los académicos.
5 Concurso o certamen a que concurren algunos aficionados a las letras, artes o ciencias.
6 Estudio escultórico o pictórico de una figura entera y desnuda, tomada del natural. — s.f. ARTE
7 Escuela filosófica fundada por Platón. — FILOSOFÍA

academicismo Calidad de académico, que sigue y practica con rigor las normas clásicas, propias de las academias: *el academicismo de su prosa estaba muy lejano de su poesía espontánea y viva.* — s.m.

académico, a
1 De la academia: *me apasiona la actividad académica.* — adj.
2 Miembro de una academia. — s./= academista
3 Se refiere al estudio o al título que se cursa u obtiene en un centro de enseñanza oficial.
4 Se refiere al estilo, obra, autor que observa con rigor las normas clásicas y la corrección. — = normativo
5 Que profesa el platonismo. — FILOSOFÍA
6 Que utiliza expresiones extremadamente correctas y no usuales en el lenguaje corriente. — = purista

academizar Dar carácter académico a un escrito, un discurso o una obra de arte. — v.tr. conj: cazar

acaecer (Del lat. *accadere* < *accidere*, ocurrir.) Suceder o producirse un hecho: *intentó juzgar lo que había acaecido.* — v.intr. defectivo conj: carecer

acahual Denominación genérica del girasol y de otras plantas de tallo grueso que suelen crecer en los barbechos. — s.m. BOTÁNICA Méx.

acairelar Adornar las prendas de vestir con caireles: *acaireló la bata de cola.* — v.tr. tb: cairelar

acajú
1 Denominación de diversos árboles maderables, como el anacardo o la caoba. — s.m./BOTÁNICA pl.tb: acajúes
2 Madera de este árbol.

acalambrarse Padecer una persona calambres. — v.tr/prnl.

acalefo, a (Del fr. *acalephe* < gr. *akalephe*, ortiga de mar.) Perteneciente a una clase de celentéreos que en su estado adulto presentan forma de medusa sin velo y, en estado larvario, de pólipo fijo. — adj/s.m. ZOOLOGÍA = escifozoo

acalenturarse Empezar a tener una persona calentura o fiebre. — v.prnl.

acalia Malvavisco, planta malvácea. — s.f./BOTÁNICA

acalicino, a Se refiere a la flor o cáliz que no tiene sépalos. — adj./BOTÁNICA = asépalo

acallar
1 Hacer callar: *acalló los comentarios compareciendo ante la prensa.* — v.tr. = enmudecer
2 Hacer que se calme una persona que protesta o que está enfadada: *acalló a su enfurecido hermano rápidamente.* — = sosegar, tranquilizar

acaloramiento
1 Aumento de la temperatura corporal, con manifes- s.m.
tación de síntomas externos, como enrojecimiento de = sofoco
la piel, sudor o palpitaciones.
2 Estado en que una persona se acalora o pierde la = acaloro,
calma y muestra enfado: *su acaloramiento parece fruto* arrebato
de una furia interior.

acalorar
1 Dar o causar calor: *la temperatura del interior del edi-* v.tr.
ficio nos acaloró mucho.
2 Causar un trabajo o un ejercicio un calor excesivo v.tr/prnl.
o dificultad para respirar: *durante la carrera se acaloró* = sofocarse
mucho.
3 Perder la calma y mostrar enfado por una cosa: *du-* v.prnl.
rante la votación los candidatos se acaloraron innecesaria- = irritarse
mente.
4 Hablar de un tema con mucho interés o pasión: *se* = apasionarse
acaloró tratando del tema de la privatización de la sanidad.
5 Provocar que aumente la actividad o la intensidad v.tr.
de una cosa: *el apoyo de la empresa acaloró su proyecto.* = estimular

acalórico, a Que no tiene calorías: *alimentos acalóri-* adj.
cos.

acamalar Acumular dinero: *no se conoce cómo acamaló* v.tr.
tal fortuna. Argent., Urug.

acamar Inclinar la lluvia o el viento las mieses o v.tr/prnl.
plantas parecidas: *la tramontana acamó el trigo.*

acamaya Langostino de agua dulce, de color gris per- s.f./Méx.
la, que crece en los ríos del golfo de México. ZOOLOGÍA

acampada
1 Acción y resultado de acampar. s.f.
2 Campamento, lugar al aire libre preparado para = acampamento,
alojar a viajeros o excursionistas: *el terreno de acampa-* camping
da está junto al río.

acampanar Dar forma de campana a una cosa: *acam-* v.tr/prnl.
panó la falda del vestido.

acampar Detener la marcha e instalarse en tiendas v.tr/intr/prnl.
en un lugar despoblado o al aire libre: *los excursionis-* = vivaquear
tas acamparon cerca de la ermita.

acanalado, a
1 Que tiene forma alargada y abarquillada, como la adj.
del canal: *cubrió el techo con listones de pino acanalados.* = estriado
2 Que tiene canales o estrías: *columna acanalada.* tb: canalado
3 Que pasa por un canal o un lugar estrecho.

acanalador Herramienta para hacer canales o estrías s.m.
en puertas y ventanas. CARPINTERÍA

acanalar
1 Hacer uno o varios canales o estrías profundas en v.tr.
un objeto: *acanalar el fuste de una columna.* = estriar
2 Dar forma de canal o teja a una cosa.

acanallar Convertir en despreciable, vil y ruin: *se* v.tr/prnl.
acanalló al caer en desgracia. tb: encanallar

acandilado, a
1 Que tiene forma de candil. adj.
2 Que está encandilado o erguido.

acanelado, a Que tiene sabor o color de canela: *no le* adj.
gusta el arroz con leche acanelado. tb: canelado

acantáceo, a Perteneciente a una familia de plantas adj/s.f.
dicotiledóneas, arbustivas o herbáceas, de tallo y ra- BOTÁNICA
mas nudosos, hojas opuestas, flores gamopétalas y
fruto capsular.

acantarar Medir una cosa por cántaras, especialmen- v.tr.
te el vino.

acantilado, a
1 Referente al fondo del mar cuando forma escalo- adj/s.m.
nes. = talud
2 Terreno muy escarpado, generalmente en la costa: s.m.
el coche se despeñó por un acantilado.

acantilar
1 Hacer que una embarcación quede detenida en un v.tr/prnl.
cantil por una mala maniobra. NÁUTICA
2 Limpiar el fondo del mar para que quede acantila- v.tr.
do: *acantilaron con barcos especiales.* NÁUTICA

acantio (Del lat. *acanthium* < gr. *akanthion*.) Cardo bo- s.m.
rriquero, planta. BOTÁNICA

acanto (Del lat. *acanthus* < gr. *akanthos*, espina.)
1 Planta herbácea de la familia de las acantáceas, pe- s.m.
renne, de hojas largas y espinosas y flores blancas, BOTÁNICA
con el labio superior verde o violeta. *(Acanthus.)* = hierba giganta
2 Adorno que imita las hojas de esta planta, caracte- ARTE
rístico del capitel corintio.

acanto- Componente de palabra procedente del gr. pref.
akantha, que significa espinoso: *acantocéfalo; acantop-*
terigio.

acantocéfalo, a (Del gr. *akantha*, espina + *kephale*, adj/s.m.
cabeza.) Perteneciente a una clase de nematelmintos ZOOLOGÍA
que tienen en el extremo anterior de su cuerpo una
trompa provista de ganchos con los que se fijan a las
paredes del intestino de sus huéspedes.

acantonar
1 Distribuir y alojar a las tropas en diversos lugares. v.tr/prnl./MILITAR
2 Limitarse una persona a un solo trabajo u ocupa- v.prnl.
ción: *se acantonó en la química y dejó todo lo demás.*

acantopterigio, a (Del gr. *akantha*, espina + *pteri-* adj/s.m.
gion, aleta.) Perteneciente a un orden de peces teleós- ZOOLOGÍA
teos, con aletas con radios espinosos, como el atún.

acantosis Abultamiento y endurecimiento excesivos s.f.
de la capa córnea de la epidermis, que se produce en pl: acantosis
afecciones de la piel del tipo de las verrugas. MEDICINA

acañaverear Herir a una persona con cañas cortadas v.tr.
en punta. tb: cañaverear

acañutado, a Que tiene forma de cañuto. adj.

acaparador, a Se refiere a la persona que acapara: *no* adj/s.
le invitan a la tertulia porque es un acaparador.

acaparamiento Acción y resultado de acaparar: *el* s.m.
acaparamiento de riquezas. = acumulación

acaparar (Del fr. *accaparer* < ital. *accaparrare* < *capa-*
rra, arras.)
1 Adquirir y retener una gran cantidad de géneros o v.tr.
cosas propios del comercio, generalmente para espe- COMERCIO
cular: *acapararon todas las ofertas.* = acumular
2 Disfrutar o llevarse todo o la mayor parte de una = monopolizar
cosa: *acaparar la atención.*

acaparrosado, a De color azul verdoso, como el de adj.
la caparrosa azul. = acijado

a capella (Expresión italiana.) Se aplica al canto poli- loc.adj/adv.
fónico que se ejecuta sin acompañamiento musical. MÚSICA

acápite (Del lat. *a capite*, desde la cabeza.) Párrafo de s.m.
un texto o epígrafe que le precede.

acapnia Disminución de la cantidad de anhídrido car- s.f./MEDICINA
bónico en la sangre. = hipocapnia

acaponado, a Se refiere al rostro, voz o cuerpo que adj.
es parecido al del hombre castrado. = afeminado

acaramelar
1 Cubrir una cosa con caramelo. v.tr.
2 Mostrarse una persona muy cariñosa con otra. v.prnl./ coloquial
3 Mostrarse los enamorados en actitud muy cariñosa coloquial
uno con otro.

acarar Poner a dos personas o cosas cara a cara: *acaró* v.tr.
las dos piezas del delantero del vestido. tb: acarear

acardenalar Llenar la piel de manchas de color cár- v.tr/prnl.
deno, amoratar.

acarear
1 Poner a dos personas o cosas cara a cara: *los acareó* v.tr/tb: acarar,
para una, de una vez por todas, se dijesen las verdades. carear
2 Hacer frente a un enemigo, un peligro o una res- = afrontar
ponsabilidad.

acariciar
1 Hacer caricias: *me acariciaba la mano.* v.tr.
2 Tratar con ternura.
3 Tocar suavemente: *acariciaba las cuerdas de la guita-*
rra; el aire acaricia su piel.
4 Pensar, con deleite, en realizar o conseguir una cosa: *acariciaba la idea de encontrar a su hermano.*

acaricida Se refiere a la sustancia que elimina los adj/s.
ácaros parásitos de animales o plantas.

acaridio, a Perteneciente a una familia de arácnidos adj/s.m.
que respiran sólo a través de la piel. ZOOLOGÍA

acarnerado, a Referente al caballo o yegua que tie- adj.
ne abombada la parte delantera de la cabeza, como ZOOLOGÍA
el carnero.

ácaro (Del lat. *acarus* < gr. *akari*.)
1 Perteneciente a un orden de arácnidos de pequeño adj/s.m.
tamaño, muchos de ellos parásitos. ZOOLOGÍA
2 **ácaro o arador de la sarna**: Animal parásito de la ZOOLOGÍA
piel, que produce la sarna.

acarpo, a Se refiere a la planta que no produce fru- adj./BOTÁNICA
tos.

acarralar
1 Producir un claro entre dos hilos en una tela o en- v.tr/prnl.
coger un hilo: *se acarraló un hilo del mantel.*
2 Estropearse las uvas a causa de las heladas tardías. v.prnl.

acarrarse Ponerse las reses juntas para resguardarse v.prnl.
del sol en verano.

acarreado, a Persona obligada o pagada para asistir s.
a un mitin político. Méx.

acarrear
1 Llevar mercancías de un lugar a otro: *toda la familia* v.tr.
se dedicaba a acarrear maquinaria agrícola. = transportar
2 Causar una cosa situaciones molestas o perjudicia- = ocasionar
les: *el cambio de destino le acarreó muchos problemas.*

acarreo
1 Transporte de mercancías en carro o por cualquier s.m.
otro procedimiento. tb: acarreto
2 Coste de este transporte.

3 Adición de un dígito binario a la posición más significativa del resultado de una operación de suma, cuando dicho resultado supera la base de numeración. — INFORMÁTICA

4 de acarreo o de arrastre: Referido a un terreno, el formado por materiales traídos de otra parte por las aguas o el viento. — loc.adj. GEOLOGÍA

acarrilado, a Se refiere al terreno denudado por la erosión en cuya superficie aparecen estrías semejantes a carriles. — adj. GEOLOGÍA

acartonamiento
1 Proceso por el que una cosa adquiere el aspecto y la rigidez propios del cartón. — s.m.
2 Adelgazamiento y resecamiento de la piel producidos por la vejez.

acartonarse Ponerse o quedarse, sobre todo la piel, seca como el cartón: *su rostro se acartonó con el paso de los años.* — v.prnl.

acasamatado, a
1 Que tiene forma de casamata o bóveda. — adj.
2 Se refiere a la batería o fortificación blindadas con casamatas. — MILITAR

acaso
1 Tal vez: *acaso llegue a decirte alguna vez la verdad.* — adv./= quizá
2 Por casualidad, accidentalmente.
3 Causa desconocida de un hecho o de un suceso imprevisto, que no se debe a una necesidad natural ni a una intervención intencionada. — s.m. = casualidad
4 por si acaso: Por si sucede o llega a suceder: *iré un poco antes por si acaso del tren llega con adelanto.* — loc.adv. = si acaso

acastañado, a De color o de tono castaño o marrón: *tiene el cabello acastañado.* — adj.

acastorado, a Se refiere al tejido o piel muy parecido a la piel del castor. — adj.

acataléctico Se aplica al verso griego o latino que tiene cabales todos sus pies o que se ajusta a la medida. — adj./POESÍA = acataléctico

acatalepsia Imposibilidad de conocer con certeza, entre los escépticos griegos. — s.f. FILOSOFÍA

acatamiento Acción y resultado de acatar: *el acatamiento de las normas.* — s.m.

acatanca
1 Escarabajo pelotero, insecto. — s.f./Argent., Bol.
2 Excremento, heces de animal. — Bol.

acatar
1 Sentir una persona respeto y consideración hacia otra o hacia una institución: *acata todo lo que ella dice.* — v.tr. = respetar
2 Hacer lo que dispone una orden o una ley: *acatar la normativa de la institución.* — = obedecer

acatarrar
1 Contraer un catarro, resfriarse: *se acatarró por no abrigarse lo suficiente.* — v.prnl.
2 Importunar, molestar a alguien. — v.tr./Méx.

acatólico, a Que no es católico. — adj./s.

acaudalado, a Que tiene muchos bienes. — adj./= rico

acaudalar Reunir, acumular una gran cantidad de una cosa. — v.tr.

acaudillar
1 Dirigir un ejército en calidad de jefe, capitanear. — v.tr.
2 Dirigir, guiar, conducir: *en su juventud acaudilló las revueltas estudiantiles.*

acaule Se refiere a la planta sin tallo aparente. — adj./BOTÁNICA

acautelarse Prevenirse, poner los medios necesarios para evitar un riesgo. — v.prnl. tb: cautelarse

accedente Se refiere al tratado entre soberanos por el que se accede a una petición, imposición, etc. — adj. formal

acceder (Del lat. *accedere* < *ad*, *a* + *cedere*, retirarse.)
1 Mostrarse una persona conforme con hacer una cosa: *accedió a entrar en casa.* — v.intr./tr. = consentir
2 Cambiar de opinión, adhiriéndose a la de otros. — v.intr.
3 Tener acceso, paso o entrada a un lugar: *accede a los espectáculos que se ofrecen en este teatro.*
4 Llegar a una situación, una condición o un grado superior: *accedió al título después del examen.*

accesibilidad Posibilidad de acceder con facilidad a una cosa o a una persona: *el poblado maya presenta una precaria accesibilidad.* — s.f. ≠ inaccesibilidad

accesible
1 Se aplica al lugar que presenta accesos para llegar hasta él: *esta carretera no es accesible al tráfico.* — adj./= asequible ≠ inaccesible
2 Se refiere a una persona, trato que es amable: *la maestra era una persona accesible.* — = afable, llano ≠ altivo
3 Que puede ser comprendido, alcanzado o conseguido con facilidad: *teoría accesible; cargo accesible.* — = inteligible ≠ abstruso

accesión
1 Acción o mostrarse conforme con los deseos de otro: *facilitó las cosas con su accesión.* — s.f. = conformidad
2 Cosa que es accesoria, dependiente de algo principal.

3 Cosa de la que se es propietario por estar insepara blemente unida a lo que se ha adquirido. — DERECHO
4 Acceso de calentura en las fiebres intermitentes. — MEDICINA

accésit (Del lat. *accessit*, se acercó < *accedere*, acercarse.) Galardón inferior al premio o premios que se conceden, en un concurso o certamen. — s.m. pl: accésit, accésits

acceso (Del lat. *accessum*.)
1 Entrada o paso por el que se llega a un sitio. — s.m.
2 Posibilidad de tener trato con una persona: *con ella se puede hablar de todo, es una persona de fácil acceso.*
3 Aparición súbita de cierto estado físico o moral: *tuve un acceso de celos al verla hablar con él.*
4 Aparición, periódica o no, de ciertos problemas físicos como la fiebre, tos, epilepsia, neuralgia. — MEDICINA = ataque
5 Proceso necesario para acceder a una instrucción almacenada en memoria para ejecutarla. — INFORMÁTICA
6 Operación de identificación de un dato, un registro o una entidad que pertenece a un fichero. — INFORMÁTICA
7 acceso aleatorio: Tipo de acceso en el que los registros individuales se identifican mediante un algoritmo y de forma directa, sin necesidad de examinar los registros anteriores a él. — INFORMÁTICA
8 acceso carnal: Coito, unión sexual.
9 acceso del Sol: Movimiento aparente con que se acerca el Sol al ecuador. — ASTRONOMÍA
10 acceso directo: Tipo de acceso en el que las informaciones se obtienen de forma prácticamente directa, con operaciones muy rápidas, cualquiera que sea la posición en la que estén registradas. — INFORMÁTICA
11 acceso secuencial: Tipo de acceso en el que se obtiene una determinada información, siguiendo exclusivamente el orden en el que está registrado en el conjunto de ellas. — INFORMÁTICA
12 tener acceso: Posibilidad de llegar hasta un lugar o persona: *siempre tuvo acceso directo con la familia real.*

accesoria
1 Edificio contiguo a otro principal del que depende. — s.f.
2 Habitaciones bajas con entrada independiente de la principal del edificio. — s.f.pl.

accesorio, a
1 Que depende de una cosa principal o está agregado a ella: *detalles accesorios; obligaciones accesorias.* — adj. = accidental = secundario
2 Que no es necesario. — s.m.
3 Utensilio o herramienta que tiene una función auxiliar para un menester determinado: *he comprado todos los accesorios necesarios del automóvil; los accesorios para la representación teatral.*
4 Conjunto de elementos de adorno con los que se viste una persona, como el cinturón, los pendientes, el bolso y otros complementos: *diseño una línea muy innovadora de accesorios.* — s.m.pl.

accidentado, a
1 Que tiene muchos accidentes o incidentes: *nuestra luna de miel fue un viaje accidentado.* — adj.
2 Se refiere al terreno que tiene desigualdades y desniveles. — = abrupto
3 Se refiere a la persona que ha sufrido un accidente. — adj./s.

accidental
1 Que no es esencial o sustancial: *la información de la nota a pie de página es completamente accidental.* — adj. = secundario
2 Que ocurre fuera de lo acostumbrado, establecido o previsto. — = circunstancial, casual
3 Que ocupa un cargo con carácter ocasional o interino: *será el próximo director accidental.* — = eventual
4 Se refiere a la sociedad que se establece sin formalidad jurídica. — DERECHO
5 Se refiere a la gloria o bienes que gozan los bienaventurados, además de la vista y posesión de Dios. — TEOLOGÍA

accidentar Causar o sufrir un accidente: *se accidentó esquiando.* — v.tr/prnl.

accidente (Del lat. *accidens, -ntis* < *accidere*, caer encima.)
1 Suceso imprevisto que causa un trastorno en el orden regular o en la marcha prevista de las cosas, en especial aquel que, involuntariamente, produce daño a personas o cosas. — s.m. = contratiempo
2 Irregularidad de un terreno que altera su uniformidad y que le da su propia configuración. — GEOGRAFÍA
3 Cualidad que no es esencial ni constante y puede estar o no presente en el objeto. — FILOSOFÍA = contingencia
4 Posibilidad de variación en la forma de ciertas clases de palabras para expresar las circunstancias del mensaje verbal, por ejemplo, el género, el número, el modo, el tiempo o la persona. — LINGÜÍSTICA
5 Signo de alteración, sostenido, doble sostenido bemol, doble bemol y becuadro, que altera el tono de una nota en un texto musical. — MÚSICA
6 Pasión o movimiento del ánimo.
7 accidente de trabajo: Lesión corporal que el trabajador sufre con ocasión o por consecuencia de la labor que ejecuta por cuenta ajena.

8 accidente nuclear: Fuga de material radiactivo, procedente de centrales nucleares.
9 accidente petrolífero: Vertido incontrolado de petróleo y de los gases generados por su combustión.
10 accidentes eucarísticos: Figura, color, sabor y olor del pan y el vino que quedan tras la consagración. — s.m.pl. TEOLOGÍA
11 por accidente: Accidentalmente, por casualidad. — loc.adv.

acción (Del lat. *actio, -onis.*)
1 Realización de un acto o un hecho. — s.f.
2 Efecto producido por un hecho.
3 Conjunto de gestos y movimientos que realiza un orador, cantante o actor para lograr una mayor expresividad. — = accionado
4 Posibilidad o facultad de actuar: *dejar sin acción.*
5 Conjunto de hechos que constituyen el argumento de una obra literaria o cinematográfica: *la acción de la película se desarrolla en el lejano oeste.* — LITERATURA, CINE
6 Postura que adopta el modelo natural para ser dibujado. — ARTE
7 Cada una de las partes en que se divide el capital de una empresa y título que acredita su valor. — ECONOMÍA
8 Derecho que se tiene a pedir alguna cosa en juicio y ejercicio de este derecho. — DERECHO
9 Batalla, enfrentamiento bélico: *el resultado de la acción fue muy desastroso para nuestras tropas.* — MILITAR
10 ¡acción!: Voz que advierte, en la filmación de películas, el comienzo de una toma. — interj. CINE
11 acción de gracias: Expresión de agradecimiento. — s.f.
12 acción de jactancia: La que se utiliza demandando a la persona que se jacta de un derecho a que lo ejercite judicialmente y demuestre su razón, o a que en caso contrario deje de jactarse y guarde silencio. — DERECHO
13 acción de presencia: Catálisis, fenómeno químico. — QUÍMICA
14 acción directa: Empleo de la violencia preconizado por algunos grupos sociales.
15 acción liberada: Aquella cuyo valor no se satisface con dinero en efectivo, porque está cubierto por cosas aportadas o servicios prestados a la sociedad. — ECONOMÍA
16 coger o ganar la acción: Anticiparse para evitar la intervención de otro.
17 ejercitar una acción: Pedir una cosa, a la que se cree con derecho, haciendo intervenir a un tribunal de justicia. — DERECHO

accionado Conjunto de acciones y ademanes que acompañan la dicción. — s.m.
accionamiento Acción de poner en marcha o hacer funcionar un mecanismo. — s.m.
accionar
1 Poner un mecanismo en funcionamiento. — v.tr.
2 Hacer gestos y movimientos al hablar, cantar, actuar. — v.intr.
accionariado Conjunto de accionistas de una sociedad anónima: *el accionariado no apoyó la propuesta del director.* — s.m. ECONOMÍA
accionista Persona que posee una o varias acciones de una empresa comercial o industrial: *los beneficios se repartieron entre los accionistas.* — s.m.f. ECONOMÍA = accionario
ace (Voz inglesa.) Tanto directo que efectúa el tenista con su servicio o saque. — s.m. DEPORTES
acebeda Terreno poblado de acebos: *el fuego acabó con una de las mayores acebedas de la comarca.* — s.f./= acebal, acebedo
acebo (Del lat. *aquifolium,* de hojas punzantes.)
1 Arbusto o arbolillo de sotobosque de hojas perennes, verdes lustrosas y espinosas, flores blancas, frutos rojizos. *(Ilex)* — s.m./BOTÁNICA = agrifolio, aquifolio
2 Madera de este árbol, flexible, dura y compacta, utilizada en ebanistería y tornería.
acebolladura Deficiencia que se da en algunas maderas a causa de la desunión de dos de las capas contiguas del tejido leñoso. — s.f. = colaina
acebuchal
1 Del acebuche u olivo silvestre. — adj./BOTÁNICA
2 Terreno poblado de acebuches. — s.m.
acebuche (Del ár. *al-zambuy.*)
1 Olivo silvestre o bastardo. *(Olea oleaster.)* — s.m./BOTÁNICA
2 Madera de este árbol.
acebuchina Fruto del acebuche u olivo silvestre. — s.f./BOTÁNICA
acechanza Acecho, espionaje: *los sometieron a acechanza durante varios días para descubrir el contacto.* — s.f.
acechar (Del lat. *assectari,* seguir, perseguir.)
1 Permanecer en un lugar observando con cautela: *los indios acechaban en el desfiladero.* — v.tr.
2 Cernerse una amenaza sobre alguien o algo. — = amenazar
aceche (Del ár. *az-zay.*) Sulfato de cinc, cobre o hierro que se usa en tintorería. — s.m./QUÍMICA = caparrosa
acecho
1 Acción de acechar: *le preocupaba el constante acecho de su vecino.* — s.m. = acechamiento
2 Sitio desde donde se acecha o espía. — = acechadera
3 estar al acecho: Estar prevenido de algo o, por el contrario, esperar un hecho o circunstancia determinados o vigilar a escondidas: *estuvo toda la noche al acecho para que no le sorprendiese ningún bandido.*

acecido Jadeo, dificultad para respirar. — s.m./= acezo
acecil Crustáceo parecido al camarón. — s.m./Méx. ZOOLOGÍA
acecinamiento Operación de salar y secar la carne al aire y al humo para que se conserve. — s.m.
acecinar
1 Convertir la carne en cecina. — v.tr./prnl.
2 Ponerse una persona delgada y seca al envejecer: *se acecinó en poco tiempo.* — v.prnl. = apergaminarse
acedar
1 Poner una cosa ácida: *el calor acedó la leche y la usamos para hacer cuajada.* — v.tr./prnl. = agriar
2 Causar disgusto o preocupación: *la noticia le acedó durante toda la semana; se acedó mucho tras la discusión sobre el gasto público.* — = disgustar, apenar
3 Ponerse las plantas amarillas por exceso de humedad o acidez. — v.prnl. BOTÁNICA
acedera (Del lat. *acere < acetum,* vinagre.)
1 Planta hortense de la familia de las poligonáceas, vivaz, de hojas sagitadas, que se comen en ensalada. *(Rumex acetosa.)* — s.f./BOTÁNICA = vinagrera, agrilla, acetosa
2 Vinagrera, vasija para contener el vinagre de uso cotidiano. — Cuba
acederaque (Del persa *azad dirajt,* árbol libre < francés *azédarac.*) Cinamomo, árbol exótico, de la familia de las meliáceas, de madera dura y aromática. *(Melia azederach.)* — s.m. BOTÁNICA
acederilla Planta herbácea poligonácea, de flores pequeñas, tallo rastrero y hojas sagitadas y pecioladas. *(Rumex acetosella.)* — s.f. BOTÁNICA = aleluya
acedía
1 Acidez del estómago: *hace tiempo que siente acedía y digiere mal.* — s.f./MEDICINA
2 Aspereza de trato. — ≠ dulzura
3 Apariencia amarilla que toman las plantas cuando se acedan. — BOTÁNICA
4 Platija, pez teleósteo. — ZOOLOGÍA
acedo, a (Del lat. *acetum,* vinagre.)
1 Que es ácido o que se ha acedado. — adj./= agrio
2 Se refiere a la persona, carácter, que es áspero o desapacible.
3 Zumo ácido. — s.m.
acefalismo Ausencia congénita de la cabeza. — s.m./= acefalia
acéfalo, a (Del gr. *akephalos,* sin cabeza.)
1 Que no tiene cabeza. — adj.
2 Se refiere al feto que no tiene cabeza o una gran parte de ella. — ZOOLOGÍA
3 Referente a la sociedad, comunidad que no tiene jefe o autoridad: *vivimos en una sociedad acéfala.*
4 Que es partidario de este tipo de organización social. — adj/s.
5 Lamelibranquio, molusco. — s.m./ZOOLOGÍA
aceitada
1 Cantidad derramada de aceite. — s.f.
2 Torta o bollo amasado con aceite.
aceitar
1 Untar, engrasar con aceite. — v.tr.
2 Poner aceite como condimento: *aceitó el besugo antes de meterlo en el horno.*
aceitazo Aceite gordo y turbio. — s.m./= aceitón
aceite (Del ár. *az-zeit.*)
1 Sustancia líquida, grasa, de color amarillo verdoso, obtenida de algunos frutos o semillas, como aceitunas, cacahuetes, soja, maíz, y usada para cocinar. — s.m. COCINA
2 Sustancia líquida grasa, de origen vegetal, animal o mineral, particularmente las usadas como lubricantes o combustibles.
3 aceite aislante: Aceite mineral usado en instalaciones eléctricas de alta tensión, como aislante y refrigerante.
4 aceite de abeto: Abetinote, resina que fluye del abeto.
5 aceite de Aparicio: Medicamento que sirve para curar llagas y heridas, cuyo principal ingrediente es el hipérico o corazoncillo. — FARMACIA
6 aceite de ballena: Grasa líquida obtenida de la ballena y otros cetáceos que se usa en la fabricación de cosméticos y como combustible.
7 aceite de cada: Miera, el que se extrae de las bayas del enebro.
8 aceite de hígado de bacalao o de halibut: Grasa líquida obtenida del hígado del bacalao, de propiedades reconstituyentes. — FARMACIA
9 aceite o bálsamo de María: Calaba, resina obtenida del calambuco.
10 aceite de nandiroba o de secua: Sustancia grasa obtenida de las semillas de nandiroba, usada como purgante. — FARMACIA

11 aceite de oliva: El obtenido de la aceituna.

12 aceite de palo o de copaiba: El de color amarillo obtenido del tronco del copayero, usado para hacer lacas.

13 aceite de parafina: Vaselina líquida, sustancia obtenida de la destilación fraccionada del petróleo. FARMACIA

14 aceite de ricino: El obtenido de las semillas del ricino, usado como purgante y laxante. FARMACIA

15 aceite de vitriolo: Ácido sulfúrico comercial.

16 aceite esencial: Esencia, elemento básico de preparados farmacológicos o de perfumería. = aceite volátil

17 aceite fijo: El que no se evapora.

18 aceite mineral: El de petróleo.

19 aceite onfacino: El obtenido de aceitunas sin madurar, usado como medicamento. FARMACIA

20 aceite pesado: El obtenido del petróleo, usado como combustible para trenes, barcos y otros usos industriales.

21 aceite secante: El que se resinifica en contacto con el aire, usado en la preparación de barnices y pinturas.

22 aceite serpentino: El usado como medicamento contra las lombrices. FARMACIA

23 aceite virgen: El obtenido de la primera presión de la aceituna.

24 echar aceite al fuego: Contribuir a aumentar el enfado de alguien o agravarse una discordia.

aceitero, a
1 Del aceite: *producción aceitera.* adj.
2 Persona que vende aceite. s.
3 Cuerno en el que guardaban el aceite los pastores. s.m.
4 Recipiente, generalmente de forma cónica, que sirve para guardar aceite. s.f. / = alcuza
5 Utensilio para el servicio de mesa, con recipientes para el aceite y el vinagre. s.f.pl. / = vinagreras
6 Carraleja, insecto coleóptero sin alas. s.f./ZOOLOGÍA

aceitón Aceite lleno de partículas sólidas en suspensión. s.m.

aceitoso, a
1 Que tiene aceite o es grasiento. adj.
2 Que contiene aceite en demasía: *la ensalada ha quedado muy aceitosa.*
3 Que tiene características parecidas a las del aceite.

aceituna (Del ár. *az-zeit,* oliva.)
1 Oliva, fruto del olivo. s.f.
2 aceituna de la reina: Variedad de gran calidad, de gran tamaño, que se cría en Andalucía. AGRICULTURA
3 aceituna de verdeo: Variedad que conserva el color verde, una vez madura, y es apta para consumo después de aliñada. AGRICULTURA
4 aceituna dulzal: Variedad de forma redonda y fina, que se consume en verde. AGRICULTURA
5 aceituna gordal: Variedad de mayor tamaño que se verdea y se consume aliñada. AGRICULTURA
6 aceituna manzanilla: Variedad pequeña, muy fina, que se consume verde o aliñada. AGRICULTURA
7 llegar a las aceitunas: Llegar tarde: *se perdió casi toda la obra, llegó a las aceitunas.* coloquial

aceitunado, a De color verde oscuro, como el de la aceituna verde: *tenía un rostro aceitunado.* adj./= verdoso, oliváceo, aceitunil

aceitunero, a
1 Persona que por oficio coge, acarrea o vende aceitunas. s.
2 Sitio donde se almacena la aceituna hasta llevarla a moler. s.m. / = olivero

aceituní
1 Tela que se traía de oriente, muy usada en la edad media por su gran calidad. s.m. / pl.tb: aceituníes
2 Cierta decoración arquitectónica árabe. = setuní

aceituno Olivo, árbol. s.m./BOTÁNICA

acelajado, a Que tiene celajes, conjuntos de nubes. adj.

aceleración
1 Acción y resultado de acelerar. s.f.
2 Aumento de la velocidad en la unidad de tiempo. FÍSICA
3 aceleración de las estrellas fijas: Intervalo variable a lo largo del año en que se adelanta diariamente el paso de una estrella al del Sol por el mismo meridiano. ASTRONOMÍA

acelerado, a
1 Se refiere al movimiento que aumenta en cada instante de su duración. adj. / FÍSICA
2 Dispositivo que se aumenta la velocidad de las imágenes cinematográficas. CINE

acelerador, a
1 Que acelera. adj.
2 Mecanismo del automóvil que regula la entrada de la mezcla explosiva en la cámara de combustión y permite aumentar o disminuir la velocidad del motor. s.m. / MECÁNICA
3 Mecanismo que acelera el funcionamiento de otro.
4 Sustancia que se añade a un catalizador y aumenta la velocidad de la reacción química. QUÍMICA

acelerar (Del lat. *accelerare,* apresurar < *ad,* a + *celer, -eris,* rápido.)
1 Dar velocidad, rapidez a un movimiento o un proceso: *la producción se aceleró con la instalación de la nueva maquinaria.* v.tr/prnl.
2 Aumentar la velocidad de un vehículo o un motor: *aceleró poco en mitad de la curva.*
3 Hacer que algo ocurra antes de lo previsto: *aceleró los trámites del divorcio.* = anticipar
4 Ponerse una persona muy nerviosa: *se aceleró al verentrar a sus padres.* v.prnl. / = azorarse

aceleratriz Se refiere a la fuerza que aumenta la velocidad de un movimiento. adj. / FÍSICA

acelerógrafo Aparato que representa gráficamente la aceleración de un objeto en movimiento. s.m. / FÍSICA

acelerómetro Instrumento usado en los aviones para medir la aceleración en una dirección específica determinada. s.m. / AERONÁUTICA

acelerón Aceleración rápida y violenta a que se somete la actividad de un motor: *se asustó con el acelerón que hizo el conductor del camión.* s.m. / = acelerada

acelga Planta hortense, de hojas grandes y anchas, comestibles, con el nervio central muy desarrollado. *(Beta vulgaris.)* s.f. / BOTÁNICA

acémila (Del ár. *az-zemila,* bestia de carga.)
1 Mula o macho de carga: *transportó los odres de vino con una joven acémila.* s.f.
2 Persona ruda y de escaso entendimiento. = asno

acemilería Cuadra, pieza de la casa o anexo donde se tienen las acémilas y sus aparejos. s.f.

acemilero, a
1 De la acemilería. adj.
2 Persona encargada de cuidar o conducir las acémilas. s. / = arriero

acemita Pan de acemite. s.f.

acemite (Del ár. *as-semid,* flor de la harina.)
1 Cáscara del grano de cereales mezclada con harina: *pan de acemite.* s.m.
2 Potaje, sopa o papilla hecha con trigo tostado.

acendrado, a Que es puro, sin mancha ni defecto: *con su acendrado amor cautivó su corazón.* adj./tb: cendrado literario

acendrar
1 Depurar, limpiar los metales en la cendra, por la acción del fuego. v.tr/METALURGIA / tb: cendrar
2 Limpiar o purificar: *acendró el texto de todas sus incoherencias.* literario / = acrisolar

acensuar Hacer un censo sobre una finca o bien raíz. v.intr./tb: acensar conj: actuar

acento (Del lat. *accentus < canere,* cantar.)
1 Relieve especial o mayor intensidad que se da a la sílaba de una palabra en la pronunciación: *pronunció el acento en la primera vocal.* s.m.
2 Tilde, signo ortográfico que al escribir se coloca sobre la vocal de la sílaba de mayor intensidad en la pronunciación: *has puesto el acento en la vocal equivocada.* GRAMÁTICA
3 Modulación particular de la voz que caracteriza algunos estilos de dicción o de declamación: *recitó el poema con un acento muy depurado.* = entonación
4 Conjunto de particularidades en la pronunciación por las que se distinguen los hablantes de una comunidad lingüística, ya sea nacional, regional o local: *tiene un acento andaluz muy marcado.*
5 Intensidad dada a los sonidos esenciales de una frase o fragmento para subrayar la importancia tonal, rítmica o expresiva: *ese acento burlón no es propio de ti.*
6 Importancia que se da o concede a algo: *puso el acento en los aspectos económicos.* = énfasis
7 Elemento constitutivo de la poesía que exige mayor intensidad en algunas sílabas del verso. POESÍA
8 Lenguaje, voz o canto: *describió las hazañas de Rodrigo con acento heroico.*
9 acento agudo: Tilde oblicua de derecha a izquierda (´). GRAMÁTICA
10 acento circunflejo: Tilde formada por un acento grave y otro agudo unidos por arriba (^). GRAMÁTICA
11 acento de intensidad: El que distingue a una sílaba que se pronuncia con más fuerza.
12 acento grave: Tilde oblicua de izquierda a derecha (`). GRAMÁTICA
13 acento métrico o rítmico: El constitutivo del verso. POESÍA
14 acento ortográfico o gráfico: Tilde, signo ortográfico. GRAMÁTICA
15 acento prosódico: Relieve en la pronunciación.
16 acento tónico: Elevación del tono.

acentor Pájaro insectívoro del tamaño de un gorrión, con patas cortas, plumaje suave de colorido ocre y flancos listados, fuertes garras y pico fino. *(Prunella.)* s.m. / ZOOLOGÍA

acéntrico, a
1 Que tiene relación con la periferia. adj./= periférico

2 Que no se origina en un centro nervioso.   **BIOLOGÍA**

acentuación
1 Acción y resultado de acentuar las palabras: *normas*   **s.f./GRAMÁTICA**
de acentuación.
2 Acción de resaltar, recalcar o intensificar una cosa.   **= énfasis**

acentuar
1 Poner tilde sobre una palabra o pronunciarla con   **v.tr./GRAMÁTICA**
acento: *acentuar las voces de una lista.*   **conj: actuar**
2 Volver a decir una cosa lentamente y con énfasis: **= recalcar**
acentuó sus palabras para que se enterara bien.
3 Dar realce a una cosa: *esa falda acentúa tus caderas.*   **= resaltar**
4 Hacerse una cosa cada vez más perceptible: *cada*   **v.prnl.**
día se acentúa más su mal carácter.   **= aumentar**

aceña (Del ár. *as-seniya*, noria.)
1 Molino situado en el cauce de un río.   **s.f.**
2 Rueda grande para sacar agua de los ríos, que gira   **= azud**
con el impulso de la corriente.
3 Espadaña, planta propia de lugares pantanosos.   **BOTÁNICA**

aceñero, a Persona encargada de una aceña o que   **s.**
trabaja en ella.

acepar Encepar, echar raíces una planta: *los pinos de*   **a.intr.**
repoblación aceparon sin problemas.   **AGRICULTURA**

acepción
1 Sentido o significado en el que, según sean la situa-   **s.f.**
ción lingüística o el contexto, se toma una palabra o
una expresión: *este término tiene varias acepciones.*
2 **acepción de personas:** Acción de favorecer a unas
personas más que a otras por razones particulares,
desatendiendo al mérito o a la razón.

acepillar Pasar un cepillo por una superficie.   **v.tr./tb: cepillar**

aceptabilidad Posibilidad de que una cosa sea acep-   **s.f.**
tada: *la aceptabilidad de un nuevo modelo es un hecho.*

aceptable Que se puede aceptar: *es un riesgo aceptable*   **adj.**
que podemos correr.

aceptación
1 Acción y resultado de aceptar.   **s.f.**
2 Aprobación, beneplácito de una cosa o una perso-   **= acogida**
na: *la aceptación del público fue determinante.*
3 **aceptación de personas:** Acción de favorecer a
unas personas más que a otras por razones particulares.

aceptar (Del lat. *acceptare* < *accipere*, recibir.)
1 Recibir una persona una cosa voluntariamente: **v.tr.**
aceptó ilusionada su regalo.
2 Dar una cosa por buena: *no han aceptado sus excusas*   **= aprobar**
por inverosímiles.
3 Mostrarse conforme con una propuesta: *aceptó tan*   **= admitir**
sólo parte de su argumentación.
4 Recibir un sistema físico o biológico elementos   **BIOLOGÍA**
nuevos sin hacerse inestable.

aceptilación Acción de perdonar una deuda.   **s.f./DERECHO**

acepto, a Que es grato o admitido con gusto: *la razón*   **adj.**
hace aceptas algunas propuestas imperfectas.   **= agradable**

aceptor
1 Persona que acepta.   **s.m.**
2 Impureza que se introduce en la red cristalina de   **FÍSICA**
ciertos semiconductores para que acepten electrones
en exceso.
3 Átomo que interviene en la formación de molécu-   **QUÍMICA**
las, sin suministrar electrones en los enlaces.

acequia (Del ár. *as-saqiya* < *saqa*, regar.) Canal o pre-   **s.f.**
sa por el que se conduce el agua para regar o para   **tb: cequia**
otros fines: *el agua del aljibe corría por las acequias de*   **= cacera,**
manera controlada.   **febrera**

acequiar Hacer acequias en un lugar.   **v.intr/tr.**

acera (Del ant. *facera* < *faz*, cara.)
1 Parte lateral de una calle o carretera destinada al   **s.f.**
paso de los peatones: *esta calle tiene unas aceras ideales*
para pasear.
2 Fila de casas que hay a cada lado de la calle.
3 Paramento exterior de un muro o cada uno de los   **ARQUITECTURA**
sillares con que se hace.
4 **ser de la acera de enfrente, o de la otra acera:**   **coloquial**
Ser homosexual: *pensaban que era un afeminado, pero*
no de la acera de enfrente.

aceráceo, a Perteneciente a una familia de plantas   **adj/s.f.**
dicotiledóneas, arbóreas o arbustivas, de flores gene-   **BOTÁNICA**
ralmente unisexuales, como el arce y el plátano falso.

aceración Operación de acerar el hierro.   **s.f./= acerado**

acerado, a
1 De acero: *brillos acerados.*   **adj.**
2 Que es fuerte o resistente como el acero.
3 Que es mordaz, incisivo o penetrante: *deja de utili-*
zar ese lenguaje acerado.
4 Se refiere a la hoja que es cilíndrica, acuminada y   **BOTÁNICA**
punzante: *el enebro tiene hojas aceradas.*
5 Aceración, acción de acerar el hierro.   **s.m.**

acerar
I (Derivado de *acero.*)

---

1 Dar las propiedades del acero al hierro.   **v.tr.**
2 Dar propiedades medicinales a un líquido mediante
el hierro o el acero.
3 Dar un baño de acero a las planchas de grabar.
4 Dar o adquirir fortaleza moral.   **v.tr/prnl.**
II (Derivado de *acera.*)
1 Hacer las aceras de una calle.   **v.tr.**
2 Reforzar una pared o un muro con aceras.   **CONSTRUCCIÓN**

acerbo, a (Del lat. *acerbus*, áspero y agrio.)
1 De sabor áspero: *les dio a beber un acerbo licor de to-*   **adj.**
nalidades verdosas.   **culto**
2 Se aplica al sufrimiento que es muy intenso, cruel,
amargo: *le oprimía un acerbo dolor.*

acerca (Del lat. *ad circa.*) Significa sobre la cosa de   **loc.prep.**
que se trata, en relación a ella, en la expresión **acerca**
de: *tiene grandes conocimientos acerca de este tema.*

acercamiento Acción y resultado de acercar o acer-   **s.m.**
carse: *el acercamiento de la facción dirigente a los milita-*
tes de base.

acercar Aproximar, poner una cosa cerca en el espa-   **v.tr/prnl.**
cio o en el tiempo: *acércame esos libros; ya se acerca el*   **conj: sacar**
día de tu aniversario.

ácere Arce, árbol aceráceo que crece en regiones tem-   **s.m.**
pladas.   **BOTÁNICA**

acerería Fábrica o fundición donde se obtiene acero.   **s.f./= acería**

acerico
1 Almohada pequeña colocada sobre las otras gran-   **s.m.**
des de la cama.   **tb: acerillo**
2 Almohadilla para clavar agujas o alfileres: *el sastre*
llevaba el acerico sujeto al antebrazo.

acerino, a Acerado, de acero o parecido a él: *el cielo*   **adj.**
se cubrió de acerinas manchas nebulosas.   **culto**

acernadar Poner cataplasmas a un animal.   **v.tr.**

acero (Del lat. *aciarium* < *acies*, filo.)
1 Aleación de hierro con pequeñas cantidades de carbo-   **s.m.**
no, con propiedades como la dureza y la elasticidad.   **METALURGIA**
2 Arma blanca, en especial la espada.
3 Temple y corte de las armas blancas.   **s.m.pl.**
4 Ánimo, brío, resolución.
5 **acero fundido:** El obtenido quemando parte del   **METALURGIA**
carbono que tiene el hierro colado.
6 **acero inoxidable:** El que tiene una cantidad eleva-   **METALURGIA**
da de cromo, níquel u otros elementos, muy resisten-
te a la corrosión.
7 **acero magnético o rápido:** El que tiene una gran   **METALURGIA**
cantidad de volframio, usado para la fabricación de
imanes y de herramientas que han de actuar a gran
velocidad.
8 **aceros especiales:** Los aleados con otros metales   **METALURGIA**
para darles características especiales.
9 **de acero:** Se aplica a aquello que es duro, fuerte,   **loc.adj.**
inflexible: *voluntad de acero.*

acerola (Del ár. *az-zaura*, níspero.) Fruto del acerolo,   **s.f.**
de color amarillo, rojo o mezcla de ambos y sabor   **BOTÁNICA**
agridulce.   **= azarolla**

acerolo
1 Árbol o arbusto espinoso, con hojas lobuladas y   **s.m./BOTÁNICA**
flores en corimbos compuestos. *(Crataegus azarollus.)*   **= azarolo**
2 Fruto de este árbol.   **= acerola**

aceroso, a Se aplica al órgano de consistencia dura y   **adj.**
acabado en punta, como las hojas del enebro.   **BOTÁNICA**

acérrimo, a (Del lat. *acerrimus* < *acer*, agudo.)
1 Muy fuerte, vigoroso o tenaz: *es un defensor acérri-*   **adj.**
mo de los derechos humanos.   **superl. de acre**
2 Intransigente, extremadamente brusco.

acerrojar Poner bajo cerrojo.   **v.tr.**

acertado, a Que se hace con acierto o sensatez: *res-*   **adj.**
puesta acertada; elección acertada.

acertar (Derivado del lat. *ad*, a + *certum*, cosa cierta.)
1 Dar en el punto previsto hacia el que se ha lanzado   **v.tr.**
una cosa: *acertó la diana.*   **conj: pensar**
2 Encontrar la solución de un enigma o duda por in-   **v.tr/intr.**
tuición o por azar: *acertar un jeroglífico.*
3 Hacer o decidir una cosa con acierto.   **+ con.**
4 En confección, recorrer e igualar la ropa cortada.   **v.tr.**
5 Encontrar alguien una cosa que busca sin datos su-   **v.intr.**
ficientes: *acertó con el edificio sin saber la calle.*
6 Ocurrir una cosa casualmente: *acertó a nevar cuando*   **+ a + inf.**
llegamos a la cima de la montaña.
7 Crecer, desarrollarse una planta o una semilla bien.   **AGRICULTURA**

acertijo
1 Adivinanza o enigma propuesto como entreteni-   **s.m.**
miento.   **tb: acertajo**
2 Cosa o situación que plantea muchas dificultades: **= berenjenal**
se metió en un acertijo del que sólo logró salir con ayuda
de su esposo.

aceruelo
1 Silla de montar usada para cabalgar.   **s.m./= albardilla**
2 Almohadilla usada para clavar agujas o alfileres.   **= acerico**

acervo (Del lat. *acervus*, montón.)
1 Montón de cosas pequeñas: *acervo de semillas.*   **s.m.**
2 Bienes que pertenecen en común a varias personas: *el acervo familiar.*
3 Conjunto de valores morales o culturales de una   **= patrimonio** persona o colectividad: *el acervo espiritual de nuestros antepasados.*
4 **acervo común:** Contenido de una herencia indivi-   **DERECHO** sible.

acescencia Tendencia a agriarse: *los vinos jóvenes y de*   **s.f.** *poca graduación presentan una mayor acescencia.*

acetábulo
1 Cavidad de un hueso en la que encaja otro.   **s.m./ANATOMÍA**
2 Cavidad que en especies parásitas actúa a modo de   **ZOOLOGÍA** ventosa.

acetal Denominación genérica de los compuestos ob-   **s.m.** tenidos a partir de aldehídos y cetonas.   **QUÍMICA**

acetaldehído Sustancia líquida, incolora, de olor   **s.m.** acre, miscible en agua y alcohol, tóxica, usada para   **QUÍMICA** fabricar plásticos y colorantes.   **= etanal**

acetato (Del lat. *acetum*, vinagre + *ato*, terminación   **s.m.** que se da a la sal o el éster derivado de un ácido.) Sal   **QUÍMICA** del ácido acético.

acético, a
1 Del vinagre o sus derivados.   **adj.**
2 Se aplica al ácido incoloro que se produce por oxi-   **QUÍMICA** dación del alcohol y que se usa en perfumería, tinto- rería, imprenta, etc.
3 Se aplica al compuesto que contiene el radical acetilo.   **QUÍMICA**

acetificar (Del lat. *acetum*, vinagre + *ficare*, hacer.)   **v.tr/prnl.** Convertir una sustancia líquida en ácido acético: *ace-*   **conj: sacar** *tificar el alcohol etílico.*   **QUÍMICA**

acetilación Reacción que se produce al introducir un   **s.f.** radical acetilo en una molécula orgánica.   **QUÍMICA**

acetileno (Derivado de *acetilo* < lat. *acetum*, vinagre +   **s.m.** *eno*, terminación que se da a los carburos de hidróge-   **QUÍMICA** no.) Hidrocarburo gaseoso e inflamable, obtenido al ponerse en contacto el agua con el carburo de calcio.

acetilo Radical correspondiente al ácido acético.   **s.m./QUÍMICA**

acetímetro Aparato para medir la cantidad de ácido   **s.m.** acético que contiene un líquido.   **QUÍMICA**

acetín Agracejo, arbusto espinoso de flores amarillas.   **s.m./BOTÁNICA**

acetol (Derivado del lat. *acetum*, vinagre.) Vinagre me-   **s.m.** dicinal.   **sólo en sing.**

acetomiel Jarabe de vinagre con miel.   **s.m.**

acetona
1 Sustancia orgánica, líquida, incolora, inflamable y   **s.f.** volátil, usada como disolvente.   **QUÍMICA**
2 Sustancia del organismo animal que se produce por   **ZOOLOGÍA** la combustión incompleta de las grasas y se elimina por la orina.

acetonemia Presencia excesiva de acetona en la san-   **s.f.** gre.   **MEDICINA**

acetonuria Presencia excesiva de acetona en la orina.   **s.f./MEDICINA**

acetosa Acedera, planta herbácea.   **s.f./BOTÁNICA**

acetoso, a
1 Ácido o con sabor de vinagre: *les sirvió una sidra*   **adj.** *acetosa que no se podía beber.*
2 Que tiene relación con el vinagre o se asemeja a él.

acetre (Del ár. *as-satl*, vaso con asa.)
1 Caldero pequeño usado para sacar agua del pozo.   **s.m.**
2 Pequeña vasija para transportar el agua bendita que   **RELIGIÓN** se utiliza en las aspersiones litúrgicas.

acetrinar Poner de color amarillo verdoso: *se le acetri-*   **v.tr/prnl.** *nó la piel.*

acezar (Derivado del lat. **oscitare*, bostezar.)
1 Respirar una persona o un animal trabajosamente a   **v.intr.** causa de la fatiga o el esfuerzo: *pasaron a nuestro lado*   **conj: cazar** *unos peregrinos acezando y tambaleándose.*   **= jadear**
2 Desear algo vehementemente.   **= ansiar**

acezoso, a Jadeante, que respira con esfuerzo.   **adj.**

achabacanar Hacer chabacana una cosa: *se le acha-*   **v.tr/prnl.** *bacanaron los modales desde que sale con ellos.*

achacar Atribuir algo negativo a una persona: *siempre*   **v.tr.** *achaca las culpas a los demás y nunca reconoce su respon-*   **conj: sacar** *sabilidad.*

achacoso, a Que padece algún achaque o indisposi-   **adj.** ción, especialmente en edad avanzada: *aun vieja y achacosa disfruta de los bailes y saraos.*

achaflanar Dar a una esquina forma de chaflán: *pidió*   **v.tr.** *al arquitecto que achaflanara la fachada para instalar un*   **tb: chaflanar** *buen escaparate en tres piezas.*

achambergado, a Se aplica al sombrero de alas an-   **adj.** chas, parecido al chambergo.

achampañado, a Se refiere a la bebida que imita al   **adj.** champán: *no le gustaba la sidra achampañada.*   **tb: achampanado**

achanchar
1 Hacer que una persona se quede con una ficha do-   **v.tr/prnl.** ble del dominó.   **JUEGOS**
2 Hacer vida sedentaria, tener una vida o una ocupa-   **Colomb., Ecuad.,** ción de poco movimiento.   **Perú**
3 Debilitarse o abandonarse, dejarse estar.   **Amér.**
4 Perder potencia un motor.   **Argent.**

achantar
1 Apabullar, causar miedo: *se achanta con nada y es-*   **v.tr/prnl.** *conde la cabeza como los avestruces.*
2 Hacer callar a alguien de modo imperativo o callar   **v.tr/intr/prnl.** por cobardía o resignación: *¡achanta la boca!*   **coloquial**
3 Esconderse mientras dura un peligro: *achantémonos*   **v.prnl.** *en su casa hasta que finalice la redada.*   **coloquial**
4 Abstenerse de intervenir en un asunto por cautela o malicia.
5 Conformarse con lo que se tiene o recibe.

achaparrado, a (Derivado de *chaparro*, mata ramo-   **adj.** sa.) Que es bajo y grueso: *unos árboles achaparrados*   **= aparrado** *daban sombra sobre el sendero.*

achaparrarse
1 Tomar un árbol la forma del chaparro o mata ra-   **v.prnl.** mosa: *los olmos se fueron achaparrando poco a poco.*   **= aparrar**
2 Adquirir una persona una configuración baja y gruesa.

achaque (Del ár. *as-saka*, queja, enfermedad.)
1 Malestar o enfermedad crónica, principalmente la   **s.m.** que se padece en la vejez: *debido a sus achaques esta-* *ba, cada dos por tres, en la consulta del médico.*
2 Indisposición leve: *sufría continuos achaques.*
3 Vicio o defecto moral.
4 Asunto o materia de la que hay que ocuparse o en la que se piensa: *no entendía de ciertos achaques.*
5 Pretexto que se invoca para disculparse.   **= excusa**

acharar Causar vergüenza o sobresalto.   **v.tr/prnl.**

achares (Del gitano *hacare*, tormento < *haca*, calor.)   **s.m.pl.** Celos, sospechas.   **+ dar**

acharolado, a De charol o que es parecido al charol: **adj.** *lucía bolso y zapatos acharolados.*   **tb: charolado**

acharolar Recubrir algo con charol: *acharolaba cintu-*   **v.tr.** *rones en sus ratos libres.*   **tb: charolar**

achatamiento
1 Acción de achatar o achatarse algo.   **s.m.**
2 Aplastamiento polar de un astro como consecuen-   **ASTRONOMÍA** cia de la rotación.

achatar Poner una cosa chata o aplastada: *la pieza*   **v.tr/prnl.** *metálica se acható por el peso excesivo.*   **= aplanar, allanar**

achicado, a Que se comporta como un niño.   **adj./= aniñado**

achicador, a
1 Que achica.   **adj/s.**
2 Pala usada para achicar el agua que entra en una   **s.m.** embarcación.   **NÁUTICA**

achicar
1 Sacar el agua acumulada en un lugar: *achicaron el*   **v.tr.** *lodo y agua de la planta baja inundada por la riada.*   **conj: sacar**
2 Hacer una cosa más pequeña: *achicarse la camisa.*   **v.tr/prnl.**
3 Hacer sentir a alguien inferior o insignificante: *su hermano lo achicaba y humillaba para vengarse.*
4 Intimidar o infundir temor a alguien.   **= acoquinar**

achicharradero Lugar donde hace mucho calor.   **s.m.**

achicharrar
1 Causar algo demasiado calor: *este sol achicharra las*   **v.tr.** *piedras.*   **tb: chicharrar**
2 Quemar una comida sin llegar a destruirla comple-   **v.tr/prnl.** tamente: *los garbanzos se achicharraron.*
3 Asarse, experimentar un calor excesivo: *no soporta-*   **v.prnl.** *ba la playa, se achicharraba con sólo poner el pie en la*   **= asurarse** *arena.*
4 Molestar a una persona insistentemente con alguna   **v.tr/= mortificar** pretensión: *me achicharraron a preguntas.*   **+ a, con**
5 Matar a una persona a balazos: *los achicharraron tres asaltantes encapuchados.*

achichincle Ayudante, empleado cercano al jefe: **s.m./Méx.** *llegó a la judicatura con dos de sus achichincles.*   **coloquial**

achicoria
1 Planta de la familia de las compuestas, de hojas re-   **s.f./BOTÁNICA** cortadas, ásperas y comestibles, y que se utiliza en   **tb: chicoria** medicina y como sucedáneo del café. *(Cichorium intybus.)*   **= amargón**
2 Infusión que se extrae de las raíces secas de una varie- dad de esta planta y se usa como sucedáneo del café.

achinado, a
1 Que tiene rasgos físicos, características o usos pare-   **adj.** cidos o propios de los chinos o de su cultura: *costum-* *bres achinadas; ojos achinados.*
2 Que tiene facciones que denotan ascendencia in-   **Argent., Par., Urug.** dia: *rostro achinado.*

achinar Matar o morir una persona sin haber podido   **v.tr/prnl.** defenderse.   **coloquial**

achinelado, a Se aplica al calzado que tiene forma   **adj.** de chinela o zapatilla sin talón.

achiote
1 Árbol de pequeño tamaño, de fruto oval y carnoso, cuyas semillas se emplean para hacer un tinte de color rojo vivo. *s.m./BOTÁNICA Colomb., Méx., Amér. Central, Bol.*
2 Fruto de este arbusto, cuya pulpa se usa como condimento.

achique Operación de desalojar el agua acumulada en un sitio: *les ayudaron con cubos en el achique del barco.* *s.m.*

achira Planta herbácea propia de terrenos húmedos, cuya raíz se utiliza en medicina popular contra la epilepsia. *(Sagittaria montevidensis.)* *s.f./BOTÁNICA Amér. Merid.*

¡achís! (Voz onomatopéyica.) Expresión usada para imitar el estornudo y para designarlo. *interj.*

achispado, a Que está un poco borracho: *salió del caserón un poquito achispado, tarareando una cancioncilla popular.* *adj. = acocullado*

achispar Poner casi ebria a una persona: *se achispó con cuatro copas por no haber cenado bien.* *v.tr./prnl.*

achocadura Herida causada con una piedra, palo u otro objeto. *s.f.*

achocar
1 Lanzar a una persona contra una superficie dura: *la achocó contra el frío suelo.* *v.tr. conj: sacar*
2 Herir a alguien con un objeto contundente.
3 Guardar dinero en gran cantidad y, particularmente, apilando las monedas. *coloquial*

achocharse Empezar a perder facultades, por efecto de la edad: *sus hijos no recuerdan cuándo comenzó a achocharse y a perder la memoria.* *v.prnl. coloquial*

achocolatado, a De color marrón oscuro, como el del chocolate: *tiene la tez achocolatada y los ojos verdes.* *adj.*

acholado, a
1 Que tiene la tez o el pelo del mismo color que la del cholo o mestizo. *adj. Amér. Merid.*
2 Que se siente avergonzado o abochornado. *Chile*

achubascarse Cubrirse el cielo de nubes que amenazan chubascos. *v.prnl. conj: sacar*

achuchar
1 Incitar a los animales a luchar: *achuchar a los gallos de pelea.* *v.tr. = azuzar*
2 Apretar una cosa con fuerza. *coloquial*
3 Hostigar reiteradamente a una persona: *no soportaba que la achuchasen y se despidió de la empresa.* *coloquial*
4 Contraer el paludismo: *el comité médico cree que se achucharon en la zona amazónica.* *v.prnl./Argent., Par., Urug.*
5 Tener escalofríos. *Argent., Par., Urug.*
6 Asustarse, sufrir un sobresalto. *Argent./coloquial*

achuchón
1 Acción de achuchar o estrujar. *s.m./coloquial*
2 Impulso brusco y violento que se da a una persona o a una cosa para desplazarla de su posición: *de un achuchón me tambaleé.* *= empujón*
3 Arrechucho, indisposición repentina. *coloquial*

achulado, a Que tiene el aspecto, modales, características, de un chulo: *lenguaje achulado.* *adj. coloquial*

achularse Adquirir una persona modales de chulo: *se nos achuló y casi no pudimos reconocer su antiguo yo.* *v.prnl. tb: achulaparse*

achunchar Avergonzar o atemorizar a alguien: *achunchaba a los obreros para que no se sindicasen.* *v.tr./Bol., Chile, Ecuad., Perú*

achuntar Acertar, dar en el blanco. *v.tr./Bol., Chile*

achuñuscarse Hacerse una cosa más pequeña: *se le achuñuscó el jersey de angorina.* *v.prnl.*

achura
1 Cualquier intestino, sobre todo de animal vacuno, lanar o cabrío. *s.f. Amér. Merid.*
2 Desperdicio de una res.

achurar
1 Matar con arma blanca o cruelmente: *achuraron sin piedad a los indios.* *v.tr. Amér. Merid.*
2 Quitar las achuras a la res.

aciago, a (Del lat. *aegyptiacus [dies]*, [día] fatal, aludiendo a las plagas de Egipto.) Que es desgraciado, de mala suerte, o de mal agüero: *día aciago.* *adj/s. = funesto, infausto*

acial
1 Utensilio para inmovilizar a una caballería o una res mientras las hierran, curan o esquilan. *s.m.*
2 Látigo, instrumento para azuzar las bestias o azotar. *Ecuad., Guat.*

aciano (Del lat. *cyanus* < gr. *kyanos*, azul.)
1 Planta herbácea, anual y medicinal, de la familia de las compuestas, con flores grandes y orbiculares, generalmente azules. *(Centaurea cyanus.)* *s.m. BOTÁNICA = azulejo*
2 **aciano mayor**: Planta perenne medicinal, con el tallo velludo, hojas lanceoladas y flores azules con cabezuela escamosa. *BOTÁNICA*

acianos Escobilla, planta arbustiva de ramas alternas, mimbreadas y cilíndricas. *s.m./pl: acianos BOTÁNICA*

acíbar (Del ár. *as-síbr*, jugo del áloe.)
1 Áloe, planta de la familia de las liliáceas. *s.m./BOTÁNICA*

2 Jugo que se obtiene de esta planta.
3 Amargura, disgusto, pena. *coloquial*

acibarar
1 Echar acíbar en algo. *v.tr.*
2 Aturdir el ánimo de alguien con alguna preocupación o disgusto. *= turbar*

acicalado, a
1 Exageradamente pulcro y limpio: *las chicas acicaladas esperaban el inicio del baile.* *adj.*
2 Acción y resultado de acicalar o acicalarse. *s.m.*

acicalar (Del ár. *as-siqal*, pulimento.)
1 Adornar o arreglar cuidadosamente: *acicaló al niño antes de salir de casa.* *v.tr/prnl.*
2 Aplicar los sentidos o la inteligencia intensamente: *acicaló su inteligencia para descubrir el enigma.*
3 Dar el último pulimento a una pared. *= repulir*
4 Limpiar o pulir las armas blancas. *v.tr.*

acicate (Del ár. *as-sawkat*, aguijones, espinas.)
1 Espuela con una sola punta para picar al caballo. *s.m.*
2 Estímulo que anima a hacer algo o a obrar de una manera determinada. *= incentivo*

acicatear Animar, estimular: *acicatea a sus empleados con incentivos económicos.* *v.tr.*

aciche
1 Herramienta con dos bocas, semejante a la azuela, usada por el que pavimenta los suelos. *s.m. TECNOLOGÍA*
2 Caparrosa, sulfato de cinc, cobre o hierro. *tb: aceche MINERALOGÍA*

acícula
1 Hoja larga, delgada y puntiaguda, en forma de aguja, como las hojas de las coníferas. *s.f. BOTÁNICA*
2 Aguijón o espina fina y endeble, no vulnerante, de ciertos rosales. *BOTÁNICA*
3 Glándula productora de seda, situada a cada lado del cuerpo de los anélidos. *ZOOLOGÍA*

acicular (Del lat. *acicula*, aguja pequeña.)
1 Con forma de aguja. *adj.*
2 Se aplica a las hojas con forma de aguja. *BOTÁNICA*
3 Se aplica a los minerales cuya textura está formada por fibras muy delgadas. *MINERALOGÍA*

acidaque (Del ár. *as-sidaq*, dote.) Conjunto de bienes que tiene que dar el hombre musulmán a la mujer con quien se casa. *s.m. = dote*

acidez
1 Sensación que produce lo ácido: *echó tanto limón, que el pastel dejaba acidez en la boca.* *s.f.*
2 Cualidad de ácido: *la acidez del vinagre.*
3 Exceso de iones de hidrógeno en una solución acuosa. *QUÍMICA*
4 Cantidad de ácido libre en aceites, resinas y otras sustancias: *medir el grado de acidez máxima.* *QUÍMICA*
5 **acidez de estómago**: Sensación de quemazón y malestar en la región del estómago, producida por exceso de ácido en el jugo gástrico. *MEDICINA*

acidia (Del lat. *acidia* < gr. *akedia*, indiferencia < *a*, privativo + *kedos*, cuidado.)
1 Pereza, holgazanería: *el bochornoso calor del trópico le creaba una pesada acidia.* *s.f. = desidia*
2 Angustia, tristeza.

acidífero, a Que contiene uno o más ácidos. *adj./QUÍMICA*

acidificar Acedar, hacer una cosa ácida: *acidificar una sustancia.* *v.tr. conj: sacar*

acidimetría Procedimiento para medir el ácido libre contenido en una solución. *s.f. QUÍMICA*

acidímetro Instrumento para medir o graduar la cantidad de ácido que contiene un cuerpo líquido. *s.m. QUÍMICA*

acidioso, a Perezoso, holgazán. *adj.*

ácido, a
1 Que es agrio, de sabor como el del vinagre o el limón: *acompañó el plato con una ácida salsa fría.* *adj.*
2 Que tiene alguna propiedad del ácido.
3 Que es áspero, insulso, desabrido. *= soso*
4 Sustancia capaz de combinarse con algún óxido metálico o cualquier otra base para formar sales. *s.m. QUÍMICA*
5 Denominación usual, en el mundo de la droga, del ácido lisérgico, también conocido como LSD. *argot*
6 **ácido acético**: Líquido incoloro que se produce por oxidación del alcohol en presencia del hongo del vinagre, y que se usa en perfumería, tintorería, imprenta, etc. *QUÍMICA*
7 **ácido arsénico**: Anhídrido arsénico, sustancia blanca de aspecto vítreo, venenosa y soluble en agua y alcohol. *QUÍMICA*
8 **ácido benzoico**: Cuerpo sólido, blanco, muy soluble en alcohol y poco en el agua. Se obtiene de la orina del caballo, del benjuí y de otros productos. *QUÍMICA*
9 **ácido bórico**: El que es débil y se presenta en escamas blancas y se usa como antiséptico. *QUÍMICA*
10 **ácido bromhídrico**: Gas soluble en el agua, usado en medicina. *QUÍMICA*
11 **ácido brómico**: El que es líquido y de color amarillo o incoloro, inestable y soluble en el agua, que se usa como colorante y en productos farmacéuticos. *QUÍMICA*

12 ácido carbónico: El que es débil y se encuentra en pequeñas proporciones en las disoluciones acuosas de dióxido de carbono. — QUÍMICA

13 ácido cianhídrico: El extraído de las almendras amargas, que se obtiene por la disolución del cianuro de hidrógeno en agua. — QUÍMICA

14 ácido cinámico: Aquel que se extrae de los bálsamos del Perú y de Tolú, así como del estoraque. — QUÍMICA

15 ácido cítrico: El que se encuentra en los zumos de los frutos cítricos, sobre todo en el limón, sólido, soluble en el agua. — QUÍMICA

16 ácido clorhídrico: El que es fuerte y muy corrosivo, que resulta de la disolución de cloruro de hidrógeno en agua. — QUÍMICA

17 ácido desoxirribonucleico o nucleico: Principal constituyente del material genético de los seres vivos. — BIOQUÍMICA

18 ácido fénico: El que es muy soluble en alcohol y se emplea como desinfectante. — QUÍMICA

19 ácido fluorhídrico: Disolución acuosa del fluoruro de hidrógeno, muy corrosivo para la piel y mucosas y muy tóxico por inhalación e ingestión. — QUÍMICA

20 ácido fulmínico: Aquel que es venenoso y forma sales explosivas, como el fulminato de mercurio. — QUÍMICA

21 ácido láctico: El que se produce por fermentación de los azúcares, principalmente la lactosa, por el bacilo láctico. — QUÍMICA

22 ácido nítrico: Aquel que es muy enérgico y ataca a los metales, es oxidante y se emplea en la industria. — QUÍMICA

23 ácido oleico: Aquel que se encuentra en la mayor parte de las grasas animales y vegetales, especialmente en los aceites. — BIOQUÍMICA

24 ácido pícrico: El que se produce por la acción del ácido nítrico sobre el fénico, y se emplea para la fabricación de explosivos y colorantes. — QUÍMICA

25 ácido ribonucleico: Ácido nucleico que interviene en la transcripción del material genético. — BIOQUÍMICA

26 ácido salicílico: El empleado en medicina como antiséptico, desinfectante y antirreumático. — FARMACIA

27 ácido sulfúrico: Aquel que se prepara por oxidación del anhídrido sulfuroso en presencia de agua. — QUÍMICA

28 ácido úrico: Compuesto orgánico existente en la orina que, una vez acumulado en el organismo, produce reumatismo y gota. — BIOQUÍMICA

acidólisis Hidrólisis obtenida a través de la acción de un ácido. — s.f./pl: acidólisis QUÍMICA

acidómetro Instrumento para determinar la densidad de agua acidulada en un acumulador y ver su estado de carga. — s.m. TECNOLOGÍA

acidorresistente
1 Que resiste la acción corrosiva o decolorante de los ácidos. — adj. QUÍMICA
2 Se aplica al bacilo que, tras ser coloreado por la fucsina básica, no se decolora por la acción de un ácido nítrico o sulfúrico diluido: *el bacilo de la tuberculosis es acidorresistente.* — BIOLOGÍA

acidosis Conjunto de alteraciones producidas por exceso de ácidos en los tejidos y en la sangre, que generalmente se dan en la fase final de la diabetes y de otras perturbaciones de la nutrición. — s.f. pl: acidosis MEDICINA = acidismo

acidular
1 Echar una pequeña cantidad de ácido en el vino. — v.tr.
2 Poner una sustancia ligeramente ácida. — v.tr/prnl.

aciemar Echar estiércol para fertilizar: *aciemaron el terreno después del barbecho.* — v.tr. = estercolar

acierto
1 Elección adecuada entre varias opciones. — s.m.
2 Casualidad, coincidencia.
3 Habilidad o destreza en una acción o actividad: *gracias a su acierto y buen hacer el asunto se resolvió con éxito.*
4 Prudencia y buen juicio.

aciguatado, a
1 Que padece ciguatera. — adj.
2 Que tiene el semblante pálido y amarillento como el que ha contraído ciguatera.

aciguatarse Contraer los peces ciguatera. — v.prnl.

acijado, a De color azul verdoso, como el del acije o caparrosa: *sus ojos acijados brillaban en la oscuridad.* — adj. = acaparrosado

acije Caparrosa, sulfato de cinc, cobre o hierro que se usa en tintorería. — s.m./MINERALOGÍA tb: aciche

acilo Radical derivado de un ácido orgánico. — s.m./QUÍMICA

acimboga Variedad muy arrugada de cidra, fruta: *recoger las acimbogas antes de la maduración.* — s.f./tb: cimboga = azamboa

ácimo Se refiere al pan que no tiene levadura. — adj./tb: ázimo

acimut (Del ár. *as-sumut*, plural de *as-samt*, dirección, cenit.) Ángulo medido sobre el horizonte, que forma el círculo vertical o de altura de un astro con el meridiano del lugar de observación. — s.m./pl: acimutes, acimuts ASTRONOMÍA tb: azimut

acinesia (Del gr. *akinesia*, inmovilidad < *a*, privativo + *kinesis*, movimiento.) Falta, pérdida o cese del movimiento. — s.f. = acinesis

ación (Del ár. *as-siyur*, plural de *sair*, correa.) Correa fija de la que pende el estribo, en la silla de montar. — s.f. EQUITACIÓN

acipado, a Se aplica al paño que está bien tupido cuando se saca de la percha. — adj. TEXTIL

acirate (Del ár. *as-sirat*, camino, sendero.)
1 Loma que sirve de lindero entre fincas. — s.m.
2 Caballón, lomo entre surcos levantado con la azada para dividir las eras de las huertas. — AGRICULTURA
3 Senda que separa dos hileras de árboles.

acitara (Del ár. *as-sitara*, velo, lo que oculta a la mirada.)
1 Pared del grueso de un ladrillo: *derribar las acitaras de la casa.* — s.f. tb: citara
2 Pretil, muro del puente que impide las caídas de los transeúntes. — CONSTRUCCIÓN

acitrón Cidra confitada: *rellenaron los pastelillos de hojaldre con acitrón.* — s.m.

acivilarse Contraer únicamente matrimonio civil. — v.prnl./Chile

aclamación
1 Acción de aclamar o aplaudir: *los recibieron con grandes aclamaciones y ovaciones.* — s.f.
2 **por aclamación:** Sin discusión, por unanimidad: *elegir por aclamación; aprobar por aclamación.* — loc.adv.

aclamar (Del lat. *acclamare*, llamar, gritar.)
1 Mostrar muchas personas su aprobación con voces y aplausos: *aclamaron a la pareja real al salir de la basílica.* — v.tr. = vitorear
2 Designar la mayoría públicamente a alguien para algún cargo u honor. — = proclamar
3 Llamar a las aves.

aclamídeo, a Se aplica a la flor que no tiene cáliz ni corola: *el sauce tiene flores aclamídeas.* — adj. BOTÁNICA

aclaración
1 Explicación sobre el significado, el sentido u otro aspecto de una cosa: *los alumnos le pidieron una aclaración del tema.* — s.f.
2 Acción de hacer más clara, en sentido material o figurado, una cosa: *aclaración de las tonalidades del cuadro.*
3 Enmienda o rectificación de una sentencia, hecha por el mismo juez inmediatamente después de notificarla. — DERECHO

aclarado, a
1 Se aplica a la figura que está rodeada de un campo o espacio coloreado de determinado color. — adj. HERÁLDICA
2 Acción y resultado de aclarar la ropa: *la lavadora se paró en mitad del aclarado.* — s.m.
3 Movimiento táctico del baloncesto, por el que uno o más atacantes se llevan a sus defensas hacia un lado, dejando un espacio libre que permite al que lleva el balón tirar o entrar a canasta con mayor facilidad. — DEPORTES

aclarar (Del lat. *acclarare* < *ad*, + *clarus*, claro.)
1 Hacer más claro, ligero o inteligible: *los colores de la colcha se aclararán con el tiempo.* — v.tr/prnl.
2 Volver a lavar la ropa u otra cosa con agua sola después de haberla enjabonado: *aclaró las sábanas con agua fría.* — = enjuagar
3 Hacer la voz más clara o perceptible: *la aclaró para que los espectadores entendieran su perorata.*
4 Aplicar con intensidad los sentidos y facultades para percibir con ellos lo más posible: *aclarar la vista para percibir su contorno.*
5 Dejar de fruncir el ceño.
6 Poner en claro o explicar una cosa: *aclaró las preguntas y la puntuación antes de comenzar el examen.* — v.tr.
7 Deshacer el lío de una cuerda. — NÁUTICA
8 Lavar un mineral por segunda vez. — MINERÍA
9 Hacer el color de una cosa más claro: *el pelo se aclara con el sol.* — v.tr/prnl.
10 Hacer que una cosa sea menos espesa: *con el incendio el bosque se aclaró.*
11 Hacer ilustre a una persona.
12 Desaparecer las nubes después de llover o después de una tormenta: *la tarde se fue aclarando y quedó una noche limpia.* — v.intr.
13 Aparecer la luz del día: *el día aclaraba por detrás de la sierra.*
14 Descubrir una persona sus pensamientos o sus sentimientos a sí misma o a otra persona. — v.prnl.
15 Quedar un líquido transparente al posarse lo lo enturbiaba: *aclararse el vino en las botellas.*

aclaratorio, a Que aclara o explica: *con una somera explicación aclaratoria tuvo bastante.* — adj.

aclarecer
1 Hacer que el color y la luz de una cosa se aclare: *aclarecer los tonos del jersey.* — v.tr. conj: carecer
2 Poner más separado: *aclarecer las plantas del semillero.*
3 Poner una idea o un asunto en claro.

aclareo Acción y resultado de aclarar las siembras y plantaciones. — s.m. AGRICULTURA

acleido, a (Del gr. *a*, privativo + *kleis, kleidos*, clavícula.) Se aplica al mamífero que no tiene clavículas: *la ballena es un animal acleido.* — adj/s. ZOOLOGÍA

aclimatación
1 Acción y resultado de aclimatar o aclimatarse: *duró meses su aclimatación al nuevo equipo de trabajo.* — s.f.
2 Conjunto de cambios que permiten a un ser vivo subsistir y reproducirse en un medio nuevo. — BIOLOGÍA

aclimatar
1 Hacer que un ser orgánico se acostumbre a un clima que no le es habitual. — v.tr/prnl. BIOLOGÍA
2 Hacer que una cosa medre en un lugar distinto de su origen.
3 Acomodarse gradualmente a una situación o un ambiente extraños o desagradables: *le costó aclimatarse a los compañeros y a la nueva faena.* — v.prnl.

aclínico, a
1 Referente al lugar que no registra inclinación magnética. — adj. GEOGRAFÍA
2 Referente a la línea que pasa por todos los lugares sin inclinación magnética. — GEOGRAFÍA

aclocar
1 Ponerse clueca un ave: *las gallinas se asustaron y no acluecan.* — v.intr/prnl. conj: *trocar*
2 Ponerse una persona cómoda al sentarse: *al llegar del trabajo, se acluecan en el sofá.* — v.prnl. = arrellanarse

aclorhidria Falta de ácido clorhídrico en las secreciones gástricas. — s.f. MEDICINA

acmé (Del gr. *akme*, punta.) Período de máxima intensidad de una enfermedad. — s.f. MEDICINA

acné Afección de la piel, principalmente en la cara y la espalda, originada por retención de la secreción de las glándulas sebáceas. — s.m/f. tb: acne MEDICINA

acobardamiento Incapacidad de hacer frente a una situación que se considera peligrosa y produce temor: *sintió un terrible miedo y en sus acciones se traslucía su acobardamiento.* — s.m. SICOLOGÍA

acobardar
1 Causar o inspirar temor a una persona: *se acobarda con una simple película.* — v.tr/prnl. = atemorizar
2 Desanimar o deprimir a alguien una situación concreta: *al morir su esposa se acobardó y dejó de salir.* — = amilanar

acobijar Cubrir el pie de las cepas y de los plantones con tierra. — v.tr. AGRICULTURA

acobijo
1 Refugio, lugar de protección. — s.m./= cobijo
2 Montón de tierra que se apisona alrededor de las vides y de los plantones para dar estabilidad y abrigo a las raíces. — AGRICULTURA

acobrado, a De color marrón rojizo, como el del cobre: *llevaba mechas acobradas en el cabello.* — adj. = cobrizo

acocarse Agusanarse, criar los frutos gusanos: *se acocaron todas las manzanas.* — v.prnl. conj: *sacar*

acocharse
1 Inclinarse una persona hacia el suelo: *se acochó para recoger el lápiz y ya no pudo levantarse.* — v.prnl. = agacharse
2 Encogerse contra tierra para ocultarse. — = agazaparse

acochinar
1 Matar a una persona que no puede defenderse. — v.tr.
2 Encerrar y, a consecuencia, inmovilizar un peón, en las damas. — JUEGOS
3 Intimidar o causar temor a una persona: *los gritos del coronel acochinaban a los soldados; le acochina con su mal trato.* — v.tr/prnl. coloquial tb: acoquinar
4 Volverse una persona sucia o grosera. — v.prnl.

acocotar Matar dando golpes en el cogote: *acocotó tres conejos para el guiso.* — v.tr. tb: acogotar

acocullado, a Que está un poco borracho: *llegó acocullada a la fiesta y la enviaron a casa en un taxi.* — adj. = achispado

acodadura Acción y efecto de acodar. — s.f.

acodalamiento Colocación de maderos horizontales entre dos paredes de un vano o de una excavación. — s.m. CONSTRUCCIÓN

acodalar Poner codales a un hueco o a una excavación: *acodalar una galería.* — v.tr.

acodar
1 Doblar una varilla, una tubería u otra cosa semejante en ángulo. — v.tr.
2 Poner codales a un tapial. — = acodalar
3 Poner codales en la superficie de una piedra o un madero para comprobar si está plana.
4 Poner una rama debajo de tierra, sin separarla de la planta, para que eche raíces y se produzca una nueva planta. — AGRICULTURA = amugronar
5 Apoyar el codo en un sitio: *se acodó en la ventana para ver pasar el desfile.* — v.tr/prnl.

6 Doblarse los clavos al herrar, desviándose sobre las partes sensibles. — v.prnl.

acoderar Presentar el costado de un barco en determinada dirección, sujetándolo con coderas. — v.tr/prnl. NÁUTICA

acodiciar Codiciar, desear con ansia. — v.tr/prnl.

acodillar
1 Doblar un objeto en forma de ángulo: *acodilló las tuberías del agua.* — v.tr.
2 Hacer un jugador, en las cartas, más bazas que el que ha entrado, dar codillo. — JUEGOS
3 Tocar un cuadrúpedo el suelo con el codillo. — v.intr.

acodo
1 Vástago, tallo nuevo, doblado en ángulo. — s.m./AGRICULTURA
2 Operación de acodar plantas. — AGRICULTURA
3 Moldura que rodea un vano de puerta o ventana. — CONSTRUCCIÓN
4 Parte que sobresale en la parte inferior de una dovela. — ARQUITECTURA

acofrar Labrar la tierra formando lomos: *acofrar la huerta para plantar las tomateras.* — v.tr. AGRICULTURA

acogedor, a
1 Se aplica a los lugares agradables y confortables: *les recibió en una acogedora estancia.* — adj.
2 Que acoge con agrado a quien recibe en su casa: *es muy acogedora, no sólo con sus amigos, sino con cualquiera.* — adj/s. = hospitalario

acoger (Del lat. **accolligere*, recoger.)
1 Dar protección o admitir a una persona en un lugar o en un grupo: *el país acogió a los refugiados políticos hasta mediados de la pasada década.* — v.tr. conj: *coger*
2 Aceptar o admitir una cosa.
3 Recibir algo o alguien de cierta manera: *acogió la noticia con gran alegría.*
4 Dejar entrar ganado ajeno en una dehesa propia para que pueda pastar.
5 Ampararse, ponerse bajo la protección de una ley: *se acogió al artículo doce de la Constitución.*
6 Usar cualquier cosa o motivo como pretexto. — = excusarse

acogeta Lugar que es adecuado para protegerse de algún peligro. — s.f. = refugio

acogida
1 Recibimiento u hospitalidad que se ofrece a una persona o colectividad: *recibieron una buena acogida.* — s.f. = acogimiento
2 Refugio, lugar seguro. — = abrigo
3 Protección o amparo. — = socorro
4 Aprobación, beneplácito de una cosa o una persona: *la noticia tuvo una mala acogida.* — = aceptación
5 Afluencia de aguas o de cualquier otro líquido.

acogido, a
1 Persona admitida y mantenida por un establecimiento de beneficencia. — s.
2 Conjunto de reses que se entregan al dueño de un rebaño mayor para que las alimente por un precio determinado. — s.m.
3 Precio que se debe pagar por la admisión de reses en una dehesa o cortijo.

acogollar
1 Cubrir una planta delicada con esteras, plásticos o vidrios para defenderla de la lluvia o el frío: *acogollaron las lechugas.* — v.tr. AGRICULTURA
2 Echar una planta cogollos. — v.intr/prnl.

acogombrar Acohombrar, cubrir con tierra ciertas plantas: *acogombrar el apio.* — v.tr. AGRICULTURA

acogotar
1 Matar a una persona o un animal haciéndole una herida o dándole un golpe en el cogote: *el asesino acogotaba a todas sus víctimas.* — v.tr. tb: acocotar
2 Derribar a alguien sujetándole por el cogote. — coloquial
3 Tener a una persona intimidada. — = acoquinar

acogullado, a Que tiene forma de cogulla o hábito de monje. — adj.

acohombrar
1 Cubrir ciertas hortalizas con tierra para que se hagan blancas o tiernas. — v.tr. tb: acogombrar
2 Cubrir el pie de los árboles con tierra. — AGRICULTURA

acojinamiento Entorpecimiento que produce el vapor cuando se comprime entre el émbolo y la tapa del cilindro. — s.m. MECÁNICA

acojinar Poner lana, algodón u otros tejidos entre dos telas y coserlas por los lados. — v.tr./TEXTIL = acolchar

acojonado, a Que tiene miedo a enfrentarse a un problema o a una situación difícil: *está acojonada ante tal responsabilidad.* — adj/s. vulgar = cobarde

acojonante
1 Que causa miedo: *les metió un susto acojonante al decirles que no volvería jamás.* — adj/.vulgar = impresionante
2 Que es muy bueno o extraordinario: *se ha comprado un coche acojonante.* — vulgar = estupendo

acojonar
1 Causar miedo a una persona: *se acojonaba en cuanto me veía.* — v.tr/prnl. vulgar

2 Causar asombro a una persona: *la acojonó al decirle-que le regalaría el coche.* — v.tr. / vulgar

acojone Miedo, sentimiento de alarma ante un peligro, un dolor o un misterio: *les causó un acojone de órdago.* — s.m./vulgar / tb: acojono

acolchado
1 Acción y resultado de acolchar. — s.m.
2 Labor que se hace reforzando con guata, algodón, lana u otra materia entre dos telas y pespunteando el conjunto. — TEXTIL
3 Cobertor relleno de materia suave que se pone sobre la cama para adorno o abrigo. — Argent.
4 Revestimiento de paja o caña trenzada con cuerdas que sirve para fortalecer algunos diques. — CONSTRUCCIÓN

acolchar Poner lana, algodón u otra materia entre dos telas para coserlas después: *acolchó el gabán.* — v.tr./tb: colchar / = acojinar

acolia Ausencia de secreción biliar. — s.f./MEDICINA

acolitado La superior de las cuatro órdenes menores del sacerdocio, que permitía servir al sacerdote en el altar. — s.m./RELIGIÓN

acólito (Del lat. *acolytus* < gr. *akolithos*, que sigue o acompaña.)
1 Clérigo que ha recibido la orden del acolitado. — s.m./RELIGIÓN
2 Monaguillo, el que ayuda al sacerdote en la celebración de la misa. — RELIGIÓN
3 Persona que sigue y acompaña siempre a otra. — = compañero

acollar
1 Acobijar, cubrir el pie de los árboles u otras plantas con tierra. — v.tr./conj: contar / AGRICULTURA
2 Meter estopa en las costuras de una embarcación. — NÁUTICA
3 Tirar de los cabos que pasan por los ojos de las vigotas. — NÁUTICA

acollarado, a Se aplica al animal que tiene el cuello de distinto color que el resto del cuerpo, en especial los pájaros. — adj.

acollarar
1 Poner collar a un animal o colleras a una caballería: *acollaró los podencos.* — v.tr.
2 Atar varios perros por sus collares.
3 Unir por el cuello dos animales para que formen pareja en un tiro. — Argent, Chile, Urug.
4 Unir dos personas o cosas. — v.tr/prnl./Amér.

acollonar Acojonar, causar miedo o asombro. — v.tr/prnl.

acolmillado, a Se aplica al diente que es demasiado grande y puntiagudo. — adj.

acombar Combar, torcer o encorvar: *se acombaron los tablones.* — v.tr/prnl.

acomedido, a Que se comporta con generosidad y servicialmente. — adj. / = complaciente

acomedirse Prestarse espontáneamente a hacer un servicio. — v.prnl./Amér. / conj: pedir

acometer
1 Lanzarse con ímpetu contra una persona para causarle un daño físico: *el comando acometió contra la brigada policial.* — v.tr. / = atacar
2 Empezar una cosa que implica trabajo o presenta dificultades: *acometió la tarea con mucha ilusión.* — = emprender
3 Empezar a ejecutar una acción. — v.intr./+ a + inf.
4 Sobrevenir, empezar o aparecer un cierto estado físico o moral a afectar a una persona: *le acometieron deseos de llorar.* — v.tr.
5 Intentar conquistar la voluntad de una persona con un fin.
6 Desembocar una cañería o una galería en otra. — CONSTRUCCIÓN

acometida
1 Acción o resultado de acometer, atacar o embestir. — s.f./= acometimiento
2 Derivación, instalación de un ramal secundario en un conducto o línea general: *hay un escape en la acometida del agua.* — CONSTRUCCIÓN

acometimiento
1 Acometida, acción y efecto de acometer. — s.m./= ataque
2 Ramal de un desagüe que desemboca en una alcantarilla o en el conducto general. — CONSTRUCCIÓN

acometividad
1 Agresividad, inclinación a atacar, a agredir verbal o físicamente. — s.f.
2 Capacidad emprendedora: *con brío y acometividad inició su gestión.*

acomodación
1 Acción y resultado de acomodar o acomodarse. — s.f./= acomodo
2 Cambio que se produce en el ojo para hacer más clara la visión a distancias e intensidades luminosas distintas. — MEDICINA
3 acomodación fetal y pelviana: Adaptación progresiva del feto a la cavidad pelviana. — FISIOLOGÍA
4 acomodación social: Proceso en que se producen cambios en las relaciones entre individuos o grupos de individuos para eliminar o reducir conflictos. — SOCIOLOGÍA

acomodadizo, a Que se puede acomodar a todo y a cualquier circunstancia. — adj. / = acomodaticio

acomodado, a
1 Que tiene buena posición económica: *proviene de una acomodada familia de provincias.* — adj. / = pudiente
2 Que gusta de la comodidad.
3 Que tiene un precio moderado.

acomodador, a
1 Que acomoda. — adj.
2 Persona encargada de indicar a los espectadores los asientos que deben ocupar, en locales dedicados a espectáculos públicos: *el acomodador les acompañó hasta su palco.* — s.

acomodar
1 Poner, amoldar una cosa de manera que se ajuste o adapte a otra: *acomodó la estantería en el rincón.* — v.tr.
2 Preparar o arreglar algo de modo conveniente: *acomodó la buhardilla para sus sobrinos.*
3 Poner en lugar apropiado: *se acomodó en el asiento de atrás.* — v.tr/prnl.
4 Proveer a alguien de lo que necesita. — v.tr.
5 Aplicar frases, recuerdos, noticias de manera hábil: *suele acomodar sus discursos con citas brillantes.*
6 Combinar dos o más cosas armónicamente: *acomodó los cuadros en el salón.*
7 Hacer que dos cosas se ajusten o sean compatibles: *mi asistencia se acomoda al reglamento del centro.* — v.tr/intr/prnl.
8 Proporcionar un empleo o una ocupación a una persona: *el director del centro le acomodó de conserje.* — v.tr/prnl.
9 Ser agradable o conveniente: *esta música acomoda.* — v.intr.
10 Conformarse y amoldarse: *se acomodó a su situación aunque fuera precaria.* — v.prnl.

acomodaticio, a Que se aviene a cualquier cosa: *una acomodaticia manera de pensar.* — adj. / = acomodadizo

acomodo
1 Acomodación, acción de acomodar o acomodarse. — s.m.
2 Trabajo desempeñado por una persona por el que cobra un salario: *tardó varios años en encontrar el acomodo ideal.* — = empleo, ocupación
3 Lugar que sirve de vivienda. — = alojamiento
4 Cosa usada para adornar. — = adorno

acompañado, a
1 Se aplica al lugar que está muy concurrido, que es populoso y frecuentado: *sala de cine muy acompañada por la juventud.* — adj. / coloquial
2 Se dice de la persona que acompaña a otra como perito, para tratar un asunto o para realizar una misión. — adj/s.

acompañamiento
1 Acción y efecto de acompañar o acompañarse. — s.m.
2 Persona o grupo de personas que acompañan a otra u otras: *el acompañamiento siguió a los novios en limusinas.*
3 Conjunto de personas que figuran en una representación teatral o en una película para desempeñar un papel secundario. — TEATRO, CINE
4 Conjunto de alimentos presentados como complemento de un plato principal: *como acompañamiento sirvió un cremoso puré de patatas.* — COCINA
5 Sostén de la melodía de una voz o de un instrumento mediante la armonía que se ejecuta en un instrumento secundario. — MÚSICA
6 Ejecución armónica del bajo continuo en una composición musical. — MÚSICA

acompañante, a
1 Que acompaña: *los acompañantes no pueden entrar en la consulta.* — adj/s.
2 Reloj que indica los segundos y es usado en las observaciones astronómicas. — s.m.

acompañar
1 Unir una cosa a otra: *acompaño el informe con varias fotografías.* — v.tr. / + con, de
2 Existir una cualidad o una circunstancia en una persona: *le acompaña un agudo sentido crítico.*
3 Compartir un estado de ánimo con una persona: *le acompañó en su dolor por la muerte de su madre.*
4 Comer o beber una cosa con otra: *acompañamos el pescado con vino fresco.*
5 Adornar el escudo principal con otros escudos. — HERÁLDICA
6 Estar o ir una persona junto a otra: *siempre se acompañaba de sus hermanos al ir al cine.* — v.tr/prnl. / + de
7 Estar una cosa con otra: *un folleto explicativo acompaña nuestros productos.*
8 Tocar el acompañamiento de una melodía o la parte instrumental en la interpretación de un cantante: *la soprano se acompañó del mejor pianista.* — MÚSICA
9 Unirse varios peritos para tratar un asunto. — v.prnl.

acompasado, a
1 Que se hace a compás: *el acompasado movimiento de las naves.* — adj. / = rítmico
2 Que habla, anda o se mueve de manera pausada y a compás: *llevaba un paso acompasado.* — = mesurado

acompasar
1 Hacer que una cosa siga el compás de otra: *intentaron acompasar sus andares.* — v.tr. / tb: compasar

2 Administrar adecuadamente algo: *hay que acompasar los gastos a los ingresos.*

acomplejado, a Que padece algún complejo: *está acomplejada por su extrema delgadez.* adj./s.

acomplejamiento Retraimiento observable en la conducta de una persona y causado por circunstancias ajenas a su voluntad. s.m. SICOLOGÍA

acomplejar Causar o padecer un complejo síquico una persona: *los éxitos de sus hermanos la acomplejaron toda su vida.* v.tr/prnl.

aconchabarse Conchabarse, asociarse con un fin delictivo o considerado negativo. v.prnl. coloquial

aconchadillo Condimento o salsa que se agrega a la comida. s.m. COCINA

aconchar
1 Arrimar a un lugar para proteger de algún peligro: *se aconchó a la pared para evitar las ráfagas de metralleta.* v.tr/prnl.
2 Llevar el viento o la corriente hacia un lugar peligroso una embarcación: *el buque se aconchó demasiado y estuvo a punto de encallar.* NÁUTICA
3 Inclinarse una embarcación varada totalmente sobre uno de sus costados. v.prnl. NÁUTICA
4 Acercarse dos embarcaciones sin violencia. NÁUTICA
5 Clarear un líquido por sedimentación de los posos en el fondo del recipiente. Chile
6 Acercarse mucho el toro a la barrera para protegerse de los toreros. TAUROMAQUIA

acondicionado, a
1 Que es de buena calidad o está en debidas condiciones, o al contrario: *hospital bien acondicionado.* adj.
2 De cierta condición o genio.

acondicionador, a
1 Que acondiciona. adj.
2 Aparato para acondicionar la temperatura y la humedad del aire en un recinto cerrado. s.m./TECNOLOGÍA = climatizador
3 Suavizante, moldeador del cabello.

acondicionamiento
1 Acción y resultado de acondicionar: *el acondicionamiento de las tierras de secano; acondicionamiento de frutas en bandejas plásticas.* s.m.
2 **acondicionamiento de aire:** Conjunto de operaciones que tienen por finalidad acondicionar el ambiente de un local. TECNOLOGÍA

acondicionar
1 Poner una cosa en las condiciones convenientes: *acondicionó la casa para facilitar el acceso de los minusválidos.* v.tr.
2 Dar las condiciones convenientes de temperatura y humedad a un lugar cerrado. = climatizar
3 Adquirir una persona una condición o modo de ser. v.prnl.

acondroplasia (Del gr. *a*, privativo + *kondros*, articulación + *plasso*, formar.) Desarrollo anormal de los cartílagos de conjunción que produce un tipo de enanismo. s.f. MEDICINA, ZOOLOGÍA

aconfesional Que no profesa ninguna confesión o religión: *institución aconfesional.* adj.

acongojante Que acongoja o angustia: *las noticias del frente son acongojantes.* adj.

acongojar Causar angustia o aflicción a una persona: *se acongojaba cuando le recordaban el triste estado de su abuelo.* v.tr/prnl. tb: congojar = afligir

aconitina Alcaloide venenoso obtenido del acónito, usado en medicina para combatir dolencias articulares y para provocar el vómito. s.f. FARMACIA

acónito Planta de la familia de las ranunculáceas, perenne, considerada venenosa, de hojas palmeadas y raíz fusiforme. (*Aconitum.*) s.m. BOTÁNICA = anapelo, pardal

aconsejable Que es conveniente o que se puede aconsejar: *no es aconsejable que os internéis de noche en el bosque.* adj.

aconsejado, a Que es acertado o prudente y sensato: *anda mal aconsejado en ese asunto.* adj. + bien, mal

aconsejar
1 Dar un consejo a una persona: *le aconsejé que intentara dejar el tabaco.* v.tr./= advertir
2 Sugerir, mostrar algo a alguien.
3 Pedir o tomar consejo. v.prnl.

aconsonantar
1 Rimar una palabra con otra u otras, creándose un buen efecto sonoro. v.intr. LITERATURA
2 Incurrir en consonancia, en un texto en prosa. LITERATURA
3 Rimar los versos a partir de la última sílaba acentuada. v.tr. POESÍA

acontecer Suceder, producirse un hecho: *aconteció lo que ya esperábamos.* v.intr. defectivo conj: *carecer*

acontecimiento Hecho o situación considerada de cierto interés o importancia: *no se puede negar la evidencia de los acontecimientos.* s.m. = evento, acaecimiento

acopar
1 Formar copa una planta. v.intr./BOTÁNICA
2 Hacer que las plantas formen copa. v.tr/BOTÁNICA
3 Practicar un agujero en un tablón para ajustar una pieza. NÁUTICA

acopetado, a Que está hecho o puesto en forma de copete. adj.

acopiar Almacenar o juntar en cantidad alguna cosa, especialmente alimentos: *acopió grano en sus almacenes para reventar los precios.* v.tr. = almacenar

acopio
1 Almacenamiento de algo que se puede necesitar: *acopio de artículos de primera necesidad.* s.m. = provisión
2 **hacer acopio:** Almacenar, acumular: *hizo acopio de paciencia para soportar su situación.*

acoplado Remolque, vehículo sin motor que se mueve por la tracción de otro. s.m. Amér. Merid.

acoplamiento Acción y efecto de acoplar o acoplarse: *suena mal por el acoplamiento de los altavoces.* s.m.

acoplar (Del lat. *ad*, a + *copulare*, juntar.)
1 Unir dos o más piezas de modo que queden ajustadas: *la nave espacial se acopló al transbordador.* v.tr/prnl.
2 Juntar dos aparatos, piezas o sistemas para obtener un efecto combinado.
3 Hacer que una persona o una cosa desempeñe una función que no es específicamente suya. v.tr.
4 Juntar dos caballos o dos bueyes para formar una yunta.
5 Dar un trabajo a una persona.
6 Unir dos animales para que críen: *al acoplarse en cautividad no criaron.* v.tr/prnl. ZOOLOGÍA
7 Hacer que dos o más personas se reconcilien.
8 Compenetrarse, llevarse bien: *María y Rosa se acoplan perfectamente.* v.prnl. coloquial

acoquinar (Del fr. *acoquiner* < *coquin*, bribón.) Intimidar, acobardar, hacer que una persona sienta miedo: *la acoquinaban con su soberbia y altanería.* v.tr/prnl. coloquial

acorar
1 Acongojar, afligir a una persona. v.tr/prnl.
2 Estropearse las plantas a causa de un fenómeno atmosférico: *acorarse las hortalizas.* v.prnl. AGRICULTURA

acorazado, a
1 Que está revestido con planchas de hierro o acero. adj./= blindado
2 Buque de guerra blindado de grandes dimensiones. s.m./MILITAR

acorazar
1 Cubrir un barco, una fortificación u otra cosa con planchas de hierro o acero. v.tr. conj: *cazar*
2 Proteger de un daño o peligro. v.tr/prnl.
3 Hacer una persona fuerte o insensible ante un dolor ajeno. v.prnl.

acorazonado, a Que tiene forma de corazón. adj./= cordiforme

acorchado, a
1 Que es fofo y seco, como el corcho. adj.
2 Se refiere a la madera que, al trabajarla, hace rebotar la herramienta. CARPINTERÍA
3 Que no tiene o ha perdido sensibilidad. = embotado

acorchamiento
1 Aspecto semejante al del corcho. s.m.
2 Pérdida de sensibilidad de una parte del cuerpo. = embotamiento

acorchar
1 Cubrir con corcho. v.tr.
2 Ponerse algo fofo y seco como el corcho. v.prnl.
3 Desaparecer o disminuir la sensibilidad física o afectiva de una persona.
4 Perder una fruta, especialmente los cítricos, parte de su zumo. = secarse

acordada
1 Despacho u orden que expide un tribunal para que el inferior la ejecute. s.f. DERECHO
2 Documento que una oficina de la administración pública envía a otra para comprobación de certificaciones. DERECHO

acordado, a
1 Que se hace con acuerdo: *decisión acordada por todas las partes del conflicto.* adj.
2 Que se comporta con cordura y prudencia. = sensato

acordanza
1 Imagen que se tiene en la memoria de las cosas pasadas: *relata las acordanzas de la niñez.* s.f./culto = recuerdo
2 Concordia o conformidad de pareceres entre personas. = acuerdo
3 Armonía o consonancia entre varias cosas: *la acordanza de tus tesis.*

acordar (Del lat. vulgar *accordare* < *cor*, *-dis*, corazón.)
1 Llegar dos o más personas a un acuerdo: *los vecinos acordaron el presupuesto.* v.tr. conj: *contar*
2 Determinar una cosa después de deliberar sobre ella: *acordar los precios en la comisión ministerial.*
3 Unir o relacionar dos cosas armónicamente.

4 Poner la voz o un instrumento en el tono justo: *acordar los violines.* = afinar, templar MÚSICA

5 Poner los tonos o los colores de una pintura de forma armónica. ARTE

6 Estar dos o más cosas en armonía. v.intr.

7 Tener alguien algo en la memoria: *se acuerda de los títulos de todos los libros que ha leído.* v.prnl./+ de = recordar

8 Ponerse dos o más personas de acuerdo.

9 acordarse de alguien: Insultar mentando a sus progenitores: *cerró un portazo y bajó las escaleras acordándose de todos sus antepasados.* coloquial

10 si mal no me acuerdo: Expresión de duda ante lo que se afirma: *si mal no me acuerdo, es la misma conferencia a la que asistí contigo.* coloquial

11 ¡ya te acordarás!: Expresión de amenaza o represalia: *no sabes cómo me enfadé, pero, ¡ya te acordarás!* coloquial

acorde
1 Que coincide, está de acuerdo o conforme: *parece muy acorde con la situación.* adj. ≠ desacorde

2 Que tiene armonía o consonancia.

3 Conjunto de tres o más sonidos diferentes que se ejecutan simultáneamente. s.m. MÚSICA

acordelar
1 Medir un terreno con cuerda. v.tr.

2 Señalar límites en un terreno con cuerdas. = acotar

acordeón (Del fr. *accordéon* < alem. *akkord*, acorde musical.) Instrumento musical de viento, portátil, de fuelle, con lengüetas metálicas, provisto de teclado y botones, que se extiende y se pliega produciendo el sonido. s.m. MÚSICA

acordeonista Persona que toca el acordeón. s.m.f./MÚSICA

acordonado, a
1 Que está atado con cordón: *zapatos acordonados.* adj.

2 Que tiene forma de cordón: *el escote está orlado por un motivo acordonado.*

3 Se aplica al lugar que está cercado y rodeado por las fuerzas policiales o las tropas: *el periodista traspasó la zona acordonada.*

acordonar
1 Sujetar una cosa con un cordón: *acordonó las cubas para facilitar el transporte.* v.tr.

2 Rodear varias personas un lugar para aislarlo o vigilarlo: *la policía acordonó el hotel donde sucedió el crimen.*

3 Formar el cordoncillo en el canto de las monedas.

acores Enfermedad de la piel, semejante a la tiña mucosa. s.m.pl. MEDICINA

acornado, a Se aplica al animal que tiene cuernos de distinto esmalte que el del resto del cuerpo. adj. HERÁLDICA

acornar Dar cornadas: *el novillo acornó a los mozos en la plaza.* v.tr./conj: *contar* tb: acornear

ácoro Planta de estanques, mares o riberas, de hojas en forma de cinta, cuyo rizoma se utiliza en perfumería. (*Acorus calamus.*) s.m. BOTÁNICA

acorralamiento Acción y efecto de acorralar o acorralarse. s.m.

acorralar
1 Hacer que una persona o un animal se sitúe en un lugar del que no puede escapar: *le acorraló en una calle sin salida.* v.tr.

2 Dejar a una persona confundida y sin respuesta en una discusión.

3 Intimidar o causar miedo a una persona.

4 Poner el ganado en el corral: *acorraló las crías para separarlas de la madre.* v.tr./prnl.

acorrucarse Acurrucarse, encogerse para resguardarse: *se acorrucó bajo la balconada para no recibir los golpes del granizo.* v.prnl.

acortamiento
1 Acción de acortar o acortarse: *el acortamiento de las partidas presupuestarias.* s.m.

2 Diferencia entre la distancia real de un planeta al Sol o a la Tierra y la misma distancia proyectada sobre el plano de la eclíptica, o recorrido del Sol en el curso de un año. ASTRONOMÍA = curtación

acortar
1 Reducir la longitud, duración o cantidad de algo: *acortar el camino; el día acorta.* v.tr/intr/prnl.

2 Quedarse corto en lo que se hace o dice: *se acortó en su propuesta.* v.prnl.

3 Contraer el caballo una parte del cuerpo o todo él. EQUITACIÓN

acorvar Encorvar, doblar. v.tr.

acosar (Del lat. *cosso*, carrera, curso < *cursus, -us,* derivado de *currere,* correr.)

1 Perseguir a una persona o un animal sin tregua: *la policía acosó al fugitivo hasta dar con él.* v.tr.

2 Hacer peticiones o preguntas molestas a una persona: *le acosaba siempre que podía.* = asediar

3 Hacer a una persona objeto de persecuciones o malos tratos. = maltratar

4 Hacer correr al caballo. EQUITACIÓN

acoso
1 Acción y efecto de acosar: *fue víctima de acoso sexual y no tuvo valor para denunciarlo.* s.m.

2 Persecución a caballo de una res vacuna, en campo abierto, para su derribo y tienta. TAUROMAQUIA = acosamiento

acostada Acción de dormir durante cierto tiempo: *una acostada corta después de comer evita el estrés.* s.f. = dormida

acostado, a
1 Se refiere a la pieza que está puesta al lado de otra. adj./HERÁLDICA

2 Se refiere a la pieza que, teniendo como propia la posición vertical, está colocada horizontalmente. HERÁLDICA

acostar (Derivado del lat. *costa,* costilla, costado, lado.)
1 Poner a una persona tumbada para que duerma o descanse: *se acostó porque estaba agotado.* v.tr/prnl. conj: *contar*

2 Acercar una cosa a otra: *los dos coches se acostaron tanto que se temía una colisión.* v.tr/prnl. = aproximar

3 Arrimar el costado de una embarcación. = abarloar

4 Llegar una embarcación a la costa. v.intr.

5 Pararse, inclinarse la aguja de la balanza en una posición distinta a la de equilibrio.

6 Inclinarse una cosa hacia un lado, especialmente los edificios: *con los temblores, la casa se acostó bastante.* v.intr/prnl. = ladear

7 Mostrar inclinación o adhesión por una cosa: *últimamente se acostaba mucho a las ideas de su padre.*

8 Unirse una pareja sexualmente: *aún no se ha acostado con él porque no ha habido oportunidad.* v.prnl. coloquial

acostumbrar
1 Hacer que una persona adquiera una costumbre: *acostumbró a sus hijos a hacerse la cama todos los días.* v.tr. + a

2 Hacer que una persona se adapte, deje de encontrar molesta o extraña una cosa: *se acostumbró pronto a sus tonterías.* v.tr/prnl. + a = adaptar

3 Tener o adquirir una persona una costumbre: *acostumbra a venir cada día; se acostumbró a ir al cine los fines de semana.* v.intr/prnl. + a = habituarse

acotación
1 Acción de acotar. s.f.

2 Nota, advertencia o comentario puesto en un escrito, generalmente en el margen: *en la acotación, el traductor hizo constar una confusión no resuelta por el autor.*

3 Explicación que el autor teatral incluye en el texto para advertir de ciertos aspectos de la representación: *según la acotación el protagonista entra en escena bajando del cielo.* TEATRO

4 Cota de un plano o dibujo.

acotamiento
1 Acción y efecto de acotar. s.m.

2 Arcén, margen de la calzada. Méx.

acotar
I (De *a- + coto.*)
1 Limitar un terreno con cotos para reservar su uso: *acotó la heredad para evitar el trasiego de otros rebaños.* v.tr.

2 Marcar límites en algo o limitar su uso: *acotó el acceso a la base de datos.*

3 Elegir o aceptar alguna cosa.

4 Afirmar algo con el apoyo de testimonios, libros o documentos. = atestiguar

5 Salvaguardarse dentro de los cotos de otra jurisdicción. v.prnl.

6 Ampararse o apoyarse en un argumento o condición.

II (De *a- + cota.*)
1 Poner cotas o números en un plano. v.tr.

2 Cambiar de escala las magnitudes de un problema para ajustarlas al cálculo con ordenador. INFORMÁTICA

III (Del cat. *acotar,* cortar un árbol a ras de suelo para que vuelva a retoñar < germ. *skot,* retoño.) Podar todas las ramas de un árbol por la parte que termina el tronco y comienzan las ramas. v.tr. AGRICULTURA

acotiledóneo, a Se aplica a la planta que no tiene cotiledones y pertenece a un antiguo grupo de la clasificación que equivale, actualmente, a los talófitos. adj/s.f. BOTÁNICA tb: acotiledón

acotillo Martillo grueso que usan los herreros. s.m.

acoyundar Poner la coyunda a los bueyes. v.tr.

acoyuntar Juntar dos labradores sus caballerías para formar una yunta y labrar a medias la tierra. v.tr. AGRICULTURA

acracia
1 Doctrina que niega la necesidad de un poder o de una autoridad. s.f./POLÍTICA

2 Estado social caracterizado por la ausencia de autoridad o estructura de poder. POLÍTICA = anarquía

ácrata (Del gr. *a,* privativo + *kratos,* autoridad.)
1 Que es partidario de la desaparición de cualquier tipo de estructura de poder. adj/s.m.f. POLÍTICA

2 Anarquista, relativo o partidario de la anarquía o del anarquismo. POLÍTICA = libertario

acre
I (Del ingl. *acre*.) Medida inglesa de superficie equivalente a 4 840 yardas cuadradas. s.m.
II (Del lat. *acer*, áspero.)
1 Se aplica al sabor u olor que es fuerte y picante. adj.
2 Se aplica a lo que tiene carácter áspero y desabrido: *tono acre; humor acre; crítica acre.* = incisivo

acrecencia
1 Derecho de aumentar la parte correspondiente a alguien en una herencia, por renuncia o pérdida de derechos de otro participante de la misma. s.f. DERECHO
2 Conjunto de bienes que se obtienen por este derecho. DERECHO

acrecentamiento Aumento de proporción, cantidad o importancia de una cosa. s.m. = crecimiento

acrecentar
1 Aumentar, hacer crecer la cantidad o la importancia de una cosa: *la cosecha se ha acrecentado este año.* v.tr/prnl. conj: *pensar*
2 Hacer que una persona mejore económica o profesionalmente. v.tr. = enriquecer

acrecer
1 Hacer una cosa mayor: *los precios han acrecido este año dentro de los límites previstos.* v.tr/prnl/intr. conj: *carecer*
2 Hacerse un coheredero cargo de la parte de la herencia que el otro rechaza o no puede adquirir. v.tr. DERECHO
3 Aumentar la parte que corresponde a una persona en una herencia por pérdida o renuncia de otro participante. v.intr. DERECHO

acreditado, a
1 Que tiene crédito o buena reputación, fama: *es un acreditado sastre; aquel restaurante está acreditado.* adj.
2 Se aplica a la persona autorizada para representar a su país, empresa o agrupación, o para ejercer una profesión determinada: *periodistas acreditados.*

acreditar
1 Demostrar que algo es cierto: *al presentar sus pruebas, acreditó su afirmación.* v.tr/prnl. = probar
2 Dar o adquirir fama o reputación: *tras su tercer accidente, se ha acreditado como un conductor peligroso.* + de, como
3 Designar o asegurar que una persona o cosa es lo que representa o parece.
4 Proveer a una persona de los documentos que la facultan para desempeñar una misión.
5 Admitir una cosa en pago. = abonar
6 Poner una partida en el haber. COMERCIO

acreditativo, a Que acredita: *carta acreditativa.* adj.

acreedor, a
1 Que se merece algo: *se ha hecho acreedor a nuestro respeto y a nuestra ayuda.* adj. = digno
2 Persona a quien otra le debe dinero: *los acreedores llevan varios años esperando que salde sus deudas.* s.
3 Persona con derecho para solicitar el cumplimiento de una obligación. adj/s. DERECHO

acrescente Se aplica al cáliz o la corola que sigue creciendo después de fecundada la flor. adj. BOTÁNICA

acrianzar Criar o educar a una persona: *la acrianzaron sus abuelos.* v.tr/conj: *cazar*

acribadura
1 Criba, faena agrícola. s.f./AGRICULTURA
2 Ahechaduras, desperdicios que quedan después de cribar las semillas. s.f.pl.

acribar
1 Limpiar una cosa con la criba: *acribó la grava para hacer la argamasa.* v.tr. tb: cribar
2 Hacer muchos agujeros en algo. = acribillar

acribillar (Del lat. *ad*, a + *cribellare* < *cribellum*, cribillo, cribo pequeño.)
1 Abrir muchos agujeros en una cosa: *tenía tan mala puntería que acribilló la pared y nunca daba en la diana.* v.tr.
2 Hacer muchas heridas o picaduras a una persona: *lo acribillaron los mosquitos; acribillar a balazos.*
3 Molestar, acosar o presionar a una persona: *lo acribillan los acreedores; acribillar a preguntas.* = importunar

acrídido, a (Del gr. *akris*, saltamontes.) Perteneciente a una familia de insectos ortópteros saltadores, con antenas cortas y sólo tres artejos en los tarsos, como los saltamontes o langostas. adj/s.m. ZOOLOGÍA

acridina Sustancia orgánica, que se asemeja al antraceno, se encuentra en los alquitranes de hulla, que se utiliza como mutágeno experimental en el análisis genético. s.f. QUÍMICA

acrilato Sal o éster del ácido acrílico. s.m./QUÍMICA

acrílico, a
1 Que se obtiene por polimerización del ácido acrílico o de sus derivados: *fibra acrílica; resina acrílica.* adj. QUÍMICA
2 Referente al ácido empleado en la fabricación de materiales plásticos y pinturas, incoloro, de olor desagradable y soluble en agua. QUÍMICA

acriminación Acción de acriminar, acusación: *el abogado recusó la acriminación del juez.* s.f./formal DERECHO

acriminar (Del lat. *ad*, a + *criminari*, acusar.)
1 Atribuir un delito a una persona: *le acriminan el homicidio, que no el asesinato.* v.tr./DERECHO = incriminar
2 Exagerar la gravedad de un delito o culpa.

acrimonia
1 Presencia de sabor y olor áspero, fuerte y picante: *le repugnaba la acrimonia del barrio de los curtidores.* s.f.
2 Condición de los humores acres.
3 Agudeza del dolor. MEDICINA
4 Actitud áspera y malhumorada. = acritud

acrimonioso, a Que es ácido o picante: *le agradaba el acrimonioso sabor de la salsa.* adj.

acriollarse Contraer un extranjero los usos y costumbres propios del país. v.prnl. Amér.

acrisolado, a
1 Que tiene o se comporta de manera intachable, irreprochable. adj.
2 Se aplica a la cualidad humana positiva que se hace patente cuando se pone a prueba: *honradez acrisolada; cariño acrisolado.*

acrisolar
1 Hacer un metal más puro en el crisol. v.tr.
2 Afirmar la solidez de una cualidad o un sentimiento: *se ha acrisolado su honradez.* v.tr/prnl.
3 Mostrar la verdad de una cosa con pruebas o testimonios: *su recto proceder se acrisoló ante la asamblea.*

acristalar Poner cristales o vidrios en puertas, ventanas, terrazas, galerías, etc. v.tr. tb: encristalar

acristianar
1 Hacer que alguien o algo esté de acuerdo con la doctrina o la moral cristiana. v.tr. coloquial
2 Bautizar, administrar el sacramento del bautismo, entre los católicos. coloquial RELIGIÓN

acritud
1 Falta de dulzura en el sabor de las cosas. s.f./= acrimonia
2 Actitud áspera y malhumorada al obrar y expresarse: *respondió a sus adversarios sin acritud.* = acrimonia
3 Estado de los metales que han perdido la posibilidad de ser convertidos en láminas y en alambre. METALURGIA

acro- Componente de palabra procedente del gr. *akros*, que significa en el punto más alto: *acrocéfalo.* pref.

acroamático, a (Del lat. *acroamatius* < gr. *akromatikos* < *akroama*, lo que se escucha con placer.) Se aplica a la enseñanza o método que utiliza explicaciones, narraciones o discursos. adj.

acrobacia
1 Ejercicio de agilidad o equilibrio que se realiza en algún espectáculo público: *en mitad de una acrobacia cayó a la red.* s.f. = pirueta
2 Habilidad para hacer o eludir una cosa difícil.
3 **acrobacia aérea:** Ejercicio o evolución arriesgados, que realizan en el aire aviadores especializados. DEPORTES

acróbata (Del gr. *akrobatos*, con las manos y la punta de los pies.) Artista de espectáculo que ejecuta ejercicios de equilibrio o gimnásticos, a menudo peligrosos: *el acróbata saltaba de un trapecio a otro ante la mirada atónita del público.* s.m.

acrocefalia Malformación del cráneo que da lugar a una cabeza puntiaguda. s.f. MEDICINA

acrocianosis Proceso en el que las extremidades toman una coloración violácea. s.f./pl: acrocianosis MEDICINA

acrofobia (Del gr. *akra*, punta, extremo + -*fobia*.) Miedo a las alturas y vértigo que éstas producen. s.f. SICOLOGÍA

acroleína (Del gr. *acer*, agudo, penetrante + *olere*, oler.) Líquido volátil que se obtiene de la descomposición de la glicerina y se emplea para la fabricación de plásticos. s.f. QUÍMICA = aldehído acrílico

acromado, a Se aplica, especialmente, a la obra pictórica que se parece a una estampa o a un cromo. adj.

acromático, a (Del gr. *akromatos*, sin color < *a*, privativo + *kromatos*, color.)
1 Que no tiene color: *imágenes acromáticas.* adj./≠ cromático
2 Se aplica al cristal o sistema óptico que puede transmitir la luz blanca sin descomponerla. ÓPTICA
3 Se aplica al organismo celular que no puede ser teñido con los colorantes usuales. BIOLOGÍA

acromatismo
1 Carencia de colores. s.m.
2 Calidad de acromático.

acromatizar Hacer que un prisma o lente deje que se transmita la luz blanca sin descomponerla. v.tr/conj: *cazar* ÓPTICA

acromato- Componente de palabra procedente del gr. *akromatos*, que significa sin color: *acromatosis.* pref.

acromatófilo, a Se aplica a la célula o gránulo que no toma los colorantes. adj. QUÍMICA

acromatopsia (Del gr. *a*, privativo + *kromatos*, color + *opsis*, vista.) Daltonismo, percepción defectuosa de los colores. s.f. MEDICINA

acromegalia (Del gr. *akra*, punta, extremo + *megas*, *megale*, grande.) Enfermedad crónica producida por disfunción de la hipófisis, que se caracteriza por el desarrollo excesivo de los huesos de las extremidades y de las partes blandas de la cara. — s.f. MEDICINA

acromion (Del gr. *akromion* < *akros*, extremo + *omos*, espalda.) Parte del omóplato que se articula con la clavícula. — s.m. th: acromio ANATOMÍA

acrónico, a (Del gr. *akronikhos* < *akros*, extremo + *nyx*, *niktos*, noche.)
1 Se refiere al astro que nace al ponerse el Sol o se pone cuando éste sale.
2 Que está fuera del tiempo. — adj. ASTRONOMÍA = ácrono

acrónimo (Del gr. *akros*, extremo + *onoma*, nombre.) Palabra formada por las iniciales o primeras letras de varias palabras: *modem*, *láser*, ONU. — s.m. LINGÜÍSTICA

ácrono, a Que está fuera del tiempo, intemporal. — adj./= acrónico

acroparestesia Entorpecimiento y rigidez de los dedos, con sensación de hormigueo y acorchamiento. — s.f. MEDICINA

acrópolis (Del gr. *akropolis* < *akre*, alta + *polis*, ciudad.)
1 En la antigua Grecia, lugar fortificado en la parte más alta de las ciudades: *la acrópolis de Atenas fue saqueada en varias ocasiones a lo largo de los siglos*.
2 La parte más alta de una ciudad. — s.f. pl: acrópolis HISTORIA

acróstico, a (Del gr. *akrostikhion* < *akros*, extremo + *stikhos*, verso.) Se refiere al poema que oculta un vocablo o frase formados con las letras iniciales, medias o finales de cada verso, leídas verticalmente: *composición acróstica*. — adj/s.m. POESÍA

acrotera (Del lat. *acroteria* < gr. *akroterion* < *akros*, extremo.) Remate del frontón de los edificios clásicos. — s.f./ARQUITECTURA th: acroteria

acroterio (Del gr. *akroterion*.) Muro pequeño sobre la cornisa de un edificio que oculta el tejado o las bóvedas. — s.m. ARQUITECTURA

acsu Saya o túnica usada por las collas o indias quechuas. — s.f. Bol., Perú

acta (Del lat. *acta*, cosas hechas.)
1 Escrito que contiene lo sucedido, tratado o acordado en una reunión: *según consta en acta*.
2 Certificación o constancia oficial de un hecho: *comprobar la fecha del acta de nacimiento*.
3 Documento en que se certifica la elección de una persona para ocupar cierto cargo: *acta de diputado*.
4 Relato de la vida de un santo, hecho en su tiempo y digno de crédito. — s.f.pl.
5 **acta notarial**: Escrito que narra uno o más hechos de los que ha sido testigo o ha autorizado el notario que lo firma. — s.f. DERECHO
6 **levantar acta**: Redactarla o extenderla: *levantó acta de cuanto allí se acordó*. — s.f.

actina Proteína presente en los músculos. — s.f./BIOQUÍMICA

actinauta Barco gobernable por control remoto. — s.m./NÁUTICA

actinia Animal cnidario, con forma de pólipo, la base adaptada para fijarse o excavar en las rocas donde vive y numerosos tentáculos alrededor de la boca. — s.f. ZOOLOGÍA = anémona de mar

actínido, a
1 Se refiere al elemento que tiene un número atómico entre el 89 y el 103.
2 Grupo de estos elementos. — adj/s. QUÍMICA s.m.pl./QUÍMICA

actinio (Del gr. *aktis, -inos*, rayo luminoso.) Elemento radiactivo que se encuentra en algunos compuestos derivados del uranio. — s.m. QUÍMICA

actinismo Propiedad que tienen algunas radiaciones de producir acciones químicas en otras sustancias. — s.m. QUÍMICA

actino- Componente de palabra procedente del gr. *aktis,-inos*, que significa rayo luminoso: *actinógrafo*. — pref.

actinógrafo (Del gr. *aktis, -inos*, rayo luminoso + *-grafo*.) Aparato que mide y registra las radiaciones. — s.m. FÍSICA

actinología Estudio de la acción de las radiaciones sobre los tejidos vivos, especialmente sobre los del hombre. — s.f. FÍSICA

actinomancia Adivinación por medio de la irradiación de las estrellas. — s.f. OCULTISMO

actinometría Medida de la acción química y la intensidad de las radiaciones luminosas. — s.f./FÍSICA, QUÍMICA

actinómetro Aparato eléctrico que sirve para medir la intensidad de cualquier tipo de radiación, y en especial la solar. — s.m. th: actinímetro FÍSICA

actinomiceto Perteneciente a un orden de bacterias, de estructura ramificada formando micelio. — adj/s. ZOOLOGÍA

actinomicosis Enfermedad infecciosa del ganado vacuno, transmisible al hombre, provocada por bacterias actinomicetales. — s.f. pl: actinomicosis MEDICINA

actinomorfo, a (Del gr. *aktis, -inos*, radio + *morphe*, forma.) Se aplica a cualquiera de las partes u órganos — adj. BOTÁNICA de un vegetal que está dividido en dos partes simétricas por cualquier plano que pase su eje y por la línea media de un sépalo o pétalo.

actinota (Del gr. *aktinotos*, cordado.) Mineral de color verde claro u oliva translúcido, perteneciente a la clase de los silicatos. — s.f. MINERALOGÍA = actinolita

actitud
1 Modo de ser y de comportarse: *esa actitud mayestática resta espontaneidad a su carácter*. — s.f.
2 Postura corporal que expresa un estado de ánimo o disposición para realizar una cosa: *fingía una actitud distendida y despreocupada*. — = compostura
3 Postura de un animal cuando por alguna causa llama la atención: *el perro estaba en actitud vigilante*.

activación
1 Acción y resultado de activar un mecanismo o sustancia: *se procede a la activación de los procesos ya diseñados*. — s.f.
2 Aumento de las propiedades biológicas o fisicoquímicas de un cuerpo. — BIOLOGÍA
3 Acción de convertir un átomo en radiactivo. — QUÍMICA

activador, a
1 Que proporciona actividad: *medidas activadoras de la economía*. — adj.
2 Sustancia que actúa sobre un catalizador aumentando su actividad. — s.m. QUÍMICA
3 Aparato que sirve para comunicar propiedades radiactivas a un líquido. — FÍSICA

activar Hacer que una cosa se haga, se mueva o funcione más rápida e intensamente: *activar el funcionamiento de la comisión; activar el organismo*. — v.tr.

actividad
1 Facultad de moverse, obrar, trabajar o realizar una acción: *agotarse con la actividad de la mañana*. — s.f.
2 Grado, medida o alcance de esa facultad: *el hormiguero registraba una actividad frenética*. — = dinamismo
3 Conjunto de acciones y movimientos propios de una persona o entidad: *las actividades de esta asociación no tienen ánimo de lucro; ignoro cuáles son sus actividades*.
4 Actitud del que obra con rapidez y viveza. — = presteza
5 Número de átomos que se desintegran por unidad de tiempo en una cantidad determinada de materia radiactiva. — FÍSICA
6 **actividad óptica**: Propiedad de las sustancias que desvían el plano de vibración de la luz polarizada que las atraviesa. — QUÍMICA
7 **en actividad**: En acción: *volcán en actividad*. — loc.adv.

activismo
1 Actitud que insiste en la necesidad de la acción, más que en los principios teóricos. — s.m.
2 Propaganda y promoción de una doctrina: *activismo político*.

activista Persona que, dentro de una sociedad o grupo político o social, se dedica a la propaganda y a promover las actividades de los asociados. — s.m.f.

activo, a (Del lat. *activus*.)
1 Que actúa o puede actuar: *los principios activos de una sustancia*. — adj. ≠ pasivo
2 Que actúa con mucha energía o desarrolla gran actividad: *es un veneno muy activo*. — = eficaz
3 Que es diligente o eficaz.
4 Se aplica al funcionario que presta servicio y, por extensión, a la persona que realiza su cometido. — ≠ jubilado, retirado
5 Se aplica al material que tiene radiactividad media o baja. — FÍSICA
6 Se refiere a la voz o al verbo que expresa una acción realizada por el sujeto. — GRAMÁTICA ≠ pasivo
7 Se refiere al sujeto que realiza la acción expresada por un verbo. — GRAMÁTICA
8 Conjunto de derechos y propiedades que la empresa utiliza como medios de explotación: *los abonos en cuentas de activo se anotan en el debe y los cargos en el haber*. — s.m. ECONOMÍA
9 Factor o cualidad favorable: *la calidad del producto constituye nuestro mejor activo*. — ECONOMÍA
10 **en activo**: En servicio, en funcionamiento: *el inculpado es un militar en activo*. — loc.adv.
11 **por activa y por pasiva**: De todos modos, en cualquier caso: *se lo dije por activa y por pasiva, pero no me hizo caso*.

acto (Del lat. *actus* < *agere*, obrar.)
1 Manifestación concreta y externa del comportamiento, en una situación y con un fin determinados: *sus ideas son buenas, pero sus actos no lo son tanto*. — s.m.
2 Celebración pública o solemne: *en el acto conmemorativo se dieron cita las más altas jerarquías del estado*.
3 Coito, relación sexual.
4 Cada una de las partes en que se divide una obra de teatro: *al caer el telón tras el tercer acto, el público prorrumpió en insultos*. — TEATRO
5 Disposición legal. — DERECHO

6 Concentración del ánimo en un sentimiento religioso, y fórmula o palabras con que se expresa: *acto de fe; acto de adoración; acto de humildad.*
7 Actas de un concilio. **s.m.pl.**
8 **acto de conciliación:** Reunión ante el juez de las **s.m.**
partes desavenidas, para intentar llegar a un acuerdo **DERECHO**
sin necesidad de juicio.
9 **acto de presencia:** Asistencia breve y por compromiso a una reunión o ceremonia: *a instancias de la ejecutiva hizo acto de presencia en el congreso.*
10 **acto humano:** Acto realizado voluntariamente y **FILOSOFÍA**
con conocimiento moral.
11 **acto instintivo:** Acto realizado conscientemente,
pero sin intervención libre de la voluntad.
12 **acto jurídico:** Acto realizado voluntariamente, del **DERECHO**
que se derivan derechos y obligaciones legales.
13 **acto puro:** Expresión que, en la filosofía aristoté- **FILOSOFÍA**
lica, se aplica al ser en el que nada está en potencia,
es decir, a Dios.
14 **acto reflejo:** Acto que se realiza como reacción **SICOLOGÍA**
inconsciente.
15 **acto seguido:** Inmediatamente después: *acto se-* **loc.adv.**
guido salió por la puerta y montó en el vehículo.
16 **en el acto:** En seguida, inmediatamente: *le ordenó*
que, en el acto, terminase el listado.

actor (Del lat. *actor,* el que obra.)
1 Persona que interpreta un papel en una obra tea- **s.m.**
tral, de cine o de televisión: *el actor que interpretaba al* **f: actriz**
gracioso no conectó con el público.
2 Personaje de una acción o de una obra literaria. **LITERATURA**
3 Demandante o acusador. **DERECHO**
4 **actor civil:** Persona que en un juicio criminal, sin **DERECHO**
acusar, exige restitución o indemnización.
actora
1 Mujer que demanda en un juicio. **s.f./DERECHO**
2 **parte actora:** Parte demandante. **DERECHO**
actriz Mujer que interpreta un papel en una obra tea- **s.f.**
tral, cinematográfica o televisiva: *para realizar el papel*
de protagonista contrató a una actriz consagrada.
actuación
1 Acción y resultado de comportarse de cierta mane- **s.f.**
ra: *no les satisfizo su actuación en la asamblea.*
2 Interpretación de un papel o ejecución de un espectáculo: *el cantante ha tenido una actuación deslucida.*
3 Autos o diligencias de un procedimiento judicial: *el* **DERECHO**
juez ha decidido archivar las actuaciones.
actuado, a Que está ejercitado o acostumbrado. **adj.**
actual
1 Que pertenece al momento presente: *tendencias pic-* **adj.**
tóricas actuales.
2 Que es contemporáneo e innovador: *una decoración*
actual; un grafismo actual.
3 Que es efectivo o real. **FILOSOFÍA**
4 Se aplica al período más reciente, contemporáneo **GEOLOGÍA**
del hombre a partir del neolítico.
actualidad
1 Tiempo presente: *en la actualidad, existe una extendi-* **s.f.**
da desconfianza hacia los organismos públicos. **= ahora**
2 Cosa o suceso que atrae la atención de la gente en
un momento dado.
3 **de actualidad:** Que interesa por su novedad: *una* **loc.adj.**
noticia de rabiosa actualidad.
actualismo Teoría según la cual los fenómenos geoló- **GEOLOGÍA**
gicos del pasado se explican del mismo modo que
los presentes.
actualización
1 Acción de poner al día o modernizar una cosa: *las* **s.f.**
bases de datos han de estar sujetas a una continua actua-
lización.
2 Acción de convertir en real una cosa potencial. **FILOSOFÍA**
3 Acción de representar con un caso concreto una **FILOSOFÍA**
idea abstracta. **formal**
actualizador, a Se aplica al procedimiento o signo **adj/s.m.**
que actualiza un enunciado lingüístico. **LINGÜÍSTICA**
actualizar
1 Dar actualidad a una cosa: *su ensayo actualiza las* **v.tr.**
preocupaciones del hombre renacentista. **conj: cazar**
2 Convertir una cosa potencial en real. **FILOSOFÍA**
3 Representar una idea abstracta con un caso concre- **FILOSOFÍA**
to: *actualizar un teorema.*
4 Hacer que los signos asociados sistemáticamente **LINGÜÍSTICA**
en la lengua se conviertan en habla y constituyan
mensajes concretos.
actuar
1 Realizar una persona o cosa actos propios de su na- **v.intr.**
turaleza: *actuar según las propias convicciones.*
2 Ejercer funciones propias de su cargo u oficio: *cen-*
suró su manera de actuar en calidad de fiscal.
3 Producir una cosa efecto sobre algo o alguien: *las*
nuevas ideas fueron actuando entre los universitarios.
4 Obrar de forma libre y consciente.

5 Interpretar un papel en una obra teatral, cinematográfica, etc.: *los vi actuar por televisión.*
6 Proceder judicialmente. **DERECHO**
7 Poner en acción. **v.tr/prnl.**
8 Entender, enterarse de algo.
CONJ.: IND.: PRES.: *actúo, actúas, actúa,* actuamos, ac-
tuáis, *actúan.* SUBJ.: PRES.: *actúe, actúes, actúe,* actuemos, actuéis, *actúen.* IMP.: *actúa, actúe,* actuemos, ac-
tuad, *actúen.*
actuario
1 Funcionario que da fe en los autos judiciales. **s.m./DERECHO**
2 **actuario de seguros:** Persona experta en cálculos
matemáticos y estadísticos que actúa como asesor y
perito en las operaciones relativas a la previsión social y a las finanzas.
acua- Componente de palabra procedente del lat. *ac-* **pref.tb: acui-,**
qua, que significa agua: *acuamotor.* **acuo-**
acuadrillar
1 Reunir gente en cuadrilla: *acuadrilló a los hombres* **v.tr/prnl.**
del vecindario y su esposa organizó a las mujeres.
2 Mandar una cuadrilla. **v.tr.**
acuafortista Aguafuertista, artista que graba al agua- **s.m.f.**
fuerte. **ARTE**
acuametría Análisis de los componentes del agua **s.f.**
mineral para su identificación. **QUÍMICA**
acuamotor Aparato en que se aprovecha la fuerza de **s.m.**
impulsión de los ríos.
acuantiar Fijar, determinar la cuantía o el importe de **v.tr.**
una cosa: *les mandó acuantiar los gastos de la ceremonia.*
acuarela
1 Obra pictórica que se realiza sobre cartón o papel **s.f.**
con colores diluidos en agua. **ARTE**
2 Pintura que se diluye en agua y se usa para pintar **ARTE**
sobre cartón o papel. **= aguada**
acuarelista Pintor de acuarelas. **s.m.f./ARTE**
acuario
I (Del lat. *aquarium.*)
1 Recipiente acondicionado para que vivan en su in- **s.m.**
terior animales o plantas acuáticos y puedan ser ob- **= aquarium**
servados: *el sistema de circulación de agua del acuario*
funciona con algunas deficiencias.
2 Edificio o instalación donde se exhiben animales
acuáticos vivos: *los llevó al acuario municipal para ad-*
mirar la diversidad oceánica.
II (Del lat. *aquarius.*)
1 Undécimo signo del zodiaco, representado por una **s.m.**
persona vertiendo agua. **OCULTISMO**
2 Referente a la persona nacida entre el 21 de enero **adj/s.**
y el 20 de febrero, bajo el signo del zodiaco del mis- **OCULTISMO**
mo nombre.
acuartelamiento
1 Acción de acuartelar las tropas militares. **s.m./MILITAR**
2 Situación de las tropas acuarteladas: *el ejército per-* **MILITAR**
maneció varios meses en acuartelamiento.
3 Sitio donde se acuartela la tropa: *el acuartelamiento* **MILITAR**
de los cascos azules fue bombardeado.
acuartelar
1 Poner a la tropa en cuarteles: *al llegar de las manio-* **v.tr/prnl.**
bras la tropa se acuarteló. **tb: encuartelar**
2 Obligar a la tropa a permanecer en el cuartel en **v.tr.**
previsión de algún disturbio: *acuarteló al ejército en vis-* **MILITAR**
ta de la desestabilización política.
3 Dividir un terreno en cuarteles.
4 Presentar más al viento una vela, llevando hacia **NÁUTICA**
barlovento su puño y cazándola a esta banda, para
que la proa caiga hacia la otra.
acuartillado, a Se refiere al caballo que es largo de **adj.**
cuartillas. **VETERINARIA**
acuartillar
1 Doblar una caballería las cuartillas excesivamente, **v.intr.**
por llevar mucho peso o por debilidad. **VETERINARIA**
2 Moverse una caballería con las cuartillas excesiva- **EQUITACIÓN**
mente dobladas.
acuático, a
1 Que vive en el agua: *plantas acuáticas; el flamenco es* **adj.**
un ave acuática.
2 Del agua o que pertenece a ella: *medio acuático.*
acuatinta Grabado que imita el dibujo a la aguada. **s.f./ARTE**
acuatizar Posarse un hidroavión en el agua: *el apara-* **v.intr.**
to acuatizó para desembarcar los pasajeros. **conj: cazar**
acubilar Cubilar, poner el ganado en el cubil. **v.tr/intr/prnl.**
acucharado, a Que tiene forma de pala de cuchara: **adj.**
encontraron los remos acucharados.
acuchillado, a
1 Se aplica al vestido que tiene aberturas o rajas, **adj.**
debajo de las cuales se ve tela de otro color.
2 Que se ha acostumbrado a comportarse con pru- **= experimentado**
dencia, a fuerza de escarmientos.
3 Raspado y alisadura de los suelos de madera. **s.m.**

acuchillador, a
1 Que acuchilla. — adj/s.
2 Persona que por oficio acuchilla pisos de madera. — s.m.

acuchillar
1 Herir o matar a una persona o un animal con un — v.tr.
arma blanca: *lo acuchilló en un arrebato de ira.*
2 Cortar el aire una cosa que va de un lado a otro: *la
uralita de la terraza cayó acuchillando el aire.*
3 Poner los muebles o el piso de madera lisos usando
cuchillas.
4 Hacer aberturas en los vestidos.
5 Arrancar algunas plantas en los semilleros para — AGRICULTURA
aclararlos y facilitar que otras crezcan: *acuchilló el
plantel de lechugas.*
6 Darse de cuchilladas dos o más personas: *se acuchi-* — v.prnl.
llaron en una reyerta.

acucia
1 Diligencia, prisa. — s.f./formal
2 Deseo vehemente, anhelo. — formal

acuciante Que necesita una satisfacción o solución — adj.
inmediatas: *deseo acuciante; trabajo acuciante.* — = apremiante

acuciar (Del lat. *acutiare < acutus,* agudo.)
1 Dar prisas a una persona o a un animal para que — v.tr.
haga una cosa: *dieron la vuelta acuciando las caballerías
con látigos y gritos.*
2 Desear con vehemencia. — = ansiar
3 Inquietar, causar desazón. — = preocupar

acucioso, a
1 Que resulta urgente: *un acucioso imperativo.* — adj.
2 Que hace las cosas con prisa.
3 Que siente ansia o deseo. — = anhelante
4 Diligente y dispuesto.

acuclillarse Ponerse en cuclillas: *se acuclilló bajo un* — v.prnl.
olmo para combatir el sol de justicia del camino.

acudir (Del ant. *recudir < lat. recutere,* rechazar.)
1 Ir una persona a un lugar en el que es esperada o al — v.intr.
que ha sido llamada: *acudió presurosa a la casona familiar ante la inminencia de su muerte.*
2 Ir a un lugar frecuentemente: *a esta cafetería acuden
los parlamentarios.*
3 Dedicar una persona su atención, su cuidado o su — = atender
trabajo a una cosa.
4 Llevar un auxilio o un remedio a una persona o
una situación: *en las películas del Oeste, la caballería
siempre acude en el momento preciso.*
5 Buscar en una persona o una cosa remedio o solu- — = usar,
ción para una cosa: *acudir a la violencia.* — valerse
6 Ocurrir una desgracia a una persona.
7 Producir la tierra frutos: *el campo acude con naranjas.* — AGRICULTURA
8 Dar una persona una cosa a otra como correspon- — = obsequiar
dencia.
9 Dar una respuesta o presentar una objeción: *acude* — = replicar,
con una serie de negativas. — objetar
10 Obedecer dócilmente el caballo. — EQUITACIÓN

acueducto (Del lat. *aquaeductus < aqua,* agua + *ducere,* llevar, conducir.)
1 Canal, construcción para llevar el agua, especial- — s.m.
mente para abastecer a un lugar o población: *los ro-* — ARQUITECTURA
manos construyeron numerosos acueductos.
2 Canal en un órgano del cuerpo. — ANATOMÍA

ácueo, a
1 Relativo al agua: *los brillos ácueos de sus ojos.* — adj./literario
2 Que tiene alguna propiedad del agua. — formal/≠ seco

acuerdado, a Que se dispone en línea recta por me- — adj.
dio de una cuerda o cordel. — + estar

acuerdo
1 Decisión que toma una persona o varias sobre un — s.m.
asunto, tras su ponderación: *en la comisión se tomó el
acuerdo de rebajar los tipos de interés.*
2 Resolución que se toman en los tribunales, comuni- — formal
dades o juntas. — DERECHO
3 Recuerdo o memoria de las cosas.
4 Reflexión o madurez en la determinación de una
cosa.
5 Conocimiento o sentido de una cosa.
6 Parecer o dictamen que se forma una persona sobre una cosa.
7 Pleno de ministros que se reúne por convocato- — Argent.
ria del presidente para deliberar sobre asuntos de estado.
8 Reunión de una autoridad gubernativa con algunos — Colomb., Méx.
de sus colaboradores o subalternos para tomar una
decisión conjunta.
9 Conformidad que otorga el senado a algunos nom- — Argent.
bramientos hechos por el poder ejecutivo.
10 Reunión plenaria por salas que celebran los miem- — Argent.
bros de un tribunal de justicia para resolver casos ju- — DERECHO
diciales o administrativos.
11 Armonía del colorido de un cuadro. — ARTE
12 **acuerdo marco:** Acuerdo normativo al que han — DERECHO
de ajustarse otros de carácter más concreto.

13 **de acuerdo:** De conformidad con algo: *se pusie-* — loc.adv.
ron de acuerdo en seguida; quedaron de acuerdo con no- — + estar, quedar,
sotros. — ponerse

acúfeno Tipo de alucinación que consiste en oír un — s.m.
ruido continuo o intermitente. — SICOLOGÍA

acuícola Se aplica al animal o vegetal que vive en el — adj/s.
agua. — BIOLOGÍA

acuicultivo Cultivo de animales y plantas acuáticos — s.m.
con fines comerciales. — = acuocultivo

acuicultura
1 Aprovechamiento y mejora de los recursos natura- — s.f.
les de las aguas mediante el cultivo de especies vegetales y la cría de animales.
2 Técnica del cultivo en el agua de especies animales
y vegetales.

acuidad Grado de agudeza de la vista, de los sonidos — s.f.
y de algunos objetos.

acuífero, a (Del lat. *aqua,* agua + *fero < ferre,* llevar.)
1 Que lleva o contiene agua: *tierras acuíferas.* — adj.
2 Terreno que contiene agua o acumulación de la — s.m.
misma en un estrato subterráneo: *esta zona está satu-* — GEOLOGÍA
rada de acuíferos.

acuitar Causar pena, preocupación o apuro: *se acuita-* — v.tr/prnl.
ba por no saber nada de sus hijos.

acujera Lazo pequeño para cazar pájaros. — s.f./CAZA

acular
1 Hacer que un carro o una caballería quede arrima- — v.tr/prnl.
do por la parte trasera a un lugar. — = recular
2 Arrinconar a una persona hasta un lugar del que no — coloquial
puede escapar: *se aculó en el almacén y le apresaron.* — = acorralar
3 Tocar una embarcación en un bajo con la quilla en — v.prnl.
un movimiento de retroceso. — NÁUTICA

aculeado, a Se refiere a un suborden de insectos hi- — adj/s.m.
menópteros provistos de aguijón venenoso. — ZOOLOGÍA

aculebrinado, a Se refiere al cañón que tiene mucha — adj.
longitud, como la culebrina. — MILITAR

aculeiforme Que tiene forma de espina o aguijón. — adj.

acullico Bola de hojas de coca que se masca para ex- — s.m./Argent.,
traer su jugo estimulante. — Bol., Perú

aculturación Proceso de recepción y asimilación — s.f.
de rasgos culturales de un grupo humano por parte — formal
de otro. — = transculturación

acuminado, a Se aplica a la hoja que disminuye gra- — adj./BOTÁNICA
dualmente y acaba en punta. — = acumíneo

acumulable Que se puede acumular o amontonar: — adj.
autos jurídicos acumulables.

acumulación
1 Acción de acumular o acumularse: *acumulación de* — s.f.
gases en un recinto. — = cúmulo
2 Montón de cosas o porción de una materia disgre- — tb: cumulación
gable que se acumula en un lugar: *las acumulaciones
de arena en la playa.*
3 Registro que contiene datos con los que se realiza- — INFORMÁTICA
rán operaciones aritméticas y lógicas y los resultados
de ellas.

acumulador, a
1 Que acumula: *máquina acumuladora; acumulador* — adj/s.m.
eléctrico.
2 Aparato que sirve para acumular energía y usarla — s.m.
cuando sea necesario.

acumular (Del lat. *accumulare < ad,* a + *cumulare,*
amontonar.)
1 Ir juntando una serie de cosas: *acumularse las nubes* — v.tr/prnl.
sobre la montaña. — tb: cumular
2 Atribuir un delito o culpa a una persona. — v.tr.
3 Unir unos autos a otros o ejercitar conjuntamente — DERECHO
varias acciones, para que sobre todo recaiga una sola
sentencia.

acunar Mover a un niño suavemente en la cuna o en — v.tr.
los brazos para que se duerma: *mientras lo acunaba le* — tb: cunar
cantaba una vieja canción. — = cunear, brezar

acuñación
1 Fabricación o impresión de monedas, medallas u — s.f.
objetos semejantes.
2 Puesta en circulación de nuevas palabras o expre- — LINGÜÍSTICA
siones: *acuñación de anglicismos.*

acuñar
I (De *a- + cuño.*)
1 Imprimir monedas o piezas de metal con un cuño — v.tr.
o un troquel.
2 Fabricar moneda.
3 Poner una palabra o una expresión nueva en circu- — LINGÜÍSTICA
lación, o dar mayor difusión a una que ya existe.
II (De *a- + cuña.*)
1 Introducir cuñas para sujetar una cosa: *acuñó las* — v.tr.
piezas del mueble.
2 Encajar o ajustar cosas entre sí. — coloquial

acuocultivo Técnica del cultivo de especies acuáticas — s.m.
para comercializarlas. — = acuicultivo

acuosidad Calidad de acuoso: *la acuosidad de sus ojos se convirtió en lágrimas.* **s.f.**

acuoso, a
1 Que tiene agua o exceso de ella: *meteoro acuoso; terreno acuoso.* **adj.**
2 Se aplica al líquido que tiene un aspecto parecido al del agua. **th: aguoso**
3 Se aplica a la fruta que tiene mucho jugo.

acupuntura (Del lat. *acus,* aguja + *punctura,* punzada.) Práctica de la medicina tradicional oriental consistente en la colocación de agujas largas y finas en determinados puntos del cuerpo humano con fines terapéuticos, generalmente para calmar el dolor. **s.f. MEDICINA**

acure Conejillo de Indias, roedor doméstico de carne comestible, originario de América. **s.m./ZOOLOGÍA = cobaya**

acurrucarse Ponerse una persona encogida o doblada: *se acurrucó para resguardarse del frío.* **v.prnl. conj: sacar**

acusación
1 Acción de acusar o acusarse: *su acusación resultó poco creíble.* **s.f.**
2 Cargo, imputación, inculpación, cosa de que se acusa a alguien: *la acusación constaba de seis delitos.* **DERECHO**
3 Escrito o palabras con que se acusa. **DERECHO**
4 Persona o personas que intentan demostrar la culpabilidad del procesado: *la acusación particular pidió veinte años de prisión.* **DERECHO**

acusado, a
1 Que es muy marcado o fácilmente perceptible: *su obra tiene una acusada influencia renacentista; tiene una cara de rasgos acusados.* **adj.**
2 Persona que está sometida a una acusación: *la acusada intentó escapar del control policial.* **s. DERECHO**

acusar (Del lat. *accusare < causa.*)
1 Acriminar, atribuir un delito a una persona: *los acusó de abusos deshonestos.* **v.tr. = imputar**
2 Exponer los cargos y las pruebas contra una persona en el juicio: *se acusó ante el juez.* **v.tr/prnl. DERECHO**
3 Atribuir un vicio, un defecto o una falta a una persona: *te acusarán de cobarde si no aceptas su reto.*
4 Dar una reprimenda a una persona.
5 Dejar ver los efectos de una cosa que influye negativamente: *el dólar acusa la falta de una tendencia definida.* **= evidenciar**
6 Hacer saber que se ha recibido una mercancía o notificación a su remitente: *acusar recibo de la factura.* **COMERCIO formal**
7 Manifestar un jugador que tiene unas cartas con las que gana tantos. **JUEGOS**
8 Declarar una persona sus culpas. **v.prnl.**

acusativo Caso de la declinación que señala el objeto inmediato de la acción del verbo. **s.m. GRAMÁTICA**

acusatorio, a Relativo a la acusación: *delación acusatoria; acto acusatorio.* **adj.**

acuse
1 Acción y resultado de manifestar en el juego que alguien posee determinadas cartas de la baraja. **s.m. JUEGOS**
2 **acuse de recibo:** Fórmula usada para notificar el recibo de una carta o mercancía. **COMERCIO formal**

acusica Se aplica al niño que acusa con frecuencia y por cualquier motivo. **adj/s.m.f. = chivato**

acústica
1 Estudio de la formación y propagación de los sonidos, y, por extensión, de los ultrasonidos. **s.f. FÍSICA**
2 Conjunto de características de un local relativas a la propagación, la reflexión y la difusión del sonido: *el problema de las antiguas salas de cine es la acústica.*

acústico, a (Del gr. *akustikos < akuo,* oír.)
1 Relativo o perteneciente al oído: *nervio acústico.* **adj./ANATOMÍA**
2 Que tiene relación con el sonido o con la acústica: *fonética acústica.* **FÍSICA**
3 Que facilita la generación o la propagación del sonido: *bóveda acústica.*

acutángulo Referente al triángulo que tiene los tres ángulos agudos. **adj. MATEMÁTICAS**

ad- Componente de palabra procedente del lat. *ad,* que indica dirección, contacto, proximidad o tendencia. **pref.**

ada (De *Ada,* nombre de pila de la que se considera la primera programadora.) Lenguaje de programación, de alto nivel, que se aplica al tratamiento de datos numéricos y a la escritura de software de base. **s.m. INFORMÁTICA**

adacilla Variedad menuda del sorgo, planta herbácea. **s.f./BOTÁNICA**

adagio
I (Del lat. *adagium,* sentencia breve.) Sentencia tradicional breve que suele encerrar un contenido moral: *dice el adagio que la paciencia es la madre de la ciencia.* **s.m. LITERATURA = refrán**
II (Del ital. *adagio < ad agio,* despacio.)
1 Composición o parte de composición musical con movimiento lento. **s.m. MÚSICA**
2 Ritmo musical lento. **MÚSICA**

adalid (Del ár. *ad-dalil,* guía < *dall,* enseñar el camino.)
1 Caudillo militar. **s.m./MILITAR**
2 Jefe de algún partido, movimiento o escuela. **= líder**

adamado, a
1 Se aplica al hombre que tiene las facciones y maneras de comportarse finas y delicadas como la mujer. **adj. = afeminado**
2 Se aplica a la persona que es fina o elegante. **= galante**
3 Se aplica a la mujer que tiene el aspecto o los modales de una dama o señora sin serlo.

adamantino, a Diamantino, que es duro, persistente e inquebrantable: *brillos adamantinos.* **adj. literario**

adamar
I (Del lat. *adamare,* amar con vehemencia.) Intentar enamorar a una persona. **v.tr.**
II (Derivado de *dama.*) Hacerse un hombre afeminado. **v.prnl.**

adamascado, a Que tiene algunas de las características del damasco: *tejido adamascado.* **adj. th: damascado**

adamascar Dar el aspecto del damasco a una tela. **v.tr./conj: sacar**

adán (De *Adán,* primer hombre creado por Dios, según la Biblia.)
1 Hombre sucio y desaliñado. **s.m./coloquial**
2 Hombre apático y descuidado. **coloquial**

adánico, a Relativo a Adán, primer hombre creado por Dios según la Biblia: *la descendencia adánica.* **adj. th: adámico**

adanismo
1 Comportamiento del que comienza una actividad cualquiera como si nadie la hubiera ejercitado anteriormente. **s.m.**
2 Doctrina y secta, considerada de herejes, que celebraban sus reuniones desnudos y admitían la poligamia. **th: adamismo**
3 Desnudismo, doctrina y práctica que defiende el desarrollo parcial de la actividad humana en el estado de desnudez.

adaptable Que es susceptible de adaptarse o ajustarse: *novela adaptable a un guión cinematográfico.* **adj.**

adaptación Acción y resultado de adaptar o adaptarse: *consiguió una rápida adaptación.* **s.f.**

adaptador, a
1 Que adapta. **adj.**
2 Aparato que permite adaptar un mecanismo a diversos usos: *para utilizar la tostadora necesitas un adaptador eléctrico.* **s.m. TECNOLOGÍA**

adaptar (Del lat. *adaptare < ad,* a, + *aptare,* acomodar.)
1 Hacer que una cosa se ajuste a otra: *adaptar los gastos con los ingresos.* **v.tr/prnl.**
2 Hacer que un objeto o un mecanismo desempeñe funciones distintas de aquellas para las que fue diseñado o construido. **v.tr.**
3 Introducir cambios en una obra científica o artística para que pueda difundirse entre público distinto de aquel al cual iba destinada o por un medio diferente del original: *adaptar una comedia del siglo de oro a un público juvenil.* **LITERATURA**
4 Llegar una persona a acomodarse a una situación: *su hijo no se adaptó nunca a esa escuela.* **v.prnl.**

adaraja (Del ár. *ad-daraya,* escalón.) Piedra o parte saliente que se deja en el límite de una pared o muro para que sirva de enlace en posibles construcciones contiguas o prolongaciones de la obra. **s.f. CONSTRUCCIÓN = dentellón, enjarje**

adarce (Del lat. *adarce < gr. adarke.*) Costra salina que se forma en los objetos que bañan las aguas del mar. **s.m. = alhurreca**

adarga (Del ár. *ad-daraqa,* escudo de piel.) Escudo ovalado o en forma de corazón, hecho con dos cueros cosidos entre sí. **s.f. MILITAR**

adargar
1 Proteger, cubrir a una persona con la adarga: *se adargó para emprender la lucha.* **v.tr/prnl. conj: pagar**
2 Proteger a una persona.

adarme (Del ár. *ad-dirham,* octava parte de la onza < gr. *drakma,* moneda, peso.)
1 Medida de peso que equivalía a 1,7 gramos o 1,8 gramos, según las regiones. **s.m.**
2 Cantidad o porción mínima de algo material o inmaterial: *no tiene un adarme de sentido común.* **= miaja coloquial**
3 **por adarmes:** En cortas porciones o cantidades, con mezquindad: *por adarmes le fue entregando el valor de la deuda.* **loc.adv.**

adarve (Del ár. *ad-darb,* camino estrecho, desfiladero.)
1 Camino o paso en la parte superior del muro de una fortificación, protegido por el parapeto. **s.m. CONSTRUCCIÓN**
2 Muro de una fortaleza. **CONSTRUCCIÓN**
3 Protección, defensa.

adatar Datar, anotar las partidas en las cuentas. **v.tr./COMERCIO**

ad calendas graecas (Expresión latina.) Se usa para expresar que algo se aplaza indefinidamente. **loc.adv. culto**

addax Género de antílopes de cuernos anillados, pelaje gris claro y mechón frontal pardo. — *s.m. ZOOLOGÍA*

adecenar Dividir u ordenar un conjunto de cosas por decenas. — *v.tr.*

adecentar Poner decente, limpio, en orden. — *v.tr/prnl.*

adecuación Acción y resultado de adecuarse o adaptarse: *la adecuación al medio.* — *s.f. = adaptación*

adecuado, a Que es apropiado o conveniente. — *adj.*

adecuar (Del lat. *adaequare < ad, a + aequare,* igualar.) Acomodar una cosa a otra: *esta vivienda se adecua a mis necesidades.* — *v.tr/prnl.*

adefagia Voracidad, hambre insaciable. — *s.f./MEDICINA*

adefera (Del ár. *ad-adfira,* trenza, cinta.) Azulejo pequeño y cuadrado que se usaba en frisos y pavimentos. — *s.f. CONSTRUCCIÓN*

adefesio (De *ad efesios,* en balde < lat. *ad Ephesios,* en alusión a la epístola de san Pablo a los habitantes de Éfeso.)
1 Despropósito o disparate. — *s.m./coloquial*
2 Prenda de vestir ridícula y extravagante. — *coloquial*
3 Persona o cosa ridícula, extravagante o muy fea: *se acompañaba por un adefesio cincuentón más tripudo que alto.* — *coloquial*

adehala (Del ár. *ad-dajala,* entrada, ingreso.)
1 Cantidad añadida sobre el precio estipulado. — *s.f.*
2 Cantidad añadida al sueldo. — *= propina*

adehesar Acotar un terreno y convertirlo en pastos: *los colonos intentaron paralizar los intentos de adehesar los prados.* — *v.tr/prnl. AGRICULTURA*

adelantado, a
1 Que despunta por su talento o cualquier otra cualidad: *está muy adelantada para su edad.* — *adj. = precoz*
2 Que es superior o excelente.
3 Que se comporta con atrevimiento e imprudencia. — *= osado*
4 Gobernador militar y político de una provincia fronteriza, en la antigüedad. — *s.m. HISTORIA*
5 Juez superior de un reino o distrito. — *s./HISTORIA*
6 **por adelantado:** Por anticipado: *lo pagué por adelantado y me hicieron un mínimo descuento.* — *loc.adv.*

adelantamiento
1 Acción y efecto de adelantar o adelantarse: *un adelantamiento imprudente.* — *s.m.*
2 Adelanto, mejora, medra.
3 Territorio que estaba a cargo del adelantado. — *HISTORIA*

adelantar
1 Mover una cosa hacia adelante: *adelantó la silla para llamar su atención.* — *v.tr/prnl.*
2 Mostrarse superior a una persona: *adelantaba a sus hermanos porque estudiaba más.*
3 Pasar delante de una persona en una carrera u otra cosa: *se adelanta al resto porque trabaja con soltura.* — *= aventajar*
4 Hacer una cosa más rápidamente: *adelantó todos los deberes de la escuela.* — *v.tr./= acelerar, apresurar*
5 Hacer progresar una materia o una ciencia: *Newton adelantó mucho la física moderna.*
6 Dar una cosa a una persona contando con recuperarla: *adelantar una importante suma de dinero.* — *= anticipar*
7 Mover hacia adelante las manecillas de un reloj.
8 Ir el reloj más de prisa de lo debido: *este reloj igual se adelanta que se atrasa.* — *v.intr/prnl.*
9 Ocurrir una cosa antes de lo normal o esperado: *el verano se adelantó una semana.* — *v.prnl.*
10 Separarse una persona de un grupo para llegar antes a un lugar: *nos adelantamos para comprar los boletos.*
11 Hacer una persona progresos en una situación personal o social. — *v.intr.*

adelante
1 Más allá: *siempre adelante por el camino de la perfección; les fue imposible pasar adelante.* — *adv. ≠ atrás*
2 Hacia la parte delantera, hacia delante: *camina adelante, no te pares jamás.* — *≠ detrás*
3 Expresión usada como invitación a entrar en un sitio: *¡adelante! Entren todos.* — *interj.*
4 **en adelante:** A partir de ahora: *de ahora en adelante, no lo niegues.* — *loc.prep.*
5 **más adelante:** Dentro de un tiempo: *no me siento preparado para la prueba, la haré más adelante.* — *loc.adv.*

adelanto
1 Avance o progreso en una cosa: *el adelanto de las ciencias sociales.* — *s.m.*
2 Cantidad de dinero que se cobra con antelación a la fecha convenida: *le pidió un adelanto para las vacaciones navideñas.* — *= anticipo*
3 Ascenso o mejora de una persona en su posición social o profesional. — *= medra, adelantamiento*

adelfa (Del ár. *ad-difla* < gr. *daphne,* laurel.)
1 Arbusto de la familia de las apocináceas, de hojas persistentes, lanceoladas y venenosas, y de grandes flores de varios colores. (*Nerium oleander.*) — *s.f. BOTÁNICA*
2 Flor de esta planta. — *BOTÁNICA*

adelfilla Arbusto de la familia de las timeleáceas, de un metro de altura, con hojas lanceoladas y lustrosas, y flores verdosas o amarillentas. (*Daphne laureola.*) — *s.f. BOTÁNICA*

adelgazamiento Proceso de adelgazar o adelgazarse: *su rostro muestra el acusado adelgazamiento.* — *s.m.*

adelgazar
1 Reducir el peso o grosor de un cuerpo: *con la dieta logró adelgazarse diez kilos.* — *v.tr/prnl. conj: cazar*
2 Debilitar las fuerzas o los ánimos de algo o alguien.
3 Limpiar una sustancia de impurezas: *adelgazó el grano con el cedazo.* — *v.tr.*
4 Pensar sobre una cosa sutilmente: *adelgazaba los conceptos hasta hacerlos complicados.*
5 Ponerse una persona más delgada: *durante la convalecencia se adelgazó muchísimo.* — *v.intr/prnl.*

ademador, a Minero que hace o pone ademes o maderos para apuntalar. — *s. MINERÍA*

ademán (Del lat. *ad, a + de, de + manus,* mano.)
1 Movimiento o actitud del cuerpo que manifiesta un estado de ánimo o un sentimiento: *la delató un ademán de fatiga.* — *s.m. = gesto*
2 Acciones y modos de comportamiento externos: *sus ademanes evidencian su buena educación.* — *s.m.pl. = modales*

ademar Poner ademes a una cosa para reforzarla. — *v.tr./MINERÍA*

además A más, también: *es pintor y, además, escultor en sus ratos libres.* — *adv.*

ademe (Del ár. *ad-da'm,* columna, apoyo.)
1 Madero que sirve para entibar o apuntalar las paredes de una mina. — *s.m./tb: adema MINERÍA*
2 Cubierta o forro de madera con que se aseguran los tiros, pilares y otras obras en trabajos subterráneos. — *MINERÍA*

aden- Componente de palabra procedente del gr. *aden,* que significa glándula: *adenoides; adenopatía.* — *pref. tb: adeno-*

adenalgia Dolor de una glándula. — *s.f./MEDICINA*

adenia (Del gr. *aden,* glándula.) Aumento del volumen de los ganglios linfáticos. — *s.f. MEDICINA*

adenina Base nitrogenada que forma parte de sustancias como el ácido desoxirribonucleico. — *s.f. BIOLOGÍA*

adenitis Inflamación de las glándulas o de los ganglios linfáticos. — *s.f./pl: adenitis MEDICINA*

adenoideo, a
1 Se refiere al tejido que es rico en formaciones linfáticas. — *adj. = adenoide*
2 Que tiene aspecto de adenoma.

adenoides Aumento excesivo del volumen del tejido ganglionar que se halla en la nasofaringe. — *s.f.pl. MEDICINA*

adenología (Del gr. *aden,* glándula + *logos,* estudio, tratado.) Estudio de las glándulas. — *s.f. ANATOMÍA*

adenoma Tumor benigno de estructura semejante a las glándulas. — *s.m. MEDICINA*

adenomatosis Presencia en el organismo de múltiples adenomas. — *s.f./pl: adenomatosis MEDICINA*

adenopatía Denominación genérica de las afecciones y lesiones de los ganglios linfáticos. — *s.f. MEDICINA*

adensar
1 Convertir un vapor en líquido o en sólido: *adensarse los gases a baja temperatura.* — *v.tr/prnl. = condensar*
2 Hacer una cosa más densa. — *= condensar*

adentellar
1 Clavar los dientes en una cosa: *el cachorro no paraba de adentellar los cortinajes.* — *v.tr.*
2 Dejar dientes o adarajas en una pared. — *ARQUITECTURA*

adentrarse
1 Penetrar en la parte interna de una cosa: *adentrarse en un laberinto.* — *v.prnl.*
2 Pasar por dentro de un lugar: *adentrarse en las espesuras del bosque.*
3 Estudiar una cosa con profundidad: *se adentró en el cálculo de probabilidades.*

adentro
1 Hacia el interior, en el interior: *entraron adentro; vive tierra adentro; vete muy adentro; no tan adentro.* — *adv. ≠ afuera*
2 Conjunto de pensamientos o de sentimientos íntimos de una persona no exteriorizados: *lo pensé para mis adentros; el conflicto se agudiza en sus adentros.* — *s.m.pl.*
3 **¡adentro!:** Expresión que se usa para indicar a una persona que entre. — *interj.*

adepto, a
1 Que está afiliado a alguna asociación o ideología: *las organizaciones políticas juveniles han perdido muchos adeptos.* — *adj/s.*
2 Que es partidario de alguna persona o idea: *adepta al ecologismo y al pacifismo.*
3 Persona que ha llegado a la maestría teórica y práctica, habiendo superado el estado de iniciado. — *OCULTISMO*

aderezar (Del ant. *derezar* < lat. vulgar *directiare,* poner derecho.)
1 Embellecer con adornos: *aderezaron el plato con frutas exóticas.* — *v.tr/prnl. conj: cazar*

2 Disponer o arreglar una vivienda, una habitación: *aderezó el apartamento para pasar el verano.*
3 Poner en los alimentos ciertas sustancias que los hacen más sabrosos: *aderezar una ensalada.* — v.tr./COCINA = condimentar
4 Arreglar una cosa estropeada o rota. = reparar
5 Dar consistencia rígida a los tejidos. = tupir
6 Acompañar una acción con algo que le añade gracia: *aderezó el baile con su mejor sonrisa.*

aderezo
1 Acción y efecto de aderezar o aderezarse. s.m.
2 Objeto con que se aderéza una persona o cosa.
3 Condimentos que se usan para sazonar las comidas: *cocinar sin aderezos.* COCINA
4 Acicalamiento de una persona o una cosa.
5 Arreos para el adorno y manejo del caballo. EQUITACIÓN
6 Guarnición de adorno de algunas armas blancas.
7 **medio aderezo:** Conjunto de joyas que se compone de pendientes y alfiler para el pecho.

aderra (Del ár. *ad-darra,* lo que exprime y hace fluir.) s.f. / AGRICULTURA
Soga de esparto o junco con que se aprieta el orujo de la aceituna.

adeudar
1 Tener una persona la obligación de pagar una cantidad de dinero: *nos adeuda quince millones de pesetas.* v.tr.
2 Hacer deudor a alguien, por deuda o favor.
3 Poner una cantidad en el debe de una cuenta. COMERCIO/= cargar
4 Contraer una persona deudas: *se adeudó con la hacienda pública por varios millones.* th: endeudarse

adeudo
1 Obligación que tiene una persona de pagar, devolver o dar una cantidad de dinero u otra cosa a otra persona. s.m. = deuda
2 Cantidad que hay que pagar en las aduanas por una mercancía. ECONOMÍA
3 Anotación de una cantidad en el debe de una cuenta. COMERCIO

adherencia
1 Unión de cosas que se pegan unas con otras: *la adherencia del cáliz y el ovario en una planta.* s.f.
2 Capacidad de adherirse: *la humedad disminuyó la adherencia de la cinta adhesiva.*
3 Enlace, conexión o parentesco.
4 Parte que se añade a una cosa. = complemento
5 Resistencia que se produce en la superficie de contacto de dos cuerpos cuando se intenta que uno se deslice sobre otro. FÍSICA
6 Unión producida entre las partes del organismo que deberían estar separadas. MEDICINA

adherente
1 Que adhiere o se adhiere a otro elemento. adj.
2 Requisito necesario para algo. s.m.
3 Sustancia usada para unir cosas. = pegamento

adherir (Del lat. *adhaerere* < *ad,* a + *haerere,* estar unido.)
1 Pegar una cosa a otra: *las piezas se adhirieron muy bien con resina.* v.intr./prnl. conj: *sentir*
2 Mostrar conformidad con una opinión o un ideario: *se adhirió rápidamente a la coalición de izquierdas.* v.prnl.
3 Usar una persona un recurso interpuesto por la parte contraria en un litigio. v.prnl. DERECHO

adhesión
1 Adherencia, unión de varias cosas. s.f.
2 Acción de apoyar un dictamen o una opinión: *aplaudió su adhesión a las teorías relativistas.*
3 Declaración pública de apoyo a alguien o algo.
4 Fuerza de atracción que une moléculas distintas. QUÍMICA

adhesivo, a
1 Que puede adherirse o pegarse: *cinta adhesiva.* adj.
2 Se aplica a la sustancia que sirve para pegar dos superficies contiguas: *utilizó un adhesivo líquido.* adj/s.m.
3 Etiqueta con fines publicitarios: *les pagaban por repartir adhesivos en las paradas de autobús.* s.m.

ad hoc (Expresión latina.)
1 Para este fin. loc.adv.
2 Apropiado, adecuado para un fin determinado. loc.adj.

adiabático, a Se aplica a la transformación termodinámica que experimenta un sistema sin que haya intercambio de calor con otros. adj. FÍSICA ≠ diabático

adiafa (Del ár. *ad-diyafa,* convite, hospitalidad.) Regalo o refresco que se daba a los marineros cuando llegaban a puerto. s.f.

adiáfano, a Que es opaco: *cristales adiáfanos.* adj./≠ diáfano

adiaforesis Deficiencia o falta de la transpiración cutánea o sudor. s.f./pl: adiaforesis MEDICINA

adiamantado, a Parecido al diamante en la dureza o en otras de sus cualidades: *los adiamantados brillos del agua del lago.* adj. literario

adiar Señalar un día o una fecha para una cosa. v.tr./conj: *vaciar*

adicción Hábito del que no se puede prescindir por razones sicológicas o fisiológicas: *adicción a las bebidas alcohólicas; adicción a la cocaína.* s.f.

adición (Del lat. *additio* < *addere,* añadir.)
1 Acción y resultado de añadir o agregar: *la adición de líquido dejará más suelta la argamasa.* s.f. = suma
2 Añadidura, lo que se añade a algo: *mide aisladamente la adición.*
3 Operación aritmética de sumar. MATEMÁTICAS
4 Sustancia que se añade a un metal base durante la elaboración de aleaciones industriales por fusión. METALURGIA
5 Reacción química en la que dos o más moléculas se combinan para formar una sola. QUÍMICA
6 **adición de la herencia:** Aceptación tácita o expresa de la herencia o el legado. DERECHO

adicional Que se suma o adiciona: *recibió, junto a la nómina, un incentivo adicional.* adj.

adicionar Añadir, sumar, hacer adiciones. v.tr.

adictivo, a Que produce adicción: *sustancias sicotrópicas adictivas.* adj.

adicto, a
1 Que es partidario o seguidor de algo o alguien: *tras la guerra se hicieron adictos al régimen.* adj/s.
2 Que no puede renunciar al uso de ciertas drogas: *es adicto a la heroína.* = drogadicto
3 Que es adjunto a algún cargo o función. = agregado

adiestramiento Acción y resultado de adiestrar o adiestrarse: *se dedica al adiestramiento de perros.* s.m.

adiestrar
1 Hacer a una persona diestra en la práctica de alguna actividad: *se adiestraba en el manejo del balón.* v.tr./prnl. th: adiestrar
2 Amaestrar, domar a un animal: *adiestraba leones para trabajar en el circo.* v.tr.
3 Guiar, encaminar a una persona.

adietar Poner a dieta: *después de navidad me adietaré.* v.tr./prnl.

adinamia (Del gr. *a,* privativo + *dinamis,* fuerza.) Debilidad muscular que impide los movimientos del enfermo. s.f. MEDICINA

adinámico, a
1 Que tiene relación con la adinamia: *debilitamiento adinámico.* adj. MEDICINA
2 Que padece adinamia. adj. MEDICINA

adinerado, a Que tiene mucho dinero: *su adinerada familia se arruinó.* adj. = rico

adinerarse Hacerse rico: *se fue a América y se adineró en pocos años.* v.prnl. coloquial

adintelado, a Que está construido con dinteles o tiene su forma. adj. ARQUITECTURA

¡adiós! (De la locución *a Dios [seas encomendado].*)
1 Expresión usada para despedirse. interj.
2 Expresión usada para indicar sorpresa o decepción: *¡adiós, me olvidé otra vez la llave!*
3 Denota que ya no es posible evitar un daño: *¡adiós, lo que nos espera!*
4 Expresión con que una persona se despide de otra: *te daré mi último adiós en la estación.* s.m. = despedida

adip- Componente de palabra procedente del lat. *adeps,* que significa grasa. pref. th: adipo-

adipoblasto Célula embrionaria del tejido adiposo. s.m./BIOLOGÍA

adiposidad
1 Calidad de adiposo. s.f.
2 Acumulación local de grasa en los tejidos: *eliminar la adiposidad del vientre con liposucción.* = obesidad

adiposis Obesidad, enfermedad caracterizada por el exceso de grasa en el tejido celular del cuerpo o de una parte de él. s.f./pl: adiposis MEDICINA = gordura

adiposo, a
1 Que tiene relación con la grasa: *tejido adiposo; panículo adiposo.* adj. BIOLOGÍA
2 Que tiene grasa en exceso. MEDICINA/= obeso

adipsia (Del gr. *a,* privativo + *dipsa,* sed.) Supresión o falta anormal de sed. s.f. MEDICINA

adir (Del lat. *adire* < *ad,* a + *ire,* ir.) Aceptar una herencia tácita o expresamente. v.tr. defectivo DERECHO

aditamento Cosa que se añade a otra: *agregar un aditamento a la mezcla.* s.m.

aditivo, a
1 Que se puede o debe añadir: *el honor es un elemento aditivo de la honradez.* adj. = aditicio
2 Se aplica a la sustancia que se añade a otra para potenciar sus cualidades. adj/s.m.
3 Referente al término de un polinomio que va precedido del signo más. adj. MATEMÁTICAS
4 Referente a la magnitud o propiedad que resulta de la suma de las cantidades correspondientes a sus componentes. FÍSICA

adivas (Del ár. *ad-di'ba,* inflamación.) Inflamación de los ganglios de la garganta de los animales. s.f./pl. VETERINARIA

adive (Del ár. *ad-di'b,* lobo.) Mamífero carnívoro parecido a la zorra que vive en los desiertos de Asia y África, que se alimenta de carroña. s.m. ZOOLOGÍA th: adiva

adivinación Conocimiento de cosas pasadas, presentes o futuras mediante conjeturas o recursos mágicos: *adivinación según el movimiento de los astros.* — s.f. OCULTISMO

adivinanza
1 Entretenimiento en que se describe indirectamente y con ingenio algo que hay que adivinar. — s.f. = acertijo
2 Adivinación, práctica predictiva o descubrimiento de cosas ocultas. — OCULTISMO

adivinar (Del lat. *addivinare,* derivado de *divinus,* adivino.)
1 Descubrir o anunciar una cosa futura u oculta por lógica o intuición. — v.tr. = vaticinar
2 Encontrar el significado de un enigma: *adivinó el acertijo antes de que se acabara el plazo.* — = descifrar
3 Ver una cosa muy débilmente: *adivinó la figura de un perro a lo lejos.* — = vislumbrar

adivinatorio, a Que implica adivinación: *las artes adivinatorias.* — adj.

adivino, a Persona que predice el futuro: *consultaba su destino a una adivina.* — s. OCULTISMO

adjetivación
1 Acción de adjetivar o adjetivarse. — s.f.
2 Conjunto de adjetivos o forma particular de usarlos de un autor o en una época determinada: *la adjetivación barroca.*
3 Transformación de una palabra o de una expresión en un adjetivo. — LINGÜÍSTICA

adjetival Del adjetivo: *flexión adjetival.* — adj./LINGÜÍSTICA

adjetivamente
1 Como adjetivo: *la frase funciona adjetivamente.* — adv./LINGÜÍSTICA
2 De modo no esencial.

adjetivar
1 Aplicar un adjetivo a un sustantivo. — v.tr./LINGÜÍSTICA
2 Dar valor de adjetivo a una palabra: *estos términos se adjetivan dentro de la construcción.* — v.tr/prnl. LINGÜÍSTICA

adjetivo, a (Del lat. *adiectivus < adiectus,* agregado.)
1 Que se refiere a una cualidad o accidente. — adj.
2 Accidental, secundario, no esencial: *circunstancia adjetiva a la acción principal.*
3 Perteneciente o relativo al adjetivo: *flexión adjetiva.* — GRAMÁTICA
4 Parte de la oración que califica o determina al sustantivo: *interesante es un buen adjetivo para ese libro.* — s.m. GRAMÁTICA
5 **adjetivo calificativo:** Que acompaña al nombre expresando alguna cualidad del sustantivo al que acompaña. — GRAMÁTICA
6 **adjetivo comparativo:** El que denota comparación. — GRAMÁTICA
7 **adjetivo determinativo:** El que no califica al nombre, sino que señala la extensión en que se toma el sustantivo al que acompaña. — GRAMÁTICA
8 **adjetivo gentilicio:** El que denota la nación u origen de las personas. — GRAMÁTICA
9 **adjetivo numeral:** El que denota número o cantidad. — GRAMÁTICA
10 **adjetivo ordinal:** El numeral que significa orden o sucesión. — GRAMÁTICA
11 **adjetivo positivo:** El que aporta un significado absoluto o simple. — GRAMÁTICA
12 **adjetivo superlativo absoluto:** El que denota el sumo grado de cualidad. — GRAMÁTICA
13 **adjetivo superlativo relativo:** El que designa un grado máximo o mínimo de cualidad a una o varias cosas o personas en relación con otras. — GRAMÁTICA

adjudicación Acción y efecto de adjudicar o adjudicarse: *investigar la adjudicación de obras públicas.* — s.f. = concesión

adjudicar (Del lat. *adiudicare < ad,* a + *iudicare,* juzgar.)
1 Dar o conceder una cosa a una persona: *les adjudicó el condado.* — v.tr. conj: sacar
2 Tomar una persona una cosa para sí, haciéndose dueña de ella: *se adjudica los éxitos ajenos.* — v.prnl.
3 Llegar a ganar en una competición: *el equipo nacional se adjudicó la medalla de oro.*

adjudicatario, a Persona a quien se adjudica alguna cosa: *empresa ajudicataria de las obras.* — s.

adjunción (Del lat. *adiunctio,* unión, enlace.)
1 Añadidura, agregación. — s.f.
2 Accesión realizada mediante la unión de dos bienes muebles pertenecientes a diferentes dueños. — DERECHO

adjuntar Acompañar o enviar una cosa junto con otra: *adjuntar a una carta una lista de precios.* — v.tr.

adjunto, a
1 Que va unido a otra cosa, en especial escritos: *adjunto le remito catálogo; véase material adjunto.* — adj.
2 Se aplica a la persona que ejerce como auxiliar un cargo, negocio o función: *trabaja como adjunto del director.* — adj/s.
3 Palabra o expresión de la frase de la que se puede prescindir. — s.m. GRAMÁTICA
4 Añadidura, elemento que acompaña al principal.

adjurado, a Se aplica al castillo que está abierto. — adj./HERÁLDICA

adlátere Persona subordinada a otra y a quien acompaña con mucha frecuencia. — s.m.f. tb: alátere

adminicular (Del lat. *adminiculare < adminiculum,* apoyo.) Poner una cosa, especialmente una prueba, junto a otra para ayudarla o reforzarla. — v.tr. DERECHO

adminículo
1 Cualquier cosa que sirve de ayuda. — s.m.
2 Objeto que se lleva como prevención para servirse de él en una circunstancia adversa: *siempre llevaba consigo los adminículos por si alguien se accidentaba.*

administración
1 Acción de administrar los intereses de una persona, entidad o comunidad: *era el responsable de la administración de la comunidad.* — s.f.
2 Cargo de administrador: *ocupa la administración desde hace varios años.*
3 Despacho, oficina o edificio donde el administrador y sus dependientes ejercen su función. — s.f.
4 Equipo de gobierno que actúa bajo el mandato de un presidente: *la administración de Clinton ha adoptado importantes decisiones.*
5 Aplicación de medicamentos: *se equivocó en la administración de fármacos.*
6 **administración contenciosa:** Acción del tribunal competente para resolver acerca de agravios causados en derechos preexistentes cometidos en actos del orden administrativo. — DERECHO
7 **administración de correos:** Oficina o edificio donde se realizan las operaciones relativas a la distribución del correo.
8 **administración de justicia:** Acción de los tribunales, que tienen la potestad de aplicar las leyes en juicios civiles y criminales. — DERECHO
9 **administración diocesana:** La que gestiona los ingresos y los gastos de una diócesis.
10 **administración económica:** Cuerpo dependiente del ministerio de hacienda, encargado de la recaudación de impuestos y del pago de las obligaciones públicas. — ECONOMÍA
11 **administración militar:** La que tiene a su cargo las atenciones materiales del ejército. — MILITAR
12 **administración municipal:** Ayuntamiento, corporación encargada de cuidar de los intereses del municipio. — POLÍTICA
13 **administración pública:** 1. Función del estado que consiste en aplicar las leyes y cuidar de los intereses públicos. 2. Conjunto de organismos estatales encargados de cumplir esta función. — POLÍTICA

administrador, a
1 Que administra. — adj/s.
2 Persona que administra bienes ajenos. — s.

administrar (Del lat. *administrare < ad,* a + *ministrare,* servir.)
1 Dirigir, gobernar, ejercer la autoridad sobre un territorio y sus habitantes: *la metrópoli administraba las tierras de ultramar.* — v.tr. = regir
2 Dirigir una institución: *administrar una fundación.* — = regentar
3 Organizar y dirigir la economía de una persona o de una entidad: *por administrarle sus bienes le cobraba muy poco.* — ECONOMÍA
4 Ejercer un empleo o cargo.
5 Proporcionar una cosa a una persona: *les administró los artículos de primera necesidad.* — = proveer
6 Hacer tomar una medicina a una persona: *se le administró un sedante para que pudiera dormir.* — v.tr/prnl. = suministrar
7 Dividir o graduar el uso de una cosa, para obtener mayor rendimiento de ella: *se administra el dinero para llegar a fin de mes.*
8 Conferir, dar el sacerdote un sacramento, en la liturgia cristiana. — RELIGIÓN

administrativo, a
1 De la administración: *gestión administrativa.* — adj.
2 Se aplica al empleado que se dedica a tareas de administración: *personal administrativo.* — adj/s.

admirable Que es digno de admiración: *la adaptación de la tragedia fue admirable.* — adj.

admiración
1 Acción de admirar o admirarse: *les tributa una admiración sin límites.* — s.f.
2 Cosa digna de ser admirada: *resultó la admiración de todos los presentes.*
3 Signo ortográfico usado para expresar admiración o denotar énfasis (en español, se coloca una línea vertical con un punto arriba al principio de la frase o sintagma y una línea vertical con un punto debajo al final: ¡!). — GRAMÁTICA

admirador, a Que siente admiración por algo o por alguien: *admirador del arte clásico.* — adj/s.

admirar (Del lat. *admirari < ad,* a + *mirari,* admirar.)
1 Sentir gran estima o aprecio por alguien o por algo: *admira su buen hacer y su animosidad.* — v.tr.

2 Contemplar con deleite: *admiraba las evoluciones de-las nubes desde lo alto de la peña.*
3 Experimentar asombro o estimación ante algo o alguien: *admirarse ante su solidaria conducta.* — v.prnl. = asombrarse
4 ser alguien, o algo, de admirar: Ser una persona o una cosa digna de admiración: *no es de admirar su valentía, es simple miedo oculto.*

admisible Que es susceptible de ser admitido: *error admisible; conducta admisible.* — adj. ≠ inadmisible

admisión
1 Acción y resultado de admitir: *esperaba con desasosiego su admisión en la facultad.* — s.f.
2 Trámite previo en que se decide si procede la tramitación de la querella o recurso presentado. — DERECHO formal
3 Primera fase del proceso, en los motores de combustión interna, en que la mezcla explosiva es aspirada por el pistón. — MECÁNICA

admitancia Relación que se establece entre la tensión y la corriente. — s.f./tb: admitencia FÍSICA

admitir (Del lat. *admitere* < *ad*, a + *mitere*, enviar, delegar.)
1 Recibir o dar entrada en un lugar: *no le admitieron en la reunión de propietarios.* — v.tr. + en
2 Tomar o aceptar algo: *admitió su derrota.*
3 Tener un lugar o una cosa capacidad o cabida para un contenido determinado: *el nuevo aulario admite más alumnos.*
4 Permitir, sufrir: *este trabajo no admite más cambios.*

admixtión Mezcla de sustancias. — s.f./tb: mixtión

admonición
1 Acción de advertir o corregir a una persona. — s.f./tb: monición
2 Argumento con que se advierte o amonesta. — TEOLOGÍA
3 Demanda que al contestar entabla el demandado contra el que promovió el juicio. — DERECHO = reconvención

admonitor, a
1 Persona que amonesta. — s.
2 Religioso que en algunas comunidades amonesta o exhorta al cumplimiento de la regla. — RELIGIÓN

admonitorio, a Que amonesta, aconseja o exhorta: *reprobar con gesto admonitorio.* — adj. formal

adn (Acrónimo de *[a]cido [d]esoxirribo[n]ucleico*). Constituyente esencial de los cromosomas del núcleo celular. — s.m. BIOQUÍMICA

adnata Tejido conjuntivo. — s.f./ZOOLOGÍA

adnato, a Se aplica a aquello que nace y crece juntamente con una cosa a la que está unido. — adj. BIOLOGÍA

adnotación Sello papal. — s.f./RELIGIÓN

adobado
1 Carne puesta en adobo: *el adobado está listo para empezar a embutir los chorizos.* — s.m. COCINA
2 Operación de adobar: *durante el adobado se le derramó la sal en exceso.* — = adobo COCINA

adobar (Del fr. ant. *adober*, preparar, armar caballero.)
1 Echar las carnes en adobo para conservarlas y darles sabor: *adobar el jamón.* — v.tr./COCINA = aderezar
2 Curtir y preparar las pieles.
3 Preparar los alimentos en el fuego. — COCINA/= guisar
4 Dar la forma conveniente a la herradura y los clavos con el martillo. — = atarragar TECNOLOGÍA
5 Arreglar una cosa estropeada o rota: *adobar la balanza.*
6 Disponer algo con astucia o falsedad: *adobó la situación para salirse con la suya.* — = amañar

adobe
I (Del ár. *at-tub*, ladrillo.) Conglomerado de barro y paja, moldeado en forma de ladrillo y secado al aire: *el vendaval echó por tierra varias cabañas de adobe.* — s.m. CONSTRUCCIÓN
II (Del ár. *ad-dabba*, cerrojo.) Objeto de hierro que se ponía en los pies de los presos. — s.m. = grillete

adobera
1 Molde para hacer adobes para la edificación y construcción de muros o paredes. — s.f. CONSTRUCCIÓN
2 Lugar donde se hacen adobes. — CONSTRUCCIÓN

adobo
1 Acción y efecto de adobar. — s.m.
2 Salsa o caldo usado para conservar o sazonar los alimentos: *estropearse el adobo de las olivas.* — COCINA
3 Mezcla de varios ingredientes usada para curtir las pieles o dar brillo a las telas.

adocenado, a Que es vulgar y mediocre: *nunca consiguió la fama por ser un artista adocenado.* — adj.

adocenar
1 Dividir u ordenar un conjunto por docenas: *adocenó los huevos de las cestas.* — v.tr.
2 Volverse una persona mediocre o vulgar: *se adocenó y perdió sus ideales de juventud.* — v.prnl.

adoctrinamiento Acción y resultado de adoctrinar o enseñar: *es el responsable del adoctrinamiento de los nuevos miembros.* — s.m.

adoctrinar Enseñar o inculcar a alguien las ideas o conocimientos de una determinada doctrina: *adoctrinar a los pupilos en las artes decorativas.* — v.tr/prnl. tb: doctrinar

adolecer
I (Del lat. *ad*, a + *dolescere* < *dolere*, doler.)
1 Caer enfermo o padecer una enfermedad crónica: *adolece de asma desde la infancia.* — v.intr./+ de conj: carecer
2 Tener una persona un defecto: *adolece de confiado e inocente.*
3 Participar en el sentimiento de una persona que ha sufrido una desgracia: *se adolece de su mala suerte.* — v.prnl. + de
II (Del lat. *adolescere*, crecer.) Crecer o desarrollarse: *adoleció muchísimo durante la pubertad.* — v.intr.

adoleciente Que adolece, padece una enfermedad o tiene un defecto. — adj.

adolescencia Edad siguiente a la niñez y anterior a la edad adulta: *durante la adolescencia se produce la maduración genital.* — s.f.

adolescente Se aplica a la persona que está en la etapa de la adolescencia o que no la ha superado. — adj/s.f. = muchacho

adonde
1 Al lugar en el que, el lugar al que: *ven conmigo adonde yo vivo; quiero conocer el lugar adonde me llevas.* — adv.rel.
2 Donde, en el sitio, en el lugar. — coloquial

adónde A qué lugar: *¿adónde me llevas?* — adv.interrog.

adondequiera
1 A cualquier parte: *adondequiera que vayas te perseguirá la deshonra.* — adv.
2 En cualquier parte. — tb: dondequiera

adónico Referente al verso que se compone de un dáctilo y un espondeo. — adj./POESÍA tb: adonio

adonis (Por alusión a la hermosura de *Adonis*, personaje mitológico, amante de Afrodita.) Muchacho de gran atractivo. — s.m. pl: adonis

adopción Acción y efecto de adoptar o tomar como propio a alguien o algo: *llevan varios años con los trámites de la adopción.* — s.f.

adopcionismo Doctrina herética que afirmaba la adopción de Jesucristo por Dios y negaba su condición de hijo por naturaleza. — s.m. TEOLOGÍA

adoptar (Del lat. *adoptare* < *ad*, a + *optare*, desear.)
1 Recibir legalmente como hijo al que no lo es naturalmente: *adoptaron a varios huérfanos.* — v.tr./DERECHO = prohijar
2 Afiliarse a una doctrina, ideología u opinión.
3 Adquirir una configuración o forma determinada: *sus ojos fueron adoptando una forma almendrada.*
4 Tomar una resolución o un acuerdo después de haber reflexionado sobre ello: *adoptaron una serie de medidas para paliar el paro.* — = acordar

adoptivo, a
1 Se aplica a la persona o cosa que es adoptada como propia por serlo: *su patria adoptiva es Francia.* — adj.
2 Se aplica a la persona que adopta a otra: *padre adoptivo.*

adoquín (Del ár. *ad-dukkan*, piedra escuadrada, banco de piedra.)
1 Piedra labrada con forma de prisma rectangular que se emplea para pavimentar calles o carreteras: *sustituyeron los adoquines del bulevar por alquitrán.* — s.m. CONSTRUCCIÓN
2 Caramelo de gran tamaño, con forma de adoquín.
3 Persona torpe e ignorante. — coloquial

adoquinado
1 Suelo empedrado con adoquines: *el vehículo traqueteaba sobre el adoquinado de la calle.* — s.m.
2 Operación de adoquinar. — CONSTRUCCIÓN

adoquinar Cubrir el suelo con adoquines: *en la actualidad no se adoquinan las vías públicas.* — v.tr. CONSTRUCCIÓN

ador (Del ár. *ad-dawr*, turno, vuelta.) Turno para regar, en comarcas donde hay repartición de aguas. — s.m. AGRICULTURA

adorable Que inspira cariño y simpatía: *su abuela era una anciana adorable que gustaba de la buena conversación.* — adj.

adoración
1 Devoción que se siente por alguien o algo: *el héroe es objeto de adoración pública.* — s.f.
2 adoración de los Reyes Magos: Según la tradición cristiana, adoración de los Reyes Magos al niño Jesús en Belén. — RELIGIÓN

adorar (Del lat. *adorare* < *ad*, a + *orare*, orar.)
1 Sentir devoción por alguien o algo: *adoramos a nuestros padres.* — v.tr.
2 Rendir culto a la divinidad: *adoraban a las fuerzas de la naturaleza.* — TEOLOGÍA
3 Ponerse un cardenal de rodillas ante el papa recién elegido en señal de reconocimiento. — RELIGIÓN
4 Amar en extremo a alguien: *adora a su esposo.*
5 Orar, rezar, decir una persona una oración: *adorar ante el altar de rodillas.* — v.intr. RELIGIÓN
6 Tener puesta la estima en alguien o en algo: *adorar en sus hijos.* — + en

adoratorio
1 Pequeño retablo religioso portátil. — s.m./RELIGIÓN
2 Templo de algunos indios de las civilizaciones pre-colombinas. — HISTORIA

adormecer
1 Producir somnolencia o sueño: *acunar al niño hasta adormecerlo.* — v.tr. conj: *carecer*
2 Calmar un dolor, una pena o un enfado: *esta medicina adormece el dolor de muelas.*
3 Empezar a dormir o rendirse al sueño: *se adormeció a mitad de camino.*
4 Quedarse un miembro rígido o insensible: *las piernas se le adormecieron por el frío.* — coloquial = entumecerse
5 Dejarse dominar una persona por un vicio o un placer: *se adormece en todo tipo de tonterías.* — + en coloquial

adormecimiento Acción y resultado de adormecer o adormecerse: *el traqueteo del tren le produjo adormecimiento.* — s.m.

adormidera
1 Planta papaverácea de hermosas flores blancas o rojas que se usan como ornamento y fruto capsular del que se extrae el opio. *(Papaver.)* — s.f. BOTÁNICA
2 Fruto de la adormidera. — BOTÁNICA

adormilarse Quedarse una persona medio dormida: *se adormiló después del intermedio.* — v.prnl. tb: adormitarse

adormir
1 Adormecer, calmar: *adurmió los dolores de riñón con plantas medicinales.* — v.intr./prnl. conj: *dormir*
2 Dormirse, rendirse al sueño. — v.prnl.

adormitarse Adormilarse, quedarse casi dormido: *adormitarse en la sombra.* — v.prnl. = transponer

adornar
1 Embellecer a una persona o una cosa con adornos: *adornó la habitación con cuadros.* — v.tr./prnl. = ornamentar
2 Servir de adorno: *ese jarrón adorna la estantería.* — v.tr.
3 Atribuir una cualidad a una persona: *en la presentación, se adornó con las mejores cualidades.* — v.tr./prnl.

adorno
1 Cosa u objeto que sirve para adornar: *añadió a su vestido unos adornos abigarrados y de mal gusto.* — s.m.
2 Balsamina, planta trepadora. — s.m.pl./BOTÁNICA
3 de adorno: 1. Sin más utilidad que la de servir de ornamento: *en su salón tiene un árbol de adorno.* 2. Sin utilidad, sin labor efectiva. — loc.adj.

adosado, a
1 Se refiere a la vivienda unifamiliar que tiene una pared lateral compartida con las que forman hilera con ella: *proliferan las casas adosadas en las zonas residenciales.* — adj. ARQUITECTURA
2 Se aplica a la columna que está pegada a un muro o a otro cuerpo de la edificación. — ARQUITECTURA

adosar (Derivado del lat. *ad,* a + *dorsum,* dorso.)
1 Colocar una cosa, lateralmente o por la espalda o el envés, contigua a otra o apoyada en ella: *adosaron algunas casas a las murallas romanas.* — v.tr.
2 Poner dos figuras iguales espalda con espalda. — HERÁLDICA

adovelado, a Que está construido con dovelas. — adj.

adquirir (Del lat. *acquirere,* derivado de *quaerere,* buscar.)
1 Conseguir o llegar a tener una cosa con esfuerzo: *adquirió una gran reputación en el mundo editorial después de muchos años de colaboración.* — v.tr. = ganar, alcanzar
2 Obtener una cosa con dinero: *adquiría los libros de importación en una librería del casco viejo.* — = comprar
3 Hacer propia una cosa que no pertenece a nadie, o es transmitida a título lucrativo u oneroso. — DERECHO
CONJ.: IND.: PRES.: *adquiero, adquieres, adquiere,* adquirimos, adquirís, *adquieren.* SUBJ.: PRES.: *adquiera, adquieras, adquiera,* adquiramos, adquiráis, *adquieran.* IMP.: *adquiere, adquiera,* adquiramos, adquirid, *adquieran.*

adquisición (Del lat. *acquisitus,* participio de *acquirere,* adquirir.)
1 Acción y efecto de adquirir: *con la adquisición y venta de terrenos amasó un gran capital.* — s.f.
2 Objeto adquirido con dinero: *adornó la quinta con las adquisiciones del abuelo.* — = compra
3 Persona cuyos servicios o prestaciones se consideran valiosos: *Manuel es la última adquisición.*

adquisitivo, a Que sirve para adquirir: *el poder adquisitivo se ha desplomado estrepitosamente.* — adj. ECONOMÍA

adra (Del ár. *ad-dara,* vuelta.)
1 Orden en que se suceden personas o cosas en el desempeño de cualquier actividad o función. — s.f. = turno, vez
2 División del vecindario de un pueblo.

adragante Se aplica a la goma de color blanco que se extrae del tragacanto. — adj.

adrede De un modo intencionado: *no disimules, que me tiraste adrede el cubo de agua encima.* — adv. = aposta

adrenal Suprarrenal, que está cerca del riñón: *inflamación de los tejidos adrenales.* — adj./ANATOMÍA formal

adrenalina (Del lat. *glandulae adrenales,* glándulas junto al riñón < *ad,* junto a + *renalis,* renal.) Hormona segregada por las cápsulas suprarrenales. — s.f. BIOQUÍMICA

adrián Hueso del pie que sobresale demasiado. — s.m./= juanete

adriático, a
1 Se refiere al accidente geográfico que está situado en la costa de Venecia. — adj. GEOGRAFÍA
2 Del mar Adriático.

adscribir (Del lat. *adscribere.*)
1 Destinar a una persona a un empleo, un cuerpo o servicio: *la adscribió al ministerio fiscal para que le ayudase en los casos de terrorismo.* — v.tr/prnl. conj: *escribir* part: adscrito
2 Atribuir una cosa a una persona o a otra cosa. — v.tr.
3 Unirse a un movimiento ideológico: *en su vejez se adscribió al conservadurismo.* — v.prnl.

adscripción
1 Acción y efecto de adscribir o adscribirse. — s.f.
2 Afiliación a un determinado movimiento ideológico, político o de otro tipo: *adscripción a la ideología pacifista.*

adsorbente Se aplica a la sustancia que adsorbe: *secó la cristalería con un paño adsorbente.* — adj/s.m.

adsorber (Del lat. *ad,* junto a + *sorbere,* sorber.) Atraer un cuerpo a otro, líquido o gaseoso, reteniéndolo en su superficie: *adsorber los malos olores.* — v.tr. FÍSICA

adstrato Influjo de una lengua o dialecto que se incorpora sobre otra lengua, tomada como referencia, durante el período de formación de ésta. — s.m. LINGÜÍSTICA

adstringente Astringente, que contrae un tejido o produce estreñimiento. — adj.

adstringir
1 Contraer una sustancia los tejidos orgánicos. — v.tr./conj: *surgir*
2 Ceñir, mantener dentro de unos límites.

aduana (Del ár. *ad-díwan,* registro.)
1 Oficina pública, situada en las fronteras, en los puertos y en los aeropuertos, destinada al registro de géneros y mercancías, importados o exportados, y al cobro de los impuestos con que éstos están gravados. — s.f.
2 Impuesto o derechos recaudados por esta oficina.
3 Juego parecido al de la oca, que se practica con cinco cartones y ocho dados. — JUEGOS

aduanar Registrar las mercancías en la aduana y pagar los impuestos que las graven. — v.tr.

aduanero, a
1 De la aduana: *control aduanero.* — adj.
2 Persona que trabaja en la aduana. — s.

aduar (Del ár. *dawwar,* campamento.) Agrupación de chozas, tiendas de campaña o cabañas que forman un poblado de beduinos, gitanos u otros pueblos nómadas. — s.m. = ranchería

adúcar Seda exterior y basta del capullo del gusano de seda. — s.m. tb: aldúcar

aducción Movimiento por el cual una extremidad se acerca al plano medio del cuerpo. — s.f. ANATOMÍA

aducir (Del lat. *adducere,* llevar.) Presentar una razón o una prueba como justificación de una cosa: *adujo locura temporal para eludir responsabilidad.* — v.tr. conj: *conducir* = alegar

aductor Se refiere al músculo que es capaz de ejecutar un movimiento de aproximación al eje central del cuerpo. — adj/s.m. ANATOMÍA

adueñarse
1 Apoderarse de algo o de alguien: *aún no saben cómo logró adueñarse de la herencia.* — v.prnl. + de
2 Hacerse dominante un sentimiento o un estado de ánimo: *el cansancio se adueñó del excursionista.* — + de

adujar
1 Recoger una cuerda o cable enrollándolo o enroscándolo para que ocupe el menor espacio posible. — v.tr. NÁUTICA
2 Encogerse para ocupar menos espacio.

adulación Acción y efecto de adular: *con alabanzas y adulaciones consiguió su beneplácito.* — s.f.

adulador, a Que adula, halaga o alaba: *es una aduladora que consigue siempre lo que quiere de sus padres.* — adj/s.

adular (Del lat. *adulari.*) Alabar a una persona con algún fin oculto: *los adulaban para obtener así un aumento de sueldo.* — v.tr.

adularia Mineral que pertenece al grupo de los feldespatos, transparente y generalmente incoloro. — s.f. MINERALOGÍA

adulcir Dulcificar, hacer una cosa dulce: *con su presencia adulce las reuniones familiares.* — v.tr./conj: *zurcir* = endulzar

adulón, a Que adula servilmente y con bajeza. — adj/s./= adulador

adulteración Acción y efecto de adulterar algo: *con el código alimentario se pretende controlar la adulteración de productos.* — s.f.

adulterar (Del lat. *adulterare*.) Quitar a una sustancia su pureza o su naturalidad: *se adulteró el chocolate con emulgentes*.　v.tr/prnl. = viciar

adulterino, a
1 Del adulterio o que tiene relación con él: *durante muchos años mantuvo relaciones adulterinas*.　adj. = adúltero
2 Que procede del adulterio, especialmente tratándose del hijo.　adj/s.
3 Se aplica al padre o madre que engendran en una relación de adulterio.

adulterio Relación sexual que una persona casada mantiene voluntariamente con otra que no sea su cónyuge: *el adulterio y el amancebamiento ya no constituyen delito*.　s.m. = infidelidad

adúltero, a (Del lat. *adulter, -era*.)
1 Que comete adulterio: *fue acusada públicamente de adúltera*.　adj/s.
2 Del adulterio o de quien lo comete.　adj.
3 Que está desnaturalizado o corrompido.

adulto, a
1 Que ha llegado a su pleno desarrollo.　adj/s.
2 Que ha llegado a su mayor grado de perfección o madurez: *animal adulto; ideología adulta*.　adj.

adulzar Hacer dúctil un metal, reduciendo su contenido en carbono.　v.tr./conj: cazar METALURGIA

adulzorar Suavizar o dulcificar: *su carácter se adulzoró al casarse*.　v.tr/prnl.

adumbración Zona menos iluminada de una figura u objeto artístico.　s.f. ARTE

adumbrar Dar sombra a un dibujo o pintura.　v.tr./≠ iluminar

adunar
1 Unir dos o más cosas para formar un todo: *se adunan las piezas con suma facilidad*.　v.tr/prnl. = coadunar, unir
2 Dar unidad o poner de acuerdo a un grupo de personas o cosas.

adusto, a (Del lat. *adustus*, participio de *adurere*, chamuscar.)
1 Que es austero y serio: *era adusta y seca y nunca participaba en las bromas*.　adj.
2 Se aplica al terreno que está quemado: *las laderas adustas y ennegrecidas por el incendio*.

advección
1 Acción y efecto de llevar o arrastrar una cosa.　s.f.
2 Penetración de una masa de aire frío o cálido.

advenedizo, a
1 Forastero o extranjero.　adj/s.
2 Se aplica a la persona que emigra a un lugar en busca de trabajo.　despectivo
3 Referente a la persona de origen social bajo que pretende figurar entre gentes de más alta condición social: *hizo varias bromas socarronas sobre los advenedizos e hipócritas*.

advenidero, a Que está por suceder: *el advenidero triunfo de la libertad individual*.　adj. = futuro

advenimiento
1 Llegada de un acontecimiento o de una época, especialmente si es esperada: *aplaudieron el advenimiento de una época dorada en las letras*.　s.m.
2 Ascenso a la dignidad de rey o papa.
3 **esperar el o como el santo advenimiento:** Quedarse distraído como si se esperase un acontecimiento que no acaecerá: *si te quedas esperando el santo advenimiento no pondrás en marcha el plan*.

advenir Llegar un tiempo o un acontecimiento: *advino el invierno entre nieves y hielos*.　v.intr. conj: venir

adventicio, a
1 Que sucede de manera accidental.　adj./≠ natural
2 Se refiere al organismo animal o vegetal que se desarrolla de manera ocasional e inconstante.　BIOLOGÍA

adventismo Doctrina religiosa americana que proclama una próxima venida de Jesucristo.　s.m. RELIGIÓN

adventista
1 Que profesa el adventismo.　adj/s.m.f.
2 Del adventismo: *doctrina adventista*.　adj./RELIGIÓN

adverar (Del lat. *adverare* < *ad*, a + *verus*, verdadero.) Dar autenticidad o validez a un documento o una firma.　v.tr. DERECHO

adverbial Del adverbio o que funciona como adverbio: *frase adverbial*.　adj. GRAMÁTICA

adverbializar Dar, adquirir características propias del adverbio: *al adverbializarse, el adjetivo pierde la reflexión del número y género*.　v.tr/prnl. conj: cazar GRAMÁTICA

adverbio (Del lat. *adverbium*.) Parte invariable de la oración cuya función consiste en modificar o complementar la significación del verbo, de un adjetivo, de otro adverbio, o, incluso, de un sustantivo o de una frase completa.　s.m. GRAMÁTICA

adversario, a Persona o grupo de personas contrarias: *la tropa derrotó a los adversarios en unas horas*.　s. = enemigo

adversativo, a Que implica oposición o contrariedad de concepto o sentido: *conjunción adversativa; proposiciones adversativas*.　adj. GRAMÁTICA

adversidad
1 Fatalidad, calidad de adverso: *sufrió la adversidad del clima polar*.　s.f.
2 Situación desgraciada, infortunio: *se crece ante las adversidades de la vida*.

adverso, a (Del lat. *adversus* < *ad*, a + *versus*, que da la vuelta.) Que es desfavorable o contrario: *se mostró adverso a la decisión tomada por la junta*.　adj. + a = opuesto

advertencia
1 Acción y efecto de advertir: *a pesar de tantas advertencias hizo lo que Dios le dio a entender*.　s.f.
2 Nota en que se llama la atención del lector de una obra sobre algo: *advertencia del traductor*.

advertir (Del lat. *advertire*.)
1 Fijar la atención, reparar en algo: *no he advertido ningún error en el texto del discurso*.　v.tr/intr. conj: sentir
2 Hacer notar o prevenir.　v.tr.
3 Amonestar, llamar la atención: *te advierto que no consentiré otra insolencia*.

adviento (Del lat. *adventus*, llegada.) Tiempo litúrgico que celebra la Iglesia católica los cuatro domingos que preceden a la Navidad.　s.m. RELIGIÓN

advocación Título o denominación que se otorga a un lugar o figura religiosa en conmemoración del personaje o hecho al cual se dedica.　s.f. RELIGIÓN

adyacente (Del lat. *adiacens*, participio de *adiacere*, estar tumbado.) Que está próximo o en contacto inmediato: *las calles adyacentes al teatro estaban atestadas de forofos y fans del cantante*.　adj. = contiguo

aedo (Del fr. *aede* < gr. *aoidos*.) Poeta o recitador de la antigua Grecia.　s.m. literario

aeración
1 Ventilación, renovación del aire.　s.f.
2 Acción terapéutica del aire atmosférico.　MEDICINA
3 Introducción de los elementos del aire en las aguas potables o medicinales.

aéreo, a
1 Del aire: *espacio aéreo*.　adj.
2 Que se refiere a la aviación: *un ataque de las fuerzas aéreas de los aliados*.
3 Se refiere al organismo animal o vegetal que se desarrolla en el aire.　BIOLOGÍA
4 Sutil, vaporoso: *la bailarina danza con aéreos movimientos*.
5 Funicular que se desplaza por el aire.　s.m.

aerícola Se refiere al organismo que vive en el aire.　adj/BIOLOGÍA

aerífero, a Que conduce aire: *vías aeríferas*.　adj.

aeriforme Que tiene alguna de las propiedades físicas del aire: *fluidos aeriformes*.　adj. FÍSICA

aero- Componente de palabra procedente del gr. *aer, aeros*, que significa aire: *aeronave; aeroespacial*.　pref. tb: aeri-

aerobic Gimnasia rítmica, con acompañamiento musical, cuya finalidad es fomentar la actividad circulatoria y respiratoria.　s.m./tb: aeróbic sólo en sing. DEPORTES

aerobio, a
1 Se refiere al ser vivo que precisa del aire para vivir: *bacterias aerobias*.　adj/s.BIOLOGÍA ≠ anaerobio
2 Se aplica al motor que utiliza el oxígeno para alimentar la combustión.　adj. AERONÁUTICA

aerobiosis Vida en un ambiente que contiene oxígeno molecular.　s.f./pl: aerobiosis BIOLOGÍA

aerobús Avión de gran tamaño y capacidad destinado al transporte de pasajeros.　s.m.

aerocisto Conjunto de órganos huecos, cerrados y llenos de aire que tienen algunas algas y que les posibilitan la flotación.　s.m. BOTÁNICA

aeroclub Centro privado dedicado a la formación de pilotos civiles y a otras actividades o deportes relacionados con el aire.　s.m. pl.tb: aeroclubes = aeródromo

aerocondensador Aparato que sirve para condensar un vapor calentando el aire.　s.m. FÍSICA

aerodeslizador Vehículo que se desliza sobre un colchón de aire que forma parte de su estructura.　s.m.

aerodiafanómetro Aparato usado para medir el grado de transparencia del aire.　s.m. FÍSICA

aerodinámica Estudio del movimiento de los gases relativo a cuerpos sólidos.　s.f. FÍSICA

aerodinámico, a
1 Que tiene relación con la aerodinámica.　adj./FÍSICA
2 Que está pensado para que oponga una resistencia mínima al aire: *los nuevos automóviles tienen formas aerodinámicas*.　FÍSICA

aerodino Cualquier aparato volador más pesado que el aire.　s.m.

aeródromo (De *aero-* + gr. *dromos*, carrera.) Pistas e instalaciones necesarias para el despegue y aterrizaje de aviones. — s.m. AERONÁUTICA

aeroespacial De la navegación aérea y espacial: *industria aeroespacial; medicina aeroespacial.* — adj. AERONÁUTICA

aerofagia (De *aero-* + gr. *phagos*, comida.) Ingestión espasmódica de aire. — s.f. MEDICINA

aerofaro Faro de luz potente usado en los aeropuertos para facilitar la navegación aérea. — s.m. AERONÁUTICA

aerofiltro Aparato para filtrar, aerificar y esterilizar el agua. — s.m. FÍSICA

aerofobia Temor al aire o al viento. — s.f./SICOLOGÍA

aerofotografía Fotografía tomada desde el aire. — s.f./FOTOGRAFÍA

aerogenerador Generador de energía eléctrica formado por una turbina de viento acoplada a una dinamo o a un alternador. — s.m. ELECTRICIDAD

aerógrafo Instrumento vaporizador utilizado para ejecutar diseños gráficos y pinturas. — s.m. ARTES GRÁFICAS

aerograma Carta en papel especial, que se pliega sin sobre, para enviarla por correo aéreo. — s.m.

aerolínea Compañía de transporte aéreo. — s.f.

aerolito (De *aero-* + gr. *lithos*, piedra.) Masa mineral procedente del espacio interplanetario que cae sobre la tierra. — s.m. ASTRONOMÍA = meteorito

aerología Estudio de las propiedades de las capas altas de la atmósfera. — s.f.

aeromancia (De *aero-* + gr. *manteia*, adivinación.) Adivinación por medio de las señales o de los fenómenos aéreos. — s.f. tb: aeromancía OCULTISMO

aeromarítimo, a De los medios de transporte aéreos y marítimos. — adj.

aeromedicina Estudio de los cambios fisiológicos y patológicos en la aeronáutica. — s.f. MEDICINA

aerometría Ciencia que estudia las propiedades físicas del aire. — s.f. FÍSICA

aeromodelismo Técnica y afición a construir maquetas de aviones. — s.m.

aeromodelista
1 Del aeromodelismo: *aparatos aeromodelistas.* — adj.
2 Que practica el aeromodelismo por afición. — adj/s.m.f.

aeromodelo Avión de pequeñas dimensiones, con o sin motor, con el que se realizan vuelos deportivos o experimentales. — s.m. AERONÁUTICA

aeromotor Motor accionado por aire. — s.m.

aeromóvil Aeronave, aparato capaz de volar. — s.m./= avión

aeromoza Mujer que forma parte de la tripulación de un avión comercial. — s.f./Méx. Amér. Merid.

aeronauta (De *aero-* + gr. *nautes*, navegante.) Piloto o tripulante de un avión. — s.m/f. AERONÁUTICA

aeronáutica Ciencia y técnica que estudia la navegación aérea. — s.f. AERONÁUTICA

aeronáutico, a Que tiene relación con la navegación aérea: *ingeniería aeronáutica.* — adj. AERONÁUTICA

aeronaval Que tiene relación a la vez con la aviación y la marina, especialmente en el terreno militar. — adj.

aeronave Vehículo capaz de navegar por el aire cualquiera que sea su modo de sustentación o propulsión. — s.f./= aeromóvil AERONÁUTICA

aeronavegación Navegación aérea. — s.f.

aeroplano Vehículo aéreo provisto de alas rígidas y movido por uno o varios motores. — s.m. AERONÁUTICA

aeropuerto Conjunto de instalaciones que sirve de estación para el tráfico de los aviones de pasajeros y mercancías. — s.m. AERONÁUTICA

aeroscopio Instrumento que recoge el polvo del aire para determinar su naturaleza, cantidad y composición. — s.m. FÍSICA tb: aeróscopo

aerosfera Atmósfera, masa de aire que envuelve el globo terráqueo. — s.f. GEOGRAFÍA

aerosol
1 Suspensión de partículas sólidas o líquidas en el aire u otro gas. — s.m. FÍSICA
2 Recipiente que contiene un líquido a presión y que permite expulsarlo al exterior en forma de gas.
3 Líquido almacenado bajo presión que puede ser lanzado al exterior en forma de gas.

aerostática Estudio del equilibrio de los gases y de los sólidos sumergidos en ellos. — s.f. FÍSICA

aerostático, a Que tiene relación con la aerostática: *equilibrio aerostático.* — adj. AERONÁUTICA

aeróstato Aeronave provista de uno o más recipientes llenos de un gas más ligero que el aire atmosférico, que lo hace flotar o elevarse. — s.m. tb: aerostato AERONÁUTICA

aerostero
1 Aeronauta, tripulante de una aeronave. — s.m./AERONÁUTICA

2 Soldado de aviación aerostática. — MILITAR

aerotecnia Ciencia o técnica que trata de las aplicaciones del aire a la industria. — s.f. INDUSTRIA

aeroterapia Método terapéutico basado en el uso del aire contenido en ciertos aparatos. — s.f. MEDICINA

aeroterrestre Se refiere a las fuerzas u operaciones militares de tierra y aire. — adj. MILITAR

aerotransportar Trasladar por vía aérea. — v.tr.

aerotrén Vehículo que se desplaza por una vía especial mediante un colchón de aire. — s.m. AERONÁUTICA

aerovía Ruta aérea comercial. — s.f.

afabilidad Calidad de afable: *se hizo famosa por su afabilidad y hermosura.* — s.f. = amabilidad

afable (Del lat. *affabilis*, a quien se puede hablar < *fari*, hablar.) Que es afectuoso y amable en la conversación y en el trato: *es afable con los subordinados.* — adj. = sociable ≠ desagradable

afabulación Moralidad o explicación de una fábula.

afamado, a Que tiene fama o reputación: *afamada actriz; afamado juez.* — adj. = famoso

afamar Dar o adquirir fama: *con lo que unos se afaman, otros se infaman.* — v.tr/prnl.

afán
1 Deseo vehemente: *su mayor afán era ser actriz de cine y triunfar en Hollywood.* — s.m. = anhelo
2 Dedicación e interés con que se hace una cosa: *ha puesto todo su afán para ganar el premio.*
3 Trabajo fatigoso y duro. — = esfuerzo

afanado, a Que tiene afán: *anda muy afanada con los preparativos de la boda.* — adj. = afanoso

afanar (Del lat. vulgar *affannare*.)
1 Hacer una cosa con dedicación e interés: *se afanaba yendo de aquí para allá para tenerlo todo listo para la celebración.* — v.intr/prnl. + en
2 Intentar conseguir una cosa con gran esfuerzo: *se afanó por averiguar la procedencia de la donación.* — + en, por
3 Trabajar físicamente.
4 Robar con destreza: *les afanó veinte mil cucas sin que se diesen cuenta.* — vulgar

afanoso, a
1 Que se esfuerza: *afanoso por darle alcance, se internó en el bosque.* — adj.
2 Que es muy duro o trabajoso.

afantasmado, a Que presume de sí mismo. — adj./coloquial

afaquia Falta del cristalino del ojo. — s.f./MEDICINA

afarallonado, a Se aplica al bajo, cabo o punta que tiene figura de farallón o roca. — adj.

afarolado, a Se refiere al lance de muleta en que el matador se pasa el engaño por encima de la cabeza. — adj. TAUROMAQUIA

afasia (Del gr. *aphasia* < *a*, privativo + *phasis*, palabra.) Alteración o pérdida de la expresión o de la comprensión verbal debida a una lesión cerebral. — s.f. MEDICINA

afásico, a
1 Que padece afasia. — adj/s./MEDICINA
2 Que tiene relación con la afasia. — adj./MEDICINA

afear
1 Poner feo, desmejorar el aspecto: *aquel peinado la afea y el traje le sienta mal.* — v.tr/prnl.
2 Reprobar o recriminar a una persona por algo que ha hecho o dicho. — v.tr. = tachar

afeblecerse Debilitarse, perder fuerza, vigor o poder: *afeblecerse los músculos.* — v.prnl. conj: carecer

afección
1 Alteración morbosa de algún elemento o función del organismo humano: *le han diagnosticado una afección pulmonar.* — MEDICINA = enfermedad
2 Afición, propensión o afecto. — = apego
3 Alteración del estado de ánimo.

afeccionarse Mostrar gran inclinación o afición: *se afeccionó al ajedrez ya siendo mayor.* — v.prnl.

afectación
1 Acción de afectar. — s.f.
2 Falta de naturalidad en la manera de hablar o de comportarse: *con una cursi afectación respondió a sus preguntas.* — = amaneramiento

afectado, a
1 Que muestra afectación, falto de naturalidad: *tono afectado.* — adj.
2 Que es falso o aparente: *afectada dolencia.*
3 Perjudicado, dañado: *indemnizarán a los afectados del atentado.* — adj/s.

afectar (Del lat. *affectare* < *afficere*, disponer, preparar < *facere*, hacer.)
1 Producir perjuicios a algo o a alguien: *estas lluvias afectarán a las cosechas de este año.* — v.tr.
2 Causar daño o alteración en un órgano corporal: *el golpe afectó al oído del paciente.*

3 Importar o incumbir: *las nuevas medidas económicas afectan a las pequeñas empresas.* = concernir

4 Obrar o actuar con gran artificiosidad.

5 Mostrar o hacer creer con palabras o acciones una cosa que no es verdad. = aparentar, fingir

6 Imponer gravamen u obligación sobre un bien. DERECHO

7 Provocar un cambio o alteración en el ánimo: *su pérdida nos ha afectado mucho.* v.tr/prnl.

afectividad
1 Modo de comportarse cariñoso y amable: *no hieras su afectividad.* s.f.
2 Tendencia a dejarse llevar por las emociones: *es tal su afectividad que es esclavo de sus emociones.*
3 Conjunto de los fenómenos emotivos o afectivos. SICOLOGÍA

afectivo, a
1 Del afecto: *reacción afectiva.* adj.
2 Que se afecta o emociona con facilidad: *era un hombre muy afectivo.* = sensible
3 Que es cariñoso y amable. = afectuoso

afecto, a (Del lat. *affectus*, participio de *afficere*, poner en cierto estado.)
1 Inclinado o aficionado a una cosa o persona: *un grupo de artistas afectos a la tertulia.* adj.
2 Que está destinado a prestar un servicio determinado: *es médico afecto a mi mutua sanitaria.*
3 Se refiere a un bien que está sujeto a gravamen. ECONOMÍA
4 Sentimiento sereno de agrado y estima hacia una persona cuyo bien se desea: *tenía gran afecto por la familia y lo demostraba continuamente.* = cariño

afectuoso, a Que es cariñoso y cordial: *un afectuoso recibimiento; demostración afectuosa.* adj. = afable

afeitado
1 Acción y resultado de afeitar: *con esta maquinilla obtienes un afeitado perfecto.* s.m.
2 Corte de la punta de los cuernos del toro. TAUROMAQUIA

afeitadora Máquina de afeitar eléctrica. s.f.

afeitar (Del lat. *affectare*, dedicarse a.)
1 Cortar, con navaja o maquinilla, el pelo de una parte del cuerpo a ras de piel: *afeitaban la cabeza a los reclutas; se afeitó antes de ducharse.* v.tr/prnl.
2 Arreglar a una persona con cosméticos.
3 Esquilar las crines y las puntas de la cola a una caballería. v.tr.
4 Igualar las ramas y las hojas de una planta.
5 Cortar la punta de los cuernos a los toros de lidia. TAUROMAQUIA
6 Rozar, tocar ligeramente al pasar: *el coche le afeitó.* coloquial

afeite
1 Sustancia que se usa para embellecer el rostro o el cabello: *usar afeites artificiales.* s.m. = cosmético
2 Arreglo, adorno o retoque exagerado de una cosa.

afelio (Del gr. *apo*, lejos + *helios*, Sol.) Punto de la órbita de un planeta en que éste se aleja más del Sol. s.m. ASTRONOMÍA

afelpado, a
1 Que está hecho o tejido en forma de felpa, o bien, que se parece a ella. adj./tb: felpado = aterciopelado
2 Tejido de lana de envés fibroso. s.m.

afelpar
1 Dar el aspecto de la felpa a una tela. v.tr.
2 Fortalecer una vela con estopa o pallete. NÁUTICA

afeminación Desarrollo en los hombres de ciertas características propias de la mujer. s.f. = afeminamiento

afeminado, a
1 Se aplica al hombre que tiene o presenta ciertas características de mujer. adj/s.m.
2 Se refiere a los gestos, modales, actitudes o rasgos propios de mujer en un hombre. adj.
3 Se refiere al hombre homosexual. adj/s.m.

afeminar
1 Hacer que un hombre adopte aspecto o conducta propios de mujer: *la convivencia desde niño con varias mujeres afeminó su comportamiento.* v.tr.
2 Adquirir un hombre comportamientos propios de mujer. v.prnl.

aferencia Transmisión de las sustancias o impulsos en una formación aferente. s.f. MEDICINA

aferente (Del lat. *afferens* < *afferre*, llevar hacia un lugar.)
1 Que lleva. adj.
2 Se refiere a la formación anatómica que lleva sustancias o impulsos energéticos de una zona lateral al organismo central. MEDICINA
3 Se refiere a los estímulos o sustancias que se transmiten. MEDICINA

aféresis (Del gr. *apheresis*, eliminación < *aphaireo*, quitar.) Supresión de una o más letras al comienzo de una palabra. s.f./pl: aféresis GRAMÁTICA

aferrado, a Que se aferra: *se mantiene aferrado a sus tesis y no admite críticas.* adj. = obstinado

aferrar
1 Coger o sujetar una cosa fuertemente para que no se caiga, escape o para transportarla. v.tr/intr.
2 Recoger las velas plegándolas sobre sus palos o sus cabos. v.tr/NÁUTICA
3 Asegurar una embarcación echando las anclas. = anclar
4 Cogerse a una cosa con fuerza: *se aferró a la cuerda desesperadamente.* v.prnl. = asirse, agarrarse
5 Mantener una opinión o una idea tenazmente: *se aferra a su opinión porque no sabe escuchar.* v.intr/prnl./+ a = obstinarse

afervorizar Provocar entusiasmo o sentimientos positivos: *afervorizó a sus correligionarios.* v.tr/prnl./conj: cazar tb: enfervorizar

afestonado, a
1 Que está labrado en forma de festón. adj.
2 Que está adornado con festones.

affaire (Voz francesa.)
1 Negocio, especialmente en el mundo empresarial. s.m./tb: afer
2 Relación amorosa secreta.

affidávit (Del lat. *affidavit*, dio fe.) Declaración jurada que hacen los súbditos extranjeros portadores de valores, con el fin de quedar exentos de los impuestos correspondientes. s.m. pl.tb: affidávit DERECHO

afgano, a
1 De Afganistán, país del Asia meridional, y de su lengua. adj.
2 Persona natural de Afganistán. s.
3 Lengua irania, de la familia indoeuropea, hablada en este país asiático. s.m. LINGÜÍSTICA

afianzamiento Acción y resultado de afianzar o afianzarse: *el afianzamiento de los muros; el afianzamiento de su situación en la empresa.* s.m.

afianzar
1 Dar una cantidad de dinero como fianza. v.tr/conj: cazar
2 Asegurar con puntales, clavos, sujeciones, etc. v.tr/prnl.
3 Sujetar firmemente. = asir
4 Hacerse una doctrina o una tendencia más estable y segura. v.prnl.
5 Adquirir mayor seguridad sobre una cosa: *cada vez se afianza más en su teoría.* + en

afiche Lámina de papel, tela u otro material en que se anuncia, presenta o avisa de algo. s.m./Amér. Merid. = cartel, póster

afición (Del lat. *affectio*, afección.)
1 Sentimiento, inclinación hacia una persona, actividad o cosa que produce satisfacción: *el niño le tenía una gran afición a su maestra.* s.f. + a, hacia, por
2 Eficacia o empeño grande con que se hace una cosa: *trabajaba con mucha afición.* = ahínco
3 Público asistente a un acontecimiento deportivo o cultural, o que está interesado por ellos: *el partido defraudó a la afición para toda la temporada.*
4 por afición: Por gusto o satisfacción personal: *lo hago por afición, no por dinero.*

aficionado, a
1 Que tiene inclinación por algo: *es muy aficionado a la música clásica.* adj.
2 Que realiza una actividad por gusto: *participó en el concurso como pintor aficionado.* adj/s./= amateur ≠ profesional

aficionar
1 Promover o despertar en una persona una afición o un hábito: *su padre fue quien le aficionó a los toros.* v.tr.
2 Adquirir afición o cariño: *últimamente se ha aficionado a trasnochar entre semana.* v.prnl./+ a = afeccionarse

afidio Insecto hemíptero conocido como pulgón. s.m./ZOOLOGÍA

afiebrado, a Que tiene fiebre. adj./Amér.

afielar Quedar en equilibrio la aguja de una balanza. v.tr./tb: enfielar

afijarse Añadirse una partícula a una palabra en calidad de afijo. v.prnl. LINGÜÍSTICA

afijo, a
1 Se refiere a la partícula formativa que, junto a la raíz, contribuye a la constitución o formación de palabras compuestas o derivadas. adj/s.m. LINGÜÍSTICA
2 Representación o punto del plano asociado a un número complejo. s.m. MATEMÁTICAS

afiladera Se aplica a la piedra que se utiliza para afilar. adj/s.f.

afilador, a
1 Que afila. adj.
2 Persona que por oficio afila instrumentos cortantes. s.
3 Utensilio o aparato para afilar. s.m.

afilalápices Utensilio o aparato utilizado para sacar punta a los lápices. s.m./= sacapuntas pl: afilalápices

afilar
1 Hacer filo o punta a una cosa o afinar la que ya tiene: *afiló bien el cuchillo.* v.tr. = aguzar
2 Dar mayor sutileza: *afiló la voz y empezó a cantar.*
3 Ponerse una persona o una parte de su cuerpo delgada: *se le afiló la cara por la fiebre.* v.prnl.
4 Flirtear, intentar conquistar a una mujer. v.intr./Argent., Urug.
5 Realizar el acto sexual. Chile/vulgar

afiliación Acción y efecto de afiliar o afiliarse. s.f.

afiliado, a Que pertenece a una asociación o sociedad: *hizo una encuesta sobre la intención de voto de los afiliados.* adj/s.

afiliar (Del lat. *affiliare* < *ad,* a + *filius,* hijo.) Incorporar o inscribir a alguien en una asociación, comunidad o corporación: *se afilió a la masonería.* — v.tr/prnl. + a

afiligranado, a
1 De filigrana o que se parece a la filigrana. — adj.
2 Que es pequeño, muy fino y delicado.

afiligranar
1 Hacer o confeccionar con filigrana. — v.tr.
2 Adornar una cosa cuidadosamente.

áfilo, a (Del gr. *aphyllon* < *a,* privativo + *phyllon,* hoja.) Que no tiene hojas. — adj. BOTÁNICA

afilón
1 Correa impregnada de grasa que sirve para suavizar el filo de las herramientas. — s.m.
2 Cilindro de acero usado para afilar cuchillos. — = chaira

afilosofado, a Que imita la actitud o modos de un sabio. — adj.

afín (Del lat. *affinis* < *ad,* a + *finis,* término.)
1 Se refiere a la persona o cosa que tiene aspectos o rasgos comunes con otra. — adj. tb: afine
2 Que está próximo: *ha comprado dos fincas afines.* — = contiguo
3 Pariente por afinidad. — s.m.f.

afinado
1 Purificación de determinados productos por eliminación de las materias extrañas que contienen. — s.m.
2 Última fase de la maduración de los quesos.

afinador, a
1 Que afina. — adj.
2 Persona que afina pianos y otros instrumentos musicales. — s.
3 Llave de hierro usada para afinar o templar instrumentos musicales. — s.m./MÚSICA = templador

afinar
1 Dar los últimos retoques a una cosa para que quede perfecta: *afinó al máximo el texto del discurso.* — v.tr./prnl. = perfeccionar
2 Llegar a la mayor exactitud posible en una cosa: *afinó la puntería hasta acertar.* — v.tr. = precisar
3 Poner un instrumento musical en el tono justo. — MÚSICA
4 Hacer fina, delgada o suave una cosa: *puedes usar la lija para afinar el tablero.*
5 Depurar los metales. — METALURGIA
6 Igualar las tapas de un libro al encuadernarlo para que sobresalgan igual. — ARTES GRÁFICAS
7 Cantar o tocar una melodía con el tono justo. — v.intr./MÚSICA
8 Hacer, volver a una persona educada: *se ha afinado mucho en esa escuela.* — v.tr/prnl.

afincado, a Se aplica al hacendado o persona que tiene fincas. — s./Argent.

afincar
1 Comprar, adquirir fincas. — v.intr./conj: sacar
2 Establecerse en un lugar: *se afincó en la Costa Azul.* — v.prnl./+ en

afinidad
1 Relación de semejanza o analogía entre personas o cosas. — s.f. = proximidad
2 Parentesco entre un cónyuge y la familia del otro. — DERECHO
3 Impedimento matrimonial derivado del parentesco familiar. — DERECHO
4 Tendencia de los átomos o moléculas a combinarse con otros de diferente constitución química. — QUÍMICA

afirmación
1 Acción y efecto de afirmar o afirmarse. — s.f.
2 Palabra o frase con que se afirma. — = aserto, aserción

afirmado Capa de guijo o piedra machacada que sirve para consolidar el piso de una carretera. — s.m. = firme

afirmar (Del lat. *affirmare* < *ad,* a + *firmare,* fortificar, asegurar.)
1 Hacer que una cosa esté segura o firme: *afirmó la puerta con clavos y listones.* — v.tr/prnl. = reforzar
2 Asentir, dar una cosa por cierta. — v.tr./≠ negar
3 Adquirir mayor seguridad: *se afirmó en su idea.* — v.prnl./ + en
4 Apoyarse en una cosa para mantenerse firme: *se afirmó en el pasamanos para no caer.*
5 Declarar la validez o certeza de algo dicho o hecho con anterioridad: *se afirmó en sus declaraciones.* — = ratificarse

afirmativo, a Que constituye, expresa o implica afirmación. — adj.

afistular Hacer que una llaga se convierta en fístula: *la herida se afistuló con rapidez.* — v.tr/prnl.

aflamencado, a Que tiene el aspecto o los modales de flamenco: *tiene un modo de cantar muy aflamencado.* — adj.

aflato (Del lat. *afflatus* < *afflare,* soplar, inspirar.)
1 Soplo, expulsión de aire por la boca. — s.m.
2 Inspiración poética. — = musa

aflautado, a Que tiene un sonido parecido al de la flauta: *resonaba su aflautada voz.* — adj. = dulce

aflautar Subir la voz o el sonido hasta un tono agudo: *necesita aflautar esa nota.* — v.tr/prnl. = atiplar

aflicción Sentimiento de tristeza o disgusto. — s.f./= congoja

---

afligir (Del lat. *affligere* < *ad,* a + *fligere,* sacudir, chocar.)
1 Provocar tristeza o disgusto a una persona: *me afligió contándome sus penas.* — v.tr./conj: surgir part.tb: aflicto
2 Causar un daño físico.
3 Sentir pena o dolor moral. — v.prnl.

aflogístico, a Que no produce llama al quemarse. — adj./QUÍMICA

aflojar
1 Disminuir la presión o tirantez de una cosa: *aflojó el tornillo; aflojarse el cinturón.* — v.tr/prnl.
2 Dar a una persona dinero u otra cosa: *tuve que aflojar cinco mil pesetas en el bar.* — v.tr. coloquial
3 Declinar el ánimo o las fuerzas: *el corredor aflojó en la última vuelta del circuito.* — v.intr.
4 Perder fuerza una cosa: *con el medicamento, la fiebre ha empezado a aflojar.* — = remitir

afloramiento
1 Efecto de aflorar. — s.m.
2 Terreno visible en la superficie de la tierra. — GEOLOGÍA
3 Mineral aflorado. — GEOLOGÍA

aflorar
1 Manifestarse una situación o un sentimiento que se creía oculto u olvidado: *los enfrentamientos afloran constantemente entre ellos.* — v.intr.
2 Salir un mineral o un líquido subterráneos a la superficie. — GEOLOGÍA
3 Limpiar los cereales para separar el grano de las impurezas. — v.tr./AGRICULTURA = cribar

afluencia
1 Acción de afluir. — s.f.
2 Abundancia, gran cantidad de cosas. — = copia
3 Facilidad o fluidez de palabra. — = facundia

afluente
1 Que afluye. — adj.
2 Que tiene facilidad para hablar. — = locuaz
3 Arroyo o río secundario que desemboca en otro principal. — s.m. GEOGRAFÍA

afluir (Del lat. *affluere* < *ad,* a + *fluere,* fluir.)
1 Encaminarse o acudir en gran número a un lugar. — v.intr./conj: huir
2 Ir a parar las aguas de un río a un lago, un mar u otro río: *el Francolí afluye al Ebro.* — GEOGRAFÍA = desembocar

aflujo Excesiva afluencia de líquidos a un tejido orgánico. — s.m. MEDICINA

afmología Estudio y tratado de la evaporación. — s.f./QUÍMICA

afofarse Ponerse fofo y fláccido. — v.prnl.

afogarar
1 Quemar, destruir por calor o falta de líquido: *afogarar el estofado; se afogararon los cultivos.* — v.tr/prnl.
2 Poner nerviosa a una persona. — v.tr./= asurar
3 Sentir mucho calor. — v.prnl.

afollar
1 Echar aire hacia una cosa con el fuelle: *afollar el rescoldo y las cenizas de la chimenea.* — v.tr./conj: contar tb: follar
2 Doblar una cosa como un fuelle.
3 Ejecutar mal la obra de fábrica. — CONSTRUCCIÓN
4 Ponerse una pared hueca. — v.prnl./= bufarse

afondar
1 Hacer que una embarcación se hunda. — v.tr.
2 Hundirse una embarcación: *el barco se afondó por estas costas según el parte oficial.* — v.intr/prnl.

afonía Pérdida o disminución de la voz. — s.f./MEDICINA

afónico, a Que padece afonía. — adj./= ronco

áfono, a Que no tiene sonido o sonoridad. — adj./= afónico

aforado, a Se aplica a la persona o entidad que goza de algún fuero o privilegio. — adj/s. DERECHO

aforamiento
1 Donación o recepción de una heredad, por lo general por tres generaciones, a cambio de un canon o pensión. — s.m. DERECHO
2 Otorgamiento de fueros. — DERECHO

aforar
1 Dar o tomar una finca a foro. — v.tr.
2 Determinar el valor de una mercancía para el pago de derechos. — ECONOMÍA
3 Calcular la capacidad de una cosa o bien la cantidad exacta de lo que contiene.
4 Establecer la correspondencia entre las indicaciones de un instrumento de medida y los valores de una magnitud. — FÍSICA = calibrar
5 Conceder fueros.
6 Cubrir bien las partes de un escenario que deben ocultarse al público. — v.tr/intr. TEATRO

aforisma Tumor que se forma en los animales debido a la relajación o rotura de alguna arteria. — s.f. VETERINARIA

aforismo (Del lat. *aphorismus* < gr. *aphorismos.*) Sentencia breve y doctrinal que se propone como guía en una ciencia o arte. — s.m. FILOSOFÍA = máxima

aforística
1 Ciencia que estudia los aforismos.   s.f.
2 Colección de aforismos.   LITERATURA

aforo
1 Acción y resultado de aforar, medir.   s.m.
2 Capacidad total de las localidades de un teatro u
otro recinto para espectáculos públicos: *el local tiene
un aforo de quinientas personas.*

aforrar
1 Poner forro a una cosa: *aforrar la chaqueta.*   v.tr./= forrar
2 Ponerse mucha ropa de abrigo.   v.prnl.
3 Comer y beber mucho.   coloquial

afortunado, a
1 Que tiene fortuna o buena suerte.   adj./tb: fortunado
2 Que es resultado de la buena suerte.
3 Que es feliz, produce felicidad o resulta de ella.   = dichoso
4 Que es acertado u oportuno: *frase afortunada.*

afortunar Hacer a una persona dichosa o feliz.   v.tr.

afosarse Defenderse el ejército mediante fosos.   v.prnl.

afoscarse Llenarse la atmósfera de niebla.   v.prnl./conj: sacar

afótico, a
1 Que carece de luz.   adj.
2 Se refiere a la profundidad marina que está a más   GEOLOGÍA
de 200 metros y en la que no penetra la luz.

afototrópico, a Se refiere a la planta que crece en   adj.
sentido contrario a la luz.   BOTÁNICA

afrailado, a Se refiere al impreso que tiene algún fa-   adj.
llo de impresión.   ARTES GRÁFICAS

afrailar Cortar un árbol por la parte superior del   v.tr.
tronco.   AGRICULTURA

afrancesado, a
1 Que imita las costumbres francesas.
2 Español que era partidario de las ideas políticas de Napoleón Bonaparte durante la guerra de la Independencia.

afrancesar
1 Dar carácter francés.   v.tr.
2 Adquirir una persona costumbres o aficiones francesas.   v.prnl.

afrecho (Del lat. *affractum,* quebrantado < *frangere,*   sólo en sing.
romper.) Restos de la molienda de los cereales, que   AGRICULTURA
son separados de la harina.

afrenta
1 Descrédito que sufre una persona al haber sido in-   s.f.
juriada u ofendida.   = desaire
2 Dicho o hecho que ofende.   = humillación

afrentar Causar vergüenza o deshonra.   v.tr.

afretar Limpiar el casco de una embarcación y quitarle   v.tr.
los restos de moluscos que pueda tener adheridos.   NÁUTICA

africado, a (Del lat. *affricare,* frotar.) Se aplica al soni-   adj/s.
do consonántico que se articula con una fase inicial   LINGÜÍSTICA
de oclusión y una fase final de fricación en la misma
zona de articulación.

africanismo
1 Influencia de las costumbres y caracteres africanos   s.m.
en otros pueblos.   HISTORIA
2 Palabra o expresión propia de alguna lengua africa-   LINGÜÍSTICA
na introducida y usada en otra lengua no africana.
3 Interés, afecto por el mundo y la cultura africanos.

africanista Persona dedicada al estudio de los asun-   s.m.f.
tos relacionados con el continente africano.

africanizar
1 Dar carácter africano.   v.tr./conj: cazar
2 Tomar una persona afición a las cosas o costum-   v.prnl.
bres africanas.

africano, a
1 De África.   adj.
2 Persona natural de este continente.   s.

afrikaans Lengua germánica de la familia indoeuro-   sólo en sing.
pea, variedad lingüística del neerlandés que se habla   LINGÜÍSTICA
en la República de Sudáfrica, donde es lengua oficial
junto con el inglés.

afrikander Persona de raza blanca de origen holan-   s.m.f.
dés o inglés que vive en la República de Sudáfrica: *los*   pl: afrikanders
afrikanders controlaron los órganos del poder.   tb: afrikáner

afrisonado, a Se refiere al caballo que es grande y   adj.
peludo como el frisón.

afro
1 Que imita modelos africanos.   adj.
2 Se refiere al peinado que presenta el pelo muy rizado.

afro- Componente de palabra procedente del ant.   pref.
afro, que significa africano: *canción afrocubana.*

afroamericano, a De los negros americanos de ori-   adj/s.
gen africano: *reivindica su condición de afroamericano.*

afroasiático, a De África y Asia.   adj/s.

afrocubano, a Se refiere a las artes o a la música   adj/s.
que se desarrollan en Cuba y tienen influencia negro-
africana: *es especialista en música afrocubana.*

afrodisíaco, a (Del lat. *aphrodisiacus* < gr. *aphrodisia-*   adj/s.
kos < *Aphrodite,* Venus.) Que excita o estimula el ape-   tb: afrodisiaco
tito sexual.

afrodita Se refiere a la planta que se reproduce ase-   adj.
xualmente.   BOTÁNICA

afrómetro Aparato para medir la presión de los reci-   s.m.
pientes que contienen líquidos espumosos.   FÍSICA

afronegrismo Actitud cultural, social y política de   s.m.
defensa y recuperación de los hábitos y costumbres
originarios del continente africano.

afronitro (Del lat. *aphronitrum* < gr. *aphronitron* <   s.m.
aphros, espuma + *nitron,* nitro.) Costra de nitro que   MINERALOGÍA
se forma en la superficie de la tierra.   = salitre

afrontado, a Se refiere al escudo que tiene figuras de   adj.
animales que se miran entre sí.   HERÁLDICA

afrontar (Del lat. *affrontare* < *frons, frontis,* frente.)
1 Hacer frente a un enemigo, peligro o responsabi-   v.tr.
lidad.
2 Poner una cosa frente a otra.   v.tr/intr.
3 Poner a dos personas cara a cara.   v.tr./= carear

afta (Del gr. *aphtha,* quemaduras.) Ulceración blan-   s.f.
quecina que se forma en las mucosas exteriores.   MEDICINA

after-shave (Expresión inglesa.) Loción suavizante   s.m.
que se aplica después del afeitado.

aftita Aleación de cobre, platino, oro y tungsteno usa-   s.f.
da en bisutería por su semejanza con el oro.   QUÍMICA

afuera (Del lat. *ad foras,* a las puertas.)
1 Hacia el exterior, en el exterior: *sal afuera, cierra la*   adv.
puerta y no vuelvas a entrar.   ≠ adentro
2 Alrededores de una población: *vive en las afueras del*   s.f.pl.
pueblo.
3 ¡afuera!: Expresión que se usa para indicar a una   interj.
persona que salga del lugar en donde está.

afufa Huida, acción de escapar.   s.f./= fuga

afusión (Del lat. *affusio, -onis* < *affundere,* derramar,   s.f.
verter.) Vertido de un chorro de agua sobre todo el   MEDICINA
cuerpo o una parte de él con fines curativos.

afuste Armazón provisto de un mecanismo que per-   s.m.
mite mover en uno u otro sentido una pieza de arti-   MILITAR
llería montada sobre él.

agachada
1 Ocurrencia, dicho inesperado y oportuno.   s.f./Argent.
2 Inclinación, reverencia, adulación.   Chile
3 Pillería, artimaña.   Urug.

agachadiza
1 Ave zancuda de pico muy largo, color pardo y lis-   s.f.
tas oculares negras que se cría en zonas húmedas o   ZOOLOGÍA
pantanosas y suele volar a ras de suelo. (*Gallinago galli-*
nago.)
2 **hacer la agachadiza:** Hacer ademán de esconderse.

agachar
1 Inclinar la cabeza o la parte superior del cuerpo.   v.tr/intr.
2 Doblar mucho el cuerpo hacia el suelo.   v.prnl.

agalactia Aglactación, falta o disminución de la se-   s.f./BIOLOGÍA
creción de la leche después del parto.   = agalactosis

agalerar Dar la inclinación conveniente a los toldos   v.tr.
para que despidan el agua de lluvia.   NÁUTICA

agalla
1 Cada uno de los dos órganos respiratorios de los   s.f.
peces, situados a ambos lados de la cabeza.   ZOOLOGÍA
2 Cada uno de los dos costados de la cabeza del ave.   ZOOLOGÍA
3 Parte anormal, en forma de bola, que crece en algu-   BOTÁNICA
nas plantas.
4 Amígdala, órgano formado por nódulos linfáticos.   ANATOMÍA
5 Arbusto de Cuba de cuyo fruto se obtiene una sus-   BOTÁNICA
tancia que sirve para tinte.
6 Actitud de la persona que se enfrenta con decisión   s.f.pl.
y valentía a situaciones difíciles o peligrosas: *demostró*   = arrojo, valor
agallas al saltar desde tanta altura.   + tener
7 **agalla de ciprés:** Piña de ciprés.   BOTÁNICA

agallegado, a Que tiene habla o costumbres pareci-   adj.
das a las de los gallegos.

agallo Gallón, adorno arquitectónico con figuras de   s.m.
formas peculiares.   ARQUITECTURA

agallón
1 Cada una de las cuentas de plata hueca con que se   s.m.
hacen algunos collares.
2 Cuenta de rosario gruesa y de madera.

agáloco Árbol euforbiáceo de hojas lanceoladas y de   s.m.
madera resinosa que se emplea en ebanistería y para   BOTÁNICA
ahumados. (*Aquilaria agallocha.*)   = áloe, calambac

agamí Ave zancuda americana que puede ser domes-   s.m.
ticada para vigilar otras aves de corral. (*Psophia crepitans.*)   pl.tb: agamíes

ágamo, a Se refiere a la planta que no tiene órganos   adj.
sexuales y se reproduce por vía asexual.   BOTÁNICA

agamuzar
1 Curtir la piel de la gamuza o de otro animal.   v.tr/prnl./conj: cazar

2 Adquirir una cosa el aspecto de la piel de la gamuza. — *v.prnl.*

agañitata Aguzanieves, ave insectívora. — *s.f./ZOOLOGÍA*

ágape (Del lat. *agape* < gr. *agape,* afecto, amor.)
1 Banquete para celebrar algo. — *s.m.*
2 Entre los primeros cristianos, convite o comida de confraternidad.

agar-agar (Del ingl. *agar* < *agar,* voz de Srī Lanka.) — *s.m. BIOLOGÍA*
Sustancia mucilaginosa obtenida de algunas algas, usada como medio de cultivo de bacterias.

agarbarse Inclinarse una persona hacia el suelo: *estuvo agarbándose para recoger las hojas secas.* — *v.prnl. = agacharse*

agaricáceo, a Perteneciente a una familia de hongos — *adj./s.f. MICOLOGÍA*
basidiomicetes con laminillas, simples o entretejidas en la cara inferior de su sombrero, y del que se conocen numerosas especies comestibles y venenosas.

agárico (Del lat. *agaricum* < gr. *agarikon,* hongo de cierto género.)
1 Denominación de varios hongos agaricáceos que — *s.m. MICOLOGÍA*
viven parásitos en el tronco de los árboles, algunos de los cuales se usan en medicina.
2 agárico mineral: Sustancia blanca y esponjosa — *MINERALOGÍA*
compuesta por un silicato de alúmina y magnesia, que se utilizaba para fabricar ladrillos que flotaban en el agua.

agarradero, a
1 Parte arqueada y saliente de un objeto, que sirve — *s./= asa, asidero, agarre*
para cogerlo o asirse de él.
2 Favores o influencias con que cuenta una persona — *s.pl. coloquial = enchufe*
para conseguir sus fines: *tenía muchas agarraderas en el consejo de administración.*
3 Pretexto que sirve para justificarse. — *s.m.*
4 Paraje donde puede asirse o prenderse el ancla — *NÁUTICA = tenedero*
una embarcación.

agarrado, a
1 Que es muy tacaño. — *adj./s.*
2 Se refiere al baile que se hace en pareja. — *adj./s.m.*
3 Pelea o enfrentamiento violento. — *s.f./= agarre*

agarrador, a
1 Que agarra. — *adj.*
2 Almohadilla con que se coge un instrumento caliente. — *s.m.*
3 Utensilio que sirve para agarrar o agarrarse.

agarrafar Coger a una persona fuertemente en una — *v.tr/prnl. coloquial*
pelea: *se agarrafaron en el pasillo.*

agarrar
1 Asir una cosa fuertemente. — *v.tr./tb: engarrar*
2 Contraer o adquirir una persona una enfermedad, — *v.intr.*
estado de ánimo o sensación física.
3 Causar una cosa sorpresa a una persona: *la tormenta* — *coloquial*
les agarró a mitad de camino.
4 Conseguir una cosa deseada: *después de tanto buscar* — *v.tr. coloquial*
agarró un buen empleo.
5 Quedar una cosa sujeta en un lugar: *el clavo no aga-* — *v.intr.*
rró en la madera.
6 Echar una planta raíces.
7 Cogerse de una cosa fuertemente: *se agarró a la* — *v.prnl. + a, de*
barandilla para no caerse.
8 Quedar la comida pegada al recipiente en que se cocina al quemarse ligeramente.
9 Alargarse una enfermedad y hacerse difícil de — *coloquial*
curar: *se le agarró aquella gripe durante un mes.*
10 Reñir dos o más personas entre sí: *se agarraron por* — *coloquial*
una tontería.
11 Causar un alimento o una bebida ardor al pasar — *coloquial*
por la garganta.
12 Tomar o aceptar una cosa como excusa o justifi- — *+ a*
cación: *siempre se agarra a su falta de tiempo.*
13 agarrarla: Coger una borrachera. — *= embriagarse*
14 ¡agárrate!: Expresión utilizada para indicar que lo — *coloquial*
que viene después es sorprendente: *y ¡agárrate!, me ha tocado la lotería.*

agarre Agarrada, pelea. — *s.m.*

agarrochar
1 Herir a un toro durante la lidia por lo general con — *v.tr. TAUROMAQUIA*
la garrocha o con el arpón.
2 Hacer girar las vergas para ceñir el viento. — *NÁUTICA*

agarrón
1 Acción de agarrar con fuerza. — *s.m.*
2 Riña, discusión. — *Amér.*
3 Acción de tomar a una mujer con fines deshonestos. — *Chile vulgar*

agarrotado, a
1 Se refiere al mecanismo que está inmovilizado o — *adj.*
atascado por falta de grasa.
2 Que está rígido o tieso.

agarrotamiento
1 Acción y resultado de agarrotar o agarrotarse. — *s.m.*
2 Avería provocada por el roce de dos superficies en — *MECÁNICA*
contacto, que quedan fuertemente adheridas por falta de engrase.

agarrotar
1 Poner rígida una parte del cuerpo. — *v.tr./= entumecer*
2 Quedarse un mecanismo atascado o inmovilizado. — *v.prnl.*
3 Apretar una cosa con fuerza. — *= oprimir*
4 Ejecutar a una persona con garrote.
5 Ejercer presión sicológica sobre una persona. — *v.tr/prnl.*

agasajar Tratar a una persona con atención u obse- — *v.tr.*
quiarle como muestra de afecto.

agasajo Regalo o muestra de consideración, agradeci- — *s.m.*
miento o afecto.

ágata (Del lat. *achates* < gr. *akhates.*) Variedad de cuar- — *s.f. MINERALOGÍA*
zo de colores dispuestos en zonas concéntricas o paralelas, translúcido, usado en la industria y en joyería.

agateador Pájaro pequeño, de color marrón y pico — *s.m. ZOOLOGÍA*
curvado que trepa por los troncos de los árboles, ayudándose de la cola. *(Certhia.)*

agatino, a Que es parecido al ágata. — *adj.*

agatizarse Quedar una cosa pintada limpia y brillan- — *v.prnl.*
te por efecto del tiempo. — *conj: cazar*

agaucharse Adquirir aspecto o costumbres propias — *v.prnl.*
del gaucho. — *Amér. Merid.*

agavanza Fruto del agavanzo o escaramujo. — *s.f./BOTÁNICA*

agavanzo Escaramujo, rosal silvestre. — *s.m./BOTÁNICA*

agave Planta crasa amarilidácea, oriunda de México, — *s.f. BOTÁNICA*
con grandes hojas radiales acabadas en espinas, de — *= maguey, pita*
las que se extraen, en este país, unas fibras textiles, y de su savia, aguardientes como el mescal y el pulque.

agavilladora Máquina agrícola para segar y agavillar. — *s.f./AGRICULTURA*

agavillar
1 Formar haces de mies: *agavillaron por un lado el cen-* — *v.tr./AGRICULTURA tb: gavillar*
teno y por otro la avena.
2 Reunir gente en cuadrilla. — *v.tr/prnl.*

agazaparse
1 Echarse una persona al suelo o ponerse detrás de — *v.prnl.*
una cosa para ocultarse. — *= atrincherarse*
2 Permanecer una persona escondida. — *= emboscarse*

agencia (Del lat. *agentia* < *agens, -entis,* el que hace.)
1 Empresa dedicada a prestar un determinado ser- — *s.f.*
vicio o a gestionar asuntos ajenos.
2 Sucursal de una empresa: *han abierto una agencia de la Caja de Ahorros en la plaza.*
3 Oficina o despacho de un agente.

agenciar
1 Realizar las gestiones necesarias para solucionar un — *v.tr./intr.*
asunto o proporcionar algo a una persona.
2 Obrar hábilmente para conseguir una cosa: *se las* — *v.tr/prnl. coloquial*
agenciaba bien para conseguir dinero.

agenda (Del lat. *agenda,* que se ha de hacer.)
1 Libro o cuaderno para anotar con antelación activi- — *s.f.*
dades, citas y recordatorios.
2 Relación de los asuntos para tratar en una reunión. — *= orden del día*
3 Programa, lista de actividades que se realizarán en unas fechas determinadas.

agenesia (Del gr. *agenesia* < *a,* privativo + *genao,* engendrar.)
1 Imposibilidad de engendrar. — *s.f./MEDICINA*
2 Desarrollo defectuoso de alguna parte del cuerpo. — *MEDICINA*

agente
1 Que obra o puede obrar. — *adj.*
2 Persona o cosa que produce un efecto. — *s.*
3 Persona que gestiona ciertos asuntos en nombre y beneficio de otra.
4 Persona que tiene a su cargo una agencia que pres- ta determinados servicios.
5 Empleado municipal o gubernativo que se encarga de velar por la seguridad pública o por el cumplimiento de las leyes.
6 agente comercial: Persona que gestiona operaciones de venta.
7 agente de cambio y bolsa: Funcionario que intervie- — *ECONOMÍA*
ne en las operaciones de bolsa.
8 agente de negocios: El que gestiona negocios ajenos.
9 agente ejecutivo: Persona que se encarga de hacer efectivos por vía de apremio los pagos que no se han hecho voluntariamente.
10 agente fiscal: Funcionario de la hacienda pública. — *ECONOMÍA*
11 agente provocador: Persona que incita, provoca polémica y actos violentos.

agerasia (Del gr. *agerasia* < *a,* privativo + *geras,* ve- — *s.f. MEDICINA*
jez.) Ausencia en la vejez de los achaques propios de la edad.

agérato (Del lat. *ageraton* < gr. *ageraton,* escorzonera.) — *s.m. BOTÁNICA*
Planta compuesta, anual, cultivada en jardines por su floración prolongada. *(Ageratum.)*

agestado, a Que hace buena o mala cara. — *adj.*

agestión Agregación de materia. — *s.f.*

ageusia Falta total o parcial del sentido del gusto. — *s.f./MEDICINA*

agibílibus
1 Habilidad que tienen las personas para conseguir la propia conveniencia. — s.m./coloquial / pl: agibílibus / tb: agibílibus / coloquial

2 Persona que tiene dicha habilidad. — coloquial

agigantado, a
1 Que es muy grande. — adj.
2 Que es sobresaliente o excede del orden regular.

agigantar Dar o adquirir proporciones gigantescas a una cosa. — v.tr/prnl.

ágil (Del lat. *agilis* < *agere*, hacer, obrar.)
1 Que se mueve con ligereza y facilidad. — adj./≠ pesado
2 Que es ligero o rápido.

agilidad
1 Capacidad para realizar cualquier actividad con destreza y rapidez: *tenía bastante agilidad mental.* — s.f.
2 Don de las almas que han alcanzado la salvación que les permite trasladarse de un lugar a otro instantáneamente. — TEOLOGÍA

agilipollar Volver a una persona idiota. — v.tr/prnl.

agilización Acción de facilitar que algo se realice con rapidez, en especial la gestión de un asunto que requiere diversos trámites. — s.f.

agilizar
1 Hacer ágil: *María hace gimnasia después de trabajar para agilizarse.* — v.tr/prnl. / conj: cazar
2 Hacer una cosa más fácil y rápida: *agilizar el proceso de compra del edificio.* — v.tr. / tb: agilitar

aginar Realizar una cosa con mucho ajetreo: *se agina en las celebraciones.* — v.intr/prnl.

agio (Del ital. *aggio*, comodidad.)
1 Beneficio que se obtiene al cambiar moneda o al descontar letras y pagarés. — s.m./ECONOMÍA / = agiotaje
2 Especulación sobre el alza y la baja de los fondos públicos. — ECONOMÍA

agiotador, a Persona que se dedica a especular: *los agiotadores proliferan en períodos de crisis financieras.* — s.m. / = agiotista

agitación
1 Conjunto de movimientos rápidos y violentos, generalmente asociados a una tensión o inquietud: *la incertidumbre le creó una gran agitación.* — s.f.
2 **agitación térmica:** Movimiento de las moléculas de un gas, debido al aumento de temperatura. — FÍSICA

agitador, a
1 Persona que provoca agitaciones o conflictos de carácter político o social: *grupos de agitadores les incitaron a sublevarse ante la patronal.* — s.
2 Instrumento o aparato usado para mezclar líquidos. — s.m./QUÍMICA

agitanado, a Que tiene atributos propios de la etnia de los gitanos: *cadencias agitanadas.* — adj.

agitanar Dar o adquirir características atribuidas a la etnia de los gitanos. — v.tr/prnl.

agitar (Del lat. *agitare* < *agere*, mover.)
1 Mover una cosa repetidas veces con rapidez y fuerza: *la carga se agitaba al estar mal sujeta.* — v.tr/prnl.
2 Causar una cosa nerviosismo o intranquilidad a una persona: *se agitó cuando le dieron la noticia.* — = excitar, inquietar
3 Mover un líquido repetidamente para acelerar procesos de mezcla o de disolución. — v.tr. / QUÍMICA
4 Causar desasosiego o inquietud política o social: *los piquetes agitaban la manifestación.*

aglactación Cese de la producción de leche en las mamas. — s.f. / BIOLOGÍA

aglia Mancha en la córnea del ojo. — s.f./MEDICINA

aglomeración Gran cantidad de cosas o personas reunidas en un mismo lugar: *aglomeraciones urbanas; hubo una gran aglomeración de gente en la plaza.* — s.f.

aglomerado
1 Producto obtenido por aglomeración. — s.m.
2 Material formado por la mezcla prensada de fragmentos y virutas de maderas trituradas y cola.
3 Combustible hecho con carbón aglutinado con alquitrán formando bloques o prismas.

aglomerante Se aplica al material que sirve para unir fragmentos de una o varias sustancias y darles cohesión. — adj/s.m.

aglomerar (Del lat. *agglomerare.*)
1 Juntar, reunir personas o cosas desordenadamente: *se aglomeró bastante gente junto al accidentado.* — v.tr/prnl. / = amontonar
2 Unir fragmentos de una o más sustancias con un aglomerante. — v.tr.

aglutinación
1 Acción y resultado de aglutinar o aglutinarse: *aglutinación de tendencias.* — s.f.
2 Fenómeno general de defensa de los organismos contra las agresiones microbianas o parasitarias, en las que los gérmenes se presentan aglutinados. — BIOLOGÍA
3 Adición de afijos a una raíz para expresar las diversas relaciones gramaticales. — LINGÜÍSTICA

aglutinante
1 Se aplica a la sustancia, elemento o característica que une. — adj/s.m. / = aglutinador
2 Se aplica a la lengua en que las relaciones gramaticales de derivación y flexión se expresan por adición de sufijos. — adj. / LINGÜÍSTICA
3 Sustancia usada en pintura en la que se diluyen los pigmentos. — s.m.

aglutinar (Del lat. *agglutinare* < *ad*, a + *gluten, -nis*, engrudo, cola.)
1 Unir cosas con alguna sustancia: *aglutinar serrín con una cola adhesiva.* — v.tr/prnl. / = conglutinar
2 Mantener en contacto los tejidos que tienen que unirse con un apósito o un emplasto adecuados. — MEDICINA
3 Poner varias cosas juntas y en armonía: *aglutinamos las diferentes opiniones.* — v.tr.

aglutinina Anticuerpo del suero sanguíneo que hace que los tejidos se unan. — s.f. / MEDICINA

agnación Parentesco de consanguinidad entre descendientes por línea masculina. — s.f.

agnado, a (Del lat. *agnatus* < *agnasci*, nacer cerca.) Que es pariente consanguíneo de otro por línea masculina. — adj/s. / DERECHO

agnato, a Perteneciente a un grupo de vertebrados acuáticos, con respiración branquial y ausencia de mandíbulas, como la lamprea. — adj/s.m. / ZOOLOGÍA

agnición (Del lat. *agnitio, -onis* < *agnoscere*, reconocer.) Anagnórisis, en obras literarias, reconocimiento de una persona cuya identidad se desconocía. — s.f. / LITERATURA

agnocasto Sauzgatillo, arbusto verbenáceo. — s.m./BOTÁNICA

agnominación (Del lat. *agnominatio* < *ad*, a + *nominatio*, nominación.) Paronomasia, figura que consiste en usar palabras semejantes para crear un efecto de estilo. — s.f. / RETÓRICA

agnosia (Del gr. *agnosia*, desconocimiento < *a*, privativo + *gignosko*, conocer.) Alteración de la percepción por defecto de las funciones nerviosas superiores. — s.f. / MEDICINA

agnosticismo Doctrina que declara que el entendimiento humano no puede tener noción de lo absoluto, sino sólo de lo relativo, en especial de la existencia de Dios. — s.m. / FILOSOFÍA, TEOLOGÍA

agnóstico, a (Del gr. *agnostos*, ignoto.)
1 Del agnosticismo: *doctrina agnóstica.* — adj./FILOSOFÍA
2 Que profesa el agnosticismo. — adj/s./FILOSOFÍA

agnusdéi (Del lat. *Agnus Dei*, Cordero de Dios.)
1 Lámina gruesa de cera con la imagen de Cristo o de algún santo. — s.m. / RELIGIÓN
2 Oración que se repite tres veces entre el padrenuestro y la comunión, en la liturgia de la misa católica. — RELIGIÓN

agobiado, a
1 Que está sobrecargado y angustiado: *agobiado por las deudas, cayó en una profunda depresión.* — adj.
2 Que está cargado de espaldas o inclinado hacia adelante.

agobiante Que agobia, molesta o abruma: *hoy hace un calor agobiante; es un jefe agobiante que no cesa de censurarlos.* — adj. / = agobiador

agobiar (Del lat. *ad*, a + *gibbus*, giba.)
1 Causar alguien o algo mucha molestia o fatiga a una persona: *la tristeza me agobia; se agobió con tanto trabajo.* — v.tr/prnl. / + con, de, por
2 Angustiar, abrumar a una persona: *sus exigencias nos agobiaban y deseábamos la llegada de las vacaciones.*
3 Inclinar la parte superior del cuerpo. — = agachar

agobio Sentimiento de impotencia y angustia ante una situación que desborda: *nos produjo un gran agobio saber que había muerto.* — s.m. / = ahogo

agogía (Del lat. *agogae* < gr. *agogai*.) Canal o reguero por donde sale el agua de las minas. — s.f. / MINERÍA

agolpar
1 Juntar, reunir de golpe en un lugar. — v.tr/prnl.
2 Acumularse una cosa en abundancia y de repente en un lugar: *se le agolparon las lágrimas en los ojos.* — v.prnl.

agometría Parte de la física que estudia la medición de la conductibilidad y resistencia eléctrica de los cuerpos. — s.f. / FÍSICA

agon- Componente de palabra procedente del gr. *agon*, que significa lucha. — pref.

agonal (Del lat. *agonalis* < *agon*, certamen.)
1 Se refiere a los certámenes, luchas y juegos públicos. — adj.
2 Se aplica a la fiesta que se celebraba en honor del dios Jano o del dios Agonio. — adj/s.f.

agonía (Del lat. *agonia* < gr. *agon*, lucha, combate.)
1 Estado físico o anímico de angustia y padecimiento intensos: *la enfermedad de su hijo les producía una agonía inmensa.* — s.f. / = aflicción

2 Estado de angustia y congoja del moribundo: *después de la agonía, un momento de lucidez marcó la cercanía de la muerte.*
3 Agotamiento que presagia el final de algo.
4 Toque de campanas por un moribundo.
5 Persona pesimista y excesivamente temerosa: *fulano es un agonías.* — s.m.f. / pl: agonías

agónico, a
1 De la agonía o que tiene relación con ella. — adj.
2 Se refiere a la persona que está próxima a morir. — = moribundo

agonista (Del gr. *agonistes*, actor.)
1 Luchador, persona que se dedica al deporte de la lucha. — s.m.f. / culto
2 En algunos géneros literarios, personaje que se enfrenta a otro, que es antagónico a otro. — LITERATURA/culto / ≠ protagonista
3 Se aplica a los músculos que colaboran en la ejecución de un movimiento. — adj/s.m. / ANATOMÍA

agonística Arte y técnica de los atletas, especialmente de los luchadores. — s.f. / DEPORTES

agonizante
1 Que agoniza: *ya agonizante perdió la conciencia de su estado.* — adj.
2 Se aplica al religioso que tiene como misión principal asistir a los moribundos. — RELIGIÓN

agonizar
1 Estar un ser vivo entre la vida y la muerte: *comenzó a agonizar al caer la tarde y murió al mediodía siguiente.* — v.intr. / conj: cazar
2 Estar una cosa a punto de terminarse o desaparecer: *agonizar el día.* — = extinguirse
3 Desear vehementemente una cosa. — + por

ágora (Del gr. *agora.*)
1 Plaza pública de las ciudades de la antigua Grecia. — s.f./HISTORIA
2 Asamblea pública que se celebraba en la plaza de las ciudades de la antigua Grecia. — HISTORIA

agorafobia (Del gr. *agora*, reunión, plaza pública + -fobia.) Sensación de angustia ante los espacios abiertos, como calles, plazas y otros lugares. — s.f. / SICOLOGÍA

agorar Anunciar una cosa futura, especialmente desgracias. — v.tr./culto / = augurar
CONJ.: IND.: PRES.: *agüero, agüeras, agüera, agoramos, agoráis, agüeran.* SUBJ.: PRES.: *agüere, agüeres, agüere, agoremos, agoréis, agüeren.* IMP.: *agüera, agüere, agoremos, agorad, agüeren.*

agorero, a
1 Que adivina o cree en agüeros. — adj/s.
2 Que presagia males o desdichas: *ave agorera.*

agorgojarse Criar las semillas unos insectos llamados gorgojos: *en el silo se agorgojó el grano.* — v.prnl. / tb: gorgojarse

agostadero
1 Lugar donde pasta el ganado. — s.m.
2 Temporada en que el ganado tiene que agostar. — AGRICULTURA
3 Arada de la tierra en el mes de agosto.

agostamiento Acción y resultado de agostar o agostarse: *el agostamiento de los campos de cultivo; se perdió la cosecha por el agostamiento de las cepas.* — s.m.

agostar
1 Labrar la tierra en el mes de agosto. — v.tr./AGRICULTURA
2 Cavar la tierra profundamente para plantar viña. — AGRICULTURA
3 Abrasar el calor excesivo las plantas. — v.tr/prnl.
4 Comer el ganado el pasto en dehesas o rastrojeras en la época de sequía. — v.intr.

agostero, a
1 Se refiere al ganado que pace en los rastrojos. — adj.
2 Persona que trabaja en las faenas de las eras durante la recolección de cereales. — s. / AGRICULTURA

agosto (Del lat. *Augustus*, en memoria del emperador Octavio.)
1 Octavo mes del año, entre julio y setiembre, en el calendario occidental. — s.m.
2 Temporada en que se hace la recolección de granos: *llegan jornaleros para hacer el agosto.* — AGRICULTURA
3 Conjunto de frutos recogidos de la tierra al llegar la época de hacerlo. — AGRICULTURA / = cosecha
4 **hacer uno su agosto:** Aprovechar una ocasión para beneficiarse de ella: *algunos aprovecharon la guerra para hacer su agosto.* — coloquial

agotador, a Que agota y disminuye las fuerzas: *esfuerzo agotador; calor agotador.* — adj.

agotamiento Estado del agotado. — s.m.

agotar (Del lat. vulgar *eguttare < gutta*, gota.)
1 Gastar, consumir una cosa completamente: *agotó las existencias del almacén.* — v.tr/prnl.
2 Debilitar, dejar extraordinariamente cansada a una persona: *se agotó en un esfuerzo inútil.* — = extenuarse

agovía Calzado parecido a la alpargata. — s.f.

agracejina Fruto del agracejo. — s.f./BOTÁNICA

agracejo
1 Uva que se queda muy pequeña y no llega a madurar: *en aquellas cepas sólo encontraron agracejos.* — s.m. / AGRICULTURA

2 Arbusto espinoso y con flores amarillas, con fruto rojo que alberga el hongo que produce la roya en los cereales. *(Berberis vulgaris.)* — BOTÁNICA / = arlo, agracillo

agraceño, a Que es agrio como el agraz. — adj.

agracero, a Se aplica a la cepa o viñedo que produce fruto que no llega a madurar. — adj. / AGRICULTURA

agraciado, a
1 Que recibe una gracia o premio: *han sido muchos los agraciados en el sorteo de la lotería.* — adj/s. / = afortunado
2 Que tiene cierta gracia o atractivo: *es una adolescente agraciada y garbosa.* — adj.

agraciar
1 Conceder a una persona un premio o una gracia. — v.tr.
2 Mejorar el aspecto de una persona o de una cosa: *aquellos tonos agraciaban su figura.*

agradable
1 Que produce buena impresión: *vino de sabor agradable; brisa agradable.* — adj.
2 Que se muestra amable en el trato: *es una agradable compañera de estudios.* — = afable

agradar
1 Causar buena impresión a alguien: *a mi hermano le agradó tu novia.* — v.intr. / = gustar
2 Sentir agrado o gusto. — v.prnl.

agradecer
1 Sentir o mostrar gratitud por algún favor o cosa recibida: *le agradecieron su interés.* — v.tr. / conj: carecer
2 Mostrar una cosa el efecto beneficioso de algo: *las plantas agradecen el agua de la lluvia.*

agradecido, a
1 Que se comporta con agradecimiento: *es un jefe muy agradecido.* — adj/s.
2 Que responde favorablemente al esfuerzo o atención dedicados. — adj.

agradecimiento Sentimiento de benevolencia dirigido a la persona de la que se recibe un beneficio o una atención: *como señal de agradecimiento le pidió que fuera el padrino de su hija.* — s.m. / = gratitud

agrado
1 Sensación o sentimiento producido por lo que gusta: *la modificación fue de su agrado.* — s.m. / = satisfacción
2 Amabilidad, complacencia en el trato. — = afabilidad

agrafía (Del gr. *a*, privativo + *grapho*, escribir, dibujar.) Incapacidad para expresar las ideas por escrito, causada por una lesión cerebral. — s.f. / MEDICINA

ágrafo, a Que padece agrafía. — adj.

agramado Operación y resultado de majar o golpear el lino o el cáñamo. — s.m. / AGRICULTURA

agramar
1 Golpear el lino o el cáñamo para separar la fibra. — v.tr./AGRICULTURA
2 Golpear a una persona. — coloquial

agramatical Se refiere al enunciado que no se atiene a las reglas de la gramática. — adj./LINGÜÍSTICA / ≠ gramatical

agramaticalidad Característica de una oración o de un conjunto de oraciones que infringen alguna de las reglas de la gramática. — s.f. / LINGÜÍSTICA

agramilar
1 Cortar o raspar los ladrillos o las baldosas para igualarlos y afinar la obra de albañilería. — v.tr. / CONSTRUCCIÓN
2 Pintar hileras figuradas de ladrillos en un muro. — ARQUITECTURA

agramiza Caña rota que queda como desperdicio, después de agramar el cáñamo o el lino. — s.f. / AGRICULTURA

agrandamiento Acción y resultado de hacer más grande una cosa: *el agrandamiento de la imagen de la diapositiva se consigue alejando el proyector de la pantalla.* — s.m.

agrandar Hacer una cosa más grande: *agrandó las proporciones de la estatua.* — v.tr/prnl.

agranujado, a Que se comporta como un granuja. — adj.

agrario, a (Del lat. *agrarius < ager, agri*, campo.) Que tiene relación con el sector agrícola: *sistema agrario; reforma agraria.* — adj.

agrarismo
1 Conjunto de intereses de la explotación agrícola. — s.m.
2 Corriente que defiende estos intereses. — POLÍTICA

agravamiento Acción y resultado de agravar o agravarse una situación o estado: *agravamiento de un proceso infeccioso.* — s.m. / = agravación

agravante Se aplica a la circunstancia, hecho o acción que agrava o empeora algo. — adj/s.m.f.

agravar (Derivado del lat. *gravis*, pesado, grave.)
1 Hacer que una cosa sea o parezca más grave o peligrosa de lo que es: *con su relato de los hechos agravó el delito.* — v.tr.
2 Hacer que una cosa sea más pesada: *agravar la pena.*
3 Imponer un tributo o un gravamen. — ECONOMÍA
4 Hacerse una cosa más grave o molesta: *se agravó la enfermedad en tan sólo veinticuatro horas.* — v.tr/prnl.

agravatorio, a
1 Que ocasiona más molestia o peso.   adj.
2 Se refiere al despacho judicial en el que se reitera   DERECHO
un mandato y se obliga a su ejecución.
agraviado, a Que recibe una ofensa o agravio: *se*   adj.
mostró agraviada y ofendida después de la discusión.
agraviar (Del lat. vulgar *aggraviare*.)
1 Causar un perjuicio o una ofensa: *con tal falta de*   v.tr.
consideración la agravió.
2 Mostrarse una persona ofendida o resentida: *se*   v.prnl.
agravia por bien poca cosa.
agravio
1 Ofensa que se hace a una persona dañándola en su   s.m.
honra o imagen pública: *se tomó como agravio mi ino-*   = injuria
cente comentario.
2 Acción o, palabras con que se ofende o insulta a   = insulto,
una persona.   ofensa
3 Perjuicio contra los derechos o intereses de una
persona.
4 Perjuicio o daño que ha sido causado por una sen-   DERECHO
tencia, y el apelante expone ante un nuevo tribunal.
5 **agravio comparativo:** El que se da al dar un
trato diferente a personas en la misma situación.
6 **deshacer agravios:** Tomar venganza o satisfacción
de los agravios.
agraz
1 Uva sin madurar.   s.m./AGRICULTURA
2 Zumo ácido que se saca de la uva sin madurar.
3 **en agraz:** Se aplica a la cosa o persona que está en   loc.adj.
preparación, que no ha madurado: *todavía es un abo-*
gado en agraz.
agrazada Bebida compuesta o preparada con agua,   s.f.
agraz y azúcar.   = agraz
agrazar
1 Tener una cosa sabor ácido, como el que presenta   v.intr.
el agraz.   conj: *cazar*
2 Causar una impresión desagradable o molesta: *la*   v.tr.
agrazó que lo dejasen aparte.   = disgustar
agrazón Uva silvestre que nunca madura.   s.m.
agredir (Del lat. *agredi*, dirigirse a < *gradi*, andar.)
1 Acometer, lanzarse contra una persona para gol-   v.tr. defectivo
pearla o hacerle daño: *un incontrolado les agredió con*   conj: *abolir*
una porra y después huyó corriendo.
2 Dirigir una expresión ofensiva a una persona.   = insultar
agregación
1 Unión o incorporación de una cosa a otra o a un   s.f.
conjunto de ellas: *agregación de fincas; agregación de*   = adición, suma
plaquetas.
2 Empleo de la persona que ha sido destinada even-   = agregaduría
tualmente a un puesto o servicio determinado.
agregado, a
1 Funcionario que realiza una misión diplomática y   s.
se encarga de asuntos de su especialidad.
2 Empleado adscrito a un servicio del cual no es titu-   = adjunto
lar: *se incorporaron los profesores agregados.*
3 Estructura metálica formada por varias fases fina-   s.m.
mente cristalizadas y que tienen propiedades mecáni-   METALURGIA
cas particulares.
agregaduría
1 Cargo y oficina del agregado, empleado adscrito a   s.f.
un servicio o funcionario diplomático.
2 Empleo y ejercicio de profesor agregado.   = agregación
agregar (Del lat. *agregare* < *ad*, a + *grex, gregis*, rebaño.)
1 Unir una cosa a otra para formar un todo: *agregar*   v.tr/prnl.
condimentos al guiso.   conj: *pagar*
2 Añadir una cosa a lo ya dicho o escrito: *ya fuera de*   v.tr.
tiempo, aún agregó algunas cosas más a su parlamento.
3 Destinar a un empleado a un puesto o servicio
eventualmente.
4 Incorporarse, entrar a formar parte de una cosa.   v.prnl.
agregativo, a Se aplica a la píldora que está com-   adj.
puesta de diversos purgantes.   FARMACIA
agremán (Del fr. *agrément*.) Cinta de pasamanería   s.m.
usada como adorno.
agremiar Juntarse varias personas en gremio.   v.tr/prnl.
agresión (Del lat. *aggressio, -onis*.)
1 Acción de agredir o atacar a una persona para   s.f.
hacerle daño: *sufrir agresiones físicas.*
2 Acto contrario al derecho de otro.   DERECHO
3 Ataque armado de una nación contra otra, violan-   MILITAR
do el derecho internacional.
4 Ataque rápido y por sorpresa, realizado por el ene-   MILITAR
migo o considerado injusto y reprobable.
agresividad
1 Actitud del que se muestra violento o agresivo: *su*   s.f.
agresividad es reflejo de su falta de seguridad.   = violencia
2 Disposición a actuar contra otro: *pensó dominarlo*   SICOLOGÍA
con su agresividad.

agresivo, a
1 Que agrede o puede agredir física o verbalmente: *es*   adj.
un niño muy agresivo que siempre anda envuelto en pe-   = violento
leas.
2 Se refiere a la palabra o actitud que implica provocación o ataque: *su voz se iba volviendo cada vez más*
agresiva y áspera.
3 Que se comporta con audacia y dinamismo: *quería*
que sus vendedores fueran más agresivos.
agresología Estudio de los fenómenos de agresión   s.f.
biológica, en especial desde el punto de vista inmu-   BIOLOGÍA
nológico.
agresor, a (Del lat. *aggressor*.)
1 Que agrede: *no identificaron al sujeto agresor.*   adj/s.
2 Persona que viola o quebranta el derecho de otra.   s./DERECHO
agreste (Del lat. *agrestis* < *ager, agri*, campo.)
1 Se aplica al terreno que es abrupto o tiene desigualdades, por lo que es difícil el tránsito por él.
2 Que es rudo o falto de urbanidad.   = tosco
3 Se aplica al vegetal o al animal que no ha sido cul-   = silvestre
tivado o domesticado.
agri- Componente de palabra procedente del lat. *ager,*   pref.
agri, que significa campo: *agrimensura.*   tb: agro-
agriado, a
1 Que es malhumorado y pesimista: *con el tiempo se*   adj.
fue convirtiendo en un anciano agriado y asocial.
2 De sabor semejante al vinagre.   = ácido
agriar
1 Acedar, poner agrio: *la leche se agrió.*   v.tr/prnl.
2 Irritar, poner a una persona muy enfadada: *la agrió*
con sus mentiras y triquiñuelas.
agrícola (Del lat. *agricola* < *ager, agri*, campo + *colere*,   adj.
cultivar.) De la agricultura o del agricultor: *sector agrí-*   AGRICULTURA
cola; labores agrícolas.
agricultor, a Persona que se dedica a labrar o culti-   s.
var la tierra: *los agricultores se asociaron para conseguir*   AGRICULTURA
la mejora del sector.
agricultura (Del lat. *agricultura*.)
1 Cultivo de la tierra.   s.f./AGRICULTURA
2 Conjunto de técnicas y conocimientos empleados   AGRICULTURA
en el cultivo de la tierra.
agridulce Se refiere al sabor que es agrio y dulce a la   adj/s.m.f.
vez.
agrietamiento Acción y resultado de abrir o abrirse   s.m.
grietas: *repararon el agrietamiento de la fachada.*
agrietar Abrir o formar grietas: *la sequía agrietó la tierra.*   v.tr.
agrilla Acedera, planta herbácea.   s.f./BOTÁNICA
agrillarse Brotar grillos o brotes en las semillas o   v.prnl.
patatas que se tienen guardadas.   tb: grillarse
agrimensor, a (Del lat. *agrimensor*.) Persona especia-   s.
lista en agrimensura.
agrimensura Medición y evaluación de la superficie   s.f.
de los terrenos.
agrimonia Género de plantas herbáceas de la familia   s.f.
de las rosáceas, con hojas alternas y pequeñas flores   tb: agrimoña
amarillas.   BOTANICA
agringarse Adquirir las costumbres propias de los   v.prnl.
gringos o parecerse a ellos: *las nuevas generaciones se*   conj: *pagar*
agringan sin remedio.   *Méx., Amér. Merid.*
agrio, a (Del lat. *acer, acris, acre*, agudo, penetrante.)
1 Que es ácido al gusto o al olfato: *el limón y el vina-*   adj/s.
gre tienen un sabor agrio.   = ácido
2 Que es áspero, desabrido o agresivo: *es agrio de ca-*
rácter y mordaz en los comentarios.
3 Que es de difícil acceso o tránsito.   = peñascoso
4 Se aplica al metal que es frágil.   = quebradizo
5 Se aplica al colorido que no tiene armonía o conso-   ARTE
nancia.
6 Que es muy cruel o duro.
7 Zumo de una fruta ácida.   s.m.
8 Frutos agrios o agridulces, como el limón o la na-   s.m.pl.
ranja: *países productores de agrios.*
agripalma Planta labiada silvestre, con hojas de tres   s.f.
lóbulos y flores blancas o rosadas, que tiene virtudes   BOTÁNICA
sedantes. (*Leonorus cardiaca*.)   = cardiaca
agriparse Coger la gripe: *se agripó por bañarse en*   v.prnl./Colomb.,
aguas frías.   *Méx., Chile*
agrisado, a De color grisáceo, que tira a gris: *en su*   adj.
pintura destacan los agrisados cielos.
agrisar Dar o adquirir color gris una cosa: *las nubes*   v.tr/prnl.
agrisaron el día.
agrisetado, a Se aplica a la tela que es parecida a la   adj.
griseta.   TEXTIL
agro, a
1 Que tiene sabor agrio.   adj.
2 Tierra cultivada, campo.   s.m.
agro- Componente de palabra procedente del gr.   pref.
agros, que significa campo.   = agri-

agroalimentario, a Se aplica a los productos agrícolas que ya han sido transformados por procedimientos industriales: *la producción agroalimentaria.* `adj.` `INDUSTRIA`

agroindustrial Se aplica a toda industria cuya actividad está relacionada con el campo y sus labores. `adj.` `INDUSTRIA`

agrología Parte de la agronomía que estudia las relaciones del suelo con la vegetación. `s.f.`

agrónico, a Persona que está especializada en sistemas de cultivo por ordenador. `adj/s.` `AGRICULTURA`

agronometría Parte de la agronomía que se ocupa de la medición de la fertilidad de las tierras. `s.f.` `AGRICULTURA`

agronomía Conjunto de conocimientos aplicables al cultivo de la tierra, derivados de las ciencias exactas, físicas y económicas. `s.m.` `AGRICULTURA`

agrónomo, a (Del gr. *agronomos < agros*, campo + *nomos*, ley.) Persona dedicada al estudio de los conocimientos y técnicas aplicables al cultivo de la tierra. `s.` `AGRICULTURA`

agropecuario, a Que tiene relación con la agricultura y la ganadería: *sector agropecuario.* `adj.`

agroquímica Parte de la química aplicada que estudia la utilización industrial de materias orgánicas procedentes del campo, como aceites, resinas y otras materias. `s.f.` `AGRICULTURA,` `QUÍMICA`

agrostemina Sustancia que se obtiene de la neguilla, planta abundante en los sembrados del trigo. `s.f.` `QUÍMICA`

agróstide Planta gramínea forrajera, de hojas planas y ásperas, de color rojo-violeta. *(Agrostis alba.)* `s.f.` `BOTÁNICA`

agrumar Hacer grumos en un líquido: *se le agrumó la bechamel por no removerla suficientemente.* `v.tr/prnl.`

agrupación
1 Formación de grupos de personas o cosas: *procedió a la agrupación de los volúmenes según la temática.* `s.f.` `= agrupamiento`
2 Grupo de personas que tienen una misma actividad u objetivo: *se fue constituyendo una influyente agrupación de artistas.*
3 Unidad militar semejante al regimiento. `MILITAR`

agrupar
1 Reunir personas, animales o cosas en grupo: *agrupó los cabestros para conducirlos al camión.* `v.tr/prnl.`
2 Formar varias personas una asociación: *los artesanos se agruparon para activar sus gremios.* `v.prnl.`

agrura
1 Sabor agrio o ácido. `s.f.`
2 Conjunto de árboles frutales de fruto agrio.

agua (Del lat. *aqua*.)
1 Sustancia líquida, inodora, insípida y transparente, incolora en pequeña cantidad y verdosa o azulada en grandes masas, compuesta de una molécula de oxígeno y dos de hidrógeno. `s.f.`
2 Infusión obtenida por disolución o emulsión de flores, plantas o frutos, a una temperatura mayor que la del ambiente y menor que la del agua hirviendo, usada en medicina y perfumería.
3 Líquido que cae de las nubes. `= lluvia`
4 Vertiente de un tejado.
5 Rotura o grieta en el casco por donde entra agua en una embarcación. `NÁUTICA`
6 Río o arroyo.
7 Reflejos u ondas luminosos de algunos materiales. `s.f.pl.`
8 Zona marítima determinada y más o menos próxima a alguna costa: *hallaron los restos del buque en aguas del Cantábrico.*
9 Marea, movimiento periódico de las aguas.
10 Corrientes del mar: *las aguas cambiaron el rumbo del iceberg.*
11 Señal o rastro que deja tras sí una embarcación en movimiento: *seguíamos las aguas de los contrabandistas.* `NÁUTICA` `= estela`
12 Transparencia y luminosidad de las piedras preciosas.
13 **agua amoniacal:** Agua que contiene amoniaco disuelto, formando hidróxido amónico. `QUÍMICA`
14 **agua bendita:** Agua bendecida por un sacerdote usada en la iglesia y por los fieles. `RELIGIÓN`
15 **agua blanda o delgada:** Agua potable que contiene pocas sales disueltas. `QUÍMICA`
16 **agua carbonatada:** Agua con ácido carbónico disuelto en ella a presión. `QUÍMICA`
17 **agua de azahar o de nafa:** Bebida preparada con flor de naranjo, usada como sedante. `FARMACIA`
18 **agua de barita:** Agua destilada que contiene una suspensión de 3,5% de hidróxido de bario y que se utiliza como reactivo. `QUÍMICA`
19 **agua de borrajas o de cerrajas:** Cosa que no tiene importancia: *la alarma quedó en agua de borrajas.* `coloquial`
20 **agua de coco:** Sustancia líquida refrescante, que contiene el coco. `BOTÁNICA`
21 **agua de colonia:** Sustancia líquida aromática compuesta con alcohol y esencias, usada como perfume. `= colonia`
22 **agua del amnios:** Sustancia líquida contenida en la cavidad que envuelve el feto. `FISIOLOGÍA`

23 **agua delgada o blanda:** La que contiene una cantidad muy pequeña de sales. `QUÍMICA`
24 **agua de menguante:** Reflujo del mar.
25 **agua de mesa:** Agua mineral que se toma como bebida.
26 **agua de nieve:** La que procede del deshielo.
27 **agua de olor:** La compuesta con sustancias aromáticas.
28 **agua de palo:** Sustancia líquida obtenida al cocer el guacayo o palo santo que se usaba como medicamento para curar enfermedades venéreas. `FARMACIA`
29 **agua de Seltz o carbonatada:** Agua carbónica natural o preparada artificialmente.
30 **agua dulce:** Agua potable, insípida por contraposición a la del mar o a las minerales.
31 **agua dura, gorda o sosa:** Agua que contiene muchas sales cálcicas y magnésicas, usada en el grabado. `QUÍMICA`
32 **agua fenicada:** Agua que contiene ácido fénico disuelto al 5%, usada como desinfectante. `QUÍMICA`
33 **agua ferruginosa:** Agua mineral rica en hierro disuelto en forma de bicarbonato. `QUÍMICA`
34 **agua ligera:** Agua en la que el hidrógeno tiene la composición isotópica natural. `QUÍMICA`
35 **agua lustral:** Agua sagrada usada para rociar a las víctimas de los sacrificios. `RELIGIÓN`
36 **agua manantial:** Agua que brota naturalmente de la tierra.
37 **agua medicinal:** Agua mineral que tiene propiedades curativas. `FARMACIA`
38 **agua mineral:** Agua de manantial que contiene sustancias minerales disueltas.
39 **agua muerta:** Agua estancada.
40 **agua nieve:** Lluvia mezclada con nieve.
41 **agua oxigenada:** Agua destilada que contiene bióxido de hidrógeno disuelto, usada en medicina como desinfectante. `QUÍMICA`
42 **agua pesada:** Agua en cuya composición molecular se encuentra el hidrógeno pesado o deuterio, usada como moderador en reactores nucleares. `FÍSICA NUCLEAR`
43 **agua pluvial:** Agua de lluvia.
44 **agua potable:** La apta para ser bebida.
45 **agua regia:** Sustancia más fuerte que los ácidos simples, capaz de atacar a casi todos los metales, incluso el oro y el platino. `QUÍMICA`
46 **agua salada o salobre:** Agua de mar y de algunos lagos, muy cargada de sal y no apta para beber.
47 **agua salina:** Agua que contiene sales en proporción mayor a las usadas en viviendas, agricultura o industria. `QUÍMICA`
48 **aguas bautismales:** Agua bendita usada para bautizar. `RELIGIÓN`
49 **aguas de creciente:** Movimiento ascendente de la marea.
50 **aguas firmes:** Las de un pozo o manantial perenne.
51 **aguas jurisdiccionales o territoriales:** Zona marítima que rodea a una nación, sometida a la jurisdicción de ésta con arreglo al derecho internacional. `DERECHO`
52 **aguas llenas:** Marea alta, pleamar.
53 **aguas mayores:** Excremento humano.
54 **aguas menores:** Orina humana.
55 **aguas muertas:** Mareas menores en los cuartos de luna.
56 **aguas residuales:** Agua que ha sido usada en viviendas, poblaciones o zonas industriales y arrastra suciedad y detritos.
57 **agua sucia:** Usado para expresar que una bebida es de mala calidad o no tiene sustancia.
58 **aguas vertientes:** Las que bajan de las montañas y de los tejados de las casas.
59 **aguas vivas:** Mareas mayores que se dan durante los equinoccios, plenilunio y novilunio.
60 **agua termal:** Agua que brota caliente del manantial. `GEOLOGÍA`
61 **agua viva:** 1. La que mana y corre naturalmente. 2. La que entra en el buque con fuerza y sin cesar.
62 **¡agua va!:** Usado para avisar a los transeúntes, cuando desde una casa iban a tirar agua a la calle.
63 **ahogarse con poca agua o en un vaso de agua:** Sentirse una persona desconcertada ante una dificultad menor: *se ahoga con poca agua, o sea que esto te parecerá una hecatombe.*
64 **bailar el agua a alguien:** Adularle, mantener con él un comportamiento lisonjero: *les baila el agua para conseguir su permiso.* `coloquial`
65 **bañarse en agua de rosas o en agua rosada:** Expresar alegría por un mal ajeno porque con ello se obtiene una ventaja: *al enterarse de su cese, se bañó en agua de rosas.* `coloquial`
66 **claro como el agua:** Evidente, manifiesto: *está claro como el agua que no llegarás muy lejos como no luches más.*
67 **como agua de, o en, mayo:** Se usa para enfatizar

lo bien recibida o lo muy deseada que es alguna persona o cosa: *la reducción de los tipos de crédito les cayó como agua en mayo.*

68 correr el agua por donde solía: Volver a las costumbres, estado o usos antiguos: *después de tantos devaneos, ahora el agua corre por donde solía.*

69 de esta agua no beberé: Se usa para indicar que no hará cierta cosa o cometerá cierto error que otros han cometido: *de esta agua no beberé, no me meteré en asuntos delictivos.*

70 echar agua al mar: 1. Hacer algo inútilmente: *no te esfuerces, será echar agua al mar.* **2.** Dar algo a quien tiene abundancia de ello: *echarás agua al mar si le regalas otro libro.*   coloquial

71 echar agua al vino: Moderar o atenuar alguna cosa: *echó agua al vino para evitar que se le sublevaran.*   coloquial

72 echar el agua: Administrar el sacramento del bautismo.   RELIGIÓN

73 estar con el agua al cuello: Estar muy apurado por falta de dinero o por exceso de trabajo: *con tantas deudas está con el agua al cuello.*   coloquial

74 estar o nadar, entre dos aguas: Se usa para expresar la indecisión de alguien, la duda: *estoy entre dos aguas, no sé a qué sindicato afiliarme.*   coloquial

75 hacer agua o aguas: Empezar una cosa a decaer: *el negocio empezó a hacer aguas.*   coloquial

76 hacerse algo agua en la boca: Deshacerse una cosa fácilmente en la boca al comerla: *el helado se le hacía agua en la boca.*

77 hacérsele agua la boca: 1. Recordar un sabor agradable: *se le hacía agua la boca recordando aquel plato japonés.* **2.** Deleitarse con la esperanza de conseguir algo agradable: *se les hacía agua la boca pensando en los beneficios que les reportaría el negocio.*

78 llevar uno el agua a su molino: Aprovechar una circunstancia en beneficio propio.   coloquial

79 romper aguas: Producirse la ruptura de la bolsa de aguas en una parturienta.   FISIOLOGÍA

80 sacar agua de las piedras: Obtener provecho de lo que no promete ninguno: *es muy emprendedor, consigue hasta sacar agua de las piedras.*   coloquial

81 ser algo agua pasada: Haber perdido algo su importancia u oportunidad: *ya es agua pasada el escándalo de las escuchas.*

82 tomar las aguas: Recibir un tratamiento de aguas minerales en un balneario.

aguacal Masa de cal con yeso que sirve para blanquear las paredes.   s.m. CONSTRUCCIÓN

aguacatal Plantación de aguacates.   s.m.

aguacate (Del nahua *ahuacatl.*)
1 Árbol lauráceo con hojas siempre verdes, coriáceas, grandes y alternas, flores separadas y cuyo fruto es comestible. (*Persea gratissima.*)   s.m. BOTÁNICA
2 Fruto de este árbol, comestible, de forma ovalada, con corteza verde como tallada en pequeñas caras, de carne blanda y mantecosa.   BOTÁNICA
3 Esmeralda de forma semejante a la fruta de este nombre.   MINERALOGÍA

aguacero
1 Lluvia violenta, abundante y repentina de poca duración: *a la salida del concierto les cayó encima un aguacero.*   s.m.
2 Conjunto de sucesos molestos que le suceden a una persona: *un aguacero de insultos.*   = lluvia

aguacharnar Llenar las tierras excesivamente de agua: *aguacharnar las huertas.*   v.tr/prnl. = enaguazar

aguachento, a Se refiere a lo que pierde sus jugos o sus sales por haber estado impregnado de agua mucho tiempo.   adj. Amér.

aguachirle
1 Bebida sin sustancia y de mala calidad.   s.f./= aguachirri
2 Tontería, cosa insustancial.

aguacibera Agua con la que se riega un terreno sembrado en seco.   s.f.

aguacioso Pez teleósteo marino, pequeño y muy alargado, de color amarillo verdoso, con una sola aleta dorsal y otra ventral, que vive sobre fondos de arena. (*Ammodytes tobianus.*)   s.m. ZOOLOGÍA

aguada
1 Tinte que se da a una pared para quitar la excesiva blancura del yeso.   s.f.
2 Preparación de color diluido en agua sola o con otros ingredientes y pintura o cuadro realizados con esta disolución.   ARTE
3 Sitio donde hay agua potable para aprovisionarse.
4 Depósito de agua al que acude el ganado para beber, abrevadero.   Amér. Merid.

aguaderas Soporte con divisiones que se colocaba sobre las caballerías para transportar recipientes con agua.   s.f.pl. = angarillas

aguadero, a
1 Se refiere a la prenda que sirve para protegerse del agua.   adj.
2 Sitio donde suelen beber algunos animales.   s.m./= bebedero
3 Punto de un río donde se lanzan las maderas para conducirlas a flote.

aguadija Líquido claro parecido al agua que se forma en los granos o heridas.   s.f.

aguaducho
1 Puesto donde se vende agua y otras bebidas.   s.m.
2 Avenida impetuosa de agua.   = riada
3 Acueducto, construcción para transportar agua.
4 Máquina de sacar agua de un pozo.   = noria

aguadulce Bebida hecha de agua y miel.   s.m./C. Rica

aguadura
1 Formación de pus en el interior del casco de las caballerías.   s.f. VETERINARIA
2 Contracción de las patas de las caballerías que la fuerza a pisar con miedo, debido al dolor.   VETERINARIA

aguafiestas Persona que, con su comportamiento, perturba o estropea una diversión: *el aguafiestas se llevó el aparato y nos dejó sin música.*   s.m/f. pl: aguafiestas

aguafuerte
1 Ácido nítrico diluido en una pequeña cantidad de agua, que se usa en el grabado.   s.m/f. QUÍMICA
2 Lámina obtenida mediante el grabado con ácido nítrico diluido en agua: *los aguafuertes de Goya.*   s.m. ARTE
3 Grabado obtenido con una lámina tratada con ácido nítrico diluido en agua.   ARTE

aguafuertista Persona que graba láminas al aguafuerte.   s.m/f. = acuafortista

aguagoma Sustancia líquida compuesta de goma arábiga disuelta en agua, usada por los pintores para dar consistencia y viveza a los colores.   s.f.

aguaitar Estar al acecho, observando y esperando atentamente.   v.intr. Amér. Merid.

aguajaque Resina blancuzca obtenida del hinojo.   s.m.

aguaje
1 Abrevadero, sitio donde beben los animales.   s.m./= aguadero
2 Lugar en el que hay agua potable a propósito para ser consumida.   = aguada
3 Subida grande de la marea en el mar.
4 Agua que entra o sale de un puerto en las mareas.
5 Corrientes marinas periódicas muy fuertes.
6 Provisión de agua en un barco.   NÁUTICA/= aguada
7 Estela que deja un barco al navegar.   NÁUTICA/= aguas

agualate Chocolate muy poco espeso.   s.m/Colomb.

aguamanil (Del lat. vulgar *aquamanile.*)
1 Palangana y jarra para lavarse las manos: *les regaló un aguamanil de cerámica andaluza.*   s.m.
2 Armazón de metal o madera que sostiene una palangana, la jarra con agua y otros objetos necesarios para el aseo: *colocó un aguamanil de adorno en el rincón de la habitación.*   = palanganero

aguamanos
1 Recipiente semejante a una palangana usado para lavarse las manos.   s.m./= aguamanil pl: aguamanos
2 Agua usada para lavarse las manos.

aguamarina Mineral de color verde claro o azul verdoso, transparente, usado en joyería.   s.f. MINERALOGÍA

aguamelar Mezclar o bañar una cosa con aguamiel.   v.tr.

aguamiel
1 Agua mezclada con miel.   s.f./= hidromiel
2 Bebida hecha con caña de azúcar y papelón.   Amér.
3 Jugo del maguey fermentado con el que se hace el pulque.   Méx.

aguanieve Lluvia mezclada con nieve: *observaba la caída del aguanieve tras el cristal.*   s.f. = aguacella

aguantable Que se puede aguantar: *por la mañana la temperatura es aguantable, pero a mediodía es insufrible.*   adj.

aguantaderas Actitud demasiado tolerante o paciente ante insultos, malos tratos y desgracias: *admiro sus aguantaderas, pero los demás piensan que es un apocado.*   s.f.pl. + tener

aguantadero Lugar en el que se ocultan delincuentes, guarida.   s.m. Argent., Urug.

aguantar (Del ital. *agguantare,* coger, empuñar < *guanto,* guante.)
1 Sostener, evitar que algo caiga: *las vigas aguantan la techumbre de la bodega.*   v.tr.
2 Pasar trabajos, molestias, malos tratos y padecimientos sin oponerse o quejarse: *aguanta lo que le echen, ya sea transportar cajas como rellenar facturas.*   = sufrir
3 Retener, contener una cosa: *puede bucear largo rato porque aguanta la respiración.*
4 Tirar de una cuerda hasta ponerla tensa.
5 Soportar el torero la embestida del toro y matarle sin cambiar de postura.   TAUROMAQUIA

6 Estar una cosa todavía en condiciones de ser utilizada o de funcionar: *estos zapatos aún aguantan, hasta el año que viene.* — v.intr. = resistir

7 Soportar una persona una situación mala, un impulso o un deseo sin protestar: *le costó horrores aguantar el silencio.* — v.intr/prnl.

aguante
1 Actitud del que aguanta o soporta daños, insultos o desgracias sin quejarse ni protestar: *tiene mucho aguante con sus alumnos.* — s.m.
2 Capacidad para aguantar o resistir una cosa: *tiene aguante para las largas caminatas.* — = resistencia

aguapié Vino muy flojo que se hace echando agua en el orujo después de haberlo exprimido. — s.m.

aguar
1 Añadir agua a un líquido: *aguó la leche para digerirla mejor.* — v.tr/prnl.
2 Hacer que fracase un acontecimiento agradable o un proyecto: *la verbena se aguó a causa de la pelea.* — = frustrar
3 Llenarse un lugar de agua. — v.prnl.
CONJ.: IND.: PRET. INDEF.: *agüé, aguaste, aguó, aguamos, aguasteis, aguaron.* SUBJ.: PRES.: *agüe, agües, agüe, agüemos, agüéis, agüen.* IMP.: *agua, agüe, agüemos, agüéis, agüen.*

aguardadero Lugar donde se oculta un cazador. — s.m./= aguardo

aguardar
1 Esperar que llegue una persona o que suceda una cosa: *aguardaba la noticia con desazón; la aguardaban a media noche.* — v.tr/prnl.
2 Tener una persona esperanza de que suceda algo. — v.tr.
3 Conceder un plazo a una persona para pagar o cumplir otra obligación.
4 Detenerse, dejar pasar el tiempo antes de hacer algo: *aguarda, mejor esperamos al mes que viene para comprarlo.* — v.intr/prnl.

aguardentería Establecimiento donde se vende aguardiente al por menor. — s.f.

aguardiente
1 Bebida alcohólica que se obtiene destilando vino u otros líquidos azucarados fermentados. — s.m.
2 aguardiente alemán: Jarabe purgante que se elabora destilando ciertas hierbas aromáticas. — FARMACIA
3 aguardiente de cabeza: El primer aguardiente que se obtiene de la destilación de cada calderada.
4 aguardiente de caña: El que se obtiene destilando la miel de la caña de azúcar.

aguardillado, a Que se refiere a la construcción que tiene guardilla o su forma. — adj. th: abuhardillado

aguardo Lugar desde el que se acecha la caza. — s.m./CAZA

aguaribay Árbol de 8 a 10 metros de altura, tronco torcido y corteza rugosa, cuyo fruto es una baya pequeña y redondeada de color rojizo. *(Schinus molle.)* — s.m./BOTÁNICA Amér. Central y Merid.

aguarrás (De *agua* + lat. *rasis*, pez.) Sustancia líquida de olor fuerte, obtenida de la destilación de la trementina, usada como disolvente de pinturas y barnices. — s.m./sólo en sing. QUÍMICA

aguasado, a Que se comporta como una persona rústica. — adj./Chile

aguasal Salmuera, agua mezclada con sal. — s.f.

aguatinta Dibujo o pintura realizado con tinta de un solo color: *exposición de aguatintas.* — s.f./ARTE th: acuatinta

aguaturma
1 Planta compuesta, de origen americano, con raíz tuberculosa, feculenta y comestible. *(Helianthus tuberosus.)* — s.f. BOTÁNICA
2 Raíz de esta planta. — = tupinambo

aguaviento Lluvia con viento fuerte. — s.m.

aguavientos Planta herbácea de la familia de las labiadas, con hojas ásperas. *(Phlomia herbaventi.)* — s.m./pl: aguavientos BOTÁNICA

aguazal Sitio bajo donde se estanca el agua de lluvia: *meterse en un aguazal.* — s.m.

aguazar Encharcar, hacer que se llene de charcos un lugar: *con la lluvia se aguazó el patio.* — v.tr/prnl. conj: cazar

aguazo Pintura hecha con colores disueltos en agua, que se aplica directamente sobre papel o tela. — s.m. ARTE

agudamente
1 Con viveza, con fuerza: *agudamente tiró del cabo.* — adv.
2 Con perspicacia e ingenio: *expuso agudamente su idea del asunto.*

agudeza
1 Cualidad de agudo o afilado. — s.f.
2 Circunstancia de ser agudo o penetrante un dolor.
3 Capacidad de penetración de ciertos sentidos corporales, como la vista, el olfato o el oído: *agudeza visual; agudeza auditiva.*
4 Facultad para razonar, deducir y comprender lo difícil y confuso: *persona con agudeza.* — = perspicacia, ingenio
5 Palabra aguda o ingeniosa: *sus agudezas se hicieron famosas en televisión.*
6 Agilidad y prontitud al actuar o expresarse. — = presteza

agudización Acción y resultado de agudizar o agudizarse: *la agudización de la vista; la agudización del conflicto bélico.* — s.f.

agudizar
1 Afilar o sacar punta a una cosa, haciéndola más aguda: *agudizar un arpón.* — v.tr. conj: cazar
2 Avivar o afinar los sentidos corporales: *agudizar la vista para percibir las figuras en la penumbra.* — v.tr/prnl.
3 Tomar una enfermedad carácter grave: *agudizársele la deficiencia inmunológica.* — v.prnl. = agravarse

agudo, a (Del lat. *acutus < acuere*, aguzar.)
1 Se aplica al objeto que tiene el filo o la punta delgada y penetrante: *una navaja aguda.* — adj. = afilado
2 Que capta las cosas con rapidez y acierto: *es un alumno agudo y despierto, las caza al vuelo.* — = perspicaz
3 Que resulta gracioso, oportuno y acertado: *en menos que canta un gallo, creó un agudo acertijo; es inteligente y agudo.* — = ingenioso
4 Se aplica a la sensación física que es viva y penetrante: *un agudo olor; un agudo pinchazo.* — = punzante
5 Se refiere a la enfermedad que es grave, súbita y de corta duración. — ≠ crónico
6 Se aplica a la sensación que es muy intensa y penetrante: *una aguda inquietud.*
7 Que es ligero y veloz. — = raudo
8 Se refiere al sonido que tiene una frecuencia de vibraciones alta. — adj/s.m. ≠ bajo, grave

agüero (Del lat. *augurium < augur*, augur.)
1 Pronóstico que se realiza por la interpretación de ciertas señales. — s.m. OCULTISMO
2 Presagio o señal de cosa futura. — = premonición

aguerrido, a
1 Que está ejercitado en la guerra: *formó un comando especial con aguerridos soldados.* — adj./MILITAR
2 Que está experimentado en el trabajo. — = veterano

aguerrir Hacer que los soldados se acostumbren a los peligros y ejercicios de la guerra. — v.tr/prnl./defectivo conj: abolir

aguijada (Del lat. vulgar *pertica aquileata*, bastón puntiagudo < *aquileus*, punta, aguijón.)
1 Vara con punta de hierro usada para picar y estimular a algunos animales: *con la aguijada incitaba a las vacas ante la inminencia de la tormenta.* — s.f. = rejada, aguijadera
2 Vara larga usada para separar la tierra pegada a la reja del arado. — = rejada AGRICULTURA

aguijar
1 Estimular al caballo o al buey con la aguijada u otro instrumento. — v.tr. = aguijonear
2 Estimular al caballo o al buey con la voz.
3 Incitar a una persona a hacer una cosa: *su compañero le aguijó para que imitara al profesor.*

aguijón (Del lat. vulgar *aquileo*.)
1 Órgano con punta con el que pican e inyectan veneno algunos insectos y los escorpiones: *la abeja muere al hincar su aguijón.* — s.m. ZOOLOGÍA
2 Punta de hierro del palo con que se aguija.
3 Estímulo, incitación que conduce a hacer algo. — = acicate
4 Púa, espina de algunas plantas. — BOTÁNICA

aguijonazo
1 Pinchazo dado con un aguijón: *el aguijonazo de la avispa le dejó una buena hinchazón en el brazo.* — s.m. = aguijonada
2 Incitación para hacer una cosa: *con un par de aguijonazos me estimuló para cumplir con mi compromiso.* — = estímulo

aguijonear
1 Estimular al caballo o al buey con la aguijada u otro instrumento. — v.tr. = aguijar
2 Herir con el aguijón. — = picar
3 Incitar a una persona a hacer una cosa. — = instigar
4 Manifestarse el deseo o la necesidad de una cosa en una persona. — v.intr.

águila (Del lat. *aquila*.)
1 Ave rapaz diurna de gran tamaño, alas largas y anchas, pico de punta corva, cola ancha y plumaje pardo, que vuela a gran velocidad. *(Aquila.)* — s.f. ZOOLOGÍA
2 Cualquiera de las grandes rapaces cazadoras. — ZOOLOGÍA
3 Persona de gran sagacidad y perspicacia: *es un águila en su oficio.*
4 Pez parecido a la raya, grande, de color negro y cola muy larga, armada con una espina venenosa. *(Myliobatis aquila.)* — ZOOLOGÍA
5 Antigua moneda de oro española cuyo valor era de diez reales de plata.
6 Moneda de oro mexicana de veinte pesos.
7 Moneda de oro estadounidense cuyo valor es de diez dólares.
8 Constelación boreal situada cerca del Cisne. — ASTRONOMÍA
9 águila calzada o bastarda: Ave mediana, con las partes inferiores claras y el reborde de las alas negro, que se alimenta de pájaros pequeños y otros animales, habita en bosques frondosos y cría en árboles altos. *(Hieraëtus pennatus.)* — ZOOLOGÍA
10 águila culebrera: Águila de color grisáceo con las — ZOOLOGÍA

partes inferiores claras, que se alimenta sobre todo de reptiles. *(Circaëtus gallicus.)*

11 águila imperial: Águila grande y oscura con los hombros blancos, que suele anidar en los grandes árboles mediterráneos. *(Aquila heliaca.)* — ZOOLOGÍA

12 águila pescadora: Águila mediana, de partes inferiores blancas y cabeza con una lista negra, que vive cerca de lagos y masas de agua y se alimenta de pescado. *(Pandion haliaëtus.)* — ZOOLOGÍA

13 águila real: Águila grande, oscura y de vuelo majestuoso, que anida en paredes rocosas escarpadas e inaccesibles. *(Aquila chrysaëtus.)* — ZOOLOGÍA

aguileña (Del lat. *aquilegium,* estanque.) Planta ranunculácea vivaz, con flores colgantes, generalmente de color azul violáceo, que se cultiva como adorno en jardines. *(Aquilegia vulgaris.)* — s.f. BOTÁNICA = farolillos, pajarilla

aguileño, a
1 Que es propio del águila: *polluelos aguileños.* — adj.
2 Se refiere al rostro que es largo y afilado: *de pómulos altos y rasgos aguileños.*
3 Se aplica a la nariz que es larga y encorvada, como el pico del águila.

aguilera Peña en que anida el águila. — s.f.

agüilla Líquido que es parecido al agua. — s.f./coloquial

aguilón
1 Brazo de una grúa. — s.m.
2 Tubo de barro de sección cuadrada. — CONSTRUCCIÓN
3 Madero de las armaduras de un tejado, que va en diagonal desde el ángulo del edificio hasta el cuadral. — ARQUITECTURA
4 Teja o pizarra cortada oblicuamente para ajustarla al ángulo saliente de un tejado. — CONSTRUCCIÓN
5 Águila sin pico ni garras. — HERÁLDICA

aguilucho
1 Ave rapaz diurna, de figura esbelta, alas largas y vuelo rasante, con discos faciales a ambos lados de la cabeza. *(Circus.)* — s.m. ZOOLOGÍA
2 Pollo de águila: *los aguiluchos abandonan el nido.* — ZOOLOGÍA
3 Águila bastarda o calzada. — ZOOLOGÍA

aguinaldo (De *aguinando,* probablemente de la frase latina *hoc in anno,* en este año.)
1 Regalo o donativo que se da por Navidad: *esperaba el aguinaldo aunque llevaba cuatro días en el taller.* — s.m.
2 Gratificación extraordinaria.
3 Villancico o canto popular español que se interpreta para pedir el aguinaldo. — MÚSICA

aguja (Del lat. vulgar *acucula,* diminutivo de *acus,* aguja.)
1 Varilla fina y larga, con punta en un extremo y en el otro un ojo por donde se pasa un hilo o cuerda, usada para cualquier labor de costura: *perdió la aguja mientras cosía los botones de la camisa.* — s.f.
2 Varilla muy fina, larga y hueca, con un extremo afilado, que se conecta a la jeringuilla para inyectar sustancias en el organismo.
3 Hoja de las coníferas. — BOTÁNICA
4 Pieza de metal muy fina y puntiaguda, que se coloca en el extremo del brazo de un tocadiscos, para recorrer los microsurcos del disco y reproducir las vibraciones grabadas en él. — MÚSICA
5 Manecilla indicadora del reloj, del barómetro y de otros instrumentos de precisión: *cuando la aguja grande llegue a las doce, serán las seis en punto.*
6 Remate alto, fino y puntiagudo de una torre o del techo de una iglesia. — ARQUITECTURA
7 Alfiler grande y adornado que se usa para el tocado de las mujeres: *la novia llevaba unas agujas terminadas en perlas.*
8 Barrita de metal u otro material que sirve para hacer medias y otras labores de punto: *con unas agujas gordas se saldrá un tejido muy esponjoso.* — TEXTIL
9 Varilla larga y delgada, usada para asegurar entre sí los panales en las colmenas.
10 Herramienta de acero con la punta encorvada, usada en encuadernación. — ARTES GRÁFICAS
11 Instrumento para determinar las direcciones, que consiste en una aguja imantada que gira sobre un eje y que señala espontáneamente la dirección norte-sur. — NÁUTICA = brújula
12 Dispositivo de algunas armas de fuego, consistente en un punzón de acero que choca con la parte posterior del cartucho, produciendo la detonación del fulminante y la combustión de la carga.
13 Cada uno de los dos rieles, articulados por un extremo, que, en los ferrocarriles y tranvías, sirve para hacer cambiar de vía a los carruajes.
14 Pieza de madera para apuntalar un puente. — CONSTRUCCIÓN ARQUITECTURA
15 Obelisco, pilar: *una aguja coronaba el paseo.*
16 Pastel de hojaldre largo y estrecho, relleno de carne picada o de dulce. — CUCINA
17 Pez marino teleósteo, de cuerpo largo y delgado y cara tubular, bastante apreciado por su sabor y muy voraz. *(Belone belone.)* — ZOOLOGÍA = aguijón
18 Lonja fina de carne.

19 Enfermedad de los caballos que afecta a sus piernas, cuello y garganta. — VETERINARIA
20 Buril usado para grabar al aguafuerte. — ARTE
21 Arruga que se hace, a veces, en el papel. — ARTES GRÁFICAS
22 Púa de un injerto o vástago de un árbol. — AGRICULTURA
23 Pinzote sujeto en el codaste de algunas embarcaciones menores sobre el que gira el timón. — NÁUTICA
24 Costillas del cuarto delantero de la res. — s.f.pl.
25 buscar una aguja en un pajar: Querer conseguir una cosa muy difícil o imposible: *encontrarle en una ciudad tan enorme será como buscar una aguja en un pajar.* — coloquial
26 cuartear la aguja: Designar por sus nombres, números y valores los diferentes rumbos de la rosa náutica. — NÁUTICA

agujerear Horadar, hacer agujeros en una cosa: *agujerear un cinturón.* — v.tr/prnl. tb: agujerar

agujero
1 Abertura más o menos redondeada que puede llegar a traspasar un objeto: *del tirón se le hizo un agujero en la camiseta.* — s.m. = boquete
2 Canuto en el que se guardan los alfileres.
3 Falta o pérdida de dinero en un negocio sin causa justificada: *el agujero de la empresa es de varios millones de pesetas.* — ECONOMÍA
4 **agujero negro:** Cuerpo celeste que, al tener gran densidad y gravedad, no puede emitir ningún tipo de radiación, lo que impide que pueda ser observado. — ASTRONOMÍA

agujeta
1 Cordón para abrocharse los zapatos. — s.f./*Méx.*
2 Dolor que se siente en distintas partes del cuerpo después de haber realizado un ejercicio muy violento o continuado: *las agujetas de la caminata tardaron en desaparecer tres días.* — s.f.pl.

aguosidad Líquido orgánico de aspecto claro y fluido, semejante al agua. — s.f.

aguoso, a Que se asemeja o contiene agua. — adj./= acuoso

¡agur! (Voz vasca.) Expresión usada para despedirse. — interj./ tb: abur

agusanarse Criar una cosa gusanos: *se nos agusanaron todas las manzanas.* — v.prnl.

agustín Se aplica al mosto cocido con harina y especia fina, al que se añaden trozos de frutas. — adj. COCINA

agustiniano, a
1 De san Agustín. — adj./RELIGIÓN
2 Que profesa la doctrina teológica de san Agustín. — adj/s./TEOLOGÍA

agustino, a Se refiere al religioso que pertenece a la orden de San Agustín. — adj/s. RELIGIÓN

agutí (Voz guaraní.) Roedor del tamaño de una liebre, con orejas y cola cortas y patas altas, que vive en América. — s.m. ZOOLOGÍA

aguzadero, a
1 Que sirve para aguzar. — adj.
2 Se aplica a la piedra que se emplea para afilar las herramientas de corte. — adj/s.f. = afiladera
3 Sitio donde acuden los jabalíes a remover la tierra con el hocico y a aguzar sus colmillos. — s.m.

aguzado, a
1 Que tiene forma aguda: *salientes aguzados.* — adj.
2 Agudo, perspicaz.
3 Se refiere al sentido que se aplica intensamente: *un joven de aguzado oído.*

aguzanieves (De *auce de nieves* < lat. *avicella,* avecilla.) Lavandera, ave que vive a orillas del agua. *(Motacilla alba.)* — s.m. pl: aguzanieves ZOOLOGÍA

aguzar
1 Afilar, hacer punta a una cosa o afinar la que ya tiene: *aguzar los arpones.* — v.tr/prnl. conj: cazar
2 Intentar que una persona haga una cosa. — v.tr.= incitar
3 Preparar un animal los dientes o las garras para comer o despedazar: *el león aguzaba sus garras.* — = afilar
4 Aplicar la atención, la inteligencia o un sentido intensamente: *aguzando el oído pretendía oír la conversación de la otra habitación.* — v.tr/prnl.

¡ah! Expresión usada para exteriorizar sobresalto, sorpresa, susto o para indicar el reconocimiento de algo o alguien: *¡ah!, ya me acuerdo.* — interj.

ahebrado, a Que tiene forma de hebra o que está formado por hebras. — adj. = fibroso

ahechadero Sitio donde se criba el trigo. — s.m./AGRICULTURA

ahechadura Desperdicio que queda después de cribar o limpiar el trigo y otras semillas. — s.f./AGRICULTURA = barcia

ahechar (Del lat. *affectare,* dedicarse a, rebuscar.) Limpiar con criba el grano en la criba. — v.tr. AGRICULTURA

ahelear Poner una cosa amarga, como si fuera hiel. — v.tr./= amargar

ahembrado, a Que presenta características propias de mujer o se comporta como ella. — adj. = afeminado

aherrojar
1 Poner grilletes a una persona. — v.tr.
2 Imponer autoridad, oprimir o subyugar. — literario

aherrumbrar
1 Dar o tomar el color o el sabor del hierro una cosa: *las cañerías aherrumbraban el agua.* — v.tr/prnl.

2 Llenarse algo de herrumbre: *se aherrumbraron las barandillas de los corredores.* — v.prnl.

ahervorarse Ponerse el trigo y otras semillas calientes cuando están apiladas por efecto de la fermentación. — v.prnl. AGRICULTURA

ahí (Del lat. *ad,* a + antiguo *hi.*)
1 En ese lugar: *ese sillón lo pondremos ahí mismo.* — adv.
2 En eso, en esa cuestión: *ahí está el problema.*
3 En ese momento, entonces: *ahí fue cuando lo oí.*
4 ¡**ahí es nada**!: Expresión usada para ponderar un hecho; equivale a ''¡ni más ni menos!''. — loc.adv.
5 ¡**ahí va**!: Expresión usada para manifestar la sorpresa que produce una cosa o una acción: *¡ahí va, cómo corre ese tío!* — interj. tb: aivá
6 de ahí que: De eso se deduce: *es un tirano, de ahí que no lo aguante nadie.* — loc.conj.
7 por ahí: 1. Alguien, algunas personas: *por ahí creen que eres el culpable de la polémica.* 2. En un lugar indeterminado: *comeremos por ahí, sin preocuparnos de reservar mesa.* — loc.adv.

ahidalgado, a
1 Que se comporta con nobleza y generosidad. — adj.
2 Se refiere a la acción que es noble y caballerosa: *le aplaudieron por una heroicidad tan ahidalgada.*

ahidalgar Hacer que una persona adquiera hidalguía o nobleza. — v.tr/prnl. conj: pagar

ahijado, a Cualquier persona respecto de sus padrinos: *tener muchos ahijados.* — s. = apadrinado

ahijar
1 Tomar legalmente como hijo a una persona que no lo es de manera natural. — v.tr/conj: aislar = adoptar
2 Admitir un animal a otro para criarlo.
3 Atribuir a una persona una falta o un delito que no ha cometido: *le ahijan el robo, porque no tiene coartada como otros.*
4 Procrear, tener hijos una persona. — v.intr.
5 Echar una planta nuevos brotes.

¡ahijuna! Expresión que se usa para indicar sentimientos como el asombro o el enfado. — interj./Argent., Chile, Urug.

ahilado, a
1 Se refiere al viento que es suave y continuo: *una ahilada brisa recorría las callejas del barrio de pescadores.* — adj.
2 Se aplica a la voz que es tenue y aguda.

ahilar
1 Ir uno tras otro formando fila: *los excursionistas ahilaban por el sendero.* — v.intr. conj: aislar
2 Desmayarse por falta de alimento. — v.prnl.
3 Hacer hebra la levadura, el vino y otros productos por haberse deteriorado.
4 Ponerse una persona delgada a causa de una enfermedad o de un rápido crecimiento. — = adelgazar
5 Crecer una planta débil por falta de luz: *las judías se ahilaban bajo la sombra del peral.* — AGRICULTURA
6 Crecer los árboles altos, derechos y limpios de ramas por estar muy juntos. — AGRICULTURA

ahílo Acción y resultado de ahilar o ahilarse. — s.m.

ahincar
1 Intentar insistentemente que una persona haga una cosa: *la ahincó para que fuera más puntual.* — v.tr. = instar
2 Hacer una cosa apresuradamente. — v.prnl.
CONJ.: IND.: PRES.: *ahínco, ahíncas, ahínca,* ahincamos, ahincáis, *ahíncan.* PRET. INDEF.: *ahinqué,* ahincaste, ahincó, ahincamos, ahincasteis, ahincaron. SUBJ.: PRES.: *ahínque, ahínques, ahínque,* ahinquemos, ahinquéis, *ahínquen.* IMP.: *ahínca, ahínque,* ahinquemos, ahincad, *ahínquen.*

ahínco Actitud del que pone gran esfuerzo y empeño en hacer o solicitar una cosa: *se entregó con ahínco a la carrera para acabarla en el tiempo previsto.* — s.m. = énfasis

ahitar
1 Señalar los límites de un terreno con hitos o mojones: *ahitar una finca.* — v.tr./conj: aislar part.tb: ahito
2 Causar una indigestión. — v.tr/prnl.
3 Comer una cosa hasta indigestarse. — v.prnl.

ahitera Indigestión grande o de mucha duración. — s.f./= ahíto

ahíto, a (del lat. *infictus < infigere,* clavar, hundir.)
1 Se aplica a quien ha comido hasta hartarse. — adj./= harto
2 Que está cansado de alguna persona o de algo: *ahíto de tantas críticas abandonó su puesto.* — = hastiado
3 Indigestión u ocupación de estómago. — s.m./= ahitera

ahocicar
1 Dejar de oponer resistencia en una lucha o una disputa, reconociendo que el otro tiene razón. — v.intr/prnl. conj: sacar
2 Caer de boca contra el suelo. — v.intr./coloquial

ahocinarse Pasar un río por una quebrada o desfiladero estrecho y profundo. — v.prnl. = encajarse

ahogadero, a
1 Que ahoga o sofoca. — adj.
2 Sitio muy pequeño o con aglomeración de gente. — s.m.
3 Correa que ciñe el pescuezo del caballo.

4 Caldero con agua caliente donde se ahogan los capullos del gusano de seda.

ahogadizo, a
1 Que se puede ahogar con facilidad. — adj.
2 Se refiere a la fruta que es difícil de tragar por su aspereza: *el membrillo es ahogadizo.*
3 Se aplica a la madera que se hunde en el agua por ser muy pesada. — = anegadiza

ahogado, a
1 Se aplica al sonido que se emite con dificultad o de forma contenida: *un ahogado grito se oyó desde fuera de la casa.* — adj.
2 Se refiere al lugar que es pequeño y sin ventilación: *tuvo que salir de aquel lugar tan ahogado.*
3 Que está agobiado o apurado: *estoy ahogada de obligaciones y deudas.*
4 Persona que muere por falta de respiración, especialmente si ocurre en el agua: *el resultado de la colisión de los barcos se cifra en treinta ahogados y dieciocho desaparecidos.* — s.

ahogar (Del lat. *offocare,* sofocar, ahogar < *fauces,* garganta.)
1 Causar la muerte a una persona o un animal por falta de respiración: *se ahogó porque no sabía nadar.* — v.tr/prnl. conj: pagar
2 Estropear el exceso de riego una planta: *ahogó las patatas por su afán de regarlas tan a menudo.*
3 Causar sofoco el exceso de calor: *me ahoga el bochorno de esta ciudad; se ahogaban en aquel cafetín.* — = sofocar
4 Echar determinadas materias sobre el fuego impidiendo la combustión: *ahógalo con tierra.* — v.tr. = sofocar
5 Dominar o impedir que se produzca un hecho determinado: *el teatro se ahogó en la dictadura.* — v.tr/prnl.
6 Poner una cosa bajo el agua: *ahogar las redes; ahogar las varas de mimbre para arquearlas con facilidad.* — v.tr.
7 Causar una cosa preocupación o angustia a una persona: *las letras ahogaban al llegar su vencimiento; se ahogaban por la falta de crédito.* — v.tr/intr/prnl. = oprimir, acongojar
8 Estar o verse una persona en una situación difícil por deudas u obligaciones: *se ahogó, y arrastró con él a toda su familia, por culpa del juego.* — v.prnl.
9 Hacer que el rey contrario no pueda moverse sin entrar en jaque, en el ajedrez. — v.tr. JUEGOS
10 Quedar el carburador de un motor lleno por exceso de combustible: *ahogó con gasoil el tractor.* — v.tr/prnl./MECÁNICA = anegar
11 Llenarse una embarcación de agua por la proa al escorarse demasiado. — v.prnl. NÁUTICA

ahogaviejas Quijones, planta herbácea de flores blancas. — s.f./pl: ahogaviejas BOTÁNICA

ahogo
1 Sensación experimentada por el que se ahoga: *los primeros síntomas fueron unos simples ahogos.* — s.m.
2 Sentimiento de angustia o agobio.

ahoguijo Opresión en el pecho que impide respirar con facilidad: *intentó relajarse, pero unos ahoguijos intermitentes no se lo permitían.* — s.m. tb: ahoguío

ahombrado, a Se aplica a la mujer o al niño que es parecido al hombre por sus actos o cualidades. — adj./coloquial = hombruno

ahombrarse Adquirir la mujer modales propios de un hombre. — v.prnl. coloquial

ahondamiento
1 Estudio o examen profundo de un asunto o una materia: *la comisión procedió al ahondamiento en la cuestión presupuestaria.* — s.m.
2 Introducción de una cosa profundamente en un sitio: *el ahondamiento del montacargas en las galerías de la mina.*

ahondar
1 Hacer más hondo un hoyo o una cavidad. — v.tr.
2 Introducir una cosa hasta muy dentro de otra: *las raíces se ahondan y levantan el empedrado.* — v.tr/intr/prnl.
3 Examinar o estudiar una cosa detalladamente. — v.tr/intr./+ en

ahora (Del lat. *hac hora,* hora.)
1 En este momento: *ahora me doy cuenta de mi error.* — adv.
2 Hace poco tiempo, dentro de poco tiempo: *acabamos de llegar ahora mismo; ahora voy.*
3 Actualmente, hasta este momento: *por ahora parece que funciona.*
4 Pero, aunque: *es bonita, ahora, no tan esbelta como la que trajeron el mes anterior.* — conj.
5 Tan pronto, tanto si: *ahora ríe, ahora llora.*
6 ahora bien: Pero, aunque: *llámame, ahora bien, no te aseguro que vaya a estar en casa.* — loc.conj.
7 ahora que: Pero: *no aprobó el último curso, ahora que no me extraña en absoluto.*
8 ¡**hasta ahora**!: Expresión que se usa como despedida. — interj.
9 por ahora: Hasta el momento presente: *por ahora no podemos encargarles más trabajo del que tienen.* — loc.adv.

ahorcado, a Persona que ha sido ahorcada: *dicen que el espíritu del ahorcado ronda por el pinar.* — s.

ahorcajarse Ponerse a horcajadas. — v.prnl.

ahorcamiento Acción y resultado de ahorcar: *el ahor-* s.m.
camiento tuvo lugar en la plaza del pueblo.

ahorcaperros Nudo corredizo utilizado para sacar s.m.
objetos sumergidos. pl: ahorcaperros

ahorcar
1 Causar la muerte a una persona colgándola de una v.tr/prnl.
cuerda que rodea su cuello. conj: sacar
2 Dejar un hábito, una creencia o los estudios. v.tr./= abandonar
3 No dejar que un jugador coloque una ficha doble JUEGOS
en el juego del dominó. = achanchar

ahorita Ahora mismo, hace muy poco tiempo, dentro adv./Amér.
de poco tiempo: *vuelvo ahorita mismo.* coloquial

ahormar
1 Hacer que una cosa se ajuste a su horma o molde: v.tr/prnl.
ahormarse los zapatos. = amoldar
2 Conseguir convencer a una persona de que adopte v.tr.
una determinada actitud.
3 Hacer que el toro se coloque en situación conve- TAUROMAQUIA
niente para darle la estocada.

ahornagarse Secarse la tierra, los frutos o las plantas v.prnl.
por el excesivo calor. conj: pagar

ahornar
1 Meter una cosa en el horno para calentarla, cocerla v.tr./tb: enhornar
o asarla: *ahornarlo durante una hora.* = hornear
2 Quemarse el pan por fuera sin cocerse bien por v.prnl.
dentro: *se ahornó el pan de la mañana.*

ahorquillar
1 Sujetar las ramas de los árboles con horquillas: v.tr.
ahorquilló los cerezos para evitar que se quebrasen las ra- AGRICULTURA
mas.
2 Dar o adquirir forma de horquilla. v.tr/prnl.

ahorrador, a Que ahorra o economiza: *desde peque-* adj/s.
ña le enseñaron a ser muy ahorradora.

ahorrar (Derivado del ant. *horro,* libre de nacimiento.)
1 Guardar una parte del dinero de que se dispone: *in-* v.tr.
tentó ahorrar veinte mil pesetas a la semana.
2 Gastar de una cosa menos de lo que se gastaría no = economizar
teniendo cuidado: *ahorrar energía.*
3 Evitar a una persona un trabajo o una molestia: *si* v.tr/prnl.
no se lo cuentas, le ahorrarás un disgusto.

ahorrativo, a
1 Que ahorra dinero: *es una persona austera y ahorra-* adj.
tiva. = ahorrador
2 Que no gasta más de lo debido.

ahorrista Persona que tiene cuenta de ahorros en un s.m.f.
establecimiento de crédito. Argent., Venez.

ahorro
1 Acción de guardar una parte del dinero que se ob- s.m.
tiene o del que se dispone: *el ministro alabó el ahorro*
familiar.
2 Cantidad de dinero que se ahorra.
3 Consumo moderado de una cosa para no gastarla y
tener reservas de ella: *lanzaron una campaña para pro-*
piciar el ahorro energético.

ahoyar Hacer hoyos o agujeros: *ahoyaron las aceras* v.intr.
para plantar árboles.

ahuchar
I (Derivado de *a + hucha.*)
1 Guardar dinero en una hucha. v.tr./conj: aunar
2 Guardar los ahorros en un lugar seguro.
II (Derivado de *a + hucho.*)
1 Llamar al halcón durante la caza de cetrería. v.tr./CAZA
2 Incitar o azuzar. Colomb.

ahuchear Abuchear, mostrar el público desagrado v.tr.
con silbidos o gritos.

ahuecado
1 Acción y resultado de ahuecar. s.m.
2 Técnica de esmalte consistente en rehundir la zona
en la que se vaciará la pasta vítrea.

ahuecar
1 Dejar una cosa hueca quitando materia de su inte- v.tr./conj: sacar
rior: *ahuecó las frutas y tiró la pulpa.* tb: enhuecar
2 Poner esponjosa o hacer menos compacta una cosa: v.tr/prnl.
ahueca los cojines del sofá. = mullir
3 Poner la voz en un tono más grave por afectación o v.tr.
por diversión: *ahuecar la voz para imitarle.*
4 Irse una persona de un lugar o una reunión: *ahuecó* v.intr.
antes de que se hubiera llegado a un acuerdo. coloquial
5 Ponerse una persona vanidosa, engreírse: *se ahuecó* v.prnl.
ante los halagos generales. coloquial

ahuesado, a De color o dureza como la del hueso. adj.

ahuevar
1 Dar o adquirir forma de huevo una cosa: *ahuevó las* v.tr/prnl.
bolitas de mazapán.
2 Poner el vino transparente con claras de huevo:
ahuevar el jerez.

ahumada Señal de humo que se hacía desde un lugar s.f.
elevado: *se comunicaban con ahumadas.* tb: humada

ahumadero Lugar donde se ahúma un alimento: *ahu-* s.m.
madero de salmón.

ahumado, a
1 Que tiene el color parecido al del humo. adj.
2 Se refiere al alimento curado mediante la acción adj/s.m.
del humo: *les sirvió canapés con ahumados de todo tipo.* COCINA
3 Acción y resultado de ahumar.

ahumar
1 Exponer una cosa al humo: *se ahumaron las sábanas,* v.tr.
por tenderlas cerca de la barbacoa. conj: aunar
2 Llenar una cosa de humo: *el salón se ahumó con los* v.tr/prnl.
puros de aquellos señorones.
3 Someter un alimento a la acción del humo para su v.tr.
curación: *ahumar los arenques.*
4 Echar humo algo que se quema. v.intr./= humear
5 Tomar un guiso sabor a humo. v.prnl.
6 Ponerse una cosa negra a causa del humo.
7 Ponerse una persona ebria: *salió de copas con unos* coloquial
amigos y se ahumó en menos que canta un gallo.

ahusado, a Que tiene forma cilíndrica y alargada, adj.
más estrecho en los extremos, como el huso: *columna* = fusiforme
ahusada; balaustre ahusado.

ahusar
1 Dar forma de huso a una cosa. v.tr./conj: aunar
2 Tomar una cosa forma de huso. v.prnl.

ahuyentar
1 Hacer que una persona o un animal huya o no se v.tr.
acerque: *ahuyentar los lobos con fuego.*
2 Desechar una idea o un sentimiento molesto o ne- = apartar
gativo: *intentó ahuyentar los amargos recuerdos del viaje.*
3 Huir de un lugar o de un asunto por miedo. v.prnl.

aijada Vara con punta de hierro usada para picar y es- s.f.
timular a algunos animales. = aguijada

aimara
1 De un pueblo amerindio que habita junto al lago adj.
Titicaca, entre Perú y Bolivia. tb: aimará
2 Persona de este pueblo. s.
3 Lengua hablada por este pueblo. s.m./LINGÜÍSTICA

aindiado, a Que tiene el color y las facciones propias adj/s.
de los indios.

airado, a Que manifiesta enfado: *salió airada del edifi-* adj.
cio y bajó corriendo la escalinata.

airamiento Irritación, estado de enfado o ira: *la inde-* s.m.
fensión del inculpado provocó su airamiento.

airar
1 Encolerizar, poner a una persona muy irritada: *le* v.tr/prnl.
airaban sus groseros chistes. conj: aislar
2 Mover una cosa violentamente. v.tr./= agitar

airbag (Voz inglesa.) Dispositivo de seguridad en el s.m.
interior de los automóviles, consistente en un cojín TECNOLOGÍA
de aire que se hincha en el momento en que se produce una colisión.

aire (Del lat. *aer* < gr. *aer,* aire.)
1 Envoltura gaseosa de la Tierra, formada principal- s.m.
mente por oxígeno, nitrógeno, argón y otros gases
nobles, vapor de agua y dióxido de carbono.
2 Atmósfera que envuelve a la Tierra.
3 Viento o corriente de aire: *aquella noche le dio un*
aire y lleva varias semanas acatarrada.
4 Semejanza o parecido entre personas: *todos tienen*
un aire de familia.
5 Actitud del que presume de una cosa: *entró en el es-* = engreimiento
tudio con muchos aires, pero el regidor le bajó los humos.
6 Garbo, gracia en la manera de moverse y de hacer
las cosas: *baila con aire grácil y etéreo.*
7 Aspecto general: *es un niño de aire distraído.* = apariencia
8 Ventosidad, gas intestinal expelido por el ano.
9 Manera de andar las caballerías. EQUITACIÓN
10 Grado de rapidez o lentitud con que se ejecuta MÚSICA
una obra musical.
11 Canción, tonada, melodía: *aires populares.* MÚSICA
12 aire acondicionado: Sistema de ventilación que TECNOLOGÍA
regula la temperatura y la humedad del aire en un lugar cerrado.
13 aire líquido: Líquido que se obtiene sometiendo TECNOLOGÍA
el aire a compresión y enfriamiento, usado como refrigerante, para la obtención de explosivos y en combustibles líquidos para cohetes espaciales.
14 aire popular: Canción o melodía bailable propias MÚSICA
del pueblo: *antología de aires populares.*
15 al aire libre: En espacios abiertos: *todas las activi-*
dades del campamento se realizan al aire libre.
16 darse aires de algo: Presumir, por lo general sin
tener razones para ello: *se daban aires de aristócratas,*
pero eran unos simples comerciantes.
17 darse un aire a alguien: Tener una ligera semejanza con otra persona: *creo que se da un aire a su*
abuelo paterno.
18 dejar en el aire: Dejar sin responder o resolver coloquial
una pregunta o propuesta: *dejaron en el aire una de las*
partidas presupuestarias.

19 estar en el aire: Referido a emisiones televisivas o radiofónicas, estar emitiendo para el público. — AUDIOVISUALES

20 hacer aire a alguien: Dar aire a una persona para refrescarla: *la enfermera le hacía aire para evitar sus ahogos.*

21 ir una persona a su aire: Comportarse según su estilo o sus costumbres, o sin la colaboración o la influencia de otras personas: *viste a su aire, cómoda y con desenfado.*

22 llevarle el aire a alguien: Acomodarse a su carácter o humor: *le llevo el aire como puedo para que no se enfade.* — coloquial

23 mudar o cambiar de aires: Cambiar de lugar para mejorar la salud, o para escapar de algo molesto: *el médico le recomendó que cambiase de aires.*

24 tomar el aire: Ponerse donde hay aire libre: *salió a la terraza a tomar el aire.*

25 vivir del aire: 1. No tener con qué mantenerse: *desde hace tres meses vive del aire y de la generosidad de su familia.* 2. Comer muy poco.

aireación Ventilación de una habitación o local cerrado. — s.f.

aireado, a
1 Que está muy expuesto al aire: *nos instalaron en una habitación muy aireada.* — adj.
2 Se refiere al vino que está picado o agriado.

airear
1 Poner una cosa al aire: *aireó las mantas y los edredones antes de guardarlos en el armario.* — v.tr. = orear
2 Hacer una cosa pública: *ya airearon la noticia.* — = divulgar
3 Ponerse una persona al aire para respirar mejor. — v.prnl.
4 Contraer una persona un resfriado por haberse expuesto al aire. — = constiparse

airón (Del fr. ant. *hairon*, garza.)
1 Penacho de plumas ornamentales que tienen algunas aves sobre la cabeza. — s.m.
2 Adorno de plumas o imitación que se coloca en sombreros, cascos, gorras o en el tocado. — = martinete

airosamente
1 Con facilidad y acierto: *pasó airosamente el examen.* — adv.
2 Con gracia y garbo: *se mueve airosamente al andar.*

airosidad Gracia y soltura en los movimientos corporales: *bailó con cierta airosidad.* — s.f.

airoso, a
1 Que está batido por el aire o que transcurre con mucho aire: *granero airoso; tarde airosa.* — adj.
2 Que tiene garbo y gallardía. — = garboso
3 salir airoso de algo: Triunfar en una empresa o asunto: *salieron airosos de la vista preliminar.*

aislable Que se puede aislar o separar de los demás: *circuito aislable de la instalación general.* — adj.

aislacionismo Tendencia opuesta al intervencionismo que defiende que los países han de mantenerse apartados de cualquier asunto o conflicto internacional. — s.m. POLÍTICA ≠ intervencionismo

aislacionista
1 Del aislacionismo: *tendencias aislacionistas.* — adj./POLÍTICA
2 Que es partidario del aislacionismo. — adj/s.m.f.

aislado, a
1 Que es singular o anecdótico dentro de un conjunto o de un plan: *se trata de un caso aislado.* — adj.
2 Que está solo, separado: *vive en una casa aislada.*

aislador, a
1 Que aísla o separa. — adj/s.m.
2 Cuerpo que intercepta el paso de la electricidad y el calor. — s.m. FÍSICA
3 Pieza de material aislante que sirve para sujetar un conductor eléctrico. — FÍSICA

aislamiento
1 Separación de una cosa o una persona respecto de otras: *fue castigado con un largo aislamiento.* — s.m.
2 Situación de la persona que no se relaciona con los demás: *su aislamiento acabó en depresión.*

aislante
1 Que aísla. — adj/s.m.
2 Se aplica a las lenguas en que las palabras no tienen variación morfológica y las relaciones gramaticales están marcadas por elementos discretos. — adj. LINGÜÍSTICA
3 Cuerpo que no conduce el calor o la electricidad. — s.m.

aislar
1 Dejar una cosa o persona separada de las demás. — v.tr/prnl.
2 Evitar una persona el trato con otra.
3 Separar mediante aisladores un cuerpo de otros que son conductores de la electricidad o del calor. — v.tr. FÍSICA
4 Separar un elemento de otros con los que estaba combinado: *aísla las proteínas de la muestra.* — QUÍMICA
CONJ.: IND.: PRES.: *aíslo, aíslas, aísla, aislamos, aisláis, aíslan.* SUBJ.: PRES.: *aísle, aísles, aísle, aislemos, aisléis, aíslen.* IMP.: *aísla, aísle, aislemos, aislad, aíslen.*

aizkolari (Voz vasca.) Cortador de troncos en competiciones deportivas y populares que se celebran en el País Vasco. — s.m. DEPORTES

¡ajá! Expresión usada para indicar aprobación o complacencia: *¡ajá, ya lo tengo!* — interj./tb: ajajá coloquial

ajabardar Formar las abejas enjambres pequeños. — v.tr.

ajacho Bebida muy fuerte hecha de chicha y ají: *se tomaron el ajacho como si nada.* — s.m. Bol.

ajada Salsa hecha con pan desleído en agua, ajos machacados y sal. — s.f. COCINA

ajadizo, a Que se aja o estropea con facilidad. — adj.

ajamonarse Hacerse una persona algo más gruesa: *tras el parto se ajamonó un poco.* — v.prnl. coloquial

ajar
I (Derivado de *ajo*.) Tierra sembrada de ajos: *destrozaron el ajar.* — s.m.
II (Derivado del ant. *ahajar*, probablemente del lat. vulg. **fallia*, defecto < *fallere*, faltar.)
1 Estropear el aspecto de una cosa por el paso del tiempo o el uso que se le ha dado: *de tanto caminar se le ajaron los botines.* — v.tr/prnl.
2 Hacer desaparecer el tiempo o la enfermedad la juventud o la belleza de una persona: *la hepatitis acabó ajando su lozanía.*
3 Tratar a una persona mal verbalmente para humillarla: *le ajaba implacablemente.* — v.tr.

ajaraca Adorno de líneas y florones propio de la ornamentación árabe y mudéjar. — s.f. ARQUITECTURA

ajaracado Dibujo o pintura que decora una pared formando ajaracas. — s.m. ARQUITECTURA

ajarafe
1 Terreno alto y extenso. — s.m./tb: aljarafe
2 Azotea, cubierta llana de un edificio: *huyó de la policía saltando de ajarafe en ajarafe.* — CONSTRUCCIÓN

ajardinamiento Acción y resultado de ajardinar. — s.m.

ajardinar Convertir un terreno en jardín: *ajardinaron el solar para disfrute de los vecinos.* — v.tr.

ajaspajas Cosa insignificante. — s.f.pl./coloquial

aje Malestar físico, achaque: *los ajes de la edad.* — s.m.

-aje
1 Indica acción o resultado: *abordaje; hospedaje.* — suf.
2 Unido a sustantivos indica conjunto: *ropaje; ramaje.*

ajea Artemisa pegajosa, planta. — s.f./BOTÁNICA

ajear Emitir la perdiz un sonido cuando es perseguida o se siente amenazada. — v.intr.

ajedrea (Del ár. *satriya* < lat. *satureja*.) Planta labiada, vivaz, aromática, utilizada como condimento. *(Satureja montana.)* — s.f./tb: jedrea BOTÁNICA = hisopillo

ajedrecista Jugador de ajedrez: *se convirtió en el ajedrecista más famoso de la década.* — s.m.f. JUEGOS

ajedrez
1 Juego que se practica sobre un tablero de 64 escaques blancos y negros, y en el que cada uno de los dos jugadores dispone de 16 piezas cuyos movimientos, regidos por unas reglas, se combinan con el objetivo de dejar sin defensa al rey contrario. — s.m. JUEGOS
2 Conjunto de piezas que sirve para el juego del ajedrez: *le regaló un ajedrez de caoba y ébano.* — JUEGOS

ajenjo (Del lat. *absinthium* < gr. *apsinthion*.)
1 Planta compuesta, vivaz, aromática, de esencia amarga y tóxica. *(Artemisia absinthium.)* — s.m./BOTÁNICA = absintio
2 Bebida alcohólica preparada con esencia de esta planta y otras hierbas.

ajeno, a (Del lat. *alienus* < *alius*, otro.)
1 Que pertenece a otro: *bienes ajenos.* — adj.
2 Que es impropio o no mantiene relación con otras cosas: *ajeno a sus intereses.* — + a
3 Que no tiene sospecha o noticia de una cosa: *se le veía tranquilo porque permanecía ajeno a la situación.* — + a, de = ignorante
4 Que no tiene la cosa de que se trata: *su comportamiento se muestra ajeno de maldad.* — + de

ajeo Quejido de la perdiz cuando se ve acosada. — s.m.

ajerezado, a Se refiere al vino parecido al jerez. — adj/s.m.

ajete
1 Ajo tierno que aún no ha echado cabeza. — s.m.
2 Ajipuerro, puerro silvestre. — BOTÁNICA

ajetrear
1 Hacer que una persona trabaje mucho, se mueva mucho o realice una actividad física intensa. — v.tr.
2 Trabajar una persona mucho en una actividad o una ocupación moviéndose mucho de un lado a otro: *se ajetreó con los preparativos del viaje.* — v.prnl. = afanarse

ajetreo Actividad, trabajo o esfuerzo físico intenso y poco ordenado: *con tanto ajetreo no recordé su cumpleaños y ni siquiera le llamé por teléfono.* — s.m. = tráfago, agitación

ají
1 Planta herbácea solanácea que se usa para condimentar. *(Capsicum.)* — s.m./pl:ajíes BOTÁNICA/tb: pimiento
2 Pimiento pequeño y picante. — Amér. Merid.

3 Ajiaco, salsa hecha con este fruto.   COCINA

ajiaceite Ajoaceite, salsa hecha a base de aceite y dientes de ajo.   s.m./COCINA = alioli

ajiaco
1 Guiso hecho generalmente a base de carne, patatas, pimientos picantes, cebollas y legumbres.   s.m./Amér. Merid. COCINA
2 Salsa cuyo principal ingrediente es el ají: *acompaña con ajiaco la carne asada.*   Amér. Central y Merid/COCINA
3 Tumulto o revuelo.   Cuba

ajicola Cola hecha con trozos de piel cocidos con ajos, que se usa para preparar pintura al temple, o el dorado que ha de bruñirse.   s.f.

ajicomino Salsa hecha con ajos y cominos.   s.m./COCINA

ajilimoje
1 Salsa elaborada a base de ajos, con que se acompañan ciertos platos.   s.m./COCINA = ajilimójili
2 Conjunto de cosas mezcladas sin orden.   = revoltijo
3 Aditamentos de una cosa.   s.m.pl.

ajimez (Del ár. *as-simesa*, ventana.) Ventana arqueada, dividida en el centro por una columna: *la torre estaba horadada por ajimeces.*   s.m. pl: ajimeces ARQUITECTURA

ajipuerro Puerro silvestre, planta hortícola de hojas anchas y planas, flores rosadas en umbela y bulbo comestible. *(Allium ampelo prasum.)*   s.m. = ajete

ajironar
1 Romper en pedazos desgarrados una tela: *le ajironó la camisa para hacerle un torniquete en la pierna.*   v.tr.
2 Poner fajas en una prenda de vestir.

ajo (Del lat. *alium*.)
1 Planta hortense cuyo bulbo es blanco, redondeado y de olor característico y se emplea como condimento. *(Allium sativum.)*   s.m. BOTÁNICA
2 Cada una de las partes o dientes en que se divide el bulbo o cabeza de ajos: *echar a la salsa un par de ajos.*
3 **ajo blanco**: 1. Condimento hecho con ajos machacados, miga de pan, sal, aceite, vinagre, agua y, en algunos casos, almendras machacadas. 2. Sopa fría elaborada con los mismos ingredientes que el condimento de este nombre.   COCINA
4 **ajo cañete o castañete**: Variedad del ajo común que tiene las túnicas de los bulbos de color rojo.   BOTÁNICA
5 **ajo cebollino**: Cebollana, planta vivaz, cuyas hojas cilíndricas y largas se usan como condimento.   BOTÁNICA = cebollino
6 **ajo de Ascalonia**: Planta liliácea perenne originaria de Asia que se utiliza como condimento.   BOTÁNICA = chalote
7 **ajo porro o puerro o tierno**: Planta hortícola de bulbo comestible y propiedades diuréticas.   BOTÁNICA = puerro
8 **al ajo o al ajillo**: Se usa para referirse al modo de cocinar un alimento, friéndolo con ajos picados: *en aquel restaurante sirven un conejo al ajillo buenísimo.*   loc.adj. COCINA
9 **estar uno en el ajo**: Estar una persona al corriente o intervenir en cierto asunto, llevado o tratado de forma reservada: *ellos también están en el ajo aunque intenten disimularlo.*   coloquial
10 **tieso como un ajo**: Se aplica a la postura muy erguida o estirada de una persona y que, generalmente, se considera signo de engreimiento o excesiva seguridad: *pasó sin hablarles, tieso como un ajo.*   coloquial

ajoaceite Salsa que se prepara con aceite y ajos machacados.   s.m./COCINA tb: ajiaceite

ajoarriero Guiso de bacalao y ajos, propio de la cocina vasco-navarra y aragonesa.   s.m. COCINA

ajolote Anfibio urodelo ambistómido, negro y grueso, que vive en algunos lagos mexicanos y norteamericanos.   s.m. ZOOLOGÍA tb: axolote

ajomate Alga verde de agua dulce, pluricelular, formada por filamentos delgados. *(Rhizoclonium rivulare.)*   s.m./BOTÁNICA = ova de río

ajonje
1 Sustancia grasa y viscosa que se obtiene de la raíz de la ajonjera y se usa para cazar pájaros.   s.m./tb: ajonjo, aljonje/BOTÁNICA
2 Ajonjera, planta compuesta.   BOTÁNICA

ajonjear Mimar, acariciar.   v.tr/Colomb.

ajonjera Planta compuesta, vivaz, de hojas espinosas y puntiagudas, agrupadas en roseta, flores tubulares amarillentas y raíz fusiforme.   s.f./BOTÁNICA tb: ajonjero, aljonjera

ajonjolí
1 Planta sesamácea anual tropical, con semillas amarillentas, pequeñas, oleaginosas y comestibles. *(Sesamum.)*   s.m. tb: ajonjolíes BOTÁNICA
2 Simiente de esta planta.   BOTÁNICA

ajorca Adorno de metal en forma de argolla que se lleva en las muñecas, en los brazos o en los tobillos.   s.f./= carcax, brazalete

ajornalar Hacer un contrato a una persona para que trabaje a jornal: *se ajornaló para la uva.*   v.tr/prnl. tb: jornalar

ajorrar
1 Trasladar una cosa tirando de ella.   v.tr./tb: ajorar
2 Llevar personas o ganado de un lugar a otro por la fuerza: *ajorrar la manada.*   v.tr/prnl.

ajuanetado, a Se aplica al dedo gordo del pie quetiene los huesos muy prominentes.   adj. = juanetudo

ajuar (Del ár. *as-suwar*.)
1 Conjunto de ropas, muebles y demás enseres de uso común en la casa: *poco a poco fue restaurando el ajuar de la cocina.*   s.m.
2 Conjunto de ropas, muebles y demás objetos que aporta la mujer al matrimonio: *el ajuar de la abuela estaba todo bordado con hilo de seda.*

ajuarar Proporcionar lo necesario para equipar una casa.   v.tr.

ajudiado, a Que es parecido a los judíos o característico de ellos: *poesía ajudiada.*   adj.

ajuglarar
1 Hacer que una persona proceda como un juglar.   v.tr.
2 Tener o adquirir condiciones de juglar.   v.intr/prnl.

ajuiciar
1 Hacer a una persona juiciosa o cuerda: *la muerte de su padre lo ajuició.*   v.tr/intr.
2 Enjuiciar, someter a juicio.   v.tr.

ajumado, a Borracho, persona que ha tomado una cantidad tal de alcohol que tiene alteradas sus facultades físicas o perceptivas.   adj. coloquial = achispado

ajunquillar Llenar las acanaladuras de una columna con resaltos en forma de bastoncillos.   v.tr. ARQUITECTURA

ajuntar
1 Juntar, unir unas cosas con otras.   v.tr./vulgar
2 Entre niños, ser amigos: *ya no te ajunto.*   familiar
3 Hacer una pareja vida matrimonial sin estar casados: *finalmente decidieron ajuntarse.*   v.prnl. coloquial

ajustado, a Justo, como debe ser: *es un precio ajustado a la calidad que pedimos.*   adj.

ajustador, a
1 Que ajusta o adapta.   adj/s.
2 Persona que amolda piezas de metal al sitio donde han de quedar colocadas.   s.
3 Anillo que se coloca delante de una sortija demasiado ancha, para evitar que ésta salga del dedo.   s.m.
4 Prenda de vestir que se ciñe al busto.

ajustadores Prenda interior femenina para el busto, sujetador.   s.m.pl. Cuba

ajustamiento
1 Acción o resultado de ajustar o ajustarse: *el ajustamiento de los precios a las normas del gobierno.*   s.m. = ajuste ECONOMÍA
2 Papel que contiene las diferentes partidas del haber y del debe y su resultado final.

ajustar (Derivado del lat. *iustus*, justo.)
1 Poner una cosa de modo que se adapte exactamente a otra: *esta tuerca se ajusta al agujero.*   v.tr/intr/prnl.
2 Poner una cosa en armonía o correspondencia con otra: *ajustar los gastos con los ingresos.*   v.tr.
3 Hacer una cosa o un sentimiento más justo o moderado: *debes reprimirte y ajustar tus pasiones.*   v.tr/prnl. = moderar
4 Llegar a un acuerdo sobre una cosa.   v.tr.
5 Establecer el precio de una cosa.
6 Determinar o pagar el importe de una cuenta.
7 Concertar las galeradas para formar las planas.   ARTES GRÁFICAS
8 Contratar a una persona para algún servicio.   v.tr/prnl.

ajuste
1 Acción de ajustar o ajustarse.   s.m./= ajustamiento
2 Acuerdo, resultado de avenirse.
3 Conjunto de medidas económicas aplicadas para corregir desequilibrios.   ECONOMÍA
4 **ajuste de cuentas**: Venganza que una persona lleva a cabo para saldar un agravio anterior: *la policía cree que el asesinato fue un ajuste de cuentas.*

ajusticiado, a Reo a quien se ha aplicado la pena de muerte: *el cadáver del ajusticiado.*   s.

ajusticiamiento Ejecución de un condenado a muerte: *estar en contra de los ajusticiamientos.*   s.m.

ajusticiar Aplicar la pena de muerte a un reo: *ajusticiaban a los malhechores en un lugar público.*   v.tr.

al Contracción de la preposición a y el artículo el.   contr.

-al
1 Unido a sustantivos señala el lugar donde abunda algo: *naranjal, arrozal, peñascal.*   suf.
2 Unido a sustantivos indica pertenecient o relativo a: *sacerdotal, orbital, cultural, moral, laboral.*
3 Unido a nombres químicos denota la presencia en ellos del grupo aldehídico: *etanal, propanal.*   QUÍMICA

ala (Del lat. *ala*.)
1 Parte del cuerpo de las aves y del de los insectos que les sirve para volar, aunque en algunos animales están atrofiadas: *el perdigonazo le dio en el ala.*   s.f. ZOOLOGÍA
2 Cada una de las partes que tiene el avión a ambos lados, que presentan resistencia al aire y sirven para sustentar el aparato en vuelo: *inclinó las alas de la avioneta para comenzar el descenso.*   AERONÁUTICA
3 Cada una de las partes que se extienden a ambos lados del cuerpo principal de un edificio: *sólo está abierta al público el ala norte.*   CONSTRUCCIÓN

4 Parte plana y horizontal que rodea la copa de un sombrero: *el ala de la pamela proyectaba una sombra sobre sus ojos.*

5 Alero, parte inferior del tejado.   CONSTRUCCIÓN

6 Cada una de las partes membranosas que limitan por los lados las ventanas de la nariz: *al reír le tiemblan las alas de la nariz.*   ANATOMÍA

7 Cada una de las tendencias, bandos o facciones de un mismo partido u organización: *marginaron al ala renovadora de la organización.*

8 Parte lateral abatible del tablero de algunas mesas: *ceder las alas por el peso.*

9 Jugador, en baloncesto y otros deportes, que suele atacar por los laterales.   DEPORTES

10 Expansión membranosa de los tallos, frutos u otros órganos de las plantas.   BOTÁNICA

11 Tropa formada a cada extremo de un ejército en orden de batalla.   MILITAR

12 Unidad del aire equivalente al regimiento del ejército de tierra.   MILITAR

13 Vela pequeña suplementaria que se usa para recoger más viento.   NÁUTICA

14 Atrevimiento o impulso que permite a una persona hacer algo importante: *sabe lo que quiere, pero le faltan alas para hacerlo.*   s.f.pl.

15 ala del corazón: Aurícula, cavidad de este órgano.   ANATOMÍA

16 ala delta: Planeador de vuelo libre, compuesto por un ala triangular y un soporte para el piloto.   AERONÁUTICA

17 ahuecar el ala: Marcharse de un sitio: *ahuecó el ala por miedo a recibir una bronca.*   coloquial

18 caérsele a alguien las alas: Desanimarse, desalentarse: *ante la gravedad de su enfermedad se le caían las alas.*   coloquial

19 cortar las alas a alguien: 1. Ponerle dificultades o ser un obstáculo para que desarrolle sus iniciativas: *le cortó las alas en la empresa.* 2. Desanimarle a que haga algo de su gusto.

20 dar alas a alguien: 1. Estimularle, animarle: *le dio alas para que superase su promedio.* 2. Tolerar que actúe según su gusto o haga lo que quiera.   coloquial

21 del ala: Unida a cantidades, resalta el valor o esfuerzo del gasto: *ya puedes ir pagando las cuatrocientas del ala.*   loc.adj. coloquial

22 meterse bajo el ala de algo o alguien: Buscar protección: *cuando tenía problemas se metía bajo el ala de su madre.*   coloquial

23 tocado del ala: Algo loco y chiflado: *por las cosas que dice parece que está un poco tocado del ala.*   coloquial

24 volar alguien con sus propias alas: Valerse por sí mismo: *gracias a Dios, ya empieza a volar con sus propias alas.*

¡ala! Expresión con que se indica sorpresa o con la que se quiere infundir aliento o prisa.   interj. tb: ¡hala!

alabado Canción de alabanza al Santo Sacramento.   s.m.

alabancioso, a Que se alaba a sí mismo: *es excesivamente alabancioso.*   adj/s. = jactancioso

alabanza
1 Acción de alabar.   s.f./= elogio
2 Expresión, o conjunto de expresiones, con que se manifiesta aprecio a los méritos o cualidades de una persona: *últimamente sólo recoge alabanzas.*   = loa

alabar (Del lat. *alapari*, jactarse.)
1 Decir cosas favorables de una persona o una cosa: *alabó su gestión ante el consejo.*   v.tr/prnl.
2 Hacer ostentación de algo, vanagloriarse.   v.prnl.

alabarda (Del germ. *helmbarte* < *helm*, empuñadura + *barte*, hacha.) Arma semejante a la lanza, cuya punta está cruzada en su base por otra que remata en una media luna por detrás.   s.f. HISTORIA, MILITAR

alabardero
1 Soldado que estaba armado de alabarda.   s.m./MILITAR
2 Soldado del cuerpo de infantería que daba guardia de honor a los reyes de España.   MILITAR

alabastrina Lámina delgada de alabastro que se emplea, por ser translúcida, en las claraboyas de los templos en lugar de vidriera.   s.f. ARQUITECTURA

alabastrino, a De alabastro o parecido a él: *copa alabastrina; una estatuilla de ébano con rostro alabastrino.*   adj.

alabastrita Variedad del alabastro yesoso, usado para fabricar vasos o estatuillas.   s.f. = alabastrites

alabastro (Del lat. *alabaster* < gr. *alabastros*.)
1 Piedra blanca, translúcida y compacta, fácilmente tallable, que se utiliza en escultura y en la fabricación de objetos ornamentales.   s.m. MINERALOGÍA
2 alabastro oriental: Variedad fina de alabastro, calcáreo, de color blanco amarillento, que se utiliza en arquitectura.   MINERALOGÍA
3 alabastro yesoso: Mineral de yeso, translúcido y compacto, usado para fabricar baldosas y confeccionar objetos de adorno.   MINERALOGÍA

álabe
1 Rama de árbol inclinada hacia el suelo.   s.m./BOTÁNICA
2 Paleta curva de una rueda hidráulica.   MECÁNICA
3 Diente de la rueda de un batán o de otro mecanismo parecido.   MECÁNICA
4 Estera que se ponía en los lados del carro para que no se cayera la carga.

alabear Dar, adquirir forma curva una superficie: *alabear una chapa metálica.*   v.tr/intr/prnl.

alabeo Forma curva, combada o retorcida que puede tomar una tabla u otra superficie debido al calor, al peso que soporta, o por la acción del hombre.   s.m. TECNOLOGÍA = arqueamiento

alabiado, a Se refiere a la moneda o medalla que sale con rebabas por no estar bien acuñada.   adj.

alacayuela Pequeño arbusto de flores amarillas que crece en la zona central y sur de la península Ibérica. *(Halimium ocymoides.)*   s.f. BOTÁNICA

alacena (Del ár. *al-hazena*, armario.) Armario empotrado en la pared para guardar objetos o alimentos: *guardaba la vajilla de porcelana en una alacena de nogal.*   s.f. tb: alhacena

alacha Pez de cuerpo comprimido lateralmente y cubierto de grandes escamas, que se encuentra en el Mediterráneo. *(Sardinella aurita.)*   s.f. tb: alache ZOOLOGÍA

alaciarse Enlaciarse, ponerse lacio.   v.prnl.

alacrán
1 Artrópodo arácnido terrestre, caracterizado por el caparazón dorsal, el abdomen con seis segmentos terminado en una uña venenosa y los grandes palpos anteriores.   s.m. ZOOLOGÍA = escorpión
2 Asa pequeña con que se traban, entre otras cosas, los botones metálicos.   = esecilla
3 Pieza del freno de las caballerías en forma de gancho que sujeta la barbada al bocado.   EQUITACIÓN
4 alacrán marino: Rape, pez comestible, cubierto de apéndices y espinas.   ZOOLOGÍA = pejesapo

alacranear Hablar mal de alguien.   v.intr./Argent.

alacranera Lugar donde abundan los alacranes.   s.f.

alacridad Estado de ánimo de alegría y buena disposición para hacer una cosa: *a pesar de la fatiga aún quedaba un ápice de alacridad en sus ojos.*   s.f. culto

alada Movimiento de alas de las aves.   s.f./= aleteo

aladar Cabello que hay a cada lado de la cabeza y cae sobre cada una de las sienes.   s.m.

aladierno Arbusto de flores pequeñas amarillentas y fruto algo carnoso, esférico, negro, que se emplea en medicina. *(Rhamnus alaternus.)*   s.m. tb: aladierna BOTÁNICA

alado, a
1 Que tiene alas o se parece a ellas: *Pegaso, el caballo alado; aladas manos.*   adj.
2 Que es ligero y veloz: *Aquiles, el de pies alados.*

aladrar Labrar la tierra con el arado.   v.tr./AGRICULTURA

aladrero Carpintero que labra las maderas para apuntalar las minas o repara carros, arados y otros aperos.   s.m. CARPINTERÍA

alagarse Llenarse un terreno de charcos: *se alagó la huerta con la crecida del río.*   v.prnl. conj: *pagar*

alagartado, a Que tiene variedad de colores, como la piel del lagarto: *el sol descubriría una campiña alagartada.*   adj. tb: lagartado

alajor Impuesto que se pagaba a los dueños de los solares en que estaban edificadas las casas.   s.m.

alajú (Del ár. *al-hasw*, relleno.) Alfajor, dulce de pan tostado, almendras, nueces, miel cocida y especias.   s.m./COCINA pl.tb: alajúes

alalá Canto popular de carácter lírico, propio de algunas provincias del norte de España.   s.m. MÚSICA

alalia (Del gr. *alalia*, habla defectuosa.) Imposibilidad de articular sonidos por causa de una afección local de los órganos vocales o de una lesión nerviosa.   s.f. MEDICINA

alalimón Alimón, juego infantil.   s.m./tb: al alimón

álalo, a (Del gr. *alalos*.) Que padece alalia.   adj/s./MEDICINA

alama Arbusto leguminoso, de flores amarillas, que sirve de pasto al ganado.   s.f. BOTÁNICA

alamar
1 Presilla y botón de pasamanería que se cosen a la orilla de una capa o prenda de vestir.   s.m.
2 Fleco de pasamanería: *alamares de seda.*   = cairel

alambicado, a
1 Que es muy sutil y exquisito: *alambicados adornos.*   adj.
2 Que es muy rebuscado: *concepto alambicado.*
3 Que se da con escasez y muy poco a poco: *en sus textos aparecen alambicadas notas de humor.*

alambicar
1 Obtener por destilación ciertas sustancias en un alambique: *alambicar el orujo.*   v.tr./conj: *sacar* = destilar
2 Examinar una cosa detalladamente para encontrar

su sentido o su utilidad: *empezó por alambicar su relación con sus compañeros.*

3 Complicar el lenguaje o las ideas excesivamente: *alambicó su prosa con más retórica.* = sofisticar

4 Reducir el precio o el beneficio todo lo posible. = aquilatar

alambique (Del ár. *al-anbiq*, alambique < gr. *ambix*, vaso con boquilla.) Aparato para destilar, compuesto de una caldera que recibe el calor, con una tapadera de la que sale un tubo hacia abajo que termina en un serpentín, pasa por un refrigerador y se usa como salida para el producto destilado. s.m. = alquitara, destilador

alambor
1 Falseo o desviación respecto de la vertical de la cara de una piedra o madero. s.m.
2 Rampa muy inclinada, en una fortificación. ARQUITECTURA
3 Variedad amarga del naranjo. BOTÁNICA

alambrada Valla de alambre afianzada en postes, que se usa para cercar un terreno: *electrificar una alambrada para impedir la entrada.* s.f. tb: alambrado

alambrado Alambrera, red con que se protegen alimentos, ventanas o braseros. s.m.

alambrar
1 Poner una alambrada alrededor de un terreno: *alambró el corralillo para que no se escaparan las gallinas.* v.tr.
2 Poner los cencerros a un grupo de caballerías o de cabestros.

alambre (De *arame* < lat. vulgar *aeramen*, objeto de bronce.)
1 Hilo de cualquier metal: *con un maleable alambre formó las más variadas figuras.* s.m.
2 Conjunto de cencerros o campanillas de una recua o un hato de ganado.
3 alambre conejo: El de hierro o latón con que se hacen trampas para cazar conejos. CAZA

alambrear Tocar la perdiz los alambres de la jaula con el pico repetidamente. v.intr.

alambrera
1 Tela metálica usada para proteger alguna cosa frágil, como los cristales de una ventana. s.f.
2 Pantalla de alambre con que se cubren los braseros y chimeneas para evitar quemaduras. = alambrado
3 Red de alambre, en forma de media naranja, con que se cubrían los alimentos para protegerlos: *alambrera para el queso.*

alambrista Acróbata que hace equilibrios sobre un alambre. s.m.f. = funámbulo

alameda
1 Terreno poblado principalmente de álamos: *las alamedas bordeaban el río.* s.f. BOTÁNICA
2 Paseo con álamos o con árboles de otra clase: *el cortejo siguió la alameda hasta llegar a la iglesia.*

alamín (Del ár. *al-amin*, fiel, síndico.) Oficial que, antiguamente, contrastaba las pesas y medidas y tasaba los víveres. s.m. HISTORIA

álamo
1 Árbol de considerable altura y crecimiento rápido, de hojas anchas y flores colgantes, propio de regiones húmedas y templadas. *(Populus.)* s.m. BOTÁNICA
2 Madera de cualquiera de las especies de este árbol.
3 álamo balsámico: Árbol de copa alargada o redondeada, ramas angulosas y corteza rojiza, que secreta una sustancia olorosa. *(Populus balsamifera.)* BOTÁNICA
4 álamo blanco: Álamo que tiene la corteza gris y hojas blanquecinas por el envés, más o menos triangulares. *(Populus alba.)* BOTÁNICA
5 álamo negro: Álamo de lento desarrollo, corteza muy rugosa, hojas verdes por sus dos caras y ramas muy separadas del eje del tronco. *(Populus nigra.)* BOTÁNICA
6 álamo temblón o alpino o líbico: Álamo de corteza lisa y hojas blanquecinas que, por estar pendientes de pecíolos largos, se mueven con facilidad al impulso del viento. *(Populus tremula.)* BOTÁNICA

alamud Barra de hierro, de sección cuadrada, que servía para cerrar puertas y ventanas. s.m.

alancear Herir con la lanza, dar lanzadas. v.tr./tb: lancear

alano, a
1 De un antiguo pueblo nómada procedente del Cáucaso que invadió España a principios del siglo v. adj. HISTORIA
2 Persona de este pueblo nómada. s./HISTORIA
3 Se refiere al perro, cruzado probablemente de dogo y lebrel, corpulento, de cabeza grande, orejas caídas, hocico romo y cola larga. adj/s. ZOOLOGÍA

alantoides (Del gr. *allantoeides < allas, -antos*, salchichón, embutido + *eidos*, forma.) Se aplica a la membrana extraembrionaria que rodea al feto de reptiles, aves y mamíferos. adj/s.m. pl: alantoides ZOOLOGÍA

alantoína Producto de oxidación del ácido úrico que aparece en el líquido alantoideo, en el amniótico y en la orina embrionaria de los amniotas. s.f. BIOQUÍMICA

alanzar
1 Dar lanzadas, herir con la lanza, alancear: *el caballero alanzó a su enemigo.* v.tr. conj: cazar
2 Echar lanzas sobre una tabla en un juego caballeresco antiguo. v.intr.
3 Lanzar, arrojar algún objeto con fuerza: *alanzó la jabalina y consiguió el récord de la escuela.* v.tr.

alar
1 Alero, parte inferior del tejado: *del alar colgaban témpanos translúcidos.* s.m. CONSTRUCCIÓN
2 Lazo de cerdas usado para cazar perdices. CAZA
3 Acera, parte de la calzada. Colomb.

alarde (Del ár. *al-ard*, revista militar, exhibición.)
1 Ostentación y gala que se hace de una cualidad o circunstancia: *hizo alarde de su erudición y oratoria.* s.m. = alardeo
2 Formación militar en que se pasaba revista a los soldados y sus armas. MILITAR
3 Visita que hace el juez a los presos. DERECHO
4 Examen periódico que hacen los tribunales de todos sus asuntos pendientes para ponerlos al día. DERECHO
5 Encuentro entre facciones opuestas que se simula en las fiestas de algunas localidades.

alardear Mostrar una cualidad o una circunstancia vanidosamente: *alardea de valiente.* v.intr. + de

alardeo Ostentación o exhibición vanidosa de una cualidad o una circunstancia. s.m. = alarde

alargadera
1 Pieza que se fija a un objeto, para alargarlo: *alargadera del compás; alargadera de una grúa.* s.f.
2 Cable que se une al de un aparato eléctrico para salvar la distancia que lo separa de un enchufe, o para dotarlo de mayor movilidad una vez conectado. ELECTRICIDAD = alargo
3 Tubo de vidrio que se adapta al cuello de las retortas en algunas operaciones de destilación. QUÍMICA

alargador, a
1 Que alarga. adj.
2 Se refiere a cualquier pieza, instrumento o dispositivo que sirve para alargar: *cable alargador.* adj/s.m.

alargamiento
1 Acción y resultado de alargar. s.m.
2 Elemento que se prolonga.
3 Propiedad de los metales y aleaciones de alargarse cuando son sometidos a tracción. METALURGIA
4 Parámetro geométrico cuyo valor es igual a la relación entre el cuadrado de la envergadura del ala y su superficie. AERONÁUTICA

alargar
1 Hacer una cosa más larga, dar mayor longitud: *alargar una falda.* v.tr/prnl. conj: pagar
2 Hacer que una cosa dure más tiempo: *alargar la reunión para tratar todos los puntos del orden del día.*
3 Aumentar la cantidad de una cosa. v.tr.
4 Extender una persona una extremidad: *alargó el brazo para coger un libro.* = estirar
5 Dar una cosa a una persona que se encuentra alejada o apartada: *le alargó el bastón.*
6 Aplicar el sentido de la vista o del oído con interés. = agudizar
7 Soltar un cabo o una cuerda poco a poco.
8 Alejar, desviar o apartar una cosa. v.tr/prnl.
9 Extenderse o exagerar una persona: *creemos que se alargó en su oferta.* v.prnl.
10 Cambiar, mudar el viento de dirección, inclinándose a popa. NÁUTICA

alaria Herramienta que usan los alfareros para pulir y adornar en el torno las vasijas de barro. s.f.

alarido
1 Grito muy fuerte a causa del dolor, terror, rabia, alegría o cualquier otra sensación o sentimiento: *un profundo alarido rompió la paz de la noche.* s.m.
2 Grito de guerra al entrar en batalla: *el alarido de los moros alertó a las tropas cristianas.* MILITAR

alarife
1 Arquitecto o maestro de obras. s.m.
2 Albañil, obrero de la construcción.
3 Persona inteligente, conocedora. Amér.
4 Persona pícara o astuta. Argent.

alarije Se refiere a la uva de color rojo, que producen ciertas cepas altas y de sarmientos duros. adj/BOTÁNICA = arije

alarma (De la locución exhortativa *¡al arma!*)
1 Señal producida por un dispositivo para avisar de un peligro: *en la comisaría recibieron la señal de alarma del banco.* s.f.
2 Dispositivo avisador: *saltó la alarma sin razón alguna y se dio un buen susto.*
3 Inquietud o sobresalto al sobrevenir repentinamente un peligro, riesgo o amenaza: *sus rostros denotaban alarma, pero no supo por qué estaba provocada.*
4 Aviso o señal para que los soldados se dispongan a la defensa al combate. MILITAR

alarmante Que produce alarma: *desde la zona del conflicto llegaron alarmantes noticias sobre la situación de la vanguardia.* — adj.

alarmar
1 Dar la alarma como aviso de un peligro: *alarmó a todos los vecinos de la virulencia del incendio.* — v.tr.
2 Asustar, sobresaltar, causar una cosa alarma a una persona: *los alarmó sin necesidad, en realidad no le habían robado, lo perdió en el viaje.* — v.tr/prnl.

alarmismo Tendencia a propagar rumores o a alarmarse por algún posible peligro: *la prensa tiende al alarmismo en cuestiones políticas.* — s.m.

alarmista
1 Que provoca alarma: *aviso alarmista.* — adj.
2 Que difunde noticias alarmantes: *periódico alarmista; agencia alarmista.* — adj/s.m.f.

alaroz Armazón de madera que reduce el hueco de una puerta para poner en él una mampara. — s.m. CONSTRUCCIÓN

alastrar
1 Amusgar, echar los animales las orejas hacia atrás. — v.tr.
2 Ponerse un ave u otro un animal pegado a tierra para no ser descubierto. — v.prnl.

a látere (Del lat. *ad latere.*) Se aplica a la persona que trabaja al lado de otra. — s.m.f. tb: adlátere

alatinado, a Que se dice con pulcritud afectada o pedantería, a la manera del latín. — adj.

alatrón (Del ár. *al-natrum* < gr. *nitron,* nitro.) Espuma de nitro. — s.m. MINERALOGÍA

alavanco Lavanco, pato silvestre. — s.m./ZOOLOGÍA

alavés, a
1 De Álava, provincia española. — adj.
2 Persona natural de esta provincia. — s./= alavense

alazán, a (Del ár. *al-az'ar,* rojizo.)
1 Que es rojo amarillento. — adj/s.
2 Se aplica a la caballería que tiene el pelo de color alazán.

alazano, a Alazán, de color rojo amarillento. — adj/s.

alazor Planta anual compuesta, cuyas semillas sirven para cebar aves. *(Carthamus tinctorius.)* — s.m. BOTÁNICA

alba (Del lat. *alba,* femenino de *albus,* blanco.)
1 Tiempo durante el que amanece: *al alba el grupo abandonará el campamento.* — s.f.
2 Primera luz del día antes de la salida del sol.
3 Prenda de vestir de tela blanca que llega hasta los pies, usada por los sacerdotes sobre el hábito para celebrar los oficios divinos. — = aurora RELIGIÓN
4 **quebrar, rayar o romper, el alba:** Empezar a aparecer la luz del día: *rompiendo el alba, descubrieron la silueta de la cordillera.* — = amanecer

albacara
1 Recinto amurallado en la parte exterior de una fortaleza, en donde se solía guardar ganado. — CONSTRUCCIÓN
2 Torreón adelantado de una fortaleza. — CONSTRUCCIÓN

albacea (Del ár. *al-wasiya,* cosa encargada en testamento < *wasa,* encargar.)
1 Persona encargada de cumplir la última voluntad del testador y de custodiar sus bienes: *el albacea citó a toda la familia del difunto.* — s.m.f. DERECHO
2 **albacea dativo:** El nombrado judicialmente y no en testamento. — DERECHO
3 **albacea testamentario:** Persona encargada por el testador de cumplir su última voluntad. — DERECHO

albaceazgo Cargo y función de albacea. — s.m.

albaceteño, a
1 De Albacete, ciudad y provincia españolas. — adj.
2 Persona natural de esta ciudad y provincia. — s./= albacetense

albacora Pez marino, de la familia de los atunes, parecido al bonito, de aletas pectorales muy largas. *(Thunnus alalunga.)* — s.f. ZOOLOGÍA

albada (Derivado de *albo* < lat. *albus,* blanco.) Composición poética o musical que canta la mañana. — s.f. = alborada

albahaca (Del ár. *al-habaqa.*) Planta labiada, aromática, originaria de Asia, con hojas de un verde brillante, y de flores blancas o rojizas, que se emplea como condimento y con fines medicinales. *(Ocimum basilicum.)* — s.f. BOTÁNICA tb: albaca = alábega

albahaquero Recipiente de barro, plástico u otro material que, lleno de tierra, se usa para criar plantas. — s.m. = maceta, tiesto

albahío, a (Del ár. *al-bahi,* brillante, esplendoroso.) Se refiere a la res vacuna que tiene el pelo de color blanco amarillento. — adj.

albaida (Del ár. *al-baida,* blanca.) Planta leguminosa, poco elevada y ramosa, con flores amarillas, agrupadas en racimos largos. *(Anthyllis cytisoides.)* — s.f. BOTÁNICA

albalá
1 Cédula real en que se concedía un honor o privilegio, o se ordenaba algo. — s.m/f. pl.tb: albalaes
2 Antiguamente, documento público o privado en que se hacía constar alguna cosa. — s.m. = albarán

albalastrilla Instrumento para apreciar la distancia del blanco contra el que se dispara. — s.f.

albanecar Triángulo rectángulo formado por el par toral, la lima tesa y la solera del tejado. — s.m. CARPINTERÍA

albanega (Del ár. *al-baniqa,* gorro femenino.)
1 Cofia para recoger el pelo o cubrir la cabeza. — s.f.
2 Red que se coloca a la entrada de una madriguera para cazar al animal que la habita. — CAZA
3 Espacio triangular del arco inscrito y el rectángulo que lo enmarca. — ARQUITECTURA = enjuta

albanés, a
1 Que es de Albania, país europeo, o de su lengua. — adj./tb: albano
2 Persona natural de este país. — s.
3 Lengua indoeuropea hablada en este país. — s.m./LINGÜÍSTICA

albañal (Del ár. *al-ballaa,* cloaca.)
1 Cloaca, conducto de desagüe de las aguas residuales: *desde antiguo la ciudad tenía un sistema de albañales.* — s.m. tb: albañar
2 Cualquier sitio sucio y repugnante: *vivían en un albañal a las afueras.*

albañalero, a Persona que construye o limpia albañales. — s.

albañil (Del ár. *al-banna',* albañil < *bana,* edificar.) Persona que por oficio se dedica a la construcción: *contrató a varios albañiles para reparar la casa.* — s.m. CONSTRUCCIÓN

albañilear Hacer una persona trabajos de albañilería por mero entretenimiento: *albañilea en el jardín haciendo paseos y escalones.* — v.intr.

albañilería
1 Técnica para construir edificios u obras en que se emplean ladrillos, piedra, cemento y otros materiales: *asistió a varios cursos de albañilería organizados por la diputación.* — s.f. CONSTRUCCIÓN
2 Obra realizada con esta técnica.

albaquía (Del ár. *al-baqiyya,* resto.) Resto de alguna cuenta o renta que queda sin pagar. — s.f.

albar
1 Blanco, que tiene color de nieve o leche: *las albares costas de Dover.* — adj. literario
2 Terreno de secano o tierra blanquecina que aflora en alturas y lomas. — s.m.

albarán (Del ár. *al-bara,* documento de libertad.)
1 Nota de entrega de una mercancía, que firma quien la recibe: *archivo de albaranes.* — s.m. COMERCIO
2 Anuncio que se pone en las puertas, balcones o ventanas de una casa para indicar que se alquila.
3 Documento público o privado en que antiguamente se hacía constar alguna cosa. — = albalá

albarazado, a
1 Que padece albarazo. — adj./tb: albarrazado
2 De color mezclado de negro o cetrino y rojo.

albarazo Lepra, afección cutánea: *los que padecían albarazo eran marginados y apartados.* — s.m. MEDICINA

albarca Calzado que cubre la planta del pie y se asegura con tiras de tela o cuero sobre el empeine y el tobillo. — s.f. tb: abarca

albarda (Del ár. *al-barda'a.*)
1 Pieza principal del aparejo de las caballerías de carga, formada por dos almohadas que se unen por la parte que cae sobre el lomo del animal: *monta la yegua sin albarda.* — s.f. EQUITACIÓN
2 Albardilla, loncha de tocino que se pone encima de las aves para asarlas. — COCINA

albardado, a Se refiere al animal que tiene el pelo del lomo de distinto color que el del resto del cuerpo. — adj.

albardán (Del ár. *al-bardan,* tonto, bufón.) Persona que con sus gestos, cuentos o patrañas intenta hacer reír. — s.m.f. = bufón

albardar
1 Poner la albarda a una caballería: *mandó al mozo albardar las yeguas.* — v.tr.
2 Envolver alimentos, generalmente aves o pescados, con una loncha de tocino gordo para asarlos. — COCINA

albardela Silla de montar usada para domar potros. — s.f./EQUITACIÓN

albardilla
1 Silla de montar usada para domar potros. — s.f./= albardela
2 Almohadilla que llevaban los aguadores en el hombro para apoyar la cuba.
3 Lomo de tierra que se produce en un camino al pasar vehículos después de haber llovido: *las albardillas de la pista forestal dificultaron aún más la travesía.*
4 Barro que queda pegado al dental, o palo donde se encaja la reja del arado, cuando se trabaja en tierra mojada.
5 Loncha de tocino con que se cubren las aves para asarlas: *cubrió las perdices con albardillas.* — COCINA

albardín Matorral de raíz rastrera, propio de regiones mediterráneas, semejante al esparto. — s.m. BOTÁNICA

albardón Aparejo de caballerías, semejante a la albarda, más alto y hueco que ella y que sirve para montar. — s.m. EQUITACIÓN

albarelo Tarro de cerámica de forma cilíndrica, con la pared levemente cóncava y rematando en un cuello algo más estrecho con reborde. — s.m. FARMACIA

albareque Red de pesca semejante al sardinal. — s.m./PESCA

albaricoque (Del ár. *al-birqûq* o *al-barqûq.*)
1 Fruto del albaricoquero, con forma de drupa vellosa, casi redonda y con un surco, con hueso liso y fácil de separar, de color amarillo anaranjado y sabor agradable. — s.f. BOTÁNICA tb: albarcoque
2 Albaricoquero, árbol que da este fruto. — BOTÁNICA

albaricoquero Árbol rosáceo, de hojas caedizas, redondeadas, con el margen aserrado y la base acorazonada, flores grandes, blancas o rosadas y cuyo fruto es el albaricoque. (*Prunus.*) — s.m. BOTÁNICA tb: albarcoquero

albarillo
1 Variedad de albaricoquero cuyo fruto tiene la piel y la carne casi blancas. — s.m. BOTÁNICA
2 Fruto de este árbol. — BOTÁNICA
3 Tañido muy rápido de la guitarra, con que se acompañan ciertas danzas y canciones. — MÚSICA

albariño Vino blanco de sabor afrutado, poco alcohólico, originario de la provincia española de Pontevedra. — s.m.

albariza Laguna de agua salada: *en aquel litoral abundaban las albarizas y albuferas.* — s.f.

albarizo, a Se refiere al terreno que es blanquecino. — adj./= albero

albarrada
1 Pared de piedras superpuestas sin argamasa. — s.f./CONSTRUCCIÓN
2 Cerca hecha de tierra, para impedir el paso.
3 Recipiente de arcilla porosa y poco cocida que deja rezumar cierta porción de agua, cuya evaporación enfría el líquido que queda dentro. — = alcarraza

albarranilla Especie de cebolla con hojas estrechas, largas y lustrosas, con flores azules en umbela. — s.f. BOTÁNICA

albarrano, a
1 Se refiere a la torre que servía de defensa y de atalaya y que estaba construida fuera de los muros de la fortificación. — adj. HISTORIA
2 Albarranilla, especie de cebolla. — s.f./BOTÁNICA

albarraz
1 Albarazo, afección cutánea. — s.m./MEDICINA
2 Planta venenosa cuyas semillas en polvo se emplean contra los piojos. (*Delphinium staphisagria.*) — BOTÁNICA = estafisagria

albarsa (Del ár *al,* la + lat. *bursa,* bolsa.) Canasta que usan los pescadores para guardar sus aparejos o instrumentos de pesca. — s.f. PESCA

albatros Ave palmípeda marina de gran envergadura y vuelo planeado, que es muy común en el océano Pacífico. (*Diomedea.*) — s.m. pl: albatros ZOOLOGÍA

albayaldar Pintar con albayalde. — v.tr.

albayalde (Del ár. *al-bayad,* blancura.) Sustancia sólida y blanca, compuesta de carbonato de plomo, usada en pintura. — v.tr. = blanco de plomo

albazano, a Se refiere a la caballería que tiene el pelaje de color marrón oscuro. — adj.

albear Blanquear, tirar a blanco: *los almendrales albeaban entre los naranjales.* — v.intr. culto

albedo
1 Razón entre la energía luminosa que difunde por reflexión una superficie y la energía incidente. — s.m. FÍSICA
2 Grado de potencia reflectora de una superficie mate. — FÍSICA

albedrío (Del lat. *arbitrium < arbiter,* árbitro.)
1 Facultad, capacidad de actuar según la propia voluntad o elección: *déjale a su libre albedrío y que descubra el límite entre el bien y el mal.* — s.m.
2 Modo de actuar según el capricho o antojo.
3 Costumbre jurídica no escrita. — DERECHO
4 **a tu o a su libre albedrío:** Con libertad, sin ninguna sujeción, a voluntad: *a su albedrío sabrá escoger la mejor solución.* — loc.adv.

albeldar Beldar, aventar las mieses y legumbres para separar el grano. — v.tr./AGRICULTURA conj: pensar

albéntola Red de malla hecha con hilo muy fino para pescar peces pequeños. — s.f. PESCA

alberca (Del ár. *al-birka,* estanque.)
1 Depósito artificial de agua para el riego. — s.f.
2 Poza o balsa donde se macera el cáñamo o el lino.
3 Piscina, depósito de agua para bañarse o practicar deportes acuáticos. — Méx.

albérchigo (Del mozárabe *al berchigo < lat. malum persicum,* fruta de Persia.)
1 Fruto del alberchiguero, de carne recia y jugosa, amarilla y piel también amarilla con una mancha sonrosada por donde más le da el sol. — s.m. BOTÁNICA tb: albérchiga
2 Alberchiguero, árbol que da este fruto. — BOTÁNICA

alberchiguero
1 Árbol, variedad del melocotonero, cuyo fruto es el albérchigo: *cortaron los alberchigueros de la huerta.* — s.m. BOTÁNICA
2 En algunas partes, albaricoquero.

albergar (Del gótico **haribairgon,* alojar.)
1 Dar alojamiento a una persona: *albergaban a los peregrinos que llegaban agotados.* — v.tr. conj: pagar
2 Tomar una persona alojamiento: *se albergó en la hospedería del monasterio.* — v.prnl.
3 Cobijar, servir de refugio o de vivienda a una persona: *albergó a los excursionistas durante la tormenta.* — v.tr.
4 Contener, incluir: *esta ley alberga las anteriores.*
5 Tener o guardar ciertos sentimientos o ideas en la mente o el corazón: *alberga esperanzas de ascender.*

albergue (Del gótico **haribairgo,* alojamiento.)
1 Lugar que sirve de cobijo: *utilizó como albergue un viejo y medio derruido caserón.* — s.m.
2 Construcción en un descampado o una montaña donde pueden refugiarse los excursionistas: *solicitó dos plazas en el albergue.*
3 Cueva donde se refugian algunos animales. — = cubil
4 Establecimiento donde se aloja a personas necesitadas: *albergue de indigentes.*
5 **albergue juvenil:** Centro de hospedaje económico para jóvenes, que facilita el intercambio cultural: *hicieron una ruta por Europa alojándose en albergues juveniles.*

albero, a (Del lat. *albarius < albus,* blanco.)
1 De color blanco como la nieve. — adj./literario
2 Terreno blanquecino de secano en alturas y lomas. — s.m./= albarizo
3 Paño para secar la vajilla.
4 Ruedo de la plaza de toros. — TAUROMAQUIA

alberque Balsa para macerar el lino o el cáñamo. — s.m./tb: alberca

albido, a Blanquinoso, que tira a blanco: *las albidas rocas de la ladera.* — adj. = blanquizco

albigense
1 De Albi, ciudad de Francia. — adj.
2 Persona natural de esta ciudad. — s.m.f.
3 Que profesaba una doctrina herética que tuvo su principal asiento en la ciudad de Albi en el s. XII. — adj/s.m.f. RELIGIÓN

albillo, a
1 Se refiere a la uva de hollejo tierno y delgado y muy gustosa. — adj/s.f.
2 Se refiere al vino que se hace con esta variedad de uva.

albín
1 Hematites, mineral de hierro. — s.m./MINERALOGÍA
2 Color carmesí obtenido de la piedra del mismo nombre, usado para pintar al fresco. — ARTE

albina
1 Laguna pequeña y temporal, formada por el agua del mar en costas bajas y arenosas. — s.f.
2 Sal que queda en esas lagunas al evaporarse el agua en verano.

albinismo Anomalía congénita de algunos seres vivos caracterizada por la ausencia total o parcial de pigmentación en ojos, pelo o piel, plumas, etc., que les da un aspecto blanquecino. — s.m. BIOLOGÍA

albino, a
1 Que padece albinismo. — adj/s.
2 Se refiere a los seres que tienen un color blanquecino en lugar de su color propio. — adj.

albita Feldespato de color blanco que entra en la composición del granito. — s.f. MINERALOGÍA

albitana
1 Cerca con que los jardineros protegen las plantas: *el agua de la tormenta se llevó por delante las albitanas de los árboles.* — s.f.
2 Refuerzo interior de las embarcaciones pequeñas. — NÁUTICA

albo, a Blanco, del color de la nieve. — adj./literario

alboaire Adorno de azulejos en una bóveda. — s.m./ARTE

albogón
1 Instrumento musical de viento antiguo, semejante a una flauta de pico, con siete agujeros. — s.m. MÚSICA
2 Instrumento musical de viento parecido a la gaita gallega. — MÚSICA

albogue (Del ár. *al-buq,* trompeta.)
1 Antiguo instrumento musical de viento formado por dos cañas paralelas con agujeros. — s.m. MÚSICA
2 Especie de dulzaina. — MÚSICA
3 Platillo de latón con que se marca el ritmo de las canciones y bailes populares. — MÚSICA

albollón
1 Desagüe de los estanques o corrales. — s.m.
2 Canal o conducto que da salida a aguas residuales: *con la hojarasca se atascaron los albollones.*

albóndiga (Del ár. *al-bunduqa,* bolita.) Bola pequeña hecha de carne o pescado picado, mezclado con pan rallado, huevo y especias, que se come frita o guisada. — s.f. COCINA tb: almóndiga

albor
1 Albura, blancura perfecta: *el albor de su rostro.* — s.m./literario
2 Luz del amanecer, aurora: *se levantó con los primeros* — literario *albores del día.*
3 Principio o primeros tiempos de alguna cosa.
4 **albor, o albores, de la vida:** Infancia o juventud: *en su vejez recordaba la felicidad en los albores de su vida.*

alborada
1 Tiempo del amanecer en que no se ve el sol, pero — s.f. brillan sus rayos en el horizonte: *a la alborada salieron* — = alba *los excursionistas hacia el norte.*
2 Composición poética o musical dedicada al amane- — LITERATURA cer.
3 Toque militar que se ejecuta al amanecer. — MILITAR
4 Acción de guerra que tiene lugar al alba. — MILITAR

albórbola Alboroto, gritería que demuestra alegría: *el* — s.f. *público estalló en una albórbola por la noticia de la rendi- ción.*

alborear Amanecer, empezar a aparecer el albor o — v.impers. luz del alba: *se orientó al alborear la mañana.* — literario

albornía Recipiente grande, en forma de taza, de ba- — s.f. rro vidriado.

albornoz (Del ár. *al-burnus,* capuchón.)
1 Prenda de vestir semejante a la bata y confecciona- — s.m. da con tela de toalla, que se usa después del baño.
2 Capa o capote con capucha.
3 Tela de estambre muy torcido y fuerte. — TEXTIL

alboronía Guiso hecho con berenjenas, tomate, cala- — s.f./COCINA baza y pimiento, todo picado y revuelto. — tb: almoronía

alboroque (Del ár. *al-buruk,* regalo, propina.) Agasa- — s.m. jo que hace el comprador o el vendedor a los que in- — COMERCIO tervienen en una venta o trato comercial.

alborotado, a
1 Que se comporta con alboroto y excitación. — adj.
2 Que se comporta de manera precipitada por excesi- va viveza: *llegó tan alborotado y distraído que no atendió a la primera parte de la conferencia.*
3 Se refiere al pelo que está revuelto o enmarañado: *melena alborotada.*

alborotador, a Bullanguero, que promueve alboro- — adj/s. tos o disturbios: *expulsaron a los alborotadores.*

alborotapueblos
1 Persona que promueve alborotos y tumultos: *era un* — s.m.f. *alborotapueblos reconocido.* — pl: alborotapueblos
2 Persona alegre y bullanguera.

alborotar
1 Perturbar, causar desorden o agitación: *un ratón al-* — v.tr/prnl. *borotó a los niños de la clase.*
2 Provocar movimiento o alteración.
3 Encresparse, producirse grandes olas en el mar: *el* — v.prnl. *océano se alborotó con los vientos del norte.*

alboroto
1 Barullo, griterío provocado por inquietud o sobre- — s.m./ = bulla, salto: *hubo alborotos callejeros.* — zozobra
2 Confusión o ruidosa falta de orden producida por personas: *el partido acabó con un gran alboroto.*
3 Disturbio, motín.
4 Palomitas de maíz con miel. — s.m.pl. — Amér. Central

alborozar Causar gran alborozo, placer o regocijo: *la* — v.tr/prnl. *visita del profesor le alborozó infinitamente.* — conj: cazar

alborozo (Del ár. *al-buruz,* salir a recibir a alguien — s.m. con gran pompa.) Sentimiento de alegría intenso, que se manifiesta con risas, bullicio y otros signos exte- riores.

alborto Madroño, arbusto. — s.m./tb: alborzo

albricias (Del ár. *al-bisara,* buena nueva.)
1 Regalo que se da a quien trae una buena noticia. — s.f.pl.
2 Regalo que se da o se pide por haber acontecido un suceso positivo.
3 **¡albricias!:** Expresión de alegría. — interj.

albufera (Del ár. *al-buhaira,* mar pequeño, laguna.) — s.f. Laguna litoral, en costa baja, de agua salina o ligera- — GEOGRAFÍA mente salobre, separada del mar por una lengua o — = laguna litoral cordón de arena.

albugínea Membrana de tejido fibroso, fuerte, gruesa — s.f. y blanca que protege algún órgano, especialmente el — ANATOMÍA testículo.

albugíneo, a (Del lat. *albugo, -inis,* blancura.) Que en — adj. su totalidad es de color blanco.

albugo
1 Opacidad blanca de la córnea del ojo, formada por — s.m.- finos gránulos de grasa. — MEDICINA
2 Decoloración total o parcial de la uña. — MEDICINA

álbum
1 Cuaderno, libro o archivador con hojas en blanco — s.m. para coleccionar objetos planos, como fotografías, o para escribir composiciones breves: *guarda en un ál- bum todas las noticias referentes a su gira.*

2 Disco o conjunto de discos de larga duración pre- sentados en una misma carpeta.

albumen (Del lat. *albumen, -inis,* clara de huevo.)
1 Solución de albúminas que rodea la yema de los — s.m./BIOLOGÍA huevos y suministra nutrientes al embrión. — = clara
2 Reserva nutritiva de las semillas de las angiosper- — s.m. mas. — BOTÁNICA

albúmina Proteína simple, soluble en agua y coagu- — s.f. lable con calor, que es el constituyente básico del — BIOQUÍMICA suero sanguíneo, de la clara del huevo, de la leche y de algunos vegetales.

albuminado, a Se refiere al papel, tejido o vidrio — adj. que está cubierto con una capa de albúmina.

albuminar Preparar las placas o el papel fotográfico — v.tr. con albúmina. — FOTOGRAFÍA

albuminoide Proteína natural sencilla, insoluble en — adj/s.m. agua, ácidos, bases o sales. — BIOQUÍMICA

albuminoso, a Que contiene albúmina: *sustancia al-* — adj. *buminosa.*

albuminuria (Del lat. *albumen, -inis,* albúmina + gr. — s.f. *ouron,* orina.) Presencia de albúmina en la orina. — MEDICINA

albur
1 Mújol, pez teleósteo. — s.m./ZOOLOGÍA
2 Las dos primeras cartas que saca el banquero, en el — JUEGOS juego del monte.
3 Azar o riesgo a que se fía el resultado de una cosa.
4 Parar, juego de cartas. — s.m.pl./JUEGOS

albura
1 Albor, blancura perfecta: *la albura de su rostro.* — s.f./literario
2 Capa blanda, blanquecina, que está debajo de la — BOTÁNICA corteza en los troncos y tallos leñosos.
3 **doble albura:** Defecto en la madera debido a la de- — BOTÁNICA bilidad en alguna de sus capas de crecimiento anual.

alburente Se refiere a la madera de tejido excesiva- — adj. mente fofo y blando, de mala calidad para la cons- trucción.

alburno Pez ciprínido de agua dulce, con el dorso — s.m. verde y el vientre plateado. (*Alburnus.*) — ZOOLOGÍA

alcabala (Del ár. *al-qabala.*) Impuesto indirecto caste- — s.f. llano que gravaba las ventas y permutas. — HISTORIA

alcacer (Del ár. *al-qasil,* forraje.)
1 Cebada todavía verde, que se siembra en otoño. — s.m./tb: alcacel
2 Campo de cebada. — AGRICULTURA

alcachofa (Del ár. *al-jarsuf.*)
1 Planta compuesta, hortense, con las hojas anchas, — s.f. algo espinosas y cabezuelas en forma de piña, forma- — BOTÁNICA das por brácteas carnosas, que son comestibles antes — tb: alcarchofa de desarrollarse las flores. (*Cynara.*) — = alcaucil
2 Cabezuela de esta planta, del cardo y otras plantas — BOTÁNICA similares.
3 Adorno en forma de cabezuela de esta planta.
4 Panecillo que tiene forma de alcachofa.
5 Pieza redondeada con muchos orificios, colocada — = rejilla, en el extremo de tubos que forman parte de aparatos — alcachofa de elevación de agua, y cuya finalidad es filtrar el — de aspiración agua, impidiendo la entrada de cuerpos extraños.
6 Pieza agujereada que sirve para dispersar el agua.
7 **alcachofa borriquera:** Planta compuesta, bianual, — BOTÁNICA de tallos alados, hojas con espinas agudas en los bor- des y cabezuelas florales solitarias, terminales, con brácteas lanceoladas y espinosas. (*Onopordum acanthium.*)

alcachofado, a
1 Que tiene forma de alcachofa: *panecillo alcachofado;* — adj. *pieza alcachofada.*
2 Guisado hecho con alcachofas. — s.m./COCINA

alcachofal
1 Tierra plantada de alcachofas: *el alcachofal ha dado* — s.m. *una buena cosecha este año.* — tb: alcachofar
2 Terreno donde abundan las alcachofas silvestres.

alcachofera Alcachofa, planta hortense. — s.f./BOTÁNICA

alcachofero, a Persona que vende alcachofas. — s.

alcacil Alcaucil, alcachofa silvestre. — s.m./BOTÁNICA

alcahuete, a (Del ár. *al-qawwad.*)
1 Persona que actúa de mediadora encubriendo o fa- — s. cilitando las relaciones amorosas entre otras: *la al-* — = celestina *cahueta cobraba por sus servicios.*
2 Persona o cosa que ayuda o sirve para encubrir.
3 Correveidile, persona que se dedica a traer y llevar — coloquial chismes, cuentos y rumores: *es indiscreto y alcahuete.* — = chismoso
4 Telón usado para indicar que el entreacto sería — s.m. muy corto. — TEATRO

alcahuetear Hacer una persona de alcahuete: *anda* — v.intr/tr. *todo el día alcahueteando por la calle.*

alcahuetería
1 Modo de actuar o comportarse el alcahuete: *la al-* — s.f. *cahuetería le valió muchas enemistades.*
2 Acción de ocultar o encubrir a una persona para

que haga lo que no quiere que se sepa: *con alcahueterías ocultó sus trapicheos con el dinero del concejo.*
3 Treta de que se sirve una persona para engañar o seducir. = ardid
4 Acción propia del que encubre o facilita una relación amorosa que se considera ilícita y que no puede conocerse públicamente.

alcaicería (Del ár. *al-qaisariya,* lonja, mercado cerrado.) Sitio donde se vendía seda cruda u otras mercancías de gran valor, en los países musulmanes. s.f.

alcaico (Del lat. *alcaicus* < gr. *alkaikos* < *Alkaios,* Alceo, poeta griego.) Se refiere al verso de la poesía griega y latina, compuesto de un espondeo, un yambo, una cesura y dos dáctilos. adj/s.m. POESÍA

alcaide, sa (Del ár. *al-qa'id,* capitán, jefe militar.)
1 Director de un establecimiento penitenciario: *el alcaide extremó las medidas de seguridad.* HISTORIA
2 Persona que se encargaba de la guardia y defensa de algún castillo o fortaleza. HISTORIA

alcaidía
1 Oficio o cargo de alcaide. s.f.
2 Territorio bajo la jurisdicción del alcaide. HISTORIA

alcaldada Acción imprudente y arbitraria que realiza un alcalde o cualquier otra persona abusando de su autoridad y poder. = atropello

alcalde, sa (Del ár. *al-qadi,* juez < *qada,* resolver, juzgar.)
1 Cargo de presidente del ayuntamiento municipal y delegado del gobierno en el orden administrativo. s.
2 El bailarín principal o el que dirige una danza popular.
3 Juego de cartas entre seis personas, en el que una de ellas, que queda sin cartas, manda jugar a las demás. JUEGOS
4 Variedad de la brisca, entre tres personas. JUEGOS
5 En el tresillo y otros juegos de cartas, persona que da las cartas y no juega. JUEGOS
6 alcalde corregidor: Corregidor, alcalde de un municipio nombrado directamente por el rey. HISTORIA
7 alcalde de barrio: En algunas poblaciones importantes, persona que ejerce en un barrio ciertas funciones que el alcalde ha delegado en él.
8 alcalde del agua: En algunas comunidades de regantes, persona que reparte y vigila los turnos.
9 alcalde de monterilla: El de una aldea o municipio de zona rural.
10 alcalde pedáneo: Aquel que tiene asignada una aldea o partido rural en un municipio disperso.

alcaldía
1 Edificio o sede oficial donde ejerce sus funciones el alcalde. s.f.
2 Cargo o función de alcalde.
3 Distrito, territorio bajo la jurisdicción de un alcalde.

alcalemia Concentración de hidrogeniones en la sangre, inferior a la normal. s.f. MEDICINA

alcalescencia Estado de las sustancias orgánicas que desprenden amoníaco. s.f. QUÍMICA

álcali (Del ár. *al-qali,* sosa o cenizas de plantas alcalinas.)
1 Óxido metálico que, por ser muy soluble en agua, puede actuar como base energética. s.m./QUÍMICA = cali
2 Compuesto que presenta reacción básica. QUÍMICA

alcalimetría Método de análisis volumétrico para determinar la cantidad de álcali que está contenida en una sustancia. s.f. QUÍMICA

alcalímetro Instrumento usado para medir la cantidad de álcali que contienen los carbonatos de sosa o de potasa. s.m. QUÍMICA

alcalinidad Calidad de alcalino: *midió la alcalinidad de las aguas.* s.f. QUÍMICA

alcalinizar Alcalizar, poner álcali en una sustancia para convertirla en alcalina. v.tr/conj: cazar QUÍMICA

alcalino, a
1 Que contiene álcali: *sustancia alcalina.* adj./QUÍMICA
2 Que tiene un efecto parecido al de los álcalis. QUÍMICA

alcalinotérreo, a Se aplica al grupo de metales formado por el calcio, estroncio, bario y radio. adj/s.m. QUÍMICA

alcalizar Alcalinizar, dar propiedades alcalinas a una sustancia. v.tr/conj: cazar

alcaller
1 Fabricante de vasijas de barro cocido. s.m./= alfarero
2 Taller de fabricación de vasijas de barro. = alfarería

alcallería Conjunto de vasijas de barro: *la alcallería de los túmulos funerarios.* s.f.

alcaloide Compuesto orgánico similar a los álcalis. s.m./QUÍMICA

alcaloideo, a Se refiere al compuesto orgánico que puede combinarse con los ácidos para formar sales. adj, QUÍMICA

alcalosis Alcalinidad excesiva de la sangre que se da en distintas enfermedades. s.f./pl: alcalosis MEDICINA

alcamonías Semillas empleadas para condimentar alimentos, como el anís, alcaravea o cominos. s.f.pl. COCINA

alcaná Calle o sitio donde estaban las tiendas de los mercaderes. s.f. HISTORIA

alcance
1 Distancia a que llega la acción, eficacia o influencia de una cosa: *arma de largo alcance.* s.m.
2 Importancia, trascendencia o valor de una cosa que se dice o se hace o que sucede: *el alcance de su dimisión fue analizado por la ejecutiva del partido.*
3 Capacidad, inteligencia o talento de una persona: *es un hombre de pocos alcances.*
4 Persecución, seguimiento: *dio orden de iniciar el alcance.*
5 Noticia de última hora, o sección en que se publican, en los periódicos.
6 Cantidad que una persona debe o sale perdiendo en un negocio.
7 Parte del original que se da a cada cajista para su composición. ARTES GRÁFICAS
8 Lo que alcanza un arma blanca o negra, en esgrima. DEPORTES
9 Penetración máxima de una partícula en un medio material determinado. FÍSICA
10 Alcanzadura, herida que se hace una caballería. VETERINARIA
11 al alcance de, o a mi, tu, su, nuestro, vuestro alcance: En situación o posición de ser alcanzado por la persona o cosa que se expresa: *este piso está a nuestro alcance.* loc.adv.
12 al alcance de la mano: a punto de, en situación inmediata de conseguirse o de alcanzarse: *pásame el libro, lo tienes ahí mismo, al alcance de la mano.*
13 dar alcance a alguien o algo: Alcanzarlo, apoderarse de algo, llegar o ponerse a su altura: *dieron alcance al fugado; dar alcance al tren.*
14 ir o andar alguien a o en, los alcances de algo: Estar a punto de conseguirlo: *anda en los alcances de lograr el cargo.*
15 seguir al alcance: Perseguir al enemigo. MILITAR

alcancía (Del ár. *'al-kanziya,* caja propia para atesorar < *kanz,* tesoro escondido.)
1 Recipiente de barro, metal u otro material, con una hendidura estrecha por donde se echa dinero para guardarlo: *llenar la alcancía.* s.f. = hucha
2 Bola hueca hecha de barro, usada antiguamente en el juego de las alcancías. JUEGOS
3 Recipiente en forma de olla que se usaba antiguamente como arma, llenándolo de alquitrán y arrojándolo al enemigo encendido. MILITAR
4 correr, o jugar, alcancías: Tirárselas al escudo unos jinetes a otros mientras corrían a caballo. JUEGOS

alcándara
1 Percha en que se ponían las aves de cetrería. s.f./CAZA
2 Percha para colgar prendas de vestir.

alcanfor (Del ár. *al-kafur.*)
1 Sustancia sólida, blanca y cristalina, de olor fuerte, obtenida del alcanforero, que se usa para preservar la ropa de la polilla y en medicina e industria: *puso alcanfor en las mantas y abrigos.* s.m. QUÍMICA
2 Alcanforero, árbol que produce el alcanfor. BOTÁNICA

alcanforada Planta vellosa, de hojas lineales color verde ceniciento, que huelen a alcanfor. *(Camphorosma monspeliaca.)* s.f. BOTÁNICA

alcanforar Mezclar con alcanfor. v.tr.

alcanforero Árbol de Asia oriental y Oceanía, de cuya madera se extrae el alcanfor. *(Cinnamomum camphora.)* s.m. BOTÁNICA

alcano Parafina, nombre que se da a los hidrocarburos saturados. s.m./QUÍMICA

alcántara Caja grande del telar de terciopelo, donde se va recogiendo la tela. s.f. TEXTIL

alcantarilla (Del ár. *al-qantara,* puente.) Canal subterráneo que lleva las aguas llovedizas o residuales de una población. s.f. CONSTRUCCIÓN

alcantarillado
1 Conjunto de alcantarillas: *le encargaron el proyecto del alcantarillado de la población.* s.m. CONSTRUCCIÓN
2 Obra en forma de alcantarilla.

alcantarillar Hacer o instalar alcantarillas: *alcantarillar el área metropolitana.* v.tr.

alcanzable Asequible, que es susceptible de ser alcanzado: *un cargo alcanzable para ti.* adj. ≠ inalcanzable

alcanzado, a
1 Que está empeñado o adeudado. adj.
2 Que tiene escasez o necesidad: *alcanzado de oro.*

alcanzar (Del lat. vulgar **incalceare* < *in,* en + *calx, calcis,* talón.)
1 Llegar a juntarse con una persona o una cosa que va delante o ponerse a su altura: *alcanzaron al fugitivo en mitad del parque.* v.tr. conj: cazar

2 Llegar hasta un lugar, punto o nivel: *es tan alto que alcanza hasta el techo.* — v.intr.

3 Llegar a asir una cosa que está a cierta distancia o altura, extendiendo o no el brazo, para dárselo o acercársela a una persona: *no alcanzo los archivadores del estante de arriba.* — v.tr.

4 Poder percibir una cosa con la vista, el oído o el olfato: *le alcanzó la vista a intuirla.*

5 Llegar a poseer lo que se busca o se desea: *alcanzó su sueño tras muchos años de trabajo.* — = conseguir

6 Llegar a igualarse una persona con otra en un aspecto: *si estudias duro, alcanzarás a tu hermano.*

7 Llegar una cantidad o un precio a determinado nivel: *alcanza el salario mínimo.*

8 Ser una cosa suficiente en un reparto: *alcanzó para todos los asistentes y no hubo protestas.* — v.intr.

9 Vivir una persona durante el tiempo en que vive otra: *mi abuelo·alcanzó al antiguo presidente.* — v.tr.

10 Vivir una persona una época o un acontecimiento: *mi abuelo alcanzó los años de la crisis.*

11 Tener una cosa capacidad para producir un efecto sobre otra: *mi vacuna no alcanzó la epidemia.*

12 Ser una cosa comprensible para una persona: *no se me alcanza lo que realmente quieres decir.* — v.prnl.

13 Percibir o comprender una cosa: *por fin alcancé la raíz del problema que me planteas.* — v.tr.

14 Encontrar a una persona deudora de una cantidad: *le alcanzó en diez mil pesetas al cerrar el balance.*

15 Poder atender una persona todos sus asuntos.

16 Llegar el proyectil de un arma a un lugar.

17 Tener un arma capacidad para lanzar sus proyectiles a determinada distancia.

18 Llegar a juntarse o tocarse dos cosas. — v.prnl.

19 Causarse las caballerías contusiones en las patas. — VETERINARIA

20 quedar o salir alguien alcanzado: Resultar deudor de una cantidad al rendir cuentas: *salió alcanzada del trueque.*

alcaparra (Del ár. *al*, el + lat. *cappari.*)
1 Arbusto espinoso, leñoso en su base y fruto en baya carnosa. *(Capparis spinosa.)* — s.f./BOTÁNICA / = alcaparro
2 Botón de la flor de esta planta, confitado con vinagre y empleado como condimento y como aperitivo. — COCINA / = tápara
3 alcaparra de Indias: Capuchina, planta trepadora, de flores anaranjadas o rojas. — BOTÁNICA

alcaparrón Fruto de la alcaparra con forma de baya carnosa, de forma semejante a un higo pequeño, que se come confitada en vinagre. — s.m. COCINA

alcaparrosa Caparrosa, mineral. — s.f./MINERALOGÍA

alcaptona Producto de la desintegración incompleta de las proteínas por ausencia de oxidasa hepática. — s.f. BIOLOGÍA

alcaptonuria Presencia de alcaptona en la orina, a la que da un color rojo oscuro. — s.f. MEDICINA

alcaraván Ave zancuda crepuscular y nocturna, que vive en campos abiertos, cultivos y semidesiertos. *(Burhinus oedicnemus.)* — s.m. ZOOLOGÍA / = árdea

alcaravanero Se refiere al halcón que acostumbra a perseguir a los alcaravanes. — adj. CAZA

alcaravea Planta herbácea cuyas semillas tienen propiedades estomacales y carminativas y se usan como condimento y en perfumería. *(Carum carvi.)* — s.f./BOTÁNICA / = carvi

alcarceña Yero, planta herbácea. — s.f./BOTÁNICA

alcarracero, a
1 Persona que hace o vende alcarrazas o vasijas. — s.
2 Anaquelería en que se ponen las alcarrazas. — s.m.

alcarraza (Del ár. *al-karraz,* jarra de boca estrecha.) Recipiente de arcilla porosa y poco cocida que deja rezumar cierta porción de agua, cuya evaporación enfría el líquido que queda dentro. — s.f. / = rallo, albarraza

alcarria Terreno alto, raso y con poca hierba. — s.f.

alcatenes Medicamento que se usaba antiguamente para curar llagas de los animales. — s.m./pl: alcatenes VETERINARIA

alcatifa (Del ár. *al-qatifa,* terciopelo.)
1 Alfombra fina o tapete. — s.f.
2 Relleno para allanar el suelo o el techo antes de poner las tejas, las losas o los ladrillos. — CONSTRUCCIÓN

alcatraz
1 Ave marina grande, del grupo de los pelícanos que cría en islas rocosas y acantilados, y se lanza en picado sumergiéndose en busca de peces. *(Sula bassana.)* — s.m. pl: alcatraces ZOOLOGÍA
2 Papel, cartón o barquillo enrollado en forma de cono que sirve para contener dulces, helados u otras cosas menudas. — = cucurucho

alcaucil Alcachofa silvestre, planta compuesta, hortense, de hojas anchas y cabezuelas en forma de piña. — s.m. tb: alcacil BOTÁNICA

alcaudón Ave paseriforme de presa de mediano tamaño y hábitos carnívoros. *(Lanius.)* — s.m./ZOOLOGÍA / = caudón

alcayata (Del mozárabe *al cayata < lat. caia,* cayado, gayata.) Escarpia, clavo doblado en ángulo recto: *colgó el cuadro aprovechando las alcayatas que ya estaban colocadas.* — s.f.

alcayatar Poner las alcayatas en el marco de una puerta para colgarla. — v.tr. CARPINTERÍA

alcazaba (Del ár. *al-qasaba.*) Recinto fortificado dentro de una población amurallada: *las alcazabas sólo tenían uso militar, al contrario que los alcázares.* — s.f.

alcázar (Del ár. *al-qasr < lat. castrum,* campamento.)
1 Fortaleza, recinto fortificado. — s.m.
2 Palacio real construido en lugar estratégico.
3 Espacio que media, en la cubierta superior de las embarcaciones, entre el palo mayor y la popa. — NÁUTICA

alce
I (Del lat. *alce < germ. elk.*) Mamífero rumiante parecido al ciervo y de gran corpulencia, de pelo oscuro, patas largas y astas aplanadas, que habita en zonas árticas. *(Alces macilis.)* — s.m. ZOOLOGÍA / = ante, anta
II (De *alzar < lat. altiare < altus,* alto.)
1 Conjunto de cartas que se levantan de la baraja, para cortar, antes de repartirlas. — s.m. JUEGOS
2 Premio que se da por el valor de la última carta, en el juego de cartas de la malilla. — JUEGOS
3 Alzado y recogida de los pliegos para formar los ejemplares completos. — ARTES GRÁFICAS

alcedo Terreno poblado de arces. — s.m./= arcedo

alción (Del gr. *alkion.*)
1 Martín pescador, ave. — s.m./ZOOLOGÍA
2 Celentéreo que vive fijado a los fondos marinos, de consistencia blanda y color blanco. *(Alcyonium palmatum.)* — ZOOLOGÍA
3 Estrella principal de las Pléyades. — ASTRONOMÍA

alcionio Polípero formado por alciones. — s.m./ZOOLOGÍA

alcista
1 Que tiene relación con el alza de valores en la bolsa o que tiende al alza: *tendencia alcista.* — adj. ECONOMÍA
2 Persona que juega al alza en la bolsa. — s.m.f./ECONOMÍA

alcoba (Del ár. *al-qubba,* cúpula, gabinete.)
1 Dormitorio o habitación en que se duerme: *durante su enfermedad no permitió que nadie, excepto su madre y el médico, entrase en la alcoba.* — s.f.
2 Mobiliario de esta habitación.
3 Pieza de la balanza en la que entra el fiel cuando el peso está equilibrado. — = caja, alcobilla
4 Lugar donde estaba el peso público.
5 Jábega, red de pesca. — PESCA

alcobilla Pieza de la balanza en la que entra el fiel cuando el peso está equilibrado. — s.f. / = caja, alcoba

alcofa Cesta de esparto, palma u otra materia con dos asas pequeñas. — s.f.

alcohol (Del ár. *al-kuhl,* antimonio.)
1 Compuesto orgánico formado por carbono, hidrógeno y oxígeno que contiene uno o varios grupos hidroxilos (OH) en su molécula. — s.m. QUÍMICA
2 Líquido incoloro, inflamable y de olor fuerte, obtenido de la fermentación de sustancias azucaradas, que se usa como combustible o desinfectante.
3 Bebida alcohólica.
4 Galena, mineral de color gris. — MINERALOGÍA
5 Polvo finísimo que usaban las mujeres como afeite para ennegrecerse el pelo, las pestañas o las cejas.
6 alcohol absoluto o deshidratado: El que está prácticamente exento de agua. — QUÍMICA
7 alcohol etílico: Líquido incoloro, de sabor ardiente y olor fuerte, obtenido por destilación de sustancias azucaradas o feculentas, que forma parte de numerosas bebidas. — QUÍMICA
8 alcohol metílico o de madera: El obtenido de la destilación de la madera. — QUÍMICA
9 alcohol neutro: Alcohol etílico usado en la crianza de vinos y en la fabricación de licores. — QUÍMICA
10 alcohol yodado: Aquel en el que se ha disuelto yodo al diez por ciento. — QUÍMICA

alcoholado, a
1 Se refiere al animal que tiene más oscuro el pelo de alrededor de los ojos: *rocín alcoholado.* — adj./ZOOLOGÍA
2 Preparación farmacéutica cargada de sustancias medicamentosas, elaborada por solución, maceración y otros procesos. — s.m. FARMACIA

alcoholar
1 Convertir una sustancia en alcohol. — v.tr.
2 Untar la parte de un barco que ha sido calafateada con brea. — NÁUTICA
3 Pasar una cuadrilla delante de sus enemigos con jactancia y orgullo en las antiguas fiestas de cañas y alcancías. — v.intr.

alcoholato
1 Preparación que resulta de la destilación del alcohol con una o más sustancias aromáticas vegetales o animales. — s.m. FARMACIA
2 Compuesto que resulta al sustituir por un metal el hidrógeno del grupo hidroxilo del alcohol. — QUÍMICA

alcoholaturo Medicamento que se obtiene macerando plantas frescas en alcohol. — s.m. FARMACIA

alcoholemia Presencia de alcohol en la sangre: *les hi-* s.f.
cieron la prueba de alcoholemia. MEDICINA

alcoholero, a
1 Que tiene relación con la producción y el comercio adj.
del alcohol: *industria alcoholera.*
2 Fábrica donde se produce alcohol. s.f.
3 Vasija que se utiliza para poner el alcohol: *le regaló
una alcoholera de cristal de Bohemia.*

alcohólico, a
1 Que contiene alcohol: *sustancia alcohólica.* adj.
2 Que tiene relación con el alcohol.
3 Que padece alcoholismo: *trabaja en la unidad de* adj/s.
desintoxicación de alcohólicos.

alcoholímetro
1 Instrumento usado para medir la cantidad de alco- s.m./QUÍMICA
hol contenido en un líquido o gas. tb: alcohómetro
2 Aparato que mide la cantidad de alcohol presente
en el aire respirado por una persona.

alcoholismo
1 Abuso de bebidas alcohólicas. s.m.
2 Enfermedad producida por el abuso de bebidas al- MEDICINA
cohólicas o conjunto de patologías asociadas a la
misma: *el alcoholismo le produjo cirrosis hepática.*

alcoholista Alcohólico, que padece una dependencia adj/s.m.f.
del alcohol. Argent., Urug.

alcoholizado, a Que padece alcoholismo. adj/s./MEDICINA

alcoholizar
1 Poner alcohol en un líquido. v.tr/conj: cazar
2 Convertir una sustancia en alcohol. QUÍMICA/= alcoholar
3 Contraer la enfermedad del alcoholismo. v.prnl./MEDICINA

alcolla (Del ár. *al-qulla,* cántaro, vasija.) Botella grande
de vidrio.

alcor Colina, elevación del terreno: *tras los alcores aso-* s.m.
maba el sol. GEOGRAFÍA

alcoránico, a Relativo al Corán: *versículos alcorânicos.* adj./tb: alcorano

alcornocal Terreno poblado de alcornoques.

alcornoque (Del ár. *al,* el + lat. *quercus,* encina, cambiado en *quernus,* con el sufijo despectivo *-occus.*)
1 Árbol fagáceo, de copa muy extensa, corteza carac- s.m.
terística con una capa gruesa, agrietada y algo espon- BOTÁNICA
josa, de la que se extrae el corcho, y que da un fruto
en bellota. *(Quercus suber.)*
2 Madera de este árbol, dura, pesada y tenaz.
3 Persona estúpida y necia: *es un alcornoque, demues-* s.m.f.
tra tener muy poca sesera. coloquial

alcorque
1 Calzado con suela de corcho. s.m./= corche
2 Hoyo que se hace alrededor de las plantas para re- AGRICULTURA
tener el agua de la lluvia o del riego.

alcorza (Del ár. *al-qursa,* rueda, torta redonda.)
1 Pasta blanca de azúcar y almidón que se usa para s.f.
cubrir algunos dulces. COCINA
2 Dulce recubierto con esta pasta. COCINA

alcorzar
1 Cubrir un dulce con alcorza. v.tr/conj: cazar
2 Adornar a una persona o una cosa cuidadosamen- v.tr/prnl.
te: *las beatas alcorzaron la figura de la Virgen.*

alcotán (Del ár. *al-qatam,* gavilán.) Ave rapaz diurna, s.m.
similar a un pequeño halcón, aunque de color más ZOOLOGÍA
oscuro, que caza alondras, golondrinas y otros ani- = halcón
males y al anochecer insectos voladores. *(Falco subbuteo.)* bigotudo

alcotana (Del ár. *al-qatam,* gavilán, por comparación s.f.
con las garras de este animal.) Herramienta de alba- CONSTRUCCIÓN
ñilería, con dos bocas, una en forma de azuela y otra
en forma de hacha, que lleva un anillo en medio
donde se asegura el mango, y que se usa para picar el
yeso y otros materiales.

alcoyano, a
1 De Alcoy, ciudad de la provincia española de Ali- adj.
cante.
2 Persona natural de esta ciudad. s.

alcribís Tobera, abertura del horno o forja para ali- s.m./pl: alcribis
mentar la combustión con aire. METALURGIA

alcucero, a
1 Goloso, aficionado a las golosinas. adj./coloquial
2 Persona que hace o vende alcuzas. s.

alcurnia (Del ár. *al-kunya,* sobrenombre.) Ascenden- s.f.
cia, serie de antepasados de una persona: *se rodeó de* = linaje
gentes de alta alcurnia y abolengo.

alcuza (Del ár. *al-kuza,* vasija.) Recipiente hecho de s.f.
barro, hojalata u otros materiales, generalmente de
forma cónica, usado para guardar aceite.

alcuzcucero Recipiente para cocinar el alcuzcuz. s.m./COCINA

alcuzcuz (Del ár. *al-kuskus.*) Cuzcuz, comida árabe s.m./pl: alcuzcuces
compuesta de sémola y diversos ingredientes. COCINA

aldaba (Del ár. *ad-dabba,* picaporte, cerrojo.)
1 Pieza de metal que se fija a la puerta de una casa s.f.
para llamar golpeando con ella: *golpeó varias veces la* = llamador
aldaba del convento, pero nadie salió a recibirle.

2 Pieza de metal que se fija a una pared para atar a
ella una caballería.
3 Pieza alargada de metal o madera, para sujetar cerrados los postigos o las puertas: *el vendaval rompió
las aldabas de las ventanas.*

aldabada
1 Golpe dado en la puerta de una casa con la aldaba s.f./= aldabazo,
para llamar: *sonaron tres aldabadas.* aldabonazo
2 Aviso que causa sobresalto. coloquial

aldabear Dar aldabadas. v.intr.

aldabía Cada uno de los dos maderos que sirven para s.f.
sostener la armadura de un tabique colgante. CONSTRUCCIÓN

aldabilla Gancho pequeño de hierro que, sujetándose s.f.
en una hembrilla, sirve para cerrar puertas, ventanas
u otras cosas: *sustituyó la aldabilla por un cerrojo.*

aldabón
1 Aldaba de gran tamaño s.m.
2 Asa grande de un objeto, especialmente de un cofre, baúl o arca.

aldea (Del ár. *ad-day'a,* finca rústica, cortijo.) Pueblo s.f.
pequeño que suele depender administrativamente de
otro mayor: *su padre nació en una aldea pasiega.*

aldeanismo
1 Mentalidad cerrada y tosca, propia de lugares muy s.m.
pequeños y aislados.
2 Palabra o expresión propia de los aldeanos: *los
aldeanismos de su dicción delataron su procedencia.*

aldeano, a
1 Que es natural de una aldea: *los aldeanos bajaban a* adj/s.
la ciudad para vender sus cosechas.
2 Que tiene relación con la aldea o con los aldeanos. adj.
3 Que se comporta de manera poco educada. = patán
4 Se aplica a la mentalidad o a la idea que es estrecha, cerrada y tosca.

aldehído
1 Compuesto orgánico que resulta de la oxidación de s.m.
un alcohol primario y que se utiliza en la industria. QUÍMICA
2 **aldehído acético:** El que se obtiene de la oxidación QUÍMICA
del alcohol etílico, que se oxida fácilmente en contacto con el aire y se transforma en ácido acético.

aldehuela Aldea pequeña: *la montaña gallega está sal-* s.f.
picada de aldehuelas y senderos.

alderredor Alrededor, en su contorno: *alderredor del* adv.
*cementerio detuvieron los carruajes y ataron las caba-
llerías.*

aldol
1 Función mixta de un grupo aldehído y uno alcohol. s.m./QUÍMICA
2 Compuesto que resulta de la condensación de dos QUÍMICA
moléculas de acetaldehído, en presencia de una solución de hidróxido sódico.

aldorta Martinete, garza gris de patas cortas. s.f./ZOOLOGÍA

aldúcar Adúcar, seda muy basta. s.m.

¡ale! ¡Hala!, expresión con que se infunden ánimos o interj.
prisa y se expresa sorpresa.

alea Aleya, versículo del Corán. s.f./RELIGIÓN

aleación
1 Acción y efecto de alear, unir homogéneamente dos s.f.
o más metales. METALURGIA
2 Producto homogéneo de propiedades metálicas que METALURGIA
se compone de dos o más elementos, uno de los cuales, al menos, debe ser un metal: *el latón es una aleación de cobre y cinc.*

alear
I (Derivado de *ala.*)
1 Mover las aves o los insectos las alas: *el pichón alea-* v.intr.
ba intentando elevarse en el aire. = aletear
2 Imitar una persona el movimiento de las alas de las = aletear
aves o los insectos con los brazos.
3 Recuperar una persona las fuerzas tras una enfermedad o un trabajo: *Luis iba aleando.*
4 Dirigirse a una cosa con afán o aspirar a ella.
II (Del lat. *alligare,* atar.) Unir dos o más metales fun- v.tr.
diéndolos. METALURGIA

aleatoriedad
1 Calidad de aleatorio: *abogó por la aleatoriedad como* s.f.
criterio de selección.
2 Capacidad que tiene un metal para unirse a otros METALURGIA
mediante la fundición.

aleatorio, a (Del lat. *aleatorius < alea,* dado, azar.)
1 Que depende del azar: *error aleatorio.* adj.
2 Se refiere al contrato que depende de un hecho for- DERECHO
tuito o eventual.

alebrestarse
1 Echarse al suelo pegándose a él como si se tratara v.prnl.
de liebres. tb: alebrastarse
2 Excitarse, violentarse, ponerse nervioso. Méx., Venez.

aleccionamiento Enseñanza o instrucción en la for- s.m.
ma de hacer cierta cosa: *había recibido un buen aleccionamiento militar.*

aleccionador, a Que instruye o da consejo o ejemplo: *le impuso un castigo aleccionador para todos los demás.* — adj.

aleccionar Dar consejos o instrucciones a una persona para que obre o haga una cosa de determinada manera: *aleccionó a sus alumnos para que aprovechasen las horas de estudio.* — v.tr/prnl.

alece
1 Boquerón, pez de cuerpo comprimido lateralmente y cubierto de grandes escamas. *(Engraulis encrasicholus.)* — s.m./ZOOLOGÍA = aladroque
2 Guiso hecho con hígado de salmonete o de sargo. — COCINA

alecito Se aplica al huevo que tiene una cantidad muy pequeña de reserva nutritiva. — adj./BIOLOGÍA

alectomancia Adivinación por medio del canto del gallo o por las piedras de su hígado. — s.f./OCULTISMO tb: alectomancía

alectoria Piedra que suele hallarse en el hígado de los gallos viejos. — s.f. VETERINARIA

aledaño, a
1 Que linda o está contiguo: *vendían los productos de sus huertas en las comarcas aledañas.* — adj.
2 Se aplica al terreno o campo que se considera como parte accesoria de un pueblo o lugar con el que linda: *una manada de jabalíes campaba por los aledaños de la población.* — adj/s.m.
3 Confín, término o límite. — s.m.

alef Nombre de la primera letra del alfabeto hebreo. — s.m.

alefato (De *aleph*, primera letra del alfabeto hebreo.) Alfabeto hebreo. — s.m. LINGÜÍSTICA

alefriz Ranura triangular abierta a lo largo de la quilla, la roda y el codaste del barco, en la que se encajan los tablones de la traca. — s.m. pl: alefrices NÁUTICA

alegación
1 Presentación de pruebas, razones o méritos para fundamentar una petición o una disculpa: *recibió la alegación de documentos del insumiso.* — s.f.
2 Prueba, razón o mérito que se presenta para fundamentar una petición o una disculpa.
3 Escrito en que un abogado expone las razones que fundamentan el derecho de su cliente e impugna las del adversario. — DERECHO = alegato

alegamar Echar o llenar de légamo: *la riada alegamó las huertas y caminos.* — v.tr/prnl.

alegar (Del lat. *allegare* < *ad*, a + *legare*, delegar.) Presentar un hecho o una razón como prueba o confirmación de una cosa: *alegó jaqueca para irse.* — v.tr. conj: pagar

alegato
1 Exposición razonada de un argumento. — s.m.
2 Escrito en que un abogado expone las razones que fundamentan el derecho de su cliente e impugna las del adversario. — DERECHO
3 Disputa, altercado. — Amér.

alegatorio, a De la alegación: *documento alegatorio.* — adj.

alegoría (Del lat. *allegoria* < gr. *allegoria* < *alla*, otras cosas + *agoreuo*, hablar, arengar.)
1 Asociación de cualquier tipo que hace que unas cosas representen otras o se asocien con otras: *la venda y la balanza son la alegoría de la justicia.* — s.f.
2 Representación simbólica de ideas abstractas por medio de figuras o atributos. — ARTE
3 Obra literaria o artística de sentido alegórico. — LITERATURA
4 Figura retórica que consiste en hacer patente en el discurso, por medio de metáforas consecutivas, un sentido recto y otro figurado, dando a entender una cosa expresada por otra distinta. — RETÓRICA

alegórico, a (Del gr. *allegorikos*.) Que tiene relación con la alegoría: *representación alegórica.* — adj.

alegorismo
1 Calidad de alegórico: *el alegorismo en la Eneida.* — s.m.
2 Arte de crear alegorías. — RETÓRICA

alegorización
1 Acción de representar una cosa mediante otra con la que existe correspondencia. — s.f.
2 Representación de una idea abstracta mediante un personaje.

alegorizar Interpretar una cosa, asociándola con otra o dándole sentido alegórico. — v.tr/conj: cazar LITERATURA

alegrar
I (Derivado de *alegre*.)
1 Causar alegría: *nos alegra saber que llegasteis sanos y salvos a casa.* — v.tr.
2 Hacer que una cosa tenga un aspecto alegre: *estos nuevos árboles alegran la plaza.*
3 Sentir o recibir alegría: *se alegró de nuestra buena suerte.* — v.prnl./+ con, de, por = gratular
4 Ponerse un poco ebrio: *se alegra con una copa.* — coloquial
5 Soltar un cabo para que trabaje menos. — v.tr./NÁUTICA
6 Quitar peso de un barco en caso de peligro. — NÁUTICA
7 Incitar al toro que acomete. — TAUROMAQUIA
8 Avivar la luz o el fuego: *tenemos que alegrar esta hoguera para que queme toda la noche.*

II (De *a* + *legrar*.)
1 Raspar un hueso separando la membrana fibrosa que lo cubre o la parte más superficial del mismo. — v.tr./tb: legrar MEDICINA
2 Hacer un agujero más ancho. — NÁUTICA

alegre (Del lat. vulgar *alicer*, *alecris*, por *alacer*, *-cris*, vivo, animado.)
1 Que manifiesta o siente alegría: *está muy alegre desde que supo la noticia.* — adj. ≠ triste
2 Que tiende a comportarse con alegría: *es un niño muy alegre y extravertido.* — ≠ triste
3 Que produce alegría: *noticia alegre.* — ≠ triste
4 De colores vivos: *la alegre decoración de su casa disimula la informe construcción.* — ≠ gris
5 Achispado, que está excitado por haber consumido en exceso bebidas alcohólicas. — coloquial
6 Que es decidido y arriesgado. — = osado

alegreto (Del ital. *allegretto*.)
1 Con movimiento rítmico menos vivo que el alegro. — adv./MÚSICA
2 Composición o parte de ella que se ha de ejecutar con un movimiento menos vivo que el alegro. — s.m./MÚSICA tb: allegretto

alegría
1 Sentimiento de satisfacción experimentado por un suceso favorable o la obtención de una cosa que se deseaba vivamente, que se manifiesta con sonrisas, carcajadas u otros gestos: *los avatares de la vida le han hecho perder la alegría.* — s.f. = contento, júbilo
2 Irresponsabilidad, ligereza y falta de seriedad en las acciones o las palabras: *le dijo las mayores bellaquerías con una inconsciente alegría.*
3 Canto popular andaluz vivo y gracioso. — s.f.pl.
4 Baile popular andaluz de ritmo vivo.
5 Ajonjolí, planta herbácea de semillas oleaginosas. — s.f./BOTÁNICA
6 Alajú condimentado con ajonjolí. — COCINA
7 Abertura o hueco de la porta. — NÁUTICA

alegro (Del ital. *allegro*.)
1 Allegro, con ritmo moderadamente vivo. — adv./MÚSICA
2 Composición o parte de ella que se ha de ejecutar con un movimiento moderadamente vivo. — s.m. MÚSICA

alegrón
1 Alegría intensa y repentina: *les dio un alegrón al comunicarles que eran los agraciados del sorteo.* — s.m.
2 Llamarada breve de fuego: *los alegrones de la fogata rasgaban la oscuridad de la noche.* — coloquial

alejamiento
1 Distanciamiento, separación de una persona o cosa respecto a un punto de referencia. — s.m.
2 Enfriamiento en la relación de amistad entre dos o más personas o en la adhesión de una persona a determinadas ideas: *el alejamiento entre ellas también afectó a sus esposos e hijos.*

alejandrinismo Sensibilidad y estética de los escritores helenísticos, caracterizadas por el refinamiento, la exquisitez y el hermetismo de sus obras. — s.m. LITERATURA

alejandrino, a
1 De Alejandría, ciudad de Egipto. — adj.
2 Persona natural de esta ciudad. — s.
3 De Alejandro Magno, rey de Macedonia. — adj./HISTORIA
4 Se aplica al verso que tiene catorce sílabas divididas en dos hemistiquios. — adj/s.m. POESÍA

alejar Poner lejos de un lugar: *intentó alejar a sus hijos de la droga; alejó las plantas de la ventana.* — v.tr/prnl.

alelado, a Que es lelo, distraído o tonto: *tú, alelado, ¿qué quieres de postre?* — adj.

alelar Hacer que una persona se vuelva lela. — v.tr/prnl.

alelí Alhelí, planta ornamental, de flores olorosas, que pertenece a la familia de las crucíferas. *(Cheiranthus, Malconia y Matthiola.)* — s.m. pl.tb: alelíes BOTÁNICA

alelo Gen alelomorfo. — s.m./BIOLOGÍA

alelomorfo, a
1 Que se presenta bajo formas diferentes. — adj./BIOLOGÍA
2 Se refiere al gen que ocupa el mismo lugar en dos cromosomas homólogos y que tiene la misma función, pero diferentes efectos. — adj/s.m. BIOLOGÍA

aleluya (Del hebreo *hallelu-Yah*, alabad con júbilo a Yahvé.)
1 Palabra que en la liturgia católica se emplea para demostrar júbilo. — s.m/f. RELIGIÓN
2 Estampas que llevaban escrita la palabra "aleluya", que trataban de asuntos piadosos y que el sábado santo y en las procesiones se arrojaban a los fieles. — s.f. RELIGIÓN
3 Cada una de las estampas que formando serie se vendían juntas en un pliego y que relataban una historieta en pareados. — = vida
4 Pareado de versos octosílabos, de escasa calidad y de carácter popular. — POESÍA
5 Pintura o versos de escasa calidad.
6 ¡aleluya! Expresión usada para mostrar alegría. — interj.

alema Porción de agua de regadío que se reparte por turno. — s.f. AGRICULTURA

alemán, a
1 De Alemania, país europeo, o de su lengua. *adj.*
2 Persona natural de este país. *s.*
3 Lengua germánica, de la familia indoeuropea, ha- *s.m.* **LINGÜÍSTICA**
blada en este país.

alemanda Antigua danza alegre de Alemania o Flan- *s.f.*
des, en que varias parejas van repitiendo los pasos de *tb: alemana*
una primera.

alentada Respiración continuada o no interrumpida: *s.f.*
leyó todo el poema de una alentada.

alentador, a Que anima o da aliento: *las últimas noti-* *adj.*
cias sobre el conflicto son alentadoras.

alentar (Del lat. vulgar *alenitare,* por *anhelare,* respirar.)
1 Respirar, aspirar y espirar el aire con los pulmones: *v.intr.*
con esta altura alienta con dificultad. *conj: pensar*
2 Dar ánimos a una persona: *los alentó para que estu-* *v.tr/prnl.*
diaran y se sacaran la carrera.

alerce (Del ár. *al-arz,* cedro.)
1 Árbol conífero, de tronco derecho y delgado, copa *s.m.*
cónica y hojas en forma de aguja y caducas, que cre- **BOTÁNICA**
ce por encima de la zona de los abetos. *(Larix.)*
2 Madera aromática de este árbol.

alergeno Sustancia que causa alergia. *s.m./tb: alérgeno*

alergia
1 Conjunto de fenómenos que afectan sobre todo a *s.f.*
la piel, al aparato respiratorio y al digestivo, producí- **MEDICINA**
dos por el contacto o absorción de sustancias que
provocan en el organismo una sensibilidad especial:
tiene alergia al polen.
2 Sensibilidad extremada y contraria respecto a ciertos temas, personas o cosas: *siente alergia por el dog-*
matismo.

alérgico, a
1 Que tiene relación con la alergia: *reacción alérgica;* *adj.*
proceso alérgico.
2 Que padece alergia: *un niño alérgico al polvo.* *adj/s.*

alergista Médico especialista en alergias. *s.m.f.*

alero
1 Parte inferior del tejado que sobresale de la pared *s.m.*
para desviar el agua de lluvia: *instalaron un canalón a* **CONSTRUCCIÓN**
lo largo del alero para recoger el agua.
2 Pieza sujeta a los costados de la caja de un vehículo *= guardabarros*
para proteger de las salpicaduras del lodo.
3 Jugador que juega por las alas y cuya función es **DEPORTES**
lanzar a canasta de media o larga distancia, en el baloncesto: *siempre jugó de alero.*
4 Atajo o pardilla para encajonar las perdices y diri- **CAZA**
girlas a la red.
5 Se refiere al ciervo joven que todavía no ha pro- *adj.*
creado. **ZOOLOGÍA**
6 **estar en el alero:** Hallarse en una situación inestable y de difícil solución: *la concesión del crédito todavía*
está en el alero.

alerón
1 Pieza movible en el borde posterior de las alas de *s.m.*
los aviones, que, al girar hacia arriba o hacia abajo, **AERONÁUTICA**
facilitan la realización de maniobras: *el alerón pesaba*
por la capa de hielo que lo recubría.
2 Especie de aleta que se coloca en la parte posterior
de la carrocería de un coche para hacerlo más aerodinámico: *colocó un alerón de fibra de vidrio.*
3 Cada extremidad lateral del puente de un barco. **NÁUTICA**
4 Axila, concavidad del cuerpo humano, entre la par- *coloquial*
te superior del brazo y el tórax.
5 **rugir los alerones:** Oler mal las axilas a una persona. *coloquial*

alerta (Del ital. *all'erta.)*
1 Con atención, vigilando: *estuvo alerta toda la noche.* *adv.*
2 Situación de vigilancia o atención: *la tropa dormía* *s.f.*
mientras la alerta les amenazaba.
3 **¡alerta!:** Expresión usada para ordenar la vigilancia, *interj.*
equivale a "atención": *¡alerta! oigo voces a lo lejos.*

alertar Poner alerta: *alertó a la población sobre los peli-* *v.tr/prnl.*
gros de las fugas radiactivas.

alerto, a Que vigila con atención. *adj./= vigilante*

aleta
1 Cada uno de los apéndices, semejantes a las alas, *s.f.*
que tienen los peces y otros animales marinos para **ZOOLOGÍA**
nadar: *aleta caudal.*
2 Cada una de los rebordes laterales de las ventanas **ANATOMÍA**
de la nariz: *le palpitan las aletas al reír.*
3 Alerón, guardabarros que llevan los automóviles a
ambos lados.
4 Calzado en forma de aleta de pez que se utiliza **DEPORTES**
para impulsarse al nadar o bucear: *el tiburón le arrancó*
una de las aletas al buceador.
5 Cada una de los partes del machón que quedan **ARQUITECTURA**
visibles a uno y otro lado de una columna adosada.
6 Cada uno de los dos muros en rampa situados a **CONSTRUCCIÓN**
ambos lados de una alcantarilla, para
contener la tierra y encauzar el agua.
7 Cada uno de los dos maderos encorvados que for- **NÁUTICA**
man la popa de un barco.

8 Parte del costado de un barco situado entre la popa **NÁUTICA**
y el lugar de la primera parte de la batería.
9 **aleta abdominal:** Cada una de las dos situadas en **ZOOLOGÍA**
la región abdominal de los peces, correspondientes a
las extremidades posteriores de los vertebrados terrestres.
10 **aleta anal:** La situada detrás del ano, junto a él. **ZOOLOGÍA**
11 **aleta caudal:** La situada en el extremo de la cola. **ZOOLOGÍA**
12 **aleta dorsal:** La situada en la línea media del dorso. **ZOOLOGÍA**
13 **aleta pectoral o torácica:** Cada una de las dos si- **ZOOLOGÍA**
tuadas detrás de la cabeza de los peces, correspondientes a las extremidades anteriores de los vertebrados terrestres.
14 **navegar por la aleta:** Ir una embarcación reci- **NÁUTICA**
biendo el viento por el costado.

aletada Movimiento de las alas: *con un par de aletadas* *s.f.*
dio alcance al pájaro. *= aleteo*

aletargamiento Acción y resultado de aletargar o *s.m.*
aletargarse: *el somnífero le produjo un largo aletarga-*
miento.

aletargar
1 Causar somnolencia o adormecimiento: *la digestión* *v.tr.*
aletargaba su capacidad de raciocinio. *conj: pagar*
2 Padecer somnolencia o adormecimiento. *v.prnl.*

aletazo Golpe dado con el ala o la aleta: *la ballena* *s.m.*
hundió el bote de un aletazo.

aletear
1 Mover un ave las alas repetidamente sin volar: *el* *v.intr.*
avestruz aleteaba para airearse.
2 Mover un pez las aletas repetidamente al sacarlo
del agua: *el pez aletea por falta de oxígeno.*
3 Imitar el movimiento de las alas con los brazos. *= alear*

aleteo
1 Movimiento de las alas o las aletas: *la luz del candil* *s.m.*
bailaba como el aleteo de un pájaro enjaulado.
2 Palpitación acelerada del corazón.

aleurómetro Instrumento para determinar las cuali- *s.m.*
dades panificables de una harina.

aleurona Sustancia que está de reserva en la semilla *s.f.*
de algunas plantas, como el albumen de los cereales. **BOTÁNICA**

aleuronato Polvo fino de color blanco obtenido del *s.m.*
gluten del trigo como producto secundario en la fa- **QUÍMICA**
bricación del almidón.

alevilla Mariposa nocturna blanca, común en España *s.f.*
y muy parecida a la mariposa de la seda, pero con las **ZOOLOGÍA**
alas enteramente blancas.

alevín (Del fr. *alevin* < lat. *allevare,* criar.)
1 Joven aprendiz o principiante que se inicia en una *s.m.*
disciplina, deporte o profesión: *su hijo juega con los* *tb: alevino*
alevines del club de fútbol.
2 Cría de algunos peces de agua dulce utilizada para
repoblar ríos, lagos o estanques.

alevosa Tumor quístico propio del ganado, que se *s.f.*
forma debajo de la lengua y se origina por la obstruc- **VETERINARIA**
ción de una de las glándulas salivales. *= ránula*

alevosía
1 Precaución que toma un delincuente para cometer *s.f.*
un delito contra personas o propiedades sin correr **DERECHO**
ningún riesgo y que produce el agravamiento de la
pena: *la alevosía es consustancial al asesinato.*
2 Acción desleal de quien causa daño a la persona *= felonía*
que confía en uno: *hizo pública la alevosía y traición de*
que fue víctima.

alevoso, a
1 Que actúa con alevosía: *fue tachado de alevoso por* *adj/s.*
traicionar sus principios.
2 Que está hecho con alevosía: *injuria alevosa.* *adj.*

alexia (De *a,* privativo + gr. *lexis,* habla.) Incapacidad *s.f.*
para leer causada por una lesión cerebral. **MEDICINA**

alexifármaco, a (Del gr. *alexipharmakon,* contrave- *adj/s.m.*
neno < *alexo,* defender + *pharmakon,* veneno.) Se **FARMACIA**
aplica a la sustancia o al medicamento que preserva o
corrige los efectos del veneno.

alexitérico, a Se refiere a la sustancia que combate *adj/s.*
la acción del veneno. **FARMACIA**

aleya Versículo del Corán. *s.f./tb: alea*

aleznado, a Que tiene forma de lezna o punzón. *adj./tb: alesnado*

alezo
1 Sábana plegada que se pone entre el cuerpo del en- *s.m.*
fermo y la ropa de cama ordinaria.
2 Faja con que se sujetaba el vientre de las mujeres
parturientas.

alfa
1 Primera letra del alfabeto griego que se translitera *s.f.*
por a en el latino.
2 **alfa y omega:** Principio y fin, en especial, en la *s.f.*
teología cristiana, Dios. **TEOLOGÍA**

alfaba Extensión de terreno que mide unas cinco tahú- *s.f.*
llas.

alfabético, a Que tiene relación con el alfabeto, está basado en él o sigue su orden: *listado alfabético.* · adj.

alfabetización
1 Enseñanza del alfabeto y de las nociones básicas de la lectura y la escritura: *cursos de alfabetización para adultos.*
2 Ordenación de algo mediante correspondencias establecidas entre las distintas partes que lo componen y los signos y el orden del alfabeto: *alfabetización inversa de un listado.* · s.f.

alfabetizar
1 Poner por orden alfabético: *alfabetizar los abonados a un servicio.*
2 Enseñar a leer y a escribir: *una de las prioridades esalfabetizar a toda la población.* · v.tr. conj: *cazar*

alfabeto (Del lat. *alphabetum* < de las dos primeras letras del alfabeto griego: *alpha* + *beta*.)
1 Abecedario, serie de las letras de la escritura.
2 Cualquier conjunto de signos que sustituye a la serie de letras de los alfabetos y se utiliza en un sistema de comunicación: *los invidentes pueden leer gracias al alfabeto Braille.* · s.m.

alfaguara (Del ár. *al-fawwara*, surtidor.) Manantial abundante que surge torrencialmente. · s.f.

alfajía Alfarjía, madero que se usa para hacer cercos de ventanas y puertas. · s.f. CARPINTERÍA

alfajor
1 Pasta de almendras, nueces, pan rallado y tostado, miel y otros ingredientes. · s.m./COCINA = alajú
2 Rosquillas de almendras, nueces, pan rallado y tostado y miel. · COCINA
3 Dulce formado por dos bizcochos circulares unidos entre sí por dulce de leche, chocolate, etc. · Argent., Chile, Urug.

alfalfa (Del ár. *al-fasfasa*.)
1 Planta leguminosa, de hojas con el borde dentado y flores violetas o azules en racimos, que se cultiva para forraje. *(Medicago sativa.)* · s.f./tb: alfalfe BOTÁNICA = mielga
2 **alfalfa arborescente:** Arbusto de hojas dentadas y flores amarillas, cultivado como planta de adorno y de forraje. *(Medicago arborea.)* · BOTÁNICA

alfalfar Tierra sembrada de alfalfa. · s.m./tb: alfalfal

alfana Caballo corpulento, fuerte y brioso. · s.f./EQUITACIÓN

alfanje (Del ár. *al-janyar*, puñal.) Sable corto, de hoja ancha y curva.

alfanumérico, a Se aplica al sistema o teclado que está compuesto de letras y números. · adj. INFORMÁTICA

alfanúmero Serie de números y letras combinados que se utiliza como clave en el tratamiento de documentos por ordenador. · s.m. INFORMÁTICA

alfaque (Del ár. *al-fakk*, grieta en la tierra.) Banco de arena en la desembocadura de un río: *los alfaques del Ebro.* · s.m. GEOGRAFÍA

alfaqueque (Del ár. *al-fakkak*, redentor de cautivos < *fakk*, soltar, liberar.)
1 Persona que se encargaba de redimir cautivos o liberar esclavos o prisioneros de guerra.
2 Persona que servía de correo. · s.m. HISTORIA

alfaquí (Del ár. *al-faqih*, el jurisconsulto.) Sabio o doctor de la ley, entre los musulmanes. · s.m. pl.tb: alfaquíes

alfar
1 Taller donde se hacen piezas de barro cocido.
2 Arcilla, roca sedimentaria con que se fabrican piezas de cerámica. · s.m.
3 Levantar el caballo demasiado el cuarto delantero al galopar. · v.intr. EQUITACIÓN

alfaraz (Del ár. *al-faras*, caballo.) Caballo utilizado por las tropas ligeras árabes. · s.m./pl: alfaraces MILITAR

alfarda (Del ár. *al-farda*.) Contribución que pagaban los moros y los judíos en los reinos cristianos. · s.f. HISTORIA

alfardilla Trencilla de hilo de oro o de plata: *el escote presenta unas alfardillas primorosamente trenzadas.* · s.f.

alfardón Azulejo alargado, hexagonal, cuya parte central es un rectángulo. · s.m. CONSTRUCCIÓN

alfareme Almaizar, toca de los musulmanes. · s.m.

alfarería
1 Arte y técnica de fabricar recipientes y otros objetos de barro cocido: *las alfarerías se fueron concentrando en la misma calle.*
2 Taller o tienda donde se fabrican o venden vasijas y otros objetos de barro cocido. · s.f.

alfarero, a Persona que fabrica vasijas de barro. · s.

alfarje
1 Piedra baja del molino de aceite, que sirve para moler la aceituna antes de exprimirla. · s.m.
2 Pieza o sitio donde está el alfarje.
3 Techo o pavimento de maderas labradas y entrelazadas artísticamente. · ARQUITECTURA

alfarjía
1 Madero que se emplea para formar los cercos de las puertas y ventanas.
2 Cada uno de los maderos que se cruzan con las vigas para formar la armazón de los techos. · s.f./CONSTRUCCIÓN tb: alfajía CONSTRUCCIÓN

alfazaque Insecto coleóptero de gran tamaño con una prominencia en forma de cuerno en la cabeza, de color negro y élitros estriados. *(Copris.)* · s.m./ZOOLOGÍA = escarabajo rinoceronte

alfeizar Hacer un corte en un muro para formar una puerta o una ventana: *alfeizar la fachada.* · v.tr. conj: *cazar*

alféizar (Probablemente del ár. *al-fesha*, espacio vacío.)
1 Corte del muro alrededor de una puerta o ventana, en especial la parte inferior de él: *cubrió el alféizar con baldosas de arabescos azules y verdes.* · s.m. tb: alfeiza ARQUITECTURA
2 Rebaje en este corte del muro para encajar en él la puerta o ventana. · CONSTRUCCIÓN

alfénido Variante de metal blanco o alpaca, aleación de cobre, cinc, níquel y alrededor de un 20% de plata. · s.m. METALURGIA

alfeñicarse
1 Mostrar una persona modales delicados y afinados sin serle propios.
2 Adelgazarse mucho. · v.prnl. conj: *sacar*

alfeñique (Del ár. *al-fenid*, especie de dulce de azúcar.)
1 Persona de débil complexión y delicada de carácter: *era un alfeñique que con poco se agota.* · s.m.
2 Barritas de azúcar, muy delgadas y retorcidas, cocidas en aceite de almendras. · COCINA
3 Afectada delicadeza en palabras y ademanes: *sus alfeñiques y remilgos le valieron el apodo de Melindrosa.* · = melindre, tontería

alferecía Enfermedad que se caracteriza por convulsiones y por la pérdida del conocimiento. · s.f. MEDICINA

alférez (Del ár. *al-faris*, jinete < *faras*, caballo.)
1 Oficial del ejército de graduación inmediatamente inferior a la de teniente y que, en general, desempeña las mismas funciones que éste. · s.m. pl: alféreces MILITAR
2 Oficial que llevaba la bandera en infantería o el estandarte en caballería. · HISTORIA, MILITAR

álfico, a Que tiende a blanco. · adj./culto

alficoz (Del ár. *al-faqqus*, especie de melón.) Cohombro, planta y fruto. · s.m. BOTÁNICA

alfil (Del ár. *al-fil* < persa *fil*, elefante.) Pieza del juego del ajedrez, que se mueve y come en diagonal y puede avanzar tantas casillas desocupadas como quiera el jugador. · s.m. JUEGOS

alfiler (Del ár. *al-jilal*, lo que se entremete.)
1 Utensilio semejante a la aguja, con punta en un extremo y cabeza en el otro, usado en costura para sujetar provisionalmente las partes de un vestido: *se clavó un alfiler mientras le probaban el pantalón.* · s.m.
2 Joya usada para prender la ropa o como adorno: *sus hijos le regalaron un alfiler de plata con diamantes en el extremo.*
3 Juego de niños en el que cada jugador tiene que empujar con la uña del dedo pulgar una aguja sobre una superficie plana, para formar cruz con otra, y gana si lo consigue. · s.m.pl. JUEGOS
4 **alfiler de gancho:** Imperdible, alfiler que se cierra por el extremo. · Amér. Merid.
5 **alfiler de París:** Clavo de cabeza plana y punta piramidal, hecho con alambre de hierro.
6 **no caber un alfiler:** Estar lleno un local: *no cabía un alfiler en la basílica.*
7 **pegado o prendido con alfileres:** Que moral o físicamente no se puede sostener o defender con firmeza: *su argumentación está prendida con alfileres.* · coloquial

alfilerazo
1 Pinchazo que se efectúa con un alfiler: *a alfilerazos explotaron los globos.* · s.m.
2 Pulla, dicho ofensivo: *siempre le lanza alfilerazos.*

alfiletero
1 Estuche pequeño para guardar alfileres y agujas: *siempre lleva hilo y un alfiletero por si acaso.* · s.m. tb: alfilerero
2 Almohadilla en que se clavan alfileres o agujas: *las modistas utilizan alfileteros.* · = acerico

alfitete (Del ár. *al-fatat*, especie de pasta hecha de harina.) Pasta semejante a la sémola. · s.m. COCINA

alfiz (Del ár. *al-ifriz*, ornamento arquitectónico.) Recuadro del arco árabe. · s.m./pl: alfices ARTE

alfolí (Del ár. *al-hury*, hórreo, granero público.) Almacén de granos o sal. · s.m. pl: alfolíes

alfoliero Persona encargada de cuidar el alfolí. · s.m./tb: alfolinero

alfombra (Del ár. *al-jumra*.)
1 Tejido usado para cubrir y adornar el suelo: *durmió sobre la alfombra del salón.* · s.f.
2 Conjunto de cosas que cubre el suelo: *adornaron las calles con una alfombra de flores.* · = tapiz
3 Alfombrilla, erupción cutánea. · MEDICINA
4 **alfombra de moqueta:** La de la textura de felpa.
5 **alfombra de nudo:** La hecha anudando en los hilos de la trama los hilos que forman el pelo y felpa.

alfombrado
1 Operación de cubrir el suelo con una alfombra: *los operarios acabaron en dos días el alfombrado de la sala.* — s.m.
2 Conjunto de alfombras: *restaurar el lóbrego alfombrado de los pasillos de palacio.*

alfombrar Cubrir el suelo con una alfombra: *alfombraron la escalinata por la que habían de entrar los presidentes.* — v.tr.

alfombrilla (Del ár. *al-jumra,* rojez.) Erupción cutánea y febril con síntomas parecidos a los del sarampión. — s.f. MEDICINA

alfóncigo
1 Árbol con hojas pinnadas verde oscuro y flores en grupo, de cuyo tronco y ramas se extrae la almáciga. *(Pistacia vera.)* — s.m. tb: alfócigo, alfónsigo/BOTÁNICA
2 Fruto de este árbol, de color verde, oleaginoso, dulce y comestible, del que se obtiene aceite tras el prensado. — = pistacho

alfonsino, a Que tiene relación o era partidario de alguno de los reyes llamados Alfonso, especialmente de Alfonso XII y Alfonso XIII. — adj./s. HISTORIA

alfonsismo Adhesión a la monarquía de alguno de los reyes españoles llamados Alfonso. — s.m. HISTORIA

alforfón
1 Planta herbácea originaria de Asia central, de flores reunidas en panojas corimbosas, cuyo grano se utiliza como pienso. *(Fagopyrum esculentum.)* — s.m./BOTÁNICA tb: alforjón = trigo negro
2 Semilla de esta planta. — BOTÁNICA

alforja (Del ár. *al-jury.*)
1 Bolsa semejante a la talega, hecha de lienzo basto u otra tela, abierta por el centro y cerrada por los extremos, en la que se transporta lo que se necesita: *llevaba las alforjas llenas de víveres.* — s.f.
2 Provisión de comida para un viaje: *les preparó buenas alforjas para que no pasaran hambre.*

alforza (Del ár. *al-juzza,* costura.)
1 Pliegue o doblez horizontal que se hace en la ropa como adorno o para poderla alargar: *hizo alforzas en las faldas de las niñas.* — s.f. = lorza
2 Señal que queda en la piel u otros tejidos orgánicos después de curarse una herida o lesión. — = cicatriz

alforzar
1 Hacer alforzas en una prenda. — v.tr./conj: *cazar*
2 Dar forma de alforza a una cosa.

alfoz (Del ár. *al-hawz,* comarca < *ház,* allegar, poseer.)
1 Término de un municipio o de un distrito, en la edad media. — s.m./f./pl: alfoces HISTORIA
2 Distrito con varios pueblos que forman una sola jurisdicción.

alga
1 Planta talofita con pigmentos asimiladores, unicelular o pluricelular, con morfología muy variada, que coloniza en medios muy diversos, aunque generalmente lo hace en el agua. — s.f. BOTÁNICA
2 Grupo artificial de talofitas que realizan la fotosíntesis. — s.f.pl. BOTÁNICA

algaba (Del ár. *al-gaba.*) Bosque, terreno poblado de árboles: *la extensión de la algaba se fue reduciendo por la continua tala.* — s.f.

algaida (Del ár. *al-gayda.*) Terreno cubierto de matorrales espesos: *el cordero se internó en una algaida de la que fue difícil sacarlo.* — s.f.

algalia
I (Del ár. *al-galiya,* almizcle.) Sustancia untuosa de olor fuerte, obtenida de una bolsa que tiene cerca del ano el gato de algalia. — s.f. = ambarina, civeto
II (Del gr. *ergaleion,* herramienta < *érgon,* obra.) Sonda empleada en las intervenciones quirúrgicas de la vejiga urinaria. — s.f./MEDICINA tb: argalia = catéter

algar Mancha grande que se forma en el fondo del mar por la acumulación de algas: *desde el helicóptero se distinguían los algares.* — s.m.

algara (Del ár. *al-gara,* incursión de guerra.)
1 Tropa a caballo que salía a correr y robar por campo enemigo, en la época medieval hispano-musulmana. — s.f./MILITAR = algarada
2 Correría de esta tropa. — = algarada
3 Binza, piel fina y flexible que cubre la cebolla. — BOTÁNICA

algarabía (Del ár. *al-'arabiyya,* lengua arábiga.)
1 Lengua árabe. — s.f.
2 Lenguaje o escritura que no se entiende: *la algarabía de los manuscritos.* — coloquial
3 Griterío confuso de personas que hablan a la vez: *de la sala de reuniones salía una fuerte algarabía.* — coloquial
4 Manera de hablar atropellada y con mala pronunciación: *su algarabía me confunde y aturde.* — coloquial

algarada (Derivado de *algara,* incursión de guerra < ár. *al-gara.*)
1 Algara, tropa y la correría que realiza. — s.f./MILITAR
2 Vocería, alboroto, disturbio callejero: *las algaradas se fueron sucediendo a lo largo de la tarde.*

algarrada
1 Máquina de guerra que se utilizaba para arrojar piedras contra las murallas de una fortaleza. — s.f. MILITAR
2 Fiesta que consiste en correr un toro en campo abierto con vara larga. — TAUROMAQUIA
3 Encierro de toros en el toril. — TAUROMAQUIA
4 Novillada, lidia de novillos. — TAUROMAQUIA

algarroba (Del ár. *al-harruba.*)
1 Planta leguminosa papilionácea, anual, de flores blancas. *(Vicia monantha.)* — s.f./BOTÁNICA = arverja, veza
2 Semilla de esta planta. — BOTÁNICA
3 Fruto del algarrobo, alargado, comprimido y rico en azúcares, que se emplea como forraje. — BOTÁNICA

algarrobal
1 Tierra sembrada de algarrobas. — s.m.
2 Terreno poblado de algarrobos: *el rebaño descansaba bajo las sombras del algarrobal.*

algarrobera Algarrobo, árbol: *se cree que la algarrobera es originaria de oriente.* — s.f./BOTÁNICA tb: algarrobero

algarrobo Árbol mediterráneo cesalpiniáceo, de copa extendida, cultivado por su fruto, la algarroba. *(Ceratonia siliqua.)* — s.m./BOTÁNICA = algarrobera, garrofo

algavaro (Del ár. *al-gawwar,* algarero.) Insecto coleóptero de color negro y antenas más largas que el resto del cuerpo. *(Cerambyx herox.)* — s.m. ZOOLOGÍA

algazara (Del ár. *al-gazara,* murmullo, ruido < *gazzar,* abundar, hablar mucho.)
1 Ruido de voces de una o varias personas que denotan alegría o diversión: *la algazara de la fiesta.* — s.f./= bullicio, alboroto
2 Griterío de las tropas al atacar al enemigo. — MILITAR

álgebra (Del lat. vulgar *algebra* < ár. *al-yebr,* reducción, álgebra matemática.)
1 Parte de las matemáticas que estudia las estructuras que generalizan la solución de problemas aparentemente inconexos. — s.f. MATEMÁTICAS
2 Cálculo en el que, en las matemáticas tradicionales, se sustituyen las entidades o expresiones por letras. — MATEMÁTICAS

algebraico, a Que tiene relación con el álgebra: *cálculo algebraico.* — adj./tb: algébrico

algebrista Matemático especializado en álgebra. — s.m.f.

algente (Del lat. *algens, -entis* < *algere,* estar frío.) Frío, que está a baja temperatura: *los algentes vientos que bajaban del norte azotaron la comarca.* — adj. literario

-algia Componente de palabra procedente del gr. *algos,* que significa dolor: *neuralgia; polialgia.* — suf./MEDICINA

algia (Del gr. *algos,* dolor.) Dolor en alguna parte del cuerpo sin modificación anatómica apreciable. — s.f. MEDICINA

algidez Enfriamiento, en especial de las extremidades, acompañado de una intensa sensación de frío: *los enfermos con cólera y malaria sufren de algidez.* — s.f. pl: algideces MEDICINA

álgido, a (Del lat. *algidus* < *algere,* tener frío.)
1 Se refiere al momento o período que es culminante o crítico: *se encuentran en el punto álgido de la reforma educativa.* — adj.
2 Que es muy frío: *temperatura álgida.* — = gélido
3 Se aplica al estado del enfermo en el que éste experimenta un frío intenso. — MEDICINA

algina Sustancia incolora obtenida por tratamiento alcalino de las algas pardas. — s.f. QUÍMICA

algo (Del lat. *aliquod.*)
1 Indica acción, objeto o idea indeterminada: *me ha ocurrido algo terrible; necesito algo de color verde; piensa en algo distinto. ¿hacemos algo?* — pron.indef. sólo sing.
2 Expresa cantidad reducida, pero indeterminada: *dale algo a este mendigo.* — ≠ nada
3 Un poco, no mucho: *antes quiero dormir algo.* — adv.
4 **algo de:** Designa porción, un poco de: *tengo algo de vergüenza actuando en público; siente algo de cariño por él.*
5 **algo por algo:** Indica que no se desprecia nada por insignificante que parezca.
6 **por algo:** Por algún motivo: *por algo lloras.* — coloquial

algodón (Del ár. *al-qutn.*)
1 Sustancia fibrosa, blanca y suave, que recubre las semillas de varias plantas malváceas. — s.m. BOTÁNICA
2 Algodonero, planta malvácea de la que se extrae esta sustancia, para usos industriales. — BOTÁNICA
3 Fibra del algodonero comercializada bajo diferentes formas: *se limpió la herida con yodo y algodón.*
4 Hilado o tejido elaborado con la borra o fibra de esta planta: *lleva una camisa de algodón.* — TEXTIL
5 **algodón en rama:** Algodón sin hilar.
6 **algodón hidrófilo:** Algodón limpio y esterilizado, sin hilar, con una gran capacidad de absorción, utilizado en medicina, higiene, etc.
7 **llevar o tener a alguien entre algodones:** Indica que una persona es criada o tratada con mucho cuidado y delicadeza: *lleva a sus hijos entre algodones.* — loc.adv. coloquial

algodonal
1 Plantación de algodoneros: *los algodonales cubrían las llanuras de Georgia, Virginia y Mississippi.* — s.m.
2 Algodón, planta malvácea. — BOTÁNICA

algodonar Llenar una cosa de algodón: *algodonó los sacos para pesar la cosecha.* · v.tr.

algodonero, a
1 Del algodón: *producción algodonera.* · adj.
2 Persona que trata en algodón o lo cultiva. · s.
3 Planta herbácea malvácea, originaria de la India, cuyas semillas están recubiertas de una sustancia fibrosa y blanca. *(Gossypium.)* · s.m. BOTÁNICA

algodonoso, a Que tiene una consistencia o un aspecto parecidos a los del algodón: *las nubes algodonosas atravesaban el cielo estival.* · adj.

algol (Acrónimo del ingl. *[algo]rithmic [l]anguage,* lenguaje algorítmico.) Lenguaje de programación de alto nivel, que permite expresar fácilmente procedimientos de cálculo y manipular grandes estructuras de datos. · s.m. INFORMÁTICA

algonquino, a
1 Que pertenece a un pueblo amerindio que habita en algunas regiones de América del Norte. · adj.
2 Miembro de este pueblo. · s.
3 Familia de lenguas de este pueblo. · s.m./LINGÜÍSTICA

algorín
1 Departamento separado en los molinos de aceite, para que cada cosechero deje en él su aceituna. · s.m. = troje, truja
2 Patio donde se encuentran estas divisiones.

algoritmia Ciencia que estudia el cálculo aritmético y algebraico. · s.f. MATEMÁTICAS

algorítmico, a Que tiene relación con el algoritmo: *cálculo algorítmico.* · adj. MATEMÁTICAS

algoritmo (Del ár. *al-huwarizmi,* sobrenombre del matemático Abu Yáfar Abenmusa, influido por el gr. *arithmos,* número y el cast. *logaritmo.*) Conjunto de reglas operatorias cuya aplicación permite resolver un problema mediante un número finito de operaciones. · s.m. MATEMÁTICAS

alguacil (Del ár. *al-wazir,* ministro.)
1 Cargo de oficial inferior de justicia, que ejecuta las órdenes de un tribunal. · s.m.f.
2 Funcionario subalterno de un ayuntamiento.
3 Caballito del diablo, libélula. · s.m./*Argent.*

alguacilazgo Cargo y oficio de alguacil. · s.m./= aguacilía

alguacilillo Jinete que va delante de la cuadrilla durante el paseíllo y recibe del presidente las llaves del toril. · s.m. TAUROMAQUIA

alguerés, a
1 De Alguer, ciudad italiana de la isla de Cerdeña, y de su lengua. · adj.
2 Persona natural de esta ciudad. · s.
3 Variedad lingüística del catalán, hablada en esta ciudad. · LINGÜÍSTICA

alguien (Derivado de *alguno,* influido por *quien* y *nadie.*)
1 Denota a una persona indeterminada: *¿hay alguien que sepa catalán?* · pron.indef. ≠ nadie
2 Indica persona de importancia reconocida: *ya es alguien en el mundo de la moda.* · s.m./coloquial + ser, creerse

algún
1 Apócope de alguno, siempre antepuesto al nombre masculino singular: *enséñeme algún perro.* · adj.indef.
2 **algún tanto:** Un poco, algo. · loc.adv.

alguno, a (Del lat. *aliquis,* algún + *unus,* uno.)
1 Indica persona, animal o cosa indeterminada: *algunos pepinos amargan; algunos vendrán.* · adj/pron.indef. ≠ ninguno
2 Indica cantidad imprecisa, unos cuantos: *tiene alguna pesetilla ahorrada.*
3 En frases negativas, pospuesto al nombre, significa ninguno: *no existe motivo alguno para desconfiar.* · adj.
4 **alguno que otro:** Unos cuantos, pocos: *alguno que otro fue recibido por la autoridad.*

alhaja (Del ár. *al-haya,* utensilio, joya.)
1 Joya u objeto de mucho valor: *guarda las alhajas en una caja de seguridad.* · s.f.
2 Persona o animal al que se atribuyen, en ocasiones, excelentes cualidades de manera irónica. · coloquial
3 **¡buena alhaja!:** Expresión usada irónicamente para referirse a una persona astuta o pícara. · coloquial

alhajar
1 Adornar a una persona con alhajas: *las mujeres de la familia alhajaron a la novia.* · v.tr/prnl.
2 Poner muebles en una habitación. · v.tr./= amueblar

alhajero Joyero, cofre para guardar joyas. · s.m./*Amér.*

alhajú Alfajor, pasta de almendras, nueces, pan rallado, miel y otros ingredientes. · s.m./tb: alajú pl.tb: alhajúes

alharaca (Del ár. *al-haraka,* movimiento.) Demostración exagerada de un sentimiento: *a pesar de tantas alharacas, no me fío.* · s.f = aspaviento

alharma Planta rutácea de flores blancas, cuyas semillas se comen tostadas. *(Peganum harmala.)* · s.f./BOTÁNICA = alhármaga

alhelí (Del ár. *al-heiri* o *hiri*). Planta crucífera perenne, de numerosas flores de diversos colores según la variedad, muy cultivada en jardines por sus colores y por su agradable olor. · s.m./tb: alelí pl.tb: alhelíes BOTÁNICA

alheña (Del ár. *al-hinna.*)
1 Arbusto oleáceo de flores blancas y olorosas y fruto en baya. *(Ligustrum vulgare.)* · s.f./BOTÁNICA = aligustre, ligustre
2 Flor de este arbusto. · BOTÁNICA
3 Polvo obtenido de las hojas de este arbusto, una vez desecadas y machacadas, empleado para teñir.
4 Hongo parásito de algunos vegetales. · = roya, tizón

alheñar
1 Teñir una cosa con polvos de alheña. · v.tr.
2 Ponerse las mieses mustias: *se alheñaron las fresas por falta de riego.* · v.prnl.
3 Arroyarse, criar una planta alheña. · BOTÁNICA

alholí Alfolí, almacén de grano o sal. · s.m./pl.tb: alholíes

alholva (Del ár. *al-hulba.*)
1 Planta papilionácea de semillas amarillentas y de fuerte olor, ricas en mucílago. *(Trigonella foenum-graecum.)* · s.f./BOTÁNICA = fenogreco, alholga
2 Semilla de dicha planta. · BOTÁNICA

alhóndiga (Del ár. *al-funduq,* posada de mercaderes.) Edificio público donde se compra, vende y almacena el grano y otros alimentos. · s.f. tb: lóndiga = almudí

alhorre (Del ár. vulgar *al-horr,* enfermedad inflamatoria < ár. *harr,* calor.) Erupción cutánea de los recién nacidos. · s.m. MEDICINA

alhucema (Del ár. *al-huzama,* espliego.) Espliego, planta de flores azuladas. · s.f. BOTÁNICA

aliacán (Del ár. *al-yarqan.*) Ictericia, trastorno hepático con coloración amarilla de piel y conjuntivas. · s.m. MEDICINA

aliacanado, a Que padece ictericia. · adj./MEDICINA

aliáceo, a (Derivado del lat. *alium,* ajo.) Que tiene el olor o el sabor del ajo. · adj. culto

aliado, a
1 Se aplica a la persona, colectivo, estado o ejército que se alía con otro para un fin determinado: *pidió ayuda a los aliados para refrenar la escalada militar.* · adj/s.
2 Conjunto de naciones unidas, en la primera guerra mundial, contra Alemania y otros países europeos y, en la segunda, contra los países del Eje. · s.m.pl. HISTORIA

aliadófilo, a Que era partidario de las naciones aliadas en cualquiera de las dos guerras mundiales. · adj/s. HISTORIA

aliaga Aulaga, arbusto con ramas espinosas en el extremo y espinas laterales. *(Genista scorpius.)* · s.f./BOTÁNICA = argelaga

aliagar Terreno poblado de aliagas. · s.m./= aulagar

alianza
1 Reunión o relación de ayuda recíproca entre países, gobiernos y distintos colectivos humanos o personas. · s.f./= pacto, coalición
2 Anillo de boda o compromiso: *los contrayentes llevaban alianzas de oro blanco.*
3 Parentesco contraído por casamiento.
4 Concurrencia de cosas a un mismo fin: *la alianza de todas las circunstancias facilitó la victoria.*
5 Mezcla de varios licores en un mismo vaso. · Chile

aliar (Del fr. *allier,* juntar, aliar < lat. *alligare,* atar [a algo] < *ligare,* atar.)
1 Unirse, coaligarse dos o más naciones para defenderse de los enemigos comunes. · v.prnl. conj: vaciar
2 Poner a dos o más personas de acuerdo para un fin: *los sindicatos se aliaron para protestar por la reforma de la contratación laboral.* · v.tr/prnl.

aliaria (Del lat. *aliaria* < *alium,* ajo.) Planta crucífera, de flores blancas que exhalan olor a ajo. · s.f./BOTÁNICA = ajera

alias (Del lat. *alias,* de otro modo < *alius,* otro.)
1 Apodo, sobrenombre: *sólo lo conoce por el alias.* · s.m./pl: alias
2 Por otro nombre, también llamado: *Domenico Theotocopuli, alias El Greco.* · adv.

alible (Del lat. *alibilis* < *alere,* alimentar.) Que puede alimentar o nutrir. · adj. culto

alicaído, a
1 Que está débil o abatido física o moralmente: *la veo muy alicaída últimamente.* · adj./coloquial
2 Que está caído de alas.

alicante Víbora de unos ocho centímetros de largo, color blanquecino, gris o pardo y muy venenosa. · s.f./ZOOLOGÍA = alicántara

alicantina Treta, astucia con que se intenta engañar a alguien. · s.f. coloquial

alicantino, a
1 De Alicante, ciudad y provincia española. · adj.
2 Persona natural de esta ciudad o provincia. · s.

alicatado Revestimiento de azulejos de una pared: *en las construcciones modernas el alicatado cubre la mayor parte de las paredes de cocina y baño.* · s.m. CONSTRUCCIÓN

alicatar
1 Cubrir o revestir una pared con azulejos: *alicatar los baños y las cocinas.* · v.tr. = azulejar
2 Cortar los azulejos para darles una cierta forma. · CONSTRUCCIÓN

alicates (Del ár. *al-laq,* tenazas.) Tenacillas de acero, con los brazos encorvados y las puntas cuadrangulares o cónicas, usadas para sujetar y torcer diversos objetos o materiales: *endereza el clavo con los alicates.* · s.m.pl.

alicer Alizar, zócalo de azulejos. — *s.m.*

aliciente (Del lat. *alliciens*, que atrae < *allicere*, atraer.) Cosa que por su naturaleza representa un atractivo o estímulo para hacer algo. — *s.m.* = atractivo, incentivo

alicortar Herir en las alas o cortar las alas a un ave. — *v.tr.*

alicorto, a
1 Que tiene las alas cortas o cortadas. — *adj.*
2 Que tiene escasa imaginación o modestas aspiraciones: *su tesón subsana sus alicortas miras.*

alicrejo Caballo viejo y flaco: *llegó al poblado montado en un alicrejo.* — *s.m.* *Amér. Central*

alicuanta (Del lat. *aliquanta* < *alius*, otro + *quantus*, cuanto.) Se aplica a lo que no está comprendido, un número exacto de veces, en un todo. — *adj.* MATEMÁTICAS

alícuota (Del lat. vulgar *aliquotus* < *aliquot*, algunos.)
1 Se aplica a lo que está comprendido, un número exacto de veces, en un todo. — *a adj.* MATEMÁTICAS
2 Que tiene una relación de proporción. — = proporcional

alicurco Que es sagaz y astuto. — *adj./Chile*

alidada (Del ár. *al-'idada*, regla de astrolabio.) Regla que forma parte de algunos instrumentos topográficos o fotográficos, con una pínula o anteojo en cada extremo y que sirve para medir ángulos verticales. — *s.f.*

alienable Que se puede alienar o enajenar. — *adj./= enajenable*

alienación
1 Acción o resultado de alienar o enajenar. — *s.f./= enajenación*
2 Trastorno mental, pasajero o permanente: *después de este duro trance, será difícil que supere su alienación.* — SIQUIATRÍA = enajenación
3 Proceso de transformación de la conciencia individual o colectiva, por el que se modifica el sentido de la propia identidad. — FILOSOFÍA
4 Estado de ánimo en que la propia vida produce insatisfacción y un sentimiento de inautenticidad.

alienado, a Que padece una alienación o enajenación mental. — *adj.* SIQUIATRÍA

alienante Que aliena: *trastorno alienante; sistema político alienante.* — *adj.*

alienar (Del lat. *alienare* < *alienus*, ajeno.)
1 Causar una cosa un trastorno mental, impidiendo al individuo una existencia compatible con la vida social. — *v.tr./prnl.* SIQUIATRÍA = enajenar
2 Privar al hombre de su libertad, produciéndole alienación. — FILOSOFÍA

alienígena
1 Se aplica al supuesto ser inteligente que procede de un planeta distinto de la Tierra: *muchos creen haber entrado en contacto con alienígenas.* — *adj.s.m.f.* = extraterrestre
2 Extranjero, que es de otro lugar.

alienígeno, a Que es extraño o no natural: *especies alienígenas.* — *adj.*

alienismo
1 Estudio de las alienaciones síquicas. — *s.m./SIQUIATRÍA*
2 Profesión del alienista. — = siquiatra

alienista Se aplica al médico que está especializado en el tratamiento de enfermedades mentales. — *adj/s.m.f.* SIQUIATRÍA

aliento
1 Aire espirado de los pulmones: *con el aliento arrastraba gotas de saliva y olores putrefactos.* — *s.m.*
2 Respiración, absorción de oxígeno.
3 Vigor del ánimo, esfuerzo, valor.
4 Soplo, expulsión de aire: *la figura de barro recibió un aliento de vida.*
5 **de un aliento**: Sin detenerse, seguidamente: *de un aliento recitó la poesía.* — *loc.adv.*

alifafe (Del ant. *alnefafe* < ár. *al-nefah*, hinchazón.)
1 Achaque, indisposición leve. — *s.m.*
2 Tumor sinovial que se desarrolla en las articulaciones de las caballerías. — VETERINARIA

alifático, a Se refiere al hidrocarburo o compuesto orgánico que tiene una estructura molecular que no forma anillos. — *adj.* QUÍMICA

alifato (Del ár. *alif*, primera letra del alfabeto árabe.) Serie ordenada de las consonantes árabes. — *s.m.*

alífero, a Alígero, que tiene alas: *Hermes, el mensajero alífero.* — *adj.* literario

aligación Enlace, conexión, unión de una cosa con otra. — *s.f.* = ligazón

aligator Caimán, especie de cocodrilo. — *s.m./ZOOLOGÍA*

aligerada Se refiere a la pared que se hace progresivamente más delgada hacia arriba. — *adj.* CONSTRUCCIÓN

aligerar
1 Hacer una cosa más ligera o menos pesada: *aligerar el peso del cargamento.* — *v.tr./prnl.*
2 Atenuar, moderar, hacer una cosa menos pesada o menos dolorosa: *aligerar una culpabilidad.* — = aliviar
3 Apresurar, hacer una cosa más rápidamente: *aligeró para acabar antes de la clase.* — *v.tr/intr/prnl.*

alígero, a
1 Que tiene alas: *alígeras columnas estriadas sostenían la bóveda.* — *adj./literario* = alado
2 Que es rápido o veloz. — culto

aligonero Almez, árbol de gran tamaño. — *s.m./BOTÁNICA*

aligustre (Del lat. *ligustrum.*) Alheña, arbusto oleáceo. — *s.m./BOTÁNICA*

alijador, a
1 Que alija. — *adj/s.*
2 Persona que tiene por oficio separar la borra de la simiente del algodón. — AGRICULTURA

alijar
I (Derivado del ár. *al-sahara*, eriales.)
1 Campo acotado que no se labra, destinado a pastos. — *s.m.* = dehesa
2 Casa de labor y explotación agrícola. — = cortijo
3 Poblado de nómadas. — = aduar
II (Del fr. ant. *alegier* o *aligier*, aligerar, aliviar < lat. vulgar *alleviare*.)
1 Hacer más ligera o quitar la carga de un barco. — *v.tr/NÁUTICA*
2 Llevar géneros de contrabando desde una embarcación a otra o a tierra.
3 Separar la borra de la simiente del algodón. — AGRICULTURA

alijo Mercancía de contrabando: *los policías confiscaron un alijo de cocaína.* — *s.m.*

alilaya Excusa frívola, evasiva: *simuló que aceptaba sus alilayas.* — *s.f.* Colomb., Cuba

alimaña (Del lat. *animalia*, plural de *animal*, bestia.) Palabra con la que se denomina a todo un grupo de animales carnívoros como el zorro, el lince y otros, que son perjudiciales para la ganadería y la caza menor: *las alimañas acabaron con los polluelos y los corderos.* — *s.f.* ZOOLOGÍA

alimañero Guarda encargado de la eliminación de alimañas. — *s.m./CAZA* = zorrero

alimentación
1 Acción de dar o recibir alimentos: *se cuida de la alimentación de los bebés de la guardería.* — *s.f.*
2 Conjunto de sustancias que sirven para alimentar o alimentarse.
3 Dieta o régimen alimenticios: *has de cambiar tu alimentación si tienes tu tensión tan alta.*

alimentador, a
1 Que alimenta. — *adj/s.*
2 Dispositivo destinado a alimentar una máquina o aparato. — *s.m.*

alimentar
1 Dar o tomar alimento: *la leona alimenta a sus crías; las cabras se alimentan de hierba; sólo se alimenta de verduras.* — *v.tr/prnl.* = nutrir
2 Mantener o fomentar un vicio, una afición o un sentimiento: *alimentar las penas con tristes recuerdos.*
3 Proporcionar a una máquina o combustible que necesita para su funcionamiento: *era el responsable de alimentar las calderas.* — *v.tr.*

alimentario, a De la alimentación o de los alimentos: *industria alimentaria.* — *adj.*

alimenticio, a Que alimenta o tiene la propiedad de alimentar: *productos alimenticios.* — *adj.* = nutritivo

alimento (Del lat. *alimentum* < *alere*, alimentar.)
1 Sustancia nutriente que incorporan los seres vivos para obtener energía y reponer los componentes que les permiten vivir: *las plantas absorben el alimento por las raíces.* — *s.m.* = alimentación
2 Material que sirve para mantener la existencia de una cosa: *la polémica es alimento para la prensa.*
3 Sostén o estímulo de sentimientos, virtudes o costumbres: *la religión era para él un alimento.*
4 Aquello que es indispensable para el sustento, vivienda, asistencia médica y educación de menores. — *s.m.pl.* DERECHO
5 **alimento concentrado**: Alimento rico en uno o varios principios nutritivos de fácil digestión.

álimo Planta herbácea de hojas blanquecinas y flores verdosas. — *s.m./BOTÁNICA* = orzaga

alimoche Ave rapaz parecida al buitre, de color blanco con el borde de las alas negro y la cola en forma de cuña. *(Neophron pernopterus.)* — ZOOLOGÍA = abanto

alimón
1 Antiguo juego de niños en el que se cantaban unos versos que se iniciaban con el estribillo "al alimón, al alimón". — *s.m.* JUEGOS
2 **al alimón**: En colaboración, conjuntamente: *lo construyeron los dos trabajando al alimón durante tres años.* — *loc.adv.*

alimonarse Ponerse los árboles de hoja perenne amarillos por enfermedad. — *v.prnl.* BOTÁNICA

alindar
I (Derivado de *linde.*) Señalar los lindes de un terreno: *alindaron el prado.* — *v.tr.*
II (Derivado de *lindo.*) Adornar, poner bello o hermoso: *alindó la sala para la fiesta.* — *v.tr/prnl.* = embellecer

alineación
1 Ordenación o formación en fila.   **s.f.**
2 Formación de un equipo deportivo con especifica-   **DEPORTES**
ción del puesto que ocupa cada uno de sus miembros
en un partido determinado: *el entrenador aún no ha
dado a conocer la alineación del equipo.*

alineado, a
1 Que está en línea: *quiere los márgenes alineados.*   **adj.**
2 Se refiere al país que forma parte de un bloque mi-   **POLÍTICA**
litar: *Suiza es un país no alineado.*
3 Se aplica al jugador seleccionado para jugar un en-   **adj/s.**
cuentro deportivo: *el entrenador dará la lista de jugado-*   **DEPORTES**
res alineados.

alinear (Del lat. *línea*, raya.)
1 Poner a varias personas o cosas en línea recta.   **v.tr/prnl.**
2 Determinar los jugadores que forman un equipo: *no*   **v.tr.**
alineó a los jugadores lesionados.   **DEPORTES**
3 Vincularse a una tendencia ideológica, integrarse: **v.prnl.**
se alineó con la ideología pacifista.

aliñado, a Que está aseado y pulido.   **adj.**

aliñar (Derivado del ant. *liña* < lat. *línea*, raya.)
1 Poner en los alimentos condimentos, especias u   **v.tr./= aderezar,**
otras sustancias para que sean más sabrosos.   **condimentar**
2 Preparar una cosa para un fin.   **= aderezar**
3 Preparar al toro sobriamente para una suerte.   **TAUROMAQUIA**
4 Colocar los huesos dislocados en su posición.   **Chile**

aliño
1 Acción y resultado de aliñar o aliñarse.   **s.m.**
2 Salsa o condimento con que se aderezan la comida.   **= aderezo**
3 Aseo personal o limpieza y orden de las cosas.   **≠ desaliño**

alioli (Del cat. *allioli* de *all*, ajo + *oli*, aceite.) Salsa he-   **s.m./COCINA**
cha con aceite y ajos machacados y batidos hasta   **= ajiaceite,**
conseguir que se liguen.   **ajoaceite**

alionín
1 Herrerillo común, pájaro insectívoro.   **s.m./ZOOLOGÍA**
2 Mito, ave paseriforme párida.   **ZOOLOGÍA**

alípedo, a
1 Que tiene alas en los pies.   **adj/literario**
2 Se refiere al mamífero volador, nocturno, que tiene   **adj/s.m.**
los miembros anteriores transformados para el vuelo,   **ZOOLOGÍA**
como el murciélago.   **= quiróptero**

aliquebrado, a Que está débil o abatido física o mo-   **adj.**
ralmente: *su aspecto aliquebrado demostraba su preocu-*   **coloquial**
pación.   **= alicaído**

aliquebrar Romper las alas de un ave: *el milano se ali-*   **v.tr/prnl.**
quebró al golpearse con las ramas.   **conj: pensar**

alirón
1 Grito utilizado para celebrar un triunfo deportivo: **s.m.**
el Barcelona agüó el alirón del Madrid.   **DEPORTES**
2 ¡alirón!: Expansión de júbilo que se manifiesta, por   **interj.**
lo general, en las competiciones deportivas para celebrar un triunfo.

alisador, a Se aplica al instrumento que sirve para   **adj/s.m.**
alisar o eliminar las asperezas de una superficie.

alisal Aliseda, terreno poblado de alisos.   **s.m./tb: alisar**

alisar
I (Derivado de *aliso*.) Lugar donde hay muchos alisos.   **s.m.**
II (Derivado de *liso* < lat. vulgar **lisius*.)
1 Poner lisa o plana una cosa: *la vela se alisó con la*   **v.tr/prnl.**
fuerza del viento.   **= allanar**
2 Peinar el cabello ligeramente, dejándolo liso: *se ali-*   **v.prnl.**
só la melena con un cepillo.

aliseda Terreno poblado de alisos.   **s.f./= alisal**

alisios Se refiere a los vientos que soplan desde las   **adj/s.m.pl.**
zonas de altas presiones subtropicales hacia el área
de bajas presiones ecuatoriales: *los vientos alisios soplan en dirección nordeste en el hemisferio norte.*

alisma (Del lat. *alisma* gr. < *alisma*, planta acuática.)   **s.f.**
Planta herbácea vivaz, que crece en lugares encharca-   **BOTÁNICA**
dos. *(Alisma plantago.)*   **= llantén de agua**

alismáceo, a Pertenecene a una familia de plantas   **adj/s.f.**
monocotiledóneas que viven en el agua o zonas pan-   **BOTÁNICA**
tanosas.   **= alismatáceo**

aliso
1 Árbol o arbusto betuláceo de tronco liso y copa re-   **s.m.**
donda bien poblada por hojas ovales que vive a la   **BOTÁNICA**
orilla de los ríos. *(Alnus glutinosa.)*
2 Madera de este árbol, empleada en ebanistería y
construcciones hidráulicas.

alistado, a Que tiene listas o rayas de color: *lleva una*   **adj.**
camiseta alistada.   **tb: listado**

alistamiento
1 Inscripción de una persona en una lista.   **s.m.**
2 Incorporación al servicio militar: *a los dieciocho años*   **MILITAR**
procedió al alistamiento.
3 Conjunto de los mozos alistados anualmente al   **MILITAR**
servicio militar: *el alistamiento se va reduciendo.*

alistar
I (Derivado de *lista* < germ. *lista*, tira, franja.)

---

1 Poner a una persona en una lista: *alistó alfabética-*   **v.tr/prnl.**
mente a los presentes.   **tb: listar**
2 Inscribir a alguien en el ejército o en el servicio mi-   **MILITAR**
litar: *se alistó en la armada.*   **= enrolarse**
II (Derivado de *listo*.)
1 Preparar una cosa para que sea utilizada: *el producto*   **v.tr/prnl.**
se alistó para ser vendido.
2 Dar viveza a una persona: *se alistó al empezar a trabajar en aquella empresa.*

aliteración (Del lat. *ad*, a + *littera*, letra.) Figura esti-   **s.f.**
lística que consiste en la repetición del mismo o los   **RETÓRICA**
mismos sonidos en una frase, como por ejemplo: *bajo
el ala aleve del leve abanico.*

alitierno Aladierna, arbusto de fruto en baya, emplea-   **s.m.**
do en medicina y tintorería.   **BOTÁNICA**

aliviadero Desagüe del agua sobrante de un canal,   **s.m.**
un embalse o depósito: *la hojarasca obstruyó el aliviadero de la alberca.*

aliviar (Del lat. vulgar **alleviare*, aligerar, atenuar.)
1 Quitar a una persona o cosa parte del peso que car-   **v.tr.**
ga sobre ella: *el capataz obligó a que se aliviase la carga*   **= aligerar**
de los porteadores.
2 Hacer disminuir un dolor, una pena o una aflicción: **v.tr/prnl.**
te aliviarás si no piensas más en ello.
3 Hacer el paso más ligero: *aliviar el paso para llegar*   **v.tr/intr.**
pronto al cine.   **= apresurar**
4 Abreviar una actividad.
5 Disminuir el torero el riesgo de las suertes, espe-   **v.prnl.**
cialmente al estoquear, no estrechándose con el toro.   **TAUROMAQUIA**

alivio
1 Aligeramiento de una carga o peso.   **s.m.**
2 Disminución de una molestia, pena o dolor: *le fue
de mucho alivio el efecto de la morfina.*
3 Aceleración del paso al andar o del ritmo al que se
realiza una actividad.
4 Vestido menos severo que el usado durante el luto
riguroso.
5 de alivio: Tremendo, muy grande o que representa   **loc.adj.**
algún peligro: *agarró un resfriado de alivio.*   **coloquial**

alizar (Del ár. *al-'izar*, velo.)
1 Zócalo de azulejos que adorna la parte inferior de   **s.m.**
una pared interior: *el patio estaba recorrido por un ali-*   **CONSTRUCCIÓN**
zar de tonos azulados y verdosos.   **tb: alicer**
2 Azulejo decorativo.

alizarina Colorante obtenido de la raíz de la rubia, y   **s.f.**
que en la actualidad se obtiene sintéticamente.

aljaba (Del ár. *al-ya'ba*.) Caja tubular para llevar fle-   **s.f.**
chas, colgada al hombro: *se representa a Eros con una*   **= carcaj,**
aljaba y un arco.   **goldre**

aljafana Jofaina, vasija: *se conservan hermosas piezas de*   **s.f./tb: aljofaina**
aljafanas granadinas.   **= aljébana**

aljama (Del ár. *al-yama'a*.)
1 Reunión de moros o de judíos: *en la aljama los he-*   **s.f.**
breos discutían sobre sus destinos.
2 Sinagoga, templo judío.   **RELIGIÓN**
3 Mezquita, templo musulmán.
4 Barrio judío o árabe de una ciudad o población.

aljamía (Del ár. *al-'ayamiya*, lengua extranjera.)
1 Denominación árabe que daban los musulmanes a   **s.f.**
las lenguas que se hablaban en la península.
2 Texto morisco en lengua romance, pero transcrito
con caracteres árabes.

aljarafe Terreno alto y extenso: *desde el aljarafe domi-*   **s.m.**
naban con la vista los dominios del califa.   **= ajarafe**

aljébana Jofaina, vasija.   **s.f./tb: aljévena**

aljecería Yesería, decoración u obra realizada con yeso.   **s.f.**

aljez (Del ár. *al-yibs*.) Aljor, mineral de yeso.   **s.m./pl: aljeces**

aljezar Terreno en el que abunda el yeso.   **s.m./ = yesar**

aljezón Cascote de yeso.   **s.m./ = yesón**

aljibe (Del ár. *yubb*, pozo.)
1 Cisterna, depósito de agua: *echaron cal viva en los al-*   **s.m.**
jibes para desinfectarlos.
2 Barco que transporta o suministra agua potable.   **NÁUTICA**
3 Depósito en el que se tiene el agua a bordo de una   **NÁUTICA**
embarcación.

aljibero, a Persona encargada de cuidar los aljibes.   **s.**

aljofaina (Del ár. *al-yufayna*, escudilla.) Jofaina, vasi-   **s.f./tb: aljafana**
ja, recipiente para el aseo.   **= aljébana**

aljófar (Del ár. *al-yawhar*, perlas.) Perla pequeña de   **s.m.**
forma irregular y conjunto de ellas: *el manto de la virgen estaba orlado por aljófares diminutos.*

aljofarar Adornar una cosa con aljófar o con algo se-   **v.tr.**
mejante.   **literario**

aljofifa (Del ár. *al-yaffafa*, esponja.) Trozo de paño   **s.f.**
basto para fregar el suelo.   **= bayeta**

aljonje Ajonje, sustancia obtenida de la ajonjera.   **s.m.**

aljonjera Ajonjera, planta compuesta.   **s.f./tb: aljonjero**

aljonjolí Ajonjolí, planta de semillas comestibles ricas en aceite. — s.m./BOTÁNICA / pl.tb: aljonjolíes

aljor (Del ár. *al-ahyar*, piedra.) Mineral de yeso. — s.m./ = aljez

aljuba (Del ár. *al-yubba*.) Prenda de vestir morisca semejante a un gabán con mangas cortas que usaban los cristianos hispanos. — s.f. / tb: juba / HISTORIA

alkermes Alquermes, licor de color oscuro. — s.m./pl: alkermes

allá (Del lat. *illac*, por allá.)
1 Indica un lugar alejado del que habla, pero con menos precisión que *allí*: *vive allá arriba; viene por allá.* — adv.
2 Indica un tiempo pasado sin determinar: *allá por los años cuarenta.*
3 Expresa alejamiento del sitio en que se halla el hablante: *vámonos allá; va hacia allá.* — + ir, andar y otros / + hacia, para
4 **allá tú (...) o allá se las componga o allá cada cual:** Expresiones que indican despreocupación del hablante respecto a las consecuencias de los actos de otros. — = coloquial
5 **el más allá:** El otro mundo, el mundo de ultratumba: *nos volveremos a ver en el más allá.*
6 **muy allá:** En frases negativas significa no gozar de buena salud o no ir bien un asunto: *los negocios no andan muy allá.* — loc.adv. / + estar, andar

allanamiento
1 Operación de allanar un terreno o cualquier superficie que tenga desigualdades o desniveles: *contrató a una pala y un tractor para el allanamiento de la finca.* — s.m.
2 Superación de los obstáculos que se oponen a la realización de una cosa.
3 Acción de consentir o aceptar alguien una cosa a la que podría oponer resistencia.
4 Tratamiento que da una persona a un ser inferior como si fuera su igual.
5 **allanamiento de morada:** Delito que consiste en entrar en el domicilio de una persona sin su consentimiento y forzando la entrada: *no se considera allanamiento de morada entrar en casa ajena para prestar un servicio humanitario.* — DERECHO

allanar (Derivado de *llano*)
1 Igualar un terreno o cualquier superficie que presente desniveles: *allanaron la carretera para luego alquitranarla.* — v.tr/intr/prnl. / = aplanar, alisar
2 Superar, resolver una dificultad: *allanó el problema con gran facilidad.* — v.tr.
3 Entrar en una casa con violencia y sin permiso: *le allanaron la casa robándole las joyas.*
4 Sujetar o calmar a una persona: *le allanaron rápidamente entre todos.* — coloquial
5 Caer a plomo, aplanar. — v.prnl.
6 Someterse a una persona o acceder a una cosa: *se allanó a trabajar allí por razones económicas.* — = conformarse, avenirse
7 Tratar como igual a una persona de nivel inferior: *siempre se allanó a cualquier tipo de gente.*

allegado, a
1 Que es cercano en el espacio o en el tiempo. — adj.
2 Que es partidario de alguien o de alguna ideología: *allegadas a la justicia.* — adj/s.
3 Pariente, de la misma familia: *asistieron al funeral todos los allegados de la viuda.* — s.

allegar (Del lat. *applicare*, acercar.)
1 Poner dos o más cosas juntas, recoger, agrupar: *les mandó allegar todas las obras que versasen sobre el tema.* — v.tr. / conj: pagar
2 Añadir, agregar una cosa.
3 Arrimar o acercar una cosa a otra: *allegó el oído a la puerta para conocer el nombre de su interlocutor.* — v.tr/prnl.
4 Llegar a un lugar, venir. — v.intr/prnl.
5 Ponerse dos o más personas de acuerdo. — v.prnl.

allegretto (Voz italiana.)
1 Con movimiento rítmico menos vivo que el allegro. — adv./MÚSICA / = allegreto
2 Composición, o parte de ella, ejecutada de este modo. — s.m. / MÚSICA

allegro (Voz italiana.)
1 Con movimiento más lento que el presto y menos que el andante. — adv./MÚSICA / = alegro
2 Parte de una composición que se interpreta de este modo. — s.m. / MÚSICA

allende (Del lat. *illinc*, de allá.)
1 De la parte de los mares: *allende los mares.* — adv.
2 Indica que se añade algo a lo ya citado. — = además
3 Más allá de, de la parte de allá. — prep.
4 **allende de:** Además de, fuera de. — loc.adv/prep.

allí (Del lat. *illic.*)
1 En aquel lugar: *está allí mismo; vive allí donde nació.* — adv.
2 A aquel lugar: *irás hacia allí.*
3 Expresa sentido distributivo e indica, generalmente, lugar indeterminado: *allí recibía críticas, aquí elogios.* — + aquí, acá
4 En aquel momento, entonces: *hasta allí no había pasado nada.*

alloza Almendruco, fruto del almendro. — s.f./BOTÁNICA

allozo Almendro, generalmente el silvestre. — s.m./BOTÁNICA

alma (Del lat. *anima*, aire, aliento, alma.)
1 Parte inmaterial del ser humano y principio espiritual, aunque distinto del espíritu, que, según la tradición judeocristiana, sobrevive al cuerpo material de las personas. — s.f. / TEOLOGÍA / = ánima
2 Principio sensitivo o vegetativo que da vida a animales y plantas.
3 Sensibilidad afectiva, parte moral y emocional del hombre por oposición a la intelectiva: *logró despertar en mi alma un remordimiento que me obligó a mejorar mi actuación.*
4 Sustancia o parte esencial de una cosa.
5 Vida humana: *le arrancaron el alma de una puñalada.*
6 Interés y energía en las acciones: *canta con toda su alma.*
7 Persona o cosa que anima, promueve o da vida a una cosa: *María es el alma de la reunión.*
8 Individuo, persona: *no se ve un alma por la calle a partir de las diez de la noche.* — = persona
9 Hueco que hay en el interior de algunas piezas, especialmente en el cañón de las armas de fuego. — = ánima / MILITAR
10 Núcleo que tienen en su interior algunas piezas huecas para darles solidez. — = ánima
11 Palo que se pone entre las dos tapas de un instrumento de cuerda con puente para que se mantengan siempre a la misma distancia. — MÚSICA
12 Poste sobre el que se asientan y sostienen algunos maderos, o los tablones de los andamios. — ARQUITECTURA
13 **alma atravesada o de Caín o de Judas:** Persona cruel, sin escrúpulos.
14 **alma de cántaro:** Persona ingenua y crédula: *es un alma de cántaro, no supo guardar el secreto por ingenuidad.* — coloquial
15 **alma de Dios:** Persona bondadosa e ingenua: *pero alma de Dios, ¿cómo puedes pensar eso?* — coloquial
16 **alma en pena:** 1 En la doctrina católica, alma que está en el purgatorio o sin reposo definitivo y que, supuestamente, se comunica con los vivos. 2 Persona solitaria, triste y melancólica: *desde entonces parece un alma en pena.* — RELIGIÓN / coloquial
17 **arrancarle el alma:** Matar a una persona: *le acabó arrancando el alma con tantos latigazos.* — coloquial
18 **caérsele el alma a los pies:** Sufrir un desengaño, una desilusión: *se les cayó el alma a los pies al conocer el resultado.* — coloquial
19 **clavarse en el alma:** Sentir vivamente, sobre todo algo que produce dolor: *su traición se le clavó en el alma.* — coloquial
20 **como alma que lleva el diablo:** Salir, huir, irse, rápida y precipitadamente: *cuando ve al vecino, sale como alma que lleva el diablo.* — loc.adv. / coloquial
21 **con el alma:** Sinceramente: *me lo ofreció con el alma; lo quiere con toda el alma.* — coloquial
22 **con toda el alma o mi, tu, su... alma:** con todas las fuerzas, con total entrega: *empujaron el coche con toda su alma; lo quiere con toda el alma.* — coloquial
23 **darle, o decirle, a uno el alma:** Tener una corazonada, una intuición: *me da el alma que no llamará.*
24 **de mi alma:** De mi corazón: *hijo de mi alma, ¿no sabes que no debes hacer eso?* — loc.adj.
25 **estar con, o tener, el alma en un hilo:** Estar intranquilo por el temor de un riesgo: *mi madre está con el alma en un hilo hasta que llegamos a casa.* — coloquial
26 **encomendar o recomendar el alma:** Hacer las oraciones pertinentes para la salvación eterna de un moribundo: *encomendaron su alma al cielo.* — RELIGIÓN
27 **entregar o dar el alma a Dios:** Morir una persona: *entregó el alma a Dios al caer la noche.*
28 **llegarle al alma:** Sentir vivamente: *sus palabras me llegaron al alma.* — coloquial
29 **llevar en el alma:** Querer y recordar profundamente: *llevo esos recuerdos en el alma.* — coloquial
30 **no poder con su alma:** Estar muy cansado: *está que no puede con su alma de tanto correr.* — coloquial
31 **no tener alma:** Ser cruel, sin compasión, ser insensible al sufrimiento ajeno: *no tienes alma, ¿cómo es posible que esta masacre no te horrorice?* — coloquial
32 **partirle el alma:** Sentir gran dolor, compasión o lástima: *con sus palabras le partió el alma; se me parte el alma viéndolo tan triste.* — coloquial
33 **poner el alma:** Hacer o decir una cosa con mucho afán: *pone el alma en todo lo que hace.* — coloquial
34 **sentir o pesar en el alma:** Sentirlo mucho: *sentí en el alma la muerte de tu padre.*

almacén (Del ár. *al-mahzan*, depósito, granero.)
1 Local donde se guardan productos de distintas clases para distribuirlos o venderlos posteriormente: *la mercancía ya está en el almacén.* — s.m.
2 Tienda donde se vende al por mayor. — COMERCIO / Amér. Merid.
3 Tienda de comestibles.
4 Cada una de las cajas que contiene un juego de matrices de un mismo tipo con que trabaja la linotipia. — ARTES GRÁFICAS

5 almacén de agua: Depósito de agua que se instala en la cubierta principal de un barco. — NÁUTICA

6 grandes almacenes: Tienda de grandes proporciones con secciones distintas donde se venden diferentes géneros: *prefiero comprar en grandes almacenes que en tiendas pequeñas.* — s.m.pl. COMERCIO

almacenaje
1 Acción y resultado de almacenar: *procedieron al almacenaje de las mercancías.* — s.m. = almacenamiento
2 Derecho que se paga para tener almacenada una cosa o tenerla guardada en un depósito.

almacenamiento
1 Acción y resultado de almacenar mercancías para un fin determinado. — s.m. = almacenaje
2 Totalidad de mercancías almacenadas: *han cerrado la tienda para hacer el inventario del almacenamiento.*
3 Registro de datos. — INFORMÁTICA

almacenar
1 Guardar productos diversos en un almacén: *almacenaron las cajas en un hangar del aeropuerto.* — v.tr.
2 Reunir varias cosas: *almacenó éxitos y fracasos.*
3 Introducir datos, programas, información, en la memoria de un ordenador. — INFORMÁTICA

almacenero, a Dueño o encargado de una tienda de comestibles. — s. Amér. Merid.

almacenista
1 Dueño de un almacén. — s.m.f.
2 Persona encargada de despachar los productos o artículos que se venden en un almacén. — = almacenero

almáciga
I (Del ár. *al-mastaka* < gr. *mastikhe*.)
1 Resina aromática obtenida de lentisco usada para hacer masillas. — s.f.
2 Masilla, material aglutinante.
II (Probablemente variante de *almajara* < ár. *al-masyara,* arboleda.) Sitio donde se siembran y crecen vegetales para su posterior trasplante, semillero. — s.f. tb: almácigo

almacigado, a
1 Se refiere al ganado de color cobrizo intenso. — adj./Amér.
2 Que es de raza mezclada o moreno. — Perú

almacigar Dar olor agradable a una cosa con almáciga. — v.tr. conj: *pagar*

almácigo Almáciga, semillero. — s.m./ = plantario

almádena Mazo de hierro con el mango largo usado para romper piedras. — s.f./tb: almádana, almadina/= marra

almadía (Del ár. *al-ma'diya,* barca de paso.)
1 Balsa, plataforma hecha con maderos unidos, para el transporte por agua. — s.f.
2 Conjunto de maderos unidos unos con otros a modo de balsa, para conducirlos a flote: *las almadías bajaban río abajo.* — tb: armadía

almadiarse Sentir mareo, marearse. — v.prnl./conj: *vaciar*

almadiero, a Persona que gobierna la almadía. — s.

almádina Almádena, mazo de hierro. — s.f./ = almádana

almadraba (Del ár. *al-madraba,* lugar donde se golpea.)
1 Pesca del atún. — s.f./PESCA
2 Sitio donde se cerca y se pesca el atún. — PESCA
3 Red o cerco de redes para pescar el atún. — PESCA

almadrabero, a
1 De la almadraba. — adj./PESCA
2 Persona que trabaja con la almadraba. — s./PESCA

almadreña Zueco, calzado: *entró en el establo con unas almadreñas gastadas.* — s.f.

almadreñero, a Persona que hace o vende almadreñas. — s.

almagra (Del ár. *al-magra,* arcilla roja.) Almagre, óxido de hierro. — s.f. MINERALOGÍA

almagral Terreno donde hay mucho almagre. — s.m.

almagrar Teñir una cosa de óxido rojo de hierro. — v.tr./= enalmagrar

almagre (Del ár. *al-magre,* tierra roja.)
1 Óxido rojo de hierro, abundante en la naturaleza, que se utiliza en la pintura. — s.m./tb: almagra MINERALOGÍA
2 Que tiene el color o el tono del almagre. — adj.

almagrero, a Se refiere al terreno que tiene almagre en abundancia. — adj.

almaina Almádena, mazo. — s.f.

almaizar (Del ár. *al-mi'zar,* velo.)
1 Toca de gasa usada por los musulmanes. — s.m./tb: almaizal
2 Paño con que se reviste el sacerdote para coger la custodia o el copón. — = cendal

almaizo Almez, árbol de gran tamaño. — s.m./BOTÁNICA

almajar Terreno poblado de almajos. — s.m./tb: almajal

almajara (Del ár. *al-masyara.*) Tierra abonada con estiércol reciente para que germinen pronto las semillas. — s.f. AGRICULTURA

almajo Almarjo, planta que da barrilla. — s.m./BOTÁNICA

almalafa (Del ár. *al-milhafa,* manto, cobertura.) Prenda de vestir que cubre todo el cuerpo, usada por los musulmanes. — s.f. tb: malafa

almanaque (Del ár. *al-manah,* calendario.) Calendario que comprende todos los días del año, distribuidos por meses, y que puede incluir datos astronómicos, de festividades o de otra índole. — s.m.

almandina Granate alumínico férrico. — s.f./MINERALOGÍA

almanta
1 Espacio de tierra que en las viñas u olivares se deja entre las hileras de plantas. — s.f./AGRICULTURA = entreliño
2 Porción de tierra entre dos surcos grandes, hechos para dirigir la siembra. — AGRICULTURA

almarada (Del ár. *al-mihraz,* punzón.)
1 Puñal agudo de tres aristas y sin filo. — s.f.
2 Aguja grande para coser alpargatas.
3 Tubo cilíndrico de hierro con un mango, usado en los hornos de fundición de azufre para desatascar el conducto por donde pasa el azufre líquido.

almarbatar Unir dos piezas de madera. — v.tr./CARPINTERÍA

almarcha (Del ár. *al-mary,* prado.) Población situada en una tierra baja. — s.f.

almarjal Terreno bajo y pantanoso, ciénaga: *los almarjales estaban poblados de diversas especies de pájaros migratorios.* — s.m. tb: marjal

almarjo (Del ár. *al-marya,* sosa.)
1 Cualquiera de las plantas que dan barrilla. — s.m./BOTÁNICA
2 Barrilla, cenizas de estas plantas de las que se obtenía la sosa.

almaro Maro, planta de olor fuerte y sabor amargo. — s.m./BOTÁNICA

almártaga (Del ár. *al-martak.*) Litargirio, óxido de plomo. — s.f./tb: almártega MINERALOGÍA

almazara (Del ár. *al-ma'sara* < *al-'asar,* apretar, exprimir.) Molino de aceite. — s.f.

almazarero, a Persona encargada de una almazara, o molino de aceite. — s.

almea
I (Del ár. *alimay'a,* estoraque.)
1 Azúmbar, planta. — s.f./BOTÁNICA
2 Corteza y bálsamo del estoraque.
II (Del ár. *'alima,* cantante, danzarina.) Mujer que, entre los orientales, improvisa versos, canta y danza en público. — s.f.

almecina Almeza, fruto del almez. — s.f.

almeja (Probablemente del port. *ameixa.*) Molusco bivalvo marino que vive en arenas y fondos fangosos, comestible y muy apreciado. *(Tapes.)* — s.f. ZOOLOGÍA

almejar Criadero de almejas. — s.m.

almena (Del ár. ant. *mena* o *amena* < lat. *mina.*) Remate superior del muro de una fortaleza formado por prismas con vanos intermedios: *los sitiados disparaban flechas por el vano de las almenas.* — s.f. ARQUITECTURA

almenado, a
1 Que tiene almenas: *castillo almenado.* — adj.
2 Que tiene figura de almena.
3 Almenaje, serie de almenas. — s.m.

almenaje Conjunto de almenas: *los proyectiles destruyeron una parte del almenaje.* — s.m. = almenado

almenar
I (Derivado de *almanara.*) Estuche o soporte de hierro que sujetaba las teas usadas para alumbrar las cocinas de las casas. — s.m. tb: almenara
II (Derivado de *almena.*) Hacer almenas en una construcción. — v.tr.

almenara (Del ár. *al-menara,* faro < *nar,* fuego.)
1 Fuego que se hacía en las atalayas o torres como señal de aviso. — s.f./HISTORIA = ángaro
2 Candelero sobre el cual se ponían candiles de muchas mechas para alumbrar todo el aposento.
3 Almenar, soporte para las teas.

almendra (Del lat. *amygdala* < gr. *amygdale.*)
1 Fruto oval y alargado del almendro, rico en grasas y glúcidos. — s.f. BOTÁNICA
2 Semilla carnosa de cualquier fruto drupáceo. — BOTÁNICA
3 Cualquier objeto de forma semejante a la de una almendra: *la tiara estaba coronada por unas almendras diamantinas.*
4 Encuadramiento elíptico, dentro del cual se representa a Cristo triunfante. — ARTE = mandorla
5 **almendra garrapiñada:** Confite consistente en una almendra recubierta de azúcar acaramelado y canela. — COCINA

almendrada
1 Bebida hecha con leche de almendras y azúcar. — s.f.
2 **dar una almendrada:** Adular, halagar: *el secretario le dio una almendrada para que no presentase su denuncia.* — coloquial

almendrado, a
1 Que tiene forma de almendra: *ojos almendrados*. **adj.**
2 Que está hecho con almendra: *torta almendrada*. **adj./s.**
3 Pasta hecha con almendras, harina y miel o azúcar. **s.m./COCINA**

almendral
1 Terreno poblado de almendros: *el tornado abatió los almendrales de Levante*. **s.m.**
2 Almendro, árbol rosáceo. **BOTÁNICA**

almendrero
1 Almendro, árbol rosáceo. **s.m./BOTÁNICA**
2 Recipiente en que se sirven almendras en la mesa.

almendrilla
1 Lima con punta rematada en figura de almendra, usada por los cerrajeros. **s.f.**
2 Pequeño fragmento de piedra que se emplea para reparar el firme de las carreteras. **= grava**

almendro
Árbol frutal rosáceo, originario de África, de cultivo habitual en toda la cuenca mediterránea. *(Prunus amygdalus.)* **s.m. BOTÁNICA**

almendruco
Almendra tierna con la cubierta exterior todavía verde y el grano sin cuajar del todo. **s.m./BOTÁNICA = alloza**

almeriense
1 De Almería, ciudad y provincia española. **adj.**
2 Persona natural de esta ciudad o provincia. **s.m.f.**

almete
1 Pieza de la armadura que cubría la cabeza: *de un estocazo le desmochó el almete*. **s.m./HISTORIA, MILITAR**
2 Soldado que utilizaba esta pieza. **HISTORIA**

almez (Del ár. *al-meis*.)
1 Árbol ulmáceo de gran tamaño, de hojas aovado-lanceoladas, de corteza lisa, cuyo fruto, globuloso y comestible, es la almeza. *(Celtis australis.)* **s.m./pl: almeces tb: almezo BOTÁNICA**
2 Madera de este árbol, compacta y muy elástica, usada para mangas de herramientas o bastones.

almeza
Fruto del almez, comestible, dulce y redondo, de un centímetro de diámetro, que pasa de rojo a negro cuando madura y es amarillo por dentro. **s.f. BOTÁNICA = almecina**

almiar
Montón que se hace con la paja o el heno para conservarlos, apretándolos alrededor de un palo largo: *después de trillar la mies, formaron los almiares alrededor de la era*. **s.m. = pajar**

almiarar
Amontonar la paja para hacer un almiar. **v.tr.**

almíbar (Del ár. *al-miba*, jarabe de membrillo.)
1 Azúcar disuelto en agua o cocido a fuego lento hasta que toma la consistencia de un jarabe, usado en confitería. **s.m. COCINA**
2 **estar una persona hecha de o un o almíbar:** Mostrarse muy amable y atento: *desde el rapapolvos está hecho un almíbar con todos nosotros*. **coloquial**

almibarado, a
Se refiere a la persona o lenguaje que es meloso y afectadamente halagüeño y dulce: *con palabras almibaradas no me convencerás*. **adj. = empalagoso**

almibarar
1 Cubrir con almíbar. **v.tr.**
2 Suavizar las palabras para ganarse la voluntad de una persona: *almibaró sus reproches*.

almicantarat
Cualquier círculo menor de la esfera celeste paralelo al horizonte, cuyos puntos tienen igual distancia cenital. **s.m. tb: almucantarat ASTRONOMÍA**

almidón (Del lat. vulgar *amidum* < gr. *amylon*, no molido, almidón.)
1 Sustancia orgánica que sirve de reserva a los vegetales y se presenta como semillas en los cereales o tubérculos. **s.m. BIOQUÍMICA**
2 Producto comercial en forma de terrones, gránulos o pastillas que se utiliza en las industrias textil, del papel y alimentaria.

almidonado, a
1 Que está planchado con almidón: *cuellos almidonados; enaguas almidonadas*. **adj.**
2 Que se arregla con excesiva pulcritud. **= estirado**
3 Acción y resultado de almidonar. **s.m.**

almidonar
Poner almidón en la ropa para plancharla y dejarla tiesa: *almidonar los tapetes de hilo*. **v.tr.**

almidonería
Industria donde se elabora el almidón. **s.f.**

almilla
1 Prenda de vestir parecida a un jubón: *la parte superior de la almilla resaltaba su corpulencia*. **s.f.**
2 Jubón cerrado que se usaba debajo de la armadura. **HISTORIA**
3 Espiga para ensamblar maderos. **CARPINTERÍA**

almimbar (Del ár. *al-minbar*.)
Púlpito de una mezquita desde donde se predica o se dirigen los rezos: *el predicador nunca sube hasta lo más alto del almimbar*. **s.m.**

alminar (Del ár. vulgar *al-menar*, faro < *nar*, fuego.)
Torre de una mezquita desde donde se convoca a la oración. **s.m. = minarete**

almiranta
Nave en que iba el segundo jefe de una armada. **s.f. MILITAR**

almirantazgo
1 Alto tribunal o consejo de la armada. **s.m./MILITAR**
2 Cargo o dignidad de almirante. **MILITAR**
3 Demarcación bajo la jurisdicción de un almirante. **MILITAR**
4 Juzgado particular del almirante. **MILITAR**
5 Conjunto de almirantes de la armada: *el almirantazgo se reunió con el rey*. **MILITAR**

almirante (Del ant. *amirate* < ár. *al-'amir*, jefe, probablemente a través del gr. *amiras* y el lat. vulgar *amiratus*.)
1 Persona que desempeña en la armada el cargo superior, equivalente al de teniente general del ejército de tierra. **s.m. MILITAR**
2 Especie de adorno que usaban las mujeres en la cabeza.
3 **almirante mayor:** Persona que tenía el mando absoluto en las armadas, navíos y galeras. **MILITAR, HISTORIA**

almirez (Del ár. *al-mihres*.)
Mortero pequeño de metal: *machacó los ajos en el almirez*. **s.m. pl: almireces**

almizate (Del ár. *al-musat*, centro.)
1 Punto central de la parte plana que forma el centro de los artesonados. **ARQUITECTURA**
2 Superficie lisa que forma el centro de algunos techos de madera labrada. **ARQUITECTURA = harneruelo**

almizcate
Patio común a dos casas: *sus ventanas daban al almizcate*. **s.m.**

almizclar
Poner almizcle en una cosa. **v.tr.**

almizcle (Del ár. *al-misk* < persa *musk*.)
Sustancia grasa, untuosa e intenso olor que segregan algunos mamíferos en glándulas situadas cerca del ano y se usa en perfumería. **s.m. ZOOLOGÍA**

almizcleño, a
Que tiene olor de almizcle: *perfume almizcleño*. **adj. = almizclero**

almizclero, a
1 Que tiene olor de almizcle. **adj./= almizcleño**
2 Mamífero rumiante, cérvido, de corta alzada y sin cuernos, que almacena almizcle en una bolsa umbilical. *(Moschus moschiferus.)* **s.m. ZOOLOGÍA**

almo, a (Del lat. *almus* < *alere*, alimentar.)
1 Que alimenta, cría o vivifica: *la esperanza alma de nuestra ilusión*. **adj. literario**
2 Que es excelente, benéfico o venerable: *nació en el almo ducado de Cardona*. **literario**

almocafre (Probablemente del ár. *al-mukaffir*.)
Azada pequeña con dos dientes curvados, usada para limpiar la tierra y transplantar flores y arbustos. **s.m. AGRICULTURA = zarcillo**

almocrí
Persona que lee el Corán en las mezquitas, entre los musulmanes. **s.m. pl.tb: almocries**

almodí
Medida agraria de seis cahíces. **s.m./pl.tb: almodies**

almodón (Del ár. *al-madhum*, humedecido.)
Harina de trigo humedecido y molido. **s.m.**

almodóvar
Plaza fortificada. **s.m./MILITAR**

almodrote
Salsa hecha con aceite, ajos, queso y otros ingredientes, con la que se condimentan las berenjenas. **s.m. COCINA**

almófar (Del ár. *al-migfar*.)
Tejido de malla a modo de cofia de las armaduras, sobre el que se ponía el capacete. **s.m. HISTORIA**

almoflate
Cuchilla redonda que usan los artesanos que hacen sillas de montar y correajes de las caballerías. **s.m.**

almogávar (Del ár. *al-mugawir*, incursor, el que toma parte en algaras.)
Soldado muy diestro que, durante la edad media, llevaba a cabo misiones en territorio enemigo: *el arrojo, combatividad y sobriedad de los almogávares fueron elogiados por sus contemporáneos*. **s.m. tb: almugávar HISTORIA, MILITAR**

almogeo
Oposición de dos planetas. **s.m./ASTRONOMÍA**

almogote
Cuerpo de infantería en línea de batalla. **s.m./MILITAR**

almohada (Del ár. *al-muhadda*, lugar en que se apoya la mejilla < *hadd*, mejilla.)
1 Colchoncillo relleno de una materia esponjosa, como lana o plumas, que sirve para reclinar sobre él la cabeza en la cama: *el traumatólogo le recomendó usar una almohada anatómica*. **s.f.**
2 Cojín que sirve para sentarse, arrodillarse o recostarse. **= almohadón**
3 **consultar algo con la almohada:** Pensar, meditar con el tiempo necesario algún negocio, idea o problema: *antes de darte una respuesta tengo que consultarlo con la almohada*. **coloquial**

almohadazo
Golpe dado con una almohada. **s.m.**

almohade (Del ár. *al-muwahhid*, unitario.)
1 Perteneciente a una dinastía que reinó en el islam occidental. **adj. HISTORIA**
2 Miembro de esta dinastía. **s.m.f.**

almohadilla
1 Almohada pequeña que sirve para distintos usos. **s.f.**
2 Cojín pequeño sobre el que se sientan los especta-

dores de algunos espectáculos, como el fútbol o los toros: *desde las gradas se lanzaron almohadillas al terreno de juego, como muestra del descontento.*
3 Almohada pequeña usada para clavar alfileres. = acerico
4 Relleno de algodón o borra que se pone en los vestidos para que sienten mejor: *con las almohadillas disimularás los hombros caídos.* = hombrera
5 Resalto en la cara visible de un sillar. ARQUITECTURA

almohadillado, a
1 Que tiene almohadillas o forma de ellas: *blusa almohadillada.* adj/s.m.
2 Sillar cuya parte saliente ha sido labrada con un martillo de aristas finas. ARQUITECTURA

almohadillar
1 Rellenar de algodón, lana o cualquier otro tipo de materia similar una prenda. v.tr. = acolchar
2 Trabajar los sillares en forma de almohadilla. ARQUITECTURA

almohadillero, a Persona que hace, vende o alquila almohadillas. s.

almohadón
1 Cojín usado para acostarse o recostarse: *le arrelleñó el almohadón para que se sintiese más cómodo.* s.m.
2 Funda en que se mete la almohada de la cama: *bordó el almohadón con las iniciales.* = almohada
3 Piedra de donde arranca un arco. ARQUITECTURA

almohaza (Del ár. *al-mihassa < hass,* quemar.) Utensilio de hierro que lleva insertas unas sierrecillas, usado para limpiar las caballerías. s.f.

almohazar
1 Limpiar una caballería frotándola con la almohaza. v.tr./conj: *cazar*
2 Frotar una cosa para limpiarla.

almojarifazgo
1 Conjunto de impuestos de origen árabe que se incorporó a la hacienda real castellana. s.m./HISTORIA th: almojerifazgo
2 Antiguo oficio de almojarife.

almojarife (Del ár. *al-musrif,* tesorero.) Oficial o funcionario, encargado de la recaudación de rentas y derechos del rey, en la época hispano-musulmana. s.m. HISTORIA

almojaya (Del ár. *al-muya'iza,* viga saliente.) Madero cuadrado sujeto a la pared para sostener los andamios. s.f. CONSTRUCCIÓN

almóndiga Albóndiga, bola de carne picada. s.f./COCINA

almoneda (Del ár. *al-muneda < nada,* gritar.)
1 Subasta pública de bienes muebles: *la almoneda proviene de la venta del botín capturado al enemigo.* s.f. COMERCIO
2 Local donde se realiza la subasta. COMERCIO
3 Venta de objetos a bajo precio. COMERCIO

almonedar Vender en almoneda. v.tr./tb: almonedear

almoraduj (Del ár. *al-mardaqus.*) Mejorana, hierba de flores olorosas, usada como antiespasmódico. s.m./tb: almoradux BOTÁNICA

almorávid (Del ár. *al-murabit,* ermitaño, devoto.) Perteneciente a una dinastía bereber y movimiento religioso del islam occidental de los siglos XI y XII. adj/s.m.f. HISTORIA th: almoravide

almorejo Planta gramínea que crece en campos cultivados y viñedos. *(Setaria glauca.)* s.m. BOTÁNICA

almorí Masa elaborada con harina, sal, miel y otros ingredientes, usada para hacer tortas: *preparó un almorí relleno de pasas y piñones.* s.m. pl.tb: almories COCINA

almoronía Guiso de berenjenas, tomate, calabaza y pimiento. s.f. COCINA

almorrana (Del lat. vulgar **haemorrheuma < gr. haima,* sangre + *rheuma,* flujo.) Dilatación venosa que se forma en el ano o en el intestino recto: *lleva varios meses sufriendo de almorranas, exactamente desde el parto.* s.f. MEDICINA = hemorroide

almorta
1 Planta papilionácea leguminosa, anual, con semillas en forma de muela. *(Lathyrus sativus.)* s.f./BOTÁNICA = guija
2 Semilla de esta planta. BOTÁNICA

almorzada Porción de una cosa suelta que cabe en el hueco que se forma con las manos juntas: *les tiró unas almorzadas de grano y se arremolinaron a su alrededor.* s.f./tb: almozada = ambuesta

almorzar Tomar algo como almuerzo: *suelo almorzar ensalada de primer plato.* v.intr/tr. conj: *forzar*

almotacén (Del ár. *al-muhtàsib.*)
1 Persona encargada oficialmente de contrastar las pesas y las medidas, en la época hispano-musulmana. s.m. HISTORIA
2 Oficina donde se efectuaba la contrastación de pesas y medidas. HISTORIA

almotacenazgo
1 Antiguo oficio de almotacén. s.m./HISTORIA
2 Oficina que tenía el almotacén. = almotacén

almotacenía
1 Derecho que se pagaba al almotacén al efectuar la operación de peso y medida. s.f. th: almotazania
2 Almotacenazgo, oficio.
3 Lonja de contratación de pescado.

almud (Del ár. *al-mudd.*) Antigua medida de capacidad para áridos con distinto valor según los lugares donde se usó. s.m. HISTORIA

almudada Extensión de tierra en que cabe un almud de sembradura. s.f.

almudejo Cada una de las medidas públicas de áridos que guardaba el almudero. s.m. HISTORIA

almudero Persona que estaba encargada de guardar las medidas públicas de los áridos. s.m. HISTORIA

almudí Almodí, medida agraria. s.m./pl.tb: almudíes

almuecín (Del ár. *al-mu'addin.*) Persona que desde el alminar de la mezquita convoca en voz alta a los fieles musulmanes para que acudan a la oración: *el disparo alcanzó al almuecín mientras salmodiaba las frases rituales.* s.m. RELIGIÓN = almuédano, muecín

almuerza Almorzada, cantidad de algo que se abarca con las dos manos juntas. s.f. = ambuesta

almuerzo (Del lat. vulgar **admordium < admordere,* morder ligeramente, empezar a comer.)
1 Comida que se toma al mediodía: *el embajador y su esposa ofrecieron un exótico almuerzo al rey.* s.m.
2 Comida que se toma por la mañana: *toma el almuerzo antes de salir de casa.* = desayuno
3 Acción de almorzar.

almugávar Almogávar, soldado. s.m./MILITAR

almunia (Del ár. *al-munya.*) Huerto o granja. s.f.

alna Ana, medida de longitud. s.f.

alnado, a (Del lat. *antenatus,* nacido antes.) Hijo o hija del cónyuge de una persona, pero no de ella misma. s. = hijastro

alnico Aleación compuesta principalmente de hierro, níquel y aluminio que se usa en la construcción de imanes permanentes. s.m. METALURGIA

alo- Componente de palabra procedente del gr. *allos,* que significa otro, variante de un elemento: *alófono, alopatía.* pref.

¡aló! (Del fr. *allo.*) Expresión que se emplea para contestar por teléfono, equivalente a ¡diga! o ¡dígame! interj./Amér. Central y Merid.

alobadado, a
1 Que ha sido mordido por un lobo. adj.
2 Que padece lobado, lesión de las caballerías. VETERINARIA

alobado, a Se refiere al coto de caza que es invadido por lobos. adj. CAZA

alobarse
1 Sentir miedo ante un lobo. v.prnl.
2 Perder una persona la serenidad en una situación difícil o peligrosa: *al ser descubierto el agujero en la empresa, se alobó y huyó al extranjero.* coloquial = atolondrarse

alobunado, a Que es parecido al lobo, especialmente en el color de pelo. adj.

alocado, a
1 Que es imprudente, irreflexivo o poco sensato: *una conducción alocada puede provocar accidentes.* adj. = loco
2 Que anda o va aturdido de un sitio a otro: *va alocada de departamento en departamento, solucionando el papeleo.* = atolondrado

alocar
1 Causar locura, volverse loco: *se alocó por tan largo cautiverio.* v.tr/prnl. conj: *sacar*
2 Causar aturdimiento o trastorno: *se alocó al conocer la triste noticia.* = trastornar

alóctono, a Se aplica al que es originario de otro país: *terreno alóctono; especie alóctona.* adj/s. = autóctono

alocución (Del lat. *allocutio.*) Discurso, generalmente breve, dirigido por un superior o autoridad a sus subordinados o súbditos: *dirigió una alocución al pueblo para darles noticias sobre la guerra.* s.f. formal

alodio (Del lat. vulgar *alodium.*) Finca o patrimonio libre de toda carga o derecho señorial. s.m. HISTORIA

áloe (Del lat. *aloe < gr. aloe.*)
1 Planta liliácea, perenne, de hojas carnosas con espinas en los bordes y flores rojas, que se cultiva en las zonas costeras y posee virtudes purgantes. *(Aloe.)* s.m. th: aloe BOTÁNICA
2 Jugo de esta planta, extraído de las hojas.

alófano, a
1 Que brilla de distintos modos. adj.
2 Grupo de silicatos de aluminio hidratados. s.f./MINERALOGÍA

alófono, a Se aplica a la variante que se da en la pronunciación de un fonema a causa de condicionantes gramaticales, como la posición en la palabra o en la sílaba o el carácter de los fonemas contiguos. adj/s.m. LINGÜÍSTICA = variante combinatoria

alógeno, a Se aplica a la raza distinta a la del país que llega y que ocupa un lugar secundario en la constitución de la población. adj.

aloja
1 Bebida hecha con agua, miel y especias. s.f.
2 Bebida refrescante hecha generalmente con semillas de algarroba blanca, machacadas y fermentadas. *Argent., Bol., Chile*

alojado a Persona que habita en casa ajena, como invitado, o en un hotel o pensión. s./Chile, Ecuad. = huésped

alojamiento
1 Acción de alojar o alojarse: *llegaron cansados y el alojamiento no estaba preparado.* — s.m. = hospedaje
2 Casa o lugar donde está alojada una persona, o colocada una cosa: *no encontraron un alojamiento adecuado.*
3 Lugar donde están acampadas las tropas. — MILITAR

alojar (Del cat. *allotjar* < *llotja*, lonja < fr. ant. *loge*, gabinete.)
1 Dar alojamiento a una persona: *nos alojó en esa vieja casa para pasar la noche.* — v.tr./prnl. = albergar
2 Poner una cosa dentro de otra: *la bala se le alojó en un pulmón.* — v.tr.
3 Contener una cosa a otra. — v.tr.
4 Residir temporalmente en un hotel o casa ajena: *durante el congreso se alojan en una residencia de estudiantes.* — v.prnl.
5 Establecerse la tropa en un lugar: *la tropa se alojará en esos campamentos cerca del río.*

alomado, a
1 Que tiene forma de lomo. — adj.
2 Se refiere a la caballería que tiene el lomo arqueado hacia arriba, como el cerdo.

alomar
1 Labrar el terreno dejando entre surco y surco un espacio mayor que de ordinario. — v.tr./AGRICULTURA = acaballonar
2 Hacer que el caballo equilibre la fuerza de su lomo y sus brazos mediante determinados ejercicios. — EQUITACIÓN
3 Crecer y fortalecerse el caballo quedando apto para la procreación. — v.prnl. ZOOLOGÍA

alomorfo Cada una de las variantes de un morfema en función de su contexto y significado idénticos. — s.m. LINGÜÍSTICA

alón Ala de ave sin plumas. — s.m./ZOOLOGÍA

alondra (Del lat. *alauda*.) Pájaro estepario, de color marrón tierra, común en campos de cultivo. (*Alauda arvensis*.) — s.f. ZOOLOGÍA = alhoja, caladre

alongado, a Que es más largo que ancho. — adj./= prolongado

alópata Se aplica al médico que utiliza o aplica el método de la alopatía: *acudió a un alópata para que le tratara el asma.* — adj/s.m.f. MEDICINA ≠ homeópata

alopatía Tratamiento terapéutico que consiste en usar remedios que producen efectos contrarios a los que caracterizan la enfermedad. — s.f. MEDICINA

alopátrico, a Se aplica a la subespecie o raza que vive en un área geográfica distinta de otra de la misma especie. — adj. BIOLOGÍA = simpátrico

alopecia (Del lat. *alopecia* < gr. *alopekia* < *alopex*, zorra, animal que pierde el pelo con frecuencia.) Enfermedad dermatológica que provoca la caída del cabello o vello: *padece alopecia congénita.* — s.f. MEDICINA = lopigia, lupicia

alopécico, a Que padece alopecia. — adj.

aloque (Del ár. *al-haluqi* < *al-haluq*, perfume de color rojo amarillento.)
1 De color rojo claro. — adj.
2 Se aplica al vino que resulta de la mezcla de tinto y blanco. — adj/s.m.

alosa Pez parecido a la sardina, de carne apreciada, que vive en el mar y en primavera remonta los cursos de los ríos para el desove. (*Alosa alosa.*) — s.f. ZOOLOGÍA = sábalo

alosoma Cromosoma del que depende la determinación del sexo. — s.m./BIOLOGÍA = heterocromosoma

alotropía (Del gr. *allos*, otro + *tropos*, mutación, cambio.) Propiedad por la que un cuerpo simple o de un compuesto químico puede presentar diferencias en sus propiedades físicas y químicas. — s.f. QUÍMICA

alpaca (Voz aimara.)
1 Mamífero artiodáctilo americano, rumiante, parecido a la llama, explotado por su carne, leche y lana. (*Lama pacos.*) — s.f. ZOOLOGÍA = paco
2 Pelo de este animal.
3 Fibra textil, suave y sedosa, extraída del pelaje de este animal: *abrigo de alpaca.* — TEXTIL
4 Tela de algodón abrillantado. — TEXTIL
5 Aleación de cobre, níquel y cinc, de color blanco. — METALURGIA

alpañata Tierra de arcilla arenosa de color rojo vivo. — s.f.

alpargata (Del ár. hispánico *al-parga* < cast. *abarca*.) Calzado de tela con suela de cáñamo o caucho parecido a la sandalia: *la tierra del camino se le colaba en las alpargatas.* — s.f. tb: alpargate

alpargatería
1 Fábrica o taller de alpargatas. — s.f.
2 Tienda donde se venden alpargatas y zapatillas. — COMERCIO

alpartaz Trozo de malla de acero que en la armadura protegía la unión del almete con la coraza. — s.m./HISTORIA pl: alpartaces

alpechín Líquido oscuro y fétido que escurre de las aceitunas amontonadas antes de la molienda. — s.m./tb: pechín = morga

alpechinera Recipiente usado para guardar o recoger el alpechín. — s.f.

alpende (Derivado del lat. *appendere*, colgar.)
1 Porche o cubierta voladiza adosada a un edificio, sostenida por columnas o pilastras. — s.m./tb: alpendre ARQUITECTURA
2 Caseta adosada al edificio principal para guardar herramientas y otros utensilios.

alpenstock (Voz alemana.) Bastón con un regatón fuerte y puntiagudo usado por los alpinistas. — s.m. DEPORTES

alpérsico Pérsico, árbol rosáceo y fruto. — s.m./BOTÁNICA

alpestre De los Alpes o de las altas montañas: *flora alpestre.* — adj. = alpino

alpinismo Deporte que consiste en escalar las cumbres de altas montañas. — s.m./DEPORTES = montañismo

alpinista
1 Del alpinismo: *agrupación alpinista.* — adj.
2 Persona aficionada al alpinismo o que lo practica: *los alpinistas iniciaron la escalada.* — s.m.f. = montañero

alpino, a
1 De los Alpes o de las altas montañas: *relieve alpino; cordillera alpina.* — adj.
2 Del alpinismo: *prefiere los deportes alpinos.* — DEPORTES
3 Se refiere a la región geográfica que tiene fauna y flora parecidas a las de los Alpes. — GEOGRAFÍA
4 Referente al movimiento orogénico que se produjo en el período terciario y por el que se formaron los Alpes, los Pirineos, los Andes y otros grandes sistemas montañosos. — GEOLOGÍA

alpiste (Voz mozárabe < lat. *pistum* < *pinsere*, desmenuzar.)
1 Planta gramínea, con semillas pequeñas, empleada como alimento de pájaros. (*Phalaris canariensis*.) — s.m./BOTÁNICA = alpistera
2 Semillas de esta planta. — BOTÁNICA

alpistela Torta pequeña hecha con harina, huevos y ajonjolí. — s.f./tb: alpistera COCINA

alqueno Denominación genérica de los hidrocarburos no saturados con doble enlace. — s.m. QUÍMICA

alquequenje
1 Planta solanácea, silvestre o cultivada, que es comestible. (*Physalis peruviana.*) — s.m./BOTÁNICA = vejiga de perro
2 Fruto de esta planta. — BOTÁNICA

alquería (Del ár. *al-qarya*, aldea, casa de campo.)
1 Casa de labranza situada en una finca rústica: *vendió la alquería al capataz.* — s.f. AGRICULTURA
2 Conjunto de casas de labranza que no constituyen una entidad de población.

alquermes (Del ár. *al-qirmiz*, grana.)
1 Licor obtenido por destilación de canela de Ceilán, abelmosco y clavo, macerados en alcohol y coloreado de rojo oscuro con quermes animal. — s.m. pl: alquermes tb: alkermes
2 Preparación farmacéutica hecha con quermes animal y diversas sustancias excitantes. — FARMACIA

alquerque (Del ár. *al-qariq*, sitio plano.) Sitio, en los molinos de aceite, en donde se desmenuza el orujo para exprimirlo por segunda vez. — s.m.

alquez (Del ár. *al-kas*, vaso.) Medida de capacidad para vinos, equivalente a 12 cántaras o 193 litros. — s.m. pl: alqueces

alquibla (Del ár. *al-qibla*, el sur.) Punto del horizonte o lugar de la mezquita, orientado a La Meca, hacia el cual los musulmanes deben colocarse cuando rezan. — s.f.

alquicel (Del ár. *al-kisa'.*)
1 Prenda de vestir, semejante a la capa, usada por los musulmanes. — s.m. tb: alquicer
2 Tela que se usaba para cubiertas de muebles.

alquifol Sulfuro de plomo que se utiliza en alfarería para el vidriado de vasijas. — s.m./QUÍMICA = zafre

alquilador, a Persona que alquila o que toma en alquiler. — s.

alquilar
1 Dejar una cosa a una persona para que la use u ocupe a cambio de un precio convenido: *decidí alquilar mi piso durante las vacaciones.* — v.tr. COMERCIO
2 Tomar una cosa en alquiler: *alquilaron un coche.* — COMERCIO
3 Ponerse una persona a servir a otra a cambio de una cantidad de dinero. — v.prnl.

alquiler (Del ár. *al-kirá.*)
1 Acción de alquilar. — s.f./= arrendamiento
2 Precio que se paga por alquilar una cosa: *les han subido dos veces el alquiler del piso.* — COMERCIO = renta
3 **de alquiler:** Se aplica a lo que se alquila: *vehículos de alquiler.* — loc.adj/adv.

alquimia (Del ár. *al-kimiya*, piedra filosofal, alquimia.) Rama de la filosofía natural, cultivada en la edad media, que investigaba las transformaciones de la materia y tenía como fines principales el descubrimiento de la piedra filosofal y la panacea universal, y la transformación de los metales en oro. — s.f. FILOSOFÍA

alquimila Planta rosácea, con pequeñas flores, apétalas y con los sépalos de color verde amarillento, que crece en terrenos no cultivados. (*Alchemilla arvensis.*) — s.f. BOTÁNICA = pie de león

alquimista Se aplica a la persona que se dedicaba al arte de la alquimia: *los alquimistas se dedicaban a la búsqueda de la piedra filosofal.*
  adj/s.m. FILOSOFÍA

alquino Denominación genérica de los hidrocarburos con un triple enlace.
  s.m./QUÍMICA
  tb: alkino

alquitara (Del ár. *al-qattara < qatra*, gota *< qattar*, destilar.) Aparato que sirve para destilar, que consta de una caldera y de un conducto de refrigeración: *compró una alquitara para destilar el aguardiente.*
  s.f.
  = alambique

alquitarar Destilar un licor con la alquitara.
  v.tr./= alambicar

alquitrán (Del ár. *al-qitran*.) Sustancia negruzca, pegajosa y de olor fuerte obtenida de la destilación de la madera, de la hulla y de otros combustibles, que tiene distintas aplicaciones en industria y farmacia.
  s.m.
  = brea

alquitranado, a
1 De alquitrán: *camino alquitranado; lienzo alquitranado.*
  adj.
2 Embreado del firme o pavimento de calzadas y carreteras.
  s.m. CONSTRUCCIÓN
3 Acción y resultado de revestir objetos para preservarlos de la humedad.

alquitranar Poner alquitrán: *alquitranar la calle.*
  v.tr.

alrededor (Derivado del ant. *alderredor < al derredor*.)
1 Denota la situación de personas o cosas entorno a otras, o la dirección en que se mueven para rodearlas: *se sentaron alrededor de la mesa.*
  adv.
2 Contornos o afueras de un lugar, los barrios periféricos: *vive en los alrededores de Barcelona.*
  s.m.pl.
  = inmediaciones
3 **alrededor de:** 1. Aproximadamente, más o menos: *tiene alrededor de cien millones en bienes inmuebles.* 2. En torno a, circundando a: *se mueve mucha gente alrededor de esta empresa; plantó un seto alrededor de su casa.*
  loc.adv.
  loc.prep.

alrota (Del ár. *al-rut*.) Desecho que queda de la estopa después de rastrillada.
  s.f.
  tb: arlota

alsaciano, a
1 Que es de Alsacia, región de Francia, o su dialecto.
  adj/s.
2 Persona natural de esta región.
  s.
3 Variedad lingüística del alemán hablada en esta región.
  s.m. LINGÜÍSTICA

álsine Planta cariofilácea anual, cuya semilla se usa en medicina y como alimento de pájaros.
  s.f. BOTÁNICA

alta
1 Certificación médica que declara a un enfermo ya curado que puede abandonar un centro hospitalario o reincorporarse a su trabajo: *el médico ya le ha firmado el alta médica.*
  s.f. MEDICINA
  ≠ baja
2 Documento que acredita la entrada o inscripción de una persona en una asociación o sociedad: *he recibido el alta del club.*
  ≠ baja
3 Orden que certifica el reingreso en el servicio activo de un militar, tras un período de baja.
  ≠ baja
4 Comunicación en que se informa a un organismo público del inicio de un negocio u otra actividad profesional.
5 Impreso que se utiliza para formalizar la petición de un servicio público: *presentó el alta de la luz y del teléfono.*
6 **alta fiscal:** Comunicación presentada a Hacienda relativa a cualquier actividad sujeta a impuestos.
7 **dar de alta:** Declarar curado a un enfermo: *tras la última revisión le dio de alta.*
  MEDICINA
8 **darse de alta:** Ingresar en el grupo de los que ejercen una profesión u oficio reglamentados o reciben un servicio: *se dio de alta en el gremio.*
9 **ser o causar alta:** Ingresar en alguna organización o institución.

altamente En extremo, perfectamente: *un resultado altamente satisfactorio.*
  adv.

altamisa Artemisa, planta aromática.
  s.f./BOTÁNICA

altanería
1 Actitud propia de una persona altiva o soberbia: *su ridícula altanería y orgullo resultan insufribles.*
  s.f.
2 Zona de la atmósfera elevada sobre la tierra.
  = altura
3 Vuelo alto de algunas aves.
4 Caza de cetrería.
  CAZA

altanero, a
1 Que se comporta con altivez o soberbia: *su actitud altanera le hace antipático.*
  adj./= engreído
  ≠ humilde
2 Se refiere al ave de rapiña que vuela muy alto.

altano Se aplica al viento que sopla alternativamente del mar a la tierra y viceversa.
  adj/s.m.

altar (Del lat. *altar < altum*, alto.)
1 Lugar elevado, mesa o piedra donde se realizan ritos religiosos, sacrificios u ofrendas.
  s.m.
2 Ara, piedra consagrada para celebrar el sacrificio de la misa: *dejó el copón sobre el altar.*
  RELIGIÓN
3 Plataforma rectangular donde se coloca el ara.
4 Piedra que separa la plaza del hogar en los hornos de reverbero.
  MINERÍA
5 **altar mayor:** El principal de una iglesia: *los casó en el altar mayor.*

altavoz Aparato que recibe sonidos convertidos en impulsos eléctricos y los reproduce reforzando su intensidad: *los altavoces distorsionaban el sonido de la guitarra.*
  s.m.
  pl: altavoces
  TECNOLOGÍA

altea Planta herbácea que crece en terrenos salinos y praderas húmedas. *(Althaea.)*
  s.f. BOTÁNICA

altearse Formar un terreno una elevación.
  v.prnl.

alterable Que se puede alterar o modificar.
  adj./≠ inalterable

alteración
1 Agitación, cambio o variación de una cosa respecto a su estado normal o a un orden establecido: *dio por válidas las alteraciones del borrador; alteración del medio ambiente.*
  s.f.
2 Ruido producido por un grupo numeroso de gente inquieta o airada.
  = alboroto
3 Altercado, riña o discusión.
  = disputa
4 Cambio del estado anímico de una persona debido normalmente a circunstancias externas: *era visible su alteración ante mi presencia.*
  = inquietud
5 Modificación de la altura de una nota y signo con el que se indica este cambio, como el bemol o el sostenido.
  MÚSICA

alterar (Del lat. *alterare < alter*, otro.)
1 Modificar, trastornar el estado o el desarrollo de algo: *se alteró la verdad; se alteró el orden público.*
  v.tr/prnl.
2 Causar aturdimiento o irritación a una persona: *se alteró por aquel ruido.*
  = inquietar, perturbar
3 Cambiar una cosa de manera que pierda pureza o autenticidad: *se alteran los alimentos a causa del calor.*
  = descomponer, estropear

altercado Discusión, pelea o riña fuerte y violenta: *eran frecuentes los altercados entre la policía y los jóvenes radicales.*
  s.m.
  = altercación

altercar (Del lat. *altercari*.) Discutir dos o más personas riñendo: *no alterco con el vecino por educación.*
  v.intr.
  conj: sacar

alter ego (Expresión latina.) Persona de absoluta confianza y de similitud o de identificación de criterios respecto de otra.
  s.m.

alteridad Condición de ser otro: *la alteridad se opone a la identidad.*
  s.f. FILOSOFÍA

alternador Aparato eléctrico que sirve para generar una corriente alterna.
  s.m. ELECTRICIDAD

alternancia
1 Acción y resultado de alternar o cambiar.
  s.f.
2 Sucesión alternativa de hechos, fenómenos, acciones u otras manifestaciones: *la peculiaridad de la obra reside en la alternancia de prosa y verso.*
3 Proceso de reproducción de algunos animales que alternan la generación sexual con la asexual.
  ZOOLOGÍA
4 Cambio de sentido de una corriente.
  ELECTRICIDAD
5 Sucesión regular en el poder de varios partidos, manteniéndose el régimen vigente de las instituciones.
  POLÍTICA

alternar (Del lat. *alternare < alter*, otro.)
1 Hacer, producirse o sucederse unas cosas detrás de otras de manera repetida en el espacio o en el tiempo: *alterna estancias en la costa y en la montaña.*
  v.tr/prnl.
2 Hacer o decir varias personas una cosa o desempeñar un cargo por turno: *se alternan para comer.*
  v.intr/prnl.
  = turnar
3 Tener trato con determinada clase de personas: *alterna con gente muy agradable.*
  v.intr.
  + con
4 Relacionarse, el personal de ciertos establecimientos públicos, con los clientes, para animarles a consumir.

alternativa
1 Posibilidad o necesidad de elegir entre varias opciones: *ante tales alternativas le será difícil escoger el camino correcto.*
  s.f.
2 Cada una de las cosas entre las cuales se opta: *tomó la segunda alternativa y acertó.*
  = opción
3 Resultado de alternar, hacer o decir algo por turno.
4 Resultado de alternar, sucederse unas cosas a otras repetidamente.
5 Ceremonia en la que un matador de toros otorga a un novillero su misma categoría.
  TAUROMAQUIA
  + dar
6 **tomar la alternativa:** Iniciarse en una actividad: *después de la jubilación de su madre, ella tomó la alternativa y dirigió la empresa hasta su cierre.*
  coloquial

alternativo, a
1 Que se dice, hace o sucede con alternancia: *movimientos alternativos del péndulo.*
  adj.
2 Que ofrece una opción.
  = opcional
3 Se refiere a los movimientos sociales y a los colectivos que promueven posibles modos de vida y sistemas de producción diferentes a los impuestos por las sociedades industriales.
  SOCIOLOGÍA

alterne
1 Acción de alternar, relacionarse con otros, en bares o lugares de diversión: *esta noche salimos de alterne.*
  s.m.
  coloquial
2 Relación o trato con otras personas.

alterno, a (Del lat. *alternus < alter*, otro.)

1 Que se hace o sucede con alternancia. — adj.
2 Se aplica a los períodos de tiempo que se establecen para hacer una cosa con alternancia. — = alternativo
3 Se refiere a las hojas que están situadas a ambos lados de un tallo de manera que no se encuentran unas enfrente de otras. — BOTÁNICA

alternomotor Motor de corriente eléctrica alterna. — s.m./MECÁNICA

alteza
1 Tratamiento que se da a los hijos de reyes, a los infantes de España y a quienes tienen título de príncipe o princesa. — s.f. formal
2 Característica de las personas o cosas excelentes.
3 Altura, elevación: *la alteza de la cumbre.*

alti- Componente de palabra procedente del lat. *altus*, que significa alto, altitud: *altímetro.* — pref.

altibajo
1 Alternancia o cambio brusco del estado de ánimo, de la salud o de cualquier otra situación o proceso: *su enfermedad evoluciona con altibajos.* — s.m. coloquial
2 Golpe dado con la espada de arriba abajo, en la esgrima. — DEPORTES
3 Desigualdades del terreno: *con la mochila a cuestas los altibajos del camino se agravaban.* — s.m.pl. coloquial

altillo
1 Habitación más alta de una casa, generalmente aislada: *guardaban todavía los trajes de la abuela, en el altillo.* — s.m. = desván
2 Parte superior de un armario o hueco de un falso techo para guardar cosas.
3 Altozano, monte pequeño. — = cerrillo

altilocuencia Estilo pomposo, exagerado o afectado: *la altilocuencia de sus palabras sorprendió a todos los presentes.* — s.f. = grandilocuencia

altimetría Parte de la topografía que estudia la medición de la altitud. — s.f. = hipsometría

altímetro, a
1 Que tiene relación con la altimetría. — adj.
2 Instrumento indicador de la altura, usado en la navegacion aérea. — s.m. AERONÁUTICA

altiplanicie Terreno o meseta muy extensa y situada a gran altitud: *la altiplanicie andina.* — s.m./GEOGRAFÍA = altiplano

altisonancia Calidad de altisonante: *la altisonancia de su discurso ocultaba las finas ironías sobre la honestidad política.* — s.f.

altisonante Se refiere a la persona, estilo oratorio o discurso que se expresa con grandilocuencia y, a su vez, con afectación o con exageración. — adj./= altísono, grandilocuente ≠ sencillo

altitonante Que truena en lo alto: *Zeus altitonante.* — adj./literario

altitud
1 Altura, distancia, dimensión o elevación de un cuerpo respecto a una base de referencia determinada: *la altitud del paralelepípedo.* — s.f.
2 Altura de un punto con relación al nivel del mar: *la altitud de la montaña.* — GEOGRAFÍA

altivez Actitud orgullosa, soberbia del que se cree superior a los demás, en especial en relación con la manera, los modales o las palabras con que aquélla se expresa: *nuestros halagos abonaban su altivez.* — s.f. pl: altiveces = arrogancia

altivo, a
1 Que se comporta con orgullo o soberbia: *siempre se manifiesta de forma altiva.* — adj./= orgulloso ≠ llano
2 Que es elevado. — literario

alto, a
I (Del lat. *altus.*)
1 Que está o llega, en sentido vertical, a una distancia relativamente elevada de la superficie que se toma como punto de referencia: *prefiero las botas altas para el invierno a los botines.* — adj. ≠ bajo
2 Se refiere a la persona que tiene una gran estatura: *los jugadores de baloncesto son muy altos.* — ≠ bajo
3 Se aplica a la parte del país o territorio que se halla a mayor altitud: *vive en el alto Aragón.* — GEOGRAFÍA ≠ bajo
4 Que está próximo al nacimiento de un río: *iremos de excursión a la vega alta del Duero.* — GEOGRAFÍA
5 Se aplica al río o arroyo que va muy crecido.
6 Se aplica al mar que está muy agitado. — = alborotado
7 Se refiere a la etapa que inicia un período histórico: *es especialista en la alta edad media.* — HISTORIA
8 Que ocupa un lugar elevado en una escala o con respecto a otros de su misma especie: *la alta aristocracia tiene más privilegios; el alto ejecutivo está reunido.*
9 Que destaca por su importancia o influencia: *estos documentos son alto secreto; tiene un alto cargo en la empresa.*
10 Que es difícil de hacer o comprender: *los altos conceptos de su doctrina.* — = arduo
11 Relacionado con un delito u ofensa, indica que es muy grave: *está en la cárcel por alta traición.*
12 Referente al precio, señala que es caro o elevado: *en navidad el precio del pescado es muy alto.*
13 Referido al sonido, indica que es fuerte o intenso: *el volumen de la música era muy alto.*
14 Que es elevado y trascendente: *es una persona de altos pensamientos.* — ≠ vulgar
15 Avanzado: *estuvimos bebiendo hasta altas horas.*
16 Se aplica al sonido que tiene mayor frecuencia de vibraciones por segundo que otro: *¿tienes que poner la música siempre así de alta?* — FÍSICA = agudo
17 Se aplica a la magnitud física que, en determinada ocasión, tiene un valor superior al ordinario: *temperatura alta; presión alta.* — FÍSICA
18 Dimensión de un cuerpo respecto a su base y considerado por encima de ésta: *tiene dos metros de alto, por cinco de ancho.* — s.m. = altura
19 Piso superior de un edificio.
20 Lugar elevado: *nos detuvimos en un alto.* — = cerro, collado
21 En un lugar elevado: *vive alto.* — adv.
22 Con voz fuerte: *habla alto que no te oigo.*
23 **ir alto:** Ir muy crecido un río o un arroyo: *con estas lluvias torrenciales el río va alto.*
24 **irse por alto:** No entender o no advertir una cosa: *se me fue por alto tu indirecta.*
25 **pasar por alto:** No dar importancia o no considerar una cosa: *pase por alto sus reproches.* — = omitir, eludir
26 **por todo lo alto:** Con abundancia: *celebró una boda por todo lo alto.* — coloquial
II (Del alem. *halt*, parada < *halten*, detener.)
1 Detención o parada hecha en una actividad cualquiera: *pedir un alto en el trabajo.* — s.m.
2 **alto el fuego:** 1. Suspensión momentánea o definitiva de las acciones militares en una contienda. 2. Expresión con que se ordena que cese un tiroteo. — MILITAR
3 **dar el alto:** Ordenar la detención de una marcha: *el soldado les dio el alto.* — MILITAR
4 **hacer un alto:** Detenerse una persona en una acción o en una marcha: *hicieron un alto en el camino para descansar.*
5 **¡alto!:** Voz con la cual se ordena a alguien que se detenga en su marcha o discurso o en cualquier actividad que esté realizando: *¡alto ahí!* — interj.

altocúmulo Capa nubosa o nubes medias en forma de bancos de color blanco o gris, que se presentan en grupos a alturas inferiores a los 4 000 metros. — s.m. tb: altocúmulus GEOGRAFÍA

altoestrato Capa nubosa o nubes medias de color gris, que a menudo cubren total o parcialmente el cielo de forma uniforme, que se presentan a alturas entre 3 000 y 4 000 metros. — s.m. GEOGRAFÍA = altrostratus

altoparlante Altavoz, aparato para amplificar el sonido convertido en impulso eléctrico. — s.m./Amér. Central y Merid.

altor Dimensión de un cuerpo perpendicular a su base y considerada por encima de ésta. — s.m. = altura

altorrelieve Relieve en el que las figuras esculpidas sobresalen del fondo más de la mitad de su grosor: *el retablo estaba adornado por hermosos altorrelieves.* — s.m. ARTE

altozano
1 Monte o cerro pequeño en un llano. — s.m.
2 Sitio más alto de una población.
3 Atrio de una iglesia. — Amér.

altramuz (Del ár. *al-turmus* < gr. *thermos*.)
1 Planta papilionácea, con fruto en legumbre o vaina, que contiene varios granos redondos y achatados, empleados como alimento del ganado y también consumidos por el hombre. (*Lupinus.*) — s.m./pl: altramuces BOTÁNICA tb: atramuz = chocho, lupino
2 Semilla de esta planta.

altruismo (Del fr. *altruisme* < *autrui*, otra persona, los demás.) Actitud de quien busca o procura el bien de los demás, aun a costa del propio: *su altruismo y generosidad hicieron de ella una persona querida por todos.* — s.m. ≠ egoísmo

altruista
1 Del altruismo: *comportamiento altruista.* — adj.
2 Que se comporta con altruismo. — adj./s.m.f.

altura
1 Distancia o elevación de un cuerpo respecto a una superficie de referencia determinada. — s.f. = altitud
2 Altitud, con relación al nivel del mar: *el salto del Rin tiene una altura de 23 metros.* — GEOGRAFÍA
3 Cumbre de los montes: *las alturas eternamente nevadas de la cordillera.* — = cima
4 Estatura de una persona: *era un hombre de complexión ancha y que medía cerca de dos metros de altura.*
5 Mérito o valor de una persona comparada con otra: *no llega a la altura de su primo.*
6 Característica de las personas o cosas excelentes: *la altura y excelencia de sus actos.* — = alteza
7 Región elevada del aire.
8 Arco vertical que mide la distancia entre un astro y el horizonte. — ASTRONOMÍA
9 Tono o grado de elevación de un sonido. — FÍSICA
10 Dimensión de una figura plana o de un cuerpo considerada perpendicularmente desde su parte más elevada hasta su base. — GEOMETRÍA = peralto

11 Recta que representa la altura.   GEOMETRÍA

12 Cielo, espacio que cubre la Tierra: *ascendió hacia las alturas gracias a un empuje del viento.*   s.f.pl.

13 altura meridiana: la de un astro tomada cuando éste pasa por el meridiano.   ASTRONOMÍA

14 a estas alturas: En este tiempo, ahora, implicando que es natural que la cosa de que se trata ocurriera o hubiese ocurrido ya: *a estas alturas todavía no me han avisado.*   loc.adv.

15 a la altura de: 1. En las inmediaciones, al mismo nivel: *el accidente se produjo a la altura del cruce.* 2. A tono con algo, al mismo grado: *no supo estar a la altura de las circunstancias.*   loc.adv.

16 quedar a la altura del betún: Quedar mal, comportarse de tal manera que los demás se hagan una mala opinión de uno: *con esa rabieta quedaste a la altura del betún.*   coloquial

alu (Acrónimo de *[a]rithmetic [l]ogic [u]nit*, unidad aritmético-lógica.) Subsistema dentro del procesador que se encarga de realizar las operaciones aritméticas y lógicas que se soliciten en un programa.   s.f. INFORMÁTICA

alubia (Del ár. *al-lubiya*, judía.)
1 Habichuela, judía, planta leguminosa.   s.f./BOTÁNICA
2 Fruto y semilla de esta planta.

alubiar Tierra sembrada de alubias.   s.m./ = judiar

alucinación
1 Cosa que se percibe como real siendo imaginaria.   s.f./ = ilusión
2 Acción de alucinar o alucinarse.

alucinado, a
1 Que está asombrado, pasmado o deslumbrado: *se quedó alucinada con sus habilidades para las artes marciales.*   adj.
2 Que tiene alucinaciones, visionario.   adj/s.

alucinante
1 Que sorprende, impresiona muy vivamente y deja anonadado: *presenciamos una persecución alucinante.*   adj. = asombroso
2 Que alucina, que produce una sensación ilusoria: *droga alucinante.*

alucinar (Del lat. *alucinari*.)
1 Causar a una cosa una sensación ilusoria a una persona: *se alucinó con aquella potente luz.*   v.tr/intr/prnl.
2 Sorprender, asombrar: *me alucina su entereza.*   v.tr/intr.
3 Producir o padecer alucinaciones: *con tanta droga alucina solo.*
4 Estar una persona tan confundida que no puede pensar con claridad: *se alucina con facilidad.*   v.intr. = desvariar
5 ¡alucina!: Expresión que indica asombro: *¡alucina, tío, el pavo se ha comprado una moto!*   interj.

alucinógeno, a Se aplica a la sustancia que produce alucinaciones, en especial las drogas: *los derivados del ácido lisérgico son alucinógenos.*   adj/s.m. FARMACIA

alucinosis Trastorno mental, reconocido como anormal por el enfermo, en el que abundan las alucinaciones.   s.f. pl: alucinosis SIQUIATRÍA

alucita Mariposa nocturna de pequeño tamaño cuya larva daña los cereales. *(Sitotroga cerealella.)*   s.f. ZOOLOGÍA

alud (Voz emparentada con el vasco *lur*, tierra y *elur*, nieve.)
1 Deslizamiento repentino de una masa de nieve, hielo o rocas por la ladera de una montaña: *el alud sepultó el campamento.*   s.m.
2 Lo que sobreviene, se acumula con fuerza o en cantidad: *le hicieron un alud de preguntas.*   = aluvión

aludido, a Indica que una persona reacciona de manera particular ante una alusión que se hace en general, en la expresión **darse por aludido.**   adj.

aludir (Del lat. *alludere*, probablemente bromear o juguetear con alguien.)
1 Hacer referencia a una persona o cosa sin nombrarla explícitamente: *aludió a su cargo mediante un circunloquio.*   v.tr.
2 Mencionar a una persona o cosa nombrándola o hablando de sus acciones o de sus ideas: *en sus conversaciones aludían constantemente a sus antepasados.*   = mentar + a

aludo, a Que tiene las alas muy grandes.   adj.

álula Plumaje que cubre el primer dedo del ala de las aves.   s.f. ZOOLOGÍA

alumbrado, a
I (Derivado de *lumbre*.)
1 Conjunto de luces que alumbra un lugar: *el alumbrado de las calles no funciona.*   s.m.
2 Se refiere al miembro de determinadas corrientes de espiritualidad y renovación religiosa españolas de los siglos XVI y XVII.   adj/s.m. = iluminado
II (Derivado de *alumbre*.) Que tiene alumbre.   adj.

alumbramiento
1 Acción de llenar de luz o claridad.   s.m.
2 Parto, acción de parir: *un feliz alumbramiento.*   coloquial

3 Desprendimiento de la placenta y membranas después de haber expulsado el feto.   MEDICINA

alumbrar
I (Derivado de *lumbre* < lat. *lumen*, cuerpo que despide luz.)
1 Llenar un lugar de luz o claridad: *este foco alumbra mal; con esta vela no alumbras el salón.*   v.tr/intr/prnl. = iluminar
2 Poner luces en un lugar: *sólo alumbraron la plaza.*   v.tr.
3 Proporcionar luz a una persona cuando se le acompaña: *me alumbraba el camino con una luz.*
4 Dar a luz la mujer: *alumbró una niña preciosa.*   v.intr./= parir
5 Sacar de la ignorancia o el error.   v.tr.
6 Quitar a la cepa la tierra con que se la había abrigado para que pueda penetrar el agua.   AGRICULTURA = desacollar
7 Hacer que las facultades mentales de una persona funcionen eficaz o convenientemente.   v.tr/prnl.
8 Perder una persona el dominio de sí mismo por beber demasiado alcohol.   v.prnl. coloquial
II (Derivado de *alumbre* < lat. *alumen*, sulfato de alúmina.) Introducir un tejido en una disolución de alumbre y agua para prepararlo para el teñido.   v.tr. TEXTIL

alumbre (Del lat. *alumen*.) Sustancia sólida, blanca, compuesta de aluminio y potasio o compuesto análogo, que se usa para depurar aguas turbias, en farmacia como astringente y en tintorería para fijar los colores.   s.m. QUÍMICA

alumbrera Mina o cantera de donde se extrae el alumbre.   s.f. MINERÍA

alúmina Óxido de aluminio que constituye un grupo de piedras preciosas, entre las que se encuentran el rubí o el zafiro.   s.f. QUÍMICA

aluminado Técnica y proceso de protección de metales mediante una fina capa de aluminio.   s.m. METALURGIA

aluminaje Tratamiento de una tela con alúmina para fijar el tinte.   s.m. TEXTIL

aluminato Sal en la que la alúmina actúa con carácter ácido.   s.m. QUÍMICA

aluminio (Del ingl. *aluminium*.) Metal blanco, muy ligero, maleable, inoxidable y buen conductor del calor y la electricidad, con muchas aplicaciones industriales.   s.m. QUÍMICA, METALURGIA

aluminosilicato Sal derivada del silicio y del aluminio, combinados con un óxido metálico.   s.m. QUÍMICA

aluminosis Patología de las construcciones en las que se ha utilizado cemento aluminoso, consistente en una reacción química que disminuye la resistencia del cemento y oxida las armaduras de la construcción.   s.f. pl: aluminosis CONSTRUCCIÓN

aluminotermia Método de reducción de óxidos metálicos mediante el empleo de aluminio en polvo, con lo que se consiguen temperaturas muy altas.   s.f. QUÍMICA

alumnado Conjunto de alumnos de un centro de enseñanza: *el alumnado de esta escuela es muy selecto.*   s.m.

alumno, a (Del lat. *alumnus*, persona criada por otra < *alere*, alimentar.)
1. Persona que recibe enseñanzas, con respecto del docente o el centro que las imparten, o de la materia de que se trata: *los alumnos de química siempre llegan tarde.*   s. = discípulo
2 alumno de las musas: Poeta, compositor de obras poéticas: *conciliábulo de alumnos de las musas.*   = literario

alunado, a
1 Que padece locura temporal: *por lo que hace y dice se diría que está alunado.*   adj. = lunático
2 Se refiere a la caballería que padece algún tipo de estreñimiento o encogimiento de nervios.   VETERINARIA
3 Malhumorado, que tiene mal humor.   Argent., Urug.

alunamiento Defecto que tiene la madera cuando alguna de sus capas anuales es de textura más floja.   s.m. CARPINTERÍA

alunarado, a
1 Referente a la res de dos colores que tiene manchas redondas, como grandes lunares.   adj.
2 Se aplica al tejido, papel que está dibujado o estampado con lunares.

alunita Mineral constituido por sulfato hidratado de aluminio y potasio.   s.f. MINERALOGÍA

alunizaje Acción y resultado de posarse una nave sobre la superficie de la luna.   s.m. AERONÁUTICA

alunizar Posarse en la superficie de la Luna una nave espacial: *la cápsula espacial alunizó sobre un gran cráter por un error de cálculo.*   v.intr/conj: cazar AERONÁUTICA

alusión (Del lat. *allusio*, juguete.)
1 Mención o referencia indirecta a alguien o algo en el curso de una conversación o un discurso: *sus alusiones tenían doble sentido.*   s.f.
2 Figura retórica que consiste en indicar una cosa mediante la mención de otra, que tiene con la primera una relación conocida por el que habla y por su público.   RETÓRICA
3 alusión personal: La que resulta ofensiva para

una persona determinada: *tomó la palabra por alusión personal.*

alusivo, a Que alude o implica alusión: *no hicieron ningún comentario alusivo a su desgracia.* — adj./+ a

alustrar Dar brillo a una cosa: *alustrar los zapatos con un paño.* — v.tr. = lustar

alutación Pepita o polvo de oro que se encuentra a flor de tierra. — s.f.

aluvial Perteneciente o relativo al aluvión. — adj.

aluvión (Del lat. *alluvio* < *alluere*, bañar.)
1 Crecida fuerte de aguas: *los aluviones otoñales arrasan el levante peninsular.* — s.m. = inundación
2 Gran cantidad de personas o cosas: *entraron en el país un aluvión de refugiados; un aluvión de sorpresas.* — coloquial = alud
3 Se refiere tanto a los materiales o sedimentos transportados por un río o una corriente de agua, como a la formación resultante de su depósito en los márgenes y riberas. — s.m.pl. GEOLOGÍA
4 **de aluvión:** Se aplica al terreno o depósito que deja una corriente de agua. — loc.adj. GEOLOGÍA

alveario (Del lat. *alvearium*, colmena.) Conducto auditivo externo. — s.m. ANATOMÍA

álveo (Del lat. *alveus*, cauce < *alvus*, vientre.)
1 Lecho de un río. — s.m.
2 Fondo de un lago o de una laguna.
3 **álveo del hipocampo:** Sustancia blanca que cubre el córtex hipocámpico. — ANATOMÍA

alveolar
1 De los alveolos: *nervios alveolares.* — adj./ANATOMÍA
2 Se refiere al sonido o letra que se pronuncia aplicando la lengua a los alveolos de los dientes superiores, como el de la *l*. — LINGÜÍSTICA

alveolitis Inflamación de los alveolos dentales o pulmonares. — s.f./pl: alveolitis MEDICINA

alveolo (Del lat. *alveolus*, diminutivo de *alveus*, cavidad.)
1 Cada una de las casillas que componen los panales de las abejas, avispas y otros insectos. — s.m./tb: alvéolo = celdilla
2 Cada una de las cavidades de las mandíbulas donde se insertan los dientes: *sufre una inflamación de los alveolos dentales.* — ANATOMÍA tb: alvéolo
3 Cada una de las vejigas donde terminan las últimas ramificaciones de los bronquiolos. — ANATOMÍA tb: alvéolo

alverja Algarroba, fruto del algarrobo. — s.f./BOTÁNICA

alvino, a (Del lat. *alvinus* < *alvus*, vientre.) Del vientre o de las vísceras situadas en él. — adj. ANATOMÍA

alza
1 Aumento del precio de una cosa: *esta semana hay un alza en las cotizaciones, pero pronto caerán.* — s.f.
2 Pedazo de suela o vaqueta usado para aumentar la horma de los zapatos: *lleva alza en el zapato derecho para compensar su cojera.*
3 Regla graduada sujeta al cañón de las armas de fuego, que se usa para precisar la puntería. — MILITAR
4 Cada uno de los maderos o tablas que forman una presa movible. — CONSTRUCCIÓN
5 Trozo de papel que se pega en el tímpano de una prensa para igualar la impresión. — ARTES GRÁFICAS
6 **en alza:** Indica que está aumentando el valor o prestigio de alguna cosa, o de alguna persona: *sus valores están en alza.* — loc.adj/adv.
7 **jugar al alza:** Especular con la variación de los valores bursátiles, previendo su aumento para obtener beneficios. — ECONOMÍA

alzacuello Tira de tela endurecida, o de material rígido, que se ciñe al cuello del traje eclesiástico. — s.m.

alzada
1 Altura del caballo medida desde el casco de la mano hasta la parte más elevada de la cruz. — s.f.
2 Recurso de apelación. — DERECHO

alzado, a
1 Se aplica al precio que se fija en determinada cantidad en una contrata: *lo ha hecho por un precio alzado.* — adj.
2 Se refiere al comerciante que quiebra de manera fraudulenta. — COMERCIO
3 Se aplica al animal doméstico que se vuelve bravío. — Amér. Merid.
4 Se refiere al animal que se hace montaraz, cimarrón. — Amér. Merid.
5 Se dice del animal en celo. — Amér.
6 Que se ha sublevado: *los capitostes de los alzados fueron ajusticiados por la guardia real.* — adj/s.m.
7 Engreído, soberbio e insolente. — adj/s./Amér.
8 Diseño de la fachada de un edificio: *el alzado no se ajusta a mi idea, refórmelo.* — s.m. ARQUITECTURA
9 Representación de la proyección vertical de una máquina o de un edificio.
10 Distribución de los pliegos de una obra impresa para formar cada uno de los ejemplares. — ARTES GRÁFICAS

alzador
1 Pieza o lugar que sirve para alzar los impresos, en una imprenta. — s.m/ARTES GRÁFICAS

2 Trabajador que clasifica, recoge y ordena impresos. — ARTES GRÁFICAS

alzamiento
1 Acción de alzar o alzarse. — s.m.
2 Sublevación o rebelión militar: *el alzamiento ya estaba en boca de todos antes de producirse.* — MILITAR
3 **alzamiento de bienes:** Venta u ocultación fraudulenta de bienes para eludir el pago a los acreedores. — ECONOMÍA

alzapaño Pieza de metal clavada en la pared, al lado de una ventana o balcón, para sujetar una cortina, y cinta o cordón para recogerla. — s.m.

alzaprima
1 Palanca para mover grandes pesos. — s.f.
2 Cuña para levantar pesos.
3 Puente de los instrumentos de arco. — MÚSICA

alzaprimar
1 Levantar una cosa con una alzaprima. — v.tr.
2 Incitar a una persona a hacer una cosa: *los alzaprimó para que terminaran las obras una vez pasado el verano.* — = avivar

alzar (Del lat. vulgar *altiare* < *altus*, alto.)
1 Mover o dirigir hacia arriba una cosa: *alcen el brazo si quieren intervenir; alzó la vista y me miró fijamente.* — v.tr./conj: cazar = levantar
2 Levantarse: *se alzó del sofá lentamente.* — v.prnl.
3 Construir en sentido vertical: *en un año alzaron la casa, aunque luego tuvieron la obra paralizada varios meses.* — v.tr. = edificar
4 Elevar el precio de una cosa.
5 Esforzar la voz: *si no alzas la voz, no te oirán.* — = elevar
6 Recoger alguna cosa o guardarla: *el operario alzó el telón; alzar la ropa de invierno.*
7 Amotinar o sublevar: *alzarse en armas.* — v.tr./prnl.
8 Sobresalir en altura con respecto a lo que hay alrededor: *su figura se alzaba majestuosa.* — v.prnl.
9 Conseguir alguna cosa: *se alzó con la victoria.* — + con
10 Quedarse o apoderarse de una cosa, bien con fraude o lícitamente. — + con
11 Recurrir a juez o tribunal superior. — DERECHO/= apelar
12 Fugarse el animal doméstico y hacerse montaraz. — Amér.
13 Levantar la hostia y el cáliz después de la consagración, en la misa. — v.tr/intr. RELIGIÓN
14 Cortar la baraja. — JUEGOS
15 Llevarse una cosa quitándosela a una persona. — v.tr.
16 Dejar en suspenso un castigo o pena impuestos. — DERECHO
17 Retirar la cosecha del campo. — AGRICULTURA
18 Dar la primera reja a un terreno después de segada la mies. — AGRICULTURA
19 Poner en rueda todas las jornadas de impresión. — ARTES GRÁFICAS
20 Levantar la caza: *los podencos alzaban los venados.* — CAZA
21 Dar el peón al oficial de la pellada o masa. — CONSTRUCCIÓN

alzheimer Forma de demencia caracterizada por trastornos del lenguaje, de la organización de los gestos y del reconocimiento en la percepción de personas y cosas. — s.m. MEDICINA

ama (Del hispanolatino *amma*, dueña de casa, nodriza.)
1 Cabeza de familia o señora de la casa: *el ama gobernaba la familia como un almirante.* — s.f.
2 Dueña o propietaria de una cosa.
3 Mujer que tiene uno o más criados: *el ama ordenó a la doncella que hiciese venir al mayordomo.*
4 Mujer encargada del mantenimiento de la casa de un eclesiástico o de cualquier persona que viva sola.
5 Criada principal de una casa.
6 Mujer encargada del cuidado y educación de los niños de una familia: *el ama cuidó de ella y sus hijos en su infancia.* — = aya, institutriz, ama seca
7 Mujer que amamanta a una criatura ajena. — = ama de cría
8 **ama de brazos o seca:** Niñera, mujer que cuida niños.
9 **ama de casa:** Mujer que dirige los asuntos domésticos de una casa: *muchos anuncios publicitarios están dirigidos a las amas de casa.*
10 **ama de llaves:** Mujer que administraba una casa que no era la suya y guardaba las llaves. — = ama de gobierno

amabilidad Cualidad del que trata a otros con interés y complacencia: *me recibió con mucha amabilidad y discreción, sin hacer referencia a la herida de mi rostro.* — s.f. = afabilidad

amable
1 Que es complaciente y afectuoso: *era una persona amable con todos.* — adj. = afable
2 Que merece o inspira amor.

amachetear Dar machetazos: *amacheteaba la maleza para continuar la marcha.* — v.tr.

amacigado, a De color amarillo claro, como el de la almáciga. — adj.

amacollar Macollar, formar macolla una planta. — v.intr/prnl.

amado, a Se refiere a una persona amada o querida: *la canción estaba dirigida a su amado ya fallecido.* — adj/s.

amadrigar
1 Proteger a una persona que no lo merece: *amadrigó al ladrón porque le debía un favor.* — v.tr. conj: pagar

2 Meterse un animal en una madriguera. `v.prnl.`
3 Evitar el trato con la gente.

amadrinado, a Se refiere al caballo que, acostumbrado a ir en compañía de otros, se azora al quedarse solo. `adj.` `EQUITACIÓN`

amadrinamiento Acción de amadrinar dos caballerías. `s.m.`

amadrinar
1 Ser una mujer madrina: *amadrinó a su nieta.* `v.tr.`
2 Unir dos caballerías con la madrina.
3 Acostumbrar al ganado caballar a que vaya en tropilla detrás de la yegua madrina. `Amér. Merid.`
4 Unir dos cosas para que se refuercen mutuamente. `NÁUTICA`

amaestrado, a
1 Se refiere al animal que ha sido domado y que sabe hacer habilidades que no le son naturales: *prefiere los perros amaestrados.* `adj.` `= adiestrado`
2 Que se hace con maña.

amaestramiento Adiestramiento de los animales en ciertas habilidades. `s.m.`

amaestrar
1 Enseñar a un animal para que realice una serie de ejercicios o habilidades: *amaestraba leones y tigres y actuaba con ellos en un espectáculo circense.* `v.tr./prnl.` `= adiestrar, domar`
2 Educar o dominar a alguien.

amagar
1 Mostrar la intención de ejecutar una cosa: *amagó un pase y engañó al defensa.* `v.tr.` `conj: pagar`
2 Simular que se va a hacer o decir una cosa: *amagó una retirada.*
3 Estar una cosa próxima a suceder: *amagan las lluvias.* `v.intr.`
4 Existir síntomas de manifestarse una enfermedad.
5 Hacer una persona ademán de favorecer o perjudicar a otra. `v.tr/intr.`

amago
1 Señal o indicio de alguna cosa: *tuvo un amago de infarto, pero no tuvo mayor trascendencia.* `s.m.`
2 Ataque simulado.
3 Engaño o finta: *hizo un amago y engañó al portero.*

amainar
1 Perder un fenómeno atmosférico fuerza o actividad: *al final de la tarde amainó la tormenta.* `v.intr.`
2 Perder un sentimiento o una pasión fuerza: *su amor amainaba con la distancia.* `v.intr/tr.` `= apagar`
3 Recoger las velas total o parcialmente para reducir la velocidad de la embarcación. `v.tr./NÁUTICA` `= agolar`

amaitinar Observar una cosa cuidadosamente: *amaitinó el manuscrito para descubrir el mensaje oculto entre sus líneas.* `v.tr.`

amajadar
1 Construir la majada en un terreno para que el ganado lo abone. `v.tr.`
2 Poner el ganado en la majada.
3 Estar el ganado en la majada. `v.intr./= cubilar`

amajanar Señalar los límites de un terreno con majanos o piedras. `v.tr.`

amalgama (Probablemente del fr. *algame* < lat. vulgar *amalgama* < ár. *al-yama'a*, reunión.)
1 Mezcla de cosas distintas: *en esa empresa hay una amalgama de intereses peligrosa.* `s.f.` `tb: malgama`
2 Aleación de mercurio con uno o más metales. `QUÍMICA`

amalgamación
1 Aleación de mercurio con otro metal. `s.f./QUÍMICA`
2 Método de extracción de metales nobles, a partir de sus minerales, que consiste en poner a éstos en contacto con mercurio. `METALURGIA`

amalgamador, a
1 Que amalgama. `adj./s.`
2 Aparato usado para extraer oro de un mineral por amalgamación. `s.m.` `METALURGIA`

amalgamar
1 Unir o mezclar cosas de naturaleza distinta: *amalgamó sus conocimientos de distintas materias.* `v.tr/prnl.`
2 Mezclar mercurio con otro metal para formar una aleación. `QUÍMICA`

amamantar Dar de mamar: *tenía suficiente leche para amamantar a los gemelos.* `v.tr.` `= atetar`

amán (Del ár. *aman*, seguridad.) Paz o amnistía que pedían los moros que se sometían. `s.m.` `HISTORIA`

amancebamiento Vida en pareja de dos personas que no están casadas. `s.m.` `= concubinato`

amancebarse Hacer vida de pareja sin estar casados: *amancebarse ya no constituye delito.* `v.prnl.` `= juntarse`

amancillar Mancillar, hacer perder el prestigio o la honra: *su actitud amancilló a toda la familia.* `v.tr.`

amanear Atar a un animal las patas. `v.tr./tb: manear`

amanecer (Del lat. vulgar *adamanescere* o *manescere* < *mane*, por la mañana.)
1 Empezar a aparecer la luz del día, clarear: *deben ser las siete, ya ha amanecido; ayer amaneció nublado y no pudimos ir a la playa.* `v.intr.impers.` `conj: carecer` `= alborear`
2 Estar una persona en un lugar al despuntar el día: *mañana amaneceré en Nueva York.* `v.intr.`
3 Aparecer una cosa, hallarse en un lugar al despuntar el día: *la fachada amaneció llena de pintadas.*
4 Empezar a manifestarse una nueva cosa, situación o época.
5 Iluminar, dar luz: *eran tres diosas que amanecían todo el horizonte.* `v.tr.` `culto`
6 Tiempo durante el cual amanece: *veremos por primera vez el amanecer juntos.* `s.m.` `= alba`
7 **al amanecer**: Al tiempo de estar amaneciendo: *partiremos al amanecer.* `loc.adv.`

amanerado, a
1 Que se hace con amaneramiento: *tiene gestos amanerados y remilgos cursis.* `adj.`
2 Se refiere al escritor, artista que realiza sus obras con amaneramiento.
3 Afeminado, que tiene modales o actitudes femeninas: *era un chico afectuoso y amanerado.* `adj/s.m.`

amaneramiento
1 Falta de naturalidad en la manera de hablar o comportarse: *le sobra amaneramiento.* `s.m.` `= afectación`
2 Tendencia del hombre a imitar los modales que se consideran propios de las mujeres. `= afeminamiento`
3 Sujeción de un artista o escritor a un estilo determinado, sin evolución ni creatividad.

amanerar
1 Dar a un artista monotonía o uniformidad a sus obras: *su producción se amaneró y no aportó nada nuevo a la historia de la pintura.* `v.tr/prnl.` `ARTE`
2 Hacerse una persona o una cosa amanerada. `v.prnl.`
3 Afeminarse, adquirir características propias de mujer.

amaniatar Maniatar, atar las manos: *la amaniató para que no se hiciese daño a sí misma.* `v.tr.`

amanojado, a Que tiene forma de manojo. `adj./BOTÁNICA`

amanojar Juntar varias cosas en manojo: *amanojó unas cuantas margaritas y se las regaló.* `v.tr.`

amansador, a
1 Que amansa. `adj/s.`
2 Domador de caballos. `s.m./Amér.`

amansamiento
1 Procedimiento o proceso por el que se hace que un animal pierda su fiereza natural. `s.m.` `= doma`
2 Acción de calmar o apaciguar a una persona irritada o violenta.

amansar
1 Domesticar, hacer manso a un animal. `v.tr/prnl.`
2 Quitar la violencia a un sentimiento: *amansó el dolor de su amigo con palabras esperanzadoras; su odio se amansó con el paso de los años.*
3 Aplacar, sosegar la violencia o el enfado: *sus dulces palabras me amansaron.*
4 Hacerse menos violento el mar o el viento. `v.intr.`
5 Moderarse la severidad de una persona. `= suavizar`

amante
I (Del lat. *amans, -antis*, que ama.)
1 Que ama: *es un amante de su familia, va con ellos a todas partes.* `adj/s.m.f.` `+ de`
2 Que es muy aficionado: *era un gran amante de la caza; amantes del barroco.* `+ de`
3 Persona que mantiene relaciones amorosas con otra que no está casada: *dejó de ser su amante al saber que estaba a punto de ser padre.* `s.m.f.` `= querido`
II (Del gr. *imas, -antos*, correa.) Cabo grueso asegurado en la cabeza de un palo o verga para resistir grandes esfuerzos. `s.m.` `NÁUTICA`

amanuense Persona que escribe lo que le dictan o copia lo que le encargan: *el amanuense incurrió en varios errores ortográficos.* `s.m.f.` `= escribiente`

amañado, a
1 Que está manipulado con algún fin: *con el combate amañado, seguro que ganan dinero.* `adj.`
2 Que es mañoso o hábil.

amañar
1 Presentar algo de forma que parezca mejor de lo que es para obtener provecho: *ha amañado un informe para que le aprueben el presupuesto.* `v.tr.`
2 Llegar a un acuerdo fraudulento: *han amañado el resultado del partido.*
3 Ser hábil para hacer algo: *se amaña para convencer siempre a todo el mundo.* `v. prnl.` `+ para`
4 Llevarse bien con alguien: *se amaña bien con sus hermanos.* `+ con`
5 **amañárselas**: Ser hábil para hacer algo: *se las amaña muy bien con los niños agresivos.* `+ para`

amaño
1 Habilidad para hacer una cosa bien o con facilidad: *tiene mucho amaño para el bricolaje.* `s.m.` `= maña`

2 Engaño cometido para conseguir una cosa de forma poco ortodoxa o desaprensiva. = maña

3 Utensilios que se emplean para hacer una cosa: *se dejó en la furgoneta los amaños de jardinería.* s.m.pl. = útil

amapola (Del mozárabe *habapaura* < lat. *papaver*, influenciado por el ár. *al-habba*, grano, semilla.)
1 Planta papaverácea silvestre anual, de flores rojas, muy frecuente en campos de cereales. (*Papaver rhoeas.*) s.f./BOTÁNICA = ababa, ababol
2 Flor de esta planta. BOTÁNICA

amar (Del lat. *amare.*) Tener una persona amor a otra, a un animal o a una cosa: *ama con locura a su novia; ama más sus libros que al perro.* v.tr. = querer

amaraje Acción de posarse en el agua una nave aérea o espacial: *tuvieron un amaraje difícil.* s.m./AERONÁUTICA = amarizaje

amarantáceo, a Perteneciente a una familia de plantas herbáceas o arbustivas, de flores pequeñas aglomeradas y frutos en cápsula o cariópside. adj/s.f. BOTÁNICA

amaranto (Del lat. *amarantus* < gr. *amarantos* < *maraino*, marchitar.)
1 Denominación de diversas plantas de flores en espiga de color carmesí, amarillo, blanco o jaspeado, agrupadas en racimos largos, que se cultiva como planta de adorno. (*Amaranthus.*) s.m. BOTÁNICA
2 De color carmesí. adj/s.m.

amarar Posarse en la superficie del agua una nave aérea o espacial: *amararon en un lugar programado.* v.intr. = amerizar

amarchantarse Hacerse una persona cliente de una tienda. v.prnl. Amér. Central

amargado, a Se refiere a la persona a la que las decepciones han hecho irritable o agresiva: *es una amargada de la vida, pocas veces la ves distendida y feliz.* adj/s.m. = resentido

amargar (Del lat. vulgar *amaricare.*)
1 Tener una cosa sabor o gusto amargo: *las naranjas se han amargado.* v.intr/prnl. conj: pagar
2 Dar un sabor desagradable, amargo: *ese vino rancio ha amargado el asado.* v.tr.
3 Causar aflicción, disgusto: *amargó a toda la familia.* v.tr/prnl.
4 Experimentar una persona resentimiento por ciertas decepciones: *le amargó la existencia aquel desengaño amoroso.* v.prnl.

amargo, a
1 Que tiene un sabor parecido al de la quinina o la hiel, considerado, por lo general, desagradable: *almendras amargas; pepino amargo.* adj.
2 Que causa o implica aflicción o disgusto: *pasó por un trance amargo después de la operación.*
3 Que está triste o disgustado. ≠ alegre
4 Amargor, sabor parecido al de la quinina o la hiel.
5 Sustancia que tiene este sabor.
6 Dulce seco de almendras amargas. = amarguillo
7 Licor fabricado con almendras amargas.

amargón Planta compuesta de hojas dentadas, cuyos brotes tiernos se comen en ensalada. (*Taraxacum densleonis.*) s.m. BOTÁNICA = diente de león

amargor
1 Sabor parecido al de la quinina o la hiel: *el amargor de las naranjas.* s.m. = amaritud
2 Sentimiento de amargura o aflicción. = disgusto
3 quitarse el amargor de la boca: Satisfacer alguien un deseo: *se quitó el amargor de la boca yéndose de vacaciones a una isla paradisíaca.* coloquial

amarguillo Dulce seco de almendras amargas. s.m./= amargo

amargura Sentimiento intenso y duradero de pena o aflicción: *la amargura de saberse despreciado.* s.f. = amargor

amariconado, a Que tiene costumbres o actitudes femeninas: *tenía un aspecto algo amariconado.* adj/coloquial despectivo

amariconarse Volverse un hombre afeminado. v.prnl/coloquial

amarilidáceo, a Perteneciente a una familia de plantas monocotiledóneas de hojas lineales y fruto en cápsula, como el narciso y el agave. adj/s.f. BOTÁNICA = amarilídeo

amarilla Enfermedad del hígado que padece el ganado lanar. s.f. VETERINARIA

amarillear
1 Ponerse o tomar color amarillo una cosa: *las sábanas de algodón empezaron a amarillear.* v.intr.
2 Ponerse una persona pálida: *amarilleó al saber la noticia del golpe de estado.* = palidecer

amarillecer Ponerse una persona o cosa amarilla: *amarillecieron todas las hojas de los árboles; amarillecer un moratón.* v.intr. conj: carecer tb: enamarillecer

amarillento, a Que tira a amarillo o es de color o tonos amarillos: *las amarillentas espigas de trigo.* adj. = amarillejo

amarillez Calidad de amarillo, en especial color amarillo del cuerpo humano: *la amarillez de su cara era preocupante.* s.f. pl: amarilleces

amarillismo Periodismo sensacionalista. s.m.

amarillista
1 Se aplica a la prensa de carácter sensacionalista y al periodista que la practica. adj/s.m.f.
2 Se aplica al sindicato controlado por la patronal.

amarillo, a (Del lat. hispánico *amarellus*, diminutivo del lat. *amarus*, amargo.)
1 Del color del oro, limón o plátano: *los amarillos campos de la meseta castellana.* adj.
2 Color que es el tercero del espectro solar, entre el naranja y el verde. s.m.
3 Se refiere a la persona cuya piel se caracteriza por la pigmentación amarilla o cobriza de su piel: *los chinos son amarillos.* adj/s. coloquial
4 Referente a la persona, indica que está pálida por alguna enfermedad: *está amarilla por la hepatitis.* adj.
5 Se aplica a la organización sindical controlada por los patronos en oposición al sindicalismo obrero.
6 Adormecimiento extraordinario de los gusanos de seda, especialmente en tiempo de niebla. s.m. ZOOLOGÍA
7 Sustancia que se utiliza para teñir de color amarillo.
8 peligro amarillo: Supuesta amenaza representada por los países asiáticos en razón de su crecimiento demográfico.
9 prensa amarilla: La de tipo sensacionalista.

amariposado, a
1 Que tiene forma de mariposa, en especial las flores de las leguminosas. adj.
2 Que tiene costumbres o actitudes femeninas muy exageradas. adj/s.m. coloquial

amarizaje Amaraje, acción de amarar. s.m.

amarizar Amerizar, posarse en el agua una nave aérea o espacial: *el hidroavión amarizó en el lago.* v.intr. conj: cazar

amarizarse (Del lat. *meridiare*, sestear.) Copular el macho y la hembra del ganado lanar. v.prnl. conj: cazar

amaromar Atar una cosa con una maroma. v.tr./= amarrar

amarra
1 Cabo usado para asegurar una embarcación en un puerto, boya o lugar donde se ha fondeado. s.f. NÁUTICA
2 Correa que sirve para afirmar y sujetar la cabeza del caballo. EQUITACIÓN
3 Influencia o apoyo con que cuenta una persona para conseguir una cosa: *tiene buenas amarras.* s.f.pl. coloquial
4 soltar amarras: Zarpar un barco: *llegó al puerto cuando el buque ya había soltado amarras.* s.f. NÁUTICA

amarraco (Voz vasca.) Tanteo de cinco puntos, en el mus, y objeto que lo representa. s.m./JUEGOS tb: amarreco

amarradero
1 Poste o argolla donde se amarra una cosa. s.m.
2 Lugar donde se amarran los barcos: *situó la grúa en el amarradero.* NÁUTICA

amarrado, a Se refiere a la persona de acciones y movimientos lentos. adj. Antillas, Chile

amarradura
1 Amarre, operación de amarrar un barco. s.f./NÁUTICA
2 Cada vuelta que da una cosa enrollada alrededor de otra. NÁUTICA
3 Acción de amarrar o atar. = atadura

amarraje Impuesto que se paga por el amarre de las naves en un puerto. s.m. NÁUTICA

amarrar (Del fr. *amarrer* < neerlandés *aanmarren*, atar.)
1 Atar, fijar una cosa con una cuerda, una cadena u otra cosa semejante: *amarró el potro.* v.tr.
2 Sujetar una embarcación con las amarras: *amarrar el buque en el puerto.* NÁUTICA
3 Mover y mezclar los naipes de modo que algunos de ellos queden colocados según convenga. JUEGOS

amarre
1 Operación de amarrar un barco. s.m./NÁUTICA
2 Acción de amarrar con cuerdas. = atadura
3 Amarradero, lugar del puerto donde se amarran los barcos. NÁUTICA

amarrete, a Que es tacaño o avaro. adj./Amér. Merid.

amarrido, a Que está afligido, melancólico o triste: *su marcha nos dejó amarridos.* adj.

amarro Acción de amarrar, atar o sujetar. s.m.

amarrocar Juntar dinero con avaricia: *toda su fortuna la amarrocó peso a peso.* v.tr/intr. Argent., Urug.

amartelamiento
1 Enamoramiento exagerado. s.m.
2 Actitud muy cariñosa entre enamorados.

amartelar
1 Hacer sufrir a una persona con celos. v.tr.
2 Provocar una persona amor en otra. = enamorar
3 Empezar a sentir una persona amor por otra o entusiasmo por una cosa o deseo de tenerla. v.prnl.
4 Ponerse, mostrarse los enamorados muy cariñosos.

amartillar
1 Golpear una cosa con un martillo: *amartilló la silla para hacer leña.* v.tr. tb: martillar

2 Poner la llave de un arma de fuego en el disparador: *amartilló la pistola.*
3 Decir o prometer una cosa con seguridad.

amasadera
1 Recipiente para amasar el pan.   s.f.
2 Aparato mecánico para trabajar la masa del pan.

amasadero Local donde se amasa el pan.   s.m.

amasado Acción de amasar los materiales con los que se hace la argamasa y el mortero.   s.m. / CONSTRUCCIÓN

amasadura
1 Acción de amasar.   s.f.
2 Cantidad de harina amasada de una vez.   = amasijo

amasandería Tienda donde se vende pan.   s.f./Colomb., Chile

amasar
1 Formar una masa mezclando una sustancia sólida o pulverizada con un líquido: *amasa la pasta de forma especial.*   v.tr. / tb: masar
2 Formar una cosa reuniendo varios elementos, principalmente bienes: *amasaron una pequeña fortuna en poco tiempo.*   = acumular
3 Preparar, disponer con habilidad y astucia: *amasar los detalles de un golpe.*   coloquial

amasiato Relación de pareja entre un hombre y una mujer que no están casados.   s.m. / Méx., C. Rica, Perú

amasijar Dar una fuerte paliza a alguien o pegar brutalmente.   v.tr. / Argent., Urug.

amasijo
1 Cantidad de harina amasada.   s.m.
2 Operación de amasar.
3 Argamasa u otro tipo de masa.   CONSTRUCCIÓN
4 Mezcla desordenada de cosas o ideas diferentes: *no me aclaro con tanto amasijo de ideas.*   coloquial / = confusión

amate (Del náhuatl *amat.*)
1 Planta arbórea morácea que crece en México, cuya corteza utilizaban los aztecas para confeccionar papel y cuyo jugo lechoso usaban como resolutivo. (*Ficus.*)   s.m. / BOTÁNICA
2 Pintura hecha sobre una parte de la corteza de este árbol.

amateur (Voz francesa.)
1 Que practica un deporte como aficionado y no de forma profesional: *es un equipo formado por futbolistas amateurs que no cobran ningún dinero por jugar.*   adj./DEPORTES / pl: amaterurs / tb: amater
2 Se refiere a la competición, prueba que no es profesional y no tiene premios en metálico.   DEPORTES

amateurismo Condición de ser amateur.   s.m./DEPORTES

amatista (Del lat. *amethystus* < gr. *amethystos.*) Variedad de cuarzo cristalino de color violeta, translúcido, que se usa en joyería como piedra preciosa.   s.f. / MINERALOGÍA

amatorio, a
1 Del amor: *me gusta la poesía amatoria.*   adj.
2 Que incita a amar.

amaurosis (Del gr. *amaurosis*, oscurecimiento < *amauros*, oscuramente.) Pérdida total, transitoria o definitiva de la vista, causada por lesión del nervio óptico o del cerebro y que sólo se manifiesta exteriormente por la inmovilidad del iris.   s.f. / pl: amaurosis / MEDICINA

amayorazgar Crear un mayorazgo vinculando ciertos bienes.   v.tr. / conj: pagar

amazacotado, a
1 Que está demasiado compacto o apretado: *la masa del pan quedó muy amazacotada.*   adj.
2 Se refiere a la obra artística o literaria que contiene demasiados datos, detalles o adornos: *las amazacotadas novelas decimonónicas.*

amazona (Del lat. *Amazonis* < gr. *Amazon.*)
1 Mujer que monta a caballo.   s.f. / MITOLOGÍA
2 Mujer de un supuesto antiguo pueblo de mujeres guerreras que, según la leyenda, se mutilaban la mama derecha para tirar más fácilmente con el arco.
3 Mujer que tiene aspecto o modales varoniles.
4 Traje femenino para montar a caballo.

amazónico, a
I (Del lat. *Amazon.*) De las amazonas: *antología de leyendas amazónicas.*   adj./MITOLOGÍA / tb: amazonio
II (Del río *Amazonas.*) Que tiene relación con el río Amazonas o con su región: *hay que proteger la selva amazónica.*   adj. / GEOGRAFÍA

ambages (Del lat. *ambages* < *amb*, alrededor + *agere*, conducir.)
1 Rodeos de palabras o circunloquios.   s.m.pl.
2 sin ambages: Sin rodeos, abiertamente: *sin ambages me hizo saber los pormenores de su separación.*   loc.adv.

ambagioso, a Que tiene muchas ambigüedades o equívocos: *texto ambagioso.*   adj. / = ambiguo

ámbar (Del ár. *al-anbar.*)
1 Resina fósil, amarillenta y traslúcida que se utiliza para hacer collares, barnices, etc.   s.m.
2 Color amarillo semejante al de esta resina: *se encendió el ámbar del semáforo.*

3 **ámbar gris o pardillo**: Sustancia gris de aroma fuerte y agradable que se utiliza en perfumería y farmacopea.
4 **ámbar negro**: Azabache, variedad de lignito.   MINERALOGÍA
5 **ser como el ámbar**: Se usa para ponderar la claridad y transparencia de algunos líquidos, especialmente del vino: *aquel jerez era como el ámbar.*

ambarcillo Abelmosco, planta malvácea.   s.m./BOTÁNICA

ambarino, a Que tiene el aspecto o el color parecido al ámbar: *las irisaciones ambarinas del vino.*   adj.

ambición (Del lat. *ambitio.*) Inclinación excesiva a conseguir fama, poder o riquezas, o cumplir una aspiración: *está dominado por su ambición de poder.*   s.f.

ambicionar Desear con mucho interés: *ambiciona poder vivir en una casa unifamiliar.*   v.tr.

ambicioso, a
1 Que tiene ambición: *es una empleada muy ambiciosa.*   adj/s.
2 Se aplica al proyecto o meta de gran envergadura: *está preparando un proyecto muy ambicioso.*

ambidextro, a Que utiliza con igual soltura la mano izquierda que la derecha.   adj/s. / = ambidiestro

ambientación
1 Acción y resultado de ambientar.   s.f.
2 Recreación de las circunstancias peculiares de la época en que se sitúa la acción de una obra artística o literaria: *su habilidad descriptiva se traduce en brillantes ambientaciones.*   LITERATURA, CINE, TEATRO

ambientador Líquido que sirve para perfumar y eliminar los olores de un lugar cerrado.   s.m.

ambiental Que tiene relación con el ambiente: *contaminación ambiental.*   adj.

ambientar
1 Recrear las características históricas o sociales de un personaje, una situación o un tema: *ambientó la acción dramática en los albores del imperio.*   v.tr. / LITERATURA, CINE, TEATRO
2 Proporcionar un ambiente adecuado a un lugar mediante decoración, luces u objetos: *con el color de las paredes ambientó cada estancia de manera diferente.*
3 Dar la temperatura adecuada a un lugar.
4 Hacer que una persona se adapte o acostumbre a un medio determinado: *le costó ambientarse a la nueva escuela.*   v.tr/prnl.

ambiente (Del lat. *ambiens*, que rodea o cerca.)
1 Fluido que rodea los cuerpos o un lugar: *el ambiente de la ciudad era irrespirable.*   s.m.
2 Condición o circunstancia de un lugar, considerada favorable o desfavorable para las personas o cosas que están en él: *en el baile había mucho ambiente.*
3 Grupo o sector social: *ambiente aristocrático.*
4 Aspectos característicos por los que se reconoce una época histórica.
5 Efecto de la perspectiva aérea que da corporeidad y volumen a la pintura.   ARTE
6 Habitación de una casa o apartamento: *los dos ambientes tienen vistas al mar.*   Argent., Chile, Urug.
7 Se aplica al fluido que rodea un cuerpo: *la temperatura ambiente es agradable.*   adj.

ambigú (Del fr. *ambigu* < lat. *ambiguus*, que está en discusión.)
1 Comida de manjares fríos y calientes que se presenta toda de una vez sobre una mesa.   s.m./pl.tb: ambigúes / = bufet
2 Lugar donde se sirven comidas o refrigerios, en algunos cines y locales públicos: *entre acto y acto se acercaron al ambigú del teatro.*

ambigüedad
1 Estado o condición equívoca, que puede entenderse o interpretarse de varios modos, por ser poco clara o precisa: *la ambigüedad de la situación.*   s.f.
2 Palabra o expresión que admite más de una interpretación.

ambiguo, a (Del lat. *ambiguus* < *ambigere*, estar en discusión < *amb*, alrededor + *agere*, conducir.)
1 Que tiene ambigüedad, en especial el lenguaje: *discurso ambiguo; intervención ambigua.*   adj. / = confuso
2 Incierto, dudoso.
3 Se aplica a la persona que, con sus palabras o comportamiento, no define claramente sus actitudes u opiniones.
4 Se refiere al género de los sustantivos, que puede ser masculino o femenino: *azúcar tiene género ambiguo.*   LINGÜÍSTICA

ámbito (Del lat. *ambitus.*)
1 Contorno o perímetro de un recinto.   s.m.
2 Entorno en el que una persona vive o se desenvuelve: *en su ámbito todos conocían su verdadera condición.*   = círculo
3 Espacio en el que se enmarcan varias disciplinas o cuestiones: *esto pertenece al ámbito de la sicología.*

ambivalencia
1 Condición de lo que puede ser interpretado con dos sentidos opuestos o distintos: *la ambivalencia de sus declaraciones es irritante.*   s.f.

2 Estado emocional en el que coexisten dos emociones o sentimientos opuestos. *SICOLOGÍA*

ambivalente
1 Que se puede interpretar desde dos perspectivas distintas: *teoría ambivalente.* *adj.*
2 Se aplica a los sentimientos o emociones que coexisten. *SICOLOGÍA*

amblar (Del lat. *ambulare*, andar.) Andar un animal cuadrúpedo moviendo al mismo tiempo el pie y la mano del mismo lado. *v.intr.*

ambleo (Del fr. *flambeau* < lat. *flammellus* < *flamma*, llama.)
1 Cirio de un kilo y medio de peso que se usa en algunos oficios religiosos. *s.m.*
2 Candelero para este tipo de cirio.

ambli- Componente de palabra procedente del gr. *amblys*, que significa débil, obtuso. *pref.*

ambliope Persona que padece ambliopía. *adj/s.m.f./MEDICINA*

ambliopía (Del gr. *amblyopia* < *amblyopos* < *amblys*, débil + *ops*, vista.) Disminución de la agudeza visual. *s.f. MEDICINA*

ambo
1 Dos números contiguos en un cartón del juego de la lotería. *s.m. JUEGOS*
2 Traje masculino, cuya chaqueta y pantalón pueden ser de distinto color.

ambón (Del gr. *ambon*, borde redondeado.) Cada uno de los púlpitos que hay en algunas iglesias a ambos lados del altar mayor: *predicar desde el ambón.* *s.m.*

ambos, as (Del lat. *ambo*.) El uno y el otro, la una y la otra, los dos: *ambos perros perdieron a sus amos.* *adj/pron.pl.*

ambrosía (Del gr. *ambrosia* < *ambrotos*, inmortal.)
1 Alimento o bebida deliciosos: *después de tan penoso viaje, aquel pan y aquel queso les parecieron ambrosía.* *s.f. th: ambrosia.*
2 Cosa que deleita el espíritu.
3 Alimento de los dioses. *MITOLOGÍA*
4 Planta herbácea de flores en espigas terminales. *BOTÁNICA* *(Ambrosia maritima.)*

ambrosíaco, a Que tiene un sabor muy agradable: *ambrosíaco licor.* *adj. th: ambrosiaco*

ambuesta Porción de una cosa suelta que cabe en el hueco que se forma con las manos juntas. *s.f. = almorzada*

ambulacral
1 Del ambulacro. *adj./ZOOLOGÍA*
2 **aparato ambulacral:** Sistema de locomoción de los equinodermos. *ZOOLOGÍA*

ambulacro (Del lat. *ambulacrum*, arboleda para pasear.) Ventosa de los equinodermos que les permite adherirse a las rocas. *s.m. ZOOLOGÍA*

ambulancia (Derivado del lat. *ambulans*, ambulante.)
1 Automóvil usado para transporte de heridos y enfermos, equipado para los primeros auxilios: *llamó a la ambulancia porque había heridos.* *s.f.*
2 Hospital ambulante de campaña. *MILITAR*

ambulante (Del lat. *ambulans* < *ambulare*, andar.)
1 Que realiza una actividad yendo de un lugar a otro sin tener lugar estable o fijo: *vendedor ambulante.* *adj.*
2 De la ambulancia.

ambulatorio, a
1 Establecimiento médico con diferentes especialidades donde se atiende a enfermos que no precisan hospitalización. *s.m. = dispensario*
2 Se aplica a la enfermedad o tratamiento que no obliga al paciente a estar en cama. *adj. MEDICINA*
3 Se aplica al órgano que sirve para andar: *algunos animales tienen apéndices ambulatorios.* *ZOOLOGÍA*

ambutar Dar empujones. *v.tr.*

ameba (Del gr. *amoibe*, cambio.) Ser unicelular, caracterizado por avanzar mediante extensiones del cuerpo llamadas seudópodos, que vive en aguas dulces, marinas o parásitas. *(Amoeba proteus.)* *s.f. ZOOLOGÍA th: amiba, amibo*

amebeo Se refiere al verso con que se contestan los pastores que introducen algunas églogas. *adj. POESÍA*

amebiasis Infección del hígado, riñones o cerebro, causada por amebas: *para evitar la amebiasis has de tomar extremas medidas higiénicas.* *s.f./pl: amebiosis MEDICINA th: amibiasis*

amebicida Se aplica al medicamento que combate las amebas. *adj/s.m. FARMACIA*

amébido, a Perteneciente a una familia de protozoos rizópodos, que emiten seudópodos cortos, gruesos y poco numerosos, como las amebas. *adj/s.m. ZOOLOGÍA*

amechar
1 Poner la mecha de un velón o un candil. *v.tr.*
2 Mechar, poner mechas en la carne: *amechar el redondo de ternera con pimientos, huevo duro y fiambre.* *COCINA*

amedrentamiento Acción y resultado de causar temor: *sufrió una crisis nerviosa causada por el amedrentamiento.* *s.m.*

amedrentar Causar miedo: *la responsabilidad lo amedrentó.* *v.tr/prnl.*

ámel Jefe de un distrito, en el mundo árabe. *s.m.*

amelar Hacer miel las abejas. *v.intr./conj: pensar*

amelcochar
1 Dar a un dulce el punto espeso de la melocha. *v.tr/prnl./Amér.*
2 Reblandecerse, perder la dureza. *v.prnl./Méx.*

amelga Cada una de las fajas en que se divide una tierra para sembrarla con uniformidad. *s.f./AGRICULTURA th: mielga, emelga*

amelgado, a Se aplica al sembrado que ha nacido con alguna desigualdad. *adj. AGRICULTURA*

amelgar Hacer surcos distanciados de forma regular en un terreno para poder sembrar uniformemente. *v.tr./conj: pagar AGRICULTURA*

amelía Territorio gobernado por un ámel. *s.f.*

amellar Hacer mellas: *amellar el filo de un cuchillo.* *v.tr.= mellar*

amelocotonado, a Que es parecido al melocotón: *cutis amelocotonado.* *adj.*

amelonado, a
1 Que tiene forma de melón: *cabeza amelonada; el balón del rugby es amelonado.* *adj.*
2 Que está muy enamorado. *coloquial*

amén
I (Del hebreo *amen*, así sea.)
1 Palabra que en la religión católica cierra todas las oraciones o rezos. *s.m. RELIGIÓN*
2 Expresión que se utiliza para asentir o para manifestar el deseo de que se cumpla lo que se acaba de decir. *coloquial*
3 **decir amén:** Estar de acuerdo: *dijo amén sin rechistar y sin poner más impedimentos.*
4 **en un decir amén:** De manera muy rápida: *lo terminó en un decir amén.* *= en un santiamén*
II (De la locución *a menos*.)
1 A más, además: *vinieron clientes e invitados, amén de un gran número de curiosos.* *adv. + de*
2 Excepto, a excepción: *revisaron el documento, amén de la primera cláusula.* *+ de*

amenaza (Del lat. vulgar *minacia* < lat. *mina*.)
1 Acción de amenazar. *s.f.*
2 Dicho con que se amenaza o hecho que amenaza: *la guerra es una amenaza para nuestro país.*

amenazador, a
1 Se refiere a lo que constituye una amenaza: *recibió un amenazador aviso.* *adj.*
2 Se aplica a algo que parece que vaya a producir un daño o a convertirse en un peligro: *de pronto unas nubes amenazadoras cubrieron el cielo.*

amenazar
1 Manifestar una persona a otra la intención que tiene de hacerle daño o perjudicarle. *v.tr./conj: cazar*
2 Dar indicios de la inminencia de un daño o peligro: *esta empresa amenaza un fatal desenlace.* *v.tr/intr.*

amenguar
1 Reducir el número, tamaño, cantidad, intensidad o valor de una cosa: *el jersey amenguó al lavarlo; amenguar la claridad al anochecer.* *v.tr/intr. conj: aguar = aminorar*
2 Quitar la honra o el honor: *con su conducta amenguó a su familia.* *v.tr.*

amenidad Carácter de lo agradable y entretenido. *s.f.*

amenizar Hacer agradable y entretenida una situación: *amenizó la reunión con sus gracias.* *v.tr. conj: cazar*

ameno, a (Del lat. *amoenus*.)
1 Que alegra, divierte o ayuda a pasar el tiempo agradablemente: *ese chico es muy ameno; su compañía resulta amena.* *adj. = entretenido ≠ aburrido*
2 Se aplica al lugar que tiene una serie de características que lo hacen agradable para la estancia. *= placentero, deleitable*

amenorgar Reducir el número, tamaño, cantidad, intensidad o valor de una cosa. *v.tr./conj: pagar = amenguar*

amenorrea (Del gr. *a*, privativo + *men*, mes + *reo*, fluir.) Enfermedad de las mujeres, consistente en la falta o ausencia del flujo menstrual. *s.f. MEDICINA*

amento Inflorescencia en forma de espiga, de flores muy pequeñas. *s.m. BOTÁNICA*

ameos (Del lat. *ameos*, genitivo de *ami* < gr. *ammi*.)
1 Planta umbelífera, de flores pequeñas y blancas, que crece en tierras arenosas y en cultivos de trébol y alfalfa. *(Ammi majus.)* *s.m./pl: ameos BOTÁNICA = ami, fistra*
2 Semilla de esta planta. *BOTÁNICA*

amerar
1 Merar, mezclar un licor con otro. *v.tr.*
2 Mojarse la tierra o una pared completamente. *v.prnl.*

amerengado, a
1 Que es parecido al merengue. *adj.*
2 Que es empalagoso o excesivamente amable.

americana Chaqueta con mangas que cubre la parte superior del cuerpo por debajo de la cadera y se abotona por delante: *llevaba americana azul y camisa blanca.* *s.f.*

americanismo
1 Carácter de lo americano. s.m.
2 Sentimiento positivo y de buena consideración hacia los rasgos peculiares americanos, o exaltación y fomento de los mismos.
3 Interés por las cosas de América y estudio de las mismas.
4 Palabra, giro, rasgo fonético o semántico procedente de las lenguas indígenas americanas que ha pasado al español, o que es característico del español hablado en alguno de los países hispanoamericanos. LINGÜÍSTICA

americanista
1 Que tiene relación con América. adj.
2 Persona que estudia la lengua, cultura y otras peculiaridades de América. s.m.f.

americanizar
1 Dar carácter americano a una persona o una cosa: su larga estancia en Cuba la americanizó. v.tr.
conj: cazar
2 Difundir las costumbres americanas.
3 Tomar una persona afición a las cosas o costumbres americanas. v.prnl.

americano, a
1 De América: continente americano. adj.
2 Persona que es natural de América. s.
3 Estadounidense, de Estados Unidos: la intervención militar americana en Panamá. adj/s. coloquial

americio Elemento químico radiactivo y artificial. s.m./QUÍMICA

amerindio, a
1 De los pueblos indígenas americanos: lenguas amerindias; civilizaciones amerindias. adj.
2 Persona que pertenece a una tribu amerindia. s.

ameritar Hacer méritos, merecer: ameritar la fama con honradez e integridad. v.tr./Méx., Amér. Central

amerizaje Acción y resultado de amerizar: el amerizaje se produjo sin mayores contratiempos. s.m. AERONÁUTICA

amerizar Posarse una nave aérea o espacial en el agua: el hidroavión amerizó con dificultad. v.intr./conj: cazar tb: amarizar/= amarar

amestizado, a Que tiene rasgos físicos parecidos a los de los mestizos. adj.

ametalado, a
1 Que tiene aspecto parecido al del metal: plásticos ametalados; superficie ametalada. adj.
2 De buen timbre, que es sonoro como el metal. MÚSICA

ametrallador, a
1 Se aplica al arma que dispara proyectiles a ráfagas. adj. MILITAR
2 Arma de fuego que dispara sucesiva y rápidamente gran número de proyectiles: barrió el terreno con varias ráfagas de ametralladora. s.f. MILITAR

ametrallar
1 Disparar con la ametralladora. v.tr.
2 Lanzar metralla contra el enemigo. MILITAR

amétrico, a Se aplica al verso sin cómputo silábico. adj./POESÍA

amétrope Se aplica a la persona que padece ametropía. adj. MEDICINA

ametropía (Del gr. ametros, irregular + ops, ojo.) Anomalía de refracción en el ojo por la que las imágenes no se forman debidamente en la retina. s.f. MEDICINA

ami Ameos, planta umbelífera. s.m./BOTÁNICA

amianto (Del lat. amiantus < gr. amiantos, sin mancha, incorruptible < a, privativo + miaino, manchar.) Mineral de la clase de los silicatos, usado para hacer tejidos incombustibles. s.f. MINERALOGÍA

amiba Ameba, protozoo. s.f./ZOOLOGÍA

amiboideo, a
1 De la ameba. adj./ZOOLOGÍA
2 Que tiene el movimiento o la forma parecidos a los de las amebas.

amida Compuesto orgánico obtenido de la sustitución de un átomo de hidrógeno por un radical ácido en el amoniaco. s.f. QUÍMICA

amigable Que es afable o amistoso: desde la ventana le hizo un gesto amigable como despedida. adj.
= amistoso

amigar
1 Hacerse dos personas amigas: amigarse manteniendo relación por carta. v.tr/prnl. conj: pagar
2 Reconciliarse dos o más personas.
3 Hacer una pareja vida matrimonial sin estar casados: se amigaron y se separaron en repetidas ocasiones. v.prnl.
= amancebarse

amígdala (Del lat. amygdala < gr. amygdale, almendra.)
1 Órgano en forma de almendra formado por la reunión de nódulos linfáticos. s.f./ANATOMÍA = tonsila
2 amígdala faríngea: Amígdala situada en la porción nasal de la faringe. ANATOMÍA
3 amígdala lingual: La situada en la base de la lengua. ANATOMÍA
4 amígdala palatina: Cada una de las dos amígdalas situadas entre los pilares del velo del paladar. ANATOMÍA

amigdalino, a
1 Que contiene almendra. adj.
2 Glucósido obtenido de las almendras amargas. s.f./QUÍMICA

amigdalitis Inflamación de las amígdalas: la corriente de aire empeora su amigdalitis. s.f./pl: amigdalitis MEDICINA

amigdaloide Se aplica a la roca volcánica en la que se encuentran cuerpos pequeños en forma de almendra. adj. GEOLOGÍA

amigo, a (Del lat. amicus.)
1 Se refiere a la persona que mantiene una relación de amistad con otra: sus amigos le organizaron una fiesta sorpresa. adj/s.
2 Que es aficionado o partidario: no es amigo de componendas y chanchullos. adj. + de
3 Se aplica a la persona que mantiene una relación amorosa con otra.
4 Relativo al tratamiento afectuoso, aunque no haya amistad real.
5 Se refiere al objeto que es grato o benéfico. culto
6 Palo atravesado en la punta del tiro o cintero para que los operarios puedan subir o bajar por los pozos. s.m. MINERÍA

amiguete Persona conocida con la que se mantiene una relación amistosa ocasional. s.m. coloquial

amiguismo Tendencia a favorecer a los amigos, a toda costa, proporcionándoles cargos, puestos y privilegios. s.m.

amiláceo, a (Del lat. amylum, almidón < gr. amylon.) Que contiene o se parece al almidón. adj.

amilanar
1 Causar miedo a una persona de manera que ésta no se atreva a hablar o a actuar: su enérgico tono nos amilanó y no osamos decir más. v.tr.
2 Quitar una cosa los ánimos o la energía a una persona: la enfermedad lo amilanó. v.tr/prnl.
3 Quedarse una persona sin ánimos o energía: se amilanó ante el enemigo. v.prnl.

amilasa Enzima que produce la hidrólisis de los glúcidos y se encuentra en el jugo pancreático, en la saliva y en las semillas de muchas plantas. s.f. BIOQUÍMICA

amílico, a
1 Se aplica al alcohol que contiene cinco átomos de carbono. adj/s.m. QUÍMICA
2 Aguardiente o vino de baja calidad. s.m./coloquial

amillaramiento
1 Acción de amillarar. s.m./DERECHO
2 Padrón en el que constan los bienes inmuebles donde la hacienda no ha realizado el catastro. DERECHO

amillarar Formar la lista o padrón de las fincas de un lugar y de sus poseedores para repartir la contribución. v.tr. DERECHO

amillonado, a
1 Que es muy rico. adj.
2 Sujeto a la antigua contribución de millones.

amilo Radical químico compuesto de cinco átomos de carbono y once de hidrógeno. s.m. QUÍMICA

amilo- Componente de palabra procedente del gr. amylon, que significa fécula, almidón. pref./tb: amil-

amiloideo, a Que es parecido al almidón. adj.

amilosis Enfermedad causada por la infiltración en los tejidos de materia amiloidea. s.f./pl: amilosis MEDICINA

amina Sustancia química obtenida sustituyendo uno o dos átomos de hidrógeno del amoníaco por radicales alquilos. s.f. QUÍMICA

aminar Introducir un radical de la amina en una molécula orgánica. v.tr. QUÍMICA

aminoácido Sustancia orgánica compuesta al menos por un grupo amínico y otro carboxílico. s.m. QUÍMICA

aminorar Hacer más pequeño, disminuir: aminorar la marcha para no perder a los rezagados. v.tr/prnl. tb: minorar

amiotrofia Atrofia de los músculos. s.f./MEDICINA

amir Emir, príncipe o jefe árabe. s.m.

amistad (Del lat. vulgar amicitas < lat. amicus, amigo.)
1 Sentimiento de afecto y confianza mutua entre personas: les une una profunda amistad. s.f.
2 Persona con quien se tiene una relación de afecto y confianza: me presentó a una amistad de la infancia.
3 Relación de afinidad, conexión o armonía entre varias cosas.
4 Hecho de llevar un hombre y una mujer vida de matrimonio sin estar casados. = amancebamiento, arrimo
5 Conjunto de amigos o relaciones: confía mucho en sus amistades. s.f.pl.
6 hacer amistad: Iniciar la amistad: hicieron amistad en la convención republicana.
7 romper las amistades: Dejar de ser amigos: rompieron las amistades por una insignificancia.
8 tener amistad: Ser dos o más personas amigas: tienen amistad desde hace años.

amistar
1 Unir a dos o más personas en amistad.   *v.tr/prml.*
2 Reconciliar a dos o más personas.

amistoso, a
1 De la amistad o de los amigos: *su relación tenía un*   *adj.*
carácter amistoso.
2 Se refiere al partido que no forma parte de una   *adj/s.m.*
competición oficial: *disputaron un amistoso para rendir*   DEPORTES
homenaje al presidente.

amito (Del lat. *amictus* < *amicire*, cubrir.) Vestidura   *s.m.*
blanca, con una cruz en medio, que el sacerdote ca-   RELIGIÓN
tólico se pone bajo el alba.

amitosis Modalidad de división de la célula en dos   *s.f./BIOLOGÍA*
partes, en general por estrangulamiento del núcleo.   *pl:* amitosis

amitótico, a Que tiene relación con la amitosis.   *adj./BIOLOGÍA*

ammocetes Larva de lamprea usada por los pescado-   *s.f./pl:* ammocetes
res como cebo.   ZOOLOGÍA

amnesia (Del gr. *amnesia* < *a*, privativo + *mnesis*, re-   *s.f.*
cuerdo, memoria.) Pérdida total o parcial de la me-   MEDICINA
moria: *sufre una amnesia por trauma craneal.*

amnésico, a
1 Que tiene relación con la amnesia.   *adj./MEDICINA*
2 Que padece amnesia.   *adj/s./MEDICINA*

amniografía Examen radiológico del feto tras inyec-   *s.f.*
ción de contraste en el líquido amniótico.   MEDICINA

amnios (Del gr. *amnion*, membrana.) Membrana que   *s.m./pl:* amnios
envuelve el embrión de aves, reptiles y mamíferos.   ZOOLOGÍA

amnioscopia Exploración visual del líquido amnióti-   *s.f.*
co a través del cuello uterino.   MEDICINA

amniota Vertebrado que tiene el embrión protegido   *s.m./ZOOLOGÍA*
por un amnios.   = anamniota

amniótico, a
1 Del amnios: *membrana amniótica.*   *adj./ZOOLOGÍA*
2 De los amniotas.   ZOOLOGÍA

amnistía (Del gr. *amnestia*, olvido). Perdón general de   *s.f.*
delitos, habitualmente de los de carácter político,   DERECHO
otorgado por ley: *pidieron la amnistía para los insumi-*
sos.

amnistiar Conceder amnistía a una persona: *amnis-*   *v.tr.*
tiaron a los presos políticos.   conj: *vaciar*

amo (Derivado de *ama*.)
1 Señor de la casa o cabeza de familia.   *s.m.*
2 Dueño o propietario de una cosa.
3 Persona que tiene uno o más criados, respecto de
ellos: *el amo requería los servicios del mayordomo.*
4 Persona que está a cargo de un grupo de trabajado-   AGRICULTURA
res del campo.   = mayoral, capataz
5 Persona con autoridad moral sobre otra u otras.
6 Preceptor, hombre encargado de la educación de   = ayo
los niños de una familia.
7 **hacerse el amo**: Hacerse el dueño de la dirección   coloquial
de un asunto o de una situación.
8 **ser el amo del cotarro**: Ser el que manda en un   coloquial
asunto o lugar: *es el amo del cotarro, .todos siguen sus di-*
rectrices.

amochar Dar golpes con la cabeza.   *v.intr.*

amodita (Del lat. *ammodytes* < gr. *ammodites* < *ammos*,   *s.f.*
arena + *dytes*, que se sumerge.) Especie de víbora   ZOOLOGÍA
muy peligrosa.   = alicante

amodorrado, a Se aplica a la persona que tiene   *adj.*
modorra: *después de la comida se quedó amodorrado.*   = soñoliento

amodorramiento Adormecimiento anormal causa-   *s.m.*
do por fiebre o por sueño: *sintió un soporífero amodo-*
rramiento por el bochorno estival.

amodorrar
1 Causar modorra: *el vino les amodorró.*   *v.tr./tb:* modorrar
2 Empezar a sentir somnolencia: *se amodorró junto a*   *v.prml.*
la lumbre.   = azorrarse

amodorrecer Modorrar, causar modorra.   *v.tr./conj: carecer*

amohecer Enmohecer, cubrir de moho: *amohecerselas*   *v.tr./prml.*
frutas en la bodega.   conj: *carecer*

amohinar Disgustar, causar enfado o molestias: *les*   *v.tr./prml.*
amohinó saber que había dejado su cargo.   conj: *aislar*

amojamar
1 Hacer cecina de atún.   *v.tr/prml.*
2 Adelgazar y arrugarse, sobre todo a la vejez: *se fue*   *v.prml.*
amojamando poco a poco en los últimos años.

amojonamiento
1 Operación y resultado de amojonar un terreno: *ya*   *s.m.*
han finalizado el amojonamiento de la finca.   = deslindamiento
2 Conjunto de mojones.

amojonar Marcar con mojones los lindes de una pro-   *v.tr.*
piedad o de un término jurisdiccional.   tb: mojonar

amoladero, a Se refiere a la piedra arenisca que se   *adj.*
utiliza para amolar.

amolado, a
1 Enfermo, desmedrado: *me siento muy amolado.*   *adj./Méx.*

2 Que está en malas condiciones: *la casa quedó muy*   *Méx.*
amolada después del huracán.

amoladura
1 Acción y resultado de afilar con la muela, piedra.   *s.f./=* afiladura
2 Arenillas desprendidas de la piedra al amolar.   *s.f.pl.*

amolar
1 Sacar filo o punta a una cosa cortante o punzante.   *v.tr./conj: contar*
2 Perder peso o volumen.   = adelgazar
3 Causar fastidio: *los amolaron al presentarse en su casa*   *v.tr/prml.*
sin avisar.   coloquial

amoldable Que es capaz o susceptible de amoldarse: *adj.*
masilla amoldable a las juntas.

amoldar
1 Ajustar a un molde: *amoldó las piezas a la matriz y*   *v.tr/prml.*
después las limó una por una.   tb: moldar
2 Resultar adecuado o conveniente: *esta ley no se*   + a
amolda a las necesidades de la sociedad.
3 Ajustar una persona su conducta a la de otra o a   + a
unas determinadas circunstancias: *se amoldó con facili-*
dad al nuevo horario.

amollar
1 Dejar de oponer una persona resistencia, ceder.   *v.intr./conj: contar*
2 Echar un jugador, en el juego del revesino y otros   JUEGOS
juegos de naipes, una carta inferior a la jugada, teniendo otra superior.
3 Aflojar la escota u otro cabo para disminuir su es-   *v.tr.*
fuerzo o tensión.   NÁUTICA

amomo (Del lat. *amomum* < gr. *amomon*.)
1 Planta de semillas aromáticas y de sabor acre y es-   *s.m.*
timulante. *(Amomum.)*   BOTÁNICA
2 Semilla de esta planta, usada en medicina.   BOTÁNICA

amonal Mezcla de nitrato amónico y aluminio, usada   *s.m.*
en la fabricación de explosivos: *una carga de veinte ki-*   QUÍMICA
los de amonal.

amonarse Ponerse una persona ebria: *después de la*   *v.prml./ coloquial*
cena se amonaron todos.   = emborracharse

amondongado, a (De *a-* + *mondongo*.) Se aplica a la   *adj.*
persona o a la parte del cuerpo que está gorda y mal   coloquial
formada.

amonedación Acuñación de monedas.   *s.f.*

amonedar Convertir un metal en monedas.   *v.tr./tb:* monedar

amonestación
1 Acción de amonestar a una persona para que corri-   *s.f./=* amonesta-
ja su conducta.   miento
2 Advertencia del árbitro o juez al jugador o atleta   DEPORTES
que ha cometido una falta.
3 Mención pública en la iglesia de los nombres de los   *s.f.pl.*
que quieren contraer matrimonio.   RELIGIÓN

amonestar
1 Reñir, reprender a una persona por algo que ha he-   *v.tr.*
cho mal: *la amonestó por el retraso.*
2 Dirigir un aviso o una advertencia a una persona,
antes de tomar una medida represiva o negativa contra ella.
3 Publicarse en la iglesia los nombres y las circuns-   *v.prml.*
tancias de las personas que quieren contraer matri-   RELIGIÓN
monio.

amoniacal Que contiene amoníaco o presenta sus   *adj.*
propiedades.

amoníaco, a Gas incoloro de olor fuerte y muy solu-   *s.m.*
ble en agua, compuesto de nitrógeno e hidrógeno,   QUÍMICA
con muchas aplicaciones industriales.   tb: amoniaco

amónico, a Que tiene relación con el amonio, espe-   *adj./QUÍMICA*
cialmente con sus sales.   = amoniacal

amonio Radical compuesto de un átomo de nitróge-   *s.m.*
no y cuatro de hidrógeno, capaz de combinarse con   QUÍMICA
los ácidos para formar sales.

amonita
I (Derivado de *amonio*.) Mezcla explosiva cuyo princi-   *s.f.*
pal componente es el nitrato amónico.
II (Del lat. *ammonita*.) Que pertenece al antiguo pue-   *adj/s.m.f.*
blo bíblico de Amón, emparentado con los hebreos.
III (Voz de origen científico.) Molusco fósil abundan-   *s.f.*
te en terrenos secundarios. *(Ammonites.)*   ZOOLOGÍA

amontar Huir una persona o un animal al monte: *las*   *v.intr/prml.*
cabras se amontaron cuando nos vieron.

amontazgar Montazgar, cobrar y pedir el montazgo.   *v.tr./conj: pagar*

amontillado Se aplica al vino generoso, variante del   *adj/s.m.*
jerez, que se elabora de manera parecida a la del vino
de Montilla.

amontonamiento
1 Acción y resultado de amontonar.   *s.m.*
2 Acumulación desordenada de cosas: *una brigada es-*   = aglomeración
pecial retiró los amontonamientos de basura después de la
huelga.

amontonar
1 Poner varias cosas de manera que formen un mon-   *v.tr/prml.*
tón: *los papeles se amontonan en su despacho.*
2 Hacer que varias personas o animales formen un

grupo apretado: *la gente se amontonó en el vestíbulo.*
3 Juntar muchas cosas desordenadamente. — v.tr.
4 Juntar varias cosas: *amontonó excusas y pretextos, pero no le perdoné.*
5 Ocurrir varios sucesos en poco tiempo. — v.prnl.
6 Ponerse una persona colérica, enfadarse. — coloquial
7 Hacer una pareja vida matrimonial sin estar casados: *al mes de conocerse ya se amontonaron.* — coloquial / = amancebarse

amoquillar Unir dos reses vacunas por el morro con un lazo. — v.tr.

amor (Del lat. *amor.*)
1 Sentimiento de afecto y pasión experimentado por una persona hacia otra: *el amor que les une te da da fuerza y esperanza.* — s.m. / ≠ odio
2 Inclinación o afecto hacia una cosa o hacia alguien, cuyo bien se desea: *lo hizo por amor a sus hijos y no por interés personal.*
3 Persona amada: *Juan es el amor de su vida.*
4 Suavidad y delicadeza con que se trata a una persona o a una cosa.
5 Relaciones amorosas: *mantiene amores desde hace años con una señora de Buenos Aires.* — s.m.pl.
6 Mimos o expresión de amor.
7 amor propio: Estimación excesiva hacia uno mismo, orgullo: *no es más que vanidad y amor propio.*
8 a su amor: Con holgura o desahogo. — loc.adv.
9 al amor del agua: 1. De modo que se vaya con la corriente: *la barquichuela navegaba al amor del agua.* **2.** Contemporizando, dejando correr las cosas reprobables.
10 al amor de la lumbre o del fuego: Cerca de la lumbre o del fuego, recibiendo su calor: *se quedó profundamente dormida al amor de la lumbre.* — coloquial
11 con o de mil amores: Con mucho gusto, de muy buena voluntad: *no se preocupe, de mil amores se lo llevaré.* — coloquial
12 en amor y compañía: En amistad y buena compañía: *cenaron en amor y compañía.* — coloquial
13 hacer el amor: 1. Tener relaciones sexuales: *aquélla fue la primera vez que hicieron el amor.* **2.** Cortejar, galantear.
14 por amor al arte: Sin obtener recompensa por el trabajo: *colabora con la facultad por amor al arte.*
15 por amor de Dios: Expresión que se usa para dar mayor intensidad a una petición: *deme una limosna, por amor de Dios.*

amoral
1 Se aplica a la persona o a la acción que no tiene o no se ajusta al sentido, intención, valoración o principios morales. — adj.
2 Se aplica a las obras, especialmente las artísticas, que se realizan prescindiendo, a propósito, de cualquier finalidad moral.
3 Que profesa el amoralismo. — adj/s.m.f.

amoralidad
1 Actitud carente de sentido moral. — s.f.
2 Ausencia de sentido moral.

amoralismo Doctrina según la cual la moral no existe sino como creencia y está desprovista de fundamento objetivo. — s.m. / FILOSOFÍA

amoratado, a
1 Que tira a morado: *tenía una mancha amoratada en el vestido.* — adj.
2 De color o de tono morado.

amoratarse Ponerse morado: *se le amorataron los labios por la deficiente respiración.* — v.prnl.

amorcillo Figura de niño desnudo que, en las artes plásticas, representa el amor. — s.m. / ARTE

amordazar
1 Poner una mordaza a una persona: *amordazaron y maniataron a los rehenes.* — v.tr./conj: *cazar* / tb: enmordazar
2 Impedir hablar o expresarse libremente a una persona: *el miedo la amordazó.*

amorecer
1 Cubrir el carnero o morueco a la oveja. — v.tr./conj: *carecer*
2 Entrar las ovejas en celo. — v.prnl.

amorfia
1 Calidad de amorfo, falto de forma. — s.f./tb: amorfía / MEDICINA
2 Deformidad orgánica.

amorfismo
1 Falta de forma o sin forma determinada: *el amorfismo de una escultura.* — s.m./= amorfia
2 Forma de estructuración de la materia que se caracteriza por la disposición desordenada de las moléculas que la componen. — FÍSICA

amorfo, a (Del gr. *amorphos < a*, privativo + *morphe*, forma.)
1 Que no tiene forma precisa: *el pastel era un amorfo amasijo de harina, cubierto de azúcar.* — adj.
2 Se aplica al mineral que no está cristalizado. — MINERALOGÍA

3 Que es apático o indeciso: *es una persona amorfa, nunca sabe cómo actuar.*

amorgar Dar morga a los peces con el objetivo de atontarlos o matarlos. — v.tr. / conj: *pagar*

amorillar Poner tierra al pie de árboles o plantas: *amorilló el apio.* — v.tr. / AGRICULTURA

amorío Relación amorosa pasajera o de poca importancia: *está muy ocupado con sus amoríos.* — s.m.

amoriscado, a Que tiene características moriscas: *literatura amoriscada.* — adj.

amormado, a Se aplica al animal que padece muermo, enfermedad contagiosa. — adj. / VETERINARIA

amormío Planta perenne, con bulbo pequeño y flores blancas poco olorosas, que pertenece a la familia amarilidáceas. *(Pancratium maritimum.)* — s.m. / BOTÁNICA

amoroso, a
1 Que tiene relación con el amor: *tratado de poesía amorosa medieval.* — adj.
2 Que da muestras de amor: *es un niño muy amoroso.*
3 Que siente amor.
4 Se aplica a la tierra o campo que es fácil de trabajar o labrar: *después de la lluvia la tierra estaba amorosa.* — AGRICULTURA
5 Se suele aplicar al tiempo o clima que es templado o apacible: *hace una mañana amorosa.*
6 Movimiento pausado y gracioso. — s.m./MÚSICA

amorrar
1 Bajar una persona la cabeza en actitud de enfado y de no querer hablar: *se amorra cuando le riñen.* — v.intr./prnl. / coloquial
2 Acercar la cara o los labios a un lugar. — v.prnl.
3 Hacer que una embarcación cale mucho de proa. — v.tr./NÁUTICA
4 Hundirse una embarcación mucho de proa. — v.intr./NÁUTICA

amorriñarse
1 Sentir una persona melancolía o tristeza: *se amorriñaba recordando su país.* — v.prnl.
2 Padecer un animal exceso de peso por acumulación de líquidos en los tejidos. — VETERINARIA

amorronar Poner la bandera arrollada al asta y atarla de trecho en trecho, como señal para pedir auxilio. — v.tr. / NÁUTICA

amortajar Poner la mortaja a un cadáver: *las mujeres amortajaron a la difunta duquesa.* — v.tr. / tb: mortajar

amortecer (Del lat. *ad, a + mors,* muerte.)
1 Amortiguar, quitar fuerza a una cosa perjudicial o molesta: *el calmante amorteció el agudo dolor.* — v.tr/intr. / conj: *carecer*
2 Perder una persona el sentido momentáneamente. — v.prnl.

amortiguación
1 Acción de amortiguar o amortiguarse: *sistema de amortiguación.* — s.f.
2 Disminución progresiva de la intensidad de un fenómeno periódico. — FÍSICA / = amortiguamiento

amortiguador, a
1 Que amortigua. — adj.
2 Dispositivo cuya función es compensar y disminuir el efecto de choques y sacudidas bruscas en aparatos mecánicos. — s.m. / MECÁNICA

amortiguar (Derivado de *morir.*)
1 Hacer una cosa menos intensa o violenta: *con el pie amortiguó el golpe; se amortiguaron los contrastes del fresco al caer la tarde.* — v.tr/prnl. / conj: *aguar* / = mitigar
2 Disminuir la viveza de los colores: *amortiguó el rojo del cuadro.* — v.tr. / = atenuar

amortizable Que se puede amortizar: *préstamo amortizable.* — adj.

amortización
1 Acción y efecto de amortizar. — s.f.
2 Pago de parte o del total de una deuda. — ECONOMÍA

amortizar
1 Recuperar el capital invertido en una empresa parcial o totalmente: *en un año amortizaron la inversión que la empresa hizo en software.* — v.tr/prnl. / conj: *cazar* / ECONOMÍA
2 Pagar una deuda parcial o totalmente. — v.tr.
3 Reducir periódicamente el valor de balance de los elementos del activo cuyo valor disminuye con el tiempo o con el uso. — ECONOMÍA
4 Dejar sin cubrir las vacantes que se producen en un cuerpo o una oficina para suprimir plazas.

amorugarse Tomar una persona actitud de enfado, sin hablar y sin mirar a nadie: *aún no sabemos por qué se amorugó tanto.* — v.prnl. / conj: *pagar*

amoscar
1 Espantar las moscas: *el ternero se amoscaba con la cola.* — v.tr/prnl.
2 Enfadarse o enojarse: *se amoscó por una tontería.* — v.prnl./coloquial

amosquilarse Resguardarse las reses en un lugar sombreado y fresco para huir de las moscas. — v.prnl.

amostazar Hacer que una persona se enfade: *se amostaza si le mentan a su familia.* — v.tr/prnl. / conj: *cazar*

amotinado, a Que toma parte en un motín. — adj/s.

amotinar (Derivado de *motín < del fr. mutin*, revoltoso.)

1 Incitar a la gente a rebelarse contra la autoridad: *la tripulación se amotinó*. — v.tr/prnl. = sublevar
2 Causar una cosa una alteración de los sentidos o el pensamiento: *se amotinaron todas mis ideas*.

amover Separar a una persona de su cargo o empleo. — v.tr./conj: *mover*

amovible Se aplica al empleado que puede ser apartado de su cargo o empleo y también a éstos. — adj. ≠ fijo

amovilidad
1 Posibilidad de ser cambiado del lugar o empleo que el funcionario ocupa. — s.f./= movilidad ≠ inmovilidad
2 Situación laboral de quien puede ser separado de su empleo.

amparar (Del lat. vulgar *anteparare*, prevenir.)
1 Ayudar a una persona desvalida: *amparó a los refugiados que habían huido de la represión*. — v.tr.
2 Mantener a una persona o cosa a salvo de un daño o agresión. — = salvaguardar
3 Ponerse bajo la protección de una persona o una cosa: *cuando tuvo aquel problema laboral se amparó en la familia*. — v.prnl.
4 Defenderse, resguardarse.

amparo
1 Protección, defensa. — s.m.
2 Persona o cosa que protege o sirve de protección a alguien: *superó el trauma gracias al amparo de su amiga*.
3 recurso de amparo: El que se tramita ante un alto tribunal de justicia, cuando los derechos asegurados por la constitución no son respetados por otros tribunales o autoridades. — DERECHO

ampelidáceo, a (Del gr. *ampelos*, vid + *eidos*, forma.) Perteneciente a una familia de plantas dicotiledóneas, con zarcillo y fruto en baya. — adj/s.f. BOTÁNICA = vitáceo

ampelita (Del lat. *ampelitis*.) Pizarra negra y rica en componentes bituminosos. — s.f. MINERALOGÍA

ampelografía Descripción de las variedades de la vid y conocimiento de su cultivo. — s.f. AGRICULTURA

ampelógrafo, a Persona dedicada al estudio de la vid y su cultivo. — s. AGRICULTURA

ampelología Estudio del cultivo de la vid. — s.f./AGRICULTURA

amperaje Cantidad de amperios que actúan en un aparato o sistema eléctrico. — s.m. FÍSICA

amperímetro Instrumento usado para medir la intensidad de la corriente eléctrica en amperios. — s.m. ELECTRICIDAD

amperio (De A. *Ampère*, matemático y físico francés.) Unidad de intensidad de la corriente eléctrica. — s.m. ELECTRICIDAD

ampliable Que se puede ampliar: *plazo ampliable; fotografía ampliable*. — adj.

ampliación
1 Acción y resultado de ampliar: *compraron el solar para hacer una ampliación del restaurante*. — s.f.
2 Fotografía o texto ampliados: *no me gusta cómo ha quedado esta ampliación*.

ampliador, a
1 Que amplía. — adj/s.
2 Aparato para hacer ampliaciones fotográficas o de material fotocopiado. — s.f. FOTOGRAFÍA

ampliar (Del lat. *ampliare*.)
1 Amplificar, hacer una cosa más grande o extensa: *ampliar la oferta*. — v.tr. conj: *vaciar*
2 Hacer una reproducción de una fotografía o un dibujo en tamaño mayor. — FOTOGRAFÍA
3 Hacer que aumente la intensidad de un sonido. — FÍSICA

amplificación
1 Acción y resultado de amplificar: *la amplificación del sonido está sujeta a las dimensiones del local*. — s.m.
2 Desarrollo extenso de una idea o una proposición, con el fin de hacerla más eficaz para conmover o persuadir. — RETÓRICA

amplificador, a
1 Que amplifica. — adj/s.m.
2 Aparato que aumenta la intensidad o amplitud de un sonido o de otro fenómeno. — s.m.

amplificar (Del lat. *amplificare* < *amplus*, amplio + *facere*, hacer.)
1 Hacer una cosa más amplia o extensa: *con su discurso populista amplificó el área de influencia de su partido*. — v.tr. conj: *sacar*
2 Hacer que aumente la intensidad de un fenómeno físico mediante un aparato. — FÍSICA

amplio, a
1 Que es extenso o espacioso: *tiene un piso muy amplio y muy luminoso*. — adj.
2 Se aplica a la prenda de vestir que es holgada: *la cazadora me queda amplia*. — ≠ ceñido
3 Que abarca mucho: *tiene amplios conocimientos sobre el tema de los movimientos sociales*. — = vasto

amplitud
1 Cualidad de amplio, propiedad de ocupar una parte de espacio: *tenía ocho metros de amplitud*. — s.f. = extensión

2 Espacio abarcado por una cosa: *el bache tiene más amplitud de lo que yo suponía*.
3 Capacidad de comprensión intelectual o moral: *amplitud de miras; amplitud de criterio*.
4 Valor máximo de una magnitud oscilatoria. — FÍSICA
5 amplitud modulada: Sistema de radiación de ondas que las modula, teniendo en cuenta la amplitud de su frecuencia. — FÍSICA

ampo (Del gr. *lampo*, brillar.)
1 Blancura resplandeciente. — s.m./culto
2 Copo de nieve: *los ampos caían suavemente, como siguiendo una melodía que sus oídos no podían percibir*. — culto

ampolla
1 Bolsa formada por elevación de la epidermis, que contiene inicialmente un líquido seroso, causada generalmente por una quemadura ligera o un roce continuo: *la bota le creó ampollas en el pie*. — s.f. MEDICINA
2 Botellita de cristal cerrada herméticamente que contiene líquido inyectable: *el fármaco se presenta en pequeñas ampollas*.
3 Recipiente de vidrio o cristal de cuello largo y cuerpo redondo. — = botella
4 Jarrita que contiene agua o vino en la misa. — RELIGIÓN
5 Burbuja que se forma en el agua cuando hierve o cuando llueve con fuerza.
6 Abultamiento que se produce en la superficie de un metal por la acción de un gas. — METALURGIA

ampollar
1 Hacer que se formen ampollas en la piel o cualquier otra superficie: *la planta del pie se me ha ampollado por el roce del zapato*. — v.tr/prnl.
2 Ahuecarse un material: *la madera se ha ampollado*.

ampolleta
1 Reloj de arena. — s.f.
2 Tiempo que tarda la arena en pasar de una ampolleta a la otra, en un reloj de este tipo.
3 Bombilla eléctrica. — Chile

ampón, a Que es amplio, ancho o hueco. — adj.

ampulosidad Actitud exageradamente enfática y grandilocuente: *su discurso fue de una ampulosidad insoportable*. — s.f.

ampuloso, a Se aplica al estilo, al lenguaje o al escritor que es exagerado y grandilocuente. — adj. = rimbombante

amputación
1 Acción de amputar. — s.f./= decocción
2 Operación quirúrgica que consiste en cortar del cuerpo un miembro o parte de él. — MEDICINA

amputar (Del lat. *amputare* < *putare*, cortar, podar.)
1 Cortar un miembro u otra parte del cuerpo totalmente: *a causa de la gangrena le amputaron la pierna*. — v.tr. MEDICINA
2 Quitar una parte de un todo: *amputaron las frases más duras del artículo*. — = cortar

amuchachado, a Se aplica a lo que de algún modo se parece a los muchachos o a lo que es propio de ellos: *me gusta su rostro amuchachado*. — adj.

amueblado Hotel por horas al que las parejas acuden para mantener relaciones sexuales. — s.m. Argent., Urug.

amueblar Poner los muebles correspondientes en un lugar: *amueblaron la sala con mucho gusto*. — v.tr./tb: amoblar = moblar

amuelar Recoger el trigo limpio de la era formando un montón. — v.tr. AGRICULTURA

amuermado, a
1 Que está aburrido o no sabe divertirse: *está amuermada y tendida sobre el sofá*. — adj/s. coloquial
2 Persona que está bajo el efecto de la droga. — s./coloquial
3 Amormado, que padece muermo. — adj./VETERINARIA

amuermar
1 Aburrir, causar aburrimiento o tedio: *esta película amuerma a cualquiera*. — v.tr/prnl. coloquial
2 Causar una droga sopor a una persona. — v.tr./coloquial

amugamiento Acción de marcar con mojones los límites de un terreno. — s.m. = amojonamiento

amugronar Poner el sarmiento largo de una vid bajo tierra para que genere una cepa nueva. — v.tr/AGRICULTURA = acodar

amulatado, a Que tiene el color o las facciones parecidos a los de los mulatos: *piel amulatada*. — adj/s.

amuleto (Del lat. *amuletum*.) Figura, medalla u otro objeto portátil al que se atribuyen virtudes mágicas: *lleva por amuleto un ónice colgado al cuello*. — s.m. OCULTISMO

amuñecado, a Se aplica a la persona que se parece a un muñeco por su aspecto o manera de vestir. — adj.

amura
1 Parte de los costados del barco donde éste empieza a estrecharse para formar la proa. — s.f./NÁUTICA tb: mura
2 Cabo que hay en cada uno de los puntos bajos de las velas mayores de cruz y en el bajo de proa de todas las de cuchillo. — NÁUTICA

amurada Parte interior de los costados de un barco. — s.f./NÁUTICA

amurallar Rodear un lugar de muros o murallas: *amurallaron la ciudad para protegerse de futuras incursiones enemigas; amuralló su jardín.* — v.tr. = murar CONSTRUCCIÓN

amurar Sujetar los puños de las velas con la amura. — v.tr./NÁUTICA

amurcar Golpear el toro con los cuernos: *el novillo amurcó a tres espontáneos.* — v.tr./conj: *sacar* = cornear

amurco Golpe que da el toro con los cuernos: *el novillo le asestó varios amurcos.* — s.m./= cornada, mochada

amurriarse Ponerse una persona triste: *amurriarse por las insatisfacciones.* — v.prnl. = entristecerse

amusco, a De color pardo oscuro: *las amuscas hojas caídas cubrían el sendero.* — adj. tb: musco

amusgar
1 Echar el caballo o el toro las orejas hacia atrás cuando se dispone a dar coces o embestir. — v.tr./intr. conj: *pagar*
2 Causar vergüenza o incomodidad. — v.tr./prnl.
3 Juntar la vista para ver mejor. — v.tr.

amuso (Del lat. *amussius.*) Losa de mármol sobre la que se trazaba una rosa de los vientos. — s.m.

amustiar Poner mustio o marchito: *el ficus se amustió por falta de riego adecuado.* — v.tr./prnl. = marchitar

ana Medida de longitud que equivale, aproximadamente, a un metro. — s.f.

ana- Componente de palabra procedente del gr. *ana,* que significa oposición, retroceso o repetición. — pref.

anabaptismo (Del gr. *ana,* de nuevo + *baptizo,* bautizar.) Doctrina cristiana nacida tras la Reforma, que considera ineficaz el bautismo antes del uso de razón y defiende un segundo bautismo. — s.m. RELIGIÓN

anabaptista (Del gr. *ana,* de nuevo + *baptistes,* el que bautiza.)
1 Del anabaptismo: *iglesia anabaptista.* — adj./RELIGIÓN
2 Que es partidario de esta doctrina religiosa. — adj/s.m.f.

anabolena Mujer alocada y trapisondista. — s.f./coloquial

anabolismo (Del gr. *anabole,* lanzamiento.) Proceso mediante el cual las células de los seres vivos realizan la síntesis molecular que lleva a la asimilación. — s.m. BIOLOGÍA ≠ catabolismo

anabolizante Sustancia que favorece las síntesis moleculares. — adj./s.m. = anabolizador

anacarado, a Que tiene el color del nácar: *conchas anacaradas; tejidos anacarados.* — adj.

anacardiáceo, a Perteneciente a una familia de plantas leñosas con cáliz y corola. — adj/s.f. BOTÁNICA

anacardina Medicamento que antiguamente se hacía con anacardos y se creía que devolvía la memoria perdida. — s.f. FARMACIA

anacardino, a Que contiene el jugo o la almendra del anacardo. — adj.

anacardo (Del lat. *anacardus* < gr. *anakardion,* especie de cardo.)
1 Árbol tropical maderable de fruto comestible. *(Anacardium occidentale.)* — s.m. BOTÁNICA
2 Fruto de este árbol. — s.m. BOTÁNICA

anaco Falda usada por las indias de Ecuador y Perú. — s.m.

anacoluto (Del gr. *anakolouthos,* inconsecuente.)
1 Error gramatical en la construcción de una frase, que consiste generalmente en la falta de concordancia entre sujeto y verbo. — s.m. GRAMÁTICA
2 Abandono de la coherencia sintáctica exigida por la frase para reflejar el lenguaje hablado o el flujo de la conciencia, como por ejemplo: *tus amigas, las que conocimos cuando fuimos a París...* — RETÓRICA

anaconda Gran serpiente americana, que se alimenta de pequeños animales de sangre caliente y que vive en las cuencas amazónicas. *(Eunectes murinus.)* — s.f. ZOOLOGÍA

anacora (Del ár. *an-naqura.*) Cuerno de caza. — s.f.

anacoreta (Del lat. *anachoreta* < gr. *anakoretes* < *anakoreo,* retirarse.) Persona que vive en un lugar solitario, entregado a la contemplación y a la penitencia. — s.m.f.

anacreóntico, a (Derivado de *Anacreonte,* poeta griego.)
1 Se refiere a la obra o al autor que está influido por la obra de este poeta. — adj. LITERATURA
2 Se aplica a la composición poética que canta los placeres del amor y del vino con delicadeza y gracia. — adj/s. LITERATURA

anacrónico, a (Del gr. *ana,* hacia arriba + *khronikos,* del tiempo.) Que no corresponde a la época en que se sitúa o a que se atribuye: *el uso de la pólvora en esa escena prehistórica es anacrónico.* — adj. ≠ actual

anacronismo (Del gr. *anakhronismos.*)
1 Atribución a un hecho o suceso de una fecha distinta a la verdadera, presentándolo como propio de una época a la que no corresponde. — s.m.
2 Persona o cosa anacrónicas: *los vehículos a motor son un anacronismo en la época medieval.*
3 Falta de sincronismo entre dos o más movimientos. — FÍSICA

anacrusa
1 Sílaba o conjunto de sílabas átonas con que puede comenzar un verso. — s.f./POESÍA = anacrusis

2 Nota inicial de una melodía que precede al primer tiempo fuerte en una frase musical. — MÚSICA = anacrusis

ánade (Del lat. *anas, anatis.*)
1 Pato, ave: *los ánades surcaban el cielo.* — s.m/f.
2 Ave que presenta características semejantes a las del pato. — ZOOLOGÍA

anadear Andar una persona como un pato. — v.intr./coloquial

anadino, a (Del lat. *anatinus,* pollo de ánade.) Nombre que se da a los patos de poca edad. — s. ZOOLOGÍA

anadiplosis Figura consistente en la repetición de la última parte de un grupo sintáctico o de un verso en el comienzo del siguiente, como por ejemplo: *incluso ha sido interesante para ti, para ti que tanto sabes.* — s.f. pl: anadiplosis RETÓRICA

anadón Pollo de ánade: *la madre protegía a los anadones con sus amorosas alas.* — s.m. ZOOLOGÍA

anaerobio, a (Del gr. *an,* privativo + *aer,* aire + *bios,* vida.) Se aplica al tejido o microorganismo que puede vivir y desarrollarse sin oxígeno libre. — adj/s.m/BIOLOGÍA tb: anerobio ≠ aerobio

anaerobiosis Vida en ausencia de oxígeno libre propia de algunos microorganismos. — s.f./pl: anaerobiosis BIOLOGÍA

anafase Tercera fase de la división celular por mitosis, en la cual los cromosomas se dividen longitudinalmente en dos. — s.f. BIOLOGÍA

anafe Hornillo que, generalmente, suele ser portátil. — s.m./tb: anafre

anafiláctico, a Que tiene relación con la anafilaxis. — adj./MEDICINA

anafilaxis (Del gr. *ana-,* de nuevo + *phylatto,* guardar.)
1 Sensibilización excesiva del organismo ante alguna sustancia extraña, ya tomada previamente sin síntoma alguno. — s.f. pl: anafilaxis tb: anafilaxia
2 Sensibilidad excesiva que algunas personas muestran ante ciertas sustancias alimenticias o medicamentosas. — MEDICINA

anáfora (Del lat. *anaphora* < gr. *anaphora,* repetición.)
1 Tipo de deixis de ciertas palabras que asumen el significado de una parte del discurso ya emitida. — s.f. LINGÜÍSTICA
2 Repetición de una o más palabras al comienzo del verso o de enunciados sucesivos, como por ejemplo: *quien te rige, quien te manda/quien te da la cebada nueva...* — RETÓRICA

anaforesis (Del gr. *anaphoresis,* huida hacia arriba.) Fenómeno por el que las partículas en suspensión se dirigen al ánodo por la acción de un campo eléctrico. — s.f./pl: anaforesis QUÍMICA

anafrodisia (Del gr. *anaphrodisia* < *an,* privativo + *aphrodisia,* placer sensual.) Disminución o ausencia del deseo sexual. — s.f. MEDICINA

anafrodisíaco, a Se dice del medicamento que modera o anula el deseo sexual. — adj/s.m. tb: antiafrodisiaco

anafrodita (Del gr. *anaphroditos* < *an,* privativo + *Aphrodite,* Afrodita, divinidad griega.) Que se abstiene del placer sexual. — adj/s.m.f.

anaglífico, a Que tiene los relieves toscos. — adj./ARQUITECTURA

anaglifo (Del gr. *anaglyphos* < *ana,* en alto + *glypho,* esculpir.) Vaso u otra obra decorada con figuras en relieve. — s.m. ARTE

anagnórisis (Del gr. *anagnorisis* < *anagnorizo,* reconocer.) Uno de los puntos esenciales de la trama narrativa, principalmente en el teatro, en que un personaje central es reconocido o se reconoce en su verdadera identidad. — s.f./pl: anagnórisis LITERATURA = agnición

anagogía (Del gr. *anagoge,* elevación.)
1 Interpretación figurada de la Escritura que descubre el sentido espiritual del texto. — s.f./TEOLOGÍA = anagoge
2 Elevación del alma, en sentido místico, al contemplar las cosas divinas. — TEOLOGÍA

anagrama (Del gr. *anagramma* < *ana,* hacia atrás + *grapho,* escribir.)
1 Transposición de las letras de una palabra o frase. — s.m.
2 Palabra o frase que resulta de esta transposición: *Belisa por Isabel es un anagrama.*
3 Símbolo o emblema constituido por letras: *también han cambiado el anagrama que daba nombre al grupo.*

anagramatista Persona que, con seudónimo anagramático, encubre su verdadero nombre. — s.m.f. tb: anagramista

anal Del ano: *endoscopia anal; estadio anal.* — adj./ANATOMÍA

analectas (Del lat. *analecta* < gr. *analektos,* recogido.) Antología de textos literarios. — s.f.pl./LITERATURA = florilegio

analepsia
1 Recuperación de las fuerzas y la salud después de una enfermedad. — s.f./MEDICINA = convalecencia
2 Propiedad de estimular ciertas funciones que tienen ciertos medicamentos. — MEDICINA

analéptico, a (Del lat. *analepticus* < gr. *analeptikos* < *analambano,* recuperar.) Se refiere al régimen alimenticio que restablece las fuerzas. — adj. MEDICINA

anales (Del lat. *annalis,* anual < *annus,* año.)
1 Relación de sucesos por años. — s.m.pl.

2 Publicación que recoge los hechos más destacados de un año, frecuentemente de carácter cultural, científico o técnico: *lo publicaron en los anales de la universidad de Salamanca.* — HISTORIA, LITERATURA

analfabetismo
1 Falta de instrucción elemental en un país, refiriéndose al número de sus habitantes que no saben leer ni escribir: *su programa toma como prioritaria la lucha contra el analfabetismo.* — s.m. SOCIOLOGÍA
2 Calidad de analfabeto.

analfabeto, a (Del lat. *analphabetus* < gr. *analphabetos* < *an*, privativo + *alphabetes*, alfabeto.)
1 Que no sabe leer ni escribir. — adj/s.
2 Ignorante, inculto: *es un analfabeto que no sabe nada de nada.*

analgesia (Del gr. *analgesia* < *an*, privativo + *algos*, dolor.) Supresión o ausencia de toda sensación dolorosa. — s.f. MEDICINA

analgésico, a Calmante, que combate el dolor físico: *se tomó un analgésico para aminorar el estado gripal.* — adj/s. MEDICINA

análisis (Del gr. *analysis* < *analyo*, desatar.)
1 Distinción y separación de las partes de un todo hasta llegar a conocer los principios o elementos que lo configuran. — s.m. pl: análisis
2 Examen que se hace de un escrito o de cualquier tipo de obra o situación susceptible de estudio intelectual: *análisis de un ensayo filosófico.* — LITERATURA
3 Estudio de las características y posibles soluciones de un problema al que se aplica un tratamiento por ordenador. — INFORMÁTICA
4 Examen del discurso y de sus componentes con el fin de estudiar sus propiedades y funciones. — s.m. LINGÜÍSTICA
5 Resolución de problemas por el álgebra. — MATEMÁTICAS
6 Examen químico o bacteriológico de los humores, secreciones o tejidos del organismo: *análisis de sangre; análisis citológico.* — MEDICINA

analista
1 Especialista que realiza análisis clínicos o químicos. — s.m.f./MEDICINA
2 Matemático especializado en análisis. — MATEMÁTICAS
3 Persona que se dedica al sicoanálisis o investigación del significado inconsciente de la conducta. — SICOLOGÍA = sicoanalista
4 Persona especializada en identificar los pasos lógicos de los que está constituido un problema informático, con el fin de elaborar un modelo que se traducirá en un programa. — INFORMÁTICA

analítica
1 Estudio de las reglas para analizar un todo y examinar los elementos que lo constituyen. — s.f. LÓGICA
2 Análisis clínico. — MEDICINA

analítico, a
1 Del análisis: *estudio analítico.* — adj./≠ sintético
2 Que utiliza el análisis. — ≠ sintético

analizador, a
1 Que analiza. — adj/s.
2 Cualquier aparato o dispositivo que se usa para analizar: *analizador morfológico.* — s.m.
3 Aparato para determinar la dirección del movimiento electrolítico. — FÍSICA
4 Anteojo del espectroscopio con que se observa la luz ya dispersada. — FÍSICA
5 Sistema óptico para determinar el estado de polarización de una luz. — ÓPTICA
6 Programa informático que reconoce las secuencias bien construidas de un lenguaje, natural o artificial, en términos de una gramática. — INFORMÁTICA

analizar Hacer análisis de una cosa: *tras analizar el informe pericial se hizo una idea del caso.* — v.tr. conj: cazar

analogía (Del lat. *analogia* < gr. *analogia*, proporción, semejanza.)
1 Relación de semejanza o parecido entre cosas distintas: *destacó la analogía entre sus doctrinas.* — s.f.
2 Relación de correspondencia que ofrecen entre sí los órganos que tienen funciones idénticas, aunque anatómica y filogenéticamente sean diferentes. — BIOLOGÍA
3 Técnica jurídica que se utiliza para salvar una laguna de ley, aplicando al caso otra norma cuyo supuesto de hecho sea semejante al de la cuestión que se plantea y cuya consecuencia jurídica obedece a una razón idéntica. — DERECHO
4 Semejanza formal entre elementos lingüísticos que desempeñan la misma función o que tienen alguna coincidencia significativa. — GRAMÁTICA
5 Creación de nuevas formas o modificación de alguna ya existente por influencia de otra u otras semejantes. — LINGÜÍSTICA

analógico, a
1 Análogo, afín, sinónimo. — adj./≠ diferente
2 Se aplica al aparato que tiene un mecanismo configurado por analogía a las leyes matemáticas: *se compró un reloj analógico.*

3 Que sigue el procedimiento de la analogía para la formación de palabras. — LINGÜÍSTICA
4 Se aplica a una magnitud física medida por una función continua, o a una señal cuyas variaciones son continuas. — INFORMÁTICA

analogismo Tipo de razonamiento que se basa en la analogía. — s.m. LÓGICA

análogo, a
1 Se refiere a aquello que tiene semejanza con otra cosa: *en circunstancias análogas habría hecho lo mismo.* — adj./= semejante, parecido
2 Se aplica al órgano que tiene analogía con otro: *las alas de los insectos, de las aves y de los murciélagos son análogas.* — ZOOLOGÍA

anamnesis (Del gr. *anamnesis*, recuerdo.) Parte de la historia clínica de un enfermo que recoge los antecedentes familiares, patológicos y los hábitos fisiológicos y tóxicos. — s.f./pl: anamnesis MEDICINA tb: anamnesia

anamniota Se refiere al vertebrado que no tiene protegido el embrión por un amnios: *los peces y los anfibios son anamniotas.* — adj/s.m. ZOOLOGÍA ≠ amniota

anamorfosis (Del gr. *anamorphosis*, transformación.) Pintura o dibujo en que la imagen sólo puede percibirse correctamente desde un punto de vista determinado. — s.f. pl: anamorfosis ARTE formal

ananás (Voz guaraní.)
1 Planta bromeliácea, vivaz, originaria de los trópicos americanos, con fruto en forma de piña y terminado en una corona de hojas, carnoso y de buen sabor. *(Ananas sativus.)* — s.m. pl: ananás BOTÁNICA tb: ananá
2 Fruto de esta planta. — BOTÁNICA

anapelo (Del mozárabe *al-napel* < *napus*, nabo.) Acónito, planta venenosa. — s.m./BOTÁNICA tb: napelo

anapesto (Del lat. *anapaestus* < gr. *anapaistos* < *ana*, al revés + *paio*, golpear.) Pie formado por dos sílabas breves seguidas de una larga, en la poesía griega y latina. — s.m. POESÍA = antidáctilo

anaplasia Pérdida de diferenciación celular y estructural, característica de los tejidos tumorales. — s.f. MEDICINA

anaplastia Operación quirúrgica que consiste en reconstituir tejidos del cuerpo de un individuo con otros del mismo individuo. — s.f./MEDICINA = cirugía plástica

anaptixis (Del gr. *anaptyxis*, acción de desplegar, explicación.) Transformación de una palabra por la interposición de una vocal entre dos consonantes, como por ejemplo : *corónica por crónica.* — s.f. pl: anaptixis GRAMÁTICA

anaquel (Del ár. *an-naqqal*, transportador.) Pieza horizontal de una pared, un armario o una estantería, usada para colocar sobre ella libros u otros objetos: *de los anaqueles de la pared faltaba un tomo de la enciclopedia.* — s.m. = banda, estante

anaquelería
1 Conjunto de anaqueles o estantes. — s.f.
2 Mueble formado por anaqueles o estantes. — = estantería

anaranjado, a
1 Del color de la naranja madura, o próximo a él: *un anaranjado sol salía por detrás de la sierra.* — adj.
2 Color que es el segundo del espectro solar, entre el rojo y el amarillo. — s.m. = naranja

anarco, a Anarquista, partidario del anarquismo. — adj/s/coloquial

anarcosindicalismo Doctrina anarquista que atribuye a los sindicatos la organización social. — s.m. POLÍTICA

anarcosindicalista
1 Del anarcosindicalismo: *doctrina anarcosindicalista.* — adj./POLÍTICA
2 Partidario de esta doctrina. — s.m.f./POLÍTICA

anarquía (Del gr. *anarkhia* < *anarkhos*, falto de jefe < *an*, privativo + *arkhe*, poder.)
1 Falta de todo gobierno en un estado. — s.f./POLÍTICA POLÍTICA
2 Situación de caos y descontrol en un país, estado o colectividad por ausencia de un poder efectivo.
3 Falta de orden en un lugar o en cualquier asunto: *en su despacho reina la anarquía.* — = caos

anárquico, a Que tiene relación con la anarquía: *disposición anárquica de elementos; pensamiento anárquico.* — adj.

anarquismo Doctrina política que defiende la absoluta libertad del individuo, una sociedad sin estado y la supresión de la propiedad privada. — s.m. POLÍTICA

anarquista
1 Del anarquismo o la anarquía. — adj.
2 Persona partidaria del anarquismo. — s.m.f./= anarco

anarquizar
1 Difundir el anarquismo. — v.intr/conj: cazar
2 Caer en la anarquía. — v.prnl.

anasarca (Del gr. *ana*, más allá + *sarx, sarkos*, carne.) Acumulación general de líquidos en los tejidos celulares del cuerpo. — s.f. MEDICINA

anascote (Del fr. ant. *anascot*.) Tela de lana o seda parecida a la sarga. — s.m./TEXTIL

anastasia (Del gr. *anastasis*, resurrección.) Artemisa, planta compuesta. — s.f. BOTÁNICA

anastigmático, a Se aplica a la lente en que se ha corregido el astigmatismo. · adj. ÓPTICA

anastomizarse Unirse dos elementos del organismo que, normalmente, están separados. · v.prnl./conj.: *cazar* ANATOMÍA

anastomosis (Del gr. *anastomosis*, desembocadura < *anastomoo*, desembocar.)
1 Unión de unos elementos anatómicos con otros de la misma planta o del mismo animal. · s.f./pl: anastomosis BIOLOGÍA
2 Formación quirúrgica o patológica de comunicación entre dos cavidades orgánicas, que normalmente están separadas. · MEDICINA

anástrofe (Del gr. *anastrophe*, inversión.) Figura de elocución que consiste en invertir violentamente el orden normal de las palabras de una frase, como por ejemplo: *¡gracias mil!* · s.f. RETÓRICA

anata (Del lat. vulgar *annato* < lat. *annus*, año.)
1 Renta que produce durante el primer año en la posesión de un empleo o beneficio. · s.f. tb: annata
2 Impuesto que se pagaba al ingresar en un cargo eclesiástico.

anatasa Óxido de titanio de brillo parecido al del diamante y colores variados. · s.f. MINERALOGÍA

anatema (Del lat. *anathema* < gr. *anathema*, ofrenda.)
1 Excomunión, exclusión de la comunidad católica y del uso de los sacramentos, ordenada por la autoridad competente: *anatema contra los herejes.* · s.m./f. RELIGIÓN
2 Maldición, imprecación contra una persona.

anatematizar
1 Pronunciar un anatema contra una persona. · v.tr./conj.: *cazar*
2 Expresar una opinión desfavorable sobre una persona o cosa: *anatematizó la conducta de Pedro.*

anatifa Crustáceo de hábitos y morfología similares al percebe, que recubre muelles y fondos de barcos formando una alfombra viviente. *(Lepas anatifera.)* · s.f. ZOOLOGÍA

anatomía (Del lat. *anatomia* < gr. *anatemno*, cortar de arriba abajo.)
1 Ciencia que estudia la estructura y forma de los seres orgánicos y las relaciones entre sus diferentes partes. · s.f. ANATOMÍA, BIOLOGÍA
2 Disposición y forma de los miembros del cuerpo humano y del de los animales. · ANATOMÍA
3 Disección de las partes de un organismo animal o vegetal para estudiarlas. · BIOLOGÍA

anatómico, a
1 De la anatomía: *estudios anatómicos; descripción anatómica; diseño anatómico.* · adj. ANATOMÍA
2 Se aplica a aquellos objetos que se adaptan al cuerpo humano o a una de sus partes.
3 Anatomista, persona que se dedica a la anatomía. · s./ANATOMÍA

anatomista Persona que se dedica al estudio de la anatomía. · s.m.f. ANATOMÍA

anatomizar
1 Hacer la anatomía de un cuerpo. · v.tr./conj.: *cazar*
2 Destacar en las figuras escultóricas los huesos y los músculos. · ARTE

anatoxina Toxina que ha perdido su capacidad tóxica, conservando propiedades inmunizadoras. · s.f./BIOLOGÍA = toxoide

anca (Del germ. *hanka*, cadera.)
1 Cada una de las dos mitades de la parte posterior del cuerpo de las caballerías y otros animales: *les encantan las ancas de rana.* · s.f. ZOOLOGÍA
2 Grupa de las caballerías.
3 Cadera, muslo o nalga de una persona. · coloquial

ancado, a
1 Se aplica a la caballería que tiene encorvada hacia delante la articulación de las patas traseras. · adj. VETERINARIA
2 Defecto de la caballería ancada. · s.m.

ancestral (Del fr. ant. *ancestre* < lat. *antecessor*, antepasado.)
1 Que tiene relación con los antepasados remotos: *sentimiento ancestral.* · adj.
2 Que tiene carácter tradicional y origen remoto: *costumbres ancestrales.* · = atávico

ancestro Antepasado, persona de la cual desciende otra: *su fortuna proviene de sus ancestros.* · s.m. = ascendiente

anchar Ensanchar, hacer más ancho algo. · v.tr./prnl.

ancheta
1 Conjunto pequeño de mercancías que se llevan a un sitio para venderlas. · s.f.
2 Beneficio que se obtiene en un trato mercantil. · COMERCIO

ancho, a (Del lat. *amplus*, ancho.)
1 Que tiene anchura o espacio suficiente: *es una calle ancha, de amplias aceras para pasear.* · adj.
2 Que tiene anchura excesiva: *este espejo es ancho para el rincón de la sala.*
3 Que es holgado: *los pantalones me están anchos.* · ≠ estrecho
4 Que está libre y desahogado: *¡qué ancho que me he quedado después del examen!*

5 Que está satisfecho u orgulloso de sí mismo: *se ha puesto bien ancho con tantos halagos.* · + ponerse, estar
6 Que tiene más espacio del necesario: *en esta mesa estamos muy anchos.* · ≠ apretado
7 Dimensión menor de un cuerpo o de una figura plana en oposición a la longitud: *tendrías que medir el ancho de esta tela.* · s.m. = anchura
8 **doble ancho:** Ancho extraordinario que tienen algunas piezas de tela. · TEXTIL
9 **a lo ancho:** En dirección de la anchura: *cortar la tela a lo ancho.* · loc.adv.
10 **a mis, tus, sus anchas:** Muy a gusto: *en esta casa estoy a mis anchas.* · coloquial
11 **quedarse alguien tan ancho:** Despreocuparse de las consecuencias de un acto propio.
12 **venirle a alguien algo ancho:** Estar por encima de sus habilidades o méritos.

anchoa (Del genovés *ancioa* < lat. vulgar *apiua* < gr. *aphye*.)
1 Boquerón, pez marino. · s.f./ZOOLOGÍA tb: anchova
2 Boquerón curado, conservado en salmuera.

anchoar Llenar el hueco de una aceituna deshuesada con pasta o filetes de anchoa. · v.tr. COCINA

anchura
1 Dimensión menor de un cuerpo o de una figura plana en oposición a la longitud. · s.f. = ancho
2 Dimensión de una superficie considerada de derecha a izquierda o de izquierda a derecha, en contraposición a la considerada de arriba abajo o de abajo arriba.
3 Dimensión que sigue en magnitud a la longitud.
4 Extensión o capacidad grandes.
5 Espacio suficiente para que pueda pasar, caber o moverse dentro un cuerpo o una cosa. · = holgura
6 Desenvoltura y descaro en la expresión y en el comportamiento: *¡vaya anchuras que tiene!*
7 **a mis, a tus, a sus anchuras:** Muy a gusto, con entera libertad: *en su casa me encuentro a mis anchas.* · loc.adv. coloquial

ancianidad
1 Último período del ciclo vital humano: *los nietos le acompañaron en su ancianidad.* · s.f.
2 Calidad de anciano. · = vejez

anciano, a (Del ant. adv. romance *anzi* < lat. *ante*, antes.)
1 Se dice de la persona que tiene muchos años: *la víctima de la broma fue una anciana ciega.* · adj./s. = viejo
2 Judío miembro del sanedrín o consejo. · s.m./RELIGIÓN
3 Persona que se encargaba de gobernar las iglesias. · RELIGIÓN

ancla (Del lat. *ancora*.)
1 Instrumento de hierro forjado, fuerte y pesado, con forma de anzuelo doble que, aferrándose al fondo del mar, sirve para sujetar una embarcación: *el ancla del barco se aferró en la masa coralina.* · s.f. NÁUTICA
2 Pieza de metal duro que une o refuerza las partes de una construcción. · CONSTRUCCIÓN
3 **echar anclas:** Fondear una embarcación. · NÁUTICA
4 **levar anclas:** Zarpar, salir una embarcación del fondeadero o del atracadero. · NÁUTICA

ancladero Lugar con suficiente profundidad para anclar o fondear la embarcación. · s.m./NÁUTICA = fondeadero

anclaje
1 Acción de anclar: *estuvo presente en el puerto durante la operación de anclaje.* · s.m.
2 Elemento que asegura la fijación de una obra o de una parte de la construcción que está sometida a un empuje o fuerza de tracción. · CONSTRUCCIÓN

anclar
1 Sujetar una embarcación con anclas en el lugar donde se detiene: *anclaron en un fondeadero inhóspito.* · v.intr./NÁUTICA = ancorar
2 Sujetar firmemente al suelo o en otra cosa. · v.tr.
3 Arraigar en un lugar, o aferrarse tenazmente a una idea o actitud. · v.intr/prnl.

ancón (Del gr. *ankon*, codo, sinuosidad en un río.)
1 Ensenada pequeña en que se puede fondear. · s.m./= anconada
2 Elemento arquitectónico que se coloca a ambos lados de un vano para sostener la cornisa. · ARQUITECTURA

áncora (Del lat. *ancora*.)
1 Ancla del barco. · s.f./NÁUTICA
2 Persona o cosa que sirve de ayuda o protección a otra en caso de peligro o desgracia.

ancorar Sujetar una embarcación con las anclas en el lugar donde se detiene. · v.intr/NÁUTICA = anclar

ancorca (Del lat. *[argillam] ochram.*) Ocre, mineral de color amarillo que se utiliza para pintar. · s.f./MINERALOGÍA tb: ancorque

ancorel Piedra que sujeta la boya de una red de pesca. · s.m./PESCA

ancorque Ancorca, ocre. · s.m.

ancusa Lengua de buey, planta que crece al borde de campos, viñas o bosques. · s.f./BOTÁNICA = buglosa

¡anda! Expresión usada para indicar sorpresa, admiración, incredulidad o desconfianza: *¡anda ya! eso no te lo crees ni tú.* · interj. coloquial

andada
1 Acción de andar. — s.f.
2 Huellas de perdices, liebres u otros animales que sirven de rastro a los cazadores. — s.f.pl. CAZA
3 **volver a las andadas:** Reincidir en algún hábito o conducta que se considera negativo: *no deja el tabaco, después de tres meses ya ha vuelto a las andadas.* — coloquial

andaderas Aparato que se coloca al niño para que aprenda a andar, sin riesgo de caerse. — s.f.pl.

andadero, a
1 Se aplica al lugar que permite andar con facilidad. — adj.
2 Que anda de una parte a otra. — = andador

andado, a Se aplica a la ropa o vestido que está muy usado o gastado: *lleva un abrigo muy andado que casi no calienta.* — adj.

andador, a
1 Que anda mucho o deprisa. — adj./s.
2 Que anda de una parte a otra sin parar en ninguna.
3 Persona que lleva avisos o noticias. — = avisador
4 Senda para andar entre los cuadros de una huerta. — AGRICULTURA
5 Aparato usado por los niños para aprender a andar. — s.m./= andaderas
6 **poder uno andar sin andadores:** Se usa para indicar que una persona es hábil por sí misma y no necesita ayuda de otros. — coloquial

andadura Acción o manera de andar: *la novela explicaba sus andaduras por el mundo; andaduras garbosas.* — s.f.

¡ándale! Expresión que se emplea para dar ánimos. — interj./Méx.

andalucismo
1 Expresión o construcción características de la variedad del español hablada en Andalucía. — s.m. LINGÜÍSTICA
2 Afecto y apego a todo lo característico de Andalucía y de lo andaluz.
3 Movimiento político andaluz de naturaleza regionalista. — POLÍTICA

andalucista
1 Que está especializado en conocimientos sobre Andalucía. — adj/s.m.f.
2 Que es partidario de Andalucía o de lo andaluz.

andalucita Silicato de aluminio, mineral de brillo vítreo, color rojo carne, castaño o verde, transparente o traslúcido. — s.f. MINERALOGÍA

andalusí De al-Ándalus o arábigo-andaluz: *literatura andalusí; territorios andalusíes.* — adj/s.m.f.

andaluz, a
1 Que es de la región española de Andalucía. — adj.
2 Persona natural de esta región. — s.
3 Variedad del español que se habla en esta región española. — s.m. LINGÜÍSTICA

andaluzado, a Que tiene habla o costumbres parecidas a las de los andaluces. — adj.

andamiaje Conjunto de andamios: *retiraron el andamiaje de la fachada, después de acabadas las reformas.* — s.m./CONSTRUCCIÓN = andamiada

andamiar Poner andamios en un edificio o en una pared: *andamiaron el patio vecinal.* — v.tr. CONSTRUCCIÓN

andamio
1 Armazón que se coloca en las obras para trabajar en los lugares altos del edificio. — s.m. CONSTRUCCIÓN
2 Tablado o armazón que se pone en sitios públicos para poder ver un espectáculo. — CONSTRUCCIÓN
3 **andamio colgado:** El que se sostiene con cabos o cables. — CONSTRUCCIÓN

andana
1 Fila o capa de cosas colocadas en serie. — s.f./= andanada
2 Batería, fila de cañones de un barco. — MILITAR
3 Serie de zarzos horizontales o estante en cuyas baldas se ponen los gusanos de seda para criarlos.

andanada
1 Fila o capa de cosas colocadas en serie. — s.f./= andana
2 Potencia global o número de piezas de cañón que hay en cada costado de un buque. — MILITAR NÁUTICA
3 Localidad cubierta y con gradas, en las plazas de toros. — TAUROMAQUIA
4 Reprimenda vehemente y severa. — coloquial

andancio Enfermedad epidémica leve. — s.m./MEDICINA

¡andando! Expresión usada para afirmarse en una acción o recalcar el final o el comienzo de una actividad: *déjalo tal como está, y ¡andando!* — interj. coloquial

andante
1 Moderadamente lento. — adv./MÚSICA
2 Composición que se ejecuta con este movimiento. — s.m./MÚSICA

andantesco, a Referente a la caballería o de los caballeros andantes. — adj.

andantino
1 Entre el andante y el alegro. — adv./MÚSICA
2 Composición que se ejecuta con este movimiento. — s.m./MÚSICA

andanza
1 Acción de recorrer azarosamente diversos lugares: *las andanzas del pícaro.* — s.f.
2 Andancio, enfermedad epidémica leve. — MEDICINA
3 Accidente o suceso imprevisto que tiene lugar durante un viaje o una aventura: *las andanzas retrasaron nuestra llegada.* — s.f.pl.
4 Situaciones difíciles o arriesgadas.
5 **buena o mala andanza:** Buena o mala fortuna: *andar en buena andanza en los últimos tiempos.*

andar (Del lat. *amlare < ambulare.*)
1 Ir una persona o un animal de un lugar a otro dando pasos: *andaba muy deprisa.* — v.intr/prnl.
2 Moverse una cosa de un lugar a otro. — v.intr.
3 Funcionar un mecanismo: *el reloj no anda bien, creo que atrasa.* — = ir, marchar
4 Estar una persona en una circunstancia determinada: *anda contento porque se va de vacaciones.*
5 Obrar de una manera determinada: *anda con tiento por este lugar.* — v.intr/prnl.
6 Tocar o mover una cosa: *anda siempre en los armarios y nunca encuentra lo que busca.* — coloquial + en
7 Pasar el tiempo: *los días andan deprisa.* — v.intr.
8 Dar tiros, golpes o gritos: *siempre anda a chillidos e insultos con todo el mundo.* — + a
9 Hacer un recorrido a pie: *se anda todas las calles.* — v.tr/prnl.
10 Existir u ocurrir un hecho: *el cambio que anda en la empresa provocará discusiones.* — v.intr.
11 Tener aproximadamente una determinada edad: *tu amiga anda por los quince años.*
12 Haber llegado aproximadamente a una cantidad de una cosa: *anda por el tercer empleo.*
13 Ocuparse en algún asunto: *anda en jaleos desde que regresó de vacaciones.*
14 Tocar o manejar una cosa: *andaba con armas.* — coloquial/+ con
15 Ir realizando una acción: *anda cantando por todas las emisoras.*
16 Moverse una embarcación abriendo el ángulo que forma la dirección de la quilla con la del viento. — NÁUTICA = arribar
17 Andadura, acción y efecto de andar. — s.m.
18 Manera de andar, especialmente cuando se hace ágil o decididamente: *sus andares son decididos y resueltos, como si dominase la situación.* — s.m.pl.
19 **allá se andan:** Ser muy semejantes varias cosas en cantidad o calidad: *allá se andan tu desidia y su manera de hacer las cosas.* — coloquial
20 **a más andar:** Expresión que se utiliza para indicar que se hace una cosa con la mayor prontitud: *hay que resolver el conflicto a más andar, antes de que acabe el año.* — loc.adv.
21 **a todo andar:** A lo sumo, como mucho: *a todo andar, iremos cuatro.*
22 **¡andar!:** Expresión con que se aprueba una acción o se manifiesta conformidad. — interj.
23 **andar a la que salta:** Estar siempre dispuesto a aprovechar una oportunidad: *si no andas a la que salta otros te pasarán delante.*
24 **andar a una:** Obrar dos o más personas de acuerdo y sumando sus esfuerzos: *todo el equipo anda a una con el objeto de ganar la liga.*
25 **andarse por las ramas:** Ser indirecto o poco claro en la expresión.
26 **andar tras una cosa:** Desear una cosa y procurar conseguirla: *anda tras un coche nuevo.*
27 **andar tras una persona:** Buscar o perseguir a una persona con algún fin: *anda tras tu vecina para conquistarla.*
28 **andar uno tropezando y cayendo:** Cometer una persona varios errores o correr varios peligros consecutivos: *no está de suerte, anda tropezando y cayendo.* — coloquial
29 **todo se andará:** Expresión para calmar la impaciencia de alguien por la no realización de una cosa, indicando que ya llegará el momento de hacerlo o resolverlo.
CONJ.: ind.: pret. indef.: *anduve, anduviste, anduvo, anduvimos, anduvisteis, anduvieron.* SUBJ.: PRET. IMPERF.: *anduviera o anduviese, anduvieras o anduvieses, anduviera o anduviese, anduviéramos o anduviésemos, anduvierais o anduvieseis, anduvieran o anduviesen.* FUTUR. IMPERF. *anduviere, anduvieres, anduviere, anduviéremos, anduviereis, anduvieren.*

andaraje
1 Rueda de la noria donde van colgados los cangilones o vasijas para sacar el agua. — s.m.
2 Armazón de madera donde va colocado el rodillo con que se afirma el suelo de las eras.

andariego, a
1 Andador, que anda mucho. — adj/s.
2 Que es aficionado a andar, viajar o ir a distintos lugares sin parar en ninguno.

andarín, a
1 Se aplica a la persona que anda mucho. — adj/s./=andador
2 Se aplica a la persona que lleva avisos o recados. — = andador

andarina Golondrina, ave pequeña de plumaje negro o pardo y blanco. — s.f. ZOOLOGÍA

andarivel (Del cat. *andarivell < ital. andarivello,* nombre de cabos de uso náutico.)

1 Maroma tendida entre las dos orillas de un río o canal, o entre dos puntos no muy distantes de un puerto, para palmear o trasladar pequeños barcos. *s.m. NÁUTICA*
2 Medio usado para pasar ríos y hondonadas que no tienen puente y que consiste en una cesta que corre por una maroma fija por sus extremos.

andarraya Juego parecido al de damas, que se jugaba con piedras o piezas sobre un tablero. *s.f. JUEGOS*

andarríos Ave zancuda, limícola, de tamaño medio, patas y pico largos, color gris o pardo y manchas blancas en las alas y obispillo, que se cría cerca del agua. *s.m. pl: andarríos ZOOLOGÍA*

andas (Del lat. *amites*, plural de *ames*, percha.)
1 Tablero sostenido por dos barras horizontales para transportar, entre otras cosas, imágenes y personas: *los cofrades llevaban al Cristo en unas andas.* *s.f.pl.*
2 Féretro o caja con varas.
3 en andas: A hombros o en vilo: *llevar al diestro en andas.* *loc.adv.*

andel Rodera que deja un carro u otro vehículo al pasar por un campo. *s.m.*

andén (Del lat. *andagine*, probablemente de *indago*, cerco.)
1 Plataforma a los lados de una vía de ferrocarril, muelle o metro, destinada a la circulación de pasajeros y mercaderías: *el andén estaba atestado de pasajeros por el retraso del tren.* *s.m.*
2 Corredor o sitio destinado para andar.
3 Anaquel o estante.
4 Parapeto o pretil.
5 Bancal en las laderas de un monte para establecer cultivos. *Amér. Merid.*
6 Acera, orilla de la calle destinada al paso de peatones: *el mercado se instalaba en los andenes.* *Colomb., Amér. Central*

andesina Mineral de color variable, transparente o translúcido, brillo nacarado, de la clase de los silicatos, que forma parte de algunas rocas eruptivas. *s.f. MINERALOGÍA*

andesita Roca volcánica compuesta esencialmente por cristales de andesina, que se encuentra principalmente en la cordillera de los Andes. *s.f. GEOLOGÍA*

andinismo Deporte que consiste en escalar montañas. *s.m./Amér. Central y Merid.*

andinista Montañero, persona que practica la escalada de cumbres de altas montañas. *s.m.f./Amér. Central y Merid.*

andino, a
1 De la cordillera de los Andes: *altiplanicie andina.* *adj.*
2 Persona que es originaria de los Andes. *s.*

ándito Corredor que rodea un edificio. *s.m.*

andoba Persona conocida a la que no se nombra: *entonces va el andoba y mete la pata.* *s.m.f./despectivo = tb: andóbal*

andola Canción popular del siglo XVII. *s.f./MÚSICA*

andorga Vientre, barriga: *sentía unos terribles dolores en la andorga, quizás era una indigestión.* *s.f. coloquial*

andorina Golondrina, ave. *s.f./tb: andolina*

andorrano, a
1 De Andorra, país europeo. *adj.*
2 Persona natural de este país. *s.*

andorrear Ir de un lado para otro sin hacer nada de provecho: *ahora que no trabaja, dedica las tardes a andorrear por las calles.* *v.intr. coloquial = cazcalear*

andosco, a Res de ganado menor que tiene más de uno o dos años. *adj./s.*

andradita Silicato natural de hierro y calcio. *s.m./MINERALOGÍA*

andrajo
1 Trozo de tela o ropa vieja y sucia: *la capa estaba hecha andrajos; un mendicante cubierto de andrajos.* *s.m. = harapo*
2 Persona o cosa despreciable.

andrajoso, a
1 Que está cubierto de andrajos: *una andrajosa pordiosera de melenas ralas, ojos opacos y manos huesudas.* *adj./s. = harapiento*
2 Se aplica a la prenda de vestir hecha andrajos. *adj.*

andriana Bata ancha usada por las mujeres. *s.f.*

andrina Endrina, fruto silvestre. *s.f./BOTÁNICA*

andrino Endrino, ciruelo silvestre. *s.m./BOTÁNICA*

andro- Componente de palabras procedente del gr. *aner, andros*, que significa hombre, masculino: *andrógino.* *pref/suf. tb: -andria*

androcéfalo, a Que tiene cabeza humana: *su escultura representa una serpiente androcéfala.* *adj.*

androceo (Del gr. *aner, andros*, varón.) Verticilo de las flores formado por los estambres, que constituye el órgano sexual masculino. *s.m. BOTÁNICA*

androcracia Supremacía del varón en una sociedad. *s.f./SOCIOLOGÍA*

androfobia Fobia o aversión hacia los individuos de sexo masculino. *s.f. SICOLOGÍA*

androgénesis Desarrollo de un individuo a partir de una célula sexual masculina. *s.f./pl: androgénesis BIOLOGÍA*

andrógeno Grupo de hormonas segregadas por el testículo y la corteza suprarrenal que dan lugar a la aparición de los caracteres sexuales masculinos. *s.m. BIOLOGÍA*

androginia
1 Carácter del andrógino. *s.f. BOTÁNICA*
2 Fenómeno por el que existen a la vez, en una misma planta, los dos órganos sexuales.

andrógino, a (Del gr. *androgynos < aner, andros*, varón + *gyne*, mujer.)
1 Que tiene los dos sexos. *adj/s.m.*
2 Se aplica a la persona cuyos rasgos extremos no son los propios de su sexo.
3 Se aplica a la planta que tiene órganos reproductores de los dos sexos. *adj./BOTÁNICA = hermafrodita*
4 Se aplica al animal que, aunque tiene órganos reproductores de los dos sexos, no puede fecundarse a sí mismo. *ZOOLOGÍA*

androide
1 Autómata con forma humana. *s.m./= robot*
2 Que presenta caracteres propios de un hombre: *la escultura presenta una constitución androide.* *adj.*

androlatría Homenaje o adoración divina tributada a un hombre. *s.f. RELIGIÓN*

andrología Rama de la medicina dedicada al estudio del aparato genital del hombre y de las enfermedades que presenta. *s.f. MEDICINA*

andromanía Ninfomanía, deseo sexual insaciable de la mujer. *s.f./SICOLOGÍA = furor uterino*

andrómina Enredo o mentira muy grande: *parece increíble que, siendo sus andróminas tan evidentes, no te percatases de que no eran ciertas.* *s.f./= embuste, engaño*

andromorfo, a Que tiene forma humana: *representación andromorfa de los dioses.* *adj.*

andropausia Época de la vida del varón que se caracteriza por la involución y cese de la actividad testicular. *s.f. FISIOLOGÍA*

androsterona Hormona masculina segregada por el testículo y la corteza suprarrenal. *s.f./QUÍMICA = esteroide*

andulario Vestimenta que cuelga desaliñadamente hasta el suelo. *s.m. = faldulario*

andullo (Del fr. *andouille*, embuchado de tripas < lat. vulgar *inductilis < inducere*, introducir.)
1 Hoja grande de tabaco arrollada. *s.m.*
2 Cada uno de los manojos de hojas de tabaco con que se forman los fardos.
3 Pasta de tabaco para mascar. *Cuba*
4 Tela que se pone en las jaretas y motones de los buques para evitar el roce de las cuerdas. *NÁUTICA*

andurrial Sitio apartado y poco transitado: *evitó acercarse por aquellos andurriales por si le reconocían y lo detenían.* *s.m.*

anea (Probablemente del ár. *an-neya*, caña, flauta.) Planta herbácea, con inflorescencia en forma de espiga maciza y hojas alargadas y estrechas que se emplean para hacer asientos de sillas, que crece en lugares pantanosos o encharcados. *(Typha.)* *s.f. BOTÁNICA = espadaña*

anear
I (Derivado de *anea.*) Terreno donde abundan las aneas. *s.m.*
II (Derivado de *ana.*) Medir una cosa por anas. *v.tr.*

anécdota (Del gr. *anekdota*, plural de *anekdotos*, inéditos < *ekdidomi*, publicar.)
1 Relato oral o escrito de algún suceso divertido, extraño o curioso: *la periodista la invitó a relatar alguna anécdota de su vida profesional.* *s.f.*
2 Suceso que se cuenta en dicho relato.
3 Suceso circunstancial o irrelevante: *su desmayo fue simple anécdota, no tuvo mayor trascendencia.*

anecdotario Colección de anécdotas. *s.m.*

anecdótico, a
1 Que contiene anécdotas: *un relato anecdótico.* *adj.*
2 Que tiene poca importancia: *en la entrevista se trataron temas anecdóticos.*

anegadizo, a
1 Referente al lugar que se anega con facilidad: *la que antes fuera una huerta anegadiza se convirtió en un terreno seco y baldío.* *adj/s.m.*
2 Se aplica a la madera que no flota en el agua. *adj.*

anegar (Del lat. *enecare*, matar, especialmente por asfixia.)
1 Cubrir un lugar de agua: *se anegó el terreno de siembra con los aguaceros.* *v.tr/prnl. conj: pagar*
2 Hacer que una persona se ahogue sumergiéndola en el agua: *se anegó en el río.*
3 Hundirse una embarcación en el agua debido a un accidente. *v.prnl. NÁUTICA*

anejar Anexar, unir una cosa a otra. *v.tr.*

anejín Refrán popular puesto en verso y que se puede cantar. *s.m. tb: anejir*

anejo, a (Del lat. *annexus,* participio de *annectere,* unir [a algo] < *nectere,* anudar.)
1 Que tiene una relación de proximidad y dependencia respecto a algo: *edificios anejos al palacio.* — adj./= agregado ≠ separado
2 Que es propio de algo: *detesta los inconvenientes anejos al cargo.* — = inherente
3 Libro que se edita como complemento de una revista científica. — s.m.
4 Iglesia parroquial que depende de la de otro pueblo en donde reside el párroco. — RELIGIÓN
5 Grupo de población rural incorporado a otro u otros para formar municipio.

aneldo Eneldo, planta herbácea. — s.m./BOTÁNICA

anélido, a (Del lat. *anellus,* diminutivo de *anulus,* anillo.) Perteneciente a un tipo de gusanos que tienen el cuerpo cilíndrico y segmentado en anillos, como la lombriz. — adj./s.m. ZOOLOGÍA

anemia (Del gr. *anaimia* < *an,* privativo + *hema,* sangre.) Alteración de la sangre producida por disminución de los glóbulos rojos o de la hemoglobina. — s.f. MEDICINA

anémico, a
1 Que tiene relación con la anemia: *sus síntomas parecen propios de un cuadro anémico.* — adj. MEDICINA
2 Persona que padece anemia. — s./MEDICINA

anemo- Componente de palabras procedente del gr. *anemos,* que significa viento. — pref.

anemocordio (Del gr. *anemos,* viento + *korde,* cuerda.) Arpa eolia. — s.m. MÚSICA

anemócoro, a Se refiere a la semilla que es transportada generalmente por el viento. — adj. BOTÁNICA

anemófilo, a Se aplica a la planta que efectúa la polinización por medio del viento. — adj. BOTÁNICA

anemografía Parte de la meteorología que estudia la descripción de los vientos. — s.f.

anemometría Parte de la meteorología que estudia la medición de la velocidad o la fuerza del viento. — s.f.

anemómetro Instrumento que se emplea para medir la velocidad o la fuerza del viento. — s.m. TECNOLOGÍA

anémona (Del lat. *anemone* < gr. *anemone* < *anemos,* viento.)
1 Planta ranunculácea, con bulbo y flores apétalas, pero con sépalos coloreados de diferentes colores, que se cultiva en los jardines por su vistosidad. *(Anemone.)* — s.f. tb: anemona BOTÁNICA =anemone
2 Flor de esta planta. — BOTÁNICA
3 anémona de mar: Pólipo solitario antozoo, de colores vivos, con numerosos tentáculos en la parte superior de su cuerpo, rodeando la boca. *(Actinia.)* — ZOOLOGÍA

anemoscopio (Del gr. *anemos,* viento + *skopeo,* observar.) Instrumento que indica los cambios de dirección del viento. — s.m.

-áneo, -a Unido a adjetivos indica relación, pertenencia o condición: *instantáneo.* — suf.

anepigráfico, a Que no tiene epígrafe, inscripción o título: *colecciona monedas y medallas anepigráficas.* — adj.

anergia Pérdida de la capacidad de reacción frente a una sustancia o antígeno, respecto al cual se estaba anteriormente sensibilizado. — s.f. MEDICINA

anerobio Anaerobio, organismo que puede vivir sin oxígeno. — s.m. BIOLOGÍA

aneroide (Del fr. *anéroïde* < gr. *a,* privativo + *neros,* fluido.) Se aplica al barómetro sin líquido, que funciona por deformación elástica de una cápsula o de un tubo metálico. — adj./s.

anestesia (Del gr. *anaisthasis,* de *an,* privativo, + *aisthesis,* facultad de percepción por los sentidos.)
1 Privación total o localizada de la sensibilidad, generalmente provocada mediante fármacos para practicar intervenciones quirúrgicas, o debido a alteraciones patológicas. — s.f. MEDICINA
2 Acción y efecto de anestesiar.
3 Sustancia que anestesia: *para amputarle el dedo le suministraron anestesia local.*

anestesiar Aplicar la anestesia a una persona o un animal: *le anestesiaron localmente.* — v.tr. = insensibilizar

anestésico, a
1 Que tiene relación con la anestesia. — adj.
2 Que produce anestesia: *los hipnóticos son anestésicos generales.* — adj./s.m.

anestesiología Parte de la medicina que estudia los anestésicos y su aplicación. — s.f. MEDICINA

anestesista Se refiere al médico especialista en la aplicación de la anestesia. — adj/s.m.f. MEDICINA

aneurisma (Del gr. *aneurysma* < *aneuryno,* dilatar.) Dilatación anormal del corazón, de las paredes de una arteria o de una vena. — s.m.f. MEDICINA

anexar Unir una cosa a otra, estableciendo una relación de dependencia. — v.tr./tb: anejar = agregar

anexión Incorporación de una cosa a otra para depender de ella, en especial de un territorio: *la comunidad internacional puso el grito en el cielo ante la anexión de la región fronteriza por parte del país vecino.* — s.f.

anexionar Unir una cosa a otra para depender de ella, especialmente un territorio o un estado. — v.tr/pml. = anexar, agregar

anexionismo Doctrina que defiende las anexiones territoriales. — s.m. POLÍTICA

anexitis Inflamación de las partes del aparato sexual femenino inmediatas al útero. — s.f./pl: anexitis MEDICINA

anexo, a (Del lat. *annexus,* participio de *annectere,* unir [a algo] < *nectere,* anudar.)
1 Unido o agregado a otra cosa de la cual depende: *el anexo está colocado al final del documento.* — adj/s.
2 Que es propio, inherente o concerniente. — adj./tb: anejo
3 Órganos y tejidos que rodean el útero. — s.m.pl./ANATOMÍA

anfesibena Anfisbena, reptil. — s.f./ZOOLOGÍA

anfetamina Droga estimulante del sistema nervioso central que se utiliza para aumentar la actividad sicomotora. — s.f. FARMACIA

anfi- Componente de palabras, procedente del gr. *amphi,* que significa alrededor, a ambos lados. — pref.

anfiartrosis Articulación con movimientos muy limitados constituida por superficies unidas por discos de fibrocartílago. — s.f./pl: anfiartrosi ANATOMÍA

anfibio, a (Del gr. *amphibios* < *amphi,* ambos + *bios,* vida.)
1 Se refiere a una clase de animales vertebrados que son acuáticos y tienen respiración branquial en el estado de larva y en el estado adulto son terrestres y tienen respiración pulmonar o cutánea. — adj/s. ZOOLOGÍA = batracio
2 Se aplica al vehículo que puede funcionar por tierra y agua. — adj.
3 Se aplica a la planta que puede vivir dentro o fuera del agua. — BOTÁNICA
4 Relativo a la operación o maniobra que ejecutan conjuntamente los ejércitos de tierra y mar. — MILITAR

anfíbol (Del gr. *amphibolos,* ambiguo.) Grupo de minerales de la clase de los silicatos, compuesto de sílice, magnesia, cal y óxido ferroso. — s.m. MINERALOGÍA

anfibolita Roca de color verde oscuro, dura, compuesta de anfíbol y algo de feldespato, cuarzo o mica, usada en la fabricación de objetos de lujo. — s.f. GEOLOGÍA = afanita

anfibología (Del lat. vulgar. *amphibologia,* alteración de *amphibolia* < gr. *amphibolia,* ambigüedad < *amphibolos,* ambiguo, equívoco.)
1 Defecto de construcción por el que las palabras o las frases pueden tener más de un sentido, o más de una interpretación. — s.f. GRAMÁTICA
2 Figura que consiste en usar conscientemente palabras, expresiones o frases de doble sentido. — RETÓRICA

anfíbraco (Del lat. *amphibrachus* < gr. *amphi,* a ambos lados + *brakhys,* corto.) Pie métrico formado por tres sílabas, una larga en el centro y dos breves, en la poesía griega y latina. — s.m. POESÍA

anfictionía
1 Agrupación de las antiguas ciudades griegas bajo la dirección de Atenas. — s.f. HISTORIA
2 Asamblea de los anfictiones o diputados. — HISTORIA

anfígamo, a Se aplica a la planta que tiene un procedimiento de fecundación dudoso. — adj. BOTÁNICA

anfígeno, a
1 Se aplica al elemento del grupo VI del sistema periódico. — adj/s.m. QUÍMICA
2 Grupo formado por el oxígeno, azufre, selenio y teluro. — s.m.pl. QUÍMICA

anfímacro (Del gr. *amphimakros* < *amphi,* ambos lados + *makros,* largo.) Pie métrico formado por tres sílabas, una breve en el centro y dos largas, en la poesía griega y latina. — s.m. POESÍA

anfineuro, a (Del gr. *amphi,* ambos lados + *neuron,* nervio.) Perteneciente a una clase de moluscos marinos con concha o sin ella, que presentan una organización muy primitiva, como el quitón. — adj/s.m. ZOOLOGÍA

anfión (Del ár. *anfiyun* < gr. *opion.*) Opio, narcótico. — s.m.

anfioxo Animal marino, de cuerpo alargado y rodeado por una aleta estrecha, que vive entre arena y agua en el fondo del mar y se le considera emparentado con los vertebrados. *(Branchiostoma lanceolatum.)* — s.m. ZOOLOGÍA = pez lanceta

anfípodo, a (Del gr. *amphi,* ambos + *pous, podos,* pie.) Perteneciente a un orden de crustáceos generalmente marinos, pequeños, de cuerpo comprimido lateralmente, con antenas largas y siete pares de patas torácicas, como la pulga de mar. — adj/s.m. ZOOLOGÍA

anfipróstilo (Del lat. *amphiprostylos* < gr. *amphi,* ambos lados + *prostylos,* próstilo.) Edificio clásico con pórtico y columnas en dos de sus fachadas. — s.m. ARQUITECTURA

anfisbena (Del lat. *amphisbaena* < gr. *amphisbaina* < *amphi,* ambos lados + *baino,* ir.)

1 Reptil que entre los antiguos se consideraba fantástico: *en la antigüedad se atribuían propiedades maravillosas a la anfisbena.* **s.f.**
2 Reptil saurio con la cabeza protegida por placas y cuerpo cilíndrico. **ZOOLOGÍA tb: anfisibena**

anfiteatro (Del lat. *amphitheatrum* < gr. *amphitheatron* < *amphi,* alrededor + *theatron,* teatro.)
1 Edificio de forma redonda o elíptica donde se celebraban distintos espectáculos, en la antigüedad clásica: *el anfiteatro era un lugar privilegiado para la comunicación entre el emperador y el pueblo.* **s.m. ARQUITECTURA**
2 Local con gradas o asientos en semicírculo.
3 Piso alto de cines o teatros, con asientos en gradería: *sólo quedaban butacas de anfiteatro.* **CINE, TEATRO**
4 anfiteatro anatómico: Lugar destinado a la disección de cadáveres o a clases experimentales.

anfitrión, a (De *Anfitrión,* personaje mitológico.)
1 Persona que recibe invitados en su casa o en su mesa: *ofrecieron unas flores a la anfitriona.* **s.**
2 Se refiere a la persona o entidad que recibe o acoge invitados o visitantes: *el país anfitrión ganó pocas medallas.* **adj/s.**

ánfora (Del lat. *amphora* < gr. *amphoreus,* cántaro de dos asas.)
1 Vasija semejante a una jarra alta y estrecha, de cuello largo, con dos asas, usada como recipiente para líquidos: *el Mediterráneo contiene en sus fondos innumerables ánforas procedentes de naufragios.* **s.f.**
2 Vasijas con forma de jarra, usadas por el obispo para consagrar los óleos en la liturgia católica del jueves santo.

anfótero, a Se aplica a la molécula que puede reaccionar como ácido o como base. **adj. QUÍMICA**

anfractuosidad
1 Sinuosidad, desigualdad de un terreno. **s.f/GEOLOGÍA**
2 Escabrosidad en la superficie de un cuerpo.

anfractuoso, a (Del lat. *anfractuosus,* tortuoso < *anfractus,* rodeo < *am,* por ambas partes + *frangere,* romper.) Se aplica al terreno que es desigual, tortuoso o escabroso. **adj. GEOLOGÍA**

angaria (Del lat. *angaria,* servicio de transporte.) Retraso forzoso que se impone a la salida de un buque para emplearlo en un servicio público, generalmente retribuido. **s.f. NÁUTICA**

angarillada Carga transportada de una vez en unas angarillas: *aquel verano vendió varias angarillas de loza.* **s.f.**

angarillar Poner angarillas a una caballería. **v.tr.**

angarillas
1 Andas para transportar carga: *a veces transportaban a los enfermos en angarillas.* **s.f.pl. = parihuela**
2 Armazón de cuatro palos en cuadro, con unas bolsas de red colgando de él, para transportar sobre una caballería objetos frágiles o delicados.
3 Aguaderas de las caballerías.
4 Utensilio para el servicio de mesa con recipientes para el aceite y el vinagre. **= aceiteras, vinagreras**

angaripolas Adornos llamativos y de mal gusto que se ponen en los vestidos. **s.f.pl. coloquial**

ángel (Del lat. *angelus* < gr. *angelos,* nuncio, mensajero.)
1 Ser sobrenatural o espíritu puro que sirve a Dios y hace de mensajero, en el cristianismo, judaísmo e islamismo: *el primer coro de ángeles está compuesto por querubines, serafines y tronos.* **s.m. TEOLOGÍA**
2 Figura humana, de niño o de joven, con alas, muchas veces reducida a éstas y a la cabeza, con que convencionalmente se representa a los ángeles. **ARTE**
3 Persona muy buena o muy bella.
4 Lance del billar en que el jugador sube sobre la mesa para jugar las bolas que no alcanza desde fuera. **JUEGOS**
5 ángel custodio o ángel de la guarda: El que Dios tiene señalado a cada persona para su guarda y custodia, según la religión católica. **RELIGIÓN**
6 ángel caído o de tinieblas: Diablo, el que se rebeló contra Dios. **RELIGIÓN**
7 ángel patudo: Persona que finge o a la que se le atribuyen una inocencia y buenas cualidades que, en realidad, no tiene. **coloquial**
8 pasar un ángel: Expresión empleada cuando en una conversación se produce un silencio completo: *después de atropellarse unas palabras a otras, pasó un ángel y se serenaron los ánimos.*
9 tener ángel: Tener encanto o gracia: *esta chica tiene ángel, será perfecta para el papel.*

angélica
1 Planta umbelífera, vivaz, con los tallos huecos y estriados, flores blancas y rizoma seco, que en infusión tiene virtudes expectorantes y estimula la función gástrica. *(Angelica officinalis.)* **s.f. BOTÁNICA**
2 Canto religioso de la vigilia pascual, para la bendición del cirio. **RELIGIÓN**

angelical
1 De los ángeles: *coros angelicales.* **adj.**

2 Que es parecido a los ángeles o presenta rasgos propios de ellos, como la hermosura, candor o inocencia: *rostro angelical.*

angelito
1 Criatura inocente. **s.m.**
2 Cadáver de un niño arreglado para el velatorio. **Argent., Chile**
3 estar una persona con los angelitos: Estar dormido o muy distraído: *no chilles que está con los angelitos y no quiero que se despierte.* **coloquial**

angelizarse Hacerse espiritualmente puro, aspirando a la perfección. **v.prnl. conj: cazar**

angelología (Del gr. *angelos,* mensajero + *logos,* tratado.) Estudio sobre los ángeles, en la teología cristiana. **s.f. TEOLOGÍA**

angelota Trébol hediondo, planta leguminosa papilionácea. **s.f. BOTÁNICA**

angelote
1 Representación de gran tamaño de un ángel. **s.m.**
2 Niño gordinflón de carácter tranquilo. **coloquial**
3 Persona bondadosa y apacible. **coloquial**

ángelus
1 Oración que se reza, entre los católicos, tres veces al día. **s.m./RELIGIÓN pl: ángelus**
2 Toque de campanas a la hora de rezar esta oración. **RELIGIÓN**
3 Hora en que se reza esta oración. **RELIGIÓN**

angina (Del lat. *angina* < *angere,* sofocar, ahogar.)
1 Inflamación de las amígdalas: *las anginas le dieron mucha fiebre.* **MEDICINA**
2 angina de pecho: Síndrome caracterizado por dolor en la región anterior del tórax, debido a una insuficiencia coronaria transitoria. **MEDICINA**

angio- Componente de palabra procedente del gr. *angeion,* que significa vaso, conducto. **pref.**

angiocardiopatía Denominación genérica de las enfermedades del corazón y de los vasos sanguíneos. **s.f. MEDICINA**

angiografía
1 Descripción del aparato circulatorio. **s.f.**
2 Radiografía constrastada del aparato circulatorio. **MEDICINA**

angiología (Del gr. *angeion,* vaso + *logos,* tratado.) Estudio de los vasos sanguíneos y linfáticos. **s.f. MEDICINA**

angioma (Derivado del gr. *angeion,* vaso.) Tumor subcutáneo congénito, debido a la proliferación del tejido vascular o linfático. **s.m. MEDICINA = antojo**

angiospasmo Contracción espasmódica de los músculos que rodean los vasos sanguíneos. **s.m./MEDICINA = vasospasmo**

angiospermo, a (Del gr. *angeion,* vaso + *sperma,* simiente.) Perteneciente a una subdivisión del reino vegetal, que agrupa las plantas fanerógamas cuyas semillas están encerradas en un fruto. **adj/s.f. BOTÁNICA ≠ gimnospermo**

angla Cabo, accidente geográfico: *sobre la punta del angla se erigía un faro.* **s.f. GEOGRAFÍA**

anglesita Sulfato de plomo natural. **s.f./MINERALOGÍA**

anglicado, a
1 Se aplica al lenguaje o al estilo que está muy influido por la lengua inglesa. **adj.**
2 Que gusta de imitar lo inglés.

anglicanismo Conjunto de las doctrinas de la Iglesia anglicana, que es oficial en Gran Bretaña. **s.m. RELIGIÓN**

anglicanizante
1 Que está influido por la lengua o la cultura inglesas: *la sintaxis de este texto es anglicanizante.* **adj.**
2 Que está influido por la iglesia anglicana.

anglicanizar Extender, adoptar el carácter, las costumbres y la cultura inglesas en un lugar. **v.tr/prnl. conj: cazar**

anglicano, a
1 Relativo al anglicanismo: *Iglesia anglicana.* **adj./RELIGIÓN**
2 Que profesa el anglicanismo. **adj/s.RELIGIÓN**

anglicismo
1 Palabra o expresión inglesa empleada en otro idioma, ya sea adaptada o bajo su forma original. **s.m. LINGÜÍSTICA**
2 Expresión o modo de hablar propio y privativo de la lengua inglesa.

ánglico, a Que tiene relación con los anglos o con Inglaterra: *invasiones ánglicas.* **adj.**

angliparla Lenguaje abundante en anglicismos. **s.f./LINGÜÍSTICA**

anglista Persona dedicada al estudio de la lengua y literatura inglesa. **s.m.f.**

anglo, a
1 Se aplica a la persona que pertenece a un pueblo germano que se estableció en el norte y centro de Inglaterra en el siglo v. **adj/s. HISTORIA**
2 Inglés, de Inglaterra.

anglo- Componente de palabra procedente del lat. *anglus,* que significa inglés o relativo a Inglaterra. **pref. tb: angli-**

angloamericano, a
1 De Gran Bretaña y de Estados Unidos de América: *cultura angloamericana.* **adj.**
2 Persona natural de Estados Unidos y de ascendencia británica. **s.**

3 Estadounidense, de Estados Unidos. **adj.**

angloárabe Se aplica al caballo que procede del cruce de uno de raza inglesa y otro de raza árabe. **adj/s.m.f. ZOOLOGÍA**

anglocanadiense Canadiense que es de ascendencia y lengua inglesas. **adj/s.m.f.**

anglofilia Simpatía por Inglaterra y lo inglés. **s.f./formal**

anglofobia Aversión a lo inglés o a los ingleses. **s.f./formal**

anglófono, a Se aplica al país o la persona que tiene el inglés como lengua nativa: *la población canadiense es en su mayoría anglófona.* **adj/s. = anglohablante**

anglohablante Se refiere al país, comunidad o individuo que tiene como lengua materna el inglés. **adj/s.m.f. = angloparlante**

anglomanía Tendencia exagerada a imitar las costumbres inglesas o a usar anglicismos. **s.f.**

anglonormando, a
1 Se aplica al caballo que procede del cruce entre un caballo inglés de pura raza y un caballo normando. **adj/s.**
2 Se aplica a la variante de la lengua de oïl que se hablaba en el sur de Inglaterra y en Normandía, a ambos lados del canal de la Mancha. **adj/s.m. LINGÜÍSTICA**
3 Se aplica a los elementos de cultura francesa que se establecieron en Inglaterra después de la llegada de los normandos.

angloparlante Anglohablante, que tiene el inglés como lengua materna. **adj/s.m.f. LINGÜÍSTICA**

anglosajón, a
1 Se refiere a la persona que procede de los pueblos germanos que invadieron Inglaterra en el siglo v. **adj/s. HISTORIA**
2 Se aplica a la persona o pueblo que es de procedencia y habla inglesas.
3 Lengua de los antiguos anglosajones, de la cual procede el inglés. **s.m. LINGÜÍSTICA**

angoleño, a
1 De Angola, país de África. **adj.**
2 Persona natural de este país. **s.**

angora (De *Angora*, capital de Turquía, actualmente Ankara.)
1 Lana obtenida del pelo de la cabra de Angora: *llevaba un esponjoso jersey de angora.* **s.f.**
2 **de Angora:** Se aplica al gato, conejo o cabra que pertenece a una raza originaria de Angora, actual Ankara, y que se caracteriza por tener el pelo largo y sedoso. **loc.adj.**

angorina Tejido que imita la angora. **s.f./TEXTIL**

angostar Hacer estrecho: *ese camino se angosta tanto, que el coche ya no puede pasar.* **v.tr/prnl. = enagostar**

angostillo Pasadizo o calle estrecha y corta: *un minúsculo angostillo separaba los dos edificios.* **s.m.**

angosto, a Que es estrecho o reducido: *el rebaño pasaba por una angosta cañada; escalar una angosta garganta del río.* **adj.**

angostura
I (Derivado de *angosto*.)
1 Estrechez, falta de amplitud. **s.f.**
2 Lugar o paso estrecho, en especial en un río: *las angosturas de la ribera.*
3 Limitación intelectual o moral.
II (De origen incierto.)
1 Corteza de ciertos árboles que tiene propiedades medicinales. **s.f. BOTÁNICA**
2 Bebida amarga que se elabora con esta corteza. **= angosturina**

angrelado, a (Del fr. *engrêlé*, delgado.) Se aplica a la pieza de heráldica, moneda o adorno arquitectónico que tiene el borde o remate con picos o dientes pequeños. **adj. ARQUITECTURA, HERÁLDICA**

ángstrom (Del físico sueco A. J. *Angström*.) Unidad de longitud equivalente a la diezmillonésima parte de un milímetro. **s.m. FÍSICA tb: angstromio**

anguarina Gabán de paño burdo, sin mangas, que usaban los labradores. **s.f. = tabardo**

angüejo Oreja de abad, golosina de masa frita. **s.m./COCINA**

anguiforme Se aplica al animal que tiene una forma parecida a la de la serpiente. **adj. ZOOLOGÍA**

anguila (Del lat. *anguilla*.)
1 Pez teleósteo, de cuerpo muy alargado y aletas dorsal, caudal y anal continuas, que vive en los ríos aunque penetra en el mar al alcanzar la madurez, donde pone los huevos. *(Anguilla anguilla.)* **s.f. ZOOLOGÍA**
2 Cada uno de los dos maderos largos y paralelos sobre los que se construye un barco y sobre los que se desliza hasta el agua para botarlo. **NÁUTICA**

anguilero, a
1 Se aplica a la cesta que sirve para llevar anguilas. **adj.**
2 Persona que pesca o vende anguilas. **s.**

anguílula Gusano nematodo, de tamaño microscópico, que se alimenta de bacterias. **s.f. ZOOLOGÍA**

anguina Vena de las ingles. **s.f./VETERINARIA**

angula (Del vasco *angula*, alteración del lat. *anguilla*.) Cría de anguila en los últimos estadios de desarrollo, de cuerpo alargado y transparente, que remonta del mar a los ríos. **s.f. ZOOLOGÍA**

angular
1 Del ángulo: *área angular.* **adj.**
2 Que tiene forma de ángulo: *María tiene un rostro angular de pómulos altos.*
3 Se aplica a la piedra que forma ángulo en un edificio.
4 Pieza de construcción cuya sección transversal tiene forma de ángulo. **s.m. CONSTRUCCIÓN**
5 **gran angular:** Objetivo de corta distancia focal: *las fotos hechas con gran angular son espectaculares.* **FOTOGRAFÍA**

angulema (De *Angoulème*, ciudad de Francia.)
1 Tela hecha de cáñamo o estopa. **s.f./TEXTIL**
2 **hacer o venir con angulemas:** Hacer demostraciones de cariño exageradas y empalagosas.

ángulo (Del lat. *angulus*, rincón.)
1 Porción de plano o espacio limitado por dos rectas o por dos planos que se cortan. **s.m. GEOMETRÍA**
2 Encuentro de dos paredes o superficies: *en el ángulo oscuro del salón instaló una anaquelería.* **= rincón**
3 Esquina, arista.
4 Perspectiva o punto de vista desde el que se puede considerar un hecho o asunto.
5 **ángulo agudo:** El menor que el recto. **GEOMETRÍA**
6 **ángulo complementario:** El que sumado con otro completa un ángulo recto. **GEOMETRÍA**
7 **ángulo del ojo:** Extremo donde se unen los párpados.
8 **ángulo facial:** el del rostro formado por dos rectas imaginarias que van desde la parte más saliente hasta los incisivos centrales y desde aquí hasta la oreja. **ANATOMÍA**
9 **ángulo mixtilíneo:** el formado por una curva y una recta. **GEOMETRÍA**
10 **ángulo muerto:** El que no tiene defensa ni está flanqueado. **MILITAR**
11 **ángulo oblicuo:** El que no es recto. **GEOMETRÍA**
12 **ángulo obtuso:** El mayor de 90 grados. **GEOMETRÍA**
13 **ángulo óptico:** El formado por las dos visuales que van del ojo del observador a los extremos del objeto que se mira. **ÓPTICA**
14 **ángulo plano:** El de 180 grados. **GEOMETRÍA**
15 **ángulo recto:** El de 90 grados. **GEOMETRÍA**
16 **ángulo semirrecto:** El de 45 grados. **GEOMETRÍA**
17 **ángulo suplementario:** El que sumado con otro da un ángulo de 180 grados. **GEOMETRÍA**
18 **ángulos adyacentes:** Los dos ángulos que, a un mismo lado de una línea recta, forman con ella otra que la corta. **GEOMETRÍA**

angulosidad Forma angulosa de alguna cosa o existencia de ángulos y aristas: *el claroscuro resaltaba la angulosidad de los objetos.* **s.f.**

anguloso, a Que presenta ángulos, esquinas o aristas: *después de adelgazarse se le acentuaron sus angulosas facciones.* **adj.**

angurria (Alteración de *estranguria* < gr. *stranguria*.)
1 Estranguria, micción gota a gota acompañada de dolor. **s.f. MEDICINA**
2 Hambre incontrolada. **Amér.**
3 Egoísmo, avaricia. **Amér.**

angustia (Del lat. *angustia*, angostura, dificultad.)
1 Sentimiento de aflicción intenso a causa de un gran peligro o una amenaza de una desgracia: *le arrebató la angustia de saberse descubierto.* **s.f. = congoja, ansiedad**
2 Temor opresivo sin causa precisa. **SICOLOGÍA**
3 Aprieto, situación apurada.
4 Sensación de opresión en el pecho con respiración fatigosa: *el vapor le produjo angustia.*
5 Náuseas, ganas de vomitar. **sólo en sing.**

angustiar Causar angustia, afligir. **v.tr/prnl.**

angustioso, a
1 Que causa o hace padecer angustia: *la incertidumbre se fue haciendo más angustiosa por momentos.* **adj.**
2 Que siente angustia o es propenso a sentirla.

anhelar (Del lat. *anhelare*, respirar con dificultad.) Desear una cosa con ansiedad y vehemencia: *anhela ascender de categoría.* **v.tr.**

anhélito Respiración corta y fatigosa. **s.m.**

anhelo Deseo vehemente: *buscaba con anhelo un lugar para poder dedicarse a meditar.* **s.m. = afán, ansia**

anheloso, a
1 Que muestra anhelo o deseo de algo: *está anheloso de ver a sus hijos.* **adj./= anhelante + de**
2 Se aplica a la respiración que es frecuente y jadeante.

anhídrido, a
1 Se refiere al compuesto formado por oxígeno y un elemento no metal, capaz de formar un ácido al combinarse con el agua. **adj/s.m. QUÍMICA**

2 anhídrido arsénico: El resultante de la oxidación del anhídrido arsenioso mediante el ácido cítrico. — QUÍMICA

3 anhídrido carbónico: Gas más pesado que el aire que se produce, por la combinación del carbono con el oxígeno, en las combustiones y en algunas fermentaciones. — QUÍMICA

4 anhídrido sulfúrico: Cuerpo sólido, incoloro y cristalino, compuesto de azufre y oxígeno, que se combina con agua para formar ácido sulfúrico. — QUÍMICA

anhidrita Roca formada por sulfato de cal anhidro, de mayor densidad y dureza que el yeso, que se altera fácilmente dando lugar a éste. — s.f. / MINERALOGÍA / = muricacita

anhidro, a (Del gr. *anydros* < *an,* privativo + *hydros,* agua.) Se aplica al cuerpo que no contiene agua o la ha perdido. — adj. / QUÍMICA

anhidrosis (Del gr. *an,* privativo + *hydroo,* sudar.) Disminución o cese del sudor. — s.f./pl: anhidrosis / MEDICINA

anidar

1 Hacer las aves el nido o vivir en él: *las cigüeñas anidan en las torres.* — v.intr/prnl.

2 Vivir una persona o un animal en un lugar. — v.intr.

3 Existir un sentimiento en una persona: *el odio y la aversión al dictador anidaban en el pueblo.* — = cobijar

4 Proteger y ayudar a una persona. — v.tr.

anieblar Aneblar, ocultar las nubes el cielo. — v.tr.

aniego Acción o resultado de anegar o anegarse. — s.m.

anilina Colorante tóxico y oleoso, obtenido del benceno, muy usado en la industria. — s.f. / QUÍMICA

anilla

1 Anillo o argolla que sirven para diversos usos, como colgar cortinas, tapices o telas: *colgó los visillos de unas anillas de madera.* — s.f.

2 Anillo al que se ata un cordón o una correa para sujetar algún objeto.

3 Faja de papel con su vitola y marca de fábrica, que se coloca en los cigarros puros.

4 Aro, generalmente metálico, que se coloca en la pata de ciertos animales. — ZOOLOGÍA

5 Aparato gimnástico, compuesto por un par de aros de acero, que penden de unas cuerdas o cadenas. — s.f.pl. / DEPORTES

anillado, a

1 Que está formado por anillos o anillas. — adj.

2 Se refiere al cabello rizado: *su anillada cabellera brillaba bajo la luz.* — adj.

3 Se aplica a la cruz o pieza que está rematada por anillos. — HERÁLDICA

4 Referente al animal que tiene el cuerpo formado por una serie de anillos. — adj/s.m./ZOOLOGÍA / = anélido

5 Acción y resultado de anillar: *el anillado de los pichones y palomas.* — s.m.

anillamiento Operación que se practica en los animales para imposibilitar con anillos de hierro la función de ciertos órganos. — s.m. / VETERINARIA

anillar

1 Dar forma de anillo: *anilló la barra metálica.* — v.tr.

2 Sujetar con anillos.

3 Poner anillos a un animal o una cosa.

anillo (Del lat. *anellus,* diminutivo de *anulus,* anillo.)

1 Aro pequeño. — s.m.

2 Aro de metal u otra materia, que se lleva como adorno en los dedos de la mano: *llevaba un rubí engastado en el anillo.* — = sortija

3 Rizo del cabello: *los revueltos anillos del flequillo le caían sobre los ojos.*

4 Formación celeste que circunda a determinados planetas: *la sonda analizó los anillos de Saturno.* — ASTRONOMÍA

5 Cada uno de los círculos leñosos del tronco de un árbol: *los anillos indican la edad de la planta.* — BOTÁNICA

6 Moldura que rodea el fuste de una columna. — ARQUITECTURA

7 Cornisa que sirve de base a la cúpula. — ARQUITECTURA

8 Redondel de la plaza de toros. — TAUROMAQUIA

9 Cada una de las dos series de camones que componen las ruedas hidráulicas.

10 Conjunto de elementos entre los que se definen dos reglas de composición, una asimilable a la adición y otra a la multiplicación. — MATEMÁTICAS

11 Estructura poligonal de una molécula, formada por una cadena cerrada de átomos. — QUÍMICA

12 Cada uno de los segmentos en que está dividido el cuerpo de los gusanos y artrópodos. — ZOOLOGÍA

13 **anillo de boda:** El que se dan los que se casan.

14 **anillo del pescador:** Sello del papa. — RELIGIÓN

15 **anillo pastoral:** El que usan los prelados. — RELIGIÓN

16 **caérsele a uno los anillos:** Considerar degradante o humillante hacer algo: *no se le caerán los anillos por ayudarme en la cocina.* — coloquial

17 **de anillo:** Aplicado a dignidades o empleos honoríficos, sin renta, emolumentos ni jurisdicción. — loc.adj.

18 **venir una cosa como anillo al dedo:** Ser conforme, oportuno: *le vino como anillo al dedo que le ayudases con los preparativos.*

ánima (Del lat. *anima,* aire, aliento, alma.)

1 Alma, en especial la de los difuntos: *las ánimas poblaban nuestra memoria; le llegó al ánima aquella humillación.* — s.f.

2 Alma, hueco de algunas cosas, en especial el de las armas de fuego.

3 **ánima bendita o del purgatorio:** Alma que pena en el purgatorio antes de ir a la gloria, según la doctrina católica. — RELIGIÓN

animación

1 Acción y efecto de animar o animarse. — s.f.

2 Viveza en las palabras o los movimientos: *con animación les relató la anécdota.*

3 Gran afluencia de asistentes a una fiesta o a un acto: *había mucha animación en la sala.*

4 Técnica cinematográfica, usada en las películas de dibujos animados, por la que se da apariencia de movimiento a una serie de dibujos, muñecos u otros elementos. — CINE

animado, a

1 Que tiene alma: *seres animados.* — adj./≠ inanimado

2 Se aplica a la persona que es divertida o tiene buen humor: *su madre es una mujer animada y alegre.* — = vivo

3 Que tiene animación: *fiesta animada.*

4 Que tiene buen ánimo o motivación para hacer una cosa: *está animado a seguir hasta el fin.*

5 Se aplica al ser vivo que tiene movimiento.

6 Se aplica al nombre con que se designan los seres vivos. — GRAMÁTICA

animador, a

1 Que anima o dinamiza. — adj.

2 Persona que, dentro de un grupo, se ocupa de proponer actividades o facilitar la relación entre sus miembros: *animador socio-cultural.* — s.

3 Persona que anima un espectáculo. — *Amér.*

animadversión (Del lat. *animadversio,* atención, amonestación < *advertere,* dirigir.) Situación de enemistad o enfrentamiento entre dos o más personas: *con sus bravuconerías y fantasmadas fue comprando la animadversión de sus allegados.* — s.f. / formal

animal (Del lat. *animal.*)

1 Ser vivo sensible, que por lo general se nutre de alimentos sólidos y está dotado de movimiento. — s.m. / ZOOLOGÍA

2 Se aplica a la persona muy ignorante o grosera, o que abusa de la fuerza física. — adj/s.m.f. / = bruto

3 Del animal. — adj.

4 De la parte sensitiva de un ser viviente, a diferencia de la parte racional y espiritual: *apetitos animales.*

5 Que está relacionado con los animales o procede de ellos: *estudio de la célula animal.*

6 **animal de bellota:** Cerdo, mamífero doméstico. — ZOOLOGÍA

7 **animal doméstico:** El criado por el hombre para beneficiarse de él.

8 **animal irracional:** Cualquiera, exceptuando o en contraposición al hombre.

9 **animal salvaje:** El no domesticado por el hombre, el que vive en libertad.

animalada Acción y resultado de una acción, o cosa que se dice o se hace disparatada o exageradamente: *construir eso ha sido una animalada.* — s.f. / coloquial / = burrada

animálculo Animal microscópico. — s.m./ZOOLOGÍA

animalista Se dice del pintor o escultor de animales y de las artes que los toman como iconografía principal. — adj/s.m.f. / ARTE

animalizar

1 Convertir los alimentos en materia animal apta para la asimilación nutritiva. — v.tr/prnl. / conj: *cazar*

2 Dar, adquirir rasgos o características propias de un animal: *animalizó a los personajes para esperpentizar ciertas actitudes humanas.*

3 Embrutecerse, convertirse en una persona ignorante o torpe. — v.prnl.

animar (Del lat. *animare* < *anima,* alma.)

1 Dar confianza, ánimo o fuerza moral. — v.tr.

2 Infundir valor o energía, estimular a una persona para una acción: *ella me animó a dejar de beber.*

3 Dotar de movimiento a cosas inanimadas: *animar los títeres.*

4 Dar vivacidad a algo mediante un adorno o un arreglo: *animó el abrigo con un broche.*

5 Hacer que una obra artística parezca dotada de vida: *numerosos detalles realistas animaban la escena.* — ARTE

6 Dar dinamismo a un grupo de personas. — v.tr/prnl.

7 Ponerse una persona alegre o dinámica. — v.prnl.

8 Recuperar el ánimo.

anímico, a Relativo al alma y a los estados síquicos. — adj.

animismo Creencia de algunos pueblos que atribuye alma a todos los seres, incluso a los inorgánicos. — s.m. / RELIGIÓN

animista

1 Que tiene relación con el animismo: *algunas tribus son animistas.* — adj. / RELIGIÓN

2 Persona o pueblo que profesa esta creencia. — s.m.f./RELIGIÓN

ánimo (Del lat. *animus* < gr. *anemos,* soplo.)

1 Alma o espíritu, entendido como principio de la condición humana, en ciertas doctrinas. — s.m./RELIGIÓN, FILOSOFÍA
2 Valor y energía para superar dificultades y voluntad para emprender una cosa. — ≠ abatimiento
3 Situación emocional de una persona.
4 tener el ánimo de hacer una cosa: Tener la intención de hacerla: *no tiene ánimos para empezar a estudiar.* — coloquial

animosidad
1 Ánimo, valor, esfuerzo. — s.f.
2 Sentimiento de antipatía, hostilidad o rechazo hacia una persona: *interpeló a su oponente con animosidad.* — = animadversión ≠ simpatía

animoso, a Se aplica a la persona que tiene ánimo para afrontar una situación o para emprender una actividad. — adj. = decidido, resuelto

aniñado, a
1 Que se comporta como un niño: *persona aniñada.* — adj.
2 Que tiene rasgos parecidos a los del niño.

aniñarse Obrar una persona como un niño o presentar rasgos considerados propios de él. — v.prnl.

anión (De *an*, privativo + gr. *ion*, que va.) Ion con carga negativa, que en la electrólisis se dirige al ánodo o electrodo positivo. — s.m. FÍSICA

aniquilación
1 Acción o resultado de reducir o destruir. — s.f./= aniquilamiento
2 Conversión de la masa en energía. — FÍSICA

aniquilador, a Que aniquila o destruye: *aprovechó toda la potencia aniquiladora del ejército.* — adj/s.

aniquilar (Del lat. vulgar *annichilare* < *nichil*, alteración de *nihil*, nada.)
1 Reducir a la nada. — v.tr/prnl.
2 Destruir o arruinar una cosa completamente.
3 Extremar, dejar a alguien sin ánimos. — v.tr.
4 Perder una persona la salud o las fuerzas. — v.prnl.

anís (Del cat. *anís* < lat. *anisum* < gr. *anison*.)
1 Planta umbelífera, anual, de flores pequeñas y blancas, que produce unas semillas menudas, empleadas como condimento en confitería y para aromatizar ciertos licores. *(Pimpinella anisum.)* — s.m. BOTÁNICA
2 Semilla de esta planta. — BOTÁNICA
3 Aguardiente anisado.
4 Grano de anís recubierto de azúcar o cualquier confitura menuda.
5 Esencia fabricada con las semillas, empleada para aromatizar licores y perfumes y condimentar alimentos.
6 anís estrellado o de China: Semillas del badián usadas como condimento. — = badiana
7 no ser grano de anís: Se emplea para señalar la importancia o gravedad de algo.

anisado, a
1 Que está aromatizado con anís: *licor anisado.* — adj.
2 Anís, bebida alcohólica destilada y aromatizada con esta semilla. — s.m.

anisar
1 Echar anís o esencia de anís a una cosa. — v.tr.
2 Tierra sembrada de anís. — s.m.

anisete Licor hecho con aguardiente, azúcar y anís. — s.m.

aniso- Componente de palabras procedente del gr. *anisos*, que significa desigual. — pref.

anisodonte (Del gr. *anisos*, desigual + *odous, odontos*, diente.) Se aplica al mamífero que tiene los dientes desiguales. — adj. ZOOLOGÍA

anisofilo, a (Del gr. *anisos*, desigual + *phyllon*, hoja.) Se refiere a la planta que tiene las hojas desiguales. — adj. BOTÁNICA

anisómero, a (Del gr. *anisos*, desigual + *meros*, parte.) Se aplica al órgano que está compuesto por partes desiguales o irregulares. — adj. BIOLOGÍA

anisopétalo, a (Del gr. *anisos*, desigual + *petalon*, hoja.) Que tiene pétalos desiguales. — adj. BOTÁNICA

anisótropo, a Se aplica a la sustancia que presenta distintas propiedades en función de la dirección. — adj. FÍSICA

aniversario, a (Del lat. *anniversarius*, que vuelve cada año < *annus*, año + *versus* < *vertere*, volver.)
1 Día en que se cumplen años de algún acontecimiento: *hoy es el aniversario de su boda.* — s.m.
2 Ceremonia que se celebra para conmemorar el día en que ocurrió un suceso.

anjeo (Derivado de *Anjou*, región francesa.) Lienzo basto. — s.m.

ano (Del lat. *anus*, anillo, ano.) Orificio en que termina el intestino, por el cual se evacuan los excrementos. — s.m. ANATOMÍA

-ano, a Unido a adjetivos indica perteneciente a: *toledano; urbano.* — suf.

anobium Género de insectos coleópteros pequeños, cuya larva se alimenta de madera y perfora túneles en troncos, tocones y muebles. — s.m. ZOOLOGÍA

anoche (Del lat. *ad* + *noctem*.) En la noche de ayer: *anoche la policía irrumpió en el edificio en busca del ladrón.* — adv.

anochecer (Derivado del lat. *noctescere*, hacerse de noche.)
1 Empezar la noche: *desde que anochece se encierra en casa y no sale hasta bien entrada la mañana.* — v.intr.impers. conj: carecer
2 Encontrarse en un lugar o en un estado al empezar la noche: *anochecieron en mitad de camino y no encontraron alojamiento.*
3 Privarse una cosa de luz o claridad. — v.prnl./literario
4 Acción de anochecer. — s.m.
5 Tiempo durante el cual anochece. — = anochecida
6 al anochecer: Al aproximarse la noche: *al anochecerse salió la procesión camino de la iglesia catedral.* — loc.adv.
7 anochecer y no amanecer: Huir o desaparecer una persona repentinamente. — coloquial

anochecida Tiempo durante el cual se empieza a hacer de noche. — s.f./= anochecer

anochecido Al anochecer. — adv.

anodinar Aplicar calmantes a una persona. — v.tr/MEDICINA

anodinia (Del gr. *anodynia*.) Ausencia de dolor. — s.f./MEDICINA

anodino, a (Del gr. *anodynos* < *an*, privativo + *odyne*, dolor.)
1 Que no tiene gracia o interés: *su charla anodina no llamó mi atención.* — adj. = insustancial
2 Que sirve para calmar el dolor: *le suministraron un anodino.* — adj/s. MEDICINA

anodizar Cubrir un metal con una protección de óxido de aluminio mediante electrólisis. — v.tr. conj: cazar

ánodo (Del gr. *anodos*, camino ascendente < *ana-*, arriba + *hodos*, camino.) Polo positivo de un generador de electricidad por el que entra la corriente. — s.m. ELECTRICIDAD

anofeles (Del gr. *anopheles*, perjudicial < *an*, privativo + *ophelos*, utilidad.) Mosquito cuya hembra transmite el paludismo, la malaria y ciertas fiebres. *(Anopheles.)* — s.m. pl: anofeles ZOOLOGÍA

anomalía (Derivado de *anómalo*.)
1 Irregularidad, elemento que está fuera de la norma: *existían numerosos defectos y anomalías en la organización.* — s.f.
2 Distancia angular del lugar verdadero o medio de un planeta al punto orbital más alejado del Sol, vista desde el centro de la estrella. — ASTRONOMÍA
3 Malformación, alteración biológica: *los trastornos enzimáticos se consideran anomalías.* — BIOLOGÍA

anómalo, a (Del lat. *anomalus* < gr. *an*, privativo + *homalos*, igual.) Que se aparta de lo normal: *observó a lo lejos un anómalo movimiento de las tropas.* — adj. = extraño, raro

anomuro, a Perteneciente a un grupo de insectos decápodos, de abdomen blanco y asimétrico. — adj/s.m. ZOOLOGÍA

anona (Derivado del lat. *annum*, año.)
1 Impuesto en especies, recaudado sobre el producto de la recolección anual, entre los romanos. — s.f. HISTORIA
2 Servicio público para atender el aprovisionamiento de Roma, en la antigüedad. — HISTORIA

anonáceo, a Perteneciente a una familia de árboles y arbustos de los países cálidos, como el chirimoyo. — adj/s.f. BOTÁNICA

anonadación
1 Acción de reducir a la nada. — s.f.
2 Acción de humillar o abatir a una persona: *ya habían pasado unas horas, pero no había salido de su anonadación.* — = anonadamiento

anonadar (Derivado del ant. *nonada*, nadería.)
1 Desconcertar o confundir a una persona en una lucha o una discusión. — v.tr/prnl.
2 Dejar una cosa asombrada a una persona: *se anonadó con las maravillas del museo.*

anonimato Carácter o condición de anónimo: *prefiere permanecer en el anonimato.* — s.m.

anonimia Característica de las obras anónimas. — s.f.

anónimo, a (Del gr. *anonymos* < *an*, privativo + *onoma*, nombre.)
1 Se refiere a la acción u obra escrita realizada por un autor cuyo nombre no es conocido o no ha sido declarado: *el Poema del Mio Cid es una obra anónima.* — adj.m.
2 Que no es famoso o que no tiene importancia: *el director escogió a actores anónimos.* — adj/s.
3 Se aplica a la sociedad comercial que se forma por acciones, con responsabilidad circunscrita al capital que éstas representan. — adj. COMERCIO
4 Carta o papel que delata algo ofensivo o desagradable y oculta el nombre del autor: *recibió varios anónimos con amenazas sobre su familia.* — s.m.

anopluro, a (Del gr. *anoplos*, desarmado < *an*, privativo + *oura*, cola.) Perteneciente a un orden de insectos ápteros parásitos de pequeño tamaño y aparato bucal picador y chupador. — adj/s.m. ZOOLOGÍA

anorak (Voz esquimal.) Prenda de vestir impermeable, semejante a la chaqueta y con capucha: *llevaba un grueso anorak de plumón.* — s.m. / pl: anoraks

anorexia (Del gr. *anorexia*, inapetencia < *an*, privativo + *orexis*, apetito.) Ausencia normal de ganas de comer, por causas inorgánicas o síquicas: *la anorexia es frecuente entre los adolescentes.* — s.f. / MEDICINA

anormal (Del fr. *anormal*, alteración de *anomal* < lat. *anomalus* < gr. *anomalos* < *an*, privativo + *homalos*, igual.)
1 Que no presenta las características que le son propias: *el sistema presenta un anormal funcionamiento.* — adj.= anómalo, raro / ≠ normal
2 Persona cuyo desarrollo físico o intelectual presenta deficiencias. — s.m.f. / = deficiente

anormalidad
1 Falta de normalidad en cosas, personas o situaciones: *la anormalidad de una situación política.* — s.f.
2 Deficiencia mental de una persona. — MEDICINA

anorquidia (Del gr. *an*, privativo + *orkhis*, testículo.) Ausencia de testículos. — s.f. / MEDICINA

anortar (Derivado de *norte*.) Cubrirse el cielo de nubes por soplar viento del norte. — v.intr.

anorza (Del ár. *al-'ursan*, plural de *al-'aris*, parra.) Nueza blanca, planta. — s.f. / BOTÁNICA

anosmático, a
1 Que padece anosmia. — adj/s./MEDICINA
2 Se aplica al animal que no tiene órganos olfativos o son rudimentarios. — ZOOLOGÍA

anosmia (Del gr. *an*, privativo + *osme*, olor.) Disminución o pérdida del sentido del olfato. — s.f. / MEDICINA

anotación
1 Nota o inscripción en una lista: *hizo varias anotaciones al margen para que fueran tenidas en cuenta.* — s.f.
2 **anotación preventiva:** Inscripción provisional de un título en el registro de la propiedad, como garantía de un derecho. — DERECHO / tb: notación

anotador, a
1 Que anota. — adj/s.
2 Ayudante del director que se encarga de anotar los pormenores de cada escena durante el rodaje. — s/CINE / = script

anotar (Derivado de *nota*.)
1 Poner notas en un escrito o un libro: *anotar una obra como ésta no es cosa fácil.* — v.tr.
2 Escribir una cosa en un lugar para recordarla: *anotó la cita en la agenda.* — = apuntar
3 Escribir el nombre de una persona o una cosa en una lista o un registro público.
4 Conseguir un tanto: *anotaron varios puntos en los últimos minutos del partido.* — DEPORTES

anovelado, a Que tiene características propias de la novela. — adj. / tb: novelado

anovulación Cese o suspensión de la ovulación. — s.f./MEDICINA

anovulatorio, a
1 Se refiere a la sustancia o medicamento que impide la ovulación. — adj/s.m. / MEDICINA
2 Se aplica al ciclo menstrual en el que no se ha producido la ovulación previa a la menstruación. — adj. / MEDICINA

anoxemia Disminución de la cantidad de oxígeno en la sangre. — s.f. / MEDICINA

anoxia (De *an*, privativo + gr. *oxys*, ácido, agudo.) Disminución o ausencia de oxígeno en los tejidos orgánicos. — s.f. / MEDICINA / = hipoxia

anquilosamiento Falta de desarrollo o de movimiento: *la estancia en la cama le produjo anquilosamiento en las piernas.* — s.m.

anquilosar
1 Causar una cosa la atrofia de una articulación: *se le anquilosó la rodilla izquierda.* — v.tr/prnl.
2 Quedarse una cosa detenida en su desarrollo o proceso: *anquilosarse el proyecto de reconstrucción.* — v.prnl.

anquilosis (Del gr. *ankylosis* < *ankylos*, encorvado.) Dificultad o imposibilidad de movimiento en una articulación. — s.f. / pl: anquilosis / MEDICINA

anquilostoma (Del gr. *ankylos*, encorvado + *stoma*, boca.) Gusano nematodo parásito intestinal, que causa graves infecciones al liberar sustancias tóxicas que destruyen los glóbulos rojos. *(Ancylostoma duodenale.)* — s.m. / ZOOLOGÍA

anquilostomiasis Enfermedad causada por el parásito anquilostoma, el cual provoca continuas hemorragias en el duodeno y una intensa anemia. — s.f. / pl: anquilostomiasis / MEDICINA

ansa Antigua asociación de mercaderes de ciudades europeas. — s.f./tb: hansa / HISTORIA

ánsar (Del lat. vulgar *ansar* < *anser*.)
1 Ganso, ave. — s.m./ZOOLOGÍA
2 Ave palmípeda, gruesa, de vuelo y andar pesados, que cría en páramos y pantanos, y es gregaria fuera de la época de cría. *(Anser anser.)* — ZOOLOGÍA / = ansarino

ansarino, a
1 Del ánsar: *polluelos ansarinos.* — adj.
2 Ansarón, pollo de ánsar. — s.m./ZOOLOGÍA

ansarón
1 Ánsar, ave palmípeda. — s.m./ZOOLOGÍA / = ansarino
2 Pollo de ánsar.

anseático, a Del ansa o hansa. — adj./tb: hanseático

anseriforme Perteneciente a un orden de aves palmípedas con pico de láminas córneas, como el ganso, el pato o el cisne. — adj/s.f. / ZOOLOGÍA

ansia (Del lat. vulgar *anxia* < *anxius*, ansioso.)
1 Sensación de deseo intenso: *esperaba con ansia que los resultados se hicieran públicos.* — s.f.
2 Angustia, inquietud del ánimo.
3 Náusea, gana de vomitar: *se levantaba todas las mañanas con ansias y mareos.* — s.f.pl.

ansiar (Del lat. *anxia* < *anxius*, ansioso.) Desear una cosa intensamente: *ansía la fama.* — v.tr. / conj: vaciar

ansiedad
1 Estado de ánimo de inquietud, agitación o zozobra: *intentó disimular la ansiedad que le producía su vuelta.* — s.f.
2 Angustia patológica que acompaña a muchas enfermedades y particularmente a ciertas neurosis. — SICOLOGÍA

ansiolítico, a Se refiere al medicamento que combate la ansiedad. — adj/s.m. / FARMACIA

ansioso, a (Del lat. *anxius*, ansioso.)
1 Que siente inquietud o angustia: *está ansiosa por saber si se recuperará pronto.* — adj. / + de, por
2 Que tiene ansia o deseo de una cosa: *está ansiosa de salir a bailar y a divertirse.* — + de, por
3 Que tiene un afán exagerado de poseer cosas. — adj/s.= codicioso

anta
I (Del ár. hispánico *al-lamt*.) Alce, mamífero. — s.f./ZOOLOGÍA
II (Del lat. *antae*.) — tb: ante
1 Menhir, construcción prehistórica. — s.f./HISTORIA
2 Pilastra en el extremo de un muro que tiene delante una columna de la misma anchura. — ARQUITECTURA

antagallar Recoger las fajas de rizos de las velas para que ofrezcan menos superficie al viento. — v.tr. / NÁUTICA

antagónico, a Que es contrario u opuesto: *en el debate se presentaron ideas antagónicas.* — adj. / ≠ semejante

antagonismo Oposición o rivalidad entre ideas, doctrinas u opiniones: *es imposible entenderse, hay un antagonismo irreconciliable entre las dos posturas.* — s.m.

antagonista (Del lat. *antagonista* < gr. *antagonistes* < *anti*, contra + *agonistes*, combatiente.)
1 Persona o cosa opuesta o contraria a otra: *son totalmente antagonistas.* — s.m.f.
2 Personaje que se opone al protagonista en el conflicto de una trama argumental. — LITERATURA, CINE, TEATRO
3 Que se opone o lucha contra algo: *los antagonistas a la reforma hicieron frente común.* — adj/s.m.f.
4 Se refiere al músculo que produce un movimiento contrario al de otro de la misma región. — adj/s.m. / ANATOMÍA
5 Se refiere a los nervios que animan funciones contrarias en un mismo órgano. — ANATOMÍA

antalgia Ausencia de dolor. — s.f./MEDICINA

antanaclasis (Del gr. *antanaklasis*.) Figura de la elocución que consiste en repetir la misma forma de una palabra con un significado diferente en cada caso. — s.f. / pl: antanaclasis / RETÓRICA

antaño (Del lat. *ante annum*, un año antes, hace un año.) Hace años, antiguamente: *antaño las telas eran tejidas a mano en telares domésticos.* — adv. / culto / ≠ hogaño

antártico, a (Del gr. *antarktikos* < *anti*-, opuesto + *arktikos* < *arktos*, oso, polo norte.)
1 Se refiere al polo que se localiza en el hemisferio sur y que es opuesto al ártico. — adj/s. / GEOGRAFÍA
2 Que tiene relación con el polo sur. — adj./≠ ártico

ante
I (Del ár. hispánico *al-lamt*.)
1 Piel de algunos animales adobada y curtida: *lucía una americana de ante.* — s.m.
2 Alce, mamífero. — tb: anta
3 Almíbar de harina de garbanzos y frijoles. — Guat.
4 Postre de bizcocho mezclado con dulce de huevo y coco. — Méx.
5 Bebida refrescante. — Perú
II (De la preposición latina *ante*.)
1 En presencia de, delante: *estaba ante mí completamente solo.* — prep. / = delante de
2 En relación a, respecto de: *ante sus argumentos, le creyeron.*
3 Antes que: *ante todo debo confesar mi culpa.*

ante- Componente de palabra procedente del lat. *ante*, que indica anterior, antes: *anteayer.* — pref.

antealtar Espacio anterior al altar. — s.m.

anteanoche En la noche de anteayer: *quedó en llamarme anteanoche y aún no lo ha hecho.* — adv. / tb: antenoche

anteayer En el día anterior al de ayer: *anteayer finalizó el plazo para presentar las instancias.* — adv.

antebrazo
1 Parte del brazo desde el codo hasta la muñeca: *sufrió varias quemaduras en el antebrazo porque lo llevaba descubierto.* — s.m. ANATOMÍA
2 Brazuelo de los cuadrúpedos. — ZOOLOGÍA

antecámara Habitación de acceso a otra más importante: *les hizo esperar en la antecámara.* — s.f.

antecapilla Pieza contigua a una capilla por la que se accede a ésta. — s.f.

antecedente
1 Que antecede: *los soberanos antecedentes no sospecharon la envergadura de la reforma del estado.* — adj. = precedente
2 Dato o circunstancia anterior a una cosa que sirve para comprenderla o juzgarla: *el análisis de antecedentes da sentido a la crisis.* — s.m. = precedente
3 Primero de los términos de una relación gramatical: *el antecedente de un pronombre es un nombre u oración sustantiva.* — LINGÜÍSTICA
4 Primera proposición de un entimema o silogismo abreviado. — LÓGICA
5 Primer término de una razón. — MATEMÁTICAS
6 Constancia de un delito que, en caso de reincidencia, constituye un agravante. — s.m.pl. DERECHO
7 **en antecedentes**: Con información o datos sobre el asunto que se trata: *ya me han puesto en antecedentes sobre lo ocurrido.* — loc.adv.

anteceder (Del lat. *antecedere*.) Estar o ir una cosa antes de otra: *las nubes anteceden a la tormenta.* — v.tr. = preceder

antecesor, a (Del lat. *antecessor*.)
1 Que es anterior en el tiempo. — adj./= ascendiente s.
2 Persona que precedió a otra en una actividad: *sus antecesores complicaron aún más la máquina administrativa del ayuntamiento.*
3 Antepasado, ascendiente de una persona: *heredó su fortuna de sus antecesores y la dilapidó en vida.*

anteco, a (Del gr. *antoikos*, que vive al lado opuesto.) Se aplica a la persona que vive en el mismo meridiano que otra y a la misma longitud y distancia del ecuador, pero en el otro hemisferio terrestre. — adj/s. GEOGRAFÍA = antiscio

antecoger Coger a una persona o una cosa empujándola hacia adelante. — v.tr. conj: coger

antecopretérito (Voz creada por A. Bello, humanista venezolano.) Pretérito pluscuamperfecto de indicativo. — s.m. GRAMÁTICA

antecoro Pieza por la que se accede al coro de una iglesia. — s.m. ARQUITECTURA

antedata Fecha falsa de un documento, anterior a la verdadera. — s.f.

antedatar Poner antedata a un documento. — v.tr.

antedicho, a Que se ha mencionado antes: *... haciendo referencia a los antedichos argumentos.* — adj/s. = citado

antediluviano
1 Que es anterior al diluvio universal. — adj.
2 Que es muy antiguo. — = antiquísimo

antefija Adorno en el borde del alero del tejado para cubrir las juntas de las tejas. — s.f. ARQUITECTURA

antefirma
1 Fórmula de cortesía que varía en función del tratamiento que corresponde a una persona o a una corporación y que se pone antes de la firma en un escrito. — s.f.
2 Denominación del empleo, cargo o representación del firmante de un documento que se pone antes de la firma.

antefuturo (Voz creada por A. Bello, humanista venezolano.)
1 Futuro perfecto de indicativo y subjuntivo. — s.m./GRAMÁTICA
2 **antefuturo hipotético**: Condicional perfecto, tiempo de indicativo que expresa una acción futura respecto a un momento pasado, siendo aquélla anterior a otra acción. — GRAMÁTICA

anteiglesia
1 Pórtico o atrio delante de una iglesia. — s.f./ARQUITECTURA RELIGIÓN
2 Iglesia parroquial propia de algunos pueblos castellanos y vascos.
3 Pueblo o distrito municipal que tenía anteiglesia.

antejuicio Trámite previo a un juicio, en favor de los jueces y magistrados, en el que se decide si se debe proceder criminalmente contra ellos por razón de su cargo. — s.m. DERECHO

antelación (Del lat. vulgar *antelatio*, acción de anteponer < *anteferre*, llevar delante < *ferre*, llevar.) Anticipación temporal con que sucede una cosa respecto a otra: *envió el correo con suficiente antelación.* — s.f.

antemano Significa con anticipación, anteriormente y se usa en la expresión **de antemano**: *conocer de antemano la noticia.* — loc.adv.

antemeridiano, a
1 Que es anterior al mediodía. — adj.

2 Se aplica al punto del paralelo de un astro que es anterior al de su intersección con el meridiano. — ASTRONOMÍA

ante meridiem (Expresión latina.) Antes del mediodía. — loc.adv. tb: a.m.

antena (Del lat. *antemna*, verga de navío.)
1 Dispositivo de distintas formas y más o menos longitud, que sirve para emitir y recibir ondas radioeléctricas electromagnéticas. — s.f. TELECOMUNICACIONES
2 Apéndices flexibles que tienen en la cabeza los insectos y otros animales artrópodos, en número de dos o de cuatro. — ZOOLOGÍA
3 Capacidad o interés por conseguir información: *estaba muy enterado por sus buenas antenas.* — coloquial
4 **estar en antena**: Estar emitiendo en radio o televisión: *dentro de tres minutos estaremos en antena.* — AUDIOVISUALES
5 **tener la antena puesta**: Estar pendiente de las conversaciones ajenas: *habla más bajo porque siempre tiene las antenas puestas.* — coloquial

antenoche
1 Anteanoche, en la noche anterior: *antenoche el bullicio callejero no nos dejó pegar el ojo.* — adv.
2 Antes de anochecer.

antenombre Apelativo o calificativo que se coloca antes del nombre propio de una persona, como *don, fray* o *santa*. — s.m.

anténula Apéndice táctil del cráneo. — s.f./ZOOLOGÍA

antenunciar Anunciar una cosa que ha de suceder por adivinación o suposición. — v.tr. = predecir

anteojera
1 Cada una de las dos piezas de la guarnición de una caballería de tiro que, puestas junto a los ojos, obligan al animal a mirar sólo al frente. — s.f. tb: antojera
2 Estuche para guardar los anteojos.

anteojo
1 Instrumento óptico para ver de lejos. — s.m./= catalejo
2 Instrumento óptico con dos cañones y con prismas ópticos en su interior para ampliar la visión. — s.m.pl./= gemelos, prismáticos
3 Par de piezas de cuero redondas y con un agujero en el centro que se coloca delante de los ojos de los caballos espantadizos.
4 Gafas, instrumento óptico con dos lentes montadas en una armadura que se coloca ante los ojos. — Amér. = lentes

anteón Bardana, planta. — s.m./BOTÁNICA

antepalco Espacio o pieza por la que se accede al palco. — s.m. TEATRO

antepasado, a
1 Del tiempo anterior, o de un tiempo ya pasado: *aprendió mucho sobre la crueldad analizando las antepasadas guerras.* — adj.
2 Ascendiente, persona de la que otra desciende: *sus antepasados proceden de las comarcas del norte.* — s.

antepecho
1 Pretil o barandilla de protección en puentes, balcones o lugares peligrosos. — s.m. CONSTRUCCIÓN
2 Parte de la pared entre la ventana y el suelo. — CONSTRUCCIÓN
3 Saliente en la parte inferior de una ventana puesto para apoyar los codos en él: *colocó varias macetas en los antepechos de la fachada.* — CONSTRUCCIÓN
4 Almohadilla rellena de lana o de obra que se pone a las caballerías de tiro para protegerles el pecho.

antepenúltimo, a Que ocupa dos lugares anteriores al último: *llegó el antepenúltimo al punto de meta.* — adj/s.

anteponer
1 Poner una cosa delante de otra: *en algunas lenguas se anteponen los adjetivos a sus sustantivos.* — v.tr/prnl. conj: poner
2 Prestar más interés o dar más importancia a una cosa que a otra.

anteportada Hoja que precede a la portada de un libro, en la que generalmente sólo consta el título. — s.f./ARTES GRÁFICAS = portadilla

antepospretérito (Voz creada por A. Bello, humanista venezolano.) Antefuturo hipotético, condicional perfecto. — s.m. GRAMÁTICA

antepresente (Voz creada por A. Bello, humanista venezolano.) Pretérito perfecto de indicativo y subjuntivo. — s.m. GRAMÁTICA

antepretérito (Voz creada por A. Bello, humanista venezolano.) Pretérito anterior de indicativo y pluscuamperfecto de subjuntivo. — s.m. GRAMÁTICA

anteproyecto
1 Conjunto de trabajos previos a la redacción de un proyecto. — s.m.
2 Primera redacción provisional de una ley, programa u otro asunto. — DERECHO

antepuerta
1 Cortina que se pone delante de una puerta para abrigo o decoración. — s.f. = guardapuerta
2 Puerta interior de la entrada de una fortaleza. — = contrapuerta

antepuerto
1 Terreno elevado y escabroso que precede a un puerto de montaña. — s.m. GEOGRAFÍA

2 Dársena construida a la entrada de un puerto. **NÁUTICA**

antera (Del gr. *anthera*, florida, < *anthos*, flor.) Parte del estambre de las flores, en forma de saquito, donde está el polen. **s.f.** **BOTÁNICA**

anterior
1 Que precede en el espacio o en el tiempo: *ya me habías hablado de este asunto en ocasiones anteriores.* **adj.** **= precedente**
2 Que precede inmediatamente en el espacio o en el tiempo: *encontré el piso tal y como lo dejó el anterior inquilino.*

anterioridad Precedencia temporal de una cosa con respecto a otra: *con anterioridad a la reunión les hizo llegar su informe.* **s.f.**

anterozoide Célula reproductora masculina de los vegetales. **s.m./BOTÁNICA** **= espermatozoide**

antes (Del lat. *ante*, antes de.)
1 Hace rato, hace tiempo: *ya te lo dije antes.* **adv.**
2 Con anterioridad, atrás en el tiempo: *meses antes había comprado un piso.*
3 En lugar anterior, delante: *la primera planta está antes de la segunda.* **≠ detrás**
4 En lugar precedente, primero: *saldré antes que tú.*
5 Mejor, preferible: *antes morir que perder la honra.*
6 Sino, sino que: *no me ha molestado, antes te lo agradezco.* **conj.**
7 Anterior, precedente: *las encontramos en el bar la noche antes.* **adj.**
8 antes de todo: Lo primero: *antes de todo he de saber el resultado.* **loc.adv.**
9 antes que nada: Lo primero: *antes que nada, debo felicitar al organizador.*
10 cuanto antes: Lo más pronto posible: *regresa cuanto antes mejor.*

antesala
1 Habitación o sala de espera anterior a una sala principal. **s.f.**
2 hacer antesala: Esperar en una antesala u otra habitación hasta ser recibido por alguien: *les tocó hacer antesala para hablar con la embajadora.*

antetemplo Pórtico de un templo. **s.m./ARQUITECTURA**

antever Pensar en la posibilidad de que ocurra una cosa o adivinar algo. **v.tr./conj: ver** **= prever**

antevíspera Día que precede al de la víspera: *la antevíspera a la boda fue de mucho trajín.* **s.f.**

anti- Componente de palabra procedente del gr. *anti*, que indica oposición, hostilidad o protección contra: *anticristo; antitanque.* **pref.** **tb: ant-**

antia Lampuga, pez. **s.f./ZOOLOGÍA**

antiabortista Que es contrario al aborto provocado: *colectivos antiabortistas.* **adj/s.m.f.**

antiacadémico, a Que se manifiesta contrario a la autoridad o la influencia de las academias o el academicismo. **adj.**

antiácido, a Se refiere a la sustancia que impide la acción de los ácidos. **adj/s./QUÍMICA** **= anticorrosivo**

antiaéreo, a De la defensa de aviones militares: *la artillería antiaérea.* **adj/s.** **MILITAR**

antiálcali Sustancia usada para neutralizar o disminuir la actividad de los álcalis. **s.m.** **QUÍMICA**

antialcalino, a Se refiere a la sustancia que combate la acción de los álcalis. **adj.** **QUÍMICA**

antialcohólico, a Que combate el alcoholismo. **adj/s.**

antialérgico, a Se aplica al medicamento que combate la alergia. **adj/s.** **FARMACIA**

antiarrugas Se refiere al producto o tratamiento que evita la formación de arrugas en la piel: *a partir de cierta edad ya no sirven de nada los antiarrugas.* **adj/s.m.** **pl: antiarrugas**

antiatómico, a
1 Que combate los efectos de la radiación atómica. **adj.**
2 Que se opone al uso de armas atómicas: *convocar una marcha antiatómica hasta la central nuclear.*

antibalas Se aplica a cualquier objeto realizado con un material que detiene o frena el impacto de una bala: *chaleco antibalas.* **adj.** **pl: antibalas**

antibaquio (Del lat. *antibacchius* < gr. *antibakeios*.) Pie formado por dos sílabas largas seguidas de una breve, en la poesía griega y latina. **s.m.** **POESÍA** **tb: antibáquico**

antibelicista
1 Contrario al belicismo: *movimientos antibelicistas.* **adj./SOCIOLOGÍA**
2 Persona contraria a tomar parte en conflictos armados: *el candidato se declara antibelicista.* **s.m.f.** **SOCIOLOGÍA**

antibiograma Método usado para determinar la sensibilidad de un germen frente a un antibiótico. **s.m.** **BIOLOGÍA**

antibiosis Efecto destructor de un organismo, o de sustancias producidas por él, sobre otro. **s.f./pl: antibiosis** **BIOLOGÍA**

antibiótico, a
1 Que combate las bacterias y otros microorganis- **adj.**

mos patógenos: *las propiedades antibióticas de una sustancia.*
2 Sustancia química producida por microorganismos, o fabricada por síntesis, capaz de eliminar o inhibir el crecimiento de otros organismos. **s.m.** **FARMACIA**

antibloqueo Se aplica al sistema de frenos que impide el bloqueo de las ruedas al frenar. **adj/s.m.** **MECÁNICA**

anticapitalismo Doctrina o actitud que se opone al sistema capitalista. **s.m.** **POLÍTICA**

anticapitalista Que es contrario al sistema capitalista. **adj/s.m.f.** **POLÍTICA**

anticatarral Que combate el catarro. **adj/s.m.**

anticelulítico, a Que combate la celulitis. **adj/s.**

antichoque Se aplica a cualquier objeto realizado con un material que detiene o frena un impacto físico. **adj.**

anticiclón Área de alta presión barométrica. **s.m.**

anticipación
1 Acción y resultado de anticipar o anticiparse: *reservó las entradas con anticipación.* **s.f.**
2 Figura que consiste en refutar de antemano una objeción que otro puede plantear. **RETÓRICA** **= prolepsis**

anticipada Acometida o ataque que se hace al contrario antes de que éste se ponga en defensa. **s.f.**

anticipado, a
1 Adelantado, prematuro. **adj.**
2 por anticipado: Por adelantado, con anticipación: *sabe por anticipado que será imposible hacer indefinida la huelga.* **loc.adv.**

anticipar (Del lat. *anticipare*.)
1 Hacer una cosa o señalar una fecha antes de lo previsto: *anticipó la conferencia para que no coincidiese con las elecciones.* **v.tr.** **= adelantar**
2 Dar una cantidad de dinero antes de lo señalado: *le anticipó la mitad del sueldo.*
3 Dejar una cantidad que será devuelta con ciertos recursos: *le anticipé un millón sobre sus acciones.*
4 Dar preferencia a una cosa sobre otra. **= anteponer**
5 Anunciar una cosa futura: *anticipó la caída de la bolsa un mes antes.*
6 Hacer una cosa antes de que ocurra otra o de que lo haga otro. **v.prnl.**
7 Producirse un acontecimiento antes de lo normal o de lo previsto.

anticipo
1 Anticipación, acción de anticipar o anticiparse. **s.m.**
2 Cantidad de dinero que se cobra con antelación a la fecha convenida: *le dio un anticipo para que comprase los materiales necesarios.*

anticlerical
1 Que tiene relación con el anticlericalismo: *las tendencias anticlericales de la sociedad.* **adj.** **SOCIOLOGÍA**
2 Persona que defiende esta actitud o doctrina. **s.m.f.** **SOCIOLOGÍA**

anticlericalismo Doctrina o actitud contra lo clerical o el clericalismo. **s.m.**

anticlímax
1 Parte de un discurso que sigue al clímax o que funciona como contrapunto del momento culminante de la tensión emotiva del mismo. **s.m.** **pl: anticlímax** **LITERATURA**
2 Gradación descendente. **LITERATURA**
3 Último término de una gradación descendente. **LITERATURA**

anticlinal Se aplica al pliegue convexo hacia arriba de un terreno o masa rocosa. **adj/s.m./GEOLOGÍA** **≠ sinclinal**

anticloro Sustancia usada para eliminar el exceso de cloro. **s.m.** **QUÍMICA**

anticoagulante Que impide o retarda la coagulación sanguínea. **adj/s.m./FARMACIA** **≠ coagulante**

anticolonialismo Tendencia contraria al colonialismo en cualquiera de sus formas. **s.m.** **POLÍTICA**

anticomunismo Ideología o actitud hostil respecto al comunismo: *el anticomunismo de ciertos gobiernos.* **s.m.** **POLÍTICA**

anticomunista Que es contrario al comunismo. **adj/s.m.f.**

anticonceptivo, a Se aplica a los métodos y sustancias que impiden la fecundación de la mujer: *la diversidad de anticonceptivos.* **adj/s.**

anticonformismo Disconformidad con las normas, leyes o costumbres establecidas. **s.m.**

anticongelante Que impide la congelación: *echó anticongelante en el coche.* **adj/s.m.**

anticonstitucional Que se manifiesta contrario a la constitución según la cual se rige un estado: *el decreto es anticonstitucional según algunos rectores de la opinión pública.* **adj.** **POLÍTICA** **≠ constitucional**

anticorrosivo, a Se refiere a la sustancia que impide la corrosión. **adj/s.m.** **≠ corrosivo**

anticresis (Del lat. *antichresis* < gr. *antikhresis* < *anti*, en vez de + *khremai*, usar.) Contrato por el que un deudor consiente que su acreedor goce de los frutos **s.f.** **pl: anticresis** **DERECHO**

de la finca que le entrega en garantía hasta que se cancele la deuda.

anticuado, a Que ya no se usa o no se lleva: *expresión anticuada; estilo anticuado.* — adj/s.

anticuar (Del lat. *antiquare.*)
1 Declarar que una cosa ya no se usa o no se estila, especialmente cuando se trata de leyes o palabras. — v.tr/conj.: *actuar* tb: antiguar
2 Hacerse anticuado: *anticuarse una moda.* — v.prnl.

anticuario, a (Del lat. *antiquarius.*) Persona o establecimiento dedicado al comercio de antigüedades o a coleccionarlas. — s.

anticucho Pedazo de carne asada o frita que se vende ensartado en un palo de madera o metal. — s.m./Bol., Chile, Perú

anticuerpo Sustancia existente en el organismo animal o producida en él por la introducción de un antígeno, contra cuya acción reacciona de manera específica: *en el segundo análisis detectó los anticuerpos.* — s.m. BIOLOGÍA

antidáctilo Anapesto, pie métrico clásico. — s.m./POESÍA

antidemocrático, a Que no es partidario de la democracia: *los partidos antidemocráticos no han de concurrir a las urnas.* — adj/s. ≠ democrático

antideportivo, a Que es contrario al espíritu deportivo. — adj.

antidepresivo, a Se aplica a la sustancia que combate los estados depresivos patológicos. — adj/s.m. FARMACIA

antideslizante
1 Que impide el deslizamiento de un cuerpo: *superficie antideslizante.* — adj/s.m.
2 Dispositivo incorporado a los neumáticos de un automóvil para que no patine. — s.m.

antidetonante
1 Que impide la detonación o explosión. — adj.
2 Se implica al producto que se añade a la gasolina para impedir la explosión prematura de la mezcla carburante en los motores. — adj/s.m.

antidisturbios Se aplica al dispositivo policial que combate los disturbios callejeros: *las fuerzas antidisturbios disolvieron la manifestación con gases lacrimógenos.* — adj/s.m. pl: antidisturbios

antidoping (Voz inglesa). Se aplica al control que se realiza tras una prueba deportiva para detectar el uso de estimulantes o anabolizantes por los deportistas. — adj/s.m. pl: antidoping

antídoto (Del lat. *antidotum* < gr. *antidoton*, lo que se da en contra de algo.)
1 Sustancia que neutraliza la acción venenosa de un tóxico determinado: *llevaron varias dosis de antídoto para picaduras de escorpiones.* — s.m. FARMACIA
2 Medio para evitar algo reprobable o no deseado: *la lectura es el mejor antídoto contra la ignorancia.*

antidumping (Voz inglesa.) Conjunto de mecanismos jurídicos para contrarrestar la práctica del dumping, o exportación de un producto a un precio inferior al que tiene aquél en el mercado nacional propio. — s.m. pl: antidumping ECONOMÍA

antieconómico, a
1 Que es contrario a los principios de la economía. — adj.
2 Que tiene un precio elevado. — = caro

antiemético, a Se aplica al medicamento que impide el vómito. — adj/s.m. FARMACIA

antienzima Sustancia que neutraliza la acción de las enzimas. — s.f. BIOLOGÍA

antier (Del lat. *anteheri.*) En el día inmediatamente anterior a ayer. — adv. Amér.

antiespasmódico, a Se aplica a la sustancia que calma los espasmos o contracturas agudas. — adj/s.m. FARMACIA

antiestático, a Que impide o limita la formación de electricidad estática. — adj/s.m.

antiestético, a Que impresiona desagradablemente al sentido de la vista o va en contra de los cánones estéticos. — adj.

antifaz
1 Objeto de cartón, tela, plástico u otro material con el que una persona se cubre la cara. — s.m. pl: antifaces
2 Prenda de tela negra con que se cubren los ojos para evitar la luz: *en el avión les dieron antifaces para poder conciliar el sueño.*

antifebril Se aplica al medicamento que reduce la temperatura del cuerpo. — adj/s.m. = antitérmico

antifederal Que es contrario al federalismo. — adj/s.m.f.

antifernal (Del gr. *anti*, en vez de + *pherne*, dote.) Se refiere a los bienes que el marido daba a la mujer en compensación y para seguridad de la dote. — adj. DERECHO

antiflogístico, a (De *anti* + gr. *phlogystos*, inflamación.) Que combate la inflamación: *debe aplicarse un antiflogístico en la zona donde recibió el golpe.* — adj/s.m. FARMACIA = antiinflamatorio

antifona (Del lat. vulgar *antiphona* < gr. *antiphonos*, que suena en contestación [a algo] < *anti*, contra + — s.f. RELIGIÓN

phone, voz.) Versículo bíblico que se canta o se reza antes y después de un salmo, en la liturgia católica.

antifonario, a Se aplica al libro litúrgico que contiene los cantos que interpreta el coro durante la misa u otros oficios religiosos. — adj/s.m. RELIGIÓN = antifonal

antífono Utensilio formado por dos cascos protectores que se adaptan a las orejas para amortiguar los ruidos intensos. — s.m.

antífrasis (Del gr. *anthiphrasis*.) Figura de dicción que consiste en dar a entender lo contrario de lo que expresa una palabra por la contradicción que existe entre ella y su contexto en la frase. — s.f. pl: antífrasis RETÓRICA

antifricción Aleación de plomo, estaño y antimonio usada para forrar el interior de los cojinetes y disminuir así el frotamiento. — s.f. METALURGIA

antígeno Sustancia que, introducida en un organismo animal, provoca la formación de anticuerpos. — s.m. BIOLOGÍA

antigramatical Se aplica al enunciado que no cumple las normas de la gramática: *frase antigramatical por la falta de concordancia de número entre sujeto y predicado.* — adj. GRAMÁTICA = agramatical

antigripal Que combate la gripe: *vacuna antigripal.* — adj/s.m.

antigualla Obra, objeto o costumbre muy antigua o pasada de moda: *conservó algunas antiguallas de las que decoraban la casa de los abuelos.* — s.f.

antigubernamental Que se manifiesta contrario al gobierno constituido. — adj. POLÍTICA

antigüedad
1 Circunstancia de ser una cosa antigua, que existe desde hace mucho tiempo: *la antigüedad del manuscrito aún no ha sido determinada.* — s.f.
2 Período de tiempo en el que se desarrolló la cultura clásica: *los sabios de la antigüedad.* — HISTORIA
3 Tiempo que lleva una persona en un empleo, cargo, actividad u organización: *tengo tres años de antigüedad en el empleo.*
4 Tiempo, edad antigua, período de la historia que corresponde a las civilizaciones más antiguas. — HISTORIA
5 Gente, los que vivieron en los tiempos antiguos: *así pensaba la antigüedad.*
6 Objetos cuyo posible valor artístico o sentimental aumenta por el hecho de ser antiguos: *se dedica al comercio de antigüedades.* — s.f.pl.
7 Monumentos de valor histórico o arqueológico. — ARTE

antiguo, a (Del lat. *antiquus.*)
1 Que existe desde hace mucho tiempo: *la antigua idea de que las fronteras delimitan pueblos.* — adj.
2 Que ocurrió en los tiempos antiguos: *el antiguo comercio en el área mediterránea.*
3 Anticuado, pasado de moda. — adj/s.
4 Se aplica a la persona que lleva mucho tiempo ejerciendo una profesión o formando parte de una comunidad.
5 Gente, los que vivieron en la antigüedad: *la concepción que los antiguos tenían del infierno.* — s.m.pl.
6 a la antigua: Según costumbres o usos antiguos: *en mi casa se come a la antigua, a hora temprana.* — loc.adv.

antihéroe Personaje que posee características y cualidades opuestas a las del héroe tradicional. — s.m./CINE, LITERATURA

antihigiénico, a Que no sigue las normas de la higiene. — adj.

antihistamínico, a Se aplica a la sustancia que combate la reacción de la histamina. — adj/s.m. FARMACIA

antiimperialismo Ideología que combate el imperialismo o dominio de un pueblo sobre otro. — s.m. POLÍTICA

antiinflamatorio, a Se aplica al medicamento que reduce la inflamación. — adj/s.m./FARMACIA = antiflogístico

antillano, a
1 De las Antillas, archipiélago situado frente al golfo de México. — adj.
2 Persona natural de este archipiélago. — s.

antilogaritmo Número al que corresponde un logaritmo determinado. — s.m. MATEMÁTICAS

antilogía (Del gr. *anti*, contra + *logos*, discurso.) Contradicción entre dos textos o entre dos expresiones. — s.f./LITERATURA, RETÓRICA

antílope (Del fr. *antilope* < ingl. *antelope* < gr. *anthalops*.) Cualquiera de los mamíferos rumiantes de gran tamaño, con cornamenta permanente, que suelen vivir en sabanas y praderas africanas. — s.m. ZOOLOGÍA

antimagnético, a Que no puede ser influido por los campos magnéticos. — adj. FÍSICA

antimateria Materia compuesta de antipartículas. — s.f./FÍSICA

antimeridiano Semimeridiano opuesto al que pasa por un lugar. — s.m. GEOGRAFÍA

antimicrobiano, a Que combate los microbios: *sustancia antimicrobiana.* — adj. FARMACIA

antimilitarismo Ideología o actitud contrarias a todo lo relacionado con la guerra, el armamento y los — s.m. SOCIOLOGÍA ejércitos: *el antimilitarismo se hizo popular en la época hippy.*

antimilitarista
1 Del antimilitarismo: *doctrinas antimilitaristas.* adj./SOCIOLOGÍA
2 Persona que se opone a las instituciones y espíritu militares. s.m.f. SOCIOLOGÍA

antimisil Se refiere al sistema defensivo que rechaza los ataques mediante misiles. adj. MILITAR

antimitótico, a Que impide la división celular. adj./BIOLOGÍA

antimonárquico, a Que no es partidario de la monarquía: *las facciones antimonárquicas conspiraron contra la reina.* adj./s. POLÍTICA ≠ monárquico

antimoniato Sal derivada del ácido antimónico. s.m./QUÍMICA

antimonio Sustancia sólida de color blanco azulado, brillante, quebradizo y de estructura laminosa, usada en la industria. s.m. QUÍMICA

antimoniuro Combinación del antimonio con otro elemento químico. s.m. QUÍMICA

antinatural Que está en contra de las leyes de la naturaleza: *algunos piensan que el suicidio es antinatural.* adj. ≠ natural

antineurálgico, a Que calma la neuralgia. adj./FARMACIA

antineutrón Antipartícula del neutrón. s.m./FÍSICA

antiniebla Se refiere al dispositivo que permite ver en la niebla: *los nuevos vehículos están equipados con faros antiniebla.* adj/s.m. pl: antiniebla

antinomia (Del lat. *antinomia* < gr. *antinomia* < *anti*, contra + *nomos*, ley.)
1 Contradicción entre dos principios racionales. s.f./LÓGICA
2 Contradicción entre dos preceptos legales. DERECHO

antinuclear
1 Que es contrario a la energía o armamento nucleares: *coordinadora antinuclear.* adj/s.m.f. SOCIOLOGÍA
2 Que protege de los efectos de una explosión nuclear: *refugio antinuclear.* adj.

antioxidante Que impide la oxidación. adj/s.m.

antipapa Persona que ilegítimamente se erige en papa, en oposición al legítimo. s.m. RELIGIÓN

antipapista Que se manifiesta contrario a la soberanía del papa. adj/s.m.f. RELIGIÓN

antipara
1 Biombo con que se encubren cosas o se crean separaciones: *los enfermos estaban separados por antiparas.* s.f.
2 Pieza que cubría la pierna y el pie, sólo por delante.

antiparasitario, a
1 Que combate los parásitos. adj/s.m.
2 Que evita las perturbaciones que afectan la recepción en televisión y radio: *dispositivo antiparasitario.* adj. = antiparásito

antiparlamentarismo Tendencia contraria al sistema parlamentario. s.m. POLÍTICA

antiparras Gafas, anteojos: *llevaba permanentemente puestas las antiparras.* s.f.pl. coloquial

antipartícula Partícula elemental que tiene propiedades contrarias a las de los átomos de los elementos químicos. s.f. FÍSICA

antipatía (Del gr. *antipatheia* < *anti*, contra + *pathos*, sentimiento.)
1 Sentimiento de rechazo o repulsa hacia una persona o cosa: *espero que la antipatía que siente por mí no le impida analizar el proyecto con objetividad.* s.f.
2 Oposición recíproca entre dos o más cosas.

antipático, a Que provoca un sentimiento de rechazo: *en cuanto la vi me resultó muy antipática.* adj/s. ≠ simpático

antipedagógico, a Que es contrario a los principios de la pedagogía. adj.

antipendio Frontal, paramento con que se adorna la parte delantera del altar. s.m.

antiperistáltico, a Se refiere al movimiento, producido por el estómago o los intestinos, que mueve los alimentos en sentido contrario al natural. adj.

antiperístasis (Del gr. *antiperistasis* < *anti*, contra + *peristasis*, circunstancia.) Acción de dos cualidades contrarias en la que una de ellas incita la fuerza de la otra por oposición. s.f. pl: antiperístasis

antipirético, a Se aplica al medicamento que combate la fiebre. adj/s.m/FARMACIA = antitérmico

antipirina (De *anti-* + gr. *pyrinos*, ardiente.) Base oxigenada blanca y cristalina que se usa para reducir la fiebre y calmar dolores. s.f. FARMACIA

antípoda (Del lat. *antipodes* < gr. *anti*, contra + *pous*, *podos*, pie.)
1 Se aplica a la persona que, con respecto a otra, vive en un lugar diametralmente opuesto del planeta. adj/s.m.f.
2 Referente a un lugar que, con relación a otro, se encuentra en el punto diametralmente opuesto. GEOGRAFÍA
3 Que es completamente contrario o antitético.

antipoético, a Que es contrario a los preceptos de la poética. adj. POESÍA

antipolilla Se aplica a la sustancia que protege los tejidos de la polilla. adj/s.m.

antiprogresista Que se opone al progresismo político o social. adj/s.m.f. = reaccionario

antiprotón Partícula elemental que tiene igual masa que el protón y carga eléctrica negativa. s.m. FÍSICA

antiptosis (Del gr. *antiptosis.*) Figura que consiste en usar en una construcción sintáctica latina o griega una palabra en un caso diferente del normal. s.f. pl: antiptosis RETÓRICA

antirracionalismo Tendencia o doctrina contraria al racionalismo. s.m./FILOSOFÍA, SICOLOGÍA

antirradar Se refiere al dispositivo que neutraliza la eficacia del radar: *gracias al antirradar sobrevoló el campamento sin ser detectado.* adj. TECNOLOGÍA

antirreflejo Se aplica al material tratado de modo que impide los reflejos luminosos. adj.

antirreglamentario, a Que es contrario al reglamento: *usa unas botas antirreglamentarias.* adj.

antirrepublicano, a Que es contrario al sistema republicano. adj/s./POLÍTICA ≠ republicano

antirrevolucionario, a Que es contrario a la revolución: *la lucha antirrevolucionaria del estado.* adj/s./POLÍTICA = reaccionario

antirrobo Se aplica al dispositivo o sistema de seguridad que impide o previene el robo. adj/s.m. pl: antirrobo

antiscio, a (Del lat. *antiscium* < gr. *anti*, contra + *skia*, sombra.) Que vive en el mismo meridiano que otra persona, pero en hemisferio opuesto. adj. GEOGRAFÍA

antisemitismo Ideología o actitud contraria al pueblo judío o a su cultura. s.m./POLÍTICA, SOCIOLOGÍA

antisepsia (De *anti-* + gr. *sepsis*, putrefacción.) Conjunto de métodos que se aplican en la prevención de las enfermedades infecciosas. s.f. MEDICINA

antiséptico, a Que combate la infección: *en los hospitales se limpia todo con productos antisépticos.* adj/s.m./FARMACIA = desinfectante

antisiquiatría Movimiento que se opone a los principios de la siquiatría tradicional. s.f. MEDICINA

antisísmico, a Que está hecho de modo que resista la acción de los terremotos: *construcción de edificios antisísmicos.* adj.

antisocial Que se manifiesta contrario a la sociedad o a la convivencia social: *el aislamiento lo transformó en antisocial.* adj/s.m.f. SOCIOLOGÍA

antispasto (Del gr. *antispastos*, dispuesto en sentido contrario.) Pie formado por un yambo seguido de un troqueo, en la poesía griega y latina. s.m. POESÍA

antistrofa (Del gr. *anti*, contra + *strophe*, vuelta.) Segunda parte del canto, en la lírica coral griega, que consta del mismo número de versos que la primera parte o estrofa. s.f. POESÍA

antisubmarino, a Se refiere al dispositivo que detecta o combate los submarinos. adj. MILITAR

antisudoral Sustancia que se aplica contra el mal olor de la transpiración del cuerpo humano. s.m./Amér. = desodorante

antisuero Suero preparado mediante la inyección a un animal de una toxina, con la finalidad de que desarrolle anticuerpos frente a esta. s.m. MEDICINA

antitanque Que sirve para destruir tanques o vehículos semejantes. adj./MILITAR = anticarro

antitérmico, a Se aplica al medicamento con que se combate la fiebre: *si te tomas un antitérmico te bajará la temperatura.* adj/s.m. FARMACIA = febrífugo

antítesis (Del lat. *antithesis* < gr. *antithesis* < *anti*, contra + *thesis*, posición.)
1 Oposición entre juicios o afirmaciones. s.f./pl: antítesis
2 Persona o cosa enteramente opuesta a otra: *la protagonista es la antítesis de la heroína.*
3 Figura que consiste en contraponer una frase o palabra a otra de significado contrario. RETÓRICA

antitoxina Anticuerpo que se forma por la introducción de una toxina determinada y sirve para neutralizar posteriores ataques de la misma. s.f. BIOLOGÍA

antitrago Saliente de la oreja que está en la parte inferior del pabellón, opuesta al trago. s.m. ANATOMÍA

antitranspirante
1 Sustancia que reduce la transpiración. adj/s.m.
2 Producto que combate el olor de la transpiración cutánea. s.m./Méx. = desodorante

antitrombina Sustancia que impide la coagulación de la sangre. s.f. FARMACIA

antitusígeno, a Se aplica al medicamento que combate la tos. adj/s.m. FARMACIA

antiulceroso, a Se refiere al tratamiento que combate las úlceras. adj/s.m. MEDICINA

antivirus Medicamento usado para dar inmunidad contra algún virus, o para evitar su desarrollo. s.m./pl: antivirus FARMACIA

antofito, a Fanerógamo, perteneciente a una clase de plantas que presentan flores. — adj/s.f. BOTÁNICA

antojadizo, a Que tiene tendencia a tener antojos: *es una niña malcriada y antojadiza.* — adj. = caprichoso

antojarse (Derivado de *antojo.*) — v.prnl. defectivo + me, te, le y otros
1 Hacerse algo objeto de deseo para alguien: *se le antojó comer caracoles.*
2 Considerar una cosa como probable o posible: *se me antoja difícil lo que pides.*
CONJ.: IND.: PRES.: antoja, antojan; PRET. IMPERF.: antojaba, antojaban. PRET. INDEF.: antojó, antojaron; FUTUR. IMPERF.: antojará, antojarán; COND.: antojaría, antojarían. SUBJ.: PRES.: antoje, antojen; PRET. IMPERF.: antojara o antojase, antojaran o antojasen; FUTUR. IMPERF.: antojare, antojaren. IMP.: antoje, antojen.

antojera Pieza de la cabezada de las caballerías que les obliga a mirar al frente. — s.f. = anteojera

antojitos Pequeñas porciones de comida que se toman fuera de las comidas principales y como aperitivo. — s.m.pl. Méx. = tapas

antojo (Del lat. *ante oculum,* delante del ojo.) — s.m./= capricho
1 Deseo caprichoso y pasajero de una cosa: *le sobrevenían los antojos más inverosímiles.*
2 Lunar o mancha de la piel.

antología (Del gr. *anthos,* flor + *lego,* coger, recoger.) — s.f.
1 Colección de piezas escogidas de música, literatura u otra disciplina artística: *pusieron a la venta una antología de la poesía del Siglo de Oro.*
2 **de antología:** Digno de ser destacado, extraordinario: *ha marcado un golazo de antología.* — loc.adj.

antológico, a — adj.
1 De la antología o colección de unidades artísticas seleccionadas: *compendio antológico.*
2 De gran relevancia.

antonimia Cualidad de las palabras antónimas. — s.f./LINGÜÍSTICA

antónimo, a (Del gr. *anti,* contra + *onoma,* nombre.) Palabra que tiene un significado opuesto al de otra, como por ejemplo: *cerca y lejos.* — adj/s.m. LINGÜÍSTICA ≠ sinónimo

antonomasia (Del gr. *antonomasia.*) — s.f.
1 Sustitución del nombre común por el propio, o viceversa, como por ejemplo: *sus crueles acciones demuestran que es un Nerón.* — RETÓRICA
2 **por antonomasia:** Expresión que se usa para indicar que una persona o una cosa, de entre todas las demás, es el representante ideal o sirve de modelo: *Cervantes es el escritor español por antonomasia; Manolete es el torero por antonomasia.* — loc.adv. = por excelencia

antorcha (Probablemente del provenzal *entorcha,* como cruce de *entorta* < lat. *intorta,* torcida y el fr. *torche,* antorcha.) — s.f. = tea
1 Utensilio formado por un palo o mango en cuyo extremo lleva un material combustible, que sirve para alumbrar: *los jóvenes bajaban con antorchas hasta la plaza en la noche de san Juan.*
2 Designa aquello que se considera norte o guía moral o intelectual: *se erigió en antorcha de la libertad.* — = símbolo, estandarte

antorchar Entorchar, recubrir un hilo o cuerda con otro, generalmente de metal. — v.tr.

antozoo (Del gr. *anthos,* flor + *zoon,* animal.) Perteneciente a una clase de cnidarios que comprende pólipos aislados o coloniales, como la anémona de mar o el coral. — adj/s.m. ZOOLOGÍA

antra- Componente de palabra procedente del gr. *anthrax,* que significa carbón: *antracita.* — pref.

antraceno Carburo de hidrógeno obtenido por destilación del alquitrán de hulla. — s.m. QUÍMICA

antracita (Derivado del gr. *anthrax,* carbón.) Variedad del carbón que arde con llama corta azul, sin humear y desprendiendo mucho calor. — s.f. MINERALOGÍA

antracnosis Enfermedad de las plantas, que se manifiesta por manchas oscuras en las hojas y los frutos. — s.f./pl: antracnosis BOTÁNICA

antracosis Enfermedad de los bronquios y los pulmones provocada por el polvo del carbón. — s.f./pl: antracosis MEDICINA

antraquinona Sustancia derivada del antraceno usada para hacer colorantes. — s.f. QUÍMICA

ántrax (Del lat. *anthrax* < gr. *ánthrax,* carbón.) Inflamación del tejido celular subcutáneo y de las glándulas sebáceas, caracterizada por la aparición de forúnculos agrupados. — s.m. pl: ántrax MEDICINA

antro (Del lat. *antrum* < gr. *antron.*) — s.m.
1 Caverna, cueva.
2 Lugar de mal aspecto o reputación: *actuaba todas las noches en un antro del casco viejo.* — coloquial

antropo- Componente de palabra procedente del gr. *anthropos,* que significa hombre: *antropófago.* — pref/suf. = -antropía

antropobiología Estudio de la variación y la diversidad biológica de los seres humanos en el espacio y en el tiempo. — s.f. BIOLOGÍA

antropocentrismo Doctrina que defiende que el hombre es el centro y fin absoluto de la naturaleza. — s.m. FILOSOFÍA

antropofagia Costumbre de comer carne humana. — s.f./= canibalismo

antropófago, a Que come carne humana. — adj/s./= caníbal

antropogenia Estudio de la evolución y el desarrollo humano. — s.f. BIOLOGÍA

antropogeografía Estudio de las condiciones de la vida humana y su distribución en la tierra. — s.f. GEOGRAFÍA

antropografía Parte de la antropología que estudia la descripción de las razas humanas. — s.f. = etnografía

antropoide (Del gr. *anthropos,* hombre + *eidos,* forma.) Que tiene forma o apariencia humana: *diseñó un robot antropoide.* — adj/s.m.f. ZOOLOGÍA

antropología Ciencia que estudia al hombre considerado en sus aspectos físico y social. — s.f.

antropólogo, a Persona dedicada al estudio del hombre y su evolución cultural. — s.

antropometría Parte de la antropología que estudia las proporciones y medidas del cuerpo humano. — s.f.

antropomorfismo Tendencia a atribuir características humanas a la divinidad o a las cosas: *el antropomorfismo de las deidades grecolatinas.* — s.m.

antropomorfo, a (Del gr. *anthropos,* hombre + *morphe,* forma.)
1 Que tiene forma humana: *poseía una rica colección de vasos antropomorfos.* — adj. = antropoideo
2 Se aplica al mono que no tiene cola, como el gorila o el chimpancé. — adj/s.m. ZOOLOGÍA

antroponimia (Del gr. *anthropos,* hombre + *onoma,* nombre, apellido.) Estudio del origen y del significado de los nombres propios de persona. — s.m. LINGÜÍSTICA

antropónimo Nombre propio de persona: *María, Javier y Pablo son antropónimos.* — s.m.

antropopiteco (Del gr. *anthropos,* hombre + *pithekos,* mono.) Denominación que se daba a los primates fósiles considerados antecesores del hombre. — s.m. ZOOLOGÍA

antruejada Broma grotesca de carnaval: *los jóvenes se dedicaban con ahínco a preparar las antruejadas.* — s.f.

antruejar Gastar una broma en carnaval. — v.tr.

antruejo Denominación que se da a los tres días del tiempo de carnaval: *durante el antruejo la ciudad se convertía en una jergonza.* — s.m. tb: entruejo

anual (Derivado del lat. *annus.*) — adj.
1 Que se hace o sucede cada año: *asistió a las convenciones anuales del partido en calidad de reportera.*
2 Que dura un año: *planta anual.*

anualidad
1 Cualidad de anual. — s.f.
2 Ingreso anual de una renta. — ECONOMÍA
3 **anualidad de amortización:** Anualidad destinada a amortizar una deuda. — ECONOMÍA
4 **anualidad de capitalización:** Anualidad destinada a formar un capital. — ECONOMÍA

anuario Libro que se publica cada año y que contiene datos de utilidad general o limitada a los especialistas en una materia: *el anuario de ciencias médicas recoge los últimos avances.* — s.m.

anubarrado, a
1 Que está cubierto de nubes: *el horizonte anubarrado amenazaba tormentas y vendavales.* — adj. = anubado
2 Se aplica al dibujo o pintura que representa nubes. — ARTE

anublar
1 Cubrir las nubes el cielo o la luz de un astro: *el cielo se anubló en pocos minutos y cayó una fuerte tormenta sobre la ciudad.* — v.tr/prnl. tb: aneblar, anieblar, añublar
2 Disminuir o moderar una cosa: *los rumores de cierre anublaron bastante su euforia.* — = amortiguar
3 Secarse o marchitarse las plantas: *la sequía anubló las tomateras del huerto.*
4 Desaparecer una cosa que se deseaba. — v.prnl.

anublo Añublo, hongo. — s.m./MICOLOGÍA

anudar
1 Hacer uno o varios nudos en una cosa: *se anudó el pañuelo para acordarse de llamarla.* — v.tr/prnl. tb: añudar
2 Unir hilos, cuerdas o cosas semejantes mediante un nudo: *anudar los cabos y maromas.*
3 Unir o reforzar: *su amistad se fue anudando paulatinamente.*
4 Formarse un nudo en una cosa de modo espontáneo: *con el viento se le anudaron los mechones.* — v.prnl.
5 Dejar de desarrollarse un ser vivo. — BIOLOGÍA

anuencia Aprobación, consentimiento: *con la anuencia del jefe, continuaremos la investigación.* — s.f.

anuente Que consiente o está conforme. — adj.

anulación Acción y resultado de anular o dejar sin validez: *consiguió la anulación del matrimonio.* — s.f.

anular
I (Derivado del lat. *anulus,* anillo.)

1 Del anillo. · adj.
2 Que tiene forma de anillo.
3 Se aplica al cuarto dedo de la mano, empezando por el pulgar. · adj/s.m.
II (Del lat. vulgar *annullare*.)
1 Dar por nulo o dejar sin validez un compromiso, un contrato, una disposición o un documento: *anular el matrimonio; anular una orden.* · v.tr.
2 Hacer que una persona pierda autoridad, importancia o personalidad: *su fracaso matrimonial acabó anulando su carácter.* · v.tr/prnl.
3 Tomar una persona una actitud de inferioridad: *se anulaba ante sus compañeros por su miedo al fracaso.* · v.prnl.

anulete Pieza en forma de anillo que se dibuja en el escudo. · s.m. HERÁLDICA

anunciación
1 Acción de anunciar lo que ocurre o va a ocurrir. · s.f.
2 Anuncio que el arcángel san Gabriel llevó a la virgen María del misterio de la Encarnación: *la anunciación del arcángel.* · RELIGIÓN
3 Fiesta con que la Iglesia católica celebra el misterio de la Encarnación: *la celebración de la anunciación.* · RELIGIÓN

anunciante Se refiere a la persona o cosa que anuncia, en especial temas comerciales: *las firmas anunciantes de tabaco se opusieron a la restricción de sus anuncios.* · adj/s.m.f. PUBLICIDAD

anunciar (Del lat. *annuntiare* < *ad* + *nuntius*, mensajero.)
1 Dar noticia o avisar que ocurre o va a ocurrir un hecho: *anunció su llegada.* · v.tr.
2 Hacer publicidad de una cosa con fines comerciales: *se anuncian en prensa y televisión.* · v.tr/prnl. PUBLICIDAD
3 Hacer saber por indicios: *las nubes anuncian una tormenta.* · = pronosticar
4 Hacer saber el nombre de un visitante a la persona por quien éste desea ser recibido.

anuncio
1 Acción de anunciar: *hizo público el anuncio de la boda.* · s.m.
2 Palabras, signos o imágenes con que se presenta una cosa con fines publicitarios o comerciales: *premiaron a los mejores anuncios del año.* · PUBLICIDAD
3 Acción de pronosticar o señal que sirve para ello: *los disturbios callejeros fueron el anuncio de una guerra civil.* · = pronóstico

anuria (Del gr. *an*, privativo + *ouron*, orina.) Supresión de la secreción urinaria. · s.f. MEDICINA

anuro (Del gr. *an*, privativo + *oura*, cola.)
1 Que carece de cola. · adj.
2 Perteneciente a un orden de anfibios que carecen de cola, en su estado adulto. · adj/s.m. ZOOLOGÍA

anverso (Del lat. *anteversum* < *ante*, delante, *versum*, vuelto.)
1 Cara principal de las monedas o medallas: *en el anverso aparece una imagen de la Giralda sevillana.* · s.m. ≠ reverso
2 Cara en que va impresa la primera página de un pliego. · ARTES GRÁFICAS

-anza Unido a sustantivos indica acción de: *confianza; alabanza.* · suf.

anzolar
1 Poner el anzuelo en una caña de pescar. · v.tr/conj: contar
2 Coger una cosa con un anzuelo.

anzuelo (Del romance *hamiciolus*, diminutivo del lat. *hamus*, anzuelo.)
1 Gancho para pescar, que se sujeta en el extremo del sedal y en el que se pone el cebo: *el anzuelo se prendió en las ovas del río.* · s.m./PESCA = hamo
2 Aliciente que una persona se sirve para atraer a otra: *su insinuación le sirvió de anzuelo para conquistarlo.* · coloquial = atractivo
3 caer, picar, morder o tragar el anzuelo: Ser engañado con una trampa: *picó el anzuelo y les dio el dinero para el ficticio negocio.* · coloquial
4 echar el anzuelo: Emplear artificios para atraer, generalmente mediante engaño: *le echó el anzuelo esperando que creyese la confabulación.* · coloquial

añacal (Del ár. *al-naqqal*, porteador.)
1 Persona que llevaba el trigo al molino. · s.m.
2 Tabla en que se llevaba el pan al horno, una vez amasado, y de éste a las casas después de cocido.

añada
1 Cosecha de cada año, especialmente la del vino: *fue una de las mejores añadas del decenio.* · s.f.
2 Transcurso de un año.
3 Tiempo bueno o malo que hace durante un año.
4 Trozo de terreno que se deja en barbecho en una dehesa o tierra cultivable. · AGRICULTURA

añadido
1 Añadidura, adición: *en la segunda edición aparece un añadido al epílogo.* · s.m.
2 Postizo, y más particularmente trenza postiza.

añadidura
1 Cosa que se añade a otra. · s.f.
2 Lo que el vendedor da además del peso justo o lo que añade para completarlo. · COMERCIO
3 por añadidura: Además: *su objetivo era lograr beneficios, pero por añadidura consiguió fama de gran benefactor.* · loc.adv.

añadir (Del lat. vulgar *inaddere* < *addere*.)
1 Unir una cosa a otra para formar un todo. · v.tr.
2 Poner una cosa junto a otra para hacerla más grande o extensa: *añadió la falda con un volante.*

añagaza
1 Señuelo, ave usada para atraer otras de su misma especie y cazarlas. · s.f. CAZA
2 Trampa, medio de que se sirve una persona para atraer con engaño a otra. · = ardid

añal (Derivado de *año*.)
1 Anual, que sucede o dura un año. · adj.
2 Se aplica al cordero, becerro o cabrito que tiene un año cumplido. · adj/s.m.f.
3 Ofrenda que se da por los difuntos al año de su fallecimiento. · s.m.

añalejo Especie de calendario para los eclesiásticos con el orden del rezo y el oficio divino de todo el año. · s.m. RELIGIÓN

¡añañay! Se usa para celebrar las acciones de los niños pequeños. · interj. *Chile*

añares Muchos años, mucho tiempo. · s.m.pl./*Argent.*

añejar
1 Hacer una cosa añeja: *añejar el vino.* · v.tr/prnl.
2 Alterarse una cosa con el transcurso del tiempo, para mejorar o deteriorarse. · v.prnl.

añejo, a (Del lat. *anniculus*, que tiene un año.)
1 Se aplica a cosas con uno o más años: *el tocino añejo da muy buen sabor al cocido.* · adj.
2 Muy antiguo. · = viejo
3 Se refiere al vino que ha tenido una crianza prolongada. · adj/s.m.

añero, a Se aplica a la planta que da frutos alternos. · adj./*Chile*

añicos
1 Pedacitos en que se divide una cosa al romperse: *recogió los añicos del jarrón.* · s.m.pl.
2 estar hecho añicos: 1. Quedar una cosa totalmente rota a pedacitos. 2. Sentirse abatido o cansado: *estaba hecha añicos después de tanto esfuerzo.*
3 hacerse alguien añicos: Hacer algo con muchísimo esfuerzo: *se hizo añicos para conseguir la plaza.* · coloquial

añil (Del ár. *an-nil*.)
1 Se aplica al color comprendido entre el azul y el violeta en el espectro solar. · adj/s.m. = índigo
2 De este color. · adj.
3 Planta papilionácea de zonas cálidas que se usa para teñir. (*Indigofera tinctoria*.) · s.m. BOTÁNICA

añilar Teñir una cosa de añil. · v.tr.

año (Del lat. *annus*.)
1 Período de doce meses comprendido entre el primero de enero y el treinta y uno de diciembre. · s.m.
2 Período de doce meses, a contar desde un día cualquiera: *mañana hará un año que compré el coche.*
3 Tiempo que emplea un planeta, como la Tierra, en su movimiento de traslación alrededor del Sol: *año de Júpiter.* · ASTRONOMÍA
4 Edad, tiempo vivido: *ya tiene muchos años.* · s.m.pl.
5 año académico o escolar: Período de un año que comienza con la apertura de curso y termina justamente con las vacaciones anteriores a la siguiente apertura.
6 año bisiesto o intercalar: Año en que el mes de febrero tiene veintinueve días; se repite cada cuatro años, a excepción del último de cada siglo.
7 año civil: Período de tiempo que comprende un año, formado por 365 días si es común y 366 si es bisiesto.
8 año lunar o árabe: Período de 354 días, usado por los musulmanes.
9 año luz: Unidad de distancia que equivale al camino recorrido por la luz, en el vacío, durante un año y que es equivalente aproximadamente a nueve billones de kilómetros. · ASTRONOMÍA, FÍSICA
10 año nuevo: 1. Cada uno que empieza, refiriéndose al paso de uno a otro o a los primeros días del empezado. 2. Día uno de enero.
11 año santo o de jubileo: Año, que se celebra cada 25, en que es concedido jubileo universal a los católicos que acuden a Roma para ganarlo. · RELIGIÓN
12 año santo de Santiago: Aquel en que están concedidas singulares indulgencias a los peregrinos que visitan el sepulcro del apóstol Santiago; se celebra el año en que el día de este santo coincide en domingo. · RELIGIÓN
13 año sideral: Tiempo transcurrido entre dos pasos consecutivos de la Tierra por el mismo punto de su · ASTRONOMÍA

órbita, o sea, 365 días, seis horas, nueve minutos y veinticuatro segundos.

14 año y vez: Se usa aplicado a las tierras sembradas un año sí y otro no, y a los árboles que dan frutos un año sí y otro no. — AGRICULTURA

15 de buen año: Hablando de personas, gordo y de aspecto saludable: *su hija está de buen año.*

16 del año de la nana, de la pera, de maricastaña, de la polca: Muy antiguo, que está desfasado: *compró un utilitario del año de la pera.* — loc.adj.

17 entrado en años: De edad madura: *su jefe era un señor ya entrado en años.*

18 jugar los años: Jugar sólo por entretenimiento, sin interés.

19 ¡mal año!: Se usa para dar fuerza o énfasis a lo dicho o a lo asegurado. — coloquial

20 mal año para alguien o algo: Se usa para desear a alguien que le ocurra un daño. — coloquial

21 no pasar años por alguien: No envejecerse: *ayer encontré a Ana, parece que no pasan años por ella.*

22 perder año: No ser aprobado el estudiante en los exámenes de fin de curso: *perdió año por una asignatura.*

23 por los años de: Alrededor del tiempo o acontecimiento expresado: *ocurrió por los años de la transición.* — loc.adv.

24 quitarse uno años: Decir menos años de los que uno tiene: *públicamente se quitaba años, pero su rostro le delataba.* — coloquial

añojal
1 Trozo de terreno que se cultiva algún tiempo y después se deja erial. — s.m. AGRICULTURA
2 Monte nuevo de matas y de hierbas.

añojo, a Becerro o cordero de un año cumplido. — s.

añoranza (Del cat. *enyorança.*) Sentimiento de tristeza producido por el recuerdo de cosas o personas queridas que están ausentes: *sentía añoranza de sus padres y de su casa.* — s.f. = nostalgia

añorar (Del cat. *enyorar* < lat. *ignorare,* ignorar, no saber [dónde está alguien].) Sentir tristeza al recordar a una persona o cosa que está ausente: *añoraba los tiempos de juventud.* — v.tr./intr.

añoso, a Que tiene muchos años: *el paseo estaba flanqueado por un bosque de añosos robles y encinas.* — adj. = viejo

añublar Anublar, oscurecer. — v.tr/prnl.

añublo Hongo parásito de plantas herbáceas que le produce una enfermedad del mismo nombre. — s.m./MICOLOGÍA th: anublo

añudar Anudar, hacer nudos, unir. — v.tr/prnl.

añusgarse (Del lat. *annodicare* < *nudum,* nudo.)
1 Quedarse una persona con una cosa detenida en la garganta obstruyéndola: *se añusgó con una aceituna.* — v.prnl. conj: pagar
2 Sentirse una persona disgustada o enfadada.

aojar
1 Hacer mal de ojo a una persona. — v.tr.
2 Hacer que una cosa se estropee o no llegue a buen término: *tu hermano aojó mi proyecto.*

aoristo (Del gr. *aoristos,* indefinido, ilimitado.) Pretérito indefinido de la conjugación griega. — s.m. GRAMÁTICA

aorta (Del gr. *aorte* < *aeiro,* elevar.)
1 Arteria principal que sale del ventrículo izquierdo del corazón y lleva la sangre a todas las zonas del cuerpo. — s.f. ANATOMÍA
2 Cada una de las dos arterias que nacen del ventrículo o ventrículos del corazón de los lamelibranquios, cefalópodos y reptiles. — ZOOLOGÍA
3 Arteria que nace del ventrículo del corazón de los gasterópodos, peces y batracios. — ZOOLOGÍA

aortitis Inflamación de la aorta y conjunto de lesiones que afectan a esta arteria. — s.f./pl: aortitis MEDICINA

aovado, a (Derivado del lat. *ovum,* huevo.) Que tiene forma de huevo, en especial las hojas de las plantas: *adornos aovados.* — adj. = oval, ovalado

aovar (Derivado del lat. *ovum,* huevo.) Poner las hembras sus huevos, especialmente las de las aves. — v.intr./th: ovar ZOOLOGÍA

aovillar
1 Hacer un ovillo con hilo o lana. — v.tr.
2 Ponerse una persona muy encogida: *me aovillé para no tener tanto frío.* — v.prnl.

apabilar Preparar el pabilo de las velas para que arda fácilmente: *apabilar los cirios pascuales.* — v.tr.

apabullante Que produce desconcierto, asombro o admiración: *un razonamiento apabullante; consiguieron una victoria apabullante.* — adj. = aplastante, impresionante

apabullar Dejar a una persona confusa y sin saber qué decir: *apabullar con sofismas.* — v.tr/coloquial = abrumar

apacentar (Derivado de *pacer.*)
1 Dar pasto al ganado. — v.tr./conj: pensar
2 Mantener un sentimiento vivo: *aún apacienta la esperanza de que regrese.*

3 Proporcionar cultura y educación. — = instruir
4 Comer el ganado la hierba del campo. — v.prnl./= apastar

apache
1 Que pertenece a un pueblo indio nómada de las regiones norteamericanas. — adj/s.m.f.
2 Bandido o salteador de París y, por extensión, de otras grandes ciudades. — s.m.

apacibilidad
1 Calidad de apacible. — s.f.
2 Modo de ser y carácter de las personas dulces y gratas: *su apacibilidad nos sosegaba.*

apacible (Del ant. *aplacible* < *aplacer,* agradar < lat. *placere.*) Se aplica a las personas y las cosas dulces, serenas y agradables: *tiempo apacible.* — adj.

apaciguador, a Que apacigua, tranquiliza o modera: *agradeció sus apaciguadoras palabras en un momento tan dramático.* — adj/s.

apaciguamiento Acción de restablecer o restablecerse la paz entre personas en lucha o enemigas. — s.m. = pacificación

apaciguar (Derivado del lat. *pacificare,* pacificar.)
1 Poner a una persona que estaba agitada o enfadada en paz: *habla tú con él a ver si consigues apaciguar su ira.* — v.tr/prnl. conj: aguar
2 Hacer un dolor más moderado.

apadrinar (Derivado del lat. vulgar *patrinus,* padrino.)
1 Actuar de padrino con una persona. — v.tr.
2 Proporcionar ayuda a una persona, una idea o un proyecto para que prospere: *apadrinó al cantante.*
3 Acompañar un jinete en caballo manso a otro jinete que monta un potro para domarlo. — EQUITACIÓN
4 Ponerse bajo la protección de una persona. — v.prnl.

apagado, a
1 Que no tiene animación, entusiasmo o alegría. — adj.
2 Se aplica al color o al sonido que no es intenso o está amortiguado: *tiñó las ya apagadas alfombras.*

apagador, a
1 Se refiere a la cosa que apaga. — adj.
2 Lugar de los hornos de pan donde se apagan las ascuas de la leña. — s.m.
3 Pieza de metal cónica, hueca, generalmente con mango, para apagar las velas.
4 Dispositivo o pieza que sirve para evitar las resonancias, en los pianos. — MÚSICA

apagamiento
1 Acción de apagar o apagarse. — s.m.
2 Estado anímico o físico de la persona poco vital, alegre o entusiasta: *lleva años sumida en un depresivo apagamiento.*

apagar (Derivado del lat. *pacare,* pacificar.)
1 Extinguir la luz o el fuego: *la luz se apagó a causa de una avería.* — v.tr/prnl. conj: pagar
2 Cortar o desconectar un circuito eléctrico: *apagar la luz; apagar el televisor.* — = desconectar
3 Hacer desaparecer una sensación física o un sentimiento, satisfaciéndolos o de otro modo: *apagó su sed con un buen trago de agua.* — v.tr. = saciar
4 Disminuir la intensidad de los colores demasiado vivos y la de la luz.
5 Echar agua a la cal viva.
6 Hacer cesar el fuego del enemigo con la artillería propia. — MILITAR
7 Cerrar las bolsas que el viento forma en las velas. — NÁUTICA
8 Morirse una persona o un animal lenta y dulcemente. — v.prnl.
9 **apaga y vámonos:** 1. Expresión que se usa cuando una cosa está a punto de acabarse: *ya no sé qué más añadir a esta redacción, así que apaga y vámonos.* 2. Se usa para indicar que, después de haber ocurrido algo, ya no hay manera de solucionarlo. — coloquial

apagavelas Instrumento de hojalata con forma de cono invertido y un mango, usado para apagar las velas y cirios. — s.m. pl: apagavelas = matacandelas

apagón Interrupción pasajera y accidental del alumbrado eléctrico: *el apagón sumió a la ciudad en el caos circulatorio.* — s.m.

apaisado, a Que tiene la base mayor que la altura: *en folio apaisado.* — adj. = horizontal

apaisar Dar forma apaisada a una cosa. — v.tr.

apajarado, a Que está atolondrado o aturdido. — adj./Chile

apalabrar Llegar dos o más personas a un acuerdo de palabra sobre un tema, negocio u otro asunto: *apalabraron la venta del rebaño.* — v.tr.

apalancado, a Que está acomodado en un lugar o cargo: *estaba apalancado en un sillón y no había quien lo moviera de allí.* — adj. coloquial

apalancar
1 Levantar una cosa con una palanca. — v.tr./conj: sacar
2 Quedarse en un lugar: *se apalancó en la tribuna hasta que terminó el acto.* — v.prnl. coloquial

apaleamiento Acción y resultado de golpear o sacudir: *las autoridades ocultaron el apaleamiento a dos sindicalistas destacados.* — s.m.

apalear
I (Derivado de *palo*.)
1 Golpear con un palo: *apalear al perro.* — v.tr.
2 Golpear las ramas de un árbol con un palo para hacer caer los frutos: *apalear los olivos para hacer caer las aceitunas y recogerlas.* — = varear
II (Derivado de *pala*.)
1 Echar el grano al viento con la pala: *el campesino apaleaba el grano para separar las cáscaras.* — v.tr./tb: palear — = aventar
2 Tener una persona cosas de mucho valor en abundancia: *apalea mucho dinero.*

apaleo
1 Faena de aventar el grano con una pala. — s.m./AGRICULTURA
2 Tiempo en que se realiza el apaleo. — AGRICULTURA

apalpar Palpar, tocar. — v.tr./coloquial

apanalado, a Que está hecho en forma de celdillas, como el panal: *tejido apanalado.* — adj.

apandar
1 Coger o guardar una cosa que pertenece a otra persona. — v.tr./jerga — = apañar, afanar
2 Ponerse una cosa combada: *la pared se apandó.* — v.intr/prnl.

apandillar
1 Reunir gente en pandilla. — v.tr/prnl.
2 Hacer trampas en el juego. — v.tr.

apanojado, a Se refiere a la planta o parte de ella que tiene forma de panoja o inflorescencia en forma de racimo: *el fruto apanojado del maíz.* — adj. BOTÁNICA

apantallar Rodear un cable o circuito eléctrico con un material metálico o una malla para aislarlo. — v.tr. ELECTRICIDAD

apantanar Cubrir un lugar con agua hasta formar pantano: *el solar de tu tío se apantanó.* — v.tr/prnl. — = empantanar

apantuflado, a Se aplica al calzado que tiene forma de pantufla. — adj.

apañado, a
1 Que es parecido al paño. — adj.
2 Que tiene aptitudes para hacer reparaciones y arreglos: *es muy apañado y sabe hacer de todo.*
3 **estar apañado:** Estar equivocado respecto a una cosa: *¡estás apañada si piensas que te lo darán sin problemas!* — coloquial

apañar (Derivado de *paño*.)
1 Arreglar una cosa estropeada. — v.tr./= remendar
2 Apoderarse de una cosa que pertenece a otra persona: *aún no saben cómo logró apañar la lima y la dinamita para escapar.* — = afanar
3 Cubrir a una persona con una prenda de abrigo para que no se enfríe. — coloquial — = abrigar
4 Adornar o asear a una persona: *apañó al mendigo como mejor pudo.* — coloquial — = acicalar
5 Preparar o condimentar los alimentos. — = aliñar, aderezar
6 Coger una cosa con la mano: *apañó unas cuantas flores y las puso sobre la lápida.* — = agarrar
7 Tener una persona habilidad para realizar una cosa con medios limitados: *se apaña bien con pocas cosas.* — v.prnl. coloquial
8 Encubrir, ocultar o proteger a alguien. — Amér. Merid.
9 **apañárselas:** Obrar o desenvolverse con habilidad: *se las apaña de tal manera que siempre sale airosa.* — coloquial

apaño
1 Acción y resultado de apañar o apañarse. — s.m.
2 Arreglo de poca importancia con que se repara una cosa estropeada o descompuesta: *este roto no tiene apaño.* — = compostura, remiendo
3 Aliño, aderezo de los alimentos.
4 Maña, habilidad para hacer una cosa. — coloquial
5 Interés o provecho personal. — coloquial
6 Relación amorosa no lícita. — coloquial

apañuscar (Derivado de *paño*.)
1 Coger y apretar una cosa entre las manos deteriorándola: *apañuscó la carta y la guardó en el bolsillo.* — v.tr./conj: sacar — coloquial
2 Tomar ilícitamente una cosa que pertenece a otra persona. — coloquial — = apañar, afanar

apapachado, a Se refiere a la persona que es tratada con afabilidad o mimada. — adj./Méx., Cuba

aparador
1 Mueble usado para guardar los utensilios necesarios para servir la mesa. — s.m.
2 Escaparate de una tienda: *los aparadores ya empezaban a lucir motivos navideños.*
3 Mesa junto al altar.
4 Taller de un artesano o artista.

aparar (Del lat. *apparare* < *ad* + *parare*, preparar.)
1 Coser las piezas de un zapato antes de poner la suela. — v.tr.
2 Limpiar las plantas crecidas de hierba nociva: *pasaba las mañanas aparando la huerta.* — AGRICULTURA
3 Preparar la fruta para comerla quitándole la piel.
4 Alisar los tablones enlazados con la azuela. — CARPINTERÍA

aparasolado, a Que tiene forma de parasol: *hongos aparasolados.* — adj.

aparatarse
1 Prepararse una persona para hacer una cosa. — v.prnl.
2 Vestirse una persona de manera ostentosa: *se aparató de manera ridícula para ir a la fiesta.*

aparato (Del lat. *apparatum*.)
1 Conjunto de piezas o de instrumentos coordinados para que realicen una función determinada. — s.m.
2 Instrumento o conjunto de ellos específicos para realizar una práctica determinada: *tiene varios aparatos gimnásticos en su habitación.* — DEPORTES
3 Conjunto de personas, normas e instituciones que deciden y regulan las actuaciones de un partido o gobierno. — POLÍTICA
4 Conjunto de los órganos de un ser vivo coordinados para realizar una función determinada: *aparato reproductor, digestivo.* — BIOLOGÍA
5 Conjunto de personas y cosas que acompañan o rodean a una persona o a un acto para realizar su importancia: *el emperador viajaba con gran aparato.* — = pompa, ostentación
6 Conjunto de fenómenos llamativos o impresionantes que acompañan a un hecho o suceso: *una tormenta con mucho aparato de truenos y relámpagos.*
7 Apósito o vendaje que se aplica al cuerpo humano. — MEDICINA

aparatosidad
1 Calidad de aparatoso. — s.f.
2 Manifestación exagerada y complicada: *la aparatosidad de la exhibición malogró su intento de agradar al gran público.*

aparatoso, a Que llama mucho la atención o es muy exagerado: *la caída fue muy aparatosa, pero no se lastimó seriamente.* — adj. — = espectacular, complicado

aparcamiento
1 Lugar donde se pueden aparcar los vehículos: *el botones le llevó el coche al aparcamiento.* — s.m. — = parquing
2 Acción y manera de aparcar un vehículo: *realizar prácticas de aparcamiento y circulación.* — = estacionamiento

aparcar
1 Colocar o dejar un vehículo en un lugar público previsto para ello: *aparcó en zona prohibida.* — v.tr. — conj: sacar
2 Aplazar un asunto o decisión: *aparcar la investigación por falta de pruebas.*
3 Colocar en un campamento el material de guerra. — MILITAR

aparcería Trato que establecen el propietario de una explotación agrícola o ganadera y quien la trabaja, sobre el producto de la misma. — s.f.

aparcero, a (Del lat. vulgar *partiarius*, partícipe < *pars, partis*, parte.)
1 Persona que tiene aparcería con otra u otras. — s.
2 Comunero en una heredad o hacienda.

apareamiento
1 Unión de dos animales de distinto sexo para que críen: *el apareamiento de pandas en cautividad.* — s.m.
2 Disposición de cosas en parejas. — = emparejamiento

aparear (Derivado de *par*.)
1 Poner dos animales de distinto sexo juntos para que críen: *todas esas aves se aparearon al entrar a las jaulas.* — v.tr/prnl.
2 Agrupar cosas de dos en dos: *apareó las camas de los dormitorios.*

aparecer (Del lat. *apparescere* < *ad* + *parere*, parecer.)
1 Empezar a existir una cosa: *apareció una nueva preocupación que copó toda nuestra atención.* — v.intr. — conj: carecer
2 Ir una persona a un lugar frecuentemente: *hace días que Juan no aparece por el bar.* — v.intr/prnl. — + en, por
3 Empezar a ser visible una cosa que estaba oculta: *apareció el sol anaranjado por detrás de las colinas.* — = asomar
4 Encontrar a una persona o una cosa que estaba perdida: *el libro apareció en un cajón.*
5 Presentarse repentinamente ante una persona un espectro. — v.prnl.

aparecido, a Espíritu de una persona muerta que se presenta a los vivos: *un relato de aparecidos.* — s. OCULTISMO

aparejado, a
1 Que es apto o idóneo. — adj.
2 **llevar o traer aparejado:** Ser una cosa inherente o inseparable de aquello de lo que se trata: *el amor lleva aparejado complejos problemas.*

aparejador, a
1 Que apareja. — adj/s.
2 Persona que, con estudios universitarios en arquitectura técnica, realiza trabajos de dirección en obras de edificación y tiene competencias más restringidas que un arquitecto. — s. ARQUITECTURA

aparejar
1 Preparar o disponer una cosa: *aparejó el equipo de pesca rápidamente y salió con la barca.* — v.tr/prnl.
2 Adornar o vestir a una persona cuidadosamente: *se aparejó para la fiesta de la noche.*
3 Poner el aparejo a las caballerías.
4 Preparar una cosa con cola y yeso para dorarla. — v.tr.

5 Preparar una cosa para pintarla o teñirla. = imprimar
6 Preparar una embarcación para emprender la nave- NÁUTICA
gación.

aparejo (Derivado de *par*.)
1 Conjunto de instrumentos propios de una activi- s.m.
dad: *está preparando los aparejos de pescar*.
2 Arreo para montar o cargar las caballerías.
3 Preparación para realizar una tarea o cualquier otra
cosa.
4 Sistema de poleas que multiplica la fuerza ejercida MECÁNICA
sobre una cuerda, compuesto de un elemento móvil
y otro fijo.
5 Forma en que quedan colocados los materiales en ARQUITECTURA
una construcción.
6 Imprimación, preparación del lienzo u otro mate- ARTE
rial que se ha de pintar.
7 Pintura que se aplica como base para otra. ARTE
8 Conjunto de palos, vergas, jarcias y velas de una NÁUTICA
embarcación.

aparencial Que sólo tiene existencia aparente. adj./FILOSOFÍA

aparentar
1 Manifestar o dar a entender un sentimiento o si- v.tr.
tuación que no es cierta o no se tiene: *aparentaba no
sentir temor ante los truenos y relámpagos*.
2 Tener una persona el aspecto correspondiente a
una edad determinada: *aparenta menos años*.

aparente (Del lat. *apparens, -entis*, participio de *appa-
rere*, aparecer.)
1 Que se muestra a la vista: *el engranillado es uno de* adj./= externo,
los síntomas aparentes de la enfermedad. visible/≠ profundo
2 Que parece existir, pero no existe en realidad o es = falso, ficticio
diferente a su apariencia: *con el tiempo te darás cuenta* ≠ verdadero
de que su afabilidad es sólo aparente.
3 Que es adecuado o bueno: *este vestido es muy apa-* = conveniente
rente para ella.
4 Vistoso, de buena apariencia. coloquial

aparición
1 Acción y resultado de aparecer o aparecerse. s.f.
2 Alucinación, visión de un ser irreal o espectro: *las* OCULTISMO
apariciones le persiguen durante la vigilia.

apariencia
1 Aspecto externo de una persona, animal o cosa, sin s.f.
que responda necesariamente a la realidad. = aspecto
2 Aspecto rico o importante de una cosa que no lo = fachada
es: *internacionalmente el país tenía la apariencia de progresista*.
3 Señales que indican, anuncian o son signo de una s.f.pl.
cosa: *las apariencias pueden indicar que triunfará*.
4 Telones o bastidores del escenario de un teatro en TEATRO
los que estaban representadas cosas reales o fantásticas.
5 **en apariencia**: Según parece, al parecer: *en aparien-* loc.adv.
cia seguían siendo un matrimonio bien avenido.

aparrado, a
1 Se aplica al árbol que tiene las ramas extendidas adj.
horizontalmente. tb: parrado
2 Se refiere a la persona que es baja y gruesa. = achaparrado

aparrar Hacer que un árbol extienda sus ramas hori- v.tr.
zontalmente.

aparroquiar
1 Buscar clientela para una tienda o un negocio. v.tr.
2 Hacerse una persona feligrés de una parroquia. v.prnl.

apartadero
1 Vía muerta para apartar los trenes. s.m.
2 Ensanchamiento a los lados de un camino para
apartarse y dejar paso libre.
3 Franja de terreno a los lados de un camino que se
deja sin cultivar para que paste el ganado o las caballerías que van de paso.
4 Corral donde se apartan unos toros de otros para TAUROMAQUIA
encajonarlos.

apartado, a
1 Que está lejos o retirado del lugar que se toma adj.
como centro o referencia: *se han ido a vivir a una población muy apartada de la ciudad*.
2 Que es diferente o distinto.
3 Cada uno de los puntos o párrafos en que se divide s.m.
un decreto, una ley u otro texto.
4 Correspondencia que se separa en el correo y que
recoge la persona interesada.
5 Habitación separada del resto de la casa.
6 Acción de separar las reses de una vacada con diversos fines.
7 Acción de encerrar los toros en los chiqueros algu- TAUROMAQUIA
nas horas antes de la corrida.
8 Operación por la que se determina la ley del oro y MINERALOGÍA
la plata.
9 Conjunto de operaciones que se realizan en la puri- MINERÍA
ficación del oro.
10 **apartado de correos**: 1. Lugar de la oficina de correos donde se deposita por separado la correspon-

dencia de una persona para que vaya a recogerla personalmente. 2. Número asignado a cada apartado de
correos.

apartador, a
1 Que aparta o separa una cosa de otra. adj.
2 Recipiente de laboratorio que se usa para separar la s.m.
plata de los ácidos en que está disuelta. QUÍMICA
3 Recipiente pequeño de cobre que se usa para purifi- METALURGIA
car el oro.

apartamento Piso de reducidas dimensiones, con s.m.
uno o dos espacios y generalmente situado en un
edificio con otras viviendas semejantes.

apartamiento
1 Alejamiento o separación de una persona o cosa s.m.
respecto de otras o de un sitio.
2 Lugar solitario o apartado.
3 Renuncia de un demandante a continuar con la de- DERECHO
manda.

apartar
1 Quitar una cosa de un lugar dejándolo libre: *aparta* v.tr.
un poco los libros para poder poner el regalo.
2 Separar unas cosas de otras escogiéndolas.
3 Poner a una persona o cosa lejos de uno.
4 Disuadir a una persona de su propósito: *lo apartó de* = desviar
su intención de ser ingeniero.
5 Quitar la atención o la vista de una cosa: *apartó la*
vista de aquel espectáculo.
6 Provocar la separación de dos o más personas cau- v.tr/prnl.
sando discordia entre ellos. = dividir, desunir
7 Irse una persona a hacer vida solitaria. v.prnl.
8 Abandonar el demandante su demanda. DERECHO

aparte
1 Diferente o distinto: *el suyo es un caso aparte*. adj.
2 Texto que declama un actor dirigiéndose a sí mis- s.m.
mo o a otros, simulando no ser oído por el resto de TEATRO
los actores: *el protagonista hizo un aparte*.
3 Parte de un escrito separada por punto y aparte. = párrafo
4 En otro lugar: *ponlo aparte, no vayas a confundirte*. adv.
5 A distancia, desde lejos: *es mejor que tú te quedes
aparte mientras ellos hablan*.
6 Por separado: *he pesado un quilo de azúcar y aparte
medio quilo más*.
7 Indica con omisión o excluido: *sus amigos lo tienen
aparte*.
8 **aparte de**: Además de: *no encontré ningún otro dato* loc.prep.
aparte de lo que ya te he explicado.

apartheid (Voz afrikaans.) Segregación racial que se s.m.
daba especialmente en la República Sudafricana. POLÍTICA

aparthotel Complejo de apartamentos en el que se s.m.
prestan todo tipo de servicios hoteleros.

apartidar
1 Tomar partido por una persona o una doctrina. v.tr.
2 Entrar a formar parte de un partido. v.prnl.

aparvar
1 Preparar la mies para trillarla. v.tr./AGRICULTURA
2 Amontonar la mies trillada. AGRICULTURA
3 Formar un montón con cosas que estaban despa-
rramadas: *aparvó todas esas piedras*.

apasionado, a
1 Que siente pasión o gran entusiasmo por una per- adj.
sona o cosa: *es una apasionada de la ópera*.
2 Se aplica a la parte del cuerpo que tiene una enfer- MEDICINA
medad.

apasionamiento Acción y resultado de apasionar o s.m.
apasionarse: *el apasionamiento por la música le llevó a
los teatros y salas más inauditos*.

apasionar
1 Provocar un sentimiento de entusiasmo y pasión: *le* v.tr.
apasionan los niños.
2 Tomar una afición muy grande por una persona o v.prnl.
cosa: *se apasionó con los videojuegos*.

apasote Pazote, planta. s.m./tb: pasote

apastar Apacentar, dar pasto. v.tr.

apatía (Del lat. *apathia* < gr. *a*, privativo + *pathos*, sentimiento.)
1 Estado de ánimo de quien se muestra indiferente s.f.
ante cualquier estímulo o situación. SICOLOGÍA
2 Falta de impulso o decisión para hacer una cosa. = desgana

apático, a Que padece apatía: *se muestra apático pese* adj.
a tus ruegos. = indolente

apatito Fosfato de calcio natural, que contiene flúor o s.m./tb: apatita
cloro y se utiliza como abono. MINERALOGÍA

apátrida (Del gr. *a*, privativo + *patris*, patria.) Que no adj/s.m.f.
tiene nacionalidad.

apayasar
1 Dar a una cosa el carácter de payasada. v.tr.
2 Obrar una persona con poca seriedad para hacer v.prnl.
reír.

apea (De *pea < lat. vulgar *pedea < *pes, pedis*, pie.) s.f.

Soga corta con un palo en un extremo y un ojal en el otro, que sirve principalmente para atar las caballerías.

apeadero
1 Estación de ferrocarril sin instalaciones, destinada sólo a viajeros: *este tren para sólo en las estaciones y no en los apeaderos.*   s.m.
2 Punto de un camino donde los viajeros podían detenerse y descansar.
3 Sillar en el zaguán o junto a la puerta de las casas antiguas, para montar en las caballerías.   = poyo
4 Vivienda de carácter provisional.

apeamiento
1 Acción de bajar de una caballería o de un vehículo.   s.m./= bajada
2 Armazón con que se sostiene provisionalmente un edificio o una parte de él.   ARQUITECTURA / = apeo

apear (Del lat. *ad + pes, pedis,* pie.)
1 Bajar una persona de una caballería o de un vehículo: *se apeó del taxi cuando todavía estaba en marcha y rodó por la acera.*   v.prnl.
2 Conseguir que una persona no haga o no crea una cosa: *le apeamos de su descabellado proyecto.*   v.tr/prnl. coloquial/+ de
3 Superar una dificultad o realizar una cosa difícil: *apeó todos los problemas al conseguir dinero.*
4 Cortar un árbol por el pie y derribarlo.   v.tr.
5 Atar los pies de una caballería para que no se marche.
6 Poner una calza a la rueda de un vehículo para que se mantenga quieto.
7 Medir una finca o fijar sus límites.
8 Asegurar una obra o un terreno.   ARQUITECTURA

apechar Hacer o aceptar una cosa a disgusto: *apechó con su oficio; apechar con las consecuencias.*   v.intr./+ con / = apechugar

apechugar (Probablemente de *apechiugar* < lat. *pectus,* pecho.)
1 Hacer o aguantar una cosa desagradable por obligación: *debes apechugar con las consecuencias de sus actos y aprender a rectificar.*   v.intr./conj: *pagar* coloquial / + con/ = apechar
2 Dar una persona con el pecho contra una persona o una cosa.

apedazar
1 Romper una cosa en pedazos: *apedazó el lienzo en un arrebato de ira por las críticas de la prensa.*   v.tr./conj: *cazar* / = despedazar
2 Arreglar una cosa rota poniendo un remiendo: *apedazó las sábanas con piezas de hilo.*   = remendar

apedreado, a Que está manchado o salpicado de varios colores: *granito apedreado.*   adj.

apedrear
1 Lanzar piedras: *apedrearon el coche del alcalde.*   v.tr.
2 Caer granizo.   v.impers./= granizar
3 Estropearse las cosechas o las plantas a causa del granizo.   v.prnl.

apegarse Tomar afecto a una persona o a una cosa: *se apegó a sus libros de la infancia.*   v.prnl. conj: *pagar*

apego Sentimiento de afecto o cariño hacia algo: *no quiere irse debido al apego a su tierra natal.*   s.m. / + a, por

apelable Que admite apelación: *sentencia apelable.*   adj./DERECHO

apelación
1 Referencia a una persona o cosa para ganarse el favor de los que le escuchan o para animarlos a realizar algo: *el general hizo una apelación a nuestro patriotismo.*   s.f.
2 Acción mediante la cual se acude a un tribunal superior para que revise una resolución dictada por otro tribunal que le es inferior.   DERECHO
3 **dar por desierta la apelación:** Declarar vencido el plazo para interponerla.   DERECHO
4 **interponer apelación:** Apelar una sentencia.   DERECHO

apelado, a Litigante que ha obtenido una sentencia favorable contra la que se apela.   adj/s. DERECHO

apelambrar Pelambrar, meter las pieles en agua y cal viva.   v.tr.

apelar (Del lat. *apellare,* dirigir la palabra, llamar [a alguien].)
1 Recurrir a un tribunal superior para que revise una resolución dictada por otro tribunal que le es inferior.   v.intr. DERECHO
2 Recurrir a una persona o cosa de competencia contrastada para que resuelva una cuestión: *apeló al defensor del pueblo para hacer pública la injusticia.*

apelativo
1 Se aplica al lenguaje que pretende influir y producir un efecto en el oyente.   adj. LINGÜÍSTICA
2 Se aplica al apellido o nombre con el que se conoce a los miembros de una familia.   adj/s.m.

apellar Untar una piel reiteradamente con las sustancias necesarias para curtirla o colorearla.   v.tr.

apellidar (Del lat. *appellitare* < *apellare,* llamar, dirigir la palabra.)
1 Tener una persona un nombre o un apellido: *se apellida diferente de su hermana.*   v.prnl.
2 Llamar por su nombre a una persona, nombrar.   v.tr/prnl.

apellido
1 Nombre propio que sigue al de pila y que tienen todos los miembros de una misma familia.   s.m.
2 Denominación particular dado a varias cosas.
3 Calificativo que se aplica, especialmente, a una persona.   = sobrenombre

apelmazar Hacer una cosa una cosa, que debe ser esponjosa, se ponga compacta o dura: *el jersey se apelmazó al lavarlo en frío.*   v.tr/prnl. conj: *cazar*

apelotonar Juntar a personas o cosas sin orden: *el público se apelotonó para ver a su ídolo.*   v.tr/prnl.

apenar
1 Causar pena: *me apené al leer el desenlace del argumento de la tragedia.*   v.tr/prnl.
2 Sentir vergüenza.   v.prnl./Méx.

apenas
1 Casi no, escasamente: *tiene apenas la edad de escolarización.*   adv.
2 Tan pronto, al punto que: *apenas llegó, nos soltó un discurso moralizante.*

apencar Hacer o aguantar una cosa que desagrada por fuerza: *apencó con los problemas del traslado de los muebles.*   v.intr. conj: *sacar* / + con

apéndice (Del lat. *appendix,* < *appendere,* pender de.)
1 Complemento añadido a una cosa, de la cual depende y es parte accesoria: *al final del libro hay un apéndice que recoge la terminología usada.*   s.m.
2 Parte del cuerpo del animal unida o contigua a otra principal.   ZOOLOGÍA
3 Persona que acompaña continuamente a otra.   = rémora
4 Conjunto de escamas que aparecen en la base de algunos peciolos.   BOTÁNICA
5 **apéndice vermicular:** Rabillo carnoso en que termina el intestino ciego.   ANATOMÍA

apendicectomía Operación quirúrgica que consiste en extirpar el apéndice vermicular.   s.f. MEDICINA

apendicitis Inflamación del apéndice vermicular: *la operación de apendicitis no suele implicar complicaciones.*   s.f./pl: apendicitis MEDICINA

apensionarse
1 Afligirse, sentir tristeza: *con sólo pensar en su ausencia se apensionaba.*   v.prnl./Colomb., Méx., Chile
2 Sobresaltarse, inquietarse.   Colomb.

apeñuscar (Probablemente del ant. *peña,* piel de abrigo < lat. *penna.*) Juntar personas o cosas apretadamente: *nos apeñuscó en la parte trasera del coche.*   v.tr/prnl. conj: *sacar* / = apiñar

apeo
1 Tala de un árbol.   s.m.
2 Documento legal que acredita el deslinde y demarcación de un terreno o finca.   DERECHO
3 Armazón, madero u obra con que se apuntala un terreno, un edificio o una construcción.   CONSTRUCCIÓN

apepsia (Del gr. *apepsia* < *apeptos,* no cocido.) Afección estomacal que impide digerir los alimentos.   s.f. MEDICINA

apepú Naranjo de corteza gris oscura, flores blancas muy olorosas, frutos rugosos de color anaranjado rojizo y pulpa jugosa que tiene sabor entre agrio y amargo. (*Citrus vulgaris.*)   s.m. Argent., Par.

aperar (Del lat. vulgar *appariare,* emparejar, disponer < *par,* par.)
1 Arreglar una cosa que estaba rota.   v.tr.
2 Hacer o arreglar instrumentos o herramientas para el campo.
3 Ensillar, colocar el apero.   Argent., Nicar., Urug.

apercibimiento
1 Acción de apercibir o apercibirse: *tuvieron el apercibimiento de que su treta sería descubierta.*   s.m. tb: percibimiento
2 Aviso, advertencia de una autoridad.   DERECHO

apercibir
1 Llamar la atención a una persona que ha cometido una falta para que no la repita: *me han apercibido por las faltas de ortografía.*   v.tr.
2 Hacer saber a una persona citada por un juez las sanciones a que está expuesta: *el juez apercibió al ladrón con la pena de muerte.*   DERECHO
3 Reconocer un objeto percibido.   SICOLOGÍA
4 Darse cuenta, percibir.   v.prnl./+ de

aperdigar Perdigar, asar ligeramente la carne para conservarla.   v.tr. conj: *pagar*

apergaminado, a
1 Que es parecido al pergamino: *cubrió las tapas del volumen con un papel apergaminado.*   adj.
2 Se refiere a la persona que tiene la piel seca y arrugada por haber adelgazado.   = acartonado

apergaminarse Ponerse la piel de una persona seca y arrugada al adelgazar o envejecer.   v.prnl. = acartonarse

aperiodicidad Falta de periodicidad: *la aperiodicidad de las erupciones del volcán.*   s.f.

aperitivo, a (Del lat. *aperitivus* < *aperire,* abrir.)
1 Que sirve para abrir el apetito.   adj.

2 Se aplica al medicamento que se utiliza para combatir la obstrucción de conductos por los que circula un líquido. — MEDICINA
3 Bebida que se toma antes de una comida principal: *como aperitivo tomó un zumo de tomate.* — s.m.
4 Comida ligera que precede a una principal.

apernador, a Se refiere al perro que coge la presa por las patas. — adj/s. CAZA

apero (Derivado del lat. vulgar *appariare*, emparejar, disponer < *par*, par.)
1 Conjunto de instrumentos necesarios para la labranza: *sacó sus aperos y empezó a cavar la tierra.* — s.m.
2 Conjunto de animales destinados a las faenas agrícolas.
3 Conjunto de instrumentos y herramientas de cualquier oficio: *los aperos del lampista.* — = útiles
4 Lugar donde se recoge o guarda ganado. — = majada

aperrear
1 Tener empeño: *se aperreó en salir a tomar algo.* — v.prnl./= emperrarse
2 Causar mucha fatiga: *se aperreó trabajando hasta muy tarde.*
3 Echar los perros a una persona para que la ataquen. — v.tr.

apersonamiento Comparecencia, acción de presentarse en un sitio para realizar un acto legal. — s.m. DERECHO

apersonarse
1 Presentarse en un lugar: *para recoger el documento debe apersonarse en la oficina central.* — v.prnl. tb: personarse
2 Comparecer en un juicio o acto legal. — DERECHO

apertura (Del lat. *apertura*.)
1 Acción de abrir: *la apertura del conducto.* — s.f.
2 Acto con que se da comienzo a las funciones de una asamblea, centro o institución: *en la sesión de apertura asistieron todos los académicos.*
3 Actitud que tiende a la comprensión y aceptación de posturas o ideas contrarias a las que se tienen. — = tolerancia
4 Combinación de jugadas determinadas con que se inicia el ajedrez. — JUEGOS
5 Acto solemne de descubrir un testamento cerrado y darle publicidad y autenticidad. — DERECHO tb: abertura
6 Obertura, pieza musical. — MÚSICA

aperturismo Aceptación de ideas contrarias o distintas de las propias: *alabaron el aperturismo de la comisión negociadora.* — s.m. = tolerancia

aperturista
1 Del aperturismo: *actitud aperturista en el campo de las relaciones sociales.* — adj.
2 Partidario de esta tendencia. — s.m.f.

apesadumbrar Causar desazón o disgusto: *al perder su empleo se ha apesadumbrado.* — v.tr/prnl.

apesgar
1 Causar molestia: *les apesgaba continuamente con sus quejas y lamentos.* — v.tr./conj: pagar = agobiar
2 Hacerse pesado. — v.prnl.

apestar
1 Despedir mal olor: *el puerto apestaba a petróleo y pescado podrido.* — v.intr.
2 Haber gran cantidad de una cosa en un lugar: *últimamente este barrio apesta de droga.* — coloquial
3 Causar o transmitir la peste: *el veterinario se apestó al curar a los caballos.* — v.tr/prnl.
4 Contribuir a viciar o corromper a una persona: *su mal comportamiento ha apestado a toda la pandilla.* — v.tr.

apestillar
1 Retener a una persona encerrándola bajo pestillo. — v.tr.
2 Apremiar a una persona. — Argent.

apétalo, a (Del gr. *a*, privativo + *petalon*, hoja.) Se aplica a la flor que no tiene pétalos. — adj. BOTÁNICA

apetecer
1 Tener deseo de una cosa: *me apetece mucho ir a bailar salsa o merengue.* — v.tr. conj: carecer
2 Gustar una cosa a una persona. — v.intr.

apetecible Se aplica a aquello que despierta apetito o deseo: *viaje apetecible.* — adj. = deseable

apetencia Apetito, deseo: *la apetencia de dulces; la apetencia por un periodismo más creativo.* — s.f.

apetito (Del lat. *appetitus*.)
1 Necesidad o gana de comer. — s.m.
2 Tendencia instintiva a satisfacer deseos o necesidades: *apetito sexual.* — = apetencia

apetitoso, a
1 Que abre el apetito: *el apetitoso aroma de las cocinas.* — adj.
2 Se aplica a la comida o plato que es muy sabroso: *les sirvieron un apetitoso asado de cabrito.*
3 Que despierta deseo: *la oferta es apetitosa, pero no puedo aceptarla.*

ápex (Del lat. *apex*, cúspide.)
1 Punto de la esfera celeste en la constelación de Hércules, hacia el que se dirige en su movimiento el sistema solar. — s.m. ASTRONOMÍA
2 Extremo del órgano de una planta. — BOTÁNICA/= ápice

apezuñar Clavar los animales las pezuñas en el suelo. — v.intr.

apiadar
1 Causar piedad: *su miseria nos apiadó.* — v.tr.
2 Sentir piedad: *se apiadó del huérfano y lo recogió en su casa.* — v.prnl.

apianar Disminuir la intensidad de la voz o el sonido sensiblemente: *se apianó la voz en la última estrofa.* — v.tr/prnl.

apiaradero Recuento que se hace de las cabezas de ganado de cada rebaño o piara. — s.m.

apiario Colmenar, conjunto de colmenas. — s.m.

apical (Derivado del lat. *apex*, cúspide.)
1 Del ápice o punta. — adj.
2 Se refiere a la consonante que se articula con la punta de la lengua. — adj/s.f. LINGÜÍSTICA

apicararse Hacerse pícaro. — v.prnl.

ápice (Del lat. *apex*, cúspide.)
1 Punta o extremo superior de alguna cosa: *el ápice del campanario.* — s.m.
2 Parte pequeñísima de algo: *no demostró ni un ápice de comprensión.* — = brizna
3 Signo ortográfico que se pone sobre las letras.
4 estar en los ápices de algo: Entender un asunto perfectamente conociendo todos los pormenores: *el juez no necesita más informes preliminares, ya está en los ápices del caso.*

apico- Componente de palabra procedente del lat. *apex*, que indica punta: *apicodental.* — pref.

apículo Punta corta, aguda y poco consistente. — s.m/BOTÁNICA

apicultor, a Persona que se dedica a la cría de las abejas y al aprovechamiento de sus productos. — s.

apicultura (Del lat. *apis*, abeja + *cultura*, cultivo.) Técnica referente a la cría y reproducción de las abejas y al aprovechamiento de sus productos. — s.f.

apilamiento
1 Acción de apilar. — s.m.
2 Conjunto de cosas amontonadas unas sobre otras: *en su despacho hay tal apilamiento de papeles que impide la entrada.* — = montón

apilar Poner unas cosas sobre otras formando un montón: *apiló las cajas en el fondo del almacén.* — v.tr. tb: empilar

apimpollarse Echar una planta brotes: *con la primavera las plantas se apimpollan.* — v.prnl. = pimpollecer

apiñado, a
1 Que tiene forma de piña. — adj.
2 Que está muy junto y apretado: *estábamos muy apiñados en el vagón y salió a la plataforma a tomar el aire.* — = atiborrado

apiñar Reunir a personas, animales o cosas en grupo o grupos apretados: *apiñó las reses en el establo.* — v.tr/prnl. = apeñuscar

apiñonado, a Que tiene la piel de color moreno. — adj./*Amér.*

apio (Del lat. *apium*.)
1 Planta de hojas largas y hendidas, con flores pequeñas y blancas, cuyos tallos son comestibles en ensalada o cocidos. (*Apium graveolens.*) — s.m. BOTÁNICA
2 apio caballar o equino: Planta silvestre, parecida al apio, de propiedades diuréticas. (*Smyrnium olusatrum.*) — BOTÁNICA

apiol Sustancia obtenida por destilación de la semilla del perejil, usada en medicina para provocar la menstruación. — s.m. BIOQUÍMICA

apiolar
1 Poner una correa a un animal. — v.tr./= empiolar
2 Atar a un animal muerto por los pies para colgarlo.
3 Coger a una persona para meterla en prisión: *le apiolaron en ese bar cuando ya se creía a salvo.* — coloquial = apresar
4 Causar la muerte de una persona: *entró sigilosamente y le apioló de un tiro.* — coloquial = matar

apiparse Comer o beber una persona hasta saciarse, atiborrarse. — v.prnl./coloquial = apiporrarse

apirético, a De la apirexia: *si tienes fiebre, tómate un medicamento apirético.* — adj. = antitérmico

apirexia (Del gr. *a*, privativo + *pyretos*, fiebre.)
1 Ausencia de fiebre. — s.f./MEDICINA
2 Intervalo entre dos accesos de fiebre. — MEDICINA

apisonadora Máquina automóvil montada sobre rodillos muy pesados para allanar terrenos y carreteras. — s.f.

apisonar Apretar o allanar tierra, grava u otro material con un pisón o una apisonadora. — v.tr. = pisotear

apitonar
1 Echar un animal pitones. — v.intr.
2 Echar una planta brotes.
3 Romper un animal una cosa con el pitón o el pico: *el novillo apitonó la barrera.* — v.tr.

apizarrado, a De color negro azulado, como el de la pizarra: *cumbres apizarradas.* — adj.

aplacable Que se puede aplacar o calmar: *ira aplacable; dolor aplacable.* — adj. tb: placable

aplacamiento Disminución de la violencia de algo o del enfado de alguien. — s.m. = apaciguamiento

aplacar (Derivado del lat. *placare*.)
1 Hacer disminuir la violencia de una cosa: *su dolor se aplacó al tomar el analgésico.*   v.tr/prnl. conj: *sacar*
2 Hacer disminuir el enfado de una persona: *se aplacó al oír sus explicaciones.*

aplacentario, a Se aplica al mamífero que no tiene placenta.   adj./ZOOLOGÍA = placentario

aplacerado, a Se aplica al fondo del mar que es llano y poco profundo.   adj.

aplanamiento   s.m.
1 Allanamiento de una superficie.
2 Abatimiento físico o moral de una persona.

aplanar
1 Poner una cosa llana o lisa: *aplanar el terreno.*   v.tr./= allanar
2 Dejar a una persona aturdida o asombrada: *la noticia del accidente aplanó a toda la familia.*   coloquial
3 Perder el ánimo o las fuerzas una persona: *esa enfermedad le aplana día a día.*   = desmoronar
4 Caer un edificio.   v.prnl.

aplanchar Planchar, quitar las arrugas.   v.tr.

aplanético, a (De *a*, privativo + gr. *plane*, error.) Se aplica a la lente o sistema de lentes que no tiene aberración esférica.   adj. ÓPTICA

aplanetismo Propiedad de algunas lentes y otros dispositivos que permite suprimir la esfericidad.   s.m. ÓPTICA

aplantillar Trabajar una cosa mediante plantillas o patrones.   v.tr.

aplasia (De *a*, privativo + gr. *plasso*, formar.) Interrupción o ausencia del desarrollo de un tejido o de un órgano.   s.f. MEDICINA

aplastamiento
1 Acción y resultado de aplastar.   s.m.
2 Compresión de una parte del cuerpo, en especial del tronco o de una extremidad: *murió asfixiado por aplastamiento de tórax.*   MEDICINA

aplastante
1 Que aplasta.   adj.
2 Que no admite duda por su superioridad: *su respuesta fue de una lógica aplastante.*   = abrumador, contundente

aplastar
1 Alterar la forma de una cosa por compresión: *se aplastó el pastel.*   v.tr/prnl.
2 Dejar a una persona confusa sin saber qué decir.   coloquial
3 Reducir a una persona a la nada, derrotarla.   v.tr.

aplatanado, a Que está apático: *está aturdido y aplatanado por el sopor estival.*   adj.

aplatanamiento Estado de inactividad o pereza, o de falta de ambición.   s.m.

aplatanarse Volverse inactivo o perezoso, en especial por la influencia del clima.   v.prnl.

aplaudir (Del lat. *applaudere* < *plaudere*, golpear, aplaudir.)
1 Dar palmadas en señal de aprobación o admiración durante un espectáculo o acto público: *los asistentes aplaudieron su excelente interpretación.*   v.tr.
2 Alabar o aprobar a una persona o una cosa: *siempre he aplaudido su visión de futuro.*

aplauso (Del lat. *applausus*.)
1 Acción de dar palmadas en señal de aprobación o admiración: *recibió los aplausos del tribunal.*   s.m. th: plauso
2 Admiración, elogio o alabanza: *su comportamiento merece el aplauso de todos nosotros.*

aplazable Que se puede aplazar o retardar: *el último pago es aplazable.*   adj.

aplazamiento Acción y resultado de aplazar: *aplazamiento del primer pago.*   s.m.

aplazar
1 Dejar de hacer una cosa en la fecha prevista, para hacerla más tarde: *aplazar la entrevista.*   v.tr. conj: *cazar*
2 Dar cita a una persona en un lugar y tiempo determinados: *la aplazó para el mes siguiente.*   = emplazar
3 Suspender, no aprobar un examen.   Amér.

aplebeyar Dar carácter plebeyo a una persona o una cosa.   v.tr/prnl.

aplestia Hambre voraz y patológica.   s.f./MEDICINA

aplicación   s.f.
1 Acción y resultado de aplicar o aplicarse.
2 Dedicación y asiduidad con que se hace alguna cosa: *hacía los deberes con aplicación y constancia.*
3 Detalle de ornamentación sobrepuesto: *un arcón con aplicaciones de marfil.*   = incrustación
4 Operación por la que se hace corresponder a todo elemento de un conjunto un solo elemento de otro conjunto.   MATEMÁTICAS

aplicado, a Se refiere a la persona que se aplica: *alumnos aplicados.*   adj.

aplicar (Del lat. *applicare*.)
1 Poner una cosa sobre otra o en contacto: *aplicó la oreja a la pared para escuchar a los vecinos.*   v.tr. conj: *sacar*
2 Emplear o poner en práctica un conocimiento para obtener un determinado efecto: *aplicó sus principios y criterios para mejorar la obra.*
3 Referir a un caso particular lo que se ha dicho en general, o a una persona lo que se ha dicho de otra: *aplícate la lección y todo mejorará.*
4 Adjudicar bienes o efectos.   DERECHO
5 Poner esmero o cuidado al hacer algo: *si no te aplicas, suspenderás.*   v.prnl.

aplique
1 Candelabro o lámpara que se fija en la pared: *el pasillo estaba recorrido por varios apliques dorados.*   s.m.
2 Pieza de un decorado teatral.   TEATRO

aplito Roca magmática de grano muy fino, en general clara, formada por cuarzo, oligoclasa y microclina, y frecuente en los filones que atraviesan los macizos graníticos.   s.f. GEOLOGÍA

aplomado, a
1 De color gris azulado, como el del plomo.   adj./= plomizo
2 Que se comporta con aplomo.

aplomar
1 Hacer mayor el peso de una cosa.   v.tr/prnl.
2 Examinar con la plomada si una cosa que se construye está vertical.   v.tr/intr. CONSTRUCCIÓN
3 Poner una cosa vertical: *aplomar una pared.*   v.tr.
4 Adquirir una persona aplomo: *se fue aplomando a medida que pasaban los años.*   v.prnl.

aplomo
1 Actitud equilibrada, sensata y segura al obrar o expresarse: *hizo gala de un gran aplomo y serenidad.*   s.m.
2 Línea vertical que determina la dirección que deben tener los miembros de un caballo para que esté bien constituido.
3 Posición o dirección vertical.   = verticalidad
4 Instrumento formado por una pesa de plomo u otro metal colgada de una cuerda que se usa para señalar la línea vertical.   CONSTRUCCIÓN = plomada

apnea (Del gr. *apnoia* < *a*, privativo + *pneo*, respirar.) Falta transitoria de la respiración.   s.f. MEDICINA

apo- Componente de palabra procedente del gr. *apo*, que indica lejos de, separado: *apocárpico.*   pref.

apoastro (Del gr. *apo*, desde + *astron*, astro.) Punto en el que un astro secundario está a mayor distancia de un astro principal.   s.m. ASTRONOMÍA

apocalipsis (Del último libro de la Biblia < gr. *apokalypsis*, revelación.) Escena o situación de destrucción, tremenda y espantosa: *Vietnam fue un verdadero apocalipsis.*   s.m. pl: apocalipsis

apocalíptico, a
1 Que tiene relación con el apocalipsis.   adj.
2 Que es espantoso o tremendo: *relató con voz grave y profunda su visión apocalíptica.*
3 Fantástico, enigmático: *animales apocalípticos.*

apocamiento
1 Modo de ser de la persona tímida o cohibida.   s.m./= timidez
2 Estado de ánimo de quien se encuentra abatido.

apocar
1 Hacer una cosa más pequeña.   v.tr/conj: *sacar*
2 Cohibir o menospreciar a una persona: *su severidad apocaba a más de uno aplomado.*   v.tr/prnl.

apocináceo, a (Del gr. *apokynon*, planta.) Perteneciente a una familia de plantas gamopétalas de flores con cáliz persistente y corola en copa, como la adelfa.   adj/s.f. BOTÁNICA

apocopar Quitar una o varias letras al final de una palabra.   v.tr. GRAMÁTICA

apócope (Del gr. *apokope*, amputación.) Supresión de una o más letras al final de una palabra, como: *san*, de *santo*.   s.f. GRAMÁTICA

apócrifo, a (Del gr. *apokryphos*, secreto.)
1 Que es fabuloso, supuesto o fingido: *personaje apócrifo.*   adj./= falso ≠ auténtico
2 Se refiere a la obra de arte que no es del autor o de la época que se le atribuye.   = falso ≠ auténtico
3 Se aplica al libro bíblico que no está incluido en el canon de una religión como de inspiración divina, aunque es atribuido a autor sagrado: *los evangelios apócrifos.*   LITERATURA, TEOLOGÍA ≠ revelado

apodar (Del lat. *apputare* < *putare*, calcular, evaluar.) Poner o tener un apodo.   v.tr/prnl.

apoderado, a Se aplica a la persona que tiene poderes de otra o de una entidad para representarla y proceder en su nombre: *el apoderado del diestro firmó varios contratos en América.*   adj/s.

apoderar
1 Dar a una persona o entidad poder a otra para que la represente en una ocasión determinada: *apoderó a su hermana.*   v.tr. th: empoderar

2 Hacerse dueño de una cosa de manera violenta o ilegalmente: *se apoderó de la joya asesinando al vigilante.* — v.prnl. + de

3 Dominar el ánimo o la volundad de una persona.

apodía Falta congénita de los pies. — s.f./MEDICINA

apodíctico, a (Del lat. *apodicticus* < gr. *apodeiktikos*, demostrativo, *apodeiknymi*, mostrar.) Que expresa una verdad que no admite contradicción o duda. — adj. LÓGICA

apodo Apelativo que se aplica a una persona, normalmente peyorativo, tomado de sus defectos físicos o de otra circunstancia: *en estos andurriales cada hijo de vecino tiene su apodo.* — s.m. = mote

ápodo, a (Del gr. *apous, apodos,* sin pies.)
1 Que no tiene patas. — adj./ZOOLOGÍA
2 Perteneciente a un orden de batracios de cuerpo alargado que en estado adulto no tienen extremidades y la cola es rudimentaria o carecen de ella. — adj/s.m. ZOOLOGÍA

apódosis (Del gr. *apodosis,* explicación, retribución < *apodidomi,* restituir, dar a cambio.) Parte de una oración subordinada, especialmente de las condicionales, en la que se completa el sentido que queda pendiente en la primera parte llamada prótasis. — s.f. pl: apódosis LINGÜÍSTICA

apófisis (Del gr. *apophysis* < *apo,* lejos + *phyo,* empujar.) Parte saliente de un hueso, que sirve para su articulación con otro o para la inserción de los músculos. — s.f. pl: apófisis ANATOMÍA

apofonía (Del gr. *apo,* lejos de + *phone,* voz.) Alteración de vocales que se produce en palabras de la misma raíz a causa de la flexión verbal o nominal, como por ejemplo: *duermo, dormir.* — s.f. LINGÜÍSTICA

apogamia Formación del embrión a partir de una célula que no es el cigoto, como sucede en algunos helechos. — s.f. BIOLOGÍA

apogeo (Del gr. *apogeios,* que viene de la tierra < *apo,* lejos + *ge,* tierra.)
1 Grado máximo de desarrollo o de perfección que puede alcanzar una persona o cosa: *el apogeo del imperio romano; estaba en el apogeo de sus facultades.* — s.m.
2 Punto en el que la Luna está más distante de la Tierra. — ASTRONOMÍA

apógrafo (Del gr. *apographos,* transcrito.) Copia de un escrito original. — s.m.

apolillado, a
1 Que está comido o deteriorado por la polilla: *llevaba un abrigo apolillado y descolorido.* — adj.
2 Que es anticuado o que carece de actualidad: *tiene unos pensamientos apolillados.*

apolillar Estropear la polilla una cosa: *se apolillaron las mantas y cobertores.* — v.tr/prnl.

apolinar Que es apolíneo, apuesto o atractivo. — adj./culto

apolíneo, a
1 Del dios Apolo: *cultos apolíneos.* — adj./culto
2 Se aplica al hombre que tiene rasgos masculinos y bellos. — = apolinar
3 Se aplica a todo lo que es equilibrado y mesurado, según la filosofía nietzschiana. — FILOSOFÍA ≠ dionisiaco

apolítico, a Ajeno a la política. — adj/s.

apologética Parte de la teología que expone las pruebas y bases del dogma de la religión católica. — s.f. TEOLOGÍA

apologético, a De la apologética o de la apología: *teología apologética; discurso apologético.* — adj.

apología (Del lat. *apologia* < gr. *apologia,* defensa.)
1 Composición literaria destinada a defender o alabar a personas, ideas o cosas. — s.f. LITERATURA
2 Defensa de una persona, acción o ideología: *todo su discurso fue una apología del feminismo.*

apológico, a Que tiene relación con la fábula. — adj.

apologista Persona que defiende una cosa o a una persona. — s.m.f.

apólogo, a (Del lat. *apologus* < gr. *apologos,* cuento.)
1 Referente a la fábula. — adj./= apológico
2 Composición literaria de la que se extrae una enseñanza moral. — s.m. = fábula

apoltronarse
1 Dejar de ser una persona activa: *después de tantos viajes se apoltronó y no volvió a subir a un avión.* — v.prnl. = poltronizarse
2 Aferrarse a un cargo o situación: *apoltronarse en su puesto.*
3 Acomodarse en un lugar: *se apoltronó en el diván y al poco rato ya estaba dormida.*

apomazar Alisar una superficie con piedra pómez. — v.tr./conj: cazar

apomorfina Sustancia obtenida de la morfina por sustracción de una molécula de agua. — s.f. FARMACIA

aponeurosis (Del gr. *aponeurosis,* endurecimiento en los tendones.) Membrana de tejido conjuntivo fibroso que envuelve los músculos. — s.f. pl: aponeurosis ANATOMÍA

apontocar Asegurar o apuntalar una cosa. — v.tr./conj: sacar

apopar Presentar la popa de una embarcación al viento o a la corriente. — v.intr. NÁUTICA

apoplejía (Del gr. *apoplexia* < *apoplesso,* derribar.) Paralización súbita del funcionamiento del cerebro por una embolia, trombosis o hemorragia. — s.f. MEDICINA

apopléjico, a
1 Que tiene relación con la apoplejía. — adj./ th: apoplético
2 Que tiende a padecer apoplejía. — adj/s./MEDICINA
3 Que padece apoplejía. — MEDICINA

apoquinar Pagar una cantidad de dinero de mala gana: *no tuve que apoquinar ni una peseta.* — v.tr. coloquial

aporcar (Del lat. *ad + porca,* caballón.)
1 Cubrir el apio, el cardo y otras hortalizas con tierra para que se hagan blancas o tiernas. — v.tr./conj: trocar th: porcar
2 Cubrir el pie de los árboles con tierra.

aporía (Del gr. *aporia,* dificultad para pasar, carencia de camino.) Dificultad lógica que presenta un problema especulativo. — s.f. FILOSOFÍA

aporisma (Del lat. vulgar *aporisma.*) Tumor que se forma entre la piel y la carne por derrame sanguíneo. — s.m. MEDICINA

aporismarse Formarse un aporisma. — v.prnl./MEDICINA

aporreado, a
1 Que es pobre y desafortunado. — adj./= pobre
2 Guiso que entre otros ingredientes cuenta con carne de vaca o bacalao, manteca, tomate y ajo. — s.m./Méx., Cuba COCINA

aporrear
1 Dar golpes con una porra, con las manos o cualquier otra cosa: *aporreó a su rival a puñetazos.* — v.tr/prnl. = golpear
2 Causar una persona a una cosa molestias inoportuna e insistentemente. — v.tr.
3 Hacer huir los insectos con movimientos de las manos.
4 Hacer una persona un trabajo con mucho empeño y fatiga: *se aporreó estudiando para sacar buenas notas.* — v.prnl.

aporreo Acción y resultado de golpear violenta e insistentemente. — s.m. = aporreamiento

aporretado, a Se aplica al dedo de la mano que es corto y grueso. — adj.

aporrillarse Ponerse las articulaciones hinchadas dificultándose su movimiento a causa de una enfermedad. — v.prnl.

aportación
1 Acción y resultado de aportar. — s.f.
2 Conjunto de bienes aportados: *construyeron el hospital con diversas aportaciones públicas y privadas.*

aportadera
1 Caja, con otra, se colocaba sobre el aparejo de las caballerías para transportes diversos. — s.f.
2 Recipiente de madera, con asas, semejante a una cuba, usado en la vendimia para transportar la uva. — = portadera

aportadero Atracadero, lugar donde atracan las embarcaciones. — s.m.

aportar
I (Derivado de *puerto.*)
1 Llegar a un lugar después de estar perdido o en peligro: *un excursionista aportó en nuestro motel.* — v.intr.
2 Presentarse en un lugar.
II (Del lat. *apportare* < *ad,* a + *portare,* llevar.)
1 Participar con una parte a una cosa poseída o hecha en común: *los dos socios aportan el mismo capital.* — v.tr.
2 Dar pruebas, razones o testimonios en defensa de una persona o una cosa.
3 Llevar bienes al matrimonio: *el marido aportó todo su patrimonio a la sociedad conyugal.* — DERECHO

aporte
1 Aportación, bienes aportados. — s.m.
2 Acción o resultado de contribuir o participar en un fin determinado.
3 Depositar materiales un río, glaciar, viento u otros agentes atmosféricos. — GEOLOGÍA

aportillar
1 Hacer una abertura en un muro o una pared para poder entrar. — v.tr. CONSTRUCCIÓN
2 Romper o abrir una cosa compacta y unida.
3 Caerse una parte de un muro o pared. — v.prnl.

aposentaderas Nalgas, asentaderas: *le dio una patada en las aposentaderas.* — s.f.pl.

aposentador, a
1 Que aposenta. — adj/s.
2 Persona que se encarga de aposentar a otras. — s.m.
3 Oficial encargado de aposentar las tropas en las marchas. — MILITAR

aposentaduría Antiguo cargo y funciones del aposentador. — s.f. MILITAR

aposentamiento Acción y resultado de aposentarse u hospedar a alguien. — s.m.

aposentar
1 Dar hospedaje a una persona en un lugar. — v.tr.

2 Tomar alojamiento en un lugar: *se aposentó en casa de unos conocidos, después de haber pasado por varios hoteles.* `v.prnl.`

aposento
1 Pieza o habitación de una casa: *los aposentos eran amplios y los pasillos estrechos.* `s.m.`
2 Alojamiento dado a una persona en un lugar como invitado o mediante pago. `= hospedaje`
3 Palco de los antiguos teatros.

aposición Construcción que consiste en la unión de dos nombres de los que uno es aclaración o especificación del otro, sin que exista entre ellos régimen ni concordancia. `s.f.` `GRAMÁTICA`

apositivo, a Que está en aposición o tiene relación con ella. `adj.` `GRAMÁTICA`

apósito
1 Material terapéutico que se aplica directamente sobre la parte enferma o herida del cuerpo sujetándolo con vendas u otros materiales. `s.m.` `MEDICINA` `= emplasto, tópico`
2 Conjunto de vendas, algodón, gasa u otros materiales que sirven para sujetar el apósito. `MEDICINA` `= vendaje`

aposta (Del ital. *a posta.*) A propósito, intencionadamente: *siempre me pisas aposta cuando te saco a bailar.* `adv.`

apostadero
1 Lugar o paraje donde hay gente apostada. `s.m.`
2 Puerto o bahía donde se reúnen varios buques de guerra bajo un solo mando. `MILITAR`
3 Departamento marítimo bajo el mando de un comandante general. `MILITAR`

apostador, a Que es aficionado a las apuestas y las hace con frecuencia. `adj/s.`

apostante Que apuesta. `adj/s.m.f.`

apostar
I (Derivado de *apuesta.*)
1 Ponerse dos o más personas, que disputan o hacen algún pronóstico, una recompensa para aquel de los dos que tenga la razón o que acierte en el pronóstico. `v.tr/prnl.` `conj: contar`
2 Jugar una persona una cantidad de dinero en un juego de modo que, si gana la partida o acierta su pronóstico, recupera aumentada la cantidad que arriesgó: *apostó mucho dinero al caballo más joven.*
3 Oponerse dos o más personas para alcanzar la misma cosa: *los luchadores apuestan para conseguir la victoria.* `v.intr.` `= competir`
4 apostárselas con alguien: Declararse una persona capaz de competir con otra: *se las apuesta con su amigo a obtener una calificación más alta.* `coloquial`
II (Del ital. *appostare,* acechar.) Poner una o varias personas o caballerías en un lugar para un fin: *el capitán apostó a los soldados en el bosque para sorprender a los enemigos.* `v.tr/prnl.`

apostasía Abandono de una doctrina o creencia de cualquier tipo. `s.f.`

apóstata (Del gr. *apostates* < *aphistamai,* alejarse.) Persona que comete apostasía. `s.m.f.`

apostatar
1 Dejar de mantener unas ideas o unas creencias: *apostató de la fe cristiana.* `v.intr.`
2 Dejar un religioso su orden. `RELIGIÓN`
3 Dejar de cumplir un religioso sus obligaciones. `RELIGIÓN`

apostema (Del lat. *apostema* < gr. *apostema,* alejamiento, absceso.) Absceso, acumulación de pus. `s.m.` `MEDICINA`

apostemar
1 Causar una cosa la aparición de apostemas en una parte del cuerpo. `v.tr.`
2 Llenarse de apostemas. `v.prnl.`

a posteriori (Expresión latina.) Después de examinado, visto el efecto: *primero realizas el experimento y estudias los resultados a posteriori.* `loc.adv.`

apostilla (Del lat. *postilla,* probablemente de *post illa,* después de aquellas cosas.) Nota que aclara, interpreta o completa un texto: *gracias a la apostilla se deshace la ambigüedad del original.* `s.f.`

apostillar Poner notas aclaratorias a un texto. `v.tr.`

apostillarse Llenarse de postillas o pústulas: *a causa del frío se les apostillaron los labios.* `v.prnl.`

apóstol (Del lat. *apostolus* < gr. *apostolos,* enviado.)
1 Cada uno de los doce principales discípulos de Jesucristo: *los apóstoles predicaron el Evangelio.* `s.m.` `RELIGIÓN`
2 Persona que propaga cualquier doctrina importante: *apóstol de la paz.*
3 Persona que propaga el cristianismo. `RELIGIÓN`
4 el apóstol de las gentes: Sobrenombre dado a san Pablo. `RELIGIÓN`

apostolado
1 Propaganda en favor de algún ideal o doctrina: *una de las prioridades según la encíclica es el apostolado.* `s.m.`
2 Conjunto de apóstoles. `RELIGIÓN`
3 Actividad de los apóstoles.

4 Tiempo que dura una misión apostólica. `RELIGIÓN`

apostólico, a
1 De los apóstoles o que tiene relación con ellos: *doctrina apostólica.* `adj.`
2 Del Papa o que proviene de su autoridad: *nuncio apostólico; bendición apostólica.* `RELIGIÓN`

apostrofar Dirigir un apóstrofe a una persona. `v.tr.`

apóstrofe (Del lat. *apostrophe* < gr. *apostrophe* < *apostrepho,* apartarse.)
1 Figura que consiste en interrumpir el discurso para interpelar con vehemencia a una o varias personas o cosas personificadas o a uno mismo. `s.m.f.` `RETÓRICA`
2 Interpelación brusca y poco cortés.

apóstrofo (Del gr. *apostrophus* < *apostrophos,* que se aparta.) Signo gráfico (') que indica la elisión o supresión de una vocal. `s.m.` `GRAMÁTICA`

apostura
1 Cualidad de apuesto: *la apostura de sus gestos.* `s.f.`
2 Apariencia, aspecto: *era un hombre de mediana edad y de apostura agradable.*

apotecio Aparato reproductor de los hongos y los líquenes, donde se forman las esporas. `s.m.` `BOTÁNICA`

apotegma (Del gr. *apophthegma* < *apophthengomai,* declarar.) Dicho breve y sentencioso atribuido por lo general a algún personaje ilustre. `s.m.` `= máxima, sentencia`

apotema (Del gr. *apo,* desde + *tithemi,* colocar.)
1 Perpendicular trazada desde el centro de un polígono regular a cualquiera de sus lados. `GEOMETRÍA`
2 Altura de las caras triangulares de una pirámide regular. `GEOMETRÍA`

apoteósico, a
1 Que tiene relación con la apoteosis: *aplaudieron ante el final apoteósico de la ópera.* `adj.` `tb: apoteótico`
2 Que es muy brillante o espectacular: *el público se levantó a aplaudir a la soprano ante el final apoteósico.*

apoteosis (Del gr. *apotheosis,* deificación.)
1 Culminación o final espectacular de un acontecimiento o acto: *la apoteosis de la obra.* `s.f.` `pl: apoteosis`
2 Deificación que, entre ciertos pueblos, se hacía de los héroes. `HISTORIA`
3 Ensalzamiento de una persona por un grupo o colectividad con grandes honores y alabanzas.

apoyacabezas Reposacabezas, accesorio de un asiento, en especial el de los coches, que sirve para apoyar o proteger la cabeza. `s.m.` `pl: apoyacabezas`

apoyadura Afluencia de leche a los pechos de las hembras de los mamíferos. `s.f.` `ZOOLOGÍA`

apoyar (Del ital. *appoggiare* < lat. *podium,* sostén en una pared.)
1 Poner una cosa sobre otra que la sostenga: *puedes apoyar tu cabeza sobre mi hombro.* `v.tr.`
2 Ofrecer un favor o una ayuda a una persona: *le ha apoyado siempre en sus negocios.*
3 Fundar una cosa en otra: *apoya su tesis en una teoría antropológica.* `+ en, con`
4 Sostener o confirmar una opinión o una teoría: *apoyo su decisión porque la comparto.*
5 Estar una cosa sobre otra que la sostiene: *el jarrón se apoya en el mueble.* `v.intr/prnl.`
6 Pronunciar varios sonidos con más intensidad de lo normal. `v.intr.`
7 Inclinar el caballo la cabeza hacia el suelo: *el caballo se apoyó para que le dieran comida.* `v.tr/prnl.` `EQUITACIÓN`
8 Sacar de las mamas de la vaca la leche que fluye en la apoyadura. `v.tr.`

apoyatura (Del ital. *appogiatura* < *appogiare,* apoyar.)
1 Soporte que sostiene una cosa. `s.f./= apoyo`
2 Fundamento de una cosa. `FILOSOFÍA`
3 Nota musical pequeña y de adorno que precede a una principal de la que toma valor. `MÚSICA`

apoyo
1 Lo que apoya o sostiene una cosa: *el apoyo de la mesa es un bloque de granito.* `s.m./= base, soporte`
2 Protección o ayuda. `= auxilio`
3 Fundamento de una doctrina.

apraxia (De *a,* privativo + gr. *praxis,* acción.) Imposibilidad de coordinar movimientos voluntarios o complejos. `s.f.` `MEDICINA`

apreciabilidad
1 Posibilidad de que una cosa sea apreciada. `s.f.`
2 Cualidad de apreciable.

apreciable
1 Que puede ser apreciado o percibido: *existen apreciables diferencias entre las dos corrientes poéticas.* `adj.` `= perceptible` `≠ inapreciable`
2 Que puede ser valorado o tasado: *este año los beneficios han sido apreciables.*
3 Que merece ser apreciado o estimado. `= digno`

apreciación
1 Acción de apreciar o valorar una cosa: *el árbitro cometió importantes errores de apreciación.* `s.f.`
2 Asignación de precio a una cosa. `= valorar`

3 Aumento del valor de una moneda en el mercado de divisas. ECONOMÍA

apreciar (Del lat. *appretiare < ad,* a + *pretium,* precio.)
1 Poner precio a las cosas vendibles. v.tr./tb: preciar
2 Atribuir un valor a una persona o una cosa: *apreciaba demasiado las cosas materiales.*
3 Sentir una persona afecto hacia otra: *aprecia a sus amigos como si se tratara de su propia familia.* = estimar
4 Atribuir un valor al tamaño, la intensidad o la importancia de una cosa: *antes de matarlo apreciaron el peso del animal.*
5 Adquirir una persona conocimiento de una cosa observable: *nos acercamos al cuadro para apreciar los detalles.*
6 Aumentar el valor o cotización de una moneda en el mercado de divisas. v.tr./intr. ECONOMÍA

apreciativo, a
1 Que tiene relación con el aprecio. adj.
2 Que tiene relación con la apreciación.

aprecio (Del lat. *pretium.*)
1 Sentimiento de afecto por una persona o cosa: *mostró públicamente su aprecio por ellos.* s.m. = estima
2 Valor asignado a una cosa. = precio

aprehender (Del lat. *apprehendere < ad,* a + *prehendere,* asir, agarrar.)
1 Coger a una persona presa. v.tr./= apresar
2 Coger la autoridad géneros de contrabando: *la policía aprehendió un alijo de cocaína.* = capturar
3 Percibir una cosa con los sentidos o la inteligencia: *aprehender los conceptos más intrincados.* = comprender, sentir

aprehensión Acción y efecto de aprehender. s.f.

aprehensivo, a
1 De la facultad mental de aprehender. adj.
2 Que tiene capacidad de aprehender.

apremiante Que apremia o apresura: *tenía una apremiante necesidad de encontrar a su hermano.* adj. = urgente

apremiar
1 Incitar a una persona para que haga una cosa más deprisa: *nos apremia para que acabemos el pedido.* v.tr.
2 Hacer una cosa fuerza o presión sobre una persona. = presionar
3 Obligar la autoridad competente a una persona a hacer una cosa.
4 Imponer un apremio o un recargo en una contribución o un impuesto. DERECHO
5 Presentar un litigante instancia para que la parte contraria actúe en el procedimiento. DERECHO
6 Ser necesaria o conveniente la realización inmediata de una cosa: *apremia que se tome una resolución sobre la situación de los inmigrantes ilegales.* v.intr.

apremio
1 Apuro, falta de tiempo, de espacio o de dinero para una cosa: *apremios por la falta de liquidez.* s.m.
2 Urgencia, necesidad de hacer o de que se haga una cosa inmediatamente: *tenía apremio por comprar los billetes de avión.* = prisa
3 Acción de insistir para que una persona haga una cosa en seguida.
4 Mandamiento judicial que obliga a una persona al pago de una cantidad o a hacer otra cosa. DERECHO
5 Recargo en una contribución o impuesto, por retraso en su pago. DERECHO
6 Procedimiento judicial para el cobro de impuestos, en caso de retraso en su pago. DERECHO

aprender (Del lat. *apprehendere < ad,* a + *prehendere,* asir, agarrar.)
1 Adquirir el conocimiento de una cosa por medio del estudio o de la experiencia: *aprendió muchas técnicas de diagnóstico durante las prácticas.* v.tr.
2 Grabar una cosa en la memoria: *aprender los principales ríos del continente.* = memorizar
3 Formar idea de una cosa por meras apariencias o con poco fundamento.

aprendiz, a
1 Persona que aprende algún arte u oficio. s.
2 Persona que trabaja para su empresario o patrono con retribución o sin ella a cambio de que se le enseñe un oficio. = meritorio

aprendizaje
1 Acción de aprender una técnica o una profesión. s.m.
2 Tiempo que dura o se emplea en aprender una técnica o profesión.
3 Situación del que está aprendiendo: *este chico aún está en el aprendizaje.*

aprensión (Derivado del lat. *apprehendere,* apoderarse.)
1 Reparo infundado que se tiene en hacer o decir una cosa por temor a equivocarse. s.f.
2 Cuidado que una persona tiene de no cometer abusos o faltas de consideración.
3 Recelo de ponerse una persona en contacto con otra o con una cosa que pueda ser perjudicial o peli-

grosa para él: *los leprosos no le daban ninguna aprensión.*
4 Miedo no razonado a un peligro o amenaza.

aprensivo, a
1 Que tiene aprensión, miedo o desconfianza: *es tan aprensiva que si sus hijos salen de noche no duerme hasta que vuelven.* adj./s.
2 Que exagera la gravedad de sus dolencias: *es tan aprensivo que siempre está en el médico.*

apresar (Del lat. *apprensare.*)
1 Coger o apoderarse de una cosa por la fuerza: *los piratas apresaron un barco.* v.tr.
2 Coger y sujetar a un ser vivo o una cosa con los dientes o las garras.
3 Coger a una persona presa. = aprehender

apreso, a Se aplica al árbol que ha arraigado. adj.

aprestar (Del lat. vulgar *aprestare < praestus,* dispuesto.)
1 Preparar lo necesario para una cosa: *aprestó todo lo necesario para salir a cazar.* v.tr/prnl.
2 Preparar los tejidos para darles consistencia. v.tr./TEXTIL

apresto
1 Preparación para alguna cosa. s.m./= disposición
2 Operación de poner rígidas las telas: *en la primera lavada se le va el apresto a los tejidos.* TEXTIL
3 Almidón, cola u otras sustancias usadas para dar rigidez a las telas.

apresurado, a
1 Que se hace con prisa: *no visitamos la ciudad porque fue un viaje apresurado.* adj.
2 Que se comporta con apresuramiento.

apresurar
1 Incitar a una persona a hacer una cosa más deprisa: *ella me apresuró para llegar antes.* v.tr/prnl.
2 Hacer una cosa con prisa o antes de lo pensado: *se apresura a entrar en la casa y cierra la puerta tras de sí.* v.tr.

apretadamente
1 Con fuerza, estrechamente: *al despedirnos nos abrazamos apretadamente.* adv.
2 Por escaso margen, con dificultad: *ganamos el partido apretadamente.*

apretadera
1 Cinta o cuerda que sirve para apretar una cosa. s.f.
2 Insistencia que se hace sobre una persona para que haga una cosa. s.f.pl.

apretado, a
1 Que está muy lleno: *el aparador ya está muy apretado, no pongas más loza.* adj. = comprimido
2 Que es difícil de soltar o aflojar: *nudo apretado.*
3 Que está escaso de dinero circunstancialmente: *estos meses voy muy apretado y no puedo gastar mucho.* = apurado
4 Que es peligroso o difícil: *fue muy enérgica en una situación tan apretada.* = arduo

apretador, a
1 Que aprieta o ciñe. adj/s.m.
2 Utensilio que se usa para apretar. s.m.

apretar (Del ant. **apretar < lat. vulgar appectorare,* estrechar contra el pecho < *pectus,* pecho.)
1 Hacer fuerza o presión sobre una cosa o persona: *apretó la bolsa para sacar todo el aire.* v.tr. conj: pensar
2 Sujetar con fuerza: *la apretó contra su pecho para consolar su llanto.*
3 Poner una cosa más tirante. = tensar
4 Reducir una cosa a menor volumen.
5 Poner de forma apiñada: *se apretaron en esa plaza para manifestarse contra la política económica.* v.tr/prnl.
6 Tratar a una persona con rigor excesivo: *no me gusta que me aprieten en el trabajo.* v.tr.
7 Hacer un trabajo más apresurado o un esfuerzo más intenso.
8 Atacar o acosar a una persona o a un animal.
9 Causar una cosa aflicción a una persona: *le apretaba mucho aquella pena.*
10 Estimular a una caballería con la espuela. = espolear
11 Obligar a una persona con ruegos o amenazas a que haga una cosa: *sus amenazas aprietan terriblemente.* v.tr/intr.
12 Dar toques de color oscuro. v.intr./ARTE
13 Actuar una persona o cosa con más intensidad: *el frío aprieta en estos días.*
14 apretar a correr: Empezar a correr: *apretó a correr para despistar a sus perseguidores.* coloquial

apretón
1 Presión fuerte y rápida: *cerró la puerta de un apretón y rompió el tirador.* s.m.
2 Apretura causada por la excesiva aglomeración o concurrencia de gente en un lugar. = aprieto
3 Situación difícil o peligrosa: *la lesión de varios jugadores colocó al entrenador en un aprieto.* = aprieto
4 Carrera rápida y corta o cualquier acción realizada con intensidad y rapidez.
5 Toque de color oscuro con que se acentúa un efecto en lo que se pinta. ARTE

6 apretón de manos: Acción de dar o darse la mano con energía y efusión: *se dieron un apretón de manos para confirmar el trato.*

apretujar
1 Apretar una cosa con fuerza hasta estropearla: *apretujó la lata hasta deformarla.* v.tr.
2 Apretarse unas personas con otras en un lugar pequeño: *se apretujaban en las salas del hotel.* v.prnl.

apretujón Acción y resultado de apretujar: *le dio un abrazo y un apretujón para mostrarle su alegría.* s.m./= apretón

apretura
1 Situación de opresión física producida al haber demasiadas personas en un sitio. s.f.
2 Situación difícil: *en menuda apretura me has colocado.* = aprieto
3 Escasez, en especial de dinero o víveres.
4 Sitio estrecho.

aprieto
1 Apretura, exceso de personas en un lugar. s.m.
2 Situación difícil, conflictiva, peligrosa o urgente: *esta vez no me pondrás en ningún aprieto.* = apuro, brete
3 Situación del que tiene necesidades económicas: *se encontró en un aprieto enojoso para su condición.* s.m. = apuro

a priori (Expresión latina.) Antes de conocer algo experimentalmente, a primera vista: *a priori, la situación no presenta mayores problemas.* loc.adv.

apriorismo Método de razonamiento a priori. s.m./LÓGICA

apriorístico, a Que es o procede a priori, a primera vista: *hipótesis apriorística.* adj.

aprisa Deprisa, con celeridad: *acabó el bordado aprisa y no lo remató bien.* adv.

apriscar (Del lat. vulgar *appressicare* < *appresus* < *aprimere*, apretar.) Recoger el ganado en el aprisco. v.tr/prnl. conj: sacar

aprisco Campo cercado donde se recoge por la noche el ganado. s.m. = priscal

aprisionar
1 Meter a una persona en prisión. v.tr.
2 Sujetar con fuerza, de forma que una persona o cosa no pueda soltarse de otra: *esa viga, al agrietarse y caer, le aprisionó el brazo.*
3 Atar a una persona con prisiones o cadenas.

aproar Dirigir la proa de una embarcación en una determinada dirección. v.intr. NÁUTICA

aprobación Acción de aprobar o mostrar satisfacción o conformidad: *recibió la aprobación del público mediante aplausos y ovaciones.* s.f.

aprobado Calificación académica mínima para superar un examen. s.m.

aprobar (Del lat. *approbare* < *ad*, a + *probare*, ensayar, comprobar, aprobar.)
1 Dar una cosa por buena: *siempre aprueba todo lo que ellos hacen y dicen, jamás lo pone en entredicho.* v.tr. conj: contar
2 Declarar a una persona apta o competente.
3 Asentir a una doctrina u opinión.

aprobatorio, a Que implica una aprobación: *sonrisa aprobatoria; gesto aprobatorio.* adj. = aprobativo

aproches (Del fr. *approche*, acercamiento.) Trabajos que hacen los sitiadores de una plaza para acercarse a ella y conquistarla, como trincheras, baterías o minas. s.m.pl. MILITAR

aprontar
1 Preparar una cosa con rapidez. v.tr.
2 Dar una cosa en el momento.

apropiación Acción y resultado de apropiar o apropiarse una cosa de una cosa que no es suya: *incurrió en un delito de apropiación indebida de bienes.* s.f.

apropiado, a Que es adecuado o conveniente: *su forma de actuar no es la apropiada.* adj.

apropiar
1 Hacer propia cualquier cosa. v.tr.
2 Hacer una cosa apropiada para algo. = acomodar
3 Tomar para sí una cosa, generalmente sin tener en cuenta a su dueño: *se apropió de todos los bienes de la familia.* v.prnl.
4 Presentar una persona como propia una idea, un proyecto: *se apropió de tus propuestas para redactar la circular.*
5 Aplicar con propiedad las circunstancias o moralidad de un suceso al caso de que se trata. v.tr/prnl.

apropósito Breve pieza teatral de circunstancias. s.m./TEATRO

aprovechable Que es susceptible de ser aprovechado: *es una trabajadora muy aprovechable y versátil.* adj. ≠ desechable

aprovechado, a
1 Que saca provecho o beneficio de todo: *es una ama de casa muy aprovechada, no desperdicia nada.* adj.
2 Que es aplicado y diligente.
3 Que se aprovecha sin escrúpulos de las cosas que se presentan de manera favorable. adj/s.

aprovechamiento
1 Acción de aprovechar o aprovecharse. s.m.
2 Cosas útiles que se sacan de los productos naturales, como montes, bosques o dehesas.

3 aprovechamiento de aguas: Derecho a utilizar para usos comunes o privados las aguas que son de dominio público. DERECHO

aprovechar
1 Obtener provecho de alguna cosa, sacarle rendimiento: *debes aprovechar el tiempo.* v.tr.
2 Hacer progresos una persona en el aprendizaje de alguna cosa satisfactoriamente. v.intr/prnl.
3 Valerse de una cosa o de una persona para obtener un provecho propio, generalmente obrando con malicia y abuso: *se aprovechó de que no estábamos en casa para llevarse lo que pudo.* v.prnl.
4 Inclinar la proa cuanto permite la fuerza del viento, hacia la parte de donde viene. v.intr. NÁUTICA

aprovisionar Proporcionar una cosa necesaria a una persona: *un helicóptero aprovisionó a las familias que habían quedado incomunicadas.* v.tr/prnl. = abastecer

aproximación
1 Acercamiento a una persona o cosa físicamente o con intención de entablar una relación o contacto: *ha habido una aproximación entre las dos familias.* s.f.
2 Estimación o cálculo aproximado: *sus juicios no son más que aproximaciones poco rigurosas.*
3 Cada uno de los premios que se conceden a los números anterior y posterior y a los de la centena de los primeros premios de un sorteo de la lotería nacional. JUEGOS

aproximado, a Que se aproxima a lo exacto: *tiene un precio aproximado de cincuenta mil pesetas.* adj. = aproximativo

aproximar
1 Acercar, arrimar: *el autocar se aproximaba a la parada.* v.tr/prnl.
2 Estar una fecha o un acontecimiento cada vez más cerca: *se aproximan las fiestas.* v.prnl.
3 Intentar establecer relaciones con una persona.

ápside (Del lat. *absis*, coro de iglesia < gr. *apsis*, nudo, bóveda.) Cada uno de los extremos del eje mayor de la órbita de un astro. s.m. ASTRONOMÍA

apsiquia Pérdida del conocimiento. s.f./MEDICINA

áptero, a (Del gr. *a*, privativo + *pteron*, ala.)
1 Que no tiene alas, en especial los insectos. adj./ZOOLOGÍA
2 Se aplica al templo que no tiene columnas en las fachadas laterales. ARQUITECTURA

aptitud (Del lat. *aptitudine*.)
1 Conjunto de características que posibilitan que una cosa o persona resulte útil, apropiada para cierta función, objeto o fin: *no revela ninguna aptitud especial para el dibujo.* s.f.
2 Idoneidad y capacitación que permiten obtener un puesto o ejercer un cargo: *la policía debe superar unas pruebas de aptitud física.*

apto, a (Del lat. *aptus*.)
1 Que tiene aptitud para hacer una cosa: *los hombres muy bajos no son aptos para el servicio militar.* adj./= hábil, capaz ≠ inepto
2 Que es adecuado o útil: *es una película apta para menores.* = idóneo ≠ inadecuado

apuesta
1 Acción y resultado de apostar: *hizo varias apuestas por el mismo caballo.* s.f.
2 Cosa o cantidad que se apuesta: *las apuestas eran demasiado elevadas.*

apuesto, a (Del lat. *appositus* < *apponere*, colocar, poner.) Se aplica a la persona que tiene muy buena presencia, en especial el hombre joven. adj. = gallardo

apulgararse Llenarse la ropa de pequeñas manchas por efecto de la humedad. v.prnl.

apunarse Indisponerse por la falta de oxígeno que hay en las grandes alturas. v.prnl. Amér. Merid.

apunchar Abrir las púas de un peine. v.tr.

apuntación
1 Acción o resultado de apuntar. s.f./= apuntamiento
2 Notación musical, acción de escribir los signos musicales. MÚSICA
3 Modificaciones que se efectúan en las partituras musicales para adaptarlas a la voz de algún cantante. s.f.pl. MÚSICA

apuntado, a
1 Que tiene los extremos en punta. adj.
2 Se aplica a la figura que es igual que otra y se tocan por la punta. HERÁLDICA

apuntador, a
1 Que apunta. adj/s./tb: puntador s.
2 Persona que ayuda a los actores a recordar la letra de sus papeles, en los ensayos o las representaciones de una obra de teatro. TEATRO
3 Persona encargada de avisar a los actores al comienzo del espectáculo o cuando han de salir a escena y de recordarles las primeras palabras de cada intervención. TEATRO = traspunte

4 Persona que controla, en las catedrales, las salidas y entradas de los religiosos en el coro. — s.m. RELIGIÓN

5 Persona que confecciona las relaciones para la confrontación de la carga y descarga de mercancías en un puerto.

apuntalamiento Acción y resultado de apuntalar una construcción o de afirmar algo: *el apuntalamiento del edificio evitó el derrumbe*. — s.m.

apuntalar
1 Reforzar mediante puntales: *apuntalar los muros de contención de las canalizaciones*. — v.tr.
2 Afirmar o asegurar una cosa: *apuntaló su nueva teoría y consiguió convencernos*.

apuntamiento
1 Acción y resultado de apuntar. — s.m./= apuntación
2 Resumen o extracto que hace de las actuaciones el secretario del tribunal. — DERECHO

apuntar (Derivado de *punta*.)
1 Dirigir la punta de un arma u otro objeto hacia una persona o un lugar: *apunta la botella*. — v.tr.
2 Señalar hacia un lugar con el dedo índice o de otra manera: *el guía apuntó hacia un monumento funerario*. — v.tr/intr.
3 Señalar o marcar con un punto u otra señal cualquier cosa en un escrito. — v.tr.
4 Tomar nota de una cosa que hay que recordar: *apuntó el número de teléfono*. — = anotar
5 Inscribir el nombre de una persona o de una asociación en una lista o registro: *la apuntó en el censo*. — v.tr/prnl.
6 Contar con una persona e incluirla en las actividades de un grupo: *se apunta a todas las juergas*.
7 Empezar a aparecer o manifestarse una cosa: *un nuevo día apunta*. — v.intr. = asomar
8 Decir una cosa sin insistir o profundizar en ella: *apuntó las consecuencias de la guerra*. — v.tr.
9 Dictar a otro lo que debe decir o escribir, al igual que hace el apuntador con los actores: *la secretaria le apuntaba la respuesta ante la prensa*.
10 Hacer una cosa referencia a otra: *las sospechas apuntan al mayordomo*. — = señalar
11 Tener una persona o un animal unas condiciones que desarrollará: *este jugador apunta buenos conocimientos*.
12 Hacer un apunte o dibujo ligero. — = esbozar
13 Asegurar una cosa con clavos o puntas provisionalmente.
14 Dar puntadas en una prenda de vestir para remendarla o zurcirla.
15 Clavar el pliego en las punturas. — ARTES GRÁFICAS
16 Sacar punta a una cosa. — = afilar
17 Poner una cantidad que se quiere jugar sobre una carta o al lado de ella. — JUEGOS
18 Anotar la ausencia de los que deben asistir al coro en las catedrales.
19 Obtener o atribuirse un triunfo o un galardón: *con su intervención se ha apuntado un tanto*. — v.prnl.
20 Empezar a emborracharse una persona. — coloquial
21 Empezar a agriarse el vino: *con el viaje se apuntó el vino*.

apunte
1 Nota o escrito de poca extensión, que se hace rápidamente: *tan sólo le hizo un apunte porque ya le esperaban en la puerta*. — s.m.
2 Dibujo realizado con rapidez y con pocos trazos: *hizo un apunte rápido de su rostro*. — = bosquejo
3 Conjunto de las notas que toman los estudiantes de la explicación del profesor: *no pudo asistir a clase, pero le pasaron los apuntes*. — s.m.pl.
4 Voz del apuntador que indica a los actores de teatro el texto de la obra. — s.m. TEATRO
5 Persona encargada de avisar a los actores al comienzo del espectáculo o cuando han de salir a escena y de recordarles las primeras palabras de cada intervención. — TEATRO = traspunte, apuntador
6 Escrito que usa el apuntador. — TEATRO
7 En el juego de cartas de la banca, puesta. — JUEGOS
8 Punto, jugador que apunta contra el banquero. — JUEGOS
9 Persona estrafalaria.

apuntillar Clavar la puntilla al toro para rematarlo. — v.tr./TAUROMAQUIA

apuñalado, a Que tiene forma de hoja de puñal. — adj.

apuñalar Dar puñaladas: *lo apuñalaron a la salida de la discoteca*. — v.tr.

apuñar (Derivado de *puño*.)
1 Coger o sujetar una cosa con la mano cerrándola. — v.tr.
2 Dar puñetazos. — tb. apuñear
3 Cerrar una persona la mano para evitar que caiga o se escape lo que hay en ella. — v.intr.

apuracabos Pieza cilíndrica con una púa que se pone en el candelero para sujetar el cabo de la vela y que ésta se consuma por completo. — s.m. pl: apuracabos NÁUTICA

apurado, a
1 Que está en una situación difícil: *se encuentran muy apurados por la incriminación en el caso*. — adj.
2 Que está agobiado o tiene mucho trabajo: *esta muy apurada preparando las oposiciones a la administración pública*.
3 Que está escaso de dinero circunstancialmente: *la empresa está muy apurada por la decreciente demanda*.
4 Que tiene prisa: *anda muy apurada porque la conferencia comienza dentro de dos horas y aún no ha acabado de arreglarse*. — = apresurado
5 Se aplica a la situación que es difícil de resolver o es peligrosa.
6 Que está hecho con mucho esmero y exactitud. — = pulcro

apurador, a
1 Que apura. — adj/s.
2 Persona que lava de nuevo las tierras depositadas en las tinas. — s. MINERÍA
3 Apuracabos, pieza en que se aseguran los cabos de vela. — s.m. NÁUTICA

apuranieves Aguzanieves, ave paseriforme insectívora, provista de una larga cola que mueve al andar. — s.f./pl: apuranieves ZOOLOGÍA

apurar
1 Gastar o consumir totalmente: *apuró el vaso y salió corriendo hacia el garaje*. — v.tr.
2 Dar prisa a una persona: *apuró al taxista porque llegaba tarde*. — = apresurar
3 Molestar a una persona hasta hacerle perder la paciencia: *le apuró tanto que le dio una bofetada*.
4 Llegar a saber una cosa con todo detalle.
5 Llevar una cosa hasta el último extremo.
6 Angustiar, preocupar: *se apuraba por su retraso*. — v.tr/prnl.
7 Dar o sentir vergüenza: *se apuraron porque descubrieron su engaño*.

apure
1 Purificación de metales, en especial del oro. — s.m./METALURGIA
2 Conjunto de residuos que quedan del lavado de los minerales de plomo después de garbillados. — MINERÍA

apuro
1 Situación comprometida que exige una solución urgente que se presenta difícil: *me encontré en un apuro cuando me preguntó por las vacaciones*. — s.m.
2 Situación del que tiene necesidades económicas: *su familia pasó apuros económicos en la posguerra*. — = aprieto
3 Sensación de vergüenza o aflicción por otras personas o ante algunas circunstancias.

aquaplanning (Voz inglesa.) Fenómeno consistente en el desplazamiento lateral que sufre un vehículo al adherirse a los neumáticos la película de agua que se forma en un suelo mojado. — s.m.

aquárium Acuario, recipiente e instalación. — s.m./pl: aquáriums

aquejar
1 Afectar a una persona un dolor o enfermedad: *le aqueja una infección de origen desconocido*. — v.tr.
2 Causar un motivo pena o angustia a una persona: *la muerte de su amigo todavía la aqueja*.

aquejoso, a Que siente aflicción o angustia. — adj./= afligido

aquel, la (Del lat. vulgar *eccum*, he aquí + *ille, illa, illud*, aquel.) Denota que la persona o cosa a la que acompaña está lejos del que habla y del que escucha: *aquel tenor oscurece la voz de estos otros; en aquella época no existía esta costumbre*. — adj/pron.dem. pl: aquellos, as

aquelarre (Del vasco *akelarre* < *aker*, cabrón + *larre*, prado.) Reunión nocturna de brujos y brujas: *la tradición dice que aquí se reunía el aquelarre*. — s.m. OCULTISMO

aquello (Del lat. *eccum*, he aquí + *ille, illa, illud*, aquel.) Denota que la cosa a la que se refiere está lejos del que habla y del que escucha: *aquello que te dije sobre el asunto no se lo has de decir a nadie*. — pron.dem.

aquende (Del lat. *eccum*, he aquí + *inde*, de allí.) En el lado de acá de aquello que se expresa. — adv. ≠ allende

aquenio (Del gr. *a*, privativo + *khaino*, abrirse.) Fruto seco, con una sola semilla y con el pericarpo independiente de la misma, es decir, no soldado a ella. — s.m. BOTÁNICA

aqueo, a
1 De Acaya, región de la antigua Grecia. — adj.
2 Persona originaria de esta región. — s.

aquerenciado, a Acostumbrado a un lugar o compañía. — adj. Argent.

aquerenciarse Tomar querencia a un lugar: *ya hace años que comenzó a aquerenciarse a este balneario*. — v.prnl.

áqueta Cigarra, insecto. — s.f./ZOOLOGÍA

aquí (Del lat. vulgar *eccum hic*, < *eccum*, como partícula enfática + *hic*, he aquí.)
1 En este lugar: *quédate aquí mismo*. — adv.
2 En esto, en esta cuestión: *aquí reside precisamente el problema*.
3 En este momento, ahora: *aquí termina todo lo que tenía que decir*.

4 La persona presente, esta persona: *aquí, el caballero, desea un café.* — coloquial

5 Expresa distribución y lugar indeterminado.

6 de aquí en adelante: A partir de ahora: *de aquí en adelante no aceptaré más disculpas.* — loc.adv.

7 de aquí para allí: De un sitio a otro: *vamos de aquí para allí en busca de aventuras.*

aquiescencia (Del lat. *acquiescentia.*) Actitud del que acepta o admite una cosa que otro propone. — s.f.

aquiescente Que consiente, permite o autoriza. — adj.

aquietar
1 Poner a una persona o una cosa quieta o tranquila: *consiguió aquietar al bebé meciéndolo.* — v.tr./prnl. tb: quietar
2 Hacer un dolor más leve o moderado: *el calmante me aquietó el dolor de muelas.* — = aliviar

aquifolio (Del lat. *aquifolium < acutus,* agudo, punzante + *folium,* hojas.) Acebo, árbol o arbusto de sotobosque. — BOTÁNICA

aquilatar
1 Examinar y medir los quilates del oro, las perlas y las piedras preciosas. — v.tr./MINERALOGÍA tb: quilatar
2 Examinar y apreciar correctamente el mérito o el valor de una persona o una cosa: *aquilató la experiencia de los candidatos antes de decidirse.* — = valorar
3 Hacer más perfectos una virtud o un sentimiento poniéndolos a prueba.
4 Reducir el precio de coste o el nivel de beneficio de un producto al mínimo. — COMERCIO

aquilea (Del lat. *achillea < gr. akhilleios < Akhilleos,* Áquiles.) Milenrama, planta. — s.f. BOTÁNICA

aquilino, a De rostro aguileño, largo y afilado: *sus aquilinas facciones delataban su ascendencia.* — adj. culto

aquillado, a
1 Que tiene forma de quilla. — adj.
2 Se aplica al buque que es muy largo de quilla. — NÁUTICA

aquilón (Del lat. *aquilo.*) Viento del norte. — s.m.

aquintralarse Enfermarse de quintral las sandías, los melones y otras plantas o árboles. — v.prnl. Chile

aquistar Conseguir una cosa con esfuerzo. — v.tr./= conquistar

-ar
I (Del lat. *-aris, -e.*)
1 Indica condición, relación o pertenencia: *muscular, nuclear.* — suf.
2 Indica lugar en que abunda una cosa: *pinar, melonar.*
II (Del lat. *-are > -ar.*) Terminación del infinitivo de los verbos de la primera conjugación: *rezar, cantar.* — suf.

ara (Del lat. *ara.*)
1 Altar donde se ofrecían sacrificios a los dioses: *colocaron el cordero sobre el ara.* — s.f. = árula
2 Piedra consagrada que se coloca sobre una plataforma para celebrar la misa. — RELIGIÓN
3 en aras de: En honor de: *en aras de la verdad testificó ante el juez togado.* — loc.prep.

árabe (Del ár. *arb.*)
1 Que es de Arabia o de cualquier país o comunidad islámica del norte de África o Próximo oriente y Oriente medio — adj. tb: arábigo
2 Persona natural de Arabia o de cualquiera de esos países musulmanes. — s.m.f.
3 Lengua semítica hablada por los originarios de estos países islámicos. — s.m. LINGÜÍSTICA

arabesco (Del ital. *arabesco < arabo,* árabe, por ser este adorno característico del arte musulmán.) Adorno arquitectónico compuesto de combinaciones de líneas muy variadas que se emplea en frisos, zócalos y cenefas. — s.m. ARQUITECTURA

arábigo, a
1 Perteneciente o relativo a Arabia o a los países islámicos del Próximo oriente o norte de África. — adj. = árabe
2 Lengua árabe. — s.m./LINGÜÍSTICA

arabismo
1 Expresión o construcción propias de la lengua árabe que se usan en otra lengua: *el caudal de arabismos de la lengua española.* — s.m. LINGÜÍSTICA
2 Nacionalismo árabe.

arabista Persona dedicada al estudio de la lengua, literatura y cultura árabes. — s.m.f.

arabización Proceso de difusión o adopción de la cultura, las costumbres o la lengua árabes: *la arabización del sur de la península Ibérica.* — s.f.

arabizar Dar a un pueblo o a una persona el carácter, las costumbres o la cultura árabes. — v.tr/prnl. conj: cazar

arabo Árbol tropical de madera dura. — s.m./BOTÁNICA

arac (Del ár. *'araq.*) Aguardiente obtenido por destilación de melazas de caña de azúcar fermentadas con levadura de arroz. — s.m. tb: arak, arrak

aráceo, a Perteneciente a una familia de plantas monocotiledóneas formada por herbáceas vivaces, como el aro. — adj/s.f. BOTÁNICA

arácnido, a (Del gr. *arakne,* araña.) Perteneciente a una clase de artrópodos con seis pares de apéndices y abdomen ápodo, como la araña o el escorpión. — adj/s.m. ZOOLOGÍA = arácneo

aracnoides (Del gr. *arakne,* araña + *eidos,* forma.) Una de las tres membranas que envuelven el sistema nervioso central, semejante a una tela de araña. — adj/s.f. pl: aracnoides ANATOMÍA

aracnofobia Temor patológico a las arañas. — s.f./SICOLOGÍA

aracnología Estudio de los arácnidos. — s.f./ZOOLOGÍA

aracnólogo, a Persona dedicada al estudio de los arácnidos. — s. ZOOLOGÍA

arada
1 Labor agrícola de arar. — s.f./= aradura AGRICULTURA
2 Tierra labrada con el arado.
3 Trabajo y cultivo del campo. — = labranza
4 Superficie de tierra que se puede arar o labrar en un día con una yunta. — AGRICULTURA

arado (Del ant. *aradro < lat. aratrum.*)
1 Herramienta que, movida por fuerza animal o por un motor, se usa para arar la tierra: *el arado tradicional se ha sustituido por métodos mecánicos.* — s.m. AGRICULTURA
2 Reja, vuelta que se da a las tierras con el arado. — AGRICULTURA

arador, a
1 Que ara. — adj/s.
2 arador de la sarna: Ácaro diminuto, parásito de la piel humana, que causa la enfermedad de la sarna. *(Sarcoptes scabiei.)* — s.m. ZOOLOGÍA

aragonés, a
1 De Aragón o su dialecto. — adj.
2 Persona que es natural de Aragón. — s.
3 Variante dialectal del antiguo navarroaragonés, hablada en la actualidad en una pequeña zona de Aragón y en una franja del noreste de Navarra. — s.m. LINGÜÍSTICA
4 Se aplica a la variedad de uva tinta que nace en racimos grandes, gruesos y apiñados. — adj/s.f. AGRICULTURA

aragonesismo Expresión o construcción característcas del dialecto aragonés, usadas en otra lengua. — s.m. LINGÜÍSTICA

aragonito Variedad de carbonato de calcio. — s.m./MINERALOGÍA

araliáceo, a Perteneciente a una familia de plantas fanerógamas arbustivas o arbóreas, generalmente trepadoras. — adj/s.f. BOTÁNICA

arambel (Alteración de *alambel < ár. al-hanbal,* tapete, alfombra.)
1 Colgadura de telas y tapices empleada para cobertura u ornamentación. — s.m. tb: harambel
2 Andrajo o trapo que cuelga de un vestido: *el raído abrigo estaba orlado por un ribete de arambeles.*

arameo Lengua semítica emparentada con el hebreo y el fenicio. — s.m. LINGÜÍSTICA

aramio Tierra de labor que se deja en barbecho después de arada. — s.m. AGRICULTURA

arana Trampa, acción o enunciado con que se engaña: *se hizo famosa por la imperiosidad de sus aranas.* — s.f. = fraude, estafa

arancel
1 Tarifa oficial que determina los derechos que se deben pagar en aduanas, transporte o costas judiciales: *aranceles aduaneros.* — s.m. ECONOMÍA
2 Precio o valor con que se tasa una cosa. — ECONOMÍA

arancelario, a De los aranceles, en especial los de aduanas. — adj. ECONOMÍA

arandedo Terreno poblado de arándanos. — s.m.

arándano
1 Arbusto de hojas caducas, ovales y dentadas, flores solitarias, colgantes, blancas o rosadas, y fruto en baya violeta oscuro. *(Vaccinium myrtillus.)* — s.m./BOTÁNICA = mirtilo, ráspano
2 Fruto comestible de este arbusto. — BOTÁNICA

arandela (Del fr. *rondelle,* diminutivo de *rond,* redondo.)
1 Anillo o disco metálico perforado que se coloca bajo la cabeza de un tornillo o que, colocado entre dos piezas de una máquina, evita su roce: *sustituyeron las arandelas oxidadas por otras nuevas.* — s.f. MECÁNICA
2 Platillo perforado que se pone en la parte superior de un candelero, o cerca de la mecha de un cirio, para recoger la cera que se derrama al arder una vela.
3 Anilla de papel o de plástico que se pone como refuerzo sobre las perforaciones de las hojas de ciertos cuadernos.
4 Pieza de hojalata en forma de embudo que se ajusta con yeso alrededor del tronco del árbol y se llena con agua, para impedir el paso a las hormigas.
5 Araña o lámpara con pie, para ser colocada sobre una mesa.
6 Tablero de los barcos que sirve para cerrar las portas o aberturas a modo de ventanas y evitar que entre el agua. — NÁUTICA
7 Pieza cónica de metal que se ponía en la empuñadura de una lanza para proteger la mano.

arandillo Pájaro insectívoro, de unos diez centímetros de largo, lomo y alas de color gris claro, vientre y frente blancos y patas rojas, que habita en los cañaverales de las regiones pantanosas. — s.m. ZOOLOGÍA = carricero

aránea Membrana transparente que contiene el humor cristalino del ojo. — s.f. ANATOMÍA

aranero, a Que es embustero o estafador. — adj/s./= aranoso

aranés, a
1 Del Valle de Arán, situado en los Pirineos. — adj.
2 Persona que es natural del Valle de Arán. — s.
3 Variante lingüística del gascón, que a su vez lo es del occitano, lengua románica e indoeuropea, hablada en el Valle de Arán. — s.m. LINGÜÍSTICA

araña (Del lat. *aranea*, araña.)
1 Artrópodo de la clase de los arácnidos con cuatro pares de patas y órganos productores de seda, con la que elabora una red para capturar las presas. — s.f. ZOOLOGÍA
2 Lámpara colgante de varios brazos: *una preciosa y barroca araña dominaba la sala.*
3 Arañuela, planta ranunculácea. — BOTÁNICA
4 Persona aprovechada y vividora. — coloquial
5 Conjunto de cabos delgados que parten desde un mismo punto y se separan, pasando a veces por una telera. — NÁUTICA
6 Pez teleósteo marino de cuerpo pardo con líneas brillantes que suele vivir semienterrado en el fondo. *(Trachinus.)* — ZOOLOGÍA
7 **araña de agua:** Especie de araña que construye un nido sumergido en forma de campana invertida y que respira gracias a las burbujas retenidas por sus pelos abdominales. — ZOOLOGÍA
8 **araña de mar:** Cangrejo de mar de largas patas. — ZOOLOGÍA
9 **araña pollito:** Nombre de varias especies de gran tamaño cuya ponzoña no suele causar accidentes serios. — Argent. ZOOLOGÍA

arañar
1 Herir la piel con las uñas u otra cosa ligeramente: *límate las uñas porque me has arañado.* — v.tr/prnl. th: arañar/= carpir
2 Hacer rayas en una superficie lisa: *el parachoques del otro coche arañó la chapa del mío.* — v.tr.
3 Recoger una cosa necesaria poco a poco y de varias partes: *arañó un poco de cariño.* — coloquial

arañazo Señal o herida superficial que se hace al arañar o rasgar a una persona o una cosa: *restauró los arañazos de la madera; aún no se le han curado los arañazos que le hizo el pato.* — s.m. th: arañazo = arañamiento

arañero, a Se aplica al pájaro que es bravo y no se amansa. — adj. = zahareño

arañuela Planta ranunculácea que se cultiva por sus flores. *(Nigella damascena.)* — s.f. BOTÁNICA

arañuelo
1 Larva de ciertos insectos que destruyen los ciruelos y otros árboles, y que fabrican telas de seda entre las hojas. — s.m. ZOOLOGÍA
2 Garrapata, ácaro. — ZOOLOGÍA

arar
I (Del lat. *arare*.)
1 Hacer surcos en la tierra con el arado: *aró el terreno para airear el suelo.* — v.tr. AGRICULTURA
2 Hacer rayas semejantes a los surcos sobre una cosa: *me aró toda la mesa jugando con el destornillador.*
3 Surcar el agua u otro fluido.
II (Del ár. *ar'ar,* enebro.)
1 Alerce africano, árbol. — s.m/BOTÁNICA
2 Enebro, arbusto. — BOTÁNICA

arasá
1 Planta arbustiva o arbórea mirtácea, de copa ancha y madera flexible, hojas opuestas y fruto azucarado. — s.m/BOTÁNICA Argent., Par., Urug.
2 Fruto de este árbol del que se hacen confituras.

araticú Planta arbustiva silvestre, parecida al chirimoyo y cuyo fruto, una baya pulposa, es comestible. *(Anona silvática.)* — s.m/BOTÁNICA Argent., Par., Urug.

araucano, a
1 De Arauco, antigua región de Chile, o perteneciente a un pueblo amerindio. — adj.
2 Persona que era natural de Arauco o miembro de este pueblo. — s.
3 Lengua hablada por este pueblo. — s.m/LINGÜÍSTICA

araucariáceo, a Perteneciente a una familia de coníferas con hojas aciculares y granos de polen sin vesícula. — adj/s.f. BOTÁNICA

arauja Arbusto de flores blancas que crece en la región sudamericana. *(Araujia albens.)* — s.f. BOTÁNICA

arbellón Albañal, desagüe. — s.m/CONSTRUCCIÓN

arbequín (Del cat. *oliver arbequí*.) Variedad de olivo, muy cultivado en Cataluña, que da una aceituna pequeña y un preciado aceite. — s.m. BOTÁNICA

arbequina Variedad de aceituna pequeña producida por el olivo llamado arbequín. — s.f.

arbitrable Que puede ser resuelto o decidido. — adj.

arbitraje
1 Acción de arbitrar y particularmente la aplicación — s.m.

del reglamento en competiciones deportivas por parte de un árbitro: *la afición aplaudió su arbitraje.* — DEPORTES
2 Juicio o resolución arbitral. — DERECHO
3 Operación de cambio de valores mercantiles, en la que se busca la ganancia aprovechando las diferencias de precios que aquéllos tienen en diversas bolsas en un mismo día. — ECONOMÍA
4 Procedimiento para resolver pacíficamente conflictos internacionales, sometiéndolos al fallo de una tercera potencia, de una persona individual, de una comisión o de un tribunal. — POLÍTICA

arbitral
1 Del arbitrador o juez árbitro: *las partes litigantes deben aceptar la sentencia arbitral.* — adj. DERECHO
2 Del árbitro de un encuentro deportivo: *los jugadores del equipo visitante no estaban de acuerdo con la decisión arbitral.* — DEPORTES

arbitramento
1 Sentencia arbitral. — s.m./DERECHO
2 Acción o facultad de dar sentencia arbitral. — DERECHO

arbitrar (Del lat. *arbitrare*.)
1 Obrar en una cuestión libremente. — v.tr.
2 Proporcionar recursos o soluciones: *consiguió entregar los documentos, e incluso arbitró cómo habían de traducirlos.*
3 Sentenciar actuando como mediador en un litigio. — DERECHO
4 Ejercer de árbitro en los deportes: *éste es el primer encuentro internacional que arbitra.* — DEPORTES
5 Obrar una persona con habilidad. — v.prnl./= ingeniarse

arbitrariedad Acción o conducta contraria a la justicia, la razón o las leyes, basada en la voluntad o el capricho: *denunció la arbitrariedad del tribunal a la hora de puntuar las pruebas.* — s.f.

arbitrario, a (Del lat. *arbitrarius*.)
1 Que actúa según su arbitrio o voluntad sin atender a leyes o a razones: *es arbitrario en sus decisiones.* — adj. = injusto, parcial
2 Que depende del arbitrio o libre decisión de los individuos: *las señales de tráfico son arbitrarias.*
3 Del arbitrador o del juez árbitro.

arbitrio (Del lat. *arbitrium*.)
1 Facultad de decidir: *actúa según su arbitrio.* — s.m.
2 Poder, autoridad: *este asunto está sujeto al arbitrio de un tribunal superior.*
3 Voluntad no gobernada por la razón, sino por el capricho.
4 Recurso para resolver un asunto. — DERECHO
5 Sentencia del juez árbitro. — DERECHO
6 Impuestos que tienen que pagar los ciudadanos para gastos públicos. — s.m.pl.
7 **arbitrio de juez:** Facultad que tienen los jueces para la apreciación circunstancial no fijada en la ley. — DERECHO
8 **estar al arbitrio de:** Depender de algo o de alguien: *se encontraban al arbitrio de las circunstancias.*

arbitrista Persona que propone planes disparatados para aliviar la hacienda pública o remediar males políticos, en general. — s.m.f. = arbitriano

árbitro (Del lat. *arbiter, -tri*.)
1 Persona que puede hacer una cosa por sí solo sin dependencia de otro. — adj/s.m.f.
2 Persona que, en algunos deportes, se encarga de la aplicación del reglamento: *el árbitro y los jueces de línea fueron abucheados por el graderío.* — s.m.f. DEPORTES = colegiado
3 Persona influyente: *los grandes diseñadores son los árbitros de la moda.*

árbol (Del lat. *arbor*.)
1 Planta de tronco leñoso que se ramifica a mayor o menor altura del suelo, formando una copa. — s.m. BOTÁNICA
2 Madero redondo o cilíndrico fijo en una embarcación que sostiene las vergas a las que se sujetan las velas. — NÁUTICA = palo
3 Representación convencional de una estructura. — INFORMÁTICA
4 Representación gráfica de la estructura de frase en constituyentes. — LINGÜÍSTICA
5 Eje fijo o giratorio de una máquina: *el impacto dañó el árbol del vehículo.* — MECÁNICA
6 Pie sobre el que se apoya la estructura de una escalera de caracol.
7 Pieza de hierro en la parte superior del husillo de la prensa de imprimir. — ARTES GRÁFICAS
8 Altura de la letra desde la base hasta el hombro. — ARTES GRÁFICAS
9 Punzón con mango de madera que usan los relojeros para horadar el metal.
10 Eje de los órganos que, movido a voluntad del ejecutante, actúa sobre los registros musicales. — MÚSICA
11 Cuerpo de la camisa, sin las mangas.
12 **árbol de fuego o de pólvora:** Armazón de madera, compuesto por un eje y varios travesaños, que sostiene cohetes de pirotecnia.
13 **árbol de Judas:** Ciclamor, árbol leguminoso ornamental. — BOTÁNICA
14 **árbol de la ciencia del bien y del mal:** El árbol del paraíso terrenal, según la Biblia, cuyos frutos — RELIGIÓN

estaban prohibidos para Adán y Eva por mandato divino.

15 árbol de la vida: Conjunto de ramificaciones, formadas en el cerebro por la sustancia gris sobre la blanca. `ANATOMÍA`

16 árbol del pan: Planta arbórea de las regiones tropicales de fruto voluminoso comestible, rico en hidratos de carbono. `BOTÁNICA`

17 árbol del paraíso: El de tronco tortuoso, hojas blanquecinas y lustrosas y frutos en drupa de color amarillo rojizo. `BOTÁNICA`

18 árbol de Navidad: Abeto rojo u otra conífera que se decora con luces, adornos y obsequios para celebrar la Navidad. `BOTÁNICA`

19 árbol genealógico o de costados: Cuadro descriptivo, habitualmente desarrollado en forma de árbol, de la ascendencia o descendencia de una persona.

20 árbol mayor: Palo mayor de un buque. `NÁUTICA`

21 árbol respiratorio: Sistema respiratorio de los animales superiores. `ZOOLOGÍA`

arbolado, a
1 Se aplica al lugar que está poblado de árboles: *la arbolada ribera ocultaba el curso del río.* `adj.`
2 Conjunto de árboles. `s.m.`

arboladura Conjunto de árboles y vergas de una embarcación: *por el horizonte asomó la arboladura del buque mercante.* `s.f. NÁUTICA`

arbolar
1 Levantar en el aire con la mano o poner en sitio alto alguna cosa: *recorrieron las calles arbolando dos estandartes.* `v.tr. tb: enarbolar`
2 Poner los árboles de una embarcación. `NÁUTICA`
3 Hacer descansar un objeto alto en una cosa.
4 Plantar árboles en un terreno: *el ministerio arboló miles de hectáreas de las regiones norteñas.* `= arborizar`
5 Levantarse mucho las olas del mar. `v.intr/prnl.`
6 Encabritarse un caballo. `v.prnl.`

arbolecer Arborecer, crecer los árboles. `v.intr/conj: carecer`

arboleda (Del lat. vulgar *arboreta*.) Terreno poblado de árboles: *pasaron el día bajo la sombra de la arboleda.* `s.f.`

arbolete Rama de árbol hincada en tierra y con varetas untadas en liga para cazar pájaros. `s.m. CAZA`

arbolista Persona que se dedica a cultivar árboles o a comerciar con ellos. `s.m.f.`

arbollón Albañal, desagüe. `s.m./CONSTRUCCIÓN`

arborecer Formarse o crecer los árboles. `v.intr/conj: carecer`

arbóreo, a (Del lat. *arboreus*.) Del árbol o parecido a él: *tallo arbóreo, silueta arbórea.* `adj.`

arborescencia
1 Propiedad que hace que una cosa se desarrolle en forma de árbol. `s.f.`
2 Semejanza de ciertos minerales o cristalizaciones con la ramificación de un árbol. `MINERALOGÍA`

arborescente Que tiene forma o aspecto de árbol: *helechos arborescentes.* `adj.`

arboretum Plantación de árboles destinada a fines científicos, como el estudio de su desarrollo o de su aclimatación. `s.m. BOTÁNICA`

arbori- Componente de palabra procedente del lat. *arbor, -oris*, que significa árbol: *arboricultura; arborícola.* `pref. = arbor-`

arboricida (Del lat. *arbor*, árbol + *caedere*, matar.) Que produce la muerte de los árboles: *primates arborícolas.* `adj/s.m.`

arborícola (Del lat. *arbor*, árbol + *colere*, habitar.) Que vive en los árboles: *primates arborícolas.* `adj. ZOOLOGÍA`

arboricultor, a Persona que se dedica a la arboricultura. `s.`

arboricultura (Del lat. *arbor*, + *cultura*, cultivo.)
1 Cultivo de los árboles. `s.f.`
2 Enseñanza de la técnica del cultivo de los árboles.

arboriforme Que tiene forma de árbol. `adj.`

arborización
1 Figura en forma de ramas de árbol que se observa en algunos minerales o en algunas cristalizaciones. `s.f. MINERALOGÍA`
2 Ramificación en la que terminan algunas células nerviosas. `BIOLOGÍA`

arborizado, a Se aplica al mineral o cristalización que tiene arborizaciones. `adj. MINERALOGÍA`

arborizar
1 Llenar un terreno de árboles. `v.tr./conj: cazar`
2 Plantar árboles en un lugar determinado para que den sombra o sirvan de ornamentación: *arborizó las márgenes de los senderos.*

arbotante (Del fr. *arc-boutant* < *arc*, arco + *bouter* por *buter*, apoyar.)
1 Arco exterior de una construcción, que sirve para transmitir a un contrafuerte el empuje de una bóveda y contrarrestarlo. `s.m. ARQUITECTURA`
2 Palo o hierro que sobresale del casco del buque y que se usa para sostener algún objeto. `NÁUTICA`

arbustivo, a Que tiene la naturaleza o características del arbusto: *plantas arbustivas.* `adj. BOTÁNICA`

arbusto (Del lat. *arbustum*.) Planta leñosa, de menos de cinco metros de altura, sin un tronco dominante porque se ramifica desde la base, como el mirto y la adelfa. `s.m. BOTÁNICA`

arca (Del lat. *arca*.)
1 Caja, generalmente de madera sin forrar y tapa llana, provista de cerradura: *recuperó una maltrecha arca del desván.* `s.f.`
2 Caja para guardar dinero.
3 Horno secundario en que se caldean o enfrían las piezas de vidrio después de labradas. `INDUSTRIA`
4 Superficie de una bóveda. `ARQUITECTURA`
5 Cuarto de una tesorería en el que se guarda el dinero: *la cerradura de las arcas se bloqueó.* `s.f.pl.`
6 Vacíos que hay entre las costillas y los ijares. `ANATOMÍA`
7 **arca de agua:** Depósito para recibir y distribuir agua.
8 **arca de la alianza o del testamento:** Arca en que, según la tradición bíblica, se guardaban las tablas de la ley. `RELIGIÓN`
9 **arca de Noé o del diluvio:** 1. Embarcación en que, según la Biblia, se salvaron del diluvio Noé y su familia, además de los animales que en ella llevaban. 2. Molusco bivalvo, de concha oscura, que vive en aguas costeras poco profundas. *(Arca noae.)* `RELIGIÓN` `ZOOLOGÍA`

arcabucear
1 Lanzar proyectiles con el arcabuz. `v.tr/MILITAR`
2 Ejecutar a una persona con disparos de arcabuz. `MILITAR`

arcabucero
1 Soldado que estaba armado de arcabuz. `s.m./MILITAR`
2 Persona que fabricaba arcabuces. `MILITAR`

arcabuco Monte muy espeso y lleno de maleza: *recorrieron a caballo los arcabucos fragosos que rodeaban el valle.* `s.m.`

arcabuz (Del fr. *arquebuse* < neerlandés *hakebus* < *hake*, gancho + *bus*, caja.)
1 Antigua arma de fuego, semejante al fusil y con mecha para prender la pólvora. `s.m./pl: arcabuces MILITAR`
2 Arcabucero, soldado. `MILITAR`

arcacil Alcacil, alcachofa silvestre. `s.m./BOTÁNICA`

arcada
1 Conjunto de arcos: *paseaban bajo las arcadas de la playa, a resguardo del sol.* `s.f./ARQUITECTURA`
2 Ojo del arco de un puente. `CONSTRUCCIÓN`
3 Espasmo del estómago que provoca el vómito: *el olor a sebo le produjo arcadas y vómitos.* `MEDICINA`

arcaduz (Del ár. *al-qadus* < gr. *kados*, jarro.)
1 Tubo por el que se conduce agua. `s.m./pl: arcaduces`
2 Recipiente que saca el agua, en una noria. `AGRICULTURA`

arcaico, a (Del lat. *archaicus* < gr. *arkhaikos* < *arkhaios*, antiguo.)
1 Que es muy antiguo: *las arcaicas expresiones artísticas de las primitivas civilizaciones.* `adj.`
2 Se aplica al período geológico más antiguo de la era precámbrica. `adj/s.m. GEOLOGÍA`

arcaísmo (Del gr. *arkhaismos*.)
1 Expresión o construcción anticuada: *el personaje utilizaba frecuentes arcaísmos.* `s.m. LINGÜÍSTICA`
2 Empleo de palabras y expresiones arcaicas o anticuadas. `LINGÜÍSTICA`
3 Imitación de lo antiguo.
4 Calidad de arcaico: *el arcaísmo de sus procedimientos contrasta con el resto de su mismo sector industrial.*

arcaísta Persona que con frecuencia emplea arcaísmos al expresarse. `s.m.f.`

arcaizar
1 Llenar una lengua de arcaísmos. `v.tr.`
2 Usar arcaísmos al hablar. `v.intr.`
CONJ.: IND.: PRES.: *arcaízo, arcaízas, arcaíza, arcaizamos, arcaizáis, arcaízan.* PRET. INDEF.: *arcaicé, arcaizaste, arcaizó, arcaizamos, arcaizasteis, arcaizaron.* SUBJ. PRES.: *arcaíce, arcaíces, arcaíce, arcaicemos, arcaicéis, arcaícen.* IMP.: *arcaíza, arcaíce, arcaicemos, arcaizad, arcaícen.*

arcángel (Del lat. *archangelus* < gr. *arkhos*, jefe + *angelos*, ángel, emisario.) Espíritu celeste que pertenece al coro superior al de los ángeles. `s.m. RELIGIÓN, TEOLOGÍA`

arcangélico, a De los arcángeles: *espíritus arcangélicos.* `adj. = arcangelical`

arcano, a (Del lat. *arcanus*, secreto.)
1 Que es secreto o recóndito. `adj.`
2 Cosa o asunto que no se puede conocer, comprender o explicar: *sus intenciones se fueron convirtiendo en un arcano indescifrable.* `= misterio`
3 Cosa o asunto secreto o muy reservado. `= misterio`

arcar
1 Dar forma de arco: *arcaron las piezas de la maqueta para montar el barco.* `v.tr/conj: sacar = arquear, enarcar`

2 Golpear y ahuecar la lana con un arco. — **= arquear**

arcatura Arcada figurada. — **s.f./ARQUITECTURA**

arce (Del lat. *acer*.) Árbol aceráceo de madera dura usada en ebanistería, y fruto seco con expansiones aladas tipo sámara. (*Acer.*) — **BOTÁNICA**

arcedianato
1 Dignidad de arcediano. — **s.m./RELIGIÓN**
2 Territorio que está bajo su jurisdicción. — **RELIGIÓN**

arcediano (Del lat. *archidiaconus* < gr. *arkhos*, jefe + *diakonos*, servidor.) Dignidad en el cabildo catedralicio. — **s.m. RELIGIÓN = archidiácono**

arcedo Terreno poblado de arces: *las llamas se cebaron en el arcedo de la ladera.* — **s.m.**

arcén
1 Margen de una carretera a uno y otro lado de la calzada, reservado para el uso de peatones, vehículos no automóviles, etc.: *tuvieron que parar en el arcén de la autopista.*
2 Brocal del pozo. — **s.m.**

archa Arma antigua semejante a la alabarda. — **s.f./= cuchilla**

archi-
1 Componente de palabra procedente del gr. *arkho* que, unido a adjetivos, indica mucho, más que: *archiconocido, archimillonario.*
2 Componente de palabra procedente del gr. *arkho* que, unido a sustantivos, indica primacía: *archiduque.* — **pref.**

archibebé Ave zancuda que vive cerca de estanques y en las costas europeas occidentales. (*Tringa totatus.*) — **s.m. ZOOLOGÍA**

archicofrade Miembro de una archicofradía. — **s.m.f.**

archicofradía Cofradía muy antigua o muy importante. — **s.f.**

archidiácono Arcediano, dignidad en el cabildo. — **s.m.**

archidiócesis Diócesis arzobispal. — **s.f./pl: archidiócesis**

archiducado
1 Dignidad de archiduque. — **s.m./HISTORIA**
2 Territorio que pertenece al archiduque. — **HISTORIA**

archiduque, sa Dignidad de los príncipes de la casa de Austria y de Baviera. — **s. HISTORIA**

archiduquesa Princesa de la casa de Austria, o mujer o hija del archiduque. — **s. HISTORIA**

archimandrita (Del gr. *arkhimandrites*.) Dignidad eclesiástica inferior a la del obispo, en la iglesia ortodoxa. — **s.m. RELIGIÓN**

archimillonario, a Que tiene una gran fortuna: *publicaron la lista de los archimillonarios.* — **adj/s.**

archipámpano Persona que ejerce gran dignidad o autoridad imaginarias. — **s.m. despectivo**

archipiélago (Del ital. *arcipelago*, mar principal.) Conjunto de islas agrupadas en una superficie más o menos extensa de mar. — **s.m. GEOGRAFÍA**

archisabido Que es muy conocido: *la archisabida lentitud de la administración pública.* — **adj.**

architriclino (Del gr. *arkhi* + *triklinon*, comedor.) Persona encargada de dirigir los banquetes, entre los griegos y romanos. — **s.m. HISTORIA**

archivador, a
1 Que archiva. — **adj/s.**
2 Mueble de oficina o caja para guardar ordenados los documentos y papeles: *los intrusos revolvieron los archivos de la oficina sin necesidad de llave para abrirlos.* — **s.m.**
3 Carpeta para guardar ordenados documentos.

archivar
1 Guardar papeles o documentos en un archivo: *archivar facturas y albaranes.* — **v.tr.**
2 Dejar de ocuparse de un asunto por considerarlo terminado o solucionado: *archivar un caso por falta de pruebas.*

archivero, a
1 Persona encargada de un archivo. — **s./= archivista**
2 Mueble o caja que sirve para guardar documentos o fichas. — **s.m. Méx.**

archivística Técnica de catalogación y conservación de archivos. — **s.f.**

archivo (Del lat. *archivum* < gr. *arkheion*, residencia de los magistrados.)
1 Local o mueble donde se guardan documentos públicos o privados: *han remodelado el archivo de la Corona de Aragón.* — **s.m.**
2 Conjunto de documentos públicos o privados.
3 Espacio reservado en el dispositivo de memoria de un ordenador para almacenar porciones de información que tienen la misma estructura y que pueden manejarse mediante una instrucción única. — **INFORMÁTICA**
4 Conjunto de dicha información. — **INFORMÁTICA**

archivología Archivística, técnica de catalogación y conservación de archivos. — **s.f.**

archivólogo, a Persona dedicada al estudio y conservación de los archivos. — **s.**

archivolta (Del fr. *archivolte*.) Conjunto de molduras, más o menos decoradas, que están en la superficie frontal de las dovelas de una arcada y van de una imposta a la otra. — **s.f. ARQUITECTURA tb: arquivolta**

arcilla (Del lat. *argilla*.) Roca sedimentaria impermeable, compuesta de partículas muy finas del grupo de los silicatos, usada para fabricar objetos de cerámica. — **s.f. GEOLOGÍA**

arcillar Mejorar un terreno excesivamente silíceo, echándole arcilla. — **v.tr.**

arcilloso, a Que tiene arcilla o aspecto parecido al de ella: *terreno arcilloso.* — **adj.**

arción
1 Correa del estribo en la silla de montar. — **s.m./EQUITACIÓN**
2 Dibujo que imita una red. — **ARQUITECTURA**

arciprestazgo
1 Dignidad del arcipreste. — **s.m./RELIGIÓN**
2 Territorio que está bajo su jurisdicción: *discutieron el tema en el consejo del arciprestazgo.* — **RELIGIÓN**

arcipreste (Del lat. *archipresbyter* < gr. *arkhos*, jefe + *presbyteros*, presbítero.)
1 Dignidad entre los canónigos de una catedral. — **s.m./RELIGIÓN-**
2 Presbítero que, por nombramiento episcopal, ejerce ciertas atribuciones sobre los sacerdotes, las parroquias e iglesias en un territorio determinado. — **RELIGIÓN**

arco (Del lat. *arcus*.)
1 Porción continua de una línea curva. — **s.m./GEOMETRÍA**
2 Construcción curvilínea que cubre un vano en un muro o un espacio entre dos puntos: *arco de herradura; arco ojival.* — **ARQUITECTURA**
3 Vara delgada, corva o doblada en sus extremos, en la que se fijan algunas cerdas y que se usa para herir las cuerdas de algunos instrumentos musicales: *hendía con el arco las cuerdas del violín.* — **MÚSICA**
4 Arma hecha de una varilla de acero, madera u otra materia elástica, cuyos extremos están sujetos por una cuerda tensa y que se usa para disparar flechas: *iban armados con arcos y flechas.* — **MILITAR**
5 Aro que mantiene unidas las duelas de toneles y recipientes semejantes.
6 Pieza del esqueleto de los peces que sostiene la boca y las branquias. — **ZOOLOGÍA**
7 Portería, en el fútbol. — **DEPORTES**
8 **arco complementario:** Arco que sumado con otro da uno de 90 grados. — **GEOMETRÍA**
9 **arco eléctrico:** Descarga luminosa entre dos conductores separados por un medio aislador. — **ELECTRICIDAD**
10 **arco iris o de San Martín:** Fenómeno luminoso producido por la refracción de la luz en el agua. — **FÍSICA**
11 **arco perpiaño:** El resaltado a manera de cincho en el intradós de la nave. — **ARQUITECTURA = arco fajón**
12 **arco suplementario:** Arco que sumado a otro da uno de 180 grados. — **GEOMETRÍA**
13 **arco triunfal o de triunfo:** 1. Arco elevado en honor de algún personaje, o en memoria de un suceso. 2. Arcada decorada con pinturas que forma la entrada del santuario en las basílicas cristianas. — **ARQUITECTURA**
14 **arco voltaico:** Foco de luz o de calor constituido por dos carbones colocados uno frente al otro y muy próximos, de modo que, al pasar una corriente, sus extremos se ponen incandescentes. — **ELECTRICIDAD**

arconte (Del gr. *arkhon*, jefe.)
1 Magistrado encargado de las más altas funciones, en diversas ciudades griegas. — **s.m. HISTORIA**
2 Título de algunos eclesiásticos de la iglesia ortodoxa. — **RELIGIÓN**

arcosa Gres formado por cuarzo y feldespato. — **s.f./GEOLOGÍA**

arcosolio Nicho de las catacumbas romanas con la parte superior en forma de arco. — **s.m. ARQUITECTURA**

arcuación Curvatura de un arco. — **s.f./ARQUITECTURA**

ardalear Hacerse una cosa rala: *el pelo le ardaleaba por la coronilla.* — **v.intr. = ralear**

árdea Alcaraván, ave zancuda. — **s.f./ZOOLOGÍA**

ardentía
1 Sensación de calor muy intensa en alguna parte del cuerpo. — **MEDICINA**
2 Ardor producido por trastornos digestivos, que se extiende desde el estómago hasta la faringe. — **MEDICINA = pirosis**
3 Luminosidad fosfórica que se ve a veces en el mar, especialmente en las olas agitadas.

arder (Del lat. *ardere*.)
1 Estar una cosa encendida o quemándose: *ardían los troncos en la hoguera.* — **v.intr.**
2 Causar una parte del cuerpo una sensación de calor: *le arde el estómago.* — **MEDICINA**
3 Despedir una cosa rayos de luz: *el sol arde.* — **literario**
4 Experimentar el estiércol la fermentación.
5 Estar una persona inquieta por un sentimiento o un deseo: *los luchadores arden de odio.*

6 Estar un lugar agitado por luchas o por fiestas: *Vietnam ardió en una cruel guerra.*

7 Echarse a perder una plantación a causa de la fermentación.   *v.prnl.*
AGRICULTURA

8 estar que arde: 1. Estar una persona muy enfadada   *coloquial*
o indignada: *los manifestantes están que arden.* **2.** Estar   *coloquial*
un lugar o una reunión muy agitadas por la excitación de las personas presentes: *el pueblo está que arde por las fiestas.*

ardeviejas Aulaga, planta arbustiva papilionácea,   *s.f./BOTÁNICA*
lampiña, con ramas espinosas.   *pl: ardeviejas*

ardid (Del cat. *ardit,* empresa guerrera < germ. **hard-*   *s.m.*
jan, endurecer.) Medio o estratagema hábil e ingenio-   *= treta*
so que se utiliza para conseguir alguna cosa: *engañó a la guardia con un hábil ardid.*

ardiente
1 Que arde: *el cirio ardiente de pascua.*   *adj.*
2 Que produce ardor.
3 Que es apasionado o vehemente: *deseo ardiente de*   *= fervoroso*
conseguir el triunfo.
4 Que siente un fuerte deseo sexual o es propenso a   *= fogoso*
sentirlo: *mujer ardiente.*
5 De color rojo intenso: *reverberaba el horizonte ar-*   *culto*
diente sobre las aguas quietas del lago.

ardilla (Diminutivo del ant. *harda.*) Mamífero roedor   *s.f.*
arborícola, de pelo generalmente rojizo por el lomo y   *ZOOLOGÍA*
blanco por el vientre, cola grande y empenachada, que es muy común en los bosques y zonas arboladas.

ardimiento
1 Combustión o fuego.   *s.m.*
2 Actitud valiente ante los peligros.

ardínculo Absceso que aparece en las heridas de las   *s.m.*
caballerías cuando sufren gangrena.   *VETERINARIA*

ardita Ardilla, mamífero roedor.   *s.f./Colomb.*

ardite (Del gascón *ardit.*)
1 Antigua moneda de escaso valor, acuñada en Cata-   *s.m.*
luña y Navarra.   *HISTORIA*
2 Cosa que tiene poco o ningún valor: *no le importó un ardite dejarla en aquel aprieto.*

ardor
1 Sensación de calor muy intensa: *le abrumaban los*   *s.m.*
ardores del verano.   *= ardentía*
2 Sentimiento experimentado al exaltarse o encenderse afectos y pasiones: *los ardores del joven se escapaban por su mirada.*
3 Entusiasmo y viveza en el obrar: *se expresa con gran*   *= calor*
vehemencia y con mucho ardor.   *≠ frialdad*
4 Resplandor, brillo intenso.
5 ardor de estómago: Acidez de estómago.
6 en el ardor de: En el punto más intenso y vivo de   *loc.adv.*
una acción: *abandonó la conversación en el ardor de la disputa.*

ardora Fosforescencia del mar que indica la presencia   *s.f.*
de un banco de sardinas.

ardoroso, a
1 Ardiente, muy caliente: *el verano pasado fue tan ar-*   *adj.*
doroso que quemó las cosechas.
2 Que tiene fiebre: *tenía la frente ardorosa y las mejillas*   *= febril*
enrojecidas.
3 Apasionado, que se entrega con pasión: *una amante ardorosa.*

arduidad Cualidad de arduo o difícil.   *s.f.*

arduo, a (Del lat. *arduus,* escarpado, difícil.) Que es   *adj.*
muy difícil de conseguir mucho esfuerzo: *tras arduas in-*   *formal*
vestigaciones hallaron la vacuna.   *= complicado*

área (Del lat. *area.*)
1 Extensión de una superficie de tierra: *el incendio de-*   *s.f.*
vastó una gran área de bosques.
2 Medida de superficie equivalente a cien metros cuadrados.
3 Superficie comprendida dentro de un perímetro.   *GEOMETRÍA*
4 Espacio en que se produce determinado fenómeno o que tiene características propias: *el área francófana de Canadá.*
5 Conjunto de disciplinas o saberes.
6 Zona delimitada, en algunos deportes, delante de   *DEPORTES*
la portería, dentro de la cual las faltas del equipo defensor son castigadas con penalizaciones especiales.

areca
1 Árbol palmáceo de tronco más delgado por la base   *s.f.*
que por la parte superior, propio de regiones cálidas   *BOTÁNICA*
oceánicas y asiáticas.
2 Fruto de este árbol.   *BOTÁNICA*

arefacción (Del lat. *arefactio < arefacere,* secarse.) Ac-   *s.f.*
ción y resultado de secar o secarse.   *= secamiento*

arel Criba de gran tamaño usada para limpiar el trigo   *s.m.*
en la era.   *AGRICULTURA*

arelar Limpiar el trigo con el arel.   *v.tr./AGRICULTURA*

arena (Del lat. *arena.*)

---

1 Conjunto de granos procedentes de partículas dis-   *s.f.*
gregadas de las rocas: *correr por la arena de la playa; la*   *GEOLOGÍA*
arena arrastrada por el viento.
2 Material pétreo de las argamasas formado por par-   *GEOLOGÍA*
tículas entre dos centésimas de milímetro y dos milímetros de tamaño.
3 Conjunto de partículas de metal o mineral, disgre-   *MINERALOGÍA*
gado natural o artificialmente en los yacimientos.
4 Sitio donde tiene lugar una lucha o competición: *= palestra*
los gladiadores saltaron a la arena.
5 Ruedo de la plaza de toros: *recogieron al novillo de la*   *TAUROMAQUIA*
arena.
6 Piedras pequeñas que se forman a veces en la veji-   *MEDICINA*
ga de la orina.   *= cálculo*
7 arenas movedizas: 1. Arena de poca consistencia   *GEOLOGÍA*
que se desplaza por la acción del viento. **2.** Arena
que, debido a la humedad y la forma de sus granos,
forma una masa en que pueden hundirse los cuerpos
de algún peso hasta desaparecer.
8 edificar sobre arena: Se usa para denotar la ines-   *coloquial*
tabilidad y poca duración de alguna cosa.

arenáceo, a Que tiene arena.   *adj./= arenoso*

arenación Método terapéutico que consiste en cubrir   *s.f./MEDICINA*
con arena caliente una parte del cuerpo.   *= ammoterapia*

arenal
1 Terreno arenoso: *los arenales avanzaban sobre los*   *s.m.*
cultivos.
2 Terreno de arenas movedizas.   *GEOLOGÍA*

arenar
1 Echar arena en un lugar.   *v.tr./tb: enarenar*
2 Frotar una cosa con arena.

arencar Preparar las sardinas al modo de los aren-   *v.tr.*
ques.   *conj: sacar*

arencón Especie de arenque de gran tamaño, que   *s.m.*
suele venderse ahumado.

arenería Instalación mecánica donde se preparan las   *s.f.*
arenas de moldes utilizadas en fundición.   *METALURGIA*

arenero, a
1 Persona que por oficio vende arena.   *s.*
2 Persona encargada de mantener en buenas condi-   *TAUROMAQUIA*
ciones la arena del redondel durante la lidia.
3 Caja en que las locomotoras y tranvías llevaban   *s.m.*
arena para soltarla sobre los raíles y aumentar la adherencia de las ruedas.

arenga (Probablemente del gótico **harihrings,* reunión
del ejército < *harjis,* ejército **hrings,* círculo, reunión.)
1 Discurso solemne destinado a enardecer los áni-   *s.f.*
mos de los oyentes: *el general pronunció una arenga*
antes del combate.
2 Discurso largo e impertinente: *no soportó por más*   *coloquial*
tiempo su arenga y salió de la sala.

arengar Decir una arenga públicamente: *el teniente*   *v.intr/tr.*
arengó a tus soldados.   *conj: pagar*

arenícola Que vive en la arena.   *adj./BIOLOGÍA*

arenilla
1 Polvo que se echaba en los escritos recién termina-   *s.f.*
dos para que se secaran y no se borrasen.
2 Piedras de pequeño tamaño que se forman en la   *MEDICINA*
vejiga.
3 Salitre beneficiado y reducido a pequeños granos,   *s.f.pl.*
que se utiliza en la fabricación de la pólvora.

arenillero Recipiente semejante a un vaso, con la   *s.m.*
tapa agujereada y lleno de arenilla, usado antigua-   *= salvadera*
mente para secar lo recién escrito.

arenisca Roca sedimentaria, compuesta por granos   *s.f.*
de cuarzo, generalmente cementados por sílice, car-   *GEOLOGÍA*
bonatos o sulfatos, usada en construcción y pavimentación.

arenisco, a Que tiene mezcla de arena.   *adj.*

arenoso, a
1 Que tiene arena o exceso de ella: *terrenos arenosos.*   *adj./= arenáceo*
2 Que tiene un aspecto parecido al de la arena: *tejido*
arenoso; bordado arenoso.

arenque (Del germ. *haring.*) Pez teleósteo marino, de   *s.m.*
pequeño tamaño, color dorsal verde brillante, que se   *ZOOLOGÍA*
consume fresco, ahumado o salado y es común de la
costa del Atlántico. *(Clupea harengus.)*

arenquera Red para pescar arenques.   *s.f./PESCA*

areola
1 Círculo rojizo que rodea las heridas y llagas: *la are-*   *s.f.*
ola indica que aún hay infección.   *MEDICINA*
2 Círculo que rodea el pezón del pecho.   *tb: aréola*

areometría Técnica para determinar la densidad de   *s.f.*
los líquidos mediante el uso de un areómetro.   *FÍSICA*

areómetro (Del gr. *araios,* tenue + *metron,* medida.)   *s.m.*
Instrumento que sirve para determinar las densidades   *FÍSICA*
de los líquidos.   *= densímetro*

arepa (Voz caribeña.) Pan de maíz, amasado con hue-   *s.f.*
vos y manteca.   *Amér.*

arepera
1 Local en el que se venden arepas: *instalaron una arepera en el centro comercial.* — s.f. Colomb., Venez.
2 Lesbiana, mujer homosexual. — Colomb., Venez.

arepita Tortita de papelón, maíz y queso. — s.f./Amér.

arequipa Postre de leche. — s.f./Colomb., Perú

arestín
1 Planta umbelífera vivaz de flores azuladas agrupadas en cabezuelas. — s.m./tb: arestil BOTÁNICA
2 Excoriación que padecen las caballerías en las cuartillas de pies y manos, con picazón intensa. — VETERINARIA

arete Aro pequeño de metal que se lleva como adorno atravesado en el lóbulo de las orejas: *llevaba un arete de oro con un rubí engastado.* — s.m. = perendengue

arévaco, a Que pertenece a un antiguo pueblo hispánico que ocupaba parte de las actuales provincias de Soria y Segovia. — adj/s. HISTORIA

arfar Moverse un barco subiendo y bajando alternativamente la proa y la popa. — v.intr. NÁUTICA

argadillo (Diminutivo del lat. *ergata,* máquina, especie de cabrestante < gr. *ergates.*)
1 Devanadera para hilar. — s.m./tb: argadijo
2 Armazón de aros o listones con que se forma la parte inferior de algunas imágenes. — ARTE
3 Persona bulliciosa, inquieta y entrometida. — coloquial

argalí Mamífero artiodáctilo bóvido salvaje, parecido a una cabra pero de mayor tamaño, que vive en las montañas asiáticas. *(Ovis ammon.)* — s.m. pl: argalíes ZOOLOGÍA

argallera Serrucho para labrar canales en redondo, especialmente en los cubos y toneles. — s.f. CARPINTERÍA

argamasa Material hecho con agua, arena y cal o cemento: *unió las piedras con argamasa.* — s.f. CONSTRUCCIÓN

argamasar
1 Hacer argamasa con cal o cemento, arena y agua, para la construcción. — v.tr. CONSTRUCCIÓN
2 Unir los materiales de construcción con argamasa. — CONSTRUCCIÓN

argán Erguén, arbusto espinoso. — s.m./BOTÁNICA

árgana
1 Máquina a modo de grúa usada para subir piedras o cosas de mucho peso. — s.f. tb: árgano
2 Angarillas con dos cuévanos o cestos largos en lugar del tablero. — s.f.pl.

arganel (Del cat. *arganell* < lat. vulgar *arganum,* aparato.) Círculo pequeño de metal que forma parte del astrolabio. — s.m. ASTRONOMÍA

arganeo Argolla de hierro en el extremo superior del ancla. — s.m. NÁUTICA

árgano Árgana, máquina. — s.m.

argaña
1 Filamentos de la espiga. — s.f./tb: argaya
2 Hierba mala: *arrancar las argañas de los sembrados.*

argayar Caer aludes de tierra. — v.intr.impers.

argayo
1 Abrigo de paño burdo que usaban los dominicos encima del hábito. — s.m.
2 Alud de tierra que se desliza por la ladera de un monte: *los argayos arrastraron toneladas de roca sobre la carretera.*

argel Se aplica a la caballería que tiene sólo blanco el pie derecho. — adj/s.m.

argelino, a
1 De Argelia, país del norte de África o de Argel, capital de este estado. — adj.
2 Persona natural de Argelia o de Argel. — s.

argema Úlcera redondeada, superficial y blanquecina de la córnea. — s.f. MEDICINA

argentado, a
1 Que está bañado en plata: *los diamantes estaban engastados en una diadema argentada.* — adj. = plateado
2 Que tiene el color parecido al de la plata: *la luna proyectaba manchas argentadas sobre la laguna.*

argentán Aleación de cobre, cinc y níquel. — s.m./METALURGIA

argentar
1 Cubrir una cosa con plata: *argentar los cubiertos.* — v.tr./= platear
2 Adornar una cosa con plata.
3 Dar un brillo semejante al de la plata a una cosa.

argentario Platero, persona que trabaja la plata. — s.m./= argentero

argénteo, a (Del lat. *argenteus.*)
1 De plata: *brillo argénteo.* — adj./= argentino
2 Que está bañado o cubierto de plata, o tiene el color o el brillo parecidos a ella.

argentería
1 Bordado o filigrana de plata u oro. — s.f. ARTE
2 Ornato o hermosura de una obra de arte.

argentífero, a Que contiene plata. — adj./MINERALOGÍA

argentina (Derivado del lat. *argentum,* plata.)
1 Planta rosácea vivaz, de flores amarillas. *(Potentilla anserina.)* — s.f./BOTÁNICA = plateada
2 Pez teleósteo con espinas que brilla como la plata. — ZOOLOGÍA

argentinidad
1 Carácter de lo argentino. — s.f.
2 Sentimiento positivo, buena consideración que los argentinos tienen hacia sí mismos, partiendo de sus rasgos peculiares.

argentinismo Expresión o construcción características de la variedad del español hablado en Argentina. — s.m. LINGÜÍSTICA

argentino, a
1 De Argentina, país de América del Sur. — adj.
2 Persona natural de este país. — s.
3 Modalidad del español hablado en Argentina. — s.m./LINGÜÍSTICA
4 Moneda de oro de Argentina, que valía cinco pesos de oro. — HISTORIA
5 Argénteo, de plata: *reflejos argentinos.* — adj.
6 Que tiene un sonido parecido al de la plata: *las argentinas campanillas.*

argento (Del lat. *argentum.*)
1 Plata, metal blanco. — s.m./literario
2 argento vivo: Mercurio, metal. — QUÍMICA

argentoso, a Que contiene plata. — adj.

argirismo Intoxicación aguda producida por la ingestión o manejo de sales de plata. — s.m./MEDICINA = argirosis

argiro- Componente de palabra procedente del gr. *argyros,* que significa plata: *argirodita.* — pref.

argirodita Mineral compuesto de sulfuro de germanio y plata. — s.f. MINERALOGÍA

argo- Componente de palabra procedente del gr. *argos,* que significa blanco, brillante: *argodermo.* — pref.

argolla (Del ár. *al-gulla,* collar, esposas.)
1 Aro grueso de metal usado como asidero o amarre: *sujetó la caballería a la argolla de la pared.* — s.f.
2 Sujeción o dependencia en que una persona está respecto a otra.
3 Juego consistente en hacer pasar unas bolas de madera por una argolla clavada en tierra.

argollar Sujetar a una persona a una empresa o un negocio: *necesitaba dinero y se argolló a nuestra empresa.* — v.tr/prnl.

árgoma (Voz prerromana.)
1 Aulaga, arbusto. — s.f./BOTÁNICA
2 Brezo, arbusto. — BOTÁNICA

argón (Del gr. *argon,* inactivo.) Gas noble que se encuentra en el aire, en una proporción del 1%, y en los gases volcánicos, que se emplea en tubos de iluminación. — s.m. QUÍMICA tb: argo

argonauta (Del lat. *argonauta* < gr. *argonautes* < *Argos,* nombre de un buque + *nautes,* marinero.)
1 Héroe griego que fue, junto con otros, a la búsqueda del vellocino de oro. — s.m. MITOLOGÍA
2 Denominación de diversos moluscos marinos, cefalópodos, de cuerpo comprimido, con ocho tentáculos. — ZOOLOGÍA

argot (Voz francesa.)
1 Lenguaje especial que usan personas de un mismo oficio, actividad o ámbito social: *argot teatral; argot médico.* — s.m. LINGÜÍSTICA
2 Jerga, jerigonza.

argucia Argumento falso con el que se pretende persuadir o convencer a una persona: *sus argucias no pasaron inadvertidas ante el juez.* — s.f. = sofisma

árguenas
1 Angarillas, andas para llevar materiales. — s.f.pl.
2 Bolsa semejante a la talega, hecha de lienzo basto u otra tela, abierta por el centro y cerrada por los extremos, en la que se transporta lo que se necesita. — = alforjas

argüidor, a Que arguye, impugna o contradice. — adj.

argüir (Del lat. *arguere.*)
1 Deducir una idea como consecuencia de otra: *de su declaración arguyeron su incriminación.* — v.tr.
2 Hacer ver una cosa con claridad. — = argumentar
3 Echar una cosa en cara a una persona.
4 Exponer argumentos a favor o en contra de la opinión ajena: *argüía a favor de su proyecto.* — v.tr/intr. = argumentar
5 Disputar impugnando la sentencia u opinión ajena. — v.intr.
CONJ.: IND. PRES.: arguyo, arguyes, arguye, argüimos, argüís, arguyen; PRET. INDEF.: argüí, argüiste, arguyó, argüimos, argüisteis, arguyeron. SUBJ.: PRES.: arguya, arguyas, arguya, arguyamos, arguyáis, arguyan; PRET. IMPERF.: arguyera, -ese, arguyeras, -eses, arguyera, -ese, arguyéramos, -ésemos, arguyerais, -eseis, arguyeran, -esen. IMP.: arguye, arguya, arguyamos, argüid, arguyan. GERUND.: arguyendo.

argumentación
1 Acción de argumentar. — s.f.
2 Argumento, razonamiento de algo con el que se intenta convencer: *su argumentación carece de sentido lógico.*

argumental Que tiene relación con el argumento: *el climax argumental.*   adj.

argumentar
1 Exponer razones a favor o en contra de una cosa: *argumentó en contra de esta ley.*   v.tr/intr. = argüir
2 Disputar, impugnar una opinión ajena: *cabría argumentar sobre su propuesta.*   v.intr/prnl. = argüir

argumentativo, a Que tiene relación con el argumento o la argumentación: *texto argumentativo que postula los principios de una nueva ciencia.*   adj.

argumento (Del lat. *argumentum.*)
1 Razonamiento empleado para demostrar algo: *sus argumentos nos convencieron.*   s.m.
2 Asunto o materia de que se trata en una obra, literaria, cinematográfica, etc.: *el argumento de la novela parece muy interesante.*

aria (Del ital. *aña,* tonada, aire < *aer,* aire.) Composición musical para ser cantada por una sola voz, generalmente acompañada por uno o más instrumentos.   s.f. MÚSICA

aricar
1 Labrar un terreno ligera o superficialmente.   v.tr/conj: sacar
2 Romper la costra del terreno cuando las plantas sembradas tienen raíz suficiente.   AGRICULTURA = resacar

aridecer Hacer árida alguna cosa: *el sol aridece la tierra.*   v.tr/intr/prnl. conj: carecer

aridez Condición de árido, seco o falto de humedad: *la aridez del altiplano.*   s.f. pl: arideces

árido, a (Del lat. *aridus < arere,* estar seco.)
1 Se aplica al terreno que es seco: *los áridos campos de Castilla.*   adj.
2 Que no es ameno: *la lectura de este libro es muy árida.*   ≠ ameno
3 Granos, legumbres y frutos secos a los que se pueden aplicar medidas de capacidad.   s.m.pl.
4 Conjunto de grava, gravilla y arena de morteros y hormigones: *a los áridos se les añade cemento y agua para obtener el hormigón.*   CONSTRUCCIÓN

aries (Del lat. *aries,* carnero.)
1 Primer signo del zodíaco representado por un carnero.   s.m. OCULTISMO
2 Se aplica a la persona nacida entre el 21 de marzo y el 20 de abril.   adj/s.m.f./pl: aries OCULTISMO

ariete (Del lat. *aries,* carnero, ariete.)
1 Viga de madera, rematada con una pieza de hierro o bronce en uno de sus extremos, que se usaba para derribar murallas y portones.   s.m. MILITAR
2 Delantero centro de un equipo de fútbol.   DEPORTES
3 Barco de vapor provisto de un espolón reforzado para embestir a otras naves.   NÁUTICA

arietino, a Que tiene forma de cabeza de carnero: *capiteles arietinos.*   adj.

arijo, a Se aplica a la tierra que es fácil de arar y cultivar.   adj. AGRICULTURA

arillo
1 Aro de madera para armar los alzacuellos de los eclesiásticos.   s.m.
2 Arete, pendiente.

arilo (Del lat. *arillum,* grano de uva.)
1 Envoltura, por lo general carnosa y de color vivo, que tienen algunas semillas superpuestas a las ordinarias y que procede del desarrollo del funículo después de la fecundación.   s.m. BOTÁNICA
2 Radical orgánico que resulta al eliminar de un hidrocarburo aromático un átomo de hidrógeno.   QUÍMICA

arimez (Del ár. *al-imad,* pilastra, sostén.) Resalto que sirve de refuerzo o de adorno en el exterior de algunos edificios.   s.m. pl: arimeces ARQUITECTURA

ario, a
1 Se aplica a la persona de estirpe noble procedente del centro de Asia.   adj/s./HISTORIA = indoeuropeo
2 Se aplica al individuo perteneciente a un pueblo de estirpe nórdica, formado por los descendientes de los antiguos indoeuropeos, que los nazis consideraban superiores y origen del pueblo alemán.   HISTORIA
3 Perteneciente o propio de estos individuos.   adj.

-ario, a
1 Unido a sustantivos indica profesión: *bibliotecario, boticario.*   suf.
2 Unido a sustantivos indica lugar: *campanario, concesionario.*
3 Unido a adjetivos expresa relación o pertenencia: *monetario; agropecuario.*

arísaro Planta con tubérculo, de hojas salpicadas de manchas pardas y púrpuras. *(Arisarum.)*   s.m./BOTÁNICA = candiles

ariscarse Ponerse una persona arisca.   v.prnl/conj: sacar

arisco, a Huraño, intratable: *se hizo arisca en el trato, más reservada y recelosa.*   adj.

arisnegro, a Se aplica al trigo, espiga que tiene las aristas negras.   adj. = arisprieto

arista (Del lat. vulgar *aresta < arista,* espina de pescado.)
1 Borde de un sillar, madero o cualquier otro sólido labrado.   s.f. ARQUITECTURA
2 Filamento áspero con que se prolonga la cáscara que envuelve el grano de trigo y otros cereales.   BOTÁNICA
3 Pajilla que queda en el cáñamo o lino después de agramarlos.   AGRICULTURA
4 Línea formada por la intersección de dos planos.   GEOMETRÍA

aristarco (Por alusión a *Aristarco,* famoso crítico de la antigüedad.) Crítico experto, pero excesivamente severo.   s.m. despectivo

aristino Excoriación y encendimiento de la sangre en las caballerías.   s.m. VETERINARIA

aristo- Componente de palabra procedente del gr. *aristos,* que significa excelente, el mejor: *aristocrático.*   pref.

aristocracia (Del lat. *aristocratia < gr. aristokratia < aristos,* el mejor + *kratos,* fuerza.)
1 Forma de gobierno en que sólo ejercen el poder las personas más notables o una clase privilegiada.   s.f. POLÍTICA
2 Nobleza de un país: *es un relevante miembro de la aristocracia británica.*
3 Grupo que destaca en un ámbito determinado: *sólo asiste al congreso la aristocracia de las finanzas.*

aristócrata
1 Persona que pertenece a la aristocracia: *muchos aristócratas europeos fijaron sus residencias en el Caribe.*   s.m.f.
2 Persona que es partidaria de la aristocracia.

aristocrático, a
1 De la aristocracia: *ambientes aristocráticos.*   adj.
2 Que es fino y distinguido: *sus estudiados y aristocráticos gestos.*

aristocratizar Dar, adquirir carácter aristocrático: *en el internado se le aristocratizaron los modales.*   v.tr/prnl. conj: cazar

aristoloquiáceo, a Perteneciente a una familia de plantas herbáceas o arbustivas, a menudo trepadoras.   adj/s.f. BOTÁNICA

aristón (De *Aristeo,* personaje mitológico.) Instrumento musical de viento, mecánico, formado por un disco perforado y lengüetas metálicas, que reproduce música al accionar una manivela.   s.m. MÚSICA

aristotélico, a
1 De Aristóteles, filósofo griego, o del aristotelismo.   adj./FILOSOFÍA
2 Que profesa el aristotelismo.   adj/s./FILOSOFÍA

aristotelismo Doctrina y escuela del filósofo griego Aristóteles.   FILOSOFÍA

aritenoides (Del gr. *arytaina,* aguamanil + *eidos,* forma.) Se refiere al cartílago situado en la parte posterior de la laringe, que tensa las cuerdas vocales.   adj/s.m. pl: aritenoides ANATOMÍA

aritm- Componente de palabra procedente del gr. *arithmos,* que significa número: *aritmética.*   pref. tb: aritmo-

aritmética (Del lat. *arithmetica < gr. arithmetike.*) Parte de las matemáticas que estudia las operaciones realizadas con números.   s.f. MATEMÁTICAS

aritmético, a
1 Que tiene relación con la aritmética: *operación aritmética; progresión aritmética.*   adj. MATEMÁTICAS
2 Persona que se dedica al estudio o al ejercicio de la aritmética.   s. MATEMÁTICAS

aritmógrafo Aritmómetro, calculadora.   s.m.

aritmología Disciplina que estudia todos los conocimientos relativos a la medida de las magnitudes o cantidades en general.   s.f. MATEMÁTICAS

aritmomancia Adivinación por medio de los números manejados por diversos procedimientos.   s.f./OCULTISMO tb: aritmomancia

aritmómetro Instrumento que sirve para realizar mecánicamente operaciones aritméticas, muy parecido a la regla de cálculo.   MATEMÁTICAS = aritmógrafo

arjorán Ciclamor, árbol ornamental.   s.m./BOTÁNICA

arlar Poner las frutas o las hortalizas en ristras.   v.tr.

arlequín (Del ital. *arlecchino < fr. ant. Hellequin.*)
1 Bufón, gracioso que se viste con un traje a cuadros o rombos de diferentes colores y antifaz negro tapando el rostro.   s.m.
2 Persona que se comporta con poca seriedad.   coloquial
3 Sorbete de dos o más sabores.   coloquial

arlequinada Acción graciosa o ridícula: *nos divirtieron mucho con sus arlequinadas y bufonerías.*   s.f. = payasada

arlo
1 Agracejo, arbusto berberidáceo.   s.m./BOTÁNICA
2 Racimo o manojo de frutas que se cuelgan para conservarlas.

arlota Desecho de la estopa, alrota.   s.f.

arma (Del lat. *arma.*)
1 Instrumento, máquina o medio usados para atacar o defenderse: *estaba en contra de la fabricación de armas químicas.*   s.f. MILITAR

2 Cada uno de los cuerpos militares en que, por la forma de combate, se divide un ejército. `MILITAR`
3 Medio de que se dispone para conseguir una cosa: *la mejor arma es decir siempre la verdad.*
4 Conjunto de las armas que lleva un militar o un guerrero: *le sustrajeron todas las armas.* `s.f.pl. MILITAR`
5 Tropas de un estado: *se sublevaron las armas del país por la inestable situación del gobierno.* `MILITAR`
6 Milicia, profesión militar. `MILITAR`
7 Defensas naturales de un animal. `ZOOLOGÍA`
8 Piezas con que se arman algunos instrumentos, como la sierra o la brújula.
9 Blasones del escudo de las familias nobles, de los soberanos o de las distintas naciones, provincias y pueblos. `HERÁLDICA`
10 arma arrojadiza: Arma que se lanza desde lejos con la mano o con instrumentos elementales como el arco. `MILITAR`
11 arma automática: Arma de fuego que, al apretar el gatillo, dispara los proyectiles en ráfagas. `MILITAR`
12 arma blanca o de puño: La formada por una hoja de acero con filo y punta y un mango para empuñarla. `MILITAR`
13 arma de doble filo: 1. La blanca, de filo por ambos lados. 2. Medio o acción que puede producir un efecto no deseado o distinto al que se persigue. `MILITAR`
14 arma de fuego: Arma que dispara proyectiles al golpear su percutor sobre un cartucho de pólvora u otro material explosivo. `MILITAR`
15 arma de precisión: Arma de fuego que, provista de complementos como la mira telescópica, permite un tiro más certero. `MILITAR`
16 arma negra: Espada o florete de mango y hoja de acero sin filo y con un botón en la punta, que se usa para aprender esgrima. `DEPORTES`
17 arma nuclear o atómica: Arma basada en las reacciones de fisión del plutonio y del uranio. `MILITAR`
18 arma pesada: Arma de fuego que ha de ser transportada en un vehículo. `MILITAR`
19 arma semiautomática: Arma de fuego que, para disparar tiro a tiro todos sus proyectiles, precisa ser cargada y montada una sola vez. `MILITAR`
20 ¡a las armas!: Exclamación con la que se previene a los soldados para que tomen las armas. `MILITAR`
21 alzarse en armas: Sublevarse, levantarse en insurrección: *la minoría étnica se alzó en armas.*
22 de armas tomar: Se aplica a la persona que acomete con resolución empresas arriesgadas: *es una mujer de armas tomar.* `loc.adj.`
23 hacer una persona sus primeras armas: Iniciarse en una actividad.
24 llegar a las armas: Degenerar en lucha una situación conflictiva o de guerra.
25 medir las armas: Rivalizar, competir en igualdad de condiciones.
26 pasar por las armas: Fusilar, ajusticiar: *la dictadura pasó por las armas a algunos inocentes.*
27 presentar armas: Sostener los soldados en formación el fusil delante del pecho en señal de respeto. `MILITAR`
28 tomar las armas: Armarse para ir a la guerra: *el jefe del estado ordenó que se tomasen las armas.* `MILITAR`

armada
1 Conjunto de fuerzas navales de un estado. `s.f./MILITAR`
2 Conjunto de buques de guerra. `MILITAR`

armadía Conjunto de maderos unidos unos con otros a modo de balsa, para conducirlos a flote. `s.f. tb: almadía`

armadijo
1 Trampa para cazar animales. `s.m./CAZA`
2 Armazón de palos. `CONSTRUCCIÓN`

armadillo Mamífero desdentado americano, con el cuerpo cubierto por una armadura de láminas córneas alineadas, hocico largo y orejas grandes. `s.m. ZOOLOGÍA = tatú`

armado, a
1 Se aplica al cemento y al hormigón que llevan en su interior un armazón metálico. `adj. CONSTRUCCIÓN`
2 Persona vestida de antiguo soldado romano que suele desfilar en las procesiones de Semana Santa. `s.m.`
3 Denominación de diversos peces de agua dulce que carecen de escamas, poseen tres pares de barbillas alrededor de la boca y una fuerte espina aserrada en el inicio de la aleta dorsal y de las pectorales. `Argent. ZOOLOGÍA`

armador, a
1 Persona que arma o monta una cosa. `s.`
2 Persona que por su cuenta arma o prepara una embarcación. `NÁUTICA`
3 Corsario, persona que mandaba una embarcación. `s.m./HISTORIA`
4 Prenda de vestir ajustada que cubría la parte superior del cuerpo. `= jubón`

armadura
1 Conjunto de piezas metálicas que protegía el cuerpo de un guerrero: *conservan una armadura galesa.* `s.f./HISTORIA, MILITAR`
2 Pieza o conjunto de piezas que forman la parte rígi-

da sobre la que se monta una cosa: *la armadura de las gafas suele ser de plástico o metal.*
3 Estructura ósea del cuerpo de los vertebrados que da soporte y protección a los tejidos blandos. `ZOOLOGÍA`
4 Aro de metal con que se refuerza la unión de algunas cosas, como el codaste o el pozo de la hélice. `NÁUTICA`
5 Conjunto de sostenidos o bemoles que indican la tonalidad de una composición. `MÚSICA`

armaga Ruda silvestre, planta. `s.f./BOTÁNICA`

armajal Almajar, terreno pantanoso. `s.m.`

armajo Almajo, planta. `s.m./BOTÁNICA`

armamentismo Acumulación de armamento como medio de disuasión. `s.m. MILITAR`

armamentista
1 De la industria de armas de guerra: *creció la producción armamentista y aumentaron los puestos de trabajo.* `adj. MILITAR`
2 Partidario de la política de armamentos. `adj/s.m.f.`
3 Fabricante de armas. `s.m.f.`

armamento (Del lat. *armamentum.*)
1 Conjunto de las armas de un ejército, un cuerpo armado, un soldado o de una persona: *puso a punto el armamento para que el ataque no les cogiese desprevenidos.* `s.m. MILITAR`
2 Preparación de todo lo necesario para la guerra. `MILITAR`
3 Provisión de un buque para la misión que se le encomienda. `MILITAR`
4 Armazón, pieza o conjunto de piezas con que está montada o formada una cosa.

armañac Aguardiente francés muy semejante al coñac, aunque más seco y recio. `s.m.`

armar (Del lat. *armāre.*)
1 Proporcionar armas a una persona: *se armó dispuesto a luchar hasta la muerte.* `v.tr/prnl.`
2 Preparar a una persona o a un país para la guerra: *nos armaremos antes de la batalla.* `MILITAR`
3 Producir jaleo, lío, ruido: *empezaron a discutir y acabaron armando una bronca.* `coloquial`
4 Proporcionar todo lo que necesita a una persona para un fin: *armó a sus hijos con ropa de abrigo para ir a la nieve; se armó para salir de excursión.* `coloquial`
5 Poner el proyectil de un arma de lanzar. `v.tr.`
6 Poner y unir las piezas de un objeto convenientemente: *tengo las piezas para armar una estantería.*
7 Fundar o sentar una cosa sobre otra: *armó el edificio sobre el antiguo aparcamiento.* `= instalar`
8 Dejar a los árboles unas guías determinadas, según la figura que se les quiere dar, durante la poda.
9 Poner un metal precioso sobre otro metal: *arma oro sobre cobre.*
10 Proporcionar todo lo necesario a una embarcación: *armar el yate para la travesía.* `NÁUTICA`
11 Ser una cosa conveniente para una persona. `v.intr.`
12 Yacer un mineral explotable en una roca: *el platino arma en esta roca.* `MINERÍA`
13 Alcanzar la disposición de espíritu necesaria para conseguir un determinado fin o afrontar una adversidad: *se armó de valor y le disparó.* `v.prnl. + de`
14 Hacerse una persona rica.

armario (Del lat. *armarium < arma,* armas.)
1 Mueble para guardar objetos, cerrado con puertas y provisto de perchas, estantes o cajones. `s.m.`
2 armario de luna: Armario ropero con espejos en las puertas.
3 armario empotrado: Armario construido en un hueco entre paredes o en el espesor de un muro.
4 armario ropero: Armario de uno o más cuerpos destinado a guardar ropa.

armatoste (Del cat. *armatost < armar + tost,* pronto.)
1 Objeto de gran tamaño y poca utilidad. `s.m.`
2 Persona corpulenta y torpe. `coloquial`

armazón
1 Pieza o conjunto de piezas que forman la parte rígida sobre la que se monta una cosa: *el armazón de la imagen era de madera.* `s.m/f. = armadura`
2 Acción y resultado de armar, unir, juntar piezas.
3 Estructura ósea del cuerpo de los vertebrados que da soporte y protección a los tejidos blandos. `ZOOLOGÍA = esqueleto`

armelina Piel blanca procedente de Laponia. `s.f.`

armella (Del lat. *armilla,* anillo de hierro.) Anillo con clavo o tornillo para fijarlo, en el que encaja el pasador de un cerrojo. `s.f. = cáncamo, hembrilla`

armenio, a
1 De Armenia, nombre de una antigua nación, hoy dividida entre Turquía e Irán, y de una actual república de la Comunidad de estados independientes. `adj.`
2 Persona natural de Armenia. `s.`
3 Cristiano armenio que conserva una liturgia muy antigua. `RELIGIÓN`
4 Lengua indoeuropea que se habla en Armenia y Azerbaiján. `s.m. LINGÜÍSTICA`

armería
1 Tienda donde se venden armas y municiones.   s.f./COMERCIO
2 Museo de armas.
3 Arte de fabricar armas.
4 Arte de explicar los escudos de armas.   HERÁLDICA/= blasón

armero
1 Persona que fabrica o vende armas.   s.m.
2 Persona encargada de custodiar, limpiar o conservar las armas.
3 Mueble para guardar las armas.

armígero, a (Del lat. *armiger* < *arma,* armas + *gerere,* portar.)
1 Que viste o lleva armas.   adj./culto
2 Que es propenso o partidario de la guerra.

armilla
1 Cordón de adorno de las piezas de artillería antiguas situado a corta distancia de la boca de fuego.   s.f. MILITAR
2 Cordón que abraza la columna.   ARQUITECTURA

armiñado, a
1 Que está guarnecido con pieles de armiño.   adj.
2 Que es blanco, como el armiño.

armiñar Dar el color blanco del armiño a una cosa.   v.tr.

armiño (Del lat. *mus armenius,* rata de Armenia.)
1 Mamífero carnívoro de piel muy suave y delicada, parda en verano y blanquísima en invierno. (*Mustela erminea.*)   s.m. ZOOLOGÍA
2 Piel de este animal, muy apreciada en peletería.
3 Pinta blanca junto al casco de las caballerías.
4 Forro heráldico representado por figuras de mota combinando un metal y un color.   HERÁLDICA

armipotente Que es poderoso en armas.   adj./culto

armisonante Que lleva armas que suenan al chocar entre sí.   adj. culto

armisticio (Del lat. moderno *armistitium.*) Suspensión pactada de las hostilidades entre pueblos o ejércitos beligerantes: *los jefes militares acordaron el armisticio.*   s.m. MILITAR

armonía (Del lat. *harmonia* < gr. *harmonia* < *harmos,* ajustamiento, combinación.)
1 Combinación de varios sonidos simultáneos y diferentes, pero acordes.   s.f. tb: harmonía
2 Combinación de palabras, cadencias, pausas y acentos que produce un sonido grato al oído.   GRAMÁTICA
3 Hecho de resultar o parecer bella una cosa o un conjunto de cosas, debido a la relación proporcionada y concordante entre sus partes.
4 Relación entre personas, cuya amistad y correspondencia son perfectas: *armonía familiar.*
5 Ciencia musical que trata de la formación y enlace de los acordes.   MÚSICA
6 **en armonía:** En paz, de acuerdo, sin disputas: *trabajaban en armonía.*   loc.adv.

armónica Instrumento musical de viento, pequeño, plano y rectangular que consta de una serie de orificios con lengüetas, que se hace sonar soplando o aspirando por dichos orificios.   s.f. MÚSICA

armónico, a
1 Perteneciente o relativo a la armonía: *composición armónica.*   adj. tb: harmónico
2 Componente sinusoidal de una onda periódica cuya frecuencia es un múltiplo entero de la frecuencia fundamental.   s.m. FÍSICA
3 Sonido agudo producido por la resonancia de otro fundamental.   MÚSICA
4 Sonido agradable y dulce producido por los instrumentos de cuerda al ser tocados con suavidad.   MÚSICA

armonio Instrumento musical de viento, sin tubos, formado por un teclado, lengüetas libres y un fuelle que se acciona con los pies.   s.m. MÚSICA tb: armónium

armonioso, a
1 Que tiene un sonido agradable.   adj./tb: harmonioso
2 Que goza de armonía en la disposición de sus partes.

armonizable Que se puede armonizar: *sus intereses son armonizables con los de la empresa.*   adj. tb: harmonizable

armonización Acción y efecto de armonizar: *la armonización de colores en la tela.*   s.f. tb: harmonización

armonizador, a Que armoniza: *hizo unos arreglos armonizadores para conjuntar la decoración del salón.*   adj/s. tb: harmonizador

armonizar
1 Poner a dos o más personas o cosas de acuerdo o en armonía: *armonizó los intereses de todas las partes.*   v.tr./conj: cazar tb: harmonizar
2 Componer acordes de modo que formen un conjunto bello o agradable.   MÚSICA
3 Estar dos o más personas o cosas en armonía: *armonizaron desde el primer momento.*   v.intr.

armorial Listado o índice de armas y blasones.   s.m./HERÁLDICA

arn (Acrónimo de [á]cido [r]ribo [n]ucleico.) Grupo de ácidos nucleicos del citoplasma, que desempeñan un importante papel en la síntesis de las proteínas.   s.m. BIOQUÍMICA

arna Vaso de colmena.   s.f.

arnacho Gatuña, arbusto leguminoso con flores de color rosado.   s.m./BOTÁNICA tb: asnacho

arnadí (Del ár. *garnati,* granadino.) Dulce de calabaza y boniato hecho al horno y relleno con almendras, piñones y otros ingredientes.   s.m. COCINA

arnés (Del fr. *harnais* < escandinavo *herrnest,* provisiones del ejército.)
1 Conjunto de armas de acero defensivas que se vestían y acomodaban al cuerpo, asegurándolas con correas y hebillas.   s.m. MILITAR
2 Conjunto de arreos que se les ponen a las caballerías, en especial a las caballerías de montar.   s.m.pl. EQUITACIÓN
3 Cosas necesarias para un fin.   coloquial

árnica (Del lat. moderno *arnica* < gr. *ptarmike,* estornutatoria < *ptairo,* estornudar.)
1 Planta compuesta vivaz, con rizoma rastrero y tallo velloso y áspero que tiene propiedades medicinales. (*Arnica montana.*)   s.f./BOTÁNICA = tabaco borde, estornudadera
2 Tintura obtenida a partir de esta planta y empleada para lavar y limpiar las heridas.   FARMACIA
3 **pedir árnica:** Solicitar compasión por sentirse inferior a una persona o en una situación determinada.

aro
I (Del sánscrito *aros,* rueda, círculo.)
1 Pieza de hierro o de cualquier materia rígida en forma de circunferencia.   s.m.
2 Juguete en forma de circunferencia que los niños hacían rodar valiéndose de un palo.
3 En gimnasia rítmica, aparato con que se realizan ejercicios de habilidad y coordinación de movimientos.   DEPORTES
4 Pendiente, arete.   Argent., Chile
5 **pasar por el aro:** Ceder o someterse a algo que no gusta: *pasó por el aro sin rechistar.*   coloquial
II (Del lat. *arum* < gr. *aron.*) Planta herbácea, perenne, arácea, con espata larga y amarillenta que envuelve flores sin cáliz ni corola, y frutos de color y tamaño de la grosella. (*Arum.*)   s.m. BOTÁNICA tb: jaro, yaro

¡aro! Se usa para interrumpir al que habla, canta o baila, al tiempo que se le ofrece una copa de licor.   interj. Amér. Merid.

aroideo, a Perteneciente a una familia de plantas monocotiledóneas.   adj/s.f./BOTÁNICA = aráceo

aroma (Del lat. *aroma* < gr. *aroma.*)
1 Fragancia, perfume, olor muy agradable: *del jardín le llegaban aromas primaverales.*   s.m.
2 Flor del aromo, dorada, redonda, vellosa y de olor muy fragante.   s.f. BOTÁNICA

aromar Dar aroma a una cosa.   v.tr./= aromatizar

aromático, a
1 Se refiere a las cosas que despiden aroma o perfume.   adj. = oloroso
2 Se aplica a las plantas que desprenden un olor penetrante: *la canela y el espliego son plantas aromáticas.*   BOTÁNICA
3 Se refiere a los compuestos en cuya molécula hay, como mínimo, un núcleo bencénico: *el benceno y el tolueno son aromáticos.*   QUÍMICA

aromatización
1 Acción y resultado de dar aroma.   s.f.
2 Proceso por el que un compuesto alifático se transforma en otro aromático.   QUÍMICA

aromatizar Dar aroma: *aromatizó el aire de la sala con flores olorosas.*   v.tr./conj: cazar

aromo Arbusto leguminoso mimosáceo.   s.m./BOTÁNICA

aroza Capataz de una fundición.   s.m./METALURGIA

arpa (Del fr. *harpe* < germ. *harpa,* rastrillo.)
1 Instrumento musical de cuerda formado por una caja hueca triangular donde están colocadas las cuerdas verticalmente y que se toca con ambas manos.   s.f. MÚSICA
2 **arpa eolia:** Arpa que suena al entrar en contacto con una corriente de aire.   MÚSICA = anemocordio

arpado, a
1 Que tiene el borde como la sierra.   adj./tb: harpado
2 Se aplica al pájaro que tiene un canto agradable.   culto

arpar
1 Arañar o desgarrar una cosa con las uñas.   v.tr.
2 Hacer tiras o pedazos una cosa.   = rasgar

arpegiar Hacer arpegios.   v.intr./MÚSICA

arpegio (Del ital. *arpeggio* < *arpeggiare,* tocar el arpa.) Ejecución sucesiva y no simultánea de los sonidos de un acorde.   s.m. MÚSICA

arpía (Del lat. *harpyia* < gr. *harpyia.*)
1 Monstruo fantástico con cara de mujer y cuerpo de ave de rapiña.   s.f./tb: harpía MITOLOGÍA
2 Mujer que se comporta con maldad: *es una arpía que no sabe hacer más que daño.*   coloquial
3 Mujer fea y delgada.   coloquial
4 Persona codiciosa que con malas artes saca cuanto puede.   coloquial

arpillera Tela muy basta de estopa usada para hacer sacos y cubiertas.   s.f. tb: harpillera

arpista Persona que toca el arpa.   s.m.f./MÚSICA

arpón (Del fr. *harpon* < *harpe*, garra.)
1 Instrumento de pesca formado por un asta armada por uno de sus extremos con una punta de hierro o acero con gancho para poder hacer presa.   s.m. PESCA
2 Grapa metálica para unir o sujetar tablas u otras cosas.   ARQUITECTURA

arponear
1 Cazar o pescar un animal con un arpón: *varios hombres arponearon la ballena.*   v.tr./CAZA, PESCA   tb: arponar
2 Manejar el arpón con destreza: *el pescador de ballenas arponeaba con gran habilidad.*   v.intr./CAZA, PESCA   tb: arponar

arponero, a
1 Persona que hace o vende arpones.   s.
2 Persona que caza o pesca con arpón.   CAZA, PESCA

arqueada
1 Cada golpe o movimiento hecho con el arco cuando se toca un instrumento de cuerda.   s.f. MÚSICA
2 Arcada que acompaña al vómito.

arqueador, a
1 Perito que arquea o mide la capacidad de las embarcaciones.   s.
2 Persona que tiene por profesión arquear la lana.

arquear
1 Dar o tomar forma de arco a una cosa: *el peso de los libros ha arqueado el estante.*   v.tr. = arcar, enarcar
2 Golpear y ahuecar la lana con el arco.   v.tr./= arcar
3 Tener una persona arcadas.   v.intr./= nausear
4 Medir la capacidad de una embarcación.   v.tr./NÁUTICA

arquegonio Pequeño órgano en forma de botella que contiene la célula reproductora femenina, existente en los musgos, las criptógamas vasculares y en algunas gimnospermas.   s.m. BOTÁNICA

arqueo
I (Derivado de *arco.*) Acción y resultado de dar o tomar forma de arco.   s.m./= curvamiento
II (Derivado de *arca.*)
1 Operación y conjunto de normas que sirven para medir la capacidad de un barco.   s.m./NÁUTICA = arqueaje
2 Cabida de un barco.   NÁUTICA
3 Operación que consiste en hacer el recuento de las existencias de caja.   COMERCIO

arqueo- Componente de palabra procedente del gr. *arkhaios,* que significa antiguo: *arqueología.*   pref.

arqueolítico, a (Del gr. *arkhaios,* antiguo + *lithos,* piedra.) De la edad de piedra.   adj. HISTORIA

arqueología (Del gr. *arkhaios,* antiguo + *logos,* estudio.) Ciencia que estudia las artes, utensilios y monumentos de la antigüedad, normalmente procedentes de excavaciones.   s.f. HISTORIA

arqueológico, a Que tiene relación con la arqueología: *ruinas arqueológicas.*   adj. HISTORIA

arqueólogo, a Persona dedicada al estudio de los restos de las civilizaciones o sociedades del pasado.   s./HISTORIA

arqueozoología Rama de la arqueología que estudia los restos de animales hallados en yacimientos de antiguas civilizaciones.   s.f. ZOOLOGÍA

arquería Conjunto o serie de arcos: *la arquería del claustro del monasterio.*   s.f. ARQUITECTURA

arquero
1 Persona encargada de la caja de una tesorería o de un banco.   s.m.
2 Soldado armado con arco y flechas: *los arqueros formaban una tropa auxiliar.*   MILITAR
3 Persona que por oficio hace arcos o aros para toneles.
4 Persona que practica el tiro con arco.   DEPORTES

arquetipo (Del lat. *archetypum* < gr. *arkhein,* ser el primero + *typos,* modelo.)
1 Modelo, tipo perfecto y ejemplar en un arte o en cualquier otro ámbito o materia: *en la universidad diseñaron un arquetipo de computadora.*   s.m.
2 Prototipo ideal de las cosas: *el arquetipo del hombre renacentista.*   FILOSOFÍA

arquibanco Banco largo, con respaldo o sin él, cuyo asiento sirve de tapa a uno o más cajones.   s.m.

arquiclamídeo, a Perteneciente a una subclase de plantas dicotiledóneas.   adj/s.f. BOTÁNICA

arquiepiscopal Arzobispal, del arzobispo.   adj./RELIGIÓN

arquilo Instrumento que usan los cerrajeros para hacer girar el taladro.   s.m.

arquíptero, a (Del gr. *arkhe,* principio + *pteron,* ala.) Perteneciente a un antiguo orden de insectos de alas nervadas con metamorfosis incompleta, como las libélulas.   adj/s.m. ZOOLOGÍA

arquitecto, a (Del lat. *architectus* < gr. *arkhitekton* < *arkhein,* ser el primero + *tekton,* obrero.) Persona que ejerce la arquitectura.   s. ARQUITECTURA

arquitectónico, a (Del lat. *architectonicus* < gr. *arkhitektonikos.*) De la arquitectura: *modelo arquitectónico; obra arquitectónica.*   adj. ARQUITECTURA

arquitectura (Del lat. *architectura.*)
1 Ciencia de proyectar y construir edificios y monumentos.   s.f. ARQUITECTURA
2 Arte y estilo de construir.   ARQUITECTURA
3 **arquitectura civil:** Arte de construir edificios públicos y privados no destinados al culto religioso.   ARQUITECTURA
4 **arquitectura hidráulica:** Arte de conducir y aprovechar las aguas.
5 **arquitectura militar:** Arte de construir fortificaciones.   ARQUITECTURA
6 **arquitectura naval:** Arte de construir embarcaciones.   NÁUTICA
7 **arquitectura religiosa:** Arte de construir obras de carácter religioso.   ARQUITECTURA

arquitrabe (De *arqui* + lat. *trabe,* viga.) Parte inferior de un entablamento que se apoya directamente sobre los capiteles, pilastras o columnas.   s.m. ARQUITECTURA

arquivolta Conjunto de molduras, más o menos decoradas, que están en la superficie frontal de las dovelas de una arcada y van de una imposta a la otra.   s.f. ARQUITECTURA   tb: archivolta

arrabá (Del ár. *al-raba,* cuadro.) Adorno rectangular que suele circunscribir el arco de las puertas y ventanas de estilo árabe.   s.m. pl.tb: arrabaes ARQUITECTURA

arrabal (Del ár. *al-rabad,* barrio de las afueras.)
1 Barrio situado en las afueras de una población: *convirtieron en zona residencial los arrabales del río.*   s.m. tb: rabal
2 Población anexa a otra mayor.
3 Sitio extremo de una población.

arrabalero, a
1 Que habita en un arrabal.   adj/s./tb: rabalero
2 Se refiere a la persona que en su porte o modales da muestras de mala educación.   coloquial

arrabio Hierro de primera fundición.   s.m./METALURGIA

arracada (Del ár. *al-aqat,* pendiente.) Arete con adorno colgante: *arracadas charras.*   s.f. = pendiente

arracimado, a Que está dispuesto en forma de racimo: *flores arracimadas.*   adj. tb: racimado

arracimarse Unirse varias cosas en forma de racimo.   v.prnl.

arraclán Arbusto de la familia de las ramnáceas, de madera flexible usada en cestería. *(Rhamnus frangula.)*   s.m./BOTÁNICA = sanguiño

arraigadas Cabos o cadenas para la seguridad de las obencaduras de los masteleros.   s.f.pl. NÁUTICA

arraigado, a Que posee bienes raíces: *una arraigada familia de la localidad.*   adj.

arraigar (Del lat. *radicari.*)
1 Echar raíces: *la planta que me has dado ha arraigado muy bien; los nuevos árboles del parque han arraigado y darán buena sombra en verano.*   v.intr/prnl. conj: *pagar* = radicar, enraizar
2 Hacerse una costumbre, un vicio o una virtud firme en una persona: *el odio arraigó en él.*
3 Pagar una persona sometida a juicio una fianza mediante bienes raíces o depósito metálico.   DERECHO
4 Establecer una cosa con firmeza.   v.tr.
5 Establecerse una persona en un lugar: *después de dar tumbos por todo el país se arraigaron en la capital.*   v.prnl.

arraigo
1 Acción y resultado de arraigar o arraigarse.   s.m.
2 Bienes raíces.   DERECHO

arralar
1 Hacerse una cosa rala.   v.intr./= ralear
2 Formar los racimos de la vid poco grano.   AGRICULTURA

arramblar
1 Dejar un río o torrente el suelo de un lugar cubierto de arena y piedras y con la vegetación destruida.   v.tr.
2 Arrastrar todo lo que se encuentra a mano con abuso y violencia: *arrambló con todo lo que teníamos.*   v.tr/intr. + con
3 Quedar el suelo cubierto de arena a causa de la crecida de un río o torrente.   v.prnl.

arrancaclavos Palanca para sacar clavos: *es preferible usar un arrancaclavos.*   s.m. pl: arrancaclavos

arrancada
1 Acción de ponerse en marcha una persona, animal, vehículo o máquina, especialmente si se produce de manera brusca: *al ponerse verde el semáforo, la moto hizo una arrancada violenta.*   s.f.
2 Aumento repentino de velocidad en la marcha de una persona, animal, vehículo o máquina.
3 Velocidad elevada de un barco.   NÁUTICA
4 Modalidad de la halterofilia en que el levantador ha de alzar las pesas en un solo movimiento y por encima de su cabeza.   DEPORTES

arrancadero Punto desde donde se empieza a correr.   s.m.

arrancapinos Persona de cuerpo pequeño: *los acompañaba un arrancapinos encorvado.*   s.m. pl: arrancapinos

arrancar
1 Sacar una planta de raíz: *arrancaron todas las vides de la heredad.* v.tr. conj: *sacar*
2 Separar una cosa violentamente del lugar al que está sujeta o del que forma parte: *arrancar una muela.*
3 Quitar una cosa a una persona violentamente: *aquel chico le ha arrancado el bolso.*
4 Obtener una cosa de una persona con habilidad, esfuerzo o violencia: *consiguió arrancarle el secreto.*
5 Hacer que una persona manifieste un sentimiento: *ese mendigo arranca la compasión a los transeúntes.*
6 Separar con violencia o con astucia a una persona de un lugar, o de costumbres, vicios: *su madre consiguió arrancarle de la droga.*
7 Hacer que un barco aumente su velocidad. v.tr./intr./NÁUTICA
8 Empezar a correr una persona o un animal. v.intr.
9 Irse o salir de un lugar. coloquial
10 Empezar a funcionar o a moverse una máquina: *no arrancarás el coche si sigue lloviendo.* v.intr./tr.
11 Empezar a hacer una cosa súbitamente: *al saber la noticia arrancó a llorar.* v.intr. coloquial
12 Tener una cosa su causa o principio en otra: *las fiestas de este pueblo arrancan de la edad media.* v.intr.
13 Empezar a curvarse un arco o una bóveda sobre el salmer o la imposta. ARQUITECTURA

arranchar
I (Del fr. *ranger.*) Pasar una embarcación muy cerca de la costa, de un cabo o de cualquier otro accidente geográfico. v.tr. NÁUTICA
II (Derivado de *rancho.*) Reunirse varias personas en ranchos. v.intr./prnl.

arranque
1 Acción y efecto de arrancar. s.m.
2 Comienzo de una acción o puesta en marcha. = arrancada
3 Demostración súbita y violenta de un sentimiento o de un estado anímico: *tuvo un arranque de cólera.* = arrebato
4 Decisión rápida. = impulso
5 Ocurrencia ingeniosa y sorprendente: *tienes unos arranques que me impiden enfadarme contigo.* coloquial
6 Fuerza y energía para hacer una cosa.
7 Mecanismo o dispositivo que pone en marcha un aparato o una máquina: *motor de arranque.* MECÁNICA
8 Principio de un arco o bóveda. ARQUITECTURA

arrapar Quitar, arrebatar una cosa a una persona con violencia: *le arrapó el bolso y salió corriendo.* v.tr. vulgar

arrapiezo
1 Andrajo, jirón de ropa. s.m.
2 Persona de corta edad o humilde condición. despectivo

arrapo
1 Andrajo, tela vieja: *cubierto de arrapos.* s.m.
2 Pequeña cantidad de algo: *sólo quedaba un arrapo de levadura.* = brizna

arras (Del lat. *arrae,* lo que se da en prenda de un contrato < gr. *arrhabon.*) Monedas entregadas al celebrarse el matrimonio a modo de formalización del acto. s.f.pl.

arrasado, a Se aplica al tejido parecido al raso. adj./TEXTIL

arrasar
1 Alisar la superficie de una cosa: *arrasaron el alquitrán de la calzada.* v.tr.
2 Destruir un edificio o un territorio completamente: *la aviación enemiga arrasó la zona urbana.*
3 Pasar el rasero por una cosa para igualarla. = rasar
4 Llenar un recipiente hasta el borde.
5 Cubrirse los ojos de lágrimas: *no pudo reprimir su dolor y se le arrasaron los ojos.* v.tr/prnl.
6 Quedarse el cielo sin nubes. v.intr/prnl.

arrastrada Mujer de mala vida. s.f./Argent.

arrastradamente Con penuria, con trabajo: *vivió toda su vida arrastradamente.* adv.

arrastradera Ala del trinquete. s.f./NÁUTICA

arrastradero
1 Parte de la plaza de toros por donde se sacan los toros muertos. s.m. TAUROMAQUIA
2 Camino por donde se arrastra la madera.

arrastradizo, a
1 Que puede ser arrastrado. adj.
2 Se aplica a la cosecha o al grano trillados. AGRICULTURA

arrastrado, a
1 Que está lleno de agobios, trabajo, escaseces o penalidades: *lleva una vida arrastrada.* adj.
2 Se aplica a la persona que causa trabajo, disgustos o preocupación. adj/s. coloquial
3 Que se arrastra o humilla. = rastrero
4 Persona que, falta de dignidad, ruega para pedir afecto. s. Méx.

arrastrar (Derivado del lat. *rastrum,* rastrillo de labrador.)
1 Llevar a una persona o cosa por el suelo tirando de ella: *no arrastres las sillas.* v.tr.

2 Llevarse una cosa consigo al moverse o pasar: *la corriente arrastró la embarcación.*
3 Moverse, desplazarse rozando el suelo con el cuerpo o con una parte de él: *se arrastró hasta el teléfono.* v.prnl.
4 Colgar hasta llegar a rozar el suelo. v.intr.
5 Echar un jugador una carta que obligue al resto a jugar un naipe del mismo palo o un triunfo. JUEGOS
6 Atraer una cosa hacia sí o hacia su interior a otra. v.tr/.= absorber
7 Acarrear consecuencias negativas: *el conflicto arrastró la caída de las bolsas.*
8 Inducir a una persona a obrar de determinada manera: *le arrastraron sus ideas políticas.*
9 Soportar una persona penosamente una cosa o una situación: *arrastraba su pobreza como podía.*
10 Humillarse para lograr una cosa: *se arrastró para lograr un ascenso.* v.prnl.

arrastre
1 Acción de arrastrar o transportar cosas de un sitio a otro: *el arrastre de tierras transforma el paisaje.* s.m. = arrastramiento
2 Acción de arrastrar en los juegos de cartas. JUEGOS
3 Retirada del ruedo del toro muerto en la lidia. TAUROMAQUIA
4 **estar para el arrastre:** Estar agotado física o anímicamente: *después de la caminata está para el arrastre.* coloquial

arrayán (Del ár. *al-raihan,* cualquier planta olorosa.) Mirto, arbusto aromático. s.m. BOTÁNICA

arrayanal Terreno poblado de arrayanes. s.m.

¡arre! (Voz de creación expresiva.) Expresión para estimular a los animales de carga. interj. tb: ¡harre!

arreador Vareador de aceituna. s.m./AGRICULTURA

arrear
I (Derivado de *arre.*)
1 Estimular a los animales con la voz, la espuela o a golpes para que anden o aviven el paso. v.tr. tb: harrear
2 Incitar a una persona a hacer una cosa más rápidamente: *debes arrear si quieres llegar pronto.* v.tr./intr. = apresurar
3 Asestar un golpe o un tiro. v.tr./coloquial
4 Robar ganado. Argent.
5 Andar rápidamente. v.intr.
6 Llevarse violentamente una cosa: *arreó con todo lo que encontró en su camino.* + con = arramblar
7 **¡arrea!** Expresión usada para indicar sorpresa o admiración: *¡arrea, vaya gentío!* interj./coloquial = ¡atiza!
II (Del lat. vulgar *arredare,* proveer < gótico *reths,* provisión.) Adornar las caballerías con arreos. v.tr. = arreglar

arrebañaderas Utensilio formado por varios ganchos de hierro, usado para sacar de los pozos objetos que han caído en ellos. s.f.pl.

arrebañar
1 Tomar y comer hasta los últimos restos de comida de un plato o recipiente: *arrebañó la sopera y la dejó limpia como una patena.* v.tr. tb: rebañar
2 Apoderarse de algo sin dejar nada.

arrebatado, a
1 Que se comporta de manera alocada o irreflexiva. adj/.= apasionado
2 Que se comporta con violencia.
3 Se refiere al color del rostro que es muy encendido: *la arrebatada rojez de sus mejillas.*

arrebatador, a Que arrebata o cautiva: *es de una belleza arrebatadora.* adj/s. = atractivo

arrebatamiento
1 Acción de arrebatar o arrebatarse. s.m.
2 Acceso de furor que priva del dominio de sí mismo momentáneamente: *la abofeteó en un arrebatamiento.* = enajenamiento, arrebato
3 Éxtasis, estado de dominación por un sentimiento intenso. = arrebato

arrebatar
1 Quitar algo con violencia y precipitación: *les arrebató las maletas.* v.tr.
2 Atraer irresistiblemente una persona las miradas o la atención de otras: *la niña arrebata a sus abuelos.*
3 Causar un sentimiento profundo, conmover: *se arrebató al verle en la sala.* v.tr/prnl.
4 Secarse las plantas por exceso de calor: *las mieses se arrebataron al subir la temperatura.* AGRICULTURA = agostar
5 Ponerse furioso: *se arrebataron al enterarse de la traición.* v.prnl.
6 Cocerse mal un alimento por exceso de fuego. COCINA

arrebatiña Disputa por coger una cosa lanzada al aire entre mucha gente: *los niños se apiñaban en una arrebatiña.* s.f. tb: rebatiña

arrebato
1 Enfado momentáneo con pérdida del control sobre uno mismo: *no soporto sus arrebatos de furia.* s.m/.= pronto, enajenamiento
2 Éxtasis, estado anímico dominado por una pasión. = arrebatamiento
3 **arrebato y obcecación:** Pérdida momentánea del dominio de sí mismo que constituye una de las circunstancias atenuantes de los delitos. DERECHO

arrebol (Derivado de *arrebolar* < *arruborar* < *rubor* < lat. *rubor.*)
1 Color rojo que adquieren las nubes por efectos de los rayos del sol. s.m.

2 Color que toma el rostro por frío, vergüenza o timidez: *el arrebol de las mejillas encendía su pasión.* = rubor

3 Cosmético que se aplica en las mejillas. = colorete

arrebolada Conjunto de nubes enrojecidas por los rayos del sol: *la arrebolada se reflejaba en la laguna.* s.f.

arrebolar (De **arruborar < rubor < lat. rubor.*) Enrojecer, poner del color rojo del arrebol: *sus insinuaciones la arrebolaron.* v.tr./prnl.

arrebozar
1 Ocultar con astucia: *arrebozó al culpable; arrebozaron el cargamento de tabaco.* v.tr. conj: *cazar*
2 Cubrir la parte inferior del rostro con la capa o el manto: *se arrebozó al salir a la calle.* v.tr/prnl. = rebozar
3 Arracimarse los insectos en un lugar: *las abejas se arrebozan en la colmena.* v.prnl.

arrebozo Rebozo, simulación o pretexto. s.m.

arrebujar (De *reburujar < orujo < lat. vulgar voluclum,* envoltorio.)
1 Recoger torpemente una cosa haciendo que se arrugue: *arrebujó las sábanas al recogerlas del tendedero.* v.tr. tb: rebujar
2 Cubrir con ropa, envolviéndose lo más posible: *me arrebujé con la manta, para soportar el frío.* v.tr/prnl.
3 Mover cosas dejándolas desordenadas: *se arrebujaron todos los papeles con el viento.* = revolver

arrechuchar Dar empujones: *los pasajeros se arrechuchaban por los traqueteos del tren.* v.tr. = empujar

arrechucho
1 Acceso repentino de malhumor, enfado o de otro sentimiento o estado de ánimo. s.m./coloquial = arrebato
2 Indisposición repentina y pasajera: *un arrechucho la dejó baldada en la cama.* coloquial = achuchón

arreciar
1 Hacerse más fuerte o intenso: *el viento arrecia.* v.tr/intr./prnl.
2 Dar una cosa fuerza o vigor a una persona: *se arreció con aquellas vitaminas.* v.tr/prnl.
3 Quedarse una persona rígida o paralizada a causa del frío: *se le arreciaban las piernas por las bajas temperaturas.* v.prnl. = arrecirse

arrecife (Del ár. *al-rasif,* dique, calzada.)
1 Formación de rocas o corales que están a poca profundidad en el mar, cerca de las costas generalmente. s.m. GEOGRAFÍA
2 Camino empedrado, carretera o firme de ésta. CONSTRUCCIÓN

arrecirse (Del lat. *arrigere,* poner rígido.) Quedarse rígido o entumecido a causa del frío. v.prnl. defectivo conj: *abolir*

arredilar Meter las reses en el redil. v.tr.

arredondear Redondear, dar forma redonda. v.tr/prnl.

arredrar (Derivado del ant. *arredro < lat. ad,* hacia + *retro,* atrás.)
1 Dar miedo, atemorizar: *los ladridos del perro le arredraron y le hicieron cerrar la puerta.* v.tr/prnl. = amedrentar
2 Hacer retroceder: *al final de la calle les arredró el gentío; se arredraron ante el griterío de la muchedumbre.* = retraer
3 Dejar, quedar fuera, separarse: *se arredraron un poco.*

arregazar Recoger la falda hacia el regazo: *se arregazó la falda para subir al vagón.* v.tr/prnl. conj: *cazar*

arreglado, a
1 Que está sujeto a regla. adj.
2 Ordenado y moderado: *dejó la casa arreglada antes de salir para el aeropuerto.*
3 Barato, de buen precio: *hicieron unas compras muy arregladas.* = económico

arreglar
1 Ordenar, componer, ajustar una cosa: *arregló la habitación; me arreglaron el precio de los muebles; le arregló la falda.* v.tr.
2 Someter una cosa a una regla, ley o costumbre: *se arregló a la razón.* v.tr/prnl.
3 Adornar, acicalar: *se arregló tanto que parecía una reina.* = engalanar
4 Volver a poner en funcionamiento o devolver una cosa a su estado inicial. = reparar
5 Corregir o castigar a una persona: *ya arreglaré a tu hermano cuando llegue.* v.tr. coloquial
6 Cortar el pelo. v.tr/prnl.
7 Utilizar el ingenio para salir de un apuro o resolver una situación: *aunque ganaba poco dinero se arreglaba bien para ir tirando.* v.prnl. = apañarse, componerse

arreglista Persona que realiza arreglos de obras musicales. s.m.f. MÚSICA

arreglo
1 Acción y efecto de arreglar o arreglarse: *el arreglo del coche será caro.* s.m.
2 Acción que consiste en ponerse de acuerdo dos o más personas: *por fin llegaron a un arreglo.* = avenencia, conciliación
3 Cosa con que se atavía o adorna.
4 Transformación de una obra musical para poder interpretarla con instrumentos o voces distintos a los originales o acompañamiento y efectos de una composición musical. MÚSICA = adaptación
5 Relación amorosa entre personas no casadas. coloquial

6 con arreglo a: Según, conforme a: *actuaré con arreglo a mis principios.* loc.prep.

arregostarse Tomar una persona una afición o un hábito: *se ha arregostado a su compañía.* v.prnl./coloquial = aficionarse

arregosto Gusto o afición por algo. s.m./coloquial

arreico, a Dícese de las regiones donde predominan condiciones de arreísmo, falta de avenamiento. adj. GEOGRAFÍA

arreísmo Carácter de las regiones cuya práctica inexistencia de precipitaciones se traduce en ausencia de escorrentía y avenamiento organizado. s.m. GEOGRAFÍA

arrejacar Romper con una azadilla la costra de un terreno de sembrados ya crecidos. v.tr/conj: *sacar* AGRICULTURA

arrejaco Vencejo, ave que se alimenta de insectos. s.m./ZOOLOGÍA

arrejada Vara larga con una pieza de hierro en uno de sus extremos usada para separar la tierra pegada a la reja del arado. s.f. AGRICULTURA = aguijada

arrejaque (Del ár. *ar-rasaq.*)
1 Garfio de hierro con tres puntas usado en algunos lugares para pescar. s.m. PESCA
2 Vencejo, ave insectívora. ZOOLOGÍA

arrejuntarse Mantener dos personas una relación conyugal sin estar casadas. v.prnl./vulgar = amancebarse

arrellanarse Sentarse con toda comodidad en actitud de abandono: *sin saludar se arrellanó en la butaca del fondo.* v.prnl. = repanchigarse

arremangar
1 Recoger hacia arriba las mangas, las faldas u otra prenda: *se arremangó la camisa para lavar los platos.* v.tr/prnl. conj: *pagar*
2 Tomar una resolución con energía. v.prnl.
3 Prepararse para empezar a realizar un trabajo o una actividad: *¡venga, arremángate que vamos a poner orden en el almacén.*

arremeter
1 Acometer de forma violenta o impetuosa: *la policía arremetió contra los manifestantes.* v.intr./+ contra = atacar
2 Producir una cosa un efecto discordante o inarmónico a la vista: *el color de las cortinas arremete.* coloquial = chocar

arremetida Acción de arremeter: *de una arremetida lo tumbó cuan largo era.* s.f. = acometida

arremolinarse
1 Amontonarse desordenadamente: *se arremolinaron alrededor de la escultura.* v.prnl.
2 Formar el agua o el viento remolinos. tb: remolinarse

arrendadero Anilla de hierro clavada en la pared para atar a ella las caballerías. s.m.

arrendador, a
I (Derivado de *arrendar < renda,* renta.) Persona que da o toma en arrendamiento alguna cosa. s.
II (Derivado de *arrendar < rienda.*) Arrendadero, anilla de hierro para atar las caballerías. s.m.

arrendajo
1 Ave de la familia de los córvidos, de plumaje pardo y gris, moteado de azul, blanco y negro, común en los bosques. *(Garrulus glandarius.)* s.m. ZOOLOGÍA
2 Denominación genérica de diversas aves córvidas que viven en las regiones septentrionales americanas. ZOOLOGÍA
3 Persona que imita las acciones de otra. coloquial
4 Copia imperfecta de una cosa. = remedo

arrendamiento
1 Acción de arrendar o alquilar. s.m./= arriendo
2 Precio de un alquiler: *en los últimos dos años no nos han subido el arrendamiento.* = renta
3 Contrato por el que se arrienda. DERECHO

arrendar
I (Derivado de *renda,* renta.) Ceder o adquirir, mediante el pago de un precio, el disfrute temporal de un bien o servicio: *arrendó una finca en la sierra.* v.tr. conj: *pensar* = alquilar
II (Derivado de *rienda.*)
1 Atar o sujetar a una caballería por las riendas. v.tr./EQUITACIÓN EQUITACIÓN
2 Enseñar a una caballería a obedecer a la rienda.

arrendatario, a Que tiene o toma en arriendo una cosa: *la compañía arrendataria no pagó los alquileres.* adj/s.

arrendaticio, a Del arrendamiento: *documento arrendaticio.* adj. DERECHO

arreo
1 Acción y efecto de separar una tropa de ganado y conducirla a otro lugar. s.m. Amér. Merid.
2 Guarniciones de las caballerías. s.m.pl.
3 Herramientas, utensilios o accesorios. = aperos

arrepanchigarse Sentarse una persona con comodidad, en actitud de abandono. v.prnl./coloquial conj: *pagar*

arrepentida Mujer que se arrepentía de su vida anterior y se encerraba en clausura en un monasterio. s.f./= magdalena, egipcíaca

arrepentido, a Se aplica a los miembros de organizaciones delictivas que se entregan de manera voluntaria a la justicia para reinsertarse en la sociedad: *la identidad de los dos arrepentidos permanece en secreto para evitar las represalias de la mafia.* adj/s.

arrepentimiento
1 Sentimiento de pesar por una acción o una omisión pasadas: *tuvo un arrepentimiento efímero.* — s.m.
2 Corrección que se advierte en el dibujo o la composición de una pintura. — ARTE
3 **arrepentimiento activo:** El que manifiesta el reo con actos destinados a reparar el daño ocasionado o facilitando su castigo, y que constituye una circunstancia atenuante. — DERECHO

arrepentirse Sentir pesar por una acción u omisión: *se arrepiente de haberte dicho tamaña mentira.* — v.prnl. / conj: *sentir*

arrepistar Reducir los trapos a trozos pequeños para la fabricación del papel de tina. — v.tr. / INDUSTRIA

arrepticio, a (Del lat. *arreptitium.*) Que supuestamente ha sido poseído por el demonio o por un espíritu. — adj. / = endemoniado

arrequesonarse Cortarse la leche. — v.prnl.

arrestado, a Que cumple una pena de arresto. — adj/s.

arrestar (Del lat. *ad,* a + *restare,* detenerse, restar.) Poner en prisión: *el sargento lo arrestó por pelearse.* — v.tr.

arresto
1 Acción y resultado de arrestar. — s.m.
2 Detención provisional de un presunto culpable. — DERECHO
3 Reclusión breve, como pena o castigo. — DERECHO
4 **arresto domiciliario:** El menor que el detenido debe cumplir en su propio domicilio. — DERECHO

arrevesado, a Que es o está enrevesado o intrincado. — adj. / tb: revesado

arrevistado, a Se aplica a la pieza teatral que presenta características propias de la revista musical. — adj. / TEATRO

arrezagar
1 Recoger hacia arriba las mangas u otra parte de una prenda de vestir: *se arrezagó la camisa para que le tomasen una muestra de sangre.* — v.tr/prnl. / conj: *pagar* / = arremangar
2 Mover una cosa de abajo arriba. — v.tr.

arria Recua, conjunto de animales de carga. — s.f./tb: harria

arriacense
1 De Guadalajara, ciudad y provincia españolas. — adj.
2 Persona natural de esta ciudad y provincia. — s.m.f.

arriada
1 Riada, crecida del río. — s.f.
2 Operación de arriar una bandera o las velas o aflojar un cabo, cable o cadena. — NÁUTICA / = arriamiento

arriamiento Arriada, bajada de banderas o velas: *tras el desfile los soldados procedieron al arriamiento del pabellón.* — s.m. / NÁUTICA / ≠ izamiento

arrianismo (De *Arrio,* heresiarca griego.) Doctrina según la cual la divinidad de Jesucristo es secundaria y subordinada a la de Dios padre, ya que no participa de su eternidad ni de su naturaleza. — s.m. / RELIGIÓN

arriano, a
1 De Arrio o del arrianismo. — adj./RELIGIÓN
2 Persona que profesa el arrianismo. — s./RELIGIÓN

arriar
I (Variante de *arrear,* adornar.)
1 Bajar una bandera o una vela que está izada: *arriar la enseña de la fragata.* — v.tr./conj: *vaciar* / NÁUTICA, MILITAR
2 Soltar o aflojar un cabo, un cable o una cadena. — NÁUTICA
II (Derivado de *río.*) Cubrir de agua un lugar al crecer y desbordarse un río: *el paseo se arrió tras las lluvias torrenciales.* — v.tr/prnl. / conj: *vaciar* / = inundar

arriate (Del ár. *ar-riyad,* jardín.)
1 Porción de tierra acotada, de un jardín o patio, donde hay flores plantadas: *el jardín estaba dividido en arriates cuadrados.* — s.m. / tb: arriata
2 Camino o paso.
3 Encañado para plantas.

arriaz (Del ár. *ar-ri'as.*)
1 Cada uno de los dos hierros que salen de la guarnición de la espada y protegen la mano. — s.m./pl: arriaces / tb: arrial/= gavilán
2 Puño de la espada.

arriba (Del lat. *ad,* a + *ripa,* orilla.)
1 En un lugar más alto o en una parte superior: *vive arriba con sus padres.* — adv. / ≠ abajo
2 Hacia un lugar o parte superior: *subió cuesta arriba; vete más arriba.* — ≠ abajo
3 En un lugar superior: *por arriba de él tiene solamente al director general.* — = encima / ≠ debajo
4 En los escritos, antes, anteriormente: *como se indica en el párrafo de arriba.*
5 **arriba:** Indica incremento indeterminado, más: *no costará arriba de las mil pesetas.* — loc.adv.
6 **de arriba:** De Dios o de los superiores jerárquicos: *la orden viene de arriba.*
7 **de arriba abajo:** 1. De principio a fin, de un extremo a otro: *lo registró de arriba abajo.* 2. Con desprecio, con aires de superioridad: *mira a los demás de arriba abajo.*
8 **¡arriba!:** Se emplea para invitar a alguien a que se levante, a que suba o a que se anime: *¡arriba esa moral, hombre!* — interj.

arribada
1 Llegada de un barco a un puerto, atraque: *al finalizar la arribada desembarcaron los pasajeros.* — s.f./NÁUTICA / = arribaje
2 Bordada que da un barco, dejándose ir con el viento: *quebrarse el casco por tantas arribadas.* — NÁUTICA
3 **arribada forzosa:** Accidente del comercio marítimo que consiste en llegar el buque a un lugar diferente al previsto. — DERECHO, NÁUTICA

arribar (Del lat. vulgar *arripare < ripa,* orilla.)
1 Llegar a un lugar: *todo el pueblo desea que las ayudas arriben cuanto antes.* — v.intr/prnl.
2 Llegar una embarcación a su destino o pararse por alguna causa en algún sitio: *el buque acaba de arribar a la isla de Ibiza.* — v.intr. / NÁUTICA / + a
3 Dejarse ir una embarcación con el viento. — NÁUTICA
4 Llegar a conseguir o alcanzar lo que se desea. — coloquial

arribazón Ribazón, afluencia de peces. — s.m./PESCA

arribeño, a Se refiere a los habitantes de las tierras altas. — adj/s. / Amér.

arribismo Modo de actuar del arribista. — s.m.

arribista Se aplica a la persona o actitud del que pretende progresar rápidamente a cualquier precio. — adj/s.m.f.

arribo Acción de arribar. — s.m./= llegada

arricés (Del ár. *al-rizar,* anillas.) Hebilla con que se sujeta la ación de los estribos. — s.m. / EQUITACIÓN

arricete Punta de arena o roca a poca profundidad bajo el mar. — s.m. / = restinga

arriendo Arrendamiento, en especial de fincas o tierras de cultivo: *cultivos en arriendo.* — s.m. / = alquiler

arriero, a Persona que conduce animales de carga de un sitio para otro. — s./AGRICULTURA / tb: harriero

arriesgado, a
1 Que está expuesto a riesgos o peligros: *se trata de un proyecto arriesgado.* — adj.
2 Que se comporta con temeridad o valentía.

arriesgar Poner en peligro a alguien o algo: *durante el incendio se arriesgó para salvar a un niño.* — v.tr/prnl. / conj: *pagar*

arrimadero Persona o cosa que sirve de apoyo o ayuda. — s.m. / = arrimo

arrimadillo Zócalo de estera, madera fina o tela adosado o fijado a la parte inferior de las paredes: *el arrimadillo protegía la pared del roce de las sillas.* — s.m. / CONSTRUCCIÓN

arrimadizo, a
1 Que está pensado para ser arrimado. — adj.
2 Que se junta o arrima a otro por interés. — adj/s.

arrimado, a Persona que vive en casa ajena sin pagar por ello: *está de arrimado en su casa.* — s./Méx. / coloquial

arrimador Tronco grueso usado en las lumbres o chimeneas para apoyar en él otros más pequeños. — s.m.

arrimar
1 Acercar o poner una cosa o persona junto a otra: *se arrimó al toldo para no mojarse.* — v.tr/prnl.
2 Dejar de realizar una actividad o de ejercer una profesión: *el poeta arrimó la pluma cuando empezó a sentirse viejo.* — v.tr. / = abandonar
3 Dar un golpe a una persona: *le arrimé un bofetón que lo dejó temblando.* — coloquial
4 Acercarse a una cosa para apoyarse o sostenerse: *se arrimó a la pared porque estaba mareado.* — v.prnl.
5 Ponerse bajo la protección de una persona o agregarse a un colectivo: *se arrimó al presidente para que no le despidieran.* — + a
6 Acercarse al conocimiento de una cosa: *me arrimé al meollo del asunto.* — coloquial / + a
7 Acercarse mucho a la pareja en el baile. — coloquial/+ a
8 Mantener dos personas una relación de pareja sin estar casadas. — coloquial / = amancebarse
9 Ponerse el torero muy cerca del toro. — TAUROMAQUIA

arrime Lugar muy próximo al boliche, en el juego de las bochas. — s.m. / JUEGOS

arrimo
1 Cosa o persona en la que se encuentra ayuda o protección: *el niño buscó el arrimo de su padre.* — s.m. / = arrimadero
2 Acercamiento o aproximación.
3 Afición o inclinación por algo o alguien.
4 Pared medianera entre fincas. — Amér.
5 **al arrimo de:** Con el apoyo, con la ayuda o con la protección de alguien o algo: *al arrimo de la iglesia consiguió salir de su situación.* — loc.adv.

arrimón Persona que se arrima a otra por interés. — s.m./= arrimadizo

arrinconado, a
1 Que está en un rincón: *butaca arrinconada.* — adj.
2 Que está desatendido, apartado o marginado: *lo dejaron arrinconado y se deprimió muchísimo.*

arrinconar
1 Poner en un rincón o en un lugar escondido: *arrinconó todas sus muñecas en el altillo.* — v.tr.
2 Seguir a una persona hasta un lugar del que no pueda escaparse: *los arrinconó en un callejón sin salida.* — = acorralar

3 Marginar, dejar de lado: *la arrinconaron por su timidez.*

4 Dejar de ejercer una profesión o realizar una actividad: *arrinconó los estudios y empezó a trabajar.* = abandonar

5 Separarse una persona del trato con la gente. v.prnl./coloquial

arriostrar Reforzar con riostras un muro o armazón. v.tr./tb: riostrar

arriscado, a
1 Se refiere al terreno que está formado por riscos o peñascos: *subieron por un monte arriscado.* adj. = escabroso
2 Que se comporta con valentía y temeridad. = atrevido

arriscador, a Persona que recoge la aceituna después de varear los olivos. s. AGRICULTURA

arriscar
1 Arriesgar, poner en peligro: *arriscaron sus vidas para rescatar a los supervivientes del naufragio.* v.tr./prnl. conj: sacar
2 Caerse las reses por los riscos. v.prnl./= despeñarse
3 Ponerse una persona furiosa o excitada. = enfurecerse

arritmia (De *a*, privativo + gr. *rhythmos*, ritmo.)
1 Falta de ritmo regular. s.f.
2 Alteración del ritmo normal de los latidos del corazón, con irregularidad de frecuencia y desigualdad de contracciones. MEDICINA

arrítmico, a
1 Que no tiene ritmo: *música arrítmica.* adj.
2 Que padece arritmia. MEDICINA

arroaz Delfín, mamífero cetáceo odontoceto, de cuerpo alargado, que vive en los mares templados y cálidos. s.m./pl: arroaces ZOOLOGÍA

arroba (Del ár. *al-ruba'a*, cuarta parte.)
1 Unidad de peso usada en España y algunos países sudamericanos. s.f.
2 Medida de capacidad para líquidos.

arrobadera Robadera, plancha usada para allanar terrenos. s.f./AGRICULTURA = trailla

arrobador, a Que arroba o embelesa. adj./= cautivador

arrobamiento
1 Acción de arrobarse: *el arrobamiento que siente por ella le hace perder el sentido.* s.m.
2 Estado del alma caracterizado por una suspensión momentánea de los sentidos. = arrobo, éxtasis

arrobar
1 Gustar mucho, cautivar, embelesar. v.tr./prnl.
2 Perder momentáneamente los sentidos: *se arrobó por la debilidad y el calor.* v.prnl.

arrobo Arrobamiento, estado de pérdida de los sentidos. s.m. = éxtasis

arrocabe (Del ár. *al-rukkab*.)
1 Conjunto de maderos colocados sobre los muros de un edificio para trabarlos entre sí y con la armadura de la cubierta. s.m. CONSTRUCCIÓN
2 Adorno arquitectónico que imita un friso. ARQUITECTURA

arrocado, a Que tiene forma de rueca. adj.

arrocero, a
1 Del arroz: *cultivo arrocero.* adj.
2 Persona que cultiva o vende arroz. s.

arrocinado, a Se aplica al caballo que tiene el aspecto parecido al del rocín. adj.

arrocinar
1 Volverse bruta o tosca una persona: *la vida en prisión le arrocinó.* v.tr/prnl./coloquial = embrutecer
2 Enamorarse ciegamente: *se arrocinó de la hermana de su compañera de piso.* v.prnl./coloquial + de

arrodillar
1 Hacer que una persona se ponga de rodillas. v.tr.
2 Ponerse de rodillas: *se arrodilló ante el altar.* v.prnl.

arrodrigar Poner rodrigones a una planta: *arrodrigó las ramas del rosal, porque eran demasiado largas y tocaban el suelo.* v.tr/conj: pagar AGRICULTURA = arrodrigonar

arrogancia
1 Actitud soberbia del que se cree superior y menosprecia a los demás: *dirigió una mirada cargada de arrogancia a los presentes.* s.f. = elación
2 Actitud de la persona valiente o airosa.

arrogante
1 Que se comporta con arrogancia o soberbia: *con un arrogante gesto marcó sus diferencias con ellos.* adj. = orgulloso
2 Que es valiente o decidido. = airoso
3 Que es esbelto o gallardo: *tenía un porte arrogante y aristocrático.* = apuesto

arrogar (Del lat. *arrogare* < *ad*, *a* + *rogare*.)
1 Adoptar como hijo al huérfano o al emancipado. v.tr./DERECHO
2 Tomar, adoptar para sí una facultad o un derecho indebidamente: *se ha arrogado funciones que corresponden a sus superiores.* v.prnl. conj: pagar = atribuirse

arrojadizo, a Que está pensado para ser arrojado o tirado: *arma arrojadiza.* adj.

arrojado, a Que se comporta con arrojo: *buscó entre los reclutas al más arrojado y valiente.* adj. = osado

arrojar (Del bajo lat. *rotulare*, echar a rodar < *rotare*, rodar.)
1 Lanzar con violencia una cosa de modo que recorra cierta distancia: *el público arrojó tomates al cantante.* v.tr.
2 Echar o dejar caer una cosa en un lugar: *el bombardero arrojó su carga sobre la ciudad.*
3 Echar a una persona de un lugar o cesarle de su cargo: *le arrojaron a la calle borracho.* = expulsar
4 Dar una cuenta o un cálculo un resultado determinado: *el balance arroja un saldo muy positivo.* COMERCIO
5 Echar las plantas brotes. BOTÁNICA
6 Expeler el contenido del estómago: *arrojó todo lo que había cenado.* v.intr./coloquial = vomitar
7 Lanzarse, tirarse hacia abajo: *se arrojó al precipicio con la moto.* v.prnl. + a, por
8 Abalanzarse sobre una persona o una cosa: *el coche se arrojó contra la barrera a toda velocidad.* + contra, sobre
9 Empezar precipitadamente la realización de una cosa: *las tropas se arrojaron a la conquista de la ciudad.* + a

arrojo Valor del que no se detiene ante los peligros: *lanzarse al agua con arrojo, aun sin saber nadar.* s.m. = osadía

arrollador, a Que arrolla: *fuerza arrolladora.* adj.

arrollamiento
1 Acción y efecto de arrollar. s.m.
2 Hilo conductor usado como componente de un circuito eléctrico para crear campos magnéticos. ELECTRICIDAD = bobina

arrollar
1 Envolver en forma de rollo una cosa: *arrolló las láminas y las guardó en un cilindro de cartón.* v.tr. tb: enrollar
2 Trasladar el viento o el agua una cosa sólida: *la riada arrolló varios coches.*
3 Atropellar, llevarse por delante: *el camión arrolló a varios peatones.*
4 Tratar sin respeto una ley, un derecho o una opinión: *arrolló la convivencia vecinal con su conducta.* v.tr/intr.
5 Vencer o superar una persona a otra con gran ventaja: *arrolló a todos sus contrincantes.* + a, en = derrotar

arromanzar Traducir un texto al romance. v.tr/conj: cazar

arromper Romper, roturar la tierra. v.tr./AGRICULTURA

arrompido Tierra que se rotura para cultivarla. s.m./tb: rompido

arronzar
1 Mover algo por medio de palancas. v.tr/conj: cazar
2 Inclinarse el barco demasiado a sotavento. v.intr./NÁUTICA

arropar
I (Derivado de *ropa*.)
1 Cubrir, tapar o abrigar con ropa: *al llegar la noche, se arropó con la vieja manta.* v.tr./prnl. ≠ destapar
2 Proteger, amparar: *se arropa con la autoridad e influencia de su padre.*
3 Cercar los cabestros a los toros bravos para conducirlos: *los cabestros arroparon a los toros en el encierro.* v.tr. TAUROMAQUIA
II (Derivado de *arrope*.) Echar arrope al vino. v.tr.

arrope (Del ár. *al-rubb*, jugo de frutas cocido hasta quedar espeso.)
1 Mosto cocido hasta que adquiere la consistencia de jarabe. s.m./COCINA
2 Jarabe medicinal espeso, elaborado con miel y otras sustancias vegetales. FARMACIA
3 Dulce hecho con la pulpa de algunas frutas, hervida hasta que adquiere consistencia de jalea. *Argent.* COCINA

arropea
1 Instrumento de metal usado, generalmente, para inmovilizar los pies de los presos. s.f. = grillete
2 Traba que se pone a las caballerías. EQUITACIÓN

arropera Recipiente usado para contener arrope. s.f.

arropía Melcocha, miel concentrada. s.f.

arropiero, a Persona que hace o vende arropía. s.

arrostrar
1 Hacer frente a molestias, peligros o penalidades: *arrostraba las preocupaciones con mucha entereza.* v.tr. = afrontar
2 Soportar una situación, persona o una cosa desagradables: *arrostrar la ironía de sus palabras.* v.tr/intr.
3 Enfrentarse cara a cara: *se arrostraron públicamente y ninguno de ellos salió airoso.* v.prnl.

arrotado, a Se aplica a la persona que tiene modales de roto, de baja condición. adj. *Chile*

arroyada
1 Crecida de un arroyo e inundación que produce. s.f.
2 Cauce o valle por donde corre un arroyo. = arroyadero
3 Cualquier grieta o surco hecho por el agua que circula por un terreno. = arroyadero

arroyamiento
1 Erosión difusa producida por las aguas. s.m./GEOLOGÍA
2 Crecida de un río o un arroyo. = arroyada

arroyar (Derivado de *arroyo*.) Formar la lluvia arroyos o arroyadas en un terreno: *los aguaceros arroyan las laderas.* v.tr./prnl.

arroyarse (Derivado de *roya*, hongo.) Criar o contraer roya una planta. v.prnl. AGRICULTURA

arroyo (Derivado de *arrugia.*)
1 Corriente de agua con caudal pequeño, casi siempre continuo, y cauce por donde corre: *pequeños arroyos afluían al pantano.*   s.m.
2 Parte de la calle por donde circula el agua.
3 Afluencia o abundancia desmesurada de sustancias líquidas como la sangre o las lágrimas: *salían arroyos de sangre de aquella herida.*   coloquial = río
4 **plantar o poner a una persona en el arroyo:** Despedirle de su trabajo o echarle de casa: *estaba harta de él y lo puso en el arroyo.*   coloquial
5 **sacar a alguien del arroyo:** Ayudarle a salir de la miseria o de una situación determinada: *consiguió sacarla del arroyo.*   coloquial

arroyuela Salicaria, planta que se usaba como astringente.   s.f. BOTÁNICA

arroz (Del ár. *al-ruzz.*)
1 Planta gramínea anual, que se cultiva en terrenos muy húmedos o inundables, cuyo fruto es un grano oval, rico en almidón y blanco después de descascarillado. *(Oryza.)*   s.m. pl: arroces BOTÁNICA
2 Grano de esta planta.   BOTÁNICA
3 **arroz con leche:** Postre elaborado con arroz hervido en leche con canela, azúcar, mantequilla y cáscara de limón.   COCINA

arrozal Tierra sembrada de arroz.   s.m./AGRICULTURA

arruar Emitir el jabalí cierto gruñido cuando se siente perseguido.   v.intr./conj: *actuar* CAZA

arrufadura Curvatura de las embarcaciones, por la cual quedan más elevadas la proa y la popa que el centro.   s.f. NÁUTICA = arrufo

arrufar
1 Dar arrufadura al buque al construirlo.   v.tr./NÁUTICA
2 Tener un barco arrufadura.   v.intr./NÁUTICA
3 Poner el gato el lomo arqueado: *el minino se arrufó y se abalanzó sobre el ratón.*   v.prnl.

arrufianado, a Que parece o se comporta como un rufián: *le sorprendieron sus gestos arrufianados.*   adj.

arruga (Del ant. *ruga* < lat. *ruga.*)
1 Pliegue que se forma en la piel: *le han salido muchas arrugas alrededor de los ojos.*   s.f.
2 Pliegue irregular que se hace en la ropa o en cualquier otra cosa flexible: *la camisa tiene arrugas.*

arrugar (Del lat. *rugare.*)
1 Hacer arrugas: *este vestido se arruga mucho; no me arrugues los papeles.*   v.tr./prnl. conj: *pagar*
2 Acobardarse, perder el atrevimiento o la desenvoltura: *se arrugó al verla entrar.*   v.prnl. = encogerse

arrugia (Voz prerromana.)
1 Mina de oro.   s.f./MINERÍA
2 Excavación subterránea que se hacía antiguamente para provocar el derrumbamiento de las tierras de aluvión y poder así lavarlas para obtener oro.   MINERÍA

arruinar
1 Causar la ruina de una persona, empobrecer: *se arruinó a causa del juego.*   v.tr./prnl.
2 Estropear, destruir: *arruinas todas mis ilusiones comportándote así.*

arrullador, a Se aplica al sonido, voz, canto que arrulla: *la tranquilizó con una melodía arrulladora.*   adj/s.

arrullar (Voz onomatopéyica.)
1 Adormecer a un niño cantándole suavemente o meciéndolo: *lo arrulló con una dulce canción.*   v.tr.
2 Decir a una persona palabras cariñosas para enamorarla: *lo arrulló con zalamerías y guiños.*   coloquial = cortejar
3 Acariciar el macho de las palomas o las tórtolas a la hembra emitiendo a la vez su voz natural.   v.tr/prnl.

arrullo
1 Canto suave para adormecer a los niños: *los arrullos de la madre adormecieron al bebé.*   s.m.
2 Manera de hablar cariñosa con que se corteja a una persona: *me sedujo el arrullo de sus palabras.*
3 Canto grave y monótono con que se enamoran las palomas y tórtolas.   = zureo

arrumaco (Del ant. *arremueco* < *mueca.*)
1 Carantoña, demostración de cariño manifestada con caricias, gestos o palabras: *paseaban por el parque haciéndose arrumacos.*   s.m/coloquial = zalamería
2 Adornos o indumentaria excesiva o estrafalaria.   coloquial

arrumaje Distribución y colocación de la carga en una embarcación.   s.m./NÁUTICA = arrumazón

arrumar (Del fr. *arrumer* < germ. *rum,* espacio.)
1 Poner la carga en un barco.   v.tr./NÁUTICA
2 Cubrirse el cielo de nubes.   v.prnl./NÁUTICA

arrumazón
1 Arrumaje, acción y resultado de arrumar.   s.f./NÁUTICA
2 Conjunto de nubes en el horizonte.

arrumbación
1 Conjunto de faenas que llevan a cabo los arrumbadores en las bodegas.   s.f.
2 Operación consistente en fijar el rumbo de un barco.   NÁUTICA

arrumbador, a
1 Que arrumba o pone una cosa ya inútil o inservible en un lugar apartado.   adj/s.
2 Persona que, en las bodegas, sienta las botas y trasiega, cabecea y clarifica los vinos.   s.

arrumbamiento Dirección o rumbo en que marcha una embarcación.   s.m. NÁUTICA

arrumbar
I (Del fr. *arrumer* < germ. *rum,* espacio.)
1 Retirar una cosa en un lugar apartado: *arrumbó todos sus juguetes viejos.*   v.tr. = arrinconar
2 Dejar a una persona fuera de una conversación.
3 Rehuir el trato de una persona.   = arrinconar
4 Colocar en las bodegas las botas y toneles.
II (Derivado de *rumbo.*)
1 Determinar la dirección de una costa.   v.tr./NÁUTICA
2 Hacer coincidir uno o más objetos en un mismo rumbo.   NÁUTICA
3 Establecer el rumbo con el que hay que navegar.   v.intr./NÁUTICA
4 Determinar una embarcación su situación.   v.prnl./NÁUTICA

arrume Montón, acumulación de cosas o abundancia de ellas.   s.m. Colomb., Venez.

arrurruz (Del ingl. *arrow-root,* raíz de flecha.) Fécula comestible extraída de la raíz de diversas plantas tropicales.   s.m. pl: arrurruces

arrusticar Dar cualidades de rústico o volverse rústico: *desde que vive en el pueblo se ha arrusticado.*   v.tr/prnl. conj: *sacar*

arsáfraga Planta que se cría en las orillas de balsas y riachuelos. *(Sium angustifolium.)*   s.f./BOTÁNICA = berrera

arsenal (Del ital. *arsenale* < ár. *dar sina'a,* casa de construcción.)
1 Depósito de armas y municiones: *la policía descubrió un arsenal en un zulo en la montaña.*   s.m. MILITAR
2 Armamento de un ejército, colectivo o estado.   MILITAR
3 Lugar donde se construyen o reparan las embarcaciones.   = astillero, dársena
4 Conjunto o depósito de diversas cosas: *se presentó con un arsenal de preguntas para negociar.*

arsenical Del arsénico o que contiene arsénico.   adj./QUÍMICA

arsenicismo Intoxicación por arsénico.   s.m./MEDICINA

arsénico (Del lat. *arsenicum* < gr. *arsenikon.*)
1 Cuerpo simple sólido, de color gris y brillo metálico y propiedades intermedias entre los metales y no metales.   s.m. QUÍMICA
2 Denominación del anhídrido compuesto por arsénico, que es muy venenoso.   QUÍMICA
3 Se aplica al anhídrido que contiene dos moléculas de arsénico y el ácido derivado.   adj. QUÍMICA

arsolla Arzolla, planta compuesta.   s.f./BOTÁNICA

arta Llantén menor, planta herbácea.   s.f./BOTÁNICA

arte (Del lat. *ars, artis,* habilidad, profesión, arte.)
1 Facultad del hombre de crear, imitar o expresar lo material o inmaterial, con fines estéticos, valiéndose de la materia, sonido, imagen, gesto o lenguaje.   s.m/f. ARTE
2 Facultad para crear o hacer una cosa con habilidad o dominio de una técnica: *canta con mucho arte.*
3 Maña, astucia: *utilizó todo su arte para convencerle.*   = habilidad
4 Conjunto de preceptos, reglas, medios o procedimientos para hacer bien una cosa: *un buen político conoce bien el arte de la oratoria.*   = técnica
5 Conjunto de aparatos para pescar: *cargó en la barca todas sus artes.*   PESCA
6 Denominación que se usaba para designar a la lógica, física y metafísica.   s.f.pl.
7 **arte abstracto:** El que no representa el mundo sensible, por contraposición al figurativo.   ARTE
8 **arte figurativo:** El que se inspira en la realidad, imitándola o reproduciéndola.   ARTE
9 **séptimo arte:** Cinematografía.   CINE
10 **artes decorativas:** Las aplicadas a la producción de objetos más o menos funcionales y provistos de valor estético.   ARTE
11 **artes gráficas:** Conjunto de técnicas que tienen como fin la impresión o reproducción de textos o dibujos.   ARTES GRÁFICAS
12 **artes marciales:** Conjunto de técnicas de lucha, originarias de Extremo oriente, muchas de las cuales se practican como deporte.   DEPORTES
13 **artes plásticas:** Pintura, escultura y arquitectura.   ARTE
14 **bellas artes:** Pintura, escultura, arquitectura, literatura y música.
15 **malas artes:** Procedimientos engañosos y malévolos para conseguir algo.
16 **con arte:** Con habilidad.   loc.adv.
17 **de arte mayor:** Se refiere al verso de más de ocho sílabas.   loc.adj. POESÍA

18 de arte menor: Se aplica al verso de ocho sílabas o menos. POESÍA

19 el arte por el arte: Manera de entender el arte como pura manifestación de la belleza. ARTE

20 no tener arte ni parte: No intervenir o no tener ninguna relación con un asunto. coloquial

21 por arte de birlibirloque o de magia: De modo sorprendente o extraño o inexplicable. loc.adv.

22 tener arte: Tener habilidad para hacer cierta cosa: *tiene mucho arte para los trabajos manuales.*

artefacto (Del lat. *arte factus,* hecho con arte.)
1 Instrumento, aparato o máquina, generalmente grande o de maquinaria complicada. s.m.
2 Carga explosiva: *el artefacto colocado por los terroristas causó grandes destrozos.*

artejo (Del lat. *articulus,* diminutivo de *artus.*)
1 Nudillo, articulación de los dedos. s.m/ANATOMÍA
2 Cada una de las piezas articuladas que forman los apéndices de los artrópodos. ZOOLOGÍA = artículo

artemisa (Del lat. *artemisia* < gr. *artemisia,* derivado de *Artemis,* deidad.)
1 Planta compuesta, aromática, de flores blancas con el centro amarillo dispuestas en panículas. (*Artemisia vulgaris.*) s.f./BOTÁNICA tb: artemisia = altamisa
2 **artemisa bastarda:** Milenrama, planta.
3 **artemisa pegajosa:** Especie parecida a la común, con las inflorescencias más pequeñas. (*Artemisia glutinosa.*)

artera Utensilio de hierro usado para marcar el pan antes de cocerlo. s.f.

arteri- Componente de palabra que significa arteria: *arterioctomía, arteriosclerosis.* pref. MEDICINA

arteria (Del lat. *arteria* < gr. *arteria.*)
1 Vaso sanguíneo que lleva la sangre desde el corazón a los demás órganos del cuerpo. s.f. ANATOMÍA
2 Calle importante o principal de una población a la que afluyen otras.
3 **arteria celiaca:** La que lleva la sangre al estómago y otros órganos abdominales. ANATOMÍA
4 **arteria coronaria:** La que riega las paredes del corazón. ANATOMÍA
5 **arteria emulgente:** La que lleva la sangre a los riñones. ANATOMÍA

artería Acción propia de la persona artera o astuta. s.f./= astucia

arterial Que tiene relación con las arterias: *me tomó la presión arterial.* adj. MEDICINA

arterioesclerosis Arteriosclerosis, patología. s.f./MEDICINA

arteriografía
1 Descripción de las arterias. s.f./ANATOMÍA
2 Radiografía de las arterias, después de la inyección de una sustancia opaca a los rayos X. MEDICINA

arteriola Arteria pequeña situada a continuación de las ramificaciones arteriales. s.f./ANATOMÍA tb: arteriola

arteriosclerosis Enfermedad involutiva del sistema arterial consistente en el endurecimiento de las paredes de las arterias. s.f./MEDICINA pl: arteriosclerosis tb: arterioesclerosis

arteriosclerótico, a
1 Que tiene relación con la arteriosclerosis: *los procesos arterioscleróticos suelen ir acompañados por la hipertensión.* adj./MEDICINA = arteriosclerósico
2 Que padece arteriosclerosis. adj./s./MEDICINA

arteritis Alteración inflamatoria o degenerativa de las arterias. s.f./pl: arteritis MEDICINA

artero, a Que es hábil o astuto. adj.

artesa
1 Recipiente hecho de madera, de forma cuadrada, semejante a un cajón con la base más estrecha que la boca, que se utiliza para amasar el pan y para otros usos. s.f. = duerna, masera
2 Cajón en el que se mezcla el mortero o el yeso. CONSTRUCCIÓN

artesanado
1 Grupo social constituido por los artesanos o conjunto de ellos. s.m. = artesanía
2 Artesanía u obra del artesano.

artesanal Que tiene relación con la artesanía o es propio del artesano. adj.

artesanía
1 Calidad de artesano. s.f.
2 Obra del artesano.
3 Conjunto de los trabajos ejecutados de manera manual, no en serie, y empleando el trabajador sus habilidades en cada pieza: *botas de artesanía.*

artesano, a (Del ital. *artigiano.*)
1 Que tiene relación con la artesanía. adj.
2 Persona que ejerce un arte u oficio manual. s.

artesiano, a (De *Artois,* región de Francia.) Se aplica al pozo en el que el agua sube a presión, aunque no llegue a alcanzar la superficie. adj. TECNOLOGÍA

artesilla Cajón de madera que recoge el agua que vierten los arcaduces o vasijas de las norias. s.f.

artesón
1 Artesa redonda o cuadrada usada para fregar. s.m.
2 Cada uno de los elementos poligonales y cóncavos que, dispuestos en serie, forman el artesonado de techos, arcos y bóvedas. ARQUITECTURA = casetón
3 Cubierta en forma de artesa invertida. ARQUITECTURA

artesonado, a
1 Que está adornado con artesones, elementos poligonales y cóncavos. adj. ARQUITECTURA
2 Techo adornado con molduras que forman compartimentos cóncavos de distintas figuras geométricas. s.m. ARQUITECTURA

artesonar Adornar un techo o una bóveda con artesones. v.tr. ARQUITECTURA

artético, a (Del lat. *arthriticus* < gr. *arthron,* articulación.)
1 Que tiene relación con los dolores en las articulaciones: *sufre de una dolencia artética.* adj. MEDICINA
2 Que padece dolores en las articulaciones. adj./s./MEDICINA

ártico, a (Del lat. *arcticus* < gr. *arktikos* < *arktos,* oso, polo norte.)
1 Se refiere al polo que se localiza en el hemisferio norte y que es opuesto al antártico. adj/s.m. GEOGRAFÍA
2 Que tiene relación con el polo norte o regiones circundantes. adj./GEOGRAFÍA = hiperbóreo

articulación (Del lat. *articulatio.*)
1 Unión de piezas de un utensilio o una máquina, o de dos partes de un organismo, que permite el movimiento relativo de ellas. s.f.
2 Zona de unión, móvil o fija, entre dos o más huesos. ANATOMÍA
3 Pronunciación clara y distinta de las palabras.
4 Disposición de los órganos de la voz en la pronunciación de cada uno de los sonidos de una lengua. LINGÜÍSTICA
5 Unión de dos partes distintas en una planta. BOTÁNICA
6 Nudo que tienen en algunas partes ciertas plantas como las gramíneas. BOTÁNICA
7 **articulación artificial:** Juego de los órganos orales que usan los sordomudos para hacerse entender con emisión o sin emisión de sonidos.

articulado, a
1 Que tiene articulaciones o está unido por ellas: *ha traído un muñeco articulado.* adj.
2 Que está enunciado o expresado con claridad.
3 Se aplica al invertebrado que pertenecía al antiguo tronco del reino animal que comprendía los anélidos y los artrópodos. adj/s.m. ZOOLOGÍA
4 Se refiere a los invertebrados que pertenecen al orden de los equinodermos que presentan la boca siempre abierta y los brazos móviles y articulados. ZOOLOGÍA
5 Conjunto de artículos de una ley o reglamento. s.m./DERECHO

articular (Del lat. *articulare,* juntar < *articulus,* juntura.)
1 De las articulaciones: *sufre reúma articular.* adj./ANATOMÍA
2 Enlazar, juntar las partes de un cuerpo, de un todo, de manera que tengan una determinada movilidad. v.tr/prnl.
3 Reunirse para formar un conjunto organizado que funciona como núcleo, centro o eje: *el barrio se articula alrededor del mercado.*
4 Pronunciar palabras distinguiendo perfectamente cada uno de los sonidos. v.tr.
5 Pronunciar los sonidos de una lengua colocando adecuadamente los órganos de fonación. LINGÜÍSTICA
6 Presentar medios de prueba o preguntas para los litigantes o los testigos. DERECHO
7 Distribuir una ley o un texto en artículos. DERECHO

articulatorio, a
1 De la articulación: *padece una grave enfermedad articulatoria desde hace años.* adj./MEDICINA = articular
2 Que tiene relación con la articulación de los sonidos del lenguaje: *estudia fonética articulatoria.* LINGÜÍSTICA

articulista Persona que escribe artículos para periódicos o publicaciones análogas. s.m.f.

artículo (Del lat. *articulus,* articulación, miembro.)
1 Escrito en que se trata o se expone un tema determinado, publicado en una revista o periódico: *ya han publicado tu artículo.* s.m.
2 Mercancía con que se comercia: *grandes rebajas en todos los artículos.*
3 Cada una de las disposiciones numeradas de una ley, tratado u otras reglamentaciones. DERECHO
4 Cada una de las divisiones de un diccionario encabezada con distinta palabra.
5 Cuestión incidental en un juicio. DERECHO
6 Cada una de las preguntas o apartados de un interrogatorio. DERECHO
7 Parte de la oración cuya función principal es indicar el género y el número del sustantivo al que precede y presentarlo como objeto ya consabido. GRAMÁTICA
8 Articulación de un hueso con otro, en especial la del nudillo. ANATOMÍA = artejo
9 **artículo adicional:** El que regula la implantación, alcance y vigencia de una ley. DERECHO
10 **artículo de fe:** Verdad indiscutible que se ha de creer como revelada por Dios, entre los católicos. TEOLOGÍA

11 artículo de fondo: Artículo que suele aparecer sin firma en periódicos o revistas y expresa la opinión de la dirección o de la publicación sobre temas de actualidad. `= editorial`

12 artículo de la muerte: Último tiempo de la vida, cercano a la muerte.

13 artículo de primera necesidad: Cualquiera de los que son absolutamente imprescindibles para vivir, como los alimentos y la ropa.

14 hacer el artículo a una cosa: Alabarla, encomiarla interesadamente. `coloquial`

artífice (Del lat. *artifex < ars, artis*, arte + *facere*, hacer.)
1 Persona que es causa de una cosa o que la produce: *¿quién es el artífice de este desastre?* `s.m.f.` `= autor`
2 Persona que realiza o practica alguna de las bellas artes. `ARTE` `= artista`
3 Persona que tiene habilidad para conseguir lo que desea.

artificial
1 Que ha sido hecho por el hombre: *prefiero las flores artificiales, no me dan alergia.* `adj.` `≠ natural`
2 Se refiere a la persona, acción, sentimiento que muestra artificio o poca naturalidad: *me molesta su artificial sonrisa.* `= fingido, simulado` `≠ sincero`

artificiero
1 Pirotécnico, especialista en preparar explosivos y fuegos de artificio. `s.m.`
2 Artillero encargado de preparar las armas de fuego, los explosivos. `MILITAR`
3 Especialista en la desactivación de artefactos explosivos: *los artificieros realizaron una explosión controlada.*

artificio (Del lat. *artificium < ars, artis*, arte + *facere*, hacer.)
1 Falta de naturalidad: *es un texto lleno de artificios.* `s.m.`
2 Máquina o aparato bastante grandes. `= artefacto`
3 Modo ingenioso de hacer o resolver una cosa.

artificiosidad
1 Actitud artificiosa, simulada o no espontánea. `s.f./= artificialidad`
2 Calidad y condición de lo que está hecho con arte o habilidad.

artificioso, a
1 Que no tiene naturalidad o espontaneidad. `adj.`
2 Que está hecho con arte o artificio. `= artístico`

artiga
1 Labor agrícola de artigar un terreno. `s.f./AGRICULTURA` `AGRICULTURA`
2 Tierra que ha sido artigada para mejorarla.

artigar Labrar un terreno no cultivado arrancando y quemando las hierbas y malezas, para después esparcir por él las cenizas. `v.tr.` `conj: pagar` `AGRICULTURA`

artillado Artillería de un barco o de un fuerte. `s.m./MILITAR`

artillar (Del fr. ant. *artiller*.)
1 Proporcionar artillería a un fuerte o a una nave. `v.tr./MILITAR`
2 Poner la artillería de una batería o nave en disposición de combate. `MILITAR`

artillería (Del fr. *artillerie < fr. ant. artillier*, preparar, equipar, probablemente del lat. vulgar *apticulare < aptare*, adaptar.)
1 Conjunto de todas las armas y aparatos de guerra de que dispone un ejército: *preparen la artillería antiaérea; utilizaremos artillería de montaña.* `s.f.` `MILITAR`
2 Cuerpo militar que se ocupa del manejo de la artillería: *las bombas aniquilaron nuestra artillería.* `MILITAR`
3 Técnica de la construcción, conservación y manejo de armas, máquinas y municiones de guerra. `MILITAR`
4 Conjunto de los medios que se ponen para resolver una situación complicada: *el equipo hizo uso de toda su artillería para romper la defensa.* `coloquial`
5 **asestar toda la artillería:** Hacer todo lo posible por conseguir algo. `coloquial`

artillero, a
1 De la artillería. `adj./MILITAR`
2 Militar que sirve en la artillería de un ejército o de una armada: *artillero de mar.* `s.m.` `MILITAR`
3 Persona que conoce o teoriza sobre la técnica de la construcción, conservación y manejo de armas, máquinas y municiones de guerra. `MILITAR`

artilugio (Compuesto culto de las voces latinas *ars*, arte + *lugere*, llorar.)
1 Mecanismo o artefacto, en especial mecánico. `s.m.`
2 Trampa, ardid: *usar artilugios para convencerle.*

artimaña (Probablemente del fr. *artimage*, magia < lat. *ars magica*.)
1 Artificio o astucia para engañar a alguien, o para otro fin: *¿qué artimaña estás tramando?* `s.f.` `coloquial`
2 Trampa para cazar animales. `CAZA`

artimón Vela que se usaba en las galeras. `s.m./NÁUTICA`

artina Fruto del arto o cambronera. `s.f./BOTÁNICA`

artiodáctilo, a Perteneciente a un orden de mamíferos ungulados que poseen un número par de dedos en cada pata. `adj./s.` `ZOOLOGÍA`

artista
1 Persona que practica o cultiva alguna de las bellas artes. `s.m.f.`
2 Persona que actúa profesionalmente en algún espectáculo, en especial cinematográfico, teatral o circense: *es un artista de cine.*
3 Persona que realiza alguna cosa con mucha perfección: *es un artista del balón.* `coloquial`
4 Artesano que ejerce un oficio manual.

artístico, a
1 Que tiene relación con el arte: *es el director artístico en una película de terror.* `adj.`
2 Que está hecho con arte o gracia: *ha realizado un remate artístico.*

arto
1 Diferentes plantas espinosas empleadas para formar setos que cercan y protegen fincas. `s.m.` `BOTÁNICA`
2 Cambronera, arbusto.
3 Arbusto ramnáceo espinoso, muy ramoso y de frutos negruzcos. *(Rhamnus saxatilis.)* `BOTÁNICA`

artolas (Voz vasca.) Asiento para dos personas que se coloca atravesado sobre la caballería. `s.f.pl.`

artr- Componente de palabra que significa articulación: *artralgia; artritis.* `pref.` `tb: artro-`

artralgia Dolor articular. `s.f./MEDICINA`

artrítico, a (Del lat. *arthriticus < gr. arthritikos*, referente a las articulaciones.)
1 Que tiene relación con la artritis o el artritismo. `adj./MEDICINA`
2 Que padece artritis o artritismo. `adj/s./MEDICINA`

artritis (Del lat. *arthritis*, gota < gr. *arthron*, articulación.) Inflamación de las articulaciones. `s.f./pl: artritis` `MEDICINA`

artritismo Propensión a padecer enfermedades como la gota, el reumatismo, el asma o la arteriosclerosis. `s.m.` `MEDICINA`

artrodesis Operación quirúrgica que consiste en bloquear una articulación. `s.f./pl: artrodesis` `MEDICINA`

artrografía Radiografía de una articulación. `s.f./ANATOMÍA`

artrología Estudio de las articulaciones. `s.f./ANATOMÍA`

artropatía Denominación genérica de las enfermedades de las articulaciones. `s.f.` `MEDICINA`

artroplastia Operación quirúrgica que tiene como objeto restablecer el movimiento de una articulación. `s.f.` `MEDICINA`

artrópodo, a (Del gr. *arthron*, articulación + *pus, podos*, pie.) Perteneciente a un tipo de animales invertebrados caracterizados por tener el esqueleto externo quitinoso, cuerpo dividido en anillos y miembros articulados, como los crustáceos o arácnidos. `adj./s.` `ZOOLOGÍA`

artrosis Enfermedad de las articulaciones, de carácter degenerativo y no inflamatorio, que suele producir deformaciones de las mismas. `s.f./pl: artrosis` `MEDICINA`

artúrico, a Perteneciente o referente al ciclo del legendario rey Artús. `adj./LITERATURA, MITOLOGÍA`

árula Ara, altar de pequeñas dimensiones. `s.f./HISTORIA`

arundíneo, a De las cañas. `adj./BOTÁNICA`

arúspice (Del lat. *haruspex*.) Sacerdote que practicaba la aruspicina, entre los antiguos romanos. `s.m.` `OCULTISMO`

aruspicina (Del lat. *haruspicina*.) Adivinación por medio del examen de las entrañas de los animales. `s.f.` `OCULTISMO`

arveja (Del lat. *ervilia < ervum*, yeros, planta.) Planta leguminosa de tallo trepador, cuyo fruto sirve de alimento a las aves. *(Vicia sativa.)* `s.f./BOTÁNICA` `= arveja, arvejina`

arvejal Terreno donde abundan las arvejas. `s.m./tb: arvejar`

arvejo Guisante, planta herbácea y fruto de la misma. `s.m./BOTÁNICA`

arvense (Del lat. *arvum*, campo cultivado.) Se refiere a la planta que crece en los sembrados. `adj./BOTÁNICA` `= arvícola`

arzobispado Dignidad, jurisdicción o palacio del arzobispo. `s.m.` `RELIGIÓN`

arzobispal Del arzobispo. `adj./RELIGIÓN`

arzobispo (Del lat. *archiepiscopus < gr. arkho*, ser el primero + *episkopos*, obispo.) Obispo que está al frente de una provincia eclesiástica. `s.m.` `RELIGIÓN`

arzolla
1 Planta compuesta anual, de flores rosadas. *(Centaurea seridis.)* `s.f./BOTÁNICA` `tb: arsolla`
2 Cardo lechar, planta espinosa. `BOTÁNICA`
3 Almendruco, almendra verde y dulce.

arzón (Del lat. vulgar *arcio < arcus*, arco.) Fuste de la silla de montar. `s.m./tb: barzón` `EQUITACIÓN`

as (Del lat. *as*, unidad monetaria romana.)
1 Carta de la baraja que lleva el número uno de cada palo. `s.m.` `JUEGOS`
2 Punto único de una de las caras del dado. `JUEGOS`
3 Persona que sobresale de manera notable en un deporte o profesión: *es un as de los negocios.*
4 Unidad monetaria romana de bronce, de un sistema duodecimal. `HISTORIA`

asa
I (Del lat. *ansa.*)
1 Parte arqueada y saliente de un objeto, que sirve — **s.f.** **= mango,** para cogerlo por ella: *si lo hubieras cogido por el asa no* **agarradero** *se te habría caído la taza.*
2 Motivo o causa alegada para hacer una cosa o para — **= asidero,** excusarse por haberla hecho. **pretexto**
II (Del persa *aze,* almáciga.) Jugo que fluye de diver- — **s.f.** sas plantas umbelíferas. **BOTÁNICA**
III (Acrónimo de *[A]merican [S]tandard [A]ssociation.)* — **s.f.** Denominación de la gradación de la sensibilidad de **FOTOGRAFÍA** las emulsiones fotográficas.

asacar
1 Crear o idear una cosa nueva. — **v.tr./conj: sacar**
2 Presentar una cosa como pretexto. **= fingir**
3 Achacar, echar la culpa de una falta o un delito a — **= imputar** una persona.

asadero, a
1 Que es adecuado para ser asado. — **adj.**
2 Lugar donde hace mucho calor. — **s.m.**
asado Carne asada. — **s.m./COCINA**
asador Instrumento o aparato usado para asar ali- — **s.m.** mentos. **COCINA**

asadura
1 Conjunto de las entrañas comestibles de un ani- — **s.f.** mal: *el hígado y los pulmones forman parte de las asadu- ras de un animal.*
2 Derecho que se pagaba por el paso de los ganados. — **HISTORIA**
3 Lentitud o tranquilidad excesiva en la manera de — **coloquial** actuar de una persona. **= pachorra**
4 **echar una persona las asaduras**: Trabajar mucho. — **coloquial**

asaetear
1 Lanzar, disparar saetas: *asaetearon al enemigo desde* — **v.tr./tb: asaetar,** *la torre del castillo.* **saetear**
2 Herir con saetas.
3 Molestar insistentemente a una persona: *le asaetea- ron toda la tarde con sus preguntas.*

asafétida (Del lat. *asa foetida < foetidus,* hediondo + — **s.f.** persa *aze,* almáciga.) Planta umbelífera, perenne, de **BOTÁNICA** flores amarillas y fruto seco en cápsula estrellada. *(Fe-* **tb: asa fétida** *rula assa foetida.)*

asainetado, a Se refiere a la obra teatral que tiene — **adj.** algunos rasgos del sainete. **TEATRO**
asainetear Hacer una cosa amena con un toque de — **v.tr.** humor.

asalariado, a
1 Se refiere a la persona que presta algún servicio a — **adj/s.** cambio de un salario.
2 Se refiere a la persona que, en ideas o en conducta, — **adj.** supedita su propio criterio al de la persona que le paga. **despectivo**
asalariar Fijar un salario a una persona. — **v.tr./tb: salariar**

asalmonado, a
1 Que se parece al salmón: *trucha asalmonada.* — **adj.**
2 De color o de tono salmón o rosa anaranjado.

asaltante Que asalta: *detuvieron a los asaltantes del pa-* — **adj/s.m.f.** *lacio presidencial.*

asaltar (Del bajo lat. *assilire,* atacar < *salire,* saltar.)
1 Atacar una fortaleza o una posición enemiga para — **v.tr.** penetrar en ella o para tomarla: *asaltaron el pueblo de* **MILITAR** *noche.*
2 Atracar, robar: *asaltaremos una caja de ahorros; me asaltaron en la esquina.*
3 Dirigirse una o varias personas a otra insistente o impetuosamente para hacerle preguntas, peticiones o fotografías: *le asaltaron los fotógrafos al salir del teatro.*
4 Aparecer súbitamente un sentimiento o una idea en una persona: *me asaltó un terrible pánico al entrar ahí.*

asalto (Del ital. *assalto < bajo lat. assilire,* atacar.)
1 Acción de asaltar: *el asalto al banco se frustró.* — **s.m.**
2 Cada una de las partes de que consta un combate — **DEPORTES** de boxeo: *ganó el último asalto.*
3 Variante del juego del tres en raya. — **JUEGOS**
4 Ataque que se realiza en esgrima consistente en — **DEPORTES** meter el pie derecho y la espada al mismo tiempo.
5 Combate simulado entre dos personas con arma blanca.

asamblea (Del fr. *assemblée < assembler,* juntar < lat. vulgar *assimulare < simul,* juntamente.)
1 Grupo de personas con un interés común, que se — **s.f.** reúnen para algún fin: *asamblea de accionistas; asam- blea de alumnos.*
2 Cuerpo político deliberante: *asamblea de diputados.* — **POLÍTICA**
3 **asamblea constituyente**: La convocada para redac- — **POLÍTICA** tar una constitución.
4 **asamblea legislativa**: La convocada para redactar y — **POLÍTICA** elaborar las leyes.
asambleísta Miembro de una asamblea convocada. — **s.m.f.**

asar (Del lat. *assare < assus,* asado, seco.)
1 Preparar un alimento mediante la acción directa del — **v.tr./COCINA** fuego o del calor de un horno o similar. **= rostir**

2 Causar continuas molestias a una persona con al- — **+ a** guna pretensión: *me asan a recomendaciones.* **= importunar**
3 Experimentar, sentir un calor excesivo: *a las dos de* — **v.prnl./coloquial** *la tarde se asaba uno.* **= achicharrarse**

asardinado, a Se aplica a la obra que está hecha con — **adj.** ladrillos puestos de canto. **CONSTRUCCIÓN**
asarero Endrino, ciruelo silvestre. — **s.m./BOTÁNICA**
asargado, a Se refiere al tejido que tiene finas estrías — **adj./TEXTIL** diagonales, como la sarga. **tb: sargado**
asarina Planta escrofulariácea perenne, que crece en- — **s.f.** tre las rocas. *(Antirrhinum asarina.)* **BOTÁNICA**
ásaro Planta herbácea de flores rojas por el interior y — **s.m.** verdes por el exterior. *(Asarum europaeum.)* **BOTÁNICA**
asativo, a Se aplica al cocimiento que se hace de una — **adj.** cosa en su propio jugo, sin ningún otro líquido o hu- medad añadidos.
asaz (Del occitano *assatz,* suficientemente < lat. vul- — **adv.** gar *ad satis < lat. satis,* suficientemente.) Bastante, **literario** mucho.
asbesto (Del gr. *asbestos,* inextinguible.) Sustancia mi- — **s.m.** neral fibrosa e inalterable al fuego. **MINERALOGÍA**
asbestosis Enfermedad respiratoria causada por la — **s.f./pl: asbestosis** inhalación de polvo de amianto. **MEDICINA**
asbolana Óxido de manganeso con una importante — **s.f./MINERALOGÍA** proporción de óxido de cobalto, de aspecto terroso y **= asbolita** color negro.
ascalonia (Del lat. *ascalonia cepa,* cebolla de Ascalón.) — **s.f.** Chalote, planta hortense. **BOTÁNICA**
ascáride (Del lat. *ascaris < gr. askaris.)* Lombriz pará- — **s.f.** sita del intestino delgado del hombre y del caballo. **ZOOLOGÍA** *(Ascaris.)*

ascendencia
1 Serie de antepasados de una persona: *mi ascenden-* — **s.f.** *cia paterna es de Perú.*
2 Influencia que ejerce una persona sobre otra: *tiene demasiada ascendencia sobre él.*
ascendente Que asciende: *línea ascendente.* — **adj/s.m.**
ascender (Del lat. *ascendere < scandere,* subir.)
1 Subir, elevarse: *vimos cómo el globo ascendía a gran* — **v.intr.** *velocidad.* **conj: tender/+ a**
2 Llegar a un cierto importe una cuenta, una canti- — **+ a** dad: *la factura asciende a mil pesetas.* **= importar**
3 Prosperar, pasar una persona a una categoría social — **v.intr/tr.** o laboral superior: *ascendió a director; le ascendieron en-* **+ a** *seguida.*

ascendiente
1 Que asciende. — **adj.**
2 Persona de la cual desciende otra. — **s.m.f.**
3 Influencia, predominio moral. — **s.m.**

ascensión (Del lat. *ascensio < ascendere,* subir.)
1 Subida a un lugar alto. — **s.f.**
2 Elevación a un cargo o dignidad suprema, como la del trono o del pontificado: *presenciamos la ceremonia de su ascensión al trono.*
3 Fiesta católica en que se conmemora la ascensión — **con mayúscula** de Cristo al cielo. **RELIGIÓN**
ascensional Se aplica al movimiento ascendente de — **adj.** un cuerpo por la fuerza que lo produce. **FÍSICA**
ascensionista Persona que asciende a puntos eleva- — **s.m.f.** dos de las montañas o en globo. **DEPORTES**

ascenso (Del lat. *ascensus,* subida.)
1 Subida, acción de ascender. — **s.m.**
2 Promoción a una categoría o posición superior: *el* — **≠ descenso** *ascenso a primera división fue muy celebrado.*
ascensor Aparato instalado en un edificio para subir — **s.m.** y bajar a sus distintas plantas.
ascensorista Persona encargada del funcionamiento — **s.m.f.** de un ascensor.
asceta (Del lat. *asceta < gr. asketes,* profesional, atleta — **s.m.f.** < *askeo,* ejercitar.) Persona que desdeña los placeres de la vida y renuncia a las cosas terrenas.
ascética Ascetismo, doctrina filosófica. — **s.f./FILOSOFÍA**

ascético, a
1 De los ascetas o la ascética: *no me convence la vida* — **adj.** *ascética.*
2 Se refiere a la persona que practica la ascética. — **FILOSOFÍA**
3 Muy austero o sobrio. **= espartano**
ascetismo Doctrina moral que propugna una vida — **s.m.** austera, la renuncia a las cosas terrenas y la lucha **FILOSOFÍA** contra los impulsos carnales. **= ascética**
ascii (Acrónimo de *[A]merican [s]tandard [c]ode for [i]n-* — **s.m.** *formation [i]nterchange.)* Código alfanumérico estándar **INFORMÁTICA** utilizado para representar las letras, los signos orto- gráficos, los números y todo lo que se pueda encon- trar en un texto escrito, que permite el intercambio de información de un ordenador a otro.

ascio, a (Del lat. *ascius* < gr. *askios* < *a*, privativo + *skia*, sombra.) Se refiere a la persona que vive en la zona tórrida, donde dos veces al año, a mediodía, cae verticalmente el sol y los cuerpos no proyectan sombra lateral, entre los antiguos geógrafos. — adj/s. GEOGRAFÍA

ascítico, a Que pertenece a la ascitis o la padece. — adj/s./MEDICINA

ascitis (Del gr. *askitis* < *askos*, odre.) Acumulación de líquido seroso en el peritoneo. — s.f./pl: ascitis MEDICINA

asclepiadáceo, a Perteneciente a una familia de plantas gamopétalas de flores hermafroditas y fruto compuesto por dos folículos. — adj/s.f. BOTÁNICA

asco
I (Probablemente del ant. *usgo* < *osgar*, odiar < lat. vulgar *osicare* < lat. *osus*, participio de *odi*, odiar.)
1 Sentimiento desagradable provocado por algo que repugna: *tiene una casa que da asco.* — s.m.
2 Cosa que repugna: *su actuación es un asco.* — = asquerosidad
3 Alteración del estómago ante algo que repugna: *en el primer mes de embarazo tuvo muchos ascos.*
4 **estar hecho un asco:** Estar muy sucio o muy desmejorado. — coloquial
5 **hacer ascos:** Despreciar una cosa sin motivo o con afectación. — coloquial
6 **no hacer ascos:** Aceptar algo de buena gana, no ser exigente, en especial con la comida. — coloquial
7 **ser un asco:** Ser de mala calidad, despreciable o indignante. — coloquial
II (Del gr. *askos*, odre.) Órgano de ciertos hongos donde se alojan las esporas. — s.m. MICOLOGÍA

ascomicete Perteneciente a una clase de hongos superiores con esporas en asco. — adj/s.m. MICOLOGÍA

ascua
1 Pedazo incandescente de cualquier materia combustible que arde sin llama. — s.f. = brasa
2 **ascua de oro:** Cosa que brilla y resplandece mucho. — coloquial
3 **arrimar uno el ascua a su sardina:** Aprovechar la ocasión en favor propio. — coloquial
4 **estar en ascuas:** Estar inquieto, impaciente o sobresaltado: *dímelo ya, porque no soporto estar en ascuas.*

asdic (Acrónimo de *[a]llied [s]ubmarine [d]etection [i]nvestigation [c]omittee*.) Aparato usado para detectar bancos de peces y barcos submarinos por ultrasonidos. — s.m. pl: asdics NÁUTICA, MILITAR

aseado, a Se refiere a la persona que se preocupa por su aseo personal o el de sus cosas. — adj. = limpio

asear (Del lat. vulgar *assedare*, poner las cosas en su sitio < lat. *sedes*, sitio.)
1 Poner una cosa limpia y ordenada. — v.tr.
2 Arreglarse una persona: *se aseó para salir con el novio.* — v.prnl.

asechanza Engaño o artificio para dañar a otro: *sus continuas asechanzas acabaron delatándole.* — s.f. = asecho

asechar (Del lat. *assectari*, perseguir < *ad*, a + *sequi*, seguir.) Poner trampas para atraer a una persona a una situación desfavorable. — = insidiar, trasechar

asedado, a Que es suave como la seda. — adj.

asedar Poner suave como la seda. — v.tr.

asediador, a Que asedia. — adj/s.

asediar
1 Rodear un lugar enemigo para incomunicarlo y conquistarlo. — v.tr. MILITAR
2 Molestar insistentemente a una persona con preguntas o peticiones: *los periodistas asediaban al cantante.*

asedio (Del lat. *obsidium* < *obsidere*, instalarse enfrente < *sedere*, estar sentado.)
1 Cerco, sitio o bloqueo: *el asedio duró varias semanas.* — s.m./MILITAR
2 Molestia, fastidio: *no soporta el asedio constante de los periodistas.*

aseguración Seguro, contrato. — s.f.

asegurado, a Que tiene un seguro: *el asegurado cobró la indemnización.* — adj/s.

asegurador, a
1 Que asegura. — adj.
2 Se refiere a la persona o empresa que asegura riesgos ajenos. — adj/s.

aseguramiento
1 Acción de asegurar. — s.m.
2 Salvoconducto o permiso que se concede para hacer una cosa. — = seguro

asegurar (Derivado de *seguro*.)
1 Dar firmeza y seguridad a una cosa: *aseguraron el balcón con un soporte de hierro.* — v.tr.
2 Afirmar una cosa con seguridad: *me aseguró que vendría por la mañana.* — = garantizar
3 Poner una cosa a cubierto de pérdida o accidente concertando un seguro sobre ella: *aseguré todas las joyas.* — DERECHO
4 Resguardar, defender o proteger: *asegurar el país de un ataque.*

5 Tener certeza, cerciorarse: *me aseguraré de los peligros que pudiera correr aquí.* — v.prnl. + de
6 Dar garantía con hipoteca o prenda del cumplimiento de una obligación. — v.tr. DERECHO

aseidad (Derivado del lat. *a se*, de por sí.) Existencia por sí mismo y en sí mismo, especialmente la de Dios. — s.f. TEOLOGÍA

aseladero Sitio en el que se colocan las gallinas para pasar la noche. — s.m. = aselador

asemejar (Derivado de *semejar*.)
1 Ser una persona o una cosa parecida a otra: *esta niña se asemeja a su padre.* — v.intr/prnl. = parecer
2 Hacer o representar una cosa como semejante a otra. — v.tr.

asendereado, a
1 Agobiado por trabajos o adversidades. — adj/coloquial
2 Que está obligado a realizar muchos trabajos. — coloquial
3 Que es práctico o experto. — coloquial

asenderear
1 Hacer o abrir senderos. — v.tr.
2 Perseguir o acosar a una persona haciéndole andar fugitiva por los senderos.

asengladura Singladura, distancia recorrida en veinticuatro horas por una nave. — s.f. NÁUTICA

asenso (Del lat. *assensus*.) Aprobación, conformidad: *después de retocar la propuesta les concedió su asenso.* — s.m. formal

asentada
1 Sentada de un grupo de personas con objeto de manifestar una protesta o apoyar una petición. — s.f.
2 Tiempo que permanece sentada una persona.
3 **de una asentada:** Sin interrupción, de una vez. — loc.adv.

asentaderas Nalgas, parte carnosa situada al final de la espalda, en el cuerpo humano. — s.f.pl. coloquial

asentadillas Se usa para indicar una manera de cabalgar cuando se llevan las piernas en el mismo lado, en la expresión **a asentadillas**. — loc.adv. EQUITACIÓN = a mujeriegas

asentado, a
1 Que se comporta con reflexión y sensatez. — adj./= juicioso
2 Que es estable o permanente: *posee un negocio mal asentado.*

asentador, a
1 Persona que cuida de que se asiente una cosa. — s.
2 Persona que contrata al por mayor artículos para venderlos al por menor. — COMERCIO = asentista
3 Herramienta semejante al formón, usada por el herrero para repasar su obra. — s.m. TECNOLOGÍA

asentadura Daño que pueden sufrir las caballerías en la parte inferior del casco por la presión de la herradura. — s.f. VETERINARIA

asentamiento
1 Acción y resultado de asentar o asentarse. — s.m.
2 Fase final del movimiento migratorio, en la cual los emigrados se establecen de manera permanente o se afincan en el lugar de nueva residencia. — SOCIOLOGÍA

asentar (Del lat. vulgar *adsedentare* < lat. *sedere*, estar sentado.)
1 Poner una cosa de modo que permanezca fija o firme: *ya han asentado la cerradura de la puerta.* — v.tr./conj: pensar = consolidar
2 Dar un golpe a una persona. — = asestar
3 Alisar, aplanar: *asentar la carretera.* — = allanar
4 Dar una cosa por supuesta. — = presuponer
5 Afirmar una cosa, darla por cierta. — = asentir
6 Establecer un acuerdo o un tratado. — = convenir
7 Poner una cosa por escrito para que conste, especialmente en un libro de contabilidad: *asentó las ganancias en el libro.* — ECONOMÍA = anotar
8 Poner al demandante en posesión de bienes del demandado. — DERECHO
9 Colocar las piezas de construcción, afirmándolas bien y situándolas debidamente. — CONSTRUCCIÓN
10 Sentarse en un lugar: *se asentó en la mejor silla del despacho.* — v.tr/prnl.
11 Ocupar un lugar, en señal de posesión de un empleo o un cargo: *Pedro se asentó en la embajada.*
12 Fundar, situar un edificio o un pueblo, establecerse en un lugar.
13 Sentar, adecuar una cosa a otra. — v.intr.
14 Posarse las aves. — v.prnl.
15 Depositarse las materias que están en suspensión en un líquido o posarse un sólido.
16 Herirse una caballería con el roce de la albarda o la silla. — EQUITACIÓN
17 Hacer una construcción asiento: *el puente ya se asentó.* — CONSTRUCCIÓN
18 Estar situado en un lugar: *el río se asentaba a lo largo del valle.*

asentimiento
1 Acción de asentir. — s.m.
2 Consentimiento, permiso para realizar una cosa.

asentir (Del lat. *assentire* < *sentire,* sentir.)
1 Mostrarse una persona conforme con una opinión *v.intr./conj: sentir*
o propuesta ajena. *+ a*
2 Afirmar con un gesto.

asentista Persona que compra mercancías al por ma- *s.m.f./COMERCIO*
yor y las vende al por menor a los comerciantes. *= asentador*

aseo
1 Cualidad de limpio o aseado: *lavarse la cara forma* *s.m.*
parte del aseo diario de una persona.
2 Cuarto de baño, lugar donde se efectúa el aseo personal.

asépalo, a (De *a,* privativo + *sépalo.*) Se aplica a la *adj.*
flor que no tiene sépalos. *BOTÁNICA*

asepsia (De *a,* privativo + gr. *sepsis,* putrefacción.)
1 Ausencia de microorganismos patógenos. *s.f./MEDICINA*
2 Frialdad y desapasionamiento. *coloquial*

aséptico, a
1 Que tiene relación con la asepsia, que está esterili- *adj.*
zado: *el médico usa guantes asépticos en las intervencio-* *MEDICINA*
nes quirúrgicas. *= desinfectante*
2 Frío, desapasionado: *pronunció un discurso tan asépti-*
co que me dormí.

asequible (Derivado del lat. *asequi,* alcanzar.)
1 Que puede ser alcanzado o conseguido: *se encuentra* *adj.*
en un lugar asequible.
2 Que se puede comprender: *escribió un artículo ase-*
quible para profanos.
3 Se refiere a la persona que es fácil de tratar. *= accesible*

aserción (Del lat. *assertio.*) Acción o resultado de afir- *s.f.*
mar o dar por cierta una cosa. *= aserto*

aserenar Serenar, calmar el ánimo. *v.tr/prnl.*

aseriarse Ponerse serio. *v.prnl.*

asermonado, a Se refiere al discurso o texto que tie- *adj.*
ne características de sermón.

aserradero Taller o sitio donde se sierra la madera. *s.m./= serrería*

aserradizo, a
1 Que es apto para ser serrado. *adj.*
2 Se aplica a la madera que ha sido serrada para reducirla al tamaño conveniente.

aserrado, a
1 Se refiere a la hoja que tiene el borde en forma de *adj.*
dientes, como una sierra. *BOTÁNICA*
2 Acción de serrar. *s.m.*

aserrador, a
1 Que sierra. *adj.*
2 Persona que se dedica a serrar madera. *s.m./th: serrador*
3 Lugar donde se sierra la madera. *s.f./= serrería*

aserradura
1 Corte hecho con una sierra. *s.f.*
2 Conjunto de partículas desprendidas de la madera *s.f.pl.*
al serrarla. *= serrín*

aserrar Serrar, cortar con sierra: *el leñador aserró todos* *v.tr.*
los árboles quemados. *conj: pensar*

aserrería Lugar donde se sierra la madera. *s.f./th: serrería*

aserrín Serrín, conjunto de virutas. *s.m.*

aserruchar Cortar con el serrucho. *v.tr./Amér.*

asertivo, a Se refiere al enunciado que expresa la *adj.*
afirmación o certeza de algo: *proposición asertiva; ora-* *LINGÜÍSTICA*
ción asertiva. *= aseverativo*

aserto (Del lat. *assertum* < *asserere,* afirmar.) Afirma- *s.m.*
ción de la certeza de una cosa. *= aserción*

asertor, a Persona que da por cierta una cosa. *s.*

asertórico, a Se refiere a la proposición o juicio cuya *adj./LÓGICA*
negación o afirmación es verdadera. *≠ apodíctico*

asertorio Asertórico, que admite como cierta la afir- *adj.*
mación o negación. *LÓGICA*

asesar Adquirir sensatez. *v.tr/intr.*

asesinar
1 Matar a una persona con alevosía o premeditación *v.tr.*
de modo que constituya delito: *los secuestradores ase-* *DERECHO*
sinaron a todos los rehenes.
2 Causar un gran disgusto o aflicción. *coloquial*

asesinato
1 Acción y efecto de asesinar. *s.m.*
2 Delito que consiste en matar con premeditación y *DERECHO*
alevosía.

asesino, a (Del ár. *hassasi,* bebedor de hachís.)
1 Que asesina: *el arma asesina fue un puñal.* *adj.*
2 Persona que asesina a otra u otras. *s.*

asesor, a (Del lat. *assessor* < *assidere,* estar sentado al
lado < *sedere,* estar sentado.)
1 Que asesora o aconseja. *adj/s.*
2 Se refiere al abogado que aconseja a un juez. *DERECHO/= letrado*
3 **asesor de imagen:** Persona que tiene una profesión aconsejar sobre el aspecto físico y la manera de
comportarse, en especial de las personas que desempeñan una actividad pública, como los políticos, los
actores.

4 **asesora del hogar:** Empleada del hogar. *Chile*

asesoramiento Acción y resultado de dar consejos o *s.m.*
dejarse aconsejar: *pidió el asesoramiento de un abogado*
criminalista.

asesorar
1 Dar consejos: *el abogado asesora a sus clientes.* *v.tr.*
2 Tomar consejo, en especial de un asesor: *se asesoró* *v.prnl.*
con un gestor sobre la compra de acciones.

asesoría
1 Oficio de asesor. *s.f.*
2 Honorarios y oficina del asesor.
3 **asesoría laboral:** Entidad o empresa que se dedica
a asesorar sobre actividades laborales, como contratos y declaraciones de hacienda.

asestar (Probablemente del ant. *siesto,* sitio natural de
una cosa < lat. *sextus,* la sexta zona o parte central de
la diana.)
1 Dar un golpe o lanzar un proyectil contra una per- *v.tr.*
sona: *le asestó una bofetada por impertinente.* *= propinar*
2 Dirigir un arma hacia el objeto que se quiere alcan- *MILITAR*
zar con ella: *asestan los cañones hacia el enemigo.*
3 Poner un aparato telescópico de modo que la ima- *ÓPTICA*
gen del objeto que se observa se perciba o se recoja
con precisión en la pantalla.

aseveración
1 Acción y efecto de aseverar: *sus aseveraciones acalla-* *s.f./formal*
ron la polémica. *= afirmación*
2 Modalidad de una oración en que se enuncia una *LINGÜÍSTICA*
verdad o se declara un hecho.

aseverar (Del lat. *asseverare,* hablar seriamente.) Afir- *v.tr.*
mar con seguridad lo que se dice.

aseverativo, a
1 Que asevera o afirma. *adj.*
2 Se refiere al enunciado o frase que expresa afirma- *LINGÜÍSTICA*
tiva o negativamente un hecho o enuncia una ver- *= enunciativo*
dad.

asexuado, a Que no tiene sexo. *adj.*

asexual
1 Que no tiene el sexo diferenciado. *adj./= ambiguo*
2 Se refiere a la reproducción que se verifica sin in- *BIOLOGÍA*
tervención de células reproductoras o gametos.

asfalita (Del gr. *asphales,* inquebrantable.) Quinta *s.f.*
vértebra lumbar. *ANATOMÍA*

asfaltado
1 Operación de asfaltar: *el asfaltado de la carretera se* *s.m.*
realizará por la mañana. *CONSTRUCCIÓN*
2 Pavimento hecho con asfalto. *CONSTRUCCIÓN*

asfaltar Cubrir una calle o una carretera con asfalto. *v.tr./CONSTRUCCIÓN*

asfáltico, a De asfalto o que contiene asfalto. *adj.*

asfalto (Del lat. *asphaltus* < gr. *asphaltos.*)
1 Sustancia bituminosa de color negro y textura *s.m.*
compacta.
2 Roca calcárea bituminosa que se usa para pavimen- *MINERALOGÍA*
tar calzadas y aceras.

asfixia (Del gr. *asphyxia,* detención del pulso, asfixia
< *sphyzo,* palpitar.)
1 Detención o interrupción de la respiración causada *s.f.*
por la falta de actividad orgánica de los pulmones. *MEDICINA*
2 Sensación de agobio producida por un calor excesivo o por el enrarecimiento del aire.

asfixiado, a
1 Se refiere a la persona que está escasa de dinero: *es* *adj.*
tan derrochador que a final de mes va asfixiado. *coloquial*
2 Que está muy cansado o agobiado. *coloquial*

asfixiante Que asfixia: *no soporto el calor asfixiante del* *adj.*
mes de agosto.

asfixiar Causar asfixia, ahogarse: *se asfixió a causa de* *v.tr/prnl.*
un escape de gas.

asfódelo (Del lat. *asphodelus* < gr. *asphodelos.*) Ga- *s.m.*
món, planta herbácea. *BOTÁNICA*

así (Del ant. *sí* < lat. *sic.*)
1 De esta manera, de la misma manera: *cuando la vi* *adv.*
así me asusté de verdad.
2 Indica extrañeza o admiración: *¿cómo pudo desam-*
pararme así?
3 De este tipo, de esta clase: *con gente así no se puede*
hablar.
4 Indica concesión: *no confesará la verdad así lo mueles* *conj.conces.*
a palos. *= aunque*
5 En consecuencia: *no quiso ir a la fiesta y así volvió a* *+ y, que,*
casa. *pues*
6 Indica comparación: *dejar entrar a todos, así a los que* *+ como*
traen invitación como a los que no.
7 **¡así!:** Expresa deseo: *así te arrepientas.* *interj./= ojalá*
8 **así de:** Expresión que pondera la cualidad: *no me* *loc.adv.*
gusta que seas así de descarado.
9 **así así:** Regular, medianamente, no muy bien.

10 así como así: Sin reflexión, frívolamente, a la ligera: *no voy a permitir así como así que entre en mi dormitorio un chico.* = de buenas a primeras, como si tal cosa

11 así o asá: De una manera u otra: *esto tiene que hacerse de todas maneras, no me importa que lo hagas así o asá.* = así que asá, así o así

12 así que: 1. Tan pronto como, al punto, luego de: *así que den las doce entraré en la iglesia.* 2. Por consiguiente, de ahí que: *hacía un día maravilloso, así que decidí bajar a la playa.* loc.conj. = así como loc.conj. = así pues

asialia (De *a*, privativo + gr. *sialon*, saliva.) Falta o disminución de la secreción salivar. s.f. MEDICINA

asiático, a
1 De Asia. adj.
2 Persona originaria de Asia. s.

asibilar Hacer sibilante el sonido o la pronunciación de una letra. v.tr. LINGÜÍSTICA

asidero
1 Parte saliente de un objeto, que sirve para sostenerlo, asirlo o agarrarse a él. s.m. = asa
2 Motivo o causa alegada para hacer una cosa o para excusarse por haberla hecho. = pretexto

asiduidad Circunstancia de asistir a un lugar o realizar cierta actividad con frecuencia o constancia. s.f.

asiduo, a (Del lat. *assiduus* < *assidere*, estar sentado junto a [algo o alguien].) Que asiste a un lugar o realiza cierta actividad con frecuencia: *es un asiduo del club, viene cada día.* adj./s. = frecuente, habitual

asiento
1 Mueble o lugar para sentarse: *pongan sus asientos en posición vertical, vamos a aterrizar.* s.m.
2 Localidad que una persona tiene reservada u ocupa en un recinto: *no voy al fútbol, te dejo mi asiento.*
3 Ubicación de un pueblo o edificio: *han encontrado cerámica prerromana en el antiguo asiento del poblado.* = emplazamiento
4 Pieza fija en la que se apoya otra: *la columna se apoya en un asiento de mármol.* = base
5 Conjunto de partículas sólidas depositadas en el fondo de un recipiente que contiene un líquido en el que aquéllas estaban en suspensión. = poso, sedimento
6 Permanencia o estabilidad.
7 Sensatez y buen juicio. = cordura
8 Acción y efecto de asentar un material en obra. CONSTRUCCIÓN
9 Descenso de un edificio, debido a la presión que los materiales ejercen unos sobre otros. CONSTRUCCIÓN
10 Contrato u obligación para atender a las necesidades de una institución. DERECHO
11 Anotación en un registro o libro de contabilidad. ECONOMÍA
12 Malestar producido por una dificultosa digestión de los alimentos. MEDICINA = indigestión
13 Perla con un lado achatado y otro redondo. s.m.pl.
14 **asiento de pastor:** Planta leguminosa de ramas muy espinosas y flores azules que crece en laderas y terrenos pedregosos. *(Calicotome spinosa.)* BOTÁNICA = erizo, erizón
15 **no calentar el asiento:** Permanecer poco en un mismo lugar. coloquial
16 **pegársele el asiento:** Permanecer mucho tiempo en un mismo lugar o cargo. coloquial
17 **tomar uno asiento:** Sentarse una persona.
18 **tomar o hacer asiento:** Establecerse en un pueblo o lugar.

asignación
1 Acción de asignar. s.f.
2 Precio o pago señalado como sueldo u otro concepto: *daba a sus hijos una asignación de mil pesetas.* = salario, remuneración

asignar (Del lat. *assignare*.)
1 Señalar, determinar o fijar lo que corresponde a una persona: *me asignaron un horario muy desequilibrado.* v.tr.
2 Destinar o nombrar a una persona para que ocupe un puesto o desempeñe una función: *le han asignado la embajada de México.*

asignatura
1 Materia o disciplina que se enseña en un centro docente o que forma parte de un plan académico de estudios: *la literatura es mi asignatura favorita.* s.f.
2 **asignatura pendiente:** 1. Materia que el alumno todavía no ha conseguido aprobar, y de la que deberá examinarse, aun habiendo pasado a un curso superior. 2. Aquello que siempre se ha deseado hacer, pero no se ha realizado.

asilado, a
1 Persona que vive o es acogida en un asilo. s.m.
2 **asilado político:** Individuo que recibe asilo y protección oficial en otro país, por razones políticas. POLÍTICA

asilar
1 Dar asilo a una persona. v.tr./= acoger
2 Ingresar en un asilo. = internar
3 Tomar asilo en un lugar. v.prnl.

asilo
I (Del lat. *asylum* < gr. *asylon*, lugar inviolable < *sylao*, saquear.)
1 Institución benéfica para personas desvalidas. s.m.

2 Refugio para delincuentes y perseguidos.
3 Amparo o protección que se ofrece a una persona. coloquial
4 **asilo político:** Protección que un país ofrece a refugiados políticos huidos de otro país. POLÍTICA
II (Del lat. *asilus*, tábano.) Insecto díptero de la familia de los braquíceros. *(Asilus.)* s.m. ZOOLOGÍA

asilvestrado, a
1 Se aplica a la planta silvestre que procede de otra cultivada. adj. BOTÁNICA
2 Se refiere al animal doméstico que se vuelve salvaje. ZOOLOGÍA

asimetría Falta de simetría. s.f./≠ disimetría

asimétrico, a Que no tiene simetría. adj./≠ simétrico

asimiento
1 Acción de asir. s.m./formal
2 Estado del que siente apego o afecto hacia unas determinadas personas o cosas. coloquial

asimilable
1 Que puede asimilarse: *alimento asimilable.* adj./= digerible
2 Que puede comprenderse: *decisión asimilable.* = comprensible

asimilación
1 Acción y efecto de asimilar o asimilarse. s.f./≠ disimilación
2 Transformación de las sustancias extrañas que absorbe un ser vivo en materia propia. BIOLOGÍA
3 Integración de una minoría a un grupo social mayor.

asimilar (Del lat. *assimilare* < *similis*, semejante.)
1 Asemejar dos o más cosas entre sí, comparar: *los salarios de diferentes empleos se asimilan.* v.tr/prnl. ≠ diferenciarse
2 Aprender una cosa comprendiéndola: *he asimilado todos los conceptos básicos.* v.tr. = comprender
3 Equiparar, considerar a una persona igual a otras para ciertos efectos: *asimilan el personal de administración al de dirección.*
4 Cambiar un sonido por influencia de otro que se encuentra en la misma palabra aproximándolo a su punto de articulación. v.tr/prnl. LINGÜÍSTICA
5 Unir un organismo a su propia sustancia otras sustancias extrañas. v.tr. BIOLOGÍA

asimilista
1 Perteneciente a la asimilación. adj./s.m.f.
2 Se aplica a la doctrina política que pretende la integración de las minorías al grupo social dominante. adj. POLÍTICA

asimismo
1 De la misma manera, igualmente. adv./= así mismo
2 También: *yo puedo entender, asimismo, que te preocupes por mí.* = así mismo

asincrónico, a Que carece de sincronía. adj./≠ sincrónico

asincronismo Falta de sincronismo. s.m./≠ sincronismo

asíncrono, a
1 Que no tiene sincronismo. adj.
2 Se aplica a la modalidad de transmisión de datos en la que cada carácter llega precedido por un bit inicial y seguido de un bit final. adj/s.f. INFORMÁTICA

asindético, a Se aplica al periodo o cláusula que no tiene conjunciones. adj. LINGÜÍSTICA

asíndeton (Del lat. *asyndeton* < gr. *asyndeton*, desatado < *syndeo*, atar.) Figura de construcción que consiste en la supresión de las conjunciones entre palabras, sintagmas u oraciones para agilizar o intensificar el significado de un texto. s.m. pl.tb: asíndeton LINGÜÍSTICA ≠ polisíndeton

asinergia Falta de coordinación de los músculos que intervienen en un movimiento. s.f. MEDICINA

asinino, a Que se refiere al asno. adj./culto

asintomático, a Que no presenta síntomas clínicos: *durante el período asintomático se negó a tomar la medicación.* adj. MEDICINA

asíntota (Del gr. *asymptotos*, que no coincide < *sympipto*, coincidir.) Línea recta que es tangente a una curva en un punto del infinito. s.f. MATEMÁTICAS

asir (Derivado de *asa*.)
1 Coger una cosa con la mano: *asir las maletas.* v.tr./= agarrar
2 Cogerse o sujetarse a una cosa: *se asía al mástil durante la tormenta.* v.prnl.
3 Usar una situación como pretexto para hacer lo que se desea: *es capaz de asirse a un clavo ardiendo si necesita dinero.* = pretextar
CONJ.: IND.: PRES.: asgo, ases, ase, asimos, asís, asen. SUBJ.: PRES.: asga, asgas, asga, asgamos, asgáis, asgan. IMP.: ase, asga, asgamos, asid, asgan.

asirio, a (Del lat. *assyrius*.)
1 De Asiria o de su lengua. adj.
2 Persona natural de esta región e imperio situado en el Tigris medio, en la antigua Asia. s. HISTORIA
3 Lengua semítica, variante dialectal del antiguo acadio. s.m. LINGÜÍSTICA

asiriología Ciencia que trata de la escritura, lengua e historia de las civilizaciones del Oriente medio. s.f. HISTORIA

asiriólogo, a Persona dedicada a la asiriología. s./HISTORIA

asísmico, a Se aplica al lugar o área en el que no se producen movimientos sísmicos. — adj. GEOLOGÍA

asistencia
1 Presencia en un lugar: *la asistencia a clase es obligatoria.* — s.f.
2 Auxilio o ayuda prestados a una persona: *la asistencia a los heridos fue muy rápida.*
3 Conjunto de personas presentes en un acto: *tuvo una asistencia poco numerosa.* — = auditorio
4 Pase del baloncesto realizado a un jugador que, sin botar el balón, encesta: *el jugador aportó treinta y cinco puntos y doce asistencias.* — DEPORTES
5 Conjunto de los mozos de plaza. — TAUROMAQUIA
6 Medios que se facilitan a una persona para que se mantenga. — s.f.pl.
7 **asistencia médica:** Cuidados médicos prestados a un enfermo. — MEDICINA
8 **asistencia social:** Organismos y conjunto de medios que mantienen o crean el bienestar social. — = trabajo social
9 **asistencia técnica:** Conjunto de servicios técnicos ofrecidos a un automovilista en carretera y a los propietarios de ciertos aparatos, como televisores, lavadoras y otros.

asistencial De la asistencia. — adj.

asistenta
1 Mujer que realiza las tareas domésticas de una casa, por horas y con remuneración. — s.f. = criada
2 Monja que asiste, ayuda y suple a la superiora.
3 **asistenta social:** Profesional de la asistencia social. — = trabajadora social

asistente
1 Se aplica a la persona que asiste a otra u otras. — adj.
2 Que está presente en un lugar.
3 Soldado destinado al servicio personal de un oficial. — s.m. MILITAR
4 **asistente social:** Profesional de la asistencia social. — = trabajador social

asistido, a
1 Que se hace con ayuda de medios mecánicos: *respiración asistida.* — adj.
2 Que está provisto de un mecanismo o dispositivo que amplía, reparte o regula el esfuerzo realizado por el usuario, gracias a un aporte exterior de energía: *dirección asistida.* — MECÁNICA
3 **asistido por ordenador:** Se aplica a las actividades en las que el ordenador aporta una ayuda: *diseño asistido por ordenador.* — INFORMÁTICA

asistir (Del lat. *assistere*, pararse junto a [un lugar].)
1 Ayudar o auxiliar a alguien. — v.tr./= socorrer
2 Acompañar a una persona en un acto público.
3 Proporcionar determinados servicios a una persona.
4 Cuidar, atender médicamente a un enfermo: *le asiste el mejor especialista en afecciones pulmonares.*
5 Estar o hallarse presente en un lugar: *asistió a la presentación del libro.* — v.intr.
6 Acudir con frecuencia a una casa o una reunión: *asiste regularmente a nuestras asambleas.*
7 Servir interinamente a una persona. — v.tr/intr.
8 Estar de parte de una persona el derecho o la razón. — v.tr.

asistolia Grave insuficiencia cardíaca que impide realizar una sístole completa. — s.f./MEDICINA = asistolismo

asistólico, a Que tiene relación con la asistolia. — adj./MEDICINA

askenazí Se aplica a los judíos originarios de las regiones europeas centrales, orientales y septentrionales. — adj/s.m.f. pl.tb: askenazíes tb: askenazi

asma (Del lat. *asthma* < gr. *asthma*, jadeo, asma < ao, resollar.) Enfermedad que se manifiesta con una respiración dificultosa con acompañamiento de tos y ronquidos silbantes. — s.f. MEDICINA = ahogo, asfixia

asmático, a
1 Que tiene relación con el asma. — adj.
2 Persona que padece asma. — s.f. = disneico

asnacho
1 Planta herbácea papilinácea de flores amarillas y fruto en vaina. *(Ononis arvensis.)* — s.f. BOTÁNICA
2 Gatuña, planta leguminosa. — tb: arnacho

asnada Tontería, acción o palabras faltas de inteligencia, de sentido o de seriedad. — s.f. coloquial

asnado Madero o conjunto de maderos que aseguran los costados de la galería de una mina. — s.m. MINERÍA

asnal
1 Del asno. — adj.
2 Se aplica a la persona, acción o lenguaje que es bestial o brutal. — coloquial

asnallo Gatuña, planta leguminosa. — s.m./BOTÁNICA

asnas Costaneras, maderos que cargan sobre la viga principal. — s.f.pl. ARQUITECTURA

asnear Obrar o hablar neciamente. — v.intr.

asnería
1 Manada de asnos. — s.f./coloquial
2 Acción o palabras faltas de inteligencia, de sentido o de seriedad. — coloquial = tontería

asnilla
1 Soporte formado por un madero horizontal apoyado en dos horquillas formadas cada una por otros dos. — s.f. = caballete
2 Refuerzo con que se apuntala una construcción que amenaza ruina, formado por un madero horizontal sostenido por dos derechos. — CONSTRUCCIÓN

asnillo (Diminutivo de *asno*.) Insecto coleóptero carnívoro, de abdomen eréctil que termina en dos tubos que expelen un líquido volátil y oloroso. *(Ocypus olens.)* — s.m. ZOOLOGÍA

asnino, a Del asno. — adj./coloquial

asno, a (Del lat. *asinus*.)
1 Mamífero équido perisodáctilo doméstico, parecido al caballo, que se emplea como animal de carga. *(Equus asinus.)* — s. ZOOLOGÍA = burro
2 Persona tosca, brusca y de corto entendimiento. — adj/s./coloquial

asobinarse (Del lat. *ad*, a + *supinare*, poner boca arriba.)
1 Quedarse un animal tendido de modo que no pueda levantarse por sí mismo. — v.prnl.
2 Quedar una persona con el cuerpo encogido, al caer.

asocarronado, a Que tiene el aspecto o los modales propios de un socarrón: *este chico tiene ademanes asocarronados.* — adj.

asociable Que se puede asociar a otra cosa: *su teoría del cambio social es asociable a su concepto de ser humano.* — adj.

asociación
1 Acción y efecto de asociar o asociarse. — s.f.
2 Conjunto de individuos unidos para un mismo fin y entidad constituida por éstos: *la asociación ecologista defiende las ballenas.* — = agrupación, sociedad
3 Figura que consiste en decir de la mayoría lo que sólo es aplicable a varios o a uno solo, con el fin de atenuar el elogio o la censura. — RETÓRICA
4 **asociación de ideas:** Proceso sicológico o mental, a través del cual unas ideas o imágenes evocan o suscitan otras del mismo tipo. — SICOLOGÍA

asociacionismo (Del ingl. *associationism*.)
1 Movimiento social que promueve la creación de asociaciones cívicas, políticas o culturales. — s.m. SOCIOLOGÍA
2 Sistema que explica las operaciones intelectuales y los procesos del pensamiento mediante la asociación de ideas. — FILOSOFÍA, SICOLOGÍA

asociacionista Que profesa el asociacionismo o es partidario de él. — adj/s.m.f.

asociado, a
1 Se aplica a la persona que acompaña a otra en una comisión o encargo: *mi asociado explicará los detalles.* — adj/s.
2 Persona que pertenece a una asociación o compañía: *los asociados al canal de televisión podrán ver el partido en directo.* — s. DERECHO = socio

asocial Que rehúye la integración social. — adj./SOCIOLOGÍA

asociar (Del lat. *associare* < *socius*, compañero.)
1 Relacionar una cosa con otra: *asocio este recuerdo a tu llegada a mi casa.* — v.tr. + a, con
2 Unirse dos o más personas para un fin: *se asociaron para abrir un gimnasio.* — v.prnl.

asociatividad
1 Calidad de asociativo. — s.f.
2 Propiedad de la suma y el producto por la cual no se altera el resultado, aunque se sustituyan los factores por el valor de la operación parcial efectuada con ellos. — MATEMÁTICAS

asociativo, a
1 Que asocia o puede asociar. — adj.
2 Que funciona en sociedad.
3 Que posee la propiedad de la asociatividad. — MATEMÁTICAS

asolación Destrucción de un lugar. — s.f.

asolador, a Que asola o destruye. — adj.

asolar
I (Del lat. *assolare*, devastar, derribar.) Destruir o arrasar completamente: *asolaron el campamento enemigo.* — v.tr. conj: *contar*
II (Derivado de *sol*.) Estropear o secar, el calor, las plantas o los frutos del campo. — v.tr/prnl. = agostar

asoleada Insolación, exposición excesiva al sol. — s.f./Amér.

asolear
1 Tener una cosa expuesta al sol durante un espacio de tiempo. — v.tr. tb: solear
2 Acalorarse o broncearse al tomar el sol: *se asoleó en las playas de la Costa Brava.* — v.prnl.
3 Contraer asoleo los animales. — VETERINARIA

asoleo
1 Acción y efecto de asolear o asolearse. — s.m.
2 Enfermedad animal caracterizada por sofocación y violentas palpitaciones. — VETERINARIA

asomada
1 Aparición o manifestación de algo o alguien por poco tiempo: *hice una asomada al balcón.* — s.f.
2 Sitio desde el que se puede contemplar una vista panorámica. — = mirador

asomar (Del ant. *somo* < lat. *summus*, el más alto.)
1 Empezar a aparecer: *los billetes asomaban por el bolsillo.* — v.intr.
2 Sacar, mostrarse algo por una abertura: *se asomó a la ventana.* — v.tr/prnl.

asombrar
1 Causar admiración o sorpresa: *se asombró de su nuevo aspecto.* — v.tr/prnl. = admirar
2 Provocar espanto o miedo: *el cazador asombró al conejo con sus disparos.* — = espantar
3 Hacer sombra a algo o a alguien. — v.tr.
4 Hacer más oscuro un color mezclándolo con otro. — ARTE

asombro
1 Acción y efecto de asombrar o asombrarse. — s.m./= estupefacción
2 Persona o cosa que asombra.
3 **no salir del asombro**: Indica que, a pesar de la evidencia, uno no termina de creerse o de admitir un suceso determinado. — coloquial

asombroso, a Que causa asombro, admiración o sorpresa: *el salto que dio sobre la barra fue asombroso.* — adj.

asomo (Derivado del ant. *somo* < lat. *summus*, el más alto.)
1 Acción y efecto de asomar o asomarse. — s.m.
2 Señal o indicio que manifiesta la existencia de alguna cosa: *lo creyó sin asomo de malicia.* — = atisbo
3 Sospecha, suposición.
4 **ni por asomo**: De ningún modo o manera. — loc.adv.

asonancia
1 Correspondencia de un sonido con otro. — s.f.
2 Rima que consiste en la coincidencia de sonidos entre las últimas sílabas de dos palabras, cuando son iguales las vocales, pero distintas las consonantes. — POESÍA
3 Relación de una cosa con otra: *sus actos están en asonancia con sus palabras.*
4 Tendencia a usar de forma inoportuna y adrede voces asonantes. — RETÓRICA

asonantar
1 Ser una palabra asonante de otra: *la primera palabra de la frase asonanta con la tercera.* — v.intr./LITERATURA, POESÍA/+ con
2 Usar incorrectamente el recurso de la asonancia. — RETÓRICA
3 Emplear una palabra como asonante de otra en la rima. — v.tr. POESÍA

asonante Se refiere a la rima, voz o verso que tiene asonancia con otros. — adj./LITERATURA, POESÍA

asonar Establecer correspondencia entre un sonido y otro u otros. — v.intr. conj: contar

asorocharse Padecer soroche o angustia por falta de oxígeno. — v.prnl. Amér. Merid.

aspa (Del gótico *haspa*, especie de devanadera.)
1 Figura de X que forman dos piezas. — s.f.
2 Armazón en forma de X, de los molinos de viento, donde se colocan las telas en que hace presión el viento.
3 Cada uno de los brazos del armazón, en los molinos de viento.
4 Cualquier representación o signo en forma de X.
5 Utensilio para aspar el hilo. — = aspadera MINERALOGÍA
6 Cruce de dos vetas de mineral.

aspadera Aspa, utensilio para aspar el hilo. — s.f.

aspado, a
1 Que tiene forma de aspa. — adj.
2 Se aplica al penitente que iba en las procesiones con los brazos extendidos y atados por detrás a una barra, madero o a otra cosa. — adj/s. RELIGIÓN
3 Que está incómodo o no se mueve con facilidad por llevar un vestido estrecho. — adj. coloquial

aspador, a
1 Que aspa. — adj/s.
2 Aspadera, utensilio para aspar el hilo. — s.m/= aspa

aspálato (Del gr. *aspalathos*.)
1 Denominación que se da a diversos arbustos papilionáceos. — s.m. BOTÁNICA
2 Denominación que reciben diversas maderas olorosas.

aspar
1 Poner el hilo alrededor del aspa para formar una madeja. — v.tr.
2 Clavar a una persona en un aspa como tortura.
3 Hacer sufrir o molestar a una persona: *le aspaba continuamente.* — coloquial = mortificar
4 Mostrar una persona dolor o enfado con gritos y contorsiones: *se aspaba con motivo.* — v.prnl.
5 **¡que me aspen si...!**: Exclamación utilizada para asegurar una cosa.

aspaventar Causar miedo, atemorizar: *con ese aspecto aspavienta a cualquiera.* — v.tr. conj: pensar

aspaviento (Del ant. *espaviento* < ital. *spavento*, espanto.) Demostración exagerada, con gestos o palabras, de una impresión o sentimiento. — s.m.

aspecto (Del lat. *aspectus*, presencia.)
1 Modo de presentarse o de mostrarse una persona o una cosa: *fíjate qué aspecto más saludable tiene hoy.* — s.m. = apariencia
2 Parte o sección en que se divide o se organiza una cosa: *el aspecto social de la obra es censurable.*
3 Propiedad de los verbos de presentarse como acciones acabadas, puntuales, iterativas o durativas: *aspecto perfectivo; aspecto resultativo.* — LINGÜÍSTICA
4 Orientación de un edificio. — ARQUITECTURA
5 Situación de dos astros con relación a las casas celestes que ocupan. — ASTRONOMÍA
6 **a o al primer aspecto**: A primera vista, sin fijarse. — loc.adv.

asperear Tener sabor áspero. — v.intr.

aspereza
1 Calidad de áspero. — s.f.
2 Desigualdad que hace escabroso un terreno.
3 Falta de suavidad en el trato. — = severidad
4 **limar asperezas**: Suavizar y superar dificultades, opiniones opuestas en un asunto. — coloquial

aspergear Asperjar, rociar. — v.tr.

asperges (Voz latina.)
1 Momento del rito católico en que el sacerdote rocía con agua bendita a los fieles. — s.m./pl: asperges RELIGIÓN
2 Hisopo o aspersorio para rociar. — coloquial

asperjar (Del lat. *aspergere*.)
1 Rociar, regar. — v.tr.
2 Esparcir agua con el hisopo. — = hisopear

aspermia
1 Falta de secreción o secreción deficiente de esperma. — s.f./MEDICINA = aspermatismo
2 Carencia de semillas. — BOTÁNICA

áspero, a (Del lat. *asper*.)
1 Que tiene una superficie desigual y resulta poco suave al tacto: *es una ropa áspera.* — adj. = rasposo
2 Que es desagradable al gusto o al oído: *este manjar es áspero al paladar.* — = acre + a
3 Se aplica al terreno que es abrupto o escabroso. — = desigual
4 Que es adusto y poco afable: *es un hombre áspero con la gente; tiene un carácter áspero.*
5 Se refiere al tiempo que es desapacible o tempestuoso. — = inclemente
6 Se aplica al humor o al estilo que es desagradable y agresivo.
7 Se refiere al combate o a la disputa que es cruel o duro: *presenciaron una áspera batalla.*
8 Se aplica al sonido vocal que es sordo o que debe aspirarse. — LINGÜÍSTICA

asperón Arenisca de cemento silíceo o arcilloso, usada, por lo general, en construcción o para las piedras de amolar. — s.m. CONSTRUCCIÓN = piedra afiladera

aspersión
1 Acción de asperjar, rociar o esparcir. — s.f.
2 Acción de asperjar con agua bendita en una ceremonia religiosa, en la liturgia católica. — RELIGIÓN

aspersor Mecanismo que se usa para esparcir un líquido a presión, como el agua bendita para el riego: *usa el aspersor para regar el césped.* — s.m. = aspersorio

aspersorio
1 Instrumento con que se rocía o asperja un líquido. — s.m.
2 Hisopo, instrumento para rociar agua bendita. — = asperges

áspid (Del lat. *aspis* < gr. *aspis*.) Reptil ofidio del género de las víboras que se distingue por su hocico dirigido hacia arriba y la cabeza ancha y triangular. — s.m. ZOOLOGÍA tb: áspide

aspidistra Planta liliácea, de hojas lisas y verdinegras, cultivada como planta ornamental. — s.f. BOTÁNICA

aspillera (Del cat. *espitllera*, tragaluz, aspillera, probablemente del lat. *specularia*, vidriera de una ventana.) Abertura larga, estrecha y de forma rectangular en murallas, paredes y mamparas para disparar a través de ella. — s.f. CONSTRUCCIÓN, MILITAR

aspiración
1 Introducción de aire en los pulmones: *tiene una aspiración entrecortada.* — s.f. = respiración
2 Anhelo o deseo de alguna cosa: *su aspiración era llegar el primero.* — = pretensión
3 Pronunciación aspirada de un sonido que se efectúa en algunas hablas meridionales de España. — LINGÜÍSTICA
4 Espacio menor de la pausa, que permite respirar. — MÚSICA

aspirador, a
1 Que aspira. — adj.
2 Aparato doméstico que sirve para aspirar el polvo y la suciedad. — s.m.f.

aspirante
1 Que aspira. — adj.
2 Persona que ha obtenido derecho o que pretende un empleo, un cargo público o un título: *es un aspirante a la copa europea.* — s.m.f. = pretendiente

aspirar (Del lat. *aspirare.*)
1 Tomar los seres vivos el aire exterior. — v.tr.
2 Absorber una máquina gases, líquidos o la suciedad del exterior.
3 Desear una cosa: *aspira a lograr ese premio.* — + a
4 Pronunciar un sonido con aspiración: *aspira la h como los ingleses.* — LINGÜÍSTICA

aspirina (Marca registrada.) Medicamento compuesto de ácido acetilsalicílico que se emplea como analgésico y antipirético. — s.f. FARMACIA

asqueado, a
1 Que siente asco. — adj.
2 **estar asqueado**: Sentir fastidio o aburrimiento: *está asqueado de su trabajo.* — = aburrido

asquear
1 Sentir o mostrar asco: *su actitud prepotente me asquea.* — v.tr/intr.
2 Sentir fastidio o aburrimiento: *me asquean las fiestas con mucha gente.* — = fastidiar

asquerosidad Suciedad, cosa que causa asco. — s.f.

asqueroso, a
1 Que causa asco por estar muy sucio: *el suelo de la sala quedó asqueroso después de la fiesta.* — adj.
2 Que es repelente o soez: *es un asqueroso que disfruta escandalizándonos.* — despectivo = grosero
3 Que es propenso a sentir asco por cualquier cosa: *no la lleves a ese antro, con lo asquerosa que se le dará un patatús.*

assamés Lengua indoaria, de la familia indoeuropea, hablada en el estado hindú de Assam. — s.m. LINGÜÍSTICA

asta (Del lat. *hasta,* palo de lanza, pica.)
1 Palo de la lanza u otra arma semejante. — s.f./MILITAR
2 Lanza o pica.
3 Palo de la bandera.
4 Apéndice óseo que tienen algunos mamíferos en la cabeza y que les sirve para defenderse. — ZOOLOGÍA = cuerno
5 Pieza del enramado de una embarcación que va desde la cuadra a proa y a popa. — NÁUTICA
6 Mango de la brocha o del pincel.
7 **a media asta**: Estar a medio izar una bandera, en señal de luto. — loc.adv.
8 **dejar a una persona en las astas del toro**: Abandonarla en algún peligro. — coloquial

astado, a Se refiere al animal que tiene astas o cuernos. — adj/s.m. ZOOLOGÍA

astamenta Conjunto de cuernos de un animal: *tiene una astamenta de ciervo colgada en el despacho.* — s.f. = cornamenta

astasia (De *a,* privativo + gr. *stasis,* parada.) Trastorno en la coordinación de los movimientos que impide mantenerse de pie. — s.f. MEDICINA

astato (Del gr. *astatos,* inestable.) Elemento químico radiactivo. — s.m. QUÍMICA

asteísmo Figura retórica que consiste en decir una alabanza con apariencia de censura. — s.m. RETÓRICA

astenia (Del gr. *astheneia,* debilidad.) Debilidad o falta de fuerza. — s.f. MEDICINA

asténico, a
1 De la astenia: *debilidad asténica.* — adj./MEDICINA
2 Que padece astenia. — adj/s./MEDICINA
3 Se aplica a uno de los biotipos fundamentales formado por las personas muy altas y delgadas. — adj/s.m. = leptosómico

astenosfera Capa de la parte superior del manto terrestre, sobre la que descansa la litosfera. — s.f. GEOLOGÍA

aster (Del lat. *aster* < gr. *aster,* estrella.) Género de plantas compuestas, generalmente perennes y de hojas alternas. — s.m. BOTÁNICA sólo en sing.

asterisco (Del gr. *asteriskos* < *aster,* estrella.) Signo ortográfico usado como llamada a notas u otros usos convencionales que se representa como una estrella volada (*). — s.m.

asterismo Cada una de las figuras arbitrarias que supuestamente forman las estrellas. — s.m. ASTRONOMÍA

asteroide (Del gr. *asteroeides* < *aster,* estrella + *eidos,* forma.)
1 Que tiene forma de estrella. — adj.
2 Cada uno de los pequeños planetas del sistema solar cuyas órbitas se encuentran entre las de Marte y Júpiter. — s.m. ASTRONOMÍA = planetoide

astifino, a Se refiere al toro que tiene los cuernos delgados y finos. — adj/s.m. TAUROMAQUIA

astigmático, a
1 Que padece astigmatismo. — adj/s./MEDICINA
2 Se aplica a la lente que tiene astigmatismo. — adj./ÓPTICA

astigmatismo (De *a,* privativo + gr. *stigma,* punto, pinta.)
1 Alteración de la vista producida por una desigualdad en la curvatura del cristalino que origina la deformación de las imágenes. — s.m. MEDICINA
2 Defecto de una lente que produce imágenes deformadas. — ÓPTICA

astigmómetro Instrumento que se usa para medir el grado de astigmatismo. — s.m. ÓPTICA

astil (Del lat. *hastile.*)
1 Mango de las herramientas. — s.m.
2 Palo o varilla de la saeta.
3 Barra horizontal de cuyos extremos cuelgan los platillos de la balanza.
4 Parte de la pluma de ave de la que salen las bárbas. — ZOOLOGÍA

astilla (Del bajo lat. *astella,* diminutivo de *astula* < lat. *assula.*)
1 Trozo o fragmento que se desprende de una pieza o un objeto de madera que se parte o se rompe. — s.f.
2 Fragmento que salta o queda del pedernal u otros minerales.
3 Soborno a un funcionario. — s.f.pl./jerga

astillar Hacer una cosa astillas. — v.tr/prnl.

astillero
1 Instalación, establecimiento donde se construyen y reparan barcos. — s.m. NÁUTICA
2 Lugar donde se almacenan o guardan maderos.
3 Percha donde se colocan las picas y lanzas.

astilloso, a
1 Que se astilla con facilidad. — adj.
2 Se aplica al mineral que forma astillas al romperse. — MINERALOGÍA

astracán (Del fr. *astracan* < *Astrakhan,* Astraján, ciudad rusa.)
1 Piel de cordero nonato o recién nacido, fina y con el pelo rizado. — s.m.
2 Tela gruesa de lana o de pelo de cabra que forma rizos por una de sus caras. — TEXTIL

astracanada Obra de teatro cómica, llena de situaciones y chistes disparatados. — s.f. TEATRO

astrágalo (Del lat. *astragalus* < gr. *astragalos,* vértebra.)
1 Tragacanto, planta arbustiva o herbácea. — s.m./BOTÁNICA
2 Moldura en forma de anillo que rodea la columna por debajo del capitel. — ARQUITECTURA
3 Hueso del tarso que se articula con la tibia y el peroné. — MEDICINA = taba

astral Que tiene relación con los astros. — adj./ASTRONOMÍA

astrancia Planta umbelífera herbácea con inflorescencia en umbelas. (*Astrantia.*) — s.f. BOTÁNICA

astreñir Astringir, constreñir. — v.tr./conj: ceñir

astrífero, a Que está cubierto de estrellas: *nos conocimos en una noche astrífera.* — adj. = estrellado

astringencia Capacidad para producir estreñimiento. — s.f.

astringente (Probablemente del participio del lat. *adstringere,* estrechar.)
1 Se aplica a la sustancia que astringe o estriñe: *el arroz es astringente.* — adj/s.m. FARMACIA
2 Que tiene la propiedad de astringir los tejidos orgánicos, en especial aquella sustancia que produce sensación de sequedad y amargor en la lengua y paladar.

astringir (Del lat. *adstringere,* estrechar.)
1 Causar alguna sustancia la contracción de un tejido orgánico. — v.tr./conj: surgir MEDICINA
2 Obligar a una persona a hacer una cosa o a mantenerse dentro de unos límites. — = restriñir

astro (Del lat. *astrum* < gr. *astron.*)
1 Cualquier cuerpo celeste que está en el espacio: *el sol, las estrellas, los planetas y los cometas son astros.* — s.m. ASTRONOMÍA
2 Persona sobresaliente: *es un astro del cine.* — = estrella

astro- Componente de palabra que significa astro: *astrofísica, astronomía.* — pref.

astrobiología Ciencia que estudia la posible existencia de vida en otros planetas distintos a la Tierra. — s.f. BIOLOGÍA

astrocito Célula del sistema nervioso central de forma estrellada. — s.m. ANATOMÍA

astrodinámica Parte de la dinámica que estudia el movimiento de los astros y de los cuerpos celestes en general. — s.f. ASTRONOMÍA

astrofísica Ciencia que aplica los métodos de la física al estudio de la naturaleza, la formación y la evolución de los astros y del universo en general. — s.f. ASTRONOMÍA

astrofísico, a
1 Que tiene relación con la astrofísica. — adj./ASTRONOMÍA
2 Persona especialista en astrofísica. — s./ASTRONOMÍA

astrolabio Instrumento antiguo que se usaba para medir la altura de las estrellas sobre el horizonte. — s.m. ASTRONOMÍA

astrología (Del gr. *astrologia.*) Ciencia cultivada con el propósito de estudiar cómo influye la posición de los astros en los seres humanos y de pronosticar el futuro mediante su análisis. — s.f. OCULTISMO

astrológico, a Que tiene relación con la astrología o con los astros: *la predicción astrológica dice que triunfarás en la vida.* — adj. OCULTISMO

astrólogo, a (Del lat. *astrologus* < gr. *astrologos,* astrónomo.) Persona dedicada al estudio de la astrología. — s. OCULTISMO

astrometría Estudio de la posición y el movimiento de los astros. — s.f. ASTRONOMÍA

astronauta Persona que tripula una nave espacial: *los astronautas se entrenan duramente para aclimatarse a las condiciones del espacio exterior.* — s.m.f. / ASTRONÁUTICA / = cosmonauta

astronáutica Ciencia y técnica que estudia y desarrolla la navegación espacial. — s.f.

astronáutico, a Que tiene relación con la astronáutica. — adj. / = cosmonáutico

astronave Vehículo apto para viajar más allá de la atmósfera terrestre: *la astronave dispone de un sistema autónomo de propulsión.* — s.f. / ASTRONÁUTICA

astronomía (Del lat. *astronomia* < gr. *astronomía*.) Ciencia que estudia los astros, especialmente su estructura, sus movimientos, su evolución y sus posiciones relativas. — s.f. / ASTRONOMÍA

astronómico, a 1 Que tiene relación con la astronomía. 2 Se aplica a la cantidad, precio que es muy grande o elevado: *en Navidad, el pescado se vende a precios astronómicos.* — adj./ASTRONOMÍA / = desorbitado

astrónomo, a Persona dedicada al estudio de los astros. — s. / ASTRONOMÍA

astroso, a 1 Se refiere a la persona que es desastrada o no se asea: *tu novio es un golfo astroso.* 2 Se aplica a la persona que es vil o despreciable. — adj./= andrajoso / ≠ aseado

astucia (Del lat. *astutia*.) 1 Calidad de astuto. 2 Procedimiento hábil y engañoso para conseguir una cosa: *sus astucias son conocidas por todos.* — s.f. / = ardid / ≠ candidez

astur 1 De una antigua región de la península Ibérica, la actual Asturias. 2 Persona natural de Asturias. — adj/s.m.f. / HISTORIA / s.m.f./= asturiano

asturiano, a 1 De Asturias o del bable, dialecto hablado en esta región. 2 Persona natural de Asturias. 3 Variante del dialecto romance asturleonés. — adj. / s. / s.m./LINGÜÍSTICA

asturleonés, a 1 De Asturias y León o su dialecto. 2 Variante lingüística romance del antiguo reino de Asturias y León, que hoy subsiste en el bable. — adj. / s.m. / LINGÜÍSTICA

astuto, a (Del lat. *astutus* < *astus*, astucia.) Que tiene habilidad e ingenio para engañar, para evitar que le engañen, o para conseguir cualquier propósito. — adj. / = sagaz, pícaro / ≠ cándido

asueto (Del bajo lat. *festum assuetum*, fiesta acostumbrada < lat. *assuetus*, participio de *assuescere*, acostumbrar.) Vacación o descanso breve: *dieron un día de asueto a los estudiantes.* — s.m. / sólo en sing.

asumir (Del lat. *assumere*.) Tomar una cosa para sí, aceptar una responsabilidad, un cargo, un honor o un trabajo: *asumió toda la culpa.* — v.tr. / ≠ rechazar

asunceno, a 1 De Asunción, capital de Paraguay. 2 Persona natural de esta ciudad. — adj./tb: asunceño / s.

asunción (Del lat. *assumptio*.) 1 Acción y efecto de asumir. 2 Suposición o hipótesis. 3 Según la tradición cristiana y el dogma católico, elevación de la Virgen María al cielo. — s.f. / TEOLOGÍA

asuncionista 1 Se refiere al religioso que pertenece a la congregación agustina de la Asunción. 2 Perteneciente a esta congregación. — adj/s.m. / RELIGIÓN / adj./RELIGIÓN

asuntillo 1 Aventura amorosa, plan: *tiene un asuntillo con el profesor de química.* 2 Pequeño negocio, en general no muy legal: *tiene un asuntillo entre manos con los visados.* — s.m. / coloquial / coloquial

asunto (Del lat. *assumptus*, tomado.) 1 Materia de la que se trata: *el asunto es que no te quiero ver más.* 2 Negocio u ocupación habitualmente de carácter lucrativo: *anda metido en un asunto de compraventa de coches.* 3 Lío amoroso: *tiene un asunto con su secretario.* 4 Argumento de una obra literaria o tema que sirve de fundamento a una composición musical. 5 Aquello que se representa en una composición pictórica o escultórica. — s.m. / = caso / coloquial / = tema / = tema

asurar 1 Quemar un guisado o alimento por falta de agua o humedad: *el arroz se asuró.* 2 Molestar a una persona con exceso: *lo asuraron con sus preguntas.* 3 Estropear el calor excesivo los sembrados: *en verano los sembrados se asuraron.* 4 Experimentar un calor excesivo. — v.tr/prnl. / = socarrar / = agobiar / AGRICULTURA / = achicharrarse / v.prnl./= asarse

asurcar Surcar, hacer surcos en la tierra. — v.tr/conj: sacar

asustadizo, a Que se asusta o espanta fácilmente. — adj.

asustar 1 Dar o provocar miedo: *los monstruos asustan a los niños.* 2 Hacer que una persona se escandalice: *se asustó al ver a un drogadicto inconsciente en medio de la acera.* — v.tr/prnl. / = sobresaltar / = escandalizar

atabal (Del ár. *at-tabl*.) 1 Timbal semiesférico de un solo parche o piel. 2 Instrumento musical de origen árabe, compuesto de dos timbales de tamaño diferente, tocados con dos baquetas. 3 Persona que toca estos instrumentos. — s.m/MÚSICA / MÚSICA / = atabalero

atabalear 1 Producir el caballo al galopar un sonido parecido al de los atabales. 2 Imitar una persona el sonido de los atabales dando golpes con los dedos sobre algo. — v.intr. / EQUITACIÓN

atabalero, a Persona que toca el atabal. — s./= atabal

atabanado, a Se refiere a la caballería que tiene el pelo oscuro y pintas blancas. — adj.

atabardillado, a Que muestra los síntomas del tabardillo. — adj. / MEDICINA

atabe (Del ár. *al-taqb*, agujero.) Abertura que se hace en una cañería para que salga el aire. — s.m. / CONSTRUCCIÓN

atabladera Tabla que arrastran las caballerías para allanar un terreno sembrado. — s.f. / AGRICULTURA

atablar Aplanar o allanar un terreno sembrado con la atabladera. — v.tr. / AGRICULTURA

atacadera Barra para colocar y asegurar la carga de los barrenos. — s.f. / MINERÍA

atacador, a Que ataca o acomete. — adj/s.

atacamita Mineral de cobre de color verde esmeralda. — s.f. / MINERALOGÍA

atacante 1 Que ataca. 2 Jugador que ataca: *los atacantes juegan en posiciones más avanzadas.* — adj/s.m.f. / s.m.f/DEPORTES / ≠ defensor

atacar (Del ital. *attaccare*, pegar, clavar, acometer.) 1 Arremeter, embestir con ímpetu, combatir: *los soldados atacaron al enemigo por sorpresa.* 2 Impugnar, refutar: *atacaron todas sus pruebas.* 3 Empezar un estado físico o moral a producir su efecto en una persona: *la fiebre me atacó de madrugada.* 4 Empezar la ejecución de una pieza musical. 5 Producir súbitamente un sonido para que destaque sobre los demás. 6 Ejercer una sustancia una acción sobre otra transformándola. 7 Hablar a una persona con ingenio o insistencia para conseguir una cosa de ella: *si necesito dinero atacaré a mi padre.* 8 Introducir y apretar el taco en un arma de fuego, una mina o un barreno. — v.tr. / conj: sacar / MÚSICA / QUÍMICA / MILITAR

atacir 1 División de la bóveda celeste en doce partes iguales o casas por medio de meridianos. 2 Instrumento en el que está representada la división de la bóveda celeste en doce partes. — s.m./ASTRONOMÍA / sólo en sing. / ASTRONOMÍA

atadero 1 Objeto que sirve para atar: *una cuerda puede servir de atadero.* 2 Parte por donde se ata algo. — s.m. / = atadijo

atadijo 1 Paquete pequeño y mal hecho. 2 Atadero, objeto que sirve para atar varias cosas. — s.m/coloquial

atado 1 Conjunto de cosas ligadas con una cuerda: *llegó con un atado de ropa.* 2 Cajetilla de cigarros. — s.m. / Amér. Merid.

atador, a 1 Que ata. 2 Persona que ata los haces o gavillas. 3 Máquina para atar gavillas. — adj/s. / s./AGRICULTURA / s.f./AGRICULTURA

atadura 1 Acción de atar: *haz una atadura en la cuerda para que no se suelte.* 2 Cosa atada o con que se ata. 3 Enlace entre personas: *no me une ninguna atadura a mi ex marido.* 4 Obstáculo para que se realice una cosa: *no opuso ninguna atadura.* — s.f. / ≠ desatadura / = ligadura / = unión / = impedimento, traba

atafagar 1 Sofocar o ahogar a consecuencia de un olor intenso: *al entrar en el restaurante me atafagó.* 2 Molestar inoportuna e insistentemente: *le atafagó con sus preguntas durante toda la clase.* 3 Tener una persona mucho trabajo. — v.tr/prnl. / conj: pagar / v.tr. / coloquial / v.prnl.

ataguía Presa provisional para impedir el paso del agua en un cauce, mientras se realiza una obra hidráulica. — s.f. CONSTRUCCIÓN = dique

ataharre (Del ár. *al-tafar*.) Correa de cuero que sostiene la silla y rodea los ijares y ancas del caballo. — s.m. EQUITACIÓN

ataifor Mesa redonda y pequeña usada por los musulmanes. — s.m.

ataire (Del ár. *al-da'ira*, circuito.) Moldura en las escuadras y tableros de puertas y ventanas. — s.m. ARQUITECTURA

atajadero Obstáculo que se coloca en una acequia para desviar el agua. — s.m.

atajar
1 Ir por un atajo: *atajamos por un desvío para llegar antes.* — v.intr.
2 Salir al encuentro: *atajó a los excursionistas en el camino.* — v.tr.
3 Parar o detener el curso de un proceso: *no pudieron atajar el fuego hasta entrada la noche.* — = impedir
4 Interrumpir la conversación de una persona: *tiene la fea costumbre de atajarme cuando hablo.*
5 Señalar la parte que debe ser omitida en un escrito.
6 Dividir un rebaño en atajos o porciones.
7 Dividir una habitación con un tabique, un biombo o un cancel. — CONSTRUCCIÓN
8 Turbarse o cortarse de miedo, vergüenza o admiración: *los invitados se atajaron al ver su belleza.* — v.prnl.

atajo
1 Camino o paso más corto para llegar a un sitio: *cogeremos un atajo para evitar la caravana de la autopista.* — s.m.
2 Procedimiento rápido para llevar a cabo una cosa.
3 Grupo de personas caracterizadas de forma despectiva: *tus amigos son un atajo de granujas.* — coloquial
4 Pequeño grupo de cabezas de ganado.
5 Acción de atajar un escrito.
6 Separación que se hace en alguna cosa.
7 Movimiento táctico realizado en esgrima que consiste en herir al adversario esquivando la defensa. — DEPORTES
8 echar por el atajo: Abreviar en la solución de una dificultad. — coloquial
9 poner el atajo: Apoyar la espada contra la del rival, en esgrima. — DEPORTES
10 salir al atajo: Interrumpir a una persona cuando habla. — coloquial

atalaje
1 Atelaje, caballerías que tiran de un carruaje. — s.m.
2 Conjunto de bienes u objetos de una persona. — coloquial/= ajuar

atalaya (Del ár. *al-talayi'*, centinelas.)
1 Torre construida en un lugar alto para vigilar. — s.f.
2 Lugar elevado desde donde puede verse mucho terreno: *desde la atalaya se divisaba todo el pueblo.*
3 Situación privilegiada para opinar sobre una cosa.

atalayador, a Persona que atisba o procura averiguar lo que sucede. — s. coloquial

atalayar
1 Examinar, vigilar el terreno o el mar desde una atalaya o un lugar alto. — v.tr. = otear
2 Observar lo que sucede desde una posición adecuada: *atalayaba todos sus movimientos silenciosamente.* — = espiar

ataludar Inclinar el paramento de un muro o un terreno. — v.tr. th: ataluzar

atalvina Masa hecha con leche de almendras. — s.f./tb: talvina

atamán (Del alem. *Hauptmann*, jefe.) Título del general o caudillo de los cosacos. — s.m. HISTORIA

atanasia Carácter de letra de catorce puntos, en las imprentas. — s.f. ARTES GRÁFICAS

atañer (Del lat. *attangere*, llegar a tocar.) Concernir, incumbir, tener una cosa interés para una persona: *la paz mundial nos atañe a todos.* — v.intr. defective conj: tañer = afectar
2 por lo que atañe a: Expresión que se utiliza para hacer referencia a algo. — loc.prep. = en cuanto a

ataque
1 Ofensiva contra el enemigo para conseguir un objetivo o destruirlo: *el ataque les cogió desprevenidos.* — s.m. MILITAR
2 Manifestación repentina de una enfermedad: *sufre un ataque de gota.*
3 Impugnación, crítica hecha con actos o palabras.
4 Ofensiva de los jugadores de un equipo deportivo contra el adversario: *golearon al equipo contrario gracias al ataque creativo.* — DEPORTES

ataquizar (Del ár. *al-takatar*.) Cubrir una rama de la vid con tierra sin cortarla del tronco principal para que arraigue. — v.tr. conj: cazar AGRICULTURA

atar (Del lat. *aptare*, adaptar, sujetar < *aptus*, sujetado.)
1 Sujetar una cosa con ligaduras o nudos: *ata bien los paquetes o caerán; la ató para que no escapase.* — v.tr.
2 Poner dos o más cosas juntas o en relación: *si atamos estos dos aspectos se entenderá más fácilmente el tema.* — = conciliar
3 Ocupar o sujetar a una persona: *se ha atado excesivamente a la pintura.* — v.tr./prnl.
4 Crearse una persona dificultades que le quitan libertad de acción: *se ata ante cualquier problema.* — v.prnl.
5 no atar ni desatar: 1. No encontrar solución para nada de lo que está pendiente: *contratamos a un detective que no ata ni desata.* 2. Hablar sin sentido. — v.tr. coloquial

atarantado, a
1 Que está picado de la tarántula. — adj./coloquial
2 Que es inquieto y bullicioso. — coloquial
3 Que está aturdido o espantado. — coloquial

atarantar (Del ital. *attarantare*, morder [la tarántula] causando trastornos nerviosos.) Causar aturdimiento a una persona: *se atarantó al recibir la noticia.* — v.tr/prnl. = aturdir

ataraxia Tranquilidad y entereza del ánimo no perturbada por ningún deseo ni miedo. — s.f./FILOSOFÍA = imperturbabilidad

atarazana (Del ár. *dar-as-sana'*, casa de la fabricación.)
1 Astillero, instalaciones donde se construyen y reparan buques y embarcaciones. — s.f. NÁUTICA
2 Cobertizo o taller donde se hacen cuerdas o telas de estopa o cáñamo.

atarazar Partir con los dientes una cosa, morder. — v.tr./conj: cazar

atardecer (Derivado de *tardar*.)
1 Última hora de la tarde, cuando empieza a debilitarse la luz solar. — s.m.
2 Empezar a ponerse el sol: *ya atardecía cuando llegamos al refugio.* — v.impers. conj: carecer

atarear
1 Imponer una tarea. — v.tr.
2 Dedicarse a un trabajo o a una ocupación. — v.prnl.

atarjea (Probablemente del ár. *al-tayriya*, acción de cubrir con ladrillos.)
1 Construcción de ladrillo que protege las cañerías, tajea: *la rotura destrozó la atarjea.* — s.f. CONSTRUCCIÓN
2 Conducto de desagüe de las aguas residuales de una casa hasta el sumidero. — = alcantarilla

atarquinar Llenarse un lugar del lodo o tarquín que dejan las aguas estancadas. — v.tr/prnl.

atarraga Olivarda, planta herbácea. — s.f./BOTÁNICA

atarraya (Del ár. *al-tarraha*, red arrojadiza.) Red redonda que se usa para pescar en lugares de poca profundidad. — s.f. PESCA = esparavel

atarugar
1 Sujetar un ensamblado con tarugos o clavijas: *el carpintero atarugó las tablas del piso.* — v.tr./conj: pagar CARPINTERÍA
2 Tapar un orificio con un tarugo.
3 Llenar una cosa apretando mucho su contenido: *atarugó el cojín de espuma hasta que reventó.* — coloquial = atestar
4 Causar una cosa aturdimiento o turbación a una persona: *siempre ataruga a la gente con sus gritos.* — v.tr/prnl. coloquial
5 Hartar con mucha comida: *se ataruga de bombones cuando se siente triste.* — coloquial
6 Quedarse la garganta obstruida por una cosa que dificulta la respiración: *se atarugó con un hueso de aceituna.* — v.prnl. coloquial = atragantarse

atascadero
1 Lugar en el que es fácil atascarse. — s.m./= atolladero
2 Impedimento para la consecución de un proyecto.

atascar
1 Producir una cosa un atasco en el paso de un conducto: *se atascó la tubería.* — v.tr/prnl. conj: sacar
2 Quedarse una persona o una cosa detenida en un terreno cenagoso: *el coche se atascó en el barrizal.* — v.prnl.
3 Poner impedimentos para la realización de una cosa: *atascó los proyectos de su amigo.* — v.tr.
4 Pararse en medio de un discurso o razonamiento sin poder proseguir: *se atascó al pronunciar las primeras palabras.* — v.prnl. coloquial
5 Tapar un agujero o una hendedura con tascos: *atascó los agujeros de la pared.* — v.tr. CONSTRUCCIÓN

atasco
1 Impedimento u obstrucción que dificulta el paso: *necesita un fontanero para que arregle este atasco.* — s.m. = atascamiento
2 Acumulación de vehículos que impiden el tráfico en una vía pública: *saldremos temprano para evitar el atasco.* — = embotellamiento
3 Dificultad que obliga a detener o atrasar la marcha de un asunto: *hasta que no solucionemos el atasco no podremos continuar el proyecto.*

ataúd (Del ár. *at-tabut*, caja, arca, tumba.) Caja de madera donde se introduce un cadáver para enterrarlo. — s.m.

ataujía (Del ár. *at-tawsiya*, pintura.)
1 Obra o labor de taracea hecha con oro o plata que se incrusta en esmaltes y metales, propia del arte hispanoárabe. — s.f. ARTE = taujía
2 Labor primorosa o de difícil combinación.

ataujiado, a Se refiere al metal que está trabajado o adornado con ataujía: *se ha comprado unos estribos ataujiados.* — adj.

ataurique (Del ár. *at-tawriq*, adorno de hojas.) Obra de ornamentación de tipo vegetal, hecha con yeso o estuco, propia del arte árabe. — s.m. ARQUITECTURA

ataviar (Del gótico *taujan*, hacer, obrar.) Adornar o arreglar a una persona: *se atavió con su mejor traje.* — v.tr./prnl. conj: *vaciar*

atávico, a Que procede de antepasados lejanos: *costumbres atávicas.* — adj. = ancestral

atavío
1 Modo de ir vestida una persona. — s.m.
2 Atuendo, conjunto de piezas que componen un traje o un vestido: *se ocupa del atavío del torero.*
3 Adornos en el vestir. — s.m.pl.

atavismo (Del lat. *atavus*, tatarabuelo.)
1 Reaparición en un descendiente de caracteres que se habían manifestado en un antepasado y que en posteriores generaciones no habían aparecido. — BIOLOGÍA
2 Tendencia a imitar o mantener formas de vida o costumbres ancestrales.

ataxia (Del gr. *ataxia*.) Perturbación de las funciones del sistema nervioso, relativas al movimiento. — s.f./MEDICINA

atáxico, a
1 Que tiene relación con la ataxia. — adj./MEDICINA
2 Que padece ataxia. — adj./s.

ate Dulce de membrillo. — s.m./Méx.

atediar Causar aburrimiento. — v.tr/prnl.

ateísmo
1 Doctrina que niega la existencia de Dios. — s.m./FILOSOFÍA
2 Actitud de incredulidad religiosa.

atelaje (Del fr. *attelage*.)
1 Caballerías que tiran de un carruaje. — s.m.
2 Conjunto de guarniciones o adornos de las bestias de tiro. — MILITAR = atalaje

atelana (Del lat. *atellana*.) Se refiere a la obra teatral latina que era breve y cómica. — adj./s.f. TEATRO

atemorizar Causar o sentir temor: *se atemorizó con los gritos del profesor.* — v.tr/prnl. conj: *cazar*

atemperación
1 Moderación de la violencia o intensidad de un sentimiento, o de la expresión de ese sentimiento. — s.f.
2 Acomodación de una cosa a otra.

atemperador, a
1 Que atempera o modera. — adj.
2 Moderador de la energía de los neutrones. — s.m./FÍSICA

atemperar (Del lat. *attemperare < temperare*, templar.)
1 Hacer más moderado un sentimiento o una expresión, suavizar: *atemperó sus palabras; se atemperó la ira.* — v.tr/prnl. = templar
2 Corresponder una cosa con otra: *atemperó sus gastos al sueldo.*

atenazado, a
1 Se aplica a la fortificación que forma grandes ángulos entrantes y salientes. — adj. CONSTRUCCIÓN
2 Se refiere a la persona que sufre mucho dolor, remordimientos o algún tipo de ansiedad.

atenazar
1 Causar aflicción a una persona: *un sentimiento de culpabilidad me atenaza.* — v.tr. conj: *cazar*
2 Sujetar a una persona o a una cosa fuertemente. — = atenacear
3 Apretar los dientes a causa de la ira o el dolor.

atención (Del lat. *attentio*.)
1 Capacidad de aplicar los sentidos y la inteligencia a la percepción de las cosas. — s.f.
2 Interés con que se procura hacer bien lo que se hace: *aguardaban con atención el resultado.*
3 Acto de cortesía y respeto, cumplido: *tenía demasiadas atenciones con el jefe.* — = amabilidad
4 Trabajos u obligaciones, cosas a las que se tiene que atender a una persona. — s.f.pl.
5 ¡atención! Exclamación para avisar de algo. — interj.
6 en atención a: Teniendo en cuenta o considerando a lo que se expresa. — loc.adv. formal
7 llamar la atención: 1. Reprender: *no quiero llamarte más la atención por tus peleas.* 2. Hacer que alguien atienda o se fije en algo: *los coches de carreras le llaman mucho la atención.* 3. Dar motivos para que una persona pare que se fijen en ella: *esta cantante siempre tiene que llamar la atención.*

atendedor, a Persona que atiende a lo que va leyendo el corrector de imprenta. — s. ARTES GRÁFICAS

atender (Del lat. *attendere < ad, a + tendere*, extender.)
1 Prestar atención para comprender una cosa, escuchar: *atendieron mis explicaciones en silencio para poder justificar mi actitud.* — v.intr./tr. conj: *tender* part.tb: *atento*
2 Recibir favorablemente una petición: *el gobernador atendía las peticiones de los ciudadanos.*
3 Tener en cuenta o en consideración: *atendiendo a las encuestas, necesitamos un cambio de imagen.* — v.tr.
4 Cuidar de alguien: *atiende a los enfermos con mucho cariño.*

5 Servir a un cliente en un comercio. — COMERCIO
6 Leer para sí una persona el original de un escrito mientras otro lee la prueba en voz alta. — ARTES GRÁFICAS

atenebrarse Quedarse un lugar en tinieblas. — v.prnl.

ateneísta Socio de un ateneo. — s.m.f.

ateneo (Del lat. *athenaeum < gr. athenaion*, templo de Atenea.)
1 Asociación cultural que reúne a científicos y hombres de letras. — s.m.
2 Local o edificio sede de esta asociación.

atenerse (Del lat. *attinere*.)
1 Mantenerse una persona dentro de unas posibilidades o ajustarse a unas normas: *me atuve en todo momento a la ley de expropiación.* — v.prnl. conj: *tener* + a
2 Acercarse una persona a una cosa por creerla más segura.

ateniense (Del lat. *atheniensis*.)
1 De Atenas, ciudad de Grecia. — adj.
2 Persona natural de esta ciudad. — s.m.f.

atenorado, a Se refiere a la voz o sonido de instrumento que es parecido al timbre de voz del tenor. — adj. MÚSICA

atentado
1 Agresión contra la vida o la integridad física o moral de una persona: *el atentado terrorista acabó con la vida de tres policías.* — s.m.
2 Agresión o desacato al estado o a una autoridad. — DERECHO

atentar (Del lat. *attemptare*.)
1 Realizar un atentado: *el grupo terrorista atentó contra el ejército.* — v.tr./+ contra conj: *pensar*
2 Infringir una norma: *atentaron contra sus principios morales.* — + contra

atentatorio, a Se aplica al hecho o a la acción que implica atentado. — adj.

atento, a (Del lat. *attentus*.)
1 Que atiende o pone atención: *alumnos atentos hay pocos.* — adj.
2 Que tiene atenciones o se comporta con amabilidad y cortesía: *mi abogado es una persona atenta.*

atenuación Acción y resultado de atenuar o atenuarse: *la atenuación de la luz sobre el escenario; la atenuación de sus palabras para no herir el amor propio de su subordinado.* — s.f.

atenuador Conjunto de resistencias que atenúan la magnitud de las señales eléctricas sin producir distorsión. — s.m. FÍSICA

atenuante
1 Que atenúa, rebaja o reduce. — adj./≠ agravante
2 Se aplica a la circunstancia que disminuye la responsabilidad de un delito. — DERECHO

atenuar Reducir la intensidad o gravedad de una cosa: *al atardecer se atenúan los colores; hizo un esfuerzo para atenuar la agresividad de sus palabras.* — v.tr/prnl. conj: *actuar*

ateo, a (Del gr. *atheos < a*, privativo + *theos*, dios.)
1 Del ateísmo. — adj.
2 Persona que niega la existencia de Dios. — s.

aterciopelado, a Que tiene la finura y la suavidad parecidas a las del terciopelo. — adj. tb: terciopelado

aterciopelar Poner una cosa como si fuese de terciopelo. — v.tr.

aterecer Quedarse paralizado por el exceso de frío. — v.prnl./conj: *carecer*

aterir Poner el exceso de frío rígida o paralizada a una persona. — v.tr/prnl. defectivo conj: *abolir*

atérmano, a (Del gr. *a*, privativo + *therme*, calor.) Se aplica al cuerpo que no deja pasar el calor. — adj./FÍSICA ≠ diatérmano

atérmico, a Se refiere al cuerpo que es mal conductor del calor. — adj./FÍSICA = atérmano

ateroma (Del gr. *athera*, papilla.) Degeneración de la capa interna de las arterias, caracterizada por el depósito de colesterina y sales de calcio. — s.m. MEDICINA

aterosclerosis Esclerosis de la pared interna de la arteria causada por el ateroma o depósito de colesterina y sales de calcio. — s.f./MEDICINA pl: aterosclerosis tb: ateroesclerosis

aterrador, a Que aterra o causa terror: *un grito aterrador surcó la noche.* — adj. = terrorífico

aterrajar
1 Labrar la rosca de un tornillo o una tuerca con la terraja. — v.tr. METALURGIA
2 Hacer molduras en un material con la terraja.

aterraje
1 Atraque de un barco o aterrizaje de un avión: *el aterraje del helicóptero se produjo con las mayores medidas de seguridad.* — s.m.
2 Determinación geográfica del punto a que ha llegado una tierra un barco. — NÁUTICA

aterramiento
1 Terror, miedo intenso: *la avalancha de aficionados le creó un tremendo aterramiento.* — s.m.
2 Estado del que se siente abatido y humillado. — = abatimiento

3 Aumento del depósito de tierras, limo o arena en el fondo de un paraje marítimo o fluvial por acarreo natural o voluntario. GEOLOGÍA

aterrar
I (Derivado de *tierra*.)
1 Bajar o tirar algo al suelo: *el viento aterró los papeles sueltos que estaban encima del escritorio.* v.tr. / conj: *pensar*
2 Echar los escombros y escorias de las minas en un terreno. MINERÍA / = aterrerar
3 Cubrir con tierra: *el sepulturero aterró las fosas.*
4 Llegar a tierra. v.intr. / AERONÁUTICA
5 Aterrizar, tomar un avión tierra.
II (Derivado de *tierra*, por influjo de *terror*.) Causar terror a alguien o sentir miedo: *la oscuridad de la cripta nos aterró.* v.tr/prnl. / conj: *amar*

aterrizaje Acción de aterrizar, tomar tierra: *realizaron un aterrizaje de emergencia.* s.m.

aterrizar
1 Tomar tierra un avión, aeronave u otro artefacto volador: *el ala delta aterrizó sobre el prado.* v.intr. / conj: *cazar*
2 Presentarse alguien inesperadamente en alguna parte: *aterrizó en la cena a la hora del café.* coloquial

aterronar Agruparse en terrones alguna materia suelta: *la tierra se aterronó con las lluvias.* v.tr/prnl.

aterrorizador, a Que aterroriza o causa terror: *la muchedumbre suponía una aterrorizadora amenaza.* adj.

aterrorizar Causar terror o miedo intenso: *se aterrorizó cuando vio la catástrofe.* v.tr/prnl. / conj: *cazar*

atesar Poner una cosa tensa: *atesó las velas; atesar los cabos.* v.tr./conj: *pensar*

atesorar
1 Guardar o reunir cosas de valor: *en su corta vida ya ha atesorado muchos bienes.* v.tr.
2 Tener una persona muchas cualidades: *ese chico atesora grandes dotes para ser actor.*

atestación Testificación, declaración de un testigo. s.f./DERECHO

atestado Documentación oficial instruida por alguna autoridad como preliminar de un sumario, o en la que constan unos hechos como ciertos: *el agente hizo el atestado del accidente.* s.m. / DERECHO

atestadura
1 Atestamiento, acción y resultado de rellenar con mosto las cubas. s.f.
2 Porción de mosto con que se rellenan las cubas de vino: *aún nos faltan atestaduras para acabar el trabajo.*

atestamiento Acción y resultado de atestar o rellenar con mosto las cubas. s.m. / = atestadura

atestar
I (Derivado del ant. adj. *tiesto*, tieso, duro.)
1 Llenar un espacio completamente, apretando mucho el contenido: *atestó las maletas y luego no podía con ellas.* v.tr. / conj: *pensar* / = rebutir, atiborrar
2 Llenar un lugar con un número excesivo de personas o cosas: *el graderío se atestó en un santiamén.* v.tr/prnl.
3 Llenar las cubas de vino con mosto para suplir la merma producida por la fermentación. v.tr.
4 Comer en exceso: *los invitados se atestaron de pasteles y dulces típicos.* v.tr/prnl.
II (Derivado del lat. *testari*, atestiguar, tomar como testigo.) Declarar una persona como testigo: *atestó ante el juez de guardia.* v.tr. / DERECHO
III (Derivado de *testa*, cabeza.)
1 Dar golpes en la cabeza. v.intr.
2 Mantener una actitud de manera obstinada: *se atesta en llevar toda la carga.* v.prnl./+ en / = porfiar

atestiguación Acción de atestiguar, testificar o dar fe de la verdad. s.f. / = atestiguamiento

atestiguar (Derivado del lat. *testificare*.)
1 Declarar como testigo: *tuvo que atestiguar sobre lo ocurrido en el accidente.* v.tr./conj: *aguar* / = testificar
2 Mostrarse como prueba: *las huellas atestiguaban su presencia.*

atetar Dar de mamar a sus crías la hembra de los mamíferos. v.tr. / = amamantar

atetillar Cavar alrededor de los árboles dejando un poco de tierra arrimada al tronco. v.tr. / AGRICULTURA

atetosis Afección nerviosa caracterizada por movimientos extraños, lentos e involuntarios que afectan principalmente a las extremidades. s.f. / pl: atetosis / MEDICINA

atezado, a
1 Que tiene la piel morena por el sol: *su atezado cutis contrastaba con sus ojos verdes.* adj. / tb: tezado
2 De color negro o ennegrecido.

atezar
1 Poner terso o lustroso: *atezar el cuero.* v.tr/conj: *cazar*
2 Oscurecerse la piel por la acción del sol: *durante la travesía se le atezó el rostro.* v.tr/prnl. / = broncear
3 Teñir de negro. = ennegrecer

atibar Llenar las excavaciones de una mina con tierra o escombros. v.tr. / MINERÍA

atiborramiento Acción y resultado de atiborrar o llenar: *con tal atiborramiento de libros, difícil será acabar hoy el traslado.* s.m.

atiborrar
1 Llenar en exceso un espacio: *atiborró la habitación de muñecos.* v.tr./= atestar, rebutir
2 Comer en exceso: *se atiborró de pasteles.* v.tr/prnl./+ de
3 Llenar la cabeza de una persona de lecturas o ideas: *se atiborró de novelas policíacas.*

aticismo (Del gr. *attikismos < attikos*, ático.)
1 Elegancia y buen gusto que caracterizaba a los escritores y oradoresáticos. s.m. / LITERATURA
2 Elegancia, pureza y concisión en el estilo. LITERATURA

ático, a (Del gr. *attikos*.)
1 Del Ática, región de la Grecia antigua, de Atenas o de su lengua. adj.
2 Persona originaria de esta antigua región o de esta ciudad. s.
3 Variante dialectal del griego antiguo, que era la lengua de Atenas. s.m. / LINGÜÍSTICA
4 Que escribe de manera elegante y depurada. adj./LITERATURA
5 Último piso de un edificio con la fachada retranqueada y con terraza. s.m. / ARQUITECTURA
6 Cuerpo construido sobre la cornisa de un edificio como ornamento. ARQUITECTURA

atiesar Poner algo tieso: *atiesó los encajes y visillos con almidón.* v.tr/prnl.

atifle (Del ár. *atafi*, trébedes.) Utensilio de barro que los alfareros ponen en el horno entre pieza y pieza para que no se peguen al cocerse. s.m. / ARTE / = caballete

atigrado, a Que tiene dibujos o manchas como los de la piel del tigre. adj.

atildado, a Se aplica a la persona que se arregla con minuciosidad y, a veces, con afectación: *un atildado dependiente le recomendó el tafetán.* adj. / = pulcro, elegante

atildar
1 Poner tilde a una letra: *atildar la vocal tónica.* v.tr.
2 Tildar, censurar a una persona.
3 Arreglar o asear a alguien o algo cuidadosamente: *atildarse para la ceremonia.* v.tr/prnl. / = acicalar

atinar
1 Encontrar una cosa que se busca a tientas: *Juan atinó con el interruptor de la luz.* v.intr. / + con
2 Acertar en una decisión: *atinó con la elección del vestido de color negro.*
3 Encontrar la solución de un problema por deducción, por conjeturas o indicios: *¿atinaste por dónde entró el ladrón?*
4 Encontrar por casualidad. v.tr/intr.

atíncar (Del ár. *at-tinkar*, bórax.) Sal hidratada de ácido bórico. s.m./QUÍMICA / = bórax

atinente Que se refiere o está relacionado con lo que se expresa a continuación: *es un aspecto atinente al tema.* adj. / tb: atingente / = referido

atingencia Conexión o relación. s.f./Amér.

atípico, a Que no es característico de ningún tipo o modelo conocido: *es un alumno atípico.* adj. / = anormal

atiplado, a Se aplica a la voz o al sonido que es agudo o de tono elevado. adj. / MÚSICA

atiplar
1 Subir el sonido de un instrumento o de la voz hasta el tono de tiple. v.tr. / MÚSICA
2 Pasar el tono grave de la cuerda del instrumento o de la voz, a uno agudo. v.prnl. / MÚSICA

atirantar
1 Poner tirante una cosa: *se le fue atirantando la piel del vientre a medida que crecía el feto.* v.tr/prnl. / = tensar
2 Sujetar una estructura con vigas horizontales o tirantes para asegurarla. CONSTRUCCIÓN

atisbar
1 Observar una cosa con cuidado y disimulo: *atisbaba la escena por el agujero de la cerradura.* v.tr.
2 Ver una persona una cosa muy débilmente o sólo si mira con mucha atención: *los atisbó a lo lejos.* = vislumbrar

atisbo Indicio o iniciación todavía débil de una cosa: *tiene atisbos de locura.* s.m.

atisuado, a Se aplica al tejido que es parecido al tisú. adj.

atizacandiles Zascandil, persona muy informal y entremetida. s.m.f. / pl: atizacandiles

atizador, a
1 Que atiza. adj/s.
2 Persona encargada de arrimar la aceituna a la muela, en los molinos de aceite.
3 Utensilio para atizar el fuego: *el inspector concluyó que el atizador era el arma del delito.* s.m.

atizar (Del lat. vulgar *attitiare < titio*, tizón.)
1 Mover el rescoldo para avivar el fuego: *atizaba las brasas para asar la carne.* v.tr. / conj: *cazar*

2 Dar más mecha a una vela o un candil para que alumbren mejor.

3 Avivar una discusión o una pasión: *atizaba la pelea con sus chismes.* `coloquial`

4 Dar un golpe a una persona: *le atizó un guantazo en mitad de la calle.* `coloquial`

5 Comer o beber: *se atizó una copa de cazalla.* `v.prnl./coloquial`

6 ¡atiza! Expresión usada para indicar sorpresa o admiración: *¡atiza!, ¿cómo has conseguido llegar tan pronto?* `interj. coloquial`

atizonar
1 Poner piedras a tizón en una obra de mampostería para darle solidez. `v.tr. CONSTRUCCIÓN`
2 Introducir el extremo de un madero en una pared en la que se apoya. `CONSTRUCCIÓN`
3 Contraer los cereales la enfermedad del tizón, hongo parásito. `v.prnl. AGRICULTURA`

atlante Columna en forma de estatua masculina que sostiene sobre la cabeza o sobre los hombros los arquitrabes de una obra. `s.m. ARQUITECTURA = telamón`

atlántico, a (Del lat. *atlanticus.*)
1 Del océano Atlántico o de sus costas: *la región noroeste del país presenta un clima atlántico.* `adj. GEOGRAFÍA`
2 Del conjunto montañoso del Atlas o del gigante mitológico del mismo nombre: *la cadena atlántica del Sahara.* `GEOGRAFÍA MITOLOGÍA`
3 Perteneciente a la Organización del tratado del Atlántico norte. `POLÍTICA`

atlantismo Tendencia política que propugna una influencia activa de los principios de la Organización del tratado del Atlántico norte. `s.m. POLÍTICA`

atlas (Del lat. *Atlas* < gr. *Atlas,* nombre del gigante mitológico que sostenía con sus hombros el mundo.)
1 Colección de mapas organizados en una obra de uno o varios volúmenes: *atlas económico; atlas histórico; atlas lingüístico.* `s.m. pl: atlas`
2 Conjunto de mapas, cuadros, tablas, orientados a facilitar la comprensión de una obra.
3 Primera vértebra de la columna vertebral que se articula con el cráneo. `ANATOMÍA`

atleta (Del lat. *athleta* < gr. *athletes* < *athlon,* premio [de una lucha].)
1 Persona que practica cualquier deporte y, en especial, el atletismo: *los atletas estaban situados en la línea de salida.* `s.m.f. DEPORTES`
2 Persona corpulenta y fuerte. `coloquial`
3 Defensor enérgico de alguna causa. `coloquial`

atlético, a
1 Del atleta o de los juegos públicos o ejercicios que le son propios: *deportes atléticos; categoría atlética.* `adj. DEPORTES`
2 Se aplica al biotipo que presenta hiperdesarrollo muscular en tórax, muslos y piernas. `adj/s.m.`

atletismo Conjunto de ejercicios y normas deportivos que comprenden las carreras, saltos, lanzamientos y pruebas combinadas. `s.m. DEPORTES`

atmósfera (Compuesto culto de las voces griegas *atmos,* vapor + *sphaira,* esfera.)
1 Envoltura gaseosa que rodea a la Tierra: *la atmósfera se tiñó de escarlata.* `s.f.`
2 Envoltura gaseosa que rodea cualquier astro. `ASTRONOMÍA`
3 Espacio a que se extienden las influencias de una persona o cosa, o ambiente que las rodea.
4 Ambiente de un lugar: *en la cafetería la atmósfera era irrespirable.*
5 Inclinación favorable o adversa de los ánimos hacia una persona o cosa: *al entrar notó una atmósfera de recelo.*
6 Unidad de medida de presión. `FÍSICA`

atmosférico, a
1 De la atmósfera: *presión atmosférica; cambios atmosféricos.* `adj.`
2 Que recoge datos de la atmósfera.

atoar
1 Mover una embarcación tirando de ella con una o varias cuerdas o cabos: *el carguero atoó el yate hasta el puerto.* `v.tr. NÁUTICA = remolcar`
2 Tirar de un cabo sujeto a un lugar para llevar hacia allí una embarcación. `NÁUTICA`

atocha (Del mozárabe *taucha,* esparto.) Esparto, planta gramínea. `s.f. BOTÁNICA`

atochada Pequeña presa que se hace en los bancales con esparto y tierra para contener el agua. `s.f. AGRICULTURA`

atochal Terreno donde se cría esparto. `s.m./= espartizal`

atochar
1 Llenar una cosa de esparto. `v.tr.`
2 Llenar una cosa completamente: *atochó el maletero con las toallas y parasoles.*
3 Hacer el viento que una vela se apriete contra su jarcia u otra cosa. `v.tr/prnl. NÁUTICA`
4 Quedar un cabo preso entre otras cosas que dificultan su laboreo. `v.prnl. NÁUTICA`

atochón Caña de la atocha. `s.m.`

atocia Esterilidad de la mujer. `s.f./MEDICINA`

atocinado, a Se aplica a la persona que es muy gorda: *su silueta atocinada se dibujaba al trasluz.* `adj. coloquial`

atocinar
1 Partir el cerdo en canal. `v.tr.`
2 Preparar el tocino con sal.

atole (Del náhuatl *atulli.*) Bebida hecha de harina de maíz cocido disuelta en agua o leche y pasada por el cedazo. `s.m./Méx., Amér. Central tb: atol`

atolería Lugar donde se hace o vende atole. `s.f./Amér.`

atolladero
1 Situación embarazosa o complicada que dificulta la continuación de un proyecto: *su imprudencia en las inversiones lo colocó en un atolladero.* `s.m.`
2 Lodazal o sitio donde un vehículo, un animal o una persona se atasca y tiene dificultades para salir: *llamó al guardia forestal para que remolcase y sacase el coche del atolladero.*

atollar
1 Meterse una persona en un atolladero. `v.intr/prnl.`
2 Quedarse una persona detenida por la presencia de un obstáculo: *el minero se atolló en una galería.* `v.prnl. coloquial`

atolón (Del maldivo *atolu* < cingalés *atul,* en el interior.) Isla de forma anular, con una laguna interior que comunica con el mar, formada por arrecifes coralinos: *se bañaban en el interior del atolón.* `s.m. GEOGRAFÍA`

atolondrado, a Aturdido, que actúa sin reflexión: *estaba atolondrada por el empuje de las olas en la barca.* `adj.`

atolondramiento Falta de coordinación de pensamientos y acciones. `s.m.`

atolondrar (Derivado del ant. **atonodrar* < *tonidro,* trueno < lat. *tronitus.*) Causar aturdimiento o perturbación de los sentidos: *al caer del árbol se atolondró.* `v.tr/prnl. = aturdir`

atómico, a
1 Que tiene relación con el átomo: *estructura atómica; peso atómico.* `adj. FÍSICA`
2 Que tiene relación con la energía atómica o con sus efectos: *ocultan el potencial de sus arsenales atómicos.* `FÍSICA NUCLEAR`

atomismo Doctrina que explica la formación del mundo por la unión fortuita de los átomos. `s.m. FILOSOFÍA`

atomista Partidario del atomismo. `s.m.f./FILOSOFÍA`

atomización Acción y resultado de atomizar, fraccionar la acción de un todo: *hubo una atomización excesiva de funciones.* `s.f.`

atomizador Pulverizador de líquidos: *siempre lleva un pequeño atomizador con perfume en el bolso.* `s.m.`

atomizar
1 Dividir en partes muy pequeñas. `v.tr/conj: cazar`
2 Pulverizar una sustancia líquida.

átomo (Del lat. *atomus* < gr. *atomos* < *a,* privativo + *temno,* cortar, dividir.)
1 Partícula constituyente de un cuerpo simple que está formado por un núcleo compuesto de protones y neutrones, y rodeado de electrones en estas órbitas. `s.m. QUÍMICA, FÍSICA`
2 Partícula de materia muy pequeña. `FÍSICA`
3 Cualquier cosa muy pequeña. `= brizna`

atona Oveja que cría un cordero de otra madre. `s.f.`

atonal Se aplica a la composición musical basada en la atonalidad. `adj. MÚSICA`

atonalidad Sistema musical en el que no existen las funciones tonales de la armonía tradicional. `s.f. MÚSICA`

atondar (Del lat. *ad,* a + *tundere,* golpear.) Estimular el jinete al caballo con las piernas. `v.tr/conj: contar EQUITACIÓN`

atonía
1 Falta de energía o capacidad para reaccionar: *criticó su atonía ante los acontecimientos.* `s.f.`
2 Debilidad de los tejidos orgánicos, particularmente de los contráctiles. `MEDICINA`

atónito, a (Del lat. *attonitus,* aturdido, herido del rayo.) Extrañado o estupefacto: *nos dejó atónitos con sus bravatas.* `adj.`

átono, a (Del gr. *atonos* < *a,* privativo + *tonos,* tono.) Se aplica a la palabra, sílaba o vocal que no tiene acento de intensidad. `adj. GRAMÁTICA = inacentuado`

atontado, a Que es tonto o se comporta distraídamente: *atontada como estaba aún no sé cómo acertó en la diana.* `adj.`

atontamiento Acción y resultado de atontar o aturdir: *salió del coche accidentado en un lamentable estado de atontamiento.* `s.m.`

atontar
1 Poner tonto o aturdido a alguien: *esa música me atonta.* `v.tr/prnl.`
2 Disminuir temporalmente la capacidad de razonamiento y percepción: *el golpe lo atontó.* `= atontolinar, pasmar, ofuscar`

atontolinado, a Atontado o aturdido. *adj.*

atontolinar Volver tonto: *el pobre se atontolinó un poco con tanto barullo.* *v.tr./prnl.* *coloquial/= atontar*

atorar
I (Del lat. *obturare*, cerrar.)
1 Impedir una cosa el paso por un conducto: *el desagüe se atoró con el barro.* *v.tr/intr./prnl.* *conj: amar*
2 Quedar una cosa detenida en la garganta de una persona, obstruyéndola. *v.prnl.*
II (Derivado de *tuero*.) Partir la leña en tueros. *v.tr./conj: contar*

atormentar
1 Causar dolor o padecimiento físico o síquico: *se atormentaba recordando el accidente.* *v.tr/prnl.*
2 Aplicar un tormento a una persona para que confiese una cosa. *v.tr. = torturar*
3 Atacar al enemigo con la artillería. *MILITAR*

atornillador Destornillador, herramienta. *s.m.*

atornillar
1 Introducir un tornillo en un lugar dándole vueltas: *atornillar las palomillas para montar la mesa.* *v.tr.*
2 Sujetar una cosa con tornillos: *atornilló las piezas del mecano con sumo cuidado.*
3 Obligar a una persona a hacer algo.
4 Mantener a una persona en un trabajo o una posición obstinadamente: *se ha atornillado en este empleo, porque gana mucho dinero.* *v.tr/prnl.*

atoro Situación difícil, apuro. *s.m.*

atorozonarse Padecer las caballerías torozón cólico que produce convulsiones. *v.prnl.* *VETERINARIA*

atorrante (Derivado del ant. *atorrar*, vivir sin trabajar.)
1 Vagabundo, holgazán: *los albergues se llenan de atorrantes en invierno.* *adj./s.m.f.* *Amér. Merid.*
2 Mujer de mala vida. *s.f.*

atortolar
1 Causar una cosa temor o turbación a una persona: *se atortola cada vez que va al dentista.* *v.tr/prnl.* *coloquial*
2 Enamorarse de forma tierna y manifiesta. *v.prnl.*

atortujar Aplastar algo apretándolo. *v.tr.*

atosigamiento Acción y resultado de atosigar o apresurar: *con tanto atosigamiento no soy capaz de resolver la faena.* *s.m.*

atosigar
I (Derivado de *tósigo*, veneno.) Matar o hacer enfermar a una persona con una sustancia venenosa. *v.tr. conj: pagar*
II (Del lat. *tussicare*, toser, fatigarse.)
1 Molestar una persona a otra con sus preocupaciones o problemas personales: *no me atosigues con tus manías y pon empeño en solucionarlas.* *v.tr/prnl. conj: pagar*
2 Abrumar a alguien presionándolo: *no los atosigues, si no, no aprenderán nada.*
3 Sentir una persona angustia al hacer muchas cosas a la vez o al hacerlas muy de prisa: *se atosiga cuando llegan los exámenes.*

atrabancar
1 Vencer obstáculos rápidamente: *atrabancó por la calle sin ver a nadie.* *v.tr/intr. conj: sacar*
2 Hacer algo precipitadamente. *v.tr.*
3 Estar una persona en una situación difícil. *v.prnl.*

atrabiliario, a
1 Que tiene relación con la atrabilis. *adj./MEDICINA*
2 Que tiene un carácter violento y malhumorado. *adj/s.*

atrabilis (Compuesto culto de las voces latinas *atra*, negro + *bilis*, cólera.) Bilis negra y espesa, que los antiguos consideraban causante de la hipocondría y la melancolía. *s.f. pl: atrabilis MEDICINA*

atracada Resultado de arrimar una embarcación a otra o a tierra: *el casco resistió la violenta atracada.* *s.f. NÁUTICA*

atracadero Lugar donde atracan las embarcaciones en los puertos: *la aviación bombardeó el atracadero.* *s.m./NÁUTICA = aportadero*

atracador Persona que atraca o roba: *de los tres atracadores uno resultó malherido y otro escapó.* *s.*

atracar
1 Acercar una embarcación a otra, a la costa o a puerto: *todos los buques atracaron ante el peligro inminente de una tempestad.* *v.tr/intr. conj: sacar NÁUTICA*
2 Asaltar a alguien con propósito de robo: *nos atracaron a la salida de la ópera.* *v.tr.*
3 Comer o beber excesivamente: *el día del banquete atracó de canapés.* *v.tr/prnl. coloquial*
4 Cerrar un agujero por el que se ha introducido un explosivo para asegurar su efecto. *v.tr.*
5 Empujar o pegar. *Chile*
6 Estrechar o acosar con violencia a una persona con fines sexuales. *Argent., Chile vulgar*

atracción
1 Acción de atraer: *una misteriosa atracción la llevaba a buscar su compañía.* *s.f.*
2 Fuerza que atrae.

3 Hecho de considerar algunos autos más importantes y de acumularse a ellos otros. *DERECHO*
4 Espectáculos o diversiones variados que se celebran en un mismo lugar o en un mismo programa: *actuó en el parque de atracciones de la villa.* *s.f.pl.*
5 **atracción molecular:** Aquella que ejercen entre sí las moléculas de los cuerpos. *FÍSICA*
6 **atracción universal:** Aquella que ejercen unos sobre otros todos los cuerpos del universo y que depende de las masas y las distancias respectivas de éstos. *FÍSICA*

atraco Acción de robar o atracar: *el atraco fue perpetrado hacia las seis de la mañana.* *s.m.*

atracón
1 Acción de comer alimentos en gran cantidad: *se dio un atracón de embutidos.* *s.m. coloquial*
2 Zarandeo o empujón. *Chile*
3 Riña o disputa. *Méx.*

atractivo, a (Del lat. *attractivus*.)
1 Que atrae: *un atractivo programa de actividades culturales.* *adj.*
2 Se aplica a la persona que se gana la simpatía o el aprecio de otras.
3 Cualidad de una persona que provoca la simpatía y el afecto de los demás: *tiene mucho atractivo.* *s.m.*

atraer (Del lat. *attrahere* < *ad*, a + *trahere*, traer, arrastrar.)
1 Traer hacia sí, hacer una cosa que otra se acerque a ella por sus cualidades físicas: *nos atrajo su coraje.* *v.tr. conj: traer*
2 Conseguir la adhesión de una persona a una idea o un plan: *lo atraje con falsas promesas.*
3 Provocar afecto, cariño o deseo, despertar el interés de alguien: *este chico me atrae mucho.* *v.tr/prnl.*

atrafagar Trabajar mucho o afanarse en hacer algo: *se atrafaga para tenerlo todo listo el día antes.* *v.intr/prnl. conj: pagar*

atragantarse
1 Quedarse con una cosa detenida en la garganta obstruyéndola: *me atraganté con una espina.* *v.prnl.*
2 Quedarse turbado en una conversación: *se atragantó porque estaba muy nervioso.* *coloquial = cortarse*
3 Ser una persona antipática o desagradable para otra: *se me atragantó desde que le oí hablar de política.*

atraidorado, a
1 Que se comporta como un traidor. *adj.*
2 Que es propio de un traidor.

atraillar
1 Atar los perros con una traílla o correa. *v.tr/conj: aislar*
2 Seguir el cazador la res, guiado por el perro que lleva asido con la traílla. *CAZA*
3 Ejercer dominio sobre una persona. *v.tr/prnl.*

atrampar
1 Coger a un ser vivo en una trampa: *la liebre se atrampó sin darse cuenta.* *v.tr/prnl.*
2 Quedar un conducto atascado: *se atrampó la cañería del agua y hubo que llamar al fontanero.* *v.prnl. = atascarse*
3 Quedar corrido el pestillo de una cerradura, de modo que no se puede abrir.
4 Quedar una persona detenida al encontrar un obstáculo o una dificultad: *se atrampó en la caravana de la autopista.* *coloquial*

atramuz Altramuz, planta papilionácea de flores blancas y fruto comestible, que se emplea como alimento para el ganado. *s.m. pl: atramuces BOTÁNICA*

atrancar
1 Cerrar una puerta o una ventana con una tranca, una barra o un cerrojo: *atrancó la cerca para impedir el paso.* *v.tr. conj: sacar*
2 Impedir una cosa el paso por un conducto: *esta cañería se ha atrancado.* *v.tr/prnl. = atascar*
3 Leer muy de prisa, saltándose cosas. *v.intr./coloquial*

atranco Situación complicada. *s.m./= atranque*

atrapamoscas Planta cuyas hojas se abaten y son capaces de retener los insectos que les sirven de alimento. (*Diomaea muscipula.*) *s.m. pl: atrapamoscas BOTÁNICA*

atrapar (Del fr. *attraper*, coger en una trampa < *trappe*, trampa.)
1 Coger a algo o a alguien que huye o va de prisa: *el pelotón atrapó a los escapados.* *v.tr.*
2 Coger o conseguir una cosa con habilidad. *coloquial*
3 Conseguir una cosa provechosa o beneficiosa: *tuvo suerte y atrapó un buen empleo.* *coloquial*
4 Engañar o convencer con astucia: *lo atrapó fácilmente al hablarle del posible ascenso.* *coloquial*

atraque
1 Maniobra realizada para atracar un barco. *s.m./NÁUTICA*
2 Atracadero, lugar donde pueden acercarse a tierra las embarcaciones. *NÁUTICA*
3 Operación de dejar compacto y bien taponado un explosivo dentro de una cavidad, para aumentar los efectos de la explosión.

atrás (Del lat. *ad*, a + *trans*, al otro lado, más allá.)
1 Hacia la parte trasera, hacia detrás: *echó atrás el* **adv.**
asiento de su automóvil.
2 En la parte posterior o a espaldas de lo que se toma
como referencia.
3 Anteriormente, aplicado a escritos o discursos: *el*
concepto atrás enunciado se desglosa en tres aspectos.
4 Se emplea para expresar tiempo pasado: *años atrás*
la vida era más fácil.
5 ¡atrás!: Expresión usada para ordenar un retroceso. **interj.**
6 echarse o volverse atrás: Arrepentirse de lo que
se ha hecho o dicho: *no quiso volverse atrás para no de-*
mostrar indulgencia.

atrasado, a
1 Que tiene deudas. **adj.**
2 Que está menos desarrollado de lo que le corres- **≠ adelantado**
ponde por su edad o por la época: *este niño está atra-*
sado para su edad.
3 Que no es reciente: *los recibos atrasados.*

atrasar
1 Señalar una nueva fecha, posterior a la que se ha- **v.tr.**
bía fijado, para hacer una cosa: *atrasó la cita porque* **= retardar**
andaba muy ocupada.
2 Hacer que el reloj señale un tiempo que ya ha **= retrasar**
pasado: *atrasaron los carillones de la sala.*
3 Poner una cosa más atrás de la posición que tenía o **v.tr./prnl.**
debería tener: *atrasó la mesa y adelantó el sofá para ver*
el efecto de perspectiva.
4 Señalar un reloj un tiempo que ya ha pasado o no **v.intr./prnl.**
tener la suficiente velocidad: *el carillón atrasa.*
5 Llegar tarde a un lugar. **v.prnl.**
6 Quedarse atrás: *en mitad de la carrera empezó a atra-*
sarse y llegó en penúltimo lugar.
7 Crecer lentamente un ser vivo o dejar de crecer. **BIOLOGÍA**

atraso
1 Acción o resultado de atrasar o atrasarse: *su atraso* **s.m.**
nos ha impedido coger el tren a tiempo.
2 Situación de un país o de un pueblo que se caracteriza por un desarrollo incompleto o deficiente con relación a sus propias posibilidades o al desarrollo alcanzado por otros países o pueblos.
3 Cantidad pagada o que se adeuda por no haber pa- **s.m.pl.**
gado cuando se debía: *he pagado un recibo con atrasos;*
tengo que pagar los atrasos de la contribución.

atravesado, a
1 Que está cruzado: *el coche está atravesado en mitad* **adj.**
del camino.
2 Que tuerce un poco los ojos.
3 Se aplica al animal que es cruzado o mestizo.
4 Que tiene mala intención y es propenso a sentir
animadversión: *el profesor nos tenía muy atravesados.*

atravesar
1 Poner una cosa delante de una persona para impe- **v.tr.**
dirle el paso o hacerla caer: *el comando atravesó un ca-* **conj: pensar**
mión en la carretera para impedirles el paso.
2 Hacer pasar algo de una parte a otra de un cuerpo.
3 Cruzar un lugar de una parte a otra: *atravesó la calle*
arriesgadamente.
4 Pasar por una situación circunstancialmente: *atra-*
vieso un momento muy feliz.
5 Aojar, causar daño con la mirada.
6 Echar un triunfo después de una carta jugada, para **JUEGOS**
que el que sigue no la pueda tomar sin triunfo superior.
7 Parar una embarcación por medio de las velas, ha- **v.tr./prnl.**
ciéndolas obrar en sentidos contrarios: *el barco se* **NÁUTICA**
atravesó.
8 Ponerse una cosa entre otras. **v.prnl.**
9 Mezclarse, entremeterse en un asunto ajeno: *se*
atravesó en el lío del vecino.
10 Acaecer una cosa que cambia el curso de otra: *mi*
vida cambió cuando se atravesó ese chico.
11 Exponer cantidades en el juego o en una apuesta: **v.tr.**
aquí se atraviesa mucho dinero jugando a la ruleta.
12 atravesársele o quedársele atravesada una persona a otra: Sentir repulsión o antipatía por ella: *en*
el mismo instante que la conoció, se le atravesó.

atrayente Que atrae o despierta afecto o simpatía: **adj.**
quedó absorta ante el atrayente colorido de la escena. **= atractivo**

atrechar Tomar un atajo. **v.intr./P. Rico**

atrepsia (De *a*, privativo + gr. *threpsis*, acción de nu- **s.f.**
trir.) Fase última de la desnutrición de un lactante. **MEDICINA**

atresia (De *a*, privativo + gr. *tresis*, agujero < *titraino*, **s.f.**
perforar.) Anormalidad consistente en el estrecha- **MEDICINA**
miento anómalo u obstrucción de un orificio o conducto del cuerpo humano.

atresnalar Poner los haces de mies en tresnales o **v.tr.**
apilados en forma de pirámide. **AGRICULTURA**

atreverse (Del ant. *treverse*, confiar < lat. *tribuere sibi*,
atribuirse [la capacidad de hacer algo].)
1 Ser capaz de hacer algo arriesgado o difícil: *se atre-* **v.prnl.**
vió a contestarle a sus airadas preguntas; se atrevió a lla-
marla.

2 Mostrarse insolente o descarado con alguien: *díselo*
si te atreves.
3 Empezar a brotar o manifestarse una cosa.

atrevido, a
1 Que se comporta con atrevimiento. **adj./s.**
2 Que es osado: *se puso un vestido con un escote muy* **adj.**
atrevido para la fiesta.

atrevimiento Cualidad o actitud de la persona que **s.m.**
actúa arriesgadamente o con descaro e insolencia:
confiaba en su atrevimiento para plantarle cara.

atrezo (Del ital. *attrezzo*.) Conjunto de objetos que se **s.m./TEATRO**
utilizan en una representación teatral. **tb: attrezzo**

atribución (Del lat. *attributio, -onis*.)
1 Acción de atribuir una cosa o una función a una **s.f.**
persona: *atribución de responsabilidades civiles.* **= imputación**
2 Facultad o poder que una persona posee en razón
de su cargo.
3 Poder que una persona concede a otra para actuar
como su representante en algún asunto: *le di atribu-*
ciones para la compra del terreno.

atribuir (Del lat. *attribuere* < *ad*, a + *tribuere*, abonar,
atribuir.)
1 Aplicar hechos o cualidades a una persona o una **v.tr./prnl.**
cosa, a veces sin fundamento: *aunque no lo conozco, sé* **conj: huir**
que se le atribuyen grandes virtudes.
2 Determinar que algo sea competencia de una per- **v.tr.**
sona.
3 Echar la culpa de un error, falta o delito a una per- **= imputar**
sona: *atribuyó al mendigo el robo de la pulsera.*

atribular (Del ant. *tribular* < lat. *tribulare*, trillar, ator- **v.tr./prnl.**
mentar.) Causar pena o preocupación a alguien: *la es-* **= apesadumbrar**
casez de noticias atribuló a sus padres.

atributivo, a
1 Que indica un atributo o cualidad. **adj.**
2 Se aplica a la palabra o expresión que atribuye al **GRAMÁTICA**
sujeto una cualidad o estado.

atributo
1 Cualidad que tiene una persona o cosa: *en su elogio* **s.m.**
puso de relevancia sus atributos.
2 Palabra que acompaña al sustantivo para calificarlo **GRAMÁTICA**
o especificarlo y que, generalmente, suele ser un adjetivo.
3 Palabra que califica o identifica a otra unida a ella **GRAMÁTICA**
por los verbos ser, estar u otros similares.
4 Accesorio que acompaña característicamente a una **ARTE**
figura en una obra artística.
5 Cualquiera de las perfecciones propias de la esencia **TEOLOGÍA**
de Dios.

atrición (Del lat. *attritio, -onis*.)
1 Sentimiento de pesar por haber hecho una ofensa a **s.f.**
Dios, provocado por un motivo humano como el **TEOLOGÍA**
miedo al castigo.
2 Acción por la cual los granos de arena se erosionan al **GEOLOGÍA**
chocar entre sí cuando son arrastrados por el agua.

atril (Del ant. *latril* < bajo lat. *lectorile* < *legere*, leer.) **s.m.**
Soporte que sostiene inclinado y abierto un libro, o
papeles, para su lectura.

atrincheramiento
1 Acción y resultado de atrinchear o atrincherarse. **s.m.**
2 Conjunto de trincheras y, en general, todo tipo de **MILITAR**
obras de defensa o fortificación de campaña: *las bom-*
bas incendiarias arrasaron el atrincheramiento.

atrinchear
1 Hacer trincheras en un lugar para defenderse: *atrin-* **v.tr.**
chear las posiciones. **MILITAR**
2 Ponerse en una trinchera para defenderse del ene- **v.prnl.**
migo. **MILITAR**
3 Mantenerse tenazmente en una posición o en una
actitud: *se atrincheró tras el sofá.*

atrio (Del lat. *atrium*.)
1 Espacio descubierto y a menudo cercado de pórti- **s.m.**
cos que hay en algunos edificios. **ARQUITECTURA**
2 Pórtico que sirve de entrada a algunos templos y **ARQUITECTURA**
palacios: *se resguardó de la lluvia bajo el atrio de la igle-*
sia.
3 Portal de una casa. **= zaguán**

atrípedo, a Se aplica al animal que tiene los pies ne- **adj.**
gros. **ZOOLOGÍA**

atrirrostro, a Se aplica al ave que tiene el pico ne- **adj.**
gro. **ZOOLOGÍA**

atrochar Andar por una trocha o camino estrecho. **v.intr.**

atrocidad (Del lat. *atrocitas*.)
1 Acción o palabras temerarias o disparatadas: *la po-* **s.f.**
licía descubrió las atrocidades que cometió. **= barbaridad**
2 Modo de comportarse la persona atroz o cruel: *su*
atrocidad afecta más a sus hechos que a sus palabras.
3 Cantidad excesiva o desmesurada. **coloquial**

atrofia (De *a*, privativo + gr. *trophe*, alimento.)
1 Disminución del volumen de un órgano o de un te- **s.f.**
jido por causas fisiológicas o patológicas: *el abuelo pa-* **MEDICINA**
dece atrofia muscular.

2 Pérdida de alguna facultad.

atrofiar Causar o padecer atrofia en un órgano o una parte del cuerpo de una persona o un animal: *se le atrofiaron las piernas después de tantos meses en cama.* v.tr/prnl. MEDICINA, VETERINARIA

atrompetado, a Que tiene forma de boca de trompeta, en especial, las armas de fuego. adj./= abocardado, abocinado

atronado, a Que actúa de manera precipitada. adj./= alocado

atronador, a Se refiere al ruido que atruena o causa aturdimiento: *la atronadora explosión resonó en todo el edificio.* adj. = ensordecedor

atronadura
1 Daño de algunas maderas causado por hendiduras radiales practicadas en el tronco del árbol. s.f. CARPINTERÍA
2 Contusión causada en las manos o patas de una caballería por sus propias patas, por las de otro animal que va detrás o por el arado. VETERINARIA = alcanzadura

atronamiento
1 Producción de un ruido parecido al de un trueno: *los atronamientos que se oyeron, procedían de la fábrica.* s.m.
2 Aturdimiento producido por un golpe.
3 Enfermedad de los cascos de las caballerías. VETERINARIA

atronar
1 Ensordecer, perturbar con un fuerte ruido: *atronaron los trabucazos de la comparsa.* v.tr. conj: contar
2 Causar aturdimiento a una persona o a un animal. = aturdir
3 Tapar los oídos a una caballería para que no se espante: *la tormenta les hizo atronar las yeguas.*
4 Dejar a una res sin sentido para matarla después.
5 Matar a un toro hiriéndolo en medio de la cerviz. TAUROMAQUIA
6 Quedarse un animal como muerto por el ruido de los truenos. v.prnl.

atronerar Abrir troneras o agujeros en una fortificación. v.tr. CONSTRUCCIÓN

atropado, a Se aplica a la planta que tiene las ramas recogidas. adj. AGRICULTURA

atropar
1 Reunir gente en tropas o en cuadrillas: *atropó a la población ante la inminencia del ataque.* v.tr/prnl.
2 Reunir la mies en gavillas. v.tr/AGRICULTURA

atropellado, a
1 Que ha sufrido un accidente: *los peatones atropellados fueron trasladados al centro hospitalario.* adj.
2 Que habla o actúa de manera precipitada.
3 Que no tiene tiempo: *no pude quedarme por más tiempo porque iba muy atropellada.* = apurado

atropellaplatos Que rompe muchas cosas por hacer precipitadamente las faenas caseras. adj./s. coloquial

atropellar
1 Alcanzar un vehículo a una persona o un animal violentamente: *el camión atropelló a varios transeúntes que paseaban por la avenida.* v.tr. = arrollar
2 Empujar o derribar a alguien para abrirse paso: *corría entre la gente y atropelló a un anciano.*
3 Insultar con violencia o con abuso de poder: *su jefe lo atropelló sin miramientos.* = agraviar, injuriar
4 Abatir a alguien el paso del tiempo o las desgracias sufridas: *los años y tantas penalidades lo atropellaron en poco tiempo.*
5 Actuar sin respeto a las leyes o las conveniencias sociales. v.tr/intr.
6 Hacer o decir algo con precipitación y descuido: *se atropelló en el discurso por culpa de los nervios.* v.prnl.

atropello
1 Accidente en que un vehículo o similar en movimiento atropella a alguien o algo, pasándole por encima o arrastrándolo: *después de aquel atropello no volvió a coger el coche.* s.m. = atropellamiento
2 Acción irrespetuosa o desconsiderada que se hace contra alguien: *es un atropello que me nieguen la entrada a mi propia casa.* = abuso, desconsideración
3 Prisa o agobio en la realización de algo: *necesito un día sin atropellos para poder descansar.*

atropina Alcaloide que se extrae de la belladona y se emplea en medicina para usos terapéuticos. s.f./FARMACIA, QUÍMICA

atroz (Del lat. *atrox < ater,* negro.)
1 Que es fiero o cruel: *la suya fue una reacción atroz.* adj./pl: atroces
2 Que es grave o intenso: *tengo un dolor de cabeza atroz, que me tiene atolondrada.*
3 Que es horrendo y enojoso: *se encontró inmerso en una situación atroz.* coloquial

atruchado, a
1 Se aplica al hierro colado que tiene el grano parecido a las pintas de la trucha. adj. METALURGIA
2 Se refiere al caballo que tiene pequeñas manchas rojas sobre el color del fondo de la capa. EQUITACIÓN

atruhanado, a
1 Que parece un truhán. adj.
2 Que se comporta como un truhán.

ats (Acrónimo de *[A]uxiliar [T]écnico [S]anitario.*) Persona diplomada en enfermería. s.m.f. MEDICINA

atuendo (Del lat. *attonitus < attonare,* tronar [en presencia de alguien].)
1 Conjunto de vestidos y adornos que lleva una persona: *llevaba un atuendo deportivo.* s.m. = vestimenta
2 Ostentación, exhibición de grandeza.

atufado, a
I (Derivado de *tufo,* vapor < lat. *typhus < gr. typhos,* vapor, soberbia.)
1 Que está intoxicado por el tufo, emanación venenosa. adj.
2 Que está enfadado o enojado mostrándolo no verbalmente, sino con el gesto o la actitud.
II (Derivado del fr. *touffe,* mechón de pelo.) Que usa tufos o tirabuzones. adj.

atufamiento
1 Acción de atufar o atufarse. s.m.
2 Envenenamiento o intoxicación por inhalación de emanaciones gaseosas. = atufo

atufar
I (Derivado del lat. *typhus < gr. typhos,* vapor, soberbia.)
1 Matar o hacer enfermar a una persona con un tufo o emanación gaseosa: *quiso morir y se atufó.* v.tr/prnl.
2 Hacer que una persona se enfade: *se atufó con las indirectas de Luis.*
3 Padecer una intoxicación con el tufo. v.prnl.
4 Despedir una cosa mal olor por haberse podrido. v.intr.
5 Hacerse agrio un vino o un licor. v.prnl.
II (Derivado del fr. *touffe,* mechón de pelo.) Arreglar el pelo de una persona: *se atufó para ir a la fiesta.* v.tr/prnl.

atún (Del ár. *at-tun < lat. thunnus < gr. thynnos.*)
1 Pez teleósteo marino migratorio, cuya carne es muy apreciada. *(Thunnus thynnus.)* s.m. ZOOLOGÍA
2 Persona ignorante y ruda. coloquial

atuna Espátula para remover el maíz. s.f./Perú

atunara Almadraba, lugar donde se pesca atún. s.f./PESCA

atunera Anzuelo grande usado para pescar atunes. s.f./PESCA

atunero, a
1 Persona que trata en atún o lo pesca. s./PESCA
2 Se refiere al barco acondicionado para la pesca del atún. adj/s.m. PESCA

atuntunarse Volverse tonto o aturdirse: *se atuntunó con tantos flashes y preguntas.* v.prnl.

aturar
1 Obrar con sensatez y prudencia: *en todas las situaciones aturaba con seguridad.* v.intr.
2 Tapar un orificio herméticamente. v.tr/coloquial

aturbonado, a Del turbón o turbonada. adj.

aturdido, a Que se comporta sin reflexionar o sin serenidad: *están aturdidas por los acontecimientos.* adj/s. = atolondrado

aturdimiento
1 Estado anímico del que se encuentra aturdido: *el aturdimiento por el vuelo no le permitía contestar con acierto.* s.m.
2 Perturbación física o moral, ocasionada por un golpe o una desgracia, que impide obrar con serenidad: *sus bravatas son fruto del aturdimiento.*
3 Estado del que siente ofuscación y vértigo. MEDICINA

aturdir (Derivado de *tordo,* pájaro atolondrado.)
1 Dejar un golpe o una impresión incapacitada, pasajeramente, a una persona: *tantas ocupaciones y responsabilidades la aturden.* v.tr/prnl. = atolondrar, esturdir
2 Dejar desconcertado o confuso. = atolondrar

aturquesado, a De color turquí o azul oscuro, como el de la turquesa. adj.

aturrullar Causar confusión o turbación a una persona de modo que no pueda desenvolverse o expresarse correctamente: *se aturrulla por lo más mínimo.* v.tr/prnl. coloquial th: aturullar

atusar (Derivado del lat. *attosum < attondere,* pelar, trasquilar.)
1 Cortar el pelo para igualarlo, o arreglárselo con la mano o el peine mojados: *atusar el mostacho.* v.tr/prnl.
2 Cortar los extremos de las plantas de un jardín para igualarlas: *atusar los setos de boj.* v.tr.
3 Adornarse o arreglarse una persona en exceso: *se atusó durante dos horas para asistir a la cena.* v.prnl.

atutía (Del ár. *at-tutiya.*) Costra dura formada por óxido de cinc y otros cuerpos, que se adhiere a la chimenea de los hornos en que se tratan compuestos de este metal. s.f. METALURGIA th: tutia = tucia

audacia Actitud osada o atrevida: *tiene audacia suficiente para saltar la valla; la audacia de sus ingenios.* s.f.

audaz (Del lat. *audax < audere,* atreverse.) Que tiene una actitud muy atrevida: *es un guerrero audaz y valiente; una audaz construcción.* adj. pl: audaces

audible Que es susceptible de ser oído: *si subes un poco el tono sí será audible para mí.* adj. ≠ inaudible

audición
1 Acción de oír. **s.f.**
2 Concierto, recital o lectura en público: *asistió a una audición de música de cámara.*
3 Prueba realizada a un artista: *el director de la obra no asistió a la audición.*

audiencia (Derivado del lat. *audire,* oír.)
1 Acto en el que un soberano u otra autoridad recibe **POLÍTICA** y escucha a personas que informan o exponen una **s.f.** solicitud o una demanda: *solicitaron audiencia para ser recibidos por el papa.*
2 Público que sigue o atiende a un determinado canal **AUDIOVISUALES** de televisión, a una emisora de radio o a alguno de sus programas: *el objetivo de este año es aumentar la audiencia de los más jóvenes.*
3 Conjunto de oyentes en un acto, una ceremonia o **= público,** un espectáculo: *la audiencia la ovacionó.* **auditorio**
4 Acto de oír el juez o el tribunal a cada una de las **DERECHO** partes de un pleito.
5 Tribunal de justicia encargado de resolver los plei- **DERECHO** tos y causas de determinado territorio.
6 Distrito que está bajo la jurisdicción de un tribunal **DERECHO** de justicia.
7 Edificio, sede del tribunal de justicia. **DERECHO**
8 **audiencia provincial:** Audiencia con jurisdicción **DERECHO** sólo penal y limitada a una provincia.
9 **audiencia territorial:** Audiencia con jurisdicción **DERECHO** especialmente civil, a la que pueden apelar los habitantes de varias provincias.

audífono Aparato acústico para mejorar la audición **s.m.** de los sonidos. **tb: audiófono**

audio Del sonido: *técnica audio; dispositivo audio.* **adj.**

audio- Componente de palabra procedente del lat. **pref.** *audire,* que significa audición, sonido.

audiofrecuencia Frecuencia de onda que se emplea **s.f./TELECOMUNI-** en la transmisión o reproducción del sonido. **CACIONES**

audiograma Registro gráfico del umbral de audición **s.m.** de una persona. **MEDICINA**

audiometría Medición de la agudeza auditiva. **s.f./MEDICINA**

audiómetro Instrumento que se usa para medir la **s.m.** sensibilidad del aparato auditivo. **tb: audímetro**

audiovisual
1 Se refiere al medio de comunicación que utiliza **adj./s.m.** imagen y sonido: *el cine y la televisión son audiovisuales.* **AUDIOVISUALES**
2 Se aplica al método de enseñanza que combina la imagen y el sonido.

auditar Examinar el estado de cuentas de una entidad **v.tr.** con el fin de determinar si se ajusta a la ley. **DERECHO**

auditivo, a
1 Que sirve para oír: *conducto auditivo.* **adj.**
2 Que tiene relación con el oído o la audición: *en la ciudad abundan las señales auditivas.*

auditor
1 Revisor o inspector de las anotaciones efectuadas **s.m./ECONOMÍA** en los libros de contabilidad de una sociedad. **= auditor contable**
2 **auditor de guerra:** Funcionario del cuerpo jurídico **MILITAR** militar que interviene en los procedimientos judiciales del fuero militar.
3 **auditor de marina:** Juez letrado que interviene en **DERECHO** las causas del fuero de mar.

auditoría
1 Empleo o profesión de auditor. **s.f./ECONOMÍA**
2 Tribunal o despacho del auditor. **ECONOMÍA**
3 **auditoría contable:** Examen de la contabilidad de **ECONOMÍA** una entidad realizado por un auditor.

auditorio, a
1 Que tiene capacidad de oír. **adj.**
2 Que tiene relación con el oído. **= auditivo**
3 Conjunto de oyentes: *ejercía una gran fascinación so-* **s.m.** *bre el auditorio.*
4 Sala acondicionada para conciertos, conferencias y **= auditórium** otros actos públicos: *este auditorio es el de mayor aforo de la ciudad.*

¡aug! (Voz de creación expresiva.) Expresa el dolor **interj.** que produce una herida en una persona, por lo general en el lenguaje de los cómics.

auge (Del ár. *auy,* apogeo de un astro.)
1 Momento o punto de mayor intensidad de una ac- **s.m.** ción, situación o proceso: *el auge de la poesía simbolista.*
2 Apogeo, punto y momento en que la Luna está **ASTRONOMÍA** más distante de la Tierra.

augita (Del lat. *augites* < gr. *augetis,* especie de piedra **s.f.** preciosa.) Mineral que se encuentra en las rocas volcá- **MINERALOGÍA** nicas.

augur (Del lat. *augur.*)
1 Religioso que, en la antigua Roma, practicaba la **s.m./HISTORIA,** adivinación. **OCULTISMO**
2 Adivino, persona que predice el futuro. **OCULTISMO**

auguración Adivinación por medio del vuelo y el **s.f./OCULTISMO** canto de las aves. **= heteromancia**

augurar (Del lat. *augurare.*) Anunciar hechos del futu- **v.tr.** ro a partir de observaciones o creencias: *nos augura-* **= agorar** *ron un viaje lleno de peligros.*

augurio Señal o anuncio que indica que algo va a **s.m.** ocurrir: *los nubarrones son augurio de tormenta.* **= presagio**

augusto, a (Del lat. *augustus,* venerable, majestuoso.)
1 Que infunde respeto y veneración por su majestad **adj.** y excelencia: *una augusta anciana.*
2 Título que se daba a los emperadores romanos, a **adj/s.m.** partir de Cayo Julio César Octavio, y que les confería **HISTORIA** un carácter sagrado.
3 Payaso de circo: *el augusto forma equipo con el clown,* **s.m.** *haciéndole de contrapunto.*

aula (Del lat. *aula,* patio, atrio.)
1 Sala donde tienen lugar las clases en los centros de **s.f.** enseñanza: *crearon una pequeña biblioteca en el aula.*
2 **aula magna:** La más importante de una facultad o de una universidad, donde se celebran los actos académicos más relevantes: *la sesión inaugural del curso tiene lugar en el aula magna.*

aulaga (Del mozárabe **ayulaga* o *yulaqa.*)
1 Aliaga, planta arbustiva papilionácea, lampiña, con **s.f./BOTÁNICA** ramas espinosas. **tb: abulaga**
2 Asiento de pastor, planta espinosa. **BOTÁNICA**

aulagar Lugar poblado de aulagas. **s.m./tb: abulagar**

aulario Conjunto de aulas de un centro de enseñan- **s.m.** za: *ampliarán el aulario por la fuerte demanda de plazas.*

áulico, a Del palacio o de la corte: *consejero áulico; fes-* **adj.** *tejos áulicos.*

aullador, a Que aúlla: *perro aullador.* **adj.**

aullar (Del ant. **ullar* < lat. *ululare.*) Dar aullidos: *a lo* **v.intr.** *lejos se oían aullar los lobos.* **conj: aunar**

aullido
1 Grito triste y prolongado del lobo, el perro y otros **s.m.** animales: *el aullido nos sobrecogió.* **= aúllo**
2 Sonido semejante a este grito: *el aullido del viento no les dejó dormir.*

aumentación Gradación en la que el sentido de un **s.f.** discurso va ascendiendo. **RETÓRICA**

aumentar (Del bajo lat. *augmentare.*)
1 Hacer mayor la cantidad, el tamaño o la intensidad **v.tr/intr/prnl.** de algo: *el paro ha aumentado; el ayuntamiento ha au-* **= acrecentar** *mentado las plazas administrativas.*
2 Mejorar económicamente o laboralmente: *el país ha aumentado con estas nuevas medidas.*

aumentativo, a
1 Que aumenta. **adj.**
2 Palabra formada con uno o más sufijos aumentati- **s.m.** vos: *casona es aumentativo de casa.* **GRAMÁTICA**

aumento
1 Acrecentamiento de algo: *el resultado fue un aumento* **s.m.** *de la deuda externa de los países centroamericanos.*
2 Mejora de la situación económica o laboral.
3 Facultad amplificadora de una lente o de un apara- **ÓPTICA** to óptico.
4 Unidad de la potencia amplificadora de una lente: **ÓPTICA** *un microscopio de muchos aumentos.*

aún (Del lat. *adhuc,* hasta ahora.)
1 Indica persistencia en el momento presente o en el **adv.** que se habla: *aún no ha llamado.*
2 Indica ponderación: *si ganamos, lo pasaremos aún mejor que ayer.*

aun (Del lat. *adhuc,* hasta ahora.)
1 Expresa concesión: *aun estando enferma va a trabajar* **adv.** *a la oficina.* **= incluso**
2 Expresa ponderación: *aun sin dinero se compró un co-* **conj.conces.** *che de lujo.*

aunar (Del lat. *adunare.*) Poner cosas distintas de **v.tr/prnl.** acuerdo o armonizadas con algún fin: *en aquel acto se aunaron las voluntades.*
CONJ.: IND.: PRES.: *aúno, aúnas, aúna, aunamos, aunáis, aúnan.* SUBJ. PRES.: *pres.: aúne, aúnes, aúne, aunemos, aunéis, aúnen.* IMP.: *aúna, aúne, aunemos, aunad, aúnen.*

aunque
1 Indica concesión o asentimiento ante una objeción **conj.conces.** real o posible: *iremos a la playa aunque llueva.*
2 Indica contraposición o limitación: *es una casa muy* **conj.advers.** *bonita, aunque le falta decoración.*

auñar Introducir los animales las pezuñas o los cas- **v.intr.** cos en el suelo. **= apezuñar**

¡aúpa! (Voz de creación expresiva.)
1 Expresión usada para animar a alguien o algo a le- **interj.** vantarse, sobre todo utilizada con los niños. **tb: upa**
2 **de aúpa o de cuidado:** Ser de mala condición o **loc.adj.** desagradable, o bien, excelente o magnífico.

aupar (Derivado de *aúpa*.)
1 Levantar a una persona, proporcionar ayuda para subir a un lugar: *se aupó al armario con un taburete.* `v.tr/prnl.` `conj: aunar`
2 Proporcionar ayuda a una persona para conseguir una elevada posición social o económica. `= ensalzar, enaltecer`

aura
I (Del lat. *aura*, brisa, soplo < gr. *aura*.)
1 Viento suave y apacible. `s.f./culto`
2 Soplo, aliento. `culto/= hálito`
3 Fama, admiración que rodea a una persona por determinados méritos: *se ganó a pulso el aura que lo envolvía.* `= aureola`
4 Resplandor, irradiación luminosa que, según ciertos estudiosos de fenómenos paranormales, desprenden los seres vivos. `OCULTISMO`
5 Sensación física o síquica que anuncia o precede a una crisis de epilepsia o de otra enfermedad. `MEDICINA`
II (Voz indígena de Cuba.) Ave rapaz diurna americana, de color pardo oscuro y cabeza desnuda. *(Cathartes aura.)* `s.f.` `ZOOLOGÍA` `= zopilote`

áureo, a
1 Que es de oro: *lucía una túnica púrpura bordeada por una orla bordada en hilo áureo.* `adj.` `literario`
2 Que es dorado o parecido al oro: *áureos cabellos.* `literario`

aureola (Del lat. *aureola*, dorada.)
1 Círculo luminoso o resplandor con que se rodea la cabeza de las imágenes sagradas. `s.f.` `tb: auréola`
2 Fama o admiración que consigue una persona: *su aureola de buen cocinero le ha valido muchos contratos.* `coloquial`
3 Corona luminosa, sencilla o doble que rodea a la Luna en los eclipses de Sol. `ASTRONOMÍA`
4 Areola, círculo que rodea una herida, llaga o pezón. `ANATOMÍA`

aureolar Adornar con una aureola: *aureoló todas las imágenes de las vírgenes.* `v.tr.`

aureomicina Antibiótico que pertenece a la familia de la tetraciclina y la terramicina. `s.f./FARMACIA` `= clorotetraciclina`

auri- Componente de palabra procedente del lat. *aurum*, que significa oro. `pref./tb: auro-`

áurico, a De oro: *lo bañaba un brillo áurico.* `adj./culto`

aurícula (Del lat. *auricula*, diminutivo de *auris*, oreja.)
1 Cada una de las dos cavidades superiores del corazón que reciben la sangre de las venas. `s.f.` `ANATOMÍA`
2 Apéndice de las hojas. `BOTÁNICA`
3 Pabellón de la oreja. `ANATOMÍA`

auricular
1 Del oído: *tiene una fuerte infección auricular.* `adj./ANATOMÍA`
2 De las aurículas del corazón: *padece mucho por la malformación auricular.* `ANATOMÍA`
3 Aparato que se aplica al oído y que produce señales acústicas que ha recibido, haciéndolas pasar al pabellón auricular: *lo pilló en clase con los auriculares puestos.* `s.m.` `TECNOLOGÍA`

aurífero, a (Del lat. *aurifer, -eri* < *aurum*, oro + *ferre*, llevar.) Que contiene oro: *cauce aurífero.* `adj.` `tb: aurígero`

auriga (Del lat. *auriga*.) Conductor de los carruajes que participaban en las carreras de circo, en el mundo clásico. `s.m.` `HISTORIA`

aurina Denominación corriente de un derivado de trifenilmetano, que se usa para teñir el papel de color rojo. `s.f.` `QUÍMICA`

aurora (Del lat. *aurora*.)
1 Luz rosada que se ve inmediatamente antes de la salida del sol: *la aurora anunció el día.* `s.f.`
2 Principio o primeros tiempos de una cosa o de un proceso.
3 **aurora austral:** Fenómeno similar a la aurora boreal visible en el hemisferio sur cerca de la zona antártica.
4 **aurora boreal:** Fenómeno luminoso en las capas altas de la atmósfera, producido por el ascenso a ellas de las partículas ionizadas y que es visible en el hemisferio norte cerca de la zona ártica.
5 **despuntar o romper la aurora:** Empezar a amanecer: *salió de casa cuando despuntaba la aurora.* `coloquial`

auroterapia Tratamiento mediante sales de oro. `s.f./MEDICINA`

aurragado, a (Voz vasca.) Se aplica a la tierra que está mal labrada. `adj.` `AGRICULTURA`

aurresku (Voz vasca.) Danza tradicional vasca. `s.m.`

auscultación Técnica para escuchar los sonidos emitidos por los órganos, ya sea directamente aplicando la oreja sobre el cuerpo, ya sea de manera indirecta con un estetoscopio. `s.f.` `MEDICINA`

auscultar (Del lat. *auscultare*, escuchar.)
1 Escuchar los sonidos de una parte del organismo con instrumentos adecuados: *le auscultó el pecho y le tomó la presión.* `v.tr.` `MEDICINA`
2 Intentar saber la opinión de una o más personas sobre un asunto: *auscultamos su parecer sobre la situación política actual.* `= sondear`

ausencia (Del lat. *absentia*.)
1 Circunstancia de ausentarse o estar ausente: *la ausencia de los invitados les sumió en un completo silencio.* `s.f.`
2 Tiempo en que alguien está ausente: *durante su ausencia permaneció en casa de los abuelos.*
3 Falta, vacío o privación de algo o alguien: *la ausencia de responsabilidad explica toda la catástrofe.*
4 Estado de abstracción o distracción total. `SICOLOGÍA`
5 Condición legal de la persona cuyo paradero se desconoce. `DERECHO`
6 **brillar algo o alguien por su ausencia:** No estar una cosa o persona en el lugar en que era de esperar: *su educación brilla por su ausencia.* `coloquial`
7 **en ausencia de:** Estando ausente la persona de que se habla: *en ausencia del director, no podemos tramitar los documentos.* `loc.adv.`

ausentar
1 Hacer que una persona se vaya de un lugar. `v.tr.`
2 Hacer que desaparezca una cosa: *el mago ausentó el pañuelo e hizo aparecer una paloma.*
3 Irse o faltar alguien de un lugar en el que habitualmente está: *sólo se ausentará por dos días.* `v.prnl.`

ausente (Del lat. *absens, -ntis* < *abesse*, estar ausente < *ab*, privativo + *esse*, estar.)
1 Que no está en un lugar determinado o en su residencia habitual: *en este momento, está ausente del país.* `adj/s.m.f.` `≠ presente`
2 Que está ensimismado o distraído: *descubrí en sus ojos una mirada ausente.* `adj.` `= absorto`
3 Que se encuentra en paradero desconocido. `s.m.f./DERECHO`

auspiciar
1 Fomentar, patrocinar, favorecer algún proyecto o negocio: *el ayuntamiento auspició el asociacionismo.* `v.tr.`
2 Adivinar o presagiar algo. `= augurar`

auspicio (Del lat. *auspicium* < *avis*, ave + *specere*, observar.)
1 Adivinación basada en señales o signos: *sus auspicios no solían materializarse.* `s.m./OCULTISMO` `= agüero`
2 Protección o mecenazgo: *se erigió la catedral bajo los auspicios del monarca.* `s.m.pl.`
3 Señales que permiten presagiar el resultado de un asunto: *los buenos auspicios le animaron.*

austeridad
1 Modo de vivir con lo estrictamente necesario, sin comodidades ni lujos: *vivo con austeridad.* `s.f.`
2 Circunstancia de ser una cosa austera, sobria y carente de lujo: *la austeridad del monasterio de El Escorial impresiona mucho.*

austero, a (Del lat. *austerus*, áspero, severo < gr. *austeros*.)
1 Que se comporta con austeridad: *su vida es muy austera y vive con poco dinero.* `adj.` `≠ frívolo`
2 Que es sobrio y sin adorno ni cosa superflua: *el monumento es demasiado austero.* `= serio`
3 Que es íntegro y severo: *tiene fama de ser un juez austero.*
4 Que es agrio, astringente o áspero al gusto.

austral
1 Del hemisferio sur o del polo sur: *tierras australes, latitud austral.* `adj.` `GEOGRAFÍA`
2 Antigua unidad monetaria de Argentina. `s.m./ECONOMÍA`

australiano, a
1 De Australia, país de Oceanía. `adj.`
2 Persona natural de este país. `s.`

australopiteco Homínido fósil africano que presenta caracteres simios, pero que forma parte de la vía evolutiva que condujo al hombre. `s.m.` `ZOOLOGÍA`

austríaco, a
1 De Austria, país europeo. `adj./tb: austriaco`
2 Persona natural de este país. `s.`

austro (Del lat. *auster*.)
1 Viento que sopla del sur. `s.m.`
2 Sur, punto cardinal opuesto al norte.

austrohúngaro, a
1 Del antiguo imperio de Austria-Hungría. `adj./HISTORIA`
2 Persona natural de dicho imperio. `s./HISTORIA`

autarquía (Del gr. *autarkeia* < *autos*, a sí mismo + *arkeo*, bastar.)
1 Calidad del ser que se basta a sí mismo. `s.f.` `ECONOMÍA, POLÍTICA`
2 Régimen de un país que tiende a bastarse a sí mismo con un sistema de economía cerrada.

autárquico, a
1 Que se basta a sí mismo. `adj.` `POLÍTICA`
2 De la autarquía o perteneciente a ella.

auténtica Copia autorizada de algo. `s.f.`

autenticar
1 Legalizar o autorizar una firma o un documento. `v.tr./conj: sacar`
2 Acreditar, dar fe de la verdad de un hecho. `DERECHO`

autenticidad Calidad de lo que es auténtico: *puso en duda la autenticidad de los documentos.* `s.f.`

auténtico, a (Del lat. *authenticus* < gr. *authentikos*, que tiene autoridad < *authentes*, dueño absoluto.)

1 Que es realmente lo que aparenta: *se nota que es auténtico vino de Oporto.* — adj./= genuino ≠ falso

2 Legalizado, que está comprobado y certificado. — DERECHO

autentificar Legalizar o autorizar una firma o un documento. — v.tr. conj: *sacar*

autillo Ave rapaz nocturna, pequeña, de plumaje gris, cabeza redondeada y pico muy curvado. *(Otus scops.)* — s.m./ ZOOLOGÍA = oto, úlula

autismo Alteración sicopatológica caracterizada por un ensimismamiento excesivo y por un desinterés manifiesto hacia el mundo exterior. — s.m. SIQUIATRÍA

autista
1 Del autismo: *ensimismamiento autista.* — adj./SIQUIATRÍA
2 Se aplica a la persona que padece esta enfermedad sicopatológica. — adj/s.m.f. SIQUIATRÍA

auto
I (Del lat. *actus* < *ágere,* obrar.)
1 Forma de resolución judicial, que decide cuestiones para las que no es necesaria una sentencia. — s.m. DERECHO
2 Composición dramática, por lo general breve, generalmente de tema religioso o alegórico. — LITERATURA
3 Actuaciones o piezas de un pleito civil o causa criminal. — s.m.pl. DERECHO
4 **auto de fe:** Castigo público que se daba a los condenados por el tribunal del Santo Oficio. — RELIGIÓN
5 **auto de oficio:** Resolución judicial que provee el juez, sin pedimento de parte. — DERECHO
6 **auto de procesamiento:** Resolución judicial por la cual se declara al presunto culpable como procesado, por existir contra él indicios racionales de criminalidad. — DERECHO
7 **auto sacramental:** Auto alegórico de la eucaristía. — LITERATURA
8 **constar en autos:** Hallarse probada alguna cosa en el procedimiento judicial. — DERECHO
9 **de autos:** Se aplica al momento en que sucedió un hecho: *la noche de autos.* — loc.adj.
II (Apócope de *automóvil.*) Vehículo con motor destinado al transporte individual o familiar: *los asaltantes escaparon en un auto de color gris.* — s.m. coloquial

auto- Componente de palabra procedente del gr. *autos,* que significa propio, uno mismo, de sí mismo. — pref.

autoabastecerse Proveerse de lo necesario, por medios propios: *intentaron que la comunidad se autoabasteciera.* — v.prnl. conj: *carecer*

autoacusación Declaración de culpabilidad por parte de una persona. — s.f. DERECHO

autoadhesión Sistema de adhesión, ya incorporado en el objeto que vaya a adherirse, por contacto o presión. — s.f.

autoadhesivo, a Que tiene determinada sustancia que le permite adherirse o pegarse con facilidad: *sobre autoadhesivo.* — adj/s.m.

autoagresión Agresión que alguien se hace a sí mismo: *el cadáver presentaba múltiples autoagresiones.* — s.f.

autoanálisis Análisis efectuado sobre la misma persona que lo realiza, atendiendo a la técnica de la asociación libre y a la interpretación de los sueños. — s.m. pl: autoanálisis SICOLOGÍA

autoarranque Sistema de puesta en marcha de cualquier máquina con mecanismos y dispositivos propios de la misma. — s.m. MECÁNICA

autobiografía Narración de la vida de una persona escrita por ella misma: *su autobiografía se convirtió en el libro más vendido del año.* — s.f. LITERATURA

autobiográfico, a Se aplica a aquello que, en su totalidad o sólo en parte, tiene relación con la vida del autor: *relatos llenos de notas autobiográficas.* — adj.

autobombo Elogio o alabanza desmesurados y públicos que hace uno de sí mismo. — s.m. coloquial

autobús Vehículo automóvil de gran capacidad destinado al transporte de pasajeros. — s.m/pl: autobuses = bus

autocar (De *auto-* + ingl. *car,* vagón.) Automóvil de gran capacidad destinado al transporte de viajeros. — s.m. = autobús

autocarril Vehículo de transporte ferroviario para pasajeros, que se mueve con motores eléctricos o térmicos. — s.m. Amér. Merid. = automotor

autocensura Censura que se impone uno mismo. — s.f.

autocine Recinto al aire libre donde se proyectan películas que se pueden ver sin salir del automóvil. — s.m. CINE

autocinesia
1 Capacidad de la materia viva para realizar movimientos propios, sin una fuerza externa al cuerpo que los realiza. — s.f. BIOLOGÍA
2 Movimiento voluntario.

autoclave
1 Aparato para la esterilización por vapor, bajo presión y a temperaturas elevadas: *introdujeron los manuscritos en el autoclave.* — s.m.
2 Cámara de paredes gruesas para llevar a cabo en su interior reacciones químicas a alta presión y temperatura. — QUÍMICA

autocomplacerse Complacerse a uno mismo. — v.prnl./conj: *carecer*

autocontrol Control que uno realiza sobre sí mismo. — s.m.

autocopista Aparato para sacar copias de un escrito o dibujo, a partir de un cliché. — s.f. = multicopista

autocracia Sistema de gobierno en el cual el poder lo ejerce una sola persona. — s.f. POLÍTICA

autócrata (Del gr. *autokrates* < *auto,* uno mismo + *krateo,* dominar.) Persona que ejerce por sí sola la máxima autoridad en un estado. — s.f. POLÍTICA

autocrítica
1 Crítica que una persona hace de sí misma, del grupo o comunidad a la que pertenece o de su obra: *alabaron su capacidad de autocrítica.* — s.f.
2 Pequeño anuncio y comentario crítico de una obra teatral, que está escrito por el propio autor y se publica antes del estreno. — TEATRO = antecrítica

autocromo, a Se aplica al procedimiento de fotografía en colores. — adj/s. FOTOGRAFÍA

autóctono, a (Del fr. *autochtone* < lat. *autochthon* < gr. *autokhthon,* indígena < *autos,* mismo + *khthon,* tierra.) Que es originario del país o región en que vive, y se encuentra o se da: *especie autóctona.* — adj/s. = aborigen ≠ alóctono

autodefensa Acción de defenderse uno mismo por sus propios medios. — s.f.

autodefinirse Definirse a sí mismo. — v.prnl.

autodestrucción Acción y resultado de autodestruirse: *su inseguridad le llevó a la autodestrucción.* — s.f.

autodestructor, a
1 Que tiende a destruirse a sí mismo. — adj.
2 Se aplica al dispositivo que provoca la destrucción del arma, proyectil o material militar de los que forma parte. — adj/s.m. MILITAR

autodestruirse Destruirse algo o alguien a sí mismo, ya sea de manera material o sicológica: *el coche-bomba se autodestruyó a la hora prevista; Juan se autodestruyó con su actitud intolerante.* — v.prnl.

autodeterminación
1 Acción de decidir por uno mismo. — s.f.
2 Autonomía o derecho que tiene un pueblo o estado para decidir sobre su estatuto político y económico. — POLÍTICA

autodidacto, a (Del gr. *autodidactos.*) Que aprende o se instruye por sí mismo: *escultor autodidacto.* — adj/s.

autodirección Dispositivo que permite a un avión no pilotado, a un misil o a un cohete efectuar un vuelo dirigido sin necesidad de control remoto. — s.f. AERONÁUTICA

autodisciplina Disciplina que una persona o un grupo se impone voluntariamente, y en la que no hay control exterior. — s.f.

autodominio Dominio de sí mismo, facultad de someter a la propia voluntad los deseos impulsivos. — s.m.

autódromo Circuito para las carreras de coches. — s.m/DEPORTES

autoedición Procedimiento informático para la publicación electrónica de un documento. — s.f. INFORMÁTICA

autoencendido Encendido espontáneo de la mezcla gaseosa, que se produce en los motores. — s.m. MECÁNICA

autoescuela Escuela donde se enseña a conducir vehículos automóviles: *sólo asistió a la autoescuela para los trámites.* — s.f.

autofagia Alimentación de un organismo por el consumo de sus propias sustancias. — s.f. BIOLOGÍA

autofecundación Tipo de fecundación que se caracteriza por la unión de dos elementos de distinto sexo pertenecientes a una misma planta o a un mismo individuo. — s.f. BIOLOGÍA = autogamia

autofinanciación Financiación de una empresa con parte de sus propios beneficios: *abogan por la autofinanciación como estrategia prioritaria.* — s.f. ECONOMÍA

autofoco Dispositivo de una cámara que enfoca automáticamente. — s.m. FOTOGRAFÍA

autogamia Autofecundación en plantas y animales. — s.f/BIOLOGÍA

autógeno, a (Del gr. *autos,* mismo + *gennao,* engendrar.) Se aplica a la soldadura que se realiza fundiendo, con la ayuda de un soplete, las partes por donde ha de hacerse la unión. — adj. METALURGIA

autogestión Organización, administración y gestión de una empresa por parte de los propios trabajadores. — s.f. ECONOMÍA

autogiro Aeronave que, además de dos pequeñas alas rígidas, está provista de una hélice horizontal sin motor que se acciona por la corriente de aire. — s.m. AERONÁUTICA

autogobierno Sistema de administración de los territorios que tienen autonomía. — s.m. POLÍTICA

autogol Gol marcado por un jugador en su propia portería: *el autogol determinó el resultado.* — s.m. DEPORTES

autografía
1 Técnica para reproducir, mediante una piedra preparada al efecto, escritos o dibujos hechos con tinta grasa sobre papel. — s.f. ARTES GRÁFICAS

2 Reproducción obtenida con esta técnica. — ARTES GRÁFICAS

autografiar Reproducir un escrito o dibujo por medio de la autografía. — v.tr./conj: vaciar ARTES GRÁFICAS

autógrafo, a (Del lat. *autographus* < gr. *autographos* < *autos*, mismo + *grapho*, escribir.)
1 Que está escrito de mano de su mismo autor: *han encontrado un texto autógrafo de un famoso escritor.* — adj/s.m.
2 Firma de una persona famosa o notable: *consiguió un autógrafo de Elvis Presley.* — s.m.

autoinculpación Declaración voluntaria de una persona de haber cometido un delito. — s.f. DERECHO

autoinducción Inducción electromagnética de un circuito eléctrico, producida por la corriente que circula por él. — s.f. ELECTRICIDAD

autoinmunización Inmunización de un individuo por sustancias producidas en su interior. — s.f. BIOLOGÍA

autointoxicación Intoxicación del organismo por productos que él mismo elabora y que debían ser eliminados. — s.f. MEDICINA

autolesión Lesión que se produce uno mismo: *los cardenales de las piernas no son fruto de un ataque, sino de autolesiones.* — s.f.

autólisis Desintegración de un tejido orgánico causada por enzimas que éste contiene. — s.f./pl: autolisis BIOLOGÍA

autómata (Del lat. *automaton* < gr. *automatos*, que se mueve por sí mismo.)
1 Máquina que imita la forma y los movimientos de un ser animado: *el museo de autómatas decimonónicos.* — s.m.
2 Persona débil de carácter, que actúa de forma mecánica o que está dominada por otra. — coloquial
3 Representación de un algoritmo. — INFORMÁTICA

automática
1 Arma en la que los gases producidos por la combustión de la pólvora ejecutan la mayor parte de las operaciones para su funcionamiento. — s.f.
2 Lavadora, máquina para lavar la ropa.
3 Ciencia y técnica de la automatización.

automático, a
1 Que funciona por sí solo: *cámara automática.* — adj.
2 Que tiene relación con el autómata.
3 Que se hace de manera inconsciente o involuntaria: *reacción de forma automática.* — = indeliberado ≠ deliberado
4 Que se produce de manera obligatoria en determinadas circunstancias: *el cese fue automático.* — = inmediato
5 Tipo de cierre o botón a modo de corchete. — s.m.

automatismo
1 Cualidad de automático. — s.m.
2 Ejecución normal o patológica de actos sin intervención de la voluntad. — SICOLOGÍA

automatizar
1 Aplicar procedimientos automáticos a un proceso, a un mecanismo o a un dispositivo: *automatizar la transformación de plásticos.* — v.tr. conj: cazar
2 Convertir los movimientos corporales o los actos voluntarios en automáticos o indeliberados: *aún no ha automatizado la lectura.*
3 Aplicar procedimientos automáticos a la industria. — INDUSTRIA

automedicación Uso de medicamentos que realiza un enfermo sin prescripción médica. — s.f.

automedonte Auriga, cochero. — s.m./culto

automoción
1 Sector de la industria relativo al automóvil. — s.f./INDUSTRIA
2 Conjunto de conocimientos relativos a las máquinas accionadas por motor, especialmente los automóviles. — MECÁNICA = automovilismo

automodelismo Reproducción de automóviles a escala reducida. — s.m.

automotor, a
1 Se aplica a la máquina que funciona sin la intervención de un agente exterior. — adj./MECÁNICA = automotriz
2 Se aplica al vehículo que tiene tracción mecánica. — MECÁNICA
3 Tren de motor térmico o eléctrico. — s.m.

automóvil
1 Que se mueve por sí mismo. — adj.
2 Vehículo movido por un motor de explosión, de combustión interna, eléctrico o por turbina de gas, diseñado para el transporte individual o familiar. — s.m. = auto, coche

automovilismo
1 Deporte que consiste en hacer competiciones con el automóvil. — s.m. DEPORTES
2 Conjunto de conocimientos teóricos y prácticos sobre la construcción, funcionamiento y manejo de automóviles: *sólo compra revistas de automovilismo.* — = automoción

automovilista
1 Del automóvil: *ambos son miembros del mismo club automovilista.* — adj.
2 Persona que conduce un automóvil o es aficionada al automovilismo. — s.m.f.

automovilístico, a Que tiene relación con el automovilismo: *industria automovilística.* — adj.

autonomía
1 Independencia, condición de una entidad o una persona que no depende de otra: *obra con autonomía sin dejar de asumir sus responsabilidades.* — s.f.
2 Estado de un país o colectividad que goza de independencia política: *el pueblo se alzó en demanda de autonomía.* — POLÍTICA
3 Potestad de los municipios, provincias, regiones u otras entidades de un estado para regir asuntos de su propia administración mediante normas y órganos de gobierno propios. — POLÍTICA
4 Territorio español autónomo. — POLÍTICA
5 Capacidad de un vehículo cualquiera para recorrer un espacio determinado sin necesidad de reponer su combustible.

autonómico, a De la autonomía: *comunidad autonómica, régimen autonómico.* — adj.

autónomo, a (Del gr. *autonomos* < *autos*, mismo + *nomos*, ley.)
1 Que tiene autonomía: *territorio autónomo.* — adj.
2 Que trabaja por cuenta propia. — adj/s.

autopista
1 Carretera con vías separadas en cada dirección y accesos limitados, sin cruces a nivel, que permite circular a más velocidad y con mayor seguridad. — s.f.
2 **autopista de información**: Sistema de comunicación basado en una red telemática de intercomunicación y transmisión de datos, ya sean textos, sonidos o imágenes, a gran velocidad y desde cualquier punto del planeta a otro. — INFORMÁTICA, TELECOMUNICACIONES

autoplastia (De *auto-* + gr. *plastos*, bruñido, modelado, amasado.) Restauración quirúrgica de partes enfermas o lesionadas de un organismo con partes sanas del mismo. — s.f. MEDICINA

autopropulsión Movimiento de una máquina propulsada por su propia fuerza motriz. — s.f. MECÁNICA

autopsia (Del gr. *autopsia* < *autos*, mismo + *opsomai*, ver.)
1 Examen médico de un cadáver para determinar las causas y circunstancias de la muerte: *la autopsia desveló información útil para la investigación.* — s.f. MEDICINA
2 Examen detallado de algún asunto. — coloquial

autópsido, a Se aplica al mineral que tiene aspecto metálico. — adj. MINERALOGÍA

autor, a (Del lat. *auctor*.)
1 Causante de una cosa, hecho o acontecimiento: *el autor de la broma no ha sido él.* — s.
2 Persona que ha realizado alguna obra científica, literaria o artística: *me presentó al autor de la novela.*
3 Persona que comete un delito, o fuerza o induce a otras a ejecutarlo, o bien coopera en su ejecución mediante un acto sin el cual no se habría consumado. — DERECHO

autoría Circunstancia de ser autor o creador de una obra o invento: *los investigadores no están de acuerdo sobre la autoría del soneto.* — s.f.

autoridad (Del lat. *auctoritas*.)
1 Facultad o poder para gobernar o mandar: *el colectivo ciudadano reconoció su autoridad.* — s.f.
2 Persona que tiene un cargo público para gobernar o mandar: *ha hablado con las autoridades municipales.*
3 Persona respetada y admirada por sus conocimientos o dominio de una cosa: *es una autoridad en el mundo de las finanzas.*
4 Modo de hacer una cosa o comportarse que manifiesta una gran seguridad o confianza en quien lo realiza: *hablaba con mucha autoridad.*
5 Texto de un autor de renombre que se cita para apoyar o justificar lo que se dice.

autoritario, a
1 Que tiende a imponer su voluntad: *era un padre muy autoritario y dominante.* — adj/s.
2 Que no es democrático: *todos están en contra del régimen autoritario.* — adj. POLÍTICA

autoritarismo
1 Sistema fundado en el ejercicio de la autoridad absoluta. — s.m. POLÍTICA
2 Abuso que hace una persona de su autoridad.

autorización
1 Acción y resultado de autorizar. — s.f.
2 Documento firmado por quien autoriza a una persona para hacer o tener algo: *su padre le firmó la autorización para salir de la escuela.*

autorizado, a
1 Que es digno de respeto o crédito: *lo sé de fuentes autorizadas.* — adj.
2 Que tiene autoridad oficial.
3 Que está permitido para menores de edad: *llevamos a los niños a un espectáculo autorizado.* — ≠ prohibido

autorizar
1 Dar autoridad o derecho para hacer una cosa. — v.tr./conj: *cazar*
2 Dar una persona con autoridad validez a un documento o permiso para que se realice una cosa: *autorizó su traslado con su firma.*
3 Confirmar, dar una cosa.por buena. — = aprobar
4 Dar un notario validez a un documento. — DERECHO

autorradio Aparato radiorreceptor, especialmente fabricado para su instalación en automóviles. — s.m. AUDIOVISUALES

autorrecargable Se aplica a la batería, acumulador u otro aparato que se recarga sin necesidad de ser sustituido: *la calculadora funciona con una batería solar autorrecargable.* — adj.

autorregulable Que puede regularse por sí mismo: *calefactor autorregulable.* — adj.

autorregulación
1 Acción y efecto de autorregularse. — s.f.
2 Propiedad de un mecanismo, de una instalación o de un sistema de conservar su equilibrio y continuar funcionando. — BIOLOGÍA, MECÁNICA

autorregularse Someterse por sí mismo a una regla. — v.prnl.

autorretrato Retrato que realiza una persona de ella misma: *la exposición recoge todos sus autorretratos.* — s.m. ARTE

autorreverse (Voz inglesa.) Mecanismo de ciertos equipos magnetofónicos que permite la lectura y grabación de una cinta en dos direcciones. — s.m. AUDIOVISUALES

autosatisfacción Satisfacción de uno mismo: *aquel éxito fue motivo de autosatisfacción.* — s.f. = orgullo

autoservicio
1 Sistema de venta utilizado en algunos establecimientos públicos, como almacenes o restaurantes, en los que el cliente se sirve a sí mismo. — s.m. COMERCIO
2 Establecimiento comercial en que se practica este sistema de venta. — COMERCIO

autostop (Voz inglesa.) Manera de viajar por carretera, solicitando transporte gratuito a los automovilistas con un gesto: *recorrió Irlanda en autostop.* — s.m. tb: autoestop

autostopista Persona que viaja haciendo autostop. — s.m.f.

autosuficiencia
1 Estado o condición del que es capaz de satisfacer sus necesidades valiéndose de sus propios medios. — s.f.
2 Modo de ser o de comportarse de la persona que, con aires de superioridad, está convencida de su valía o de su belleza. — = engreimiento, presunción

autosuficiente
1 Se aplica a la persona o institución que se basta a sí misma. — adj.
2 Que actúa con presunción o suficiencia: *es un pedante y autosuficiente orador.* — = suficiente

autosugestión Influencia que ejerce una persona sobre sí misma. — s.f. SICOLOGÍA

autosugestionarse Experimentar autosugestión. — v.prnl./SICOLOGÍA

autotest (Voz inglesa.) Test planteado de tal forma que el sujeto pueda realizarlo y corregirlo sin ayuda. — s.m. SICOLOGÍA

autotomía Mutilación refleja de una parte del cuerpo que algunos animales se practican para escapar de un peligro. — s.f. ZOOLOGÍA

autótrofo, a (De *auto-* + gr. *trophos*, alimentador.) Se aplica a la planta o bacteria que se alimenta de materia orgánica elaborada por ella misma a partir de sustancias inorgánicas. — adj. BIOLOGÍA, BOTÁNICA

autovacuna Vacuna elaborada con gérmenes aislados del mismo individuo a quien tendrá que ser administrada. — s.f. MEDICINA

autovía
1 Carretera con más de una vía en cada dirección, mayor número de accesos que la autopista y en la que puede haber cruces a nivel. — s.f.
2 Vehículo ferroviario movido por un motor térmico o de explosión. — s.m. = automotor

autumnal Del otoño: *el período autumnal.* — adj./culto

auxiliar
I (Del lat. *auxiliaris*.)
1 Que auxilia. — adj/s.
2 Se refiere al verbo empleado en la formación de la voz pasiva y de los tiempos compuestos de la activa. — adj/s.m. GRAMÁTICA
3 Funcionario técnico o administrativo de categoría subalterna: *ordenó a la auxiliar que mecanografiase la carta.* — s.m.f.
4 Profesor que ayuda o suple al titular.
5 **auxiliar de vuelo:** Persona que atiende a los pasajeros y a la tripulación de un avión. — AERONÁUTICA
6 **auxiliar técnico sanitario:** Ats, profesional titulado que ayuda al médico en la asistencia a los enfermos. — MEDICINA
II (Del lat. *auxiliare*.)
1 Dar auxilio o socorrer a quien está en peligro: *decidió auxiliar a los refugiados.* — v.tr.
2 Administrar los últimos sacramentos a un moribundo. — RELIGIÓN

auxilio (Del lat. *auxilium.*)
1 Ayuda que se presta a una persona que está en una situación peligrosa o difícil: *gracias al rápido auxilio de la Cruz Roja se salvó de una muerte segura.* — s.m. = socorro
2 ¡auxilio!: Voz, equivalente a ¡socorro!, con que se pide ayuda cuando se está en peligro. — interj.

auyama Calabaza, planta herbácea anual o vivaz, rastrera o trepadora, y su fruto. — s.f./*Amér.* BOTÁNICA

avadhi Variante dialectal de la lengua hindi del grupo indoario, de la familia indoeuropea, hablada en la India y en Nepal. — s.m. LINGÜÍSTICA

avahar
1 Echar vaho, dirigiéndolo hacia alguien o algo: *avahó el cristal y escribió allí su nombre con el dedo.* — v.tr/intr/prnl.
2 Calentar con vaho. — v.tr.

aval (Del fr. *aval*.)
1 Firma que se pone al pie de cualquier documento de crédito para responder de su pago en caso de que no lo hiciera la persona obligada a él. — s.m. ECONOMÍA
2 Escrito firmado que responde de una persona en cualquier sentido.

avalador, a Que avala: *entidad avaladora.* — adj/s.

avalancha (Del fr. *avalanche*.)
1 Deslizamiento repentino de una masa de nieve, hielo o rocas, por la ladera de una montaña: *la avalancha sepultó el refugio.* — s.f. = alud
2 Abundancia de personas en una misma dirección: *el fuego provocó una avalancha en la gradería.* — = alud, aluvión

avalar
1 Dar garantía de un documento de crédito por medio de un aval: *mi padre me avala.* — v.tr.
2 Respaldar, dar crédito: *sus compañeros le avalan, ante el descrédito generalizado.*

avalista Persona que avala. — s.m.f./ECONOMÍA

avaluar Valuar, valorar o determinar el valor de una cosa: *avaluar los desperfectos de la explosión.* — v.tr. conj: *actuar*

avance
1 Acción y resultado de avanzar. — s.m.
2 Adelanto o progreso: *los avances médicos han contribuido a curar muchas enfermedades.*
3 Anticipo de dinero: *tuvo que pedir un avance para sufragar los gastos.*
4 Parte anterior de la caja de los coches que es de quita y pon.
5 Avanzo, balance o presupuesto. — ECONOMÍA
6 Fragmentos de una película que se proyectan antes de su estreno con fines publicitarios. — CINE = trailer
7 **avance informativo:** Información ofrecida como adelanto y que tendrá ulterior desarrollo, en los medios de comunicación. — AUDIOVISUALES

avanecerse Ponerse la fruta seca y correosa. — v.prnl/conj: *carecer*

avantrén
1 Parte del coche que conforman la suspensión, la dirección, los órganos motores y la tracción. — s.m. MECÁNICA
2 Juego delantero de los carruajes de artillería. — MILITAR

avanzada Grupo de soldados destacado del cuerpo principal para observar de cerca al enemigo y precaver sorpresas: *envió una avanzada al frente enemigo.* — s.f. MILITAR

avanzadilla
1 Grupo de soldados adelantado a la avanzada para observar al enemigo. — s.f. MILITAR
2 Malecón construido sobre pilotes. — CONSTRUCCIÓN
3 Conjunto de personas que son las primeras en algo: *constituyeron la avanzadilla cultural.* — coloquial

avanzado, a
1 Se aplica al proceso que está lejos del inicio y próximo al final: *lo hallaron en estado avanzado de putrefacción.* — adj.
2 Que destaca por su audacia, valor o novedad: *escribió una novela muy avanzada para su tiempo.*
3 Que aparece en primer término: *el de traje oscuro, que está avanzado, es el tutor de mi hijo.*
4 Que es progresista, liberal o democrático.

avanzar (Del lat. vulgar *abantiare* < lat. *abante*, delante.)
1 Ir hacia delante: *las tropas avanzaban lentamente a través del territorio ocupado.* — v.intr/prnl. conj: *cazar*
2 Acercarse un período de tiempo a su fin.
3 Mejorar, hacer progresos: *últimamente ha avanzado mucho en su proyecto.* — = progresar
4 Adelantar, mover hacia delante: *avanzó el alfil.* — v.tr.
5 Hacer que ocurra algo antes de lo previsto: *avanzó su salida para no despedirse.* — = anticipar
6 Vomitar, arrojar por la boca lo contenido en el estómago. — Antillas

avanzo
1 Comparación del activo y del pasivo de un negocio, balance. — s.m. ECONOMÍA
2 Presupuesto del coste o los gastos de una obra. — ECONOMÍA

avaricia (Del lat. *avaritia*.) Inclinación desmesurada a adquirir riquezas por el mero placer de poseerlas: *la avaricia te hará perder amigos*. — s.f. = codicia

avaricioso, a Avariento, avaro. — adj/s.

avariento, a Que tiene avaricia. — adj/s./=avaricioso

avaro, a (Del lat. *avarus*.)
1 Que tiene avaricia. — adj/s./= avaricioso
2 Que guarda u oculta un conocimiento con avaricia sin ofrecerlo a otros: *un profesor no puede ser avaro de su ciencia*. — + de

avasallador, a
1 Se aplica a la persona que avasalla a otras. — adj/s.
2 Se refiere a los elementos que se imponen por su fuerza o eficacia: *el ímpetu avasallador de nuestro equipo nos dio la victoria*. — adj.

avasallamiento Acción y resultado de avasallar. — s.m.

avasallar
1 Someter a obediencia a una persona contra su voluntad y por la fuerza. — v.tr.
2 Someterse una persona a otra por impotencia o debilidad. — v.prnl.
3 Hacerse vasallo de algún señor. — HISTORIA

avatar (Del sánscrito *avatara*.) Suceso inesperado que produce un cambio brusco en la marcha de una cosa: *los avatares de la vida*. — s.m.

avatí Maíz, planta gramínea originaria del continente americano. — s.m./pl.tb: avaties BOTÁNICA

ave (Del lat. *avis*.)
1 Animal vertebrado, ovíparo, con el cuerpo cubierto de plumas, de pico córneo y con las extremidades anteriores transformadas en alas. — s.f. ZOOLOGÍA
2 **ave de mal agüero:** Persona que se considera como portadora de desgracias. — coloquial
3 **ave de paso o pasajera:** 1. Ave que sólo aparece en un lugar cuando hace escala en su vuelo migratorio. 2. Persona que permanece poco tiempo en un lugar: *no le des muchas responsabilidades porque es ave de paso.* — ZOOLOGÍA coloquial
4 **ave de rapiña, rapaz o rapiega:** 1. Ave carnívora con pico curvado y pies prensiles en forma de garra, como el halcón. 2. Ladrón, persona que se apodera de lo que no es suyo. — ZOOLOGÍA coloquial
5 **ave del paraíso:** 1. Ave exótica de Oceanía, adornada con plumas multicolores y muy vistosas. 2. Planta ornamental, originaria de África meridional. — ZOOLOGÍA BOTÁNICA
6 **ave fénix:** Ave mitológica que renace de sus propias cenizas. — MITOLOGÍA
7 **ave lira:** Pájaro australiano cuyo macho dispone de una gran cola que se abre en forma de lira. — ZOOLOGÍA
8 **ave migratoria:** La que se traslada al comenzar la estación fría hacia áreas de invernada y vuelve para criar cuando mejoran las condiciones. — ZOOLOGÍA
9 **ser uno un ave:** Ser muy rápido o veloz: *es un ave con los problemas de aritmética.* — coloquial

avechucho
1 Ave de figura desagradable. — s.m.
2 Personaje despreciable o ridículo. — coloquial

avecinarse
1 Aproximarse, acercarse: *se avecina una tormenta*. — v.prnl./= avecindar
2 Establecerse en una población. — = avecindar

avecindamiento
1 Inscripción o establecimiento de una persona como vecina de una población. — s.m.
2 Población en la que uno se ha establecido.

avecindar
1 Inscribir a una persona como vecina de un pueblo. — v.tr.
2 Aproximarse, acercarse: *quisieran avecindarse a la catedral, pero el cordón policial se lo impidió.* — v.prnl. = avecinarse

avefría Denominación común que se da a diferentes aves limícolas con copete de plumas largas en la parte posterior de la cabeza. — s.f. ZOOLOGÍA tb: ave fría

avejentar Poner o hacer parecer más viejo de lo que es en realidad: *se avejentó mucho en pocos meses a causa de la enfermedad.* — v.tr/prnl. = aviejar, envejecer

avejigar Levantar vejigas o ampollas: *se le avejigaron los pies con tanta caminata.* — v.tr/intr/prnl. conj: pagar

avellana (Del lat. *abellana* [nux], [nuez] de Abella, ciudad de Campania, donde abundaban estos frutos.)
1 Fruto del avellano, redondeado, de cáscara leñosa, comestible y muy sabroso. — s.f. BOTÁNICA
2 **avellana de la India o índica:** Mirobálano o árbol de la India, cuyos frutos se utilizan en medicina y tintorería. — BOTÁNICA

avellanado, a
1 Que tiene el color parecido al de la avellana: *tiene los ojos avellanados.* — adj.
2 Que está arrugado y enjuto.
3 Operación y resultado de ensanchar el borde de un orificio para que se aloje en él la cabeza de un tornillo, clavo o remache. — s.m.

avellanador Barreno con cabeza estriada que se usa para ensanchar el agujero en el que va colocado un tornillo. — s.m.

avellanar
I (Derivado de *avellana*.) Terreno poblado de avellanos: *el granizo estropeó las flores del avellanar.* — s.m. tb: avellanal
II (De origen incierto.)
1 Hacer más ancho el agujero en el que va colocado un tornillo, clavo o remache para que la cabeza de éste quede hundida en él. — v.tr.
2 Ponerse enjuto. — v.prnl.

avellanate Guiso o pasta de avellanas. — s.m./COCINA

avellaneda Avellanar, terreno poblado de avellanos. — s.f./tb: avellanedo

avellanero Avellano, arbusto. — s.m./BOTÁNICA

avellano
1 Arbusto con flores en amento, que es cultivado por sus frutos, las avellanas, y por su madera. (*Corylus avellana.*) — s.m./BOTÁNICA = avellanero, nochizo
2 Madera de este arbusto.

avemaría
1 Oración católica que comienza con las palabras de saludo del arcángel san Gabriel a la Virgen María. — s.f./tb: ave maría RELIGIÓN
2 Ángelus, oración católica. — RELIGIÓN
3 Cada una de las cuentas pequeñas del rosario. — RELIGIÓN
4 **¡avemaría!:** Expresión que denota asombro o extrañeza: *¡avemaría la tormenta que está cayendo!* — interj.
5 **al avemaría:** Al anochecer, al caer la noche. — loc.adv.
6 **en un avemaría:** En muy poco tiempo, en un instante: *en un avemaría preparó la maleta.* — coloquial

avena
s.f.1 Denominación genérica de diversas especies de plantas herbáceas gramíneas, con espigas gruesas y colgantes, cultivadas para alimentar al ganado. (*Avena.*) — BOTÁNICA
2 Grano o semilla de esta planta. — BOTÁNICA
3 Instrumento rústico parecido a una flauta o a varias flautas unidas. — MÚSICA/culto = zampoña
4 **avena borde o caballuna:** Variedad parecida a la avena loca, pero con todos los ramos de la panoja hacia un lado. — BOTÁNICA
5 **avena loca:** Planta gramínea que crece espontáneamente en los campos de cereales y en terrenos no cultivados. (*Avena fatua.*) — BOTÁNICA

avenado, a Que está algo loco: *debe estar un poco avenado para hacer una cosa así.* — adj. coloquial

avenamiento Evacuación artificial o natural del agua de un terreno por medio de drenaje o a través del sistema de corrientes naturales. — s.m. GEOGRAFÍA

avenar Dar salida al agua que hay en un terreno por medio de zanjas o cañerías o a través del sistema fluvial. — v.tr.

avenate Bebida hecha con avena mondada, machacada y cocida, usada como refrescante y pectoral. — s.m.

avenenar Envenenar, dar veneno. — v.tr.

avenencia Conformidad, acuerdo o armonía entre dos o más personas: *les costó mucho dar con una fórmula de avenencia.* — s.f. ≠ desavenencia

avenáceo, a De la avena. — adj./BOTÁNICA

avenida
1 Calle ancha, normalmente con árboles a los lados: *paseaban tranquilamente por la avenida.* — s.f.
2 Camino que conduce a un sitio determinado.
3 Aumento repentino e impetuoso del caudal de un río o un arroyo: *las frecuentes avenidas de agua arrasaban las riberas.*
4 Concurrencia de varias personas, cosas o hechos: *no esperaban una avenida tan populosa.*

avenido, a Que se entiende o tiene una determinada relación de amistad con una persona: *no entiendo cómo siendo hermanos andan siempre tan mal avenidos.* — adj.

avenidor, a Que aviene, reconcilia o pone de acuerdo a dos o más personas enemistadas o en desacuerdo. — adj/s.

avenir (Del lat. *advenire* < *ad*, *a* + *venire*, venir.)
1 Poner de acuerdo a dos o más personas o partes enemistadas: *desde que uno de ellos enfermó, los dos hermanos ya se avienen.* — v.tr/prnl. conj: venir
2 Llevarse una persona bien con otra: *me avengo con todas las chicas de mi clase.* — v.prnl. + con
3 Conformarse con una cosa, amoldarse: *no se aviene a salir cada día de fiesta.* — + a
4 Estar una cosa en armonía con otra: *su forma de actuar no se aviene con sus ideas.* — + con
5 **allá se las avenga:** Expresión que se utiliza para mostrar indiferencia ante lo que le pueda ocurrir a una persona. — coloquial

aventado, a Que actúa sin reflexión. — adj.

aventador, a
1 Se aplica a la persona o a la máquina que avienta los granos después de la trilla. — adj/s. AGRICULTURA

2 Instrumento para aventar el grano, formado por un palo largo en cuyo extremo hay un travesaño con cuatro puntas de madera. — *s.m. AGRICULTURA = bieldo*
3 Instrumento para avivar el fuego. — *= soplillo*
4 Válvula de suela que se coloca en la parte superior del tubo de aspiración de las bombas. — *MINERÍA*
5 Abertura, simple o doble, de la nariz de los mamíferos cetáceos. — *s.m.pl. ZOOLOGÍA*

aventadura Tumor de las caballerías. — *s.f./VETERINARIA*

aventajado, a
1 Se aplica a la persona que aventaja a otra en cualidades: *es un alumno aventajado en los estudios.* — *adj.*
2 Que es ventajoso o provechoso: *aunque a primera vista no lo parece, es un negocio aventajado.* — *= conveniente*

aventajar
1 Sacar ventaja o ser superior: *aventaja a todos sus compañeros en puntualidad.* — *v.tr. + en*
2 Mejorar en algo: *al trabajar aquí se aventajó económicamente.* — *v.tr/prnl.*
3 Conceder preeminencia, preferir: *aventaja a su familia sobre todo lo demás.*

aventar
1 Dirigir aire hacia una cosa. — *v.tr/conj.: pensar*
2 Echar los granos al viento en la era para limpiarlos: *aventar la cebada.* — *AGRICULTURA*
3 Hacer fuerza el viento contra una cosa hasta desplazarla.
4 Echar de un lugar a una persona: *alborotó tanto que lo aventaron.* — *coloquial*
5 Exponer el azúcar al aire y al sol. — *Cuba*
6 Arrojar, tirar: *aventó todos los papeles y libros del difunto; se aventó al pozo.* — *v.tr/prnl. Colomb., Méx.*
7 Llenarse una cosa de aire u otro gas. — *v.prnl.*
8 Irse de un lugar precipitadamente. — *coloquial P. Rico*
9 Comenzar a corromperse la carne.

aventi
1 Narración oral que reconstruye un hecho real del pasado reciente. — *s.f.*
2 Relato popular de expresión oral que mezcla hechos verídicos con otros que surgen de la imaginación en el momento de ser contados y que se convierte en una versión plausible de lo que ocurrió en realidad. — *s.m. LITERATURA*

aventón Acción de llevar a una persona en coche sin cobrarle por ello: *me fui de aventón a Acapulco.* — *s.m./Méx. coloquial*

aventura (Del lat. *adventura*, cosas que han de suceder < *advenire*, llegar < *ad*, a + *venire*, venir.)
1 Suceso fuera de lo común: *su autobiografía es un sinfín de aventuras y correrías insólitas.* — *s.f.*
2 Actividad arriesgada o peligrosa, o iniciada sin garantías suficientes de obtener un buen resultado.
3 aventura amorosa: Relación sentimental breve y algo frívola: *tuvo una aventura amorosa con la vecina.*

aventurado, a
1 Que es arriesgado, atrevido e inseguro: *viajar a un país en guerra es cuanto menos aventurado.* — *adj.*
2 Que no tiene suficiente fundamento: *francamente, me parece que ésa es una afirmación aventurada.*

aventurar
1 Poner en peligro o en riesgo: *se aventuró a pasar por aquel peligroso camino.* — *v.tr/prnl./+ a = arriesgar*
2 Exponer una teoría o una hipótesis que tiene poco fundamento. — *v.tr. = arriesgar*

aventurero, a
1 Que busca o vive una vida de aventuras: *fue una mujer aventurera de vida singular.* — *adj/s. tb: venturero*
2 Que se gana la vida si se enriquece con medios ilegales.

average (Voz inglesa.) Promedio, término medio. — *s.m./DEPORTES*

averdugar Causar lesión a una caballería por apretarle excesivamente las herraduras. — *v.tr/conj.: pagar VETERINARIA*

avergonzar Causar un sentimiento de vergüenza: *aquello le avergonzó mucho; se avergüenza de haber actuado como lo hizo.* — *v.tr/prnl.*
CONJ.: IND.: PRES.: *avergüenzo, avergüenzas, avergüenza, avergonzamos, avergonzáis, avergüenzan.* PRET. INDEF.: *avergoncé, avergonzaste, avergonzó, avergonzamos, avergonzasteis, avergonzaron.* SUBJ.: PRES.: *avergüence, avergüences, avergüence, avergoncemos, avergoncéis, avergüencen.* IMP.: *avergüenza, avergüence, avergoncemos, avergonzad, avergüencen.*

avería
I (Derivado de *ave*.)
1 Sitio donde se crían aves. — *s.f.*
2 Averío, conjunto de aves domésticas o de corral.
II (Del cat. *avaria* < ár. *'awariya*, mercancía averiada.)
1 Desperfecto que impide el funcionamiento de un aparato, una instalación o de un vehículo: *la reparación de la avería del televisor resultó carísima.* — *s.f.*
2 Daño o perjuicio: *vaya avería que nos has hecho con no venir a buscarnos.* — *coloquial*

averiar
1 Causar una avería en una máquina o instalación o deterioro en una mercancía o género: *el coche se averió a causa de la intensa lluvia.* — *v.tr/prnl. conj: vaciar*
2 Echarse a perder o descomponerse una sustancia orgánica. — *v.prnl.*

averiguación Investigación para enterarse de algo o para encontrar una solución: *se llevó a la tumba el fruto de sus averiguaciones.* — *s.f. = indagación*

averiguar (Del lat. *ad*, a + *verificare*, presentar como verdad.)
1 Hacer gestiones o preguntas para conseguir una información: *tengo que averiguar quién me ha enviado el anónimo.* — *v.tr. conj: aguar = inquirir*
2 Llegar a entenderse o ponerse de acuerdo dos o más personas entre sí: *se averigua bien con Juan.* — *v.prnl. + con*
3 averígüelo Vargas: Se usa para indicar que la cuestión a la que se refiere es difícil de indagar.

averío Conjunto de aves domésticas o de corral. — *s.m./tb: avería*

averno, a (Del lat. *avernum*.)
1 Del infierno. — *adj./culto*
2 Lugar al que van a parar las almas de los muertos o los condenados por la justicia divina. — *s.m./culto = infierno*

averroísmo (Derivado de *Averroes*, pensador árabe.) Doctrinas derivadas de las obras filosóficas de este pensador. — *s.m. FILOSOFÍA*

averroísta
1 Relativo a estas doctrinas. — *adj./FILOSOFÍA*
2 Que profesa el averroísmo. — *adj/s.m.f.*

averrugado, a Que tiene muchas verrugas: *la distinguió por sus averrugadas manos.* — *adj.*

averrugarse Llenarse de verrugas. — *v.prnl./conj.: pagar*

aversión (Del lat. *aversio*.) Sentimiento de odio o rechazo: *siente aversión por la violencia.* — *s.f. = fobia*

avestruz (Compuesto por *ave* + *estruz* < occitano ant. *estrutz*, gorrión.)
1 Ave corredora, de gran tamaño, patas largas y robustas, cuello desnudo y sólo dos dedos en cada extremidad, que vive en África. *(Struthio camelus.)* — *s.m. pl: avestruces ZOOLOGÍA*
2 avestruz de América: Ñandú, ave parecida al avestruz pero más pequeña y con tres dedos en cada extremidad. — *ZOOLOGÍA*

avetado, a Que tiene vetas: *filón avetado.* — *adj.*

avetarda Avutarda, ave de plumaje pardusco. — *s.f./ZOOLOGÍA*

avetoro (Probablemente del fr. *butor*.) Garza real de alas grandes de punta redondeada y patas cortas. *(Botaurus.)* — *s.m. ZOOLOGÍA*

avezar (Derivado del ant. *bezo*, costumbre < lat. *vitium*, defecto, falta, vicio.) Hacer que una persona se acostumbre a llevar a cabo trabajos o actividades difíciles. — *v.tr/prnl. conj: cazar tb: vezar = acostumbrar*

avezón Eneldo, planta. — *s.m./BOTÁNICA*

aviación (Del fr. *aviation*.)
1 Sistema de locomoción aérea. — *s.f./AERONÁUTICA*
2 Cuerpo militar que utiliza aviones: *la aviación jugó un papel primordial en la batalla.* — *MILITAR*
3 aviación civil: La que no está destinada a servicios militares. — *AERONÁUTICA*
4 aviación comercial: La destinada al transporte de personas y mercancías. — *AERONÁUTICA*

aviador, a
I (Derivado de *avión*.) Persona que tripula un avión. — *s./AERONÁUTICA*
II (Derivado de *aviar*.)
1 Se refiere a la persona que avía o prepara alguna cosa. — *adj.*
2 Persona que cobra un sueldo en la nómina de una oficina del gobierno, pero que en realidad no trabaja en ella. — *s. Méx.*

aviar
I (Probablemente de *ave*.) De las aves y de sus enfermedades: *epidemias aviares.* — *adj. = aviario*
II (Derivado del lat. *ad*, para + *via*, camino.)
1 Preparar lo necesario para emprender un viaje: *avió las maletas en un momento.* — *v.tr. conj: vaciar*
2 Añadir condimentos a la comida para darle sabor. — *COCINA Amér.*
3 Prestar dinero o efectos al labrador, minero o ganadero.
4 Vestir a una persona o poner en orden una cosa: *se avió para el baile.* — *v.tr/prnl.*
5 Acelerar la ejecución de lo que se está haciendo: *es preciso que nos aviemos.* — *coloquial*
6 Proporcionar a una persona lo que necesita para algún fin: *al final le aviará el dinero que necesita.* — *coloquial*
7 Ser capaz de salir de una dificultad: *no te preocupes, ya se las aviará.* — *v.prnl.*
8 estar aviado: Estar en una situación difícil o creer erróneamente que puede conseguir una cosa: *pues estás aviado si piensas de esa manera.* — *coloquial*

aviario, a
1 Perteneciente a las aves y a sus enfermedades. — *adj./= aviar*

2 Colección de aves vivas o disecadas. *s.m.*

aviciar Dar demasiada lozanía y frondosidad a las plantas. *v.tr. AGRICULTURA*

avícola De la avicultura. *adj.*

avicultor, a Persona que se dedica a la cría y reproducción de aves. *s.*

avicultura (Del lat. *avis*, ave + *cultura*, cultivo.) Técnica referente a la cría y reproducción de las aves y al aprovechamiento de sus productos. *s.f.*

avidez Deseo intenso y violento de una cosa: *da pena ver la avidez con la que bebe.* *s.f./pl: avideces = ansia, codicia*

ávido, a (Del lat. *avidus*.) Que desea una cosa intensamente: *está ávida de fama.* *adj. = deseoso*

aviejar Avejentar, ponerse viejo antes de tiempo: *el sol y los fríos vientos aviejaron su rostro.* *v.tr/prnl.*

avienta Labor agrícola de aventar el grano. *s.f./AGRICULTURA*

aviento *
1 Instrumento usado para aventar el grano formado por un palo largo en cuyo extremo hay un travesaño con cuatro puntas de madera. *s.m. AGRICULTURA = bieldo*
2 Herramienta para cargar la paja. *AGRICULTURA*

avieso, a (Del lat. *aversus*, apartado, opuesto.)
1 Que es malvado y retorcido: *se incorporó al proyecto con aviesas intenciones.* *adj. = maligno*
2 Que está torcido.

avifauna Conjunto de las aves de un país o región. *s.f.*

avigorar Vigorar, dar vigor. *v.tr.*

avilantarse Mostrarse insolente. *v.prnl.*

avilantez (Del ant. *avinanteza* o *avilanteza*, ocasión favorable < cat. *avinentesa* < *avinent*, adecuado, cómodo.) Tranquilidad para atreverse a hacer una cosa irrespetuosa sin inmutarse: *ha tenido la avilantez de negarme la entrada.* *s.f. pl: avilanteces tb: avilanteza*

avilés, a
1 De Ávila, ciudad y provincia española. *adj./= abulense*
2 Persona que es natural de Ávila. *s./= abulense*

avillanado, a Que tiene alguna de las propiedades del villano: *mostró una conducta avillanada.* *adj.*

avillanar Hacer que una persona se comporte como un villano: *las malas compañías le avillanaron.* *v.tr/prnl.*

avinagrado, a Se aplica a la persona o al carácter que es agrio: *las desventuras le volvieron avinagrado.* *coloquial = sombrío*

avinagrar
1 Poner agria una sustancia: *después de tantos años, el vino se avinagró.* *v.tr/prnl. = acedar*
2 Volverse una persona malhumorada o arisca: *se avinagró con tantas preocupaciones familiares.* *v.prnl.*

avío (Derivado de *aviar.*)
1 Preparación de lo necesario para realizar una cosa: *comprobó su avío para dirigir el grupo.* *s.m.*
2 Interés o provecho personal.
3 Comida que llevan los pastores y gente de campo para el tiempo que están fuera de casa.
4 Utensilios necesarios para hacer una cosa: *le gusta tener todo tipo de avíos de escribir.* *s.m.pl./coloquial = aparejos*

avión
I (Del ant. *gavión*, de origen incierto.) Denominación genérica de varias especies de pájaros semejantes a la golondrina. *s.m. ZOOLOGÍA*
II (Del fr. *avion*, aumentativo del lat. *avis*, ave.)
1 Aeronave provista de alas rígidas y propulsada por uno o varios motores: *en avión sólo tardaremos media hora para llegar a Mallorca.* *s.m. AERONÁUTICA = aeroplano*
2 avión comercial: El destinado al transporte de pasajeros y mercancías. *AERONÁUTICA*
3 avión de bombardeo: El que es capaz de bombardear objetivos situados en tierra. *MILITAR = bombardero*
4 avión de caza: El que es pequeño, muy veloz y de gran maniobrabilidad, usado en reconocimientos y combates aéreos. *MILITAR = caza*
5 avión de reacción: El propulsado por motores de reacción. *AERONÁUTICA = reactor*

avioneta Avión pequeño y con motor de poca potencia: *alquilaron una avioneta para llegar a la isla.* *s.f. AERONÁUTICA*

aviónica Estudio de todos los datos útiles a la navegación aérea con el fin de mejorar el transporte y reducir gastos innecesarios. *s.f. AERONÁUTICA*

avisado, a
1 Que se comporta con astucia y prudencia: *ha demostrado ser poco avisado.* *adj.*
2 Se aplica al toro que atiende a todo lo que se mueve en la plaza y hace difícil y peligrosa su lidia. *TAUROMAQUIA*
3 mal avisado: Que se comporta irreflexivamente. *loc.adj.*

avisar (Del fr. *aviser* < *avis*, opinión.)
1 Hacer saber una cosa con anticipación. *v.tr./= anunciar*
2 Advertir de una cosa que conviene saber, hacer o evitar.
3 Llamar a una persona para que preste un servicio propio de su profesión: *avisa al médico.*

aviso
1 Acción y resultado de avisar. *s.m.*
2 Escrito, comunicado o palabras con que se avisa: *me dejó el aviso sobre la mesa.*
3 Advertencia de la presidencia al matador cuando éste prolonga la faena de matar más tiempo del prescrito por el reglamento. *TAUROMAQUIA*
4 Buque de guerra de vapor pequeño y rápido para llevar pliegos, órdenes y otras cosas. *MILITAR, NÁUTICA*
5 estar sobre aviso: Estar prevenido o preparado para lo que va a ocurrir: *ya está sobre aviso, no hace falta que le envíes el fax.*
6 poner sobre aviso: Anunciar o advertir a una persona: *nos puso sobre aviso acerca del juicio.*

avispa (Del lat. *vespa.*)
1 Denominación común de varios insectos himenópteros, con el abdomen anillado de color negro y amarillo y aguijón venenoso. *s.f. ZOOLOGÍA*
2 Persona astuta. *coloquial*

avispado, a Que aprende con facilidad y rapidez: *los nuevos alumnos son más avispados.* *adj./coloquial = despierto*

avispar
1 Estimular a las caballerías con el látigo u otro instrumento. *v.tr. EQUITACIÓN*
2 Hacer despierta a una persona: *a este chico lo han avispado mucho.* *v.tr/prnl. coloquial*

avispero
1 Panal o nido de avispas. *s.m./ZOOLOGÍA*
2 Conjunto de avispas. *ZOOLOGÍA*
3 Negocio complicado y peligroso. *coloquial*
4 Furúnculo con varias bocas de supuración. *MEDICINA/= ántrax*

avispón Avispa europea de gran tamaño, de picadura muy dolorosa. (*Vespa crabro.*) *s.m. ZOOLOGÍA*

avistar
1 Conseguir ver a una distancia considerable: *avistó la nave, que se acercaba lentamente.* *v.tr.*
2 Entrevistarse dos o más personas. *v.prnl.*

avitaminosis Enfermedad causada por la escasez o falta de vitaminas. *s.f./pl: avitaminosis MEDICINA*

avitelado, a Se aplica al cuero que es parecido a la vitela. *adj.*

avituallamiento Acción y resultado de avituallar o abastecer: *consiguieron hacer llegar el avituallamiento a la ciudad asediada.* *s.m. = abastecimiento*

avituallar Proporcionar víveres: *se encargaba de avituallar la tropa de retaguardia.* *v.tr. = abastecer*

avivado Método químico para avivar el tono de los tejidos teñidos. *s.m. TEXTIL*

avivador, a
1 Que aviva. *adj.*
2 Hueco pequeño que se deja entre dos molduras para hacerlas resaltar. *s.m. CONSTRUCCIÓN*
3 Cepillo que emplean los carpinteros y tallistas en la fabricación de molduras. *CARPINTERÍA*

avivar
1 Dar fuerza o viveza: *avivó el fuego con ramas secas; la visita de sus amigos le avivó el ánimo.* *v.tr.*
2 Empezar a vivir las larvas y los gusanos. *v.intr/prnl.*
3 Cobrar vida o vigor.

avizor, a (Del fr. ant. *aviseur*, el que avisa.) Que observa atentamente: *ojo avizor.* *adj/s.*

avizorar Observar con mucha cautela y atención: *desde el rincón avizoraba la puerta.* *v.tr. = acechar*

-avo, a Unido a números cardinales, indica las partes iguales en que se divide la unidad: *quinceavo.* *suf.*

avocar (Del lat. *advocare.*) Pedir un juez o un tribunal superior para sí la causa que debe juzgar otro inferior. *v.tr. conj: sacar DERECHO*

avocastro Persona muy fea. *s.m./Chile, Perú*

avoceta Ave de plumaje blanco y negro y pico largo y encorvado hacia arriba, que vive en marismas y zonas húmedas. (*Recurvirostra.*) *s.f. ZOOLOGÍA*

avolcanado, a Se aplica al terreno que tiene volcanes o muestra señales de haberlos tenido. *adj. GEOGRAFÍA*

avucasta Avutarda, ave de plumaje pardusco. *s.f./ZOOLOGÍA*

avugo Fruto del avuguero. *s.m./BOTÁNICA*

avuguero Árbol, variedad del peral. *s.m./BOTÁNICA*

avulsión Acción y resultado de extraer un órgano o formación patológica de su sitio. *s.f./MEDICINA = extirpación*

avutarda (Del lat. hispánico *avis tarda*, ave tarda, por su pesado vuelo.) Ave gruiforme esteparia, de tamaño mediano, cuyo plumaje pardusco presenta en los machos zonas blancas y negras. (*Otis tarda.*) *s.f./ZOOLOGÍA = avetarda, avucasta*

axial Del eje: *línea axial.* *adj./tb: axil*

axila (Del lat. *axilla.*)
1 Zona del cuerpo situada debajo del brazo, donde éste se une al tronco. *s.f./ANATOMÍA = sobaco*

2 Punto en que se une una bráctea o rama al tronco o a otra rama por la parte que forma un ángulo agudo. — *BOTÁNICA*

axilar Que tiene relación con la axila: *arteria axilar; hoja axilar.* — *adj./ANATOMÍA, BOTÁNICA*

axioma (Del lat. *axioma* < gr. *axioma,* lo que parece o se estima como justo < *axios,* digno.) Punto de partida de un razonamiento, o afirmación, considerado como evidente o no demostrable. — *s.m. LÓGICA*

axiomática Conjunto de primeras nociones admitidas sin demostración, que forman la base de una rama de las matemáticas. — *s.f. MATEMÁTICAS*

axiomático, a
1 Del axioma: *punto axiomático.* — *adj./LÓGICA*
2 Que es muy evidente: *lo presentó como una verdad axiomática.* — *= indiscutible*

axiomatizar Explicitar las definiciones, axiomas y postulados en los que se basa una teoría. — *v.tr. conj: cazar*

axis (Del lat. *axis,* eje.) Segunda vértebra cervical del cuerpo humano sobre la que gira la cabeza y segunda troncal de los vertebrados con cuatro patas. — *s.m./pl: axis ANATOMÍA, ZOOLOGÍA*

axo Pedazo cuadrado de tela de lana que usan como parte de su vestido las mujeres indígenas. — *s.m. Perú*

axoideo, a Del axis: *tiene fuertes dolores en el músculo axoideo.* — *adj. ANATOMÍA*

axón Prolongación filiforme de la neurona. — *s.m./= neurita*

¡ay! (Voz de creación expresiva.)
1 Expresión usada para exteriorizar sentimientos de dolor, aflicción o sorpresa: *¡ay, cuidado con los pinchos!; ¡ay de mí, qué desgracia tan grande!* — *interj.*
2 Lamento, quejido. — *s.m.*
3 ¡ay de!: Expresión que indica amenaza: *¡ay del que no me obedezca!* — *interj. = cuidado*

ayatollah (Voz árabe.) Título de una alta autoridad religiosa entre los chiítas islámicos. — *s.m. RELIGIÓN*

ayer (Del ant. *yer* < lat. *heri.*)
1 En el día precedente, el día anterior a éste: *ayer comimos paella.* — *adv. ≠ hoy*
2 En el pasado, antes: *ayer llena de vida y ahora sin esperanza de curación.* — *≠ ahora*
3 el ayer: El tiempo pasado: *melodías del ayer.* — *s.m./≠ el hoy*
4 ayer noche: En la noche del día de ayer: *ayer noche fuimos al cine a la última sesión.* — *loc.adv.*

ayermar Convertir un terreno en yermo: *se ayermó la finca por no cultivarla.* — *v.tr/prnl. AGRICULTURA*

ayo, a Persona que se encarga del cuidado y la educación de los niños, en las casas acomodadas. — *s.*

ayote Planta herbácea cucurbitácea parecida a la cabalaza. — *s.m./BOTÁNICA Amér. Central*

ayuda
1 Acción y resultado de ayudar. — *s.f.*
2 Persona o cosa que presta su apoyo: *sus amigos fueron su ayuda en aquel trance.*
3 Medicamento líquido que se introduce por el ano, para provocar la defecación. — *MEDICINA = lavativa*
4 Orden o estímulo que el jinete comunica al caballo por medio de la brida, espuela, voz u otro medio. — *EQUITACIÓN*
5 Persona que reparte o vende el agua entre los pastores. — *= aguador*
6 Subalterno que en alguno de los oficios de palacio sirve bajo las órdenes de su jefe. — *s.m.*
7 Persona que da dinero al ganado. — *= piensador*
8 Cabo o aparejo con que se asegura otro. — *NÁUTICA*
9 ayuda de cámara: Sirviente encargado del vestido de la persona para quien trabaja.

ayudado, a Se refiere al pase de muleta que se ejecuta con la intervención de las manos del matador. — *adj/s. TAUROMAQUIA*

ayudador, a
1 Que ayuda. — *adj/s.*
2 Pastor que cuida los rebaños y ocupa el primer lugar después del mayoral. — *s.m.*

ayudante, a
1 Persona que ayuda. — *s.*
2 Profesor, funcionario o militar que realiza sus funciones bajo la dirección de un superior, al que suple en ausencias y enfermedades.

ayudantía Empleo u oficina de ayudante. — *s.f.*

ayudar (Del lat. *adjutare < juvare.*)
1 Prestar cooperación en una actividad en la que corresponde a otro la responsabilidad o el esfuerzo mayor: *les ayudó a aprobar el examen de ingreso.* — *v.tr.*
2 Socorrer en una necesidad.
3 Poner los medios para el logro de una cosa. — *v.prnl.*
4 Servirse de la cooperación de otro o de la ayuda de una cosa: *se ayuda de su tío; se ayuda con las manos.* — *+ de, con*

ayuga Mirabel, planta herbácea. — *s.f./BOTÁNICA*

ayunar (Del bajo lat. *jejunare.*)
1 Abstenerse de comer y beber total o parcialmente por motivos diversos, especialmente religiosos: *ayunó durante toda la semana santa.* — *v.intr.*

2 Privarse de un gusto o un placer.

ayuno, a (Del lat. *jejunus.*)
1 Que no entiende una cosa o no tiene noticia de ella. — *adj. + de*
2 Abstinencia de comida, particularmente la que se hace por devoción o por precepto eclesiástico. — *s.m.*
3 ayuno natural: Abstinencia de toda comida y bebida desde las doce de la noche anterior.
4 en ayunas: 1. Sin haber tomado alimento alguno: *le mandaron hacerse el análisis en ayunas.* 2. Sin saber o comprender cierta cosa: *su explicación fue muy críptica, me quedé en ayunas.* — *loc.adv.*

ayuntamiento (Derivado del ant. *ayuntar,* juntar.)
1 Corporación, compuesta por el alcalde y los concejales, que administra y dirige los intereses de un municipio: *presentarán la propuesta al ayuntamiento.* — *s.m.*
2 Casa consistorial.
3 Junta o reunión para tratar un asunto.
4 Cópula o coito.

azabachado, a Parecido al azabache: *melena azabachada; mineral azabachado.* — *adj.*

azabache (Del ár. hispánico *as-zabay.*)
1 Se refiere al color negro brillante. — *adj/s.m.*
2 Variedad del lignito, de color negro brillante, que se utiliza, tras pulirlo, para hacer botones y objetos de adorno. — *MINERALOGÍA = ámbar negro*
3 Carbonero, ave paseriforme. — *ZOOLOGÍA*
4 Conjunto de joyas o adornos de azabache. — *s.m.pl.*

azacán, a (Del ár. *as-saqqa',* aguador.)
1 Que realiza trabajos humildes y penosos. — *adj/s.*
2 Persona que transporta o vende agua. — *s.m./= aguador*

azada (Del lat. vulgar **asciata* < lat. *ascia,* hacha, azuela.)
1 Herramienta agrícola formada por una plancha de hierro con un borde afilado, unida a un mango que forma con ella ángulo agudo. — *s.f. AGRICULTURA*
2 Azadón, herramienta agrícola. — *AGRICULTURA*

azadazo Golpe dado con la azada, especialmente al realizar labores agrícolas: *de un azadazo demolió el terrón.* — *s.m. = azadada, azadonada*

azadilla Azada pequeña usada para limpiar la tierra y trasplantar flores y arbustos. — *s.f./AGRICULTURA = almocafre*

azadón
1 Azada con la plancha algo curva y más larga que ancha. — *s.m. AGRICULTURA*
2 azadón de peto o de pico: Herramienta con mango de madera y dos puntas opuestas, una aguzada y otra en corte estrecho. — *= zapapico*

azadonar Cavar un terreno con el azadón. — *v.tr./AGRICULTURA*

azafata (Derivado de *azafate.*)
1 Mujer encargada de atender a los pasajeros en los aviones y trenes: *la azafata acompañó al niño durante todo el vuelo.* — *s.f.*
2 Empleada que atiende a los visitantes, participantes o clientes de ciertas exposiciones, reuniones o establecimientos: *lleva años como azafata en el Palacio de Congresos.*
3 Criada que servía a la reina los vestidos y alhajas. — *HISTORIA*

azafate (Del ár. *as-safat,* cesta, canastillo.) Canastilla de mimbre plana, en forma de bandeja. — *s.m.*

azafrán (Del ár. *az-za'faran.*)
1 Planta iridácea con estigmas de color rojo anaranjado. *(Crocus.)* — *s.m./BOTÁNICA tb: zafrán*
2 Estigma de esta planta, empleado como condimento y para teñir de amarillo. — *BOTÁNICA*
3 Color amarillo anaranjado reflectante, que se saca del estigma del azafrán. — *ARTE*
4 azafrán bastardo o romí: Alazor, planta anual compuesta. — *BOTÁNICA*

azafranado, a Que tiene el color del azafrán: *llevaba un vestido azafranado.* — *adj.*

azafranal Tierra sembrada de azafrán. — *s.m.*

azafranar
1 Teñir de azafrán. — *v.tr.*
2 Poner azafrán en una cosa: *azafranó la paella.*

azagadero Cañada para el ganado. — *s.m./= azagador*

azagar Ir las ovejas o las cabras en fila por las sendas: *el ganado azagaba por la cañada.* — *v.intr. conj: pagar*

azagaya (Del beréber *az-zagaya,* venablo, lanza.) Arma arrojadiza semejante al dardo. — *s.f. MILITAR*

azagón
1 Azagadero, cañada para el ganado. — *s.m.*
2 Manera de ir el ganado en fila por las sendas.

azahar (Del ár. *az-zhar,* cualquier flor.) Flor blanca del naranjo y otros cítricos, de perfume intenso, usada en medicina y perfumería. — *s.m. BOTÁNICA*

azalá (Del ár. *as-sala.*) Oración de los mahometanos. — *s.m./tb: zalá*

azalea (Del lat. moderno *azalea* < gr. *azaleos,* seco, — *s.f./BOTÁNICA*

árido.) Planta arbustiva de pequeño tamaño con flo- = rosa de las rocas
res blancas, rosadas o rojas, cultivada como orna-
mento. (*Rhododendron indicum*.)

azamboa (Del ár. *az-zambu'a*, toronja.) Fruto del s.f.
azamboero. BOTÁNICA

azamboero Árbol, variedad del cidro. s.m./BOTÁNICA

azanca Manantial subterráneo. s.f./GEOGRAFÍA

azaque (Del ár. *az-zakat*.) Limosna obligatoria que s.m.
pagan los musulmanes.

azar (Del ár. *az-zahr*, cualquier flor.)
1 Causa desconocida de un hecho o de un suceso im- s.m.
previsto, que no se debe a una necesidad natural ni a
una intervención intencionada: *fue el azar quien le
puso en mi camino*.
2 Desgracia imprevista, que no puede interpretarse
como consecuencia de los actos de quien la sufre.
3 Carta o dado que tiene el punto con que se pierde. JUEGOS
4 Cada uno de los lados de la tronera que miran a la JUEGOS
mesa, en el juego del billar.
5 Cualquier cosa que estorbe una jugada, en el juego JUEGOS
de la pelota.
6 **al azar**: Sin dirección o propósito determinados: *es-* loc.adv.
cogió dos voluntarios al azar.

azarandar Zarandear, mover con energía y rapidez. v.tr.

azarar
1 Causar aturdimiento o vergüenza. v.tr/prnl.
2 Ponerse rojas las mejillas de una persona al sentir v.prnl.
vergüenza. = ruborizarse

azarbe (Del ár. *as-sarb*, correntío, cloaca.) Cauce que s.m.
recorre el agua de riego sobrante. AGRICULTURA

azarbeta Cauce pequeño que lleva el agua sobrante s.f.
de los riegos del azarbe. AGRICULTURA

azarcón (Del ár. *az-zarqun*.) Minio, óxido de plomo s.m.
de color rojo anaranjado. QUÍMICA

azarearse
1 Sentir vergüenza. v.prnl./Amér.
2 Enfadarse, disgustarse. Chile, Perú

azarja (Del ár. *as-sariya*.) Utensilio para coger la seda s.f.
cruda. TEXTIL

azarolla Acerola, fruto del acerolo. s.f./BOTÁNICA

azarollo Acerolo, arbusto. s.m./BOTÁNICA

azaroso, a
1 Que tiene muchos riesgos o percances: *ha sido el* adj./= agitado
viaje más azaroso de su vida. ≠ tranquilo
2 Que siente miedo o turbación. = temeroso

azcona Arma arrojadiza semejante al dardo. s.f.

azemar Poner una cosa llana o lisa. v.tr.

azerbaijanés, a
1 De Azerbaijàn, estado y región asiática occidental. adj./= azerí
2 Persona que es natural de Azerbaijàn. s./= azerí

azerí
1 De Azerbaijàn. adj/s.m.f.
2 Lengua turca hablada en Azerbaijàn. s.m./LINGÜÍSTICA

azeuxis (De *a*, privativo + gr. *zeuxis*, unión.) Hiato, s.f.
pronunciación en dos sílabas de dos vocales conti- pl: azeuxis
guas de una misma palabra. LINGÜÍSTICA

-azgo
1 Componente de palabra que, unido a sustantivos, suf.
indica cargo o condición: *arciprestazgo, noviazgo*.
2 Componente de palabra que, unido a verbos, crea
sustantivos que denotan acción y resultado: *hallazgo*.

ázimo, a (Del gr. *azymos* < *zyme*, levadura.) Se refiere adj/s.m.
al pan que no tiene levadura. th: ácimo

azimut Acimut, coordenada geográfica astronómica. s.m./ASTRONOMÍA

aznacho
1 Pino rodeno, generalmente achaparrado. s.m./BOTÁNICA
2 Madera de este árbol.

aznallo
1 Aznacho, pino. s.m./BOTÁNICA
2 Gatuña, arbusto de tallos ramosos y flores rojizas o BOTÁNICA
blancas.

azoado, a Que contiene ázoe, en especial el agua. adj.

azoar Impregnar de nitrógeno. v.tr/prnl./QUÍMICA

azoato Nitrato, sal. s.m./QUÍMICA

ázoe (Del fr. *azote*.) Nitrógeno, gas. s.m./QUÍMICA

azoemia (De *a*, privativo + gr. *zoe*, vida, existencia + s.f.
gr. *hema*, sangre.) Presencia de sustancias nitrogena- MEDICINA
das en la sangre, excluyendo el nitrógeno proteico.

azófar (Del ár. *as-sufr*.) Latón, aleación de cobre y s.m.
cinc. METALURGIA

azofra (Del ár. *as-sujra*, sujeción.) Prestación personal. s.f.

azogar
I (Probablemente de *azogue*.)
1 Cubrir cristales u otras cosas con mercurio para v.tr.
convertirlas en espejo. conj: pagar
2 Padecer una intoxicación con los vapores de mer- v.prnl.
curio. MEDICINA

3 Mostrarse muy turbado: *se azogó al oírles decir aque-* coloquial
llas barbaridades.
II (De origen incierto.) Echar un poco de agua en la v.tr.
cal para apagarla.

azogue
I (Del ár. *az-za'uq*, mercurio.)
1 Mercurio, metal. s.m./QUÍMICA
2 **ser una persona un azogue**: Ser muy inquieto: *esa* coloquial
niña es un azogue, no está tranquila ni un segundo.
II (Del ár. *as-suq*, mercado.) Plaza de un pueblo don- s.m.
de se hacían tratos comerciales. HISTORIA

azoguería Taller de amalgamación de metales. s.f./METALURGIA

azoico, a
I (Derivado de *ázoe*.) Del ázoe. adj./QUÍMICA
II (De *a*, privativo + gr. zoe, vida.) Se refiere al terre- adj.
no que no contiene fósiles. GEOLOGÍA

azolar Trabajar la madera con la azuela. v.tr/conj: contar

azolvar Tapar un conducto. v.tr/prnl.

azolve Basura o lodo que obstruye un conducto de s.m.
agua. Méx.

azor (Del lat. vulgar *acceptor* < lat. *accipiter*.)
1 Ave rapaz diurna, de gran tamaño, cabeza pequeña s.m.
y pico curvado, que se alimenta de otras aves y lie- ZOOLOGÍA
bres o conejos. (*Accipiter gentilis.*)
2 **azor desbañado**: El que no ha tomado agua los CAZA
días que le hacen volar.

azoramiento Acción y resultado de azorar, turbar o s.m.
aturdir a una persona: *el azoramiento se expresaba en la
rojez de su rostro*.

azorar
1 Hacer perder la serenidad a una persona: *se azora* v.tr/prnl.
cuando intuye un peligro.
2 Seguir o alcanzar el azor a las aves para cogerlas. v.tr./CAZA

azorrarse Quedarse una persona adormecida por fie- v.prnl.
bre o por sueño anormal: *mientras la esperaba se azo-* = amodorrarse
rró en el sofá de la sala.

azotacalles Persona a la que le gusta callejear: *vi al* s.m.f.
azotacalles de tu hermano vagando por el centro de la ciu- pl: azotacalles
dad. coloquial

azotado, a
1 Que tiene varios colores mezclados. adj./= jaspeado
2 Reo castigado con pena de azotes. s.

azotador Oruga cubierta de pelillos que tienen pro- s.m./Méx.
piedades urticantes. ZOOLOGÍA

azotaina Zurra, tunda, serie de azotes: *jamás olvidaré* s.f./coloquial
la azotaina que le dio.

azotar
1 Dar azotes: *se azotaban como penitencia*. v.tr/prnl.
2 Dar un animal golpes con la cola o las alas. v.tr.
3 Cortar el aire brusca o violentamente: *el avión azotó
el aire con mucha rapidez*.
4 Golpear violenta y rápidamente: *el agua azotó el
barco durante la tempestad*.
5 Causar grandes daños o destrozos: *esta guerra ha
azotado la economía mundial*.

azote (Del ár. *as-saut*, látigo.)
1 Instrumento hecho de cuerdas o tiras de cuero, con s.m.
nudos o puntas, usado para golpear.
2 Golpe dado con este instrumento: *castigó a los polizones a veinte azotes*.
3 Golpe dado en las nalgas con la mano.
4 Embate o golpe repetido y violento.
5 Cualquier hecho que produce un daño y destrucción de considerable importancia.
6 Persona que es causa de una calamidad o desgracia.
7 Pena que consistía en azotar públicamente al reo s.m.pl.
mientras se le paseaba por las calles montado en un HISTORIA
burro.

azotea (Del ár. *as-suteih*, diminutivo de *sath*, azotea,
planicie.)
1 Cubierta llana de un edificio: *instalaron la antena co-* s.f.
lectiva de televisión en la azotea. CONSTRUCCIÓN
2 **estar mal de la azotea**: Estar mal de la cabeza, coloquial
estar loco: *está mal de la azotea, se bañó en la playa en
pleno invierno*.

azotehuela Patio interior de pequeña dimensión s.f.
cuya principal función es permitir la entrada de luz a Méx.
determinadas áreas de la casa.

azoteo Paliza, tunda de golpes. s.m.

azotina Azotaina, serie de golpes. s.f./coloquial

azteca (Del náhuatl *aztecatl*.)
1 De un pueblb amerindio que dominó en México adj.
durante el siglo XV y primer cuarto del XVI. HISTORIA
2 Persona que pertenecía a este pueblo. s.m.f./HISTORIA

azua Chicha, bebida alcohólica. s.f.

azúcar (Del ár. *as-sukkar*.)
1 Sustancia dulce de color blanco en estado puro, ob- s.m.f.
tenida de la remolacha y la caña de azúcar, que se
utiliza como alimento: *sólo pone azúcar sin refinar*.

2 Compuesto del grupo de los glúcidos, semejante a la sacarosa. **BIOQUÍMICA**

3 azúcar blanco: El más purificado y en polvo muy tamizado. **= azúcar de flor**

4 azúcar cande: El que, mediante evaporación lenta, forma grandes cristales transparentes u oscuros si contienen melaza o colorantes. **tb: azúcar candi / = azúcar piedra**

5 azúcar de lustre: Aquel que se presenta en polvo muy fino.

6 azúcar de pilón: El refinado obtenido en panes cónicos.

7 azúcar de plomo o de saturno: Acetato de plomo, de sabor dulce, e incoloro, usado como astringente. **QUÍMICA**

8 azúcar glaseado: Capa de azúcar de lustre que recubre algunos productos de confitería.

9 azúcar moreno, negro o amarillo: El de segunda producción, de color amarillento o negruzco por contener impurezas de melaza.

10 azúcar refinado: El de mayor pureza, fabricado en las refinerías.

11 azúcar y canela: Se usa para calificar a los caballos de color blanco y canela. **loc.adj.**

azucarado, a
1 Que tiene el sabor parecido al del azúcar: *yogur azucarado; papilla azucarada.* **adj. / = dulce**
2 Que es blando, afable y meloso en las palabras: *pronunció un discurso azucarado.*

azucarar
1 Poner azúcar en algo: *azucaró demasiado el café.* **v.tr.**
2 Hacer una cosa suave: *azucaraba sus palabras con su jefe para evitar una riña.* **coloquial**

azucarera
1 Fábrica donde se extrae y elabora el azúcar. **s.f./INDUSTRIA**
2 Recipiente en el que se sirve el azúcar en la mesa.

azucarero, a
1 Del azúcar: *trabaja en la industria azucarera.* **adj.**
2 Recipiente usado para guardar o servir el azúcar. **s.m.**
3 Técnico en la fabricación del azúcar. **INDUSTRIA**
4 Ave paseriforme americana, que se alimenta de insectos, miel y jugos azucarados de las plantas. *(Certhicola flaveola.)* **ZOOLOGÍA**

azucarillo
1 Terrón de azúcar. **s.m.**
2 Masa seca y esponjosa compuesta de almíbar, clara de huevo y zumo de limón, usada para endulzar el agua. **= bolado, esponjado**

azucena (Del ár. vulgar *as-sussena* < ár. *as-susana*.)
1 Denominación que se da a diversas plantas liliáceas, apocináceas, amarilidáceas y orquídeas, de las que la más conocida es la azucena común. **s.f. BOTÁNICA**
2 Flor de la azucena común. **BOTÁNICA**
3 Persona o cosa pura, casta o blanca.

azuche Punta de hierro colocada en la extremidad inferior de un pilote para asegurarlo al terreno. **s.m. CONSTRUCCIÓN**

azud (Del ár. *as-sudd*, barrera, presa.)
1 Rueda hidráulica para sacar agua de un río, movida por la misma corriente. **s.m. tb: azuda**
2 Presa pequeña para regar.

azuela (Derivado del lat. *ascia*, azuela, hacha.) Herramienta formada por una plancha de hierro cortante y un mango corto de madera, usada por los carpinteros para desbastar. **s.f. CARPINTERÍA**

azufaifa (Derivado del ár. *az-zifzuf* o *az-zu'zufa*.) Fruto del azufaifo. **s.f. = yuyuba**

azufaifo Denominación que se da a diversas plantas arbóreas y arbustos ramnáceos, de fruto carnoso rojizo y comestible. *(Zizyphus.)* **s.m./BOTÁNICA tb: azufeifo / = guinjolero**

azufrado, a Que tiene el color parecido al del azufre. **adj.**

azufrador Instrumento usado para ahumar con azufre las plantas atacadas por las plagas: *recorrió la viña con el azufrador a cuestas.* **s.m. AGRICULTURA**

azufrar
1 Echar azufre en una cosa: *azufrar los patatales.* **v.tr.**
2 Esparcir humo de azufre sobre una planta para preservarla de las plagas. **AGRICULTURA**

azufre (Del lat. *sulphur*.) Elemento químico no metálico de color amarillo, frágil, que se funde a baja temperatura y se emplea en la fabricación del ácido sulfúrico, cerillas, pólvora e insecticidas. **s.m. QUÍMICA**

azufrera Mina de azufre. **s.f./MINERÍA**

azufrón Mineral que contiene pirita y tiene aspecto de polvo. **s.m. MINERÍA**

azul (Del ár. *lazaward*, lapislázuli, azul.)
1 Del color del cielo sin nubes, del mar o próximo a estos colores: *ojos azules; zona azul.* **adj.**
2 Color que es el quinto del espectro solar, entre el verde y el añil. **s.m.**
3 azul cielo o celeste: El que es muy claro.
4 azul de Prusia: Sustancia colorante azul compuesta de cianógeno y hierro. **QUÍMICA**
5 azul de ultramar: Lapislázuli pulverizado que se usa como color en pintura. **ARTE**
6 azul marino: El que es muy oscuro.

azulado, a De color azul o parecido a él: *las azuladas plumas de su cola.* **adj.**

azulaque Zulaque, betún en pasta. **s.m.**

azular Teñir de azul. **v.tr.**

azulear Adquirir una cosa color azul o parecer azul: *las nubes azuleaban sobre el lago.* **v.intr.**

azulejar Cubrir con azulejos. **v.tr./CONSTRUCCIÓN**

azulejo, a
I (Derivado de *azul*.)
1 Se refiere al trigo que tiene granos alargados y color oscuro. **adj. AGRICULTURA**
2 De color azul. **Amér.**
3 Se aplica al caballo con el pelo blanco y negro que presenta reflejos azulados. **Argent., Urug.**
4 Carraca, ave coraciforme de plumaje muy vistoso. **s.m./ZOOLOGÍA**
5 Ave paseriforme americana, de color azul celeste, que habita en matorrales o bosques poco densos. **ZOOLOGÍA**
6 Aciano, planta herbácea medicinal. **BOTÁNICA**
II (De origen incierto.) Pieza de cerámica, barro fino u otro material, esmaltada, de colores diversos que se usa para revestir paredes de baños y cocinas y otros usos. **s.m. CONSTRUCCIÓN = baldosín**

azulete Polvos de añil usados para dar color azulado a la ropa blanca lavada. **s.m.**

azulón Ánade real, ave anátida. **s.m./ZOOLOGÍA**

azumagarse Llenarse de moho una sustancia o un material por el efecto de la humedad. **v.prnl./conj: pagar Chile**

azúmbar Planta de hojas acorazonadas, flores blancas en umbela y fruto en forma de estrella de seis puntas. *(Alisma damasonium.)* **s.m. BOTÁNICA = damasonio**

azumbre (Del ár. *at-tumn*, octava parte < *tamaniya*, ocho.) Antigua medida de capacidad para líquidos, empleada en Castilla, equivalente a 2,016 litros. **s.m.f.**

azur De color azul oscuro, uno de los cinco colores, llamados esmaltes, del blasón. **adj/s.m. HERÁLDICA**

azurita Carbonato natural de cobre de color azul intenso. **s.f. MINERALOGÍA**

azurronarse Quedar la espiga del trigo dentro de la cáscara, a causa de la sequía. **v.prnl. AGRICULTURA**

azuzar (Derivado de *¡sus!* o *¡zuz!*, interjecciones.)
1 Incitar a los perros a atacar: *azuzó los mastines para asustarlos.* **v.tr. conj: cazar**
2 Inducir a personas o animales a que luchen o creen enemistad entre ellos: *azuzó a su familia para que desaprobaran el casamiento.*

B

b Segunda letra del alfabeto español y primera consonante. Su nombre es *be*. — s.f.

baalita (De *Baal,* divinidad semita occidental.) Que adora a esta divinidad. — adj/s.m.f. RELIGIÓN

baba (Del lat. vulgar *baba.*)
1 Saliva de las personas y algunos animales, que asoma por la boca y fluye de ella: *con la dentición le salía mucha baba y le subía la fiebre.* — s.f.
2 Líquido viscoso que segregan los moluscos gasterópodos: *el caracol deja un rastro de baba.* — ZOOLOGÍA
3 Jugo viscoso que segregan algunas plantas. — Colomb., Venez.
4 Yacaré, especie de cocodrilo.
5 **caérsele a alguien la baba:** Quedarse embelesado o experimentar gran complacencia ante algo o alguien: *se le caía la baba al ver a su hija desenvolverse en tales situaciones.* — coloquial
6 **mala baba:** 1. Mala intención: *tiene muy mala baba, ¡cuidado con él!* 2. Mal genio, mal humor. — coloquial

babada Carne correspondiente al muslo en las reses despedazadas para el consumo. — s.f.

babarse Echar una persona baba. — v.prnl.

babaza
1 Baba segregada por algunos animales y plantas. — s.f.
2 Babosa, molusco gasterópodo. — ZOOLOGÍA

babear
1 Echar baba una persona. — v.intr.
2 Segregar un animal un líquido viscoso.
3 Mostrar felicidad al contemplar un objeto o persona por el que se siente un gran interés o atracción. — coloquial

babel (Del hebreo *Babel,* Babilonia, con referencia a la torre de Babel.)
1 Gran confusión de ruidos o cosas y lugar donde ésta se da. — s.m/f.
2 Falta de entendimiento entre varias personas por hablar todos a la vez y de modo desordenado. — coloquial

babélico, a
1 Que es confuso o poco claro: *una discusión babélica.* — adj.
2 Que es muy grande. — = enorme

babera Pieza de la armadura que cubría la boca, las mandíbulas y el mentón. — s.f./HISTORIA tb: baberol

babero
1 Prenda normalmente de tela que se pone a los niños sobre el pecho, colgada o sujeta al cuello, para que no se manchen al comer. — s.m.
2 Bata que se pone a los niños encima de la ropa para que ésta no se manche. — = babi
3 Peto usado por algunas órdenes religiosas.

babi Bata que se pone a los niños encima de la ropa para que ésta no se manche. — s.m./familiar = babero

babia (De *Babia,* comarca tradicional de España.) Indica que la persona de que se habla está distraída y ajena a lo que pasa a su alrededor en la expresión **estar uno en babia**. — s. coloquial

babieca (Voz de creación expresiva.) Se aplica a la persona boba e inútil. — adj/s.m.f. coloquial

babilla
1 Región en las extremidades posteriores de los cuadrúpedos en la que se encuentran los músculos y tendones que articulan el fémur, la tibia y la rótula. — s.f. ZOOLOGÍA = babada
2 Carne correspondiente al muslo en las reses destinadas al consumo.
3 Rótula de los cuadrúpedos.

babilónico, a
1 De Babilonia, antigua región, imperio y ciudad mesopotámica. — adj.
2 Que es muy lujoso: *celebró una boda babilónica.*

babilonio, a De Babilonia. — adj/s./tb: babilón

babirusa Mamífero artiodáctilo, similar al jabalí pero de mayor tamaño. *(Babyrussa babyrussa.)* — s.m. ZOOLOGÍA

bable (De la voz onomatopéyica *babl,* habla confusa y balbuciente.) Variedad dialectal del asturleonés, lengua románica indoeuropea que se habló en Asturias y León y que hoy subsiste en algunas zonas asturianas, leonesas y cántabras. — s.m. LINGÜÍSTICA = asturiano

babor (Del fr. *babord* < neerlandés *bak,* trasero + *boord,* borda.) Lado izquierdo de la embarcación mirando de popa a proa: *virar a babor.* — s.m. NÁUTICA

babosa Denominación que se aplica a diversos gasterópodos terrestres, sin concha, de forma alargada y dotados de pulmones. — s.f. ZOOLOGÍA

babosear Mojar con babas: *le baboseó la blusa.* — v.tr.

baboso, a
1 Que echa muchas babas. — adj/s.
2 Que es bobo, tonto o simple. — adj.
3 Que se comporta de una manera inapropiada para su edad o condición.
4 Que es enamoradizo y extremadamente obsequioso con las mujeres.
5 Budión, pez teleósteo marino. — s.m./ZOOLOGÍA

babucha (Del fr. *babouche* < ár. *babus*.)
1 Zapato ligero y sin tacón, usado, especialmente, **s.f.**
por los musulmanes.
2 Zapato de pala alta, cerrado con un cordón. **Amér.**
3 Zapato femenino de paño con la punta forrada de **Amér.**
cuero.
4 **a babucha:** A cuestas, sobre los hombros y espal- **loc.adv.**
da: *llevó a su compañero herido a babucha.* **Amér.**

babuino Papión cinocéfalo, mamífero primate. **s.m./ZOOLOGÍA**

baca
I (Probablemente del fr. *bache*, cubierta de la diligencia.)
1 Armazón que se coloca sobre el techo del automó- **s.f.**
vil para colocar el equipaje.
2 Sitio en la parte superior de las diligencias y coches
de pasajeros donde se colocaban los equipajes.
II (Del lat. *baca*.) Fruto o baya del laurel. **s.f./BOTÁNICA**

bacalada Bacalao curado. **s.f.**

bacalao
1 Pez teleósteo marino, grande, de color variable, **s.m./ZOOLOGÍA**
que vive en mar abierto y cuya carne es un alimento **tb: bacallao**
muy apreciado. *(Gadus morrhua.)* **= abadejo**
2 Carne de este pez curada y salada para su conservación.
3 **bacalao de Escocia:** Merluza que se prepara como
el bacalao.
4 **cortar el bacalao:** Ser el que da las órdenes o lleva **coloquial**
la iniciativa en un colectivo, una organización o
en un negocio: *no es él quien corta el bacalao, dirígete
directamente a ella.*

bacallar Hombre rústico. **s.m.**

bacán
1 Persona adinerada o aburguesada. **s.m./Argent.**
2 Masa de carne, tomate y ají, envuelta en hojas de **Cuba**
plátano. **COCINA**

bacanal (Del lat. *bacchanalis* < *Bacchus*, dios romano
del vino.)
1 De este dios romano. **adj./MITOLOGÍA**
2 Fiesta que se celebraba en honor de este dios. **adj/s.f.**
3 Orgía desordenada y tumultuosa: *la fiesta acabó en* **s.f.**
una bacanal.

bacante (Del lat. *bacchans* < *Bacchus*, dios romano del
vino.)
1 Mujer que tomaba parte en las fiestas celebradas **s.f.**
en honor del dios Baco.
2 Mujer ebria que actúa con desenfreno.

bacará (Del fr. *baccarat* o *bacarra*.) Juego de cartas, en **s.m./JUEGOS**
que se confrontan los puntos del banquero con los **tb: bacarrá**
del resto de jugadores.

bacciforme Que tiene forma de baya. **adj./= abayado**

bacera Enfermedad del bazo causada por parásitos, **s.f.**
que padecen los ganados caprino, ovino y vacuno. **VETERINARIA**

baceta (Del fr. *basette* < ital. *bassetta*.) Montón de car- **s.f.**
tas que quedan sin repartir, y del cual los jugadores **JUEGOS**
van cogiendo a lo largo del juego.

bachata Juerga, diversión bulliciosa: *estuvieron de ba-* **s.f./Antillas,**
chata toda la noche y molestaron a los vecinos. **Cuba, P. Rico**

bache
1 Hoyo o desnivel del pavimento en una carretera, **s.m.**
calle o camino: *el ayuntamiento reparó los baches de las*
calles.
2 Desigualdad de densidad en la atmósfera que pro- **AERONÁUTICA**
duce un descenso momentáneo del avión.
3 Situación difícil y pasajera en cualquier actividad **coloquial**
humana o en la salud: *la empresa ha superado un bache*
este año.
4 Establo donde se encierra al ganado lanar para que
sude, antes de esquilarlo.

bachear
1 Reparar los baches de una vía pública. **v.tr./CONSTRUCCIÓN**
2 Llenarse una vía pública de baches. **v.prnl.**

bachicha
1 Apodo con que se designa al italiano y a su lengua. **s.m.f./Amér. Merid.**
2 Colilla de cigarro. **s.f./Méx.**

bachiller (Del fr. *bachelier*, joven que aspira a ser
caballero < lat. vulgar **baccallarus*.)
1 Persona que ha obtenido el grado que se concede **s.m.f.**
al terminar la segunda enseñanza.
2 Persona que antiguamente había obtenido el primer grado académico de una universidad.
3 Bachillerato, estudios de la segunda enseñanza. **s.m.**

bachillerar Dar u obtener el grado de bachiller. **v.tr/prnl.**

bachillerato
1 Conjunto de estudios de enseñanza media. **s.m.**
2 Grado y título de bachiller.

bacía
1 Vasija de metal semejante a una jofaina y con una **s.f.**
escotadura semicircular en el borde, que usaban los
barberos para remojar la barba: *don Quijote enarbolaba*
una bacía como si de un yelmo se tratara.

2 Recipiente cóncavo usado para contener líquidos o
alimentos.

báciga (Del fr. *besigue*.)
1 Juego de cartas entre dos o más personas, cada una **s.f.**
con tres cartas. **JUEGOS**
2 Jugada principal con que se gana este juego. **JUEGOS**

bacilar
1 De los bacilos. **adj./BIOLOGÍA**
2 Que tiene una estructura en fibras gruesas. **MINERALOGÍA**
3 Que tiene forma de bastón. **BIOLOGÍA**

bacilemia Presencia de bacilos en la sangre. **s.f./MEDICINA**

baciliforme Que tiene forma de bastoncillo. **adj./BIOLOGÍA**

bacilo (Del lat. *bacillum*, diminutivo de *baculum*, bastón.)
1 Bacteria alargada y cilíndrica, con forma de bastón. **s.m./BIOLOGÍA**
2 **bacilo de Koch:** El que produce la tuberculosis. **MEDICINA**
3 **bacilo de Nicolaier:** El que vive en el intestino de **MEDICINA**
los caballos y que produce el tétanos. *(Clostridium tetani.)*

baciluria Presencia de bacilos en la orina. **s.f./MEDICINA**

bacín (Del bajo lat. *bacchinon*.)
1 Orinal alto y cilíndrico: *por el desván rodaba un bacín* **s.m.**
del año de maricastaña. **= sillico**
2 Recipiente pequeño para pedir limosna. **= bacinica**

bacineta Recipiente semejante a una bacía pequeña, **s.f./= bacinica,**
usado principalmente para recoger limosna. **bacinilla**

bacinica
1 Bacineta, recipiente usado para recoger limosna. **s.f./tb: bacinilla**
2 Orinal bajo y pequeño.

back-up (Expresión inglesa.) Procedimiento de alma- **s.m.**
cenamiento de la información contenida en un fiche- **INFORMÁTICA**
ro, cintas o discos extraíbles, con el fin de poder recuperarla si fuera necesario.

bacon (Voz inglesa.) Tocino ahumado: *recubrió las* **s.m.**
perdices con albardillas de bacon. **tb: beicon**

bacteri- Componente de palabra procedente del gr. **pref.**
bakteria, que significa bastón: *bacteriólogo.* **tb: bacterio-**

bacteria (Del gr. *bakteria*, bastón.) Microorganismo **s.f.**
unicelular, sin núcleo, que se reproduce por biparti- **BIOLOGÍA**
ción.

bacteriáceo, a Se aplica a la bacteria que pertenece **adj/s.f.**
a una familia cuyos individuos presentan forma de **BIOLOGÍA**
bastón o filamento.

bactericida (De *bacteria* + lat. *caedere*, matar.) Se apli- **adj/s.m.**
ca a la sustancia que destruye las bacterias. **MEDICINA**

bacteriemia (De *bacteria* + gr. *haima*, sangre.) Presen- **s.f.**
cia de bacterias patógenas en la sangre, durante una **MEDICINA**
infección local.

bacteriofagia Destrucción de las bacterias por célu- **s.f.**
las orgánicas. **BIOLOGÍA**

bacteriófago Se aplica al virus que se comporta **adj/s.m.**
como parásito de una bacteria determinada y que **BIOLOGÍA**
provoca su destrucción.

bacteriólisis Destrucción de las bacterias por medio **s.f.**
de diversas sustancias, microbios o alteraciones del **pl: bacteriólisis**
medio. **MEDICINA**

bacteriología Parte de la microbiología que estudia **s.f.**
las bacterias. **BIOLOGÍA**

bacteriológico, a
1 Que tiene relación con la bacteriología o con las **adj.**
bacterias. **BIOLOGÍA**
2 Que utiliza los efectos de las bacterias. **BIOLOGÍA**

bacteriólogo, a Persona dedicada al estudio de las **s.**
bacterias. **BIOLOGÍA**

bacteriostático, a (De *bacteria* + gr. *statikos*, que tie- **adj/s.m.**
ne la facultad de atraer [hacia sí].) Que impide o re- **MEDICINA**
duce la actividad de las bacterias. **= bactericida**

bacteriuria Presencia de bacterias en la orina. **s.f./MEDICINA**

bacuiforme Que tiene figura de cono o bastoncito. **adj.**

báculo (Del lat. *baculum*.)
1 Bastón o palo usado como apoyo físico: *se apoyaba* **s.m./formal**
en un báculo al andar. **= cayado**
2 Persona o cosa que sirve de consuelo y alivio: *el* **formal**
hijo menor fue el báculo de su vejez: se apoyaba en un
báculo al andar.
3 **báculo pastoral:** El que usa el obispo con signo de **RELIGIÓN**
autoridad.

bada (Del port. *abada*.) Rinoceronte, mamífero ungu- **s.f./ZOOLOGÍA**
lado. **tb: abada**

badajada
1 Golpe que da el badajo en la campana. **s.f./tb: badajazo**
2 Necedad o tontería. **coloquial**

badajear Hablar mucho y de cosas absurdas. **v.intr./coloquial**

badajo (Del lat. vulgar **battuaculum* < lat. *battuere*, batir, golpear.)
1 Pieza alargada que cuelga en el interior de las cam- **s.m.**
panas, cencerros y similares mediante la cual se hace
sonar éstas: *el badajo se descolgó y cayó torre abajo.*

2 Persona habladora, tonta y necia. *coloquial*
3 Órgano sexual masculino. *vulgar*

badajocense
1 De badajoz, provincia y ciudad españolas. *adj.*
2 Persona natural de Badajoz. *s.m.f.*

badal Especie de torniquete usado para impedir que *= acial*
las caballerías se muevan mientras se las hierra o
cura.

badán Tronco del cuerpo del animal. *s.m.*

badana (Del ár. *bitana*, forro.)
1 Piel curtida de carnero u oveja. *s.f.*
2 Persona floja y perezosa. *s.m.f.*
3 zurrarle a uno la badana: 1. Darle una paliza: *su* *coloquial*
padre le zurró la badana por haberse escapado. 2. Maltratarle de palabra.

badea (Del ár. *batiha*.)
1 Melón o sandía de mala calidad. *s.f.*
2 Persona floja u holgazana. *coloquial*
3 Cosa sin sustancia. *coloquial*

badén (Del ár. *batn*, vientre, cauce seco de un río.)
1 Zanja o cauce formado en el terreno por las aguas *s.m.*
de lluvia: *la rueda se encalló en un badén.*
2 Cauce cubierto que se hace en una carretera para *CONSTRUCCIÓN*
dar paso a un caudal de agua.
3 Depresión en una calle o carretera, bache.
4 Desnivel hecho en una acera para permitir el paso *= vado*
de vehículos.

baderna (Del occitano *baderno*, probablemente del gr. *s.f.*
pterna, talón.) Cabo trenzado que se usa para faenas *NÁUTICA*
de a bordo.

badián Árbol magnoliáceo cuyo fruto recibe el nom- *s.m.*
bre de anís estrellado y se usa en medicina y en la *BOTÁNICA*
preparación de licores. *(Illicium verum.)* *= badiana*

badil (Del lat. vulgar **batile* < lat. *batillum*, pala.) Pala *s.m.*
pequeña de metal para remover la lumbre de chime- *tb: badila*
neas y braseros.

badilejo Llana, herramienta de albañilería para exten- *s.m.*
der el yeso, cemento en superficies. *CONSTRUCCIÓN*

badminton (Voz inglesa.) Deporte semejante al tenis *s.m.*
que se practica con una pelota semiesférica con plu- *DEPORTES*
mas en la parte plana y raquetas ligeras y de mango
largo.

badulaque
1 Cosmético que se usaba antiguamente. *s.m.*
2 Persona de poca inteligencia y formalidad. *adj/s.m.f./coloquial*

badulaquear Actuar con poco juicio y formalidad. *v.intr/coloquial*

bafle (Del ingl. *baffle*.)
1 Placa rígida y de material insonoro que se pone en *s.m.*
la caja de resonancia para mejorar su respuesta y su- *tb: baffle*
primir las interferencias.
2 Caja que contiene un altavoz o altavoces en un *TECNOLOGÍA*
equipo de alta fidelidad.

baga (Del lat. *baca*, fruto.) Cápsula que contiene las *s.f.*
semillas del lino. *BOTÁNICA*

bagaje (Del fr. *bagage*, equipaje.)
1 Conjunto de cosas que se llevan en un viaje. *s.m./= equipaje*
2 Conjunto de conocimientos que posee una persona.
3 Equipaje militar de un ejército o tropa en marcha. *MILITAR*

bagar Echar el lino baga y semilla. *v.intr./conj: pagar*

bagatela (Del ital. *bagattella*, juego de manos, friolera.)
1 Nadería, cosa inútil: *se gastaba el sueldo en bagatelas* *s.f.*
y chucherías.
2 Composición escrita en género ligero. *MÚSICA*

bagazo (Probablemente del port. *bagaço*, orujo de la
uva.)
1 Cáscara de la baga, después de separar de ella la li- *s.m.*
naza: *la era quedó llena de bagazos.* *AGRICULTURA*
2 Residuo que queda al exprimir una fruta.

bagre (Probablemente del cat. *bagre* < lat. *pagrus*, especie de pagel, pez marino.)
1 Pez sin escamas, de color pardo por los lados y *s.m.*
blanquecino por el vientre. *ZOOLOGÍA*
2 Mujer fea. *Amér. Merid.*
3 Persona muy lista. *Hond., Salv.*

baguala (Derivado de *Bagual*, cacique indio.) Canción *s.f.*
popular de copla octosílaba que se entona acompa- *Argent.*
ñada con la caja. *MÚSICA*

baguarí (Voz guaraní.) Especie de cigüeña de un me- *s.m./pl: baguaris*
tro de largo, cuerpo blanco, alas negras, pico recto y *Argent., Par.,*
patas rojas. *(Mycteria americana.)* *Urug.*

bagullo Piel delgada que cubre algunas frutas y le- *s.m.*
gumbres.

¡bah! Expresión despectiva usada para indicar desdén *interj.*
o incredulidad: *¿cómo fue la fiesta?, ¡bah!, aburridísima.*

baharí (Del ár. *bahri*.) Tagarote, ave falconiforme. *s.m./ZOOLOGÍA*

bahía (Probablemente del fr. *baie* < fr. ant. *baier*, *s.f.*
abrir.) Entrante del mar en la costa que forma un *GEOGRAFÍA*
abrigo natural para las embarcaciones.

baída Se aplica a la bóveda que está formada por una *adj/s.f.*
semiesfera cortada por cuatro planos verticales para- *ARQUITECTURA*
lelos dos a dos. *tb: vaída*

baila Cabracho, pez marino. *s.f./ZOOLOGÍA*

bailable Que se puede bailar: *música bailable.* *adj.*

bailador, a
1 Que baila. *adj/s.*
2 Profesional que ejecuta bailes populares de España, *s.*
en especial andaluces.

bailanta Fiesta de pueblo en la que se baila. *s.f./Argent.*

bailaor, a Profesional del baile flamenco. *s.*

bailar (Probablemente del occitano ant. *balar* < bajo
lat. *ballare*.)
1 Mover el cuerpo al ritmo de una pieza musical: *esa* *v.intr/tr.*
pareja baila muy bien flamenco.
2 Moverse una cosa en el lugar donde está por no *v.intr.*
estar bien ajustada o sujeta: *el clavo baila en el agujero.*
3 Girar una cosa sobre su eje rápidamente: *la peonza*
lleva bailando mucho rato.
4 Moverse una persona o animal nerviosamente.
5 Cambiar un número por otro. *v.tr.*
6 Quitar una cosa a una persona sin violencia. *argot/= hurtar*
7 Pasarse los jugadores de un equipo la pelota de ma- *DEPORTES*
nera que demuestran su superioridad sobre el contra-
rio.
8 bailar al son que tocan: Hacer o decir una persona *coloquial*
lo mismo que otras subordinándose a sus deseos y su
carácter, o acomodarse a las circunstancias: *no tiene*
iniciativa, siempre baila al son que tocan los demás.
9 otro que tal baila: Expresión con la que se alude a *coloquial*
una persona que actúa igual que otra: *él será informal,*
pero tú, otro que tal baila.
10 ¡que me quiten lo bailao!: Expresión que se utili- *coloquial*
za para mostrar satisfacción por una cosa disfrutada,
sin importar lo que pueda ocurrir después: *de acuerdo,*
me he portado mal, pero ¡que me quiten lo bailao!

bailarín, a
1 Que baila. *adj/s./= bailador*
2 Persona que tiene como profesión bailar. *s./= bailador*

baile
1 Acción de bailar. *s.m./= danza*
2 Serie de movimientos adaptados a un tipo de música. *= danza, coreografía*
3 Fiesta o reunión en que se baila.
4 Local público donde se baila.
5 Espectáculo teatral en que se ejecutan danzas.
6 baile de máscaras: Aquel, generalmente de carnaval, al que los asistentes acuden disfrazados.
7 baile regional o típico: Baile popular de una determinada región, comarca o localidad.
8 baile de san Vito: Enfermedad nerviosa que pro- *coloquial*
voca movimientos continuos y desordenados: *parece*
que tiene el baile de san Vito.

bailón, a
1 Que es muy aficionado a bailar. *adj/s./= bailarín*
2 Ratero, ladrón. *s.m.*

bailongo Baile de poca importancia. *s.m./coloquial*

bailotear Bailar sin prestar demasiada atención, sin *v.intr.*
gracia ni formalidad.

baivel (Del fr. *biveau*.) Escuadra falsa con un brazo *s.m.*
recto y otro curvo, usada por los canteros para labrar
dovelas.

baja
1 Descenso o disminución del precio, valor o estima- *s.f.*
ción de una cosa: *la baja de los áridos.* *= bajada*
2 Cese temporal de la actividad laboral por enfermedad o accidente: *le dieron la baja por una hepatitis.*
3 Documento que acredita el cese laboral temporal:
presentó la baja de su marido.
4 Cese de una persona, industria o empresa de la ac- *+ dar de,*
tividad profesional o laboral. *estar de, con*
5 Documento que acredita el cese de la actividad
profesional.
6 Pérdida o falta de un individuo o de un artefacto. *MILITAR/+ dar*
7 jugar a la baja: Especular en la bolsa previendo el *ECONOMÍA*
descenso de la cotización de los valores.

bajá (Del ár. *basa* < turco *pasa*.) Título de los goberna- *s.m.*
dores de provincias y otras jerarquías civiles y mi- *HISTORIA*
litares del imperio otomano.

bajaca Cinta que usan las mujeres en el peinado. *s.f./Ecuad.*

bajada
1 Acción de bajar de un sitio o posición a otro infe- *s.f.*
rior: *iniciaron la bajada de la montaña.* *= descenso*
2 Disminución o decrecimiento: *la bajada de los pre-* *= baja*
cios ha favorecido el aumento del consumo.
3 Calle o camino por donde se baja.
4 Disminución del caudal de un río o arroyo. *Argent., Urug.*
5 bajada de aguas: Conjunto de canalones de un *CONSTRUCCIÓN*
edificio que recogen el agua de lluvia.
6 ir de bajada: Descender los efectos de la droga. *argot*

bajamar
1 Estado máximo de la marea baja del mar. · s.f.
2 Tiempo que dura la marea baja en el mar.

bajante Tubería de desagüe. · s.m/f.

bajar (Del lat. vulgar *bassiare* < *bassus*, gordo y poco alto.)
1 Ir de un lugar a otro más bajo: *le gusta bajar las escaleras de dos en dos.* · v.intr/tr. = descender
2 Disminuir una cosa su fuerza, su valor o su intensidad: *la avería bajó la tensión de la red.* · = descender
3 Fluir un líquido de determinada manera: *el río baja muy turbio.* · v.tr./= descender
4 Inclinar una cosa hacia el suelo.
5 Hacer que un sonido sea menos agudo. · MÚSICA
6 Descender de un vehículo: *hemos bajado del autobús.* · v.tr/intr/prnl.
7 Inclinarse una persona hacia el suelo. · v.prnl./= agacharse

bajareque ·
1 Enrejado de palos entretejidos con cañas y barro. · s.m./Amér.
2 Choza, casa muy pobre. · Cuba

bajativo Licor que se toma después de las comidas para facilitar la digestión. · s.m. Amér. Merid.

bajel (Del cat. *vaixell* < lat. *vascellum*, diminutivo de *vas*, vaso.) Embarcación con cubierta adecuada para el transporte de personas o cosas. · s.m./literario NÁUTICA = barco, buque

bajero, a
1 Que está situado en lugar inferior. · adj.
2 Que se usa o se pone debajo de otra cosa del mismo género: *sábana bajera.*

bajete Tema escrito en clave de bajo para que el estudiante realice las prácticas de armonías y modulaciones. · s.m. MÚSICA

bajeza
1 Acto degradante o indigno: *aún no comprendo cómo fue capaz de tal bajeza.* · s.f.
2 Cualidad de bajo o despreciable.
3 Condición de humildad o inferioridad.

bajial Tierra baja que se suele inundar con las crecidas del invierno. · s.m. Perú

bajinis Indica que se habla en voz baja en la expresión **por lo bajinis.** · loc.adv. argot

bajío
1 En el mar, zona poco profunda donde pueden encallar los barcos. · s.m. = bajo
2 Terreno bajo. · Amér.
3 **dar en un bajío:** Encontrar graves inconvenientes para dar fin a un proyecto.

bajista
1 Que tiene relación con la baja de valores en la bolsa. · adj./ECONOMÍA
2 Que juega a la baja en la bolsa. · adj/s.m.f.
3 Persona que toca el bajo, instrumento musical. · s.m.f./MÚSICA

bajo, a (Del lat. vulgar *bassus*, gordo y poco alto.)
1 Se refiere a la persona u objeto que tiene poca altura: *es el más bajo de todos sus hermanos.* · adj.
2 Que está, en sentido vertical, a una distancia relativamente pequeña de la superficie que se toma como referencia: *el avión realizó un vuelo bajo.*
3 Que está situado en una escala o lugar inferior respecto de otros seres o cosas de la misma especie: *vive en una población del bajo Aragón.*
4 Que está inclinado hacia el suelo: *escuchaba la reprimenda de su padre con la cabeza baja.*
5 Se aplica al metal noble que está mezclado con una considerable cantidad de otro metal. · METALURGIA
6 Se refiere a la etapa que pone fin a un período histórico: *la baja edad media.* · HISTORIA
7 Se aplica al color que es poco vivo. · = apagado
8 Que es humilde, modesto o vulgar: *los barrios bajos necesitan mayor atención.*
9 Referido a un sonido, que es poco fuerte o intenso: *en la biblioteca se tiene que hablar en voz baja.*
10 Se aplica a la magnitud física que adquiere un valor inferior al ordinario. · FÍSICA
11 Se aplica al piso que está al nivel del suelo: *la tienda está en los bajos del edificio.* · adj/s.m.
12 Se refiere al sonido grave o a los más graves que puede emitir una persona o instrumento. · MÚSICA
13 Lugar que es hondo o profundo. · s.m.
14 Elevación del fondo de mares, ríos y lagos navegables, que impide que floten las embarcaciones.
15 Borde o doblez inferior de una prenda de vestir: *se enredó el bajo de la falda en el tacón.* · = dobladillo
16 Instrumento musical que produce los sonidos más graves. · MÚSICA
17 Persona que tiene una voz grave o toca un instrumento que emite sonidos graves. · MÚSICA
18 Nota que sirve de base a un acorde. · MÚSICA
19 Parte de la música escrita, destinada a ser interpretada por una voz o instrumento que emite los sonidos más graves. · MÚSICA
20 Partes bajas en el automóvil. · s.m.pl.
21 En un tono que apenas se oye: *habla bajo para que no te oigan los niños.* · adv.
22 Abajo, en la parte inferior.

23 Debajo de, en un lugar inferior a: *se escondió bajo la mesa.* · prep.
24 Durante el mandato de alguien, en el tiempo de: *bajo el régimen fascista quedaron eliminadas las libertades.*
25 **bajo constante:** Barítono de voz tan robusta como la del bajo. · MÚSICA
26 **bajo continuo:** Acompañamiento ininterrumpido en una composición. · MÚSICA
27 **bajo profundo:** Cantante cuya voz es más grave de lo ordinario. · MÚSICA
28 **lo bajo:** La parte inferior.
29 **por lo bajo:** 1. Con disimulo: *se lo dijo por lo bajo.* 2. Como mínimo: *por lo bajo, la reparación costará cien mil pesetas.* · loc.adv.

bajón
1 Disminución brusca y notable de la altura, intensidad o valor de algo: *los mercados bursátiles han notado el bajón de los valores.* · s.m. = caída
2 Pérdida rápida y considerable de las fuerzas físicas o las facultades intelectuales: *he notado un gran bajón en su salud.* · coloquial

bajonazo
1 Bajón, disminución o pérdida brusca. · s.m.
2 Golletazo, estocada en el cuello del toro, que penetra en el pecho y atraviesa los pulmones. · TAUROMAQUIA

bajoncillo Instrumento musical de viento parecido al fagot, pero más pequeño. · s.m. MÚSICA

bajorrelieve Escultura hecha sobre una superficie que resalta poco del plano. · s.m./ARTE tb: bajo relieve

bajuno, a Se aplica a la persona baja o soez. · adj./despectivo

bajura Falta de altura: *se internaron en las bajuras de la selva.* · s.f. ≠ altura

bakelita Baquelita, resina sintética. · s.f./QUÍMICA

bala
I (Del ital. *palla*, pelota < germ. *balla.)
1 Proyectil de las armas de fuego: *la bala se le alojó en el abdomen.* · s.f. MILITAR
2 **bala fría:** La que ha perdido casi todo el impulso que recibió al ser disparada.
3 **bala perdida:** 1. Proyectil que va a dar a un lugar muy alejado del blanco: *una bala perdida del tiroteo le dio en la pierna.* 2. Tarambana, persona alocada o de poco juicio: *es un bala perdida, lleva una vida desordenada.* · coloquial
4 **bala rasa:** Balarrasa, persona alocada. · coloquial
5 **como una bala:** Con gran velocidad: *se alejó del pelotón como una bala.* · loc.adv. coloquial
II (Del cat. *bala* < fr. *balle*, fardo de mercaderías < germ. *balla*, pelota.)
1 Paquete comprimido y atado de una mercancía. · s.f./= fardo, paca
2 Atado de diez resmas o cinco mil pliegos de papel. · ARTES GRÁFICAS

balaca Fanfarronada, baladronada, ostentación de las cualidades, reales o ficticias de una persona. · s.f./Amér. Central, Ecuad.

balacear Disparar reiteradamente, tirotear. · v.tr./Amér.

balacera Tiroteo. · s.f./Amér.

balada (Del occitano *balada* < occitano ant. *balar* < bajo lat. *ballare*, bailar.)
1 Canción romántica y de ritmo lento. · s.f./MÚSICA
2 Composición poética en que se relatan de forma sencilla y melancólica hechos legendarios. · POESÍA
3 Composición poética provenzal en estrofas de diferente rima que terminan en un estribillo. · POESÍA

baladí (Del ár. *baladi*, del país < *balad*, tierra, provincia.) Que tiene poca importancia o valor: *no me hagas perder el tiempo con este asunto baladí.* · adj. pl.tb: baladíes

baladrar Dar una persona gritos. · v.intr.

baladre Adelfa, arbusto. · v.m./BOTÁNICA

baladro Alarido o grito. · s.m.

baladrón, a (Del lat. *balatro*, usado como injuria, término despectivo.) Que fanfarronea o habla afectando valor o poder que no tiene. · adj.

baladronada Acción o palabras propias de un baladrón: *sus baladronadas y fanfarronerías me tienen harta.* · s.f. = blasonería

baladronear Hacer o decir baladronadas. · v.intr.

balafo Instrumento de percusión, formado por láminas de madera y calabazas, frecuente en África y América Central. · s.m./MÚSICA tb: balafón = xilófono africano

bálago (Voz celta.)
1 Espuma crasa del jabón. · s.m.
2 Paja larga de los cereales después de quitarles la espiga. · AGRICULTURA
3 Montón de paja que se hace en la era al limpiar el grano. · tb: balaguero

balaj (Del ár. *balahs* < *Badahsan* o *Balahsan*, provincia persa de donde procedían estas piedras.) Rubí de color morado. · s.m. pl: balajes tb: balaje

balalaica Instrumento de cuerda de origen ruso similar a la guitarra, con la caja triangular, el mástil largo y tres cuerdas. · s.f. MÚSICA tb: balalaika

balance
1 Balanceo, movimiento de un lado a otro. — s.m.
2 Estudio comparativo de los hechos favorables y desfavorables de una situación: *un balance de los resultados de las últimas elecciones.*
3 Operación de confrontación del activo y el pasivo de una empresa para averiguar el estado de los negocios: *el balance económico de la empresa parece positivo.* — COMERCIO
4 Estado demostrativo del resultado de dicha operación. — COMERCIO
5 Movimiento de un lado a otro de una embarcación. — NÁUTICA
6 Mecedora, tipo de asiento. — Cuba

balancear
1 Mover una cosa de un lado a otro: *el barco se balanceaba con el viento.* — v.tr/intr/prnl.
2 Poner una cosa en equilibrio. — v.tr.
3 Mostrar una persona indecisión en la resolución de un asunto. — v.intr.

balanceo
1 Movimiento de un cuerpo de un lado a otro: *el balanceo de la embarcación le produjo arcadas.* — s.m. = balance
2 Equilibrado de las ruedas de un automóvil. — Amér.

balancín
1 Pieza de distintos mecanismos, que consiste en una barra móvil alrededor de un eje para regular el movimiento. — s.m.
2 Palo usado por los acróbatas para mantener el equilibrio sobre la cuerda.
3 Columpio consistente en una barra apoyada por el centro en un pie con un asiento en cada extremo que sube y baja alternativamente.
4 Silla con brazos apoyada en dos arcos para poder darle un movimiento de balanceo. — = mecedora
5 Asiento colgante cubierto de un toldo.
6 Máquina que sirve para sellar monedas y medallas.
7 Pieza unida a la caja de un carruaje a la que se enganchan los tirantes de las caballerías.
8 Conjunto de cabos que penden del paso de la vela latina, usados para manejarla. — s.m.pl. NÁUTICA
9 Órganos del equilibrio que tienen los dípteros a ambos lados del tórax. — ZOOLOGÍA

balandra (Del fr. *balandre* < neerlandés *bijlander*.) Barco pequeño, de un solo palo y con cubierta. — s.f. NÁUTICA

balandro
1 Balandra pequeña. — s.m./NÁUTICA
2 Barco de pesca. — NÁUTICA/Cuba

balanitis Inflamación de la membrana que reviste el bálano o glande. — s.f./pl: balanitis MEDICINA

bálano (Del gr. *balanos*, bellota.)
1 Cabeza del pene, glande. — s.m./ANATOMÍA
2 Crustáceo de color gris oscuro que vive fijo en las rocas, con forma parecida al casco de las caballerías. *(Balanus.)* — ZOOLOGÍA

balanófago, a Se refiere al animal que se alimenta de bellotas. — adj.

balanza (Del bajo lat. *bilanx* < *bi*, dos + *lanx*, platillo.)
1 Instrumento usado para pesar comparando pesos conocidos con el del objeto que se pesa. — s.f.
2 Juicio, comparación entre varias cosas o asuntos.
3 **balanza comercial:** Relación cuantitativa entre las importaciones y las exportaciones totales de un país. — ECONOMÍA
4 **balanza de pagos:** Relación cuantitativa entre los cobros y los pagos de las operaciones comerciales internacionales realizadas por un país durante un periodo determinado, generalmente un año: *una desequilibrada balanza de pagos.* — ECONOMÍA

balanzario, a Persona encargada de pesar los metales, en las casas de moneda. — s. tb: balancero

balanzón
1 Recipiente de cobre, por lo general redondo y con mango, usado por los plateros para limpiar el oro y la plata. — s.m.
2 Platillo de la balanza usada para pesar verduras y frutas. — Méx.

balaquear Fanfarronear, baladronear. — v.intr./Amér.

balar (Del lat. *balare*.) Dar balidos: *las ovejas balaban ante el peligro del fuego.* — v.intr.

balarrasa
1 Aguardiente muy fuerte. — s.m./coloquial
2 Tarambana, persona alocada y de poco juicio: *es un balarrasa que no se para a pensar en las consecuencias de sus actos.* — coloquial tb: bala rasa

balastar Poner balasto en una carretera o vía férrea. — v.tr./CONSTRUCCIÓN

balasto (Del ingl. *ballast*.) Piedra machacada utilizada en el pavimento de las carreteras o en la vía férrea para asentar las traviesas. — s.m. CONSTRUCCIÓN tb: balastro

balata (Del ital. *ballata* < lat. *ballare*, bailar.)
1 Letra de la música de algunos bailes. — s.f.
2 Resina vegetal semejante al caucho. — Amér. Merid.
3 Parte del mecanismo de freno de los vehículos consistente en un elemento de tejido grueso o plástico colocado en el punto de fricción. — Méx., Chile MECÁNICA

balate (Del ár. *balat*, arrecife.)
1 Margen de un bancal. — s.m.
2 Terreno pendiente de muy poca anchura.
3 Borde exterior de las acequias.

balausta (Del lat. *balausta.*) Fruto con la cubierta coriácea, con el interior dividido en cavidades mediante tenues telillas que encierran numerosas semillas con la parte externa carnosa. — s.f. BOTÁNICA = granada

balaustra (Del lat. *balaustium*, fruto del granado silvestre.) Árbol, variedad del granado, con flores dobles y más grandes que el común. — s.f. BOTÁNICA

balaustrada Serie de columnas colocadas entre los barandales: *el proyectil rompió la balaustrada de la fachada.* — s.f. ARQUITECTURA

balaustrado, a
1 Que tiene forma de balaustre. — adj.
2 Que tiene balaustres. — tb: abalaustrado

balaustrar Adornar una cosa con balaustres. — v.tr.

balaustre (Del ital. *balaustro* < lat. *balaustium*, fruto del granado silvestre.) Columnilla o palo vertical de una barandilla o antepecho. — s.m. ARQUITECTURA tb: balaústre

balazo
1 Disparo de bala con un arma de fuego. — s.m.
2 Impacto, herida o señal producidos por la bala disparada con un arma de fuego.
3 Cualidad de la persona que es activa y rápida. — Argent., Urug.

balboa Unidad monetaria de Panamá. — s.m./ECONOMÍA

balbucear (Del lat. *balbutire*.) Balbucir, hablar de manera vacilante y entrecortada: *tan sólo consiguió balbucear unas ininteligibles palabras.* — v.tr/intr.

balbuceo
1 Acción de balbucear. — s.m.
2 Primeras manifestaciones de un proceso: *vivió los primeros balbuceos de la democracia en su país.*

balbucir (Del lat. *balbutire*.) Hablar una persona articulando las palabras de manera vacilante y entrecortada. — v.tr/intr. conj: lucir tb: balbucear

balcánico, a De la península de los Balcanes: *conflictos balcánicos.* — adj.

balcanización Desmembración política de un estado constituido por diferentes etnias o nacionalidades. — s.f. POLÍTICA

balcanizar
1 Dividir un imperio o un país. — v.tr./conj: cazar
2 Separar y diseminar una cosa.

balcón (Del ital. *balcone* < germ. *balko*, viga.)
1 Abertura en la pared exterior de una habitación desde el suelo, con piso normalmente voladizo y protegido por una barandilla. — s.m.
2 Barandilla de un balcón.
3 Mirador, lugar elevado protegido por una barandilla o antepecho.
4 **balcón corrido:** El que tiene barandilla que protege varios huecos de una misma fachada.

balconada
1 Balcón corrido. — s.f.
2 Conjunto de balcones.

balconaje Conjunto de balcones de un edificio. — s.m.

balconcillo En una plaza de toros, espacio protegido por una barandilla, situado sobre la puerta o el toril. — s.m.

balda Tabla puesta horizontalmente en un armario o una alacena que se usa para colocar cosas. — s.f. = anaquel, estante

baldado, a
1 Inválido, que no puede mover los brazos o las piernas. — adj. = tullido
2 Extenuado, cansado en grado sumo: *llegaron baldados al final de la caminata.* — = rendido

baldadura Impedimento físico que, por accidente o enfermedad, no permite el movimiento. — s.f. = baldamiento

baldaquín (De *Baldac*, antiguamente Bagdad, de donde procedía una tela preciosa así llamada.)
1 Dosel de seda. — s.m./tb: baldaquino
2 Pabellón que cubre el altar.

baldar (Del ár. *batal*, anular, inutilizar.)
1 Causar un gran perjuicio o agotamiento a una persona: *el esfuerzo lo baldó.* — v.tr.
2 Sentir una persona mucha fatiga. — v.prnl./coloquial
3 Quedar impedido o trastornado el uso de un miembro del cuerpo a causa de una enfermedad o accidente. — v.tr.
4 Echar un jugador un triunfo por no tener carta del palo que se juega. — JUEGOS

balde
I (De origen incierto.) Cubo para transportar o sacar agua: *sacaron el lodo a baldes.* — s.m.
II (Del ár. *batil*, cosa vana, inútil.)
1 Significa gratis, sin coste alguno, en la expresión de balde: *consiguió el tocadiscos de balde.* — loc.adv.

2 Significa sin motivo alguno, en la expresión **de balde**: *se enfadó de balde*.
3 Significa inútilmente, en vano, en la expresión **en balde**: *el tiempo no pasa en balde por nadie*.

baldear (Derivado de *balde*, recipiente.)   v.tr.
1 Echar agua con baldes sobre la cubierta de una embarcación para limpiarla o refrescarla.
2 Sacar agua de una excavación con baldes.
3 Echar agua sobre un pavimento con baldes.

baldeo Acción y resultado de baldear: *acabaron el baldeo del pozo*.   s.m.

baldés Piel de oveja curtida, suave y endeble, con la que se hacen guantes y otras cosas.   s.m.

baldío, a (Derivado de *balde*, en vano.)
1 Se aplica al terreno que está sin labrar o sin adehesar y al estéril y yermo.   adj./s.m.
2 Que es inútil o se hace en vano: *todo esfuerzo por salvar la empresa resultó baldío*.   adj.
3 Terreno urbano sin edificar, solar.   s.m./Amér. Merid.

baldón (Del fr. ant. *bandon*, tratamiento arbitrario < germ. *bann*, mando, jurisdicción.) Ofensa, injuria o palabra afrentosa.   s.m.

baldonar Dirigir insultos a una persona presente.   v.tr./tb: abaldonar

baldosa (Derivado de *balde*, en vano.) Pieza delgada de arcilla cocida, terrazo u otro material que se emplea para recubrir los suelos: *el martillo escantilló una baldosa al caer*.   s.f. CONSTRUCCIÓN

baldosar Embaldosar, cubrir con baldosas el suelo o una pared.   v.tr. CONSTRUCCIÓN

baldosín Baldosa pequeña y fina.   s.m.

baldragas Persona débil y sin energía.   s.m.f./pl: baldragas

balduque
1 Cinta usada para atar legajos.   s.m.
2 Papeleo y formalidades de oficina.

balea (Del céltico *balazn*, retama.) Escobón para barrer las eras.   s.f. AGRICULTURA

balear
I (De origen incierto.)
1 Que es de las islas Baleares, archipiélago español.   adj.
2 Persona originaria de este archipiélago.   s.m.f.
3 Variedad lingüística de la lengua catalana que se habla en estas islas.   s.m. LINGÜÍSTICA
II (Derivado de *bala*.)
1 Disparar balas, tirotear.   v.tr./Amér.
2 Separar la paja del grano, abalear.   AGRICULTURA

balénido, a Perteneciente a una familia de mamíferos cetáceos que tienen la boca provista de láminas córneas, con las que retienen los animales que les sirven de alimento, como la ballena.   adj/s.m. ZOOLOGÍA

baleo
1 Pieza de lana, algodón u otro material usada para cubrir y adornar el suelo de una casa.   s.m. = alfombra
2 Utensilio en forma de abanico que se utiliza para aventar el fuego.   = aventador

balería Provisión de balas de un ejército o de una plaza.   s.f./MILITAR tb: balerío

balero
1 Molde para fundir balas de plomo.   s.m.
2 Juguete de hueso o de madera consistente en un cilindro con un agujero en la base y un cordón en el otro extremo con un palo amarrado a la punta.   Méx., Amér. Merid., P. Rico
3 Cabeza, parte superior del cuerpo.   Argent., Urug.

balido Voz del carnero, la oveja, la cabra y otros animales que emiten un sonido semejante: *los balidos del rebaño se oían desde la casa*.   s.m.

balín Proyectil de pequeño calibre, usado especialmente en escopetas o pistolas de aire comprimido.   s.m.

balista (Del lat. *balista* < gr. *ballo*, lanzar.) Catapulta o máquina que se usaba para lanzar piedras grandes.   s.f./MILITAR = petraria

balística Ciencia que estudia los movimientos de los proyectiles y sus trayectorias.   s.f.

balístico, a Que tiene relación con el tiro y los proyectiles: *examen balístico*.   adj.

balitadera Utensilio hecho con una caña abierta por el nudo, con que los cazadores imitan el balido del gamo para atraerlo.   s.f. CAZA

balitar (Del lat. *balitare* < *balare*, balar.) Dar algunos animales balidos repetidamente.   v.intr. tb: balitear

baliza (Del port. *baliza* < lat. *palus*, palo.)
1 Punto de referencia, natural o artificial, situado en tierra, que sirve de referencia a los navegantes.   s.f. NÁUTICA
2 Señal indicadora que se coloca en las vías del ferrocarril o en las pistas de aterrizaje de los aeropuertos.

balizamiento Indicación de un peligro o dirección mediante balizas.   s.m. tb: abalizamiento

balizar Señalar un lugar con balizas.   v.tr./conj: cazar

ballena (Del lat. *ballaena* < gr. *phalaina*.)
1 Mamífero cetáceo marino de gran tamaño, oscuro por encima y blanquecino por debajo, que carece de dientes pero posee un gran número de barbas fijas a la mandíbula superior que utiliza para filtrar el alimento.   s.f. ZOOLOGÍA
2 Cada una de las láminas córneas que las ballenas poseen en la mandíbula superior y tiras alargadas que se obtienen de ellas.   ZOOLOGÍA
3 Varilla de metal o plástico: *le molestaban las ballenas del corsé y le oprimían el pecho*.
4 Persona obesa.   coloquial

ballenato Cría de ballena.   s.m./ZOOLOGÍA

ballenero, a
1 Que tiene relación con la pesca de la ballena: *la industria ballenera es importante en algunos países nórdicos*.   adj. PESCA
2 Barco destinado a la captura de ballenas.   s.m./NÁUTICA s/PESCA
3 Persona que pesca ballenas.   s/PESCA

ballesta (Del lat. *ballista*, balista, máquina de guerra.)
1 Cada uno de los muelles en arco, formados por varias láminas de acero, en que descansa la caja de los vehículos, para dotarlos de suspensión.   s.f. MECÁNICA
2 Cepo para cazar pájaros.   CAZA
3 Catapulta, antigua máquina de guerra.   MILITAR
4 Antigua arma portátil con un arco horizontal montado en una caja con muelle y un mecanismo de disparo, para lanzar flechas.   MILITAR, CAZA

ballestear Lanzar flechas con la ballesta.   v.tr.

ballestera Abertura en los muros o barcos por donde se disparaban flechas.   s.f.

ballestilla
1 Instrumento de pesca formado por un anzuelo sujeto a un cordel.   s.f. PESCA
2 Instrumento puntiagudo y cortante, usado para sangrar los animales, especialmente las caballerías.   VETERINARIA = fleme
3 Balancín pequeño de los antiguos carruajes.

ballestrinque Nudo marinero que se hace con dos vueltas de cabo, dadas de modo que quedan cruzados los extremos o chicotes.   s.m. NÁUTICA

ballet (Voz francesa.)
1 Representación escénica de un argumento mediante la danza y la música.   s.m. pl: ballets
2 Música que acompaña esta representación.   MÚSICA
3 Compañía de bailarines que realiza esta actuación: *el promotor alojó al ballet en un hotel a las afueras*.

ballico
1 Planta gramínea similar a la cizaña, que se emplea para pasto y como césped. (*Lolium italicum*.)   s.m./BOTÁNICA tb: vallico
2 En la cría de cerdos, el más frágil y débil de una camada.   Chile
3 El menor de una familia numerosa.   Chile

ballueca Planta gramínea, especie de avena silvestre, perjudicial para los trigales. (*Avena fatua*.)   s.f./BOTÁNICA = tiatina

balneario, a (Del lat. *balnearius*, relativo al baño < *balneum*, baño.)
1 De los baños públicos y medicinales.   adj.
2 Establecimiento público de baños medicinales: *se fue dos semanas a un balneario a tomar las aguas*.   s.m.

balneografía Parte de la medicina que estudia los baños como técnica higiénica y terapéutica.   s.f. MEDICINA

balneología Estudio científico de los baños y de sus aplicaciones a las enfermedades.   s.f. MEDICINA

balneoterapia Método terapéutico basado en el uso de baños generales o locales.   s.f. MEDICINA

balompié Fútbol, deporte.   s.m./DEPORTES

balón (Del ital. *pallone* < *palla*, pelota.)
1 Bola de goma o cuero hinchada con aire a presión que se usa en ciertos juegos: *el balón se salió del área*.
2 Recipiente flexible para encerrar gases.
3 Fardo grande de mercancías.
4 Recipiente esférico de vidrio con cuello prolongado.
5 echar balones fuera: Eludir una pregunta o situación comprometedora: *ante tal insinuación no pude más que echar balones fuera*.

baloncestista
1 Del baloncesto.   adj./DEPORTES
2 Que practica el baloncesto.   adj/s.m.f./DEPORTES

baloncesto Juego de pelota que se practica entre dos equipos de cinco jugadores cada uno, que tratan de introducir con las manos un balón en la cesta o el aro contrario.   s.m. DEPORTES = basket, básquet

balonmano Juego de pelota que se practica entre dos equipos de siete jugadores, que tratan de introducir con las manos el balón en la portería contraria.   s.m. DEPORTES

balonvolea Juego de pelota en que compiten dos equipos de seis jugadores, que se lanzan con las manos un balón por encima de una red que les separa, intentando evitar que éste toque el suelo.   s.m. DEPORTES = voleibol

balotada Salto que da el caballo alzando las patas de modo que muestra las herraduras.   s.f. EQUITACIÓN

balsa
I (Origen incierto, probablemente ibérico.)
1 Depresión del terreno donde se acumula agua: *la balsa estaba flanqueada por juncos.* — s.f.
2 Estanque o depósito de agua para el riego.
3 **balsa de aceite:** Expresión que se usa para ponderar la gran tranquilidad que reina en un lugar, situación o reunión de personas: *durante su ausencia el departamento fue una balsa de aceite.* — coloquial
II (Voz prerromana.) Conjunto de maderas unidos que forman una plataforma flotante para navegar o transportar cosas, en especial por los ríos. — s.f.

balsadera En un río, sitio donde hay una balsa para cruzarlo. — s.f. tb: balsadero

balsamera Vaso pequeño para poner bálsamo. — s.f.

balsámico, a
1 Que tiene bálsamo o sus propiedades: *el romero es una planta balsámica.* — adj.
2 Que alivia o tranquiliza: *sus palabras produjeron un efecto balsámico en los oyentes.*

balsamina
1 Planta originaria de América, trepadora, de tallos de cerca de un metro de altura, hojas pequeñas, flores amarillas, blanquecinas o encarnadas y fruto capsular. *(Momordica balsamina.)* — s.f. BOTÁNICA
2 Planta perenne, originaria de Perú, cuyos frutos maduros arrojan la semilla con sólo tocarlos, usada para curar heridas y llagas. *(Impatiens balsamina.)* — BOTÁNICA

balsamináceo, a Perteneciente a una familia de plantas angiospermas dicotiledóneas, herbáceas, de tallos carnosos, hojas sin estípulas, flores cigomorfas y fruto en cápsula carnosa. — adj/s.f. BOTÁNICA

balsamita Jaramago, planta. — s.f./BOTÁNICA

bálsamo (Del lat. *balsamum* < gr. *balsamon*.)
1 Resina aromática que segregan algunos árboles y que contiene ácido benzoico y cinámico. — s.m. BOTÁNICA
2 Medicamento líquido compuesto de sustancias aromáticas usado para tratamiento tópico y en afecciones respiratorias. — FARMACIA
3 Cosa que alivia una pena: *sus cariñosas palabras le sirvieron de bálsamo.* — = consuelo
4 **bálsamo de calaba:** Resina obtenida del calambuco. — BOTÁNICA
5 **bálsamo del Canadá:** Resina obtenida de una especie de abeto usada en barnices y lacas y en las preparaciones microscópicas. — BOTÁNICA

balsar Terreno cubierto de zarzas. — s.m./tb: barzal

balsear Pasar una corriente de agua en balsa: *balsear el estrecho para refugiarse en la costa andaluza.* — v.tr.

balsero, a Persona que gobierna una balsa. — s.

balso (Del lat. *balteus*, ángulo.) Lazo grande que sirve para suspender pesos o para elevar a los marineros a lo alto de los palos o de las vergas. — s.m. NÁUTICA

báltico, a
1 Del mar Báltico o los territorios que baña: *países bálticos.* — adj.
2 Se aplica al grupo de lenguas indoeuropeas habladas en los países de la orilla oriental del mar Báltico, como el prusiano, ya desaparecido, el lituano y el letón. — adj/s.m. LINGÜÍSTICA

baluarte (Del fr. ant. *balouart* < neerlandés *bolwerc* < *bol*, viga gruesa + *werc*, obra.)
1 Saliente de forma circular o pentagonal, en los ángulos de las fortificaciones. — s.m. MILITAR
2 Fortaleza o fortificación. — MILITAR
3 Persona, lugar o cosa que sirve de defensa o protección de algo: *en su época fue el baluarte del catolicismo.* — = bastión

baluchi
1 Del Baluchistán, región asiática que se extiende por el sureste del Irán y el oeste del Pakistán. — adj.
2 Persona natural de esta región. — s.
3 Lengua irania, de la familia indoeuropea, hablada en esta región asiática. — s.m. LINGÜÍSTICA

balumba (Del cat. *balum*, variante de *volum* < lat. *volumen*, volumen.) Conjunto desordenado y excesivo de cosas: *en el maletero del coche llevaba una balumba de trastos.* — s.f.

balumbo Bulto grande que dificulta una actividad más por su volumen que por su peso. — s.m.

bamba
I (Voz de creación expresiva.) Baile y música latinoamericanos. — s.f. MÚSICA
II (Marca registrada.) Calzado, por lo general de lona, ligero y deportivo. — s.f.

bambalear Bambolear, moverse de un lado a otro. — v.intr/prnl.

bambalina
1 Bastidor forrado de lienzo que cruza el escenario del teatro de lado a lado y que forma la parte superior de la decoración. — s.f. TEATRO
2 **estar entre bambalinas:** 1. Permanecer durante una representación detrás del escenario: *la noche del estreno estuvo entre bambalinas.* 2. Mantenerse alguien en segundo término a lo largo de un proceso: *durante toda la negociación el director estuvo entre bambalinas.*

bambalinón Bambalina grande que, con los bastidores de ropa, reduce la embocadura del escenario. — s.m. TEATRO

bambanear
1 Estar una persona perpleja. — v.intr.
2 Moverse una cosa que está apoyada por un punto de un lado a otro. — v.prnl. = bambolearse

bambolear Moverse una persona o una cosa de un lado a otro sin perder un punto de apoyo: *se bamboleaba para desentumecer las piernas.* — v.intr/prnl. tb: bambalear, bambonear

bamboleo Movimiento de un cuerpo de un lado a otro sobre un punto fijo. — s.m.

bambolla
1 Bolsa llena de aire o de un líquido que se forma en una superficie. — s.f./= burbuja, ampolla
2 Cosa sin importancia ni valor, abultada y fofa.
3 Falsa apariencia de riqueza, lujo o importancia. — coloquial

bambonear Bambolear, moverse de un lado a otro. — v.intr/prnl.

bambú (Voz malaya.) Planta gramínea originaria de la India, con hojas de color verde claro con forma de lanza, que se usa en la construcción de casas, muebles y otros objetos por su resistencia y flexibilidad. *(Bambusa arundinaria.)* — s.m. pl.tb: bambúes BOTÁNICA

bambuche Figura de barro con forma ridícula. — s.m./Ecuad.

bambula
1 Tamboril primitivo, usado en las Antillas, aún hoy en uso en las Indias Orientales. — s.f. MÚSICA
2 Danza de origen africano de ritmo sincopado, con acompañamiento de instrumentos de percusión.

banal (Del fr. *banal*.) Que no tiene interés, valor o importancia: *no tengo nada que explicarte, ya que ha sido una conversación absolutamente banal.* — adj.

banalidad
1 Cualidad de banal o trivial: *rogó a los ponentes que no se dejasen atrapar por las banalidades.* — s.f.
2 Expresión u opinión carente de importancia o sentido. — = futilidad, trivialidad

banana
1 Banano, planta y fruto. — s.f./BOTÁNICA
2 Plátano, planta. — Argent., Urug.
3 Fruto de esta planta. — Amér. Merid.

bananero, a
1 Relativo a los bananos o plátanos: *compañía bananera; negocio bananero.* — adj.
2 Árbol que produce bananos. — s.m./BOTÁNICA
3 Se aplica a la república, estado o gobernante de características dictatoriales.

banano
1 Plátano, diversas plantas monocotiledóneas que crecen en las regiones ecuatoriales o cálidas. *(Musa.)* — s.m. BOTÁNICA
2 Fruto del banano o plátano.

banasta Cesto grande de mimbre o maderas trenzadas. — s.f.

banasto Cesto de mimbre grande y redondo. — s.m.

banatita Mineral formado de monzonita y cuarzo. — s.f./MINERALOGÍA

banca
I (Derivado de *banco*.)
1 Asiento bajo, de madera y sin respaldo. — s.f.
2 Mesa para la exposición y venta de frutas y otros productos, instalada en algún lugar público.
3 **banca de hielo:** Mole de hielo flotante. — = iceberg
II (Del fr. *banque* < ital. *banca*, establecimiento bancario < germ. *bank*, banco.)
1 Actividad comercial que consiste en realizar operaciones de crédito, cambio, compraventa de efectos públicos y otras propias de las cuentas corrientes. — s.f. ECONOMÍA
2 Conjunto de entidades financieras y personas que en ellas trabajan y sus actividades. — ECONOMÍA
3 Monte, juego de cartas. — JUEGOS
4 En algunos juegos de cartas, cantidad de dinero que pone el banquero. — JUEGOS
5 Puesto o asiento en el parlamento obtenido en elecciones. — Argent., Par., Urug.

bancada
1 Banco en que se sientan los remeros. — s.f./NÁUTICA
2 Escalón en las galerías subterráneas. — MINERÍA
3 Trozo de obra en construcción. — ARQUITECTURA
4 Base para sujetar una o varias máquinas. — MECÁNICA
5 Conjunto de legisladores o políticos de un mismo partido. — Argent., Par., Perú, Urug.

bancal
1 Cada uno de los cuadrados o secciones en que se divide una tierra para distribuir mejor los cultivos y el riego: *la ladera está dispuesta en bancales.* — s.m. AGRICULTURA
2 Rellano de tierra cultivable que se forma natural o artificialmente en una pendiente. — AGRICULTURA
3 Acumulación de arena a la orilla del mar.

4 Tapete con que se cubre un banco.
5 Árbol de Filipinas, de madera dura.   BOTÁNICA

bancar
1 Mantener económicamente a una persona: *bancó a*   v.tr./conj: sacar
sus hijos hasta que acabaron la universidad.   Argent.
2 Aguantar a una persona o una dificultad.   Argent.
3 Responsabilizarse, hacerse cargo.   v.prnl./Argent.

bancario, a De la banca mercantil: *he pedido un crédi-*   adj.
to bancario; entidad bancaria.   ECONOMÍA
2 Se dice de la persona que trabaja en un banco.   adj/s.

bancarrota
1 Quiebra comercial, en especial la fraudulenta: *la*   s.f.
mala gestión provocó la bancarrota de la empresa.   ECONOMÍA
2 Desastre, descrédito de un sistema o doctrina.

bance Cada uno de los palos horizontales que sirven   s.m.
para cerrar los portillos de una finca.

banco
I (Del germ. *bank*, banco.)
1 Asiento con respaldo o sin él para varias personas: s.m.
se dejó el paraguas en un banco del parque.
2 Mesa de trabajo que consiste en un tablero largo y
estrecho, apoyado sobre un soporte de cuatro patas,
que usan algunos artesanos: *utiliza un banco de carpin-*
tero para hacer bricolaje.
3 Fondo de una corriente o una extensión de agua de   NÁUTICA
una zona navegable, que se eleva a poca distancia de   = bajo, bajío
la superficie e impide la navegación de embarcacio-
nes de cierto calado.
4 Conjunto de peces de la misma especie que van   PESCA/tb: bando
juntos: *los pescadores descubrieron un banco de atunes.*   = bandada
5 Desván o ático de un.edificio.   ARQUITECTURA
6 Estrato o capa de gran espesor.   GEOLOGÍA
7 Yacimiento de mineral que presenta dos caras des-   MINERÍA
cubiertas, una vertical y otra horizontal.
8 Asiento de los remeros en las antiguas galeras y   NÁUTICA
otros barcos de remo.
9 banco azul: Asiento ocupado por los miembros del   POLÍTICA
gobierno español en el congreso de los diputados.
10 banco de abdominales: Aparato gimnástico sobre el que pueden realizarse ejercicios.
11 banco de arena: Fondo arenoso que se eleva hasta muy poca distancia de la superficie de una corriente o extensión de agua: *la barca embarrancó en un ban-*
co de arena.
12 banco de hielo: Extensión plana de hielo que flo-   = banquisa
ta en el mar.
II (Del ital. *banca.*)
1 Entidad pública o privada que recibe depósitos y   s.m.
fondos, básicamente, de clientes y realiza diferentes   ECONOMÍA
operaciones financieras, de crédito y de gestión de
pagos.
2 Establecimiento u oficina donde esta entidad desa-   ECONOMÍA
rrolla sus actividades.
3 Establecimiento médico donde se conservan órga-   MEDICINA
nos, tejidos y líquidos fisiológicos para usos quirúrgicos: *banco de ojos; banco de sangre.*
4 banco de datos: Conjunto de datos registrados in-   INFORMÁTICA
formáticamente, a los que se tiene acceso mediante
un ordenador.

bancocracia Influencia abusiva de la banca en la ad-   s.f.
ministración de un estado.   POLÍTICA

banda
I (Del fr. ant. *bende, bande,* faja, cinta < germ. *binda* <
bindan, atar.)
1 Tira de colores que se lleva atravesada desde un   s.f.
hombro al costado opuesto y que usan como distintivo ciertas órdenes civiles y militares o como insignia
de alguna dignidad.
2 Borde o lado de algunas cosas: *la bola de billar ha*
golpeado la banda derecha.
3 Trozo largo y estrecho de una tela o un material: = faja
una banda de raso negro adornaba el bajo del vestido.
4 Zona que corresponde a los dos lados más largos   DEPORTES
del campo en algunos deportes, como el fútbol, el
hockey o el balonmano.
5 Llanta de la rueda.
6 Paño blanco que se pone el sacerdote sobre los   = humeral
hombros para coger la custodia y el copón.
7 Intervalo finito en el campo de variación de una   FÍSICA
magnitud física.
8 Faja para ceñir los calzones a la cintura.   Amér.
9 Hoja de puerta o ventana.   Guat.
10 banda ancha: 1. Conjunto de señales que necesi-   AUDIOVISUALES
tan un gran rango de frecuencias para su transmisión
o almacenamiento. **2.** Canal capaz de transmitir múltiples señales de vídeo, voz y datos simultáneamente.
11 banda de frecuencia: Conjunto de frecuencias   AUDIOVISUALES
comprendidas entre dos límites definidos de frecuencia, en radiodifusión y televisión.
12 banda estrecha: Se refiere a señales que precisan   AUDIOVISUALES
un rango de frecuencias igual o inferior al de la señal
vocal, que es de 4 khz.

13 banda media: Señales comprendidas entre la   AUDIOVISUALES
banda estrecha y la banda ancha.
14 banda sonora: Parte de la película cinematográfi-   AUDIOVISUALES,
ca en que se graba el sonido.   CINE
II (Del gótico *bandwo,* signo, bandera.)
1 Grupo de gente armada que no pertenece a un ejér-   s.f.
cito regular: *una banda de salteadores.*
2 Parcialidad, grupo de gente que sigue un partido.
3 Grupo numeroso de aves que vuelan juntas.   = bandada
4 Conjunto musical formado por instrumentos de   MÚSICA
viento y percusión.
5 cerrarse en banda: Mantenerse firme en un pro-   coloquial
pósito, negarse rotundamente a cualquier concesión:
se cerró en banda y ni siquiera acabó de leer mi proyecto.
6 coger por banda: Buscar o retener a alguien para   coloquial '
discutir un asunto o ajustar cuentas: *ya la cogerá por*
banda y le echará la bronca.
7 dar a la banda: Tumbar la embarcación sobre un   NÁUTICA
costado para limpiar o componer sus fondos.

bandada
1 Grupo numeroso de aves o peces que se desplazan   s.f.
juntos: *una bandada de golondrinas.*   tb: banda
2 Gran cantidad de personas que van juntas.   = gentío

bandarse Ser investido con la banda de profesor al   v.prnl.
finalizar los estudios universitarios.   Perú

bandazo
1 Movimiento violento alternativo hacia los lados: s.m.
está un poco achispada y va dando bandazos calle abajo.   = vaivén
2 Inclinación violenta del barco hacia cualquiera de   NÁUTICA
los dos lados.
3 Cambio brusco en que se pasa de un extremo al
otro en la orientación o tendencia de un hecho o
asunto: *da muchos bandazos en su política empresarial.*

bandeado, a Que forma o tiene listas o bandas.   adj./= listado

bandear
1 Mover una cosa a un lado y a otro.   v.tr.
2 Manejarse con habilidad en la vida.   v.prnl.

bandeja (Del port. *bandeja,* soplillo para limpiar el trigo < *bandejar* < bandear, bandear.)
1 Recipiente plano y con bordes de formas diversas,   s.f.
que se usa para presentar, servir o trasladar algo.
2 Pieza movible, con forma de caja de bordes bajos y
sin tapa, que divide horizontalmente el interior de
una cavidad o receptáculo: *bandeja de coche.*
3 Cajón plano en un mueble, semejante a una bandeja: *la mesa del ordenador tiene una bandeja para colocar*
el teclado.
4 servir algo en bandeja o en bandeja de plata: coloquial
Dar a alguien facilidades para que consiga su propósito.

bandera (Del gótico *bandwo,* signo, bandera.)
1 Insignia formada por una pieza de tela cuadrada,   s.f.
triangular o rectangular y sujeta a un palo o asta, que
representa a un estado, nación o colectividad, partido
político, asociación.
2 Pieza de tela o papel que se puede usar como adorno o para hacer señales: *el juez indicó la salida de la*
carrera agitando la bandera.
3 Conjunto de personas que forman parte de una colectividad agrupada por motivos ideológicos o de
otra índole.
4 Nacionalidad a que pertenecen los buques mercan-   NÁUTICA
tes que llevan la insignia que representa a una na-   = pabellón
ción.
5 bandera a media asta: La que se deja a medio izar,
en señal de luto.
6 bandera blanca o de paz: La de este color que se
enarbola en señal de paz: *sacaron la bandera blanca*
para rendirse.
7 a banderas desplegadas: Abiertamente o sin en-   loc.adv.
contrar dificultad: *a banderas desplegadas dieron con*
ellos.
8 alzar o levantar bandera: 1. Reunir gente y nombrarse jefe de ella. **2.** Convocar para un trabajo o acción.
9 arriar bandera: Rendirse un barco al enemigo.   MILITAR
10 bajar o levantar bandera: Conectar o desconectar el taxímetro.
11 bandera o de bandera: Magnífico, excelente: *es*   coloquial
una mujer bandera.
12 batir banderas: Inclinarlas como saludo a un su-   MILITAR
perior.
13 dejar bien puesta la bandera: Lucirse en un
acontecimiento u ocasión con lo que se honra a la
colectividad a la que se pertenece.
14 jurar la bandera: Prestar los reclutas juramento   MILITAR
de fidelidad a la insignia nacional.
15 rendir la bandera: Arriarla en señal de respeto o   NÁUTICA
cortesía.

banderazo Señal hecha por un juez de línea con la   s.m.
bandera, especialmente para indicar el inicio de una   DEPORTES
prueba.

bandería Grupo de personas que se separa de otro mayor a causas de sus acciones o su ideología. — s.f. = bando

banderilla
1 Palo delgado y adornado con un arponcillo en uno de sus extremos, que se clava al toro en una de las suertes de la corrida. — s.f. TAUROMAQUIA
2 Tapa o aperitivo atravesado por un palillo.
3 Pulla, comentario burlón. — coloquial

banderillear Poner banderillas a los toros, en el tercio correspondiente. — v.tr. TAUROMAQUIA

banderillero, a Torero que pone las banderillas al toro. — s. TAUROMAQUIA

banderín
1 Bandera triangular que sirve de insignia a un equipo o colectividad: *las hileras de banderines recorrían la calle de acera a acera.* — s.m.
2 Soldado que lleva un banderín en la bayoneta y sirve de guía al resto. — MILITAR
3 **banderín de enganche:** Oficina en que se inscriben los voluntarios para el servicio militar. — MILITAR

banderita Insignia de una entidad benéfica utilizada en las campañas de recogida de fondos. — s.f.

banderizar Abanderizar, dividir en banderías o bandos. — v.tr/prnl. conj: cazar

banderola
1 Bandera de pequeñas dimensiones, usada con distintos fines por militares, topógrafos y marinos. — s.f.
2 Cinta que lleva como adorno la lanza de los soldados de caballería. — MILITAR
3 Montante, ventana sobre una puerta. — Argent., Par., Urug.

bandidaje
1 Actividad de los bandidos. — s.m.
2 Circunstancia de existir bandidos.

bandido, a (Del ital. *bandito* < *bandire*, proscribir.)
1 Fugitivo de la justicia reclamado por bando. — adj/s.
2 Persona perversa o que engaña o estafa. — coloquial
3 Persona que salteaba o robaba en caminos o lugares despoblados: *según el gobierno los antiguos guerrilleros se convirtieron en bandidos.* — s.m. = bandolero

bandín Banda corta que usan los condecorados en vez de la banda en actos poco importantes. — s.m. MILITAR

bando
I (Del fr. *ban*, edicto solemne < germ. *ban*.)
1 Aviso u orden de la autoridad que se imprime en carteles fijados en lugares públicos: *el lenguaje del bando les pareció injurioso.* — s.m.
2 Acto de hacer público mediante carteles o pregones un aviso u orden de la autoridad.
II (Del gótico *bandwo*, signo, bandera.)
1 Parte contendiente en una guerra o en una confrontación ideológica: *las diversas diferencias han creado dos bandos dentro del partido.* — s.m. = facción
2 Grupo numeroso de peces que van juntos. — th: banco
3 Bandada, grupo numeroso de aves. — th: banda

bandola (Del lat. *pandura*.) Instrumento de cuerda parecido al laúd, pero más pequeño y con cuatro cuerdas. — s.f./MÚSICA = bandolina, mandolina

bandolera
1 Correa que cruza desde el hombro hasta la cadera, para llevar colgada una arma. — s.f.
2 **en bandolera:** En forma cruzada: *llevaba el bolso en bandolera.* — loc.adv.

bandolerismo
1 Incursiones violentas y saqueos propios de los bandoleros. — s.m. = bandidaje
2 Presencia continuada de bandoleros en una zona.

bandolero, a (Del cat. *bandoler*.)
1 Persona que salteaba o robaba en caminos o lugares despoblados. — s. = bandido
2 Persona perversa o estafadora.

bandolina (Del fr. *bandoline* < ital. *bandolino*.) Instrumento musical de cuatro cuerdas, parecido al laúd. — s.f./MÚSICA th: mandolina

bandolón Instrumento musical de cuerda, parecido a la bandurria pero más grande y con 18 cuerdas que se tocan con púa. — s.m. MÚSICA

bandoneón Instrumento musical de viento, semejante a un acordeón pero de mayor tamaño, que se toca en la interpretación del tango. — s.m. MÚSICA Argent., Urug.

bandurria (Del bajo lat. *pandurium*, especie de laúd < gr. *pandura*.) Instrumento musical de cuerda, parecido a la guitarra, pero más pequeño y con 12 cuerdas que se tocan con púa. — s.f. MÚSICA

bandurrista Persona que toca la bandurria. — s.m.f./MÚSICA

¡bang! (Voz onomatopéyica.) Expresión que imita el ruido de las armas de fuego. — interj.

banjo (Probablemente derivado del bajo lat. *pandurium*, especie de laúd.) Instrumento musical de cuerda de origen africano, parecido a la guitarra pero con la tabla de armonía de pergamino tensado sobre un aro — s.m. MÚSICA

redondo de metal, un mástil largo con clavijas y cinco o nueve cuerdas.

banquero, a
1 Propietario de un banco o entidad financiera. — s./ECONOMÍA
2 Persona que se dedica a realizar operaciones bancarias: *se reunieron los banqueros para negociar el convenio.*
3 Persona que lleva la banca en los juegos de azar. — JUEGOS

banqueta
1 Asiento bajo y sin respaldo: *se sentó al amor de la lumbre sobre una banqueta.* — s.f.
2 Banco muy corto y bajo, para apoyar los pies. — = escabel
3 Andén que hay en las alcantarillas para poder recorrerlas y limpiarlas. — CONSTRUCCIÓN
4 Plataforma construida en el interior de una fortificación, a lo largo de la muralla y a altura conveniente para que los soldados puedan defender el recinto resguardados. — CONSTRUCCIÓN, MILITAR
5 Obstáculo de los concursos de hípica hecho de tierra. — EQUITACIÓN
6 Acera, orilla de la calle. — Méx.

banquete (Del fr. *banquet*, probablemente del ital. *banchetto*, diminutivo de *banco*.)
1 Comida a la que acuden muchas personas para celebrar algún acontecimiento: *organizaron un banquete para los invitados a la boda.* — s.m. = festín
2 Comida copiosa. — = festín

banquetear Dar un banquete a una persona o participar en ellos con frecuencia. — v.tr/intr/prnl.

banquillo
1 Asiento que ocupa el acusado ante el tribunal. — s.m./DERECHO
2 Banqueta para apoyar los pies.
3 Asiento situado fuera del terreno de juego que ocupan el equipo técnico y los jugadores reservas de un equipo. — DEPORTES
4 **chupar banquillo:** Permanecer un jugador en el banquillo durante un encuentro o jugar poco en una temporada: *estaba muy enojado porque le tocó chupar banquillo.* — DEPORTES coloquial

banquina Margen lateral de una carretera sin pavimentar. — s.f. Amér.

banquisa Banco de hielo. — s.f.

bantú
1 Se refiere al grupo de lenguas nigerocongolesas que se hablan en África meridional. — adj/s.m./LINGÜÍSTICA pl.tb: bantúes
2 De alguno de los pueblos que hablan una de estas lenguas. — adj.
3 Persona que pertenece a estos pueblos. — s.m.f.

banzo (Probablemente del celta *wankjos, travesaño.)
1 Cada uno de los dos palos del bastidor de bordar. — s.m./TEXTIL
2 Cada uno de los dos largueros o palos principales paralelos que, en una armazón, soportan a los otros.
3 Lado en declive de una acequia, canal o cauce. — = quijero

bañadera Bañera, recipiente para bañarse. — s.f./Amér.

bañadero Charco o lugar donde se suelen bañar los animales, en el monte. — s.m. = baña, bañil

bañado Orinal, recipiente para recoger los excrementos humanos. — s.m.

bañador
1 Prenda, comúnmente de una pieza, usada para bañarse en lugares públicos como playas y piscinas: *llevaba un bañador que conjuntaba con el pareo.* — s.m.
2 Recipiente usado para bañar las velas de cera u otras cosas.

bañar (Del lat. *balneare*.)
1 Introducir el cuerpo o parte de él en el agua o en otro líquido. — v.tr/prnl. = sumergir
2 Cubrir una cosa con una capa de una sustancia: *el joyero bañó los pendientes en oro.* — + en, con, de
3 Mojar una cosa con agua u otro líquido: *bañó el bizcocho con leche.* — + en, con, de
4 Tocar o pasar el mar o un río por un sitio: *el río Jerte baña mi ciudad natal.*
5 Dar la luz, el sol o el aire de lleno en una cosa: *los rayos bañaban la estancia.*
6 Dejar el zapatero un borde en el contorno de la suela del calzado.
7 Dar un barniz transparente sobre una pintura. — ARTE

bañera Recipiente grande y hondo que se instala en el cuarto de baño y se usa para bañarse. — s.f.

bañil Bañadero, charco donde se bañan los animales en el monte. — s.m. CAZA

bañista Persona que se baña en lugares públicos, como playas y piscinas. — s.m.f.

baño (Del lat. *balneum*.)
1 Acción de bañar o bañarse. — s.m.
2 Sometimiento del cuerpo o parte de él a la acción directa de un agente físico o una sustancia: *se ha preparado un baño de eucalipto para el resfriado.*
3 Agua o líquido para bañarse: *prepararse un baño bien caliente.*
4 Pila grande que se usa para bañarse o lavarse. — = bañera

5 Cuarto de aseo. — **= aseo**

6 Capa de una materia con la que se recubre una cosa: *los cubiertos tienen un baño de plata.* — **= película**

7 Conocimiento, cualidad, educación superficial: *les dieron un baño de historia antes del viaje.* — **= barniz, tinte**

8 Derrota humillante del adversario: *les dimos un baño en el partido de ayer.* — **coloquial = paliza**

9 Mano de color que en la pintura de brocha gorda se da sobre lo ya pintado.

10 Calor templado por la interposición de alguna materia entre el fuego y lo que se calienta.

11 Lugar donde se toman vapores, aguas u otras sustancias medicinales. — **s.m.pl. = balneario**

12 baño de María o baño María: Procedimiento para cocer o calentar algún alimento, que consiste en poner el recipiente que lo contiene dentro de otro con agua que recibe el calor directamente. — **COCINA**

13 baño de sangre: Matanza de un elevado número de personas: *el último intento golpista fue un baño de sangre inútil.* — **coloquial**

14 baño de sol: Sometimiento del cuerpo o de una parte de él a la acción prolongada del sol: *le recomendó baños de sol para curtir la piel.*

15 baño de vapor: Sometimiento del cuerpo o de parte de él a la acción del vapor de agua o de otro líquido caliente.

bao (Del fr. *bau* < germ. **balk*, .viga.)
1 Cada una de las piezas transversales de la estructura de un barco que sostienen las cubiertas. — **s.m. NÁUTICA**
2 Cada uno de los dos barrotes que sostienen las cofas o plataformas de un barco. — **NÁUTICA**

baobab (Voz africana.) Árbol bombacáceo, de gran tamaño, con flores grandes y blancas y frutos capsulares y carnosos. (*Adansonia.*) — **s.m. BOTÁNICA**

baptismo (Del gr. *baptismum*, bautismo.) Confesión religiosa protestante que sólo considera válido el bautismo cuando es recibido por un adulto que es consciente del significado del sacramento, administrado preferentemente por inmersión. — **s.m. RELIGIÓN**

baptista
1 Del baptismo: *de confesión baptista.* — **adj./RELIGIÓN**
2 Persona adepta a esta doctrina. — **s.m.f./RELIGIÓN**

baptisterio (Del lat. *baptisterium* < gr. *baptisterion*.)
1 Parte de una iglesia o edificio adyacente a ella donde está la pila bautismal. — **s.m. ARQUITECTURA**
2 Pila bautismal.

baquear Moverse un barco por el impulso del agua cuando es más fuerte que el impulso del viento. — **v.intr. NÁUTICA**

baquelita Resina sintética dura y quebradiza que se obtiene del formaldehído y fenol. — **s.f./QUÍMICA tb: bakelita**

baquelizar Poner baquelita en una cosa. — **v.tr./conj: cazar**

baqueta (Del ital. *bacchetta*, diminutivo de *bacchio*, bastón < lat. *baculum*.)
1 Vara usada por los picadores para el manejo de los caballos. — **s.f. EQUITACIÓN**
2 Barra para limpiar el cañón de las armas de fuego. — **MILITAR**
3 Moldura o listón estrecho y delgado. — **ARQUITECTURA**
4 Palillos para tocar el tambor: *lanzó las baquetas al público.* — **s.f.pl. MÚSICA**
5 llevar o tratar a baqueta a alguien: Darle un trato desconsiderado y severo: *trata a baqueta a sus hijos.* — **coloquial**

baquetazo Golpe fuerte que se da algo o alguien al caer: *resbaló y se dio un buen baquetazo.* — **s.m. = batacazo**

baqueteado, a Maltratado por haber llevado una vida de mucho trabajo o penurias. — **adj.**

baquetear Molestar mucho a una persona: *baquetea a su hermano mandándole mucho.* — **v.tr. coloquial**

baquetero Pieza del fusil que sujeta la baqueta. — **s.m.**

baquetilla
1 Moldura pequeña y redonda. — **s.f.**
2 Varilla de madera que sirve para unir los cristales o las vidrieras en los bastidores de las ventanas. — **CARPINTERÍA**

baquetón Columnilla delgada, en el estilo gótico. — **s.m./ARQUITECTURA**

baquía
1 Conjunto de conocimientos prácticos relativos a las vías de comunicación de un territorio. — **s.f.**
2 Destreza para realizar trabajos manuales. — **Amér.**

báquico, a
1 De Baco, dios de la mitología romana. — **adj./MITOLOGÍA**
2 Que se relaciona con la embriaguez.
3 Se aplica al verso formado por baquios. — **POESÍA**

baquío Pie formado por una sílaba breve seguida de dos largas, en la poesía griega y latina. — **s.m. POESÍA**

bar
I (Del ingl. *bar*.)
1 Establecimiento donde se sirven bebidas y comidas que suelen consumirse en el mostrador o barra. — **s.m.**
2 bar musical: Local nocturno donde se sirven bebidas, se escucha música y se puede bailar.
II (Del gr. *barus*, peso.) Unidad de medida de la presión, en la terminología internacional. — **s.m. FÍSICA**

barahúnda Alboroto, gran confusión: *la barahúnda de la fiesta alertó a los vecinos.* — **s.f. tb: baraúnda**

baraja
1 Conjunto de naipes o cartas que se usan en varios juegos de azar, de habilidad: *pasaron la tarde buscando las barajas para la timba de la noche.* — **s.f. JUEGOS**
2 Juego realizado con esas cartas o naipes. — **JUEGOS**
3 Riña entre varias personas.
4 jugar con dos barajas: Actuar con doblez, hipocresía y falsedad: *le expulsaron del grupo por jugar con dos barajas.* — **coloquial**

barajar
1 Mezclar los naipes de una baraja antes de repartirlos para jugar. — **v.tr. JUEGOS**
2 Tener en cuenta varias posibilidades antes de hacer una cosa: *se barajaron cuatro nombres para el cargo de directivo.* — **v.tr/prnl.**
3 Mezclar y desordenar cosas: *los documentos se barajaron sobre la mesa.*
4 Tirar de las riendas para refrenar al caballo. — **v.tr./EQUITACIÓN**
5 Dejar de ser dos o más personas amigas. — **v.intr.**

barajón Bastidor de madera con varillas entrelazadas que se sujeta al calzado para andar por la nieve. — **s.m.**

baranda (Probablemente del céltico **varanda*, pequeño linde o borde.)
1 Barandilla, antepecho que sirve de apoyo o protección, en una construcción. — **s.f. CONSTRUCCIÓN**
2 Cerco que bordea las mesas de billar. — **JUEGOS**

barandal
1 Barandilla, antepecho. — **s.m./CONSTRUCCIÓN**
2 Largueros superior e inferior que sostienen los palos o balaustres de una barandilla o balaustrada. — **CONSTRUCCIÓN**

barandilla
1 Antepecho formado por dos largueros y varios balaustres o barras, que sirve de apoyo o protección: *no consiguió agarrarse a la barandilla y cayó escalera abajo.* — **s.f. CONSTRUCCIÓN**
2 Pasamanos, larguero o barandal superior, en el que se apoya la mano. — **CONSTRUCCIÓN**

baratear
1 Vender una cosa a un precio bajo. — **v.tr.**
2 Discutir el comprador y el vendedor el precio de una cosa. — **= regatear**

baratería Acción que realiza quien engaña, con fraude o estafa, en compraventas o permutas. — **s.f.**

baratero, a Que vende barato: *se acercaron al baratero para comprar.* — **adj/s./Colomb., Méx., Chile**

baratija Objeto de poco valor, de poco precio: *tiene un puesto de baratijas en el mercadillo.* — **s.f.**

baratillo
1 Conjunto de cosas de poco precio, que están a la venta en lugar público. — **s.m.**
2 Tienda o lugar en que éstas se venden. — **COMERCIO**
3 Mercería, tienda pequeña. — **Argent., Chile**

barato, a
1 Que tiene un precio bajo en relación con otras cosas similares: *compró la cámara más barata.* — **adj.**
2 Que requiere poco esfuerzo.
3 Venta de mercancías o productos a bajo precio. — **s.m./COMERCIO**
4 Por poco dinero: *en esta tienda suelen vender barato.* — **adv.**
5 de barato: Sin que cueste dinero, gratis. — **loc.adv.**
6 echar o meter a barato: Hacer ruido y dar voces para que no se escuche claramente lo que otro va a decir.

báratro (Del lat. *barathrum* < gr. *barathron*, abismo.) Infierno, lugar donde van a parar las almas. — **s.m. culto**

baratura Precio bajo de las cosas que se venden. — **s.f./= barata**

baraúnda Barahúnda, alboroto, gran confusión. — **s.f.**

barba (Del lat. *barba*, pelo de la barba.)
1 Parte de la cara que está debajo de la boca: *le dieron tres puntos en la barba.* — **s.f. ANATOMÍA**
2 Pelo que nace en esta parte de la cara y en las mejillas.
3 Este mismo pelo crecido, cuidado y cortado de distintas formas.
4 Cualquier pelo, filamento o conjunto de ellos: *quitar las barbas a los mejillones.*
5 Parte carnosa, roja y colgante que tienen algunas aves en la mandíbula inferior. — **ZOOLOGÍA**
6 Conjunto de raíces delgadas de las plantas. — **s.f.pl./BOTÁNICA**
7 Filamentos de las plumas de las aves. — **ZOOLOGÍA**
8 barba cerrada: La que está muy espesa o poblada: *era un caballero de barba cerrada.* — **coloquial**
9 barba de ballena: Lámina córnea de la boca de la ballena. — **ZOOLOGÍA**
10 barbas de chivo: Barbas escasas en las mejillas y muy largas y en punta debajo de la boca. — **coloquial**
11 con toda la barba: Se usa para resaltar la plenitud de cualidades de algo o alguien: *es un presidente con toda la barba.* — **loc.adj.**
12 en las barbas de alguien: En su presencia, en su — **loc.adv.**

cara, y que supone frescura y descaro: *se lo dijo en las barbas para que no hubiera malentendidos.*
13 hacer la barba: Adular, obsequiar por interés. coloquial/*Méx.*
14 por barba: Por cabeza, por persona: *tocamos a tres por barba.* loc.adv. coloquial
15 subirse alguien a las barbas de otro: Faltarle al respeto: *su subordinado se le subió a las barbas.* coloquial
16 tirarse uno de las barbas: Manifestar disgusto o enojo mediante gestos: *se tiró de las barbas al descubrir que por un número no le tocó el premio.* coloquial

barbacana (Del ár. *bab al-baqara,* puerta de las vacas.)
1 Fortificación avanzada, delante de un puente o puerta, que servía para defenderlos. s.f./CONSTRUCCIÓN, MILITAR
2 Muro bajo en una iglesia, calle o plaza, que hace de antepecho. CONSTRUCCIÓN
3 Abertura vertical muy estrecha, hecha en un muro, para poder disparar los cañones o las flechas. CONSTRUCCIÓN, MILITAR

barbacoa
1 Parrilla para asar carne o pescado al aire libre. s.f.
2 Alimento asado en una parrilla al aire libre.
3 Conjunto de palos de madera verde dispuestos a modo de parrilla que se pone en un hoyo en la tierra. *Méx., Guat.*

barbada
1 Pieza del violín para apoyar la barba. s.f.
2 Quijada inferior de las caballerías.
3 Cinta con la que se sujeta el sombrero por debajo de la barbilla. *Bol., Cuba*

barbadejo Viburno, planta arbustiva. s.m./BOTÁNICA

barbado, a
1 Que tiene barba o barbas. adj/s./tb: barbudo
2 Árbol o sarmiento que se planta con raíces. s.m./AGRICULTURA
3 Tallo que brota de la raíz de la planta. tb: barbudo
4 plantar de barbado: Trasplantar un brote o tallo que ya ha echado raíces. AGRICULTURA

barbaja
1 Planta herbácea compuesta, perenne, de tallo erecto y flores rojas. *(Scorzonera laciniata).* s.f. BOTÁNICA
2 Primeras raíces que les crecen a los vegetales recién plantados. s.f.pl./BOTÁNICA = barbajuelas

barbaján Hombre tosco y grosero. adj/s.m./*Méx., Cuba*

barbar
1 Crecer la barba. v.intr.
2 Criar las abejas.
3 Echar raíces una planta. AGRICULTURA

barbárico, a Que tiene relación con los pueblos bárbaros: *asentamientos barbáricos.* adj. HISTORIA

barbaridad
1 Cualidad de bárbaro o bruto. s.f.
2 Acción o dicho disparatado: *el trabajo que ha presentado está lleno de barbaridades.* = atrocidad
3 Temeridad o imprudencia: *has cometido una auténtica barbaridad al estar varios días sin comer.* = desastre
4 Cantidad excesivamente grande de alguna cosa: *gasta una barbaridad en ropa.* coloquial

barbarie
1 Atraso cultural: *para el mundo occidental, algunas tribus africanas viven en la barbarie.* s.f.
2 Acción cruel e inhumana: *las guerras son una barbarie.*

barbarismo
1 Error de la expresión que consiste en el uso de palabras o expresiones incorrectas o que provienen de otras lenguas. s.m. LINGÜÍSTICA
2 Barbaridad, dicho o hecho temerario.
3 Falta de cultura. = barbarie

barbarizar
1 Hacer que una persona o una cosa se vuelva bárbara o cruel. v.tr. conj: *cazar*
2 Hacer o decir barbaridades. v.intr.

bárbaro, a (Del lat. *barbarus* < gr. *barbaros,* extranjero.)
1 Que pertenece a los pueblos considerados extranjeros por griegos y romanos. adj/s. HISTORIA
2 De cualquier pueblo de los que invadieron el imperio romano y lo destruyeron hacia el siglo V. HISTORIA
3 Que utiliza la fuerza y no la inteligencia. adj./= bruto
4 Que tiene mucha valentía. = temerario
5 Se aplica a la persona que es grosera, descortés o desconsiderada con los demás.
6 Que es espléndido, estupendo o muy bueno: *la excursión ha sido muy divertida y la comida bárbara.* coloquial = genial
7 Que es cruel, excesivo o desagradable: *hoy hace un frío bárbaro.*

barbear
1 Trabajar el barbero en su oficio. v.intr.
2 Moverse el toro arrimado a la barrera de la plaza olfateando para encontrar una salida. TAUROMAQUIA
3 Coger una res por la cabeza o los cuernos para derribarla torciéndole el cuello. v.tr. *Colomb.*

barbechada Barbecho, labor agrícola. s.f./AGRICULTURA

barbechar
1 Labrar el terreno sin sembrarlo después, para que repose, se airee y se enriquezca. v.tr./AGRICULTURA tb: abarbechar
2 Labrar un terreno para sembrarlo. AGRICULTURA

barbecho (Del lat. *vervactum.*)
1 Tierra que se deja sin cultivar un año o más para que repose y recobre las sustancias propias. s.m./AGRICULTURA = barbechada
2 Estado de una tierra que se ha dejado sin cultivar. AGRICULTURA
3 Tierra labrada para sembrar en ella. AGRICULTURA

barbería
1 Peluquería masculina. s.f.
2 Oficio de barbero.

barbero
1 Persona que tiene como profesión el arreglo, corte y aseo de la barba y cabello masculinos. s.m. = peluquero
2 Niño halagador, adulador. *Méx.*

barberol Piezas que forman el labio inferior de los insectos masticadores. s.m. ZOOLOGÍA

barbeta
1 Lugar destinado a que la artillería dispare al descubierto. s.f. MILITAR
2 Trozo de cabo o de filamento de cáñamo. NÁUTICA

barbián, a (Probablemente derivado del gitano *barban,* aire, viento.) Que es desenvuelto, simpático y atrevido. adj/s. coloquial

barbiblanco, a Barbicano, que tiene la barba cana. adj.

barbicano, a Que tiene la barba cana: *se le acercó un anciano barbicano.* adj. = barbiblanco

barbicastaño, a Que tiene la barba castaña. adj.

barbiespeso, a Que tiene la barba espesa. adj.

barbihecho, a Que está recién afeitado. adj.

barbijo
1 Correa que sujeta el casco a la barbilla. s.m./*Amér. Merid.*
2 Herida en la cara. *Argent., Bol.*
3 Pieza de tela con la que el sanitario se cubre la boca y la nariz. *Argent.* MEDICINA

barbilampiño, a Que no tiene barba o tiene poca: *su rostro barbilampiño le hacía parecer más joven.* adj. = imberbe

barbilindo, a Se aplica al hombre joven que se considera guapo y presume de ello. adj. = barbilucio

barbilla
1 Parte de la cara situada debajo de la boca y extremo en punta de esa parte: *el perro le mordió la barbilla.* s.f. ANATOMÍA
2 Apéndice carnoso que tienen algunos peces en la parte inferior de la cabeza. ZOOLOGÍA
3 Aleta que rodea el cuerpo de algunos peces como el lenguado. ZOOLOGÍA
4 Corte oblicuo dado en el extremo de un madero para encajarlo en otra pieza. CARPINTERÍA

barbiquejo
1 Barboquejo, cinta para sujetar el sombrero. s.m.
2 Cuerda con la que se sujeta la boca del caballo para guiarlo. *Méx., Ecuad.*
3 Pañuelo que se ata alrededor de la cara. *Perú*

barbitúrico, a
1 Se aplica al ácido que tiene propiedades hipnóticas y sedantes: *le recetaron barbitúricos para el insomnio.* adj/s.m. FARMACIA
2 Radical químico obtenido a partir del malonato de etilo, que forma parte de numerosas sustancias depresoras del sistema nervioso central. s.m. FARMACIA, QUÍMICA

barbo (Del lat. *barbus.*)
1 Pez teleósteo de agua dulce, de tamaño mediano, con cuatro apéndices carnosos en la parte inferior, que vive en fondos de ríos claros y de corriente rápida. *(Barbus barbus.)* s.m. ZOOLOGÍA
2 barbo de mar: Salmonete, pez marino comestible de color rojo. ZOOLOGÍA

barbón
1 Hombre con mucha barba. s.m.
2 Cabrón, macho cabrío. ZOOLOGÍA

barboquejo Correa con que se sujeta el sombrero o morrión por debajo de la barbilla. s.m. tb: barbiquejo

barbotear Decir palabras en voz baja o de forma entrecortada y confusa sin pronunciarlas con claridad. v.intr./tb: barbotar = mascullar

barbotina Tipo de pasta líquida para decorar piezas de alfarería en relieve. s.f.

barbucha Barba poco espesa y fuerte. s.f./despectivo

barbudo, a
1 Que tiene mucha barba: *un barbudo mozalbete.* adj.
2 Barbado, tallo. s.m.

bárbula Barbilla, filamento de las plumas de las aves. s.f./ZOOLOGÍA

barbulla Alboroto, griterío de los que hablan a un tiempo confusa y atropelladamente. s.f.

barbullar Hablar confusa y precipitadamente. v.intr./coloquial

barbuquejo Cinta para sujetar bajo la barba el sombrero o morrión. s.m.

barbusano
1 Árbol lauráceo de hasta 16 metros de altura, de madera dura pero frágil, parecida a la caoba, que crece en las islas Canarias. *(Apollonias canariensis.)* — s.m. BOTÁNICA
2 Madera de este árbol.

barca (Del bajo lat. *barca.*) Embarcación pequeña para pescar o navegar cerca de la costa o en los ríos: *les llevó en barca hasta los rápidos.* — s.f. NÁUTICA

barcaje
1 Transporte hecho en barca. — s.m.
2 Precio que se paga por este transporte.

barcal
1 Recipiente para recoger el vino que se derrama al medirlo. — s.m.
2 Cuenco de madera pequeño y redondo. — = dornajo

barcarola (Del ital. *barcarola.*)
1 Canción popular italiana, propia de los gondoleros venecianos. — s.f. MÚSICA
2 Canto que imita el movimiento de los remos con su ritmo. — MÚSICA

barcaza
1 Barco destinado al transporte de mercancías sin propulsión autónoma. — s.f. NÁUTICA
2 Barco usado para llevar pasajeros de una embarcación a la orilla, o de una a otra orilla: *atravesaron el río en una barcaza.* — NÁUTICA

barcelonés, a
1 Que es de Barcelona, ciudad y provincia española. — adj/s.
2 Persona natural de Barcelona. — s.
3 Variedad lingüística del catalán. — LINGÜÍSTICA

barceo Albardín, planta semejante al esparto. — s.m./BOTÁNICA

barcino, a Se refiere al animal que tiene el pelo blanco y pardo o rojizo. — adj. tb: barceno

barco
1 Construcción cóncava de madera o metal, capaz de flotar, deslizarse y navegar por el agua: *recorrieron el litoral levantino en barco.* — s.f. NÁUTICA
2 Barranco poco profundo.
3 **barco cisterna:** El destinado a transportar líquidos. — NÁUTICA
4 **barco de rueda:** El movido por una rueda de palas situada en la popa, o por dos, en los costados. — NÁUTICA
5 **barco de vela:** El que se mueve impulsado por la fuerza del viento. — NÁUTICA = velero
6 **barco escuela:** Buque de la marina de guerra en que completan su formación los guardias marinas. — MILITAR. NÁUTICA

barcolongo Barco antiguo, largo y estrecho, de dos palos y mucha vela. — s.m./NÁUTICA tb: barcoluengo

barda (De origen incierto.)
1 Armadura de vaqueta o hierro con que se guarnecían el pecho, los costados y las ancas de los caballos para su defensa en los combates. — s.f. MILITAR
2 Conjunto de ramas de arbustos y matojos empleadas en la cubierta de tapias, corrales y otras construcciones. — s.f. tb: bardal

bardaguera Arbusto de dos a cuatro metros de altura, con hojas lanceoladas, de ramas flexibles, empleadas en cestería. — s.f. BOTÁNICA

bardal
1 Barda, cubierta de una tapia. — s.m./CONSTRUCCIÓN
2 **saltar bardales:** Huir sin pensar en los obstáculos: *saltaba bardales ladera abajo.*

bardana Planta compuesta de tallo robusto, cuyo fruto, en aquenios rugosos, se adhiere al pelo de los animales. — s.f. BOTÁNICA = anteón, lampazo

bardar Poner bardas sobre las tapias de los corrales. — v.tr./tb: embardar

bardiota Soldado bizantino que tenía por misión proteger las personas del emperador y de su familia. — adj/s./HISTORIA = bardariota

bardo (Del lat. *bardus.*)
1 Poeta, cantor de los antiguos celtas. — s.m./LITERATURA
2 Poeta heroico o lírico de cualquier época o país. — culto/LITERATURA

baremar Aplicar un baremo a un conjunto de datos. — v.tr.

baremo (Del fr. *bareme* < *B. F. Barrême,* matemático francés.)
1 Tabla de cuentas ya realizadas. — s.m.
2 Lista de precios. — = tarifa
3 Conjunto de valores establecidos convencionalmente para evaluar una cosa: *los exámenes se puntúan según un baremo que va desde el sobresaliente al suspenso.*

barestesia Facultad de percibir diferencias de peso y presión entre objetos. — s.f. MEDICINA

bargueño Mueble de madera con numerosos cajones y compartimentos, adornado con trabajos de taracea o talla. — s.m. tb: vargueño

baria Unidad de presión del sistema cegesimal, equivalente a una dina por centímetro cuadrado. — s.f. FÍSICA

baricentro
1 Centro de gravedad de un cuerpo. — s.m./FÍSICA

2 Punto de aplicación de la resultante de un sistema de fuerzas. — FÍSICA

barimetría Medición de la fuerza de la gravedad. — s.f./FÍSICA

bario (Del gr. *barys,* pesado.) Metal blanco amarillento, dúctil, de oxidación rápida y difícil de fundir. — s.m. QUÍMICA

barisfera Núcleo central del globo terráqueo con altas temperaturas y gran densidad. — s.f. GEOLOGÍA

barita (Del gr. *barys,* pesado.) Óxido de bario que se encuentra en la naturaleza formando la baritina. — s.f. QUÍMICA

baritina Sulfato de barita de color blanco y con otras tonalidades debido a impurezas, y brillo vítreo-nacarado. — s.f. MINERALOGÍA

baritocalcita Mineral formado por carbonato doble de bario y calcio, monoclínico y de color amarillo. — s.f. MINERALOGÍA

barítono
1 Voz masculina entre la de tenor y la de bajo. — s.m./MÚSICA
2 Persona que tiene este registro de voz. — MÚSICA

barloa Cable con que se sujetan las embarcaciones abarloadas. — s.f. NÁUTICA

barloar Poner un buque de costado casi en contacto con otro o con el muelle. — v.tr/intr/prnl. NÁUTICA

barloventear
1 Navegar contra el viento. — v.intr./NÁUTICA
2 Ir una persona de un lugar a otro. — coloquial

barlovento Parte de donde viene el viento respecto a un punto o lugar determinado. — s.m. NÁUTICA

barman (Voz inglesa.) Persona encargada de preparar y servir bebidas en un bar. — s.m.f. pl: barmans

barnacla Diversas especies de aves anseriformes que se adaptan a vivir en cautividad. — s.f. ZOOLOGÍA

barniz (Del bajo lat. *veronix,* resina olorosa.)
1 Disolución de sustancias resinosas en un líquido volátil, que se extiende sobre objetos, principalmente de madera, para formar una capa brillante e impermeable contra la acción del aire y la humedad. — s.m. pl: barnices
2 Sustancia transparente que se aplica al barro, loza y porcelana que, al cocerse, adquiere brillo y dureza.
3 Conocimiento muy superficial que se tiene de una cosa: *sólo tiene un barniz de cultura.* — coloquial = tinte

barnizado Acción y resultado de barnizar: *el barnizado del mueble quedó muy bien; el barnizado de una película.* — s.m.

barnizador, a Se aplica a la persona que da barniz a un objeto. — adj/s.

barnizar Dar barniz a una cosa. — v.tr/conj: cazar

baro- Componente de palabra procedente del gr. *baros,* que significa peso: *barómetro.* — pref. tb: bar-

barógrafo Instrumento que registra las variaciones de la presión atmosférica en un cilindro giratorio. — s.m. = barometrógrafo

barométrico, a Que tiene relación con el barómetro: *medición barométrica.* — adj. FÍSICA

barómetro
1 Instrumento que sirve para medir la presión atmosférica. — s.m. FÍSICA
2 Cosa que se considera índice o medida de un determinado proceso o estado: *la tasa de paro puede ser un barómetro de la crisis de un país.*
3 **barómetro de mercurio:** El que indica la presión del aire por la altura de una columna de mercurio. — FÍSICA
4 **barómetro metálico:** El constituido por un recipiente metálico del cual se ha extraído el aire, y que modifica su forma al variar la presión atmosférica. — FÍSICA = barómetro holostérico
5 **barómetro registrador:** El que recoge las variaciones de la presión en un cilindro giratorio. — FÍSICA = barógrafo

barón, esa (Probablemente del germ. **baro,* hombre libre.)
1 Título nobiliario que, en España, sigue en importancia al de vizconde. — s.
2 Persona importante y poderosa de un partido político: *se convirtió en el barón que catapultó la coalición.* — POLÍTICA

baronía
1 Dignidad de barón. — s.f.
2 Territorio en que recae el título de barón o que está gobernado por él.

barquero, a Persona que guía una barca. — s.

barquilla Parte de un globo o aeróstato con forma de cesto o plataforma oblonga, en la que van la tripulación, el lastre y los aparejos. — s.f. AERONÁUTICA

barquillera Caja cilíndrica de metal donde se guardan los barquillos. — s.f.

barquillero, a
1 Persona que hace o vende barquillos. — s.
2 Molde para hacer barquillos. — s.m.

barquillo Canutillo o dulce elaborado con pasta de harina sin levadura, azúcar y canela. — s.m. COCINA

barquino Bota de cuero para contener líquidos. — s.m./= odre

barra (Voz prerromana.)
1 Pieza rígida, de cualquier material, cilíndrica o pris- — s.f.

mática, más larga que gruesa: *una barra de plomo; una barra de lacre.*
2 Palanca de hierro usada para mover o levantar objetos de mucho peso.
3 Bloque de oro, plata u otro metal sin labrar.
4 Pieza de pan de forma alargada: *compra cada día una barra de cuarto.*
5 Mostrador de un bar, cafetería y otros establecimientos: *tomaron el aperitivo en la barra.*
6 Conjunto de una o varias piezas de metal que forman parte de algunos aparatos gimnásticos. **DEPORTES**
7 Banco de arena largo y estrecho formado en la embocadura de una ría, desembocadura de un río o en la zona más estrecha de un mar o lago. **GEOLOGÍA**
8 Línea que corta perpendicularmente el pentagrama para la división de compases. **MÚSICA**
9 Defecto en el tejido de un paño, a modo de raya de distinto color. **TEXTIL**
10 Signo gráfico para separar diversas construcciones o combinaciones de signos en la escritura, que se representa como una línea oblicua (/).
11 Pieza de turrón.
12 Tercera parte de un escudo tajado dos veces, que va desde el ángulo superior izquierdo hasta el inferior derecho. **HERÁLDICA**
13 Público que asiste a las sesiones de un tribunal. *Amér. Merid.*
14 Pandilla de amigos. *Amér. Merid.*
15 En un espectáculo deportivo, grupo de personas que animan a sus favoritos. *Amér. Merid.* **DEPORTES**
16 **barra americana:** Local nocturno en el que trabajan mujeres que entablan conversación o alternan con los clientes.
17 **barras de color:** Estándar para medir los niveles y fases de las grabaciones originales y ajustar la recepción del color en los televisores.
18 **a barras derechas:** Sin engaño: *le pidió que actuase a barras derechas.* **loc.adv.**
19 **de barra a barra:** De parte a parte, de extremo a extremo: *el local estaba abarrotado de barra a barra.*
20 **estirar alguien la barra:** Hacer todo el esfuerzo posible para conseguir algo. **coloquial**
21 **tirar alguien la barra:** Vender las cosas al mayor precio que se puede. **coloquial**
barrabás (De *Barrabás*, sedicioso judío.) Persona perversa o traviesa. **s.m. coloquial**
barrabasada
1 Disparate, acción que provoca perjuicios o desastres. **s.f.**
2 Travesura grave: *ese niño sólo prepara barrabasadas.*
barraca (Del cat. *barraca*.)
1 Vivienda de carácter provisional, construida con materiales ligeros: *el ayuntamiento eliminó las barracas de la periferia.* **s.f. = chabola**
2 Vivienda rústica, con cubierta de cañas a dos aguas de inclinación muy pronunciada, propia de las huertas valenciana y murciana: *guardaba los aperos de labranza en una barraca.*
3 Edificio destinado a almacenar y vender todo tipo de materiales de construcción. *Chile, Urug.*
4 Construcción provisional desmontable, destinada a espectáculos y diversiones en las fiestas populares o a albergar a trabajadores o tropas.
barracón
1 Caseta tosca: *los obreros de la obra guardaban sus pertenencias en un barracón.* **s.m.**
2 Construcción grande de una sola planta donde se alojan los soldados en un campamento militar. **CONSTRUCCIÓN, MILITAR**
barracuda Pez carnívoro de hasta 3 metros de largo y hocico prominente, que vive en mares cálidos. **s.f. ZOOLOGÍA**
barragán
I (Del ár. *barrakan*.)
1 Tela de lana impermeable. **s.m./TEXTIL**
2 Abrigo de esta tela.
II (De origen incierto.) Hombre soltero. **despectivo**
barragana Mujer que hacía vida marital con un hombre sin estar casada con él. **s.f./despectivo = concubina**
barraganete Última pieza alta de la cuaderna de un barco. **s.m. NÁUTICA**
barranca Barranco, corte profundo del terreno. **s.f./Méx.**
barrancal Sitio donde hay muchos barrancos: *los barrancales del macizo montañoso.* **s.m.**
barranco (Voz prerromana.)
1 Despeñadero, corte profundo del terreno: *el vehículo se despeñó por un barranco.* **s.m. = barranquera**
2 Grieta profunda producida en la tierra por erosión del agua.
3 Dificultad u obstáculo: *la empresa está sumida en un barranco.*
barrancón Arroyada, corte o surco producido en la tierra por el agua. **s.m.**
barranquear Llevar los troncos de los árboles arrastrando por barrancos y arroyos. **v.tr.**

barranquismo Deporte de aventura que consiste en descender barrancos en el curso de un río combinando natación y escalada para salvar los obstáculos naturales. **s.m. DEPORTES**
barraquismo Chabolismo, abundancia de barracas o modo de vida chabolista. **s.m.**
barrar
I (De *barro*.) Cubrir o manchar con barro. **v.tr./tb: embarrar**
II (De *barra*.) Cerrar un lugar con barras o maderas, o con una barrera: *barrar el paso.* **v.tr.**
barrear
1 Cubrir un lugar abierto con maderas o fajinas. **v.tr.**
2 Asegurar con barras o barrotes. **= barretear**
barredero, a
1 Que barre o arrastra todo lo que encuentra en su camino. **adj.**
2 Vara con trapos en el extremo, para barrer el horno donde se cuece el pan. **s.m.**
3 Máquina para barrer las calles. **s.f.**
barredora Máquina para barrer las calles. **s.f./= barredera**
barrelleta Mata leñosa, salsolácea. **s.f.**
barrena (Del ár. *barrina* < lat. *veruina*, jabalina.)
1 Herramienta de acero con una rosca en espiral en su punta, usada para taladrar. **s.f.**
2 Barra de hierro con uno o los dos extremos cortantes, usada para agujerear rocas, sondar terrenos u otros fines.
3 **entrar en barrena:** Empezar a descender un avión verticalmente y girando, de forma accidental o deliberada. **AERONÁUTICA**
barrenado, a
1 Que está taladrado con barrena. **adj.**
2 Que tiene las facultades mentales perturbadas: *la droga la dejó barrenada.* **adj/s. coloquial**
barrenador
1 Barrenero de minas o canteras. **s.m./MINERÍA**
2 Diversas especies de insectos coleópteros y lepidópteros que agujerean la madera y se alimentan de savia y de frutos. **ZOOLOGÍA**
barrenar
1 Abrir agujeros con barrena o barreno: *barrenó el terreno para hacer una prospección.* **v.tr.**
2 Hacer agujeros en una embarcación para hundirla. **NÁUTICA**
3 Hacer que se frustren los planes de una persona: *el gerente barrenó su plan de ascenso.* **coloquial**
4 Conculcar, obrar en contra de las leyes. **DERECHO**
5 Introducir la puya o el estoque moviéndolos a modo de barrena en el toro. **TAUROMAQUIA**
barrendero, a Persona que tiene como profesión barrer. **s.**
barrenillo
1 Insecto coleóptero, de pequeño tamaño, color negro brillante, cuyas larvas se desarrollan en el interior de la madera, corteza de los árboles, y especialmente en los frutales. **s.m. ZOOLOGÍA = carcoma**
2 Enfermedad de los árboles causada por este insecto. **BOTÁNICA**
barreno
1 Barrena, herramienta taladradora grande. **s.m.**
2 Agujero hecho con una barrena.
3 Agujero hecho en una roca o en una obra de fábrica, que se rellena de materia explosiva para hacerla volar.
4 Carga explosiva destinada a la voladura de grandes rocas.
barreño Recipiente, más ancho en la boca que en la base, para usos domésticos: *dejó la ropa en remojo dentro de un barreño de plástico.* **s.m.**
barrer (Del lat. *verrere*.)
1 Quitar el polvo o la suciedad del suelo con la escoba u otro utensilio: *barre el local antes de cerrar.* **v.tr.**
2 Llevárselo todo de un lugar: *durante la noche los ladrones barrieron la joyería.*
3 Llevarse y arrastrar una cosa todo lo que encuentra en su camino: *las últimas lluvias han barrido todas las huertas de la zona.*
4 Pasar una cosa arrastrando por un lugar.
5 Recorrer o cubrir un espacio mediante un instrumento adecuado para observar o registrar aquello que se pretende: *barrer con radar el espacio aéreo.* **+ con**
6 Dirigir un haz de luz electrónica hacia una pantalla luminiscente en un tubo catódico. **FÍSICA**
7 Ganar con gran autoridad y ventaja: *hemos barrido en las últimas elecciones.* **v.tr/intr. coloquial**
8 **barrer hacia dentro o para dentro o para casa:** Actuar en beneficio o interés propio: *barre para casa, así que difícilmente saldrás tú beneficiada.* **coloquial**
barrera
1 Valla, compuerta o cualquier obstáculo que impide el paso a un lugar. **s.f. tb: barreda**

2 Valla que separa el ruedo de los tendidos, en las plazas de toros. — TAUROMAQUIA — tb: barreda

3 Primera fila de asientos que hay detrás de esta valla, en las plazas de toros. — TAUROMAQUIA

4 Fila de jugadores que, en algunos deportes, se colocan delante de su meta para protegerla. — DEPORTES

5 Obstáculo, entorpecimiento entre personas o cosas: *las distintas opiniones no representan ninguna barrera en nuestra amistad.*

barretear Asegurar el cierre de una cosa con barras de metal. — v.tr. — = barrear

barretina (Voz catalana.) Gorro de lana en forma de manga cerrada por un extremo, que forma parte del traje típico catalán de hombre. — s.f.

barriada Parte de un barrio: *el índice de atracos se disparó en aquella barriada.* — s.f.

barrica (Del gascón *barrique*.) Tonel de tamaño mediano. — s.f.

barricada (Del fr. *barricade* < gascón *barrique*.) Parapeto improvisado, hecho con toda clase de cosas amontonadas, utilizado para resguardarse tras él sobre todo en las algaradas y luchas callejeras. — s.f.

barrido
1 Acción que realiza una persona al barrer. — s.m.
2 Conjunto de desperdicios que se arrastran al barrer. — = barreduras
3 Exploración punto por punto de un objeto mediante un haz de electrones de sección pequeña. — FÍSICA
4 Proceso automático por el que se miden secuencial y repetidamente las distintas magnitudes de un sistema para controlarlas, en especial imágenes. — TECNOLOGÍA
5 Imagen registrada muy rápida, cuyo efecto se reduce a estelas horizontales. — CINE
6 servir tanto para un barrido como para un fregado: Se usa para referirse a una persona con mucha habilidad, capaz de hacer cosas muy diversas.

barriga (Del gascón *barrique*, barrica.)
1 Vientre, tripa: *tiene una escueta cintura y una barriga prominente.* — s.f. — coloquial
2 Vientre, conjunto de vísceras. — coloquial
3 Parte abultada de un recipiente o una columna.
4 Bulto o comba que hace una pared.
5 rascarse o tocarse la barriga: Gandulear, estar sin hacer nada.

barrigón, a Barrigudo, que tiene mucha barriga. — adj./coloquial

barrigudo, a Que tiene mucha barriga. — adj./= barrigón

barriguera Correa que se ciñe a la barriga de las caballerías de tiro. — s.f.

barril (Voz prerromana.)
1 Recipiente hecho con listones de madera o de metal, grande y redondo, más ancho en el vientre que en la base y la boca, donde se guardan y transportan líquidos y diversas mercancías: *el ilustre personaje firmó con tiza un barril de jerez.* — s.m. — = tonel
2 Vaso de barro de gran vientre y cuello estrecho, que usan los campesinos para beber agua.
3 Persona muy obesa. — coloquial
4 Medida de capacidad del petróleo, equivalente a casi 159 litros.

barrila Situación ruidosa producida por un grupo de gente exaltada: *la barrila del carnaval molestaba a los enfermos del hospital.* — s.f. — coloquial

barrilería
1 Conjunto de barriles. — s.f./= barrilamen
2 Lugar donde se hacen o se venden barriles.

barrilete
1 Herramienta, acodada en ángulo agudo y en forma de siete, que usan los carpinteros para sujetar al banco la pieza de madera que trabajan. — s.m. — CARPINTERÍA
2 Pieza del revólver, cilíndrica y giratoria, donde se colocan los cartuchos. — = tambor
3 Especie de cangrejo decápodo de mar con una pinza mayor que la otra y caparazón liso trapezoidal. — ZOOLOGÍA
4 Pieza cilíndrica del clarinete. — MÚSICA

barrilla
1 Planta ramosa con hojas puntiagudas y blanquecinas, que crece en terrenos salitrosos. *(Salsola.)* — s.f./BOTÁNICA — = espinardo
2 Cenizas procedentes de esta planta que contienen sales alcalinas. — BOTÁNICA

barrillo Grano rojizo que sale en la cara. — s.m./= barro

barrio (Del ár. *barr*, afueras [de una ciudad].)
1 Cada una de las partes en que se dividen las grandes poblaciones o sus distritos: *la comisión de fiestas del barrio se reunió para organizar sus actos.* — s.m.
2 Arrabal, afueras de una población.
3 Grupo de casas aisladas pertenecientes a una población, aunque no constituya una división administrativa ni esté delimitada con precisión.
4 barrio chino: 1. Zona donde se encuentran los locales dedicados a la prostitución. 2. Zona de ciertas ciudades en que se agrupa la inmigración oriental.

5 el otro barrio: El otro mundo, la muerte: *desde el otro barrio vendrá su espíritu a reclamártelo.* — coloquial

6 irse o marcharse al otro barrio: Morirse, fallecer: *nadie supo cuándo se fue al otro barrio.* — coloquial

7 mandar al otro barrio: Dar muerte: *de un tiro lo mandó al otro barrio.* — coloquial

barriobajero, a
1 De los barrios pobres y marginales de una gran ciudad: *ambientes barriobajeros.* — adj/s.
2 Que es vulgar, ordinario: *lenguaje barriobajero.* — adj.

barrisco Se usa para indicar sin distinción, juntamente, en la expresión **a barrisco.** — loc.adv. — tb: abarrisco

barrista
1 Artista de circo que trabaja en la barra fija. — s.m.f.
2 Gimnasta que realiza ejercicios en las barras paralelas. — DEPORTES

barritar Emitir sonidos el elefante o el rinoceronte. — v.intr.

barrito Berrido del elefante y del rinoceronte. — s.m.

barrizal Sitio lleno de barro: *las ruedas se hundieron en un barrizal.* — s.m. — = barreal, barrero

barro
I (Voz prerromana.)
1 Mezcla de tierra y agua, en especial la que se forma en las calles cuando llueve: *llevaba las suelas de las botas con restos de barro.* — s.m.
2 Arcilla utilizada por los alfareros.
3 Recipiente u objeto hecho de arcilla cocida.
4 no ser barro una cosa: Tener valor, no ser despreciable: *no es barro su advertencia.* — coloquial
II (Del lat. *varus*.)
1 Pequeña masa blanquecina de sustancia sebácea de la piel, sobre todo en la del rostro. — s.m. — = barrillo
2 Pequeños tumores o ronchones que salen al ganado vacuno y caballar. — VETERINARIA

barroco, a (Del fr. *baroque*.)
1 Que es complicado, retorcido o tiene adornos superfluos: *utiliza un lenguaje barroco.* — adj.
2 Estilo artístico caracterizado por la libertad de formas y la profusión de adornos, colores y estructuras, desarrollado en Europa e Hispanoamérica desde fines del siglo XVII hasta mediados del XVIII. — s.m. — ARTE
3 Estilo arquitectónico de los siglos XVII y XVIII de carácter opuesto a los cánones del clasicismo. — ARQUITECTURA
4 Estilo literario y musical que se desarrolló en el siglo XVII, caracterizado por una gran libertad de expresión y diversificación de formas: *Quevedo es uno de los representantes de la poesía barroca española.* — LITERATURA, MÚSICA
5 Se aplica a la época en que floreció este estilo. — adj./s.m.

barrón Planta gramínea perenne, de hojas rígidas, agudas y enrolladas, y flores en panícula densa y cilíndrica, que crece en los arenales marítimos y que se utiliza para la fijación de dunas. *(Ammophila arenaria.)* — s.m. — BOTÁNICA

barroquismo Tendencia hacia lo barroco: *rechazaron su nominación al premio por el barroquismo de su obra.* — s.m.

barroso, a
1 Que tiene mucho barro. — adj.
2 Que tiene un color parecido al del barro. — = rojizo
3 Que tiene granos: *cutis barroso.*

barrote
1 Barra gruesa. — s.m.
2 Barra metálica con que se aseguran puertas y ventanas cerradas.
3 Palo grueso que se pone atravesado sobre otros para darles firmeza. — CONSTRUCCIÓN

barrumbada
1 Dicho jactancioso. — s.f./coloquial
2 Gasto excesivo hecho por jactancia. — coloquial

barruntar Sospechar o presentir una cosa: *ya había barruntado que llovería.* — v.tr. — = presumir

barrunto Indicio que hace presagiar lo que va a ocurrir: *no me fío de esos barruntos.* — s.m.

bartola Se usa para indicar despreocupación y falta de cuidado en la expresión **a la bartola:** *estaba tumbada a la bartola mientras los demás nos matábamos a trabajar.* — loc.adv. — coloquial

bartolear
1 Tener pereza, flojear. — v.intr./Chile
2 No saber aprovechar las buenas oportunidades. — Argent.

bartolillo Pastel relleno de crema o de crema. — s.m./COCINA

bartulear Cavilar, devanarse los sesos pensando en alguna cosa o en su solución. — v.tr./tb: bartular — Chile

bártulos (De *Bartolo*, famoso jurisconsulto boloñés del siglo XIV.)
1 Conjunto de cosas, utensilios y objetos que se utilizan y manejan en una actividad o son de uso personal y cotidiano: *recoge tus bártulos y vete de aquí.* — s.m.pl.
2 liar los bártulos: Preparar lo necesario para una mudanza o viaje. — coloquial

barullero, a Que promueve barullos. — adj/s./= enredador

barullo (Del port. *barulho*, derivado del lat. *involucrum*, envoltorio.) Alboroto, confusión y desorden de personas o cosas: *les pidió que no hiciesen barullo.* — s.m.

barzón (Del port. *braçao*.)
1 Anillo por donde pasa el timón del arado en el yugo que une a los animales de tiro. — s.m./AGRICULTURA
2 Pieza de madera que lleva la silla de montar en la parte anterior y posterior. — EQUITACIÓN / tb: arzón

barzonear Ir una persona de un lugar para otro sin hacer nada de provecho. — v.intr.

basa
1 Cosa material o inmaterial en que se funda o apoya una cosa. — s.f. / tb: base
2 Parte de una columna, estatua o pedestal en que se apoya el fuste. — ARQUITECTURA

basada Armazón colocado en la grada debajo de un barco, para botarlo al agua. — s.f. / NÁUTICA

basal
1 Que está en la base de una formación orgánica o una construcción. — adj.
2 Se aplica al segmento que está en la base de la aleta de los peces. — ZOOLOGÍA
3 Que tiene relación con el gasto energético mínimo de una persona en reposo y ayunas. — FISIOLOGÍA
4 Se refiere a la temperatura que es la más baja registrada en condiciones de absoluto reposo. — FISIOLOGÍA

basáltico, a
1 Que está formado por basalto: *formaciones basálticas; suelo basáltico.* — adj./GEOLOGÍA, MINERALOGÍA
2 De constitución semejante a la del basalto. — MINERALOGÍA

basalto (Del fr. *basalte* < lat. *basaltes*.) Roca magmática efusiva de color muy oscuro o negro, con estructura de grano fino, compuesta de feldespato y piroxeno. — s.m. MINERALOGÍA

basamento
1 Conjunto de piezas que están debajo del fuste de la columna. — s.m. ARQUITECTURA
2 Muro bajo que sirve de soporte común a una serie de columnas. — ARQUITECTURA

basanita Basalto con déficit de sílice. — s.f./MINERALOGÍA

basar
1 Crear o realizar una cosa a partir de otra: *basa su teoría en la observación.* — v.tr/prnl. + en
2 Poner una cosa sobre una base. — v.tr.

basca (Probablemente del céltico *waska*, opresión.)
1 Náusea o ansia que se siente cuando se quiere vomitar: *las bascas le vinieron al salir el barco del puerto.* — s.f.
2 Ansia violenta de los animales rabiosos que los lleva a atacar agresivamente.
3 Impulso repentino, incontrolado y pasajero: *¡y le dio la basca!* — coloquial
4 Pandilla, grupo de amigos: *sus padres no conocían a los componentes de su basca.* — coloquial jerga

bascosidad
1 Característica de las cosas inmundas o sucias. — s.f.
2 Ganas de vomitar.
3 Sensación de asco: *el olor de las cloacas producía bascosidad.*

bascoso, a
1 Que tiene bascas. — adj.
2 Soez, grosero o indecente. — Colomb., Ecuad.

báscula (Del fr. *bascule*.)
1 Aparato que determina el peso de un cuerpo. — s.f.
2 Cuerpo que oscila sobre un eje horizontal.

bascular
1 Moverse un cuerpo de un lado a otro respecto a un eje vertical. — v.intr.
2 Inclinarse la caja de algunos vehículos de transporte para que la carga caiga hacia fuera.

bascuñana Variedad del trigo fanfarrón. — s.f./AGRICULTURA

base (Del lat. *basis* < gr. *basis*.)
1 Parte de un objeto, o pieza independiente, que le sirve de apoyo o sobre la que se sostiene: *esa copa tiene muy poca base.* — s.f. = fundamento, asiento
2 Elemento más importante, que sirve de fundamento: *la bondad es la base de su personalidad.*
3 Hecho, idea o cosa que está en el principio de otra, o que la causa: *la base de su fortuna fue la especulación.* — = origen
4 Conjunto de personas que no tienen ningún cargo dentro de la organización a la que pertenecen: *de militante de base llegó a presidente de su partido.* — POLÍTICA
5 Basa de una columna o estatua. — ARQUITECTURA
6 Cada una de las esquinas del campo de béisbol, que defienden los jugadores. — DEPORTES
7 Lado o cara sobre el que se apoyan las figuras o cuerpos geométricos. — GEOMETRÍA
8 Número que se repite como factor tantas veces como indica el exponente de la potencia aritmética. — MATEMÁTICAS
9 Recinto acondicionado para usos militares. — MILITAR
10 Cuerpo, orgánico o inorgánico, capaz de neutralizar los ácidos al combinarse con ellos. — QUÍMICA
11 Jugador de baloncesto que tiene la función de dirigir el juego del equipo. — s.m.f. DEPORTES

12 **base aérea:** Aeropuerto militar: *la aviación bombardeó la base aérea japonesa.* — MILITAR
13 **base de datos:** Recogida de grandes cantidades de datos y de informaciones, organizada según unas reglas adecuadas, memorizada sobre soporte magnético y fácilmente accesible al usuario. — INFORMÁTICA
14 **base imponible:** Magnitud tributaria, expresada en dinero o en elementos de hecho, que se utiliza como punto de partida para calcular la cuantía del impuesto que ha de pagar el contribuyente. — ECONOMÍA
15 **base naval:** Puerto militar: *en la isla había una base naval americana.* — MILITAR
16 **a base de:** Se usa para indicar el fundamento o la causa de algo: *a base de trabajar mucho se ha hecho imprescindible.* — loc.prep.

baseláceo, a Perteneciente a una familia de plantas angiospermas dicotiledóneas, herbáceas o arbustivas, con tubérculos generalmente comestibles. — adj/s.f. BOTÁNICA

basic (Acrónimo de *[B]eginner's [A]ll-purposes [S]ymbolic [I]nstruction [C]ode.*) Lenguaje conversacional simbólico, sin aplicación específica, que se usa en la programación de ordenadores. — s.m. INFORMÁTICA sólo en sing.

basicidad
1 Estado básico de un cuerpo. — s.f./QUÍMICA
2 Propiedad de ser base. — QUÍMICA
3 Número de átomos de hidrógeno de un ácido, que pueden ser reemplazados por metales o radicales positivos. — QUÍMICA

básico, a
1 Que es la base o fundamento: *en la primera etapa hay que asumir los conceptos básicos.* — adj.
2 Que es indispensable o esencial: *es básica tu presencia en el acto.*
3 Se aplica al suelo que tiene mucho calcio o magnesio. — GEOLOGÍA
4 Se refiere a la sal que tiene predominio de la base. — QUÍMICA

basidio Célula madre de los hongos basidiomicetes, en cuyo interior se producen casi siempre cuatro basidiosporas por estrangulación o gemación. — s.m. BOTÁNICA

basidiomicete Perteneciente a una clase de hongos que tienen el micelio tabicado y que se reproducen por basidios. — adj/s.m. MICOLOGÍA

basidiospora Tipo de espora característica de los hongos basidiomicetes, que se forma a partir de un basidio. — s.f. MICOLOGÍA

basilar
1 De la base. — adj.
2 Que sirve de base.

basílica (Del lat. *basilica* < gr. *basilikos*, perteneciente al rey, al estado.)
1 Iglesia importante y notable por sus características artísticas o monumentales y que goza de ciertos privilegios. — s.f. ARQUITECTURA, RELIGIÓN
2 Palacio o casa real.
3 En la antigua Roma, edificio que servía de lugar de contratación y reunión, y de tribunal. — HISTORIA

basilio, a Se aplica al monje que pertenece a la orden de san Basilio. — adj/s.m. RELIGIÓN

basilisco (Del lat. *basiliscus*, animal fabuloso < gr. *basiliskos*, diminutivo de *basileus*, rey.)
1 Pequeño reptil saurio de color verde y de larga cola, que por su gran velocidad es capaz de andar sobre el agua. *(Basiliscus americanus.)* — s.m. ZOOLOGÍA
2 Animal fabuloso al que se atribuía el poder de matar con la mirada. — MITOLOGÍA
3 Pieza de artillería de gran calibre y longitud. — MILITAR
4 Persona de carácter irascible.
5 **estar hecho un basilisco:** Estar muy enfadado: *cuando llegué estaba hecha un basilisco por las facturas.* — coloquial

basipodio Muñeca o tobillo de los vertebrados tetrápodos. — s.m. ZOOLOGÍA

basket (Voz inglesa.) Baloncesto, deporte de equipo. — s.m./tb: básquet

basquear Causar algo arcadas a una persona o padecerlas: *basqueaba a causa de la indigestión.* — v.tr/intr.

básquet (Del ingl. *basket*.) Baloncesto, deporte de equipo en el que los jugadores deben introducir el balón en una cesta o aro en alto, lanzándolo con las manos. — s.m. DEPORTES tb: basket

basquilla Enfermedad del ganado lanar. — s.f./VETERINARIA

basta (Del germ. *bastjan*, zurcir.)
1 Hilván, costura de puntadas largas y espaciadas: *unió los delanteros con cuatro bastas.* — s.f./tb: baste
2 Cada una de las puntadas o ataduras que suelen tener espaciadas los colchones de lana para repartir y mantener ésta en su lugar.

bastaje Persona que hace recados. — s.m./= ganapán

bastante
1 Que basta, que resulta suficiente: *hay bastante dinero para la compra.* — adj.indef./pron.

bastantear
2 Que sobrepasa un poco lo considerado suficiente: *hace bastante calor este verano; he comprado bastantes zapatos este año.* — adj.indef. = mucho
3 Suficientemente, ni mucho ni poco: *con esto ya tengo bastante; ya comí bastante.* — adv.
4 Considerablemente, no poco: *llovió bastante ayer.*
5 Largo tiempo: *todavía tardará bastante en llegar.*

bastantear
1 Declarar un abogado por escrito que un documento público, en donde consta un contrato de mandato, es suficiente para dar valor legal a las actuaciones del mandatario. — v.intr/tr. DERECHO
2 Declarar un abogado la suficiencia de un poder otorgado. — DERECHO

bastanteo
1 Acción de bastantear. — s.m./DERECHO
2 Documento o sello que acredita la suficiencia de un poder. — DERECHO

bastar (Del lat. vulgar *bastare* < gr. *bastazo*, llevar.)
1 Ser suficiente una cosa para un fin determinado: *nos basta con una llamada telefónica para saber que estás bien.* — v.intr/prnl.
2 ¡basta!: Exclamación utilizada para poner término a una acción: *¡Basta! Cállense todos.* — interj.

bastarda Lima muy fina de herrero o cerrajero. — s.f.

bastardear
1 Perder un animal o una planta las cualidades propias de su especie. — v.intr./= bastardar, abastardar
2 Perder una persona las cualidades propias de sus antecesores.

bastardía
1 Situación del hijo bastardo o ilegítimo. — s.f.
2 Falta de nobleza o de legitimidad en las acciones o en los propósitos: *actúas con bastardía.*
3 Acción o palabras impropias del estado de una persona.

bastardilla
1 Instrumento musical de viento, flauta. — s.f./MÚSICA
2 Se aplica a la letra de imprenta inclinada a la derecha. — adj/s.f. ARTES GRÁFICAS

bastardo, a (Del fr. ant. *bastart*.)
1 Se aplica al hijo que es ilegítimo, tenido fuera del matrimonio. — adj/s. ≠ legítimo
2 Que está sometido a un proceso de degeneración. — adj.
3 Se aplica a la especie vegetal que tiene una calidad inferior a la de otras con las que tiene parecido o que es una degeneración dentro de su misma clase. — BOTÁNICA
4 Que no es de pura raza.
5 Se aplica a la letra manuscrita inclinada a la derecha. — adj/s.f. ARTES GRÁFICAS
6 Boa, serpiente. — s.m./ZOOLOGÍA

baste
1 Especie de almohadilla que lleva la silla de montar en la parte inferior para no rozar a las caballerías. — s.m. EQUITACIÓN
2 Basta, hilván o costura de puntadas largas.

bastear Dar bastas a una prenda: *basteó las piezas del vestido para hacerle la primera prueba.* — v.tr.

basteza Falta de finura y de delicadeza en las cosas o en las personas: *la universidad limó sus bastezas.* — s.f. = rudeza

bastida Máquina militar antigua, semejante a una torre, usada para asaltar y ocupar una muralla. — s.f. MILITAR

bastidor
1 Armazón, rectangular o circular, que deja un hueco en su interior sobre el que se tiende y sujeta algo. — s.m.
2 Armazón metálica que soporta la caja de un vagón, o la carrocería de un automóvil. — MECÁNICA
3 Armazón de listones, cubierta de telas o papeles pintados, que se usa como decoración lateral en los escenarios teatrales. — TEATRO
4 Armazón de hierro o bronce en la que se apoya el eje de la hélice del barco. — NÁUTICA
5 Conjunto de largueros y peinazos que sirven de soporte a los tableros de una puerta. — CONSTRUCCIÓN
6 Colchón de tela metálica. — Amér. Central
7 entre bastidores: 1. Lo que ocurre entre la gente de teatro o en relación con la vida teatral: *entre bastidores corría el rumor de la enfermedad de la protagonista.* 2. En secreto, reservadamente, sin que trascienda. — TEATRO

bastilla Doblez que se hace en el extremo de una tela y que se cose con puntadas para impedir que ésta se deshilache: *le hizo una buena bastilla.* — s.f.

bastillado, a Se aplica a la pieza del escudo que tiene las almenas mirando hacia abajo. — adj. HERÁLDICA

bastillar Hacer bastillas en una tela. — v.tr.

bastillear Rematar una tela con hilvanes pequeños para que no se deshilache. — v.tr. Chile

bastimentar Proporcionar bastimentos o provisiones a una persona o a un colectivo. — v.tr.

bastimento
1 Embarcación con cubierta adecuada para el transporte de personas o cosas. — s.m./NÁUTICA = barco
2 Provisiones para sustento de una persona o un colectivo. — = víveres

bastión (Del ital. *bastione* < *bastia*, obra fortificada.)
1 Saliente de forma circular o pentagonal en los ángulos de las fortificaciones. — s.m./MILITAR = baluarte
2 Persona o cosa que resulta inexpugnable o que ayuda a la contención de algo que sucede: *la defensa del equipo fue un bastión inquebrantable.*

bastionar Fortificar un lugar con bastiones. — v.tr./= abastionar

bastita Variedad de la serpentina, mineral. — s.f./MINERALOGÍA

basto, a
1 Que es grosero, vulgar o tosco: *es impresentable por sus bastos modales.* — adj. = ordinario
2 Que está hecho sin cuidado o con malos materiales: *una basta masa de pan.* — = descuidado
3 Áspero, sin pulimento. — = rasposo

basto (Del lat. *bastum* < *bastare*, llevar.)
1 Albarda de las caballerías de carga. — s.m.
2 Cualquier carta del palo de naipes de la baraja española en la que los números están representados por porras. — s.m. JUEGOS
3 Almohadilla de la silla de montar. — Ecuad.
4 Cuero curtido de oveja que se coloca debajo de la montura, para proteger el lomo del caballo. — Chile
5 Uno de los cuatro palos de la baraja española en forma de clava o porra. — s.m.pl. JUEGOS

bastón
1 Palo con una empuñadura usado para apoyarse al andar: *utilizaba un bastón con empuñadura de plata.* — s.m.
2 Palo labrado con empuñadura y adornos que se utiliza como distintivo de autoridad.
3 Barra metálica que, en número de dos, usan los esquiadores para tomar impulso. — DEPORTES
4 Lista vertical de un escudo. — HERÁLDICA
5 Palo en que se enrollaba la seda antes de pasarla al plegador.
6 empuñar uno el bastón: Asumir el mando: *durante los últimos diez años ella empuñó el bastón.* — coloquial

bastonazo Golpe dado con un bastón: *le molió la espalda a bastonazos.* — s.m.

bastoncillo
1 Tubo pequeño de plástico con algodón en los extremos de aplicación higiénica para los oídos. — s.m.
2 Célula nerviosa, sensible a la luz, que se halla en la retina de los vertebrados. — ANATOMÍA

bastonear
1 Golpear con un bastón. — v.tr.
2 Mover el vino cuando se ha ahilado para deshacer la coagulación.

bastonera Mueble en que se colocan los bastones y paraguas. — s.f.

bastonero, a
1 Persona que fabrica o vende bastones. — s.
2 Persona que se encarga de dirigir ciertos bailes.
3 Ayudante del alcaide de una cárcel. — s.m.

basura (Del lat. vulgar *versura* < *verrere*, barrer.)
1 Conjunto de desechos, restos de materia orgánica, desperdicios y otros residuos: *recogió la basura del contenedor.* — s.f. = inmundicia
2 Suciedad, especialmente la que se recoge barriendo: *después de la fiesta, la sala estaba llena de basura.*
3 Estiércol de las caballerías.
4 Lo que se considera repugnante o despreciable: *lo que has hecho no es más que basura.* — coloquial

basural Basurero, lugar. — s.m.

basurear Insultar a una persona: *la basurearon a la salida.* — v.tr. Argent., Perú, Urug.

basurero, a
1 Persona que está empleada en recoger la basura en una población. — s.
2 Lugar en el que se tira y acumula basura: *trasladaron el basurero fuera del límite del municipio.* — s.m.

bata (Probablemente del ár. *wadda*, poner.)
1 Prenda de vestir larga, holgada y cómoda usada para estar por casa. — s.f.
2 Prenda de vestir que usan los escolares y ciertos colectivos profesionales durante la práctica de su actividad.
3 bata de cola: Traje propio de la bailaora flamenca.
4 media bata: Batín, bata corta.

batacazo
1 Golpe fuerte que se da al caerse: *se dio un batacazo bajando las escaleras.* — s.m./= baquetazo, porrazo
2 Fracaso en un negocio o pérdida inesperada de un estado o condición. — coloquial
3 Triunfo inesperado de un caballo en unas carreras. — Amér. Merid.
4 Suceso afortunado y sorprendente. — Amér. Merid.

batahola Alboroto, bulla o ruido grande. — s.f./tb: bataola

batalla (Del bajo lat. *battualia*, esgrima < lat. *battuere*, batir.)
1 Combate, acción bélica entre ejércitos o armadas navales: *ganó la batalla, pero no la guerra.* — s.f. MILITAR
2 Justa o torneo. — HISTORIA
3 Conflicto, agitación, inquietud anímica.
4 **batalla campal:** 1. Batalla decisiva entre dos ejércitos completos, en especial la que se da en campo abierto. — MILITAR 2 Discusión o pelea muy encarnizada o en la que toma parte mucha gente: *la mesa redonda acabó en batalla campal.* — coloquial
5 **de batalla:** De uso ordinario, prenda u objeto que se usa sin cuidado especial: *traje de batalla.* — loc.adj.

batallar
1 Combatir en una batalla. — v.intr./MILITAR
2 Trabajar o esforzarse mucho, venciendo dificultades o la oposición de otros, para conseguir una cosa.
3 Discutir dos o más personas: *batallaban día tras día.*
4 Estar una persona indecisa.

batallita Se utiliza en la expresión **contar una batallita o batallitas** con el significado de explicar sucesos pasados en los que el hablante es un personaje destacado. — s.m.

batallón, a (Del ital. *battaglione*.)
1 Unidad táctica de una misma arma compuesta de varias compañías, mandada por un jefe de ejército cuya categoría es inferior a la de coronel. — s.m. MILITAR
2 Conjunto numeroso de personas: *trajo todo un batallón de amigos.*
3 Se aplica a aquello que se discute mucho o dificulta la realización de alguna cosa: *cuestión batallona.* — adj. coloquial

batán
1 Máquina textil, provista de mazos para golpear, desengrasar y apretar los paños. — s.m. TEXTIL
2 Edificio en que funciona esta máquina.
3 Zurra, azotaina.

batanear Dar golpes a un paño en el batán para desengrasarlo. — v.tr./tb: batanar = abatanar

batanero Persona que cuida o trabaja en un batán. — s.m./TEXTIL

batata (Voz antillana.)
1 Planta convolvulácea, vivaz, de tallo rastrero y tubérculos feculentos, azucarados y comestibles, flores grandes, acampanadas, rojas por dentro y blancas por fuera. *(Ipomoea batatas.)* — s.f. BOTÁNICA
2 Tubérculo comestible de esta planta.

batatar Tierra sembrada de batatas. — s.m.

batatazo
1 Suerte inesperada en las carreras de caballos al ganar el ejemplar con menos posibilidades. — s.m. Chile
2 Resultado sorpresivo de una acción, acontecimiento, etc. — Chile

batayola (Del cat. *batallola*, diminutivo de *batalla*.)
1 Barandilla de madera que se colocaba en los bordes del barco para sujetar los empalletados. — s.f./NÁUTICA tb: batallola
2 Caja cubierta con encerados, que se construye a lo largo del borde de los barcos y en la que se recogen los coyes de la tripulación. — NÁUTICA

batazo Golpe dado con un bate en el béisbol: *de un batazo mandó muy lejos la pelota.* — s.m. DEPORTES

bate Palo alargado y más grueso en el extremo libre que en la empuñadura, usado en algunos deportes como el béisbol. — s.m. DEPORTES

batea
1 Embarcación pequeña, de figura de cajón, que se usa en los puertos y arsenales. — s.f. NÁUTICA
2 Bandeja, semejante al azafate, de madera pintada.
3 Recipiente plano y con bordes que se usa para presentar, servir o trasladar una cosa. — = bandeja
4 Vagón descubierto de poca altura.

bateador, a Jugador de béisbol que maneja el bate. — s./DEPORTES

bateaguas Canal que impide que el agua de la lluvia penetre en el edificio o se deslice causando daños. — s.m./pl: bateaguas CONSTRUCCIÓN

batear
1 Golpear una pelota con el bate de béisbol: *te toca batear a ti la pelota.* — v.tr./DEPORTES
2 Usar el bate. — v.intr./DEPORTES

batel (Del fr. ant. *batel*.) Barco pequeño. — s.m./NÁUTICA

batelero, a Persona que gobierna un batel o barco pequeño. — s. NÁUTICA

batería (Del fr. *batterie* < *battre*, batir.)
1 Conjunto de piezas de artillería y unidad táctica que las maneja: *bombardearon las baterías enemigas.* — s.f. MILITAR
2 Conjunto de los instrumentos de percusión de una banda u orquesta. — MÚSICA
3 Conjunto de instrumentos de percusión montados en un dispositivo único que toca una sola persona. — MÚSICA
4 Persona que toca estos instrumentos. — s.m.f./MÚSICA
5 Conjunto ordenado de pruebas o experimentos que — s.f.

se usan en algunas ciencias: *el sicólogo ha preparado una batería de tests.* — SICOLOGÍA
6 Fila de luces del proscenio de los teatros. — TEATRO
7 Fila o serie de cosas semejantes.
8 Conjunto de grifos que permiten mezclar el agua caliente y fría.
9 En los buques de guerra antiguos, conjunto de cañones que hay en cada puente o cubierta. — MILITAR
10 **batería de cocina:** Conjunto de cacerolas, ollas y cazos de distintas formas y tamaños que se usan para cocinar. — s.f. COCINA
11 **batería eléctrica:** Serie de pilas, condensadores, resistencias o acumuladores eléctricos. — ELECTRICIDAD
12 **en batería:** Forma de aparcar los vehículos automóviles paralelamente unos a otros. — loc.adv/adj.

batey Sitio donde están las edificaciones en las fincas rústicas de las Antillas. — s.m.

batial (Del gr. *bathys*, profundo.) Se aplica a la zona marina que está situada entre los 200 y 2 000 metros de profundidad, así como a la fauna y formaciones geológicas de esta región. — adj.

batiburrillo Mezcla de cosas dispares o de especies inconexas: *hablaba en un batiburrillo de lenguas; su habitación era un batiburrillo de cosas desordenadas.* — s.m./coloquial tb: batiborrillo., baturrillo

baticabeza Insecto coleóptero de cuerpo alargado. — s.m./ZOOLOGÍA

baticola Correa sujeta al fuste trasero de la silla o albardilla, que termina en una especie de ojal, donde entra el masto de la cola de la caballería. — s.f. EQUITACIÓN

baticulo
1 Cabo grueso con que se refuerzan los viradores de los masteleros. — s.m. NÁUTICA
2 Vela auxiliar que arman los faluchos y otras embarcaciones latinas. — NÁUTICA

batida
1 Exploración minuciosa de un terreno en busca de una cosa o de una persona: *hicieron una batida en busca de los excursionistas desaparecidos.* — s.f.
2 Allanamiento que la policía lleva a cabo, por sorpresa, en locales donde supone que se infringe la ley. — = redada
3 Recorrido y registro del monte para provocar la salida de la caza hacia los puestos de los cazadores. — CAZA

batidera
1 Herramienta en forma de azada, con el mango muy largo, para mezclar y remover la argamasa. — s.f. CONSTRUCCIÓN
2 Herramienta que se usa para cortar los panales de las colmenas.

batidero
1 Golpeo continuo de una cosa con otra. — s.m.
2 Lugar donde se golpea o bate una cosa.
3 Terreno desigual y escabroso que hace difícil el paso de vehículos.
4 Refuerzo de lona colocado en algunas partes de las velas para protegerlas del roce. — s.m.pl. NÁUTICA

batido, a
1 Se aplica al tejido de seda que hace visos distintos por tener la trama y la urdimbre de diferente color. — adj. TEXTIL
2 Se refiere al oro reducido a hojas muy finas, que sirve para recubrir objetos o esculturas.
3 Masa con que se hacen hostias y bizcochos. — s.m./COCINA
4 Conjunto de claras, yemas o huevos batidos. — COCINA
5 Bebida que se hace batiendo diferentes ingredientes, generalmente helado y leche. — COCINA
6 En la danza, salto en el que los pies se entrechocan.
7 Operación por la que se elimina el polvo o las borras de las fibras textiles. — TEXTIL

batidor, a
1 Que bate. — adj.
2 Peine largo de púas claras o con una mitad de púas claras y la otra espesas. — s.m.
3 Persona que bate un terreno o se adelanta al resto de sus acompañantes para reconocerlo.
4 Persona que levanta la caza en las batidas. — CAZA
5 Persona que delata o denuncia. — s./Argent., Urug.

batidora Instrumento manual o automático para batir líquidos y otras sustancias, por lo general alimenticias. — s.f. COCINA

batiente
1 Que bate. — adj.
2 Zona de contacto entre las hojas de una puerta o ventana y el marco: *a través de los batientes se colaban los rayos de las primeras luces del día.* — s.m. CONSTRUCCIÓN
3 Hoja de una puerta o ventana: *los batientes golpeaban contra el quicio.* — CONSTRUCCIÓN
4 Madero que protege el parapeto de una fortificación de las ruedas de la cureña. — CONSTRUCCIÓN
5 Listón de madera forrado de paño en el cual baten los martillos de un piano. — MÚSICA
6 Canto vertical que, junto a otro del mismo nombre, está en las portas de las baterías en un barco. — NÁUTICA
7 Lugar donde bate el mar. — GEOGRAFÍA

batifondo Barullo, desorden. — s.m./Argent.

batihoja Persona que labra metales a golpes de mazo, para reducirlos a hojas. *s.m.f.* METALURGIA

batik (Voz malaya.)
1 Procedimiento de decoración de un tejido, basado en la tinción, después de haber cubierto con cera algunas zonas. *s.m.* TEXTIL
2 Tejido tratado por este procedimiento. TEXTIL

batimán (Del fr. *battement*.)
1 Movimiento rápido de brazos que se hace al mismo tiempo que se habla. *s.m.*
2 Movimiento de danza que se hace levantando una pierna y llevándola rápidamente hacia la otra como para sacudirla.

batimento Sombra que hace un cuerpo sobre otro, en pintura. *s.m./ARTE* th: esbatimento

batimetría (Del gr. *bathys*, profundo + *metron* medida.)
1 Técnica para medir las profundidades marinas. *s.f./th: batometría* BIOLOGÍA
2 Estudio de la distribución de la fauna y la flora en las profundidades marinas.

batímetro Instrumento para medir la profundidad del mar. *s.m.* th: batómetro

batimiento
1 Acción de batir. *s.m.*
2 Variación periódica de la amplitud de una oscilación al combinarse con otras de frecuencia diferente. FÍSICA

batín
1 Bata corta. *s.m.*
2 Bata que usan los hombres para estar en casa: *llevaba un batín de terciopelo granate.*

batintín Instrumento metálico de percusión formado por un disco de metal suspendido que se toca con una maza, muy utilizado por los chinos. *s.m.* MÚSICA = gong

batipelágico, a Que tiene relación con las profundidades marinas. *adj.*

batiporte (Del cat. *batiport* < *batre*, golpear + *porta*, puerta.) Canto alto o bajo de la porta de una batería. *s.m.* NÁUTICA

batir (Del lat. *battuere*.)
1 Dar golpes sobre una cosa: *los cascos de las caballerías batían el empedrado de la avenida.* *v.tr.*
2 Golpear una pared o un edificio para destruirlos o derribarlos. CONSTRUCCIÓN
3 Separar las piezas con las que se arma un toldo o una tienda.
4 Golpear el aire o el agua contra un lugar: *el viento batía contra las velas; la lluvia batía contra los emparrados.*
5 Mover una cosa con ímpetu y fuerza: *las aves baten las alas al volar.*
6 Golpear y remover una sustancia: *batió las yemas y, aparte, las claras.*
7 Golpear una pieza de metal con el martillo hasta reducirla a chapa. METALURGIA
8 Vencer al enemigo. = derrotar
9 Hacer que las resmas de papel se ajusten.
10 Ganar a un contrincante en un deporte. DEPORTES
11 Hacer un deportista una marca mejor que la homologada con anterioridad. DEPORTES
12 Imprimir moneda por medio de un cuño.
13 Aclarar la ropa enjabonada. *Méx., Chile, Guat.*
14 Ensuciar, manchar algo por completo. *Méx.*
15 Examinar un lugar despoblado en busca de caza o de personas escondidas.
16 Latir el corazón con violencia. *v.intr.*
17 Luchar dos personas: *se batieron a espada para recuperar su honra.* *v.prnl.*
18 Bajar el ave de rapiña: *el águila se batió contra el rebaño y cogió un cordero.* = abatirse

batiscafo (Del gr. *bathys*, profundo + *skaphe*, barco.) Aparato autónomo sumergible usado para explorar las profundidades marinas. *s.m.* th: batiscafo NÁUTICA

batisfera Sumergible suspendido de un cable que permite explorar el fondo del mar. *s.f.* NÁUTICA

batista (Del fr. *batiste* < *Baptiste*, primer fabricante de esta tela.) Tela de hilo o algodón muy fina usada especialmente para pañuelos y blusas. *s.f.* TEXTIL

bato Hombre rústico, tonto o torpe.

batojar (Del lat. *battuculare* < *battuere*, batir.) Hacer caer los frutos de los árboles con una vara. *v.tr.* AGRICULTURA

batolito (Del gr. *bathos*, profundidad + *lithos*, piedra.) Masa de roca eruptiva de grandes dimensiones consolidada en la corteza terrestre a gran profundidad. *s.m.* GEOLOGÍA

batología (Del gr. *battologia* < *Battos*, rey de Cirene famoso por su tartamudez + *logos*, discurso.) Defecto de la expresión que consiste en repetir inútil y molestamente las mismas ideas con las mismas palabras. *s.f.* RETÓRICA

batracio (Del gr. *batrakheios*, propio de las ranas < *batrakhos*, rana.) Se aplica a los vertebrados de la clase anfibios. *adj/s.m.* ZOOLOGÍA

batuda Serie de saltos que dan los gimnastas en el trampolín unos tras otros. *s.f.* DEPORTES

batuecas (De *Las Batuecas*, comarca de Salamanca.) Se usa para expresar que alguien está distraído en la frase **estar en las batuecas**. coloquial

baturrillo
1 Mezcla desordenada de cosas muy diferentes: *en la mesa había un baturrillo de cosas.* *s.m./= batiborrillo, batiburrillo*
2 Mezcla de pensamientos o expresiones inconexas y sin fundamento en una conversación o escrito. coloquial

baturro, a
1 Se aplica a las personas de origen aragonés. *adj/s./coloquial*
2 Se aplica a la persona que es testaruda u obstinada. *adj./coloquial*

batuta (Del ital. *battuta*, compás < *battere*, batir.)
1 Vara corta y delgada usada por el director de orquesta para marcar el compás y dirigir a los músicos. *s.f.* MÚSICA
2 **llevar alguien la batuta**: Dirigir una corporación o conjunto de personas, llevar un asunto: *quiere hablar con quien lleva la batuta.* coloquial

baudio Velocidad de la transmisión digital de información, medida en símbolos por segundo. *s.m.* INFORMÁTICA

baúl (Del fr. ant. *bahur*.)
1 Caja grande de madera u otro material con la tapa convexa que sirve para guardar y transportar ropas y otros objetos: *colocó un antiguo baúl bajo la ventana.* *s.m.* = arca
2 Vientre, panza: *le costaba moverse con tamaño baúl.* coloquial
3 Lugar de un vehículo donde se lleva el equipaje. *Argent./= maletero*
4 **baúl mundo**: El de gran tamaño.

baulera Lugar de una vivienda donde se guardan las maletas. *s.f.* *Argent.*

baulero, a Persona que hace o vende baúles. *s.*

bauprés (Del fr. *beaupré*.) Palo grueso, horizontal o algo inclinado, que sobresale de la proa y que se usa para asegurar los estayes del trinquete o para otros usos. *s.m.* NÁUTICA

bausán, a
1 Muñeco relleno de paja u otra materia semejante y vestido de armas que en los castillos simulaba la presencia de un guerrero. *s.* HISTORIA
2 Persona simple. th: bausano
3 Ocioso, holgazán o perezoso. *adj./Perú*

bautismal Que tiene relación con el bautismo: *pila bautismal.* *adj.* RELIGIÓN

bautismo (Del gr. *baptismos*.) Sacramento primero de la Iglesia católica que convierte en cristiano al que lo recibe, borrándole el pecado original y asignándole un nombre. *s.m.* RELIGIÓN

bautista
1 Persona que bautiza. *s.m./RELIGIÓN*
2 Persona que pertenece a una secta protestante que practica el bautismo por inmersión y bautiza sólo a los adultos. *adj./s.m.f.* RELIGIÓN = baptista
3 Chófer particular. *s.m./coloquial*

bautisterio Edificio o lugar y pila donde se administra el bautismo. *s.m./ARQUITECTURA* = baptisterio

bautizar (Del lat. *baptizare* < gr. *baptizo*, zambullir, bautizar.)
1 Administrar el sacramento del bautismo a una persona: *lo bautizó nada más nacer.* *v.tr./conj: cazar* RELIGIÓN
2 Poner un nombre a una cosa: *han bautizado al barco con un nombre exótico.*
3 Poner a una persona o cosa un nombre distinto del que le corresponde: *sus amigos le bautizaron así debido a su mal carácter.* coloquial
4 Mezclar el vino o la leche con agua. coloquial
5 Echar un líquido sobre una persona casual o intencionadamente: *para demostrarle su enfado la bautizó con un jarro de agua.* coloquial

bautizo Ceremonia en que se administra el bautismo y fiesta con que se celebra. *s.m.* RELIGIÓN

bauxita (Del fr. *bauxite* < *Baux*, pueblo de Provenza.) Roca blanda de color blanco, gris o rojizo, compuesta en su mayor parte por hidróxido de aluminio, que se utiliza como refractario y abrasivo. *s.f.* MINERALOGÍA

bauza Madero sin labrar que mide de uno a tres metros de longitud. *s.f.*

baya (Del fr. *baie* < lat. *baca*.)
1 Fruto carnoso y jugoso con muchas semillas envueltas por la pulpa, como la uva, naranja y otros. *s.f.* BOTÁNICA
2 Planta liliácea de raíz bulbosa y hojas estrechas y cilíndricas que produce en su extremo pequeñas flores de color azul oscuro. BOTÁNICA
3 Matacandiles, planta liliácea bulbosa. BOTÁNICA

bayabe Cordel grueso que se usa para atar animales. *s.m./Cuba*

bayadera (Del fr. *bayadere* < port. *bailadeira*, bailarina.) Cantante y bailarina de la India. *s.f.*

bayal
I (Del ár. *ba'li*, de secano.)
1 Se aplica a una variedad de lino que se siembra en *adj.*

otoño, tiene el tallo largo y da la hilaza más fina y blanca. · BOTÁNICA
2 Que es parecido al color bayo.
II (De origen incierto.) Palanca usada para volver las · s.m.
piedras en las tahonas o en los molinos.
bayeta (Del fr. ant. *baiette*.)
1 Tela basta de lana floja y poco tupida. · s.f./TEXTIL
2 Paño usado para fregar el suelo.
bayetón Tela basta de lana con mucho pelo usada · s.m.
para abrigo. · TEXTIL
bayo, a (Del lat. *badius*.)
1 De color blanco amarillento, especialmente los · adj/s.
caballos. · ZOOLOGÍA
2 Mariposa del gusano de seda que se usa como cebo · s.m.
para pescar con caña. · PESCA
bayón Tejido muy basto hecho con estopa, cáñamo u · s.m.
otro material semejante que se emplea para hacer · TEXTIL
sacos y para embalar. · = arpillera
bayoneta (Del fr. *baionnette* < Bayona, donde se fabri- · s.f.
có esta arma por primera vez.) Arma blanca puntia- · MILITAR
guda, ajustada al cañón del fusil: *remató al agonizante*
soldado con la bayoneta.
bayú Casa donde se ejerce la prostitución. · s.m./Cuba
bayunco, a Rústico, grosero o zafio. · adj/s./C. Rica, Guat.
baza (Probablemente del ital. *bazza*, ganga.)
1 Número de cartas que se lleva el que gana la mano, · s.f.
en los juegos de naipes. · JUEGOS
2 Oportunidad que se le presenta a una persona: *no*
aprovechó bien la baza que se le presentó.
3 **hacer baza:** Prosperar en un asunto o negocio. · coloquial
4 **meter baza:** Intervenir en una conversación o en · coloquial
los asuntos de otras personas de manera entrometi-
da: *metió su negocio para sacarle del bache.*
bazar (Del persa *bazar*, mercado cubierto.)
1 Mercado público en Oriente o lugar destinado al · s.m.
comercio. · COMERCIO
2 Tienda grande en que se venden artículos y pro- · COMERCIO
ductos de todo tipo.
bazo, a (Probablemente del lat. *badius*, rojizo.)
1 De color oscuro y que tira a amarillo. · adj.
2 Víscera vascular situada en el hipocondrio izquier- · s.m.
do entre el colon y las costillas falsas. · ANATOMÍA
bazofia (Del ital. *bazzoffia*.)
1 Mezcla de sobras o desechos de comida: *recogió la* · s.f.
bazofia y la llevó al contenedor de basuras. · th: gazofia
2 Cosa despreciable, indigna o vulgar: *esta película es* · = bodrio
pura bazofia.
3 Comida muy mala o muy mal hecha: *les presentó*
una bazofia que dio en llamar potaje.
bazuca (Del ingl. *bazooka*.) Arma de guerra portátil, · s.f.
consistente en un tubo metálico que dispara proyec- · MILITAR
tiles de propulsión a chorro. · th: bazoka
bazucar
1 Mover el líquido contenido en un recipiente. · v.tr./conj: sacar
2 Mover una cosa de un lado a otro. · = traquetear
bazuqueo Movimiento producido al agitar un líqui- · s.m.
do o mover una cosa. · = zabuqueo
be
1 Nombre de la letra *b*. · s.f.
2 Onomatopeya de la voz del carnero, de la oveja y
de la cabra.
3 **be corta:** Nombre de la letra *v*. · Amér.
4 **be larga:** Nombre de la letra *b*. · Amér.
5 **be por be:** Con todo detalle: *be por be le relató la* · loc.adv.
consecución de los hechos.
bearnesa Se aplica a una salsa fina que suele emplear- · adj/s.f.
se para acompañar carnes asadas y pescados. · COCINA
beata Mujer que, sin ser monja, viste con hábito reli- · s.f.
gioso y se emplea en pedir limosnas o en otros trabajos en nombre de la comunidad a la que está agregada.
beatería Expresión exagerada y afectada de los senti- · s.f.
mientos religiosos. · = santería
beaterio Casa donde las beatas viven en comunidad, · s.m.
siguiendo alguna regla. · RELIGIÓN
beatificación Acción de beatificar a alguien: *ceremo-* · s.f.
nia de beatificación. · RELIGIÓN
beatificar (Del lat. *beatificare* < *beatus*, feliz + *facere*,
hacer.)
1 Declarar el papa beata a una persona: *beatificó a dos* · v.tr./conj: sacar
monjas misioneras. · RELIGIÓN
2 Hacer feliz a una persona.
3 Hacer una cosa respetable o venerable.
beatífico, a
1 Que da placidez y serenidad: *su beatífica compañía* · adj.
calmó su angustia. · = plácido, feliz

2 Que hace beata o bienaventurada a una persona.
beatilla Lienzo delgado y ralo. · s.f.
beatitud
1 Bienaventuranza eterna, según los cristianos, que · s.f.
consiste en disfrutar del cielo. · RELIGIÓN
2 Tratamiento dado al sumo pontífice de la Iglesia · RELIGIÓN
católica.
3 Actitud beata, virtuosa y devota.
beato, a (Del lat. *beatus*, feliz.)
1 Que es feliz o bienaventurado. · adj.
2 Persona que ha sido beatificada. · adj/s./RELIGIÓN
3 Que hace obras virtuosas y se abstiene de las diversiones comunes.
4 Que cumple con rigor las prácticas religiosas o que · RELIGIÓN
tiene una religiosidad afectada.
5 Persona con hábito religioso y que no vive en co- · s.m.
munidad. · RELIGIÓN
6 Persona que frecuenta mucho los oficios religiosos. · s./coloquial
bebé Niño recién nacido o de muy corta edad: *se cui-* · s.m.
daba de los bebés de la familia. · familiar
bebe, a Niño pequeño. · s./Argent., Perú, Urug.
bebeco, a Que es albino. · adj/s./Colomb., Cuba
bebedera Acción de beber sin contención. · s.f./Colomb., Méx.
bebedero, a
1 Que es bueno de beber. · adj/= bebible
2 Vasija o recipiente donde beben los animales. · s.m./= abrevadero
3 Sitio en el campo donde acuden a beber las aves.
4 Pico saliente que tienen las vasijas en el borde, que
se usa para beber: *el bebedero de la jarra.*
5 Conducto o canal por donde sale el acero líquido · METALURGIA
de la fundición.
bebedizo, a
1 Que se puede beber. · adj/= potable
2 Bebida hecha con diversas sustancias que sirve · s.m.
para curar, envenenar o hechizar: *le dio un bebedizo*
para encantarla y hacerle perder la voluntad.
bebedor, a
1 Que bebe. · adj.
2 Que abusa de las bebidas alcohólicas: *es un bebedor* · adj/s.
empedernido.
bebendurria Reunión en la que se bebe mucho. · s.f./coloquial
beber (Del lat. *bibere*.)
1 Ingerir un líquido: *cató el vino antes de beberlo.* · v.intr/tr/prnl.
2 Hacer un brindis: *bebieron por el éxito de todos.* · v.intr.
3 Tomar bebidas alcohólicas: *bebe en exceso a pesar de*
tenerlo prohibido.
4 Recibir ideas, información, etc., especialmente
cuando se hace con interés o atención: *bebió los teleti-*
pos en busca de alguna novedad sobre el conflicto.
beberrón, a Que abusa de las bebidas alcohólicas. · adj/s./coloquial
bebezón
1 Borrachera, estado de embriaguez. · s.f./Colomb., Cuba
2 Bebida, especialmente la alcohólica. · Amér. Merid., Cuba
bebible Se aplica al líquido que no tiene un sabor de- · adj.
masiado desagradable. · coloquial
bebida
1 Líquido que se bebe: *ellos se encargan de la comida y* · s.f.
yo compraré la bebida.
2 Acción de beber.
3 Vicio de tomar licores o vino: *últimamente tiene pro-*
blemas con la bebida.
4 **darse a la bebida:** Adquirir el vicio de tomar licores o vino: *está muy raro desde que se ha dado a la be-*
bida.
bebido, a Que está casi borracho: *llegó a casa bebido y* · adj.
no acertaba a abrir la puerta.
bebienda Bebida compuesta o alcohólica. · s.f.
bebistrajo Bebida muy desagradable: *el jarabe era un* · s.m.
bebistrajo pestilente.
beborrotear Beber una persona a menudo y en poca · v.intr.
cantidad. · coloquial
beca
1 Ayuda económica que percibe un estudiante, un · s.f.
investigador o un centro docente o de investigación:
solicitó una beca para hacer el doctorado.
2 Plaza de colegial que tenía asignada una prebenda.
3 Insignia que se usa únicamente en actos académicos solemnes, consistente en una banda que cruza de
hombro a hombro sobre el pecho y cuelga por detrás.
4 Embozo de capa.
becada Ave caradriforme, de plumaje marrón con el · s.f.
vientre rayado, cuerpo rechoncho y pico largo. (*Scolo-* · ZOOLOGÍA
pax rusticola.)
becado, a Se aplica a la persona que disfruta de una · adj/s./= becario
beca: *los alumnos becados.*
becafigo Oropéndola, ave. · s.m./ZOOLOGÍA
becante Que sufraga u otorga una beca. · adj/s.m.f.

becar Conceder a alguien una beca. — v.tr./conj: *sacar*

becario, a Persona que disfruta de una beca de estudios: *los becarios reclamaron el pago.* — s.
= becado

becerra
1 Ternera menor de un año. — s.f.
2 Dragón, planta. — BOTÁNICA

becerrada Lidia o corrida de becerros. — s.f./TAUROMAQUIA

becerrillo Piel de becerro curtida. — s.m.

becerro (Voz ibérica.)
1 Toro menor de un año. — s.m.
2 Piel de ternero o ternera curtida, utilizada principalmente para hacer distintas clases de calzado.
3 En algunos archivos, libro en que se contenían los antiguos privilegios de un monasterio, de una iglesia, de una corona o de sus propiedades. — HISTORIA
4 **becerro marino:** Foca, mamífero marino. — ZOOLOGÍA

bechamel (Del fr. *bechamel* < del marqués de *Bechamel,* inventor de esta salsa.) Salsa hecha con harina, leche y aceite o mantequilla. — s.f./COCINA
tb: besamel, besamela

becoquín Papalina, gorro que tapa las orejas. — s.m./= bicoquete

becoquino Ceriflor, planta. — s.m./BOTÁNICA

becuadrado Primera de las llamadas propiedades en el canto gregoriano y que se funda en el hexacordo sol, la, si, do, re, mi, notas que, al ser solfeadas, cambian sus nombres en do, re, mi, fa, sol, la. — s.m.
MÚSICA
= beduro

becuadro (Del ital. *bequadro.*) Signo de accidente o alteración que indica que una nota, antes afectada por un sostenido o por un bemol, recobra su sonido natural. — s.m.
MÚSICA

bedel, a (Del fr. ant. *bedel* < germ. *"bidil,* ujier.) Empleado subalterno de universidades, centros docentes y otros centros públicos, que se encarga de cuidar del orden fuera de las aulas y de otros trabajos auxiliares: *el bedel trajo el proyector de diapositivas.* — s.

bedelía Empleo de bedel. — s.f.

bedelio (Del gr. *bdellion.*) Gomorresina de sabor amargo y olor suave, obtenida de algunos árboles terebintáceos y usada en farmacia. — s.m.
BOTÁNICA

beduino, a (Del ár. *bedawi,* el que vive en el desierto.)
1 Árabe nómada que vive en los desiertos de África septentrional y Oriente medio. — adj./s.
2 Persona desaforada, de modales bárbaros. — s.

beduro Becuadrado, signo de alteración. — s.m./MÚSICA

befa (Del ital. *beffa.*) Expresión de desprecio grosera e insultante. — s.f.
= mofa

befar
1 Poner el caballo el befo alargado para alcanzar la cadenilla del freno. — v.intr.
EQUITACIÓN
2 Hacer burla: *se befó de su mojigatería.* — v.tr./= mofar

befedad Deformación en las piernas que hace que se tuerzan hacia fuera a partir de las rodillas. — s.f.
MEDICINA

befo, a
1 Que tiene más grueso el labio inferior que el superior: *un rostro befo.* — adj./s.
tb: belfo
2 Que tiene juntas las rodillas y separadas las piernas hacia fuera. — = zambo
3 Labio del caballo y de otros animales. — s.m./tb: belfo

begardo, a
1 De una doctrina herética del siglo XIII, que perseguía la perfección evangélica, prescindiendo de la jerarquía eclesiástica. — adj.
RELIGIÓN
2 Seguidor de esta doctrina. — s./RELIGIÓN

begonia (Del fr. *begonia* < M. *Begon,* gobernador francés.)
1 Planta begoniácea, originaria de América, perenne, monoica, con hojas acorazonadas de diferentes colores y flores apétalas con el cáliz rosado. *(Begonia.)* — s.f.
BOTÁNICA
2 Flor de esta planta. — BOTÁNICA

begoniáceo, a Perteneciente a una familia de plantas angiospermas dicotiledóneas, de hojas esparcidas, que se reproducen vegetativamente a partir de hojas o fragmentos de hojas. — adj/s.f.
BOTÁNICA

behaviorismo (Del ingl. *behaviourism.*)
1 Escuela sicológica que busca el conocimiento y el control de las acciones del ser humano y de los animales mediante la observación de su conducta. — s.m.
SICOLOGÍA
= conductismo
2 Conjunto de procedimientos que se siguen para conocer y controlar las acciones del ser humano y de los animales mediante la observación de su conducta. — SICOLOGÍA
= conductismo

beicon (Del ingl. *bacon.*) Panceta ahumada. — s.m./tb: bacon

beidellita Mineral de color blanco amarillento, que cristaliza en el sistema monoclínico. — s.f.
MINERALOGÍA

beige (Voz francesa.) Del color natural de la lana, amarillo tirando a marrón. — adj/s.m./pl: beige
tb: beis

béisbol (Del ingl. *baseball.*) Juego en el que compiten dos equipos, cuyos jugadores recorren los puestos de — s.m.
DEPORTES

un circuito, en combinación con el lanzamiento de una pelota desde el centro de dicho circuito.

bejín (Del lat. vulgar *"vissinum,* pedo.) Hongo basidiomicete gasteromiceto, de forma esférica y color blanco, que al madurar libera esporas en forma de polvo negro y que se emplea para coagular la sangre. *(Lycoperdon.)* — s.m.
MICOLOGÍA
= pedo de lobo

bejuco (Voz taína.) Diferentes especies de plantas tropicales, sarmentosas, de tallos delgados, largos y flexibles, empleados en cestería, fabricación de muebles, tejidos y cuerdas. — s.m.

bejuquear Varear, apalear, dar golpes a una persona o a un animal con vara. — v.tr./Amér. Central, Ecuad., P. Rico

bejuquillo
1 Collar de oro en forma de cadenita. — s.m.
2 Ipecacuana, planta. — BOTÁNICA

bel (De A. Graham *Bell,* ingeniero y físico estadounidense.) Belio, en la nomenclatura internacional. — s.m.
FÍSICA

belcho Arbusto muy ramificado, con las hojas reducidas a pequeñas escamas, y frutos en forma de baya, encarnados. *(Ephedra vulgaris.)* — s.m.
BOTÁNICA

beldad
1 Circunstancia de ser bella o hermosa una persona, en especial una mujer. — s.f.
2 Mujer que llama la atención por su belleza o hermosura: *realmente es una beldad.* — = belleza

beldar (Del lat. *ventilare,* agitar en el aire.) Aventar o lanzar las mieses y las legumbres al aire con el bieldo para separar el grano de la paja. — v.tr./conj: *pensar*
AGRICULTURA
tb: abeldar, albeldar

belduque Balduque, cuchillo grande de hoja puntiaguda. — s.m./Colomb.

belén (De *Bethlehem,* nombre de la población donde nació Jesús.)
1 Representación realista del nacimiento de Jesucristo por medio de figuras: *guardaron el belén pasado el día de Reyes.* — s.m.
2 Jaleo, situación o asunto de mucha confusión. — coloquial
3 Asunto que puede producir problemas.

belenista Persona que por oficio o afición proyecta y fabrica belenes. — s.m.f.

beleño (Voz prerromana.) Planta solanácea de hasta 1 metro de alto, con hojas anchas, largas, hendidas y vellosas, flores amarillas y fruto capsular. *(Hyoscyamus.)* — s.m.
BOTÁNICA
= beleño negro

belfo, a (Del lat. *bifidus,* partido en dos.) Que tiene el labio inferior más grueso que el superior. — adj/s.

belga
1 De Bélgica, país europeo. — adj.
2 Persona natural de este país. — s.m.f.

belicismo Actitud del que apoya o participa en una guerra, real o figurada: *rechaza toda muestra de belicismo.* — s.m.

belicista Que es partidario del belicismo. — adj/s.m.f.

bélico, a (Del lat. *bellicus* < *bellum,* guerra.) Que tiene relación con la guerra: *una contienda bélica.* — adj.
MILITAR

belicoso, a (Del lat. *bellicosus.*)
1 Inclinado a la guerra: *espíritu belicoso.* — adj.
2 Que tiende a entablar discusiones o riñas. — = agresivo

beligerancia
1 Actitud combativa o guerrera. — s.f.
2 Derecho de una nación a entrar en una guerra con las mismas garantías internacionales que su enemigo.

beligerante (Del lat. *belligerans* < *bellum,* guerra + *gerere,* hacer.) Que está en guerra: *los países beligerantes.* — adj/s.m.f.
MILITAR

belígero, a Inclinado a la guerra. — adj./culto

belín Miembro viril del hombre. — s.m./Argent.

belinógrafo Aparato que sirve para transmitir imágenes o fotografías a distancia a través de circuitos telefónicos y enlaces radioeléctricos. — s.m.
TELECOMUNICACIONES

belinograma Imagen o fotografía que se transmite por belinógrafo. — s.m.

belio (De A. Graham *Bell,* ingeniero y físico estadounidense.) Unidad con la que se mide la sonoridad, la intensidad acústica o el poder amplificador o atenuador. — s.m.
FÍSICA
tb: bel

belísono, a De ruido bélico o marcial. — adj.

belita Sustancia explosiva, compuesta de dinitrobenceno y nitrato amónico. — s.f.
QUÍMICA

belitre (Del fr. *belitre* < gr. *blytiri,* palabra que no significa nada.) Que es ruin y de viles costumbres. — adj/s.
coloquial

bellacada Acto ruin: *fue víctima de sus bellacadas.* — s.f.

bellaco, a (Probablemente del céltico *"bakkallakos,* campesino, palurdo.)
1 Que es ruin. — adj/s.
2 Que se comporta con astucia. — = sagaz

belladona (Del ital. *belladonna.*) Planta solanácea, de la que se extrae la atropina, con flores solitarias — s.f.
BOTÁNICA

acampanadas y violetas y fruto en forma de baya negra muy tóxico, que se emplea como narcótico y calmante. *(Atropa belladonna.)*

bellaquear Obrar una persona de forma ruin.   v.intr.

bellaquería
1 Modo de ser y de comportarse propio de un granuja o pícaro.   s.f.
= bellacada
2 Acción o palabras innobles.   coloquial

belleza
1 Propiedad de los seres que produce admiración y deleite de los sentidos por su aspecto, forma y buenas cualidades: *la belleza de sus paisajes.*   s.f.
2 Persona notable por su hermosura.   = beldad

bello, a (Del occitano ant. *bel* < lat. *bellus,* bonito.)
1 Que tiene belleza: *un bello día; una bella poesía.*   adj.
2 Que tiene buenas cualidades morales: *se trata de una bella persona, que no tiene doblez.*

bellota (Del ár. *balluta.*)
1 Fruto de la encina, el roble y otros árboles del mismo género, que sirve de alimento al ganado porcino.   BOTÁNICA
2 Capullo del clavel.   BOTÁNICA
3 Adorno que consiste en una piececita de madera cubierta de hilo de seda o lana.
4 **bellota de mar:** Crustáceo marino, de caparazón asimétrico y color blancuzco.   ZOOLOGÍA

bellote Clavo largo y grueso.   s.m.

bellotear Comer bellota el ganado de cerda.   v.intr.

bellotero, a Persona que coge o vende bellotas.

belloto Árbol chileno, de la familia de las lauráceas, cuyo fruto es una especie de nuez con el que se alimentan los animales.   s.m.
BOTÁNICA

belorta Abrazadera de hierro que sujeta al timón la cama del arado.   s.f.
AGRICULTURA

beluga
1 Cetáceo semejante al narval, que de adulto tiene la piel blanca, y que habita en los mares árticos. *(Delphinapterus leucas.)*   s.f.
ZOOLOGÍA
2 Animal marino de gran tamaño como el atún o los cetáceos, entre los pescadores.   PESCA

bembo, a
1 Se aplica a la persona de origen africano.   adj./Cuba
2 Bezo, labio grueso y colgante que suelen tener algunos animales.   s.m./Cuba, Ecuad., Perú, P. Rico

bementita Mineral de color amarillo grisáceo de la clase de los filosilicatos, que cristaliza en el sistema rómbico.   s.f.
MINERALOGÍA

bemol (De *b,* letra que en la gama antigua representaba la nota *si' + lat. molle,* suave, blando.)
1 Se aplica a la nota rebajada en un semitono.   adj./s.m./MÚSICA
2 Signo musical que indica esta alteración.   s.m./MÚSICA
3 Arrojo, valor.   s.m.pl./vulgar
4 **doble bemol:** Nota rebajada en dos semitonos.   MÚSICA
5 **tener una cosa bemoles:** Ser algo dificultoso: *ese asunto tiene bemoles.*   coloquial

bemolar Poner bemoles a una nota o clave.   v.tr./MÚSICA

ben Árbol o moringáceo, con tronco recto, flores blancas y cuyo fruto da por presión un aceite que no se enrancia y que se emplea en relojería y perfumería. *(Moringa oleifera.)*   s.m.
BOTÁNICA

benceno (Del fr. *benzene.*) Hidrocarburo aromático no saturado que se obtiene de la destilación seca de la hulla.   s.m.
QUÍMICA
= benzol

bencina Gasolina, producto destilado del petróleo, usado como carburante.   s.f.
Chile

bencinera Instalación con surtidores para la venta de gasolina.   s.f./Chile
= gasolinera

bencinero Persona que expende combustible en una bomba para tal efecto.   s.m.
Chile

bendecir (Del lat. *benedicere,* hablar bien de [alguien o algo].)
1 Pedir un sacerdote la protección divina: *bendijo las cosechas y los rebaños.*   v.tr./RELIGIÓN
part.th: bendito
2 Dar Dios prosperidad o protección a una persona: *el Señor le bendijo con la felicidad en su matrimonio.*   RELIGIÓN
3 Dar carácter sagrado a alguna cosa.   RELIGIÓN
4 Hacer el sacerdote cruces en el aire con la mano sobre personas o cosas mientras recita oraciones.   RELIGIÓN
5 Alabar a una persona mostrándole agradecimiento o satisfacción.
6 Desear el bien a una persona.
CONJ.: IND.: PRES.: bendigo, bendices, bendice, bendecimos, bendecís, bendicen. PRET. INDEF.: bendije, bendijiste, bendijo, bendijimos, bendijisteis, bendijeron. SUBJ.: PRES.: bendiga, bendigas, bendiga, bendigamos, bendigáis, bendigan. PRET. IMPERF.: bendijera, -ese, bendijeras, -eses, bendijera, -ese, bendijéramos, -ésemos, bendijerais, -eseis, bendijeran, -esen. IMP.: bendice, bendiga, bendigamos, bendecid, bendigan. GERUND.: bendiciendo.

bendición
1 Acto de bendecir y fórmula o palabras con que se bendice.   s.f.
RELIGIÓN
2 Aprobación o consentimiento: *se presentaron ante la familia para pedir su bendición.*
3 Ceremonias con que se celebra el matrimonio.   s.f.pl./RELIGIÓN
4 **bendición episcopal:** La que en días solemnes dan el papa, los obispos y otros prelados.   RELIGIÓN
5 **ser algo una bendición o una bendición de Dios:** Ser espléndido o muy bueno: *esta niña canta que es una bendición.*   coloquial

bendito, a (Part. irreg. de *bendecir.*)
1 Que tiene un carácter bondadoso y pacífico: *es un bendito que jamás te pondrá objeciones.*   adj.
= bonachón
2 Que es santo o bienaventurado.   adj/s.
3 Persona que es de pocos alcances.   s.m.f.
4 Rezo que empieza diciendo: *Bendito y alabado sea.*   s.m./RELIGIÓN

benedícite (Voz latina.) Oración, que se usa entre los católicos, para bendecir la mesa y que empieza con esta palabra.   s.m.
RELIGIÓN

benedictino, a
1 De la regla u orden de san Benito: *monasterios benedictinos.*   adj./s.m./RELIGIÓN
= benito
2 Licor que fabrican los monjes benedictinos.   s.m.

benefactor, a Se aplica a la persona o cosa que hace bien a otra: *dedicó la obra a su benefactora.*   adj/s.

beneficencia (Del lat. *beneficentia.*)
1 Disposición a hacer el bien.   s.f.
2 Práctica o costumbre de ayudar al necesitado con dinero o por otros medios.
3 Conjunto de organizaciones de carácter benéfico.
4 Ayuda que recibe una persona necesitada a través de asociaciones benéficas: *vive de la beneficencia.*

beneficiado, a
1 Persona que goza de un beneficio.   s.
2 Presbítero o, por extensión, clérigo de grado inferior, que goza de un beneficio eclesiástico que no es curato o prebenda.   s.m.
RELIGIÓN

beneficiar
1 Hacer bien o ser bueno para alguien o algo: *la nueva legislación nos beneficia a todos.*   v.tr/prnl.
2 Aprovecharse de algo o de alguien: *se benefició con nuestro trabajo.*   v.prnl.
+ con, de
3 Hacer que una cosa, especialmente una tierra o una mina, produzca más beneficios.
4 Someter las extracciones de una mina a tratamiento para obtener el metal.   METALURGIA
5 Conseguir un empleo por dinero.
6 Administrar las rentas públicas.   ECONOMÍA
7 Vender valores de bolsa por menos de su valor nominal.   ECONOMÍA
8 Descuartizar una res y venderla al menudeo.   Chile, Cuba, P. Rico
9 Mantener relaciones sexuales con una persona.   v.prnl./vulgar

beneficiario, a
1 Que recibe un beneficio.   adj.
2 Se aplica a la persona que recibe el beneficio en un contrato o donación.   adj/s.
DERECHO

beneficio (Del lat. *beneficium < bene,* bien + *facere,* hacer.)
1 Bien que se hace o se recibe.   s.m.
2 Provecho o mejora que se obtiene como consecuencia de algo: *siempre busca su propio beneficio.*   = utilidad
3 Dinero u otros bienes que se ganan con una cosa: *los beneficios de este año han sido altos.*
4 Labor y cultivo que se da a los campos y plantas.   AGRICULTURA
5 Explotación y aprovechamiento de las minas, minerales u otras sustancias.   MINERÍA
6 Venta de empleos por dinero o de créditos por menos de lo que importan.

beneficioso, a Que es provechoso, bueno o útil para algo: *la acción beneficiosa de un producto para el crecimiento de las plantas.*   adj.

benéfico, a (Del lat. *beneficus.*)
1 Que hace bien: *la lluvia es benéfica para el campo.*   adj.
2 Que se hace para ayudar a los necesitados: *se ha organizado una rifa benéfica.*

benemérito, a (Del lat. *bene meritus,* que se ha portado bien [con alguien].)
1 Que es digno de estimación por los servicios prestados.   adj.
2 **la benemérita:** La guardia civil: *la benemérita aparece frecuentemente en la poética de Lorca.*

beneplácito (Del lat. *bene placitus,* que ha gustado.) Muestra de aprobación o conformidad.   s.m.
= consentimiento

benevolencia Simpatía y buena voluntad en el trato con las personas.   s.f.

benevolente Que es favorable, simpático o tiene buena voluntad: *no es ni benevolente ni condescendiente con sus hijos.*   adj.

benévolo , **a** (Del lat. *benevolus* < *bene*, bien + *velle*, querer.)
1 Que se comporta con buena voluntad. · adj.
2 Que es indulgente o poco rígido.
bengala (De *Bengala*, región asiática.)
1 Fuego artificial que despide gran claridad y chispas. · s.f.
2 Mezcla inflamable compuesta de laca, azufre, sali- · QUÍMICA
tre y otras sustancias.
3 Rota, planta. · BOTÁNICA
4 Antigua insignia de mando militar consistente en · HISTORIA,
un cetro o bastón. · MILITAR
bengalí
1 De Bengala, región asiática: *clima bengalí.* · adj./pl.tb: bengalíes
2 Persona natural de esta región. · s.m.f.
3 Lengua indoaria, de la familia indoeuropea, habla- · s.m.
da en diferentes regiones del golfo de Bengala. · LINGÜÍSTICA
4 Ave granívora de canto agradable y plumaje de · ZOOLOGÍA
vivo colorido.
bengalina Tela poco tupida y fina. · s.f./*Chile*
benignidad
1 Actitud amable, bienintencionada y carente de se- · s.f.
veridad.
2 Actitud propicia e inclinada favorablemente hacia
una persona.
3 Circunstancia de ser un clima suave o moderado.
4 Circunstancia de ser un tumor o una enfermedad · MEDICINA
no graves.
benigno, a (Del lat. *benignus*, de buen natural < *bene*,
bien + *gignere*, engendrar.)
1 Que es bueno y afable. · adj.
2 Se aplica a la estación y al clima que es templado y
apacible.
3 Se refiere a la enfermedad y a la lesión que no es · MEDICINA
muy grave: *los médicos le han detectado un tumor benigno.* · ≠ maligno
benito, a De la orden benedictina. · adj./RELIGIÓN
benjamín, a (De *Benjamín*, hijo menor de Jacob.) · s.
Hijo menor de una familia.
benjuí (Del cat. *benjuí* < ár. *luban yawi*, incienso de Ja- · s.m.
va.) Bálsamo aromático que se obtiene rajando la · pl.tb: benjuíes
corteza de algunos árboles tropicales. · tb: menjuí
benteveo Pájaro de la familia de los tiránidos, de · s.m./ZOOLOGÍA
unos 20 cm de longitud, dorso pardo, cola y pecho · *Argent.*
amarillos y una franja blanca en la cabeza. · tb: bienteveo
bentónico, a
1 Que tiene relación con el fondo del mar. · adj.
2 Se aplica al animal o planta que vive en el fondo · BIOLOGÍA
del mar. · = béntico
bentonita Arcilla coloidal que se utiliza en la indus- · s.f.
tria como detergente y emulsionante. · MINERALOGÍA
bentos (Del gr. *benthos*, profundidad.) Fauna y flora · s.m./pl: bentos
del fondo del mar, de los ríos y los lagos. · BIOLOGÍA
benzaldehído Líquido incoloro de olor aromático pe- · s.m.
netrante, procedente de la esencia de almendras amar- · QUÍMICA
gas, que se utiliza en perfumería.
benzo- Componente de palabra que significa bence- · pref./QUÍMICA
no o benzol: *benzoato.* · tb: benz-
benzoico, a Que tiene relación con el benjuí o que · adj.
se obtiene de él. · QUÍMICA
benzol Hidrocarburo aromático no saturado, líquido · s.m.
incoloro, volátil y antidetonante, obtenido de la des- · QUÍMICA
tilación de la brea de hulla, usado como combustible · = benceno
y en la fabricación de productos sintéticos.
benzolismo Intoxicación producida por respirar va- · s.m.
pores de benzol. · MEDICINA
beocio, a
1 De Beocia, región de la antigua Grecia. · adj/s./HISTORIA
2 Tonto, ignorante. · adj.
beodez Estado producido por el alcohol cuando se · s.f./pl: beodeces
bebe en tal cantidad que provoca alteraciones *físicas* · = embriaguez,
o perceptivas. · borrachera
beodo, a (Del lat. *bibitus*, bebido.) Borracho, embria- · adj/s.
gado: *un beodo seseante intentaba llegar al final de la
calle.*
beque (Del cat. *bec* < lat. *beccus*, pico.)
1 Obra exterior de proa. · s.m./NÁUTICA
2 Retrete de los barcos. · NÁUTICA
3 Orinal alto. · = bacín
béquico, a (Derivado del gr. *bekhios*, tos.) Se aplica al · adj.
medicamento que combate la tos. · FARMACIA
berberecho Molusco bivalvo marino, con las valvas · s.m.
grandes y profundamente estriadas, que vive enterra- · ZOOLOGÍA
do en la arena y cuya carne es muy consumida. (*Car-
dium.*)
berberí Beréber, de Berbería, región del norte de · adj/s.m.f.
África. · pl.tb: berberíes
berberidáceo, a Perteneciente a una familia de · adj/s.f.
plantas angiospermas dicotiledóneas, arbustivas, de · BOTÁNICA
hojas sencillas o compuestas, flores regulares y fruto
en baya.
berberís (Del ár. *barbaris*.) Bérbero, arbusto. · s.m./BOTÁNICA

berberisco, a De Berbería, región del norte de África. · adj/s.
bérbero
1 Agracejo, arbusto. · s.m./BOTÁNICA
2 Agracejina, fruto de este arbusto. · BOTÁNICA
3 Confección hecha con agracejina. · TEXTIL
berbiquí (Del fr. *veberquin* < neerlandés *wimmelken*, · s.m.
que se mueve vivamente.) Herramienta para tala- · pl.tb: berbiquíes
drar que consiste en un manubrio semicircular giratorio que lleva ajustada en un extremo la espiga de un
taladro.
berceo Albardín, planta. · s.m./BOTÁNICA
beréber (Del ár. *barbar*.)
1 De un pueblo que habita la antigua Berbería, ac- · adj/s.m.f.
tualmente Mogreb, región del norte de África, y de · pl: bereberes
su lengua. · tb: berebere
2 Individuo de una de las razas más antiguas de las · s.m.f.
que habitan en África septentrional.
3 Lengua camitosemítica antiguamente hablada en el · s.m.
norte de África, fragmentada en la actualidad en nu- · LINGÜÍSTICA
merosos dialectos.
berenjena (Del ár. *bedinyena*.)
1 Planta hortense, de hojas ovaladas, verdes, cubier- · s.f.
tas de un polvillo blanco y con aguijones, flores mo- · BOTÁNICA
radas y fruto comestible, de forma ovalada, envuelto
por una delgada película morada y con pulpa blanca.
(*Solanum melongena.*)
2 Fruto de esta planta.
berenjenal
1 Tierra plantada de berenjenas. · s.m.
2 **meterse en un berenjenal**: Tener dificultades al · coloquial
encontrarse ante un asunto de difícil solución: *sin
darse cuenta se metió en un berenjenal del que luego no
supo salir.*
berenjenín Variedad de berenjena alargada de color · s.m.
blanco enteramente o blanco manchado de rojo o · BOTÁNICA
morado.
bergamota (Del ital. *bergamotta*.)
1 Clase de lima muy aromática cuya esencia se em- · s.f.
plea en perfumería. · BOTÁNICA
2 Clase de pera muy jugosa y aromática. · BOTÁNICA
bergamoto
1 Árbol de la familia de los cítricos, de hojas oblon- · s.m.
gas, flores pequeñas y blancas, de cuyo fruto, la ber- · BOTÁNICA
gamota, se saca una esencia usada en perfumería. (*Ci-* · tb: bergamote
trus bergamia.)
2 Variedad del peral que produce la pera bergamota. · BOTÁNICA
bergante (Del cat. *bergant*, obrero que trabajaba en · s.m.
brigada.) Granuja y sinvergüenza.
bergantín (Del cat. *bergantí* < *bergant*, bergante.) Bar- · s.m.
co de dos palos y vela cuadrada o redonda. · NÁUTICA
beriberi (Del cingalés *beri*, debilidad.) Enfermedad de · s.m.
países tropicales provocada por un déficit de tiamina · MEDICINA
causada por la alimentación casi exclusiva de arroz, y
que ocasiona parálisis general y edemas múltiples.
berilio Metal de color gris acero, usado para las alea- · s.m.
ciones de cobre que requieren mucha elasticidad y · QUÍMICA
resistencia mecánica, y para tubos de rayos X; su · = glucinio
símbolo químico es *Be.*
beriliosis Enfermedad de las vías respiratorias causa- · s.f./pl: beriliosis
da por trabajar con berilio. · MEDICINA
berilo (Del lat. *beryllus* < gr. *beryllos*.) Mineral de color · s.m.
amarillo azulado o verde, transparente o translúcido, · MINERALOGÍA
brillo vítreo, que se usa como gema y como fuente
de berilio para aleaciones.
berilonita Mineral de color blanquecino, amarillento · s.f.
o incoloro y brillo nacarado o vítreo. · MINERALOGÍA
berkelio (De *Berkeley*, ciudad estadounidense.) Ele- · s.m.
mento químico obtenido artificialmente a partir del · QUÍMICA
curio.
berlanga (Del fr. ant. *berlant* < alem. ant. *bretling* < · s.f.
bretl, tabla.) Juego de cartas, en que se gana reunien- · JUEGOS
do tres cartas iguales.
berlín Lugar o sitio apartado donde el perdedor espera · s.m.
que lo llamen para elegir, a manera de adivinanza, una · JUEGOS
de las prendas impuestas por los demás jugadores. · *Argent.*
berlina (Del fr. *berline* < *Berlín*, ciudad alemana.)
1 Automóvil de cuatro a seis plazas y cuatro porte- · s.f.
zuelas: *llegaron al teatro en una berlina.*
2 Coche de caballos, cerrado y de dos asientos. · = cupé
berlinés, a
1 De Berlín, ciudad de Alemania. · adj.
2 Persona natural de esta ciudad. · s.
berlinga (Del germ. *bret-ling*, tabla pequeña.)
1 Vara de madera verde que se utiliza en los hornos · s.f.
metalúrgicos para remover la masa fundida. · METALURGIA
2 Tronco de árbol adecuado para hacer piezas de ar- · NÁUTICA
boladura, vergas u otras partes del barco. · = percha
berlingar Mover la masa metálica incandescente con · v.tr./conj: *pagar*
la berlinga en un alto horno. · METALURGIA

berma (Del fr. *berme* < neerlandés *breme*, pie de un dique.) Espacio entre la muralla y el foso para recoger las piedras que se desprendían de la muralla y evitar que cayeran en el foso. — s.f. CONSTRUCCIÓN

bermejo, a (Del lat. *vermiculus*, cochinilla que se usaba para producir el color grana.) De color rojo intenso, especialmente el pelo o la piel: *melena bermeja*. — adj/s.m.

bermejuela Pez de agua dulce, que vive en pequeños lagos y ríos de curso lento. (*Rutilus arcasi*.) — s.f. ZOOLOGÍA

bermellón (Del cat. *vermelló* < *vermell*, encarnado < lat. *vermiculus*, cochinilla.) Polvo de color rojo, obtenido por reducción del cinabrio. — s.m.

bermudas Pantalón corto que llega hasta las rodillas, usado a veces como bañador: *me he comprado unas bermudas rojas*. — s.m.f.pl.

bernardina Mentira en que se cuentan valentías o cosas extraordinarias: *los relatos de ellos eran todo bernardinas*. — s.f. coloquial

bernardo, a Se aplica al religioso o a la religiosa que pertenece a la orden del Císter. — adj/s. RELIGIÓN

bernegal
1 Taza ancha de boca y figura ondeada. — s.m.
2 Tinaja pequeña que sirve para recoger el agua que destila el filtro. — *Venez.*

bernés, a
1 De Berna, capital de Suiza. — adj.
2 Persona natural de Berna. — s.

bernia
1 Tela basta de lana de varios colores usada para capas de abrigo. — s.f. TEXTIL
2 Capa hecha de esta tela. — s.f.

berraña Variedad de berro no comestible. — s.f./BOTÁNICA

berraza
1 Berrera, planta de flores blancas. — s.f./BOTÁNICA BOTÁNICA
2 Berro crecido y endurecido.

berrea
1 Época de celo del ciervo y otros animales durante la cual llaman a la hembra con berridos estridentes. — s.f. = brama
2 Acción y resultado de berrear.

berrear (Del lat. *verres*, verraco, por la voz de este animal.)
1 Dar un animal berridos. — v.intr.
2 Gritar o llorar desaforadamente: *el niño berreaba para mostrar su rabieta*. — coloquial
3 Cantar o gritar de manera estridente. — coloquial

berrenchín Vaho u olor penetrante que despide el jabalí cuando está furioso. — s.m.

berrendo, a
1 De dos colores. — adj.
2 Se refiere al toro que tiene manchas de distinto color que el resto de la piel. — TAUROMAQUIA
3 Rumiante que habita en México parecido al ciervo. (*Antilocapra americana*.) — s.m. ZOOLOGÍA

berrera Planta de flores blancas, que crece en las orillas y remansos de los riachuelos. (*Sium angustifolium*.) — s.f./BOTÁNICA = berraza

berrido
1 Voz del becerro y de otros animales que berrean. — s.m.
2 Grito estridente de una persona, o la nota alta y desafinada que lanza al cantar: *al ver el ratón lanzó un berrido*. — coloquial

berrinche (Del lat. *verres*, verraco.)
1 Lloro fuerte y prolongado, comúnmente en los niños: *cogió un berrinche en el supermercado*. — s.m. coloquial
2 Expresión ostensible de gran enfado o disgusto. — coloquial
3 Gruñido furioso del jabalí.

berrinchudo, a Que se enoja con facilidad. — adj./*Amér.*

berrizal Terreno donde abundan los berros. — s.m.

berro (Del céltico *beruron*.) Planta que crece en terrenos encharcados, de sabor picante, que se come en ensalada. — s.m. BOTÁNICA

berrueco (Voz prerromana.)
1 Tumor del iris. — s.m./MEDICINA
2 Roca granítica más o menos grande, que por descomposición ha adquirido forma redondeada. — GEOLOGÍA
3 Perla que tiene una estructura irregular. — = barrueco

berza (Del lat. vulgar *virdia*, plural de *virdis* < lat. *viridis*, verde.)
1 Variedad de col. — s.f./BOTÁNICA
2 **berza de pastor:** Ceñiglo o cenizo, planta silvestre. — BOTÁNICA
3 **berza perruna:** Vencetósigo, planta de flores pequeñas y blancas. — BOTÁNICA

berzas Berzotas, persona ignorante y necia: *con lo fácil que es y el acertijo y tú falla, ¡será berzas!* — s.m.f. pl: berzas

berzelianita Mineral de la clase de los seleniuros que cristaliza en el sistema cúbico y se presenta en masas de color blanco azulado. — s.f. MINERALOGÍA

berzotas Persona ignorante y necia, berzas. — s.m.f./pl: berzotas

besalamano Carta que empieza con la abreviatura B.L.M., que se redacta en tercera persona y no lleva firma, y que suele emplearse para invitaciones u ofrecimientos. — s.m. formal

besamanos
1 Saludo consistente en besar la mano derecha. — s.m./pl: besamanos
2 Ceremonia en la que se manifiesta la devoción popular ante una imagen besándola. — RELIGIÓN
3 Ceremonia en la que se manifestaba la adhesión al rey, besándole la mano. — HISTORIA

besamel Bechamel, salsa. — s.f./tb: besamela

besana (Derivado del lat. *versare*, dar vueltas.)
1 Labor de la tierra en forma de surcos paralelos hecha con el arado. — s.f. AGRICULTURA
2 Primer surco que se abre cuando se empieza a arar un campo. — AGRICULTURA
3 Medida agraria usada en Cataluña. — AGRICULTURA

besante (Del gr. *byzantios*, bizantino.) Antigua moneda bizantina de oro o plata. — s.m. HISTORIA

besar (Del lat. *basiare*.)
1 Tocar con los labios como caricia o saludo: *tus amigas se besaron al encontrarse*. — v.tr/prnl.
2 Llegar una cosa a ponerse con otra de modo que no puede haber otra entre ellas. — coloquial
3 Hacer el gesto propio del beso sin llegar a tocar a una persona o una cosa con los labios. — v.tr.
4 Tropezar dos personas dándose un golpe en la cara o en la cabeza: *casi nos besamos al doblar la esquina*. — v.prnl. coloquial

beso (Del lat. *basium*.)
1 Caricia o saludo que se hace con los labios: *le echó un beso desde el automóvil*. — s.m. = ósculo
2 Ademán simbólico de besar: *los actores lanzaron besos al público desde el escenario*.
3 Golpe violento producido al chocar dos personas o cosas.
4 **beso de Judas:** El que se da con la intención de dañar a quien va dirigido.
5 **comerse a besos a alguien:** Besar a una persona con repetición y vehemencia: *se comía a besos a su hijo*. — coloquial

bestia (Del lat. *bestia*.)
1 Mamífero cuadrúpedo grande, en especial los domésticos de carga. — s.f.
2 Persona ruda e ignorante. — adj/s.m.f.
3 **bestia de albarda:** Asno, animal.
4 **bestia de carga: 1.** Animal doméstico utilizado para transportar cargas como la mula, el macho y el jumento: *guiaba una recua de caballos y detrás llevaba las bestias de carga*. **2.** Persona que realiza las tareas más agotadoras o que es explotada en su trabajo.
5 **bestia negra o parda:** Persona que es objeto de rechazo o animadversión. — despectivo
6 **mala bestia:** Se aplica a la persona malintencionada. — despectivo
7 **a lo bestia:** Sin miramientos: *rompió los legajos a lo bestia, sin reparar en su contenido*. — loc.adv.

bestiaje Conjunto de animales de carga. — s.m.

bestial (Del lat. *bestialis*.)
1 Que es muy grande o muy bueno. — adj.
2 De las bestias.

bestialidad
1 Modo de comportarse el que es violento e incivilizado: *no puedo soportar la bestialidad de ese hombre*. — s.f. = brutalidad
2 Acto o dicho propio de una persona ruda, ignorante o cruel: *eso que haces con el niño es una bestialidad*. — = salvajada
3 Cantidad enorme o desmesurada: *es ingeniero y gana una bestialidad*. — coloquial

bestializarse Vivir o comportarse una persona como las bestias. — v.prnl. conj: cazar

bestialmente
1 De manera brutal: *el joven fue bestialmente torturado*. — adv./coloquial
2 Muy bien, enormemente: *se lo pasaron bestialmente en la fiesta*. — coloquial

bestiario (Del lat. *bestiarius*.)
1 Hombre que luchaba con las fieras en los circos romanos. — s.m. HISTORIA
2 Colección de fábulas de animales, en la literatura medieval. — LITERATURA

bestión Animal o monstruo usado como adorno arquitectónico. — s.m. ARQUITECTURA

béstola Vara larga con una pieza de hierro en uno de sus extremos usada para separar la tierra pegada a la reja del arado. — s.f. AGRICULTURA = aguijada

best seller (Expresión inglesa.) Libro que tiene gran éxito y es el más vendido. — s.m./LITERATURA pl: best sellers

besucar Besuquear, besar repetidamente a una persona. — v.tr./conj: sacar coloquial

besugo
1 Pez marino, de color gris algo rojizo y con una mancha negra en el origen de la línea lateral; vive en aguas costeras y su carne es muy apreciada. (*Pagellus*.) — s.m. ZOOLOGÍA

2 Estúpido, torpe o bruto. — coloquial

besuguera Cazuela ovalada usada para guisar besugos u otros pescados. — s.f. COCINA

besuguero, a
1 Persona que por oficio vende o transporta besugos. — s.
2 Barco usado para la pesca del besugo o peces similares: *el besuguero no ha regresado.* — s.m. PESCA

besuguete Pez teleósteo cuya carne es comestible y bastante estimada. — s.m./ZOOLOGÍA = pagel

besuquear Besar repetidamente a una persona: *besuqueaba a sus nietos.* — v.tr./coloquial tb: besucar

beta
1 Denominación de la segunda letra del alfabeto griego que se translitera por *b* en el latino. — s.f.
2 Trozo de cuerda sin nombre específico usado en los aparejos.

betabel Remolacha, planta bianual de raíz carnosa, azucarada y comestible. — s.f./Méx. BOTÁNICA

betarraga (Del fr. *betterave* < lat. *bette*, acelga + *rave*, nabo.) Remolacha, planta de raíz carnosa. — s.f./BOTÁNICA tb: betarrata

betatrón Aparato electromagnético que aumenta la velocidad de los electrones. — s.m. FÍSICA

betel
1 Planta que se cultiva en el Extremo oriente y cuyas hojas de sabor a menta se utilizan en Filipinas para la composición del buyo. *(Piper betle.)* — s.m. BOTÁNICA
2 Mixtura de areca, betel y cal de conchas, que se masca en algunos países orientales. — = buyo

beterava Remolacha, planta de raíz carnosa, azucarada y comestible. — s.f./Argent. BOTÁNICA

bético, a
1 De la antigua Bética. — adj./HISTORIA
2 Persona natural de la antigua Bética. — s./HISTORIA

betónica (Del lat. *vettonica*.) Planta labiada, cuyas hojas y raíces tienen virtudes medicinales. *(Stachys officinalis.)* — s.f. BOTÁNICA tb: bretónica

betuláceo, a (Del lat. *betula*, abedul.) Perteneciente a una familia de plantas arbóreas o arbustivas, de hojas alternas, flores en amento y fruto en forma de sámara o aquenio. — adj/s.f. BOTÁNICA

betuminoso, a Que tiene betún o se le asemeja. — adj./tb: bituminoso

betún (Del cat. *betum* < lat. *bitumen*.)
1 Sustancia natural que arde con llama, produciendo un humo espeso y un olor particular, compuesta principalmente de hidrocarburos, sustancias orgánicas ricas en carbono e hidrógeno, azufre y oxígeno. — s.m. QUÍMICA
2 Crema usada para reteñir y dar brillo al calzado: *lustró los zapatos con betún incoloro.*
3 Mezcla de clara de huevo y azúcar batidos que sirve para bañar muchas clases de dulces. — Méx., Cuba COCINA
4 **betún de Judea**: Asfalto, sustancia negra que procede de la destilación del petróleo usada para pavimentar carreteras, para hacer materiales impermeables, etc.

betunería
1 Fábrica de betunes. — s.f.
2 Tienda donde se vendían betunes. — COMERCIO

betunero, a
1 Persona que hace o vende betún. — s.
2 Persona que limpia y lustra el calzado. — = limpiabotas

bezante Figura redonda, llana y maciza semejante al tortillo, hecha de metal. — s.m. HERÁLDICA

bezo
1 Labio grueso. — s.m.
2 Carne que se levanta alrededor de una herida.

bezoar (Del ár. *badizahr* < persa *padzahr*, que preserva del veneno.)
1 Cálculo que se puede encontrar en el estómago de los rumiantes y que se utilizaba antiguamente como medicamento y antídoto. — s.m./FARMACIA tb: bezoar, bezar
2 **bezoar occidental:** El del cuajar de las cabras. — FARMACIA
3 **bezoar oriental:** El del cuajar del antílope. — FARMACIA

bezoárico, a Se aplica a la sustancia que contiene bezoar y a los antídotos o medicamentos contra ciertas enfermedades benignas. — adj./s.m. FARMACIA tb: bezoárdico

bezudo, a Que tiene los labios gruesos. — adj./= hocicudo

bi- Componente de palabra procedente del lat. *bis*, que significa dos, dos veces: *bicentenario, bimotor, bípedo.* — pref.

biangular Que tiene dos ángulos. — adj.

bianual
1 Que se hace o sucede dos veces al año: *en algunas zonas las cosechas son bianuales.* — adj.
2 Que se hace o sucede cada dos años: *certamen artístico bianual.*
3 Que dura dos años: *plantas bianuales.*

biarticulado, a Que tiene dos articulaciones. — adj.

biatlón Carrera de esquí de fondo en la que los participantes deben llevar una carabina para realizar una prueba de tiro cuyos fallos cuentan como penalizaciones sobre los tiempos conseguidos. — s.m. DEPORTES

biatómico, a
1 Se aplica a la molécula que está compuesta de dos átomos. — adj. QUÍMICA
2 Se refiere al cuerpo simple que tiene un peso molecular doble del peso atómico. — QUÍMICA

biauricular De ambos oídos. — adj./ANATOMÍA

biáxico, a Que tiene dos ejes. — adj.

biaza Alforja de cuero. — s.f./tb: bizaza

bibelot Figura u objeto decorativo, de pequeño tamaño. — s.m./pl: bibelots

biberón, a (Del fr. *biberon* < lat. *bibere*, beber.)
1 Frasco de cristal o plástico con una tetina o pezón de goma que se usa para amamantar artificialmente. — s.m.
2 Leche que contiene este frasco.

bibicho Gato doméstico. — s.m./Hond.

bibijagua Especie de hormiga de la isla de Cuba, muy perjudicial para los árboles y plantas. — s.f. ZOOLOGÍA

biblia (Del lat. *biblia* < gr. *biblia*, libros.) Conjunto de libros canónicos del Antiguo y Nuevo Testamento. — s.f./RELIGIÓN = Sagrada Escritura

bíblico, a Que tiene relación con la Biblia: *episodio bíblico; escrituras bíblicas.* — adj.

biblio- Componente de palabra procedente del gr. *biblion*, que significa libro: *biblioteca, bibliografía.* — pref.

bibliobús Autobús acondicionado como biblioteca pública móvil. — s.m. pl: bibliobuses

bibliofilia Afición a los libros, en particular a los raros y curiosos. — s.f.

bibliófilo, a (Del gr. *biblion*, libro + *phileo*, amar.) Persona amante de los libros o aficionada a los raros o valiosos: *es una joya para los bibliófilos.* — s.

bibliografía (Del gr. *biblion*, libro + *grapho*, escribir.)
1 Relación de libros, estudios y documentación sobre una determinada materia o autor: *existe una extensa bibliografía sobre las culturas mediterráneas.* — s.f.
2 Descripción de los datos referidos al autor, título, edición, fecha y lugar de impresión de libros, revistas y artículos científicos.

bibliográfico, a Que tiene relación con la bibliografía o con los libros. — adj.

bibliógrafo, a (Del gr. *bibliographos*, copista < *biblion*, libro + *grapho*, escribir.)
1 Persona especializada en la localización y descripción de libros, en especial antiguos, y otras tareas bibliográficas. — s.
2 Persona versada en libros, artículos u otros documentos impresos que tratan sobre una cuestión determinada.

bibliología Disciplina que estudia el libro en sus aspectos histórico y técnico. — s.f.

bibliomancia Adivinación que se hacía abriendo un libro al azar. — s.f./OCULTISMO tb: bibliomancía

bibliomanía (Del gr. *biblion*, libro + *mainomai*, estar loco.) Afición desmedida a tener muchos libros. — s.f.

bibliómano, a Persona que tiene pasión por los libros. — s.

bibliorato Carpeta de cartón, de lomo ancho, con anillas, para archivar documentos. — s.m./Argent., Urug. = archivador

biblioteca (Del lat. *bibliotheca* < gr. *bibliotheke* < *biblion*, libro + *theke*, caja.)
1 Edificio o local donde se guardan ordenados libros que se prestan al público para consulta o lectura. — s.f.
2 Habitación donde se guardan los libros: *la lectura del testamento la hizo en la biblioteca.*
3 Conjunto o colección de libros que tiene una persona: *posee una extraordinaria biblioteca.*
4 Mueble con estanterías para colocar libros.
5 Conjunto o colección de libros semejantes entre sí por sus temas, su época o su autor.

bibliotecario, a Persona encargada del cuidado, ordenación y servicio de una biblioteca. — s.

bibliotecología Disciplina que estudia las bibliotecas en todos sus aspectos. — s.f.

bibliotecólogo, a Persona dedicada al estudio histórico y técnico de las bibliotecas. — s.f./s.

biblioteconomía Disciplina de la organización y administración de una biblioteca. — s.f.

bical Salmón macho, pez. — s.m./ZOOLOGÍA

bicameral Se aplica al sistema político que tiene dos cámaras legislativas. — adj./POLÍTICA ≠ unicameral

bicapsular Se refiere al fruto que tiene dos carpelos. — adj./BOTÁNICA

bicarbonatado, a Que contiene bicarbonato: *el agua bicarbonatada es buena para el estómago.* — adj. QUÍMICA

bicarbonato
1 Sal ácida del ácido carbónico. — s.m./QUÍMICA

2 bicarbonato sódico: Sal obtenida al sustituir uno de los hidrógenos del ácido carbónico por sodio, usada comúnmente para calmar el dolor de estómago producido por el exceso de ácido en él, en la fabricación de bebidas efervescentes y otros productos. — QUÍMICA

bicéfalo, a (De *bi-* + gr. *kephale*, cabeza.) Que tiene dos cabezas: *monstruo bicéfalo*. — adj. = bicípite

bicentenario Día en que se cumplen los doscientos años de un acontecimiento: *el bicentenario de la muerte del poeta*. — s.m.

bíceps (Del lat. *biceps* < *bis*, dos + *caput*, cabeza.)
1 Músculo del brazo y del muslo que tiene uno de sus extremos escindido en dos cabos independientes. — s.m./pl: bíceps ANATOMÍA
2 Que tiene dos cabezas o puntas. — adj.

bicerra Variedad de cabra montés de color rojo oscuro y cuernos levantados y ganchudos. — s.f. ZOOLOGÍA

bicha
1 Entre las personas supersticiosas, culebra, porque creen de mal agüero pronunciar su nombre. — s.f. coloquial
2 Figura fantástica, mitad mujer mitad animal, empleada como objeto de ornamentación. — ARQUITECTURA

bichará
1 Se aplica al poncho que está descolorido por el uso. — adj./Argent.
2 Poncho basto de lana, generalmente con franjas blancas y negras. — s.m. Argent.

bicheadero Atalaya, torre y lugar para vigilar. — s.m./Argent.

bichear
1 Observar a escondidas. — v.tr./tb: bichar
2 Intentar enterarse de lo que pasa en un lugar con habilidad. — tb: bichar

bichero (Del port. *bicheiro*, palo para pescar, con un anzuelo en la punta.) Gancho o garfio de hierro acerado, sujeto a un astil, usado principalmente por pescadores o marineros para atracar, desatracar y otras tareas. — s.m. NÁUTICA

bicho (Del bajo lat. *bestius*.)
1 Cualquier animal, generalmente pequeño: *me ha picado un bicho*. — s.m. = bicharraco
2 Persona de mal genio, con malas intenciones: *es un bicho, por su culpa me han despedido*. — coloquial
3 Dosis de ácido: *se metió un bicho*. — argot
4 Toro de lidia. — TAUROMAQUIA Argent., Urug.
5 **bicho de luz:** Luciérnaga, insecto.
6 **bicho raro:** Persona rara o ridícula en su apariencia o en sus acciones: *por su indumentaria parece un bicho raro, pero no lo es*. — coloquial
7 **bicho viviente:** Cualquier persona: *eso que me dices le ocurre a todo bicho viviente*. — coloquial
8 **mal bicho:** Persona malintencionada: *es mal bicho, no creas sus palabras ni te fíes de sus actos*. — coloquial

bichoco, a Se aplica a la persona o animal que por debilidad o vejez no puede apenas moverse. — adj/s. Amér. Merid.

bichozno Respecto de una persona, quinto nieto, o sea, hijo del cuadrinieto.

bici (Apócope de *bicicleta*.) Vehículo de dos ruedas. — s.f./coloquial

bicicleta (Del fr. *bicyclette*.)
1 Vehículo de dos ruedas, movido por dos pedales mediante un sistema de dos piñones y una cadena de transmisión. — s.f. = bici
2 **bicicleta de montaña:** La que dispone de piñones especiales que facilitan el pedaleo por zonas de mucha inclinación y ruedas preparadas para circular por terrenos abruptos e irregulares. — = mountain bike

biciclo (Del ingl. *bicycle* < lat. *bi*, doble + *cyclus*, rueda.) Velocípedo de dos ruedas. — s.m.

biciliado, a Que tiene dos cilios o flagelos. — adj/BIOLOGÍA

bicipital Del bíceps: *sufrió un desgarro en zona bicipital*. — adj/ANATOMÍA

bicípite Que tiene dos cabezas. — adj./cultº

bicoca (Del ital. *bicocca*, castillo en una roca.)
1 Ganga, cosa muy ventajosa y de cierto valor que cuesta poco dinero o trabajo: *la cristalería fue una bicoca, me costó cuatro duros*. — s.f. coloquial
2 Cosa insignificante, de poca importancia. — coloquial
3 Casquete que usan los eclesiásticos para cubrirse la coronilla. — Argent., Chile

bicolor De dos colores: *bandera bicolor*. — adj.

bicóncavo, a Se aplica al cuerpo que tiene dos superficies cóncavas opuestas, especialmente la lente. — adj./ÓPTICA ≠ biconvexo

biconvexo, a Se refiere al cuerpo que tiene dos superficies convexas opuestas, especialmente la lente. — adj./ÓPTICA ≠ bicóncavo

bicorne Que tiene dos cuernos o dos puntas. — adj.

bicornio Sombrero de dos picos. — s.m.

bicos (Del port. *bico*, puntilla que termina lateralmente en pico.) Puntillas de oro que se ponían en los birretes de terciopelo. — s.m.pl.

bicromía Impresión o grabado en dos colores. — s.f./ARTES GRÁFICAS

bicuadrado, a
1 Se aplica a la cantidad que es la cuarta potencia de otra. — adj. MATEMÁTICAS

2 Se refiere a la ecuación que es de cuarto grado y tiene sólo términos de exponente par. — MATEMÁTICAS

bicúspide
1 Que tiene dos cúspides. — adj.
2 Se aplica a la válvula mitral. — BIOLOGÍA

bidé (Del fr. *bidet*.) Instalación del cuarto de baño para la higiene íntima. — s.m.

bidentado, a Que tiene dos salientes en forma de dientes. — adj. BOTÁNICA

bidente (Del lat. *bidens, -tis* < *bi*, doble + *dens*, diente.)
1 Que tiene dos dientes. — adj.
2 Palo largo con una cuchilla en forma de media luna que usaban los primitivos españoles. — s.m.
3 Especie de azada de dos dientes. — AGRICULTURA

bidimensional Se aplica al cuerpo que está representado según su altura y su anchura, pero no según su profundidad. — adj.

bidireccional
1 Que se aplica a dos objetivos. — adj.
2 Se refiere a aquello que puede asegurar el enlace entre dos elementos en ambos sentidos.

bidón Recipiente de plástico o metal, con forma de bombona pequeña, usado para transportar líquidos: *un bidón de agua; un bidón de aceite*. — s.m.

biela (Del fr. *bielle*.)
1 Pieza que en las máquinas transforma el movimiento de vaivén en otro de rotación o al revés. — s.f. MECÁNICA
2 Palanca del pedal de la bicicleta. — MECÁNICA

bielda
1 Bieldo en forma de rejilla, con seis o siete puntas atravesadas por dos palos, usado para recoger la paja. — s.f. AGRICULTURA
2 Acción de beldar. — AGRICULTURA

bieldar Beldar, aventar con el bieldo las legumbres, las mieses. — v.tr. AGRICULTURA

bieldo Instrumento usado para beldar o aventar el grano. — s.m./AGRICULTURA tb: bielgo/= mielga

bielorruso, a
1 De Bielorrusia, estado de Europa oriental. — adj.
2 Persona natural de este estado. — s.
3 Lengua eslava, de la familia indoeuropea, hablada en este estado. — s.m. LINGÜÍSTICA

bien (Del lat. *bene*.)
1 Cosa útil, beneficiosa o favorable: *el cambio de clima será un bien para su salud*. — s.m.
2 Entidad abstracta que contiene en sí misma la perfección y está formada por todo lo considerado moralmente bueno: *el argumento del libro gira en torno del bien y del mal*. — FILOSOFÍA
3 Conjunto de las posesiones de una persona: *dejó todos sus bienes a la Iglesia*. — s.m.pl.
4 Según es debido, correctamente, convenientemente: *habla bien tres idiomas*. — adv.
5 De manera satisfactoria, acertadamente: *salir algo bien; cocinar bien*.
6 Con buena salud, sano: *se encuentra bien*.
7 Sin inconveniente: *bien puedes creerlo, te prometo que fue así*.
8 De buena gana: *bien aceptaría tu invitación, pero no puedo*.
9 Bastante, muy: *llegaron bien tarde*.
10 Aproximadamente: *andaríamos bien tres quilómetros, incluso creo que fueron cuatro*.
11 Como respuesta a una invitación o ruego, indica asentimiento, aceptación: *está bien, vendré con vosotros*.
12 Que pertenece a una clase social acomodada: *en este barrio vive la gente bien*. — adj.
13 Antepuesto a cada una de varias alternativas, indica que todas ellas conducen a la misma consecuencia: *bien por una razón, bien por otra, siempre se queja de todo*. — conj.distribut.
14 **bienes comunales:** Los que pertenecen a un ayuntamiento. — DERECHO
15 **bienes de consumo:** Los que satisfacen las necesidades de los compradores. — ECONOMÍA
16 **bienes de equipo:** Productos que sirven para las instalaciones básicas de una industria. — INDUSTRIA
17 **bienes de producción:** Los que se utilizan para la fabricación de bienes de consumo. — ECONOMÍA
18 **bienes forales:** Los que concede el dueño a otra persona, reservándose el dominio directo por algún tiempo, mediante pago anual. — DERECHO
19 **bienes gananciales:** Los que son adquiridos por los cónyuges durante el matrimonio. — DERECHO
20 **bienes mostrencos:** Los que por no tener dueño conocido se aplican al estado. — DERECHO
21 **bienes muebles:** Los que pueden ser trasladados de un sitio a otro. — DERECHO
22 **bienes nacionales:** Los que son propiedad de un estado. — DERECHO
23 **bienes parafernales:** Los que aporta la mujer al matrimonio fuera de la dote. — DERECHO
24 **bienes profecticios:** Los que adquiere el hijo que

vive bajo la patria potestad con los de su padre, o le vienen de él.

25 bienes raíces, inmuebles o sedientes: Los que no pueden ser trasladados de un sitio a otro, como tierras, edificios u otras cosas semejantes. — *DERECHO*

26 bienes relictos: Los que dejó una persona al morir o quedaron de ella a su fallecimiento. — *DERECHO* = *caudal relicto*

27 bienes secularizados: Los que han sido desamortizados y fueron de la Iglesia. — *DERECHO*

28 a base de bien: Mucho, en abundancia: *comieron a base de bien.* — *loc.adv.*

29 ¡bien!: 1. Exclamación con la que se da a entender que una cosa nos produce una gran alegría. 2. Exclamación con la que se manifiesta aprobación: *¡bien por el cocinero!* — *interj.*

30 bien como: Así como: *yo, como padre, bien como a amigo, te aconsejo siempre lo que creo mejor para ti.* — *loc.conj.*

31 bien de: Mucho, en gran cantidad: *hubo bien de alcohol y buena juerga.* — *loc.adj.*

32 bien que: Aunque: *bien que no esté del todo de acuerdo, defenderé tu postura.* — *= si bien*

33 bien que mal: Mal que bien, de buena o mala gana: *bien que mal, tendrás que vender la casa.* — *loc.adv.*

34 de bien: Se aplica a la persona respetable, fiable y honrada. — *loc.adj.*

35 estar a bien: Tener buena relación con una persona: *es importante estar a bien con los vecinos.*

36 hacer bien: Socorrer, beneficiar, comportarse con solidaridad.

37 no bien: Apenas: *no bien hubieron descansado un rato, emprendieron de nuevo la marcha.* — *loc.conj.*

38 pues bien: Expresión que se usa para admitir una cosa.

39 si bien: Bien que, aunque: *si bien no es noche cerrada, la luz del sol casi ha desaparecido.* — *loc.conj.*

40 tener a bien: Estimar conveniente hacer una cosa: *le rogamos tenga a bien responder a nuestra invitación.*

41 y bien: Expresión que sirve para introducir una pregunta: *y bien, ¿qué piensas de este asunto?*

bien- Componente de palabra procedente del lat. *bene*, que significa bien: *bienvenida, bienandanza, bienaventurado.* — *pref.*

bienal
1 Que se hace o sucede cada bienio: *convención bienal de cardiólogos.* — *adj.*
2 Que dura un bienio: *plan económico bienal.*
3 Exposición o manifestación artística o cultural que se organiza cada dos años. — *s.f.*

bienandante Afortunado, que tiene suerte. — *adj.*

bienandanza Suceso afortunado o dichoso: *tus bienandanzas ya son famosas.* — *s.f.* th: *buenandanza*

bienaventurado, a
1 Que tiene buena ventura o es dichoso. — *adj./= feliz*
2 Que goza de Dios en el cielo, entre los cristianos. — *adj/s./RELIGIÓN*
3 Se aplica a la persona que es muy sencilla, inocente o cándida.

bienaventuranza
1 Unión con Dios en el cielo, después de la muerte. — *s.f./RELIGIÓN*
2 Estado de ánimo de quien recibe de la vida lo que espera o desea. — *= felicidad*
3 Cada una de las ocho felicidades que expresó Jesucristo a sus discípulos para que aspirasen a ellas. — *s.f.pl. RELIGIÓN*

bienestar
1 Situación en que se tiene lo necesario para pasarlo bien y con tranquilidad: *busca el bienestar de la familia.* — *s.m.*
2 Estado del que está bien, sin padecimiento, con salud, energía, etc. — *≠ malestar*
3 **bienestar económico:** Buena posición económica.

biengranada Planta aromática empleada en infusión como remedio anticatarral y contra los vómitos de sangre. (*Chenopodium botrys.*) — *s.f. BOTÁNICA*

bienhablado, a Que habla de manera correcta y no dice palabras groseras. — *adj. ≠ malhablado*

bienhadado, a Que tiene fortuna o buena suerte. — *adj.*

bienhechor, a Persona que ayuda o protege a otra: *no conoce la identidad de sus bienhechores.* — *adj/s. = benefactor*

bienintencionado, a Que obra o actúa con buena intención: *fue un gesto bienintencionado.* — *adj.*

bienio (Del lat. *biennium* < *bis*, dos + *annus*, año.)
1 Período de dos años. — *s.m.*
2 Incremento económico de un sueldo por cada dos años de servicio activo.

bienmandado, a Que es obediente y cumple las órdenes con agrado. — *adj. ≠ malmandado*

bienoliente Que desprende un olor agradable. — *adj./= fragante*

bienquerencia Sentimiento de cariño o buena disposición hacia las personas. — *s.f. = bienquerer*

bienquerer (De *bien* + *querer*.)
1 Bienquerencia, cariño y buena voluntad hacia las personas. — *s.m.*

2 Querer bien, apreciar a las personas: *no te preocupes por sus enfados momentáneos porque te bienquiere mucho.* — *v.tr./conj.: querer* part. th: *bienquisto*

bienquistar Poner a una persona en buena relación con otra: *después de la pelea tardó mucho en bienquistarse con sus padres.* — *v.tr/prnl.*

bienquisto, a (Part. irreg. de *bienquerer*.) De buena fama y, por lo general, apreciado. — *adj.*

bienteveo
1 Choza levantada sobre estacas para otear y guardar la viña. — *s.m.* = *candelecho*
2 Benteveo, pájaro. — *Argent./ZOOLOGÍA*

bienvenida Recibimiento en que se muestra afecto o consideración hacia un recién llegado: *les dio una calurosa bienvenida.* — *s.f.*

bienvenido, a
1 Que es acogido o recibido con alegría: *vuestra ayuda será bienvenida.* — *adj.*
2 Fórmula de cortesía que se utiliza para recibir a una persona: *bienvenido a nuestra casa.* — *formal*

bienvivir
1 Vivir una persona holgadamente, sin tener problemas económicos: *bienviven con la herencia del abuelo.* — *v.intr.*
2 Vivir una persona honestamente.

bies (Del fr. *biais*.)
1 Sesgo, oblicuidad, inclinación. — *s.m./sólo en sing.*
2 Trozo de tela cortada oblicuamente respecto del hilo, que se aplica a los bordes de prendas de vestir.
3 **al bies:** Sesgado, en diagonal: *cortó al bies el canesú de la blusa.* — *loc.adv.*

bifásico, a Se aplica al sistema de dos corrientes eléctricas alternas iguales y que proceden del mismo generador, cuyas fases respectivas se producen a la distancia de un cuarto período. — *adj. ELECTRICIDAD*

bifaz
1 Que está tallado por las dos caras. — *adj./=bifacial*
2 Herramienta retocada por las dos caras, que es propia del paleolítico inferior y medio. — *s.m. HISTORIA*

bife (Del ingl. *beefsteak*.)
1 Bistec, lonja de carne vacuna cortada para ser asada y consumida. — *s.m./Argent., Chile, Urug.*
2 Bofetada, golpe dado en la cara con la mano abierta. — *Argent., Perú, Urug.*

bífero, a (Del lat. *biferus* < *bis*, dos veces + *ferre*, llevar.) Se refiere a la planta que da frutos dos veces al año. — *adj. BOTÁNICA*

bífido, a (Del lat. *bifidus*, partido en dos.) Que está dividido en dos partes: *las serpientes tienen la lengua bífida.* — *adj. BIOLOGÍA*

bifilar Que tiene dos hilos. — *adj.*

biflagelado, a Biciliado, que tiene dos cilios o flagelos. — *adj. BIOLOGÍA*

bifloro, a Que tiene o encierra dos flores. — *adj./BOTÁNICA*

bifocal Que tiene dos focos: *gafas bifocales.* — *adj./ÓPTICA*

biforme Que tiene dos formas. — *adj.*

bíforo, a Que tiene dos puertas o dos aberturas. — *adj.*

bifronte Que tiene dos frentes o dos caras. — *adj.*

bifurcación
1 Acción de bifurcarse una cosa. — *s.f.*
2 Punto en el que un camino se bifurca.
3 Ramal secundario de una carretera: *los camiones circularán por la bifurcación.*

bifurcarse (Derivado del lat. *bifurcus*, bifurcado < *bis*, doble + *furca*, horca.) Dividirse una cosa en dos ramas o brazos: *bifurcarse la galería.* — *v.prnl. conj: sacar*

biga (Del lat. *biga*.)
1 Carro romano de dos caballos. — *s.f./HISTORIA*
2 Pareja de caballos que tira de una biga. — *literario*

bigamia
1 Estado de un hombre casado con dos mujeres al mismo tiempo o de la mujer casada con dos hombres. — *s.f. DERECHO*
2 Segundo matrimonio que contrae el consorte que sobrevive. — *DERECHO*

bígamo, a (Del lat. *bigamus* < *bis*, dos + gr. *gamos*, casamiento.)
1 Que está casado con dos personas a la vez. — *adj/s.*
2 Que está casado por segunda vez.

bigardear Ir una persona de un lugar a otro sin hacer nada de provecho. — *v.intr. coloquial*

bigardía Burla o engaño. — *s.f.*

bigardo, a
1 Se refiere al fraile que era licencioso. — *adj/s.*
2 Que es vicioso y holgazán. — *th: bigardón*

bigardonear Estar una persona desocupada u ociosa por pereza. — *v.intr.*

bígaro Molusco marino que vive sobre algas y piedras en las aguas litorales, y es comestible. (*Littorina.*) — *s.m./ZOOLOGÍA* th: *bigarro*

big bang (Expresión inglesa.) Fase explosiva de una masa compacta que, según algunas teorías, pudo dar origen al universo. — *s.m. / pl: big bangs / FÍSICA*

bigeminado, a
1 Se aplica a las hojas que tienen un peciolo común dividido en otros dos secundarios. — *adj. / BOTÁNICA*
2 Se refiere a la arcada o a la ventana que está dividida en cuatro partes iguales por maineles. — *ARQUITECTURA*

bigenérico, a Que procede del cruce de dos géneros o especies distintos. — *adj/s. / BIOLOGÍA*

bignonia Planta trepadora de jardín. *(Bignonia.)* — *s.f./BOTÁNICA*

bignoniáceo, a Perteneciente a una familia de plantas arbóreas, sarmentosas y trepadoras, de hojas compuestas, flores grandes y acampanadas, y fruto en cápsula. — *adj/s.f. / BOTÁNICA*

bigornia (Del lat. vulgar *bicornia* < lat. *bicornis*, de dos cuernos.) Yunque con dos puntas opuestas. — *s.f.*

bigorrella Piedra de gran peso usada para sumergir las collas o instrumentos de pesca. — *s.f. / PESCA*

bigorrilla Costura que une a tope dos paños de una vela. — *s.f. / NÁUTICA*

bigote
1 Conjunto de pelos que crecen sobre el labio superior: *algunas mujeres se depilan el bigote.* — *s.m.*
2 Abertura semicircular por donde sale la escoria en los hornos de cuba. — *METALURGIA / = bigotera*
3 Infiltración de metal en las grietas del interior del horno. — *METALURGIA*
4 Llamas que salen por esa abertura. — *s.m.pl./METALURGIA*
5 **de bigotes:** Muy bien, formidable: *nos lo pasamos de bigotes en la fiesta de anoche.* — *loc.adj/adv.*

bigotera
1 Bocera que queda en el labio superior al beber: *le quedó una bigotera blanca después de tomar la leche.* — *s.f.*
2 Compás pequeño.
3 Tira de gamuza u otro material con que se cubrían los bigotes para que no se descompusieran.
4 Asiento plegable que había en el interior de algunos carruajes.
5 Puntera del calzado.

bigotudo, a
1 Que tiene mucho bigote. — *adj./= abigotado*
2 Ave párida de cola larga y pequeño tamaño. *(Panurus biarmicus.)* — *s.m. / ZOOLOGÍA*

biguá (Voz guaraní.) Ave americana de color pardo negruzco uniforme que mide unos 70 cm de largo. *(Phalacrocorax olivaceus).* — *s.m./Argent, Urug. / ZOOLOGÍA*

bigudí (Del fr. *bigoudi*.) Objeto pequeño de forma cilíndrica que se usa para rizar y moldear el pelo: *no le dejó un mechón sin bigudí.* — *s.m. / pl.tb: bigudíes*

bija
1 Árbol de la familia de las bixáceas, que se cría en las regiones cálidas de América. — *s.f./BOTÁNICA / = achiote, achote*
2 Fruto de este árbol, del cual se obtiene una bebida medicinal y refrescante. — *BOTÁNICA*
3 Semilla de este fruto, que se usa en pintura y tintorería. — *BOTÁNICA*
4 Pasta tintórea que se prepara con esta semilla.

bikini Biquini, prenda de baño. — *s.m.*

bilabiado, a Se aplica al cáliz o a la corola que tiene el extremo superior del tubo dividido en dos partes. — *adj. / BOTÁNICA*

bilabial Se aplica al sonido consonántico que se articula con la intervención de los dos labios: *la p, la b y la m son consonantes bilabiales.* — *adj/s.f. / LINGÜÍSTICA*

bilateral Que afecta, de manera recíproca, a dos partes: *los dos países han llegado a un acuerdo bilateral.* — *adj.*

bilbaína Gorra de lana, de forma redonda, chata, sin visera y de una sola pieza. — *s.f. / = boina*

bilbaíno, a
1 De la villa de Bilbao. — *adj.*
2 Persona natural de esta villa. — *s.*

bilbilitano, a
1 De Bílbilis, antiguo nombre de la ciudad de Calatayud. — *adj.*
2 Persona natural de esta ciudad. — *s.*

bildar Echar la mies trillada al viento con el bieldo. — *v.tr./AGRICULTURA*

bilet Lápiz de labios. — *s.m./Méx.*

biliar De la bilis: *ha sufrido varios cólicos biliares desde la primavera.* — *adj. / = biliario*

bilingüe (Del lat. *bilinguis* < *bis*, dos + *lingua*, lengua.)
1 Que habla dos lenguas con igual fluidez. — *adj./LINGÜÍSTICA*
2 Que está escrito en dos lenguas: *edición bilingüe; diccionario bilingüe.* — *LINGÜÍSTICA*
3 Se aplica a la región o país en que se usan dos lenguas habitualmente. — *LINGÜÍSTICA*

bilingüismo
1 Uso habitual de dos lenguas en un país. — *s.m./LINGÜÍSTICA*
2 Capacidad de una persona para utilizar dos lenguas en las mismas condiciones de igualdad de uso. — *LINGÜÍSTICA*

bilioso, a
1 Que tiene exceso de bilis. — *adj./MEDICINA*
2 Se aplica al temperamento o carácter irritable como biotipo sicológico. — *SICOLOGÍA / = malhumorado*

bilirrubina Pigmento rojo que se encuentra en la bilis de los carnívoros. — *s.f. / BIOQUÍMICA*

bilis (Del lat. *bilis*.)
1 Líquido viscoso, amargo, de color amarillo verdoso, segregado por el hígado, que se vierte en el intestino y facilita la digestión de los alimentos. — *s.f./pl: bilis / FISIOLOGÍA*
2 Malhumor, irritación o cólera. — *coloquial*
3 **exaltársele a uno la bilis:** Irritarse, encolerizarse: *se le exaltó la bilis al oírle decir tales barbaridades.*

biliteral (Del lat. *bi-*, dos + *littera*, letra.) Que tiene dos letras. — *adj. / = bilítero*

billa Jugada del billar en que se mete la bola en la tronera o agujero, después de chocar con otra. — *s.f. / JUEGOS*

billalda Juego que consiste en dar con un palo en otro más pequeño haciéndolo saltar. — *s.f./tb: billarda / = tala*

billar (Del fr. *billard* < *bille*, tronco desbastado.)
1 Juego que consiste en impulsar con la punta de un palo unas bolas sobre una mesa rectangular forrada de paño. — *s.m. / JUEGOS*
2 Mesa y utensilios con que se juega al billar. — *JUEGOS*
3 Local o sitio donde se practica este juego: *nos vemos esta tarde en los billares.* — *JUEGOS*

billarista Jugador de billar. — *s.m.f.*

billetaje Conjunto o totalidad de los billetes de un espectáculo o un medio de transporte. — *s.m.*

billete (Del fr. *billet* < fr. ant. *bullete* < lat. *bulla*, bula.)
1 Tarjeta que da derecho de entrada en algún lugar o de uso de algún vehículo: *billete de tren.* — *s.m.*
2 Documento impreso, por un cierto valor pagadero al portador, que emite el banco nacional de un estado y que circula como medio legal de pago: *no llevo monedas, sólo un billete de diez mil.* — *ECONOMÍA*
3 Tarjeta numerada que acredita la participación en una lotería o una rifa. — *= número*
4 Carta breve. — *= misiva*
5 Cartela, pieza o figura heráldica de forma rectangular. — *HERÁLDICA*

billetero, a
1 Persona que se dedica a vender billetes de lotería. — *s./Méx., Pan. P. Rico*
2 Persona que lleva la ropa con remiendos.
3 Cartera de bolsillo para guardar billetes de banco: *me robaron el monedero, pero no el billetero.* — *s.m. / tb: billetera*

billón (Del fr. *billon* < *bi*, por *bis* + la terminación de *millón*.)
1 Un millón de millones. — *s.m.*
2 Un millar de millones, entre los estadounidenses.

bilocarse
1 Estar una persona en dos sitios a la vez. — *v.prnl./conj: sacar / Argent.*
2 Chalarse, chiflarse.

bilocular Se aplica al órgano vegetal que tiene dos cavidades. — *adj. / BOTÁNICA*

bilogía Libro o composición literaria que consta de dos partes: *la segunda parte de la bilogía.* — *s.f.*

bimano, a (Del fr. *bimane* < lat. *bi*, doble + *manus*, mano.) Se aplica a los mamíferos que tienen dos manos. — *adj/s.m. / ZOOLOGÍA / tb: bímano*

bimba
1 Sombrero de copa alta. — *s.f./coloquial*
2 Persona de elevada estatura. — *Hond.*
3 Bemba, boca de labios gruesos. — *Hond.*

bimbalete
1 Palo rollizo, largo y redondo que, entre otros usos, se emplea para sostener tejados. — *s.m./Amér.*
2 Columpio, artefacto para mecerse. — *Méx.*

bimbral Terreno poblado de mimbreras. — *s.m./= mimbreral*

bimembre (Del lat. *bimembris* < *bi*, doble + *membrum*, miembro.) Que tiene dos miembros o partes. — *adj.*

bimensual Que se hace o sucede dos veces al mes. — *adj.*

bimestral
1 Que se hace o sucede cada bimestre: *el pago de la factura del teléfono es bimestral.* — *adj.*
2 Que dura un bimestre.

bimestre (Del lat. *bimestris* < *bi*, doble + *mensis*, mes.)
1 Período de dos meses. — *s.m.*
2 Cantidad que se cobra o se paga cada dos meses. — *s.m.*

bimetalismo Sistema monetario basado en dos patrones, el oro y la plata. — *s.m. / ECONOMÍA*

bimetalista
1 Del bimetalismo. — *adj./ECONOMÍA*
2 Que es partidario del bimetalismo: *políticas bimetalistas; doctrinas bimetalistas.* — *adj/s.m.f. / ECONOMÍA*

bimotor Se aplica al avión de dos motores. — *adj/s.m.*

bina Labor agrícola que consiste en labrar las tierras por segunda vez o hacer una segunda cava en las viñas. — s.f. AGRICULTURA = binadura

binación Celebración de dos misas en un día, por un mismo sacerdote. — s.f. RELIGIÓN

binador, a
1 Persona que bina. — s.
2 Instrumento o máquina que se emplea para binar. — s.m./AGRICULTURA

binar (Del lat. vulgar *binare < binus*, doble.)
1 Labrar el terreno por segunda vez antes de sembrarlo. — v.tr./AGRICULTURA tb: abinar/= edrar
2 Hacer una segunda cava en las viñas. — AGRICULTURA
3 Decir un sacerdote dos misas en el mismo día. — v.intr./RELIGIÓN

binario, a (Del lat. *binarius < bini*, de dos en dos.)
1 Que está compuesto de dos elementos o unidades. — adj. MATEMÁTICAS
2 Del sistema de numeración de base dos.

bingarrote Aguardiente destilado del binguí o maguey. — s.m. Méx.

bingo
1 Juego de azar, en que se tachan los números de un cartón según van sorteándose. — s.m. JUEGOS
2 Local público donde se juega al bingo. — s.m. JUEGOS
3 Premio que se recibe en este juego.
4 **¡bingo!**: 1. Expresión con la que se indica, públicamente, en este juego, que se ha ganado al haber tachado todos los números del cartón. 2. Expresión con la que se indica que se ha producido un acierto en algo. — interj.

binguí Bebida fermentada extraída del maguey. — s.m./Méx.

binocular
1 De ambos ojos. — adj.
2 Se aplica al aparato que permite observar simultáneamente con los dos ojos. — adj/s.m. ÓPTICA

binóculo (Del lat. *binoculus < bini*, dos + *oculus*, ojo.) Anteojo con una lente para cada ojo. — s.m. ÓPTICA

binomio (Del lat. *binomium*.)
1 Expresión algebraica formada por la suma o la resta de dos términos: *suma de binomios*. — s.m. MATEMÁTICAS
2 Conjunto de dos elementos: *formaban un binomio muy original*.

bínubo, a Que está casado por segunda vez. — adj/s./formal

binza Película fina y flexible que envuelve algo, como la que recubre cada capa de una cebolla o las membranas del cuerpo animal. — s.f. BIOLOGÍA tb: bienza

bio- Componente de palabra procedente del gr. *bios*, que significa vida: *biología; bioelemento; biomedicina; microbio*. — pref./suf.

bioagricultura Cultivo de la tierra que se caracteriza por prescindir del uso de pesticidas y de abonos químicos y por respetar los ciclos naturales de las plantas: *ayudas a la bioagricultura*. — s.f. AGRICULTURA

biobibliografía Estudio de la vida y las obras de un escritor. — s.f. LITERATURA

biocatalizador Catalizador de las reacciones químicas que tienen lugar en los organismos vivos. — s.m. BIOQUÍMICA

biocenosis Conjunto de organismos vegetales y animales que viven y se reproducen en determinadas condiciones de un medio o biotipo. — s.f. pl: biocenosis BIOLOGÍA

biocida Producto químico que mata a los seres vivos. — s.m.

bioclimatología Ciencia que estudia la influencia mutua entre el clima y los seres vivos. — s.f. BIOLOGÍA

biodegradable Se aplica al compuesto orgánico que puede ser descompuesto por acción biológica: *plásticos biodegradables*. — adj. QUÍMICA

biodegradar Separar los componentes de una sustancia orgánica mediante bacterias. — v.tr. BIOLOGÍA

biodinámica Parte de la fisiología que estudia las fuerzas vitales de los organismos. — s.f. BIOLOGÍA

bioelectricidad Estudio de las potencias eléctricas de los seres vivos. — s.f. BIOLOGÍA

bioelemento Elemento químico constitutivo de los seres vivos e indispensable para su desarrollo. — s.m. BIOQUÍMICA

bioestratigrafía Disciplina que estudia los estratos basándose en los fósiles que éstos contienen. — s.f. GEOLOGÍA

bioética Disciplina que estudia los aspectos éticos de la medicina y la biología y las relaciones del hombre con el resto de los seres vivos. — s.f. BIOLOGÍA, MEDICINA

biofísica Parte de la biología que estudia los fenómenos vitales mediante los principios y los métodos de la física. — s.f. BIOLOGÍA

biofísico, a
1 De la biofísica: *estudio biofísico*. — adj./BIOLOGÍA
2 Persona que está especializada en biofísica. — adj/s./BIOLOGÍA

biogénesis
1 Desarrollo de un organismo vivo a partir de otro organismo vivo. — s.f./pl: biogénesis BIOLOGÍA
2 Ciencia dedicada a la reconstrucción de las condiciones físicas y químicas que precedieron al inicio de la vida. — BIOLOGÍA

biogeografía Disciplina que estudia la distribución de seres vivos en la tierra. — s.f. GEOGRAFÍA

biografía
1 Historia de la vida de una persona: *en su biografía hay episodios que nunca han quedado claros*. — s.f.
2 Obra que narra la vida de una persona: *su última película es una biografía del presidente Lincoln*. — CINE, LITERATURA

biografiado, a Persona cuya vida se narra. — s.

biografiar Escribir la biografía de una persona: *ha biografiado a las mujeres más ilustres de la historia*. — v.tr. conj: *vaciar*

biógrafo, a Persona que escribe una biografía. — s.

biología Ciencia que estudia al ser vivo considerado en su aspecto morfológico y fisiológico. — s.f.

biológico, a Que tiene relación con la biología: *evolución biológica*. — adj. BIOLOGÍA

biólogo, a (Del gr. *biologos*.) Persona dedicada al estudio de los seres vivos. — s. BIOLOGÍA

bioluminiscencia
1 Propiedad de algunos seres vivos para emitir luz. — s.f./BIOLOGÍA
2 Luz producida por seres vivos. — BIOLOGÍA

bioma Cada una de las grandes unidades ecológicas en que se divide la biosfera. — s.m. BIOLOGÍA

biomasa Materia orgánica que se origina en un proceso biológico natural o provocado, utilizable como fuente de energía. — s.f. BIOLOGÍA

biombo (Del port. *biombo < japonés byó*, protección + *bu*, viento.) Mampara plegable: *separó los dos ambientes de la sala con un biombo indio*. — s.m.

biomecánica Disciplina que estudia los fenómenos vitales desde la perspectiva de la mecánica. — s.f. BIOLOGÍA

biometría Estudio de los seres vivos mediante métodos estadísticos. — s.f. BIOLOGÍA

biónica Parte de la cibernética que estudia las funciones y estructuras biológicas de los seres vivos para aplicarlas a la construcción de mecanismos artificiales. — s.f.

biopsia (Del gr. *bios*, vida + *opsis*, vista.) Examen de un trozo de tejido tomado de un ser vivo para completar un diagnóstico: *biopsia de hígado*. — s.f. MEDICINA

bioquímica Disciplina que estudia la composición y transformaciones químicas en los procesos biológicos. — s.f./BIOLOGÍA, QUÍMICA

bioquímico, a
1 Que tiene relación con la bioquímica: *transformaciones bioquímicas*. — adj./QUÍMICA BIOLOGÍA
2 Persona dedicada al estudio o a la práctica de la bioquímica. — s./QUÍMICA, BIOLOGÍA

biorritmo Manifestación cíclica de un fenómeno biológico: *los biorritmos respiratorios*. — s.m. BIOLOGÍA

bioscopia Observación de los fenómenos vitales usando el bioscopio. — s.f. BIOLOGÍA

biosfera
1 Medio donde se desarrollan los seres vivos. — s.f./BIOLOGÍA
2 Conjunto de los seres vivos en el medio donde se desarrollan. — BIOLOGÍA

biosíntesis Proceso de formación de una sustancia orgánica en el interior de un ser vivo. — s.f./pl: biosíntesis BIOLOGÍA

biosociología Parte de la sociología que estudia las correlaciones entre la estructura sociocultural y la biología de los seres humanos. — s.f. SOCIOLOGÍA

biostasia Fase de estabilidad biológica durante la cual la meteorización química moviliza los minerales solubles. — s.f. GEOLOGÍA

biostroma Material orgánico en forma de estrato, formado por organismos sedentarios. — s.m. GEOLOGÍA

biota Conjunto de la fauna y la flora de una región. — s.f./BIOLOGÍA

biotecnología
1 Conjunto de técnicas que utilizan las células vivas, especialmente los microorganismos, para transformar una sustancia química en otra de interés industrial. — s.f. BIOLOGÍA
2 Conjunto de técnicas biológicas que estudian los sistemas celulares, organismos y ecosistemas. — BIOLOGÍA

bioterapia Método terapéutico con cultivos vivos o productos orgánicos. — s.f. MEDICINA

biótico, a De la biota o de la biología. — adj./BIOLOGÍA

biotipo Ser vivo que, por la perfección de sus caracteres, puede considerarse como tipo representativo del grupo al que pertenece. — s.m. BIOLOGÍA

biotipología Parte de la biología que estudia las correlaciones entre la morfología, la fisiología y la psicología de un individuo. *s.f. BIOLOGÍA*

biotita Variedad de la mica, abundante en las rocas ígneas, especialmente en las que el feldespato es importante. *s.f. MINERALOGÍA*

biótopo Unidad ambiental fácilmente distinguible, cuyas condiciones de hábitat son uniformes. *s.m. BIOLOGÍA*

bióxido Combinación de un radical con dos átomos de oxígeno. *s.m. QUÍMICA*

biozona Unidad estratigráfica que se caracteriza por la presencia de un determinado contenido fósil. *s.f. GEOLOGÍA*

bíparo, a Que produce dos seres en cada parto. *adj./BIOLOGÍA*

bipartición
1 División de algo en dos partes: *algunos organismos se reproducen por bipartición.*
2 Partición o reparto de una cosa entre dos participantes. *s.f.*

bipartidismo Sistema en el que sólo dos partidos tienen posibilidades reales para gobernar. *s.m. POLÍTICA*

bipartidista
1 Del bipartidismo o que está relacionado con él: *sistema bipartidista.* *adj. POLÍTICA*
2 Que es partidario del bipartidismo. *adj/s.m.f./POLÍTICA*

bipartito, a
1 Que consta de dos partes. *adj./tb: bipartido*
2 Se aplica a la reunión o al tratado en el que intervienen dos partes, colectivos o personas.

bipedación Manera de andar sobre las dos piernas o dos patas, característica de los hombres y algunos animales. *s.f. ZOOLOGÍA = bipedalismo*

bípedo, a (Del lat. *bipes < bi,* doble + *pes, pedis,* pie.) Que tiene dos pies, como el hombre u otros animales. *adj/s.m. ZOOLOGÍA tb: bípede*

biplano Avión provisto de dos pares de alas en planos paralelos. *s.m. AERONÁUTICA*

biplaza Se aplica al vehículo que tiene dos plazas o asientos. *adj/s.m.*

bipolar Que tiene dos polos. *adj.*

bipolarización Tendencia a agrupar las fuerzas políticas en sólo dos bandos u opciones. *s.f. POLÍTICA*

biquini
1 Traje de baño femenino de dos piezas formado por un sujetador y una braga. *s.m. tb: bikini*
2 Bocadillo caliente hecho con pan de molde, jamón cocido y queso, en algunas regiones españolas. *COCINA*

birdie (Voz inglesa.) Acción de meter la bola en el hoyo con un golpe menos de los marcados por el par, en el juego del golf. *s.m. pl: birdies DEPORTES*

biribís Bisbís, juego de azar en el que se hacen apuestas a unos números y figuras que están sobre un tablero. *s.m./pl: biribís JUEGOS*

birimbao Instrumento de percusión de reducido tamaño formado por una barra de hierro en forma de herradura, con una lengüeta de acero en su interior. *s.m. MÚSICA*

birlar
1 Tirar la bola por segunda vez en el juego de bolos desde el lugar en que quedó en la primera tirada. *v.tr. JUEGOS*
2 Quitar una cosa con engaño o intriga: *le birlaron el monedero del bolso.* *coloquial = robar*
3 Matar o derribar a una persona de un golpe o un disparo: *han birlado a un senador.* *argot*

birle Lanzamiento de la bola por segunda vez desde el sitio en que quedó en la primera tirada, en el juego de los bolos. *s.m. JUEGOS*

birlibirloque Se usa para indicar que algo ha sucedido de forma inesperada en la expresión **por arte de birlibirloque.** *loc.adv.*

birlocha Cometa, juguete que se eleva en el aire. *s.f.*

birlocho (Del ital. *biroccio < lat. *birotium < bi,* doble + *rota,* rueda.) Coche de caballos de cuatro asientos, ligero, descubierto y sin puertas. *s.m.*

birmano, a
1 De Birmania, país de la península de Indochina. *adj.*
2 Persona natural de este país. *s.*
3 Lengua tibetanobirmana hablada en este país. *s.m.*

birome Bolígrafo, instrumento para escribir. *s.f./Argent., Urug.*

birra Cerveza, bebida alcohólica: *fuimos a un bar y tomamos unas birras.* *s.f. vulgar*

birreactor Se aplica al avión que está propulsado por dos reactores. *adj/s.m. AERONÁUTICA*

birrectángulo Que tiene dos ángulos rectos. *adj./GEOMETRÍA*

birreme (Del lat. *biremis < bis,* dos + *remus,* remo.) Embarcación que tenía dos hileras de remos. *adj/s.f. NÁUTICA*

birreta
1 Bonete cuadrado, rematado por una borla roja para los cardenales, morada para los obispos y negra para los demás clérigos. *s.f. RELIGIÓN = birrete*
2 **recibir la birreta:** Ser nombrado cardenal. *RELIGIÓN*

birrete (Del lat. *birrus,* capote con capucho.)
1 Prenda de vestir en forma de prisma, rematada por una borla, con que se cubren la cabeza los doctores y magistrados. *s.m.*
2 Birreta, gorro de clérigo. *RELIGIÓN*
3 Gorro, prenda de vestir sin copa ni alas que cubre y abriga la cabeza. *= bonete*

birria
1 Persona o cosa de poco valor o importancia, mal hecha o fea: *su última publicación es una birria.* *s.f.*
2 Persona que viste de modo extravagante y ridículo. *= mamarracho*
3 Odio, tirria u obstinación. *Colomb., Pan.*
4 Guiso que se prepara con carne de chivo en trozos o deshebrada. *Méx. COCINA*

biruji Frío intenso o viento helado: *corría un biruji que se colaba por debajo de la puerta.* *s.m. coloquial*

bis (Del lat. *bis,* dos veces.)
1 Repetido, duplicado: *vive en el segundo bis.* *adj.*
2 Ejecución repetida a petición del público de una obra musical o recitada: *ejecutó dos bises.* *s.m.*
3 Palabra que se emplea en partituras, piezas musicales e impresos en general para indicar que algún fragmento debe repetirse. *adv. MÚSICA*
4 **¡bis!:** Expresión usada para pedir la repetición de una actuación y que equivale a ¡otra! *interj.*

bis- Componente de palabra procedente del lat. *bis,* que significa dos veces: *bisabuelo.* *pref. tb: bi-, biz-*

bisabuelo, a (Del lat. *bis,* dos veces + *aviolus,* abuelo.) El padre o la madre de cualquiera de los abuelos de una persona: *conoció a dos de sus bisabuelos.* *s.*

bisagra
I (De origen incierto.) Pieza, generalmente metálica, formada por dos elementos que giran sobre un eje común y sirve para permitir el movimiento de uno o los dos objetos unidos por esta pieza: *reforzó las bisagras de las puertas.* *s.f. = gozne*
II (Del fr. *bizegle.*)
1 Herramienta de zapatero formada por un palo de boj, que se usa para alisar el canto de la suela.
2 Entidad u objeto que ocupa un espacio determinado entre otras dos.

bisanuo, a Se aplica a la planta que vive dos años. *adj./BOTÁNICA*

bisar Volver a ejecutar una pieza musical o escénica a petición de los oyentes. *v.tr.*

bisbís
1 Juego de azar, en que se apuesta a los números y figuras de las casillas de un tablero. *s.m./pl: bisbís JUEGOS/= biribís*
2 Tablero o tapete que se utiliza para este juego.

bisbisear Decir una cosa en voz baja, de modo que se produce un murmullo o ruido sordo. *v.tr./= musitar tb: bisbisar*

bisbita Pájaro pequeño, de color gris con manchas en el pecho, insectívoro y que vive en bosques claros y zonas abiertas. *(Anthus.)* *s.f. ZOOLOGÍA*

biscote Pan crujiente, cocido dos veces y con aspecto de estar tostado, que puede conservarse mucho tiempo. *s.m. = tostada*

biscuit
1 Masa compuesta de harina, huevos y azúcar, que se cuece al horno. *s.m./pl: biscuits COCINA/= bizcocho*
2 Objeto de loza o porcelana después de la primera cocción. *= bizcocho*

bisecar (Del lat. *bis,* dos veces + *secare,* cortar.) Dividir una figura en dos partes iguales. *v.tr./conj: sacar GEOMETRÍA*

bisección Corte o división de una figura en dos partes iguales. *s.f. GEOMETRÍA*

bisector, triz Que biseca, en especial un plano o una recta. *adj/s. GEOMETRÍA*

bisegmentar Dividir una cosa en dos segmentos. *v.tr/prnl.*

bisel (Del fr. ant. *bisel.*) Corte oblicuo hecho en el borde de una lámina o plancha de cristal o de otros materiales. *s.m.*

biselar Hacer biseles en una cosa: *biseló los cristales para colocarlos en la puerta del pasillo.* *v.tr. tb: abiselar*

bisemanario Revista o publicación que sale al mercado cada dos semanas. *s.m.*

bisexual
1 Organismo que tiene los dos sexos a la vez: *estudio de plantas bisexuales.* *adj/s./BIOLOGÍA = hermafrodita*
2 Persona que tiene relaciones sexuales con individuos de ambos sexos.

bisexualidad Condición de la persona que tiene relaciones sexuales con individuos de ambos sexos. *s.f.*

bisiesto (Del lat. *bisextus < bis,* dos veces + *sextus,* sexto.) Se aplica al año que excede al común en un día: *cada cuatro años hay uno bisiesto.* *adj/s.m.*

bisílabo, a Que tiene dos sílabas: *"cáncer" y "bola" son palabras bisílabas.* — adj/s. = bisilábico

bisimétrico, a Que tiene simetría respecto de dos planos perpendiculares entre sí. — adj. GEOMETRÍA

bismutina Sulfato natural del bismuto. — s.f./MINERALOGÍA

bismuto (Del alem. *Wismut.*) Metal de color blanco amarillento, de textura quebradiza y fácil de reducir a polvo. — s.m. QUÍMICA

bisnieto, a Hijo o hija del nieto o nieta de una persona: *murió antes de conocer a sus bisnietos.* — s. tb: biznieto

biso Producto segregado por muchos moluscos lamelibranquios que, al endurecerse en contacto con el agua, les sirve para fijarse a las rocas. — s.m. ZOOLOGÍA

bisojo, a Que padece estrabismo. — adj/s./= bizco

bisonte (Del lat. *bison, -ontis* < gr. *bison*, toro salvaje.) Mamífero rumiante salvaje de gran tamaño y de cuello giboso. *(Bison.)* — s.m. ZOOLOGÍA

bisoñada Cosa que dice o hace una persona con poca experiencia. — s.f./coloquial = bisoñería

bisoñé (Del fr. *besogneux*, necesitado < *besoin*, necesidad.) Peluca que cubre sólo la parte anterior de la cabeza: *el viento le voló el bisoñé.* — s.m. = peluquín

bisoño, a (Del ital. *bisogno*, necesidad.)
1 Que es nuevo e inexperto en cualquier empleo o actividad. — adj/s. coloquial
2 Se refiere al soldado que ha ingresado recientemente en el ejército. — adj/s.m. MILITAR

bisté (Del ingl. *beefsteak* < *beef*, carne de vaca + *steak*, lonja, tajada.) Filete de carne, especialmente de vacuno: *póngame un bisté y ensalada de guarnición.* — s.m. tb: bistec

bistorta Planta poligonácea, de flores rosadas que crece en prados de montaña. *(Polygonum bistorta.)* — s.f. BOTÁNICA

bistre (Voz francesa.)
1 Pigmento oscuro, ligeramente amarillo, preparado con hollín, agua y goma. — s.m.
2 Color parecido al de este pigmento.

bisturí (Del fr. *bistouri*.) Instrumento de hoja cortante, semejante a un cuchillo pequeño, con mango metálico, que se usa en cirugía para hacer incisiones en los tejidos blandos. — s.m. pl.tb: bisturíes MEDICINA

bisulco, a (Del lat. *bisulcus.*) Se aplica al animal que tiene las pezuñas partidas por un surco. — adj./ZOOLOGÍA = fisípedo

bisulfato Sulfato ácido. — s.m./QUÍMICA

bisulfito Sulfito ácido. — s.m./QUÍMICA

bisunto, a Que está sucio y grasiento. — adj.

bisutería (Del fr. *bijouterie*, joyería < *bijou*, joya.)
1 Objetos de adorno realizados con materiales no preciosos: *le ha regalado un anillo de bisutería.* — s.f.
2 Industria que produce estos objetos.

bit (Acrónimo del ingl. *[b]inary dig[it]*, dígito binario.) Unidad básica de información en los sistemas de numeración binarios. — s.m. pl: bits INFORMÁTICA

bita (Del fr. *bitte* < nórdico *biti*, travesaño.) Poste donde se amarra el cable del ancla cuando se fondea la nave. — s.f. NÁUTICA

bitácora (Del fr. *bitacle*, por *habitacle*, vivienda < lat. *habitaculum.*) Caja cilíndrica cercana al timón en que se coloca la brújula y otros instrumentos de navegación. — s.f. NÁUTICA

bitar Amarrar el cable del ancla, dándole vueltas sobre la bita. — v.tr./NÁUTICA tb: abitar

bitensión Posibilidad que presenta un aparato eléctrico de conectarse indistintamente a dos tensiones diferentes. — s.f. ELECTRICIDAD

bíter (Del alem. *bitter*, amargo.) Bebida, generalmente alcohólica, de sabor amargo que se toma como aperitivo. — s.m. pl: biters tb: bítter

bitonalidad Utilización simultánea de dos tonalidades diferentes en una composición musical. — s.f. MÚSICA

bitoque
1 Tapón con que se cierra el agujero de los toneles. — s.m.
2 Cánula de la jeringa. — Amér.
3 Llave de agua, grifo. — Colomb., Chile

bituminoso, a Que contiene betún o alquitrán o tiene un aspecto parecido a él: *cubrió el maderamen con una sustancia bituminosa.* — adj. tb: betuminoso

biunívoco, a Se aplica a la correspondencia entre dos conjuntos en la que a cada elemento le corresponde uno solo del otro conjunto. — adj. MATEMÁTICAS

bivalente Que tiene dos valencias. — adj./QUÍMICA

bivalvo, a
1 Se aplica a los órganos con dos valvas, como la cáscara de la nuez. — adj. BOTÁNICA
2 Se refiere a la concha compuesta por dos piezas, como la del mejillón. — ZOOLOGÍA
3 Que pertenece a la clase de moluscos lamelibranquios. — ZOOLOGÍA

biza Bonito, pez marino. — s.f./ZOOLOGÍA

bizantinismo
1 Calidad de bizantino. — s.m.
2 Afición a discusiones inútiles o demasiado sutiles.

bizantino, a (Del lat. *byzantinus.*)
1 Del Imperio bizantino o de Bizancio, posteriormente Constantinopla, actual Istanbul. — adj. HISTORIA
2 Persona natural de este imperio o ciudad. — s./HISTORIA
3 Se refiere a la discusión inútil que trata de un tema poco importante o que es demasiado sutil: *incurrir en disquisiciones bizantinas.* — adj.

bizarría
1 Osadía, valor para acometer una acción. — s.f./≠ cobardía
2 Calidad de generoso o desinteresado.
3 Adorno exagerado.

bizarro, a (Del ital. *bizzarro*, furioso < *bizza*, ira, rabieta.)
1 Que es osado y valiente: *era un bizarro militar, que fue condecorado en varias ocasiones.* — adj.
2 Que es generoso o espléndido. — = dadivoso
3 Que es extravagante, sorprendente o gracioso.

bizarrón Candelero grande o blandón. — s.m.

bizaza Biaza, alforja de cuero. — s.f.

bizcar Bizquear, torcer la vista al mirar: *observa tan fijamente la escena, que le bizcan los ojos.* — v.intr/tr. conj: sacar

bizco, a
1 Que padece estrabismo y, al mirar, tuerce los ojos. — adj/s./= bisojo
2 **quedarse bizco:** Quedarse pasmado o estupefacto: *se quedó bizco ante aquel recibimiento.*

bizcochada
1 Sopa de bizcochos con leche. — s.f./COCINA
2 Panecillo alargado con un corte en el medio y a lo largo. — COCINA

bizcochar
1 Cocer el pan dos veces para que se conserve mejor. — v.tr./COCINA
2 Cocer los objetos de porcelana sin barnizar.

bizcocho (Del lat. *bis*, dos veces + *coctus*, cocido.)
1 Masa compuesta de harina, huevos, azúcar y otros ingredientes, cocida al horno. — s.m. COCINA
2 Pan que se cuece dos veces para que se seque y se prolongue su duración. — COCINA tb: biscocho
3 Objeto de porcelana sin barnizar. — = biscuit
4 **bizcocho borracho:** El que ha sido bañado en almíbar, vino dulce o licor. — COCINA

bizcorneado, a
1 Que es bizco. — adj./= bisojo
2 Se refiere al pliego que sale torcido. — ARTES GRÁFICAS

bizcorneto, a Se aplica a la persona que es bizca o que padece estrabismo. — adj/s. Colomb., Méx.

bizcotela (Del ital. *biscottella.*) Bizcocho recubierto de azúcar glaseado. — s.f. COCINA

bizma (Del lat. *epithema* < gr. *epithema* < *epitithemi*, poner encima.) Cataplasma hecha con estopa, aguardiente, incienso y otros ingredientes y tela con que se aplicaba. — s.f. FARMACIA

bizmar Poner bizmas o cataplasmas. — v.tr/prnl.

bizna Membrana que separa los cuatro gajos de la nuez. — s.f. BOTÁNICA

biznaga (Del mozárabe *bisnaqa* < lat. *pastinaca*, zanahoria.)
1 Planta umbelífera, de tallo liso y flores pequeñas y blancas. *(Ammi visnaga.)* — s.f./BOTÁNICA = dauco
2 Pedúnculos de las flores de esta planta. — BOTÁNICA
3 Denominación común a diversas plantas cactáceas de un solo tallo y desprovistas de hojas. — BOTÁNICA

biznieto, a Hijo o hija del nieto o nieta de una persona. — s. = bisnieto

bizquear
1 Torcer la vista al mirar: *bizquea al fijar los ojos en la pantalla.* — v.intr/coloquial tb: bizcar
2 Cerrar y abrir rápidamente un ojo una o más veces. — v.tr/= guiñar

bizquera Estrabismo, alteración en la visión: *del susto le quedó una bizquera en el ojo derecho.* — s.f. coloquial

blanca
1 Figura de nota musical que equivale a la mitad de una redonda. — s.f. MÚSICA
2 Antigua moneda española. — HISTORIA
3 **estar sin blanca o no tener blanca:** No disponer de dinero: *está sin blanca a mediados de mes, es una manirrota.* — coloquial

blanco, a (Del germ. *blank*, brillante, blanco.)
1 Del color de la leche, de la nieve reciente, o próximo a estos colores. — adj.
2 Que tiene un color más claro que otra cosa de la misma especie: *vino blanco.*
3 Pálido, falto de color: *llegó al final de la escalera sudoroso, palpitante y con la cara blanca.*
4 Se aplica a la raza humana, de origen europeo o caucásico y a las personas que pertenecen a ella. — adj/s.
5 Color acromático que se atribuye a objetos opacos — s.m.

reflectores y resulta de la combinación de todos los colores del espectro solar.
6 Parte blanca de algunas cosas: *blanco del huevo.*
7 Espacio que en los escritos se deja sin llenar: *deja más blancos, las columnas están demasiado apretadas.*
8 Mancha de pelo de color blanco que tienen algunos animales en la cabeza y en el extremo inferior de los miembros.
9 Objeto situado lejos que se utiliza para ejercitar el tiro y la puntería, para acostumbrar la vista a medir distancias y, a veces, para graduar el alcance de las armas.
10 Objeto o lugar al que se dirige un deseo o acción: coloquial
es el blanco de sus iras.
11 Intermedio en una representación teatral.   TEATRO
12 Hueco o intermedio entre dos cosas.
13 blanco de España: Variedad del carbonato de cal-   QUÍMICA
cio natural, usado como pulimentador, absorbente o en la composición de pinturas.
14 blanco de la uña: Faja de color claro del naci-   ANATOMÍA
miento de la uña.
15 blanco del ojo: Esclerótica, membrana externa del   ANATOMÍA
globo ocular.
16 hacer blanco o dar en el blanco: Acertar, atinar: coloquial
ahora has dado en el blanco, su problema es de inseguridad personal.
17 en blanco: Se refiere al libro, cuaderno u hoja que   loc.adj.
no está escrito: *hay una página en blanco en mitad del capítulo.*
18 estar o quedarse en blanco: No entender lo que se oye o se lee: *se quedó en blanco durante el examen.*
19 no distinguir lo blanco de lo negro: Ser corto de entendimiento, no tener criterio: *no te fíes de su interpretación, no distingue lo blanco de lo negro.*

blancor Calidad de blanco, blancura.   s.m./formal

blancote, a Que no tiene valor o espíritu para en-   adj/s./coloquial
frentarse a un problema o una situación difícil.   = cobarde

blancura
1 Calidad de blanco: *la blancura de las sábanas.*   s.f.
2 blancura del ojo: Mancha blanquecina que se for-   VETERINARIA
ma en la córnea del ojo.   = leucoma

blancuzco, a Blanquecino o de color blanco sucio.   adj.

blandear
I (De *blando.*)
1 Perder fuerza, aflojar.   v.intr/prnl./ + con
2 Hacer que una persona cambie de parecer.   v.tr./= disuadir
II (Probablemente de *blandir.*) Enarbolar o mover un   v.tr/intr/prnl.
arma amenazadoramente: *blandeaba la espada ante las huestes enemigas.*

blandengue Que tiene un carácter blando o débil: *es*   adj.
una blandengue, con ver un poco de sangre ya se marea.

blandicia
1 Alabanza, adulación o lisonja.   s.f.
2 Delicadeza extrema.   = molicie

blandir (Del fr. *brandir* < fr. ant. *brant*, espada.) Enar-   v.tr. defectivo
bolar, mover un arma u otro objeto semejante con la   conj: *abolir*
mano amenazante: *blandía el palo para ahuyentar los*   tb: blandear
perros.

blando, a (Del lat. *blandus,* tierno, lisonjero.)
1 Que se deforma o cede a la presión con facilidad: adj.
duerme en un colchón blando.
2 Que es suave, dulce o tierno: *miraba al niño con ojos blandos.*
3 Que es excesivamente benévolo: *es muy blando con sus alumnos.*
4 Se aplica al clima templado y benigno.
5 Que se comporta con cobardía o timidez.   coloquial
6 Que es perezoso o flojo.   = holgazán
7 Se refiere a la composición musical que contiene   MÚSICA
bemoles.
8 Referente al crédito que se concede con condicio-   ECONOMÍA
nes ventajosas de interés y plazos: *concedieron más de cincuenta mil millones en créditos blandos a países en vías de desarrollo.*
9 Con delicadeza, con suavidad: *cantar blando.*   adv.

blandón (Del cat. *brandó* < germ. **brand,* tizón encendido.)
1 Candelero para la vela.   s.m./= bizarrón
2 Vela grande y gruesa de una mecha.   = hacha

blanducho, a Que está algo blando: *el pan que com-*   adj./despectivo
praste ayer está blanducho.   =blanduzco

blandura
1 Calidad de blando: *agradeció la blandura del colchón,*   s.f.
después de tres noches al raso.
2 Alabanza, palabra que halaga.   = halago
3 Amabilidad y dulzura en el trato.
4 Temperatura ambiental húmeda que permite el deshielo: *después de esta blandura crecerá el torrente.*
5 Emplasto o cataplasma que se aplica sobre los tu-   MEDICINA
mores para que se ablanden.

blanqueación
1 Acción y resultado de blanquear.   s.f.
2 Blanquición, proceso de blanqueo de los metales.   METALURGIA

blanqueador, a Se aplica a la persona o cosa que   adj/s.
blanquea: *una sustancia blanqueadora; trabajó como blanqueador de paredes.*

blanquear
1 Poner blanca una cosa, emblanquecer: *la lejía blan-*   v.tr.
quea las sábanas.   tb: blanquecer
2 Cubrir las paredes con yeso o con cal: *blanquearon*   = enjalbegar
la fachada del restaurante.
3 Limpiar los metales preciosos.   = blanquecer
4 Legalizar o invertir el dinero generado por negocios   ECONOMÍA
fraudulentos en otros legales.
5 Mostrar una cosa el color blanco o blanquecino   v.intr.
que tiene: *blanquean los almendros en primavera.*   coloquial

blanquecer
1 Limpiar los metales preciosos.   v.tr./conj: *carecer*
2 Poner blanca una cosa, blanquear.   tb: emblanquecer

blanquecino, a Que tira a blanco o es de color blan-   adj.
co: *paredes blanquecinas.*   = blanquinoso

blanqueo Acción y resultado de blanquear: *el juez per-*   s.m.
seguía el blanqueo de dinero procedente del narcotráfico.

blanquición Proceso de blanqueo de los metales.   s.f./METALURGIA

blanquillo, a
1 Se refiere al trigo que da una harina muy blanca y   adj.
al pan que se hace con ella.   = candeal
2 Huevo de cualquier ave.   s.m./*Méx., Guat.*
3 Durazno, melocotón de cáscara blanca.   *Chile, Perú*
4 Pez teleósteo, de color rojizo por el lomo y platea-   *Chile*
do por el vientre. (*Latilus jugularis.*)   ZOOLOGÍA

blanquizal Gredal, terreno que abunda en greda.   s.m./tb: blanquizar

blao Azur o azul.   adj/s./HERÁLDICA

blas Se usa para indicar, irónicamente, que alguien trata   coloquial
de imponer su voluntad o su parecer sin admitir discu-
sión en la expresión **lo dijo Blas, punto redondo.**

blasfemar (Del lat. *blasphemare* < gr. *blasphemeo*.)
1 Proferir palabras injuriosas contra Dios, la divini-   v.intr.
dad y cosas sagradas: *fue reprendido por blasfemar en*   TEOLOGÍA
público.
2 Maldecir a alguien o algo: *blasfema de los jueces.*   + de/= renegar

blasfemia (Del lat. *blasphemia* < gr. *blasphemia*.)
1 Expresión ofensiva e injuriosa contra Dios, divini-   s.f./TEOLOGÍA
dad o cosas sagradas.   = reniego
2 Palabra injuriosa proferida contra una persona: *fue*   = insulto,
cubierta de blasfemias por quien antes la alabó.   ofensa

blasfemo, a (Del lat. *blasphemus* < gr. *blasphemos*, difamador, blasfemo.)
1 Que contiene o dice blasfemias: *su discurso blasfemo*   adj.
rayaba en la herejía.   = ofensivo
2 Persona que profiere blasfemias.   s.

blasón (Del fr. *blason*.)
1 Ciencia que estudia, explica y describe los escudos   s.m.
de armas de una ciudad, linaje o persona.   HERÁLDICA
2 Cada figura, señal o pieza del escudo.   HERÁLDICA
3 Escudo de armas.
4 Fama obtenida por la virtud y el mérito.   = gloria, honor

blasonado, a Que es ilustre por sus blasones.   adj.

blasonar
1 Preparar un escudo de armas siguiendo las reglas   v.tr.
de la heráldica.
2 Ostentar o alardear de las virtudes propias: *blasona*   v.intr./+ de
de inteligente.

blasonería Baladronada, fanfarronada: *descubrirás*   s.f.
pronto la magnitud de sus blasonadas y fanfarronerías.

blasonista Persona experta en heráldica.   s.m.f./HERÁLDICA

blasto- Componente de palabra procedente del gr.   pref/suf.
blastos, que significa germen: *blastodermo; blastogénesis.*

blastocito Célula embrionaria que aún no se ha dife-   s.m.
renciado.   BIOLOGÍA

blastodermo (Del gr. *blastos*, germen + *derma*, piel.)   s.m.
Conjunto de las células procedentes de la segmenta-   BIOLOGÍA
ción del óvulo fecundado.

blastoma Denominación genérica de los tumores.   s.m./MEDICINA

blastómero Cada una de las células que forman el   s.m.
blastodermo.   BIOLOGÍA

blástula Fase de desarrollo del embrión, en la que los   s.f.
blastómeros se disponen regularmente en una sola   BIOLOGÍA
capa, formando una esfera hueca.

blata Cucaracha, insecto nocturno.   s.f./ZOOLOGÍA

blazer (Voz inglesa.) Chaqueta sport, larga, de franela   s.m.
o de lana, generalmente con doble botonadura y que   pl: blazers
se suele usar como uniforme de una escuela o distintivo de un equipo deportivo.

-ble Componente de palabra que, unido a adjetivos de   suf.
origen verbal, significa posibilidad, capacidad o aptitud
para recibir o realizar la acción del verbo.

bledo (Del lat. *blitum* < gr. *bliton*.)

1 Planta quenopodiácea comestible, de tallos rastreros, hojas de color verde oscuro y flores rojas. *(Blitum virgatum.)* **s.m. BOTÁNICA**

2 importar o valer un bledo: No preocupar nada o valer muy poco: *las notas le importan un bledo.* **coloquial**

blefar- Componente de palabra procedente del gr. *blepharon,* que significa párpado: *blefaritis.* **pref. tb: blefaro-**

blefaritis (Del gr. *blepharon,* párpado + *-itis.*) Inflamación de los párpados. **s.f./pl: blefaritis MEDICINA**

blefaroplastia (Del gr. *blepharon,* párpado + *plastos,* formado.) Operación quirúrgica para restaurar el párpado mediante la implantación de piel. **s.f. MEDICINA**

blenda (Del alem. *blende < blenden,* cegar, engañar.) Sulfuro natural de cinc. **s.f. QUÍMICA**

bleno- Componente de palabra procedente del gr. *blennos,* que significa mucosidad, pus: *blenoftalmía; blenorrea.* **pref.**

blenoftalmía Conjuntivitis purulenta. **s.f./MEDICINA**

blenorragia (Del gr. *blennos,* mucosidad + *rhegnymi,* romper, brotar.) Enfermedad infecciosa de los órganos genitales, causada por gonococos. **s.f./MEDICINA = gonorrea, purgaciones**

blenorrea Blenorragia crónica. **s.f./MEDICINA**

blinda (Del fr. *blinde < alem. blinde < blenden,* cegar, tapar.)
1 Viga gruesa de madera usada para construir un cobertizo defensivo. **s.f. CONSTRUCCIÓN**
2 Bastidor de madera, formado por dos montantes y dos travesaños, que se usa para contener la tierra en las trincheras, excavaciones o pozos. **CONSTRUCCIÓN**

blindado, a Que está recubierto por un blindaje: *gracias al coche blindado, sólo recibió algún cascote de metralla.* **adj.**

blindaje
1 Acción y resultado de blindar: *repasó el blindaje de la puerta de la cámara de seguridad.* **s.m. = forrado**
2 Conjunto de materiales que se utilizan para proteger una cosa o lugar de los efectos de los proyectiles. **= parapeto, trinchera**

blindar (Del fr. *blinder < alem. blenden,* cegar, tapar.) Cubrir con planchas de hierro o acero para evitar los efectos de las balas o el fuego. **v.tr.**

blister (Voz inglesa.) Envase para la presentación de productos manufacturados, que consiste en una lámina de cartón sobre la que se colocan éstos, recubierto todo por una película transparente de plástico con concavidades para ellos. **s.m. INDUSTRIA**

bloc (Del ingl. *block,* masa.) Cuaderno o libreta que tiene las hojas unidas por uno de sus cantos, para que se puedan separar con facilidad. **s.m. pl: blocs**

blocao (Del alem. *blockhaus < blok,* tronco + *haus,* casa.) Fortificación que es fácil de transportar y que alberga a un pequeño contingente de tropas. **s.m. MILITAR**

blocar
1 Detener el futbolista el balón con los pies antes de lanzarlo: *blocar el esférico.* **v.tr./conj: sacar DEPORTES**
2 Parar el portero el balón y retenerlo fuertemente contra el cuerpo: *el guardameta blocó la pelota impidiendo el empate.* **DEPORTES = bloquear**

blofear Engañar con fingidas apariencias, fanfarronear: *no se fiaban de ella por su tendencia a blofear.* **v.intr./Méx., Amér. Central**

blonda (Del fr. *blonde < blond,* rubio.) Encaje de seda fina. **s.f. TEXTIL**

blondo, a (Del fr. *blond.*) De color rubio: *su blonda cabellera le caía sobre los hombros.* **adj. literario**

bloque (Del fr. *bloc < neerlandés medio bloc,* tronco cortado.)
1 Trozo de gran tamaño de alguna materia poco trabajada o en bruto: *bloque de piedra; bloque de hielo.* **s.m.**
2 Conjunto compacto de cosas. **= piña**
3 Agrupación de países, de partidos políticos o asociaciones con objetivos comunes: *bloque atlántico; bloque nacionalista.* **= unión**
4 Edificio que comprende numerosos locales o viviendas de características semejantes: *bloque de oficinas; bloque de apartamentos.* **ARQUITECTURA, CONSTRUCCIÓN**
5 en bloque: En conjunto, sin hacer partes ni distinciones: *estudiarán el proyecto en bloque.* **loc.adv.**

bloquear (Del fr. *bloquer,* hacer un bloque.)
1 Obstruir una abertura o impedir el paso: *bloquearon la salida de agua con tierra.* **v.tr.**
2 Detener un mecanismo, interrumpir la marcha de un proceso o una acción: *bloqueó el coche; bloquearon las negociaciones.* **= frenar**
3 Retener una autoridad los créditos o los bienes de una persona: *le han bloqueado todas las cuentas.*
4 Dejar un lugar incomunicado para atacarlo. **MILITAR/= asediar**
5 Interceptar y retener el portero con seguridad el balón. **DEPORTES = blocar**
6 Hacer que alguien pierda la capacidad de reacción o de pensamiento: *siempre se bloquea en los exámenes.* **v.tr/prnl.**

bloqueo Acción y resultado de bloquear: *sometieron al país a un férreo bloqueo económico.*

blues (Voz inglesa.) Canción, cántico del folclore negro norteamericano, de ritmo lento, que influyó en el origen de la música de jazz. **s.m. pl: blues MÚSICA**

bluff (Voz inglesa.)
1 Chasco, decepción o desengaño, generalmente por falta de correspondencia con las expectativas creadas por alguien o algo. **s.m. pl: bluffs**
2 Persona, cosa o situación que crea este sentimiento: *ahora se ha demostrado que este tratamiento médico es un bluff.*

blusa (Del fr. *blouse.*)
1 Prenda de vestir femenina que cubre la parte superior del cuerpo: *encima de la blusa llevaba un chaleco de ante.* **s.f.**
2 Vestidura semejante a una túnica.
3 blusa camisera: La de cuello vuelto y abotonada por delante. **= camisa**

blusón Blusa larga y suelta. **s.m.**

boa (Del lat. *boa,* serpiente acuática, culebra de gran tamaño.)
1 Serpiente carnívora de gran tamaño, fuerza y corpulencia. **s.f. ZOOLOGÍA**
2 Prenda de vestir femenina de piel, de pluma o de algún material sintético, parecida a una serpiente, que se usa como abrigo o adorno del cuello. **s.m.**

boalaje
1 Prado comunal donde pasta el ganado de todos los vecinos de un pueblo o de una localidad. **s.m. = dula**
2 Dehesa donde pastan los bueyes.

boardilla Buhardilla, parte de la casa. **s.f./tb: bohardilla**

boato (Del lat. *boatus,* grito, mugido.) Lujo y ostentación de riqueza: *asistir a una boda con mucho boato.* **s.m. = pompa**

bobada Acción, palabra o frase falta de inteligencia: *su discurso está lleno de bobadas e inexactitudes.* **s.f. = tontería**

bobales Bobo, falto de inteligencia: *ese tío es un bobales, todos le toman el pelo.* **s.m.f./pl: bobales**

bobalicón, a Que es bobo o tonto: *es tan bobalicón que cree las mentiras más inauditas.* **adj/s. coloquial**

bobear
1 Decir o hacer bobadas, comportarse como un bobo. **v.intr/coloquial**
2 Pasar el tiempo en cosas inútiles: *bobeaba con los compañeros y no atendía al profesor.* **coloquial**

bobería Tontería, cosa insignificante, de poco valor o importancia. **s.f. tb: bobera**

bóbilis Se usa para indicar que algo se hace o consigue gratis y sin esfuerzo en la expresión de **bóbilis, bóbilis.** **loc.adv. coloquial**

bobillo
1 Jarra vidriada y abombada. **s.m.**
2 Encaje del escote en los vestidos femeninos. **TEXTIL**

bobina (Del fr. *bobine,* carrete de hilo.)
1 Carrete para enrollar hilo, alambre, películas u otro material continuo. **s.f.**
2 Rollo de papel continuo que se usa en las rotativas. **ARTES GRÁFICAS**
3 Arrollamiento de un hilo conductor usado para crear un campo magnético o para hacer circular una corriente eléctrica. **ELECTRICIDAD**

bobinado
1 Acción y resultado de bobinar. **s.m.**
2 Conjunto de bobinas que forman parte de un circuito eléctrico. **ELECTRICIDAD**

bobinadora
1 Máquina para bobinar. **s.f.**
2 Aparato que sirve para enrollar la película, usado principalmente en el proceso de montaje. **CINE**

bobinar Enrollar en forma de bobina: *bobinó el hilo con ayuda de una máquina.* **v.tr.**

bobo, a (Del lat. *balbus,* tartamudo.)
1 Que tiene poca inteligencia: *¡qué bobo es!, ni esa adivinanza supo solucionar.* **adj/s. = lelo**
2 Que es muy ingenuo o cándido. **= crédulo**
3 Personaje gracioso en las comedias teatrales. **s.m./TEATRO**
4 bobo de capirote: Tonto en grado sumo: *es una boba de capirote, no hace nada con sentido.* **coloquial**
5 entre bobos anda el juego: Indica que los que intervienen en una acción son igualmente astutos. **coloquial**

bobsleigh (Voz inglesa.)
1 Deporte de invierno que consiste en deslizarse con un trineo sobre una pista de hielo. **s.m/pl: bobsleighs DEPORTES**
2 Trineo con que se practica este deporte. **DEPORTES**

boca (Del lat. *bucca,* mejilla.)
1 Cavidad y orificio superior del tubo digestivo del hombre y de los animales, situados en la parte anterior del cuerpo, que puede cumplir otras funciones como las respiratorias o fonadoras. **s.f. ANATOMÍA**
2 Conjunto de los labios que limitan la boca. **ANATOMÍA**
3 Orificio o abertura que sirve de entrada y salida: *boca de una botella; boca de metro.*

4 Persona o animal a los que hay que mantener: *trabaja tanto porque lo esperan siete bocas en casa.* — coloquial
5 Pinza de las patas delanteras de los crustáceos: *adornó el plato con bocas de bogavante.* — ZOOLOGÍA
6 Órgano de la palabra.
7 Parte afilada con la que cortan algunas herramientas como la azada o el hacha.
8 Gusto o sabor de algunos alimentos y bebidas, en especial del vino: *este vino tiene buena boca.*
9 Agujero o rotura en un sitio.
10 Hueco que queda, en los libros con lomo destacado, entre éste y el lomo de los pliegos cosidos.
11 Pequeña cantidad de comida que se suele tomar como aperitivo acompañada de una bebida. — *Amér. Central* = tapa
12 boca de dragón: Planta escrofulariácea herbácea, de tallos lampiños y flores rosadas. *(Antirrhinum majus.)* — BOTÁNICA
13 boca del estómago: Parte central de la región epigástrica: *sufre terribles dolores en la boca del estómago.* — ANATOMÍA
14 boca del lobo: 1. Lugar muy oscuro. 2. Lugar o situación que presenta grandes peligros: *sin darse cuenta se metieron en la boca del lobo.* — coloquial
15 boca de riego: Abertura en una cañería de agua en la que se enchufa una manga de riego.
16 boca a boca: Forma de respiración artificial que consiste en introducir aire soplando en la boca de la persona accidentada.
17 a boca de cañón: A quemarropa, desde muy cerca: *le disparó a boca de cañón.* — loc.adv.
18 a boca de jarro o a bocajarro: 1. Sin medida. 2. Bruscamente, sin preparación. 3. Desde muy cerca, a quemarropa: *le dispararon a boca de jarro y murió al instante.* — loc.adv. coloquial
19 abrir boca: Despertar el apetito con algún alimento o bebida: *tomaron unas tapas para abrir boca.* — coloquial
20 andar de boca en boca o andar en boca de todos: Ser objeto de murmuraciones o escándalo: *sus devaneos andan en boca de todos.*
21 a pedir de boca: 1. Con toda propiedad, exactamente. 2. Todo lo bien que cabe desear. — loc.adv. coloquial
22 boca abajo: Que está tumbado con la cara hacia abajo: *siempre duerme boca abajo.* — loc.adv. tb: bocabajo
23 boca arriba: Que está tendido de espaldas: *toma el sol boca arriba porque tiene la espalda quemada.*
24 calentársele a una persona la boca: Acalorarse, irritarse: *se le calentó la boca y les insultó sin medida.* — coloquial
25 con la boca abierta: Boquiabierto, sorprendido, asombrado, deslumbrado: *quedó con la boca abierta al oír tales recriminaciones.* — loc.adv. coloquial
26 con toda la boca: Con desfachatez y descaro. — loc.adv./coloquial
27 de boca: 1. Que no se piensa hacer: *lo dice de boca.* 2. De palabra: *acordaron la compra de boca.* — coloquial
28 de boca en boca: Forma de propagarse las noticias diciéndolas unos a otros: *su nombramiento iba de boca en boca desde hacía días.* — loc.adv. coloquial
29 decir algo con la boca chica: Decir o hacer una cosa por simple cumplido, por compromiso: *no te confíes mucho, lo dijo con la boca chica.* — coloquial
30 hablar uno por boca de otro: Decir cosas pensadas o inspiradas por otra persona: *habla por boca de su padre.* — coloquial
31 hacer boca: Tomar un aperitivo antes de una comida fuerte, para abrir el apetito: *hicieron boca en el bar antes de entrar al comedor.* — coloquial
32 hacérsele a una persona la boca agua: Recordar con placer una cosa, en especial el sabor de un alimento. — coloquial
33 irse de la boca: Hablar mucho y de manera indiscreta e imprudente: *No le cuentes nada de esto a José, que se va mucho de la boca.* — coloquial
34 meterse en la boca del lobo: Caer una persona en una trampa o exponerse a un peligro.
35 no abrir la boca o no decir esta boca es mía: No hablar, no decir absolutamente nada: *pasó toda la tarde con nosotros y no dijo esta boca es mía.* — coloquial
36 partir la boca a alguien: Golpearle, darle una paliza: *le partió la boca por poner en duda sus palabras.* — coloquial
37 poner en boca de alguien: Atribuir a alguien algo que se ha dicho: *puso en mi boca comentarios que no hice.* — coloquial
38 quedarse con la boca abierta: Sorprenderse, asombrarse: *se quedó con la boca abierta al verles llegar.* — coloquial
39 quitarle algo a alguien de la boca: Anticiparse a otro diciendo lo que éste iba a decir: *me has quitado de la boca el agradecimiento que iba a transmitirle.* — coloquial
40 tapar o cerrar la boca a alguien: 1. Hacer callar a alguien con palabras, hechos o razones concluyentes. 2. Sobornar a alguien con dinero o regalos para que calle: *le tapó la boca con cuatro chucherías.* — coloquial
41 tener a alguien sentado en la boca del estómago: No soportarlo, tenerle antipatía. — coloquial
42 venirle a alguien a la boca alguna cosa: 1. Regurgitar. 2. Ocurrírsele, recordar ideas o palabras para decirlas: *nos soltó lo primero que se le vino a la boca.* — coloquial

bocabajo Boca abajo, tumbado de cara al suelo: *no es bueno dormir bocabajo.* — adv.

bocacalle
1 Entrada de una calle. — s.f.
2 Calle secundaria que da a otra principal: *sigue recto por la avenida y tuerce en la segunda bocacalle.*

bocacaz Abertura en una presa para dar salida a una porción de agua. — s.m. pl: bocacaces

bocací (Del ár. *bugazi,* tela poco fina.) Tela de hilo gruesa y basta, usada como entretela. — s.m. pl/tb: bocacíes = esterlín

bocadillo
1 Panecillo o pedazo de pan partido longitudinalmente en dos mitades y relleno con algún tipo de alimento. — s.m. coloquial
2 Comida poco abundante, ligera: *sirvieron unos bocadillos acompañados de refrescos.* — = refrigerio
3 Palabras rodeadas de una línea y que salen de la boca de los personajes, que ilustran un dibujo, cómic, tebeo, historieta: *sólo mira las escenas, ni se para a leer los bocadillos.*
4 Lienzo delgado y entrefino.
5 Cinta estrecha. — = melindre
6 Dulce hecho, según las regiones, de guayaba, batata, coco y huevo. — COCINA Amér.
7 Intervención corta de un actor, en una pieza de teatro. — TEATRO

bocado
1 Porción de comida que se come o muerde de una vez: *se lo comió de un solo bocado.* — s.m.
2 Pequeña cantidad de comida: *he comido un bocado antes de salir.*
3 Mordedura o herida hecha con la boca: *tenía el brazo lleno de bocados.* — coloquial = mordisco
4 Trozo de cualquier cosa arrancado con los dientes o con otra cosa.
5 Parte del freno que entra en la boca de una caballería: *el bocado le produjo llagas.* — = asiento, embocadura
6 Correa que atada a la quijada inferior de un potro sirve de freno para domarlo. — Argent., Chile
7 Fruta seca que se conserva en trozos. — s.m.pl.
8 bocado de Adán: Nuez de la garganta.
9 bocado sin huesos: 1. Designa algo provechoso o bueno, carente de desperdicio y sin maldad. 2. Tarea de mucha utilidad y poco trabajo: *ese encargo es un bocado sin huesos.* — coloquial
10 buen bocado: Cantidad importante de algo apetecible, en especial dinero o beneficio económico: *los intermediarios sacaron un buen bocado de la venta.* — coloquial
11 con el bocado en la boca: Inmediatamente, a toda prisa, recién acabado de comer: *con el bocado en la boca salió para el hospital.* — loc.adv. coloquial

bocajarro Indica que un disparo se hace desde muy cerca, a quemarropa o bien que algo sucede sin medida o de improviso en la expresión a **bocajarro**: *recibió un tiro a bocajarro en mitad del pecho; ¿qué quieres? le preguntó a bocajarro.* — loc.adv.

bocal
I (Del bajo lat. *baucalis* < gr. *baukalis, auca,* jarro.) Jarra de boca ancha que se usa para sacar el vino de las tinajas. — s.m.
II (Derivado de *boca.*)
1 Entrada estrecha y larga a un atracadero. — s.m./GEOGRAFÍA
2 Abertura por donde pasa el agua que acciona el molino. — s.f.

bocallave Ojo de la cerradura: *a oscuras le costó mucho dar con la bocallave.* — s.f.

bocamanga Abertura de la manga por donde sale la mano o el brazo, especialmente la parte interior de la misma: *se le prendió la bocamanga en el picaporte de la puerta.* — s.f.

bocamina Entrada de una mina. — s.f./MINERÍA

bocana Paso estrecho que sirve de entrada a una bahía, fondeadero y puerto. — s.f./GEOGRAFÍA = bocal

bocanada
1 Cantidad de líquido que llena la boca de una vez: *echó una bocanada de sangre.* — s.f.
2 Porción de humo que se echa de una vez al fumar: *fumaba con ostentación echándole a la cara grandes bocanadas.*
3 Gran cantidad o porción de lo que se expresa: *se perdieron de vista entre la bocanada de gente que salía del cine.*
4 echar bocanadas: Hablar vanidosamente: *echaba bocanadas sobre la eficacia de su gestión.*

bocanegra Pez escualiforme, de cuerpo alargado, de coloración pardo grisácea con manchas oscuras. *(Galeus melanostomus.)* — s.m. ZOOLOGÍA = pez gato

bocarda Trabuco de boca ancha. — s.f./MILITAR

bocarrena Hueco, en la piedra o en la roca, revestido de mineral cristalino. — s.m./GEOLOGÍA

bocarte
1 Martillo semejante a un cincel usado para trabajar piedras, metales, maderas, mármol. — *s.m.*
2 Máquina para triturar minerales. — METALURGIA

bocata Bocadillo de pan relleno con un alimento: *comió un bocata de jamón.* — *s.m.* coloquial

bocateja Teja primera de cada canal de un tejado, situada junto al alero. — *s.f./CONSTRUCCIÓN* = luneta

bocatero, a Que es jactancioso y fanfarrón. — *adj/s./Amér. Central*

bocazas Persona que habla más de lo conveniente o que presume, sin fundamento, de lo que hace o es capaz de hacer: *no le cuentes tus secretos, es un bocazas.* — *s.m.f./pl: bocazas* coloquial = boceras

bocazo Explosión que sale por la boca del barreno sin producir efecto. — *s.m.*

bocear Bocezar, mover los labios un animal. — *v.intr.*

bocel (Del fr. ant. *bossel.*)
1 Moldura lisa y convexa que se utiliza para adornar obras de carpintería o construcciones arquitectónicas. — *s.m./ARQUITECTURA, CARPINTERÍA*
2 Instrumento que se usa para hacer este tipo de molduras. — ARQUITECTURA, CARPINTERÍA

bocelar Dar forma de bocel. — *v.tr.*

bocera
1 Restos de comida que quedan pegados en la parte exterior de los labios después de haber comido o bebido: *se limpió las boceras con la servilleta.* — *s.f.*
2 Llaga que se forma en las comisuras de los labios, que es una forma de quietitis marginal. — MEDICINA = boquera

boceras Bocazas, persona que habla más de la cuenta: *no se le puede contar un secreto al boceras de tu hermano.* — *s.m.f.* pl: boceras

bocetar
1 Realizar un boceto, bosquejar. — *v.tr./th: abocetar*
2 Imprimir carácter de boceto a una obra artística. — th: abocetar

boceto (Del ital. *bozzetto,* diminutivo de *bozza,* piedra sin labrar.)
1 Ensayo previo a la realización de una obra de arte: *existen numerosos bocetos del Guernica de Picasso.* — *s.m.* ARTE
2 Esbozo, rasgos principales de un proyecto, de una idea, de un artículo: *quiero ver un boceto del anuncio.*

bocezar Mover un animal los labios a un lado y a otro cuando come o bebe. — *v.intr./conj: cazar* = bocear

bocha (Del ital. *boccia.*)
1 Bola de madera o de otro material, para jugar a las bochas. — *s.f.*
2 Juego que consiste en lanzar unas bolas intentando dejarlas lo más cerca posible de otra bola menor. — *s.f.pl.* JUEGOS

bochar Lanzar una bola contra otra para apartarla, en el juego de bochas. — *v.tr.* JUEGOS

boche
1 Hoyo pequeño hecho en el suelo para meter dentro las bolas con las que se juega a ciertos juegos, como las canicas. — *s.m.* JUEGOS
2 Tumulto, follón de gente. — Amér. Merid.

bochinche Alboroto, tumulto o barullo que forman las personas: *en mitad de la procesión se montó un buen bochinche entre penitentes y turistas.* — *s.m.* coloquial

bochinchero, a Se refiere a la persona que arma alboroto, bochinches o toma parte en ellos. — *adj/s.* = pendenciero

bochorno (Del lat. *vulturnus,* viento del sur.)
1 Aire caliente, molesto y calor sofocante propio del verano: *este bochorno es asfixiante.* — *s.m.*
2 Sofoco o enrojecimiento del rostro producido por algo que ofende o avergüenza: *pasé bochorno por su comportamiento.* — = rubor

bochornoso, a
1 Que provoca bochorno: *una brisa bochornosa recorría la ciudad en verano.* — *adj.* = sofocante
2 Que sonroja: *su reacción nos resultó a todos terriblemente bochornosa.* — = vergonzoso

bocín
1 Agujero de los molinos por donde cae el agua al rodezno. — *s.m.*
2 Pieza de esparto con que se recubrían los cubos de las ruedas de los carruajes.

bocina (Del lat. *bucina,* cuerno de boyero.)
1 Aparato accesorio de los automóviles y otros vehículos, que produce un pitido que sirve para avisar a otros conductores o a los peatones: *está prohibido tocar la bocina a estas horas.* — *s.f.* = claxon
2 Instrumento con el que se amplifican los sonidos de ciertos aparatos o la voz humana.
3 Instrumento de viento de forma curva, hecho generalmente de cuerno y que tiene el sonido parecido al de la trompa. — MÚSICA = cuerno
4 Instrumento musical de viento. — MÚSICA/= cuerno Méx.
5 Parte del teléfono por la que se habla.

bocinar Tocar la bocina. — *v.intr.*

bocinazo
1 Toque de bocina: *gracias al bocinazo pudo evitar ser arrollada por el coche.* — *s.m.*
2 Grito de advertencia, de amonestación o de represión: *le dio un bocinazo para que estuviera quieto.* — coloquial

bocio (Del bajo lat. *bocius,* bubón.) Aumento del volumen de la glándula tiroides. — *s.m.* MEDICINA

bock (Del alem. *Bockbier,* cerveza muy fuerte.) Vaso de cerveza de un cuarto de litro de capacidad. — pl: bocks

bocón, a
1 Bocudo, que tiene la boca grande. — *adj/s./despectivo*
2 Que es bravucón o fanfarrón. — coloquial Chile
3 Que difama o murmura.
4 Pez del mar de las Antillas, parecido al boquerón. *(Engraulis edentulus.)* — *s.m.* ZOOLOGÍA

bocoy (Del fr. *boucaut,* odre, barril grosero.) Barril de 600 litros de capacidad. — *s.m.* pl: bocoyes

bocudo, a Que tiene la boca grande. — *adj/= bocón*

boda (Del lat. *vota,* votos, promesas.)
1 Ceremonia en que se contrae matrimonio: *la boda se celebrará en la ermita románica.* — *s.f.* = casamiento
2 **bodas de diamante:** Aniversario de los sesenta años de matrimonio u otro acontecimiento importante en la vida de una persona.
3 **bodas de oro:** Aniversario de los cincuenta años de matrimonio u otro acontecimiento importante: *celebraron las bodas de oro rodeados de nietos y bisnietos.*
4 **bodas de plata:** Aniversario de los veinticinco años de matrimonio u otro acontecimiento importante.
5 **bodas de platino:** Aniversario de los sesenta y cinco años de matrimonio u otro acontecimiento importante.

bode (Probablemente derivado del fr. *bouc.*) Macho cabrío. — *s.m.*

bodega (Del lat. *apotheca,* despensa, bodega < gr. *apotheke,* depósito, almacén de provisiones.)
1 Sitio o establecimiento donde se guarda y elabora el vino y otras bebidas. — *s.f.*
2 Tienda donde se venden distintos tipos de bebidas, en especial vinos: *lo compra a granel en la bodega de su calle.* — COMERCIO
3 Cosecha o abundancia de vino. — AGRICULTURA
4 Sótano usado como almacén o despensa para guardar productos alimenticios, en especial bebidas.
5 Lugar donde se guarda el grano.
6 Compartimento de los barcos, situado entre la cubierta inferior y la quilla, que sirve de almacén: *el polizón se ocultó en la bodega del carguero.* — NÁUTICA
7 Pequeño comercio, tienda de ultramarinos. — Cuba, Perú
8 Almacén en los ferrocarriles que sirve para guardar las mercancías. — Chile

bodegón
1 Casa donde se preparan y se sirven comidas. — *s.m.*
2 Taberna, sitio donde se venden y consumen bebidas. — COMERCIO
3 Género y composición pictóricos con representación de objetos inanimados como frutos, flores, caza o utensilios de uso cotidiano. — ARTE = naturaleza muerta

bodegonero, a Propietario de un bodegón o taberna. — *s./= bodeguero*

bodeguero, a
1 Propietario de una bodega. — *s./=bodegonero*
2 Persona que trabaja o se encarga de una bodega.

bodigo (Del bajo lat. *votivum,* dado en ofrenda.) Panecillo que se llevaba a las iglesias como ofrenda. — *s.m.* RELIGIÓN

bodijo Boda desigual y sin lucimiento. — *s.m./coloquial*

bodocal Se refiere a una variedad de uva negra y a la vid que la produce. — *adj.* AGRICULTURA

bodón Charca que queda seca en verano. — *s.m./= buhedo*

bodoque (Del ár. *bunduq,* avellana, bolita < gr. *karyon pontikon,* nuez del mar Negro.)
1 Adorno redondo y pequeño que se hace en un bordado: *adornó las sábanas con bodoques.* — *s.m./= lunar, mota, topo*
2 Bulto, pella apretada de algo que se aglomera, como la lana o la masa. — = burujo, grumo
3 Refuerzo de los ojales por los que pasan las puntadas o ataduras que se hacen en los colchones de lana.
4 Se aplica a la persona torpe, necia y de cortos alcances. — *adj/s.m.f./coloquial*
5 Bola de barro que se usaba para disparar con ballesta. — MILITAR

bodoquera Molde que se usaba para hacer bodoques o bolas de barro y cerbatana o canuto para arrojarlos. — *s.f.* MILITAR

bodorrio Fiesta celebrada con exceso de pompa y de asistentes con motivo de una boda: *todo el pueblo asistió al bodorrio de la nieta del boticario.* — *s.m.* coloquial, despectivo

bodrio (Del bajo lat. *brodium,* caldo < germ. *brod.*)
1 Objeto o acontecimiento de mal gusto o poca calidad: *la película es un bodrio.* — *s.m.*
2 Comida mal condimentada, de sabor desagradable. — = bazofia
3 Sangre de cerdo mezclada con cebolla que se usa para hacer morcillas. — th: brodio

body (Voz inglesa.)
1 Malla que utilizan los gimnastas y los bailarines: *viste un body rojo en su última coreografía.* **s.m. pl: bodys**
2 Prenda interior femenina de una pieza que cubre el cuerpo excepto las extremidades: *llevaba un body de blonda bajo la blusa casi transparente.*

bóer (Del neerlandés *boer,* campesino, granjero.) Se aplica a los colonos neerlandeses que se establecieron en África austral a partir de 1652. **adj./s.m.f. pl: bóers**

bofarse
1 Ponerse una cosa fofa. **v.prnl./tb: abofarse**
2 Afollarse, ponerse una pared hueca. **= abolsarse**

bofe (Voz de creación expresiva.)
1 Pulmón, en particular el de los animales y destinado al consumo: *reservaron los bofes del cerdo para hacer bohenas.* **s.m. ZOOLOGÍA tb: chofe**
2 **echar uno los bofes:** Trabajar excesivamente o cansarse mucho: *el capataz les hacía echar los bofes cavando zanjas.* **coloquial**

bófeta Tela de algodón, delgada y rígida. **s.f./tb: bofetán**

bofetada
1 Golpe dado en la cara con la mano abierta: *le amenazó con una bofetada si no se comía las lentejas.* **s.f. = tortazo**
2 Desprecio, desaire, ofensa que humilla: *ha constituido una bofetada para su orgullo.* **coloquial**
3 **darse de bofetadas:** No estar en armonía, desentonar: *esos zapatos se dan de bofetadas con el bolso que llevas.* **coloquial**

bofetán Bófeta, tela de algodón. **s.m./TEXTIL**

bofetón
1 Bofetada, en especial la que se da con fuerza: *le propinó un sonoro bofetón.* **s.m.**
2 Tramoya giratoria que hace desaparecer del escenario personas y objetos, usada especialmente en los cambios de decorado. **TEATRO**

bofia Policía, cuerpo de seguridad del estado: *la bofia les pisa los talones.* **s.f./despectivo vulgar**

bofo, a Que es esponjoso y blando. **adj./= fofo**

boga
I (Del lat. *boca* < gr. *box.*) Pez comestible de cuerpo alargado y ojos grandes. *(Boops boops.)* **s.f. ZOOLOGÍA**
II (Derivado de *bogar.*) Acción de bogar, remadura. **s.f./NÁUTICA**
III (Del fr. *vogue,* moda.) Moda, gusto que predomina en cierto momento o época, normalmente pasajera: *las telenovelas están en boga.* **s.f. + en**

bogada Espacio que recorre una embarcación con un único golpe de remos. **NÁUTICA**

bogar
1 Remar, mover los remos para que avance la embarcación. **v.intr./conj: pagar NÁUTICA**
2 Quitar la escoria a los metales. **v.tr./Chile**

bogavante (De *lobagante* < lat. vulgar **lucopante* < gr. *lykopanther,* especie de pantera.) Crustáceo decápodo marino, de gran tamaño y de fuertes pinzas. *(Homarus.)* **s.m. ZOOLOGÍA**

bogie (Voz inglesa.) Plataforma sobre la que se apoya la parte delantera de una locomotora o vagón de ferrocarril. **s.m. pl: bogies = boje**

bogotano, a
1 De Bogotá, capital de Colombia. **adj.**
2 Persona natural de esta ciudad. **s.**

bohardilla Buhardilla, parte de la casa. **s.f./tb: boardilla**

bohemia Conjunto de personas de talante informal y anticonvencional, generalmente vinculadas al mundo artístico. **s.m.**

bohemio, a
1 De Bohemia, región de Europa oriental. **adj./tb: bohemo**
2 Persona natural de Bohemia. **s.**
3 Lengua checa. **s.m./LINGÜÍSTICA**
4 Se aplica a la vida, carácter, comportamiento, actitud que se aparta de los convencionalismos sociales. **adj.**
5 Que lleva este tipo de vida informal. **adj/s.**
6 Que pertenece a la etnia gitana.

bohena
1 Pulmón, órgano respiratorio. **s.f./ZOOLOGÍA COCINA**
2 Longaniza hecha con bofes de cerdo.

bohío (Voz araucana.) Cabaña o casa rústica de América tropical, construida con madera, cañas o paja. **s.m./Amér. CONSTRUCCIÓN**

bohordo (Derivado del germ. **bihordan,* hacer un cercado.)
1 Tallo de la espadaña. **s.m./BOTÁNICA**
2 Tallo erguido y sin hojas que presenta las flores en el ápice. **BOTÁNICA = escapo**
3 Lanza corta que se usaba en los juegos y fiestas de caballería y que normalmente se arrojaba contra un armazón de tablas. **HISTORIA, MILITAR**

boicot (Del ingl. *boycott.*) Conjunto de medidas de presión y coacción tomadas contra una persona, entidad, país; suspendiendo o evitando toda relación para obligarla a ceder: *intentaron hacer boicot a la ejecutiva de la coalición.* **s.m. pl: boicots tb: boicoteo, boycot**

boicotear Someter a boicot, presión o coacción a una persona, entidad, país: *boicoteó las reformas que propusieron en el parlamento.* **v.tr. tb: boycotear**

boicoteo Acción y resultado de boicotear. **s.m./tb: boicot.**

boíl (Del lat. *bovile.*) Boyera, corral de bueyes. **s.m./AGRICULTURA**

boiler (Voz inglesa.) Calentador de agua. **s.m./Méx.**

boina Gorra redonda, plana y sin visera de una sola pieza: *se caracterizó de labriego con una boina, un garrote y una chaqueta de pana.* **s.f.**

boite (Voz francesa.) Sala de fiestas, discoteca: *las boites no están de moda.* **s.f. pl: boites**

boj
I (Del lat. *buxus.*)
1 Arbusto buxáceo, muy ramoso, perenne, de flores pequeñas y blanquecinas, muy usado como planta de jardín. *(Buxus sempervirens.)* **s.m. pl: bojes BOTÁNICA**
2 Madera de este arbusto, de textura fina y gran dureza, muy utilizada en el grabado, torneado y tallado.
3 Bolo de madera sobre el que cosen los zapateros las piezas de piel del calzado.
II (Derivado de *bojar.*) Acción de bojar. **s.m./NÁUTICA**

boja Abrótano, planta compuesta. **s.f./BOTÁNICA**

bojar
I (Derivado de *boj.*) Raspar el cuero con una cuchilla roma para quitarle las arrugas o las aguas. **v.tr.**
II (Del cat. *vogir,* hacer girar < lat. *volvere,* dar vueltas.)
1 Medir el perímetro de una isla o un cabo u otro accidente geográfico marino. **v.tr./NÁUTICA tb: bojear**
2 Tener una isla, o cualquier porción de costa, un perímetro determinado. **v.intr./NÁUTICA tb: bojear**
3 Navegar una embarcación a lo largo de una costa. **NÁUTICA/= costear**

boje
I (Del lat. *buxus.*) Boj, madera y arbusto. **s.m./BOTÁNICA**
II (Del ingl. *boogie.*) Bogie, parte de la locomotora y del vagón. **s.m.**

bojedal Terreno donde abundan los bojes. **s.m./tb: bujedal**

bojeo
1 Acción de bojear o costear. **s.m./NÁUTICA**
2 Perímetro o contorno de una isla o porción de costa. **GEOGRAFÍA**

bol
I (Del ingl. *bowl,* taza.) Recipiente semiesférico, con forma de taza y sin asas que se emplea para diversos usos: *cada mañana toma un bol de copos de avena.* **s.m. = ponchera**
II (Del lat. *bolus* < gr. *bolos* < *ballo,* lanzar.)
1 Redada, lance de la red. **s.m./PESCA PESCA/= jábega**
2 Red de pesca de gran longitud.
III (Derivado de *bola.*) Bolo, píldora más grande que la ordinaria. **s.m. FARMACIA**

bola (Del occitano ant. *bola* < lat. *bulla,* burbuja, bola.)
1 Cuerpo esférico hecho de cualquier materia: *bola de cristal; bola de plástico; bola de billar.* **s.f.**
2 Pelota, balón que sirve para jugar: *pásame la bola.* **coloquial**
3 Canica para jugar: *le ganó tres bolas en sólo una partida.**
4 Lance que, en algunos juegos de cartas, consiste en hacer un jugador todas las bazas. **JUEGOS**
5 Embuste o mentira: *no me cuentes más bolas.* **coloquial**
6 Esfera pequeña de acero que se coloca en los rodamientos. **coloquial MECÁNICA**
7 Grupo de personas: *una bola de amigos.* **Méx./coloquial**
8 Grupo armado o violento de personas. **Méx.**
9 Conjunto grande de objetos: *una bola de libros.* **Méx.**
10 **correr la bola:** Difundir un rumor. **coloquial**
11 **dejar que ruede la bola:** Dejar que las cosas sigan su curso sin preocuparse de cambiarlo: *deja que ruede la bola, ya veremos cómo acaba el asunto.* **coloquial = desentenderse**
12 **en bolas:** 1 Desnudo, en cueros. 2 Sin nada: *con el fracaso del negocio se quedaron en bolas.* **loc.adj. coloquial**
13 **pasar la bola:** Descargar en otra persona la responsabilidad o resolución de un asunto: *se fue dejando los platos sin fregar y pasó la bola a su madre.* **coloquial**

bolacear Decir mentiras o cosas muy exageradas, disparatar. **v.tr./Argent., Colomb., Urug.**

bolacero, a Se refiere a la persona que acostumbra a mentir o disparatar. **adj/s. Argent.**

bolada
1 Tiro hecho con la bola. **s.f.**
2 Caña del cañón de artillería. **MILITAR**
3 Buena oportunidad para hacer negocio, ocasión. **Amér.**
4 Jugarreta o trampa. **Perú**

bolanchera Especie de contradanza. **s.f.**

bolardo Poste de hierro, acero u otro material similar, con el extremo superior curvo, que se coloca en los muelles para amarrar los barcos. **s.m. NÁUTICA**

bolazo
1 Golpe dado con una bola: *le asestó un bolazo en mitad del pecho.* **s.m.**
2 Mentira o engaño. **= embuste**

bolchevique (Del ruso *bolshevik,* mayoritario.)
1 Del bolcheviquismo.   adj./POLÍTICA
2 Que es partidario del bolcheviquismo.   adj/s./POLÍTICA

bolcheviquismo Corriente política y forma de go-   s.m.
bierno establecida en Rusia a partir de la revolución   POLÍTICA
social de 1917 que, mediante la dictadura del proleta-   = bolchevismo
riado, promovía el colectivismo.

bolchevismo Bolcheviquismo, corriente política.   s.m./POLÍTICA

boldina Alcaloide obtenido de las hojas del boldo,   s.f.
empleada en el tratamiento de ciertas afecciones he-   QUÍMICA
páticas.

boldo Arbusto monimiáceo originario de Chile, de   s.m.
flores blancas y fruto comestible, cuyas hojas contie-   BOTÁNICA
nen boldina. *(Peumus boldus.)*

bolea Jugada en la que se devuelve la pelota al terre-   s.f.
no contrario sin, que bote en el suelo, en algunos de-   DEPORTES
portes.

boleadoras Arma arrojadiza usada en América del Sur   s.f.pl.
para apresar animales, consistente en dos o tres bolas
de piedra o de otra materia pesada sujetas al extremo
de dos cuerdas.

bolear
1 Jugar al billar por mero entretenimiento, sin hacer   v.intr.
partida: *mientras la esperaba, pasó el rato boleando.*   JUEGOS
2 Lanzar, arrojar la bola en cualquier juego o deporte   DEPORTES,
en que se utilice.   JUEGOS
3 Lanzar o devolver la pelota antes de que toque en   DEPORTES
el suelo.
4 Lanzar, arrojar un objeto.   v.tr./coloquial
5 Echar las boleadoras a un animal.   Argent., Urug.
6 Enredar a uno, hacerle una mala partida, confun-   v.tr/prnl.
dirle.   Argent., Urug.

boleíta (De *El Boleo,* mina de México.) Oxicloruro hi-   s.f.
dratado natural de cobre, plomo y plata.   MINERALOGÍA

boleo Acción de bolear en un juego.   s.m./DEPORTES

bolera Establecimiento acondicionado para jugar a los   s.f.
bolos.

boleras Aire musical cantable y bailable, popular en   s.f.pl.
algunas partes de España.   MÚSICA

bolero, a
1 Se refiere a la persona que dice bolas o mentiras: adj/s.
ya me han dicho que es un bolero, no le haré mucho caso.   coloquial
2 Limpiabotas, persona que se dedica a lustrar o lim-   s.m.
piar el calzado.   Méx.
3 Canción y baile de origen antillano, principalmente   MÚSICA
cubano, de ritmo binario.
4 Baile, música y canto populares españoles del siglo   MÚSICA
XVIII.
5 Chaquetilla corta de mujer.
6 Chistera, sombrero de copa alta.   Guat., Hond.

boleta (Del ital. ant. *bolletta,* salvoconducto.)
1 Pase, billete que permite la entrada en un local o   s.f.
recinto: *dame la boleta para el cine.*
2 Vale o talón para tomar o cobrar una deuda, una
apuesta.
3 Papeleta de una rifa o una lotería.
4 Factura o recibo de una compra.   Amér.

boletín (Del ital. *bollettino* o *bullettino.*)
1 Publicación periódica de información sobre una ma-   s.m.
teria determinada: *boletín del Vaticano; boletín comer-*
cial.
2 Periódico que contiene disposiciones oficiales: *el*
Boletín oficial del Estado publica la nueva ley de arrenda-
mientos.
3 Pase de subscripción a una obra, una revista, un
periódico, un club: *rellenen el boletín de entrada.*
4 **boletín de noticias o informativo:** Noticiario que,   AUDIOVISUALES
a horas determinadas, es transmitido por radio o televisión.

boleto
1 Billete de rifa o lotería: *ha aparecido un solo boleto de*   s.m.
lotería con premio.
2 Billete de teatro, cine, tren.   Amér.

bolichada
1 Lance de la red llamada boliche.   s.f/PESCA
2 Lance en que se obtiene una buena ganancia.   coloquial

boliche (Del cat. *bolitx,* red pequeña < gr. *bolídion.*)
1 Bola usada en el juego de las bochas.   s.m./= bolín
2 Juego de bolos.   JUEGOS
3 Establecimiento donde se juega a los bolos.   JUEGOS/= bolera
4 Juguete formado por un palo terminado en punta   JUEGOS
por un lado y una cazoleta en el otro, en la cual se   = biboquete
intenta introducir una bola que está unida al palo
mediante un cordón, lanzándola al aire.
5 Horno pequeño para hacer carbón de leña o para   METALURGIA
fundir minerales de plomo.
6 Jábega pequeña.   PESCA
7 Pescado pequeño que se saca con el boliche.   PESCA
8 Tienda pequeña y modesta.   Amér. Merid.

bolichero, a Propietario o encargado de un boliche.   s.

bólido (Del lat. *bolis, -ídis* < gr. *bolis,* objeto que se lanza.)
1 Meteorito brillante, con el aspecto de una bola de   s.m.
fuego, según antigua denominación.   ASTRONOMÍA
2 Automóvil de competición que alcanza gran velocidad: *éste es el mejor bólido que jamás haya tenido el es-*
cudería.
3 Persona que actúa apresuradamente.

bolígrafo Utensilio para escribir, que lleva en su inte-   s.m.
rior una carga de tinta con una bolita metálica en su
punta que gira para dosificarla: *firma el contrato con*
pluma, no con bolígrafo.

bolilla Bola pequeña numerada que se usa en los sor-   s.f.
teos.   Amér. Merid.

bolillero Bombo o caja esférica que contiene las boli-   s.m.
llas usadas en un sorteo.   Amér. Merid.

bolillo
1 Palo pequeño redondeado que se usa para hacer   s.m./TEXTIL
encajes: *aprendió de su abuela el arte de dominar los bo-*   = palillo
lillos.
2 Vuelo de gasa o encaje.
3 Hueso a que está unido el casco de las caballerías.
4 Porra de caucho o madera usada por la policía.   Colomb.
5 Cada uno de los palillos que se usan para tocar el   C. Rica
tambor.
6 Pan de mesa, alargado, esponjoso, de costra dura y   Méx.
con los extremos rematados con dos bolitas.
7 Barritas de masa dulce.   s.m.pl./COCINA

bolín Bola pequeña del juego de las bochas.   s.m./= boliche

bolina (Del fr. *bouline* < ingl. *bowline.*)
1 Cabo o cuerda que sirve para oblicuar la vela cuan-   s.f.
do el viento sopla por los lados.   NÁUTICA
2 Ruido que provoca una riña o un alboroto.   coloquial
3 **ir o navegar de bolina:** Navegar de forma que la   NÁUTICA
dirección de la quilla forme con la del viento el menor ángulo posible.

bolinche
1 Bolita para jugar a las canicas.   s.m./tb: bolindre
2 Remate o adorno de algunos muebles con forma de
bola.

bolinga Que ha tomado una gran cantidad de alco-   adj/s.m.f.
hol: *a las diez de la noche ya estaba bolinga.*   coloquial

bolívar Unidad monetaria de Venezuela.   s.m./ECONOMÍA

bolivianismo Expresión, vocablo o construcción   s.m.
características de la variedad lingüística del español   LINGÜÍSTICA
hablado en Bolivia.

boliviano, a
1 De Bolivia, país americano.   adj.
2 Persona que es natural de este país.   s.
3 Moneda de plata de Bolivia.   ECONOMÍA
4 Modalidad adoptada por el español en Bolivia.   LINGÜÍSTICA

bollar
I (Derivado del lat. *bulla,* especie de sello.) Poner un   v.tr.
sello o etiqueta en los tejidos para indicar su fabri-   TEXTIL
cante.
II (Derivado de *bollo,* abolladura.) Trabajar una lámi-   v.tr.
na metálica con el martillo formando bollones o bul-   METALURGIA
tos en una de sus caras.   = abollonar

bollén
1 Pequeño árbol rosáceo de hojas febrífugas. *(Kagenec-*   s.m.
kia oblonga.)   BOTÁNICA
2 Madera de este árbol, muy dura, usada en construcción.

bollera Mujer homosexual.   s.f.

bollería
1 Conjunto de bollos, dulces o pastas de diversas cla-   s.f.
ses para la venta o el consumo.
2 Establecimiento donde se hacen y venden bollos,   COMERCIO
pan, pasteles, dulces.

bollero, a Persona que hace o vende bollos.   s.

bollo (Del lat. *bulla,* burbuja, bola.)
1 Panecillo muy esponjoso hecho con harina, azúcar,   s.m.
huevos, leche y otros ingredientes: *acompañó el café*   COCINA
con un par de bollos tiernos.
2 Abultamiento, chichón: *de la caída le salió un bollo*   coloquial
en la frente.
3 Relación sexual entre lesbianas.
4 Abolladura hecha por un golpe en un objeto o superficie.
5 **armarse un bollo:** Organizarse un alboroto, lío o
situación confusa: *se armó un buen bollo en la familia*
cuando llegó la nieta desaparecida con su amigo.

bollón
1 Clavo de cabeza grande usado como adorno.   s.m.
2 Pendiente cuyo adorno es un botón.
3 Abultamiento con que se adornan las placas metálicas.   METALURGIA

bollonado, a Adornado con bollones o clavos.   adj.

bolo
I (Derivado de *bola.*)
1 Pieza de madera o plástico, torneada y alargada   s.m.
que se mantiene en pie.

2 Bola en los juegos de naipes. — JUEGOS

3 Actuación musical o representación teatral de un artista en varias poblaciones. — MÚSICA, TEATRO

4 Nabo, parte del armazón. — ARQUITECTURA

5 Se aplica al hombre ignorante y necio. — adj/s.m./coloquial

II (Del gr. *bolos,* terrón, bola.)

1 Píldora de gran tamaño. — s.m./FARMACIA

2 bolo alimenticio: Porción de alimento masticado e insalivado que se traga de una vez. — BIOLOGÍA

III (De origen incierto.) Que está ebrio o borracho: *desde que acabó la guerra va bolo todo el día.* — adj. *Amér. Central*

bolómetro Instrumento para medir la energía radiada. — s.m./ FÍSICA

boloñés, a

1 De Bolonia, ciudad de Italia. — adj.

2 Persona que es natural de Bolonia. — s.

3 Dialecto italiano septentrional. — s.m./LINGÜÍSTICA

bolsa

I (Del lat. *bursa* < gr. *byrsa,* cuero, odre.)

1 Recipiente hecho de plástico, papel, tela, cuero o cualquier material flexible, de diferentes formas y tamaños y a veces provisto de asas, que se usa para guardar y transportar objetos diversos: *bolsa de viaje; bolsa de deporte; bolsa de la compra.* — s.f.

2 Saco, bolso o estuche pequeño de tela, cuero u otro material que sirve para llevar el dinero.

3 Arruga que hace una prenda de vestir cuando no se ajusta bien al cuerpo: *la falda le hace bolsas.*

4 Abultamiento, hinchazón del párpado inferior del ojo: *tiene bolsas en los ojos por haber dormido mal.*

5 Dinero de una persona.

6 Cavidad corporal llena de pus. — MEDICINA

7 Parte de una mina donde abunda el mineral puro. — MINERÍA

8 Cavidades del escroto que recubren los testículos. — s.f.pl./ANATOMÍA

9 bolsa de estudios: Ayuda complementaria para cursar los estudios: *presentó la documentación para pedir una bolsa de estudios.*

10 bolsa de pastor: Planta crucífera de flores blancas y fruto seco en forma de corazón. *(Capsella bursa-pastoris.)* — BOTÁNICA

11 bolsa de trabajo: Organismo encargado de centralizar las demandas y las ofertas de empleo y hacerlas llegar a los interesados.

12 aflojar una persona la bolsa: Pagar algo en contra de su voluntad: *después del aperitivo me tocó aflojar la bolsa y pagarlo.* — coloquial

II (Del ital. *borsa.*)

1 Mercado en el que se efectúan operaciones mercantiles y financieras con valores mobiliarios, acciones, bonos y obligaciones. — s.f. ECONOMÍA

2 Conjunto de operaciones financieras y mercantiles que se realizan en una sesión de este mercado: *hoy la bolsa ha bajado dos puntos.* — ECONOMÍA

3 Edificio público donde tienen lugar estas operaciones: *ha habido un atentado en la bolsa de Madrid.* — ECONOMÍA

4 Reunión oficial de los que operan con fondos públicos: *hoy la bolsa ha suspendido las cotizaciones.* — ECONOMÍA

5 bajar o subir la bolsa: Bajar o subir los valores que cotizan en ella, especialmente los públicos. — ECONOMÍA

6 jugar a la bolsa: Especular con los valores con que se negocia en ella. — ECONOMÍA

bolsear Quitar o sacar a una persona furtivamente algo del bolsillo, robar. — v.tr./Méx., Amér. Central

bolsería

1 Oficio de hacer bolsas. — s.f.

2 Fábrica o taller donde se hacen bolsas.

3 Conjunto de bolsas.

bolsero, a

1 Persona que hace o vende bolsas o bolsos. — s.

2 Persona pedigüeña. — Chile

bolsillero Carterista, ladrón. — s.m./coloquial

bolsillo

1 Parte de algunas prendas de vestir consistente en una bolsa interior o superpuesta: *las llaves le han roto el forro del bolsillo.* — s.m.

2 Conjunto de dinero o bienes de una persona. — coloquial = portamonedas

3 Bolsa para guardar el dinero.

4 bolsillo de parche: El superpuesto a la prenda: *con un bolsillo de parche disimularás la tara de la blusa.*

5 aflojar uno el bolsillo: Pagar algo en contra de su voluntad. — coloquial

6 de bolsillo: Se refiere al objeto que, por su tamaño, es apto para llevar en el bolsillo: *libro de bolsillo.* — loc.adj.

7 meterse o tener a alguien en el bolsillo: Ganarse la voluntad, las simpatías y el apoyo de una persona: *se metió en el bolsillo a la junta de portavoces.* — coloquial

8 no echarse una persona nada en el bolsillo: No suponerle ningún provecho cierta cosa. — coloquial

9 rascarse el bolsillo: Pagar de mala gana: *tendrás que rascarte el bolsillo una vez más.* — coloquial

bolsín

1 Reunión de los bolsistas fuera de las horas o el lugar destinados a ello. — s.m. ECONOMÍA

2 Sitio donde se realiza la reunión de los bolsistas. — ECONOMÍA

bolsiquear Registrar los bolsillos. — v.tr./Amér. Merid.

bolsista

1 Persona dedicada a la compra y venta de valores o especulaciones bursátiles. — s.m.f. ECONOMÍA

2 Carterista, ladrón. — Amér.

bolso

1 Bolsa de mano o con asas, de piel, tela u otro material, que usan las mujeres para llevar objetos de uso personal: *mientras desayunaba en la cafetería, le robaron el bolso.* — s.m.

2 Parte de una prenda de vestir que consiste en una bolsa interior o superpuesta. — = bolsillo

3 Portamonedas, monedero.

4 Abultamiento que forma el viento en las velas cuando se maniobra con ellas. — NÁUTICA

bolsón

1 Tablón de los molinos de aceite con que se forra el suelo del alfarje. — s.m. AGRICULTURA

2 Abrazadera de hierro a la que se fijan las barras de la armadura con que se refuerzan algunas bóvedas. — CONSTRUCCIÓN

3 Depresión del terreno, donde se concentran derrubios y sales disueltas en agua. — GEOLOGÍA

boludez Expresión o acción estúpida. — s.f./Argent., Urug.

boludo, a Persona estúpida: *era boluda y antipática.* — s./Argent., Urug.

bomba

I (Voz onomatopéyica.)

1 Máquina para elevar, extraer o comprimir fluidos e impulsarlos en una dirección determinada: *utilizó una bomba hidráulica.* — s.f. TECNOLOGÍA

2 bomba de gasolina: La que envía la gasolina del depósito al carburador. — MECÁNICA

3 bomba neumática: La que se emplea para comprimir o extraer el aire.

II (Derivado regresivo de *bombarda.*)

1 Artefacto, proyectil hueco y lleno de material explosivo. — s.f. MILITAR

2 Tubo movible en los instrumentos musicales de metal que produce los cambios de tono. — MÚSICA

3 Se aplica a la noticia inesperada o sensacional que causa sorpresa y asombro: *su dimisión fue una bomba para el departamento.* — adj/s.f.

4 Copla improvisada que los músicos o bailarines van intercalando en la interpretación de ciertos sones populares del suroeste de México. — s.f. Méx. MÚSICA

5 Coche y estación de bomberos. — Chile

6 Chistera, sombrero de copa. — Cuba

7 Pompa, burbuja de agua. — Amér. Central

8 bomba atómica: La que tiene una potencia enorme, producida por la fisión del uranio o del plutonio. — FÍSICA, MILITAR = bomba de fisión

9 bomba de relojería: La preparada para que haga explosión algún tiempo después de ser lanzada o colocada en determinado lugar. — = bomba de tiempo

10 bomba nuclear: La que funciona gracias a la energía nuclear, como la atómica o la termonuclear. — FÍSICA, MILITAR

11 bomba termonuclear: La que obtiene su potencia de la fusión nuclear de sus componentes. — FÍSICA, MILITAR = bomba de hidrógeno

12 caer como una bomba: Producir una noticia o un hecho inesperado mucha sorpresa y desconcierto: *su compromiso de boda cayó como una bomba.* — coloquial

13 pasarlo bomba: Disfrutar, divertirse mucho, pasarlo muy bien: *me lo pasé bomba en la fiesta.* — coloquial

bombacáceo, a Perteneciente a una familia de plantas dicotiledóneas, generalmente arbóreas, de tallo grueso y flores grandes. — adj/s.f. BOTÁNICA = bombáceo

bombacho Se refiere al pantalón que es ancho y sus perneras acaban en forma de campana, ajustadas a la pierna por el borde inferior. — adj/s.m.

bombarda

1 Artefacto bélico antiguo para lanzar proyectiles de piedra o hierro. — s.f./HISTORIA, MILITAR/tb: lombarda

2 Barco equipado con morteros. — MILITAR, NÁUTICA

3 Instrumento de viento antiguo, semejante a la chirimía. — MÚSICA

bombardear

1 Lanzar bombas u obuses sobre una población u otro objetivo: *bombardearon la flota enemiga.* — v.tr. MILITAR

2 Someter un átomo a la acción de radiaciones para romper su núcleo. — FÍSICA

bombardeo

1 Ataque sobre una población u otro objetivo con bombas, morteros u obuses: *el bombardeo afectó más a la población civil que a objetivos militares.* — s.m.

2 apuntarse a un bombardeo: Se aplica a las personas capaces o dispuestas a aceptar cualquier actividad o invitación: *tengo un padre muy marchoso, se apunta a un bombardeo.*

bombardero, a

1 Se aplica al avión y a la embarcación que llevan bombas o cañones para bombardear. — adj/s.m. MILITAR

2 Artillero destinado al servicio de las bombardas o del mortero. — s.m./HISTORIA, MILITAR

bombardino Instrumento de viento, de metal, con embocadura y pistones o cilindros. *s.m. MÚSICA*

bombardón Instrumento de viento, de grandes dimensiones, con pistones y que crea un sonido muy grave. *s.m. MÚSICA*

bombasí (Del cat. *bombasí* < ital. **bombagino* < lat. *bombyx*, seda.) Tela gruesa de algodón. *s.m./pl: bombasíes tb: bombací*

bombástico, a Se refiere al lenguaje o al estilo que es ampuloso y altisonante: *pronunció un discurso bombástico*. *adj. = pomposo*

bombazo
1 Explosión de bomba y daño ocasionado por el impacto: *sólo se oyó el bombazo*. *s.m.*
2 Noticia, hecho o dicho sorprendente e inesperado que adquiere gran resonancia: *su divorcio ha sido un bombazo*. *coloquial*

bombe Carruaje de dos ruedas, muy ligero y abierto por delante. *s.m.*

bombeador, a Bombero, persona que se dedica a extinguir incendios. *s. Argent.*

bombear
I (Derivado de *bomba*, máquina.) Trasladar, llevar un líquido desde un lugar a otro más alto mediante una bomba: *bombearon el agua del pozo*. *v.tr.*
II (Derivado de *bomba*, artefacto explosivo.)
1 Lanzar bombas de artillería u obuses sobre una población u otro objetivo. *v.tr./MILITAR = bombardear*
2 Dar forma abombada o convexa a una cosa. *tb: abombar*
3 Lanzar o pasar una pelota imprimiéndole una trayectoria curva. *DEPORTES*
4 Perjudicar intencionadamente a una persona. *Argent./coloquial*
5 Alabar, adular exageradamente. *v.tr/prnl.*

bombeo
I (Derivado de *bomba*, máquina.) Acción de bombear líquidos: *el corazón realiza el bombeo de la sangre*. *s.m.*
II (Derivado de *bomba*, artefacto explosivo.) Resultado de abombar, hinchar o ahuecar una cosa para que tome forma convexa. *s.m.*

bombero, a
1 Persona que tiene como profesión extinguir los incendios: *los bomberos apagaron el fuego rápidamente*. *s.*
2 Persona que por oficio trabaja con la bomba hidráulica.
3 Empleado de una gasolinera. *Amér.*
4 Explorador, espía. *Argent.*
5 Persona encargada de las tuberías, bombas y faenas de carga, descarga y conservación de ellas en un buque tanque. *NÁUTICA*
6 Cañón para disparar bombas. *s.m./MILITAR*

bombilla
1 Globo de cristal en el que se ha hecho el vacío y en cuyo interior hay un filamento que se pone incandescente e ilumina al paso de la corriente eléctrica. *s.f. = lámpara*
2 Bombillo, tubo para sacar líquidos.
3 Caña o tubo delgado usado para sorber el mate. *Amér. Merid.*
4 Farol que llevan sobre la candileja las embarcaciones. *NÁUTICA*

bombillo
1 Aparato con sifón que evitaba la subida del mal olor en las tuberías de desagüe. *s.m.*
2 Tubo con un ensanche en la parte inferior que se usaba para sacar líquidos. *tb: bombilla*
3 Bombilla eléctrica. *Amér. Central*
4 Bomba pequeña, generalmente portátil, que se usaba para apagar incendios. *NÁUTICA*

bombín
1 Sombrero hongo, de copa redonda: *caracterizó al doctor con bombín y paraguas*. *s.m.*
2 Bomba pequeña que sirve para hinchar de aire los neumáticos de la bicicleta.

bombo, a (Del lat. *bombus*, zumbido.)
1 Que está aturdido o atolondrado: *el ruido de la taladradora la dejó bomba*. *adj. coloquial*
2 Instrumento de percusión más grande que el tambor, que se toca con una o dos mazas o con las manos, de sonoridad mate y sorda: *tocaba el bombo en una banda militar*. *s.m. MÚSICA*
3 Persona que toca el bombo. *MÚSICA*
4 Esfera giratoria donde están las bolas o las papeletas numeradas de un sorteo: *el bombo de la lotería*.
5 Elogio exagerado y ruidoso que ensalza a una persona o anuncia una noticia o acontecimiento: *se anuncia la boda con mucho bombo*.
6 Vientre de la mujer preñada. *coloquial*
7 **a bombo y platillo:** Con extremada publicidad: *anunciaron el compromiso a bombo y platillo*. *loc.adv. coloquial*
8 **dar bombo:** Elogiar con exageración: *dio mucho bombo al nuevo subdirector, pero pronto se dio cuenta de su error*. *coloquial*
9 **ir o irse al bombo:** Fracasar, perder: *el negocio de ganado se fue al bombo*. *Argent. coloquial*

10 **mandar o tirar al bombo:** Perjudicar, hacer fracasar. *Argent. coloquial*

bombón (Del fr. *bonbon*.)
1 Dulce pequeño de chocolate, que puede estar relleno de licor, cremas, frutas u otros manjares: *un bombón de chocolate y avellana*. *s.m.*
2 Persona atractiva, guapa o de carácter dulce. *coloquial*

bombona (Del cat. *bombona*.)
1 Recipiente de metal, redondo, voluminoso y resistente, provisto de cierre hermético y espita, usado para transportar gases a presión y líquidos muy volátiles: *compra una bombona de butano*. *s.f.*
2 Recipiente de metal de poca altura usado para guardar algodón y gasas esterilizadas.

bombonera Caja para guardar bombones: *una bombonera de cristal tallado*. *s.f.*

bombonería Confitería especializada en bombones y dulces. *s.f. COMERCIO*

bonachón, a Que es bueno y de carácter dócil: *no la atribules, es una bonachona infeliz*. *adj/s.*

bonaerense
1 De Buenos Aires, capital de Argentina. *adj.*
2 Persona que es natural de esta ciudad. *s.m.f.*

bonancible (Derivado de *bonanza*.) Se refiere al tiempo, al mar y al viento que está tranquilo y sereno. *adj.*

bonanza (Del lat. vulgar **bonacia*.)
1 Tiempo tranquilo o sereno en el mar. *s.f.*
2 Situación de bienestar debida a una mejora social o económica. *= prosperidad*
3 Zona muy rica en mineral. *MINERALOGÍA*

bondad (Del lat. *bonitas, -atis*.)
1 Calidad de bueno. *s.f.*
2 Disposición natural a hacer el bien o a obrar correctamente: *su bondad se hace patente en sus obras*. *≠ maldad*
3 Actitud de quien se muestra dulce y pacífico en el trato: *tiene la bondad de su padre*.

bondadoso, a Que se comporta con bondad. *adj.*

bonderización Procedimiento aplicado a los productos férricos para protegerlos de la herrumbre. *s.f./QUÍMICA, METALURGIA*

boneta Vela que se añade a otra para aumentar su superficie. *s.f. NÁUTICA*

bonete (Del cat. *bonet*, diminutivo del bajo lat. *abbonis*.)
1 Birrete que cubre la cabeza, generalmente con cuatro picos, usado por eclesiásticos, graduados y seminaristas: *llevaban bonetes de terciopelo con bordados dorados*. *s.m.*
2 Prenda de vestir sin copa ni alas que cubre y abriga la cabeza. *= gorro*
3 Recipiente de vidrio ancho por arriba y estrecho por el fondo en el que se sirven los dulces. *= dulcera*
4 Segunda cavidad del estómago de los rumiantes. *ZOOLOGÍA/= redecilla*

bonetería
1 Taller, tienda y oficio de bonetero. *s.f.*
2 Tienda donde se vende ropa interior femenina. *Méx./COMERCIO*

bonetero, a
1 Persona que hace o vende bonetes. *s.*
2 Arbusto celastráceo de hojas opuestas, flores pequeñas y fruto en cápsula. (*Evonymus*.) *BOTÁNICA*

bongó Instrumento de percusión formado por dos pequeños tambores yuxtapuestos, usado en algunos países caribeños. *s.m. pl: bongós MÚSICA*

boniato
1 Batata, planta vivaz que produce tubérculos azucarados y comestibles. *s.m./BOTÁNICA tb: buniato, moniato*
2 Tubérculo de esta planta: *asaron los boniatos en las brasas*. *BOTÁNICA*

bonificación
1 Descuento sobre el precio estipulado: *bonificación por pronto pago*. *s.f. COMERCIO*
2 Aumento de puntos o rebaja del tiempo en ciertas pruebas deportivas. *DEPORTES*

bonificar
1 Aumentar la cantidad de dinero en la cuenta o el haber de una persona o conceder un descuento en lo que debe pagar. *v.tr. conj: sacar COMERCIO*
2 Asentar una partida en el haber. *COMERCIO*
3 Descontar tiempo en ciertas pruebas. *DEPORTES*
4 Mejorar la puntuación del participante en ciertas pruebas. *DEPORTES*

bonina Manzanilla loca, planta. *s.f./BOTÁNICA*

bonítalo Bonito, pez teleósteo. *s.m./ZOOLOGÍA*

bonitero, a
1 Del bonito: *se dedica a la pesca bonitera*. *adj.*
2 Se aplica a la embarcación que está destinada a la pesca del bonito. *adj/s.f. PESCA*
3 Temporada en que se realiza la pesca del bonito. *s.f./PESCA*

bonito, a
1 Que es bueno, bondadoso. *adj.*

2 Que resulta agradable a la vista, al oído o al espíritu, que es agraciado: *el canario es un pájaro bonito; tiene una bonita casa.* `= bello, guapo, lindo`

3 Pez escómbrido comestible, de dorso azul negro y vientre plateado, que vive en aguas atlánticas y mediterráneas. *(Sarda sarda.)* `s.m. ZOOLOGÍA`

bonizo Planta gramínea, variedad del panizo, de granos muy menudos. `s.m. BOTÁNICA`

bono (Del fr. *bon.*)
1 Tarjeta o documento canjeable por un artículo o que permite la adquisición de productos comerciales por un valor determinado y en un establecimiento concreto: *bono de descuento.* `s.m. = vale`
2 Tarjeta de abono que permite el uso de un servicio durante un tiempo determinado.
3 Título de deuda emitido generalmente por una tesorería pública, empresa industrial o comercial. `COMERCIO, ECONOMÍA`
4 **bono de caja:** Título de renta fija, emitido por una empresa, en compensación a un préstamo. `COMERCIO, ECONOMÍA`
5 **bono del tesoro:** Título de deuda emitido por el estado u otro organismo público, para financiar la deuda pública y otros proyectos públicos. `COMERCIO, ECONOMÍA`

bonote Corteza del coco. `s.m./BOTÁNICA`

bonsai
1 Técnica de cultivo de origen japonés, consistente en plantar en macetas pequeñas determinadas plantas ornamentales a las que se impide su crecimiento natural mediante el corte de brotes y raíces. `s.m. pl: bonsais`
2 Planta ornamental que se cultiva con esta técnica.

bonzo, a (Del japonés *bozu.*) Monje budista. `s.m./RELIGIÓN`

boñiga Excremento del ganado vacuno o caballar: *el camino estaba lleno de boñigas.* `s.f. th: moñiga`

boñigo Cada porción o parte del excremento del ganado vacuno o caballar. `s.m. th: moñigo`

boñiguero Abanto, ave rapaz semejante al buitre. `s.m./ZOOLOGÍA`

boogie-woogie (Voz inglesa.)
1 Estilo de jazz, con ritmos de blues muy rápidos y variaciones melódicas acompañada de notas graves. `s.m. MÚSICA`
2 Baile con mucho ritmo que se originó a partir de este estilo.

boom (Voz inglesa.) Incremento espectacular, éxito, auge: *el boom de la literatura hispanoamericana.* `s.m. pl: booms`

bop (Voz inglesa.) Estilo de jazz, que se caracteriza por la brillantez del grupo rítmico y el uso de armonías disonantes. `s.m./pl: bop MÚSICA = be-bop`

boqueada
1 Apertura de la boca justo antes de morir. `s.f.`
2 **dar las boqueadas:** Llegar una cosa a su fin: *el juicio daba sus últimas boqueadas.* `coloquial`

boquear
1 Abrir la boca. `v.intr.`
2 Estar agonizando.
3 Llegar una cosa a su fin: *boquear un proceso.* `coloquial`
4 Pronunciar una palabra o una expresión: *boqueó un insulto que jamás llegó a sus oídos.* `v.tr.`

boquera
1 Llaga que se forma en la comisura de los labios: *la sal le molesta en las boqueras.* `s.f. th: bocera`
2 Abertura que se hace en un canal para regar. `AGRICULTURA`
3 Ventana del pajar.

boquerón
1 Pez clupeiforme de cuerpo comprimido lateralmente, de boca grande con dientecillos, de dorso verde o azulado y vientre plateado, que vive en aguas del Atlántico y Mediterráneo. *(Engraulis encrasicholus.)* `s.m. ZOOLOGÍA = alacha, anchoa, haleche, lacha`
2 Abertura grande.

boquete Agujero, abertura de forma irregular hecha en una pared: *abrieron un boquete en el muro.* `s.m. = brecha`

boquetear Hacer aberturas de ventilación en una mina o comunicar una galería con otra. `v.tr. MINERÍA`

boquiabierto, a
1 Que tiene la boca abierta. `adj.`
2 Que está absorto, asombrado o embobado: *quedó boquiabierta al verles actuar en el escenario.* `adj. = pasmado`

boquidulce Tiburón con siete aberturas braquiales a cada lado de la cabeza y una sola aleta dorsal. `s.m. ZOOLOGÍA`

boquifresco, a
1 Se refiere a la persona que dice verdades desagradables con serenidad y sin reparo. `adj/s. coloquial`
2 Se aplica a la caballería que tiene la boca salivosa y fresca y es obediente al freno. `adj. EQUITACIÓN`

boquilla
1 Filtro que algunos cigarros tienen en un extremo, por el que se aspira el humo al fumar: *fuma los cigarrillos hasta la boquilla.* `s.f.`
2 Tubo pequeño donde se coloca el cigarrillo para fumarlo y, también, parte de la pipa que se mete en la boca.
3 Extremo del cigarro puro.
4 Pieza que se coloca en la abertura o boca de un objeto.

5 Pieza que se adapta al tubo de algunos instrumentos musicales de viento, en la que se apoyan los labios o que entra en la boca para hacerlos sonar. `MÚSICA`
6 Abertura que se hace en una acequia para derivar el agua de riego. `AGRICULTURA`
7 Pieza de metal que sirve para conectar una bombilla con el circuito eléctrico. `= portalámparas`
8 Cada una de las aberturas del pantalón por donde salen las piernas.
9 Pieza de metal que adorna la boca o entrada de la vaina de un arma blanca. `= brocal`
10 Agujero hecho con escoplo que se abre en las piezas de madera para ensamblarlas. `CARPINTERÍA`
11 **de boquilla:** De forma falsa, sin la intención de hacer efectivo lo que se dice u ofrece: *no creas en sus palabras, lo dijo de boquilla.* `loc.adv.`

boquimuelle
1 Se aplica a la persona que es fácil de manejar o engañar. `adj. = paleto, títere`
2 Se refiere a la caballería que siente mucho el freno. `EQUITACIÓN`

boquín Bayeta basta y tosca. `s.f.`

boquinegro, a
1 Se aplica al animal que tiene el hocico negro y el resto de la cabeza o de la cara de otro color. `adj.`
2 Caracol terrestre redondeado, lustroso, de color amarillento y boca negra. `s.m. ZOOLOGÍA`

boquirroto, a
1 Que tiene la boca rasgada. `adj./= boquirrasgado`
2 Que habla más de la cuenta. `coloquial/= indiscreto`

boquirrubio, a
1 Que habla sin reservas ni contención. `adj/s.`
2 Que es inexperto o inocente. `adj.`
3 Joven muy presumido. `s.m./coloquial`

boquiseco, a
1 Que tiene la boca seca. `adj.`
2 Se refiere a la caballería que no hace espuma por la boca. `EQUITACIÓN`

boracita Mineral formado por una mezcla de borato y cloruro magnésico natural. `s.f. MINERALOGÍA`

borano Denominación genérica de los compuestos de hidrógeno y boro. `s.m. QUÍMICA`

borato Sal derivada del ácido bórico. `s.m./QUÍMICA`

bórax (Del lat. moderno *borax* < ár. *bauraq* < persa *burah*, nitro.) Borato hidratado de sodio. `s.m./pl: bórax QUÍMICA/= atincar`

borbolla
1 Burbuja de aire formada en el interior del agua y producida por la lluvia u otras causas: *la violencia de la lluvia creaba borbollas en el charco.* `s.f.`
2 Agitación del agua al hervir. `= borbollón`

borbollar (Del lat. *bullare*, burbujear.) Formar un líquido borbollones o burbujas grandes al hervir o al salir de un lugar. `v.intr. th: borbollear = borbollonear`

borbollón
1 Movimiento o agitación del agua debido al vapor que se desprende al hervir o al aire que se mezcla con ella al manar. `s.m. th: borbolla, borbotón`
2 **a borbollones:** A borbotones, de forma atropellada: *les relató la escena a borbollones.* `loc.adv. coloquial`

borbollonear Producir un líquido burbujas grandes al hervir o al salir de un lugar. `v.intr/= borbollar, borbollear`

borbónico, a
1 Que tiene relación con la dinastía de los Borbones. `adj.`
2 Persona que es partidaria de la dinastía de los Borbones. `s.`

borbor Borboteo que se produce al hervir un líquido. `s.m.`

borborigmo (Del gr. *borborygmos.*) Ruido que los gases y líquidos intestinales producen al desplazarse. `s.m.`

borboritar Formar un líquido burbujas al hervir o al manar de un lugar. `v.intr/= borbollar, borbollonear`

borbotar Salir o hervir un líquido a borbotones: *borbotaba el caldo en la olla.* `v.intr. th: borbotear`

borboteo Acción de borbotar el agua. `s.m./= borbor`

borbotón
1 Movimiento o agitación del agua en ebullición, elevándose sobre la superficie. `s.m./tb: borbollón, borbolla`
2 **a borbotones:** Precipitada y entrecortadamente, con violencia. `loc.adv. tb: a borbollones`

borceguí Calzado abierto por delante que llegaba hasta más arriba del tobillo y se ajustaba con cordones. `s.m. pl.tb: borceguíes`

borcellar Borde de una vasija o vaso. `s.m.`

borda
1 Borde superior del costado de un barco. `s.f./NÁUTICA`

2 Vela mayor de las galeras. — NÁUTICA
3 arrojar, echar o tirar por la borda: Desprenderse — coloquial
de una cosa o deshacerse de una persona de forma
desconsiderada: *tiraron el cadáver por la borda.*

bordada
1 Distancia recorrida por una embarcación sin cam- — s.f./NÁUTICA
biar la orientación de las velas. — = bordo
2 Paseo corto y repetido de una parte a otra. — coloquial

bordado, a
1 Que es perfecto o está bien logrado: *la representa-* — adj.
ción salió bordada. — coloquial
2 Labor de adorno hecha con diversidad de puntos y — s.m.
formando dibujos: *lucía un precioso bordado en el delan-* — TEXTIL
tero y en el cuello de la blusa.

bordador, a Persona que se dedica a bordar. — s./TEXTIL

bordar (Del germ. *bruzdon*.)
1 Adornar la tela o la piel con bordados: *bordó el* — v.tr.
mantel con hilos de seda. — TEXTIL
2 Actuar o hacer una cosa con arte y perfección: *el* — coloquial
actor bordó su interpretación.

borde
I (Del germ. *bord*, orilla.)
1 Extremo u orilla de alguna cosa: *el borde de la falda;* — s.m.
el borde del abismo.
2 Contorno de la boca de una vasija: *el vino se salía*
por los bordes de la jarra.
3 Orilla, ribera, línea de separación entre el mar, un
lago o un río y la tierra.
4 Bordo o parte exterior de un barco.
5 al borde de: Próximo a suceder alguna cosa: *se en-* — loc.adv.
cuentra al borde de la locura.
II (Del cat. *bord* < bajo lat. *burdus*, mulo, bastardo.)
1 Se refiere a las plantas no injertadas ni cultivadas. — adj./BOTÁNICA
2 Que es tosco o torpe. — coloquial
3 Se aplica a la persona que se comporta de manera — adj/s.m.f.
extremadamente irrespetuosa o despectiva y molesta. — = grosero
4 Se refiere al hijo nacido fuera del matrimonio. — = bastardo

bordear
1 Pasar, andar o ir cerca del borde o la orilla de un — v.tr.
lugar: *bordearon el lago.*
2 Rodear o estar una cosa situada al borde de otra: — = circundar
las rosas bordean el jardín.
3 Acercarse, aproximarse, estar cerca de: *sus ideas* — = frisar
bordean la estupidez; bordea los cuarenta años.
4 Navegar una embarcación de bolina virando alter- — v.intr.
nativamente a uno y otro costado. — NÁUTICA

bordillo Borde de aceras o andenes: *el pie le resbaló en* — s.m.
el bordillo y se hizo un esguince.

bordo
1 Lado o costado exterior de un barco. — s.m./NÁUTICA
2 Distancia recorrida por una embarcación sin cam- — NÁUTICA
biar la orientación de las velas. — = bordada
3 a bordo: En la embarcación: *se encontraron a bordo* — loc.adv.
de un crucero.

bordón (Derivado de *bohordo*, lanza corta.)
1 Bastón más alto que un hombre y con punta de — s.m.
hierro.
2 Palabra o frase que se repite habitualmente y sin — = bordoncillo,
necesidad en la conversación. — muletilla
3 Persona que guía, acompaña o sostiene a otra. — = lazarillo
4 Verso más corto que los otros de la misma estrofa — POESÍA
que se repite al final de cada copla.
5 Estrofa de tres versos, generalmente un pentasílabo — POESÍA
y dos heptasílabos, que se añade a una seguidilla.
6 Cuerda gruesa de ciertos instrumentos de música — MÚSICA
que da los sonidos más bajos.
7 Omisión que comete el tipógrafo de imprenta. — ARTES GRÁFICAS

bordoncillo Muletilla, palabra o frase que se repite — s.m.
con exceso. — = bordón

bordonear
1 Examinar, tocar el suelo, el camino con el bordón o — v.intr.
bastón.
2 Golpear con el bordón o bastón.
3 Pedir limosna. — coloquial
4 Tocar o hacer sonar el bordón de una guitarra. — MÚSICA

bordoneo
1 Sonido bajo o grave producido al tocar el bordón — s.m.
de la guitarra. — MÚSICA
2 Zumbido, ruido sordo.

bordonero, a Se aplica a la persona que vagabundea — adj/s.
o mendiga.

bordura (Del fr. *bordure*, ribete.)
1 Dibujo o pieza que rodea al escudo. — s.f./HERÁLDICA
2 Seto bajo de plantas de adorno que bordea al conjunto de plantas que decoran un jardín.

boreal Del bóreas o del norte: *hemisferio boreal; polo* — adj.
boreal. — = septentrional

bóreas (Del lat. *boreas* < gr. *boreas*.) Viento que sopla — s.m.
del norte. — pl: bóreas

borgoña Vino elaborado en la comarca vinícola fran- — s.m.
cesa de Borgoña.

borgoñota Pieza de la armadura que sólo cubría la — s.f./HISTORIA
parte superior de la cabeza. — = celada

borla
1 Conjunto de hilos, hebras o cordones sujetos por — s.f.
uno de sus extremos y sueltos por el otro: *la borla de*
un gorro.
2 Insignia de los doctores y universitarios fija en el
centro del bonete.
3 tomar la borla: Graduarse en la universidad: *su hijo* — coloquial
mayor tomó la borla el mismo año que el pequeño iniciaba
el bachillerato.

borlilla Antera, parte del estambre de las flores don- — s.f.
de se produce y guarda el polen. — BOTÁNICA

borlón
1 Tela de lino y algodón llena de borlitas, que se pa- — s.m.
rece a la cotonía. — TEXTIL
2 Amaranto, nombre genérico de varias plantas. — s.m.pl./BOTÁNICA

borlote Escándalo, alboroto. — s.m./Méx.

borne
I (Del fr. *borne*, extremo, límite.)
1 Pieza saliente, a modo de botón o varilla, donde se — s.m.
sujetan los extremos de los cables eléctricos en las — ELECTRICIDAD
máquinas y aparatos.
2 Atravesador, aislador que atraviesa una pared. — ELECTRICIDAD
II (Del lat. *laburnum*.) Codeso, planta arbustiva. — s.m./BOTÁNICA

bornear
I (Derivado del fr. *borne*, extremo, límite.)
1 Doblar, torcer o ladear: *borneó la espada; bornear un* — v.tr.
clavo.
2 Labrar, trabajar el contorno de una columna.
3 Mover los sillares y otras piezas de obra hasta en- — ARQUITECTURA
cajarlos perfectamente. — CONSTRUCCIÓN
4 Girar una embarcación sobre sus amarras. — v.intr./NÁUTICA
5 Torcerse o tomar forma curva la madera. — v.prnl.
II (Del fr. *bornoyer* < *borgne*, tuerto.) Mirar con un — v.tr.
solo ojo para ver si una cosa está en línea con otras o
si una superficie es curva.

borneo
I (Derivado de *bornear*, ladear.) Acción y resultado de — s.m.
moverse o ladear. — = doblamiento
II (Derivado de *bornear*, mirar.) Acción y resultado de
mirar con un solo ojo.

borní (Del ár. *burni*, especie de halcón.) Aguilucho la- — s.m.
gunero, ave rapaz diurna de plumaje suave y vistoso. — pl.tb: borníes
(Circus aeruginosus.) — ZOOLOGÍA

boro Elemento químico no metálico, de color pardo — s.m.
oscuro, sólido, duro y poco soluble. — QUÍMICA

borona (Voz prerromana.)
1 Mijo, planta herbácea gramínea. — s.f./BOTÁNICA
2 Maíz, planta gramínea. — BOTÁNICA
3 Pan hecho a base de maíz.

borondanga Morondanga, cosa inútil o confusión: *el* — s.f.
desván estaba lleno de borondangas y trastos viejos.

boronía Alboronía, guiso. — s.f./COCINA

borra
I (Del bajo lat. *burra*, lana grosera.)
1 Parte más basta o tosca de la lana. — s.f.
2 Pelusa polvorienta que se forma en los bolsillos de
las prendas de vestir, en los rincones, bajo los muebles o en otros lugares.
3 Cordera de un año.
4 Sedimento formado en la base de recipientes que
contienen café, tinta, aceite u otro líquido semejante.
5 Expresiones o palabras que se consideran inútiles o — coloquial
carentes de importancia.
6 Pelo que el tundidor extrae del paño con la tijera. — TEXTIL
7 Pelusa del algodón. — TEXTIL
8 Impuesto sobre el ganado que consiste en pagar — DERECHO
una cabeza sobre cierto número de ellas.
II (Del ár. *bauraq* < persa *burah*, nitro.) Bórax, com- — s.f./QUÍMICA
puesto químico. — tb: borraj

borracha Bota de vino. — s.f.

borrachear Embriagarse o emborracharse con asidui- — v.intr.
dad. — coloquial

borrachera
1 Embriaguez, estado producido por el alcohol cuan- — s.f.
do se bebe en tal cantidad que provoca alteraciones — tb: borrachez
físicas o perceptivas: *con tanto vino, cogió una buena bo-* — = curda, curdela
rrachera.
2 Estado de gran exaltación emocional: *está viviendo* — coloquial
una borrachera de felicidad.
3 Disparate desmesurado. — coloquial
4 Banquete en el que se come y bebe en exceso.

borrachez Borrachera o embriaguez. — s.f./pl: borracheces

borrachín, a Persona que se emborracha con fre- — adj/s.
cuencia: *si quiere encontrar a ese borrachín que vaya a la* — coloquial
bodega a buscarlo.

borracho, a
1 Se refiere a la persona que ha tomado una cantidad tal de alcohol que tiene alteradas sus facultades físicas o perceptivas: *llegó borracha a casa y su padre la castigó*. — adj/s. = embriagado ≠ sobrio
2 Se refiere a la persona que abusa de las bebidas alcohólicas con frecuencia. — = alcohólico ≠ sobrio
3 Se refiere a los dulces u otros manjares que llevan vino o licor como ingrediente: *bizcocho borracho*. — COCINA adj.
4 Que está alterado o dominado por alguna pasión o sentimiento: *borracho de ira*. — = ciego
5 Se aplica al fruto, flor que tiene color morado: *zanahoria borracha*. — BOTÁNICA

borrachuela Cizaña, planta gramínea. — s.f./BOTÁNICA

borrador
1 Primera redacción de un escrito o un texto, que se corrige hasta fijar su forma definitiva: *te entregará un borrador para que juzgues si es eso lo que quieres*. — s.m.
2 Utensilio que sirve para borrar: *la maestra usa el borrador para borrar la tiza de la pizarra*.
3 Libro en que los comerciantes anotan sus operaciones y cuentas, que luego se pasan a otro definitivo. — COMERCIO

borradura Tachadura, resultado de borrar con rayas o garabatos lo escrito: *el profesor le llenó de borraduras el texto*. — s.f.

borragináceo, a Perteneciente a una familia de plantas dicotiledóneas, de hojas generalmente esparcidas y fruto en drupa. — adj/s.f. BOTÁNICA = borragíneo

borraj Bórax, compuesto químico. — s.m./QUÍMICA

borraja (Del cat. *borratja*, probablemente del ár. *bu araq*, sudorífico.) Planta boragincácea anual, comestible, muy ramosa, que se emplea como sudorífica y diurética. *(Borrago officinalis.)* — s.f. BOTÁNICA

borrajear
1 Dibujar o realizar borrones, rasgos informales o mal hechos. — v.tr./= borronear, garrapatear
2 Escribir de forma descuidada.

borrajo
1 Rescoldo, brasa menuda. — s.m.
2 Hojarasca de los pinos: *el fuego prendió en el borrajo seco de la ladera*.

borrar (Derivado de *borra*, lana grosera.)
1 Quitar o hacer desaparecer una cosa escrita, dibujada o pintada por cualquier medio: *borra las anotaciones en lápiz con la goma; parte del dibujo se borró con la tinta*. — v.tr/prnl.
2 Hacer desaparecer o desvanecerse una persona o una cosa: *lo he borrado para siempre de mi memoria*.
3 Darse de baja en una asociación: *se borró del equipo; me borraron del club*.
4 Tachar un escrito con rayas horizontales o transversales para que no se pueda leer o invalidarlo. — v.tr.
5 Quitar de una lista o una relación: *lo borraron de la lista de aprobados*.

borrasca (Del gr. *borras*, viento del norte < *boreas, boreas*.)
1 Tempestad fuerte en el mar o en la tierra: *el velero logró capear la borrasca*. — s.f.
2 Área de bajas presiones que implicarán formación de nubes, ausencia de rayos solares y posibilidad de lluvia.
3 Conjunto de contratiempos que se sufren en algún asunto o negocio.

borrascoso, a
1 Se refiere al tiempo, viento o nube que produce o amenaza borrasca: *esta región es de clima borrascoso*. — adj.
2 Se aplica a la vida o comportamiento que es desordenado o libertino: *diversión borrascosa*. — = desenfrenado
3 Que implica violencia o agitación: *vivieron una época borrascosa*. — = accidentado

borregada Rebaño de corderos o borregos: *les dejó en herencia una buena borregada*. — s.f.

borrego, a (Derivado de *borra*, por la lana de que está cubierto.)
1 Se aplica a la persona que se somete dócil o servilmente a la voluntad de otros. — adj/s.
2 Cordero de uno a dos años: *un coche atropelló a dos borregos*. — s.
3 Persona simple, necia o ignorante. — coloquial
4 Nubecilla blanca y redondeada. — s.m.

borreguero
1 Se refiere al terreno que tiene buenos pastos para los borregos: *coto borreguero*. — adj.
2 Se aplica al tren de pasajeros que va abarrotado de gente. — adj/s.m.
3 Persona que se dedica al cuidado de los borregos. — s.

borreguil
1 Del borrego. — adj.
2 Que se deja llevar por los demás: *tiene una cierta tendencia borreguil*. — coloquial

borrén (Del romance hispánico **burrago* < lat. *burra*, lana grosera.) Unión del arzón con las almohadillas que se ponen delante y detrás en la silla de montar. — s.m. EQUITACIÓN

borricada
1 Conjunto o manada de borricos. — s.f.
2 Dicho o hecho necio, tontería: *su amigo no ha dicho más que borricadas durante la cena*. — coloquial = disparate

borrico, a (Del bajo lat. *burricus*, caballo pequeño.)
1 Asno, animal cuadrúpedo. — s./ZOOLOGÍA
2 Caballete o trípode de madera u otro material que usa el carpintero como soporte para labrar la madera. — s.m./CARPINTERÍA = borriquete
3 Se refiere a la persona que es muy necia: *es un borrico insoportable*. — adj/s. coloquial
4 *puesto en el borrico*: Se usa para designar a la persona que está resuelta a continuar un empeño. — coloquial

borricón Se refiere al hombre que es demasiado paciente o resignado. — adj/s.m./coloquial = borricote

borriquero, a
1 Del borrico: *me desespera su inteligencia borriquera*. — adj./= borriqueño
2 Persona que cuida o conduce una borricada. — s.

borriquete
1 Borrico o trípode de madera usado como soporte por los carpinteros. — s.m. CARPINTERÍA
2 Vela colocada sobre el trinquete y usada cuando éste se rasga o queda inutilizado. — NÁUTICA

borro Cordero entre uno y dos años. — s.m./= borrego

borrón
1 Mancha que queda al tachar un escrito, un dibujo en un papel, o al caer tinta sobre él: *entregó el examen lleno de borrones*. — s.m.
2 Acción indigna, que mancha la reputación o fama de una persona.
3 Primera redacción de un escrito o de un texto que se corrige hasta fijar su realización definitiva: *en el borrón ya se detectaba la calidad de su traducción*. — = borrador
4 Imperfección, defecto que afea o desluce. — = tacha
5 Primer esbozo de un cuadro. — ARTE
6 Exceso o grumo de engrudo introducido debajo de las alzas, que causa un defecto en la impresión. — s.m.pl. ARTES GRÁFICAS
7 *borrón y cuenta nueva*: Se usa para expresar el propósito de olvidar equívocos, enfados, errores, cuentas pasadas: *arreglemos nuestras diferencias, borrón y cuenta nueva*. — coloquial

borronear
1 Dibujar o realizar borrones, rasgos informales o mal hechos. — v.tr. = borrajear
2 Escribir de forma descuidada: *borroneó las fichas*. — = borrajear

borroso, a
1 Que no se ve o no se distingue con claridad: *sin gafas veo los objetos borrosos*. — adj.
2 Se refiere a la sustancia que tiene mucha borra o sedimento.

borujo (Del lat. *voluculum*, envoltorio.)
1 Grumo o dureza que se forma en una masa que debe ser suelta o homogénea. — s.m. tb: burujo
2 Orujo de la aceituna o de la uva: *retiraron el borujo de la pisada*.

borujón Chichón, bulto que sale en la cabeza como resultado de un golpe: *lucía un tremendo borujón en mitad de la frente*. — s.m. tb: burujón

boruro Combinación del boro con otros elementos. — s.m./QUÍMICA

borusca Seroja, hojarasca seca o residuos de la leña. — s.f.

boscaje
1 Bosque espeso de poca extensión: *el fugitivo se internó en el boscaje*. — s.m.
2 Pintura o tapiz que representa una espesura con árboles, plantas y animales. — ARTE

boscoso, a Se refiere al lugar que tiene muchos bosques: *las boscosas estribaciones del monte*. — adj.

bosnio, a
1 De Bosnia-Herzegovina, estado europeo de los Balcanes. — adj.
2 Persona que es natural de este estado. — s.

bosque (Del cat. *bosc*.)
1 Extensión de terreno poblado predominantemente por árboles: *en el bosque abierto alternan el arbolado y los claros*. — s.m. = algaba
2 Cantidad desordenada de alguna cosa: *tiene un bosque de pelos en el pecho*. — coloquial

bosquejar (Del cat. *bosquejar*, desbastar un tronco < *bosc*, bosque.)
1 Realizar el bosquejo de una obra de arte: *bosquejar un bodegón*. — v.tr.
2 Trabajar una obra material sin darle la perfección definitiva. — = esbozar
3 Exponer una idea o un proyecto de manera general: *bosquejó su plan antes de empezar la reunión*. — = esbozar

bosquejo
1 Obra que hace un artista o un escritor a modo de ensayo para su realización definitiva: *presentó el bosquejo de la novela al editor*. — s.m. = esbozo

2 Idea, concepto, plan poco determinados o imprecisos: *en comandancia aplaudieron su bosquejo del ataque.*

bosquete Bosque artificial en un jardín o parque.   s.m.

bosquimano, a (Del neerlandés *boschjesman*, hombre de la maleza.)
1 De un pueblo de África austral de cazadores nómadas.   adj.
2 Miembro de este pueblo.   s.
3 Lengua de la familia khoisan hablada por este pueblo.   s.m.

bossa-nova (Voz portuguesa.) Modalidad de samba   s.f. brasileña y ritmo muy marcado, acompañamiento di-   MÚSICA sonante y línea melódica más bien indefinida.

bosta (Del gallego-portugués *bosta* < *bostal*, establo de   s.f. bueyes < bajo lat. *bostar*.) Excremento del ganado vacu-   = boñiga no o del caballar.

bostezar (Derivado del lat. *oscitare*.) Abrir la boca ha-   v.intr. ciendo una inspiración lenta, seguida de una espira-   conj. *cazar* ción también lenta, debido al cansancio, al sueño o al aburrimiento: *se pasa toda la clase bostezando.*

bostezo Resultado de bostezar una vez: *con un boste-*   s.m. *zo se desencajó la mandíbula.*

bota
I (Del lat. *buttis*, odre, tonel.)
1 Recipiente de cuero u otro material similar, con   s.f. forma de bolsa cerrada y provisto de una boquilla de   = odre la cual se puede beber el vino u otro líquido: *cogió la bota y un hato con queso y pan y se echó al monte.*
2 Cuba o tonel que sirve para guardar líquidos: *algu-na de estas botas agria el vino.*
II (De origen incierto.)
1 Calzado de piel, cuero u otro material sintético que cubre el pie y parte de la pierna: *se ha comprado unas botas de agua; le regalaron unas botas de fútbol.*
2 bota de montar: La usada por los jinetes y por al-   EQUITACIÓN gunos militares para montar a caballo.
3 colgar las botas: Abandonar la práctica del fútbol: DEPORTES *después de dos años lesionado, colgó las botas.*   jerga
4 morir con las botas puestas: 1. Hacerlo con honor   MILITAR en el campo de batalla. **2.** Hacerlo en pleno ejercicio   coloquial de una actividad o profesión.
5 ponerse uno las botas: 1. Enriquecerse, ganar di-   coloquial nero. **2.** Disfrutar mucho de la comida, del sexo o de cualquier otro placer: *se puso las botas de marisco.*

botador, a
1 Que bota.   adj.
2 Persona que derrocha o despilfarra el dinero.   Amér.
3 Herramienta semejante al cincel sin afilar, que se   s.m. usa para arrancar o meter un clavo.   CARPINTERÍA
4 Utensilio de madera puntiagudo que sirve para   ARTES GRÁFICAS apretar y aflojar las cuñas de la forma o molde de la imprenta.
5 Pértiga que se usa para desencallar un barco o para   NÁUTICA moverlo.
6 Instrumento de cirugía, con dos dientes o puntas,   MEDICINA que usaban los dentistas.

botadura Acto de botar o echar al agua una embar-   s.f. cación: *la botadura del buque se realizó sin problemas.*   NÁUTICA

botafumeiro
1 Incensario, recipiente en el que se quema incienso   s.m. en las ceremonias litúrgicas.
2 Lisonja, halago: *no entendía a qué venían tanta adula-*   coloquial *ción y botafumeiro.*

botalón Palo largo que sobresale de una embarcación   s.m. para sujetar las velas salientes.   NÁUTICA

botamen (Del cat. *botam*, conjunto de toneles.)
1 Conjunto de pipas o toneles de una embarcación   s.m./NÁUTICA en que se llevan la aguada y otros géneros.   = pipería
2 Conjunto de botes de una farmacia.   FARMACIA

botana (Del ár. *butana*, piel de carnero preparada.)
1 Remiendo que se hace en los agujeros de los odres.   s.f.
2 Tapón de las cubas de vino.
3 Parche que sirve para curar una herida.   coloquial
4 Señal que queda de una herida o llaga.   coloquial/= cicatriz
5 Vaina de cuero que se pone a los gallos de pelea en   Amér. los espolones.
6 Pequeña cantidad de comida que se suele tomar   Méx., Guat. como aperitivo acompañada de bebida.   = tapa

botánica Ciencia que estudia los vegetales.   s.f./BOTÁNICA

botánico, a (Del gr. *botanikos* < *botane*, hierba.)
1 Que tiene relación con la botánica: *visitaremos el*   adj. *jardín botánico.*   BOTÁNICA
2 Persona que profesa o se dedica al estudio de la bo-   s./BOTÁNICA tánica: *trabaja de botánico.*   = botanista

botar (Del fr. ant. *boter*, golpear, empujar < germ. *botan.*)
1 Salir despedido un cuerpo al chocar contra una su-   v.intr. perficie dura: *el balón botó varias veces.*
2 Dar saltos repetidamente: *el caballo botaba por el ruedo.*
3 Mostrarse una persona muy enfadada, preocupada   coloquial o contenta: *botar de alegría.*

4 Interrumpir una conversación violentamente: *Juan*   coloquial *nos botó cuando la charla se estaba animando.*
5 Arrojar, tirar violentamente: *botar una piedra.*   v.tr.
6 Despedir a una persona o sacarla de un lugar: *lo bo-*   Amér. *taron del bar.*
7 Lanzar o echar al agua una embarcación después   NÁUTICA de construirla o repararla: *botar un velero.*
8 Mover el timón para seguir el rumbo que se quiere: NÁUTICA *botar a estribor.*
9 Intentar el caballo quitarse el bocado y desmontar   v.prnl. violentamente al jinete.   EQUITACIÓN

botaratada Comportamiento, actitud o palabras no   s.f. razonadas, propias de un botarate: *su crítica es una bo-*   = necedad *taratada que carece de fundamento.*

botarate
1 Que actúa sin pensar debidamente en lo que hace   adj/s.m.f. o dice.   coloquial
2 Se aplica a la persona que derrocha o despilfarra.   Amér.

botarel (Del cat. *botarrell* < fr. ant. *boter*, golpear, em-   s.m. pujar.) Contrafuerte, elemento de refuerzo.   ARQUITECTURA

botarga (De S. *Bottarga*, actor italiano.)
1 Vestido ajustado al cuerpo y de varios colores usa-   s.f. do en algunas representaciones teatrales.   TEATRO
2 Actor que llevaba este vestido.   TEATRO
3 Embuchado, embutido.
4 Calzón ancho y largo que se usaba antiguamente.

botavante (Del cat. *botavant*.) Chuzo o especie de   s.m. lanza con que los marineros se defendían en los   HISTORIA, abordajes.   NÁUTICA

botavara Palo horizontal que se apoya por su extre-   s.f. mo anterior al mástil y que sirve para sujetar la vela   NÁUTICA cangreja.

bote
I (Derivado de *botar.*)
1 Acción de botar una vez un cuerpo al chocar con-   s.m. tra una superficie dura: *la canica dio tres botes.*
2 Salto o brinco: *el gato dio un bote al sonar la alarma.*
3 Hoyo pequeño que se hace en el suelo para algu-   = broche nos juegos.
4 bote de carnero: Brinco que da el caballo para ti-   EQUITACIÓN rar al jinete, metiendo la cabeza entre las patas de-lanteras, y botando sobre éstas y sobre las traseras simultáneamente.
5 a bote pronto: De buenas a primeras, sin reflexio-nar: *se le ocurrió la solución a bote pronto.*
II (Derivado de *pote.*)
1 Recipiente pequeño y generalmente redondo usado   s.m. para guardar alimentos, medicinas, tabaco o cual-   = tarro quier otro objeto de pequeñas dimensiones: *bote de aceitunas; bote de crema.*
2 Dinero que se deja como propina en un restaurante y en otros establecimientos y recipiente donde se guarda dicha propina: *esta noche hay un buen bote.*
3 Dinero de un premio que no se entrega y se acu-mula para el siguiente: *la lotería tiene trescientos dieci-nueve millones de bote.*
4 chupar del bote: Sacar provecho, beneficio o ga-   coloquial nancia sin esfuerzo: *tiene ya treinta años y aún chupa del bote.*
5 tener en el bote: Conquistar o convencer a una   coloquial persona: *tiene a sus padres en el bote, haga lo que haga todo les parecerá bien.*
III (Del ingl. *boat* < ingl. medio *bot.*)
1 Barca pequeña y sin cubierta, movida a remo: *atra-*   s.m. *vesaron el pantano en un bote.*
2 bote salvavidas: Bote que se lleva a bordo para abandonar el barco en caso de naufragio.
IV (Del fr. ant. *de bout en bout*, de un extremo al   loc.adv. otro.) Indica que un sitio o local está completamente   coloquial lleno de gente o abarrotado en la expresión **de bote en bote.**

botella (Del fr. *bouteille* < lat. *butticula*, diminutivo de *buttis*, odre, tonel.)
1 Recipiente hecho de materiales y formas diversas,   s.f. generalmente redondo y de cuello largo, cerrado con un tapón o con algún sistema de cierre hermético, y usado para guardar y transportar líquidos: *botella de leche; botella de plástico.*
2 Cantidad de líquido que cabe en este recipiente.

botellazo Golpe dado con una botella: *ya en la prime-*   s.m. *ra escena le arrean un botellazo.*

botellería
1 Fábrica de botellas.   s.f./INDUSTRIA
2 Conjunto de botellas: *rompió toda la botellería.*

botellero, a
1 Persona que fabrica o vende botellas.   s.
2 Mueble para guardar botellas.   s.m.

botellín Botella pequeña: *sólo tomaré un botellín de cer-*   s.m. *veza o sidra.*

botería
1 Taller donde se fabricaban o tienda donde se ven-   s.f. dían recipientes de cuero para contener líquidos.

2 Conjunto de pipas o toneles en que se lleva el agua potable y otros géneros en una embarcación. — NÁUTICA / = pipería

botero, a
I (Derivado de *bota*, recipiente.) Persona que fabrica, aderaza o vende botas. — s.
II (Derivado de *bote*, barca.) Patrón de un bote. — s./NÁUTICA

botez Torpeza, falta manifiesta de inteligencia. — s.f./pl: boteces

botica (Del gr. *apotheke*, almacén, depósito.)
1 Farmacia, establecimiento donde se preparan y venden medicamentos: *compra el jarabe en la botica*. — s.f./FARMACIA / tb: botiga
2 Conjunto de medicinas suministradas o gastadas: *todo lo que gana se le va en botica*.
3 Medicamento usado para curar una enfermedad. — = droga
4 **haber de todo como en botica:** Existir o disponer de una gran variedad de cosas. — coloquial

boticario, a Farmacéutico, persona que tiene a su cargo una botica o farmacia. — FARMACIA

botija (Del bajo lat. *butticula* < *buttis*, odre, tonel.) Recipiente de barro, redondo y de cuello corto y estrecho. — s.f. / tb: botijo

botijo (Derivado de *botija*.) Recipiente de barro, semejante a una jarra ancha, con un asa y un pitorro, usado para refrescar el agua y beberla de él. — s.m. / = piporro

botillero
1 Persona que prepara o vende bebidas heladas o refrescos. — s.m. / tb: botiller
2 Persona que se ocupa de la mezcla de vinos y licores en bares, restaurantes y cafeterías.

botillo Bota pequeña de vino. — s.m.

botín
I (Del fr. *botte*.)
1 Calzado, parecido a la bota, que cubre el pie y el tobillo. — s.m.
2 Prenda de cuero o tela que se llevaba antiguamente sobre los zapatos y cubría el tobillo y parte de la pierna, a la cual se ajustaba con botones, hebillas o correas.
II (Del fr. *butin*.) Conjunto de armas, provisiones y otras cosas que los vencedores arrebatan a los vencidos: *los piratas se repartieron el botín*. — s.m.

botina Calzado que cubre el pie y el tobillo. — s.f./tb: botín

botinero, a
1 Se refiere a la res vacuna que tiene el pelo claro y las extremidades negras. — adj.
2 Persona que fabrica o vende botines. — s.

botiquín
1 Armario para guardar medicamentos, o caja o maleta para transportarlos: *en el botiquín sólo falta algodón hidrófilo*. — s.m. / FARMACIA
2 Conjunto de medicinas más básicas o necesarias. — FARMACIA

botivoleo Jugada consistente en golpear la pelota a volea después de haber botado. — s.m. / DEPORTES

boto, a
I (De origen incierto.)
1 Se refiere a la persona que es torpe o necia. — adj.
2 Que es obtuso y no tiene punta: *cuchilla bota*. — = romo
II (Derivado de *bota*, recipiente.) Bota de cuero para guardar vino u otros líquidos. — s.m.

botón (Del fr. ant. *boton* < *boter*, brotar.)
1 Objeto de diversos materiales, colores y formas que se cose a la ropa y sirve para abrochar las prendas pasándolo por un ojal: *cose los botones de la camisa antes de plancharla*. — s.m.
2 Yema o brote nuevo de las plantas del que crecerán las hojas, las flores y las ramas. — BOTÁNICA
3 Pieza saliente de forma redondeada que sirve de tirador en cajones, puertas u otras cosas. — = pomo
4 Labor en forma de anillo hecha con bolitas o medias bolitas usada en decoración.
5 Agente de policía. — Amér./coloquial
6 Capullo de flor que todavía está cerrado. — BOTÁNICA
7 Pieza que se oprime en los timbres, llaves de luz y otros aparatos eléctricos que sirve para activar su funcionamiento: *el botón rojo sirve para encender la televisión*. — ELECTRICIDAD
8 Parte central, generalmente redonda, de las flores pertenecientes a la familia de las compuestas. — BOTÁNICA
9 Chapa redonda que se pone en la punta de la espada o florete para no hacerse daño en los asaltos de esgrima. — DEPORTES
10 Pieza que se oprime con el dedo en los instrumentos músicos de viento. — MÚSICA
11 Pieza de la parte inferior de los instrumentos músicos de arco a la que se ciñe el trascoda. — MÚSICA
12 Enmarañamiento de fibras que no se pueden desenredar, que se produce a veces en el cardado. — TEXTIL
13 **botón de muestra:** Ejemplo o indicio: *esta reacción suya se servirá de botón de muestra de su carácter*. — coloquial

botonadura
1 Juego de botones para una prenda de vestir. — s.f.

2 Parte de la prenda de vestir correspondiente al conjunto de botones y ojales: *la botonadura de la casaca va por delante*. — tb: abotonadura

botonazo Golpe dado con el botón de la espada o del florete en esgrima. — s.m. / DEPORTES

botonería Establecimiento donde se fabrican o venden botones. — s.f. / COMERCIO

botonero, a Persona que fabrica o vende botones. — s.m.

botones Empleado en hoteles y otros establecimientos que se ocupa de los recados y otras tareas que se le ordenan: *mandó llamar al botones para que le enviase al correo una carta*. — s.m. / pl: botones

botulismo (Derivado del lat. *botulus*, cualquier embutido.) Envenenamiento alimenticio causado por un bacilo anaerobio y que produce trastornos neurológicos. — MEDICINA

bou (Del cat. *bou*, buey.)
1 Arte de pesca en la que dos barcas, separadas la una de la otra, arrastran una red por el fondo del mar. — s.m. / PESCA
2 Barca que se utiliza para pescar con esta técnica. — PESCA

bouquet (Voz francesa.)
1 Aroma del vino: *es un caldo de agradable bouquet*. — s.m./tb: buqué
2 Ramo de flores: *un bouquet de violetas*. — tb: buqué

bourbon (Voz inglesa.) Tipo de whisky, de origen norteamericano, elaborado con maíz y centeno. — pl: bourbons

bourel Boya formada por corchos pequeños.

boutique (Voz francesa.) Tienda especializada en la venta de artículos de moda, en especial prendas de vestir: *ha abierto una nueva boutique en el centro de la ciudad*. — s.f. / COMERCIO

bóveda (Del germ. **bucvitha* < *buan*, construir.)
1 Obra o construcción arqueada que sirve para cubrir el espacio entre dos muros o varios pilares. — s.f. / ARQUITECTURA / CONSTRUCCIÓN
2 Cripta, construcción subterránea arqueada y cubierta que arranca del suelo.
3 Cámara subterránea abovedada. — CONSTRUCCIÓN
4 Cámara acorazada, caja de caudales. — Amér.
5 **bóveda celeste:** Cielo o firmamento: *durmieron bajo la bóveda celeste*.
6 **bóveda craneal:** Conjunto de huesos que protegen el encéfalo. — ANATOMÍA
7 **bóveda palatina:** Paladar, parte interior y superior de la boca. — ANATOMÍA

bovedilla
1 Parte abovedada del techo que queda entre viga y viga cuando éstas están al descubierto. — s.f. / CONSTRUCCIÓN
2 Elemento prefabricado que se coloca entre las viguetas para formar el piso de una construcción. — CONSTRUCCIÓN
3 Parte abovedada de la popa de una embarcación donde se realiza la abertura por donde pasa la cabeza del timón. — NÁUTICA

bóvido, a (Del lat. *bos, bovis*, buey.) Perteneciente a una familia de mamíferos rumiantes con cuernos óseos permanentes. — adj/s.m. / ZOOLOGÍA

bovino, a (Del lat. *bovinus*, del buey.)
1 Del buey, la vaca o el toro: *prefiere la carne bovina*. — adj.
2 Perteneciente a una subfamilia de mamíferos rumiantes de talla considerable, cuernos poderosos, hocico ancho y cola larga con un mechón en el extremo. — adj/s.m. / ZOOLOGÍA

box (Voz inglesa.)
1 Compartimiento para cada caballo. — s.m./pl: boxes
2 Recinto donde se reparan las motos y automóviles de carreras, o se aplican otros servicios de mantenimiento. — DEPORTES

boxeador Persona que practica el boxeo profesional o amateur. — s./DEPORTES / = púgil

boxear (Del ingl. *box*, golpear.) Luchar dos personas a puñetazos siguiendo las reglas del boxeo. — v.intr. / DEPORTES

boxeo Deporte de combate en que dos contrincantes pelean según unas reglas establecidas y con los puños enfundados en guantes especiales. — s.m. / DEPORTES

bóxer Se aplica a una raza de perros de origen alemán, de tamaño mediano, fuerte complexión y pelo corto de color pardo claro. — adj/s.m. / pl: bóxers / ZOOLOGÍA

boy (Del ingl. *boy*, chico.) Bailarín de conjunto en espectáculos musicales. — s.m. / pl: boys

boya (Del fr. ant. *boyee* < germ. **baukan*, señal.)
1 Objeto flotante sujeto al fondo del mar, lago, río, utilizado como señal. — s.f./NÁUTICA / = baliza
2 Corcho flotante que sujeta las redes de pesca sumergidas e indica su posición. — PESCA

boyada Rebaño de bueyes. — s.f.

boyal Se refiere a la dehesa o al prado que es comunal y donde el vecindario de un pueblo suelta o apacienta sus ganados, en especial el vacuno: *pasto boyal*. — adj.

boyante
I (Derivado de *boya*.)

1 Se refiere a la embarcación que boya o vuelve a flotar después de haber estado en tierra. — adj. NÁUTICA
2 Se aplica al barco, embarcación que no cala lo suficiente por llevar poca carga. — NÁUTICA
3 Que está prosperando: *es una boyante empresa*. — = próspero
II (Derivado de *buey*, del lat. *bos*, buey.) Se aplica al toro que es fácil de torear. — adj. TAUROMAQUIA

boyar
1 Volver a flotar un barco que ha estado en tierra. — v.intr./NÁUTICA
2 Flotar, mantenerse a flote. — Amér.

boyarín Flotador usado en algunos instrumentos de pesca o que se sujeta a un ancla fondeada para indicar su posición. — s.m. NÁUTICA, PESCA

boycot (Del ingl. *boycott*.) Boicot, cese voluntario de toda relación social, laboral o comercial. — s.m./pl: boycots tb: boycoteo

boycotear Boicotear, detener una relación social, laboral o comercial. — v.tr.

boyera Corral o establo para bueyes. — s.f./tb: boyeriza

boyero
1 Persona que se dedica a cuidar o conducir una boyada. — s.m. tb: boyerizo
2 Denominación de diversos pájaros pequeños, de plumaje negro, que se caracterizan por su nido colgante en forma de bolsa. — Argent., Urug. ZOOLOGÍA

boy-scout (Voz inglesa.) Miembro de una sociedad juvenil de carácter deportivo y educativo, cuyo fin es la formación de la persona mediante actividades al aire libre. — s.m. pl: boy-scouts = explorador

boyuno, a Del buey o la vaca. — adj./= bovino

bozal
1 Que es inexperto en una actividad o empleo. — adj/s.m.f. coloquial
2 Que es necio o simple. — coloquial
3 Se refiere a la caballería que está sin domar: *potrillo bozal*. — adj.
4 Pieza con correas que se les pone a los perros y a otros animales alrededor del hocico para evitar que muerdan o coman en los sembrados: *no puede sacar al caniche a pasear si no es con bozal*. — s.m.
5 Adorno con cascabeles que se les pone a los caballos en el hocico.

bozo
1 Vello que sale en la parte superior del labio antes de crecer el bigote. — s.m.
2 Parte exterior de la boca.
3 Cabestro o cuerda que se les pone a las caballerías alrededor de la cabeza o la boca, dejando un cabo largo que sirve de rienda o para atarlos. — EQUITACIÓN

braceada Movimiento vigoroso de los brazos. — s.f.

braceaje
I (Derivado de *braza*.) Trabajo y labor de la moneda. — s.m./= brazaje
II (Derivado de *braza*.) Profundidad del mar en un determinado sitio. — s.m./NÁUTICA = brazaje

bracear
I (Derivado de *brazo*.)
1 Mover los brazos reiteradamente. — v.intr.
2 Nadar a braza. — DEPORTES
3 Mover los brazos para vencer una resistencia o una sujeción: *el ladrón braceó cuando intentaban apresarlo*. — = forcejear
4 Mover el caballo los brazos con soltura al trotar. — EQUITACIÓN
II (Derivado de *braza*.) Tirar de las brazas para hacer girar las vergas de una embarcación. — v.intr. NÁUTICA

braceral Brazal de la armadura. — s.m./= bracil

bracero, a
1 Persona que trabaja en el campo como jornalero: *se necesitan muchos braceros para la recogida del tomate*. — s./AGRICULTURA = peón
2 Se refiere al arma que se lanza con el brazo: *lanza bracera*. — adj.
3 Persona que da a otra el brazo para que se apoye en ella. — s.
4 de bracero: Cogiendo el brazo de una persona: *paseaban de bracero con sus amigos por el parque*. — loc.adv.

bracete Indica una persona coge o lleva del brazo a otra en la expresión **de o del bracete**. — loc.adv.

bracil Braceral, brazal de la armadura. — s.m./HISTORIA

bracillo Pieza central de los bocados de los caballos. — s.m./EQUITACIÓN

bracista Nadador especializado en la modalidad de braza. — s.m.f. DEPORTES

braco, a (Del occitano *brac* < germ. *brakko*.) Se aplica a la persona que tiene la nariz pequeña y puntiaguda. — adj/s. coloquial

bráctea (Del lat. *brattea* o *bractea*, hoja de metal.) Hoja o cualquier órgano foliáceo, que nace del pedúnculo de una flor o inflorescencia y suele ser distinta de la hoja verdadera por su forma, tamaño y color. — s.f. BOTÁNICA

bractéola Bráctea pequeña. — s.f./BOTÁNICA

bradi- Componente de palabra procedente del gr. *bradys*, que significa lento: *bradicardia; bradipepsia*. — pref.

bradicardia (Del gr. *bradys*, lento + *kardia*, corazón.) Ritmo lento de los latidos del corazón. — s.f. MEDICINA

bradipepsia (Del gr. *bradipepsia*.) Digestión lenta y difícil. — s.f. MEDICINA

bradipnea Respiración lenta. — s.f./MEDICINA

brafonera
1 Pieza de la armadura que cubría la parte superior del brazo. — s.f. HISTORIA
2 Doblez que ajustaba la parte superior de la manga en algunos vestidos. — HISTORIA/= brahón, brahonera

braga (Del lat. *braca*, calzón.)
1 Prenda de vestir interior femenina que cubre la entrepierna y las nalgas. — s.f.
2 Pañal de los niños.
3 Calzón, prenda de vestir masculina.
4 Cuerda que se usa para atar un bulto o un objeto grande y pesado y suspenderlo en el aire. — tb: briaga = honda
5 Plumas que cubren las patas de los pájaros calzados. — ZOOLOGÍA
6 pillar en bragas: Coger o pillar de improviso, inesperadamente a una persona: *la subida de intereses los pilló en bragas*. — vulgar

bragada Parte interna del muslo de algunos animales: *la bragada del caballo está sucia*. — s.f. ANATOMÍA

bragado, a
1 Se refiere a la res, caballería que tiene las entrepiernas de distinto color que el resto del cuerpo: *potro bragado; oveja bragada*. — adj.
2 Que tiene mala intención. — = avieso
3 Se aplica a la persona que es enérgica, resuelta, decidida: *es una mujer bragada*. — coloquial

bragadura
1 Entrepierna, parte interior de los muslos. — s.f.
2 Parte de las prendas de vestir correspondiente a la entrepierna: *le sienta mal la bragadura de este modelo de pantalón*.

bragapañal Pañal de celulosa usado como especie de braguita para niños. — s.m.

bragazas Se aplica al hombre que se deja dominar con facilidad, sobre todo por las mujeres: *saberse un bragazas no le molestaba tanto como que los otros lo notasen*. — adj/s.m. pl: bragazas despectivo = calzonazos

braguero Vendaje o aparato ortopédico que se usa para contener las hernias. — s.m. MEDICINA

bragueta Abertura delantera que tienen los calzones, calzoncillos o pantalones, que se cierra generalmente con una cremallera o botones. — s.f.

braguetazo Se usa para expresar que un hombre contrae matrimonio con una mujer por interés económico o ascensión social en la expresión **dar el braguetazo**. — s.m. coloquial

braguetero, a Se aplica al hombre al que le gustan mucho las mujeres. — adj/s.m. = mujeriego

braguillas Niño muy pequeño. — s.m/pl: braguillas

brahmán (Del sánscrito *brahman*, himno, plegaria.) Persona que pertenece a la primera y principal de las cuatro castas hindúes o casta de los sacerdotes. — s.m.

brahmanismo Sistema religioso más ortodoxo del hinduismo, ligado a la organización social de las castas. — s.m. RELIGIÓN

brahón (Del cat. *braó*, parte del brazo y de la pierna < germ. *brado*, parte carnosa del cuerpo.) Doblez que ajustaba la parte superior de la manga en algunos vestidos antiguos. — s.m. tb: brahonera = brafonera

braille (De L. *Braille*, inventor francés.) Sistema de escritura y de lectura para ciegos, en el que los caracteres se representan por medio de puntos en relieve sobre el papel. — s.m. sólo en sing.

brama
1 Acción de bramar algunos animales, mugido: *la brama del toro*. — s.f.
2 Época de celo del ciervo.

bramadera Instrumento formado por una tabla atada al extremo de una cuerda, que al moverlo produce un sonido parecido al bramido y que usaban los pastores para llamar el ganado y los niños como juguete. — s.f.

bramadero Poste o madero en el que se atan los animales para poder herrarlos, domesticarlos o matarlos. — s.m. Amér.

bramante (De *Brabante*, provincia de los Países Bajos.) Hilo o cordel que está hecho de cáñamo y que se utiliza principalmente para atar paquetes. — s.m.

bramar (Del gótico **bramon*.)
1 Emitir bramidos, en especial el ganado vacuno: *desde el cortijo se sentía bramar a los toros*. — v.intr. = mugir
2 Dar una persona voces o gritos a causa de la ira o dolor: *bramar de cólera*. — = gritar
3 Producir el viento o el mar un ruido parecido al de un bramido cuando están agitados: *el océano bramaba embravecido y amenazador*. — = ulular

bramido
1 Mugido, voz del toro, la vaca, el ciervo y otros animales: *el bramido del rebeco*. — s.m.

2 Grito humano de dolor, de ira, de impotencia o de furia: *lanzó un bramido al quemarse.* · = chillido, rugido

3 Ruido fuerte producido por la agitación del viento o el mar: *escuchaba el bramido del mar siempre que había tormenta.* = mugido, ululato

brancada Red con la que se encierra la pesca en un río o en un brazo de mar, tendiéndola de orilla a orilla. s.f. PESCA

brancal (Derivado del bajo lat. *branca*, rama.) Conjunto de las dos viguetas que en un carruaje o una cureña de artillería descansan sobre los ejes de las ruedas. s.m.

brandar Inclinarse un barco a un lado y a otro. v.intr./NÁUTICA

brandís Casacón que se usaba encima de la casaca. s.m./pl: brandis

brandy (Voz inglesa.) Licor parecido al coñac que se obtiene por un proceso de transformación del vino. s.m./pl: brandys tb: brandi

branizo Morrena o depósito de cantos glaciares atravesado por barrancos. s.m. GEOLOGÍA

branqui- Componente de palabra procedente del gr. *brankhion*, que significa branquia: *branquiosauro.* pref. tb: branquio

branquia (Del lat. *branchia* < gr. *brankhia*.) Órgano respiratorio de los animales acuáticos formado por láminas o filamentos membranosos, a través de los cuales la sangre absorbe el oxígeno del agua. s.f. ZOOLOGÍA

branquial Que tiene relación con las branquias: *respiración branquial.* adj. ZOOLOGÍA

branquífero, a Que tiene branquias. adj./ZOOLOGÍA

branquiópodo, a Perteneciente a una subclase de crustáceos entomostráceos muy primitivos y de pequeño tamaño. adj/s.m. ZOOLOGÍA

branquiosáurido, a Perteneciente a una familia de anfibios fósiles propios del carbonífero y pérmico. adj/s.m. ZOOLOGÍA

braquial Del brazo: *arteria braquial.* adj./ANATOMÍA

braquicéfalo, a (Del gr. *brakhys*, + *kephale*, cabeza.) Se aplica a la persona o animal que tiene el cráneo casi redondo. adj/s. ANATOMÍA

braquícero, a (Del gr. *brakhys*, corto + *keras*, cuerpo.) Perteneciente a un suborden de insectos dípteros de antenas cortas, como el tábano. adj/s.m. ZOOLOGÍA

braquigrafía (Del gr. *brakhys*, corto + *graphe*, escritura.) Estudio de las abreviaturas. s.f.

braquiocefálico, a Se refiere al vaso sanguíneo que riega la cabeza y los brazos. adj. ANATOMÍA

braquiópodo, a (Del gr. *brakhys*, corto + *pous*, *podos*, pie.) Perteneciente a un grupo de animales invertebrados marinos, generalmente fijos en el fondo o sobre una superficie sumergida, encerrados en una concha con dos valvas, y que tienen tentáculos alrededor de la boca. adj/s.m. ZOOLOGÍA

brasa
1 Leña, carbón u otro material sólido combustible en estado incandescente: *comeremos carne a la brasa.* s.f. = ascua
2 estar hecho unas brasas: Tener el rostro colorado: *sintió tal vergüenza que estaba hecho unas brasas.* coloquial

brasca (Del fr. *brasque* < lat. vulgar *brasica*.) Mezcla de polvo de carbón y arcilla usada para revestir los hornos metalúrgicos. s.f. METALURGIA

brasear Cocer un alimento sobre la brasa: *brasear las costillas en la barbacoa.* v.tr. tb: bresear

brasero
1 Recipiente de metal, generalmente redondo, en que se echa carbón o brasas y que sirve para caldear el ambiente: *instaló un brasero bajo la mesa camilla.* s.m.
2 Aparato eléctrico semejante al anterior.

brasier Prenda interior femenina para el busto, sujetador. s.m. Amér.

brasil
1 Árbol cesalpiniáceo que crece en Brasil y Paraguay, cuya madera se conoce como palo brasil. *(Guillandina echinata.)* s.m. BOTÁNICA
2 Color encarnado empleado antiguamente por las mujeres para embellecerse.

brasileño, a
1 De Brasil, estado suramericano. adj.
2 Persona que es natural de este estado. s.
3 Variedad de la lengua portuguesa hablada en Brasil. s.m./LINGÜÍSTICA

brasilero, a Brasileño, de Brasil. adj/s./Amér. Merid.

brasmología (Del gr. *brasma*, ebullición, agitación + *logos*, tratado, estudio.) Tratado acerca de las mareas. s.f. NÁUTICA

braunita Silicato natural de manganeso, de color negro o pardo. s.f. MINERALOGÍA

bravata Amenaza proferida con arrogancia o chulería para intimidar a una persona: *aún seguía amilanándose por sus bravatas.* s.f.

bravear Proferir bravatas o amenazas. v.intr.

bravera Ventana o respiradero de algunos hornos. s.f./METALURGIA

braveza
1 Fiereza de los animales: *la braveza del león.* s.f.
2 Valor y energía de las personas: *inició el trabajo con mucha braveza.* = bravura
3 Fuerza de los elementos: *la braveza del viento le dio miedo.*

bravío, a
1 Se aplica al animal que es difícil de domesticar: *potro bravío.* adj./= indómito
2 Se refiere a la persona que es difícil de guiar o de someter: *tiene un carácter bravío.* = indómito, rebelde
3 Se aplica a la planta o árbol silvestre.
4 Que tiene costumbres rústicas por falta de buena educación. = rudo
5 Bravura o fiereza del toro. s.m./TAUROMAQUIA

bravo, a (Del lat. *barbarus*, fiero, salvaje.)
1 Que es valiente o atrevido: *el bravo y heroico teniente recibió la condecoración.* adj.
2 Que es bueno o excelente.
3 Se aplica al animal o feroz: *lidió un toro bravo.* = salvaje
4 Se refiere al mar que está embravecido y alborotado.
5 Que es colérico o violento. = iracundo
6 Que se cree guapo o valiente. coloquial
7 ¡bravo!: Exclamación de entusiasmo, aplauso o aprobación. interj.
8 a o por las bravas: Con violencia, sin atenerse a normas: *entraron al concierto por las bravas, sin comprar el ticket.* loc. adv.

bravocear Hacer o decir fanfarronadas. v.intr./= bravear

bravoíta Sulfuro natural de hierro y de níquel. s.f./MINERALOGÍA

bravosidad Modo de ser o de comportarse de la persona que es o presume de ser apuesta y valiente. s.f. = bravosía

bravucón, a Que presume de ser valiente sin serlo: *abandonó sus aires bravucones y confesó su cobardía.* adj/s. = fanfarrón

bravuconada Acción propia de la persona que presume de valiente sin serlo: *andaba siempre con bravuconadas, amenazando con agredirles.* s.f. = bravuconería

bravuconear Decir fanfarronadas o comportarse de modo arrogante. v.intr. = fanfarronear

bravura
1 Modo de comportarse de las personas violentas. s.f./= braveza
2 Comportamiento de las personas valientes: *se lanzó a salvarla con bravura.* = valentía
3 Amenaza proferida para intimidar. = bravata

braza (Del lat. *bracchia* < *bracchium*, brazo.)
1 Modo de nadar en posición ventral en la que los brazos y piernas, siempre por debajo del agua, se recogen y extienden a la vez. s.f. DEPORTES
2 Medida de longitud que equivale a 1,6718 metros, y que generalmente se usa en marina. NÁUTICA

brazada
1 Movimiento hecho con los brazos, extendiéndolos y recogiéndolos al nadar, remar, o en otras actividades semejantes: *le ganó por una brazada.* s.f.
2 Cantidad de una cosa que se puede abarcar y llevar de una vez con los brazos: *trae una brazada de leña.* tb: brazado
3 Braza, medida de longitud. Colomb., Chile

brazaje
1 Braceaje, trabajo de la moneda. s.m.
2 Braceaje, profundidad del mar en un lugar. NÁUTICA

brazal
1 Tira de tela que se ciñe al brazo por encima del codo, usada como distintivo o señal: *lleva un brazal de la Cruz Roja.* s.m. = brazalete
2 Brazalete, pieza de la armadura que cubría el brazo para protegerlo. HISTORIA
3 Asa por donde se sujeta el escudo. = embrazadura
4 Pieza de madera que se pone para cubrir el brazo desde la muñeca hasta el codo en algunos juegos de pelota. DEPORTES
5 Derivación que se hace de un río o canal para regar: *los brazales estaban sin agua a causa de la sequía.* AGRICULTURA

brazalete
1 Adorno de metal u otro material en forma de aro que rodea el brazo más arriba de la muñeca: *en la urna funeraria encontraron dos brazaletes de oro y plata.* = brazal
2 Tira de tela que se usa como distintivo: *llevaba un brazalete negro en señal de luto.* = brazal
3 Brazal de la armadura.

brazo (Del lat. *bracchium*.)
1 Parte de la extremidad superior del cuerpo humano que va desde el hombro hasta el codo y, por extensión, toda ella. s.m. ANATOMÍA
2 Cada una de las patas delanteras de un cuadrúpedo. ANATOMÍA
3 Cada una de las piezas laterales de los sillones sobre las que se apoyan los miembros superiores cuando se está sentado.
4 Cada una de las dos partes de la barra de una balanza, de cuyos extremos cuelgan los platillos.
5 Candelero que sostiene una luz en las arañas y otras lámparas.

6 Rama gruesa de un árbol.

7 Cada una de las partes en que se ramifica una cosa: *pertenece al brazo eclesiástico.* — = rama

8 Pieza de un mecanismo o utensilio que sirve de intermediaria entre la fuerza que mueve o sostiene y la cosa movida o sostenida: *el brazo de la grúa levanta el bloque.* — MECÁNICA

9 Valor, poder o fuerza: *nada resiste a su brazo.*

10 Persona que trabaja en el campo a jornal: *contrataron muchos brazos para la siega.* — = bracero, jornalero

11 Protectores, valedores o ayudas que se reciben de una o varias personas: *se valió de buenos brazos en aquel negocio.* — s.m.pl.

12 brazo de gitano: Pastel de bizcocho y crema, nata, etc., enrollado en forma de cilindro. — COCINA

13 brazo de mar: Parte del mar que entra en la tierra. — GEOGRAFÍA

14 brazo de río: Parte del río que se separa y corre independiente de él hasta reunirse de nuevo con el cauce principal o desemboca en el mar. — GEOGRAFÍA

15 a brazo partido: 1. Modo de luchar o pelear sólo con los brazos, sin utilizar armas. 2. Disputar con empeño y vehemencia: *peleaba a brazo partido con su destino para encontrar un mejor porvenir.* — loc.adv. coloquial

16 con los brazos abiertos: Modo de recibir o esperar a una persona, afectuosa o cariñosamente y con mucho agrado y deseo: *le esperaba con los brazos abiertos.*

17 cruzarse de brazos o estar de brazos cruzados: 1. Permanecer una persona inactiva. 2. Adoptar una postura pasiva ante una situación. — coloquial

18 del brazo: Forma de ir dos personas con uno de sus brazos enlazados: *pasear del brazo.*

19 echarse en brazos de alguien: Confiar en él para que le resuelva una dificultad o le saque de algún apuro.

20 en brazos: Forma de tener una persona a otra, sobre los brazos o sobre uno de ellos: *llevaba al bebé en brazos.* — loc.adv.

21 hecho un brazo de mar: Muy elegante y acicalado: *fue al baile hecho un brazo de mar.* — coloquial + estar, ir

22 no dar alguien su brazo a torcer: Mantenerse firme en su posición o decisión, sin reconocer que otro tiene la razón: *es obcecada como ella sola, no da su brazo a torcer.* — coloquial

23 ser el brazo derecho de alguien: Ser la persona de su mayor confianza: *fue mi brazo derecho hasta su muerte.* — coloquial

brazola (Del cat. *braçola < braç,* brazo.) Reborde con que se refuerza la boca de las escotillas en los barcos. — s.f. NÁUTICA

brazuelo

1 Parte de las patas delanteras de los cuadrúpedos entre el codo y la rodilla. — s.m. ZOOLOGÍA

2 Bracillo del freno de las caballerías. — EQUITACIÓN

brea (Derivado de *brear.*)

1 Residuo pastoso de la destilación fraccionada de petróleo, alquitrán, la madera y otras sustancias grasas. — s.f.

2 Mezcla de brea, pez, sebo y aceite, que sirve para calafatear las embarcaciones. — NÁUTICA

3 Tela basta embreada para envolver los fardos. — = arpillera

4 Arbusto compuesto, originario de Chile, que destila una resina semejante a la brea. (*Tessaria absinthioides.*) — BOTÁNICA

break (Voz inglesa.)

1 Descanso en el transcurso de una reunión para tomar alguna bebida o alimento: *hicieron un break a media mañana y bajaron a la cafetería.* — s.m. pl: breaks

2 Baile norteamericano que se caracteriza por la ejecución de movimientos bruscos y sincopados y música pop que le acompaña.

3 Interrupción del desarrollo de una pieza de jazz para dar paso a la improvisación de un solista. — MÚSICA

4 Voz usada en boxeo para separar a los púgiles. — DEPORTES

5 Carruaje de cuatro ruedas.

6 hacer break: Perder el juego el tenista que estaba sirviendo. — DEPORTES

brear (Del fr. *brayer.*)

1 Molestar o maltratar a alguien. — v.tr.

2 Hacer burla de una persona.

brebaje (Del fr. ant. *bevrage < lat. bibere,* beber.) Bebida de sabor o aspecto desagradable: *no fue capaz de beberse aquel brebaje.* — s.m.

breca (Del lat. *perca,* perca, pez.)

1 Pez teleósteo marino, de carne muy apreciada. (*Pagellus erythrinus.*) — s.f./ZOOLOGÍA = breque

2 breca de mar: Pargo, pez teleósteo. — ZOOLOGÍA

brecha (Del fr. *brèche < germ. breka,* roto.)

1 Rotura o abertura de forma irregular hecha en una pared o muralla: *el terremoto dejó brechas en las paredes medianeras.* — s.f. = boquete

2 Herida, en especial en la cabeza: *se cayó de la bicicleta, pero sólo se hizo una brecha en la frente.*

3 Impresión fuerte producida en el ánimo de una persona: *la noticia le creó una brecha en el corazón.*

4 Camino estrecho y sin asfaltar. — Méx.

5 Conglomerado formado por elementos angulosos. — GEOLOGÍA

6 abrir brecha: Introducir en un negocio, asunto o situación un nuevo o propio criterio. — coloquial

7 estar o seguir en la brecha: No desistir en el empeño de conseguir una cosa estando siempre atento a ella: *después de tantos años aún sigue en la brecha.* — coloquial

brecina Especie de brezo, planta arbustiva. — s.f./BOTÁNICA

brécol (Del ital. *broccoli,* diminutivo de *brucco,* retoño.) Variedad de la col, con hojas más oscuras y no apiñadas como en la común. — s.m. BOTÁNICA = bróculi

brecolera Especie de brécol que tiene los tallos aglomerados como la coliflor. — s.f. BOTÁNICA

brega

1 Lucha o discusión. — s.f.

2 Chasco o burla. — coloquial

3 andar a la brega: Trabajar afanosamente: *andan todos a la brega para acabar la cosecha.* — coloquial

4 dar brega: Dar trabajo o causar molestias: *este asunto nos ha dado mucha brega.* — coloquial

bregar (Del gótico *brikan,* romper.)

1 Luchar o discutir dos o más personas. — v.intr./conj: pagar

2 Trabajar mucho y con afán para hacer frente a una dificultad o a un problema: *bregó mucho para sacar adelante a sus hijos.*

3 Trabajar la masa del pan de cierta manera. — v.tr.

brema Denominación de diversos peces de agua dulce, de cuerpo alto y comprimido y comestible. — s.f. ZOOLOGÍA

bren (Del occitano *brenn.*) Salvado, restos de las cascarillas de los granos de cereal. — s.m. AGRICULTURA

brenca

I (De origen incierto). Poste o estaca que sujeta las compuertas en una presa. — s.f. CONSTRUCCIÓN

II (Derivado del céltico *brinos,* brizna, filamento.) Fibra, filamento, especialmente el estigma del azafrán. — s.f. BOTÁNICA

breña (Probablemente del céltico *brigna < briga,* monte, altura.) Terreno quebrado y poblado de maleza. — s.f.

breñal Sitio con muchas breñas o malezas. — s.m./tb: breñar

bresca (Del céltico *brisca.*) Panal de miel. — s.f.

brescar Quitar los panales de miel a una colmena. — v.tr./conj: sacar

bretaña

1 Lienzo fino hecho en la región francesa de Bretaña. — s.f./TEXTIL

2 Jacinto, planta y flor. — BOTÁNICA

brete (Del occitano *bret,* trampa < gótico **brid,* tabla.)

1 Cepo de hierro que se ponía a los reos en los pies para impedirles huir. — s.m.

2 Pasadizo corto entre dos estacadas, con atajadizos en ambos extremos, para conducir el ganado en las estancias y estaciones del ferrocarril. — Argent., Par., Urug.

3 estar o poner en un brete: Hallarse o poner a alguien en una situación difícil: *el incendio en la fábrica puso a la dirección en un brete.*

bretón, a

I (Del fr. *breton.*)

1 De Bretaña, región francesa. — adj.

2 Persona natural de esta región. — s.

3 Lengua de origen céltico, de la familia indoeuropea, hablada en la parte occidental de esta región. — s.m. LINGÜÍSTICA

II (De *brotón,* aumentativo de *brote.*)

1 Se aplica a la variedad de la col, cuyo tronco echa muchos brotes. — adj/s.f. BOTÁNICA

2 Renuevo de esta variedad de col. — s.m./BOTÁNICA

breva (De lat. *bifera < bis,* dos + *ferre,* dar fruto.)

1 Primer fruto anual de la higuera, dulce y agradable al paladar. — s.f. BOTÁNICA

2 Bellota temprana. — BOTÁNICA

3 Cigarro puro algo aplastado y poco apretado.

4 Ganga o ventaja lograda con poco esfuerzo. — coloquial

5 más blando que una breva: 1. Se aplica a alguien que, con facilidad, se deja persuadir por otros. 2. Se refiere a la persona que, habiendo defendido tenazmente una idea, la abandona. — coloquial

6 no caer una persona una o esa breva: No tener la suerte necesaria como para que algo le beneficie: *no le caerá la breva de conseguir el premio.* — coloquial

breval Se refiere a una variedad de la higuera que da brevas e higos. — adj. BOTÁNICA

breve (Del lat. *brevis.*)

1 De corta extensión o duración: *una breve bonanza; una pieza musical breve.* — adj.

2 Noticia de corta extensión publicada en columnas junto con otras semejantes, en revistas, diarios. — s.m.

3 Documento pontificio usado para la correspondencia política de los papas sobre el gobierno y disciplina de la iglesia. — RELIGIÓN

4 Nota musical medieval y renacentista. — s.f./MÚSICA

5 en breve: Dentro de poco tiempo, muy pronto: *en breve anunciarán su boda.* — loc.adv.

brevedad Circunstancia de ser una cosa breve, de corta extensión o duración: *la brevedad del escrito; la brevedad del conflicto.* — s.f.

brevete Datos de una persona o entidad que se imprimen en la parte superior de un papel. — s.m. = membrete

breviario (Del lat. *breviarium < brevis, breve.*)
1 Libro que contiene el rezo eclesiástico de todo el año: *se admiró ante las miniaturas del breviario.* — s.m. RELIGIÓN
2 Tratado de poca extensión sobre una materia. — = epítome

brezal Terreno poblado de brezos. — s.m.

brezar Acunar, mover a un niño suavemente en la cuna para que se duerma. — v.tr. conj: *cazar*

brezo (Del bajo lat. **broccius < céltico *vroicos.*) Planta arbustiva muy ramosa, de flores en grupos axilares de color blanco o rosado y madera dura. — s.m. BOTÁNICA

briaga (Alteración de *braga*, cuerda, con influjo del aragonés *brisa < cat. brisa*, orujo.) Maroma de esparto con que se ataba el orujo de la uva para meterlo en la prensa. — s.f.

briago, a Que está borracho. — adj./Méx.

brial (Del occitano ant. *brial.*)
1 Vestido femenino de lana o seda que cubría todo el cuerpo. — s.m./HISTORIA = guardapiés
2 Faldón de tela que usaban los hombres de armas debajo de la coraza. — HISTORIA = tonelete

briba Vida y mundo de los pícaros y gente del hampa. — s.f.

bribón, a (Derivado de *briba.*)
1 Que engaña, estafa o roba: *el bribón tiró del bolso y salió corriendo.* — adj/s. = granuja
2 Que es pícaro o astuto: *el muy bribón no ha dicho nada de la trastada.* — = picarón

bribonada Acción propia de la persona pícara y estafadora o del niño travieso y pillo. — s.f. = bribonería

bribonear Vivir o comportarse como un bribón. — v.intr.

bricbarca (Del ingl. *brig*, barco con dos mástiles + *barca.*) Barco de tres palos sin vergas de cruz en el mástil que está más a popa. — s.m. NÁUTICA

bricho Hoja estrecha y fina de plata u oro que sirve para hacer bordados y decorar telas y galones. — s.m.

bricolaje (Del fr. *bricolage.*) Trabajo manual de carácter no profesional, que se realiza normalmente para decorar o para arreglar pequeños desperfectos de la casa: *se relaja mucho con el bricolaje.* — s.m.

brida (Del fr. *bride < germ. bridle.*)
1 Freno del caballo, formado por la cabezada, el bocado y las riendas, que sirve para sujetar la cabeza del animal. — s.f. EQUITACIÓN
2 Reborde circular en el extremo de los tubos metálicos para acoplarse con otros.
3 Filamento membranoso que se forma alrededor de las heridas y abscesos. — MEDICINA
4 **a la brida:** Modo de montar a caballo en silla de borrenes con los estribos largos. — loc.adv. EQUITACIÓN
5 **a toda brida:** A todo correr: *a toda brida aplazó todas las citas de la semana y tomó el último avión.* — loc.adv. EQUITACIÓN

bridecú Cinturón con correa que sirve para llevar colgado el sable o la espada. — s.m./pl.tb: bridecúes = biricú

bridge (Voz inglesa.) Juego de cartas que, con baraja francesa, de 52 cartas, enfrenta a dos parejas y consta de dos partes, la subasta y el carteo. — s.m. JUEGOS

bridón
1 Persona que va montada a la brida. — s.m./EQUITACIÓN
2 Brida pequeña que se pone a los caballos. — EQUITACIÓN

brie (De *Brie*, comarca francesa.) Queso de pasta blanda fermentada, fabricado con leche de vaca. — s.m.

brigada (Del fr. *brigade < ital. brigata*, personas que van juntas.)
1 Unidad formada por varios regimientos o batallones mandada por un oficial general que tiene el grado de brigadier o general. — s.f. MILITAR
2 Grupo de personas que hacen juntas cierto trabajo: *llegó la última brigada de braceros.* — = equipo
3 Conjunto de animales con sus tiros y conductores para llevar los trenes y provisiones de campaña. — MILITAR
4 Sección en que se divide la marinería de un buque para los servicios militar y marinero. — NÁUTICA
5 Suboficial que tiene un grado entre el de sargento primero y el de subteniente. — s.m.f. MILITAR
6 **brigada mixta:** Unidad equivalente a una brigada, pero formada con fuerzas de diferentes armas. — MILITAR

brigadier (Del fr. *brigadier < brigade*, brigada.)
1 Oficial general cuya categoría era inmediatamente superior a la de coronel. — s.m. MILITAR
2 Aspirante o guardia marina que en la escuela naval cuida del orden de su sección, de un dormitorio o de la camareta en los buques. — MILITAR, NÁUTICA

brigantina Coraza que consistía en un jubón de tejido fuerte, forrado de láminas metálicas. — s.f. HISTORIA

brillante
1 Que brilla y reluce: *brillante raso; llamas brillantes.* — adj./=refulgente
2 Que provoca la admiración: *su última actuación fue brillante.* — coloquial ≠ gris
3 Diamante tallado en facetas.

brillanté (Voz francesa.) Tejido de algodón brillante con efectos mate, según la luz. — s.m.

brillantez Brillo, cualidad de brillante, admirable o sobresaliente: *quedó admirada por la brillantez de su intervención.* — s.f. pl: brillanteces

brillantina
1 Cosmético usado para dar brillo al cabello. — s.f.
2 Polvo mineral usado para dar brillo a los metales. — MINERALOGÍA
3 Percalina, tela semejante al percal, brillante por un lado. — TEXTIL

brillar (Del ital. *brillare*, brillar, girar.)
1 Despedir una cosa luz propia o reflejada: *la luna llena brilla y nos alumbra el camino.* — v.intr.
2 Tener una persona o una cosa superioridad o ventaja sobre otras por alguna cualidad, o notarse en falta sus características o su presencia: *este alumno brilla por su inteligencia; la solidaridad entre las personas brilla por su ausencia.* — + por, con

brillazón Brillo repentino y fugaz. — s.m./Argent.

brillo
1 Resplandor que despide o refleja un cuerpo: *el brillo de la plata del operador.* — s.m.
2 Cualidad de brillante, admirable o sobresaliente en algo: *admirarse por el brillo de sus discursos.* — = brillantez
3 **brillo absoluto:** Resplandor que caracteriza la intensidad luminosa de un astro. — ASTRONOMÍA

brin (Del fr. *brin.*) Tela basta de lino, usada para forros y para pintar al óleo. — s.m. TEXTIL

brincar (Del port. *brincar*, jugar, retozar < *brinco*, ovillo < lat. *vinculum*, atadura.)
1 Dar brincos: *brincar por encima de los pupitres.* — v.intr/conj: *sacar*
2 Pasar por alto algún detalle en la lectura o la conversación. — coloquial
3 Alterarse por alguna emoción: *brincar de alegría.* — coloquial
4 Coger a un niño en brazos y subirlo y bajarlo como si saltara. — v.tr. coloquial

brinco (Del port. *brinco < lat. vinculum*, atadura.)
1 Salto que se da con ligereza: *sorteó el riachuelo en tres brincos.* — s.m.
2 **dar un brinco o dar un brinco el corazón:** Sobresaltarse o alterarse por alguna sorpresa u otra causa: *al saber la noticia le dio un brinco el corazón.*
3 **en un brinco:** En un momento: *en un brinco llegó a casa, pero volvió a salir rápidamente.* — loc.adv.

brindar
1 Expresar un deseo agradable levantando las copas antes de beber: *brindaron por su felicidad.* — v.intr.
2 Ofrecer una cosa a una persona voluntariamente: *le brindó su ayuda para solucionar el problema.* — v.tr. = ofrendas
3 Ofrecer una acción o situación una oportunidad o provecho de algún tipo: *trabajar en el extranjero brinda la oportunidad de conocer nuevas culturas.*
4 Ofrecerse a hacer una cosa: *me brindé a subir unos muebles a la azotea.* — v.prnl.

brindis (De la frase alemana *ich bring dir's*, te lo ofrezco.)
1 Acto de brindar al beber: *hacer un brindis.* — s.m./pl: brindis
2 Lo que se dice al brindar: *pronunció un brindis muy emotivo.*

brinquiño
1 Alhaja o joya pequeña. — s.m./tb: brinquillo
2 Dulce pequeño y delicado. — COCINA
3 **estar hecho un brinquiño:** Estar o ir muy compuesto y adornado. — coloquial

brinzal Planta que nace en los rodales de los montes, de la semilla que cae de los árboles. — s.f. BOTÁNICA

briñón Griñón, clase de melocotón. — s.m./BOTÁNICA

brío (Del céltico **brigos*, fuerza.)
1 Energía, valor o resolución en la manera de hablar o de comportarse una persona: *andar con mucho brío.* — s.m./= denuedo, garbo
2 Fuerza y vigor con que se desarrolla una cosa: *la planta crece con mucho brío.* — = pujanza

briófito, a (Del gr. *bryon*, musgo + *phyton*, planta.) Perteneciente a un tipo de plantas criptógamas con tallos y hojas, pero sin vasos ni raíces, que pueden ser terrestres o acuáticas, como los musgos. — adj/s.f. BOTÁNICA

briol (Del fr. *breuil < braie*, braga.) Cabo para cerrar o recoger las relingas de las velas de cruz. — s.m. NÁUTICA

briología Parte de la botánica que estudia las plantas briófitas, como los musgos. — s.f. BOTÁNICA

brionia (Del lat. *bryonia < gr. bryonia.*) Nueza, planta trepadora. — s.f. BOTÁNICA

brioso, a Que tiene energía, valor o vigor: *andares briosos; caminar con energía briosa.* — adj.

briozoo Perteneciente a un grupo de animales marinos o de agua dulce, muy pequeños, que forman co- — adj/s.m. ZOOLOGÍA lonias, tienen aspecto de musgo y recubren rocas y plantas marinas.

briqueta Pieza hecha de polvo de carbón u otra materia con forma de ladrillo. *s.f. CONSTRUCCIÓN*

brisa
I (De origen incierto.)
1 Viento suave, especialmente el que sopla en las costas, alternativamente del mar a la tierra por el día, y de la tierra al mar por la noche: *la brisa marina humedecía el pueblo y salaba el aire.* *s.f.*
2 Viento del nordeste.
II (Del lat. *brisa* < gr. *brytea* o *brytia*.) Orujo de la uva. *s.f./AGRICULTURA*

brisca (Del fr. *briscambille*.)
1 Juego de cartas en que se reparten tres a cada jugador, se descubre una para triunfo y se coge del resto de la baraja hasta terminarla. *s.f. JUEGOS*
2 El as o el tres de las fojas que no son triunfo en los juegos de cartas de la brisca y del tute. *JUEGOS*

briscado, a
1 Se aplica al hilo de oro o plata que es rizado o escarchado y que se entreteje con la seda en algunos tejidos o se emplea en los bordados. *adj. TEXTIL*
2 Labor hecha con este tipo de hilo. *s.m./TEXTIL*

briscar (Del ant. *brescado*, bordado con canutillo de oro o plata < *bresca*, panal.) Hacer labores o tejer con hilo briscado. *v.tr. conj: sacar TEXTIL*

bristol Especie de cartulina formada por varios papeles de dibujos superpuestos y unidos entre sí. *s.m. tb: bristol*

brisura Pieza de un escudo de armas que consiste en una faja con tres caídas. *s.f. HERÁLDICA*

británica Romaza, planta herbácea de hojas vellosas y de color morado oscuro. *s.f. BOTÁNICA*

británico, a
1 De Gran Bretaña, país europeo. *adj.*
2 Persona natural de este país. *s./tb: britano*

brizar Mover a un niño en una cuna suavemente para que se duerma. *v.tr./conj: cazar = acunar*

brizna (De un cruce de *binza*, fibra con *bringa*, brizna.)
1 Filamento o hebra de plantas o frutos, en especial la que hace de sutura en las vainas de las legumbres. *s.f./tb: brinza BOTÁNICA*
2 Parte muy pequeña o insignificante de alguna cosa: *no queda ni una brizna de tela para rematar el traje.* *coloquial = pizca*
3 Parte muy delgada de alguna cosa.

broa
I (Derivado de *borona*.) Cierto tipo de galleta o bizcocho. *s.f. COCINA*
II (De origen incierto.) Ensenada llena de barras y rompientes. *s.f. GEOGRAFÍA*

broca (Del cat. *broca*.)
1 Herramienta cortante de acero que sirve para hacer agujeros en la madera, piedra u otros materiales. *s.f. TECNOLOGÍA*
2 Carrete de la lanzadera, que lleva el hilo para la trama de ciertos tejidos. *TEXTIL*
3 Clavo de cabeza cuadrada que usan los zapateros.

brocadillo Tela de seda y oro más ligera que el brocado. *s.m. TEXTIL*

brocado (Del ital. *broccato*.)
1 Tela de seda entretejida con hilos de oro o de plata, formando dibujos que parecen bordados: *el torero vestía un traje de brocado y verde.* *s.m. TEXTIL*
2 Tela fuerte de seda con dibujos de distinto color al del fondo. *TEXTIL*
3 Guadamecí, cuero con dibujos dorados o plateados.

brocal (De *bocal*, antepecho alrededor de la boca del pozo < *boca*.)
1 Antepecho o pared baja que rodea la boca de un pozo. *s.m. CONSTRUCCIÓN*
2 Cerco de madera u otro material que suele haber en la boca de las botas de vino para beber por él.
3 Boca de un pozo minero. *MINERÍA*
4 Pieza de metal que guarnece la boca de la vaina de las armas blancas. *= boquilla*

brocatel
1 Tela de seda y cáñamo, lino o lana, con grandes dibujos brillantes sobre fondo mate usada en tapicería. *s.m. TEXTIL*
2 Se aplica al mármol con manchas y vetas de colores variados. *adj.*

brocha
I (Del fr. dialectal *brouche*, cepillo, pincel.)
1 Escobilla de cerda usada principalmente para pintar paredes, afeitarse o maquillarse: *la pintura de la brocha se secó y ésta quedó inservible.* *s.f.*
2 **de brocha gorda:** 1. Se aplica al pintor de paredes, puertas, ventanas, etc. 2. Se refiere al pintor o pintura de poca calidad. 3 Se aplica a una cosa grosera, chabacana o procaz: *contaba unos chistes de brocha gorda.* *loc.adj. coloquial coloquial*
II (De origen incierto.) Dado falso y cargado o trucado. *s.m.*

brochado, a Se aplica al tejido de seda que tiene bordados de oro, plata o seda, con el hilo retorcido o levantado. *adj. TEXTIL*

brochal Madero atravesado en el que se apoyan los machones o cabrios para construir el hueco de la escalera o de la chimenea. *s.m. CONSTRUCCIÓN*

brochazo
1 Cada pasada de una brocha sobre una superficie: *en pocos brochazos cubrirás la pared.* *s.m. = brochada*
2 Señal dejada por cada paso de una brocha sobre una superficie pintada: *al trasluz se notaban los brochazos.* *= brochada*

broche (Del fr. *broche*.)
1 Imperdible que se prende en la ropa para sujetar prendas o como adorno: *en el pañuelo del cuello llevaba un broche de nácar.* *s.m. = prendedor*
2 Conjunto de dos piezas que se encajan entre sí y sirven para cerrar una cosa.
3 **broche de oro:** Final feliz y brillante de un acto público, reunión, discurso, gestión, o una serie de ellos: *su actuación puso el broche de oro al festival.* *coloquial*

brocheta
1 Varilla en que se ensartan carnes para asarlas. *s.f.*
2 Aperitivo o plato elaborado con trozos de carne o pescado condimentados que se ensartan en una de estas varillas: *brasearon las brochetas.* *COCINA*

brocho, a Se refiere a la res ovina que tiene los cuernos muy cortos. *adj.*

brochón Escobilla para blanquear las paredes. *s.m.*

brocino Bulto que se forma a consecuencia de un golpe en la cabeza o en la frente. *s.m. = chichón*

brócula Taladro usado por los cerrajeros. *s.f.*

bróculi Brécol, variedad de col. *s.m./tb: brócoli*

brodio Bodrio, sangre de cerdo mezclada con cebolla. *s.m.*

broker (Voz inglesa.) Persona o entidad que actúa como intermediaria en los mercados financieros. *s.m./pl: brokers ECONOMÍA*

brollar (Del cat. *brollar*, brotar, borbotar < galo *brogilos*, bosquecillo.) Salir el agua formando borbotones y haciendo ruido. *v.intr. = borbollar*

broma (Del gr. *broma*, caries < *bibroskein*, devorar.)
1 Burla o engaño hecho a alguien para reírse, sin intención de causar daño o molestia: *no es cosa de broma, es muy dramática su situación.* *s.f. = chanza*
2 Alegría y diversión: *están de broma todo el día.* *= chanza*
3 Cosa cara o persona molesta y desagradable: *¡menuda broma, tu amigo!*
4 Masa de cascote, piedra y cal. *CONSTRUCCIÓN*
5 Lamelibranquio que horada túneles en la madera sumergida. *ZOOLOGÍA*
6 **broma pesada:** La muy impertinente, que causa daño, perjuicio o molestia.

bromar Estropear la broma la madera de las embarcaciones. *v.tr.*

bromato Sal derivada del ácido brómico. *s.m./QUÍMICA*

bromatología (Del gr. *broma*, alimento + *logos*, tratado, estudio.) Ciencia que estudia los alimentos y sus transformaciones en el organismo. *s.f.*

bromear Hacer bromas: *no bromees con ella que hoy está enfadada.* *v.intr/prnl.*

bromeliáceo, a (De *Bromel*, botánico sueco.) Perteneciente a una familia de plantas de raíz fibrosa y con las hojas reunidas en la base, cuyo fruto es una baya con semillas. *adj/s.f. BOTÁNICA*

bromhidrato Combinación del bromo con un radical. *s.m./QUÍMICA*

bromhidrosis Secreción de sudor maloliente, sobre todo en axilas, pies y genitales. *s.f./pl: bromhidrosis MEDICINA*

bromista Que bromea con frecuencia. *adj/s.m.f.*

bromo
I (Del gr. *bromos*, hedor.) Elemento químico líquido a temperatura ordinaria. *s.m./QUÍMICA*
II (Del gr. *bromos*, avena loca.) Denominación genérica de diversas plantas forrajeras. *s.m. BOTÁNICA*

bromo- Componente de palabra que indica presencia de bromo, elemento químico. *pref. QUÍMICA*

bromoformo Sustancia análoga al cloroformo, que en lugar de cloro tiene bromo y se utiliza contra la tos y las gastralgias. *s.m. QUÍMICA*

bromuro Sal o éster del ácido bromhídrico. *s.m./QUÍMICA*

bronca
1 Reprimenda fuerte: *con su insolencia se acabaron ganando una buena bronca del director de la escuela.* *s.f.*
2 Discusión o riña ruidosa: *¡menuda bronca se montó en el hemiciclo parlamentario!* *= altercado*
3 Protesta colectiva y ruidosa del público en un espectáculo o en cualquier acto público.

bronce (Del ital. *bronzo* < lat. *aes Brundusi*, bronce de Brindisi.)
1 Aleación de cobre y estaño, y a menudo de otros elementos, como el cinc o el fósforo. *s.m. METALURGIA*

2 Estatua o elemento artístico realizado con este material. **ARTE**

3 Campana, cañón de artillería, clarín o trompeta. **culto**

4 **bronce de aluminio:** Aleación de cobre y aluminio, de color semejante al oro. **METALURGIA**

5 **escribir en bronce:** Retenerlo en la memoria.

6 **ser un bronce:** 1. Ser duro, inflexible e insensible. 2. Ser fuerte e infatigable en el trabajo.

bronceado, a
1. De color de bronce. **adj.**
2 Que está tostado por la acción del sol: *volvió muy bronceado de las vacaciones.* **= moreno**

bronceador, a
1 Que broncea: *baños bronceadores.* **adj.**
2 Cosmético que favorece el bronceado de la piel, al tiempo que la protege de sus efectos nocivos. **s.m.**

broncear .
1 Dar el color del bronce a una cosa o recubrirla con este metal: *broncear una estatuilla.* **v.tr.**
2 Tomar la piel color moreno por la acción del sol: *decidió pasar la semana santa descansando y bronceándose.* **v.tr./prnl. = tostar**

broncería Conjunto de objetos o piezas de bronce. **s.f.**

broncíneo, a
1 De bronce: *el broncíneo mobiliario.* **adj./culto**
2 De color amarillo rojizo, como el del bronce. **culto**

bronco, a (Del lat. vulgar *bruncus*, pedazo de rama cortada.)
1 Que es tosco o está sin desbastar. **adj.**
2 Se refiere al metal que es quebradizo y no tiene elasticidad. **METALURGIA**
3 Se aplica al sonido, voz o instrumento que es áspero y desagradable: *¡qué tono tan bronco tiene el tenor!* **MÚSICA**
4 De carácter y trato ásperos. **= rudo**

bronco- Componente de palabra que procede del gr. *bronkhion*, que significa bronquios: *broncopneumonía.* **pref.**

broncofonía Resonancia anormal de la voz en los bronquios, que se percibe por auscultación. **s.f. MEDICINA**

bronconeumonía (Del gr. *bronkhion*, bronquios + *pneumonia*, pulmonía.) Inflamación de los bronquiolos y alveolos pulmonares. **s.f. MEDICINA**

broncorrea (Del gr. *bronkhion*, bronquios + *reo*, fluir.) Inflamación de los bronquios con secreción mucosa excesiva. **s.f. MEDICINA**

broncoscopio Instrumento para explorar el interior de la tráquea y los troncos bronquiales. **s.m. MEDICINA**

bronquear Reñir duramente. **v.tr.**

bronquedad
1 Calidad de bronco: *la bronquedad del tejido.* **s.f.**
2 Actitud áspera, brusca o malhumorada.

bronquial Que tiene relación con los bronquios: *padece una afección bronquial.* **adj. ANATOMÍA**

bronquiectasia (Del gr. *bronkhion*, bronquios + *ektasis*, dilatación.) Dilatación bronquial. **s.f./MEDICINA tb: broncoectasia**

bronquina Bronca o riña. **s.f./coloquial**

bronquio (Del lat. *bronchium* < gr. *bronkhion*.) Cada uno de los conductos semirrígidos en que se divide la tráquea y que conducen el aire desde ésta a los alveolos pulmonares. **s.m. ANATOMÍA**

bronquiolo Ramificación última de los bronquios pulmonares. **s.m./ANATOMÍA tb: bronquíolo**

bronquítico, a
1 De la bronquitis: *síntomas bronquíticos.* **adj./MEDICINA**
2 Persona que padece esta enfermedad respiratoria: *unidad de cuidados en un hospital.* **s. MEDICINA**

bronquitis Inflamación o proceso inflamatorio de la mucosa bronquial. **s.f./MEDICINA pl: bronquitis**

bronto- Componente de palabra procedente del gr. *bronte*, que significa trueno: *brontofobia.* **pref.**

brontofobia Temor angustioso a los truenos. **s.f./SICOLOGÍA**

brontología Rama de la meteorología que estudia las tormentas. **s.f.**

brontosaurio Reptil fósil del grupo de los dinosaurios, de cabeza pequeña, cuello largo y flexible, extremidades macizas con cinco dedos y cola larga y pesada. **s.m. ZOOLOGÍA**

broquel (Del fr. ant. *bocler* < lat. *buccula*, diminutivo de *bucca*, mejilla.)
1 Escudo pequeño con un asa interior con la que éste se empuña. **s.m. MILITAR**
2 Defensa o amparo: *comprar arte es su broquel para no pagar impuestos.* **coloquial**
3 Posición en la que quedan las velas y las vergas cuando se abroquelan. **NÁUTICA**

broquelarse Abroquelarse, cubrirse con el broquel. **v.prnl.**

broquelero, a
1 Persona que hacía o usaba escudos pequeños. **s./MILITAR**
2 Persona amiga de pendencias y riñas. **coloquial**

broquelillo Pendiente en forma de botón. **s.m.**

broqueta Varilla o aguja en que se ensartan trozos de carne, pescado o verduras para asarlos. **s.f. = brocheta**

brota Brote o renuevo de las plantas. **s.f./= pimpollo**

brótano Abrótano, planta compuesta. **s.m./BOTÁNICA**

brotar (Derivado de *brote*.)
1 Salir una planta de la tierra: *brotaron las semillas, pero las heladas tardías las abrasaron.* **v.intr. BOTÁNICA**
2 Salir en una planta hojas o flores nuevas: *brotar los árboles caducos.* **BOTÁNICA = abrotoñar**
3 Salir un líquido de un lugar: *el manantial brotaba de unas rocas.* **= manar**
4 Empezar a manifestarse una cosa. **= asomar**
5 Echar la tierra hierbas y flores. **v.tr.**

brote (Del gótico *brut.*)
1 Rama o renuevo que empieza a desarrollarse: *las cabras se comieron los brotes de los árboles jóvenes.* **s.m./BOTÁNICA = pimpollo**
2 Principio o primera manifestación de una cosa: *los brotes del racismo.* **coloquial**

brótola Pez marino gadiforme. *(Phycis blennioides.)* **s.f./ZOOLOGÍA**

browniano, a (De R. *Brown*, botánico.) Se refiere al movimiento incesante que tienen las partículas microscópicas que están en suspensión en un líquido. **adj. FÍSICA**

broza
1 Conjunto de hojas secas, ramas, cortezas y otros despojos de las plantas: *apiló la broza del jardín.* **s.f.**
2 Desperdicios de alguna cosa. **= restos**
3 Maleza, espesura de arbustos y plantas bajas en terrenos no cultivados o descuidados: *la broza invadía los sembrados ancestrales.*
4 Cosas insustanciales e inútiles que se dicen o escriben: *sus respuestas no eran más que broza.* **coloquial = hojarasca, paja**
5 Cepillo de cerdas muy fuertes y espesas usado para limpiar los moldes de imprenta, las caballerías y otros objetos. **tb: bruza**

brozador Bruzados, tablero inclinado que sirve para limpiar las formas con la bruza. **s.m. ARTES GRÁFICAS**

brozar Bruzar, limpiar con la bruza. **v.tr./conj: cazar**

brozno, a
1 Que es tosco y áspero. **adj./= bronco**
2 Que tiene un carácter rudo y desagradable. **= tosco**

brucelosis Enfermedad infecciosa del ganado, causada por bacterias y transmisible al hombre por contacto directo con el animal. **s.f. pl: brucelosis VETERINARIA**

bruces
1 Se usa para indicar que algo está o se echa boca abajo en la expresión **a bruces** o **de bruces:** *tropezó con el escalón y cayó de bruces.* **loc.adv. tb: de buces**
2 Indica que alguien se tropieza de cara con algo o alguien en la expresión **darse de bruces:** *dobló corriendo la esquina y se dio de bruces con el conserje.*

brucina Alcaloide tóxico obtenido de la nuez vómica, que se emplea en medicina. **s.f. QUÍMICA**

brugo (Del lat. *bruchus*, especie de saltamontes sin alas < gr. *brukos* o *brukhos*.)
1 Larva de algunos insectos lepidópteros que devora la hoja de encinas y robles. **s.m. ZOOLOGÍA**
2 Larva de algunas especies de pulgón. **ZOOLOGÍA**

bruja
1 Mujer que, según la superstición popular, tiene poderes mágicos gracias a un pacto con el diablo u otros espíritus malignos: *las brujas se reunían en el dolmen en la noche de san Juan.* **s.f. MITOLOGÍA, OCULTISMO**
2 Mujer fea y vieja. **despectivo**
3 Mujer que tiene malos sentimientos o intenciones. **despectivo/= arpía**
4 Lechuza, ave nocturna. **ZOOLOGÍA**
5 Pobre en extremo: *anda bruja porque se gastó todo en vacaciones.* **adj. Méx.**
6 **creer en brujas:** Ser excesivamente crédulo: *le cuentes lo que le cuentes te dará crédito, aún cree en brujas.* **coloquial**

brujear Hacer brujerías. **v.intr./OCULTISMO**

brujería Práctica maléfica de la hechicería que ejercen los brujos y las brujas. **s.f. OCULTISMO**

brujidor Grujidor, barra cuadrada de hierro. **s.m.**

brujilla Muñeco con un contrapeso en la base semiesférica, que recupera siempre la posición vertical cuando se le tumba. **s.f. = dominguillo, tentetieso**

brujir Grujir, alisar los bordes de los vidrios. **v.tr.**

brujo, a
1 Que hechiza: *se enamoró de sus ojos brujos.* **adj.**
2 Hombre que, según la superstición popular, tiene poderes mágicos gracias a un pacto con el diablo u otros espíritus malignos: *un brujo dirigía el ritual del aquelarre.* **s.m. MITOLOGÍA, OCULTISMO**
3 Hechicero dotado de poderes mágicos. **OCULTISMO**

brújula (Del ital. *bussola* < lat. vulgar *buxida*, cajita < gr. *pyxis*.)

1 Instrumento que consiste en una aguja imantada que gira sobre un eje y que señala siempre aproximadamente la dirección norte-sur. *s.f.* = saeta
2 Agujero pequeño por el que se mira una cosa para concentrar sobre ella la vista.
3 mirar por brújula: Brujulear en el juego de naipes. JUEGOS
4 perder la brújula: Perder el tino de algún negocio o perder el control de una situación. coloquial
5 ver por brújula: Mirar por un lugar desde el que se ve poco. coloquial

brujulear
1 Descubrir las cartas poco a poco y sólo por la parte superior para ver, por las rayas o pintas, de qué palo son. *v.tr.* JUEGOS
2 Descubrir o adivinar una cosa por indicios. coloquial
3 Hacer gestiones en ámbitos diversos para conseguir algo. coloquial

brulote (Del fr. *brûlot* < *brûler*, quemar < lat. vulgar *bustulare*.)
1 Barco cargado de materias inflamables que se lanzaba sobre los barcos enemigos para incendiarlos. *s.m./MILITAR, NÁUTICA*
2 Crítica pública de carácter polémico. *Argent.*

bruma (Del lat. *bruma*, invierno.) Niebla poco densa de las capas bajas de la atmósfera, en especial la que se levanta sobre el mar: *a medida que iba avanzando el día, se levantaba la bruma matinal.* *s.f.*

brumar Abrumar, agobiar o molestar a una persona. *v.tr.*

brumazón Niebla espesa. *s.m.*

brumo Cera blanca con que se da el último baño a las hachas y cirios. *s.m.*

brumoso, a
1 Que está cubierto de bruma o niebla: *la brumosa ciudad permanecía en el ensueño de su gloria pasada.* *adj.* = neblinoso
2 Que no está claro o no se le ven las intenciones: *sus brumosas intenciones.* = nebuloso

bruno (Del lat. *prunum*, ciruela.)
1 Ciruela negra y pequeña. *s.m./tb: bruño*
2 Árbol que da este fruto. BOTÁNICA

bruno, a (Del fr. *brun* < germ. **brun*, moreno.) De color negro u oscuro: *de bruno pelaje.* *adj.*

bruñidera Tabla usada para bruñir la cera. *s.f.*

bruñido Acción que se realiza al bruñir una cosa y resultado de hacerlo. *s.m.* = bruñidura

bruñir (Del germ. *brunjan* < *brun*, moreno.)
1 Dar brillo a una cosa: *bruñir las incrustaciones doradas del arcón.* *v.tr.* conj: mullir
2 Maquillar el rostro para embellecerse: *por más que bruña su rostro siempre será fea.* coloquial

bruño Bruno, fruto del endrino. *s.m./BOTÁNICA*

brusca
1 Leña menuda: *reunió brusca sobre los troncos.* *s.f./= chamarasca*
2 Ramaje que se hace arder en el fondo del barco para limpiarlo de moluscos. NÁUTICA
3 Planta cesalpiniácea de flores amarillas. (*Cassia occidentalis.*) BOTÁNICA

brusco, a
I (De origen incierto.)
1 Que no es amable o agradable: *debido a su carácter brusco, tiene pocos amigos.* *adj.* = áspero
2 Que sucede de repente: *los bruscos movimientos del avión lo marearon.* = súbito, repentino
II (Del lat. *ruscus* cruzado con el galo *brisgo*.)
1 Conjunto de residuos que no se recogen en la cosecha por ser muy menudos. *s.m.* AGRICULTURA
2 Planta liliácea, subarbustiva y fruto globuloso de color rojo vivo. (*Ruscus aculeatus.*) BOTÁNICA = jusbarba

brusela (De la alteración del fr. *pucella*, doncella.) Hierba doncella, planta vivaz. *s.f.* BOTÁNICA

bruselas Pinzas anchas usadas por los plateros para arrancar los pallones de metal que quedan en las copelas o vasos en que se ensayan y purifican los minerales de oro y plata. *s.f.pl.* METALURGIA

brushing (Voz inglesa.) Técnica de secado y peinado del cabello que se realiza con el secador de mano y un cepillo. *s.m.* pl: brushing

brusquedad
1 Calidad de brusco o falto de suavidad: *con el paso del tiempo limó la brusquedad de su trato.* *s.f.* = aspereza
2 Acción o palabra brusca, áspera o falta de tacto y delicadeza.

brut (Voz francesa.) Se aplica al cava y al vino espumoso muy seco. *adj/s.m.*

brutal
1 Que es propio de brutos o animales, por su irracionalidad: *las brutales sacudidas del caballo.* *adj.*
2 Que es muy grosero o violento: *es un mozalbete bronco y brutal.* = bárbaro, cruel

brutalidad
1 Actitud brutal, muy violenta y desmedida. *s.f.*
2 Calidad del bruto o ser irracional.

3 Cantidad exagerada o desmedida de una cosa: *comió una brutalidad de peras.* coloquial

brutesco, a De la gruta. *adj./= grutesco*

bruto, a (Del lat. *brutus*, estúpido.)
1 Que actúa sin inteligencia, con poca habilidad o con predominio de la fuerza física. *adj/s.* = necio
2 Se aplica a lo que es tosco y que está sin pulir: *metal bruto; piedra bruta.* *adj.* ≠ pulido
3 Se refiere al peso que se expresa sin descontar la tara: *el peso bruto de un paquete.* ≠ neto
4 Animal irracional. *s.m.*
5 en bruto: Sin pulir, sin labrar: *diamante en bruto.* loc.adj.

bruza (Del fr. dialectal *brusse*.) Cepillo de cerdas muy fuertes y espesas usado para limpiar las caballerías, los moldes de imprenta y otros objetos. *s.f.* = broza

bruzar Limpiar una cosa con la bruza. *v.tr./conj: cazar*

bu Ser imaginario con que se asusta a los niños: *si no te lo comes todo, llamaré al bu.* *s.m./familiar* = coco

búa (Del gr. *bubon*, tumor en la ingle.) Bubón, tumefacción de los ganglios inguinales. *s.f.* MEDICINA

buaro Autillo, ave rapaz nocturna. *s.m./ZOOLOGÍA*

buba (Del gr. *bubon*, tumor en la ingle.) Bubón, tumefacción de los ganglios inguinales. *s.f.* MEDICINA

búbalo, a (Del lat. *bufalus* < *bubalus* < gr. *bubalos*.) Mamífero rumiante bóvido de cuello corto y cuernos muy desarrollados. (*Bubalus.*) *s.* ZOOLOGÍA

bubón (Del gr. *bubon*, tumor en la ingle.) Tumefacción inflamatoria de los ganglios inguinales, habitualmente de origen venéreo. *s.m.* MEDICINA

bubónico, a De la tumefacción inflamatoria llamada bubón: *peste bubónica.* *adj.* MEDICINA

bucal De la boca: *infección bucal; cavidad bucal.* *adj./ANATOMÍA*

bucanero (Del fr. *boucanier*.) Pirata, filibustero que en los siglos XVII y XVIII saqueaba las posesiones españolas de ultramar. *s.m.* HISTORIA = corsario

búcaro (Del lat. *poculum*, copa.)
1 Tierra arcillosa roja usada para hacer vasijas. *s.m.*
2 Recipiente fabricado con esta tierra, que se usa con fines decorativos o como florero: *adornó la mesa con búcaros de gardenias.*

buccinador Músculo situado en las mejillas que actúa en el acto de soplar, silbar o masticar. *s.m.* ANATOMÍA

buccino (Del lat. *buccinus*.) Denominación genérica de diversos gasterópodos marinos carnívoros, en especial uno cuya tinta se utilizaba antiguamente para teñir telas. *s.m.* ZOOLOGÍA tb: bucino

buceador, a
1 Que bucea. *adj.*
2 Buzo, persona que se dedica profesionalmente al buceo: *el cuerpo de buceadores de la policía rastreó la zona.* *s.* = submarinista

bucear
1 Nadar manteniéndose debajo del agua y conteniendo la respiración: *aprendió a bucear a los tres años.* *v.intr.*
2 Trabajar como buzo.
3 Examinar un asunto: *bucea en el uso de los fondos reservados del gobierno.* coloquial

bucéfalo (Del nombre del caballo de Alejandro Magno, *Boukephalos* < gr. *bous*, buey + *kephale*, cabeza.) Hombre torpe, rudo e incapaz. *s.m.* coloquial

buceo Acción de bucear: *se dedica al buceo.* *s.m.*

bucero, a Se aplica al perro sabueso de hocico negro. *adj/s.*

buchaca Cada uno de los agujeros de la mesa de billar. *s.f./Méx.* JUEGOS

buche (Voz de creación expresiva.)
1 Bolsa membranosa que tienen las aves en el cuello o esófago donde almacenan y reblandecen los alimentos antes de pasarlos al estómago. *s.m.* ZOOLOGÍA
2 Estómago, en algunos animales cuadrúpedos. ZOOLOGÍA
3 Porción de líquido que se retiene en la boca hinchando las mejillas. = buchada
4 Red de las almadrabas. PESCA
5 Estómago de las personas: *tengo el buche vacío.* coloquial
6 guardar o **tener algo en el buche:** Tener callado un secreto: *lo tuvo en el buche hasta que estuvo en el lecho de muerte.* coloquial

buchinche Habitación o establecimiento muy pequeño o sucio. *s.m.* coloquial

buchón, a Se aplica a la paloma o palomo doméstico que inflan el buche desmesuradamente. *adj.* ZOOLOGÍA

bucle (Del fr. *boucle* < lat. *buccula*, boquita, guarnición de metal que llevaban los escudos.)
1 Rizo de cabello, tirabuzón: *unos azabachados bucles le caían sobre su pálido rostro.* *s.m.*
2 Conjunto o serie de instrucciones de un programa cuya ejecución se repite hasta que se cumple una determinada condición de salida. INFORMÁTICA

3 Curva en forma de rizo: *bucle de carreteras; la avioneta hizo un bucle en el aire.*

buco (Del bajo lat. *buccum.*) Cabrón, macho cabrío.　s.m./= boque

bucólico, a (Del lat. *bucolicus*, pastoril < gr. *bukolikos* < *bukolos*, encargado de los bueyes.)
1 Que tiene relación con el género literario que trata temas pastoriles o campestres: *novela bucólica.*　adj. LITERATURA
2 Se aplica al lugar o la situación que son muy apacibles por recordar la vida campestre.
3 Composición literaria de ambiente pastoril.　s.f./LITERATURA

buda
I (Del sánscrito *Buddha*, iluminado.) Denominación que se da, entre los budistas, a la persona que ha superado todos los deseos y ha alcanzado la sabiduría perfecta.　s.m. RELIGIÓN
II (De origen incierto.) Espadaña, planta propia de zonas pantanosas.　s.f. BOTÁNICA

budín (Del ingl. *pudding.*)
1 Dulce preparado con bizcocho o pan deshecho en leche, azúcar y frutas secas, cocido al baño maría.　s.m./COCINA tb: pudín
2 Cualquier comida pastosa elaborada en un molde, sea dulce o salada.　COCINA

budión Pez marino, de labios carnosos y recubierto de una sustancia pegajosa. *(Blennius pavo.)*　s.m./ZOOLOGÍA

budismo Doctrina religiosa y filosófica fundada por Buda, derivada del brahmanismo, del cual elimina los aspectos sacrificiales.　s.m. FILOSOFÍA, RELIGIÓN

budista
1 Del budismo o Buda.　adj./RELIGIÓN
2 Que profesa esta doctrina.　adj/s.m.f./RELIGIÓN

buen Apócope de bueno: *ha sido un buen año.*　adj.

buenandanza Bienandanza, suceso afortunado.　s.f.

buenaventura
1 Buena suerte o fortuna.　s.f.
2 Adivinación del porvenir mediante el examen de las líneas de la mano: *la gitana le dijo la buenaventura.*　OCULTISMO + dar, decir

buenazo, a Se aplica a la persona buena y débil de carácter: *es un pobre buenazo que no mataría ni a una mosca.*　adj/s.

bueno, a (Del lat. *bonus.*)
1 Que reúne las condiciones propias de su género: *dentro de su gama es un ordenador muy bueno.*　adj. ≠ malo
2 Que es útil o beneficioso para una cosa o persona: *las naranjas son buenas para la salud.*　≠ perjudicial
3 Que es agradable a los sentidos: *la comida estaba muy buena; hay una buena vista desde aquí.*
4 Que se ha repuesto de una enfermedad: *esta vez podrá asistir a la reunión porque ya está sano.*　= sano ≠ malo
5 Que tiene gran tamaño, intensidad o importancia: *le dieron una buena paliza.*
6 Que puede ser utilizado por no estar demasiado deteriorado: *aunque era del abuelo, ese chaleco todavía está bueno.*　= bien
7 Que es extraño o sorprendente: *lo bueno es que después de todo no llegó.*
8 Que tiene un carácter débil e ingenuo: *me lo dijo el bueno de Antonio.*　adj/s.
9 ¡buenas!: Expresión usada para saludar coloquialmente, equivale a ¡buenos días! o ¡buenas tardes!　interj.
10 bueno: Expresión que significa aprobación, contentamiento.　= bien
11 de buenas a primeras: De repente: *de buenas a primeras se levantó y se fue.*　loc.adv.
12 ésa sí que es buena o ésa es buena: Denota desaprobación o extrañeza: *¿que yo te he mentido? ¡ésa sí que es buena!*
13 estar de buenas: Estar de buen humor: *aprovecha, que hoy está de buenas.*
14 por las buenas: De buen grado, voluntariamente: *por las buenas es más fácil de convencerlos.*　loc.adv.

buey
I (Del lat. *bos.*)
1 Macho vacuno castrado.　s.m./ZOOLOGÍA
2 Crustáceo braquiópodo, comestible, de caparazón oval granulado cuyo primer par de patas acaba en potentes pinzas. *(Cancer pagurus.)*　ZOOLOGÍA
3 buey de cabestrillo o de caza: Armazón de arcos de madera cubiertos por un lienzo que se usa para cazar escondido detrás de él.　CAZA
4 buey marino: Vaca marina, mamífero acuático.　ZOOLOGÍA
II (De origen incierto.) Golpe o caudal de agua muy grueso que sale por un encañado o nacimiento.　s.m.

bueyero Boyero, que guarda o conduce a los bueyes.　s.m.

bueyuno, a Del toro o la vaca.　adj./= bovino

bufa Bufonada o broma: *ojalá te libres de sus bufas porque es malintencionado y chascarrilloso.*　s.f.

bufado, a Se aplica al vidrio que se ha soplado con un canuto de hierro hasta que revienta y se esparce formando hojuelas.　adj. INDUSTRIA

bufador Grieta en los terrenos volcánicos por la cual sale humo y vapor.　s.m. GEOLOGÍA

búfalo, a (Del bajo lat. *bufalus* < lat. *bubalus* < gr. *bubalos.*)
1 Rumiante bóvido parecido al toro, de cuernos muy largos.　ZOOLOGÍA
2 Bisonte americano.　ZOOLOGÍA

bufanda (Del fr. ant. *bouffante* < *bouffer*, inflar.)
1 Prenda de abrigo más larga que ancha, generalmente de lana, que se lleva alrededor del cuello y la boca: *la bufanda le tapaba la mitad del rostro y el gorro sólo dejaba ver los ojos.*　s.f.
2 Gratificación extra que recibe un trabajador de su empresa.　= plus

bufar
1 Dar bufidos, resoplidos un animal.　v.intr.
2 Mostrar una persona su enfado con bufidos: *bufaba cuando le hacían ciertas cosas.*　coloquial
3 Ponerse una pared hueca.　v.prnl./= afollarse

bufet (Del fr. *buffet.*)
1 Modo de disponer la mesa en la que todos los alimentos de la comida ya están servidos sobre ella para que cada cual se sirva la cantidad y el manjar que guste.　s.m. COCINA
2 Sitio donde se pueden comer platos dispuestos de este modo.

bufete (Del fr. ant. *buffet*, especie de mesa.)
1 Despacho de un abogado.　s.m./DERECHO
2 Mesa de escritorio con cajones: *aún conserva el bufete de caoba del bisabuelo.*

buffer (Voz inglesa.) Banco de memoria para almacenar temporalmente información para compensar velocidades de transmisión o adaptar recepciones asíncronas.　s.m. pl: buffers INFORMÁTICA

bufido
1 Resoplido del toro, el caballo u otro animal.　s.m./= rebufe
2 Sonido, gesto o expresión de enfado: *si le contrarías suelta un bufido.*　coloquial = exabrupto

bufo, a (Del ital. *buffo*, cómico, que hace reír.)
1 Que es cómico rayando lo grotesco.　adj./= chocarrero
2 Se aplica a la ópera cómica italiana.　MÚSICA
3 Cantante que hace el papel de gracioso en una ópera.　s. MÚSICA

bufón, a (Del ital. *buffone.*)
1 Que actúa de modo chistoso o grosero.　adj./=chocarrero
2 Que hace reír por servilismo.
3 Persona que vivía en palacio y que divertía a la corte con sus dichos y actuaciones.　s.m. HISTORIA

bufonada
1 Acción o palabras graciosas y a la vez grotescas.　s.f./= bufa, bufonería
2 Broma o chanza satírica.

bufonearse Decir bufonadas.　v.prnl/intr.

bufonesco, a Que es bufo, grosero o chocarrero: *sus bufonescas chanzas más nos abochornan que nos divierten.*　adj.

buga Cualquier automóvil o vehículo.　s.m./coloquial

bugalla Agalla de ciertos árboles, como el roble, que sirve para hacer tintes o tinta.　s.f. BOTÁNICA

buganvilla Planta trepadora muy vistosa originaria de América, con brácteas de color rojo violáceo, cultivada como ornamental.　s.f. BOTÁNICA

bugle (Del ingl. *bugle* < fr. ant. *bugle* < lat. *buculus*, buey joven.) Instrumento musical de viento formado por un tubo largo y cónico de metal con embocadura, provisto de pistones.　s.m. MÚSICA

buglosa (Del lat. *buglossa* < gr. *buglosson* < *bous*, buey + *glossa*, lengua.) Planta de flores azuladas que crece en los aledaños de los campos, viñas y bosques.　s.f. BOTÁNICA = lengua de buey

buguibugui Boogie-woogie, estilo de jazz y baile.　s.m./MÚSICA

buhardilla (Diminutivo del ant. *buharda*, respiradero para el humo < *bufar*, soplar.)
1 Parte más alta de una casa, inmediata al tejado con el techo inclinado: *instaló el estudio en la buhardilla.*　s.f. = desván
2 Saliente cubierto a dos aguas en un tejado, con una ventana que sirve para dar luz a un desván.　CONSTRUCCIÓN

buharro Autillo, ave rapaz nocturna.　s.m./ZOOLOGÍA

buhedera Abertura, tronera o agujero.　s.f.

buhedo Charca que se seca en verano.　s.m./= bodón

búho (Del lat. vulgar *bufo* < *bubo.*)
1 Ave rapaz nocturna, que se alimenta de roedores y pequeños animales.　s.m. ZOOLOGÍA
2 Persona retraída y huraña.　coloquial

buhonería
1 Baratija que llevan los vendedores ambulantes.　s.f.
2 Conjunto de estas baratijas.　s.f.pl.

buhonero, a (Del ant. *buhón* < *buff*, onomatopeya de las peroratas de éste.) Persona que lleva o vende cosas de buhonería.　s. = mercachifle

buido, a (Del cat. *buit*, vacío, hueco < lat. *vocitus*, vacío.)

1 Que es aguzado o afilado. — adj./= acuminado
2 Que tiene canales o estrías. — = acanalado

buitre (Del lat. *vultur*.)
1 Denominación común de diversas aves falconiformes de gran tamaño, caracterizadas por la ausencia de plumas en la cabeza y el cuello. — s.m. ZOOLOGÍA
2 Persona aprovechada y egoísta: *es un buitre, fuma como un carretero, pero nunca lleva tabaco*. — coloquial

buitrera
1 Nido de buitres. — s.f.
2 Lugar donde los cazadores ponen el cebo al buitre. — CAZA

buitrero, a
1 Del buitre: *polluelo buitrero*. — adj.
2 Cazador de buitres o persona que pone el cebo en las buitreras. — s. CAZA

buitrón
1 Instrumento de pesca formado por dos conos concéntricos de red, que impide la salida a los peces capturados. — s.m./PESCA = carrizo, butrino
2 Red usada para cazar perdices. — CAZA
3 Cenicero del hogar de los hornos metalúrgicos. — METALURGIA

bujarasol Variedad de higo de carne roja. — s.m./tb: bujarazol

bujarda Martillo de dos bocas cuadradas, cubiertas de dientes, usado en cantería. — s.f.

bujarrón (Del bajo lat. *bulgarus*, búlgaro, utilizado como insulto.) Se aplica al hombre con tendencias homosexuales. — adj/s.m. despectivo

buje (Del lat. *'buxis*, cajita < gr. *pyxis*.) Pieza que sujeta los elementos destinados a girar en torno a un eje, como los de las ruedas de un automóvil. — s.m. MECÁNICA

bujeda Bojedal, terreno donde abundan los bojes. — s.f./tb: bujedal

bujería Mercancía de metal de poco valor y precio. — s.f./= baratija

bujía (De *Bugía*, nombre de una ciudad africana.)
1 Pieza del motor de explosión donde salta la chispa eléctrica que inflama la mezcla gaseosa. — s.f. MECÁNICA
2 Vela de cera blanca, de estearina o de alguna grasa vegetal.
3 Candelero donde se coloca esta vela.

bula (Del lat. *bulla*, bola, sello de plomo.)
1 Documento pontificio relativo a materia de fe o de interés general, concesión de privilegios o asuntos judiciales o administrativos. — s.f. RELIGIÓN
2 Sello de plomo que cuelga en algunos documentos pontificios. — RELIGIÓN
3 **bula de carne**: Aquella mediante la que el papa concedía la dispensa de comer de vigilia en ciertos días. — RELIGIÓN
4 **tener bula para algo**: Contar con facilidades, que otros no disfrutan, para conseguir una cosa: *tiene bula para pedir cuantos permisos personales quiera*. — coloquial

bulario Colección de bulas pontificias. — s.m./RELIGIÓN

bulbar Del bulbo raquídeo. — adj./ANATOMÍA

bulbo (Del lat. *bulbus*.)
1 Ensanchamiento de la parte que está bajo tierra del tallo de algunas plantas y que, después de seca da lugar a una nueva. — s.m. BOTÁNICA
2 **bulbo dentario**: Parte blanda que se encuentra en el interior de los dientes. — ANATOMÍA
3 **bulbo piloso**: Abultamiento que forma el extremo de la raíz del pelo. — ANATOMÍA
4 **bulbo raquídeo**: Abultamiento de la médula espinal en su parte superior. — ANATOMÍA

bulboso, a Que está provisto o formado por un bulbo: *el tulipán es una planta bulbosa*. — adj.

bulbul Pájaro de tamaño mediano, alas y pico pequeños y vistoso penacho de plumas rectas. — s.m. ZOOLOGÍA

buldog (Del ingl. *bulldog*.) Se aplica al perro de raza inglesa, pequeño, fuerte, de pelo corto y boca torcida. — adj/s.m. ZOOLOGÍA

bule Fruto similar a la calabaza al que se le extrae la pulpa y se deja secar, para luego emplearlo como recipiente. — s.m./Méx. BOTÁNICA

bulerías
1 Canto popular andaluz, de ritmo rápido: *se pasó toda la fiesta cantando por bulerías*. — s.f.pl. MÚSICA
2 Baile que acompaña a ese canto.

buleto Breve, documento pontificio. — s.m./RELIGIÓN

bulevar (Del fr. *boulevard*.) Calle ancha con un paseo central y árboles a ambos lados: *instalaron terrazas a lo largo del bulevar y los sábados se convertían en un hervidero*. — s.m.

búlgaro, a
1 De Bulgaria, país europeo. — adj.
2 Persona natural de este país. — s.
3 Lengua eslava, de la familia indoeuropea, hablada en este país. — s.m. LINGÜÍSTICA

bulimia (Del gr. *bulimia* < *bulimos*, que tiene mucha hambre < *bus*, buey + *limos*, hambre.) Enfermedad que consiste en padecer un hambre insaciable. — s.f. MEDICINA

bulímico, a
1 Que tiene relación con la bulimia. — adj./MEDICINA
2 Se aplica a la persona que padece bulimia. — adj/s./MEDICINA

bulín
1 Habitación, sala de una casa. — s.m./Argent.
2 Burdel, prostíbulo. — Perú
3 Apartamento para citas amorosas. — Argent., Urug.

bulla
1 Alboroto, griterío producido por la concurrencia de mucha gente en un lugar: *la bulla del parque de atracciones quedaba amortiguada por los árboles*. — s.f. = bullanga, confusión
2 **meter o armar bulla**: Impedir que se prosiga un asunto, producir gran confusión: *metieron tanta bulla para boicotear el acto*. — coloquial

bullabesa (Del fr. *bouillabaisse*.) Sopa de pescados y crustáceos, sazonada con especias fuertes, vino y aceite y que suele servirse con rebanadas de pan tostado. — s.f. COCINA

bullaje Concurrencia alborotada y confusa de mucha gente: *se armó gran bullaje en el concierto*. — s.m.

bullanga Alboroto, ruido o desorden grandes: *se sumó a la bullanga callejera*. — s.f. = bulla

bullanguero, a Que alborota, que es amigo del bullicio: *familia bullanguera*. — adj/s.

bulldozer (Voz inglesa.) Máquina automóvil, provista de una pala frontal, que avanza sobre cadenas y se utiliza para derribos y nivelación de terrenos. — s.m. pl: bulldozers

bullebulle Persona inquieta y entremetida. — s.m.f./coloquial

bullicio (Del lat. *bullitio*, burbujeo.) Alboroto o rumor que causa mucha gente junta. — s.m. = tumulto

bullicioso, a
1 Que tiene bullicio o causa alboroto: *ambiente bullicioso*. — adj.
2 Que es muy nervioso o inquieto.
3 Que promueve o participa en un alboroto. — adj/s.

bullidor, a Que bulle o se mueve con viveza. — adj./= inquieto

bullir (Del lat. *bullire* < *bulla*, burbuja.)
1 Producir un líquido burbujas al ser calentado hasta la temperatura necesaria. — v.intr. conj: *mullir*
2 Moverse una cosa o persona agitadamente: *los turistas bullían en la playa*.
3 Ocurrir con frecuencia un hecho: *últimamente bullen las huelgas*.
4 Empezar a moverse una persona o una cosa que estaba quieta: *se bullía y meneaba sin darle respiro*. — v.intr/prnl.
5 Mover una parte del cuerpo: *no bullía nunca el trasero de su silla*. — v.tr.
6 **bullirle a alguien una cosa**: Desearla mucho: *le bulle el afán perfeccionista*. — coloquial

bullón
I (Del fr. *bouillon*, caldo.) Tinte que está hirviendo en la caldera. — s.m.
II (Del lat. *bulla*, burbuja, bola.) Clavo de cabeza grande usado como adorno. — s.m. = bollo

bulo Mentira, noticia falsa propagada con algún fin: *corre bulos sobre el presidente*. — s.m. = rumor

bulón Tornillo grande de cabeza redondeada. — s.m./Argent.

bulto (Del lat. *vultus*, figura.)
1 Volumen de cualquier cosa: *aquel paquete hace mucho bulto para lo poco que pesa*. — s.m.
2 Cuerpo del que sólo se percibe la forma: *me pareció ver un bulto sobre las sombras*.
3 Prominencia o hinchazón apreciable en la piel.
4 Saco, caja, bolso o maleta usado para transporte o como equipaje: *trajo cinco bultos a su vuelta de vacaciones*.
5 Funda de la almohada.
6 Busto o estatua. — ARTE
7 **bulto redondo**: Obra escultórica visible en todo su contorno. — ARTE
8 **a bulto**: Por aproximación, sin ánimo de exactitud: *a bulto diría que son tres*. — loc.adv.
9 **de bulto**: Muy importante o considerable: *cometió un error de bulto*. — loc.adj.
10 **hablar o contar algo de bulto**: Acompañar el relato de alguna cosa con gestos y ademanes que lo ilustran. — coloquial Méx.
11 **hacer bulto**: Abultar, ocupar mucho espacio: *nos contrataron para hacer bulto*.
12 **escurrir o guardar el bulto**: Eludir un trabajo, compromiso o promesa. — coloquial

bululú Actor teatral que, cambiando de voz, representaba todos los papeles de una obra. — s.m./pl.tb: bululúes TEATRO

bumerán Arma arrojadiza de madera ligera, en forma de ángulo obtuso que, al ser lanzada con movimiento giratorio, puede volver al punto de partida. — s.m. tb: bumerang

buna (Marca registrada.) Caucho sintético, resistente al envejecimiento y superior en algunas cualidades al natural. — s.f. QUÍMICA

bungalow (Voz inglesa.) Casa de un solo piso y reducidas dimensiones, generalmente en un cámping o conjunto hotelero: *durante el día el bungalow era una sauna, porque no había ni un árbol que le diera sombra.* — s.m. / pl: bungalows

buniatal Tierra sembrada de boniatos. — s.m./AGRICULTURA

buniato Boniato, planta y tubérculo. — s.m./BOTÁNICA

bunio Nabo que se deja para simiente. — s.m./AGRICULTURA

bunker
I (Voz inglesa.) Obstáculo artificial en un recorrido de golf, que consiste en una depresión del terreno generalmente cubierto de arena. — s.m. / pl: bunkers / DEPORTES
II (Voz alemana.)
1 Refugio subterráneo contra los bombardeos: *el terreno estaba atestado de bunkers.* — s.m./MILITAR / tb:búnker
2 Grupo de personas muy cerrado que no permite intromisiones exteriores.
3 Grupo conservador que se opone a todo cambio. — POLÍTICA

buña Mermelada que los araucanos hacen de papa medio pasada, frita o asada. — s.f. / COCINA

buñolero, a
1 Persona que hace o vende buñuelos. — s.
2 Persona encargada de abrir la puerta del toril. — s.m./TAUROMAQUIA

buñuelo (Del cat. *bunyol* < *bony*, bulto.)
1 Bola pequeña hecha con masa de harina, agua y otros ingredientes, que al freírse queda hueca. — s.m. / COCINA
2 Cosa que se ha hecho mal y con precipitación. — coloquial
3 **buñuelo de viento:** El que se rellena con alguna crema. — COCINA
4 **mandar a uno a freír buñuelos:** Desentenderse de alguien o algo con enfado y brusquedad: *lo mandó a freír buñuelos antes de que pudiese defenderse.* — coloquial

bup (Acrónimo de *[B]achillerato [U]nificado [P]olivalente.*) Estudios de grado medio, en el sistema de enseñanza español. — s.m.

buque (Del cat. *buc*, vientre, capacidad interior de algo < germ. *búk*, vientre.)
1 Casco del barco. — s.m./NÁUTICA
2 Barco con cubierta, de gran tamaño, solidez y fuerza, adaptado para travesías importantes. — NÁUTICA
3 **buque de cabotaje:** El que se dedica a la navegación y tráfico marítimo a lo largo de la costa. — NÁUTICA
4 **buque de guerra:** El destinado a usos militares. — MILITAR
5 **buque de vela:** El impulsado por la fuerza del viento. — NÁUTICA
6 **buque escuela:** El de la marina de guerra donde completan su instrucción los guardias marinas. — MILITAR
7 **buque mercante:** El usado para el transporte de pasajeros y mercancías. — NÁUTICA

buqué (Del fr. *bouquet*.)
1 Bouquet, aroma del vino. — s.m.
2 Bouquet, ramo de flores.

burbuja (Derivado de *burbujar*, burbujear < lat. vulgar *bulbulliare* < lat. *bulla*, burbuja.) Glóbulo de aire u otro gas que se forma en la masa de un líquido: *refresco con burbujas.* — s.f.

burbujeante
1 Que hace burbujas. — adj.
2 Que está muy activo, como en ebullición: *el burbujeante mundo de la moda le agota.* — = bullicioso

burbujear Hacer burbujas. — v.intr.

burbujeo Acción de hacer burbujas: *ya ha empezado el burbujeo del agua.* — s.m.

burche Torre de defensa. — s.f./MILITAR

burdégano Híbrido obtenido al cruzar un caballo y una burra, que se diferencia del mulo por tener la cola más poblada y el cuerpo desproporcionado respecto de las patas. — s.m. / ZOOLOGÍA / = burreño

burdel (Del cat. *bordell* o del occitano *bordel* < germ. *bord*, tabla.)
1 Que es vicioso o lujurioso. — adj.
2 Lugar donde se ejerce la prostitución. — s.m./= prostíbulo
3 Lugar donde hay mucho ruido, confusión o desorden. — coloquial

burdeos
1 Vino elaborado en la región vinícola francesa del Bordelais. — s.m. / pl: burdeos
2 Se aplica al color rojo violáceo como el que tiene este vino. — adj/s.m.

burdo, a Se refiere a lo que es tosco, basto o grosero: *para explicar su ausencia, nos vino con una burda excusa.* — adj. / = rudo

burear Burlar, chasquear. — v.tr./Colomb.

burel Pieza formada por una faja cuyo ancho es la novena parte del escudo. — s.m./HERÁLDICA / tb: burela

burelete Cordón con el que se enlazan los penachos y lambrequines del escudo. — s.m. / HERÁLDICA

burén Plancha metálica o de barro para cocinar tortas. — s.m./Cuba

bureo (Del fr. *bureau*, oficina, comité.)
1 Junta de los altos empleados de la casa real que, presidida por el mayordomo mayor, resolvía los asuntos de su jurisdicción. — HISTORIA
2 **de bureo:** De juerga, divirtiéndose y creando bullicio: *se fue de bureo con sus amigos.* — loc.adv. / coloquial

bureta Recipiente de vidrio, con forma de tubo graduado, abierto por un lado y cerrado con una llave por el otro, usado en laboratorios para determinar volúmenes. — s.f. / QUÍMICA

burga Manantial de agua caliente. — s.f./GEOLOGÍA

burgado Pequeño caracol terrestre del tamaño de una nuez. *(Helix.)* — s.m. / ZOOLOGÍA

burgalés, a
1 De Burgos, ciudad y provincia española. — adj.
2 Persona que es natural de esta ciudad o provincia. — s.

burgo (Del bajo lat. *burgus* < germ. *burgs*, ciudad pequeña, fuerte.)
1 Población pequeña sin jurisdicción propia. — s.m./= aldea
2 Núcleo fortificado de una población medieval.

burgos (de *Burgos*, ciudad castellana.) Queso blando de leche de oveja, que se elabora en moldes de mimbre. — s.m. / pl: burgos

burgomaestre (Del alem. *Burgmeister* < *burg*, ciudad + *meister*, magistrado.) Primer magistrado municipal de algunas ciudades europeas, con funciones análogas a los alcaldes. — s.m. / POLÍTICA

burgués, a
1 Del ciudadano de clase media: *vida burguesa.* — adj.
2 De actitud conservadora que antepone el bienestar material a los ideales: *su jefe tiene ideas burguesas.* — adj/s. / SOCIOLOGÍA
3 Del burgo.
4 Se aplica al sistema capitalista y a todo lo relativo a él. — POLÍTICA
5 Persona de clase media que disfruta de una posición acomodada, y realiza trabajos liberales o comerciales. — s./≠ obrero, proletario

burguesía Clase social a la que pertenecen las personas acomodadas que no practican un trabajo manual y que dominan los medios de producción. — s.f./= mesocracia, clase media / SOCIOLOGÍA

burguesismo Mentalidad y costumbres propias de los burgueses. — s.m. / SOCIOLOGÍA

buriel (Del fr. ant. *burel*.)
1 De color marrón rojizo. — adj.
2 Se aplica al paño que es de este color. — TEXTIL

buril (Del cat. *burí*.) Herramienta de acero puntiaguda que se usa para grabar metales. — s.m./METALURGIA / = punzón

burilada
1 Trazo o rasgo hecho con el buril. — s.f./METALURGIA
2 Porción de plata que los ensayadores sacan de la pieza con el buril para ver si ésta es de ley. — METALURGIA

buriladura Trabajo que se hace con un buril. — s.f./METALURGIA

burilar Grabar con el buril. — v.tr./METALURGIA

burjaca (Derivado del lat. *bursa*.) Bolsa grande de cuero usada por los peregrinos y los mendigos para guardar la comida y otras pertenencias. — s.f. / tb: burchaca

burla
1 Gesto o palabras con que se ridiculiza a una persona o cosa: *fue víctima de sus burlas más sardónicas.* — s.f. / = burlería
2 Broma, fingimiento. — = engaño
3 **de burlas:** No de veras, falsamente: *lo dijo de burlas, no te lo creas.*
4 **hacer burla:** Reírse de alguien, engañarle: *sabíamos que su novio le hacía mucha burla.* — coloquial

burladero
1 Valla que se coloca delante de las barreras de las plazas de toros para que el torero se proteja y burle al toro: *el toro golpeó con furia el burladero.* — s.m. / TAUROMAQUIA
2 Zona aislada en medio de una calzada ancha, y por lo general transitada, que permite a los peatones cruzarla en dos intervalos: *el coche arrolló a los que esperaban en el burladero.* — = isla

burlador, a
1 Que burla o hace broma. — adj/s.
2 Hombre que seduce y engaña a las mujeres y se jacta de hacerlo. — s.m. / = seductor

burlar
1 Hacer creer a una persona una cosa que no es verdad o es falsa. — v.tr. / = engañar
2 Esquivar a una persona a quien le persigue: *burló a la brigada policial y escapó en coche.*
3 Evitar un perjuicio: *burlar un golpe.*
4 Evitar la embestida de un toro. — TAUROMAQUIA
5 Hacer burla o broma de una persona o una cosa: *no me burlaré de ti nunca más.* — v.prnl. / + de
6 **burla burlando:** 1. Hacer una cosa sin darse cuenta. 2. Despacio, como quien no quiere la cosa: *burla burlando consiguió el empleo.* — loc.adv. / coloquial

burlería
1 Burla, engaño o ilusión. — s.f.
2 Cuento fabuloso: *sus burlerías exaltan la imaginación de los niños.*

burlesco, a Que implica burla: *chanza burlesca; episodio burlesco.*
adj.
= jocoso

burlete (Del fr. *bourrelet* < *bourre*, borra.) Tira de material flexible, que se pone en los cantos de las puertas y de las ventanas para tapar las rendijas e impedir la entrada del aire.
s.m.

burlón, a
1 Que bromea o se burla con frecuencia.
adj./s.= guasón
2 Que implica burla: *tiene una risa burlona que puede llegar a molestar.*
adj.
= burlesco

burlote Apuesta menor que alguno de los jugadores hace para continuar el juego.
s.m.
JUEGOS

buró (Del fr. *bureau*.)
1 Mueble con cajones y compartimentos para papeles, generalmente cerrado por una tapa y que sirve como mesa para escribir.
s.m.
pl: burós
= escritorio
2 Mesilla de noche.
Méx.

burocracia (Del fr. *bureaucratie* < *bureau*, oficina + gr. *kratos*, poder.)
1 Conjunto de personas, gestiones y actividades de carácter administrativo que forman parte de una organización compleja, en especial la pública.
s.f.
2 Influencia excesiva de los funcionarios públicos en el funcionamiento del estado.
= burocratismo
3 Exceso de gestiones, papeles o documentos que se necesitan para obtener una cosa: *cada trámite genera una burocracia que exaspera.*
coloquial

burócrata Persona que forma parte de la burocracia: *se ha convertido en una ciudad de burócratas.*
s.m.f.
despectivo

burocrático, a De la burocracia o de las administraciones públicas: *trámites burocráticos; lentitud burocrática.*
adj.

burocratización
1 Acción de burocratizar una actividad.
s.f.
2 Crecimiento excesivo de las funciones administrativas, técnicas o políticas, que hace que sus métodos y modelos de decisión se conviertan en rasgo dominante del conjunto de relaciones sociales.
SOCIOLOGÍA

burocratizar Introducir la burocracia en una actividad: *han burocratizado el trabajo universitario.*
v.tr.
conj: cazar

burrada
1 Manada de burros.
s.f.
2 Dicho o hecho brutal o necio.
coloquial
3 Gran cantidad: *en los últimos incendios se quemaron una burrada de árboles.*
coloquial + de
4 Jugada hecha contra las reglas, en el juego del burro.
JUEGOS

burrajear Borrajear, hacer garabatos.
v.tr.

burrajo Estiércol seco de las caballerías.
s.m.

burreño Burdégano, híbrido obtenido al cruzar un caballo y una burra.
s.m.
ZOOLOGÍA

burricie Ignorancia y torpeza en comprender.
s.f./despectivo

burriciego, a Se aplica a la persona que ve con dificultad.
adj./despectivo
= cegato

burrillo Añalejo, calendario para eclesiásticos.
s.m./coloquial

burro, a (Derivado regresivo de *borrico* < bajo lat. *burricus*, caballo pequeño.)
1 Se aplica a la persona ignorante o dura de entendimiento: *como no estudies vas a ser un burro.*
adj./s.
coloquial
2 Que es obstinado y testarudo: *no seas burro y escucha lo que te digo.*
coloquial
= terco
3 Se refiere a la persona ruda, falta de amabilidad o de delicadeza: *cierra la puerta con cuidado, no seas burro.*
coloquial
= tosco
4 Asno, animal más pequeño que el caballo y de orejas largas.
s./ZOOLOGÍA
5 Persona muy trabajadora o que es capaz de soportar mucho trabajo: *trabaja como un burro.*
coloquial
6 Armazón o soporte formado por dos palos cruzados para sostener un madero que se va a serrar o una tabla sobre la que trabajan albañiles o pintores.
s.m.
CONSTRUCCIÓN
7 Cierto juego de naipes y el que pierde en cada manga de este juego.
JUEGOS
8 Escalera de mano formada por dos que se unen mediante una bisagra por la parte superior.
Méx.
9 Tabla de planchar.
Méx.
10 burro de carga: Persona de gran resistencia para el trabajo a la cual se le suele encomendar más de lo que le corresponde.
coloquial
11 apearse del burro: Ceder en su opinión una persona: *se apeó del burro, aunque le costó mucho.*
coloquial
12 caerse del burro: Darse cuenta de que estaba equivocado: *al examinar el documento cayó del burro.*
coloquial
13 hacer el burro: Comportarse de manera alocada haciendo tonterías: *no hagas el burro y bájate de la mesa.*
14 no ver tres en un burro: Ser muy miope: *no me extraña que tropiece cada dos por tres, no ve tres en un burro.*
coloquial

bursátil Que tiene relación con la bolsa de valores: *realizó una operación bursátil que le reportó grandes beneficios.*
adj.
ECONOMÍA

burseráceo, a Perteneciente a una familia de plantas angiospermas que tienen en su corteza conductos que destilan resinas y bálsamos.
adj./s.f.
BOTÁNICA

bursitis Inflamación de una bolsa serosa corporal.
s.f./MEDICINA

burujo (Del lat. vulgar *voluclum*, < lat. *volvere*, dar vueltas.)
1 Apelotamiento o pequeño bulto que se forma por la unión de varias partes sueltas de alguna materia, como la lana o las masas.
s.m.
2 Masa de hueso de aceituna molida.
th: borujo

burujón Borujón, chichón: *se hizo un burujón en la frente.*
s.m.
coloquial

bus (Apócope de *autobús*.)
1 Autobús, vehículo automóvil de transporte colectivo: *alcanzó el bus casi de milagro.*
s.m./pl: bus
coloquial
2 Conductor común de varios circuitos que permite distribuir datos o corrientes de alimentación.
INFORMÁTICA

busca
1 Acción que se realiza al buscar.
s.f./= búsqueda
2 Aparato receptor que llevan algunas personas para ser localizadas y avisadas.
coloquial
= buscapersonas
3 Selección y recogida de materiales u objetos aprovechables entre escombros, basura o desperdicios.
4 Tropa de cazadores y perros que recorre el monte para levantar la caza.
CAZA
5 Provecho que se obtiene de algún cargo o empleo.
Méx.
6 busca y captura: Acción judicial o policial para detener y encarcelar a un sospechoso de algún delito.

buscador, a Que se dedica a buscar: *los buscadores de oro transformaron la economía del lugar.*
adj./s.

buscapersonas Busca, aparato receptor que se usa paza localizar a una persona.
s.m.
pl: buscapersonas

buscapié
1 Recurso verbal o escrito para averiguar con disimulo la opinión ajena.
s.m.
= encuesta
2 Cohete sin varilla que al ser encendido corre por el suelo.
s.m.pl.

buscar
1 Intentar encontrar, conseguir o descubrir a una persona o cosa: *buscaban un regalo original.*
v.tr.
conj: sacar
2 Provocar, incitar a una persona: *no me busques que acabarás mal.*
coloquial
3 buscarse la vida o buscárselas: Ingeniárselas para hallar medios de subsistencia, como trabajo o sustento: *se buscó la vida y consiguió prosperar.*
coloquial
4 buscársela: Hacerse una persona merecedora de una represalia, castigo o ponerse en una situación comprometida: *¡déjame tranquila!, te la estás buscando.*
coloquial

buscarla Carricero común, ave paseriforme.
s.f./ZOOLOGÍA

buscarruidos Persona inquieta y propensa a participar o provocar riñas y alborotos.
s.m.f./pl: buscarruidos
coloquial

buscavidas
1 Persona hábil para buscar medios de subsistencia de un modo lícito.
s.m.f./pl: buscavidas
coloquial
2 Persona entremetida, curiosa.
coloquial

busco Umbral de una puerta de esclusa.
s.m.

buscón, a
1 Que busca.
adj./s.
2 Que hurta o estafa con astucia y habilidad.
= ladrón, ratero
3 Persona que se dedica a la prostitución.

buseta Autobús de pequeñas dimensiones.
s.f./Amér. Merid.

busilis (Alteración del lat. *in diebus illis*, en aquellos días.) Punto más difícil o importante de un asunto.
s.m./pl: busilis

búsqueda Investigación o indagación metódica o sistemática para encontrar una cosa o a una persona: *dedicó su vida a la búsqueda de una vacuna para el cólera.*
s.f.
= busca

busto (Del lat. *bustum*, crematorio de cadáveres, sepultura.)
1 Parte superior del cuerpo humano desde el cuello a la cintura, especialmente aplicado a su parte anterior.
s.m.
ANATOMÍA
2 Escultura o pintura que representa la cabeza y parte superior del tórax de una persona: *colocaron el busto del fundador sobre un pedestal de mármol.*
ARTE
3 Pecho de la mujer.
ANATOMÍA

bustrófedon (Del gr. *bustrophedon*, arando en zigzag.) Modo de escribir empezando cada renglón por el mismo lado por el que se ha terminado el anterior.
s.m.

butaca (Voz caribe.)
1 Sillón acolchado, con brazos y con el respaldo inclinado hacia atrás.
s.f.
2 Asiento de un cine o un teatro: *nos sentamos en butacas separadas.*
3 Billete de entrada para ocupar un asiento en un espectáculo.

butadieno Hidrocarburo que se utiliza para la fabricación del caucho sintético.
s.m.
QUÍMICA

butano (Del lat. *butyrum*, manteca.)
1 Hidrocarburo saturado, gaseoso e incoloro, que se utiliza como combustible doméstico e industrial.
s.m.
QUÍMICA

2 Se refiere al color anaranjado, como el de las bombonas que contienen gas butano. — **adj/s.**

buten Se usa para indicar de primera, estupendamente en la expresión **de buten.** — **loc.adv.**

butifarra (Del cat. *botifarra*.) Embutido de carne de cerdo que se hace principalmente en Cataluña, Baleares y Valencia. — **s.f.** **COCINA**

butílico, a Se refiere al compuesto que contiene el radical butilo. — **adj.** **QUÍMICA**

butilo Radical derivado del butano. — **s.m./QUÍMICA**

butomáceo, a Perteneciente a una familia de plantas acuáticas o palustres, con flores de forma regular y fruto en folículo. — **adj/s.f.** **BOTÁNICA** **= butomeo**

butrino Buitrón, instrumento de pesca. — **s.m./PESCA**

butrón Buitrón, instrumento de pesca. — **s.m./PESCA**

buxáceo, a Perteneciente a una familia de plantas dicotiledóneas, leñosas, de hojas enteras, flores unisexuales y fruto en cápsula, como el boj. — **adj/s.f.** **BOTÁNICA**

buzaque Borracho, beodo, persona que está bajo los efectos del alcohol. — **s.m.**

buzar Inclinarse hacia abajo las capas del terreno o los filones, formando cierto ángulo con la horizontal. — **v.intr./conj.: *cazar*** **GEOLOGÍA**

buzarda Cada una de las piezas curvas con que se sujeta y refuerza la proa de la embarcación. — **s.f.** **NÁUTICA**

buzo (Del port. *buzio*, caracol que habita bajo el agua < lat. *bucina*, cuerno del boyero.)
1 Persona que trabaja sumergida en el agua, provista o no de una escafandra: *los buzos rastrearon el fondo de la laguna.* — **s.m.** **= submarinista**
2 Mono, traje de trabajo.
3 Vestimenta para hacer deporte, chándal. — **Amér. Merid.**

buzón (Del ant. *bozón*, ariete.)
1 Abertura por donde se echan las cartas para el correo y receptáculo o caja donde éstas se echan: *echaron un petardo en el buzón y quemaron toda la correspondencia.* — **s.m.**
2 Conducto artificial por donde desaguan los estanques.
3 Boca de grandes dimensiones. — **coloquial**

buzoneo Distribución indiscriminada de propaganda en los buzones de casas particulares. — **s.m.** **PUBLICIDAD**

by-pass (Voz inglesa.)
1 Unión de dos canales o vasos sanguíneos mediante un injerto o tubo de plástico. — **s.m./pl: by-pass** **MEDICINA**
2 Circuito de derivación que aísla un aparato, un dispositivo o una instalación. — **TECNOLOGÍA**

byte (Voz inglesa.)
1 Unidad de información que comprende ocho bits. — **s.m./pl: bytes**
2 Unidad básica de medida de memoria. — **INFORMÁTICA**

C

c Tercera letra del alfabeto español, y segunda consonante. — *s.f.*

caá Hierba mate. — *s.f./Amér. Merid.*

cabal (Derivado de *cabo*, extremo.)
1 Que es honrado, trabajador y justo: *se casó con un hombre cabal.* — *adj.*
2 Que es exacto o completo.
3 Se aplica a la parte que corresponde a cada uno en un reparto.
4 Con exactitud. — *adv.*
5 **no estar una persona en sus cabales:** Estar loco o trastornado, no estar en su sano juicio: *si hizo eso es que no está en sus cabales.*

cábala (Del hebreo *qabbalah*, tradición.)
1 Opinión o juicio que se forma por indicios. — *s.f./= conjetura*
2 Intriga, maquinación: *cábalas contra el régimen.* — *coloquial*
3 Cálculo mágico para adivinar una cosa. — *OCULTISMO*
4 Interpretación mística y esotérica que los judíos daban a los textos bíblicos. — *RELIGIÓN*
5 Práctica esotérica basada en el cálculo numérico. — *OCULTISMO*

cabaleta Período final de algunas arias y otras piezas operísticas. — *s.f. MÚSICA*

cabalgada
1 Marcha larga que realizan varias personas a caballo: *la cabalgada destrozó el sembrado.* — *s.f. EQUITACIÓN*
2 Tropa de jinetes que recorrían el campo enemigo y correría que realizaban. — *HISTORIA, MILITAR*

cabalgadura Bestia utilizada para cabalgar o para llevar la carga: *consiguió buenas cabalgaduras.* — *s.f. EQUITACIÓN*

cabalgamiento
1 Superposición de unos materiales sobre otros mediante un contacto anormal a causa de la acción de fuerzas tectónicas de gran magnitud. — *s.m. GEOLOGÍA*
2 Encabalgamiento, figura métrica. — *POESÍA*

cabalgar (Del bajo lat. *caballicare*.)
1 Montar, andar o pasear a caballo: *cabalgó hasta el riachuelo y allí descansó un rato.* — *v.intr/tr./conj: pagar EQUITACIÓN*
2 Estar encima de una cosa en posición parecida a la de un jinete: *las gafas cabalgaban sobre su nariz.*
3 Andar el caballo cruzando una pata sobre otra. — *v.intr/EQUITACIÓN*
4 Cubrir el caballo u otro animal a la hembra. — *v.tr.*

cabalgata (Del ital. *cavalcata*.)
1 Conjunto de personas, carros y carrozas que desfilan en una fiesta: *la cabalgata de Reyes de este año pasará por el bulevar.* — *s.f.*
2 Cabalgada, grupo de jinetes que cabalgan juntos. — *EQUITACIÓN*

cabalhuste (Del lat. *cabalus fustis*, caballo de fuste.) Caballete, soporte para colocar las sillas de montar. — *s.m.*

cabalista
1 Seguidor de la cábala. — *s.m.f./OCULTISMO*
2 Persona intrigante o entrometida.

cabalístico, a
1 Que tiene relación con la cábala: *cálculo cabalístico; interpretación cabalística.* — *adj.*
2 Que tiene un significado misterioso o secreto: *el sentido cabalístico de un texto.* — *= oculto*

cabalizar Ejercer el arte de la cábala. — *v.intr./conj: cazar*

caballa Pez teleósteo marino, de cuerpo compacto y alargado, cuya carne es muy apreciada. *(Scomber scombrus.)* — *s.f. ZOOLOGÍA*

caballada
1 Manada de caballos o de caballos y yeguas. — *s.f.*
2 Animalada, necedad. — *Amér.*

caballaje
1 Acción de cubrir el caballo a la hembra. — *s.m./= cubrición*
2 Precio pagado por ello.

caballar
1 Del caballo o que tiene relación con él: *ganado caballar; crin caballar.* — *adj.*
2 Que tiene características propias del caballo.

caballear Montar frecuentemente a caballo. — *v.intr./coloquial*

caballerango Mozo que cuida y ensilla a los caballos, en las haciendas. — *s.m. Méx.*

caballeresco, a
1 Que es propio de caballeros: *modales caballerescos.* — *adj./= cortés*
2 De la caballería medieval: *torneo caballeresco.* — *HISTORIA*
3 Se refiere al libro o composición que narra las aventuras de los caballeros andantes: *novela caballeresca; romance caballeresco.* — *LITERATURA*

caballerete Caballero joven y presumido. — *s.m./coloquial*

caballería
1 Cualquier animal solípedo que, como el caballo, sirve para cabalgar en él: *puso los arneses a las caballerías.* — *s.f.*
2 Conjunto de militares montados y del personal y material de guerra complementarios que forman par- — *MILITAR*

te de un ejército: *la caballería arremetió contra la van-guardia enemiga.*

3 Cualquiera de las órdenes militares españolas. — HISTORIA, MILITAR

4 Conjunto de caballeros.

5 Empresa o acción propia de un caballero.

6 caballería andante: Profesión, regla u orden de los caballeros aventureros. — HISTORIA, LITERATURA

7 caballería ligera: Arma de combate formada por militares a caballo, que es rápida y ágil. — MILITAR

8 andarse una persona en caballerías: Hacer galanterías o cumplimientos innecesarios. — coloquial

caballeriza Establo para caballos y bestias de carga. — s.f.

caballerizo, a Persona encargada de la cuadra donde están los caballos y de las personas que los cuidan. — s.

caballero, a
1 Se aplica al hombre noble, generoso y cortés. — adj./s.
2 Que insiste con obstinación y firmeza en un acto de voluntad y no se deja disuadir por ninguna consideración: *ya se sabe que Juan es caballero en su opinión.* — adj./s. + en
3 Hombre, en contraposición a la mujer: *entró en el lavabo de caballeros.* — s.m.
4 Fórmula de tratamiento que se dirige a hombres de edad madura de aspecto distinguido: *usted primero, caballero.* — formal = señor
5 Hombre que pertenece a alguna orden de caballería.
6 Persona de consideración o de buen porte.
7 Hombre que pertenecía a la nobleza o a la caballería. — HISTORIA
8 caballero andante: Personaje de los libros de caballerías que va en busca de aventuras que demuestren su valor. — LITERATURA
9 armar caballero: Declarar a una persona miembro de una orden de caballería por medio de una ceremonia en la que el rey u otro caballero le viste de armas y le ciñe la espada. — HISTORIA

caballerosidad Actitud cortés, respetuosa y desinteresada en el trato con otras personas: *agradeció su discreción y caballerosidad.* — s.f.

caballeroso, a
1 Propio de caballeros: *acciones caballerosas.* — adj.
2 Que es cortés y galante: *agradeció su caballerosa actitud ante tal desafuero.*

caballerote Persona tosca y falta de garbo. — s.m./coloquial

caballeta Saltamontes, insecto. — s.f./ZOOLOGÍA

caballete
1 Trípode provisto de una tablilla o soporte transversal, sobre el que el pintor coloca el cuadro. — s.m. ARTE
2 Prominencia formada por el hueso en la parte superior de la nariz. — ANATOMÍA
3 Potro de madera para torturar a los procesados. — = caballejo
4 Soporte portátil con pies articulados en tijera.
5 Línea horizontal en un tejado, formada por el encuentro de dos vertientes. — CONSTRUCCIÓN
6 Remate puesto en una chimenea para impedir que entre por ella el agua de la lluvia. — CONSTRUCCIÓN
7 Lomo entre dos surcos de tierra labrada. — AGRICULTURA
8 Utensilio de barro que los alfareros ponen en el horno entre pieza y pieza para que no se peguen al cocerse. — = atifle

caballista Persona que entiende de caballos y los monta bien. — s.m.f.

caballito
1 Mecedor de los niños pequeños. — s.m.
2 Trozo de paño que se pone a los niños en el pañal. — s.m./Méx.
3 Paño que, a manera de compresa, se colocan las mujeres en los días de menstruación. — Méx.
4 Juego de azar en el que se gana o se pierde según la casilla en que cese la rotación de una figura de caballo. — s.m.pl. JUEGOS
5 Tiovivo, atracción de feria para niños.
6 caballito de Bamba: Persona o cosa inútil o inservible: *después del accidente el coche parece caballito de Bamba.* — coloquial
7 caballito de mar: Hipocampo, pez teleósteo recubierto de escudos óseos. *(Hippocampus.)* — ZOOLOGÍA
8 caballito del diablo: Denominación que se da a diversos insectos odonatos, de cuerpo alargado, cuyas larvas son totalmente acuáticas. — ZOOLOGÍA

caballo (Del lat. *caballus,* caballo castrado, caballo de trabajo.)
1 Mamífero perisodáctilo de gran alzada y alimentación herbívora, que tiene las patas terminadas en un único dedo, y el cuello y la cola poblados con crines largas; es domesticado y usado por el hombre para diversas tareas. *(Equus.)* — s.m. ZOOLOGÍA
2 Pieza del juego de ajedrez: *con los dos caballos lo puso en jaque mate.* — JUEGOS
3 Carta que representa un caballo con su jinete, en la baraja española. — JUEGOS

4 Heroína, droga derivada del opio: *se metió un chute de caballo puro.* — argot
5 Aparato de gimnasia que consiste en un cuerpo alargado, biselado en su parte terminal, apoyado en cuatro patas y que se salta a lo largo. — DEPORTES
6 Armazón que sujeta un madero cuando se sierra. — = burro
7 Ganga, roca estéril que corta un filón metalífero. — MINERÍA
8 Caballería ligera o soldados con sus correspondientes caballos: *los mil caballos de la brigada.* — s.m.pl. MILITAR
9 caballo blanco: Persona que cede el capital para una empresa dudosa o muy aventurada. — coloquial
10 caballo de batalla: 1. Punto conflictivo o controvertido de un asunto: *la productividad es el caballo de batalla de la empresa.* **2.** Disciplina o arte en la que más destaca una persona: *el cáncer es el caballo de batalla de ese médico.* — coloquial / coloquial
11 caballo del diablo: Caballito del diablo, insecto. — ZOOLOGÍA
12 caballo marino: Morsa, mamífero marino de las regiones árticas. — ZOOLOGÍA
13 caballo de vapor: Unidad de potencia, equivalente a 75 kilográmetros por segundo. — FÍSICA
14 a caballo: 1. Subido a horcajadas o montado en un caballo, y por extensión en una persona o cosa: *a caballo sobre el brazo de la butaca.* **2.** Apoyándose en dos cosas contiguas o participando de ambas. — loc.adv. coloquial
15 a mata caballo: Muy deprisa, atropelladamente: *a mata caballo salieron a buscarla.* — loc.adv. coloquial
16 sacar bien o limpio el caballo: 1. Finalizar la suerte sin que el caballo sufra daños y siguiendo la mano y el paso que enseñan las reglas del manejo, en las corridas de toros. **2.** Salir bien de una dificultad. — TAUROMAQUIA coloquial

caballón
1 Lomo entre dos surcos de tierra arada: *los caballones eran perpendiculares al camino.* — s.m. AGRICULTURA
2 Lomo de tierra que se levanta con la azada o bien para plantar las hortalizas o dividir los cultivos, o bien para contener o dar dirección a las aguas en el riego. — AGRICULTURA

caballuno, a Del caballo o que tiene relación con él: *perfil caballuno.* — adj.

cabaña (Del lat. *capanna,* choza.)
1 Casa tosca, hecha generalmente de troncos o ramas: *encontramos una cabaña en el bosque.* — s.f. CONSTRUCCIÓN
2 Conjunto total de las cabezas de ganado de una cierta clase o presentes en un lugar determinado.
3 Recua de caballerías para acarrear grano. — AGRICULTURA
4 Establecimiento rural destinado a la cría de ganado de raza. — Argent., Urug.

cabañal
1 Se refiere al camino que utilizan las cabañas o ganados trashumantes: *rutas cabañales.* — adj.
2 Población que está formada por cabañas. — s.m.

cabañero, a
1 De la cabaña: *reses cabañeras.* — adj.
2 Persona que cuida una cabaña y las cabezas de ganado. — s. = cabañil

cabañil
1 De las cabañas de los pastores. — adj.
2 Persona que cuida la cabaña de ganado. — s.m./= cabañero

cabaré (Del fr. *cabaret.*) Local de esparcimiento donde la gente acude de noche para beber y bailar, y donde se ofrecen espectáculos de variedades: *la decoración recuerda a los cabarés berlineses.* — s.m. tb: cabaret

cabaretero, a
1 Del cabaré: *ambientes cabareteros.* — adj.
2 Artista o empleado de cabaré. — s.

cabás (Del cat. *cabas.*) Cartera o maleta pequeña con un asa que usan los niños para llevar al colegio los libros y útiles de trabajo. — s.m. pl: cabás

cabe
I (De *a cabo de,* a la orilla de.)
1 Junto a o muy cerca de: *dejaron la leña cabe el hogar; oyó la serenata cabe la fuente.* — prep. literario
2 Golpe de lleno que da una bola a otra, en el juego de la argolla. — s.m. JUEGOS
II (Apócope de *cabezazo.*) Golpe dado al balón o a la pelota con la cabeza. — s.m. coloquial

cabeceado Grueso del trazo vertical de algunas letras, como la *b* y la *d.* — s.m.

cabecear
1 Mover la cabeza a un lado y a otro y arriba y abajo: *cabeceaba en señal de asentimiento.* — v.intr.
2 Mover la cabeza a un lado y a otro para expresar negación: *ante su pregunta cabeceó.*
3 Dar cabezadas cuando se tiene sueño: *cabeceaba en el asiento de atrás.*
4 Moverse una embarcación subiendo y bajando alternativamente la proa y la popa. — NÁUTICA
5 Moverse una cosa de un lado a otro por no estar bien sujeta o en equilibrio.
6 Dar el cabeceado a algunas letras. — v.tr.

7 Golpear la pelota con la cabeza: *el delantero centro cabecea el esférico muy bien.* — DEPORTES

8 Hacer vino echando un poco de vino añejo en el vino nuevo o mezclando otros de distintas clases.

9 Poner cabezadas a un libro. — ARTES GRÁFICAS

10 Coser una tira en los bordes de una prenda para reforzarla: *cabecear las sisas del chaleco.*

11 Poner un pie nuevo a un calcetín o una media.

12 Labrar las cabeceras de un campo. — AGRICULTURA

13 Poner listones en los tableros. — CARPINTERÍA

cabeceo
1 Acción y resultado de cabecear: *pasó la tarde dando cabeceos en el sofá.* — s.m.
2 Movimiento de oscilación longitudinal de un barco, avión o vehículo.

cabecera
1 Principio, parte principal u origen de algunas cosas: *llegamos hasta la cabecera del río; el presidente se sentó en la cabecera de la mesa.* — s.f.
2 Parte de la cama donde se ponen las almohadas: *orientó la cabecera hacia el norte.* — = cabecero
3 Remate que se pone en esa parte de la cama.
4 Almohada de la cama.
5 Capital o población principal de un territorio o división administrativa. — GEOGRAFÍA
6 Adorno que se pone al principio o en la parte superior de una página, artículo o impreso. — ARTES GRÁFICAS
7 Cada uno de los bordes superior e inferior del lomo de un libro. — ARTES GRÁFICAS
8 Título registrado de un periódico, que suele aparecer en la primera página: *han modernizado la cabecera del diario.*
9 Cada uno de los dos extremos de una tierra de labor, adonde no puede llegar el surco que abre el arado. — AGRICULTURA
10 Cuñas de madera con que se asegura el molde por la parte superior. — s.f.pl. ARTES GRÁFICAS
11 estar a la cabecera de alguien: Asistirle de continuo, en todo lo que necesite, mientras está enfermo: *estuvo a la cabecera del abuelo mientras convalecía.* — coloquial

cabecero Cabecera de la cama. — s.m.

cabeciduro, a Que es terco o testarudo. — adj./Colomb., Cuba

cabecilla
1 Jefe de una sublevación: *eliminando a los cabecillas, abortaron la insurrección.* — s.m.f.
2 Persona que está al frente de un movimiento o grupo político o cultural. — = líder
3 Persona que se comporta con maldad o poco juicio. — coloquial
4 Conjunto de dobleces con que se cierran algunas clases de cigarrillos para que no se caiga el tabaco. — s.f.
5 Remate que se hace en los extremos de un ojal.

cabellado, a De color castaño con visos. — adj.

cabellera
1 Conjunto de pelos de la cabeza, especialmente cuando son largos y cuelgan sobre la espalda: *su cabellera castaña brillaba bajo el sol.* — s.f. / = cabello
2 Pelo postizo. — = peluca
3 Ráfaga luminosa de los cometas: *la cabellera surcó el cielo e iluminó el camino.* — ASTRONOMÍA

cabello (Del lat. *capillus.*)
1 Pelo, cada uno de los filamentos que crecen en la cabeza, barba y otros lugares del cuerpo humano. — s.m.
2 Conjunto de todos ellos: *cabello hirsuto.* — = cabellera
3 Barbas de la mazorca del maíz. — s.m.pl.
4 cabello de ángel: Dulce de aspecto filamentoso hecho de calabaza y almíbar. — COCINA
5 cabello merino: El que es crespo y muy espeso.
6 cortar o partir un cabello en el aire: Ser muy listo y perspicaz para comprender las cosas: *con su agudeza corta un cabello en el aire.*

cabelludo, a
1 Que tiene mucho cabello. — adj./= peludo
2 Que está cubierto de pelo: *cuero cabelludo.*

caber (Del lat. *capere*, asir.)
1 Poder colocarse una cosa dentro de otra: *este libro cabe en la estantería.* — v.intr.
2 Tener un lugar o espacio suficiente: *no caben todos en el salón.*
3 Poder pasar una persona o una cosa por un espacio pequeño: *la lavadora no cabe por la puerta.*
4 Tocar una cantidad a una persona en un reparto: *el premio de la lotería cabe a tres mil pesetas cada uno.* — + a
5 Ser posible o admisible: *cabe esperar cualquier cosa de él.*
6 no caber algo en uno: No ser capaz una persona de hacer una cosa: *no cabe en tu padre, ni por un asomo, hacer daño a nadie.* — coloquial
7 no caber más: Haber alcanzado una cosa el límite. — coloquial
8 no caber una persona en sí: Tener un sentimiento muy intenso: *esta niña no cabe en sí de gozo por la muñeca.* — + de

CONJ.: SUBJ.: PRES.: *quepa, quepas, quepa, quepamos, quepáis, quepan.* PRET. IMPERF.: *cupiera o cupiese, cupieras o cupieses, cupiera o cupiese, cupiéramos o cupiése-*

mos, cupierais o cupieseis, cupieran o cupiesen. FUTUR. IMPERF.: *cupiere, cupieres, cupiere, cupiéremos, cupiereis, cupieren.* IMP.: *cabe, quepa, quepamos, cabed, quepan.*

cabestraje
1 Rebaño de cabestros. — s.m.
2 Convite que se da a los vaqueros que han conducido con los cabestros la res vendida.

cabestrante Cabrestante, torno. — s.m.

cabestrar
1 Poner cabestros a las caballerías que están sueltas. — v.tr.
2 Cazar con buey de cabestrillo. — v.intr.

cabestrear Seguir una bestia a la que la lleva del cabestro. — v.intr. / = ramalear

cabestrero, a
1 Persona que hace o vende cabestros y otros artículos hechos de cáñamo. — s.
2 Persona que conduce las reses vacunas por medio de los cabestros.

cabestrillo
1 Banda o vendaje pendiente del cuello para sostener la mano o el brazo lastimados: *el médico le puso el brazo en cabestrillo.* — s.m. MEDICINA / = charpa
2 Cadena delgada que se usaba como adorno.

cabestro (Del lat. *capistrum.*)
1 Cuerda que se ata a la cabeza o al cuello de la caballería para conducirla o sujetarla. — s.m./EQUITACIÓN
2 Buey manso que sirve de guía a las reses bravas: *con los cabestros sacaron al toro de la arena.* — TAUROMAQUIA
3 Cabestrillo, cadena delgada que se usaba como adorno.
4 Persona torpe, de poca maña y malas intenciones. — coloquial

cabeza (Del lat. vulgar *capitia* < lat. *caput, -itis.*)
1 Parte superior del cuerpo humano y superior o anterior de muchos animales, donde residen los principales centros nerviosos y los órganos de los sentidos. — s.f. ANATOMÍA
2 Parte superior del cuerpo humano, desde la frente hasta el cuello, excluida la cara: *se dio un fuerte golpe en la cabeza y lo tuvieron en observación.* — ANATOMÍA
3 Principio o parte extrema de una cosa.
4 Extremo· abultado, ensanchado o redondeado de cualquier objeto, opuesto a la punta: *sólo se veían las cabezas de los alfileres clavados en el acerico.*
5 Juicio, talento, inteligencia o capacidad para pensar o discernir.
6 Animal que pertenece a ciertas especies de mamíferos domésticos o de mamíferos salvajes, como venados o jabalíes: *cabeza de ganado vacuno.* — = res + de
7 Capital, población principal de un territorio. — GEOGRAFÍA
8 Parte principal de un aparato o máquina, para distinguirla de los accesorios.
9 Dispositivo de un sistema electrónico o informático que sirve para leer o grabar información sobre una película, cinta magnética o disco. — ELECTRICIDAD, INFORMÁTICA
10 Listón que se ensambla cruzado en el borde de un tablero para evitar que se curve. — CARPINTERÍA
11 Persona más importante dentro de un colectivo: *era la cabeza visible del grupo vanguardista.* — s.m.f.
12 cabeza de ajos: Conjunto de dientes que forma el bulbo de esta planta: *echó una cabeza de ajos al guiso de carne.* — BOTÁNICA
13 cabeza de chorlito: Persona con poco juicio: *todo lo hace a tontas y a locas, es un cabeza de chorlito.* — coloquial
14 cabeza de familia: Persona que figura como el jefe de la familia, a efectos legales. — DERECHO
15 cabeza de jabalí: Fiambre hecho con trozos de carne de jabalí. — COCINA
16 cabeza de lobo: Cosa que se exhibe u ostenta para atraerse el favor de los demás. — coloquial
17 cabeza de partido: Ciudad o pueblo principal de un territorio, que judicialmente tiene distintos pueblos dependiendo de ella. — GEOGRAFÍA
18 cabeza de serie: Equipo o deportista que figura en una posición más favorable en los sorteos de las competiciones y que no se enfrenta en primeras rondas con otros equipos o deportistas. — DEPORTES
19 cabeza de turco: Persona sobre la que se cargan las culpas de las cosas malas que ocurren: *le utilizaron de cabeza de turco.* — coloquial
20 mala cabeza: 1. Persona que malgasta rápidamente su fortuna o hace vida irregular. 2. Falta de memoria: *ya lo he olvidado, ¡qué mala cabeza!* — coloquial coloquial
21 abrir o abrirse la cabeza: Herir o herirse en la cabeza: *se abrió la cabeza y le tuvieron que dar varios puntos.*
22 a la cabeza o en cabeza: 1. Delante, sirviendo de guía: *a la cabeza iba un nativo.* 2. El primero en una serie, lista u ordenación por categorías: *en cabeza de la clasificación por equipos.* — loc.adv.
23 bajar la cabeza: 1. Avergonzarse o humillarse: *bajó la cabeza al verse descubierta.* 2. Obedecer o conformarse: *bajó la cabeza y acabó su decisión.* — coloquial
24 bullirle a una persona algo en la cabeza: Acudir una cosa a la cabeza con insistencia. — coloquial

25 cabeza abajo: 1. En posición invertida: *pon las sillas cabeza abajo sobre las mesas para poder barrer.* **2.** En desorden: *puso la habitación cabeza abajo buscando la cartera.* — loc.adv. / loc.adv.

26 calentarle o hincharle a alguien la cabeza: Hacer concebir ilusiones o esperanzas engañosas a una persona: *le calentó la cabeza con cuentos y chismes.* — coloquial

27 calentarse la cabeza: Cansarse por pensar, estudiar o cavilar mucho sobre una cosa: *se calentó la cabeza pensando en cómo solucionar el problema.* — coloquial

28 cargársele a alguien la cabeza: Sentir en ella pesadez y entorpecimiento: *con el vaivén del barco se le cayó la cabeza.* — coloquial

29 darse con la cabeza contra la pared: Estar furioso por haber cometido un error o no haber sabido aprovechar una oportunidad. — coloquial

30 darse de cabeza: Tener un contratiempo como consecuencia de un error. — coloquial

31 de cabeza: 1. Con la cabeza por delante: *tirarse de cabeza al mar.* **2.** Sin vacilar. **3.** De memoria: *de cabeza enumeró todos los reyes visigodos.* — loc.adv. / loc.adv.

32 estar mal o tocado de la cabeza: Estar trastornado, loco. — coloquial

33 ir de cabeza por algo: Desear mucho una cosa. — coloquial

34 írsele la cabeza: Marearse, tener náuseas: *se le va la cabeza por la debilidad.* — coloquial

35 levantar cabeza o la cabeza: Salir de una mala situación: *no logró levantar cabeza.* — coloquial

36 llevar de cabeza: Dar mucho trabajo o preocupación a una persona: *sus hijos la llevan de cabeza.* — coloquial

37 meter la cabeza: Introducirse o conseguir una persona ser admitida en alguna parte. — coloquial

38 meter en la cabeza: 1. Convencer a una persona de manera insistente. **2.** Hacer comprender o enseñar a una persona una cosa. — coloquial

39 meterse de cabeza en alguna cosa: Emprenderla o incorporarse a ella con decisión: *se metió de cabeza en la física.* — coloquial

40 no levantar la cabeza de alguna ocupación: No dejarla ni un momento, estar absorto en ella. — coloquial

41 pasarle una cosa a alguien por la cabeza: Ocurrírsele, imaginarla: *ni se me pasó por la cabeza que pudieras ser tú.* — coloquial

42 perder la cabeza: Perder la serenidad por un ataque de miedo o cólera. — coloquial

43 ponerse la cabeza como un bombo: Aturdirse, ofuscarse: *con el ruido se le puso la cabeza como un bombo.* — coloquial

44 ponérsele o metérsele en la cabeza: Obsesionarse por una cosa. — coloquial

45 quitar de la cabeza: Disuadir a una persona de realizar o hacer alguna cosa: *le quitó de la cabeza el irse de misiones.* — coloquial

46 rodar cabezas: Sufrir represalias o pagar las consecuencias de un error o acción reprobable: *cuando se investigue a fondo lo sucedido, aquí van a rodar cabezas.* — coloquial

47 romper, o romperse la cabeza: Herir o herirse en la cabeza. — coloquial

48 romperse la cabeza: Cansarse por pensar, estudiar o cavilar mucho sobre una cosa. — coloquial

49 sentar la cabeza: Volverse formal y sensata una persona que no lo era: *por fin sentó la cabeza.* — coloquial

50 subírsele a la cabeza: Causar aturdimiento alguna cosa material o inmaterial: *se le subió a la cabeza el vino y no paró de contar chistes.* — coloquial

51 tener la cabeza como una olla de grillos: Estar aturdido o mareado. — coloquial

52 tener la cabeza llena de pájaros: No tener juicio. — coloquial

53 traer a la cabeza: Recordar, hacer venir a la memoria: *su perfume me trajo a la cabeza el recuerdo de mi madre.* — coloquial

54 traer de cabeza: Dar mucho trabajo o preocupación a una persona: *nos trae de cabeza con sus travesuras.* — coloquial

55 venir una cosa a la cabeza: Ocurrir, venir a la imaginación. — coloquial

56 volver la cabeza a alguien: 1. No prestarle ayuda. **2.** Negarle el saludo. — coloquial / coloquial

cabezada
1 Golpe dado con la cabeza o recibido en ella. — s.f./= cabezazo
2 Movimiento o inclinación involuntaria de la cabeza del que se está quedando dormido sin tenerla apoyada: *no cesó de dar cabezadas.*
3 Inclinación de cabeza hecha como saludo.
4 Movimiento, de subida y bajada o de un lado a otro, de una embarcación. — NÁUTICA
5 Correaje sencillo que, formando parte de la brida y estando unido al ramal, sujeta la cabeza del caballo. — EQUITACIÓN
6 Parte más elevada de una tierra de cultivo. — AGRICULTURA
7 **echar una cabezada:** Dormirse momentáneamente: *ha echado una cabezada antes de irse.* — coloquial

cabezal
1 Almohada pequeña. — s.m.

2 Cabecera de la cama. — = cabecero
3 Pieza que sirve para la grabación, la lectura o el borrado de cintas magnéticas: *tengo que limpiar los cabezales del vídeo.* — TECNOLOGÍA
4 Pieza fija de un mecanismo de rotación. — MECÁNICA

cabezalero, a Persona encargada por el testador de cumplir su última voluntad. — s./DERECHO / = testamentario

cabezazo Cabezada, golpe dado con la cabeza: *la furia le llevó a dar un cabezazo contra la puerta.* — s.m.

cabezo
1 Cerro alto o cumbre de un monte. — s.m.
2 Monte pequeño y aislado.
3 Cabezón, abertura de una prenda para pasar por ella la cabeza. — tb: cabezón
4 Peñasco redondeado que sobresale un poco del agua.

cabezón, a
I (Del lat. *capitium*, capucho, parte del manto que cubre la cabeza.)
1 Tira del cuello de la camisa. — s.m.
2 Abertura de cualquier prenda para pasarla por la cabeza. — tb: cabezo
3 Cabezada, correaje de las caballerías. — EQUITACIÓN
4 Renacuajo, larva de la rana.
5 **agarrar, llevar o traer de los cabezones a una persona:** Llevarle a donde se quiere o contra su voluntad: *lo llevó de los cabezones a la guardería.* — coloquial
II (Derivado de *cabeza*.)
1 Que tiene la cabeza grande: *niño cabezón.* — adj/s.
2 Que es terco y obstinado. — = cabezudo
3 Se aplica a la bebida alcohólica que se sube a la cabeza por tener mucha graduación. — coloquial

cabezonada Acción en que se muestra terquedad y obstinación: *lo perdió todo por una cabezonada.* — s.f./coloquial / = cabezonería

cabezota
1 Persona de cabeza muy grande. — s.m.f./coloquial
2 Persona terca y testaruda. — coloquial

cabezudo, a
1 Que tiene la cabeza grande. — adj.
2 Que es terco u obstinado. — = cabezón
3 Se refiere a la bebida alcohólica que se sube fácilmente a la cabeza por su alta graduación. — coloquial / = cabezón
4 Figura de enano que tiene una gran cabeza de cartón: *en la fiesta del pueblo hubo una procesión de gigantes y cabezudos.* — s.m.
5 Mújol, pez teleósteo. — ZOOLOGÍA

cabezuela
1 Inflorescencia sentada sobre un receptáculo común, rodeada de brácteas, propia de las plantas compuestas. — s.f. BOTÁNICA / = capítulo
2 Poso que cría el vino a los dos o tres meses de haberse desliado el mosto.
3 Harina más gruesa que se extrae del trigo después de sacada la flor.
4 Persona alocada o de poco juicio. — s.m.f./coloquial

cabida
1 Espacio o capacidad que tiene una cosa para contener otra: *el nuevo estadio tiene mayor cabida.* — s.f. tb: cabimiento
2 Área o extensión superficial de un terreno.
3 **tener una persona cabida con otra:** Tener valimiento, amistad o poder.

cabila (Del ár. *qabila*, tribu.) Tribu de beduinos o de bereberes. — s.f.

cabildada Resolución atropellada o imprudente de una comunidad o cabildo. — s.f. / coloquial

cabildear Hacer gestiones para ganar voluntades o partidarios en un cuerpo colegiado o una corporación. — v.intr.

cabildo (Del bajo lat. *capitulum*.)
1 Conjunto de los eclesiásticos que tienen cargos en una catedral. — s.m. RELIGIÓN
2 Junta celebrada por algún cabildo y sala donde se celebra ésta. — RELIGIÓN
3 Capítulo, junta de algunas órdenes religiosas. — RELIGIÓN
4 Ayuntamiento, corporación municipal. — POLÍTICA
5 **cabildo insular:** Organismo formado por representantes de los ayuntamientos de cada isla de las Canarias, que administra sus intereses comunes. — POLÍTICA

cabilla
1 Barra redonda de hierro, con la que se clavan los maderos en la construcción de un barco. — s.f./NÁUTICA
2 Cada una de las barritas que sirven para manejar la rueda del timón o para amarrar los cabos en ella. — NÁUTICA

cabillo Tallo de hoja, flor o fruto. — s.m./BOTÁNICA

cabina (Del fr. *cabine*.)
1 Recinto pequeño donde hay un teléfono para uso público: *se encerró en una cabina telefónica.* — s.f./TELECOMUNICACIONES

2 Departamento reservado para los pilotos en un avión: *el acceso a la cabina está restringido a la tripulación.* — AERONÁUTICA
3 Lugar que ocupa el conductor de un camión y otros vehículos semejantes.
4 Habitación o recinto donde se hallan los aparatos de proyección de cine o vídeo. — AUDIOVISUALES
5 Sala de cine pequeña para pasar proyecciones a grupos reducidos. — CINE
6 Receptáculo para pasajeros en ascensores, teleféricos: *el viento zarandeaba la cabina.*

cabinera Azafata, persona que atiende a los pasajeros de un avión. — s.f. Colomb.

cabio
1 Cabrio o madero de la armadura del tejado. — s.m./CONSTRUCCIÓN
2 Listón que se coloca atravesado sobre las vigas para formar suelos y techos. — CONSTRUCCIÓN

cabizbajo, a Se refiere a la persona que tiene la cabeza baja por abatimiento, preocupación o tristeza: *salió cabizbaja del examen.* — adj. = cabizcaído

cable (Del fr. *cable.*)
1 Hilo de metal protegido por algún material aislante, como el plástico, que sirve para hacer pasar por él la corriente eléctrica, o señales de diversos tipos, como la telefónica, la telegráfica o la de televisión. — s.m. ELECTRICIDAD
2 Trenzado de alambre u otro material fuerte, destinado a soportar tensiones muy grandes: *el accidente se debió a la ruptura del cable del ascensor.*
3 Cablegrama, telegrama transmitido por cable submarino. — TELECOMUNICACIONES
4 Maroma gruesa usada en las embarcaciones, principalmente la que sujeta el ancla. — NÁUTICA
5 cable coaxial: El que está integrado por dos conductores concéntricos, separados por una sustancia dieléctrica. — ELECTRICIDAD
6 echar un cable: Ofrecer ayuda a alguien en una situación comprometida: *le echó un cable para salir del atolladero.* — coloquial

cableado, a
1 Que está unido por medio de cables. — adj.
2 Acción y resultado de cablear. — s.m.
3 Conjunto de cables de que se compone un aparato o sistema eléctrico. — ELECTRICIDAD
4 Tendido o instalación de cables: *comprobó el estado del cableado.*

cablear Poner cables. — v.intr.

cablegrafiar Transmitir noticias por cable. — v.tr/conj: *vaciar*

cablegráfico, a Del cable o del cablegrama: *diseño cablegráfico; mensaje cablegráfico.* — adj.

cablegrama Mensaje transmitido por cable submarino: *recibieron un cablegrama de la embajada.* — s.m./TELECOMUNICACIONES

cablero, a Se aplica al barco que tiende y repara cables telegráficos submarinos. — adj/s. NÁUTICA

cablevisión Emisión televisiva transmitida por cable a los receptores. — s.m. AUDIOVISUALES

cablista Persona encargada de la instalación y conexión de cables eléctricos. — s.m.f.

cabo (Del lat. *caput*, cabeza.)
1 Cualquiera de los extremos de las cosas. — s.m.
2 Resto o parte pequeña que queda de alguna cosa.
3 Mango, asa o apéndice por donde se agarra alguna cosa.
4 Paquete o bulto pequeño, menor que el fardo.
5 Punto o momento en que termina un hecho o acontecimiento. — = fin
6 Parte de la costa que se adentra en el mar más que el resto del litoral. — GEOGRAFÍA
7 Militar inmediatamente superior al soldado: *el cabo fue arrestado.* — MILITAR
8 Cuerda para atar o suspender pesos. — NÁUTICA
9 Carta de juego que no tienen atribuido valor o cualquier otra carta cuando ya han salido las superiores a ella, en el juego del revesino. — JUEGOS
10 Adornos o piezas sueltas del vestido que no son partes principales de él. — s.m.pl.
11 Patas, hocico y crines de un animal.
12 Puntos o temas que se han tocado en una exposición o discurso.
13 cabo blanco: Cuerda sin alquitranar. — NÁUTICA
14 cabo suelto: Lo que queda sin prever o sin resolver en un asunto, relato: *no dejó ni un cabo suelto en su disertación.* — coloquial
15 al cabo: Al fin, por último: *al cabo dio con la solución.* — loc.adv.
16 al cabo de: Después de: *al cabo de tres días consiguió llegar a la cima.* — prep.
17 dar cabo: 1. Remolcar una nave a otra. 2. Socorrer a una persona caída al agua. — NÁUTICA
18 de cabo a rabo: Completamente, desde el principio hasta el fin: *lo repasó de cabo a rabo.* — loc.adv.
19 echar un cabo a alguien: Ayudarle en una situación difícil: *sus tíos les echaron un cabo cuando murieron sus padres.* — coloquial

20 estar o ponerse al cabo de una cosa o al cabo de la calle: Estar enterado del asunto que se trata. — coloquial
21 llevar a cabo o al cabo una cosa: Ejecutar o concluir: *fue la responsable de llevar a cabo la reedición de la obra.* — coloquial

cabotaje Navegación y tráfico marítimo sin perder de vista la costa, en especial entre los puertos de un mismo estado. — s.m. NÁUTICA

cabra (Del lat. *capra.*)
1 Mamífero artiodáctilo que tiene cuernos huecos y torcidos hacia atrás, barbilla pilosa y cola corta. *(Capra.)* — s.f. ZOOLOGÍA
2 Tipo de manchas que salen en las piernas por haberse acercado mucho al fuego. — s.f.pl. = cabrillas
3 Trampa hecha en los dados o en el dominó. — s.f./Amér.
4 Carruaje ligero de dos ruedas. — Chile
5 Muchacha, chica joven. — Chile/coloquial
6 cabra del almizcle: Almizclero, rumiante. — ZOOLOGÍA
7 cabra montés: Especie de cabra con los cuernos retorcidos hacia atrás y hacia arriba y anillados transversalmente, y una barba larga y rala. *(Capra pyrenaica.)* — ZOOLOGÍA
8 cargar o echar las cabras a una persona: Echar la culpa a quien no la tiene. — coloquial
9 estar como una cabra: Estar loco, chiflado: *está como una cabra, no le hagas ni caso.* — coloquial

cabracho Pez marino, de cuerpo oval y rojizo, cubierto de escamas cicloideas y cabeza erizada de espinas. *(Scorpaena scrofa.)* — s.m. ZOOLOGÍA

cabrahigal Terreno poblado de cabrahígos, higueras silvestres. — s.m. tb: cabrahigar

cabrahigar Poner o colgar sartas o ristras de higos silvestres en las higueras. — v.tr. tb: encabrahigar
CONJ.: IND.: PRES.: *cabrahígo, cabrahígas, cabrahíga, cabrahigamos, cabrahigáis, cabrahígan.* PRET. INDEF.: *cabrahigué, cabrahigaste, cabrahigó, cabrahigamos, cabrahigasteis, cabrahigaron.* SUBJ.: PRES.: *cabrahígue, cabrahígues, cabrahígue, cabrahiguemos, cabrahiguéis, cabrahíguen.* IMP.: *cabrahígues, cabrahígue, cabrahiguemos, cabrahigad, cabrahíguen.*

cabrahígo
1 Higuera silvestre. — s.m./BOTÁNICA
2 Fruto de esta higuera. — BOTÁNICA

cabrales (De *Cabrales*, municipio asturiano.) Queso semiduro de sabor muy fuerte, que se cura en cuevas a bajas temperaturas. — s.m. pl: cabrales

cabrajo Bogavante, crustáceo. — s.m./ZOOLOGÍA

cabrear
1 Hacer que una persona se enfade: *se cabreó con tu hermano por una tontería.* — v.tr/prnl. coloquial
2 Poner ganado cabrío en un terreno. — v.tr.

cabreo Irritación exagerada producida en el ánimo de una persona: *tiene un cabreo que no se aguanta.* — s.m. coloquial

cabrería
1 Local donde se vende o consume leche de cabra. — s.f.
2 Cabreriza, choza de los pastores de cabras. — = cabreriza

cabreriza Choza en que se guarda el rebaño y duermen los cabreros por la noche. — s.f.

cabrero, a Pastor de cabras. — s.

cabrestante Torno de eje vertical al que se arrolla un cable o maroma. — s.m. tb: cabestrante

cabria (Del lat. *caprea*, cabra.) Máquina para levantar pesos consistente en un trípode formado por tres vigas del que está suspendida una polea y un torno. — s.f. TECNOLOGÍA = trucha

cabrilla
1 Pez de boca grande con muchos dientes, de color pardo con bandas transversales oscuras en el tronco y la cola. *(Paracentropristis cabrilla.)* — s.f. ZOOLOGÍA
2 Trípode de madera en el que se apoya un tronco o madero para aserrarlo o labrarlo. — CARPINTERÍA
3 Ampollas o manchas que salen en las piernas cuando se está cerca del fuego. — s.f.pl. = cabras
4 Juego que consiste en lanzar al agua piedras planas de manera que reboten en la superficie. — JUEGOS
5 Pequeñas olas espumosas que aparecen cuando el mar comienza a agitarse.

cabrillear
1 Formarse pequeñas olas espumosas en el mar: *el océano cabrilleaba al acercarse a la costa.* — v.intr.
2 Reflejarse una luz en el agua. — = rielar

cabrio (Del lat. vulgar **capreus < lat. caprea*, cabra.)
1 Madero de la armadura del tejado que recibe la tablazón y va del caballete al alero. — s.m. CONSTRUCCIÓN
2 Madero de construcción. — CONSTRUCCIÓN
3 Pieza que ocupa un tercio de la anchura de un escudo y tiene forma de compás abierto. — HERÁLDICA

cabrío, a
1 De las cabras: *compró ganado cabrío.* — adj./= cabruno
2 Rebaño de cabras. — s.m.

cabriola (Del ital. *capriola < capriolo*, venado.)
1 Salto de danza que se hace cruzando varias veces los pies en el aire. — s.f.

2 Salto acompañado de una contorsión u otro movimiento del cuerpo: *sus cabriolas recibieron sonoros aplausos.* = pirueta

3 Voltereta en el aire.

4 Salto que da el caballo soltando un par de coces mientras se mantiene en el aire. EQUITACIÓN

5 Habilidad que alguien tiene para mantenerse en buena posición dentro de situaciones conflictivas. coloquial

cabriolar Hacer o dar cabriolas, saltos. v.intr./tb: cabriolear

cabriolé (Del fr. *cabriolet* < *cabriole*.)

1 Automóvil descapotable. s.m./= convertible

2 Carruaje ligero de dos ruedas con capota plegable.

3 Especie de capote con mangas o con aberturas para sacar los brazos.

cabritilla Piel curtida de cabrito u otra res pequeña: *llevaba guantes de cabritilla.* s.f.

cabrito, a

1 Que tiene malas intenciones. adj.

2 Cría de la cabra desde el nacimiento hasta el destete: *la cabra tuvo dos cabritos.* s.m.

3 Hombre que consiente el adulterio de su mujer. vulgar/= cabrón

4 Cliente de prostíbulos. vulgar

5 Palomitas de maíz. s.f.pl./Chile

cabro Chico, chaval, persona joven. s.m./Amér. Merid.

cabrón, a

1 Se dice de la persona que hace cabronadas o malas pasadas a otra: *su fama de cabrón le persigue.* adj/s.m. vulgar

2 Se refiere al hombre que consiente el adulterio de su mujer. vulgar

3 Se refiere al hombre que aguanta sin inmutarse insultos o impertinencias. vulgar

4 Que es muy complicado: *el examen estuvo cabrón.* adj./Méx.

5 Macho de la cabra. s.m.

cabronada

1 Acción ofensiva y malintencionada. s.f./vulgar

2 Suceso, situación o circunstancia perjudicial para una persona que, por alguna razón, tiene que soportarla: *tuvo que aguantarle muchas cabronadas.* vulgar

3 Acto contra la propia honra que una persona permite. vulgar

cabuchón

1 Piedra preciosa pulimentada y no tallada, de forma convexa. s.m.

2 Cabeza de clavo que lleva adorno. tb: cabujón

caburé Ave estrigiforme sudamericana, fornida y de plumaje pardo grisáceo, con el vientre blancuzco. *(Glaucidium brasilianum.)* s.m. ZOOLOGÍA

cabuya

1 Agave, pita, planta crasa. s.f./BOTÁNICA

2 Fibra de esta planta con la que se hacen cuerdas y tejidos. BOTÁNICA

3 Cabuyería, conjunto de cabos pequeños. NÁUTICA

cabuyera Conjunto de cuerdas que sujetan la hamaca por los extremos. s.f.

cabuyería Conjunto de cabos pequeños. s.f./NÁUTICA

caca

1 Excremento humano. s.f./familiar

2 Suciedad o inmundicia en general. coloquial

3 Cosa mal hecha o de poco valor: *el cuadro era una caca.* coloquial

cacahuate Cacahuete, planta y semillas. s.m./Méx.

cacahué Cacahuete, planta y semillas. s.m./BOTÁNICA

cacahuete (Del náhuatl *tlalkawatl* < *tlalli,* tierra + *kawatl,* cacao.)

1 Planta herbácea anual, de tallos rastreros y vellosos, hojas alternas, flores amarillas y semillas oleaginosas. *(Arachis hypogea.)* s.m./BOTÁNICA = cacahué, cacahuate

2 Fruto de esta planta. BOTÁNICA

cacalote

1 Palomitas de maíz. s.m./Amér. Central

2 Disparate, despropósito. Méx., Cuba

cacao (Del náhuatl *Kakawa.*)

1 Árbol de tronco liso, hojas alternas, flores pequeñas rojas y amarillas y fruto elíptico. *(Theobroma cacao.)* s.m. BOTÁNICA

2 Semilla de este árbol. BOTÁNICA

3 Polvo soluble obtenido al triturar estas semillas y que es la base de la elaboración del chocolate: *mezcló el cacao con leche.*

4 Alboroto o confusión que suele ir acompañado de gritos, riñas y golpes: *se organizó un cacao en poco rato.* coloquial

5 Barra de labios usada para protegerlos del frío y del aire.

6 cacao mental: Confusión mental: *tiene un cacao mental que no se aclara.* coloquial

cacaotal Plantación de cacao. s.m.

cacaraña Señal en la cara producida por la viruela u otras causas. s.f./AGRICULTURA

cacareado, a Que ha sido anunciado con mucha publicidad y se ha comentado mucho: *un cacareado compromiso.* adj. coloquial

cacarear

1 Emitir el gallo o la gallina su voz. v.intr.

2 Alabar una cosa o una cualidad propia en exceso: *cacarea su belleza.* v.tr. coloquial

3 Explicar los asuntos ajenos a terceras personas: *no sé por qué cacarea mis problemas a los demás.* coloquial

cacareo Acción de emitir su voz el gallo o la gallina: *un cercano cacareo matutino la despertó.* s.m.

cacarizo, a Se aplica a la persona que está picada de viruela. adj. Méx.

cacatúa (Del malayo *kakatuwa.*)

1 Ave sitácida de tamaño mediano, pico corto y grueso y copete de plumas largas, que se adapta a vivir en cautividad. s.f. ZOOLOGÍA

2 Mujer vieja, fea y de aspecto estrafalario. = bruja

cacear Mover un líquido con el cazo: *cacear la sopa.* v.tr.

cacera Acequia, canal por donde se conducen las aguas para diversos fines. s.f.

cacereño, a

1 De Cáceres, ciudad y provincia españolas. adj.

2 Persona que es natural de esta ciudad o provincia. s.

cacería

1 Salida organizada de un grupo de personas para cazar: *la cacería del zorro.* s.f. CAZA

2 Conjunto de animales muertos en la caza. CAZA

3 Cuadro que representa una escena de caza. ARTE

cacerina Bolsa de cuero para guardar munición. s.f.

cacerola Recipiente de cocina redondo, hecho de metal, barro u otro material y provisto de dos asas. s.f. COCINA

caceta Recipiente semejante a un colador, usado en las farmacias. s.f. FARMACIA

cacha

1 Cada una de las dos piezas que cubren el mango de las navajas y de algunos cuchillos y armas de fuego. s.f.

2 Nalga, cada una de las dos partes carnosas situadas debajo de la espalda. coloquial

3 Cachete o moflete de la cara. = carrillo

4 Persona que es fuerte y robusta y está bien proporcionada: *con tanto ejercicio se ha puesto cachas.* s.m.f.pl. coloquial

5 Cuerno, prolongación ósea cubierta por una capa epidérmica que tienen algunos animales. s.f. Colomb.

6 Engaño o burla. Amér. Merid.

7 meterse hasta las cachas: Meterse a fondo en una empresa o actividad. coloquial

cachaco, a

1 Se aplica a la persona que es lechugina y petimetre. adj./Amér. Merid.

2 Se aplica al hombre joven elegante y servicial. Colomb.

3 Policía, persona encargada de mantener el orden público y de velar por la seguridad de los ciudadanos. s.m. Perú

cachado

1 Broma hecha a una persona. s.m.

2 Madero aserrado a lo largo. CARPINTERÍA

cachafaz Se aplica a la persona que actúa con picardía y sin vergüenza. adj/s.m. Amér. Merid.

cachalote Mamífero cetáceo depredador, de gran tamaño, que vive en los mares tropicales y subtropicales. *(Physeter catodon.)* s.m. ZOOLOGÍA

cachamarín Barco de dos palos, quechemarín. s.m./NÁUTICA

cachano El diablo. s.m./coloquial

cachar

1 Partir o romper una cosa en cachos o rajas la madera en el sentido de las fibras. v.tr.

2 Abrir con el lomo los caballones hechos con el arado. AGRICULTURA Amér. Merid.

3 Realizar el acto sexual. Amér. Central

4 Robar, apropiarse de lo ajeno. Amér. Central

5 Sorprender a una persona. Argent., Méx., Chile

6 Burlarse de una persona, hacerle una broma o ridiculizarla. Amér. Merid., C. Rica

7 Darse cuenta de una cosa, captar. Chile

cacharpas Trastos, objetos de poca utilidad. s.f.pl./Amér. Merid.

cacharpaya Fiesta con la que se despide el carnaval y, en ocasiones, al viajero. s.f. Argent.

cacharpearse Vestirse con prendas nuevas o con galas. v.prnl. Chile

cacharrazo

1 Golpe dado con un cacharro. s.m./coloquial

2 Porrazo, golpe violento. coloquial

cacharrería

1 Tienda donde se venden cacharros y loza ordinaria. s.f./COMERCIO

2 Conjunto de cacharros, trastos u objetos en mal estado.

cacharrero, a Persona que tiene como profesión vender cacharros o loza ordinaria. s.

cacharro

1 Cualquier recipiente de cocina. s.m./COCINA

2 Objeto inútil y sin valor: *Tienes el escritorio lleno de cacharros.* = trasto

3 Aparato o máquina vieja y en mal estado: *ese coche es un cacharro.* = cafetera, trasto

cachava
1 Cayado, bastón arqueado en el extremo superior. s.f./tb: cachavo
2 Juego infantil en que, con un palo, se intenta meter una pelota en unos hoyos hechos en la tierra. JUEGOS
3 Palo que se utiliza en este juego infantil. JUEGOS

cachaza
1 Lentitud o tranquilidad con que se realiza o se dice una cosa. s.f. coloquial
2 Aguardiente de melaza de caña de azúcar.

caché Se refiere a la memoria que contiene una copia de una parte de la información referida a los programas y datos del ordenador. adj./s.f. INFORMÁTICA

cachear Registrar a una persona para ver si lleva armas o drogas. v.tr.

cachelos Guiso hecho con patatas cocidas, trozos de carne o pescados fritos y pimientos, típico de la cocina gallega. s.m.pl. COCINA

cachemarín Cachamarín, barco de dos palos. s.m./NÁUTICA

cachemir Tejido muy fino hecho con el pelo de la cabra de Cachemira o con lana de oveja merina. s.m. TEXTIL

cacheo Acción de registrar a una persona para ver si lleva armas o drogas: *exigió que el cacheo se lo hiciese una mujer, por pudor.* s.m.

cachera Ropa de lana muy tosca y de pelo largo. s.f.

cachet (Voz francesa.)
1 Sello medicinal. s.m.
2 Carácter distintivo de refinamiento o elegancia.
3 Cotización de un artista en el mercado.

cacheta Pieza de la cerradura que sujeta el pestillo y lo detiene en un punto. s.f. = gacheta

cachete (Del lat. *capulus*, puño.)
1 Golpe dado con la mano abierta en cualquier parte del cuerpo, en especial en la cabeza o en la cara. s.m. = bofetada
2 Carrillo de la cara, en especial el abultado.
3 Puñal corto para matar las reses. = cachetero

cachetear Abofetear, dar golpes en la cara. v.tr./Méx.

cachetero
1 Puñal corto y agudo con que se remata a las reses. s.m./= cachete
2 Torero que remata al toro. TAUROMAQUIA
3 Persona que consuma un daño hecho por varios. coloquial

cachetina
1 Pelea en que se pegan cachetes. s.f.
2 Azotaina, zurra de azotes. = tunda

cachetón, a De carrillos o mofletes muy abultados: *de niña era cachetona y regordeta.* adj. Amér.

cachicán
1 Capataz de una hacienda de labranza: *el cachicán vigilaba a los jornaleros.* s.m. coloquial
2 Persona astuta.

cachidiablo Persona disfrazada de diablo, especialmente en carnaval. s.m. coloquial

cachifollar Dejar humillado y confuso: *le reprendió pero intentó no cachifollarla delante de los compañeros.* v.tr./vulgar = escachifollar

cachigordo, a Se refiere a la persona que es gorda y de baja estatura. adj. coloquial

cachimán Hueco o lugar en una casa donde se guardan objetos de poco uso. s.m. = trastero

cachimba Pipa para fumar: *cargó la cachimba con tabaco aromatizado.* s.f. tb: achimbo

cachipodar Podar una planta de manera ligera, antes de hacerlo definitivamente, con el fin de retrasar los brotes. v.tr. AGRICULTURA

cachipolla Insecto de color ceniciento y tres filamentos en la parte posterior del cuerpo, que vive en la orilla del agua. *(Ephemera vulgata.)* s.f. ZOOLOGÍA

cachiporra (Voz mozárabe.)
1 Palo que termina en una bola o cabeza abultada. s.f.
2 Se aplica a la persona farsante y vanidosa. adj./Argent., Chile

cachiporrazo
1 Golpe dado con una cachiporra. s.m.
2 Golpe dado al chocarse o caerse. coloquial

cachiquel
1 De un pueblo maya de Guatemala. adj./tb: cakehiquel
2 Miembro de este pueblo. s.m.f.

cachirla Denominación de diversos pájaros americanos, de color pardo, que anidan entre los pastos o en cuevas. s.f./Argent. ZOOLOGÍA

cachirulo
1 Pañuelo que se anuda a la cabeza en el traje regional masculino de Aragón. s.m.
2 Vasija para guardar el aguardiente u otros licores. s.m.
3 Embarcación muy pequeña de tres palos con velas al tercio. NÁUTICA
4 Adorno de cintas o flores que se coloca en lo alto de la divisa de los toros. = moña

cachivache
1 Objeto o utensilio roto o inútil: *limpió los armarios y se deshizo de los cachivaches inservibles.* s.m. despectivo
2 Persona ridícula e inútil. coloquial

cacho
I (Probablemente del lat. vulgar *cacculus*, cacharró.)
1 Pedazo pequeño de alguna cosa cuando se rompe, arranca o corta: *no me dio ni un cacho de pastel.* s.m. = trozo
2 Juego de naipes en el que hay que ligar tres cartas del mismo palo, que se juega con media baraja. JUEGOS
3 Cuerno de animal. Amér.
4 Cubilete de los dados. Amér. Merid.
5 Objeto inservible. Chile, Guat.
6 Chiste obsceno. Ecuad.
7 ser un cacho de pan: Ser bondadoso: *nunca te hará daño de manera consciente, es un cacho de pan.* coloquial
II (De origen incierto.)
Pez de agua dulce, de boca pequeña y muy oblicua, escamas grandes y color variable. *(Leuciscus cephalus cabeda.)* s.m. ZOOLOGÍA

cacho, a Que está encorvado o inclinado hacia abajo: *las ramas cachas del árbol tocaban la tierra.* adj.

cachón
1 Ola de mar que rompe en la playa y hace espuma. s.m.
2 Chorro de agua que cae de poca altura y rompe haciendo espuma: *lo que antes fue cascada ahora, con la sequía, es un cachón.*

cachondearse Hacer burla: *se cachondeaba de todo el mundo, sin pensar si hería a alguien.* v.prnl./coloquial + de

cachondeo
1 Broma o burla festiva y poco seria en que se quita importancia o gravedad a un asunto o comportamiento: *se tomó mis consejos a cachondeo.* s.m. coloquial
2 Juerga, diversión: *estuvimos toda la noche de cachondeo.* coloquial

cachondo, a
1 Que siente deseo sexual. adj./coloquial
2 Que es burlón, jocoso y divertido. coloquial

cachorrillo Pistola pequeña de bolsillo. s.m./= pistolete

cachorro, a
1 Perro de corta edad: *les regaló dos cachorros de pastor alemán.* s.
2 Cría de otros mamíferos como el león, el tigre o el lobo: *el lobezno es el cachorro del lobo.* ZOOLOGÍA
3 Banco de piedra labrado o construido junto a una ventana en castillos y otros edificios antiguos. s.m. CONSTRUCCIÓN

cachú Cato, sustancia astringente y curtiente. s.m./pl.tb: cachúes

cachucha
1 Bote, barco pequeño. s.f./NÁUTICA
2 Baile andaluz de compás ternario que se acompaña con castañuelas.
3 Música y canción de este baile. MÚSICA
4 Bofetada, golpe dado con la mano abierta. Chile
5 Cometa con forma de cucurucho. Chile/JUEGOS

cachuchear Tratar a una persona con mucha consideración. v.intr.

cachucho
1 Medida de aceite equivalente a poco más de ocho centilitros. s.m.
2 Hueco donde se metía cada flecha, en la aljaba. CONSTRUCCIÓN
3 Caja pequeña para guardar alfileres y agujas. = alfiletero
4 Barca pequeña y sin cubierta movida a remo. tb: cachucha

cachudo
1 Se refiere al animal que tiene los cuernos grandes. adj./Amér. Merid.
2 Se aplica a la persona con gesto desagradable o mala cara. Méx.

cachuela
1 Guisado de hígados, riñones y corazones de conejo. s.f./COCINA
2 Molleja de las aves.

cachuelo Pez de agua dulce, pequeño, de color azulado por el lomo y blanco amarillento por el vientre, con dos barbillas en los extremos de la boca y aletas moteadas. *(Leuciscus pyrenaicus.)* s.m. ZOOLOGÍA

cachumbo Rizo del cabello. s.m./Colomb.

cachunde
1 Pasta compuesta de almizcle, ámbar y cato con la que se forman unos granitos que se usan para refrescar la boca y como estomacal. s.f.
2 Cachú, sustancia astringente. FARMACIA

cachupinada Reunión de gente cursi en que se baila y se hacen juegos. s.f. coloquial

cachurear Remover las basuras o cosas abandonadas para recoger aquello que pueda tener algún valor. v.intr. Chile

cachureco, a
1 Se aplica al político de ideología conservadora. adj./Amér. Central
2 Que está torcido o deformado. Méx.

cacica
1 Mujer del cacique. s.f.
2 Cacique, mujer que ejerce de jefe en algunas tribus.

cacicazgo
1 Dignidad y autoridad del cacique.   s.m./= cacicato
2 Territorio que posee.
cacimba
1 Hoyo que se hace en la playa para buscar agua po-   s.f.
table.
2 Cavidad de una roca donde se deposita al agua de
lluvia.
3 Cubo para transportar o sacar agua.
cacique
1 Jefe en algunas tribus de indios de América Central   s.m.
y del Sur.
2 Persona que ejerce mucho poder en los asuntos po-   despectivo
líticos o administrativos de un pueblo o comarca, va-   POLÍTICA
liéndose de su dinero o influencia: *el cacique logró con-*
trolar los votos de los lugareños.
3 Persona déspota y autoritaria.   despectivo
caciquear
1 Intervenir en asuntos políticos o administrativos   v.intr.
como un cacique: *coerción caciquil.*   POLÍTICA
2 Meterse una persona en asuntos ajenos.   coloquial
caciquil
1 Del cacique.   adj.
2 Que se comporta como un cacique: *su conducta caci-*   despectivo
quil es perjudicial.
caciquismo
1 Gobierno, dominio o influencia del cacique en al-   s.m.
guna colectividad o territorio.   POLÍTICA
2 Uso abusivo de la autoridad o influencia de una   despectivo
persona en la vida pública de una colectividad.
caco
1 Ladrón que roba con destreza: *los cacos les desvalija-* s.m.
ron la casa este verano.   coloquial
2 Hombre tímido y cobarde.
cacofonía (Del gr. *kakophonia* < *kakos*, malo + *phone*, s.f.
voz.) Defecto del lenguaje que consiste en la repetición de varios sonidos de difícil articulación o que
producen desagrado.
cacografía Escritura defectuosa por el carácter de la s.f.
letra o por incorrecciones ortográficas.
cacomiztle Animal mustélido más pequeño que un   s.m.
gato, de color gris, cola larga y hocico puntiagudo   Méx.
que se alimenta de aves y huevos de corral.   ZOOLOGÍA
cacoquimia (Del gr. *kakokimia*, mal jugo < *kakos*,   s.f./MEDICINA
malo + *kymos*, jugo.) Alteración patológica de los
humores del cuerpo.
cacoquimio, a Persona que está pálida o melancóli-   s.
ca porque padece tristeza o disgusto.
cacosmia (Del gr. *kakosmia*, mal olor < *kakos*, malo + s.f.
osme, olor.) Alteración del olfato, que hace agradables MEDICINA
los olores repugnantes o fétidos.
cacreco, a
1 Que está decrépito o sumamente viejo.   adj/s./Amér. Central
2 Que vagabundea o anda errante de un lugar a otro.   Amér. Central
cactáceo, a Perteneciente a una familia de plantas di- adj/s.f.
cotiledóneas, de origen americano, adaptadas al cli-   BOTÁNICA
ma desértico mediante un tallo carnoso y hojas redu-   = cácteo
cidas a espinas.
cacto (Del lat. *cactos* < gr. *kaktos*, hoja espinosa.) De- s.m.
nominación de diversas plantas crasas y perennes,   BOTÁNICA
con tallos globosos, cilíndricos o divididos en paletas   th: cactus
ovaladas con espinas o pelos.
cactus Cacto, planta crasa.   s.m./BOTÁNICA
cacumen (Del lat. *cacumen*, cumbre.) Facultad extra- s.m.
ordinaria para razonar, deducir y comprender lo difí-   = agudeza
cil y oportuno: *tiene un cacumen portentoso.*
cad (Acrónimo del ingl. *[C]omputer [A]ided [D]esign.*) adj/s.m.
Se aplica a las herramientas de software que permi-   INFORMÁTICA
ten realizar diseños asistidos por el ordenador.
cada
I (Del fr. *cade* < lat. *catanus*, enebro.) Enebro, planta s.m.
arbustiva.   BOTÁNICA
II (Del lat. vulgar *cata* < gr. *kata*, durante, según.)
1 Indica una correspondencia distributiva entre los   adj.
miembros numerables de una serie, y los miembros
de otra: *dos libros a cada alumno.*
2 Indica suma o progresión de elementos, así como
grupos de igual número: *cada día estás más guapa; uno*
de cada tres es rubio.
3 Añade valor ponderativo al sustantivo que acompaña: *tiene cada ocurrencia...*
4 **cada cual:** Toda persona: *cada cual que ocupe, en or-*
den, su sitio.
5 **cada dos por tres:** Muy a menudo: *cada dos por*   loc.adv.
tres cambia de residencia.
6 **cada vez que:** Siempre que: *cada vez que te veo me*   loc.adv.
acuerdo de tu padre.
cadahalso Cobertizo o barraca de tablas.   s.m.
cadalecho Cama tejida con ramas.   s.m.

cadalso (Del occitano *cadafalcs* < lat. vulgar *catafali-*
cum.)
1 Tablado levantado para la celebración de un acto   s.m.
solemne.
2 Tablado levantado para la ejecución de la pena de
muerte: *lo llevaron al cadalso por sus fechorías.*
cadañego, a Se refiere a la planta y al árbol que dan   adj.
fruto abundante todos los años.   BOTÁNICA
cadañero, a
1 Que dura un año.   adj./= anual
2 Que pare cada año.   adj/s.f.
cadarzo
1 Seda basta de los capullos enredados.   s.m.
2 Camisa, revestimiento del capullo.
cadáver Cuerpo sin vida humano o de cualquier ani-   s.m.
mal: *el cadáver estaba sepultado en el hormigón.*
cadavérico, a
1 Del cadáver: *pestilencia cadavérica.*   adj.
2 Que está muy pálido o demacrado: *debido a la en-*
fermedad tiene un rostro cadavérico.
caddie (Voz inglesa.) Persona encargada de llevar el   s.m.
carro con los palos de golf.   DEPORTES
cadejo
1 Porción de pelo muy enredada que se separa para   s.m.
peinarla.
2 Madeja pequeña de hilo o seda.
3 Conjunto de muchos hilos para hacer borlas o tra-   TEXTIL
bajos de pasamanería.
cadena (Del lat. *catena.*)
1 Serie de eslabones u otras piezas, generalmente   s.f.
metálicas, enlazadas entre sí formando un conjunto
articulado: *la cadena de la bicicleta se ha roto.*
2 Conjunto de personas que se unen cogiéndose de
la mano en un baile u otro acto: *los manifestantes*
avanzaban formando una cadena.
3 Conjunto de aparatos para reproducir sonido inde-   AUDIOVISUALES
pendientes unos de los otros: *me he comprado una ca-*
dena musical.
4 Atadura no material que condiciona los actos de
una persona: *su relación con ese hombre está suponiendo*
una cadena para ella.
5 Fila, hilera de presos que iban a cumplir condena
sujetos a una misma cadena.
6 Objeto formado por dos círculos metálicos en paralelo, unidos por una serie de eslabones, que se pone
en las ruedas de los vehículos para circular sobre hielo y nieve.
7 Conjunto de establecimientos, instalaciones o cons-   COMERCIO
trucciones de la misma clase o función, que pertenecen a una sola empresa o dirección.
8 Conjunto de instalaciones destinadas a la fabrica-   INDUSTRIA
ción o montaje de un producto industrial, organiza-
das de modo que se reduce al mínimo el gasto, el
tiempo y el esfuerzo en la producción.
9 Grupo de emisoras de radio o de televisión que tra-   AUDIOVISUALES
bajan en cooperación y difunden el mismo programa.
10 Sucesión de hechos, obras o acontecimientos rela-   coloquial
cionados entre sí: *en el periódico hablan hoy de una ca-*
dena de asesinatos.
11 Pena aflictiva de gravedad variable según los códigos. DERECHO
12 Serie de átomos enlazados entre sí en una molé-   QUÍMICA
cula orgánica.
13 **cadena alimentaria o trófica:** Secuencia de espe-   BIOLOGÍA
cies vivas en que las que aparecen en primer lugar
constituyen el alimento de las que les siguen y éstas
de las siguientes.
14 **cadena de montañas:** Cordillera, serie de monta-   GEOGRAFÍA
ñas: *una cadena de montañas recorría de norte a sur la*
región.
15 **cadena hablada:** Sucesión de elementos lingüísti-   LINGÜÍSTICA
cos en el habla.
16 **cadena perpetua:** Pena máxima de prisión: *el ase-* DERECHO
sino fue condenado a cadena perpetua.
17 **en cadena:** Producido por transmisión o sucesión   loc.adv.
continuadas, o provocando una cosa otra siguiente:
reacción en cadena.
cadencia
1 Serie de sonidos o movimientos que se suceden de   s.f.
manera regular.
2 Repetición de fenómenos que se suceden regularmente: *el tifón tiene una cadencia de seis meses.*
3 Distribución correcta de acentos, entonaciones y
pausas en la lectura, especialmente de textos literarios.
4 Descenso de la entonación al final de la frase.   LINGÜÍSTICA
5 Armonización del ritmo musical con los pasos de la   MÚSICA
danza.
6 Manera de terminar una frase musical.   MÚSICA
7 Ritmo de una pieza musical.   MÚSICA
cadencioso, a Que tiene cadencia: *melodía cadencio-* adj.
sa; andares cadenciosos.

cadeneta
1 Labor de ganchillo con figura de cadena muy delgada: *aplicó una cadeneta de perlé al escote.* — s.f. TEXTIL
2 Adorno que se hace con tiras de papel de colores y se suele usar en verbenas y festejos populares.
3 Labor que los encuadernadores hacen en las cabeceras de los libros para asegurar el cosido. — ARTES GRÁFICAS

cadenilla Adorno en forma de cadena estrecha que llevan las guarniciones de las caballerías. — s.f.

cadera (Del lat. *cathedra*, asiento, silla < gr. *kathedra*.)
1 Cada una de las dos partes salientes a uno y otro lado del cuerpo, debajo de la cintura, formadas por los huesos superiores de la pelvis. — s.f. ANATOMÍA
2 Primera de las cinco piezas de que constan las patas de los insectos. — ZOOLOGÍA
3 Parte lateral del anca de las caballerías y otros cuadrúpedos. — ZOOLOGÍA
4 Caderillas, prenda de vestir. — s.f.pl.

caderamen Caderas voluminosas de mujer. — s.m./coloquial

caderillas Prenda que llevaban las mujeres para ahuecar la falda en la parte de las caderas. — s.f.pl. = caderas

cadete (Del fr. *cadet*, joven noble que servía como voluntario.)
1 Alumno de una academia militar. — s.m.f./MILITAR
2 Joven noble que ascendía a oficial sin pasar por los grados inferiores. — s.m. MILITAR

cadí (Del ár. *qadi*, juez.) Juez, entre los turcos y musulmanes. — s.m. pl.tb: cadíes

cadillo (Del lat. *catellus*, perrito.)
1 Excrecencia pequeña y dura de la piel, benigna y normalmente de forma redondeada. — s.m. = verruga
2 Planta herbácea umbelífera y anual, de tallo áspero, hojas anchas, flores púrpuras o blancas en umbelas y fruto elipsoidal. — BOTÁNICA
3 Planta herbácea compuesta, anual, que crece entre los escombros y en los campos áridos. — BOTÁNICA
4 Primeros hilos de la urdimbre de una tela. — s.m.pl./TEXTIL

cadmia (Del gr. *kadmeia*, calamina.)
1 Mezcla de hollín y óxidos metálicos que se acumula en el tragante de los altos hornos. — s.f./= atutía METALURGIA
2 Cualquier sustancia metálica adherida a las paredes o chimenea del horno. — METALURGIA

cadmiado Operación que consiste en recubrir metales con un depósito electrolítico de cadmio. — s.m. METALURGIA

cadmio Cuerpo simple metálico blancoazulado, dúctil y maleable, usado para proteger objetos de acero y en la fabricación de acero. — s.m. QUÍMICA

cadoce Gobio, pez de agua dulce. — s.m./ZOOLOGÍA

cadozo (Del ár. *qadus*, cubo.) Remolino de las aguas en una corriente. — s.m. = olla

caduca Parte de mucosa uterina que se desprende y expulsa con la placenta durante el parto. — s.f. ANATOMÍA

caducar
1 Perder una cosa sus propiedades de uso o consumo a causa del tiempo: *caducaron los yogures.* — v.intr. conj: sacar
2 Perder una ley o un documento su validez al transcurrir un tiempo previamente acordado. — DERECHO
3 Tener una persona debilitadas sus facultades mentales a causa de la vejez.

caduceo (Del lat. *caduceus*, alteración del gr. *kerykion*, bastón de heraldo.) Vara delgada con dos alas en un extremo y dos serpientes enroscadas, atributo de Mercurio y actualmente símbolo del comercio. — s.m. MEDICINA, MITOLOGÍA

caducidad
1 Pérdida de las condiciones óptimas que debe reunir un producto alimenticio, farmacéutico o cosmético para su uso o consumo: *comprueba la fecha de caducidad de las latas.* — s.f.
2 Límite de la validez o vigencia de una ley, plazo o derecho. — DERECHO
3 **caducidad de la instancia**: Suposición legal de que los litigantes han abandonado sus pretensiones cuando dejan pasar cierto plazo sin realizar ninguna gestión. — DERECHO

caducifolio, a Que es de hoja caduca. — adj./BOTÁNICA

caduco, a (Del lat. *caducus*, que cae, perecedero < *cadere*, caer.)
1 Que es muy anciano: *era el más caduco del lugar.* — adj.
2 Que dura poco o es perecedero: *estilo artístico caduco.*
3 Que no tiene vigencia: *leyes caducas.*
4 Se aplica a la hoja que cae y se renueva todos los años. — BOTÁNICA ≠ perenne

caduquear Tener una persona las facultades mentales disminuidas por efecto de la vejez. — v.intr.

caedizo, a Se aplica a lo que cae fácilmente o está destinado a caer: *hojas caedizas; cabello caedizo.* — adj.

caer (Del lat. *cadere*.)
1 Moverse un cuerpo de arriba abajo por la acción de su propio peso: *la nieve caía pausadamente.* — v.intr/prnl.

2 Perder un cuerpo el equilibrio hasta dar contra el suelo u otra cosa: *el pintor se cayó de la escalera.*
3 Separarse una cosa del sitio donde estaba adherida: *al gato se le cae el pelo.* — = desprender
4 Dar con una parte del cuerpo contra el suelo: *cayó de cabeza jugando en el jardín.* — v.intr. + de
5 Atrapar a una persona o un animal en una trampa o engaño: *el ladrón cayó en la trampa de la policía.* — = cazar + en
6 Encontrarse repentinamente una persona en una situación desgraciada o peligrosa: *tras la pérdida de su amigo, cayó en una gran depresión.* — + en
7 Dejar de existir: *en ese país cayó la dictadura hace un año.* — = desaparecer
8 Perder una persona el empleo, la fortuna o el prestigio.
9 Cometer una persona una falta o un error o incurrir en un peligro. — + en
10 Recordar o comprender una persona una cosa: *ahora caigo en cómo se llama.* — + en
11 Hacerse una cosa más débil o más pequeña: *las temperaturas caerán los próximos días.*
12 Aparecer una persona en un lugar donde no es esperada: *ayer cayó por aquí tu hermano.*
13 Acabar el plazo de un pago en una fecha determinada: *mañana cae la letra del alquiler.*
14 Estar una cosa situada en un lugar: *los servicios caen al final del pasillo.*
15 Estar una cosa comprendida o incluida en otra: *mi finca cae dentro de la zona afectada.*
16 Corresponder un suceso a cierta fecha o día de la semana: *la inauguración cae en julio.* — + en
17 Causar una cosa un efecto bueno o malo: *le cayó mal lo que le dije.* — coloquial
18 Quedar una cosa bien o mal a una persona: *este vestido te cae fatal.* — coloquial
19 Acercarse el Sol a su ocaso o un período de tiempo a su fin: *me gusta pasear cuando cae la tarde.*
20 Ocurrir una cosa: *me han caído dos millones de pesetas en la lotería.*
21 Morir, perder la vida: *en el tiroteo cayeron dos personas ajenas al enfrentamiento.* — coloquial
22 Ser conquistado un lugar durante la guerra: *la fortaleza cayó en el asedio.*
23 Sentir pena o aflicción: *él se caía de dolor por la muerte de su padre.* — v.prnl.
24 **caer bien o mal una persona**: Causar una persona una impresión buena o mala a otras: *aunque es fuerte en agradarme siempre me caerá mal.* — coloquial
25 **caer muy bajo**: Perder una persona la dignidad por hacer una cosa vergonzosa o humillante.
26 **cayendo y levantando**: Con alternativas adversas y favorables.
27 **dejar caer**: Decir una cosa con astucia, como si se hiciera sin querer: *al final de la reunión dejó caer la noticia.*
28 **dejarse caer**: Presentarse una persona en un lugar de improviso o sin especificar cuándo: *uno de estos días me dejaré caer por tu casa.*
29 **estar al caer**: Estar una cosa a punto de suceder o llegar: *el examen está al caer.* — coloquial
CONJ.: IND.: PRES.: *caigo, caes, cae, caemos, caéis, caen.* PRET. INDEF.: *caí, caíste, cayó, caímos, caísteis, cayeron.* SUBJ.: PRES.: *caiga, caigas, caiga, caigamos, caigáis, caigan.* PRET. IMPERF.: *cayera o cayese, cayeras o cayeses, cayera o cayese, cayéramos o cayésemos, cayerais o cayeseis, cayeran o cayesen.* FUTUR. IMPERF.: *cayere, cayeres, cayere, cayéremos, cayereis, cayeren.* IMP.: *cae, caiga, caigamos, caed, caigan.* GERUND.: *cayendo.*

café (Del turco *kahué* < ár. *qahwa*.)
1 Bebida de sabor amargo y color oscuro, marrón casi negro, hecha con la semilla del cafeto tostada y molida: *pidió un café cargado.* — s.m.
2 Cafeto, arbusto. — BOTÁNICA
3 Semilla de este arbusto. — BOTÁNICA
4 Establecimiento público en que se sirve este tipo de bebida.
5 Reprimenda. — Amér. Merid.
6 Disgusto o berrinche. — Méx.
7 **café cantante**: Establecimiento en el que se interpretan canciones de carácter frívolo. — MÚSICA
8 **café capuchino**: El que se sirve con crema de nata y chocolate.
9 **café con leche**: Mezcla de ambas sustancias en proporción variable.
10 **café cortado**: El servido con una cantidad muy pequeña de leche.
11 **café descafeinado**: Aquel al que se ha extraído la cafeína.
12 **café escocés**: El que se sirve con whisky escocés.
13 **café exprés**: El obtenido al pasar el agua hirviendo a presión por el grano molido.
14 **café irlandés**: El que se hace con whisky irlandés, azúcar y crema de nata espesa y fría.

15 café teatro: Local público en el que se representan obras teatrales cortas. — TEATRO

16 café vienés: El que se sirve con nata.

cafeína Alcaloide obtenido del café, del té y de otros vegetales, que se utiliza como tónico del corazón. — s.f. QUÍMICA

cafeísmo Adición excesiva al café. — s.m.

cafería Aldea o cortijo. — s.f.

cafetal Plantación de cafetos: *los cafetales cubrían las laderas de las colinas.* — s.m.

cafetear
1 Tomar café con frecuencia. — v.intr.
2 Reprender, retar ásperamente a una persona. — v.tr./Amér. Merid.

cafetera
1 Recipiente usado para preparar el café y vasija con la que se sirve. — s.f.
2 Cualquier máquina o aparato viejo y destartalado: *a ver si te cambias de coche, lo tienes hecho una cafetera.* — coloquial
3 **estar como una cafetera:** Estar chiflado: *¡vaya tonterías dices! estás como una cafetera.* — coloquial

cafetería Establecimiento con mostrador y mesas donde se toma café y otras bebidas, acompañadas a veces de repostería u otros alimentos. — s.f. COMERCIO

cafetero, a
1 Del café: *plantación cafetera.* — adj.
2 Que tiene afición a tomar café: *mi madre es muy cafetera.* — adj/s.
3 Persona que recoge la simiente en los cafetales. — s./AGRICULTURA
4 Dueño de una cafetería.

cafetín Café, establecimiento, de poca importancia. — s.m.

cafeto Árbol rubiáceo de flores blancas situadas en la axila de las hojas y fruto en drupa roja, cuya semilla es el café. *(Coffea.)* — s.m. BOTÁNICA

cáfila (Del ár. *qafila,* caravana < *qafal,* regresar.) Conjunto o multitud de personas, animales o cosas, en especial cuando están en movimiento y unas detrás de otras. — s.f.

cafisio Hombre que vive del trabajo de sus prostitutas, chulo. — s.m./Argent., Urug. tb:cafisho

cafre (Del ár. *kafir,* infiel, incrédulo.)
1 De Cafrería, región del sudeste africano. — adj.
2 Persona natural de esta región. — s.
3 Que es muy bruto. — adj/s.
4 Que no tiene habilidad ni agudeza. — = torpe, zafio

caftán (Del turco *qaftan.*) Prenda de vestir larga, sin cuello y abierta por delante, usada por los musulmanes. — s.m.

cafúa (Voz lunfarda.) Prisión, cárcel. — s.f./Argent., Urug.

cagaaceite Charla, ave. — s.m./ZOOLOGÍA

cagachín
1 Insecto díptero de color rojizo y más pequeño que el mosquito común. *(Culex ciliaris.)* — s.m./ZOOLOGÍA = cagarropa
2 Pardillo sizerín, ave paseriforme. — ZOOLOGÍA

cagada
1 Conjunto de excrementos expulsados al defecar. — s.f.
2 Cosa mal hecha o sin ningún valor: *¡vaya cagada, has metido la pata!* — vulgar

cagado, a Que es cobarde y miedoso: *es un cagado, el pistoletazo lo aterró.* — adj/s. coloquial

cagafierro Escoria de hierro. — s.m./METALURGIA

cagajón Porción del excremento de las caballerías. — s.m./= moñigo

cagalaolla Persona que va disfrazada, con o sin máscara, en algunas fiestas. — s.m. coloquial

cagalera Diarrea, evacuación frecuente de excrementos semilíquidos. — s.f. vulgar

cagaluta Cagarruta, excremento. — s.f.

caganido
1 Último pájaro nacido de la pollada. — s.m./tb: caganidos
2 Hijo menor de una familia. — = benjamín
3 Persona enclenque o raquítica. — = alfeñique

cagar (Del lat. *cacare.*)
1 Evacuar el vientre, expeler una persona o un animal los excrementos. — v.intr/prnl. conj: pagar
2 Echar a perder una cosa: *has cagado el trabajo.* — v.tr./vulgar
3 Sentir una persona mucho miedo: *se cagó al oír el ruido de la estampida.* — v.prnl. vulgar
4 Expresar desprecio por una cosa o una persona. — vulgar/+ en

cagarrache
1 Persona que, en los molinos de aceite, lava el hueso de la aceituna. — s.m.
2 Charla, ave. — ZOOLOGÍA

cagarreta Cagarruta, excremento. — s.f./vulgar

cagarropa Cagachín, insecto. — s.m./ZOOLOGÍA

cagarruta Porción del excremento en forma de bolitas de las ovejas, cabras y otros animales: *a su paso por la senda el rebaño dejó sus cagarrutas.* — s.f. tb: cagarreta, cagaluta

cagatintas Oficinista, persona que trabaja en una oficina: *insultaron a los cagatintas por no secundar la huelga.* — s.m.f./pl: cagatintas despectivo

cagón, a
1 Que caga mucho y con frecuencia. — adj/s.
2 Que se comporta con cobardía. — coloquial

caguama (Voz caribe.)
1 Tortuga marina, algo mayor que el carey. — s.f./ZOOLOGÍA
2 Materia córnea extraída de la concha de este animal: *un peine de caguama.*

caguanete Pelusa o borra de algodón o de otra materia vegetal. — s.m.

cagueta Se aplica a la persona que se comporta con cobardía. — adj/s.m.f. vulgar

cahíz (Del ár. *qafiz.*) Medida de capacidad de áridos de distinta cabida según las regiones. — s.m.

caí (Voz guaraní.) Mono propio de Sudamérica, de tamaño mediano, que se caracteriza por su casquete de pelos muy oscuros. *(Cebus.)* — s.m./Argent. ZOOLOGÍA tb: cay

caíd (Del ár. *qaid,* capitán.) Especie de juez o gobernador civil y militar musulmán. — s.m. pl: caides

caída
1 Movimiento de arriba abajo de una cosa o persona por la acción de su propio peso: *la caída de un cuerpo.* — s.f.
2 Golpe producido al caerse: *se ha roto la pierna por una mala caída.*
3 Pendiente brusca del terreno. — = declive
4 Manera de plegarse o caer una tela, una cortina u otro material semejante: *esta tela tiene buena caída.*
5 Pecado cometido por los ángeles rebeldes y por el primer hombre, en el cristianismo. — RELIGIÓN
6 Inclinación o ángulo agudo que forma el palo de una embarcación con la vertical. — NÁUTICA
7 Moderación o amainamiento del viento, oleaje u otras circunstancias meteorológicas adversas. — NÁUTICA
8 Lana de mala calidad que se desprende del vellón, ancas y patas del ganado lanar. — s.f.pl. coloquial
9 Palabras oportunas, ocurrentes y espontáneas.
10 **caída de ojos:** Acción de bajar la mirada entornando los párpados: *tiene una atractiva caída de ojos.*
11 **caída libre:** 1. Descenso de un cuerpo sometido únicamente a la acción de la gravedad. 2. Deporte de riesgo que consiste en lanzarse de un avión y descender con el paracaídas cerrado hasta el límite en que tiene que abrirse. — DEPORTES
12 **a la caída de la tarde:** Al atardecer: *a la caída de la tarde se esfumó la niebla.* — loc.adv.
13 **a la caída del sol:** Al ponerse el sol: *a la caída del sol empezó a correr la brisa.* — loc.adv.

caído, a
1 Que ha muerto en una batalla o en defensa de una causa: *organizaron un homenaje a los caídos.* — adj/s. MILITAR
2 Que tiene una parte del cuerpo demasiado inclinada: *siempre lleva hombreras porque es caída de hombros.* — adj. + de
3 Que está abatido o decaído física o moralmente. — adj/s.
4 Se refiere al palo que no está vertical. — adj/s.m./NÁUTICA

caima Que es estúpido y soso, lerdo. — adj./Amér.

caimán (Probablemente del caribe *acayuman.*) Cocodrilo originario de América Central y Meridional, de hocico corto y rechoncho y tamaño mediano. — s.m. ZOOLOGÍA = aligator

caín (De *Caín,* personaje bíblico.)
1 Se usa para indicar que una persona actúa con mala idea en la expresión **con las de Caín.** — loc.adv. coloquial
2 Indica que una persona padece mucho o sufre situaciones adversas en la expresión **pasar las de Caín.** — coloquial

cair Cabo fabricado con fibra de coco. — s.m./NÁUTICA

cairel (Del occitano ant. *cairel* < lat. *quadrum,* cuadrado.)
1 Adorno de pasamanería en los extremos de algunas ropas a modo de fleco: *el aire revoloteaba los caireles de la falda.* — s.m.
2 Adorno de cristal en candelabros y otros objetos.
3 Cerco de cabellera postiza.
4 Cerco o hebras de seda que sujetan la cabellera postiza.

cairelar Adornar la tela con caireles o flecos. — v.tr.

cairota
1 De El Cairo, capital de Egipto. — adj.
2 Persona natural de El Cairo. — s.m.f./= cairino

caja (Probablemente del cat. *caixa* < lat. *capsa.*)
1 Recipiente de diferentes formas, tamaños y materiales, cubierto con una tapa, donde se guardan o transportan objetos diversos: *caja de cerillas; cajas de limones.* — s.f.
2 Caja de madera donde se meten los cadáveres humanos para enterrarlos: *los familiares echaron un puñado de tierra sobre la caja.* — = ataúd, sarcófago
3 Tambor, instrumento musical de percusión. — MÚSICA
4 Armazón exterior de madera que cubre o forma parte de algunos instrumentos musicales: *caja de la guitarra.* — MÚSICA

5 Espacio o hueco que protege y resguarda un meca- *MÚSICA*
nismo: *los técnicos están en la caja del ascensor.*
6 Sitio donde se hacen los cobros y pagos y se guarda el dinero, en los bancos o establecimientos comerciales: *en la caja central de los grandes almacenes puede*
pagar con tarjeta de crédito.
7 Espacio entre los dos bastidores de un escenario. *TEATRO*
8 Cajón con varias dependencias en que se colocan *ARTES GRÁFICAS*
los caracteres tipográficos.
9 Espacio completo impreso de una página. *ARTES GRÁFICAS*
10 Cápsula, fruto seco. *BOTÁNICA*
11 Pieza de la balanza en que entra el fiel cuando el
peso está equilibrado.
12 caja de ahorros: Establecimiento comercial don- *ECONOMÍA*
de se depositan los ahorros de los clientes a cambio
de un interés determinado.
13 caja de cambios: Cárter de un automóvil que *MECÁNICA*
contiene el mecanismo del cambio de velocidades.
14 caja de reclutamiento: Organismo militar encar- *MILITAR*
gado de la clasificación y distribución de los reclutas
en activo.
15 caja de resonancia: La que llevan algunos instru- *MÚSICA*
mentos musicales para amplificar y modular su sonido.
16 caja fuerte o de caudales: Armario blindado con
cerraduras de seguridad, usado para proteger de robo
o incendio dinero, documentos y objetos de valor:
consiguió la combinación de la caja fuerte.
17 caja negra: Aparato de un barco o un avión que *AERONÁUTICA,*
registra todo lo que ocurre en el vehículo durante la *NÁUTICA*
navegación o el vuelo.
18 caja registradora: Aparato usado en los comer- *COMERCIO*
cios y establecimientos públicos para realizar automáticamente operaciones matemáticas básicas y guardar el dinero.
19 caja torácica: Armazón óseo que protege los ór- *ANATOMÍA*
ganos situados en el tórax.
20 entrar en caja: 1. Pasar los mozos a la jurisdicción *MILITAR*
militar. 2. Imponérsele a una persona una disciplina.
21 hacer caja: Contabilizar el volumen de ventas *COMERCIO*
diario o durante un período de tiempo: *acabó de hacer*
caja a las doce de la tarde.
22 mandar o echar a uno con cajas destempladas: *coloquial*
Despedirle o echarle de un lugar con enfado: *le echó*
de su casa con cajas destempladas.

cajel Se aplica a la variedad de naranja producida por *adj.*
un naranjo agrio con injerto del dulce. *AGRICULTURA*

cajero, a
1 Persona encargada de la entrada y salida de cauda- *s.*
les en un comercio o un banco: *el cajero comprobó la*
firma del cliente.
2 Persona que por oficio hace cajas.
3 cajero automático: Máquina que realiza operaciones bancarias de manera automática, accionada por
el cliente usando una tarjeta y una clave.

cajetilla
1 Paquete de cigarrillos o de tabaco picado. *s.f.*
2 Se refiere al hombre presumido y elegante que vive *adj.*
disfrutando del lujo y de su posición social y econó- *Argent., Urug.*
mica acomodada y se suele comportar de manera *despectivo*
arrogante.

cajetín
1 Listón cubierto con una moldura, con dos ranuras *s.m.*
para contener los cables conductores de la electrici- *ELECTRICIDAD*
dad: *gracias a los cajetines no se ve ni un cable.*
2 Anotación estampada con un sello en un documento y sello con que se realiza.
3 Compartimento de la caja que contiene los tipos y *ARTES GRÁFICAS*
signos tipográficos en una imprenta.

cajiga Quejigo, árbol fagáceo. *s.f./BOTÁNICA*

cajigal Quejigal, terreno poblado de quejigos. *s.m.*

cajigo Quejigo, árbol fagáceo. *s.m./BOTÁNICA*

cajilla
1 Cápsula, fruto seco. *s.f./BOTÁNICA*
2 Mandíbula, cada una de las dos piezas que limitan *s.f.pl.*
la boca de los animales vertebrados. *ANATOMÍA*

cajista Persona que compone lo que se ha de impri- *s.m.f.*
mir. *ARTES GRÁFICAS*

cajo Pestaña que forma el encuadernador en el lomo *s.m.*
de un libro sobre las primeras y últimas hojas para *ARTES GRÁFICAS*
que quepan los cartones de las tapas.

cajón
1 Caja tosca para guardar cosas, generalmente de *s.m.*
madera y con forma rectangular o cúbica.
2 Compartimento de un mueble que se puede desplazar hacia afuera o hacia adentro en el que se guardan cosas: *el niño sacó toda la ropa de los cajones.*
3 Espacio que hay entre tabla y tabla de una estantería.
4 Garita o caseta de madera que sirve de protección.
5 Cañada larga por cuyo fondo corre un río o arroyo. *Chile*

6 Ataúd, caja para enterrar los cadáveres. *Amér. Merid.*
7 cajón de sastre: 1. Conjunto de cosas diversas y *coloquial*
desordenadas: *su escritorio es un cajón de sastre.* 2. Per- *coloquial*
sona con ideas confusas y desordenadas.
8 ser una cosa de cajón: Estar fuera de toda duda, *coloquial*
ser obvia o evidente: *es de cajón que no puedes ir a pie,*
está demasiado lejos.

cajonera
1 Mueble formado por un conjunto de cajones para *s.f.*
guardar ropas.
2 Hueco que tienen los pupitres debajo del tablero
para guardar libros y objetos escolares.

cajonero, a Trabajador que recibe o desvía las vasi- *s.*
jas en que se extraen las aguas. *MINERÍA*

cajuela Maletero de un automóvil. *s.f./Méx.*

cal (Del lat. vulgar *cals* < lat. *calx*.)
1 Óxido de calcio, sólido, amorfo y blanco, que se *s.f./QUÍMICA*
obtiene por calcinación de las piedras calizas. *= cal viva*
2 cal apagada o hidratada: Polvo blanco soluble en
agua.
3 a cal y canto: De modo que no se puede entrar ni *loc.adv.*
salir de un lugar o coger o guardar una cosa: *las auto-* *coloquial*
ridades cerraron el acceso a cal y canto.
4 una de cal y otra de arena: Alternancia de cosas *coloquial*
diversas o contradictorias: *en su relación siempre había*
una de cal y otra de arena.

cala
I (Probablemente de origen prerromano.)
1 Incisión y corte que se hace a un melón u otra fru- *s.f.*
ta semejante para probarlo. *= cata*
2 Pedazo cortado de una fruta para probarla. *= tajo*
3 Prueba de reconocimiento de la calidad de alguna
cosa: *hizo varias calas de las mercancías.*
4 Perforación en una pared para comprobar su estruc- *CONSTRUCCIÓN*
tura o descubrir las conducciones eléctricas o de agua.
5 Parte más baja del interior de un barco cerrada her- *NÁUTICA*
méticamente por tabiques metálicos.
6 Medida vertical de la parte sumergida de una em- *NÁUTICA*
barcación. *= calado*
7 Instrumento utilizado por el cirujano para recono- *MEDICINA*
cer la profundidad de una herida. *= sonda*
8 Paraje distante de la costa apropiado para pescar *PESCA*
con anzuelo.
9 hacer cala y cata: Reconocer o examinar alguna
cosa para saber su cantidad o calidad.
II (Probablemente del ár. *kalla*.) Ensenada pequeña: *s.f.*
fondearon en una cala del sur. *GEOGRAFÍA*
III (Del lat. *Calla Aethiopica*.) Planta acuática con ho- *s.f.*
jas radicales de largo pecíolo, carnosas y de forma de *BOTÁNICA*
flecha, del centro de las cuales sale la flor en forma
de trompeta, formada por una espata blanca dentro
de la cual hay un eje carnoso amarillo.

calaba Calambuco, árbol americano. *s.f./BOTÁNICA*

calabacear Rehusar formar pareja con una persona: *v.tr.*
esa chica me ha calabaceado varias veces. *coloquial*

calabacera Planta cucurbitácea trepadora o rastrera *s.f.*
de fruto hinchado en pepónide, cultivada como hor- *BOTÁNICA*
taliza, alimento para el ganado y como planta ornamental.

calabacil Se aplica a la pera que se parece a la calabaza. *adj./AGRICULTURA*

calabacilla
1 Fruto del cohombrillo amargo. *s.f./BOTÁNICA*
2 Objeto con forma de calabaza pequeña. *coloquial*

calabacín
1 Calabaza pequeña, cilíndrica, de corteza verde y *s.m.*
carne blanca, con múltiples usos culinarios. *(Cucurbita* *BOTÁNICA*
pepo.)
2 Calabaza, persona torpe e inepta. *coloquial*

calabacinate Guiso hecho con calabacines. *s.m./COCINA*

calabacino Calabaza seca y hueca, empleada como *s.m.*
recipiente para líquidos: *llevaba un calabacino con* *= calabazo*
agua.

calabacita Calabacín. *s.f./Méx.*

calabaza (De origen prerromano.)
1 Calabacera, planta cucurbitácea. *s.f./BOTÁNICA*
2 Fruto de esta planta de forma, tamaño y color va- *BOTÁNICA*
riados y con multitud de semillas.
3 Calabacino, recipiente. *tb: calabazo*
4 Persona torpe e ignorante. *despectivo*
5 calabaza de cidra o confitera: Variedad de la cala- *BOTÁNICA*
bacera con fruto elipsoidal con el que se fabrica la *= calabaza*
confitura llamada cabello de ángel. *(Cucurbita maxima.)* *pastelera*
6 dar calabazas: 1. Suspender un examen: *le dieron* *coloquial*
calabazas en matemáticas e inglés. 2. Rehusar alguien el
ofrecimiento de un pretendiente: *les dio calabazas a*
todos.

calabazada
1 Golpe dado con la cabeza o recibido en ella. *s.f.*
2 darse una persona de calabazadas: 1. Cavilar, *coloquial*
pensar mucho en alguna cuestión. 2. Desesperarse *coloquial*

por haber cometido un error o por no haber aprovechado una oportunidad: *se daba de calabazadas por no haber invertido en la empresa.*

calabazar Tierra sembrada de calabazas. — s.m.

calabazate
1 Dulce seco de calabaza. — s.m./COCINA
2 Cáscara de calabaza en miel o en almíbar. — COCINA

calabazo
1 Calabaza, fruto. — s.m.
2 Calabacino, recipiente. — = calabaza

calabobos Lluvia menuda y continua: *siguieron andando bajo el calabobos y acabaron completamente mojados.* — pl: calabobos

calabozo
I (Del lat. vulgar *calafodium < lat. *cala,* lugar protegido, cueva + *foedere,* cavar.)
1 Celda en que se encierra a los detenidos. — s.m.
2 Celda donde se incomunica a los presos.
II (Probablemente de origen prerromano.) Herramienta cortante semejante a una hoz, usada para podar y rozar árboles y matas. — s.m.

calabriada
1 Mezcla de vinos, especialmente blanco y tinto. — s.f.
2 Mezcla de cosas diversas. — coloquial

calabrote Cabo muy grueso formado por cuerdas hechas de tres cordones. — s.m. NÁUTICA

calada
1 Resultado de calar un líquido. — s.f.
2 Acción de sumergir en el agua las redes u otros objetos: *efectuó la calada de las telas en el tinte.*
3 Cada inhalación de humo de tabaco: *con sólo una calada se mareó; le doy varias caladas al cigarro.*
4 Vuelo rápido de ascenso o descenso efectuado por un ave de rapiña.

caladero Sitio donde se calan o sumergen las redes: *restringieron el área del caladero.* — s.m. PESCA

caladizo, a Que penetra con facilidad. — adj./= coladizo

calado, a
1 Que está adornado con agujeros: *paño calado.* — adj.
2 Labor que se hace en una tela, sacando y juntando hilos con una aguja. — s.m. TEXTIL
3 Labor que consiste en taladrar papel, madera, metal u otra materia siguiendo un patrón y formando dibujos.
4 Profundidad de las aguas navegables: *entraron en una bahía de poco calado.* — NÁUTICA
5 Profundidad que alcanza en el agua la parte sumergida de un barco: *barco de gran calado.* — NÁUTICA = calazón

calador
1 Hierro usado por los calafates para introducir las estopas en las juntas de las embarcaciones. — s.m. NÁUTICA
2 Tubo acanalado terminado en punzón para sacar muestras de las mercancías sin abrir los bultos que las contienen. — Amér.

caladre Calandria, ave paseriforme. — s.f./ZOOLOGÍA

calafate
1 Persona encargada de calafatear las junturas de una embarcación. — s.m./NÁUTICA = calafateador
2 Carpintero de ribera. — NÁUTICA
3 Arbusto berberidáceo, de propiedades medicinales y usado en tintorería. (*Berberis heterophylla.*) — BOTÁNICA

calafateado Técnica que consiste en cerrar las junturas exteriores de las embarcaciones con estopa y una mezcla de alquitrán, resina y brea, para que no entre agua. — s.m. NÁUTICA = calafateo

calafatear (Probablemente del lat. *calefacere,* calentar.)
1 Tapar las junturas de una embarcación mediante la técnica del calafateado. — v.tr./NÁUTICA tb: calafetear
2 Cubrir las junturas de una cosa. — coloquial

calagraña
1 Variedad de uva de mala calidad. — s.f./AGRICULTURA
2 Variedad de uva blanca muy transparente de grano pequeño y hollejo fino. — AGRICULTURA = uva torrontés

calaguasca Aguardiente, bebida. — s.f./Colomb.

calagurritano, a
1 De Calagurris, antiguo nombre de la ciudad de Calahorra. — adj.
2 Persona natural de esta ciudad riojana. — s.

calaíta Turquesa, mineral azul verdoso. — s.f./MINERALOGÍA

calalú Potaje compuesto por vegetales picados y cocidos, con sal, vinagre, manteca y otros condimentos — s.m./Cuba, P. Rico/COCINA

calamaco Tela de lana delgada con listas de colores: *compraron una colcha de calamaco.* — s.m./TEXTIL tb: calimaco

calamar (Del ital. dialectal *calamaro < lat. *calamus,* pluma.) Molusco cefalópodo de cuerpo alargado, con una concha interna rudimentaria llamada pluma, provisto de diez tentáculos con ventosas y aletas caudales triangulares a cada lado. (*Loligo.*) — s.m. ZOOLOGÍA

calambre (Del germ. *kramp.)
1 Contracción espasmódica, involuntaria y dolorosa de un músculo, especialmente en la pantorrilla: *sentía continuos calambres por el esfuerzo.* — s.m. MEDICINA
2 Estremecimiento producido por una descarga eléctrica de baja intensidad.

calambuco Árbol gutífero de tronco rugoso y negruzco, inflorescencias blancas y olorosas y frutos redondos y carnosos, cuya resina constituye el bálsamo de María. (*Calophyllum calabas.*) — s.m. BOTÁNICA = calaba

calambur (Del fr. *calembour.*) Juego de palabras que consiste en variar el sentido de ellas modificando o agrupando las sílabas de un modo distinto. — s.m. RETÓRICA

calamento (Del lat. *calamentum.*) Calaminta, planta herbácea. — s.m. BOTÁNICA

calamidad (Del lat. *calamitas,* plaga.)
1 Infortunio o suceso desgraciado que causa pérdidas o sufrimientos a muchas personas: *durante la huida sufrieron continuas calamidades.* — s.f. = desastre
2 Persona muy torpe o muy distraída que tiende a hacerlo todo mal: *es una calamidad, todo lo que toca lo rompe.* — coloquial
3 Cosa muy mal hecha o llena de defectos. — coloquial

calamina (Del bajo lat. *calamina.*)
1 Cinc fundido. — s.f./METALURGIA
2 Cualquiera de los minerales usados como mena de cinc. — MINERALOGÍA

calaminta Planta herbácea medicinal de flores con corola azulada y tubo recto. (*Calamintha.*) — s.f./BOTÁNICA tb: calamento

calamita
I (Del gr. *kalamitis,* el que vive entre las cañas.) Calamite, anuro pequeño. — s.f. ZOOLOGÍA
II (Del gr. *kalamites.*)
1 Imán, mineral que tiene la propiedad de atraer el hierro y el acero. — s.f. MINERALOGÍA
2 Brújula, aguja que señala hacia el norte.

calamite (Del gr. *kalamitis,* el que vive entre las cañas.) Anuro de pequeño tamaño de color verde en el dorso, recorrido por una línea amarilla. (*Bufo calamita.*) — s.m. ZOOLOGÍA tb: calamita

calamitoso, a (Del lat. *calamitosus.*)
1 Que produce calamidades: *efectos calamitosos.* — adj.
2 Que es infeliz y desafortunado.

cálamo (Del lat. *calamus.*)
1 Pluma o caña para escribir: *cargados con los tinteros y los cálamos se aposentaron en la escribanía.* — s.m. culto
2 Especie de flauta antigua. — MÚSICA
3 Parte inferior hueca del eje de las plumas de las aves, que se inserta en la piel. — ANATOMÍA
4 **cálamo aromático:** Planta gramínea y su raíz, con propiedades medicinales. (*Andropogon calamus aromaticus.*) — BOTÁNICA

calamocha Ocre amarillo deslucido. — s.f.

calamoco Carámbano, trozo de hielo. — s.m.

calamón (Del ár. *abu qalamun,* paño de colores brillantes.)
1 Ave gruiforme, típica de zonas encharcadas, de cabeza roja y pico largo. (*Porphyrio.*) — s.m. ZOOLOGÍA
2 Clavo con la cabeza en forma de botón usado para tapizar o adornar muebles y otros objetos.

calamorra
1 Se aplica a la oveja que tiene lana en la cara. — adj.
2 Cabeza de una persona. — s.f./coloquial

calamorrada Golpe recibido en la cabeza. — s.m./= calamorrazo

calamorro Zapato bajo y ancho. — s.m./Chile

calandra Rejilla del radiador situada en la parte exterior delantera del motor de un automóvil. — s.f.

calandrajo
1 Andrajo grande que cuelga del vestido. — s.m./= gualdrapa
2 Trapo viejo: *aprovechó unos calandrajos para obturar el conducto.* — coloquial
3 Persona ridícula y despreciable. — coloquial

calandrar Apretar el papel o la tela con la calandria para satinarlos. — v.tr.

calandria
I (Del lat. vulgar* *calandria < gr. *kharadrios.*) Ave paseriforme semejante a la alondra, que vive en páramos y zonas esteparias. (*Melanocorypha.*) — s.f. ZOOLOGÍA
II (Del fr. *calandre.*)
1 Máquina para prensar o satinar tela o papel. — s.f. TECNOLOGÍA
2 Torno para levantar pesos. — TECNOLOGÍA
3 Vasija de ciertos reactores nucleares que tiene en su interior unos tubos por donde pasa el fluido de refrigeración.
4 Carruaje adornado y tirado por caballos en el que se realizan recorridos urbanos para grupos turísticos. — Méx.

calántica Toca usada por las mujeres griegas y romanas de la antigüedad, semejante a una mitra. — s.f. HISTORIA

calaña (Del ant. *calaño,* semejante.) Naturaleza, índole — s.f.

de las cosas o modo de ser de las personas: *no entraremos en cuestiones de tal calaña.*

calañés, a Se aplica al sombrero de ala vuelta hacia arriba y copa comúnmente baja en forma de cono truncado.   adj/s.m.

cálao Ave grande, trepadora, con el pico muy grueso y coronado por una protuberancia llamada casco.   s.m. ZOOLOGÍA

calar
I (Derivado de *cal.*)
1 Que tiene cal: *terreno calar.*   adj./= calizo
2 Sitio donde abunda la piedra caliza.   s.m.
II (Del bajo lat. *calare,* hacer bajar < gr. *khalao,* soltar.)
1 Entrar un líquido en un cuerpo permeable: *la lluvia les fue calando la ropa.*   v.tr.
2 Atravesar un objeto punzante una cosa.
3 Hacer agujeros que formen un dibujo en una lámina de papel, cuero o en una tela para bordarla.
4 Sacar una porción de una fruta o de otra cosa para probarla o examinar la calidad.   = catar
5 Poner un arma blanca en posición de ataque.
6 Saber las cualidades o las intenciones de una persona: *el profesor caló al alumno desde el primer día.*   coloquial
7 Llegar a entender bien el motivo o el significado de una cosa: *esta crítica cala en la biografía del autor.*   coloquial
8 Sacar una muestra de un fardo con el calador.   Amér.
9 Confundir o apabullar a una persona.   Colomb.
10 Bajar una cosa deslizándola a lo largo de un mástil o de otra cosa mediante una anilla que guía el movimiento.   NÁUTICA
11 Introducir los instrumentos de pesca en el agua.   PESCA
12 Introducirse en un lugar o en un ambiente.   coloquial
13 Llegar una embarcación a una determinada profundidad por la parte más baja del casco.   v.intr. NÁUTICA
14 Ponerse un sombrero o una gorra bien metido en la cabeza: *se caló el sombrero hasta las orejas.*   v.tr/prnl.
15 Mojarse completamente: *calarse hasta los huesos; se caló el toldo de la tienda de campaña.*   v.prnl.
16 Pararse un motor bruscamente: *se le caló el coche en mitad de la maniobra.*
17 Abalanzarse violentamente un ave sobre su presa.

calasancio, a De la orden religiosa de los escolapios.   adj./RELIGIÓN

calato, a Que está desnudo, en cueros.   adj./Perú

cálato (Del gr. *kalathos,* canastillo.)
1 Cesto en forma de cáliz sin pie, hecho de juncos o mimbres trenzados.   s.m.
2 Tambor, parte de un capitel corintio.   ARQUITECTURA

calavera (Del lat. *calvaria,* cráneo < *calvus,* calvo.)
1 Parte del esqueleto que corresponde a la cabeza.   s.f./ANATOMÍA
2 Mariposa de cuerpo grueso y alas estrechas que tiene en el dorso un dibujo parecido a un esqueleto de cabeza. (*Acherontia atropos.*)   ZOOLOGÍA
3 Hombre de poco juicio y de vida desordenada.   s.m./coloquial
4 Depósito para el reparto y repección de agua.   Perú
5 Cada una de las luces traseras del automóvil y las pantallas de plástico que las cubren.   Méx.

calaverada Acción propia de un calavera.   s.f./coloquial

calaverear Hacer una persona calaveradas.   v.intr./coloquial

calavernario Lugar destinado a reunir los huesos que se sacan de las sepulturas.   s.m. = osario

calazón Calado de un barco.   s.f./NÁUTICA

calcado Acción de hacer una copia de un dibujo o escrito: *reprodujo la silueta por calcado y luego rellenó el contorno a mano alzada.*   s.m.

calcáneo Hueso del tarso que forma el talón.   s.m./ANATOMÍA

calcañar (Del lat. *calcaneum* < *calcare,* pisar.) Parte posterior de la planta del pie.   s.m./ANATOMÍA = calcaño, talón

calcar (Del lat. *calcare,* pisar.)
1 Hacer una copia de una cosa escrita o dibujada en un papel o una tela.   v.tr. conj: sacar
2 Hacer una persona una cosa exactamente igual a cómo la hace otra: *calcó los andares de su hermana y el estilo de su madre.*   = imitar
3 Apretar una cosa con el pie.

calcáreo, a (Del lat. *calcarius.*) Que tiene cal: *terreno calcáreo; piedra calcárea.*   adj.

calce
1 Cuña con que se calza una pieza para afianzarla.   s.m./= calza
2 Llanta de una rueda.
3 Porción de hierro o acero que se añade a algunas herramientas cuando están gastadas.
4 Cuña que sirve para ensanchar o rellenar el espacio entre dos cuerpos.   = calzo
5 Pie de un documento: *les dio su visto bueno firmando en el calce del documento.*   Méx., Amér. Central

calcedonia (De *Calcedonia,* antigua ciudad de Asia Menor.) Variedad de sílice traslúcida y constituida por microcristales de cuarzo y ópalo.   s.f. MINERALOGÍA

calcemia Cantidad de calcio existente en la sangre circulante.   s.f. BIOQUÍMICA

cálceo (Del lat. *calceus.*) Calzado alto y cerrado que usaban los antiguos romanos.   s.m. HISTORIA

calceta
1 Tejido de punto.   s.f.
2 Media, prenda femenina que cubre el pie y la pierna.
3 **hacer calceta:** Hacer manualmente labor de punto con agujas de media: *hizo calceta hasta que perdió completamente la vista.*

calcetar Hacer calceta.   v.intr.

calcetín Prenda de vestir que cubre el pie y parte de la pierna: *se puso los zapatos sin calcetines.*   s.m.

calcha
1 Conjunto de prendas de vestir de los trabajadores.   s.f./Argent., Chile
2 Plumaje o pelusilla que tienen algunas aves en los tarsos.   Chile

calchona
1 Fantasma que asusta a los caminantes solitarios por las noches.   s.f. Chile
2 Mujer vieja y fea.   Chile/coloquial

calci- Componente de palabra procedente del gr. *khalkos,* que significa cobre, bronce, calcio: *calcicosis; calcificación.*   pref. tb: calco-

cálcico, a Que tiene relación con el calcio.   adj./QUÍMICA

calcicosis Enfermedad pulmonar causada por inhalación de polvo de cal.   s.f./pl: calcicosis MEDICINA

calcificación
1 Acción y resultado de calcificar.   s.f./BIOLOGÍA
2 Depósito de sales de calcio en los tejidos no óseos.   MEDICINA

calcificar (Del lat. *calx, calcis,* cal + *facere,* hacer.)
1 Convertir una sustancia en carbonato cálcico.   v.tr/conj: sacar
2 Depositarse sales de calcio en los tejidos orgánicos.   v.tr/prnl.

calcillas
1 Hombre tímido o cobarde.   s.m./coloquial
2 Hombre de baja estatura.   coloquial

calcina Masa de piedras pequeñas, cemento, arena y agua que se solidifica pasado cierto tiempo.   s.f./CONSTRUCCIÓN = hormigón

calcinación
1 Proceso de calcinar un mineral o una sustancia.   s.f./= calcinamiento
2 Quemadura, abrasamiento.   coloquial

calcinar (Derivado de *cal.*)
1 Calentar un mineral para que desprenda las sustancias volátiles, ya sean líquidas o gaseosas.   v.tr. QUÍMICA
2 Convertir el carbonato de calcio en cal viva.   QUÍMICA
3 Quemar una cosa demasiado: *el incendio calcinó los troncos de las encinas.*   = abrasar

calcinosis Formación excesiva de depósitos de sales de calcio en los tejidos orgánicos blandos.   s.f./pl: calcinosis MEDICINA

calcio (Del lat. *calx, calcis,* cal.) Metal blanco, blando, muy alterable al aire y al agua.   s.m. QUÍMICA

calciotermia Técnica para obtener un metal por reducción de uno de sus compuestos, aplicando calcio para elevar la temperatura.   s.f. QUÍMICA, METALURGIA

calcita Carbonato natural de calcio cristalizado, frágil, brillo vítreo y color generalmente blanco.   s.f. MINERALOGÍA

calcitonina Hormona segregada por el tiroides, cuya misión es regular el exceso de calcio en la sangre.   s.f. BIOQUÍMICA

calcitrapa Cardo estrellado, planta espinosa.   s.f./BOTÁNICA

calco
1 Acción y resultado de calcar.   s.m./= calcado
2 Copia que se obtiene de calcar.
3 Imitación o reproducción exacta del original: *su relato es un calco de uno ya publicado.*   = plagio
4 Adaptación de una palabra extranjera, traduciendo su significado: *rascacielos es un calco del inglés americano sky-scraper.*   LINGÜÍSTICA

calcografía (Del gr. *khalkos,* cobre, bronce + *graphe,* escritura.)
1 Arte y técnica de estampar con láminas metálicas, generalmente de cobre, grabadas.   s.f.
2 Imagen obtenida con esta técnica.

calcografiar Estampar una cosa mediante láminas grabadas de metal.   v.tr. conj: vaciar

calcógrafo, a Persona que se dedica a hacer estampaciones con láminas metálicas grabadas.   s.

calcolítico Se aplica al período prehistórico entre el neolítico y la edad del bronce, en el que se inicia el uso del cobre.   adj/s.m. HISTORIA

calcomanía (Del fr. *decalcomanie.*)
1 Técnica de traspasar a una superficie imágenes coloreadas adheridas a un papel, el cual se pega y se retira después.   s.f.
2 Imagen que se obtiene con esta técnica.
3 Papel que contiene esta imagen antes de traspasarla.

calcopirita (Del gr. *khalkos,* cobre, bronce, + *pirita.*) Sulfato natural de hierro y cobre.   s.f. MINERALOGÍA

calculable
1 Que puede ser calculado o reducirse a cálculo: *problema calculable por logaritmos.* — adj. MATEMÁTICAS
2 Que puede ser supuesto o predicho con cierta seguridad: *es una acción de efectos fácilmente calculables.* — = predecible

calculador, a
1 Que realiza operaciones matemáticas. — adj/s.
2 Se aplica a la persona que valora la conveniencia o no conveniencia de las cosas según sus propios intereses: *es una joven calculadora que nunca hace nada en balde.* — coloquial = interesado

calculadora Máquina que realiza operaciones matemáticas por un procedimiento electrónico. — s.f.

calcular (Del lat. *calculare.*)
1 Realizar operaciones matemáticas para averiguar un resultado: *voy a calcular la suma total de la compra.* — v.tr. = computar
2 Atribuir un valor aproximado a una cosa: *calculo que el precio del piso es de siete millones.*
3 Pensar sobre las ventajas e inconvenientes de una cosa en beneficio propio: *se pasa el día calculando el modo de conseguir sus propósitos.*
4 Pensar o creer algo sin tener suficientes datos: *calculo que llegará esta tarde.*

cálculo (Del lat. *calculus,* guijarro, piedras usadas para enseñar a contar.)
1 Cómputo, cuenta que se hace por medio de operaciones matemáticas: *cálculo aritmético.* — s.m. MATEMÁTICAS
2 Acción de pensar por anticipado los resultados deuna cosa: *ya está haciendo cálculos para la fiesta.*
3 Acumulación de sustancias sólidas que se forma en la vejiga, los riñones y la vesícula biliar. — MEDICINA
4 Litiasis, enfermedad del aparato urinario y de las vías besiculares. — s.m.pl./MEDICINA = mal de piedra
5 **cálculo infinitesimal:** Rama del análisis constituida por el cálculo diferencial y el cálculo integral, fundamentada en el estudio de los infinitamente pequeños y de los límites. — MATEMÁTICAS

calda
1 Acción y resultado de caldear. — s.f.
2 Introducción de una cantidad de combustible en los hornos de fundición para provocar un aumento de temperatura. — METALURGIA
3 Baños termales. — s.f.pl./= termas

caldario (Del lat. *caldarium.*) Sala de las casas en la antigua Roma donde se tomaban los baños de agua caliente y vapor. — s.m. HISTORIA

caldear (Derivado del ant. *caldo,* caliente < lat. *calidus.*)
1 Poner una cosa o un lugar moderadamente caliente: *la habitación se caldeó porque había mucha gente.* — v.tr/prnl. = calentar
2 Causar excitación a una persona o a un grupo de ellas: *el ambiente se caldeó bastante en la fiesta.* — = entusiasmar
3 Poner el hierro al rojo para trabajarlo o soldarlo. — METALURGIA

caldeo
1 Acción y resultado de caldear o calentar: *en el caldeo de la habitación se nos irá todo el presupuesto.* — s.m. = caldeamiento
2 Operación que consiste en producir, por combustión, el calor necesario para una calefacción industrial o doméstica. — TECNOLOGÍA

caldeo, a
1 De Caldea, antigua región de Mesopotamia. — adj./HISTORIA
2 Persona originaria de esta antigua región. — s./HISTORIA

caldera (Del lat. *caldaria* < *calidus,* caliente.)
1 Recipiente de metal, grande y redondo, usado para hervir, cocer o calentar alguna cosa: *cocieron el pulpo en una caldera de cobre.* — s.f.
2 Generador de vapor empleado para la producción de energía y la calefacción. — TECNOLOGÍA
3 Cantidad de una cosa que cabe en un recipiente: *menuda caldera de garbanzos has hecho.* — = calderada
4 Pava, tetera o vasija para hacer el mate. — Argent.
5 Depresión de grandes dimensiones originada por una erupción volcánica muy intensa. — GEOGRAFÍA
6 Parte mas baja de un pozo minero, donde se acumula el agua. — MINERÍA
7 **calderas de Pedro Botero:** El infierno, lugar donde van a parar las almas. — coloquial

calderada
1 Cantidad de una cosa que cabe en una caldera. — s.f.
2 Cantidad exagerada de alguna cosa, especialmente de comida: *se tomaron una calderada de frutas.* — coloquial

calderería
1 Oficio del calderero: *toda la familia, desde tres generaciones atrás, se ha dedicado a la calderería.* — s.f.
2 Conjunto de productos fabricados por el calderero.
3 Tienda, taller o barrio en que se hacen o venden calderas.
4 Sección del taller de metalurgia en que se cortan, forjan, entraman y unen piezas metálicas. — METALURGIA

calderero, a
1 Persona que hace o vende objetos de calderería. — s.
2 Persona que cuida de una caldera.

caldereta
1 Guiso hecho con pescado. — s.f./COCINA
2 Guiso de cordero o cabrito, que hacen los pastores. — COCINA
3 Recipiente para el agua bendita. — = calderilla
4 Caldera que suministra vapor en las operaciones de carga y descarga de los barcos. — NÁUTICA

calderilla
1 Conjunto de monedas de escaso valor: *pagó con calderilla el billete del autobús.* — s.f.
2 Caldera pequeña para llevar el agua bendita. — = caldereta
3 Arbusto de flores amarillas y verdosas y bayas rojas carnosas. (*Ribes alpinum.*) — BOTÁNICA

caldero (Del lat. *caldarium.*)
1 Recipiente pequeño de fondo casi esférico: *colocó el caldero sobre las trébedes.* — s.m.
2 Cantidad de alimento o líquido que cabe en este recipiente. — = calderada

calderón
1 Mamífero cetáceo de gran tamaño y cabeza voluminosa, que habita los mares septentrionales. (*Globicephala.*) — s.m. ZOOLOGÍA
3 Signo que representa la suspensión del compás y esta misma interrupción. — MÚSICA

calderoniano, a De Calderón de la Barca o de su obra: *la producción calderoniana.* — adj. LITERATURA

caldibache Caldo insípido y de mal aspecto. — s.m./=calducho

caldillo
1 Salsa de algunos guisos. — s.m./COCINA
2 Salsa que se prepara con tomate, cebolla y especias usada para bañar o sazonar todo tipo de carnes o verduras. — Méx. COCINA

caldo (Del lat. *calidus,* caliente.)
1 Alimento líquido que se obtiene al hervir en agua carnes, verduras o pescado: *añadió a la paella el caldo de las verduras.* — s.m. COCINA
2 Aliño de la ensalada. — COCINA
3 Jugo extraído de algunos frutos, en especial el vino: *degustamos los caldos del país.* — COCINA
4 Jugo de la caña de azúcar, guarapo. — Méx. Chile
5 Disolución concentrada y caliente de nitratos.
6 **caldo de cultivo:** 1. Líquido artificial preparado para contener bacterias. 2. Ambiente en que se dan las circunstancias necesarias para que se produzca algo: *la miseria es el caldo de cultivo de la rebelión.* — BIOLOGÍA coloquial
7 **hacer el caldo gordo a alguien:** Favorecerle, obrar en su provecho: *con estas críticas, hacen el caldo gordo a la oposición.* — coloquial
8 **poner a alguien a caldo:** Hablar mal de él o regañarlo: *le puso a caldo delante de sus amigos.* — coloquial

caldoso, a Que tiene caldo: *el potaje le gusta caldoso; no dejes caldosa la paella, seca es mejor.* — adj.

calducho
1 Caldo insípido, de mal gusto. — s.m./= caldibache
2 Día de asueto, vacación corta. — Chile

cale (Derivado de *calar.*) Golpe ligero dado con la mano: *le dio un cale en el hombro de saludo.* — s.m.

calé (Del gitano *caló,* negro, oscuro.) Persona que pertenece a la etnia gitana. — s.m.f. = gitano

calefacción (Del lat. *calefactio, -onis* < *calefacere,* calentar.)
1 Sistema y conjunto de aparatos que sirven para calentar un edificio o parte de él: *han cambiado la calefacción del edificio para ahorrar energía.* — s.f. TECNOLOGÍA
2 Fenómeno por el cual una gota de agua sobre un soporte caliente queda sostenida por el vapor que emite. — FÍSICA
3 **calefacción central:** La procedente de un solo foco que calienta todo un edificio. — TECNOLOGÍA

calefactor, a
1 Que calienta. — adj/s.
2 Aparato pequeño que emite aire caliente. — s.m./TECNOLOGÍA
3 Persona que construye, instala o repara aparatos de calefacción. — s.

calefón Aparato con una serpentina por la que circula y se calienta el agua de uso doméstico. — s.m./ Argent. TECNOLOGÍA

caleidoscopio (Del gr. *kallos,* bello + *eidos,* imagen + *scopeo,* mirar.) Caleidoscopio, instrumento óptico. — s.m. ÓPTICA

calenda (Del lat. *calendae.*)
1 Relación de los nombres y los hechos en el martiriologio romano de los santos, así como de las fiestas correspondientes a cada día. — s.f. RELIGIÓN
2 Primer día de cada mes, en el antiguo cómputo romano. — s.f.pl. HISTORIA
3 **las calendas griegas:** Tiempo que no ha de llegar.

calendario (Del lat. *calendarium.*)
1 Sistema de cómputo del tiempo. — s.m.
2 Registro o catálogo que comprende todos los días del año, distribuidos por meses, y en el que se incluyen, a veces, datos astronómicos, festividades y otras informaciones: *la empresa mandó imprimir unos bonitos* — = almanaque

calendarios de pared y sobremesa para regalarlos a los clientes.

3 Programación de las actividades o tareas que se han de realizar, atendiendo al tiempo: *les costó ponerse de acuerdo en el calendario de sesiones.*

4 calendario de flora: Tabla en la que aparece una clasificación de plantas atendiendo a su época de floración. — BOTÁNICA

5 calendario escolar: El que ha sido fijado por las autoridades académicas para regular las fiestas y días lectivos en la enseñanza.

6 calendario gregoriano o reformado: El que hizo coincidir la duración del año civil con la del año trópico y se divide en 12 meses de 30 o 31 días, excepto el segundo, febrero, que tiene 28 y 29 si el año es bisiesto.

calendarista Persona que compone calendarios. — s.m.f.

caléndula (Del bajo lat. *calendula.*) Planta herbácea o vivaz, de hojas alternas y capítulos terminales solitarios o en cimas. *(Calendula.)* — s.f. BOTÁNICA

calentador, a
1 Que calienta. — adj.
2 Aparato que se usa para calentar el agua: *hemos puesto un calentador eléctrico.* — s.m. TECNOLOGÍA
3 Medias de lana para las piernas que evitan el enfriamiento de los músculos. — s.m.pl.

calentamiento
1 Aumento de la temperatura. — s.m.
2 Conjunto de ejercicios que realizan los deportistas para calentar y desentumecer los músculos: *durante el calentamiento previo al partido sufrió un tirón.* — DEPORTES
3 Enfermedad que padecen las caballerías en las ranillas y el pulmón. — VETERINARIA

calentar
1 Hacer que un cuerpo aumente su temperatura: *se ha calentado demasiado el motor del coche.* — v.tr/prnl. conj: **pensar**
2 Excitar, hacer que una cosa sea más intensa: *sus burlones comentarios calentaron al público.*
3 Despertar el apetito sexual de una persona. — coloquial
4 Golpear a una persona: *cuatro gamberros le calentaron; se calentaron por culpa de ella.* — coloquial
5 Realizar ejercicios para desentumecer los músculos antes de practicar un deporte. — v.tr/intr/prnl.
6 Despedir calor un cuerpo o objeto: *la estufa de carbón no calienta mucho.* — v.intr.
7 Perder una o más personas la tranquilidad en una disputa: *se calentó porque no escuchó sus argumentos.* — v.prnl.

calentón Calentamiento rápido e intenso. — s.m./coloquial

calentorro, a Se aplica a la persona sexualmente ardiente. — adj/s. coloquial

calentura
1 Elevación de la temperatura corporal, acompañada de una aceleración del pulso: *llegó a casa con calentura.* — s.f. = fiebre
2 Excitación sexual. — Argent/vulgar
3 Entusiasmo, deseo vehemente. — Argent.
4 Descomposición del tabaco por fermentación. — Cuba
5 Rabieta, irritación. — Colomb.
6 Tisis, enfermedad. — Chile/MEDICINA
7 Pústula que aparece en los labios, normalmente tras un período de fiebre. — MEDICINA

calenturiento, a
1 Que tiene fiebre. — adj/s.
2 Que es muy ardiente sexualmente: *tiene una mente calenturienta.* — adj.
3 Que padece tisis. — Chile/MEDICINA

caleño, a Que contiene o produce cal. — adj/.= calizo

calera (Derivado de *cal.*)
1 Cantera de piedra caliza. — s.f./MINERÍA
2 Horno para calcinar la piedra caliza. — MINERÍA

calesa (Del fr. *calèche* < alem. *kalesche* < checo *kolesa,* carruaje.) Coche de dos ruedas, tirado por una caballería, con la caja abierta por delante y capota en la parte de atrás. — s.f.

calesero, a Persona que por oficio conduce calesas. — s.

calesín Coche ligero de cuatro ruedas y dos asientos, tirado por una sola caballería. — s.m.

calesita Tiovivo, carrusel. — s.f./Amér. Merid.

caleta Gremio de cargadores de mercancías en los puertos de mar. — s.f./Venez. NÁUTICA

caletre (Derivado del lat. *character,* carácter, índole.) Talento o capacidad para hacer algo. — s.m./coloquial = cacumen

calibrado Acción y resultado de calibrar: *en esta fase se realiza el calibrado de las piezas.* — s.m. = calibración

calibrador, a
1 Que sirve para calibrar. — adj/s.m.
2 Se aplica a la persona que mide la importancia de las cosas. — adj/s.

calibrar
1 Medir el diámetro interior o el grosor de las armas de fuego, proyectiles o de otros tubos. — v.tr.

2 Dar el grosor o diámetro que se desea al alambre, al proyectil o al cañón del arma.
3 Estudiar detalladamente la trascendencia o la importancia de una cosa: *no calibró bien las consecuencias de sus palabras.* — = medir
4 Apreciar las cualidades de una persona o de una cosa: *calibró acertadamente al candidato.*

calibre (Del fr. *calibre.*)
1 Diámetro interior del cañón de las armas de fuego o de objetos huecos. — s.m.
2 Diámetro de un proyectil o de un alambre.
3 Importancia de una cosa material o inmaterial: *sufren dificultades de gran calibre.* — = tamaño

calicanto Mampostería, construcción hecha con piedras sin labrar. — s.m. CONSTRUCCIÓN

calicata Exploración de un terreno para averiguar qué tipo de minerales contiene o si hay agua en el subsuelo. — s.f. GEOLOGÍA

caliche
1 Cascarilla de cal que se desprende del enlucido de las paredes: *al apoyarse en el muro se le blanqueó la camiseta con el caliche.* — s.m.
2 Piedrecilla que se ha quedado por descuido en el barro y que se calcina al cocerlo.
3 Señal que presentan las frutas, producida por un golpe: *vende a mitad de precio las peras con caliches.* — = maca
4 Nitrato de sosa. — Amér. Merid.

calichera Yacimiento de nitrato de sosa. — s.m./Amér. Merid.

caliciforme Que tiene forma de cáliz. — adj./BOTÁNICA

calicó (Del fr. *calicot* < *Calicut,* ciudad de la India.) Tela delgada de algodón. — s.m. TEXTIL

calículo Conjunto de apéndices estipulares de los sépalos que rodea el cáliz de algunas flores. — s.m./BOTÁNICA tb: caliculillo

calidad (Del lat. *qualitas.*)
1 Conjunto de características y propiedades de una persona o cosa que permiten definirla, calificarla y compararla con otras de su especie: *la calidad de esta tela es superior a cualquier otra.* — s.f.
2 Hecho de ser algo excelente o superior en su línea o género: *es una tela de gran calidad.* — = categoría
3 Nobleza de linaje o situación de distinción y consideración social: *es gente de calidad.* — = prestigio
4 Circunstancias y condiciones de una persona, como su estado, su naturaleza y su edad, que se requieren para un cargo y dignidad.
5 Importancia o gravedad de una cosa.
6 Rasgos morales positivos y sobresalientes en una persona: *cacareaba sus calidades ante los amigos.* — s.f.pl. = prendas
7 a calidad de que: Con la condición de que. — loc.conj.
8 en calidad de: Con el carácter, cargo o función que se especifica: *te digo esto no en calidad de jefe sino de amigo.* — loc.prep.

calidez
1 Calor, cualidad de cálido o afectuoso: *me sedujo por la calidez de su trato.* — s.f. pl: calideces
2 Temperatura corporal elevada. — MEDICINA

cálido, a (Del lat. *calidus.*)
1 Que es caliente o que da calor. — adj.
2 Que muestra afecto: *nos recibieron con una cálida acogida.* — = caluroso
3 Se aplica al colorido que muestra predominio del rojizo o del dorado. — ARTE

calidoscópico, a Del calidoscopio: *en el vídeo se alternan paisajes alpinos con imágenes calidoscópicas.* — adj. tb: caleidoscópica

calidoscopio (Del gr. *kallos,* bello + *eidos,* imagen + *skopeo,* mirar.) Instrumento compuesto por un tubo con tres espejos dispuestos en ángulo, de modo que multiplican simétricamente la imagen de los objetos colocados entre ellos. — s.m. ÓPTICA tb: caleidoscopio

calientacamas Recipiente que contiene agua caliente u otro material y se usa para calentar la cama. — s.m. pl: calientacamas

calientapiés Utensilio pequeño eléctrico o no, usado para calentar los pies. — s.m. pl: calientapiés

calientaplatos Aparato que mantiene calientes los platos ya cocinados. — s.m. pl: calientaplatos

caliente (Del lat. *calens.*)
1 Que tiene o proporciona calor: *me apetece un café caliente; esta manta es muy caliente.* — adj.
2 Que está enfadado o en tensión: *la conversación se fue poniendo caliente.* — coloquial
3 Que siente un fuerte deseo sexual. — coloquial
4 Se aplica al color en el que predominan los tonos dorados o rojizos.
5 Se refiere a la persona valiente y atrevida. — Colomb.
6 ¡caliente!: Exclamación que se utiliza para indicar que se está cerca de acertar o buscar o tratar de adivinar algo. — interj.
7 en caliente: Inmediatamente, sin dejar que pase tiempo para hacer o decir lo que se piensa: *no tomes decisiones en caliente.* — loc.adv.

califa (Del ár. *jalifa,* sucesor de Mahoma.) Jefe supremo del islam. — s.m. HISTORIA

califato
1 Dignidad de califa. — s.m.
2 Tiempo que duraba el gobierno de los califas y período histórico en el que gobernaba una misma dinastía de éstos. — HISTORIA
3 Territorio que gobernaba un califa. — HISTORIA

calificación
1 Acción y resultado de calificar. — s.f.
2 Puntuación obtenida en un examen, prueba deportiva, concurso: *en este semestre ha obtenido muy buenas calificaciones.* — = nota

calificado, a
1 Se aplica a la persona que tiene autoridad y prestigio: *es uno de los científicos más calificados de Europa.* — adj. tb: cualificado
2 Que tiene todos los requisitos necesarios: *la obra no está suficientemente calificada para ganar el premio.*
3 Se refiere al trabajador que está especializado.

calificar (Del bajo lat. *qualificare.*)
1 Determinar o expresar las cualidades o aptitudes de una persona o una cosa: *calificó a sus compañeros con total sinceridad.* — v.tr. conj: sacar tb: cualificar
2 Determinar la calificación de un examen o ejercicio: *el tribunal calificó las pruebas de selectividad.*
3 Dar prestigio o buena fama a una persona o una cosa: *sus últimas palabras calificaron su discurso.* — = ennoblecer
4 Mostrar una persona su nobleza, su condición o sus cualidades: *varias veces le requirió que se calificase.* — v.prnl.

calificativo, a
1 Que califica. — adj.
2 Se aplica al adjetivo que acompaña al nombre para expresar una propiedad atribuible a él. — adj/s.m. GRAMÁTICA

californiano, a
1 De California, región de América del Norte. — adj./= californiano
2 Persona natural de esta región. — s.

californio (De *California,* en cuya universidad fue descubierto.) Elemento radiactivo obtenido artificialmente al bombardear el curio con partículas alfa. — s.m. QUÍMICA

cáliga (Del lat. *caliga.*) Sandalia que usaban los soldados romanos. — s.f. HISTORIA

calígine (Derivado del lat. *caligineus,* oscuro.)
1 Niebla, oscuridad. — s.f./culto
2 Bochorno, calor sofocante. — culto

caligrafía (Del gr. *kallos,* bello + *gráphe,* escritura.)
1 Arte de escribir a mano con letra correctamente formada: *su caligrafía es muestra de su educación.* — s.f. tb: calografía
2 Conjunto de rasgos que caracterizan la escritura a mano de una persona, de un documento, de una época o de un país: *su caligrafía es muy infantil.* — = letra

caligrafiar Escribir con letra clara y bien formada. — v.tr./conj: vaciar

caligráfico, a Que tiene relación con la caligrafía: *ejercicios caligráficos.* — adj.

calígrafo, a (Del gr. *kalligraphos.*)
1 Persona que escribe a mano con buena letra. — s./= pendolista
2 Experto en caligrafía.

caligrama Composición poética en la que se expresa el tema o algún aspecto del contenido por la disposición tipográfica o realizando dibujos con las palabras: *los caligramas se hicieron muy populares durante las vanguardias.* — s.m. POESÍA

calima (Del lat. *caligo,* tinieblas, niebla.) Calina, niebla. — s.f.

calimba Hierro para marcar a los animales. — s.f./Amér.

calimbo Calidad, índole o clase. — s.m.

calimocho Bebida preparada con vino tinto y refresco de cola. — s.m.

calimoso, a Calinoso, con niebla. — adj.

calimote Corcho central de los tres que se ponen en la boca de la bolsa o saco para pescar. — s.m. PESCA

calina (Del lat. *caligo,* tinieblas, niebla.) Niebla ligera: *la calina se mantuvo pegada al valle.* — s.f.

calinda Baile que simula una lucha y se considera inmoral y licencioso. — s.f. Cuba

calinoso, a Que está cargado de calina. — adj./tb: calimoso

calípedes Perezoso, mamífero. — s.m./pl: calípedes

caliqueño Coito, relación sexual. — s.m/vulgar

calistenia (Del gr. *kallisthenes,* vigoroso.) Conjunto de ejercicios gimnásticos para el desarrollo de la fuerza y de la coordinación musculares. — s.f. DEPORTES

calitipia Técnica para sacar pruebas fotográficas empleando un papel semitransparente tratado con yoduro de plata. — s.f. FOTOGRAFÍA tb: calotipia

cáliz
I (Del lat. *calix,* copa.)
1 Copa para consagrar el vino en la misa católica: *la norma exige que el cáliz sea de metal precioso.* — s.m/pl: cálices = vaso litúrgico

2 Copa o vaso.
II (Del lat. *calyx* < gr. *kalyx.*) Parte de las flores que forma su cubierta más externa y el receptáculo de su base, generalmente verde y de la misma naturaleza de las hojas. — literario s.m. pl: cálices BOTÁNICA

caliza (Derivado de *cal.*) Roca sedimentaria, de textura compacta, formada de carbonato de cal. — s.f. GEOLOGÍA

calizo, a Se aplica al terreno o a la piedra que contiene cal: *relieve calizo.* — adj. GEOLOGÍA

calla Palo puntiagudo usado para sacar plantas con las raíces y para abrir hoyos para sembrar. — s.f. Amér.

callada
1 Silencio o resultado de callarse. — s.f.
2 Cese de la fuerza del viento o del oleaje. — NÁUTICA
3 **a las calladas o de calladas:** Sin ruido, en secreto: *a las calladas fue acumulando su aversión hacia él.* — loc.adv.
4 **dar uno la callada por respuesta:** No querer contestar: *le pregunté por sus planes de futuro y me dio la callada por respuesta.*

callado, a
1 Que habla poco o es reservado: *no te contará lo que le ocurre porque es muy callado.* — adj.
2 Que·está en silencio: *permanecía callado.*

callampa (Voz quechua.)
1 Seta, hongo. — s.f./Chile
2 Barraca, vivienda construida con materiales de poca calidad o de desecho. — Chile
3 Sombrero de fieltro. — Chile

callana (Voz quechua.)
1 Vasija tosca que usan los indios para tostar cereales. — s.f./Amér. Merid. tb: cayana
2 Reloj grande de bolsillo. — Chile
3 Tiesto, maceta. — Perú

callao (Del gallego-portugués *calhau.*) Piedra de río, guijarro. — s.m.

callar (Del lat. *callare,* bajar < gr. *kalao,* soltar.)
1 Permanecer una persona en silencio: *Juan se calló durante un buen rato.* — v.intr/prnl. ≠ hablar
2 Dejar de hablar una persona: *se calló de buenas a primeras sin dar muestras de enfado.*
3 Dejar de emitir una cosa, persona o animal un sonido: *con la tormenta, las aves se callaron.*
4 No expresar lo que se siente o sabe: *el reportero calló los detalles más truculentos del escándalo.* — v.tr/prnl.

calle (Del lat. *callis,* senda, camino.)
1 Vía pública, espacio entre dos filas de casas o fincas por el que transitan personas y vehículos: *las calles de la zona residencial son perpendiculares a la avenida.* — s.f.
2 Conjunto de vías públicas de una población.
3 Conjunto de ciudadanos que no ocupan puestos sociales o políticos relevantes considerados en su totalidad: *es importante la opinión de la calle.*
4 Serie de casillas en diagonal en el juego de damas, y en diagonal y en paralelo en el del ajedrez. — JUEGOS
5 Zona o pista de atletismo o de una piscina en que cada participante debe mantenerse a lo largo de la carrera: *la favorita corre en la calle tres.* — DEPORTES
6 Línea de espacios que de modo casual aparece en una composición tipográfica y la afea. — ARTES GRÁFICAS
7 **abrir calle:** Hacer o hacerse camino entre la gente para pasar: *iba delante para abrir calle.* — coloquial
8 **dejar a alguien en la calle:** Quitarle sus propiedades o su empleo: *la crisis del sector dejó en la calle a muchos pequeños empresarios.* — coloquial
9 **echar a alguien a la calle, ponerlo en la calle o de patitas en la calle:** Echarlo de casa o de su empleo: *lo puso en la calle porque no lograban entenderse.* — coloquial
10 **por la calle de en medio:** Actuar con decisión y resolución. — coloquial
11 **echarse a la calle:** Concentrarse un grupo numeroso de gente en protesta por algo: *los estudiantes se echaron a la calle por la reforma del sistema de acceso a la universidad.* — coloquial
12 **hacer la calle:** Ejercer la prostitución. — coloquial
13 **llevar o llevarse a alguien de calle:** 1. Ser superior a él, dominarle. 2. Despertar en él simpatía, admiración u odio: *lleva a las chicas de calle y las enamora a todas.* — coloquial
14 **quedarse en la calle:** Perder las propiedades o el empleo: *se quedó en la calle por su mala cabeza.* — coloquial
15 **traer o llevar a alguien por la calle de la amargura:** Ocasionarle disgustos: *sus hijos la traen por la calle de la amargura.* — coloquial

callear Cortar los sarmientos de las vides para facilitar la vendimia. — v.tr. AGRICULTURA

calleja Calle estrecha y corta. — s.f./= callejuela

callejear Estar una persona por la calle paseando o sin un propósito concreto. — v.intr.

callejero, a
1 Que es propio u ocurre en la calle: *lenguaje callejero.* — adj.

2 Que vive o frecuenta las calles: *he recogido a un perro callejero.*
3 Lista de calles de una ciudad. — s.m.
4 Registro o lista de los domicilios de los suscriptores que usan los repartidores de periódicos u otras publicaciones.

callejón
1 Calle o paso muy estrecho: *el callejón es tan estrecho que el camión de recogida de basuras no pasa por él.* — s.m.
2 Espacio entre la barrera y la contrabarrera de la plaza de toros. — TAUROMAQUIA
3 callejón sin salida: 1. El que está cerrado por un extremo. 2. Conflicto de solución imposible: *se encontró en una situación desesperada, en un callejón sin salida.* — coloquial

callejuela Calle estrecha y corta. — s.f./= calleja

callicida Sustancia usada para eliminar los callos. — s.m.

callista Persona que se dedica a quitar callos y curar otras dolencias de los pies. — s.m.f.

callo (Del lat. *callum*.)
1 Endurecimiento y abultamiento de la piel, principalmente en pies y manos, causados por el rozamiento continuo de ésta con algún cuerpo duro. — s.m.
2 Cicatriz de una fractura ósea: *el callo de la clavícula le abulta mucho.*
3 Persona muy fea: *su vecino es un callo.* — coloquial
4 Guiso hecho con estómago de la vaca, ternera o cordero troceado. — s.m.pl. COCINA
5 dar el callo Trabajar duramente. — coloquial

callosidad Dureza parecida al callo, pero menos profunda y más extensa que éste. — s.f.

calloso, a
1 Que tiene callos o durezas: *tiene las manos callosas de levantar pesas en el gimnasio.* — adj.
2 Que está relacionado con los callos o durezas: *formación callosa.*

calma (Del gr. *kauma*, quemadura.)
1 Estado de la atmósfera o del mar cuando no hay viento u oleaje. — s.f.
2 Tranquilidad, paz: *por fin llegó la calma al vecindario.*
3 Interrupción temporal de una actividad: *estamos en un período de calma.*
4 Lentitud en el modo de actuar o de hablar. — = pachorra
5 Modo de comportarse de la persona que actúa, en cualquier circunstancia, sin apresurarse y sin nervios. — = serenidad
6 Actitud del que trabaja lo menos posible. — coloquial
7 calma chicha: Ausencia absoluta de viento, en especial en el mar.
8 en calma: En quietud y tranquilidad, en especial cuando se trata del mar que no tiene olas: *después de la tempestad el océano está en calma.* — loc.adj.

calmante
1 Que calma. — adj.
2 Se aplica al medicamento que calma el dolor o los nervios: *sin los calmantes no hubiera soportado los pinchazos del estómago.* — adj/s.m. FARMACIA = sedante

calmar
1 Tranquilizar y sosegar: *se calmó bastante con la llegada de sus padres.* — v.tr/prnl. tb: encalmar
2 Disminuir y mitigar la intensidad de un sentimiento o un dolor: *calmó su inquietud.* — = sosegar
3 Estar en calma. — v.intr/prnl.
4 Hacerse más apacible el tiempo atmosférico. — v.prnl.

calmo, a
1 Que está en reposo. — adj.
2 Se aplica al terreno o erial que no tiene árboles ni matas. — AGRICULTURA

calmoso, a
1 Que está en calma o tranquilo: *al despertar el tiempo ya estaba calmoso.* — adj.
2 Se aplica a la persona indolente o flemática: *permaneció calmosa e imperturbable a pesar de las prisas por acabarlo.* — = cachazudo

caló (Voz gitana.) Lengua o dialecto de la etnia gitana. — s.m./LINGÜÍSTICA

calo- Componente de palabra procedente del gr. *kallos*, que significa bello: *calocéfalo.* — pref.

calobiótica (Del gr. *kallos*, bello + *bios*, vida.)
1 Arte de vivir bien. — s.f.
2 Tendencia natural del ser humano a una vida ordenada y regular.

calocéfalo, a (Del gr. *kallos*, bello + *kephale*, cabeza.) Que tiene hermosa cabeza. — adj.

calología Estética, disciplina filosófica. — s.f./FILOSOFÍA

calomelanos (Del gr. *kallos*, bello + *melas*, negro.) Cloruro de mercurio que se usaba como purgante y colerético. — s.m.pl. FARMACIA = calomel

calón (Probablemente derivado de *calar*, meter la sonda en el agua.)
1 Pértiga que se usa para medir la profundidad de un río, canal o puerto. — s.m.

2 Palo redondo de aproximadamente un metro de largo que sirve para mantener extendidas las redes de pescar. — PESCA

calonche Bebida alcohólica elaborada con zumo de nogal rojo y azúcar. — s.m.

calor (Del lat. *calor*.)
1 Sensación producida por un aumento de la temperatura corporal o ambiental: *una ola de calor arrasó las comarcas del sur.* — s.m. ≠ frío
2 Afecto o interés con que se recibe o se trata a las personas: *no tiene en su familia el calor suficiente.*
3 Entusiasmo y viveza: *discutieron con calor sobre el paro.* — = ardor
4 Momento en el que una acción se encuentra en su punto más interesante o decisivo: *en el calor de la batalla, la caballería atacó.*
5 Energía que pasa de un cuerpo a otro cuando están en contacto, que hace que se equilibren sus temperaturas. — FÍSICA
6 calor específico: Cantidad de calor necesaria para elevar en un grado la temperatura de una unidad de masa. — FÍSICA = calor másico
7 ahogarse o asarse de calor: Sentirlo de manera excesiva, molestar mucho: *a mediodía nos asamos de calor.* — coloquial
8 al calor de alguien o algo: Bajo su amparo o protección, con su ayuda: *al calor de sus amigos superó la muerte de su madre.* — loc.adv. coloquial
9 entrar en calor: Comenzar a sentirlo el que tenía frío: *con sólo una copita entré en calor.* — coloquial

caloría
1 Unidad de medida térmica que equivale al calor necesario para elevar un grado centígrado la temperatura de un gramo de agua, bajo la presión atmosférica normal. — s.f. FÍSICA
2 Unidad de medida del valor energético de los alimentos: *las verduras no tienen muchas calorías.* — BIOQUÍMICA

calórico, a
1 Del calor o las calorías: *aporte calórico.* — adj.
2 Fluido hipotético al que se atribuía la capacidad de propagar el calor.

calorífero, a (Del lat. *calor*, calor + *ferre*, llevar.)
1 Que conduce o propaga el calor. — adj.
2 Aparato para calentar un lugar o ambiente. — s.m.

calorífico, a (Del lat. *calorificus* < *calor*, calor + *facere*, hacer.) Del calor o que lo produce: *energía calorífica.* — adj.

calorífugo, a
1 Que no permite la transmisión del calor. — adj./= refractario
2 Se aplica al cuerpo que no se puede quemar. — ≠ combustible

calorimetría Disciplina que estudia la medición del calor y de las constantes térmicas. — s.f. FÍSICA

calorímetro Instrumento para medir el calor que suministra o recibe un cuerpo. — s.m. FÍSICA

calorina Bochorno, calor fuerte y sofocante: *no soporta las calorinas de la costa.* — s.f. coloquial

calostro (Del lat. *colostrum*.) Primera leche que da la hembra después de parir. — s.m. ZOOLOGÍA

calote Engaño, estafa. — s.m./Argent., Urug.

calotipia Calitipia, procedimiento fotográfico. — s.f./FOTOGRAFÍA

caloyo
1 Cordero o cabrito recién nacido. — s.m.
2 Quinto, soldado en período de instrucción. — MILITAR

calseco, a Que está curado o conservado con cal. — adj.

caluma Paso, garganta entre montañas. — s.f./Perú

calumbre (Del lat. *caligo*, niebla.) Moho del pan. — s.f.

calumet Pipa ceremonial usada por muchas tribus amerindias del norte de América. — s.m.

calumnia (Del lat. *calumnia*.)
1 Acusación falsa y maliciosa hecha contra una persona con la intención de deshonrarle: *no comprendía el origen de tanta calumnia.* — s.f.
2 Imputación falsa de un delito: *denunció ante la magistratura las calumnias de que fue víctima.* — DERECHO

calumniar
1 Acusar maliciosamente a una persona de algo que no es cierto. — v.tr.
2 Atribuir un delito a una persona falsamente. — DERECHO

calumnioso, a Que calumnia o desacredita: *su columna de hoy es calumniosa y arremete contra todo el estamento político.* — adj.

calungo Perro de pelo rizado y crespo. — s.m./Colomb., Venez.

caluroso, a
1 Que siente o causa calor. — adj./tb: caloroso
2 Que demuestra afecto o aprobación: *les dispensaron una calurosa acogida.* — = cálido

caluyo Baile indio zapateado. — s.m./Bol.

calva
1 Parte de la cabeza de la que se ha caído el pelo: *el sol le molestaba mucho en la calva.* — s.f.

2 Trozo de piel, felpa o tejido que ha perdido el pelo por el uso: *la vieja alfombra tiene calvas.*

3 Espacio sin vegetación en los sembrados, plantíos o arbolados: *encontraron al excursionista herido en una calva del bosque.*

4 Juego que consiste en tirar piedras al extremo superior de un madero sin tocar en tierra. — JUEGOS

5 Pieza de la armadura que cubría el cráneo. — HISTORIA

calvados Tipo de aguardiente seco, de origen francés, elaborado con sidra de manzana. — s.m. / pl: calvados

calvar
1 Engañar a una persona. — v.tr./coloquial
2 Dar con la piedra en el extremo superior del madero, en el juego de la calva. — JUEGOS

calvario (De *Calvario*, monte donde murió Jesucristo < lat. *calvarium*, lugar donde se amontonan las calaveras.)
1 Representación del camino que hizo Jesucristo con la cruz. — s.m./RELIGIÓN = vía crucis
2 Sufrimiento intenso y prolongado: *los achaques hicieron de su vejez un calvario.* — coloquial

calvatrueno
1 Calva que se extiende por toda la cabeza. — s.m./coloquial
2 Hombre alocado o poco cuerdo. — coloquial

calvero
1 Extensión de terreno desprovisto de vegetación: *instalaron el campamento en un calvero.* — s.m. = calvijar
2 Terreno con arcilla arenosa. — = gredal

calvicie Pérdida o falta de cabello: *la seborrea le produjo calvicie prematura.* — s.f. = calvez

calvinismo (De *Calvino*, teólogo protestante francés.)
1 Doctrina religiosa protestante que afirma la soberanía, gracia y trascendencia de Dios, la predestinación, el pecado original y la autoridad de los textos bíblicos, pero rechaza el resto de la tradición eclesiástica. — s.m. RELIGIÓN
2 Comunidad de los seguidores de esta doctrina. — RELIGIÓN

calvinista
1 Del calvinismo: *confesión calvinista.* — adj./RELIGIÓN
2 Que profesa esta doctrina. — adj/s.= hugonote

calvo, a (De lat. *calvus*.)
1 Que tiene poco pelo o está desprovisto de él: *ya de joven se quedó calvo, pero tuvo muy pocas canas.* — adj/s.
2 Se aplica al terreno que no tiene vegetación. — adj.

calza (De lat. vulgar *calcea* < lat. *calceus*, calzado.)
1 Cuña con que se calza una cosa para inmovilizarla. — s.f./= calce
2 Media, prenda de vestir.
3 Prenda de vestir que cubría el pie y la pierna hasta el muslo y se sujetaba con cintas a la cintura.
4 Cinta que se pone a un animal para señalarlo.

calzada (Del lat. vulgar *calciata*, camino empedrado.)
1 Zona de una carretera, entre acera y acera, por la que circulan los vehículos: *cruza la calzada por el paso de peatones.* — s.f.
2 Vía ancha y empedrada: *calzada romana.*

calzadera Hierro con que se calza la rueda de los carruajes para que sirva de freno. — s.f.

calzado, a
1 Se aplica al religioso o a la orden que usa zapatos. — adj/s./RELIGIÓN
2 Se refiere al animal que tiene las extremidades de distinto color que el cuerpo, en especial el caballo. — adj. ZOOLOGÍA
3 Se aplica al ave que tiene los tarsos cubiertos de plumas: *águila calzada.* — ZOOLOGÍA
4 Prenda hecha con un material duro y con una suela rígida que sirve para cubrir y resguardar los pies: *siempre usa calzado cómodo y flexible.* — s.m.

calzador
1 Utensilio de forma acanalada que se aplica al talón para meter con más facilidad el pie en un zapato. — s.m.
2 Palillero, portapluma. — Argent.
3 con calzador: Con dificultad, forzadamente: *le enseñó la lección con calzador.* — loc.adv. coloquial

calzar (Del lat. *calceare* < *calceus*, calzado.)
1 Cubrir y proteger los pies con algún tipo de calzado: *me calcé unos botines de piel.* — v.tr/prnl. conj: cazar
2 Poner o llevar puestos guantes o espuelas: *con parsimonia se calzó los mitones.*
3 Proporcionar calzado a una persona.
4 Poner una cuña a una herramienta o entre dos piezas para que ajusten. — v.tr.
5 Colocar una cuña bajo un muelle o una rueda para que no se mueva.
6 Tener una persona talento o inteligencia: *este chico parece que calza mucho.* — coloquial
7 calzarse a alguien: Tener una persona dominio sobre otra: *se dejaba calzar sin rechistar.* — coloquial

calzo
1 Cuña que se introduce entre dos cuerpos o en una ranura para ajustar o inmovilizar una cosa. — s.m. = calce, calza
2 Cuña que se coloca delante y detrás de la rueda de un avión posado para inmovilizarlo. — AERONÁUTICA

3 Extremidades de un caballo, sobre todo cuando éstas son de distinto color que el resto del cuerpo. — s.m.pl.

calzón
1 Prenda de vestir masculina con dos perneras que cubre desde la cintura hasta las rodillas: *el calzón del boxeador es negro.* — s.m.
2 Braga, prenda interior femenina. — Perú
3 Guiso picante de cerdo. — Bol./COCINA
4 Enfermedad de la caña de azúcar. — Méx./BOTÁNICA
5 Lazo de cuerda que se ciñen a los muslos los que trabajan en los tejados, para no caer. — CONSTRUCCIÓN
6 Tresillo, juego de cartas. — JUEGOS
7 calzarse o ponerse los calzones: Hacer alguien uso de su autoridad o asumir alguien la autoridad en un sitio, particularmente en la casa: *su familia era un caos hasta que ella se puso los calzones.* — coloquial
8 tener o llevar alguien bien puestos los calzones: Tener mucho carácter y valía. — coloquial

calzonarias
1 Bragas, prenda interior femenina. — s.f.pl./Amér. Merid.
2 Tirantes, tira con que una prenda de vestir se sujeta a los hombros. — Colomb.

calzonazos Hombre que se deja dominar, en especial por su mujer. — s.m./pl: calzonazos despectivo

calzoncillo Prenda interior con perneras de longitud variable que visten los hombres bajo el pantalón. — s.m.

calzoneras Pantalón abierto por los lados que se cierra mediante botones, usado para montar a caballo. — s.f.pl. Méx.

cam (Acrónimo del ingl. *[C]omputer [A]ided [M]anufacturing.*) Se aplica a las herramientas de software que permiten la fabricación asistida por ordenador. — adj/s. INFORMÁTICA

cama
I (Del lat. hispánico *cama*.)
1 Mueble formado por un armazón que sostiene el colchón y la ropa utilizada para abrigarse, donde las personas se acuestan para dormir o descansar. — s.f. = lecho
2 Plaza para un enfermo en un hospital o un sanatorio o para un alumno interno en un colegio: *no había camas suficientes para todos los pacientes.*
3 Montón de paja o plantas secas donde se acuestan los animales, en los establos. — = esquilmo
4 Parte de algunos frutos, como el melón, que reposa en la tierra mientras están en la mata. — AGRICULTURA
5 Capa de comida de los guisos que se extiende sobre otra para asarlas o cocerlas de este modo. — COCINA
6 Cantidad de crías que pare de una sola vez un animal. — = camada
7 Hoyo producido en la arena o el fango por el peso de una embarcación varada. — NÁUTICA
8 cama de agua: La formada por una especie de colchoneta rellena de líquido.
9 cama elástica: Lona fijada con muelles sobre la que se ejecutan figuras y piruetas saltando y rebotando. — DEPORTES
10 cama nido: Conjunto de dos camas que forman un solo mueble, en el que una se guarda debajo de la otra ahorrando espacio.
11 cama redonda: Aquella en la que diversas personas se intercambian favores sexuales.
12 cama turca: La que no tiene cabecera, parecida a un diván sin brazos.
13 caer en cama: Ponerse enfermo: *cayó en cama en cuanto volvió del trópico.*
14 guardar cama: Estar en ella por enfermedad: *el médico le ordenó guardar cama.*
15 hacerle a alguien la cama: Trabajar en secreto para perjudicarle.
16 irse a la cama: 1. Acostarse, irse a dormir. 2. Acostarse, tener relaciones sexuales.
17 meterse alguien a la cama: 1. Acostarse para dormir. 2. Acostarse por no encontrarse bien.
II (Del celta *cambos*, curvo.)
1 Cada una de las palancas del freno a cuyos extremos interiores van sujetas las riendas. — s.f. EQUITACIÓN
2 Pieza curva del arado en la que encajan el dental y la reja por la parte inferior delantera, la esteva por la trasera y el timón por su otro extremo. — AGRICULTURA = degolladura, garganta
3 Pieza curva de la rueda de un carro. — = pina

camachuelo Ave de pico grueso, torso gris, cabeza y alas negras y vientre rojo, que vive en bosques y jardines. — s.m. ZOOLOGÍA

camada
1 Conjunto de animales procedentes del mismo parto: *la perra tuvo una camada de ocho cachorros.* — s.f. = cama
2 Conjunto de cosas alineadas u ordenadas de tal forma que permiten colocar otras sobre ellas.
3 Cuadrilla de ladrones. — coloquial
4 Piso hecho con maderos en la galería de una mina. — MINERÍA

camafeo Figura tallada en relieve en una piedra preciosa dura. — s.m.

camagua Se aplica al maíz que empieza a madurar y al tardío que madura una vez seca la planta. — adj./Méx., Amér. Central

camal (Probablemente derivado del lat. *camus*, bozal.)
1 Cabezón con que se ata una caballería. — s.m./EQUITACIÓN
2 Palo grueso del que cuelga el cerdo muerto por las patas traseras.

camaleón (Del lat. *chamaeleon* < gr. *khamaileon* < *khamai*, a ras de tierra + *leon*, león.)
1 Pequeño reptil arborícola de los países cálidos, de ojos saltones con movimiento independiente y color verde que varía según la tonalidad del medio y se alimenta de insectos que captura con su larga lengua pegajosa. (*Chamaeleo.*) — s.m. ZOOLOGÍA
2 Persona que cambia fácilmente de ideas o parecer en función de su conveniencia e interés. — coloquial
3 **camaleón mineral:** Permanganato potásico que se emplea como antiséptico. — QUÍMICA

camaleónico, a
1 Que cambia de ideas o parecer con facilidad. — adj.
2 Que se acomoda con facilidad a diferentes situaciones: *es una persona camaleónica.* — = acomodaticio

camalero Matarife, persona que descuartiza reses. — s.m./*Perú*

camalote
1 Planta acuática de tallo hueco, hojas redondeadas y flores azules, que crece en los ríos del sur de América. (*Pontederia y Eichhornia.*) — s.m. BOTÁNICA
2 Conjunto de estas plantas que se enredan con otras especies y forman islas flotantes. — BOTÁNICA

camama Embuste, burla. — s.f./vulgar

camamila (Del lat. *chamaemelum* < gr. *khamaimelon.*) Manzanilla, planta herbácea. — s.f. BOTÁNICA

camanchaca Niebla espesa y baja que va de la costa hacia el interior. — s.f. *Chile, Perú*

camándula
1 Engaño hecho con disimulo, fingiendo buena intención: *con camándulas le sacó todo el dinero.* — s.f./coloquial = marrullería
2 Rosario de uno o tres dieces. — RELIGIÓN

camandulear Engañar, engatusar. — v.intr./coloquial

camandulería Gazmoñería, falsa modestia. — s.f./coloquial

camandulero, a Se aplica a la persona que es hipócrita y astuta. — adj/s. coloquial

cámara (Del lat. vulgar *camara* < gr. *kamara*, bóveda.)
1 Aparato usado para hacer fotografías: *le requisaron la cámara en el aeropuerto.* — s.f. FOTOGRAFÍA
2 Tomavistas de cine o de televisión. — AUDIOVISUALES
3 Persona que maneja este aparato de filmación: *sustituyeron al cámara.* — s.m.f. AUDIOVISUALES
4 Pieza principal de una casa o aquella que pueda adquirir esta importancia: *cámara nupcial; cámara real.*
5 Asamblea legislativa o consultiva: *cámara baja.* — POLÍTICA
6 Organismo corporativo que representa los intereses de determinados grupos económicos: *cámara agrícola.*
7 Planta alta de las casas de labranza donde se guardaba el grano y los aperos. — AGRICULTURA
8 Lugar donde está la carga en las armas de fuego.
9 Anillo tubular de goma de los neumáticos, provisto de una válvula para inyectar aire a presión: *el clavo perforó la cámara.*
10 Globo o vejiga interna de un balón.
11 Departamento de un barco destinado a los mandos del mismo o al servicio común de los pasajeros. — NÁUTICA = camarote
12 Cada una de las dos partes en que está dividido el ojo por el cristalino. — ANATOMÍA
13 Diarrea, deposiciones semilíquidas y frecuentes. — s.f.pl.
14 **cámara alta:** Senado, asamblea parlamentaria. — POLÍTICA
15 **cámara baja:** Congreso de los diputados. — POLÍTICA
16 **cámara clara o lúcida:** Aparato que permite proyectar la imagen óptica sobre una pantalla para poder dibujarla. — ÓPTICA
17 **cámara de aire:** Espacio hueco que se deja en el interior de las paredes para que sirva de aislamiento. — ARQUITECTURA
18 **cámara de apelaciones:** Tribunal colegiado de segunda o última instancia. — *Argent.* DERECHO
19 **cámara de compensación:** Entidad a través de la cual los organismos, sociedades y compañías financieras compensan las cuentas acreedoras o deudoras que puede haber entre ellas. — ECONOMÍA
20 **cámara de gas:** Recinto cerrado destinado a producir la muerte de las personas inyectando gases tóxicos.
21 **cámara lenta:** Rodaje acelerado de una película para que produzca un efecto de lentitud al proyectarse las imágenes a cadencia normal. — AUDIOVISUALES CINE
22 **cámara oculta:** Filmación de imágenes sin que las personas que intervienen en ellas lo sepan. — AUDIOVISUALES
23 **cámara oscura:** Aparato usado en cine y fotografía en que se reproducen en el fondo de una caja oscura los objetos exteriores. — CINE, FOTOGRAFÍA
24 **cámara subjetiva:** Filmación desde el punto de vista que no es el principal. — CINE
25 **de cámara: 1.** Se refiere al empleado o sirviente que ejerce sus funciones en el palacio real: *médico de* — loc.adj.

cámara. **2.** Se refiere a la obra musical compuesta para un número reducido de instrumentos, que actúan como solistas. — loc.adj. MÚSICA
26 **chupar cámara:** Acaparar la atención en detrimento de otras personas, en fotografía y en televisión. — coloquial

camarada
1 Persona que mantiene una relación de amistad y compañerismo con otras. — s.m.f.
2 Persona que tiene las mismas ideas que otra, en partidos políticos y sindicatos: *arengó a sus camaradas.* — = correligionario

camaradería Compañerismo, relación amistosa. — s.f.

camaranchón Desván en la zona superior de una casa donde se guardan las cosas desechadas. — s.m./despectivo = caramanchón

camarera Mueble provisto de ruedas y bandejas en el que se llevan los objetos y alimentos para servir la mesa. — s.f.

camarero, a
1 Persona encargada de servir las consumiciones en un restaurante o un bar. — s.
2 Persona que se encarga del arreglo de las habitaciones de un hotel o de los camarotes de un buque.

camareta
1 Cámara de las embarcaciones pequeñas. — s.f./NÁUTICA
2 Local, en los buques de guerra, que sirve de alojamiento a los guardias marinas. — NÁUTICA

camarilla Conjunto de personas de confianza que influyen en los asuntos de estado o en un personaje que tiene poder. — s.f. = conciliábulo

camarín
1 Tocador, cuarto para el peinado y aseo. — s.m.
2 Capilla detrás del altar en que se venera alguna imagen: *desapareció el cirio del camarín.* — ARQUITECTURA
3 Cuarto donde se guardan las ropas y alhajas de una imagen sagrada. — RELIGIÓN
4 Habitación donde los actores se arreglan para salir a escena. — TEATRO = camerino
5 Habitación retirada que sirve de despacho.
6 Cuarto donde se guardaban objetos delicados y de valor: *al camarín se accede por una puerta falsa.*

camarista Miembro de la cámara de apelaciones. — s.m./*Argent.*

camarlengo (Del cat. *camarleng* < germ. *kamarling*, camarero.) Título honorífico de los cardenales de la corte pontificia. — s.m. RELIGIÓN

camarón (Del lat. *cammarus* < gr. *kammaros.*) Crustáceo decápodo marino, pequeño, de cuerpo alargado y transparente y comestible. — s.m. ZOOLOGÍA th: cámara

camarote (Derivado de *cámara.*) Dormitorio de un barco: *se coló en la zona de los camarotes de la tripulación.* — s.m. NÁUTICA

camarotero, a Camarero que trabaja en los barcos. — s./*Amér.*

camarroya Achicoria silvestre, planta. — s.f./BOTÁNICA

camasquince Persona que se entremete en las cosas y las conversaciones de los demás. — s. pl: camasquince

camastro Cama pobre y desarreglada: *dormía en un camastro alejado de la estufa.* — s.m. despectivo

camastrón, a Persona que es astuta y actúa con disimulo o hipocresía para actuar según le convenga. — adj/s. coloquial

camba
1 Cama, palanca del freno. — s.f./EQUITACIÓN
2 Nesgas o piezas de tela que se ponía a las capas para redondearlas. — s.f.pl. = camas

cambado, a
1 Que tiene las piernas patizambas. — adj./*Amér.* Venez.
2 Que está combado.

cambalachar Intercambiar objetos de poco valor: *los cambalachaban en el rastro.* — v.tr. th: cambalachear

cambalache
1 Trueque de objetos de poco valor. — s.m./coloquial
2 Tienda de compraventa de objetos usados. — *Argent., Urug.*

cambaluz Representación teatral, parecida al entremés: *asistieron a los tres cambaluces.* — s.m./pl: cambaluces TEATRO

cámbaro Diversas especies de crustáceos braquiuros marinos con fuertes pinzas en el primer par de patas. — s.m./ZOOLOGÍA = cangrejo de mar

cambera Red pequeña para pescar cámbaros y otros crustáceos marinos. — s.f. PESCA

cambiable Que cambia o se puede cambiar: *la compra que hiciste es cambiable por un vale.* — adj.

cambiada
1 Cambio del paso de una caballería. — s.f./EQUITACIÓN
2 Cambio de rumbo o de la posición del aparejo. — NÁUTICA

cambiador Guardaagujas, trabajador del ferrocarril. — s.m./*Chile*

cambiante
1 Que experimenta cambios: *humor cambiante; clima cambiante.* — adj.
2 Persona que se dedica al cambio de moneda. — s.m.f./= cambista

cambiar (Del bajo lat. *cambiare*.)
1 Reemplazar una cosa por otra: *se cambió de nombre al llegar al país*. v.tr/prnl.
2 Modificar una cosa: *hemos cambiado el reglamento*. v.tr.
3 Dar una cosa recibiendo otra. = trocar
4 Dar un tipo de moneda y recibir su equivalente en otra: *cambiar dólares por marcos*.
5 Dar una cosa comprada al vendedor y recibir otra del mismo valor: *le cambió los zapatos por otros iguales, de un número mayor*.
6 Dirigirse dos personas un saludo, palabras o una mirada la una o la otra: *cambiarse insultos*. = intercambiar
7 Ponerse una persona o una cosa de manera distinta a como estaba: *su aspecto ha cambiado con los años*. v.intr/prnl.
8 Tomar el viento otra dirección. = transformar
9 Hacer que un vehículo pase de una marcha o una velocidad a otra. v.intr. MECÁNICA
10 Tomar una embarcación un rumbo distinto. NÁUTICA
11 Quitarse una persona una ropa y ponerse otra distinta: *se cambia de vestido continuamente*. v.prnl./+ de = mudarse
12 Irse de una vivienda a otra: *se ha cambiado de casa*. + de/= mudarse
cambiario, a Que tiene relación con el negocio o la letra de cambio. adj. COMERCIO
cambiavía Guardaagujas, trabajador del ferrocarril. s.m./Amér.
cambiazo Cambio realizado de manera fraudulenta. s.m./despectivo
cambija Depósito de agua elevado, desde donde se reparte el agua a las cañerías. s.f.
cambín Especie de cesta hecha de juncos semejante a un sombrero redondo, que se usa para pescar. s.m. PESCA
cambio
1 Acción y resultado de cambiar. s.m.
2 Cantidad de dinero que está en moneda fraccionaria: *no tengo cambio para el autobús*.
3 Vuelta de una compra cuando se ha entregado en pago una cantidad superior al precio de aquélla: *se fue sin recoger el cambio de los cigarrillos*.
4 Contrato por el que se entrega una cosa a cambio de recibir otra. DERECHO = permuta
5 Cotización de los valores mercantiles: *ha bajado el cambio de las acciones de petróleo*. ECONOMÍA
6 Valor relativo de las monedas de dos países. ECONOMÍA
7 Cantidad de dinero abonado sobre el valor de una letra de cambio. ECONOMÍA
8 Mecanismo para dirigir los vagones, locomotoras y trenes por las vías que se desea.
9 Sistema de engranajes que permite ajustar la velocidad de un vehículo a las revoluciones del motor. MECÁNICA
10 **cambio a la par**: Situación del cambio entre monedas de distintos países cuando las que tienen el mismo valor representativo, con respecto al oro, se consideran como equivalentes. ECONOMÍA
11 **a cambio o en cambio de**: En vez de, por ello: *yo le pago una cantidad a cambio de la comida*. loc.prep.
12 **a la primera de cambio**: De buenas a primeras, sin preámbulos o preparación: *debes tener cuidado porque a la primera de cambio nos delata*. loc.adv.
13 **en cambio**: En sentido adversativo, sirve para expresar contraste o diferencia: *yo le hago regalos cada semana y en cambio ella nunca me regala nada*. loc.conj.
cambista
1 Del cambio: *sociedad cambista*. adj.
2 Persona que por oficio cambia moneda. s.m.f./ECONOMÍA
cámbium Tejido que existe entre el líber y el leño de los vegetales, encargado del crecimiento en espesor del tallo de las plantas vivaces. s.m. pl: cámbiums BOTÁNICA
camboyano, a
1 De Camboya, país del sureste asiático. adj.
2 Persona natural de este país. s.
cambray (De B. *Cambray*, tejedor francés.) Tela de batista, blanca y de algodón, clara y muy fina, usada en lencería. s.m./pl: cambrayes TEXTIL = cambresina
cambrayón Tela menos fina que el cambray. s.m./TEXTIL
cámbrico, a
1 Se aplica al período geológico que es el más antiguo de la era primaria o paleozoica. adj/s.m./GEOLOGÍA = cambriano
2 Que pertenece a este período geológico de la era primaria. adj./GEOLOGÍA = cambriano
cambrillón (Del fr. *cambrillon* < lat. *camurus*, curvo.) Suela de relleno que los zapateros ponen entre la exterior y la plantilla del calzado para armarlo. s.m.
cambrón (Del lat. *crabro*, abejorro.)
1 Planta muy espinosa, de hojas alternas y flores pequeñas. *(Catha europea.)* s.m. BOTÁNICA
2 Cambronera, planta arbórea. BOTÁNICA
3 Espino cerval, arbusto. BOTÁNICA
4 Zarza, arbusto rosáceo. BOTÁNICA
5 Espina santa, arbusto. s.m.pl./BOTÁNICA
cambronera Planta arbórea de uno a tres metros de altura, con ramas espinosas, hojas lanceoladas, flores rojas o rosadas, y fruto en baya elíptica roja. s.f. BOTÁNICA = cambrón
cambrún Tela de lona. s.m./Colomb.

cambucho
1 Recipiente para papeles inservibles. s.m./Chile
2 Canasto de ropa sucia. Chile
3 Envoltura de paja que se pone a las botellas para que no se rompan. Chile
4 Tugurio, habitación o local en condiciones desagradables. Chile
5 Cometa pequeña con la que juegan los niños. Chile
cambuj (Del ár. *kanbus*, velo con que se cubren el rostro las mujeres.)
1 Objeto de cartón, tela u otro material con el que una persona se cubre la cara. s.m./pl: cambujes = antifaz
2 Gorro que se ponía a los niños para mantenerles derecha la cabeza.
cambujo, a
1 Se aplica al caballo que tiene el pelo negro con viso rojo. adj. = morcillo
2 Se aplica a la persona muy morena, especialmente el mestizo de negro. adj/s./Méx., Amér. Central
cambullón
1 Enredo, trampa. s.m./Amér. Merid.
2 Cambalache, compra y venta de objetos usados. Colomb.
cambur Planta monocotiledónea de las regiones tropicales y cálidas, cultivada principalmente en Venezuela, de fruto parecido al plátano. s.m. BOTÁNICA
cambuto, a Se aplica a la persona o cosa que es pequeña y rechoncha. adj. Perú
camedrio (Del gr. *khamaidryos*, encina enana.) Planta de tallos duros y vellosos, con hojas verde oscuro pequeñas y flores color púrpura. s.m. BOTÁNICA = carrasquilla
camedrita Vino elaborado con infusión de camedrio. s.f.
camelar (Del gitano *camelar*, querer < sánscrito, *kamara*, deseo.)
1 Intentar enamorar a una persona. v.tr/coloquial
2 Engañar a una persona adulándole o aparentando cualidades que realmente no se tienen: *intentó camelarlos para que le dejasen ir de vacaciones al norte*. coloquial
camelia (De *Kamel*, botánico austríaco.)
1 Arbusto originario de Japón y China, de hojas perennes de un verde muy intenso y flores blancas, rojas o rosadas que no despiden olor. *(Camellia.)* s.f. BOTÁNICA
2 Flor de este arbusto. BOTÁNICA
camélido, a Perteneciente a una familia de rumiantes de las regiones áridas, sin cuernos, con caninos superiores y cascos muy anchos, como el camello y la llama. adj/s.m. ZOOLOGÍA
camelista Persona embaucadora que aparenta conocimientos o virtudes que no posee. s.m.f. coloquial
camella
1 Hembra del camello. s.f.
2 Camellón, lomo de tierra entre dos surcos. AGRICULTURA
3 Artesa donde comen y beben los animales.
camellero, a Persona que cuida o conduce camellos. s.
camello (Del lat. *camelus* < gr. *kamelos*.)
1 Mamífero rumiante artiodáctilo, de gran altura, con patas largas y dos gibas dorsales que acumulan reservas de agua, típico de zonas desérticas. s.f. ZOOLOGÍA
2 Traficante de droga en pequeñas cantidades: *la policía perseguía a los peces gordos y no a los camellos*. s.m. argot
3 Mecanismo flotante que sirve para suspender un buque, disminuyendo su calado. NÁUTICA
4 **camello pardal**: Jirafa, rumiante de cuello largo de las sabanas africanas. ZOOLOGÍA
camellón
1 Artesa cuadrada y grande usada para abrevar el ganado vacuno. s.m.
2 Acera en medio de una avenida, generalmente adornada con árboles y plantas. Méx.
camelo (Derivado de *camelar*.)
1 Cosa que aparenta algo bueno que no es: *ese reloj es un camelo*. s.m. = engaño
2 Engaño que simula o finge una verdad: *no hagas caso de sus halagos, son auténticos camelos*.
3 Noticia falsa.
4 Conjunto de los actos y expresiones con que se quiere enamorar a una persona. = galanteo
camelote (Del fr. ant. *camelot* < *chamel* camello.) Tela fuerte e impermeable que se hacía con pelo de camello, de cabra o de lana. s.m. TEXTIL = camelotina
camelotón Tela basta parecida al camelote. s.m./TEXTIL
camembert (Voz francesa.) Queso, originario de Normandía, elaborado con leche de vaca, de sabor suave y pasta blanda. s.m.
camena (Del lat. *camena*.) Denominación que se da a las musas en la mitología romana. s.f. MITOLOGÍA
camerá Conejo silvestre de pelo áspero. s.f./Colomb.
cameralismo Predominio de la asamblea sobre el poder ejecutivo en la gestión política de un estado. s.m. POLÍTICA

cameraman (Voz inglesa.) Cámara, operador de cine o televisión: *el cameraman siguió el movimiento de los actores por el plató.* — s.m.f. / pl.tb: cameramen / CINE

camerino Habitación donde los artistas se visten y preparan para la representación: *las flores de sus admiradores invadieron el camerino.* — s.m.

camero, a
1 Se aplica a la cama que tiene un tamaño intermedio entre la cama individual y la de matrimonio. — adj.
2 De la cama de este tamaño.
3 Persona que hace camas. — s.

camerunés, a
1 De Camerún, país de África ecuatorial. — adj.
2 Persona natural de este país. — s.

camica Declive del techo. — s.f./Chile

camicace (Del japonés *kamikaze*, tempestad providencial.)
1 Avión suicida empleado por los japoneses contra barcos norteamericanos en la segunda guerra mundial: *el camicace fue abatido por el misil.* — s.m./HISTORIA, MILITAR / tb: kamikaze
2 Piloto de este avión. — MILITAR
3 Persona o acción temeraria: *conduce como un camicace.* — coloquial

camilla
1 Cama portátil para transportar enfermos y heridos. — s.f.
2 Mesa con una tarima cercana al suelo, en la que se puede encajar un brasero. — = mesa camilla

camillero, a Persona que lleva la camilla con enfermos o heridos. — s.

camilo, a Que es miembro de la orden religiosa fundada por san Camilo de Lelis. — adj./s. / RELIGIÓN

camilucho, a Se aplica al indio que trabaja como jornalero. — adj. / Amér.

caminante Que camina: *los caminantes encontraron un albergue donde descansar.* — adj./s.m.f. / = viandante

caminar
1 Ir andando de un lugar a otro: *es saludable caminar por la playa.* — v.intr/tr. / = andar, marchar
2 Seguir una cosa su curso: *el río camina lentamente hacia el océano.*
3 Obrar de una manera que lleve a un fin: *con estas malas inversiones caminamos a la bancarrota.*
4 Recorrer a pie una distancia.

caminata Recorrido largo hecho a pie: *al final de la caminata se dio cuenta de que había perdido los prismáticos.* — s.f.

caminí Variedad muy estimada de la hierba mate, usada para hacer infusiones. — s.m./Argent., Par., Urug.

camino (Del lat. vulgar *camminus*.)
1 Terreno compactado o preparado para transitar: *no recordaba que el camino fuera tan empinado.* — s.m.
2 Ruta, trayecto de un lugar a otro: *conozco el camino al trabajo de memoria.*
3 Trayectoria de un astro o de otro objeto.
4 Viaje, jornada: *el camino que nos espera es largo.*
5 Medio para conseguir una cosa: *siguió el camino de conseguir la fama.*
6 Conducta o tipo de vida: *vas por mal camino.*
7 **camino de cabras:** Camino de montaña estrecho y muy accidentado: *para llegar al refugio tuvimos que seguir un camino de cabras.*
8 **camino de herradura:** Camino por el que sólo pueden transitar caballerías.
9 **camino de hierro:** Ferrocarril, vía férrea.
10 **camino derecho o directo:** Procedimiento más rápido y acertado para hacer algo: *éste es un camino directo para conseguir beneficios a corto plazo.*
11 **camino real:** Antigua vía de comunicación importante, construida a expensas del estado.
12 **camino trillado:** Expresión que indica que el procedimiento para lograr alguna cosa es fácil o usual: *su pintura sigue caminos trillados.* — coloquial
13 **camino vecinal:** Camino construido y conservado por un municipio, que suele ser más estrecho que las carreteras.
14 **abrir camino:** Iniciar o inventar alguna cosa: *con su trabajo ha abierto camino a la investigación.* — coloquial
15 **abrirse o hacerse camino:** Encontrar un medio de vida conveniente: *salió del reformatorio y logró abrirse camino.*
16 **de camino:** De paso hacia otro lugar: *pasaré a comprar el pan porque me viene de camino.* — loc.adv.
17 **ir por o llevar buen o mal camino:** 1. Observar o no una conducta recta. 2. Hacer algo bien o equivocarse.
18 **llevar camino de:** Actuar una persona o desarrollarse una cosa de modo que pueda predecirse lo que va a pasar.
19 **ponerse en camino:** Emprender viaje: *nos pondremos en camino al salir el sol.*
20 **quedarse a mitad de camino:** No acabar lo que se está haciendo o diciendo.

camión (Del fr. *camion*.)
1 Vehículo automóvil de gran capacidad y potencia, con cuatro o más ruedas, en el que se separan los espacios destinados a su conducción y a su carga. — s.m.
2 Autobús, vehículo de gran tamaño destinado al transporte de personas. — Méx., Venez.

camionaje
1 Servicio de transporte de mercancías en camiones. — s.m.
2 Precio que se paga por el servicio de transporte de mercancías en camiones.

camionero, a Persona que tiene como empleo conducir camiones. — s.

camioneta (Del fr. *camionette*, diminutivo de *camion*.) Vehículo automóvil menor que el camión, destinado al transporte de mercancías. — s.f.

camisa (Del bajo lat. *camisia*.)
1 Prenda de vestir de tela que cubre el torso y tiene una abertura por donde se abrocha: *se quitó la americana y se desabrochó un poco la camisa.* — s.f.
2 Revestimiento en forma de capa o película que cubre el interior o el exterior de una cosa. — MECÁNICA
3 Revestimiento interior de una máquina o pieza mecánica. — MECÁNICA
4 Funda reticular e incombustible con que se cubren ciertos aparatos de iluminación para aumentar su fuerza luminosa.
5 Carpeta de un documento.
6 Membrana fina que cubre algunos frutos y legumbres, como la almendra, el guisante o el trigo. — BOTÁNICA
7 Piel que dejan los reptiles en las épocas de muda: *camisa de serpiente.* — ZOOLOGÍA
8 Funda de papel que protege un libro y lleva impreso el título. — ARTES GRÁFICAS
9 Tela que se pone encima del muletón o pañete en el rodillo de imprimir. — ARTES GRÁFICAS
10 **camisa azul:** Miembro del partido falangista español. — POLÍTICA
11 **camisa de fuerza:** Prenda de tela fuerte, semejante a una camisa abierta por detrás y con mangas cerradas, usada para inmovilizar a personas que presentan síntomas de locura violenta.
12 **camisa negra:** Miembro del partido fascista italiano. — POLÍTICA
13 **camisa parda:** Miembro del partido nazi alemán. — POLÍTICA
14 **cambiar de camisa:** Cambiar de ideas o de partido: *por cambiar de camisa no merece credibilidad.* — coloquial
15 **dejar a alguien sin camisa:** Arruinarlo, dejarlo sin bienes o sin dinero: *el negocio la dejó sin camisa.* — coloquial
16 **jugarse alguien hasta la camisa:** Tener una desmesurada afición al juego. — coloquial
17 **meterse en camisa de once varas:** Inmiscuirse en lo que no le incumbe: *procuró no meterse en camisa de once varas.* — coloquial
18 **no llegarle a alguien la camisa al cuerpo:** Estar lleno de inquietud y temor. — coloquial
19 **quedarse en o perder hasta la camisa:** Arruinarse una persona en el juego o con un negocio ruinoso: *perdió hasta la camisa apostando en la ruleta.* — coloquial
20 **vender o perder hasta la camisa:** Quedarse sin nada de lo que se tenía. — coloquial

camisería
1 Tienda donde se venden camisas. — s.f./COMERCIO
2 Taller donde se fabrican estas prendas.

camisero, a
1 De la camisa: *vestía una chaqueta con cuello camisero.* — adj.
2 Persona que hace o vende camisas — s.

camiseta
1 Prenda de vestir sin cuello, que cubre el torso y que generalmente es de algodón. — s.f.
2 Camisa corta generalmente de algodón y con mangas anchas: *lleva una camiseta fabricada con material ecológico.*
3 Camisón blanco, sin mangas y ceñido, que usan algunos indios. — Bol.
4 **sudar la camiseta:** Poner gran empeño un jugador durante el partido: *el delantero sudó la camiseta.* — DEPORTES

camisola (Del cat. *camisola*.)
1 Camisa masculina fina. — s.f.
2 Camiseta deportiva propia de un club. — DEPORTES
3 Camisa masculina que se ponía sobre la interior y solía estar guarnecida de encajes en la abertura del pecho y en los puños.

camisolín Camisola reducida al cuello, la pechera y los puños. — s.m.

camisón
1 Prenda de vestir usada para dormir: *abrió la puerta a la policía en camisón.* — s.m.
2 Vestido que usan las mujeres, con la excepción de seda negra. — Colomb., Chile, Venez.
3 Blusa, prenda de vestir femenina. — Antillas, C. Rica

camisote Cota de malla con mangas largas. — s.m./HISTORIA

camita
1 Que desciende de Cam, segundo hijo de Noé. *adj/s.m.f.*
2 Que pertenece al pueblo bíblico de Cam.

camítico, a De los camitas. *adj./= camita*

camitosemítico, a Se aplica a una familia de lenguas que incluye a las camitas y a las semíticas. *adj. LINGÜÍSTICA*

camoati
1 Denominación común a varias especies de himenópteros que forman enjambres y producen una miel oscura y áspera. *s.m./Argent., Par., Urug. ZOOLOGÍA*
2 Nido de estos insectos, que pende de los árboles. *Argent., Par., Urug.*

camocán (Del ár. *kamja*.) Brocado que se usaba durante la edad media y hasta el siglo XVIII. *s.m. HISTORIA*

camomila (Del gr. *khamaimelon*, manzano enano.) Manzanilla, planta e infusión. *s.f./BOTÁNICA tb: camamila*

camón
I (Del hispanolatino *cama*.) Mirador, balcón acristalado y cubierto. *s.m.*
II (Del celta *cambos*, curvo.)
1 Pieza curva que, junto a otras, compone los dos cercos de una rueda hidráulica. *s.m.*
2 Armazón de cañas o listones para formar las bóvedas encamonadas o fingidas. *CONSTRUCCIÓN*
3 Maderos gruesos de encina con que se forraban las pinas de las ruedas de una carreta. *s.m.pl.*

camorra Riña o discusión violenta: *anda siempre metido en camorras y pendencias.* *s.f./coloquial*

camorrear Reñir, armar camorra. *v.tr./Argent., Urug.*

camorrista Que gusta de armar camorra: *entraron en el bar unos camorristas con ganas de pelea.* *adj./s.m.f./coloquial = camorrero*

camote (Del náhuatl *kamotli*.)
1 Batata, tubérculo carnoso y comestible de color amarillo, morado o blanco, con el que se preparan dulces. *s.m. Amér. BIOLOGÍA*
2 Amante, querida. *Amér.*
3 Enamoramiento, flechazo. *Amér.*
4 Mentira, bola. *Chile*
5 Lío, desorden o dificultad. *Chile*

camotear Andar de aquí para allá, sin encontrar lo que se busca. *v.intr. Méx.*

camotero, a Se aplica a la persona que vende camotes o batatas. *adj./s. Méx.*

campa Se aplica a la tierra que carece de árboles y por lo común sólo sirve para la siembra de cereales. *adj. AGRICULTURA*

cámpago Calzado que usaban los patricios en las épocas romana y bizantina. *s.m. HISTORIA*

campal
1 Del campo: *ambiente campal.* *adj.*
2 Se aplica a la batalla que se desarrolla en campo abierto: *enfrentamiento campal.* *MILITAR*
3 De gran intensidad: *intercambio campal de insultos.* *coloquial*

campamento
1 Acción de acampar o acamparse. *s.m.*
2 Sitio donde se instalan tiendas de campaña para pasar la noche: *hicieron guardia alrededor del campamento.*
3 Conjunto de gente instalada al aire libre y de manera provisional en tiendas de campaña, en casas o en otros habitáculos: *trabajó varios meses como médico en un campamento de refugiados.*
4 Sitio donde, de forma eventual, se establece un ejército: *las noticias del frente llegaron al campamento.* *MILITAR*
5 Tropa acampada. *MILITAR DEPORTES*
6 **campamento base:** Campamento que sirve a los alpinistas como punto de partida de los sucesivos intentos de escalada a una cumbre: *el campamento base se estableció a cuatro mil metros.*

campana (Del bajo lat. *campana < Campania*, región de Italia de donde procedía el mejor bronce.)
1 Instrumento de percusión formado por un cono invertido de metal o barro, que suena al ser golpeado con un badajo. *s.f. MÚSICA*
2 Cualquier objeto o parte de un objeto con forma de campana: *el humo sube por la campana de la chimenea.*
3 Iglesia o parroquia y el territorio que está bajo su jurisdicción. *RELIGIÓN*
4 **campana de buzo o de inmersión:** Aparato usado por los buzos para descender bajo el agua y poder respirar artificialmente.
5 **campana de salvamento:** Aparato con aire a presión usado en los submarinos para el salvamento de la tripulación. *TECNOLOGÍA*
6 **campana extractora:** Aparato compuesto por un tubo aspirador y una pieza en forma de campana que sirve para extraer los humos de las cocinas, hornos y otros lugares.
7 **campana neumática:** La de vidrio que permite hacer el vacío en el interior. *FÍSICA*
8 **doblar las campanas:** Tocar a muerto: *oyó a lo lejos cómo doblaban las campanas por su madre.* *FÍSICA*

9 **echar las campanas al vuelo:** Alegrarse mucho por alguna causa: *al saber lo de su ascenso echó las campanas al vuelo.* *coloquial*
10 **oír campanas y no saber dónde:** Entender mal una cosa o tergiversar una noticia. *coloquial*

campanada
1 Toque de una campana: *ya se oía el toque de las últimas campanadas.* *s.f.*
2 Acción o suceso inesperado que provoca sorpresa, novedad o escándalo: *el candidato local dio la campanada en las elecciones.*

campanario Torre de una iglesia donde están colocadas las campanas: *el campanario dominaba todo el pueblo.* *s.m. ARQUITECTURA*

campanear
1 Tocar las campanas insistentemente. *v.intr.*
2 Dar a un proyectil un giro anormal durante su trayectoria.
3 Hacer pública una noticia secreta o poco conocida.
4 Oscilar, balancear o contonear. *v.intr/prnl.*

campanela (Del ital. *campanella*.)
1 Paso de danza que consiste en dar un salto, describiendo al mismo tiempo un círculo con uno de los pies. *s.f.*
2 Sonido de una cuerda de guitarra que se toca en vacío, en medio de un acorde hecho a bastante distancia del puente del instrumento. *MÚSICA*

campaneo
1 Toque reiterado de campanas. *s.m.*
2 Giro anormal de un proyectil en su trayectoria.
3 Contoneo, movimiento oscilatorio: *pasó la tarde observando el campaneo de los modelos.*

campanero, a
1 Persona que toca las campanas. *s.*
2 Persona que se dedica a vaciar y fundir campanas.

campaniforme Que tiene forma de campana: *la petunia es una flor campaniforme.* *adj.*

campanil Torre de una iglesia donde están colocadas las campanas. *s.m./ARQUITECTURA = campanario*

campanilla
1 Campana pequeña que se usa para llamar la atención en una reunión, como timbre en las casas o para otros fines: *agitó la campanilla y apareció el mayordomo.* *s.f.*
2 Glóbulo de aire u otro gas formado en la masa de un líquido. *= burbuja*
3 Lóbulo carnoso que pende de la parte posterior del velo del paladar. *ANATOMÍA = úvula*
4 Flor con forma acampanada. *BOTÁNICA*
5 **de o de muchas campanillas:** De mucho lujo o importancia: *una fiesta de muchas campanillas.* *loc.adj. coloquial*

campanillear Tocar una persona la campanilla reiteradamente. *v.intr.*

campanilleo Sonido frecuente o continuado de la campanilla o de un instrumento similar. *s.m. = tintineo*

campanillero, a
1 Persona que toca la campanilla. *s.*
2 Cante flamenco, típico de Navidad. *s.m./MÚSICA*

campano Cencerro, campana usada para el ganado. *s.m.*

campanología Arte de tocar piezas musicales haciendo sonar campanas o vasos de cristal de diferentes características sonoras. *s.f. MÚSICA*

campanólogo, a Persona que interpreta piezas musicales haciendo sonar campanas o vasos de cristal. *s. MÚSICA*

campante
1 Satisfecho, despreocupado aun existiendo motivos para no estarlo: *llevaba un vestido ridículo pero iba tan campante.* *adj. coloquial*
2 Que campa o sobresale entre otras personas o cosas.

campanudo, a
1 Que tiene forma de campana: *falda campanuda.* *adj./= acampanado*
2 Que es sonoro, retumbante y grandilocuente: *en sus obras usa un estilo campanudo.* *despectivo*

campánula Planta con corola en forma de campana. *s.f./BOTÁNICA*

campanuláceo, a Perteneciente a la familia de plantas angiospermas dicotiledóneas, herbáceas, de hojas alternas u opuestas, flores regulares acampanadas y fruto en cápsula. *adj/s. BOTÁNICA*

campaña (Del ital. *campagna < del bajo lat. campania*, llanura.)
1 Campo llano, sin montes. *s.f.*
2 Conjunto de actos, medidas y esfuerzos que se ponen en práctica para conseguir un fin: *hoy empieza la campaña contra el cáncer.*
3 Ejercicio industrial o mercantil de un determinado período de tiempo: *los grandes almacenes tienen ropa de la campaña de primavera verano.*
4 Expedición militar: *la campaña de Rusia terminó en desastre.* *MILITAR*

5 Tiempo que pasan los ejércitos fuera de los cuarteles luchando contra sus enemigos. *MILITAR*

6 Duración de determinado servicio militar. *MILITAR*

7 Período de operaciones de un buque o de una escuadra desde que sale del puerto hasta que vuelve a él o comienza otra operación. *MILITAR*

8 Pieza de honor, en forma de faja, que ocupa todo el ancho de la parte inferior del escudo y la cuarta parte de su altura. *HERÁLDICA*

9 estar o hallarse en campaña: Estar en operaciones de guerra: *la tropa está en campaña.* *MILITAR*

10 salir o marchar o ir a la campaña: Ir a la guerra. *MILITAR*

campañista Pastor que cuida el ganado en las fincas con campaña. *s.m. Chile*

campañol Ratón campestre. *s.m./ZOOLOGÍA*

campar Tener una persona o una cosa una cualidad en grado superior a la de las demás. *v.intr. = sobresalir*

campeador, a Que se distinguía en el campo de batalla por su valor y sus acciones heroicas: *el Cid Campeador.* *adj/s. MILITAR*

campear

1 Salir los animales a pastar. *v.intr.*

2 Empezar a verdear lo que se ha sembrado: *ya campeaban las mieses en los sembrados.* *AGRICULTURA*

3 Sobresalir o mostrarse una persona, una cosa o una de sus características: *su sensatez sólo campea en situaciones extremas.*

4 Recorrer el campo para cuidar o vigilar el ganado. *Amér.*

5 Salir al campo en busca de una persona o una cosa. *Amér. Merid.*

6 Salir el ejército a combatir en campo raso. *MILITAR*

7 Hacer un reconocimiento del terreno para localizar al enemigo. *MILITAR*

campechana

1 Bebida consistente en la mezcla de diferentes licores. *s.f. Méx., Cuba*

2 Mezcla de diversos mariscos servidos como cóctel. *Méx./COCINA*

3 Enrejado de tablas que llevan algunas embarcaciones menores en la parte exterior de la popa. *NÁUTICA*

campechanía Actitud franca, cordial y poco ceremoniosa: *su campechanía facilitó su estancia.* *s.f.*

campechano, a

1 Que se comporta con llaneza y cordialidad: *es muy campechano hablando.* *adj. ≠ ceremonioso*

2 Que tiene buen humor. *= alegre*

3 Que es generoso. *≠tacaño*

campeche Vino de mala calidad. *s.m./Perú*

campeón, a (Del ital. *campione* < lat. *campus*, del Campo de Marte.)

1 Persona que vence en una competición o en un juego: *es el campeón de ajedrez del colegio.* *s.*

2 Persona que defiende esforzadamente una causa o doctrina: *los campeones de la ciencia moderna.* *= paladín*

3 Héroe guerrero. *s.m./MILITAR*

4 Hombre que, en los desafíos antiguos, hacía campo y entraba en batalla. *HISTORIA, MILITAR*

campeonato

1 Competición en que se disputa el título de campeón: *mañana se inaugura el campeonato europeo.* *s.m.*

2 Primacía en una competición deportiva. *DEPORTES*

3 de campeonato: Muy grande o importante: *llevaba una borrachera de campeonato.* *loc.adj. coloquial*

campera Chaqueta de abrigo, cazadora: *se olvidó la campera y los documentos en el tren.* *s.f./Argent., Chile, Urug.*

campero, a

1 Del campo o terreno fuera del poblado. *adj.*

2 Se aplica al ganado que duerme en el campo y no se recoge a cubierto.

3 Se refiere a la persona con conocimientos del campo y de las labores del mismo.

4 Se aplica a la planta que tiene las hojas o tallos tendidos por el suelo u horizontalmente en el aire. *BOTÁNICA*

5 Se refiere al animal muy adiestrado en el paro de ríos y caminos peligrosos. *adj. Amér.*

6 Se aplica a la persona muy práctica en el campo y a las operaciones y usos particulares de las estancias. *Argent., Par., Urug.*

campesinado

1 Clase social que forman los campesinos: *el campesinado se alzó contra la nobleza.* *s.m. SOCIOLOGÍA*

2 Conjunto de los campesinos.

campesino, a

1 Del campo: *sociedad campesina.* *adj.*

2 Persona que vive y trabaja en el campo. *s./= labrador*

campestre

1 Que tiene lugar en el campo: *celebramos una fiesta campestre.* *adj.*

2 Del campo: *la escena se desarrolla en un ambiente campestre.*

campilógrafo Instrumento que se utiliza para trazar líneas curvas. *s.m.*

campimetría Conjunto de métodos que exploran o estudian la extensión del campo visual. *s.f. ÓPTICA*

cámping (Voz inglesa.)

1 Terreno acotado en el que se ofrecen instalaciones que facilitan la acampada. *s.m. pl: cámpings = acampada*

2 Excursión en la que se pernocta en tiendas de campaña al aire libre: *hoy nos vamos de cámping.*

campiña (Del lat. *campin* < mozárabe *kanbaniya.*) Extensión grande de tierra llana dedicada al cultivo agrícola: *con el parapente sobrevoló la campiña.* *s.f.*

campirano, a

1 Que es patán o rústico. *adj./C. Rica*

2 Se refiere a la persona que vive y trabaja en el campo. *adj/s./Méx.*

3 Entendido en las faenas del campo o relacionado con él. *Méx. AGRICULTURA*

4 Diestro en el manejo del caballo y en domar o sujetar otros animales. *Méx.*

campista Persona que hace una acampada o va de camping: *el incendio afectó a varios campistas.* *s.m.f. = acampador*

campizal Terreno cubierto de césped a trechos. *s.m.*

campo (Del lat. *campus*, llanura, terreno extenso.)

1 Terreno extenso fuera de una población. *s.m. AGRICULTURA*

2 Tierra laborable: *las faenas del campo son muy duras.*

3 Terreno descubierto, llano y sin montes ni sierras.

4 Conjunto de sembrados, árboles y cultivos.

5 Terreno de juego, localidades e instalaciones anejas, donde se practican o contemplan ciertos deportes, como el fútbol: *las medidas reglamentarias del campo.* *DEPORTES*

6 Mitad del terreno de juego que, en ciertos deportes, como el fútbol, corresponde defender a cada uno de los dos equipos. *DEPORTES*

7 Término, terreno contiguo a una población.

8 Terreno reservado para ciertos ejercicios: *los soldados están en el campo de instrucción.*

9 Ámbito real o imaginario propio de una actividad: *trabaja en el campo de las finanzas.*

10 Monte apto para la ganadería y no para la agricultura. *Argent.*

11 Espacio que abarca el objetivo de un instrumento óptico: *el telescopio no tiene mucho campo.* *ÓPTICA*

12 Espacio·en que resulta activa una fuerza determinada: *el imán atrae los cuerpos que están en su campo magnético.* *FÍSICA*

13 Parte lisa o de un solo color en telas, tablas o papeles que tienen labores o dibujos.

14 Fondo de un grabado o pintura. *ARTE*

15 Superficie total e interior del escudo, donde se dibujan las particiones y figuras. *HERÁLDICA*

16 Terreno o comarca ocupados por un ejército durante las operaciones de guerra. *MILITAR*

17 campo de agramante: Lugar en que hay mucha confusión: *el parlamento se convirtió en un campo de agramante.* *coloquial*

18 campo de batalla: 1. Sitio donde combaten dos ejércitos: *el reportero llegó hasta el campo de batalla.* 2. Lugar en el que se desarrolla una determinada actividad. *MILITAR coloquial*

19 campo de concentración: Recinto cercado para reclusos, especialmente presos políticos y prisioneros de guerra. *MILITAR*

20 campo de tiro: Terreno acondicionado para prácticas de tiro. *MILITAR*

21 campo raso: Campo llano y sin árboles ni casas: *galopó por el campo raso.*

22 campo santo: Cementerio, lugar donde se entierran los cadáveres. *tb: camposanto*

23 campo semántico: Conjunto de palabras relacionadas entre sí por hacer referencia a un mismo tipo de realidades o ideas: *camisa, pantalón y guante son palabras que pertenecen a un mismo campo semántico.* *LINGÜÍSTICA*

24 campo vectorial: Región del espacio en cada uno de cuyos puntos existe un vector. *MATEMÁTICAS*

25 campo visual: Espacio que abarca la vista estando el ojo inmóvil o el que se ve con un anteojo o telescopio.

26 medio campo: En los terrenos de juego, la zona central comprendida en sus dos bandas. *DEPORTES*

27 a campo raso: Al descubierto, a la inclemencia: *esta noche hemos dormido a campo raso.* *loc.adv.*

28 a campo traviesa: Dejando el camino y cruzando el campo: *corrió a campo traviesa para tratar de alcanzarlos.* *loc.adv.*

29 batir el campo: Explorarlo para reconocerlo. *MILITAR*

30 dejar el campo abierto o libre: Retirarse de algún empeño en que hay competidores: *nos dejó el campo abierto para que hiciésemos lo más conveniente.* *coloquial*

31 levantar el campo: 1. Retirarse un ejército de la zona de combate. 2. Desistir o ceder en una lucha o discusión. *MILITAR coloquial*

camposanto Cementerio, lugar donde se entierran los cadáveres. *s.m. tb: campo santo*

campus Zona en que están los edificios de las facultades y otras dependencias e instalaciones universitarias. *s.m. pl: campus*

camuesa Variedad de la manzana de forma aplastada y muy fragante y sabrosa. *s.f. BOTÁNICA*

camueso
1 Variedad de manzano que produce la camuesa. *s.m./BOTÁNICA*
2 Hombre muy necio e ignorante. *coloquial*

camuflaje
1 Acción de ocultar o disimular una cosa, especialmente el material de guerra y los soldados para que no puedan ser observados por el enemigo: *se pusieron los trajes de camuflaje.* *s.m.*
2 Fingimiento o disimulo para ocultarse una persona, un animal o una cosa.

camuflar
1 Intentar ocultar tropas o material de guerra para engañar al enemigo: *camuflar los tanques.* *v.tr. MILITAR*
2 Intentar enmascarar o encubrir una cosa: *camuflaba sus ojeras con maquillaje.*

camuñas Personaje imaginario con que se asusta a los niños: *si no te duermes te llevará el camuñas.* *s.m./familiar = coco*

camuza Gamuza, mamífero rumiante. *s.f./ZOOLOGÍA*

can (Del lat. *canis.*)
1 Perro, mamífero cánido. *s.m./ZOOLOGÍA*
2 Pieza de artillería pequeña y de bronce. *MILITAR*
3 Pieza que golpea el fulminante y produce el disparo en las armas de fuego portátiles. *MILITAR = gatillo, percutor*
4 Cabeza de una viga del techo que sobresale al exterior y sostiene la cornisa. *CONSTRUCCIÓN = canecillo*
5 Saliente con el que se adorna por la parte inferior el vuelo de una cornisa. *CONSTRUCCIÓN = canecillo*

cana (Derivado de *cano.*)
1 Cabello que se ha vuelto blanco: *le han salido muchas canas por las sienes.* *s.f.*
2 Cárcel, prisión, lugar acondicionado para la reclusión de los condenados por algún delito. *Argent., Chile vulgar*
3 Policía, agente del orden público. *Argent., Chile coloquial*
4 **echar una cana al aire:** Divertirse ocasionalmente: *aprovechó las vacaciones para echar una cana al aire.* *coloquial*
5 **peinar canas:** Ser de edad avanzada: *oye, ten más respeto que ya peino canas.* *coloquial*

canaca
1 Individuo de raza amarilla: *cada vez se ven más canacas en los pueblos de la costa.* *s.m.f./Chile despectivo*
2 Dueño de un burdel. *Chile*

canaco, a Individuo que pertenece a diversas tribus indígenas de varias islas polinésicas. *s.*

canadiense
1 De Canadá, estado de América del Norte. *adj.*
2 Persona natural de este estado. *s.m.f.*

canadillo Belcho, arbusto. *s.m./BOTÁNICA*

canal (Del lat. *canalis.*)
1 Cauce artificial para conducir agua: *los campos de cultivo estaban surcados por canales.* *s.m.f.*
2 Estrecho marítimo que separa dos islas o continentes y pone en comunicación dos mares: *el canal de Panamá.* *s.m. GEOGRAFÍA*
3 Frecuencia en que emite una televisión o se emite una comunicación telefónica o telegráfica. *s.m.f. AUDIOVISUALES*
4 Emisora de televisión: *este canal suele dar películas.* *AUDIOVISUALES*
5 Conducto del cuerpo humano. *ANATOMÍA*
6 Dispositivo mediante el cual se transfieren informaciones entre los diversos componentes de un ordenador o entre éstos y el exterior. *INFORMÁTICA*
7 Vía por la que se transmite una unidad de información. *LINGÜÍSTICA*
8 Conducto para el desagüe de los tejados. *CONSTRUCCIÓN*
9 Res muerta y sin despojos.
10 Moldura cóncava y alargada que se talla verticalmente o en hélice y que decora columnas u otros objetos en intervalos regulares. *ARQUITECTURA = estría*
11 Parte opuesta al lomo de un libro. *ARTES GRÁFICAS*
12 Parte más profunda de un puerto, que siguen los barcos para salir o entrar. *s.m.*
13 Vía por la que circulan gases o líquidos en el interior de la tierra. *s.m.f GEOLOGÍA*
14 **canal maestra:** Desagüe principal de un tejado.
15 **abrir en canal:** Abrir de arriba abajo: *abrió en canal los sacos de café; abrió en canal a las dos ovejas.*

canalado, a Que está acanalado o tiene estrías. *adj.*

canaladura Ranura vertical en un elemento arquitectónico: *el tiempo ha desdibujado las canaladuras de la columna.* *s.f. ARQUITECTURA*

canalé Tejido de lana estriado longitudinalmente: *es ideal esta minifalda de canalé.* *s.m. TEXTIL*

canaleta Tubo para desaguar el agua de lluvia desde los tejados hasta la calle. *s.f./Amér. Merid. = canalón*

canalete Remo corto, de una o dos palas anchas y ovaladas, que se usa como timón. *s.m. NÁUTICA*

canaleto Moldura cóncava de la columna. *s.m./ARQUITECTURA*

canalizable Que se puede canalizar: *propusieron que el riego fuera canalizable.* *adj.*

canalización
1 Acción y efecto de canalizar una o varias corrientes de agua. *s.f.*
2 Cañería de conducción de agua: *repararon las canalizaciones del edificio.* *CONSTRUCCIÓN*
3 Conjunto de conductores destinados a la distribución de la energía eléctrica. *ELECTRICIDAD*

canalizar
1 Abrir canales en un lugar. *v.tr./conj: cazar*
2 Aprovechar por medio de canales las aguas corrientes o estancadas para regar o navegar.
3 Dirigir y orientar eficazmente una cosa hacia un objetivo: *canalizó el ahorro hacia los valores industriales.* *coloquial*

canalla (Del lat. *canaglia.*)
1 Persona despreciable y malvada. *s.m.f.*
2 Persona de baja condición y comportamiento grosero y vulgar: *es de canalla traicionar al amigo.* *s.f.*

canallada Acción infame y ruin. *s.f./= infamia*

canallesco, a Que es propio de canallas: *acción canallesca.* *adj./= ruin*

canalón Conducto que recoge y vierte el agua de lluvia de los tejados: *las hojas de otoño obturaron el canalón.* *s.m. CONSTRUCCIÓN tb: canelón*

canana (Del ár. *kinana*, carcaj.)
1 Cinto y estuche de cuero que sirven para llevar cartuchos: *se armó con la canana y la escopeta.* *s.f. = cartuchera*
2 Camisa de fuerza. *Colomb.*

cananeo, a
1 De Canaán, región de Asia Menor. *adj.*
2 Persona natural de esta región. *s.*
3 Grupo de lenguas semíticas. *s.m./LINGÜÍSTICA*

canapé (Del fr. *canapé* < lat. *conopeum* < gr. *konopeion*, mosquitero < *konops*, mosquito.)
1 Mueble acolchado que consiste en un asiento que puede llevar respaldo y brazos y que sirve para sentarse o acostarse. *s.m.*
2 Pequeña rebanada de pan sobre la que se extienden o colocan otros alimentos: *sirvieron canapés acompañados por un cóctel de champán.* *COCINA = aperitivo*

canaricultura Cría y reproducción de canarios, normalmente destinadas al desarrollo de su canto. *s.f.*

canariera Jaula grande o recinto que se utiliza para la cría de canarios. *s.f.*

canario, a
1 De las islas Canarias: *archipiélago canario.* *adj.*
2 Persona natural de este archipiélago y comunidad autónoma. *s. = canariense*
3 Modalidad del castellano que se habla en este archipiélago. *s.m. LINGÜÍSTICA*
4 Baile antiguo de este archipiélago.
5 Música que acompañaba a este baile. *MÚSICA*
6 Pene, órgano sexual masculino. *coloquial*
7 Pito de barro que se utiliza para imitar el gorjeo de los pájaros. *Chile*
8 Pájaro originario de las islas Canarias, granívoro, conirrostro y muy cantor, con el plumaje amarillo, verdoso, pardo o blanquecino, del que existen muchas variedades domésticas. *ZOOLOGÍA*

canasta
1 Cesto de mimbre, grande y ancho de boca, que suele tener dos asas. *s.f.*
2 Cesta en la que hay que introducir la pelota en baloncesto: *hizo una canasta desde medio campo.* *DEPORTES*
3 Tanto en baloncesto: *canasta de tres puntos.* *DEPORTES*
4 Juego de cartas con dos o más bandos francesas en el que participan dos bandos de jugadores que intentan distintas combinaciones. *JUEGOS*
5 Reunión de siete cartas del mismo número en este juego de naipes. *JUEGOS*

canastero, a
1 Persona que hace o vende canastas. *s.*
2 Mozo de panadería que traslada en canastos el pan desde el horno hasta el enfriadero. *s.m. Chile*
3 Vendedor ambulante de frutas y verduras. *Chile*

canastilla
1 Cesto pequeño hecho de mimbre. *s.f.*
2 Ropa que se prepara para el recién nacido: *lleva varios meses preparando la canastilla del bebé.*

canastillo (Del lat. *canistellum.*) Cesta de mimbre plana, alargada y poco profunda. *s.m.*

canasto
1 Cesto de mimbre alto y redondo, que suele llevar tapadera. *s.m. = canasto*
2 **¡canastos!:** Indica sorpresa o enfado. *interj.*

cáncamo (Del gr. bizantino *kagkhalon,* anillo.) Tornillo con una anilla en vez de cabeza: *colocó los cáncamos en la parte posterior del marco del cuadro.* *s.m.*

cancamurria Murria, tristeza de ánimo. *s.f./coloquial*

cancán (Del fr. *cancan.*) — s.m.
1 Baile de escenario de origen francés propio de ciertos espectáculos frívolos.
2 Enagua almidonada que tiene muchos volantes: *el cancán le daba mucho calor.*

cáncana Araña doméstica, oscura, gruesa y de patas cortas. — s.f. ZOOLOGÍA

cancanear
1 Ir una persona de un lugar a otro sin un objetivo determinado. — v.intr. coloquial
2 Tartamudear, hablar una persona de forma entrecortada. — Colomb., C. Rica, Nicar.

cáncano (De *cancro* < lat. *cancer.*) Piojo, insecto. — s.m./coloquial

cancel (Del lat. *cancellus,* verja o barandilla enrejada.)
1 Contrapuerta o mampara que se pone para evitar corrientes de aire al abrir la puerta exterior de un edificio o local. — s.m.
2 Balaustrada o reja que delimita el altar de una iglesia o rodea la pila bautismal.
3 Puerta o verja que separa el vestíbulo o el patio del zaguán. — Argent., Méx. = cancela

cancela Verja baja que cierra el paso al porche, portal o patio de una casa: *el cachorro intentaba saltar por encima de la cancela.* — s.f.

cancelación
1 Anulación, acción y efecto de cancelar: *les informaron de la cancelación del vuelo.* — s.f.
2 Asiento en los libros del registro de la propiedad, que anula total o parcialmente los efectos de una inscripción o de una anotación preventiva. — DERECHO

cancelar (Del lat. *cancellare,* borrar.)
1 Anular una obligación o una limitación. — v.tr.
2 Pagar una deuda totalmente: *cancelar el crédito.* — = saldar

cancelariato Antigua dignidad de cancelario. — s.m.

cancelario
1 Persona que tenía la autoridad pontificia y regia para dar los grados en las universidades. — s.m. HISTORIA
2 Rector de una universidad. — Bol.

cáncer (Del lat. *cancer,* cangrejo.)
1 Tumor maligno formado por la multiplicación desordenada de células. — s.m. MEDICINA
2 Cuarto signo del zodiaco representado por un cangrejo. — Bol. OCULTISMO
3 Persona nacida entre el 21 de junio y el 23 de julio. — s.m.f.
4 Fenómeno negativo o mal que afecta a la sociedad y de difícil solución. — = plaga

cancerado, a Que está atacado por el cáncer: *la droga se ha convertido en el cáncer de la juventud.* — adj. MEDICINA

cancerar
1 Producir cáncer o volverse un tumor o una úlcera canceroso. — v.intr/pml. tb: encancerar
2 Consumir, destruir. — v.tr.

cancerbero
1 Perro de tres cabezas que guardaba las puertas del infierno, según la mitología griega. — s.m. MITOLOGÍA
2 Portero o vigilante de modales bruscos. — tb: cerbero
3 Jugador que ocupa la portería en el fútbol y la defiende para que no le marquen goles. — DEPORTES = guardameta

cancerígeno, a Que produce o favorece la aparición de un tumor maligno: *se ha demostrado que el tabaco es cancerígeno.* — adj/s. MEDICINA

cancerización Degeneración cancerosa de una lesión benigna que ya existía. — s.f. MEDICINA

cancerología Parte de la medicina que estudia las lesiones de naturaleza cancerosa. — s.f./MEDICINA = oncología

cancerólogo, a Médico especialista del cáncer. — s./= oncólogo

canceroso, a
1 Que tiene relación con el cáncer. — adj.
2 Que está afectado por el cáncer: *le han detectado un tumor canceroso.* — MEDICINA

cancha
I (Del quechua *kanca,* recinto, cercado.)
1 Zona acondicionada para practicar distintos deportes como el baloncesto o el tenis: *los equipos ya están en la cancha.* — s.f. DEPORTES
2 Suelo del frontón o trinquete. — DEPORTES
3 Terreno, espacio, local o sitio llano y desembarazado. — Amér.
4 Corral o cercado espacioso para almacenar diversos artículos: *ya está llena la cancha de maderas.* — Amér.
5 Parte ancha y despejada de un río. — Amér. Merid.
6 Hipódromo, lugar en el que se corren carreras de caballos. — Amér.
7 Lo que cobra el dueño de una casa de juego. — Colomb., Par. Urug.
8 Camino, senda. — Amér./familiar
9 Habilidad adquirida a través de la experiencia. — Amér./familiar
10 abrir o dar cancha: Conceder alguna ventaja. — Amér.
11 estar alguien en su cancha: Estar en la situación más agradable. — Argent., Chile
12 ¡cancha! Se usa para pedir paso. — interj./Amér.

II (Del quechua *camcha,* maíz tostado.) Maíz o habas tostados. — s.f. Amér. Merid.

canchal Terreno cubierto de piedras grandes. — s.m./= peñascal

canchear Subir una persona por los peñascos. — v.intr.

cancho
1 Piedra muy grande: *nos subimos a un cancho para ver mejor el paisaje del valle.* — s.m. = peñasco
2 Terreno cubierto de piedras grandes.
3 Propina que se da a una persona. — Chile

cancilla Puerta de un cercado: *abrió la cancilla para que pasara el coche.* — s.f.

canciller (Del fr. *chancellier* < lat. *cancellarius,* escriba, portero, ujier.)
1 Empleado auxiliar en las embajadas, legaciones y consulados. — s.m. tb: chanciller
2 Jefe del gobierno en Alemania y Austria; ministro de asuntos exteriores, en los países latinoamericanos; y ministro de Hacienda, en el Reino Unido. — POLÍTICA
3 En algunos países, magistrado supremo. — DERECHO
4 Secretario que se encargaba del sello real, con el que autorizaba los privilegios y cartas reales. — HISTORIA
5 Cardenal presidente de la cancillería apostólica. — RELIGIÓN

cancillería
1 Empleo o cargo de canciller. — s.f.
2 Dependencia de las embajadas, legaciones y consulados donde se autorizan, registran y archivan los documentos públicos.
3 Centro diplomático desde el que se dirige la política exterior de un estado. — POLÍTICA
4 cancillería apostólica o romana: Oficina de la curia romana encargada de registrar y expedir las disposiciones pontificias. — RELIGIÓN

canción (Del lat. *cantio,* canto < *canere,* cantar.)
1 Composición: *publicó una antología de canciones populares de la comarca.* — s.f. MÚSICA
2 Música de esta composición. — MÚSICA
3 Lo que se repite con insistencia molesta: *estás siempre con la misma canción.* — coloquial = cantinela
4 Motivo, excusa que se alega para actuar de cierta manera: *no vengas con esa canción.*
5 Composición lírica que consta de estancias largas e iguales de endecasílabos y heptasílabos, menos la última, que es más breve. — POESÍA

cancioneril
1 Se aplica al estilo que es propio de las antiguas canciones poéticas. — adj. LITERATURA
2 Que tiene relación con los tipos de poesía culta de los cancioneros del siglo XV al XVII, especialmente la escrita en metros menores. — LITERATURA

cancionero Colección de canciones y poesías de diversos autores: *cancionero medieval.* — s.m. LITERATURA

canco
1 Nalga, cada una de las partes del trasero. — s.m./Bol., Chile
2 Olla o vasija destinada a diversos usos domésticos. — Chile
3 Maceta, recipiente para plantas. — Chile

cancón Ser imaginario que se menciona para asustar a los niños: *si no comes vendrá el cancón.* — s.m./familiar = bu, coco

cancona Se aplica a la mujer de caderas anchas. — adj/s.f./Chile

cancro
1 Cáncer o tumor. — s.m.
2 Úlcera que sufren los árboles y que causa en su corteza manchas blanquecinas o rosadas, segregadoras de un líquido acre y rojizo. — BOTÁNICA

cancroide Tumor cutáneo. — s.m./MEDICINA

candado (Del lat. *catenatum* < *catena,* cadena.)
1 Cerradura móvil que, por medio de anillos o armellas, asegura puertas o tapas. — s.m.
2 Concavidades inmediatas a las ranillas que tienen las caballerías en los pies. — s.m.pl.

cándano Palo seco. — s.m.

candar (Del lat. *catenare,* sujetar con cadenas.) Cerrar, especialmente con llave. — v.tr.

cande (Del ár. *qandi.*) Se aplica al azúcar que se obtiene por evaporación lenta, en cristales grandes de diferentes colores. — adj. tb: candi

candeal (Del lat. *candidus.*)
1 Se aplica al trigo aristado, con la espiga cuadrada y recta, y granos ovales y opacos, que proporciona harina y pan blancos. — adj/s.m. tb: candial
2 Se refiere al pan hecho con este trigo.

candela (Del lat. *candela.*)
1 Vela para alumbrarse. — s.f.
2 Soporte para mantener la vela derecha. — = candelero
3 Materia combustible encendida. — coloquial/= lumbre
4 Unidad de medida de la intensidad luminosa. — FÍSICA

candelabro (Del lat. *candelabrum.*) Candelero con varios brazos: *apagó las luces y encendió los candelabros de la mesa.* — s.m.

candelario, a Se aplica a la persona tonta o necia. — adj/s./Perú

candelejón Que es tonto, simple o bobo: *a pesar de candelejón consiguió acabar los estudios.* — adj./s.m./Colomb., Chile, Perú

candelero
1 Soporte para mantener derecha la vela y que consiste en un cilindro hueco unido a un pie. — s.m. = candela
2 Instrumento para pescar deslumbrando a los peces con teas encendidas. — PESCA
3 Lámpara formada por un vaso con uno o varios picos o mecheros y por un eje en que puede girar, terminado por arriba en un asa y por abajo en un pie. — = velón
4 Persona que hacía o vendía candelas.
5 **en el candelero**: En posición destacada, de actualidad: *es la actriz que está en el candelero.* — loc.adv.

candelilla
1 Instrumento flexible para explorar y curar las vías urinarias. — s.f. MEDICINA
2 Inflorescencia del castaño, la encina y otras especies vegetales. — BOTÁNICA
3 Amento, inflorescencia. — BOTÁNICA
4 Cualquier luz o fosforescencia pequeña que se ve de noche en el campo. — Argent., Chile = fuego fatuo
5 Costura, especie de bastilla. — Cuba

candelizo Carámbano de hielo. — s.m.

candente (Del lat. *candens* < *candere*, brillar.)
1 Se aplica al metal o mineral que está al rojo vivo: *hierro candente.* — adj. = incandescente
2 De máxima actualidad e interés: *el fraude bancario es una cuestión candente.*

candi Se aplica a un tipo de azúcar. — adj./tb:cande

candial Candeal, se aplica a un tipo de trigo y de pan. — adj.

candidación Proceso de cristalización del azúcar. — s.f.

candidato, a (Del lat. *candidatus.*) Persona que aspira a alguna dignidad, honor o cargo o es propuesta para ello, sin solicitarlo: *el candidato a la alcaldía.* — s.

candidatura
1 Cada uno de los grupos de personas que se presentan a una elección: *formaba parte de la candidatura socialista.* — s.f.
2 Aspiración a cualquier dignidad o cargo.
3 Papeleta en la que figura el nombre de uno o varios candidatos.
4 Propuesta o presentación de una persona para una dignidad o cargo.

candidez Calidad de cándido: *la candidez de sus actores ha ocasionado muchos disgustos.* — s.f. pl: candideces

cándido, a (Del lat. *candidus* < *candere*, ser blanco.)
1 De color blanco. — adj./literario
2 De carácter ingenuo, sin malicia y fácil de engañar: *es de alma cándida y sencilla.* — = inocente

candiel Dulce hecho con vino blanco, yemas de huevo, azúcar y otros ingredientes. — s.m. COCINA

candil (Del ár. *qandil*, lamparilla < lat. *candilus* < *candere*, ser blanco.)
1 Lámpara formada por dos recipientes de metal superpuestos, con el aceite y la mecha en el superior y en el inferior una varilla con un garfio para colgarlo. — s.m.
2 Lamparilla de aceite con forma de taza cerrada.
3 Lámpara de araña. — Méx.
4 Arísaro, planta. — BOTÁNICA
5 Planta aristoloquiácea herbácea de hojas alternas y flores axilares. — s.m.pl. BOTÁNICA

candileja
1 Recipiente superior del candil. — s.f.
2 Cualquier recipiente pequeño donde se pone aceite u otra materia combustible para iluminar.
3 Línea de luces en el proscenio del teatro. — s.f.pl./TEATRO

candilera Mechera, planta herbácea. — s.f./BOTÁNICA

candilillo Arísaro, planta. — s.m./BOTÁNICA

candinga
1 Majadería, dicho o hecho estúpido. — s.f./Chile
2 Enredo, lío. — Hond.

candiota
1 Barril que sirve para llevar o contener vino u otro licor. — s.f.
2 Vasija de barro alta, con una espita en la parte inferior y colocada sobre un pie, que se utiliza para contener vino.

candombe Baile de procedencia africana, que se baila en los carnavales de Uruguay. — s.m.

candonga
1 Broma o burla que se hace de palabra.
2 Mula de tiro.
3 Vela triangular que usan algunas embarcaciones para capear el temporal. — NÁUTICA
4 Lienzo con el que se faja el vientre de los bebés. — Hond.
5 Pendientes, adorno de las orejas. — s.f.pl./Colomb.

candongo, a
1 Que es astuto y zalamero: *el muy candongo ha conseguido que lo asciendan y le suban el sueldo.* — adj./s. coloquial
2 Que es hábil para evitar el trabajo: *no seas candongo y ayúdame a retirar los muebles.* — coloquial = holgazán

candor
1 Ingenuidad, sinceridad y candidez: *aun siendo abuela mantiene el candor de su infancia.* — s.m.
2 Blancura, calidad de blanco. — literario

candoroso, a Que tiene candor, que es sencillo o sincero: *poco a poco le fue creciendo un candoroso afecto por el niño.* — adj.

candray Embarcación pequeña de dos proas usada en el tráfico de algunos puertos. — s.m. NÁUTICA

caneca
1 Recipiente cilíndrico de barro vidriado que se usa para guardar licores. — s.f. tb: caneco
2 Cubo de la basura. — Colomb.
3 Botella de barro que llena de agua caliente se usa para dar calor. — Colomb.
4 Tambor de hojalata para transportar petróleo y otros líquidos. — Colomb., Ecuad.

canecerse Ponerse el pan mohoso: *con la humedad el pan se canece.* — v.prnl. conj: carecer

canecillo Can, cabeza de una viga y modillón que sobresale del plano y sirve para sostener algún elemento voladizo. — s.m. ARQUITECTURA

caneco, a Que está ebrio o borracho. — adj./Bol.

canéfora (Del gr. *kanephoros*, muchacha que lleva una canasta.) Doncella que en las fiestas de las antiguos griegos llevaba en la cabeza un canastillo con flores y ofrendas para los sacrificios. — s.f. HISTORIA

caneforias Fiestas griegas en honor de Artemisa. — s.f.pl/MITOLOGÍA

canela (Del ital. *cannella* < *canna*, caña.)
1 Sustancia de color ocre rojizo, olor muy agradable y aromático, obtenida de la corteza de las ramas del canelo y otras plantas, que, en trozos o molida, es usada como condimento, particularmente de platos dulces. — s.f.
2 Cosa muy fina y exquisita. — coloquial
3 **canela fina**: Expresión que manifiesta la valía o bondad de algo o alguien: *este postre es canela fina.* — coloquial

caneláceo, a Perteneciente a la familia de plantas angiospermas dicotiledóneas, leñosas, de hojas alternas, flores hermafroditas y fruto en baya. — adj/s.f. BOTÁNICA

canelado, a De color o sabor de canela. — adj./tb: acanelado

canelina Sustancia cristalizable, de sabor amargo, obtenida de la canela blanca. — s.f. QUÍMICA

canelo, a
1 Que tiene un color parecido al de la canela: *el pastor escocés tiene el pelo de color canelo.* — adj.
2 Arbusto lauráceo de hojas parecidas a las del laurel, tronco liso, flores blancas de olor agradable y corteza aromática y astringente. — s.m. BOTÁNICA tb: canelero

canelón
I (Derivado de *canela*.)
1 Pasta de harina de trigo con la que se forman cilindros rellenos de carne, pescado o verduras. — s.m. COCINA
2 Especie de caramelo alargado con un trozo de canela o de acitrón dentro.
3 Labor tubular de pasamanería.
II (Derivado de *canal*.)
1 Canalón del tejado. — s.m.
2 Carámbano que cuelga de las canales, cuando se hiela el agua de lluvia o se derrite la nieve: *los canelones pendían por delante de las ventanas.*

canequí Caniquí, tela delgada de algodón. — s.m./pl: canequíes

canesú (Del fr. *canezou*.)
1 Cuerpo de vestido femenino corto y sin mangas. — s.m./pl: canesús
2 Pieza superior de la camisa a la que se unen el cuello y las mangas: *cortó el canesú al bies.*

cangagua Tierra empleada para hacer adobes. — s.f./Colomb., Ecuad.

cangalla
1 Desperdicios minerales. — s.f./Argent., Chile Bol.
2 Aparejo que se utiliza para que las bestias transporten carga.
3 Animal o persona enflaquecida. — Colomb.

cangallar
1 Robar en las minas. — v.tr./Bol., Chile
2 Defraudar al fisco. — Chile/coloquial

cangilón (Probablemente del lat. *congius*, medida de líquidos.)
1 Recipiente de barro o metal, semejante a un cántaro, usado para transportar y medir líquidos. — s.m.
2 Cada uno de los recipientes de la rueda de una noria, con que se saca agua del río o del pozo: *el agua se elevaba en los cangilones.*

cangreja Se aplica a la vela de cuchillo, de forma trapezoidal, que va envergada por dos relingas en el pico y que corresponden. — adj/s.f. NÁUTICA

cangrejal Terreno pantanoso e intransitable por la abundancia de cangrejillos negruzcos. — s.m. Argent., Urug.

cangrejera Nido de cangrejos. _s.f._

cangrejo (Derivado del ant. _cangro_ < lat. _cancer_.)
1 Denominación que reciben muchos crustáceos decápodos braquiuros. _s.m._
2 Conjunto de láminas imbricadas en las armaduras que articulan los codos y las rodillas. _HISTORIA_
3 **cangrejo de río**: Crustáceo decápodo fluvial, con un apéndice cefálico triangular y último anillo del tórax móvil. _ZOOLOGÍA_
4 **cangrejo ermitaño**: Cangrejo que carece de caparazón abdominal y se introduce en una concha vacía de gasterópodo, para defenderse de sus enemigos. _ZOOLOGÍA = ermitaño_

cangro Cáncer, tumor maligno. _s.m./Colomb., Guat._

canguelo (Voz gitana.) Temor, miedo. _s.m./coloquial_

canguil Maíz pequeño muy apreciado. _s.m./Ecuad._

canguro (Del ingl. ant. _kangooroo_.)
1 Mamífero marsupial herbívoro, provisto de patas traseras muy desarrolladas y cola robusta, que va avanzando a saltos. _s.m. ZOOLOGÍA_
2 Prenda de vestir corta e impermeable con capucha, que puede recogerse en un gran bolsillo que lleva en la parte delantera.
3 Persona contratada por horas para cuidar de los niños pequeños mientras sus padres están ausentes: _llamó a la canguro antes de salir del restaurante._ _s.m.f._

cania Ortiga menor, planta herbácea. _s.f./BOTÁNICA_

caníbal (De _caribal_ < _Caribe_, habitante de las Antillas, de los que se suponía que comían seres humanos.)
1 Se aplica a la persona que come carne humana: _los exploradores encontraron algunos pueblos caníbales._ _adj/s.m.f. = antropófago_
2 Persona que es cruel o salvaje.
3 Animal que come carne de otros de su misma especie: _la mantis religiosa es caníbal._ _ZOOLOGÍA_

canibalismo
1 Costumbre de comer los hombres carne humana. _s.m./ = antropofagia_
2 Ferocidad o crueldad extremadas.
3 Costumbre de algunos animales de comer carne de otros de su misma especie. _ZOOLOGÍA_

canica (Del germ. _knicker_, bola de jugar los niños.)
1 Bolita de vidrio o de barro cocido, que usan los niños para algunos juegos: _se ganó todas las canicas._ _s.f._
2 Juego infantil que se practica con estas bolitas. _s.f.pl./JUEGOS_
3 **botársele a alguien la canica**: Enloquecer, actuar como loco: _se le botó la canica y comenzó a gritar en pleno concierto._ _Méx. coloquial_

caniche Se aplica a la raza de perros con el pelaje uniforme, ya sea ensortijado o rizado. _adj/s.m. ZOOLOGÍA_

canicie (Del lat. _canities_.) Color blanco del pelo. _s.f._

canícula (Del lat. _canicula_, perrita.)
1 Período más caluroso del verano y calor que lo acompaña: _no soportaba la canícula._ _s.f._
2 Tiempo en que coincide el orto de la estrella Sirio con el del Sol. _ASTRONOMÍA_

canicular
1 Que tiene relación con la canícula: _sobrevino un calor canicular que abrasó los campos._ _adj._
2 Período durante el que hay canícula. _s.m.pl._

canido, a Que tiene moho: _el pan está canido._ _adj._

cánido Perteneciente a una familia de mamíferos carnívoros digitígrados, con cinco dedos en las patas anteriores y cuatro en las posteriores, caracterizados por el cráneo aguzado, patas largas y garras romas no retráctiles, como el perro y el lobo. _adj/s.m. ZOOLOGÍA_

canijo, a (Del lat. _canicula_, perrita.)
1 Que es débil y enfermizo: _un cachorro canijo._ _adj/s._
2 Que es bajo o pequeño.
3 Que es difícil o complicado: _está canijo que podamos salir de vacaciones._ _adj. Méx._
4 Se aplica a la persona mala o desalmada. _Méx/coloquial_

canil Morena, pan con mucho salvado. _s.f._

canilla (Del lat. _cannella_ < _canna_, caña.)
1 Cualquiera de los huesos largos y delgados de la pierna o el brazo, en especial la tibia. _s.f. ANATOMÍA_
2 Cualquiera de los huesos principales del ala del ave: _el perdigón se alojó en una canilla._ _ZOOLOGÍA_
3 Pierna, especialmente si es muy delgada: _no le sientan bien las faldas porque tiene piernas como canillas._ _coloquial_
4 Carrete en el que se devana el hilo en las máquinas de tejer y coser. _TEXTIL_
5 Defecto de los tejidos que consiste en una barra o lista formada por unas hebras de distinto color o grueso. _TEXTIL_
6 Tubo que hay en la parte inferior de una cuba o tinaja para que salga el líquido.
7 Dispositivo metálico con una llave giratoria que abre y cierra el paso de líquidos. _Argent., Urug. = grifo_
8 Pantorrilla, parte de la pierna. _Colomb., Perú_
9 Juego de dados. _Perú/JUEGOS_

10 Espinilla, parte de la pierna. _Argent., Chile_
11 Fuerza física. _Méx/coloquial_

canillera
1 Pieza de la armadura que cubría la espinilla. _s.f./tb: cañillera_
2 Temblor de piernas originado por el miedo. _Amér. Central_

canillero, a
1 Persona que hace canillas para tejer. _s./TEXTIL_
2 Agujero hecho en las tinajas o cubas para poner la canilla y extraer el líquido. _s.m._

canillita Muchacho que vende periódicos o billetes de lotería. _s.m. Amér. Merid._

canina Excremento de perro. _s.f._

caninez Hambre desmesurada: _se exaspera de caninez._ _s.f./pl: canineces_

canino, a Del perro o que tiene relación con él. _adj._

caniquí (Del port. _canequí_.) Tela delgada de algodón procedente de la India. _s.m./pl: caniquíes tb: canequí_

canje (Del ant. _canjar_ < ital. _cangiare_.) Cambio de una cosa por otra: _los dos países han hecho un canje de prisioneros._ _s.m._

canjeable Que está destinado a ser canjeado o cambiado por otra cosa: _bono canjeable por diez mil pesetas._ _adj._

canjear (Del ant. _canjar_ < ital. _cangiare_.) Cambiar una cosa por otra con ciertas formalidades: _canjear mercancías en el mercado negro._ _v.tr._

cannabáceo, a Perteneciente a una familia de plantas angiospermas dicotiledóneas, herbáceas, de hojas opuestas, flores unisexuales y fruto en cariópside o aquenio. _adj/s.f. BOTÁNICA tb: canabíneo_

cannabis Polvo obtenido de la resina, hojas e inflorescencias femeninas de una variedad del cáñamo, que produce efectos hipnóticos. _s.m._

cano, a (Del lat. _canus_, blanco.)
1 Se aplica a la persona que tiene el pelo blanco: _se les acercó una anciana cana._ _adj._
2 Se refiere al pelo que es blanco.
3 De color blanco.
4 Que es anciano o antiguo. _culto_

canoa
1 Barca pequeña, estrecha y ligera, de remo o con motor, sin quilla y con la popa igual que la proa. _s.f. NÁUTICA_
2 Bote pequeño que llevan algunos barcos para uso del capitán o comandante. _NÁUTICA_
3 Especie de artesa o cajón de forma oblonga que se utiliza para diferentes usos como para recoger mieles en los trapiches o dar de comer a los animales. _Amér._
4 Cualquier especie de canal para conducir el agua. _Amér._
5 Vaina ancha y grande de los cocos de la palmera. _Chile_

canódromo (Del lat. _canis_, perro y gr. _dromos_, carrera.) Recinto en el que se celebran carreras de galgos. _s.m. tb: cinódromo_

canoero, a Persona que conduce una canoa. _s._

canon (Del lat. _canon_ < gr. _kanon_, regla, modelo.)
1 Regla o precepto. _s.m._
2 Catálogo o lista. _= rol_
3 Modelo de proporciones perfectas.
4 Alquiler o arrendamiento. _DERECHO_
5 Tipo de las proporciones humanas tomado como base por los artistas: _el Apolo de Belvedere es el canon de la belleza antigua._ _ARTE_
6 Decisión tomada por un concilio de la Iglesia católica: _los cánones del Concilio de Trento modificaron profundamente la iglesia católica._ _RELIGIÓN_
7 Catálogo de los libros sagrados declarados auténticos por la Iglesia católica. _RELIGIÓN_
8 Caracteres gruesos equivalentes al cuerpo de veinticuatro puntos. _ARTES GRÁFICAS_
9 Lo que paga periódicamente el censatario al censualista. _DERECHO_
10 Prestación pecuniaria periódica que grava una concesión. _ECONOMÍA_
11 Composición de contrapunto en la que varias voces repiten sucesivamente lo que cantaron las anteriores. _MÚSICA_
12 Derecho canónico. _s.m.pl._

canónica Vida conventual de los canónigos, según las antiguas reglas. _s.f. RELIGIÓN_

canonicato Canonjía, prebenda de canónigo. _s.m./RELIGIÓN_

canónico, a (Del lat. _canonicus_, clérigo, conforme a las reglas.)
1 Que está ajustado a los cánones y demás disposiciones eclesiásticas. _adj. RELIGIÓN_
2 Que se ajusta a un canon con exactitud.
3 Se aplica al texto que está en los libros de la Sagrada Escritura. _RELIGIÓN_

canónigo (Del lat. _canonicus_.) Miembro del cabildo de una catedral o colegiata. _s.m. RELIGIÓN_

canonista
1 Abogado especializado en derecho canónico. _s.m.f./DERECHO_
2 Persona que estudia cánones.

canonización Santificación de una persona oficiada y reconocida por el papa. — s.f. RELIGIÓN

canonizar
1 Declarar el papa santa a una persona, anteriormente beatificada, e incluirla en el catálogo de los santos.
2 Alabar exagerada o inmerecidamente.
3 Aprobar o aplaudir una cosa. — v.tr./conj: cazar RELIGIÓN

canonjía
1 Prebenda de canónigo. — s.f./= canonicato
2 Empleo cómodo y ventajoso. — coloquial

canope Vaso que se encuentra en las antiguas tumbas egipcias y estaba destinado a contener las vísceras de los cadáveres momificados. — s.m. HISTORIA tb: canopo

canoro, a (Del lat. *canorus < canere,* cantar.)
1 Se aplica al que tiene un canto agradable al oído: *el ruiseñor es un pájaro canoro.* — adj.
2 Que tiene una voz o un sonido agradable: *me gusta escuchar esta música canora.* — culto

canoso, a Que tiene muchas canas: *melena canosa; flequillo canoso.* — adj.

canotié (Del fr. *canotier.*) Sombrero de paja de copa plana y ala recta. — s.m. pl: canotiés

cansado, a
1 Que cansa, aburre o harta: *trabajar en una cadena de producción es muy cansado.* — adj.
2 Que está agotado: *he venido corriendo desde lejos y estoy muy cansado.* — = fatigado
3 Que está harto de hacer determinada actividad.

cansador, a Que resulta pesado, aburrido o molesto: *un discurso cansador.* — adj./Argent., Chile, Urug.

cansancio Estado corporal o anímico provocado por la falta de fuerzas: *llegó abatida por el cansancio.* — s.m. = fatiga

cansar (Del lat. *campsare,* doblar, volver < gr. *kampto,* plegar, cesar de hacer algo.)
1 Causar cansancio un trabajo o un esfuerzo: *se cansa enseguida en su nuevo trabajo.* — v.tr/prnl. = fatigar
2 Causar una cosa disgusto o molestias por ser monótona o persistente: *la conferencia de hoy me ha cansado mucho.*
3 Agotar la fertilidad de la tierra: *este campo se ha cansado a causa de la abundancia de la cosecha.*
4 ¡me canso!: ¡Por supuesto! ¡claro que sí! — Méx./familiar

cansera
1 Sensación de molestia o fastidio producida por la insistencia con que se produce una cosa: *tus lamentos me dan cansera.* — s.f. coloquial
2 Tiempo perdido en algún empeño. — Colomb.

cansino, a
1 Que muestra cansancio: *rostro cansino; andares cansinos.* — adj.
2 Que resulta lento: *anda con paso cansino.*

cantable
1 Que es apto para ser cantado. — adj.
2 Que se canta despacio. — MÚSICA
3 Parte musicable de los libretos de zarzuela que está escrita en verso. — s.m. MÚSICA
4 Escena de la zarzuela en que se canta. — MÚSICA
5 Fragmento musical que tiene carácter expresivo. — MÚSICA

cantábrico, a De Cantabria, región y autonomía del norte de España y del mar que baña sus costas. — adj. = cántabro

cántabro, a
1 De Cantabria, región y comunidad autónoma del norte de España. — adj. = cantábrico
2 Persona natural de esta región. — s./= cantábrico

cantada
1 Cantata, obra musical de carácter lírico. — s.f./MÚSICA
2 Acción o enunciado desacertado o inadecuado: *el gol tuvo su origen en una cantada del portero.* — coloquial

cantador, a
1 Se aplica a la persona que canta, especialmente cante flamenco. — adj/s./MÚSICA tb: cantaor
2 Cantante de coplas populares. — s./MÚSICA

cantal
1 Canto de piedra. — s.m.
2 Terreno donde hay muchos cantos. — = cantizal

cantalear Gorjear la paloma. — v.intr./= zurear

cantaleta
1 Ruido de voces e instrumentos, o canción con que se hacía burla a alguien. — s.f.
2 Desengaño o sorpresa que produce un suceso o una contestación inesperada o adversa. — coloquial = chasco
3 Estribillo, repetición molesta. — = cantinela
4 Regañina continuada. — Colomb.

cantaletear Repetir insistentemente las cosas. — v.tr./Amér.

cantamañanas Persona informal, fantasiosa e irresponsable que no merece crédito: *nunca hagas negocios con él, es un cantamañanas.* — s.m.f. pl: cantamañanas coloquial

cantante
1 Persona que canta por gusto o profesión: *inició su carrera como cantante en su infancia.* — s.m.f. MÚSICA
2 Que canta. — adj./MÚSICA

cantaor, a Persona que canta flamenco. — s./MÚSICA

cantar (Del lat. *cantare.*)
1 Composición poética breve para ser cantada, propia de la lírica popular: *los cantares populares.* — s.m.
2 Producir una persona sonidos armoniosos con la voz: *la coral cantó durante una hora.* — v.intr/tr. MÚSICA
3 Expresar las excelencias de una cosa literariamente: *el poeta cantó la belleza del paisaje.* — culto LITERATURA
4 Decir una persona una cosa que quería ocultar bajo algún tipo de presión: *cantó ante los testigos.* — coloquial
5 Producir las aves sonidos armoniosos. — v.intr.
6 Emitir algunos insectos su sonido propio: *los grillos cantan por la noche.*
7 Decir el punto o el palo en algunos juegos de naipes: *en aquel juego cantó veinte en oros.* — JUEGOS
8 Producir los ejes u otras piezas de los carruajes ruido desagradable cuando se mueven: *el motor de tu coche canta.* — coloquial
9 Despedir una cosa mal olor: *¡cómo le canta el aliento después de haber comido ajos!* — coloquial
10 Ser una cosa muy evidente, llamar la atención: *ese amarillo canta a simple vista.* — coloquial
11 Ejecutar una persona el canto de una pieza concertante con un instrumento. — MÚSICA
12 Dar una persona un aviso a otra. — NÁUTICA
13 Sonar el pito en señal de mando. — NÁUTICA
14 Acompañar una persona un trabajo o una actividad con una saloma. — NÁUTICA = salomar
15 **cantar de gesta:** Poesía épica popular en la edad media. — LITERATURA
16 **estar cantado:** estar muy claro: *falló en ocasiones que estaban cantadas.*
17 **ser una cosa otro cantar:** Ser diferente: *lo que dices es cosa de otro cantar.* — coloquial

cántara (Del lat. *cantharus,* especie de copa con asas < gr. *kantharon.*)
1 Antigua medida de capacidad para líquidos, equivalente a 1,613 centilitros aproximadamente. — s.f.
2 Cántaro, recipiente para líquidos.

cantarano (Del ital. *canterano.*) Mueble de dos cuerpos, escritorio el superior y cómoda el inferior. — s.m.

cantarela (Del ital. *cantarello,* cantador.) Cuerda primera y más aguda del violín y de la guitarra. — s.f. MÚSICA

cantarera Armazón de madera para poner los cántaros. — s.f.

cantarero, a Persona que fabrica o vende objetos de barro. — s. = alfarero

cantárida
1 Insecto coleóptero, de cuerpo alargado y color verde metálico, que vive sobre sauces, fresnos y tilos. *(Lytta vesicatoria.)* — s.f. ZOOLOGÍA = abadejo
2 Ampolla o hinchazón que produce la picadura de este insecto en la piel.

cantarilla Jarra de boca redonda. — s.f.

cantarín, a Aficionado a cantar: *era una niña alegre y cantarina.* — adj. coloquial

cántaro (Del lat. *cantharus,* especie de copa grande, de dos asas < gr. *kantharos.*)
1 Recipiente grande, de barro o metal, de boca estrecha y ancha de barriga. — s.m.
2 Cantidad de líquido que cabe en un cántaro.
3 **a cántaros:** Con abundancia, muy fuerte: *aquella tarde llovió a cántaros.* — loc.adv.

cantata Obra musical de carácter lírico, de inspiración profana o religiosa, compuesta para una o varias voces con acompañamiento de orquesta. — s.f. MÚSICA tb: cantada

cantautor, a Cantante que crea sus propias composiciones musicales. — s. MÚSICA

cante
1 Acción y resultado de cantar. — s.m.
2 Cualquier género de canto popular, particularmente el andaluz. — MÚSICA
3 Acción de desentonar o de ser muy llamativo. — coloquial
4 **cante flamenco:** Cante andaluz agitanado. — MÚSICA
5 **cante jondo:** Canto popular andaluz, de carácter dolorido y ritmo monótono. — coloquial MÚSICA
6 **dar el cante:** Desentonar, ser muy llamativo: *con aquel tan extravagante conjunto dio el cante.* — coloquial

cantear
1 Labrar los bordes de una piedra, tabla u otro material. — v.tr.
2 Poner los ladrillos de canto o de lado. — CONSTRUCCIÓN

cantegril Barrio marginal de chabolas. — s.m./Urug.

cantera
1 Sitio de donde se extrae piedra: *la cantera supone un desastre ecológico en el macizo.* — s.f.
2 Institución de ámbito local o regional que forma y

aporta personas con talento para una actividad: *es un joven futbolista de la cantera.*

cantería
1 Arte y técnica de trabajar las piedras para las construcciones.   **s.f.**
2 Obra de piedra labrada.
3 Porción de piedra labrada.

canterios Vigas transversales con las que se forma el techo de un edificio.   **s.m.pl. CONSTRUCCIÓN**

cantero, a
1 Persona que labra las piedras para las construcciones.   **s.**
2 Cada trozo de tierra en que se divide un terreno de labor para facilitar el riego.   **AGRICULTURA**
3 Borde o extremo de algunas cosas duras que pueden partirse con facilidad.
4 Espacio de jardín o de huerta donde se siembra y trabaja.   **Amér. AGRICULTURA**

cántica Composición lírica, propia de la poesía castellana popular.   **s.f. LITERATURA**

cántico (Del lat. *canticum.*)
1 Composición poética en la que se exalta algún sentimiento: *cántico de veneración.*   **s.m. POESÍA**
2 Composición poética de los libros sagrados y litúrgicos en que se alaba a Dios.   **RELIGIÓN**
3 Canto o canción.   **MÚSICA**

cantidad (Del lat. *quantitas, -atis.*)
1 Propiedad de las cosas o conjuntos de cosas por la que se pueden medir, contar y comparar si es mayor o menor que otras.   **s.f.**
2 Número determinado de unidades de la misma clase o porción de cierta cosa cuyo peso, número o magnitud puede ser determinado: *con este detergente no es necesario poner tanta cantidad.*
3 Porción o número grande de cierta cosa: *hubo cantidad de asistentes.*
4 Suma determinada o indeterminada de dinero: *¿qué cantidad quiere depositar?*
5 Tiempo invertido en la pronunciación de una sílaba o un sonido.   **LINGÜÍSTICA**
6 Mucho, en abundancia: *me gusta cantidad.*   **adv./coloquial**
7 **cantidad de:** Mucho, en gran número: *había cantidad de gente en la ceremonia.*   **loc.adj.**
8 **en cantidad:** En número o proporción importante: *come en cantidad.*   **loc.adj/adv.**

cantiga Composición poética antigua destinada al canto, en especial en la poesía galaicoportuguesa.   **s.f./POESÍA tb: cántiga**

cantil Terreno escalonado en la costa o en el fondo del mar.   **s.m.**

cantilena
1 Composición poética breve, hecha generalmente para ser cantada.   **s.f./POESÍA tb: cantinela**
2 Repetición molesta e inoportuna de alguna cosa: *siempre responde con la misma cantilena.*   **coloquial = sonsonete**
3 Melodía pausada y sentimental.

cantimplora (Del cat. *cantimplora < cantar + plorar,* llorar, por el ruido del goteo.)
1 Recipiente de metal semejante a una garrafa pequeña, usado para enfriar el agua.   **s.f.**
2 Recipiente semejante a una botella plana y forrada usado para llevar bebidas: *sumergió la cantimplora en la corriente.*
3 Tubo doblado que sirve para sacar líquidos del recipiente que los contiene haciéndolos pasar por un punto superior a su nivel.   **= sifón**
4 Recipiente para llevar la pólvora.   **Colomb.**
5 Bocio, aumento del volumen de la tiroides.   **Guat./MEDICINA**

cantina (Del ital. *cantina.*)
1 Local público, aislado o formando parte de un establecimiento, donde se venden bebidas y comestibles: *se encontraron en la cantina.*   **s.f. = taberna**
2 Sótano donde se guardaba el vino para el consumo de la casa: *las cubas están en la cantina.*   **= bodega**
3 Despensa donde se guardaba el agua para beber en las casas.
4 Caja o estuche para llevar provisiones en los viajes.

cantinela Cantilena, composición poética y repetición molesta.   **s.f.**

cantinero, a
1 Dueño de una cantina.   **s.**
2 Persona que se encargaba de los licores y bebidas en las antiguas casas señoriales.   **s.m.**

cantizal Terreno lleno de cantos y guijarros: *en la ribera el río dejó un cantizal.*   **s.m.**

canto
I (Del lat. *cantus < canere,* cantar.)
1 Arte y técnica de emitir el ser humano sonidos melódicos con la boca y la laringe: *clases de canto.*   **s.m. MÚSICA**
2 Sonidos armoniosos o rítmicos emitidos por algunas aves, insectos y otros animales: *se deleitaba escuchando el canto de los pájaros.*   **ZOOLOGÍA**
3 Música para ser cantada.   **MÚSICA**
4 Discurso, escrito o canción en que se ensalza alguna cosa: *su poema es un canto a la vida.*
5 Acción o actitud cuya intención o sentido se interpreta como ejemplar: *su gesto con aquellos niños pobres fue un canto a la solidaridad.*
6 Cada una de las partes de un poema épico.   **POESÍA**
7 Poema corto heroico o de cualquier otro género.   **POESÍA**
8 **canto del cisne:** 1. Última obra de un artista: *aquella novela constituye su canto del cisne.* 2. Última acción realizada por una persona antes de morir.
9 **canto gregoriano:** Canto de la liturgia cristiana, cuyos puntos o notas mantienen todos la misma figura y la misma medida de tiempo.   **MÚSICA = canto llano**
II (Del lat. *cantus,* llanta de metal en una rueda.)
1 Borde, esquina o remate de alguna cosa: *no te golpees con el canto de la mesa.*   **s.m.**
2 Trozo de piedra: *afiló el machete con un canto.*
3 Lado opuesto al filo en las armas blancas.
4 Corte de los libros opuesto al lomo.   **ARTES GRÁFICAS**
5 **canto estriado:** Canto que ha sido arrastrado por los glaciares y presenta surcos debidos al roce sufrido en el transporte.   **GEOLOGÍA**
6 **canto rodado:** Piedra lisa y redondeada a causa de la fuerza del agua.
7 **al canto:** Se usa para hablar de aquello que se producirá de forma inminente e inevitable: *tenemos tormenta al canto.*   **loc.adv. coloquial**
8 **darse con un canto en los dientes:** Conformarse con el resultado de una acción que podía haber acabado mucho peor: *te darás con un canto en los dientes si aceptas tu proyecto.*   **coloquial**
9 **de canto:** De lado, no de plano: *le gusta dormir de canto.*   **loc.adv.**
10 **el canto de un duro:** Se usa para expresar que una acción se produce, pero se le ha faltado poco para no producirse: *le faltó el canto de un duro para no caerse.*   **coloquial**

cantón
1 Esquina de un edificio.   **s.m.**
2 División territorial, región.
3 Sitio donde se acantonan las tropas.   **MILITAR**
4 Cada uno de los cuatro ángulos del escudo.   **HERÁLDICA**
5 Parte alta y aislada en medio de una llanura.   **Hond.**

cantonal
1 Del cantón o del cantonalismo.   **adj.**
2 Partidario del cantonalismo o de la división de un territorio en cantones.   **s.m.f. = cantonalista**

cantonalismo
1 Sistema político que pretende dividir el estado en cantones.   **s.m. POLÍTICA**
2 Desconcierto político motivado por la debilidad del gobierno de una nación.   **POLÍTICA**

cantonar Acantonar las tropas.   **v.tr/prnl./MILITAR**

cantonear Ir de un lugar a otro sin hacer nada de provecho: *me irrita verte cantonear todo el día.*   **v.intr. = barzonear**

cantonearse Contonearse, moverse al andar.   **v.prnl./coloquial**

cantonera
1 Pieza que se pone en la esquina de libros, muebles u otros objetos como refuerzo o adorno: *puso cantoneras de metal en la carpeta.*   **s.f.**
2 Mueble de forma adecuada para ocupar un rincón de una habitación.   **= rinconera**
3 Prostituta que busca clientes en la calle.   **= ramera**

cantonero, a
1 Que cantonea.   **adj/s.**
2 Utensilio que usan los encuadernadores para dorar los cantos de los libros.   **s.m. ARTES GRÁFICAS**

cantor, a (Del lat. *cantor.*)
1 Que canta o es aficionado a cantar.   **adj/s./ = cantante**
2 Se aplica al poeta épico y religioso.   **POESÍA**

cantora Orinal, recipiente para recoger la orina o los extrementos.   **s.f. Chile**

cantoral Libro de coro: *el sacristán recogió los cantorales después de la misa.*   **s.m. RELIGIÓN**

cantúa Dulce seco hecho de coco, boniato, ajonjolí y azúcar.   **s.f./Cuba COCINA**

cantueso Espliego, planta subarbustiva.   **s.m./BOTÁNICA**

canturía
1 Acción de cantar.   **s.f./MÚSICA**
2 Canto monótono: *hasta sus oídos llegaba la canturía de la escuela.*   **= cantinela**
3 Modo o aire de cantarse las composiciones musicales: *esa aria tiene una canturía difícil.*   **MÚSICA**

canturrear Cantar en voz baja: *va canturreando mientras pinta.*   **v.intr./coloquial tb: canturiar**

canturreo Acción de cantar en voz baja: *sus canturreos acompañaban la mañana del vecindario.*   **s.m.**

cantuta Clavel de flor sencilla.   **s.f./Amér.**

cánula
1 Caña pequeña.   **s.f.**

2 Tubo corto o sonda que se emplea en cirugía para el drenaje de ciertas lesiones. `MEDICINA`
3 Extremo de las jeringas.

canular Que tiene forma de cánula. `adj.`

canutas Se usa para indicar que una persona se encuentra en una situación difícil, apurada o arriesgada en la expresión **pasarlas canutas.** `loc.`

canutillo
1 Tubo pequeño de vidrio usado en trabajos de pasamanería y bordado: *orló el escote con canutillos y perlas.* `s.m.` `tb: cañutillo`
2 Bobina de hilo para coser. `TEXTIL`

canuto
I (Del mozárabe *cannut* < lat. *canna,* caña.)
1 Pieza alargada y hueca de pequeño tamaño, normalmente cilíndrica y abierta por los dos extremos: *absorbió el agua de la botella con un canuto.* `s.m.`
2 Pastel de hojaldre en forma de tubo, relleno de nata, crema y otros ingredientes. `COCINA`
3 Cigarrillo de hachís o marihuana: *dejaron la colilla del canuto en el cenicero.* `argot` `= porro`
4 Tubo formado por la tierra que se pega a los huevos que algunos ortópteros depositan después de introducir verticalmente el abdomen en el suelo. `ZOOLOGÍA`
II (De *Canut,* famoso pastor protestante.)
1 Denominación popular que reciben los ministros y pastores protestantes. `s.m./Chile` `RELIGIÓN`
2 Protestantismo, doctrina religiosa.

caña (Del lat. *canna.*)
1 Tallo de las plantas gramináceas, cilíndrico, hueco y dividido por nudos. `s.f.` `BOTÁNICA`
2 Planta herbácea, propia de lugares húmedos, de hojas anchas, tallos leñosos y flores en panoja. *(Arundo donax.)* `BOTÁNICA`
3 Parte más delgada de la pierna o del brazo. `= canilla`
4 Médula de los huesos. `= tuétano`
5 Parte de la bota o de la media que cubre la pierna: *la caña rígida del calzado le levantó la piel del tobillo.*
6 Vaso, generalmente cónico, alto y estrecho que se usa para beber cerveza y vino.
7 Líquido contenido en este vaso.
8 Medida de capacidad para vino.
9 Parte de la caja en que encaja el cañón de las armas de fuego portátiles.
10 Tercer cuerpo del cañón antiguo. `MILITAR`
11 Canción popular andaluza. `MÚSICA`
12 Aguardiente destilado de la caña de azúcar. `Amér.`
13 Cierto baile. `Colomb.`
14 Noticia falsa, fanfarronada. `Colomb.`
15 Parte vertical y alargada de la columna, entre el capitel y la basa. `ARQUITECTURA` `= fuste`
16 Galería de mina. `MINERÍA`
17 Fuerza o intensidad con la que se hace alguna cosa, o característica positiva que tiene: *esta canción tiene mucha caña.*
18 caña de azúcar o dulce: Planta leñosa, gramínacea, de tallo relleno de un tejido esponjoso del que se extrae el llamado azúcar de caña. *(Saccharum officinarum.)* `BOTÁNICA` `= cañamiel`
19 caña de Indias: Cañacoro, planta herbácea. `BOTÁNICA`
20 caña del ancla: Parte del ancla entre la cruz y el arganeo. `NÁUTICA`
21 caña de pulmón: Tráquea, parte del aparato respiratorio. `MEDICINA`
22 caña del timón: Palanca encajada en la cabeza del timón con la cual se maneja. `NÁUTICA`
23 caña de pescar: La que sirve para pescar, provista de sedal y anzuelo. `PESCA`
24 caña de vaca: Hueso de la pierna de la vaca usado para hacer caldo.
25 darle o meterle a alguien caña: Azuzar o estimular a una persona para que haga una cosa: *le dio la caña para que recogiese su habitación.* `coloquial`
26 de media caña: 1. De media circunferencia: *hemos cubierto las esquinas con una moldura de media caña.* **2.** Se aplica al calzado que cubre hasta la mitad de la espinilla. `loc.adj.` `loc.adj.`

cañacoro Planta herbácea de rizoma grueso y carnoso, espigas de flores rojoanaranjadas y fruto en cápsula. *(Canna indica.)* `s.m.` `BOTÁNICA`

cañada
1 Camino para el ganado. `s.f.`
2 Paso estrecho entre dos montes pequeños: *atravesó la cañada bajo un sol abrasador.* `GEOGRAFÍA`
3 Terreno bajo entre lomas, bañado de agua y con vegetación propia de tierras húmedas. `Argent.,` `Par., Urug.`

cañadilla Molusco gasterópodo marino, de concha ornamentada con espinas, de la que antiguamente se extraía la púrpura. *(Murex brandaris.)* `s.f.` `ZOOLOGÍA`

cañadón Cauce antiguo y profundo entre dos lomas o sierras. `s.m./Argent,` `Cuba, Urug.`

cañaheja Planta umbelífera con tallo recto, cilíndrico y hueco y flores amarillas que produce una gomorresina. *(Ferula communis.)* `s.f.` `BOTÁNICA` `tb: cañareja`

cañahua Mijo que comen los indios y con el que, una vez fermentado, elaboran una bebida. `s.f./Perú` `BOTÁNICA`

cañahueca Persona habladora que no sabe guardar un secreto. `s.m.f.`

cañal
1 Cañaveral, terreno donde abundan las cañas o cañaveras. `s.m./tb: cañar` `= cañizal`
2 Cerco de cañas que se hace en los ríos para pescar. `PESCA`
3 Canal hecho junto a un río para pescar en él con facilidad. `PESCA`

cañaliega Cerco de cañas para pescar. `s.f./PESCA/= cañar`

cáñama Repartición de una contribución. `s.f.`

cañamar Tierra sembrada de cáñamo. `s.m./AGRICULTURA`

cañamazo
1 Estopa de cáñamo. `s.m.`
2 Tela tosca de cáñamo. `TEXTIL/= arpillera`
3 Tejido de hilos dobles que se emplea para bordar. `TEXTIL/= esterilla`
4 Este tejido ya bordado. `TEXTIL`

cañamelar Plantación de caña de azúcar. `s.m./AGRICULTURA`

cañamiel Caña de azúcar, planta gramínacea. `s.f./BOTÁNICA`

cañamiza Agramiza, desperdicio de la caña del cáñamo o lino. `s.f.`

cáñamo (Del lat. hispánico *cannabum.*)
1 Planta herbácea, con tallo erguido, ramoso, áspero, hueco y velloso, hojas lanceoladas y opuestas, y flores verdosas. *(Cannabis sativa.)* `s.m.` `BOTÁNICA`
2 Fibra textil que se obtiene de esta planta. `TEXTIL`
3 Lienzo confeccionado con esta planta. `TEXTIL`
4 cáñamo de Manila: Fibra textil que se extrae de una variedad del banano.
5 cáñamo índico: Variedad del cáñamo común, del cual se obtienen gran variedad de derivados con propiedades estupefacientes, como la grifa, el kif, el hachís o la marihuana. `BOTÁNICA`

cañamón Simiente del cáñamo que se usa sobre todo para alimentar pájaros: *compró cañamones para los canarios.* `s.m.` `BOTÁNICA`

cañamoncillo Arena muy fina que se usa en argamasas: *falta el cañamoncillo para empezar la obra.* `s.m.` `CONSTRUCCIÓN`

cañar
1 Cañaveral, terreno de cañas o cañaveras. `s.m.`
2 Cerco de cañas para pescar. `PESCA/tb: cañal`

cañariego, a Se aplica a la persona y a los animales que acompañan a los ganados trashumantes. `adj.`

cañarroya Parietaria, planta herbácea. `s.f./BOTÁNICA`

cañavera Carrizo, planta herbácea. `s.f./BOTÁNICA`

cañaveral Terreno donde abundan las cañas o cañaveras: *perdió la pista en el cañaveral.* `s.m./= cañal,` `cañar, cañizal`

cañedo Cañaveral, terreno poblado de cañas: *los cañedos bordeaban el riachuelo.* `s.m.`

cañeo Recorrido por varios bares bebiendo cañas, en especial de cerveza: *se fueron de cañeo.* `s.m./coloquial` `= tasqueo`

cañera Bandeja con agujeros para encajar y servir cañas de vino. `s.f.`

cañería Tubo o conducto para la conducción o distribución de agua o gas: *cañería del sistema de calefacción central.* `s.f.` `CONSTRUCCIÓN` `= tubería`

cañero, a
1 De la caña de azúcar. `adj.`
2 Persona que hace cañerías o las cuida. `s.`

cañeta Carrizo, planta gramínacea. `s.f./BOTÁNICA`

cañí De la etnia gitana: *la cultura cañí.* `adj/s.m.f.`

cañillera Canillera, pieza de la armadura. `s.f./HISTORIA`

cañista Persona que hace cañizos o los coloca en las obras: *ya contrató a los cañistas.* `s.m.f.` `CONSTRUCCIÓN`

cañiza Especie de lienzo. `s.f.`

cañizal Cañaveral, terreno poblado de cañas: *los cañizales de la albufera.* `s.m.` `tb: cañizar`

cañizo Tejido de cañas empleado para sombrajos, toldos de carros, sostén del yeso en los cielos rasos y otros usos: *se refugiaron a la sombra del cañizo.* `s.m.` `CONSTRUCCIÓN`

caño
1 Tubo corto de metal, vidrio o barro. `s.m.`
2 Chorro de agua de una fuente o de un grifo: *el caño no daba abasto con el agua del manantial.*
3 Cauce de aguas residuales. `= albañal`
4 Conducto del aire que produce el sonido en un órgano musical. `MÚSICA`
5 Subterráneo en las bodegas de vino, donde están las cubas.
6 Cueva donde se enfría el agua.
7 Galería de mina. `MINERÍA`
8 Canal estrecho y navegable de un puerto o bahía. `NÁUTICA`

cañón (De origen incierto.)
1 Pieza hueca y larga, a modo de caña, de ciertos objetos, instrumentos y aparatos: *el cañón de la escopeta.* `s.m.`

2 Pieza de artillería dotada de un tubo de acero de gran longitud, en el que se coloca el proyectil. — MILITAR
3 Paso estrecho entre montañas de pendiente casi vertical: *los cañones se encuentran principalmente en áreas áridas y semiáridas.* — GEOGRAFÍA
4 Valle profundo excavado por un cauce de agua. — GEOLOGÍA
5 Foco de gran potencia usado para centrar y destacar a las personas con un círculo luminoso: *iluminó al presentador con el cañón.* — TEATRO
6 Teleobjetivo de una cámara de televisión. — AUDIOVISUALES
7 Pliegue o doblez de forma tubular en algunas prendas de vestir.
8 Parte hueca de la pluma de un ave. — = cálamo
9 Pluma del ave cuando empieza a crecer y aún no tiene barbas. — ZOOLOGÍA
10 Pluma de ave que se usaba para escribir.
11 Parte más gruesa del pelo de la barba, inmediata a la raíz.
12 Pieza del brazal de las armaduras que estaba unido a él por la parte superior. — HISTORIA
13 Hierro redondo que, junto con otro, forma la embocadura del freno del caballo. — EQUITACIÓN
14 Cencerro más pequeño que la zumba.
15 cañón antiaéreo: El destinado a combatir y derribar aviones y helicópteros. — MILITAR
16 cañón lanzacabos: Aparato usado en un barco para lanzar a cierta distancia una cuerda para que pueda salvarse un náufrago. — NÁUTICA
17 cañón obús: Pieza de artillería de grueso calibre que usa proyectiles huecos. — MILITAR / = obús
18 cañón rayado: Cañón de un arma de fuego, con estrías en su interior para dar al proyectil un movimiento de rotación en torno a su eje y estabilizar su trayectoria. — MILITAR
19 Estar una persona o cosa cañón: Estar buena, estupenda, atractiva. — coloquial

cañonazo
1 Disparo de cañón: *los artilleros lanzaron dos cañonazos como salve.* — s.m.
2 Ruido, herida y daño producido por el disparo de un cañón: *los cañonazos destrozaron el almenar de la fortaleza.*
3 Disparo potente a la portería, en el fútbol: *el delantero centro se hizo famoso por sus cañonazos.* — DEPORTES / = chupinazo

cañonear Lanzar proyectiles de cañón sobre un lugar: *el ejército cañoneó el puerto.* — v.tr/prnl. / th: acañonear

cañonera
1 Abertura en los costados de un barco o de una fortificación que sirve para disparar los cañones y piezas de artillería. — s.f. /MILITAR, NÁUTICA / = tronera
2 Espacio en las baterías de un buque en el que se colocan los cañones. — MILITAR, NÁUTICA
3 Tienda de campaña que usan los soldados. — MILITAR

cañonería
1 Conjunto de cañones de un órgano. — s.f./MÚSICA
2 Conjunto de cañones de artillería: *la cañonería de la armada española.* — MILITAR

cañonero, a Se aplica a la embarcación que está armada de algún cañón. — adj/s./MILITAR, NÁUTICA

cañota Planta gramínea de tallo sencillo con nudos vellosos y flores en ramos. *(Phragmites australis.)* — s.f./BOTÁNICA / = millaca

cañuela Planta gramínea anual, de hojas puntiagudas y panojas laxas, verdes o violáceas. — s.f. BOTÁNICA

cañutazo Soplo, acción que consiste en delatar un delito y su autor. — s.m. coloquial

cañutería
1 Cañonería, conjunto de cañones de un órgano. — s.f./MÚSICA
2 Labor de oro o plata hecha con canutillo.

cañutillo
1 Tubo pequeño de vidrio usado en trabajos de pasamanería y bordado. — s.m. / th: canutillo
2 Hilo de plata u oro rizado, usado para bordar. — TEXTIL
3 Trabajo o adorno en algunas telas. — TEXTIL
4 de cañutillo: Forma de realizar un injerto, colocando en la rama descortezada del patrón un tubito de corteza, con una yema, de la planta que se injerta. — loc.adv. AGRICULTURA

cañuto (Del mozárabe *cannut.*)
1 Trozo de caña comprendida entre dos nudos: *aprovechó un cañuto para hacer una flauta.* — s.m.
2 Tubo de palo, metal u otro material, corto y no muy grueso, que tiene diversas aplicaciones.
3 Delatador o soplón. — coloquial

caoba
1 Árbol de tronco alto, recto y grueso, hojas alternas y pinnadas, flores pequeñas y blancas y fruto capsular. *(Swietenia.)* — s.f. BOTÁNICA / th: caobo
2 Madera de este árbol, muy apreciada en ebanistería.

caolín (De *Gaoling*, lugar del norte de China.) Silicato hidratado de aluminio que se emplea en la fabricación de porcelana fina y de papel. — s.m. MINERALOGÍA

caolinita Silicato natural de aluminio que constituye un elemento propio de las arcillas. — s.f. MINERALOGÍA

caolinización Proceso de transformación de los feldespatos y de otros silicatos en caolín por la meteorización. — s.f. GEOLOGÍA

caos (Del lat. *chaos* < gr. *khaos*, abismo.)
1 Estado de confusión y desorden de la materia que, según algunas teorías, precedió a la organización del universo. — s.m. pl: caos
2 Estado de confusión y desorden en que se encuentra un conjunto de cosas, un lugar o una colectividad social: *la institución se encuentra en un verdadero caos.*
3 Confusión general de los elementos y de la materia, antes de la creación del mundo. — FILOSOFÍA

caótico, a
1 Que tiene relación con el caos. — adj.
2 Que está muy desordenado y confuso: *la encontró en un caótico montón de papeles y apuntes.*

capa (Del lat. *cappa.*)
1 Prenda de vestir larga, suelta, sin mangas y abierta por delante que cubre desde el cuello, ensanchándose gradualmente hacia la parte inferior. — s.f.
2 Materia que se extiende sobre otras cubriéndola: *el bizcocho está bañado con una capa de chocolate.* — = película
3 Parte diferenciada que junto con otras, dispuestas a manera de estratos, constituye o recubre una cosa: *la atmósfera está formada por diversas capas.*
4 Cubierta con que se protege una cosa.
5 Hoja de tabaco que envuelve la tripa formando el cigarro puro.
6 Color de los caballos y otros animales.
7 Plumaje del lomo de las aves.
8 Persona que ayuda a que un delito o un delincuente no sean descubiertos. — = encubridor
9 Capote del torero.
10 Cantidad pagada al capitán de un barco mercante por un transporte. — TAUROMAQUIA NÁUTICA
11 Unidad sedimentaria comprendida entre dos superficies que permiten delimitar esta unidad de los materiales próximos. — GEOLOGÍA
12 División del escudo abierto en pabellón desde la mitad del jefe hasta los flancos. — HERÁLDICA
13 capa inversora: Zona media de la envoltura gaseosa del Sol formada por gases incandescentes. — ASTRONOMÍA
14 andar o estar alguien de capa caída: Padecer decadencia en sus bienes, fortuna o salud: *anda hace unos meses de capa caída, sin salud ni energía.* — coloquial
15 defender a capa y espada: Defender con gran empeño: *siempre ha defendido a capa y espada sus ideas.* — coloquial
16 de o a so capa: Secretamente, con soborno. — loc.adv.
17 hacer alguien de su capa un sayo: Hacer en sus asuntos lo que quiera aunque no sea razonable: *puedes seguir haciendo de tu capa un sayo, pero no estás en lo cierto.* — coloquial

capacete (Del cat. *cabasset* < *cabas*, capacho, por su forma.) Pieza de la armadura que cubría la cabeza, sin cresta ni visera. — s.m. HISTORIA

capacha
1 Media sera de esparto que cubre los cestos de frutas y las seras de carbón, y donde también suelen comer los bueyes. — s.f. th: capacho
2 Capacho, espuerta para transportar cosas pequeñas.
3 Prisión, cárcel, lugar para encerrar a los condenados por algún delito. — Bol., Chile

capachero, a
1 Persona que fabrica o vende capachos. — s.
2 Persona que portea en capachos alguna mercancía.

capacho (Probablemente del bajo lat. *capaceus* < lat. *capere*, contener.)
1 Espuerta de juncos o mimbres que suele usarse para transportar fruta y otras cosas menudas. — s.m. th: capacha
2 Media sera de esparto que cubre los cestos de frutas, las seras de carbón y donde también suelen comer los bueyes. — th: capacha
3 Espuerta de cuero, goma u otro material que usan los albañiles para transportar la mezcla de arena y cal desde el montón a la obra. — CONSTRUCCIÓN
4 Serilla de esparto apretado, compuesta de dos piezas redondas cosidas por el canto, de las que la superior está provista de un agujero por donde se echa la aceituna para molida.
5 Espuerta acondicionada como cuna.
6 Planta del género del cañacoro, propia de las regiones tropicales y cuyo fruto es comestible. — = capazo BOTÁNICA

capacidad (Del lat. *capacitas, -atis.*)
1 Espacio disponible en una cosa capaz para contener otra: *no hay capacidad para ese coche.* — s.f. = cabida
2 Extensión o espacio de un local o de un sitio cerrado: *era un teatro de poca capacidad.*

3 Preparación adecuada para desempeñar un oficio o hacer una cosa: *tiene capacidad para la música.* = aptitud
4 Aptitud jurídica para ejercer un derecho o función civil, política o administrativa, o estar sujeto a una obligación legal. DERECHO
5 Cantidad máxima de información que puede contener la memoria de un ordenador. INFORMÁTICA
6 capacidad calorífica: Cantidad de calor necesaria para que un quilogramo de una sustancia aumente en un grado centígrado su temperatura. FÍSICA = calor específico
7 capacidad eléctrica: Carga eléctrica admitida por un conductor para adquirir la unidad de potencial. ELECTRICIDAD

capacitación Acción y resultado de hacerse o hacer a una persona apta para realizar un trabajo determinado: *recibieron la capacitación del ministerio.* s.f.

capacitancia Capacidad de reactancia de un condensador al paso de la corriente eléctrica. s.f. ELECTRICIDAD

capacitar Hacer a una persona apta para desarrollar una actividad: *con su estricta instrucción los capacitó para afrontar los más terribles peligros.* v.tr/prnl.

capadocio, a
1 De Capadocia, antigua región de Asia Menor, y de la actual Turquía. adj.
2 Persona natural de esta región.

capador, a El que se dedica a capar cerdos o a otros animales. s. = castrador

capadura
1 Acción y resultado de capar. s.f.
2 Cicatriz que resulta de esta operación.
3 Hoja de tabaco de calidad inferior empleada para picadura o para tripas de los cigarros.

capanga Capataz, guardaespaldas o matón. s.m./Argent.

capar
1 Privar a una persona o un animal de los órganos genitales o de la capacidad de reproducción. v.tr. = castrar
2 Hacer una cosa más pequeña. coloquial

caparazón
1 Cubierta que protege el cuerpo de ciertos animales, como los crustáceos, protozoos y quelonios. s.m. ZOOLOGÍA
2 Cubierta que protege alguna cosa. = escudo
3 Cesto que contiene pienso y se cuelga de la cabeza de las caballerías.
4 Esqueleto del cuerpo de un ave. ZOOLOGÍA
5 Cubierta que se pone al caballo que va de mano para tapar la silla, o a los caballos de tiro para resguardarles de la lluvia. EQUITACIÓN

caparidáceo, a Perteneciente a una familia de plantas angiospermas, herbáceas o arbustivas, de hojas simples o palmeadas, flores solitarias o en racimos y fruto en cápsula, baya, silicua o drupa. adj/s.f. BOTÁNICA tb: caparídeo

caparrai
I (Del lat. *capparis.*) Garrapata, ácaro arácnido. s.f./ZOOLOGÍA
II (Del ital. *caparra.*) Cantidad dada como anticipo del pago total de una cosa para dar garantía del mantenimiento del trato o contrato. s.f. = señal

caparrón Yema o botón de las plantas. s.m./BOTÁNICA

caparrosa
1 Minerales del grupo de los sulfatos hidratados. s.f./MINERALOGÍA
2 caparrosa azul: La que contiene sulfato de cobre y se emplea en medicina y tintorería. MINERALOGÍA
3 caparrosa blanca: La que contiene sulfato de cinc. MINERALOGÍA

capataz, a (Del lat. *caput*, cabeza.)
1 Persona encargada de mandar y vigilar a cierto número de trabajadores: *el terrateniente encargó al capataz que contratase una brigada de braceros.* s. pl: capataces
2 Persona encargada de la labranza y administración de las haciendas de campo.
3 Persona encargada en las casas de moneda de recibir el metal marcado y pesado para las labores.

capaz (Del lat. *capax, acis*, que tiene mucha cabida.)
1 Que tiene capacidad o aptitud suficiente para hacer una cosa: *es capaz de hacer bien cualquier cosa que le mandes.* adj. pl: capaces = apto, hábil
2 Que tiene capacidad jurídica: *es capaz de testar.* DERECHO
3 Se aplica al lugar que tiene espacio suficiente para contener en sí otra cosa: *es una sala capaz para mil espectadores.* = espacioso, grande ≠ pequeño
4 capaz que: Posiblemente, a lo mejor: *capaz que llueve, ahora ya está tronando.* loc.conj. Amér.
5 ser capaz de todo: Ser atrevido: *es capaz de todo, no hay nada que lo amilane.*

capazo Capacho, espuerta de mimbres. s.m.

capción
1 Captación, acción y resultado de captar. s.f.
2 Captura, detención o apresamiento. DERECHO

capciosidad
1 Posibilidad de que un razonamiento, pregunta o argumento induzca a error. s.f.
2 Cosa que, sin ser falsa, induce a error o engaño: *nos enredó con sus capciosidades.*

capcioso, a (Del lat. *captiosus < captio*, engaño.) Se aplica a la pregunta o proposición que se hace para confundir o engañar al interlocutor: *intentó eludir sus capciosas insinuaciones.* adj.

capea
1 Acción de capear al toro. s.f./TAUROMAQUIA
2 Lidia de becerros o novillos por aficionados. TAUROMAQUIA

capear
1 Torear a una res con la capa: *el diestro capeó con arte y sabiduría y cerró la tarde con una certera estocada.* v.tr/TAUROMAQUIA
2 Ocupar la atención de una persona con engaños o evasivas para no cumplir alguna obligación o promesa. coloquial
3 Evitar o sortear una dificultad con habilidad: *con su sempiterna habilidad logró capear el temporal.* coloquial
4 Faltar a clase, hacer novillos. v.tr/Chile, Guat.
5 Cubrir con huevo batido algún alimento para luego freírlo. Méx. COCINA
6 Poner las velas de modo que el barco ande poco. NÁUTICA
7 Evitar el mal tiempo con maniobras adecuadas. NÁUTICA

capeja Capa pequeña o de mala calidad. s.f./despectivo

capelina
1 Prenda para cubrir la cabeza. s.f.
2 Capellina, vendaje en forma de gorro. MEDICINA

capellada Puntera o remiendo de los zapatos. s.f.

capellán
1 Clérigo o sacerdote titular de una capellanía. s.m./RELIGIÓN
2 Cualquier eclesiástico, aunque no tenga capellanía. RELIGIÓN
3 Sacerdote que dice misa en una capilla privada. RELIGIÓN

capellanía
1 Beneficio que dan unos bienes y que obliga a celebrar ciertos actos religiosos, como la misa. s.f. RELIGIÓN
2 Manía o antipatía. Colomb.

capellina
1 Pieza de la armadura que cubre la parte superior de la cabeza. s.f. HISTORIA
2 Capucha para cubrir la cabeza. tb: capelina
3 Vendaje en forma de gorro. MEDICINA
4 Campana de hierro o bronce bajo la que se desazogaba y afinaba la plata. MINERÍA

capelo (Del ital. *cappello < lat. *cappellus*, sombrero.)
1 Sombrero rojo usado por los cardenales. s.m./RELIGIÓN
2 Dignidad de cardenal. RELIGIÓN
3 Cierto derecho que los obispos percibían del estado eclesiástico. RELIGIÓN
4 Campana de cristal para resguardar del polvo. Amér.

capeo
1 Acción y resultado de capear a una res: *realizó su primer capeo en el tentadero de la finca.* s.m./TAUROMAQUIA/= toreo
2 Capea o lidia: *asistió a varios capeos en verano.* s.m.pl/TAUROMAQUIA

capeón Novillo que se capea. s.m./TAUROMAQUIA

capero, a
1 Se aplica al tabaco que es apropiado para hacer capas de cigarros. adj.
2 Canónigo que viste capa en los oficios divinos. s.m./RELIGIÓN
3 Percha para las capas o los abrigos. = cuelgacapas

caperol Extremo superior de una pieza de construcción, en especial el de la roda de las embarcaciones menores. s.m. CONSTRUCCIÓN

caperuza
1 Bonete que termina en punta inclinada hacia atrás. s.f.
2 Pieza que cubre la salida del humo de la chimenea, y la protege de la lluvia y la nieve. CONSTRUCCIÓN
3 Pieza que cubre o protege la punta o el extremo de una cosa: *he perdido la caperuza de la pluma de escribir.* = capuchón

capeta Capa corta que se usaba sin esclavina. s.f./= capota

capi
1 Harina blanca de maíz. s.m./Amér. Merid.
2 Vaina tierna de las leguminosas. Chile

capia
1 Maíz blanco muy dulce que se usa para preparar golosinas. s.f. Amér. Merid.
2 Masa hecha con harina de maíz blanco y azúcar. Argent., Colomb.
3 Harina de maíz tostado. Bol.
4 Masa hecha con esta harina. Bol.

capialzado, a Se aplica al arco o dintel más levantado por uno de sus frentes para formar el declive en una puerta o ventana. adj/s.m. ARQUITECTURA

capialzar Levantar un arco o un dintel por uno de sus frentes para formar un derrame volteado sobre una puerta o una ventana. v.tr. conj: cazar ARQUITECTURA

capialzo Derrame, corte oblicuo en la superficie interior de un arco o bóveda. s.m. ARQUITECTURA

capichola (Del cat. *capicciola*, tejido grosero de cáñamo.) Tejido de seda que forma un cordoncillo. s.f. TEXTIL

capicúa (Del cat. *cap-i-cua < cap*, cabeza + *cua*, cola.)
1 Se aplica al número que no varía al leerlo de izquierda a derecha o de derecha a izquierda. adj/s.m.

2 Jugada de dominó en que se gana con una ficha que puede colocarse en ambos extremos. — s.m. JUEGOS

capiguara Capibara, mamífero roedor anfibio de gran tamaño. — s.m./Argent., Bol. ZOOLOGÍA

capilar (Del lat. *capillaris < capillus,* cabello.)
1 Del cabello: *usa una loción capilar.* — adj.
2 Se aplica al tubo cuyo diámetro es comparable al de un cabello. — adj. TECNOLOGÍA
3 Se refiere al fenómeno que se produce por la capilaridad. — FÍSICA
4 Se aplica al vaso que enlaza la terminación de las arterias con el comienzo de las venas. — adj/s.m. ANATOMÍA
5 Se refiere a la capacidad de una red para llegar a los usuarios finales. — TELECOMUNICACIONES

capilaridad
1 Calidad de capilar. — s.f.
2 Conjunto de fenómenos que se producen en la superficie de un líquido, en particular cuando está en un tubo. — FÍSICA

capilla (Del bajo lat. *cappella.)*
1 Iglesia pequeña contigua a otra mayor o parte integrante de ésta, con altar y advocación particular. — s.f./ARQUITECTURA, RELIGIÓN
2 Oratorio, lugar destinado a la oración. — RELIGIÓN
3 Oratorio portátil de los regimientos que están en campaña. — MILITAR, RELIGIÓN
4 Comunidad de capellanes, ministros y dependientes de una capilla. — RELIGIÓN
5 Cuerpo de músicos de una iglesia. — MÚSICA
6 Capucha unida al cuello de las capas, gabanes o hábitos.
7 Pequeño grupo de adictos a una persona o a una idea: *manipuló la capilla del ministro.* — coloquial
8 Pliego que se entrega suelto durante la impresión de una obra. — ARTES GRÁFICAS
9 capilla ardiente: 1. Lugar donde se levanta el túmulo y se celebran honras solemnes por un difunto. 2. Oratorio fúnebre provisional donde se vela un cadáver: *instalaron la capilla ardiente en el ayuntamiento.*
10 capilla mayor: La que es principal de una iglesia, en la que están el presbiterio y el altar mayor. — RELIGIÓN
11 capilla real: Aquella que tiene el rey en su palacio o que es de patronato real.
12 estar en capilla o en la capilla: 1. Situación del reo desde que se le notifica la sentencia de muerte hasta la ejecución. 2. Estar esperando el resultado de un asunto importante. — coloquial

capillejo
1 Madeja de seda para coser. — s.m./TEXTIL
2 Cofia que se usaba antiguamente.

capillero El que está encargado de una capilla. — s.m./tb: capiller

capilleta Nicho o cavidad en forma de capilla. — s.f.

capillo (Del lat. vulgar *cappellus,* vestidura de la cabeza.)
1 Objeto que cubre el extremo de una cosa. — s.m.
2 Gorro que se ponía a los niños recién nacidos.
3 Tela blanca que se pone a los niños en la cabeza al bautizarlos. — RELIGIÓN
4 Tela con que se cubrían las ofrendas de pan u otras cosas que se llevaban a la iglesia. — RELIGIÓN
5 Manga de tela para colar la cera.
6 Refuerzo interior para ahuecar y dar rigidez a la punta del zapato.
7 Hoja de tabaco que forma la primera envoltura de la tripa de los cigarros puros.
8 Capirote que se ponía a las aves de cetrería. — CAZA

capilludo, a
1 Que tiene relación con la capilla o capucha. — adj.
2 Que usa capilla o capucha.

capipardo Hombre del pueblo bajo. — s.m./coloquial

capirotada
1 Aderezo de huevo, ajos y especias, usado para cubrir o rebozar otros alimentos. — s.f. COCINA
2 Plato criollo a base de carne, maíz tostado, queso, manteca y otras especies. — Amér. COCINA
3 Dulce que se prepara con trozos de pan blanco remojado en miel, con queso rayado y cacahuetes. — Méx. COCINA

capirotada, a Se aplica a la figura que tiene la cabeza cubierta con un capirote, en especial las aves de cetrería. — adj. = caperuzado

capirotazo Golpe que se da especialmente en la cabeza, con un dedo que se deja escapar bruscamente después de tenerlo sujeto con la yema de otro. — s.m. tb: papirotazo = papirote

capirote (Del gascón *capirote*.)
1 Se aplica a la res que tiene la cabeza de distinto color que el cuerpo. — adj./tb: chapirote = chaperón
2 Cucurucho de cartón cubierto de tela que llevan los disciplinantes en las procesiones de semana santa. — s.m. RELIGIÓN
3 Muceta con capucha, del color respectivo de cada facultad, que usan los doctores o catedráticos en actos solemnes.

4 Caperuza de cuero que se pone a las aves de cetrería para que se estén quietas, hasta que se sueltan. — CAZA

capisayo
1 Vestidura de los obispos. — s.m./RELIGIÓN
2 Capotillo que servía de capa y sayo. — Colomb.
3 Camiseta, camisa corta.

capitación (Del lat. *capitatio,* tributo que se cobra por cada persona.) Tributo y contribución que se pagaba por persona. — s.f. ECONOMÍA

capital (Del lat. *capitalis.)*
1 De la cabeza. — adj.
2 Que tiene mucha importancia: *en años nadie olvidará su error capital.*
3 Se refiere a la pena que es la de muerte.
4 Se aplica a la letra mayúscula. — adj./s.f.
5 Se aplica al pecado que es cabeza u origen de otros, como el orgullo o la envidia. — adj. TEOLOGÍA
6 Se refiere a la población principal y cabeza de un estado, provincia o distrito: *el grupo sólo actuó en la capital y después siguió su gira por otras actividades.* — adj/s.f.
7 Hacienda, caudal o bienes. — s.m./ECONOMÍA
8 Dinero que se invierte en algún negocio o asunto y que es susceptible de producir rentas o beneficios. — ECONOMÍA
9 Caudal o bienes aportados por los cónyuges al matrimonio.
10 Factor de la producción constituido por inmuebles, maquinaria o instalaciones de cualquier tipo que se destina de manera permanente a la obtención de un producto. — ECONOMÍA

capitalidad Posesión del rango político-administrativo de capital: *este año se ha concedido a París la capitalidad cultural.* — s.f.

capitalino, a De la capital del estado. — adj.

capitalismo
1 Sistema económico y social que se basa en el predominio del capital como elemento de producción y creador de riqueza, sin la participación del trabajador, que dispone sólo de su fuerza de trabajo. — s.m. ECONOMÍA, POLÍTICA
2 Conjunto de capitales, su influencia y poder.

capitalista
1 Del capital o del capitalismo. — adj.
2 Se aplica al socio que aporta capital a una empresa o compañía. — ECONOMÍA
3 Poseedor de un importante capital en dinero o valores. — s.m.f.
4 Propietario de los medios de producción dentro de un sistema de utilización privada del excedente económico. — ECONOMÍA

capitalización
1 Acción de capitalizar. — s.f.
2 capitalización bursátil: Valor que se obtiene multiplicando el número de acciones de una sociedad por su curso en bolsa. — ECONOMÍA

capitalizar
1 Atribuir un valor como capital a una cosa que produce una renta. — v.tr/conj: cazar ECONOMÍA
2 Utilizar una renta transformándola en medio de producción. — ECONOMÍA
3 Obtener una persona provecho de las acciones de otra: *capitalizó los esfuerzos de su hermano.*

capitán (Del lat. *capitanus,* jefe.)
1 Caudillo militar. — s.m./MILITAR
2 Jefe de una banda o grupo. — = líder
3 Maitre, jefe de comedor. — Méx., Cuba
4 Oficial de grado inmediatamente superior al de teniente e inmediatamente inferior al de comandante, que manda una compañía, escuadrón o batería. — MILITAR
5 Persona que tiene el mando en un buque mercante. — NÁUTICA
6 Jugador que representa a su equipo en el terreno de juego: *los capitanes se intercambian los banderines.* — DEPORTES
7 capitán de navío: Grado de la marina equivalente al de coronel del ejército de tierra. — MILITAR
8 capitán de proa: Marinero encargado, generalmente por castigo, de la limpieza de un navío. — NÁUTICA
9 capitán general: 1. Grado supremo del ejército español. 2. Cargo correspondiente al mando militar supremo en las regiones terrestres y en los departamentos marítimos. — MILITAR MILITAR

capitana
1 Barco en el que va el comandante o capitán de una escuadra. — s.f. NÁUTICA
2 Mujer que es cabeza de un grupo o equipo. — coloquial

capitanear
1 Mandar o dirigir una tropa. — v.tr/MILITAR
2 Mandar a una o más personas en una actividad: *capitaneó la expedición por la montaña.* — = dirigir

capitanía
1 Empleo de capitán. — s.f./MILITAR
2 Edificio donde se ubican las oficinas y organismos militares bajo el mando de un capitán general. — MILITAR
3 Impuesto que se paga por fondear en un puerto. — NÁUTICA

4 capitanía general: Cargo de capitán general así como territorio sobre el que ejerce sus funciones y edificio en que reside con sus oficinas militares. — MILITAR

capitel (Del occitano *capitel* < lat. *capitellum*, cabecita.) Parte superior de una columna o pilastra, que sustenta un arquitrabe o recibe el arranque de un arco. — s.m. ARQUITECTURA

capitolino, a
1 Del capitolio. — adj.
2 Punta de piedra preciosa que se usa como adorno de ciertos objetos. — s.m.

capitolio (Del lat. *capitolium*.)
1 Acrópolis, lugar alto y fortificado. — s.m./HISTORIA
2 Edificio majestuoso, sede del parlamento o consistorio.

capitón (Del lat. *capito*.) Morragute, pez teleósteo. — s.m./ZOOLOGÍA

capitoné (Del fr. *capitonné*.) Se aplica al vehículo vagón que tiene el interior acolchado para proteger los muebles que en él se transportan. — adj.

capitoste Persona con influencia o mando que lidera un grupo: *el capitoste de los nacionalistas.* — s.m.f. despectivo

capítula Capítulo de la Biblia. — s.f./RELIGIÓN

capitulación
1 Pacto que hacen dos o más personas sobre algún asunto, por lo general importante. — s.f.
2 Escritura pública en la que constan las capitulaciones matrimoniales. — RELIGIÓN
3 Convenio en el que se estipula la rendición de un ejército, de una plaza o de un punto fortificado. — MILITAR
4 Conciertos o acuerdos que hacen las personas que van a casarse y que se autorizan y adquieren validez por medio de una escritura pública. — s.f.pl. DERECHO

capitulado, a
1 Que está resumido o compendiado. — adj.
2 Que está organizado en capítulos: *texto capitulado; serie capitulada.*
3 Capitulación o pacto. — s.f.pl.

capitular
I (Derivado de *capítulo*.)
1 De un cabildo secular o eclesiástico o del capítulo de una orden religiosa. — adj. RELIGIÓN
2 Se refiere a la letra mayúscula que está impresa o manuscrita. — adj/s.f. ARTES GRÁFICAS
3 Se aplica a la letra adornada o pintada con la que empieza un capítulo. — ARTES GRÁFICAS
4 Miembro de algunos organismos, que tienen voto en sus asambleas. — s.m.
II (Del bajo lat. *capitulare*.)
1 Ponerse dos o más personas de acuerdo respecto a las condiciones de un acto trascendental. — v.intr./tr.
2 Dejar un pueblo o un ejército de oponer resistencia y entregarse: *los invasores capitularon.* — v.intr. MILITAR
3 Dejar de oponer resistencia.
4 Hacer cargas a una persona por faltas o delitos cometidos en el ejercicio de un empleo. — v.tr. DERECHO

capitulario Libro de coro que contiene las capítulas o capítulos de la Biblia. — s.m. RELIGIÓN

capítulo (Del lat. *capitulum*.)
1 Cada una de las partes numeradas o tituladas en que se divide un libro o cualquier otro escrito: *la protagonista no aparece hasta el tercer capítulo de la novela.* — s.m. LITERATURA
2 Asamblea que hacen los religiosos de una orden para las elecciones de prelados y para tratar otros asuntos. — RELIGIÓN
3 Cabildo secular. — RELIGIÓN
4 Amonestación grave que se dirige a un religioso en presencia de su comunidad. — RELIGIÓN
5 **ganar** o **perder capítulo:** Conseguir o no lo que se pretendía entre muchos. — coloquial
6 **llamar** o **traer a alguien a capítulo:** Exigirle que dé cuenta de sus actos: *la dirección le llamó a capítulo.* — coloquial
7 **ser capítulo aparte:** Ser otra cuestión que la que se trata o merecer una atención más detenida: *tu proposición es capítulo aparte, la trataremos en otra sesión.* — coloquial

capnomancia (Del gr. *kapnos*, humo + *manteia*, predicción.) Adivinación por medio de la observación del humo. — s.f. OCULTISMO th: capnomancia

capo (Del ital. *capo*, jefe.) Jefe de una mafia: *detuvieron al capo siciliano por delitos fiscales.* — s.m.

capó (Del fr. *capot*.) Cubierta del motor de los automóviles: *el granizo abolló el capó.* — s.m.

capón (Del lat. vulgar *cappo, -onis*.)
1 Se aplica al animal castrado. — adj/s.m.
2 Pollo castrado que se ceba para comerlo: *compró unos capones para agasajar a la comitiva.* — s.m.
3 Haz de sarmientos de la vid. — AGRICULTURA
4 Cadena o cabo grueso que sirve para mantener suspendida el ancla por el arganeo. — NÁUTICA
5 Golpe dado en la cabeza con los nudillos o sólo con el nudillo del corazón. — coloquial

caponar Atar los sarmientos de la vid para que no estorben al labrar la tierra. — v.tr. AGRICULTURA

caponera
1 Jaula de madera donde se ponen los pollos castrados para cebarlos. — s.f.
2 Edificio o local para recluir a los presos. — coloquial/= cárcel

caporal (Del ital. *caporale* < *capo*, jefe.)
1 Jefe de un grupo de personas. — s.m.
2 Persona encargada del ganado que se emplea en la labranza. — AGRICULTURA
3 Cabo de escuadra. — Amér./MILITAR
4 Capataz de una estancia ganadera. — Amér.

caporalista Persona que hace de cabeza de grupo. — s.m.f./= caporal

capota
I (De *capa*.)
1 Cubierta plegable de algunos vehículos: *desplegó la capota ante las primeras gotas de lluvia.* — s.f.
2 Sombrero femenino sujeto con cintas por debajo de la barbilla.
3 Capa corta sin esclavina. — th: capeta
4 Tela del paracaídas.
II (Del lat. *caput*, cabeza.) Cabeza de la cardencha. — s.f./BOTÁNICA

capotar Quedar un automóvil o un avión en posición invertida al volcar. — v.intr.

capotazo Movimiento hecho con el capote para atraer o desviar al toro. — s.m. TAUROMAQUIA

capote (Del fr. *capot*.)
1 Capa corta que usan los toreros: *el diestro llamaba la atención del toro moviendo el capote.* — s.m. TAUROMAQUIA
2 Prenda de vestir semejante a la capa, con mangas y menor vuelo.
4 Ceño del rostro. — coloquial
5 Cargazón, aglomeración de nubes. — coloquial
6 Tunda o paliza de golpes. — Chile
7 **capote de brega:** Capa corta de color vivo usada por los toreros para la lidia. — TAUROMAQUIA
8 **capote de paseo:** Capa corta con esclavina y bordada de oro o plata que visten los toreros en el desfile de las cuadrillas y al entrar y salir de la plaza. — TAUROMAQUIA
9 **dar capote:** Hacer un jugador todas las bazas en una mano en algunos juegos de naipes. — JUEGOS coloquial
10 **echar un capote:** 1. Desviar la conversación para evitar un conflicto: *echó un capote sobre el tema de los presupuestos y siguió hablando del calendario.* 2. Ayudar al que se halla en un apuro: *¡suerte que nos echó un capote y nos solucionó el problema!* — coloquial

capotear
1 Dar pases al toro con el capote. — v.tr./TAUROMAQUIA
2 Ocupar la atención de una persona con evasivas o engaños: *desde hace tres meses me está capoteando sin pagarme lo que me debe.* — = capear
3 Evitar hábilmente las dificultades y los compromisos: *afortunadamente pudo capotear las dificultades.* — coloquial

capotera
1 Se aplica a la aguja de gran tamaño que usan las costureras. — adj/s.f. TEXTIL
2 Percha para colgar la ropa. — s.f./Hond.
3 Maleta hecha de lienzo y abierta por los extremos. — Venez.

capotero, a Persona que hace capotes. — s.

capotillo Prenda de vestir semejante al capote que llegaba hasta la cintura. — s.m.

capotudo, a Que tiene ceño o que lo arruga. — adj.

cappa Décima letra del alfabeto griego que se translitera por *k* en el latino. — s.f.

caprario, a De la cabra. — adj./= caprino

capricho (Del ital. *capriccio*, escalofrío < *capo*, cabeza + *rizzo*, erizamiento.)
1 Deseo o propósito que carece de fundamento racional: *no pone límite a sus caprichos.* — s.m. = antojo
2 Objeto de tal deseo: *se compró un capricho.*
3 Obra de arte en la que el ingenio rompe el cumplimiento de la norma: *los caprichos grotescos de Goya.* — ARTE
4 Pieza musical compuesta de manera libre. — MÚSICA
5 **a capricho:** De manera caprichosa, sin norma: *distribuyó las tareas a capricho.* — loc.adv.

caprichoso, a
1 Que tiene caprichos: *está muy caprichosa, no para de pedir cosas.* — adj/s.
2 Que se hace a capricho o arbitrariamente: *elección caprichosa.* — adj.

capricornio (Del lat. *capricornus* < *capra*, cabra + *cornu*, cuerno.)
1 Décimo signo del Zodíaco representado por una cabra. — s.m. OCULTISMO
2 Persona nacida entre el 22 de diciembre y el 20 de enero. — adj/s.m.f. OCULTISMO

caprifoliáceo, a (Del lat. *caprifolium*, madreselva.) Perteneciente a una familia de plantas angiospermas, arbustivas, de hojas opuestas, flores pentámeras y fruto en drupa o baya. — adj/s.f. BOTÁNICA

caprino, a Cabruno, de la cabra. — adj./culto

caprípedo, a Que tiene pies de cabra. — adj./tb: caprípede

cápsula (Del lat. *capsula < capsa,* caja.)
1 Envoltura insípida y soluble para medicamentos en polvo que son desagradables al gusto. — s.f. FARMACIA
2 Medicamento contenido en esta envoltura: *le recetó unas cápsulas de vitaminas.* — FARMACIA
3 Envoltorio cilíndrico de metal que cierra herméticamente las botellas después de taponarlas. — = capuchón
4 Cilindro hueco de metal, en cuya base se coloca el fulminante de algunas armas de fuego.
5 Fruto sincárpico seco y dehiscente en que se alojan algunas semillas. — BOTÁNICA
6 Recipiente de bordes muy bajos usado para evaporar líquidos. — QUÍMICA
7 Elemento recuperable que equipa algunos tipos de naves espaciales. — AERONÁUTICA
8 Membrana con forma de saco que recubre o encierra un órgano. — ANATOMÍA
9 **cápsula del cristalino:** Membrana que recubre y encierra el cristalino. — ANATOMÍA
10 **cápsula interna:** Porción de sustancia blanca cerebral, comprendida entre el cuerpo estriado y el tálamo óptico. — ANATOMÍA
11 **cápsula sinovial:** Membrana en forma de saco cerrado que recubre los huesos y contiene y segrega la sinovia. — ANATOMÍA
12 **cápsula suprarrenal o renal:** Glándula suprarrenal que segrega la adrenalina. — ANATOMÍA

capsuladora Aparato para capsular las botellas. — s.f./TECNOLOGÍA

capsular
1 De la cápsula. — adj.
2 Que tiene forma de cápsula: *fruto capsular.*
3 Poner un envoltorio cilíndrico de metal a una botella para cerrarla. — v.tr.
4 Preparar un medicamento en cápsulas. — FARMACIA

captación (Del lat. *captatio, -onis.*)
1 Acción y resultado de captar. — s.f.
2 Acción que consiste en provocar una persona, mediante el empleo de maniobras represibles, el consentimiento de una donación o legado. — DERECHO

captador, a
1 Que capta. — adj./s.
2 Dispositivo sensible a las variaciones de una magnitud física y que proporciona una señal útil. — TECNOLOGÍA / = defector

captar (Del lat. *captare < capere,* coger.)
1 Percibir alguna cosa con los sentidos: *captó un fétido olor que provenía del sótano; al tocarlo captó su frialdad y su tacto viscoso.* — v.tr. / = sentir
2 Recoger o recibir sonidos o imágenes en forma de ondas con un aparato adecuado. — TELECOMUNICACIONES
3 Recoger las aguas de una o varias corrientes.
4 Darse cuenta de una cosa: *por fin captó que faltaba una pieza.* — = percatarse
5 Percibir una persona el sentido de una cosa: *no fue hasta más tarde que capté la idea.* — = entender, comprender

captor, a (Del lat. *captor.*)
1 Que capta: *instrumento captor de bajas frecuencias.* — adj./s.
2 Que captura: *brigada captora.*

captura (Del lat. *captura < capere,* coger.)
1 Detención o apresamiento: *consiguió dar captura a los dos prófugos.* — s.f. / = capción
2 Cambio experimentado en el curso de un río por el que sus aguas pasan o invaden otra cuenca. — GEOGRAFÍA
3 Adquisición de una partícula suplementaria en un sistema nuclear o atómico. — FÍSICA, QUÍMICA

capturar
1 Coger a un delincuente. — v.tr./= apresar
2 Aprehender a alguien o algo que ofrezca resistencia: *capturó un barbo de grandes proporciones.*

capucha
1 Gorro unido a una prenda de vestir que normalmente acaba en punta: *ocultaba la melena y parte del rostro bajo la capucha de la capa.* — s.f. / tb: capucho
2 Objeto con que se cubre o protege el extremo de una cosa. — = capuchón
3 Acento circunflejo. — ARTES GRÁFICAS
4 Plumas de la cabeza de las aves. — ZOOLOGÍA

capuchina
1 Planta de tallos sarmentosos y trepadores, hojas alternas y abroqueladas, flores de color rojo anaranjado. — s.f. BOTÁNICA
2 Lamparilla portátil con una pieza en forma de capucha para apagar la llama.
3 Cierto dulce de yema que tiene figura de capucha. — COCINA
4 Cometa de papel en forma de capucha y sin armadura: *volaron las capuchinas en la playa.* — JUEGOS
5 Conjunto de dos o más chibaletes unidos por su parte posterior. — ARTES GRÁFICAS

capuchino, a (Del ital. *cappuccino.*)
1 De una orden religiosa que propugna una vuelta al espíritu franciscano primitivo. — adj. RELIGIÓN
2 Persona que es miembro de esta orden. — s./RELIGIÓN
3 Café caliente mezclado con leche, que se distingue por su color claro y por la espuma de la leche con que se sirve. — s.m.

capuchón
1 Objeto con que se cubre o protege el extremo de una cosa: *he perdido el capuchón de la pluma estilográfica.* — s.m.
2 Abrigo con capucha que usaban las mujeres.
3 Prenda que se ponía a los presos para impedir que se comunicasen fuera de las celdas.
4 Traje de carnaval corto.

capuera Parte de la selva desbrozada para el cultivo: *las tormentas enlodazaron las capueras.* — s.f./Argent., Par. / = rozado

capujar
1 Agarrar al vuelo una cosa. — v.tr./Argent.
2 Decir una cosa antes que otra persona. — Argent.

capulí
1 Árbol rosáceo americano de hojas alternas y flores pequeñas y blancas. *(Prunus capuli.)* — s.m./BOTÁNICA / tb: capulin
2 Fruto de este árbol, en forma de drupa esférica, color negro rojizo y sabor agradable. — BOTÁNICA

capúlido, a Perteneciente a una familia de moluscos gasterópodos de concha en forma de bonete y ancha abertura, como el cápulo. — adj/s.m. ZOOLOGÍA

capulina Araña de color negro y abdomen abultado, sumamente venenosa. — s.f./Méx. ZOOLOGÍA

cápulo Molusco gasterópodo de la familia de los capúlidos. *(Capulus.)* — s.m. ZOOLOGÍA

capullada Sandez o necedad. — s.f./vulgar

capullo, a
1 Se aplica a la persona estúpida, torpe o que molesta a los demás con impertinencias. — adj/s./vulgar
2 Flor que no ha acabado de abrirse: *le regaló un pequeño ramillete de capullos de rosas.* — s.m. BOTÁNICA
3 Cubierta protectora en forma oval que fabrican las larvas de ciertos insectos, en particular el gusano de seda o las mariposas. — ZOOLOGÍA
4 Tela basta hecha de seda de capullos. — TEXTIL
5 Cascabillo o cúpula de la bellota. — BOTÁNICA
6 Manojo de lino cocido, atado por las puntas.
7 Prepucio, piel móvil que cubre el bálano del pene. — vulgar
8 **en capullo:** Se aplica a aquello que no está completamente formado, pero ya muestra lo que va a ser. — coloquial

capuz
1 Capucho o capucha. — s.m./pl: capuces
2 Chapuzón, zambullida en el agua.

capuzar
1 Meter a una persona en el agua de cabeza o bruscamente: *lo capuzó para meterle miedo.* — v.tr./conj: *cazar* / tb: chapuzar
2 Poner demasiada carga en la proa de una embarcación de modo que se hunda por esa parte. — NÁUTICA

caquéctico, a (Del gr. *kakhektikos.*)
1 Que tiene relación con la caquexia: *síndrome caquéctico; debilidad caquéctica.* — adj. MEDICINA
2 Que padece caquexia. — adj/s./MEDICINA

caquexia (Del lat. *cachexia < gr. kakhexia,* mala constitución < *kakos,* malo + *ekho,* estar.)
1 Estado de marcada desnutrición por causas diversas, que aparece en diversas enfermedades. — s.f./MEDICINA / = cacoquimia
2 Decoloración que la falta de luz provoca en las partes verdes de las plantas. — BOTÁNICA

caqui
I (De origen incierto.) Árbol ebenáceo originario del Japón, de hoja caduca y fruto en baya comestible y rojo, de pulpa blanda y dulce. *(Diospyros kaki.)* — s.m. BOTÁNICA
II (Del ingl. *khaki* < indostánico *khaki,* de color de polvo.)
1 Se aplica al color que varía del ocre al verde grisáceo: *la ropa y algunos objetos militares son de color caqui.* — adj/s.m.
2 Tela de este color usada en los uniformes militares. — s.m.

car (Del cat. *car.*) Extremo inferior de la entena o verga de vela latina. — s.m. NÁUTICA

cara (Probablemente del gr. *kara,* cabeza.)
1 Parte delantera de la cabeza de las personas y de ciertos animales: *tiene la cara ovalada.* — s.f./ANATOMÍA / = rostro
2 Expresión del rostro: *¡qué cara más simpática tiene!* — = semblante
3 Manera o aspecto que presenta una cosa material o inmaterial, y por la cual produce cierta impresión: *el tiempo tiene mala cara.* — = apariencia, aspecto
4 Fachada o frente de una cosa. — = faz
5 Anverso de una moneda o una medalla: *en la cara de la moneda aparecía la efigie y en la cruz una pirámide.* — ≠ cruz
6 Cada una de sus dos superficies en un objeto laminar: *el resultado aparece en la otra cara del folio.*
7 Presencia de una persona: *aquí hay caras nuevas.*
8 Conjunto de entalladuras seguidas hechas en un árbol. — AGRICULTURA
9 Cada una de las superficies de un ángulo diedro o poliedro. — GEOMETRÍA

10 Cada una de las superficies que limitan o forman un poliedro. GEOMETRÍA

11 Superficie que trabaja de una herramienta o una pieza.

12 Parte inferior o base del pan de azúcar.

13 Persona que se comporta de manera egoísta y abusiva: *el muy cara se invitó a pasar unos días en mi casa y ni siquiera tuvo un detalle.* adj/s.m.f. coloquial = jeta

14 buena cara: Cara en que se refleja el buen estado de salud o simpatía por alguien: *hoy tienes muy buena cara, ¿te han dado una buena noticia?*

15 cara de acelga: Persona que tiene el rostro de color pálido y verdinegro. coloquial

16 cara de ángel: Cara de bueno, a veces, engañosa. coloquial

17 cara de asiento: Superficie por la que una piedra de sillería se une a otra. coloquial CONSTRUCCIÓN

18 cara de circunstancias: Expresión afectadamente triste o seria, con la que se pretende no desentonar en una situación: *todos los asistentes ponían cara de circunstancias.* coloquial

19 cara de pascua, de aleluya o de risa: La apacible, risueña y placentera. coloquial

20 cara de perro: Gesto de hostilidad o enfado: *ya se levantó con cara de perro.* coloquial

21 cara de pocos amigos o cara de vinagre: Semblante desagradable. coloquial

22 cara dura: 1. Expresión que se aplica a una persona que se comporta con desconsideración, cinismo o frescura y, también, a esos defectos: *¡qué cara más dura tienes!* 2. Persona que la tiene: *eres un cara dura.* coloquial

23 cara larga: La que expresa tristeza o contrariedad: *no esperaba su negativa y vino con la cara larga.* coloquial

24 mala cara: Aquella en que se refleja el mal estado de salud o el enfado: *tienes mala cara desde que te dieron la noticia.*

25 a cara descubierta: Abiertamente y sin disimulo por no tener nada que ocultar: *a cara descubierta les dio su opinión.* loc.adv.

26 caérsele a alguien la cara de vergüenza: Sentirse muy avergonzado, sonrojarse. coloquial

27 cara a o de cara a: Hacia o frente a: *caminábamos de cara al norte.* loc.prep.

28 cara abajo: Que está boca abajo, tumbado con la cara hacia abajo: *tomaba el sol cara abajo.* loc.adv.

29 cara a cara: 1. Decir o hacer una cosa a otra persona sin ocultarse, delante de ella misma. 2. Frente a frente, en oposición o rivalidad. loc.adv. loc.adv.

30 cara arriba: Que está boca arriba, tumbado con la cara hacia arriba: *lo encontraron muerto cara arriba.* loc.adv.

31 cruzar la cara a alguien: Dar una bofetada en la cara a una persona: *le cruzó la cara delante de todos.* coloquial

32 dar la cara: Responder uno de sus propios actos: *ahora te toca dar la cara y dar todas las explicaciones que te pidan.*

33 dar o sacar alguien la cara por otro: 1. Responder por la persona de quien se trata. 2. Salir en defensa de otro si alguien le ataca o critica. coloquial coloquial

34 de cara: 1. Por delante: *me lo encontré de cara.* 2. A favor de, con suerte: *esta temporada le vienen todas las cosas de cara, incluso le ha tocado la lotería.* loc.adv. + dar, poner, venir

35 de cara a: Frente a, mirando hacia: *les castigó de cara a la pared.* loc.adv.

36 decírselo a alguien una cosa en la cara: Decírselo en su presencia: *le dijo en la cara que no creía en ella.* coloquial

37 echar a cara o cruz: Tirar a lo alto un objeto con dos caras, generalmente una moneda, para ver cual de ellas queda hacia arriba: *se echaron a cara o cruz las tareas de la casa.*

38 echar en cara: Reprochar, recriminar: *les eché en cara que no hubieran estado más atentos.* coloquial

39 hacer cara a algo: Hacerle frente: *hizo cara a las vicisitudes del momento.* coloquial

40 hacer cara a alguien: Oponerse a él o desafiarle: *sin miedo, le hizo cara.* coloquial

41 lavar la cara de una cosa: Darle buen aspecto con un arreglo superficial: *lavó la cara al piso para alquilarlo.* coloquial

42 no tener a quien volver la cara: No tener a quien recurrir en busca de ayuda o apoyo. coloquial

43 no tener cara para hacer algo: Verse paralizado por la vergüenza para hacerlo: *no tiene cara para explicarle la causa de su actuación.* coloquial

44 partirle o romperle a alguien la cara: Expresión con la que se amenaza a alguien en agredirle: *les dijo que les partiría la cara si volvían a hacer el tonto.* coloquial

45 plantar cara a alguien: Desafiar a una persona, discutir lo que dice: *le plantó cara el primer día.* coloquial

46 poner buena, o mala, cara: Mostrar agrado o desagrado: *no puso buena cara a las sugerencias que le hicimos.* coloquial

47 por su o tu cara bonita o bella o linda: Expresión irónica para indicar que se considera sin fundamento cierta pretensión de una persona: *no se lo darán por su cara bonita.* coloquial

48 tener más cara que espalda: Tener desfachatez: *tiene más cara que espalda, llega tarde y aún nos mete prisa.* coloquial

49 verse las caras: Se usa como amenaza en respuesta a alguna ofensa recibida. coloquial

50 volver la cara a alguien: Mirar en otra dirección cuando se le encuentra, para no saludarle o para mostrarle desprecio. coloquial

caraba (Del ár. *qaraba*, aproximación < *qarab*, acercarse.) Se usa para indicar que algo o alguien rebasa lo considerado normal, ya sea por ser enojoso o admirable en la expresión **ser la caraba.** s.f. coloquial

cáraba Barco grande usado en Levante. s.f./NÁUTICA

carabao Búfalo de gran tamaño, de color gris azulado, con cuernos largos, aplanados y dirigidos hacia atrás. *(Bubalus bubalus Kerabau.)* s.m. ZOOLOGÍA

cárabe (Del ár. *kahraba*.) Variedad de ámbar amarillo. s.m./GEOLOGÍA

carabela (Del port. *caravela* < lat. *carabus*, un tipo de embarcación.) Antiguo barco ligero, de velas latinas, con una sola cubierta y dos o tres palos. s.f. NÁUTICA

carabelón Carabela pequeña. s.m./NÁUTICA

carábido, a Perteneciente a una familia de insectos coleópteros, carnívoros, muy voraces y beneficiosos para la agricultura porque destruyen orugas y otros animales perjudiciales. adj/s.m. ZOOLOGÍA

carabina (Del fr. *carabine*.)

1 Fusil corto usado por cazadores y algunas tropas. s.f.

2 Persona que acompaña a una pareja de novios o enamorados y que de alguna forma los cohíbe: *intentaron despistar a la carabina en el parque.* coloquial

3 ser la carabina de Ambrosio: Ser inútil, no hacer ningún servicio: *esta estufa no calienta nada, es la carabina de Ambrosio.* coloquial

carabinero

1 Soldado que usaba carabina. s.m./MILITAR

2 Miembro de un cuerpo militar destinado a perseguir el contrabando. MILITAR

cárabo

1 Barco pequeño que usaban los mahometanos. s.m./NÁUTICA

2 Insecto coleóptero que devora larvas de insectos, babosas y caracoles. *(Carabus.)* ZOOLOGÍA

3 Ave rapaz nocturna de plumaje de color gris y rojo. *(Strix aluco.)* ZOOLOGÍA

carabritear Ir el macho cabrío montés en celo detrás de la hembra. v.intr.

caracal Mamífero carnívoro félido, similar al lince, de pelaje leonado. *(Lynx caracal.)* s.m. ZOOLOGÍA

caracará Ave falconiforme de pico grande y alargado, con copete eréctil y colorido variado. *(Polyborus planeus.)* s.m. ZOOLOGÍA = carancho

caracas Cacao que procede de la costa de Caracas. s.m./pl: caracas

caracho, a Que es de color violeta: *a la caída del sol el cielo se puso caracho.* adj.

caracoa Embarcación de remo utilizada en Filipinas. s.f./NÁUTICA

caracol (Probablemente de una raíz expresiva *cacar-* que designaría la cáscara de este molusco.)

1 Denominación de diversos moluscos gasterópodos terrestres o marinos, dotados de una concha calcárea externa, en general, enrollada en espiral. s.m. ZOOLOGÍA

2 Concha de estos moluscos.

3 Pieza del reloj con un surco en el que se enrosca la cuerda: *cambiar el caracol del carillón.* MECÁNICA

4 Rizo de cabello: *los caracoles le caen sobre los ojos y le dificultan la visión.*

5 Cavidad del oído interno de los vertebrados. ANATOMÍA

6 Cada una de las vueltas o giros que el jinete hace dar a su caballo. EQUITACIÓN

7 Variedad del cante popular andaluz de carácter ligero y festivo. s.m.pl.

8 ¡caracoles!: Expresión usada para indicar sorpresa o enfado: *¡caracoles, qué susto!* interj. coloquial

caracola

1 Caracol marino. s.f./ZOOLOGÍA

2 Concha de forma cónica de distintos caracoles marinos, a veces de gran tamaño, que produce un sonido como el de la trompa al soplar por el vértice abierto.

caracolada Guiso de caracoles: *nos invitó a una caracolada hecha al estilo de su país.* s.f. COCINA

caracolear Ejecutar el caballo caracoles y giros. v.intr./EQUITACIÓN

caracoleo Ejecución de caracoles o giros por parte del caballo: *el caracoleo de los alazanes animó el desfile.* s.m./EQUITACIÓN = escarceo

caracolillo

1 Planta papilionácea de jardín, de hojas romboidales y flores enroscadas en forma de caracol. *(Dolichos lignosus.)* s.m. BOTÁNICA

2 Flor de esta planta. BOTÁNICA

3 Variedad de café de grano más pequeño y redondo que el común.

4 Cierta clase de caoba con muchas vetas.

carácter (Del lat. *character*, signo mágico < gr. *kharakter* < *kharasso*, marcar, grabar.)
1 Personalidad, idiosincrasia, modo de ser de las personas: *tiene un carácter violento y depresivo.* — s.m. / pl: caracteres
2 Índole, naturaleza de las cosas o situaciones: *la información es de carácter confidencial.*
3 Característica o particularidad que distingue a unas personas o cosas de otras. — = peculiaridad
4 Firmeza, entereza: *es un niño con mucho carácter.* — = energía, genio
5 Signo o marca escrita o grabada que forma parte de un sistema de escritura o notación: *un poema en caracteres griegos.*
6 Estilo o forma de estos signos o de la escritura: *inicial en carácter cursivo.*
7 Figura o señal mágica.
8 Señal marcada con hierro en los animales de un rebaño para distinguirlos de los de otro.
9 Cualquier signo empleado de forma convencional para representar datos o informaciones, como cifras, letras o símbolos. — INFORMÁTICA
10 Byte, unidad de información: *la página ocupaba más caracteres que los predeterminados.* — INFORMÁTICA
11 **carácter adquirido:** Rasgo distintivo que presenta un individuo por la influencia de factores externos, como la pigmentación de la piel por efecto de los rayos solares. — BIOLOGÍA
12 **carácter recesivo:** Rasgo distintivo heredado que se puede transmitir aunque el individuo no lo haya manifestado. — BIOLOGÍA
13 **con carácter de:** En calidad de, como: *asistió con carácter de representante del consistorio.* — loc.adv.
14 **dar o imprimir carácter:** Dotar de ciertas características esenciales a alguien o algo: *su primer empleo le imprimió carácter; su enseñanza dio carácter a toda una generación.*

característica Rasgo, cualidad o elemento que distingue a unas personas o cosas del resto: *no era capaz de apreciar sus características.* — s.f.

característico, a
1 Del carácter. — adj.
2 Que constituye un elemento distintivo o diferenciador reconocible: *la dureza es una propiedad característica del diamante.* — adj/s. / = determinante
3 Intérprete que representa papeles de características de edad o maduros: *siempre hizo papeles de característica.* — s./CINE, TEATRO

caracterización
1 Determinación de las características que distinguen a una persona o cosa de las demás. — s.f. / = identificación
2 Composición que se hace del personaje que se ha de representar: *presentó una perfecta caracterización del protagonista.* — CINE, TEATRO

caracterizado, a Que tiene prestigio o autoridad por sus cualidades personales, categoría social u oficio que desempeña: *es un caracterizado miembro del parlamento.* — adj. / = prestigioso

caracterizador, a
1 Que caracteriza: *nos habló de los elementos caracterizadores de los pueblos amerindios.* — adj.
2 Persona que dota al actor de los rasgos propios de su personaje mediante el vestuario o el maquillaje. — s./CINE, TEATRO

caracterizar
1 Determinar los rasgos peculiares de una persona o una cosa que las distinguen de otras: *nunca se ha caracterizado por su brillantez.* — v.tr/prnl. / conj: cazar
2 Vestir y maquillar a un actor para que interprete a un personaje: *el protagonista se caracterizó muy bien para hacer su papel.* — CINE, TEATRO
3 Representar un actor su papel con los rasgos que corresponden al personaje que interpreta: *su principal virtud consistía en caracterizar a tipos graciosos.* — v.tr. / CINE, TEATRO
4 Hacer que una persona adquiera mayor importancia o prestigio con un empleo o un cargo.

caracterología Estudio del carácter y la personalidad del ser humano. — s.f. / SICOLOGÍA

caracú Se aplica a una variedad de ganado vacuno de pelo corto y fino y cola delgada, que se cría por su carne. — adj/s./Amér. Merid. / ZOOLOGÍA

caracul
1 Se refiere a la raza de carneros de Asia occidental, de lana larga y rizada. — adj. / ZOOLOGÍA
2 Piel que se obtiene de estos corderos empleada en peletería. — s.m.

carado, a Que tiene buena o mala cara: *es una persona mal carada.* — adj.

caradura Persona cínica y descarada: *el muy caradura no acudió a la cita.* — s.m.f. / coloquial

caraísmo Doctrina y secta judías que sólo aceptan la autoridad de la ley escrita. — s.m. / RELIGIÓN

caraíta
1 Del caraísmo: *comunidad caraíta.* — adj./RELIGIÓN
2 Persona que profesa el caraísmo. — s.m.f./RELIGIÓN

carajillo Bebida preparada con café caliente y un licor alcohólico, preferentemente coñac o anís. — s.m.

carajo (Probablemente del lat. vulgar *characulus*, diminutivo de *charax* < gr. *kharax*, palo, rodrigón.)
1 Pene, miembro viril. — s.m./vulgar
2 **¡carajo!:** Expresión de disgusto, rechazo o desprecio usada para exteriorizar malhumor o enfado, y para protestar o quejarse: *¡al carajo con ellos!* — interj. / vulgar
3 **importar un carajo:** Ser indiferente un asunto a una persona. — vulgar
4 **irse al carajo:** Echarse a perder, estropearse: *el negocio se ha ido al carajo.* — vulgar
5 **mandar al carajo:** Despedir o rechazar a una persona con malos modales, con desprecio. — vulgar

carama Escarcha, rocío helado. — s.f.

caramanchel
1 Cobertizo para protegerse de la intemperie. — s.m./Perú
2 Cantina donde se sirven comidas y bebidas. — Chile
3 Cuchitril, tugurio. — Colomb.
4 Puesto del vendedor ambulante. — Ecuad.
5 Cubierta fija o móvil que sirve para cerrar las escotillas de algunos barcos. — NÁUTICA

caramañola (Del fr. *carmagnol* < *carmagnole*, chaqueta de los revolucionarios jacobinos.) Cantimplora que usan los soldados para llevar líquidos. — s.f. Amér. Merid. / tb: caramayola

¡caramba! Expresión para indicar enfado, extrañeza, sorpresa o admiración: *¡caramba con los niños!* — interj. / coloquial

carambanado, a Que está helado o con forma de carámbano: *el agua carambanada pendía del alero.* — adj.

carámbano (Del lat. vulgar *calamulus* < lat. *calamus*, caña.)
1 Trozo de hielo alargado y puntiagudo que cuelga de algún sitio: *los carámbanos tapaban la entrada.* — s.m./= candelizo, canelón
2 **estar hecho un carámbano:** Tener mucho frío. — coloquial

carambillo Caramillo, planta leñosa. — s.m./BOTÁNICA

carambola
1 Fruto del carambolo, de color amarillo y sabor agrio. — s.f. BOTÁNICA
2 Doble resultado que se logra mediante una sola acción, generalmente sin buscarlo: *me encontré con él y, de carambola, con tu hermano.* — coloquial
3 Trampa o enredo para engañar a una persona. — coloquial
4 Jugada de billar en que con una bola se consigue mover otras dos. — JUEGOS
5 Modalidad del billar que consiste en jugar con tres bolas y sin palos. — JUEGOS
6 **por carambola:** Por casualidad o indirectamente. — coloquial

carambolista Persona que juega con habilidad al billar. — s.m.f. / JUEGOS

carambolo Planta arbórea, de clima tropical, con hojas compuestas, flores rojas y fruto en baya amarilla. *(Averrhoa carambola.)* — s.m. BOTÁNICA

caramel Pez de boca protáctil, cabeza pequeña y ojos grandes que vive a escasa profundidad. *(Spicara smaris.)* — s.m. ZOOLOGÍA

caramelizar
1 Convertir el azúcar en caramelo: *caramelizó el líquido para preparar los flanes de vainilla.* — v.tr/prnl. / conj: cazar
2 Bañar un alimento con azúcar a punto de caramelo. — COCINA

caramelo (Del port. *caramelo* < lat. *calamellus*, diminutivo de *calamus*.)
1 Azúcar derretido en el fuego y que se endurece al enfriarse: *puso caramelo encima del helado.* — s.m./COCINA
2 Golosina de formas diversas hecha con azúcar fundido y aromatizado o mezclado con diversas esencias u otros ingredientes: *tengo tres caramelos de naranja y uno de fresa.*
3 **punto de caramelo:** Grado de concentración al almíbar que al enfriarse se endurece. — COCINA
4 **a punto de caramelo:** Se aplica a lo que se encuentra en el momento mejor o más propicio: *tienes a tu padre a punto de caramelo para que te suelte dinero.* — coloquial

caramida (Del gr. *kalamites*, de la caña.) Antiguo nombre de la magnetita. — s.f. MINERALOGÍA

caramilla Calamina, mineral de cinc. — s.f./MINERALOGÍA

caramillo
I (Del lat. *calamellus*, diminutivo de *calamus*, caña.)
1 Denominación de diversos instrumentos pastoriles, como la flauta campestre o el clarinete. — s.m. MÚSICA
2 Zampoña, instrumento de viento. — MÚSICA
3 Planta de tallo leñoso, de hojas filiformes agrupadas en espigas. *(Salsola vermiculata.)* — BOTÁNICA / = carambillo
II (De origen incierto.)
1 Conjunto de cosas amontonadas y sin orden. — s.m./coloquial
2 Chisme, embuste: *levantar un caramillo contra alguien.* — coloquial

caramilloso, a Se aplica a la persona quisquillosa y susceptible: *es caramillosa como nadie, la cosa más pequeña la ofende.* — adj. coloquial

caramujo Caracol pequeño que se pega al fondo de los buques. *s.m. ZOOLOGÍA*

caramuzal (Del turco *karamusal*.) Barco turco de tres palos y popa muy elevada. *s.m. NÁUTICA*

carancho Caracará, ave falconiforme. *s.m./ZOOLOGÍA*

carandaí Palmera alta, con hojas en forma de abanico, que se usan para hacer sombreros y pantallas. (*Copernicia cerifera.*) *s.m./Argent. BOTÁNICA tb: caranday*

carantamaula
1 Careta de aspecto desagradable y feo hecha de cartón. *s.f. coloquial*
2 Persona mal encarada. *coloquial*

carantoña (Del ant. *carántula*, derivado de *carátula*.) Caricia, zalamería o halago que se hace a una persona, normalmente para conseguir algo de ella: *me hizo mil carantoñas hasta que le di el permiso.* *s.f. coloquial*

caraña Resina medicinal, sólida y quebradiza, de mal olor, que se obtiene de ciertos árboles americanos. *s.f.*

caraota Judía, alubia. *s.f./Venez.*

carapacho
1 Caparazón, cubierta dura del cuerpo de las tortugas, cangrejos, crustáceos y otros animales. *s.m./ZOOLOGÍA tb: garapacho*
2 Guiso que se prepara en la misma concha de los mariscos: *les prepararon carapachos para cenar.* *Cuba, Ecuad. COCINA*

carapato Aceite de ricino. *s.m.*

carapopela Lagarto venenoso de Brasil. *s.m./ZOOLOGÍA*

caraqueño, a
1 De Caracas, capital de Venezuela. *adj.*
2 Persona que es natural de esta ciudad. *s.*

carasol Sitio donde el sol da de lleno: *situaron las tiendas de campaña en el carasol de la montaña.* *s.m. = solana*

carátula (Del ant. *carátura*, brujería < lat. *character*, signo mágico.)
1 Portada de un libro, de una revista o cubierta de un disco, casete o vídeo. *s.f. ARTES GRÁFICAS*
2 Careta o máscara.
3 Mundo del teatro. *TEATRO*
4 Esfera del reloj. *Méx.*
5 Cubierta con que se resguardan y presentan legajos u otros documentos administrativos. *Argent.*

caratular
1 Realizar carátulas. *v.intr.*
2 Rotular un legajo o expediente. *v.tr./Argent.*

caratulero, a Persona que hace o vende carátulas. *s.*

caravana (Del persa *karawan*, recua de caballerías, caravana.)
1 Conjunto de vehículos que viajan uno tras otro en la misma dirección, poco distanciados entre sí y a muy poca velocidad: *en las horas punta siempre se producen caravanas.* *s.f.*
2 Vehículo remolcado por un automóvil, que está acondicionado especialmente para ser habitable. *= roulotte*
3 Grupo de viajeros, mercaderes o peregrinos, que se juntan para viajar con más seguridad: *se cruzaron con una caravana de gitanos; la caravana atravesó el desierto sin problemas.*

caravaning (Voz inglesa.) Camping o acampada practicada con una caravana. *s.m. pl: caravanings*

¡caray! Indica sorpresa, admiración o protesta: *yo no me muevo, ¡qué caray!* *interj./coloquial = ¡caramba!*

carayá Mono americano, de tamaño mediano, cola larga, pelaje espeso, largo y lustroso, que se alimenta de vegetales y vive en los árboles. (*Alouatta caraya.*) *s.m. Amér. Merid. ZOOLOGÍA*

cárbaso (Del lat. *carbasus.*)
1 Lino muy delgado y prenda confeccionada con él. *s.m./TEXTIL NÁUTICA/culto*
2 Lino, vela de la nave.

carbinol Metanol, alcohol metílico. *s.m./QUÍMICA*

carbo- Componente de palabra procedente del lat. *carbo*, que indica presencia de carbono en las sustancias. *pref. QUÍMICA tb: carbi-*

carbodinamita Materia explosiva derivada de la nitroglicerina. *s.f. QUÍMICA*

carbógeno Mezcla de oxígeno y gas carbónico que se usa para estimular la respiración. *s.m./MEDICINA, QUÍMICA*

carbol Fenol, sustancia derivada del benceno. *s.m./QUÍMICA*

carbón (Del lat. *carbo.*)
1 Sustancia sólida, ligera y de color negro que se obtiene de la descomposición, destilación o combustión parcial de la materia orgánica, principalmente vegetal, y que contiene una proporción elevada de carbono. *s.m. GEOLOGÍA*
2 Brasa o ascua una vez apagada.
3 Carboncillo que se usa para dibujar. *ARTE*
4 Enfermedad de los vegetales, especialmente de los cereales, causada por hongos, que impide la formación de las semillas. *BOTÁNICA = tizón*
5 **carbón activado o activo**: El que ha sido tratado para aumentar la absorción de gases. *QUÍMICA*

6 **carbón animal o negro animal**: El obtenido de la calcinación de los tejidos animales, especialmente de los huesos.
7 **carbón mineral o de piedra**: Roca sedimentaria, de color oscuro o negro, acumulada en depósitos fósiles de origen vegetal, muy combustible. *MINERALOGÍA = hornaguera*
8 **carbón vegetal**: El obtenido mediante la carbonización de la leña. *TECNOLOGÍA*

carbonada (Probablemente del ital. *carbonata.*)
1 Cantidad de carbón que se echa de una vez en el fuego de un hornillo, caldera u otro utensilio. *s.f.*
2 Guiso de carne picada, que se asa en la parrilla. *COCINA*
3 Pequeño pastel de leche, huevo y azúcar, que se fríe con mantequilla. *COCINA*
4 Guiso que se compone de pedazos de carne, maíz tierno, calabaza, patatas y arroz. *Amér. Merid. COCINA*

carbonado, a
1 Que contiene carbono. *adj.*
2 Variedad del diamante negro que se emplea para perforar rocas. *s.m. MINERALOGÍA*

carbonalla Mezcla de arena, arcilla y carbón usada para hacer el suelo de los hornos de reverbero. *s.f. CONSTRUCCIÓN*

carbonar (Del ital. *carbonaro.*) Convertir un cuerpo orgánico en carbón: *la madera se carbonó.* *v.tr/prnl.*

carbonatación Proceso de alteración por el que el dióxido de carbono reacciona con el agua para dar ácido carbónico. *s.f. QUÍMICA*

carbonatado, a Se refiere a la sustancia combinada con ácido carbónico. *adj. QUÍMICA*

carbonatar Convertir una sustancia en carbonato. *v.tr/prnl./QUÍMICA*

carbonato Sal o éster del ácido carbónico. *s.m./QUÍMICA*

carboncillo
1 Palo pequeño de carbón que se usa para dibujar. *s.m./ = carbón*
2 Tizón, enfermedad de los vegetales. *BOTÁNICA*
3 Hongo, planta talófita. *MICOLOGÍA*
4 Arena de color oscuro. *GEOLOGÍA*
5 **al carboncillo**: Dibujo realizado con este material y según su técnica: *tenía una colección de esbozos al carboncillo.* *ARTE*

carbonear
1 Convertir la leña, la madera u otro material en carbón. *v.tr.*
2 Subir carbón a bordo de un buque para su consumo. *v.intr./NÁUTICA*

carbonera
1 Lugar donde se guarda el carbón: *reconvirtieron la carbonera en un garaje.* *s.f.*
2 Pila de leña preparada para hacer carbón.

carbonería Tienda o almacén donde se vende carbón: *desmantelaron la carbonería del barrio.* *s.f. COMERCIO*

carbonero, a
1 Del carbón: *comarca carbonera.* *adj.*
2 Persona que se dedica a la producción y a la venta de carbón: *el carbonero es un oficio en declive.* *s. MINERALOGÍA*

carbónico, a
1 Del carbón: *ácido carbónico.* *adj./QUÍMICA*
2 Se aplica al anhídrido que resulta de la combinación del carbono con el oxígeno. *QUÍMICA*
3 Se refiere a las bebidas que contienen este anhídrido.

carbónido Sustancia que contiene carbono. *s.m./QUÍMICA*

carbonífero, a
1 Se refiere al terreno que contiene carbón mineral. *adj./MINERALOGÍA*
2 Se aplica al período geológico que forma parte de la era paleozoica o primaria, posterior al devónico y anterior al pérmico. *adj/s.m. GEOLOGÍA*

carbonilla
1 Carbón menudo y coque menudos. *s.f./= cisco*
2 Conjunto de trozos menudos de carbón a medio quemar, que caen junto con la ceniza o se desprenden de la combustión: *el maquinista del tren llevaba la cara manchada de carbonilla.*

carbonita
1 Sustancia carbonosa similar al coque. *s.f./MINERALOGÍA*
2 Sustancia explosiva compuesta principalmente de nitroglicerina y sulfuro de benzol, que se utiliza con el mismo fin que la dinamita. *QUÍMICA*

carbonización Transformación de un cuerpo orgánico en carbón. *s.f.*

carbonizar
1 Convertir o transformarse un cuerpo orgánico en carbón: *el árbol se carbonizó en el incendio; una descarga eléctrica lo carbonizó.* *v.tr/prnl. conj: cazar*
2 Quemarse una comida: *el asado se carbonizó por no estar atento.* *= abrasar*

carbono Cuerpo simple no metal que se encuentra en la naturaleza en los compuestos orgánicos y carbones. *s.m. QUÍMICA*

carbonoso, a Que contiene carbón o se le asemeja. *adj./QUÍMICA*

carborundo Carburo de silicio artificial, de gran dureza, que se utiliza como abrasivo. *s.m./QUÍMICA tb: carborúndum*

carboxilo Sustancia compuesta de carbono, oxígeno e hidrógeno. — s.m. QUÍMICA

carbunclo (Del lat. *carbunculus*, carboncillo, ántrax.)
1 Rubí o granate, piedras preciosas.
2 Carbunco, enfermedad del ganado. — s.m./tb: carbúnculo VETERINARIA

carbunco (Del lat. *carbunculus*, carboncillo, ántrax.) Enfermedad infecciosa que padece el ganado y puede transmitirse al hombre a través de la piel o por vía respiratoria. — s.m. MEDICINA, VETERINARIA tb: carbuncosis

carbúnculo Carbunclo, rubí. — s.m./MINERALOGÍA

carburación
1 Acción de mezclarse en los motores de explosión el aire con el carburante, generalmente con gasolina, para obtener un detonante. — s.f. MECÁNICA
2 Proceso por el que se combinan el carbono y el hierro para producir el acero. — METALURGIA

carburador Pieza de los motores de explosión donde se realiza la carburación: *se ha roto el carburador del coche.* — s.m. MECÁNICA

carburante
1 Se aplica al combustible líquido, formado principalmente por una mezcla de hidrocarburos que se utiliza en los motores de explosión y de combustión interna. — adj/s.m.
2 Alimento, materia prima, energía, etc., necesarios para funcionar o progresar: *necesito el café como carburante.* — s.m. coloquial

carburar
1 Mezclar el aire o los gases con los carburantes gaseosos o con los vapores de los carburantes líquidos para obtener una mezcla combustible, inflamable o detonante. — v.tr.
2 Funcionar correctamente: *esta radio no carbura; tus tonterías demuestran que no carburas.* — v.intr. coloquial

carburo
1 Combinación de carbono con otro cuerpo simple, especialmente con el calcio, y que se usa en el alumbrado. — s.m. QUÍMICA
2 **carburo de hidrógeno**: Hidrocarburo, compuesto químico. — QUÍMICA

carca (Derivado de *carcunda*.) Que es retrógrado y conservador: *por sus afirmaciones verás que es un carca rematado.* — adj/s.m.f. coloquial

carcacha Automóvil viejo y en malas condiciones. — s.f./Méx.

carcaj (Del persa *tarkas*.) Caja tubular utilizada para guardar las flechas, que se llevaba colgada del hombro. — s.m. pl: carcajes = aljaba, carcax

carcajada (Voz onomatopéyica.)
1 Risa impetuosa, intensa y ruidosa: *rompieron a carcajadas al oírle cantar.* — s.f. = risotada
2 **a carcajada limpia o tendida**: Con mucha risa: *pasaron la tarde riendo a carcajada limpia.* — loc.adv.

carcajear
1 Reír a carcajadas. — v.intr/prnl.
2 Burlarse o mofarse de una persona: *se carcajea del profesor en su cara.* — v.prnl./coloquial + de

carcamal Se refiere a la persona de aspecto físico, capacidad de movimiento y salud muy mermados o deteriorados por la avanzada edad: *desde que sufrió la hepatitis está hecho un carcamal.* — adj/s.m.f. despectivo = decrépito

cárcamo (Del lat. *caccabus*, olla < gr. *kakkabos*.)
1 Cárcavo del molino. — s.m.
2 Hoyo, zanja en un terreno.

carcañal Calcañar, parte posterior de la planta del pie: *al caer de la moto se lastimó el carcañal.* — s.m./ANATOMÍA tb: carcaño

carcasa (Del fr. *carcasse*, armazón.)
1 Pieza o conjunto de piezas que sostienen los mecanismos eléctricos de una máquina o un aparato: *han cambiado la carcasa del motor.* — s.f. = armazón, esqueleto
2 Proyectil incendiario y de iluminación que disparaba con piezas de artillería. — MILITAR

cárcava (Del lat. *caccabus*, olla < gr. *kakkabos*.)
1 Grieta abierta en la tierra causada por las crecidas de agua. — s.f./GEOGRAFÍA = torrentera
2 Foso de una fortificación: *en la cárcava encontraron restos de vasijas romanas y celtas.* — = carcavina
3 Fosa donde se entierra un cadáver. — = sepultura

cárcavo (Del lat. *caccabus*, olla < gr. *kakkabos*.) Hueco en que engrana el rodezno de los molinos. — s.m. tb: cárcamo

carcavón Barranco formado por las corrientes de agua en los suelos blandos, generalmente arcillosos: *encontraron el cadáver en un carcavón profundo.* — s.m. GEOGRAFÍA

carcax (Del persa *tarkas*.)
1 Carcaj, estuche para las flechas: *la figurilla ibérica portaba colgado una especie de carcax.* — s.m./pl: carcajes
2 Adorno de metal en forma de argolla que llevaban las mujeres en las muñecas, los brazos o los tobillos. — = ajorca

cárcel (Del lat. *carcer*.)
1 Edificio o establecimiento penitenciario en el que se recluye a los presos: *el asesino está en la cárcel.* — s.f. = presidio, prisión

2 Lugar que es desagradable o en el que una persona se siente prisionera.
3 Ranura por donde corre una compuerta de presa.
4 Instrumento usado para mantener dos piezas unidas: *sujeta las maderas con la cárcel para engomarlas.* — CARPINTERÍA, CONSTRUCCIÓN

carcelario, a Que tiene relación con la cárcel: *se encuentra bajo régimen carcelario.* — adj. = carcelero

carcelera Canto popular andaluz, similar a la saeta, que trata de las lamentaciones de los presos. — s.f. MÚSICA

carcelería
1 Detención forzada de una persona en la cárcel o en otro lugar. — s.f./DERECHO = carcelaje
2 Fianza judicial. — DERECHO

carcelero, a
1 Que tiene relación con la cárcel. — adj./= carcelario
2 Persona que está al cuidado de la cárcel y de los presos. — s.

carcino- Componente de palabra procedente del gr. *karkinos*, que significa cangrejo, cáncer: *carcinogénesis; carcinoma.* — pref.

carcinogénesis Fenómenos que determinan la aparición del desarrollo y crecimiento de un cáncer en el organismo. — s.f. pl: carcinogénesis MEDICINA

carcinógeno, a Que puede provocar el desarrollo de un cáncer. — adj./MEDICINA = cancerígeno

carcinología (Del gr. *karkinos*, cangrejo, cáncer + *logos*, estudio, tratado.)
1 Disciplina que trata del estudio de los crustáceos. — s.f./ZOOLOGÍA
2 Cancerología, disciplina médica que trata del cáncer. — MEDICINA

carcinoma (Del gr. *karkinoma* < *karkinos*, cangrejo, cáncer.) Tumor maligno de tipo epitelial. — s.m. MEDICINA

cárcola (Del ital. *calcola* < *calcare*, pisar < lat. *calcare*.) Pedal de los telares manuales. — s.f. TEXTIL

carcoma
1 Insecto coleóptero, pequeño y oscuro, que perfora la madera u otras materias duras formando unos túneles característicos. — s.f. ZOOLOGÍA
2 Polvo que produce este insecto al roer la madera.
3 Preocupación continua que consume y atormenta al que la tiene. — coloquial
4 Persona que lentamente va gastando sus bienes. — coloquial

carcomer
1 Perforar y destruir la carcoma la madera. — v.tr.
2 Consumir, corroer a alguien poco a poco algo de tipo físico o moral: *le carcomen los remordimientos.* — v.tr/prnl.
3 Llenarse de carcoma la madera o un mueble: *se carcomió toda la cómoda por no repararla a tiempo las patas.* — v.prnl.

carcunda (Del gallego-portugués *carcunda* o *corcunda*, reaccionario.) Se aplica a la persona carca o retrógrada. — adj. despectivo

carda
1 Acción y resultado de cardar. — s.f./= cardado
2 Máquina usada para cardar fibras textiles. — TEXTIL
3 Cepillo cubierto de puntas de alambre que se usa para cardar. — TEXTIL = cardencha
4 Amonestación, crítica o censura que desaprueba o corrige el comportamiento de una persona: *¡menuda carda se llevó!* — coloquial
5 Cabeza en que termina el tallo de la cardencha. — BOTÁNICA

cardada Cantidad de lana que se carda de una vez. — s.f.

cardado, a
1 Se aplica a la fibra textil que ha sido peinada con la carda. — adj. TEXTIL
2 Se refiere al cabello que se ha ahuecado: *el mechón cardado se le ha levantado con el viento.*
3 Operación y resultado de cardar las fibras textiles. — s.m./= carda
4 Acción y resultado de ahuecar el cabello cepillándolo.

cardador, a
1 Persona que carda la lana u otros tejidos. — s./TEXTIL
2 Artrópodo miriápodo, de cuerpo cilíndrico, capaz de arrollarse en espiral y expeler un líquido fétido para defenderse. *(Julus.)* — s.m. ZOOLOGÍA

cardal Cardizal, terreno donde abundan los cardos. — s.m.

cardamina (Del lat. *cardomina* < gr. *kardomine* < *kardomon*.) Berro, planta. — s.f. BOTÁNICA

cardamomo (Del lat. *cardamomum* < gr. *kardamomon* < *kardomon*, berro + *amomon*, amomo.) Planta arbustiva propia del sureste asiático de fruto triangular y semillas aromáticas, usadas en medicina como carminativo. *(Elettaria cardamohum.)* — s.m. BOTÁNICA

cardan (Voz francesa.) Articulación mecánica que permite transmitir un movimiento de rotación en direcciones distintas. — s.m. MECÁNICA tb: cardán

cardar (Derivado de *cardo*.)
1 Peinar y limpiar una materia textil con la carda antes de hilarla. — v.tr./TEXTIL = carduzar

2 Sacar el pelo de un tejido con la carda. **TEXTIL/= carduzar**
3 Peinar los mechones de pelo para ahuecar y dar volumen al peinado.

cardenal
I (Del lat. *cardinalis*, cardinal, principal.)
1 Superior eclesiástico que forma parte del sacro colegio de consejeros del papa y que constituyen el cónclave para la elección del sumo pontífice. **s.m. RELIGIÓN = purpurado**
2 Ave americana de plumaje rojo escarlata. **ZOOLOGÍA**
3 **cardenal in pectore o in petto**: El eclesiástico elevado al cardenalato, pero cuya proclamación se reserva el papa. **RELIGIÓN**
II (Derivado de *cárdeno*, del bajo lat. *cardinus*, azulado.) Mancha amoratada que aparece en el cuerpo espontáneamente a consecuencia de un golpe: *del accidente sólo le quedan como recuerdo tres cardenales.* **s.m. = equimosis, moretón**

cardenalato Dignidad de cardenal. **s.m./RELIGIÓN**

cardenalicio, a Del cardenal, prelado: *se ha reunido la curia cardenalicia.* **adj. RELIGIÓN**

cardencha (Del lat. vulgar *cardunculus < cardus*, cardo.)
1 Cardo que crece en lugares incultos, de hojas aserradas y espinosas y flores purpúreas con involucros rígidos en forma de anzuelo. *(Dipsacus sylvestris.)* **s.f./BOTÁNICA = cardón, escobilla**
2 Cepillo para cardar la lana. **= carda**

cardenilla Uva tardía, muy pequeña y de color morado. **s.f./ AGRICULTURA**

cardenillo (Derivado de *cárdeno*.)
1 Carbonato básico de cobre que se forma en la superficie de este metal cuando está expuesto al aire. **s.m./QUÍMICA = moho, verdín**
2 Acetato básico de cobre impuro. **QUÍMICA**
3 Color verde claro parecido al de este acetato.

cárdeno, a (Del bajo lat. *cardinus*, azulado < *cardus*, cardo.)
1 De color o de tono morado: *las nubes cárdenas adornaban el celaje.* **adj. = violeta**
2 Se aplica al agua de color blanco y azulado.
3 Se refiere al toro que es blanco y negro. **TAUROMAQUIA**

cardi- Componente de palabra procedente del gr. *kardia*, que significa corazón: *cardíaco; cardialgia.* **pref. tb: cardio-**

-cardia Componente de palabra procedente del gr. *kardia*, que significa corazón: *taquicardia.* **suf.**

cardíaca Agripalma, planta. **s.f./BOTÁNICA**

cardíaco, a (Del lat. *cardiacus < gr. kardiakos < kardia*, corazón.)
1 Del corazón o del cardias: *ha sufrido un ataque cardíaco; compendio sobre lesiones cardíacas.* **adj./ANATOMÍA tb: cardiaco**
2 Se aplica a la persona que padece del corazón. **adj/s./MEDICINA**

cardialgia (Del gr. *kardia*, corazón + *algeo*, padecer.)
1 Dolor estomacal producido en las cardias. **s.f./ MEDICINA**
2 Dolor neurálgico del corazón o de la región donde se ubica. **MEDICINA**

cardias (Del gr. *trema kardias*, agujero del estómago.) Orificio superior del estómago que le sirve de comunicación con el esófago. **s.m./pl: cardias ANATOMÍA**

cardigan (Voz inglesa.) Chaqueta de punto con manga larga y escote en pico, que se cierra por delante. **s.m. tb: cardigán**

cardillo Planta herbácea compuesta, de flores amarillas y hojas espinosas, cuya penca se come cocida cuando está tierna. *(Scolymus hispanicus.)* **s.m. BOTÁNICA**

cardinal (Del lat. *cardinalis*, principal.)
1 Que es principal, esencial o primordial. **adj./= fundamental**
2 Relativo al punto de referencia que sirve para orientarse. **ASTRONOMÍA**
3 Se refiere a los signos aries, tauro, libra y capricornio del Zodíaco, por su relación con el comienzo de las estaciones del año. **OCULTISMO**
4 Se aplica al número que expresa cantidad como uno, dos, tres. **MATEMÁTICAS**
5 Se refiere a las cuatro virtudes consideradas esenciales, y que son la prudencia, la justicia, la fortaleza y la templanza. **RELIGIÓN**
6 Se aplica al adjetivo numeral que indica cantidad o número de unidades de un conjunto. **LINGÜÍSTICA**

cardinas Adorno en forma de hojas de cardo: *las cardinas son un motivo usado en el estilo gótico.* **s.f.pl/ARTE, ARQUITECTURA**

cardiografía Estudio gráfico de la actividad mecánica del corazón mediante un cardiógrafo. **s.f. MEDICINA**

cardiógrafo Aparato que mide y registra gráficamente la actividad del corazón. **s.m. MEDICINA**

cardiograma Gráfico obtenido con un cardiógrafo que representa la forma e intensidad de la actividad del corazón: *en el estudio del cardiograma no se apreciaron alteraciones.* **s.m. MEDICINA**

cardiología Estudio de la fisiología, la anatomía y las enfermedades del corazón. **s.f. MEDICINA**

cardiólogo, a Médico especialista del corazón: *congreso mundial de cardiólogos.* **s. MEDICINA**

cardiopatía Denominación genérica de las enfermedades del corazón. **s.f. MEDICINA**

cardiovascular Del sistema circulatorio. **adj./MEDICINA**

cardítico, a Del corazón o de la carditis. **adj./MEDICINA**

carditis Inflamación del corazón: *la carditis lo tiene postrado en cama.* **s.f./pl: carditis MEDICINA**

cardizal Terreno donde abundan los cardos: *cayó rodando cardizal abajo.* **s.m. = cardal**

cardo (Del lat. *cardus*.)
1 Denominacion genérica de diversas plantas espinosas de diferentes familias. **s.m. BOTÁNICA**
2 Persona arisca, poco sociable y seca: *pasa de las caricias, es un cardo.* **coloquial**
3 Persona fea: *le costará encontrar novia porque es un cardo.* **coloquial**
4 **cardo ajonjero**: Ajonjera, planta. **BOTÁNICA**
5 **cardo borriquero o borriqueño**: Planta compuesta de hojas espinosas, flores de color púrpura y de cuyos frutos se extrae un aceite. *(Onopordium acanthium.)* **BOTÁNICA**
6 **cardo de cardador**: Cardencha, planta. **BOTÁNICA**
7 **cardo estrellado**: Planta compuesta con el tallo ramificado, hojas laciniadas y flores purpúreas, dispuestas en cabezuelas. *(Centaurea calcitrapa.)* **BOTÁNICA**
8 **cardo santo**: Planta herbácea ramosa, de tallo cuadrangular, de flores amarillas, cuyo ramo es narcótico y purgante. *(Argemone americana.)* **BOTÁNICA**
9 **cardo setero o corredor**: Planta umbelífera anual de tallo ramificado, flores blancas y fruto ovoide. **BOTÁNICA**
10 **ser una persona un cardo borriquero**: Ser una persona arisca y malhumorada: *ten cuidado con ella, es un cardo borriquero.* **coloquial**
11 **ser una persona más áspera que un cardo**: Se emplea cuando una persona es poco sociable, seca y cortante en sus respuestas o en su forma de tratar a la gente. **coloquial**

cardón
1 Acción y resultado de cardar un tejido. **s.m./= cardado**
2 Cardencha, planta. **BOTÁNICA**
3 Denominación de diversas plantas cactáceas de gran porte, de flores grandes y frutos carnosos, que crecen en regiones áridas. **Méx., Amér. Merid. BOTÁNICA**

carducha Carda gruesa de hierro. **s.f./TEXTIL**

cardumen (Del gallego-portugués *cardume*, multitud.)
1 Banco o grupo numeroso de peces que van juntos. **s.m./tb: cardume Chile, Urug.**
2 Multitud y abundancia de cosas.

carduzal Cardizal, terreno donde abundan los cardos. **s.m./= cardal**

carduzar Cardar un tejido o fibra textil. **v.tr./conj: cazar**

carear (Derivado de *cara*.)
1 Confrontar las versiones de unas personas con las de otras con objeto de averiguar la verdad de un hecho, especialmente con fines policiales o judiciales. **v.tr. DERECHO = acarar**
2 Comparar una cosa con otra: *carear la nueva edición con la anterior.* **= cotejar**
3 Conducir el ganado hacia algún sitio: *careó las ovejas hacia la solana del monte.*
4 Orientar la cara hacia algún punto determinado. **v.intr./+ a**
5 Entrevistarse varias personas para resolver algún negocio o asunto, especialmente si es molesto o desagradable. **v.prnl.**

carecer (Del lat. vulgar *carescere < lat. carere*.) Faltar, no tener una cosa: *algunas viviendas carecen de agua corriente.* **v.intr. + de**
CONJ.: IND.: PRES.: *carezco*, careces, carece, carecemos, carecéis, carecen. SUBJ.: PRES.: *carezca, carezcas, carezca, carezcamos, carezcáis, carezcan.* IMP.: carece, *carezca, careced, carezcan.*

carel (Del gascón *cadrel*, borde, diminutivo de *caire*, arista < lat. *quadrus*, cuadrado.) Extremo o contorno superior de una embarcación pequeña donde se fijan los remos que la mueven. **s.m. NÁUTICA**

carena (Del lat. *carina*, quilla de la nave.)
1 Parte sumergida de una embarcación. **s.f./NÁUTICA**
2 Carenado, reparación del casco. **NÁUTICA**
3 Estructura que cubre una parte o la totalidad de un vehículo para embellecerlo o darle aerodinamismo: *el mecánico ha montado la carena de la motocicleta.* **MECÁNICA = carenado**
4 Burla con que se reprende a una persona: *le dio una carena que no veas.* **+ dar, sufrir, aguantar**

carenado
1 Reparación del casco de una embarcación. **s.m./NÁUTICA**
2 Recubrimiento de la estructura de un vehículo para embellecerlo o darle aerodinamismo. **MECÁNICA = carena**
3 Pieza de fibra de vidrio que cubre el motor, caja de cambio y radiador de un vehículo. **MECÁNICA**

carenar
1 Reparar el casco de una embarcación. **v.tr./NÁUTICA**
2 Colocar una carena a un vehículo. **MECÁNICA**

carencia (Derivado del lat. *carens*, que carece.) Falta, ausencia o privación de alguna cosa: *hay una carencia generalizada de sentido común.* **s.f. + de = escasez**

carencial Se refiere a la carencia de alimentos o vitaminas: *en estados carenciales se aconseja ir al médico.* — **adj.** MEDICINA

carenóstilo Insecto coleóptero carábido. *(Carenostylus.)* — **s.m./ZOOLOGÍA**

carente Que está falto de alguna cosa: *se trata de una empresa carente de recursos.* — **adj.** + de

careo
1 Acción y efecto de carear o carearse. — **s.m.**
2 Diligencia sumarial que consiste en la confrontación entre los testigos o procesados con el fin de aclarar las contradicciones de sus declaraciones previas. — **DERECHO**

carero, a Se refiere al comerciante que vende sus productos caros. — **adj.** coloquial

carestía (Del bajo lat. *caristia,* escasez de víveres.)
1 Carencia o escasez de alguna cosa, en especial de los víveres: *en algunas poblaciones hay carestía de agua.* — **s.f.** + de
2 Circunstancia de ser un producto, especialmente los básicos, más caro de lo habitual.

careta (Derivado de *cara.*)
1 Máscara de cartón, plástico u otro material, que se usa para cubrir la cara: *se ha comprado una careta de conejo para la fiesta.* — **s.f.**
2 Pieza de alambre u otro material que se usa en algunas profesiones o deportes para protegerse el rostro.
3 Parte delantera de la cabeza del cerdo, que se sala para que se conserve durante más tiempo.
4 Simulación con que una persona oculta sus ideas, sentimientos o intenciones. — = disimulo
5 **careta antigás:** La que sirve para protegerse de los efectos de los gases tóxicos.
6 **quitarle la careta a alguien:** Desenmascararlo o descubrir cómo es en realidad. — coloquial

careto, a
1 Se refiere a la caballería o res vacuna que tiene la cara blanca y oscuro el resto de la cabeza. — **adj.**
2 Cara, aspecto del rostro: *¿dónde vas con este careto?* — **s.m./coloquial**
3 **dar el careto:** Responder de sus propios actos: *siempre se esconde, nunca da el careto.* — coloquial

carey (Voz caribe.)
1 Reptil quelonio de caparazón en forma de corazón, de color leonado y extremidades y cabeza de color pardo con los bordes amarillos. *(Eretmochelys imbricata.)* — **s.m./pl: careyes** ZOOLOGÍA tb: caray
2 Materia córnea que se extrae de la concha de este animal y que sirve para hacer cajas, peines y otros objetos de adorno o decorativos.

carga
1 Acción de poner cosas sobre un animal, a hombros de una persona o sobre un vehículo para transportarlas: *esta zona está destinada a carga y descarga.* — **s.f.**
2 Conjunto de cosas para transportarlas: *en aquel barco transportaban una carga muy valiosa.* — = bulto, cargamento
3 Peso que sostiene una estructura: *aquellas vigas no podían soportar una carga tan pesada.* — CONSTRUCCIÓN
4 Repuesto del contenido del depósito de ciertos utensilios: *ya no me quedan cargas para la estilográfica.*
5 Acción y resultado de cargar un arma de fuego: *no vio al asesino, pero oyó la carga de su pistola.*
6 Cantidad de material explosivo que se echa en la munición de un arma de fuego, mina o barreno: *coloca las cargas en el pie de las columnas.*
7 Obligación que conlleva un estado, oficio o empleo: *sobre él recae la carga de la empresa.* — = deber, peso
8 Tributo, impuesto u obligación costosa que pesa sobre una persona o propiedad: *las cargas fiscales le están arruinando.* — = tasa
9 Situación penosa que cansa, gasta o hace sufrir a una persona: *cuidar de ella es una carga para mí.* — = sufrimiento, suplicio
10 Ataque de las tropas al enemigo o de las fuerzas del orden a una muchedumbre para dispersarla: *la carga de la infantería contra el enemigo fue muy dura.* — MILITAR
11 Unidad de medida de productos forestales como leña, o carbón: *consiguieron varias cargas de carbón a un precio irrisorio.*
12 Medida de capacidad para granos: *llevaron al granero durante todo el día ocho cargas de trigo.*
13 Emplasto para caballerías, compuesto de varios ingredientes batidos con la sangre del mismo animal. — VETERINARIA
14 Trabajo útil que realiza un motor en cada unidad de tiempo. — MECÁNICA
15 Cantidad de electricidad acumulada en un cuerpo. — ELECTRICIDAD
16 Acción de apoyarse en un contrario, empujarlo o echarse encima de él en deportes como el fútbol y el baloncesto: *el árbitro amonestó al defensa por la carga sobre el contrario.* — DEPORTES + sobre
17 **carga afectiva:** Componente emotivo derivado generalmente de algún recuerdo: *las imágenes de la película contenían una gran carga afectiva; su perfume despertó en mí un recuerdo de profunda carga afectiva.* — SICOLOGÍA
18 **de carga:** Se aplica al animal o vehículo que sirve para el transporte de mercancías: *trabaja en un buque de carga.* — loc.adj.

19 **llevar una persona la carga:** Asumir una persona una responsabilidad o un trabajo, encargarse de algo: *lleva desde hace años la carga de toda la familia.* — coloquial
20 **volver a la carga:** Insistir de nuevo en una empresa, en un deseo o en un argumento: *volvió a la carga denunciando las injusticias; volver a la carga con sus convicciones.* — coloquial

cargada Burla o broma: *se sintió muy mal por la cargada de que fue objeto.* — **s.f.** Argent.

cargadero
1 Lugar donde se cargan y descargan las mercancías. — **s.m.**
2 Dintel, parte superior de las puertas y ventanas. — ARQUITECTURA

cargadilla
1 Aumento de una deuda por acumulación de los intereses. — **s.f.** coloquial
2 Tirria, manía. — Colomb.

cargado, a
1 Que está lleno, repleto: *está cargada de prejuicios; lleva la bolsa cargada de cosas inútiles.* — **adj.**
2 Se aplica al ambiente denso, impuro y bochornoso: *salimos de aquel bar porque el ambiente estaba muy cargado.*
3 Se refiere al tiempo o atmósfera que amenaza con lluvia u otra inclemencia: *no salió a la mar por estar el cielo muy cargado.*
4 Se aplica a la bebida que es fuerte y espesa, con alto grado de concentración: *quiero un café muy cargado.*
5 Se aplica a la pieza o arma que tiene pintada sobre ella otra u otras que no es brisura. — HERÁLDICA
6 Paso de la danza española que consiste en poner el pie derecho en el lugar que ocupa el izquierdo. — **s.m.**

cargador, a
1 Que carga: *su discurso cargador.* — **adj/s.**
2 Persona que por oficio carga, descarga y transporta mercancías: *los cargadores del puerto se han declarado en huelga indefinida.* — **s.** = porteador, transportista
3 Cualquier instrumento que sirve para cargar algo. — **s.m.**
4 Dispositivo con un muelle elevador en el que se ponen los proyectiles en las armas de repetición.

cargamento Conjunto de mercancías, objetos o productos que se cargan en un vehículo de transporte: *decomisaron el cargamento del buque.* — **s.m.** = carga

cargante Que carga, incomoda, fastidia o cansa por su insistencia o modo de ser: *su modo de hablar me resulta cargante.* — **adj.** coloquial = irritante

cargar (Del lat. vulgar *carricare* < lat. *carrus,* carro.)
1 Colocar mercancías sobre una persona, un animal o un medio de transporte: *Luis cargó dos sacos a sus espaldas.* — **v.tr.** conj: pagar
2 Llenar o reponer el contenido o la materia que necesita un utensilio o un aparato para funcionar: *tengo que cargar la máquina fotográfica.*
3 Aumentar el peso de una cosa total o parcialmente: *cargamos demasiado el lado derecho del camión.*
4 Poner mucha o demasiada cantidad de una cosa en otra: *ha cargado el guiso de sal.* — + de
5 Atribuir la culpa de una cosa a una persona: *me cargaron con un fraude.* — + con = achacar
6 Soportar una persona una cosa voluntaria o involuntariamente: *carga con todo el trabajo.* — v.intr. + con
7 Molestar, enfadar a una persona, resultar odiosa o insoportable: *lo cargaba con sus impertinencias; sus amigos cargaron sobre él para que le invitara.* — v.tr/intr. = fastidiar
8 Acometer o atacar un ejército al enemigo o actuar una fuerza del orden público para disolver una manifestación: *las tropas cargaron contra el enemigo.* — v.intr. MILITAR + contra, sobre
9 Coger, llevar o acarrear: *cargué con todos sus libros.* — v.intr/prnl./+ con
10 Declarar a una persona no apta en un examen o prueba: *cargó a media clase.* — v.prnl./coloquial = suspender
11 Romper una cosa: *se cargó el jarrón chino de un codazo.* — coloquial = destrozar
12 Comer o beber demasiado. — v.intr/prnl./= llenarse
13 Apoyarse, estar una cosa sobre otra que la sostiene o aguanta: *el palacio carga sobre seis pilares.* — = descansar + sobre
14 Acudir mucha gente a un lugar: *los forofos del equipo visitante cargaron el estadio hasta la bandera.* — v.tr.
15 Inclinar el cuerpo hacia una parte: *te duele la espalda porque te cargas hacia un lado.* — v.prnl. + a, hacia
16 Cubrirse el cielo de nubes: *al amanecer el horizonte se cargó de nubes cárdenas.*
17 Matar, quitar la vida: *en un ataque de locura se cargó a toda su familia.* — coloquial/+ a
18 Llegar a tener abundancia de ciertas cosas o de personas: *el estadio se cargó de público infantil; estar cargado de manías; estar cargada de deudas.* — + de
19 Dar los árboles mucho fruto: *los árboles se cargaron de abundante fruto.* — v.intr/prnl.
20 Imponer un tributo, un gravamen o aumentar el precio de un producto: *el comerciante carga el precio del transporte.* — v.tr. = gravar
21 Poner una cantidad o una partida en la cuenta o el debe de una persona. — v.tr/prnl. COMERCIO

22 Acumular cierta cantidad de corriente en un condensador. — v.tr. FÍSICA

23 Mover un jugador a otro del lugar en que está mediante un empujón: *al cargar sobre el defensa contrario cometió una falta personal.* — DEPORTES

24 Transmitir un ordenador informaciones desde un soporte de memoria a otro. — INFORMÁTICA

25 Cerrar o recoger las velas. — NÁUTICA

26 Pronunciarse el acento sobre una determinada letra o sílaba: *este acento carga en la última sílaba en las palabras agudas.* — v.intr/prnl. LINGÜÍSTICA + en, sobre

27 Echar una carta que supera a otra carta jugada, en algunos juegos de naipes: *cargó el tres de bastos.* — v.tr. JUEGOS

28 Poner sobre una figura, una pieza o un arma otra que no sea brisura. — HERÁLDICA

29 cargársela o cargárselas: Sufrir las consecuencias desagradables de un acto propio o ajeno. — coloquial

cargazón ·
1 Sensación de pesadez en la cabeza o en el estómago: *la opípara cena le creó cargazón.* — s.f. = pesadez

2 Conjunto de mercancías que se cargan en un medio de transporte. — = cargamento

3 Acumulación de nubes espesas en la atmósfera.

4 Recargamiento, exceso de adornos. — Argent.

cargo
1 Función desempeñada habitualmente por una persona en una empresa o en una institución a cambio de un salario: *ocupa un cargo directivo en la empresa.* — s.m. = empleo, puesto

2 Obligación o responsabilidad de encargarse o cuidar de una persona o de una cosa: *el juez dispuso que los niños quedasen a su cargo.* — = cuidado

3 Falta que se le imputa a una persona: *se declaró inocente de los cargos que se le imputaban.* — DERECHO

4 Carga o peso.

5 Cantidad que una persona debe pagar en una cuenta a su nombre: *el banco le asentó varios cargos en su cuenta corriente.* — COMERCIO = adeudo

6 Buque de carga. — NÁUTICA

7 alto cargo: Persona que ocupa un cargo o puesto muy importante, generalmente político: *reunió a todos los altos cargos de la administración.*

8 cargo de conciencia: Hecho cuyo recuerdo pesa sobre la conciencia de una persona: *representaba un cargo de conciencia negarle la ayuda en tal situación.* — = remordimiento

9 a o al cargo de: Al cuidado de, bajo la responsabilidad de: *los gastos corren a cargo de la empresa; lo han puesto al cargo de esa sección.* — loc.prep. + estar, correr, tener, tomar

10 hacerse cargo de: 1. Encargarse de alguna cosa: *me hice cargo de la parte administrativa de aquel trabajo.* 2. Comprender o ser consciente de un asunto y considerar sus circunstancias: *no te haces cargo de lo importante que es para mí este trabajo.*

11 jurar el cargo: Hacer el juramento de servir debidamente un cargo mediante unas fórmulas establecidas: *los ministros juraron el cargo ante el rey.*

cargoso, a
1 Que es pesado o molesto. — adj.
2 Que ocasiona gastos o dificultades. — = gravoso, Amér. Merid.
3 Se refiere a la persona que molesta reiteradamente, que es cargante y pesada: *su sobrino era chillón y cargoso.*

carguero, a
1 Que lleva carga. — adj.
2 Embarcación destinada exclusivamente al transporte de cargas o mercancías: *el carguero fue detenido y su carga retenida ante las costas españolas.* — s.m. NÁUTICA

carguío Conjunto de géneros, mercancías u otras cosas que componen la carga que se transporta. — s.m. = carga

caria (Del gr. *karya*, nogal.) Fuste de una columna. — s.f./ARQUITECTURA

cariacedo, a Que es desagradable, antipático o que se muestra enojado: *rehuir la compañía del cariacedo.* — adj/s./= acedo + estar, ser

cariacontecido, a Que tiene en la cara expresión de tristeza o pesar: *asistieron al funeral silenciosos y cariacontecidos.* — adj. coloquial

cariacuchillado, a Que tiene la cara marcada con alguna cicatriz: *le asaltó un individuo harapiento y cariacuchillado.* — adj.

cariado, a Se refiere al hueso que está podrido o dañado o al diente que tiene caries: *tiene dos muelas cariadas.* — adj. MEDICINA

cariadura Daño que la caries produce en el hueso o en la dentadura: *el dentista le reparó las tres cariaduras.* — s.f. MEDICINA

cariar Producir una cosa caries: *el consumo excesivo de azúcar caria la dentadura; se le carió el fémur.* — v.tr/prnl. MEDICINA

cariátide (Del lat. *caryatis* < gr. *karyatis*, mujer de Carias, localidad griega.) Estatua, en especial con figura de mujer, que sirve de columna o soporte: *cuatro cariátides sostienen el friso del templo.* — s.f./ARQUITECTURA

caribe
1 De una familia de pueblos amerindios que habitaban en una parte de las Antillas y del norte de América del Sur. — adj.

2 Persona originaria de uno de estos pueblos. — s.m.f.

3 Familia de las lenguas y dialectos hablados por estos pueblos. — s.m. LINGÜÍSTICA

4 Piraña, pez pequeño y voraz. — ZOOLOGÍA

5 Del Caribe, caribeño. — adj.

6 Se refiere a la persona que es cruel e inhumana.

caribello Se aplica al toro que tiene la cabeza oscura y manchas blancas en la frente. — adj.

caribeño, a
1 Del mar Caribe o de las regiones que están situadas en sus orillas. — adj.
2 Persona que es natural de estas regiones. — s.

caribú Reno americano, de mayor tamaño que el euroasiático. — s.m./pl.tb: caribúes ZOOLOGÍA

caricato (Voz italiana.)
1 Cantante bajo que en las óperas hace papeles de bufón: *el caricato se desplomó en el escenario.* — s.m. MÚSICA
2 Actor cómico que imita a personajes famosos.

caricatura (Del ital. *caricatura*, cargadura < lat. *caricare*, cargar.)
1 Dibujo grotesco y ridículo en el que conscientemente se deforman los rasgos y las facciones de una persona: *el exagerado realismo del retrato lo convirtió en una caricatura.* — s.f./ARTE
2 Obra artística, objeto o actitud con la que se ridiculiza a una persona o cosa. — ARTE
3 Persona desmejorada en su aspecto físico o mental, o que es estrafalaria y ridícula: *es una caricatura de lo que fue hace unos años.*
4 Cosa que se pretende que sea una reproducción de otra, pero que sólo llega a ser una mala o ridícula imitación: *el informe era una mala caricatura de la situación.*
5 Cortometraje de dibujos animados. — Méx.

caricaturar Caricaturizar a una persona o cosa. — v.tr.

caricaturesco, a De la caricatura o que está hecho a modo de caricatura: *es una obra caricaturesca.* — adj.

caricaturista Dibujante de caricaturas. — s.m.f.

caricaturizar Representar a una persona, objeto o actitud, por medio de caricaturas, exagerando sus rasgos característicos: *caricaturizó a la clase política en sus artículos.* — v.tr. conj: cazar = caricaturar

caricia (Probablemente del ital. *carezza* < *caro*, querido.)
1 Toque o roce suave con la mano con que se muestra cariño o ternura: *le saludó con una caricia.* — s.f. = carantoña
2 Beso, abrazo o cualquier otro contacto físico con que se demuestra cariño o amor: *prodigar a alguien caricias maternales.*
3 Toque o impresión de una cosa, como el sol, la brisa o un sonido, que produce una sensación agradable: *me adormeció la caricia del sol en la playa.*

caridad (Del lat. *caritas*, *-atis*, amor, cariño < *carus*, querido).
1 Actitud del que se interesa por los que se encuentran en situación precaria, se solidariza con ellos y les ayuda: *repartió en casa por caridad.* — s.f.
2 Virtud teologal que consiste en amar a Dios y al prójimo: *aquella escultura personifica la caridad.* — TEOLOGÍA

caridelantero, a Que se comporta con descaro, desfachatez e intromisión. — adj. coloquial

caridoliente Que refleja dolor en el rostro: *la caridoliente imagen de la Dolorosa.* — adj.

cariedón (Del gr. *karyon*, nuez + *edon*, comido.) Insecto que roe las nueces. — s.m. ZOOLOGÍA

carientismo (Del lat. *charientismus* < gr. *kharientismos*, chiste, broma < *kharieis*, gracioso.) Figura retórica que consiste en disfrazar con ingenio la ironía o la burla. — s.m. RETÓRICA

caries (Del lat. *caries*.)
1 Proceso patológico que produce la descomposición de los huesos o de los dientes: *a pesar de los avances médicos, la caries afecta a una gran proporción de escolares.* — s.f. pl: caries MEDICINA
2 caries seca o del tronco: Enfermedad del tronco de los árboles que reseca y destruye el tejido leñoso. — BOTÁNICA
3 caries tizón o del trigo: Enfermedad del cereal que es provocada por un hongo: *se perdió toda la cosecha por una plaga de caries tizón.* — AGRICULTURA

carilampiño, a Se refiere al hombre que no tiene barba o tiene muy poca: *parece más joven porque es carilampiño.* — adj.

carilargo, a Que tiene cara de disgusto o enfado: *salió carilarga después de saber la noticia de su despido.* — adj.

carilindo, a Que tiene la cara bonita: *una chica carilinda y bien educada.* — adj/s.

carilla
1 Cara o página de una hoja de papel, en especial la que está escrita: *para escribir la carta emborronó varias carillas.* — s.f. = plana

2 Máscara que utilizan los colmeneros.

carillo, a Persona que ama a otra, amante. — *s.*

carillón (Del fr. *carillon* < bajo lat. *quatternio*, grupo de cuatro campanillas.)
1 Conjunto de campanas de una torre o un reloj que producen un sonido armónico por estar afinadas: *las campanas chinas estaban montadas formando un carillón.* — *s.m.*
2 Sonido producido por estas campanas: *le despertó el carillón muy temprano.*
3 Reloj con estas campanas: *sonaron las doce en el carillón de la sala.*
4 Instrumento musical de percusión, formado por un juego de tubos o láminas de acero que producen un sonido musical al ser percutidas con pequeños mazos. — *MÚSICA*

carimbo Hierro para marcar reses. — *s.m./Bol.*

cariñena (De *Cariñena*, comarca aragonesa.) Vino tinto dulce. — *s.m.*

cariño (Probablemente del dialectal *cariñar*, echar de menos < lat. *carere*, carecer.)
1 Sentimiento de simpatía, apego, amistad o amor: *mi familia siempre me ha demostrado su cariño.* — *s.m. = afecto*
2 Expresión de dicho sentimiento: *el abuelo colmaba al niño de cariño y regalos.*
3 Manera delicada o suave de tratar una cosa: *trata sus libros con mucho cariño.* — *= cuidado, esmero*
4 Apelativo cariñoso: *no te preocupes, cariño, que todo saldrá bien.* — *familiar*
5 Mimos, caricias: *después de tantos años de ausencia, lo recibió con mil cariños.* — *s.m.pl.*

cariñoso, a Que muestra cariño, afecto o amor: *le hizo un gesto cariñoso desde la ventana; le dio una reprimenda cariñosa.* — *adj.*

cario- Componente de palabra que procede del gr. *karyon*, que significa nuez, usado en el sentido de núcleo: *cariocinesis, cariofiláceo.* — *pref.*

carioca
1 De Río de Janeiro, ciudad de Brasil. — *adj.*
2 Persona que es natural de esta ciudad. — *s.m.f.*

cariocariáceo, a Perteneciente a una familia de plantas angiospermas dicotiledóneas, generalmente leñosas, de hojas divididas en tres lóbulos y fruto en drupa. — *adj/s. BOTÁNICA*

cariocinesis Forma indirecta de división celular, que va precedida por la transformación del núcleo y se caracteriza por la duplicación de todos sus elementos. — *s.f. pl: cariocinesis BIOLOGÍA = mitosis*

cariofiláceo, a (Del lat. *caryophyllon* < gr. *karyophyllon*, clavo de especia < *karyon*, nuez + *phyllon*, hoja.) Perteneciente a una familia de plantas angiospermas dicotiledóneas, herbáceas, con hojas opuestas y enteras y fruto en cápsula. — *adj/s.f. BOTÁNICA = cariofileo*

cariogamia Fusión de los núcleos de dos células en el proceso de la fecundación. — *s.f. BIOLOGÍA*

cariópside (Del gr. *karyon*, nuez + *opsis*, vista, aspecto.) Clase de fruto seco que no se abre espontáneamente con la madurez y que tiene el pericarpio pegado a la semilla, como el grano de trigo. — *s.f. BOTÁNICA*

cariotipo Conjunto de los cromosomas de una célula, después de que se hayan apareado por pares los idénticos. — *s.m. BIOLOGÍA*

carisea Tela tosca y poco fina de estopa o lana empleada antiguamente para sábanas. — *s.f. TEXTIL*

cariseto Tela tosca de lana. — *s.m./TEXTIL*

carisias (Del gr. *kharisia* < *kharis*, gracia.) Fiestas griegas nocturnas en honor de las Gracias, divinidades mitológicas. — *s.f.pl. HISTORIA, MITOLOGÍA*

carisma (Del lat. *charisma* < gr. *kharisma*, gracia, beneficio *kharizesthai*, conceder una gracia.)
1 Cualidad o capacidad que poseen algunas personas para fascinar, conducir y atraer a las muchedumbres: *tenía mucho carisma y por eso ganó las elecciones.* — *s.m. = magnetismo*
2 Don especial que otorga Dios a algunas personas en beneficio de la comunidad: *carisma de servicio.* — *TEOLOGÍA*

carismático, a
1 Que tiene carisma: *es un político muy carismático; pronunciar palabras carismáticas.* — *adj.*
2 Que tiene relación con el don divino del carisma: *la infalibilidad carismática del papa.* — *TEOLOGÍA*

caristio, a
1 De un pueblo hispano prerromano que habitaba en el actual País Vasco. — *adj. HISTORIA*
2 Persona natural de este pueblo. — *s./HISTORIA*

caritativo, a
1 De la caridad: *es una mujer caritativa; fundar una asociación asistencial y caritativa.* — *adj.*
2 Que siente caridad, que da limosna o ayuda a los necesitados: *es caritativo con los pobres y marginados.* — *+ con, para, para con*

cariz (Probablemente del cat. *caris* < lat. *character*, signo mágico.)
1 Aspecto que presenta una cosa o asunto: *el cariz que va tomando el asunto presagia un desenlace funesto.* — *s.m./pl: carices = talante*
2 Apariencia que presenta la atmósfera: *el día tomó un cariz lluvioso.*

carlanca (Probablemente del bajo lat. *carcannum*, collar.)
1 Collar ancho y fuerte, con púas, que sirve para proteger a los perros de las mordeduras de otros. — *s.f. = carranca*
2 Molestia, fastidio, contrariedad causada por una persona machacona y pesada. — *Chile, Hond.*
3 Persona fastidiosa, molesta, pesada. — *Hond.*
4 Grillete de los presos: *encontraron los cadáveres sujetos con carlancas.* — *Colomb., C. Rica*
5 Astucia o picardía para lograr una cosa. — *s.f.pl./coloquial*

carlanco Carraca, ave. — *s.m./ZOOLOGÍA*

carlancón, a Se refiere a la persona astuta: *no es fácil engañar a un viejo carlancón.* — *adj/s.*

carlear Respirar con dificultad por el calor o el cansancio: *llegar carleando al final de las escaleras.* — *v.intr. = jadear*

carleta Lima para pulir el hierro. — *s.f./METALURGIA*

carlinga (Del fr. *carlingue*.)
1 Espacio del interior del avión donde se instalan la tripulación y los pasajeros. — *s.f. AERONÁUTICA*
2 Pieza situada paralelamente a la quilla para reforzarla. — *NÁUTICA*

carlismo Tendencia y sistema políticos de los partidarios de la casa de Borbón española descendiente del infante Carlos María Isidro. — *s.m./HISTORIA, POLÍTICA*

carlista
1 Del carlismo: *guerras carlistas.* — *adj./HISTORIA*
2 Que es partidario del carlismo. — *adj.s.m.f./HISTORIA*

carló Vino tinto originario de Benicarló, en la provincia de Castellón. — *s.m.*

carlón Vino tinto, espeso y fuerte. — *s.m./Amér. Merid.*

carlota (De *Carlota*, esposa del rey Jorge II de Inglaterra.) Postre dulce de leche, huevos, azúcar y vainilla. — *s.f. COCINA*

carlovingio, a Carolingio, de Carlomagno: *escritura carlovingia; cultura de los carlovingios.* — *adj/s. HISTORIA*

carmel Especie de llantén, planta herbácea. — *s.m./BOTÁNICA*

carmelina Segunda lana que se saca de la vicuña. — *s.f.*

carmelita
1 De la orden religiosa del Carmelo. — *adj./RELIGIÓN*
2 Miembro de esta orden. — *s.m.f./RELIGIÓN*

carmelitano, a Carmelita, de la orden del Carmelo. — *adj./RELIGIÓN*

carmelo
1 Convento de religiosos carmelitas. — *s.m./RELIGIÓN*
2 Orden de estos religiosos: *ingresó en el carmelo.* — *RELIGIÓN/= carmen*

carmen
I (Del ár. *karm*, viña, viñedo.) Quinta o finca granadina con amplio huerto o jardín: *poseían un extenso carmen en la vega del río.* — *s.m.*
II (Del lat. *carmen*, verso.) Composición poética, en especial si está escrita en latín: *compilación antológica de cármenes.* — *s.m. POESÍA*
III (De origen incierto.) Orden de los carmelitas. — *s.m./RELIGIÓN*

carmenador
1 Persona que desenreda, desenmaraña y limpia el cabello, la lana o la seda. — *s.m. = cardador*
2 Instrumento para carmenar. — *= escarmenador*
3 Peine para el cabello. — *= batidor*

carmenar (Del lat. *carminare*, cardar.)
1 Limpiar y desenredar el cabello, la lana o la seda: *la lana se carmenó al pasarla por el agua.* — *v.tr/prnl. tb: escarmenar*
2 Tirar del cabello de una persona: *durante la pelea carmenó a su rival.* — *v.tr. coloquial*
3 Robar a una persona: *aquel ladrón le carmenó a la salida del teatro.* — *coloquial*

carmentales Fiestas celebradas en Roma en honor de la diosa latina Carmenta. — *s.f.pl./HISTORIA, MITOLOGÍA*

carmentina Planta acantácea medicinal. — *s.f./BOTÁNICA*

carmes Quermes, insecto. — *s.m./pl: carmes*

carmesí (Del ár. *qarmazi* < *qarmaz*, cochinilla < persa *kirm*, gusano.)
1 De color rojo intenso y oscuro: *se le puso el rostro carmesí por la vergüenza.* — *adj. pl.tb: carmesíes*
2 Color carmín o rojo intenso y oscuro, como el del quermes animal: *el torero iba vestido de oro y carmesí.* — *s.m.*
3 Polvo de este color.
4 Tela de seda roja: *las vestimentas eran de brocado y carmesí.* — *TEXTIL*

carmesita Silicato hidratado de hierro y alúmina. — *s.f./MINERALOGÍA*

carmín (Del fr. *carmin*.)
1 De color rojo intenso y oscuro. — *adj.*
2 Color que tiene esta tonalidad. — *s.m./ = carmesí*

3 Pasta que se usa en cosmética para colorear los labios: *en la copa hay restos de carmín.*
4 Colorante de color rojo intenso.
5 Rosal silvestre con flores rojas y sus rosas. **BOTÁNICA**

carminativo, a Se refiere al medicamento que impide la formación de gases en el tubo digestivo y favorece su evacuación. *adj./s.m.* **FARMACIA**

carmíneo, a De carmín o de color carmín, rojo intenso: *la luz del atardecer dio un tono carmíneo al cielo.* *adj.*

carnación
1 Color natural que se da en el escudo a las partes desnudas del cuerpo humano. *s.f.* **HERÁLDICA**
2 Tratamiento pictórico de la carne en la representación de la figura humana: *la frialdad de colores y las carnaciones pálidas han caracterizado toda su producción.* *s.f.pl.* **ARTE**

carnada
1 Porción de comida que se usa como cebo para pescar o para cazar. *s.f. = carnaza*
2 Engaño, trampa o triquiñuela para conseguir una cosa: *aquel regalo era una carnada para atraer sus favores.* *coloquial = añagaza*

carnadura
1 Robustez, musculatura: *se convirtió en un muchacho de recia carnadura.* *s.f.*
2 Disposición natural que tienen los tejidos de cada persona para curar las lesiones y cicatrizar: *tener buena carnadura.* **MEDICINA** *th: encarnadura*

carnal
1 De la carne: *el voto de castidad supone la renuncia al amor carnal.* *adj.*
2 Que tiene relación con la carnalidad o la lujuria: *se deja llevar por los apetitos carnales.* *= lascivo, lujurioso*
3 Se refiere a la persona que es pariente de otra por línea colateral: *sólo invitó a su primo carnal.*
4 Tiempo del año que no es cuaresma, y se puede comer carne: *el tiempo carnal del adviento.* *s.m.* **RELIGIÓN**

carnalidad Gusto desmesurado por los placeres carnales o sexuales. *s.f./= lascivia, lujuria*

carnaval (Del ital. *carnevale* < lat. *carnem + levare*, quitar la carne, por comenzar el ayuno de la cuaresma.)
1 Fiesta popular que se celebra durante los tres días que preceden al miércoles de ceniza, con máscaras, disfraces, bailes y otras diversiones. *s.m. = antruejo, carnestolendas*
2 Reunión desordenada y bulliciosa: *el congreso se convirtió en un carnaval de periodistas.* *coloquial*

carnavalada
1 Broma propia de las fiestas de carnaval: *casi todo el público se adhirió a la carnavalada.* *s.f.*
2 Acción, asunto o reunión grotesca y falta de seriedad: *ese juicio ha sido una carnavalada.*

carnavalesco, a Del carnaval: *organizó una juerga carnavalesca.* *adj.*

carnavalito Baile vivaz, alegre, colectivo, cuya música es acompañada por coplas en español o quechua. *s.m. Argent.*

carnaza
1 Carne de animales muertos: *las hienas se alimentan de carnaza.* *s.f.*
2 Carne abundante y de mala calidad.
3 Abundancia de carne en una persona. *coloquial*
4 Porción de comida que se usa como cebo para cazar o pescar. *th: carnada*
5 Víctima inocente que carga sobre sí el riesgo o el daño que incumbe a otro: *sirvió de carnaza en el debate.* *coloquial*

carne
I (Del lat. *caro, carnis.*)
1 Parte blanda, formada principalmente por los músculos del cuerpo del hombre y de los animales: *la flecha se clavó en la carne del muslo.* *s.f.* **ANATOMÍA**
2 Productos o partes comestibles de los animales mamíferos y pájaros en contraposición a pescados y mariscos: *prefiero la carne de vaca a la de cordero.*
3 Pulpa, parte blanda de las frutas y frutos: *ha comprado unos albaricoques con mucha carne.*
4 El cuerpo humano, en contraposición al espíritu: *cubrir las necesidades de la carne.*
5 Gordura en el cuerpo humano: *llevaba un ceñido vestido que a duras penas contenía sus carnes.*
6 **carne blanca:** La de reses tiernas y aves destinada al consumo.
7 **carne cediza:** La que ya ha empezado a corromperse o pudrirse.
8 **carne de cañón:** 1. Soldados que en la guerra ocupan los puestos de mayor peligro. 2. Persona o personas expuestas a sufrir cualquier clase de daño: *las clases menos favorecidas son carne de cañón en todas las crisis.* **MILITAR** *coloquial*
9 **carne de doncella:** Planta arbórea silvestre de inflorescencias terminales de color rosado. *(Byrsonima lúcida.)* **BOTÁNICA**
10 **carne de gallina:** Aspecto que por el frío, el miedo o la emoción toma la piel de las personas, parecido al de una ave pelada: *estoy helada, tengo la carne de gallina; aquel quejido le puso la carne de gallina.*

11 **carne de membrillo:** Dulce compacto, hecho con la pulpa del membrillo. **COCINA** *= codoñate*
12 **carne de pelo:** La de conejos, liebres y demás caza análoga, por contraposición a la de pluma.
13 **carne de pluma:** La de ave comestible: *se, le da muy bien cocinar carne de pluma.*
14 **carne magra o mollar:** La destinada al consumo, limpia de grasa y nervios: *compró carne magra para picarla y hacer albóndigas.*
15 **carne picada:** La que se consume partida o desmenuzada en trozos muy pequeños. **COCINA**
16 **carne viciosa:** Abultamiento de carne que se forma en las heridas y llagas, que dificulta su cicatrización. **MEDICINA** *= fungosidad*
17 **carne viva:** Carne sana con que se va cerrando una herida. **MEDICINA**
18 **abrírsele a una persona las carnes:** Temblar, estremecerse de miedo: *aquel alarido le abrió las carnes.* *coloquial*
19 **cobrar, criar o echar carnes:** Engordar, ponerse gordo. *coloquial*
20 **criar carne o carnes:** Ir engordando: *la vida sedentaria le hizo criar carnes.* *coloquial*
21 **echar o poner toda la carne en el asador:** Poner en juego todos los recursos posibles para conseguir algo: *a pesar de haber puesto toda la carne en el asador, no logró el cargo de director.* *coloquial*
22 **en carne viva:** 1. Se aplica a la parte del cuerpo despojada de piel: *no pudo soportar el agua salada en la herida en carne viva.* 2. Indica que una persona está irritada o que aún están muy vivas las huellas de un suceso doloroso. *loc.adv. coloquial*
23 **metido en carnes:** Se refiere a la persona que está algo gruesa: *ya anciana y metida en carnes comenzó su peregrinaje.* *loc.adj.*
24 **no ser carne ni pescado:** Persona o cosa que carece de carácter definido: *no sé a qué atenerme con ella, no es carne ni pescado.*
25 **ponérsele a alguien carne de gallina:** Asustarse o impresionarse mucho. *coloquial*
26 **ser carne y uña:** Ser dos personas muy amigas, unidas por un gran afecto: *madre e hijo eran carne y uña.* *coloquial*
27 **ser de carne y hueso:** Ser tan sensible a las ofensas, trabajos, pasiones, como los demás: *ten cuidado al decírselo, que es de carne y hueso.*
28 **temblarle a alguien las carnes:** Tener miedo: *le temblaban las carnes recordando a la fiera.*
II (De origen incierto.) Parte estrecha y cóncava de la taba usada en el juego de su nombre. **JUEGOS**

carné (Del fr. *carnet.*)
1 Tarjeta de identificación personal o de afiliación a alguna asociación, sociedad o partido: *sin el carné de socio no puede entrar; tuvo que presentar el carné de identidad.* *s.m. th: carnet*
2 Tarjeta en la que se incluyen ciertos datos personales y que acredita la capacidad de una persona para realizar una actividad: *ya tiene el carné de conducir.*
3 Cuaderno de notas: *tener el carné de baile completo, ya antes de empezar la fiesta.*

carneada
1 Acción y resultado de carnear las reses. *s.f./Amér.*
2 Lugar en que se matan y descuartizan las reses: *conducir las vacas a la carneada.* *Amér.*

carnear
1 Matar y descuartizar las reses para el consumo. *v.tr./Amér.*
2 Engañar a alguien o hacerle burla. *Méx., Chile*

cárneas (Del gr. *karneia.*) Fiestas que se celebraban en Grecia en honor de Apolo. *s.f.pl./ HISTORIA, MITOLOGÍA*

carnecilla Carnosidad pequeña. *s.f.*

carnerada Rebaño o manada de carneros. *s.f.*

carnerear Matar reses de un ganado en castigo por el daño que han causado. *v.tr.*

carnerero Pastor de carneros. *s.m.*

carnero
I (Derivado de *carne.*)
1 Mamífero rumiante, de la familia de los bóvidos, que es domesticado para aprovechar su carne, leche y lana. *(Ovis aries.)* *s.m.* **ZOOLOGÍA** *= morueco*
2 Ariete, antigua máquina militar. **HISTORIA, MILITAR**
3 Aries, signo del zodíaco. **OCULTISMO**
4 Persona sin voluntad ni iniciativa propias: *era un carnero silencioso y servicial.* *Amér. Merid.*
5 **carnero de cinco cuartos:** Especie africana de este mamífero, de cuernos cortos, lana larga y cola gruesa. **ZOOLOGÍA**
6 **carnero de la sierra o de la tierra:** Denominación común de la llama, la vicuña, el guanaco y la alpaca. *Argent.*
7 **carnero del Cabo:** Albatros común, ave palmípeda. **ZOOLOGÍA**
8 **carnero marino:** Foca, mamífero marino. **ZOOLOGÍA**
9 **no haber tales carneros:** Ser falso o mentira lo que se dice. *coloquial*
II (Del lat. *carnarius.*)

1 Sitio donde se echaban los cadáveres: *los restos de* **s.m.**
sus antepasados reposaban en el carnero.
2 Sepulcro familiar que había en algunas iglesias.

carneruno, a Del carnero o que tiene relación con **adj.**
él.

carnestolendas (Del lat. *dominica ante carnes tollen-* **s.f.pl.**
das, el domingo antes de quitar las carnes.) Carnaval, **= antruejo**
en especial los tres días que preceden al miércoles de
ceniza.

carnet Carné, tarjeta de identificación, de afiliación a **s.m.**
alguna asociación o de acreditación para realizar una **pl: carnets**
actividad: *tiene carnet de socorrista.*

carni- Componente de palabra procedente del lat. *caro,* **pref.**
carnis, que significa carne: *carnicero; carnívoro.* **tb: carn-, carno-**

carnicería
1 Tienda o establecimiento donde se vende carne. **s.f./COMERCIO**
2 Mortandad causada por una guerra o una catástro- **coloquial**
fe: *atacaron causando una carnicería en las filas enemi-*
gas.
3 Destrozo causado en un cuerpo por una herida o al **coloquial**
realizar una intervención quirúrgica: *en aquella opera-*
ción el médico hizo una carnicería.
4 Aplicar un castigo a muchas personas: *el profesor de* **coloquial**
matemáticas ha hecho una carnicería este año. **= escabechina**
5 Matadero, sitio donde se mata el ganado para el **Ecuad.**
consumo.

carnicero, a
1 Persona que por oficio vende carne. **s.**
2 Se refiere al animal que mata y devora a otros: *el* **adj/s.**
león es un mamífero carnicero.
3 Se aplica a la persona que es cruel y sanguinaria: *un* **adj.**
déspota carnicero impuso el terror en la región.
4 Se refiere al coto y a la dehesa que están destinados a pasto para el ganado.

cárnico, a De la carne de consumo o que tiene rela- **adj.**
ción con ella: *tiene una fábrica de productos cárnicos.* **INDUSTRIA**

carnicol Cada uno de los dedos con uña de los ani- **s.m./ZOOLOGÍA**
males de pata hendida. **= pezuño**

carnificación Modificación de los tejidos de ciertos **s.f.**
órganos que tiene la apariencia de tejido muscular. **MEDICINA**

carnificarse Tomar un órgano o un tejido el aspecto **v.prnl./conj: sacar**
de un músculo. **MEDICINA**

carniforme Que tiene aspecto de carne. **adj.**

carnina Sustancia amarga contenida en el extracto de **s.f.**
carne. **QUÍMICA**

carniseco, a Que es delgado: *don Quijote tenía una fi-* **adj.**
gura alta y carniseca. **= enjuto**

carnívoro, a (Del lat. *carnivorus < caro, carnis,* carne +
vorare, devorar.)
1 Que se alimenta principalmente de carne: *el hombre* **adj.**
es carnívoro. **ZOOLOGÍA**
2 Perteneciente a un orden de mamíferos terrestres **adj/s.m.**
que se caracterizan por tener caninos muy duros y **ZOOLOGÍA**
molares muy afilados y que se alimentan de carne,
como el oso, el tigre y la hiena.
3 Se aplica a la planta que se alimenta de insectos. **adj./BOTÁNICA**

carniza
1 Desperdicio de los animales que se matan para el **s.f.**
consumo: *llevar la carniza en camiones.* **coloquial**
2 Carne muerta: *separar la carniza del hueso.* **coloquial**

carnosidad
1 Excrecencia carnosa anormal que crece en una llaga **s.f.**
o en alguna parte del cuerpo. **MEDICINA**
2 Gordura, exceso de carne en el cuerpo: *sus carnosi-* **= obesidad**
dades le restaban libertad de movimientos.

carnoso, a
1 De carne: *excrecencia carnosa; apéndice carnoso.* **adj.**
2 Que tiene muchas carnes: *tiene los dedos carnosos.* **= carnudo**
3 Se refiere a la fruta que tiene mucha carne o pulpa.

carnuza Carne insípida o de mal sabor. **s.f./despectivo**

caro, a (Del lat. *carus.*)
1 Que sobrepasa el valor normal: *tiene los productos* **adj.**
más caros del mercado. **= costoso**
2 Que cuesta o vale mucho dinero: *el caviar es caro.* **≠ económico**
3 Querido, apreciado: *volveré a ver a mi caro amigo.* **culto**
4 A un precio elevado: *vende caro; pagarás caro tu falta* **adv.**
de escrúpulos.
5 **vender caro:** Costarle a una persona mucho trabajo conseguir una cosa: *consiguió su objetivo, pero se lo*
vendieron caro.
6 **venderse caro:** Prestarse con gran dificultad al tra- **coloquial**
to, dejarse ver poco: *ven a visitarnos pronto, no te ven-*
das tan caro.

caroca
1 Decorado que se colocaba en calles o plazas, en al- **s.f.**
gunas fiestas.
2 Obra de carácter burlesco, parecida a las farsas o **LITERATURA,**
mimos antiguos. **TEATRO**

3 Carantoña, caricia, halago: *con cuatro carocas lo sedu-* **= zalamería**
ce y consigue sus propósitos.

carocha Carrocha, huevos de ciertos insectos. **s.f./ZOOLOGÍA**

carochar Carrochar, poner ciertos insectos sus hue- **v.intr.**
vos. **ZOOLOGÍA**

carolingio, a
1 De Carlomagno, rey franco de los siglos VIII-IX, de **adj./HISTORIA**
su época o de su dinastía: *estilo carolingio.* **= carlovingio**
2 Persona que es miembro de la familia o dinastía de **s.**
Carlomagno. **= carlovingio**

carolino, a
I (De *carolus,* nombre latino de *Carlos II* de España.)
1 De las islas Carolinas, archipiélago del océano Pací- **adj.**
fico.
2 Persona natural de este archipiélago. **s.**
II (De *carolus,* nombre latino de cualquiera de los re- **adj.**
yes llamados *Carlos.*) Que tiene relación con algún **HISTORIA**
rey llamado Carlos: *escritura carolina.*

carona
1 Trozo de tela acolchada o almohadilla que se pone **s.f.**
entre la silla o la albarda y el sudadero para que no
se dañen las caballerías.
2 Parte interior de la albarda o silla de montar. **EQUITACIÓN**
3 Zona del lomo de la caballería sobre la que se pone **EQUITACIÓN**
esta parte de la albarda o de la silla.

caroñoso, a (Derivado de *carroña.*) Se refiere a la **adj.**
caballería que tiene llagas o heridas.

carosiera Fruto del carosiero, parecido a la manzana: **s.f.**
trajeron tres cestas de carosieras. **BOTÁNICA**

carosiero Especie de palmera de Brasil. **s.m./BOTÁNICA**

carosis (Del gr. *karosis < karoo,* adormecer.) Carus, **s.f./pl: carosis**
estado muy profundo del coma. **MEDICINA**

carota Caradura, descarado, fresco: *el muy carota se* **adj/s.m.f.**
fue sin pagar. **coloquial**

caroteno Pigmento amarillo o rojo que se encuentra **s.m.**
en los vegetales y en los animales: *la zanahoria es rica* **BIOQUÍMICA**
en caroteno.

carótida (Del gr. *karotis < karoo,* adormecer.) Se aplica **adj/s.f.**
a la arteria que lleva la sangre a la cabeza por uno y **ANATOMÍA**
otro lado del cuello.

carotídeo, a De la carótida: *ha sufrido una trombosis* **adj.**
carotídea. **ANATOMÍA**

carotina (Derivado culto del lat. *carota,* zanahoria.) **s.f.**
Caroteno, pigmento. **BIOQUÍMICA**

carozo (Del lat. vulgar *carudium < gr. karydion,* avellana.)
1 Núcleo de la mazorca una vez quitados los granos. **s.m./= panoja**
2 Hueso de la aceituna y de las frutas como el melocotón, la ciruela y similares.

carpa
I (Del bajo lat. *carpa.*) Pez de agua dulce, de grandes **s.f.**
escamas y aleta dorsal larga, la anal corta y cuatro **ZOOLOGÍA**
barbillas en la boca. *(Cyprinus carpio.)*
II (De origen incierto.) Gajo o racimillo de uvas. **s.f.**
III (De origen incierto.)
1 Toldo que cubre un circo u otro recinto amplio: *sir-* **s.f.**
vieron el aperitivo en una carpa.
2 Tenderete de feria. **Amér.**
3 Tienda de campaña. **Amér.**

carpanel Se refiere al arco elipsoidal formado por **adj.**
porciones de circunferencia cuyos centros forman **tb: zarpanel**
siempre un número impar. **ARQUITECTURA**

carpanta Hambre violenta. **s.f./coloquial**

carpe (Del occitano *carpe < lat. carpinus.*) Hojaranzo, **s.m.**
árbol fagáceo. **BOTÁNICA**

carpedal Tierra plantada de carpes. **s.m.**

carpelar Del carpelo de la flor. **adj./BOTÁNICA**

carpelo (Derivado del gr. *karpos,* fruto.) Cada uno de **s.m.**
los elementos que forman el pistilo de la flor. **BOTÁNICA**

carpeta (Del fr. *carpette < ingl. carpet,* alfombra.)
1 Cubierta de cartón, piel, plástico u otro material **s.f.**
que se dobla por su mitad y se cierra mediante una
goma, una cinta u otro sistema, usada para guardar o
llevar papeles o documentos: *clasificar los documentos*
en carpetas.
2 Cubierta que se pone en el escritorio para escribir
sobre ella y guardar documentos.
3 Factura de los valores comerciales que se presentan **ECONOMÍA**
al cobro, canje o amortización.
4 Tapete verde que cubre la mesa de juego: *poner las* **Argent., Urug.**
cartas sobre la carpeta.
5 Habilidad o experiencia en el trato con los demás. **Argent., Urug.**

carpetano, a
1 De Carpetania, antigua región prerromana del cen- **adj.**
tro de la península Ibérica. **HISTORIA**
2 Persona natural de esta antigua región. **s./HISTORIA**

carpetazo
1 Golpe fuerte dado con una carpeta. **s.m.**

2 dar carpetazo: 1. Suspender arbitrariamente los trámites burocráticos en una oficina. **2.** Considerar acabado un asunto o desistir de continuarlo: *dieron carpetazo a las investigaciones.* — *coloquial*

carpetovetónico, a Se refiere a la persona o idea que defiende lo español rechazando cualquier influencia extranjera. — *adj/s. despectivo th: celtibérico*

carpiano, a Del carpo: *estructura carpiana.* — *adj./ANATOMÍA*

carpín Pez de agua dulce, de tamaño mediano, parecido a la carpa, aunque carece de barbillas. *(Carassius carassius.)* — *s.m. ZOOLOGÍA*

carpintear Trabajar la madera, realizar trabajos de carpintería: *carpintea en sus ratos libres.* — *v.intr. CARPINTERÍA*

carpintería
1 Taller o local donde el carpintero trabaja la madera. — *s.f. CARPINTERÍA*
2 Oficio de carpintero. — *CARPINTERÍA*
3 Trabajo realizado en madera o por el carpintero: *hubo que cambiar toda la carpintería del edificio.* — *CARPINTERÍA*
4 carpintería metálica: Técnica en que se utilizan metales para la construcción de puertas y ventanas. — *CONSTRUCCIÓN*

carpintero, a (Del ant. *carpentero* < lat. *carpentarius*, carpintero de carretas < *carpentum*, carro.)
1 Persona que por oficio trabaja y labra la madera, construyendo puertas, ventanas y muebles. — *s. CARPINTERÍA*
2 carpintero campestre: Ave insectívora de plumaje pardusco, con listas transversales. — *s.m./ZOOLOGÍA = pico*
3 carpintero de armar o de obra de afuera: El que hace entramados o armazones de madera para obras de construcción. — *CARPINTERÍA*
4 carpintero de ribera: El que trabaja en obras navales. — *CARPINTERÍA = calafate*

carpir (Del lat. *carpere*, arrancar, coger.) Dejar boquiabierta o pasmada a una persona: *su regalo me carpió.* — *v.tr/prnl. = asombrar*

carpo (Del gr. *karpos*, fruto, muñeca.) Conjunto de ocho huesos, dispuestos en dos filas, que forman el esqueleto y que se articulan en su parte superior con el cúbito y el radio y en la inferior con el metacarpo. — *ANATOMÍA*

carpo- Componente de palabra procedente del gr. *karpos*, que significa fruto: *carpología; carpófago.* — *pref. th: carpio-*

-carpo Componente de palabra procedente del gr. *karpos*, que significa fruto, muñeca: *apocarpo; metacarpo.* — *suf.*

carpófago, a (Del gr. *karpos*, fruto + *fagomai*, comer.) Se refiere al animal que se alimenta principalmente de frutos. — *adj. ZOOLOGÍA*

carpología Parte de la botánica que se dedica al estudio del fruto de las plantas. — *s.f. BOTÁNICA*

carquesa Horno que se utiliza para templar o solidificar objetos de vidrio. — *s.f. TECNOLOGÍA*

carquesia Arbusto papilionáceo propio de suelos montañosos, con flores amarillas en racimo y fruto en legumbre. — *s.f. BOTÁNICA th: carquexia*

carraca
I (De origen incierto.)
1 Cacharro, aparato u objeto que, por viejo o por malo, funciona mal: *esta bicicleta es una carraca.* — *s.f. coloquial*
2 Barco viejo, destartalado o pesado. — *coloquial*
3 Barco antiguo de transporte de gran capacidad. — *coloquial*
II (De la onomatopeya *crac.*)
1 Instrumento de madera formado por una o varias lengüetas flexibles que producen un ruido seco al chocar con los dientes de una rueda: *los niños hacían sonar estridentes carracas.* — *s.f.*
2 Ave de pico curvado, tarsos cortos y plumaje de vivos colores. — *ZOOLOGÍA*
3 Mandíbula seca de algunos animales. — *Colomb.*

carraco, a Viejo que es achacoso o está impedido: *al pobre carraco le sobrevino la muerte por la noche.* — *adj/s. coloquial*

carracuca Se usa en ciertas comparaciones populares para ponderar un defecto, un vicio o una circunstancia adversa, como en las expresiones **estar más perdido que, pasar más hambre que, ser más feo que carracuca..** — *coloquial*

carrada Carga transportada por una carreta o carro. — *s.f./= carretada*

carral Barril o tonel usado para acarrear vino. — *s.m.*

carraleja (Derivado de *carro.*) Insecto coleóptero, de cuerpo alargado, color negro con reflejos azules o violetas. *(Meloe.)* — *s.m./ZOOLOGÍA = aceitera, cubillo*

carramplón Fusil, arma: *intentaron intimidarles con un viejo carramplón.* — *s.m. Colomb., Venez.*

carranca Carlanca, collar para perros. — *s.f.*

carrancudo, a Que es estirado y orgulloso: *a pesar de su pobreza era un tipo carrancudo.* — *adj. = tieso*

carraón Variedad de trigo. — *s.m./BOTÁNICA*

carrara (Del ital. *Carrara*, ciudad italiana.) Mármol blanco: *había monumentales esculturas de carrara.* — *s.m.*

carrasca
I (De una raíz prerromana *karr-*.) Encina pequeña o mata de la misma. — *s.f./BOTÁNICA th: carrasco*
II (De origen incierto.) Instrumento musical de percusión, de origen africano, formado por un palo con muescas que suena al ser raspado con otro. — *s.f. MÚSICA Colomb., Venez.*

carrascal
1 Terreno donde abundan las carrascas: *buscó la sombra en el carrascal.* — *s.m. = carrasquera*
2 Pedregal, lugar pedregoso: *el terreno era un yermo carrascal.* — *Chile*

carrasco
1 Carrasca o encina, planta arbórea. — *s.m./BOTÁNICA*
2 Terreno extenso cubierto de vegetación leñosa: *se internaron en el carrasco.* — *Amér. Central y Merid.*

carrascoso, a Se refiere al terreno que tiene muchas carrascas o encinas. — *adj.*

carraspada Bebida preparada con vino tinto rebajado con agua, miel y especias. — *s.f. = garnacha*

carraspeo Tos emitida para eliminar una molestia de la garganta: *con el carraspeo logró sacarse la espina.* — *s.m.*

carraspear
1 Hablar con voz ronca, áspera, debido a una irritación de la garganta. — *v.intr.*
2 Quitarse una persona una molestia de la garganta tosiendo ligeramente: *carraspeó varias veces para ocultar su emoción.*

carraspeño, a Que es áspero o bronco. — *adj.*

carraspera Sensación de irritación, aspereza y sequedad de la garganta: *una molesta carraspera le impedía hablar.* — *s.f./th: garraspera = ronquera*

carraspique (Del occitano *taraspic* < gr. *thlaspi*, hierba semejante a ésta.) Planta herbácea, de tallo erguido y ramificado, hojas lanceoladas y algo dentadas, flores numerosas de color lila, rosado o blanco, que se cultiva como planta ornamental. *(Iberis umbellata.)* — *s.f. BOTÁNICA*

carrasposo, a
1 Se refiere a la persona que padece tos o carraspera crónica: *era un pobre viejo enfermo y carrasposo.* — *adj/s.*
2 Áspero al tacto, rasposo: *la pared quedó carrasposa a pesar del lijado.* — *adj. Amér. Merid.*

carrasquera Terreno donde abundan las carrascas. — *s.f./= carrascal*

carrejo (Del lat. *curriculum*, carrera, hipódromo.) Pasillo de una casa. — *s.m.*

carrera (Del lat. vulgar *carraria.*)
1 Acción de ir de un sitio a otro corriendo: *me pegué una carrera y lo alcancé.* — *s.f.*
2 Acción de correr varias personas, vehículos o animales a modo de competición: *hicimos una carrera y ganó el más rápido.*
3 Competición deportiva, que consiste en recorrer una determinada distancia, ya sea a pie o por otro medio: *prefiero las carreras de caballos a las de coches; ganó la carrera de los cien metros.* — *DEPORTES*
4 Conjunto de estudios superiores científicos, técnicos o humanísticos, mediante los cuales se obtiene un título o diploma que capacita para ejercer una profesión: *cursa la carrera de biología.*
5 Profesión, actividad: *se dedica a la carrera militar; su carrera política está en peligro.*
6 Línea de puntos que se sueltan en una media o en otro tejido: *tiene una carrera en las mallas nuevas.*
7 Recorrido, aparente o real, que sigue un astro: *la carrera del sol.* — *ASTRONOMÍA = curso*
8 Carretera o camino transitable.
9 Calle que fue camino: *ahora vive en la carrera de San Jerónimo.*
10 Recorrido de un taxi: *el cliente no paró de hablar en toda la carrera.*
11 Recorrido oficial de una procesión o desfile.
12 Serie de cosas puestas en orden: *el camino pasa entre dos carreras de árboles.* — *= hilera*
13 Raya del pelo: *separar los mechones con una carrera.* — *= crencha*
14 Viga larga horizontal colocada para sostener otras o para unir las construcciones. — *CONSTRUCCIÓN*
15 Concurso o competición hípico: *fuimos a las carreras; entrenó a la yegua para las carreras.* — *s.f.pl.*
16 carrera armamentística: Acumulación de armamento que es fruto de una estrategia de disuasión. — *MILITAR*
17 carrera contra reloj: Prueba deportiva en la que el concursante ha de realizar un recorrido determinado en el mínimo tiempo posible. — *DEPORTES*
18 carrera de obstáculos: 1. Carrera hípica en la que los caballos tienen que saltar los obstáculos instalados en el recorrido. — *DEPORTES* **2.** Curso de un asunto lleno de dificultades que hay que superar: *conseguir grabar un disco es una carrera de obstáculos.* — *coloquial*
19 carrera de sacos: Carrera de personas que llevan las piernas metidas en un saco y tienen, por tanto, que avanzar a saltos. — *JUEGOS*

20 a la carrera o en una carrera: Corriendo, muy rápidamente: *salió a la carrera calle abajo.* `loc.adv.`

21 cubrir la carrera: Colocar a ambos lados del recorrido de un séquito o desfile fuerzas del ejército o de vigilancia para impedir el acceso del público.

22 dar carrera a una persona: costearle los estudios.

23 de carrera: 1 Manera memorística, rápida e irreflexiva de decir una cosa: *se aprendió de carrera la lección y aprobó el examen.* 2 Que tiene titulación universitaria, militar, etc. `loc.adv.` `tb: de carrerilla`

24 de carreras: Destinado a hacer carreras: *se ha comprado un coche de carreras; quiere un caballo de carreras.* `loc.adj.`

25 entrar en una carrera: Competir o rivalizar por una cosa: *en la reunión parecen haber entrado en una carrera para demostrar quién es más inteligente.* `coloquial`

26 hacer carrera: Prosperar, mejorar de situación económica: *con tus habilidades harás carrera.* `coloquial`

27 hacer la carrera: Ejercer la prostitución. `coloquial`

28 no poder hacer carrera de o con alguien: No conseguir que una persona haga lo que es razonable o lo que debe hacer: *con estos niños tan rebeldes no se puede hacer carrera.* `coloquial`

29 tomar carrera: Retroceder para darse impulso.

carreraje Cómputo de las carreras obtenidas en el béisbol. `s.m.` `DEPORTES`

carrerear Dar prisa a una persona para que haga alguna cosa: *no me carrerees que me pongo nerviosa.* `v.tr./Méx.` `= urgir`

carrerilla
1 Cierto movimiento de la danza española antigua. `s.f.`
2 Sucesión rápida, ascendente o descendente, de sonidos o notas musicales. `MÚSICA`
3 de carrerilla: De memoria, sin reflexión: *decía las tablas de multiplicar de carrerilla.* `loc.adv.` `coloquial`
4 tomar carrerilla: Retroceder para darse impulso para realizar algún ejercicio, especialmente dar un salto. `coloquial` `tb: tomar carrera`

carrerista
1 Persona aficionada a asistir o participar en las carreras de caballos, de automóviles, de bicicletas. `s.m.f.`
2 Persona que apuesta en las carreras.

carrero, a Persona que conduce un carro o una carreta, o guía las caballerías o los bueyes. `s.` `= carretero`

carreta Carro de dos ruedas, largo, estrecho y bajo, con una sola lanza, a la que se ajusta el yugo: *uncir los bueyes a la carreta.* `s.f.`

carretada
1 Carga transportada por una carreta o un carro. `s.f./= carrada`
2 Gran cantidad de cosas: *una carretada de juguetes.* `coloquial`
3 a carretadas: En abundancia, en cantidad: *compra libros a carretadas; tengo trabajo a carretadas.* `loc.adv.` `coloquial`

carretaje Transporte de mercancías en carros y carretas: *pagar el carretaje desde la ciudad.* `s.m.`

carrete
1 Pieza cilíndrica de materiales diversos, taladrado por el eje y con rebordes en sus bases, que se usa para enrollar en él hilo, alambre, cinta, cable u otros materiales. `s.m.` `= bobina`
2 Pieza de plástico o metal en la que se enrolla la película fotográfica. `CINE, FOTOGRAFÍA`
3 Rollo de película fotográfica: *todo el carrete salió velado.* `FOTOGRAFÍA`
4 Rueda en que está enrollado el sedal de pesca. `PESCA`
5 dar carrete: 1. Soltar sedal poco a poco para que no lo rompa el pez. 2. Entretener a una persona, darle conversación: *si le das carrete, acabará contándote su vida.* `PESCA` `coloquial`

carretear
1 Llevar o trasladar una cosa en un carro o una carreta. `v.tr.`
2 Guiar o conducir un carro o una carreta.
3 Inclinarse los animales de tiro hacia delante al hacer avanzar un carro. `v.prnl.`

carretel
1 Carrete de hilo para coser. `s.m./Amér.`
2 Carrete de la caña de pescar. `Amér.`
3 Carrete grande usado para arrollar cables. `NÁUTICA`

carretela (Del ital. *carrettella*.)
1 Coche de caballos descubierto, de cuatro asientos, caja poco profunda y cubierta plegable: *los recién casados se pasearon por la ciudad en carretela.* `s.f.`
2 Vehículo de dos o cuatro ruedas que se usa para acarrear o trasladar bultos. `Chile`

carretera (Derivado de *carro*.)
1 Vía o camino pavimentado que comunica distintas localidades y permite la circulación de vehículos. `s.f.`
2 carretera comarcal: Aquella que une comarcas: *un desprendimiento de tierra bloqueó el tráfico de la carretera comarcal.*
3 carretera de circunvalación: Vía que rodea una población para eludir el paso por el interior de ésta:

los vehículos pesados circulan por la carretera de circunvalación.
4 carretera de cuota: La sometida a un impuesto o peaje. `Méx.`
5 carretera local: Camino vecinal o la que no es ni comarcal ni nacional.
6 carretera nacional: La de primer orden o la que une entre sí capitales de provincia y a éstas con las fronteras.

carretería
1 Conjunto de carretas y carros. `s.f.`
2 Taller donde se hacen o reparan carros y carretas.

carreteril De los carreteros o propio de ellos: *lenguaje carreteril.* `adj.`

carretero, a
1 Persona que se dedica a construir carros y carretas. `s.`
2 Persona que por oficio guía los carros y carretas. `= carrero`
3 hablar, jurar o fumar como un carretero: Hablar con poca educación o blasfemar con frecuencia; consumir tabaco en abundancia. `coloquial`

carretilla
1 Carro pequeño de mano, que se compone de una caja o una plataforma para la carga, con varias ruedas, dos pies para descansarlo y dos varas o mangos que el conductor sujeta para dirigirlo. `s.f.`
2 Aparato de madera o plástico con tres ruedas por pies, y una manija a la que se agarran los niños para aprender a andar.
3 Cohete que al encenderse corre por el suelo. `= buscapiés`
4 Utensilio de cocina formado por una ruedecilla con el borde con muescas y sostenida en un mango que se puede girar y que sirve para adornar el pan, las tortas o los pasteles. `COCINA` `= pintadera`
5 de carretilla: De memoria, de forma irreflexiva: *me dijo la lección de carretilla.* `coloquial`

carretón
1 Carro pequeño de dos ruedas. `s.m.`
2 Armazón en la que gira la rueda del afilador.
3 Carretilla para niños.
4 Plataforma sobre la que pivota el chasis de una locomotora o vagón. `= bogie`
5 carretón de lámpara: Polea para subir y bajar las lámparas de una iglesia.
6 carretón de mano: El arrastrado a mano, que se utiliza para transportar cargas ligeras.

carretoncillo Trineo, vehículo. `s.m.`

carretonero, a
1 Persona que conducía un carretón. `s.` `s.m./Colomb.`
2 Trébol, planta.

carriata Barranco muy abrupto, profundo, generalmente seco, ocupado por grandes cantos acarreados por el agua en la época de lluvias o por la gravedad. `s.f.` `Argent.`

carric (Del fr. *carrick* < ingl. *curricle*, tipo de carruaje.) Gabán muy ancho, con una o varias esclavinas. `s.m./pl.tb: carrics` `= carrique`

carricera (Derivado de *carrizo*.) Planta gramínea vivaz, de tallo alto, hojas acanaladas y flores blanquecinas en panoja muy ramosa. *(Erianthus ravennae.)* `s.f./BOTÁNICA` `= rabo de zorra, vulpino`

carricerín Denominación de diversas aves sílvidas de pequeño tamaño. `s.m.` `ZOOLOGÍA`

carricero Pájaro pequeño, de cuerpo esbelto, de color marrón por debajo, más rojizo en el dorso y de canto monótono, que vive en zonas pantanosas. *(Acrocephalus.)* `s.m.` `ZOOLOGÍA`

carricoche
1 Carro cubierto con caja de coche. `s.m.`
2 Coche feo y viejo. `despectivo`

carricuba Carro provisto de una cuba o depósito para transportar líquidos. `s.f.`

carriego
1 Instrumento de pesca formado por dos conos concéntricos de red que impide la salida a los peces capturados. `s.m.` `PESCA` `= buitrón`
2 Cesta para remojar y blanquear las madejas de lino. `TEXTIL`

carril (Probablemente del lat. vulgar *carrilis* < lat. *currilis*, relativo al carro.)
1 Banda longitudinal destinada al tránsito de vehículos en que puede estar subdividida la vía pública o calzada: *se incorporó a la autopista por el carril de aceleración.* `s.m.`
2 Vía por donde circula el tren.
3 Señal que dejan en el suelo las ruedas de un vehículo o un carruaje: *el coche dejó profundos carriles en el barro.* `= carrilada, carrilera`
4 Camino que sólo permite el paso de un carro.
5 Surco hecho con el arado. `AGRICULTURA`
6 carril activo o conductor: El que está tendido a lo largo de la vía y conduce la corriente eléctrica a los coches motores.

carrilada Carril, huella de la rueda. — s.f.

carrilano, a
1 Obrero del ferrocarril. — s./Chile
2 Ladrón, bandolero. — Chile

carrillada (Derivado de *carrillo*.)
1 Grasa que tiene el cerdo a cada lado de la cara. — s.f.
2 Temblor que hace chocar las mandíbulas.

carrillera
1 Quijada, mandíbula de algunos animales. — s.f./ZOOLOGÍA
2 Correa de escamas de metal que sujetaba el casco o morrión de la armadura por debajo de la barbilla. — HISTORIA, MILITAR

carrillo
I (De origen incierto.)
1 Mejilla, parte carnosa a cada lado de la cara: *infló los carrillos y emitió un silbido.* — ANATOMÍA
2 **comer a dos carrillos:** 1. Comer mucho. 2. Tener varios empleos lucrativos. 3. Sacar provecho de dos personas enfrentadas, complaciendo a ambas. — coloquial
II (Derivado de *carro*.) Rueda acanalada alrededor de la cual pasa una cuerda y que sirve para levantar o mover pesos. — s.m. MECÁNICA = garrucha, polea

carrilludo, a Que tiene los carrillos abultados: *en el cuadro destacan dos angelitos carrilludos.* — adj. = mofletudo

carriola (Del ital. *carriola*.)
1 Cama baja o tarima con ruedas. — s.f.
2 Carruaje pequeño de tres ruedas, en que se paseaban las personas de la realeza. — HISTORIA
3 Cochecito en que se lleva a los bebés. — Méx.

carrique Carric, gabán. — s.m.

carrizada Hilera de pipas, barriles o toneles amarrados que se conducen a remolque flotando sobre el agua. — s.f. NÁUTICA

carrizal Terreno donde abundan los carrizos. — s.m.

carrizo (Del lat. vulgar *cariceum*, carrizal < *carex*, carrizo.)
1 Planta gramínea vivaz, de raíz larga y rastrera, hojas planas y lanceoladas e inflorescencias en panoja. *(Phragmites communis.)* — s.m. BOTÁNICA
2 Planta gramínea originaria de Venezuela, de tallos nudosos, que contienen agua dulce y fresca. — BOTÁNICA

carro (Del lat. *carrus*.)
1 Carruaje de distintas formas, generalmente de dos o cuatro ruedas, con una o dos varas para enganchar las caballerías, que se usa para transportar cargas. — s.m.
2 Vehículo o armazón con ruedas utilizado para transportar objetos diversos: *el carro de la compra.*
3 Carga de un carro: *un carro de leña.* — = carrada
4 Juego de un coche, sin la caja. — MECÁNICA
5 Cantidad importante de una cosa: *un carro de inconvenientes.* — coloquial
6 Pieza corredera de la máquina de escribir, sobre la que se aplica el papel.
7 Vehículo, automóvil. — Amér./= coche
8 Carreta, vehículo. — P. Rico, Venez.
9 Plancha de hierro en que se coloca lo que se va a imprimir y que corre sobre las bandas de la máquina. — ARTES GRÁFICAS
10 **carro anfibio:** El que es totalmente estanco y puede atravesar cursos de agua. — MILITAR
11 **carro de asalto:** Tanque de gran poder ofensivo. — MILITAR
12 **carro de combate:** Tanque de guerra. — MILITAR
13 **carro fuerte:** El que se utiliza para transportar grandes pesos y que es más largo que ancho.
14 **aguantar carros y carretas:** Tener mucha paciencia. — coloquial
15 **cogerle a alguien el carro:** Ocurrirle algo molesto o perjudicial. — coloquial
16 **parar el carro:** Impedir que una persona siga diciendo o haciendo cosas inadecuadas o inoportunas: *para el carro y deja de insultarme.* — coloquial
17 **tirar del carro:** Recaer sobre una persona el trabajo que debiera repartirse entre varias: *en un colectivo siempre tiran del carro los mejor dispuestos.* — coloquial

carrocería
1 Revestimiento metálico de los vehículos automóviles y ferroviarios: *la carrocería de su coche es aerodinámica.* — s.f. MECÁNICA
2 Taller y tienda donde se hacen, reparan y venden estos revestimientos. — COMERCIO

carrocero, a
1 De la carroza o de la carrocería. — adj.
2 Persona que por oficio hace o repara carruajes o carrocerías. — s.

carrocha Huevos de ciertos insectos. — s.f./ZOOLOGÍA

carrochar Carochar, poner la hembra de los insectos sus huevos. — v.intr. ZOOLOGÍA

carromato (Del ital. *carro matto*, tipo de carro.)
1 Carro grande de dos ruedas, con dos varas largas para poder enganchar las caballerías y provisto de toldo. — s.m.
2 Carruaje grande e incómodo. — despectivo

carroña (Del ital. *carogna* < lat. vulgar *caronea*, carne putrefacta.)
1 Carne corrompida que empieza a pudrirse: *las hienas se alimentan de carroña.* — s.f.
2 Persona, idea o cosa inútil, mezquina y despreciable: *los traficantes de droga son la carroña de la sociedad.* — = escoria

carroñar Transmitir roña al ganado lanar. — v.tr./VETERINARIA

carroñero, a
1 Que tiene relación con la carroña. — adj.
2 Se refiere al animal que se alimenta de carroña. — adj./s.ZOOLOGÍA

carroñoso, a Que huele a carroña. — adj.

carroza (Del ital. *carrozza* < lat. *carrus*, carro.)
1 Coche de caballos, grande y lujosamente adornado. — s.f.
2 Vehículo especial en que se transporta a los difuntos al cementerio. — Méx. = coche fúnebre
3 Armazón con toldo para proteger algunas partes de las embarcaciones. — NÁUTICA
4 Persona vieja o de gustos e ideas anticuados. — s.m.f./coloquial

carrozar Colocar la carrocería a un vehículo. — v.tr./conj: cazar

carruaje (Del cat. *carruatge* < lat. *carrus*, carro.) Vehículo de tracción animal, formado por una plataforma de madera o hierro montada sobre ruedas y acondicionada para el transporte de personas o cargas. — s.m.

carrucha Garrucha, polea. — s.f.

carruco
1 Carro pequeño de eje móvil y ruedas sin radios. — s.m.
2 Carga de tejas que puede transportar un hombre. — CONSTRUCCIÓN

carrujado, a Rizado o plegado con pequeñas arrugas: *el lienzo quedó carrujado.* — adj. = encarrujado

carrujo Copa del árbol. — s.m./BOTÁNICA

carrusel (Del fr. *carrousel*.)
1 Espectáculo ecuestre en el que los jinetes giran con movimientos rítmicos. — s.m.
2 Tiovivo de feria: *la niña quería subir al carrusel.* — = caballitos
3 **carrusel deportivo:** Desfile de deportistas. — DEPORTES

cársico, a Se aplica a la roca o formación caliza que se origina por la acción erosiva o disolvente del agua: *las estalagmitas y estalactitas son típicas formaciones cársicas.* — adj. GEOLOGÍA th: cársico, kárstico

carso Relieve transformado por la disolución de la caliza debido a la filtración de agua. — s.m./GEOLOGÍA = karst

carta (Del lat. *charta*, papel < gr. *khartes*, papiro, papel.)
1 Escrito que una persona dirige a otra para comunicarse con ella: *ha recibido una carta de su novio.* — s.f. = epístola
2 Cada una de las piezas rectangulares de cartulina que se usan en juegos de azar y de habilidad, basados en la combinación de las figuras y números impresos en una de sus caras. — JUEGOS = naipe
3 Relación o lista de los platos y las bebidas que se pueden elegir en un restaurante: *quiere la carta de vinos.* — = menú
4 Documento que contiene una disposición de los tribunales superiores. — DERECHO
5 Constitución, ley fundamental de un estado. — DERECHO, POLÍTICA
6 Documento oficial que certifica ciertos derechos. — DERECHO
7 Mapa, especialmente el que se usa en la navegación marítima o aérea. — AERONÁUTICA, NÁUTICA
8 **carta abierta:** La dirigida a una persona, pero publicada en un medio de comunicación.
9 **carta astral:** Representación gráfica de la posición de los planetas en el instante del nacimiento de una persona, a partir de la cual los astrólogos determinan el carácter y tendencia de ésta. — OCULTISMO
10 **carta blanca:** Autorización para que una persona resuelva un asunto según su propio criterio y con total libertad: *tienes carta blanca, actúa como tú creas.* — coloquial
11 **carta credencial:** Documento que acredita a una persona como embajador o representante diplomático en el país en que está destinado. — POLÍTICA
12 **carta de ajuste:** Imagen fija de forma geométrica que aparece en la pantalla de televisión para poder ajustar la imagen. — AUDIOVISUALES
13 **carta de ciudadanía:** Documento por el que el estado otorga la nacionalidad a un residente en el país. — Argent. DERECHO
14 **carta de crédito:** Documento expedido por un banco a favor de un cliente para que le sea entregada una cantidad de dinero. — ECONOMÍA
15 **carta de hermandad:** Documento firmado por el prior de una orden religiosa, en el que consta la admisión de una persona en esa orden. — RELIGIÓN
16 **carta de naturaleza:** 1. Derecho que se concede a un extranjero a ser considerado como natural de un país. 2. Legitimización o reconocimiento oficial que se da a una cosa o a un asunto. — DERECHO
17 **carta de pago:** Documento en que se declara haber recibido cierta cantidad como pago de una deuda. — DERECHO
18 **carta de trabajo:** Documento por el que se concede a una persona el derecho al trabajo. — DERECHO

19 carta municipal: Documento que contiene el régimen especial de gobierno de algunos municipios.   *DERECHO*

20 carta pastoral: La dirigida por el obispo a sus feligreses, en la religión católica.   *RELIGIÓN*

21 carta pécora: Pergamino o documento.

22 carta puebla: Documento que fijaba las condiciones para los habitantes o nuevos pobladores de un lugar durante la Reconquista.   *HISTORIA*

23 carta radar: la que está constituida por fotografías obtenidas de las pantallas de radar.   *NÁUTICA*

24 carta verde: Documento que acredita que un vehículo se beneficia de un seguro internacional.

25 a carta cabal: Se usa para indicar la honradez absoluta de una persona: *es hombre de bien, a carta cabal.*   *loc.adj.*

26 comer a la carta: Escoger el menú según el contenido de la carta.

27 echar las cartas: Adivinar cosas ocultas o acontecimientos futuros mediante los naipes.   *OCULTISMO*

28 irse de una buena carta: Desprenderse de una cosa valiosa para alcanzar un fin.   *coloquial*

29 jugar bien sus cartas: Desenvolverse astutamente en un asunto delicado.

30 jugar la última carta: Emplear el último recurso: *decidió jugar la última carta y confesar la verdad.*   *coloquial*

31 jugárselo todo a una carta: Hacer depender la solución de cualquier problema de un solo recurso: *se lo jugó todo a una carta al presentarse al último examen sin estar preparado.*   *coloquial*

32 no saber a qué carta quedarse: Estar indeciso: *no supo a qué carta quedarse, tras las confesiones de los testigos.*   *coloquial*

33 poner las cartas boca arriba: Descubrirse un propósito o intención.   *coloquial*

34 tomar cartas en un asunto: Intervenir en un asunto o negocio: *ante tal descalabro económico tomó cartas en el asunto.*   *coloquial*

cartabón (Del occitano ant. *escartabont* < *escartar*, dividir en cuatro.) Plantilla en forma de triángulo rectángulo con el cateto mayor graduado, que se usa en dibujo lineal.   *s.m.*

cartagenero, a
1 De Cartagena, ciudades española y colombiana y comarca chilena.   *adj.*
2 Persona que es natural de estas ciudades o comarca.   *s.*

cartaginés, a
1 De Cartago, antigua ciudad del norte de África, en la actualidad Túnez.   *adj./HISTORIA = cartaginiense*
2 Persona natural de esta ciudad.   *s./HISTORIA*
3 Púnico, variedad lingüística del fenicio.   *s.m./LINGÜÍSTICA*
4 Cartagenero, de Cartagena.   *adj./s.*

cártamo (Probablemente del ár. *qirtim*.) Alazor, planta compuesta.   *s.m. BOTÁNICA*

cartapacio (Derivado de *carta*.)
1 Cuaderno para escribir o tomar notas.   *s.m.*
2 Carpeta para llevar papeles y libros.
3 Cubierta que se pone en las mesas escritorio, para guardar papeles y servir de apoyo al papel en que se escribe.   *= vade*
4 Conjunto de papeles contenidos en una carpeta.

cartapel Escrito insolente e impertinente.   *s.m.*

cartear
1 Jugar cartas de poco valor para tantear el juego.   *v.intr./JUEGOS*
2 Escribirse cartas dos o más personas.   *v.prnl.*

cartel (Del cat. *cartell*.)
1 Lámina de papel, tela u otros materiales en que se anuncia o se avisa de alguna cosa: *es un cartel publicitario muy provocativo.*   *s.m. = póster*
2 Cartulina con letras, sílabas o palabras en grandes caracteres que se usa para enseñar a leer.
3 Red grande para pescar sardinas.   *PESCA*
4 ser de o tener mucho o poco cartel: Gozar o no de fama o popularidad: *la folklórica, que es de mucho cartel, se ha casado con un torero que tiene poco cartel.*
5 tener o ser de buen cartel: Tener una persona buena reputación.   *coloquial*

cártel (Del alem. *kartell*.)
1 Unión o agrupación de empresas del mismo sector, que mantienen su personalidad jurídica propia, con el fin de llevar a cabo una política común, que produzca una limitación de la competencia y una mejoría de los beneficios.   *s.m. tb: cartel ECONOMÍA*
2 Organización de narcotraficantes.

cartela (Del ital. *cartella*.)
1 Pieza pequeña de cartón, madera u otra materia en que se escribe una anotación.   *s.f.*
2 Soporte que sobresale de un plano vertical para sostener horizontalmente alguna cosa.   *ARQUITECTURA = ménsula*
3 Cada uno de los hierros que sostienen un balcón sin repisa de albañilería.   *CONSTRUCCIÓN*
4 Figura rectangular que se coloca en serie en la parte superior de los escudos de armas.   *HERÁLDICA*

5 cartela rampante: La que se adapta a un plano inclinado.   *CONSTRUCCIÓN*

6 cartela rasa: Aquella cuyos adornos no se extienden a los paramentos laterales.   *CONSTRUCCIÓN*

cartelado, a Se refiere al escudo o a la pieza que está lleno de cartelas.   *adj./HERÁLDICA = billetado*

cartelera (Derivado de *carta*.)
1 Armazón con un tablero vertical al que se fijan los carteles o anuncios.   *s.f./= tablón de anuncios*
2 Sección de los periódicos en que se anuncian los espectáculos: *consultaron la cartelera antes de comprar las entradas.*
3 Cartel en que se anuncian los espectáculos.

cartelero, a
1 Se refiere a la persona o al espectáculo que tiene cartel o atrae al público: *siempre ha sido un artista cartelero.*   *adj. = taquillero*
2 Persona que pega carteles en lugares públicos.   *s.*

cartelista Persona que se dedica a diseñar, dibujar o pintar carteles.   *s.m.f. ARTES GRÁFICAS*

carteo Acción y resultado de cartear o cartearse.   *s.m.*

cárter (De J. H. *Carter*, nombre de su inventor.)
1 Pieza que protege la cadena de transmisión en la bicicleta.   *s.m. MECÁNICA*
2 Caja, generalmente metálica, que protege algunas piezas del motor.   *MECÁNICA*

cartera
1 Objeto rectangular y plano, fabricado con diferentes materiales, dividido en varios compartimentos, usado para guardar dinero y documentos personales.   *s.f. = billetero*
2 Bolsa o maleta pequeña, usados para transportar objetos de uso profesional o personal: *lleva la cartera llena de libros.*   *= maletín*
3 Cubierta de cartón o piel que sirve para dibujar o escribir sobre ella y para resguardar papeles.
4 Trozo de tela que se coloca sobre la abertura del bolsillo de algunas prendas de vestir.   *= tapa*
5 Cargo de ministro y desempeño de las funciones propias de un ministerio: *se ocupa de la cartera de economía.*   *POLÍTICA*
6 cartera de clientes: Conjunto de clientes que operan con alguna entidad económica o financiera, o con un comerciante o vendedor particular.   *ECONOMÍA*
7 cartera de pedidos: Conjunto de encargos solicitados a una entidad comercial.   *ECONOMÍA*
8 cartera de valores: Conjunto de efectos monetarios o valores que forman parte del activo de una empresa, una sociedad o una persona.   *ECONOMÍA*
9 tener en cartera: Tener preparado o en proyecto un asunto, un escrito o un negocio, para su próxima ejecución.   *coloquial*

cartería
1 Oficio de cartero.   *s.f.*
2 Dependencia de los edificios de correos donde se recibe y despacha la correspondencia.

carterista Ladrón de carteras de bolsillo.   *s.m.f.*

cartero, a Persona que tiene por oficio repartir la correspondencia o el correo.   *s.*

cartesianismo Sistema y doctrina filosófica de Descartes, filósofo francés del siglo XVII y de sus discípulos.   *s.m. FILOSOFÍA*

cartesiano, a
1 De Descartes o del cartesianismo.   *adj./FILOSOFÍA*
2 Persona que profesa esta doctrina.   *s./FILOSOFÍA*
3 Metódico, racional o lógico.   *coloquial*

carteta Parar, juego de cartas.   *s.f./JUEGOS*

cartilaginoso, a
1 Que tiene relación con los cartílagos.   *adj./ANATOMÍA*
2 Que tiene un aspecto parecido al del cartílago.

cartílago (Del lat. *cartilago*.) Tejido elástico que forma el endoesqueleto de los animales vertebrados y constituye la envoltura de los centros nerviosos de los cefalópodos.   *s.m. ANATOMÍA = cartilágine, ternilla*

cartilla (Derivado de *carta*.)
1 Cuaderno con las letras del alfabeto y las primeras nociones elementales para aprender a leer.   *s.f.*
2 Cuaderno o libreta de hojas impresas donde constan diversos datos de carácter personal u oficial: *cartilla de ahorros; cartilla de la seguridad social.*
3 Tratado breve y básico de algún oficio o arte.
4 cartilla de ahorros: Cuadernillo o libreta en que se anotan las cantidades que ingresa y que saca su titular en una entidad de ahorros.   *ECONOMÍA*
5 cartilla militar: Cartilla que se entrega al soldado con sus datos personales y otros relativos a su servicio militar.   *MILITAR*
6 cantar o leer a alguien la cartilla: Reprender o advertir severamente a una persona.   *coloquial*
7 no saber la cartilla: Desconocer los principios básicos de un arte u oficio.   *coloquial*

8 saberse la cartilla: Haber recibido instrucciones sobre el modo de actuar en determinado asunto. · coloquial

cartivana Tira de papel o tela que se coloca en las láminas u hojas sueltas para poderlas encuadernar. · s.f. ARTES GRÁFICAS

carto- Componente de palabra que significa carta:*cartografía; cartomancia.* · pref.

cartografía
1 Técnica de elaboración de mapas o cartas geográficas. · s.f. GEOGRAFÍA
2 Ciencia que estudia los mapas geográficos. · GEOGRAFÍA

cartografiar Trazar y elaborar la carta geográfica de una porción de superficie terrestre. · v.tr./conj: *vaciar* GEOGRAFÍA

cartográfico, a Que tiene relación con la cartografía: *documentación cartográfica.* · adj.

cartógrafo, a Persona dedicada a trazar, realizar y estudiar mapas o cartas geográficas. · s. GEOGRAFÍA

cartograma Mapa geográfico o topográfico de formas esquemáticas, en el que se da preferencia a la información estadística. · s.m. GEOGRAFÍA

cartomancia Práctica basada en la adivinación del futuro por medio de las cartas de la baraja. · s.f./OCULTISMO tb: cartomancía

cartometría Parte de la cartografía que se dedica a la medición de las líneas trazadas sobre las cartas geográficas. · s.f. GEOGRAFÍA

cartómetro Aparato utilizado para medir las líneas trazadas sobre cartas geográficas. · s.m./GEOGRAFÍA = curvímetro

cartón (Del ital. *cartone*, aumentativo de *carta*, papel.)
1 Material compuesto por un conjunto de hojas superpuestas de pasta de papel de baja calidad, endurecidas por compresión: *guardó los juguetes en una caja de cartón.* · s.m.
2 Dibujo o boceto realizado sobre cartón y que se usa como modelo de cuadros, frescos o tapices: *una colección de cartones de Goya.* · ARTE
3 Adorno prominente de la piedra central y los modillones del arco romano. · ARQUITECTURA
4 Adorno, hecho de metal, que imita las hojas largas de algunas plantas. · ARTE
5 **cartón de montaña:** Variedad de serpentina. · MINERALOGÍA
6 **cartón de tabaco:** Paquete que contiene normalmente diez cajetillas de tabaco.
7 **cartón piedra:** Sustancia hecha de pasta de papel, yeso y algún endurecedor usado para hacer toda clase de objetos o imitar otros materiales.

cartonaje Conjunto de obras hechas de cartón. · s.m.

cartoné (Del fr. *cartonée*, encartonado.) Encuadernación que se hace con tapas de cartón y forro de papel: *libros en cartoné.* · s.m. ARTES GRÁFICAS

cartonería
1 Fábrica donde se elabora el cartón. · s.f./INDUSTRIA
2 Local o tienda donde se compra y vende cartón. · COMERCIO

cartuchera Bolsa o estuche de cuero, tela u otro material, que se usa para llevar cartuchos y que, generalmente, se lleva fijada en el cinturón. · s.f. = canana

cartucho (Del fr. *cartouche* < ital. *cartoccio*.)
1 Carga de explosivo correspondiente a cada tiro de un arma de fuego: *comprar cartuchos para ir de caza.* · s.m.
2 Dispositivo intercambiable necesario para el funcionamiento de ciertas máquinas e instrumentos como cámaras fotográficas o estilográficas: *la impresora necesita un nuevo cartucho de tinta.* · = carga
3 Paquete cilíndrico que contiene monedas del mismo tamaño y valor.
4 Papel, cartón o barquillo enrollado en forma de cono: *un cartucho de golosinas.* · = cucurucho
5 **cartucho de dinamita:** Explosivo usado para hacer voladuras.
6 **cartucho de fogueo:** Munición sin bala.
7 **cartucho de perdigones: 1.** Engañifa, trampa que consiste en entregar a alguien un rollo de monedas que contiene cosas de poco valor. **2.** Cualquier engaño. · coloquial
8 **quemar el último cartucho:** Recurrir a un medio extremo o utilizar el último recurso en una situación comprometida. · coloquial

cartuja Monasterio de la orden religiosa fundada por san Bruno. · s.f. RELIGIÓN

cartujano, a
1 Perteneciente al monasterio de los cartujos. · adj./RELIGIÓN
2 Cartujo, religioso. · adj/s./RELIGIÓN
3 Se refiere a la caballería que es de raza andaluza. · adj./EQUITACIÓN

cartujo, a
1 Que es miembro de la orden religiosa de san Bruno. · adj/s./RELIGIÓN
2 Hombre que vive apartado del trato con la gente y de las diversiones. · s.m. coloquial

cartulario (Del bajo lat. *chartularium* < *chartula*, documento, escritura.)
1 Libro en que se contenían los privilegios y propiedades de una persona, institución o comunidad. · s.m./HISTORIA = becerro

---

2 Escribano que custodiaba las escrituras. · HISTORIA

cartulina (Del ital. *cartolina*.) Cartón delgado y fino. · s.f.

carúncula (Del lat. *caruncula*, diminutivo de *caro*, carne.)
1 Excrecencia roja y prominente que tienen en la cabeza algunas aves como el pavo y el gallo. · s.f./ZOOLOGÍA = cresta
2 Denominación de diferentes abultamientos o eminencias de varios órganos: *carúncula lacrimal.* · ANATOMÍA

carvajal Robledal, terreno poblado de robles. · s.m./= carvallar

carvalledo Robledal, terreno poblado de carvallos o robles. · s.m./tb: carvalleda

carvallo Roble, árbol. · s.m./tb: carvajo

carvi Alcaravea, planta y su semilla. · s.m./BOTÁNICA

casa (Del lat. *casa*, choza, cabaña.)
1 Edificio o parte de él destinado a vivienda: *vivimos en una casa de alquiler; se han comprado una casa en el casco antiguo de la ciudad.* · s.f. ARQUITECTURA, CONSTRUCCIÓN
2 Familia o personas que viven en el mismo domicilio.
3 Familia, linaje: *es el heredero de la casa de Austria.*
4 Edificio o parte de él destinado a fines públicos o actividades comerciales. · = empresa
5 Escaque o cuadro de un tablero de ajedrez o de damas. · JUEGOS
6 **casa adosada:** Vivienda unifamiliar que tiene una pared compartida con las que forman hilera con ella. · ARQUITECTURA, CONSTRUCCIÓN
7 **casa celeste:** Cada una de las doce partes en que se considera dividido el cielo. · OCULTISMO
8 **casa consistorial o de la villa:** Edificio destinado a la administración municipal. · = ayuntamiento
9 **casa de baños:** Lugar donde se toman baños medicinales. · = balneario
10 **casa de beneficencia:** Edificio donde se acoge a personas sin recursos económicos. · = asilo
11 **casa de campo:** Edificio destinado al descanso, recreo, que está fuera de una población.
12 **casa de citas, llana o de putas o pública:** Establecimiento en el que se alquilan habitaciones para tener encuentros amorosos. · = burdel, prostíbulo
13 **casa de Dios o del Señor:** Iglesia, edificio religioso. · RELIGIÓN
14 **casa de empeño o de préstamos:** Establecimiento donde se presta dinero dejando objetos como prenda. · COMERCIO
15 **casa de expósitos:** Hospicio, inclusa.
16 **casa de huéspedes:** Casa en la que se alquilan habitaciones y se dan comidas. · = pensión
17 **casa de labor:** Casa de labradores con dependencias donde guardan los aperos, maquinaria o ganado. · AGRICULTURA
18 **casa de locos: 1.** Hospital siquiátrico, manicomio. · coloquial
2. Lugar donde hay mucho ruido y desorden: *aquel despacho parecía una casa de locos.*
19 **casa de socorro:** Centro sanitario donde se prestan gratuitamente servicios médicos de urgencia. · = dispensario
20 **casa de vecindad:** Edificio de varios pisos, con muchas viviendas, generalmente pequeñas, que tenían acceso a patios y corredores.
21 **casa del rey:** Conjunto de funcionarios civiles y militares al servicio de un monarca. · POLÍTICA
22 **casa madre:** Principal establecimiento de una orden religiosa. · RELIGIÓN
23 **casa matriz:** Primera fábrica o establecimiento de una empresa: *la casa matriz tenía su sede en la capital.*
24 **casa paterna:** Casa donde una persona ha vivido o vive con sus padres.
25 **casa real:** Familia real.
26 **casa rectoral:** Edificio destinado a vivienda del párroco. · RELIGIÓN
27 **casa solariega:** Casa en la que han vivido varias generaciones de una familia.
28 **casa unifamiliar:** Edificio en el que vive sólo una familia.
29 **caérsele a alguien la casa encima:** Sentir una sensación de agobio y opresión. · coloquial
30 **como Pedro por su casa:** Con familiaridad y soltura: *se mueve en los ambientes literarios como Pedro por su casa.* · coloquial
31 **de ir por andar por casa:** Se aplica a procedimientos y explicaciones de poco valor. · loc.adj. coloquial
32 **deshacerse una casa:** Venirse a menos. · coloquial
33 **echar o tirar la casa por la ventana:** Gastar sin moderación, derrochar. · coloquial
34 **levantar la casa:** Cambiarse de domicilio: *levantaron la casa y se trasladaron a vivir al campo.*
35 **poner casa una persona:** Instalarla y organizarla para vivir en ella.
36 **poner la casa:** Amueblarla, acondicionarla para que se pueda vivir en ella: *los padres le pusieron la casa; ha puesto la casa con mucho gusto.*
37 **quedar todo en casa:** Actuar sin permitir que se inmiscuyan extraños.
38 **ser una persona de su casa:** Ser muy hogareña.

casabe Cazabe, torta hecha con harina de yuca. — *s.m./Amér.*

casaca (Probablemente del fr. *casaque*.)
1 Chaqueta ceñida al cuerpo, con mangas hasta las muñecas y con faldones largos. — *s.f.*
2 Casamiento o contrato matrimonial. — *coloquial*
3 **cambiar o mudar de casaca o la casaca:** Dejar un partido para seguir otro, cambiar de opinión. — *coloquial*

casación Anulación de una sentencia dictada por un tribunal de última instancia. — *s.f.* DERECHO

casadero, a Que está en edad de casarse: *era guapo, buen mozo y casadero.* — *adj.*

casado Manera de colocar las páginas en la platina para que, al doblar el pliego, queden numeradas correlativamente. — *s.m.* ARTES GRÁFICAS

casal
1 Casa de campo o de labranza. — *s.m./AGRICULTURA*
2 Casa en la que han vivido varias generaciones de una familia.
3 Pareja de macho y hembra: *un casal de lechuzas le acompañó todo el trayecto por el bosque.* — *Amér. Merid.*

casalicio Caserío, conjunto de edificaciones, especialmente en el campo. — *s.m.* CONSTRUCCIÓN

casamata (Del ital. *casamatta*.) Abrigo blindado para piezas de artillería. — *s.f./CONSTRUCCIÓN, MILITAR*

casamentero, a Que interviene para concertar casamientos: *su tía actuó de casamentera.* — *adj/s.*

casamiento
1 Acción y resultado de contraer matrimonio. — *s.m.*
2 Boda, ceremonia nupcial.
3 Contrato de matrimonio. — DERECHO

casamuro Muralla sin terraplén de las antiguas fortificaciones. — *s.m.* CONSTRUCCIÓN

casanova (De G. G. *Casanova*, aventurero italiano.) Tenorio, hombre seductor. — *s.m.*

casapuerta Portal o zaguán. — *s.f./CONSTRUCCIÓN*

casar
I (Del bajo lat. *cassare*, anular, destruir.) Anular un tribunal una sentencia. — *v.tr.* DERECHO
II (Derivado de *casa*.)
1 Contraer matrimonio dos personas: *se casarán el próximo domingo en el juzgado.* — *v.intr/prnl.*
2 Celebrar el sacerdote o el juez las ceremonias o formalidades establecidas para unir a dos personas en matrimonio: *los casó el mismo sacerdote que les había bautizado y administrado la primera comunión.* — *v.tr.*
3 Disponer, un padre o superior, el casamiento de una persona que está bajo su autoridad: *casó a todas sus hijas antes de morir.*
4 Jugar el banquero y un jugador cantidades iguales a una carta: *el banquero y yo casamos cien mil pesetas a esta carta.* — JUEGOS
5 Hacer que dos o más cosas coincidan o se correspondan: *casa los dibujos de las telas antes de coserlas; estas dos piezas casan perfectamente.* — *v.tr/intr.*
6 **casarse de penalty:** Contraer matrimonio por estar la novia embarazada. — *vulgar*
7 **no casarse con nadie:** No dejarse influir una persona por nadie en una opinión o actitud determinadas: *sus padres intentaron aconsejarle, pero él no se casa con nadie.* — *coloquial*

casatienda Construcción destinada a vivienda y establecimiento comercial. — *s.f.* COMERCIO

casca
1 Pellejo de la uva exprimida. — *s.f.*
2 Cáscara, cubierta exterior. — = cascarón
3 Materia vegetal usada para curtir pieles.
4 Rosca de mazapán y cidra o batata bañada y cubierta con azúcar. — COCINA

cascabel (Del occitano *cascavel*, diminutivo del lat. vulgar *cascabus*, variante del lat. *caccabus*, olla.)
1 Bola hueca de metal, de pequeño tamaño, que lleva en su interior un pedacito de hierro o latón para que suene al moverla: *sólo oíamos el cascabel del gato.* — *s.m.* = cascabillo
2 Remate posterior de forma casi esférica de algunos cañones de artillería. — MILITAR
3 **de cascabel gordo:** Se aplica a las manifestaciones literarias o artísticas con poca sensibilidad y que producen un efecto grosero y grotesco. — *loc.adj.* *coloquial*
4 **echar el cascabel:** Decir algo insólito para ver qué efecto produce. — *coloquial*
5 **echar alguien el cascabel a otro:** Eludir una responsabilidad para que recaiga en otro. — *coloquial*
6 **poner el cascabel al gato:** Aventurarse a alguna acción peligrosa o muy difícil. — *coloquial*
7 **ser alguien un o como un cascabel:** Ser muy alegre. — *coloquial*

cascabelada
1 Fiesta popular en que se adornaba a las caballerías con cascabeles. — *s.f.*
2 Dicho o hecho propio de personas irreflexivas. — *coloquial*

cascabelear
1 Sonar los cascabeles o producir un sonido semejante: *su risa alegre cascabeleaba entre el alboroto de la sala.* — *v.intr.*
2 Obrar una persona de manera poco juiciosa: *a pesar de la gravedad de la situación no dejó de cascabelear.* — *coloquial*
3 Alborotar a una persona con esperanzas vanas para que actúe de cierta manera: *cascabeleó a María para que le hiciera el traje.* — *coloquial*

cascabeleo Ruido de cascabeles o de voces y risas que lo asemejan: *se oía el cascabeleo de la gente por las calles.* — *s.m.* = alborozo, jarana

cascabelero, a
1 Se refiere a la persona de poco juicio y particularmente alegre. — *adj/s.* *coloquial*
2 Juguete que produce ruido al moverse. — *s.m./= sonajero*

cascabelillo Variedad de ciruelo, de fruto pequeño y redondo, de color púrpura oscuro y sabor dulce. — *s.m.* BOTÁNICA

cascabillo
1 Cascabel de sonar, campanilla. — *s.m.*
2 Corteza que envuelve el grano de los cereales. — BOTÁNICA
3 Cubierta externa escamosa o leñosa de la bellota. — BOTÁNICA

cascada (Del ital. *cascata*, caída, participio de *cascare*, caer < lat. vulgar *casicare* < lat. *cadere*.)
1 Salto de agua de un río por un desnivel brusco del terreno o una interrupción de su cauce. — *s.f./GEOGRAFÍA* = catarata
2 Serie de elementos que actúan en cadena: *una cascada de imprevistos le impidió llegar puntual a la cita.* — = catarata

cascado, a
1 Se refiere al sonido o a la voz que ha perdido sonoridad: *tiene la voz cascada de tantos discursos.* — *adj.*
2 Que está gastado o cansado: *tu primo está muy cascado.*

cascadura Acción y resultado de cascar o cascarse: *al descubrir la cascadura lo castigó sin postre.* — *s.f.* = cascamiento

cascajal (Derivado de *cascar*.)
1 Terreno pedregoso, donde hay muchos guijos: *se encontró que la finca era un cascajal.* — *s.m./tb: cascajar* = cascajera
2 Sitio donde se vierte el hollejo de la uva pisada. — *tb: cascajar*

cascajo
1 Conjunto de fragmentos pequeños de piedras u otras cosas que se quiebran. — *s.m.*
2 Conjunto de frutos de cáscara seca, como piñones, almendras o avellanas.
3 Cualquier trasto o mueble viejo o inservible: *el coche que se compró es un cascajo.* — *coloquial*
4 Moneda fabricada con una aleación de plata y cobre.
5 **estar hecho un cascajo:** Sentirse achacoso o enfermo: *estoy hecho un cascajo por culpa de la gripe.* — *coloquial*

cascajoso, a Que tiene mucho cascajo o grava: *por el camino cascajoso resonaban las herraduras de la caballería.* — *adj.* = guijoso, pedregoso

cascamajar Romper una cosa aplastándola. — *v.tr.*

cascanueces
1 Utensilio para partir frutos de cáscara dura, como nueces y avellanas. — *s.m.* pl: cascanueces
2 Persona joven que obra irreflexivamente o con poca formalidad. — = trincapiñones
3 Pájaro parecido al cuervo, de plumaje vinoso con manchas blancas. (*Nucifraga caryocatactes.*) — ZOOLOGÍA

cascapiñones
1 Persona que saca los piñones de las piñas, rompe la cáscara y pela la semilla. — *s.m.f.* pl: cascapiñones
2 Utensilio para cascar piñones. — *s.m.*

cascar (Del lat. vulgar *quassicare* < lat. *quassare*, sacudir, golpear, quebrantar.)
1 Romper una cosa frágil o quebradiza o estropearla parcialmente: *el jarrón se cascó en un poco.* — *v.tr/prnl.* conj: sacar
2 Debilitar la salud de una persona: *se cascó porque no se cuidaba.* — *coloquial*
3 Golpear a una persona: *le robaron y además le cascaron sin piedad.* — *v.tr.* *coloquial*
4 Poner mucho interés y esfuerzo en el estudio o la realización de una cosa: *le cascó duro a la física durante el verano.* — *coloquial*
5 Morir, fallecer: *al final cascó de una pulmonía.* — *v.intr./coloquial*
6 Hablar mucho una o varias personas: *se pasaron toda la mañana cascando sin parar.* — *v.tr/intr.* *coloquial*
7 **cascársela:** Masturbarse el hombre. — *vulgar*

cáscara (Derivado de *cascar*.)
1 Corteza o cubierta exterior de los huevos, ciertos frutos y otras cosas. — *s.f.* = casca
2 Corteza de los árboles. — BOTÁNICA
3 **cáscara sagrada:** Corteza de un arbusto californiano usada como laxante. — FARMACIA = chitem
4 **¡cáscaras!:** Exclamación de asombro, admiración o enfado: *¡cáscaras, he perdido la cartera!* — *interj.*
5 **ser de cáscara o de la cáscara amarga:** 1. Ser travieso y valentón. 2. Ser persona de ideas avanzadas. — *coloquial*

cascarejo Mina ya explotada e improductiva industrialmente que aún contiene oro. — s.m./Colomb. MINERÍA

cascarela Cuatrillo, juego de naipes. — s.f./JUEGOS

cascarilla (Derivado de *cáscara*.)
1 Cubierta delgada y frágil de algunos frutos como los cereales, los cacahuetes, almendras o cacao una vez tostadas. — s.f.
2 Corteza de ciertos árboles, en especial del quino, de sabor amargo, aromática y medicinal. — BOTÁNICA
3 Laminilla muy fina de metal u otro material duro con que se recubre un objeto.
4 Mascarilla para el cutis hecha de cáscaras de huevo. — = blanquete

cascarón (Derivado de *cáscara*.)
1 Cáscara del huevo de cualquier ave, en especial la rota por el pollo al salir de él. — s.m.
2 Parte de una cúpula, generalmente semiesférica. — ARQUITECTURA
3 Lance del juego de la cascarela que consiste en robar con espada y basto. — JUEGOS
4 cascarón de nuez: Barco pequeño o frágil. — coloquial
5 recién salido del cascarón: Se aplica a la persona joven e inexperta: *está inquieto porque su abogado de oficio está recién salido del cascarón.* — coloquial

cascarrabias Persona quisquillosa, que se enfada fácilmente por pequeñas cosas: *el abuelo con los años se volvió un cascarrabias.* — s.m.f. pl. cascarrabias coloquial

cascarrojas Insectos o gusanillos que se crían en los bosques. — s.m.pl. ZOOLOGÍA

cascarrón, a
1 Bronco, áspero y desapacible. — adj.
2 Se refiere al viento que obliga a tomar rizos a las gavias o velas del mastelero mayor. — adj/s.m. NÁUTICA

cascaruleta Cuchareta, variedad de trigo. — s.f./BOTÁNICA

casco (Derivado de *cascar*.)
1 Pieza de metal, plástico u otro material que se usa para proteger la cabeza de posibles heridas y golpes: *es obligatorio el uso del casco para circular en moto.* — s.m.
2 Envase de cristal o recipiente que sirve para contener líquido: *devolvieron a la bodega todos los cascos.* — = botella
3 Trozo de un recipiente que se ha roto o trozo de una bomba después de estallar. — = cascote
4 Cuerpo de una nave o un avión desprovisto de aparejo y maquinaria. — AERONÁUTICA, NÁUTICA
5 Núcleo de una población donde la edificación es compacta: *su vivienda estaba fuera del casco urbano.*
6 Copa del sombrero.
7 Trozo de una cosa, especialmente pedazo de pan: *le pasó un casco de pan duro y enmohecido.*
8 Cáscara dura de algunos frutos. — BOTÁNICA
9 Cada una de las capas gruesas de la cebolla. — BOTÁNICA
10 Armazón de la silla de montar. — EQUITACIÓN
11 Parte córnea o uña del pie de las caballerías donde se clava la herradura. — ZOOLOGÍA
12 Cabeza, razón o juicio: *no le entraba aquella idea en los cascos.* — s.m.pl. coloquial
13 Cabeza de las reses sin sesos ni lengua, despiezada para el consumo.
14 Aparato compuesto por dos auriculares unidos por una estructura arqueada que se ajusta a los oídos y permite una audición individual de las señales acústicas que recibe. — AUDIOVISUALES = auricular
15 cascos azules: Denominación que, debido al color de sus cascos, se les da a los soldados de la ONU. — MILITAR
16 alegre o ligero de cascos: Persona alocada, informal o irreflexiva: *consideraban que ella era la frívola, pero era su marido el ligero de cascos.* — coloquial
17 calentar a alguien los cascos: Inquietarle con preocupaciones: *le calentaron tanto los cascos que acabó por firmar la cesión.* — coloquial
18 cortar a casco: Podar de tal manera que el corte quede raso y limpio. — AGRICULTURA
19 lavar el casco o los cascos a una persona: Adularle, lisonjearle. — coloquial
20 levantar los cascos: Hacer que una persona desee y ambicione algo para aprovecharse de ello. — coloquial
21 meter a una persona en los cascos alguna cosa: Persuadirle de algo: *le metió en los cascos que sería mal recibido en la familia.* — coloquial
22 romper a una persona los cascos: Descalabrarle o hacerle una herida en la cabeza. — coloquial
23 romperse uno los cascos: Estudiar, cavilar o pensar mucho sobre una cosa: *se rompió los cascos y no dio con la solución.* — coloquial
24 sentar los cascos: Hacerse formal alguien que no lo era. — coloquial

cascol Resina usada para fabricar lacre negro. — s.m/BOTÁNICA

cascote
1 Fragmento de una construcción derribada o arruinada: *tras el derrumbe, quedó todo lleno de cascotes.* — s.m. CONSTRUCCIÓN
2 Conjunto de escombros usado para obras nuevas. — CONSTRUCCIÓN
3 Trozo de metralla, o fragmento pequeño de un proyectil hueco de artillería. — MILITAR

4 Palabras innecesarias utilizadas como relleno en un verso, discurso u otra composición oral o escrita. — s.m.pl.

cascotería Abundancia de cascotes. — s.f.

cascudo, a Se aplica al animal que tiene mucho casco en los pies. — adj.

cascué Pez teleósteo parecido al lucio. — s.m./ZOOLOGÍA

case- Componente de palabra procedente del lat. *caseus*, que significa queso: *caseico.* — pref. tb: casei-

caseación Acción de endurecerse o cuajarse la leche. — s.f.

caseico, a
1 Caseoso, del queso. — adj./formal
2 Se refiere al ácido producido por la descomposición del queso. — formal QUÍMICA

caseificación
1 Acción y resultado de caseificar. — s.f.
2 Transformación en cáseum de los tejidos necrosados de las lesiones tuberculosas. — MEDICINA

caseificar
1 Convertir en caseína una sustancia. — v.tr./conj: sacar
2 Separar o precipitar la caseína de la leche. — v.tr/prnl.

caseína (Derivado del lat. *caseus*, queso.) Sustancia proteica que constituye la mayor parte de las materias nitrogenadas de la leche de los mamíferos. — s.f. QUÍMICA

caseinógeno Sustancia proteica de la leche que puede transformarse en caseína por acción enzimática. — s.m. QUÍMICA

cáseo, a (Del lat. *caseus*.)
1 Caseoso, del queso. — adj./formal
2 Cuajada, parte sólida y grasa de la leche.

caseoso, a Que tiene relación con el queso o aspecto parecido al mismo. — adj.

casería
1 Caserío, casa de labranza. — s.f./AGRICULTURA
2 Gobierno económico de una casa.

caserillo Tela de algodón u otro material, de confección casera. — s.m. TEXTIL

caserío
1 Casa aislada con edificios anejos de labranza y fincas rústicas: *pasaron las vacaciones en un caserío vasco.* — s.m./AGRICULTURA tb: casería
2 Grupo de casas en el campo que no llega a formar un pueblo. — = casar

caserna (Del fr. *caserne*, cuartel, *caserón* < *cazerna*, grupo de cuatro personas.) Bóveda fortificada construida debajo de los baluartes para alojar soldados y almacenar cosas. — s.f. CONSTRUCCIÓN, MILITAR

casero, a
1 Que se hace o se cría en casa: *su madre nos hizo un rico pastel casero.* — adj.
2 Que le gusta estar en su casa: *después de ser muy noctámbulo se volvió muy casero.* — = hogareño
3 Que es fruto del saber popular: *nunca se ha fiado de los remedios caseros.* — = popular
4 Que es de confianza, sin cumplimientos.
5 Persona que es dueña de una casa y la alquila: *el casero les sube el alquiler cada año.* — s.
6 Persona que cuida y administra una casa ajena: *encontró empleo como casero en una finca de un marqués.*
7 Persona que arrienda una casería. — AGRICULTURA
8 Se aplica al árbitro que favorece al equipo en cuyo campo se juega. — adj. DEPORTES

caserón Casa grande y destartalada. — s.m./despectivo

caseta
1 Construcción pequeña no habitable, destinada a distintos usos, como garita o almacén: *guardaban los aperos en una desordenada caseta.* — s.f.
2 Lugar donde se cambian de ropa los bañistas o vestuario para los deportistas. — = casilla
3 Barraca de feria: *gastaron el dinero que llevaban encima en la caseta del tiro al blanco.*
4 Cabina telefónica o local público en los poblados pequeños desde donde pueden hacerse llamadas telefónicas. — Méx.

casete (Del fr. *cassette*, cajetilla.)
1 Caja pequeña, compacta y de material plástico que contiene enrollada entre dos bobinas una cinta magnética para la grabación y reproducción de sonidos. — s.m.f. AUDIOVISUALES
2 Esta cinta. — AUDIOVISUALES
3 Aparato capaz de grabar y reproducir sonidos sobre una cinta magnética. — s.m./AUDIOVISUALES = magnetófono

casetón Artesón, compartimiento en que está dividido un techo artesonado: *cúpula de casetones.* — s.m. ARQUITECTURA

cáseum Producto resultante de una forma de necrosis, generada por el bacilo de Koch. — s.m. MEDICINA

cash-flow (Voz inglesa.) Diferencia entre costes e ingresos en una actividad empresarial. — s.m. ECONOMÍA

casi (Del lat. *quasi*.)
1 Poco más o menos, aproximadamente, por poco, cerca de: *casi me caigo por las escaleras.* — adv. tb: cuasi
2 casi que: Aproximadamente, por poco: *casi que no llego a tiempo.* — loc.adv. coloquial

casia (Del lat. *cassia* < gr. *kasia*, canela.)
1 Planta arbustiva o herbácea de flores generalmente **s.f.** amarillas, que se cultiva en zonas litorales de clima **BOTÁNICA** benigno. *(Cassia.)*
2 Vaina y pulpa purgante del fruto de esta planta. **BOTÁNICA**

casida (Del ár. *qasida.*) Breve composición poética, **s.f.** por lo general de tema amoroso, de origen árabe y **LITERATURA** persa.

casilla
1 Compartimento de un casillero, de un mueble, una **s.f.** caja u otro objeto.
2 División del papel para anotar de forma separada y ordenada cifras y otros datos: *rellenar todas las casillas del impreso.*
3 Caseta para uso de guardagujas, carabineros u otras **= garita** personas con oficios semejantes.
4 Cada uno de los compartimentos en que están di- **JUEGOS** vididos los tableros de muchos juegos: *avanzó cuatro casillas en una jugada.*
5 Trampa para cazar pájaros. **Cuba/CAZA**
6 Cuarto de baño. **Ecuad.**
7 **casilla postal:** Apartado de correos. **Amér.**
8 **sacar a alguien de sus casillas:** Alterar, irritar: *le* **coloquial** *sacó de sus casillas con sus injustas reclamaciones.*
9 **salir o salirse alguien de sus casillas:** Irritarse, **coloquial** perder la paciencia: *se salía de sus casillas por cualquier contratiempo.*

casillero
1 Mueble dividido en compartimentos o casillas para **s.m.** la clasificación de objetos. **= clasificador**
2 Lugar o aparato donde se anotan los tantos o las **DEPORTES** marcas de los participantes en una competición de- **= marcador** portiva.

casimba Pozo de agua, manantial. **s.f./Amér.**

casimir (De *Kasmir*, Cachemira, región del Asia cen- **s.m./TEXTIL** tral.) Cachemir, tejido. **tb: casimira**

casineta (Del fr. *cazinette.*)
1 Casinete, tela. **s.f./TEXTIL**
2 Tejido de lana para forros. **Argent./TEXTIL**

casinete (Del fr. *cazinette.*)
1 Tela de inferior calidad que el cachemir. **s.m./Amér. Merid.**
2 Paño barato. **Amér. Merid.**

casinita Variedad de la ortoclasa. **s.f./MINERALOGÍA**

casino (Del ital. *casino*, casa de campo.)
1 Local especializado en la práctica de juegos de **s.m.** azar, y donde ocasionalmente hay espectáculos, bai- **JUEGOS** les y otras diversiones.
2 Sociedad de personas que se reúnen para conver- **= club,** sar, leer, jugar, o con otros fines culturales y recreati- **círculo** vos.
3 Edificio o sede de esta sociedad.

casis (Del lat. *cassis.*)
1 Arbusto parecido al grosellero que produce bayas **s.m./pl: casis** negras comestibles con las que se fabrica un licor. *(Ri-* **BOTÁNICA** *bes nigrum.)* **= grosellero negro**
2 Molusco gasterópodo marino, de concha maciza **ZOOLOGÍA** con la última espira de gran tamaño.

casiterita (Derivado del gr. *kassiteros*, estaño.) Bióxi- **s.f.** do de estaño. **MINERALOGÍA**

caso (Del lat. *casus*, caída, accidente, caso gramatical.)
1 Hecho o situación que sucede o puede suceder: *le* **s.m.** *contaron un caso extraordinario; llegado el caso, ya vería-* **= acontecimiento** *mos qué hacer.*
2 Problema o hecho de que se trata o sobre el que se **= asunto** consulta a alguien: *hay que conocer todos los detalles del caso antes de opinar.*
3 Manifestación de una enfermedad en un individuo **MEDICINA** determinado: *un caso de meningitis.*
4 Forma que los sustantivos, adjetivos y pronombres **GRAMÁTICA** adoptan en algunas lenguas para expresar su función sintáctica.
5 Observación o experimento científico con que, jun- to con otros, se trata de inducir una ley general.
6 Causa penal o civil que se sigue contra alguien. **DERECHO**
7 **caso clínico:** 1. Manifestación extraña o no habi- **MEDICINA** tual de una enfermedad en un individuo. 2. Persona o cosa que, siendo mala o estando equivocada, no tie- ne solución ni se puede corregir: *tu amigo es un caso clínico, siempre miente aunque no tenga necesidad.*
8 **caso de conciencia:** Situación conflictiva que obliga a una decisión moral, y, a veces, esa misma decisión: *la situación de esos refugiados es un caso de conciencia.*
9 **caso de honra:** Situación en la que está compro- metida la reputación personal.
10 **caso fortuito:** 1. Suceso inesperado y generalmen- **DERECHO** te perjudicial. 2. Circunstancia o hecho no imputable a la voluntad de una persona, que exime a ésta de responsabilidad.
11 **caso oblicuo:** Cualquier caso gramatical a excep- **GRAMÁTICA** ción del nominativo y el vocativo.

12 **caso perdido:** Persona de la que no cabe esperar mejora o enmienda en su conducta o actitud: *es un caso perdido, nunca dice la verdad.*
13 **caso recto:** Caso nominativo o vocativo. **GRAMÁTICA**
14 **caso de, caso que o en caso de que:** Si sucede **loc.conj.** cierta cosa: *en caso de que apruebes, hablaremos del con trato.*
15 **en cualquier caso:** Pase lo que pase: *en cualquier* **loc.adv.** *caso llegaré mañana a dormir a casa.*
16 **en todo caso:** Si acaso, de cualquier forma: *no sé* **loc.conj.** *si lloverá, en todo caso será mejor llevar paraguas.*
17 **en último caso:** Como remedio final, si no hay **loc.adv.** otra solución.
18 **estar en el caso:** Estar al corriente de un asunto. **coloquial**
19 **hacer o venir al caso:** Ser adecuado, oportuno, o a propósito.
20 **hacer caso a algo o a alguien:** Prestar atención: *hizo caso de su comentario.*
21 **hacer caso omiso:** Prescindir, no hacer asunto de algo o alguien: *haré caso omiso de tus amenazas.*
22 **ni caso:** Sin la mínima atención.
23 **poner por caso:** Poner un ejemplo.
24 **ser caso negado:** Ser una persona inútil. **coloquial**
25 **ser un caso:** Distinguirse alguien de los demás **coloquial** para bien o para mal.
26 **si es caso:** Si es conveniente u oportuno: *iremos* **loc.conj.** *juntos, pero si es caso, ve tú primero.*

casorio
1 Boda hecha sin juicio ni consideración o de poco **s.m.** lucimiento: *los gastos del casorio desequilibraron su eco-* **coloquial** *nomía.* **= bodorrio**
2 Preparativos y fiesta que acompañan a una boda. **coloquial**

caspa ·
1 Secreción del cuero cabelludo, en forma de peque- **s.f.** ñas escamas, acompañada de picores.
2 Escamas que se forman en algunas afecciones de la **MEDICINA** piel: *le salió caspa después del herpes.*
3 Óxido y pátina que se desprende del cobre antes **MINERÍA** de fundirlo.

caspera Lendrera, peine espeso. **s.f./coloquial**

caspicias Restos sin ningún valor, sobras de algo. **s.f.pl./coloquial**

caspiroleta Bebida refrescante hecha de leche, hue- **s.f.** vos, canela, azúcar y algún ingrediente. **Amér.**

¡cáspita! (Del ital. *caspita.*) Expresión usada para indi- **interj.** car sorpresa o admiración.

casposo, a
1 Que tiene caspa. **adj.**
2 Se aplica a la persona de escasa condición moral y **coloquial** humana. **= impresentable**

casquería
1 Tienda donde se venden despojos de reses. **s.f./COMERCIO**
2 **de casquería:** Se aplica a películas, publicaciones o **loc.adj.** noticias que ponen énfasis en sucesos sangrientos o **coloquial** morbosos: *no soporté hasta el final aquella truculenta historia de casquería.*

casquero, a
1 Persona que por oficio vende despojos de las reses. **s./= tripicallero**
2 Lugar donde se cascan los piñones. **s.m.**

casquetazo Cabezazo, golpe dado con la cabeza. **s.m./coloquial**

casquete (Derivado de *casco.*)
1 Prenda o parte de ella que cubre la parte superior **s.m.** de la cabeza.
2 Pieza del casco de la armadura que cubría la parte **HISTORIA,** superior de la cabeza. **MILITAR**
3 Parte metálica que protege la punta de cualquier cosa, como los cartuchos o los bastones.
4 Coito, acto sexual. **vulgar**
5 Peluca que cubre una parte de la cabeza.
6 Pieza que sujeta la postura postiza. **= cairel**
7 **casquete esférico:** Parte de la superficie de la esfe- **GEOMETRÍA** ra, cortada por un plano que no pasa por su centro.
8 **casquete polar:** Parte de la superficie del globo te- **GEOGRAFÍA** rráqueo comprendida entre el círculo polar y el polo respectivo.
9 **a casquete quitado:** Libre y sin miramientos. **loc.adv./coloquial**

casquijo (Derivado de *cascar.*) Piedra menuda usada **s.m.** para hacer hormigón. **CONSTRUCCIÓN**

casquillo
1 Pieza metálica, cilíndrica o en forma de platillo, **s.m.** que sirve para reforzar la extremidad de una pieza de madera.
2 Parte metálica del cartucho de cartón. **MILITAR**
3 Cartucho metálico vacío. **MILITAR**
4 Parte metálica de una bombilla o lámpara eléctrica **ELECTRICIDAD** por la que se conecta al circuito.
5 **reír a casquillo quitado:** Dar rienda suelta a la risa. **coloquial**

casquilucio, a Casquivano, informal. **adj.**

casquivano, a
1 Que se comporta sin formalidad. **adj/s.**
2 Que es frívolo con el otro sexo. **s.**

casta (Probablemente del germ. *kasts, grupo de animales.)
1 Ascendencia o linaje: *ser de casta de hidalgos.* — s.f.
2 Conjunto de individuos de una etnia o estado, de una consideración social, funciones y derechos particulares e inalienables: *el sistema de castas de la India es muy rígido.* — HISTORIA
3 Grupo social cerrado, que disfruta de ciertos privilegios, y discriminatorio con los individuos que no forman parte de él. — SOCIOLOGÍA
4 Clase, calidad de una persona o cosa: *es de buena casta.*

castálidas (Del gr. *Kastalia*, fuente del Parnaso.) Denominación que se da, en la mitología griega, a las musas. — s.f.pl. MITOLOGÍA

castaña (Del lat. *castanea*.)
1 Fruto de diversas plantas, especialmente el del castaño, del tamaño de la nuez y cubierto de una cáscara correosa. — s.f. BOTÁNICA
2 Moño de pelo con forma redondeada parecida a la de una castaña.
3 Bofetada, golpe violento: *si no obedeces, te ganarás una castaña.* — coloquial
4 Borrachera, efecto de emborracharse: *cogió una castaña de cazalla.* — coloquial
5 Años que tiene una persona, especialmente cuando son muchos: *a sus cincuenta castañas aún piensa en casarse.* — s.f.pl. coloquial
6 **castaña de Indias:** Fruto y semilla del castaño de Indias. — BOTÁNICA
7 **castaña de jobotá:** Semilla de una planta arbustiva cucurbitácea y trepadora. — BOTÁNICA
8 **castaña de Pará:** Semilla de una planta mirtácea de la que se extrae aceite. — BOTÁNICA
9 **castaña pilonga:** La que se seca al humo.
10 **castaña regoldana:** Fruto del castaño silvestre, de menor tamaño y menos sabrosa que la común. — BOTÁNICA
11 **dar a una persona para castañas:** Amenazarlo con un castigo. — coloquial
12 **dar la castaña a alguien:** Engañarle, chasquearle. — coloquial
13 **sacarle a alguien las castañas del fuego:** Hacer algo en beneficio de otro para ayudarle a salir del apuro en el que se ha metido: *está acostumbrado a que su padre le saque las castañas del fuego.* — coloquial
14 **¡toma castaña!:** Expresión empleada para mostrar satisfacción por un problema ajeno o por un acierto propio. — interj. coloquial

castañar Terreno poblado de castaños. — s.m./tb: castañal

castañazo Golpe fuerte, bofetada o puñetazo: *resbaló y se pegó un castañazo tremendo.* — s.m./coloquial = porrazo

castañero, a
1 Vendedor de castañas. — s.
2 Ave colímbida de tamaño mediano y alas cortas. *(Colymbus.)* — s.m. ZOOLOGÍA

castañeta
1 Castañuela, instrumento musical. — s.f./MÚSICA
2 Sonido producido al hacer resbalar con fuerza y rapidez las yemas del dedo medio y del pulgar.
3 Moña, lazo de los toreros. — TAUROMAQUIA

castañetazo
1 Golpe fuerte dado con las castañuelas o con los dedos. — s.m.
2 Estallido que da la castaña cuando revienta en el fuego.
3 Chasquido fuerte, especialmente el de las coyunturas de los huesos.
4 Puñetazo o golpe violento. — = castañazo

castañetear
1 Tocar las castañuelas. — v.tr./MÚSICA
2 Producir sonido los dientes al golpearse los maxilares entre sí. — v.intr.
3 Sonar una articulación del cuerpo, especialmente las rodillas, al ejecutar un movimiento. — v.intr/prnl.
4 Producir el macho de la perdiz ciertos sonidos parecidos a los chasquidos. — v.intr.

castañeteo
1 Acción de castañetear. — s.m.
2 Chasquido hecho por el macho de la perdiz. — = piñoneo

castaño, a
1 Se aplica al color marrón, como el de la cáscara de la castaña. — adj/s.
2 De este color: *tiene el pelo castaño.* — adj.
3 Árbol de la familia de las fagáceas, de gran tamaño, hojas grandes y caducas y dentadas y flores monoicas, cuyo fruto es la castaña. *(Castanea sativa.)* — s.m. BOTÁNICA
4 Madera de este árbol.
5 **castaño de Indias:** Planta arbórea o arbustiva de hoja caduca, compuesta y palmeada. *(Aesculus.)* — BOTÁNICA
6 **pasar de castaño oscuro:** Ser demasiado abusivo, intolerable o grave: *sus exigencias pasan de castaño oscuro.* — coloquial

castañola Pez comestible de forma oval con ojos muy grandes y hocico romo y convexo. *(Brama raji.)* — s.f./ZOOLOGÍA = japuta

castañuela
1 Instrumento musical de percusión, de madera o marfil, formado por dos piezas cóncavas que se alojan en el hueco de la mano y que suenan al hacerlas chocar con los dedos. — s.f. MÚSICA
2 Denominación que se da a diversas plantas herbáceas de raíz tuberosa. — BOTÁNICA
3 **estar una persona como o más contenta que unas castañuelas:** Estar muy contento y alegre: *desde que supo que había aprobado está como unas castañuelas.* — coloquial

castañuelo, a Se aplica a la caballería que es de color castaño. — adj.

castellana Copla de cuatro versos de romance octasílabo. — s.f. POESÍA

castellanía Territorio o jurisdicción independiente durante la época feudal y el Antiguo régimen. — s.f. HISTORIA

castellanidad
1 Carácter de lo castellano. — s.f.
2 Peculiaridad de Castilla y de lo castellano.

castellanismo
1 Palabra o modo de hablar propio de las regiones castellanas, diferente al español común. — s.m. LINGÜÍSTICA
2 Palabra o construcción característica de la lengua castellana que se usan en otra lengua: *estudia los castellanismos del vasco.* — LINGÜÍSTICA
3 Afecto por Castilla y lo castellano: *el castellanismo de la generación del 98 es un hecho reconocido.*

castellanización Proceso por el que se da carácter castellano a una persona, cosa o expresión extranjera: *la castellanización de términos amerindios.* — s.f.

castellanizar
1 Dar carácter castellano a una persona o una cosa: *sus costumbres se han castellanizado al vivir aquí.* — v.tr/prnl. conj: cazar
2 Dar forma castellana a una palabra de otro idioma: *algunos anglicismos se han castellanizado.* — v.tr./LINGÜÍSTICA = españolizar

castellano, a
1 De Castilla o su lengua. — adj.
2 Persona natural de esta región. — s.
3 Español, lengua española. — s.m./LINGÜÍSTICA LINGÜÍSTICA
4 Dialecto de origen latino que se originó en las montañas de Cantabria y que sirvió de base a la lengua española.
5 Variedad lingüística de la lengua española hablada por los actuales habitantes de Castilla. — LINGÜÍSTICA
6 Persona que poseía o gobernaba un castillo. — s./HISTORIA

castellanoleonés
1 Que es de Castilla y León, comunidad autónoma española. — adj. GEOGRAFÍA
2 Persona que es natural de esta comunidad. — s.m.f.

castellanomanchego, a
1 De Castilla-La Mancha, comunidad autónoma española. — adj. GEOGRAFÍA
2 Persona que es natural de esta comunidad. — adj/s.

castellar Todosana, planta. — s.m./BOTÁNICA

castellonense
1 De la provincia y ciudad de Castellón. — adj.
2 Persona que es natural de esta provincia y ciudad. — s.m.f.

casticismo
1 Afecto por lo puro y castizo en las costumbres, usos y comportamientos. — s.m.
2 Actitud de quienes al hablar o escribir evitan los extranjerismos y usan sólo palabras o giros de la lengua, aunque estén desusados. — LINGÜÍSTICA = purismo

casticista (Derivado de *casta*.) Persona purista en el uso del idioma. — s.m.f.

castidad (Derivado de *casto*.)
1 Modo de proceder del que se abstiene de todo goce carnal de los considerados ilícitos. — s.f. ≠ lujuria
2 Continencia y privación absoluta de todo goce carnal: *de los tres votos, es el de castidad el que le crea más conflictos.*

castigador, a
1 Que castiga. — adj/s.
2 Que enamora por pasatiempo con coquetería: *era un galán frívolo y castigador.* — coloquial

castigar (Del lat. *castigare*, amonestar, enmendar.)
1 Aplicar un castigo a una persona que ha cometido un delito: *el juez le castigó de modo severo.* — v.tr./conj: pagar DERECHO
2 Hacer padecer a una persona física o moralmente: *le castigaba continuamente con sus burlas.* — = mortificar
3 Someter a una cosa a un desgaste o deterioro: *los tintes frecuentes castigan el cabello.* — s.
4 Dar una reprimenda severa a una persona. — = escarmentar
5 Enamorar con coquetería y por pasatiempo: *lo castigó durante aquel verano, pero no volvió a llamarla.* — coloquial
6 Estimular con las espuelas o con el látigo a una cabalgadura para que acelere la marcha.
7 Corregir un escrito: *castigó el estilo de su novela, porque no se ajustaba a las características del encargo.* — = enmendar
8 Herir al toro en las suertes. — TAUROMAQUIA

castigo
1 Pena que se impone al que ha cometido delito o falta: *como castigo, os quedaréis sin postre.* — s.m.
2 Enmienda o corrección de obras o escritos.
3 Persona o cosa que atormenta o molesta: *este niño tan llorón es un castigo.* — coloquial
4 **castigo ejemplar:** El que es muy severo y ha de servir de escarmiento.
5 **ser algo de castigo:** Ser penoso y arduo.

castilla
1 Tela de lana muy peluda, bayetón. — s.f./*Chile*
2 **ancha es Castilla:** Se usa para animar o animarse a obrar con libertad, incluso incurriendo en actitudes reprobables. — coloquial

castillado, a Se aplica a la pieza, escudo, bordura cargada de imágenes de castillos. — adj. HERÁLDICA

castillejo
1 Carretón usado para aprender a andar los niños. — s.m.
2 Juego infantil en que hay que derribar con una o más nueces un montoncito formado por otras cuatro. — JUEGOS
3 Andamio usado en la construcción para levantar pesos considerables. — CONSTRUCCIÓN
4 Parte del telar de mano. — TEXTIL

castillete Armazón metálica, de madera o de otros materiales, que soporta las poleas de un pozo, los cables teleféricos o conductores de una línea de alta tensión. — s.m. CONSTRUCCIÓN

castillo (Del lat. *castellum*, fuerte, reducto < *castrum*, campamento fortificado.)
1 Edificio o conjunto de edificios fortificados y protegidos con murallas, fosos y baluartes. — s.m. MILITAR
2 Capacidad de un carro desde la escalera hasta lo alto de los varales.
3 Parte alta de la cubierta de un buque entre el trinquete y la proa. — NÁUTICA = castillo de proa
4 Figura que representa una o más torres. — HERÁLDICA
5 **castillo de fuego o de fuegos artificiales:** Armazón revestido de fuegos artificiales. — coloquial
6 **castillo de popa:** Estructura de la parte de popa de un buque, que sirve de alojamiento. — NÁUTICA = toldilla
7 **castillos en el aire:** Ilusiones, esperanzas que carecen de fundamento: *antes de cobrar ya se puso a hacer castillos en el aire y planear las vacaciones.* — coloquial
8 **hacer o levantar castillos de naipes:** Confiar en lograr algo, contando con medios inadecuados. — coloquial

castina (Del alem. *kalkstein* < *kalk*, cal + *stein*, piedra.) Sustancia calcárea usada en metalurgia para fundir minerales ácidos de hierro. — s.f. METALURGIA

casting (Voz inglesa.) Selección de personas para actuar en una película, un anuncio publicitario o en cualquier obra de índole artística. — s.m. AUDIOVISUALES, CINE, TEATRO

castizo, a
1 Que es de buena casta. — adj.
2 Que es genuino o típico de un lugar: *nos sirvieron una auténtica comida castiza.* — = propio, puro
3 Se aplica al lenguaje que no tiene mezcla de voces ni giros extraños o ajenos a la lengua. — LINGÜÍSTICA
4 Se aplica a la persona graciosa y desenvuelta. — coloquial

casto, a (Del lat. *castus*, puro, virtuoso.)
1 Que se abstiene del trato sexual o es moderado en él: *desde que conoció a aquella gente, decidió ser casto.* — adj. = honesto, puro
2 Que no es sensual ni provocativo: *violentó con lujuriosas insinuaciones su casta actitud; llevaba un vestido con un casto escote.* — = pudoroso, recatado

castor (Del lat. *castor* < gr. *kastor*.)
1 Mamífero roedor grande, de cola ancha y plana y de piel muy apreciada que construye su vivienda en los cursos de agua. — s.m. ZOOLOGÍA
2 Pelo de este animal.
3 Paño o fieltro hecho con este pelo. — TEXTIL
4 Cierta tela de lana de suave pelo. — TEXTIL

castorcillo Tela de lana que se teje de la manera semejante a la estameña. — s.m. TEXTIL

castóreo (Del lat. *castoreum*.) Sustancia segregada por el castor, que se utiliza en perfumería. — s.m.

castorina Materia grasa contenida en el castóreo. — s.f./QUÍMICA

castra
1 Acción de castrar. — s.f.
2 Tiempo en que se suele realizar esta operación.

castración (Del lat. *castratio*.)
1 Operación de castrar y efecto de la misma. — s.f./= castra
2 Extirpación o inutilización de un órgano de reproducción.

castrado, a
1 Que ha sufrido castración. — adj./s.
2 Cantante al que se extirpaban los órganos genitales antes de la pubertad para que conservara el timbre de voz infantil agudo. — s.m. MÚSICA

castrar (Del lat. *castrare*.)
1 Extirpar o inutilizar los órganos reproductores de animales o vegetales. — v.tr. = capar

2 Quitar algunos panales de miel a las colmenas. — = catar
3 Cortar las ramas de los árboles u otras partes de las plantas para acelerar su desarrollo. — AGRICULTURA = podar
4 Quitar las fuerzas o la energía a una persona: *era una persona activa hasta que aquella desgracia la castró.* — coloquial = apocar
5 Curar o secar las llagas a una persona: *las llagas se le castraron tomando el sol.* — v.tr/prnl.

castrazón
1 Acción y efecto de castrar las colmenas: *los colmeneros realizan la castrazón.* — s.f. = desmelamiento
2 Tiempo en que se realiza esta operación.

castrense (Del lat. *castrensis*, relativo al ejército.) Del ejército o de la profesión militar: *impuso a sus hijos una disciplina castrense.* — adj. MILITAR

castrismo
1 Régimen político implantado por Fidel Castro en Cuba a partir de 1959, caracterizado por adecuar las ideas marxistas a la realidad latinoamericana. — s.m. POLÍTICA, HISTORIA
2 Movimiento revolucionario latinoamericano que surgió a raíz de la revolución cubana, iniciada en 1956. — POLÍTICA, HISTORIA

castrista
1 Que tiene relación con el castrismo: *reformas castristas; el sistema castrista.* — adj./POLÍTICA
2 Que es partidario del castrismo. — adj/s.m.f./POLÍTICA

castro (Del lat. *castrum*, campamento fortificado.)
1 Antiguo asentamiento humano fortificado: *visitaron un castro celta.* — s.m. HISTORIA
2 Juego infantil que consiste en hacer avanzar unas piedrecitas por unas rayas. — JUEGOS

castrón (Derivado de *castrar*.) Macho cabrío o puerco castrado. — s.m.

cástula (Del lat. *castula*.) Túnica que usaban las mujeres romanas. — s.f. HISTORIA

casual (Del lat. *casualis*.)
1 Que sucede por casualidad, sin intención previa: *la última vez que lo vi fue en la calle, en un encuentro casual.* — adj. = fortuito, ocasional
2 Perteneciente o relativo al caso: *el latín tiene flexión casual.* — GRAMÁTICA
3 Casualidad, azar: *¿no tendrás, por un casual, su número de teléfono?* — s.m.

casualidad
1 Causa desconocida de un hecho o suceso imprevisto, que no se debe a una necesidad natural ni a intervención intencionada: *atribuyó a la casualidad el éxito de la obra.* — s.f. = azar
2 Combinación imprevista de circunstancias imposible de prever o evitar: *una serie de casualidades impidió que se conocieran aquel día.* — = coincidencia

casualismo Creencia que basa en la casualidad el origen de todos los acontecimientos. — s.m. FILOSOFÍA

casuárido, a Perteneciente a una familia de aves de patas cortas y fuertes y una prominencia en la cabeza llamada casco. — adj/s.m. ZOOLOGÍA

casuario (Del lat. *casuarius* < malayo *kasuwari*.) Ave de gran tamaño, de plumaje negro azulado, cabeza y cuello sin plumas, provista de un casco córneo en la cabeza. (*Casuarius.*) — s.m. ZOOLOGÍA

casucha Casa pequeña y destartalada: *el pobre vive en una casucha miserable.* — s.f./despectivo tb: casuca

casuismo Doctrina casuística. — s.m./TEOLOGÍA

casuística
1 Conjunto de casos particulares. — s.f.
2 Consideración de los diversos casos particulares previsibles en que puede desarrollarse un determinado asunto o materia.
3 Parte de la teología moral que estudia los casos de conciencia mediante la aplicación de los principios morales. — TEOLOGÍA

casuístico, a
1 Que tiene relación con la casuística. — adj./TEOLOGÍA
2 Se aplica a la disposición legal que se aplica a casos especiales y no de manera general. — DERECHO

casulla (Del bajo lat. *casubla*, capa con capucha < lat. *casa*, choza, cabaña.) Vestidura que se pone el sacerdote para celebrar la misa. — s.f. RELIGIÓN

casullero, a Persona que hace casullas y demás vestiduras y ornamentos para el culto divino. — s. RELIGIÓN

casus belli (Expresión latina.) Indica caso, motivo de guerra o conflicto. — s.m.

cata- Componente de palabra procedente del gr. *kata*, que significa abajo o hacia abajo: *catabolismo.* — pref.

cata
1 Acción y efecto de catar, probar, examinar: *tras varias catas, encontró el queso más suave.* — s.f. = catadura
2 Porción de alguna cosa que se prueba o examina.
3 Sondeo que se hace de un terreno para ver los minerales que contiene. — Colomb., Méx.

4 Cosa oculta o encerrada. *Colomb.*

catabólico, a Que tiene relación con el catabolismo: *procesos catabólicos.* adj. BIOQUÍMICA

catabolismo (Del gr. *kata*, abajo + *ballo*, echar.) Fase del proceso metabólico en la cual se desintegra la sustancia orgánica, liberando energía. s.m. BIOQUÍMICA ≠ anabolismo

catabre Recipiente de calabaza o mimbre, usado para transportar granos, frutas y otras cosas menudas. s.m./Colomb. tb: catabro

catacaldos
1 Persona que emprende muchas actividades, pero no acaba ninguna: *su fama de catacaldos hace que desconfíen de él.*
2 Persona que se entremete en asuntos ajenos. s.m.f. pl: catacaldos = catasalsas

cataclismo (Del lat. *cataclysmus*, diluvio < gr. *kataklysmos* < *kataklyzo*, inundar.)
1 Desastre muy grave que se produce en el planeta como el producido por un terremoto o tifón.
2 Disgusto, contratiempo o alteración de la vida cotidiana, social o política: *su huida fue un cataclismo para la familia.* s.m./= catástrofe, hecatombe coloquial

catacresis (Del lat. *catachresis* < gr. *katakhresis* < *katakhremai*, abusar.) Figura retórica que consiste en dar a una palabra sentido traslaticio para designar algo que carece de nombre especial, como por ejemplo: *el ojo de la aguja.* s.f. pl: catacresis LINGÜÍSTICA, RETÓRICA

¡catacroc! (Voz onomatopéyica.) Expresión que imita el ruido que hace un objeto al caer o al romperse. interj. tb: catacrac

catacumbas (Del bajo lat. *catacumbae*.) Galerías subterráneas con nichos en las paredes, donde los primeros cristianos celebraban sus ritos. s.f.pl. HISTORIA

catadióptrico, a (Del gr. *kata*, hacia abajo + *dioptrikos*, dióptrico.) Se aplica al sistema óptico que comprende varias lentes y un espejo. adj. ÓPTICA

catador, a
1 Persona que cata.
2 Persona que, gracias a su experiencia, es hábil para apreciar algo: *buen catador de talentos.*
3 Persona que se dedica a catar vinos: *el catador miró el caldo al trasluz.* s. = catavinos

catadura
1 Acción y resultado de catar.
2 Semblante o aspecto: *no le veo buena catadura.* s.f./= cata

catafalco (Del ital. *catafalco*.)
1 Túmulo suntuoso que se utiliza en la celebración de exequias solemnes.
2 Color negro del vestido de los toreros: *el torero vestía de catafalco y oro.* s.m. culto TAUROMAQUIA

catáfora Tipo de deixis que cumplen algunas palabras para anticipar una parte aún no enunciada del discurso, como por ejemplo: *eso es lo que pensó: que conseguiría convencerle.* s.f. LINGÜÍSTICA, RETÓRICA

cataforesis Fenómeno por el que se desplazan las partículas que se hallan en suspensión, bajo la influencia de un campo eléctrico. s.f. pl: cataforesis FÍSICA

catafracta (Del gr. *kataphraktes*, coraza.) Armadura de tela o cuero sobre la que se cosían láminas de metal a modo de escamas. s.f. HISTORIA, MILITAR

catalán, a
1 De Cataluña, comunidad autónoma del estado español y antiguo principado, o de su lengua.
2 Persona que es natural de esta comunidad autónoma.
3 Lengua románica de la familia indoeuropea hablada en las comunidades autónomas de Cataluña, Baleares, Aragón, Comunidad Valenciana, Andorra, sur de Francia y en la ciudad sarda de Alguer. adj/s. s. s.m. LINGÜÍSTICA

catalanidad Calidad o carácter de lo que es catalán. s.f.

catalanismo
1 Movimiento reivindicativo de la autonomía o la independencia de Cataluña.
2 Expresión o construcción propias de la lengua catalana usadas en otra lengua.
3 Afecto a Cataluña o a lo catalán. s.m. POLÍTICA LINGÜÍSTICA

catalanista
1 Del catalanismo.
2 Que es partidario de este movimiento. adj. adj/s.m.f.

catalasa Enzima existente en ciertos tejidos animales y vegetales que tiene la propiedad de descomponer el agua oxigenada. s.f. BIOQUÍMICA

cataldo Vela triangular que algunas embarcaciones pequeñas largan a modo de arrastradera. s.m. NÁUTICA

cataléctico, a (Del lat. *catalecticus* < gr. *katalektikos* < *katalego*, hacer cesar.) Se aplica al verso grecolatino que acaba con un pie al que le falta una sílaba. adj/s.m. POESÍA = catalecto

catalectos Colección de fragmentos de autores antiguos. s.m.pl. LITERATURA

catalejo Anteojo de largo alcance. s.m./ÓPTICA

catalepsia (Del lat. *catalepsis* < gr. *katalepsis*, ataque.) Estado producido por un accidente nervioso o repentino, que suspende las contracciones voluntarias de los músculos en cualquier posición del cuerpo al igual que la sensibilidad. s.f. MEDICINA

cataléptico, a
1 De la catalepsia: *ataque cataléptico.*
2 Que padece catalepsia: *enfermo cataléptico.* adj./MEDICINA adj/s./MEDICINA

catalicón Purgante que se hacía principalmente con hojas de sen, raíz de ruibarbo y hojas de tamarindo. s.m./FARMACIA tb: diacatolicón

catalicores Pipeta larga para catar vinos y licores. s.m./pl: catalicores

catálisis (Del gr. *katalysis*, disolución.) Modificación de la velocidad de reacción de una sustancia provocada por un componente que no se transforma en el proceso. s.f. pl: catálisis QUÍMICA

catalítico, a Perteneciente a la catálisis: *reacciones catalíticas; sustancias catalíticas.* adj. QUÍMICA

catalizador Cuerpo que provoca la catálisis. s.m./QUÍMICA

catalizar
1 Producir la catálisis o modificación de la velocidad de reacción química en un cuerpo.
2 Causar o provocar un proceso o una reacción.
3 Atraer o agrupar diferentes fuerzas, opiniones, sentimientos o acciones: *Juan cataliza el juego de su equipo.* v.tr./conj: cazar QUÍMICA

catalogación Acción y resultado de catalogar: *catalogación decimal de libros.* s.f.

catalogador, a
1 Que cataloga: *sistema catalogador.*
2 Persona que compone catálogos. adj. s.

catalogar (Derivado de *catálogo*.)
1 Registrar ordenadamente libros, monedas y otros objetos.
2 Incluir en un catálogo.
3 Clasificar, encasillar por la semejanza de cualidades: *ya lo ha catalogado como fantasioso.* v.tr. conj: pagar

catálogo (Del lat. *catalogus* < gr. *katalogos*, lista, registro.) Libro, folleto o lista que contiene una relación de los objetos que según un determinado criterio se consideran un conjunto: *se compra muchos catálogos de exposiciones de pintura.* s.m.

catalufa Tejido de lana tupido y afelpado, empleado para hacer alfombras. s.f. TEXTIL

catamarán
1 Embarcación deportiva de vela, con dos cascos idénticos, unidos rígidamente entre sí por medio de una plataforma o una o varias perchas.
2 Flotadores de los hidroaviones parecidos a los cascos de esta embarcación.
3 Balsa hindú de tres o cinco troncos propulsada a remos o a vela. s.m. DEPORTES, NÁUTICA AERONÁUTICA NÁUTICA

catamenial (Del gr. *kata-*, según + *men*, mes, luna.) Que tiene relación con la menstruación. adj. FISIOLOGÍA

catán (Del japonés *katana*, espada.) Alfanje usado por algunos pueblos orientales. s.m.

catana Sable largo que usaban los policías. s.f./Argent., Chile

cataplasma (Del gr. *kataplasma*, emplasto.)
1 Sustancia blanda y pastosa que se aplica sobre alguna parte del cuerpo con fines sedativos.
2 Persona pesada y fastidiosa: *deja de quejarte y no seas tan cataplasma.* s.f./FARMACIA = embroca coloquial = plasta

cataplexia (Del lat. *cataplexis* < gr. *kataplesso*, pasmar.)
1 Disminución o pérdida brusca del tono muscular sin alteración del conocimiento.
2 Catalepsia de los animales. s.f. MEDICINA VETERINARIA

¡cataplum! (Voz onomatopéyica.) Expresión que imita el ruido de un golpe, caída o explosión. interj. tb: ¡catapum!

catapulta (Del lat. *catapulta* < gr. *katapultes*.)
1 Mecanismo lanzador que facilita el despegue de las aeronaves en un portaaviones.
2 Antigua máquina de guerra para lanzar piedras, dardos o saetas. s.f. AERONÁUTICA MILITAR = trabuquete

catapultar
1 Lanzar una cosa con la catapulta.
2 Dar un impulso decisivo a una carrera, empresa o actividad: *su primera película le catapultó a la fama.* v.tr.

catar (Del lat. *captare*, tratar de coger.)
1 Tomar una pequeña porción de una sustancia para examinar su sabor.
2 Examinar o registrar.
3 Quitar panales de miel a una colmena. v.tr. = probar = castrar

cataraña (Probablemente de origen onomatopéyico.)
1 Garza real, ave zancuda.
2 Lagarto de las Antillas. s.f./ZOOLOGÍA ZOOLOGÍA

catarata (Del lat. *cataracta* < gr. *kataraktes*.)
1 Caída o salto de agua de mayor caudal y amplitud que la cascada.
2 Opacidad, total o parcial, del cristalino del ojo.
3 Lluvia torrencial: *no salgas, están cayendo cataratas.* s.f. MEDICINA s.f.pl./coloquial

4 tener cataratas: Estar deslumbrado u obcecado por ignorancia o por un estado pasional. *coloquial*

catarinita Mariquita, insecto coleóptero. *s.f./Méx./ZOOLOGÍA*

cátaro, a
1 De una secta religiosa dualista medieval que defendía la vida espiritual y ascética, y rechazaba los sacramentos y la autoridad papal. *adj. RELIGIÓN*
2 Miembro de esta secta. *s./RELIGIÓN*

catarral Que tiene relación con el catarro: *tiene una afección catarral.* *adj. MEDICINA*

catarribera
1 Jinete encargado de seguir a los halcones. *s.m./CAZA*
2 Denominación que se daba a los abogados que se empleaban en residencias y pesquisas, y a los alcaldes mayores y corregidores de letras. *HISTORIA*

catarrino, a Perteneciente a un suborden de primates que comprende los simios más evolucionados y más corpulentos. *adj./s.m. ZOOLOGÍA tb: catirrino*

catarro (Del lat. *catarrhus* < gr. *katarrhos* < *katarrheo,* correr un líquido de arriba abajo.) Afección de las vías respiratorias altas, acompañada de secreción mucosa. *s.m. MEDICINA*

catarsis (Del gr. *katharsis,* purga, purificación.)
1 Liberación, eliminación de aquellos sentimientos que perturban el estado de ánimo: *aquella confesión constituyó una verdadera catarsis.* *s.f. pl: catarsis SICOLOGÍA*
2 Expulsión espontánea o provocada de sustancias nocivas al organismo. *FISIOLOGÍA*
3 Rito de la antigua Grecia mediante el cual se pretendía la purificación de las personas. *FILOSOFÍA, HISTORIA*
4 Sentimiento de liberación y purificación que experimentaban los griegos, gracias a la emoción que en ellos provocaban las manifestaciones artísticas, especialmente las tragedias. *FILOSOFÍA, HISTORIA*
5 **catarsis colectiva:** Situación en la que un determinado grupo de personas se sienten arrastradas emocionalmente por un hecho que lo provoca. *SICOLOGÍA, SOCIOLOGÍA*

catártico, a (Del gr. *kathartikos* < *katharos,* limpio.)
1 Que tiene relación con la catarsis o purificación o la psique: *sus gritos tuvieron un efecto catártico.* *adj. SICOLOGÍA*
2 Se aplica a ciertos medicamentos purgantes. *FARMACIA*

catasalsas Catacaldos, persona inconstante que emprende muchas cosas sin fijarse en ninguna. *s.m.f./coloquial pl: catasalsas*

catástasis (Del gr. *katastasis,* institución.) Punto culminante del asunto de un drama, de una tragedia o de un poema épico. *s.f. pl: catástasis LITERATURA*

catastral Del catastro: *impuesto catastral.* *adj.*

catastro (Del fr. ant. *catastre* < ital. *catastro* < gr. *katastikon,* lista.) Censo y padrón estadístico de las fincas rústicas y urbanas. *s.m. DERECHO*

catástrofe (Del gr. *katastrophe,* ruina, trastorno.)
1 Suceso trágico y desgraciado de grandes proporciones que altera el orden: *la derrota representa una catástrofe de imprevisibles consecuencias.* *s.f. = cataclismo, hecatombe*
2 Cosa de mala calidad o que causa una pésima impresión: *este ejercicio es una catástrofe.* *coloquial*
3 Desenlace del poema dramático, en el teatro griego, en especial cuando es trágico. *POESÍA, TEATRO*
4 Desenlace desgraciado en una obra literaria. *LITERATURA*

catastrófico, a
1 Que tiene relación con la catástrofe. *adj.*
2 Que produce una catástrofe: *el desenlace de la aventura fue catastrófico; sería catastrófico que subiera más la inflación.*
3 Desastroso, muy malo: *lleva un peinado catastrófico; una solución catastrófica.*

catastrofismo
1 Falta de confianza en que las cosas o asuntos tengan un feliz desenlace. *s.m. = pesimismo*
2 Teoría que afirma que los grandes cambios biológicos y geológicos se produjeron en la formación del planeta se debieron a catástrofes naturales. *GEOLOGÍA*

catastrofista
1 Que no confía en desenlaces afortunados: *su actitud catastrofista le impide tomar decisiones positivas.* *adj/s.m.f. = pesimista*
2 De la teoría del catastrofismo geológico. *adj./GEOLOGÍA*

catatipia Procedimiento fotográfico para obtener pruebas por medio de la catálisis. *s.f. FOTOGRAFÍA*

catatónico, a
1 Del síndrome sicomotor caracterizado por la perturbación de la voluntad y la movilidad: *estado catatónico.* *adj. MEDICINA*
2 Que padece este síndrome. *adj/s./MEDICINA*

cataviento Especie de veleta o banderita prendida de un asta manual, que sirve para conocer la dirección del viento. *s.m. NÁUTICA*

catavino
1 Copa usada para probar los mostos y los vinos. *s.m.*
2 Taza o jarro pequeño que se usa para catar el vino de las tinajas.

catavinos
1 Persona que tiene como profesión catar vinos. *s.m.f./pl: catavinos*
2 Borracho, persona que se embriaga habitualmente. *coloquial*

catch (Voz inglesa.) Variedad de la lucha libre. *s.m./DEPORTES*

catchup Salsa de tomate con vinagre, azúcar y especias. *s.m./COCINA tb: ketchup*

cate (Del gitano *caté,* bastón.)
1 Suspenso en un examen: *ha tenido tres cates.* *s.m./tb: cateo*
2 Bofetada o golpe: *le dio un cate sin razón.*

cateador, a
1 Persona que hace catas para encontrar minerales. *s./Amér.*
2 Martillo de punta y mazo que utilizan los mineros para romper los minerales que se van a analizar. *s.m. MINERÍA*

catear
I (Derivado de *cate.*) Declarar a una persona no apta en un examen: *ha cateado por no estudiar.* *v.tr./intr. coloquial*
II (Derivado de *cata*)
1 Observar cautelosa y disimuladamente. *v.tr.*
2 Registrar una casa o a una persona al entrar en un lugar para comprobar que no lleva armas. *Amér.*
3 Explorar terrenos en busca de una veta mineral. *Amér. Merid.*

catecismo (Del bajo lat. *catechismus* < gr. *katekhismos* < *katekheo,* instruir de viva voz.)
1 Instrucción religiosa básica. *s.m./RELIGIÓN*
2 Libro en que se resume la doctrina cristiana expuesta por medio de preguntas y respuestas. *RELIGIÓN*
3 Libro que expone de manera resumida una doctrina, una ciencia o un arte: *escribió un tratado de pintura considerado un catecismo por los artistas de la época.*

catecú
1 Árbol mimosáceo de cuya madera se obtiene una sustancia con propiedades astringentes. *(Acacia catechu.)* *s.m./BOTÁNICA pl.tb: catecúes*
2 Cato, sustancia medicinal que se extrae de este árbol. *FARMACIA*

catecumenado
1 Tiempo que dura la preparación del catecúmeno. *s.m./RELIGIÓN*
2 Esta misma preparación. *RELIGIÓN*

catecúmeno, a (Del bajo lat. *catechumenus* < gr. *katekhumenos,* el que instruye.)
1 Persona que se está instruyendo en la doctrina o la fe católica, con el fin de recibir el bautismo. *s. RELIGIÓN*
2 Persona recién convertida a una doctrina o religión.

cátedra (Del lat. *cathedra* < gr. *kathedra,* asiento.)
1 Cargo y empleo de catedrático: *ganó la cátedra de historia económica por oposición.* *s.f.*
2 Asignatura que enseña un catedrático.
3 Aula en que se enseña una asignatura.
4 Asiento elevado desde donde enseña un profesor.
5 Dignidad de papa u obispo. *RELIGIÓN*
6 **cátedra de san Pedro:** Expresión que se usa en el ámbito católico para referirse al cargo y funciones del papa. *RELIGIÓN*
7 **poner o sentar cátedra:** Pronunciarse de manera docta y concluyente sobre alguna materia o asunto. *coloquial*

catedral (Derivado de *cátedra.*)
1 Iglesia principal de una diócesis en la que reside el obispo. *s.f./ARQUITECTURA, RELIGIÓN/= seo*
2 **como una catedral:** Se usa para marcar ponderación de la importancia o grandeza de algo. *loc.adj. coloquial*

catedralicio, a De la catedral: *tesoro catedralicio.* *adj.*

catedrático, a Profesor de nivel más alto en la enseñanza universitaria o en la secundaria. *s.*

cátedro Catedrático, entre los universitarios. *s.m./jerga*

categorema (Del gr. *kategorema,* calidad atribuida a un objeto.) Denominación que se da a diversas maneras de relacionarse el sujeto y el predicado de un enunciado. *s.m. LÓGICA*

categoría (Del lat. *categoria* < gr. *kategoria,* calidad atribuida a un objeto.)
1 Grupo de elementos que comparten ciertas características: *el esquí y el bobsleigh pertenecen a la categoría de deportes de invierno.* *s.f. = clase*
2 Cada grado de una jerarquía: *estar incluido en la categoría inferior.* *= escalafón, rango*
3 Calidad, carácter, condición: *expresiones artísticas de distintas categorías.* *= naturaleza*
4 Clase social elevada.
5 Concepto fundamental del sistema de referencias mentales de una persona o de una doctrina. *FILOSOFÍA*
6 **de categoría:** De importancia, de lujo, de condición elevada: *parientes de categoría; borrachera de categoría.* *loc.adj. coloquial*

categórico, a Se refiere a la afirmación, negación o juicio que se expresa sin duda ni vacilación: *recibió un no categórico a sus demandas.* *adj. = rotundo, terminante*

categorismo Sistema de categorías. *s.m.*

categorización
1 Organización según categorías. *s.f.*

2 Establecimiento de un criterio de clasificación.

3 categorización social: Proceso sicológico que tiende a ordenar el medio social en categorías. — SICOLOGÍA, SOCIOLOGÍA

categorizar Organizar o clasificar por categorías. — v.tr./conj: cazar

catela (Del cat. *catella*.) Cadenilla de oro o plata que los antiguos romanos ponían a las joyas. — s.f. HISTORIA

catenaria
1 Curva que forma una cadena o una cuerda suspendida por sus extremos entre dos puntos. — s.f.
2 Sistema de suspensión de un cable eléctrico en los ferrocarriles. — TECNOLOGÍA

catenular Que tiene forma de cadena. — adj.

cateo Prueba realizada tomando una parte del todo. — s.m.

catequesis (Del bajo lat. *catechesis* < gr. *katekhesis*.)
1 Enseñanza de la doctrina cristiana: *impartía clases de catequesis a los niños de la escuela*. — s.f./pl: catequesis RELIGIÓN
2 Enseñanza basada en el método de las preguntas y respuestas.

catequista Persona que catequiza o instruye, en especial a los catecúmenos. — s.m.f. RELIGIÓN

catequístico, a
1 Que tiene relación con la catequesis. — adj./RELIGIÓN
2 Que está expresado en forma de preguntas y respuestas: *lecciones catequísticas*.

catequización Proceso de enseñanza y aleccionamiento en la doctrina católica. — s.f./RELIGIÓN = catequesis

catequizar (Del bajo lat. *catechizare* < gr. *katekhizo*, instruir.)
1 Enseñar el catecismo, instruir a las personas en la religión católica. — v.tr./conj: cazar RELIGIÓN
2 Persuadir a una persona, conseguir que haga una cosa, por lo general contraria a su voluntad.

cateresis (Del gr. *kathairesis*, destrucción.)
1 Debilidad o extenuación provocada por un medicamento. — s.f./pl: cateresis MEDICINA
2 Acción cáustica moderada. — MEDICINA

catering (Voz inglesa.) Servicio de aprovisionamiento de comida y bebida, especialmente a los aviones. — s.m.

caterva (Del lat. *caterva*, batallón, muchedumbre.) Multitud de cosas o personas consideradas como grupo, pero sin unidad, o de poco valor o importancia: *tengo una caterva de trastos por ordenar; aquellos turistas eran una caterva de despistados*. — s.f.

catete
1 Molesto, majadero. — adj./Chile
2 Guiso de harina en caldo de cerdo. — s.m./Chile
3 Denominación popular del demonio. — Chile

catéter (Del lat. *catheter* < gr. *katheter*.) Sonda que se emplea para exploraciones o para operaciones quirúrgicas. — s.m. MEDICINA

cateterismo Acción de introducir un catéter o tubo en un conducto o cavidad. — s.m. MEDICINA

cateto (Del lat. *cathetus* < gr. *kathetos*, perpendicular.) Cada uno de los dos lados que forman el ángulo recto en el triángulo rectángulo. — s.m. GEOMETRÍA

cateto, a (De origen incierto.) Persona ignorante y tosca: *es y será siempre un cateto*. — s./= palurdo despectivo

cateya Arma arrojadiza antigua, semejante al dardo y provista de una correa para recogerla después de lanzarla. — s.f. HISTORIA, MILITAR

catgut (Voz inglesa.) Hilo que se usa en cirugía para practicar suturas. — s.m./pl: catguts MEDICINA

catilinaria (De *Catilinarias*, discursos de Cicerón contra Catilina.) Composición literaria o discurso en que se ataca a alguien con vehemencia. — s.f. LITERATURA

catín (Del lat. *catinum*, especie de hornilla.) Recipiente en que se refina el cobre para obtener las rosetas o costra de cobre puro. — s.m. METALURGIA, TECNOLOGÍA

catinga
1 Olor fuerte y desagradable que despiden algunos animales y plantas. — s.f. Amér.
2 Intenso olor de la transpiración. — Amér. Merid.
3 Bosque de árboles por lo general de hoja caduca y que almacenan gran cantidad de agua en el tronco. — BOTÁNICA

catino (Del lat. *catinus*, plato, escudilla.) Hoyo o cavidad para recoger los metales derretidos al salir del fuego. — s.m. METALURGIA, MINERÍA

catión
1 Ión con carga positiva que en la electrólisis se dirige al cátodo. — s.m. FÍSICA
2 Átomo que, por la pérdida de electrones, presenta carga eléctrica positiva. — FÍSICA

catire
1 Se aplica a la persona rubia de ojos verdosos o amarillentos. — adj/s.f./Amér.
2 Se refiere a la persona hija de mulata y blanco, o viceversa. — Amér.

catirrino, a Perteneciente a un suborden de primates que comprende los simios más evolucionados. — adj/s.m./ZOOLOGÍA tb: catarrino

catite
1 Palo de azúcar refinado. — s.m.
2 Golpe o bofetada poco fuertes.

catitear
1 Cabecear involuntariamente los ancianos. — v.intr./Argent. Argent.
2 No tener dinero.

catizumba Multitud, muchedumbre. — s.f./Amér. Central

cato Sustancia medicinal astringente que se extrae del tronco de una especie de acacia y de sus frutos verdes. — s.m. FARMACIA = cachú, catecú

catódico, a Que tiene relación con el cátodo: *tubo catódico; radiación catódica*. — adj. ELECTRICIDAD

cátodo (Del gr. *kathodos*, camino descendente.) Polo negativo de un generador de electricidad o de una batería eléctrica. — s.m. ELECTRICIDAD

catodonte (Del gr. *kata*, debajo + *odon, odontos*, diente.) Cachalote, mamífero cetáceo. — s.m. ZOOLOGÍA

catolicismo
1 Doctrina de los cristianos que reconocen al papa como jefe espiritual. — s.m. RELIGIÓN
2 Comunidad de los creyentes de la religión católica. — RELIGIÓN

católico, a (Del lat. *catholicus* < gr. *katholikos*, universal.)
1 Del catolicismo. — adj./RELIGIÓN
2 Persona que profesa el catolicismo. — s./RELIGIÓN
3 Denominación que se aplicaba a algunos reyes de España, en especial a Fernando II de Aragón e Isabel I de Castilla. — HISTORIA
4 no estar muy católico: No estar en perfectas condiciones de salud: *hoy no estoy muy católico*. — coloquial

catolicón Catalicón, purgante. — s.m./FARMACIA

catolizar
1 Convertir a la religión católica. — v.tr/prnl./conj: cazar
2 Introducir la religión católica en un país: *el misionero catoliza en pueblos de Asia*. — v.tr/intr. = evangelizar

catón
I (De Marco Porcio *Catón*, estadista romano.) Censor que juzga con severidad la conducta de los demás: *este crítico es un auténtico catón*. — s.m.
II (De Dionisio *Catón*, gramático latino.) Libro que contiene frases y párrafos breves para ejercitar en la lectura a los principiantes.

catonizar Criticar dura y severamente. — v.intr./conj: cazar

catóptrica Parte de la óptica que estudia la reflexión de la luz. — s.f. ÓPTICA

catoptromancia Arte adivinatoria basada en el uso de espejos. — s.f./OCULTISMO tb: catoptromancía

catorce (Del lat. *quattuordecim*.)
1 Que resulta de la suma de diez y cuatro. — adj.num.
2 Que ocupa el lugar decimocuarto en una serie: *se sentaron en la fila catorce*. — adj.num/s.
3 Signo o conjunto de signos con que se representa el número catorce. — s.m.

catorceavo, a Se refiere a la parte que resulta de dividir algo en catorce partes iguales. — adj.num/s. tb: catorzavo

catorcena Conjunto de catorce unidades. — s.f.

catorceno, a Que ocupa el lugar decimocuarto en una serie o conjunto. — adj.num.

catracho, a Hondureño, natural de Honduras. — adj/s./coloquial

catre (Del port. *catre*.)
1 Cama estrecha de armazón ligero. — s.m.
2 **catre de tijera:** El de armazón plegable, de pies cruzados en aspa y dos largueros que sujetan un apoyo de tela o cuerdas entrelazadas.

catrín, a
1 Se aplica a la persona ricachona o que tiene mucho dinero: *los hijos del catrín estudian en California*. — adj/s./Méx., Amér. Central
2 Persona que viste de forma muy elegante y que presume de ello. — s.m./Méx., Amér. Central

caturra Cotorra o loro pequeño. — s.f./Chile

catuto Pan con forma cilíndrica que está hecho de trigo machacado y cocido. — s.m. Chile

cauba (Probablemente, alteración de *caoba*.) Arbolillo espinoso de origen argentino, de hojas simples, que se utiliza de adorno. (*Bauhinia caudicans*.) — s.f. BOTÁNICA

caucara Carne de las costillas del animal. — s.f./Ecuad.

caucásico, a
1 Del Cáucaso, región suroriental europea. — adj.
2 Persona natural de esta región. — s.
3 Se aplica a las lenguas que se hablan en esta región, como el georgiano. — adj. LINGÜÍSTICA
4 Que pertenece a la raza blanca o indoeuropea. — adj/s.

cauce (Del lat. *calix, -icis*, tubo de conducción.)
1 Concavidad del terreno por donde corre un río u otra corriente de agua. — s.m. GEOGRAFÍA

2 Modo o procedimiento por el que se desarrolla una actividad: *la negociación transcurre por buen cauce.* = vía

caucel Gato montés americano cuya piel es muy hermosa y manchada, como la del jaguar. s.m./Amér. ZOOLOGÍA

cauchal Terreno donde abundan las plantas de las que se extrae el caucho. s.m.

cauchera
1 Planta de la que se extrae el caucho. s.f./BOTÁNICA
2 Terreno poblado de estas plantas. = cauchal

cauchero, a
1 Del caucho: *producción cauchera.* adj.
2 Persona que recoge o trabaja el caucho. s.

caucho (De *cauchuc*, voz de una lengua amerindia.)
1 Sustancia elástica obtenida del látex de varias plantas tropicales, que se utiliza mucho en la industria. s.m.
2 Planta de la que se extrae esta sustancia. BOTÁNICA
3 Banda de caucho vulcanizado que recubre exteriormente la cámara de la rueda de un vehículo. Venez. = cubierta
4 Prenda de vestir que se usa para resguardarse de la lluvia. Venez.
5 caucho sintético: El fabricado sintéticamente. QUÍMICA

cauchotina Compuesto de caucho usado para dar flexibilidad e impermeabilidad a las pieles. s.f. QUÍMICA

caución (Del lat. *cautio, -onis.*)
1 Actitud o medida prudente para hacer frente a una situación peligrosa. s.f./= cautela, precaución
2 Cosa o medio con que se asegura el cumplimiento de una obligación contraída. DERECHO

caucionar
1 Dar caución de una cosa. v.tr./DERECHO
2 Tomar precauciones para evitar un daño.

cauda (Del lat. *cauda*, cola.) Cola de la capa magna de los arzobispos. s.f.

caudado, a Se aplica a la estrella que tiene una cola o una punta más larga que las otras y es de esmalte diferente. adj. HERÁLDICA

caudal
I (Del lat. *capitalis*, capital.)
1 Cantidad de agua que mana o corre: *aumentó mucho el caudal del río.* s.m.
2 Hacienda, bienes, dinero: *dilapidar todo su caudal en tonterías y chucherías.*
3 Abundancia de cosas: *no pierde ocasión de demostrar su gran caudal de conocimientos.*
II (Del lat. *cauda*, cola.) Que tiene relación con la cola. adj.

caudaloso, a
1 Se aplica a la corriente de agua que tiene mucho caudal: *la ciudad tiene un río caudaloso.* adj.
2 Se refiere a la persona que tiene muchos bienes o dinero. = acaudalado

caudatrémula Lavandera, aguzanieves, ave. s.f./ZOOLOGÍA

caudillaje
1 Gobierno o mando de un caudillo. s.m.
2 Caciquismo, influencia y dominio de un cacique: *en el sur el caudillaje es una institución.* Amér. Central y Merid.
3 Conjunto o sucesión de caudillos. Amér. Merid.
4 Época de predominio histórico de caudillos. Argent., Perú

caudillismo Forma de gobierno en la que el poder es ejercido por un caudillo. s.m. POLÍTICA

caudillo (Del lat. *capitellum*, cabecilla.)
1 Persona que dirige alguna colectividad. s.m.
2 Jefe, militar o no, que comanda una tropa o un ejército, especialmente en caso de guerra. MILITAR, POLÍTICA

caudimano, a Se refiere al animal que tiene cola prensil y la utiliza como una extremidad. adj./ZOOLOGÍA tb: caudímano

caudón Alcaudón, ave de presa. s.m./ZOOLOGÍA

caula Treta, engaño, ardid. s.f./Amér.

caule- Componente de palabra procedente del gr. *kaulos*, que significa tallo: *caulescente; cauliforme.* pref. tb: cauli-, caulo-

caulescente (Del lat. *caulescens*, que crece en forma de tallo < *caulis* < gr. *kaulos*, tallo.) Se aplica a la planta que tiene bien diferenciados el tallo y la raíz. adj. BOTÁNICA

caulículo (Del lat. *cauliculus* < *caulis* < gr. *kaulos*, tallo.) Vástago que sale de las hojas de acanto que adornan el capitel corintio. s.m. ARQUITECTURA

caulífero, a Se aplica a la planta que echa flores sobre el tallo. adj. BOTÁNICA

cauliforme Que tiene forma de tallo. adj./BOTÁNICA

cauno Chuña patas rojas, ave. s.m./ZOOLOGÍA

caurí Molusco gasterópodo de concha blanca y brillante. *(Cypraea moneta.)* s.m. ZOOLOGÍA

cauro (Del lat. *caurus.*) Viento que sopla del noroeste. s.m.

causa
I (Del lat. *causa.*)
1 Hecho, fenómeno, situación o actitud que produce o provoca una acción: *la educación del niño era la causa de sus desvelos.* s.f.

2 Motivo o razón para realizar algo o para adoptar cierta actitud: *quiero saber la causa de tu enfado.*
3 Conjunto de ideas y objetivos sociales, políticos, religiosos, humanitarios o de otro tipo, por los que se lucha o trabaja: *es un mártir de la causa; adherirse a la causa ecologista.*
4 Antecedente lógico o real que produce un efecto. FILOSOFÍA
5 Acto judicial en el que un tribunal estudia la acusación contra una persona, interroga al acusado y a los posibles testigos y determina la culpabilidad o inocencia de éste. DERECHO = proceso judicial
6 causa bastante o suficiente: La que es capaz de provocar o producir algo.
7 causa final: Finalidad u objeto con que se hace algo, en la filosofía aristotélica. FILOSOFÍA
8 causa formal: La que hace que una cosa sea formalmente lo que es. FILOSOFÍA
9 causa impulsiva: La que provoca que alguien haga cierta cosa. FILOSOFÍA
10 causa instrumental: La que sirve para producir cierto efecto. DERECHO
11 causa mayor: Motivo o razón importante para actuar de cierta manera.
12 causa primera: La que no es efecto de otra, elemento creador de lo real. FILOSOFÍA
13 causa pública: La que es útil en el progreso y bien de la sociedad. DERECHO
14 causas mayores: Las que se reservan a conocimiento y decisión del papa. RELIGIÓN
15 a causa de: Debido a, por: *a causa de su afición al alcohol, perdió su empleo.* loc.prep.
16 acriminar la causa: Hacer más grave el delito o la culpa: *su actitud acriminó la causa.* DERECHO
17 arrastrar la causa: Avocar un tribunal el conocimiento de alguna causa que pendía de otra. DERECHO
18 conocer de una causa: Ser juez de ella. DERECHO
19 formar o hacer causa común con otro: Unirse a una persona para un mismo fin.
20 hacer una persona la causa de otro: Favorecerle, prestarle ayuda.
II (Del quechua *causay*, sustento.)
1 Comida ligera. s.f./Chile, Perú
2 Puré de patatas con lechuga, choclo, queso fresco y ají, que se sirve frío. Perú COCINA

causahabiente Persona que por transmisión o sucesión adquiere los derechos pertenecientes anteriormente a otra. s.m.f. DERECHO

causal
1 De la causa: *relación causal.* adj.
2 Se aplica a las oraciones que expresan la causa de la principal. GRAMÁTICA
3 Se refiere a las conjunciones que unen estas oraciones con la principal. GRAMÁTICA

causalidad
1 Causa o conjunto de causas. s.f.
2 Relación que existe entre causa y efecto. FILOSOFÍA

causante
1 Que causa un efecto: *el causante de la polémica.* adj/s.
2 Persona de quien proviene el derecho que alguien tiene: *el causante de sus beneficios.* s.m. DERECHO

causar (Derivado de *causa.*)
1 Producir una causa su efecto: *el frío causa un tremendo entumecimiento.* v.tr.
2 Ser motivo, origen o razón de que suceda una cosa: *la oscuridad le causaba un gran temor.* v.tr/prnl. = ocasionar

causativo, a
1 Que es origen o causa de alguna cosa. adj.
2 Se refiere al verbo cuyo sujeto no realiza la acción, sino que obliga a que la realice otro. GRAMÁTICA = factitivo

causeo Comida ligera, generalmente de fiambres y alimentos fríos, que se hace fuera de las horas acostumbradas. s.m./COCINA Chile

causía Sombrero de fieltro y alas anchas usado por los antiguos griegos y romanos. s.f. HISTORIA

causídica Crucero de una iglesia. s.f./ARQUITECTURA

causídico, a (Del lat. *causidicus* < *causa*, causa + *dicere*, decir.) Que tiene relación con las causas o pleitos. adj. DERECHO

causón Fiebre intensa y de corta duración que no tiene consecuencias. s.m. MEDICINA

cáustica Superficie tangente a los rayos luminosos que salen de un mismo punto. s.f. ÓPTICA

causticar Dar capacidad de destrucción a una sustancia. v.tr. conj: sacar

causticidad
1 Capacidad para atacar y destruir sustancias: *le sorprendió la causticidad del detergente.* s.f.
2 Crítica hiriente y mordaz en lo que se dice, escribe o dibuja: *su causticidad se refleja en sus artículos; tiene la aptitud de describir a sus enemigos con causticidad.* coloquial ≠ dulzura

cáustico, a (Del lat. *causticus* < gr. *kaustikos*, que quema.)

1 Se refiere a la sustancia que quema y destruye los tejidos animales. **adj.**

2 Mordaz, agresivo: *es bien conocido su humor cáustico.* **coloquial**

3 Se refiere al medicamento que actúa cauterizando los tejidos, produciendo una costra. **adj/s.m. FARMACIA**

cautela (Del lat. *cautela.*)
1 Precaución o cuidado con la que se actúa por temor o recelo: *lo preparó con cautela para evitar más polémica.* **s.f.**
2 Astucia o maña para engañar.

cautelar
1 Tomar precauciones para evitar riesgos: *se cauteló de la infección con una vacuna.* **v.tr/prnl. tb: acautelarse**
2 Se refiere a las medidas judiciales urgentes, previas a la sentencia, que se adoptan en circunstancias de riesgo inminente. **adj. DERECHO**

cauteloso, a
1 Que se comporta con cautela. **adj.**
2 Que se hace con cautela: *huida cautelosa.*

cauterio (Del lat. *cauterium* < gr. *kauterion.*)
1 Cauterización de un tejido. **s.m./MEDICINA**
2 Aplicación de un remedio para corregir o evitar un mal o problema social.
3 Instrumento o sustancia usados en cirugía para eliminar tejido anormal o curar una herida formando una costra. **MEDICINA**

cauterización Operación de quemar o destruir un tejido animal para formar una escara o costra que evite cualquier infección y cure una herida. **s.f. MEDICINA = cauterio**

cauterizador, a Que cauteriza, cura o corrige: *sustancia cauterizadora; medio cauterizador.* **adj.**

cauterizar
1 Curar una herida o una enfermedad con el cauterio: *tuvieron que cauterizarle la llaga.* **v.tr/conj: cazar MEDICINA**
2 Corregir una situación socialmente inaceptable con medidas rigurosas: *la policía cauterizó la revuelta.*

cautín (Probablemente alteración del lat. *cauterium*, cauterio.) Aparato para soldar con estaño. **s.m./TECNOLOGÍA tb: cautil**

cautivador, a Que cautiva o atrae: *le abrumaba su cautivadora mirada; tiene una gracia cautivadora.* **adj.**

cautivar (Del lat. *captivare.*)
1 Coger a una persona presa. **v.tr.**
2 Ejercer una atracción irresistible debido a una característica física o moral: *las cautiva con su sonrisa.* **= seducir**

cautiverio
1 Privación de la libertad de una persona durante un espacio de tiempo determinado en la cárcel u otros lugares: *sufrió un penoso cautiverio en la mazmorra de la torre.* **s.m.**
2 Privación de la libertad a los animales no domésticos: *no va al zoo porque no le gustan los animales en cautiverio.*

cautividad Estado de privación de libertad impuesta a una persona o un animal. **s.f. = cautiverio**

cautivo, a
1 Que está retenido por la fuerza en algún lugar: *tiene un pájaro cautivo en la jaula.* **adj/s. = prisionero, preso**
2 Que está prendido o sujeto por el atractivo de una persona: *cautivo de su belleza.* **literario**
3 Que ha sido apresado en guerra: *los cautivos fueron trasladados al campo de concentración.* **MILITAR**

cauto, a (Del lat. *cautus* < *cavere*, guardarse.) Que actúa con cautela. **adj. = cuidadoso**

cava
I (De *cavar* < lat. *cavare*, ahuecar, cavar < *cavus*, hueco.)
1 Labor agrícola de cavar la tierra. **s.f./AGRICULTURA**
2 Bodega donde se conserva y se cría el vino. **s.f.**
3 Foso alrededor de un castillo o fortaleza. **CONSTRUCCIÓN**
4 Dependencia donde se cuidaba del agua y del vino que bebían las personas reales en palacio. **HISTORIA**
5 Vino espumoso elaborado en España, según el denominado método champañés francés. **s.m.**
II (Del lat. *cavus*, hueco.) Se refiere a cada una de las dos venas que recogen la sangre del organismo y la llevan al corazón. **adj/s.f. ANATOMÍA**

cavaco Instrumento musical semejante a una guitarra pequeña con cuatro cuerdas. **s.m. MÚSICA**

cavacote Montón de tierra hecho con la azada para que sirva de señal o mojón. **s.m.**

cavadiza Se refiere a la tierra que puede ser cavada con facilidad. **adj. AGRICULTURA**

cavadura Acción y resultado de cavar. **s.f.**

cavalillo Acequia o canal entre dos fincas. **s.m./AGRICULTURA**

cavar (Del lat. *cavare*, ahuecar, cavar.)
1 Mover, ahondar y levantar la tierra con la azada u otro instrumento de labor. **v.tr. AGRICULTURA**
2 Hacer un hoyo o zanja.
3 Hacer algo más profundo. **v.intr.**

cavatina (Voz italiana.) Composición para canto a una sola voz, sin repetición, de carácter muy melodioso. **s.f. MÚSICA**

távea (Del lat. *cavea.*)
1 División del graderío de los teatros y circos romanos. **s.f./ARQUITECTURA, HISTORIA**
2 Jaula para animales en la antigua Roma. **HISTORIA**

caverna (Del lat. *caverna.*)
1 Cavidad natural de considerable volumen en una roca generalmente calcárea. **s.f. = cueva, gruta**
2 Cavidad que se produce en un órgano por la destrucción de tejidos causada por una enfermedad. **MEDICINA**

cavernario, a De las cavernas. **adj.**

cavernícola (Del lat. *caverna*, caverna + *colere*, habitar.)
1 Que vive en las cavernas, en especial las personas que habitaron la Tierra en la prehistoria. **adj/s.m.f. = troglodita**
2 Que es retrógrado, partidario de ideas anticuadas: *su padre es un cavernícola que le obliga a llegar a casa a las diez.* **despectivo**

cavernosidad Cueva, oquedad del terreno. **s.f./= cavernidad**

cavernoso, a
1 Que tiene relación o semejanza con la caverna: *había una oscuridad cavernosa en la platea.* **adj.**
2 Se aplica al sonido o voz que tiene resonancias: *el enfermo tenía una tos cavernosa.* **= bronco**
3 Que tiene muchas cavernas.

caveto (Del ital. *cavetto.*) Moldura cóncava cuyo perfil es un cuarto de círculo. **s.m. ARQUITECTURA**

cavia (Del lat. *cavea* < *cavus*, hueco.) Alcorque, hoyo. **s.f.**

caviar (Del turco *haviar.*) Manjar muy apreciado preparado con huevas de pescado, especialmente de esturión, frescas y aderezadas con sal. **s.m. COCINA**

cavicornio, a Perteneciente a un grupo de rumiantes de la familia de los bóvidos que tienen los cuernos huecos que parten de unas prolongaciones óseas del cráneo. **adj/s.m. ZOOLOGÍA**

cavidad (Del lat. *cavitas, -atis.*) Espacio hueco dentro de un cuerpo cualquiera: *el acantilado está lleno de cavidades.* **s.f. = concavidad**

cavilación
1 Acción de pensar con preocupación y detenimiento en un asunto: *se quedó sumido en sus cavilaciones, no lo oyó entrar.* **s.f.**
2 Cavilosidad o sospecha.

cavilar (Del lat. *cavillari*, bromear, emplear sofismas.) Pensar con detenimiento y profundidad en algún hecho o asunto. **v.intr.**

cavilosidad
1 Estado de ánimo del que está preocupado. **s.f.**
2 Sospecha o prejuicio infundado. **= cavilación**

caviloso, a
1 Que tiende a cavilar o a preocuparse en exceso de las cosas: *es muy cavilosa y tarda en tomar decisiones.* **adj. = desconfiado**
2 Se aplica a la persona quisquillosa o camorrista. **Colomb.**

cavitación Fenómeno por el cual se forman huecos o cavidades en un líquido, debido a la reducción de la presión total. **s.f. FÍSICA**

cavo Madriguera, cueva de animales, especialmente de los conejos. **s.m.**

cayada Cayado, bastón curvado en la parte superior. **s.f.**

cayadilla Instrumento largo de hierro con que los forjadores amontonan el carbón en el centro del hogar. **s.f. METALURGIA**

cayado (Del bajo lat. *caja*, porra < *cajatus* < *baculus* *cajatus.*)
1 Palo o bastón arqueado en el extremo superior. **s.m./= cachava**
2 Báculo pastoral de los obispos. **RELIGIÓN**
3 Estructura anatómica con forma parecida a la de este bastón: *el cayado de la aorta.* **ANATOMÍA**

cayana Callana, vasija tosca que usan los indios para tostar los cereales. **s.f.**

cayena Especia picante que se extrae de la baya del guindillo de Indias. **s.f. COCINA**

cayo Islote llano y arenoso muy común en el mar de las Antillas y en el golfo de México. **s.m. GEOGRAFÍA**

cayote Chayote, fruto y planta. **s.m./BOTÁNICA**

cayuco Embarcación india de una pieza, más pequeña que la canoa, que se gobierna y se mueve con un remo muy ancho. **s.m. NÁUTICA**

cayuela Roca caliza de color azulado que abunda en fósiles del cretácico. **s.f. GEOLOGÍA**

caz (Del lat. *calix, -icis*, conducto de agua.) Acequia para conducir el agua. **s.m. pl: caces**

caza
1 Actividad u ocupación del que se dedica a cazar, por deporte o por necesidad. **s.f. CAZA**
2 Conjunto de animales que se pueden cazar o han sido cazados: *en ese coto hay mucha caza.* **CAZA**
3 Carne de un animal cazado: *en este restaurante preparan muy bien la caza.* **COCINA**

4 Seguimiento, persecución y alcance de algo o alguien: *la caza a que le sometieron fue en vano.*
5 Avión de combate de gran velocidad, vertical y horizontal, y gran poder de maniobra. — s.m./MILITAR, AERONÁUTICA
6 caza aérea: Acción llevada a cabo con aparatos rápidos y poderosamente armados con el objeto de perseguir y destruir en vuelo aparatos enemigos. — AERONÁUTICA, MILITAR
7 caza mayor: La de animales grandes, como el oso o el ciervo. — CAZA
8 caza menor: La de animales pequeños, como la liebre o la perdiz. — CAZA
9 andar a la caza de algo o alguien: Perseguirlo, procurar conseguirlo: *lleva dos años a la caza de un empleo.* — coloquial
10 dar caza: 1. Perseguir a un animal para capturarlo o matarlo. 2. Procurar con afán llegar a conseguir alguna cosa. — CAZA / coloquial
11 espantar la caza: Malograr un propósito o negocio, por precipitarse en conseguirlo. — coloquial
12 levantar la caza: 1. Hacer que los animales que van a ser cazados se pongan a tiro. 2. Llamar la atención sobre un propósito o asunto, dando lugar a que alguien se entremeta en él. — CAZA / coloquial
13 ponerse en caza: Maniobrar para que una nave se escape de otra que la persigue. — NÁUTICA

cazabe (Del taíno *caçabi*.) Torta hecha de harina de mandioca. — s.m./Amér. Central y Merid./COCINA

cazabombardero Avión que se usa tanto para la caza de aviones enemigos como para el bombardeo ligero. — s.m. AERONÁUTICA, MILITAR

cazaclavos Herramienta semejante a unas tenazas, usada para arrancar clavos. — s.m. pl: cazaclavos

cazadero Lugar donde se caza o que es apropiado para cazar. — s.m. CAZA

cazador, a
1 Que caza por oficio o afición. — adj/s.
2 Se aplica al animal que tiene aptitudes naturales para cazar. — adj. CAZA
3 Piloto de un avión de caza. — s./MILITAR
4 cazador de alforja: El que caza con lazos, trampas y otros artificios. — CAZA
5 cazador furtivo: El que caza sin la autorización pertinente. — CAZA

cazadora Chaqueta corta y ajustada a la cadera, de línea deportiva y material resistente. — s.f.

cazadotes Persona que pretende casarse por ambición económica o social. — s.m.f. pl: cazadotes

cazalla Aguardiente seco y anisado elaborado en Cazalla de la Sierra, ciudad sevillana. — s.f.

cazar (Del lat. vulgar *captiare* < lat. *capere*, coger.)
1 Buscar o perseguir a un animal para cogerlo o matarlo: *le gusta ir a cazar faisanes con sus amigos.* — v.tr. CAZA
2 Descubrir a una persona en una acción que trataba de ocultar: *le cazaron haciendo una travesura.* — coloquial = pescar
3 Darse cuenta de una cosa rápidamente: *cazó enseguida sus dobles intenciones.* — coloquial = pescar
4 Obtener hábilmente una cosa difícil: *el viento le quitó el sombrero, pero consiguió cazarlo antes de que cayera al río.* — coloquial = pescar
5 Atraer a alguien con habilidad o engaño: *ha cazado una buena mujer.* — coloquial = pescar
6 Poner la escota tirante hasta que el puño de la vela quede lo más cerca posible de la borda. — NÁUTICA
7 cazar largo o muy largo: Ser muy astuto y sagaz.
8 cazarlas al vuelo: Comprender las cosas con facilidad y rapidez. — coloquial
CONJ.: IND.: PRET. INDEF.: cacé, cazaste, cazó, cazamos, cazasteis, cazaron. SUBJ.: PRES.: cace, caces, cace, cacemos, cacéis, cacen. IMP.: caza, cace, cacemos, cazad, cacen.

cazarete (Del cat. *cassaret*.) Una de las piezas de la jábega o del boliche en las redes de cerco. — s.m. PESCA

cazarrecompensas Se refiere a la persona que persigue hasta descubrirlo a alguien por quien se ofrece una recompensa. — adj/s.m.f. pl: cazarrecompensas

cazasubmarino Buque destinado a la caza y destrucción de submarinos, que usa cargas de profundidad. — s.m./MILITAR, NÁUTICA

cazata Cacería, partida de caza. — s.f./CAZA

cazatalentos Persona o entidad vinculada al mundo empresarial y del espectáculo, y dedicada a la búsqueda y descubrimiento de nuevos valores y talentos. — adj/s.m.f. pl: cazatalentos

cazatorpedero Barco de guerra pequeño, muy ligero y bien armado, destinado a rechazar torpederos. — s.m./MILITAR, NÁUTICA

cazclear Andar alguien de un lado a otro para mostrar que está ocupado. — v.intr. coloquial

cazcarria Lodo o barro que se adhiere y queda seco en la parte de la ropa más cerca del suelo o en las piernas. — s.f. tb: cascarria

cazcarriento, a Que tiene muchas cazcarrias: *llegó con el pantalón cazcarriento.* — adj. coloquial

cazcorvo, a Se aplica a la caballería que tiene las patas corvas. — adj.

cazo
1 Recipiente de cocina de metal u otros materiales, redondo y que suele ser más ancho en la boca que en la base, provisto de un mango y generalmente con un pico en el borde. — s.m. COCINA
2 Utensilio de cocina formado por un pequeño recipiente semiesférico con un mango muy largo que se usa para servir o pasar líquidos de un recipiente a otro. — COCINA
3 Cantidad de alimento o líquido que cabe en este utensilio: *se zampó tres cazos de potaje.*
4 Borde opuesto al filo de un cuchillo. — = recazo

cazolada Cantidad de comida que cabe en una cazuela: *vertió la cazolada en la bandeja.* — s.f. COCINA

cazoleja Cazoleta de las armas de fuego. — s.f.

cazolero, a Se refiere a la persona que se entremete en asuntos insignificantes o menudencias. — adj/s. = cominero

cazoleta
1 Recipiente semejante a un cazo. — s.f.
2 Pieza semiesférica de un utensilio.
3 Parte de la pipa donde se pone el tabaco.
4 Pieza metálica que forma parte de la empuñadura de ciertos objetos como la espada o el broquel y que sirve para cubrir la mano.
5 Cierto perfume.

cazoletear Intervenir o entremeterse en asuntos ajenos. — v.intr. = cominear

cazoletero, a Se aplica a la persona cazolera o entremetida. — adj/s.m.

cazón Pez escualiforme parecido a un tiburón pequeño y de carne comestible. — s.m. ZOOLOGÍA

cazonal
1 Conjunto de mallas grandes y aparejos para pescar cazones y otros peces grandes. — s.m. PESCA
2 Situación ardua y de difícil salida o solución: *se metió en un cazonal.* — coloquial = berenjenal

cazuela
1 Recipiente de cocina, hecho de metal u otros materiales, con dos asas y tapa, que sirve para guisar. — s.f. COCINA
2 Cualquier guiso hecho en este recipiente con carne, patatas y legumbres. — COCINA
3 Cantidad de comida que cabe en este recipiente: *les aseguraron tres cazuelas al día.* — = cazolada
4 Parte del teatro reservado antiguamente a las mujeres: *el muchacho se coló en la cazuela.* — TEATRO
5 Componedor ancho de varias líneas. — ARTES GRÁFICAS
6 cazuela carnicera: La que es muy grande. — COCINA
7 cazuela mojí o mojina: Torta de queso, pan, berenjenas y miel, hecha en cazuela. — COCINA

cazumbrar Unir y tapar las paredes curvas y las tablas de las cubas de vino con un cordel de estopa. — v.tr.

cazumbre Cordel de estopa poco torcida con que se cazumbra. — s.m.

cazurrear Actuar de modo torpe o poco refinado. — v.intr.

cazurro, a
1 Que es ignorante y poco refinado: *a pesar de su fortuna, será siempre un cazurro.* — adj/s.= tosco, despectivo
2 Torpe, lento en comprender: *ser muy cazurro para los números.* — despectivo
3 Que es reservado y malicioso: *el niño tenía una sonrisa cazurra que me desconcertaba.* — coloquial

cazuzo, a Persona que padece hambre. — s./Chile

cd (Acrónimo de *[C]ompact [D]isk*, disco compacto.) Disco dotado con dispositivo de memoria que utiliza técnicas de almacenamiento óptico por láser. — s.m. INFORMÁTICA

cd-i (Acrónimo de *[C]ompact [D]isk + [I]nteractif*, disco compacto interactivo.) Disco compacto con microprocesador y reproducible por un lector conectado a un televisor, para el uso interactivo de información compuesta por imágenes, sonido y texto. — s.m. INFORMÁTICA

cd-rom (Acrónimo del ingl. *[C]ompact [D]isk + [R]ead [O]nly [M]emory*, disco compacto de memoria que sólo permite la lectura.) Disco compacto de lectura láser, con gran capacidad de memoria, para almacenar textos, imágenes y sonidos. — s.m. INFORMÁTICA

ce
1 Nombre de la letra *c*. — s.f.
2 ce por be: Se usa para indicar una sustitución indebida o errónea. — loc.adv.
3 ce por ce: Con todo detalle, prolijamente.
4 por ce o por be: De un modo u otro.

cea Cía, hueso de la cadera. — s.f./ANATOMÍA

cearina Pomada compuesta de cera, ceresina y parafina líquida, usada como excipiente de otras pomadas. — s.f. FARMACIA

ceba
1 Acción de cebar o engordar animales. s.f./= engorde
2 Alimentación especial y abundante con que se engorda el ganado.
3 Operación de alimentar los hornos con el combustible necesario.

cebada
1 Planta gramínea anual, parecida al trigo, de fruto s.f.
en cariópside, que se utiliza sobre todo para forraje y BOTÁNICA
para la fabricación de cerveza. *(Hordeum.)*
2 Semilla de esta planta. BOTÁNICA
3 **dar cebada:** Dar pienso a las caballerías.

cebadal Tierra sembrada de cebada. s.m.

cebadar Dar cebada a un animal. v.tr.

cebadera
I (Derivado de *cebada*.)
1 Morral para dar cebada al ganado en el campo. s.f.
2 Cajón para la cebada.
II (Derivado de *cebada*.)
1 Pala de acero para introducir el mineral en el horno. s.f./METALURGIA
2 Vela del bauprés. NÁUTICA

cebadero, a
I (Derivado de *cebada*.)
1 Vendedor de cebada. s.
2 Macho que llevaban los arrieros cargado de cebada s.m.
para dar de comer a la recua.
3 Caballería que va delante, guiando a las otras, en
las cabañas de ganado mular.
II (Derivado de *cebar*.)
1 Persona que se encargaba de cebar y adiestrar las s.
aves en cetrería. CAZA
2 Lugar destinado a la ceba o engorde de animales. s.m.
3 Lugar o paraje en que se pone el cebo a la caza. CAZA
4 Pintura de aves domésticas comiendo. ARTE
5 Abertura para introducir mineral en el horno. METALURGIA

cebadilla Especie de cebada silvestre. s.f./BOTÁNICA

cebado, a
1 Que está muy gordo. adj.
2 Se refiere al lobo u otro animal representado con HERÁLDICA
un cordero u otra presa en la boca.
3 Acción de cebar o poner en condiciones de funcio- TECNOLOGÍA
namiento una máquina o un motor.

cebador, a
1 Que ceba. adj.
2 Dispositivo de un tubo fluorescente que permite su s.m.
encendido: *se estropeó el cebador.* ELECTRICIDAD
3 Recipiente que contenía la pólvora que se ponía en HISTORIA,
las armas de fuego. MILITAR

cebar (Del lat. *cibare*, alimentar < *cibus*, alimento.)
1 Dar comida a un animal para engordarlo y aprove- v.tr.
char su carne o para atraerlo.
2 Poner cebo o trampa a un animal para capturarlo.
3 Poner combustible en una lámpara, un horno u
otro aparato: *cebó el fuego con varios troncos.*
4 Dar demasiada comida a una persona: *ceba a su hija* v.tr./prnl.
desde que padeció anemia.
5 Hacer que una máquina o un utensilio empiece a v.tr.
funcionar haciendo una operación previa en ellos. TECNOLOGÍA
6 Intensificar o fortalecer un sentimiento: *el odio se ha* v.tr./prnl.
cebado en su corazón.
7 Preparar la infusión de mate. v.tr./Amér. Merid.
8 Quedar sujeta una cosa que se introduce en otra: v.tr./intr.
cebar el mango en la hoja del hacha.
9 Dedicarse a una cosa con afán: *se cebó en la publica-* v.prnl.
ción de novelas de aventuras.
10 Mostrarse una persona excesivamente cruel con + con, en
otra: *se cebó en esa pobre chica al criticarla.* = ensañarse

cebellina Cebelina, especie de marta, mamífero car- adj.
nívoro. ZOOLOGÍA

cebiche Plato de pescado o marisco crudo, cortado en s.m./COCINA
trozos pequeños y preparado con un adobo de jugo Méx., Amér. Merid.
de limón, cebolla picada, sal y ají. tb: ceviche

cebo
I (Del lat. *cibus*, alimento.)
1 Comida con que se atrae, se engorda o se alimenta s.m.
a los animales.
2 Comida o artificio con que se atrae a los peces. PESCA
3 Pequeña cantidad de material explosivo que, al inflamarse, provoca la explosión de la carga de un barreno, un torpedo o un proyectil hueco.
4 Cantidad de combustible con que se alimenta un
horno o una lámpara.
5 Estímulo que aumenta la intensidad de un senti- = pábulo
miento: *su belleza es cebo de pasiones.*
II (Del lat. *cephus* < gr. *kebos*, mono sin cola.) Cefo, s.m.
mamífero primate. ZOOLOGÍA

cebolla (Del lat. *cepulla*, cebolleta, diminutivo de
cepa.)
1 Planta liliácea hortense, con hojas fistulosas y aca- s.f.
naladas, flores de color verdoso y bulbo comestible, BOTÁNICA
blanco, globuloso, formado por capas superpuestas,
de olor fuerte y sabor picante. *(Allium cepa.)*

2 Bulbo de esta planta. BOTÁNICA
3 Bulbo de cualquier planta. BOTÁNICA
4 Filtro esférico, con pequeños agujeros, que se colo- = alcachofa
ca en los conductos de agua.
5 Parte redonda del velón, en la que se echa el aceite.
6 **cebolla albarrana o chirle:** Planta liliácea perenne, BOTÁNICA
con bulbos parecidos a la cebolla, hojas agudas y aca- = albarranilla
naladas y flores blanquecinas en racimos, que tiene
algunas virtudes medicinales. *(Urginea scilla.)*
7 **cebolla escalonia:** Chalote, planta. BOTÁNICA

cebollada Guiso de cebolla. s.f./COCINA

cebollana Cebollino, planta vivaz. s.f./BOTÁNICA

cebollar Terreno sembrado de cebollas. s.m./AGRICULTURA

cebolleta
1 Planta vivaz de bulbo grande y umbela de flores s.f./BOTÁNICA
blancas. *(Allium fistulosum.)* = cebollino inglés
2 Cebolla común, que se come tierna, antes de que la BOTÁNICA
planta florezca.
3 Cabeza de una persona: *una idea tan sencilla y no le* coloquial
entra en la cebolleta.

cebollino
1 Planta vivaz liliácea de hojas largas de color verde s.m.
oscuro que se emplea como condimento. *(Allium schoe-* BOTÁNICA
noprasum.)
2 Simiente de cebolla. BOTÁNICA
3 Sementero de cebollas. AGRICULTURA
4 Persona torpe e ignorante. coloquial
5 **cebollino inglés:** Cebolleta, planta vivaz. BOTÁNICA
6 **escardar cebollinos:** No hacer nada de provecho. coloquial
7 **mandar a una persona a escardar cebollinos:** Re- coloquial
chazar una cosa o despedir a una persona con irritación.

cebollón Variedad de cebolla, de forma aovada, me- s.m.
nos picante que la común. BOTÁNICA

cebón, a
1 Se refiere al animal que está cebado. adj./s.
2 Cerdo, mamífero doméstico. s.m./ZOOLOGÍA

cebra Mamífero perisodáctilo équido, caracterizado s.f.
por un pelaje blanco con listas negras, de apariencia ZOOLOGÍA
similar a un caballo, que vive en las sabanas africanas.

cebrado, a Se aplica al animal que tiene manchas ne- adj.
gras transversales, como la cebra. tb: acebrado

cebruno, a Se aplica a la caballería o al pelo que es adj.
de un color intermedio entre el negro y el castaño oscuro.

cebú Mamífero bóvido parecido al buey caracterizado s.m.
por poseer una o dos gibas encima de la cruz. *(Bos indi-* pl.tb: cebúes
cus.) ZOOLOGÍA

ceca
I (Del ár. *sekka*, abreviación de *dar al-sikka*.)
1 Fábrica donde se acuñaba la moneda. s.f./HISTORIA
2 Cruz, reverso de la moneda. Argent.
II (De *Ceca*, denominación mozárabe de la mezquita loc.adv.
de Córdoba.) Se usa para indicar de un sitio a otro, coloquial
de aquí para allá, en las expresiones **de la ceca a la**
meca y **de ceca en meca.**

cecal (Derivado del lat. *caecus*, ciego.) Del intestino adj.
ciego. ANATOMÍA

cecear Pronunciar la *s* con el sonido de *z*. v.intr.

ceceo
1 Timbre particular de la *ce* española. s.m.
2 Pronunciación de la *s* como *z*: *es ceceo pronunciar co-* LINGÜÍSTICA
cer por coser en la frase "coser la ropa".

cechero Persona que acecha en la caza. s.m./CAZA

cecial Cualquier pescado blanco seco y curado al aire, s.m.
especialmente la merluza. = pescada

cecidia (Del gr. *kekis*.) Agalla de las plantas producida s.f.
por parásitos. BOTÁNICA

cecina (Probablemente del lat. vulgar *caro *siccina*, carne seca < lat. *siccus*, seco.)
1 Carne salada y secada al aire, al sol o al humo. s.f.
2 Tira de carne delgada, sin sal y seca. Argent.
3 Embutido de carne. Chile

cecinar
1 Preparar la carne con humo y sal para conservarla. v.tr./= acecinar
2 Adelgazar mucho por vejez o enfermedad. v.prnl.

cecografía (Derivado culto del lat. *caecus*, ciego.) Al- s.f.
fabeto y modo de escribir de los ciegos.

cecuciente Se aplica a la persona que se está que- adj/s.m.f.
dando ciega.

ceda
I (Del lat. vulgar *cirra*, vellón, mechón de pelo.) Pelo s.f.
grueso de algunos animales. = cerda
II (Del lat. *zeta* < gr. *zet.*) Zeta, letra. s.f./tb: ceta

cedacear Experimentar una disminución de la visión: v.intr.
el cansancio le hizo cedacear.

cedacillo Planta gramínea anual, parecida a la tembladera, pero con las espiguillas acorazonadas y violáceas. *(Briza media.)* — s.m. BOTÁNICA

cedazo (Del lat. vulgar *cribum saetaceum*, criba hecha de cerdas.) Instrumento formado por un aro o un cilindro que lleva tensa una tela metálica, usado para cerner. — s.m. = tamiz

cedente Se aplica a la persona que traspasa a un tercero la posición íntegra que ocupa en un contrato, es decir, sus derechos y obligaciones, a cambio o no de una compensación onerosa. — adj./s.m.f. DERECHO

ceder (Del lat. *cedere*, retirarse, marcharse.)
1 Dar, dejar o transferir voluntariamente una cosa u un derecho a otro: *el rey cedió el trono a su hijo primogénito.* — v.tr. = entregar
2 Dejar de oponer resistencia: *al final cedió a sus insistentes ruegos.* — v.intr. = rendirse
3 Disminuir o debilitarse la resistencia, la intensidad o la fuerza de algo: *la fiebre ya ha cedido.* — = aflojar, mitigar
4 Romperse o soltarse una cosa sometida a una fuerza excesiva: *la cuerda de la polea cedió.*

cedilla (Derivado del gr. *zeta*, zeta.)
1 Denominación de una antigua letra española formada por una *c* con una virgulilla suscrita, que existe en otros idiomas, como el francés. — s.f. LINGÜÍSTICA
2 Virgulilla, signo gráfico que se pone bajo esta letra.

cedizo, a (Derivado del ant. *seer*, estar, estar quieto < lat. *sedere*, estar sentado.) Se aplica al alimento que empieza a corromperse. — adj.

cedoaria (Del bajo lat. *zedoarium*.) Raíz medicinal redonda, nudosa, de sabor amargo y olor aromático, que se obtiene de algunas plantas de la India. — s.f. BOTÁNICA

cedras Alforjas de pellejo usadas por los pastores. — s.f.pl.

cedreleón (Del gr. *kedros*, cedro + *elaion*, aceite.) Aceite o resina de cedro. — s.m. tb: cedrelón

cedria Licor y resina que destila el cedro. — s.f./tb: cidria

cédride Fruto del cedro, como una piña pequeña con escamas apretadas. — s.f. BOTÁNICA

cedrino, a (Del lat. *cedrinus*.) Del cedro o que tiene relación o parecido con él. — adj.

cedrito Bebida preparada con resina de cedro. — s.m.

cedro (Del lat. *cedrus* < gr. *kedros*.)
1 Árbol abietáceo, de gran altura, que tiene el tronco grueso y derecho y ramas horizontales, con hojas persistentes, cuyo fruto es la cédride. *(Cedrus.)* — s.m. BOTÁNICA
2 Madera de este árbol.
3 **cedro de España:** Sabina albar, planta arbustiva. — BOTÁNICA
4 **cedro del Líbano:** Árbol abietáceo que crece en las montañas de Líbano y Siria. *(Cedrus libanotica.)* — BOTÁNICA

cedróleo Aceite esencial obtenido del cedro. — s.m./QUÍMICA

cedrón
1 Planta olorosa y medicinal de la familia de las verbenáceas. *(Lippia citriodora.)* — s.m./BOTÁNICA Amér. Merid.
2 Planta que produce unas semillas muy amargas, utilizadas contra el veneno de las serpientes. — BOTÁNICA Amér.

cédula (Del bajo lat. *schedula* < lat. *scheda*, hoja de papel.)
1 Papel o pergamino escrito o para escribir en él. — s.f.
2 Documento en que consta una deuda u otra obligación o los datos personales. — DERECHO
3 **cédula de identidad:** Documento o tarjeta de identificación. — Amér. Merid.
4 **cédula hipotecaria:** La que certifica un crédito garantizado con hipoteca. — DERECHO
5 **cédula real:** Documento expedido por el rey, o en su nombre, para conceder un privilegio o promulgar una ley. — HISTORIA
6 **cédula testamentaria:** Escrito simple otorgado por el testador para que sea considerado y cumplido como parte integrante del testamento. — DERECHO

cedulario Colección de las cédulas concedidas por el rey. — s.m.

cedulón
1 Anuncio que se expone en lugares públicos. — s.m./= edicto
2 Pasquín, escrito anónimo.

cee (Acrónimo de *[C]omunidad [E]conómica [E]uropea.*) Una de las tres comunidades que constituyen la Unión Europea, cuyo objetivo es crear una amplia zona europea de política económica común. — s.f. DERECHO, POLÍTICA

cefal- Componente de palabra procedente del gr. *kephale*, que significa cabeza: *cefalópodo; cefalea.* — pref. tb: cefalo-

cefalalgia (Del gr. *kephalalgia* < *kephale*, cabeza + *algos*, dolor.) Dolor de cabeza. — s.f. MEDICINA

cefalea (Del lat. *cephalea* < gr. *kephalaia*.) Cefalalgia fuerte que suele afectar a uno de los lados de la cabeza. — s.f. MEDICINA

cefálico, a (Del lat. *cephalicus* < gr. *kephalikos*.) De la cabeza: *perímetro cefálico.* — adj. ANATOMÍA

céfalo Róbalo, pez. — s.m./ZOOLOGÍA

-cefalo Componente de palabra procedente del gr. *kephale* y que significa cabeza: *bicéfalo.* — suf./tb: -cefala, -cefalia

cefalocordado, a Perteneciente a un subtipo de animales procordados, con cuerda dorsal, sistema nervioso tubular e intestino respiratorio. — adj/s.m. ZOOLOGÍA

cefaloma Tumor blando, de aspecto semejante al del tejido cerebral. — s.m. MEDICINA

cefalómetro Instrumento para medir el cráneo. — s.m./ANATOMÍA

cefalópodo, a (Del gr. *kephale*, cabeza + *pous, podos*, pie.) Perteneciente a una clase de moluscos marinos carnívoros y nadadores cuya cabeza presenta tentáculos provistos de ventosas. — adj/s.m. ZOOLOGÍA

cefalorraquídeo, a Del encéfalo y de la columna vertebral: *sistema nervioso cefalorraquídeo.* — adj. ANATOMÍA

cefalosporina Antibiótico extraído del cultivo de un moho, del cual se obtienen derivados con una potente actividad bactericida. — s.f. FARMACIA

cefalotórax (Del gr. *kephale*, cabeza + *thorax*, pecho.) Parte del cuerpo de los crustáceos y arácnidos formada por la unión de la cabeza y el tórax. — s.m. ZOOLOGÍA

cefeida Estrella cuyo destello varía entre algunas horas y un centenar. — s.f. ASTRONOMÍA

céfiro (Del lat. *zephyrus* < gr. *zephyros*, divinidad del viento del oeste.)
1 Viento suave que sopla del oeste. — s.m.
2 Viento suave y apacible. — literario
3 Tela fina de algodón, casi transparente. — TEXTIL

cefo (Del lat. *cephus*.) Primate de cuerpo gris rojizo y con bigote blanco. *(Cercopithecus cephus.)* — s.m./ ZOOLOGÍA tb: celfo

cegador, a Que ciega o deslumbra: *una luz cegadora nos deslumbró y perdí el control del coche.* — adj.

cegajo, a Macho cabrío o cordero que no llega a los dos años de vida. — s.m.

cegajoso, a Que tiene los ojos cargados o llorosos con frecuencia. — adj/s.

cegar (Del lat. *caecare*.)
1 Perder completamente la vista: *le dijeron que, como consecuencia de la enfermedad, podría cegar.* — v.intr. conj: regar
2 Hacer que pierda la vista una persona o un animal: *los filisteos cegaron a Sansón.* — v.tr.
3 Perder momentáneamente la vista a causa de una luz intensa: *lo cegaron los flashes de la prensa.* — v.tr/prnl.
4 Impedir algo razonar debidamente a alguien: *la envidia lo ciega a menudo.* — v.tr/intr. = ofuscar
5 Tapar un hueco, un orificio, un conducto o un camino: *el albañil cegó las ventanas que daban al patio.* — v.tr.
6 Hacer que disminuya la profundidad de un puerto o un canal con el fin de impedir la navegación por él.

cegarra Cegato, que es corto de vista. — adj/s.m.f./coloquial

cegarrita Persona que necesita entornar mucho los ojos para poder ver bien. — adj/s.m.f. coloquial

cegato, a Que es corto de vista. — adj/s./despectivo

cegatón, a Que ve poco. — adj/s./despectivo

cegesimal Se refiere al sistema que tiene por unidades fundamentales el centímetro, para la longitud, el gramo, para la masa, y el segundo, para el tiempo. — adj.

ceguedad
1 Ceguera, pérdida de la vista. — s.f./MEDICINA
2 Ofuscación de la razón. — coloquial

ceguera
1 Ausencia o pérdida total de la vista. — s.f./MEDICINA
2 Ofuscación de la razón, ceguedad: *demostrar ceguera ante los defectos de la amada.*
3 **ceguera de colores:** Imposibilidad de distinguirlos. — MEDICINA
4 **ceguera verbal:** Patología que se caracteriza por la pérdida de la facultad de leer. — SIQUIATRÍA = alexia

ceiba
1 Sargazo, alga marina. — s.f./BOTÁNICA
2 Árbol originario de América, de tronco grueso y copa extensa, cuyos frutos proporcionan una especie de algodón. *(Ceiba pentandra.)* — BOTÁNICA

ceisatita Variedad del ópalo. — s.f./MINERALOGÍA

ceja (Del lat. *cilia*, plural de *cilium*.)
1 Formación pilosa curvilínea que está sobre la cuenca del ojo. — s.f. ANATOMÍA
2 Pelo que cubre esta formación. — ANATOMÍA
3 Pequeño borde saliente en algunas cosas: *no compró el libro porque tenía una ceja rota.* — coloquial
4 Banda de nubes sobre la cumbre de un monte.
5 Cima o parte superior de un monte o sierra. — = pico
6 Pieza de madera de los instrumentos musicales de cuerda colocada entre el clavijero y el mástil para mantener las cuerdas separadas de éste y entre sí. — MÚSICA
7 Cejilla, pieza para alzar el tono de los instrumentos de cuerda. — MÚSICA

8 dar a una persona entre ceja y ceja: Decirle en su cara alguna cosa que le sea muy desagradable o reñirle. — coloquial

9 estar hasta las cejas: Estar harto de algo o de alguien: *estoy hasta las cejas de tus reproches.* — coloquial

10 fruncir las cejas: Hacer el gesto de arrugar el entrecejo en señal de enfado o preocupación. — coloquial

11 hasta las cejas: Hasta el extremo, hasta el final. — loc.adv./coloquial

12 quemarse una persona las cejas: Estudiar mucho. — coloquial

13 tener a una persona entre ceja y ceja o entre cejas: Tenerle manía, sentir por él recelo o aborrecimiento. — coloquial

14 tener o metérsele o ponérsele a uno entre ceja y ceja una cosa: Obstinarse en un pensamiento o propósito. — coloquial

cejadero Tirante de los carruajes que servía para retroceder. — s.m. = cejador

cejar (Del lat. vulgar *cessare*, retirarse.)
1 Dejar un asunto, negocio o empeño: *no cejó en su intento de triunfar.* — v.intr. = ceder
2 Andar hacia atrás las personas o las caballerías que tiran de un carruaje. — = retroceder

cejijunto, a
1 Que tiene las cejas muy juntas y pobladas. — adj./= cejunto
2 Que tiene ceño o sobrecejo. — = ceñudo

cejilla
1 Pieza sujeta en el mástil de un instrumento de cuerda para alzar la entonación de sus cuerdas por igual. — s.f. MÚSICA = ceja, cejuela
2 Pieza de madera entre el clavijero y el mástil de un instrumento de cuerda. — MÚSICA = ceja

cejo
I (Del lat. *cilium*, párpado, ceja.) Niebla que a veces se levanta sobre los ríos y los arroyos después de salir el sol. — s.m.
II (De origen incierto.) Atadura de esparto para sujetar los manojos de esta misma planta. — s.m. AGRICULTURA

cejuela Cejilla, pieza para alzar el tono de los instrumentos de cuerda. — s.f./MÚSICA = ceja

cejunto, a Se aplica a la persona que tiene las cejas muy pobladas y juntas. — adj. = cejijunto

cel- Componente de palabra procedente del gr. *koilos*, que significa vacío, hueco: *celentéreo; celomado.* — pref. tb: celo-

cela Cella, parte de un templo clásico. — s.f./ARQUITECTURA

celacanto Pez marino de gran tamaño, muy adiposo, próximo a los antepasados directos de los vertebrados terrestres. *(Latimeria.)* — s.m. ZOOLOGÍA

celada
I (Abreviatura de *capellina celada.*)
1 Pieza de la armadura que cubría la cabeza. — s.f./HISTORIA MILITAR
2 Soldado de a caballo que usaba esta pieza.
II (Derivado de *celar.*)
1 Engaño disimulado con que se coloca a una persona en situación difícil o se la obliga a hacer o decir lo que no quería. — s.f. = trampa
2 Emboscada en un lugar apartado u oculto hacia el cual se atrae al enemigo. — MILITAR

celadón Tipo de porcelana que se reviste de un vidriado de color verde grisáceo o verde azulado. — s.m. tb: celedón

celador, a
1 Que cela o vigila. — adj.
2 Persona que se encarga de la vigilancia de un lugar público: *aunque ya era tarde, el celador del hospital nos dejó pasar.* — s.

celaje (Derivado de *cielo.*)
1 Aspecto del cielo cuando tiene nubes tenues y de colorido variado. — s.m.
2 Abertura acristalada en una pared o un tejado para dar luz a una habitación o una escalera y parte superior de esta abertura. — = claraboya
3 Presagio de algo que se desea. — coloquial
4 Conjunto de nubes tenues y de varios matices: *un sombrío celaje cubría el paisaje.* — NÁUTICA tb: celajería

celambre (Derivado de *celo.*) Celos que se tienen de la persona amada. — s.f.

celante Se refiere al religioso franciscano que sigue con rigidez la regla de no poseer bienes. — adj. RELIGIÓN

celar
I (Del bajo lat. *zelari*, demostrar celo, tener celos.)
1 Poner especial cuidado en el cumplimiento de las obligaciones o las leyes. — v.tr.
2 Vigilar a los subordinados para que cumplan sus obligaciones.
3 Vigilar a la persona amada por tener celos de ella.
II (Del lat. *celare*, encubrir, ocultar.) Ocultar una cosa de modo que no sea vista: *un grueso cortinaje celaba la entrada del dormitorio.* — v.tr/prnl. = encubrir

III (Del lat. *caelare*, cincelar.)
1 Grabar una lámina de metal o de madera para imprimir estampas o dibujos con ella. — v.tr.
2 Cortar piedra o madera con buril o cincel para darles forma. — = esculpir, tallar

celastro Planta arbustiva, de hojas alternas, pecioladas y simples. *(Celastrus.)* — s.m. BOTÁNICA

celda (Del lat. *cellula*, diminutivo de *cella.*)
1 Habitación donde se encierra a un preso. — s.f.
2 Aposento de un convento o colegio: *la austeridad de las celdas.*
3 Casilla de los panales de abejas y avispas. — = celdilla

celdilla (Derivado de *celda.*)
1 Cada una de las casillas o celdas de un panal de abejas o avispas. — s.f. ZOOLOGÍA
2 Cavidad pequeña. — = célula
3 Hornacina, hueco hecho en un muro. — CONSTRUCCIÓN

-cele Componente de palabra procedente del gr. *kele*, que significa tumor: *hidrocele.* — suf.

celebérrimo, a (Del lat. *celeberrimus < celeber*, renombrado por el uso.) Que es muy célebre o famoso. — adj.

celebración
1 Acción de celebrar un acto o un acontecimiento. — s.f.
2 Aclamación, alabanza. — = aplauso

celebrante
1 Que celebra u oficia en una ceremonia o un acto público o jurídico: *los celebrantes ocuparon el salón.* — adj.
2 Sacerdote que celebra la eucaristía u otro oficio litúrgico. — s.m. RELIGIÓN

celebrar (Del lat. *celebrare*, frecuentar.)
1 Hacer una fiesta u organizar un acto solemne para señalar una fecha o un acontecimiento: *decidieron celebrar el cumpleaños con una merienda.* — v.tr. = festejar
2 Realizar un acto público: *la conferencia se celebró en los locales del ayuntamiento.* — v.tr/prnl.
3 Alabar o aplaudir a alguien o algo o ponderar una cualidad: *el jurado celebró su simpatía.* — v.tr.
4 Expresar alegría la persona que ha recibido cierto beneficio.
5 Realizar un sacerdote su función en un oficio religioso: *el cura celebra todos los sábados.* — v.tr/intr. RELIGIÓN

célebre (Del lat. *celeber*, renombrado por el uso.) Que es muy famoso: *el célebre bandido.* — adj.

celebridad
1 Persona famosa: *con su última obra se ha convertido en una celebridad.* — s.f. = notoriedad
2 Circunstancia del que es muy conocido por haber destacado en una actividad científica o cultural. — = fama, renombre
3 Conjunto de actos y festejos con que se señala una fiesta o acontecimiento.

celemín (Derivado del ár. *zumniya*, vaso de barro, medida equivalente a la octava parte.)
1 Medida de capacidad para áridos, equivalente a 4,625 litros aproximadamente. — s.m. AGRICULTURA
2 Cantidad de áridos que cabe en esta medida. — AGRICULTURA

celeminada Cantidad de áridos que caben en la medida del celemín. — s.f./AGRICULTURA = celemín

celentéreo, a (Del gr. *koilos*, hueco + *enteron*, intestino.) Se refiere al animal, sobre todo marino, cuyo cuerpo, formado por dos paredes que limitan una cavidad digestiva, está provisto de tentáculos urticantes. — adj/s.m. ZOOLOGÍA = celenterado

celeque Se aplica a la fruta tierna o que no ha cuajado todavía, como las almendras. — adj. Hond., Salv.

celera Celos de la persona amada. — s.f.

célere (Del lat. *celer.*)
1 Ligero, veloz o rápido. — adj./culto
2 Las horas, divinidades de la vegetación. — s.f.pl/MITOLOGÍA

celeridad (Del lat. *celeritas, -atis < celer*, pronto, rápido.) Prontitud y rapidez en el movimiento. — s.f.

celescopio (Del gr. *koilos*, hueco + *skopeo*, examinar.) Aparato con el que se examinan las cavidades del organismo o de un cuerpo orgánico. — s.m. BIOLOGÍA

celesta Instrumento musical de percusión, compuesto de láminas de acero y martillos que se manejan por medio de un teclado. — s.f. MÚSICA

celeste (Del lat. *caelestis.*)
1 Del cielo: *bóveda celeste.* — adj.
2 Se aplica al registro de órgano que tiene un sonido agradable. — MÚSICA
3 Se aplica al color azul claro. — adj/s.m.

celestial
1 Del cielo, lugar donde van a parar las almas de los bienaventurados. · — adj/RELIGIÓN ≠ terrenal
2 Que es delicioso, perfecto: *su cocina es celestial.*

celestina
I (De *Celestina*, personaje literario.)
1 Alcahueta, persona que actúa de mediadora encubriendo o facilitando las relaciones amorosas entre otras. — s.f.

2 polvos de la madre Celestina: Los considerados mágicos. — coloquial
II (Derivado de *celeste*.)
1 Sulfato de estroncio. — s.f./MINERALOGÍA
2 Ave cantora, de alas verdes y azuladas y de cuerpo amarillo claro. — ZOOLOGÍA

celestinesco, a Que es propio de celestinas o al cahuetas. — adj.

celfo Cefo, mamífero primate. — s.m./ZOOLOGÍA

celia Infusión elaborada con trigo, semejante a la cerveza o la chicha. — s.f.

celíaca Enfermedad consistente en la pérdida excesiva de materia grasa por las heces, provocada por intolerancia al gluten. — s.f. MEDICINA / tb: celiaquía

celíaco, a (Del lat. *coelicus* < gr. *koiliakos* < *koilia*, vientre.)
1 Del vientre o de los intestinos. — adj./MEDICINA
2 De la celíaca. — MEDICINA

celibato (Del lat. *caelibatus*.) Soltería, especialmente la que se practica por motivos religiosos. — s.m.

célibe (Del lat. *caelebs*, soltero.) Se dice de la persona que no ha contraído matrimonio. — adj/s.m.f. / = soltero

célico, a (Del lat. *caelicus*.)
1 Celeste, del cielo. — adj./culto
2 Que produce bienestar o placer. — culto/= paradisíaco

celidonia (Del lat. *chelidonia* < gr. *khelidonion*, semejante a la golondrina.) Planta papaverácea común cerca de los muros, de látex anaranjado y flores amarillas. *(Chelidonium majus.)* — BOTÁNICA

celindrate (Del cat. *celiandrat*.) Cualquier guiso condimentado con cilantro. — s.m. COCINA

celioscopia Técnica de endoscopia de aplicación en los órganos genitales internos de la pelvis menor. — s.f. MEDICINA

cella (Del lat. *cella*, casilla.)
1 Parte interior de los templos clásicos, por lo general cerrada, en la que se guardaba la estatua del dios, en la antigüedad. — s.f./ARQUITECTURA, RELIGIÓN / tb: cela
2 En las casas particulares, lugar en que se guardaba el grano, el vino u otros víveres. — HISTORIA

cellenca Prostituta, mujer que se dedica al mercadeo sexual. — s.f. / = puta, ramera

cellenco, a Se aplica a la persona que tiene achaques a causa de la vejez o de la enfermedad. — adj. / = baldado

cellisca Temporal de agua y pequeños copos de nieve con viento fuerte. — s.f.

cellisquear Caer agua y pequeños copos de nieve al tiempo que sopla un viento fuerte. — v.impers.

cello (Del lat. *cingulum*, cinturón.) Aro con que se sujetan las tablas que forman las paredes de las cubas. — s.m. / = cerco

celo
I (Del lat. *zelus*, ardor, celo.)
1 Cuidado e interés con que alguien hace las cosas que tiene a su cargo: *puso el máximo celo en la limpieza de la casa.* — s.m. / = esmero
2 Estado de excitación del apetito sexual en los animales. — ZOOLOGÍA
3 Época en que los animales experimentan esta excitación. — ZOOLOGÍA
4 Sentimiento de recelo de lo que uno posee o desea llegue a ser alcanzado por otro. — s.m.pl. / = envidia
5 Sentimiento de inquietud y pesar experimentado por alguien ante la sospecha de perder a la persona que ama. — = celambre, celera
6 dar celos: Dar una persona motivo para que otra los sienta. — coloquial
II (De *Cello*, marca registrada.) Cinta transparente, adhesiva por uno de sus lados. — s.m. / tb: cello

celo- Componente de palabra procedente del gr. *koilos*, que significa hueco, vacío: *celomado.* — pref. / tb: cel-

celofán (Del fr. *Cellophane*.) Papel flexible y transparente, hecho de viscosa y usado para envolver objetos y preservarlos de la humedad o para su buena presentación. — s.m. / = papel celofán

celoidina Preparación que se aplica a los papeles fotográficos para hacerlos sensibles a la luz. — s.f. FOTOGRAFÍA

celoma Cavidad interna del cuerpo del hombre y de algunos grupos de animales que contiene las vísceras. — s.m. ANATOMÍA

celomado, a Se aplica al animal que tiene celoma. — adj/s./ZOOLOGÍA

celosía Estructura de barras metálicas o listones de madera entrecruzados, que se pone en las ventanas o balcones, por el que se puede ver sin ser visto. — s.f. CONSTRUCCIÓN / = enrejado

celoso, a
1 Que tiene celos: *tiene un marido celoso.* — adj.
2 Que hace las cosas con celo o cuidado: *es celoso en el cumplimiento de su deber.* — = esmerado / + de, en
3 Que defiende con rigor sus derechos o sus propiedades: *es muy celoso de su intimidad.* — + de

4 Se aplica al barco que aguanta poca vela por falta de estabilidad. — NÁUTICA

celota (Del gr. *zelotes*.) Patriota judío, miembro de una secta religiosa y política que defendía, como única doctrina, la ley mosaica y la independencia nacional. — s.m.f./tb: zelote HISTORIA, RELIGIÓN

celotipia (Del lat. *zelotypia* < gr. *dselotypía*.) Pasión delirante de celos. — s.f. SIQUIATRÍA

celsitud (Del lat. *celsitudo*, elevación, grandeza < *celsus*, elevado.)
1 Excelencia, importancia de lo que es digno de elogios. — s.f. culto
2 Tratamiento similar al de alteza que se daba a las personas reales. — HISTORIA

celta
1 De un grupo de pueblos que hablaban una lengua indoeuropea y poblaron Europa occidental en los siglos VI-I a.J.C. — adj. HISTORIA / = céltico
2 Personal natural de uno de estos pueblos. — s.m.f.
3 Lengua de estos pueblos. — s.m./LINGÜÍSTICA

celtibérico, a
1 De un pueblo prerromano de lengua celta que habitó en la península Ibérica. — adj/s./HISTORIA / = celtíbero
2 Persona natural de este pueblo.
3 Se aplica a las personas, cosas, actitudes muy típicamente españolas, que excluyen lo foráneo. — despectivo / = carpetovetónico

celtíbero, a
1 Celtibérico [en todas sus acepciones.] — adj./HISTORIA / tb: celtíbero
2 Lengua primitiva del grupo celta de la familia indoeuropea, hablada por este pueblo. — s.m. LINGÜÍSTICA

céltico, a De los pueblos celtas. — adj./HISTORIA

celtismo
1 Teoría que considera que la lengua y cultura célticas son el origen de la mayoría de las lenguas y culturas modernas. — s.m. LINGÜÍSTICA
2 Dedicación al estudio de lo relativo a los celtas.
3 Tendencia de algunos arqueólogos a suponer célticos los monumentos megalíticos. — HISTORIA

celtista Persona dedicada al estudio de la lengua, literatura y culturas célticas. — s.m.f.

celtohispánico, a Que tiene relación con las manifestaciones de la cultura céltica en España. — adj/s. / = celtohispano

célula (Del lat. *cellula*, diminutivo de *cella*, celda.)
1 Unidad estructural, fisiológica y genética de los seres vivos que mantiene vida propia. — s.f. BIOLOGÍA
2 Pequeña celda, cavidad o seno.
3 Pequeño grupo de militantes o miembros de una organización: *ingresó en una célula masónica.*
4 Conjunto de las estructuras del ala y del fuselaje de un avión. — AERONÁUTICA
5 Recinto cerrado, estanco, utilizado para manipular y almacenar productos radiactivos. — FÍSICA NUCLEAR
6 célula de memoria: Unidad de memoria de un ordenador. — INFORMÁTICA
7 célula de paisaje vegetal: La constituida por un grupo de teselas o superficies homogéneas, por sus características climáticas, edáficas o topográficas: *un sector de dunas es una célula de paisaje vegetal.* — ECOLOGÍA, GEOGRAFÍA
8 célula fotoeléctrica: Dispositivo que permite transformar las variaciones de intensidad luminosa en las de una corriente eléctrica. — ELECTRICIDAD
9 célula huevo: La que resulta de la unión de un espermatozoide con un óvulo. — BIOLOGÍA / = cigoto
10 célula nerviosa: La diferenciada, con cuerpo celular y varias prolongaciones y que constituye la unidad funcional del sistema nervioso. — BIOLOGÍA / = neurona
11 célula sanguínea: Glóbulo blanco o glóbulo rojo. — BIOLOGÍA
12 célula solar: Dispositivo que convierte en electricidad una parte de la energía de radiación del sol. — FÍSICA / = fotopila

celular
1 De las células: *membrana celular.* — adj./BIOLOGÍA
2 Que está formado por células: *tejido celular.* — BIOLOGÍA
3 Se refiere a la cárcel que mantiene a los reclusos sistemáticamente incomunicados en celdas.

celulario, a Compuesto de muchas celdillas o células. — adj.

celulitis Inflamación del tejido conjuntivo subcutáneo, que suele producir rugosidad en la piel. — s.f./pl: celulitis MEDICINA

celulítico, a Que tiene relación con la celulitis: *zonas adiposas celulíticas.* — adj. MEDICINA

celuloide
1 Sustancia plástica, dura, casi transparente, muy elástica compuesta de piroxilina y alcanfor, usada en la industria. — s.m. QUÍMICA, INDUSTRIA
2 Cinta cinematográfica. — CINE
3 Arte e industria de la cinematografía. — CINE

celulosa
1 Sustancia orgánica que forma la pared de las células vegetales y se usa para fabricar papel, explosivos y otros productos. — s.f. BIOQUÍMICA

2 Denominación de la pasta de papel química. **QUÍMICA**

cementación
1 Acción y resultado de cementar, calentar un metal **s.f.**
en contacto con una materia en polvo o pasta. **METALURGIA**
2 Acción y efecto de rellenarse los huecos de una roca **GEOLOGÍA**
por precipitación de sustancias disueltas en agua.

cementar (Derivado de *cimiento*.)
1 Calentar un metal en contacto con una materia **v.tr.**
pulverulenta o pastosa. **METALURGIA**
2 Introducir barras de hierro en disoluciones de sales **METALURGIA**
de cobre para obtener metales.

cementera Fábrica o industria de cemento. **s.f./INDUSTRIA**

cementerio (Del lat. *coemeterium* < gr. *koimeterion*,
dormitorio < *koimao*, acostar.)
1 Terreno, generalmente cerrado, donde se entierran **s.m.**
los muertos: *descubrieron un cementerio celta bajo los ci-* **= camposanto**
mientos de la iglesia.
2 Lugar donde se encuentran muchos cadáveres de
animales o donde éstos van a morir.
3 Lugar donde hay poca animación: *este pueblo, en in-* **coloquial**
vierno, es un cementerio.
4 **cementerio de automóviles:** Sitio donde se acumulan los coches destinados al desguace.
5 **cementerio nuclear:** Lugar donde se almacenan
residuos radiactivos.

cementero, a Relativo al cemento. **adj.**

cementista
1 Que fabrica o utiliza cemento. **adj/s.m.f.**
2 Se refiere al obrero especialista en trabajos realiza- **CONSTRUCCIÓN**
dos con cemento o a base de hormigón armado.

cemento (Del lat. *caementum*, argamasa.)
1 Sustancia pulverulenta muy usada en la construc- **s.m.**
ción que, mezclada con agua, forma una pasta blan- **CONSTRUCCIÓN**
da que se endurece en contacto con el aire.
2 Sustancia usada para cementar una pieza de metal. **METALURGIA**
3 Masa mineral que une los fragmentos o arenas de **GEOLOGÍA**
que se componen algunas rocas. **tb: cimento**
4 Tejido óseo que cubre el marfil en la raíz de los **ANATOMÍA**
dientes de los vertebrados.
5 **cemento armado:** El reforzado interiormente con **CONSTRUCCIÓN**
varillas de hierro. **= hormigón armado**
6 **cemento portland:** El hidráulico de color gris ver- **CONSTRUCCIÓN**
doso, llamado así por su color, parecido al de la pie-
dra de las canteras inglesas de Portland.

cemita Pan hecho con mezcla de salvado y harina. **s.f./Amér.**

cempasúchil Planta herbácea cuyas flores de color **s.m.**
amarillo o anaranjado se emplean como ofrenda a los **Méx.**
muertos. **BOTÁNICA**

cena (Del lat. *cena*, comida de las tres de la tarde.)
1 Comida que se toma al atardecer o por la noche: *es* **s.f.**
noche cerrada y aún no ha preparado la cena.
2 Alimentos que se consumen en esta comida.
3 Acción de cenar.
4 **santa cena:** La última que hizo Jesucristo con los **RELIGIÓN**
apóstoles la noche anterior a su pasión.

cenaaoscuras
1 Persona huraña: *es un cenaaoscuras, si puede pasa sin* **s.m.f.**
saludar. **pl: cenaaoscuras**
2 Persona que por tacañería se priva de las comodi- **despectivo**
dades normales.

cenacho (Del mozárabe *cennach*.) Cesta de una o dos **s.m.**
asas para llevar comestibles u otros productos. **= capacho**

cenáculo (Del lat. *caenaculum*, comedor.)
1 Reunión de artistas o de personas con aficiones **s.m.**
culturales y literarias.
2 Habitación en la que tuvo lugar, según el evange- **RELIGIÓN**
lio, la última cena.

cenador, a
1 Que cena o que acostumbra a cenar mucho. **adj/s.**
2 Espacio cercado en algunos jardines, generalmente **s.m.**
de planta circular, cubierto por plantas trepadoras, **tb: cenadero**
parras o árboles: *en el jardín había un cenador de estilo*
barroco muy hermoso.
2 Galería que hay en la planta baja de algunas casas **CONSTRUCCIÓN**
granadinas al lado del patio.

cenaduría Fonda en la que se sirven comidas, espe- **s.f.**
cialmente de noche. **Méx.**

cenagal
1 Sitio donde hay mucho cieno: *metió las ruedas trase-* **s.m.**
ras en un cenagal del que le costó salir. **= barrizal**
2 Situación difícil y apurada en que se encuentra una
persona: *por su ambición acabó en un cenagal.*

cenagoso, a Se aplica al terreno que tiene mucho **adj.**
cieno o barro. **= fangoso**

cenal (Probablemente del cat. *senal* < lat. *seni*, de seis **s.m.**
en seis.) Aparejo de poleas que llevan cierto tipo de **NÁUTICA**
embarcaciones para cargar la vela por alto.

cenar (Del lat. *cenare*.)
1 Tomar la cena, comida que se hace al atardecer o **v.intr.**
por la noche: *ayer cenaron en el barrio pesquero.*

2 Comer ciertos alimentos durante esta comida: *el* **v.tr.**
otro día cenamos pescado.

cenceño, a Que es delgado o de poca consistencia o **adj.**
espesor: *era cenceña y espigada.* **= enjuto**

cencerra Cencerro, campana pequeña. **s.f.**

cencerrada
1 Ruido de cencerros, cuernos y otros instrumentos: **s.f.**
la cencerrada precedía al rebaño. **coloquial**
2 Alboroto, barullo, desorden: *montaron tal cencerrada* **coloquial**
que les echaron del local.

cencerrear
1 Sonar o tocar cencerros insistentemente. **v.intr.**
2 Tocar un instrumento desafinado o hacerlo mal y **coloquial**
con poco arte: *su pasión es la guitarra, pero cencerrea.*
3 Hacer una cosa un ruido desagradable por no estar **coloquial**
bien sujeta o ajustada: *nos cambiaron las ventanas por-*
que cencerreaban.

cencerro (Voz onomatopéyica.)
1 Campana pequeña, cilíndrica y generalmente tosca **s.m./= campano,**
que se cuelga del pescuezo del ganado. **esquila**
2 **estar como un cencerro:** Estar loco o majareta: **coloquial**
está como un cencerro, con el frío que hace y sale sin cha- **despectiva**
queta.

cencerrón Racimo de uvas que queda sin recoger. **s.m./= redrojo**

cencha Bastidor de listones que liga a veces los pies **s.f.**
de los muebles para darles solidez.

cencido, a Se refiere a la hierba, campo o terreno **adj.**
que aún no ha sido pisado. **tb: sensido**

cencuate Serpiente toro, reptil colúbrido, especie de **s.m./Méx.**
culebra inofensiva de color amarillo o rojo con man- **ZOOLOGÍA**
chas oscuras. **tb: cincuate**

cendal
1 Tela de seda o lino, muy fina y transparente. **s.m./TEXTIL**
2 Paño litúrgico que utilizan los sacerdotes. **= humeral**
3 Barbas de la pluma.
4 Algodones que se ponían en el fondo del tintero. **s.m.pl.**
5 Desgarrón, jirón, andrajo. **s.m./Colomb.**

cendalí Que tiene relación con el cendal. **adj./pl.tb: cendalíes**

céndea (Derivado del lat. *centum*, ciento.) Conjunto **s.f.**
de varios pueblos o entidades administrativas inferiores que forman un ayuntamiento, en la organización
administrativa navarra.

cendra (Del cat. *cendra*, ceniza.)
1 Pasta compuesta por ceniza de huesos, usada para **s.f./METALURGIA**
preparar los recipientes para afinar el oro o la plata. **tb: cendrada**
2 **ser una persona vivo como una cendra:** Tener un **coloquial**
carácter muy despierto: *este niño es vivo como una cen-*
dra.

cendrada
1 Cendra, pasta compuesta por ceniza de huesos. **s.f./METALURGIA**
2 Capa de ceniza que se pone en el suelo del horno **METALURGIA**
de afinar la plata. **= cernada**

cendradilla Horno pequeño para purificar metales **s.f.**
preciosos. **MINERÍA**

cendrar (Del lat. *cinerare*, hacer ceniza.) Acendrar, **v.tr.**
purificar.

cenefa (Del ár. *sanifa*, borde del vestido.)
1 Banda o tira de adorno sobrepuesta o tejida en los **s.f.**
bordes de vestidos, cortinas, pañuelos u otras ropas:
remató las sábanas con una cenefa de motivos geométricos.
2 Dibujo de ornamentación cuyos elementos se repiten a lo largo de techos, muros o pisos: *adornó la pa-*
red con una cenefa de arabescos.
3 Lista central de las tres en que se divide vertical- **RELIGIÓN**
mente la casulla del sacerdote.
4 Madero grueso que rodea una cofa o en que termi- **NÁUTICA**
na y se apoya un armazón.

cenestesia Conjunto de sensaciones procedentes de **s.f.**
los órganos internos que proporcionan un conoci- **FISIOLOGÍA**
miento difuso más o menos consciente del estado ge- **tb: cinestesia**
neral y funcionamiento del propio cuerpo.

cenestopatía Percepción corporal dolorosa o moles- **SIQUIATRÍA**
ta sin base orgánica objetivable.

cení (Del ár. *sinni*, especie de cobre.) Especie de latón **s.m.**
muy fino. **pl.tb: ceníes**

cenia
1 Máquina hidráulica para elevar el agua y regar las **s.f./AGRICULTURA**
tierras. **= azud**
2 Huerto o jardín marroquí que se riega por medio
de esta máquina.

cenicero
1 Recipiente de formas y materiales diferentes, usado **s.m.**
para echar la ceniza y las colillas de los cigarros: *aun-*
que no fumaba, tenía la casa llena de ceniceros.
2 Parte o especie de bandeja del hogar, chimenea,
debajo de la rejilla, destinada a recoger la ceniza.

cenicienta (De *Cenicienta*, personaje literario.) Persona o cosa injustamente marginada o despreciada. — s.f.

ceniciento, a Que tiene un color parecido al de la ceniza: *el cielo ceniciento deslucía el paisaje.* — adj. = cenizoso

cenicilla Cenizo, hongo. — s.f./MICOLOGÍA

cenismo (Del gr. *koinismos* < *koinos*, común.) Mezcla de dialectos o variedades lingüísticas. — s.m. LINGÜÍSTICA

cenit (Del ár. *semt ar-ra's*, paraje de la cabeza.)
1 Momento de apogeo de alguien o de alguna cosa: *está en el cenit de su carrera; las investigaciones de aquel crimen estaban en su cenit.* — s.m.
2 Punto del hemisferio celeste situado en la vertical de un lugar de la Tierra o de un observador. — ASTRONOMÍA ≠ nadir

cenital Que tiene relación con el cenit: *anteojo cenital fotográfico; distancia cenital.* — adj./ASTRONOMÍA

ceniza (Del lat. vulgar *cinisia* < lat. *cinis*.)
1 Polvo de color gris claro que queda como resto de una cosa que se quema completamente. — s.f.
2 Oídio, enfermedad de las plantas. — BOTÁNICA
3 Restos de un cadáver: *sus cenizas fueron esparcidas en el mar.* — s.f.pl.
4 Símbolo de penitencia y de luto en el judaísmo y la iglesia católica ortodoxa. — s.f. RELIGIÓN
5 Mezcla de ceniza y cola con que se imprimen o preparan los lienzos para pintar. — ARTE, CONSTRUCCIÓN
6 **cenizas rojas:** Las de lignito, empleadas como abono. — AGRICULTURA
7 **poner a uno la ceniza en la frente:** Vencerle en alguna habilidad o convencerle en alguna disputa. — coloquial
8 **reducir a cenizas o convertir en cenizas:** Destruir una cosa completamente, desintegrarla: *el ejército redujo a cenizas la mayor parte del pueblo.*
9 **remover las cenizas:** Volver sobre el pasado, recordarlo: *en su reencuentro no quisieron remover las cenizas de su historia amorosa.*

cenizo, a
1 Que tiene un color parecido al de la ceniza. — adj./= ceniciento
2 Persona que tiene o trae mala suerte, gafe: *era un cenizo en todas sus cosas.* — s. coloquial
3 Mala suerte: *nos trajo el cenizo a toda la familia.* — s.m./coloquial
4 Planta herbácea de tallo blanquecino y hojas verdes por el haz y cenicientas por el envés. (*Chenopodium album.*) — BOTÁNICA = ceñiglo
5 Oídio, enfermedad de la vid. — BOTÁNICA

cenobial Del monasterio: *en el templo había un silencio cenobial.* — adj.

cenobiarca Superior de un monasterio. — s.m./RELIGIÓN

cenobio (Del bajo lat. *coenobium* < gr. *koinobion* < *koinos*, común + *bios*, vida.) Monasterio, edificio donde vive una comunidad religiosa. — s.m. RELIGIÓN

cenobita
1 Monje que vive en comunidad. — s.m.f.
2 Persona que lleva una vida solitaria y apartada del trato con la gente.

cenotafio (Del lat. *cenotaphium* < gr. *kenos*, vacío + *taphos*, sepulcro.) Monumento funerario en el que no están los restos de la persona a quien se dedica. — s.m. ARQUITECTURA

cenote Manantial o gran depósito natural de agua situado a gran profundidad y que se alimenta de corrientes subterráneas: *los cenotes mayas de la península mexicana de Yucatán tenían carácter sagrado.* — s.m. Méx. GEOGRAFÍA

cenozoico, a (Del gr. *kainos*, nuevo + *zoon*, animal.) Se refiere al período geológico que comprende las eras terciaria y cuaternaria. — adj./s.m. GEOLOGÍA

cenozona Conjunto de capas con formaciones fósiles que constituyen una asociación natural. — s.f. GEOLOGÍA

censal
1 Del censo: *registro censal.* — adj./tb: censual
2 Obligación de pagar por un bien inmueble una pensión anual. — s.m./DERECHO = censo

censar
1 Hacer el censo de los habitantes de un lugar. — v.intr.
2 Incluir en un censo o padrón. — v.tr.

censido, a Que está gravado con censo. — adj./DERECHO

censista Persona que interviene en la confección y realización de un censo. — s.m.f.

censitario, a Relacionado con el censo: *sistema censitario electoral.* — adj. DERECHO

censo (Del lat. *census* < *censere*, evaluar.)
1 Lista oficial de los habitantes de una población o de los ciudadanos de un estado, así como de sus bienes y propiedades. — s.m. = padrón ESTADÍSTICA
2 Contrato por el que un propietario cede un inmueble a cambio del pago anual de una cantidad. — DERECHO = censal
3 Lista de personas y bienes que se realizaba entre los romanos. — HISTORIA
4 **censo electoral:** Lista formada por los ciudadanos con derecho a voto. — POLÍTICA

5 **censo irredimible:** Contrato en el que se acordaba que la propiedad inmueble no podría ser recuperada por su propietario. — DERECHO = censo muerto
6 **censo redimible:** Contrato para la cesión de un inmueble cuya duración depende del pago de una cantidad acordada. — DERECHO
7 **constituir un censo:** Establecerlo por un contrato sobre una finca. — DERECHO
8 **ser algo un censo:** Obligar a gastar continuamente: *los sobrinos eran para ella un censo.* — coloquial

censor, a (Del lat. *censor* < *censere*, evaluar.)
1 Se dice de la persona que critica las acciones de los demás: *se manifiesta como un duro censor con los políticos de la oposición.* — adj./s.
2 Funcionario encargado de examinar impresos, obras literarias, películas o las noticias destinadas a publicarse. — s.
3 Persona encargada de velar por el cumplimiento de los estatutos, reglamentos y acuerdos en algunas corporaciones.
4 Magistrado encargado de formar el censo y velar sobre las costumbres de los ciudadanos, en la antigua Roma. — s.m. HISTORIA

censorio, a (Derivado de *censor*.) Del censor o de la censura. — adj. tb: censorino

censualista Persona que percibe una pensión por ceder un bien inmueble. — s.m.f. DERECHO

censuario, a Persona obligada a pagar un censo. — s.

censura (Del lat. *censura*.)
1 Acción de criticar la conducta o comportamiento de los demás. — s.f.
2 Autoridad pública, institución o entidad cuyo cometido es controlar la libre manifestación de pensamientos, ideas o información aplicando un criterio ético, político o religioso: *durante el franquismo la censura actuó básicamente sobre los medios de comunicación.*
3 Murmuración o detracción.
4 Cargo y funciones del censor.
5 Vigilancia que ejercen el yo y el superyó sobre el ello con el fin de mantener el equilibrio síquico. — SICOLOGÍA
6 Medida disciplinaria o pena eclesiástica impuesta por algún delito según los cánones. — RELIGIÓN, DERECHO
7 Dignidad de censor, magistrado, en la antigua Roma. — HISTORIA

censurable Que puede ser censurado por considerarse grave: *su actuación se considera censurable.* — adj.

censurar (Derivado de *censura*.)
1 Mostrar una persona su descontento, disconformidad o disgusto con la manera de ser u obrar de otra: *todos han censurado su comportamiento.* — v.tr.
2 Aplicar un control ético, político o religioso sobre algo o alguien: *censuraron todas sus publicaciones.*

censurista Persona propensa a censurar o reprender a los demás. — s.m.f.

centaura (Del lat. *centauria* < gr. *kentaurie*.)
1 Planta perenne compuesta, de tallo ramoso, hojas coriáceas y flores púrpuras. (*Centaurea scabiosa.*) — s.f./BOTÁNICA tb: centaurea
2 **centaura menor:** Planta de flores rosas o amarillas con propiedades medicinales. (*Erythraea centaurium.*) — BOTÁNICA

centauro (Del lat. *centaurus* < gr. *kentauros*.) Animal mitológico mitad hombre y mitad caballo. — s.m. MITOLOGÍA

centavo, a (Derivado de *ciento*.)
1 Se aplica a cada una de las cien partes en que puede dividirse un todo. — adj/s.m. = céntimo
2 Moneda que vale la centésima parte de la unidad monetaria de varios países: *el dólar, el sucre y el sol oro se dividen en centavos.* — s.m. ECONOMÍA

centella (Del lat. *scintilla*, chispa.)
1 Rayo o chispa eléctrica de poca intensidad: *cayeron algunas centellas de poca importancia.* — s.f.
2 Chispa o partícula incandescente: *se vieron centellas antes de propagarse el fuego.*
3 **como una centella:** Con extraordinaria rapidez: *el vehículo corre como una centella.* — loc.adv.

centelleador Compuesto o mezcla que emite luz al paso de una partícula cargada o ionizante. — s.m. FÍSICA

centelleante Que brilla o centellea: *sus ojos centelleantes de rabia; partículas centelleantes.* — adj.

centellear (Derivado de *centella*.) Despedir una cosa destellos: *los relámpagos centellearon durante toda la noche; sus ojos centelleaban en la oscuridad.* — v.intr. tb: centellar = cintilar

centelleo
1 Acción y resultado de centellear, despedir destellos: *en sus pupilas brillaban unos centelleos apasionados.* — s.m.
2 Fenómeno producido en la televisión o cualquier pantalla al reproducirse las imágenes a menor velocidad de la necesaria, de modo que existe entre ellas una pausa pequeña, pero visible. — AUDIOVISUALES

centena (Derivado de *ciento*.) Conjunto de cien unidades: *el próximo año se inicia una nueva centena.* — s.f./= centenada, centenar, ciento

centenal Tierra sembrada de centeno. — s.m./tb: centenar

centenar
1 Centena, conjunto de cien unidades. — s.m.
2 Tierra sembrada de centeno. — th: centenal
3 **a centenares:** En abundancia, en gran cantidad: — loc.adv.
acudieron curiosos a centenares.

centenario, a (Del lat. *centenarius.*)
1 De la centena. — adj.
2 Que tiene cien años o más. — adj/s.
3 Período de cien años. — s.m./= siglo
4 Fecha en que un suceso cumple uno o más centenares de años y ceremonia con la que se celebra: *se ha celebrado el segundo centenario de la muerte de Mozart.*
5 Fiesta con que se celebra.

centenaza Se aplica a la paja de centeno. — adj/s.f.

centenero, a Se aplica al terreno que es apropiado — adj.
para el cultivo del centeno. — AGRICULTURA

centeno, a
I (Del lat. *centum,* ciento.) Centésimo, que ocupa el — adj.num.
lugar número cien en una serie.
II (Del bajo lat. *centenum < centeni,* de cien en cien,
por lo prolífico de este grano.)
1 Planta gramínea anual, parecida al trigo, de tallo — s.m.
delgado y flexible, hojas estrechas y ásperas y espiga — BOTÁNICA
larga y delgada, con granos oblongos y puntiagudos
por un extremo. *(Secale cereale.)*
2 Grano de esta planta usado en la alimentación del — BOTÁNICA
ganado y, también, de personas.

centesimal
1 Que está dividido en cien partes. — adj.
2 De la centésima parte.

centésimo, a (Del lat. *centesimus.*)
1 Que ocupa el lugar número cien en una serie. — adj.num.
2 Se aplica a cada una de las partes que resulta de di- — adj/s.
vidir una cosa en cien iguales.
3 Centésima parte de la unidad monetaria en algunos — s.m.
países. — = centavo, céntimo

-centesis Componente de palabra procedente del gr. — suf.
kentesis, que significa picadura: *paracentesis, toracocen-
tesis.*

centi- Componente de palabra procedente del lat. — pref.
centum, que significa cien o centésima parte: *centígrado; centilitro.*

centiárea Medida de superficie que corresponde a la — s.f.
centésima parte de un área y equivale a un metro
cuadrado.

centígrado, a
1 Que está dividido en cien grados: *me tomó la tempe-* — adj.
ratura con un termómetro centígrado; escala centígrada.
2 Centésima parte del grado, unidad del ángulo. — s.m./GEOMETRÍA

centigramo Centésima parte de un gramo. — s.m.

centila Centésima parte de un conjunto de datos de — s.f.
un orden determinado. — ESTADÍSTICA

centilitro Centésima parte de un litro. — s.m.

centillero (Derivado de *centella.*) Candelabro de siete — s.m.
luces, que se usa en la ceremonia católica de la expo- — RELIGIÓN
sición del Santísimo Sacramento.

centiloquio (Del lat. *centum,* ciento + *loqui,* hablar.) — s.m.
Obra literaria dividida en cien partes, tratados o do- — LITERATURA
cumentos.

centimano (Del lat. *centimanus.*) Se aplica al persona- — adj./MITOLOGÍA
je mitológico que tiene cien manos. — th: centímano

centímetro
1 Centésima parte de un metro. — s.m.
2 **centímetro cuadrado:** Medida de superficie que
corresponde a un cuadrado de un centímetro de lado.
3 **centímetro cúbico:** Medida de volumen correspondiente a un cubo de un centímetro de lado.

céntimo, a (Del fr. *centime < lat. centesimus.*)
1 Se aplica a cada una de las partes que resulta de di- — adj.
vidir una cosa en cien iguales. — = centésimo
2 Moneda que vale una centésima parte de una uni- — s.m./ECONOMÍA
dad monetaria. — = centavo
3 **no tener ni un céntimo:** Estar sin dinero: *su situa-* — coloquial
ción económica es delicada, no tiene ni un céntimo.
4 **sin un céntimo:** Sin dinero: *tendrás que hacerme un* — coloquial
préstamo, estoy sin un céntimo.

centinela (Del ital. *sentinella.*)
1 Soldado que vigila un puesto. — s.m.f./MILITAR
2 Persona que está observando o vigilando alguna — s.m.f.
cosa.
3 **estar o hacer de centinela:** Permanecer el soldado — MILITAR
guardando un puesto durante un período de tiempo
determinado.

centinodia (Del lat. *centinodia < centum,* ciento + *no-* — s.f.
dus, nudo.) Planta poligonácea de tallo cilíndrico — BOTÁNICA
nudoso y muy ramificado. *(Polygonum aviculare.)* — = correhuela

centiplicado, a Que ha sido aumentado cien veces: — adj.
la partida de subvenciones ha quedado centiplicada. — th: centuplicado

centipondio (Del lat. *centum,* ciento + *pondus,* peso.) — s.m.
Quintal, medida de peso.

centollo Crustáceo del grupo de los cangrejos de — s.m.
mar, grande, de trece a quince centímetros, con el ca- — ZOOLOGÍA
parazón peludo y espinoso y de carne muy aprecia- — th: centolla
da. *(Maia squinado.)*

centón (Del lat. *cento, -onis,* paño lleno de remiendos.)
1 Manta hecha con retales de telas diferentes. — s.m.
2 Obra literaria compuesta principalmente de senten- — LITERATURA
cias y expresiones ajenas.

centonar
1 Poner desordenadamente varias cosas juntas: *cento-* — v.tr.
nó libros y papeles encima de la mesa. — = amontonar
2 Escribir una obra literaria con fragmentos de otras: — LITERATURA
centonó un libro de poemas.

centrado, a
1 Que tiene su centro correctamente colocado en la — adj.
posición que debe ocupar: *¿está la página bien centrada en la máquina?*
2 Que está muy pendiente de una actividad y la rea- — = concentrado
liza con éxito: *está muy centrado en los estudios.* — + en
3 Se aplica a la persona que está equilibrada o integrada: *ya está nuevamente centrado después de la crisis.*

central (Derivado de *centro.*)
1 Del centro: *el gobierno central.* — adj.
2 Que está en el centro: *andén central de la estación.*
3 Que es lo más importante: *expuso la idea central.* — = fundamental
4 Que tiene un dispositivo que centraliza el funcionamiento: *dispone de calefacción central.*
5 Se refiere a la oficina u organismo donde están reu- — adj/s.f.
nidos los órganos principales de decisión y dirección
de una empresa, organización o servicio público: *la
oficina central de la empresa está en Barcelona.*
6 Conjunto de instalaciones industriales dedicadas a — s.f.
la producción de energía o a su transformación: *tra-* — TECNOLOGÍA
baja en una central eléctrica.
7 Jugador que, en el fútbol y otros deportes de equi- — s.m.f.
po, juega en el centro de la defensa o de la delantera. — DEPORTES
8 **central eólica:** La que aprovecha la energía de los — ELECTRICIDAD,
vientos. — TECNOLOGÍA
9 **central geotérmica:** La que utiliza la energía térmi- — ELECTRICIDAD,
ca procedente del subsuelo, generalmente de fumaro- — TECNOLOGÍA
las y manantiales calientes.
10 **central hidroeléctrica:** La que aprovecha la ener- — ELECTRICIDAD,
gía de una masa de agua que cae sobre una turbina — TECNOLOGÍA
hidráulica y la acciona.
11 **central maremotriz:** La que aprovecha la energía — ELECTRICIDAD,
de las mareas. — TECNOLOGÍA
12 **central maretérmica:** La que utiliza la energía — ELECTRICIDAD,
térmica de los mares o de otras grandes masas de — TECNOLOGÍA
agua.
13 **central nuclear:** La que produce electricidad a — ELECTRICIDAD,
partir del calor desprendido en la fisión nuclear. — TECNOLOGÍA
14 **central solar:** La que aprovecha la energía del sol. — TECNOLOGÍA
15 **central telefónica:** Estación en la que concurren — TELECOMUNICA-
los circuitos telefónicos y en la que se efectúan las — CIONES
operaciones necesarias para que se establezca comunicación entre ellos.

centralismo Sistema político o administrativo en el — s.m.
que todas las funciones de gobierno se concentran en — POLÍTICA
un poder central y único.

centralista
1 Del centralismo: *tendencia centralista.* — adj./POLÍTICA
2 Partidario de la concentración del poder. — s.m.f./POLÍTICA
3 Persona que está encargada de una red de comuni- — TELECOMUNICA-
caciones, en especial, de una centralita telefónica. — CIONES
4 Propietario de un ingenio azucarero. — P. Rico

centralita Aparato que conecta con diversos teléfo- — s.f.
nos interiores de un mismo edificio o instalación y — TELECOMUNICA-
lugar donde se ubica. — CIONES

centralización
1 Acción y resultado de centralizar o centralizarse. — s.f./= concentración
2 **centralización urbana:** Concentración de habitan- — SOCIOLOGÍA
tes, industrias o comercio en áreas urbanas.

centralizar
1 Reunir varias cosas en un centro común o bajo una — v.tr/prnl.
única dirección: *la gestión comercial se ha centralizado* — conj: cazar
en el nuevo edificio.
2 Asumir el poder público central una facultad que — v.tr.
antes tenía un organismo local o regional. — POLÍTICA

centrar
1 Poner una cosa de modo que su centro coincida — v.tr.
con un punto determinado. — th: encentrar
2 Dirigir las acciones hacia un objetivo: *es preciso centrar la conversación sobre las competencias autonómicas.*
3 Hacer que varias cosas se dirijan a un punto determinado: *centrar los focos de luz.*
4 Dirigir el cazador el arma hacia la pieza de modo — CAZA
que ésta quede en el centro de mira.
5 Atraer una persona la atención o el interés de
otras: *ella centra todas las miradas de los chicos.*

6 Lanzar un jugador el balón hacia la parte central del terreno. — *v.intr/tr.* *DEPORTES*

7 Cualquier lanzamiento que un jugador de fútbol realiza a un compañero. — *DEPORTES*

8 Sentirse una persona cómoda y segura en un lugar, ambiente o situación: *todavía no se ha centrado en las tareas que le han asignado.* — *v.prnl.*

centri- Componente de palabra procedente del lat. *centrum* y que significa centro: *centrífugo; hipocentro.* — *pref/suf.* *th: centro-*

céntrico, a Que es o está en el centro: *hemos cenado en un restaurante muy céntrico.* — *adj.*

centrifugado Operación de centrifugar: *se estropeó la lavadora y ya no realiza el centrifugado.* — *s.m.* *= centrifugación*

centrifugador, a Se refiere al aparato que seca sustancias o separa componentes de una masa o mezcla, aprovechando la fuerza centrífuga: *máquina centrifugadora.* — *adj/s.* *TECNOLOGÍA*

centrifugar Someter una cosa a la fuerza centrífuga para sacarla o separar los componentes que la forman: *centrifugar la ropa en la lavadora.* — *v.tr.* *conj: pagar*

centrífugo, a (Del lat. *centrum*, centro + *fugere*, huir.)
1 Se aplica a la fuerza que tiende a alejar un cuerpo del centro: *algunas atracciones realizan movimientos centrífugos.* — *adj/s.f.* *FÍSICA* *≠ centrípeto*
2 Que se obtiene por centrifugación.

centrina (Del gr. *kentron*, aguijón.) Pez marino, del grupo de los tiburones, de tamaño mediano, color gris y aletas dorsales cruzadas por fuertes espinas. *(Oxynotus centrina.)* — *s.f.* *ZOOLOGÍA* *th: centrino*

centríolo Parte central de un centrosoma. — *s.m./BIOLOGÍA*

centrípeto, a (Del lat. *centrum*, centro + *petere*, dirigirse a.) Se aplica a la fuerza que atrae o impele hacia el centro. — *adj/s.f.* *FÍSICA* *≠ centrífugo*

centrisco Pez de rostro largo fusiforme y con una espina en el dorso. *(Centriscus.)* — *s.m.* *ZOOLOGÍA*

centrismo Doctrina y actitud políticas propias de los partidos de centro, y cuya ideología está entre la derecha y la izquierda. — *s.m.* *POLÍTICA*

centrista
1 Del centrismo. — *adj./POLÍTICA*
2 Que es partidario del centrismo, o de una política o de una ideología propias de un partido de centro. — *adj/s.m.f.* *POLÍTICA*

centro (Del lat. *centrum* < gr. *kentron*, aguijón, punta del compás.)
1 Punto equidistante de los demás de una circunferencia o esfera, y de intersección de las diagonales en los polígonos, poliedros, líneas y superficies curvas. — *s.m.* *GEOMETRÍA*
2 Punto o lugar que está en medio o más alejado de los límites, orillas, fronteras o extremos de cualquier cosa: *la mesa está en el centro de la sala.*
3 Zona más concurrida, donde se suele concentrar la actividad comercial y burocrática en una población: *viven en el centro.*
4 Lugar en que se concentra o es más intensa que en otros cierta actividad: *se citaron en el centro comercial.*
5 Punto de donde parten ciertas cosas: *centro nervioso.*
6 Persona, lugar o cosa que destaca por su importancia: *la Meca es el centro del islamismo.*
7 Persona, acción o cosa que recibe muestras de interés o atención: *es el centro de todas las miradas.*
8 Asociación de personas que se reúnen para conversar, jugar o celebrar actos culturales: *fue uno de los socios fundadores del centro gallego.*
9 Establecimiento, organismo o institución con fines culturales, sanitarios o benéficos: *donó sus ganancias a un centro docente.*
10 Tendencia, partido o agrupación política cuya ideología está entre la de la derecha y la de la izquierda. — *POLÍTICA*
11 Lanzamiento de la pelota desde un extremo del campo de fútbol a otro jugador situado en la zona central del terreno de juego. — *DEPORTES*
12 Conjunto formado por chaleco, pantalón y camisa. — *Cuba* *Hond.*
13 Chaleco, prenda de vestir. — *Hond.*
14 centro de cálculo: Lugar con instalaciones de ordenadores, normalmente conectados en red, para el uso de varios usuarios. — *INFORMÁTICA*
15 centro de gravedad: Punto de un cuerpo donde la fuerza de gravedad ejerce su atracción. — *FÍSICA*
16 centro de mesa: Vasija artística que se usa para decorar las mesas.
17 centro de planificación familiar: Establecimiento para el asesoramiento y atención de mujeres en edad de procrear, sobre los métodos anticonceptivos o preventivos.
18 centro nervioso: Parte del sistema nervioso donde se integran los impulsos nerviosos sensitivos y se originan las respuestas fisiológicas adecuadas. — *MEDICINA, ANATOMÍA*
19 centro óptico: El de una lente por el que pasan los rayos luminosos sin sufrir ninguna desviación. — *FÍSICA*

centroafricano, a
1 De África central o de la República Centroafricana. — *adj.*

2 Persona natural de este territorio o estado. — *s.*

centroamericano, a
1 De América central. — *adj.*
2 Persona natural de este territorio. — *s.*

centrobárico, a (Del gr. *kentron*, aguijón, punta del compás + *baros*, pesadez.) Que tiene relación con el centro de gravedad. — *adj.* *FÍSICA*

centrocampista Jugador de un equipo deportivo situado en el centro del campo. — *s.m.f./DEPORTES* *= medio*

centroeuropeo, a
1 De los países de Europa central. — *adj.*
2 Persona natural de estos países. — *s.*

centrosoma Corpúsculo celular formado por protoplasma, en cuyo interior se encuentra el centríolo. — *s.m.* *BIOLOGÍA*

centunviro (Del lat. *centumvir*.) Ciudadano de la antigua Roma que ayudaba al pretor urbano en los juicios sobre asuntos civiles. — *s.m.* *HISTORIA*

centuplicar (Del lat. *centuplicare* < *centum*, ciento + *plicare*, doblar.)
1 Hacer una cosa cien veces mayor o mucho más grande: *la producción se centuplicó la pasada década.* — *v.tr/prnl.* *conj: sacar*
2 Multiplicar una cifra o cantidad por cien. — *v.tr./MATEMÁTICAS*

céntuplo, a (Del lat. *centuplus*.) Se aplica al número que contiene exactamente a otro cien veces. — *adj/s.m.* *MATEMÁTICAS*

centuria (Del lat. *centuria*.)
1 Período de cien años. — *s.f./= siglo*
2 Compañía de cien hombres en la milicia de la antigua Roma. — *HISTORIA, MILITAR*

centurión (Del lat. *centurio* < *centum*, cien.) Jefe de una centuria en la antigua Roma. — *s.m./HISTORIA, MILITAR*

centzon- Componente de palabra de origen náhuatl para la formación de numerosos antropónimos de la mitología azteca, que significa cuatrocientos o innumerables. — *pref/suf.*

cenuro (Del gr. *koinos*, común + *oura*, cola.) Gusano parasitario del ganado causante de la enfermedad llamada modorra. *(Multiceps.)* — *s.m.* *ZOOLOGÍA*

cénzalo Mosquito común, insecto. — *s.m./ZOOLOGÍA*

cenzontle Ave parecida al mirlo, pero más esbelta, de color gris pardo, cuyo torso abarca una extensa gama de sonidos y es capaz de imitar el canto de otras. *(Mimus polyglotus.)* — *s.m./Méx.* *ZOOLOGÍA* *th: cenzonte* *= sensonte*

ceñideras Prenda de tela fuerte usada por algunos trabajadores para cubrir y proteger los pantalones. — *s.f.pl.*

ceñido, a
1 Que se ciñe o ajusta: *lleva un vestido muy ceñido.* — *adj./= apretado*
2 Se aplica al insecto que tiene muy señalada la división entre el tórax y el abdomen: *la mosca, la hormiga y la abeja son insectos ceñidos.* — *ZOOLOGÍA*

ceñidor Prenda, a modo de faja, que ciñe la cintura. — *s.m.*

ceñiglo Cenizo, planta herbácea. — *s.m./BOTÁNICA*

ceñir (Del lat. *cingere*.)
1 Poner una cosa alrededor de otra de modo que la ajuste: *el cinturón te ciñe el talle.* — *v.tr.*
2 Rodear completamente una cosa a otra.
3 Navegar una embarcación de modo que la quilla forme el ángulo menor posible con la dirección del viento. — *NÁUTICA*
4 Moderarse en los gastos, amoldarse a lo que se tiene: *se ciñó al presupuesto hasta final de mes.* — *v.prnl.* *+ a*
5 Mantenerse dentro de unos límites determinados al hacer o decir una cosa: *se ciñó a lo que le preguntaban.* — *+ a* *= atenerse*
CONJ.: IND.: PRES.: *ciño, ciñes, ciñe, ceñimos, ceñís, ciñen.* **PRET. INDEF.:** *ceñí, ceñiste, ciñó, ceñimos, ceñisteis, ciñeron.* **SUBJ.: PRES.:** *ciña, ciñas, ciña, ciñamos, ciñáis, ciñan.* **PRET. IMPERF.:** *ciñera o ciñese, ciñeras o ciñeses, ciñera o ciñese, ciñéramos o ciñésemos, ciñerais o ciñeseis, ciñeran o ciñesen.* **FUTUR. IMPERF.:** *ciñere, ciñeres, ciñere, ciñéremos, ciñereis, ciñeren.* **IMP.:** *ciñe, ciña, ciñamos, ceñid, ciñan.* **GERUND.:** *ciñendo.*

ceño
I (Del lat. *cingulus*, cinturón.)
1 Aro que ajusta alguna cosa. — *s.m.*
2 Especie de cerco elevado que suele formarse en la tapa del casco a las caballerías. — *VETERINARIA* *= cincho*
II (Del bajo lat. *cinnus*, señal que se hace con los ojos.)
1 Demostración de enfado que se hace arrugando el entrecejo o la frente: *su padre se mostró con él antipático y con el ceño fruncido.* — *s.m.*
2 Aspecto desagradable o amenazador que toman ciertas cosas o asuntos: *volvimos porque nos asustó el ceño del cielo.*
3 Espacio entre ceja y ceja. — *= entrecejo*

ceñudo, a
1 Que tiene cara de enfado. — *adj.*
2 Que tiene aspecto amenazador. — *coloquial*

ceo (Del lat. *zaeus* < gr. *zaios*.) Gallo, pez marino. — *s.m./ZOOLOGÍA*

cepa (Derivado de *cepo*.)
1 Parte del tronco de un árbol o planta que está bajo tierra y unido a las raíces. — s.f. BOTÁNICA
2 Tronco o parte gruesa de la raíz de la vid, y la planta entera: *tuvieron que arrancar todas las cepas a causa de la plaga.* — BOTÁNICA
3 Tronco u origen de una familia o linaje.
4 Parte del machón que sostiene un arco o un puente desde el suelo a la imposta. — CONSTRUCCIÓN
5 **cepa virgen:** Vid silvestre. — BOTÁNICA
6 **de buena cepa:** De buen origen o calidad: *confía en ellos porque son de buena cepa.* — loc.adj.
7 **de pura cepa:** Auténtico, con las características propias de una clase: *la hospitalidad es una costumbre de pura cepa española; madrileño de pura cepa.*

cepeda Terreno donde abundan matas de cuyas cepas se hace carbón. — s.f. tb: cepera

cepejón Raíz gruesa y muy desarrollada. — s.m./BOTÁNICA

cepellón Tierra que se deja adherida a las raíces de los vegetales para trasplantarlos. — s.m. AGRICULTURA

cepillado Acción y resultado de cepillar: *antes de acostarse da un cepillado a la melena; cepillado de una superficie.* — s.m.

cepilladura
1 Acción de cepillar una cosa o superficie. — s.f./tb: acepilladura
2 Viruta que se desprende de la materia cepillada.

cepillar (Derivado de *cepillo*.)
1 Limpiar el polvo o la suciedad con un cepillo. — v.tr./tb: acepillar
2 Desenredar y peinar el cabello.
3 Pasar el cepillo por una superficie para alisarla y pulirla: *cepillar los cantos de la puerta.* — CARPINTERÍA
4 Quitar todo el dinero a una persona: *cepilló a Luis en la primera partida.* — coloquial = desplumar
5 Alabar a una persona con fines interesados: *cepillaba a su tía para que le comprara un regalo.* — coloquial = adular
6 Declarar a una persona no apta en un examen: *se lo cepillaron en matemáticas.* — v.tr/prnl. coloquial
7 Matar a una persona con alevosía o premeditación: *al final de la película se cepillan al protagonista.* — v.prnl. coloquial
8 Tener una relación sexual con alguien. — vulgar
9 Hacer que la trayectoria del balón se desvíe ligeramente con la cabeza o la bota. — v.tr. DEPORTES

cepillo
1 Instrumento formado por filamentos o cerdas sujetos a un soporte que sirve para alisar o limpiar una superficie: *cepillo de dientes.* — s.m.
2 Utensilio de carpintero que se usa para alisar y pulir las maderas. — CARPINTERÍA = garlopa
3 Cajón o arquilla para echar las limosnas o las donaciones, generalmente en las iglesias: *el cepillo está lleno de calderilla.* — = cepo
4 **cepillo bocel:** El que se usa para hacer ranuras. — CARPINTERÍA
5 **a cepillo:** Se aplica al corte de pelo en que los cabellos quedan muy cortos y erizados. — loc.adj.
6 **pasar el cepillo a una persona:** Adularla, halagarla para conseguir algo de ella. — coloquial

cepo (Del lat. *cippus*, mojón.)
1 Trampa para cazar animales con un dispositivo que se cierra aprisionándolo cuando el animal lo toca. — s.m. CAZA
2 Engaño en que se hace caer a alguien. — = estratagema
3 Dispositivo para inmovilizar las ruedas de los coches que están mal estacionados.
4 Utensilio formado por dos maderas gruesos que al unirse dejan un agujero en el centro por donde se sujetaba el cuello o un miembro del condenado.
5 Utensilio formado por una o dos varillas de metal o madera con que se sujetan los periódicos y revistas en bares, cafés, clubs y otros lugares públicos.
6 Instrumento para devanar la seda antes de torcerla. — TEXTIL
7 Caja con una ranura para recoger limosnas o donativos. — = cepillo
8 Rama de árbol. — BOTÁNICA
9 Conjunto de dos vigas entre las que se sujetan otras piezas. — ARQUITECTURA
10 **cepo de ancla:** Pieza que se fija a la caña del ancla en sentido perpendicular a ella y al plano de los brazos, que sirve para que alguna de las uñas se clave en el fondo. — NÁUTICA

ceporro, a
1 Se aplica a la persona torpe e ignorante. — adj/s./coloquial
2 Cepa vieja que se arranca para usar como leña.
3 **dormir como un ceporro:** Dormir muy profundamente. — coloquial

cequí (Del ár. *sikki*.) Moneda árabe de oro acuñada en Italia a partir del siglo XIII, en circulación por los centros comerciales norteafricanos y mediterráneos. — s.m. HISTORIA

cequia (Del ár. *saqiya*.) Acequia, canal de agua. — s.f.

cer- Componente de palabra procedente del lat. *cera*, que significa cera. — pref. tb: cera-

cera- Componente de palabra procedente del gr. *keras*, que significa cuerno. — pref. tb: cerato-

---

cera (Del lat. *cera*.)
1 Sustancia sólida segregada por las abejas, de color amarillento, con la que construyen sus panales. — s.f.
2 Cualquier sustancia semejante a ésta.
3 Sustancia que se usa para abrillantar suelos, muebles y otras superficies.
4 Sustancia grasa segregada por ciertas glándulas del conducto auditivo. — = cerilla, cerumen
5 Conjunto de velas que se emplean en un lugar.
6 Sustancia producida por algunas plantas, muy parecida a la cera elaborada por las abejas. — BOTÁNICA
7 Membrana que rodea la base del pico de algunas aves, como las gallinas, las palomas y las rapaces. — ZOOLOGÍA
8 Conjunto de las casillas de un panal. — s.f.pl.
9 Mezcla de cera y otras sustancias con pigmentos o colores que se usa en forma de barra o lápiz para modelar o dibujar.
10 **cera virgen:** Aquella que está tal y como sale del panal.
11 **dar cera:** Golpear, pegar a alguien. — coloquial
12 **hacerse la cera:** Depilarse, utilizando una sustancia parecida a la cera de las abejas.
13 **no haber más cera que la que arde:** Indica que de cierta cosa no queda o no hay más que lo que está a la vista o se conoce. — coloquial
14 **sacar la cera:** Frotar el piso u otro objeto al que se ha aplicado cera, para darle brillo.
15 **ser como una cera:** Tener un carácter blando y dócil. — coloquial

ceracate Ágata de color similar al de la cera. — s.f./MINERALOGÍA

ceración Operación de fundir metales. — s.f./METALURGIA

cerafolio (Del lat. *caerefolium* < gr. *khairephyllon*.) Perifollo, planta herbácea. — s.m. BOTÁNICA

cerambícido, a Perteneciente a una familia de insectos coleópteros grandes, de antenas largas y colores brillantes. — adj/s.m. ZOOLOGÍA

cerámica (Del gr. *keramikos*, hecho de arcilla < *keramos*, arcilla.)
1 Arte de fabricar recipientes y otros objetos de barro, loza o porcelana. — s.f.
2 Conjunto de vasijas y otros objetos de barro, loza o porcelana: *me gusta la cerámica griega.*
3 Conocimiento científico desde el punto de vista arqueológico o artístico de estos objetos. — ARTE, HISTORIA
4 **cerámica excisa:** La hecha a mano con acanaladuras o excisiones geométricas realizadas sobre el barro fresco. — ARTE
5 **cerámica industrial:** Industria que fabrica productos y objetos cerámicos en serie. — INDUSTRIA

cerámico, a (Del gr. *keramikos* < *keramos*, arcilla.) De la cerámica o que tiene relación con ella. — adj.

ceramista Persona que fabrica o modela objetos de cerámica. — s.m.f.

ceramita (Derivado culto del gr. *keramos*, arcilla.)
1 Especie de piedra preciosa. — s.f./MINERALOGÍA
2 Ladrillo de resistencia superior a la del granito. — CONSTRUCCIÓN

cerapez Cerote, mezcla de cera y pez. — s.m./pl: cerapeces

cerasita (Del gr. *keras*, cuerno, por su dureza.) Mineral compuesto de silicato de alúmina y magnesio. — s.f. MINERALOGÍA

cerasta (Del lat. *cerasta* < gr. *kerastes* < *keras*, cuerno.) Reptil ofidio africano, muy venenoso, similar a una víbora pero con unos cuernecillos sobre los ojos. *(Cerastes cerastes.)* — s.m./ZOOLOGÍA tb: cerastas, ceraste

cerástide (Del gr. *kerastes*.) Insecto nocturno europeo, cuyas larvas roen las plantas herbáceas. *(Cerastides.)* — s.m. ZOOLOGÍA

ceratias (Del gr. *keratias*.) Cometa, astro del sistema solar, de dos colas. — s.m./pl: ceratias ASTRONOMÍA

cerato (Del lat. *ceratum*.) Sustancia compuesta de cera y aceite, sin resinas, usada en dermatología cosmética. — s.m./FARMACIA tb: ceroto

cerato- Componente de palabra procedente del gr. *keras, -atos,* que significa cuerno. — pref. tb: cera-

ceráuneo, a Del rayo: *brillo ceráuneo.* — adj./culto

cerauno- Componente de palabra procedente del gr. *keraunos,* que significa rayo: *ceraunómetro.* — pref.

ceraunología Parte de la meteorología que estudia el rayo y sus fenómenos. — s.f. FÍSICA

ceraunomancia (Del gr. *keraunos,* rayo + *manteia,* adivinación.) Adivinación por medio de la observación de las tempestades. — s.f. OCULTISMO tb: ceraunomancía

ceraunómetro (Del gr. *keraunos,* rayo + *metron,* medida.) Aparato para medir la intensidad de los relámpagos. — s.m. FÍSICA

cerbas Planta arbórea muy grande y corpulenta procedente de la India. — s.m./pl: cerbas BOTÁNICA

cerbatana (Del ár. vulgar *zerbatana*.)
1 Tubo o canuto para disparar dardos, bolas u otros objetos soplando por uno de los extremos. — s.f.
2 Pieza de artillería de pequeño calibre, usada en el siglo XV. — HISTORIA, MILITAR

3 Trompetilla para sordos.

cerbero (Del lat. *cerberus* < gr. *kerberos*.)
1 Cancerbero, animal mitológico. — **s.m./MITOLOGÍA**
2 Arbusto pequeño que tiene alguna variedad venenosa. *(Cerbera.)* — **BOTÁNICA**

cerbillera Pieza de la armadura, sin cresta ni visera, que cubría la cabeza. — **s.f./HISTORIA** = **capacete**

cerca
I (Del lat. *circus*, círculo.) Valla, tapia o muro con que se acota un terreno, finca o casa: *colocaron una cerca alrededor del jardín.* — **s.f.**
II (Del lat. *circa*, alrededor.)
1 En lugar o en tiempo próximo: *el metro está muy cerca del colegio; el verano está ya cerca.* — **adv.** ≠ **lejos**
2 **cerca de:** 1. Alrededor de, casi: *mide cerca de dos metros; vivió cerca de ochenta años.* 2. En lugar próximo. 3. A punto de suceder, de pasar lo que se indica: *han estado cerca de ganar el partido.* — **loc.adv.**
3 **de cerca:** A corta distancia, sin perder de vista: *a ese chico vigílalo de cerca.* — **loc.adv.**

cercado
1 Extensión de terreno delimitada por una cerca o valla: *las vacas pacen en un cercado fuera del pueblo.* — **s.m.**
2 Cerca o vallado: *es necesario reparar el cercado.*
3 División territorial que comprende la capital de un estado o provincia y los pueblos que dependen de ella: *el trazado de la panamericana afectó al cercado de Trujillo.* — **Perú**

cercador Utensilio consistente en un hierro sin corte, que se usa para dibujar contornos en una chapa delgada sin llegar a cortarla. — **s.m. ARTE**

cercanía
1 Proximidad de una cosa respecto a otra. — **s.f.**
2 Territorio cercano a un lugar o que lo rodea: *la fábrica está en las cercanías de la ciudad.* — = **inmediación, proximidad**

cercano, a
1 Que está cerca: *hemos paseado por un bosque cercano.* — **adj./= próximo**
2 Que es afín o semejante: *sus ideas son cercanas a las mías.*
3 Se aplica a la persona unida a otra por un vínculo familiar, amistoso, etc.: *somos parientes cercanos.*

cercar (Del bajo lat. *circare*, rodear.)
1 Poner una cerca alrededor de un terreno. — **v.tr./conj.: sacar**
2 Rodear una plaza o una fortaleza para atacarla o apoderarse de ella. — **MILITAR** = **asediar, sitiar**
3 Ponerse varias personas alrededor de otra: *una multitud de periodistas cercó a la actriz.* — = **rodear**

cercaria Larva con cola de algunos gusanos. — **s.f./ZOOLOGÍA**

cercén (Del lat. *ad circinum*, en círculo.) Se usa para indicar que algo se corta de raíz, enteramente o en redondo en la expresión **a cercén.** — **loc.adv. coloquial** th: **cercen**

cercenar (Del lat. *circinare*, redondear.)
1 Cortar las extremidades o extremos de una cosa. — **v.tr./= recortar**
2 Cortar una cosa por su base: *cercenar árboles.*
3 Disminuir una cosa: *la censura cercenó los párrafos más comprometidos de su artículo.* — = **acortar, reducir**

cerceta (De una variante del lat. vulgar *cercedula* < lat. *querquetula*.)
1 Ave anseriforme del tamaño de una paloma. *(Anas y Marmaronetta.)* — **s.f. ZOOLOGÍA**
2 Garceta, ave. — **ZOOLOGÍA**

cercha (Del fr. ant. *cerche*.)
1 Armazón empleado en la construcción de un arco o bóveda: *instalar las cerchas en la nave de la iglesia.* — **s.f./CONSTRUCCIÓN/= cimbra**
2 Listón o tabla curvada.
3 Aro de hierro de perfil determinado para diversos usos.

cerchado Operación consistente en encorvar las ramas flexibles de los árboles frutales y, especialmente, de la vid. — **s.m. AGRICULTURA**

cerchar (Derivado de *cercha*.)
1 Introducir el vástago de una vid en la tierra. — **v.tr./AGRICULTURA** = **curvar, combar**
2 Hacer que una tabla u otra cosa se curve.

cerchón Cercha, armazón para construir un arco. — **s.m./ARQUITECTURA**

cerciorar (Del bajo lat. *certiorare*.) Asegurar a una persona la verdad o certeza de una cosa: *se cercioró personalmente de los hechos ocurridos.* — **v.tr/prnl. + de**

cerclaje Operación quirúrgica que consiste en disminuir la abertura de un órgano mediante un hilo o en reunir con alambre los fragmentos óseos de una fractura para fijar su correcta posición. — **s.m. MEDICINA**

cerco (Del lat. *circus*, círculo.)
1 Lo que ciñe o rodea a una cosa: *un cerco de luz.* — **s.m.**
2 Aro que ciñe la cuba, la rueda de carro y otros objetos: *el traqueteo desencaja los cercos de la carreta.*
3 Cerca o valla que rodea un terreno. — = **vallado**
4 Asedio o sitio militar que se pone a una ciudad o plaza para conquistarla. — **MILITAR**
5 Corrillo, grupo de personas.

6 Halo, aureola del Sol y de la Luna. — **ASTRONOMÍA**
7 Marco de ventana fijado al muro o pared. — **CONSTRUCCIÓN**
8 **alzar o levantar el cerco:** Desistir del asedio de una plaza: *la ONU les persuadió de alzar el cerco.* — **MILITAR**
9 **poner cerco:** Sitiar un lugar.

cerco- Componente de palabra procedente del gr. *kerkos*, que significa cola: *cercopiteco, heterocerco.* — **pref/suf.**

cercopiteco Primate de pequeño tamaño, tronco ágil, rostro menudo y pulgar muy desarrollado. *(Cercopithecus.)* — **s.m. ZOOLOGÍA**

cercote Red para cercar a los peces. — **s.m./PESCA**

cerda (Del bajo lat. *cirra*, mechón de pelos < *cirrus*, rizo de cabellos.)
1 Cada uno de los pelos gruesos y duros que cubren el cuerpo de algunos animales, como el cerdo y jabalí, o algunas partes de otros, como la cola y cima del cuello de las caballerías. — **s.f. ANATOMÍA** th: **ceda**
2 Pelo de una brocha o de un cepillo: *las cerdas del pincel están inservibles.*
3 Hembra del cerdo. — **ZOOLOGÍA**
4 Tumor carbuncoso del cerdo que se le forma en las partes laterales del cuello. — **VETERINARIA**
5 Lazo de cerda para cazar perdices. — **CAZA**
6 Mies segada. — **AGRICULTURA**
7 Manojo pequeño de lino sin rastrillar. — **AGRICULTURA**

cerdada
1 Acto innoble o malintencionado contra una persona: *lo que le han hecho ha sido una cerdada.* — **s.f./vulgar** = **charranada**
2 Acto sucio o indecoroso: *con los graffitis la pared quedó hecha una cerdada.* — = **marranada**

cerdamen Manojo de cerdas preparadas para hacer brochas o cepillos. — **s.m.**

cerdear (Derivado de *cerda*.)
1 Moverse mal un animal por tener dañadas las patas delanteras. — **v.intr.**
2 Producir las cuerdas de un instrumento un sonido desagradable. — **MÚSICA**
3 Hacer una cosa a disgusto: *fue a hacerle la compra, aunque no paró de cerdear y protestar.* — **coloquial**
4 Obrar una persona con malicia: *no darse cuenta de que uno cerdea a sus espaldas.* — **coloquial**

cerdo, a
1 Mamífero doméstico, de cabeza grande y orejas caídas, hocico cilíndrico y patas cortas, del que se aprovecha, para el consumo, prácticamente todo. *(Sus.)* — **s./ZOOLOGÍA** = **cochino, puerco**
2 Persona desaliñada y sucia: *aquel cerdo llegó a la sala todo vestido de harapos y andrajos.* — **vulgar** = **guarro**
3 Persona grosera y maleducada. — **vulgar**
4 Carne de este animal. — **s.m.**
5 **cerdo blanco:** Variedad de este mamífero. — **ZOOLOGÍA**
6 **cerdo de Indias:** Cobaya, mamífero roedor. — **ZOOLOGÍA**
7 **cerdo de muerte:** Aquel que ya ha pasado del año y está en disposición de poderse matar.
8 **cerdo hormiguero:** Mamífero con el tronco muy tosco y cabeza estrecha y larga que acaba en una pequeña dilatación donde se ubican los orificios nasales. *(Orycteropus afer.)* — **ZOOLOGÍA**
9 **cerdo marino:** Marsopa, cetáceo marino. — **ZOOLOGÍA**
10 **cerdo negro:** Variedad inglesa de este mamífero, de gran talla, piel negra y bien adaptado al pastoreo. — **ZOOLOGÍA**

cerdoso, a
1 Que tiene cerdas o pelos recios: *jabalí cerdoso.* — **adj.**
2 Que es áspero como una cerda: *con filamento cerdoso hizo la cabellera de la estatua.* — = **rígido** ≠ **suave**

cerdudo, a
1 Se aplica al animal que tiene muchas cerdas o pelos gruesos y largos. — **adj.**
2 Se refiere al hombre que tiene en el pecho pelo fuerte y abundante: *para este papel buscan a un actor cerdudo.* — **coloquial** = **lampiño**

cereal (Del lat. *cerealis*, de la diosa Ceres.)
1 Se refiere a la planta gramínea cuyas semillas producen harina, como el trigo y el arroz: *los cereales constituyen la base de la alimentación en los países menos desarrollados.* — **adj/s.m. AGRICULTURA**
2 Semilla de estas plantas que se utiliza para el consumo: *nos ofrecieron tortitas de cereal.* — **s.m. AGRICULTURA**
3 Producto elaborado con las semillas de los cereales que se suelen consumir en el desayuno: *para contrarrestar el mal funcionamiento del intestino le aconsejó desayunar cereales.* — **COCINA** = **corn flakes**

cerealina (Derivado de *cereal*.) Enzima nitrogenado contenido en el salvado, que tiene la propiedad de sacarificar el almidón y alterar el gluten. — **s.f. BIOQUÍMICA**

cerealista
1 De la producción y el comercio de cereales: *importador cerealista.* — **adj.**
2 Persona que se dedica a las cuestiones referentes a los cereales. — **s.m.f.**

cerebelo (Del lat. *cerebellum.*) Parte menor del encéfalo que ocupa la parte inferior y posterior de la cavidad craneal y que se encarga de la coordinación de los movimientos. — s.m. ANATOMÍA

cerebración Proceso mental que es el resultado de la actividad cerebral. — s.f. SICOLOGÍA

cerebral (Derivado de *cerebro.*)
1 Del cerebro: *su actividad cerebral está desequilibrada y temen por su vida.* — adj.
2 Que se comporta con predominio de la actividad cerebral sobre la afectiva o la fisiológica: *es una persona muy cerebral.* — adj/s.m.f. SICOLOGÍA = secundario
3 Se aplica al sonido que se articula con la lengua elevada hacia los alveolos superiores o el paladar, de modo que los toque con el borde o cara inferiores de su ápice. — adj./LINGÜÍSTICA = cacuminal

cerebrina Medicamento antineurálgico compuesto de antipirina, cocaína y cafeína. — s.f. FARMACIA

cerebro (Del lat. *cerebrum.*)
1 Parte superior y anterior del encéfalo, que es el centro del sistema nervioso y está alojado en el cráneo. — s.m. ANATOMÍA
2 Talento, inteligencia, capacidad más o menos desarrollada de pensar: *este chico tiene un cerebro privilegiado.*
3 Persona que concibe o dirige un plan de acción: *es el cerebro del grupo.* — coloquial
4 Persona sobresaliente en actividades intelectuales: *es un cerebro para las matemáticas.* — coloquial
5 **cerebro electrónico:** Dispositivo electrónico capaz de efectuar determinadas operaciones sin la intervención humana directa. — INFORMÁTICA
6 **secar a una persona el cerebro:** Quedarse incapacitado para discurrir: *el alcohol le secó el cerebro.* — coloquial

cerebroespinal Del cerebro y la médula espinal. — adj./ANATOMÍA

cereceda Cerezal, terreno poblado de cerezos. — s.f.

cerecilla Guindilla, pimiento pequeño muy picante: *poner demasiada cerecilla en el guiso.* — s.f. BOTÁNICA

ceremonia (Del lat. *caeremonia,* práctica religiosa.)
1 Acto que se celebra con solemnidad y de acuerdo con ciertas normas establecidas: *celebraron la ceremonia en el consistorio.* — s.m.
2 Formalismo en la manera de comportarse: *no hace falta que actúes con tanta ceremonia.*
3 **de ceremonia:** Con solemnidad. — loc.adv.
4 **por ceremonia:** Por cumplido, por cortesía: *le felicitó el aniversario por simple ceremonia.* — loc.adv.

ceremonial (Derivado de *ceremonia.*)
1 Que tiene relación con la ceremonia: *su actitud ceremonial es absolutamente pedante.* — adj.
2 Conjunto de ritos y formalidades establecido para un acto público o solemne: *no observaron estrictamente el ceremonial.* — s.m.
3 Libro, cartel o tabla en que están escritas las normas que se deben observar en ciertos actos públicos: *el ceremonial católico.*

ceremonioso, a
1 Que acostumbra a comportarse con un formalismo exagerado: *se acercaron a la viuda con gravedad ceremoniosa.* — adj. = ceremoniero
2 Que respeta las ceremonias con rigor: *en un acto ceremonioso hicieron público el compromiso.* — = solemne

cereño, a Que tiene un color parecido al de la cera: *el ganador del concurso fue un galgo cereño.* — adj.

céreo, a (Del lat. *cereus.*) Que es de cera o se parece a ella: *las céreas nubes ocultarán la luz del sol.* — adj.

cerería Establecimiento donde se fabrica o vende cera. — s.f. COMERCIO

cerero, a Persona que labra o vende cera. — s.

ceresina Se aplica a la goma que se extrae del cerezo, del almendro y del ciruelo. — adj/s.f. BOTÁNICA

cerevisina Levadura de cerveza usada como medicina: *preparar una fórmula con cerevisina.* — s.f. FARMACIA

cereza (Del lat. vulgar *ceresia* < lat. *cerasium.*)
1 Fruto del cerezo, redondo, de unos dos centímetros de diámetro y de color rojo más o menos vivo u oscuro. — s.f. BOTÁNICA
2 Se aplica al color rojo oscuro: *el vestido es de un cereza intenso.* — adj/s.m.
3 Grado de incandescencia de algunos metales en el cual tienen un color rojo vivo o rojo cereza. — s.f. METALURGIA
4 Cáscara del grano de café: *separaron la cereza antes de meter el café en sacos.* — Amér. Central y Merid.
5 **cereza criolla:** Capulí, árbol rosáceo. — Colomb./BOTÁNICA
6 **cereza de alfiler:** Cerezo silvestre americano. (*Prunus pennsylvanicus.*) — BOTÁNICA
7 **cereza garrafal:** La que es de gran tamaño y pulpa muy consistente. — BOTÁNICA
8 **cereza gordal:** Variedad de la roja, rosada o blanca, de carne sólida y azucarada. — BOTÁNICA

9 **cereza picota:** Clase de cereza de gran tamaño, dura, con forma de pico en la parte opuesta al rabo, que se presenta sin rabo en el mercado. — BOTÁNICA
10 **cereza póntica:** Guinda, fruto del guindo. — BOTÁNICA

cerezal Terreno poblado de cerezos. — s.m./= cereceda

cerezo (Derivado de *cereza.*)
1 Árbol frutal rosáceo, de hoja caduca, flores grandes y blancas y fruto comestible. (*Prunus.*) — s.m. BOTÁNICA
2 Madera de este árbol, de color castaño y textura fina que es apreciada en ebanistería.
3 **cerezo aliso:** Arbusto o pequeño árbol rosáceo, de hoja caduca, aovada, flores pequeñas blancas y fruto en drupa pequeña, globosa y de sabor amargo que se cultiva también en jardines. (*Prunus padus.*) — BOTÁNICA
4 **cerezo de los hotentotes:** Celastro, planta arbustiva. — BOTÁNICA
5 **cerezo silvestre o merizo:** El que tiene frutos pequeños y negruzcos, con carne tierna, azucarada y un poco amarga. (*Prunus avium.*) — BOTÁNICA

cerífero, a (Del lat. *cera,* cera + *ferre,* llevar.) Que produce cera. — adj.

cerífica (Del lat. *cera,* cera + *facere,* hacer.) Se aplica a un tipo de pintura que se confecciona a partir de ceras de varios colores. — adj/s.f. ARTE

ceriflor
1 Planta de color verde azulado, con las hojas de color verde claro y flores amarillas. (*Cerinthe major.*) — s.f./BOTÁNICA = becoquino
2 Flor de esta planta. — BOTÁNICA

cerilla (Derivado de *cera.*)
1 Trozo alargado de madera, papel u otro material combustible con un extremo de fósforo que se prende por rozamiento y se usa para encender fuego: *llegó a tiempo de las cerillas para encender la fogata.* — s.f. tb: cerillo = fósforo, mixto
2 Cerumen de los oídos.
3 Vela de cera, muy delgada y larga.
4 Juego en que se pasa de mano en mano una cerilla encendida, para que pague la prenda el jugador a quien se le apaga. — tb: cerillo JUEGOS

cerillero, a Vendedor de tabaco y cerillas en cafés y otros establecimientos: *interpretó el papel de cerillera.* — s.

cerillo
1 Vela de cera muy delgada y larga. — s.m./= cerilla
2 Fósforo, cerilla.

cerina
1 Clase de cera que se extrae del alcornoque. — s.f.
2 Cerita, silicato de cerio, calcio y hierro. — MINERALOGÍA

cerio (Del nombre del planeta *Ceres,* descubierto a la vez que este metal.) Metal de color grisáceo, muy maleable, que se usa en medicina, óptica y electrónica. — s.m. QUÍMICA

ceriolario (Del bajo lat. *ceriolarius.*) Candelabro usado por los romanos. — s.m. HISTORIA

cerita (Derivado de *cerio.*) Silicato hidratado natural de calcio, hierro y cerio. — s.f. MINERALOGÍA

cermeña (Probablemente del bajo lat. *sarminia,* perifollo.) Fruto del cermeño, clase de pera pequeña y muy sabrosa. — s.f. BOTÁNICA

cermeño Variedad de peral, de hojas acorazonadas, cuyo fruto es la cermeña. — s.m. BOTÁNICA

cermet Mezcla de óxidos metálicos con materiales cerámicos, que conservan sus propiedades útiles a temperaturas muy elevadas. — s.m. METALURGIA

cernada (De un derivado del lat. *cinis,* ceniza.)
1 Mezcla de ceniza y cola usada para imprimir los lienzos para pintar al temple. — s.f. ARTE
2 Cataplasma compuesta de ceniza y otros ingredientes usada para curar a las caballerías. — VETERINARIA

cerne
1 Se aplica a lo sólido y fuerte. — adj.
2 Parte más dura y sana del tronco de un árbol, que se usa principalmente para construcciones de importancia. — s.m.

cernedera (Derivado de *cerner.*) Bastidor de madera que se coloca sobre la artesa para tamizar mejor la harina que sale de moler el grano. — s.f.

cernedero
1 Delantal usado para cerner la harina. — s.m.
2 Sitio donde se cierne o tamiza la harina.
3 **ponerse como un cernedero:** Ensuciarse, mancharse mucho: *se puso todo él como un cernedero.* — coloquial

cernedor, a
1 Persona que cierne o criba. — s.
2 Torno para cribar harina: *se estropeó el cernedor y tuvo que tamizarla con el cedazo.* — s.m.

cerneja (Del lat. *cerniculun,* separación de los cabellos < *cernere,* separar.) Mechón de pelo que tienen las caballerías detrás del menudillo de distinta longitud y grosor según las razas. — s.f.

cerner (Del lat. *cernere,* separar, distinguir.)
1 Separar con el cedazo las partes más gruesas de una materia reducida a polvo: *cerner la harina antes de amasar.* — v.tr. conj: tender = cribar

2 Mirar atentamente una cosa: *cernía desde allí el horizonte, escrudriñando las nubes.* = observar

3 Perfeccionar una idea o elaborar concienzudamente un proyecto: *cernía su discurso.* = afinar, depurar

4 Estar fecundándose la flor de la vid, el olivo, el trigo u otras plantas: *las cepas ciernen con el calor primaveral.* v.intr.

5 Caer una lluvia menuda y suave: *la lluvia cernía sobre el jardín.*

6 Existir un peligro para una persona o un pueblo: *se cernía sobre él la amenaza del destino.* v.prnl.

7 Mantenerse las aves en el aire moviendo las alas sin avanzar: *el águila se cernía sobre el despeñadero mostrando su majestuosidad.*

8 Mover una persona el cuerpo con afectación a uno y otro lado al andar: *se cernía por el pasillo intentando captar su atención.* = contonearse

cernícalo (Del lat. *cerniculum*, criba, cedazo, por el movimiento balanceante del ave en vuelo.)
1 Ave rapaz diurna, de pequeño tamaño, plumaje rojizo con manchas negras y reflejos azulados en la cabeza. s.m. ZOOLOGÍA = mochete
2 Persona despreciable por insociable y grosera: *por bruto y cernícalo lo despidió con cajas destempladas.* despectivo
3 coger o pillar un cernícalo: Embriagarse, emborracharse: *pilló un cernícalo de órdago.* coloquial

cernidillo (Derivado de *cerner.*)
1 Lluvia muy menuda. s.m.
2 Modo de andar con paso corto y contoneándose: *su cernidillo siempre le recordó a las gallinas.* coloquial

cernidor Máquina agrícola para cerner el producto de la molienda. s.m./AGRICULTURA tb: cernedor

cernir Cerner [en todas sus acepciones]. v.tr./conj: discernir

cerno Corazón de algunas maderas duras. s.m.

cero (Del ital. *zero* < bajo lat. *zephyrum* < ár. *sifr*, vacío, exento de cantidad.)
1 Ninguno, ni una sola persona o cosa: *la diferencia es de cero pesetas.* adj.indef.
2 Número cardinal sin valor propio: *si colocas un cero a la derecha, multiplicarás la cifra por diez.* s.m. MATEMÁTICAS
3 Punto desde el que se cuentan los grados o las fracciones en las escalas de los termómetros u otros aparatos semejantes. FÍSICA
4 cero absoluto: Temperatura físicamente inalcanzable en la que se anularía el movimiento de los átomos. FÍSICA
5 cero de los mapas: Punto a partir del cual se marca y determina la profundidad del mar. NÁUTICA
6 a cero: Sin que se haya marcado ningún gol en un partido de fútbol: *el encuentro terminó a cero.* loc.adv. DEPORTES
7 al cero: Indica que el cabello ha sido completamente rasurado: *se han cortado el pelo al cero para no pasar tanto calor.* coloquial
8 de o desde cero: Desde el principio o con pocos recursos: *creó un imperio desde cero, tan sólo con la ayuda de su esposa.* coloquial
9 estar a cero: Estar arruinado, sin dinero o carecer de cualquier otra cosa: *la bodega está a cero de vino añejo.* coloquial
10 ser un cero a la izquierda: Ser inútil o no valer para nada: *su mejor defensa es que piensen que es un verdadero cero a la izquierda.* coloquial

ceroferario (Del bajo lat. *ceroferarius.*) Acólito que lleva el cirial en la iglesia y procesiones. s.m. RELIGIÓN

cerógrafo (Del gr. *kerographos*, que pinta al encausto.) Punzón con que los romanos sellaban en cera cofres y armarios. s.m. HISTORIA

ceroleína (Del lat. *cera*, cera + *oleum*, aceite.) Una de las tres sustancias que forman la cera de las abejas. s.f. QUÍMICA

cerollo, a (Del lat. *seruculus* < *serus*, tardío.) Se aplica a la mies que está un poco verde y correosa en el momento de segarla: *decidieron retrasar la siega porque la cebada estaba cerolla.* adj. AGRICULTURA

ceroma (Del lat. *ceroma* < gr. *keroma*.) Sustancia compuesta de cera principalmente, usada por los gladiadores para frotarse el cuerpo antes de empezar la lucha. s.f. HISTORIA

ceromancia (Del lat. *cera*, cera + *manteia*, adivinación.) Adivinación por medio de las figuras que se forman al echar gotas de cera en un recipiente lleno de agua. s.f. OCULTISMO tb: ceromancía

cerón Sustancia residual de los panales de cera. s.m.

ceroplástica (Del gr. *keroplastikos.*) Arte y técnica de modelar la cera. s.f.

ceroso, a Que tiene cera o se parece a ella: *llevaron al laboratorio aquella sustancia cerosa.* adj.

cerote (Del gr. *kerote* < *keros*, cera.)
1 Mezcla de pez y aceite o cera usada por los zapateros para encerar el hilo de coser. s.m. tb: cerapez

2 Sensación de miedo: *el tremendo cerote que sintió le paralizó el entendimiento.* coloquial

cerotear Poner el zapatero cerote en los hilos con que cose el calzado. v.tr.

cerotero Trozo de fieltro usado en pirotecnia para untar de pez los cohetes. s.m.

ceroto Cerato, sustancia usada en la dermatología cosmética. s.m. FARMACIA

cerquillo
1 Círculo o corona de cabello que se dejan en la cabeza los individuos de algunas órdenes religiosas masculinas: *tan sólo por el cerquillo se podía conocer su condición de franciscano.* s.m.
2 Tira de refuerzo del calzado. = vira

cerrada Parte de la piel del animal que corresponde al lomo: *al curtir la piel, la cerrada quedó maltrecha.* s.f.

cerradero
1 Agujero en la madera o en una chapa de hierro donde entra el pestillo de una cerradura: *puso silicona en el cerradero para impedir que entraran.* s.m. tb: cerradera
2 Cordón que sirve para abrir o cerrar las bolsas o bolsillos: *perdió el cerradero en el viaje.*

cerrado, a
1 Que no tiene comunicación con el exterior: *la tuvieron secuestrada en un espacio cerrado.* adj. ≠ abierto
2 Que es callado, disimulado y silencioso: *es muy cerrado, así que no te lo contará.* = introvertido, tímido/≠ abierto
3 Que es estricto o rígido: *siempre mantiene unas opiniones muy cerradas.* = intransigente
4 Se aplica al cielo que está muy cubierto de nubes: *el horizonte cerrado amenazaba tormenta.*
5 Que es torpe de entendimiento: *le cuesta entender las normas porque es bastante cerrado de mollera.* coloquial
6 Se aplica al habla o acento que tiene rasgos muy marcados del lugar de procedencia, por lo general con dificultad para la comprensión: *habla un extremeño muy cerrado.* coloquial
7 Se refiere a la vocal que se articula con la lengua próxima al paladar: *la i y la u son vocales cerradas.* LINGÜÍSTICA ≠ abierto
8 hacerla cerrada: Cometer un error censurable y sin justificación alguna.

cerradura Mecanismo que se coloca en las puertas, cajones, etc., y sirve para cerrarlos con llave: *le robaron el bolso con el llavero dentro y tuvo que cambiar la cerradura de su casa.* s.f.

cerraja (Del bajo lat. *serraculum.*) Planta compuesta anual, de hojas dentadas y capítulos florales amarillos, dispuestos en corimbos laxos, que se usa como pasto para el ganado. *(Sonchus.)* s.f. BOTÁNICA = lechecino

cerrajería
1 Taller donde se fabrican y venden cerraduras y otros instrumentos de hierro: *la policía descubrió un arsenal en el sótano de la cerrajería.* s.f.
2 Oficio de cerrajero: *la cerrajería es ahora muy técnica.*

cerrajero, a (Derivado del ant. *cerraja.*) Persona que por oficio hace cerraduras, llaves, candados y otros instrumentos de hierro: *tuvieron que llamar al cerrajero para poder entrar en casa.* s.

cerrajón Cerro alto y escarpado: *instalaron el campamento en las faldas del cerrajón.* s.m.

cerramiento
1 Acción y resultado de cerrar. s.m.
2 Mecanismo que sirve para cerrar o tapar una abertura, conducto o paso: *se obturó el cerramiento del depósito de agua.* = cerradura
3 Cercado o coto: *amplió los límites del cerramiento porque quería aumentar el número de reses.*
4 División interior hecha con tabique y no con una pared gruesa, en una pieza del edificio. CONSTRUCCIÓN

cerrar (Del bajo lat. *serare* < *sera*, cerrojo.)
1 Encajar en su marco la hoja de una puerta o ventana: *cierra el balcón para que no entre frío.* v.tr/intr/prnl. conj: pensar
2 Usar un dispositivo para que una cosa quede incomunicada con el exterior, o bien para impedir la circulación o salida de un fluido. v.tr/prnl.
3 Asegurar una puerta, ventana o tapa con llave: *al irse de vacaciones olvidaron cerrar la puerta de la calle.* v.tr/intr.
4 Hacer que un lugar quede incomunicado con el exterior: *cerró sus tierras con una valla.* v.tr. = vallar
5 Introducir una cosa dentro de otra o disponerla de modo que no se vea su interior.
6 Meter a una persona o animal en un lugar de modo que no pueda salir: *cerró el perro en un cuarto.* v.tr/prnl. = encerrar
7 Doblar o encoger una cosa: *puedes cerrar el paraguas porque ya no llueve.* v.tr. = plegar
8 Unir las partes que componen una cosa y que estaban separadas: *se le cerraban los párpados de sueño.* v.tr/prnl.
9 Hacer que se aproximen los órganos articulados al emitir un sonido estrechando el paso del aire: *muchas vocales se cierran en posición final.* LINGÜÍSTICA
10 Concluir o poner término a una cosa: *el discurso del alcalde cerró el acto.*

11 Tapar una abertura: *cerró los agujeros con silicona.* = taponar

12 Interrumpir temporal o definitivamente el funcionamiento de un establecimiento público o administrativo: *las tiendas cierran a las ocho.* v.tr/intr/prnl.

13 Dar por terminadas unas negociaciones o contratos: *cerrar las gestiones necesarias para la venta.* v.tr.

14 Ser una persona o cosa la última de una serie: *Juan cierra la lista de admitidos.*

15 Finalizar un período de tiempo establecido: *cerrar el año fiscal.*

16 Acabar el trazado de una circunferencia u otra figura donde ha comenzado.

17 Poner la última piedra de un arco o una bóveda. CONSTRUCCIÓN ARTES GRÁFICAS

18 Ajustar o acabar la última página de una publicación para darla a la estereotipia: *cerrar la edición del diario.*

19 Poner una carta o una ficha impidiendo que el resto de jugadores sigan participando, en ciertos juegos de naipes o en el dominó. v.intr. JUEGOS

20 Hacer que cicatrice una herida: *la brecha de la mano se le cerró mal.* v.tr/prnl. = cicatrizar

21 Realizar un ataque: *el ejército cerró contra el enemigo.* v.intr/prnl. + con, contra

22 Cubrirse el cielo o la atmósfera de nubes o contaminación. v.prnl. = encapotarse

23 Trazar el conductor de un vehículo o un atleta una curva, aproximándose mucho al interior de ella.

24 Mostrarse una persona obstinada en mantener una actitud: *se cerró en no escucharme.* = obcecarse + en

25 Negarse o mostrarse reacio a admitir opiniones de otros o a personas nuevas en un grupo.

26 cerrar o cerrarse la noche: Hacerse completamente oscuro: *al cerrar la noche, salieron al galope con los caballos.*

cerrazón
1 Oscuridad producida por el encapotamiento del cielo con una masa de nubes muy negras, generalmente antes de una tormenta. s.f.

2 Obcecación, obstinación: *su cerrazón le impide escuchar consejos.*

3 Falta de inteligencia: *no comprende tus explicaciones por su cerrazón.*

4 Cualidad que adquiere un sonido al cerrarse los órganos articuladores. LINGÜÍSTICA

5 Contrafuerte de una cordillera. Colomb./GEOGRAFÍA

6 Niebla espesa que dificulta la visibilidad: *esta cerrazón puede ocasionar muchos accidentes.* Argent.

cerrejón Cerro pequeño. s.m.

cerrero, a
1 Que va libre y suelto por el monte: *descubrir el escondrijo de los gatos cerreros.* adj. = salvaje

2 Se refiere a la caballería y al ganado vacuno que no está domado: *los cimarrones se mezclaron con las yeguas cerreras.* = cerril

cerreta (Del ital. *serretta* < *serrare*, apretar.) Brazal, madero que se fija por sus extremos a una y otra banda del barco. s.f. NÁUTICA

cerril (Derivado de *cerro*.)
1 Que es obstinado y no admite razonamiento ni trato: *se mantiene en su actitud cerril.* adj. = terco

2 Se aplica a la persona que es tosca y grosera: *bajo esa capa de lindezas, se descubrió su naturaleza cerril.* coloquial ≠ cortés

3 Se aplica al terreno que es abrupto o escabroso: *el sendero continúa por una hondonada cerril.*

4 Se refiere a la caballería y al ganado vacuno que no está domado. = cerrero

cerrilidad
1 Carácter de lo cerril o tosco: *su cerrilidad les resultó insoportable.* s.f.

2 Grosería, acto propio de una persona cerril: *perdonó su ordinariez y cerrilidad.*

cerrilismo
1 Modo de ser y de comportarse de las personas cerriles, tercas. s.m.

2 Tozudez, cabezonería: *si utilizase la persuasión en vez del cerrilismo conseguiría más fácilmente sus objetivos.* = obstinación

cerrillar Hacer una labor ornamental en el canto de las monedas o las medallas. v.tr.

cerrillo
1 Planta herbácea de tallos rígidos y hojas pelosas. *(Andropogon hirtum.)* s.m. BOTÁNICA

2 Grama del norte, planta medicinal. BOTÁNICA

cerrión (Probablemente de *cirión* < *cirio*, por comparación de forma.) Pedazo de hielo puntiagudo: *el calor del mediodía hacía gotear los cerriones.* s.m. = carámbano

cerro (Del lat. *cirrus*, copete, crin.)
1 Elevación del terreno de menor altura que el monte y la montaña: *desde lo alto del cerro vieron el aterrizaje del parapente.* s.m. GEOGRAFÍA

2 Cuello del animal: *la gata agarró las crías por el cerro y las trasladó al interior.* = pescuezo

3 Espinazo o lomo: *la yegua se lastimó el cerro al caer por el desfiladero.*

4 Manojo de lino o cáñamo después de rastrillado y limpio: *amontonó los cerros.*

5 cerro testigo: Elevación del terreno que representa el residuo de una meseta desmantelada por erosión. GEOGRAFÍA

6 echar uno por esos cerros: Ir fuera del camino correcto: *adviértele que ha echado por esos cerros.* coloquial

7 en cerro: Se aplica a la caballería que no lleva arreos ni adornos: *montó la yegua en cerro.* loc.adj.

8 irse por los cerros de Úbeda: Hablar disparatadamente, desviándose mucho del tema que se está tratando: *el orador se fue por los cerros de Úbeda.* coloquial

cerrojazo
1 Acción de echar bruscamente el cerrojo: *su enfado se plasmó en un violento cerrojazo.* s.m.

2 Clausura, interrupción brusca e inesperada de cualquier otra actividad sin haberla concluido: *dar cerrojazo a la discusión.* + dar

3 Cierre, en el juego del dominó. JUEGOS

cerrojillo Herrerillo, pájaro insectívoro. s.m./ZOOLOGÍA

cerrojo (Del lat. vulgar *veruculum,* barra de hierro, diminutivo de *veru,* asador, influido por *cerrar.*)
1 Pasador metálico, con mango, que se corre dentro de unas anillas o armellas para cerrar puertas o ventanas: *echó el cerrojo nada más entrar.* s.m.

2 Sistema de juego, en algunos deportes, como el fútbol, en que el equipo retrasa jugadores de la línea media e incluso delantera para reforzar la defensa. DEPORTES

3 Mecanismo que cierra la recámara y contiene el percutor de algunas armas: *el cerrojo del fusil.* MILITAR

cerruma Parte entre los menudillos y la corona del casco de las caballerías. s.f./VETERINARIA = cuartilla

certamen (Del lat. *certamen,* lucha < *certare,* pelear.)
1 Concurso o competición de carácter artístico o científico en que se disputa un premio: *se ha presentado a un certamen de acuarelas; ganó el primer premio en el certamen cinematográfico.* s.m.

2 Fiesta o función literarias en que se discuten asuntos generalmente poéticos: *la organización fue pésima, pero el certamen resultó un éxito.* LITERATURA

certero, a
1 Que acierta o da en el blanco: *has realizado un tiro certero; era un cazador certero.* adj.

2 Que es razonable y conforme a la verdad: *parece un juicio certero.* = acertado

3 Que tiene conocimiento o está bien informado: *he recibido noticias certeras sobre su paradero.* = cierto

certeza
1 Circunstancia de ser cierta una cosa que se cuenta o anuncia: *comprobar la certeza de unas declaraciones.* s.f. = veracidad

2 Conocimiento cierto, claro, seguro y sin ninguna duda de una cosa: *sé lo que te digo con toda certeza; está lleno de certezas inamovibles.* ≠ duda

certidumbre Conocimiento cierto de una cosa. s.f./= certeza

certificación
1 Declaración oficial de la certeza de un hecho: *puso en tela de juicio la certificación de la identidad del inculpado.* s.f. DERECHO

2 Declaración oficial del envío de una carta o paquete postal, garantizando una indemnización si no llega a su destinatario.

3 Documento que declara que se ha realizado el envío de una carta o paquete. = certificado

certificado, a
1 Se aplica a la carta o paquete que se certifica: *han recibido el certificado abierto.* adj/s.m.

2 Certificación, documento. s.m.

3 certificado de buena conducta: El que acredita el buen comportamiento de alguien y es requerido en la solicitud de ciertos cargos o ingreso en determinados centros.

4 certificado de depósito: Título negociable de inmediata liquidez y que recibe el pago de un interés. ECONOMÍA

5 certificado de escolaridad: Documento que acredita haber cursado los estudios obligatorios de educación general básica.

6 certificado de trabajo: Aquel en el que se hace constar la clase de servicios prestados a una empresa y su duración. DERECHO

7 certificado del registro civil: El que expide un funcionario dando fe de los asientos de este registro. DERECHO

8 certificado médico: Documento suscrito por un médico en un papel timbrado o en un impreso oficial para hacer constar la situación sanitaria de una persona. MEDICINA

certificar (Del lat. *certificare* < *certus,* cierto + *facere,* hacer.)
1 Afirmar que una cosa es cierta: *el jurado certificó el nombre del ganador.* v.tr. conj: *sacar*

2 Enviar una carta o un paquete por correo obteniendo, mediante pago, un documento o resguardo que

acredita el envío: *a pesar de haber certificado el libro, éste no llegó al destino.*
3 Hacer una cosa cierta por medio de un instrumento público: *certificar los poderes en la notaría.* — DERECHO

certificatorio, a Que sirve para afirmar la autenticidad de una cosa: *sometió el documento a un examen certificatorio.* — adj. = certificativo

certitud (Del bajo lat. *certitudo.*) Certeza, seguridad de que una cosa es cierta. — s.f.

cerúleo, a (Del lat. *caeruleus < caelum,* cielo.) Se aplica al color azul, en especial al referirse al cielo o al mar: *sus cerúleas pupilas se clavaron en él.* — adj. literario

cerulina Azul de añil soluble. — s.f./QUÍMICA

ceruma Cuartilla, parte entre el menudillo y la corona del casco de las caballerías. — s.f./VETERINARIA tb: cerruma

cerumen (Derivado culto de *cera.*) Sustancia segregada por los oídos, semejante a la cera. — s.m. MEDICINA

ceruminoso, a
1 Del cerumen: *sustancia ceruminosa.* — adj.
2 Que tiene un aspecto parecido al de la cera: *la fiebre le ha dejado una tez ceruminosa.*

cerusa (Del lat. *cerussa.*) Carbonato básico de plomo, utilizado en pintura. — s.f. QUÍMICA

cerusita Carbonato de plomo. — s.f./MINERALOGÍA

cerval (Derivado de *ciervo.*)
1 Del ciervo o parecido a él: *silueta cerval.* — adj./= cervario
2 Se aplica al miedo que es muy grande: *pasé un miedo cerval al oír los disparos de los fusiles.*

cervantino, a (De *Miguel de Cervantes,* escritor español de los siglos XVI y XVII.)
1 De este escritor español o de su obra: *el universo cervantino.* — adj./LITERATURA = cervantesco
2 Se aplica al autor o a la obra que están influidos por la obra de este escritor. — LITERATURA = cervantesco

cervantismo (De *Miguel de Cervantes,* escritor español.)
1 Influencia de la obra de dicho escritor en la producción de otros. — s.m. LITERATURA
2 Giro o expresión característicos de la lengua de dicho escritor. — LINGÜÍSTICA
3 Estudio crítico de la vida y obra de Cervantes. — LITERATURA

cervantita (Derivado de *Cervantes,* localidad española.) Óxido natural de antimonio. — s.f. MINERALOGÍA

cervario, a Del ciervo o que tiene relación con él: *disminución de la población cervaria.* — adj. = cerval

cervatica Langostón, insecto. — s.f./ZOOLOGÍA

cervato Ciervo de menos de seis meses. — s.m./ZOOLOGÍA

cerveceo Proceso de fermentación de la cerveza. — s.m.

cervecería
1 Bar especializado en servir cerveza: *cenaron unas hamburguesas en la cervecería.* — s.f. COMERCIO
2 Fábrica de cerveza. — INDUSTRIA

cervecero, a
1 De la cerveza: *trabaja en la industria cervecera.* — adj.
2 Que bebe mucha cerveza o es muy aficionado a ella: *en verano la gente es más cervecera.* — adj/s. coloquial
3 Persona que elabora o vende cerveza: *convención de cerveceros alemanes.* — s.

cerveza (Del lat. *cervesia.*) Bebida alcohólica y espumosa, hecha con los granos de la cebada u otros cereales fermentada y aromatizada con lúpulo. — s.f.

cervicabra Antílope rumiante asiático, de color rojizo, de pequeño tamaño y cuernos largos y retorcidos. — s.f. ZOOLOGÍA

cervical (Derivado de *cerviz.*) Del cuello o la cerviz: *el accidente le provocó graves lesiones cervicales.* — adj./ANATOMÍA = cervicular

cervicular (Del lat. *cervicula.*) Cervical, del cuello o la cerviz: *sufrió los efectos del trauma cervicular durante muchos meses.* — adj. ANATOMÍA

cérvido, a (Del lat. *cervus,* ciervo + gr. *eidos,* forma.) Perteneciente a una familia de mamíferos rumiantes cuyos machos presentan cuernos macizos y caducos, a veces ramificados, como el ciervo. — adj/s.m. ZOOLOGÍA

cerviguillo Parte exterior de la cerviz cuando es gruesa y abultada. — s.m./ANATOMÍA = cervigón

cervillera (Del cat. *cervellera.*) Capacete, parte de la armadura. — s.f. HISTORIA

cervino, a Cerval, del ciervo: *especies cervinas; representaciones cervinas del paleolítico.* — adj. = cervario

cerviz (Del lat. *cervix.*)
1 Parte superior y posterior del cuello de la persona y los animales. — s.f./pl: cervices ANATOMÍA
2 bajar o doblar la cerviz: Humillarse o someterse a otra persona: *tuvo que bajar la cerviz para conservar el empleo.*
3 levantar la cerviz: Volverse altivo después de haber estado humillado. — coloquial
4 ser de dura cerviz o duro de cerviz: Ser indómito — coloquial

y obstinado: *ser duro de cerviz no le servirá para alcanzar sus propósitos.*

cervuno, a (Del bajo lat. *cervunus.*) Cerval, del ciervo: *la escultura presenta una silueta cervuna y astada.* — adj. = cervino

cesación
1 Acción de cesar: *su cesación creó sorpresa en círculos económicos.* — s.f.
2 cesación a divinis: Suspensión canónica del culto en una iglesia o templo. — RELIGIÓN

cesalpiniáceo, a Perteneciente a una familia de plantas leguminosas, leñosas, de flores cigomorfas y con fruto en forma de legumbre. — adj/s.f. BOTÁNICA

cesante (Derivado de *cesar.*) Se refiere al empleado, especialmente del gobierno, a quien se priva de su empleo o cargo: *el cesante confiaba en que el sindicato solucionaría su situación laboral.* — adj/s.m.f.

cesantía
1 Situación de la persona que es privada de su empleo: *lleva tres años en cesantía.* — s.f.
2 Sueldo o pensión que, en determinadas circunstancias, recibe un empleado cesante: *no consiguió percibir la cesantía.*
3 Castigo por el que se priva temporalmente a una persona de un cargo o destino.

cesar (Del lat. *cessare.*)
1 Dejar de producirse una cosa: *ya ha cesado la lluvia y la tierra exhala vapor caliente.* — v.intr. = acabar
2 Dejar de desempeñar un cargo o un empleo u otra actividad: *cesó en la dirección del hotel.* — + en, de

césar (Del lat. *caesar.*)
1 Título de los emperadores romanos y germánicos. — s.m./HISTORIA
2 Soberano despótico. — coloquial

cesaraugustano, a
1 De Cesaraugusta, actual Zaragoza. — adj.
2 Persona natural de esta ciudad. — s.

cesárea Operación quirúrgica por la que se extrae el feto del vientre materno practicando una incisión en el abdomen y el útero. — s.f. MEDICINA

cesáreo, a Del imperio o del emperador: *conflictos ideológicos del período cesáreo.* — adj. HISTORIA

cesarismo Forma de gobierno en la que una sola persona asume y ejerce los poderes públicos, aunque pueda estar legitimada por plebiscito. — s.m. POLÍTICA

cesarista Persona que es partidaria del cesarismo. — s.m.f./POLÍTICA

cese
1 Acción de cesar en un empleo o cargo: *los grupos parlamentarios pidieron su cese.* — s.m.
2 Escrito o diligencia con que se hace constar que una persona ha cesado en su cargo o empleo: *entregó el cese en mano.*

cesible Que puede ser cedido, dado o dejado: *bienes cesibles; propiedad cesible.* — adj. DERECHO

cesio (Del lat. *caesus,* azul.) Metal alcalino de color blanco, buen conductor de la electricidad, que se oxida con facilidad. — s.m. QUÍMICA

cesión (Del lat. *cessio, -onis.*)
1 Renuncia de una posesión, acción o derecho en favor de otra persona: *desconoce la identidad de los beneficiarios de la cesión.* — s.f. DERECHO
2 Alargamiento brusco y localizado de un objeto metálico. — METALURGIA = aflojamiento
3 Pase corto del balón, generalmente hacia atrás. — DEPORTES
4 cesión de bienes: Renuncia que el deudor hace de sus bienes, en favor de sus acreedores. — DERECHO
5 cesión de créditos hipotecarios: Transmisión de la totalidad o de sólo una parte del crédito hipotecario por parte del acreedor. — DERECHO
6 cesión de créditos litigiosos: Transmisión de un crédito en un litigio, una vez contestada la demanda. — DERECHO
7 cesión de derechos hereditarios: Alienación de sus derechos a la totalidad de la herencia, por parte de un heredero. — DERECHO
8 cesión de vivienda: Entrega que el inquilino puede hacer, con consentimiento del arrendador, que jamás se realizará a título oneroso. — DERECHO

cesionario, a Persona en cuyo favor se hace una cesión: *se han de personar los cesionarios y los cesionistas ante notario.* — s. tb: cesonario

cesionista Persona que hace cesión de bienes. — s.m.f./DERECHO

cesolfaút Tono que empieza en el primer grado de la escala diatónica de do, en la música antigua. — s.m. MÚSICA

césped (Del lat. *caespes,* terrón cubierto de césped.)
1 Hierba corta y tupida que cubre el suelo, crecida naturalmente o sembrada en parques y jardines y terreno cubierto por ella. — s.m.
2 Lugar cubierto con esta hierba. — = cespedera
3 Corteza que se forma en la zona por donde han sido podados los sarmientos. — AGRICULTURA
4 Terreno de juego: *los futbolistas saltaron al césped en medio del griterío de los hinchas.* — DEPORTES

5 césped inglés: Planta herbácea, de hojas plegadas longitudinalmente y espiguillas lanceoladas. (*Lollium perenne.*) — BOTÁNICA

cespedera Terreno cubierto de césped. — s.f./= césped

cespitoso, a (Derivado culto de *césped.*) Se aplica a la planta que crece en matas espesas como la hierba del césped. — adj. BOTÁNICA

cesta (Del lat. *cista.*) — s.f. = cesto
1 Recipiente hecho de mimbre, caña o maderas flexibles y tejidas entre sí, generalmente redondo y más alto que ancho, que sirve para llevar o guardar diversos objetos.
2 Aro fijado a cierta altura, del que cuelga una red abierta por los dos extremos, en el que hay que introducir la pelota de baloncesto para obtener tantos. — DEPORTES = canasta
3 Tanto o tantos conseguidos por un equipo de baloncesto al introducir la pelota en el aro: *logró hacer una cesta de tres puntos en el último segundo del partido.* — DEPORTES = canasta
4 Pala cóncava hecha de madera de castaño trenzada que se usa para recoger y lanzar la pelota en el juego de la cesta punta. — DEPORTES = chistera
5 Coche de caballos de cuatro asientos, con caja de mimbre cubierta por un toldo.
6 **cesta de la compra:** Conjunto de productos alimenticios o no, que son de uso cotidiano así como precio de ellos: *la cesta de la compra sube cada día más.* — ECONOMÍA
7 **cesta punta:** Modalidad de pelota vasca en que la pelota se recibe y devuelve con la cesta. — DEPORTES
8 **cesta vibrátil:** Cavidad de las esponjas que comunica con el exterior y con la cavidad gástrica. — ZOOLOGÍA

cestada Cantidad que cabe en una cesta: *en el arcón sólo caben veinticuatro cestadas.* — s.f.

cestería — s.f. COMERCIO
1 Lugar donde se hacen o venden cestas y otros objetos hechos de mimbre, cañas partidas u otros materiales semejantes entretejidos.
2 Arte u oficio de hacer o vender cestos y otros objetos hechos de mimbre o cañas.

cestero, a Persona que hace o vende cestos. — s.

cesto — s.m. = cesta
I (Derivado de *cesta.*)
1 Cesta grande, generalmente de forma cilíndrica y más alta que ancha: *volvieron de la viña con cestos llenos de uvas.*
2 Canasta o cesta en el baloncesto: *al hacer un mate rompió el aro del cesto.* — DEPORTES
3 **cesto de los papeles:** Papelera, cubo al que se echan las cosas inservibles.
4 **ser un cesto:** Ser un ignorante, torpe e inútil: *no cuentes con él, que es un cesto.* — coloquial
II (Del lat. *caestus.*) Armadura para la mano que usaban los gladiadores, consistente en unas correas guarnecidas de puntas metálicas. — s.m. HISTORIA, MILITAR

cestodo, a (Del fr. *cestodes* < gr. *kestos*, cinturón bordado.) Perteneciente a una clase de gusanos planos y en forma de cinta, sin aparato digestivo, que viven parásitos en el interior de otros animales, como la tenia o solitaria. — adj/s.m. ZOOLOGÍA

cestón Cesto relleno de tierra o piedras para hacer una fortificación o empleado en obras hidráulicas: *contrataron a jornaleros del campo para colocar los cestones en el canal.* — s.m. CONSTRUCCIÓN = gavión

cesura (Del lat. *caesura*, corte < *caedere*, cortar.) — s.f. POESÍA
1 Pausa que divide los versos en dos partes llamadas hemistiquios, hecha tras los acentos métricos que regulan su armonía.
2 Sílaba con que termina la palabra final de un pie en la poesía clásica latina y griega. — POESÍA

ceta Nombre de la letra *z.* — s.f./tb: zeta

cetáceo, a (Derivado culto del lat. *cetus*, monstruo marino.) Perteneciente a un orden de mamíferos que están adaptados a la vida marina, de gran tamaño, con cuerpo de pez, orificios nasales en lo alto de la cabeza y extremidades transformadas en aletas, como la ballena y el delfín. — adj/s.m. ZOOLOGÍA

cetaria (Del lat. *cetaria.*) Criadero de langostas y otros crustáceos: *la introducción de especies alóctonas ha afectado negativamente a la cetaria.* — s.f. tb: cetárea ZOOLOGÍA

cetario Lugar donde van a parir las ballenas y otros vivíparos marinos. — s.m. ZOOLOGÍA

cetilo Hidrocarburo que contiene el radical alcohol, propio de este cuerpo, y otros compuestos de la misma serie. — s.m. QUÍMICA

cetme (Acrónimo de *[C]entro de [E]studios [T]écnicos de [M]ateriales [E]speciales.*) Fusil de asalto español: *se le disparó el cetme en las maniobras y lo arrestaron.* — s.m. MILITAR

cetona Cualquier compuesto orgánico que contiene en sus moléculas un grupo carbonilo, como la acetona. — s.f. QUÍMICA

cetonia Denominación genérica de diversos insectos coleópteros, de color verde metálico, cuyas larvas se alimentan de madera en descomposición. (*Cetonia.*) — s.f. ZOOLOGÍA

cetosis Aumento del nivel de acetona en el organismo, en especial en los diabéticos. — s.f. pl: cetosis

cetrería (Del bajo lat. *acceptor*, azor.) — s.f. CAZA
1 Arte y técnica de criar, domesticar y enseñar a cazar a algunas aves rapaces. — CAZA
2 Práctica de cazar con aves rapaces. — CAZA

cetrero, a
I (Derivado de *acceptor*, azor.) Persona que practica la caza con aves rapaces. — s. CAZA
II (Derivado de *cetro.*) Sacerdote que asistía con capa y cetro a las celebraciones. — s.m. RELIGIÓN

cetrino, a (Del lat. *citrinus*, análogo al limón < *citrus*, limonero.)
1 Se aplica al color que es amarillo verdoso. — adj/s.m.
2 De este color: *su madre empezó a preocuparse por el rostro cetrino de su hijo.* — adj.
3 Que está compuesto de cidra o es parecido a ella: *la confitura cetrina no le gusta nada.*
4 Se refiere a la persona que es melancólica y adusta: *las vicisitudes de la vida la volvieron cetrina e hipocondríaca.*

cetro (Del lat. *sceptrum* < gr. *skeptron*, vara, bastón.)
1 Vara hecha de materiales nobles que usaban algunos soberanos como distintivo de su dignidad: *sostiene el bastón como si fuera un cetro.* — s.m.
2 Vara larga de plata que usan los prebendados o los capellanes que acompañan al celebrante en el coro y en el altar. — RELIGIÓN
3 Percha donde se posan las aves de cetrería: *sobre el cetro descansa el halcón.* — CAZA
4 Reinado y dignidad de un soberano: *empuñó el cetro desde niño.*

ceugma (Del gr. *zeugma* < *zygos*, yugo.) Figura de construcción por la que se dejan sobreentendidos en diversos períodos de un enunciado algún sintagma o palabras iguales a otros anteriormente citados: *en la frase "uno coge la azada, otro un pico y el tercero un rastrillo", hay un ejemplo de ceugma.* — s.m. RETÓRICA tb: zeugma

ceutí (Del ár. *sabti.*)
1 De Ceuta, ciudad española. — adj./pl.tb: ceuties
2 Persona natural de esta ciudad. — s.m.f.

chabacanería
1 Modo de ser o comportarse una persona grosera: *no se granjeó su amistad por su chabacanería.* — s.f. tb: chabacanada
2 Acción o palabras propias de un grosero o maleducado. — = groseria
3 Cosa de mal gusto o dicho grosero: *esa escultura es una chabacanería; su verborrea emanaba chabacanería.*

chabacano, a
1 Que es grosero o de mal gusto: *no lo contrataron porque les resultó demasiado chabacano.* — adj.
2 Albaricoquero, planta arbustiva rosácea y su fruto, dulce y comestible. — s.m./Méx. BOTÁNICA

chabela Bebida hecha mezclando vino y chicha. — s.f./Bol.

chabola (Del vasco *txabola*, choza, cabaña < probablemente del fr. ant. *jaole*, jaula, cárcel < lat. *caveola*, jaulita.)
1 Vivienda de construcción pobre, que suele estar situada en los suburbios de las ciudades: *las chabolas rodeaban el cinturón metropolitano.* — s.f. CONSTRUCCIÓN
2 Choza o refugio en el campo, generalmente construido con palos y ramas: *se refugió en una chabola que había en las huertas.*

chabolismo
1 Abundancia de chabolas en los suburbios de una ciudad. — s.m. CONSTRUCCIÓN
2 Forma de vida y condiciones propias de las chabolas y sus habitantes: *el chabolismo es una de las lacras de los países en vías de desarrollo.* — SOCIOLOGÍA

chabolista Persona que vive en una chabola: *los chabolistas se asociaron y consiguieron una cesión de terrenos por parte del ayuntamiento.* — s.m.f.

chacal (Del fr. *chacal* < turco *chakal* < persa *shagal.*)
1 Mamífero carnívoro del grupo de los cánidos, menor que el lobo aunque parecido en la forma, que vive en grupos y se alimenta de carroña y pequeños animales. (*Canis.*) — s.m. ZOOLOGÍA
2 **chacal de las cavernas:** Carnívoro con la cabeza tosca, hocico breve y ancho y pelaje pardo. (*Speothos venaticus.*) — ZOOLOGÍA

chacalín Camarón, crustáceo. — s.m./Amér. Central

chacanear
1 Espolear con fuerza a la cabalgadura: *se alejó del cerro chacaneando la montura.* — v.intr/tr. Chile

2 Importunar, molestar a una persona: *por celos lo chacaneó toda su vida.* — *Chile*

chacarera
1 Baile popular argentino de ritmo rápido que se realiza en pareja y se acompaña con castañuelas y zapateado. — s.f.
2 Música y letra de este baile. — MÚSICA

chacarero, a Se dice del labrador que cultiva la tierra: *la sequía arruinó las expectativas de la chacarera.* — adj/s. Amér. Merid.

chacarrachaca (Voz onomatopéyica.) Ruido de una disputa, alboroto o algo semejante: *la chacarrachaca de la cafetería llegaba a la biblioteca.* — s.f. coloquial

chacha (Abreviación de *muchacha.*)
1 Mujer que trabaja realizando servicios domésticos: *la chacha aprovecha su día de fiesta para visitar a sus familiares.* — s.f. coloquial = criada
2 Mujer encargada de cuidar niños. — = niñera

chachachá
1 Baile de origen mexicano, mezcla de rumba y mambo: *es muy hábil ejecutando el chachachá.* — s.m. MÚSICA
2 Música y ritmo de este baile. — MÚSICA

chachaguato, a Se aplica a la persona que es hermano gemelo o mellizo de otra. — adj/s. Amér. Central

chachalaca Ave galliforme de plumas muy largas, verdes y tornasoladas en la cola, sin cresta ni barba, de carne comestible y que emite un grito estridente. *(Ortalis vetula.)* — s.f./Méx. Amér. Central ZOOLOGÍA

cháchara (Del ital. *chiacchiera,* conversación sin objeto y por mero pasatiempo < raíz onomatopéyica romance *klakk-,* charla.)
1 Conversación frívola: *lleva toda la mañana de cháchara con las enfermeras de la planta.* — s.f. = parloteo
2 Cosas pequeñas de poco valor y utilidad. — s.f.pl.

chacharear Hablar mucho y sin sentido: *su principal ocupación es chacharear.* — v.intr./coloquial = parlotear

chacharero, a Que es muy charlatán, persona muy habladora. — adj/s./coloquial

chachi
1 Que es muy bueno o divertido: *hoy llevas un peinado muy chachi.* — adj./coloquial tb: chachi piruli
2 Muy bien, estupendamente: *has estado chachi con tu respuesta; lo hemos pasado chachi en la boda.* — adv./coloquial tb: chachi piruli

chacho, a (Abreviación de *muchacho.*)
1 Se aplica al hermano gemelo de una persona. — adj/s./Amér. Central
2 Que se presenta a pares. — adj./Salv.

chacina
1 Cecina, carne asada y seca. — s.f.
2 Carne de cerdo adobada para hacer embutidos: *dejaron lista la chacina para el día siguiente.*
3 Embutidos hechos con esta carne: *prepararon la chacina escrupulosamente para llevarla al mercado.*

chacinería
1 Tienda donde se venden embutidos y la carne de cerdo preparada para hacerlos. — s.f. COMERCIO
2 Industria y arte de fabricar embutidos: *dentro del sector alimentario, la chacinería es uno de los más boyantes.* — INDUSTRIA

chaco (Voz quechua.)
1 Territorio más o menos llano, surcado por pequeños ríos que forman lagunas y pantanos. — s.m./Amér. GEOGRAFÍA
2 Montería con ojeo que practicaban los indios, rodeando en círculo la pieza. — Amér. CAZA
3 Lugar roturado y llano en las cercanías de una población, en el que se cultivan arroz, tabaco, café y otros productos. — Amér. AGRICULTURA

chacó (Del húngaro *csako.*) Morrión que usaban los soldados de caballería y después los de otras armas. — s.m. HISTORIA

chacolí (Del vasco *txakolin.*) Vino algo ácido y espumoso que se elabora en el País Vasco y Cantabria con la uva poco azucarada propia de la zona. — s.m. pl.tb: chacolíes

chacolotear
1 Hacer ruido la herradura por estar suelta: *por el camino empedrado chacolotean tres yeguas.* — v.intr.
2 Sonar de manera semejante a como lo hace la herradura floja.

chacona (De la onomatopeya *chac.*)
1 Baile que se ejecutaba con acompañamiento de castañuelas y coplas. — s.f. MÚSICA
2 Música y letra que acompañaban a este baile. — MÚSICA

chacota (De la onomatopeya *chac.*)
1 Alboroto, bulla y alegría con que se celebra algo: *al hacer público el nombre del ganador se montó una chacota en los vestuarios.* — s.f.
2 Broma, burla: *todo se lo toma a chacota.* — = pitorreo

chacotear Hacer burla de una persona o una cosa por diversión: *se chacoteó de su sombrero y lo dejó en ridículo delante de sus amigas.* — v.intr/prnl. = burlarse

chacuaco Chimenea alta, especialmente la de los ingenios azucareros o de las fábricas. — s.m./Méx. INDUSTRIA

chadiano, a
1 De Chad, país del centro de África. — adj.
2 Persona natural de este país. — s.

chador Velo o pieza de tela con que la mujeres musulmanas se cubren la cabeza y parte del rostro. — s.m.

chafado, a
1 Que ya no puede usarse por estar estropeado o roto: *con el patín chafado no hará nada.* — adj./coloquial = inservible
2 Que está confundido y sin saber qué hacer o decir por una respuesta o situación inesperada: *me quedé chafado al encontrarle allí.* — = cortado
3 Que está desanimado y falto de fuerzas físicas o morales: *desde que enfermó su madre está muy chafado.* — coloquial = abatido

chafadura
1 Acción y resultado de chafar o chafarse: *la noticia le produjo una melancólica chafadura.* — s.f.
2 Parte aplastada de un objeto: *al mecánico le costó corregir la chafadura del chasis.* — coloquial

chafaldita (Derivado de *chafar.*) Burla o broma verbal, ligera, irónica e inofensiva: *siempre le anda molestando con chafalditas.* — s.f. coloquial = cuchufleta

chafallar Hacer o arreglar una cosa descuidadamente: *chafalló la cortina ajada y aún le quedó peor.* — v.tr. coloquial

chafallo (Derivado de *chafar.*)
1 Remiendo mal cosido: *con esos chafallos que le ha puesto pretende lucir el disfraz.* — s.m.
2 Borrón en un escrito: *no se entiende tu carta con tantos chafallos.*

chafalmejas Pintor de poca habilidad, pintamonas: *en la tertulia no le tienen en consideración por ser un chafalmejas.* — s.m.f. pl: chafalmejas

chafalonía Conjunto de objetos inservibles de plata y oro, para fundir: *con aquella chafalonía pretendía que se hiciese un anillo.* — s.f.

chafandín, a Persona vanidosa y de poco juicio: *la pobre chafandina no daba una a derechas.* — s.

chafar (Voz onomatopéyica.)
1 Deshacer una cosa blanda aplastándola: *se come el estofado chafando las patatas.* — v.tr/prnl.
2 Aplastar una cosa que está erguida apretándola o pisándola: *se chafó el pelo del abrigo al sentarse.*
3 Dejar abatida física o moralmente a una persona: *la noticia la ha chafado mucho.* — coloquial = deprimir
4 Estropear una cosa, echarla a perder: *la lluvia nos ha chafado la excursión.* — v.tr.
5 Dejar a una persona sin saber qué responder: *me chafaba su modo de replicarme.* — coloquial

chafariz (Del ár. *sahariy,* cisterna, estanque.) Parte superior de una fuente monumental donde están los caños. — s.m. pl: chafarices

chafarote (Del aumentativo del ár. *safra,* cuchillo, navaja.)
1 Alfanje especialmente corto y ancho, que suele ser curvo en la punta. — s.m.
2 Espada o sable ancho o muy largo. — despectivo

chafarrinar Mancha que emborrona o desluce una cosa: *no pudo apreciar su transparencia con tantas chafarrinadas.* — s.f. = manchón

chafarrinar (Derivado de *chafar.*) Quitar atractivo o lustre a una cosa con manchas o borrones. — v.tr.

chafarrinón
1 Chafarrinada, mancha. — s.m.
2 echar un chafarrinón: Hacer una cosa indigna o baja: *jamás le perdonó que le hubiera echado aquel chafarrinón.* — coloquial

chaflán (Del fr. *chanfrein < chanfraidre,* cortar en chaflán < *chant,* ángulo, canto + *fraindre,* cortar.)
1 Pared de un edificio situada en el punto de intersección entre dos muros perpendiculares donde debería haber un ángulo recto. — s.m. CONSTRUCCIÓN
2 Cara que resulta en una cosa al cortar una de sus esquinas o aristas.

chaflanar Dar forma de chaflán a una cosa: *chaflanaron el edificio para dar más luz al interior.* — v.tr. tb: achaflanar

chagra Labrador, campesino. — s.m.f./Ecuad.

chagual Planta de tronco escamoso y flores verdosas, cuya médula es comestible y las fibras se usan para hacer cordeles. *(Tillandsia rubra.)* — s.m./Argent. Chile, Perú BOTÁNICA

cháguar (Voz quechua.) Especie de agave o pita que se utiliza como planta textil. *(Bromelia serra.)* — s.m./Amér. Merid. BOTÁNICA

chagüí Ave de pequeño tamaño, muy abundante en el litoral. — s.m. Ecuad.

chahuistle Hongo microscópico que ataca las hojas y los tallos del maíz, del trigo y otras gramíneas. — s.m./Méx. MICOLOGÍA

chaira (Voz gallega.)
1 Cuchilla que usan los zapateros. — s.f./tb: cheira
2 Cilindro de acero que se usa para afilar las cuchillas: *el carnicero perdió la chaira de afilar el cuchillo.*

3 Utensilio para cortar, cuya hoja se dobla sobre el mango quedando el filo guardado: *la amenazó blandiendo una afilada chaira.* — coloquial / = navaja

chajuán Bochorno, calor húmedo y sofocante. — s.m./Colomb.

chal (Del fr. *chale* < persa *shal,* especie de capa.) Prenda de vestir femenina, mucho más larga que ancha, de seda o lana, que se pone sobre la espalda y los hombros como adorno o abrigo: *con el chal, el censor logró disimular su escote.* — s.m.

chala (Voz quechua.)
1 Hoja que envuelve la mazorca del maíz: *con las chalas prepararon un manjar típico de la zona.* — s.f. / Amér. Merid.
2 Cigarrillo hecho con tabaco envuelto en una hoja de maíz seca: *se durmió con una chala en la boca y el sombrero bien calado.* — Amér. Merid.

chalado, a
1 Que se comporta de manera extravagante y sin juicio: *últimamente actúa como un chalado.* — adj/s. / coloquial
2 Que está muy enamorado: *está chalado por esa chica, pero ella no le corresponde.* — adj. / coloquial

chalán, a (Del fr. *chaland,* cliente de un mercader < *chaloir,* importar, ser de interés < lat. *calere,* estar caliente.) Que se dedica con éxito a la compra y venta de caballos u otras bestias: *los chalanes se sintieron entusiasmados ante el éxito del negocio.* — adj/s.

chalana (Del fr. *chaland* < bajo gr. *khelandion.*) Barco de fondo plano para transportar mercancías en zonas poco profundas: *compraron una destartalada chalana para participar en el comercio fluvial.* — s.f. / NÁUTICA

chalanear Tratar un negocio con destreza y maña: *chalaneó la venta de lotes y con las ganancias construyó una casa.* — v.tr. / coloquial

chalanería Artimaña de que se valen los chalanes para vender y comprar: *con sus astutas chalanerías le vendió aquel televisor de segunda mano.* — s.f. / coloquial

chalar (Voz gitana.)
1 Volver una cosa loca a una persona: *me chalan las joyas y los perfumes.* — v.tr/prnl. / coloquial
2 Hacer que una persona se enamore: *hizo que se chalara por ella, usando todo tipo de estratagemas y artimañas.* — coloquial

chalaza (Del gr. *khalaza,* pedrisco, galladura del huevo.) Cada uno de los dos ligamentos que mantienen la yema del huevo en medio de la clara. — s.f. / BIOLOGÍA

chalazión Pequeño tumor del borde libre de los párpados, generalmente del superior, formado por la inflamación de una glándula sebácea. — s.m. / MEDICINA

chalchal Árbol sapindáceo con fruto rojo y flores amarillas usado en ornamentación. *(Allophylus edulis.)* — s.m./Amér. Merid. / BOTÁNICA

chalchihuite
1 Piedra semipreciosa de distintos colores con la que se elaboran piezas de joyería: *le regaló una sortija y unos pendientes con chalchihuites rojos y verdes.* — Méx. / MINERALOGÍA
2 Baratija, cosa de poco valor. — Amér. Central

chalé (Del fr. *chalet.*) Casa independiente, generalmente con jardín: *le regaló un chalé en la sierra.* — s.m./tb: chalet / ARQUITECTURA

chaleco (Del ár. *yalika,* casaca de cautivo < turco *ielek.*)
1 Prenda de vestir sin mangas que cubre de los hombros a la cintura y se pone encima de la camisa: *en la ceremonia llevaba capa española y chaleco charro.* — s.m.
2 Jaleco, jubón de paño.
3 chaleco antibalas: El que protege del impacto de las balas: *gracias al chaleco antibalas sobrevivió al tiroteo.*
4 chaleco salvavidas: Prenda que, mediante un sistema por lo general neumático, sirve para mantenerse a flote en el agua, en caso de accidente: *la azafata les dio las instrucciones necesarias para colocarse correctamente el chaleco salvavidas.*

chalina (Derivado de *chal.*) Corbata de caídas largas que se ata con lazada: *con aquella chalina parecía un bohemio decimonónico.* — s.f.

chalona Carne de oveja, salada y secada al sol: *con un poco de chalona y pan pasaron todo el día.* — s.f. / Argent., Bol.

chalote (Del fr. *echalotte* < fr. ant. *eschalogne* < lat. *ascalonia cepa,* cebolla de Ascalón.) Planta con bulbos agregados como en el ajo, blancos por dentro y rojizos por fuera, que se usan como condimento. *(Allium ascalonicum.)* — s.f. / BOTÁNICA / = escalonia, ascalonia

chalupa (Del fr. *chaloupe.*)
1 Barco pequeño de dos palos y con cubierta: *se acercaron a la costa con las chalupas.* — s.f. / NÁUTICA
2 Embarcación que va a bordo de un buque, que puede navegar por las radas y a lo largo de la costa cualquiera que sea el estado de la mar. — NÁUTICA / = lancha, bote
3 Torta de maíz gruesa y pequeña a la que se ponen encima frijoles, queso y otros ingredientes. — Méx. / COCINA

chama Trueque o permuta que hacen los que compran y venden trastos viejos: *aquella chama no fue nada ventajosa.* — s.f. / = chamalleo

chamaco, a Niño, muchacho: *los chamacos jugaban en el patio sin preocuparse del calor.* — s. / Méx.

chamada Chamarasca, leña menuda. — s.f.

chamagoso, a Descuidado, sucio: *con aspecto chamagoso se acercó al sacerdote en busca de auxilio.* — adj. / Méx.

chamal
1 Túnica de lana gruesa utilizada por las indias araucanas. — s.m. / Chile
2 Paño que usaban los indios araucanos para cubrirse de cintura abajo. — Argent., Chile

chamán Hechicero al que se supone dotado de poderes mágicos y que ejerce como jefe espiritual: *el chamán entró en trance.* — s.m. / RELIGIÓN

chamanismo Conjunto de creencias y prácticas de los seguidores de ciertos hechiceros con poderes sobrenaturales para curar enfermos, adivinar e invocar a los espíritus. — s.m. / RELIGIÓN

chamanto Chamal con una abertura para la cabeza. — s.m./Chile

chamar Cambiar una cosa por otra, entre chamarileros y traficantes. — v.tr. / = chamarilear

chamarasca (Derivado del gallego-portugués *chama.*)
1 Leña menuda y hojas que arden rápidamente con una gran llamarada. — s.f. / = chamada
2 Llama pequeña de escasa duración: *una chamarasca iluminó durante unos segundos la estancia.*

chamarilear Chamar, hacer trueque los chamarileros y traficantes: *en la taberna chamarileaban tabaco por armas.* — v.tr.

chamarilería Local donde se compran y venden cosas usadas: *se acercó a la chamarilería para comprar unas sillas.* — s.f. / COMERCIO

chamarilero, a (Derivado del ant. *chambariles,* instrumentos de zapatero.) Persona que compra y vende trastos viejos. — s. / COMERCIO

chamariz (Del port. *chamariz,* reclamo, señuelo < *chamar,* llamar < lat. *clamare.*) Pájaro más pequeño que el jilguero, de plumaje verdoso en el dorso y amarillento en pecho y abdomen. *(Serinus hortulanus.)* — s.m. / ZOOLOGÍA / pl: chamarices

chamarón (Derivado de *chamariz.*) Pájaro pequeño, de color negro en el dorso y blanco en alas y pecho, y de cola muy larga. — s.m. / ZOOLOGÍA / = mito

chamarra
1 Prenda de vestir de paño basto, semejante a la zamarra. — s.f.
2 Manta que puede usarse como poncho o chamal: *con una vieja chamarra montó el caballo y se dirigió al cerro.* — Amér.
3 Engaño, fraude: *consiguió engañarlos gracias a una inteligente chamarra.* — Amér. Central

chamarro Prenda rústica de vestir: *con el chamarro del abuelo salió de madrugada.* — s.m. / Hond.

chamba (Probablemente del port. ant. *chamba,* pierna, en el sentido de zancarrón, patán.)
1 Acierto, circunstancia o acción que se produce por casualidad y es favorable: *de chamba consiguió que le aceptasen la solicitud.* — s.f. / coloquial / = chiripa
2 Trabajo ocasional y mal remunerado: *está ocupado temporalmente en una chamba.* — Méx.

chambado Cuerna, vaso rústico. — s.m./Argent.

chambelán (Del fr. *chambellan.*) Noble que acompañaba al rey, gentilhombre de cámara. — s.m. / HISTORIA

chambergo, a
1 Se aplica al sombrero de ala ancha y levantada por un lado. — adj/s.m.
2 Prenda de abrigo que llega hasta media pierna. — s.m.

chambón, a (Derivado de *chamba.*)
1 Que no tiene habilidad en el juego y, en general, en cualquier actividad: *intentó repararlo, pero es tan chambón que lo dejó inservible.* — adj/s. / coloquial
2 Que acierta o consigue una cosa por casualidad: *sus pronósticos chambones nos sorprenden.* — adj. / coloquial

chambonada
1 Acierto o ventaja obtenidos por casualidad. — s.f./coloquial
2 Torpeza, tosquedad: *sus chambonadas rayan en lo patético; se rieron de su chambonada.* — coloquial

chamborote
1 Se aplica al pimiento blanco. — adj./Ecuad.
2 Se refiere a la persona de nariz larga. — Ecuad.

chambra (Abreviación del fr. *robe de chambre.*) Prenda de vestir semejante a la blusa. — s.f. / = chapona

chambrana (Del fr. ant. *chambrande* < lat. *camerandus,* part. de *camerare,* construir en forma de bóveda.)
1 Adorno del vano de puertas o ventanas: *un bajorrelieve de hojas de acanto conformaba la chambrana del quicio.* — s.f. / CONSTRUCCIÓN
2 Travesaño que une las partes de una mesa, silla u otro mueble para darles mayor seguridad. — CARPINTERÍA

chamelar Cambiar un jugador todas sus fichas por otras en el juego del chamelo. — v.intr. / JUEGOS

chamelo Variante del juego del dominó, en la que participan cuatro jugadores, de los que sólo tres actúan en cada mano: *se encontraron para una partida de chamelo.*
s.m.
JUEGOS

chamelote (Derivado del fr. *chamel*, camello.) Tejido fuerte e impermeable que se hacía con pelo de camello o de cabra mezclado con lana.
s.m.
TEXTIL
= camelote

chamicado, a (Derivado de *chamico*.)
1 Triste, callado y melancólico: *la muerte de su amigo le ha dejado chamicado y taciturno.*
2 Perturbado por la embriaguez: *llegó a casa completamente chamicado y tropezó con su padre.*
adj.
Chile, Perú
Chile, Perú

chamicera Zona de un monte con los árboles y las plantas ennegrecidos a consecuencia de un incendio.
s.f.

chamico (Voz quechua.) Arbusto silvestre, variedad del estramonio.
s.m./Amér.
BOTÁNICA

chamiza (Del gall.-port. *chamiça* < *chama*, llama < lat. *flamma*.)
1 Hierba gramínea que nace en tierras húmedas y frescas y que se emplea para cubrir el techo de chozas y casas rústicas.
2 Leña menuda para los hornos.
s.f.
BOTÁNICA

chamizo (Derivado de *chamiza*.)
1 Árbol o leño medio quemado o chamuscado: *recogieron algunos chamizos para alimentar la lumbre.*
2 Casa o choza con el techo cubierto de chamiza: *se resguardaron en el chamizo hasta que cesó la tormenta.*
s.m.

chamorro, a Se aplica al trigo que no tiene aristas, de espiga pequeña y achatada.
adj./s.m.
BOTÁNICA

champán (Del fr. *Champagne*, región francesa.) Vino espumoso, blanco o rosado, originario de Francia: *acompañaron la caldereta con una botella de champán.*
s.m.
tb: champaña

champañés, a Se aplica al método de elaboración del cava y el champán.
adj.

champar Decirle a una persona una cosa desagradable o recordarle un favor: *le champó con acritud todos los esfuerzos que había puesto en ayudarle.*
v.tr.
coloquial

champiñón (Del fr. *champignon* < lat. *campania* < *campus*, campo.) Hongo comestible de laminillas libres y anillo membranoso, que se cultiva fácilmente en lugares oscuros y húmedos. (*Psalliota campestris.*)
s.m.
MICOLOGÍA

champola
1 Refresco hecho con pulpa de guanábana y leche: *le invitaron a una champola en la pulpería.*
2 Refresco de chirimoya.
s.f.
Amér. Central
Chile

champú (Del ingl. *shampoo* < someter a masaje, lavar la cabeza.) Jabón especial para lavarse el pelo: *he de utilizar un champú con vitaminas.*
s.m.
pl.tb: champúes

champurrar Chapurrar, mezclar licores: *champurrar el aguardiente nuevo con el añejo.*
v.tr.
coloquial

champús Gachas de harina de maíz, azúcar y zumo de naranjilla: *enseñó a los extranjeros cómo hacer champús.*
s.m./pl: champús
Ecuad., Perú
COCINA

chamullar Hablar una persona demasiado o conversar varias personas sobre temas intrascendentes: *durante el viaje en tren chamullaron de todo lo habido y por haber.*
v.intr.
coloquial

chamurrar Quemar una cosa superficial o ligeramente: *chamurrar los panecillos en el horno.*
v.tr./= chamuscar,
somarrar

chamuscar (Del port. *chamuscar* < *chama*, llama < lat. *flamma*, llama.)
1 Quemar una cosa superficialmente: *el perro se acercó al fuego y se le chamuscó el pelo.*
2 Mostrarse una persona desconfiada o recelosa: *me chamusca tanto silencio.*
v.tr./prnl.
conj: sacar
v.prnl.
coloquial

chamusquina
1 Acción y resultado de chamuscar o chamuscarse.
2 Riña o discusión violenta: *la conversación se convirtió en una chamusquina.*
3 **oler a chamusquina:** Parecer que una disputa u otro asunto va a acabar mal: *este tira y afloja me huele a chamusquina.*
s.f./= chamusco
coloquial
coloquial

chanada (Derivado del gitano *chanar*, saber, entender.) Broma, chasco o superchería: *no se esperaba que descubriese su chanada.*
s.f.
coloquial

chancaca Dulce sólido hecho con melaza de caña de azúcar y cacahuete molido.
s.f./COCINA
Amér.

chancar
1 Triturar o machacar una cosa hasta desmenuzarla por completo.
2 Golpear a una persona, maltratarla: *la chancó con un palo y la echó de casa.*
3 Apabullar a una persona: *nos chanca con tanta palabrería y verborrea.*
4 Hacer mal una cosa o a medias: *chancar la zanja y dejarla sin acabar.*
5 Estudiar con ahínco, empollar: *el pobre estuvo chancando matemáticas todas las vacaciones y sólo consiguió aprobar.*
v.tr./conj: sacar
Amér.
Chile, Perú
Chile, Perú
Chile, Ecuad.
Perú

chance (Voz francesa.) Oportunidad, situación favorable: *le dio chance para que recuperase seguridad en sí misma.*
s.m.f.
Amér.

chancear (Derivado de *chanza*.) Hacer bromas y gracias: *se chancea de todo, y, a veces, lastima y enoja a alguien.*
v.intr/prnl.

chancero, a Que es aficionado a gastar chanzas o bromas: *con lo chancero que es, no podrá resistir la tentación de hacerle burla.*
adj.
= bromista

cháncharras Se usa en el sentido de pretexto o rodeo para dejar de hacer una cosa en la expresión **andar o no en cháncharras máncharras.**
coloquial

chancho, a
1 Cerdo, mamífero doméstico.
2 Desaseado, sucio.
3 **chancho eléctrico:** Enceradora, aparato electrodoméstico con que se encera el suelo.
s./Amér.
adj/s. Amér.
Chile

chanchullero, a Que consigue sus propósitos de manera poco lícita.
adj/s.

chanchullo Intriga o negocio ilícito que se prepara para obtener un beneficio: *hicieron un chanchullo para cobrar la pensión.*
s.m.
coloquial

canciller (Del fr. *chancelier* < lat. *cancellarius*, portero, ujier.) Canciller, funcionario de alta jerarquía.
s.m.
POLÍTICA

cancillería Antiguo tribunal superior de justicia.
s.f./HISTORIA

chancla
1 Chancleta, zapato sin talón: *casi todas las mujeres iban con chanclas y, unas pocas, descalzas.*
2 Zapato viejo con el talón caído y aplastado.
3 **en chancla:** Sin llevar el talón del zapato subido y colocado en el pie: *si los llevas en chancla, harás más ruido.*
s.f.
loc.adv.

chancleta
1 Zapatilla sin talón o con el talón doblado.
2 Zapato viejo con el talón caído y aplastado: *el indigente iba con chancletas porque tenía llagas en el talón.*
3 Persona torpe o achacosa: *es un chancleta, no sé si será excusa o realmente tiene todos los males que dice.*
4 **en chancletas:** Sin llevar el talón del zapato subido y colocado en el pie.
s.f.
s.m.f.
loc.adv.

chancletear Hacer una persona ruido al andar con chancletas: *el niño chancletea a lo largo del pasillo con unos zapatos de tacón de su madre.*
v.intr.

chanclo
1 Calzado grande de goma, madera u otro material que se pone sobre el calzado ordinario para protegerlo del lodo y la humedad: *se puso unos chanclos para salir al camino.*
2 Parte inferior de algunos zapatos.
s.m.

chancro (Del fr. *chancre*, úlcera sifilítica.) Lesión ulcerosa, especialmente de tipo venéreo, que suele extenderse y destruir las zonas próximas.
s.m.
MEDICINA

chándal (Del fr. *chandail*.) Prenda deportiva formada por un pantalón y un jersey o chaqueta amplios.
s.m.

chaneca Trenza femenina.
s.f./Bol.

chanfaina (Del lat. *symphonia*, concierto < gr. *symphonia*, acuerdo de voces o de sonidos < *syn*, con + *phone*, voz.) Guiso de verduras o asaduras troceadas: *acompañó la butifarra con chanfaina de berenjenas y pimiento.*
s.f.
COCINA

chanfla Moneda falsa.
s.f./= chanflón

chanfle
1 Chaflán, esquina de edificios: *la balconada está situada en el chanfle.*
2 Golpe oblicuo que se da a una pelota haciendo que cambie la dirección de su trayectoria.
s.m./Méx.,
Amér. Merid.
Argent., Chile

chanflear Dar forma de chaflán a una cosa: *chanflear una esquina para ganar luminosidad.*
v.tr.
Argent.

chanflón, a
1 Se aplica al clavo que estaba labrado toscamente.
2 Se refiere a la moneda que es falsa: *le pagó con un peso chanflón.*
3 Que es tosco y grosero: *su silueta chanflona se dibujaba tras la cortina.*
adj.
adj/s.
coloquial

changa
1 Trato o negociación de poca importancia.
2 Servicio que presta el changador y retribución que se le da: *le agradeció la changa.*
3 Trabajo ocasional que permite ir subsistiendo mientras se encuentra otro: *sólo tiene una changa, pero espera conseguir algo mejor.*
s.f.
Amér. Merid.
Amér. Merid.

changador (Del port. *jangada*, almadía.)
1 Mozo que en las estaciones y aeropuertos lleva el equipaje de los pasajeros.
2 Obrero agrícola sin sueldo ni trabajo fijo.
s.m.
Amér. Merid.
Chile

changar
1 Trabajar un mozo llevando el equipaje de los pasajeros en las estaciones y aeropuertos.
v.intr./conj: pagar
Amér. Merid.

2 Hacer trabajos de poca monta: *desde que volvió a la ciudad se dedica a changar.* *Amér. Merid.*

3 Transportar a pulso cargas o equipajes: *su hermano changaba en la terminal de autobuses.* *Amér. Merid.*

changarro Campana pequeña, cilíndrica y generalmente tosca que se cuelga del pescuezo del ganado: *el ruido de los changarros le recordó su lejana infancia.* s.m. = cencerro

chango, a
1 Niño, muchacho: *cuatro changos se le acercaron y le acompañaron.* s./Argent., Bol.
2 Que es torpe y fastidioso. adj/s./Chile
3 Mono, en general cualquier simio: *con su chango y la guitarra recorrió la costa.* s.m. Méx.

changüí Engaño, burla o chasco: *¡vaya changüí te han dado!* s.m. pl.tb: changüíes

changurro Guiso de centollo, servido en su caparazón, típico de la cocina vasca. s.m. COCINA

chano Se usa para indicar que una cosa se hace lentamente o paso a paso en la expresión **chano chano**: *iré andando chano chano hasta tu casa.* loc.adv. coloquial

chanquete Pez teleósteo marino, muy pequeño ytraslúcido, de aspecto similar a la cría del boquerón, de color amarillento o rosado, cuya carne es muy apreciada. *(Aphya minuta.)* s.m. ZOOLOGÍA

chantaje (Del fr. *chantage < chanter,* cantar.) Presión con la que se amenaza a una persona de provocar un escándalo público u otro perjuicio semejante con el fin de obtener dinero u otro provecho: *fue víctima de chantaje y tuvo que dimitir para que no se publicara su romance.* s.m.

chantajear Presionar con chantaje a una persona: *lo chantajearon con las fotos de su cita secreta.* v.tr.

chantajista Persona que realiza un chantaje: *el chantajista le entregó los negativos tras recibir el dinero exigido.* s.m.f.

chantar
1 Decir a una persona las cosas claras y rudamente. v.tr/Amér. Merid.
2 Dar golpes. Chile
3 Poner a una persona en su lugar. Chile

chantillí (Del fr. *Chantilly.*) Crema de pastelería hecha de nata batida. s.m./COCINA pl.tb: chantillíes

chantillón (Del fr. *echantillon.*) Regla o patrón que sirve para trazar las líneas y fijar las dimensiones de las piezas que se han de tallar. s.m. = escantillón

chantre (Del fr. *chantre,* cantor < lat. *cantor,* cantor.) Persona que se encargaba de la dirección del canto en el coro de las iglesias catedrales. s.m. MÚSICA

chanza (Del ital. *ciancia,* burla, mentira.) Burla o dicho festivo y gracioso: *parece cosa de chanza que ese carcamal se enamore de ella.* s.f.

chanzoneta (Del fr. *chansonnette,* cancioncita, canción burlesca.)
1 Composición poética ligera y festiva que se cantaba en ciertas festividades religiosas. s.f. MÚSICA
2 Chanza, dicho gracioso. coloquial

cháñaca Sarna, enfermedad de la piel. s.f./Amér.

chañar
1 Árbol papilionáceo, parecido al olivo en el tamaño y las hojas. *(Gourliea decorticans.)* s.m./Amér. Merid. BOTÁNICA
2 Fruto de este árbol, dulce y comestible. Amér. Merid.

chap- Componente de palabra de origen onomatopéyico, que indica el ruido del agua al caer: *chapotear; chapalear.* pref.

chapa
1 Lámina de metal, madera u otra materia dura: *reforzar una puerta con una chapa de acero.* s.f. = plancha
2 Disco pequeño de metal o madera usado como ficha: *no pierdas la chapa del guardarropa.*
3 Tapa metálica de algunas botellas que sirve para cerrarlas a presión: *la fuerza del gas romperá la chapa.*
4 Mancha roja en las mejillas: *con el calor te han salido chapas.* = chapeta
5 Distintivo de un cargo o profesión: *el policía nos enseñó su chapa.*
6 Trozo de piel usado por los zapateros para reforzar algunas costuras.
7 Cerradura, mecanismo de cierre: *cambió la chapa porque había perdido las llaves.* Méx.
8 Agente de policía. s.m/f./Ecuad.
9 Juego en que se apuesta sobre el lado del que quedarán al caer al suelo dos monedas que se tiran a lo alto. s.f.pl.
10 hacer chapas: Practicar la prostitución. jerga
11 no pegar ni chapa: No trabajar, estar descansando u ocioso: *si me toca la lotería, no pegaré ni chapa.* coloquial = no dar ni golpe

chapado, a
1 Que está cubierto de una lámina de otro material: *he comprado un armario chapado de caoba.* adj.

2 Que está cubierto de una capa de metal precioso: *es plata chapada en oro.*

3 chapado a la antigua: Se aplica a la persona que tiene ideas y costumbres anticuadas: *su hermano es un hombre chapado a la antigua.* loc.adj.

chapalear
1 Sonar el agua al ser agitada con los pies y las manos: *le gusta chapalear en la bañera.* v.intr. = chapotear
2 Hacer ruido varias cosas al golpearse repetidamente: *chapaleaban los listones con el traqueteo.* = chacolotear

chapaleta Válvula de la bomba usada para sacar agua: *los sedimentos obturaron la chapaleta.* s.f. TECNOLOGÍA

chapaletear Hacer ruido el agua al chocar con una cosa: *el chorro chapaletea contra la piedra; la lluvia chapaleteaba en el pavimento.* v.intr.

chapar
1 Adornar o cubrir una cosa con chapas: *restauró el mobiliario chapándolo.* v.tr. tb: chapear
2 Decir una cosa desagradable a una persona: *el conductor le chapó un insulto.* vulgar
3 Cerrar un lugar con llave u otro instrumento: *chapa la puerta con llave.* argot
4 Mirar, acechar. Amér. Merid.
5 Apresar a una persona: *lo chaparon después de una larga persecución por la ciudad.* Perú

chaparra (Derivado de *chaparro.*)
1 Coscoja, arbusto. s.f./BOTÁNICA
2 Chaparro, matorral de encina o roble. BOTÁNICA

chaparrada (Derivado de *chaparrón.*) Chaparrón, lluvia fuerte. s.f.

chaparral Tipo de vegetación, equivalente sudamericano del maquis de clima mediterráneo formado por chaparros. s.m. BOTÁNICA

chaparrazo Chaparrón, lluvia intensa. s.m./Hond., Venez.

chaparrear Llover violenta e intensamente: *las nubes de la mañana se oscurecieron y empezó a chaparrear.* v.intr/impers.

chaparreras Especie de pantalones, por lo general de piel, formados por dos piezas separadas que se sujetan a la cintura por medio de correas y se usan para montar a caballo. s.f.pl. Méx. EQUITACIÓN

chaparro, a (Probablemente de origen prerromano, emparentado con el vasco. *txapara,* matorral pequeño.)
1 Se aplica a la persona de corta estatura y rechoncha: *el hidalgo y el chaparro se alejaban por el camino.* adj/s. coloquial
2 Coscoja, arbusto. s.m./BOTÁNICA
3 Mata ramosa y de poca altura de encina o roble. BOTÁNICA
4 Planta malpigiácea de cuyas ramas nudosas se hacen bastones. *(Byrsonima crassifolia.)* Amér. Central BOTÁNICA

chaparrón
1 Lluvia fuerte de corta duración: *el chaparrón los sorprendió en mitad de la playa.* s.m.
2 Abundancia de cosas: *cuando se inspira tiene un chaparrón de ideas.* coloquial
3 Bronca, reprimenda fuerte: *aguantó el chaparrón de su padre sin rechistar.* coloquial

chapatal Ciénaga, lugar lleno de barro: *durante la incursión nocturna acabaron metidos en un chapatal.* s.m.

chape
1 Trenza de pelo: *la mujer peinó a sus hijas con chapes atados con cintas rojas.* s.m. Amér. Merid.
2 Denominación dada a varios moluscos: *vendieron todos los chapes en un santiamén.* Chile

chapeado, a
1 Se aplica a la persona que tiene las mejillas sonrosadas o con buen color. adj. Colomb., Méx.
2 Se refiere a la persona que viste bien: *nadie le reconoció al ir tan chapeado.* Chile

chapear
1 Adornar o cubrir una cosa con chapas: *chapeó las botellas con una máquina manual.* v.tr. tb: chapar
2 Limpiar la tierra de malas hierbas. Amér. Central
3 Mejorar la situación económica, prosperar. v.prnl/Chile

chapeca
1 Trenza de pelo: *aquellas mujeres del norte llevaban el pelo recogido con chapecas.* s.f. Argent.
2 Ristra de ajos: *le fue difícil encontrar dos buenas chapecas en el mercado.* Argent.

chapela (Del vasco *txapela.*) Boina de mucho vuelo usada en el País Vasco. s.f.

chapera (Derivado de *chapa.*) Plano inclinado con travesaños unidos que se usa en las obras en sustitución de escaleras. s.f. CONSTRUCCIÓN

chapero Hombre que ejerce la prostitución con otros hombres. s.m./jerga

chaperón Alero de madera que suele usarse en los patios para apoyar los canalones. s.m. ARQUITECTURA

chapeta (Derivado de *chapa.*) Mancha roja que sale en las mejillas por el calor o sofoco: *el embarazo que sintió le produjo unas chapetas llamativas.* s.f. = chapa

chapetear Chapotear, agitar el agua: *los niños chape-teaban en la piscina alegremente.* — v.intr/tr.

chapetón, a
I (Probablemente de *chapín*, calzado.)
1 Se aplica al español recién llegado a América. — adj/s./Amér.
2 Se refiere a la persona inexperta o novata. — adj./Amér.
II (Del componente *chap-*.) Chaparrón, aguacero. — s.m.

chapetonada (Derivado de *chapetón*, español recién llegado.)
1 Enfermedad que padecían los españoles al llegar a América, antes de aclimatarse. — s.f./HISTORIA, MEDICINA
2 Inexperiencia o error que se comete por falta de información: *no te preocupes por esa chapetonada.* — Amér.
3 Novatada, broma que se gasta a los recién llegados a un lugar: *quien ideó la chapetonada no calculó las consecuencias.* — Ecuad.

chapín, a
1 Guatemalteco, persona natural de Guatemala. — adj/s./Amér. Central
2 Se aplica a la persona de piernas y pies torcidos. — Amér. Merid.
3 Pez parecido al cofre, que vive en los mares tropicales. *(Ostracion trigonus).* — s.m. ZOOLOGÍA
4 Calzado con suela de corcho: *se presentó a escena con unos ridículos chapines.*

chapinete Madero de un entramado en ciertas obras de albañilería. — s.m. CONSTRUCCIÓN

chapinizarse Adquirir una persona las costumbres de los guatemaltecos: *después de diez años en el país, se chapinizó.* — v.prnl. conj: cazar Amér. Central

chapiri Gorro de los legionarios formado por dos piezas cuadrangulares cosidas por tres de sus lados y del que pende una borla: *guarda como recuerdo un chapiri de su abuelo.* — s.m. MILITAR

chápiro Se usa para indicar enfado o enojo en la expresión ¡voto al chápiro! — s.m.

chapisca Recolección del maíz: *la chapisca de este año ha sido muy pobre.* — s.f./Amér. Central AGRICULTURA

chapista Persona que trabaja la chapa: *he llevado el coche al chapista.* — s.m.f.

chapistería
1 Taller donde se repara y trabaja la chapa, especialmente la de los automóviles. — s.f. METALURGIA
2 Arte y técnica de trabajar o fabricar la chapa metálica: *se está familiarizando con la chapistería.* — METALURGIA

chapitel (Del fr. ant. *chapitel*.)
1 Remate en forma en punta y con forma piramidal: *la cuerda del globo se enredó en el chapitel.* — s.m./tb: capitel ARQUITECTURA
2 Parte superior de una columna: *cuatro cabezas de faunos constituían el chapitel.* — ARQUITECTURA tb: capitel
3 Cono hueco de piedra dura, encajado en el centro de la aguja de la brújula.

chapó (Del fr. *chapeau*, sombrero.)
1 Variante del billar, en el que generalmente participan cuatro jugadores, que se juega en una mesa grande con troneras, en la que se colocan cinco palillos. — s.m. JUEGOS
2 ¡chapó!: Expresión enfática de admiración: *ante tal espectáculo sólo fue capaz de exclamar ¡chapó!* — interj.

chapodar (Del lat. *supputare*, podar a la ligera.)
1 Podar una planta para favorecer su crecimiento: *tardaron mucho en chapodar los árboles del bulevar.* — v.tr. AGRICULTURA
2 Cortar una cosa por su base: *chapodar la autoridad de alguien con el descrédito.* — = cercenar

chapodo Parte de la rama que se poda. — s.m./AGRICULTURA

chapola Mariposa, insecto lepidóptero. — s.f./Colomb.

chapón (Derivado de *chapa*.) Borrón o mancha grande de tinta: *se le cayó el tintero y todo el papel quedó lleno de chapones.* — s.m.

chapona (Derivado de *jubón*.) Chaqueta, americana: *se quitó la chapona porque estaba sudando y la colgó de la silla.* — s.f. Urug.

chapopote Sustancia negra y espesa que se obtiene del petróleo y se emplea para asfaltar caminos. — s.m./Méx., Antillas CONSTRUCCIÓN

chapotear
1 Hacer una persona ruido al golpear el agua o el barro con los pies o las manos: *los niños disfrutan chapoteando en la bañera.* — v.intr/tr. tb: chapetear
2 Mojar una cosa con una esponja o un paño empapado de agua: *chapoteó un poco su rostro para quitarse el sudor.* — v.tr.

chapoteo
1 Ruido que se hace al hacer sonar el agua o el barro: *los chapoteos en la charca.* — s.m.
2 Sumersión de algo en un líquido.

chapucear (Derivado de *chapuz*, obra manual de poca importancia o mal hecha.) Realizar un trabajo o un arreglo deprisa y descuidadamente: *en lugar de arreglar la sala, la chapuceó.* — v.tr. coloquial

chapucería
1 Chapuza, trabajo hecho con descuido: *por la chapu-* — s.f.

cería que me han hecho deberían arreglar el precio del presupuesto acordado.
2 Imperfección y falta de limpieza en una obra: *el albañil le dejó las paredes como una auténtica chapucería.*

chapucero, a
1 Que está hecho de manera tosca y grosera: *ritmo chapucero de una composición poética.* — adj.
2 Se aplica a la persona que hace trabajos de forma descuidada: *es un ebanista chapucero que no cuida los acabados.* — adj/s.
3 Persona con habilidad para reparar cualquier cosa: *su compañero de piso es un chapucero, igual arregla un grifo que una lámpara.* — s.
4 Persona que por oficio fabrica o vende cosas de hierro.

chapulín
1 Langosta, cigarrón. — s.m./Amér.
2 Niño, chiquitín: *los chapulines iban a la escuela uniformados y con el semblante risueño.* — Amér. Central

chapurrado Bebida hecha con ciruelas cocidas, agua, clavo y azúcar. — s.m. Cuba

chapurrar
1 Chapurrear, hablar mal o con dificultad una lengua. — v.tr.
2 Champurrar, mezclar dos o más licores. — coloquial

chapurrear Hablar mal o con dificultad una lengua: *chapurreaba el inglés y el alemán.* — v.tr. tb: chapurrar

chapurreo Pronunciación muy imperfecta o defectuosa propia de la persona que apenas conoce una lengua o de un niño que aprende a hablar: *su chapurreo le delata.* — s.m.

chapuz
I (Derivado de *chapuzar*.) Acción de meterse de cabeza bajo el agua: *en aquella piscina me di el mejor chapuz de mi vida.* — s.m./pl: chapuces = chapuzón
II (Del fr. ant. *chapuis*, tajo, pedazo de madera grueso.)
1 Obra o reparación sin importancia: *las puertas sólo necesitan un par de chapuces.* — s.m. = chapuza
2 Obra mal hecha: *hizo un auténtico chapuz, no se preocupó de pulir los acabados.* — = chapucería, chapuza
3 Cualquiera de las piezas que se añaden exteriormente a los palos de las embarcaciones, para completar su redondez. — NÁUTICA

chapuza (Derivado de *chapuz*, tajo, pedazo de madera.)
1 Trabajo tosco: *los obreros hicieron una chapuza al remodelar los chaflanes.* — s.f. = chapucería
2 Obra o reparación de poca importancia. — tb: chapuz
3 Trampa o engaño: *con sus chapuzas le convenció para que invirtiese en su negocio.* — Méx.

chapuzar (Del ant. *sopozar* < *so-*, debajo + *pozo*.)
1 Meter o meterse una persona o animal de cabeza en el agua: *se chapuzó en la piscina de su casa; no chapuzan con violencia a los niños para que el agua no les dé miedo.* — v.tr/prnl. conj: cazar = capuzar
2 Introducir de golpe una cosa en el agua: *chapuzó los cacharros en la fregadera.* — v.tr.

chapuzón Acción de zambullirse o meterse en el agua de cabeza o de golpe: *nos dimos un refrescante chapuzón en el agua helada del río.* — s.m./tb: capuzón = chapuz

chaqué (Del fr. *jaquette*.) Prenda de vestir masculina semejante a la chaqueta, con dos faldones traseros, que se usa como traje de etiqueta: *los caballeros vestían chaqué y las señoras traje largo.* — s.m.

chaqueta (Del fr. *jaquette* < fr. ant. *jaque*, especie de jubón, cota de malla.)
1 Prenda de vestir con mangas, que cubre la parte superior del cuerpo hasta los muslos y se abotona por delante: *llevaba una chaqueta de paño y un elegante pantalón de sarga.* — s.f.
2 cambiar de chaqueta: Variar de opinión, ideología o partido político: *a lo largo de su vida cambió varias veces de chaqueta.* — coloquial

chaquetear
1 Cambiar una persona de ideas o de partido político por interés: *su apoyo no les merecía crédito porque estuvo chaqueteando toda su vida.* — v.intr. coloquial
2 Huir una persona ante el enemigo o ante una situación arriesgada.

chaqueteo
1 Cambio en las ideas que se defienden o de partido por interés y conveniencia personal. — s.m. coloquial
2 Retroceso o arrepentimiento al ir a realizar un acto arriesgado. — coloquial

chaquetero, a
1 Que cambia de opinión o partido: *los chaqueteros no merecen ningún crédito.* — adj/s. coloquial
2 Que adula o alaba con exageración. — coloquial

chaquetilla
1 Chaqueta que llega hasta la cintura. — s.f.

2 chaquetilla torera: La que usan los toreros en el traje de lidia o la que es parecida a ésta. — TAUROMAQUIA

chaquetón Prenda de vestir de abrigo, más larga que la chaqueta: *vestía chaquetón marinero.* — s.m.

chaquiñán Atajo o vereda: *tomaron el chaquiñán para llegar antes a la ciudad.* — s.m. Ecuad.

chaquira Conjunto de collares o abalorios que llevaban los colonizadores españoles para venderlos a los indígenas americanos. — s.f. HISTORIA

charabón
1 Ñandú que comienza la muda del plumón.
2 Persona torpe e inexperta: *el charabón desarticuló la organización de la oficina.* — s.m./Argent. Argent.

charada (Del fr. *charade*.) Pasatiempo en que hay que adivinar una palabra sobre cuyo significado se dan algunas indicaciones y con cuyas sílabas se han formado otras palabras. — s.f. JUEGOS

charal Pez de cuerpo comprimido y espinoso, y muy delgado, que abunda en lagos y lagunas y se consume seco. *(Chirostoma jordani.)* — s.m. Méx. ZOOLOGÍA

charamada Llamarada de fuego: *se asustaron al ver la charamada que salía del motor.* — s.f.

charamusca (Derivado de *chamuscar*.) Dulce de azúcar en forma de tirabuzón, acaramelado y duro. — s.f./Méx. COCINA

charanga
1 Conjunto de músicos que, recorriendo las calles, amenizan las fiestas tocando instrumentos de metal y de percusión: *llevan meses ensayando para ganar el concurso de charangas.* — s.f. MÚSICA
2 Música militar que se interpreta sólo con instrumentos de viento. — MILITAR, MÚSICA
3 Ruido persistente y molesto: *de la discoteca nos llegaba una charanga insoportable.* — coloquial

charango Instrumento musical compuesto por cinco cuerdas, que es originario de América del Sur. — s.m. MÚSICA

charapa Tortuga pequeña y comestible. — s.f./Ecuad., Perú

charca Pequeña hondonada del terreno, natural o excavada, donde se acumula el agua: *los niños pescaban ranas en la charca.* — s.f. = poza, pozanca

charcal Sitio donde hay muchos charcos: *en los charcales croaban y saltaban las ranas.* — s.m.

charco
1 Pequeña acumulación de agua que se forma en los baches o en concavidades del terreno: *al niño le encanta chapotear en los charcos con las botas de agua.* — s.m.
2 **cruzar o pasar el charco:** Atravesar el mar, especialmente el Atlántico para ir a América: *durante su exilio cruzó varias veces el charco.* — coloquial

charcón A Se aplica a la persona o animal que no engorda: *por mucho que coman aquellas vacas charconas no medran.* — adj. Argent., Bol.

charcutería
1 Establecimiento donde se venden fiambres, embutidos y otros alimentos derivados del cerdo. — s.f. COMERCIO
2 Conjunto de productos que se venden en este establecimiento: *en este mercado encontrarás charcutería de calidad.*

charcutero, a Dueño de una charcutería o persona que trabaja en ella. — s.

charla
1 Acción de charlar: *se pasan el día de charla y se olvidan de sus quehaceres.* — s.f. tb: garla
2 Disertación oral ante un público sobre un tema de poca trascendencia: *asistimos a una charla literaria.*
3 Ave de plumaje verde aceitunado con el vientre amarillo, moteado con pintas negras. *(Turdus viscivorus.)* — ZOOLOGÍA

charladuría Conversación indiscreta. — s.f.

charlar (Probablemente del ital. *ciarlare*.)
1 Hablar mucho y sobre temas intrascendentes: *están todo el rato charlando de tonterías.* — v.intr./coloquial tb: charrar
2 Decir cosas que deberían mantenerse en secreto: *les charló todo lo que sabía sobre ellas.* — = largar

charlatán, a (Del ital. *ciarlatano*.)
1 Se aplica a la persona que habla mucho: *consiguió callar a la charlatana.* — adj/s.
2 Indiscreto, que habla de cosas que debería callar: *el charlatán les contó todos sus secretos.*
3 Embaucador, farsante: *el curandero, un auténtico charlatán, le persuadió de sus propósitos.* — = churrullero
4 Vendedor ambulante que vocea las excelencias de su mercancía.

charlatanear Hablar una persona excesivamente: *sólo tiene dos años, pero charlatanea mucho.* — v.intr/= charlar, charlotear

charlatanería
1 Tendencia a hablar mucho o demasiado: *su charlatanería los embota.* — s.f. = locuacidad
2 Actitud charlatana, indiscreta.

charlatanismo Charlatanería engañosa. — s.m.

charlear Emitir la rana su voz: *la noche iba cayendo y cada vez charleaban más fuerte.* — v.intr. = croar

charlestón Baile de ritmo rápido, creado por los negros americanos, que se hizo muy popular en Europa a principios del siglo XX. — s.m. MÚSICA

charlotada (De *Charlot*, personaje del cine.)
1 Festejo taurino cómico: *asistieron a una charlotada con payasos incluidos.* — s.f.
2 Actuación grotesca o ridícula.

charlotear Hablar una persona excesivamente: *charloteando y criticando pasa toda la tarde.* — v.intr. = charlar

charneca (Probablemente del port. *charneca*.) Lentisco, arbusto. — s.f. BOTÁNICA

charnego, a Inmigrante procedente de otra región, instalado en Cataluña. — s. despectivo

charnela (Del fr. *charniere* < *charne*, gozne < lat. *cardo*.)
1 Bisagra de una puerta o ventana: *engrasa las charnelas para que no chirríen tanto.* — s.f. = gozne
2 Ligamento flexible que une las dos conchas de los moluscos bivalvos. — ZOOLOGÍA

charol (Del port. *charao*, laca < chino *chat*, barniz + *liao*, tinta.)
1 Barniz muy lustroso y permanente que se adhiere perfectamente al material al que se aplica. — s.m.
2 Cuero barnizado con este tipo de barniz, usado para hacer calzado: *hace tiempo que deseaba comprarme unos zapatos de charol.*
3 Bandeja, soporte para llevar cosas de un lugar a otro: *le sirvió el desayuno en un charol de plata.* — Amér. Central y Merid.
4 **darse charol:** Presumir, darse importancia: *delante de sus amigos se estuvo dando charol.* — coloquial

charola
1 Bandeja para servir cosas. — s.f./Méx.
2 Placa o documento que sirve como identificación a una autoridad o persona influyente: *enseñó la charola de policía.* — Méx.

charolado, a
1 De charol: *zapatos charolados.* — adj.
2 Que tiene alguna propiedad del charol: *este tejido tiene un brillo charolado.* — tb: acharolado

charolar Cubrir una cosa con charol: *el zapatero charoló los zapatos.* — v.tr. tb: acharolar

charpa (Del fr. *echarpe*, bandolera, charpa < germ. *skerpa*.)
1 Correa que cuelga del hombro hacia la cintura, provista de ganchos para llevar armas de fuego. — s.f.
2 Cabestrillo para la mano o el brazo: *la charpa le hizo una rozadura en el hombro.*

charquecillo Congrio seco y salado. — s.m./Perú

charqui
1 Tasajo, pedazo de carne, generalmente de vacuno, secado al sol o al aire. — s.m./Amér. Merid. tb: charque
2 Tajada de algunas frutas que ha sido secada al sol. — Amér. Merid.

charra (Derivado de *charro*.) Sombrero de alas anchas y bajo de copa: *llevaba la charra bien calada.* — s.f. Guat., Hond.

charrada
1 Acción o palabras propias de los charros. — s.f.
2 Baile típico charro: *llegaron a tiempo de admirar las charradas de La Alberca.*
3 Obra o adorno vistoso, recargado y de mal gusto: *se mofaron de las charradas que vestía.* — coloquial = charrería

charrán, a
1 Pillo, tunante: *la señora le regateaba el precio, mientras los charranes le robaban la fruta.* — adj/s. = pícaro
2 Ave palmípeda con la cabeza gris y el cuerpo negro, que vive en las costas. *(Sterna Sterna.)* — s.m. ZOOLOGÍA

charranada Acción injusta con que se perjudica a una persona en beneficio de otra: *fue víctima de múltiples charranadas.* — s.f.

charranear Vivir o comportarse como un pillo. — v.intr.

charranería
1 Actitud charrana o del que habla mucho. — s.f.
2 Acciones o palabras propias de un pillo.

charranesco, a De los charranes. — adj.

charrar
1 Hablar dos o más personas sobre temas intrascendentes: *cuando están juntos no paran de charrar.* — v.intr./coloquial tb: charlar
2 Explicar un suceso sin discreción alguna: *charraron toda la historia sin omitir detalle.* — v.tr.

charrasca
1 Sable que se lleva arrastrando. — s.f./tb: charrasco
2 Navaja de muelles.

charrería (Derivado de *charro*.) Obra o adorno vistoso, recargado y de mal gusto: *ornó los puños del abrigo con unas charrerías metálicas.* — s.f. = charrada

charrete (Del fr. *charrette*, carreta.) Coche de dos ruedas y dos o más asientos. — s.f.

charretera (Del fr. *jarretiere*.)

1 Divisa militar de seda, oro, plata u otro material, que se sujeta al hombro y de la que pende un fleco: *las charreteras dejaron de estar en uso a mediados del siglo pasado.* — s.f. MILITAR

2 Liga con hebilla que se usaba para sujetar la media. — = jarretera

charro, a
1 De la provincia de Salamanca: *la cultura popular charra está muy unida al toro.* — adj.
2 Persona natural de esta provincia. — s.
3 Que es basto o rústico. — adj.
4 Que está demasiado recargado de adornos o es de mal gusto: *un vestido charro.* — = abigarrado
4 Jinete o caballista que viste traje especial, compuesto de chaqueta con bordados, pantalón ajustado, camisa blanca y sombrero de ala ancha y alta copa cónica. — s.m. Méx.

charrúa (Del fr. *charrue*, arado < galo-latino *carruca*, especie de carruaje < lat. *carrus*.) Embarcación pequeña utilizada para remolcar otras mayores. — s.f. NÁUTICA

chárter (Voz inglesa.) Vuelo o avión que no pertenece a las líneas regulares y que ha sido contratado o alquilado por una compañía turística. — s.m. AERONÁUTICA

chartreuse (Del fr. *chartreuse* < *Chartres*, ciudad de Francia.) Licor verde o amarillo, obtenido por maceración de plantas aromáticas, destilación y adición de jarabe. — s.m.

chasca
1 Leña menuda obtenida de la poda de árboles: *recoger la chasca para encender una hoguera.* — s.f./= frasca,
2 Ramaje que se coloca sobre la leña dispuesta para hacer carbón. — = ramulla

chascar (Derivado de *chasco*.)
1 Producir chasquidos: *la madera seca y las piñas chascaban al arder.* — v.intr. conj: sacar
2 Hacer ruido al masticar: *no chasques mientras comes.*
3 Comer un alimento deprisa y sin masticarlo: *aunque tengas prisa, no chasques el filete.* — v.intr/tr. = engullir
4 Triturar un alimento quebradizo. — v.tr.

chascarrillo Chiste o anécdota ligera y graciosa: *no cuentes chascarrillos delante de los niños.* — s.m./coloquial th: chascarro

chasco (Voz onomatopéyica.)
1 Decepción, desengaño o sorpresa que produce un suceso o una contestación inesperados o adversos: *nos hemos llevado un buen chasco al ver que no remontábamos el negocio.* — s.m.
2 Burla o engaño: *era tan inocente que con el chasco más simple consiguió engatusarla.*

chasconear
1 Enredar, enmarañar. — v.tr./Chile
2 Tirar del pelo. — Chile

chasis (Del fr. *chassis* < lat. *capsa*, caja.)
1 Armazón que sostiene el motor y la carrocería de un vehículo: *el chasis del tren.* — s.m./pl: chasis MECÁNICA
2 Bastidor donde se colocan las placas en una máquina fotográfica. — FOTOGRAFÍA
3 estar o quedarse en el chasis: Quedarse muy delgado: *se quedó en el chasis después de haber padecido una hepatitis.* — coloquial

chaspe Señal superficial que se hace con un hacha en el tronco del árbol: *hizo varios chaspes, pero no estropeó la madera.* — s.m.

chaspear Hacer muescas superficiales en los árboles. — v.tr.

chasponazo Rozadura o señal dejada por una bala u otro objeto en un cuerpo duro al pasar rozándolo: *la pared presenta tres chasponazos.* — s.m.

chasque Emisario, mensajero: *envió varios chasques, pero ninguno llegó al destino.* — s.m./Amér. Merid. th: chasqui

chasquear (Derivado de *chasco*.)
1 Dar chasquidos: *chasqueó el látigo para avivar la marcha de las caballerías; Pablo chasquea la lengua y se pasa la mano por la cabeza.* — v.intr/tr. = chascar
2 Dar un chasco a alguien: *su actitud nos chasqueó.* — v.tr.
3 Dejar de cumplir una promesa: *chasqueó su compromiso con sus amigos.*
4 Sufrir una decepción. — v.prnl.

chasquido Ruido seco como el que se produce al sacudir el látigo bruscamente en el aire, al separar súbitamente la lengua del paladar o al romperse alguna cosa: *con los chasquidos azuzó a los perros.* — s.m.

chata (Derivado de *chato*.) Orinal plano, con mango hueco y borde entrante, usado por los enfermos que están en cama y no pueden incorporarse. — s.m.

chatarra (Del vasco *txatar*, escoria que deja el mineral de hierro.)
1 Conjunto de utensilios viejos o trozos de metal, en especial de hierro: *pesó la chatarra y le abonó el importe en metálico.* — s.f.
2 Residuos del mineral de hierro. — MINERÍA
3 Máquina o aparato que son casi inservibles. — = cafetera

4 Conjunto de monedas metálicas de poco valor: *pago yo porque llevo mucha chatarra.* — coloquial = calderilla
5 Conjunto de joyas o de condecoraciones que lleva puestas una persona. — coloquial
6 Objeto de poco valor: *pretendía saldar la deuda con un puñado de chatarras.* — coloquial

chatarrear Desguazar una máquina para convertirla en chatarra o trozos de desecho: *chatarrean los coches en un santiamén.* — v.tr.

chatarrería
1 Lugar donde se compra, almacena o vende chatarra: *en la chatarrería encontrarás esa pieza.* — s.f. COMERCIO
2 Actividad de los que comercian con chatarra. — COMERCIO

chatarrero, a Persona que se dedica a comerciar con chatarra. — s. COMERCIO

chatarroso, a Que parece de chatarra: *ajena a las burlas, lucía bisutería chatarrosa.* — adj.

chateo Acción de tomar chatos de vino: *el domingo se va de chateo con los amigos.* — s.m. coloquial

chato, a (Del lat. vulgar *plattus*, aplanado < gr. *platys*, plano.)
1 Se aplica a la nariz que es aplastada y poco prominente. — adj.
2 Que tiene la nariz con este aspecto: *la chata desesperaba ante cualquier mención sobre su defecto.* — adj/s.
3 Que tiene poco relieve o elevación: *clavo chato.*
4 Vaso bajo y ancho de vino u otra bebida usado en bares y tabernas. — s.m. coloquial
5 Bebida que se toma en este vaso.
6 Apelativo cariñoso para referirse a una persona: *¡qué tal, chata!* — s.

chatón (Del fr. *chaton*, piedra engastada < germ. *kasto*, caja.) Piedra preciosa de gran tamaño engastada en una joya. — s.m.

chatre Que es elegante o va muy acicalado: *se paseaba por la avenida luciendo su aspecto chatre.* — adj. Chile, Ecuad.

chaucha
1 Judía verde: *tomaron un guiso de chauchas.* — s.f./Argent. Amér. Merid.
2 Patata temprana o menuda que se suele usar como simiente: *guardaron primero las chauchas.* — Amér. Merid.
3 Monedas de poco valor, calderilla: *le dio unas chauchas como propina, pensando que quedaba como un caballero.* — s.f.pl. Amér. Merid.

chauche Pintura roja hecha con minio, usada para teñir los suelos. — s.m.

chauchera Monedero, bolsa para llevar dinero: *le robaron la chauchera en la feria y ni siquiera se dio cuenta.* — s.f. Chile, Ecuad.

chaúl Tela de seda sin brillo, originaria de China. — s.m./TEXTIL

chauvinismo Chovinismo, patriotismo excesivo. — s.m./POLÍTICA

chaval, a (Del gitano *chavale* < *chavó*, muchacho.) Persona joven: *unos chavales le ayudaron a levantarse de la acera.* — s. coloquial

chavalería Grupo de gente joven. — s.f.

chavalongo
1 Denominación que recibe la fiebre tifoidea y otras enfermedades semejantes. — s.m. Argent., Chile
2 Fiebre muy alta acompañada de dolores de cabeza: *sufría continuos e inexplicables chavalongos.* — Argent., Chile

chavasca Leña menuda obtenida de la poda de árboles. — s.f. = chasca

chavea (Voz gitana.) Chaval, muchacho: *hay que enseñar a los chaveas la tradición familiar.* — s.m. coloquial

chaveta (Del ital. *chiavetta*, diminutivo de *chiave*, llave < lat. *clavis*, llave.)
1 Clavo hendido en casi toda su longitud, que al remacharlo se separan las dos mitades de su punta. — s.f.
2 Clavija o pasador que, puesto en el agujero de una barra, impide que se salgan las cosas que ésta sujeta.
3 estar chaveta o mal de la chaveta: Haber perdido el juicio, estar loco: *debe de estar chaveta para hacer tantas tonterías.* — coloquial
4 perder la chaveta: Perder el juicio, volverse loco: *perdió la chaveta por aquella muchacha.* — coloquial

chavo
1 Moneda, dinero en general: *compró la mesa por cuatro chavos.* — s.m. coloquial
2 estar sin, no tener o quedarse sin un chavo: No tener dinero. — coloquial

chaya
1 Burlas y juegos de los días de carnaval. — s.f./Argent., Chile
2 Fiesta de carnaval: *fueron a la ciudad después de pasada la chaya.* — Argent.

chayar
1 Mojarse unos a otros en los días de carnaval. — v.intr./Argent.
2 Festejar el carnaval. — Argent.

chayote (Del náhuatl *chayutli*.) Fruto comestible de la chayotera, de corteza rugosa o con surcos, color blanquecino o verde claro y en forma de pera. — s.m. BOTÁNICA th: cayote

chayotera Planta trepadora, originaria de América, que se aclimata a las zonas cálidas y da un fruto comestible en forma de pera. *(Sechium edule.)*
s.f.
BOTÁNICA
tb: chayote

chaza
1 Lance del juego de pelota vasca en que ésta se para o es detenida antes de llegar al lugar de saque.
DEPORTES
2 Señal que se pone donde se para la pelota.
DEPORTES
3 Espacio entre las aberturas del casco de un barco para la batería.
NÁUTICA
4 **hacer chazas:** Mantenerse el caballo con las manos levantadas y dar pequeños saltos con las patas: *se maravilló al ver a los caballos hacer chazas.*
EQUITACIÓN

chazar (Del fr. *chasser,* perseguir, expulsar.)
1 Parar la pelota antes de que pase la línea de tanteo: *el jugador chazó el balón.*
v.tr./DEPORTES
conj: cazar
2 Señalar el sitio donde se ha parado la pelota.
DEPORTES

chazo Corte hecho en los cantos de un madero o de un tablero para labrarlos a plan.
s.m.
CARPINTERÍA

¡che! Expresión que sirve para manifestar sorpresa, disgusto o alegría y también como muletilla en la conversación: *¡che, qué susto nos has metido!*
interj.
Amér. Merid.

checa
1 Organismo represivo, semejante a la policía política de la extinta URSS, que ha funcionado en otros países y que sometía a tortura a los detenidos.
s.f.
HISTORIA,
POLÍTICA
2 Local donde se desarrollaban las actividades de este organismo.

checar
1 Verificar, comprobar alguna cosa: *checar los resultados para hacer a continuación el informe.*
v.tr./conj: sacar
Méx.
2 Marcar los empleados la hora de llegada y salida del trabajo en una tarjeta.
Méx.
3 Vigilar celosamente a una persona: *checaba las entradas y salidas de sus hijos.*
Méx.
familiar

chécheres Cachivaches, baratijas: *llena la casa de chécheres y no encuentra sitio para el ropero.*
s.m.pl.
Colomb., C. Rica

checo, a
1 De la República Checa, estado europeo.
adj.
2 Persona natural de este estado.
s.
3 Lengua eslava, de la familia indoeuropea, hablada en este estado.
s.m./LINGÜÍSTICA

chef (Voz francesa.) Persona que ocupa el cargo superior en la cocina de un restaurante: *el anfitrión felicitó al chef por el excelente banquete.*
s.m.f.
pl: chefs

cheira Chaira, cuchilla de zapatero.
s.f.

cheje
1 Eslabón de cadena: *en el trayecto perdió uno de los chejes de la bicicleta.*
s.m.
Amér. Merid.
2 Especie de pájaro carpintero.
Amér./ZOOLOGÍA

cheli Jerga formada por elementos lingüísticos marginales, castizos y juveniles: *tradujo el cómic al cheli para venderlo en ciertos ambientes.*
s.m.
LINGÜÍSTICA

chelín
I (Del ingl. *shilling.*) Moneda inglesa antigua que valía la vigésima parte de la libra esterlina: *guarda chelines decimonónicos y de la guerra.*
s.m.
HISTORIA
II (Del alem. *Schilling.*) Unidad monetaria de Austria, Kenya y otros países.
s.m.
ECONOMÍA

chelo Violonchelo, instrumento musical.
s.m./MÚSICA

chepa
1 Se refiere al bulto anormal en la espalda de una persona: *no te tuerzas al andar o te saldrá chepa.*
s.f./coloquial
= giba, joroba
2 Se aplica a la persona que tiene joroba: *el chepa aguantó infinitas burlas de sus compañeros.*
adj/s.m.f.
coloquial

cheposo, a Se aplica a la persona que tiene chepa o joroba: *es cheposo debido a una lesión en la columna vertebral.*
adj.
tb: chepudo
= chepa

cheque (Del ingl. *check,* cheque < *check,* comprobar.)
1 Documento escrito por el que una persona puede cobrar una cantidad determinada de los fondos que quien lo expide tiene en un banco o caja: *pagaré con un cheque.*
s.m.
ECONOMÍA
= talón
2 **cheque al portador:** El que se paga a quien le presente en una entidad bancaria.
ECONOMÍA
3 **cheque cruzado o barrado:** El que está rayado con dos líneas transversales y paralelas, que sólo puede cobrarse mediante su ingreso en una cuenta corriente.
ECONOMÍA
4 **cheque de viaje:** Aquel que expide un banco u otra entidad a favor de una persona para poder cobrarlo en bancos de otros países.
ECONOMÍA
5 **cheque en blanco:** 1. Cheque en que no consta la cantidad por la que se libra. 2. Autorización o actitud permisiva para que alguien actúe o haga algo según su criterio o con total libertad: *su ascenso se consideró un cheque en blanco para que reorganizara la empresa.*
ECONOMÍA
6 **cheque nominativo:** El que lleva el nombre de la persona a quien va dirigido.
ECONOMÍA
7 **cheque sin fondos:** El que no puede abonarse por falta de fondos suficientes.
ECONOMÍA

chequear
1 Examinar, comparar una cosa con otra para comprobar algo.
v.tr.
= inspeccionar
2 Hacer un reconocimiento exhaustivo a una persona, en especial un reconocimiento médico: *antes de firmar el contrato lo chequearán.*
3 Comprobar la exactitud y la corrección de una información o el buen funcionamiento de una parte del ordenador: *chequear un programa antes de ejecutarlo; chequear el disco duro.*
INFORMÁTICA

chequeo (Del ingl. *check,* comprobación, < *checkup,* reconocimiento médico.) Reconocimiento médico general a que se somete una persona: *según el chequeo no sufre ninguna afección cardíaca.*
s.m.
MEDICINA

chequera Talonario de cheques: *le robaron la chequera, pero le devolvieron la cartera.*
s.f.

chercán Pájaro similar al ruiseñor.
s.m./Chile

chercha
1 Chacota, bulla y alegría.
s.f./Hond.
2 Burla, broma jocosa: *no les dirige la palabra desde que le hicieron aquella chercha.*
Venez.

chericles Ave sitaciforme trepadora, especie de loro tropical.
s.m./pl: chericles
Ecuad./ZOOLOGÍA

cherna (Del bajo lat. *acernia.*) Mero, pez perciforme.
s.f./ZOOLOGÍA

cherva (Del bajo lat. *cherva* < ár. *hirwa.*) Ricino, planta arbustiva.
s.f.
BOTÁNICA

chéster (De *Chester,* ciudad británica.) Queso inglés de pasta dura elaborado con leche de vaca.
s.m.

cheuto, a Se aplica a la persona que tiene el labio superior partido o deformado.
adj.
Chile

chévere
1 Primoroso, gracioso y elegante: *se sorprendió al oír aquella música tan chévere.*
adj.
Amér. Merid.
2 Excelente, muy bueno: *el guiso que nos ofreció estaba chévere.*
Colomb., Venez.
3 Se aplica a la persona que es benévola con los demás: *siempre la recordaré como tolerante y chévere.*
Cuba, Perú, Venez.
4 Elegantón, petimetre: *desde que volvió de la capital anda acicalado y chévere.*
adj/s.m.
Cuba, P. Rico, Venez.

cheviot (Voz inglesa.)
1 Lana fina de una raza de ovejas inglesas: *el cheviot es cálido y protege del frío.*
s.m./pl: cheviots
TEXTIL/tb: chevió
2 Paño hecho con esta lana.
TEXTIL

chiba Mochila, especie de bolsa.
s.f./Colomb.

chibalete (Del fr. *chevalet.*) Armazón de madera donde se colocan las cajas para componer.
s.m.
ARTES GRÁFICAS

chibcha
1 De un pueblo amerindio que habitó en los altiplanos de la cordillera oriental de Colombia, y de su lengua.
s.m.
HISTORIA
2 Miembro de este pueblo.
s.m.f.
3 Familia de lenguas que se extiende desde Honduras hasta el norte de los Andes.
s.m.
LINGÜÍSTICA

chibiguazú Ocelote, mamífero carnívoro americano.
s.m./ZOOLOGÍA

chiborra Persona que, en algunos lugares de España, va disfrazada llevando una vejiga colgada de un palo y persigue a los muchachos y, en ciertas fiestas acompaña y va delante de los danzantes.
s.f.

chibuquí (Del turco *cibuq.*) Pipa de fumar, de tubo largo y recto, usada por los turcos.
s.m.
pl.tb: chibuquíes

chic (Voz francesa.) Que es elegante y distinguido: *no sólo es atractivo, sino que además es una persona muy chic.*
adj.
pl: chics

chica
1 Mujer contratada para realizar labores domésticas: *esta tarde la chica tiene fiesta.*
s.f.
= criada
2 Botella pequeña.

chicada
1 Rebaño de corderos enfermizos y tardíos que los pastores separan del resto del ganado para que se restablezcan andando más despacio y pastando mejor hierba.
s.f.
2 Acción o palabras poco sensatas o reflexivas hechas o dichas por un adulto y que parecen propias de un niño: *siempre sospeché que era un inmaduro, pero esta chicada lo confirma.*
= chiquillería, niñada

chicana
1 Artimaña hecha con mala fe, en especial la utilizada en un pleito por alguna de las partes: *lo tuvo siempre engañado con toda suerte de chicanas.*
s.f.
= triquiñuela
2 Broma o chanza.

chicane Serie de obstáculos colocados en una pista de motociclismo o automovilismo para que los corredores disminuyan la velocidad.
s.f.
DEPORTES

chicanear Usar una persona chicanas.
v.intr.

chicano, a (Derivado de *mexicano.*)
1 De la comunidad mexicana que vive en Estados Unidos: *barrios chicanos.*
adj.

2 Miembro de esta comunidad: *la natalidad entre los chicanos es muy superior a la del resto de la población.* **s.**

chicarrón, a Se aplica a la persona joven, alta y fuerte y robusta: *tu hijo está hecho todo un chicarrón.* **adj/s.** coloquial

chicha
I (Voz de creación expresiva.)
1 Carne comestible: *aunque sólo quieras chicha, tendrás que comer pescado.* **s.f./familiar**
2 Carne del cuerpo humano: *¡hay que ver la poca chicha que tienes!* **coloquial**
3 de chicha y nabo: Insignificante, que carece de importancia: *se ha comprado una casa de chicha y nabo.* **loc.adj./coloquial = de chichinabo**
4 tener pocas chichas: Estar muy delgado o tener poca fuerza: *siempre ha tenido pocas chichas, el menor esfuerzo lo agota.* **coloquial**
II (Voz caribe.)
1 Bebida obtenida de la fermentación del maíz en agua azucarada. **s.f. Amér. Merid.**
2 Bebida obtenida de la fermentación del zumo de la uva o la manzana. **Chile**
3 no ser ni chicha ni limonada o limoná: No tener carácter definido, no valer para nada: *nunca ha tomado partido, no es ni chicha ni limonada.* **coloquial**

chícharo (Del lat. *cicer,* garbanzo.)
1 Guisante, garbanzo o judía. **s.m.**
2 Cigarro de mala calidad. **Colomb.**
3 Aprendiz en un taller: *de entre sus sobrinos escogió a cuatro para que trabajasen con él como chícharos.* **Méx.**

chicharra (Alteración del ant. *chicarro.*)
1 Cigarra, insecto. **s.f./ZOOLOGÍA**
2 Juguete que produce un sonido parecido al canto de la cigarra. **JUEGOS**
3 Timbre eléctrico de sonido sordo.
4 Persona muy habladora: *lo tiene martirizado la chicharra de su hermana.* **coloquial = cotorra**
5 Colilla de un porro: *en los alrededores encontró montones de chicharras.* **argot**
6 cantar la chicharra: Hacer mucho calor: *a mediodía canta la chicharra y lo único que puedes hacer es dormir la siesta.* **coloquial**

chicharrar Achicharrar, calentar o asar en demasía: *chicharró el pan; el sol chicharra las piedras.* **v.tr.**

chicharrear (Derivado de *chicharra.*)
1 Tocar la chicharra: *el niño pasó la tarde chicharreando y molestando.* **v.intr.**
2 Imitar el sonido de la chicharra.

chicharrera Calor sofocante: *con esta chicharrera ni se trabaja ni se descansa.* **s.f. = chicharrina**

chicharrero, a
1 Persona que hacía o vendía chicharras, juguetes. **s.**
2 Sitio o paraje muy caluroso: *en el chicharrero no crecen ni malas hierbas.* **s.m.**

chicharrina Calor excesivo: *condujo de noche para evitar la chicharrina del mediodía.* **s.f./coloquial = chicharrera**

chicharro
1 Chicharrón, residuo frito. **s.m./COCINA**
2 Jurel, pez marino. **ZOOLOGÍA**

chicharrón (Voz onomatopéyica.)
1 Residuo frito que queda al derretir la manteca del cerdo o de otros animales: *le encantó la torta de chicharrones que probó en el pueblo.* **s.m. COCINA**
2 Carne demasiado tostada: *el lechón quedó hecho un chicharrón y no lo pudimos comer.*
3 Persona muy tostada por el sol. **coloquial**
4 Fiambre que se fabrica con trozos de distintas partes del cerdo. **s.m.pl. COCINA**

chiche Pecho de la mujer. **s.m./Amér.**

chichear Emitir repetidamente un sonido semejante a ¡chss!, para llamar la atención de una persona o mostrar desagrado. **v.intr/tr. = sisear**

chichi
1 Cómodo, fácil o sencillo: *después de todo fue chichi conseguir el empleo.* **adj. Amér. Central**
2 Chiche, pecho de la mujer. **s.f./Méx.**
3 Vagina, órgano sexual femenino. **s.m./vulgar**
4 dar la chichi: Amamantar, dar el pecho: *su madre no pudo darle la chichi y tuvieron que buscar a una nodriza.* **Méx.**

chichicuilote Ave pequeña, parecida a la paloma, de pico delgado y recto, que vive cerca del mar, lagos y pantanos, y cuya carne es comestible. **s.m. Méx. ZOOLOGÍA**

chichimeca (Del náhuatl *chichimecat.*)
1 De unos pueblos amerindios procedentes del norte del actual México y que se instalaron en la meseta central. **adj. HISTORIA**
2 Miembro de estos pueblos. **s.m.f.**

chichinabo (De *chicha + nabo.*) Se usa en la expresión **de chichinabo** para indicar que algo es insignificante y que no tiene ningún valor. **loc.adj. coloquial**

chichinar Chamuscar, quemar: *el perro se arrimó al fuego y se chichinó la cola.* **v.tr. Méx.**

chichisbeo (Del ital. *cicisbeo.*)
1 Coqueteo, flirteo: *no soportaba ser víctima de su chichisbeo cursi y frívolo.* **s.m.**
2 Modo de comportarse del galanteador.

chichito Niño pequeño. **s.m./coloquial**

chicho
1 Rizo de pelo que cae sobre la frente. **s.m./coloquial**
2 Rulo para moldear el cabello. **s.m./coloquial**

chicholo Dulce que va envuelto en una hoja de mazorca de maíz. **s.m./COCINA Amér. Merid.**

chichón Bulto formado en la cabeza a consecuencia de un golpe: *de pequeño siempre llevaba la frente adornada con chichones.* **s.m. tb: chinchón**

chichona Que tiene los pechos grandes. **adj/s.f./Méx.**

chichonera Gorro usado para preservar de golpes en la cabeza a niños y a algunos deportistas: *gracias a la chichonera el golpe no le produjo cardenales.* **s.f.**

chichota
1 Pizca, parte mínima de una cosa. **s.f.**
2 sin faltar chichota: Sin faltar la más mínima circunstancia: *le describió todos los pormenores de la boda sin faltar chichota.* **coloquial**

chichurro Caldo que queda al cocer las morcillas en el momento de hacerlas. **s.m. COCINA**

chiclán Ciclán, que tiene un solo testículo. **adj.**

chicle (Del náhuatl *tzictli,* resina.) Pastilla de goma blanda impregnada en una sustancia dulce y aromatizada, que se mastica como golosina. **s.m. tb: chiclé = goma de mascar**

chiclé Orificio calibrado que dosifica el fluido carburante dentro del carburador o de otros aparatos. **s.m./TECNOLOGÍA tb: chicler**

chicloso, a
1 Se aplica a lo que tiene la consistencia del chicle: *la sustancia de aquella planta al cuajarse era chiclosa.* **adj. Méx.**
2 Dulce pegajoso con la consistencia del chicle. **s.m./Méx.**

chico, a
1 Que es pequeño: *en su cara de luna, sus ojos chicos me causaban desconcierto.* **adj.**
2 Niño o muchacho: *son unos chicos muy avispados aunque poco voluntariosos.* **s.**
3 Fórmula de tratamiento coloquial con que una persona mayor se dirige a un adolescente: *oye, chico, ¿podrías decirme qué hora es?* **s. coloquial**
4 Trato que se da a una persona de cualquier edad, con la que se tiene confianza: *bueno, chica, ya te llamaré.* **coloquial**
5 Novio, prometido: *una vez presentó a su chico, no tardó mucho en decidir fecha para la boda; su chica llegó primero.* **coloquial**
6 Medida de capacidad para vino. **s.m.**
7 chico con grande: Todo mezclado, sin haber separado según el tamaño, la calidad, el color: *le dio todos los legajos chico con grande.* **loc.adv.**
8 chico de los recados: Persona cuyo oficio es realizar diferentes recados o trabajos de índole secundaria: *llamar al chico de los recados para que traiga café y té.* **coloquial**
9 quedarse chico: Achicarse, amilanarse, quedar humillado: *ante sus reproches se quedó chica y no se atrevió a contestar.* **coloquial**

chicolear (Voz onomatopéyica.) Decir una persona piropos: *fumando después de haber comido, se dedicaban a chicolear a las chicas del instituto.* **v.intr. coloquial**

chicoleo (Derivado de *chicolear.*) Dicho o lisonja dirigido a las mujeres por galantería: *sus chicoleos eran graciosos y elegantes, jamás molestaron a nadie.* **s.m. coloquial**

chicoria Achicoria, planta de hojas recortadas, ásperas y comestibles. **s.f./BOTÁNICA tb: cicoria**

chicorro, a (Derivado de *chico.*) Persona robusta: *el descarado niño del verano anterior se había convertido en un chicorro ensimismado.* **coloquial**

chicote, a
I (Derivado de *chico.*) Persona de poca edad, robusta y bien formada: *los chicotes aparcaron en el patio y asaltaron el laboratorio.* **s. coloquial**
II (Probablemente del fr. *chicot.*)
1 Cigarro puro: *no se vaya todavía, fúmese un chicote con nosotros en el casino.* **s.m. coloquial**
2 Punta de un cigarro puro ya fumado: *los chicotes del cenicero enrarecían el ambiente.*
3 Extremo, remate o punta de un cabo, o trozo pequeño separado de éste. **s.m. NÁUTICA**

chicozapote
1 Árbol que alcanza más de 30 m de altura, de flores blancas. **s.m./Méx. BOTÁNICA**
2 Fruto de este árbol, globoso, comestible, de sabor muy dulce, que mide de 5 a 7 cm de diámetro y tiene semillas negras y brillantes. **Méx. BOTÁNICA**

chicuelina (De M. J. M. *Chicuelo,* matador de toros.) Lance de capa por delante, dado con los brazos a la altura del pecho. **s.f. TAUROMAQUIA**

chifa Restaurante chino: *vayamos a un chifa, aunque no me entusiasme la cocina china.* · s.m./*Chile, Perú* COMERCIO

chifla
I (Derivado de *chiflar*.)
1 Acción y resultado de chiflar. · s.f./tb: chifle
2 Utensilio hueco de pequeño tamaño que produce un silbido al soplar por él: *con la chifla les iba marcando los períodos de cinco minutos.* · tb: chiflo = silbato
3 Burla o chanza: *soportó estoicamente la chifla que le hizo sobre su aspecto.*
II (Probablemente del ár. *sifra*.) Cuchilla ancha que usan los encuadernadores y guanteros para raspar y adelgazar las pieles. · s.f.

chiflado, a
1 Que tiene las facultades mentales perturbadas o se comporta de manera ilógica o extravagante: *no sé si está loco, pero sí un poco chiflado.* · adj/s. coloquial = chalado
2 Que es muy aficionado a una cosa: *está chiflado por la música barroca.* · coloquial
3 Que está muy enamorado de una persona: *está tan chiflado por ella que no puede evitar verla cada día.* · coloquial

chifladura
1 Afecto o afición exagerados que una persona siente por otra o por una cosa: *todos creen que su chifladura ha llegado a ser patética.* · s.f.
2 Persona o cosa por la que alguien siente un afecto o una afición exagerados: *los helados son mi chifladura.*
3 Manía, trastorno sicológico leve: *es una chifladura transitoria, pronto volverá a la normalidad.* · = locura

chiflar
I (Del lat. *sifilare*.)
1 Dar una persona silbidos: *el chulo chiflaba al pasar delante de las chicas del café.* · v.intr.
2 Gustar mucho: *a papá le chiflan las pipas; se chifla por las películas de acción y aventura.* · v.tr/prnl. = pirrar
3 Hacer burla o mofa de una persona: *se chifla de sus enemigos sin miedo a las represalias.* · = mofar
4 Tomar bebidas alcohólicas en exceso y deprisa: *chifla el ron como si fuera agua; se chifla sólo los domingos.* · coloquial = privar
5 Perder una persona las facultades mentales poco a poco: *se chifló con tanto atropello.* · v.prnl. coloquial
II (Probablemente de chifla < ár. *sifra*.) Poner las badanas o las pieles finas con la chifla o cuchilla. · v.tr.

chiflato Chifla o silbato. · s.m./= chiflo

chifle (Derivado de *chiflar* < lat. *sifilare*.)
1 Chifla o silbato. · s.m./tb: chifle
2 Reclamo para cazar aves: *perdió el silbato y silbó para hacer de chifle.* · CAZA
3 Recipiente de cuerno para llevar líquidos: *llegó con los chifles vacíos.* · *Argent., Urug.*
4 Recipiente cerrado con una boquilla, donde los artilleros guardaban la pólvora fina con la que cargaban sus armas. · HISTORIA

chiflido Silbido o sonido agudo: *no comprendía el sentido de los chiflidos; se comunican por chiflidos.* · s.m.

chiflo Chifla o silbato. · s.m./tb: chifle

chiflón
1 Viento colado, o corriente muy sutil de aire: *el chiflón mareaba las ramas de los árboles.* · s.m. *Méx.*
2 Canal por donde sale el agua con fuerza: *el chiflón hacía repiquetear el agua sobre las piedras.* · *Méx.*
3 Derrumbe de piedra suelta en el interior de las minas. · *Chile* MINERÍA

chigua Especie de cesto hecho con cuerdas o cortezas de árboles, de forma oval, que sirve para diferentes usos domésticos. · s.f. *Amér. Merid.*

chigüil Masa de maíz, huevos, queso y manteca, envuelta en hojas de choclo y cocida al vapor. · s.m./*Ecuad.* COCINA

chigüín Chiquillo o chaval que no muestra el desarrollo físico propio de su edad. · s.m. *Amér. Central*

chihuahua Se aplica a una raza de perros muy pequeños, de cabeza redonda y orejas grandes, originarios de México. · adj/s.m. ZOOLOGÍA

chiíta (Del ár. *si'í*.) Se aplica al musulmán que considera como único califa legítimo a Alí, primo y yerno de Mahoma, y a sus descendientes. · adj/s.m.f. RELIGIÓN tb: chií

chijetazo Se usa para indicar rápidamente, con violencia en la expresión **como chijetazo.** · loc.adv. *Argent.*

chijete
1 Chorro de líquido que sale violentamente. · s.m./*Argent.*
2 Corriente de aire. · *Argent.*

chilaba (Del ár. *yillaba*, traje de esclavo.) Prenda de vestir con capucha usada por los musulmanes. · s.f.

chilacayote Planta cucurbitácea, variedad de la calabaza, cuyo fruto comestible se emplea en la elaboración de diversos guisos. *(Cucurbita ficifolia.)* · s.m. *Méx.* BOTÁNICA

chilamate Planta silvestre usada para alimentar ganado. *(Ficus.)* · s.m. *Méx.*

chilango, a Que es originario de la ciudad de México. · adj/s. *Méx.*

chilaquil Guiso hecho con pedazos de tortilla de maíz fritos en manteca y adobados con chile y otros ingredientes. · s.m. *Méx.* COCINA

chilar Terreno donde abundan los chiles o ajíes. · s.m.

chilate Bebida hecha con chile, maíz tostado y cacao. · s.m./*Amér. Central*

chilatole (Derivado de *chile*.) Guiso de maíz, chile y carne de cerdo. · s.m./*Méx.* COCINA

chilca Planta arbustiva, resinosa y balsámica, utilizada en veterinaria para tratar tumores. · s.f./*Amér.* BOTÁNICA

chilcano Caldo de cabeza de pescado. · s.m./*Perú* COCINA

chilco Fucsia silvestre. · s.m./*Chile*

chile (Del náhuatl *chilli*.)
1 Ají, pimiento o pimentón: *si quieres hacer chilmole, añade chile a la carne y a las legumbres trituradas.* · s.m. BOTÁNICA
2 Mentira o cuento: *la mantuvo completamente engañada con chiles bien urdidos.* · *Guat.* coloquial
3 **chile de árbol:** Planta herbácea solanácea que crece en América Central y Meridional. *(Capsicum frutescens.)* · BOTÁNICA

chilena Golpe que un futbolista da al balón, saltando hacia atrás y levantando las piernas con un movimiento de tijeras, de forma que la pelota pase por encima de su cabeza. · s.f. DEPORTES

chilenismo Expresión o construcción características de la variedad del español hablado en Chile. · s.m. LINGÜÍSTICA

chilenita Variedad de plata. · s.f./MINERALOGÍA

chileno, a
1 De Chile, estado de América del Sur. · adj.
2 Persona natural de este estado. · s.
3 Variedad lingüística del español hablado en este país. · LINGÜÍSTICA

chilillo Látigo, azote largo, delgado y flexible usado para fustigar. · s.m./*Méx., Amér. Central*

chilindrina (Derivado del juego del *chilindrón*.)
1 Cosa de poca importancia: *no te enfades, al fin y al cabo sólo se perdieron chilindrinas.* · s.f. coloquial
2 Chiste o chascarrillo para amenizar una conversación: *siempre encuentra la chilindrina adecuada.* · coloquial
3 Burla ligera e inofensiva. · coloquial
4 Pan de huevo. · *Méx*/COCINA

chilindrón
1 Guiso hecho con cordero o pollo, pimientos, tomates y cebolla: *pollo al chilindrón.* · s.m. COCINA
2 Juego de cartas parecido a la cometa, que se juega entre dos o cuatro personas. · JUEGOS

chilinguear Mecer o columpiar: *chilinguea al niño en la hamaca para tranquilizarlo.* · v.tr. *Colomb.*

chilla
I (Derivado de *chillar*.) Utensilio con que los cazadores imitan la voz de algunos animales. · s.f. CAZA
II (Del lat. *scindula*.)
1 Tabla delgada de mala calidad, muy gruesa y de longitud variable, entre uno y dos metros y medio. · s.f. CONSTRUCCIÓN
2 Cada una de las dos planchas del tamaño del libro entre las que se pone éste, ya dorado, en la prensa. · ARTES GRÁFICAS

chillar (De una base romance *tsisclare < lat. fistulare*, tocar la flauta.)
1 Dar chillidos: *el pistón le hizo chillar.* · v.intr.
2 Hablar una persona dando chillidos: *cuando chillas no entiendo nada de lo que dices.* · = gritar
3 Hacer una cosa un ruido desagradable al rozar con otra: *las bisagras chillan al cerrar la puerta.* · = chirriar
4 Destacar un color por ser llamativo o estar mal combinado: *el amarillo limón chilla al lado del verde.*
5 Reñir a una persona dando chillidos: *le chillaba a él, aunque no lo había roto expresamente.*
6 Llorar, derramar lágrimas: *no chilles que, después de todo, no ha acabado tan mal.* · *Méx.*

chillera Barra de hierro doblada en ángulo recto por ambos extremos, para poder estibar ciertas municiones de artillería, de modo que no se muevan con los balanceos de la embarcación. · s.f. MILITAR, NÁUTICA

chillería
1 Alboroto formado por chiquillos o gritos de personas: *el patio de la escuela era una tremenda chillería.* · s.f. = griterío
2 Reprimenda severa y prolija: *prefería que le propinase una bofetada que le diese aquella chillería.* · = regaño

chillido Sonido inarticulado, fuerte y agudo: *acabó la reprimenda con un sonoro chillido.* · s.m.

chillón, a
1 Que chilla mucho: *la chillona no se preocupaba de que los vecinos la oyesen.* · adj/s. coloquial
2 Se aplica al sonido que es agudo y desagradable: *entró con un chillón saludo.* · adj. = estridente
3 Se refiere al color que es demasiado vivo o está mal combinado con otros colores. · = cantón
4 Que llora con facilidad. · *Méx.*

5 Se aplica a la persona que es cobarde o miedosa. *Méx.*

chilmole Salsa o guisado de chile, carne y legumbres trituradas: *preparó chilmole para cinco y finalmente no vino nadie.* *s.m.* *Méx.* *COCINA*

chilote Bebida de pulque con chile. *s.m./Méx.*

chilpayate Chiquillo, chaval: *los chilpayates salieron corriendo de la escuela para jugar al fútbol.* *s.m.f.* *Méx.*

chilpe
1 Andrajo, pedazo o jirón de ropa muy usada: *después de bañarse y quitarse los chilpes, parecía otra persona.* *s.m.* *Chile*
2 Cabuya, cordel: *ató con chilpes los haces de leña, para llevarlos a casa.* *Ecuad.*
3 Hoja seca de maíz. *Ecuad.*

chimango Ave de rapiña de plumaje oscuro en algunas zonas y blancuzco en otras. *(Milvago chimango.)* *s.m./Amér. Merid.* *ZOOLOGÍA*

chimenea (Del fr. *cheminee* < gr. *kaminos.*)
1 Conducto para la salida del humo en una casa, barco o fábrica: *revistir la parte exterior de la chimenea con placas de pizarra.* *s.f.*
2 Hueco hecho en el interior de una pared, comunicado con el exterior por medio de un conducto y guarnecido con un marco y una repisa, donde se enciende fuego. *CONSTRUCCIÓN*
3 Conducto por donde suben y bajan las pesas de la tramoya. *TEATRO*
4 Orificio circular del centro de los paracaídas que, al dejar salir el aire lentamente, asegura su estabilidad.
5 Conducto más o menos tubular de un volcán por donde salen fuera las materias volcánicas: *hasta el cráter subieron por la chimenea lava, gases y bombas volcánicas.* *GEOLOGÍA*
6 Grieta vertical que se abre en un muro rocoso o glaciar. *GEOLOGÍA*
7 Cañón de la recámara donde encaja la cápsula en las armas de pistón.
8 Galería inclinada horadada en el mineral o el carbón y que se utiliza para ventilar la mina, para la circulación del personal, la evacuación de mineral o escombros. *MINERÍA*
9 Tubo de cristal que protege la llama de una lámpara de petróleo o un quinqué.
10 chimenea abatible: Tubo móvil que permite pasar bajo los puentes en la navegación fluvial. *NÁUTICA*
11 chimenea de aspiración o ventilación: Especie de embudo dispuesto en la parte superior de un local que, en caso de incendio, permitirá la evacuación de humos y gases. *CONSTRUCCIÓN*
12 chimenea falsa: La que no sirve para la evacuación de humos, sino como embellecimiento del buque: *la chimenea falsa contrarresta el efecto visual de la proa.* *NÁUTICA*

chimojo Medicamento antiespasmódico, constituido principalmente por la mezcla de tabaco, cáscara de plátano y salvia. *s.m.* *Cuba* *FARMACIA*

chimpancé Primate menor que el gorila, de pelaje oscuro, cabeza grande y brazos largos, que habita en nidos que él mismo construye en la cima de los árboles. *(Pan troglodytes.)* *s.m.* *ZOOLOGÍA*

chimuelo, a Se aplica a la persona a la que le faltan dientes: *apenas entendí lo que decía el viejo chimuelo.* *adj.* *Méx.*

china
I (De origen incierto.)
1 Piedra pequeña: *jugar a tirar chinas al estanque.* *s.f.*
2 Dinero, riqueza. *coloquial*
3 poner chinas a una persona: Crearle dificultades: *temiendo que llegase a ganar, le puso chinas a lo largo del proceso de selección.* *coloquial*
4 tocar a una persona la china: Se usa para indicar que en una persona recae la mala suerte. *coloquial*
5 tropezar en una china: Detenerse en cosas sin importancia: *tenemos muchos asuntos urgentes que tratar, no tropieces en una china.* *coloquial*
II (De *China*, país oriental.)
1 Cerámica fina y traslúcida de la que se hacen tazas y platos y objetos decorativos: *encargó una vitrina para exponer la china que recibió como herencia.* *s.f.* *= porcelana*
2 Raíz medicinal de una hierba parecida a la zarzaparrilla. *FARMACIA*
3 Tela de seda o lienzo que viene de China o se labra imitándola. *TEXTIL*
III (Del quechua *china*, hembra de los animales, sirvienta.)
1 Mujer del gaucho. *s.f./Argent.*
2 Concubina, amante. *Argent., Urug.*

chinaca Gente pobre: *la chinaca no fue consciente de su mísera situación hasta que conocieron por televisión el modo de vida americano.* *s.f.* *Méx.*

chinaco, a Se refiere a la persona del pueblo llano que peleó en la guerra de la Independencia y en la reforma. *adj.* *Méx.* *HISTORIA*

chinamo Barraca o cobertizo que se construye durante las fiestas populares para vender comidas y bebidas. *s.m.* *Amér. Central*

chinampa Terreno flotante en el que se cultivan verduras y flores. *s.m./Méx.* *AGRICULTURA*

chinar Apretar los revoques de mampostería con chinas. *v.tr.* *CONSTRUCCIÓN*

chinarro Piedra un poco mayor que la china: *le lanzó un chinarro y le hizo un chichón en la frente.* *s.m.*

chincate Azúcar moreno. *s.m.*

chinchar (Derivado de *chinche.*)
1 Molestar con impertinencia a una persona: *por chincharnos y hacernos enfadar haría cualquier cosa.* *v.tr.* *coloquial*
2 No tener una persona más remedio que conformarse con algo: *si no le hubieras exigido nada, ahora disfrutarías de su coche, así que ahora, chínchate.* *v.prnl.* *coloquial* *= fastidiarse*

chinche (Del lat. *cimex, -icis.*)
1 Insecto hemíptero de cuerpo aplastado y ovalado, antenas cortas y cabeza inclinada hacia abajo, nocturno, fétido, con aparato bucal que chupa la sangre humana taladrando la piel. *(Cimex lectularius.)* *s.f.* *ZOOLOGÍA*
2 Chincheta, especie de clavo: *utilizar chinches para colgar los avisos en el corcho.*
3 Se aplica a la persona chinchosa que es muy exigente y puntillosa en el trabajo o servicio a su cargo y difícil de contentar: *su jefe era un chinche, jamás se daba por contento con sus propuestas.* *adj/s.m.f.* *coloquial*
4 chinche aceitera: Insecto que destruye con frecuencia los brotes de los árboles frutales. *(Lygus lineolaris.)* *ZOOLOGÍA*
5 chinche de agua: Insecto que vive en las aguas estancadas, de cuerpo alargado y terminado en un tubo respiratorio. *ZOOLOGÍA*
6 chinche de ave: Insecto que vive en los palomares. *(Cimex lectularius columbarius.)* *ZOOLOGÍA*
7 chinche de campo: Insecto que chupa los jugos vegetales. *(Brachypelta y Graphosoma.)* *ZOOLOGÍA*
8 chinche de la calabaza: Insecto coreido que produce daños en las hojas y frutos de la calabacera. *(Anasa tristis.)* *ZOOLOGÍA*
9 chinche de la col: Insecto heteróptero de color negro y rojo. *(Eurydema oleracea.)* *ZOOLOGÍA*
10 chinche de la vid: Insecto que pica la flor de esta planta antes de que se abra, impidiendo la formación del fruto. *(Lopus sulcatus.)* *ZOOLOGÍA*
11 chinche de las golondrinas: Insecto que vive en los nidos de barro de estas aves. *(Oeciacus vicarius.)* *ZOOLOGÍA*
12 chinche de los cereales: Insecto que produce grandes plagas en estas plantas. *(Eurygaster hottentotus.)* *ZOOLOGÍA*
13 chinche gris: Insecto que ataca principalmente al tomate. *(Nysius ericae.)* *ZOOLOGÍA*
14 chinche mexicana de los pollos: Insecto que chupa la sangre a estos animales en los aseladeros. *(Haematosiphon inodora.)* *Méx.* *ZOOLOGÍA*
15 chinche verde del tomate: Insecto que, en grandes cantidades, llega a secar esta planta completamente. *(Nezara viridula.)* *ZOOLOGÍA*
16 caer o morir como chinches: Haber una gran mortandad: *con la plaga de cólera muchos niños murieron como chinches.* *coloquial*

chinchero
1 Lugar donde hay muchas chinches: *no les quedó más remedio que pasar la noche en aquel chinchero.* *s.m.*
2 Tejido de mimbres o listones agujereados que se ponía alrededor de una cama para recoger las chinches y sacudirlas.

chincheta Clavo de cabeza grande, circular y plana, y punta muy corta y fina, usado generalmente para fijar un papel a un tablero o a una pared: *procura no estropear las fotos con las chinchetas.* *s.f.*

chinchilla
1 Mamífero roedor de tamaño mediano, patas posteriores fuertes y pelaje denso y suave. *(Chinchilla.)* *s.f.* *ZOOLOGÍA*
2 Piel de este animal, utilizada en peletería.

chinchín (Voz onomatopéyica.)
1 Música callejera. *s.m.*
2 ¡chinchín!: Expresión que reproduce el sonido de las copas al brindar: *¡chinchín! ¡Bravo por ellos, que sean felices!* *interj.*

chinchinear Golpear dos o más personas las copas para pedir o desear una cosa: *chinchinearon con cava para desearle un feliz ascenso.* *v.intr.* *= brindar*

chinchón
1 Bebida anisada con alto contenido de alcohol: *añadió al bizcocho un poco de chinchón.* *s.m.*
2 Juego de cartas en el que el jugador puede conservar las cartas no ligadas, pudiéndolas añadir en las combinaciones de los otros jugadores. *JUEGOS*
3 Persona molesta que inoportuna a las demás.

chinchona (Del nombre del conde de *Chinchón*, curado con este producto.) Quina, corteza. *s.f.*

chinchorrear
1 Explicar una persona chismes: *chinchorreaba no sólo de los vecinos, sino hasta de sus propios amigos.* v.intr./coloquial = chismorrear
2 Causar molestias a una persona: *cuando era pequeño no paraba de chinchorrearla.* v.tr./coloquial = fastidiar

chinchorrería
1 Impertinencia, indiscreción: *con tanta chinchorrería no se puede mantener una relación franca con ella.* s.f. coloquial
2 Chisme o cotilleo. coloquial

chinchorrero, a
1 Que cuenta chinchorrerías: *la chinchorrera consiguió conocer toda su vida y luego la chismorreó.* adj/s. coloquial
2 Que es impertinente o muy exigente. coloquial

chinchorro
1 Red semejante a la jábega, pero más pequeña. s.m./PESCA NÁUTICA
2 Barco pequeño de remos. NÁUTICA
3 Hamaca hecha de red: *cuneó al niño en un chinchorro.* Amér.
4 Látigo, azote. Pan.

chinchoso, a Se aplica a la persona que es molesta y pesada. adj/s. coloquial

chinchudo, a Se aplica a la persona malhumorada e irritable. adj/s. Amér.

chinchulín Intestino de ovino o vacuno trenzado y asado. s.m. Amér. Merid.

chincol
1 Avecilla fringílida parecida al gorrión, que vive en terrenos donde hay arbustos. *(Zonotrichia capensis.)* s.f./Amér. Merid. ZOOLOGÍA
2 Persona de menor altura a la considerada normal. Chile
3 Órgano sexual masculino, especialmente el del niño. Chile
4 **de chincol a jote:** Se usa para indicar que, desde el menor hasta el mayor, todo el mundo está incluido: *de chincol a jote, todos irán a la escuela.* Chile

chinda Persona que vende despojos de reses. s.m.f.

chindar Deshacerse de una cosa. v.tr.

chiné (Voz francesa.) Se aplica al tejido de seda que es rameado o de muchos colores. adj. TEXTIL

chinear
1 Llevar en brazos o a cuestas: *chineaba al niño todo el día.* v.tr. Amér. Central
2 Mimar, cuidar con cariño y esmero: *chineaba sus libros como si fueran tesoros preciados.* C. Rica
3 Cuidar y educar niños. C. Rica, Guat.
4 Preocuparse mucho: *se chinea por tonterías y no atiende sus obligaciones como padre.* v.prnl. Guat.

chinela (Del ital. *cianella*.)
1 Calzado sin talón y de suela ligera que se usa dentro de casa: *le resbaló la chinela y cayó escaleras abajo.* s.f.
2 Chapín que usaban las mujeres sobre el calzado para andar sobre lodo. HISTORIA

chinero Armario o alacena para guardar piezas de porcelana o cristal: *colocó la cristalería de la abuela paterna en el chinero del salón.* s.m.

chinesco, a
1 Que es propio de los chinos o de China: *se sorprendió al reconocerle rasgos chinescos.* adj/s.
2 Que es parecido a las cosas chinas: *recibió un premio por la decoración chinesca de la sala.*
3 Instrumento de percusión compuesto de una armadura metálica de la que penden campanillas y cascabeles, que se toca agitándolo. s.m. MÚSICA

chinga
1 Colilla del cigarro: *fue recogiendo chingas por la calle y luego se las fumó.* s.f. C. Rica
2 Borrachera, ingestión excesiva de bebidas alcohólicas. Venez.
3 Acción y resultado de chingar. Méx./ vulgar
4 Acción muy molesta: *fue una chinga limpiar la casa después de la fiesta.* Méx. vulgar

chingado, a
1 Que está estropeado o en mal estado: *en ese televisor medio chingado no verás nada.* adj. vulgar
2 Fastidiado, que está molesto o enfadado. vulgar

chingar (Voz de origen jergal.)
1 Tomar bebidas alcohólicas con frecuencia: *el sueldo se le va en chingar buenos vinos.* v.tr./conj: pagar coloquial
2 Molestar o fastidiar a una persona. coloquial
3 Realizar el acto sexual. vulgar
4 Cortarle el rabo a un animal. v.tr./Amér. Central
5 Colgar un vestido más de un lado que de otro, por un defecto de la tela o de la confección. v.intr. Argent., Urug.
6 Emborracharse, embriagarse. v. prnl.
7 No acertar, fracasar, fallar: *se chingó el proyecto de construcción de casas unifamiliares.* Amér. Merid.

chinglar Beber un trago de vino. v.intr/tr.

chingo, a
1 Se aplica al animal que no tiene rabo: *la mula chinga cojea mucho.* adj/s. Amér. Central
2 Que es chato, romo o desnarigado. Amér. Central, Venez.
3 Se aplica a los vestidos cortos. Amér. Central
4 Que va desnudo, sin ropa: *mientras se bañaban en la playa les robaron la ropa y quedaron chingos.* C. Rica

5 Deseoso, ávido: *está chinga por saber qué será del dinero de la herencia.* Venez.
6 Pequeño, diminuto: *compró un perro chingo de raza.* Colomb., Cuba
7 Bajo de estatura: *el chingo se acercó envalentonado al soldado.* Nicar.
8 Conjunto muy grande de cosas o cantidad exagerada de algo: *hace un chingo de calor; ganó un chingo de dinero.* s.m. Méx. vulgar

chingón, a Que es extraordinario o muy bueno: *vimos una película chingona.* adj./Méx. vulgar

chingue Mofeta, mamífero: *le pasó un chingue entre las ruedas del carro.* s.m./Chile ZOOLOGÍA

chinguere Bebida alcohólica. s.m./Méx.

chinita Mariquita, insecto coleóptero. s.f./Chile

chino, a
1 De la China, país del este de Asia, y de su lengua. adj.
2 Persona natural de este país. s.
3 Lengua hablada en este país. s.m./LINGÜÍSTICA
4 Colador muy fino en forma de embudo: *tritura las verduras y luego pásalas por el chino.* COCINA
5 Indio, mestizo en general. adj/s./Amér. Merid.
6 Se aplica al indio que no se ha adaptado a la civilización dominante. Colomb.
7 Se refiere al descendiente de negro y mulata, o viceversa. Cuba
8 Criado, persona que sirve a otra u otras. s./Amér. Merid.
9 Persona del pueblo bajo. Amér. Merid.
10 Calificativo cariñoso. Amér. Merid.
11 Rizo del pelo: *le caían unos chinos sobre los ojos y le daban un aire malicioso.* s.m. Méx.
12 Juego que consiste en acertar el conjunto de monedas u otros objetos pequeños, con un máximo de tres, que esconden los jugadores en una mano cerrada. s.m.pl. JUEGOS

chip (Voz inglesa.)
1 Placa de silicio que contiene un gran número de microcircuitos electrónicos, que constituye un circuito integrado. s.m. pl: chips INFORMÁTICA
2 Jugada de aproximación en el golf, en la cual se procura que la bola caiga casi muerta. DEPORTES

chipa (Voz quechua.)
1 Cesto de paja que se emplea para recoger frutas y legumbres. s.f. Colomb.
2 Rodete o rosca para cargar a la cabeza un bulto o mantener en pie una vasija redonda. Colomb.
3 Rollo, materia enrollada. Colomb.

chipá (Voz guaraní.) Torta de harina de mandioca o maíz. s.m./Amér. Merid. COCINA

chipaco Torta de pan de acemite. s.m./Argent. COCINA

chipe
1 Dinero, riqueza. s.m./Chile
2 **tener o dar chipe:** Tener o dar libertad de acción: *sus padres son muy liberales, le dan chipe para salir de noche.* Chile familiar

chipén (Voz gitana.)
1 Estupendo, muy bueno. adj./coloquial
2 Vida bulliciosa. s.f.
3 Muy bien: *en la fiesta nos lo pasamos chipén.* adv./coloquial
4 **de chipén:** De órdago, excelente, muy bien o muy bueno: *ha preparado un pastel de chipén y nos hemos puesto ciegos de comer.* loc.adj. tb: de chipendi coloquial

chipichape (Voz onomatopéyica.)
1 Riña, discusión o alboroto de poca importancia: *al irse la profesora, los niños montaron un buen chipichape.* s.m./coloquial = zipizape
2 Golpe violento, choque.

chipichipi Lluvia fina y suave. s.m./Méx.

chipil Se aplica al niño que reclama mucha atención de sus padres, por celos de sus hermanos o por saber que su madre está embarazada. adj/s.m.f. Méx. familiar

chipirón Calamar de pequeño tamaño. s.m./ZOOLOGÍA

chipote
1 Manotazo, golpe dado con la mano: *le dio un buen chipote para castigarla.* s.m. Amér.
2 Chichón, bulto producido por un golpe en la cabeza: *le ha salido un buen chipote en la frente.* Méx., Guat.

chippendale (Voz inglesa.) Estilo de mueble inglés del siglo XVIII. s.m.

chipriota
1 De la isla de Chipre. adj./tb: chipriote
2 Persona natural de esta isla. s.m.f.

chiquear
1 Mimar a una persona. v.tr./Méx., Cuba
2 Contonearse al caminar. Hond.

chiqueo Mimo, halago: *echa de menos los chiqueos que de pequeña le hacía su mamá.* s.m. Méx., Cuba

chiquero (Del mozárabe *sirkair*, cabaña.)
1 Pocilga, establo para cerdos: *recontó las cabezas dentro del chiquero.* s.m.
2 Toril, lugar en el que se encierran los toros que han de lidiarse. TAUROMAQUIA

chiquigüite Cesto o canasta sin asas: *tejía chiquigüites para venderlos en el mercado del pueblo.* — s.m./*Méx., Guat., Hond.*

chiquilicuatro Mequetrefe, persona insignificante: *se comporta con altanería, aunque todos creen que es un chiquilicuatro.* — s.m. th: chiquilicuatre = chisgarabís

chiquillada (Derivado de *chico*.) Acción propia de chiquillos: *el profesor reprendió a sus alumnos por aquella chiquillada.* — s.f. = muchachada

chiquillería (Derivado de *chico*.)
1 Multitud de chiquillos. — s.f./coloquial
2 Chiquillada, acción propia de un chiquillo. — coloquial

chiquillo, a Se dice de la persona de corta edad; niño, muchacho: *dos chiquillas vinieron a cantar a la puerta, pidiendo el aguinaldo.* — adj/s.

chiquitear
1 Tomar una persona chiquitos de vino. — v.intr.
2 Dar o tomar alguna cosa en pocas cantidades o poco a poco, haciendo que dure más: *en su casa le chiquitean el dinero.* — v.tr. *Méx.*

chiquitero, a Persona aficionada a tomar chiquitos de vino. — s.

chiquitín, a Se aplica al niño muy pequeño: *el chiquitín pasó la infancia con los abuelos.* — adj/s./familiar = chiquirritín

chiquito, a (Derivado de *chico*.)
1 Que es muy pequeño: *el vestido se le ha quedado chiquito.* — adj/s.
2 Vaso de vino: *tomaron chiquitos en el bar.* — s.m.
3 **dejar chiquito:** Superar algo o a alguien: *dejó chiquita la ambición de sus amigas de juventud.*
4 **no andarse uno con chiquitas:** Ir derecho a lo que importa, sin contemplaciones ni rodeos: *no se anduvo con chiquitas y lo confesó todo hasta el más mínimo detalle.* — coloquial

chirapa
1 Andrajo, jirón de ropa: *no pudo reconocerle porque llegó vestido con unas chirapas de indefinido color.* — s.f. *Bol.*
2 Lluvia con sol: *a primera hora de la tarde les cayó una chirapa sofocante.* — *Perú*

chiribita
1 Chispa, partícula incandescente: *de la hoguera saltaban chiribitas.* — s.f.
2 Lucecillas que, por alguna anormalidad, alteran la visión del ojo: *el sol le deslumbró y veía chiribitas.* — s.f.pl. coloquial
3 Margarita, flor. — BOTÁNICA
4 **echar chiribitas:** Estar muy enfadado: *le recibió echando chiribitas por su tardanza.* — coloquial = echar chispas
5 **hacer chiribitas los ojos:** Ver, durante un tiempo generalmente corto, multitud de chispas movibles alrededor de los ojos: *por efecto del golpe, los ojos les hacen chiribitas.*

chiribitil
1 Desván o habitación con el techo bajo: *trasladaron los baúles de la abuela al chiribitil.* — s.m.
2 Habitación muy pequeña: *tuve que dormir en un chiribitil sin ventanas.* — coloquial

chirigota Broma o chanza: *pasaron la tarde diciendo sandeces y haciendo chirigotas.* — s.f. coloquial

chirigotear Decir una persona chirigotas. — v.intr./= bromear

chirimbolo
1 Utensilio u objeto indeterminado o que no se sabe cómo nombrar, generalmente de apariencia complicada: *la oscuridad no me permitió adivinar qué era aquel chirimbolo.* — s.m. coloquial = chisme
2 Remate torneado de un mueble. — = bolillo
3 Conjunto de cosas heterogéneas o diversas: *tiene las estanterías llenas de chirimbolos.* — s.m.pl. = trasto

chirimía (Del fr. ant. *chalemie* < lat. *calamellus*, caramillo < *calamus*, caña.)
1 Instrumento musical de viento formado por un tubo alargado de madera con diez agujeros y una boquilla que lleva una lengüeta de caña, parecido al clarinete. — s.f. MÚSICA
2 Persona que toca la chirimía. — s.m.f./MÚSICA

chirimoya Fruto del chirimoyo, de tamaño parecido al de la manzana, verde, con la superficie tallada en pequeños planos, y carne blanca y muy sabrosa en la que hay numerosas semillas negras y grandes. — s.f. BOTÁNICA

chirimoyo Árbol anonáceo de tronco ramoso, con copa poblada, hojas elípticas y puntiagudas y flores fragantes solitarias, cuyo fruto es la chirimoya. (*Anona cherimolia.*) — s.m. BOTÁNICA

chiringo
1 Harapo, andrajo. — s.m./*Hond. P. Rico*
2 Caballo de talla pequeña.

chiringuito
1 Construcción pequeña, hecha con materiales ligeros, para la venta de bebidas y comidas: *han prohibido la instalación de chiringuitos en la playa.* — s.m. COMERCIO
2 Pequeño negocio comercial. — coloquial

chirinola (De la batalla de *Ceriñola*.)
1 Discusión o enfrentamiento violento: *cuando llegó estaban enfrascados en una terrible chirinola.* — s.f. = contienda
2 Conversación larga o discusión acalorada.
3 Cosa pasajera e insignificante: *no te preocupes, su observación no es más que una chirinola.* — = pequeñez
4 Juego de muchachos parecido al de los bolos. — JUEGOS
5 **estar de chirinola:** Estar de fiesta o de buen humor: *estuvieron de chirinola casi toda la noche.* — coloquial

chiripa
1 Acierto, circunstancia o acción que se produce por casualidad y es favorable: *de chiripa lo encontró en casa.* — s.f. coloquial
2 Tanto que se gana por casualidad, en el billar. — JUEGOS

chiripá (Del quechua *chirípac*, para el frío.)
1 Prenda de vestir del gaucho que consiste en un paño pasado entre las piernas y sujeto a la cintura por la faja. — s.m. *Amér. Merid.*
2 Pañal que se pone a los niños: *es la pimera vez que cambia la chiripá a un niño.* — *Argent.*

chiripada Casualidad favorable, hecho afortunado: *la encontramos por pura chiripada.* — s.f. *Méx.*

chiripear Ganar tantos por chiripa en el billar. — v.tr./JUEGOS

chirivía
1 Planta herbácea con tallo acanalado, hojas parecidas a las del apio, flores amarillas en umbela y raíz carnosa y comestible. (*Pastinaca sativa.*) — BOTÁNICA
2 **chirivía mayor acuática:** Planta umbelífera venenosa. (*Sium latifolium.*) — BOTÁNICA

chirla
1 Molusco lamelibranquio de pequeño tamaño, con la concha en forma de cuña. (*Donax trunculus.*) — s.f. ZOOLOGÍA
2 Cualquier molusco pequeño de valvas duras.

chirlar Hablar atropellada y ruidosamente: *su nerviosismo le hace chirlar.* — v.intr. coloquial

chirlata
1 Pedazo de tablón o de madera que sirve para añadir o completar lo que falta de alguna pieza. — s.f. NÁUTICA
2 Partida de cartas en la que se apuesta con objetos y monedas de muy poco valor. — JUEGOS

chirle
1 Que es desabrido o insustancial: *intentar seguir la charla de los estudiantes chirles.* — adj. coloquial
2 Que no tiene interés ni gracia. — *Argent.*
3 Falto de consistencia, blanduzco: *tuvo que tirar el pescado porque estaba chirle y hedía.* — *Argent.*
4 Excremento del ganado lanar y cabrío. — s.m./tb: sirle

chirlería Charla, habladuría: *su chirlería amedrentaba a cualquiera.* — s.f. despectivo

chirlo
1 Herida de corte prolongado en la cara: *un trozo de cristal le hizo un profundo chirlo.* — s.m.
2 Cicatriz o señal que deja esta herida: *un chirlo le recorría la mejilla.* — s.m.

chirlomirlo Alimento con poca sustancia o sabor. — s.m.

chirola
1 Antigua moneda de níquel, de cinco, diez o veinte centavos. — s.f. *Argent.*
2 Moneda de veinte centavos. — *Chile*
3 Poco dinero: *sólo lleva chirolas en el bolsillo.* — s.f.pl./*Argent.*

chirón Picadura de algunas maderas. — s.m.

chirona Edificio o local para recluir a los presos: *saldrá de chirona porque está muy enfermo.* — s.f./ argot = cárcel, prisión

chirote
1 Pájaro parecido al pardillo, con una mancha roja en el pecho. (*Sturnella bellicosa.*) — s.m./*Ecuad., Perú* ZOOLOGÍA
2 Se aplica a la persona ruda o de cortos alcances: *no lo desprecio, pero es muy chirote para entenderlo.* — adj/s.m.f. *Perú*
3 Que es grande o hermoso. — *C. Rica*

chirrear Chirriar, producir un sonido desagradable o agudo: *las bisagras chirreaban por falta de engrasado.* — v.tr.

chirriante
1 Que chirría o produce un sonido agudo y desagradable: *ruedas chirriantes.* — adj.
2 Se aplica al sonido que es estridente: *se acoquinó ante el chirriante ruido de la maquinaria.*

chirriar (Voz onomatopéyica.)
1 Producir una cosa un ruido desagradable al rozar con otra: *la contraventana chirriaba al cerrarla.* — = rechinar
2 Producir un alimento que se fríe un sonido agudo: *la corteza del tocino chirría en la sartén.* — v.intr./conj: vaciar
3 Emitir un pájaro un sonido inarmónico. — v.intr.
4 Cantar desentonadamente una persona: *la vieja cantante chirría, pero la aplaudiremos para no ofenderla.* — coloquial = desafinar

chirrido Sonido agudo, continuado y desagradable semejante al producido por una pieza mal engrasada: *los chirridos de las bisagras no le dejaron dormir tranquila.* — s.m. tb: chirrío

chirrión Carro fuerte de eje móvil. — s.m.

chiruca (Marca registrada.) Bota de lona con suela de goma, ligera y resistente. — s.f.

chirusa
1 Mujer de origen humilde y poca instrucción. *s.f./Argent., Urug.*
2 Mujer de comportamiento vulgar y afectado. *Argent.*

¡chis! (Voz onomatopéyica.)
1 Expresión usada para imponer silencio o llamar la *interj.* atención de una persona. *tb: ¡chist!*
2 Voz usada para expresar asco. *Guat.*

chisa Larva de un género de escarabajos que los indí- *s.f./Colomb.* genas comen frita y que es dañina para la agricultura. *ZOOLOGÍA*

chiscar Hacer que un eslabón produzca chispas gol- *v.tr.* peándolo con un pedernal. *conj: sacar*

chiscarra Roca calcárea fácilmente disgregable. *s.f./MINERALOGÍA*

chischás (Voz onomatopéyica.) Sonido que producen *s.m.* algunas cosas, como las espadas al chocar unas con *pl: chischás* otras.

chiscón Habitación pequeña y pobre: *se alojó una tem-* *s.m.* *porada en un chiscón oscuro y triste.* *= tabuco*

chisgarabís Mequetrefe, persona insignificante, en- *s.m./pl: chisgarabís* trometida y de poco juicio. *coloquial*

chisguete (Voz onomatopéyica.)
1 Trago o corta cantidad de vino que se bebe: *vamos* *s.m.* *a echar un chisguete.* *coloquial*
2 Chorro pequeño de líquido que sale bruscamente: *coloquial* *se le escapó un chisguete de la cuba.*

chisme
1 Noticia o rumor que se cuenta por placer o para *s.m.* criticar, y que hace referencia a lo ajeno y privado o que se quiere mantener en secreto: *con extrema rapi-* *dez corrió al chisme de su cese.*
2 Objeto de pequeño tamaño de denominación im- *= trasto* precisa: *su bolso siempre está lleno de chismes.*
3 Aparato que no proporciona el rendimiento espera- *despectivo* do: *aquel chisme dejó de funcionar a los cuatro días.*

chismear Explicar una persona chismes: *conoce la vida* *v.intr./tb: chismar* *de todo el barrio porque está todo el día chismeando.* *= chismorrear*

chismografía
1 Afición a chismear. *s.f./coloquial*
2 Conjunto de los chismes que corren: *es pasmosa la* *coloquial* *chismografía que conocía.*

chismorrear Explicar una persona chismes: *siempre* *v.intr.* *chismorrea a espaldas de la gente.* *tb: chismotear*

chismorreo Acción de explicar chismes: *era muy afi-* *s.m.* *cionado al chismorreo y a la maledicencia.*

chismorrería
1 Acción de chismorrear: *no soportaba verlos entreteni-* *s.f.* *dos con la chismorrería.* *= chismorreo*
2 Chisme o cotilleo.

chismoso, a Que es aficionado a contar chismes: *la* *adj/s.* *chismosa no tenía reparos a la hora de recabar informa-* *ción.*

chismotear Chismorrear, explicar chismes. *v.tr.*

chispa (Voz onomatopéyica.)
1 Partícula incandescente que salta de una cosa que *s.f.* se está quemando o que resulta de la fricción de otras dos: *de los frenos salían chispas.*
2 Destello de luz: *distinguió una chispa al final de la ga-* *lería, que le hizo recobrar la esperanza.*
3 Gota de lluvia menuda: *no saques el paraguas que* *sólo caen chispas.*
4 Porción muy pequeña de una cosa material o inma- terial: *dame una chispa de queso.*
5 Indica la escasez o la inexistencia de lo que se ex- *= pizca* presa a continuación: *no tiene ni chispa de inteligencia.*
6 Viveza de ingenio, agudeza: *tiene mucha chispa y lo* *demuestra en cada palabra.*
7 Borrachera que provoca un comportamiento alegre, *coloquial* extrovertido y eufórico.
8 **chispa eléctrica:** Descarga brusca y luminosa entre *ELECTRICIDAD* dos cuerpos de diferente potencial.
9 **echar chispas:** Estar enfadado, indignado: *salió* *coloquial* *echando chispas del cine porque la película fue insoporta-* *ble.*
10 **saltar chispas:** Producir una situación o re- *coloquial* sultados tensos o violentos: *Si se llegan a encontrar, se-* *guro que saltarán chispas.*

chisparse Ponerse una persona ebria: *anduvo toda la* *v.prnl.* *tarde de bar en bar y se chispó como nunca.* *coloquial*

chispazo (Derivado de *chispa.*)
1 Chispa que salta de lo que se quema o que se pro- *s.m.* duce al entrar en contacto dos cuerpos conductores *ELECTRICIDAD* de energía eléctrica: *al conectar el enchufe se produjo un* *chispazo.*
2 Señal o daño producido al saltar una chispa: *no con-* *siguió borrar el chispazo de la pared ni con dos manos de* *pintura.*
3 Manifestación o suceso aislado de poca importan- *coloquial* cia que precede a otro de la misma naturaleza pero de mayor entidad: *pronto aparecieron los primeros chis-* *pazos de la crisis.*

4 Noticia o rumor que se cuenta por placer para criti- *coloquial* car, y que hace referencia a una cosa ajena y privada *= chisme,* o que se quiere mantener en secreto. *cuento*
5 Trago de vino o licor: *tomar un chispazo de ron.*

chispeante
1 Que chispea: *nubarrones chispeantes.* *adj.*
2 Que tiene gracia e ingenio: *es un comentarista diverti-* *do y chispeante.*
3 Se aplica a los ojos y a la mirada que irradian luz y alegría: *sus pupilas chispeantes se le clavaron en la me-* *moria.*

chispear (Derivado de *chispa.*)
1 Llover ligeramente: *no abras el paraguas, de momento* *v.impers.* *sólo chispea.*
2 Despedir chispas o destellos: *los cables del tendido de* *v.intr.* *alta tensión chispean.*
3 Brillar mucho, relucir: *sus ojos chispeaban de alegría.*

chispero, a Persona que fabrica objetos bastos de *s.* hierro.

chispitina
1 Porción muy pequeña de algo: *le dio una chispitina* *s.f.* *de su bocadillo.*
2 Período de tiempo muy corto: *todo ocurrió en una* *familiar* *chispitina.*

chispo, a
1 Que está un poco ebrio o bebido: *llegó chispo y co-* *adj.* *menzó a blasfemar.* *coloquial*
2 Trago pequeño de vino: *sólo toma un chispo durante* *s.m.* *las comidas.* *coloquial*

chisporrotear (Derivado de *chispa.*) Despedir un *v.intr.* cuerpo encendido chispas repetidamente: *chisporro-* *coloquial* *tear los troncos secos de la hoguera.*

chisporroteo Acción y resultado de despedir chis- *s.m.* pas: *el chisporroteo de la hoguera.*

chisquero
1 Encendedor de bolsillo. *s.m.*
2 Bolsa de cuero que se llevaba sujeta al cinturón y *= esquero* servía para llevar la yesca y el pedernal y otras cosas.

¡chist! Chis, expresión usada para imponer silencio o *interj.* para llamar a una persona: *¡chist!, que comienza el es-* *tb: ¡chis!* *pectáculo.*

chistar (Voz onomatopéyica.)
1 Hacer ademán de empezar a hablar: *ni chistó mien-* *v.intr./tb: chitar* *tras le reñía; chistó varias veces, pero no le dejó intervenir.* *= rechistar*
2 Llamar a una persona emitiendo la voz ¡chist!
3 **sin chistar ni mistar:** Estar una persona callada: *loc.adv.* *ojalá todos los alumnos fueran como ella, aguanta toda la* *coloquial* *mañana sin chistar ni mistar.*

chiste (Derivado de *chispa.*)
1 Cuento breve, dicho o dibujo agudo y gracioso que *s.m.* hace reír: *contó unos chistes muy picantes.*
2 Gracia, agudeza de ingenio. *= chispa*
3 Gesto o palabras con que se ridiculiza a una perso- *= broma,* na o cosa o se engaña a una persona sin malicia. *chanza*

chistera (Del vasc. *xistera* < lat. *cistella*, cestilla.)
1 Sombrero de copa: *el mago sacó de la chistera una* *s.f.* *paloma blanca y un conejo vivo.*
2 Cesta estrecha por arriba y ancha por abajo que *PESCA* usan los pescadores para guardar la pesca.
3 Objeto para jugar a la cesta punta. *DEPORTES/= cesta*

chistido Silbido, chifle: *oyó el chistido característico del* *s.m.* *cazador y salió al galope.*

chistorra Embutido de origen navarro, hecho con *s.f.* carne de cerdo y de vaca, tocino y otros ingredientes. *COCINA*

chistoso, a
1 Que suele contar chistes y lo hace con gracia: *chis-* *adj.* *tosa como eso, no pudo evitar hacer broma de aquello.*
2 Se aplica al suceso o a la situación que tiene gracia.

chistu Instrumento musical de viento, usado en el *s.m.* País Vasco y Navarra. *MÚSICA*

chistulari Persona que toca el chistu, instrumento *s.m.f.* musical del País Vasco y Navarra. *MÚSICA*

chita
1 Taba o astrágalo, hueso del pie. *s.f./ANATOMÍA*
2 Juego en que se pone derecha una taba, a la que se *JUEGOS* tiran piedras para tumbarla. *tb: chito*
3 Cosa de poca importancia: *no se enfadó porque su* *engaño lo consideró una chita.*
4 **a la chita callando:** Sin hacer ruido, disimulada- *loc.adv.* mente: *a la chita callando se fue acercando para darle un* *coloquial* *susto.*
5 **¡por la chita!:** Expresión que significa asombro o *interj.* enfado: *¡por la chita, qué malo eres!* *Chile*

chiticallando
1 Con mucho silencio: *los alumnos se mantuvieron toda* *adv.* *la tarde chiticallando.* *coloquial*
2 Con disimulo o en secreto: *fue urdiendo su maquia-* *coloquial* *vélico plan chiticallando y sin dejarlo entrever.*

chito
1 Pieza sobre la que se ponen las monedas de las *s.m.* apuestas en el juego de la chita. *JUEGOS*

2 Chita, juego.   JUEGOS
3 ¡chito! Expresión usada para imponer silencio: *¡chito!, que viene el conserje.*   interj./coloquial tb. ¡chitón!

¡chitón! Expresión usada para imponer silencio: *¡chitón!, no quiero oír a nadie en el aula.*   interj./coloquial tb. ¡ohie!, ¡ohito!

chiva
1 Manta, colcha.   s.f./Amér. Central
2 Red para llevar legumbres y verduras.   Venez.
3 Mentira, expresión falsa.   Chile
4 Objeto cualquiera, cuyo nombre no se conoce o no se quiere mencionar.   Méx.
5 Objetos personales, pertenencias.   s.f.pl./Méx.

chivado, a Transpirado, sudado.   adj./Argent.

chivarro, a Chivo entre uno y dos años de edad.   s./ZOOLOGÍA

chivarse Descubrir una información para perjudicar a alguien: *se chivó el nombre del que rompió el cristal.*   v.prnl./coloquial = delatar

chivatada Chivatazo, acción de chivarse: *aún no sabe quién fue el autor de la chivatada.*   s.f. coloquial

chivatazo Acción de chivarse: *el chivatazo llegó a comisaría y pusieron en marcha el dispositivo policial.*   s.m. coloquial

chivatear
1 Gritar imitando la algarabía de los araucanos al acometer.   v.intr. Argent., Chile
2 Jugar los niños con algarabía.   Argent., Chile

chivato, a (Derivado de *chivo*.)
1 Se aplica al soplón o delator.   adj/s.
2 Chivo entre seis meses y un año.   s./ZOOLOGÍA
3 Dispositivo sonoro o visual que llama la atención sobre algo.   s.m.

chivo, a
I (Voz de creación expresiva.)
1 Cría de la cabra desde el destete hasta la madurez.   s./ZOOLOGÍA
2 Pollo del jilguero.   ZOOLOGÍA
3 **chivo expiatorio**: 1. Macho cabrío que el sumo sacerdote sacrificaba por los pecados de los israelitas. 2. Individuo sobre el que se hacen recaer las culpas que comparte con otros: *es consciente de que le van a utilizar como chivo expiatorio, pero aun así no les vuelve la espalda.*   RELIGIÓN
4 **estar como una chiva**: Estar chiflado, loco: *sólo puedo pensar que está como una chiva, si no no entendería cómo puede actuar así.*   coloquial
II (Del ár. *yibb*, pozo.) Depósito de los molinos de aceite.   s.m.

chivudo, a
1 Que lleva barba larga.   adj/s.m./Amér.
2 Que tiene mal humor.   Argent.

chiza Oruga perjudicial para la planta de la patata.   s.f./Colomb.

choapino Alfombra tejida a mano.   s.m./Chile

chocante
1 Que asombra o sorprende por ser extraño: *fue chocante conocer la identidad de los infractores.*   adj.
2 Se aplica a la persona graciosa y ocurrente.
3 Antipático, fastidioso o presuntuoso.   Amér.

chocantería Impertinencia, cosa desagradable y molesta.   s.f. Amér.

chocar
1 Golpearse dos cosas entre sí o una cosa contra otra: *el coche chocó con un camión.*   v.intr. conj.: sacar
2 Tener una discusión o una riña: *chocaron por culpa de sus satíricas insinuaciones.*   = discutir, pelear
3 Ser una cosa extraña o sorprendente.   = sorprender
4 Causar desagrado: *me chocan tus tonterías; le chocó que hablases mal de ella a sus espaldas.*   v.tr. = desagradar
5 Hacer que una cosa golpee a otra: *chocamos las copas en un brindis.*
6 Darse las manos en señal de saludo u otra causa: *han chocado sus manos ante las cámaras; chocaron por pura cortesía.*   v.tr/intr.

chocarrear Decir una persona chocarrerías: *se chocarrea de todo, hasta de sí mismo; chocarreaban sin medida cuando estaban juntas.*   v.intr/prnl.

chocarrería Chiste grosero u obsceno.   s.f.

chocarrero, a
1 Que es chabacano o tiene chocarrería: *dicho chocarrero; chiste chocarrero.*   adj.
2 Que tiende a decir chocarrerías: *los autores a quien te refieres son insufribles por chocarreros.*

chocha
1 Becada, ave.   s.f./ZOOLOGÍA
2 Centrisco, pez.   ZOOLOGÍA

chochear
1 Tener una persona las facultades mentales debilitadas, por lo general a causa de la edad avanzada: *el abuelo chochea.*   v.intr.
2 Sentir o expresar una persona mucho cariño, afición o simpatía: *chochea por los manuscritos medievales.*   coloquial

chochez
1 Condición de la persona que chochea: *su chochez no le impide comprender que se burlan de él.*   s.f./pl: chocheces = chochera
2 Acción o palabras propias de la persona que chochea: *sus chocheces le delatan.*

chochín
1 Pollo de la chocha o becada.   s.m./ZOOLOGÍA
2 Pájaro pequeño, de cola erguida y dedos fuertes armados con uñas ganchudas. *(Troglodytes troglodytes.)*   ZOOLOGÍA

chocho, a
1 Que chochea o tiene las facultades mentales disminuidas.   adj.
2 Que expresa con exageración el cariño hacia otra persona: *está chocha con su nieto.*   coloquial
3 Altramuz y su semilla que, después de cocida y reposada en salmuera, se come como golosina o aperitivo.   s.m. BOTÁNICA
4 Canelón, confite alargado relleno de canela.   COCINA
5 Vulva, vagina, órgano sexual femenino.   vulgar

choclar Meter la bola por las barras de golpe en el juego de la argolla.   v.intr. JUEGOS

choclo
I (Del lat. *socculus*.) Zueco, zapato de madera.   s.m./= chanclo
II (Del quechua *choccllo*.)
1 Mazorca tierna de maíz.   Amér. Merid.
2 Humita, alimento elaborado con maíz tierno.   Amér. Merid.

choclón, a
1 Que se comporta sin discreción.   adj/s./= entrometido
2 Lugar en que celebran sus reuniones políticas los partidarios de un candidato, durante el período electoral.   s.m. Chile POLÍTICA
3 Reunión de mucha gente, multitud.   Chile, Perú

choco, a
1 Se aplica a la persona o animal que carece de uno de sus miembros.   adj/s. Amér.
2 De pelo rizado y crespo.   Chile, Ecuad.
3 Tuerto, bizco: *el choco les vendió el lote.*   Guat., Hond., Nicar.
4 Jibia pequeña.   s.m./ZOOLOGÍA
5 Perro de aguas, variedad de este cánido.   Argent.

chocolate (Del náhuatl *xocoat*.)
1 Sustancia alimenticia preparada con cacao y azúcar, que puede llevar también vainilla o canela.   s.m. COCINA
2 Bebida preparada con esta sustancia disuelta o cocida en agua o leche: *le encanta desayunar chocolate con churros.*   COCINA
3 Hachís, droga: *ha comprado chocolate para fumar.*   argot
4 **el chocolate del loro**: Se dice del ahorro o restricción de poca importancia respecto a la economía que se intenta conseguir.   coloquial

chocolatera
1 Recipiente usado para preparar o servir el chocolate líquido.   s.f. COCINA
2 Objeto viejo y destartalado.
3 Barco en malas condiciones.

chocolatería Establecimiento donde se fabrica, vende o consume chocolate.   s.f. COMERCIO

chocolatero, a
1 Que fabrica o vende chocolate.
2 Que es aficionado a tomar chocolate: *aquellos bombones fueron maná para la chocolatera.*   adj/s.

chocolatina Tableta pequeña de chocolate: *a mediodía no come porque antes se harta de chocolatinas.*   s.f. tb: chocolatín

chofe Pulmón de animal para el consumo.   s.m./= bofe

chófer (Del fr. *chauffeur* < *chauffer*, calentar.)
1 Conductor de un automóvil.
2 Persona que profesionalmente se dedica a conducir vehículos: *el chófer le espera en el estacionamiento.*   s.m.f./tb: chofer

chofeta Braserillo que se usaba para encender el cigarrillo o quemar hierbas aromáticas.   s.f.

choleta Tela ordinaria utilizada para forros de vestidos.   s.f./Chile TEXTIL

cholga Mejillón, molusco.   s.f./Chile

cholla
1 Cabeza humana: *al salir del coche se dio un golpe en la cholla.*   s.f./coloquial
2 Inteligencia, entendimiento o talento.   coloquial
3 Pereza, cachaza: *con esa cholla no va a conseguir promocionarse en el ministerio.*   Colomb., Amér. Central

chollar Desollar, pelar: *cholló los conejos después de pescozarlos.*   v.tr. Amér. Central

chollo Cosa de cierto valor que se consigue con poco esfuerzo o dinero: *aquel encargo fue un chollo, por poco trabajo recibió un espléndido pago.*   s.m. coloquial = ganga

cholo, a
1 Se aplica al mestizo de blanco e india: *la capital está esencialmente poblada por cholos.*   adj/s. Amér.
2 Se aplica al indio que ha adoptado las costumbres de la cultura occidental.   Amér.

chomba Jersey, prenda de vestir: *si va al norte, recomiéndale que se lleve chombas de lana.* — s.f. Amér.

chongo
1 Moño de pelo, trenza: *siempre llevó la melena recogida en un chongo prieto.* — s.m. Méx.
2 Cuchillo sin filo. — Chile
3 Rizo de pelo. — Guat.

chontal Rústico e inculto. — adj/s.m.f./Amér.

chop (Del neerlandés *schopen.*) Jarra grande de cerveza. — s.m. Amér.

chopa
I (Del port. *choupa* < lat. *clupa,* sábalo.) Pez de cuerpo alargado, hocico corto y boca pequeña con dientes finos. *(Spondyliosoma cantharus.)* — s.m. ZOOLOGÍA
II (Del lat. *clupeus,* escudo.) Cobertizo colocado en la popa, junto al asta de la bandera. — s.f. NÁUTICA

chope
1 Palo que sirve para cavar la tierra y extraer tubérculos. — s.m./Chile AGRICULTURA
2 Garfio de hierro. — Chile
3 Guantada, puñetazo. — Chile

chopera Terreno poblado de chopos: *paseaban por la chopera en un carruaje de dos plazas.* — s.f.

chopo (Del lat. vulgar **ploppus* < lat. *populus,* álamo.)
1 Álamo negro, árbol. — s.m./BOTÁNICA
2 Madera de este árbol.
3 Fusil, arma. — coloquial
4 **chopo de agua:** Álamo balsámico, árbol. — BOTÁNICA

chopper (Voz inglesa.)
1 Útil prehistórico tallado sobre un canto rodado de sílex. — s.m./pl: choppers HISTORIA
2 Moto o bicicleta que tiene un manillar muy alto y un sillín muy alargado. — s.f.

choque (Derivado de *chocar.*)
1 Encuentro y golpe violento de una cosa con otra. — s.m.
2 Discusión, pelea o riña entre dos o más personas: *estoy acostumbrado a sus continuos choques ideológicos.*
3 Combate o pelea de corta duración en que intervienen escasas tropas. — MILITAR
4 Estado de depresión nerviosa y circulatoria, sin pérdida de conciencia, que se produce después de una intensa conmoción síquica. — MEDICINA = shock
5 **choque de apertura:** Frenado brusco que se produce al abrirse el paracaídas de golpe. — AERONÁUTICA
6 **choque térmico:** Fenómeno por el que los materiales reciben una gran cantidad de energía térmica en un tiempo muy corto. — FÍSICA
7 **de choque:** 1. Se aplica a la tropa entrenada para entrar en acción directa. 2. Se refiere a los procedimientos o acciones elegidos por su eficacia: *le aplicaron un tratamiento de choque para bajarle la infección.* — loc.adj./MILITAR

choquezuela Rótula, hueso: *en el accidente se golpeó la choquezuela y aún no anda con normalidad.* — s.f. ANATOMÍA

chorar Robar, sustraer lo ajeno: *le choraron la cartera sin que se diese cuenta.* — v.tr. argot

chorbo, a
1 Denominación con que se designa a una persona indeterminada: *un chorbo te llamó por teléfono.* — s. vulgar
2 Persona joven: *llegaron tres viejas y una chorba.* — vulgar
3 Novio o novia de una persona. — vulgar

chorcha Reunión de amigos que se juntan para charlar: *mantuvieron años una chorcha semanal.* — s.f. Méx.

chordón Frambueso, arbusto. — s.m./BOTÁNICA

chorear Molestar en exceso, fastidiar. — v.intr/prnl./Chile

chori (Voz gitana.) Chorizo o ratero. — s.m.f./argot

choricera Máquina para hacer chorizos. — s.f.

choricero, a
1 Persona que elabora o vende chorizos. — s.
2 Extremeño, de Extremadura. — coloquial
3 Ratero, ladronzuelo: *gracias a la rueda de reconocimiento identificó al choricero.* — argot

chorizar Robar, hurtar, tomar para sí lo ajeno: *me chorizaron la radio del coche.* — v.tr./conj: cazar vulgar

chorizo (De origen incierto.)
1 Embutido de carne de cerdo, picada y adobada con pimentón y, a veces, con otras especias. — s.m. COCINA
2 Barra que utilizan los equilibristas para ayudarse a mantener el equilibrio. — = contrapeso
3 Carne del lomo vacuno, flaca, situada a cada uno de los lados del espinazo. — Amér.
4 Haz de barro mezclado con paja, empleado para hacer un rancho o cabaña. — Amér. CONSTRUCCIÓN

chorizo, a (Del gitano *chori.*) Persona golfa y ladrona. — s./argot

chorla Ave parecida a la ganga, pero de menor tamaño. — s.f. ZOOLOGÍA

chorlitejo Denominación que se da a diversas aves caradriformes limícolas. *(Charadrius.)* — s.m. ZOOLOGÍA

chorlito (Voz onomatopéyica.) Ave de tamaño mediano y pico corto, con las partes superiores grises y las inferiores negras, que vive en pantanos, playas y tierras llanas y húmedas. *(Pluvialis, Charadrius, Chettusia y Squatarola.)* — s.m. ZOOLOGÍA

chorlo (Del alem. *schörl* < fr. *schorl,* turmalina.) Variedad de turmalina de color negro. — s.m. MINERALOGÍA

choro, a
1 Se aplica a la persona que destaca por su carácter valiente y decidido. — adj./Chile vulgar
2 Que tiene cualidades sobresalientes. — Chile
3 Mejillón, molusco. — s.m./Chile
4 Vulva, vagina. — Chile/vulgar
5 Ladrón, ratero. — Chile/argot
6 **sacar a una persona los choros del canasto:** Molestarla de forma tal que le causa una fuerte irritación. — Chile coloquial

chorote
1 Chocolatera de loza sin vidriar. — s.m./Colomb.
2 Bebida espesa: — Cuba
3 Especie de chocolate con el cacao cocido en agua y endulzado con azúcar negro. — Venez. COCINA

chorra (Derivado de *chorro.*)
1 Buena suerte o casualidad gracias a la cual se recibe o consigue una cosa: *siempre tuvo mucha chorra para conseguir trabajo.* — s.f. vulgar
2 Persona tonta, estúpida: *no seas chorra, por favor.* — s.m.f./coloquial
3 Pene, miembro viril. — s.f./vulgar

chorrada
1 Acción o palabras que se consideran tontas o estúpidas: *después de tantas chorradas nadie le creyó.* — s.f./coloquial = sandez
2 Detalle excesivo o innecesario: *las chorradas no mejorarán el contenido de tu discurso.* — coloquial
3 Porción de líquido que se añade a la medida justa.

chorreada Cantidad pequeña de líquido. — s.f.

chorreado, a
1 Se aplica a la res vacuna que tiene el pelo con listas verticales de color más oscuro que el resto. — adj.
2 Sucio o manchado: *al retirar la mesa, quedó el mantel chorreado de salsa.* — Amér.

chorreadura
1 Acción y resultado de chorrear. — s.f./= chorreo
2 Mancha que deja un líquido al caer chorreando sobre algo: *no consiguieron limpiar la chorreadura de café.*

chorrear
1 Caer un líquido a chorros: *chorreaba el agua del tejado sobre las paredes.* — v.intr.
2 Salir un líquido gota a gota: *no cerró bien la espita de la cuba y chorrea el vino.* — v.intr/tr.
3 Producirse una cosa poco a poco y con intermitencias: *aún chorrean las quejas al director.* — v.intr. coloquial
4 Reprender, echar una bronca severa. — v.tr./coloquial

chorreo
1 Acción y resultado de chorrear. — s.m./= chorreadura
2 Reprimenda fuerte: *le cayó un chorreo de órdago.* — coloquial

chorreón
1 Chorretada, chorro brusco. — s.m./tb: chorretón
2 Mancha, huella o señal que deja un chorro de líquido: *lleva la camisa llena de chorreones.* — = chorreadura

chorrera (Derivado de *chorro.*)
1 Sitio por donde cae un chorro pequeño de agua o de otro líquido. — s.f.
2 Pequeña erosión del terreno producida por el agua que corre continuamente por él.
3 Trecho corto de un río en que el agua corre con más velocidad. — GEOGRAFÍA
4 Adorno de encaje en la abertura de la camisa o del vestido por la parte del pecho: *vestía un traje campero con camisa de chorreras.*

chorretada
1 Chorro de un líquido que sale de improviso. — s.f.
2 Chorrada, porción de líquido, generalmente la que excede de la medida que se compra. — coloquial

chorretón
1 Chorretada, chorro brusco. — s.m.
2 Mancha causada por un chorro de líquido: *llevaba el babero lleno de chorretones.* — tb: chorreón

chorrillo
1 Acción continua de recibir o gastar una cantidad pequeña de algo: *con ese chorrillo de dinero te quedarás sin blanca.* — s.m. coloquial
2 Diarrea, evacuación líquida de excrementos. — Méx./familiar
3 **irse por el chorrillo:** Seguir la corriente o la costumbre: *siempre tuvo tendencia a entusiasmarse por la novedad, pero acabó yéndose por el chorrillo.* — coloquial
4 **tomar el chorrillo de hacer algo:** Acostumbrarse a algo: *tomó el chorrillo de salir de noche todos los días de la semana.* — coloquial

chorro (Voz onomatopéyica.)
1 Porción de líquido o de gas que cae o sale por un orificio: *les cayó un chorro de agua desde el primer piso.* — s.m.
2 Caudal muy pequeño de agua que corre por un cauce: *en verano sólo pasa un chorro.*
3 Caída continua de materias disgregables o cosas menudas e iguales.
4 Sucesión abundante e incesante de cosas: *estaba tan enfadado que soltó un chorro de insultos.*
5 **chorro de arena:** Procedimiento para limpiar metales, lanzando arena a gran velocidad sobre ellos. — METALURGIA
6 **chorro de playa:** Movimiento del agua del mar lanzada hacia el interior de la playa, al romper las olas.
7 **chorro de voz:** Emisión de voz muy potente: *tenía tal chorro de voz que no necesitaba micrófono.*
8 **a chorro:** Forma de caer o beber un líquido, cuando éste forma chorro. — loc.adv.
9 **a chorros:** Abundante, incontenible y rápidamente: *caía el agua a chorros.* — loc.adv.
10 **como los chorros del oro:** Muy limpio, brillante y reluciente: *tenía los cacharros de cocina como los chorros del oro.* — coloquial
11 **hablar a chorros:** Hablar mucho y atropelladamente: *durante el trayecto habló a chorros y al llegar se quedó completamente callada.* — coloquial
12 **soltar el chorro:** Reírse a carcajadas: *en mitad del examen soltó el chorro y los dejó atónitos.* — coloquial

chorroborro Aglomeración o enorme afluencia de personas o cosas. — s.m./despectivo = aluvión

chorrón Cáñamo que se saca limpio de la primera rastrillada. — s.m. AGRICULTURA

chortal Charca o lagunilla formada por un manantial que brota en su fondo. — s.m.

chotacabras Ave de alas apuntadas, plumaje hinchado pardo grisáceo, cabeza grande y pico muy pequeño. *(Caprimulgus europaeus.)* — s.m. pl: chotacabras ZOOLOGÍA

chotearse Hacer burla: *se chotea de sus superiores constantemente.* — v.prnl./vulgar = pitorrearse

choteo Burla festiva, pitorreo: *que siempre esté de choteo no le ayudará a concentrarse en la asignatura.* — s.m. vulgar

chotis (Del alem. *Schottisch*, baile escocés.)
1 Baile, especialmente típico de Madrid, que se ejecuta por parejas con movimientos lentos. — s.m./pl: chotis MÚSICA
2 Música que acompaña a este baile. — MÚSICA
3 **ser más agarrado que un chotis:** Ser muy tacaño: *no insistió en pedirle un aumento, sabía que era más agarrado que un chotis.* — coloquial

choto, a (Voz onomatopéyica.)
1 Cría de la cabra mientras mama. — s.
2 Ternero, cría de la vaca: *entre las encinas descansaban los chotos vigilados por el pastor.*
3 **estar como una chota:** Estar loco, chiflado: *saltó por la ventana para hacerle creer que estaba como una chota.* — coloquial

chotudo Se aplica al hombre de pene grande. — adj./Argent., Urug.

chotuno, a (Derivado de *choto*.)
1 Se aplica a la res cabría que todavía mama. — adj.
2 Se refiere al cordero que está flaco y enfermizo.
3 **oler a chotuno:** Despedir un olor parecido al del ganado cabrío: *abre la ventana que aquí huele a chotuno.*

chova (Del fr. ant. *choue*.) Denominación de diversas aves paseriformes de plumaje negro. — s.f. ZOOLOGÍA

chovinismo (Del fr. *chauvinisme*.) Sentimiento nacionalista muy exaltado acompañado de desprecio por lo extranjero: *su exacerbado chovinismo no le permite tratar con objetividad ciertos asuntos de carácter internacional.* — s.m. POLÍTICA tb: chauvinismo

chovinista
1 Del chovinismo: *las doctrinas chovinistas son discriminatorias.* — adj. tb: chauvinista
2 Que es partidario del chovinismo. — adj.s.m.f.

choya
1 Pereza o pesadez. — s.f./Guat.
2 Cabeza humana, cholla: *le duele la choya de la fiebre y el calor sofocante.* — Méx. familiar

choza (Del gallego-portugués *choza*.)
1 Refugio construido con palos y ramas o paja. — s.f.
2 Cabaña tosca hecha en el campo: *consiguieron llegar a la choza antes de que estallase la tormenta.*

chozno, a Respecto de una persona, nieto o nieta de su bisnieto o quinta generación de descendientes directos. — s.

chozo Choza pequeña. — s.m.

chozpar (Voz onomatopéyica.) Saltar alegremente algunos animales: *por la ribera chozpaban los cervatillos de roca en roca.* — v.intr. tb: chospar

chozpo Salto o brinco alegre de un animal. — s.m.

christmas (Del ingl. *Christmas*, Navidad.) Tarjeta navideña de felicitación: *en la escuela hicieron un concurso de christmas.* — s.m. pl: christmas tb: crismas

chubascada Chubasco de corta duración: *esta chubascada no nos va a estropear el día.* — s.f. despectivo

chubasco (Del port. *chuvasco* < *chuva*, lluvia.)
1 Chaparrón brusco. — s.m.
2 Chaparrón con viento: *en mitad de la caminata les sorprendió un chubasco de corta duración.*
3 Adversidad transitoria que entorpece una cosa: *su cese fue un chubasco para la ejecución del proyecto.* — coloquial
4 Nubarrón oscuro que aparece en el cielo repentinamente: *los chubascos amenazan la travesía.* — NÁUTICA

chubasquear Llover en forma de chubascos. — v.impers.

chubasquero Impermeable, prenda para la lluvia: *saca el chubasquero y las botas de goma del armario porque está lloviendo.* — s.m.

chubesqui (De *Chubertsky*, marca registrada.) Estufa cilíndrica y de dobles paredes que funciona con carbón. — s.m.

chuca Lado de la taba que tiene un hoyo. — s.f.

chucha Vulva, vagina, órgano sexual femenino. — s.f./Chile/vulgar

chuchear
1 Cuchichear, hablar en voz baja: *entre el alboroto y griterío de los demás ellas chucheaban en el rincón.* — v.intr.
2 Cazar perdices y pájaros con señuelo, lazo o red. — CAZA

chuchería
1 Objeto delicado y vistoso aunque de poco valor, usado como adorno: *no puede resistirse a las chucherías de aquella tienda y tiene las estanterías llenas de ellas.* — s.f. = fruslería
2 Golosina, alimento ligero: *sólo se alimenta de chucherías y dulces.*
3 Caza de perdices y pájaros con reclamo. — CAZA

chucho, a
I (Voz onomatopéyica.) Perro, mamífero cánido: *un chucho callejero se le cruzó bajo las ruedas del coche.* — s. coloquial
II (De origen incierto.) Aparato que sirve para dejar pasar o interrumpir la corriente eléctrica en un circuito. — s.m. Cuba
III (Del quechua *chuhchu*, tercianas.)
1 Estremecimiento del cuerpo, escalofrío. — s.m./Amér. Amér.
2 Fiebre intermitente. — Argent., Urug.
3 Miedo, temor.

chuchoca Maíz cocido y seco que se usa como condimento. — s.f./ Amér. Merid. COCINA

chuchurrido, a Que tiene mal aspecto por estar arrugado o estropeado: *sacó el abrigo del ropero completamente chuchurrido.* — adj. coloquial

chuchurrir Poner una cosa fea o marchita: *mis flores se han chuchurrido; chuchurre los papeles.* — v.tr/prnl. coloquial

chucrut (Del alsaciano *surkrut*.) Col picada fermentada en salmuera, frecuente en la cocina alemana y francesa: *le sirvió una ensalada típica con chucrut.* — s.f. COCINA tb: choucroute

chueca
1 Tocón, parte del tronco de un árbol cortado, próxima a la raíz: *se sentó en una chueca para descansar.* — s.f.
2 Hueso redondeado o cabeza o extremo de un hueso que encaja en un hueco de otro para formar una articulación. — ANATOMÍA
3 Engaño o chasco: *le han jugado una buena chueca con ese retraso en la entrega.* — coloquial = jugada

chueco, a
1 Se aplica a la persona que tiene las puntas de los pies torcidas hacia adentro. — adj. Méx.
2 Que está torcido, que no es recto. — Méx.

chufa
1 Planta vivaz de hojas aquilladas, cuyas raíces producen tubérculos aovados y carnosos. *(Cyperus esculentus.)* — s.f. BOTÁNICA = cuca
2 Tubérculo de esta planta, con el que se prepara la horchata. — BOTÁNICA
3 Bofetada, sopapo. — coloquial
4 **echar chufas a alguien:** Amenazar, echar bravatas: *si no le echa chufas de vez en cuando, no consigue nada de ella.* — coloquial

chufar (Del lat. vulgar *sufilare* < lat. *sibilare*, silbar.) Hacer burla de una persona o una cosa: *se chufa de cualquiera; chufan de las reformas del proyecto.* — v.intr/prnl. + de

chufla Cuchufleta, broma: *lo que pretendía que fuese una chufla graciosa les pareció una burla soez.* — s.f./tb: chufleta

chuflarse Hacer burla: *se chufla de sus ambiciones.* — v.prnl./= burlarse

chufletear Bromear, decir una persona chuflas: *el graciosillo chufleteaba de sus pretensiones y altanerías.* — v.intr/coloquial + de

chuico Garrafa, recipiente. — s.m./Chile

chula Fruto del candelabro, planta cactácea. — s.f./BOTÁNICA

chulada
1 Acto, actitud o expresión atrevidos o insolentes, con los que se quiere mostrar orgullo o coraje: *se lo reprochó con una chulada para mantener su fama de mujer de carácter.* — s.f.

2 Desenvoltura e ingeniosidad que suele atribuirse a las clases populares.
3 Cosa bonita, graciosa: *el ramo de flores que le regaló era una chulada.* — coloquial

chulapo, a
1 Madrileño castizo: *llenó el primer acto de chulapas.* — s./tb: chulapón
2 Se aplica a la persona chula, provocadora. — adj/s.

chulear (Derivado de *chulo*.) — v. intr.
1 Presumir, jactarse: *siempre va chuleando de valiente.* — v.intr.
2 Hacer burla de una persona con gracia: *la chulea sin ánimo de ofenderla; se chulea delante de los amigos.* — v.tr/prnl.
3 Vivir a costa de una mujer: *la chulea desde hace tiempo y ella no se lo ha reprochado jamás.* — v.tr. coloquial

chulengo
1 Cría del guanaco. — s.m./Argent., Chile
2 Charabón, ñandú. — Argent./ZOOLOGÍA
3 Persona de piernas largas y delgadas. — Argent.

chulería — s.f.
1 Modo de ser o comportarse el chulo.
2 Determinada gracia y atractivo en las palabras o las acciones: *a pesar de su avanzada edad, aún conservaba la chulería en los andares.*
3 Conjunto de chulos.

chulesco Que tiene relación con los chulos: *ademanes chulescos; caracterización chulesca.* — adj.

chuleta (Del cat. de Valencia *xulleta*, diminutivo de *xulla*, costilla.)
1 Costilla de una res junto con la carne pegada a ella: *como segundo plato, pidió chuletas de cordero.* — s.f.
2 Anotaciones hechas en un papel u otro objeto que se lleva escondido para copiar en los exámenes escritos, entre estudiantes: *el profesor le suspendió el examen porque descubrió que usaba chuletas.* — jerga
3 Pieza pequeña de madera que usan los carpinteros para tapar una grieta o agujero. — CARPINTERÍA
4 Golpe dado en la cara con la mano abierta. — = bofetada
5 Persona presumida o pendenciera: *se le acercó un chuleta con intención de intimidarla.* — s.m.f./coloquial
6 Patillas, pelo que crece delante de las orejas. — s.f.pl.

chuli Que es muy bonito y gracioso: *¡qué moto más chuli!* — adj. coloquial

chullo, a
1 Se aplica a la persona de clase media. — adj/s./Amér.
2 Gorro tejido de lana. — s.m./Amér.

chulo, a (Del ital. *ciullo*, muchacho.)
1 Se aplica a la persona que actúa o habla con chulería. — adj/s.
2 Que es bonito, lindo o gracioso: *el salón ha quedado muy chulo después de la reforma.* — adj. coloquial
3 Persona de ciertos barrios de Madrid con afectación en el traje y comportamiento. — s. = chulapo
4 Hombre que vive a costa de una prostituta: *el chulo la vigilaba desde el mostrador del bar.* — s.m. = proxeneta
5 El que atiende a los toreros en las corridas. — TAUROMAQUIA

chumacera (Del port. *chumaceira* < *chumazo* < bajo lat. *pulmaceum* < *pluma*.)
1 Pieza sobre la que se apoya y gira un eje de maquinaria: *la chumacera chirría.* — s.f. MECÁNICA
2 Hendidura hecha en la falda de los botes para sustituir el tolete. — NÁUTICA

chumarse Emborracharse, beber más de la cuenta: *se chumaron todos en la fiesta.* — v.prnl. Amér.

chumbe (Voz quechua.) Ceñidor, faja. — s.m./Amér. Merid.

chumbera Higuera chumba, nopal, planta crasa. — s.f./BOTÁNICA

chumbo, a
1 Se aplica al higo de la chumbera. — adj/BOTÁNICA
2 higuera chumba: Nopal, planta crasa. — BOTÁNICA

chuminada Cosa sin importancia, tanto tratándose de un objeto como de aquello que se dice o se hace: *no me vengas con chuminadas.* — s.f. coloquial

chumino Vulva, vagina, órgano sexual femenino. — s.m./vulgar

chuncho, a
1 Se aplica a la persona rústica o huraña. — adj./Perú Chile
2 Se refiere a la persona que trae mala suerte. — Chile
3 Lechuza, ave nocturna. — s.m./Chile

chunchul Intestino, especialmente de vacuno o cordero, que se come guisado. — s.m.Chile COCINA

chunga (Voz gitana.)
1 Burla festiva: *parece increíble que pueda estar todo el día de chunga.* — s.f. coloquial
2 tomar a chunga una cosa o una persona: Considerarla de poca importancia, burlarse de ella. — coloquial

chungarse Hacer burla de una persona: *es tan bromista que se chunga hasta de sí mismo.* — v.prnl./conj: pagar

chungo, a (Del gitano *chungo*, feo, pesado.)
1 Que tiene mal aspecto o está estropeado: *no te comas el requesón, parece que está chungo.* — adj. coloquial
2 Que es fastidioso y molesto. — coloquial

chunguearse Chungarse, hacer burla: *se chungueó del compañero de viaje.* — v.prnl/coloquial = cachondearse

chuña
1 Ave zancuda corredora, de más de setenta centímetros de largo, que habita en campo abierto y terrenos arbolados, se alimenta de pequeños animales y nidifica en los árboles. *(Cariama y Chunga.)* — s.f. Argent., Bol. ZOOLOGÍA
2 Arrebatiña, disputa. — Chile

chuño (Voz quechua.)
1 Fécula de patata. — s.m./Amér. Merid.
2 Producto alimenticio que se prepara con fécula de patata y leche. — Amér. Merid. COCINA
3 Semen, esperma. — Chile/vulgar

chupa (Del fr. *jupe*.)
1 Prenda de vestir que cubría el tronco, con mangas ajustadas y cuatro faldillas. — s.f.
2 Chaqueta o chaquetilla.
3 Cazadora, chaqueta corta y ajustada a la cadera: *perdió la chupa al salir del concierto; se quitó la chupa vaquera y la dejó encima de la silla.* — coloquial
4 poner a una persona **como chupa de dómine:** Reprenderle con exceso, ofenderle con palabras ofensivas. — coloquial

chupa-chups (Marca registrada.) Caramelo, por lo general de forma redonda, insertado en un palito que le sirve de mango. — s.m. tb: chupa-chup

chupacirios Beato, persona exagerada en las prácticas religiosas: *se burló de su actitud de chupacirios, siempre poniendo cirios a los santos.* — s.m.f. pl: chupacirios despectivo

chupado, a
1 Que es o está muy delgado: *se ha quedado muy chupado después del viaje al trópico.* — adj. coloquial
2 Que es muy fácil o sencillo: *el examen está chupado, no tendré problemas para aprobarlo.* — coloquial

chupador, a
1 Que chupa: *aparato bucal chupador.* — adj/s.
2 Pieza redondeada que chupan los niños en la época de la primera dentición. — s.m./tb: chupadero = chupete

chupalámparas Chupacirios, beato: *el templo se abarrotó de chupalámparas.* — s.m.f. pl: chupalámparas

chupalla
1 Planta que tiene las hojas en forma de roseta y cuyo jugo se emplea en medicina casera. *(Puya pyramidata.)* — s.f./Chile BOTÁNICA
2 Sombrero de paja hecho con tirillas de las hojas de esta planta. — Chile

chupamirto Colibrí, ave paseriforme de pequeño tamaño, vuelo rápido y plumaje brillante. — s.m./Méx. ZOOLOGÍA

chupar (Voz onomatopéyica.)
1 Sacar o atraer, con los labios o con el órgano adecuado, el jugo o la sustancia de una cosa: *chupó la golosina y la encontró muy rica.* — v.tr/intr.
2 Absorber las plantas el agua de la tierra: *después de tantos días sin regarlas, las begonias chuparon el agua en un santiamén.* — v.tr.
3 Absorber un cuerpo en su interior un líquido: *este papel chupa mucho la tinta.*
4 Absorber los tejidos orgánicos ciertas materias externas: *la piel chupa la crema hidratante.*
5 Gastar lentamente aquello que pertenece a otra persona: *durante un año vivió chupando la hacienda de su padre.* — coloquial
6 Volverse una persona débil y delgada lentamente: *se ha chupado con tantos sufrimientos.* — v.prnl.
7 Aguantar, sufrir cosas desagradables: *se ha chupado diez años de cárcel.* — coloquial
8 Ponerse una persona una cosa en la boca para disolverla o humedecerla con saliva: *después de chupar una pastilla se le calmó la tos; ya tiene tres años y todavía se chupa el pulgar.* — v.tr/prnl.
9 Beber en abundancia. — v.tr./Amér. Merid.
10 Ingerir bebidas alcohólicas: *fuma y chupa con una avidez que parece que en ello le va la vida.* — v.intr/Méx. vulgar
11 ¡chúpate esa!: 1. Exclamación de aplauso o agrado cuando una persona misma u otra contesta de manera aguda y oportuna. 2. Comentario irónico a algo que produce incomodidad o fastidio a una persona. — interj. coloquial

chuparrosa Colibrí, ave paseriforme de pequeño tamaño, vuelo rápido y plumaje brillante. — s.f./Méx. ZOOLOGÍA

chupatintas Oficinista de poca categoría: *entró en la empresa con intenciones de promocionarse y se ha quedado como un pobre chupatintas.* — s.m. despectivo pl: chupatintas

chupe
1 Chupete de niño: *la abuela insistía en desacostumbrarlo del chupe, pero su afición era tremenda.* — s.m. familiar
2 Guisado que se hace con patatas, carne o pescado, queso, ají, tomate y otros ingredientes. — Chile, Perú COCINA

chuperretear Chupetear mucho: *chuperreteaba el helado con ahínco.* — v.tr. coloquial

chupete (Derivado de *chupar*.)
1 Objeto con una pieza de goma en forma de pezón — s.m.

que se da a los niños de pecho para que lo chupen: *dar el chupete al bebé para que no llore.*

2 Pieza de goma del biberón a la que se aplican los labios: *el chupete tiene el agujero demasiado grande.* = tetilla

chupetear Chupar una cosa insistentemente: *chupetear un caramelo; chupeteaba insistentemente produciendo un ruido sordo.* v.tr/intr. coloquial

chupetilla Pequeña cubierta de cristal de las escotillas para que no entre la lluvia en la bodega. s.f. NÁUTICA

chupetón
1 Acción y resultado de chupar con fuerza: *de un chupetón acabó la leche.* s.m.
2 Señal que queda en la piel después de chupar: *odiaba que su novia le hiciera chupetones en el cuello.* coloquial

chupi Que es estupendo o magnífico: *la fiesta de cumpleaños resultó chupi.* adj. coloquial

chupín Chupa o chaqueta corta. s.m.

chupinazo
1 Disparo de fuegos artificiales que se hace con una especie de mortero, o cohete con que se inician algunas fiestas: *los sanfermines empezaron con el tradicional chupinazo.* s.m.
2 Disparo potente a la portería, en el fútbol: *todos los hinchas recordarán el chupinazo que dio la copa a su equipo.* DEPORTES

chupito Sorbo o pequeña cantidad de vino, licor u otra bebida: *tomaron chupitos de anís después del café.* s.m.

chupo Chupete, objeto en forma de pezón. s.m./Colomb.

chupón, a
1 Que chupa: *insecto chupón.* adj.
2 Que saca dinero u otro beneficio con astucia y engaño: *el chupón se agenció la mitad de la herencia.* adj/s. coloquial
3 Chupetón, marca en la piel. s.m./coloquial
4 Tetilla o chupete. Méx.
5 Vástago que brota en los árboles y les chupa la savia y amengua el fruto. BOTÁNICA
6 Pluma del ave que tiene el cañón no consolidado. ZOOLOGÍA
7 Émbolo de las bombas de desagüe. MECÁNICA
8 Conducto de una chimenea por donde sale el humo: *el chupón está obstruido por el hollín.* CONSTRUCCIÓN

chupóptero, a Persona que disfruta de uno o más sueldos sin demasiado esfuerzo o trabajo: *el número de chupópteros crece de día en día.* s. coloquial

chuquisa Mujer que ejerce la prostitución. s.f./Chile, Perú

churdón (Del cat. *gerd.*)
1 Frambueso, arbusto. s.m./BOTÁNICA
2 Frambuesa, fruto de este arbusto. BOTÁNICA
3 Jarabe o pasta de frambuesa, empleados para hacer refrescos.

churlo Saco de lienzo de pita cubierto con uno de cuero: *lo metieron todo en un churlo.* s.m. th: churla

churra Ortega, ave gallinácea. s.f./ZOOLOGÍA

churrascar, a Chamuscado, quemado: *los filetes te quedaron completamente churrascados.* adj. = churruscado

churrascar Churruscar, quemar: *churruscó el pan.* v.tr/conj: sacar

churrasco
1 Carne asada a la brasa: *no pidas churrasco en cualquier restaurante, procura que sea en una brasería.* s.m. COCINA
2 Asado al aire libre. Argent.
3 Muchacha bonita. Argent.

churrasquear Hacer y comer churrascos. v.intr/Amér.

churre Pringue que escurre de una cosa: *por el jamón serrano resbalaba un churre hediondo.* s.m. coloquial

churrearse Mancharse una persona la ropa: *se churrea con tal facilidad que se tiene que cambiar de ropa cuatro veces al día.* v.prnl.

churrería Local o puesto en donde se hacen, venden o consumen churros. s.f. COMERCIO

churrero, a Persona que hace o vende churros. s.

churretada
1 Churrete grande, mancha. s.f.
2 Cantidad de churros: *se presentaron de madrugada en casa con una churretada caliente.*

churrete Mancha producida por un líquido que chorrea y que ensucia la cara, las manos u otra parte visible del cuerpo: *no llores, te vas a llenar la cara de churretes.* s.m. th: churretón

churretoso, a Que está lleno de churretes o manchas. adj.

churriana Mujer que ejerce la prostitución. s.f./vulgar

churrigueresco, a
1 Del churriguerismo: *en el rincón oscuro de la sala había un reloj de pesas con churriguerescos adornos dorados.* adj. ARTE
2 Que está demasiado adornado: *era difícil distinguir a los actores en un decorado tan churrigueresco.* coloquial = charro

churriguerismo (De J. B. *Churriguera*, arquitecto español.)

1 Modalidad del estilo barroco tardío español, en la que se mezclan elementos barrocos, góticos y platerescos, con una ornamentación muy recargada. s.m. ARQUITECTURA, ARTE
2 Estilo de ornamentación fastuosa o recargada. coloquial

churrinche Pájaro migratorio, pequeño y de color pardo. s.m./Argent., Urug. ZOOLOGÍA

churripuerco, a Se aplica a la persona que tiene un aspecto sucio o desaseado. adj.

churritar Dar gruñidos el cerdo. v.intr.

churro, a (De origen incierto.)
1 Se aplica a la oveja que tiene la lana más basta y larga que la merina. adj/s.
2 Se refiere a la lana que es propia de esta oveja. adj.
3 Masa de harina frita con forma alargada, cilíndrica y estriada: *he desayunado churros con chocolate.* COCINA
4 Obra o trabajo imperfecto y mal realizado: *esa obra de teatro es un churro.* coloquial = chapuza
5 Cinta cinematográfica de muy mala calidad. Méx.
6 confundir o mezclar las churras con las merinas: Confundir cosas muy semejantes, pero al mismo tiempo distintas.
7 de o por churro: Por suerte, de casualidad: *de churro no nos vieron.* loc.adv. coloquial
8 discutir si son churras o merinas: Discutir sobre un motivo sin importancia.

churrullero, a Que habla mucho y sin sentido: *la churrullera los persiguió toda la noche con sus chismes y habladurías.* adj/s. = charlatán

churruscar Quemar un alimento superficial o ligeramente: *las rebanadas se churruscaron; churruscó las chuletas en la barbacoa.* v.tr/prnl. conj: sacar

churrusco Trozo de pan quemado o demasiado tostado: *dio los churruscos a las gallinas.* s.m.

churumbel (Voz gitana.) Niño, muchacho: *los churumbeles iban a la escuela a regañadientes.* s.m. coloquial

churumbela Antiguo instrumento musical de viento, parecido a la chirimía pero más pequeño. s.f. MÚSICA

churumo
1 Jugo o sustancia: *sacar el churumo de la fruta.* s.m./coloquial
2 haber poco churumo: Indica que hay poco dinero, poco entendimiento o poca sustancia: *no insistas más, aquí hay poco churumo para comprar fincas.* coloquial

chusca
1 Mujer ordinaria de vida disipada. s.f./Chile
2 Amante, mujer que mantiene una relación sexual con un hombre casado. Chile ooloquial

chuscada Broma o chiste basto y chocarrero. s.f.

chusco, a (De origen incierto.)
1 Que resulta gracioso y sorprendente: *llevas un peinado muy chusco.* adj/s. = chocante
2 Se aplica a los animales, en especial a los perros, que no son de raza, sino cruzados. adj. Perú
3 Panecillo o ración de pan, en especial la que se reparte a los soldados en el ejército: *con unos chuscos y un poco de queso se lanzó al monte.* s.m. = mendrugo

chusma (Del ital. *ciusma*, conjunto de gente soez < lat. vulgar *clusma* < gr. *keleusma*, canto del remero galeote.)
1 Conjunto de gente basta o despreciable. s.f.
2 Conjunto de galeotes. HISTORIA
3 Se aplica a la persona chismosa y entremetida. adj/s.m.f./Argent.

chusmear Chismear, husmear. v.intr/Argent.

chusmerío Acción y efecto de chusmear. s.m./Argent.

chuspa
1 Bolsa, morral. s.f./Amér. Merid.
2 Bolsa pequeña para llevar el tabaco. Urug.

chusque Planta gramínea de mucha altura, que es una especie de bambú. *(Chusquea.)* s.m./Colomb. BOTÁNICA

chusquero Se aplica al mando militar que asciende desde soldado raso sin pasar por las academias. adj/s.m. coloquial

chut (Voz inglesa.) Disparo en el fútbol. s.m./pl.th: chuts

chuta Jeringuilla usada para inyectar droga. s.f./argot

chutar (Del ingl. *shoot*, disparar, tirar.)
1 Lanzar la pelota con el pie: *chuta con fuerza.* v.intr/tr/DEPORTES
2 Inyectarse droga: *mi vecino se chuta heroína.* v.tr/prnl/argot

chute
1 Acción y resultado de chutar, lanzar la pelota con el pie: *de un magnífico chute metió el balón hasta el fondo de la portería.* s.m. th: chut = tiro
2 Acción de inyectarse droga. argot
3 Dosis de heroína. argot

chuyo, a Aguado, poco espeso. adj./Bol., Ecuad.

chuza
1 Lanza rudimentaria, parecida al chuzo. s.f./Argent., Urug.
2 Espolón del gallo. Argent.
3 Lance en el juego de boliche o bolos que consiste en derribar todos los palos de una vez y con una sola bola. Méx. JUEGOS
4 Cabellos largos, lacios y duros. s.f.pl./Argent.

5 hacer chuza: Destruir por completo. *Méx.*

chuzar Pinchar, herir a una persona con un instrumento puntiagudo o con una navaja. *v.tr./conj: cazar* *Colomb.*

chuzo (De origen incierto.)
1 Arma semejante a la lanza, formada por un pincho de hierro fijo en un palo. *s.m.*
2 Pedazo de hielo que cuelga de algún sitio. *= carámbano*
3 Barra de hierro cilíndrica y puntiaguda que se usa para abrir los suelos. *Chile*
4 Caballo viejo, de mala calidad. *Chile*
5 Persona incompetente, torpe. *Chile*
6 Látigo de cuero retorcido que se va adelgazando hacia la punta. *Cuba*
7 **caer chuzos de punta o llover o nevar a chuzos:** Granizar, llover o nevar abundantemente y con fuerza. *coloquial*

chuzón, a
1 Que es difícil de engañar: *el viejo cascarrabias es un chuzón, con él no valen dobleces.* *adj/s.* *= astuto*
2 Que tiene gracia para hacer reír: *sus ocurrencias chuzonas nos desternillaban.* *= chusco*

chuzonada Bufonada, dicho o hecho gracioso: *se hizo famoso por sus chuzonadas.* *s.f.*

cía (Del lat. *ischia.*) Hueso de la cadera. *s.f./ANATOMÍA*

ciaboga (De *ciar,* remar hacia atrás + *boga,* acción de bogar.) Vuelta que se da a una embarcación moviendo los remos o bien, si es de vapor, sirviéndose del timón y la máquina. *s.f.* *NÁUTICA*

ciabogar Dar un giro a una embarcación. *v.intr./NÁUTICA*

cian (Del gr. *kyanos.*) Se aplica al color azul verdoso complementario del rojo. *adj/s.m.*

cian- Componente de palabra procedente del gr. *kyanos,* que significa azul oscuro: *cianina; cianótico.* *pref.* *tb: ciano-*

cianamida Sólido cristalino que tiene la propiedad de atraer la humedad, con un punto de fusión bajo y que es combustible. *s.f.* *QUÍMICA*

cianato Sal o éster del ácido ciánico. *s.m./QUÍMICA*

cianea (Del gr. *kyanos,* azul.) Lapislázuli, mineral de color azul intenso. *s.f.* *MINERALOGÍA*

cianeido, a Perteneciente a una familia de moluscos celentéreos de cuerpo en forma de disco, con membranas ondulantes y tentáculos urticantes. *adj/s.f.* *ZOOLOGÍA*

cianhídrico (Del gr. *kyanos,* azul + *hydor,* agua.) Se aplica al ácido que resulta de la combinación de cianógeno e hidrógeno. *adj,* *QUÍMICA*

ciánico, a Se refiere al ácido que se obtiene por la oxidación e hidratación del cianógeno. *adj,* *QUÍMICA*

cianina Materia colorante azul, que se utiliza como sensibilizador en las emulsiones fotográficas. *s.f./FOTOGRAFÍA,* *QUÍMICA*

cianita Mineral de color blanco, azul, verdoso o gris, transparente o translúcido, de brillo nacarado y perteneciente a la clase de los silicatos, que se usa en la industria y en joyería. *s.f.* *MINERALOGÍA* *= distena*

cianocroíta Sulfato natural hidratado de cobre, potasio y magnesio, de color azulado y soluble en agua. *s.f.* *MINERALOGÍA*

cianofíceo, a Perteneciente a una clase de algas caracterizadas por la presencia de un pigmento azul o ficocianina. *adj/s.f.* *BOTÁNICA*

cianofilia Propiedad que presentan algunas células de tomar colorantes azules. *s.f.* *BIOQUÍMICA*

cianogénesis Propiedad que poseen ciertas plantas de formar ácido cianhídrico. *s.f./pl: cianogénesis* *BIOQUÍMICA*

cianógeno (Del gr. *kyanos,* azul + *gennao,* engendrar.) Gas incoloro, venenoso, inflamable, compuesto de carbono y nitrógeno, que se utiliza en la síntesis orgánica, en soldadura y como combustible en cohetes balísticos. *s.m,* *QUÍMICA*

cianosis (Del gr. *kyanosis.*) Coloración azulada de la piel, causada por una mala oxigenación de la sangre. *s.f./pl: cianosis* *MEDICINA*

cianótico, a
1 Que tiene relación con la cianosis. *adj./MEDICINA*
2 Que padece cianosis. *adj/s./MEDICINA*

cianúrico, a Se aplica al ácido que se obtiene por calentamiento de la urea y, descompuesto en ácido ciánico, se usa como herbicida. *adj,* *QUÍMICA*

cianuro Sal derivada del ácido cianhídrico, muy tóxica y de acción rápida. *s.m,* *QUÍMICA*

ciar (De origen incierto.)
1 Remar hacia atrás: *ciaron rápidamente para evitar un choque frontal.* *v.intr./conj: vaciar* *NÁUTICA*
2 Andar una persona hacia atrás: *fue ciando poco a poco para que el mastín no sospechase que le tenía miedo.* *= retroceder*
3 Dejar un asunto: *ció en el negocio de automóviles.*

ciática Dolor en la zona correspondiente al nervio ciático, debido a la compresión de sus raíces o a una neuritis. *s.f.* *MEDICINA* *tb: ceática*

ciático, a (Del lat. vulgar *sciaticus,* que sufre de la cadera.)

1 De la cadera o del isquión. *adj./ANATOMÍA*
2 Se aplica al nervio de las extremidades inferiores: *la trombosis le paralizó una parte del nervio ciático.* *adj/s.m.* *ANATOMÍA*

ciato (Del lat. *cyathum* < gr. *kyathos,* vaso.) Vaso que usaban los romanos para trasvasar líquidos. *s.m.* *HISTORIA*

cibal (Derivado del lat. *cibus,* alimento.) Se aplica a aquello que está relacionado con la alimentación: *propiedades cibales.* *adj.* *culto*

cibario, a (Del lat. *cibarius.*) Se refiere a las leyes romanas que regulaban las comidas y convites. *adj.* *HISTORIA*

cibelina (Del fr. *zibeline* < fr. ant. *sebelin.*) Se aplica a una especie de marta, mamífero carnívoro, y a su piel. *adj.* *ZOOLOGÍA*

cibera (Del lat. *cibaria,* víveres, alimentos.)
1 Porción de trigo que se echa en la tolva del molino para que empiece a funcionar. *s.f.*
2 Cualquier simiente que sirve para pienso. *AGRICULTURA*
3 Restos de los frutos después de exprimir y extraer el jugo: *retiraron la cibera de la licuadora.*

cibernética (Del gr. *kybernetike,* arte de gobernar.)
1 Ciencia que estudia los sistemas de construcción, control y manejo de máquinas a partir de las analogías entre éstas y el sistema nervioso del ser humano y de los animales. *s.f.* *TECNOLOGÍA*
2 Ciencia que estudia el funcionamiento de las conexiones nerviosas en los seres vivos. *BIOLOGÍA*

cibernético, a
1 Que tiene relación con la cibernética: *órgano cibernético; proceso cibernético.* *adj.* *TECNOLOGÍA*
2 Que está especializado en cibernética. *adj/s.*
3 Se aplica al arte que tiende a representar objetos en movimiento valiéndose de los recursos de la técnica moderna. *adj.* *ARTE*

cibiaca Parihuela, utensilio para transportar personas o cosas: *llevaron al herido en una cibiaca.* *s.f.* *= angarillas*

cibica (Del ár. *sabika,* lingote < *sabak,* fundir, forjar.)
1 Barra de hierro que reforzaba la parte superior de la manga de los ejes de madera de un carruaje. *s.f.*
2 Grapa que sujeta una pieza a otra mayor. *NÁUTICA*

cíbolo, a Bisonte americano, mamífero. *s./ZOOLOGÍA*

ciborio (Derivado de *cimborrio,* cúpula de iglesia.)
1 Copa para beber, usada por los antiguos griegos y romanos: *robaron unos ciborios pompeyanos.* *s.m.* *HISTORIA*
2 Baldaquino que corona un altar o tabernáculo en los primitivos templos cristianos. *ARQUITECTURA*
3 Copón, vaso sagrado en que se guardan las hostias consagradas. *RELIGIÓN*

cicada Cigarra, insecto. *s.f./ZOOLOGÍA*

cicadáceo, a Perteneciente a una familia de plantas angiospermas, semejantes a la palmera, representadas por un único género que está distribuido por las regiones tropicales. *adj/s.f.* *BOTÁNICA*

cicádeo, a Que tiene alguna propiedad característica de la cigarra. *adj.*

cicádido, a (Del lat. *cicada,* cigarra.) Perteneciente a una familia de insectos hemípteros, cuyo macho presenta un aparato con una membrana que produce un sonido estridente y monótono, como la cigarra. *adj/s.m.* *ZOOLOGÍA*

cicatear Procurar dar o gastar lo menos posible: *cicatea obsesivamente, sobre todo en la alimentación y el vestido.* *v.intr.*

cicatería
1 Modo de ser y de comportarse de las personas tacañas o cicateras: *sigue manteniendo su innata cicatería.* *s.f.* *= tacañería*
2 Acción propia de un cicatero o de un tacaño: *regatear eso ha sido una cicatería.*

cicatero, a (Del ár. *saqqat,* vendedor de baratillo < *saqat,* hacer caer, sustraer.)
1 Que escatima o regatea: *le enseñó a ser económica, pero no cicatera.* *adj/s.= tacaño* *≠ espléndido*
2 Que da importancia o se ofende por pequeñas cosas: *aunque después lo perdona todo, es cicatera hasta lo insufrible.* *= susceptible*

cicatriz (Del lat. *cicatrix.*)
1 Señal que queda en la piel u otros tejidos orgánicos después de curarse una herida o lesión: *una profunda cicatriz le cruzaba el pecho.* *s.f.* *MEDICINA* *pl: cicatrices*
2 Huella, vestigio o marca material que deja una catástrofe o una guerra: *después de tantos años, aún se pueden observar las cicatrices del ciclón.*
3 Impresión que queda en el ánimo producida por algún sentimiento o suceso pasado: *fueron muchas las cicatrices dejadas por su estancia en el internado.* *= huella*

cicatrización Proceso de cicatrizar o cicatrizarse una herida: *sus llagas son de difícil cicatrización por su avanzada diabetes.* *s.f.* *MEDICINA*

cicatrizal Que tiene relación con la cicatriz. *adj.*

cicatrizante Que sirve para cicatrizar: *los antisépticos y las hormonas son sustancias cicatrizantes.* *adj/s.m.* *MEDICINA*

cicatrizar (Del lat. *cicatricare < cicatrix*.) — v.tr/intr/prnl. conj: *cazar*
1 Hacer que una herida cierre bien: *el corte cicatrizó rápidamente; la herida se cicatrizó sin problemas.*
2 Borrarse los efectos de un recuerdo o sentimiento: *el dolor por su ausencia no cicatrizará jamás.*

cícera Guija, planta herbácea. — s.f./BOTÁNICA

cicercha Cicércula, guija, planta herbácea. — s.f./BOTÁNICA

cicércula Almorta, guija, planta herbácea. — s.f./BOTÁNICA

cícero Unidad de medida empleada en tipografía y que equivale aproximadamente a cuatro milímetros y medio. — s.m. ARTES GRÁFICAS

cicerón (De *Cicerón*, filósofo, orador, político romano.) Persona muy elocuente: *era muy agradable oír los discursos del cicerón.* — s.m.

cicerone (Voz italiana.) Persona que enseña y explica las curiosidades de una localidad o un museo. — s.m.f.

cicindela (Del lat. *cicindela*, luciérnaga.) Insecto coleóptero, verde con manchas amarillas, carnívoro, volador, dotado de fuertes mandíbulas y largas antenas que se insertan en la base de las mismas. *(Cicindela.)* — s.f. ZOOLOGÍA

cicindélido, a Perteneciente a una familia de insectos coleópteros que tienen colores variados, con brillo metálico y élitros verdes o amarillos. — adj/s.m. ZOOLOGÍA

ciclada Vestidura talar que usaban antiguamente las mujeres. — s.f. HISTORIA

ciclamato Edulcorante sintético usado como sustituto del azúcar. — s.m. QUÍMICA

ciclamen Planta herbácea con un gran tubérculo del que nacen raíces fibrosas y hojas radiales de largo pecíolo rojizo, que se cultiva como ornamental. *(Cyclamen.)* — s.m. BOTÁNICA = ciclamino, pamporcino

ciclamor (Del lat. *sycomorus < gr. sykomoron < sykon*, higo + *moron*, mora.) Árbol de cinco a siete metros de altura, con tronco irregular, hoja caduca de forma redondeada y flores rosadas, cuyo fruto es una legumbre. *(Cercis siliquastrum.)* — s.m. BOTÁNICA = arjorán

ciclán (Del ár. *siqlab*, eunuco < *siqlab*, esclavo < gr. *sklavos*.)
1 Se aplica al animal que tiene un solo testículo. — adj/s.m.
2 Cordero que tiene los testículos en el vientre y no salen al exterior. — s.m.

ciclantáceo, a Perteneciente a una familia de plantas monocotiledóneas en forma de palmera, propia de América tropical y las Antillas. — adj/s.f. BOTÁNICA

ciclar (Derivado de *acicalar*, pulir.) Dar brillo a las piedras preciosas. — v.tr.

ciclatón
1 Túnica lujosa que se usaba en la edad media. — s.m./HISTORIA
2 Tela de seda y oro, con que se confeccionaba esta túnica y cortinas. — HISTORIA

cíclico, a (Del lat. *cyclicus < gr. kyklikos*.)
1 Del ciclo: *compuesto cíclico.* — adj.
2 Que está programado o tiene lugar siguiendo ciclos: *enseñanza cíclica.*
3 Dispuesto circularmente, en verticilos: *órganos cíclicos; hojas cíclicas.* — BOTÁNICA
4 Se aplica a la melodía muy corta, que hace la función de célula musical, de la que se origina un ciclo de motivos o temas más o menos diferenciados, pero siempre ligados. — MÚSICA
5 Se refiere a estos motivos y temas. — MÚSICA

ciclismo Ejercicio o deporte en que se compite en velocidad o resistencia con bicicletas. — s.m. DEPORTES

ciclista (Derivado de *bicicleta*.)
1 Del ciclismo o de la bicicleta: *la vuelta ciclista pasa por la ciudad.* — adj.
2 Persona que monta en bicicleta. — s.m.f.
3 Persona que practica el ciclismo como deporte: *ciclista profesional; ciclista aficionado.*

ciclo (Del lat. *cyclus < gr. kyklos*.)
1 Serie de fenómenos que se repiten en un orden determinado cada cierto tiempo: *se ha iniciado un nuevo ciclo de las estaciones.* — s.m.
2 Serie de fases por las que pasa un fenómeno físico periódico hasta que se llega de nuevo a la primera fase.
3 Conjunto de conferencias o actos culturales sobre un mismo tema: *se celebra un ciclo dedicado a la novela de posguerra.*
4 Conjunto de obras épicas que tratan sobre los mismos sucesos, época o héroe: *es el mejor especialista en las obras del ciclo artúrico.* — LITERATURA
5 Cada una de las espiras que forman alrededor del tallo los puntos de inserción de las hojas. — BOTÁNICA
6 Molécula cerrada con un número definido de átomos, como el benceno. — QUÍMICA
7 Composición formada por una sucesión de secciones. — MÚSICA
8 **ciclo biosférico o bioquímico**: Conjunto de pasos — BIOLOGÍA

que efectúa un compuesto o un elemento de un ser vivo a otro o a un medio biosférico, hasta regresar al medio inicial.
9 **ciclo de cultivo**: Período de la vida de una planta cultivada, que abarca desde la semilla a la recolección. — AGRICULTURA
10 **ciclo de erosión**: Modelo de evolución morfológica, que ordena las fomas del relieve observables en el esquema simple de los paisajes. — GEOLOGÍA
11 **ciclo del combustible nuclear**: Consecuencia de las operaciones de elaboración, de uso en reactor y de tratamiento después de la irradiación de este combustible. — FÍSICA NUCLEAR
12 **ciclo del producto**: Proceso por el que los países industrializados, que tienen el monopolio tecnológico, renuevan incesantemente los productos y provocan la evolución de la demanda mundial. — ECONOMÍA
13 **ciclo económico**: Fluctuación de la actividad económica, más o menos regular y periódica, y de duración variable. — ECONOMÍA
14 **ciclo estacional**: El que gobierna la reproducción, sea imponiéndole la duración de un año o tolerando dos o más generaciones por año. — BIOLOGÍA
15 **ciclo frigorífico**: Sucesión de las transformaciones termodinámicas a que se somete una sustancia, que la devuelven a su estado inicial, transfiriendo ésta el calor. — FÍSICA
16 **ciclo lunar**: Número de años en que excede el de una fecha a la terminación de éste. — ASTRONOMÍA
17 **ciclo menstrual**: Intervalo de tiempo que separa dos menstruaciones normales. — FISIOLOGÍA
18 **ciclo orogénico**: Sucesión de acontecimientos que intervienen en la formación y destrucción de una cadena montañosa. — GEOLOGÍA
19 **ciclo parasitario o biológico**: Conjunto de transformaciones que debe sufrir un parásito y que se desarrollan en un orden preciso. — BIOLOGÍA
20 **ciclo sinfónico**: Sucesión de movimientos de proporciones sinfónicas, aunque no con la forma propia de la sinfonía. — MÚSICA
21 **ciclo solar**: Período de veintiocho años del calendario juliano, en el cual volvían a coincidir los días de la semana con otros determinados del mes. — ASTRONOMÍA

ciclo- Componente de palabra procedente del gr. *kyklos*, que significa círculo: *cicloide; hemiciclo.* — pref/suf. th: cicl-

ciclocross Carrera de bicicletas en un terreno abrupto y con obstáculos. — s.m./pl: ciclocross DEPORTES

cicloidal Que tiene relación con la cicloide. — adj./= cicloideo

cicloide (Del gr. *kykloeides < kyklos*, círculo + *eidos*, figura.) Curva descrita por un punto de una circunferencia cuando ésta gira sobre una recta fija. — s.f. GEOMETRÍA = trocoide

ciclómetro Instrumento usado para medir la velocidad de rotación de un eje. — s.m. FÍSICA

ciclomotor Motocicleta de pequeña cilindrada y cambio automático. — s.m.

ciclón (Del ingl. *ciclone < gr. kyklon*, dar vueltas.)
1 Viento muy fuerte, producido por una depresión atmosférica. — s.m. = huracán
2 Masa atmosférica en que el aire gira alrededor de un centro de bajas presiones. — = borrasca
3 Aparato capaz de centrifugar un fluido para obtener las partículas sólidas que éste lleve en suspensión. — TECNOLOGÍA
4 Persona llena de ímpetu. — coloquial

ciclónico, a Que tiene relación con el ciclón y sus características. — adj.

cíclope (Del lat. *cyclops < gr. kyklops < kyklos*, círculo + *ops*, ojo.)
1 Cada uno de los gigantes que, según la mitología griega, tenían un solo ojo en medio de la frente: *el cíclope Polifemo aparece en la Odisea.* — s.m. MITOLOGÍA
2 Persona de fuerte complexión física: *estás hecho un cíclope desde que entrenas tanto.* — coloquial = toro

ciclópeo, a
1 Del cíclope: *mitos ciclópeos.* — adj./= ciclópico
2 Que tiene grandes dimensiones, enorme: *la ciudad estaba rodeada de unas ciclópeas murallas; hizo un esfuerzo ciclópeo.* — = gigantesco
3 Se aplica a la construcción que se hacía con enormes piedras sin argamasa: *fortificaciones ciclópeas.* — CONSTRUCCIÓN, HISTORIA

ciclorama (Del gr. *kyklos*, círculo + *orama*, vista.) Vista o paisaje pintado en las paredes de una gran sala circular que el espectador observa desde una plataforma situada en el centro. — s.m. = cosmorama, panorama

ciclostil Máquina para obtener numerosas copias de un escrito o dibujo por medio de una tinta especial sobre una plancha gelatinosa. — s.m. ARTES GRÁFICAS th: ciclostilo

ciclostilar Obtener copias mediante un ciclostil. — v.intr.

ciclóstoma (De *ciclo < lat. cyclus < gr. kyklos*, círculo + *stoma*, boca.) Molusco gasterópodo pulmonado, similar a un pequeño caracol terrestre, cuya abertura de la concha es circular. *(Cyclostoma.)* — s.m. ZOOLOGÍA

ciclóstomo, a (Del gr. *kyklos*, círculo + *stoma*, boca.) Perteneciente a un orden de peces de esqueleto cartilaginoso, cuerpo.largo, cilíndrico y sin escamas y boca circular. — *adj./s.m. ZOOLOGÍA*

ciclotimia Perturbación mental en la que se suceden estados de agitación y depresión. — *s.f. SIQUIATRÍA*

ciclotímico, a
1 Que tiene relacion con la ciclotimia. — *adj./SIQUIATRÍA*
2 Que padece ciclotimia. — *adj/s./SIQUIATRÍA*

ciclotrón Aparato usado para bombardear el núcleo atómico y producir transmutaciones y radiactividad artificiales. — *s.m. FÍSICA NUCLEAR*

cicloturismo Modo de viajar utilizando como medio de locomoción la bicicleta: *ir de colonias y practicar cicloturismo serán las actividades que realizaremos.* — *s.m.*

ciconiforme
1 Perteneciente a un orden de aves generalmente de gran tamaño, de patas largas, cuello largo y flexible, y pico recto, puntiagudo y fuerte. — *adj./s.m. ZOOLOGÍA*

cicoria Achicoria, planta. — *s.f./BOTÁNICA*

cicuta (Del lat. *cicuta.*)
1 Planta umbelífera de olor desagradable, con el tallo manchado de color rojo oscuro, hojas divididas y flores blancas, que contiene un veneno muy activo, del mismo nombre, que se extrae de las hojas y los frutos. — *s.f. BOTÁNICA*
2 **cicuta acuática:** Planta extremadamente tóxica, raíz de olor desagradable y tallo erecto, que vive en estanques y riachuelos. *(Cicuta virosa.)* — *BOTÁNICA*

cicutina Alcaloide venenoso obtenido de la cicuta. — *s.f./QUÍMICA*

cid (De *Cid* Campeador, héroe de la Reconquista.) Hombre muy valiente. — *s.m.*

-cida Componente de palabra procedente del lat. *caedo*, que significa matar: *parricida, suicida.* — *suf. tb: -cidio*

cidra (Probablemente del lat. *citrea*, plural de *citreum*, limón.)
1 Fruto del cidro, parecido al limón pero mayor y redondo, de pulpa ácida usada para hacer confitura y en medicina. — *s.f. BOTÁNICA*
2 **cidra cayote:** Calabaza de corteza lisa, verde y blanca, y carne jugosa que se usa en confitura para hacer cabello de ángel. *(Cucurbita maxima.)* — *BOTÁNICA = cidracayota*

cidrada Dulce o conserva de cidra. — *s.m./COCINA*

cidral Terreno poblado de cidros. — *s.m.*

cidrato Azamboa, variedad de cidra. — *s.m./BOTÁNICA*

cidrera Cidro, árbol rutáceo. — *s.f./BOTÁNICA*

cidria Cedria, resina. — *s.f.*

cidro (Del lat. *citrus*, limonero.) Árbol de tronco liso, hojas perennes agudas y un poco dentadas, flores blancas, a veces teñidas de rosa exteriormente y de olor agradable, cuyo fruto es la cidra. *(Citrus medica.)* — *s.m. BOTÁNICA*

cidronela (Del fr. *citronnelle* < *citron*, limón.) Toronjil, planta. — *s.f. BOTÁNICA*

ciega Juego de cartas, variante del julepe, en que se vuelven las cartas sin mirarlas. — *s.f. JUEGOS*

ciegayernos Cosa que aparenta ser de mucho valor y tiene muy poco, en realidad: *la exposición sólo fue un ciegayernos, mucha apariencia pero nada de interés.* — *s.m./pl: ciegayernos despectivo*

ciego, a (Del lat. *caecus.*)
1 Que está incapacitado para ver por un defecto en los órganos de la vista: *ya nació ciego, pero se defiende bien.* — *adj./s. = invidente*
2 Que está dominado por un sentimiento, afición u otra pasión hasta el punto de ser incapaz de obrar razonablemente: *está ciego de amor.* — *adj. = cegado, ofuscado*
3 Que tiene la visión reducida de forma momentánea: *con los focos me quedé ciego.* — *= cegado, deslumbrado*
4 Se aplica al conducto o al orificio que está obstruido: *la casa tiene un pozo ciego.* — *= taponado*
5 Que hace o toma una cosa en gran cantidad: *se puso ciego de marisco.* — *coloquial*
6 Se aplica a la parte inicial del intestino grueso, desprovisto de salida y en la que se halla el apéndice vermicular. — *adj./s.m. ANATOMÍA*
7 Se aplica a la persona que se encuentra bajo los efectos de sustancias excitantes o drogas. — *argot*
8 Estado de la persona que tiene sus facultades mentales o físicas alteradas por el consumo de sustancias excitantes o drogas. — *s.m. argot*
9 **a ciegas:** 1. Sin ver: *se fue la luz y a ciegas tuve que buscar una vela.* 2. Sin reflexión: *no tomes decisiones a ciegas.* — *loc.adv.*

cielito Cante y baile rural de movimientos lentos, efectuados por hasta diez parejas. — *s.m./Argent., Chile/MÚSICA*

cielo (Del lat. *caelum.*)
1 Espacio que rodea la Tierra: *se levantaron las nubes y en el cielo brillaba el sol.* — *s.m./ASTRONOMÍA = firmamento*
2 Parte superior que cubre algunas cosas. — *= cubierta*
3 Apelativo cariñoso: *es un cielo de persona.* — *= encanto*
4 Lugar al que se accede después de la muerte, si se han cumplido los preceptos divinos, según ciertas religiones. — *RELIGIÓN = paraíso*
5 Gloria o bienaventuranza, en la religión católica. — *RELIGIÓN*
6 Providencia divina: *quiera el cielo que vengan tiempos mejores para todos.*
7 **cielo aborregado o borreguero:** Cielo cubierto de nubes blanquecinas y redondas como vellones de lana.
8 **cielo de cantera:** Bóveda de una cantera. — *MINERÍA*
9 **cielo de la boca:** Paladar, zona interior y superior de la boca: *nació con una deformación en el cielo de la boca.* — *ANATOMÍA*
10 **cielo raso:** Techo de superficie plana y lisa: *las goteras le hicieron reparar el cielo raso.* — *CONSTRUCCIÓN*
11 **cielo viejo:** Color azul visible a través de los rompimientos del celaje durante el mal tiempo. — *NÁUTICA*
12 **a cielo abierto:** 1. Sin techo, a la intemperie, al aire libre: *dormir a cielo abierto.* 2. Se refiere a la explotación minera al aire libre, en la superficie del terreno. — *loc.adv. coloquial MINERÍA*
13 **a cielo descubierto:** Sin techo ni cobertura alguna: *pasó la noche a cielo descubierto.* — *loc.adv.*
14 **bajado, caído, llovido o venido caído del cielo:** Oportuno, inesperado, obtenido sin esfuerzo: *ese dinero me ha venido que ni bajado del cielo; tu ayuda fue como un regalo llovido del cielo.* — *coloquial*
15 **cerrarse, encapotarse o entoldarse el cielo:** Cubrirse de nubes.
16 **¡cielos!:** Expresión que se usa para indicar sorpresa, enfado, miedo o susto: *¡cielos! ¡es él!* — *interj.*
17 **clamar al cielo:** Ser una cosa manifiesta o indignamente injusta o disparatada. — *coloquial*
18 **descargar el cielo:** Llover, nevar o granizar: *de pronto el cielo descargó sobre nosotros.*
19 **en el cielo:** Muy a gusto: *en esa playa se está en el cielo.* — *loc.adv.*
20 **escupir al cielo:** Decir o hacer cosas indebidas que terminan perjudicando a uno mismo. — *coloquial*
21 **estar en el cielo o en el séptimo cielo:** Encontrarse en una situación agradable en grado sumo: *desde que se fue a América, estoy en el cielo.* — *coloquial*
22 **ganar o conquistar o comprar el cielo:** Conseguir el cielo o la bienaventuranza con virtudes y buenas obras. — *coloquial*
23 **juntársele a una persona el cielo con la tierra:** Encontrarse repentinamente ante una situación grave o peligrosa. — *coloquial*
24 **mover o remover cielo y tierra:** Hacer con suma diligencia todas las gestiones posibles para lograr un objetivo: *removió cielo y tierra hasta encontrarle.* — *coloquial*
25 **tocar el cielo con las manos:** Alcanzar el éxito en una determinada empresa: *tocó el cielo con las manos cuando entró victorioso en la meta.* — *coloquial*
26 **tomar el cielo con las manos:** Enfadarse por algo y expresarlo vivamente: *su crítica le hizo tomar el cielo con las manos y a gritos se lo hizo saber.* — *coloquial*
27 **venirse el cielo abajo:** 1. Desatarse una tempestad o lluvia grande. 2. Suceder un alboroto o ruido extraordinario. — *coloquial*
28 **venírsele a una persona el cielo abajo:** Cerrársele todos los caminos, perder todas las esperanzas. — *coloquial*
29 **ver el cielo abierto:** Presentársele a alguien una ocasión favorable para salir de un apuro o conseguir lo que deseaba. — *coloquial*

ciemo Estiércol, materias orgánicas con las que se abona la tierra: *echar ciemo para fertilizar los suelos.* — *s.m.*

ciempiés (Probablemente del lat. *centipedia.*)
1 Animal artrópodo terrestre, con el cuerpo formado por segmentos, cada uno con un par de patas, que vive debajo de las piedras y rocas en ambientes húmedos y resguardados. — *s.m. pl: ciempiés ZOOLOGÍA*
2 Patochada, obra o trabajo complicado o incoherente: *dada su falta de interés, la recopilación resultó un ciempiés.* — *coloquial = disparate*

cien (Apócope de *ciento* < lat. *centum.*)
1 Que resulta de la multiplicación de diez por diez: *cien artículos a precio especial.* — *adj.num.*
2 Que ocupa el lugar correspondiente a este número en una serie: *los cojinetes sesenta y dos y cien son defectuosos.* — *= centésimo*
3 Muchos, cuando expresa una cantidad indeterminada: *recibió cien patadas; se lo he dicho cien veces y no hace caso.*
4 Signo o conjunto de signos que representa este número: *confundió el cien romano con la letra ce.* — *s.m.*
5 **cien por cien o al cien por cien:** Por completo, totalmente: *es de algodón cien por cien; no estar conforme al cien por cien.* — *loc.adv.*
6 **poner a cien:** Provocar irritación o excitación en una persona: *me puso a cien con sus impertinencias.* — *coloquial*

ciénaga Terreno pantanoso lleno de cieno: *descubrieron el cadáver en el fondo de una ciénaga.* — *s.f./tb: ciénega = barrizal, lodazal*

ciencia (Del lat. *scientia*, conocimiento < *sciens*, part. de *scire*, saber.)
1 Conjunto de conocimientos sobre las cosas, hechos o fenómenos, obtenidos mediante el estudio y la observación de sus principios y causas. — s.f.
2 Conjunto de conocimientos en una distinta materia considerados por separado.
3 Sabiduría, erudición: *nunca presumió de su ciencia y le repugnan los falsos halagos*. — coloquial
4 Habilidad para hacer alguna cosa: *no se necesita mucha ciencia para clavar un clavo*. — coloquial = maestría
5 Estudios que comprenden las matemáticas, la física, la química, la biología y otras disciplinas afines: *aunque ha estudiado ciencias, no comete ni una sola falta de ortografía*. — s.f.pl. ≠ letras
6 **ciencia ficción**: Género cinematográfico o literario que presenta formas de vida futura que son consecuencia del desarrollo científico y tecnológico. — CINE, LITERATURA
7 **ciencia infusa**: 1. La que, según algunas religiones, proviene directamente de Dios. 2. Lo que una persona pretende saber sin haberlo aprendido antes: *tener ciencia infusa para conocer sus ocultas intenciones*. — RELIGIÓN coloquial
8 **ciencia pura o fundamental**: Aquella que se desarrolla independientemente de toda aplicación técnica.
9 **ciencias aplicadas**: Investigaciones efectuadas con el objeto de emplear los resultados en aplicaciones técnicas.
10 **ciencias de la información**: Las que tratan del estudio de la información y comunicación, como el periodismo, las técnicas y medios audiovisuales, la publicidad y las relaciones públicas.
11 **ciencias exactas**: Aquellas cuyo método conjuga las matemáticas con la experimentación.
12 **ciencias experimentales**: Aquellas cuyo método recurre a la experiencia.
13 **ciencias humanas o del hombre**: Aquellas cuyo objeto de estudio es el ser humano y sus comportamientos individuales y colectivos.
14 **ciencias naturales**: Disciplinas que se basan en el estudio de la naturaleza: *la geología, la botánica y la zoología forman parte de las ciencias naturales*.
15 **ciencias ocultas**: Aquellas cuyos principios son inaccesibles a la experimentación científica: *la astrología y la quiromancia son ciencias ocultas*. — OCULTISMO
16 **ciencias sociales**: Aquellas cuyo objeto son los diferentes aspectos de las sociedades humanas: *la antropología y la sociología son ciencias sociales*.
17 **gaya ciencia**: Arte de la poesía en tiempo de los trovadores. — POESÍA
18 **a o de ciencia cierta**: Con toda seguridad: *no sabemos a ciencia cierta qué ocurrirá mañana*. — loc.adv.
19 **no tener o tener poca ciencia**: Ser fácil de hacer: *esa operación no tiene ciencia; cruzar los listados tiene poca ciencia*. — coloquial

cienmilésimo, a Se aplica a la parte que resulta de dividir una cosa en cien mil partes iguales. — adj/s.

cienmilímetro Centésima parte de un milímetro. — s.m.

cienmillonésimo, a Se aplica a la parte que resulta de dividir una cosa en cien millones de partes iguales. — adj/s.

cieno (Del lat. *caenum*, fango.) Lodo blando que se deposita en el fondo de ríos, lagunas o sitios bajos y húmedos: *la rana se ocultó en el cieno de una charca*. — s.m.

ciensayos Ave fabulosa con plumaje de colores diversos, de la que se dice que tiene un vello muy espeso debajo de la pluma. — s.m. pl: ciensayos MITOLOGÍA

cientificismo
1 Tendencia a dar excesivo valor a las nociones y métodos más o menos científicos. — s.m. = cientismo
2 Confianza plena en los principios y resultados de la investigación científica y en la práctica estricta de sus métodos.

cientificista
1 Del cientificismo: *pensamiento cientificista*. — adj.
2 Que es partidario del cientificismo: *el cientificista organiza su escala de valores atendiendo a la razón*. — adj/s.m.f. = cientista

científico, a (Del bajo lat. *scientificus* < *scientia*, ciencia.)
1 Que tiene relación con la ciencia o que trata una o varias ciencias: *método científico; comunidad científica*. — adj.
2 Persona que se dedica a la investigación científica: *los científicos advierten de los efectos del agujero de la capa de ozono*. — s.

ciento (Del lat. *centum*.)
1 Que resulta de la multiplicación de diez por diez. — adj.num.
2 Que ocupa el centésimo lugar en una serie. — adj.num/s.m.
3 Conjunto formado por cien elementos. — s.m./= centena
4 **a cientos**: En grandes cantidades: *los observadores internacionales llegaron a cientos en las elecciones*. — loc.adv.
5 **ciento por ciento**: Puro, sin mezcla: *es ciento por ciento café colombiano*.
6 **ciento y la madre**: Muchas personas: *eran ciento y la madre en la concentración*. — coloquial

cientopiés Ciempiés, animal artrópodo terrestre de la clase quilópodos. — s.m./ZOOLOGÍA pl: cientopiés

cierna Antera de la flor del olivo, el trigo, la vid y otras plantas. — s.f./BOTÁNICA

cierne (De origen incierto.)
1 Fecundación de la flor del olivo, el trigo, la vid y otras plantas. — s.m./BOTÁNICA
2 **en cierne o en ciernes**: 1. En flor, aplicado particularmente a la vid, el olivo y el trigo. 2. Indica que un empleo o situación está en camino de realizarse en un futuro o que algo se encuentra en sus inicios: *un abogado en ciernes*. — loc.adj. BOTÁNICA

cierre
1 Acción y resultado de cerrar o cerrarse. — s.m.
2 Dispositivo o mecanismo para cerrar o mantener cerrado algo: *los ladrones hicieron saltar el cierre con una palanca*. — = cerradura
3 Dispositivo con que se unen las partes separadas de una prenda de vestir: *esta blusa en vez de botones tiene cierres*.
4 Clausura de un establecimiento o de su actividad, ya sea temporal o definitivo: *violaron la ley sobre el horario de cierre*.
5 Fin de la admisión de originales para la edición en prensa de una publicación periódica.
6 Conclusión diaria de las emisiones de un canal radiofónico o de televisión. — AUDIOVISUALES
7 Departamento de un periódico donde se distribuyen los ejemplares para su reparto y envío.
8 **cierre de seguridad**: Mecanismo para cerrar o mantener cerrada por varios puntos una puerta, una caja de caudales u otro objeto.
9 **cierre metálico**: Cortina metálica enrollable para cerrar y proteger una puerta, el escaparate de una tienda y otras aberturas.
10 **cierre patronal**: Clausura temporal del lugar de trabajo por parte de la empresa y suspensión de contratos laborales como medida de presión. — DERECHO

cierro
1 Tapia, cerca o vallado. — s.m./Chile Chile
2 Sobre de carta o tarjeta.

cierto, a (Del lat. *certus*, asegurado < *cernere*, decidir.)
1 Alguno, uno determinado pero desconocido o poco preciso: *cierto número de aves anidan aquí*. — adj.indef.
2 Que puede ser asegurado sin ninguna duda: *es cierto que viene en el tren de la tarde*. — adj/= seguro, verdadero
3 Que tiene una intensidad atenuada: *tengo cierto temor ante los acontecimientos que se avecinan*. — = algo de, un poco de
4 Fijo, determinado: *todavía no tengo ningún plan cierto que realizar*.
5 Que está seguro de la verdad de una cosa: *estoy cierto de sus intenciones*. — = seguro ≠ dudoso
6 Con certeza, en verdad: *yo no estaba allí, cierto, pero me explicaron lo que sucedió; ¿te gusta mucho?, –cierto, así es*. — adv.
7 Se aplica al perro que da señales indudables de la caza y la levanta. — adj. CAZA
8 **de cierto**: Con total seguridad: *ha dicho que lo sabe de cierto*. — loc.adv.
9 **lo cierto es que**: Subraya la contradicción con lo anterior: *trabaja, pero lo cierto es que no rinde*. — loc.conj.
10 **por cierto**: A propósito, en verdad, ciertamente: *ayer lo vi, por cierto, me dio recuerdos*. — loc.adv.

ciervo, a (Del lat. *cervus*.)
1 Mamífero rumiante de gran tamaño, de pelaje pardo, rojizo en verano, y nuca blanca, con una mancha pálida en los cuartos traseros, que vive en bosques abiertos y cuyo macho presenta dos cuernos ramificados que mudan todos los años. — s. ZOOLOGÍA = venado
2 **ciervo volante**: Insecto coleóptero de gran tamaño, que vive en robledales y bosques del centro y sur de la península Ibérica, y cuyo macho posee unas mandíbulas enormes y ramificadas. *(Lucanus cervus.)* — ZOOLOGÍA

cierzas Vástagos o tallos nuevos de la vid. — s.f.pl/BOTÁNICA

cierzo (Del lat. *cercius* < *circius*, viento del noroeste.) Viento fuerte y frío que sopla del norte. — s.m./= cercera, zarzagán

cifela (Del gr. *kyphella*, nubes.) Hongo que crece entre el musgo de los tejados. *(Cyphella.)* — s.m. MICOLOGÍA

cifo- Componente de palabra procedente del gr. *kyphos*, que significa encorvado: *cifosis*. — pref.

cifoescoliosis Deformación de la columna vertebral, con curvatura convexa y lateral, que puede provocar trastornos respiratorios o cardíacos. — s.f. pl: cifoescoliosis MEDICINA

cifosis (Del gr. *kyphos*, encorvado.) Encorvadura anormal de la columna vertebral con prominencia hacia la parte posterior. — s.f. pl: cifosis MEDICINA

cifra (Del ár. *sifr*, nombre del cero, aplicado luego a los demás números.)
1 Número, cantidad: *no sé la cifra exacta*. — s.f.
2 Signo con el que se representa un número. — = dígito

3 Sistema de signos convenidos para una escritura secreta. *= clave, código*

4 Enlace de algunas letras, generalmente de las iniciales del nombre y de los apellidos de una persona, que se emplea como abreviatura en sellos o marcas.

5 Representación de una palabra usando sólo una o varias de sus letras. *= abreviatura*

6 Palabra representada mediante abreviatura.

7 Escritura musical mediante números. MÚSICA

8 Cantidad de dinero: *elevó la cifra a que subía la retribución.* coloquial

9 en cifra: 1. Oscura y misteriosamente. 2. Con brevedad. loc.adv.

cifrado, a
1 Que está escrito en clave: *el espía leyó el mensaje cifrado.* adj.
2 Operación consistente en escribir un mensaje con cifras. s.m.
3 Conjunto de caracteres numéricos con que se indican los acordes. MÚSICA
4 Conjunto de señales con que se indica cómo se han de ensamblar las piezas de construcción. CONSTRUCCIÓN

cifrar
1 Escribir en cifras. v.tr.
2 Escribir siguiendo un sistema de signos secretos: *el enemigo descubrió el código con que cifraban los informes.*
3 Valorar cuantitativamente, en especial pérdidas y ganancias: *el seguro cifra las pérdidas por la sequía en varios miles de millones; los beneficios se cifran en relación a la amortización.*
4 Hacer consistir por entero una cosa en otra: *cifra su ilusión en ese viaje; todo su empeño se cifraba en conseguir aquel cargo.* v.tr/prnl. + en
5 Reducir un discurso a pocas palabras: *cifró su conferencia en una exposición de cinco minutos.* + en = compendiar

cigala (Del lat. *cicala.*)
1 Crustáceo decápodo marino, de cuerpo alargado y delgado, y pinzas largas y ligeramente desiguales. *(Nephrops norvegicus.)* s.f./ZOOLOGÍA tb: cigalo = maganto
2 Forro de estopa o de cuerda que se pone en la argolla de algunas anclas pequeñas. NÁUTICA = cigallo

cigarra (Probablemente del lat. *cicara.*)
1 Insecto hemíptero de color verdoso, grande, con dos pares de alas membranosas que se mantienen en reposo a modo de tejadillo, que vive en los árboles de cuya savia se alimenta. *(Cicada.)* s.f. ZOOLOGÍA = aqueta, chicharra
2 cigarra de mar: Crustáceo decápodo marino, grande, de patas cortas y con las segundas antenas transformadas en escudos. *(Scyllarus arctus.)* ZOOLOGÍA

cigarral Casa de campo toledana con huerta: *la administración dio licencia para transformar el cigarral en granja-escuela.* s.m.

cigarrera
1 Caja o estuche para guardar cigarros puros. s.f.
2 Petaca en que se colocan cigarrillos. = pitillera

cigarrero, a Persona que hace o vende cigarros. s.

cigarrillo Cigarro pequeño de picadura envuelta en papel de fumar. s.m. = pitillo

cigarro (De origen incierto.)
1 Rollo de hojas de tabaco que se enciende por un extremo y se fuma por el opuesto. = cigarro puro, puro
2 Cigarrillo, cilindro de tabaco de picadura. = pitillo

cigarrón Saltamontes, insecto. s.m./ZOOLOGÍA

cigo- Componente de palabra procedente del gr. *zygos,* que significa unión, yugo: *cigodáctilo, cigodonto.* pref. tb: zigo-

cigodáctilo, a Se aplica a la persona o animal que tiene dos dedos unidos. adj.

cigodonto, a Que tiene las cúspides de los molares unidos en pares. adj.

cigofiláceo, a Perteneciente a una familia de plantas angiospermas dicotiledóneas, leñosas o herbáceas, de hojas compuestas y opuestas, flores regulares y fruto en cápsula, drupa o baya. adj/s.f. BOTÁNICA tb: zigofiláceo

cigoma Hueso del pómulo. s.m./ANATOMÍA

cigomicetal Perteneciente a un orden de hongos con el micelio muy ramoso, desprovisto de tabiques transversales y con membrana quitinosa. adj/s.f. MICOLOGÍA tb: cigomicete

cigomorfo, a Se aplica al verticilo de la flor que tiene un solo plano de simetría. adj/BOTÁNICA tb: zigomorfo

cigoñal (De *cigüeña,* porque imita su forma.)
1 Palanca apoyada en un pie de horquilla, con una vasija atada en un extremo y que sirve para sacar agua de un río o un pozo poco profundo. s.m. tb: cigüeñal
2 Viga que mueve la báscula o máquina que alza un puente levadizo. MECÁNICA

cigoñino Pollo de cigüeña. s.m./ZOOLOGÍA

cigosis Conjugación de gametos o unión sexual de dos organismos unicelulares. s.f./pl: cigosis BIOLOGÍA

cigot- Componente de palabra procedente del gr. *zygotos,* que significa junto, unido. pref. tb: cigoto-

cigoto (Del gr. *zygotos,* junto.) Célula que resulta de la unión de dos gametos. s.m./BIOLOGÍA tb: zigoto

ciguatera Enfermedad de los peces y crustáceos del golfo de México, que afecta también a las personas que los consumen. s.f. MEDICINA, ZOOLOGÍA

cigüeña (Del lat. *ciconia.*)
1 Ave zancuda migratoria de gran tamaño, de color blanco con el borde de las alas negro, pico rojo y patas y cuello largos que extiende al volar, y que suele anidar en torres, tejados y árboles cerca de asentamientos humanos. *(Ciconia ciconia.)* s.f. ZOOLOGÍA
2 Hierro sujeto a la cabeza de la campana, donde se asegura la cuerda para tocarla. TECNOLOGÍA
3 Codo situado a cada extremo de un torno, que sirve para imprimirle un movimiento rotatorio. TECNOLOGÍA
4 cigüeña cabeza pelada: Ave ciconiforme de cuerpo grueso, con la punta encorvada hacia abajo y plumaje blanco. *(Mycteria americana.)* ZOOLOGÍA
5 cigüeña negra: Especie de esta ave que tiene el plumaje negro. *(Ciconia nigra.)* ZOOLOGÍA

cigüeñal
1 Cigoñal, palanca para sacar agua. s.m.
2 Pieza de ciertas máquinas, formada por un eje doblado en uno o más codos, en cada uno de cuyos sectores va ajustada una biela unida al pistón, de modo que el movimiento rectilíneo de éste se transforma, en el eje, en movimiento circular. MECÁNICA

cigüeñato Cigoñino, pollo de cigüeña. s.m./ZOOLOGÍA

cigüeñuela
1 Ave zancuda muy esbelta, de alas negras, pico fino, largo y recto, y patas rojas muy largas, que vive en charcas y pantanos de toda la mitad sur de la península Ibérica. *(Himantopus himantopus.)* s.f. ZOOLOGÍA
2 Manubrio, empuñadura de un instrumento.

cija (Del lat. *cella,* granero.)
1 Establo para el ganado lanar: *se declaró un incendio en la cija y murieron todas las ovejas.* s.f.
2 Lugar en el que se guarda la paja. = pajar

cilanco Charco formado a orillas de un río, o en el fondo cuando se seca: *abrevaron las reses en los cilancos de la ribera.* s.m.

cilantro (Derivado de *culantro.*) Planta umbelífera anual, de hojas filiformes, flores blancas o rosadas en umbelas y fruto globoso, que tiene propiedades estomacales. *(Coriandrum sativum.)* s.m./BOTÁNICA tb: culantro, coriandro

cili- Componente de palabra procedente del lat. *cilium,* que significa pestaña: *ciliforme.* pref.

ciliado, a
1 Que está provisto de cilios. adj./BIOLOGÍA
2 Perteneciente a una clase de protozoos que utiliza cilios o estructuras ciliares como órganos de locomoción y son unicelulares, acuáticos y asimétricos. adj/s.m. ZOOLOGÍA

ciliar
1 De las cejas o de los cilios: *cuerpo ciliar; glándulas ciliares; músculo ciliar.* adj.
2 Se aplica al órgano ocular que regula la abertura del iris. ANATOMÍA

cilicio (Del lat. *cilicium,* vestidura áspera.) Faja de cerdas o cadenillas de hierro con puntas, o vestidura áspera, que se usaba para la penitencia. s.m. RELIGIÓN

cilindrada Capacidad de los cilindros de un motor, expresada en centímetros cúbicos: *se ha comprado un vehículo de gran cilindrada.* s.f. MECÁNICA

cilindrar
1 Apretar una cosa con un cilindro. v.tr.
2 Dar forma cilíndrica a una cosa en el torno. v.intr/MECÁNICA

cilíndrico, a Del cilindro o parecido a él en la forma. adj.

cilindro (Del lat. *cylindrus* < gr. *kylindros* < *kylio,* rodar.)
1 Sólido limitado por una superficie curva y cerrada, que tiene el mismo grosor en toda su longitud, y por dos planos que lo cortan y constituyen sus bases. s.m. GEOMETRÍA
2 Pieza del motor en la que tiene lugar la combustión de la mezcla carburada, y en cuyo interior se mueve el pistón que pone en marcha el árbol motor mediante la biela. MECÁNICA
3 Tubo en que se mueve el émbolo de una máquina. MECÁNICA
4 Tambor de la máquina del reloj, sobre el cual se enrosca la cuerda.
5 Bombona metálica y de cierre hermético que se usa para contener gases y líquidos muy volátiles. TECNOLOGÍA
6 Conjunto de pistas que están en la misma vertical respecto al eje central de giro, en un paquete de discos magnéticos. INFORMÁTICA
7 Rodillo empleado para triturar, aplastar o comprimir diversas materias. TECNOLOGÍA
8 cilindro central: Parte interior del tallo y de la raíz de las plantas vasculares. BOTÁNICA
9 cilindro compresor: Rodillo, cilindro para allanar y apretar la tierra.

10 cilindro de oraciones: Aquel que es metálico y hueco, que gira alrededor de un eje y lleva inscrita en la superficie una oración, usado por los hindúes. — RELIGIÓN

11 cilindro urinario: Residuo microscópico de los tubos del riñón, que se encuentra en la orina durante las nefritis. — MEDICINA

cilindroeje Prolongación de una célula nerviosa. — s.m./BIOLOGÍA

cilindrosello Piedra de forma cilíndrica, grabada en hueco con signos, figuras e inscripciones y que se utilizó como amuleto o sello en la mayoría de los países del antiguo oriente. — s.m. HISTORIA

cilio (Del lat. *cilium*, ceja.) Filamento protoplasmático delgado y permanente de ciertas células animales o vegetales, que se distingue del flagelo por ser más corto y por ser múltiples los de una misma célula, y que facilita la locomoción de las células en un medio líquido. — s.m. BIOLOGÍA

cilla (Del lat. *cella*, granero.)
1 Edificio o almacén donde se guardaba el grano: *los ladrones entraron en la cilla y la saquearon.* — s.f. = silo
2 Renta procedente del diezmo. — HISTORIA

cillero (Del bajo lat. *cellararius* < lat. *cella*, granero.)
1 Persona que se encargaba de guardar los granos y frutos de los diezmos: *descubrieron el engaño del cillero y lo ajusticiaron.* — s.m. = cillerizo
2 Cilla, casa o almacén.
3 Bodega o despensa.

cima (Del lat. *cyma* tallo joven < gr. *kyma*, brote, vástago tierno, onda.)
1 Vértice de una montaña, de un árbol, de una roca u otra cosa: *contemplar el valle desde las cimas de la sierra; alcanzar la cima del cocotero.* — s.f. = pico, punta
2 Situación más alta a que se puede llegar en cierta cosa: *Hollywood es la cima para cualquier actor.* — = cúspide
3 Inflorescencia en que el pedicelo termina en una flor y para de crecer. — BOTÁNICA
4 Tallo del cardo o cualquier otra planta. — BOTÁNICA
5 cima adaptativa: Grupo de combinaciones de genes que capacitan a los organismos que las poseen para cubrir ciertos nichos ecológicos. — BIOLOGÍA
6 dar cima a una cosa: Finalizarla o concluirla felizmente: *con aquella escena dio cima al rodaje de la película.* — coloquial
7 por cima: 1. En lo más alto, en el punto álgido: *por cima colocó un copete de plumas.* 2. Por encima, sin profundizar: *lo ojeó por cima y no reparó en los defectos de fabricación.* — loc.adv.

cimacio (Del gr. *kymation* < *kyma*, onda.)
1 Gola, moldura en forma de s: *decoraron las cornisas con unos cimacios labrados.* — s.m. ARQUITECTURA
2 Borde superior de una cornisa. — ARQUITECTURA

cimarrón, a (Probablemente derivado de *cima*.)
1 Se aplica al animal doméstico que huye al campo y se hace salvaje. — adj.
2 Se refiere al animal salvaje. — ≠ doméstico
3 Se aplica a la planta silvestre: *unas hierbas cimarronas crecieron entre las tomateras y calabaceras.* — ≠ cultivado
4 Se refiere al marinero que trabaja poco y descuida su deber. — adj/s. NÁUTICA
5 Se aplica al mate sin azúcar: *nunca le gustó tomar mate cimarrón.* — adj/s.m. *Argent., Urug.*

cimarronada Manada de cimarrones: *hicieron una batida para exterminar la cimarronada de perros.* — s.f. *Amér.*

cimasa Fermento, enzima de la levadura de la cerveza. — s.f./BIOLOGÍA

cimate Planta cuyas raíces se usan como condimento. — s.m./*Méx.*

cimátido, a Perteneciente a una familia de moluscos gasterópodos marinos, con conchas estriadas y abertura generalmente oval. — adj/s.m. ZOOLOGÍA

cimba
1 Pequeña barca, cuyos extremos formaban una curva hacia arriba, que usaban los romanos en los ríos. — s.f./HISTORIA, NÁUTICA
2 Trenza que usan algunos indios. — *Amér.*

cimbado Látigo trenzado. — s.m./*Bol.*

cimbalaria Planta herbácea colgante o rastrera, de hojas redondas lobuladas, flores purpúreas con una mancha amarilla, que se usa como adorno en las paredes. (*Linaria cymbalaria.*) — s.f. BOTÁNICA

cimbalero, a Persona que toca el címbalo. — s./= cimbalista

cimbalillo Instrumento musical de percusión, parecido a una campana pequeña, que se usa en las iglesias. — s.m. MÚSICA

címbalo (Del lat. *cymbalum*, especie de platillos < gr. *kymbalos*.) Instrumento musical de percusión compuesto de un par de platillos metálicos y circulares, con el centro abombado, fijados a una empuñadura de cuero. — s.m. MÚSICA

címbara (Del ár. *zabbara*, hocino para podar árboles < *zabar*, podar.) Guadaña fuerte de hoja ancha y mango largo que sirve para rozar un terreno. — s.f. AGRICULTURA = rozón

cimbel
1 Cordel que se ata a la vara que sirve como señuelo para cazar. — s.m. CAZA
2 Ave real, o figura de ella, que se usa como señuelo para cazar. — CAZA

cimboga Azamboa, fruto de una variedad del cidro. — s.f./BOTÁNICA

cimborrio (Del lat. *ciborium*, especie de copa < gr. *kiborion*, fruto del nenúfar.)
1 Construcción cilíndrica situada entre la cúpula y los arcos que la soportan: *en el cuerpo del cimborrio hay ocho ventanas.* — s.m. ARQUITECTURA tb: cimborio
2 Torre con aberturas para dar luz al interior de un edificio. — ARQUITECTURA

cimbra (Del fr. ant. *cindre* < lat. vulgar *cincturare*, ceñir.)
1 Armazón para construir y sostener un arco o una bóveda. — s.f./CONSTRUCCIÓN tb: cimbria
2 Curvatura interior de un arco o una bóveda. — CONSTRUCCIÓN
3 Curvatura dada a una tabla para construir barcos, cubas, toneles y otros objetos. — CONSTRUCCIÓN
4 plena cimbra: La que forma un semicírculo. — CONSTRUCCIÓN

cimbrado
1 Colocación de las cimbras en la construcción de un arco o bóveda. — s.m. CONSTRUCCIÓN
2 Paso de baile que consiste en doblar el cuerpo por la cintura rápidamente.

cimbrar
1 Mover una cosa larga, delgada y flexible que está sujeta por un extremo: *los juncos se cimbran con el viento; el aleteo de los pájaros cimbraba la rama desnuda.* — v.tr/prnl. tb: cimbrear
2 Mover el cuerpo con garbo al andar: *cimbraba su talle al pasar ante el café.* — v.tr. = contonear
3 Golpear a una persona con una vara o un palo: *le cimbró la espalda por llegar a las tantas.*
4 Colocar las cimbras para construir los arcos o las bóvedas de un edificio. — CONSTRUCCIÓN

cimbre Galería, camino subterráneo. — s.m.

cimbreante
1 Que se dobla con facilidad: *a su paso temblaban los cimbreantes tallos de los juncos.* — adj.
2 Que anda con garbo: *su cimbreante paso se dibujó en la penumbra.*

cimbrear Cimbrar [en todas sus acepciones]. — v.tr/prnl.

cimbreño, a
1 Se aplica a la vara que se cimbra. — adj.
2 Se refiere a la persona que mueve el cuerpo con garbo y soltura. — = cimbreante
3 Se aplica al talle o al modo de andar propio de una persona garbosa y delgada: *el corte del vestido resaltaba su cintura cimbreña.*

cimbreo
1 Movimiento producido al cimbrear o cimbrearse un cuerpo flexible: *el cimbreo de las espadañas acompaña el fluir del agua.* — s.m.
2 Manera de moverse con garbo y gracia al andar. — = contoneo

cimbria
1 Moldura arquitectónica fina en forma de cinta. — s.f./ARQUITECTURA
2 Cimbra, armazón de un arco o bóveda. — CONSTRUCCIÓN

cimbrón
1 Tirón fuerte o súbito del lazo o cuerda. — s.m./*Amér.*
2 Punzada, dolor agudo. — *Ecuad.*

cimbronazo
1 Cintarazo, golpe dado en la espalda. — s.m.
2 Estremecimiento nervioso muy fuerte. — *Amér.*
3 Tirón fuerte o súbito del lazo o cuerda. — *Argent.*

cimentación
1 Acción de cimentar, afirmar o fijar con una masa o un cemento: *completar la cimentación con el drenaje del suelo circundante.* — s.f. CONSTRUCCIÓN
2 Procedimiento de impermeabilización de terrenos acuíferos, que consiste en inyectarles un cemento. — MINERÍA
3 cimentación por bloques: Que se compone con sillares o bloques de hormigón con un peso determinado, para proteger las partes sumergidas de los muros. — CONSTRUCCIÓN

cimentado Proceso que se utilizaba para afinar el oro pasándolo por el cimiento real. — s.m. METALURGIA

cimentar
1 Poner los cimientos de un edificio: *ya han cimentado el nuevo teatro.* — v.tr/conj: pensar CONSTRUCCIÓN
2 Construir un edificio o un conjunto de ellos. — CONSTRUCCIÓN
3 Establecer los principios de una doctrina o una ciencia: *durante el congreso cimentó sus teorías.* — = fundamentar
4 Pasar el oro por el cimiento real para afinarlo. — METALURGIA
5 Efectuar una cimentación en un terreno. — MINERÍA

cimento Cemento, masa mineral. — s.m./MINERALOGÍA

cimera (Del lat. *chimaera*, monstruo fabuloso < gr. *khimaira*.)
1 Parte superior del morrión que se adornaba con plumas u otros elementos. — s.f.

2 Cualquier adorno que se pone sobre la cima del yelmo o celada, como una cabeza de perro, un grifo o un castillo. *HERÁLDICA*

cimero, a Que está en la cima o culminación de una cosa: *cortó las ramas cimeras del árbol.* *adj./= destacado, superior*

cimicaria (Derivado culto de *chinche* < lat. *cimex*.) Yezgo, planta. *s.f. BOTÁNICA*

cimiento (Del lat. *caementum*, canto de construcción < *caedere*, cortar.)
1 Parte de un edificio que lo sustenta y está situada debajo de tierra: *la hormigonera rellenó la excavación para hacer los cimientos.* *s.m. CONSTRUCCIÓN*
2 Terreno sobre el que se asienta un edificio: *la casa se asienta sobre un cimiento rocoso.* *= suelo*
3 Principio u origen sobre el que se sostiene una cosa inmaterial: *los cimientos de su éxito hay que buscarlos en su constancia y tenacidad.* *= causa, origen*
4 cimiento real: Sustancia compuesta por vinagre, sal común y polvo de ladrillo, que se usaba para afinar el oro al fuego. *METALURGIA*
5 abrir los cimientos: Hacer la excavación o zanjas en que se han de fabricar los cimientos. *CONSTRUCCIÓN*

cimillo (Probablemente del lat. vulgar *cymbellum*, alteración de *cymbalum*, señuelo.) Vara larga y flexible en que se sujeta un ave que se usa como señuelo. *s.m. CAZA*

cimitarra Sable ancho y curvado usado por turcos y persas. *s.f.*

cimo-
I Componente de palabra procedente del gr. *zyme*, que significa fermento: *cimógeno.* *pref.*
II Componente de palabra procedente del gr. *kyma*, que significa onda: *cimómetro.* *pref. tb: cim-*

cimógeno, a (Del gr. *zyme*, fermento + *gennao*, producir.) Se aplica a la bacteria que produce fermentaciones. *adj./s.m. BIOQUÍMICA*

cimógrafo Aparato con el que se miden y registran gráficamente las oscilaciones de las paredes arteriales. *s.m. MEDICINA*

cimolita (Del gr. *kimolia*, tierra de la isla Cimolo.) Silicato hidratado de aluminio, de color grisáceo. *s.f. MINERALOGÍA*

cimómetro Instrumento con el que se mide la longitud de onda por resonancia. *s.m./ELECTRICIDAD = ondámetro*

cinabrio (Del lat. *cinnabari* < gr. *kinnabari*.) Mineral pesado, de color rojo bermellón a castaño, de brillo adamantino y que constituye la única mena de mercurio. *s.m. MINERALOGÍA*

cinámico, a Que tiene relación con el cinamomo. *adj.*

cinamomo (Del lat. *cinnamomum* < gr. *kinnamonon*.)
1 Planta arbórea, exótica y de adorno, de hojas pinnadas, flores violetas de olor agradable y fruto parecido a una cereza, del que se extrae un aceite usado en medicina y en la industria. *(Melia azederach.)* *s.m. BOTÁNICA = acederaque*
2 Canela, sustancia aromática. *BOTÁNICA*

cinc (Del fr. *zinc* < alem. *zink*.) Metal blanco azulado, de brillo intenso, bastante blando y de estructura laminosa. *s.m. QUÍMICA tb: zinc*

cinca Falta cometida en los bolos por la que se pierden cinco puntos. *s.f. JUEGOS*

cincado, a
1 Que está cubierto con un baño de cinc: *cubrió el chiringuito con placas cincadas.* *adj. METALURGIA*
2 Operación que consiste en recubrir una superficie u objeto con un baño de cinc. *s.m. METALURGIA*

cincel (Del fr. ant. *cisel* < lat. vulgar *caesorium* < lat. *caedere*, cortar.) Herramienta de boca cerrada, recta y de doble bisel para labrar piedras y metales a golpe de martillo: *trabajar con cincel el pie de un candelabro.* *s.m. TECNOLOGÍA*

cincelador, a Persona que se dedica a labrar la piedra o el metal con cincel. *s.*

cinceladura Trabajo u obra hecha con cincel: *el artesano transforma mediante cinceladura la hoja de metal en un bajorrelieve.* *s.f. = cincelado*

cincelar Grabar o labrar una cosa con el cincel o utensilio semejante: *cinceló el contorno de la pieza.* *v.tr.*

cincha (Del lat. *cingula*, plural de *cingulum*, cinturón.)
1 Faja con que se asegura la silla o albarda del caballo, por debajo de la barriga. *s.f. EQUITACIÓN*
2 cincha de brida: La formada por tres fajas de cáñamo y asegurada a la silla con contrafuertes y hebillas. *EQUITACIÓN*
3 cincha de jineta: La que sujeta la silla al cuerpo del caballo. *EQUITACIÓN*
4 cincha maestra: La que consta de una sola faja y sujeta al caballo toda la montura. *EQUITACIÓN*
5 a raja cincha: 1. Muy rápidamente, con presteza: *a raja cincha salió del edificio.* 2. Con exceso, sin medida: *funde la herencia a raja cincha.* *loc.adv. Argent./coloquial Argent./coloquial*

6 a revienta cinchas: Muy deprisa, atropelladamente: *recorrió el camino de la escuela al ayuntamiento a revienta cinchas.* *loc.adv. coloquial*
7 ir o venir alguien rompiendo cinchas: Correr con gran velocidad a caballo o en coche: *vino rompiendo cinchas por el atajo.* *coloquial*

cinchar
1 Poner la cincha a una caballería: *cinchó la yegua y salió al galope a campo abierto.* *v.tr. EQUITACIÓN*
2 Rodear una cosa con aros, fajas o cualquier objeto que la ciña. *= ceñir*
3 Procurar afanosamente que se cumpla una cosa como uno desea. *Argent., Urug.*
4 Trabajar con esfuerzo. *Argent., Urug.*
5 Apoyar, alentar con entusiasmo, particularmente en competiciones deportivas. *Argent. familiar*

cinchera
1 Parte de las caballerías donde se pone la cincha. *s.f./EQUITACIÓN*
2 Enfermedad que padecen los animales en la parte donde se les cincha. *VETERINARIA*

cincho (Del lat. *cingulum*, cinturón.)
1 Faja ancha para ceñir y abrigar el estómago: *representó al labriego con un cincho de tela encarnada.* *s.m.*
2 Cinturón que sirve para llevar la espada: *tuvieron que restaurar el cincho que acompañaba a la armadura.*
3 Aro de hierro usado para asegurar barriles, ruedas u otros objetos: *las piedras del camino estropearon los cinchos del carro.*
4 Tira de esparto que forma el contorno del molde para hacer quesos y requesones.
5 Cincha de la silla de montar: *no ajustó bien el cincho de la yegua.* *Amér.*
6 Porción de arco saliente en el intradós de una bóveda de cañón. *ARQUITECTURA*
7 Ceño de las caballerías. *VETERINARIA*

cinchuelo Cincha estrecha que se coloca de adorno a los caballos para exhibirlos: *encargó unos cinchuelos muy llamativos para el espectáculo ecuestre.* *s.m. EQUITACIÓN*

cincita Óxido natural de cinc. *s.f./MINERALOGÍA*

cinco (Del lat. vulgar *cinque* < lat. *quinque*.)
1 Que resulta de la suma de cuatro y uno: *trabajo cinco días a la semana; son cinco hermanos.* *adj.num.*
2 Que ocupa el lugar correspondiente a este número en una serie: *he conseguido dos entradas de la fila cinco; el cinco ganó el premio.* *adj.num/s.m. = quinto*
3 Signo o conjunto de signos que representa este número. *s.m.*
4 Moneda de cinco centavos: *con cuatro cincos no llegará muy lejos.* *Méx., Chile, C. Rica*
5 Especie de guitarra de cinco cuerdas. *Venez./MÚSICA*
6 esos cinco: La mano: *vengan esos cinco; choca esos cinco para que vean que estamos de acuerdo.* *coloquial*
7 ni cinco o sin cinco: Nada de dinero, sin dinero: *lleva varios meses en paro y está sin cinco; en estos momentos no llevo ni cinco.* *coloquial*

cincoenrama Planta herbácea con hojas palmeadas, divididas en cinco segmentos con largo pecíolo, y flores solitarias amarillas, cuya raíz tiene propiedades astringentes y antiespasmódicas. *(Potentilla reptans.)* *s.f. BOTÁNICA = quinquefolio, pie de gallina*

cincograbado Grabado realizado sobre una plancha de cinc. *s.m. ARTE*

cincografía Arte y técnica de dibujar o de grabar en una plancha de cinc. *s.f. ARTE*

cincomesino, a De cinco meses: *conservaba varios fetos cincomesinos en formol para realizar sus experimentos.* *adj/s.*

cinconina Alcaloide obtenido de la corteza de la quina. *s.f. QUÍMICA*

cincuenta (Del lat. *quinquaginta*.)
1 Que resulta de la multiplicación de cinco y diez: *ya llevan cincuenta años de matrimonio.* *adj.num.*
2 Que ocupa la posición correspondiente a este número en una serie. *adj.num/s.m. = quincuagésimo*
3 Se aplica a la década que comienza en el año cincuenta y termina en el sesenta: *se exilió allá por los años cincuenta; los cincuenta constituyeron uno de los momentos más conflictivos de la guerra fría.*
4 Signo o conjunto de signos que representa este número. *s.m.*

cincuentavo, a Se aplica a cada parte que resulta de dividir una cosa en cincuenta partes iguales. *adj/s.m.*

cincuentena Conjunto de cincuenta unidades: *una cincuentena de guardaespaldas custodiaba las entradas al palacio.* *s.f. = quincuagena*

cincuentenario Fecha en que se cumplen cincuenta años de algún suceso: *organizaron diferentes actos para celebrar el cincuentenario del fin de la segunda guerra mundial.* *s.m.*

cincuentésimo, a Que ocupa la posición cincuenta en una serie. *adj.num./s.m. = quincuagésimo*

cincuentón, a Se aplica a la persona que tiene entre cincuenta y cincuenta y nueve años: *aunque cincuentón aún conserva su atractivo.* *adj/s. coloquial = quincuagenario*

cine (Del gr. *kinema*, movimiento < *kineo*, mover.)
1 Local público donde se proyectan películas cinematográficas: *la televisión hace que la gente se quede en casa y no vaya al cine*. — s.m. / CINE / = cinematógrafo
2 Técnica, arte e industria de la cinematografía. — CINE
3 Modo particular de realizar películas de un director: *me gusta el cine de Chaplin*. — CINE / = cinematografía
4 Conjunto de las películas de un autor, un actor o un técnico, o de un país o una época. — CINE / = cinematografía
5 cine continuado: Modalidad de exhibición cinematográfica en la que se permite entrar en la sala comenzada una función. — CINE / Argent.
6 cine de artista: Obra cinematográfica realizada por un artista plástico, en la que se profundiza en la investigación y experimentación pictórica, escultórica o interpretativa. — CINE
7 cine de autor: Realizaciones cinematográficas más o menos desligadas de condicionamientos comerciales y en las que se expresa de forma personal la creatividad del director. — CINE
8 cine mudo: Aquel cuyas imágenes no se acompañan de banda sonora sincronizada. — CINE
9 cine multisalas: Local público formado por más de una sala en la que se proyectan películas cinematográficas. — CINE
10 cine negro: Género cinematográfico cuyos protagonistas pertenecen a los bajos fondos y cuya temática gira alrededor del crimen, la delincuencia y el sexo. — CINE
11 cine sonoro: Aquel cuyas imágenes se acompañan de una banda sonora sincronizada con éstas. — CINE
12 de cine: 1. Excelente, de buenas cualidades: *su padre nos preparó una paella de cine*. 2. Muy bien: *viajamos de cine*. — loc.adj./coloquial / loc.adv.

cineasta
1 Director cinematográfico. — s.m.f./CINE
2 Persona que trabaja en la industria cinematográfica. — CINE
3 Persona muy aficionada al cine: *la tertulia dominical acabó como cenáculo de cineastas*.

cineclub
1 Asociación dedicada a la difusión de la cultura cinematográfica entre sus miembros. — s.m. / CINE
2 Lugar donde se proyectan y comentan las películas. — CINE

cinefilia Afición muy grande al cine. — s.f.

cinéfilo, a Que es muy aficionado al cine: *para los cinéfilos, la producción cinematográfica de los cuarenta y cincuenta no tiene parangón*. — adj/s. / CINE

cinefórum Actividad cultural en que se proyecta una película y se entabla un coloquio sobre el tema de la misma: *asistieron a un cinefórum sobre las reformas de la ONU en los últimos veinte años*. — s.m. / CINE / pl: cinefórums

cinegética Montería, arte de la caza. — s.f./CAZA

cinegético, a (Del gr. *kynegetikos*, relativo a la caza < *kynegetes*, cazador.) Que tiene relación con la cinegética. — adj. / CAZA / = venatorio

cinema
1 Local donde se proyectan películas. — s.m./= cine
2 Técnica y arte de la cinematografía. — = cine

cinemascope (Marca registrada.) Método cinematográfico que consiste en comprimir la imagen en las tomas y descomprimirla en la proyección: *el procedimiento cinemascope se lanzó en los años cincuenta*. — s.m. / CINE / pl: cinemascopes / tb: cinemascopio

cinemat- Componente de palabra procedente del gr. *kinema*, *-atos*, que significa movimiento: *cinemático; cinematógrafo*. — pref. / tb: cinemato-

cinemateca Colección de filmes y lugar donde se guarda para su exhibición o estudio. — s.f./CINE / = filmoteca

cinemática (Del gr. *kinema*, movimiento.) Parte de la mecánica que estudia el movimiento de los cuerpos con independencia de las fuerzas que lo producen. — s.f. / FÍSICA

cinemático, a De la cinemática: *fórmula cinemática*. — adj./FÍSICA

cinematografía
1 Arte de representar imágenes en movimiento sobre una pantalla, mediante la fotografía. — s.f./CINE
2 Conjunto de películas, de mayor o menor metraje, de un cineasta, una época o un país: *la cinematografía de Buñuel; la cinematografía española*. — = cine

cinematografiar Tomar la imagen de un objeto o figura en una película cinematográfica. — v.tr./conj: vaciar / = filmar

cinematográfico, a Que tiene relación con la cinematografía: *productor cinematográfico; industria cinematográfica*. — adj. / CINE

cinematógrafo (Del gr. *kinema*, movimiento + *grapho*, dibujar, grabar.)
1 Aparato óptico proyector por el que se hace pasar a gran velocidad una película de imágenes fotográficas consecutivas que producen una ilusión de movimiento: *la invención del cinematógrafo*. — s.m. / CINE
2 Cine, local público. — CINE

cinemógrafo Instrumento que indica y registra la velocidad de un cuerpo. — s.m. / FÍSICA

cinemómetro Indicador de la velocidad. — s.m./FÍSICA

cinerama (Marca registrada.) Procedimiento de proyección por el que se yuxtaponen tres imágenes para dar la impresión de relieve en la pantalla: *el cinerama acompañado de sonido estereofónico se comenzó a explotar en los cincuenta*. — s.m. / CINE

cineraria (Derivado culto de *ceniza* < lat. vulgar *cinisia* < lat. *cinis*, ceniza.) Planta compuesta, de hojas alternas y flores en capítulos reunidos en corimbos, de diversos colores según las variedades, muy apreciada como planta ornamental. — s.f. / BOTÁNICA

cinerario, a
1 Del color de la ceniza. — adj./tb: cinéreo
2 Que está destinado a contener cenizas de cadáveres: *urna cineraria*.

cinéreo, a Del color de la ceniza: *las cinéreas carnaciones de una producción pictórica*. — adj./culto / tb: cinerario

cinericio, a De ceniza o de color ceniciento: *maquillaron el rostro y el cuerpo con pintura cinericia*. — adj. / culto

cines- Componente de palabra procedente del gr. *kinesis*, que significa movimiento: *cinésica*. — pref./tb: cinesi-, quines-, quinesi-

cinescopar Convertir impulsos electrónicos en imágenes. — v.tr/AUDIOVISUALES / tb: quinescopar

cinescopio Cámara cinematográfica, que registra las imágenes catódicas de la televisión para la posterior repetición de una emisión en directo. — s.m./AUDIOVISUALES / tb: quinescopio

cinésica Disciplina que estudia el significado de los gestos y del movimiento. — s.f./SICOLOGÍA / tb: quinésica

cinesiología Conjunto de procedimientos terapéuticos para restablecer la normalidad de los movimientos del cuerpo humano. — s.f. / MEDICINA

cinesiológico, a Que tiene relación con la cinesiología: *terapia cinesiológica; tratamiento cinesiológico*. — adj./MEDICINA / tb: quinesiológico

cinesiólogo, a Persona que está especializada en cinesiología. — s/MEDICINA / tb: quinesiólogo

cinesis Modificación de la velocidad de locomoción de un animal como respuesta a una variación de intensidad de un estímulo exterior. — s.f./pl: cinesis / BIOLOGÍA

cinesiterapeuta Persona que realiza masajes con fines terapéuticos. — s.m.f./MEDICINA / tb: quinesiterapeuta

cinesiterapia Conjunto de tratamientos que utilizan el movimiento para dar o devolver a un enfermo o herido la función de las diferentes partes del cuerpo. — s.f./MEDICINA / tb: quinesiterapia

cinesiterápico, a Que tiene relación con la cinesiterapia: *método cinesiterápico*. — adj./MEDICINA / tb: quinesiterápico

cinestesia Capacidad sensorial por la que se percibe el movimiento muscular, el peso y la posición de los miembros corporales. — s.f./MEDICINA / tb: cenestesia

cinet- Componente de palabra procedente del gr. *kinetos*, que significa móvil: *cinético*. — pref. / tb: cineto-

cinética Parte de la dinámica que estudia el movimiento de las partículas. — s.f. / MECÁNICA

cinético, a
1 Que tiene relación con el movimiento. — adj./MECÁNICA / ARTE
2 Se aplica a un movimiento del arte contemporáneo surgido de la abstracción y basado en el carácter cambiante de la obra, en su movimiento aparente.

cinetismo
1 Arte cinético, movimiento artístico. — s.m/ARTE
2 Carácter de la obra cinética. — ARTE

cingalés, a
1 De Ceilán, actual Sri Lanka, país asiático. — adj./tb: singalés
2 Persona natural de este país. — s.
3 Lengua indoaria, de la familia indoeuropea, hablada en este país. — s.m. / LINGÜÍSTICA

cíngaro, a
1 Se aplica a las personas de la etnia gitana: *la música cíngara tiene carácter improvisado y gran virtuosismo instrumental*. — adj. / tb: zíngaro
2 Persona que forma parte de esta etnia. — s.
3 Lengua indoaria hablada por esta etnia: *el cíngaro no tiene tradición escrita, pero se ha conservado muy vivo*. — s.m./LINGÜÍSTICA / = romaní

cingiberáceo, a Perteneciente a una familia de plantas angiospermas monocotiledóneas, herbáceas, de hojas alternas, flores en racimo o panoja y fruto en cápsula. — adj/s.f. / BOTÁNICA

cinglado Depuración de masas metálicas por medio del fuego. — s.m. / METALURGIA

cinglador Máquina de compresión usada en la operación de cinglado. — s.m. / METALURGIA

cinglar
1 (Del fr. *cingler* < fr. ant. *singler* < escandinavo ant. *sigla*, navegar < *segl*, vela.) Mover una embarcación con un remo colocado a popa. — v.tr. / NÁUTICA / = singar, silgar

II (Del fr. *cingler*, golpear el hierro para forjarlo < lat. *v.tr.* *cingula*, cincha.) Trabajar el hierro para limpiarlo de **METALURGIA** escorias.

cingleta (Del cat. *cingleta* < *cingla*, cincha.) Cuerda *s.f.* con un corcho en un extremo, que se ata a los cabos **PESCA** de la red de pesca para tirar de ellos.

cíngulo (Del lat. *cingulum*, cinturón.)
1 Cordón con que el sacerdote se ciñe la vestidura *s.m.* blanca que se coloca superpuesta al hábito. **RELIGIÓN**
2 Cordón que usaban como insignia los soldados. **HISTORIA**

cínico, a (Del lat. *cynicus* < gr. *kynikos*, del perro < *kyon*, perro.)
1 Que finge descaradamente: *el hipócrita cínico le min-* *adj/s.* *tió impúdicamente.* = desvergonzado
2 Que se comporta o manifiesta con gran escepticis- = impúdico mo: *es un cínico que no cree ni en él ni en nadie.*
3 Del cinismo: *doctrina cínica.* **adj./FILOSOFÍA**
4 Que es partidario del cinismo. **adj/s./FILOSOFÍA**

cínife (Del lat. *sciniphes* o *ciniphes* < gr. *sknips*, insecto *s.m./ZOOLOGÍA* que pica.) Mosquito, insecto. **culto**

cinismo (Del lat. *cynismus* < gr. *kynismos*.)
1 Modo de ser o comportarse el cínico: *su cinismo ja-* *s.m.* *más había sido tan mordaz.*
2 Doctrina y escuela del griego Antístenes, en la que **FILOSOFÍA** postulaba una vida en consonancia con la naturaleza y un rechazo a las convenciones sociales.

cino- Componente de palabra procedente del gr. *pref.* *kyon*, que significa perro: *cinódromo.* **tb: cin-**

cinocéfalo, a (Del gr. *kynokephalos* < *kinos*, perro *adj/s.m.* + *kephale*, cabeza.) Se aplica a los monos catarrinos **ZOOLOGÍA** cuya cabeza es alargada como la del perro.

cinódromo Lugar donde se celebran carreras de gal- *s.m.* gos. = canódromo

cinoglosa (Del gr. *kynoglossos* < *kinos*, perro + *glossa*, *s.f.* lengua.) Planta herbácea de hojas rugosas y flores **BOTÁNICA** violáceas que se cultiva con fines decorativos. (*Cyno-* = lengua de perro, *glossum officinale.*) viniebla

cinorrodon Seudofruto del rosal, constituido por el *s.m.* tálamo profundamente acopado de color rojo vivo, **BOTÁNICA** que tiene propiedades astringentes y tonificantes.

cinquén Moneda castellana del siglo XVI que valía *s.m.* medio maravedí. **HISTORIA**

cinquero, a Persona que trabaja el cinc. **s./METALURGIA**

cinquillo Juego de cartas entre cinco jugadores, en el *s.m./JUEGOS* que se elige un palo como triunfo. **tb: cinqueño**

cinquina Suerte de cinco números en la lotería. **s.f./= quinterna**

cinta (Del lat. *cincta* < *cingere*, ceñir.)
1 Tira larga y estrecha de papel, tela u otro material *s.f.* flexible, usada para atar, adornar o ceñir: *adornó el* = banda, *abeto con bombillas y cintas de motivos navideños.* faja
2 Tira o banda estrecha de papel carbón, de un tejido **ARTES GRÁFICAS** o de un material plástico, que, impregnada de tinta, permite la impresión en las máquinas de escribir, impresoras y otras máquinas.
3 Película cinematográfica: *de entre las cintas presenta-* **CINE** *das a concurso, ninguna era digna de mención.* = film, filme
4 Red de cáñamo usada para pescar atunes. **PESCA**
5 Dispositivo que consiste en una tira de metal o **MECÁNICA** plástico, movida automáticamente, que traslada mer- **tb: cinta** cancías o cargas: *tardé más de media hora en salir del* **transportadora** *aeropuerto porque mi maleta no estaba en la cinta.*
6 Hilera de baldosas que se pone en los suelos junto **CONSTRUCCIÓN** a las paredes: *la tonalidad de la cinta no casa con el color* = orla *de la habitación.*
7 Franja lisa y más estrecha de una moldura que sue- **ARQUITECTURA** le separar otras dos más anchas. = filete
8 Adorno en forma de tira estrecha que se pliega y **ARQUITECTURA** repliega en diferentes formas.
9 Divisa, faja estrecha. **HERÁLDICA**
10 Maderas que refuerzan por fuera la tablazón del **CONSTRUCCIÓN,** costado de un buque de proa a popa, por encima de **NÁUTICA** la línea de flotación.
11 Corona del casco de las caballerías. **VETERINARIA**
12 Piezas de tela que cubren la empuñadura del esto- *s.f.pl.* que: *realizó una estocada hasta las cintas.* **TAUROMAQUIA**
13 cinta aislante o aisladora: Cinta impregnada de **ELECTRICIDAD** una solución adhesiva de caucho, usada para recubrir los empalmes de los conductores eléctricos: *sufrió una descarga eléctrica al rozar el cable que no estaba recubierto de cinta aislante.*
14 cinta autoadhesiva o adhesiva: Tira de celofán o materia plástica cubierta de un producto que la adhiere a la superficie sobre la que se aplica: *el envoltorio estaba sujeto con cinta adhesiva; unió los pedazos de papel con cinta autoadhesiva.*
15 cinta azul: 1. Premio de un derby británico. **2.** **EQUITACIÓN** Distintivo honorífico que se concedía al buque que **NÁUTICA** registraba mayor velocidad en la ruta norte del Atlántico.
16 cinta magnética: Soporte extraíble para almace- **AUDIOVISUALES,** nar informaciones como grabaciones magnéticas, cons- **INFORMÁTICA**

tituido por una cinta de poliéster recubierta de una sustancia magnetizable.
17 cinta magnetofónica: Cinta en que se graban so- **AUDIOVISUALES** nidos que pueden luego ser reproducidos.
18 cinta métrica: Cinta que tiene marcada la longi- tud del metro y sus divisiones.
19 cinta perforada: La de papel o plástico en la que **INFORMÁTICA,** se graban, mediante perforaciones, señales que repre- **TELECOMUNICA-** sentan datos o mensajes. **CIONES**
20 cinta vídeo: Cinta magnética que sirve para gra- **AUDIOVISUALES** bar imágenes y sonidos asociados a ellas.
21 en cinta: Con sujeción o en ella: *idear un nuevo* **loc.adv.** *sistema para transportar los elementos en cinta.*

cintagorda Red de cáñamo, con hilos gruesos y fuer- *s.f.* tes, usada en la pesca del atún. **PESCA**

cintar Adornar una construcción con cintas o fajas. **v.tr./ARQUITECTURA**

cintarazo
1 Golpe dado en la espalda con un cinto, látigo u *s.m.* otro instrumento semejante: *aún recuerda la humilla-* = chincharrazo, *ción de los cintarazos que le propinó.* cimbronazo
2 Golpe dado de plano con la espada: *con sólo un cin-* = sablazo *tarazo le descoyuntó el hombro.*

cintarear Dar cintarazos. **v.tr./coloquial**

cinteado, a Que está adornado con cintas: *los caba-* **adj.** *llos cinteados iban en la cabeza del desfile.*

cintería
1 Conjunto de cintas: *por la calleja avanzaba toda la* *s.f.* *cintería de la tuna.*
2 Tienda donde se venden cintas. **COMERCIO**

cintero, a
1 Persona que hace o vende cintas de cuero, tela, pa- *s.* pel y otros materiales.
2 Soga o cuerda gruesa que se ciñe a una cosa.
3 Cinturón adornado y tachonado que usaban anti- **HISTORIA** guamente algunas mujeres.

cinteta Red usada en las costas mediterráneas. **s.f./PESCA**

cintilar (Del lat. *scintillare.*) Brillar, despedir una cosa **v.intr.** destellos de luz: *los metales de las lámparas cintilaban* **culto** *con el rayo de luna.* = centellear

cintillo
1 Adorno consistente en una cinta estrecha que ciñe *s.m.* la copa de los sombreros: *el cintillo de la chistera era de seda carmesí.*
2 Anillo de piedras preciosas.
3 Diadema, cinta para el cabello. **Chile**
4 Collar pequeño. **Colomb.**

cinto (Del lat. *cinctus* < *cingere*, ceñir.)
1 Tira que ajusta las prendas de vestir a la cintura: *se* *s.m.* *aflojó el cinto del pantalón para respirar con facilidad.* = cinturón
2 Cintura del cuerpo humano. **coloquial**

cintra (Del fr. *cindre*.) Curvatura de un arco o bóveda. **s.f./ARQUITECTURA**

cintrado, a Que tiene forma de cintra: *bóveda cintra-* **adj.** *da; arco cintrado.* **ARQUITECTURA**

cintrel Cuerda o regla fijada por un extremo en el *s.m.* centro de un arco o bóveda, que se usa para señalar **ARQUITECTURA** la dirección de las juntas de las piedras o ladrillos.

cintura (Del lat. *cinctura* < *cingere*, ceñir.)
1 Parte más estrecha del cuerpo humano por encima *s.f.* de las caderas: *la cogió por la cintura y la levantó del* **ANATOMÍA** *suelo.* = talle
2 Parte de las prendas de vestir que corresponde a la cintura del cuerpo: *coser un lazo en la cintura de la falda.*
3 Parte superior de la chimenea, donde se estrecha y **ARQUITECTURA** empieza el cañón.
4 Atadura de las jarcias o cabos del barco a sus res- **NÁUTICA** pectivos palos.
5 Conjunto esquelético sobre el que se articulan los **ANATOMÍA** miembros pares en los vertebrados.
6 cintura escapular: Conjunto óseo que sirve de so- **ANATOMÍA** porte y unión a las extremidades superiores huma- nas.
7 cintura pelviana: Estructura ósea del cuerpo hu- **ANATOMÍA** mano formada por los huesos ilíacos y el sacro.
8 meter a una persona en cintura: Obligarla a com- **coloquial** portarse correctamente, con disciplina o regularidad: *aseguró que les haría deponer su actitud metiéndolos en cintura.*

cinturón
1 Parte de una prenda de vestir o tira de cuero, piel, *s.m.* tela u otro material con que ésta se ajusta a la cintu- = cinto ra: *forró el cinturón con la misma tela de la pamela.*
2 Serie de cosas o personas que rodean a otra: *trabaja en el cinturón industrial de la ciudad.*
3 Distintivo de diferentes artes marciales, que con su **DEPORTES** color indica la categoría del deportista.
4 Cinto o tira de cuero que se usa para llevar la espa- **MILITAR** da, el sable, la bayoneta o la cartuchera.
5 cinturón de seguridad: El que sujeta a los viajeros al asiento del vehículo o avión para que no salgan despedidos en caso de accidente.
6 cinturón de ronda: Carretera o conjunto de carre-

teras que rodean el núcleo urbano de una ciudad para evitar que el tráfico la atraviese.

7 apretarse el cinturón: Tener que reducir gastos: *tengo que apretarme el cinturón porque estaré en paro dentro de una semana.* `coloquial`

cinzolín (Del fr. *zinzolin.*) De color violeta rojizo: *combinar los cortinajes cinzolines con ribetes dorados.* `adj/s.m.`

-ción Componente de palabra que, unido a sustantivos, indica acción y resultado: *abolición, alteración.* `suf.`

cipariso (Del lat. *cyparissus.*) Ciprés, árbol. `s.m./culto`

cipayo (Del persa *sipahi,* jinete, soldado.)
1 Antiguo soldado indio que estaba al servicio de los británicos, franceses y portugueses. `s.m./HISTORIA, MILITAR`
2 Mercenario, soldado a sueldo: *no pierdas el tiempo hablándole al cipayo de ideales y utopías.* `despectivo MILITAR`

cipe Se refiere al niño enfermizo. `adj./Amér. Central`

cipera Asiento que se hace sobre los tirantes de un tejado para servir de apoyo a una linterna o torrecilla. `s.f. ARQUITECTURA`

ciperáceo, a (Del lat. *cypum* < gr. *kypeiron,* juncia.) Perteneciente a una familia de plantas herbáceas propias de lugares húmedos, próxima a las gramíneas, cuyo tallo es de sección triangular. `adj/s.f. BOTÁNICA`

cipo (Del lat. *cippus.*)
1 Columna levantada en memoria de una persona fallecida. `s.m./ARQUITECTURA = estela`
2 Poste con el que se indica la dirección de un camino, la distancia entre dos puntos o los límites de un terreno. `= hito, mojón, pilón`

cipolino, a Se refiere al mármol que tiene mica: *cubrieron los suelos con losas cipolinas de tono gris.* `adj/s. MINERALOGÍA`

cipote
1 Hombre de muy corto entendimiento: *no hay nadie a quien le guste que lo tengan por cipote.* `s.m. = bobo`
2 Mojón o señal de piedra. `= hito`
3 Pene, órgano sexual masculino. `vulgar`
4 Muchacho, chiquillo: *los cipotes ayudan en casa trayendo agua y leña.* `Amér. Central`

ciprés (Del bajo lat. *cypressus* < lat. *cupressus.*)
1 Planta arbórea de tronco recto, ramas erguidas y copa fusiforme y alargada, con hojas pequeñas, perennes y de color verde oscuro. *(Cupressus.)* `s.m./BOTÁNICA tb: aciprés = cipariso`
2 Madera de este árbol.
3 ciprés meridional o rojo: Planta arbórea de gran envergadura, cuyas raíces emiten unas excrecencias aéreas que le permiten prosperar en terrenos inundados. *(Taxodium distichum.)* `BOTÁNICA`

cipresal Terreno donde abundan los cipreses. `s.m.`

cipresillo Abrótano hembra, planta. `s.m./BOTÁNICA`

cipresino, a Del ciprés o que tiene características parecidas a él. `adj.`

ciprínido, a
1 Perteneciente a una familia de crustáceos caracterizados por tener las antenas del segundo par bifurcadas y poseer tres ojos. `adj/s.m. ZOOLOGÍA`
2 Perteneciente a una familia de peces cipriniformes de aguas dulces tranquilas. `ZOOLOGÍA`
3 Perteneciente a una familia de moluscos lamelibranquios de concha gruesa, con valvas iguales no nacaradas interiormente. `ZOOLOGÍA`

cipriniforme Perteneciente a un orden de peces teleósteos con doble cadena de huesecillos, generalmente de agua dulce. `adj/s.m. ZOOLOGÍA`

ciprio, a De Chipre, isla y estado europeo. `adj/s.`

cipriota De Chipre, isla y estado europeo. `adj/s.m.f.`

ciquiricata Ademán o actitud con que se halaga o lisonjea a alguien. `s.f./coloquial = zalamería`

ciquitroque Pisto, guiso de hortalizas. `s.m./COCINA`

circa (Voz latina.) Se usa delante de fechas y significa hacia, aproximadamente. `adv.`

circadiano, a Se refiere al ritmo biológico que transcurre en un período aproximado de veinticuatro horas. `adj. BIOLOGÍA`

circe (Del gr. *Kirke,* maga mitológica.) Mujer astuta y engañosa. `s.f.`

circense Del circo o propio de él: *espectáculo circense.* `adj.`

circo (Del lat. *circus.*)
1 Recinto fijo o desmontable, con gradas alrededor de una o varias pistas, en que se representan números acrobáticos, de fuerza, de destreza, ecuestres o cómicos. `s.m.`
2 Espectáculo que se desarrolla en este recinto y conjunto de los artistas y elementos que toman parte en él.
3 Recinto con gradas donde se celebraban, en la antigua Roma, algunos espectáculos, como carreras de carros y luchas. `HISTORIA`
4 Depresión semicircular de pendientes acusadas, labrada por un glaciar. `GEOLOGÍA`
5 Gran alboroto: *vaya circo que han montado con las obras de reparación de la calzada.* `= coloquial`

circón (Del ár. *zarqun,* minio.) Silicato de circonio, de brillo adamantino. `s.m./MINERALOGÍA = jacinto`

circonato Sal derivada de la circonia. `s.m./QUÍMICA`

circonia Óxido de circonio. `s.f./QUÍMICA`

circonilo Radical que forma parte de la composición de algunas sales de circonia. `s.m. QUÍMICA`

circonio Elemento químico de color y aspecto metálicos, en forma de polvo negro. `s.m. QUÍMICA`

circuir (Del lat. *circuire.*) Rodear una cosa a otra: *los álamos circuían el jardín.* `v.tr/conj: huir = circundar`

circuito (Del lat. *circuitus.*)
1 Terreno comprendido dentro de un perímetro cualquiera. `s.m.`
2 Contorno, límite exterior.
3 Itinerario cerrado, previamente fijado para realizar carreras deportivas, de motocicletas o de automóviles: *han remodelado el circuito de atletismo.* `DEPORTES`
4 Conjunto de componentes o elementos conductores conectados entre sí, que recorre una corriente eléctrica: *se ha estropeado el circuito de la estufa.* `ELECTRICIDAD`
5 circuito abierto: Aquel por el que no circula corriente eléctrica. `ELECTRICIDAD`
6 circuito cerrado: Aquel por el que circula la corriente eléctrica. `ELECTRICIDAD`
7 circuito de aproximación: Aquel que se impone a los aviones y que está jalonado por balizas radioeléctricas. `AERONÁUTICA`
8 circuito de rechazo: El empleado en la recepción radioeléctrica para atenuar las interferencias de otras emisoras. `TELECOMUNICACIONES`
9 circuito hidráulico: El que se utiliza para la transmisión de potencia por medio de un fluido bajo presión. `TECNOLOGÍA`
10 circuito integrado: El realizado generalmente en una delgada placa de silicio y que, por sus pequeñas dimensiones, presenta una gran prestación. `TECNOLOGÍA`
11 circuito lógico: El electrónico de un ordenador capaz de realizar operaciones como la adición, el producto o la negación. `INFORMÁTICA`
12 circuito respiratorio: Conjunto de aparatos que permiten la respiración, ya sea en una cabina espacial o en un sujeto bajo efectos de la anestesia. `MEDICINA`

circulación
1 Movimiento de personas, animales o cosas en un espacio, conducto, camino o circuito: *la mañana invitaba a pasear y la circulación de peatones por la avenida era abundante; la circulación del agua por las tuberías.* `s.f.`
2 Tránsito por las vías de comunicación: *la autopista presenta una circulación densa; remodelación de la circulación aérea.*
3 Movimiento continuo de la sangre por venas y arterias para llevar oxígeno y otras sustancias a las células, recogiendo anhídrido carbónico y partículas destinadas a la eliminación: *se le hinchan las piernas debido a la mala circulación.* `FISIOLOGÍA tb: circulación sanguínea`
4 Movimiento de la moneda, los productos y demás factores que intervienen en un sistema económico. `ECONOMÍA`
5 circulación fiduciaria: Movimiento del dinero legal en forma de billetes de banco. `ECONOMÍA`
6 circulación monetaria: Cantidad de moneda metálica o fiduciaria que circula en un período determinado. `ECONOMÍA`
7 poner en circulación: 1. Emitir moneda. 2. Lanzar un producto o una publicación al mercado. 3. Introducir en el uso ciertos términos o expresiones: *la omnipresencia de la cultura anglosajona ha puesto en circulación centenares de anglicismos en español.*

circulante Que circula: *me prestaron el libro en una librería circulante; capital circulante; si el chisme y el cotilleo no es circulante deja de tener razón de ser.* `adj.`

circular
I (Del lat. *circularis* < *circulus,* círculo.)
1 Del círculo o que tiene su forma: *instalaron el baptisterio en una nave circular; simbología circular.* `adj.`
2 Carta o aviso dirigido a varias personas para notificarles algo: *la circular específica el período de vacaciones.* `s.f.`
II (Del lat. *circulare,* redondear, formar grupo.)
1 Moverse en una u otra dirección, ir y venir: *hacía frío y apenas circulaba gente por las calles; los vehículos circulan lentamente por la autovía.* `v.intr. = andar, pasar, transitar`
2 Moverse una cosa por un circuito o un conducto: *la sangre circula por las venas.*
3 Extenderse una noticia o un rumor: *circulan comentarios contradictorios sobre su cese.* `= difundirse`
4 Pasar de mano en mano: *tus poemas circulan por toda la facultad.* `= correr`
5 Pasar los valores de una persona a otra. `ECONOMÍA`
6 Asegurar la circulación de un fluido en una instalación: *hay que arreglar la tubería por la que circula el gas.*
7 Enviar una orden o un aviso a varias personas mediante circulares: *la secretaria circuló la notificación del acuerdo entre patronal y trabajadores.* `v.tr.`

circulatorio, a De la circulación: *aparato circulatorio; caos circulatorio; disfunción circulatoria.* — adj.

círculo (Del lat. *circulus*.)
1 Área o superficie plana contenida dentro de la circunferencia. — s.m. GEOMETRÍA
2 Circunferencia, curva plana cerrada. — GEOMETRÍA
3 Corro o cerco: *le rodeó un círculo de niños.*
4 Grupo de personas que se reúnen con fines recreativos, culturales, financieros, políticos o de otra índole: *forma parte del círculo literario de su pueblo.* — = club, sociedad
5 Local donde se reúne este grupo de personas: *fuimos al círculo mercantil para asistir a una conferencia.*
6 Ambiente, elemento o grupo social en que vive o se desenvuelve una persona: *su círculo de amistades es muy amplio.*
7 Figura supersticiosa trazada en el suelo por los hechiceros y nigrománticos para invocar dentro de ella a los demonios y hacer sus conjuros. — OCULTISMO = cerco, signo
8 **círculo acimutal:** Instrumento de precisión con el que se establece la posición relativa de un objeto exterior para determinar el rumbo de una nave. — NÁUTICA
9 **círculo cenital:** Instrumento con el que se mide la altura de un astro con respecto al horizonte. — ASTRONOMÍA
10 **círculo cultural:** Área de validez e influencia de una cultura determinada. — SOCIOLOGÍA
11 **círculo de protección:** Espacio situado alrededor de un pararrayos, dentro del cual no caen las chispas. — ELECTRICIDAD
12 **círculo magnético:** Parte de un aparato electromagnético por donde fluye la inducción magnética. — ELECTRICIDAD
13 **círculo mamario:** Parte más pigmentada y oscura que rodea el pezón. — = areola
14 **círculo o anillo ocular:** Imagen real del objetivo dada por el ocular de un microscopio o un anteojo. — ÓPTICA
15 **círculo polar:** Cada uno de los dos círculos menores paralelos al ecuador, cuya distancia angular al polo es la misma que la distancia de los trópicos al ecuador: *círculo polar ártico; círculo polar antártico.* — GEOGRAFÍA
16 **círculo vicioso:** Situación en que no es posible hallar salida ni solución por existir dos circunstancias que son a la vez causa y efecto, cada una de la otra.

circum- Componente de palabra procedente del lat. *circum*, que significa alrededor: *circumpolar, circunloquio.* — pref. tb: circun-

circumpolar
1 Que está alrededor de los polos: *realiza un estudio sobre una región circumpolar.* — adj.
2 Se aplica a una cultura prehistórica de poblaciones dedicadas a la caza y a la recolección, que más tarde adoptaron las innovaciones de los pueblos agrícolas. — HISTORIA

circuncenital Que rodea el cenit o que está cerca de él: *astro circuncenital; aureola circuncenital.* — adj. ASTRONOMÍA

circuncidar (Del lat. *circumcidere < circum*, alrededor + *caedere*, cortar.) Realizar una incisión circular en el prepucio o piel móvil que recubre el extremo del pene, por motivos religiosos o médicos. — v.tr. part.tb: circunciso MEDICINA, RELIGIÓN

circuncisión (Del lat. *circumcisio, -onis*.) Intervención quirúrgica o ritual que consiste en seccionar el prepucio: *la circuncisión entre los judíos es un rito religioso.* — s.f. MEDICINA, RELIGIÓN

circunciso, a Se aplica al hombre que tiene hecha la circuncisión o al miembro al que se le ha practicado una incisión: *en ciertas culturas africanas, los jóvenes circuncisos acceden al rango de adultos.* — adj/s.m.

circundante Que está situado alrededor de una cosa: *visitaron los pueblos circundantes de la comarca.* — adj.

circundar (Del lat. *circumdare < circum*, alrededor + *dare*, dar.) Rodear una cosa a otra: *la penumbra circundaba la escultura iluminada.* — v.tr. = cercar, ceñir

circunferencia (Del lat. *circumferentia < circumferre*, circunscribir.)
1 Curva plana cerrada cuyos puntos se hallan a la misma distancia de otro punto situado en el centro del mismo plano. — s.f. GEOMETRÍA
2 Contorno de un territorio o superficie. — = periferia

circunferente Que circunscribe: *el polígono circunferente es irregular.* — adj.

circunferir (Del lat. *circumferre*, circunscribir.) Mantener una cosa dentro de unos límites: *circunfirió su intervención a una vaga exposición del tema.* — v.tr./conj: sentir = circunscribir, limitar

circunflejo, a (Del lat. *circumflexus*.)
1 Que está doblado en arco, curvado: *los recién nacidos suelen tener las piernas circunflejas.* — adj.
2 Se aplica a ciertos nervios o vasos que rodean un hueso. — ANATOMÍA
3 Se refiere al acento ortográfico que se compone de uno agudo y otro grave unidos por arriba, en forma de ángulo: . — adj/s.m. GRAMÁTICA

circunlocución Figura retórica en que, por temor, se expresa por medio de una perífrasis o rodeo lo que se podría decir de manera directa. — s.f. RETÓRICA

circunloquio Rodeo con el que se da a entender algo — s.m.

que puede explicarse de forma más breve y sencilla: *déjate de circunloquios y explícame exactamente lo que quieres.*

circunnavegación Navegación alrededor de algún lugar: *viaje de circunnavegación de una isla.* — s.f./NÁUTICA = periplo

circunnavegar (Del lat. *circumnavigare*.)
1 Navegar alrededor de un lugar: *circunnavegar el islote con una chalupa.* — v.tr./conj: pagar NÁUTICA
2 Dar un barco la vuelta al mundo. — v.intr.

circunscribir (Del lat. *circumscribere*.)
1 Mantener o reducir una cosa a ciertos límites: *circunscribió el conflicto a las zonas urbanas; la ola de frío se circunscribe al norte del país.* — v.tr./prml. part: circunscrito + a
2 Trazar una figura alrededor de otra, de modo que la toque en el mayor número de puntos posibles: *circunscribir una circunferencia a un polígono.* — GEOMETRÍA

circunscripción
1 Acción de limitar una cosa o de mantenerla dentro de ciertos límites: *fue imposible la circunscripción de la perturbación del sistema de radio.* — s.f.
2 Acción de dibujar una figura regular alrededor de otra, de forma que coincidan en el mayor número posible de puntos. — GEOMETRÍA
3 División administrativa, militar, eclesiástica o electoral de un territorio: *cada ciudadano ha de votar en su circunscripción.* — DERECHO

circunscrito, a (Part. irreg. de *circunscribir*.) Se refiere a la figura que circunscribe o limita a otra. — adj. GEOMETRÍA

circunspección Actitud de quien se muestra prudente y serio con los demás: *el señor delegado estuvo distante y habló con circunspección.* — s.f. = discreción, gravedad

circunspecto, a (Del lat. *circumspectus*.) Que se comporta con prudencia y seriedad: *el orador circunspecto desoye los silbidos y chascarrillos.* — adj. = discreto ≠ frívolo

circunstancia (Del lat. *circumstantia*, cosas circundantes.)
1 Conjunto de todas las acciones, hechos y situaciones que rodean a una persona, influyendo en sus acciones y forma de ser: *fue víctima de las circunstancias, no la juzgues.* — s.f.
2 Ocasión particular: *hay circunstancias que exigen discreción y eficacia.*
3 Motivo legal que modifica la responsabilidad penal del inculpado, agravándola, atenuándola o eximiéndolo de ella: *circunstancias atenuantes; circunstancias agravantes; circunstancias eximentes.* — DERECHO
4 **de circunstancias:** 1. Se aplica a lo que es casual o circunstancial o que está determinado por una situación ocasional: *nos encontramos aquí en viaje de circunstancias.* 2. Se refiere a la cara, al gesto o a la voz afectadas por una situación lamentable: *salió de la sala de reuniones con cara de circunstancias.* 3. Expresa que algo ha sido hecho para hacer frente a una necesidad eventual y circunstancial: *he tenido que tomar una solución de circunstancias.* — loc.adj. coloquial

circunstanciado, a Que se explica o describe de forma minuciosa: *ha realizado un relato circunstanciado.* — adj. = detallado

circunstancial
1 Que se debe a una circunstancia, que ocurre de forma imprevista: *fue un encuentro circunstancial.* — adj./≠ accidental, casual/≠ previsto
2 Se aplica a un complemento preposicional, o a una oración subordinada que desempeña el mismo papel que la principal y que indica una circunstancia de lugar, causa, tiempo u otras. — GRAMÁTICA

circunstanciar Establecer las circunstancias de un asunto o situación. — v.tr.

circunstante (Del lat. *circumstans, -tis < circumstare*, estar alrededor.)
1 Que está alrededor de alguna cosa. — adj.
2 Se aplica a los que están presentes en un lugar cuando sucede un acontecimiento: *sus palabras fueron aplaudidas por todas las personas circunstantes; debido al mal tiempo, hubo pocos circunstantes en el acto.* — adj/s.m.f. = asistentes

circunvalación
1 Rodeo hecho para evitar el paso por un lugar. — s.f.
2 Línea de trincheras con que se rodea una plaza o un asentamiento defensivo. — MILITAR
3 **de circunvalación:** Se refiere a los medios de transporte o de comunicación que rodean un centro urbano: *siempre toma la carretera de circunvalación para evitar los atascos.* — loc.adj.

circunvalar (Del lat. *circumvallare*.)
1 Dar la vuelta a un punto o lugar: *circunvaló la metrópoli para evitar los controles policiales.* — v.tr.
2 Rodear una ciudad, una plaza o una fortaleza para atacarla o apoderarse de ella. — MILITAR = cercar, sitiar

circunvecino, a Se refiere al lugar u objeto que está próximo y alrededor de otro. — adj./= cercano, vecino

circunvolar (Del lat. *circumvolare*.) Volar alrededor de un punto. — v.tr. conj: contar

circunvolución (Del lat. *circumvolvere*, enrollar alrededor de una cosa.)
1 Rodeo o vuelta de una cosa sobre un punto o sobre sí misma. — s.f.
2 **circunvolución cerebral:** Cada uno de los relieves sinuosos formados en la superficie exterior del cerebro: *la bala se alojó en una de las cincunvoluciones cerebrales.* — ANATOMÍA

cirenaico, a
1 De Cirene, antigua ciudad de África. — adj./= cireneo
2 Persona natural de esta ciudad. — s./= cireneo
3 Se refiere a una escuela filosófica de inspiración socrática, que fue fundada por Aristipo. — adj. FILOSOFÍA
4 Que tiene relación con esta escuela. — adj./s.m./FILOSOFÍA

cirial Candelero alto que llevan los acólitos en algunos oficios de la Iglesia católica. — s.m. RELIGIÓN

cirílico, a (De san *Cirilo*, obispo.) Se refiere al alfabeto y a la escritura eslavos adaptados del griego, usados en ruso y otras lenguas eslavas. — adj./s.m. LINGÜÍSTICA

cirineo, a
I (De *Cirene*, antigua ciudad africana.) De esta antigua ciudad. — adj./s. tb: cireneo
II (De Simón *Cireneo*, personaje del Nuevo testamento.) Persona que ayuda a otra en un trabajo penoso: *suerte tuvo de contar con él como cirineo.* — s.m. coloquial

cirio (Del lat. *cereus*, de cera, cirio < *cera*, cera.)
1 Vela de cera gruesa y larga: *colocaron sólo dos cirios en el altar porque no era misa solemne.* — s.m.
2 Jaleo o trifulca: *armó un cirio por una tontería.* — coloquial/= bronca
3 Denominación de diversas plantas cactáceas. — BOTÁNICA
4 **cirio pascual:** El que se bendice solemnemente en la liturgia católica de la vigilia pascual y se conserva hasta el día de la Ascensión. — RELIGIÓN

cirquero, a
1 Del circo, circense. — adj./Argent.
2 Que es extravagante o histriónico. — adj./s./Argent.
3 Persona que forma parte de la compañía de un circo. — s. Argent.

cirri- Componente de palabra procedente del lat. *cirrum*, que significa rizo: *cirrípedo; cirrocúmulo.* — pref. tb: cirro-

cirrípedo, a Perteneciente a una subclase de crustáceos marinos que, en estado adulto, viven fijos o parásitos. — adj./s.m. ZOOLOGÍA

cirro
I (Del lat. *scirrhos* < gr. *skirrhos*, duro.) Escirro, tumor maligno. — s.m. MEDICINA
II (Probablemente del lat. *cirrus*, rizo.)
1 Nube blanca y ligera de aspecto filamentoso que se forma en las regiones altas de la atmósfera: *el atardecer apareció rasgado por suaves cirros.* — s.m. tb: cirrus
2 Zarcillo, órgano de algunas plantas para agarrarse a los tallos de otras. — BOTÁNICA
3 Apéndice flexible y rizado de ciertos invertebrados, como crustáceos, moluscos o gusanos. — ZOOLOGÍA

cirro- Componente de palabra procedente del gr. *kirros*, que significa amarillento: *cirrosis.* — pref.

cirrocúmulo Nube alta que se presenta en contornos indefinidos, con aspecto algodonoso. — s.m. tb: cirrocumulus

cirroestrato Nube que forma un velo blanquecino, dibujando un halo alrededor de la luna o del sol. — s.m. tb: cirrostratus

cirrosis (Derivado de *cirro*, tumor.) Enfermedad degenerativa que afecta a un órgano, en especial al hígado, que provoca la destrucción progresiva de su estructura. — s.f. pl: cirrosis MEDICINA

cirroso, a Que tiene cirros: *sus marinas y paisajes presentan cielos cirrosos.* — adj.

cirrótico, a
1 Que tiene relación con la cirrosis: *proceso cirrótico; hígado cirrótico.* — adj. MEDICINA
2 Que padece esta enfermedad. — adj./s./MEDICINA

ciruela (Del lat. *cereola* < *cereola pruna*, ciruelas de color de cera.)
1 Fruto del ciruelo, redondo u ovalado, de piel suave y delgada, carne jugosa y color variable. — s.f. BOTÁNICA
2 **ciruela damascena o amacena:** La de color morado y forma oval, muy gustosa aunque algo agria. — BOTÁNICA
3 **ciruela de dama o imperial:** Cascabelillo, variedad del ciruelo de fruto pequeño. — BOTÁNICA
4 **ciruela de data o de pernigón:** La de color negro, muy jugosa y de sabor exquisito. — BOTÁNICA
5 **ciruela de fraile:** La de forma más o menos puntiaguda, de color amarillento, con la carne pegada al hueso y menos dulce que las demás. — BOTÁNICA
6 **ciruela de Génova:** La de gran tamaño y color negro, cuya carne se desprende con facilidad del hueso. — BOTÁNICA
7 **ciruela pasa:** La que puede ser o ya ha sido secada y conservada sin que fermente.
8 **ciruela de yema:** La ovalada, amarillenta y que suelta el hueso limpio. — BOTÁNICA
9 **ciruela porcal:** Especie de ciruela gorda y basta. — BOTÁNICA

10 **ciruela regañada:** La que se abre hasta descubrir el hueso. — BOTÁNICA
11 **ciruela verdal:** La de color tirando a verde, aun estando madura. — BOTÁNICA

ciruelo
1 Se aplica al hombre ignorante, torpe e incapaz. — adj./s.m./coloquial
2 Planta árborea o arbustiva, de hojas caducas, alternas y dentadas y flores blancas, cuyo fruto es la ciruela. *(Prunus domestica.)* — s.m. BOTÁNICA = cirolero

cirugía (Del lat. *chirurgia* < gr. *kheirurgia*, operación quirúrgica.)
1 Parte de la medicina que trata o cura las enfermedades o deformaciones mediante intervenciones quirúrgicas. — s.f. MEDICINA
2 **cirugía estética:** Parte de la cirugía plástica cuyo objetivo es el embellecimiento de alguna parte del cuerpo: *se ha hecho la cirugía estética en la nariz.* — MEDICINA
3 **cirugía plástica:** Aquella que tiene por objetivo restablecer, mejorar o embellecer alguna parte del cuerpo: *le han practicado cirugía plástica en las quemaduras.* — MEDICINA

cirujano, a Se dice del médico especialista en cirugía. — adj./s./MEDICINA

cis- Componente de palabra procedente del lat. *cis*, que significa de la parte de acá: *cisandino; cismontano.* — pref.

cisalpino, a Que está situado entre los Alpes y Roma: *región cisalpina.* — adj. GEOGRAFÍA

cisandino, a Que está situado en la parte oriental de los Andes: *vertiente cisandina.* — adj./≠ trasandino GEOGRAFÍA

cisca Carrizo, planta gramínea. — s.f./BOTÁNICA

ciscar
1 Ensuciar, manchar alguna cosa: *con las manos llenas de barro húmedo ciscó la pared encalada.* — v.tr. conj: sacar
2 Expeler una persona los excrementos involuntariamente: *se ciscó con el miedo.* — vulgar/= defecar, evacuar
3 Avergonzar, intimidar, crear inseguridad o confusión en una persona. — v.tr. Méx.

cisco
1 Carbón vegetal menudo. — s.m.
2 Alboroto, ruido y agitación provocado generalmente por la aglomeración de gente: *se formó un cisco en mitad de la avenida.* — coloquial = bullicio, reyerta
3 **hacer cisco:** Romper, destrozar una cosa: *ha hecho cisco la mesa en un ataque de rabia.* — coloquial
4 **hecho cisco:** Que está confundido, apenado, maltrecho o abatido: *la noticia de su separación las dejó hechas cisco.* — loc.adj. coloquial

ciscón Restos que quedan en los hornos de carbón después de apagados. — s.m.

cisión Hendidura poco profunda hecha con un instrumento cortante. — s.f./= cisura, incisión

cisípedo, a Que tiene el pie dividido en dedos. — adj./ZOOLOGÍA

cisma (Del bajo lat. *schisma* < gr. *skhisma*, escisión, separación.)
1 División que se produce entre los miembros de un grupo, una comunidad, un movimiento o un partido por motivos ideológicos o doctrinales: *cisma político.* — s.m.
2 Separación de la comunión de la Iglesia basada en la rebelión contra la autoridad espiritual: *cisma bizantino.* — RELIGIÓN
3 Desavenencia o desacuerdo: *sus opiniones crearon un cisma en la familia.* — = discordia
4 Remilgo o melindre. — Colomb.

cismático, a (Del bajo lat. *schismaticus.*)
1 Que es contrario a un dogma o doctrina: *nunca ha dejado de llamar cismáticos a los cristianos ortodoxos.* — adj./s. = hereje/RELIGIÓN
2 Que rompe la cohesión o unidad de una comunidad, un grupo o un movimiento. — adj./Colomb.
3 Que es melindroso o huraño.

cismontano, a Se refiere al lugar que está situado en la parte frontal de un monte, respecto al punto desde donde se considera. — adj. = citramontano ≠ ultramontano

cisne (Del fr. ant. *cisne* < lat. *cycnus*.)
1 Ave palmípeda anseriforme, grande y esbelta, de plumaje blanco, patas negras, cuello largo y flexible, que vive en aguas dulces. *(Cygnus olor.)* — s.m. ZOOLOGÍA
2 Poeta o músico de excelentes cualidades: *generación poética de cisnes.* — coloquial
3 **cisne de cuello negro:** Ave palmípeda de menor tamaño que el común, de plumaje blanco y cuello negro, con un tubérculo rojo sobre el pico. *(Cygnus melanocoriphus.)* — ZOOLOGÍA
4 **cisne negro:** El de plumaje oscuro, alas blancas y pico rosado. *(Cygnus atratus.)* — ZOOLOGÍA
5 **cisne salvaje:** El que tiene el pico negro y amarillo y carece de tubérculo en él. *(Cygnus cygnus.)* — ZOOLOGÍA

cisorio, a Se aplica al arte de trinchar o partir los alimentos, especialmente la carne. — adj. COCINA

cisquera Cuarto o trastero donde se almacena el cisco, carbón vegetal. — s.f.

cisquero, a
1 Persona que por oficio hace o vende cisco. — *s.*
2 Utensilio en forma de pelota, hecho de lienzo y relleno de carbón molido, con el que se traspasaba el dibujo, previamente recortado en una chapa, a una tela o un papel. — *s.m.* TECNOLOGÍA

cisrenano, a Que se encuentra situado en la orilla izquierda del Rin: *regiones cisrenanas.* — *adj.* GEOGRAFÍA

cista (Del lat. *cista* < gr. *kiste.*)
1 Cesta destinada a usos religiosos. — *s.f./HISTORIA*
2 Cofre metálico: *en la cista aparece labrada una escena del viaje de los argonautas.* — ARTE, HISTORIA
3 Sepulcro de piedra. — HISTORIA

cistectomía Operación quirúrgica que consiste en extirpar la vejiga urinaria de forma parcial o total. — *s.f.* MEDICINA

cister (Derivado del lat. *Cistercium*, Citeaux, localidad francesa.) Orden religiosa monástica con la que resurgió la primitiva austeridad benedictina. — *s.m.* RELIGIÓN

cisterciense
1 De la orden monástica del cister. — *adj./RELIGIÓN*
2 Miembro de esta orden. — *s.m.f./RELIGIÓN*

cisterna (Del lat. *cisterna* < *cista*, cesta.)
1 Depósito, habitualmente subterráneo, donde se recoge el agua de lluvia o la que se lleva de un río o de un manantial: *la cisterna reventó por haberse helado todo su contenido.* — *s.f.* = aljibe
2 Depósito de agua de un retrete: *empotró la cisterna en la pared para crear sensación de amplitud.*
3 Vehículo o barco adaptado para transportar líquidos: *los camiones cisterna ya no pasan por el centro de la población.*

cisticerco (Del gr. *kystis*, vejiga + *kerkos*, cola.) Larva de la tenia o solitaria, que vive en los músculos del cerdo y otros mamíferos y se desarrolla en el intestino humano tras ser ingerida. — *s.m.* ZOOLOGÍA

cisticercosis Enfermedad causada por la ingestión de carne parasitada por el cisticerco. — *s.f./pl: cisticercosis* MEDICINA

cístico, a (Del gr. *kystis*, vejiga.)
1 Que tiene forma de vejiga. — *adj.*
2 De la vejiga de la orina o de la vesícula biliar: *se le obstruye poco a poco la arteria cística.* — ANATOMÍA
3 Se refiere al conducto que da salida a los productos de la vesícula biliar y que se une al conducto hepático. — *adj/sm.* ANATOMÍA

cistitis (Derivado del gr. *kystis*, vejiga.) Inflamación de la vejiga urinaria. — *s.f./pl: cistitis* MEDICINA

cisto- Componente de palabra procedente del gr. *kystis*, que significa vejiga: *cistoscopia; cistitis.* — *pref.* tb: cist-, cisti-

cistocele Hernia de la vejiga urinaria. — *s.m./MEDICINA*

cistografía Radiografía de la vejiga urinaria. — *s.f./MEDICINA*

cistoscopia Exploración del interior de la vejiga de la orina. — *s.f.* MEDICINA

cistoscopio (Del gr. *kystis*, vejiga + *skopeo*, examinar.) Endoscopio usado para explorar el interior de la vejiga urinaria. — *s.m.* MEDICINA

cistotomía Incisión que se realiza en la vesícula para hacer una exploración, extraer un cálculo o tratar una lesión. — *s.f.* MEDICINA

cisura (Del lat. *scissura.*)
1 Hendidura poco profunda o incisión muy fina: *la porcelana tiene unas pequeñas cisuras.* — *s.f.* = cisión
2 Línea de unión de dos partes de un órgano: *las cisuras más marcadas del cuerpo humano son las de los lóbulos pulmonares.* — ANATOMÍA
3 Herida producida por un corte hecho en la vena para que sangre. — MEDICINA formal

cita
1 Encuentro entre dos o más personas para el que se ha fijado previamente el día, el lugar y la hora: *en su primera cita ya hicieron planes de futuro; llegó tarde a la cita.* — *s.f.* = entrevista
2 Pasaje de algún texto que se alega para probar lo que se dice o refiere. — = nota
3 Acción de mencionar o de referirse a una persona o a un hecho en una conversación o en un escrito: *añadió un índice de citas al final del ensayo.* — = mención
4 **cita espacial**: Operación de encuentro de dos o más vehículos espaciales que están en órbita y coinciden en puntos muy próximos del espacio. — ASTRONÁUTICA

citación
1 Acción de citar, requerir a alguien para que acuda a una reunión o entrevista. — *s.f.*
2 Aviso que se hace llegar a una persona, con indicación del lugar, día y hora en que debe comparecer ante la autoridad judicial. — DERECHO
3 **citación de evicción**: La que se dirige al vendedor al haberse descubierto desperfectos en los bienes vendidos. — DERECHO

4 **citación de remate**: La que se hace al deudor para oponerse al embargo, en los juicios por impago de deuda. — DERECHO

citar (Del lat. *citare*, llamar, convocar.)
1 Convocar a una persona a una reunión o entrevista señalándole día, hora y lugar: *le citó a las diez de la noche en un bar muy céntrico.* — *v.tr/prnl.*
2 Hacer referencia o mencionar a una persona o sus palabras en apoyo o confirmación de lo que se dice: *citó un artículo de un autor americano.* — *v.tr.*
3 Dar a conocer a una persona el llamamiento o emplazamiento del juez. — DERECHO = notificar
4 Llamar la atención del toro con el capote o de otra manera para que embista. — TAUROMAQUIA = provocar

citara (Del ár. *sitara*, velo, muro < *satar*, cubrir.)
1 Pared cuyo grosor es igual que la anchura de un ladrillo común. — *s.f./CONSTRUCCIÓN* tb: acitara
2 Tropas que formaban los flancos del cuerpo principal para el combate. — HISTORIA, MILITAR

cítara (Del lat. *cithara* < gr. *kithara.*) Instrumento de cuerda de la antigua Grecia, formado por una caja de resonancia plana de madera y por varias cuerdas tensadas, que vibran al ser pulsadas con la púa. — *s.f.* MÚSICA

citarón Parte inferior de un muro que sirve de base a un entramado de madera. — *s.m.* CONSTRUCCIÓN

citatorio, a Se refiere al mandamiento o despacho con que se cita a una persona para que comparezca ante el juez. — *adj/s.f.* DERECHO

citereo, a (Del lat. *cythereius.*) De la diosa Afrodita: *templo citereo; escultura citerea.* — *adj.* literario

citerior (Del lat. *citerior.*) Que está situado en la parte más próxima respecto al punto desde donde se considera. — *adj.* ≠ ulterior

cítiso Codeso, planta arbustiva. — *s.m./BOTÁNICA*

cito- Componente de palabra procedente del gr. *kytos*, que significa célula: *citogenética; citoplasma; leucocito.* — *pref/suf.* tb: cit-

citoactivo, a Se aplica a todo agente susceptible de provocar alteraciones en las células vivas. — *adj/s.m.* BIOLOGÍA

citodiagnóstico, a
1 Método de diagnóstico que se basa en el examen de las células. — *s.m.* MEDICINA
2 Resultado de dicho examen. — MEDICINA

citófilo, a Se aplica al anticuerpo que tiene la propiedad de fijarse en la superficie de ciertas células inmunocompetentes. — *adj.* BIOLOGÍA

citogenética Parte de la genética que estudia el comportamiento de los cromosomas dentro de la célula. — *s.f.* BIOLOGÍA

cítola (Del lat. *cithara*, cítara.) Tablilla que cuelga sobre la piedra de los molinos de harina y que al girar golpea contra la tolva para desprender la molienda. — *s.f.* = tarabilla

citología
1 Parte de la biología que estudia la estructura y función de la célula. — *s.f.* BIOLOGÍA
2 Examen de las células. — MEDICINA

citológico, a De la citología: *realizar una prueba citológica.* — *adj.*

citopatología Estudio de las alteraciones en la morfología de la estructura celular. — *s.f.* BIOLOGÍA

citoplasma Parte de la célula de aspecto fluido y homogéneo, delimitada por la membrana plasmática y que rodea al núcleo. — *s.m.* BIOLOGÍA

citramontano, a De la parte frontal del monte: *arroyos citramontanos.* — *adj./≠ ultramontano* GEOGRAFÍA

citrato Sal o éster del ácido cítrico. — *s.m./QUÍMICA*

cítrico, a (Derivado de *citrus*, limonero.)
1 Del limón o cualquier fruto agrio. — *adj.*
2 Se refiere al ácido de sabor agrio, muy soluble en el agua, de la cual se separa, al evaporarse ésta, en gruesos cristales incoloros. — QUÍMICA
3 Frutas agrias o agridulces: *el cultivo de cítricos se da principalmente en el litoral mediterráneo.* — *s.m.pl.* = agrios

citrícola Se refiere al cultivo de cítricos. — *adj./AGRICULTURA*

citricultura Técnica del cultivo de los cítricos. — *s.f./AGRICULTURA*

citrina Aceite esencial del limón. — *s.f./QUÍMICA*

citrón (Derivado del lat. *citrus*, limonero.) Limón, fruto agrio. — *s.m.* BOTÁNICA

city (Voz inglesa.) Barrio central de una ciudad en el que se concentra la actividad financiera y administrativa: *la población de la city merma de año en año.* — *s.f.*

ciudad (Del lat. *civitas, -atis.*)
1 Aglomeración urbana, por lo general grande y de población densa, donde predominan las actividades industriales y de servicios. — *s.f.* = urbe
2 Población urbana por oposición a la rural: *migración del campo a la ciudad.*
3 Conjunto de edificios e instalaciones destinados a una determinada actividad: *ciudad universitaria; ciudad deportiva; ciudad sanitaria.*
4 **ciudad dormitorio**: Núcleo urbano donde tienen

fijada su residencia personas que trabajan en otra ciudad próxima.
5 ciudad jardín: 1. Barrio formado por casas unifamiliares con jardín. 2. La que está rodeada por un cinturón permanente de espacios verdes y tierras de cultivo, y cuyo terreno es propiedad pública o comunitaria.
6 ciudad lineal: La que ocupa un terreno de varios kilómetros de longitud y de poca anchura, con una sola avenida central y calles transversales cortas que van a dar al campo.
7 ciudad natal: Localidad en la que ha nacido una persona: *quiso morir en su ciudad natal.*
8 ciudad nueva: La que se crea cerca de una aglomeración urbana importante, en la que se prevé el desarrollo económico y residencial. — GEOGRAFÍA
9 ciudad santa: La honrada por los fieles de una religión: *La Meca es ciudad santa para los musulmanes.* — RELIGIÓN
10 ciudad satélite: Núcleo del área suburbana de una ciudad que depende de los servicios de ésta.

ciudadanía
1 Conjunto de ciudadanos de una nación o pueblo: *la opinión de la ciudadanía es favorable al gobierno electo.* — s.f.
2 Dignidad, derechos y deberes de la persona natural o vecina de cierto lugar o país.
3 Modo de comportarse un buen ciudadano. — = civismo

ciudadano, a
1 De la ciudad: *la policía intenta paliar la inseguridad ciudadana.* — adj. = cívico
2 Persona que es natural o vecina de una ciudad: *muchos ciudadanos participaron en los actos de celebración del milenario de la fundación de la villa.* — s.
3 Persona que, como miembro de una comunidad organizada, tiene determinados derechos y deberes públicos: *el voto es un derecho del ciudadano.* — ≠ extranjero

ciudadela (Del ital. *cittadella*.) Recinto fortificado en el interior de una ciudad. — s.f. ARQUITECTURA

ciudadrealeño, a
1 De Ciudad Real, ciudad y provincia españolas. — adj.
2 Persona que es natural de esta ciudad o provincia. — s.

civet (Voz francesa.) Guisado de carne, generalmente de animal de caza, o pescado, cocinado con vino, cebolla y la sangre del animal. — s.m. COCINA

civeta (Del fr. *civette*.) Mamífero carnívoro de cola larga y patas cortas, que segrega una sustancia olorosa usada en perfumería. — s.f. ZOOLOGÍA = gato de algalia

civeto (Del ár. *zabada*.) Sustancia untuosa de olor fuerte que se usa en perfumería. — s.m. = algalia

cívico, a (Del lat. *civis* < *civis*, ciudadano.)
1 De la ciudad o de los ciudadanos: *cada vez son más frecuentes las manifestaciones de solidaridad cívica.* — adj. = civil
2 Del civismo: *gracias a su cívico trato todos lo tienen en buena consideración.* — = civilizado
3 Referente a la patria o al patriota. — = patriótico

civil (Del lat. *civilis*, propio del ciudadano < *civis*, ciudadano.)
1 De la ciudad o de los ciudadanos: *de estado civil, soltero.* — adj.
2 Se aplica a la persona, organismo o disposición que no es militar ni eclesiástico: *el índice de matrimonios civiles ha disminuido; entre las bajas había cinco civiles y diez soldados.* — adj/s.m.f.
3 Miembro del cuerpo de la guardia civil: *murió un civil al intentar rescatar a la niña del río.* — s.m.f.
4 Que es sociable, educado o atento. — adj./= cívico

civilidad Modo de ser o de comportarse de la persona que es cortés, educada y amable. — s.f./= sociabilidad, urbanidad

civilista
1 Relativo al derecho civil: *doctrina civilista.* — adj./DERECHO
2 Se refiere al abogado que está especializado en derecho civil. — adj/s.m.f. DERECHO

civilización
1 Acción y resultado de civilizar o civilizarse. — s.f.
2 Desarrollo alcanzado por la humanidad, por un pueblo o sociedad en su continua evolución: *algunas culturas amerindias presentaban un alto grado de civilización antes de la conquista.*
3 Estado de la humanidad en un determinado lugar y tiempo en el que se alcanza un grado de desarrollo de las ideas, ciencias, artes y costumbres que conforman una cultura y sociedad: *civilización griega.* — HISTORIA
4 Conjunto de las particularidades intelectuales, culturales, sociales y materiales de un pueblo: *la convivencia dio lugar a una simbiosis entre civilizaciones.* — SOCIOLOGÍA

civilizador, a Que civiliza o instruye. — adj.

civilizar
1 Introducir en una comunidad una cultura distinta a la existente y que se considera más desarrollada: *concebir las culturas poco desarrolladas tecnológicamente como primitivas, despierta el afán por civilizarlas.* — v.tr/prnl. conj: *cazar*
2 Convertir a una persona ruda en educada: *desde que va a esa escuela se ha civilizado bastante.* — = educar, ilustrar

civismo (Del fr. *civisme*.)
1 Modo de ser o comportarse el ciudadano que cumple con sus obligaciones. — s.m.
2 Calidad de cortés y atento. — = urbanidad

cizalla (Del fr. *cisaille*, cincel.)
1 Máquina que sirve para cortar madera, planchas metálicas y otros materiales. — s.f. TECNOLOGÍA METALURGIA
2 Fragmento, residuo de un metal.
3 Instrumento semejante a las tijeras, que se usa para cortar materiales duros. — s.f.pl.

cizallar Cortar con la cizalla. — v.tr.

cizaña (Del bajo lat. *zizania* < gr. *zizanion*, cizaña.)
1 Planta gramínea de granos tóxicos, común en los prados y en los cultivos, que impide el crecimiento de los cereales. *(Lolium temulentum.)* — s.f./BOTÁNICA = borrachuela, cominillo
2 Denominación que se da a cualquier planta silvestre que crece con exuberancia. — BOTÁNICA
3 Cosa que hace daño a otra echándola a perder: *intentó subsanar el error, pero su explicación fue una auténtica cizaña que le hizo perder la confianza del equipo.*
4 **meter o sembrar cizaña:** Motivar recelo o discordia, estropeando las relaciones entre dos o más personas: *la prensa se negó a meter cizaña entre los candidatos; sembrar cizaña entre el grupo de amigos.* — coloquial

cizañar Causar o provocar discordia o enemistad entre dos o más personas: *la chismosa cizaña a los amigos.* — v.tr. tb: cizañear = enemistar

cizañero, a Que tiene la costumbre de cizañar o enemistar a los demás. — adj/s. = insidioso

clac (Del fr. *claque*.)
1 Sombrero de copa alta o de tres picos que se puede plegar: *salió a escena haciendo eses e intentando ponerse el clac.* — s.m. pl: claques
2 Claque, grupo de personas que aplauden.

clachique Pulque sin fermentar. — s.m./Méx.

clado- Componente de palabra procedente del gr. *klados*, que significa rama: *cladócero.* — pref.

cladócero, a (Del gr. *klados*, rama + *keras*, cuerno.) Perteneciente a un orden de pequeños crustáceos de agua dulce, que nadan con la ayuda de largas antenas remeras. — adj/s.m. ZOOLOGÍA

cladodio (Del gr. *klados*, rama.) Rama comprimida, verde, en la que se localiza la función clorofílica de la planta. — s.m. BOTÁNICA

clamar (Del lat. *clamare*.)
1 Pedir algo de manera vehemente: *clamar justicia ante una afrenta.* — v.tr.
2 Gritar, dar voces pidiendo ayuda: *vale más el que clama que el que suplica; clamó ante el tribunal que él no era culpable.* — v.intr/tr.
3 Manifestar con vehemencia la necesidad de algo: *los campos claman por agua; lo que le han hecho clama venganza.* — + por
4 Hablar con gravedad y solemnidad: *el orador clamaba ante un hastiado auditorio.* — v.intr.

clamidado, a Que tiene una envoltura exterior distinta: *espora clamidada.* — adj. BOTÁNICA

clámide (Del lat. *chlamys, -dis* < gr. *khlamys*.) Capa corta usada por los antiguos griegos y romanos: *asistió al baile de disfraces con túnica y clámide.* — s.f. HISTORIA

clamor (Del lat. *clamor*.)
1 Alboroto o griterío que se profiere con fuerza: *el clamor del público asistente.* — s.m. = vocerío
2 Ruido fuerte y ensordecedor: *el clamor de los aplausos le reconfortó; me asusta el clamor del mar embravecido.*
3 Grito de queja, dolor o aflicción: *la rabia le arrancó del corazón un clamor doloroso.* — = lamento
4 Toque de campanas por los difuntos: *el clamor que llegaba desde la iglesia paralizó la fiesta.*

clamorear
1 Pedir una cosa con gritos o quejas: *el preso clamoreaba desde su celda que creyesen en su inocencia.* — v.tr/intr.
2 Tocar las campanas a muerto. — v.intr./= doblar

clamoreo
1 Clamor repetido y continuado: *un estruendoso clamoreo acompañó la comitiva a lo largo de todo el trayecto.* — s.m.
2 Ruego molesto y repetido: *sus alaridos y clamoreos acabaron con su paciencia.*

clamoroso, a
1 Que se produce con clamor: *el estreno de la película obtuvo un éxito clamoroso.* — adj. = rotundo
2 Que clama muy fuerte. — = vocinglero

clan (Del gaélico escocés *clann*, descendencia, hijos.)
1 Grupo social integrado por personas que tienen un antepasado común y que mantienen sus obligaciones familiares exclusivamente a una línea, la materna o la paterna. — s.m. SOCIOLOGÍA

2 Cada uno de los grupos familiares, entre los escoceses o los irlandeses.
3 Grupo de personas unidas por intereses comunes: *se relaciona con un clan mafioso.*

clandestinidad Calidad o condición de clandestino: *durante la dictadura muchos sindicalistas y políticos se mantuvieron en la clandestinidad.* — s.f.

clandestino, a (Del lat. *clandestinus,* que se hace ocultamente.)
1 Que se hace o se dice en secreto para eludir la ley: *se dedica a la venta clandestina de tabaco de contrabando.* — adj./= encubierto, oculto
2 Se refiere al escrito que se publica sin cumplir los requisitos legales: *consiguió varios ejemplares clandestinos de «El capital».* — DERECHO

clanga Águila pescadora, ave rapaz. — s.f./ZOOLOGÍA

clapo Cáscara de la nuez. — s.m./Méx.

claque (Del fr. *claque.*)
1 Conjunto de personas que aplauden en los espectáculos a cambio de no pagar entrada o de una retribución: *la claque no pone el corazón ni en el vitoreo ni en la ovación.* — s.f. tb: clac
2 Grupo de personas que adula o alaba las acciones de otra, siempre en su beneficio.

claqué (Voz francesa.) Tipo de baile creado por los negros norteamericanos en el que se utilizan la punta y el tacón del zapato como elementos rítmicos de percusión. — s.m. MÚSICA

claqueta Pizarra compuesta por dos tablillas articuladas en la que se hacen constar datos pertinentes a la producción y que se hace sonar para indicar el inicio del rodaje de una toma. — s.f. CINE

claquetista Persona que maneja la claqueta. — s.m.f./CINE

clara
1 Parte transparente, blanquecina y líquida, de naturaleza albuminoidea, que rodea la yema del huevo de las aves: *el médico le ha prescrito las claras en la dieta, pero le prohíbe las yemas.* — s.f. ZOOLOGÍA
2 Parte de la cabeza que blanquea por falta de pelo. — = calvicie
3 Zona rala o despoblada de árboles en un bosque.
4 Interrupción momentánea de la lluvia. — coloquial
5 Bebida refrescante compuesta de cerveza y limonada o gaseosa: *después de la caminata, pidieron unas claras para calmar la sed.*
6 clara a punto de nieve: La que ha sido batida hasta adquirir espesor y consistencia: *echa el azúcar y después la clara a punto de nieve.* — COCINA

claraboya (Del fr. *claire-voie.*) Abertura acristalada en el tejado, el techo o la parte alta de una pared, para dar luz a una habitación o a una escalera: *las palomas entraban en el edificio por un agujero de la claraboya.* — s.f. CONSTRUCCIÓN = tragaluz

clarea (Probablemente del fr. ant. *clare.*) Bebida preparada con vino, azúcar, canela y otras sustancias o hierbas aromáticas. — s.f.

clarear
1 Dar claridad o luz: *el blanco de las paredes clarea la habitación.* — v.tr/intr. = aclarar
2 Empezar a aparecer la luz del día: *se marchó cuando clareaba el día.* — v.intr. = amanecer
3 Comenzar a disiparse el nublado: *saldremos hacia la ermita en cuanto claree el cielo.* — = despejar, escampar
4 Transparentar un tejido por estar bastante desgastado o por ser muy fino: *esta blusa clarea mucho; los codos del jersey empiezan a clarearse.* — v.intr/prnl.
5 Mostrar involuntariamente una persona sus intenciones: *con ese ademán de desdén se clareó.* — v.prnl. coloquial

clarecer Amanecer, empezar a aparecer la luz del día: *clarecía por detrás de las montañas.* — v.intr. conj: carecer

clarens (Del ingl. *Clarence,* ducado inglés.) Coche de caballos, de cuatro asientos y con capota. — s.m. pl: clarens

clareo Operación de talar algunos árboles en un monte o bosque muy espeso: *en el clareo se eliminan los ejemplares defectuosos de la plantación.* — s.m. = tala

clarete Se refiere al vino más claro que el tinto, de un color rosado: *si te ha pedido vino clarete no le lleves un tinto.* — adj/s.m.

claretiano, a
1 De una congregación religiosa dedicada al apostolado y las misiones. — adj. RELIGIÓN
2 Miembro de esta congregación. — s/RELIGIÓN

claridad
1 Cualidad de lo que se percibe o es claro: *la claridad del día.* — s.f./= clareza
2 Efecto que produce la luz: *la claridad del foco le permitió ver el obstáculo.* — = resplandor
3 Transparencia de una cosa: *alabó la claridad del agua de aquellos arroyos.*
4 Perfección con que se perciben y distinguen las ideas y las sensaciones, en especial las visuales y auditivas: *te escucho con claridad; entendió con claridad sus propósitos.* — = nitidez + con

5 Modo de expresarse abierta y comprensiblemente: *me gusta tu claridad; valora mucho la claridad en un escrito.* — = nitidez
6 Palabra o frase con que se le dicen a una persona cosas desagradables sin suavizarlas: *sus claridades sobre el tema de la muerte les hirieron en un principio, pero les ayudaron a elaborar el duelo.* — = franqueza
7 con claridad meridiana: Se aplica a los razonamientos o explicaciones que se dan de modo claro y comprensible: *les resumió el argumento de la novela con claridad meridiana.* — loc.adv.

clarificación
1 Acción de clarificar, de poner en claro. — s.f.
2 Aclaración para que un tema o asunto sea comprensible: *sin aquella clarificación jamás hubiesen llegado a un acuerdo.*

clarificador, a Que clarifica: *agradecemos su clarificadora intervención; su espíritu clarificador facilitó el consenso.* — adj/s.

clarificar (Del lat. *clarificare < clarus.*)
1 Poner en claro, hacer comprensible: *clarificó el tema para las personas ajenas a la materia; la situación se ha clarificado, después de tantos obstáculos.* — v.tr/prnl. conj: sacar = aclarar
2 Eliminar las partículas en suspensión de un líquido, volviéndolo transparente, particularmente los licores. — = aclarar
3 Iluminar, dar luz: *con las claraboyas clarificó los pasillos y las escaleras.* — v.tr. = alumbrar
4 Añadir claras de huevo a un caldo o salsa para que, al coagularse, absorban las impurezas. — COCINA

clarificativo, a Que tiene la propiedad de clarificar: *pronunció un clarificativo discurso desde el estrado.* — adj.

clarífico, a Que es resplandeciente o brillante: *el clarífico rayo de luna llena iluminó la estancia.* — adj. literario

clarimento Color claro y vivo en una pintura. — s.m./ARTE

clarín
1 Instrumento musical de viento formado por un tubo largo de metal sin llaves ni pistones. — s.m. MÚSICA
2 Persona que toca este instrumento. — s.m.f./MÚSICA
3 Registro del órgano formado por tubos de estaño más agudos que los del llamado trompeta. — s.m. MÚSICA

clarinada
1 Toque fuerte de clarín: *con una sonora clarinada comenzó el pasacalles.* — s.f. = clarinazo
2 Disparate o majadería: *cada escena del relato finalizaba con una clarinada de mal gusto.* — coloquial

clarinado, a Se aplica al animal que lleva campanillas, cascabeles o cencerros. — adj. HERÁLDICA

clarinazo
1 Toque fuerte de clarín. — s.m./= clarinada
2 Suceso inesperado que se toma como aviso: *el resultado de la votación fue un clarinazo para su proyecto.* — = advertencia
3 Clarinada, disparate. — coloquial

clarinete (Del ital. *clarinetto < clarín.*)
1 Instrumento musical de viento formado por un tubo largo de madera con agujeros, llaves y una lengüeta simple. — s.m. MÚSICA
2 Persona que toca el clarinete. — s.m.f./MÚSICA

clarinetista Persona que toca el clarinete. — s.m.f./MÚSICA

clarión (Del fr. *crayon < lat. creta,* yeso.) Tiza, pasta blanca que se usa para escribir en las pizarras o encerados. — s.m.

clarioncillo Sustancia pastosa, blanca, usada para pintar al pastel. — s.m. ARTE

clarisa Se aplica a la religiosa que es miembro de la orden de santa Clara: *las clarisas, en sus orígenes, eran una orden mendicante.* — adj/s.f. RELIGIÓN

clarividencia
1 Facultad de comprender y distinguir con claridad las cosas: *fue capaz de discernir el problema, demostrando una vez más su clarividencia.* — s.f. = lucidez ≠ obcecación
2 Facultad de prever sucesos o de percibir, de manera extrasensorial, objetos o acontecimientos. — OCULTISMO = criptestesia

clarividente (Del fr. *clairvoyant < lat. clarividus.*) Que tiene la facultad de la clarividencia: *la primera vez que visitó a la clarividente fue por curiosidad; contaron con la ayuda de un investigador clarividente.* — adj/s.m.f. = lúcido

claro, a (Del lat. *clarus.*)
1 Que tiene luz o mucha luz: *se instalaron en una habitación clara, con vistas al jardín.* — adj. = luminoso
2 Que está limpio o transparente: *agua clara; consiguió dejar los cristales claros.* — = nítido
3 Se refiere al color que tiene un tono pálido o poco subido: *azul claro.*
4 Que es poco denso, especialmente un líquido: *quiere un chocolate claro.* — ≠ espeso
5 Que es fácilmente perceptible por los sentidos o que se comprende sin dificultad: *pronunciación clara; argumento claro.* — = inteligible
6 Que percibe o entiende con facilidad: *es un chico de mente clara; tiene la vista clara.* — = agudo, perspicaz

7 Que es evidente y manifiesto: *demuestra una clara mejoría.*

8 Que se comporta y se expresa con sencillez y sinceridad: *siempre ha sido una persona muy clara.* = abierto, sincero

9 Que está despejado y sin nubes.

10 Que es ilustre o famoso: *vencieron los claros varones.* culto

11 Que es ralo, poco poblado o tupido: *barba clara; bosque claro; tela clara.* ≠ espeso

12 Se refiere al sonido que es neto y al timbre agudo. = nítido

13 Se aplica al caballo que al andar echa las manos hacia fuera. VETERINARIA

14 Se refiere al toro que acomete sin malicia. TAUROMAQUIA

15 Abertura por donde entra luz: *por un claro del tejado entraban los rayos del sol.* s.m.

16 Espacio libre en un conjunto de personas o de cosas: *acamparemos en un claro del bosque; había un claro en la formación militar.*

17 Porción luminosa en un dibujo, pintura o fotografía: *grabado con pocos claros.* ARTE

18 Espacio entre palabra y palabra en la escritura.

19 Tiempo durante el cual se interrumpe una actividad o un fenómeno, en especial durante una lluvia o una nevada: *salí de casa en un claro de la tormenta.* = intervalo

20 Calvicie, calva: *desde muy joven se le intuía el claro.*

21 Con claridad: *dilo claro y sin rodeos.* adv.

22 ¡claro! o ¡claro está! o está claro: Expresión usada para afirmar o asegurar lo que se dice: *¡claro que iré!, no lo dudes; está claro que no te importa lo que digo.* interj.

23 claro de luna: Luz de la luna: *esperó a que finalizase el claro de luna para escapar por la ventana.*

24 claro oscuro: Técnica pictórica que distribuye o combina de forma apropiada la luz y las sombras en una pintura. ARTE tb: claroscuro

25 a las claras: Con claridad y abiertamente: *vamos a hablar de esto a las claras; lo hice a las claras para no crear mayores suspicacias.* loc.adv.

26 de claro en claro: 1. Con toda claridad: *explicar de claro en claro un suceso.* 2. De un extremo al otro, desde el principio hasta el fin: *criticó su propuesta de claro en claro, sin excepción de ninguna cláusula.* loc.adv./coloquial loc.adv. coloquial

27 en claro: Sin dormir, sin conciliar el sueño: *aquella situación le hizo pasar muchas noches en claro.* loc.adv. coloquial

28 meter en claros: Distribuir los pintores los claros donde corresponden. ARTE

29 poner o sacar en claro: Aclarar o puntualizar una idea, un asunto, un hecho: *su intervención nos llevó a poner en claro el destino de las pensiones.*

30 por lo claro: Claramente, sin rodeos.

31 tener claro: Estar seguro de una cosa: *ahora es cuando tiene claro cuál es su cometido.* coloquial

claror Resplandor o claridad: *el claror del día lo arrebató de sus cavilaciones.* s.m. literario

claroscuro (Del ital. *chiaroscuro*.)
1 Técnica pictórica en que se combinan o distribuyen de forma apropiada la luz y las sombras en una pintura, para darle mayor expresividad. s.m. ARTE tb: claro oscuro
2 Dibujo o diseño que no tiene más que un color sobre el campo en que se pinta. ARTE
3 Aspecto que ofrece la escritura mediante la combinación de distintos tipos de trazos. ARTES GRÁFICAS

clarucho, a Se refiere a la sustancia que está desleída en cantidad excesiva de líquido: *le ofrecieron un caldo clarucho e inconsistente.* adj. despectivo

clase (Del lat. *classis*, clase, grupo, categoría.)
1 Conjunto de personas que, por sus características o intereses comunes, constituyen una unidad homogénea dentro de una población: *a pesar de su carácter combativo, siempre acabó rodeado de gente de su clase; en ciertos países, la clase médica es escasa.* s.f. SOCIOLOGÍA
2 Cada una de las categorías en que se pueden clasificar personas, animales o cosas según unas características comunes: *se les considera ciudadanos de segunda clase; siempre viaja en primera clase; estos productos están elaborados con ingredientes de clase superior.*
3 Conjunto de alumnos que reciben un mismo grado de enseñanza: *la clase estaba entusiasmada con la preparación de la obra de teatro.*
4 Sala donde se enseña: *a duras penas cabían treinta alumnos en la clase.* = aula
5 Lección que da el profesor a los alumnos: *la clase que ha impartido hoy ha sido muy interesante.* = sesión
6 Cada una de las asignaturas que se imparten o enseñan en un curso académico: *no participa en las clases de inglés.*
7 Distinción, categoría: *tanto en el trato como en el vestir demuestra su clase.*
8 División de la taxonomía en que se clasifican los seres vivos: *las aves conforman una clase porque todas ellas tienen como carácter distintivo el poseer plumas.* BIOLOGÍA
9 Conjunto de unidades lingüísticas que comparten una o varias propiedades comunes y que se pueden sustituir unas a otras en un contexto dado. LINGÜÍSTICA

10 clase de tropa: Parte de un ejército, formada por los soldados de 2.ª y 1.ª, cabos y cabos primeros. MILITAR

11 clase dirigente: Conjunto de individuos que se consideran influyentes en el desarrollo de las actividades de un colectivo. SOCIOLOGÍA

12 clase media: Categoría social que comprende a los pequeños empresarios, comerciantes, profesionales liberales y funcionarios medios. SOCIOLOGÍA

13 clase nominal: Categoría gramatical caracterizada por la presencia de un afijo propio del nombre. LINGÜÍSTICA

14 clase obrera o trabajadora: Conjunto de trabajadores asalariados que venden su fuerza de trabajo a los que poseen o gestionan los medios de producción. SOCIOLOGÍA

15 clase ociosa: La que puede mantener un alto nivel de vida sin necesidad de ejercer ninguna actividad productiva. SOCIOLOGÍA

16 clase particular: La que se da o se recibe fuera del horario escolar: *da clases particulares para pagarse los estudios universitarios.*

17 clases pasivas: Las que comprenden a aquellos que gozan de pensión o haber pasivo, como huérfanos, retirados, inválidos, viudas o jubilados. DERECHO

18 de primera clase: De excelente calidad, superior: *alquiló un apartamento de primera clase en el centro de la ciudad.* loc.adj.

clasicismo Estilo literario o artístico que se caracteriza por el sentido de la proporción y el equilibrio y la búsqueda de la armonía. s.m. ARTE, LITERATURA, MÚSICA

clasicista Del clasicismo o lo que lo profesa: *en arquitectura la corriente clasicista arranca del renacimiento.* adj/s.m.f. ARTE

clásico, a (Del lat. *classicus*, de primera clase.)
1 Se aplica al estilo, obra o autor que pertenece a la época de mayor esplendor de una evolución artística o literaria y se tiene por modelo digno de imitación: *Calderón es uno de los máximos exponentes del teatro clásico.* adj/s. ARTE, LITERATURA, MÚSICA
2 Que tiene relación con el clasicismo o con el arte o literatura de la Grecia y Roma antiguas. ARTE, LITERATURA
3 Se refiere a la música que tiene tradición culta: *llama contemporánea a ciertas corrientes de música clásica de este final de siglo.* adj. MÚSICA
4 Que mantiene sus cualidades estéticas por encima de las modas: *su estilo es clásico y elegante.* adj/s.
5 Que es típico o característico: *este tema es ya clásico en nuestras tertulias.* adj.

clasificación
1 Acción y resultado de clasificar: *realizó manualmente la clasificación de paquetes postales.* s.f.
2 Ordenación de un grupo de elementos, según un determinado criterio: *clasificación de los minerales según su origen; no accedió a la clasificación de cuartos de final.*
3 clasificación decimal: Sistema para clasificar las obras bibliográficas, en el que se reparten las disciplinas en diez clases.
4 clasificación profesional: Determinación de la categoría profesional de los trabajadores. DERECHO

clasificado, a
1 Se refiere a un documento secreto, reservado: *tras la caída del régimen hicieron públicos los legajos clasificados.* adj.
2 Anuncio por líneas o palabras que sale en la prensa: *gracias al clasificado pudo encontrar una nave industrial según sus necesidades.* s.m. PUBLICIDAD

clasificador, a
1 Que clasifica. adj/s.
2 Carpeta con distintos apartados, que permiten clasificar los documentos. s.m.
3 Mueble de despacho con compartimientos o cajones para guardar de forma ordenada los documentos.

clasificar (Del bajo lat. *classificare*.)
1 Dividir u ordenar en clases o categorías. v.tr/conj: sacar
2 Determinar la clase a que corresponde una cosa.
3 Lograr un puesto destacado en una competición o uno que permita continuar participando en la misma. v.prnl. DEPORTES

clasificatorio, a Que contribuye a una clasificación: *hoy se celebra la prueba clasificatoria; un elemento clasificatorio.* adj.

clasismo
1 Conciencia acentuada de la pertenencia a una determinada clase social, especialmente si es privilegiada, que induce al menosprecio de las menos favorecidas. s.m. SOCIOLOGÍA
2 Tendencia a plantear los problemas sociales desde el punto de vista de las diferencias de clase. SOCIOLOGÍA

clasista
1 Se aplica a la persona y a la actitud de quien tiende a valorar a unos demás según su clase social y suele discriminar a aquellos que pertenecen a las inferiores. adj/s.m.f. SOCIOLOGÍA
2 Persona que es partidaria del clasismo. s.m.f./SOCIOLOGÍA

-clasta Componente de palabra procedente del gr. *klastos*, que significa roto: *iconoclasta.* suf.

clástico, a
1 Que está separado o puede ser separado en partes. — adj./formal
2 Se aplica al depósito que está formado por fragmentos de rocas, minerales o restos orgánicos. — GEOLOGÍA
3 Se refiere al modelo anatómico de un animal o un vegetal que puede ser desarmado o desmontado para que se pueda ver su estructura interior. — ANATOMÍA

clasto- Componente de palabra procedente del gr. *klastos*, que significa roto: *clastomanía*. — pref.
th: clast-

clastomanía Impulso o tendencia patológica a la destrucción. — s.f.
SIQUIATRÍA

claudátur (Del lat. *claudere*, cerrar.) Corchete, signo ortográfico: *añadió una explicación entre claudáturs*. — s.m.

claudicación (Del lat. *claudicatio, -onis*.)
1 Acción y resultado de claudicar. — s.f.
2 Rendimiento irregular e ineficaz de las funciones de un órgano o sistema. — MEDICINA

claudicar (Del lat. *claudicare < claudus*, cojo.)
1 Rendirse, dejar de oponer una persona resistencia a una cosa: *claudicó ante sus súplicas*. — v.intr.
conj: sacar
= ceder
2 Dejar de cumplir con las obligaciones o faltar a los propios principios.

claudio, a (Abreviación del fr. *prune de la reine Claude*.) Se aplica a una variedad de ciruela, de forma redonda, de color verde, muy jugosa y dulce y, también, al árbol que la produce. — adj.
BOTÁNICA

claustral
1 Que tiene relación con el claustro. — adj.
2 Que pertenece al claustro de un centro docente: *aunque no está de acuerdo, lo asume por ser decisión claustral*.
3 Se refiere a ciertas órdenes religiosas y a sus miembros. — adj/s.m.f.
RELIGIÓN
4 Se aplica a la bóveda con aristones entrantes. — adj./ARQUITECTURA

claustrillo Salón de algunas universidades donde se celebraban actos académicos de segundo orden. — s.m.
ARQUITECTURA

claustro (Del lat. *claustrum*, cerradura, cierre < *claudere*, cerrar.)
1 Galería que rodea el patio interior de un convento, iglesia o edificio civil: *pasear por el claustro de la catedral*. — s.m.
ARQUITECTURA
2 Junta que se ocupa del gobierno de un centro de enseñanza y cuya composición está regulada por un estatuto: *era miembro del claustro de profesores*.
3 Reunión de esta junta.
4 Vida religiosa o monástica. — RELIGIÓN
5 **claustro materno:** Órgano femenino de la reproducción en cuyo interior se desarrolla el feto. — ANATOMÍA
= matriz

claustrofobia (Del lat. *claustrum*, encierro + gr. *phobos*, temor.) Temor anormal a los espacios cerrados: *dentro del ascensor sufrió un ataque de claustrofobia*. — s.f.
SICOLOGÍA

cláusula (Del lat. *clausula < claudere*, cerrar.)
1 Cada una de las partes, condiciones, disposiciones o estipulaciones de un testamento, contrato o documento análogo, ya sea público o particular. — s.f.
DERECHO
2 Conjunto de palabras que conforman un sentido completo, que puede incluir una o varias proposiciones. — LINGÜÍSTICA
3 Núcleo de dos o tres sílabas que conforma el período rítmico de un verso. — POESÍA
4 **cláusula absoluta:** Ablativo absoluto, construcción sintáctica. — GRAMÁTICA
5 **cláusula resolutoria:** La que prevé la resolución automática del acto jurídico si una de las partes no cumple sus compromisos o si se da cierto acontecimiento. — DERECHO

clausulado, a
1 Se aplica al texto que está escrito en párrafos breves, o bien, al estilo que se basa en este tipo de períodos. — adj.
2 Conjunto de cláusulas: *el clausulado adolece de defecto de forma*. — s.m.

clausular
1 Acabar lo que se estaba diciendo: *clausuló el discurso con un salve al rey*. — v.tr.
2 Poner cláusulas en un contrato o un documento: *exigió que clausulara el testamento en su presencia*. — DERECHO

clausura (Del lat. *clausura*, acto de cerrar.)
1 Acto solemne o ceremonia con que se finaliza una actividad: *no acudió a la clausura del congreso*. — s.f.
2 Obligación de los miembros de algunas órdenes religiosas de no salir del convento y prohibición de entrar en él a las personas ajenas a la comunidad. — RELIGIÓN
3 Zona de los conventos reservada a los miembros de la comunidad: *el juez forense entró en la clausura con un permiso especial*. — RELIGIÓN
4 Vida apartada del mundo exterior: *desde la muerte de su madre, se encerró en clausura*.

clausurar
1 Poner fin solemnemente a una asamblea, una exposición o un congreso: *el rector clausuró las jornadas sobre medioambiente*. — v.tr.
= cerrar
2 Cerrar un comercio o una sala de espectáculos por orden gubernativa: *clausuraron el local por tráfico de estupefacientes*. — DERECHO
= inhabilitar

clava (Del lat. *clava*.)
1 Arma tosca que consistía en un palo desbastado de grosor creciente desde la empuñadura hasta el extremo opuesto. — s.f.
= porra
2 Abertura superior, a ambos lados de la cubierta de proa de algunas embarcaciones, para dejar salir el agua que entra. — NÁUTICA

clavadizo, a Se aplica a la puerta, ventana o mueble que está adornado con clavos: *cómoda clavadiza*. — adj.
= clavado

clavado, a
1 Que está guarnecido con clavos: *se mostró muy satisfecho por la restauración del mueble clavado*. — adj.
= clavadizo
2 Que es preciso, fijo o puntual: *le advirtió que llegara a las dos clavadas al tribunal*.
3 Que es acertado o adecuado: *el vestido del cóctel le queda clavado*. — = pintiparado
4 Que tiene un gran parecido con otra persona: *es clavado a su abuelo*.
5 Salto al agua desde un lugar elevado o desde un trampolín. — s.m.
Méx.
6 **dejar clavado a alguien:** Dejarle desconcertado o sorprendido: *no esperaba que reaccionase así, me dejó clavada*. — coloquial

clavadora Máquina que sirve para colocar clavos. — s.f./TECNOLOGÍA

clavadura Herida que se hace una caballería cuando algún clavo de la herradura penetra en la carne. — s.f./VETERINARIA
= enclavadura

claval Se aplica a la unión o juntura entre huesos en que uno entra en el otro como un clavo. — adj.
VETERINARIA

clavar (Del bajo lat. *clavare*.)
1 Introducir un clavo u otra cosa puntiaguda en un sitio: *clavar un clavo; se ha clavado una espina en el dedo*. — v.tr./prnl.
2 Sujetar o fijar con clavos: *clavó el cuadro en la pared*. — v.tr.
3 Fijar los ojos o la mirada intensamente en un punto: *clavó su mirada en aquel cuadro*.
4 Dejar a una persona confusa o desconcertada: *lo clavó con aquellas preguntas*.
5 Engañar a una persona o cobrarle una cosa demasiado cara: *les clavaron dos mil pesetas más por el postre*. — coloquial
6 Engastar las piedras preciosas en el oro o la plata.
7 Causar una clavadura a una caballería. — VETERINARIA

clavario, a Clavero o persona encargada de guardar las llaves. — s.
= llavero

clavazón Conjunto de clavos: *de vez en cuando hay que revisar la clavazón de puertas y ventanas*. — s.f.

clave (Del lat. *clavis*, llave.)
1 Código con el que se cifran mensajes: *ha recibido una nota en clave*. — s.f.
2 Idea o conocimiento que permite comprender algo que era enigmático: *he descubierto la clave del problema*. — = quid
3 Aquello que es básico, esencial o tiene una importancia decisiva en un asunto: *la clave de la cuestión; el día clave*.
4 Signo que se pone al principio del pentagrama para determinar el grado y altura de las notas. — MÚSICA
= llave
5 Piedra central y maestra de un arco. — ARQUITECTURA
6 Clavicémbalo, instrumento musical. — s.m./MÚSICA
7 **de clave:** Se refiere a las obras literarias en que los personajes y sucesos fingidos encubren otros reales. — loc.adj.
LITERATURA
8 **echar la clave:** Finalizar un negocio o discurso: *echó la clave al asunto de la pensión*. — coloquial

clavecín Clave, instrumento musical. — s.m./MÚSICA

clavel (Del cat. *clavell*.)
1 Planta herbácea, de tallos delgados y nudosos, hojas largas, estrechas y puntiagudas y flores terminales de colores subidos, que se cultiva como ornamental. (*Dianthus*.) — s.m.
BOTÁNICA
2 Flor de esta planta. — BOTÁNICA
3 **clavel coronado o clavellina de pluma:** El que presenta tallos tendidos en el inicio y erguidos después, con hojas radicales y largas formando césped y flores blancas o rojas. (*Dianthus plumarius*.) — BOTÁNICA
4 **clavel de China:** El que presenta hojas más anchas que el común, pero de flores más pequeñas, y que se cultiva como ornamental. (*Dianthus sinensis*.) — BOTÁNICA
5 **clavel de las Indias:** Clavelón, planta herbácea. — BOTÁNICA
6 **clavel doble o reventón:** El de color rojo oscuro con muchos pétalos. — BOTÁNICA

clavelito
1 Planta herbácea con tallos ramosos y multitud de flores blancas o de color rosa. (*Dianthus superbus*.) — s.m.
BOTÁNICA
2 Flor de esta planta. — BOTÁNICA

clavellina (Del cat. *clavellina*, planta del clavel.)
1 Clavel, en particular el de flores sencillas. — s.f./BOTÁNICA

2 Planta herbácea similar al clavel común, pero de hojas, tallos y flores más pequeños. — BOTÁNICA

3 Techolote, planta cactácea. — Méx./BOTÁNICA

4 clavellina de pluma: 1. Clavel coronado, planta herbácea. 2. Flor de esta planta. — BOTÁNICA / BOTÁNICA

clavelón Planta herbácea de tallo y ramas erguidos, hojas recortadas y flores fétidas. *(Tageles erecta.)* — s.m. / BOTÁNICA

claveque (De *Clabecq,* ciudad belga.) Cristal de roca que se talla imitando al diamante. — s.m. / MINERALOGÍA

clavera
1 Agujero o molde en que se hacen las cabezas de los clavos. — s.f. / METALURGIA
2 Orificio en el que se introduce un clavo.
3 Cada orificio de la herradura en que encaja la cabeza del clavo.

clavero, a
I (Del lat. *clavarius,* llavero.)
1 Persona encargada de guardar las llaves de un local, de un edificio o de un objeto. — s. / = llavero
2 Caballero de algunas órdenes militares que se encargaba de la custodia y defensa del castillo o convento. — s.m. / HISTORIA / tb: clavario
II (Del lat. *clavus,* clavo de especias.) Árbol mirtáceo, de copa cónica, hojas opuestas, enteras, ovales y coriáceas, flores rosáceas y fruto en baya con una semilla negra aromática y gomosa. *(Eugenia aromática.)* — s.m. / BOTÁNICA

claveta Clavo de madera: *sacó las clavetas carcomidas y las sustituyó por piezas de metal.* — s.f.

clavete Púa que se usa para tocar la bandurria. — s.m./MÚSICA

clavetear
1 Adornar o guarnecer con clavos: *claveteó la puerta principal al estilo castellano.* — v.tr.
2 Poner herretes en una cinta o cordón: *clavetear la montura de la caballería.* — = herretear
3 Acabar un negocio o asunto definitivamente: *finalmente pudimos clavetear la operación.* — = cerrar

claveteo Acción de clavetear: *el claveteo que subía desde la carpintería parecía un repicar de campanillas.* — s.m.

clavicembalista Persona que toca el clavicémbalo. — s.m.f./MÚSICA

clavicémbalo Instrumento musical de cuerda, compuesto por una caja de resonancia parecida a la del piano, un teclado y cuerdas que vibran al chocar con unas púas. — s.m. / MÚSICA / tb: clavicímbano

clavicordio (Del lat. *clavis,* llave + *chorda,* cuerda.) Instrumento musical de cuerda, compuesto por una caja de resonancia parecida a la del piano, un teclado y cuerdas que vibran al ser golpeadas por martillos. — s.m. / MÚSICA

clavicornio, a Perteneciente a un suborden de insectos coleópteros con las antenas terminadas en maza. — adj/s.m. / ZOOLOGÍA

clavicorno Instrumento de viento semejante al figle. — s.m/MÚSICA

clavícula (Del lat. *clavicula,* diminutivo de *clavis,* llave.) Cada uno de los dos huesos situados transversalmente en ambos lados de la parte superior del pecho, articulados por un extremo con el esternón y por el otro con el omóplato. — s.f. / ANATOMÍA

claviculado, a Que tiene clavículas. — adj./ANATOMÍA

clavicular De la clavícula: *estructura clavicular; sufrir un trauma clavicular.* — adj. / ANATOMÍA

claviforme Que tiene forma de clava o porra: *encontraron en la excavación varios objetos de defensa claviformes.* — adj.

clavija (Del lat. *clavicula,* diminutivo de *clavis,* llave.)
1 Pieza cilíndrica o cónica de metal, madera u otra materia, que se introduce en un orificio para sujetar una cosa: *colocó las clavijas necesarias para colgar todos los cuadros.* — s.f.
2 Pieza que se hace girar para tensar o afinar la cuerda de un instrumento musical enrollada a ella. — MÚSICA
3 Terminal de un cable eléctrico que se introduce en un enchufe para establecer una conexión: *la clavija estaba defectuosa y dio un chispazo al enchufarla.* — ELECTRICIDAD
4 clavija maestra: Pieza que soporta el esfuerzo principal de un ensamblaje mecánico móvil. — MECÁNICA
5 apretarle a alguien las clavijas: Adoptar una actitud rígida y severa con una persona obligándole a cumplir con su deber: *no era de su agrado estar continuamente apretándole las clavijas.* — coloquial

clavijero
1 Pieza maciza, larga y estrecha, de madera o metal, con agujeros para meter las clavijas de instrumentos musicales como el violín. — s.m. / MÚSICA
2 Clavija de un cable eléctrico. — ELECTRICIDAD
3 Pieza o parte del timón del arado donde están los agujeros para meter la clavija. — AGRICULTURA

clavillo
1 Pasador que sujeta las varillas de un abanico o las hojas de unas tijeras. — s.m. / tb: clavito
2 Clavo, condimento: *añadió unos clavillos a la caza marinada en vinagre.* — COCINA
3 Cada una de las puntas clavadas en el puente y en el secreto del piano para dar dirección a las cuerdas. — MÚSICA

claviórgano Instrumento musical de cuerda parecido al clave, con tubos como el órgano. — s.m. / MÚSICA

clavo (Del lat. *clavus.*)
1 Pieza metálica larga, delgada, cilíndrica o prismática, con cabeza y punta, usada para fijar una cosa o unirla a otra: *necesito dos clavos para colgar el cuadro.* — s.m.
2 Capullo seco de la flor del clavero que se usa como condimento: *sazonó el guiso con clavo.* — COCINA / = clavillo
3 Callo duro y profundo que se forma sobre los dedos de los pies.
4 Jaqueca, dolor de cabeza. — coloquial
5 Daño o perjuicio que uno sufre.
6 Persona o cosa molesta y fastidiosa. — coloquial
7 Artículo de comercio que no se vende fácilmente. — coloquial
8 Tejido muerto que se desprende de un furúnculo. — MEDICINA
9 Tumor que se forma en la cuartilla de las caballerías, entre pelo y casco. — VETERINARIA
10 Varilla de acero inoxidable utilizada en cirugía ósea para fijar o consolidar un hueso fracturado o una articulación. — MEDICINA
11 Incrustación de una masa dura y compacta que se encuentra, a veces, en el mármol u otras piedras de cantería: *los clavos entorpecen el labrado de los bloques.* — MINERÍA
12 clavo baladí: El que se utiliza para herrar las caballerías y es menor que el fino.
13 clavo chanflón: El que está labrado de manera tosca.
14 clavo de ala de mosca: El que tiene la cabeza aplanada lateralmente.
15 clavo de chilla o chillón: El que tiene la espiga delgada y piramidal.
16 clavo de gota de sebo: El que tiene la cabeza en forma semiesférica.
17 clavo de rosca: Tornillo con resalte en forma de hélice.
18 clavo hechizo: El que se usa para herrar las caballerías.
19 clavo tabaque: El que es un poco mayor que la tachuela común.
20 agarrarse a un clavo ardiendo: Utilizar cualquier medio, por arriesgado que sea, para salir de un apuro o de un peligro: *al pedirle ayuda se agarró a un clavo ardiendo, él no es de fiar.* — coloquial
21 arrimar el clavo: Introducirlo por el casco hasta la carne viva, hiriendo la caballería, con lo que se la hace cojear. — coloquial / VETERINARIA
22 clavar un clavo con la cabeza: Ser muy testarudo, cabezota y obstinado. — coloquial, despectivo
23 como un clavo: Exacto, puntual: *llegó a las dos como un clavo.* — loc.adj.
24 dar en el clavo: Acertar, dar en lo cierto: *has dado en el clavo, no pienso prestarte ni un duro.* — coloquial
25 dar una en el clavo y ciento en la herradura: Equivocarse más veces de las que se acierta. — coloquial
26 hacer clavo: Unirse y trabarse sólidamente los materiales de construcción: *la piedra del firme hizo clavo.* — CONSTRUCCIÓN / coloquial
27 echar un clavo: Realizar el acto sexual. — vulgar
28 ¡por los clavos de Cristo!: exclamación con la que se ruega algo. — coloquial
29 remachar el clavo: 1. Intentar enmendar un error, cometiendo uno mayor: *no acentuó la palabra y remachó el clavo colocando el acento en la sílaba incorrecta.* 2. Añadir argumentos a los ya dados: *remachar el clavo con mil excusas más.* — coloquial / coloquial
30 tener clavo: Estar resacoso por haber bebido alcohol en exceso: *después de aquella juerga tuvo clavo todo el día.* — coloquial

claxon (Voz inglesa.) Bocina eléctrica de los automóviles: *la señal prohíbe tocar el claxon.* — s.m. / pl: claxons

clearing (Voz inglesa.) Acuerdo entre países por el que la balanza comercial se equilibra compensando recíprocamente las importaciones y exportaciones, sin transferencia de oro o divisas. — s.m. / pl: clearings / ECONOMÍA / = compensación

clemátide (Del lat. *clematis* < gr. *klematis,* leña del sarmiento.) Planta arbustiva medicinal, de tallo trepador, hojas con zarcillos y flores blancas, azules o violetas. *(Clematis vitalba.)* — s.f. / BOTÁNICA / = hierba de los pordioseros

clemencia (Del lat. *clementia.*) Actitud del que juzga o castiga con moderación, sin rigor: *de nada le sirvió pedir clemencia al juez.* — s.f. / = indulgencia / ≠ inclemencia

clemente (Del lat. *clemens, -tis.*) Que se comporta con clemencia: *el clemente censor fue destituido.* — adj. / ≠ inclemente

clementina (De *Clement,* su creador.) Variedad de mandarina sin pepitas, dulce y de piel más roja que las ordinarias: *la clementina se utiliza en confitería y pastelería como la naranja.* — s.f. / BOTÁNICA

clementino, a (De *Clemente.*) Que tiene relación con cualquiera de los papas de este nombre. — adj. / HISTORIA

clepsidra (Del lat. *clepsydra* < gr. *klepsydra* < *klepto,* dejar escurrir, despojar + *hydor,* agua.) Reloj de agua. — s.f.

clepto- Componente de palabra procedente del gr. *kleptes,* que significa ladrón: *cleptómano.* — pref.

cleptomanía (Del gr. *klepto*, robar + *mania*, manía.) Propensión desmedida y patológica a robar: *la cleptomanía es un síntoma neurótico.* — s.f. SIQUIATRÍA

cleptómano, a Se refiere a la persona que padece cleptomanía. — adj/s./SIQUIATRÍA = cleptomaníaco

clerecía
1 Conjunto de los clérigos.
2 Oficio u ocupación de los clérigos. — s.f./= clero RELIGIÓN

clergyman (Voz inglesa.) Traje que utilizan los clérigos compuesto por americana y pantalón oscuro y camisa con alzacuello. — s.m. pl: clergymans RELIGIÓN

clerical
1 Del clérigo: *lleva el hábito clerical.* — adj./RELIGIÓN
2 Que es partidario del clericalismo. — adj/s.m.f.

clericalismo
1 Influencia excesiva del clero en los asuntos políticos y públicos. — s.m. ≠ anticlericalismo
2 Actitud de sumisión excesiva al clero y sus directrices: *los republicanos decimonónicos critican el clericalismo del gobierno.*

clericato
1 Dignidad de clérigo. — s.m./RELIGIÓN
2 **clericato de cámara:** Empleo honorífico en el palacio del papa. — RELIGIÓN

clericatura Clericato, dignidad del clérigo. — s.f./RELIGIÓN

clerigalla Conjunto de clérigos: *la clerigalla del cabildo no le merecía ninguna confianza.* — s.f. despectivo

clérigo (Del lat. *clericus*.)
1 Sacerdote, persona que ha recibido las órdenes sagradas: *el clérigo calla el secreto de confesión.* — s.m./RELIGIÓN = capellán, cura
2 Hombre letrado y de estudios escolásticos, aunque no tuviese orden alguna, en la edad media. — HISTORIA
3 **clérigo de cámara:** El que obtiene un clericato de cámara en el palacio del papa. — RELIGIÓN
4 **clérigo de menores:** El que sólo tenía órdenes menores. — RELIGIÓN
5 **clérigo de misa:** Sacerdote, cura.
6 **clérigos regulares:** Congregaciones de eclesiásticos que practican en común los ejercicios de la vida religiosa: *los jesuitas y los camilos son clérigos regulares.* — RELIGIÓN

cleriguicia Conjunto de clérigos, clerigalla: *siempre se rodeaba de beatos y cleriguicia.* — s.f. despectivo

clerizón (Del bajo lat. *clericio* < *clericus*.) Monaguillo, en algunas catedrales. — s.m.

clero (Del lat. *clerus*, conjunto de los sacerdotes < gr. *kleros*, lo que le toca a uno en suerte.)
1 Conjunto de los clérigos: *en la evangelización interviene el clero y también los laicos.* — s.m./RELIGIÓN = clerecía
2 Clase sacerdotal en la Iglesia católica. — RELIGIÓN
3 **alto clero:** Conjunto formado por los cardenales, patriarcas, primados, arzobispos, obispos y abades mitrados. — RELIGIÓN
4 **bajo clero:** Conjunto formado por las jerarquías inferiores a las anteriores. — RELIGIÓN
5 **clero castrense:** El que desempeña su función en el ejército y la armada. — RELIGIÓN, MILITAR
6 **clero catedral:** Conjunto de presbíteros de una catedral. — RELIGIÓN
7 **clero regular:** Conjunto de los sacerdotes y diáconos que pertenecen a una comunidad religiosa. — RELIGIÓN
8 **clero secular:** Conjunto de sacerdotes y diáconos que ejercen su ministerio en una parroquia o en una diócesis. — RELIGIÓN

clerofobia Odio al clero. — s.f./SICOLOGÍA

clerófobo, a Que siente clerofobia. — adj/s./SICOLOGÍA

cleuasmo (Del gr. *khleuasmos*, burla, ironía < *khleuazo*, reírse.) Figura retórica que consiste en atribuir las malas o buenas cualidades de una persona a otra. — s.m. RETÓRICA

clic (Voz onomatopéyica.)
1 Sonido o ruido de breve duración, parecido a un chasquido. — s.m.
2 Cada una de las pulsaciones que se realizan en el mando o ratón de un ordenador. — INFORMÁTICA

clica (Onomatopeya del sonido de la concha al romperse.) Molusco lamelibranquio marino, comestible, con dos valvas de forma acorazonada. *(Isocardia cor.)* — s.f. ZOOLOGÍA

clicar Pulsar el mando o ratón de un ordenador para pedir información o mandar una orden. — v.tr/intr. INFORMÁTICA

cliché (Voz francesa.)
1 Imagen fotográfica en negativo que sirve para la tirada de copias: *déjame el cliché para hacer una ampliación.* — s.m. FOTOGRAFÍA = negativo
2 Opinión, lugar común, idea o enunciado que se repite de manera fija y trivial. — tb: clisé = tópico
3 Plancha sobre la que está grabado un trabajo de imprenta o una imagen fotográfica y con la que se hacen copias de ese trabajo o imagen. — TECNOLOGÍA tb: clisé = matriz, placa

cliente, a (Del lat. *cliens, -tis*, protegido, persona defendida por un patrón.)
1 Persona que utiliza habitualmente los servicios de un profesional o de una empresa: *cartera de clientes.* — s. ECONOMÍA
2 Persona que compra en un establecimiento o utiliza sus servicios, especialmente cuando lo hace de manera habitual: *es un cliente asiduo del bar.* — ECONOMÍA
3 Persona que en la antigua Roma estaba bajo la protección o tutela de un patricio. — HISTORIA

clientela
1 Conjunto de clientes de una empresa, de un establecimiento o de un profesional: *para celebrar el centenario de la fundación invitó a cenar a la clientela.* — s.f. ECONOMÍA
2 Grupo de personas que reciben el patrocinio de alguien poderoso para su promoción: *una clientela es un linaje artificial, un ámbito privado de ayuda constituido alrededor de la clase dirigente.*
3 Protección con que los patricios favorecían a los que se acogían a ellos. — HISTORIA

clima (Del lat. *clima*, inclinación < gr. *klima* < *klino*, inclinar.)
1 Conjunto de condiciones o fenómenos meteorológicos característicos de una región o un lugar determinado: *prefiero el clima mediterráneo al continental.* — s.m.
2 Conjunto de condiciones de cualquier género que caracterizan una situación o su consecuencia: *no soportar el clima de malestar.* — = ambiente
3 Conjunto de las condiciones físicas que imperan en un local. — TECNOLOGÍA
4 **clima artificial:** El de un local que se ha obtenido mediante climatización. — TECNOLOGÍA

climatérico, a (Del lat. *climactericus*, de una época crítica < gr. *klimakterikos* < *klimakter* < *klimax*, escala.)
1 Que es crítico en el desarrollo del ser vivo, especialmente la disminución de la actividad sexual. — adj. FISIOLOGÍA
2 Se aplica al tiempo que es peligroso o difícil.

climaterio (Del gr. *klimakter*, escalón < *klimax*, escala.) Etapa de la vida en que se manifiesta la decadencia de la actividad sexual y de todas las funciones del organismo. — s.m. FISIOLOGÍA

climático, a Que tiene relación con el clima: *el efecto invernadero acelera los cambios climáticos.* — adj.

climatización Acondicionamiento de la temperatura, humedad y presión de un lugar cerrado. — s.f.

climatizador, a
1 Que climatiza: *sistema climatizador.* — adj.
2 Aparato que se usa para climatizar o regular la temperatura de un local o habitación. — s.m. = acondicionador

climatizar Dar las condiciones convenientes de temperatura, presión y humedad a un lugar cerrado. — v.tr/conj: *cazar* = acondicionar

climatología (Del gr. *klima*, inclinación + *logía*, estudio.)
1 Ciencia que estudia la distribución y tipos de clima sobre la superficie terrestre. — s.f.
2 Conjunto de los fenómenos meteorológicos propios de un determinado lugar.

climatológico, a Que tiene relación con la climatología. — adj.

clímax (Del lat. *climax* < gr. *klimax*, escala, gradación.)
1 Momento culminante de un proceso o de una acción: *la discusión llegó al clímax; el acto alcanzó su clímax cuando ella tomó la palabra.* — s.m. pl: clímax = culminación
2 Punto culminante de una obra literaria o de una representación dramática o cinematográfica. — CINE, LITERATURA, TEATRO
3 Figura retórica consistente en la gradación ascendente de la intensidad del discurso. — RETÓRICA
4 Término superior de esta gradación. — RETÓRICA
5 Estado ideal de equilibrio de una comunidad biológica, característico de un medio natural. — s.f. BIOLOGÍA

clin Conjunto de pelos largos que tienen algunos animales sobre el cuello, en particular el caballo. — s.f. tb: crin

clina Variación gradual de un carácter que, dentro de una misma especie, conduce a la aparición de una serie de formas taxonómicas diferentes en áreas geográficas semejantes. — s.f. BIOLOGÍA

clinch Lucha cuerpo a cuerpo no reglamentaria, en el boxeo. — s.m./pl: clinchs DEPORTES

clínica
1 Hospital de carácter privado. — s.f./MEDICINA
2 Parte práctica de los estudios de medicina, que se relaciona más directamente con el tratamiento de enfermos. — MEDICINA

clínico, a (Del lat. *clinicus* < gr. *klinikos* < *kline*, cama < *klino*, inclinar.)
1 Que tiene relación con la parte práctica de la medicina o con un hospital. — adj. MEDICINA
2 Médico especialista en medicina práctica. — s./MEDICINA

clino- Componente de palabra procedente del gr. *klino*, que significa inclinar: *clinómetro*. — pref.

clinoenstatita Metasilicato de magnesio, pobre en hierro. — s.f. MINERALOGÍA

clinofilia Trastorno de la conducta, cuyos síntomas se expresan en la negativa a abandonar la cama. — s.f. SIQUIATRÍA

clinohumita Silicato natural de magnesio y hierro. — s.f./MINERALOGÍA

clinómetro (Del gr. *klino,* inclinar + *metron,* medida.)
1 Aparato que mide la inclinación de los estratos o de la pendiente de un terreno. — s.m./GEOLOGÍA = clinoscopio
2 Instrumento que sirve para medir o comprobar la horizontalidad de una aeronave. — AERONÁUTICA
3 Instrumento que se usa para medir la diferencia de calado entre la proa y la popa de un barco. — NÁUTICA
4 Aparato con que se miden ciertos ángulos óseos. — ANATOMÍA

clinopodio (Del gr. *klinopodion* < *kline,* cama + *pous,* pie.) Planta labiada vivaz, de tallo cuadrangular y velloso, hojas opuestas, ovadas y pelosas y flores aromáticas de color púrpura o blanco. *(Calamintha clinopodium.)* — s.m. BOTÁNICA

clip (Voz inglesa.)
1 Alambre acerado o recubierto de plástico que, doblado sobre sí mismo, sirve para sujetar papeles: *ordenar los legajos y unirlos con un clip.* — s.m. pl: clips tb: clipe
2 Pinza para sujetar el pelo. — tb: clipe
3 Cierre de un pendiente o colgante: *impregnó el clip del arete con una sustancia antialérgica.* — tb: clipe
4 Filmación de corta duración que condensa una historia en pocas imágenes: *quiere ver su último clip musical.* — AUDIOVISUALES = videoclip

clíper (Del ingl. *clipper* < *clip,* cortar con tijeras.) Barco velero estrecho y de poco peso, que puede alcanzar grandes velocidades. — s.m. pl: clipers NÁUTICA

clisado Acción y resultado de clisar o imprimir con clisés o moldes de metal. — s.m. ARTES GRÁFICAS

clisar Imprimir un trabajo de imprenta o un grabado con clisés o moldes de metal. — v.tr. ARTES GRÁFICAS

clisé (Del fr. *cliché.)*
1 Cliché, plancha de imprenta o imagen fotográfica. — s.m./TECNOLOGÍA
2 Dicho tópico, lugar común: *el abuso de clisés denota falta de vocabulario y erudición.* — = cliché

clisímetro Instrumento de pequeñas dimensiones para apreciar la pendiente de un terreno. — s.m.

clister (Del lat. *clyster* < gr. *klyster,* jeringa, lavativa < *klidso,* lavar.) Lavativa o enema. — s.m./MEDICINA tb: clistel

clisterizar Poner una lavativa con fines higiénicos o terapéuticos: *la enfermera clisterizó al enfermo antes de la operación.* — v.tr/prnl. conj: cazar MEDICINA

clitelo Órgano accesorio de la reproducción de ciertos gusanos anélidos, que segrega un mucus viscoso. — s.m. ZOOLOGÍA

clítoris (Del gr. *kleitoris.)* Órgano carnoso eréctil situado en la parte más elevada de la vulva de la mujer y una de sus zonas más erógenas. — s.m. pl: clítoris ANATOMÍA

clitorismo
1 Erección patológica y aumento de tamaño del clítoris. — s.m. MEDICINA
2 Hipertrofia de este órgano. — MEDICINA

clivaje (Del fr. *clivage.)* Operación que consiste en separar las partes defectuosas de un diamante u otra piedra y corregir su forma. — s.m. MINERALOGÍA

clivoso, a (Del lat. *clivosus* < *clivus,* cuesta.) Que está situado en una cuesta o pendiente: *el clivoso acceso a la acrópolis.* — adj. literario

¡clo! (Voz onomatopéyica.) Expresión usada para reproducir la voz de la gallina clueca. — interj. tb: cloc

cloaca (Del lat. *cloaca.)*
1 Conducto subterráneo para desagüe de las aguas residuales de una población: *los atracadores se fugaron por el entramado de cloacas.* — s.f. CONSTRUCCIÓN
2 Orificio en la parte final del intestino de las aves y otros animales, en el que desembocan los conductos genital y urinario. — ZOOLOGÍA
3 Lugar sucio y de mal olor.

cloasma (Del gr. *kloasma,* amarillo verdoso.) Manchas irregulares y amarillentas que aparecen principalmente en la cara durante el embarazo. — s.m. MEDICINA

clocar (Derivado de *clueca.)* Cloquear, emitir la gallina clueca su voz: *el tórrido calor les quitaba el aire hasta para clocar.* — v.intr. conj: trocar

clofexamida Sustancia analgésica que tiene poder anestésico local. — s.f. FARMACIA

clofezona Medicamento antiinflamatorio que se usa contra el reuma. — s.f. FARMACIA

clofibrato Medicamento utilizado en las manifestaciones de arteriosclerosis. — s.m. FARMACIA

clometacina Medicamento analgésico sin acción antiinflamatoria y antipirética. — s.f. FARMACIA

clomifeno Compuesto sintético dotado de actividad antiestrogénica, que estimula la ovulación, y se utiliza en el tratamiento de la esterilidad femenina. — s.m. FARMACIA

clon
I (Del ingl. *clown.)* Payaso, artista de circo: *se me acercó un clon que actuaba en la calle.* — s.m./tb: clown pl.tb: clones
II (Probablemente del gr. *klon,* retoño.)
1 Célula o individuo pluricelular reproducidos de manera perfecta en los aspectos fisiológico y bioquímico a partir de una célula originaria. — s.m. pl.tb: clones BIOLOGÍA
2 Conjunto de los descendientes de un individuo que se han originado por vía vegetativa o asexual. — BOTÁNICA

clonación Técnica de cultivo de tejidos, por la cual toda célula obtenida procede de una sola. — s.f. BIOLOGÍA

clonar Reproducir clones de manera perfecta en el aspecto fisiológico y bioquímico. — v.tr./BIOLOGÍA, BIOQUÍMICA

clónico, a
1 Que pertenece o es propio del clon: *individuo clónico; generación clónica.* — adj./BIOLOGÍA = clonal
2 Se aplica al ordenador personal que es una reproducción de un modelo con patente. — adj/s.m. INFORMÁTICA

cloque (Del fr. *croc,* gancho < escandinavo ant. *krokr.)* Gancho o garfio de hierro acerado, sujeto a un astil, usado para sujetar los atunes atrapados en las almadrabas. — s.m. PESCA = croque, bichero

cloquear
I (Probablemente del ant. **clocca.)* Emitir la gallina clueca su voz. — v.intr. tb: clocar
II (Probablemente voz onomatopéyica.) Sujetar el atún con el cloque en las almadrabas. — v.tr. PESCA

cloqueo Cacareo sordo de la gallina clueca: *los cloqueos que provenían del corral acompañaron su siesta.* — s.m.

cloquera Estado de las aves que las incita a empollar sus huevos. — s.f.

cloquero Pescador que maneja el cloque para sujetar los atunes. — s.m./PESCA tb: croquero

clor- Componente de palabra procedente del gr. *khloros,* que significa de color verde amarillento: *cloración; clorhidrato.* — pref. QUÍMICA tb: cloro-

cloración Proceso de potabilización y desinfección del agua mediante el empleo del cloro. — s.f. QUÍMICA

cloral Líquido obtenido por la acción del cloro sobre el alcohol etílico, que se utiliza en medicina como anestésico. — s.m. QUÍMICA

cloranfenicol Antibiótico producido sintéticamente a partir de un cultivo de hongos, que se usa contra el bacilo de las fiebres tifoidea y paratifoidea y contra otras bacterias. — s.m. FARMACIA tb: cloramfenicol = cloromicetina

clorar Poner cloro en un líquido. — v.tr./QUÍMICA

cloratado, a Que contiene clorato o está compuesto de él: *herbicida cloratado; explosivo cloratado.* — adj. QUÍMICA

clorato Sal derivada del ácido clórico usada en medicina y pirotecnia. — s.m. QUÍMICA

clorhidrato Sal compuesta de ácido clorhídrico y de una base nitrogenada. — s.m./QUÍMICA = cloruro

clorhídrico, a (Del gr. *khloros,* de color verde amarillento + *hydor,* agua.) Se refiere al ácido que se obtiene por la combinación de cloro e hidrógeno. — adj./QUÍMICA = muriático, hidroclórico

clórico, a
1 Que pertenece o es propio del cloro. — adj./QUÍMICA
2 Se aplica al ácido que es un compuesto de cloro, oxígeno e hidrógeno y que actúa como oxidante de las sustancias orgánicas al descomponerse en su contacto. — QUÍMICA

clorita Grupo de aluminosilicatos de origen metamórfico en los que predomina el hierro y, a veces, el manganeso, que se presenta en láminas verdes y flexibles. — s.f. MINERALOGÍA

clorito Sal del ácido cloroso. — s.m./QUÍMICA

cloritoesquisto Roca metamórfica de color verde, compuesta fundamentalmente por clorita. — s.m. GEOLOGÍA

cloritoide Silicato natural de aluminio y hierro que se encuentra en láminas verdes en ciertas pizarras. — s.m. MINERALOGÍA

clormetina Medicamento utilizado por su acción electiva sobre ciertas células tumorales. — s.f. FARMACIA

cloro (Del gr. *khloros,* de color verde amarillento.) Elemento simple gaseoso, de color verde amarillento, pesado, de olor fuerte y desagradable, muy corrosivo, usado para blanquear materias y como desinfectante. — s.m. QUÍMICA

cloroficeo, a Perteneciente a una clase de algas marinas y de agua dulce, que son de color verde pues su único pigmento es la clorofila. — adj/s.f. BOTÁNICA

clorofila (Del gr. *khloros,* de color verde amarillento + *phyllon,* hoja.) Pigmento verde de las plantas, acumulado mayoritariamente en las hojas, que absorbe energía luminosa para realizar la fotosíntesis. — s.f. BOTÁNICA

clorofílico, a Que tiene relación con la clorofila. — adj./BOTÁNICA

clorófilo, a Que tiene las hojas verdes o amarillentas. — adj.

cloroformizar Anestesiar o quitar la sensibilidad a una persona o un animal con cloroformo. — v.tr. conj: cazar

cloroformo (Del gr. *khloros*, de color verde amarillento + lat. *formica*, hormiga.) Líquido incoloro, compuesto de carbono, hidrógeno y cloro que se utiliza como anestésico. — s.m. QUÍMICA

cloromicetina Cloranfenicol, antibiótico. — s.f./FARMACIA

cloroplasto Corpúsculo de las células vegetales, que contiene la clorofila y asegura la fotosíntesis. — s.m. BOTÁNICA

cloropreno Derivado clorado del butadieno, del que se obtiene un caucho sintético. — s.m. QUÍMICA

cloroquina Medicamento dotado de actividad antipalúdica y antiamebiana. — s.f. FARMACIA

clorosis
1 Anemia frecuente especialmente en las mujeres jóvenes, caracterizada por una intensa palidez.
2 Enfermedad de las plantas que se caracteriza por la pérdida parcial de clorofila en las hojas por lo que se vuelven amarillentas. — s.f./pl: clorosis MEDICINA BOTÁNICA

cloroso, a Se aplica al ácido no aislado con una molécula de hidrógeno, otra de cloro y dos de oxígeno. — adj. QUÍMICA

clorótico, a
1 Que tiene relación con la clorosis: *anemia clorótica*.
2 Que padece clorosis: *vegetales cloróticos*. — adj. adj/s.

clorurar Convertir una sustancia en cloruro. — v.tr./QUÍMICA

cloruro
1 Sustancia compuesta de cloro combinado con un cuerpo simple o compuesto que no sea el oxígeno.
2 **cloruro de cal:** Mezcla de hidróxido de calcio, cloruro de calcio e hipoclorito de calcio que se usa como desinfectante y para blanquear el papel y las telas.
3 **cloruro sódico o de sodio:** Sal común. — s.m./QUÍMICA = clorhidrato QUÍMICA QUÍMICA

closet (Voz inglesa.) Armario empotrado. — s.m./Amér.

clown (Voz inglesa.) Payaso, artista de circo: *me encantó ver a los clowns del espectáculo*. — s.m./pl: clowns tb: clon

club (Voz inglesa.)
1 Asociación cuyos miembros tienen afinidades políticas, profesionales, culturales, deportivas o de otro tipo: *han formado un club de poetas*.
2 Lugar donde se reúnen los miembros de esta asociación: *nos veremos en el club*.
3 Sala de fiestas con baile y espectáculo.
4 Localidad del piso superior al patio de butacas en los cines.
5 Bastón de golf con que se lanza la pelota. — s.m./pl.tb: clubes CINE DEPORTES

clubista Socio o miembro de un club. — s.m.f.

clueco, a (Del romance hispánico *clocca*, onomatopeya de la voz de la gallina.)
1 Se aplica al ave que empolla los huevos: *se ha comprado un par de gallinas cluecas*.
2 Se refiere a la persona que está muy débil y achacosa por ser muy vieja: *aquel carcamal clueco asistió a la ceremonia lujosamente ataviado*. — adj/s.f. tb: llueco adj. coloquial = delicado

cluniacense
1 De la orden religiosa de Cluny o de su monasterio.
2 Miembro de esta orden. — adj./RELIGIÓN s.m.f./RELIGIÓN

clupeiforme Perteneciente a una familia de peces marinos o de agua dulce, teleósteos, como la sardina y el arenque. — adj/s.m. ZOOLOGÍA

clusa Fruto indehiscente, monospermo o polispermo, como los aquenios de las labiadas y borragináceas. — s.f. BOTÁNICA

cluster (Voz inglesa.) Organización de un grupo de ordenadores o de terminales conectadas a uno principal. — s.m. pl: clusters INFORMÁTICA

cneoráceo, a Perteneciente a una familia de plantas angiospermas dicotiledóneas, de hojas alternas y estrechas y fruto en drupa. — adj/s.f. BOTÁNICA tb: neoráceo

cnidario, a Perteneciente a un subtipo de celentéreos, generalmente marinos, que viven fijos en el fondo del mar o de manera planctónica, como la medusa. — adj/s.m. ZOOLOGÍA

co- Componente de palabra procedente del lat. *cum*, que indica reunión, unión, compañía: *cooperación; correligionario*. — pref. tb: com-, con-

coa
1 Jerga de los delincuentes.
2 Apero de labranza.
3 Acción de esparcir las semillas en un terreno preparado para el cultivo. — s.f./Chile Méx., Par., Venez. Venez. AGRICULTURA

coacción
I (Del lat. *coactio, -onis*, acción de forzar < *cogere*, constreñir.)
1 Amenaza o violencia que se ejerce sobre una persona para obligarla a decir o hacer algo: *actuó de manera tan burda por coacción*.
2 Fuerza o poder legítimo para imponer el cumplimiento de las obligaciones.
II (Probablemente de *co-* + *acción*.) Interacción ecológica entre dos o más especies que conviven en un ecosistema. — s.f. = intimidación DERECHO s.f. ECOLOGÍA

coaccionar Presionar a una persona para que haga o diga algo que no quiere: *lo coaccionó para que invirtiese en aquel oscuro negocio*. — v.tr. = intimidar

coacervar (Del lat. *coacervare*.) Juntar o amontonar cosas. — v.tr/prnl.

coach (Voz inglesa.) Tipo de carrocería cerrada de automóvil con dos puertas y cuatro ventanillas. — s.m. pl: coachs

coacreedor, a (De *co-* + *acreedor*.) Acreedor juntamente con otro: *los coacreedores le interpusieron una demanda*. — s.

coactivo, a (Del lat. *coactivus*.) Que ejerce o implica coacción. — adj.

coacusado, a (De *co* + *acusado*.) Que es acusado junto con otro u otros en un juicio. — adj/s. DERECHO

coadjutor, a (Del lat. *coadjutor*.)
1 Persona que ayuda a otra en el desempeño de ciertos cargos.
2 Clérigo destinado a ayudar al cura párroco. — s. tb: coadyutor s.m./RELIGIÓN

coadquirir (De *co-* + *adquirir*.) Adquirir dos o más personas una cosa: *coadquirieron la finca*. — v.tr. conj: adquirir

coadquisición Adquisición en común entre varias personas. — s.f.

coadunar (De *co-* + *adunar*.) Unir dos o más cosas para formar un todo: *algunas células se coadunan*. — v.tr/prnl. = unir

coadyutorio, a (Del lat. *cum*, con + *adiutor*, ayuda, auxilio.) Que ayuda o auxilia. — adj. formal

coadyuvante
1 Que ayuda a la consecución de una cosa.
2 Parte que, junto al fiscal, sostiene la resolución administrativa impugnada. — adj/s.m.f./formal s.m.f. DERECHO

coadyuvar (Del bajo lat. *coadiuvare*.) Ayudar a cooperar en la consecución de una cosa: *coadyuvó a los ingresos; coadyuvó en pagar el funeral*. — v.tr. formal + en, a

coagente Que ayuda o contribuye a algún fin. — adj/s.m.f.

coagulable Que es capaz de coagularse. — adj.

coagulación Acción y resultado de coagular o coagularse un líquido: *la falta de plaquetas hace que la coagulación sea difícil*. — s.f.

coagulante Que facilita la coagulación: *utilizaron varios coagulantes para cortar la hemorragia*. — adj/s.m. = coagulador

coagular (Del bajo lat. *coagulare*.) Hacer que un líquido se solidifique formando grumos: *la sangre se ha coagulado; coaguló la leche para hacer cuajada*. — v.tr/prnl. = cuajar

coágulo (Derivado culto del lat. *coagulum*.) Masa o porción de sustancia coagulada: *se le formó un coágulo en la arteria*. — s.m.

coaita Mono de América Central, de cola muy larga y cuerpo cubierto de pelo negro. (*Ateles paniscus*.) — s.f. ZOOLOGÍA

coala (De la voz australiana *koala*.) Koala, marsupial trepador de pequeño tamaño, parecido al oso. (*Phascolarctos cinereus*.) — s.m. ZOOLOGÍA

coalescencia (Del lat. *coalescentia* < *coalescere*, crecer junto.)
1 Propiedad de unirse o fundirse.
2 Fenómeno por el cual las gotas de un líquido, disperso en otro con el que no se mezcla, tienden a unirse entre ellas, para formar agregados mayores. — s.f. s.f. QUÍMICA

coalición (Del fr. *coalition* < lat. *coalescere*, crecer junto < *alescere*, brotar.) Alianza entre países, partidos o personas del mundo político e industrial, con un fin común y durante un tiempo determinado: *la coalición consiguió la victoria en las elecciones generales*. — s.f. = confederación, unión

coalicionista Miembro de una coalición o partidario de ella. — s.m.f.

coaligarse Coligarse, unirse, aliarse: *sin saberlo se coaligó con tu enemigo*. — v.prnl. conj: pagar

coalla (Voz onomatopéyica.) Chocha, ave zancuda. — s.f./ZOOLOGÍA

coana (Del gr. *khoanos*, embudo.) Cada uno de los orificios que comunican el conducto nasal con la zona superior de la faringe. — s.f. ANATOMÍA

coano- Componente de palabra procedente del gr. *khoanos*, que significa embudo: *coanocito*. — pref.

coanocito Cada una de las células que tapizan la cavidad gástrica de las esponjas, cuyos movimientos aseguran la circulación del agua por el interior del animal. — s.m. ZOOLOGÍA

coanoflagelado, a Perteneciente a un orden de organismos unicelulares flagelados acuáticos, de pequeño tamaño, con un collarete que envuelve el único flagelo apical. — adj/s.m. BIOLOGÍA

coaptación (Del lat. *coaptare*, coaptar.)
1 Operación de colocar en su lugar los bordes de una herida, los fragmentos de un hueso fracturado o de acomodar en su sitio uno dislocado.
2 Ajuste de dos órganos que se han formado separadamente en un mismo individuo o en individuos de sexos opuestos, como los copuladores. — s.f. MEDICINA BIOLOGÍA

coarrendador, a Persona que arrienda una propiedad junto con otra. — s. ≠ coarrendatario

coarrendatario, a Persona que, junto con otra, tiene arrendada una cosa. — s. ≠ coarrendador

coartación
1 Acción y resultado de coartar. — s.f.
2 Estrechez congénita o adquirida de la aorta. — s.f. MEDICINA

coartada Argumento empleado por una persona acusada de un delito para negar su culpabilidad, según el cual, en el momento en que ocurrieron los hechos que se le imputan, se encontraba en lugar distinto a aquel en que éstos ocurrieron: *el estar detenido por escándalo público le sirvió de coartada para el crimen.* — s.f. DERECHO

coartar (Del lat. *coartare*.)
1 Estorbar o impedir la ejecución de algo: *no hay fuerza que coarte el proceso de degeneración física del individuo.* — v.tr.
2 Poner límites a la libertad de acción de una persona: *le coartó con sus cínicas insinuaciones.* — = limitar, restringir

coaseguro (De *co-* + lat. *securus*, sin peligro.) Modalidad de seguro en la que varios aseguradores asumen el mismo riesgo dentro de los límites del bien asegurado. — s.m. DERECHO

coatí Mamífero carnívoro de cabeza alargada terminada en un hocico estrecho y móvil y pelaje largo y tupido. *(Nasua.)* — s.m. ZOOLOGÍA tb: cautí

coatl (Voz náhuatl.) Quinto de los veinte signos del calendario azteca. — s.m. HISTORIA

coautor, a (De *co-* + lat. *auctor*, creador.)
1 Autor de una obra junto con otro u otros. — s.
2 Persona que ha cometido un delito o infracción participando con otra u otras. — DERECHO

coaxial Se aplica al objeto que está compuesto de diferentes partes cilíndricas y que tienen en común su eje de simetría. — adj.

coba (Probablemente del lat. *cubare*, acostarse.)
1 Adulación o halago excesivo con el fin de obtener una cosa: *menuda coba, tú lo que quieres es dinero.* — s.f. coloquial
2 Engaño o embuste gracioso. — coloquial
3 **dar coba**: Adular, halagar: *dándole coba fue consiguiendo de ella todo lo que quiso.* — coloquial

cobaltar Recubrir una superficie metálica con cobalto para evitar su oxidación. — v.tr. METALURGIA

cobaltina Sulfuro natural de cobalto y arsénico, que se explota como mineral de cobalto. — s.f. MINERALOGÍA

cobalto (Del alem. *Kobalt*.)
1 Metal de color blanco rojizo, duro y difícil de fundir, usado en la composición de muchos esmaltes y pinturas. — s.m. QUÍMICA
2 **bomba de cobalto**: Aparato productor de radiaciones beta que se utiliza en los tratamientos de tumores por cobaltoterapia. — MEDICINA

cobaltoterapia Tratamiento que consiste en la aplicación, generalmente sobre tumores malignos, de las radiaciones que emite el cobalto radiactivo. — s.f. MEDICINA

cobana Planta arbórea de hojas paripinnadas y flores en racimos axilares y terminales. *(Stahlia monosperma.)* — s.f. BOTÁNICA

cobarcho Parte de la almadraba. — s.m./PESCA

cobarde (Del fr. ant. *coart* < *coe*, cola, por volver la cola al huir.)
1 Que no tiene valor o ánimo: *no se quedó, porque es un cobarde; no es cobarde, no se arredra ante nada ni nadie.* — adj./s.m.f./= miedoso, pusilánime ≠ valiente
2 Que está hecho con cobardía: *la situación exigía entereza pero su reacción fue cobarde.* — adj.
3 Se refiere a la vista que es delicada y de poca claridad o alcance. — MEDICINA

cobardear Mostrar una persona cobardía: *no te creas sus bravatas, cobardea ante el más mínimo obstáculo.* — v.intr.

cobardía
1 Modo de ser o comportarse del que carece de ánimo o valor en las adversidades: *no lo hizo por cobardía.* — s.f. ≠ valentía
2 Acción propia de un cobarde: *me parece una cobardía no querer subir a ese avión.*

cobardón, a Que es un poco cobarde: *no cuentes con la cobardona para escalar la pared.* — adj./s. coloquial

cobaya (Voz americana de origen incierto.) Mamífero roedor americano, de color variable, parecido al conejo pero de menor tamaño, que se cría principalmente para realizar experimentos biológicos y farmacológicos. *(Cavia.)* — s.m/f. ZOOLOGÍA = conejillo de Indias

cobertera (Del lat. *coopertorium*.)
1 Tapa de los recipientes usados para cocinar. — s.f./= tapadera
2 Pluma que cubre la base de la cola de las aves. — ZOOLOGÍA
3 **en cobertera**: Se usa para señalar que el abono se esparce por la tierra sin enterrarlo, generalmente cuando se trata de nitrato. — loc.adj/adv. AGRICULTURA

cobertizo (Del lat. *coopertorium*.)

1 Tejado que sobresale de la pared y que se usa como protección: *pasaba las tardes de verano en casa a la sombra del cobertizo.* — s.m. CONSTRUCCIÓN
2 Lugar cubierto rústicamente que sirve para proteger de la intemperie: *fabricó un cobertizo con ramas y hojas de platanera para resguardarse de la tromba de agua.*

cobertor Colcha o manta de abrigo para cubrir la cama: *le pidió otro cobertor para pasar la fría noche de invierno.* — s.m.

cobertura
1 Objeto que se pone encima de otro para cubrirlo, taparlo o resguardarlo. — s.f. = cubierta
2 Prevención ante una responsabilidad, riesgo o perjuicio: *antes de morir dispuso la cobertura para asegurar la manutención de sus hijos.*
3 Garantía para la emisión de billetes de banco o para otras operaciones financieras o comerciales. — ECONOMÍA = aval
4 Conjunto de materiales que cubren otros más antiguos. — GEOLOGÍA tb: cobertera
5 Sedimentos impermeables, bajo los que el petróleo o gas natural han podido acumularse en cantidades explotables. — GEOLOGÍA
6 **cobertura aérea**: Acción consistente en hacer volar formaciones de cazas sobre una zona que se desea proteger de los ataques o vuelos de reconocimiento enemigos. — AERONÁUTICA, MILITAR
7 **cobertura de riesgo**: Relación entre el valor que cubre el seguro y el de la operación o mercancía que es objeto de éste. — ECONOMÍA
8 **cobertura fotográfica**: Extensión de la zona fotografiada desde el aire. — AERONÁUTICA, FOTOGRAFÍA

cobija (Del lat. *cubilia* < *cubile*, lecho.)
1 Teja puesta con la parte cóncava hacia abajo, que cubre la unión de dos canales del tejado. — s.f. CONSTRUCCIÓN
2 Lo que se pone encima de una cosa para cubrirla, taparla o resguardarla. — = cubierta
3 Cada una de las plumas pequeñas que cubren el arranque de las plumas mayores o cola del ave. — ZOOLOGÍA
4 Manta de cama. — Méx., Venez.
5 Ropa de cama, en especial la de abrigo: *le preparó el lecho con las mejores cobijas que tenía.* — s.f.pl. Amér.

cobijamiento
1 Albergue, sitio que sirve de refugio. — s.m./= cobijo
2 Amparo o protección.

cobijar (Probablemente del lat. *cubilia*, lecho.)
1 Albergar, dar cobijo: *cobijaron a los hijos de los afectados en el orfanato; se cobijó en los soportales de la plaza.* — v.tr/prnl. tb: cubijar
2 Amparar a una persona: *Pedro cobijó a su amigo; se cobijó en casa de su madre.*
3 Esconder un sentimiento determinado: *cobija malas intenciones bajo un rostro afable.* — v.tr.

cobijo
1 Lugar que sirve de refugio: *un pequeño saliente en la roca les sirvió de cobijo hasta que amainó la tormenta.* — s.m. tb: acobijo
2 Protección o consuelo que se ofrece a una persona: *no es bueno buscar siempre cobijo en los padres.* — = amparo

cobista Que da coba o adula: *aquella nietecita cobista le traía de cabeza.* — adj/s.m.f./coloquial = lisonjero

cobla (Del lat. *copula*, lazo, unión.)
1 Conjunto de músicos que interpretan sardanas, en Cataluña: *veinte coblas diferentes actuaron en el marco de la fiesta patronal.* — s.f. MÚSICA
2 Copla, unidad métrica de la poesía trovadoresca. — POESÍA

cobol (Acrónimo del ingl. *[Co]mmon [B]usiness [O]riented [L]anguage.*) Lenguaje de programación de alto nivel, orientado a la realización de programas para la gestión y administración. — s.m. INFORMÁTICA

cobra
I (Del lat. *copula*, lazo, unión.)
1 Yugo para uncir bueyes. — s.f. AGRICULTURA
2 Yeguas enlazadas y adiestradas para trillar.
II (Del port. *cobra* < bajo lat. *colobra*.) Reptil ofidio, de origen asiático, muy venenoso, que se alimenta de pequeños roedores, anfibios y lagartos. — s.f. ZOOLOGÍA
III (Derivado de *cobrar* < *recobrar* < lat. *recuperare* < *capere*, coger.) Acción de coger el perro la pieza muerta o herida, y llevársela al cazador. — s.f. CAZA

cobrador, a
1 Persona encargada de cobrar recibos o cuotas: *en algunas zonas encontró que los autobuses llevaban conductor y cobrador.* — s. = recaudador
2 Se refiere al perro que recoge las piezas heridas o muertas y las lleva al cazador. — adj. CAZA

cobranza Recaudación de impuestos, especialmente el de la contribución: *ha expirado el período de cobranza.* — s.f. ECONOMÍA

cobrar (Derivado de *recobrar* < lat. *recuperare* < *capere*, coger.)
1 Percibir dinero, una remuneración o una compensación por un trabajo, una venta o un favor: *cobrar un* — v.tr/intr/prnl.

buen sueldo; cobrarse los desvelos; les cobró por adelantado.
2 Recobrar, volver a tener lo que se había perdido: *cobró las ganas de trabajar.* v.tr. = recuperar
3 Empezar a sentir afecto: *cobró cariño al perro.* = tomar
4 Conseguir, adquirir: *después de la paliza, cobró fama de violento.* = obtener
5 Recibir un golpe o castigo: *si no te callas vas a cobrar.* v.tr/intr.
6 Recuperarse de una sorpresa o un desmayo, volver en sí: *se cobraba del susto poco a poco.* v.prnl./+ de = recobrarse
7 Recoger una cuerda tendida, tirando de ella: *ordenó que cobrasen las cuerdas y arriaran las velas ante la inminencia de la tempestad.* v.tr. NÁUTICA
8 Coger las piezas que se han herido o matado: *en un día cobraron doscientas aves.* CAZA

cobre
I (Del lat. *cuprum* < gr. *Kypros*, Chipre, isla donde abunda este metal.)
1 Metal de color rojo pardo brillante, maleable y dúctil, usado en muchas aleaciones y para fabricar cables de conducción eléctrica. s.m. QUÍMICA
2 Batería de cocina o cualquier otro objeto hecho de este material.
3 Conjunto de los instrumentos de viento de una orquesta o banda. s.m.pl. MÚSICA
4 cobre amarillo: Aleación a base de cobre y latón y, a veces, de bronce. METALURGIA = azófar
5 cobre azul: Variedad del carbonato de cobre. MINERALOGÍA
6 cobre blanco: Aleación de cobre, cinc y arsénico. METALURGIA
7 cobre gris: Sulfuro de cobre antimonial. QUÍMICA
8 cobre negro: El que no ha sido purificado. MINERALOGÍA
9 cobre quemado: Sulfato de cobre. QUÍMICA
10 cobre rojo: Óxido de cobre natural que se presenta en masas de color rojo cochinilla. QUÍMICA = cuprita
11 cobre verde: Mineral compuesto de carbonato de cobre, de color verde, usado para decorar muebles. MINERALOGÍA = malaquita
12 batir o batirse el cobre: Se usa para indicar que una persona trata un asunto o trabajo con mucho empeño: *con la planificación del proyecto hemos batido el cobre de firme.* coloquial
13 batirse el cobre: Discutir acaloradamente: *en la tertulia se batió el cobre sobre la situación política.* coloquial
II (Probablemente de *copla* < lat. *copula*, lazo, unión.) Atado de dos pescados secos. s.m.

cobreado
1 Acción y efecto de cobrear: *el cobreado protege la escultura de hierro de la corrosión atmosférica.* s.m. METALURGIA
2 Uso del cobre para simular el dorado en las obras de joyería.
cobrear Cubrir una cosa con cobre: *cobreó las piezas del circuito eléctrico.* v.tr. METALURGIA

cobrizo, a
1 De color marrón rojizo, como el del cobre: *tiene el cabello cobrizo y rizado.* adj. = acobrado
2 Se refiere al mineral que contiene cobre. MINERALOGÍA

cobro
1 Acción de recibir dinero como pago de un trabajo, venta, deuda u otro asunto o actividad: *está muy contenta porque hoy es día de cobro.* s.m. = cobranza
2 cobro de lo indebido: Cuasicontrato que obliga a la devolución de pagos hechos por error o sin causa. DERECHO
3 cobro revertido: El que se efectúa al destinatario de una mercancía, una carta o llamada telefónica.
4 poner cobro: Poner cuidado, tener precaución: *puso cobro en limitarse a hablar con ella de cuestiones laborales.* coloquial
5 poner en cobro: Colocar una cosa en lugar seguro para preservarla: *pon en cobro los medicamentos, no sea que las niñas los cojan para jugar.* coloquial
6 poner una cosa al cobro: Disponer lo necesario para cobrarla: *el ayuntamiento puso al cobro la contribución.* COMERCIO
7 ponerse en cobro alguien: Resguardarse, cobijarse: *se fue a casa de unos amigos para ponerse en cobro de la maledicencia.* coloquial

coca
I (Del quechua *kuka*.)
1 Arbusto indígena de las regiones andinas sudamericanas, de flores de color blanco y de cuyas hojas se obtiene la cocaína. *(Erythroxylum coca.)* s.f. BOTÁNICA = coca del Perú
2 Hoja de este arbusto. BOTÁNICA
3 Cocaína, sustancia estimulante obtenida de la hoja de este arbusto. coloquial
II (Probablemente del gr. *kokkos*, semilla.) Baya pequeña y redonda, venenosa, que se emplea para matar peces. s.f. BOTÁNICA
III (Probablemente de *coco*, moño alto.) Cada una de las dos porciones en que suelen dividir el cabello las mujeres cuando se lo recogen por detrás de las orejas. s.f.
IV (Voz catalana.) Torta de harina cocida a fuego lento, a la que pueden añadirse distintos ingredientes s.f. COCINA

cocacho
1 Coscorrón, golpe dado en la cabeza. s.m./Amér. Merid.
2 Variedad de frijol que se endurece al cocer. Perú
coca-cola (Marca registrada.) Bebida refrescante azucarada y carbonatada. s.f. pl: coca-colas
cocacolo Hombre afeminado: *el cocacolo recibió todo el apoyo de su familia cuando estuvo enfermo.* s.m. Colomb.
cocada
1 Dulce hecho principalmente de coco rallado. s.f./COCINA
2 Cierta clase de turrón. Amér. Merid.
3 Provisión de hojas de coca. Perú
cocaína (Derivado de *coca* < quechua *kuka*.) Alcaloide obtenido de las hojas de la coca que se utiliza como droga y estupefaciente o como anestésico en medicina. s.f. QUÍMICA = coca
cocainismo Intoxicación crónica por el consumo de cocaína. s.m. MEDICINA
cocainomanía Adicción a la cocaína: *las estadísticas demuestran que aumenta la cocainomanía.* s.f. MEDICINA
cocainómano, a Que es adicto a la cocaína. adj/s./MEDICINA
cocán Pechuga de ave. s.m./Perú ·
coccídio, a (Derivado de *coco* < gr. *kokkos*, semilla.) Perteneciente a un orden de esporozoos, parásitos de las células, especialmente de las epiteliales, de muchos animales. adj/s.m. ZOOLOGÍA
cóccido, a Perteneciente a una familia de insectos hemípteros, parásitos de vegetales, que presentan dimorfismo sexual. adj/s.m. ZOOLOGÍA
coccígeo, a Del cóccix: *nervio coccígeo.* adj./ANATOMÍA
coccinela Mariquita, insecto. s.f./ZOOLOGÍA
coccinélido, a Perteneciente a una familia de insectos coleópteros trímeros, que se caracterizan por tener un pequeño cuerpo hemisférico de colores vivos con varios puntos negros, como la mariquita. adj/s.m. ZOOLOGÍA
coccíneo, a (Del lat. *coccineus* < gr. *kokkos*, semilla.) De color púrpura: *le maravilló el coccíneo celaje.* adj./culto = purpúreo
cocción (Del lat. *coctio, -onis.*) Acción y resultado de cocer o cocerse: *mantener hora y media de cocción.* s.f. = cocimiento
cóccix (Del gr. *kokkyx.*) Hueso formado por la fusión de cuatro vértebras, situado al final de la columna vertebral y articulado con el hueso sacro. s.m/pl: cóccix ANATOMÍA tb: coxis
cocear (Derivado de *coz*.)
1 Dar una caballería coces: *el cimarrón coceaba nerviosamente en el establo.* v.intr. tb: acocear
2 Resistirse a hacer o admitir una cosa: *no hace más que cocear cuando tiene que ayudar en algo.* coloquial = remolonear
cocedero, a
1 Que puede ser cocido con facilidad. adj./= cocedizo
2 Pieza o lugar en que se cuece un alimento: *cocedero de mariscos.* s.m. = cocedor
cocedizo, a Que cuece con facilidad: *hizo el potaje con garbanzos cocedizos.* adj. = cocedero
cocedor, a
1 Operario o persona encargada de la cocción o concentración de un producto, en una industria. s.
2 Pieza o lugar en que se cuece un alimento. s.m./= cocedero
cocedura Cocción, acción y resultado de cocer: *estas carnes requieren una cocedura más intensa.* s.f. = cochura
cocer (Del lat. vulgar *cocere* < lat. *coquere*.)
1 Mantener un alimento en un líquido hirviente para hacerlo comestible o someterlo a la acción del fuego: *hay que cocer las legumbres.* v.tr. conj: torcer
2 Someter un material a la acción del calor en un horno: *ya han empezado a cocer el pan; cocer los ladrillos.* = hornear
3 Hacer hervir un líquido con alguna finalidad: *el agua ya está cociendo.* v.tr/intr.
4 Hacer supurar un absceso. v.tr/MEDICINA
5 Fermentar un líquido o hervir sin calor: *el vino se cuece en las cubas.* v.prnl.
6 Prepararse una cosa sin que se manifieste externamente: *algo se cuece en las reuniones del ministerio.* = maquinarse, tramarse
7 Padecer un calor excesivo o una molestia persistente: *se cuece con ese picor en la espalda; me cocía trabajando tan cerca del horno.* = escocer
cocha
1 Estanque separado del lavadero principal por una compuerta en una mina. s.f. MINERÍA
2 Charco, laguna. Amér. Merid.
3 Pampa, llanura de gran extensión. Perú
cochada Cocción, acción y resultado de cocer: *no se ablandó ni con la cochada.* s.f. Colomb.
cochambre (Derivado de *cochino*.)
1 Capa de suciedad, grasienta y maloliente: *la cochambre no deja ver el suelo.* s.m/f. coloquial
2 Basura, conjunto de cosas viejas, rotas y sucias: *en este local sólo hay un montón de cochambre.* s.f. coloquial

cochambrería Conjunto de cosas que tienen cochambre: *eliminad primero la cochambrería.* — s.f. coloquial

cochambroso, a Que tiene un aspecto sucio y descuidado: *llegó todo cochambroso al hospital.* — adj./coloquial = mugriento

cochastro Cría de jabalí. — s.m./ZOOLOGÍA

cochayuyo (Voz quechua.) Alga marina comestible con tallo en forma de cinta. — s.m./Amér. Merid. BOTÁNICA

coche (Del húngaro *kocsi,* carruaje, o del eslovaco *koci,* carruaje.)
1 Automóvil, vehículo movido por un motor de explosión: *llegaron en el coche nuevo.* — s.m. = auto
2 Vagón de ferrocarril, metro o tranvía: *se encontraron en el coche restaurante.*
3 Vehículo sobre ruedas, de tracción animal, preferentemente dedicado al transporte de personas: *iniciaba el desfile un coche tirado por cuatro caballos negros.* — = carruaje
4 **coche bomba:** El que esconde explosivos y es utilizado por terroristas.
5 **coche cama:** Vagón de ferrocarril provisto de una o más camas para dormir durante un trayecto largo. — pl: coches cama
6 **coche celular:** Coche o furgoneta dotado de medidas de seguridad que se emplea para el transporte de presos o detenidos.
7 **coche correo:** Furgón o vagón destinado al servicio de correos.
8 **coche de bomberos:** El equipado con los medios necesarios para la extinción de incendios: *la gravedad del incendio requirió la presencia de seis coches de bomberos.*
9 **coche de línea:** Autocar que hace el servicio regular de viajeros entre distintas poblaciones: *después del tren, tuvo que tomar un coche de línea hasta la aldea.*
10 **coche escoba:** Automóvil que va recogiendo a los corredores que abandonan una carrera ciclista: *el coche escoba se embarrancó en la cuneta por culpa de la niebla.* — DEPORTES
11 **coche fúnebre:** Vehículo acondicionado para conducir cadáveres al cementerio: *los deudos iban detrás del coche fúnebre.*
12 **coche parado:** Balcón o mirador en un lugar muy concurrido: *pagaron mucho dinero por estar en un coche parado para ver pasar los novios.*
13 **coche patrulla:** El de la policía: *el coche patrulla apareció justo a tiempo.*
14 **coche utilitario:** Automóvil pequeño, no demasiado caro y que consume poco carburante.
15 **ir en el coche de san Fernando:** Ir andando o a pie a un lugar: *no insistas más, no te llevaré en moto, vete en el coche de san Fernando.* — coloquial

cochear
1 Llevar un coche de caballos. — v.intr.
2 Ir en coche frecuentemente: *se cochea por el paseo marítimo con su Mercedes.* — v.intr/prnl.

cochera
1 Lugar donde se guardan los coches: *se declaró un incendio en la cochera.* — s.f. = garaje
2 Se aplica a la puerta que es lo suficientemente grande para que puedan pasar los vehículos: *los ladrones reventaron la puerta cochera y accedieron a la planta superior por la escalera del patio.* — adj.

cocheril De los coches o de los cocheros: *utilizan una jerga cocheril que no puedo entender.* — adj. coloquial

cochero, a
I (Derivado de *coche.*) Persona que conduce un coche tirado por caballos o mulas. — s. = conductor
II (Probablemente del lat. *coctus,* cocido.) Que se cuece con facilidad: *cocina un guiso con garbanzos cocheros.* — adj.

cochevira Manteca de cerdo. — s.f.

cochevís (Del fr. *cochevis.*) Cogujada, ave parecida a la alondra. — s.f./pl: cochevís ZOOLOGÍA

cochifrito Guiso hecho con tajadas de cordero o cabrito fritas y sazonadas con vinagre y especias. — s.m. COCINA

cochinada
1 Porquería, cosa sucia: *tienes la casa hecha una cochinada; una cochinada de hotel.* — s.f./coloquial = cochinería
2 Acción injusta, malintencionada y poco delicada con que se perjudica a una persona: *tu forma de actuar ha sido una cochinada, una jugada sucia.* — coloquial = cochinería

cochinata (Probablemente derivado de *cochino.*) Madero de la parte inferior de la popa que está endentado en el codaste y en otra armadura de la popa. — s.f. NÁUTICA

cochinera Vehículo de la policía nacional española, en especial durante el franquismo. — s.f. despectivo

cochinería
1 Suciedad, conjunto de desechos, desperdicios y cosas viejas y rotas: *está todo sucio, es una cochinería.* — s.f./coloquial = cochinada
2 Acciones o palabras propias de una persona muy sucia, grosera o mal educada: *no hace falta que le digan de dónde viene, por sus cochinerías ya se dará cuenta.* — coloquial = grosería
3 Cochinada, acción malintencionada contra una persona: *fue víctima de una cochinería.* — coloquial = cochinada

cochinero, a
1 Se refiere al fruto que se da a los cerdos, por ser de una calidad inferior. — adj.
2 Se aplica al trote corto y apresurado de las caballerías. — EQUITACIÓN

cochinilla
1 Crustáceo terrestre de cuerpo segmentado, color oscuro, que vive en parajes húmedos, y tiene la facultad de arrollarse sobre sí mismo formando una bola cuando siente peligro. — s.f. ZOOLOGÍA
2 Insecto hemíptero de pequeño tamaño. — ZOOLOGÍA
3 Pigmento rojo oscuro que se extrae de la cochinilla del nopal y se usa como colorante de alimentos, drogas, seda y lana. — ZOOLOGÍA
4 **cochinilla acanalada:** Insecto que ataca al naranjo y constituye una de las plagas más graves de los agrios. *(Acerya purchasi.)* — ZOOLOGÍA
5 **cochinilla de san Antón:** Mariquita, insecto coleóptero. — ZOOLOGÍA
6 **cochinilla del nopal:** Insecto del que se extrae el pigmento rojo oscuro del mismo nombre. *(Coccus cacti.)* — ZOOLOGÍA
7 **cochinilla escamosa o de san José:** Insecto originario de China que constituye una de las especies más peligrosas para el naranjo. *(Aspiotus perniciosus.)* — ZOOLOGÍA

cochinillo Cerdo o cochino de leche: *en medio de la mesa había un precioso cochinillo asado, flanqueado por seis pollos en pepitoria.* — s.m. = lechón, tostón

cochino, a (Derivado de la interjección onomatopéyica *¡coch!*)
1 Cerdo, animal mamífero. — s./ZOOLOGÍA
2 Cerdo que se ceba especialmente para la matanza: *le crió cuatro cochinos para el invierno.*
3 Se refiere a la persona sucia o desaliñada: *apareció en la sala hecho un cochino.* — adj/s. coloquial
4 Se refiere a la persona mezquina, cicatera o miserable: *su actitud es propia de un cochino.*
5 **cochino chino:** El que no tiene cerdas. — ZOOLOGÍA
6 **cochino de monte:** Variedad de cerdo ágil, de patas largas y cerdas erizadas. — ZOOLOGÍA
7 **cochino montés:** Jabalí, especie de cerdo salvaje. — ZOOLOGÍA

cochiquera Pocilga, lugar sucio: *en las cochiqueras gruñían los cerdos.* — s.f. coloquial

cochitril
1 Pocilga, establo para cerdos: *no soporta entrar en el cochitril.* — s.m. coloquial
2 Habitación pequeña, estrecha y desaseada: *sólo pudo pagarse un cochitril en el barrio chino.* — tb: cuchitril

cochizo Parte más rica de una mina. — s.m./MINERÍA

cocho, a
1 Que está crudo o que aún no ha cocido. — adj./Colomb.
2 Mazamorra, gachas de harina tostada. — s.m./Chile/COCINA

cochura
1 Acción y resultado de cocer o cocerse: *para la cochura de las setas utilizó agua y zumo de limón.* — s.f. = cocción
2 Conjunto de cosas que se cuecen de una vez, como panes, ladrillos o cacharros: *la primera cochura de cerámica salió defectuosa.*

cocido, a
1 Que está muy borracho o drogado: *cuando va cocido no sabe lo que hace.* — adj. coloquial
2 Acción y resultado de cocer. — s.m.
3 Guiso de garbanzos, carne y hortalizas que se cuecen todos juntos. — COCINA = olla
4 **cocido andaluz:** El que lleva menos ingredientes y es más ligero de condimentación. — COCINA
5 **cocido madrileño:** El que lleva garbanzos, sopa y carnes como tocino, ternera, gallina, jamón y chorizo. — COCINA
6 **cocido montañés:** El que se hace con berzas, alubias, y morcilla y chorizo en gran cantidad. — COCINA
7 **estar alguien cocido en algo:** Estar una persona muy experimentada en una determinada actividad: *está muy cocida en burlar impuestos.* — coloquial

cociente (Del lat. *quotiens,* cuántas veces.)
1 Resultado que se obtiene dividiendo una cantidad por otra. — s.m. MATEMÁTICAS
2 **cociente de asimilación:** Rendimiento energético de la fotosíntesis. — BOTÁNICA
3 **cociente de inteligencia o intelectual:** 1. Relación entre la edad mental y real de un niño. 2. Resultado de ciertos tests de inteligencia. — SICOLOGÍA
4 **cociente electoral:** Número mínimo de sufragios necesarios para obtener un escaño en un escrutinio de representación proporcional. — POLÍTICA
5 **cociente respiratorio:** Relación entre el volumen de gas carbónico expulsado y el del oxígeno inhalado en una inspiración. — MEDICINA

cocimiento
1 Acción y resultado de cocer. — s.m.= cocción
2 Líquido cocido con hierbas u otras sustancias medi-

cinales: *el naturópata le recomendó diferentes cocimientos para horas distintas.*
3 Baño preparado con diversos ingredientes, para abrir los poros de la lana que se va a teñir. — TEXTIL
cocina (Del lat. vulgar *cocina* < bajo lat. *coquina.*)
1 Habitación de la vivienda donde se preparan y guisan las comidas: *he cambiado los muebles de la cocina.* — s.f. COCINA
2 Aparato o conjunto de aparatos para cocinar: *prefiero la cocina eléctrica a la cocina de butano.* — COCINA, TECNOLOGÍA
3 Arte o forma de cocinar: *la cocina vegetariana es rica en vitaminas.* — COCINA
4 Conjunto de platos o recetas propios de un lugar o de un cocinero: *les gusta la cocina china.* — COCINA
5 Personal que trabaja en un hotel, restaurante o establecimiento similar y que se dedica a la elaboración de los platos que se guisan y se sirven: *los clientes se quejaron de la renovación de la cocina.*
6 cocina de a bordo: La que está instalada en el muelle y sirve las comidas a los tripulantes de los buques atracados. — NÁUTICA
7 cocina de boca: Aquella en que se preparaban los alimentos para los miembros reales de palacio. — HISTORIA
8 cocina sana: Estilo culinario que intenta conservar al máximo las virtudes nutritivas de los alimentos, preparándolos de tal manera que faciliten la digestión y la asimilación por el organismo. — COCINA
9 cocina vegetariana: Aquella en que sólo se utilizan alimentos vegetales y discrimina el consumo de productos cárnicos. — COCINA
10 de cocina: Se aplica a los muebles, instrumentos y aparatos que se utilizan para la preparación de los alimentos que se han de consumir. — loc.adj. COCINA
cocinar (Del lat. *coquinare.*)
1 Preparar los alimentos cociéndolos en el fuego: *cocinó la carne como sólo ella sabía hacerlo.* — v.tr/intr./COCINA = guisar
2 Meterse una persona en los asuntos ajenos: *tiene la costumbre de cocinar en las vidas de todos los que conoce.* — v.intr./coloquial = entremeterse
cocinería Tienda de comidas preparadas, figón. — s.f./Chile, Perú
cocinero, a Persona que por oficio cocina: *después de la recepción felicitaron a la cocinera por su excelente trabajo.* — s. COCINA
cocinilla
1 Hornillo portátil que utiliza un combustible líquido o gaseoso. — s.f. = infiernillo
2 Hombre aficionado a las tareas domésticas, especialmente a la cocina. — s.m. coloquial
3 Persona que se entremete en asuntos que no son de su incumbencia. — s.m.f. despectivo
cocker (Voz inglesa.) Se aplica a una raza de perros de caza de pelo largo, con orejas largas y colgantes. — adj/s.m. ZOOLOGÍA
cóclea (Derivado culto del lat. *cochlea*, caracol.)
1 Aparato que sirve para elevar agua. — s.f.
2 Órgano o parte del cuerpo de animales y plantas, en forma de espiral. — ZOOLOGÍA, BOTÁNICA
coclear (Derivado culto del lat. *cochlea*, caracol.)
1 Se aplica al nervio que realiza la función auditiva. — adj./ANATOMÍA
2 Que tiene forma de espiral. — BOTÁNICA
coclearia (Derivado culto del lat. *cochlearia*, cucharas.) Planta crucífera que crece en zonas costeras y marismas, de flores blanquecinas y cuyas hojas frescas tienen efectos diuréticos, desinfectantes y curan el escorbuto. *(Cochlearia officinalis.)* — s.f. BOTÁNICA
coco
I (Del port. *coco*, fantasma infantil con una calabaza por cabeza.)
1 Árbol originario de América, con el tronco alto y un penacho de hojas grandes y con fruto en grandes racimos. — s.m. BOTÁNICA = cocotero
2 Fruto comestible de este árbol, en forma de drupa, con cáscara fibrosa, con pulpa blanca y gustosa y que contiene un líquido refrigerante en el interior. — BOTÁNICA
3 Cabeza humana: *se dio un golpe en el coco.* — coloquial
4 Fantasma con el que se asusta a los niños: *a dormir que vendrá el coco.* — familiar
5 Bolita de color oscuro procedente de América con la que se hacen rosarios. — = cuenta
6 comer el coco: 1. Intentar convencer a otra persona: *no me comas el coco, porque no voy a ir.* 2. Conseguir que una persona deje de tener sus propias opiniones inclinándola hacia otras: *le comieron el coco y entró en la secta.* — coloquial coloquial
7 comerse el coco: Pensar excesivamente en un único tema: *se come el coco con este asunto.* — coloquial
8 hacer cocos: 1. Hacerse carantoñas los enamorados. 2. Hacer ademanes y gestos para mostrar halago. — coloquial
II (Del gr. *kokkos*, semilla, insecto.) Bacteria de forma esférica. — s.m. BIOLOGÍA
III (De origen incierto.) Gorgojo, insecto coleóptero. — s.m/ZOOLOGÍA
coco- Componente de palabra procedente del lat. *coccum*, que significa insecto: *cocobacilo; cocobacteria.* — pref/suf.
cocobacilo Bacteria de forma elíptica. — s.m./BIOLOGÍA
cocobacteria Coco, bacteria de forma redonda. — s.f./BIOLOGÍA

cocobálsamo (Del gr. *kokkos*, semilla + lat. *balsamum* < gr. *balsamos.*) Fruto del árbol que da el bálsamo de la Meca. — s.m. BOTÁNICA
cocobolo
1 Árbol americano, de hojas grandes de color verde rojizo y flores coloradas, del cual se obtiene una madera muy estimada. — s.m. BOTÁNICA
2 Madera de este árbol de color encarnado y dura.
cococha (Del vasco *kokotxa*, barbadilla de la merluza.) Protuberancia carnosa de la parte inferior de la cabeza de la merluza y del bacalao, considerada como un manjar exquisito: *fueron a un restaurante vasco para probar las cocochas.* — s.f. tb: kokotxa
cocodrilo (Del lat. *crocodilus* < gr. *krokodeilos.*) Reptil de gran tamaño, carnívoro, con la piel cubierta de escamas duras a modo de escudo, de color verdoso, con mandíbulas fuertes, grandes y alargadas que vive en ríos y pantanos de las áreas tropicales. *(Crocodylus.)* — s.m. ZOOLOGÍA
cocol
1 Figura con forma de rombo. — s.m./Méx.
2 Pan en forma de rombo. — Méx.
cocolía Cangrejo de mar. — s.f./P. Rico
cocoliche
1 Jerga hablada por inmigrantes italianos en la región del Plata. — s.m./Argent., Urug./LINGÜÍSTICA
2 Persona que habla de este modo. — s.m.f./Argent.
cócora Se aplica a la persona que es muy molesta e impertinente. — adj/s.m.f. coloquial
cocoroco, a Que es descarado, altanero o ufano. — adj./Chile
cocorota
1 Cabeza humana: *se dio con la cocorota en la pared y perdió el sentido.* — s.f. coloquial
2 Parte más alta de la cabeza, coronilla: *estoy de tus tonterías hasta la cocorota.* — coloquial
3 Parte más alta de cualquier cosa. — coloquial
cocoso, a Se aplica a la fruta o semilla que está dañada por los cocos o gorgojos: *intentó venderle la fruta cocosa al precio de la sana.* — adj. AGRICULTURA
cocotal Terreno plantado de cocoteros. — s.m.
cocote Cogote, parte superior y posterior del cuello: *desde que se ha cortado el pelo, siente frío en el cocote.* — s.m. ANATOMÍA
cocotero (Derivado de *coco*, fantasma.) Árbol palmáceo, de tronco esbelto, con un penacho de hojas grandes, que vive en países tropicales y es cultivado por sus frutos, los cocos, y por la fibra que los cubre. *(Cocos nucifera.)* — s.m. BOTÁNICA = coco, coco de Indias
cóctel (Del ingl. *cocktail.*)
1 Mezcla o combinación de diversas bebidas alcohólicas con otros ingredientes. — s.m./tb: coctel = combinado
2 Reunión o fiesta en que se toman bebidas para celebrar algún acontecimiento: *la pusieron en un compromiso al invitarla al cóctel.*
3 Mezcla de distintas cosas.
4 cóctel de mariscos: Plato frío de marisco con lechuga con salsa mayonesa o salsa rosa. — COCINA
5 cóctel molotov: Explosivo de fabricación casera, compuesto por una botella llena de líquido inflamable: *algunos manifestantes lanzaron cócteles molotov contra la fachada del Gobierno Civil.*
coctelera Recipiente de metal, vidrio o plástico, con formas diversas, usado para mezclar los licores que componen un combinado. — s.f.
cocuma Mazorca asada de maíz. — s.f./Perú
cocuy
1 Agave, planta amarilidácea de la que se extrae una fibra textil. — s.m./Amér. BOTÁNICA
2 Bebida alcohólica muy fuerte que se obtiene de algunas especies de esta planta. — Amér.
3 Cocuyo, insecto. — ZOOLOGÍA
cocuyo (Voz aborigen de Santo Domingo.)
1 Árbol de hojas lanceoladas, cuyo fruto es del tamaño de la aceituna, que da una madera dura usada en construcción. *(Dipholis nigra.)* — s.m. BOTÁNICA
2 Insecto coleóptero sudamericano, de color oscuro con dos manchas amarillentas laterales que emiten una luminiscencia azulada. *(Pyrophorus.)* — ZOOLOGÍA tb: cucuyo
3 cocuyo ciego: Insecto similar al anterior pero sin fosforescencia. — ZOOLOGÍA
coda
I (Del ital. *coda*, cola.)
1 Parte conclusiva de un tiempo de sonata o sinfonía. — s.f./MÚSICA
2 Parte final del ballet clásico, en el que los principales intérpretes van apareciendo solos o con sus parejas ante los espectadores. — MÚSICA
II (Derivado de *codo.*) Triángulo de madera usado para reforzar la parte interior de la unión de dos tablas en ángulo recto. — s.f. CARPINTERÍA
codada
1 Medida de longitud variable según los países. — s.f.

2 cien codadas: Se usa para indicar que una longitud o cantidad es muy considerable.

codadura Parte del sarmiento acodado que se entierra para que nazca una planta nueva. — s.f./AGRICULTURA = provena

codal
1 Del codo o que tiene un codo: *vendaje codal.* — adj.
2 Que tiene forma de codo.
3 Sarmiento que, sin cortarlo de la vid, se entierra para que arraigue y produzca una nueva planta. — s.m./AGRICULTURA = mugrón
4 Listón que sirve para asegurar la hoja de la sierra. — CARPINTERÍA
5 Regla que se pone en la cabeza de un madero para desalabearlo. — CARPINTERÍA
6 Barra con agujeros y pasadores que sirve para mantener paralelos los tableros de un tapial. — CONSTRUCCIÓN
7 Madero grueso que atraviesa horizontalmente dos paredes para evitar que se muevan o se desplomen: *un obrero resultó herido al desprenderse el codal y derrumbarse el muro.* — CONSTRUCCIÓN
8 Brazo de un nivel de albañil. — CONSTRUCCIÓN
9 Arco de ladrillo que se construye en una mina para contrarrestar la presión de los hastiales. — MINERÍA
10 Parte de la armadura que cubre y protege el codo. — HISTORIA
11 Vela de cera del tamaño de un codo.

codaste (Probablemente del lat. *catasta,* andamio.) Madero grueso o perfil metálico puesto verticalmente sobre el extremo de la quilla inmediato a la popa y que sujeta toda la armazón de esa parte de la embarcación. — s.m. NÁUTICA

codazo
1 Golpe dado con el codo: *le dio un disimulado codazo para que dejase de decir impertinencias.* — s.m.
2 a codazo limpio: A empujones, bruscamente: *entraron en el bar a codazo limpio.* — loc.adv. coloquial

codear
1 Mover los codos a un lado y a otro: *la patrulla tuvo que empujar y codear para hacerse sitio.* — v.intr.
2 Tener trato o relación con una clase de personas: *se codea con la realeza.* — v.prnl. + con

codeína (Derivado culto del gr. *kodeia,* cabeza de la adormidera.) Alcaloide obtenido del opio que se utiliza como calmante. — s.f. FARMACIA

codelincuente Se refiere a la persona que comete un delito con otra u otras. — adj./s.m.f. DERECHO

codera
1 Remiendo o pieza de adorno que se coloca en el codo de algunas prendas de vestir: *la americana de cheviot lleva coderas de ante.* — s.f.
2 Desgaste en las mangas de una prenda producido por el uso y el roce.
3 Protector para los codos usado en algunos deportes: *para jugar a fútbol americano hay que llevar coderas.* — DEPORTES
4 Sarna que sale en el codo. — MEDICINA
5 Cabo grueso con que se amarra una embarcación. — NÁUTICA

codesera Terreno donde abundan los codesos. — s.f.

codeso (Del lat. vulgar *cutisus* < lat. *cytisus* < gr. *kytisos.*)
1 Arbusto papilionáceo, leguminoso, de ramas largas, flores amarillas y semillas arriñonadas. *(Cytisus hirsutus.)* — s.m. BOTÁNICA = borne
2 codeso de España: Cambroño, planta arbustiva. — BOTÁNICA

codeudor, a Persona que junto con otra u otras tiene una deuda: *los codeudores le hicieron una buena contraoferta.* — s.

codex (Voz latina.)
1 Códice o manuscrito. — s.m./LITERATURA
2 Formulario autorizado o farmacopea que contiene información acerca de sustancias médicas u otras oficialmente reconocidas. — FARMACIA

codezmero Persona que recibía diezmos o participaba de ellos. — s.m. HISTORIA

códice (Derivado culto del lat. *codex,* libro.)
1 Libro manuscrito antiguo, especialmente cuando es anterior a la invención de la imprenta, de importancia histórica o literaria. — s.m. LITERATURA
2 Parte del misal o del breviario que contiene los oficios concedidos de forma particular a una diócesis o corporación. — RELIGIÓN
3 Manuscrito de los indios mesoamericanos. — LITERATURA

codicia (Del bajo lat. *cupiditia* < lat. *cupidus,* codicioso < *cupere,* codiciar.)
1 Ansia de riquezas: *la codicia le producía un ansia frenética por arrebatárselo todo.* — s.f. = avaricia
2 Deseo vehemente de algún bien material o espiritual: *codicia de poder.* — = ansia, deseo
3 Característica del toro que persigue y trata de coger con vehemencia el bulto o engaño que se le presenta. — TAUROMAQUIA

codiciable Que puede ser codiciado por considerarse muy bueno: *es un trabajo codiciable.* — adj. = apetecible

codiciar (Del lat. *cupere.*) Ambicionar, desear intensamente una cosa: *codiciaba riquezas.* — v.tr./tb: acodiciar = ansiar

codicilar Del codicilo: *tablilla codicilar.* — adj./DERECHO

codicilo (Del lat. *codicillus.*) Disposición de última voluntad, que no se refiere a la designación de los herederos, hecha como testamento, modificación o añadido. — s.m. DERECHO

codicioso, a
1 Que tiene codicia: *al codicioso no le bastan sus riquezas.* — adj/s.
2 Se aplica al toro que embiste con vehemencia. — TAUROMAQUIA

codificación
1 Organización en forma de código de un conjunto de leyes, reglas o normas: *se cree necesaria una nueva codificación del derecho penal.* — s.f.
2 Representación de un conjunto de informaciones siguiendo una ley dada por una tabla de correspondencia, llamada código: *la codificación de los datos es muy rápida.* — INFORMÁTICA
3 Proceso consistente en la expresión de un conjunto de datos en un lenguaje simbólico o de programación para ser procesados por el ordenador. — INFORMÁTICA

codificador, a
1 Que codifica: *diseñar una aplicación informática codificadora.* — adj.
2 Dispositivo que convierte una señal analógica en una digital o viceversa. — s.m. TECNOLOGÍA

codificar (Del fr. *codifier.*)
1 Reunir y organizar leyes, normas o disposiciones en un código: *la comisión que codifica pertenece al ministerio de Justicia.* — v.tr. conj: sacar DERECHO
2 Formular un mensaje por medio de un código: *lo codificó para que nadie pudiera entenderlo.* — = cifrar
3 Representar y expresar informaciones o procesos en un lenguaje de programación. — INFORMÁTICA

código (Del lat. *codex,* libro.)
1 Conjunto de reglas o normas sobre cualquier materia: *no se sabe el código de la circulación.* — s.m. = reglamento
2 Sistema de signos o señales que permite formular y comprender un mensaje: *descubrió la clave para descifrar el código secreto.*
3 Combinación de letras, números u otros signos que sirve para la identificación abreviada de empresas, organismos, productos y otras cosas.
4 Colección ordenada de leyes: *código penal.* — DERECHO
5 Recopilación de las leyes de un país: *está realizando un estudio comparativo sobre los códigos de diferentes países europeos.* — DERECHO
6 Conjunto de reglas precisas, que se emplea para convertir datos de una representación a otra. — INFORMÁTICA
7 código civil: El que contiene los estatutos sobre régimen jurídico, aplicable a personas, bienes, modos de adquirir la propiedad, obligaciones y contratos. — DERECHO
8 código de barras: Combinación de rayas de grosor variable, utilizada en objetos o productos de consumo, que los identifica y que puede ser interpretada por un lector óptico que transmite la información a un ordenador.
9 código de señales: El que está compuesto de señales realizadas con banderas, faroles y destellos luminosos y que usan los barcos para comunicarse entre sí. — NÁUTICA
10 código fundamental: Constitución de un estado. — DERECHO
11 código genético: Información genética contenida en el ácido nucleico. — BIOLOGÍA
12 código morse: Sistema telegráfico de señales en que a cada letra, número o signo de puntuación corresponde una combinación determinada de rayas, puntos, espacios, sonidos o luces breves o largos.
13 código penal: El que contiene las leyes sobre faltas y delitos, personas responsables de ellos y penas en que incurren. — DERECHO
14 código postal: Conjunto de cifras y letras que en las cartas y paquetes permite identificar la oficina de correos adonde van dirigidas, facilitando la clasificación y distribución de las mismas.

codillera Tumor que las caballerías sufren en el codillo, provocado normalmente por la presión de las herraduras cuando permanecen acostadas. — s.f. VETERINARIA

codillo (Derivado de *codo.*)
1 Articulación de las extremidades anteriores próxima al pecho de los cuadrúpedos. — s.m. ANATOMÍA
2 Parte comprendida entre esa articulación y la rodilla: *la yegua tiene una herida en el codillo; preparó codillo de cerdo con zanahorias.* — ANATOMÍA
3 Parte que queda unida al tronco de un árbol cuando se corta o se rompe una rama. — BOTÁNICA = gancho
4 Tubo doblado en ángulo: *el codillo del desagüe de la lavadora se obstruyó.* — = codo
5 Pieza de metal, madera o cuero que le sirve al jinete para subirse al caballo y para apoyar los pies cuando va montado. — EQUITACIÓN = estribo
6 Lance de perder el que entra en un juego de cartas, por hacer más bazas que otro jugador. — JUEGOS

7 Cada uno de los extremos de la quilla del barco desde los cuales arrancan la roda y el codaste. `NÁUTICA`

8 tirar al codillo: Querer destruir a una persona haciéndole todo el daño posible. `coloquial`

codirector, a (De co- + director < lat. dirigere, dirigir.) Persona que dirige una cosa con otra u otras personas: es el codirector de su tesis doctoral. `s.`

codo (Del lat. cubitus.)
1 Parte posterior y prominente de la articulación del brazo con el antebrazo: lleva el codo vendado porque sufrió una luxación. `s.m.` `ANATOMÍA`
2 Articulación del brazo de los cuadrúpedos. `ANATOMÍA`
3 Tubo doblado en ángulo que sirve para variar la dirección de una tubería. `= codillo`
4 Medida de longitud que equivalía a unos 42 cm, equivalente a la distancia desde el codo hasta los dedos.
5 Parte de un cigüeñal en la que se articula el órgano de transmisión del movimiento. `MECÁNICA`
6 Tacaño, agarrado o roñoso. `adj./Méx.`
7 alzar, empinar o levantar el codo: Tomar bebidas alcohólicas en exceso: estuvo empinando el codo toda la tarde. `coloquial`
8 codo a codo o codo con codo: Uno junto a otro, en compañía, en colaboración: trabajan en el proyecto de desecación codo a codo. `loc.adv.` `coloquial`
9 codo con codo: Manera de llevar a los presos con ambos brazos atados hacia atrás. `loc.adv.`
10 comerse uno los codos de hambre: Pasar penurias y necesidades por la miseria: después de tantos avatares acabó comiéndose los codos de hambre. `coloquial`
11 dar de codo: 1. Advertir disimuladamente a otro de alguna cosa, dándole un codazo: le dio de codo para que mesurase sus intervenciones. 2. Despreciar o desdeñar a una persona: a pesar de sus responsabilidades les dio de codo y no volvieron a confiar en él. `coloquial`
12 hablar por los codos: Hablar mucho: la profesora la amonestó por hablar por los codos. `coloquial`
13 hincar o apretar el codo o los codos o romperse los codos: Dedicarse a estudiar una materia con gran ahínco: lo que ha de hacer es hincar los codos. `jerga`
14 meterse o estar metido hasta los codos: Estar muy comprometido o interesado en algo: se metió hasta los codos en la preparación de la fiesta. `coloquial`

codón (Probablemente del ital. codone, aumentativo de coda, cola.) Bolsa de cuero que se usa para cubrir la cola del caballo para que no se ensucie cuando hay barro. `s.m.` `EQUITACIÓN`

codoñate (Del cat. codonyat < codony, membrillo < lat. vulgar cotoneum.) Carne o dulce de membrillo: merendaron codoñate con queso. `s.m.`

codorniz (Del lat. coturnix.) Ave gallinácea, pequeña, de color pardo con rayas y la parte inferior amarillenta, que es muy común en campos de cultivo y estepas y es ave de paso. (Coturnix coturnix.) `s.f.` `pl: codornices` `ZOOLOGÍA`

coecuación Igualdad de términos. `s.f./MATEMÁTICAS`

coeducación Educación que se da a los jóvenes sin discriminación por razón del sexo: la coeducación se aplica a todos los niveles de enseñanza. `s.f.`

coeficiencia Acción conjunta de dos o más causas para producir un mismo efecto. `s.f.`

coeficiente (Derivado de afecto < lat. affectus, part. de afficere, poner en cierto estado < facere, hacer.)
1 Se aplica a lo que juntamente con otra cosa produce un efecto. `adj.`
2 Número convencional que representa el grado o la intensidad de una propiedad o de un fenómeno dentro de una jerarquía: su coeficiente de inteligencia es muy alto. `s.m.` `= índice, tasa`
3 Cantidad por la que se multiplica una magnitud cualquiera y que se escribe delante de un monomio, binomio o polinomio. `MATEMÁTICAS` `= factor`
4 Número con que se indica el valor relativo asignado a cada una de las partes, pruebas o ejercicios de un examen.
5 coeficiente bancario: Relación entre partidas de los balances de las instituciones bancarias, con la que se ordenan la oferta monetaria, la distribución de crédito y la financiación del gasto público. `ECONOMÍA`
6 coeficiente de capital: Relación entre el stock de capital y el volumen de la renta nacional en un momento dado. `ECONOMÍA`
7 coeficiente de escorrentía: Relación entre el agua de lluvia caída en una zona determinada y el agua que corre sin ser filtrada por la tierra. `FÍSICA`
8 coeficiente intelectual: Resultado de un test de inteligencia que pretende representar el grado de capacidad intelectual de una persona. `SICOLOGÍA`

coendú Roedor americano con el cuerpo cubierto de espinas, de color pardo oscuro con manchas blancas, y con una cola larga y prensil. (Coendou prehensilis.) `s.m.` `ZOOLOGÍA`

coenzima Parte no proteica de un enzima, que es esencial para el desarrollo y actividad de éste. `s.m.` `BIOQUÍMICA`

coepíscopo Obispo junto con otros en una misma provincia eclesiástica. `s.m.` `RELIGIÓN`

coercer (Del lat. coercere, encerrar, contener.) Impedir a una persona que haga una cosa: coerció el ejercicio de sus libertades. `v.tr.` `conj: mecer` `DERECHO`

coercibilidad Acción de actuar sobre una persona para contenerla o refrenarla: el código establece la coercibilidad del individuo. `s.f.` `DERECHO`

coerción (Del bajo lat. coercitio.) Acción de coercer: la entidad la sometió a coerción. `s.f.` `DERECHO`

coercitividad Propiedad de un imán para conservar su capacidad de imantación. `s.f.` `FÍSICA`

coercitivo, a
1 Que coerce: métodos coercitivos; la característica coercitiva de la norma jurídica. `adj.` `DERECHO`
2 Se aplica al valor mínimo del campo magnético en que debe ponerse una barra de acero previamente imantada, para anular la imantación. `FÍSICA`

coesposa (De co-, unión + lat. sponsus, prometido.) Cada una de las esposas legítimas de un hombre con relación a las demás en las religiones y pueblos polígamos. `s.f.` `SOCIOLOGÍA`

coetáneo, a (Del lat. coaetaneus < aetas, edad.) De la misma época o edad: sus coetáneos sentían por ella una gran admiración. `adj.` `= contemporáneo`

coeternidad Condición de ser igualmente eternas las tres personas de la Santísima Trinidad. `s.f.` `TEOLOGÍA`

coevo, a Se aplica a las cosas que existen en un mismo tiempo o en la misma época: conflictos políticos coevos. `adj.` `culto` `= coetáneo`

coexistencia
1 Existencia simultánea de varias cosas, elementos o personas en un mismo lugar: cree que es positiva la coexistencia de tendencias artísticas variadas. `s.f.`
2 coexistencia pacífica: Doctrina que propugna la convivencia entre sistemas políticos antagónicos y el repudio al enfrentamiento bélico. `POLÍTICA`

coexistir Existir varias personas o cosas al mismo tiempo: al coexistir sistemas económicos diferentes, el estudio de la época se hace arduo. `v.intr.` `= convivir`

coextenderse (De co- + lat. extendere, extender.) Extenderse una cosa a la vez que otra. `v.prnl.` `conj: tender`

cofa (Del cat. cofa, espuerta, cenacho < ár. quffa.) Plataforma que se coloca en el cuello de un palo y que sirve para facilitar la maniobra de las velas y vergas y también como lugar de observación. `s.f.` `NÁUTICA`

cofazo Cesta usada por los pescadores para guardar sus enseres. `s.m.` `PESCA`

cofia (Del bajo lat. cofia.)
1 Prenda femenina que cubre parcialmente la cabeza y forma parte del uniforme de las enfermeras, camareras y asistentas: la criada llevaba la cofia a juego con el delantal y los guantes. `s.f.`
2 Prenda femenina consistente en una red para recoger y sujetar el pelo: para bailar la jota se colocó la trenza en una cofia.
3 Envoltura con forma de dedal que protege la parte final de la raíz. `BOTÁNICA` `= caliptra`
4 Gorro de encaje que usaban las mujeres para abrigar o adornar la cabeza.
5 Gorro almohadillado que se llevaba debajo del yelmo de la armadura. `HISTORIA, MILITAR`

cofín (Del cat. cofi < cofa, espuerta.) Cesto o canasto de mimbre, esparto o madera: en el escaparate colocaron cofines con frutas exóticas. `s.m.` `= cenacho`

cofrade Miembro de una asociación de carácter religioso o gremial. `s.m.f.`

cofradía Asociación o reunión de personas de carácter religioso o gremial. `s.f.` `= hermandad`

cofre (Del fr. coffre < lat. cophinus, cesta < gr. kophinos.)
1 Caja con tapa y cerradura, para guardar joyas u otros objetos de valor: en la cueva encontraron varios cofres llenos de doblones de oro. `s.m.`
2 Caja grande de madera u otro material con la tapa convexa que sirve para guardar y transportar ropas y otros objetos: las pelucas y los trajes están en el mismo cofre. `= baúl`
3 Tapa que protege el motor de los automóviles. `Méx./MECÁNICA`
4 cofre de avena: Caballo de gran envergadura que consume mucho cereal.
5 menear el cofre a alguien: Darle una paliza: calló de inmediato al amenazarle con menearle el cofre. `coloquial`

cofto, a Se aplica al cristiano copto de Egipto. `adj/s./RELIGIÓN`

cofundador, a Se aplica a la persona que funda una `adj/s.`

entidad u organismo junto con otra: *exhiben un cuadro con el retrato de los cofundadores de la orden.*

cogedera Herramienta agrícola en forma de vara, con unas tijeras en un extremo y un cestillo incorporado, que se utiliza para recoger fruta. s.f. AGRICULTURA

cogedero, a
1 Se aplica al fruto que está en disposición de ser cogido. adj.
2 Asa o parte por donde se coge una cosa: *cogí la olla por el cogedero y me quedé con él en la mano.* s.m. = mango

cogedor, a
1 Que coge. adj./s.
2 Especie de pala para recoger la basura: *para no agacharse utiliza un cogedor de palo largo.* s.m. = recogedor
3 Utensilio con forma de cucharón que sirve para recoger el carbón y las cenizas de cocinas y chimeneas.

coger (Del lat. *colligere*, recoger.)
1 Tomar algo con la mano o con ambas: *cogió la maleta para ir a la estación; le cogió por el cuello con rabia; se enfadó y me cogió de la camisa.* v.tr./prnl. = asir, agarrar
2 Tomar cosas que han caído y devolverlas a su posición. v.tr. = recoger
3 Tomar una cosa de otra persona para utilizarla o quedarse con ella: *alguien me ha cogido mil pesetas.* = quitar, sustraer
4 Alcanzar y agarrar a una persona o una cosa: *la policía, tras una larga persecución, cogió al fugitivo.* = atrapar, pillar
5 Alcanzar y adelantar a una persona o cosa en movimiento: *hemos cogido el camión que nos adelantó en la gasolinera; si no corres más, no me cogerás.*
6 Encontrar o descubrir a una persona en una situación o en un estado de ánimo: *le has cogido de mal humor.* = pillar, sorprender
7 Adquirir un estado de ánimo, un sentimiento, un hábito: *cogió la costumbre de llegar tarde; al verlo le cogió mucha pena.*
8 Contraer una enfermedad: *coger el sarampión.*
9 Atraer y retener una cosa en su interior a otra: *esa tela coge mucho polvo.*
10 Descubrir y retener a una persona o una cosa: *han cogido a los autores del robo; en esta operación han cogido 50 kilos de droga.* = aprehender, capturar, confiscar
11 Ocupar una cosa un espacio o una superficie o tener capacidad para contener otra. v.intr.
12 Ocurrir una cosa estando una persona en determinada situación: *la granizada me cogió ya muy cerca de casa.* = sobrevenir
13 Reunir o juntar, especialmente los frutos del campo: *le gusta mucho coger setas.* v.tr. = recoger
14 Pasar a tener algo, hacerse con algo: *han cogido un piso en el centro de la ciudad.* = conseguir, obtener
15 Contratar a una persona para un trabajo: *hemos cogido a una nueva secretaria.*
16 Aceptar un trabajo, una tarea o una cosa: *se decidió y cogió la responsabilidad que le ofrecían.*
17 Alcanzar y pasar un vehículo por encima de una persona: *me cogió un coche, y por eso llevo muletas.* = arrollar, atropellar
18 Subirse a un vehículo o usar un medio de transporte: *todos los días coge el metro a las 10.*
19 Percibir o comprender una cosa: *no ha cogido el chiste.*
20 Recibir una emisión o un programa con un aparato receptor: *desde mi pueblo se cogen radios extranjeras.*
21 Estar un hecho, circunstancia o lugar a cierta distancia o en cierta situación respecto del que habla: *tu casa me coge de camino.* v.intr.
22 Herir o enganchar un toro a una persona con los cuernos: *el novillo lo cogió y lo levantó por los aires.* v.tr. TAUROMAQUIA
23 Echar raíces una planta: *los rosales han cogido.* v.intr./= enraizar
24 Realizar el acto sexual. v.tr./Amér./vulgar
25 **coger de nuevas o de nuevo:** No tener una persona noticia de una cosa, con la consiguiente sorpresa por la novedad: *lo de su boda me cogió de nuevas, no lo sabía.*
26 **cogerla:** Emborracharse, achisparse. coloquial
27 **cogerla con alguien o algo:** Tomarle manía. coloquial
28 **coger y:** Decidirse a realizar una acción y emprenderla inmediatamente: *cogió y se fue sin decir nada.* coloquial + verbo
29 **no haber por dónde coger a alguien o algo:** 1. Ser una persona, una cosa o una situación completamente negativa: *es terrible, no hay por dónde cogerlo.* 2. No tener una persona o una cosa ninguna falta o defecto: *siempre acierta, no hay por dónde cogerla.* coloquial
CONJ.: IND.: PRES.: cojo, coges, coge, cogemos, cogéis, cogen. SUBJ.: PRES.: coja, cojas, coja, cojamos, cojáis, cojan. IMP.: coge, coja, cojamos, coged, cojan.

cogestión Gestión de una empresa en la que participan los trabajadores. s.f. ECONOMÍA

cogida
1 Accidente consistente en enganchar el toro con los cuernos al torero: *la cogida le ha dejado parapléjico.* s.f. TAUROMAQUIA
2 Recolección de frutos: *para la cogida de uva llegaron muchos andaluces y extremeños.* coloquial

cogido Pliegue que se hace en la ropa: *si te queda grande la blusa, hazle dos cogidos y ciñétela al cuerpo.* s.m.

cogitabundo, a Que medita o reflexiona: *salió del teatro triste y cogitabunda.* adj. culto

cogitar (Del lat. *cogitare*.) Reflexionar o meditar. v.tr./culto

cogitativo, a Que tiene la facultad de pensar. adj./culto

cognación (Derivado del lat. *cognatus*, pariente consanguíneo.)
1 Parentesco de consanguinidad entre los descendientes de un tronco común. s.f. formal
2 Cualquier parentesco.

cognado, a Persona que está unida a otras por parentesco natural, especialmente si es por vía femenina. s. DERECHO

cognición (Del lat. *cognitio, -onis*, conocimiento.) Acción y resultado de conocer. s.f. culto

cognitivo, a Que tiene relación con el conocimiento: *ciencias cognitivas.* adj. culto

cognomen (Voz latina.) Sobrenombre de un individuo que hace referencia a sus rasgos físicos, particularidad moral, etc., entre los romanos. s.m. culto HISTORIA

cognomento Renombre que se le da a una persona o a un pueblo. s.m. culto

cognoscitivo, a Referente a la capacidad de conocer: *procesos cognoscitivos.* adj. culto

cogollo (Del lat. *cucullus*, capucho.)
1 Conjunto de las hojas interiores y apretadas de algunas plantas, como la lechuga y la berza: *hizo una ensalada con cogollos y zanahorias.* s.m. AGRICULTURA
2 Punta tierna de la rama o tallo de un vegetal: *las altas temperaturas han secado los cogollos de los árboles.* BOTÁNICA
3 Punta alta de la copa de un pino: *subió hasta el cogollo para orientarse.*
4 Lo mejor o más selecto de una cosa. th: cohollo
5 Centro o parte más importante de una cosa: *siempre estuvo en el cogollo de la polémica.*

cogombrillo Cohombrillo, planta cucurbitácea. s.m./BOTÁNICA

cogombro (Del lat. *cucumis*.) Cohombro, planta cucurbitácea. s.m. BOTÁNICA

cogón Planta gramínea propia de los países cálidos. *(Imperata arundinacea.)* s.m. BOTÁNICA

cogorza (Del ant. **cohorzar*, celebrar un banquete fúnebre < lat. vulgar *confortiare*, confortar, consolar.) Borrachera, efecto de emborracharse: *pilló una cogorza de espanto.* s.f. coloquial = embriaguez, moña

cogotazo Golpe dado en el cogote, normalmente con la mano: *el cogotazo sonó en todo el local.* s.m.

cogote
1 Parte posterior y superior del cuello: *le dio un golpe en el cogote para espabilarlo.* s.m./ANATOMÍA = cerviz
2 **estar hasta el cogote:** Estar harto o cansado de algo: *le confesó que estaba hasta el cogote de soportar tantas tensiones.* coloquial
3 **ser tieso de cogote:** Ser orgulloso y altivo: *es tan tiesa de cogote que nadie se dirige a ella.* coloquial

cogotera
1 Trozo de tela que, sujeto a la parte posterior de algunas prendas que cubren la cabeza, sirve para proteger la nuca del sol o la lluvia. s.f. = cubrenuca
2 Sombrero que los cocheros ponían a las bestias de tiro, cuando tenían que soportar un sol muy fuerte.

cogotillo Arco de hierro que va detrás del fuste delantero de los coches. s.m.

cogotudo, a
1 Que tiene el cogote grueso. adj./despectivo
2 Que se comporta con orgullo y soberbia: *cogotudo como es no encajará este revés.* coloquial
3 Se aplica a la persona rica o influyente. Amér.
4 Se aplica a plebeyo enriquecido. adj/s./Amér.

cogucho Azúcar de baja calidad. s.m.

cogujada (Del lat. vulgar **cuculliata*, femenino de *cucullatus*, provisto de capucho.) Pájaro estepario pequeño, de color marrón con manchas negras, parecido a la alondra, que tiene una cresta muy visible en la cabeza. *(Galerida cristata.)* s.f. ZOOLOGÍA = capirote

cogujón (Del lat. *cucullio*, capucho < *cucullus*.) Cada punta o esquina de un colchón, almohada, saco o cosa parecida. s.m. = cujón

cogulla (Del bajo lat. *cuculla*, capa con capucha.) Hábito propio de algunas órdenes monacales. s.f. RELIGIÓN

cogullada Papada del cerdo. s.f.

cohabitación Acción de cohabitar: *la cohabitación entre esposos es una obligación jurídica.* s.f.

cohabitar
1 Vivir juntas dos o más personas. v.intr./= convivir
2 Tener el poder diversas formaciones políticas.
3 Realizar el acto sexual. = coitar

cohechar
I (Del lat. vulgar **confectare*, acabar, negociar.) Sobornar a un juez o a un funcionario público: *intentó cohechar al magistrado.* v.tr. DERECHO

II (Probablemente del lat. *conjectare*, echar junto.) Alzar el barbecho o dar la última vuelta a la tierra antes de sembrarla. — *v.tr.* / AGRICULTURA

cohecho
I (Derivado de *cohechar*, sobornar.) Soborno a un funcionario público. — *s.m.* / DERECHO
II (Probablemente derivado de *cohechar* < lat. *conjectare*, echar junto.)
1 Labor agrícola de cohechar la tierra. — *s.m.*/AGRICULTURA
2 Tiempo de cohechar la tierra. — AGRICULTURA

coheredar Recibir una herencia juntamente con otra u otras personas. — *v.tr.* / DERECHO

coheredero, a Heredero junto con otro u otros. — *s.*/DERECHO

coherencia
1 Conexión, relación que mantienen unas cosas con otras, de modo que constituyan un conjunto con unidad y sin contradicciones: *el texto presenta una fuerte coherencia de contenidos.* — *s.f.* / = congruencia
2 Modo de actuar acorde con la doctrina que una persona profesa: *la coherencia de su vida es admirable.*
3 Unión íntima entre las moléculas de un cuerpo. — FÍSICA/= cohesión

coherente (Del lat. *cohaerens*, part. de *cohaerere*, estar pegado.) Que tiene o manifiesta una unidad sin contradicciones: *discurso coherente; comportamiento coherente.* — *adj.* / = congruente / ≠ ilógico

cohesión (Derivado culto del lat. *cohaerere*, estar pegado.)
1 Cualidad o propiedad de las cosas cuyas partes están fuertemente unidas física o espiritualmente: *cohesión de las palabras de un discurso.* — *s.f.* / = adherencia
2 Enlace de dos cosas.
3 Unión íntima entre las moléculas de un cuerpo. — FÍSICA/= coherencia
4 Fuerza que mantiene unidas las moléculas. — FÍSICA

cohesor Aparato usado para la recepción de señales electromagnéticas. — *s.m.* / ELECTRICIDAD

cohete
1 Fuego de artificio que consta de un tubo resistente cargado de pólvora, unido al extremo de una varilla, que se hace explotar lanzándolo hacia arriba. — *s.m.*
2 Artificio que se mueve en el espacio por propulsión, usado como arma de guerra o como instrumento de investigación científica: *trabajan en el diseño de un nuevo cohete espacial.* — AERONÁUTICA, ASTRONÁUTICA
3 cohete de señales: El que produce señales de diferentes colores con las que se comunican las fuerzas armadas. — MILITAR
4 cohete iluminante: El que contiene materias que arden produciendo una luz muy viva.
5 cohete paracaídas: El que se utiliza para señalar la ubicación de objetos y que lleva incorporado un pequeño paracaídas que lleva incorporado.
6 cohete sonda: El que se utiliza en la exploración de las capas altas de la atmósfera. — AERONÁUTICA, FÍSICA
7 al cohete: Inútilmente, en vano: *intentó convencerle, pero lo hizo al cohete.* — *loc.adv.* Argent.

cohetería
1 Taller donde se fabrican artículos de pirotecnia: *una chispa eléctrica cayó sobre la cohetería y se quemó todo el almacén.* — *s.f.*
2 Tienda donde se venden artículos de pirotecnia. — COMERCIO
3 Conjunto de cohetes que se disparan a un tiempo: *la cohetería le atronó los oídos.*

cohetero, a Persona que fabrica cohetes y otros artificios pirotécnicos. — *s.*

cohibir (Del lat. *cohibere*.) Impedir alguna circunstancia actuar con libertad o naturalidad a una persona: *se cohibió al ver a tanta gente.* — *v.tr/prnl.*
CONJ.: IND.: PRES.: *cohíbo, cohíbes, cohíbe,* cohibimos, cohibís, *cohíben.* SUBJ.: PRES.: *cohíba, cohíbas, cohíba,* cohibamos, cohibáis, *cohíban.* IMP.: *cohíbe, cohíba,* cohibamos, cohibid, *cohíban.*

cohigüe Denominación genérica de varias plantas fagáceas maderables. — *s.m./Argent. Chile/*BOTÁNICA

cohobar Destilar una sustancia repetidas veces para obtener una mayor concentración. — *v.tr.* QUÍMICA

cohobo Piel de ciervo: *con el cohobo ya curtido adornó la pared del salón.* — *s.m.*

cohombral Tierra sembrada de cohombros, variedad del pepino. — *s.m.*

cohombrillo
1 Fruto del cohombrillo amargo. — *s.m.*/BOTÁNICA
2 cohombrillo amargo: Planta cucurbitácea, medicinal, cuyo fruto contiene un jugo muy amargo. (*Ecballium elaterium.*) — BOTÁNICA / tb: cogombrillo / = pepino del diablo

cohombro (De *cogombro* < lat. *cucumis.*)
1 Planta cucurbitácea, variedad de pepino, cuyo fruto es largo y curvado. (*Cucumis.*) — *s.m.*/BOTÁNICA / tb: cogombro / = alficoz
2 Fruto de esta planta.

3 cohombro de mar: Animal equinodermo de cuerpo alargado y cilindroide y boca rodeada de tentáculos. (*Holothuria.*) — ZOOLOGÍA

cohonestar (Del lat. *cohonestare*, realzar, embellecer.)
1 Dar apariencia de honesta a una acción indecorosa: *para cohonestar su cobardía exageró la situación.* — *v.tr.*
2 Hacer compatible una cualidad o una actitud con otra: *esta chica cohonesta la belleza con la bondad.* — + con

cohorte (Del lat. *cohors, -tis.*)
1 Cantidad de personas o cosas de cierta clase: *siempre le sigue una cohorte de admiradores.* — *s.f.*
2 Cuerpo de infantería, en la antigua Roma. — HISTORIA, MILITAR

coima (Del port. *coima*, multa.)
1 Concubina, querida: *recibió a la coima en su casa sin hacer caso de la chismorrería.* — *s.f.*
2 Retribución que cobra el dueño del local por preparar las mesas de juego.
3 Cantidad con que se soborna a un empleado o persona influyente: *tan despreciable es quien recibe una coima como el que la ofrece.* — Amér. Merid.

coime
1 Persona que cuida de una casa de juego y presta con usura a los jugadores. — *s.m.f.*
2 Mozo de billar. — *s.m.*

coimear Dar o recibir soborno: *lo destituyeron por dejarse coimear.* — *v.tr.* Amér. Merid.

coimero, a Persona que suele recibir o aceptar coimas o sobornos. — *s.* Amér. Merid.

coincidencia
1 Encuentro fortuito, casualidad: *fue una coincidencia vernos en el cóctel.* — *s.f.*
2 Serie de acontecimientos simultáneos: *son demasiadas coincidencias para que sea verdad.*

coincidente
1 Que coincide: *detalles coincidentes.* — *adj.*
2 Se aplica a las figuras geométricas que son idénticas en forma y dimensiones, de manera que al superponerlas se confunden. — GEOMETRÍA

coincidir (Del lat. *coincidere*, caer juntamente.)
1 Estar una persona o una circunstancia de acuerdo con otra: *tu perspectiva coincide con la mía.* — *v.intr./+ con* / = convenir
2 Ocurrir dos o más cosas al mismo tiempo: *coincidieron sequía y viento en el mismo verano.* — = simultanearse
3 Ajustar una cosa exactamente a otra: *esta ficha coincide perfectamente con este hueco.* — + con
4 Estar o concurrir varias personas o cosas en el mismo lugar: *he coincidido con tu madre en el cine.* — + con

coiné (Abreviación del gr. *koine dialektos*, dialecto común.)
1 Lengua común que procede de la reducción a unidad de diversas variedades idiomáticas. — *s.f.* / LINGÜÍSTICA
2 Lengua común que adoptaron los griegos y pueblos de cultura helenística durante el período grecorromano. — HISTORIA, LINGÜÍSTICA

coipo Roedor parecido al castor, de hábitos anfibios, de pelaje denso y suave. (*Myocastor coipus.*) — *s.m./Argent.* ZOOLOGÍA

coitar Realizar el acto sexual. — *v.intr.*

coito (Del lat. *coitus* < *coire*, juntarse.) Acto sexual en el que se produce la unión carnal del hombre y la mujer. — *s.m.* / = cópula

coja Prostituta o mujer de vida licenciosa. — *s.f./despectivo*

cojal (Del cat. *cuixal* < *cuixa*, muslo < lat. *coxa*, cadera.) Pellejo que se ponen los cardadores en la rodilla para cardar. — *s.m.*

cojear (Del port. *coxear.*)
1 Andar con dificultad o inclinando el cuerpo más a un lado que a otro por no poder asentar con regularidad ambos pies. — *v.intr.*
2 Moverse un mueble por tener desiguales las patas o por estar irregular el suelo.
3 Tener un defecto o un vicio: *su padre cojea de autoritario y protector.* — coloquial / + de
4 Faltar a la rectitud en algunas ocasiones: *cojea en las decisiones.* — coloquial
5 cojear del mismo pie: Se aplica a dos o más personas que comparten ideas, intereses, defectos o actitudes: *ya me he dado cuenta de que este equipo cojea del mismo pie.* — coloquial / despectivo
6 saber de qué pie cojea una persona: Conocerla muy bien. — coloquial

cojera Manera anormal de andar, producida por deformidad o lesión en una extremidad: *de la trombosis sólo le resta una leve cojera; la codillera hace que la yegua tenga cojera.* — *s.f.* / MEDICINA, VETERINARIA

cojijo
1 Sabandija, bicho: *odia dormir al raso porque no soporta la idea de que un cojijo se le acerque.* — *s.m.*
2 Preocupación o disgusto por motivo leve.

cojijoso, a Que se queja con frecuencia y sin motivo — *adj.*

aparente: *si no fueras tan cojijosa te darías cuenta de que sus palabras no fueron tan duras.*

cojín (Del lat. vulgar *coxinum < coxa,* cadera.)
1 Pequeño almohadón que se usa generalmente para apoyar una parte del cuerpo en él.   **s.m.**
2 Defensa hecha de hilos gruesos trenzados que se pone en las vergas y las bordas para que no rocen los cabos.   **NÁUTICA**

cojinete (Del fr. *coussinet.*)
1 Pieza en que se apoya y gira cualquier eje de maquinaria: *el movimiento del centrifugado desgasta rápidamente los cojinetes de la lavadora.*   **s.m.** **MECÁNICA**
2 Almohadilla para coser.
3 Pieza de hierro con que se sujetan los carriles a las traviesas del ferrocarril.
4 cojinete de rodamiento: Aquel en que se sustituye el deslizamiento por el rodamiento y reduce la pérdida de energía.   **MECÁNICA**

cojinillo Manta pequeña de lana que se coloca sobre el lomillo de la silla de montar.   **s.m./Argent. Urug./EQUITACIÓN**

cojitranco, a Se refiere a la persona que cojea de forma llamativa, dando pasos muy largos.   **adj/s./despectivo** = paticojo

cojo, a (Del lat. vulgar *coxus.*)
1 Que anda con dificultad por algún defecto en las extremidades o carecer de una de ellas: *se quedó coja.*   **adj/s.**
2 Se aplica al mueble que cojea, se balancea o carece de una pata: *la mesa está coja.*   **adj./coloquial** = inestable
3 Se aplica a la teoría o idea que está mal fundada o incompleta: *su razonamiento quedó cojo.*   = defectuoso
4 no ser cojo ni manco: Ser muy inteligente y experimentado: *no te fíes de las apariencias, que no es cojo ni manco.*   **coloquial**

cojón (Del lat. vulgar *coleo < lat. coleus.*)
1 Testículo, órgano sexual masculino.   **s.m./vulgar**
2 ¡cojones!: Denota sorpresa, disgusto o enfado.   **interj./vulgar**
3 de cojones: Muy bien: *esta comida está de cojones.*   **loc.adv.**
4 estar hasta los cojones: Estar harto: *están hasta los cojones de soportar sus ironías y sarcasmos.*   **vulgar**
5 por cojones: Obligatoriamente, por fuerza: *te guste o no lo harás por cojones.*   **loc.adv.** **vulgar**
6 ¡qué cojones!: 1. Expresión que indica que una persona toma una decisión o está en contra de la que toma alguien. 2. Expresión que se dirige a una persona para indicar que es un caradura.   **interj.** **vulgar** **vulgar**
7 tener cojones o un par de cojones: 1. Ser valiente y osado: *tuvo un par de cojones al entrevistarse con el director y mostrarle sus errores.* 2. Se utiliza para ponderar las cualidades positivas o negativas de una persona o cosa: *la situación tiene cojones.*   **vulgar**

cojonudo, a Que es magnífico, estupendo o excelente: *este vino es cojonudo.*   **adj.** **vulgar**

cojudo, a
1 Se aplica al animal que no está castrado.   **adj.**
2 Se aplica a la persona estúpida o imbécil.   **adj/s./Amér. Merid.**
3 Caballo destinado a la procreación, semental.   **s.m./Amér. Merid.**

cok (Del ingl. *coke.*) Coque, combustible.   **s.m./pl: coques**

col (Del lat. *caulis,* tallo, col.)
1 Planta hortense de tallo grueso, hojas muy anchas y pequeñas, flores blancas o amarillas, que es comestible. *(Brassica oleracea.)*   **s.f.** **BOTÁNICA** = berza
2 col de Bruselas: Variedad de hojas alternas, alrededor de las cuales crecen muchos cogollos pequeños, apreciados como alimento. *(Brassica oleracea gemmifera.)*   **BOTÁNICA**
3 col forrajera o berza: Variedad de esta planta con el tallo esbelto y ramificado, con hojas anchas, que se utiliza como alimento del ganado, generalmente. *(Brassica oleracea acephala.)*   **BOTÁNICA**
4 col lombarda o roja: Variedad de esta coloración, obtenida por aumento del contenido de antocianinas.   **BOTÁNICA**
5 col silvestre: Variedad de hojas largas, onduladas y lampiñas, con flores de color amarillo pálido.   **BOTÁNICA**
6 entre col y col, lechuga: Se emplea para expresar que se alternan cosas, de naturaleza diferente, con el fin de evitar la rutina y la monotonía.   **coloquial**

cola
I (Del lat. vulgar *coda.*)
1 Rabo, prolongación de la columna vertebral de los animales que forma un apéndice en la parte posterior de su cuerpo: *le cortó a la lagartija la cola y ésta siguió moviéndose largo rato.*   **s.f.** **ZOOLOGÍA**
2 Extremo o prolongación posterior de cualquier cosa por oposición a cabeza o principio: *lo añaden en la cola de la lista.*   = final
3 Serie de personas puestas una detrás de otra esperando turno: *la cola para entrar en el cine daba la vuelta a la manzana.*
4 Parte de algunos vestidos que cuelga por detrás y arrastra por el suelo: *dos damas de honor cuidaban de que la cola del vestido de la novia se mantuviese extendida.*
5 Apéndice luminoso que suelen tener los cometas.   **ASTRONOMÍA**
6 Parte última de una serie de corredores o de una   **DEPORTES**

clasificación: *el favorito hace intentos para salir de la cola del pelotón.*
7 Trozo de película de cine que queda entre la última fotografía y el final del rollo.   **AUDIOVISUALES**
8 Lista lineal en que las inserciones se realizan por un extremo y las eliminaciones y otros accesos por el otro.   **INFORMÁTICA**
9 Parte posterior del fuselaje de un avión.   **AERONÁUTICA**
10 Extremo posterior de un tren: *encontró su litera en el vagón de cola.*
11 Pedúnculo y pecíolo, órganos de la planta.   **BOTÁNICA**
12 Detención en la última sílaba de lo que se canta.   **MÚSICA**
13 cola de abadejo: Milano real, ave.   **ZOOLOGÍA**
14 cola de caballo: 1. Planta de tallos divididos en segmentos que terminan en un ramillete de hojas parecido a una cola de caballo. 2. Peinado que consiste en recoger todo el pelo en la parte posterior de la cabeza y después se deja caer suelto.   **BOTÁNICA**
15 cola de espada: Pez de agua dulce cuyos machos presentan una aleta caudal prolongada en un largo apéndice. *(Xiphophorus helleri.)*   **ZOOLOGÍA**
16 cola de golondrina: Sagitaria, planta acuática.   **BOTÁNICA**
17 cola de león: Agripalma, planta labiada.   **BOTÁNICA**
18 cola de milano: 1. Espiga de ensamblar maderas en forma de trapecio, más ancha por la cabeza que por el arranque. 2. Adorno arquitectónico que tiene esta forma.   **CARPINTERÍA** **ARQUITECTURA**
19 cola de pato: Sagitaria, planta acuática.   **Méx/BOTÁNICA**
20 cola de pestillo: Parte más delgada del pestillo de una cerradura, opuesta a la cabeza.   **CARPINTERÍA**
21 cola de raqueta: 1. Quimera, pez con branquias ocultas por opérculos. 2. Ave coliforme con dos plumas largas en la cola en forma de raqueta. *(Spathura.)*   **ZOOLOGÍA** **ZOOLOGÍA**
22 cola de un adoquín: Parte inferior del mismo que queda oculta y asentada en el lecho de arena.   **CONSTRUCCIÓN**
23 cola de vinagre: Ave de pequeño tamaño de plumaje grisáceo, con la región posterior del cuerpo y la cola rojizas. *(Astrilda coerulescens.)*   **ZOOLOGÍA**
24 cola de zorra: Planta gramínea de tallo erguido y panoja cilíndrica. *(Alopecurus pratensis.)*   **BOTÁNICA**
25 cola dorada: Insecto originario de Europa, cuyas hembras tienen el abdomen gordo, con pelillos dorados en un extremo. *(Euproctys chysorrhea.)*   **ZOOLOGÍA**
26 cola recta: Espiga de ensamble formada en el extremo de una pieza de madera.   **CARPINTERÍA**
27 a la cola: Al final, detrás: *poneos a la cola como los demás.*   **loc.adv.** **coloquial**
28 apearse por la cola: Contestar, responder o decir algún disparate.   **coloquial**
29 hacer cola: Ponerse unas personas detrás de otras para esperar turno.
30 llevar cola o la cola: Llevar el último lugar en un examen u oposición.   **coloquial**
31 tener o traer cola una cosa: Tener, comportar consecuencias desagradables: *ese discurso traerá cola.*   **coloquial**
II (Del gr. *kolla,* goma, cola.)
1 Sustancia pastosa que se obtiene de la cocción de restos de pieles y se usa para pegar cosas: *reparó el jarrón uniendo los pedazos con cola.*   **s.f.** = pegamento
2 cola de pescado: Gelatina fabricada con la vejiga de los esturiones y despojos del pescado, usada como pegamento y para clarificar vinos.   = colágeno, colapez, colapiscis
3 cola de retal: La obtenida de recortes de piel de oveja, usada para preparar los colores al temple y los lienzos y piezas del dorado bruñido.
4 no pegar ni con cola: Se usa para indicar que una cosa o persona no guarda ninguna relación con otra con la que se pretende relacionar: *llevan muchos años saliendo juntos, pero no pegan ni con cola.*   **coloquial**
III (Voz africana.) Denominación de diversas plantas arbóreas africanas, cuyas semillas tienen cualidades tónicas y estimulantes. *(Cola.)*   **s.f.** **BOTÁNICA**
IV (Abreviatura de *coca-cola.*) Bebida refrescante azucarada y carbonatada.   **s.f.**

-cola Componente de palabra procedente del lat. *colere,* que significa habitante o el que cultiva: *terrícola; arborícola.*   **suf.**

colaboración
1 Acción y resultado de colaborar o cooperar en algo.   **s.f.**
2 Participación o parte de la obra hecha por el que colabora en ella: *retocaron su colaboración para dar coherencia al conjunto.*
3 colaboración especial: La de un actor o actriz de fama en una película para realizar un papel corto.   **CINE**
4 en colaboración: Participando varios en la ejecución de la cosa que se trata, conjuntamente: *planificaron el curso en colaboración con la universidad a distancia.*   **loc.adv.**

colaboracionismo Colaboración por parte de los naturales de un país con quienes lo han ocupado o invadido, o con el régimen político que resulte de esa invasión.   **s.m.** **POLÍTICA**

colaboracionista
1 Del colaboracionismo: *actitud colaboracionista.*   **adj./POLÍTICA**

2 Persona con esta actitud o conducta. `s.m.f./POLÍTICA`

colaborador, a
1 Que colabora con una persona en un mismo traba- `adj/s.`
jo o para un mismo fin: *agradeció públicamente el apoyo recibido por sus colaboradores.*
2 Persona que escribe habitualmente en un periódi- `s.`
co, u otra publicación, sin ser de la plantilla.

colaborar (Derivado de *labor*.)
1 Trabajar dos o más personas conjuntamente. `v.intr./+ con`
2 Escribir para periódicos o revistas habitualmente,
sin formar parte de la plantilla de trabajadores: *colabora asiduamente en varias publicaciones de difusión científica.*
3 Dar una cantidad de dinero para un fin: *colaboró con* `= contribuir`
*una organización humanitaria para la vacunación de ni-
ños ruandeses.*
4 Contribuir algo en la creación o mantenimiento de
una cosa: *el estudio del latín colabora en el fomento de
procesos de pensamiento lógicos.*

colación (Del lat. *collatio, -onis*, acción de conferir.)
1 Confrontación de una cosa con otra. `s.f./= cotejo`
2 Conjunto de dulces o fiambres con que se obsequia
a un huésped o con que se celebra algo.
3 Comida ligera.
4 Acto de conferir un beneficio eclesiástico, un título
universitario o una dignidad.
5 Territorio que corresponde a cada parroquia.
6 Golosina hecha de masa liviana, de formas diver- `Amér.`
sas, recubierta de un baño de azúcar. `COCINA`
7 **colación de bienes:** Manifestación que hace el he- `DERECHO`
redero forzoso de los bienes que recibió en vida del
causante para que le sean descontados.
8 **sacar o traer a colación:** 1. Mencionar en la conversación algún asunto: *no es el momento de sacar a colación viejas historias de familia.* 2. Alegar pruebas o razones en favor de una causa: *trajo a colación el asunto
de los sobresueldos para criticar la política del gobierno.*

colacionar
1 Comparar dos o más cosas para ver sus semejanzas `v.tr.`
o sus diferencias: *colacionar los planos del edificio para* `= cotejar`
decidir cuál se adecúa a las necesidades.
2 Conferir un beneficio eclesiástico. `RELIGIÓN`
3 Incluir una cosa en la colación de bienes. `DERECHO`

colactáneo, a Hermano de leche. `s./= collazo`

colada
1 Lavado de la ropa sucia: *sólo hace la colada tres veces* `s.f.`
a la semana.
2 Ropa lavada: *tendió la colada, pero tardó en secarse
por la humedad del ambiente.*
3 Acción de colar o filtrar un líquido: *haz la colada del* `= filtrado`
puré con un chino.
4 Garganta o paso entre montañas de tránsito difícil. `= desfiladero`
5 Enredo o equivocación. `coloquial`
6 Operación de sacar el metal fundido en los altos `METALURGIA`
hornos.
7 Masa de lava que se desplaza, hasta solidificarse, `GEOLOGÍA`
desde el cráter del volcán por la zona de mayor pendiente.
8 Terreno por donde transita el ganado para ir de un `AGRICULTURA`
pasto a otro.
9 Engaño hecho al toro. `TAUROMAQUIA`
10 Postre similar al arroz con leche. `Colomb./COCINA`
11 **salir o sacar una cosa en la colada:** Descubrir `coloquial`
algo que había quedado oculto: *salió en la colada su
aversión a los viajes en avión.*

coladera
1 Colador pequeño usado para licores. `s.f.`
2 Cloaca, conducto por donde van las aguas sucias. `Méx.`

coladero
1 Utensilio que sirve para quitar las impurezas a un `s.m.`
líquido: *pasó la infusión por el coladero.* `= colador`
2 Camino o paso estrecho: *por el coladero pasaba el
aire azotando las copas de los árboles.*
3 Parte de un recinto cerrado por donde es fácil pasar
a su interior.
4 Centro de enseñanza, asignatura o profesor con `jerga`
que se aprueba con mucha facilidad: *literatura medieval fue un coladero hasta que cambiaron al profesor.*
5 Boquete abierto en el entrepiso de una mina para `MINERÍA`
echar los minerales al piso inferior y desde allí sacarlos fuera.

colado, a
1 Que está muy enamorado: *esta chica está colada por* `adj.`
tu hermano. `coloquial`
2 Se aplica al hierro, o a cualquier otro metal, que sale `METALURGIA`
fundido del cubilote y se vierte en los moldes: *instaló
una estufa de hierro colado.*
3 Se refiere al aire o al viento que corre por un lugar
estrecho y tiene una temperatura muy baja: *por la
garganta corría un aire colado que congelaba las piedras.*

colador
I (Derivado de *colar < lat. colare*, pasar por coladero.)

1 Utensilio de tela, plástico u hojalata agujereado, `s.m.`
usado para quitar las impurezas a los líquidos: *la nata* `= coladero`
*de la leche le produce náuseas, por eso siempre la pasa
por el colador.*
2 Vasija, con el fondo perforado, que se llena de ceniza y donde se vierte agua que sale convertida en lejía.
II (Derivado de *colar*, derivado de *colación*.) El que da `s.m.`
la colación de los beneficios eclesiásticos. `RELIGIÓN`

coladura
1 Acción y resultado de colar o filtrar un líquido. `s.f./= colada`
2 Acción y resultado de colarse o cometer alguna `coloquial`
equivocación: *aquel comentario fue una coladura.*

colage (Del fr. *collage*.)
1 Conjunto de elementos de origen diverso que con- `s.m.`
forman una unidad.
2 Técnica artística que consiste en encolar sobre lien- `ARTE`
zo o tabla materiales diversos. `tb: collage`
3 Composición realizada mediante esta técnica. `ARTE`

colágeno Proteína compleja que constituye la sustan- `s.m.`
cia intercelular del tejido conjuntivo. `BIOQUÍMICA`

colagogo, a (Del gr. *kholagogos < khole*, bilis + *ago*, `adj/s.`
mover.) Se aplica al medicamento que provoca la ex- `FARMACIA`
creción de bilis.

colaina Acebolladura, defecto de la madera. `s.f.`

colambre Conjunto de cueros o pieles. `s.f./tb: corambre`

colana Trago de vino o de otra bebida: *con un par de* `s.f.`
colanas ya se ponía más contento que unas castañuelas. `coloquial`

colanilla (Derivado de *colar*.) Pestillo o pasador con `s.f.`
que se cierran las puertas y las ventanas: *el fuerte
viento hizo saltar las colanillas.*

colaña
1 Pie vertical o poste que sostiene tabiques, anda- `s.f.`
mios u otros armazones. `CONSTRUCCIÓN`
2 Tabique de poca altura que sirve de antepecho en `CONSTRUCCIÓN`
las escaleras o de división en los graneros: *restauraron
los azulejos portugueses de la colaña.*

colapez Sustancia compuesta de despojos de pescado `s.f./pl: colapeces`
y otros componentes, usada para clarificar vinos. `= colapiscis`

colapiscis Cola de pescado, sustancia. `s.f./= colapez`

colapsar
1 Producir un colapso: *la acumulación de llamadas co-* `v.tr.`
lapsó la centralita.
2 Padecer un colapso o desmayo: *de repente la enfer-* `v.intr/prnl.`
ma se colapsó.
3 Disminuir una actividad hasta su paralización: *la
industria textil se ha colapsado por falta de materias primas.*

colapso (Del lat. *collapsus*, caída, hundimiento < *colla-
bi*, caer, arruinarse.)
1 Paralización de cualquier actividad: *el tráfico de la* `s.m.`
circunvalación sufrió un colapso.
2 Desmayo repentino e intenso.
3 Insuficiencia circulatoria, provocada por una bajada `MEDICINA`
repentina de la presión arterial.
4 Laxitud de las paredes de un órgano hueco o de un `MEDICINA`
vaso sanguíneo.
5 Desecación rápida de los tejidos vegetales. `BOTÁNICA`

colapsoterapia Método antiguo de tratamiento de `s.f.`
enfermedades respiratorias que consiste en provocar `MEDICINA`
una retracción o colapso del pulmón.

colar
I (Del lat. *colare*, pasar por el coladero.)
1 Pasar un líquido por un utensilio especial para qui- `v.tr./conj: contar`
tarle las impurezas: *colar el vino.* `= filtrar`
2 Dar una cosa falsa o defectuosa: *intentaba colar bille-* `coloquial`
tes falsos.
3 Engañar a una persona haciéndole creer una menti- `coloquial`
ra: *le colé el cuento de mi supuesta indisposición.*
4 Pasar una persona o una cosa por un lugar estre- `v.tr/prnl.`
cho: *se colaron la chimenea.*
5 Introducirse en un lugar a escondidas o sin permi- `v.prnl.`
so: *me cóle en la fiesta.* `coloquial`
6 Pasar unas personas delante de otras que están en `coloquial`
una cola: *nos colamos y pudimos comprar las entradas.*
7 Cometer equivocaciones: *se coló al hablar de la bolsa.* `coloquial`
8 Estar muy enamorado: *se coló por un joven médico de* `coloquial`
traumatología.
9 Poner la ropa en lejía después de lavada para blan- `v.tr.`
quearla: *colaron los manteles y las servilletas.*
II (Del bajo lat. *collare*.) Conceder un beneficio ecle- `v.tr./conj: contar`
siástico canónicamente. `RELIGIÓN`

colargol Compuesto de plata coloidal, que se utiliza `s.m.`
en medicina como antiséptico. `FARMACIA`

colateral
1 Se refiere a aquello que está a uno y otro lado de lo `adj.`
principal: *nave colateral.*
2 Se aplica al pariente que no lo es por línea directa: `adj/s.m.f.`
el testamento fue impugnado por el cónyuge sobreviviente,

ya que sólo llamaba a suceder a los ascendientes, descendientes y colaterales.
3 Se refiere al vaso o nervio que se origina como una rama del tronco principal.   ANATOMÍA
4 Se dice de los vasos simétricos en relación a un plano.   BOTÁNICA

colayo Bocanegra, pez escualiforme.   s.m./ZOOLOGÍA

colazo Coletazo, golpe dado con la cola: *la vaca le dio un colazo en la cara.*   s.m.

colbac (Del fr. *colbak* < turco *kalpak*.) Tipo de sombrero constituido por una manga cónica lateral de paño, acabada en una borla y recubierta de pelo, utilizado por determinados cuerpos militares.   s.m. HISTORIA, MILITAR

colcha (Del fr. ant. *colche*, lecho < *colchier*, acostar < lat. *collocare*, situar, poner en la cama.) Prenda que cubre la cama y sirve de adorno y abrigo: *sólo con la colcha pasaba frío por la noche.*   s.f. = cubrecama, sobrecama

colchado, a Se aplica a la prenda que está hecha de tela rellena a modo de almohadilla: *llevaba un chaleco colchado sobre el jersey.*   adj. tb: acolchado

colchar Acolchar, poner algodón, lana u otro material entre dos telas: *colcharon los respaldos de las butacas.*   v.tr.

colchón (Derivado de *colcha.*)
1 Especie de saco rectangular formado por una envoltura de tela y relleno de alguna materia blanda y elástica, que se coloca en la cama para dormir sobre él.   s.m.
2 colchón adaptable: Envoltura de caucho flexible, que se amolda al cuerpo debido al vacío de su interior, que se utiliza para mover en un solo bloque al enfermo, o para su inmovilización durante una operación quirúrgica.   MEDICINA
3 colchón antiescaras: El neumático que previene la formación de escaras en los enfermos obligados a permanecer encamados.   MEDICINA
4 colchón de aire: **1.** Capa de aire a presión interpuesta entre dos superficies a fin de evitar su contacto y amortiguar sus movimientos. **2.** El de tela impermeable henchida de aire.
5 colchón de muelles: El que está relleno de una estructura metálica de múltiples muelles, que confiere gran comodidad.
6 colchón hinchable o neumático: Cubierta elástica de tela recauchutada o plástico que se llena de aire y la hace flexible: *los niños jugaban en la playa con un colchón hinchable.*

colchonera Se aplica a la aguja grande, empleada por los colchoneros.   adj/s.f.

colchonería
1 Tienda donde se venden colchones: *en el incendio se destruyó completamente la colchonería y los trabajadores fueron ingresados por asfixia.*   s.f. COMERCIO
2 Fábrica de colchones.   INDUSTRIA

colchonero, a Persona que por oficio hace o vende colchones.   s.

colchoneta
1 Especie de colchón hinchable: *en el camping dormían sobre colchonetas.*   s.f.
2 Colchón para amortiguar las caídas y los saltos o para realizar ejercicios de gimnasia: *dio dos volteretas en el aire antes de clavarse en las colchonetas.*   DEPORTES
3 Cojín largo y delgado que se coloca sobre un asiento: *con una colchoneta el banco sería más cómodo.*
4 Colchón más delgado y estrecho que los corrientes.

colcótar (Del ár. *qulqutar*, vitriolo amarillo.) Polvo rojo de óxido de hierro, obtenido por calcinación del sulfato férrico.   s.m. QUÍMICA = rojo de Inglaterra

cole (Apócope de *colegio.*) Colegio, centro docente: *ir al cole le suponía un esfuerzo cada mañana.*   s.m. familiar

cole- Componente de palabra procedente del gr. *khole*, que significa bilis: *colecistopatía.*   pref.

coleada
1 Movimiento brusco de la cola de los peces y otros animales: *la coleada de la ballena hizo zozobrar la barca.*   s.f.
2 Derribo de la res tirándole de la cola: *la bravura de la vaca hizo difícil la coleada.*   Amér.

colear
1 Mover la cola: *el perrito coleaba cuando la veía llegar; coleaban las sardinas en la cubierta.*   v.intr.
2 Coger al toro por la cola haciendo fuerza, por lo general en un quite.   v.tr. TAUROMAQUIA
3 Tirar de la cola de una res para derribarla.   Amér.
4 Frustrar a alguien un intento o una pretensión.   v.tr/prnl./Chile
5 Molestar, fastidiar: *la colea para que se enfade y se vaya.*   v.tr. Colomb.
6 Durar todavía los efectos de una cosa: *la discusión todavía colea.*   coloquial

colección (Del lat. *collectio.*)
1 Conjunto de cosas que pertenecen a una misma clase: *colección de sellos; colección de pintura.*   s.f.
2 Conjunto de libros que se editan siguiendo determinados criterios como el género, el tema, el formato o la calidad de edición.
3 Reunión de un gran número de personas o cosas: *una colección de periodistas invadió el aeropuerto.*
4 Conjunto de modelos presentados al público por los profesionales de la moda: *asistió a la presentación de la colección de otoño-invierno.*

coleccionar Hacer una colección de una cosa: *colecciona peonzas y canicas.*   v.tr.

coleccionismo
1 Afición a coleccionar objetos.   s.m.
2 Técnica para ordenar los objetos coleccionados de acuerdo con determinados criterios: *su abuelo lo introdujo en el arte del coleccionismo de sellos y monedas.*
3 Necesidad patológica de adquirir y reunir objetos inútiles y sin valor.   SIQUIATRÍA

coleccionista Persona que colecciona: *se produjo una agresiva discusión entre los coleccionistas asistentes a la feria.*   s.m.f.

colecistitis Proceso inflamatorio localizado en la vesícula biliar.   s.f./pl: colecistitis MEDICINA

colecistopatía Cualquier enfermedad que afecta a la vesícula biliar.   s.f. MEDICINA

colecta (Del lat. *collecta*, part. de *colligere.*)
1 Recaudación de donativos entregados voluntariamente, en general con fines benéficos: *hicieron una colecta para ayudar a la financiación de la restauración del teatro.*
2 División de una contribución o tributo entre los miembros del vecindario al que se le cobra.   = derrama
3 Oración que precede a la epístola, en la liturgia de la misa.   RELIGIÓN
4 Reunión de fieles que se hacía para celebrar los oficios divinos, entre los cristianos primitivos.   RELIGIÓN

colectar
1 Recoger o reunir dinero u otros donativos: *consiguieron colectar más de dos millones de pesetas para el programa de educación en el altiplano boliviano.*   v.tr. = recaudar
2 Reunir obras sueltas en uno o más tomos: *colectó en un solo volumen toda su producción poética.*

colecticio, a (Del lat. *collecticius*, reunido deprisa.)
1 Que está compuesto de elementos reunidos de forma arbitraria: *antología colecticia de manuscritos españoles.*   adj.
2 Se aplica a la tropa que está formada por gente recién reclutada de distintos sitios.   MILITAR
3 Se refiere al libro que está compuesto por obras literarias sueltas.   LITERATURA

colectivero Conductor de un colectivo o autobús de pequeño tamaño.   s.m. Argent., Perú

colectividad Conjunto de personas consideradas como un todo: *sus políticas van orientadas al bien de la colectividad.*   s.f.

colectivismo Ideología que defiende los sistemas colectivos de la propiedad de los medios de producción y la distribución de la riqueza.   s.m. ECONOMÍA

colectivista
1 Del colectivismo: *doctrina colectivista.*   adj./ECONOMÍA
2 Que es partidario de esta ideología: *los colectivistas fueron los impulsores de las pequeñas empresas de la ciudad.*   adj/s.m.f.

colectivización Acción cuyo objeto es la apropiación colectiva de los medios de producción y de intercambio por expropiación o por nacionalización: *la colectivización en los estados socialistas.*   s.f. POLÍTICA

colectivizar
1 Convertir lo individual en colectivo: *colectivizaron las explotaciones mineras.*   v.tr. conj: cazar
2 Distribuir la riqueza entre la colectividad y poner a su servicio los medios de producción.   ECONOMÍA
3 Unirse varias personas por intereses o trabajo: *se colectivizaron para reforzar el sector agrícola.*   v.prnl. = agremiarse

colectivo, a
1 De un grupo o colectividad: *últimamente hay muchas reivindicaciones colectivas.*   adj.
2 Que tiene virtud de recoger o reunir.
3 Grupo de personas que tienen en común una actividad, afición u objetivo: *el colectivo de estudiantes.*   s.m.
4 Autobús de pequeñas dimensiones: *tomó un colectivo para llegar al hospital.*   Amér. Merid.
5 Taxi con recorrido fijo que recoge pasaje hasta llenarse.   Chile

colector, a (Del lat. *colector.*)
1 Que recoge: *pieza colectora.*   adj.
2 Conducto principal que recibe los ramales subterráneos en conducciones de agua o desagüe.   s.m.
3 Anillo de cobre al que se aplican las escobillas que   ELECTRICIDAD

comunican el circuito que gira en el campo magnético de una dinamo con el circuito exterior.

4 Eclesiástico que recibe las limosnas de las misas y las reparte entre los que las van a celebrar. `RELIGIÓN`

5 Recaudador de impuestos. `s.`

6 Persona que colecciona objetos. `= coleccionista`

7 colector de basuras: Instalación por donde se echa la basura que va a un depósito.

8 colector de ondas: Conducto aislado destinado a captar ondas en una misma antena. `TELECOMUNICACIONES`

9 colector de tierra: Cable formado por hilos de cobre que establece la conexión entre los aparatos telegráficos y la tierra. `TELECOMUNICACIONES`

10 colector solar: Aparato destinado a transformar los rayos solares en energía térmica o eléctrica. `TECNOLOGÍA`

colédoco (Del gr. *khole*, bilis + *dekesthai*, recibir.) Se aplica al conducto formado por la unión de los conductos cístico y hepático, que lleva la bilis al duodeno. `adj./s.m. ANATOMÍA`

colega (Del lat. *collega < legare*, nombrar como legado.)

1 Persona que tiene la misma profesión o actividad que otra: *me reuní con varios colegas para tratar de solucionar ese asunto.* `s.m.f.`

2 Amigo, compañero o socio: *se fue a la discoteca con varios colegas y volvió con una de sus hermanas.* `coloquial`

colegiación Acción y efecto de colegiar o colegiarse: *la colegiación es uno de los requisitos para ejercer la profesión de médico.* `s.f. formal`

colegiado, a

1 Se refiere a la persona que está afiliada a una corporación constituida en forma de colegio: *ya es médico colegiado.* `adj./s.`

2 Se aplica al cuerpo constituido en colegio: *cuerpo colegiado de los arquitectos.*

3 Árbitro deportivo perteneciente a un colegio oficial: *el colegiado pitó una falta polémica.* `s. DEPORTES`

colegial, a

1 Del colegio: *asistencia colegial.* `adj.`

2 El que tiene beca o plaza en un colegio: *los colegiales sentían una intensa animación ante la cercanía de las vacaciones.* `s.`

3 Persona inexperta o tímida.

4 Del cabildo de canónigos. `adj./RELIGIÓN`

5 Se aplica a la iglesia que constituye colegiata: *iglesia colegial.* `RELIGIÓN`

colegiar

1 Inscribir a una persona en un colegio profesional: *se ha colegiado para poder ejercer.* `v.tr/prnl.`

2 Reunirse en un colegio las personas pertenecientes a una misma profesión u oficio. `v.prnl.`

colegiata Iglesia importante que celebra los oficios divinos como en las catedrales: *la santa sede la instituyó como colegiata para mayor brillantez del culto.* `s.f. RELIGIÓN = iglesia colegial`

colegio (Del lat. *collegium*, conjunto de colegas, asociación.)

1 Centro de enseñanza primaria o secundaria: *llevó a sus tres hijos a colegios confesionales, aunque ella era atea.* `s.m.`

2 Asociación o corporación de personas que ejercen una misma profesión: *el colegio de abogados ha convocado a unas jornadas sobre publicidad.*

3 Conjunto de personas que viven en comunidad dedicadas al estudio y sometidas a ciertas reglas.

4 Edificio o conjunto de edificios que constituyen un centro de enseñanza o la sede de una asociación profesional.

5 colegio apostólico: Comunidad formada por los apóstoles. `RELIGIÓN`

6 colegio electoral: 1. Conjunto de electores comprendidos en una misma unidad electoral. 2. Lugar al que acuden los electores para depositar su voto: *no fue a votar a pesar de que el colegio electoral está al lado de casa.* `DERECHO, POLÍTICA`

7 colegio mayor: Residencia de estudiantes de enseñanza superior, donde se realizan actividades para completar su formación.

8 colegio menor: Residencia de estudiantes no universitarios.

9 colegio universitario: Centro de enseñanza superior, adscrito a una universidad, que imparte enseñanzas de primer ciclo universitario.

10 sacro colegio cardenalicio: Cuerpo formado por los cardenales de la Iglesia romana. `RELIGIÓN`

11 entrar en colegio: Ser admitido en una comunidad y empezar a usar el hábito o uniforme correspondiente.

colegir (Duplicado culto de *coger < lat. colligere*.)

1 Reunir cosas dispersas. `v.tr./conj: regir`

2 Deducir una idea a partir de otra: *de nuestras averiguaciones se colige que los datos eran correctos; sus órdenes eran tajantes por lo que se puede colegir.* `culto + por, de`

colelitiasis Formación o presencia de cálculos biliares en el interior de la vesícula. `s.f./pl: colelitiasis MEDICINA`

colelito Cálculo biliar. `s.m./MEDICINA`

colemia (Del gr. *khole*, bilis + *haima*, sangre.) Presencia anormal de bilis o pigmentos biliares en la sangre. `s.f. MEDICINA`

colendo (Del lat. *colendus*, que debe ser celebrado.) Se refiere al día festivo: *aun en día colendo se despierta al amanecer.* `adj. culto`

colénquima Tejido de sostén de los vegetales, formado casi únicamente por celulosa. `s.m. BOTÁNICA`

coleo- Componente de palabra procedente del gr. *koleos*, que significa vaina. `pref.`

coleóptero, a (Del gr. *koleopteros < koleos*, vaina + *pteron*, ala.) Perteneciente a un orden de insectos de metamorfosis completa, con piezas bucales masticadoras, caparazón rígido y alas posteriores plegables. `adj/s.m. ZOOLOGÍA`

colera Adorno de la cola del caballo. `s.f.`

cólera (Del lat. *cholera*, enfermedad causada por la bilis < gr. *kholera < khole*, bilis.)

1 Enfermedad infecciosa de carácter epidémico, caracterizada por vómitos continuos y diarrea, que se transmite por las aguas contaminadas. `s.m. MEDICINA`

2 Enfado, enojo violento: *la cólera lo arrebata cuando ve que atropellan sus derechos.* `s.f. = ira, rabia`

3 cólera aviar o de las gallinas: Enfermedad de las gallináceas y otras aves domésticas que les causa la muerte por inflamación de los ganglios linfáticos y de los órganos digestivos. `VETERINARIA`

4 cólera infantil: Diarrea grave, no contagiosa, que pueden sufrir los niños lactantes en el verano. `MEDICINA = colerina`

5 cortar la cólera: Tomar un refrigerio o tentempié entre dos comidas: *necesita cortar la cólera a media tarde.* `coloquial`

6 cortar la cólera a una persona: Apaciguar, amansar a alguien mediante amenaza o castigo: *con el bofetón le cortó la cólera rápidamente.* `coloquial`

7 descargar la cólera en alguien: Desfogarse contra alguien, descargar en él la ira: *siempre acaba, descargando la ira en su familia.* `coloquial`

8 montar en cólera: Encolerizarse, irritarse, enfadarse mucho: *montó en cólera al ver que aún no habían acabado de reparar el coche.* `coloquial`

colérico, a

1 Que es propenso a los enfados violentos: *ese chico tiene un carácter colérico.* `adj/s. ≠ calmado`

2 Que es consecuencia de la cólera: *después de su grito colérico el silencio inundó la sala.* `adj.`

3 Que tiene relación con el cólera: *tuvieron que hospitalizarlo debido a una fiebre colérica.* `MEDICINA`

4 Que padece cólera: *este verano aumentó el número de pacientes coléricos en el trópico.* `adj/s. MEDICINA`

coleriforme Que tiene síntomas o aspecto parecidos a los del cólera: *fiebre coleriforme.* `adj. MEDICINA`

colerina

1 Enfermedad de índole catarral que provoca una diarrea coleriforme. `s.f. MEDICINA`

2 Diarrea que suele constituir un síntoma del cólera epidémico. `MEDICINA`

colero, a Que inhala cola de contacto por los efectos alucinógenos que produce debido a la acción de los disolventes que contiene. `adj/s. argot`

colesteremia Contenido de colesterol en la sangre: *la colesteremia aumenta durante el embarazo.* `s.f. MEDICINA`

colesterina Colesterol, esterol de origen animal. `s.f./BIOQUÍMICA`

colesterol Esterol de origen animal presente en todas las células, en la sangre y en la bilis. `s.m./BIOQUÍMICA = colesterina`

coleta

1 Mechón de cabello trenzado o suelto, que se lleva recogido en la parte superior o a ambos lados de la cabeza: *los niños del parvulario le tiraban de las coletas.* `s.f.`

2 Añadidura breve a lo escrito o dicho con el fin de corregir alguna omisión o de aclarar algún punto: *pensó que era necesaria una coleta para completar la exposición.* `coloquial = coletilla`

3 Tela basta que se usaba como forro: *del tirón se le rompió la coleta a la altura de la sisa.* `= crehuela`

4 cortarse la coleta: 1. Retirarse de su oficio los toreros. 2. Abandonar una profesión, actividad o costumbre cualquiera: *nunca llegó a saber por qué se cortó la coleta, quizás fue la decepción de saber que no podría promocionarse.* `TAUROMAQUIA coloquial`

coletazo

1 Golpe dado con la cola. `s.m./= coleada`

2 Sacudida que dan con la cola los peces poco antes de morir.

3 Manifestación última y violenta de algo que se está acabando: *la movida está dando ya sus últimos coletazos.* `coloquial`

coletero Goma, generalmente cubierta de tela u otro material que sirve como adorno para recoger el pelo y hacer una coleta. *s.m.*

coletilla
1 Adición breve al final de un escrito o discurso: *como coletilla comentó una breve noticia del diario que reforzaba su teoría.* *s.f. = coleta*
2 Crehuela, tela basta. *tb: coleta*

coleto (Del ital. ant. *colletto*, vestidura de cuero < *collo*, cuello.)
1 Prenda de vestir de ante que se ajustaba al cuerpo hasta la cintura. *s.m. HISTORIA*
2 Fuero interno de la persona: *en su coleto sabía que no podía confiar en él.* *= adentros*
3 **echarse una cosa al coleto:** 1. Comérsela o bebérsela: *se echó al coleto varias raciones de gambas y una buena jarra de cerveza.* 2. Leer íntegramente un escrito: *en dos días se echó al coleto la novela.* *coloquial*
4 **pensar o decir para su coleto:** Pensar, decir para sí mismo: *pensó para su coleto que más valía ser ignorante y no sufrir, que conocer y padecer por ello.* *coloquial*

coletudo, a Que es un sinvergüenza o que se comporta con descaro. *adj. Amér.*

colgadero, a
1 Se aplica al fruto que se puede conservar colgado: *uvas colgaderas; tomates colgaderos.* *adj. AGRICULTURA*
2 Garfio o soporte para colgar algo: *tiende la ropa en el colgadero del muro.* *s.m.*
3 Asa o anilla que entra en el soporte del que se cuelga algo: *el colgadero del cuadro se desprendió de la madera.*

colgadizo Tejadillo que sobresale de la pared, sujeto con tornapuntas. *s.m. CONSTRUCCIÓN*

colgado, a
1 Se refiere a la persona que resulta frustrada, decepcionada o engañada en sus expectativas: *lo han despedido del trabajo y se ha quedado colgado.* *adj. + estar, quedarse*
2 Que tiene un aspecto descuidado o desaliñado: *llegó uno con pinta de colgado y las señoras lo miraron con desdén.* *adj/s. vulgar*
3 Que se comporta de manera extraña o marginal: *es una colgada, nunca ha encajado con los colegas.* *vulgar*
4 Que se encuentra bajo los efectos de la droga o el alcohol: *iba completamente colgado y no me reconoció.* *vulgar/+ estar, quedarse, ir*
5 Que sufre el síndrome de abstinencia por haberse quedado sin la dosis de droga necesaria. *vulgar + estar*
6 Que se encuentra sin dinero, sin amigos o sin amparo: *no tiene a quien recurrir en estos casos, está colgado.* *coloquial + estar*
7 **dejar colgado a alguien:** Dejar de cumplir un compromiso o una obligación contraída con una persona: *les dijo que ella se encargaría pero, finalmente, los dejó colgados.* *coloquial*

colgador
1 Utensilio para colgar ropa u otros objetos: *colocó las chaquetas en unos colgadores y las guardó en el armario.* *s.m. = colgadero*
2 Tabla que, puesta en un palo largo, sirve para colgar los pliegos recién impresos en las cuerdas en que se secan. *ARTES GRÁFICAS = espito*

colgadura
1 Prenda con que se cubren y adornan las paredes o los balcones con motivo de alguna celebración: *durante la semana santa la ciudad se ofrecía al visitante con escudos y colgaduras en todos los balcones.* *s.f.*
2 **colgadura de cama:** Cortinas, cenefas y cielo de la cama utilizados para su adorno y abrigo: *la colgadura de cama era de estilo medieval.*

colgajo
1 Cualquier trapo, o parte de una cosa, que cuelga: *lo que llevaba puesto parecía más bien un montón de colgajos que un vestido.* *s.m. = pingajo*
2 Racimo de uvas o porción de frutas que se cuelga para su conservación: *la bodega estaba decorada con colgajos de tomates.* *= arlo*
3 Trozo de piel usada por los cirujanos en las intervenciones quirúrgicas para cubrir las heridas. *MEDICINA*

colgante
1 Que cuelga: *puente colgante.* *adj/s.m.*
2 Joya u otro adorno que se lleva colgado: *sus colgantes eran de plata en filigrana.* *s.m.*
3 Adorno arquitectónico semejante al festón. *ARQUITECTURA*

colgar (Del lat. *collocare*, situar, colocar < *locus*, lugar.)
1 Suspender o poner una cosa pendiente de otra de modo que no llegue al suelo: *de un clavo colgó la cuerda para sujetar el tapiz; colgar en la percha la camisa; colgarse del trampolín para, luego, dejarse caer.* *v.tr/prnl. conj: rogar + de, en*
2 Ahorcar, quitar la vida: *se colgó del cable de la lámpara; lo colgaron del árbol.* *coloquial*
3 Dar fin a una conversación telefónica: *cuando empezó a insultarme le colgué.* *v.tr/intr.*
4 Atribuir una cosa a una persona sin razón ni fundamento: *me han colgado unas cuantas aventuras pero yo soy muy fiel a mi esposa.* *v.tr.*

5 Abandonar una profesión o actividad: *colgar la carrera durante un par de años; colgó los hábitos definitivamente.*
6 Estar una persona pendiente de la voluntad de otra: *todavía cuelgas de mí para hacer cualquier cosa.* *v.intr. + de*
7 Adquirir dependencia de una persona o de una cosa, especialmente de las drogas: *se ha colgado de la cocaína; en cuanto conozca a tu hermana se colgará de él.* *v.prnl./+ de coloquial*
8 Suspender un examen o una asignatura: *me colgarán en sociales si no estudio.* *v.tr. jerga*
9 Sacar una persona el cuerpo fuera, por el lado de sotavento, a fin de contrarrestar la escora de la embarcación, en el deporte de la vela. *DEPORTES*

-colia Componente de palabra procedente del gr. *khole*, que significa bilis: *acolia.* *suf.*

colibacilo (Del lat. moderno *coli bacillum*, bacilo del colon.) Bacteria que se encuentra normalmente en el intestino del hombre y de otros animales, y que en algunas ocasiones puede producir enfermedades infecciosas. *s.m. BIOLOGÍA*

colibacilosis Enfermedad producida por colibacilos que afecta a las personas y al ganado: *el tratamiento de la colibacilosis consiste en aplicar dieta y administrar antibióticos.* *s.f. pl: colibacilosis MEDICINA, VETERINARIA*

coliblanco, a Que tiene la cola blanca: *compró un periquito coliblanco en la pajarería.* *adj.*

colibrí Ave americana, de pequeño tamaño, pico largo y alas cortas, de movimiento similar a las de un insecto, que se alimenta libando el néctar de las flores. *s.m. ZOOLOGÍA = picaflor, tomineja*

colicano, a Se aplica al animal que tiene canas o cerdas blancas en la cola. *adj./ZOOLOGÍA = rabicano*

cólico, a (Del lat. *colicus morbus* < *colon* < gr. *kolon*, miembro, colon.)
1 Del colon: *arteria cólica.* *adj./ANATOMÍA QUÍMICA/= ácido cólico*
2 Se aplica al ácido que es el principal constituyente de la bilis de los mamíferos.
3 Acceso doloroso de la cavidad abdominal, de un órgano hueco, de intensidad variable: *el cólico lo dejó en cama varios días.* *s.m. MEDICINA*
4 **cólico de plomo o saturnino:** Síndrome caracterizado por un violento dolor abdominal, acompañado por vómitos y estreñimiento pertinaz, que es causado por intoxicación de este metal. *MEDICINA*
5 **cólico hepático:** Crisis dolorosa debida a un brusco bloqueo de las vías biliares por la migración de un cálculo o por contracción de la vesícula. *MEDICINA*
6 **cólico miserere:** Antigua denominación de la obstrucción intestinal. *MEDICINA*
7 **cólico nefrítico o renal:** Crisis dolorosa producida por un brusco bloqueo de las vías urinarias. *MEDICINA*
8 **cólico uterino:** Contracción dolorosa del útero, que se presenta durante las menstruaciones o después del coito. *MEDICINA*

colicuación
1 Proceso de derretir o derretirse a la vez dos o más sustancias sólidas o grasas. *s.f.*
2 Enflaquecimiento rápido a consecuencia de evacuaciones abundantes. *MEDICINA*

colicuar (Derivado de *licor* < lat. *liquor*, fluidez, líquido.) Derretir o hacer líquidas a la vez dos o más sustancias sólidas o grasas: *el sebo y la manteca se colicuaron.* *v.tr/prnl. conj: actuar*

colicuativo, a Se aplica al flujo o secreción que produce enflaquecimiento con rapidez: *se quedó demacrado a causa de una diarrea colicuativa.* *adj. MEDICINA*

colicuecer Colicuar o derretir. *v.tr/conj: carecer*

colidir Chocar con una oposición física o moral: *tus propuestas colidieron con su escala de valores.* *v.intr.*

coliflor (Del ital. *caoliflor*.) Planta crucífera hortense, variedad de col, cuyos pedúnculos forman una pella blanca y compacta compuesta de diferentes cabezuelas, y se consume cocida y condimentada de formas variadas. *(Brassica oleracea botrytis.)* *s.f. BOTÁNICA*

coligación Acción y resultado de coligar o coligarse: *la coligación resultó ser la mejor manera de canalizar la denuncia popular.* *s.f. culto = coligamiento*

coligar (Del lat. *colligare*.) Unir o unirse grupos con otros para determinada finalidad: *el partido coligó sus fuerzas con las asociaciones.* *v.tr/prnl. conj: pagar tb: coaligar/+ con*

coliguacho Especie de tábano negro con los bordes del tórax y el abdomen cubiertos de pelos anaranjados o rojizos. *(Tabanus depressus).* *s.m. Chile ZOOLOGÍA*

coligüe Planta gramínea trepadora de hojas perennes y madera muy dura. *s.m./Argent., Chile/BOTÁNICA*

colilla
1 Punta del cigarro que no se fuma: *el suelo alrededor del banco quedó lleno de colillas.* *s.f.*
2 Tira ancha con que se alargaban por detrás los mantos de mujer.

colillero, a Persona que recoge colillas. *s./despectivo*

colimación (Del lat. *collimatio, -onis,* alteración de *collineatio,* puesta en línea.) Acción y resultado de colimar. *s.f. FÍSICA*

colimador
1 Anteojo de un telescopio, usado para rectificar las desviaciones luminosas. *s.m. ÓPTICA*
2 Parte destinada a colimar los rayos luminosos, en algunos aparatos. *FÍSICA*
3 Instrumento óptico para dirigir visuales. *ÓPTICA*

colimar Obtener un haz de rayos paralelos a partir de un foco luminoso. *v.tr. FÍSICA*

colimba
1 Mili, servicio militar obligatorio para la población civil. *s.f./Argent. MILITAR*
2 Quinto, soldado mientras recibe la instrucción militar obligatoria: *los colimbas fueron conducidos hasta el cuartel en colectivos.* *s.m./Argent. coloquial MILITAR*

colimbo (Del gr. *kolymbos.*) Ave palmípeda acuática, de alas cortas, pico fuerte y apuntado y plumaje de color variable según las especies, que cría en lagos y lagunas y captura su alimento buceando. *(Gavia.)* *s.m. ZOOLOGÍA*

colín, a
1 Se aplica al animal que tiene la cola cortada. *adj./tb: colino*
2 Barra de pan larga y muy delgada. *s.m.*
3 Piano de cola de pequeñas dimensiones. *MÚSICA*
4 Ave galliforme de pequeño tamaño, semejante a la codorniz y a la perdiz. *ZOOLOGÍA*
5 **colín de California:** El de plumaje gris oliváceo, con un copete de plumas negras en la cima de la cabeza. *(Lophortyx californica.)* *ZOOLOGÍA*
6 **colín de Virginia:** El de cola breve y redondeada y plumaje salpicado de motas de diferentes colores. *(Colinus virginianus.)* *ZOOLOGÍA*

colina
I (Del ital. *collina,* loma extensa y algo elevada < *colle,* colina < lat. *collis.*) Elevación natural de terreno, de relieve más suave que el de una montaña: *desde la colina subía una columna de humo.* *s.f. GEOGRAFÍA = alcor, collado*
II (Del gr. *khole,* bilis, hiel.)
1 Sustancia que se encuentra en la bilis de muchos animales. *BIOQUÍMICA*
2 Componente de la lecitina. *BIOQUÍMICA*
III (Derivado de *col.*)
1 Semilla de la col y la berza. *s.f./BOTÁNICA*
2 Vivero de coles pequeñas que aún no se han trasplantado. *AGRICULTURA*

colinabo Variedad de col de raíz carnosa, que se usa como alimento. *(Brassica campestris.)* *s.m./BOTÁNICA tb: rutabaga*

colindancia Situación en que se encuentran dos cosas que tienen un límite común: *la colindancia de sus fincas ha sido siempre motivo de enfrentamiento.* *s.f.*

colindante
1 Se aplica al terreno o al edificio que tiene un límite común con otro. *adj. = limítrofe*
2 Se refiere al propietario de una finca que limita con otra. *DERECHO*

colindar (Derivado de *linde.*) Tener un lugar límite común con otro: *su campo colinda con el de Pedro.* *v.intr. + con*

colineta Dulce de almendra y huevo. *s.f./Venez.*

colino, a Se aplica al animal que tiene la cola cortada. *adj. tb: colín*

colipavo, a Se aplica a la raza de palomas que tienen la cola más ancha que las otras. *adj. ZOOLOGÍA*

colirio (Del lat. *collyrium* < gr. *kollyrion.*) Líquido medicinal, utilizado en el tratamiento de las enfermedades de los ojos y párpados. *s.m. FARMACIA*

colirrábano Variedad de la col con la parte subterránea del tallo redondeada y carnosa. *(Brassica oleracea gongilipides.)* *s.m. BOTÁNICA*

colirrojo Pájaro de la familia de los tordos, de plumaje oscuro, pico fino, ojos grandes y cola anaranjada fuerte, que se alimenta de insectos. *s.m. ZOOLOGÍA*

colisa (Del fr. *coulisse,* soporte con corredera < *couler,* fluir, deslizarse.)
1 Plataforma giratoria sobre la que se instala el cañón de un barco. *s.f./NÁUTICA tb: coliza*
2 Cañón que se instala en esta plataforma. *NÁUTICA*

coliseo (Del ital. *Colosseo* < lat. *colosseus* < gr. *kolossiaios.*) Teatro o cine importante: *han transformado el cinematógrafo en un moderno coliseo.* *s.m./CINE, TEATRO*

colisión (Del lat. *collisio, -onis.*)
1 Choque entre dos cuerpos: *el accidente se produjo por una colisión frontal.* *s.f.*
2 Enfrentamiento u oposición de ideas, derechos o intereses: *la colisión de intereses en el congreso traerá consecuencias graves.*
3 Lucha o enfrentamiento entre dos grupos de perso-

nas: *dos heridos es el balance de la colisión entre la policía y los manifestantes.*
4 Raspadura o señal producida como resultado de rozar una cosa con otra: *la colisión está en el lateral izquierdo, así que el choque no fue frontal.*

colisionar Producirse un choque violento entre dos o más cosas: *colisionaron varios turismos en la carretera de circunvalación.* *v.intr. = chocar*

colista
1 Se aplica al deportista o equipo que va el último en una competición. *adj/s.m.f. DEPORTES*
2 Persona que espera en una cola o fila. *s.m.f.*

colitejo, a Se aplica a la paloma que tiene la cola en forma de teja. *adj. ZOOLOGÍA*

colitis Inflamación del colon, que provoca diarrea: *ha pasado una mala mañana a causa de la colitis.* *s.f./pl: colitis MEDICINA*

coliza Colisa, plataforma giratoria y cañón que se instala en ella. *s.f. NÁUTICA*

colla
I (Del lat. *collum,* cuello.) Gorjal, pieza de la armadura. *s.f. HISTORIA*
II (Derivado del lat. *copulla,* enlace.)
1 Correa o cuerda con que se atan los perros en una cacería. *s.f./CAZA = traílla*
2 Instrumento de pesca formado por varias nasas alineadas. *PESCA*
III (Voz aimara.)
1 De un pueblo amerindio de lengua aimara, que habita las mesetas andinas. *adj.*
2 Miembro de este pueblo. *s.m.f.*
IV (De origen incierto.)
1 Temporal que afecta al archipiélago filipino, procedente del suroeste, y que sopla durante el monzón de esta orientación. *s.m.*
2 Última estopa que se embute en las junturas de una embarcación. *NÁUTICA*

collada (Derivado de *collado.*) Collado, paso: *condujo el rebaño a través de una angosta collada.* *s.f. GEOGRAFÍA*

colladía Conjunto de pasos entre montañas: *el terreno con colladías es el ideal para los ataques de guerrillas.* *s.f. GEOGRAFÍA*

collado (Del lat. *collis.*)
1 Colina, monte pequeño: *al llegar a lo alto del collado pudieron divisar los límites del valle.* *s.m. GEOGRAFÍA*
2 Paso poco elevado entre montañas: *los carromatos atravesaron lentamente el collado.* *s.m. GEOGRAFÍA tb: collada*

collage (Voz francesa.) Colaje, técnica y composición pictórica. *s.m. ARTE*

collalba
1 Mazo de madera utilizado para desmenuzar los terrenos. *s.f. AGRICULTURA*
2 Pájaro insectívoro pequeño de la familia de los tordos, con pico recto y plumaje suave y abundante. *ZOOLOGÍA*

collar (Del lat. *collare* < *collum,* cuello.)
1 Adorno que se pone alrededor del cuello: *la novia lucía un hermoso collar de esmeraldas y diamantes.* *s.m.*
2 Objeto que se pone alrededor del cuello de los animales domésticos para defensa, sujeción o adorno: *no puede pasear el perrito por la calle si no es con collar.*
3 Faja de plumas de distinto color que algunas aves tienen alrededor del cuello. *ZOOLOGÍA*
4 Aro, pieza que se pone alrededor de cualquier pieza circular de una máquina para sujetarla sin impedirle girar. *MECÁNICA*
5 Objeto de metal que se ponía alrededor del cuello de los malhechores o de los esclavos. *HISTORIA*
6 Insignia de algunas magistraturas, dignidades y órdenes de caballería.
7 Adorno que rodea el escudo llevando colgada una condecoración. *HERÁLDICA*

collareja
1 Paloma silvestre americana de color azul, apreciada por su carne. *(Columna corensis.)* *s.f./Colomb., C. Rica ZOOLOGÍA*
2 Especie de comadreja americana. *(Mustela brasiliensis.)* *Méx./ZOOLOGÍA*

collarín
1 Aparato ortopédico que rodea el cuello y se usa para inmovilizar las vértebras cervicales: *después del accidente tuvo que llevar collarín durante meses.* *s.m. MEDICINA*
2 Sobrecuello estrecho de algunas casacas.
3 Alzacuello de los eclesiásticos. *RELIGIÓN*
4 Etiqueta que se pega en el cuello de las botellas: *en el collarín consta el año de la cosecha.*
5 Reborde que rodea el orificio de la espoleta de las bombas y facilita su manejo. *MILITAR*
6 Collarino, parte del fuste de la columna. *ARQUITECTURA*

collarino Pequeña moldura que rodea la parte superior del fuste de una columna. *s.m./ARQUITECTURA/= collarín*

collazo, a (Del lat. *collacteus,* hermano de leche.)
1 Hermano o hermana de leche. *s./= colactáneo = criado*
2 Persona que trabaja en el servicio doméstico.
3 Palo que se usa para recoger y cargar las gavillas. *s.m./AGRICULTURA*

colleja
I (Del lat. vulgar *caulicula* < lat. *cauliculus*, col peque- *s.f.* *BOTÁNICA* = *verdezuela*
ña.) Planta herbácea de tallos erguidos, flores con pétalos blancos, cuyas hojas y brotes a veces se comen como verdura. *(Silene inflata.)*
II (Derivado de *cuello*.)
1 Cachete o palmada cariñosa entre la parte superior *s.f.* *coloquial*
del cuello y la nuca: *quien deje caer la pelota al suelo recibirá una colleja.*
2 Nervios delgados que los carneros tienen en el pes- *s.f.pl.* *ZOOLOGÍA*
cuezo.

collera
1 Collar de lona o cuero, relleno de paja o borra, que *s.f.*
se pone al cuello de las caballerías o bueyes para que no les haga daño el arreo.
2 Adorno que se pone al cuello de un caballo.
3 Cadena de presidiarios.
4 Gemelos de camisa: *le regaló las colleras del abuelo* *s.f.pl.* *Colomb., Chile*
cuando se graduó.

collerón Adorno de lujo que se pone en el cuello de *s.m.*
los caballos de un coche.

collón, a (Del ital. *coglione*, tonto.) Que es cobarde o *adj.* *vulgar*
miedoso.

collonería Cobardía, falta de valor: *al salir corriendo* *s.f.* *vulgar*
demostró su collonería.

colmado, a
1 Que está lleno: *la suya no ha sido precisamente una* *adj.* = *copioso*
vida colmada de alegrías.
2 Tienda de comestibles: *las grandes superficies comer-* *s.m.* *COMERCIO*
ciales están acabando con los tradicionales colmados.

colmar (Del lat. *cumulare*, amontonar < *cumulus*, mon- tón.)
1 Llenar un recipiente o un espacio hasta los bordes: *v.tr.*
colmó el vaso de agua.
2 Llenar a una persona o una cosa de atenciones o *+ de*
insultos: *la colmó de maldiciones.*
3 Satisfacer plenamente los deseos o las ilusiones de *v.tr/prnl.*
una persona: *su compañía me colma.*

colmatación Acción de colmatar o colmatarse un te- *s.f.*
rreno.

colmatar
1 Llenar artificialmente un terreno bajo o estéril con *v.tr.* *AGRICULTURA*
lodo depositado por ríos o mares.
2 Rellenarse una cuenca o depresión con los materia- *v.prnl.* *GEOLOGÍA*
les arrastrados por una corriente de agua.

colmena
1 Cavidad natural o artificial que sirve de vivienda a *s.f./ZOOLOGÍA* = *panal*
un enjambre de abejas.
2 Enjambre de abejas. *ZOOLOGÍA*
3 Lugar en el que hay una aglomeración de personas. *coloquial*

colmenar Sitio donde están instaladas las colmenas: *s.m.* = *abejar, abejera*
la sequía acabó con el romero y tuvieron que trasladar el colmenar.

colmenero, a
1 Persona que tiene colmenas o las cuida. *s./= apicultor*
2 Ave insectívora de pico ganchudo, alas largas y *s.m./Méx.* *ZOOLOGÍA*
patas cortas y delgadas.

colmenilla Hongo de sombrerete aovado, consisten- *s.f.* *MICOLOGÍA* = *morilla, cagarria*
te y carnoso, tallo liso y cilíndrico, color marrón amarillento, de gran valor culinario. *(Morchella.)*

colmilleja Pez de agua dulce, pequeño, con el cuerpo *s.f.* *ZOOLOGÍA*
alargado, cabeza comprimida y tres pares de barbillones cortos hacia la mandíbula inferior. *(Cobitis taenia.)*

colmillo (Del bajo lat. *columellus* < lat. *columella*, co- lumnita.)
1 Diente en punta situado antes del primer premolar *s.m.* *ANATOMÍA* = *canino*
a cada lado de los incisivos: *el mastín le clavó los colmillos en el muslo.*
2 Cada uno de los dos dientes largos del elefante. *ZOOLOGÍA*
3 **enseñar los colmillos:** Hacerse temer o respetar: *el* *coloquial*
dogo le enseñó los colmillos, pero no le ladró.
4 **escupir por el colmillo:** Ser fanfarrón. *coloquial*
5 **tener colmillos o el colmillo retorcido:** Ser astuto *coloquial*
y difícil de engañar, gracias a la experiencia y la edad.

colmilludo, a
1 Que tiene colmillos grandes. *adj./= dentudo*
2 Que se comporta con sagacidad o astucia: *no inten-* = *astuto*
tes engañar a la colmilluda tendera, acabará descubriéndolo.

colmo, a
I (Derivado de *colmar*.) Que está colmado o lleno. *adj./= harto*
II (Del lat. *cumulus*, montón.)
1 Parte de una sustancia que rebasa los bordes del re- *s.m.*
cipiente que la contiene.
2 Complemento o término de alguna cosa: *el colmo de su honestidad es su firme entereza.*
3 **llegar al colmo:** Llegar a la perfección. *coloquial*
4 **para colmo:** Se usa para ponderar y enfatizar los *coloquial*
efectos de algo: *y para colmo, se ha puesto enferma.*

5 **ser el colmo:** Ser sorprendente o haber llegado a *coloquial*
tal punto que ya no se puede razonablemente tolerar.
III (Del lat. *culmus*, tallo, especialmente el del trigo.)
1 Paja, generalmente de centeno, empleada para cu- *s.m.*
brir cabañas.
2 Techo de paja: *el colmo de la choza se incendió con las* *CONSTRUCCIÓN*
ascuas de la hoguera.

colo- Componente de palabra procedente del gr. *ko-* *pref.* *lla*, que significa goma: *coloide.* *tb: cola-*

colocación
1 Acción y resultado de colocar o colocarse. *s.f.*
2 Manera de estar colocada una persona o una cosa: = *disposición,* *situación*
la colocación de los adornos en esa casa es muy armónica.
3 Empleo, puesto de trabajo.

colocado, a Que está bajo los efectos de alguna sus- *adj.* *coloquial*
tancia tóxica, como una droga o alcohol: *con dos cervezas ya va colocado.*

colocar (Del lat. *collocare*.)
1 Poner, situar a una persona o cosa en un lugar: *se* *v.tr/prnl.*
colocó en el mejor sitio; colocar con orden la ropa; colocar *conj: sacar* *por preferencia a los invitados; colocar una flor entre las* *+ con, en,* *hojas de un libro.* *por, entre*
2 Proporcionar un empleo o un puesto a una perso- *v.tr.*
na: *colocó a su amigo en un puesto importante; se colocó en unos grandes almacenes.*
3 Ponerse a tono con alcohol o drogas: *se colocó y vol-* *coloquial*
vió a casa borracho perdido; una sola cerveza lo colocó.
4 Invertir el capital: *colocó su fortuna en una empresa* *v.tr.*
muy próspera.
5 Encontrar mercado para un producto: *algunos pro-*
ductos españoles se colocan bien en el extranjero.
6 Casar a una persona: *colocó muy bien a su hija.* *coloquial*
7 Hacer que una persona acepte o escuche una cosa *coloquial*
que no desea: *les colocó un discurso larguísimo.*

colocho, a
1 Se aplica a la persona que tiene el cabello rizado. *adj/s./Salv.*
2 Viruta de madera. *s.m./Amér. Central*
3 Rizo o tirabuzón del cabello. *Amér. Central*
4 Servicio, favor: *si le hace un colocho deberá devolvérse-* *Salv.*
lo un día u otro.

colodión (Del gr. *kollodes*, pegajoso.) Solución de ni- *s.m.* *QUÍMICA*
trocelulosa en una mezcla de éter y alcohol, que se usa en fotografía, farmacia y otras industrias.

colodra
1 Recipiente de madera semejante a un barreño pe- *s.f.*
queño, que utilizan los pastores para ordeñar el ganado: *la ternera vertió todo el contenido de la colodra.*
2 Vaso de madera usado para medir vino.
3 Vaso rústico hecho con un cuerno. = *cuerna*
4 **ser una colodra:** Beber mucho alcohol: *aun siendo* *coloquial*
una colodra intentaba no beber delante de los niños.

colodrillo Parte posterior de la cabeza: *al caer del* *s.m.*
caballo se hizo una descalabradura en el colodrillo.

colofón (Del gr. *kolophon*, remate, fin.)
1 Acción o palabras con que se pone fin a algo: *como* *s.m.*
colofón citó un poema de Rilke.
2 Anotación final de los libros que expresa, actual- *ARTES GRÁFICAS*
mente, las circunstancias de la impresión.

colofonia (Del lat. *colophonia* < gr. *kolophonia*.) Resina *s.f.* *QUÍMICA*
sólida, translúcida o amarillenta, residuo de la destilación de la trementina, que se utiliza en la fabricación de barniz, brea y aislantes eléctricos.

cologaritmo Logaritmo del inverso del número real *s.m.* *MATEMÁTICAS*
considerado.

coloidal Se aplica al sistema o estado de la sustancia *adj.* *QUÍMICA*
muy dividido en partículas o gotas y al líquido que se *tb: coloideo*
encuentra en este estado.

coloide (Derivado de *cola* < gr. *kolla*, goma, cola.) Se *adj/s.m.* *QUÍMICA*
aplica al sistema en el que las partículas se encuentran suspendidas en un líquido.

colombianismo Expresión o construcción caracte- *s.m.* *LINGÜÍSTICA*
rísticas de la variedad del español que se habla en Colombia.

colombiano, a
1 De Colombia, estado de América del Sur. *adj.*
2 Persona natural de este estado. *s.*
3 Modalidad del español hablada en este país suda- *s.m.* *LINGÜÍSTICA*
mericano.

colombicultura (Del lat. *columba*, paloma + *cultura*, *s.f.* *ZOOLOGÍA*
cultivo, cría.) Columbicultura, cría de la paloma.

colombina Personaje de la comedia del arte, que re- *s.f.* *TEATRO*
presenta a una mujer joven, atractiva y vivaracha: *la colombina de la obra es el contrapunto de la protagonista.*

colombino, a
1 De Cristóbal Colón o de su familia: *descubrimiento* *adj.* *HISTORIA*
colombino.
2 Que pertenece a Cristóbal Colón o a su familia: *cartas colombinas.*

colombo Planta arbustiva trepadora, originaria de países tropicales, cuya raíz se emplea en medicina como astringente. *(Jatrorrhiza palmata.)* — s.m. BOTÁNICA

colombofilia Cría y adiestramiento de palomas, en especial de las mensajeras. — s.f.

colombófilo, a
1 De la colombofilia: *certamen colombófilo.* — adj.
2 Persona aficionada a la cría de palomas. — s.

colon (Del lat. *colon* < gr. *kolon,* miembro.)
1 Parte del intestino grueso de los mamíferos, situada entre el ciego y el recto: *padecía de cáncer de colon.* — s.m. ANATOMÍA
2 Signo de puntuación con que se señala una pausa mayor que la de la coma y menor que la del punto: *;.* — GRAMÁTICA = punto y coma

colón Unidad monetaria de Costa Rica y El Salvador. — s.m./ECONOMÍA

colonato Sistema de explotación de las tierras por medio de colonos: *las tierras del oeste americano fueron sometidas a colonato.* — s.m. ECONOMÍA

colonia
I (Del lat. *colonia* < *colonus,* labrador.)
1 Territorio ocupado y administrado por una nación, situado fuera de sus fronteras y vinculado a ella política, económica y culturalmente: *España perdió sus últimas colonias a finales del siglo XIX.* — s.f. ECONOMÍA, POLÍTICA
2 Conjunto de personas procedentes de un país que van a otro para poblarlo o establecerse en él.
3 Conjunto de personas de un país que vive en otro: *el embajador se dirigió a la colonia española en Lisboa.*
4 Conjunto de personas que pasan temporadas en un sitio que no es su residencia habitual para divertirse o descansar: *colonia veraniega.*
5 Barrio urbano, cada una de las zonas en que se dividen las ciudades. — Méx.
6 Agrupación de animales de la misma especie que comparten un territorio o una relación física: *aquí ya no hay colonias de golondrinas.* — ZOOLOGÍA
7 Grupo de microorganismos nacidos de un mismo germen y que se desarrollan en una masa única, con características propias. — BIOLOGÍA
II (Abreviación de *agua de Colonia,* de la ciudad alemana de *Colonia.*) Perfume y producto de higiene que se fabrica con agua, alcohol y esencias aromáticas. — s.f.

coloniaje Denominación que se da al período colonial de la América española. — s.m./Amér. HISTORIA

colonial (Derivado de *colono.*) Que tiene relación con la colonia, territorio ocupado: *estudia la época colonial.* — adj. HISTORIA

colonialismo Doctrina que defiende el mantenimiento de un territorio bajo el dominio político o económico de otro país: *las actuales relaciones internacionales facilitan el colonialismo cultural.* — s.m. POLÍTICA

colonialista
1 Del colonialismo. — adj.
2 Que es partidario del colonialismo. — adj/s.m.f.

colonizable Que puede ser colonizado: *las colonizables praderas orientales.* — adj.

colonización Acción y resultado de colonizar un territorio: *en la colonización participaron todos los estamentos sociales.* — s.f.

colonizador, a Que coloniza: *países colonizadores.* — adj/s.

colonizar (Derivado de *colono.*)
1 Transformar en colonia un territorio: *los países europeos colonizaron territorios de otros continentes.* — v.tr. conj: *cazar*
2 Poblar los colonos un territorio.

colono (Del lat. *colonus,* labrador.)
1 Habitante de una colonia: *los colonos se negaron a participar en la revuelta urbana.* — s.m.
2 Labrador que cultiva una tierra arrendada, en la que también suele vivir. — AGRICULTURA

coloquial
1 Del coloquio. — adj.
2 Se aplica a las palabras o al lenguaje que son propios de la conversación: *usa un estilo coloquial.* — LINGÜÍSTICA

coloquíntida (Del bajo lat. *coloquinthida* < gr. *kolokynthis.*) Planta rastrera, con tallo piloso de dos a tres metros de largo, de hojas ásperas y vellosas hendidas en cinco lóbulos dentados, flores amarillas y frutos amargos, que se emplean en medicina como purgantes. *(Cucumis colocynthis.)* — s.f. BOTÁNICA

coloquio (Del lat. *colloquium* < *colloqui,* conversar.)
1 Reunión de un número determinado de personas para debatir un tema sin que sea preciso llegar a un acuerdo: *nunca interviene en los coloquios científicos.* — s.m.
2 Conversación o debate entre dos o más personas.
3 Composición literaria en forma de diálogo. — LITERATURA

color (Del lat. *color.*)
1 Sensación que producen en la retina los rayos de luz reflejados en un objeto. — s.m. FÍSICA
2 Sustancia preparada para colorear, pintar o teñir: *compró varios tubos de color.* — ARTE = pintura
3 Color natural de la tez humana: *a pesar de su enfermedad, tiene buen color.*

4 Modo de estar combinados los colores, o el conjunto de colores utilizados en una obra de arte: *me gustó el color de la película; admiraba el color de Van Gogh.* — = colorido, tonalidad
5 Tonos que se adoptan como símbolo de una nación, club deportivo, o cualquier otra entidad y se utilizan en banderas y uniformes: *los jugadores siempre defienden sus colores.* — s.m.pl.
6 Modo peculiar de presentarse una cosa: *pintar una situación con colores trágicos.* — s.m.
7 Inclinación o tendencia hacia determinadas ideas, sobre todo políticas: *al director de este informativo se le nota el color ideológico.*
8 Conjunto de cualidades que dan animación, viveza y peculiaridad a un acontecimiento, una escena o a su descripción: *las fiestas populares han perdido el color de antaño.*
9 Pretexto para hacer una cosa: *¿con qué color te atreves a llegar dos horas tarde?* — coloquial
10 Cada uno de los cinco colores heráldicos incluidos en los esmaltes: *azur, gules, sable, sinople y púrpura son colores heráldicos.* — HERÁLDICA
11 Contraste que ofrecen los timbres de los diferentes instrumentos y los mismos instrumentos tocados en diferentes lugares de su textura. — MÚSICA
12 **color elemental o del espectro o del iris:** Cada uno de los siete colores en que se descompone la luz del sol. — FÍSICA
13 **color local:** Conjunto de los rasgos más propios, característicos y pintorescos de un lugar.
14 **color quebrado:** El que ha perdido la viveza: *las cortinas son de color quebrado por efecto de los rayos del sol.*
15 **colores complementarios:** Aquellos colores puros que, unidos, producen luz blanca. — FÍSICA
16 **colores nacionales:** Los que conforman la bandera de una nación.
17 **colores primarios:** Cada uno de los tres colores básicos.
18 **colores primitivos:** Los convencionales representados en el arco iris. — ÓPTICA
19 **dar color:** Colorear, pintar: *dio color al lienzo tras muchos esbozos.*
20 **de color:** 1. Que no es negro, blanco, ni gris: *llevaba un vestido de color.* 2. Se aplica a la persona que es de raza negra. — loc.adj.
21 **meter en color:** Distribuir y sentar los colores en un cuadro. — ARTE
22 **ponerse de mil colores o mudar de o la color:** Ruborizarse, cambiar el color de la cara por vergüenza, por cólera o por otros motivos: *al ver descubierto su engaño se puso de mil colores; el insulto le hizo mudar de color.* — coloquial
23 **sacarle o salirle a alguien los colores:** Avergonzar a una persona o ponerse colorado por vergüenza: *le sacaba los colores por diversión; a la más leve alusión le salían los colores.* — coloquial
24 **tomar color:** Ir adquiriendo una cosa progresivamente la forma o la madurez necesaria para que pueda considerarse acabada: *ahora sí que puedo decir que el asunto empieza a tomar color.* — coloquial
25 **tomar el color:** Teñirse bien una cosa del color que se pretende.
26 **ver las cosas de color de rosa:** Considerarlas de manera optimista: *mi padre lo ve todo de color de rosa.* — coloquial

coloración
1 Operación de colorear o teñir una cosa. — s.f.
2 Aspecto que presenta un objeto coloreado.
3 Matiz, tonalidad de un color.

colorado, a
1 Que tiene color. — adj.
2 De color rojo: *manzanas coloradas o verdes.* — adj.
3 Color de la sangre. — s.m./= rojo
4 Que se presenta de manera justa y razonable. — adj.
5 **poner colorado:** Avergonzar, causar o tener vergüenza: *era tan recatada que se puso colorada con sus chistes jocosos.* — coloquial

coloraina Color dado artificialmente a las películas rodadas originalmente en blanco y negro. — s.f. CINE

colorante
1 Que da color. — adj.
2 Sustancia con la que se da a una materia una coloración duradera: *primero decoloró la tela para que el colorante quedase mejor.* — s.m.
3 Sustancia que se emplea para colorear ciertos alimentos: *este yogur no lleva colorantes.*

colorar (Derivado de *color.*) Colorear, dar color. — v.tr.

coloratura
1 Línea vocal ornamentada, y generalmente aguda, para la voz de soprano. — s.f. MÚSICA
2 Cantante que ejecuta esta línea. — MÚSICA

coloreado Transformación de las imágenes en blanco y negro de una película en otras de color, mediante procedimientos electrónicos. — s.m. CINE

colorear (Derivado de *color*.)
1 Dar color a una cosa: *no le gusta que coloreen las películas.* — v.tr. / tb: colorar
2 Justificar una acción o hecho reprochable: *con sus pretenciosas palabras intenta colorear la violación de la ley.* — tb: colorir
3 Mostrar una cosa el color colorado que tiene. — v.intr.
4 Tomar un fruto el color rojo de su madurez: *colorean las manzanas en el árbol; se colorean las fresas que no están ocultas por las hojas.* — v.intr/prnl.

colorete Cosmético en crema o polvo de color rosado, que se aplica en las mejillas para darles color: *usa un colorete demasiado oscuro para su cutis.* — s.m.

colorido
1 Aspecto de una cosa según la distribución, intensidad y tonalidad de sus colores: *el vestido tiene un colorido muy original.* — s.m.
2 Animación, viveza o carácter peculiar de una cosa: *la fiesta regional tuvo un gran colorido.* — = vistosidad

colorimetría Procedimiento de análisis químico fundado en la intensidad del color de las disoluciones. — s.f. / QUÍMICA

colorímetro Instrumento usado en la colorimetría, con el que se determinan los componentes de un color. — s.m. / QUÍMICA

colorín (Derivado de *color*.)
1 Color vivo o llamativo que destaca al contrastar con otros: *el pájaro tiene unos colorines preciosos.* — s.m.
2 Jilguero, pájaro. — ZOOLOGÍA
3 Sarampión, enfermedad contagiosa. — MEDICINA
4 Planta leguminosa cuya madera blanca y esponjosa se utiliza mucho para hacer tapones. *(Capparis indica.)* — Méx. / BOTÁNICA
5 Fruto de esta planta. — Méx.
6 Árbol con ramas espinosas y madera blanda cuyas flores, delgadas, de color rojo y agrupadas en racimos, son comestibles. *(Erythrina coralloides.)* — Chile / BOTÁNICA
7 **colorín colorado, este cuento está acabado:** Fórmula tradicional con que se terminan los cuentos para niños.

colorinche Se aplica a la mala combinación de colores con un resultado chillón. — adj./Amér. coloquial

colorir Colorear, justificar una acción o hecho reprochable. — v.tr.defectivo conj: abolir

colorismo
1 Tendencia de algunos pintores a dar exagerada preferencia al color sobre el dibujo: *su colorismo es rayano con el mal gusto.* — s.m. / ARTE
2 Tendencia a recargar el lenguaje con adjetivos muy sonoros, a veces redundantes e impropios: *le aconsejó que huyese de colorismos y dejase su corazón en la pluma.* — LITERATURA

colorista
1 Se refiere al pintor o a la obra que utiliza un colorido rico, combinado con acierto. — adj/s.m.f./ARTE / tb: coloridor
2 Se aplica al escritor que se expresa con colorismo. — LITERATURA

colosal (Derivado de *coloso*.)
1 Del coloso: *en mitad de la fuente ubicaron una estatua colosal de Ceres.* — adj.
2 Enorme, de dimensiones extraordinarias: *un incendio colosal desoló los bosques que rodeaban el valle.*
3 Que es muy bueno o extraordinario: *han realizado un partido colosal.* — = fenomenal, formidable

coloso (Del lat. *colossus* < gr. *kolossós*, estatua colosal.)
1 Estatua de tamaño muy superior al natural: *el coloso de Rodas era una de las siete maravillas del mundo.* — s.m. / ARTE
2 Persona o cosa de cualidades sobresalientes o de gran importancia. — coloquial

colostomía Operación quirúrgica que consiste en hacer desembocar directamente el colon al exterior, a través de la pared abdominal. — s.f. / MEDICINA

colpa (Del quechua *kolpa*.) Colcótar usado para enriquecer la plata en procedimientos de amalgamación. — s.f. / QUÍMICA

colpoplastia Operación quirúrgica que consiste en reconstruir el periné y la vagina. — s.f. / MEDICINA

colposcopia Exploración del conducto vaginal y del cuello del útero por método endoscópico. — s.f. / MEDICINA

cólquico (Del lat. *colchicum* < gr. *kolkhikon*.) Planta bulbosa liliácea, cuyo fruto no sale de la tierra hasta la primavera siguiente, junto con las hojas, con flores violetas y semillas y bulbo venenosos. *(Colchicum autumnale.)* — s.m. / BOTÁNICA / = azafrán silvestre, flor de otoño

colt (De S. *Colt*, ingeniero norteamericano.) Revólver de tambor giratorio con capacidad para seis balas. — s.m./pl: colts / MILITAR

colúbrido, a (Derivado de *culebra*.) Perteneciente a una familia de serpientes, unas inocuas y otras venenosas. — adj/s.m. / ZOOLOGÍA

coludir (Del lat. *colludere*, jugar juntos, entenderse.) Pactar en perjuicio de una tercera persona. — v.intr. / DERECHO

columbario (Derivado de *columbino*.) Conjunto de nichos donde guardaban las urnas cinerarias en los antiguos cementerios romanos: *conservan muchas inscripciones de diferentes columbarios romanos.* — s.m. / HISTORIA

columbeta Voltereta que dan los niños sobre la cabeza en sus juegos: *los envió a la habitación y los encontró dando columbetas en la cama.* — s.f.

columbicultura (Del lat. *columba*, paloma + *cultura*, cultivo, cría.) Cría de palomas y aves afines. — s.f. / tb: colombicultura

columbino, a
1 De la paloma o que tiene relación con ella: *su candor y su sencillez son columbinos.* — adj./ZOOLOGÍA
2 Color morado de algunos granates o piedras. — s.m.

columbrar (Modificación fonética de *cumbrar* < lat. *culminare* < *culmen*, cumbre, altura.)
1 Ver una cosa desde lejos sin distinguirla bien: *columbró un barco en el horizonte.* — v.tr/prnl./= divisar, vislumbrar
2 Rastrear o conjeturar: *si no se columbran otras, éstas son las conclusiones definitivas.* — = adivinar, prever

columbrete Arrecife o montículo poco elevado en medio del mar. — s.m. / GEOGRAFÍA

columela
1 Eje central de la estructura de la cóclea o caracol del oído interno. — s.f. / ANATOMÍA
2 Eje de diferentes estructuras, generalmente helicoidales, formado por depósito de sales calcáreas en animales marinos como corales o moluscos. — ZOOLOGÍA

columna (Del lat. *columna*.)
1 Pilar, generalmente de sección circular, que sirve para sostener un arco, techo u otras partes de un edificio: *varias columnas decorativas demarcaban los ambientes del local.* — s.f. / ARQUITECTURA
2 Serie o conjunto de cosas colocadas en orden unas sobre otras: *se parapetaba detrás de una columna de libros.* — = pila
3 Espacio fijo reservado a la colaboración de un escritor en un periódico: *durante varios días dedicó su columna al problema del cambio climático.*
4 Forma más o menos cilíndrica que toman algunos fluidos en movimiento: *columna de humo; columna de agua.*
5 Apoyo o protección: *sus hijos fueron columna de su vejez; por su carisma se convirtió en columna del débil.* — = amparo
6 Denominación que se da a diferentes estructuras anatómicas: *las columnas del corazón.* — ANATOMÍA
7 Dispositivo en forma de torre para separar gases o líquidos de una mezcla o disolución. — QUÍMICA
8 Conjunto de unidades o soldados que se sitúan unos detrás de otros cubriendo los mismos frentes: *formaron en columna de a tres.* — MILITAR
9 Cada una de las partes separadas por una línea en blanco o una raya que suelen dividirse las páginas de un impreso o libro: *texto a dos columnas.* — ARTES GRÁFICAS
10 **columna abultada o panzuda:** Aquella cuyo fuste tiene perfil en forma de huso alargado. — ARQUITECTURA
11 **columna adosada o embebida o entregada:** La que parece estar embutida en el muro, sobresaliendo más de la mitad del diámetro. — ARQUITECTURA
12 **columna aérea:** Formación en que los aparatos vuelan unos tras otros. — AERONÁUTICA, MILITAR
13 **columna aislada o exenta o suelta:** La que no está arrimada ni a los muros, ni a ninguna otra parte del edificio. — ARQUITECTURA
14 **columna basáltica:** Cada uno de los bloques en que se divide el basalto al enfriarse. — MINERALOGÍA
15 **columna blindada:** La de infantería que está provista de carros de asalto en gran número. — MILITAR
16 **columna cóclida:** Aquella en cuyo interior está dispuesta una escalera de caracol. — ARQUITECTURA
17 **columna con contractura:** Aquella que es cilíndrica en una tercera parte y luego va disminuyendo en diámetro. — ARQUITECTURA
18 **columna conmemorativa:** La que está decorada con bajorrelieves referentes a un acontecimiento histórico. — HISTORIA
19 **columna estriada o acanalada:** Aquella cuya superficie está recorrida por estrías paralelas y separadas por filetes. — ARQUITECTURA
20 **columna geminada:** Soporte formado por dos pilares yuxtapuestos. — ARQUITECTURA
21 **columna humana:** Ejercicio de equilibrio en que los acróbatas se colocan unos sobre otros y deshacen la torre ejecutando saltos mortales.
22 **columna miliaria:** Hito que colocaban los romanos en cada milla a lo largo de las calzadas. — HISTORIA
23 **columna mineralizada:** Acumulación prolongada de mineral en un filón. — MINERÍA
24 **columna monolítica:** Aquella cuyo fuste está formado por un solo bloque. — ARQUITECTURA
25 **columna montante:** Canalización principal de un inmueble de varias plantas, a la que van conectados los tubos de conducción de agua, gas y electricidad. — CONSTRUCCIÓN
26 **columna rostral:** La que se adornaba con reproducciones de los espolones de las naves del enemigo vencido en una batalla naval, en la antigua Roma. — HISTORIA

27 columna salomónica o entrachada: Aquella cuyo fuste está contorneado en espiral. — ARQUITECTURA

28 columna vertebral: Eje del esqueleto de los animales vertebrados, situado a lo largo de la línea media dorsal del cuerpo, formado por una serie de huesos pequeños articulados entre sí. — ANATOMÍA = raquis

29 quinta columna: Movimiento que en la retaguardia de un ejército o en una organización se dedica al espionaje, sabotaje y otras acciones en favor del enemigo. — POLÍTICA

columnata Serie de columnas que adornan o sostienen un edificio: *los restauradores trabajaron primero en la columnata del patio de la iglesia.* — s.f. ARQUITECTURA = columnación

columnista Persona que redacta una columna especial en una publicación periodística. — s.m.f.

columpiar (Del leonés *columbiar* < gr. *kolymbao*, zambullirse.) *
1 Empujar o mecer a una persona o cosa en un columpio para que se balancee: *se columpiaba con fuerza.* — v.tr./prnl. = balancear
2 Mover el cuerpo de un lado a otro al andar por afectación o por costumbre: *se columpiaba con mucho garbo al pasear.* — v.prnl. coloquial = bambolearse

columpio (Derivado de *columpiar.*)
1 Especie de asiento que cuelga de dos cuerdas o cadenas fuertemente sujetas en una barra fija, que se utiliza para balancearse. — s.m.
2 Mecedora, balancín.
3 Conjunto de aparatos que existen en parques o lugares públicos para que jueguen los niños. — s.m.pl.

coluria Presencia de bilis en la orina. — s.f./MEDICINA

coluro (Del gr. *kolouros*, rabón, sin cola.) Cada uno de los dos círculos máximos de la esfera celeste que pasan por los polos y cortan a la eclíptica, uno por los puntos equinocciales y otro por los solsticiales. — s.m. ASTRONOMÍA

colusión Confabulación, pacto en daño o perjuicio de una tercera persona. — s.f. DERECHO

colutorio (Derivado culto del lat. *colluere*, lavar.) Medicamento que se usa en el tratamiento de la mucosa bucal. — s.m. FARMACIA

coluvie (Del lat. *colluvies.*)
1 Cuadrilla de pícaros: *una coluvie asaltó la ciudad durante los carnavales de la isla.* — s.f.
2 Sentina, lodazal: *los perros no pudieron seguir la presa a través de la coluvie.*

coluvión Depósito relativamente fino acumulado al pie de una pendiente por la acción erosiva de las aguas de arroyada. — s.m. GEOLOGÍA

colza (Del fr. *colza* < neerlandés *koolzaad* < *kool*, col + *zaad*, simiente.) Planta crucífera, variedad de nabo, de cuyas semillas se extrae un aceite empleado en usos culinarios y, antiguamente, para el alumbrado. (*Brassica napus oleifera.*) — s.f. BOTÁNICA

coma
I (Del lat. *comma* < gr. *komma*, fragmento.)
1 Signo ortográfico que se usa para indicar la división de frases o de elementos de la frase: , . — s.f. GRAMÁTICA
2 Signo que se utiliza para separar la parte entera de la decimal en un número, idéntico en su forma al signo ortográfico. — MATEMÁTICAS
3 Cada una de las nueve partes en que, en teoría, se divide el tono, entre los griegos. — MÚSICA
4 Pieza en los asientos de los coros de las iglesias para descansar disimuladamente, medio sentado sobre ella, cuando se debe estar de pie. — = misericordia
5 **sin faltar una coma:** Expresión que se usa para ponderar la exactitud con la que se ha relatado algo: *recitó de carrerilla el poema sin faltar una coma.* — loc.adv. coloquial
II (Del gr. *koma*, sueño profundo.) Sopor profundo en el que faltan parcialmente o por completo la movilidad y la capacidad síquica, que puede aparecer tras un accidente grave o en la fase terminal de algunas enfermedades: *sufrió un coma hepático.* — s.m. MEDICINA
III (Del lat. *coma* < gr. *kome*, cabellera.) Grupo de hojas o brácteas que corona ciertas inflorescencias, como la del espliego. — s.f. BOTÁNICA

comadrazgo (Derivado de *comadre.*) Relación o parentesco entre la madre y la madrina de una persona. — s.m.

comadre (Del bajo lat. *commater.*)
1 Partera, mujer que asiste a la parturienta. — s.f./= comadrona
2 Madrina de un niño con relación al padrino y a los padres de éste: *la comadre le regaló el palmón para asistir a la bendición.*
3 Madre de un niño con relación a la madrina o al padrino.
4 Alcahueta, mujer que facilita o concierta relaciones amorosas. — coloquial = celestina
5 Vecina o amiga de confianza: *asistía todos los días a misa con su comadre.* — coloquial

comadrear Contar chismes: *comadreando pasó la tarde en compañía de las sobrinas y vecinas.* — v.intr. coloquial

comadreja
1 Mamífero carnívoro mustélido, pequeño, de cuerpo alargado, patas cortas y color rojizo, que se alimenta de roedores y otros animales pequeños. (*Mustela.*) — s.f. ZOOLOGÍA = mustela
2 **comadreja blanca:** Armiño, mamífero carnívoro. — ZOOLOGÍA
3 **comadreja de agua:** Yapó, marsupial de pequeño tamaño, de hábitos nocturnos. — ZOOLOGÍA Amér. Merid.

comadreo Chismorreo, en especial el de las mujeres: *con tanto comadreo ya no sabe qué es cierto y qué no.* — s.m. coloquial

comadrería Rumor verdadero o falso sobre una persona que se divulga con mala intención: *hizo unas declaraciones en rueda de prensa para hacer frente a la comadrería.* — s.f. coloquial = chisme

comadrón, a Persona que asiste a las parturientas en el momento de parir. — s./MEDICINA = partero

comal Disco bajo y delgado de barro sin vidriar o metal, que se usa para cocer las tortillas de maíz, para tostar el café y el cacao o para asar cualquier tipo de alimento. — s.m. Méx., Amér. Central COCINA

comalia Enfermedad del ganado lanar, que consiste en un aumento de peso general. — s.f. VETERINARIA

comanche
1 De un pueblo amerindio que habitaba en las praderas al este de las montañas Rocosas. — adj.
2 Miembro de este pueblo. — s.m.f.

comandancia
1 Empleo o grado de comandante: *accedió a la comandancia después de sus brillantes acciones.* — s.f. MILITAR
2 Territorio o división que está bajo la jurisdicción militar de un comandante. — MILITAR
3 Edificio, cuartel o departamento donde están instaladas las oficinas del comandante: *no intentes aparcar al lado de comandancia, porque está prohibido.* — MILITAR
4 **comandancia de marina:** Subdivisión de un departamento marítimo. — MILITAR

comandanta Barco en que iba el comandante o el jefe de una escuadra o de parte de ella. — s.f. MILITAR

comandante, a (Derivado de *comandar.*)
1 Mando militar de categoría comprendida entre las de capitán y teniente coronel: *el comandante acompañado de otros oficiales asistió a las exequias por la muerte del cabo.* — s. MILITAR
2 Militar que ejerce el mando en ocasiones determinadas, aunque no tenga esta graduación. — MILITAR
3 Piloto que tiene el mando de una aeronave. — AERONÁUTICA
4 **comandante de armas o de un fuerte:** Militar a quien, por su categoría, corresponde el mando superior sobre una colectividad. — MILITAR
5 **comandante en jefe:** Jefe de todas las fuerzas armadas de una nación o de las que intervienen en una determinada acción militar. — MILITAR
6 **comandante general:** Oficial general con mando sobre grandes colectividades orgánicas del ejército o de la armada. — MILITAR
7 **comandante mayor:** Jefe encargado de la oficina de contabilidad en los cuerpos y establecimientos militares. — MILITAR

comandar (Del lat. *commendare*, confiar algo, recomendar.) Mandar un ejército, una plaza o una flota: *comandó la escuadra con gran arrojo y acierto.* — v.tr. MILITAR = dirigir

comandita (Del fr. *commandite.*) Se usa para indicar que una acción se realiza en grupo, imprimiéndole un sentido irónico, en la expresión **en comandita.** — loc.adv.

comanditar Aportar capital a una empresa comercial o industrial sin contraer ninguna obligación mercantil. — v.tr. ECONOMÍA

comando (Derivado de *comandar.*)
1 Mando militar. — s.m./MILITAR
2 Formación militar no numerosa a la que se encargan misiones especiales y arriesgadas: *el comando asaltó el edificio y logró reducir sin disparo alguno a los terroristas.* — MILITAR
3 Grupo armado que realiza acciones aisladas de tipo guerrillero, y que suele depender de formaciones terroristas, políticas o paramilitares. — MILITAR
4 Miembro de un grupo armado.
5 Cualquier instrucción que genera varias acciones preestablecidas: *tuvo que consultar en el manual los comandos del programa.* — INFORMÁTICA

comarca (Derivado de *marca.*) División de un territorio con unos límites precisos debidos a una clara unidad geográfica, o a razones históricas o políticas, donde se asientan varias poblaciones: *los alcaldes se reunieron por comarcas para poner en común los problemas de su gestión.* — s.f. GEOGRAFÍA

comarcal Que tiene relación con la comarca: *la circunscripción comarcal está formada por treinta y tres municipios.* — adj.

comarcano, a Se refiere a la población o campo que está cercano o próximo a un lugar: *sus propiedades abarcan los campos comarcanos al municipio.* — adj. = contiguo

comarcar
  1 Tener límites comunes territorios, países o pueblos: *tu pueblo comarca con el de mi padre.*   *v.intr./conj.: sacar* *= lindar*
  2 Plantar árboles en línea recta, para formar calles.   *v.tr.*

comatoso, a (Derivado de *coma* < lat. *koma*, sueño profundo.)
  1 Que tiene relación con el coma: *la meningitis le provocó un estado comatoso que no superó.*   *adj.* **MEDICINA**
  2 Se aplica al enfermo que está en estado de coma.   **MEDICINA**

comátula Equinodermo crinoideo con el cuerpo en forma de copa y cinco brazos pares con gran cantidad de prolongaciones plumosas. *(Antedon mediterranea.)*   *s.f.* **ZOOLOGÍA** *= lirio de mar*

comba (Del lat. *cumba*, vallecito.)
  1 Inflexión que toman algunos cuerpos sólidos cuando se curvan: *los tablones presentaban comba a causa de la intensa humedad del almacén.*   *s.f.* *= combadura*
  2 Juego infantil en que hay que saltar por encima de una cuerda que se pasa por debajo de los pies y sobre la cabeza del que salta.   **JUEGOS**
  3 Cuerda que se usa en este juego.   **JUEGOS**
  4 hacer combas: Columpiar el cuerpo al andar: *calle abajo iba haciendo combas.*   *coloquial*
  5 no perder comba: No quedarse atrás, ni desaprovechar ninguna situación u ocasión favorable: *no perdió comba, a los tres días envió una carta al director para recordarle su oferta.*   *coloquial*

combalacharse Ponerse varias personas de acuerdo para algún fin no lícito o para perjudicar a otra: *todos se combalacharon en su contra para vengarse de su despropósito.*   *v.prnl.* *= conchabarse*

combar Dar o adquirir forma curva una cosa: *no pudo emplear la madera porque se había combado; combó la chapa para cubrir el motor.*   *v.tr/prnl.* *tb: acombar*

combate
  1 Pelea entre personas o animales: *tras el combate, el carnero herido se alejó del resto del rebaño.*   *s.m.* *= lucha*
  2 Acción bélica, contienda entre fuerzas militares: *con aquel último combate salieron victoriosos de la batalla.*   **MILITAR**
  3 Oposición entre las ideas o los sentimientos de una persona: *en su mente se ha instalado un combate de pensamientos.*   *= desasosiego*
  4 Contradicción o pugna.
  5 Enfrentamiento deportivo de boxeadores o luchadores: *impugnaron el combate por el tongo.*   **DEPORTES**
  6 combate singular: El que realizan dos combatientes aislados como representantes de sus grupos.
  7 estar, quedar o dejar fuera de combate: Ser vencido o vencer de forma que es imposible proseguir la lucha.   *coloquial*

combatiente
  1 Que combate: *perdieron el contacto radiofónico con las unidades combatientes.*   *adj/s.m.f.*
  2 Soldado que forma parte de un ejército en tiempo de guerra: *los combatientes celebraron la victoria con una tumultuosa fiesta.*   *s.m.f.* **MILITAR**
  3 Pez teleósteo de acuario de pequeño tamaño y colores muy vistosos. *(Betta splendens.)*   *s.m.* **ZOOLOGÍA**
  4 Ave caradriforme de plumaje pardo, moteado de negro y gris, cuyos machos presentan collarete y orejeras durante la época de reproducción. *(Philomachus pugnax.)*   **ZOOLOGÍA**
  5 no combatiente: **1.** Se aplica al miembro del personal militar que no toma parte activa en el combate. **2.** El que no toma las armas en un país en guerra: *los francotiradores enemigos disparaban contra los no combatientes.*   **MILITAR**

combatir (Del lat. *combattuere.*)
  1 Luchar dos o más personas, sostener un combate: *los soldados combatieron duramente; se combate también por el flanco norte.*   *v.intr/prnl.* *= pelear*
  2 Tratar de conseguir algo con mucho trabajo y pasando penalidades: *combate por la paz.*   *v.intr.* *= pelear*
  3 Acometer, embestir: *combatió los molinos por creerlos gigantes temibles.*   *v.tr.*
  4 Golpear, sacudir el mar o el viento una cosa con fuerza: *el ciclón combatió las barracas.*
  5 Atacar, reprimir lo que se considera perjudicial: *combatir una epidemia.*   *= refrenar*
  6 Oponer o contradecir las ideas u opiniones: *el alcalde combatió nuestras acusaciones.*   *= impugnar*
  7 Alterar los afectos y pasiones el ánimo de una persona: *lo combatía su pasión por Ana; la rabia y la ira se combaten en su pecho.*   *v.tr/prnl.*

combatividad
  1 Inclinación natural a la contienda o a la lucha.   *s.f.*
  2 Fogosidad de un deportista en un encuentro o prueba: *en el segundo tiempo el equipo hizo gala de una tremenda combatividad.*   **DEPORTES**

combativo, a Que tiende a la lucha o a la polémica: *siempre ha sido muy combativa, nunca se da por vencida.*   *adj.= batallador,* *luchador*

combés (Derivado de *conversar.*)
  1 Espacio abierto, ámbito.   *s.m.*

  2 Espacio comprendido entre el palo mayor y el castillo de proa en la cubierta superior de un barco.   **NÁUTICA**

combi Electrodoméstico que combina en un único aparato el frigorífico y el congelador.   *s.m/f.*

combina Combinación o plan hechos con intrigas y artimañas: *la combina de que fue víctima fue maquinada por sus colegas.*   *s.f.* *coloquial*

combinable Que se puede combinar con otra cosa: *este vestido es combinable con cualquier chaqueta.*   *adj.*

combinación
  1 Acción y resultado de combinar o combinarse.   *s.f.*
  2 Cosa que resulta de la unión de otras: *la combinación de colores del fresco es muy importante.*
  3 Sustancia que resulta de la unión o mezcla de distintos elementos, especialmente sustancias químicas.
  4 Artimaña o plan para conseguir un propósito: *pasaba la vida entregada a combinaciones y a malas artes para conseguir sus propósitos.*   *coloquial* *= treta*
  5 Conjunto de signos ordenados de forma determinada, que sólo conocen una o varias personas y que se emplea para hacer funcionar ciertos mecanismos y aparatos como cajas fuertes, puertas de seguridad: *el ladrón conocía perfectamente la combinación, por eso no sonó la alarma.*
  6 Prenda de vestir que usan las mujeres debajo del vestido: *la falda de gasa transparente, ponte una combinación.*   *= enagua*
  7 Combinado, mezcla de bebidas.   *= cóctel*
  8 Conjunto de las palabras de un diccionario que empiezan por las mismas letras, ordenadas alfabéticamente.
  9 combinación de circuitos: Empleo de varios circuitos para formar uno superpuesto a éstos e independiente de los mismos.   **INFORMÁTICA, TELECOMUNICACIONES**
  10 combinación de código: Palabra de código, símbolo o conjunto de ellos con el que se representa una unidad de información.   **INFORMÁTICA, TELECOMUNICACIONES**

combinada Competición con pruebas de distinta naturaleza, cuya clasificación se establece sumando los resultados obtenidos en cada una de ellas.   *s.f.* **DEPORTES**

combinado, a
  1 Se aplica al plato compuesto por diferentes alimentos: *se pidió un plato combinado con dos huevos, ensalada y salchichas.*   *adj/s.m.* **COCINA**
  2 Se refiere a la operación militar en la que intervienen las fuerzas terrestres, marítimas y aéreas, en un determinado frente.   *adj.* **MILITAR**
  3 Se dice del circuito superpuesto a otros dos en los que los dos hilos se agrupan en paralelo para constituir juntos uno de los dos del primer circuito.   **TELECOMUNICACIONES** *= circuito fantasma*
  4 Se aplica a la máquina-herramienta con que se trabaja la madera, formada por utensilios como la sierra circular, la cepilladora o la machihembradora.   *adj/s.f.* **CARPINTERÍA**
  5 Conjunto o mezcla de elementos diversos.   *s.m.*
  6 Cóctel, mezcla de bebidas: *se pidió un combinado sin alcohol.*

combinar (Del bajo lat. *combinare* < *cum*, con + *bini*, de dos en dos.)
  1 Unir cosas diferentes de manera que formen un conjunto armónico: *el modisto combinó los colores y estampados con mucho acierto.*   *v.tr.*
  2 Poner de acuerdo cosas, personas o intenciones: *combinaremos ideas para poder triunfar; se combinaron para lograr el éxito de la empresa.*   *v.tr/prnl.*
  3 Organizar y ordenadamente varias acciones para obtener resultados satisfactorios: *combinaron una estrategia perfecta.*   *v.tr.*
  4 Unir dos o más elementos para formar un compuesto químico de distintas propiedades.   *v.tr/prnl.* **QUÍMICA**
  5 Unir escuadras o ejércitos.   **MILITAR**
  6 Pasarse los futbolistas la pelota mientras esperan una situación favorable: *el equipo local perdió los últimos segundos del partido combinando el balón.*   *v.tr.* **DEPORTES**

combinatoria Parte de las matemáticas que estudia las diferentes maneras de agrupar los elementos de un conjunto, según unas determinadas reglas.   *s.f.* **MATEMÁTICAS**

combinatorio, a Que tiene relación con la combinación: *sustancia combinatoria; claves combinatorias.*   *adj.*

combo (Abreviación del ingl. *combination*, combinación.) Pequeño conjunto de jazz que consta de tres a ocho músicos.   *s.m.* **MÚSICA**

combo, a
  1 Que está combado: *le caían caracoles negros sobre la frente comba; listones combos.*   *adj.* *= abarquillado*
  2 Mazo, almádana.   *s.m./Amér. Chile, Perú*
  3 Puñetazo, golpe dado con el puño.

combretáceo, a Perteneciente a una familia de plantas mirtales leñosas, a menudo trepadoras, con hojas opuestas y flores en racimo.   *adj/s.f.* **BOTÁNICA**

comburente (Del lat. *comburere*, quemar.) Se refiere a la sustancia que provoca o favorece la combustión: *el oxígeno es comburente, pero no combustible.*   *adj/s.m.* **FÍSICA**

combustibilidad Calidad de combustible, inflamabilidad: *clasificó las sustancias según su combustibilidad.* — s.f. FÍSICA

combustible (Del lat. *comburere*, quemar.)
1 Que puede arder o arde con facilidad. — adj.
2 Materia capaz de arder en contacto con el oxígeno, produciendo una cantidad de calor utilizable. — s.m.
3 **combustible mineral fósil:** Sustancia natural a base de carbono que procede de la transformación de la materia orgánica en el centro de la Tierra, como el carbón, el petróleo o el gas natural. — GEOLOGÍA
4 **combustible nuclear:** 1. Materia susceptible de producir energía por fisión o fusión nuclear. 2. Materia que contiene núcleos fisibles y que permite desarrollar una reacción en cadena. 3. Conjunto de elementos producidos industrialmente, que pueden constituir el núcleo de un reactor. — FÍSICA NUCLEAR / FÍSICA NUCLEAR / FÍSICA NUCLEAR

combustión (Del lat. *combustio*.)
1 Acción o resultado de arder o quemarse un cuerpo. — s.f.
2 Reacción química producida al combinarse una sustancia con el oxígeno, con desprendimiento de calor y, a veces, de luz. — QUÍMICA
3 Denominación de ciertas obras artísticas en las que se utiliza el fuego y el efecto de las llamas como factor de violencia y destrucción. — ARTE
4 Tercer tiempo de funcionamiento de un motor que sigue un ciclo de cuatro tiempos. — MECÁNICA
5 **combustión escalonada:** Sistema de calefacción en el que el combustible se quema totalmente en varias etapas, comenzando por sus materias volátiles. — TECNOLOGÍA
6 **combustión espontánea:** La que se produce en ciertas sustancias sin la intervención de un foco de calor. — QUÍMICA
7 **combustión in situ:** Método de recuperación del petróleo en el que una pequeña fracción del crudo se quema en un mismo yacimiento para calentar los fluidos y la roca almacén y aumentar la producción. — TECNOLOGÍA
8 **combustión másica o tasa de combustión:** Energía total que ha sido producida por un combustible nuclear en relación a la unidad de masa de los núcleos pesados, como el del uranio. — FÍSICA NUCLEAR
9 **combustión nuclear:** Conjunto de reacciones nucleares de fusión o fisión entre los componentes de los átomos, que produce enormes cantidades de energía. — FÍSICA NUCLEAR
10 **combustión orgánica:** Conjunto de oxidaciones producidas en el interior de las células que constituyen los tejidos. — BIOQUÍMICA

combusto, a (Del lat. *combustus*, part. de *comburere*, quemar.) Que está abrasado: *tenía el ánimo apasionado por la ira cual tormento volcán.* — adj. literario

comechingón, a
1 Se aplica al pueblo amerindio que habitaba en la sierra de Córdoba, Argentina. — adj.
2 Miembro de este pueblo. — s.
3 Lengua de este pueblo. — s.m./LINGÜÍSTICA

comecocos Cosa, doctrina o persona que por su actitud o carácter enajena u obsesiona a alguien, impidiéndole ver con claridad las cosas: *sus discursos alienantes son el comecocos de la juventud.* — s.m.f. pl: comecocos coloquial

comecome
1 Picazón en el cuerpo: *al ver correr las ratas por la calle sintió un comecome por toda la espalda.* — s.m./coloquial = comezón
2 Desazón del ánimo o preocupación, idea fija: *su velada amenaza le dejó un comecome que no le permitió dormir.* — coloquial

comedero, a
1 Que puede ser comido. — adj./= comible
2 Recipiente o cajón donde se echa la comida a algunos animales: *echó las verduras y el pienso en el comedero de los cerdos.* — s.m.
3 Sitio a donde acude a comer el ganado. — AGRICULTURA

comedia (Del lat. *comoedia* < gr. *komoidia* < *komos*, fiesta con bailes + *ado*, cantar.)
1 Obra dramática de tema ligero y desenlace feliz. — s.f./TEATRO
2 Obra dramática de cualquier género. — TEATRO
3 Género cómico: *en este país las administraciones apoyan las innovaciones en la comedia.* — TEATRO
4 Acción de fingir o intentar que otros crean que lo que uno está haciendo o diciendo es verdad: *el reparto de premios fue una comedia.* — = fingimiento
5 Suceso de la vida real interesante y cómico: *su separación se convirtió en comedia gracias a su falta de sentido común.* — coloquial
6 **comedia ballet:** Aquella en la que se entremezclaban intermedios y divertimentos bailados. — MÚSICA, TEATRO
7 **comedia de capa y espada:** La que reflejaba las costumbres caballerescas, en el teatro español del siglo XVII. — LITERATURA, TEATRO
8 **comedia de carácter:** La que tiene por objeto principal la descripción de un carácter moral. — LITERATURA, TEATRO
9 **comedia de costumbres:** La que refleja la vida cotidiana de una época o de una determinada clase social. — LITERATURA, TEATRO
10 **comedia de enredo:** Aquella que presenta una trama complicada e ingeniosa. — LITERATURA, TEATRO
11 **comedia de figurón:** Aquella cuyo protagonista es un personaje ridículo o extravagante, en el teatro español del siglo XVII. — LITERATURA, TEATRO
12 **comedia de magia:** La que mediante una tramoya complicada representa elementos fantásticos especiales. — LITERATURA, TEATRO
13 **comedia del arte:** Género teatral popular del siglo XVI, de origen italiano, de tema cómico, con personajes estereotipados, como Pierrot o Colombina, que se repetían en diversas obras. — LITERATURA, TEATRO
14 **comedia heroica:** Aquella cuyos protagonistas son grandes personajes que llevan a cabo aventuras gloriosas o novelescas. — LITERATURA, TEATRO
15 **comedia histórica:** La que refleja situaciones históricas o presenta personajes históricos. — LITERATURA, TEATRO
16 **comedia musical:** Obra teatral o cinematográfica en la que se incluye gran número de canciones y bailes: *gustó mucho la adaptación cinematográfica de aquella comedia musical.* — CINE, TEATRO
17 **comedia pastoril:** La dedicada a conflictos amorosos entre pastores. — LITERATURA, TEATRO
18 **comedia sentimental:** Aquella en la que el objetivo principal es el análisis de los sentimientos de los personajes. — LITERATURA, TEATRO
19 **hacer comedia:** Fingir, hacer creer algo que no es cierto: *por más comedia que hagas no aplacarás su ira.* — coloquial

comediante, a
1 Persona que interpreta un papel de una obra teatral, de cine o de televisión: *estuvo vinculado, en su juventud, con un grupillo de comediantes.* — s. TEATRO = actor
2 Persona que aparenta lo que no es o no siente: *es una comedianta de marca mayor.* — coloquial

comedido, a (Derivado de *comedirse*.) Que se comporta con comedimiento y moderación: *era comedida en el vestir y en el hablar.* — adj. + con, en = prudente

comedimiento Actitud cortés y moderada: *gracias a su comedimiento consiguió que todos la tuviesen en gran estima.* — s.m. = prudencia, urbanidad

comedio
1 Centro o punto medio de algún territorio o lugar: *la ciudad estaba en el comedio de la provincia.* — s.m. = medio
2 Tiempo que media entre dos sucesos o épocas. — s.m.

comediógrafo, a Escritor de comedias: *en aquel período se produjo la eclosión de diferentes escuelas de comediógrafos.* — s./LITERATURA, TEATRO = dramaturgo

comedión Comedia que se considera de mala calidad por ser excesivamente larga y pesada. — s.m. despectivo

comedirse (Del lat. *commetiri*, medir un conjunto de cosas, confrontar.)
1 Arreglarse, moderarse, contenerse: *jamás tuvo enfrentamientos con ellos gracias a su capacidad para comedirse.* — v.prnl. conj: pedir = refrenarse
2 Ofrecerse o disponerse para alguna cosa. — Amér.

comedón (Del lat. *comedo, -onis*, comilón.) Pequeño grano de origen sebáceo, identificable por un punto negro, que aparece principalmente en la cara y en la espalda. — s.m. MEDICINA = espinilla

comedor, a
1 Se refiere al que come mucho. — adj./= glotón
2 Pieza o lugar de la casa destinado para comer: *les prohibió que colocasen un televisor en el comedor.* — s.m.
3 Mobiliario de esta pieza: *compró un comedor de pino.*
4 Establecimiento destinado para servir comidas a personas determinadas o al público: *se encontraron en el comedor de la empresa.*

comején (Del arauaco *comixen*.) Termes, insecto que roe toda clase de sustancias, en especial la madera. — s.m. ZOOLOGÍA

comejenera Sitio donde se cría comején. — s.f.

comendador (Del lat. *commendare*, confiar, recomendar.)
1 Caballero que tenía encomienda en alguna orden militar o de caballería: *el comendador del castillo era muy impopular en la corte.* — s.m. HISTORIA
2 Superior del convento en algunas órdenes religiosas: *el comendador de la Merced se acercó al estrado.* — RELIGIÓN
3 **comendador mayor:** Dignidad, en algunas órdenes militares, inmediatamente inferior a la de maestre. — MILITAR

comendatario, a Se refiere al eclesiástico secular que recibía una renta fija. — adj/s. RELIGIÓN

comendatorio, a Se aplica al papel o a la carta que contiene una recomendación. — adj.

comensal (Del bajo lat. *commensalis* < lat. *cum*, con + *mensa*, mesa.)
1 Cada una de las personas que comen en la misma mesa: *los comensales entraron poco a poco en el comedor y se fueron sentando ordenadamente.* — s.m.f. = invitado
2 Persona que vive a expensas de otra en cuya casa habita como invitado, familiar o dependiente: *como comensal permaneció con nosotros durante varios meses.* — = huésped

comensalía Compañía de casa y mesa: *la comensalía aplaudió el arte del cocinero y el buen hacer del anfitrión.*
<small>s.f.
culto</small>

comensalismo Dependencia favorable o necesaria de una especie respecto a otra, sin que esta última suponga perjuicio.
<small>s.m.
BIOLOGÍA</small>

comentador, a Profesional comentarista: *la contrataron como comentadora de la exhibición de gimnasia rítmica.*
<small>s.</small>

comentar (Del lat. *commentari*.)
1 Explicar o aclarar el contenido de un texto: *en clase comentó el primer capítulo de la novela.*
<small>v.tr.</small>
2 Hablar o hacer comentarios dos o más personas entre sí sobre una cosa: *comentaban entre ellas que la boda sería toda una noticia.*

comentario (Del lat. *commentarium*.)
1 Observación escrita o verbal sobre una obra o asunto para explicarlo o aclararlo: *el comentario sobre su producción teatral fue jocoso.*
<small>s.m.
= consideración</small>
2 Juicio u opinión que se hace, oralmente o por escrito, sobre personas o sucesos, en general de actualidad.
<small>s.m.pl.</small>
3 Título dado a algunas historias escritas en estilo conciso: *está leyendo los Comentarios de César.*
<small>LITERATURA</small>
4 Texto explicativo insertado en un programa, que no influye en el algoritmo y se suprime en la compilación, cuyo único objetivo es instruir al lector.
<small>s.m.
INFORMÁTICA</small>
5 **comentario de texto:** Análisis y estudio en el que se interpreta tanto la forma como el contenido de un texto.
6 **sin comentarios:** Indica que no hace falta añadir nada más a lo dicho: *a las preguntas del periodista, respondió: –Sin comentarios.*
<small>loc.adv.</small>

comentarista Profesional que hace o escribe comentarios sobre determinados temas: *el comentarista político del periódico; comentarista deportivo.*
<small>s.m.f.</small>

comento
1 Acción y resultado de comentar: *añadió un par de comentos de palabra y espontáneos a la lectura del discurso.*
<small>s.m.
formal</small>
2 Comentario, escrito que explica los puntos más complejos de una obra.
<small>formal
LITERATURA</small>
3 Engaño o embuste: *después de burlarte con tales comentos no pretendas que te crea.*
<small>= trola</small>

comenzar (Del lat. vulgar *cominitiare* < lat. *cum,* con + *initiare,* empezar.)
1 Iniciar, dar principio a una cosa: *la carrera comenzó cuando sonó el disparo.*
<small>v.tr.
conj: *empezar*</small>
2 Empezar, tener una cosa principio: *el camino comienza en la iglesia.*
<small>v.intr.</small>

comer (Del lat. *comedere*.)
1 Tomar un alimento por la boca: *comía fruta tres veces al día.*
<small>v.tr/intr/prnl.</small>
2 Tomar y masticar el alimento en la boca y pasarlo al estómago: *sólo come alimentos triturados previamente; come mucho, pero no porque tenga hambre.*
<small>v.tr/intr.
= ingerir</small>
3 Tomar la comida principal del día: *ayer comí con tu hermano.*
<small>v.intr.</small>
4 Gastar energía o consumir los ahorros o el patrimonio: *se comió todas las fincas jugando al bingo.*
<small>v.tr/prnl.</small>
5 Corroer, desgastar: *el sol se comió los colores de este vestido.*
<small>= erosionar,
roer</small>
6 Producir comezón, debilitar física o moralmente: *le comía la venganza desde que supo su ascenso.*
<small>= consumir</small>
7 Ganar un jugador de ajedrez o de damas una pieza al contrario: *me comí todas sus figuras sin que él me hubiera tocado un peón.*
<small>JUEGOS</small>
8 Dejarse una letra, una sílaba o una palabra al escribir o al hablar: *siempre se come las eses.*
<small>v.prnl.</small>
9 Encogérsele a alguien las medias o los calcetines por el rozamiento del calzado: *aquellos zapatos se le comen todos los calcetines.*
<small>v.tr/prnl.
coloquial</small>
10 Ganarle el toro limpio al torero.
<small>TAUROMAQUIA</small>
11 **comer vivo:** 1. Expresión que indica el gran enojo que se tiene contra una persona, o el deseo de venganza: *cuando se entere, te comerá vivo.* 2. Expresión que indica la molestia que causa un animal o una cosa que pica: *estos mosquitos comen vivo a cualquiera.*
<small>coloquial

coloquial</small>
12 **comer y callar:** Expresión con la que se da a entender, a la persona que está a expensas de otra, que le conviene obedecer y no replicar: *ya sabes lo que te espera, así que a comer y callar.*
<small>coloquial</small>
13 **comerse una cosa a otra:** Expresión que se utiliza para indicar que una cosa anula o reduce otra: *este adorno se come el vestido; su desenvoltura y gracia se come su fealdad.*
<small>coloquial</small>
14 **comerse unos a otros:** Existir discordias violentas entre ciertas personas: *los hinchas de fútbol se comen unos a otros.*
<small>coloquial</small>
15 **estar una persona o una cosa diciendo cómeme:** Ser muy deseable o apetitosa.
<small>coloquial</small>
16 **no comer ni dejar comer:** No permitir que otros aprovechen una cosa que uno mismo desecha o no aprovecha: *con la rabieta no disfrutó de la película, pero tampoco dejó que ellos lo hicieran, no comió ni dejó comer.*
17 **ser de buen comer:** 1. Comer mucho habitualmente y no ser demasiado exigente en la comida: *es de buen comer y todo lo que le pongan se lo comerá.* 2. Resultar una cosa agradable al paladar: *era un guiso de buen comer.*
<small>coloquial</small>
18 **sin comerlo ni beberlo:** Expresión que indica que no se ha hecho nada para que ocurra una cosa buena o mala: *me encontré con un castigo sin comerlo ni beberlo.*
<small>coloquial</small>
19 **tener qué comer:** Tener lo necesario para su sustento: *se dedica a la mendicidad porque no tiene qué comer.*
<small>coloquial</small>

comercial
1 Del comercio: *horario comercial; puerto comercial.*
<small>adj./= mercantil
COMERCIO</small>
2 Que tiene buena aceptación en el mercado: *se trata de un producto muy comercial.*
<small>COMERCIO</small>
3 Que es de poca calidad, pero muy vendible: *en la radio ponen mucha música comercial.*
4 Anuncio publicitario: *en los intermedios cada vez pasan más comerciales; en los comerciales se reflejan los ideales de la sociedad.*
<small>s.m.
Amér.
PUBLICIDAD</small>

comercialización Acción y efecto de comercializar: *la comercialización de frutas exóticas en el mercado europeo fue muy fácil.*
<small>s.f.
COMERCIO,
ECONOMÍA</small>

comercializar Dar condición y organización comercial a un producto para su venta: *la administración le puso muchos impedimentos para comercializar los artículos.*
<small>v.tr.
conj: *cazar*
COMERCIO</small>

comerciante
1 Que comercia: *los comerciantes del barrio han contribuido en mantener la fiesta popular.*
<small>adj/s.m.f.
COMERCIO</small>
2 Dueño de un comercio: *el comerciante despidió al ayudante por sisar la caja.*
<small>s.m.f.
COMERCIO</small>
3 Persona que antepone el dinero o el interés a todo, o que en sus actos nunca prescinde de ellos: *comerciante como es, aún no entiendo cómo fue capaz de donar una parte de los beneficios.*
<small>despectivo
= interesado</small>

comerciar (Derivado de *comercio*.)
1 Negociar realizando las operaciones mercantiles propias de la compra, la venta o la permuta: *comerciar con gran éxito, obteniendo óptimos resultados.*
<small>v.intr.
COMERCIO,
ECONOMÍA/+ con</small>
2 Dedicarse al comercio de un producto: *comerciamos con el arroz en la zona metropolitana.*
<small>COMERCIO
+ con, en</small>
3 Tener dos o más personas trato: *hace tiempo que los profesores y nosotros comerciamos.*

comercio (Del lat. *commercium* < *cum,* con + *merx,* mercancía.)
1 Compra, venta e intercambio de mercancías o productos con fines lucrativos: *hace poco que se ha introducido en el comercio de vinos.*
<small>s.m.
COMERCIO,
ECONOMÍA</small>
2 Tienda, establecimiento comercial: *los propietarios de los pequeños comercios se quejan de que el ayuntamiento haya permitido la instalación de hipermercado.*
<small>COMERCIO</small>
3 Conjunto de comerciantes y de su actividad: *hoy cierra el comercio.*
<small>COMERCIO</small>
4 Relación sexual o pacto secreto, generalmente ilícito, entre dos personas de distinto sexo: *comercio carnal.*
5 Comunicación y trato entre personas: *su amistad se alimentaba con un comercio constante.*
6 Juego de cartas en que cada jugador dispone, para cubrir sus pérdidas, de una cantidad establecida, de la que gana una parte el que reúne tres cartas del mismo palo superiores a las de los demás.
<small>JUEGOS</small>
7 **comercio exterior:** Conjunto de las transacciones mercantiles que los ciudadanos de un país hacen con el resto del mundo.
<small>ECONOMÍA</small>
8 **comercio general:** Inventario de las mercancías en aduana, tanto las destinadas al consumo interior como las que están en tránsito.
<small>ECONOMÍA</small>
9 **comercio interior:** Conjunto de transacciones comerciales realizadas dentro de un mismo país.
<small>ECONOMÍA</small>
10 **comercio internacional:** Conjunto de los intercambios mercantiles entre estados.
<small>ECONOMÍA</small>

comestible (Del bajo lat. *comestibilis*.)
1 Que puede ser comido sin que cause daño al organismo: *ten cuidado con las setas, la mayoría son comestibles pero algunas producen graves trastornos digestivos.*
<small>adj.</small>
2 Todos los alimentos en general: *la carestía de los comestibles solivianta al pueblo en contra del gobierno.*
<small>s.m.pl.</small>

cometa (Del lat. *cometa* < gr. *kometes* < *kome,* cabellera.)
1 Astro formado por un núcleo poco denso y una cola o cabellera luminosa, que describe una órbita muy excéntrica, visible cuando se aproxima al Sol.
<small>s.m.
ASTRONOMÍA
= ceratias</small>
2 Juguete formado por una lámina de papel, tela o plástico fijada a una armazón ligera, con una cola, que se eleva y se desplaza en el aire sujeto por un cordel: *fueron a la playa para volar las cometas que habían hecho en clase.*
<small>s.f.
JUEGOS</small>

3 Juego de cartas en que el nueve de oros, llamado también cometa, se usa de comodín.   JUEGOS

cometario, a Que tiene relación con los cometas: *vislumbró la estela cometaria.*   adj. ASTRONOMÍA

cometer (Del lat. *committere < cum*, con + *mittere*, enviar.)
1 Incurrir en un delito, una falta o un error: *errar ha de servir para no volver a cometer la misma equivocación.*   v.tr.
2 Ceder un cargo o un negocio a alguien: *cometió la responsabilidad en el subdirector de la empresa.*   = delegar
3 Usar figuras retóricas o gramaticales: *tan sólo cometió las estructuras indicadas por el profesor.*   RETÓRICA

cometido
1 Encargo, objetivo o función que tiene alguien: *no extralimitarse del cometido asignado.*   s.m.
2 Obligación, incumbencia: *es de tu cometido el preocuparte por su situación personal.*

comezón (Del lat. *comestio, -onis*, acción de comer.)
1 Picor en alguna parte del cuerpo: *los granos del sarampión le hacen sentir una comezón insufrible.*   s.f. = picazón
2 Estado de desasosiego o nerviosismo provocado por un deseo no satisfecho o el remordimiento: *de pronto le entra la comezón de saber de su vida.*   = intranquilidad

cómic (Voz inglesa)
1 Narración que se desarrolla en una serie de viñetas: *le gusta más el cómic que la novela.*   s.m./pl: cómics ARTE/= historieta
2 Revista o libro que contiene estas narraciones: *organizaron una muestra de cómics de la posguerra.*   = tebeo

comicastro, a Cómico pésimo: *aquel comicastro estropeó lo que había de haber sido una desternillante comedia.*   s. despectivo

comicidad Cualidad de lo que puede divertir o excitar la risa: *la comicidad de la escena provocó hilaridad en el público.*   s.f.

comicios (Del lat. *comitia < com*, juntamente + *ire*, ir.)
1 Elecciones, emisión del voto: *varios meses antes de los comicios los partidos planificaron la campaña.*   s.m.pl./DERECHO = sufragio
2 Asambleas del pueblo para tratar de asuntos públicos, en la antigua Roma.   HISTORIA

cómico, a (Del lat. *comicus < gr. komikos*.)
1 Que tiene relación con la comedia: *su producción cómica es de superior calidad que la dramática.*   adj. TEATRO
2 Se aplica a la persona o a la situación que hace reír: *con sus ademanes y ese atavío tan estrafalario resulta de lo más cómico.*   = gracioso ≠ patético
3 Se aplica al actor o actriz que representa comedias: *siempre se le conoció como actor cómico.*   adj./s. TEATRO
4 cómico de la legua: El que representaba obras teatrales haciendo poblaciones pequeñas.   TEATRO

comida
1 Alimento, conjunto de sustancias que sirven para nutrirse: *ayudó a servir la comida en el comedor popular.*   s.f.
2 Acción de comer.
3 Alimento que se toma a mediodía o a primera hora de la tarde: *preparó la comida para las dos de la tarde.*   = almuerzo
4 Alimento que se toma por la noche.   = cena
5 cambiar la comida: Vomitar, echar por la boca el contenido del estómago: *el empacho de dulces le hizo cambiar la comida.*   coloquial
6 reposar la comida: Descansar después de haber comido: *la doctora le recomendó que reposara la comida.*

comidilla Asunto que es objeto de comentario general, por lo común con intenciones críticas o burlescas: *es la comidilla del pueblo por haber hecho muestra pública de su ideología política.*   s.f. coloquial

comido, a
1 Que ya ha comido: *comed vosotros que vengo comido.*   adj.
2 lo comido por lo servido: Expresión que designa la situación del trabajador que sólo gana para su manutención: *lo comido por lo servido, así no se puede ahorrar.*   coloquial

comienzo
1 Principio u origen: *el comienzo del conflicto hay que enmarcarlo en la política expansionista del estado.*   s.m. = inicio
2 a comienzos de: Al principio de algo que se indica: *nos iremos de viaje a comienzos de verano.*   loc.adv.
3 al comienzo: En el principio, inicialmente: *al comienzo creyó que sería fácil organizar la empresa, pero después las circunstancias le mostraron su ingenuidad.*   loc.adv.
4 dar comienzo una cosa: Comenzar, iniciar: *el concierto dio comienzo con un adagio y acabó con una sonata.*
5 dar comienzo a algo: Empezarla, iniciarla: *dio comienzo a la revisión de la obra; dar comienzo al programa de vacunación antes de lo previsto.*

comilitón Soldado compañero de otro en la guerra.   s.m./tb: comillitón

comilitona Comilona, comida abundante.   s.f./coloquial

comilla
1 Signo ortográfico que se usa para aislar o poner de relieve una palabra o grupo de ellas dentro de un enunciado (en español se utiliza como signo doble al principio y final del término enfatizado: " " o «»).   s.f. GRAMÁTICA

2 entre comillas: Expresión que se usa en la conversación para indicar una intencionalidad irónica o un eufemismo.   loc.adv. coloquial

comilón, a (Probablemente del lat. *comedo, -onis*.) Que come mucho: *¡qué niños más comilones!, después de la merienda aún pedían más helados.*   adj/s./coloquial = glotón, tragón

comilona Comida muy abundante o muy variada: *casi no nos podíamos mover después de la comilona que nos dieron.*   s.f. coloquial

cominear (Derivado de *comino*.) Meterse en cominerías o asuntos insignificantes: *por el vicio de cominear no se para a pensar que quizás hay algo importante que deja escapar.*   v.intr.

cominería Cosa o asunto insignificante: *no quería salir, para no oír tonterías y cominerías; con cuatro cominerías aplacó su enfado.*   s.f. = menudencia, nadería

cominillo Cizaña, planta.   s.m./BOTÁNICA

comino (Del lat. *cuminum < gr. kyminon*.)
1 Planta bianual o vivaz, con raíz fusiforme, tallo ramoso y estriado, hojas bipinnadas, de forma triangular, flores blancas y semillas pequeñas. *(Cuminum cyminum.)*   s.m. BOTÁNICA = alcaravea, alcaravia
2 Semilla de esta planta, usada en medicina y como condimento.   BOTÁNICA
3 Cosa insignificante, de poca importancia o valor: *todo lo que les trajo como regalo eran cominos y chucherías.*   coloquial = menudencia
4 Persona de pequeño tamaño, en especial los niños, por metáfora cariñosa o despectiva: *la niña es un comino y su hermano un coloso.*   coloquial
5 comino de prado: Anís bastardo, planta umbelífera.   BOTÁNICA = alcaravea
6 comino de sabana: Planta compuesta, cuyas hojas y flores pulverizadas constituyen el comino, condimento. *(Pectis.)*   Venez. BOTÁNICA
7 importar o valer alguien o algo un comino: No tener ningún valor o importancia: *tus amigos me importan un comino; vale un comino que no estés de acuerdo con ella, quien tiene que tomar la decisión no eres tú.*   coloquial

comiquear Representar comedias caseras: *pasaban las largas noches de invierno comiqueando ante la chimenea.*   v.intr.

comiquería Conjunto o reunión de cómicos: *de entre la comiquería salieron algunas voces disidentes con las negociaciones que los representantes mantenían con el ministerio.*   s.f.

comisar Quedarse los poderes públicos con una cosa que había sido objeto de contrabando: *la policía comisó el mayor alijo de cocaína jamás incautado en la costa gallega.*   v.tr. DERECHO = de comisar

comisaría
1 Oficina del comisario, o edificio donde está instalada ésta: *pasó dos noches en comisaría.*   s.f.
2 Cargo de comisario: *ganó la comisaría por oposición.*
3 comisaría de policía: Oficina de la policía, de carácter público.

comisariato Economato, almacén privado de mercancías al que sólo tienen acceso los miembros de un organismo.   s.m. Amér. Central y Merid.

comisario, a (Del lat. *committere*, cometer.)
1 Persona que tiene poder y facultad de una autoridad superior para ejecutar alguna orden o entender en algún negocio: *la comisaria de la exposición dio por clausurada la rueda de prensa.*   s.
2 Jefe de policía: *el comisario estuvo presente en el levantamiento de los cadáveres de los atracadores.*
3 comisario de entradas: Empleado que toma razón de las altas y bajas, en algunos hospitales.
4 comisario de guerra: Jefe militar de intendencia.   MILITAR POLÍTICA
5 comisario europeo: Miembro de la comisión de cualquiera de las comunidades europeas, designado por el gobierno correspondiente de su país.
6 comisario político: Representante de los organismos políticos directivos adscritos a los mandos militares en las distintas instancias del estado.   POLÍTICA

comiscar Comer a menudo y en poca cantidad cosas diversas: *pasa el día comiscando y después no acaba la comida que le sirven.*   v.tr. conj: sacar

comisión (Del lat. *commissio, -onis < committere*, confiar, encargar.)
1 Acción de cometer.   s.f.
2 Conjunto de personas elegidas o designadas por una autoridad para realizar una tarea: *una comisión investigará el asunto de las exenciones fiscales.*   = comité, delegación
3 Cantidad cobrada por realizar determinada operación comercial que es un porcentaje del importe de la operación: *las comisiones por las ventas doblaban su sueldo base.*   COMERCIO = correduría
4 Encargo que una persona da a otra.   = misión
5 Mandato y poder que una persona da a otra por escrito para que realice alguna acción o entienda en algún negocio.

6 Cuenta subsidiaria de la de pérdidas y ganancias que recoge las comisiones pagadas en el debe y las recibidas en el haber. — *s.f.pl.* COMERCIO

7 comisión de control: Órgano de una asamblea parlamentaria que examina la gestión de los servicios públicos o empresas nacionalizadas. — POLÍTICA

8 comisión interministerial: La formada por los subsecretarios, directores generales y altos cargos de diversos ministerios, que estudia asuntos que afectan a varios departamentos ministeriales. — POLÍTICA

9 comisión mercantil: 1. Contrato por el que una persona, que recibe el nombre de comisionista, se encarga de ejecutar por cuenta de otra, llamada comitente, un acto de comercio mediante retribución. **2.** Esta misma retribución. — COMERCIO

10 comisión parlamentaria: Órgano de trabajo de las cámaras legislativas que aligera las tareas de éstas. — COMERCIO POLÍTICA

11 comisión rogatoria: Comunicación entre tribunales de distintos países para la práctica de diligencias judiciales. — DERECHO

12 a comisión: Actividad por cuenta ajena remunerada según porcentajes previamente pactados: *trabajar a comisión.* — *loc.adv.* COMERCIO

13 en comisión: Disposición de una mercancía sin pagarla en el momento de su adquisición, sino en el de su venta posterior: *adquirió en comisión la mayoría de los artículos.* — COMERCIO

comisionado, a Que está encargado de una comisión: *el atentado impidió que se celebrase la reunión de los comisionados.* — *adj/s.*

comisionar Dar poder, comisión o encargo a una persona para que entienda en algún negocio. — *v.tr.*

comisionista Persona que cobra una comisión por vender y comprar por cuenta de otra persona. — *s.m.f.* COMERCIO

comiso (Del lat. *commissum*, crimen, objeto confiscado.)
1 Pena consistente en la pérdida de géneros comerciales por parte de la persona que comercia con ellos de forma ilegal o que falta a un contrato en que se estipuló esta sanción. — *s.m.* DERECHO = confiscación, decomiso
2 Pena accesoria de privación de los efectos o instrumentos de un delito. — DERECHO
3 Cosa decomisada. — DERECHO

comisorio, a
1 Que es obligatorio o válido por determinado tiempo: *firmaron un pacto comisorio.* — *adj.* DERECHO
2 Que se ha aplazado para un día determinado. — DERECHO

comisquear Comiscar, comer a menudo y en pequeñas cantidades. — *v.tr.*

comistrajo Comida mal hecha o extravagante: *¡vaya comistrajo nos dieron!* — *s.m.* despectivo

comisura (Del lat. *commissura* < *committere*, juntar.)
1 Punto de unión de ciertas partes simétricas o parecidas del cuerpo, como los labios o los párpados: *en las comisuras de la boca tenía restos de carmín.* — *s.f.* ANATOMÍA
2 Sutura de los huesos del cráneo, mediante dientecillos a modo de sierra. — ANATOMÍA

comité (Del ingl. *committee*, aquel a quien es confiado algo.)
1 Grupo reducido de personas delegadas por una asamblea o por una autoridad, que constituye un órgano colegial de gestión, de consulta o de decisión: *se ha reunido el comité provincial del partido.* — *s.m.*
2 comité central: Órgano dirigente de un partido, compuesto por miembros elegidos por los militantes. — POLÍTICA
3 comité de empresa: Órgano colegiado y representativo de los trabajadores de una empresa, que tiene como función la defensa de sus derechos. — DERECHO

comitente (Derivado del lat. *committere*, confiar.) Que delega en alguien la realización de un negocio o encargo. — *adj/s.m.f.*

comitiva (Del bajo lat. *comitiva dignitas*, categoría del acompañante del emperador < *comes*, compañero.) Conjunto de gente que acompaña y sigue a una o más personas: *la comitiva se dirigía al palacio lanzando ovaciones y vítores a la pareja real.* — *s.f.* = acompañamiento, séquito

cómitre (Alteración del ant. *cómite* < lat. *comes*, compañero.)
1 Hombre que dirigía la boga en las galeras y tenía a su cargo el castigo de los galeotes. — *s.m.* HISTORIA
2 Persona que ejerce su autoridad con excesivo rigor o dureza. — coloquial

comiza Especie de barbo de mayor tamaño, hocico más largo y lomo más corvo que el común. *(Barbus comiza.)* — *s.f.* ZOOLOGÍA

commelináceo, a Perteneciente a una familia de plantas farinosas herbáceas, de tallos nudosos, hojas alternas y flores de color blanco, azul o violáceo. — *adj/s.f.* BOTÁNICA

como (Del lat. vulgar *quomo* < lat. *quomodo*.)
1 De la manera que se expresa: *vive como quieras.* — *adv./= según*

2 De la misma manera que, igual que: *tiene un corazón duro como una roca.*
3 En calidad de: *te doy mi brazalete como prenda.* — *prep.*
4 De forma semejante a, casi, aproximadamente: *estoy como aturdido por tantas visitas; insectos como el mosquito.* — *adv.*
5 Según, conforme: *como dicen los expertos.*
6 Si, en caso de que: *como llueva no podremos ir; como no estudies suspenderás.* — *conj.cond.*
7 Porque, a causa de que, puesto que: *como llegaste tarde, te perdiste lo mejor del recital.* — *conj.causal*
8 A pesar de: *escaso de tiempo como estaba, aún pudo visitarla.* — *conj.conces.*
9 Para que, a fin de que: *él le daría lugar y tiempo como pudiese solucionar el entuerto.* — *conj.final* literario
10 como que: Tanto que, de tal manera que: *¿qué si tengo frío?, ¡como que me estoy helando!* — *loc.adv.*
11 como si o como que o como para: Con posibilidad de que, a semejanza de que, ni que: *truena como si fuera a llover; tose como si tuviera bronquitis crónica.* — *loc.conj.*
12 como si nada o como si tal cosa: Con indiferencia, sin darle importancia: *todos abucheándole, y él como si nada.* — *loc.adv.*

cómo (Del lat. vulgar *quomo* < lat. *quomodo*.)
1 De qué manera: *¿cómo consigues tanto dinero?; dime cómo te portas en el colegio.* — *adv.*
2 Por qué motivo, por qué razón: *¿cómo no me lo dijiste antes?*
3 Mucho, en gran medida: *¡cómo me gustan los helados de fresa!; llueve, ¡y cómo!*
4 Modo, manera: *en este asunto lo que importa es el cómo y el cuándo.* — *s.m.*
5 Manera de: *no hay cómo hacérselo entender.* — *pron.interr.*
6 ¡cómo!: Indica extrañeza, sorpresa o enfado: *¡cómo!, ¿no te lo han enviado?* — *interj.*
7 ¿cómo así? o ¿cómo es eso?: Expresión que se utiliza para pedir alguna explicación o para mostrar el enfado o la extrañeza.
8 cómo no: Desde luego, con toda seguridad: *¿puedo contarte un secreto?, ¡cómo no!*

cómoda (Del fr. *commode* < lat. *commodus*, cómodo.) Mueble con cajones para ropa que suelen tener su frente: *se alegró al ver que la vieja cómoda francesa no presentaba desperfectos.* — *s.f.*

comodable Que puede ser prestado: *bienes comodables; dinero comodable.* — *adj.* DERECHO

comodante Persona que da una cosa en comodato. — *s.m.f./DERECHO*

comodatario, a Persona que toma prestada una cosa mueble no fungible con la obligación de restituirla. — *s.* DERECHO

comodato Contrato por el que una de las partes entrega a la otra un bien, para que lo use durante un período de tiempo y lo restituya después. — *s.m.* DERECHO

comodidad
1 Calidad de cómodo: *consiguieron alquilar un apartamento con la comodidad que exigían.* — *s.f.*
2 Conjunto de cosas necesarias para vivir a gusto y plácidamente: *la casa nueva presenta más comodidades que la antigua.* — *s.f.pl.*
3 Circunstancia de ser una cosa ventajosa, oportuna o útil para algún fin. — *s.f.* = conveniencia
4 Estado del que se encuentra cómodo, en posición físicamente relajada o descansada.
5 Hecho de ser algo útil o de interés. — = utilidad
6 Actitud del que se resiste o no está dispuesto a esforzarse o tomarse molestias: *por comodidad se negó a hacer valer su palabra.* — = comodonería

comodín
1 Naipe que tiene el valor que su poseedor quiera darle, en algunos juegos de cartas. — *s.m.* JUEGOS
2 Aquello que sirve para fines diversos: *buscaba a un comodín para que realizase diferentes tareas en la oficina.*
3 Pretexto habitual y poco justificado: *el respetar las opiniones ajenas era para él un comodín para no preocuparse del otro.*

cómodo, a (Del lat. *commodus*, apropiado, oportuno.)
1 Que puede ser realizado o utilizado sin molestia o esfuerzo: *este periódico tiene un formato muy cómodo.* — *adj./= fácil, manejable*
2 Que produce bienestar y descanso: *se compró el sillón más cómodo de la tienda.* — = confortable ≠ incómodo
3 Que está a gusto o descansado: *ponerse cómodo.*
4 Que es un comodón o amante de la comodidad: *eres muy cómodo.* — *adj/s.* = perezoso

comodón, a Que es amante de la comodidad o hace las cosas con el menor esfuerzo posible: *la tachaban de comodona por quererse evitar los quebraderos de cabeza.* — *adj/s.* coloquial

comodoro (Del ingl. *commodore* < fr. *commandeur*, comandante.)
1 Título que se da, en la marina británica y en la de otras naciones, al capitán de navío que está al mando de una división naval. — *s.m.* NÁUTICA
2 Persona que en los clubes náuticos tiene a su cargo la inspección y buen orden de las embarcaciones. — NÁUTICA

comoquiera
1 De cualquier manera: *vístase comoquiera, siempre parecerá usted un señor.*   adv.
2 **comoquiera que** o **como quiera que:** 1. De cualquier manera que, como: *me gusta el pollo, comoquiera que me lo sirvan.* 2. Dado que, ya que: *comoquiera que no puedo moverme, me gustaría ver la televisión.*   loc.conj.

compacidad Compactibilidad, propiedad de los cuerpos compactos.   s.f.

compactación
1 Acción de dar a un cuerpo textura compacta.   s.f.
2 Método consistente en comprimir al máximo las basuras domésticas de los vertederos.
3 Operación cuya finalidad es aumentar la densidad de un suelo, extrayendo el aire que contiene, ya sea por presión, vibración o percusión.   TECNOLOGÍA

compactador, a Que compacta: *método compactador.*   adj.

compactadora
1 Máquina utilizada para dar consistencia y compacidad al terreno.   s.f. / CONSTRUCCIÓN
2 Aparato eléctrico en el que se reduce por compresión el volumen de los desperdicios domésticos.   TECNOLOGÍA

compactar Hacer compacta una cosa.   v.tr.

compact-disc (Voz inglesa.)
1 Disco compacto de larga duración que se reproduce por sistema láser.   s.m. / pl: compact-discs
2 Aparato reproductor de estos discos por lectura digital a través de láser.

compactibilidad Propiedad de los cuerpos compactos.   s.f. / = compacidad

compacto, a (Del lat. *compactus* < *compingere*, unir.)
1 Se aplica al cuerpo que tiene una textura apretada y poco porosa.   adj.
2 Se refiere a la impresión que tiene mucho texto en poco espacio.   ARTES GRÁFICAS
3 Tipo de letra alto y estrecho.   s.m./ARTES GRÁFICAS
4 Del equipo estereofónico que reúne en una sola pieza varios aparatos reproductores de sonido.   adj/s.m.
5 Aparato reproductor de discos compactos.   s.m.

compadecer (Del bajo lat. *compatescere* < lat. *compatí*.)
1 Sentir compasión por la desgracia ajena, compartirla, padecerla: *sus amigos compadecían sus sufrimientos; se compadece de su estado físico.*   v.tr/prnl. / conj: carecer / + de
2 Ser una cosa compatible o acorde con otra: *la generosidad se compadece con la humildad.*   v.prnl./= compaginarse, convenir

compadraje Asociación o alianza de varias personas para ayudarse o alabarse mutuamente.   s.m./despectivo / = compadreo

compadrar
1 Contraer una persona compadrazgo o parentesco con otra: *el vecino ha compadrado con mi hermano.*   v.intr.
2 Hacerse una persona amiga de otra: *ha compadrado con nosotros enseguida.*

compadrazgo
1 Relación o afinidad entre los padres de una criatura y sus padrinos.   s.m. / = compaternidad
2 Compadraje, amistad, asociación.   despectivo

compadre (Del lat. *compater, -patris*.)
1 Padrino de un niño con relación a la madrina o a los padres de éste.   s.m.
2 Padre de un niño en relación a los padrinos.
3 Amigo, conocido o compañero.
4 Compadrito, chulo, fanfarrón: *el compadre salió muy mal parado de la discusión.*   coloquial / Amér. Merid.

compadrear
1 Tener dos personas amistad, generalmente con fines poco lícitos.   v.intr.
2 Provocar, jactarse, envanecerse: *se compadreó risueño sin recordar sus errores.*   v.tr/prnl. / Amér. Merid.

compadreo Compadraje, amistad, asociación.   s.m./despectivo

compadrería Relación o trato entre compadres, amigos o camaradas.   s.f. / = compadraje

compadrito Fanfarrón o chulo.   s.m./Amér. Merid.

compaginación Acción y resultado de compaginar o compaginarse: *expuso sus consideraciones en perfecta compaginación; la compaginación del libro es tradicional.*   s.f.

compaginado, a Se refiere a la página que resulta de ajustar galeradas.   adj/s.f. / ARTES GRÁFICAS

compaginar
1 Poner en orden, compatibilizar dos cosas relacionadas entre sí: *trató de compaginar la verdad con el decoro para no escandalizar al público asistente.*   v.tr/prnl. / = combinar
2 Estar una cosa o un hecho en armonía con otro: *su carácter no se compagina con el de sus amigas.*   v.prnl. / = corresponderse
3 Distribuir las galeradas para formar las páginas de una publicación.   v.tr. / ARTES GRÁFICAS

companaje (Del cat. *companatge*.) Conjunto de alimentos que se comen crudos con pan.   s.m.

compaña (Del lat. vulgar *compania* < *cum*, con + *panis*, pan.) Compañía, persona o personas que acompañan a otra u otras.   s.f. / coloquial

compañerismo Actitud de solidaridad entre compañeros o muestra de sus buenas relaciones: *a pesar de no estar de acuerdo con las denuncias, por compañerismo, asistió a la concentración.*   s.m.

compañero, a (Derivado de *compaña* < lat. vulgar *compania*.)
1 Persona que acompaña a otra: *rápidamente estableció conversación con su compañero de viaje.*   s.
2 Persona que, respecto de otra, se dedica a la misma actividad o forma parte de un mismo colectivo u organización: *fueron compañeros de colegio; algunos compañeros de trabajo le fueron a visitar al hospital.*   = camarada, colega
3 Cualquiera de los jugadores que se unen y ayudan contra los otros.   JUEGOS
4 Persona que tiene o corre una misma suerte o fortuna con otra: *te presento a mi compañero de fatigas.*
5 Cosa que hace juego con otra u otras: *estoy buscando el compañero de este calcetín.*   coloquial / = par, pareja
6 Persona con que se convive maritalmente: *su compañera atestiguó su asistencia al concierto.*   coloquial / = pareja

compañía
1 Efecto o resultado de acompañar: *este gato nos hace mucha compañía.*   s.f.
2 Persona o conjunto de personas que se acompañan unas a otras: *la compañía fue muy grata.*   th: compaña
3 Asociación de personas para un fin común.
4 Grupo estable de artistas y técnicos que representan obras teatrales: *dos compañías escenificaron piezas del Siglo de Oro.*   TEATRO
5 Sociedad industrial o mercantil: *trabaja en una compañía de seguros.*   ECONOMÍA
6 Unidad de infantería, ingenieros o de servicios mandada por un capitán.   MILITAR
7 **compañía del ahorcado:** Se aplica a la persona que sale con otra y la deja cuando le interesa.   coloquial
8 **en compañía de:** Con, junto con: *celebró el aniversario en compañía de familiares y amigos.*   loc.adv.

comparable Que puede o merece ser comparado oequiparable: *mi casa es comparable con la tuya en calidad y buenas comunicaciones.*   adj. / = equiparable

comparación
1 Acción y resultado de comparar.   s.f.
2 Expresión de la igualdad o de la diferencia entre dos cosas o personas: *rehúye hacer comparaciones porque resulta harto desagradable.*
3 Figura que consiste en comparar dos términos de diferente categoría o naturaleza, que guardan entre sí una semejanza metafórica, como por ejemplo: *su queja salió de su garganta como si hubiese arrancado de la profundidad de sus entrañas.*   RETÓRICA / = símil
4 **en comparación con:** En relación a: *hoy hace un día primaveral en comparación con el de ayer.*   loc.adv.
5 **sin comparación:** Con mucha diferencia: *el turismo es, sin comparación, la mayor fuente de divisas.*   loc.adv.

comparador Instrumento amplificador que se utiliza para comparar una dimensión de una pieza con la de su patrón.   s.m. / TECNOLOGÍA

comparar (Del lat. *comparare*, adquirir, comparar.)
1 Examinar dos o más elementos para apreciar sus semejanzas y diferencias.   v.tr.
2 Establecer una semejanza entre una cosa y otra: *el inspector comparó las huellas dactilares del inculpado con las que se encontraron en el lugar del crimen.*   = cotejar

comparatista Persona dedicada al estudio comparado de ciertas disciplinas o ciencias.   s.m.f.

comparativa Publicidad en que se cita la marca rival por su nombre: *la ley española prohíbe la comparativa aunque se usan fórmulas semejantes.*   s.f. / PUBLICIDAD

comparativo, a
1 Que compara o sirve para comparar: *estudio comparativo.*   adj.
2 Se aplica al grado del adjetivo o del adverbio que expresa comparación.   GRAMÁTICA
3 Se refiere a la conjunción que introduce oraciones comparativas.   GRAMÁTICA

comparecencia
1 Acción y resultado de comparecer.   s.f.
2 Acto de comparecer personalmente o por escrito ante un juez.   DERECHO
3 Acto y trámite que equivale a la vista.   DERECHO

comparecer
1 Presentarse en un lugar llamado o convocado por otra persona, o de acuerdo con ella.   v.intr. / conj: carecer
2 Presentarse ante el juez para mostrarse parte en un juicio o realizar un acto formal.   DERECHO
3 Presentarse tarde, de forma inoportuna o de manera sorprendente en un lugar.

compareciente Persona que comparece ante el juez: *los comparecientes fueron emplazados para más tarde.*   s.m.f. / DERECHO

comparendo (Del lat. *comparendus*.)
1 Orden o mandato de comparecencia. — s.m./DERECHO
2 Documento que se envía a una persona para que — DERECHO
comparezca.

comparición
1 Comparecencia o acto de comparecer ante el juez. — s.f./DERECHO
2 Auto del juez mandando comparecer a alguien. — DERECHO

comparsa (Del ital. *comparsa*.)
1 Conjunto de personas que figuran en una represen- — s.f.
tación teatral o en una película sin desempeñar un — = acompañamiento
papel individual. — TEATRO, CINE
2 Conjunto de personas que van vestidas igual en determinadas fiestas o actos públicos: *forma parte de la
comparsa de moros*.
3 Persona que forma parte del acompañamiento en — s.m.f./TEATRO,
las representaciones teatrales o en las películas. — CINE/= figurante

comparsería Conjunto de comparsas que participan — s.f.
en las representaciones teatrales o en los filmes. — TEATRO, CINE

comparte Persona que es parte, junto con otra, en al- — s.m.f.
gún negocio o asunto civil o criminal. — DERECHO

compartimentar
1 Realizar una división interna en un buque. — v.tr./NÁUTICA
2 Dividir o agrupar algo en compartimientos estancos.

compartimiento
1 Acción y resultado de compartir: *confía en el com-* — s.m.
partimiento de responsabilidades. — tb: compartimento
2 Cada una de las partes resultantes de la división de — = departamento
un edificio, vehículo, mueble u otro espacio cerrado:
te corresponde el compartimiento más alto del armario.
3 **compartimiento estanco:** 1. Cada una de las sec- — NÁUTICA
ciones incomunicadas entre sí en que se divide el interior de un buque para limitar el alcance de las inundaciones. 2. Se aplica a aquello que es totalmente — coloquial
independiente: *la organización está dividida en compartimientos estancos.*

compartir
1 Dividir una cosa en partes para repartirla. — v.tr.
2 Participar con otras personas en alguna cosa: *comparten las mismas opiniones.*
3 Tener conjuntamente una cosa para hacer uso de
ella: *comparten piso con otros estudiantes.*

compás (Del ant. *compasar*, medir < lat. *passus*, paso.)
1 Instrumento de dibujo lineal, consistente en un par — s.m.
de brazos articulados por su extremo superior, usado
para trazar curvas regulares y tomar medidas sobre
un plano.
2 División de una composición o tema musical en — MÚSICA
secciones de igual duración.
3 Movimiento de la mano o la batuta con que se — MÚSICA
marcan los períodos del mismo nombre.
4 Espacio del pentagrama correspondiente al período — MÚSICA
del mismo nombre, delimitado por dos rayas verticales.
5 Ritmo, cadencia de una pieza musical. — MÚSICA
6 Regla o medida para valorar una cosa: *no es capaz* — coloquial
de seguir el compás del trabajo.
7 Resorte metálico que sirve para levantar o bajar la — MECÁNICA
capota de los coches.
8 Brújula, instrumento de navegación. — NÁUTICA
9 Territorio perteneciente a un monasterio y situado
a su alrededor.
10 Movimiento realizado por el cuerpo al cambiar de — DEPORTES
lugar en esgrima.
11 **compás binario:** Compás musical de un número — MÚSICA
par de tiempos.
12 **compás de espera:** 1. El ocupado enteramente — MÚSICA
por un silencio. 2. Interrupción de un asunto por un — coloquial
tiempo relativamente corto.
13 **al compás de:** Indica que una acción se realiza al — loc.adv.
ritmo de otra.
14 **llevar el compás:** 1. Seguir el ritmo de una música o de una actividad cualquiera. 2. Seguir el mismo
ritmo que otra persona o actuar con regularidad en
una tarea.
15 **perder el compás:** 1. No seguir el ritmo de la
música o de otra actividad. 2. Perder el ritmo o la regularidad que se seguía en una determinada acción.

compasado, a Que se comporta con moderación y — adj.
cordura.

compasar
1 Medir una cosa con el compás. — v.tr./tb: acompasar
2 Arreglar, medir o proporcionar las cosas en su justa
medida: *compasar los gastos con los ingresos.*
3 Dividir las composiciones en compases o tiempos — MÚSICA
iguales, con rayas verticales que cortan el pentagrama. — tb: compasear

compasible
1 Que es digno de compasión. — adj.
2 Que siente compasión. — = compasivo

compasillo Compás que tiene la duración de cuatro — s.m.
negras distribuidas en cuatro partes. — MÚSICA

compasión (Del lat. *compassio, -onis*.) Sentimiento de — s.f.
pena o tristeza experimentado ante la desgracia aje- — = lástima, piedad
na: *siente compasión hacia los animales abandonados.* — ≠ indiferencia

compasivo, a Que siente compasión. — adj.

compaternidad Relación que existe entre los padres — s.f.
y los padrinos de bautizo de una persona. — = compadrazgo

compatibilidad
1 Calidad de compatible: *puedo asistir al curso por* — s.f.
compatibilidad de horarios. — ≠ incompatibilidad
2 Posibilidad legal de que una persona ocupe dos car- — ≠ incompatibilidad
gos a la vez: *han aprobado la compatibilidad de los car-
gos públicos con los privados.*
3 Posibilidad de que se pueda intercambiar informa- — INFORMÁTICA
ción y datos entre dos sistemas informáticos.

compatibilizar Hacer compatibles dos o más cosas: — v.tr.
compatibilizar argumentos. — conj: cazar

compatible
1 Que puede existir o armonizar con otra persona u — adj./= armonizable,
otra cosa: *el horario laboral es compatible con el de la* — compaginable
universidad. — ≠ incompatible
2 Se aplica al ordenador que puede trabajar con los — adj/s.m.
mismos programas con los que trabajaba el primer — INFORMÁTICA
ordenador personal creado.

compatriota Persona nacida en la misma patria que — s.m.f.
otra: *me entenderán mis compatriotas.*

compatronato Dignidad, facultades y derechos del — s.m.
que es patrono juntamente con otro u otros. — ECONOMÍA

compatrono, a Patrono junto con otro u otros. — s./tb: compatrón

compelación Obligación que se impone a una per- — s.f.
sona para que haga algo que no quería hacer. — DERECHO

compeler (Del lat. *compellere*, empujar en bloque.) — v.tr.
Obligar a una persona, mediante la fuerza o la auto- — part.tb: compulso
ridad, a hacer lo que no quiere: *el estado le compelió a
pagar los impuestos atrasados.*

compendiar Reducir un escrito o discurso a otro de — v.tr.
modo que sólo contenga lo esencial.

compendio (Del lat. *compendium*, ahorro, economía
< *pendere*, pagar.)
1 Exposición breve oral o escrita de una materia que — s.m./= suma,
ya ha sido tratada extensamente. — recopilación
2 **en compendio:** Con precisión y brevedad. — loc.adv.

compendioso, a
1 Que está expresado en forma de compendio. — adj.
2 Que resume o engloba muchas cosas.

compenetración
1 Acción y resultado de compenetrarse. — s.f.
2 Acuerdo y entendimiento profundos entre dos o
más personas.

compenetrarse
1 Entenderse bien dos personas, identificándose en — v.prnl.
ideas, opiniones y gustos: *lograron compenetrarse, a
pesar de sus diferencias.*
2 Mezclarse las partículas de dos sustancias de modo
que penetren unas en otras recíprocamente.

compensación
1 Eliminación de una diferencia o desigualdad, entre — s.f.
personas o cosas, mediante una acción destinada a — ≠ desequilibrio
establecer una proporción justa entre ellas.
2 Reparación de un daño o un perjuicio que se ha — DERECHO
causado a una persona mediante el pago de una indemnización pecuniaria o en especie.
3 Intercambio y liquidación periódica de cheques, le- — ECONOMÍA
tras y otros documentos de crédito que realizan entre
sí las distintas entidades bancarias.
4 Liquidación periódica entre las naciones de los cré- — ECONOMÍA
ditos procedentes del comercio internacional.
5 Procedimiento legal por el que se da por pagadas — DERECHO
las deudas y créditos recíprocos entre dos personas
en la cantidad en que sus respectivas deudas son
equivalentes.
6 Fenómeno que tiene por objeto remediar una defi- — FISIOLOGÍA
ciencia estructural o funcional de un órgano.

compensador, a
1 Que compensa o proporciona una compensación. — adj/s.
2 Aparato que compensa una diferencia o variación — s.m.
de longitud, potencia u otra magnitud.

compensar (Del lat. *compensare*, pesar juntamente
dos cosas.)
1 Neutralizar los efectos negativos de una cosa con — v.tr/intr/prnl.
los de otra: *compensé la acidez del compuesto con un* — = contrapesar
poco de sosa.
2 Reparar un daño o un perjuicio que se ha causado: — v.tr/prnl.
el gobierno autonómico compensó a los afectados con una — + con
subvención. — = resarcir
3 Evolucionar un órgano o un tejido para suplir una — v.prnl.
deficiencia funcional o estructural. — FISIOLOGÍA

compensativo, a Que es compensatorio o que com- — adj.
pensa.

competencia
1 Rivalidad entre personas, empresas, instituciones o — s.f.

estados por lograr alguna cosa: *existe una gran compe-* **= competición**
tencia por la adjudicación de las obras.
2 Situación de la persona o cosa que cumple las con- **= aptitud, idoneidad**
diciones necesarias para cierta función o servicio: *ya*
ha demostrado su competencia para el cargo.
3 Acción, función o responsabilidad que compete o **= incumbencia**
incumbe a una persona u organismo determinado: *la*
contabilidad es competencia de otro departamento.
4 Atribución legítima de responsabilidad a un juez u **DERECHO**
otra autoridad para conocer y resolver algún asunto.
5 Conjunto de conocimientos sobre la lengua y su **LINGÜÍSTICA**
funcionamiento propio de los hablantes y que constituye su saber lingüístico.
6 Competición deportiva. **Amér./DEPORTES**

competente
1 Que realiza muy bien una actividad intelectual o **adj./= apto,**
profesional: *es un profesor muy competente.* **cualificado**
2 Que es adecuado, oportuno o suficiente: *ya tiene*
una edad competente para responsabilizarse.
3 Que tiene autoridad para resolver determinado
asunto: *el organismo se declaró competente.*

competer (Del lat. *competere,* ser adecuado, pertene- **v.intr.**
cer.) Ser una cosa obligación o responsabilidad de **= incumbir**
una persona.

competición
1 Oposición o rivalidad entre dos o más personas, **s.f.**
empresas, instituciones o estados, por conseguir una **= competencia**
cosa.
2 Deporte, juego, concurso o situación en que se
compite por un premio o por vencer al contrario.

competidor, a Que compite: *empresa competidora.* **adj/s.**

competir (Del lat. *competere,* ir al encuentro una cosa
de otra.)
1 Luchar dos o más personas o instituciones entre sí **v.intr/prnl.**
para conseguir una misma cosa: *los participantes com-* **conj: pedir**
petían por el premio. **= rivalizar**
2 Igualar una cosa a otra análoga en sus propiedades **v.intr.**
o en su grado de perfección. **= rivalizar**

competitividad
1 Capacidad para competir en condiciones de igual- **s.f.**
dad con otro: *con el tiempo se ha demostrado la competi-*
tividad del producto.
2 Rivalidad para la consecución de un fin: *existe una*
gran competitividad entre ellos.

competitivo, a
1 Que tiene relación con la competición. **adj.**
2 Que es capaz de competir: *logró el puesto gracias a*
su espíritu competitivo.
3 Que rivaliza en precio o calidad con otro producto **ECONOMÍA**
comercial, o con la economía de un país.

compilación
1 Acción y resultado de compilar. **s.f.**
2 Colección de varios textos sobre una misma mate- **= recopilación**
ria extraídos de otros o publicados antes por separado.

compilador, a
1 Que compila. **adj/s.**
2 Programa que traduce un programa escrito en un **s.m.**
lenguaje de alto nivel a otro código que se aproxima **INFORMÁTICA**
o coincide con el lenguaje máquina. **tb: copilador**

compilar (Del lat. *compilare,* saquear, plagiar.) Reunir **v.tr.**
varias obras o partes de una obra en un solo volu- **tb: copilar**
men.

compilatorio, a Que tiene relación con la compila- **adj.**
ción: *afición compilatoria.*

compinche (Cruce de *cómplice* y *pinche.*)
1 Persona que tiene amistad y confianza con otra: *se* **s.m.f.**
lo explica todo a su compinche. **coloquial**
2 Compañero habitual de juergas y diversiones: *estu-* **coloquial**
vo toda la noche de jarana con sus compinches. **= amigote**

complacencia
1 Satisfacción que siente el que está complacido. **s.f.**
2 Actitud de la persona que quiere agradar a otra: *me*
cedió su lugar con complacencia.
3 Actitud de la persona tolerante que permite que
otro haga lo que quiera aunque no sea conveniente:
tiene muchas complacencias con sus hijos.

complacer (Del lat. *complacere,* gustar juntamente a
varios.)
1 Causar agrado o placer: *le complace asistir a la ópera.* **v.tr./conj: carecer**
2 Acceder a los deseos y gustos de otra persona: *sólo* **= satisfacer**
se preocupa por complacer sus fantasías.
3 Sentir alegría o satisfacción con una cosa: *se com-* **v.prnl.**
place con tu presencia. **= alegrarse**

complaciente
1 Que causa agrado: *voz complaciente;* ser complaciente **adj/= amable,**
con los invitados. **atento**
2 Inclinado a complacer: *siempre se muestra compla-*
ciente con su jefe.

complejidad Cualidad de lo complejo o complicado: **s.f.**
a pesar de la complejidad del ejercicio, lo resolvió bien. **tb: complejidad**

complejo, a
I (Del lat. *complexus,* que abarca.)
1 Que se compone de partes o elementos diversos: **adj./tb: complexo**
los anhídridos son elementos complejos. **= compuesto**
2 Que resulta difícil o complicado: *es un asunto muy* **= intrincado**
complejo y de imposible solución. **≠ sencillo**
3 Conjunto o unión de varias cosas: *le han recetado un* **s.m.**
complejo vitamínico.
4 Conjunto de edificios o instalaciones destinados a
una determinada actividad o que están situados en el
mismo lugar: *complejo deportivo.*
II (Del alem. *Komplex.*) Asociación de sentimientos, **s.m.**
pensamientos y tendencias que influyen en la perso- **SICOLOGÍA**
nalidad de una persona: *complejo de inferioridad.*

complementar Añadir una cosa a otra para formar **v.tr/prnl.**
un todo: *estos dos libros se complementan.*

complementariedad Calidad o condición de com- **s.f.**
plementario.

complementario, a Que perfecciona y completa **adj.**
una cosa: *los ángulos complementarios forman uno de 90*
grados.

complemento (Del lat. *complementum.*)
1 Cosa, cualidad o circunstancia que, añadida a otra, **s.m.**
la completa o perfecciona.
2 Cada uno de los elementos que se complementan
mutuamente.
3 Arco o ángulo que, al ser sumado con otro, dan un **GEOMETRÍA**
cuadrante o uno recto, respectivamente.
4 Sustancia componente del suero y otros líquidos **BIOQUÍMICA**
extracelulares que interviene en las funciones inmunitarias del organismo.
5 Accesorios de la indumentaria. **s.m.pl.**
6 **complemento agente:** Parte de la oración que in- **GRAMÁTICA**
dica el agente que realiza la acción que expresa el
verbo en las construcciones pasivas.
7 **complemento circunstancial:** Complemento que **GRAMÁTICA**
expresa las circunstancias en que se desarrolla la acción verbal, como el lugar, el tiempo, el modo, la
cantidad o el instrumento.
8 **complemento directo:** El que expresa la persona o **GRAMÁTICA**
cosa que recibe la acción de un verbo transitivo.
9 **complemento indirecto:** El que expresa la persona **GRAMÁTICA**
o cosa a la que afecta la acción de un verbo, transitivo o intransitivo.

completar
1 Añadir lo que falta o lo necesario para concluir una **v.tr/prnl.**
cosa o proceso: *aún le falta un curso para completar la* **= terminar**
carrera.
2 Hacer una cosa perfecta: *el nuevo automóvil completa*
la serie de la marca.

completas Último rezo del día, con el que terminan **s.f.pl.**
las horas canónicas, en la liturgia católica. **RELIGIÓN**

completivo, a
1 Que completa o llena. **adj.**
2 Se aplica a la oración subordinada que tiene la fun- **GRAMÁTICA**
ción de un sustantivo dentro de la principal.

completo, a (Del lat. *completus,* lleno.)
1 Que tiene todos los elementos o partes que nor- **adj./= entero,**
malmente lo componen: *me han regalado una cuberte-* **íntegro**
ría completa. **≠ incompleto**
2 Que está lleno: *la sala está completa.* **≠ vacío**
3 Que tiene todas las cualidades deseables: *al final re-* **= perfecto**
sultó una fiesta completa.
4 Que es absoluto o total: *la exposición fue un completo* **= rotundo**
éxito, a juzgar por la afluencia de público. **≠ parcial**
5 El conjunto de los miembros de una colectividad: **s.m.**
votó al completo de los asistentes. **= totalidad**
6 **al completo:** 1. Completamente lleno: *el teatro esta-* **loc.adv.**
ba al completo. 2. Todo un conjunto: *jugó el equipo al*
completo.
7 **por completo:** Del todo, completamente. **loc.adv.**

complexidad Complejidad, cualidad de complejo. **s.f.**

complexión (Del lat. *complexio,* conjunto, ensambladura.)
1 Constitución fisiológica de una persona o de un **s.f./ANATOMÍA**
animal.
2 Figura que consiste en la repetición de la primera **RETÓRICA**
palabra y de la última en varias oraciones o períodos
sucesivos.

complexionado, a Que tiene buena o mala comple- **adj./ANATOMÍA**
xión: *parecer bien complexionado.* **+ bien, mal**

complexional De la complexión. **adj.**

complexo, a
1 Que es complejo o está compuesto de partes o ele- **adj.**
mentos diversos.
2 Se aplica a dos músculos situados en la nuca. **adj/s.m./ANATOMÍA**

complicación (Del lat. *complicatio, -onis,* plegadura.)
1 Acción y resultado de complicar o complicarse **s.f.**
algo.

2 Cualidad o estado de complicado: *el manejo del programa no presenta complicaciones.* = complejidad

3 Dificultad, incidente producido al concurrir cosas diversas: *en el viaje surgieron todo tipo de complicaciones.* = embrollo

4 Síntoma que se manifiesta en una enfermedad y que la agrava. MEDICINA

complicado, a
1 Que es difícil de comprender y resolver: *se trata de una situación complicada.* adj. = enmarañado
2 Que está formado por gran número de piezas. = complejo
3 Se aplica a la persona o carácter difícil de entender.

complicar (Del lat. *complicare* < *cum*, con + *plicare*, plegar, doblar.)
1 Dificultar, enredar, hacer que una cosa sea difícil: *los datos complicaron la exposición de la teoría.* v.tr/prnl. conj: sacar
2 Mezclar a una persona en un asunto: *en su declaración, complicó a otros en el atraco.* = implicar

cómplice (Del lat. *complex*, unido.)
1 Persona que participa en un delito o una falta junto con otras, o bien, que contribuye a su realización de forma decisiva. s.m.f. DERECHO
2 Que mantiene una estrecha intimidad con otro: *sus cómplices actitudes son motivo de recelo para los demás.* adj/s.m.f. coloquial

complicidad
1 Calidad de cómplice. s.f.
2 Actitud del que participa en la preparación o perpetración de un delito. DERECHO

complot (Voz francesa.) Conspiración o trama secreta urdida entre varias personas para obrar contra otra, contra una institución o un proyecto: *descubrir un complot contra el gobierno.* s.m. fb: complió/= conjura, confabulación, maquinación

complotar Conspirar, tramar un complot. v.intr/prnl.

complutense (Derivado del lat. *Complutum*, antiguamente Alcalá de Henares.)
1 De esta ciudad española. adj.
2 Persona natural de esta ciudad. s.m.f.

compluvio (Del lat. *compluvium*.) Abertura en el tejado de la casa romana para dar luz y recoger el agua de lluvia. s.m. HISTORIA

compón (Del fr. *compon*, alteración de *coupon*, recorte.) Cuadrado de esmalte alternado que cubre el fondo de cualquier figura del escudo. s.m. HERÁLDICA

componedor, a
1 Persona que compone. s.
2 Regla sobre la que se colocan las letras y signos que componen un renglón. s.m. ARTES GRÁFICAS
3 Cirujano de huesos o persona hábil en tratar dislocaciones de huesos. Méx., Amér. Merid.

componenda
1 Transacción o arreglo provisional de carácter censurable o ilegal: *taparon el desfalco con una componenda.* s.f. = chanchullo
2 Acción de componer o eliminar algún posible daño. coloquial
3 Cantidad que se paga en el tribunal de la curia romana por algunas bulas y licencias cuyos valores no tienen tasa fija. HISTORIA, RELIGIÓN

componente
1 Que forma parte de un todo o entra en su composición: *el hidrógeno es un componente del aire.* adj/s.m.
2 Cada una de las distintas partes, sintática, semántica y fonológica, en que se divide la gramática generativa. s.m. LINGÜÍSTICA

componer (Del lat. *componere* < *cum*, con + *ponere*, poner.)
1 Unir varias cosas para formar otra: *vamos a componer un ramo de flores.* v.tr. conj: poner
2 Arreglar una cosa que estaba desordenada, descompuesta o rota: *hay que componer la radio.*
3 Producir una obra artística o científica. v.tr/intr.
4 Rimar, hacer versos. v.intr./POESÍA
5 Arreglar una cosa o ataviar a una persona para que tenga buen aspecto: *componer la sala para la fiesta.* v.tr/prnl.
6 Constituir un conjunto varias personas o cosas: *la novela se compone de dos partes.*
7 Corregir, fortalecer o restablecer el buen funcionamiento de algo o alguien: *una infusión te compondrá el estómago.* v.tr. coloquial
8 Aderezar las bebidas o condimentar los alimentos para mejorar sus cualidades: *componer la ensalada.* COCINA
9 Moderar la violencia o exageración de algo o el carácter de una persona: *la edad compone el genio.* = templar
10 Colocar en su lugar los huesos dislocados. Amér.
11 Poner paz entre personas enemistadas: *me compuse con mi peor enemigo.* v.tr/prnl. = reconciliar
12 Preparar las galeradas o planas de un texto que se va a imprimir. v.tr. ARTES GRÁFICAS
13 componérselas: Obrar hábilmente para conseguir un fin determinado: *componérselas para salir del berenjenal.* coloquial

comporta Canasta usada para transportar las uvas en la vendimia. s.f. AGRICULTURA

comportamiento Manera de actuar una persona o animal: *comportamiento agresivo.* s.m. = conducta

comportar (Del lat. *comportare* < *cum*, con + *portare*, llevar.)
1 Implicar, conllevar: *su cargo comporta una serie de responsabilidades.* v.tr.
2 Obrar una persona de determinada manera: *se ha comportado de maravilla, a pesar de que la película era soporífera.* v.prnl. = portarse

comportería
1 Arte u oficio del comportero. s.f.
2 Taller donde se fabrican canastas para la vendimia.

comportero, a Persona que tiene como profesión hacer o vender comportas. s.

composición
1 Acción y resultado de componer. s.f.
2 Elaboración o producción de una obra musical, científica o literaria: *ha presentado en el auditorio sus nuevas composiciones.*
3 Manera en que está compuesta una cosa.
4 Poema, texto literario en verso. POESÍA
5 Redacción para ejercitar el dominio de la lengua: *el tema de la composición es el hambre.*
6 Conjunto de los elementos que componen una sustancia preparada para usos industriales, alimenticios, medicinales o de otro tipo.
7 Conjunto de los vagones que forman un tren.
8 Texto preparado para ser impreso. ARTES GRÁFICAS
9 Parte de la música que enseña el arte de componer. MÚSICA
10 Manera en que el artista dispone las figuras o elementos que forman una obra. ARTE
11 Procedimiento para la formación de palabras mediante la unión de dos o más palabras existentes en la lengua: *sacacorchos y correveidile son palabras formadas por composición.* GRAMÁTICA
12 composición de lugar: Estudio de todas las circunstancias que envuelven un asunto con el fin de formarse una idea real de él.

compositivo, a Se aplica a la partícula que forma palabras compuestas. adj. GRAMÁTICA

compositor, a
1 Que compone. adj/s.
2 Se dice de la persona que hace composiciones musicales. s. MÚSICA

compost Mezcla de materia orgánica y minerales, utilizada para fertilizar y acondicionar suelos. s.m. AGRICULTURA

compostelano, a
1 De Santiago de Compostela, ciudad española. adj.
2 Persona natural de esta ciudad. s.

compostura
1 Comportamiento respetuoso y adecuado a las circunstancias: *es un hombre que sabe guardar la compostura en cualquier situación.* s.f. = decoro, circunspección
2 Construcción y hechura de una cosa que consta de varias partes. = composición
3 Obra de poca importancia con que se repara una cosa estropeada o descompuesta: *tengo que hacer una compostura en la falda.* = remiendo, reparación
4 Condimento de la comida, en especial el compuesto de aceite, vinagre y sal. COCINA = aliño
5 Arreglo del aspecto de una persona o cosa: *hay que mejorar la compostura del local.*
6 Mezcla o preparación con que se altera o falsifica un género o producto: *esta tela no es de hilo aunque lo parece por la compostura.*
7 Acuerdo entre dos o más personas. = convenio

compota (Del fr. *compote*.) Dulce elaborado cociendo fruta con agua y azúcar. s.f. COCINA

compra
1 Adquisición de una cosa mediante el pago de cierta cantidad de dinero: *se ha acostumbrado a hacer las compras con tarjeta de crédito.* s.f. COMERCIO
2 Actividad de comprar periódicamente las provisiones necesarias para la casa: *siempre hace la compra los sábados en el mercado del barrio.* COMERCIO
3 Conjunto de estas provisiones. COMERCIO
4 Artículo que se ha comprado. COMERCIO
5 Dinero que se da a una persona para conseguir ilícitamente un fin: *la compra del árbitro levantó un escándalo.* coloquial = soborno

comprado Juego de cartas entre cuatro jugadores, con ocho cartas cada uno, en el que se puja por las ocho restantes. s.m. JUEGOS

comprador, a
1 Que compra: *el comprador intentó regatear.* adj/s./COMERCIO
2 Que tiene intención de comprar o interés por una cosa o está en tratos para ello: *el piso tiene dos posibles compradores.*

comprar (Del lat. vulgar **comperare* < lat. *comparare*, adquirir.)
1 Adquirir una cosa con dinero: *ha comprado dos fincas en una subasta.* v.tr. COMERCIO

2 Dar dinero o regalos a una persona para que consiga un fin indebidamente: *lo compró para conseguir información confidencial.* — coloquial = sobornar

compraventa
1 Comercio en el que se compran antigüedades o cosas usadas para volver a venderlas. — s.f. COMERCIO
2 Contrato mediante el cual el vendedor se compromete a entregar lo que vende y el comprador a pagar el precio convenido. — COMERCIO, DERECHO

comprender (Del lat. *comprehendere*, abarcar, concebir una idea.)
1 Percibir, entender una persona el significado de una cosa: *no comprendo tu pregunta.* — v.tr. tb: comprehender
2 Encontrar justificados los actos o sentimientos de otro: *comprendo tu postura ante la situación.* — = justificar
3 Abarcar, contener una cosa otra: *la zona arrasada comprende varios centenares de hectáreas.* — v.tr/prml. = incluir

comprensible
1 Que es inteligible o susceptible de ser comprendido: *argumentación comprensible.* — adj. = accesible
2 Que puede ser justificado: *es comprensible que te preocupes por su salud, hace muy mala cara.* — = justificable

comprensión
1 Acción de comprender. — s.f.
2 Capacidad o facultad que permite entender las cosas: *hizo gala de su comprensión ante el resto de compañeros.*
3 Disposición o actitud tolerante, benévola y comprensiva hacia los demás: *es estimado por todos por su comprensión.* — = tolerancia
4 Conjunto de caracteres o cualidades que integran una idea o concepto. — LÓGICA = extensión

comprensivo, a
1 Que puede comprender o entender. — adj.
2 Que es benévolo con los demás: *tiene unos padres muy comprensivos.* — = tolerante
3 Que contiene o incluye otra cosa.

comprensor, a
1 Que comprende o abraza alguna cosa. — adj/s.
2 Bienaventurado, que goza la eterna bienaventuranza. — TEOLOGÍA

compresa (Del lat. *compressa*, que está comprimida.)
1 Tira de lienzo o de gasa esterilizada que se usa para cubrir heridas, cortar hemorragias o para aplicar medicamentos: *le calmaron el dolor con unas compresas empapadas en bálsamo.* — s.f. MEDICINA
2 Tira ancha y corta de celulosa esterilizada que sirve para la higiene íntima de las mujeres: *compresa higiénica.*

compresbítero Compañero de otro en el acto de recibir el orden del presbiterado. — s.m. RELIGIÓN

compresibilidad
1 Calidad de compresible. — s.f.
2 Posibilidad que poseen los cuerpos de ser comprimidos o reducidos a menor volumen. — FÍSICA

compresible Que se puede comprimir o reducir a menor tamaño. — adj.

compresión
1 Acción y resultado de comprimir. — s.f.
2 Sinéresis, reducción de dos vocales, que ordinariamente forman hiato, en una sola sílaba. — GRAMÁTICA

compresivo, a Que comprime: *a causa del esguince, le han aplicado un vendaje compresivo.* — adj.

compreso, a (Part. irreg. de *comprimir*.) Que está comprimido. — adj.

compresor, a
1 Que comprime. — adj/s.
2 Mecanismo que se utiliza para comprimir fluidos. — s.m./TECNOLOGÍA

comprimario, a Cantante de teatro que hace los papeles secundarios. — s./MÚSICA, TEATRO

comprimente Que comprime. — adj.

comprimido, a
1 Que es reducido a menor tamaño. — adj.
2 Medicamento sólido que contiene una dosis de una o varias sustancias activas, obtenido por compresión de las mismas. — s.m. FARMACIA

comprimir (Del lat. *comprimere*.)
1 Reducir una cosa a menor volumen oprimiéndola: *la esponja se comprime y expulsa el agua.* — v.tr/prml. part.tb: compreso
2 Reprimir, contener: *se vio obligado a comprimir sus impulsos; comprimirse para no echarse a reír.* — = cohibirse

comprobable Que puede ser comprobado: *se trata de una suposición comprobable.* — adj. = verificable

comprobación Acción y efecto de comprobar: *antes de afirmarlo hizo las comprobaciones pertinentes.* — s.f. = verificación

comprobante
1 Que comprueba. — adj.
2 Documento o recibo que permite comprobar o ve- — s.m.

rificar una transacción, gestión o trato: *traigo el comprobante de compra.* — = justificante

comprobar (Del lat. *comprobare*.) Verificar, confirmar la veracidad, exactitud o condiciones de una cosa: *es preciso comprobar el funcionamiento del prototipo.* — v.tr. conj: contar

comprobatorio, a Que sirve para comprobar. — adj.

comprometedor, a Que compromete: *archivó todas las pruebas comprometedoras.* — adj/s.

comprometer (Del lat. *compromittere* < *cum*, con + *promittere*, prometer.)
1 Poner a una persona o una cosa en peligro en una acción o asunto aventurado: *sus errores comprometieron el éxito del producto.* — v.tr/prml. + a, con, en
2 Instar a alguien a cumplir una obligación o a responsabilizarse de una cosa: *ella se comprometió a salir conmigo mañana.*
3 Ponerse dos personas de acuerdo para que otra solucione un pleito o diferencia entre ellas: *comprometer el conflicto en un organismo internacional.* — DERECHO
4 Contraer dos personas un compromiso matrimonial: *tras nueve años de noviazgo, al fin se han comprometido.* — v.prml.

comprometido, a
1 Que es delicado o peligroso: *situación comprometida.* — adj./= apurado
2 Se aplica a la persona, actividad o institución que toma partido claro en cuestiones políticas y sociales: *literatura comprometida.* — SOCIOLOGÍA

compromisario, a
1 Del compromiso. — adj.
2 Se aplica a la persona que ha sido designada como representante de otras para que resuelva o realice alguna cosa. — adj/s. DERECHO
3 Persona que representa a los electores en unas elecciones. — s./POLÍTICA

compromiso
1 Obligación contraída por una persona mediante una promesa, un contrato u otro acuerdo: *siempre cumple sus compromisos con los clientes.* — s.m.
2 Apuro, situación embarazosa o desagradable en que se ve envuelto alguien: *invitarlo a cenar fue un compromiso ineludible.* — = embarazo
3 Acto con el que los novios anuncian su intención de casarse.
4 Acuerdo por el que los litigantes se comprometen a someter el litigio a un mediador. — DERECHO
5 Documento en que los litigantes acuerdan aceptar el fallo o resolución arbitral. — DERECHO
6 poner a una persona en un compromiso: Obligar a una persona a hacer algo en contra de su voluntad. — coloquial
7 sin compromiso: 1. Sin ninguna obligación: *pruébelo sin compromiso.* **2.** Se aplica a la persona que no tiene una relación estable de pareja: *soltera y sin compromiso.* — loc.adv. loc.adj.

compromisorio, a Del compromiso legal. — adj./DERECHO

comprovinciano, a Persona que es de la misma provincia que otra. — s.

comprueba Prueba de un texto ya corregida con la que se comprueba si se han realizado las correcciones indicadas. — s.f. ARTES GRÁFICAS

compuerta (Derivado de *puerta*.)
1 Obstáculo movible que se coloca en canales, diques o presas para graduar o cortar el paso del agua. — s.f.
2 Especie de antepecho que se coloca en una puerta para cerrarla sin impedir el paso de la luz.
3 Cortina de tela encerada, cuero u otro material, que suplía la puerta en algunos carruajes.

compuesto, a
1 Que está arreglado o acicalado: *va demasiado compuesta para la ocasión.* — adj.
2 Que se comporta con recato y mesura.
3 Producto que resulta de la composición de varios elementos: *compuesto químico.* — s.m.
4 Se aplica a la palabra formada por composición de dos o más voces simples: *sacacorchos es un compuesto.* — adj/s.m. LINGÜÍSTICA
5 Perteneciente a una familia de plantas herbáceas cuyas flores, pequeñas y numerosas, están reunidas en capítulos apretados que parecen a veces flores simples, como la margarita. — adj/s.f. BOTÁNICA
6 quedarse alguien compuesto y sin novia o compuesta y sin novio: 1. Ser abandonado por el novio o novia a punto de casarse. **2.** Fallarle un asunto cuando todas las expectativas parecían cumplirse.

compulsa
1 Acción y resultado de compulsar. — s.f./= cotejo
2 Copia oficial de un documento que se coteja con el original, especialmente que contienen las resoluciones y actuaciones de un juicio. — DERECHO

compulsar
1 Examinar dos o más documentos, cotejándolos o comparándolos entre sí para ver si coinciden. — v.tr.
2 Hacer una copia oficial de un documento. — DERECHO

compulsión
1 Apremio por mandato de una autoridad que se hace a una persona para obligarla a que haga una cosa concreta. — *s.f. DERECHO*
2 Atracción, pasión violenta por algo o alguien. — *coloquial*

compulsivo, a
1 Que compele: *decisión compulsiva.* — *adj./= obligatorio*
2 Que muestra apremio o compulsión: *en los procesos neuróticos aparecen conductas compulsivas.*

compulsorio, a Se refiere al mandato judicial que ordena la compulsación de un documento. — *adj./s.m. DERECHO*

compunción
1 Sentimiento de pesar y arrepentimiento experimentado después de haber obrado incorrectamente. — *s.f.*
2 Sentimiento de pena o tristeza experimentado ante la desgracia ajena. — *= compasión, lástima*

compungido, a Que está muy apenado y afligido: *se acercó con cara compungida.* — *adj.*

compungir (Del lat. *compungere < cum,* con + *pungere,* punzar.)
1 Mover a lástima o compasión: *las condiciones extremas de pobreza le compungían.* — *v.tr. conj: surgir*
2 Ponerse triste por el dolor ajeno o por haber cometido una falta: *se compungió en extremo al saberse descubierto.* — *v.prnl.*

compurgar (Derivado de *purgar.*) Refutar el acusado una incriminación: *compurgó la acusación y fue declarado inocente.* — *v.tr. conj: pagar DERECHO*

computable Que puede ser computado: *miembros computables de la familia.* — *adj.*

computación Cómputo o cálculo. — *s.f.*

computador, a
1 Que computa o calcula. — *adj./s.*
2 Aparato electrónico que realiza operaciones matemáticas y lógicas con mucha rapidez. — *s. = calculadora*

computadorizar Computerizar, someter datos al tratamiento por computadora u ordenador: *computadorizó los listados.* — *v.tr. conj: cazar INFORMÁTICA*

computar (Del lat. *computare,* calcular.)
1 Contar o calcular una cosa según unas determinadas unidades numéricas: *computaremos el tiempo en segundos.* — *v.tr.*
2 Tomar en cuenta o valorar una cosa como equivalente de otra: *cada año de experiencia se computa por cinco mil pesetas en el sueldo.*

computerizar Introducir datos en la memoria de una computadora. — *v.tr./conj: cazar INFORMÁTICA*

cómputo (Del lat. *computus.*)
1 Cuenta o cálculo, operación: *hay que hacer el cómputo de los asistentes.* — *s.m. = computación*
2 **cómputo eclesiástico:** Cálculo con que se determina la fecha de las fiestas movibles de la Iglesia, especialmente la de la pascua. — *RELIGIÓN*

comto, a Se refiere al lenguaje que resulta afectado por ser demasiado elaborado. — *adj. culto*

comulación Cantidad de cosas acumuladas. — *s.f./culto*

comulgar (Del lat. *communicare,* compartir.)
1 Administrar el sacramento de la sagrada eucaristía a una persona: *comulgar a un moribundo en el lecho de muerte.* — *v.tr. conj: pagar RELIGIÓN*
2 Recibir una persona este sacramento. — *v.intr./RELIGIÓN*
3 Tener dos o más personas ideas o ideales en común: *tus hermanos comulgan en los mismos principios.* — *+ en*
4 **comulgar con ruedas de molino:** Ser una persona muy crédula e ingenua. — *coloquial*

comulgatorio Barandilla delante del altar donde los fieles reciben la comunión. — *s.m.*

común (Del lat. *communis.*)
1 Que pertenece o se refiere a varias personas, animales o cosas sin ser privativamente de ninguna: *bienes comunes; interés común.* — *adj./+ a = colectivo ≠ particular*
2 Que es frecuente o usual: *su actitud no tiene nada de común; el sarampión es una enfermedad común en los niños.* — *= habitual ≠ inusual*
3 Que no es especial o selecto: *en esta tienda sólo venden telas de calidad común.* — *= corriente, ordinario*
4 Conjunto de personas de un mismo lugar: *el ayuntamiento gestiona los impuestos del común.* — *s.m. = comunidad*
5 Váter, instalación sanitaria.
6 **el común de las gentes:** La mayor parte de ellas.
7 **en común:** Conjuntamente: *trabajar en común.* — *loc.adv.*
8 **por lo común:** En general. — *loc.adv.*

comuna
1 Conjunto de personas que conforman una unidad básica de convivencia, alternativa a la organización familiar. — *s.f.*
2 Municipio, ayuntamiento. — *Amér.*
3 Retrete, lugar acondicionado para realizar las necesidades fisiológicas

comunal Del municipio: *los ganaderos usan los pastos comunales.* — *adj. = vecinal*

comunero, a
1 Que es de trato agradable: *su comportamiento comunero agrada a todos los que le conocen.* — *adj./= sociable ≠ huraño*
2 Que tiene relación con las comunidades de Castilla o es partidario de ellas. — *adj./s. HISTORIA*
3 Persona que tiene parte indivisa con otros en un negocio o un derecho. — *s.*
4 Pueblos que tienen comunidad de pastos. — *s.m.pl.*

comunicable
1 Que puede ser comunicado. — *adj.*
2 Se aplica a la persona que es sociable.

comunicación (Del lat. *communicatio, -onis.*)
1 Acción y resultado de comunicar o comunicarse. — *s.f.*
2 Relación entre dos o más personas que se comunican: *mantenían una comunicación intensa.*
3 Unión o contacto que se establece entre las personas o lugares, mediante diferentes recursos: *comunicación por cable; comunicación por carretera.*
4 Medios o recursos de unión entre dos o más sitios: *el helicóptero es su única comunicación cuando nieva.*
5 Escrito en que se comunica oficialmente algo: *ya ha llegado la comunicación del traslado.* — *= oficio*
6 Escrito sobre un tema determinado que su autor presenta a un congreso o reunión de especialistas: *ha presentado una comunicación sobre léxicos específicos.* — *= comunicado*
7 Recurso consistente en consultar el orador a parecer de aquellos a quienes se dirige, manifestándose convencido de que todos estarán de acuerdo con él. — *RETÓRICA*
8 **comunicación de masas:** Conjunto de medios que permiten la difusión de mensajes entre un público vasto y heterogéneo.
9 **comunicación telefónica:** Llamada telefónica que se ha recibido.

comunicado, a
1 Se aplica al lugar que está próximo o lejano en relación a los medios de transporte o vías de circulación: *ha comprado una casa en una zona muy bien comunicada.* — *adj.*
2 Escrito en que se expone un asunto que interesa dar a conocer, firmado por una o más personas y dirigido a un periódico para su publicación. — *s.m. = comunicación*
3 Aviso o declaración que se hace para conocimiento público: *el gobierno hará público un comunicado sobre el estado de salud del presidente.*

comunicador, a
1 Que comunica o que sirve para comunicar. — *adj.*
2 Dispositivo que transmite el movimiento motor a una máquina. — *s.m. MECÁNICA*
3 Persona presentadora de televisión o locutora de radio, en relación con su buen hacer ante los espectadores u oyentes. — *s. AUDIOVISUALES*

comunicante
1 Que comunica. — *adj./s.m.f.*
2 Se aplica a los vasos sanguíneos o nervios que relacionan varios troncos importantes: *arterias comunicantes; ramos comunicantes.* — *adj. ANATOMÍA*

comunicar (Del lat. *communicare,* compartir.)
1 Descubrir o hacer saber una cosa a una persona: *le comuniqué mi deseo de irme.* — *v.tr./conj: sacar = enterar, avisar*
2 Tratar una persona con otra de palabra, por escrito o mediante un código común: *me comuniqué con él para darle la noticia.* — *v.tr/prnl. + con*
3 Transmitir sentimientos o enfermedades a una persona: *nos comunicó mucho amor.* — *v.tr/intr.*
4 Dar un teléfono la señal indicadora de que la línea está ocupada al marcar un número. — *v.intr.*
5 Tener comunicación dos lugares: *las dos casas se comunican por una puerta.* — *v.intr/prnl.*
6 Tratar un asunto con otras personas para saber su opinión: *comunicó el proyecto con el consejo de administración.* — *v.tr. + con*
7 Extenderse, difundirse una cosa: *el fuego se ha comunicado a toda la zona.* — *v.prnl./= propagarse + a*

comunicativo, a
1 Que tiende a comunicar lo que siente o piensa: *es un joven muy comunicativo con sus padres.* — *adj./= abierto, expansivo*
2 Se aplica a la actitud o sentimiento que tiende a comunicarse o contagiarse: *risa comunicativa.*

comunicología Conjunto de conocimientos referidos a la información y a la comunicación entre personas o grupos humanos. — *s.f.*

comunicólogo, a Persona que ejerce como profesional de los medios de comunicación de masas. — *s.*

comunidad
1 Agrupación de personas que tienen ciertos intereses en común: *comunidad de vecinos.* — *s.f.*
2 Grupo o congregación de personas que viven juntas y bajo ciertas reglas: *vive en una comunidad religiosa.*
3 Conjunto de los vecinos de un pueblo, ciudad, provincia o estado: *el estado recauda los impuestos de la comunidad.*
4 Circunstancia de lo que no es privativo de uno sino

que pertenece a varios por igual: *entre ellos existe una arraigada comunidad de opiniones políticas.*

5 Conjunto de países vecinos o relativamente cercanos entre sí, que han puesto en común sus intereses políticos o económicos y los regulan mediante pactos, tratados y comisiones creadas para ello: *la Comunidad Económica Europea.* **POLÍTICA**

6 comunidad autónoma: Cada una de las regiones históricas y conjuntos de provincias en que se divide el estado español, dotadas de parlamentos propios con poderes relativamente autónomos del central. **POLÍTICA = autonomía**

7 de o en comunidad: En común, sin diferencias entre los elementos: *poseer en comunidad unas tierras.* **loc.adv.**

comunión (Del lat. *communio, -onis,* comunidad.)
1 Hecho de tener en común aspectos, ideas o cosas con otros: *comunión de pensamiento.* **s.f. ≠ desacuerdo**
2 Contacto, unión con las cosas o las personas: *necesitaba la comunión con sus hijos.*
3 Comunidad de personas que profesan la misma fe o ideología.
4 Sacramento de la eucaristía, en la liturgia católica. **RELIGIÓN**
5 Parte de la misa en la que el sacerdote recibe y administra este sacramento. **RELIGIÓN**

comunismo
1 Teoría y práctica que preconiza la propiedad común: *el comunismo fue necesario en sociedades primitivas.* **s.m.**
2 Sistema de organización social y económica que se basa en la propiedad colectiva de los medios de producción y en la distribución de la riqueza, según las necesidades del individuo. **ECONOMÍA, POLÍTICA**

comunista
1 Del comunismo: *régimen comunista.* **adj./POLÍTICA**
2 Que es partidario del comunismo. **adj/s.m.f.**

comunitario, a Que tiene relación con la comunidad. **adj.**

con (Del lat. *cum.*)
1 Indica el modo, manera cómo se realiza una acción o el instrumento con que se ejecuta: *viaja con prisa; escribe con faltas de ortografía; dibuja con carboncillo.* **prep.**
2 Indica concurrencia, compañía o relación entre personas o cosas: *viene con nosotros; tomaré café con leche; estudia con ella.*
3 Indica contenido o cualidad de personas, animales o cosas: *es un chico con carácter.*
4 Indica una acción o situación suficiente para que se realice o suceda cierta cosa: *con acompañarte resuelvo el problema.* **+ que, + inf.**
5 A pesar de: *con escribir tan bien nunca ha ganado un premio.*
6 Indica queja o pesar: *¡con lo bien que me estaba quedando!*
7 con tal de que o con tal que o con que: A condición de que, en el caso de que: *me conformo con tal de que vengas.* **loc.conj.**
8 con todo o con todo y con eso: A pesar de ello, empero: *me salvó la vida, y, con todo, nunca pude ser amable con él.* **loc.conj.**

con- Componente de palabra procedente del lat. *cum,* que expresa cooperación, agregación: *confluir; congregar.* **pref.**

conativo, a
1 Que tiene relación con el conato. **adj.**
2 Que pretende producir cierto efecto sobre el receptor: *la función conativa llama la atención del que recibe el mensaje.* **LINGÜÍSTICA**

conato (Del lat. *conatus,* esfuerzo, tentativa < *conari,* prepararse.)
1 Acto que se inicia y no se continúa: *el asalto fue tan sólo un conato de rebelión.* **s.m./= intento, tentativa**
2 Empeño y esfuerzo en hacer una cosa.
3 Acto o delito que se empezó y no llegó a consumarse: *conato de asesinato.* **DERECHO**

conca (Del lat. *concha,* concha de molusco.) Concha, caracol. **s.f.**

concadenar Relacionar unas cosas con otras. **v.tr./tb: concatenar**

concanónigo Canónigo con respecto a otro que también lo es en la misma iglesia. **s.m. RELIGIÓN**

concatenación (Del bajo lat. *concatenatio, -onis.*)
1 Acción y resultado de concatenar: *la inevitable concatenación de circunstancias.* **s.f. = encadenamiento**
2 Figura que consiste en empezar una frase con el vocablo final de la frase inmediatamente anterior. **RETÓRICA = epanástrofe**
3 Operación que consiste en transformar varias listas o cadenas de caracteres en una sola, colocándolas una detrás de otra. **INFORMÁTICA**

concatenar (Del lat. *concatenare.*)
1 Relacionar unas ideas o hechos con otros: *el político concatenó puntos de vista diferentes.* **v.tr. tb: concadenar**
2 Volver a decir al principio de una cláusula la última o últimas palabras de la cláusula anterior. **RETÓRICA**

concausa Cosa que, junto con otra, es causa de algún efecto. **s.f. = factor**

concavidad
1 Calidad de cóncavo. **s.f.**
2 Forma cóncava: *habitan y anidan en las concavidades del macizo rocoso.* **= cóncavo**

cóncavo, a (Del lat. *concavus < cum,* con + *cavus,* hueco.)
1 Que tiene la superficie más deprimida en el centro, respecto del punto desde el que se mira. **adj. GEOMETRÍA**
2 Parte o sitio que tiene la superficie cóncava. **s.m./= concavidad**

concebible Que puede ser concebido o pensado: *es una posibilidad concebible, aunque no ejecutable.* **adj./tb: conceptible ≠ inconcebible**

concebir (Del lat. *concipere,* contener < *capere,* coger.)
1 Formar una idea o concepto en la mente: *el preso concibió la idea del suicidio.* **v.tr. conj: pedir**
2 Empezar a experimentar una persona un sentimiento o un afecto: *concebir una admiración sin igual por su cortesía.*
3 Creer que una cosa es posible: *no concibo que te vayas sin más.*
4 Quedar fecundada la hembra: *ha concebido su primer hijo, a pesar de su edad y estado físico.* **v.intr/tr.**

conceder (Del lat. *concedere,* retirarse, ceder.)
1 Dar algo una persona que tiene autoridad o poder para ello: *el presidente concedió una entrevista.* **v.tr. = otorgar**
2 Aceptar lo que afirma otro en una discusión: *te concedo la razón en este caso.* **= convenir**
3 Atribuir una cualidad o una condición a una persona o una cosa: *no concedió ningún interés al problema.*

concejal, a Representante de los ciudadanos en un concejo o en un ayuntamiento. **s./POLÍTICA = edil**

concejalía
1 Cargo de concejal: *después de las elecciones accederá a una concejalía.* **s.f. POLÍTICA**
2 Área de gestión asignada a un concejal. **POLÍTICA**

concejil
1 Del concejo. **adj.**
2 Que es común a los vecinos de un pueblo. **= comunal**

concejo (Del lat. *concilium,* reunión, asamblea.)
1 Ayuntamiento, casa consistorial o corporación municipal. **s.m. POLÍTICA**
2 Municipio, división administrativa. **POLÍTICA**
3 Sesión celebrada por las personas que forman el ayuntamiento. **POLÍTICA**
4 concejo abierto: Sesión que se realiza en público.

concelebración Acción de celebrar un oficio litúrgico de manera conjunta varios sacerdotes. **s.f. RELIGIÓN**

concelebrar Celebrar un oficio litúrgico varios sacerdotes: *el arzobispo y el párroco concelebraron la misa dominical.* **v.tr. RELIGIÓN**

concento (Del lat. *concentus.*) Canto armonioso de diversas voces del coro. **s.m. MÚSICA**

concentración
1 Acción y resultado de concentrar o concentrarse. **s.f.**
2 Cualidad y estado de la persona que mantiene fija la atención en la actividad física o intelectual que realiza. **SICOLOGÍA = reconcentración**
3 Reunión de personas que manifiestan pública y unánimemente su postura ante un asunto determinado: *la concentración a favor de la paz ha sido un éxito.* **= manifestación**
4 Conjunto de personas que se reúnen en un lugar para tratar de un tema en concreto: *cada año asiste a una concentración de motos.*
5 Reunión y aislamiento de un equipo deportivo antes de un partido. **DEPORTES**
6 Densidad de una disolución. **QUÍMICA**
7 concentración parcelaria: Agrupación de varias fincas rústicas para facilitar su cultivo y explotación. **AGRICULTURA, ECONOMÍA**

concentrado, a
1 Que ha sido sometido a un proceso de concentración: *café concentrado.* **adj.**
2 Que se concentra o tiene fija la atención en una cosa abstrayéndose de lo demás. **SICOLOGÍA = reconcentrado**
3 Preparado alimenticio que contiene una proporción muy grande de uno o varios componentes nutritivos: *añadir concentrado de caldo vegetal al puré.* **s.m.**

concentrar (Derivado culto del lat. *centrum.*)
1 Dirigir hacia un único punto o lugar a personas o cosas que estaban dispersas: *la gente se concentró alrededor de la plaza.* **v.tr/prnl. = agrupar, juntar**
2 Aumentar la cantidad proporcional de sustancia disuelta en una solución, disminuyendo la cantidad de líquido: *la cola se ha concentrado.* **QUÍMICA**
3 Reunir a los deportistas en un lugar antes de una competición: *el equipo de hockey se concentró en unas instalaciones a las afueras de la ciudad.* **DEPORTES**
4 Mantener fija la atención en una actividad o cosa: *se concentró en los exámenes.* **v.prnl./SICOLOGÍA = reconcentrarse**

concéntrico, a Se aplica a la figura geométrica que tiene el mismo centro que otra: *círculos concéntricos.* **adj. GEOMETRÍA**

concepción (Del lat. *conceptio, -onis.*)
1 Unión del gameto masculino con el femenino para formar un nuevo ser. **s.f. = concebimiento**

2 Creación de una idea, proyecto o plan: *la concepción del proyecto fue obra de todos.*

concepcionista
1 De la orden religiosa de la Inmaculada Concepción o de sus congregaciones. **adj. RELIGIÓN**
2 Miembro de esta orden. **s.f./RELIGIÓN**

conceptismo Estilo literario típico del barroco español, caracterizado por el uso de vocablos rebuscados y juegos de palabras ingeniosos y agudos. **s.m. LITERATURA**

conceptista
1 Del conceptismo: *en su producción literaria predominan las composiciones conceptistas.* **adj. LITERATURA**
2 Que profesa el conceptismo o que es partidario de este estilo literario: *autor conceptista.* **adj/s.m.f. LITERATURA**

concepto (Del lat. *conceptus*, pensamiento.)
1 Representación mental de un objeto o pensamiento: *cada cultura tiene su concepto de la muerte.* **s.m./FILOSOFÍA = idea**
2 Pensamiento o idea expresado con palabras: *el director usa conceptos claros y precisos.*
3 Juicio que una persona o cosa nos merece: *tengo un buen concepto de ti.* **= opinión**
4 Dicho o sentencia ingeniosos. **= agudeza**
5 Cada una de las partidas presupuestarias en una cuenta, presupuesto o facturación: *el concepto de la factura es una obra de albañilería.* **ECONOMÍA**
6 **en concepto de:** Que tiene el valor o la calidad de la cosa a que se refiere: *he depositado mil pesetas en concepto de fianza.* **loc.prep.**
7 **formar o formarse una persona un concepto:** Determinar algo en la mente, después de haber evaluado o examinado las circunstancias: *ya me voy formando un concepto de este asunto.*
8 **por o bajo ningún concepto:** Desde ningún punto de vista, de ninguna de las maneras: *no conseguirán eso bajo ningún concepto.* **loc.adv.**

conceptuación Formación de un concepto sobre una persona, una cosa o una situación. **s.f./FILOSOFÍA culto**

conceptual Que tiene relación con el concepto. **adj.**

conceptualismo Doctrina que admite la existencia de conceptos o nociones universales en la mente, pero no fuera de ella. **s.m. FILOSOFÍA**

conceptualización Acción de reducir un asunto a sus puntos o conceptos fundamentales para formar un juicio objetivo. **s.f.**

conceptualizar
1 Formar un concepto a partir de determinados elementos: *conceptualiza en exceso los datos, perdiendo todo contacto con la realidad.* **v.tr/intr. conj: cazar**
2 Organizar de modo sistemático un conjunto de elementos, poniendo de manifiesto sus características y relaciones esenciales. **= sistematizar**

conceptuar Tener un concepto o un juicio sobre otra persona o una cosa: *le conceptúan como el más capacitado del curso.* **v.tr. conj: actuar**

conceptuosidad Modo de hablar o de escribir excesivamente ingenioso y lleno de conceptos sutiles: *su estilo raya en la conceptuosidad.* **s.f. culto**

concercano, a Que está en los alrededores: *vive y una población concercana.* **adj./= lindante, próximo**

concerniente Que concierne a determinada cuestión: *es un asunto concerniente a la policía.* **adj.**

concernir (Del bajo lat. *concernere* < lat. *cernere*, distinguir.)
1 Atañer, corresponder una cosa a una persona: *a él le concierne tomar esta decisión.* **v.intr.defectivo conj: discernir**
2 Tener una cosa interés para una persona: *me concierne tu opinión sobre el asunto.* **= importar**
3 **por lo que concierne a:** Se usa para referirse a una cosa diferente de la que se estaba diciendo. **loc.prep.**

concertación Acción y resultado de concertar: *la patronal y los sindicatos han llegado a una concertación.* **s.f./= concierto, convenio**

concertante
1 Que concierta. **adj.**
2 Se aplica a la composición que utiliza la agrupación de varias voces o instrumentos como recurso artístico. **adj/s.m. MÚSICA**

concertar (Del lat. *concertare*, combatir, discutir < *certare*, pelear.)
1 Poner varias cosas o personas de modo que cooperen todas para obtener un resultado común o un buen efecto del conjunto: *los países en conflicto han concertado la paz.* **v.tr/prnl. conj: pensar = acordar**
2 Llegar a un acuerdo en el precio de una cosa: *concertaron la casa en veinte millones.* **v.tr./ECONOMÍA + en**
3 Estar una noticia o una opinión de acuerdo con otra: *esta noticia concierta con la que tú me contaste.* **v.intr. + con**
4 Tener los mismos accidentes gramaticales dos palabras que van juntas: *el determinante debe concertar en género y número con el sustantivo.* **GRAMÁTICA + en**

5 Afinar entre sí voces o instrumentos: *el oboe concertaba muy bien con el violín.* **v.tr/intr. MÚSICA**
6 Ir los cazadores divididos en grupos al monte para conocer el tipo de caza que hay y cuáles son los sitios convenientes para cazar. **v.tr. CAZA**

concertina Instrumento musical de viento, parecido al acordeón pero con el fuelle más largo y forma hexagonal. **s.f. MÚSICA**

concertino (Voz italiana.) Primer violín de la orquesta que ejecuta los solos. **s.m. MÚSICA**

concertista
1 Persona que dirige, canta o toca en un concierto. **s.m.f./MÚSICA**
2 Solista de algún instrumento musical. **MÚSICA**

concesión (Del lat. *concessio, -onis*.)
1 Acción y resultado de conceder. **s.f.**
2 Cesión, por parte de una administración u organismo públicos, a un particular o a una empresa del derecho de ejecución de una obra o de explotación de un servicio. **DERECHO = licencia**
3 Acción y resultado de ceder en una posición ideológica, en una actitud o en una creencia: *hizo alguna concesión a sus principios.*
4 **sin concesiones:** Sin atenuar por nada ni por nadie la cosa, comportamiento o disposición de que se trata: *dice lo que quiere, sin concesiones al qué dirán.* **loc.adv.**

concesionario, a
1 Se aplica a la persona o empresa que tiene la exclusiva de producción o distribución de un artículo en una zona. **adj/s. ECONOMÍA**
2 Persona a quien se hace o transfiere una concesión. **s./ECONOMÍA**

concesivo, a
1 Que se concede o puede concederse. **adj.**
2 Se aplica a la oración subordinada que expresa una objeción que se opone a la oración principal, aunque no excluye su cumplimiento. **GRAMÁTICA**
3 Se refiere a la conjunción que introduce estas oraciones subordinadas. **GRAMÁTICA**

concha (Del bajo lat. *conchula* < lat. *concha* < gr. *konkhe*.)
1 Caparazón, parte dura que cubre el cuerpo de muchos moluscos, crustáceos y tortugas. **s.f./ ZOOLOGÍA tb: conca**
2 Material que se obtiene del caparazón de la tortuga, que se usa para fabricar peines y otros objetos. **= carey**
3 Mueble de forma cóncava puesto en el medio del proscenio de los teatros para esconder al apuntador y reflejar su voz hacia los actores. **TEATRO**
4 Hueco poco profundo, pero muy cerrado, en la costa del mar. **GEOGRAFÍA**
5 Fragmento o trozo desprendido de un objeto de porcelana o material parecido.
6 Vulva o vagina, órgano genital femenino. **Amér. Merid./vulgar = solera**
7 Muela fija del molino.
8 Insignia distintiva que llevan colgada del pecho los caballeros de cada una de las órdenes militares. **HERÁLDICA = venera**
9 **concha de peregrino:** Una de las valvas semicirculares de la vieira. **ZOOLOGÍA**
10 **concha de perla:** Madreperla, molusco lamelibranquio. **ZOOLOGÍA**
11 **meterse una persona en su concha:** Retraerse, apartarse del trato con la gente. **coloquial**
12 **tener una persona más conchas que un galápago o muchas conchas:** Ser muy astuto, disimulado o reservado: *no te fíes de él que tiene más conchas que un galápago.* **coloquial**

conchabanza
1 Acomodación conveniente de una persona en un sitio: *por fin consiguió la conchabanza a la que aspiraba.* **s.f.**
2 Confabulación contra una persona. **coloquial/= amaño**

conchabar (Probablemente del lat. *conclavari*, acomodarse en una habitación.)
1 Juntar, asociar o unir. **v.tr.**
2 Mezclar las diferentes clases de lana.
3 Ponerse dos o más personas de acuerdo para actuar contra otra: *se conchabaron para gastarle una broma; conchabarse para robar las joyas.* **v.prnl./coloquial tb: aconchabarse = confabularse**
4 Asalariar, tomar sirviente a sueldo: *el empresario conchabó tres peones más.* **v.tr/prnl. Amér. Merid.**
5 Intercambiar cosas de escaso valor. **Chile**

conchado, a Se aplica al animal que tiene conchas. **adj./ZOOLOGÍA**

conchal Se refiere a la seda que es de clase superior. **adj./TEXTIL**

conchero Yacimiento prehistórico de conchas de moluscos. **s.m. GEOLOGÍA**

conchífero, a Se aplica al terreno en el que abundan moluscos fósiles. **adj. GEOLOGÍA**

conchil Molusco marino de gran tamaño cuya concha no tiene púas ni tubérculos. **s.m. ZOOLOGÍA**

concho
1 Corteza exterior de algunos frutos. **s.m./BOTÁNICA**
2 Poso, sedimento, restos de comida. **Amér.**
3 Túnica de la mazorca de maíz. **Ecuad.**
4 Taxi, coche de alquiler con conductor. **Dom.**

conchudo, a
1 Que es astuto o cauteloso. *adj/s./coloquial*
2 Se aplica a la persona estúpida o tonta: *el muy conchudo pretendía engañarnos con zalamerías.* *Amér. vulgar*
3 Que es sinvergüenza o caradura. *Amér./coloquial*
4 Que es indiferente o desentendido. *Méx.*
5 Se aplica a la persona perezosa que se aprovecha del trabajo de los demás. *Méx.*

conchuela Fondo del mar cubierto de trozos de conchas. *s.f.*

concia Parte vedada de un monte. *s.f.*

conciencia (Del lat. *conscientia*, conocimiento.)
1 Conocimiento que una persona tiene de sí misma y del mundo que la rodea. *s.f./SICOLOGÍA* *tb: consciencia*
2 Facultad del espíritu que impulsa a hacer el bien y a rechazar el mal: *no tiene conciencia si hace eso.*
3 Moralidad, noción del bien y del mal.
4 **conciencia de clase**: Sentimiento que tiene una persona al ser consciente de que forma parte de un determinado grupo social. *SOCIOLOGÍA*
5 **a conciencia**: Con profundidad, rigor y empeño: *limpió la habitación a conciencia.* *loc.adv.*
6 **ancho de conciencia**: Se usa para referirse a quien obra o permite obrar contra la moral. *coloquial*
7 **cargar la conciencia**: Llenarla con pecados. *coloquial*
8 **descargar la conciencia**: Confesar o enmendar las malas acciones cometidas: *colaborando en la reconstrucción consiguió descargar la conciencia.* *coloquial*
9 **en conciencia**: Con honradez y sinceridad: *en conciencia te digo que no fue así.* *loc.adv.*
10 **escarabajear o escarbar la conciencia**: Inquietarse por sentirse culpable. *coloquial*
11 **estrecho de conciencia**: Que se ajusta al rigor de la ley o la moral. *coloquial*
12 **manchar la conciencia o el alma**: Cometer una acción considerada censurable: *aquellos celos le mancharon la conciencia.*
13 **remorder la conciencia**: Sufrir por haber cometido una mala acción: *durante años le remordió la conciencia por no haberle acogido.* *SICOLOGÍA*
14 **tomar o tener conciencia de algo**: Darse cuenta de lo que ocurre.

concienciación Acción de asumir una responsabilidad directa o consciente o de formarse un juicio moral. *s.f.*

concienciar Hacer que una persona adquiera conocimiento de sí mismo y de sus circunstancias: *se concienció de su situación después de su terrible enfermedad.* *v.tr/prnl. + de*

concienzudo, a
1 Que considera detenidamente cualquier cuestión: *tardará en darte su opinión porque es muy concienzudo.* *adj.*
2 Que se hace a conciencia: *trabajo concienzudo.*
3 Se aplica a la persona que hace las cosas con esmero y detenimiento: *es un mecánico concienzudo.*

concierto
1 Situación de orden o buena disposición en que se encuentran las cosas: *los libros están en concierto en la estantería.* *s.m.*
2 Situación de conformidad entre dos o más personas sobre un asunto determinado: *se ha llegado a un concierto mundial.* *= acuerdo*
3 Actuación pública de una orquesta, un grupo o un cantante: *asistir a un concierto de música clásica.* *MÚSICA = recital*
4 Composición para uno o más instrumentos solistas con acompañamiento de orquesta: *concierto para violín.* *MÚSICA*
5 Armonía musical de voces o instrumentos. *MÚSICA*
6 **en concierto**: Indica que un artista, una orquesta o un grupo actuarán: *Tina Turner en concierto.* *loc.adj.*
7 **de concierto**: De común acuerdo. *loc.adv.*

conciliábulo (Del lat. *conciliabulum*, lugar de reunión.)
1 Reunión de personas para tratar reservadamente alguna cosa que se considera ilícita o perjudicial para alguien. *s.m.*
2 Asamblea de prelados sin autoridad para deliberar. *RELIGIÓN*

conciliación
1 Acción y resultado de conciliar: *se han visto obligados a hacer un esfuerzo de conciliación.* *s.f.*
2 Conveniencia o semejanza de una cosa con otra. *≠ desacuerdo*
3 Protección o favor que uno se granjea.
4 **acto de conciliación**: Comparecencia de las partes desavenidas ante el juez para avenirse y evitar el litigio. *DERECHO*

conciliador, a Que concilia o se concilia: *mirada conciliadora; aplicar políticas conciliadoras.* *adj/s.*

conciliar
I (Derivado culto del lat. *concilium*, reunión.)
1 De los concilios: *textos conciliares.* *adj./RELIGIÓN*
2 Persona que asiste a un concilio. *s.m./RELIGIÓN*
II (Del lat. *conciliare*, unir, asociar.)
1 Poner de acuerdo a dos o más personas que estaban enfrentadas o en lucha: *finalmente se han conciliado.* *v.tr/prnl. = concertar*
2 Hacer dos cosas compatibles: *en esta obra se concilian la realidad y la fantasía.*
3 Hacer una persona que otras conciban cierto sentimiento: *gracias a su humor se concilia la simpatía de todos.* *v.prnl. = granjearse*
4 **conciliar el sueño**: Lograr dormir: *del disgusto no pude conciliar el sueño en toda la noche.*

conciliatorio, a Que se puede conciliar o que es susceptible de ser conciliado. *adj.*

concilio (Del lat. *concilium*, reunión, asamblea.)
1 Asamblea de obispos y de teólogos que, de acuerdo con el papa, decide sobre cuestiones de doctrina y de disciplina eclesiástica. *s.m. RELIGIÓN*
2 Colección de los decretos de esta asamblea. *RELIGIÓN*
3 Reunión de personas para tratar algún asunto.
4 **concilio ecuménico o general**: Aquel en que se reúnen todos los obispos de la Iglesia católica. *RELIGIÓN*
5 **concilio nacional**: El de los obispos de un país. *RELIGIÓN*
6 **concilio provincial**: El que reúne a los obispos de una provincia eclesiástica. *RELIGIÓN*

concisión (Del lat. *concisio, -onis*.) Brevedad y precisión al hablar o escribir: *expresó su opinión con gran concisión.* *s.f. = laconismo*

conciso, a (Del lat. *concisus*, cortado.) Que es breve y preciso: *me dio una concisa explicación.* *adj. = sucinto*

concitar (Del lat. *concitare*.)
1 Incitar a una persona contra sí misma o contra otra, excitar sus inquietudes o sediciones: *concitó la antipatía de sus compañeros.* *v.tr/prnl.*
2 Reunir a varias personas en un lugar: *concitó a todos sus amigos en el lecho de muerte.* *v.tr. = congregar*

conciudadano, a
1 Persona que vive en la misma ciudad que otra. *s.*
2 Ciudadano de una misma nación respecto de los demás: *los conciudadanos deciden con el voto.*

conclave (Del lat. *conclave*, habitación cerrada con llave.)
1 Reunión de cardenales para elegir papa y lugar donde se celebra ésta. *s.m./RELIGIÓN* *tb: cónclave*
2 Reunión de personas para tratar algún asunto.

conclavista Persona que sirve a los cardenales en un conclave. *s.m. RELIGIÓN*

concluir (Del lat. *concludere < cum*, con + *claudere*, cerrar.)
1 Terminar, acabar una cosa completamente: *la fiesta ya ha concluido; una clamorosa ovación concluyó su intervención en el parlamento.* *v.tr/prnl./conj: huir part.tb: concluso = finalizar*
2 Llegar a una consecuencia o una conclusión después de examinar o discutir un asunto: *acabó concluyendo que estaba equivocado.* *v.tr. = deducir*
3 Terminar de una manera determinada: *esa lanza concluye en un gancho afilado.* *v.intr./= acabar + en, con*
4 Coger la espada del contrario por el puño, inmovilizándola, en esgrima. *v.tr. DEPORTES*
5 Poner fin a los alegatos en defensa de una parte después de haber respondido a los de la contraria. *DERECHO*

conclusión
1 Fin o terminación de una cosa: *la feliz conclusión del trabajo fue celebrada por todos.* *s.f.*
2 Decisión que se ha tomado respecto de un asunto después de meditarlo o discutirlo: *finalmente llegó a una conclusión acertada.* *= resolución*
3 Proposición que se deduce de las premisas de un silogismo. *LÓGICA = deducción*
4 Cada afirmación contenida en el escrito de calificación penal: *conclusiones del fiscal.* *DERECHO*
5 Escrito que resume las pruebas de un juicio, en el caso de que no se haya solicitado una vista pública. *s.f.pl. DERECHO*
6 **conclusión alternativa**: La que se da como subsidiaria de otra principal en el escrito de calificación. *DERECHO*
7 **conclusión definitiva**: La que mantienen las partes en litigio después de la prueba en el juicio oral. *DERECHO*
8 **conclusión provisional**: La que antecede a la práctica de la prueba en el juicio oral. *DERECHO*
9 **en conclusión**: En suma, resumiendo, como punto final: *en conclusión, que no has cumplido tu promesa.* *loc.adv.*
10 **llegar a o sacar la conclusión**: Deducir la cosa que se expresa.

conclusivo, a Que concluye o finaliza: *argumento conclusivo; acto conclusivo del centenario.* *adj.*

concluso, a (Part. irreg. de *concluir*.)
1 Que está acabado o terminado. *adj.*
2 Se aplica al juicio que está listo para sentencia. *adj. DERECHO*

concluyente Que concluye o convence de manera que no admite réplica: *nos hizo una demostración concluyente ante la que nada pudimos objetar.* *adj. = decisivo, categórico*

conco- Componente de palabra procedente del gr. *konkhe*, que significa concha: *concoide.* *pref. tb: conc-*

concoide (Del gr. *konkhe,* concha + *eidos,* forma.) Que tiene forma de concha.
adj.
tb: concoideo

concomerse
1 Estar una persona muy inquieta a causa de un sentimiento negativo, como la envidia, la impaciencia o el arrepentimiento: *Juan se concomía por el éxito de Pedro.*
v.prnl.
= consumirse

2 Mover una persona los hombros y la espalda repetidamente para aliviar el picor, por nerviosismo u otra causa.
coloquial

concomimiento Desazón, remordimiento, sentimiento de inquietud interior *sentía tal concomimiento que actuaba sin pensar.*
s.m.
coloquial

concomitancia Relación entre las acciones o cosas que actúan juntas o que cooperan al mismo efecto.
s.f.

concomitante Que concomita o acompaña a una acción.
adj.

concomitar (Del lat. *concomitari.*) Acompañar una cosa a otra en una acción.
v.tr.

concordación Combinación, coordinación o conciliación de algunas cosas, actitudes o situaciones.
s.f.
culto

concordancia
1 Conformidad entre dos cosas: *llegaron a un acuerdo por la concordancia de sus pareceres.*
s.f.
= correspondencia

2 Hecho de coincidir dos o más palabras variables en uno o varios de sus accidentes gramaticales, como el género o el número y que permite descubrir la relación que existe entre ellas.
GRAMÁTICA

3 Justa proporción que guardan entre sí las voces que suenan juntas.
MÚSICA

4 Obra en la que se ponen en relación los textos de los cuatro evangelios.
LITERATURA, RELIGIÓN

5 Índice alfabético de las materias, palabras o autores citados en un libro, con indicación de las páginas en que se pueden encontrar.
s.f.pl.

6 **concordancia ad sensum:** Figura que consiste en alterar las leyes de la concordancia en el número o en el género de las palabras.
RETÓRICA
= silepsis

concordante Que concuerda o coincide: *sus opiniones son concordantes en términos generales.*
adj.

concordar (Del lat. *concordare.*)
1 Poner de acuerdo dos o más cosas: *no creo que sea posible concordar las fechas.*
v.tr.
conj: contar

2 Ser una cosa muy parecida o igual que otra: *sus opiniones y las mías no concuerdan.*
v.intr.
= coincidir

3 Tener dos palabras sus accidentes gramaticales en la misma forma.
GRAMÁTICA

concordato (Del lat. *concordatus,* que está unido.) Convenio sobre asuntos eclesiásticos entre la santa sede y un estado.
s.m.
POLÍTICA, RELIGIÓN

concorde (Del lat. *concors, -dis.*) Que está de acuerdo: *está concorde con la decisión.*
adj.
= conforme

concordia (Del lat. *concordia.*)
1 Armonía y buenas relaciones entre las personas que se respetan y aprecian mutuamente.
s.f.

2 Decisión que toman de mutuo acuerdo dos personas para resolver un pleito o litigio entre ellas.
3 Sortija formada por dos enlazadas entre sí.
= unión
4 Documento legal en el que se expresa una decisión acordada por varias partes.
DERECHO

5 **de concordia:** De común acuerdo: *solucionaron el conflicto entre ellos de concordia.*
loc.adv.

concorpóreo, a (Derivado culto de *cuerpo* < lat. *corpus.*) Se aplica a la persona que se hace un mismo cuerpo con Cristo mediante la comunión.
adj.
TEOLOGÍA

concreado, a (Derivado de *crear.*) Se refiere a la cualidad que existe en el hombre desde su creación.
adj.
TEOLOGÍA

concreción (Del lat. *concretio, -onis,* agregación, materia.)
1 Acción y resultado de concretar: *la concreción del discurso esclareció su argumentación.*
s.f.

2 Proceso de acumulación de partículas que se unen para formar masas sólidas y producto del mismo.
FÍSICA
3 Formación sólida en los tejidos vivos.
BIOLOGÍA
4 **concreción biliar:** Cálculo, acumulación que se forma en la vesícula biliar.
MEDICINA

concrecionar Formar una cosa una concreción en otra: *el nácar se concreciona en el interior de ciertos moluscos.*
v.tr/prnl.

concrescencia Crecimiento simultáneo de varios órganos de un vegetal, tan cercanos que llegan a confundirse en una misma cosa.
s.f.
BOTÁNICA

concretar
1 Hacer una cosa exacta y precisa: *hay que concretar la fecha del viaje.*
v.tr/prnl.
= concretizar

2 Reducir una exposición escrita o hablada a lo esencial: *sus palabras concretan mi pensamiento.*
v.tr.
= resumir

3 Limitarse a tratar una sola cosa, excluyendo las demás: *se concreta a su especialidad.*
v.prnl.

concretizar Concretar, hacer concreta, exacta y precisa una cosa: *concretizar sus aspiraciones.*
v.tr/prnl.
conj: cazar

concreto, a (Del lat. *concretus,* espeso, compacto, part. de *concrescere,* crecer por aglomeración.)
1 Que es uno determinado y no cualquiera: *buscaba una novela concreta sobre las costumbres victorianas.*
adj.
= particular

2 Que es muy preciso: *quiero datos concretos y no conjeturas ni hipótesis.*
= exacto
≠ inconcreto

3 Que es real y puede ser pensado o percibido sin necesidad de abstracción: *seres concretos.*
= real, singular
≠ abstracto

4 Concreción, proceso y producto resultante.
s.m./FÍSICA
5 Hormigón armado: *levantar un poblado con piezas de concreto.*
Amér.
CONSTRUCCIÓN

6 **en concreto:** En resumen, concretamente.
loc.adv.

concubina (Del lat. *concubina.*) Mujer que hace vida de pareja con un hombre sin estar casada con él.
s.f.

concubinato Estado de un hombre y una mujer que conviven en pareja sin estar casados.
s.m.

concúbito (Del lat. *concubitus.*) Acto sexual.
s.m./formal

conculcar (Del lat. *conculcare,* pisotear < *calcare,* pisar.)
1 Infringir u obrar en contra de una ley, una obligación o un principio: *conculcar todas las normas del concurso.*
v.tr.
conj: sacar

2 Apretar una cosa con los pies.
= hollar, pisar

concuñado, a
1 Cónyuge del cuñado de una persona.
s.
2 Cuñado del hermano de una persona.

concuño, a Concuñado, relación de parentesco.
s./Amér.

concupiscencia (Del lat. *concupiscentia* < *cupere,* codiciar.) Inclinación excesiva a los bienes materiales o a los deleites carnales: *su concupiscencia parece no tener límites.*
s.f.
= lascivia, lujuria

concupiscente Que se comporta con concupiscencia o está dominado por ella.
adj.

concurrencia
1 Reunión de muchas personas, cosas o sucesos en un lugar: *toda la concurrencia ovacionó a los actores.*
s.f.
= concurso

2 Circunstancia de suceder o producirse varias cosas en un mismo momento: *la concurrencia de catástrofes les hizo presagiar algo peor.*
= coincidencia

3 Ayuda, asistencia: *prestar su concurrencia a alguien para salir de un atolladero.*

concurrente Que concurre: *el público concurrente reclamó dos bises a los instrumentistas.*
adj/s.m.f.
= confluyente

concurrido, a Que reúne a gran cantidad de gente en un mismo tiempo: *paseamos por una avenida muy concurrida.*
adj.
= frecuentado

concurrir (Del lat. *concurrere,* correr junto con otros.)
1 Reunirse varias personas o cosas en el mismo lugar o en el mismo tiempo: *las calles del pueblo concurren en la plaza mayor; concurrieron en el baile.*
v.intr.
+ en
= confluir

2 Ir varias personas a un mismo lugar: *concurrimos a la discoteca, después del banquete.*
+ a
= acudir

3 Darse simultáneamente ciertas cualidades o circunstancias en una persona o una cosa: *concurren en él todas las desgracias.*
= contribuir

4 Tomar parte en un concurso: *concurrieron muchos escritores al premio otorgado por la academia.*
= concursar

5 Ejercer varias cosas influencia en otra: *al fracaso concurrieron varios factores.*

6 Estar dos o más personas de acuerdo en una cosa: *no concurrimos en el primer punto del tratado.*
+ en
= convenir

7 Dar una cantidad de dinero para un fin: *concurrimos al día del cáncer con dos mil pesetas.*
+ con
= contribuir

8 Unirse dos o más líneas en un punto.
GEOMETRÍA

concursado, a Deudor declarado legalmente en concurso de acreedores.
s.
DERECHO

concursante Que participa en un concurso: *los concursantes han de colaborar con los gastos de organización.*
adj/s.m.f.

concursar
1 Presentarse una persona a un concurso: *concursó en un programa de televisión.*
v.intr.

2 Disponer que los bienes de una persona se pongan en concurso de acreedores.
v.tr.
DERECHO

concurso
1 Competición en la cual se disputa y se adjudica un premio a los vencedores: *participó en un concurso de belleza.*
s.m.

2 Procedimiento para la selección y adjudicación de un cargo o empleo, valorando las condiciones y méritos de los aspirantes.
= oposición

3 Asistencia o ayuda que se presta para lograr una cosa: *salió del bache gracias al concurso de sus amigos.*
= apoyo

4 Gran cantidad de gente que concurre a un mismo lugar: *el apabullante concurso de visitantes sobrepasó todos los pronósticos del comité organizador.*
= concurrencia

5 Reunión de sucesos o circunstancias que concurren: *el inexplicable concurso de sucesos facilitó la detención de los narcotraficantes.*

6 concurso o pleito de acreedores: Procedimiento judicial para aplicar los bienes de un deudor al pago de sus acreedores. — DERECHO

7 concurso de traslado: El que se celebra entre empleados para proveer plazas vacantes de su cuerpo.

concusión (Del lat. *concussio, -onis,* agitación, sacudida, extorsión < *concutere,* sacudir, hacer vacilar.) Exacción arbitraria que hace un funcionario público en provecho propio. — s.f. / DERECHO

concusionario, a Que comete concusión o cobra tributos en beneficio propio. — adj/s. /formal / DERECHO

condado (Del lat. *comitatus,* cortejo.)
1 Dignidad de conde. — s.m.
2 Territorio que estaba gobernado por un conde: *el condado fronterizo asumió en solitario la defensa del territorio.*
3 División administrativa en algunos países, como Canadá, Gran Bretaña, Estados Unidos: *el condado de York.*

condal Del conde o de su dignidad. — adj.

conde, sa (Del lat. *comes, -itis,* compañero.)
1 Título nobiliario superior al de vizconde e inferior al de marqués. — s.
2 Persona que posee este título.
3 Señor feudal que gobernaba una comarca. — s.m./HISTORIA
4 Persona a quien el monarca, en la edad media, confiaba misiones militares y civiles. — HISTORIA

condecir (Derivado de *decir.*) Concertar, convenir, estar dos cosas en armonía. — v.intr. / conj: *decir*

condecoración
1 Imposición o concesión de una insignia o de un cargo honorífico: *el acto de la condecoración resultó muy brillante.* — s.f.
2 Insignia, cruz o medalla de honor o distinción: *ha recibido una condecoración por su valor.*

condecorar (Del lat. *condecorare.*)
1 Conceder una insignia o cargo honorífico a una persona. — v.tr.
2 Colocar una insignia o medalla a una persona en una ceremonia solemne.

condena
1 Acción y efecto de condenar, reprobar o deplorar un hecho o situación: *los políticos acordaron expresar su condena más enérgica a los actos terroristas.* — s.f.
2 Parte de la sentencia dictada por un juez o tribunal, en la que se impone al acusado la pena correspondiente al delito o falta cometidos. — DERECHO
3 Extensión y grado de la pena impuesta: *le impusieron una condena de dos años.* — DERECHO
4 **condena condicional:** La que deja en suspenso la ejecución de la pena si se dan ciertas circunstancias, como que la duración de la misma no exceda de un año. — DERECHO

condenable Que puede ser condenado. — adj./= censurable

condenación
1 Acción de condenar o condenarse. — s.f.
2 **condenación eterna:** Situación del que ha sido condenado a una pena eterna, entre los católicos. — RELIGIÓN
3 **ser algo o alguien la condenación de una persona:** Ser causa de enfado e irritación: *tu desidia es mi condenación.*

condenado, a
1 Que ha sido castigado con una pena por cometer un delito. — adj/s.
2 Que molesta e irrita: *este condenado niño; ¡condenados zapatos!* — coloquial
3 Que ha sido castigado con el infierno, según los cristianos: *en aquella pintura los condenados son precipitados a las llamas.* — RELIGIÓN / = réprobo

condenar (Del lat. *condemnare.*)
1 Declarar el juez culpable a una persona y decidir la pena o castigo que debe recibir: *el juez le condenó a diez años de cárcel.* — v.tr. / DERECHO / + a, en, con
2 Considerar injusta una actitud, opinión o hecho: *todos los políticos condenaron el atentado.* — = reprobar
3 Obligar a una persona a hacer una cosa desagradable: *le condenó a quedarse en casa todos los sábados.* — = castigar
4 Declararse una persona culpable. — v.prnl.
5 Ir una persona al infierno, según los católicos. — RELIGIÓN
6 Tapar o cerrar una puerta, una ventana o una habitación de manera que no se pueda utilizar. — v.tr.

condenatorio, a
1 Que condena. — adj.
2 Se aplica al pronunciamiento judicial que castiga al reo o que manda al culpable cumplir una obligación. — adj/s.m. / DERECHO

condensabilidad Capacidad que tienen algunos cuerpos o sustancias para condensarse. — s.f. / QUÍMICA

condensable Que es susceptible de condensar o condensarse. — adj.

condensación
1 Acción y resultado de condensar o condensarse. — s.f.

2 Unión de dos o más moléculas, con eliminación de otras. — QUÍMICA
3 Paso del estado de vapor a otro sólido o líquido. — FÍSICA
4 **máquina de condensación:** Aquella en la que el vapor, a su salida del cilindro o de la turbina, pasa a un condensador. — MECÁNICA

condensador, a
1 Que condensa: *sistema condensador.* — adj.
2 Aparato o dispositivo que reduce el volumen de los gases y vapores condensándolos. — s.m. / FÍSICA
3 Aparato utilizado en las máquinas de vapor para condensarlo mediante la acción del agua fría. — FÍSICA
4 Sistema que concentra los rayos de un foco luminoso sobre un objeto. — ÓPTICA
5 **condensador de fuerzas:** Aparato que regulariza el trabajo de una máquina. — MECÁNICA / = acumulador
6 **condensador eléctrico:** Aparato compuesto de dos conductores o armaduras separados por un aislante que se usa para almacenar electricidad. — ELECTRICIDAD, FÍSICA

condensar (Del lat. *condensare,* apretar, hacer compacto.)
1 Convertir un vapor en líquido o en sólido. — v.tr/prnl.
2 Reducir el volumen de una sustancia, haciéndola más densa: *condensó la leche para envasarla.* — = compactar
3 Apretar unas cosas contra otras para hacerlas más cerradas o tupidas: *condensó la ropa en la maleta.*
4 Resumir un tratado o un escrito: *condensó su relato en pocos minutos.* — v.tr. / = sintetizar
5 Reunir cosas dispersas: *en esta feria se condensan libros de todos los idiomas.* — v.tr/prnl.
6 Aumentar la intensidad de una cosa: *se condensó el sonido en un solo altavoz.*

condesa (Del lat. *comitissa,* compañera.) Mujer que goza de este título nobiliario o esposa de un conde. — s.f.

condescendencia Transigencia o tolerancia con los gustos o deseos de los demás: *su tono de condescendencia me resulta absolutamente insoportable.* — s.f./= complacencia ≠ intransigencia, intolerancia

condescender (Del lat. *condescendere,* ponerse al nivel de alguien.) Hacer una persona por amabilidad lo que otra quiere o prefiere: *condescendió a los deseos de su superior; condescender en explicar lo ocurrido.* — v.intr. / conj: *tender* + a, con, en

condescendiente Que se muestra tolerante con los deseos o gustos de los demás. — adj. / = complaciente

condesil Del conde. — adj./coloquial

condestable (Del cat. *conestable* < bajo lat. *comes stabuli,* conde encargado del establo real.)
1 Persona que ejercía, en nombre del rey, la primera dignidad de la milicia. — s.m. / HISTORIA
2 Suboficial de la armada especialista en artillería: *el condestable fue sometido a consejo de guerra.* — s.m.f. / MILITAR

condestablía Dignidad de condestable. — s.f./HISTORIA

condición (Del lat. *conditio, -onis,* estado, manera de ser < *dicere,* decir.)
1 Naturaleza, forma de ser y propiedades físicas de las cosas o de los animales. — s.f. / = índole
2 Modo de ser y de comportarse habitualmente una persona: *es de condición tranquila; su condición no le permite cumplir con las obligaciones del cargo.* — = talante
3 Clase o categoría social a la que pertenece una persona: *es de condición humilde.* — = estación
4 Circunstancia necesaria para que otra se cumpla: *para votar es condición ser ciudadano.*
5 Acción o actitud que se exige o pide a una persona antes de permitir o comprometerse a hacer una cosa: *le puso condiciones para irse a vivir con él.*
6 Situación o estado físico bueno o malo en que se encuentra una persona, animal o cosa: *no está en condiciones para salir.*
7 Conjunto de circunstancias exteriores favorables o contrarias que caracterizan una situación o el estado de una persona o cosa: *las condiciones atmosféricas favorecen el vuelo.* — s.f.pl.
8 Conjunto de cualidades, aptitudes y capacidades de una persona o animal: *tiene condiciones para la pintura; es un profesional de excelentes condiciones.* — = aptitud
9 Cada una de las decisiones, obligaciones y compromisos que se establecen en un contrato, pacto u otro documento legal, así como las instrucciones específicas para llevarlo a cabo. — s.f. / DERECHO
10 Hecho o acontecimiento incierto o ignorado cuyo cumplimiento determina o influye en la resolución de un testamento, un acuerdo u otro documento legal. — DERECHO
11 **condición casual:** La que no depende de la voluntad de las personas. — DERECHO
12 **condición imposible de derecho:** La contraria a las costumbres sociales y morales o a la ley de un país. — DERECHO
13 **condición imposible de hecho:** La que es irrealizable. — DERECHO
14 **condición necesaria:** La que es considerada como obligatoria para la validez y cumplimiento del contrato o acto. — DERECHO

15 condición resolutoria: La que anula o invalida el título que la contiene. `DERECHO`

16 condición sine qua non: La que es absolutamente obligatoria para que algo se pueda hacer o cumplir.

17 a condición de o con la condición de: Con tal que, siempre que: *iré contigo al cine con la condición de escoger yo la película.* `loc.conj.`

18 de condición: De modo, de manera. `loc.adv.`

19 en condiciones: A punto, en buen estado, apto o preparado para hacer una cosa.

20 poner algo en condiciones: Asear o adecentar una cosa: *durante el fin de semana puso el apartamento en condiciones para que instalasen la calefacción.* `coloquial`

21 sin condiciones: Sin exigir nada para hacer lo que se ha impuesto o decidido. `loc.adv.`

22 tener condición: Ser de genio fuerte y áspero.

condicionado, a
1 Que tiene buen o mal genio. `adj.`
2 Se aplica a las cosas que están en buenas o malas condiciones.
3 Que conlleva condición o requisito.
4 Se aplica a la persona o al animal que ha sido sometido a un condicionamiento síquico. `SICOLOGÍA`

condicional
1 Que implica una condición o requisito: *venta condicional.* `adj.`
2 Tiempo verbal que se refiere a una acción futura medida desde el pasado y se utiliza para expresar probabilidad: *iría si pudiera.* `s.m./GRAMÁTICA` `= potencial simple o imperfecto`
3 Se aplica a la oración subordinada que establece una condición para que se cumpla la acción expresada en la oración principal. `adj. GRAMÁTICA`
4 Se aplica a la conjunción que une esta oración subordinada con la principal: *si y como son conjunciones condicionales.* `GRAMÁTICA`
5 **condicional perfecto:** Tiempo verbal que indica una acción acabada y futura respecto de otra acción pasada: *habría ido si hubiera podido.* `GRAMÁTICA` `= potencial compuesto o perfecto`

condicionamiento
1 Acción y resultado de condicionar. `s.m.`
2 Limitación, restricción: *con tales condicionamientos la libertad de acción es mínima.* `s.m.pl.`

condicionante Que condiciona o supedita: *sus condicionantes obligaron a remodelar el proyecto.* `adj/s.m.`

condicionar
1 Hacer que una cosa dependa de otra: *hay que condicionar el salario al trabajo.* `v.tr./+ a` `= supeditar`
2 Influir una cosa o persona sobre otras: *el clima condiciona el ritmo de trabajo.*
3 Ser una cosa compatible con otra: *su currículo condiciona con el perfil que exige la empresa.* `v.intr./+ con` `= concordar`

condigno, a (Del lat. *condignus*.) Que corresponde a una cosa o se deriva de ella. `adj.` `culto`

cóndilo (Del bajo lat. *condylus* < gr. *kondylos*, juntura.) Extremidad de un hueso con forma redondeada, que encaja en el hueco de otro para formar una articulación. `s.m. ANATOMÍA`

condiloma (Del gr. *kondyloma*.) Tumor benigno de forma redonda que se forma en la piel y en las mucosas. `s.m. MEDICINA`

condimentación Acción y resultado de condimentar la comida: *por su condimentación diría que se trata de un plato hindú.* `s.f. COCINA`

condimentar Añadir ciertas sustancias en los alimentos para darles buen sabor: *condimentar las espinacas con hierbas aromáticas.* `v.tr./COCINA` `= aliñar, sazonar`

condimento (Del lat. *condimentum* < *condire*, sazonar.) Cualquier sustancia o especia usada para sazonar una comida y añadirle sabor: *el azafrán es un buen condimento alimenticio.* `s.m. COCINA` `= aderezo, aliño`

condiscípulo, a (Derivado de *discípulo*.) Compañero de estudios o de escuela. `s.`

condolecerse (Derivado de *dolor*.) Condolerse, participar de la pena de otra persona. `v.prnl. conj: carecer`

condolencia
1 Sentimiento de participación en las desgracias o pesares ajenos. `s.f.`
2 Expresión para mostrar un sentimiento de dolor por la muerte de alguien: *le hizo llegar con retraso sus condolencias.* `= pésame`

condolerse Participar del sentimiento de una persona que ha sufrido una desgracia: *me condolí de la muerte de su mejor amigo.* `v.prnl./conj: mover + de` `= compadecerse`

condominio (Derivado culto de *dueño* < lat. vulgar *domnus* < lat. *dominus*.)
1 Dominio de una cosa que pertenece en común a más de una persona. `s.m. DERECHO`

2 Edificio poseído en régimen de propiedad horizontal. `Amér.`

condómino Propietario junto con otros. `s.m.f./DERECHO`

condón (De *Condom*, higienista británico.) Funda hecha de látex u otro material, muy fina y elástica, que se coloca en el pene durante el coito para evitar la fecundación o el contagio de enfermedades de transmisión sexual. `s.m. coloquial = preservativo`

condonación Perdón o remisión de una pena o de una deuda: *los países en vías de desarrollo reclaman la condonación de la deuda externa.* `s.f. formal DERECHO`

condonar (Derivado de *donar*.) Perdonar una pena o una deuda a una persona. `v.tr./formal DERECHO`

cóndor (Del quechua *kuntur*.)
1 Ave rapaz diurna, de gran tamaño, de color negro y blanco, con el cuello desnudo, que se alimenta de carroña y habita en los Andes. `s.m. ZOOLOGÍA`
2 Moneda de oro de Colombia, Chile y Ecuador. `ECONOMÍA`

condotiero (Del ital. *condottiere* < *condotta*, conducta < lat. *condurre*, tomar a sueldo.)
1 Jefe de los soldados mercenarios en Italia, durante la edad media y el renacimiento. `s.m. HISTORIA MILITAR`
2 Soldado mercenario.

condrila Planta comestible compuesta, de tallo velloso y flexible y con flores amarillas. *(Chondrilla juncea.)* `s.f./BOTÁNICA = ajonjera juncal`

condrio- Componente de palabra procedente del gr. *khondros*, que significa grano, cartílago: *condrioma; condroma.* `pref. tb: condr-, condro-`

condrioma Conjunto de todos los orgánulos que forman parte del citoplasma de una célula. `s.m. BIOLOGÍA`

condriosoma Orgánulo más o menos granular que forma parte del citoplasma de toda célula. `s.m. BIOLOGÍA`

condritis Inflamación del tejido que constituye los cartílagos. `s.f./pl: condritis MEDICINA`

condroblasto Célula de los tejidos cartilaginosos. `s.m./BIOLOGÍA`

condrodita Silicato de magnesio y hierro, de color amarillo, pardo o verde. `s.f. MINERALOGÍA`

condrografía Parte de la anatomía que estudia la descripción de los cartílagos. `s.f. ANATOMÍA`

condrología (Del gr. *khondros*, grano, cartílago + *logos*, estudio.) Parte de la anatomía que estudia los cartílagos. `s.f. ANATOMÍA`

condroma Tumor benigno del tejido cartilaginoso: *tiene un condroma localizado en la mano.* `s.m. MEDICINA`

condromalacia Reblandecimiento anormal de los cartílagos: *sufre una condromalacia en la rótula.* `s.f. MEDICINA`

conducción (Del lat. *conductio, -onis*.)
1 Acción y resultado de conducir, dirigir, llevar y guiar: *hace años que se dedica a la conducción de mercancías.* `s.f. = dirección, transporte`
2 Manera de conducir, dirigir, llevar y guiar: *criticó y censuró su arriesgada conducción.* `= manejo`
3 Conjunto de conductos por los que pasa la electricidad o un fluido: *hay que reparar la conducción eléctrica.* `= canalización`
4 Paso del calor o la electricidad de un punto a otro de un cuerpo bajo la acción de una diferencia térmica o de potencial eléctrico. `FÍSICA`

conducho (Del lat. *conductum*.) Tributo en especies o dinero que podían pedir los señores feudales a sus vasallos. `s.m. HISTORIA`

conducir (Del lat. *conducere*, conducir juntamente, juntar.)
1 Llevar a personas, animales o cosas de un lugar a otro: *este camino conduce a la casa; lo condujo hasta el centro de la ciudad.* `v.tr/intr. = transportar`
2 Llevar a una persona, asunto o negocio por el camino por donde debe ir: *conduce sus propósitos para beneficiarse de sus éxitos.* `v.tr. = encauzar`
3 Llevar un vehículo: *ya tiene el permiso de conducir; conduce el camión como si fuera un deportivo.* `v.tr/intr. = guiar, pilotar`
4 Dirigir un negocio o a un grupo de personas: *el gerente conduce la empresa con gran habilidad.*
5 Obrar de una determinada manera: *se conduce con tal altanería que resulta insufrible.* `v.prnl. = comportarse`
6 Ser causa de un proceso, una persona o algo lleguen a cierto resultado: *tu actuación conducirá a un altercado.* `v.intr. + a`
7 Dirigir o presentar un programa televisivo. `v.tr.`
8 **no conducir a nada:** Ser inútil o inoportuna una acción: *tu actitud negativa no conduce a nada.*

CONJ.: IND.: PRES.: conduzco, conduces, conduce, conducimos, conducís, conducen. PRET. INDEF.: *conduje, condujiste, condujo, condujimos, condujisteis, condujeron.* SUBJ.: PRES.: *conduzca, conduzcas, conduzca, conduzcamos, conduzcáis, conduzcan.* PRET. IMPERF.: *condujera o condujese, condujeras o condujeses, condujera o condujese, condujéramos o condujésemos, condujerais o condujeseis, condujeran o condujesen.* FUTUR. IMPERF: *condujere, condujeres, condujere, condujéremos, condujereis, condujeren.*

IMP.: conduce, *conduzca, conduzcamos*, conducid, conduzcan.

conducta (Del lat. *conducta.*)
1 Manera de comportarse: *su conducta no es la más* — s.f./SICOLOGÍA = comportamiento
adecuada; conducta intachable.
2 Conducción, acción de transportar, guiar o dirigir. = dirección
3 Pacto que se hace con el médico para contratar sus
servicios por un precio alzado, con un período de
tiempo determinado.
4 Grupo de reclutas que los oficiales llevan al regi- — MILITAR
miento: *de reemplazo en reemplazo, las conductas van*
siendo menos numerosas.

conductancia Propiedad de algunos cuerpos que — s.f. FÍSICA
permiten el paso por ellos de fluidos energéticos,
como la electricidad.

conductibilidad Capacidad de un cuerpo para trans- — s.f./FÍSICA = conductividad
mitir el calor o la electricidad.

conductible
1 Que puede ser conducido. — adj.
2 Que posee la propiedad de transmitir el calor o la — FÍSICA
electricidad: *los metales son buenos elementos conducti-*
bles.

conducticio, a Del canon o precio del arrendamien- — adj. DERECHO
to rústico.

conductismo Doctrina y método que buscan el co- — s.m. SICOLOGÍA
nocimiento y control de las acciones del ser estudia-
do, mediante la observación del comportamiento o la
conducta.

conductista
1 Del conductismo: *teoría conductista.* — adj./SICOLOGÍA
2 Que es partidario de esta doctrina: *los conductistas se* — adj./s.m.f. SICOLOGÍA
inscriben en la corriente de pensamiento objetivista.

conductividad Capacidad que un cuerpo o sustancia — s.f. FÍSICA
tiene para dejar pasar o transmitir el calor o la electri- = conductibilidad
cidad.

conductivo, a
1 Que es capaz de conducir. — adj.
2 Se refiere a la sustancia que tiene la propiedad de — ELECTRICIDAD
conducir la corriente eléctrica.

conducto (Del bajo lat. *conductus.*)
1 Canal o tubo por donde circulan fluidos, como — s.m.
agua, gas y humo.
2 Cada uno de los canales o tubos que en los seres — ANATOMÍA
vivos sirven a las funciones fisiológicas.
3 Persona mediadora en la solución de un conflicto o — coloquial
en la obtención de noticias: *desvelar la identidad del*
conducto.
4 Procedimiento que se sigue en algún negocio o en — = medio, vía
el trámite de una instancia: *la noticia se comunicó por*
conducto oficial.
5 **conducto auditivo externo:** El que nace en el pa- — ANATOMÍA
bellón auricular y conduce el sonido percibido hasta
el oído medio.
6 **conducto cístico:** Uno de los conductos biliares — ANATOMÍA
que va desde la vesícula biliar hasta el conducto hepático.
7 **conducto hepático:** Parte de las vías biliares com- — ANATOMÍA
prendida entre la salida del hígado y la unión con el
conducto cístico para formar el colédoco.
8 **conducto raquídeo:** Canal óseo existente en las — ANATOMÍA
vértebras que contiene la médula espinal.
9 **por conducto de:** Por medio de: *entró en la empresa* — loc.prep.
por conducto de su tío.

conductor, a (Del lat. *conductor.*)
1 Se aplica a la persona que conduce a otras: *el con-* — adj/s. = guía
ductor de la expedición.
2 Que conduce un vehículo: *el conductor salió ileso del* — = chófer
accidente en la autopista.
3 Se refiere al cuerpo que deja pasar con facilidad el — adj/s.m. FÍSICA
calor o la electricidad a través de su masa: *el hierro es*
un buen conductor.
4 **conductor eléctrico:** Alambre o cordón destinado — ELECTRICIDAD
a transmitir la electricidad.

condueño, a Propietario de una cosa junto con otro — s. DERECHO
u otros.

condumio
1 Conjunto de alimentos que se consumen, comida: — s.m. coloquial
le cuesta mucho ganarse el condumio.
2 Alimento, manjar que se toma con pan. — coloquial

conduplicación (Derivado culto de *doble.*) Figura — s.f. RETÓRICA
que consiste en repetir al comienzo de una frase la — = epanástrofe
última palabra de la frase inmediatamente anterior.

condurango Planta originaria de Ecuador y Colom- — s.m.
bia, sarmentosa, que se emplea en medicina (*Marsdenia*
condurango.)

condutal Canal o conducto para el desagüe de las — s.m. CONSTRUCCIÓN
aguas de lluvia de una casa.

conectador Aparato o mecanismo usado para conec- — s.m.
tar.

conectar (Del ingl. *connect,* unir < lat. *connectere.*)

1 Establecer contacto entre dos partes o piezas de — v.tr/intr/prnl. MECÁNICA = conectar
una máquina o aparato de modo que una de ellas
produzca el funcionamiento de la otra: *hay que conec-*
tar la lavadora.
2 Establecer una persona o una cosa relación o co- — + con
municación con otra: *este suceso conecta con otros que le*
precedieron.

conectivo, a Que sirve para conectar. — adj.

coneja
1 Hembra del conejo. — s.f./ZOOLOGÍA
2 Mujer que pare muy a menudo. — coloquial

conejar Criadero de conejos. — s.m./tb: conejal

conejera
1 Madriguera de conejos, hecha por ellos mismos o — s.f.
construida por el hombre.
2 Criadero de conejos. — = conejar
3 Cueva estrecha y larga semejante a la de los cone- — = conejar
jos.
4 Sótano o lugar estrecho donde viven muchas per- — coloquial
sonas.
5 Lugar donde acostumbran a reunirse los maleantes. — coloquial

conejero, a
1 Que sirve para cazar conejos. — adj./CAZA
2 Persona que se dedica a criar o vender conejos. — s.

conejillo
1 Se usa para indicar que una persona es sometida a — s.m. coloquial
un experimento o ensayo en la expresión **conejillo**
de Indias: *está estudiando fisioterapia y me utiliza de co-*
nejillo de Indias.
2 **conejillo de Indias:** Cobaya, mamífero roedor de — ZOOLOGÍA
origen sudamericano, de orejas cortas y cola rudimentaria. (*Cavia porcellus.*)

conejito Boca de dragón, planta herbácea. — s.m./BOTÁNICA

conejo, a (Del lat. *cuniculus,* madriguera.)
1 Mamífero roedor muy común, de largas orejas, — s. ZOOLOGÍA
pelo generalmente gris y patas traseras más desarrolladas que las delanteras, que vive en madrigueras y
suele domesticarse. (*Oryctolagus cuniculus.*)
2 Órgano sexual femenino. — s.m./vulgar ZOOLOGÍA
3 **conejo albar:** El albino, que carece de pigmenta- — ZOOLOGÍA
ción.
4 **conejo de angora:** Raza de este mamífero que pre- — ZOOLOGÍA
senta un pelaje muy abundante y largo.

conejuno, a
1 Del conejo: *explotación conejuna.* — adj.
2 Que tiene alguna propiedad característica de este
animal: *al mostrar su desagrado sus labios se fruncieron*
de manera conejuna.

conepatl Zorrillo, mamífero carnívoro mustélido de — s.m./Méx. ZOOLOGÍA
la subfamilia de los mefitinos.

conexidades Derechos o bienes anejos a otro prin- — s.f.pl. DERECHO
cipal.

conexión (Del lat. *connexio.*)
1 Acción y resultado de conectar o conectarse. — s.f.
2 Relación, enlace o concatenación de una cosa con — = correspondencia
otra: *los elementos de su recopilación carecen de conexión*
aparente.
3 Unión de dos circuitos: *Se ha averiado la conexión te-* — ELECTRICIDAD
lefónica.
4 Ramal que conduce un fluido desde la red de distri- — = conducto
bución hasta el aparato contador.
5 Cruce que permite intercambios entre los puntos
de partida y de llegada comunicados por varias vías
de carretera o autopista, sin paso a nivel.
6 Unión de una tubería o aparato a otra u otro, me- — TECNOLOGÍA
diante un acoplamiento rígido o flexible.
7 Amistades y relaciones trabadas por afinidades de — s.f.pl. = contactos
ideas o intereses: *gracias a sus excelentes conexiones lo-*
gró cubrir el aval de la hipoteca.
8 **conexión de causas:** Dependencia de dos causas o — DERECHO
litigios diferentes, cuyo objeto es común o guarda
una estrecha relación.
9 **conexión de desagüe:** Galería subterránea que une — CONSTRUCCIÓN
la alcantarilla pública al edificio y permite la inspección del colector.
10 **conexión de vía:** Aguja que permite bifurcar una — CONSTRUCCIÓN
vía dando acceso a dos o varias vías situadas en su
prolongación.

conexionar Establecer enlaces o uniones entre dos o — v.tr/prnl. = conectar
más cosas o personas: *los elementos se conexionaron*
perfectamente.

conexivo, a Que puede unir o juntar: *para articular* — adj. = conectivo
mejor el texto deberías introducir algunas partículas cone-
xivas.

conexo, a (Del lat. *connexus,* part. de *connectere,* conectar.)
1 Que tiene conexión o relación con una cosa: *esta-* — adj./= afín, unido ≠ ajeno
ban hablando de cuestiones conexas entre sí.
2 Se aplica a los delitos que deben ser tratados en un — DERECHO
mismo juicio por estar muy relacionados.

3 Se refiere al espacio topológico del que no puede hacerse una partición en dos abiertos no vacíos. — adj/s.m. GEOLOGÍA

confabulación Trama o acuerdo entre varias personas para conspirar contra alguien: *los servicios secretos lograron destapar la confabulación con que se pretendía derrocar al jefe del estado.* — s.f.

confabulador, a Persona que confabula o se confabula: *el fiscal no pudo probar la culpabilidad de los confabuladores.* — s.

confabularse (Del lat. *confabulari,* conversar.) Ponerse dos o más personas de acuerdo para actuar contra otra: *se confabuló con sus enemigos para derrotar a su suegro.* — v.prnl. + con = conchabarse

confalón (Del ital. *confalone* < germ. *gundfano,* pendón de batalla.) Insignia de una corporación civil, militar o religiosa que consiste en un trozo de tela cuadrado con un escudo y pendiente de un asta. — s.m./tb: gonfalón = bandera, estandarte

confaloniero Persona encargada de llevar el confalón. — s.m. tb: gonfaloniero

confección (Del lat. *confectio,* composición, preparación < *conficere,* componer.)
1 Acción y resultado de hacer una cosa: *se centró en la confección del proyecto.* — s.f. = elaboración
2 Hechura de prendas de vestir: *el traje que llevaba era de una exquisita confección.* — TEXTIL
3 Actividad y arte de confeccionar prendas de vestir: *se dedica a la confección.* — TEXTIL
4 Producto preparado mediante la mezcla de varias sustancias.
5 Preparación farmacéutica compuesta de sustancias pulverizadas, mezcladas con jarabe o miel. — FARMACIA
6 **de confección:** Se aplica a la prenda de vestir que no está hecha a medida y realizada a gran escala: *traje de confección.* — loc.adj.

confeccionar
1 Realizar una cosa, normalmente compleja o compuesta por partes o elementos: *confeccionar una lista; confeccionar un plato dulce.* — v.tr.
2 Preparar una confección o preparado farmacéutico: *confeccionó un jarabe para aliviar la carraspera.*

confeccionista Que se dedica a la confección de prendas de vestir o a su venta. — adj/s.m.f.

confederación (Del lat. *confoederatio, -onis.*)
1 Unión de personas, asociaciones o instituciones que se someten a un poder general: *los sindicatos decidieron organizarse en confederación para presionar al gobierno.* — s.f.
2 Unión de estados que se someten a una constitución común pero conservan el pleno gobierno político, debiéndose tomar casi todas las decisiones generales por unanimidad. — POLÍTICA
3 Conjunto de los estados u organismos que se han confederado: *la confederación retiró su apoyo a la iniciativa de uno de sus miembros.* — POLÍTICA

confederado, a
1 De la confederación. — adj/s./= confederal
2 Que es miembro de una confederación.
3 Estados, pueblos o individuos unidos contra un adversario: *el ejército de los confederados perdió la batalla.* — s.m.pl. POLÍTICA
4 Se aplica a las personas y a los estados del Sur de Norteamérica que se opusieron a la política proteccionista del Norte y a la abolición de la esclavitud. — HISTORIA = sudista

confederal De una confederación. — adj./= confederado

confederar (Del lat. *confoederare,* unir por tratado.) Unir naciones, estados u otros organismos en confederación: *confederó los estados del norte; se confederaron para rechazar el ataque enemigo.* — v.tr/prnl. POLÍTICA

confederativo, a De la confederación. — adj./= confederal

confer (Voz latina.) Palabra utilizada en un escrito para indicar que algo ha de ser consultado. — loc.v.

conferencia
1 Disertación en público sobre un asunto científico, literario o cualquier otro de interés general: *dio una conferencia sobre poesía hebrea medieval.* — s.f.
2 Comunicación telefónica interurbana o internacional: *lleva dos horas esperando que la telefonista le ponga una conferencia a Río.* — TELECOMUNICACIONES
3 Conversación entre los representantes de gobiernos, organismos o asociaciones para tratar de algún asunto o negocio: *la conferencia sobre desarrollo sostenido asistieron las cuatro grandes potencias.* — DERECHO, POLÍTICA
4 **conferencia de prensa:** Reunión convocada por una o varias personas con proyección pública para informar a los periodistas y contestar a sus preguntas. — = rueda de prensa
5 **conferencia episcopal:** Junta en la que los obispos católicos de un determinado territorio ejercen conjuntamente su cargo pastoral. — RELIGIÓN

conferenciante Persona que pronuncia una conferencia: *al término de su disertación la conferenciante recibió un frío aplauso por parte del público.* — s.m.f.

conferenciar Tratar dos o más personas un asunto. — v.intr.

conferencista Persona que pronuncia una conferencia: *la academia alojó a todos los conferencistas en el mismo hotel.* — s.m.f. Amér.

conferir (Del lat. *conferre.*)
1 Dar un honor, un empleo o un derecho a una persona: *le han conferido nuevas competencias.* — v.tr. conj: sentir
2 Transmitir una cosa o persona una cualidad no física a otra: *la asistencia del ministro confería más importancia al acto.* — = atribuir, otorgar

confesa Viuda que entraba a ser monja: *en pocos años fueron muchas las confesas que ingresaron en el convento.* — s.f.

confesado, a Persona que se confiesa habitualmente con un sacerdote determinado: *sus confesadas siempre admiraron su buena disposición a recibirlas en cualquier momento o lugar.* — s. coloquial RELIGIÓN = hijo de confesión

confesante
1 Que confiesa. — adj.
2 Que confiesa en juicio: *el abogado presentó a los confesantes.* — adj/s.m.f. DERECHO

confesar (Del bajo lat. *confessare* < lat. *confiteri* < *fateri.*)
1 Reconocer y admitir lo que no se puede negar, dadas las circunstancias: *le costó confesarse, pero las evidencias la obligaron; confieso que estaba equivocado.* — v.tr/prnl. = pensar part.tb: confeso
2 Expresar o manifestar una idea o sentimiento oculto: *sus actos confiesan su aversión hacia ellos.* — v.tr.
3 Admitir la participación en un delito: *después de negar repetidas veces su participación en el atraco, acabó confesándola.* — v.tr/prnl. = acusarse
4 Declarar el inculpado o el litigante ante el juez. — v.tr./DERECHO
5 Escuchar el confesor al penitente: *esperó cabizbajo tras la columna hasta que llegó el momento de confesar a los feligreses.* — RELIGIÓN
6 Declarar los pecados y culpas al confesor: *buscó desesperadamente al sacerdote para confesar y recibir la absolución.* — v.tr/prnl. RELIGIÓN
7 Expresar alguien sus intimidades y secretos a otra persona: *aunque se conocían desde hacía poco tiempo, se confesó con ella sin escatimar detalle alguno.* — v.prnl. + con
8 **confesar de plano o de pleno:** Declarar una cosa sin ocultar nada: *fue muy difícil hacerla confesar de plano pero, ante las circunstancias, no tuvo otro remedio.* — coloquial

confesión (Del lat. *confessio, -onis.*)
1 Declaración en que se dice una cosa, por propia voluntad o sometido a presiones externas: *le obligó a escuchar sus confesiones, pero jamás le pidió consejo.* — s.f.
2 Declaración judicial en que el acusado reconoce haber cometido un delito: *gracias a su confesión se agilizó el juicio.* — DERECHO
3 Creencia religiosa y conjunto de personas que la profesan: *es de confesión cristiana.* — RELIGIÓN
4 Sacramento que consiste en decir los pecados cometidos al confesor para obtener el perdón de los mismos. — RELIGIÓN
5 **confesión extrajudicial:** La que se hace fuera del juicio, en el procedimiento civil, o la que se realiza ante un juez que no es competente. — DERECHO
6 **confesión judicial:** Declaración que hace una de las partes litigantes sobre los hechos relevantes en el proceso civil. — DERECHO
7 **oír en confesión o de confesión:** Confesar, escuchar al penitente: *pacientemente le estuvo oyendo en confesión durante un largo rato.* — coloquial RELIGIÓN

confesional
1 Que profesa una confesión religiosa determinada: *estudia en un colegio confesional.* — adj. RELIGIÓN
2 Se aplica al estado que reconoce como propia, en su constitución, una o varias confesiones religiosas. — POLÍTICA

confesionalidad
1 Posibilidad de que una cosa sea declarada, confesada: *la confesionalidad de un delito menor.* — s.f. ≠ inconfesionalidad
2 Adscripción o pertenencia a determinada creencia religiosa: *el estado niega la confesionalidad de las escuelas públicas.* — RELIGIÓN

confesionario
1 Cabina, normalmente de madera, que hay en las iglesias, dentro de la cual se coloca el sacerdote para confesar a los fieles. — s.m./RELIGIÓN = confesionario, confesorio
2 Tratado o discurso en que se dan reglas para saber confesar y confesarse. — RELIGIÓN

confeso, a (Del lat. *confessus,* part. de *confiteri.*)
1 Que ha confesado su delito o culpa: *las confesas rehusaron hacer declaraciones a la prensa.* — adj/s.
2 Se aplica al judío que se ha convertido al cristianismo. — = converso
3 Se aplica al litigante que admite la certeza de los hechos requeridos por la otra parte. — DERECHO
4 **tener por confeso a una persona:** Declarar el juez, en un proceso civil, que un litigante ha confesado, no explícita sino tácitamente, en vista de su resistencia. — DERECHO

confesor, a
1 Persona a quien se le confiesa una cosa: *la madre fue siempre la confesora de sus dudas e insatisfacciones.* — s.

2 Sacerdote que confiesa a los fieles: *reclamó a su confesor en el lecho de muerte.* — s.m. RELIGIÓN

3 Cristiano que confesaba públicamente su fe y que estaba dispuesto a dar su vida por ella. — HISTORIA

4 confesor de manga ancha: El que fácilmente da la absolución a los penitentes. — despectivo RELIGIÓN

confesuría Cargo de confesor. — s.f./RELIGIÓN

confeti (Del ital. *confetti*.) Pedazos de papeles de colores, redondos y muy pequeños, que se lanzan unas personas a otras en las fiestas: *después del pasacalles una alfombra de confeti adornaba el asfalto.* — s.m. sólo en sing.

confiabilidad
1 Calidad de confiable. — s.f.
2 Probabilidad de que una cosa funcione bien. — = fiabilidad

confiado, a
1 Que es crédulo o poco precavido: *pareces confiado en lo contrario, pero hoy lloverá.* — adj. = cándido
2 Que siente confianza.
3 Se aplica a la persona que es presumida o está satisfecha de sí misma. — = engreído
4 estar confiado: Tener esperanza: *estaba confiado en la exitosa solución del conflicto.*

confianza
1 Esperanza de que una persona o cosa funcione o se comporte según está previsto: *tengo confianza en sus fuerzas.* — s.f. ≠ desconfianza
2 Seguridad que uno tiene en sí mismo: *tengo confianza en mis posibilidades, lo conseguiré; eso le ocurrió por un exceso de confianza.* — = aplomo
3 Trato familiar o íntimo entre personas: *puedes quedarte con toda confianza.* — = franqueza
4 Familiaridad y libertad excesivas: *te tomas demasiadas confianzas con tu profesor.* — s.f.pl.
5 de confianza: 1. Se aplica a las personas o cosas en que se puede confiar: *es de confianza, ya verás, no te defraudará.* 2. Se aplica a aquello que se hace autorizando o aprobando una cosa: *hay que darle un margen de confianza antes de juzgar.* — loc.adj.
6 en confianza: Expresa el carácter secreto, íntimo o reservado que se da a un dicho o hecho: *en confianza le hizo saber de sus propósitos más íntimos.* — loc.adv.

confianzudo, a
1 Que tiene demasiada confianza en los demás: *cree que abusarán de por ser tan confianzudo.* — adj. = crédulo
2 Que tiende a tomarse excesivas confianzas. — despectivo

confiar (Del bajo lat. *confidare* < lat. *confidere*.)
1 Tener seguridad o esperanza en algo o alguien: *confía en ti para que le ayudes; se confía demasiado en los demás.* — v.intr/prnl. + en conj: *vaciar*
2 Contar una cosa íntima a una persona: *me confié a mi amigo; le confió sus más recónditos secretos.* — v.tr/prnl.
3 Dejar una persona o una cosa al cuidado de otra persona: *te confío mis libros hasta que vuelva de mi viaje.* — v.tr.

confidencia
1 Revelación de una noticia reservada e íntima: *conocen todas sus confidencias.* — s.f. = secreto
2 Confianza depositada en alguien.

confidencial Que es reservado o secreto: *por ahora es información confidencial; no pudo ir a visitarlos porque estaba en la ciudad en viaje confidencial.* — adj.

confidencialidad Cualidad de lo que es reservado o secreto. — s.f.

confidente, a (Del lat. *confidens.*)
1 Que es fiel, seguro o de confianza. — adj.
2 Persona a quien otro confía sus secretos o intimidades: *su confidente jamás le traicionó.* — s.
3 Persona que tiene contactos en el mundo de la delincuencia y que transmite información sobre éste a las fuerzas de seguridad del estado.
4 Especie de sofá de dos asientos en forma de ese que permite a una persona sentarse de cara a otra. — s.m.

configuración
1 Acción de dar forma a una cosa: *el resultado de la configuración no fue de su agrado.* — s.f. = formación
2 Aspecto exterior de las cosas: *estudia la configuración del terreno.*
3 Conjunto de elementos que constituyen un sistema, como la unidad central, procesadores de entrada y salida, memoria central y auxiliar y líneas de intercomunicaciones. — INFORMÁTICA
4 Conjunción de planetas. — ASTRONOMÍA
5 configuración cultural: Carácter que se atribuye a una sociedad en función de una personalidad ideal: *la configuración cultural apolínea se corresponde a una naturaleza equilibrada.* — SOCIOLOGÍA
6 configuración electrónica: Descripción del estado de los electrones de un átomo o molécula, a partir de su distribución entre las condiciones individuales posibles. — FÍSICA, QUÍMICA
7 configuración estérica: Disposición tridimensional de los átomos o los radicales unidos a un centro quiral. — QUÍMICA

configurar (Derivado de *figura*.) Dar o adquirir una forma determinada: *han configurado un nuevo modelo de automóvil; se configuró un nuevo orden mundial tras la remodelación de la ONU.* — v.tr/prnl.

confín (Del lat. *confinis*, contiguo.)
1 Que confina o limita con otro: *España es confín con Francia.* — adj./= confinante, colindante
2 Límite o frontera entre dos territorios: *los Pirineos son los confines entre España y Francia.* — s.m. + de, entre
3 Lugar más lejano a que alcanza la vista o de un lugar que se toma como referencia: *en los confines del universo.*

confinado, a
1 Que cumple pena de confinamiento: *los confinados fueron conducidos en furgones hasta las nuevas dependencias penitenciarias.* — adj/s. DERECHO
2 Que está desterrado o exiliado: *pasó confinada en una inhóspita isla sus últimos años de juventud.* — adj.

confinamiento
1 Acción y resultado de encerrar o encerrarse. — s.m./= confinación
2 Pena que obliga al condenado a vivir en un lugar en libertad, pero bajo la vigilancia de las autoridades: *cumplió el confinamiento cerca de la ciudad para poder sostener la empresa.* — DERECHO
3 Situación de una población o especie encerrada en un biotopo determinado y limitado del que no puede salir. — BIOLOGÍA
4 Aislamiento del agua estancada en una depresión del terreno, que provoca disminución de la cantidad de oxígeno y aumento del hidrógeno sulfurado. — GEOLOGÍA
5 confinamiento de un plasma: Operación utilizada en la fusión termonuclear controlada, que consiste en mantener el plasma de partículas ionizadas aislado térmicamente de las paredes del recipiente que lo rodea. — FÍSICA NUCLEAR

confinante Que confina o linda con otro lugar. — adj./= limítrofe

confinar
1 Tener un lugar límite común con otro: *tu finca confina al sur con la mía.* — v.intr./+ con = lindar
2 Obligar a una persona a vivir en un lugar determinado: *le confinaron en un país sudamericano.* — v.tr./+ a, en = desterrar

confingir (Derivado de *fingir* < lat. *fingere*, amasar.) Poner sustancias en un líquido hasta formar una masa. — v.tr/conj: *surgir* FARMACIA

confinidad Contigüidad, calidad de lo que está próximo o contiguo. — s.f. = cercanía

confirmación
1 Acción y resultado de confirmar. — s.f./= ratificación
2 Reafirmación de la certeza de un suceso, dictamen u otra cosa: *recibió la notificación de la confirmación de las pruebas.*
3 Parte del discurso en que se presentan las pruebas para demostrar la proposición. — RETÓRICA
4 Sacramento en el cual un cristiano confirma la fe recibida en el bautismo. — RELIGIÓN

confirmador, a Que confirma: *documento confirmador.* — adj/s.

confirmando, a Persona que va a recibir el sacramento de la confirmación: *los confirmandos fueron ungidos con los óleos.* — s. RELIGIÓN

confirmar (Del lat. *confirmare*.)
1 Afirmar la veracidad o exactitud de una cosa: *el alcalde confirmó la noticia.* — v.tr.
2 Volver a afirmar o a dar validez a una cosa: *llamó para confirmar la reserva.*
3 Reafirmarse una persona en su pensamiento, sospecha, etc.: *se confirma en su teoría.* — v.prnl.
4 Administrar el sacramento de la confirmación a una persona. — v.tr. RELIGIÓN
5 Recibir el sacramento de la confirmación. — v.prnl./RELIGIÓN

confirmatorio Se aplica al auto o sentencia por el que se confirma otro auto o sentencia dictado anteriormente. — adj/s.m. DERECHO = confirmativo

confiscación Acción y resultado de privar legalmente a alguien de sus bienes para transferirlos al fisco: *del código penal español se eliminó la confiscación de los bienes privados.* — s.f./DERECHO = comiso, decomiso

confiscar (Del lat. *confiscare*, incorporar al fisco.) Privar a una persona de sus bienes y aplicarlos al fisco. — v.tr. conj: *sacar*

confitado, a Se refiere a la fruta que se conserva seca después de cocida en almíbar. — adj. COCINA

confitar (Del cat. *confitar* < *confit*.)
1 Cocer frutas en almíbar: *confitó las peras y manzanas en invierno para hacer las tartas en primavera.* — v.tr./COCINA th: enconfitar
2 Cubrir frutas o semillas con un baño de azúcar. — = escarchar
3 Endulzar, suavizar: *la estancia en el colegio confitó su carácter montaraz.* — coloquial

confite (Del cat. *confit* < lat. *confectum*, de *confecere*, elaborar.) Golosina hecha de azúcar, con forma de bolita: *les trajeron confites anisados y caramelos de miel.* — s.m. COCINA

confíteor (Del lat. *confiteor*, yo confieso.)
1 Oración que se dice en la misa, después de la confesión de los pecados, en la religión católica. — s.m. RELIGIÓN
2 Confesión pública de una falta o error. — coloquial

confitera Recipiente para guardar golosinas. — s.f.

confitería
1 Tienda donde se fabrican o venden dulces, golosinas y pasteles. — s.f./COMERCIO = dulcería
2 Arte de fabricar dulces y confituras.
3 Bar, cafetería. — Amér. Merid.
4 Repostería, dulces. — Amér. Merid.

confitero, a Persona que elabora dulces. — s.

confitura Mermelada o dulce elaborado con alguna fruta: *confitura de melocotón.* — s.f. COCINA

confituría Confitería, tienda de dulces. — s.f./Colomb.

conflagración
1 Conflicto entre pueblos o naciones, especialmente violento. — s.f.
2 Incendio, siniestro: *la conflagración asoló el poblado y todo el bosque.*

conflagrar (Del lat. *conflagrare*, incendiarse.) Quemar una cosa. — v.tr. = incendiar

conflictividad
1 Posibilidad de que haya conflictos: *ha aumentado la conflictividad en la zona de una forma alarmante.* — s.f.
2 Situación difícil o peligrosa.

conflictivo, a
1 Que produce u origina conflicto: *dicen que es una persona conflictiva.* — adj.
2 Que está relacionado con el conflicto: *la decisión tomada fue muy conflictiva.*
3 Se aplica al momento, circunstancia o situación en los que se origina un conflicto: *el estado de las relaciones diplomáticas es muy conflictivo.*

conflicto (Del lat. *conflictus* < *confligere*, chocar.)
1 Situación de lucha, desacuerdo, rivalidad u oposición entre personas o cosas: *existe un grave conflicto entre ellos por culpa de la herencia familiar.* — s.m. = enfrentamiento ≠ entendimiento
2 Situación difícil o peligrosa: *si se prolonga el conflicto, estallará la guerra.*
3 Situación en que las ideas o sentimientos de una persona son contradictorios: *se encuentra en conflicto consigo mismo.* — SICOLOGÍA
4 Estado del individuo sometido a motivaciones incompatibles. — SICOLOGÍA
5 Proceso de interacción social en el que se enfrentan como mínimo dos actores. — SOCIOLOGÍA
6 **conflicto colectivo de trabajo:** Aquel que enfrenta a un grupo de trabajadores con uno o varios empresarios a resultas de una discusión o controversia sobre las condiciones laborales. — DERECHO
7 **conflicto de competencia:** Aquel que se produce cuando dos órganos jurisdiccionales pretenden conocer el mismo asunto o cuando los dos pretenden inhibirse de él. — DERECHO

confluencia
1 Acción de confluir dos o más caminos, personas o cosas en un mismo lugar: *la confluencia de coches y peatones dificultó el paso de la patrulla y la ambulancia.* — s.f.
2 Lugar donde confluyen dos o más ríos o caminos: *en la confluencia de los cauces se sedimentan lodos y cantos.*

confluente
1 Que confluye: *vías confluentes.* — adj.
2 Se aplica a los órganos que se juntan y confunden en una de sus extremidades: *hojas confluentes.* — BIOLOGÍA
3 Se refiere a los elementos que, unidos, contribuyen a formar una lesión mayor, especialmente erupciones cutáneas como manchas. — MEDICINA

confluir (Del lat. *confluere*.)
1 Unirse dos o más ríos, corrientes de agua o personas en un lugar: *los arroyos confluyeron en la cabeza del valle, creando un cauce mayor.* — v.intr. conj: huir
2 Coincidir tendencias, ideas u opiniones.

confluyente Que confluye: *los caminos confluyentes permitieron la creación de un nuevo asentamiento.* — adj. th: confluente

conformación
1 Forma, o distribución de las partes que forman un conjunto: *la conformación del puente parece frágil e inestable.* — s.f. = configuración
2 Cada una de las disposiciones geométricas de los átomos de una molécula, que se obtienen por rotación alrededor de uno o varios enlaces simples. — QUÍMICA
3 Operación que consiste en dar forma a una plancha o placa metálica. — TECNOLOGÍA
4 Apariencia exterior del animal que se aprecia mediante el examen tanto del tejido óseo y muscular, como de las diversas regiones del cuerpo. — ZOOLOGÍA

conformador Instrumento con que el sombrerero toma la medida y forma de una cabeza. — s.m.

conformar (Del lat. *conformare*, dar forma, adaptar.)
1 Tener o dejar contenta a una persona con poca cosa: *se conforma con poco; la conformó con cuatro caricias y un puñado de caramelos.* — v.tr/prnl.
2 Dar o adquirir forma una cosa: *conformó la caricatura con cuatro pinceladas.* — v.tr/intr/prnl. = configurar
3 Hacer que una cosa coincida o se iguale con otra: *conformo las ganancias a los gastos.* — + a, con
4 No tener más remedio que aceptar lo que se hace o tiene: *se conforma con su trabajo.* — v.prnl. = resignarse

conforme (Del bajo lat. *conformis*, muy semejante.)
1 Que se ajusta adecuadamente a una cosa o es como conviene o corresponde: *el producto tiene un precio conforme a su calidad.* — adj. = acorde concorde,
2 Que se realiza de manera satisfactoria para una persona: *el informe es conforme a lo esperado.* — = acorde
3 Se aplica a la persona que está de acuerdo con otra o con una cosa: *estoy conforme contigo en que hay que ahorrar; quedamos conformes con ello; conformes en todo.* — = acorde concorde + con, en
4 De acuerdo, en consonancia con: *se te pagará conforme a lo que trabajes.* — adv. = según
5 A la vez que otra cosa: *grapa las bolsas conforme las va llenando.* — = según
6 Fórmula al pie de un documento que indica su validez: *el rey escribió el conforme.* — s.m.

conformidad
1 Actitud de quien está conforme con una cosa o resignado con una adversidad o desgracia: *su conformidad con el castigo les dejó boquiabiertos.* — s.f. + con
2 Manifestación verbal o escrita en la que se da el visto bueno para la realización de alguna cosa: *aún no he recibido la conformidad.*
3 Correspondencia entre cosas o semejanza entre personas. — = acuerdo
4 **en conformidad con:** De acuerdo con, según: *en conformidad con la demanda les hacemos llegar los acuerdos entre la asociación y ayuntamiento.* — loc.adv.
5 **en esta conformidad:** Bajo esta condición, en este supuesto: *en esta conformidad se tomarán las medidas oportunas.*

conformismo Actitud del que fácilmente se adapta ante cualquier circunstancia: *su conformismo le hacía acatar todas las decisiones de la asamblea.* — s.m./SICOLOGÍA ≠ inconformismo

conformista Que se adapta fácilmente a cualquier circunstancia o ideología: *como conformista que es no se opondrá a la propuesta.* — adj/s.m.f. ≠ inconformista

confort (Voz francesa.) Característica de las cosas confortables o cómodas: *la habitación está provista de las últimas innovaciones del confort.* — s.m. = comodidad, confortabilidad

confortabilidad
1 Capacidad para confortar. — s.f.
2 Característica de las cosas confortables o cómodas: *la confortabilidad de la suite supera en mucho sus expectativas.* — = confort

confortable Que proporciona bienestar: *tu sillón de lectura es muy confortable.* — adj. = cómodo

confortación Acción de fortalecer o animar a una persona debilitada o agotada: *su ayuda le sirvió de confortación en momento tan delicado.* — s.f.

confortante
1 Que conforta: *sus palabras confortantes aliviaron sus penas; la copichuela fue un confortante para su agotamiento.* — adj/s.m. = reconfortante
2 Guante de punto que deja los dedos al descubierto. — s.m./= mitón

confortar (Del lat. *confortare*.)
1 Dar fuerza a una persona debilitada o agotada: *la sopa me confortó.* — v.tr/prnl. = fortalecer
2 Dar ánimo o consuelo a una persona afligida: *se quedó en el hospital confortando a la familia.* — = alentar

confraternal Que es propio de amigos: *la compañía confraternal alivia su soledad.* — adj. = amical

confraternar Confraternizar, tratarse con amistad y compañerismo: *desde el primer momento confraternaron.* — v.intr.

confraternidad
1 Circunstancia de ser dos o más personas hermanas. — s.f./= hermandad
2 Relación muy estrecha, cordial y llena de concordia entre dos o más personas o naciones.

confraternizar (Derivado de *fraterno*.) Tratarse dos o más personas con gran amistad y compañerismo: *tu hermano y el mío confraternizaron en seguida.* — v.intr/conj: cazar th: confraternar = fraternizar

confricar (Derivado culto de *fregar* < lat. *fricare*.) Frotar una cosa con otra con fuerza y de modo repetitivo: *confricó la varita de plástico con el paño para electrizarla.* — v.tr. conj: sacar = restregar

confrontación
1 Acción y resultado de examinar y comparar dos o más cosas o personas para apreciar sus semejanzas y diferencias: *una vez sometidos a confrontación, las similitudes hicieron pensar en un supuesto plagio.* — s.f.

2 Enfrentamiento dialéctico violento entre dos o más personas: *salió airosa de la confrontación gracias a sus hábiles insinuaciones.*

confrontar (Derivado de *frente* < lat. *frons*.) — v.tr.
1 Examinar y comparar dos o más cosas para apreciar sus semejanzas y diferencias: *es preciso confrontar las listas.* = cotejar
2 Poner a dos personas frente a frente para que defiendan sus respectivas afirmaciones: *confrontaron a los testigos.* = carear
3 Hacer frente a un peligro o una dificultad: *no es capaz de confrontar la situación.* = afrontar
4 Estar o ponerse una persona o una cosa ante otra: *lucharon para confrontar sus fuerzas.* v.tr/prnl.

confucianismo (De *Confucio*, filósofo chino.) Doctrina filosófica moral enseñada por este filósofo, basada en la idea de que, al cultivar su propia persona, el sabio difunde un principio de orden, que se va extendiendo hacia el universo entero. s.m. FILOSOFÍA tb: confucionismo

confuciano, a (De *Confucio*, filósofo chino.)
1 De este filósofo o su doctrina. adj./FILOSOFÍA
2 Que profesa esta doctrina. adj/s./FILOSOFÍA

confucionismo Confucianismo, doctrina filosófica moral. s.m. FILOSOFÍA

confucionista Confuciano, que profesa la doctrina filosófica de Confucio. adj/s.m.f. FILOSOFÍA

confulgencia (Derivado de *fulgor*.) Resplandor o brillo simultáneo a otro: *confulgencia de las estrellas.* s.f.

confundir (Del lat. *confundere*, mezclar, hacer confuso.)
1 Tomar o entender una cosa por otra: *se confundió de carretera; confunde tu teoría con la mía y se equivoca cada vez que la aplica.* v.tr/prnl./+ de part.tb: confuso = equivocar
2 Mezclar cosas, animales o personas de modo que no puedan distinguirse: *no pude seguirle con la mirada porque se confundió con la muchedumbre.*
3 Dejar sin argumentos o desconcertada a una persona con la que se discute: *la respuesta confundió al periodista.* = desconcertar
4 Perturbar, alterar el orden de una cosa: *tiende a confundir las ideas en lugar de aclararlas.* v.tr. = desbaratar
5 Hacer perder el aplomo a una persona: *se confundió al oír sus alabanzas; la confunde con sus lisonjas y elogios.* v.tr/prnl. = turbar
6 Hacer que una persona se sienta inferior: *a lo largo de la velada fueron varias las veces que intentó confundirla con su desdén.* = avergonzar, humillar

confusión
1 Acción y resultado de confundir o equivocar: *por una banal confusión le reprendió severamente.* s.f. = equivocación
2 Desorden, mezcla de cosas o personas diversas: *en su cuarto reina una gran confusión.* = tiberio
3 Trastorno que se produce en el estado de ánimo: *todo lo ocurrió me produjo gran confusión.* = turbación ≠ claridad
4 Modo de extinguirse las obligaciones por reunirse en una misma persona el crédito o la deuda. DERECHO
5 **confusión mental**: Perturbación global, aguda y transitoria de las funciones síquicas. SICOLOGÍA

confusional De la confusión mental: *se encuentra en un agudo proceso confusional.* adj. SICOLOGÍA

confusionismo Confusión, oscuridad en las ideas o en el lenguaje. s.m. SICOLOGÍA

confusionista
1 Que produce confusionismo. adj.
2 Persona que se expresa de modo confuso. s.m.f.

confuso, a
1 Que no tiene claridad, orden o precisión: *en un confuso relato nos explicó lo ocurrido.* adj. = complicado
2 Que está indeciso o perplejo: *se quedó confuso al oír la noticia por radio.* = desconcertado

confutación Refutación de la opinión contraria. s.f./RETÓRICA

confutar Decir o demostrar que lo que afirma una persona no es verdad: *enunció la tesis tan sólo para confutarla.* v.tr. = refutar, contradecir

conga
1 Danza popular de Cuba, de origen africano, que se baila por grupos colocados en doble fila, al ritmo de un tambor. s.f.
2 Música que acompaña esta danza popular. MÚSICA
3 Instrumento de percusión que se toca con los dedos o las palmas de la mano, para tocar esta música. MÚSICA
4 Baile colectivo que se ejecuta en una larga fila con forma de serpiente, y de manera espontánea.

congal Prostíbulo, burdel. s.m./Méx.

congelación
1 Transformación de un líquido en sólido por acción de las bajas temperaturas. s.f.
2 Proceso por el cual, mediante intervención estatal, una variable económica permanece sin modificación, como los salarios o el precio de los artículos de primera necesidad. ECONOMÍA

3 Inactivación provisional de los saldos o créditos de una cuenta bancaria por mandato de la autoridad competente. ECONOMÍA
4 Sometimiento de un alimento al frío para procurar una conservación prolongada, frenando los procesos enzimáticos.
5 Procedimiento por el que se solidifica el agua que se encuentra en las grietas de una galería o excavación. CONSTRUCCIÓN, MINERÍA
6 **congelación de fotogramas**: Técnica que consiste en parar el movimiento de una escena como si se tratara de una fotografía. CINE

congelados Productos de consumo conservados mediante el frío: *la tienda de congelados está cerca.* s.m.pl.

congelador Aparato independiente o integrado en un frigorífico, capaz de congelar alimentos, así como de producir hielo. s.m.

congelante Que congela. adj/s.m.

congelar (Del lat. *congelare*.)
1 Solidificar un líquido por la acción del frío: *las bajas temperaturas congelaron el lago; se congeló el agua en las tuberías.* v.tr/prnl.
2 Causar el frío daño a los tejidos orgánicos. MEDICINA
3 Enfriar un alimento a una temperatura muy baja para conservarlo. v.tr.
4 Dejar o mantener inactivos ciertos fondos o propiedades particulares: *me han congelado la cuenta corriente.* ECONOMÍA
5 Mantener los salarios o los precios sin modificación: *han congelado el precio de la fruta.* ECONOMÍA

congénere (Derivado de *género* < lat. *genus*.) Que tiene el mismo género u origen: *se presentó con sus congéneres.* adj/s.m.f. = semejante

congenial
1 Que tiene el mismo genio que otra persona. adj.
2 Se aplica a la persona que resulta atractiva o simpática a otra al tener caracteres o genios parecidos.
3 Que es propio de la naturaleza del ser que se trata: *se trata de una mancha congenial.* = congénito, connatural

congeniar (Derivado de *genio* < lat. *genius*.) Estar una persona bien con otra por tener ideas o caracteres parecidos: *congeniamos muy bien.* v.intr.

congénito, a (Del lat. *congenitus* < *cum*, con + *genitus*, engendrado.) Que es innato: *padece una enfermedad congénita.* adj. tb: congenital = innato, connatural

congestión (Del lat. *congestio, -onis*, acumulación.)
1 Aglomeración de personas, vehículos o mercancías que dificulta el tránsito o la circulación por un lugar: *tuvieron que rehacer el plan viario para evitar las congestiones en las vías de acceso a la ciudad.* s.f. = atasco
2 Acumulación excesiva de secreciones en alguna parte del cuerpo: *congestión pulmonar.* MEDICINA

congestionar
1 Producirse una acumulación excesiva de personas o vehículos en un lugar: *con la manifestación se congestionó la avenida.* v.tr/prnl. = atascar
2 Causar una congestión en una parte del cuerpo: *se le ha congestionado la nariz a causa del resfriado.* MEDICINA

congestivo, a
1 De la congestión: *proceso congestivo.* adj.
2 Que produce congestión.
3 Que es propenso a la congestión. MEDICINA

congiario (Del lat. *congiarium*.) Donativo que, en algunas ocasiones, repartían al pueblo los emperadores romanos. s.m. HISTORIA

conglobación
1 Reunión, particularmente de cosas no materiales, como sentimientos, afectos o palabras. s.f.
2 Conjunto de argumentos para probar algún hecho o afirmación.

conglobar (Derivado de *globo*.) Formar un conjunto o un montón con varias cosas. v.tr/prnl.

conglomeración Acción y resultado de conglomerar o conglomerarse: *la conglomeración de material resultó muy interesante para el geólogo.* s.f.

conglomerado
1 Masa compacta de fragmentos de roca o mineral unidos por cemento. s.m. GEOLOGÍA
2 Unión de elementos heterogéneos alrededor de un interés común: *estuvieron hablando de un conglomerado de temas.*
3 Aglomerado, particularmente el de madera: *los muebles de la cocina son de conglomerado chapado.*

conglomerante Se aplica al material que sirve para unir fragmentos de diversos tipos, de manera que resulte un todo compacto. adj/s.m. = aglomerante, aglutinante

conglomerar (Del lat. *conglomerare*, amontonar < *glomus*, ovillo.)
1 Unir fragmentos de una o varias sustancias con un conglomerante de manera que resulte una masa compacta. v.tr/prnl.
2 Reunir varias cosas desordenadamente. v.tr/.= aglomerar

conglutinante Que sirve para unir cosas pequeñas o fragmentos, de manera que resulte un todo compacto. — adj/s. = aglutinante

conglutinar (Derivado de *gluten* < lat. *gluten*, cola, engrudo.) Unir cosas con una sustancia viscosa, de modo que resulte una masa compacta. — v.tr/prnl. = aglutinar

congo, a Congoleño, del Congo. — adj/s.

congoja (Del cat. *congoixa* < lat. vulgar *congustia*, angostura.) Pena muy intensa por una gran desgracia o temor a que suceda: *la ausencia de la madre le produjo una honda congoja.* — s.f. = angustia

congojar Sentir pena o temor: *su tristeza la congojaba; se congojaba con sólo oír su nombre.* — v.tr/prnl. = acongojar

congojoso, a
1 Que causa congoja. — adj.
2 Que siente congoja. — = acongojado

congola Pipa de fumar. — s.f./Colomb.

congoleño, a
1 Del Congo, país del África ecuatorial de la costa atlántica. — adj./tb: congo, congolés
2 Persona natural de este país. — s.

congoña Hierba mate. — s.f./Argent.

congosto Desfiladero, paso entre montañas: *la riada produjo un alud de piedras que obstruyó el congosto.* — s.m. GEOGRAFÍA

congraciamiento Acción de atraer una persona la simpatía o el afecto de otra. — s.m.

congraciar (Derivado de *grado* < bajo lat. *gratum*, agradecimiento.) Conseguir una persona la benevolencia, la simpatía o el afecto de otra: *conseguí congraciarme con el profesor.* — v.tr/prnl.

congratulación Acción de felicitar o felicitarse a causa de un hecho beneficioso: *recibió su congratulación con un mohín de desdén y autosuficiencia.* — s.f. = felicitación

congratular (Del lat. *congratulari*, felicitar.) Expresar alegría y satisfacción a una persona por una cosa agradable que le ha ocurrido: *se congratuló por la calificación que había obtenido; la congratuló del éxito obtenido.* — v.tr/prnl. = felicitar + de, por

congregación
1 Reunión de varias personas o cosas para tratar ciertos asuntos: *la congregación despachó su caso rápidamente.* — s.f.
2 Asociación de fieles o de sacerdotes que siguen una misma regla o tienen objetivos comunes: *la congregación sufrió un duro golpe por la pérdida de su benefactor.* — RELIGIÓN
3 Conjunto de monasterios de la misma orden. — RELIGIÓN
4 Cualquiera de las juntas que en el Vaticano están encargadas de despachar diversos asuntos. — RELIGIÓN
5 congregación religiosa: Asociación religiosa cuyos miembros no hacen votos solemnes. — RELIGIÓN

congregante, a Miembro de una congregación. — s./RELIGIÓN

congregar (Del lat. *congregare*.) Juntar, reunir: *el acto congregó a cientos de personas; se congregaron en la puerta del ayuntamiento.* — v.tr/prnl. conj: pagar

congresal Miembro de un congreso. — s.m.f./Amér.

congresista Participante de un congreso. — s.m.f.

congreso (Del lat. *congressus* < *congredi*, encontrarse.)
1 Reunión o asamblea de personas pertenecientes a una misma profesión, actividad o grupo, o de cualquier colectivo humano para tratar asuntos de interés común: *asistió al congreso de radiología celebrado en la capital.* — s.m.
2 Cuerpo legislativo de algunos estados compuesto por diputados o representantes nombrados por elección: *su mayor aspiración consistía en entrar a formar parte del congreso.* — POLÍTICA
3 Edificio donde los diputados celebran sus sesiones de trabajo: *el congreso fue objeto de un violento artefacto explosivo.*
4 congreso eucarístico: Asamblea de clérigos y fieles que se reúnen en sesiones de estudio relativas a la eucaristía y para celebrar esta ceremonia litúrgica. — RELIGIÓN

congrio (Del lat. *conger*.) Pez marino de cuerpo alargado y estrecho y aletas dorsales que vive entre rocas y cuya carne es comestible. *(Conger conger.)* — s.m. ZOOLOGÍA

congrua Renta que debe tener el que tiene que recibir las sagradas órdenes. — s.f. RELIGIÓN

congruencia
1 Relación lógica entre dos acciones o entre elementos de un discurso: *no hay congruencia entre el planteamiento y la conclusión.* — s.f. = coherencia ≠ incongruencia
2 Relación lógica y de conformidad entre el fallo de un juicio y las pretensiones de las partes. — DERECHO
3 Expresión algebraica que indica la relación existente entre dos números que, al ser divididos por un tercero, dan el mismo resto. — MATEMÁTICAS
4 Cualidad de la gracia de Dios, que obra sin restar libertad al hombre. — TEOLOGÍA

congruente (Del lat. *congruens*, conforme, part. de *congruere*, ser congruente.)
1 Que está acorde con una cosa: *creo que tus palabras no son congruentes con tus actos.* — adj.= congruente ≠ incongruente
2 Se aplica al número que, con relación a otro, da el mismo resto al ser dividido por un tercero, llamado módulo. — MATEMÁTICAS

congruidad Circunstancia o situación ideal, provechosa o de utilidad para una persona o para que ocurra una cosa. — s.f. culto = conveniencia

congruismo Doctrina según la cual la eficacia de la gracia proviene del infalible conocimiento que tiene Dios de la sicología humana. — s.m. TEOLOGÍA

congruista
1 Del congruismo. — adj./TEOLOGÍA
2 Partidario de esta doctrina. — s.m.f./TEOLOGÍA

conguito Ají, pimiento. — s.m./Amér.

coni- Componente de palabra procedente del lat. *conus*, que significa cono: *coníferas.* — pref.

conicidad
1 Característica de lo que es cónico: *la conicidad de la torre contrastaba con la asimetría de la nave.* — s.f.
2 Forma cónica.

cónico, a
1 Del cono: *base cónica.* — adj./GEOMETRÍA
2 Que tiene forma de cono: *el cráter cónico del volcán dominaba el valle despoblado.*

conidio Espora responsable de la reproducción asexual de los hongos: *los pinceles de Penicillium están constituidos por cadenas de conidios.* — s.m. BOTÁNICA

conífero, a (Del lat. *conifer* < *conus*, cono + *ferre*, llevar.) Perteneciente a una clase de plantas arbóreas de hojas perennes y aciculares o en forma de escamas y fruto en forma de cono. — adj/s.f. BOTÁNICA

coniforme Que tiene forma de cono: *los elementos del cuadro son coniformes y esféricos.* — adj.

conímetro Aparato que sirve para medir la cantidad de polvo contenido en determinado volumen de aire. — s.m. TECNOLOGÍA

conirrostro, a (Del lat. *conus* < gr. *konos*, cono, piña + lat. *rostrum*, pico.) Que tiene pico grueso, fuerte y cónico: *el gorrión es conirrostro.* — adj/s.m. ZOOLOGÍA

conivalvo, a Se aplica al animal que tiene valva o concha cónica. — adj. ZOOLOGÍA

coniza (Del lat. *conyza* < gr. *konyza*.)
1 Planta compuesta, de flores amarillas y el cáliz con escamas desiguales, usada en medicina popular como espectorante y antiespasmódico. *(Inula coniza.)* — s.f. BOTÁNICA
2 coniza mayor: Olivarda, planta herbácea. — BOTÁNICA

conjetura (Del lat. *coniectura* < *coniicere*, echar en un montón, conjeturar.) Juicio probable formado acerca de una cosa o persona a partir de señales o indicios: *después de la investigación hará públicas sus conjeturas.* — s.f. = suposición

conjetural Que se funda en conjeturas o suposiciones: *la etapa conjetural de una tesis.* — adj. = hipotético

conjeturar Formar un juicio probable sobre una cosa por indicios y observaciones: *conjeturó que no era culpable por las pruebas presentadas.* — v.tr. = suponer

conjuez Juez que actúa junto con otro en un asunto judicial o en un veredicto. — s.m./DERECHO tb: conyúdice

conjugable Se aplica a las formas que admiten flexión verbal. — adj. GRAMÁTICA

conjugación
I (Del lat. *conjugatio*, *-onis*.)
1 Acción y resultado de conjugar: *la conjugación de individuo y sociedad es armoniosa.* — s.f.
2 Transferencia de material genético de una bacteria o ciliado a otra por contacto directo entre un individuo femenino y otro masculino. — BIOLOGÍA
3 Propiedad de los enlaces entre varios átomos consecutivos. — QUÍMICA
4 conjugación de carga: Operación teórica que a toda partícula elemental le hace corresponder su antipartícula. — FÍSICA
II (Del bajo lat. *coniugatio*, *-onis*.)
1 Conjunto de las formas que adopta un verbo para expresar los diferentes modos, tiempos, números y personas. — s.f. GRAMÁTICA
2 Cada uno de los tres tipos en que se dividen los verbos según la vocal temática y la terminación del infinitivo. — GRAMÁTICA
3 conjugación defectiva: La de un verbo que no presenta todas las formas. — GRAMÁTICA
4 conjugación impersonal: La de aquellos verbos que se usan sólo en tercera persona. — GRAMÁTICA
5 conjugación irregular: La que no se ajusta al modelo correspondiente. — GRAMÁTICA
6 conjugación perifrástica: La que consta de dos elementos verbales, por un lado el que recibe el nombre de auxiliar, y por otro, el invariable, que aporta el sentido y es llamado principal. — GRAMÁTICA
7 conjugación regular: Aquella que se adapta en todas sus formas al modelo correspondiente. — GRAMÁTICA

conjugado, a
1 Se aplica a la línea o cantidad que se relaciona con otra mediante una ley. · adj. MATEMÁTICAS
2 Perteneciente a un grupo de algas verdes unicelulares o pluricelulares, con reproducción sin esporas, sin gametos libres, por simple fusión de células de dos individuos. · adj/s.f. BOTÁNICA

conjugar (Del lat. *conjugare*, unir.)
1 Combinar varias cosas entre sí: *no es capaz de conjugar estudio y diversión.* · v.tr. conj: pagar
2 Enunciar en serie ordenada las formas de un mismo verbo que denotan sus distintos modos, tiempos, números y personas: *conjuga estas formas verbales en voz pasiva y activa.* · v.tr/prnl. GRAMÁTICA

conjunción (Derivado de *junto* < lat. *junctus*, part. de *jungere*, juntar.)
1 Unión de dos o más cosas: *una fatal conjunción de circunstancias provocó el estallido social.* · s.f.
2 Encuentro de dos astros en la misma parte celeste: *una inexplicable conjunción de planetas les hizo presagiar una catástrofe.* · ASTRONOMÍA, OCULTISMO
3 Elemento de unión entre dos vocablos, sintagmas u oraciones. · GRAMÁTICA
4 **conjunción adversativa:** La que denota oposición o diferencia entre las partes relacionadas. · GRAMÁTICA
5 **conjunción causal:** Aquella que introduce una oración subordinada que expresa la causa o motivo de lo expresado en la principal. · GRAMÁTICA
6 **conjunción comparativa:** La que expresa una comparación entre partes relacionadas. · GRAMÁTICA
7 **conjunción concesiva:** Aquella que introduce una oración subordinada que indica la existencia de un impedimento u obstáculo para que se realice la acción de la principal. · GRAMÁTICA
8 **conjunción condicional:** La que precede a una oración subordinada que expresa una condición necesaria para que se realice la acción de la principal. · GRAMÁTICA
9 **conjunción coordinante:** Aquella que une elementos del mismo nivel sintáctico. · GRAMÁTICA
10 **conjunción copulativa:** Aquella que une o suma dos oraciones coordinadas o dos partes equivalentes de una misma oración. · GRAMÁTICA
11 **conjunción distributiva:** La disyuntiva que se repite aplicada a sintagmas distintos de la misma oración. · GRAMÁTICA
12 **conjunción disyuntiva:** Aquella que denota separación, diferencia o alternativa entre dos sintagmas. · GRAMÁTICA
13 **conjunción dubitativa:** La que expresa duda. · GRAMÁTICA
14 **conjunción final:** La que expresa la finalidad de lo que indica la principal. · GRAMÁTICA
15 **conjunción ilativa:** Aquella que enuncia ilación o consecuencia de lo que anteriormente se ha dicho. · GRAMÁTICA
16 **conjunción magna:** La de Júpiter y Saturno que sucede cada diecinueve años. · ASTRONOMÍA
17 **conjunción máxima:** La de Júpiter y Saturno que sucede cada casi novecientos años. · ASTRONOMÍA
18 **conjunción subordinante:** Aquella que une una oración subordinada a la principal. · GRAMÁTICA
19 **conjunción temporal:** La que expresa idea de tiempo. · GRAMÁTICA

conjuntamente Juntamente, a la vez. · adv.

conjuntar Reunir las partes o elementos de una cosa de modo que se combinen de forma armoniosa: *este pintor conjunta muy bien los colores.* · v.tr/prnl.

conjuntiva Membrana mucosa que recubre el interior del párpado y la cara anterior de la esclerótica. · s.f./ANATOMÍA = adnata

conjuntivitis Inflamación de la membrana conjuntiva: *la conjuntivitis alérgica no le remite nunca hasta bien entrado el verano.* · s.f. pl: conjuntivitis MEDICINA

conjuntivo, a
1 Que junta y une: *usó un producto conjuntivo para reparar las grietas de la pieza.* · adj.
2 De la conjunción: *realizó un análisis de los elementos conjuntivos del texto.* · GRAMÁTICA
3 Se aplica al tejido formado por células de diversos aspectos y por materia homogénea y semilíquida que sirve para unir otros tejidos u órganos del cuerpo. · ANATOMÍA

conjunto, a (Derivado de *junto* < lat. *junctus*, part. de *jungere*, juntar.)
1 Que está unido a otra cosa: *realizaron un esfuerzo conjunto; la conjunta consecución de los hechos ayudó a la resolución del conflicto.* · adj.
2 Reunión de varias cosas que forman una unidad: *me han regalado otra pieza del conjunto de maletas.* · s.m.
3 Juego de vestir compuesto de dos piezas de ropa: *lleva un conjunto de primavera muy informal.* · s.m.
4 Grupo de músicos o cantantes que actúan juntos: *la velada fue amenizada por un conjunto musical recién llegado de América.* · MÚSICA = banda
5 Se aplica a un movimiento melódico en el cual se suceden dos notas contiguas. · adj/MÚSICA ≠ disjunto

6 **en conjunto:** Que se considera en su totalidad: *la obra, en conjunto, es buena, pero algunos detalles son de pésimo gusto.* · loc.adv.

conjura Intriga, acuerdo secreto contra alguien o algo: *su cese es resultado de una vil conjura contra ella.* · s.f. = conjuración

conjuración Acuerdo entre varias personas para actuar juntas contra una persona o una cosa, en especial contra quien gobierna o manda: *aún no han podido averiguar quiénes son los cerebros de la conjuración.* · s.f. = conjura, conspiración

conjurado, a Que participa en una conjura: *los conjurados contra el gobierno fueron puestos a disposición judicial.* · adj/s. = conjurante

conjurar (Derivado de *juro*, derecho que se tiene sobre algo < lat. *jus*, derecho.)
1 Unirse dos o más personas con el fin de obrar contra la autoridad o contra otra persona mediante juramento: *se conjuraron contra la dictadura.* · v.intr/prnl.
2 Usar exorcismos para liberar a una persona o un lugar de un espíritu maligno: *conjuró a los demonios para que abandonasen la habitación.* · v.tr. OCULTISMO
3 Alejar un daño o un peligro: *las medidas del gobierno intentan conjurar la crisis económica.* · = evitar, impedir
4 Pedir una cosa a una persona encarecidamente. · = rogar

conjuro
1 Fórmula mágica para alejar a los malos espíritus o atraer a los benéficos: *recitó el conjuro que aprendió del libro del mago.* · s.m./OCULTISMO = exorcismo
2 Fórmula pronunciada por los hechiceros a la que se atribuyen poderes mágicos: *la pócima no tendrá ningún efecto hasta que no pronuncie sobre ella el conjuro.* · OCULTISMO
3 Ruego expresado con insistencia e interés en que se atienda.
4 **al conjuro de:** Se usa para expresar que algo ocurre, como por magia, cuando se da la circunstancia que se menciona: *al conjuro de su valentía desapareció todo temor.* · loc.prep.

conllevar (Derivado de *llevar* < lat. *levare*, aliviar, levantar, desembarazar.)
1 Llevar una cosa a otra: *el cargo conlleva responsabilidades; tomar esa decisión conlleva numerosos riesgos.* · v.tr. = comportar
2 Soportar el genio o impertinencias de una persona: *con dignidad conllevaba los desvaríos de su padre.*
3 Ejercitar la paciencia en los casos adversos: *el equipo médico le ayudó a conllevar la paraplejía.*

conllorar Participar una persona en el sentimiento de una desgracia: *conlloró con sus primas por la pérdida del padre.* · v.intr.

conmemorable Que es digno de conmemoración: *fue un acontecimiento conmemorable.* · adj.

conmemoración
1 Acto o ceremonia para recordar a una persona, una cosa o un acontecimiento: *hoy se celebra la conmemoración de su nacimiento.* · s.f. = rememoración
2 Mención de un santo que se hace en la festividad de otro santo más importante. · RELIGIÓN

conmemorar (Del lat. *commemorare*.)
1 Servir una cosa para recordar a una persona o un acontecimiento. · v.tr.
2 Celebrar una ceremonia o una fiesta para recordar un acontecimiento: *están preparando el festival con el que se conmemorará el bicentenario de su nacimiento.*

conmemorativo, a Que conmemora: *monumento conmemorativo; asistieron al acto conmemorativo todas las personalidades del municipio.* · adj. = conmemoratorio

conmensurabilidad Posibilidad de que una cosa sea medida. · s.f. = mensurabilidad

conmensurable
1 Que puede ser conmensurado o medido: *a pesar de su apariencia, esta materia es conmensurable.* · adj. ≠ inconmensurable
2 Se aplica a la cantidad que puede ser calculada con la misma medida que otra. · MATEMÁTICAS

conmensuración Medida, igualdad o proporción que tiene una cosa con otra: *la conmensuración de la carga es superior a la que puede ser alojada en el almacén.* · s.f.

conmensurar (Del lat. *commensurare* < *mensura*, medida.) Medir con la debida proporción. · v.tr.

conmigo (Del lat. *cum*, con + *mecum*, conmigo.) Forma especial del pronombre personal *yo* cuando va precedido de la preposición *con*: *vendrá conmigo en el autobús.* · pron.pers.

conmilitón (Del lat. *commilito*, *-ónis*.) Soldado compañero de otro en la guerra. · s.m./MILITAR tb: comilitón

conminación
1 Acción de amenazar a una persona con un castigo si no cumple lo que se le ordena: *su conminación la dejó helada, sin palabras.* · s.f.
2 Figura retórica que consiste en amenazar con males terribles. · RETÓRICA

conminar (Del lat. *comminari*.)
1 Proferir amenazas de hacer daño a una persona o de darle un castigo si no hace lo que se le ordena: *la conminó con una expresión cargada de maldad.* — **v.tr.** / **culto** / **= amenazar**
2 Requerir la autoridad un mandato, dando a conocer la sanción o pena a la que está expuesto en caso de incumplimiento. — **DERECHO**

conminatorio, a Que implica una conminación o amenaza: *lanzó un discurso conminatorio a los presentes.* — **adj.**

conminuta (Derivado culto de *menguar* < lat. vulgar *minuare*, disminuir.) Se aplica a la fractura en la que el hueso queda reducido a fragmentos pequeños. — **adj./s.f.** / **MEDICINA**

conmiseración (Del lat. *commiseratio, -onis*.) Compasión por los trabajos y padecimientos ajenos: *no mostró ni un ápice de conmiseración por sus desgracias.* — **s.f.** / **= miseración**

conmistión (Del lat. *commistio, -onis*.) Mezcla de cosas diversas: *era tal la conmistión de ideas, sentimientos y anhelos que no acertó a expresárselo.* — **s.f.** / **th: conmixtión**

conmisto, a (Del lat. *commistus*.) Que está unido o mezclado con otra persona u otra cosa. — **adj./culto** / **th: conmixto**

conmistura Conmistión, mezcla: *se bebió alegremente la conmistura que le sirvió.* — **s.f.**

conmoción (Derivado culto de *mover* < lat. *movere*.)
1 Alteración violenta del estado de ánimo o del cuerpo producida por una emoción fuerte o una desgracia ajena: *la muerte del muchacho le produjo una conmoción.* — **s.f.**
2 Alteración violenta de las gentes producida por circunstancias políticas: *la dimisión del presidente produjo una conmoción social.*
3 Movimiento sísmico muy perceptible: *una violenta conmoción sacudió el terreno y derribó algunos árboles.* — **GEOLOGÍA**
4 **conmoción cerebral**: Pérdida del conocimiento ocasionada por un golpe fuerte en la cabeza u otras causas: *una conmoción cerebral le mantuvo inconsciente largo rato.* — **MEDICINA**

conmocionar Causar una conmoción: *la noticia conmocionó a toda la población.* — **v.tr/prnl.**

conmonitorio (Del lat. *commonitorium*.)
1 Relación escrita de algunos hechos o noticias. — **s.m.**
2 Carta con la que se notificaba alguna obligación a un juez subalterno. — **DERECHO**

conmoración (Del lat. *commoratio, -onis*.) Figura que consiste en repetir la misma idea o el mismo pensamiento de distintas formas. — **s.f.** / **RETÓRICA** / **= expolición**

conmovedor, a Que conmueve: *le rindieron un homenaje conmovedor.* — **adj.**

conmover (Derivado de *mover*.)
1 Estremecer, hacer temblar una cosa que está asentada en un sitio: *la ciudad se conmovió por el terremoto.* — **v.tr/prnl.** / **conj: mover**
2 Causar una profunda emoción a una persona: *su historia conmovió a todos.* — **= emocionar**

conmuta Conmutación, permuta o cambio: *no salió beneficiada de la conmuta de bienes.* — **s.f.**

conmutabilidad Posibilidad de cambiar una cosa por otra o de intercambiarlas. — **s.f.**

conmutable Que se puede conmutar: *penas conmutables; circuitos conmutables.* — **adj.**

conmutación (Derivado de *conmutar*.)
1 Acción y resultado de conmutar, de cambiar una cosa por otra: *decidió iniciar la conmutación de elementos para obtener un nuevo producto.* — **s.f.** / **= cambio, conmuta**
2 Retruécano, inversión de términos en el discurso. — **RETÓRICA**
3 Técnica de envío de datos entre dos ordenadores conectados por red de transmisión. — **INFORMÁTICA**
4 Transferencia de conexiones de un conjunto de conductores a otro. — **ELECTRICIDAD**
5 **conmutación de circuito o vías**: La que asegura el uso exclusivo, pero temporal, de una cadena de conexiones entre varias terminales. — **TELECOMUNICACIONES**
6 **conmutación de mensajes**: Transferencia y encauzamiento de informaciones entre dos puntos de una red. — **TELECOMUNICACIONES**
7 **conmutación de pena**: 1. Cambio de una pena por otra menos rigurosa. 2. Indulto parcial que da el jefe del estado. — **DERECHO** / **DERECHO**

conmutador, a
1 Que conmuta. — **adj.**
2 Pieza o dispositivo eléctrico que sirve para que una corriente cambie de conductor. — **s.m.** / **ELECTRICIDAD**
3 Centralita telefónica. — **Amér.**

conmutar (Del lat. *commutare*.)
1 Cambiar una cosa por otra: *conmuté mi horario docente por el de otro profesor.* — **v.tr.** / **+ por, en**
2 Cambiar el castigo impuesto a una persona por otro más suave: *le conmutaron la pena de muerte por cadena perpetua.* — **DERECHO**
3 Aceptar estudios cursados en otro centro u otro país y considerarlos equivalentes a los propios.

conmutatividad Calidad de conmutativo. — **s.f.**

conmutativo, a
1 Que tiene la propiedad de conmutar. — **adj.**
2 Se aplica a la propiedad que tienen algunas operaciones matemáticas cuando el resultado de éstas no varía al cambiar el orden de sus factores. — **MATEMÁTICAS**
3 Se refiere a la operación matemática que cumple esta propiedad. — **MATEMÁTICAS**

conmutatriz Aparato eléctrico que convierte la corriente alterna en continua y viceversa. — **s.f./pl: conmutatrices** / **ELECTRICIDAD**

connato, a Que ha nacido al mismo tiempo que otra persona: *es connato con su mejor amigo.* — **adj.** / **formal**

connatural Que es propio de la naturaleza de un ser: *el instinto de supervivencia es connatural de la especie humana.* — **adj.**

connaturalizar
1 Hacer connatural una cosa. — **v.tr./ conj: cazar**
2 Acostumbrarse una persona a cosas que antes le eran extrañas: *rápidamente se connaturalizó con los hábitos alimenticios de la ciudad.* — **v.prnl.** / **+ con**

connivencia (Derivado de *connivente*.)
1 Disimulo o tolerancia del superior con respecto a las faltas de sus subordinados: *fue acusada de connivencia con sus secretarias.* — **s.f.** / **culto** / **= condescendencia**
2 Acuerdo entre varias personas para hacer una treta o un fraude del que se benefician todas: *entregó la ciudad al invasor en connivencia con él.* — **= complicidad**

connivente (Del lat. *conivens, -tis* < *conivere*, cerrar los ojos.)
1 Se aplica a las partes u órganos de una planta que tienden a aproximarse o juntarse. — **adj.** / **BOTÁNICA**
2 Que actúa con connivencia.

connotación (Derivado de *connotar*.)
1 Conjunto de valores afectivos o evocadores que se asocian a una palabra o expresión: *sus palabras tenían una connotación de amenaza.* — **s.f.** / **LINGÜÍSTICA**
2 Significado de un hecho en un ámbito que no es el propio: *la quiebra de la multinacional tuvo sus connotaciones en la política del país.* — **= repercusión**

connotar (Derivado de *nota*.)
1 Hacer relación a una cosa. — **v.tr.**
2 Tener una palabra, una frase o una expresión un significado complementario además del principal: *aquella interjección connotaba admiración, además de sorpresa.* — **LINGÜÍSTICA**

connotativo, a Se aplica al elemento que tiene significados complementarios. — **adj.** / **LINGÜÍSTICA**

connovicio, a Persona que hace el noviciado con otra. — **s.**

cono (Del lat. *conus* < gr. *konos*, cono, piña.)
1 Cuerpo geométrico limitado por una superficie cónica, cuya directriz es una circunferencia, y por un plano, que forma su base, y que la corta. — **s.m.** / **GEOMETRÍA**
2 Superficie engendrada por una línea recta que se mueve al pasar constantemente por un punto fijo llamado vértice y tiene por directriz una curva. — **GEOMETRÍA**
3 Fruto de las coníferas: *por los conos podrás clasificar los pinos.* — **BOTÁNICA**
4 Montaña o agrupación de lavas, cenizas y otras materias, de forma cónica. — **GEOLOGÍA**
5 Prolongación de ciertas células de la retina de los vertebrados que recibe las impresiones luminosas del color. — **ANATOMÍA**
6 **cono circular**: El de base circular. — **GEOMETRÍA**
7 **cono de luz**: Haz de rayos luminosos limitado por una superficie cónica: *un cono de luz rasgó la oscuridad del escenario.*
8 **cono de sombra**: Sombra en forma de cono que proyecta un planeta en la dirección opuesta a la del sol. — **ASTRONOMÍA**
9 **cono oblicuo**: Aquel que tiene la base oblicua a su eje. — **GEOMETRÍA**
10 **cono recto**: El de base perpendicular a su eje. — **GEOMETRÍA**
11 **cono truncado**: Parte del cono entre la base y el otro plano que corta la superficie cónica. — **GEOMETRÍA**

conocedor, a (Derivado de *conocer*.)
1 Que está acostumbrado, por práctica o estudio, a discernir la naturaleza y propiedades de una cosa. — **adj./s.** / **= entendido**
2 Que tiene amplios conocimientos sobre una materia: *es un gran conocedor de la antropología.*

conocer (Del lat. vulgar *conoscere* < lat. *cognoscere*.)
1 Tener idea o noción de una persona, animal o cosa por haberla visto, oído o tratado: *conozco a tus amigos.* — **v.tr.** / **conj: carecer**
2 Saber cómo es otra persona o uno mismo: *le conoce a fondo.* — **v.tr/prnl.**
3 Estar una persona enterada de un suceso o una noticia: *conoce lo sucedido.* — **v.tr.** / **= enterarse**
4 Reconocer a una persona: *te he conocido enseguida.*
5 Saber diferenciar unas cosas de otras: *conoce cuáles son las setas venenosas.* — **= discernir**

6 Tener trato o estar en relación con una persona: *hace tiempo que se conocen.* — v.tr./prnl.

7 Tener una persona nociones de una cosa, adquiridas por el estudio o la práctica: *conoce muy bien la mecánica del automóvil.* — v.tr/intr. = entender, saber

8 Ser un estado de ánimo o un sentimiento perceptible o visible en una persona: *se conoce su tristeza por lo demacrado de su rostro.* — v.prnl.

9 Tener o haber tenido una persona relaciones sexuales con otra: *todavía no ha conocido a ningún hombre, a pesar de su edad.* — v.tr.

10 dar a conocer algo: Anunciar, publicar o difundir un suceso o una noticia: *dio a conocer todos los detalles del atraco a través de los medios de comunicación.*

11 darse a conocer: Decir una persona cómo es: *la conocía desde hacía años, pero se dio a conocer poco a poco.*

12 se conoce que: Al parecer: *se conoce que te confundió con tu hermana, por eso te saludó efusivamente.* — loc.conj.

conocido, a (Derivado de *conocer.*)
1 Que es sabido por muchos: *su fama, conocida por todos, dio la vuelta al mundo.* — adj.
2 Que tiene fama: *en la película salen muchos actores conocidos.* — = famoso, ilustre
3 Persona con quien se tiene trato, pero no amistad: *se fue de vacaciones con unas conocidas del gimnasio.* — s.

conocimiento (Derivado de *conocer.*)
1 Acción y resultado de conocer. — s.m.
2 Facultad con la que se captan, se relacionan y se forman las ideas: *no intentes aplicar el conocimiento para entender sus reacciones.* — = entendimiento, inteligencia
3 Facultad de saber lo que es conveniente y sensato: *los niños se ponen en peligro porque adolecen del conocimiento de lo que les puede ocurrir.*
4 Conciencia de la propia existencia y facultad de hacer uso de los sentidos: *perdió el conocimiento.*
5 Documento o firma usados como identificación del cobrador de una letra de cambio, un cheque u otra orden de pago, cuando el pagador no le conoce. — COMERCIO, DERECHO
6 Saber, noción o erudición: *tiene pocos conocimientos para ejercer la enseñanza.* — s.m.pl.
7 con conocimiento de causa: Conociendo a fondo los motivos o antecedentes que justifican una acción. — loc.adv.
8 tener conocimiento: Haber llegado al estado en que se puede discernir entre lo bueno y lo malo. — formal
9 venir en conocimiento: Llegar a enterarse de una cosa.

conoidal Del conoide: *figura conoidal.* — adj./GEOMETRÍA

conoide (Del gr. *konoides* < *konos*, cono + *eidos*, figura.) Figura limitada por una superficie curva con punta semejante al cono. — s.m. GEOMETRÍA

conoideo, a (Del gr. *konoides* < *konos*, cono + *eidos*, figura.) Que tiene forma de cono: *posee una colección de conchas conoídeas.* — adj.

conopeo (Del lat. *conopeum* < gr. *konopeion*, colgadura de la cama.) Velo que cubre el sagrario. — s.m. RELIGIÓN

conopial (Del lat. *conopeum* < gr. *konopeion*, mosquitero, colgadura de la cama.) Se aplica al arco apuntado muy rebajado cuya punta está constituida por dos curvas inversas. — adj. ARQUITECTURA

conque
1 Indica consecuencia de lo expresado anteriormente: *te llama todos los días, te regala flores, es atento, conque no puedes quejarte.* — conj.consec.
2 Indica que la pregunta formulada es consecuencia de una idea anterior, real o imaginaria, que expresa sorpresa o censura al interlocutor: *conque ¿de paseo, eh?* — tb: con que

conquense
1 De Cuenca, ciudad y provincia española. — adj.
2 Persona natural de esta ciudad o provincia. — s.m.f.

conqui- Componente de palabra procedente del gr. *konkhe*, que significa concha: *conquiliología; conquiforme.* — pref.

conquiforme Que tiene forma de concha. — adj.

conquiliología (Del gr. *konkhe, konkhylion*, concha + *logos*, tratado.) Parte de la zoología que estudia los moluscos, especialmente sus conchas. — s.f. ZOOLOGÍA

conquista (Derivado de *conquistar.*)
1 Acción y resultado de conquistar. — s.f.
2 Persona o cosa conquistada: *mi amigo es una de sus conquistas.*
3 Hacer una persona conquistas: Enamorar, galantear con facilidad. — coloquial

conquistador, a (Derivado de *conquistar.*)
1 Que conquista o toma posesión de una cosa. — adj/s.
2 Que hace conquistas amorosas con facilidad: *tiene fama de conquistador irresistible.* — = ligón
3 Denominación que se dio a los españoles que intervinieron en la conquista de América. — s.m. HISTORIA

conquistar (Del lat. **conquisitare* < *conquistum*, ganado.)

1 Tomar un territorio enemigo por las armas: *las tropas aliadas conquistaron el principal puerto marítimo del Mediterráneo.* — v.tr./MILITAR = ocupar
2 Ganar la voluntad de una persona con halagos. — = camelar
3 Conseguir el amor de una persona: *lo conquistó con lisonjas y zalamerías impropias de su edad.* — = enamorar
4 Obtener o conseguir una cosa con esfuerzo: *conquistará el aprobado gracias a su aplicación y estudio.* — = adquirir, lograr

conrear (Del lat. **conredare* < gótico *garedan*, velar por, cuidar de.) Preparar una cosa mediante un proceso para perfeccionarla. — v.tr.

consabido, a (Derivado de *saber.*)
1 Que ya es sabido por todos. — adj./= conocido
2 Que ya está establecido como costumbre: *después de la reunión se celebró la consabida cena.* — = habitual

consagración (Derivado de *consagrar.*)
1 Acción y resultado de consagrar o consagrarse. — s.f. RELIGIÓN
2 Pasaje de la misa en que el sacerdote pronuncia las palabras rituales para que el pan y el vino se transformen en el cuerpo y la sangre de Jesucristo: *en el momento de la consagración un trueno rasgó el silencio.*

consagrar (Del bajo lat. *consacrare* < lat. *consecrare.*)
1 Declarar sagrada a una persona o cosa: *asistió a la ceremonia en que consagraron a los obispos.* — v.tr/prnl. RELIGIÓN
2 Dar una actividad fama o importancia a una persona: *su última película lo consagró como actor.*
3 Dedicar un esfuerzo o un sacrificio a un fin elevado: *la madre consagró la vida al bienestar de sus hijos.*
4 Destinar a alguien o algo una actividad o un fin determinado: *mi profesor consagró dos clases a la poesía modernista; consagró su vida a Dios.* — v.tr.
5 Dedicar un monumento a una persona o un suceso: *el pueblo consagró una estatua a su alcalde.* — = erigir
6 Hacer el sacerdote sagrados el pan y el vino: *nos arrodillamos mientras el sacerdote consagraba.* — v.intr/tr, RELIGIÓN
7 Divinizar los romanos a sus emperadores. — v.tr./HISTORIA

consanguíneo, a (Del lat. *consanguineus.*)
1 Se aplica a la persona que tiene antepasados comunes con otra. — adj/s.
2 Se refiere a los hermanos que no son de doble vínculo sino sólo de padre. — BIOLOGÍA

consanguinidad (Derivado de *consanguíneo.*) Relación de parentesco que existe entre las personas que descienden de un mismo tronco. — s.f.

consciencia (Del lat. *conscientia.*) Conciencia, conocimiento. — s.f. SICOLOGÍA

consciente (Del lat. *consciens, -entis* < *conscire*, saber perfectamente < *cum*, con + *scire*, saber.)
1 Que se comporta con conocimiento de lo que hace y de sus posibles resultados o consecuencias: *es perfectamente consciente de que está obrando en contra de tu voluntad.* — adj. SICOLOGÍA
2 Que percibe el mundo exterior y no ha perdido el conocimiento: *el médico ha empezado a preocuparse porque aún no está consciente.*
3 Se aplica a la persona que actúa con pleno uso de los sentidos y facultades. — SICOLOGÍA
4 Se refiere al acto o dicho que se hace con conocimiento o en pleno uso de los sentidos y facultades. — SICOLOGÍA

conscripción Servicio militar. — s.f./Argent.

conscripto (Del lat. *conscriptus.*) Quinto, soldado que recibe la instrucción militar obligatoria. — s.m. Amér. Merid.

consecución Realización, logro, hecho de conseguir una cosa: *está orgulloso por la consecución de sus objetivos.* — s.f. = obtención

consecuencia (Derivado de *consecuente.*)
1 Hecho que resulta o se sigue de otro: *la crisis es consecuencia de la mala gestión.* — s.f.
2 Correspondencia entre la conducta de una persona y sus principios: *actúa en consecuencia con sus ideas.* — SICOLOGÍA
3 Proposición que se deduce de otra por rigurosa deducción. — LÓGICA
4 a consecuencia: Por efecto o resultado de una cosa: *a consecuencia de su intervención la crisis se frenó.* — loc.conj.
5 en consecuencia: Denota que una cosa que se hace o se ha de hacer es conforme a lo dicho o acordado con anterioridad: *y, en consecuencia, le hizo saber que su renuncia no sería aceptada.*
6 tener o traer consecuencias: Producir efectos de importancia: *si insistes en actuar así, la cosa traerá consecuencias.*

consecuente (Del lat. *consequens* < *consequi*, seguir.)
1 Que sigue en orden inmediato respecto a una cosa. — adj.
2 Que es resultado de algo.
3 Se aplica a la persona cuya conducta guarda correspondencia lógica con sus principios: *siempre lo consideraron una persona consecuente y recta.* — SICOLOGÍA
4 Proposición que se deduce de otra que se llama antecedente. — s.m. LÓGICA

consecuentemente En consecuencia: *faltó un mes a clase y, consecuentemente, fue expulsado del colegio.* — adv.

consecutivo, a
1 Que se sucede inmediatamente: *se celebrarán tres encuentros consecutivos.* — adj. = seguido
2 Se aplica a la oración o proposición que expresa consecuencia de lo indicado en otra. — GRAMÁTICA
3 Se refiere a la conjunción que sirve para unir proposiciones de este tipo. — GRAMÁTICA

conseguir (Derivado de *seguir.*) Llegar a tener lo que se desea: *ha trabajado duro para conseguir la fortuna de la que ahora dispone.* — v.tr. conj: *seguir* = lograr

conseja (Del lat. *consilia*, consejo.)
1 Narración breve de tipo fantástico semejante al cuento y a la fábula. — s.f. LITERATURA
2 Junta para tratar lo que es ilícito o perjudicial para una persona: *en conseja tramaron la confabulación contra el alcalde.*

consejería
1 Local donde funciona un consejo, corporación consultiva, administrativa o de gobierno. — s.f.
2 Cargo de consejero: *accedió a la consejería gracias a la renuncia de su superior.*
3 Cada uno de los departamentos del gobierno de algunas comunidades autónomas, equivalentes a un ministerio. — POLÍTICA

consejero, a (Derivado de *consejo.*)
1 Persona que aconseja: *no le prestó atención, aunque había sido consejero suyo durante años.* — s.
2 Miembro de un consejo, de un organismo administrativo o consultivo.
3 Titular de una consejería en algunos gobiernos autonómicos de España. — POLÍTICA
4 Aquello que sirve de advertencia para la conducta de la vida: *la envidia es mala consejera.* — coloquial

consejo (Del lat. *consilium*, deliberación, consulta.)
1 Parecer o juicio que se da o solicita para hacer o no hacer una cosa: *necesita que alguien le dé un consejo acertado y cabal.* — s.m.
2 Órgano consultivo de la administración o gobierno que se reúne para tomar decisiones o asesorar. — POLÍTICA = junta
3 Lugar donde se reúnen estas corporaciones consultivas.
4 Acuerdo, resolución de una persona.
5 Tribunal supremo que se componía de diferentes ministros y tomaba distinto nombre según el territorio y asuntos de su jurisdicción. — POLÍTICA
6 **consejo de administración:** Cuerpo administrativo y consultivo en las sociedades o compañías privadas: *el consejo de administración ha votado, pero no se ha podido decidir cómo actuar.* — DERECHO, ECONOMÍA
7 **consejo de estado:** Alto cuerpo consultivo que entiende en los asuntos más importantes del estado. — POLÍTICA
8 **consejo de familia:** Reunión de personas que intervienen por la ley en la tutela de un menor o un incapacitado. — DERECHO
9 **consejo de guerra:** Tribunal militar compuesto por generales, jefes u oficiales, que, con la ayuda de un asesor del cuerpo jurídico, resuelve las causas correspondientes a la jurisdicción militar: *salió indemne del consejo de guerra al que fue sometido.* — MILITAR
10 **consejo de ministros:** 1. Reunión de los ministros para tratar los asuntos del estado, presidida por el presidente del gobierno: *la ministra portavoz convocó una rueda de prensa para hacer públicos los asuntos tratados en el consejo de ministros extraordinario.* 2. Conjunto de los ministros del gobierno. — POLÍTICA

consenso (Derivado de *sentir.*)
1 Acuerdo dado por varias personas para que se haga una cosa: *la junta llegó al consenso y pronto se celebrarán las elecciones.* — s.m.
2 Asentimiento, autorización: *el gerente dio su consenso para hacer las modificaciones.* — = consentimiento

consensual Del consenso. — adj./tb: consesual

consensuar Llegar a un consenso, adoptar una decisión de común acuerdo entre dos o más partes: *la junta consensuó la propuesta del presidente.* — v.tr. conj: *actuar*

consentido, a (Derivado de *consentir.*)
1 Se aplica a la persona que está muy mimada y a la que se le tolera que haga lo que quiera, especialmente los niños: *si no la tuvieras tan consentida seguro que no lo hubiera hecho.* — adj/s. = mimado
2 Se refiere al marido que consiente la infidelidad de su mujer. — adj/s.m.

consentimiento (Derivado de *consentir.*)
1 Autorización o aprobación dada por una persona para que se haga una cosa: *dio su consentimiento a pesar de las múltiples reticencias.* — s.m. = consenso
2 Conformidad de voluntades entre los contratantes necesaria para formalizar un contrato. — DERECHO

consentir (Del lat. *consentire* < *cum*, con + *sentire*, sentir.)
1 Autorizar o dejar que una persona haga una cosa o no oponerse a que la haga: *he consentido que celebre la fiesta en casa; consiento, sin embargo no esperes mis felicitaciones.* — v.tr/intr. conj: *sentir* = permitir ≠ oponerse
2 Dejar una persona que un niño u otra persona que depende de su autoridad obre sin corregirlo ni castigarlo: *a este niño le consienten todo.* — v.tr. = mimar
3 Obligarse a cumplir una cosa. — DERECHO
4 Aflojarse las piezas que componen un mueble u otra construcción: *se consintieron las bisagras del armario.* — v.prnl.

conserje (Del fr. *concierge.*) Encargado de las llaves y de otras funciones de mantenimiento y vigilancia del edificio en un centro oficial o establecimiento público: *el conserje abrió las puertas de las aulas y despachos.* — s.m.f.

conserjería (Derivado de *conserje.*)
1 Empleo de conserje: *accedió a la conserjería después de haber superado las oposiciones.* — s.f.
2 Cuarto que ocupa el conserje en el edificio que está a su cuidado: *recogió la correspondencia en conserjería.*

conserva (Derivado de *conservar.*) Alimento envasado herméticamente y esterilizado por medio de una preparación especial para su conservación: *desestimó la conserva de tomate porque olía de manera extraña.* — s.f.

conservación Acción y resultado de conservar o conservarse: *la conservación de manuscritos ha evolucionado con las nuevas tecnologías.* — s.f. = preservación

conservador, a (Derivado de *conservar.*)
1 Que conserva o hace durar una cosa: *con los métodos conservadores basados en la congelación podremos consumir verduras de fuera de temporada.* — adj/s.
2 Que es partidario de mantener la tradición y contrario a todo cambio o reforma: *ha ganado las elecciones el partido conservador.*
3 Persona que se encarga directamente de la conservación y mantenimiento de alguna cosa: *es el conservador del parque natural.* — s.

conservadorismo Conservadurismo, doctrina y actitud políticas propias de los partidos conservadores. — s.m. POLÍTICA

conservaduría (Derivado de *conservar.*)
1 Oficina o despacho del conservador en algunas dependencias públicas. — s.f.
2 Puesto y empleo de conservador o cuidador en algunas instituciones u organismos.

conservadurismo Doctrina y actitud políticas propias de los partidos conservadores. — s.m./POLÍTICA tb: conservadorismo

conservante (Derivado de *conservar.*)
1 Que conserva. — adj./= conservatorio
2 Sustancia que se añade para alargar el período de consumo de los alimentos: *las autoridades sanitarias han prohibido el uso de ciertos conservantes.* — s.m.

conservar (Del lat. *conservare* < *cum*, con + *servare*, guardar.)
1 Mantener o guardar una cosa en un estado: *el cadáver se conservó en perfecto estado; conservaban intactos sus recuerdos.* — v.tr/prnl. + con, en
2 Guardar cuidadosamente: *conserva sus cartas de juventud en un cofre de ébano.* — v.tr.
3 Seguir practicando una costumbre o una virtud.
4 Mantener una persona viva y sin daño a otra.
5 Hacer la conserva de un alimento: *en verano conserva los tomates, y en invierno las peras.* — COCINA

conservatoría
1 Jurisdicción y conocimiento privativo que tenía un juez conservador sobre los que gozaban de un determinado fuero. — s.f. DERECHO
2 Letras o despachos que libraban los jueces conservadores a favor de los que gozaban de un fuero. — s.f.pl. HISTORIA

conservatorio, a
1 Conservante, que conserva. — adj.
2 Centro, generalmente oficial, donde se imparten clases sobre ciertas artes: *estudia en el conservatorio de música.* — s.m.
3 Colegio o academia particular. — Argent.

conservería Arte o industria de preparar y hacer conservas. — s.f.

conservero, a
1 De las conservas: *trabaja en la industria conservera.* — adj.
2 Fabricante de conservas o persona que sabe hacerlas. — s.

considerable
1 Que merece ser tenido en cuenta: *su teoría económica es, cuando menos, considerable.* — adj.
2 Grande, cuantioso: *los desperfectos causados por el incendio fueron considerables.*

consideración (Derivado de *considerar.*)
1 Acción de pensar sobre las ventajas, inconvenientes y circunstancias de una cosa. — s.f.
2 Actitud de estimación o respeto hacia una persona: *le tiene en gran consideración.* — ≠ menosprecio
3 Tema de meditación en los libros espirituales. — TEOLOGÍA
4 **de consideración:** Importante: *debes ir al médico porque es una herida de consideración.* — loc.adj.

5 en consideración: En atención a: *se ha declarado duelo nacional en consideración a los heridos del atentado.* *(loc.prep.)*
6 tener o tomar en consideración: Considerar una cosa digna de atención: *deberían tomar en consideración sus declaraciones.*

considerado, a (Derivado de *considerar.*)
1 Que se comporta con consideración: *es muy considerado con todo el mundo.* *(adj.)*
2 Que es querido o estimado por los demás: está muy bien considerado entre los compañeros.

considerando Cada razón esencial que precede y sirve de apoyo al precepto de una ley, a un fallo o a un dictamen y empieza con esta palabra. *(s.m. DERECHO)*

considerar (Del lat. *considerare*, examinar atentamente.)
1 Pensar una cosa atenta y reflexivamente: *considera lo que hemos hecho por ti.* *(v.tr.)*
2 Tener respeto o estima a una persona: *siempre la consideró y admiró por su entereza.*
3 Tener en cuenta una cosa: *no pienso considerar su propuesta.*
4 Atribuir una cualidad a una persona o cosa: *se considera incapacitado para la tarea.* *(v.tr./prnl. = estimar, juzgar)*

consigna (Derivado de *consignar.*)
1 Orden o instrucción dada por una persona u organismo a sus subordinados o afiliados, o la que en el ejército se da al jefe de un puesto o al centinela: *tenemos la consigna de no avanzar aunque nos ataquen.* *(s.f. MILITAR)*
2 Lugar, en estaciones y aeropuertos, donde los viajeros depositan temporalmente el equipaje: *la bomba fue colocada en las consignas de la terminal.*

consignación (Derivado de *consignar.*)
1 Acción y resultado de consignar. *(s.f. ECONOMÍA)*
2 Cantidad consignada en un presupuesto para gastos determinados: *el grupo parlamentario mayoritario consideró insuficiente la consignación de defensa.*

consignar (Del lat. *consignare* < *cum*, con + *signare*, señalar.)
1 Señalar el lugar en que se ha de poner o al que se ha de enviar una cosa: *no consignó convenientemente el destinatario de la carta.* *(v.tr.)*
2 Dejar una cantidad de dinero u otra cosa en depósito. *(= depositar)*
3 Designar el rédito de una propiedad para pagar una deuda o una renta. *(ECONOMÍA)*
4 Designar la tesorería que ha de atender a una obligación. *(ECONOMÍA)*
5 Señalar una cantidad para un fin en un presupuesto: *consignar tres millones para partidas de ayuda humanitaria.* *(COMERCIO)*
6 Hacer constar una declaración, un dato o un voto por escrito: *consignar con esmero y pulcritud las fes de errores.* *(= anotar)*
7 Enviar una mercancía a una persona: *les consignó los pedidos, pero no llegaron a tiempo.* *(COMERCIO)*
8 Poner una cosa a disposición de la autoridad judicial. *(DERECHO)*

consignatario, a (Derivado de *consignar.*)
1 Persona que recibe en depósito, por auto judicial, el dinero que otro consigna. *(s./DERECHO)*
2 Persona que administra la finca que su deudor le ha consignado. *(ECONOMÍA)*
3 Persona a quien va destinado un buque, un cargamento o una partida de mercancías: *el consignatario interpuso una demanda por incumplimiento de contrato.* *(COMERCIO)*
4 Persona que, en los puertos, representa al armador de una embarcación para entender los asuntos administrativos que se relacionan con su carga o pasaje. *(COMERCIO, NÁUTICA)*

consigo Forma especial del pronombre personal *sí* cuando va precedido de la preposición *con*: *lo lleva siempre consigo.* *(pron.pers.)*

consiguiente (Derivado de *seguir.*)
1 Que se deriva o se deduce de otra cosa: *las medidas consiguientes al tratado no le parecieron satisfactorias.* *(adj.)*
2 Proposición que, una vez admitidas las premisas, es innegable. *(s.m. LÓGICA)*
3 **por consiguiente:** En consecuencia, como consecuencia: *ha presentado un buen proyecto, por consiguiente puede ganar el concurso.* *(loc.conj.)*

consiliario, a (Derivado de *consejo.*)
1 Consejero, persona que forma parte de un consejo. *(s.)*
2 Persona que aconseja al superior en algunas corporaciones y sociedades.

consistencia
1 Propiedad de las cosas resistentes y duraderas o difíciles de alterar: *exigió que la madera fuera de gran consistencia.* *(s.f.)*
2 Trabazón, estabilidad o fundamento de una cosa o de las partes de un todo: *un argumento sin ninguna consistencia nunca convencerá a nadie.*

consistente
1 Que consiste: *ha recibido un regalo consistente en una rosa y un libro.* *(adj.)*
2 Que tiene consistencia o solidez: *la estantería aguanta el peso porque es consistente.* *(= firme, sólido)*

consistir (Del lat. *consistere* < *cum*, con + *sistere*, detenerse.)
1 Tener una cosa su causa o explicación en otra: *todo consiste en afilar bien el lápiz.* *(v.intr. + en)*
2 Estar una cosa compuesta por otra exclusivamente: *su carrera consiste en su trabajo.* *(+ en)*
3 Estar formada una cosa solamente por otra: *una estantería consiste en una serie de maderas horizontales y otras verticales.* *(+ en)*

consistorial (Derivado de *consistorio.*)
1 Del consistorio: *junta consistorial.* *(adj.)*
2 Se aplica a la dignidad que se proclama en el consistorio papal. *(RELIGIÓN)*

consistorio (Del lat. *consistorium*, lugar de reunión.)
1 Ayuntamiento en algunas ciudades y villas de España. *(s.m. POLÍTICA)*
2 Asamblea de cardenales convocada por el papa. *(RELIGIÓN)*
3 Lugar donde se reúnen los consistoriales o capitulares para celebrar esta asamblea o consejo: *instalaron la capilla ardiente en el consistorio.*
4 Consejo que tenían los emperadores romanos para tratar los asuntos importantes. *(HISTORIA)*
5 Consejo directivo de algunas comunidades religiosas protestantes o judías. *(RELIGIÓN)*

consocio, a Socio con respecto a otro u otros. *(s.)*

consola (Del fr. *console* < *consoler*, consolar, sostener materialmente.)
1 Unidad de un ordenador, utilizada para la transmisión de mensajes entre el propio ordenador y el usuario encargado de su control. *(s.f. INFORMÁTICA)*
2 Mesa estrecha, con un segundo tablero cercano al suelo, que se coloca junto a la pared y sirve para exhibir objetos de adorno.
3 Tablero con mandos de control en aparatos eléctricos o electrónicos. *(ELECTRICIDAD)*

consolación (Derivado de *consolar.*)
1 Acción y resultado de consolar o consolarse: *el premio de consolación le pareció irrisorio.* *(s.f.)*
2 Tanto que paga a los demás jugadores el que pierde una mano en la que ha sido el único apostante, en algunos juegos de cartas. *(JUEGOS)*

consolador, a (Derivado de *consolar.*)
1 Que consuela: *se tranquilizó un poco con tus consoladoras palabras.* *(adj/s. = consolativo)*
2 Aparato que simula el órgano sexual masculino y que se utiliza para obtener placer sexual. *(s.m.)*

consolar (Del lat. *consolari.*) Proporcionar ayuda a una persona para soportar una pena o un disgusto: *la consoló con cuatro arrumacos; se consolaba pensando en que ellos aún estaban peor.* *(v.tr/prnl. conj: contar + de, en)*

consolidación (Derivado de *consolidar.*) Acción y resultado de consolidar o consolidarse: *la consolidación de los sedimentos tardó siglos en producirse.* *(s.f.)*

consolidar (Del lat. *consolidare.*)
1 Dar firmeza o solidez a una cosa: *consolidó la empresa que había heredado de su padre.* *(v.tr.)*
2 Convertir una deuda flotante en fija. *(ECONOMÍA)*
3 Afianzar o asegurar del todo una cosa, hacerla duradera: *consolidar un pacto.*
4 Reunirse en una persona el usufructo y la propiedad. *(v.prnl. DERECHO)*

consomé (Del fr. *consommé*, consumado.) Caldo, generalmente de carne de ave o de vaca, concentrado: *el consomé lo confortó.* *(s.m. COCINA)*

consonancia (Derivado de *consonar.*)
1 Relación de igualdad o proximidad entre personas o cosas: *actúa en consonancia con sus ideas.* *(s.f.)*
2 Identidad de todos los sonidos vocálicos y consonánticos en la terminación de dos o más palabras a partir de su vocal acentuada: *sentir y morir presentan consonancia.* *(POESÍA)*
3 Efecto agradable producido por sonidos combinados de forma armónica, al ser oídos simultáneamente. *(MÚSICA)*

consonante (Derivado de *consonar.*)
1 Que mantiene relación de igualdad o conformidad con otra cosa, con la cual se corresponde y es correlativa: *su propuesta es consonante con sus expectativas.* *(adj.)*
2 Se aplica al sonido articulado que se produce por el cierre, total o parcial, de los órganos de articulación. *(adj/s.f. LINGÜÍSTICA)*
3 Que forma consonancia o armonía. *(MÚSICA, POESÍA)*

consonántico, a
1 De las consonantes: *en algunas lenguas no pueden pronunciarse grupos consonánticos compuestos por más de tres elementos.* *(adj. LINGÜÍSTICA)*
2 De la consonancia: *notas consonánticas; los versos guardan rima consonántica.* *(MÚSICA, POESÍA)*

consonantismo Sistema de las consonantes de una lengua, un dialecto, de una variedad lingüística o de una época. — s.m. LINGÜÍSTICA

consonantizar Pasar una vocal o una semivocal a tener el valor de una consonante al aplicarse una determinada ley lingüística. — v.tr/prnl. conj: *cazar* LINGÜÍSTICA

consonar (Del lat. *consonare* < *cum*, con + *sonare*, sonar.)
1 Producir varios sonidos juntos un sonido agradable: *las voces del coro consonaban con los instrumentos.* — v.intr./conj: *contar* MÚSICA
2 Tener dos o más cosas aspectos afines o relaciones entre sí.
3 Hacer unas palabras consonantes con otras: *cantado y bailado consuenan.* — = aconsonantar

cónsono, a (Derivado de *consonar*.)
1 Que mantiene relación de igualdad o conformidad con otra cosa. — adj. = consonante
2 Que forma consonancia de sonido. — MÚSICA/= acorde

consorcio (Del lat. *consortium*.)
1 Agrupación de personas o entidades con intereses comunes: *se ha establecido un nuevo consorcio bancario.* — s.m.
2 Unión o compañía de los que están casados. — = matrimonio
3 Entidad formada por los dueños de un edificio de propiedad horizontal. — Argent.

consorte (Del lat. *consors, -ortis* < *cum*, con + *sors, sortis*, suerte.)
1 Marido respecto de la mujer, y mujer respecto del marido. — s.m.f. = cónyuge
2 Persona que comparte con otros la misma suerte.
3 Los que, en un pleito, litigan formando una sola parte. — s.m.f.pl. DERECHO
4 Personas responsables de un delito: *el magistrado aplicó penas muy diferentes a los consortes del secuestro.* — DERECHO

conspicuo, a (Del lat. *conspicuus*, visible.) Que es ilustre: *asistieron los más conspicuos filósofos a la conferencia.* — adj. formal

conspiración (Derivado de *conspirar*.) Organización y actividad de varias personas unidas contra una persona o cosa: *la conspiración fue abortada por los servicios secretos.* — s.f. = complot

conspirador, a Persona que conspira: *detrás de todo complot hay un conspirador.* — s. tb: conspirado

conspirar (Del lat *conspirare*, estar de acuerdo.)
1 Ponerse dos o más personas de acuerdo para actuar contra otra: *conspiraron contra el gobierno por no ver sus necesidades cubiertas.* — v.intr. + con, contra = confabular
2 Ser una cosa, junto con otras, causa de un suceso, generalmente malo. — + con, contra

constancia (Derivado de *constar*.)
1 Actitud del que mantiene la firmeza de ánimo en la consecución de un propósito: *si quieres conseguir tus propósitos, debes trabajar con constancia.* — s.f. = firmeza, perseverancia
2 Acción y resultado de certificar la autenticidad de algo.
3 Autenticidad, certeza o exactitud de un hecho: *tuvo constancia de la maquinación que conllevó la caída del director.*

constantán Aleación de cobre y níquel. — s.m./METALURGIA

constante (Derivado de *constar*.)
1 Que tiene constancia: *consigue sus propósitos porque es constante.* — adj.
2 Que es persistente o duradero: *estoy harta de esta lluvia constante.* — = tenaz
3 Que se reitera continuamente: *las guerras parecen ya una constante social.* — adj/s.f.
4 Cantidad que tiene un valor fijo en un determinado proceso: *no confundas variables con constantes.* — s.f. MATEMÁTICAS INFORMÁTICA
5 Dato cuya naturaleza y valor se determina durante la escritura de un programa y no debe variar durante la ejecución.
6 **constante biológica**: Valor considerado estadísticamente normal de una dosis o medida, que permite apreciar el funcionamiento de un órgano, aparato u organismo. — BIOLOGÍA
7 **constante radiactiva**: Característica de un radioelemento definida como la probabilidad de desintegración de un átomo por unidad de tiempo. — FÍSICA
8 **constante solar**: Cantidad de energía térmica recibida en el límite superior de la atmósfera por la unidad de superficie plana perpendicular a las radiaciones solares. — FÍSICA
9 **constantes vitales**: Conjunto de datos de las funciones del organismo que ha de mantenerse en unos límites para que la vida prosiga. — MEDICINA

constar (Del lat. *constare* < *cum*, con + *stare*, estar en pie.)
1 Saber una cosa con certeza: *me consta que él es el propietario.* — v.intr.
2 Estar una persona o una cosa registrada en un escrito: *yo consto en el censo; aquella carta no constaba en el listado.* — = figurar
3 Estar una cosa compuesta de otras: *este libro consta de quince capítulos.* — = componerse
4 Tener un verso la medida y la acentuación correspondiente a los de su clase. — POESÍA
5 **hacer constar**: Manifestar, notificar o consignar.

constatación Acción y resultado de comprobar un hecho: *exigió la constatación del forense para publicar los datos.* — s.f. = comprobación

constatar Comprobar o demostrar la veracidad de una cosa: *el periodista constató la noticia antes de difundirla.* — v.tr. = confirmar

constelación (Del lat. *constellatio*, posición de los astros.)
1 Conjunto de estrellas de forma determinada al que se aplica un nombre propio: *sobre aquella constelación descubrió una mancha extraña.* — s.f. ASTRONOMÍA
2 Aspecto de los astros al levantar el horóscopo. — OCULTISMO
3 Grupo de cosas esparcidas en un pequeño espacio: *extendió los legajos en constelación sobre el tapete.* — coloquial
4 **constelación zodiacal**: Cada una de las constelaciones que el sol recorre en su movimiento anual aparente a través del cielo, que no coinciden con los signos del zodíaco aunque tengan los mismos nombres. — ASTRONOMÍA

constelado, a Se aplica al cielo cuando está lleno de estrellas: *la bóveda constelada los abrigaba.* — adj. = estrellado

consternación (Derivado de *consternar*.) Sentimiento intenso de abatimiento, producido por un hecho imprevisto y lamentable: *su gesto era de consternación y no de pena.* — s.f. = pesadumbre ≠ gozo

consternar (Del lat. *consternare*, abatir.) Causar abatimiento o disgusto a una persona: *me consterno al ver tanta miseria en este barrio.* — v.tr/prnl. = abatir

constipado Resfriado, destemple del cuerpo: *con las corrientes de aire pilló un fuerte constipado.* — s.m./MEDICINA tb: costipado

constipar (Del lat. *constipare*, constreñir.)
1 Coger una persona un resfriado: *se constipó por no haber sido previsora y haberse llevado una chaqueta.* — v.prnl. MEDICINA
2 Cerrar y apretar los poros de la piel impidiendo la transpiración. — v.tr.

constitución (Derivado de *constituir*.)
1 Conjunto de caracteres morfológicos, biológicos y sicológicos de un individuo: *soportó el golpe porque es de fuerte constitución.* — s.f. = biotipo
2 Acción de constituir, formar una cosa: *hoy se firma la constitución de la sociedad; fue un logro político su constitución como capital cultural europea.*
3 Ley fundamental que fija la organización política de un estado y los derechos y obligaciones de sus ciudadanos. — POLÍTICA
4 Sistema de gobierno en un estado. — POLÍTICA
5 Establecimiento de una hipoteca o un censo sobre una propiedad. — DERECHO
6 Cada una de las normas por las que se rige una asociación. — = estatuto
7 Ley que según el derecho romano podía establecer el príncipe. — DERECHO
8 Modo de estar constituida o formada una cosa: *la mica interviene en la constitución del granito.*

constitucional
1 De la constitución de un estado. — adj./POLÍTICA
2 Que es partidario de un gobierno basado en la constitución. — POLÍTICA
3 Que se ajusta a la constitución: *se trata de un procedimiento constitucional.*
4 De la constitución física de un individuo: *clasificación constitucional de las razas de la especie.*
5 Se aplica a la enfermedad relacionada con la constitución del individuo, manifestada sin la intervención de factores exteriores. — MEDICINA

constitucionalidad Circunstancia de atenerse una cosa a lo dispuesto en una constitución: *la constitucionalidad de la ley quedó probada tras su intervención.* — s.f. DERECHO, POLÍTICA

constitucionalismo
1 Pensamiento juridicopolítico que propugna la organización y reglamentación de los estados a partir de la adopción de una constitución. — s.m. DERECHO, POLÍTICA
2 Régimen constitucional. — POLÍTICA
3 Respeto a la organización constitucional. — POLÍTICA

constitucionalista
1 Del constitucionalismo: *doctrina constitucionalista.* — adj./POLÍTICA
2 Adepto del pensamiento juridicopolítico del constitucionalismo. — s.m.f./DERECHO, POLÍTICA

constituir (Del lat. *constituere* < *cum*, con + *statuere*, establecer.)
1 Formar dos o más cosas o personas las partes o los elementos que configuran un todo: *tres socios constituyen la junta.* — v.tr. conj: *huir*
2 Dar una determinada calidad o condición a una persona: *me han constituido en el juez de su matrimonio.*
3 Establecer una obligación o una carga sobre una finca: *el alcalde ha constituido una inspección semanal sobre nuestros terrenos.*

4 Establecer, fundar: *hoy se constituye la nueva sociedad que atenderá los asuntos editoriales del grupo.* — v.tr/prnl.
5 Reunirse las personas que forman un tribunal, una mesa de votación o la presidencia de un acto para actuar como tales: *se constituyó la junta de portavoces.* — v.prnl.
6 Asumir un cargo o una obligación: *Juan se constituyó en su corresponsal.* — + en, por
7 Presentarse en un lugar en el que se tiene que realizar una función: *el juez y el forense se constituyeron en el lugar del crimen.* — = apersonarse, personarse

constitutivo, a Que constituye una parte de una cosa: *el cuarzo es un constitutivo del granito.* — adj/s.m.

constituyente (Derivado de *constituir.*)
1 Que forma parte de un todo: *el hidrógeno es un constituyente del agua.* — adj. / = componente
2 Se aplica a la corte o parlamento convocado para redactar o reformar la constitución del estado. — POLÍTICA / = instituyente
3 Persona elegida como miembro de una corte que debe redactar o reformar la constitución del estado. — s.m. / POLÍTICA

constreñimiento (Derivado de *constreñir.*) Presión o coacción con que una persona obliga a otra para que realice una cosa. — s.m.

constreñir (Del lat. *constringere.*)
1 Obligar a una persona a hacer una cosa: *debes constreñirle para que pague la deuda.* — v.tr. / conj: *ceñir*
2 Impedir que una persona realice una función con total libertad. — = forzar
3 Apretar una parte del cuerpo fuertemente: *constreñir el brazo para cortar la hemorragia.*

constricción (Derivado de *constreñir.*) Acción y resultado de constreñir. — s.f.

constrictor, a
1 Que produce constricción: *el fisioterapeuta le mostró la manera de fortalecer el músculo constrictor.* — adj.
2 Se aplica al medicamento que sirve para constreñir. — adj/s.m./FARMACIA

constringente Que constriñe o aprieta: *le aplicó un vendaje constringente.* — adj.

construcción (Derivado de *construir.*)
1 Acción y resultado de construir: *finalizaron la construcción del puente entre las dos poblaciones* — s.f.
2 Obra construida o que se está construyendo: *la nueva construcción armoniza con las de antigua planta.* — CONSTRUCCIÓN / = edificación, casa
3 Ordenamiento y disposición sintáctica de las palabras en la oración y de las oraciones en el discurso de acuerdo con las reglas y usos de cada lengua: *no abuséis de las construcciones perifrásticas.* — LINGÜÍSTICA
4 Juego que consta de piezas de distintas formas, con las cuales se imitan edificios, puentes u otras construcciones. — s.f.pl. / JUEGOS
5 construcción de material: La que se realiza con ladrillos. — Amér. Merid., P. Rico

constructivismo Movimiento artístico ruso que rechaza la emoción, la estética y lo ornamental en beneficio de la sola línea desnuda. — s.m. / ARTE

constructivo, a Que construye o sirve para construir: *debes hacer caso de las críticas constructivas.* — adj. / = positivo

constructor, a
1 Que construye: *ha visitado la obra el constructor.* — adj/s.
2 Grupo o sociedad que fabrica determinadas obras de albañilería o edificios. — s.f. / CONSTRUCCIÓN

construir (Del lat. *construere < cum,* con + *struere,* amontonar, acumular.)
1 Hacer una cosa con los elementos necesarios y siguiendo un plan: *construyó junto con su equipo la estrategia publicitaria.* — v.tr. / conj: *huir*
2 Hacer una obra de albañilería: *construyó un anexo del edificio principal.* — CONSTRUCCIÓN
3 Elaborar una teoría, idear: *construyó un razonamiento prácticamente irrefutable.*
4 Unir las palabras en la oración según las reglas gramaticales. — LINGÜÍSTICA

consuegro, a (Del lat. *consocrus.*) Respecto de una persona, padre o madre del cónyuge de uno de sus hijos: *se reunió con sus consuegros para planificar la boda.* — s.

consuelda (Del lat. *consolida.*) Planta herbácea, vellosa, con flores en forma de embudo, en racimos colgantes, propia de lugares húmedos que se emplea en medicina. *(Symphytum officinale.)* — s.f. / BOTÁNICA / tb: consólida

consuelo (Derivado de *consolar.*)
1 Sensación de alivio experimentada cuando cesa o remite un dolor: *estaba muy triste, pero sus palabras me sirvieron de consuelo.* — s.m. / = alivio / ≠ pena
2 Aquello que consuela: *sus hijos son su único consuelo.*
3 sin consuelo: De manera desmesurada: *gasta sin consuelo todo lo que gana.* — loc.adv. / coloquial

consueta (Del lat. *consuetus.*)
1 Apuntador de una representación teatral. — s.m.f./TEATRO
2 Conmemoraciones comunes que se dicen algunos días en el oficio divino después de las laudes y vísperas. — s.f.pl. / RELIGIÓN

3 Regla consuetudinaria por la que se rige un cabildo o religión eclesiástico. — s.f. / RELIGIÓN

consuetudinario, a
1 Que es habitual u ordinario: *harta de las consuetudinarias críticas renunció al cargo.* — adj.
2 Que comete un pecado de manera habitual. — TEOLOGÍA

cónsul (Del lat. *consul < consulere,* deliberar.)
1 Funcionario diplomático que representa los intereses de los súbditos de un país en otro país extranjero: *el cónsul y su esposa fueron recibidos por el ministro y el subsecretario.* — s.m.f. / f. tb: consulesa / POLÍTICA
2 Magistrado que tenía la suprema autoridad, en la antigua Roma. — s.m. / HISTORIA
3 cónsul general: Jefe del servicio consular de su nación en el país en que reside. — POLÍTICA

consulado (Derivado de *cónsul.*)
1 Oficina del cónsul: *fueron al consulado para certificar su documentación.* — s.m. / POLÍTICA
2 Cargo de cónsul. — POLÍTICA
3 Demarcación territorial de un estado extranjero en la que un cónsul gestiona los intereses del país al que representa y de los ciudadanos de éste. — POLÍTICA
4 Tiempo que dura el gobierno de un cónsul.
5 Dignidad de cónsul en la antigua Roma. — HISTORIA
6 Antiguo tribunal romano que trataba los asuntos comerciales. — HISTORIA

consular Del cónsul o del consulado: *los inmigrantes han pedido protección consular.* — adj. / POLÍTICA

consulta (Derivado de *consultar.*)
1 Acción y resultado de consultar: *después de la consulta no le quedó ninguna duda por aclarar.* — s.f.
2 Reunión entre dos o más personas para intercambiar opiniones o consejos, o tomar una decisión sobre algún asunto: *fueron convocados a consulta por el director de la compañía.*
3 Acción de examinar el médico a sus enfermos: *la consulta fue muy rápida y el diagnóstico positivo.* — MEDICINA
4 Local donde el médico visita a los enfermos. — = consultorio
5 Juicio, opinión o informe que por escrito o de palabra se pide o se da acerca de una cosa.
6 consulta de fichero: Modo de explotación de un fichero que sólo implica una lectura del archivo. — INFORMÁTICA
7 pasar consulta: Recibir el médico a sus enfermos: *en los últimos años pasa consulta en su casa.* — MEDICINA

consultar (Del lat. *consultare,* deliberar muchas veces.)
1 Preguntar a una persona su opinión sobre un asunto: *consultaré el problema con mi abogado; consultaré a mi mujer sobre la oferta.* — v.tr. / + con, sobre
2 Mirar un texto para aprender una cosa o aclarar una duda: *consultar un diccionario.*
3 Dar los consejos, tribunales y otros cuerpos dictamen por escrito sobre un asunto al rey u otra autoridad.

consulting (Voz inglesa.) Consultoría, entidad y actividad. — s.m.

consultivo, a
1 Se aplica a la junta o corporación que debe ser consultada por los gobernantes de un estado. — adj. / POLÍTICA
2 Se refiere a la materia que deben consultar con el gobierno, tratándose de consejos o tribunales. — POLÍTICA

consultor, a
1 Que recibe consultas para dar una opinión: *el consultor fiscal le recomendó que cesase con la evasión de impuestos.* — adj/s. / = asesor
2 Que consulta. — = consultante
3 Persona que forma parte de alguna de las congregaciones de la curia romana y no está investida con la dignidad cardenalicia. — s.m. / RELIGIÓN
4 Consultoría, entidad asesora. — s.f.

consultoría
1 Entidad que asesora a empresas sobre asuntos económicos, fiscales y organizativos. — s.f./= consulting, consultora
2 Actividad que realiza. — = consulta

consultorio
1 Establecimiento donde se asesora sobre materias técnicas o especializadas. — s.m.
2 Establecimiento donde uno o varios médicos pasan consulta: *acudió al consultorio aquejado de una fiebre extrema.* — MEDICINA
3 Sección que un medio de comunicación dedica a las consultas del público: *el consultorio se hizo muy popular y el editor decidió explotarlo.*

consumación
1 Acción y resultado de consumar o consumarse una cosa: *la consumación de los hechos acarreó terribles consecuencias.* — s.f.
2 la consumación de los siglos: El fin del mundo: *continuará así hasta la consumación de los siglos.*

consumado, a
1 Que se ha realizado por completo. — adj.

2 Que realiza su trabajo con perfección: *ha triunfado porque es un actor consumado.*
3 Consomé, caldo que se obtiene de la sustancia de diversas carnes. — s.m. / COCINA

consumar (Del lat. *consumare* < *cum*, con + *summa*, suma, total.)
1 Realizar una cosa completamente: *se encontraba bajo los efectos de la droga cuando consumó el delito.* — v.tr.
2 Dar cumplimiento a un acto jurídico. — DERECHO

consumible
1 Que es susceptible de ser consumido o de consumirse. — adj.
2 Se aplica al cuerpo, producto o constituyente que desaparece durante un proceso. — QUÍMICA

consumición
1 Acción y resultado de consumir o consumirse. — s.f.
2 Consumo, gasto.
3 Producto que se consume en un establecimiento o local públicos: *en el ticket está incluida la consumición.*

consumido, a
1 Que se ha extinguido o terminado por completo: *sólo tendrás que pagar los alimentos consumidos.* — adj.
2 Que está muy delgado: *después de la enfermedad se ha quedado pálido y consumido.* — coloquial

consumidor, a (Del lat. *consumir.*)
1 Que consume: *es un gran consumidor de alimentos preparados.* — adj/s.
2 Persona que compra productos de consumo: *los consumidores pueden reclamar la reparación de perjuicios a la empresa comercializadora.* — s. / = comprador

consumir (Del lat. *consumere.*)
1 Hacer que una cosa se destruya o extinga: *el perfume se consumió por no estar bien tapado.* — v.tr/prnl. / part.tb: consunto
2 Causar una cosa ansiedad o aflicción a una persona: *se consume de rabia desde que sabe la verdad.* — coloquial / + de
3 Gastar combustible, productos energéticos u otras cosas: *este coche consume poco.* — v.tr/intr.
4 Tomar el sacerdote el cuerpo y la sangre de Jesucristo bajo las especies de pan y vino, en la misa. — RELIGIÓN
5 Hacer uso de una cosa. — v.tr.

consumismo Consumo excesivo de bienes sin aparente necesidad, característico del capitalismo, que actúa como mecanismo de sostén de una actividad productiva creciente. — s.m. / ECONOMÍA

consumista
1 Que tiene relación con el consumismo: *economía consumista.* — adj. / ECONOMÍA
2 Que consume muchos bienes no estrictamente necesarios: *vivimos en una sociedad consumista.* — adj/s.m.f.

consumo (Derivado de *consumir.*)
1 Acción y resultado de consumir o gastar: *debes controlar el consumo de gas.* — s.m. / = consumición
2 Impuesto municipal sobre los comestibles y otros géneros que entran en una población para ser vendidos o consumidos en la misma. — s.m.pl.

consunción (Derivado de *consumir.*)
1 Consumición, acción y resultado de consumir o consumirse. — s.f.
2 Extenuación, enflaquecimiento: *las fiebres tifoideas le provocaron una consunción extrema.*

consuno Se usa para indicar juntamente en la expresión **de consuno.** — loc.adv.

consuntivo, a Que tiene la propiedad de consumir: *el cáncer es una enfermedad consuntiva.* — adj.

consustanciación Presencia de Jesucristo en la eucaristía, conservando el pan y el vino su propia sustancia y no una mera apariencia. — s.f./RELIGIÓN / tb: consubstanciación

consustancial (Derivado de *sustancia.*) Se aplica a la cualidad que es connatural o inherente a la naturaleza de una persona o cosa: *la inteligencia es consustancial a los seres humanos.* — adj. / tb: consubstancial / + a

consustancialidad Cualidad de consustancial o de lo que es de la misma sustancia que otro: *la consustancialidad de las tres personas de la Santísima Trinidad.* — s.f. / tb: consubstancialidad

contabilidad (Derivado de *contar.*)
1 Calidad de contable. — s.f.
2 Sistema adoptado para llevar las cuentas en una oficina o un negocio. — ECONOMÍA
3 Conjunto de estas cuentas. — ECONOMÍA

contabilizar
1 Hacer el recuento de una cosa: *contabilizaron en cientos los fallecidos por la malaria.* — v.tr. / conj: cazar
2 Poner una cosa en un libro de cuentas. — ECONOMÍA

contable (Derivado de *contar.*)
1 Que puede ser contado: *materia contable.* — adj.
2 De la contabilidad: *ejercicio contable.* — ECONOMÍA
3 Especialista en contabilidad: *la contable denunció al fisco las irregularidades de la empresa.* — s.m.f. / ECONOMÍA

contactar Establecer dos o más personas contacto: *no he conseguido contactar con él.* — v.intr. / + con

contacto (Del lat. *contactus* < *contingere,* tocar.)
1 Acción y resultado de tocarse dos cosas. — s.m.
2 Relación o trato entre personas o entidades: *tiene contactos en las altas esferas.*
3 Persona que actúa de enlace secreto con ciertos organismos u organizaciones.
4 Conexión entre dos partes de un circuito eléctrico: *la bombilla no se encendió porque no se estableció contacto.* — ELECTRICIDAD
5 Mecanismo para abrir o cerrar un circuito eléctrico: *el agua ha corroído el contacto.* — ELECTRICIDAD
6 Prueba positiva de un cliché fotográfico del mismo tamaño que éste. — FOTOGRAFÍA
7 Sección en algunas revistas y periódicos en que se anuncian personas que quieren mantener relaciones de amistad, sexuales o matrimoniales.
8 Uno de estos anuncios.
9 ponerse en contacto con alguien: Contactar con dicha persona: *en cuanto llegues al país ponte en contacto con ellos, y te facilitarán alojamiento.*

contactología
1 Técnica de fabricación de las lentes de contacto. — s.f./ÓPTICA
2 Industria de la fabricación y venta de lentes de contacto. — ÓPTICA

contactólogo, a Especialista en la aplicación de lentes de contacto. — s. / ÓPTICA

contadero, a (Derivado de *contar.*)
1 Que puede o debe ser contado. — adj.
2 Pasadizo estrecho dispuesto de manera que puedan entrar o salir personas o animales tan sólo de uno en uno. — s.m.

contado, a
1 Que es poco común o frecuente: *este fenómeno se puede apreciar en contadas ocasiones.* — adj. / = raro, escaso
2 al contado: Pagando inmediatamente todo el valor de la compra con dinero contante: *pagó el automóvil y la moto al contado.* — loc.adv. / ECONOMÍA
3 por de contado: Por supuesto, de seguro: *por de contado que no perderemos la oportunidad de saludarlas.*

contador, a (Derivado de *contar.*)
1 Que cuenta: *el ábaco es un aparato contador; era una admirable contadora de cuentos.* — adj/s.
2 Dispositivo que registra el número de revoluciones de un eje o de una máquina, la cantidad de gas o agua consumidos, o los kilómetros recorridos: *en la fotografía aparecía claramente el contador del vehículo.* — s.m. / TECNOLOGÍA
3 Persona que, en una gestión o administración, lleva las cuentas. — s. / ECONOMÍA
4 Persona nombrada por el juez competente, o por las mismas partes, para liquidar una cuenta. — DERECHO
5 contador de partículas: 1. Aparato con el que se cuentan los corpúsculos subatómicos de alta energía. — TECNOLOGÍA
2. Aquel con el que se analizan los sedimentos que están suspendidos en un líquido.
6 contador ordinal: Registro particular de la unidad central que cuenta las instrucciones y guarda la dirección de la próxima que se ha de ejecutar, cuando éstas están dispuestas secuencialmente en memoria. — INFORMÁTICA

contaduría (Derivado de *contar.*)
1 Oficina del contador, donde se llevan las cuentas de una institución, un establecimiento u oficina. — s.f.
2 Empleo de contador.
3 Despacho, en espectáculos públicos, donde se obtienen las entradas con antelación pagando un sobreprecio.

contagiar (Derivado de *contagio.*)
1 Transmitir una enfermedad: *se contagió muy pronto todo el vecindario.* — v.tr/prnl. / MEDICINA
2 Hacer adquirir una costumbre o un vicio a una persona: *le contagiaron el vicio por el juego; se contagió rápidamente yendo cada noche a la timba.*

contagio (Del lat. *contagium* < *cum,* con + *tangere,* tocar.)
1 Transmisión directa o indirecta de una enfermedad: *siente pavor ante el contagio del sida.* — s.m. / MEDICINA
2 Germen de una enfermedad contagiosa. — MEDICINA
3 Enfermedad contagiosa: *el contagio amenaza amplias zonas del país.* — MEDICINA
4 Transmisión de sentimientos y actitudes a consecuencia de influencias de distinto orden: *el contagio de la aversión al comunismo estuvo fomentado por el gobierno.* — SICOLOGÍA

contagiosidad Posibilidad de que una enfermedad sea transmitida por contagio: *la contagiosidad del cólera.* — s.f. / MEDICINA

contagioso, a (Derivado de *contagio.*)
1 Que se puede transmitir por contagio: *la gripe es una enfermedad contagiosa.* — adj. / MEDICINA
2 Que padece una enfermedad que se puede transmitir por contagio. — MEDICINA

container (Voz inglesa.) Recipiente de metal o plástico resistente, de grandes dimensiones, usado para transportar diversas mercancías o para depositar en él basura u otro tipo de residuos. — s.m. / pl: containers / = contenedor

contaminación (Derivado de *contaminar*.) Acción y resultado de contaminar o contaminarse la atmósfera, el agua o cualquier otra cosa. — s.f. / ECOLOGÍA

contaminante Que contamina: *el monóxido de carbono es un gas contaminante*. — adj/s.m./ECOLOGÍA / = contaminador

contaminar (Del lat. *contaminare*, ensuciar tocando.)
1 Transmitir una cosa sustancias capaces de envenenar a otra: *se contaminaron las aguas con los residuos tóxicos de la fábrica*. — v.tr/prnl. / = infectar
2 Causar una cosa manchas y mal olor en otra: *el moho ha contaminado todo el vestido*.
3 Volver una cosa, una persona o un grupo impuros o despreciables: *sus ideas perversas contaminaron al grupo*.
4 Causar una cosa nociva la degradación del entorno: *el monóxido de carbono contamina la atmósfera*. — v.tr/intr. / ECOLOGÍA
5 Alterar un texto tomando por auténtico lo que es una anotación marginal. — v.tr. / LITERATURA

contante Se utiliza para indicar que se paga en efectivo en la expresión **dinero contante y sonante**. — adj.

contar (Del lat. *computare*, calcular.)
1 Dar un número a cada componente de un conjunto para saber cuántos hay: *contaba las horas que faltaban para su llegada*. — v.tr.
2 Explicar una historia, un cuento o un hecho cualquiera: *te contaré una historia de miedo*.
3 Poner un número en una cuenta.
4 Considerar una cosa más o menos importante o imprescindible: *contamos que su presencia nos ayudará*.
5 Haber o tener una determinada cantidad: *cuenta tres años; la población contaba con doscientos habitantes*.
6 Decir una persona los números por orden: *sabe contar hasta diez*. — v.intr.
7 Evaluar en cantidad: *sus éxitos se cuentan por docenas*. — v.prnl.
8 Sumar distintas cantidades: *cuenta los gastos rápidamente*. — v.tr.
9 Poner a una persona o una cosa entre las personas o las cosas que han de intervenir en una cosa: *cuento con ellos para el atraco*. — v.intr. / + con
10 Ser una cosa o una persona importante o necesaria: *tu opinión no cuenta*.
11 Tener presente a una persona o cosa para algún fin: *cuento con su ayuda*. — v.intr. / + con
12 Ser una persona o una cosa equivalente a otra o a una cantidad en una cuenta: *una finca mía cuenta por seis de las suyas*. — + por
13 Considerar a una persona o una cosa de cierta manera: *cuenta la paz como una de mis mayores sueños*. — v.tr.
14 **contar algo por hecho:** Tener una persona tanto interés en hacer una cosa que se confía en realizarla sin ningún problema: *contando por hecho que llegaría a tiempo, le fue a esperar a la estación*. — coloquial
15 **cuéntaselo a tu abuela:** Expresión que se utiliza para indicar incredulidad: *¡anda ya! Eso cuéntaselo a tu abuela*. — coloquial
16 **¿qué cuentas?:** Expresión de saludo: *¡hola, Pepe! ¿Qué cuentas?* — coloquial
17 **¿qué me cuentas?** Frase con que se expresa asombro o extrañeza: *¿qué me cuentas? No me lo puedo creer*. — coloquial
18 **sin contar con que:** Expresión que se utiliza para indicar una cosa que se realiza otra: *sin contar con que lo supiera, mantuvo la sorpresa hasta el final*.
CONJ.: IND.: PRES.: *cuento, cuentas, cuenta, contamos, contáis, cuentan*. SUBJ.: PRES.: *cuente, cuentes, cuente, contemos, contéis, cuenten*. IMP.: *cuenta, cuente, contemos, contad, cuenten*.

contemperar (Derivado de *tempero*.)
1 Moderar, hacer un sentimiento menos intenso: *su presencia contemperó su ira*. — v.tr. / = atemperar
2 Hacer que una cosa sea proporcionada a otra: *contemperar inversión con beneficios*. — = atemperar

contemplación (Derivado de *contemplar*.)
1 Acción de contemplar: *está absorto en la contemplación del paisaje*. — s.f. / = observación
2 Consideración o miramientos en el trato a las personas o cosas: *hazlo de una vez, no te andes con contemplaciones*. — s.f.pl.
3 Estado de la persona que está absorta en la meditación profunda de naturaleza religiosa. — s.f./RELIGIÓN / = misticismo

contemplar (Del lat. *contemplari*, mirar atentamente.)
1 Mirar una cosa tranquila y atentamente: *contemplaba el movimiento del mar con tranquilidad*. — v.tr.
2 Considerar una cosa de determinada manera: *contemplaba el futuro con esperanza*.
3 Considerar una posibilidad: *habían contemplado la posibilidad de asistir a la reunión*.

4 Tratar a una persona con mucho cuidado para que esté contenta o no se enfade: *contemplaba en exceso a sus hijos*. — = complacer
5 Mantenerse una persona en estado de abstracción considerando los misterios religiosos. — RELIGIÓN

contemplativo, a (Derivado de *contemplar*.)
1 De la contemplación: *estado contemplativo*. — adj.
2 Que tiende a contemplar o meditar: *su espíritu contemplativo les resultaba envidiable*. — = meditabundo
3 Que tiende a complacer a los demás por bondad o interés. — = complaciente
4 Que tiende a la contemplación divina: *orden contemplativa; religioso contemplativo*. — adj/s. / RELIGIÓN

contemporaneidad (Derivado de *tiempo*.)
1 Coincidencia en el tiempo de dos o más hechos, personas o cosas: *la contemporaneidad de ilustres autores hizo que llamasen Siglo de Oro a aquella centuria*. — s.f.
2 Actualidad, tiempo presente.

contemporáneo, a
1 Que existe al mismo tiempo que otra persona o cosa: *contemporánea de la república*. — adj/s.
2 De la época actual: *los autores contemporáneos encuentran muchas facilidades para publicar sus obras*. — adj.

contemporización Acción y resultado de contemporizar, transigir o acomodarse a una persona o situación: *para realizar un análisis riguroso tienes que proceder a la contemporización de los personajes*. — s.f.

contemporizar (Derivado de *tiempo*.) Acomodarse una persona al gusto o al dictamen ajeno por algún fin particular. — v.intr. / conj: cazar

contención
1 Acción y resultado de contener o sujetar el movimiento de un cuerpo: *han levantado un muro de contención*. — s.f.
2 Acción o resultado de contender: *la contención no bastó para algunos sectores del público*.
3 Pleito, litigio trabado entre partes. — DERECHO

contencioso, a (Del lat. *contentiosus < contentio*, contienda.)
1 Se refiere al que gusta de disputar o contradecir opiniones ajenas. — adj. / = litigioso
2 Se aplica a la cuestión o asunto que está sometido a pleito. — DERECHO
3 Se refiere al asunto que está sometido a la jurisdicción de los tribunales y no depende de una autoridad. — adj/s.m. / DERECHO
4 Conflicto o desacuerdo que mantiene una persona con otra u otras. — s.m.

contender (Del lat. *contendere*.)
1 Luchar dos o más personas: *en la batalla contendieron romanos y alanos*. — v.intr/conj: tender / = combatir, pelear
2 Discutir o debatir dos o más personas una cosa: *en el café contendían los artistas sobre la calidad de la exposición*. — = disputar
3 Hacer esfuerzos para obtener o mantener la superioridad frente a otra u otras personas: *las diferentes formaciones políticas contendían en influencia para ganar los votos*. — + en / = pugnar

contendiente (Derivado de *contender*.) Que contiende: *ambos contendientes resultaron ilesos*. — adj/s.m.f. / = combatiente

contenedor, a
1 Que contiene: *presa contenedora*. — adj.
2 Recipiente grande que se usa para depositar basuras o botellas de vidrio o plástico y que normalmente se encuentra en la calle: *unos gamberros incendiaron el contenedor de papel*. — s.m. / = container
3 Embalaje con el que se protege un cargamento que se lanza en paracaídas: *el avión militar lanzó un contenedor con artículos de primera necesidad*.

contenencia
1 Parada o suspensión del vuelo en el aire que hacen a veces las aves, en especial las de rapiña. — s.f. / ZOOLOGÍA
2 Paso de lado, en el que parece que el que danza se detiene.

contener (Del lat. *contenere*.)
1 Tener una cosa otra en su interior: *el archivo contiene todos los informes referentes a la expropiación*. — v.tr/prnl. / conj: tener
2 Moderar un sentimiento o no exteriorizar una persona su estado de ánimo: *sus palabras contuvieron su ira rápidamente; a duras penas contuvo el llanto*. — = aplacar, calmar, dominarse
3 Parar o impedir el movimiento de un cuerpo: *levantó la mano para abofetearla, pero ella lo contuvo a tiempo*. — = detener
4 Mantenerse una persona sin satisfacer un deseo o una necesidad: *se contenía por falta de dinero, pero deseaba ese abrigo*. — = aguantarse, reprimirse

contenido, a
1 Que se comporta con contención o templanza: *contenida como era rechazó la violencia de su discurso*. — adj.
2 Cosa que se contiene dentro de otra: *el seguro no abarca el contenido de la vivienda; el contenido en carbono de una sustancia*. — s.m.
3 Significado de un signo lingüístico. — LINGÜÍSTICA

4 Sustancia o significado de un texto, enunciado o emisión: *el contenido del relato no satisfizo sus expectativas; las imágenes tenían poco contenido.* — LINGÜÍSTICA

contenta (Derivado de *contentar*.)
1 Endoso, cesión de un documento de crédito. — s.f./ECONOMÍA
2 Certificado que daba el alcalde de una población sobre el buen comportamiento de las tropas que allí se habían alojado. — HISTORIA
3 Certificado de solvencia que se da a los oficiales de los barcos al dejar su cargo. — NÁUTICA
4 Certificado que daba el comandante de las tropas que han pasado por una población al alcalde de la misma sobre el buen trato recibido. — HISTORIA, MILITAR

contentadizo, a Que se contenta fácilmente: *es un niño contentadizo y se conforma con lo que tiene.* — adj. = conformista

contentar
1 Alegrar, dar satisfacción a alguien en sus gustos, deseos o aficiones: *contentó a sus sobrinas con cuatro golosinas.* — v.tr. = complacer
2 Conformarse, no pedir o no desear más de lo estrictamente necesario: *se contenta con poca cosa.* — v.prnl. + con
3 Hacer dos o más personas las paces: *se contentaron con mucha facilidad, a pesar de que el enfado fue tremendo.* — = reconciliarse
4 Transmitir o ceder una letra, un cheque u otro documento de crédito a una persona. — v.tr./ECONOMÍA = endosar
5 ser alguien de buen o mal contentar: Tener una persona facilidad o dificultad en darse por contenta: *por sencillo que sea el regalo, la satisfará porque es de buen contentar.* — coloquial

contentivo, a
1 Que contiene. — adj.
2 Se aplica al medio apto para la contención de algo, como un apósito, gasa o venda. — adj./s.m. MEDICINA

contento, a (Del lat. *contentus*, contenido < *cum*, con + *tenere*, tener, aguantar.)
1 Que está alegre o satisfecho: *el abuelo se puso muy contento al verse rodeado de hijos y nietos.* — adj.= complacido, jubiloso
2 Alegría o satisfacción que experimenta una persona: *su sonrisa era de puro contento; el contento del público se hizo muy patente con tanto aplauso.* — s.m. = alborozo, contentación
3 darse o tenerse por contento: Contentarse una persona con alguna cosa, aunque no sea la que se esperaba o deseaba: *a pesar de que aspiraba al notable se dio por contenta con el aprobado.* — coloquial
4 no caber de contento: Sentir gran placer, sentirse satisfecho: *no cabían de contento al saberse agraciados con el premio gordo.* — coloquial

conteo Cálculo, valoración. — s.m.

contera (Derivado de *cuento*, bastón, vara de la lanza.)
1 Pieza de metal, u otro material resistente, que se pone como protección en la punta del bastón, paraguas, vaina de la espada u otros utensilios: *clavó la contera del parasol en la arena.* — s.f.
2 Cosa pequeña que se añade a algo para rematarlo. — = remate
3 Estribillo de una composición poética. — POESÍA
4 Estrofa de tres versos con que termina la sextina. — POESÍA
5 Cascabel, remate del cañón. — MILITAR
6 por contera: Como remate, para colmo, lo que se añade como final a una cosa ya pesada y molesta, o a una serie de contrariedades: *se ha estropeado el coche, hace frío y por contera se pone a llover.* — loc.adv. coloquial

contérmino, a Se aplica al lugar que limita con otro: *se acercó a la población contérmina.* — adj.

contero Adorno arquitectónico formado por pequeños relieves en serie, semejantes a las cuentas de un rosario. — s.m. ARQUITECTURA = contario

conterráneo, a (Derivado de *tierra*.) Que es natural de la misma tierra que otro. — adj/s. tb: coterráneo

contertulio, a Persona que concurre con otras a una tertulia: *se reunieron a la misma hora los contertulios de siempre.* — s. = contertuliano, tertuliano

contestación
1 Respuesta que se da a lo que otra persona ha dicho o ha preguntado: *le dio una contestación irrespetuosa y desconsiderada acorde con su insidiosa pregunta.* — s.f.
2 Palabras con que se contesta: *era tal su enfado que por contestación emitió un sordo gruñido y algunos improperios.* — = respuesta
3 Protesta, rechazo u oposición, a veces violenta, contra lo establecido o propuesto: *el plan hidrológico gubernamental suscitó una contestación generalizada; la contestación de su familia ante el reparto de la herencia le obligó a cambiar el testamento.* — = réplica
4 contestación a la demanda: Escrito en que el demandado en juicio refuta las alegaciones del demandante. — DERECHO

contestador, a
1 Que contesta. — adj/s.m.
2 contestador telefónico o automático: Aparato conectado al teléfono que emite un mensaje previamente codificado y graba las llamadas recibidas: *han* — s.m. TELECOMUNICACIONES

optado por que las llamadas sean atendidas por un contestador automático.

contestar (Del lat. *contestari* < *cum*, con + *testari*, testificar.)
1 Decir una persona una cosa en relación con lo que otra ha dicho o ha preguntado: *con serenidad contestó a todas las preguntas de los periodistas.* — v.tr. = responder
2 Poner una persona objeciones a lo que le dicen u ordenan: *contestó a su madre de malos modos; haz lo que te ordene y no le contestes.* — coloquial = protestar, replicar
3 Tener o manifestar una actitud de crítica, oposición o rechazo a lo propuesto o establecido: *todas sus iniciativas fueron contestadas.*
4 Estar una cosa en la relación debida con otra: *su reacción y lo que se espera de ellos contestan.* — v.intr. = concordar
5 Declarar y atestiguar una persona lo mismo que han dicho otras: *el inculpado negó su presencia en el lugar del crimen y la testigo le contestó.* — v.tr. = confirmar

contestatario, a Que se opone y polemiza contra una propuesta o cosa establecida: *aprovecharon su fama de contestataria para proponerla como portavoz del grupo.* — adj/s.

conteste (Del lat. *cum*, con + *testis*, testigo.) Que dice lo mismo que otro. — adj. DERECHO

contestón, a Que replica de manera molesta y continuada: *es una niña insufriblemente contestona.* — adj/s/coloquial = respondón

contexto (Del lat. *contextus*.)
1 Texto anterior y posterior al que se está considerando y del que depende su significado: *si lo sacas de contexto, su comentario no tendrá sentido.* — s.m.
2 Conjunto de las circunstancias en las que se inscribe un hecho: *en el contexto internacional, la violación del tratado puede interpretarse como una provocación a la alianza atlántica.*
3 contexto situacional: Suma de las condiciones naturales, sociales y culturales en las que se sitúa una obra, discurso o enunciado: *para analizar la novela, se ha de atender al contexto situacional.*

contextual Que tiene relación con el contexto: *antes de juzgarlo hay que tener presentes las circunstancias contextuales.* — adj.

contextuar Hacer una cosa digna de crédito por medio de textos. — v.tr. conj: *actuar*

contextura
1 Modo en que están dispuestas u ordenadas las partes unidas de un todo. — s.f. = estructura
2 Constitución física de una persona. — = complexión
3 Contexto, lo que circunscribe un hecho o un texto.

contienda Lucha, batalla, discusión o riña: *la contienda entre las dos naciones se desencadenó por la crisis económica.* — s.f. = disputa

contignación (Del lat. *contignatio, -onis.*) Entramado de las vigas y cuartones de los suelos y techos. — s.f. CONSTRUCCIÓN

contigo (Del lat. *cum*, con + *tecum*, contigo.) Forma especial del pronombre personal *tú* cuando va precedido de la preposición *con*: *no iré contigo al baile.* — pron.pers.

contigüidad Circunstancia de las cosas que están contiguas: *por contigüidad con el francés, utilizan muchos galicismos.* — s.f.

contiguo, a (Del lat. *contiguus.*) Que está al lado de otra cosa: *su casa es contigua a la mía; habitaciones contiguas.* — adj.

continencia
1 Acción de abstenerse de los deleites carnales. — s.f.
2 Virtud que consiste en refrenar las pasiones, en especial la sexual, entre los cristianos. — RELIGIÓN
3 Cierta cortesía o reverencia que se hacía en la antigua danza española.
4 Papel del esfínter que funciona con normalidad, en oposición a la incontinencia. — FISIOLOGÍA
5 continencia de la causa: Unidad que tiene que haber en un juicio, respecto a la acción principal, al juez y a las personas que lo siguen hasta la sentencia. — DERECHO

continental
1 De un continente: *superficie continental.* — adj.
2 Se refiere al clima caracterizado por temperaturas extremas estacionales, con veranos calurosos, e inviernos fríos y escasas precipitaciones. — GEOGRAFÍA
3 Se aplica a la especie cuya área de distribución está situada lejos de las costas. — BIOLOGÍA

continente (Del fr. ant. *contenant.*)
1 Que se comporta con continencia o moderación. — adj.= moderado
2 Se aplica a la cosa que puede contener en sí a otra: *una vasija es un recipiente continente; tan sólo estaba asegurado el continente de la vivienda.* — adj/s.m. ≠ contenido
3 Cada una de las grandes extensiones en que se divide la superficie terrestre: *el conjunto de los continentes está localizado en su mayor parte en el hemisferio norte.* — s.m. GEOGRAFÍA
4 Tierra firme, por oposición al mar: *desde el barco divisó el continente.*
5 Actitud y compostura de una persona.

contingencia (Del lat. *contingentia.*)
1 Posibilidad de que una cosa suceda o no: *la esperó* — s.f.

toda la noche en la contingencia de que llegase de imprevisto. = **eventualidad**

2 Suceso posible, casualidad. = **contingente**

3 Posibilidad de un daño, perjuicio o inconveniente. = **riesgo**

4 Característica de algo que es posible y efectivamente realizable. **FILOSOFÍA**

contingentar
1 Poner un límite determinado a las importaciones, exportaciones o distribución de un producto. v.tr. **ECONOMÍA**

2 Limitar los cárteles o ententes la producción de las empresas o repartir la clientela entre ellas. **ECONOMÍA**

contingente (Del lat. *contingens, -tis.*)
1 Que puede suceder o no suceder de forma circunstancial. adj./= **accidental** ≠ **necesario**

2 Suceso posible, casualidad. s.m./= **contingencia**

3 Grupo que se distingue de otros miembros en una reunión u organismo.

4 Parte que cada persona paga o pone cuando son muchas las que contribuyen para un mismo fin.

5 Cuota que se señala a un país o a un industrial para importación, exportación o producción de determinadas mercancías. **ECONOMÍA**

6 Fuerzas militares de que dispone el mando. **MILITAR**

7 **contingente anual:** Número de mozos que componen la quinta de cada año. **MILITAR**

contingible Que puede suceder. adj./= **posible**

continuación
1 Lo que continúa o se sucede inmediatamente después de algo: *quiero ver la continuación de la película.* s.f.

2 Acción y resultado de continuar: *si no se le da continuación al proyecto poco habrán aportado al desarrollo de la empresa.*

3 **a continuación:** Inmediatamente detrás o después de la cosa que ha sido dicha o hecha: *dijo cuatro palabras y a continuación se fue.* loc.adv.

continuador, a Se refiere a la persona que continúa o prosigue una cosa empezada por otra: *se ha erigido en el más digno continuador de su investigación.* adj/s.

continuar (Del lat. *continuare.*)
1 Seguir haciendo una cosa comenzada: *después del intermedio continúa la película.* v.tr. conj: **actuar**

2 Permanecer, no cambiar o no cesar una cosa: *el director le hizo saber que podría continuar en el centro.* v.intr. = **durar**

3 Pasar un camino o una línea más allá de un lugar: *el camino continúa por el litoral.* v.intr/prnl. = **seguir**

continuidad
1 Cualidad de los acontecimientos, que se extienden sin interrupción: *los expertos internacionales opinan que la continuidad de sus diferentes gestiones colaboró en la estabilidad de la organización.* s.f. = **persistencia**

2 Unión natural de las partes de un continuo.

3 Condición de las funciones o transformaciones continuas. **MATEMÁTICAS**

4 Plan argumental completo con todas sus escenas y diálogos en una correlación definitiva y adecuada. **CINE**

5 **continuidad del estado:** Principio según el cual un régimen político o un gobierno no pueden repudiar los compromisos tomados por sus predecesores. **POLÍTICA**

6 **solución de continuidad:** Interrupción de un continuo: *la sesión se desarrolló sin solución de continuidad.*

continuo, a (Del lat. *continuus,* consecutivo.)
1 Que dura, se hace o se extiende sin interrupción: *una continua alameda bordeaba el camino.* adj. = **ininterrumpido**

2 Que está unido a otro.

3 Que se comporta con perseverancia. = **perseverante**

4 Se aplica a lo que se hace con frecuencia y reiteración: *se hartó de sus continuos lamentos.*

5 Se refiere a la corriente eléctrica que circula siempre en la misma dirección. **ELECTRICIDAD**

6 Se refiere a la máquina textil en que el proceso de hilado y enrollamiento del hilo en los husos es continuo. adj/s.f. **TEXTIL TECNOLOGÍA**

7 Producto que resulta de la composición de partes entre las que no hay separación. s.m.

8 Instrumento o grupo de instrumentos que tocan continuamente durante una composición. **MÚSICA**

9 Se refiere a la consonante cuya emisión se realiza con un ininterrumpido flujo de aire: *las fricativas y laterales son continuas.* adj/s.f. **LINGÜÍSTICA**

10 **de continuo:** Continuamente, sin interrupción: *le recordaba de continuo cuánto había sufrido por su culpa.* loc.adv.

contonearse Mover una persona los hombros y las caderas con afectación al andar: *la vio alejarse contoneándose calle abajo.* v.prnl. tb: **cantonearse**

contoneo Acción de contonearse: *sus contoneos y carcajadas denotaban que estaba un poco achispada.* s.m.

contorcerse Hacer una persona contorsiones voluntaria o involuntariamente. v.prnl. conj: **torcer**

contornado, a Se aplica al animal que mira hacia el lado izquierdo del escudo. adj. **HERÁLDICA**

contorneado
1 Operación consistente en delimitar el contorno de s.m.

una figura en un cliché, convirtiendo en opaca la zona inútil. **FOTOGRAFÍA**

2 Operación con la que se da el contorno exacto que impone el diseño a una pieza en proceso de fabricación. **TECNOLOGÍA**

contornear
1 Dar vueltas alrededor de una cosa: *el barco contornea toda la isla.* v.tr./tb: **contornar** = **bordear**

2 Trazar o seguir el perfil de una figura. **ARTE**

3 Realizar el contorneado de una pieza.

contorneo Acción y resultado de contornear. s.m.

contorno (Del ital. *contorno.*)
1 Límite exterior de un objeto, de un cuerpo: *los reconoció por los contornos de sus sombras.* s.m. = **perfil**

2 Canto de una moneda o medalla.

3 Territorios que rodean un lugar o inmediaciones: *se hizo muy famoso en aquellos contornos.* s.m.pl. = **alrededores**

4 Tipo de representación de los objetos sobre una pantalla de visualización, en el cual el ordenador sólo define sus aristas exteriores, pero no su superficie o volumen. **INFORMÁTICA**

5 **en contorno:** Alrededor, en sus proximidades. loc.adv.

contorsión
1 Movimiento irregular y extraño del cuerpo o de alguna parte de él: *sus movimientos rítmicos y contorsiones fueron espectaculares.* s.f.

2 Gesto corporal ridículo y grotesco: *se troncharon de risa con sus gesticulaciones y contorsiones.*

contorsionarse Hacer una persona contorsiones. v.prnl.

contorsionista Artista circense que ejecuta contorsiones difíciles. s.m.f.

contra
I (Del lat. *contra,* frente a.)
1 Indica oposición, contrariedad o pugna entre personas o cosas: *juego contra mi hermano; todos estáis contra mí; tomó un antídoto contra el veneno.* prep.

2 Enfrente, apoyado en, o mirando hacia: *ponte contra la pared; arrimó la viga contra el muro.*

3 A cambio de, a condición de: *ten presente que se trata de una entrega contra reembolso.*

4 Concepto opuesto a otro: *ha de sopesar los pros y contras del asunto.* s.m. ≠ **pro**

5 Obstáculo que dificulta la realización u obtención de una cosa: *le dolió más aquella contra que las que le pusieron después.* s.f./coloquial = **dificultad, inconveniente**

6 Pedal del órgano. **MÚSICA**

7 Registro del órgano que suena a la octava baja. **MÚSICA**

8 Bajos más profundos en algunos órganos. s.m.pl/MÚSICA

9 Guerrilla contrarrevolucionaria: *la contra depuso las armas ante la presión internacional.* s.m.f./coloquial *Nicar.*

10 **¡contra!:** Expresión con la que se demuestra sorpresa o enojo: *¡contra!, qué daño me has hecho.* interj.

11 **en contra:** En oposición a una cosa: *todos se le pusieron en contra.* loc.adv. coloquial

12 **hacer o llevar la contra:** Oponerse a lo que alguien quiere, intenta o dice: *por despecho le llevó la contra.*

II (Apócope de *contraventana.*)
1 Puerta que tapa la vidriera interiormente. s.f.

2 Hoja de madera exterior que protege las ventanas de los rigores e inclemencias del clima de los países fríos.

III (Apócope de *contratapa.*) Carne de vaca entre la babilla y la tapa. s.f.

contra- Componente de palabra procedente del lat. *contra,* que significa opuesto, contrario, lo que sigue a: *contraventana; contrarrevolución; contralto.* pref.

contraalisio Viento de altura que sopla sobre el sector de los alisios con una dirección predominante del oeste. s.m.

contraalmirante Contralmirante, oficial militar. s.m./MILITAR

contraamura Cabo grueso con que se refuerza la amura o el cabo de las velas mayores en casos de necesidad. s.f. **NÁUTICA**

contraarmadura Segunda vertiente que se da a un tejado muy inclinado. s.f./CONSTRUCCIÓN = **falsa armadura**

contraatacante Que contraataca: *el equipo contraatacante realizó una estupenda jugada.* adj.

contraatacar (Del lat. *contra,* contra + ital. *attacare,* acometer.) Responder contra el ataque del enemigo, del equipo contrario o del rival: *el ejército contraatacó con efectividad y por sorpresa.* v.tr/intr. conj: **sacar**

contraataque
1 Reacción ofensiva contra el avance del enemigo, del contrario o del rival: *el contraataque verbal a su crítica fue fulminante.* s.m. = **contraofensiva**

2 Jugada rápida sobre la meta del equipo contrario, que coge a su defensa descolocada y avanzada. **DEPORTES**

3 Líneas fortificadas con que se defienden los sitiados de los ataques enemigos. s.m.pl. **MILITAR**

contraaviso Aviso que contradice otro anterior: *aún no han recibido el contraaviso sobre el cambio de horario.* — s.m.

contrabajista Persona que toca el contrabajo. — s.m.f./MÚSICA

contrabajo (Del ital. *contrabasso*.)
1 Instrumento musical de cuerda y arco, con cuatro cuerdas, de gran tamaño y de sonido muy grave. — s.m. MÚSICA
2 Contrabajista, persona que toca este instrumento. — s.m.f./MÚSICA
3 Tipo de voz más grave que la del bajo. — s.m./MÚSICA
4 Persona que tiene esta voz. — s.m.f./MÚSICA

contrabajón Instrumento musical de viento, de madera y con lengüeta doble, que suena una octava más grave que el bajón. — s.m. MÚSICA = contrafagot

contrabajonista Persona que toca el contrabajón. — s.m.f./MÚSICA

contrabalancear
1 Poner los platillos de la balanza en equilibrio. — v.tr./= nivelar
2 Anular o atenuar el efecto de una cosa con otra: *su amigo tiene que pagar para contrabalancear su tacañería.* — = compensar, contrarrestar

contrabalanza
1 Peso con que se equilibra otro peso. — s.f./= contrapeso
2 Oposición de una cosa al efecto de otra. — = contraposición

contrabandear Hacer contrabando: *en la costa se contrabandea con tabaco y cocaína.* — v.intr. + con

contrabandeo Actividad de quien se dedica a hacer contrabando. — s.m. coloquial

contrabandista Que se dedica a introducir contrabando por fronteras o costas: *los contrabandistas fueron apresados y las mercancías decomisadas.* — adj/s.m.f.

contrabando (Del ital. *contrabbando*.)
1 Actividad ilegal que comporta la exportación, introducción o comercialización de artículos estancados prohibidos o con los que se elude los pagos impositivos correspondientes. — s.m.
2 Mercancías introducidas, comercializadas o fabricadas ilegalmente.
3 Lo que es o parece ilícito o se hace a escondidas.
4 **contrabando de guerra**: Armas, víveres y otras cosas cuyo tráfico prohíben los beligerantes. — MILITAR
5 **de contrabando**: Ilícitamente, sin permiso: *se llevó unos documentos de contrabando.* — loc.adv.

contrabarrera Segunda fila de asientos en los tendidos de la plaza de toros. — s.f. TAUROMAQUIA

contrabasa Soporte que sostiene una columna o una estatua: *colocó el busto sobre una contrabasa estriada.* — s.f./ARTE = pedestal

contrabatería Batería que se pone frente a otra enemiga para anular su actividad. — s.f. MILITAR

contrabatir Lanzar proyectiles contra la artillería enemiga. — v.tr. MILITAR

contrabloqueo Conjunto de operaciones militares destinadas a reducir el bloqueo enemigo o a destruir las armas empleadas para mantenerlo. — s.m. MILITAR

contrabocel Moldura cóncava cuyo perfil es un cuarto de círculo. — s.m. ARQUITECTURA

contrabordo Se usa para indicar que se navega en sentido opuesto en la expresión **a contrabordo**. — loc.adv. NÁUTICA

contrabracear Tirar de los cabos de las vergas de una embarcación en sentido contrario. — v.tr. NÁUTICA

contrabranque Pieza que refuerza la parte interior de la roda de un barco. — s.m. NÁUTICA

contracaja Parte superior derecha de la caja, donde se colocan el galerín y los signos de poco uso. — s.f. ARTES GRÁFICAS

contracambio
1 Importe del segundo cambio que se origina al recambiar una letra. — COMERCIO
2 **en contracambio**: En compensación, en trueque: *en contracambio por sus servicios le ofreció en usufructo su coche.* — loc.adv.

contracampo Encuadre de una escena desde un punto de vista opuesto al anterior, de modo que rompe la continuidad de la narración con fines expresivos. — s.m. CINE = contraplano

contracanal Canal que sale o se deriva de otro principal para desagüe u otros usos. — s.m.

contracancha Espacio que separa la cancha de un frontón de la zona del público. — s.f. DEPORTES

contracarril Carril auxiliar puesto como refuerzo al lado de otro en un paso a nivel, en un cruce de líneas o en una curva, para evitar descarrilamientos. — s.m. = contrarriel

contracarro Sistema o arma destinados a oponerse a la actividad de los carros de combate u otros ingenios blindados. — s.m. MILITAR

contracarta Documento otorgado para anular otro anterior. — s.f/DERECHO = contraescritura

contracción
1 Acción y efecto de contraer o contraerse. — s.f.
2 Unión de dos palabras, una terminada en vocal y la otra que empieza también en vocal, en una sola palabra eliminando una de las vocales: *«del» es la contracción de «de» con «el».* — GRAMÁTICA = crasis

3 Reducción de dos vocales, que ordinariamente forman hiato, en una sola sílaba. — GRAMÁTICA = sinéresis
4 Reducción del músculo uterino durante el embarazo y en el momento del parto. — FISIOLOGÍA
5 **contracción muscular**: Disminución del volumen o la longitud de un músculo: *sufrió una contracción muscular por no hacer el calentamiento adecuado.* — FISIOLOGÍA

contracédula Cédula o documento que anula otro anterior. — s.f. DERECHO

contracepción
1 Esterilidad voluntaria y reversible provocada por la utilización de métodos anticonceptivos. — s.f.
2 Método anticonceptivo.

contraceptivo, a Se aplica a la sustancia y método que impide la fecundación. — adj/s.m./FARMACIA = anticonceptivo

contrachapado, a Se aplica al material que está formado por capas finas de madera encoladas, de manera que sus fibras quedan entrecruzadas: *la mesa camilla es de pino contrachapado.* — adj/s.m. CARPINTERÍA tb: contrachapeado = chapa

contrachapar Poner un chapeado o contrachapado sobre otro en sentido contrario. — v.tr./CARPINTERÍA tb: contrachapear

contrachaveta Pieza, clavija o cuña de hierro o madera con forma de cono o de prisma, que se introduce, a veces, entre las dos ramas en que se dividen los clavos llamados chavetas. — s.f.

contracifra Descripción o explicación de la escritura cifrada: *logró dar con la contracifra usada por el enemigo.* — s.f. = clave

contraclave
1 Cada una de las dovelas inmediatas a la clave de un arco o bóveda. — s.f. ARQUITECTURA
2 **contraclave extradosada**: Conjunto de dovelas situadas a la misma altura que la clave. — ARQUITECTURA

contracorriente
1 Corriente derivada de otra principal y de dirección opuesta a ésta. — s.f.
2 **a contracorriente**: 1. En contra de la opinión general: *siempre fue a contracorriente de la moda.* 2. Procedimiento que consiste en dar a dos cuerpos movimiento en sentido inverso: *los procedimientos a contracorriente están indicados para transferencias de energía y de materia.* — loc.adv. QUÍMICA

contracruz Trapa, cabo provisional. — s.f./NÁUTICA

contractibilidad Capacidad de contraerse. — s.f/= contractilidad

contráctil Que se puede contraer con facilidad: *músculos contráctiles; membrana celular contráctil.* — adj.

contractilidad
1 Capacidad para hacerse más pequeñas que pueden tener ciertas cosas: *la contractilidad de la pupila ocular responde a la intensidad de la luz.* — s.f.
2 Capacidad para reducir el discurso a una idea o a un solo punto.

contractivo, a
1 Que contrae: *sustancia contractiva; método contractivo.* — adj.
2 Se aplica a la palabra que resulta de la fusión de otras. — LINGÜÍSTICA

contractual Que procede o deriva de un contrato: *tenían una relación puramente contractual.* — adj. DERECHO

contractura
1 Contracción involuntaria de uno o varios músculos, acompañada de rigidez: *las contracturas pueden ser síntomas de histeria.* — s.f. MEDICINA
2 Estrechamiento del fuste de una columna en su parte superior. — ARQUITECTURA

contracubierta
1 Parte interior de la cubierta de un libro. — s.f/ARTES GRÁFICAS
2 Cubierta posterior de una revista o un libro: *en la contracubierta había una reseña biográfica del autor.* — ARTES GRÁFICAS = contraportada

contraculebra Denominación común de varias plantas usadas como contraveneno en mordeduras de serpientes. — BOTÁNICA

contracultura Conjunto de manifestaciones propias de algunos movimientos alternativos que rechazan los valores culturales institucionales, tradicionales y jerárquicos establecidos. — s.f. SOCIOLOGÍA

contracultural Se refiere a la contracultura: *los movimientos contraculturales están seguidos sobre todo por jóvenes.* — adj. SOCIOLOGÍA

contradanza (Del fr. *contredanse* < ingl. *country-dance*, baile campesino.)
1 Danza popular de origen inglés que ejecutan varias parejas, combinándose en figuras. — s.f.
2 Música que acompaña a este baile. — MÚSICA
3 **contradanza criolla**: Habanera, danza americana muy popular en el siglo XIX.

contradecir (Del lat. *contra*, contra + *dicere*, decir.)
1 Decir lo contrario que otra persona o negar lo que ésta afirma como cierto: *disfrutaba contradiciéndola en público.* — v.tr. conj: decir = objetar, rebatir

2 Estar en oposición una cosa con otra: *sus palabras se contradicen con sus actos.* `v.prnl.` `+ con`

3 Decir una persona lo contrario de lo que antes había afirmado: *se contradice continuamente, de tal manera que no acierto a saber cuál es su posición.* `= desdecirse`

contradicción
1 Acción y resultado de contradecir o contradecirse. `s.f.`
2 Oposición que presenta una cosa respecto a otra: *sus ideas están en contradicción con las del grupo.* `= contrariedad, contraposición`
3 Conjunto de elementos que se contradicen: *su teoría está llena de contradicciones.*
4 envolver o implicar contradicción: Contener un argumento o cosa elementos opuestos o que se contraponen: *la tercera de las premisas de su argumentación implica contradicción respecto a la segunda.*

contradictor, a Que contradice: *introdujo elementos contradictores en su argumentación.* `adj/s. formal`

contradictoria Cada una de dos proposiciones que se contradicen y no pueden ser al mismo tiempo ni verdaderas ni falsas. `s.f. LÓGICA`

contradictorio, a
1 Que contradice: *tus argumentos son contradictorios; el ministerio estaba invadido por una oleada de rumores contradictorios.* `adj.`
2 Se aplica a la teoría en la que una fórmula es, a la vez, demostrable y refutable. `LÓGICA, MATEMÁTICAS`
3 Se refiere a las proposiciones opuestas, a un tiempo, en calidad y cantidad. `LÓGICA`

contradique Segundo dique para reforzar o consolidar el principal. `s.m. CONSTRUCCIÓN`

contradriza Segunda driza o cabo que refuerza la principal. `s.f. NÁUTICA`

contraejemplo Aquello que contradice una afirmación, una regla o una teoría: *aseguró que todos los cisnes eran blancos y ellos, como contraejemplo, le señalaron que existen cisnes negros.* `s.m.`

contraelectromotriz Se aplica a la fuerza electromotriz inversa que se desarrolla en un circuito por influencia de la corriente que circula por él. `adj.f. ELECTRICIDAD`

contraemboscada Emboscada con que se rechaza otra antes realizada por el enemigo. `s.f. MILITAR`

contraembozo Cada una de las dos tiras de color diferente o de distinta tela que el embozo, que se cosen a éste por la parte interior de la capa. `s.m.`

contraendosar Dar una letra de cambio como pago a un endosante de la misma. `v.tr. COMERCIO`

contraenvite Envite falso en algunos juegos. `s.m./JUEGOS`

contraer (Del lat. *contrahere < cum*, con + *trahere*, traer.)
1 Hacer más pequeña una cosa: *algunos metales se contraen con el frío; contrajo el músculo.* `v.tr/prnl./conj: traer` `= encoger`
2 Reducir una expresión o una idea a un solo punto: *todo el discurso se contrae al aspecto económico.* `= concretar`
3 Aplicar proposiciones o máximas generales a un caso particular. `v.tr.`
4 Adquirir enfermedades, compromisos, obligaciones o deudas: *en el viaje contrajo una enfermedad contagiosa; a dos días de contraer matrimonio rompieron el compromiso.* `= asumir`
5 Reducir dos o más vocales a un diptongo o a una vocal larga. `LINGÜÍSTICA` `= apocopar`
6 Limitarse, dedicarse exclusivamente a algo. `v.prnl./Amér.`

contraescarpa Disminución progresiva del espesor de un muro, cuya cara externa es vertical. `s.f. CONSTRUCCIÓN`

contraescota Cabo que refuerza la escota. `s.f./NÁUTICA`

contraescritura Documento otorgado para anular otro anterior. `s.f./DERECHO` `= contracarta`

contraespaldera
1 Seto vivo que se pone delante del muro con que se resguardan las plantas de jardín. `s.f.`
2 Plantación de árboles frutales en línea, sostenidos por enrejado, pero sin apoyarse en una pared. `AGRICULTURA`

contraespionaje Servicio de seguridad encargado de vigilar a los espías de potencias extranjeras en territorio nacional o fuera de él: *los agentes del contraespionaje descubrieron a tiempo la maquinación del enemigo.* `s.m. POLÍTICA`

contraestay Cabo grueso que ayuda al estay a reforzar el palo tirando de él hacia proa. `s.m./pl: contraestayes NÁUTICA`

contrafagot Instrumento musical de viento, de la familia de la madera, semejante al fagot, pero de mayores dimensiones, que suena una octava más grave. `s.m./MÚSICA` `tb: contrafagote` `= contrabajón`

contrafajado, a Se refiere al escudo partido y con fajas cuya mitad superior es de un color distinto al de la mitad inferior. `adj. HERÁLDICA`

contrafallar Poner un triunfo superior al que había jugado el que falló antes, en algunos juegos de naipes. `v.intr. JUEGOS`

contrafigura Persona o muñeco parecido a uno de los personajes de una obra teatral, y que le suplanta en el escenario sin que el público lo advierta. `s.f. TEATRO`

contrafija Tarugo o espiga que se encuentra con otra. `s.f. CARPINTERÍA`

contrafilete Pieza semejante a la orla, cuya anchura es la mitad de ésta. `s.m./HERÁLDICA` `= trechor`

contrafilo Filo que se suele sacar a las armas blancas de un solo corte, por la parte opuesta a éste, cerca de la punta. `s.m.`

contrafirma
1 Recurso que oponía a la firma la parte contra quien se había dado firma. `s.f. DERECHO`
2 Despacho que expedía el tribunal al que se valía de este recurso. `DERECHO`

contrafirmar Ganar la contrafirma. `v.tr/DERECHO`

contraflorado, a Se refiere al escudo, pieza o figura que tiene flores unidas por la base y opuestas en el color y en el metal. `adj. HERÁLDICA`

contrafoque Foque más pequeño que el principal, que se enverga por su cara de popa. `s.m. NÁUTICA`

contrafoso
1 Foso de un teatro hecho debajo de otro. `s.m./TEATRO`
2 Foso de la obra exterior de una fortificación. `CONSTRUCCIÓN`

contrafrente Medio baluarte que se usaba para defender las caras del principal. `s.m. CONSTRUCCIÓN`

contrafuego
1 Incendio provocado para apagar o cortar los progresos de otro incendio. `s.m.`
2 Combustión con llama de retroceso. `METALURGIA`

contrafuero Infracción o incumplimiento que se hace de fuero, ley u otra disposición legal. `s.m. DERECHO`

contrafuerte
1 Pilar o arco adosado a un muro para reforzarlo o sostenerlo: *el empuje de los contrafuertes se transmitía por arbotantes.* `s.m. ARQUITECTURA`
2 Pieza de cuero con que se refuerza el calzado en la parte del talón. `s.m.`
3 Parte de la montaña formada por una arista secundaria que se apoya sobre una principal: `GEOGRAFÍA`
4 Promontorio de un escarpe o cordillera, que se proyecta perpendicularmente. `GEOGRAFÍA`
5 Cada uno de los estribos cuya base se prolonga en forma de espolón y constituye el marco de las compuertas de la presa o del dique. `CONSTRUCCIÓN`

contrafuerza Estrategia basada en la utilización de armas nucleares para destruir el armamento enemigo, impidiéndole toda capacidad de respuesta. `s.f. MILITAR`

contrafuga Especie de fuga en la que la imitación del tema musical se ejecuta invirtiendo el orden de las notas. `s.f. MÚSICA`

contragalope Galope a la derecha sobre la mano izquierda, o galope a la izquierda sobre la mano derecha que se efectúa de manera deliberada. `s.m. EQUITACIÓN`

contragarfio Pieza de la cámara que sirve para fijar el fotograma que está delante de la ventanilla y se encuentra a punto de ser expuesto, con la finalidad de impedir la existencia de movimiento durante la exposición. `s.m. CINE`

contragolpe
1 Consecuencia indirecta de un acontecimiento: *como contragolpe, la inseguridad ciudadana incrementó la venta de armas.* `s.m.`
2 Contraataque, reacción ofensiva. `MILITAR`
3 Jugada rápida contra la meta del equipo contrario, que coge a su defensa descolocada y avanzada. `DEPORTES`
4 Efecto reflejo de un golpe sentido en una parte del cuerpo distinta de aquella en que se recibe: *fractura por contragolpe.* `MEDICINA`

contraguardia Fortificación permanente con la que se cubren las caras de los baluartes. `s.f. CONSTRUCCIÓN`

contraguerrilla Pequeña tropa organizada para operar contra las guerrillas. `s.f. MILITAR`

contraguía Caballería que va delante y a la izquierda en un tiro par. `s.f.`

contrahacer
1 Hacer una copia muy parecida a una cosa y, en especial, falsificarla: *necesitó el original para contrahacer la llave.* `v.tr. conj: hacer` `= imitar`
2 Imitar los gestos o la manera de hablar de una persona: *se pasó la tarde contrahaciendo los ademanes de su hermano.*
3 Fingir lo que no se es o que se padece un mal: *se contrahízo enfermo para no ir a trabajar.* `v.prnl.`

contrahecho, a (Del ant. *contrecho*, baldado < lat. *contractus*, contraído, part. de *contrahere*, contraer.) Que está jorobado o torcido: *hizo una caricatura del contrahecho sacristán.* `adj/s.`

contrahechura Imitación fraudulenta, falsificación: *en breve descubrieron que se trataba de una burda contrahechura.* `s.f.`

contrahierba
1 Planta herbácea de tallo nudoso y raíz fusiforme, `s.f.`

blanca, amarga y de olor aromático, usada en medicina como contraveneno.

2 Composición medicinal que se hace con la raíz de esta planta. `FARMACIA`

3 Contraveneno para rectificar la toxicidad de una sustancia. `FARMACIA`

4 contrahierba blanca: Planta papilionácea que contiene un alcaloide medicinal llamado soralitina. *(Psoralea pentaphylla.)* `Méx. BOTÁNICA`

contrahilera Madero que refuerza una hilera. `s.f./CONSTRUCCIÓN`

contrahílo Se usa para indicar dirección contraria al hilo de la tela en la expresión **a contrahílo**. `loc.adv.`

contrahoja
1 Cara de una piedra o sillar opuesta a la que estaba unida a la cantera. `s.f. CONSTRUCCIÓN`
2 Pieza del cepillo de carpintero que sujeta la cuchilla. `CARPINTERÍA`

contrahuella
1 Pieza vertical de un peldaño: *tropezó con la contrahuella del escalón y cayó de bruces.* `s.f. CONSTRUCCIÓN`
2 Reproducción de una huella que se obtiene rellenando la oquedad con una materia plástica que se solidifica.

contraindicación Circunstancia que se opone al empleo de un medicamento, remedio o alimento: *el tratamiento presenta contraindicaciones para los diabéticos.* `s.f. FARMACIA, MEDICINA`

contraindicado, a Se aplica al agente terapéutico que es perjudicial en una determinada afección o dolencia: *medicamento contraindicado en casos de insuficiencia renal.* `adj. FARMACIA`

contraindicar Disuadir del beneficio o utilidad de un medicamento por ser perjudicial. `v.tr./conj: sacar MEDICINA`

contralecho Se usa para indicar que un sillar está colocado de manera que el plano medio sea vertical al de hilada, en la expresión **a contralecho**. `loc.adv. CONSTRUCCIÓN`

contralmirantazgo Empleo de contralmirante. `s.m./MILITAR`

contralmirante Oficial general de la armada, inmediatamente inferior al vicealmirante. `s.m./MILITAR tb: contraalmirante`

contralor (Del fr. *controleur*, encargado de comprobaciones administrativas < *controler*, comprobar < *controle*, doble registro, contracción de *controrele* < *role*, registro.) Funcionario encargado de controlar los gastos públicos. `s.m. Méx., Amér. Merid. ECONOMÍA`

contraloría Oficina de la nación, encargada de revisar las diversas cuentas del gobierno. `s.f./Amér. ECONOMÍA`

contralto (Voz italiana.)
1 Voz femenina más grave. `s.f./MÚSICA`
2 Voz masculina más aguda. `s.m./MÚSICA`
3 Persona que tiene o que canta con esta tesitura de voz. `s.m.f. MÚSICA`

contraluz
1 Aspecto que presenta algo visto desde el lado opuesto a aquel por el que viene la luz: *por el contraluz no supo distinguir el color de sus ojos.* `s.m./f. pl: contraluces`
2 Contraste producido al pintarse una parte en sombra intensa sobre un fondo luminoso. `ARTE`
3 Fotografía obtenida con la cámara situada frente al sol u otro foco de luz. `FOTOGRAFÍA`

contramaestre (Del cat. ant. *contramaestre*.)
1 Oficial encargado de la marinería, bajo el mando del oficial de guerra. `s.m. MILITAR`
2 Jefe o vigilante de los demás oficiales y obreros en algunas fábricas o talleres. `INDUSTRIA`
3 Suboficial jefe de marinería que dirige los trabajos de a bordo. `MILITAR = nostramo`

contramalla
1 Red de mallas anchas y fuertes puesta detrás de otra más tupida, usada para detener el pescado. `s.f. PESCA`
2 Claro que abraza la red estrecha para que pueda formarse la bolsa donde se detiene el pescado. `PESCA = contramalladura`

contramallar
1 Doblar las mallas. `v.tr./PESCA`
2 Hacer o poner contramallas en las redes. `PESCA`

contramandar Mandar que se haga lo contrario a lo ordenado anteriormente. `v.tr.`

contramangas Adorno que se usaba para cubrir las mangas de la camisa. `s.f.pl.`

contramano Indica en dirección contraria a la normal o a la establecida en la expresión **a contramano**: *empezó a patinar por la pista a contramano; no pasé por tu casa porque me venía a contramano.* `loc.adv.`

contramarca
1 Segunda marca añadida a la primera, puesta en fardos, animales, armas u otras cosas. `s.m.`
2 Marca con que se resella una moneda o medalla anteriormente acuñada.
3 Derecho de cobrar un impuesto, colocando una señal en las mercancías que lo pagan. `ECONOMÍA`
4 Este mismo impuesto. `ECONOMÍA`

contramarcar Poner una segunda marca en una mercancía. `v.tr. conj: sacar`

contramarcha
1 Vuelta atrás en una marcha emprendida, en especial en una militar: *las energías del batallón se agotaron con tanta marcha y contramarcha.* `s.f. = retroceso`
2 Cambio de rumbo de todas las embarcaciones de una flota al llegar a un punto determinado. `NÁUTICA`
3 contramarcha de desembrague: Elemento de una máquina-herramienta que interviene en la transmisión del movimiento de rotación de los ejes para reducir la velocidad. `MECÁNICA`
4 contramarcha de engranajes: Máquina-herramienta con doble tren de engranajes entre el cono de polea y el mandril, que sirve para sujetar rígidamente la pieza que se ha de trabajar. `MECÁNICA`

contramarchar Hacer una contramarcha. `v.intr./MILITAR`

contramarco Segundo marco que se pone en una puerta o ventana. `s.m. CONSTRUCCIÓN`

contramarea Marea contraria a otra: *la fuerza de la contramarea devolvió el cuerpo a la costa.* `s.f.`

contramedida
1 Medida tomada para aminorar o anular otra: *el consistorio tomó contramedidas para aplacar el descontento general.* `s.f.`
2 contramedidas electrónicas: Aquellas cuyo objetivo es anular o dificultar las emisiones radioeléctricas del enemigo, tanto de sus telecomunicaciones, como de sus sistemas de detección y guía de misiles y aeronaves. `MILITAR`

contramesana Árbol pequeño que, en algunas embarcaciones, está entre la popa y el palo mesana. `s.f. NÁUTICA`

contramina
1 Galería subterránea construida por el defensor para impedir o entorpecer los trabajos de mina del atacante: *volaron todas las contraminas del enemigo.* `s.f. MILITAR`
2 Comunicación entre dos o más minas. `MINERÍA`

contraminar
1 Hacer contraminas en un terreno para encontrar las del enemigo e inutilizarlas. `v.tr. MILITAR`
2 Descubrir los propósitos de una persona para intentar que no los consiga: *pasó la tarde con ella para contraminar sus intenciones contra su hermano.*

contramuelle Muelle o resorte cuyo efecto es contrario al de otro principal. `s.m.`

contramuralla Muro bajo que sirve de refuerzo o apoyo. `s.f./ARQUITECTURA = contramuro`

contra natura (Expresión latina.)
1 Se utiliza para indicar que algo es antinatural, que va en contra de la naturaleza. `loc.adj/adv.`
2 Se aplica a aquello que es muy extraño, inesperado o ilógico: *su reacción contra natura nos dejó atónitas.* `loc.adj.`

contranatural Que no es natural: *las relaciones sexuales entre hermanos son contranaturales en ciertas culturas.* `adj. = contra natura`

contranota Nota o comunicado diplomático redactado en un sentido contrario al que lo origina. `s.f. POLÍTICA`

contraofensiva Maniobra ofensiva que se emprende después de que el enemigo haya iniciado un ataque, obligándolo así a pasar a la defensiva. `s.f. MILITAR`

contraorden Orden con que se revoca otra anterior: *recibió la contraorden del teniente; tenía la contraorden de vender todas las acciones.* `s.f. = contramandato`

contrapalanca Contrapeso o palanca suplementaria de un telar. `s.f. TEXTIL`

contrapar Cabrio de la armadura del tejado. `s.m./CONSTRUCCIÓN`

contrapariente Que es pariente de un pariente. `adj/s.m.f.`

contraparte Persona o institución que asegura la gestión adecuada de los fondos, bienes o recursos donados por otros: *el alcalde se ofreció como contraparte de la ayuda para educación de UNICEF.* `s.f. DERECHO`

contrapartida
1 Concesión que se otorga para compensar los efectos negativos de otra cosa. `s.f./= compensación, indemnización`
2 Asiento para corregir algún error en la contabilidad por partida doble. `COMERCIO`
3 Concesión, en un tratado comercial, que compensa las ventajas otorgadas a la otra parte contratante. `COMERCIO`
4 Operación del intermediario que actúa como vendedor o comprador contra su propio cliente, en lugar de ejecutar sus órdenes. `ECONOMÍA`

contrapás (Del fr. *contrepas*.) Una de las figuras de la contradanza. `s.m./pl: contrapás MÚSICA`

contrapasar
1 Pasarse una persona al bando contrario: *en su vejez se contrapasó al partido conservador.* `v.intr.`
2 Estar dos figuras de animales en actitud de marchar en sentidos opuestos. `HERÁLDICA`

contrapaso
1 Paso corto y rápido para recuperar el ritmo. `s.m.`

2 Paso que se da en dirección opuesta al dado antes.
3 Segundo pasaje que cantan unas voces mientras **MÚSICA**
otras cantan el primero.

contrapear
1 Aplicar una pieza de madera sobre otra de manera **v.tr.**
que las fibras estén cruzadas. **CARPINTERÍA**
2 Contrachapar un objeto o mueble. **CARPINTERÍA**

contrapechar Hacer un jinete que su caballo choque **v.tr.**
contra el pecho del caballo contrario para derribarlo, **HISTORIA**
en un torneo.

contrapelo (Del lat. *contra*, contra + *pilus*, pelo.)
1 Indica contra la dirección del pelo en la expresión a **loc.adv.**
contrapelo: *al pasarle la mano a contrapelo por la nuca,*
se le erizó el vello.
2 Se usa para indicar que se realiza una acción de **loc.adv.**
manera contraria a la usual o admitida en la expresión a **contrapelo:** *era amiga de ir a contrapelo de los*
demás y polemizar sobre todo asunto.

contrapesar
1 Hacer una cosa de contrapeso a otra: *el saco de are-* **v.tr.**
na contrapesa el paquete que suben con polea.
2 Compensar el efecto de una cosa con el de otra de **= subsanar**
efecto contrario: *el nacimiento de su hijo contrapesó el*
dolor del parto.

contrapeso
1 Peso con que se equilibra otro peso: *reformaron la* **s.m.**
cabina y el contrapeso del ascensor.
2 Cosa que equilibra, compensa o modera otra: *la su-*
bida salarial no sirve de contrapeso a la carestía de vida.
3 Balancín de equilibrista.
4 Grupo de conductores aislados del suelo, situados **ELECTRICIDAD**
al pie de una antena y que se utilizan en lugar de la
conexión directa con tierra.

contrapicado
1 Ángulo de toma en el que la cámara se sitúa debajo **s.m.**
del objeto filmado. **CINE**
2 Plano que se toma desde este ángulo. **CINE**

contrapié Indica a destiempo, a un ritmo forzado en **loc.adv.**
la expresión a **contrapié:** *tuvo que ir a contrapié desde*
el principio y suspendió los exámenes.

contrapilastra
1 Resalto hecho en un muro a ambos lados de una **s.f./ARQUITECTURA**
pilastra o media columna. **= traspilastra**
2 Listón que se pone en el marco y la hoja de una **CARPINTERÍA**
puerta o ventana para impedir el paso del aire.

contraplano Encuadre tomado en dirección opuesta **s.m./CINE**
al anterior para romper la continuidad de la filma- **= contracampo**
ción.

contraponer
1 Comparar dos o más cosas para ver sus diferencias: **v.tr./conj: poner**
estudiamos el estilo gótico y el románico, contraponiéndolos. **= cotejar**
2 Oponer una cosa a otra: *nuestras ideas se contrapo-* **v.tr./prnl.**
nen cada día más. **= enfrentar**

contraportada
1 Página de un libro, anterior a la portada o posterior **s.f.**
a la portadilla, donde suelen figurar diversos datos. **ARTES GRÁFICAS**
2 Parte posterior de la cubierta de un libro o una pu- **ARTES GRÁFICAS**
blicación donde figuran datos o comentarios sobre **= contracubierta**
ella.

contraposición
1 Acción y resultado de contraponer, contraponerse **s.f.**
u oponerse dos o más cosas: *de la contraposición consi-*
guieron sacar en claro algunas ideas.
2 Relación entre cosas que se oponen o son contra- **= antagonismo,**
rias entre sí: *no llegaron a un acuerdo por la contraposi-* **enfrentamiento**
ción de sus intereses.

contrapotenzado, a Se refiere al escudo o pieza **adj.**
que tiene potenzas de esmaltes alternados. **HERÁLDICA**

contrapresión
1 Presión opuesta a otra. **s.f.**
2 Presión descendente de una bomba, válvula o má- **TECNOLOGÍA**
quina que se ha de tener presente en el cálculo de su
capacidad de evacuación.
3 Presión superior a la atmosférica mantenida en la sa- **TECNOLOGÍA**
lida de ciertas máquinas de vapor, que se utiliza en
los aparatos de calefacción.

contraprestación Prestación que debe una parte **s.f.**
contratante en compensación por la que ha recibido **DERECHO**
o debe recibir de la otra.

contraproducente (De la locución latina *contra pro-* **adj.**
ducentem, contra el que alega.) Que produce efectos
contrarios a los que se pretenden o a los que convienen: *la reforma del plan de pensiones fue contraproducen-*
te para la capacidad adquisitiva de los jubilados.

contraposición Proposición con que se contesta **s.f.**
o se impugna otra ya formulada sobre un asunto de- **= contrapropuesta**
terminado.

contrapropuesta Propuesta que se realiza en oposi- **s.f.**
ción a otra presentada con anterioridad. **= contraproposición**

contraprotesto Declaración de no pagar una letra **s.m.**
de cambio por haberla pagado ya. **ECONOMÍA**

contraproyecto Proyecto diferente de otro presentado anteriormente sobre el mismo asunto.

contraprueba Segunda prueba de imprenta que se **s.f.**
saca para comprobar la primera. **ARTES GRÁFICAS**

contrapuerta
1 Puerta colocada inmediatamente detrás de otra, **s.f.**
como la interior de un portal o de una fortaleza.
2 Puerta que separa el zaguán del resto de la casa.

contrapunta Pieza del torno opuesta al cabezal que **s.f.**
sirve de apoyo del objeto que se trabaja. **MECÁNICA**

contrapuntante Persona que canta de contrapunto: **s.m.f.**
la contrapuntante fue sustituida en el último momento. **MÚSICA**

contrapuntear
1 Cantar de contrapunto. **v.tr./MÚSICA**
2 Decir cosas molestas a una persona: *la contrapuntea-* **v.tr./prnl.**
ba para hacerle saber cuánto le había dolido su crítica.
3 Enemistarse o reñir dos o más personas: *padre e* **v.prnl.**
hijo se contrapuntearon por una tontería. **= picarse**

contrapuntista
1 Compositor que muestra preferencia por el contra- **s.m.f.**
punto en sus obras. **MÚSICA**
2 Músico que practica el contrapunto con gran domi- **MÚSICA**
nio.

contrapunto
1 Combinación, según ciertas reglas de superposición **s.m.**
o simultaneidad, de dos o más melodías, o líneas me- **MÚSICA**
lódicas: *el contrapunto se basa en la contraposición de*
una nota con otra.
2 Contraste entre varias cosas: *la desgracia ajena era,* **= contraposición**
para ella, el contrapunto de su felicidad.
3 Certamen poético entre poetas populares. **Amér./POESÍA**

contrapunzar Golpear una pieza con el contrapun- **v.tr.**
zón. **conj: cazar**

contrapunzón
1 Herramienta semejante a un cincel, usada para re- **s.m.**
machar los clavos y otras piezas donde no se puede **CARPINTERÍA**
llegar con el martillo.
2 Utensilio que se usa como molde para fabricar los **TECNOLOGÍA**
punzones de grabar sellos y monedas.

contraquilla Pieza que cubre toda la quilla por la **s.f.**
parte interior del barco. **NÁUTICA**

contraria
1 Cualquiera de las suertes que se realiza tomando el **s.f.**
toro el terreno de las tablas y el torero el de afuera. **TAUROMAQUIA**
2 Estocada que se da a la izquierda del centro de la **TAUROMAQUIA**
cruz del toro.

contrariado, a Que está disgustado o malhumorado **adj.**
por alguna cosa: *su negativa la dejó profundamente con-* **= afectado**
trariada.

contrariar
1 Poner obstáculos o dificultades a los propósitos de **v.tr./conj: vaciar**
una persona: *el mal tiempo contrarió nuestros planes.* **= dificultar, oponerse**
2 Causar disgusto o enfado: *la contrarió enormemente* **= afligir,**
descubrir su mentira. **disgustar**

contrariedad
1 Contratiempo o dificultad imprevista que impide o **s.f.**
retrasa un propósito: *si no hubiera sido por aquella con-* **= accidente,**
trariedad, lo hubiéramos publicado hoy mismo. **percance**
2 Disgusto, pesar: *hay que soportar las contrariedades* **= desazón**
de la vida con paciencia.
3 Carácter de lo que es contrario a otra cosa.

contrario, a (Del lat. *contrarius*.)
1 Que es opuesto o totalmente diferente a otra cosa: **adj./s.= distinto**
la puerta se abre por el lado contrario. **≠ igual**
2 Se aplica al movimiento que sigue la misma trayec- **adj.**
toria a la inversa: *vas en dirección contraria.* **= opuesto**
3 Que causa daño o es desfavorable: *se le cortaron los* **= dañino, adverso**
labios por el fuerte viento contrario. **≠ favorable**
4 Que no es partidario de una cosa: *soy contraria a* **adj./s.≠ favorable**
esta propuesta. **+ a**
5 Se aplica a la persona o grupo de personas que tie- **= adversario,**
ne algún tipo de rivalidad con otro: *han saltado al te-* **enemigo**
rreno los jugadores del equipo contrario; lo consideró siem-
pre su contrario, su enemigo.
6 Impedimento, circunstancia desfavorable o perjudi- **s.m.**
cial.
7 **al o por el o todo lo contrario:** Al revés, de mane- **loc.adv.**
ra opuesta: *al contrario de lo esperado, has llegado pun-*
tual; ella lo aceptó, por el contrario ellos lo rechazaron;
siempre dice todo lo contrario de lo que piensa.
8 **de lo contrario:** En caso contrario u opuesto: *ven* **loc.conj.**
pronto a casa, de lo contrario no saldrás mañana.
9 **llevar a alguien la contraria:** Oponerse sistemática- **coloquial**
mente a lo que hace o dice otra persona: *le llevó la con-*
traria públicamente, pero después se pusieron de acuerdo.

contrarraya Raya de un grabado que cruza a otras. **s.f.**

contrarreforma Movimiento religioso que tuvo lu- **s.f.**
gar en la Iglesia católica, como reacción contra los **HISTORIA,**
efectos de la reforma protestante y que respondía a **RELIGIÓN**

los deseos de algunos sectores que pretendían una renovación de la fe.

contrarregistro Revisión y comprobación de los adeudos por aduanas o consumos hechos en una primera línea fiscal.
s.m.
ECONOMÍA

contrarreguera Reguera o canal oblicuo hecho en el sembrado para que el agua no arrastre la simiente.
s.f.
AGRICULTURA

contrarreloj
1 Se aplica a la prueba deportiva que consiste en cubrir una determinada distancia en el menor tiempo posible: *los ciclistas corren hoy la contrarreloj.*
2 **ir contrarreloj:** Estar con el tiempo justo para hacer alguna cosa o hacerla muy rápido.
adj/s.f.
DEPORTES

contrarrembolso Envío de un paquete por correo que debe ser abonado en el momento de recibirlo.
s.m.
tb: contrarreembolso

contrarréplica
1 Contestación dada a una réplica.
2 Escrito en el que se contesta al demandante.
s.f.
DERECHO/= dúplica

contrarrestar (Del lat. *contra*, contra + *restare*, resistir.)
1 Anular una cosa la influencia o el efecto de otra: *la declaración del presidente contrarrestó el escándalo.*
2 Hacer frente u oposición a una cosa: *el ejército contrarrestó la ofensiva con un ataque devastador.*
3 Tirar la pelota desde la banda del saque tras recibirla.
v.tr./= paliar, neutralizar
= oponerse
DEPORTES

contrarresto
1 Acción y resultado de contrarrestar: *la rueda de prensa le sirvió de contrarresto ante los rumores.*
2 Jugador que devuelve la pelota cuando ésta ya ha sido jugada por el resto.
s.m.
DEPORTES

contrarrevolución Movimiento político que combate una revolución y sus resultados, y que trata de restaurar en lo posible la organización y orden político y económico anterior.
s.f.
POLÍTICA

contrarrevolucionario, a
1 De la contrarrevolución: *los servicios secretos financiaron la guerrilla contrarrevolucionaria de aquel país.*
2 Que es partidario de la contrarrevolución: *los contrarrevolucionarios depusieron las armas por la presión internacional.*
adj.
POLÍTICA
adj/s.
POLÍTICA

contrarriel Contracarril, carril auxiliar en una vía.
s.m.

contrarroda Pieza de igual forma que la roda y asegurada a ella por su parte interior.
s.f./NÁUTICA
= contrabranque

contrarronda Segunda ronda que hace una patrulla en dirección opuesta a la primera.
s.f.
MILITAR

contrarrotura Emplasto que se aplica sobre la piel para curar una rotura, luxación o relajación de los tejidos orgánicos.
s.f.
VETERINARIA
= rotura

contrasalva Descarga de artillería que responde a un saludo hecho de la misma manera.
s.f.
MILITAR

contraseguro Contrato en que el asegurador se obliga a reintegrar al contratante las primas o cuotas percibidas, mediante determinadas condiciones.
s.m.
DERECHO

contrasello (Del bajo lat. *contrasigillum.*) Sello pequeño con que se marcaba el principal para dificultar las falsificaciones.
s.m.
HISTORIA

contrasentido
1 Acción, comportamiento o razonamiento ilógico o absurdo: *es un contrasentido que pretendas comprarte un coche y no te esfuerces en ahorrar.*
2 Interpretación o deducción errónea o contraria al sentido natural de palabras o hechos.
3 Disparate o necedad.
s.m.
FILOSOFÍA
= incongruencia
= absurdo

contraseña
1 Seña convenida entre varias personas para entenderse o reconocerse entre sí: *no podrás entrar si no sabes la contraseña; dos golpes en la puerta era la contraseña.*
2 Señal o palabras previamente convenidas para identificarse entre sí en la confusión u oscuridad del combate o para ser reconocido por los centinelas.
3 Toque de corneta o trompeta, identificativo de la unidad de cada regimiento, que se da al final de los toques reglamentarios.
4 Segunda marca hecha en animales y cosas para distinguirlos mejor de otros.
5 **contraseña de salida:** Tarjeta dada a los asistentes a un espectáculo que salen durante la función, para que puedan volver a entrar.
s.f.
= consigna
MILITAR
= santo y seña
MILITAR
= contramarca

contraseñar Poner una segunda marca en una cosa.
v.tr./= amajanar

contrastante Que contrasta o muestra una notable diferencia u oposición con otra cosa.
adj.
= chocante

contrastar (Del lat. *contrastare*, oponerse.)
1 Ser una cosa muy distinta de otra con la que se compara: *el color de los muebles contrasta con el de las cortinas.*
2 Poner a prueba el valor o la autenticidad de las cosas: *el juez contrastó las declaraciones de los testigos.*
v.intr.
+ con
v.tr./= constatar, verificar

3 Determinar la ley de un objeto de oro o plata y sellarlos con la marca de garantía.
4 Hacer frente a una persona o una cosa: *el enemigo contrastó nuestros ataques.*
= resistir
5 Graduar los niveles e intensidad de colores y del blanco y negro de una cámara o un televisor.
AUDIOVISUALES

contraste
1 Acción y resultado de contrastar: *existe un gran contraste en sus opiniones.*
s.m.
= diferencia
2 Sustancia opaca que se introduce en el organismo para visualizarlo con los rayos X.
MEDICINA
3 Diferencia relativa de radiación luminosa entre las diferentes partes de una imagen.
AUDIOVISUALES, FOTOGRAFÍA
4 Cambio repentino de un viento a la parte opuesta a la que estaba soplando.
5 Marca grabada en objetos de metal noble, como el oro y la plata, como garantía de haber sido determinada su ley.
6 Persona y oficina oficiales dedicadas a contrastar.
7 **contraste de colores:** Efecto subjetivo de una aposición cuantitativa de colores, como los estímulos sensoriales yuxtapuestos en el espacio o en el tiempo.
ÓPTICA
8 **contraste de fase:** Método de observación de las variaciones de fase introducidas por ciertos objetos que no presentan variación de absorción y que se utiliza en la observación a través de algunos microscopios.
ÓPTICA

contrasujeto Tema de una fuga escrito en contrapunto doble y que se mueve en contraposición al motivo o sujeto.
s.m.
MÚSICA

contrata
1 Contrato entre un particular o asociación y la administración para la realización de una obra material o de un servicio por un precio acordado.
s.f.
DERECHO
2 Documento firmado por las dos partes que han hecho un contrato.
DERECHO
3 Contrato de actuación de artistas y empresas de espectáculos.
DERECHO

contratación
1 Acción y resultado de contratar: *no llegaron a un acuerdo en la contratación de nuevo personal.*
s.f.
= contratamiento
2 Comercio y trato de artículos, mercado.
= comercio

contratante Que contrata o toma parte en un contrato: *todavía falta la firma de una de las partes contratantes.*
adj/s.m.f.
≠ contratado
DERECHO

contratapa Carne de vaca que está entre la babilla y la tapa.
s.f.
tb: contra

contratar
1 Hacer un contrato para recibir un servicio: *contrató una inmobiliaria para que le vendiera el piso.*
v.tr./= convenir, pactar
2 Tomar a una persona para un trabajo, ajustando el precio y las condiciones: *le han contratado para sacar a flote la empresa.*
= asalariar

contratecho Techo falso de escayola para aislamiento o para tapar las conducciones e instalaciones de agua o luz.
s.m.
CONSTRUCCIÓN

contratenor
1 Voz masculina en el registro de falsete.
s.m./MÚSICA
2 Cantante que posee esta voz.
MÚSICA

contraterrorismo Actividad dirigida a reprimir el terrorismo, o a contestar a los actos terroristas.
s.m.
POLÍTICA

contraterrorista
1 Del contraterrorismo: *el ministerio ha reformado la estrategia contraterrorista.*
adj.
POLÍTICA
2 Que se dedica a esta actividad.
adj/s.m.f.

contratiempo
1 Suceso perjudicial e inesperado: *me surgió un contratiempo y no pude asistir a la ceremonia.*
s.m./= adversidad, contrariedad
2 Salto en el que el bailarín se eleva sobre un pie y cae sobre el mismo, ejecutando movimientos con el otro.
3 Movimientos desordenados que hace el caballo.
s.m.pl./EQUITACIÓN
4 **a contratiempo:** 1. Modo de ejecución musical en el que la duración de una nota se prolonga a dos tiempos del compás, pero comprendiendo sólo una parte del primero. 2. De forma intempestiva.
loc.adj/adv.
MÚSICA
loc.adv.

contratipar Hacer contratipos: *contratipar los negativos.*
v.tr.

contratipo
1 Película positiva obtenida a partir de una negativa: *suelen usarse contratipos para diversificar los trabajos de impresión.*
s.m.
CINE, ARTES GRÁFICAS
2 Prueba de un fototipo.
FOTOGRAFÍA
3 Molde del tipo en hueco o en relieve.
ARTES GRÁFICAS

contratista Persona que hace una obra, construcción o servicio por contrata.
s.m.f./CONSTRUCCIÓN
= asentador

contrato (Del lat. *contractus.*)
1 Acuerdo establecido con ciertas formalidades entre dos o más personas, por el cual se obliga recíprocamente a ciertas cosas: *después de hacer un sondeo de opinión entre los accionistas establecieron diversos contratos con otras firmas.*
s.m.
DERECHO

2 Documento en que se acredita este acuerdo: *firmaron el contrato tras muchas horas de negociación.* — DERECHO

3 contrato a tiempo parcial: Aquel en virtud del cual el trabajador presta sus servicios durante una jornada laboral inferior a la habitual en la actividad de que se trate. — DERECHO

4 contrato bilateral: Aquel en el que los contratantes quedan obligados de manera recíproca. — DERECHO

5 contrato consensual: El que se perfecciona por el solo consentimiento. — DERECHO

6 contrato de arrendamiento: Aquel en el cual el dueño de una cosa, mueble o inmueble, se obliga a conceder a otro el uso y disfrute de ella por un tiempo determinado, mediante un precio o servicio que debe pagar quien la recibe. — DERECHO

7 contrato de cambio: Aquel por el que se recibe una cantidad de dinero para ponerlo a disposición de quien lõ entrega. — ECONOMÍA

8 contrato de compraventa: Aquel por el cual el vendedor se obliga a entregar la cosa que vende y el comprador a pagar el precio convenido por ella. — DERECHO

9 contrato de obra: El que tiene una duración igual al trabajo eventual para el que se contrata a una persona. — DERECHO

10 contrato de retrovendo: El accesorio al de compraventa por el cual el comprador se obliga a devolver al vendedor la cosa vendida mediante el recobro del precio pagado por ella. — DERECHO

11 contrato enfitéutico: El conmutativo, por el cual el dueño de un inmueble cede el dominio útil del mismo, pero no el dominio directo, mediante el pago de un canon periódico. — DERECHO

12 contrato eventual: Aquel con el que se atienden las exigencias circunstanciales del mercado, acumulación de tareas o exceso de pedidos, aun tratándose de la actividad normal de la empresa. — DERECHO

13 contrato gratuito: Aquel en el que no se ha estipulado una prestación en contrapartida. — DERECHO

14 contrato indefinido: El que no tiene determinada la duración. — DERECHO

15 contrato innominado: El que, sin adaptarse a los que tienen nombre en la ley, efectúan las partes por medio de un pacto. — DERECHO

16 contrato nominado: El que tiene individualidad propia y reglas especiales en la ley. — DERECHO

17 contrato oneroso: El que implica alguna contraprestación. — DERECHO

18 contrato perfecto: Aquel que tiene todos los requisitos para su plena eficacia jurídica. — DERECHO

19 contrato real: Aquel que, además del consentimiento, requiere la entrega de préstamo o depósito. — DERECHO

20 contrato social: Convención expresa o tácita que constituye el fundamento de la sociedad civil. — FILOSOFÍA

21 contrato solemne: El que está sujeto a ciertas formalidades. — DERECHO

22 contrato unilateral: Aquel que supone obligaciones sólo para una de las partes contratantes. — DERECHO

contratorpedero Pequeño buque de guerra que va armado de cañones, torpedos y diversas armas antisubmarinas. — s.m. MILITAR, NÁUTICA

contratransferencia Conjunto de reacciones emocionales conscientes o inconscientes del sicoanalista hacia el paciente, especialmente hacia los afectos de éste proyectados sobre aquél. — s.f. SICOLOGÍA

contratuerca Tuerca auxiliar que se superpone a otra para evitar que ésta se afloje por efecto de la vibración o de otras causas. — s.f. MECÁNICA

contravalación Línea defensiva que se levanta alrededor de la plaza sitiada. — s.f. MILITAR

contravalar Construir una línea fortificada delante de la plaza sitiada: *contravalaron la ciudad para defenderse de las salidas e incursiones del enemigo.* — v.tr. MILITAR

contravalor Precio o valor que se da a cambio de lo que se recibe. — s.m. COMERCIO

contravapor
1 Corriente de vapor que fluye en sentido opuesto a la que hace mover una máquina y que sirve para que se detenga o retroceda. — s.m. MECÁNICA
2 dar contravapor: Utilizar el contravapor para frenar. — MECÁNICA

contravención Infracción o desobediencia a una ley o una orden. — s.f. DERECHO

contraveneno
1 Sustancia que actúa sobre un veneno evitando sus efectos tóxicos: *después de varias dosis de contraveneno, la yegua se recuperó de la mordedura.* — s.m. FARMACIA = antídoto
2 Precaución tomada para evitar un perjuicio.

contravenir Obrar una persona en contra de lo ordenado o legislado: *el juez contraviene la orden; se recrea contraviniendo todos los consejos de sus padres.* — v.intr/tr. conj: venir = desobedecer

contraventana
1 Puerta pequeña o ventanillo que se coloca en la — s.f.

parte interior de una ventana para impedir el paso a la luz: *las contraventanas dejaban pasar algunos rayos de luz.* — = contra
2 Ventana, interior o exterior, que se añade a otra para tener más aislamiento.
3 Hojas de madera o hierro que se ponen en el exterior para conseguir más aislamiento y protección de la temperatura exterior y el ruido.

contraventura Situación o suceso que causa una adversidad o un sufrimiento: *fue una contraventura haber perdido a sus padres siendo niña.* — s.f. = desventura

contraveros Esmaltes de escudo unidos dos a dos por una base. — s.m.pl. HERÁLDICA

contravidriera Vidriera que se añade a otra para mayor aislamiento: *mantenía una temperatura cálida en el invernadero gracias a las contravidrieras.* — s.f.

contraviento
1 Armazón de maderos cruzados en aspa entre dos vigas. — s.m. CONSTRUCCIÓN
2 Cada uno de los maderos cruzados en aspa entre dos vigas. — CONSTRUCCIÓN

contravoluta Voluta que duplica la principal. — s.f./ARQUITECTURA

contray (De la ciudad flamenca de *Courtrai*, donde se tejía este artículo.) Paño fino. — s.m. TEXTIL

contrayente Se aplica a la persona que contrae matrimonio: *los contrayentes agradecieron al sacerdote su simpatía.* — adj/s.m.f.

contrazanca Zanca de la escalera que se apoya en la pared. — s.f. CARPINTERÍA

contrecho, a Que está deforme o tullido: *volvió contrecho de la guerra.* — adj. = baldado

contrete
1 Puntal que sujeta una pieza horizontal. — s.m./CONSTRUCCIÓN MECÁNICA
2 Travesaño que coincide con el eje menor en los eslabones elípticos de una cadena.

contri
1 Molleja, estómago de las aves. — s.m./*Chile*
2 Corazón, entraña, lo más íntimo de algo. — *Chile*

contribución (Del lat. *contributio, -onis.*)
1 Acción de contribuir, dar o cooperar: *el alcalde le agradeció su valiosa contribución al desarrollo del sector turístico.* — s.f.
2 Cantidad con que se contribuye a algún fin.
3 Pago a que, por distintos conceptos establecidos, están obligados los ciudadanos para sostener los gastos del estado. — ECONOMÍA = tributo
4 Imposición fiscal a los beneficiados por una obra o servicio de la administración. — ECONOMÍA
5 poner a contribución: Recurrir a cualquier medio para conseguir un objetivo: *para responder a la pregunta del alumno puso a contribución toda su erudición.*

contribuir (Del lat. *contribuere.*)
1 Pagar la cuota correspondiente de un impuesto: *no todos los ciudadanos tienen la obligación de contribuir cada año.* — v.tr/intr. conj: huir ECONOMÍA
2 Dar una cantidad de dinero u otra cosa para un determinado fin: *contribuyó con varios millones a la lucha contra el cáncer; los laboratorios contribuyeron con medicinas para paliar los efectos de la epidemia.* — + con
3 Coadyuvar o ayudar a la consecución de una cosa: *las palabras de los líderes han contribuido a la paz; las nuevas autovías han contribuido a aumentar el confort del usuario.* — v.intr. + a, con, para

contribulado, a Que está atribulado, triste o compungido: *contribulada y cabizbaja apareció ante las cámaras de televisión.* — adj.

contributario, a Contribuyente junto a otras personas en el pago de un tributo. — s.

contributivo, a Que tiene relación con la contribución o impuesto. — adj. ECONOMÍA

contribuyente
1 Que contribuye: *necesitamos encontrar un socio contribuyente.* — adj/s.m.f.
2 Persona que paga contribución al estado. — s.m.f./ECONOMÍA

contrición (Del lat. *contritio, -onis.*)
1 Arrepentimiento de una culpa cometida. — s.f. RELIGIÓN
2 Sentimiento de dolor experimentado después de haber ofendido a Dios: *hizo acto de contrición arrodillándose ante el altar.*

contrincante Persona que pretende una cosa en competencia con otra u otras: *los contrincantes demostraron un profundo espíritu deportivo.* — s.m.f. = competidor

contristar Poner triste a una persona: *al oír la mala noticia, se contristó.* — v.tr/prnl./= afligir, entristecer

contrito, a (Del lat. *contritus,* abrumado.) Que está arrepentido y abatido por haber cometido una falta: *con voz contrita le pidió perdón.* — adj.

control (Del fr. *controle*, doble registro, contracción de *controle* < *role*, registro.)
1 Acción o resultado de comprobar o examinar una cosa: *lleva el control de mercancías; la policía está realizando controles en todas las carreteras de acceso a la ciudad.*   s.m. = comprobación, inspección
2 Acción o resultado de mandar o dirigir: *el comisario se encargó del control de la operación.*   = dirección, mando
3 Atención que se presta a una cosa o a una persona para prevenir un daño que ellos puedan ocasionar: *el control de las fronteras es muy riguroso; deben revisarse los procedimientos de control y sanción de los vertidos industriales.*   = vigilancia
4 Oficina o dependencia en la que se controla una cosa: *debe pasar por el control del aeropuerto.*
5 Mandos que regulan un sistema y tablero o panel donde se encuentran: *el técnico de sonido está en el control.*   TECNOLOGÍA
6 Conjunto de operaciones manuales o automáticas para vigilar el estado de un sistema dirigido con el fin de elaborar las acciones de mando.   TECNOLOGÍA
7 Lugar desde donde se comprueba o se cronometra el paso de cada concursante de una carrera: *tu corredor favorito ha pasado el control hace diez minutos.*   DEPORTES
8 Acción de dominar las actividades de una sociedad como poseedor de la mayoría de las acciones: *tenía el control de todas las empresas familiares.*   ECONOMÍA
9 **control antidoping:** Análisis clínico y examen biológico que se realiza para comprobar si un deportista ha tomado sustancias estimulantes o prohibidas.   DEPORTES, MEDICINA
10 **control biológico o lucha biológica:** Método de defensa de los cultivos que consiste en combatir una especie perjudicial para el hombre, mediante depredadores, parásitos naturales o sustancias extraídas de organismos vivos.   AGRICULTURA
11 **control de calidad:** Método que permite comprobar las variaciones de las características o artículos sometidos a verificación: *el control de calidad está extendido en la mayor parte de las industrias.*   COMERCIO
12 **control de crecimiento:** Método con el que se vigila el crecimiento y desarrollo de un individuo.   BIOLOGÍA
13 **control de natalidad:** Regulación del número de nacimientos.
14 **control obrero:** Poder de decisión que los trabajadores de una empresa deben ejercer directamente, dentro de las doctrinas marxistas.   POLÍTICA
15 **control presupuestario o de gestión:** Método de vigilancia de la relación entre las previsiones y las actividades realizadas.   ECONOMÍA
16 **control social:** Conjunto de medidas reguladoras de la vida social que hacen que los miembros de un grupo o sociedad obren según unas pautas.   SOCIOLOGÍA

controlador, a
1 Persona que controla.   s.
2 **controlador aéreo:** Técnico encargado de controlar y dirigir la navegación aérea desde tierra.   AERONÁUTICA

controlar
1 Hacer la comprobación o cómputo de una cosa: *controla tus gastos de la casa.*   v.tr./= comprobar, supervisar
2 Ejercer vigilancia: *varios policías controlaban los movimientos del sospechoso.*   = vigilar
3 Tener una persona dominio sobre los propios impulsos: *tuvo que controlarse para no romper a llorar.*   v.prnl. = moderarse

controversia (Del lat. *controversia*.)
1 Discusión extensa entre varias personas que defienden opiniones contrarias sobre un mismo asunto: *entraron en una controversia carente de sentido; de la controversia pudieron sacar en claro unas cuantas ideas.*   s.f. = debate, polémica
2 **sin controversia:** Sin ninguna duda: *se trata de un punto sin controversia.*   loc.adv.

controversista Persona que escribe o trata sobre puntos de controversia.   s.m.f.

controvertido, a Se refiere a las ideas, opiniones o situaciones que resultan muy discutidas y también a las personas que las defienden o mantienen: *sus controvertidos argumentos crearon una viva polémica; era un personaje muy controvertido como político.*   adj.

controvertir (Del lat. *controvertere*.) Discutir extensa y detenidamente sobre un tema: *controvertir sobre el horario laboral casi los enfrenta.*   v.intr./tr. conj. sentir

contubernio (Del lat. *contubernium*.)
1 Cohabitación de un hombre y una mujer sin estar casados.   s.m. formal
2 Alianza o asociación de personas o intereses censurable, ilegal o ilícita: *en contubernio dominaron todas las actividades de la sociedad.*

contumacia
1 Modo de ser o comportarse de la persona que se mantiene tenazmente en un error: *mostraba una contumacia rayana en la tontería.*   s.f. = obstinación, tenacidad
2 Falta de comparecencia en un juicio.   DERECHO/= rebeldía

contumaz (Del lat. *contumax, -acis*, porfiado.)
1 Que es rebelde y obstinado: *su contumaz comportamiento le valió muchas reprimendas.*   adj./pl: contumaces = recalcitrante
2 Se aplica a la sustancia que es apropiada para la conservación de los gérmenes infecciosos.   BIOLOGÍA
3 Que no se presenta en un juicio: *fue multado por rebelde y contumaz.*   adj/s.m.f. DERECHO

contumelia (Del lat. *contumelia*, injuria.) Injuria u ofensa dicha a una persona.   s.f. culto

contumelioso, a Se aplica a la persona que tiene un comportamiento injurioso u ofensivo: *respondió agresivamente a sus palabras contumeliosas.*   adj. culto = ultrajante

contundencia
1 Actitud del que impresiona y convence por su fuerza y energía al expresarse.   s.f. ≠ blandura
2 Circunstancia de ser enérgico, convincente y decisivo algo que se dice o escribe: *la contundencia de su discurso no da lugar a réplica.*   = resolución
3 Cualidad de contundente, que causa daño o lesión interna en el cuerpo.

contundente
1 Que produce contusión: *la víctima presentaba heridas producidas por un objeto contundente.*   adj. tb: tundente
2 Que es totalmente convincente: *nadie pudo rebatir sus contundentes argumentos.*
3 Se aplica a la persona que emplea un tono que no admite réplica o discusión.   = convincente, terminante

contundir (Del lat. *contundere* < *tundere*, golpear.) Dar golpes a una persona: *entre unos cuantos la contundieron con un bate de béisbol.*   v.tr/prnl. part.tb: contuso = golpear, magullar

conturbación Estado de ánimo de quien se encuentra turbado o impresionado: *su presencia en la sala produjo gran conturbación.*   s.f. = inquietud, turbación

conturbar (Derivado culto del lat. *turbere*, perturbar.)
1 Causar un suceso desgraciado una impresión fuerte a una persona: *la conturbó su pérdida; se conturbó al volver a recibir una llamada del extorsionador.*   v.tr/prnl. = conmocionar
2 Hacer perder la serenidad a una persona: *la presencia del juez conturbó al acusado.*   = turbar, desasosegar

contusión (Del lat. *contusio*.) Daño o señal producidos por un golpe en alguna parte del cuerpo que no causa herida exterior: *el golpe le produjo múltiples contusiones.*   s.f. MEDICINA

contusionar Causar una contusión: *el golpe de la pelota me contusionó la pierna.*   v.tr/prnl. = lastimar

conurbación
1 Conjunto de poblaciones o núcleos urbanos, originariamente separados, que forman un área edificada con continuidad física.   s.f.
2 Núcleo de población resultante de esta aglutinación o coalescencia.

convalecencia
1 Recuperación de la salud que sigue a la enfermedad, a la lesión o a una operación quirúrgica.   s.f. MEDICINA
2 Período de tiempo de recuperación después de una enfermedad: *después de la trombosis le prescribió una convalecencia de tres semanas.*   MEDICINA

convalecer (De lat. *convalescere* < *valere*, estar sano.)
1 Recuperarse una persona tras una enfermedad: *convaleció de la gripe quedándose en la cama.*   v.intr./conj: carecer MEDICINA
2 Salir una persona o una colectividad del estado de postración o peligro en que se encontraba.

convaleciente Que convalece o se recupera: *aún está convaleciente del accidente de coche.*   adj/s.m.f. MEDICINA

convalidación Acción de convalidar o confirmar: *ha solicitado la convalidación de sus estudios en Alemania.*   s.f.

convalidar
1 Confirmar, revalidar: *convalidó el proyecto.*   v.tr.
2 Dar validez académica en un país o un centro de enseñanza a los estudios realizados en otro.   = conmutar

convección
1 Propagación del calor en un fluido por movimiento de masas de distinta temperatura y densidad.   s.f. FÍSICA
2 Movimiento de ascenso vertical del aire.

convecino, a
1 Se aplica a la persona que es vecina de otra u otras: *eran convecinos de toda la vida.*   adj/s.
2 Que está cercano o próximo: *trabajaban, aunque no vivían, en pueblos convecinos.*   adj.

convector Aparato de calefacción por convección.   s.m./TECNOLOGÍA

convencer (Del lat. *convincere*.)
1 Conseguir con razones o argumentos que una persona haga una cosa o cambie de parecer: *la convencimos de que siguiera estudiando para que tuviera una cultura bien sólida.*   v.tr/prnl. conj: vencer part.tb: convicto = persuadir
2 Probar una cosa de manera que no se pueda negar.   = demostrar
3 Gustar o satisfacer una persona o una cosa: *no me convence su carácter.*   v.tr/coloquial = agradar, complacer
4 **¡convéncete!:** Expresión que se utiliza para reforzar una afirmación.   interj.

convencimiento
1 Estado de la persona que está segura de alguna cosa: *es tal su convencimiento que no admitió crítica alguna.*   s.m.

2 Convicción moral, política, religiosa o de otro tipo.
3 Creencia firme: *llegó al convencimiento de que aquella no era la escuela que buscaba para su hijo.*

convención (Del lat. *conventio*, reunión.)
1 Acuerdo o pacto entre personas, entidades o naciones: *la convención entre las siete potencias facilitó la remodelación de la ONU.* — s.f. = convenio, tratado
2 Conveniencia o conformidad entre dos o más personas o con una norma: *actuaron por convención sin tener en cuenta a los demás.*
3 Asamblea o reunión de representantes de una profesión: *asistieron como invitados a la convención de médicos.* — = simposium
4 Reunión o congreso general de partidos o de cualquier tipo de agrupaciones políticas para elegir o proclamar candidatos o resolver otros asuntos internos: *hubo numerosos altercados en la última convención republicana.* — POLÍTICA
5 Lugar o local donde tiene lugar esta reunión.
6 Norma o práctica admitida por costumbre, acuerdo o tradición: *las unidades de medida son una convención.*

convencional
1 Del convenio o pacto: *valor convencional.* — adj.
2 Que está establecido según la convención o costumbre, careciendo de originalidad o expresividad: *su programa político corresponde a un liberalismo convencional.*
3 Se aplica a las armas tradicionales por oposición a las nuevas, como nucleares, biológicas, químicas. — MILITAR
4 Miembro de una convención o asamblea. — s.m.f.

convencionalismo Opinión, procedimiento, o conjunto de ellos, que se mantienen en una comunidad por comodidad o conveniencia social sin expresar sentimientos particulares: *las letras que utilizamos son puro convencionalismo; su rechazo a las normas hace que su comportamiento carezca de todo convencionalismo.* — s.m. SOCIOLOGÍA

convencionalista
1 Del convencionalismo. — adj./SOCIOLOGÍA
2 Que es partidario del convencionalismo. — adj/s.m.f.

convenible Que conviene: *hemos pactado un precio convenible.* — adj. = conveniente

conveniencia
1 Carácter de lo que es conveniente: *debo pensar en la conveniencia de su propuesta.* — s.f. th: convenencia
2 Convenio o acuerdo entre personas: *no han llegado a ninguna conveniencia.* — = pacto
3 Situación o cosa provechosa o de utilidad para una persona: *sólo piensa en su conveniencia.* — = beneficio, comodidad
4 **conveniencias sociales:** Convenciones y normas de urbanidad y decoro aceptadas y practicadas comúnmente en la convivencia social: *dando por válidas las conveniencias sociales, nunca pensó en su ética.* — SOCIOLOGÍA

conveniente
1 Que es útil, provechoso o resulta oportuno: *una relación conveniente; es conveniente que venga cuanto antes.* — adj./= oportuno, provechoso
2 Que está acorde o es adecuado: *el precio no es conveniente a la calidad.* — = apropiado, concorde

convenio (Del lat. *convenium*.)
1 Situación de conformidad o acuerdo entre dos o más personas sobre un asunto determinado: *las partes litigantes llegaron a un convenio.* — s.m. = alianza, pacto
2 Texto en que se contiene lo acordado: *en el convenio se recogen las normas de la empresa; los convenios acordados fijan determinadas garantías.*
3 **convenio colectivo:** Acuerdo entre los trabajadores y la empresa por el que se regulan las condiciones de trabajo y se determinan ciertas obligaciones directas para las partes contratantes. — DERECHO

convenir (Del lat. *convenire*, ir a un mismo lugar.)
1 Tener dos o más personas la misma opinión en un asunto: *no convengo contigo en este tema.* — v.intr./conj: venir = coincidir
2 Ser una persona o cosa buena o útil para otra: *te conviene relajarte un poco.* — = beneficiar
3 Ponerse dos o más personas de acuerdo en una cosa: *trabajadores y patronal se convinieron aumentando las comisiones.* — v.prnl. = acordar, pactar
4 Ponerse dos o más personas de acuerdo causando obligación. — DERECHO

conventículo Reunión clandestina de personas para tratar un asunto ilícito o ilegal: *en conventículo decidieron apartarle de la cúpula de la organización.* — s.m. th: conventícula

conventillo Casa de vecindad: *vivían de las rentas de dos conventillos que heredaron de sus abuelos.* — s.m. Amér. Merid.

convento (Del lat. *conventus*, reunión de gente.)
1 Casa donde viven en comunidad los monjes o monjas de una orden religiosa: *visitaron el convento para entrevistarse con la superiora.* — s.m. RELIGIÓN = cenobio
2 Comunidad de religiosos o religiosas que habitan en una misma casa: *el convento se reunió en la capilla para los laudes.* — RELIGIÓN
3 Hueco entre dos cuadernas. — NÁUTICA

conventual
1 Del convento: *asistieron a regañadientes a la misa conventual, pero salieron muy satisfechos.* — adj. RELIGIÓN

2 Religioso que reside en un convento. — s.m.f./RELIGIÓN
3 Religioso franciscano cuya orden posee rentas. — s.m./RELIGIÓN
4 Predicador del convento, en algunas órdenes religiosas. — RELIGIÓN

conventualidad
1 Residencia en un convento: *ciertas órdenes no están obligadas a la conventualidad.* — s.f. RELIGIÓN
2 Asignación de un religioso a un convento determinado: *está en las misiones, pero tiene su conventualidad en el monasterio de Silos.* — RELIGIÓN

convergencia
1 Acción de converger. — s.f./≠ divergencia
2 Lugar o punto en que convergen dos cosas: *en la convergencia de las dos calles hay una plaza.* — = confluencia
3 Ligera inclinación hacia el interior de las ruedas delanteras no motoras de los vehículos automóviles. — MECÁNICA
4 Semejanza de forma entre dos especies que viven en un mismo medio y se desplazan con los mismos procedimientos, aunque carecen de parentesco próximo. — BIOLOGÍA
5 Proceso de fusión progresiva de dos lenguas. — LINGÜÍSTICA
6 Integración de las señales procedentes de puntos diferentes que convergen en la misma célula. — BIOLOGÍA
7 **convergencia binocular:** Aquella que se produce en ambos globos oculares sobre un objeto fijo, de manera que se produce la formación de la imagen. — MEDICINA, SICOLOGÍA

convergente
1 Que converge y tiende hacia un punto: *calcula el lugar en que se encontrarán esas dos carreteras convergentes.* — adj. ≠ divergente
2 Se aplica a las cosas, ideas, situaciones que tienden hacia un mismo objetivo o que tienen el mismo resultado: *en la situación social actual hay tendencias reformadoras convergentes.* — = concurrente

converger (Del lat. *convergere* < *vergere*, inclinarse.)
1 Unirse o tender a unirse dos o más cosas en un mismo punto: *el atasco se produjo en el tramo donde converge la carretera local con la nacional.* — v.intr. conj: coger th: converger th: convergir = coincidir
2 Tener el mismo fin o un objetivo común referido sobre todo a ideas, acciones, propósitos: *llegaremos a entendernos porque nuestras ideas convergen; la modernización de la red viaria trata de converger con los niveles de desarrollo europeo.*

convergir Converger [en todas sus acepciones]. — v.intr./conj: surgir

conversa Conversación intrascendente: *durante todo el trayecto mantuvieron una agradable conversa.* — s.f. coloquial

conversación
1 Acción y resultado de hablar dos o más personas: *entabló conversación con su compañero de asiento para olvidarse de su ansiedad.* — s.f. = diálogo
2 Manera o forma de conversar: *es una persona de amena y distendida conversación.*
3 **dar conversación:** Hablar con alguien para entretenerle: *le dio conversación para que no se marease.* — coloquial
4 **dejar caer algo en la conversación:** Decirlo de pasada, sin darle mayor importancia: *dejó caer lo del premio en mitad de la conversación.* — coloquial
5 **dirigir a alguien la conversación:** Hablar particularmente con él: *les molestó que los obviara y que dirigiese la conversación sólo a él.*
6 **sacar la conversación:** Citar o nombrar algún asunto para que se hable de él: *les sacó la conversación del reparto de la herencia para ver qué intenciones tenían.*
7 **trabar conversación:** Iniciar o dar principio a una charla: *trabaron conversación inmediatamente después de ser presentados.*

conversacional
1 De la conversación: *los debates son programas conversacionales.* — adj.
2 Se aplica al lenguaje coloquial: *con estilo conversacional intentó caracterizar los personajes.* — LINGÜÍSTICA
3 Se refiere a un tipo de poesía que utiliza el lenguaje y expresiones coloquiales. — POESÍA

conversador, a Se refiere a la persona que sabe hacer amena una conversación: *es agradable hablar con él porque es un gran conversador.* — adj/s.

conversar (Del lat. *conversari*, vivir en compañía.)
1 Mantener dos o más personas una conversación: *conversaba animadamente con su abuela.* — v.intr./= charlar, departir, platicar
2 Cambiar una fila de soldados de frente girando sobre uno de sus extremos. — MILITAR

conversión
1 Transformación de una cosa en otra: *los alquimistas creían en la conversión de la materia en oro usando la piedra filosofal.* — s.f.
2 Acción de adoptar una religión, doctrina o creencia distinta de la que se profesa: *su conversión al budismo sorprendió tanto a su familia como a sus amigos.* — RELIGIÓN
3 Cambio del tipo de representación de los datos, pasando de uno a otro. — INFORMÁTICA
4 Cambio de efectos o valores públicos por otros de características diferentes. — ECONOMÍA

5 Figura que consiste en repetir la misma palabra al final de varias cláusulas. — **RETÓRICA** = epístrofe

6 Cambio de frente de una alineación de soldados, que se realiza al girar sobre uno de sus extremos. — **MILITAR**

7 conversión de archivos: Proceso de transcripción de éstos a un formato diferente. — **INFORMÁTICA**

8 conversión de programas: Proceso de convertir el lenguaje de una programa fuente en otro distinto, especialmente cuando se trata de adaptarlo a una gama de ordenadores distintos a los que sirvieron de soporte al escribirlo. — **INFORMÁTICA**

converso, a (Part. irreg. *convertir.*)
1 Se aplica al judío que se convertía al cristianismo durante los siglos XIV, XV y XVI. — **adj./s./HISTORIA** = convertido
2 Persona que no tiene opción al sacerdocio en algunas órdenes religiosas. — **s.m./RELIGIÓN** = lego

conversor Dispositivo que adapta los ficheros codificados en un determinado programa o sistema a otro. — **s.m. INFORMÁTICA**

convertibilidad
1 Capacidad de una cosa para convertirse o ser convertida en otra: *este modelo de coche posee una buena convertibilidad.* — **s.f.**
2 Posibilidad de una moneda de poder ser intercambiada por otra. — **ECONOMÍA**

convertible
1 Que puede ser convertido o transformado: *existen obligaciones convertibles en ventas; tenía un sofá convertible en cama.* — **adj.**
2 Se aplica al dinero o numerario que se canjea en metálico con sólo presentarlo en una entidad bancaria. — **ECONOMÍA**
3 Descapotable, automóvil que tiene una capota desmontable. — **s.m.**

convertidor
1 Aparato para convertir el hierro fundido en acero. — **s.m./METALURGIA**
2 Aparato que convierte una corriente eléctrica en otra de mayor tensión y menor intensidad o al revés. — **ELECTRICIDAD** = transformador
3 Aparato que transforma o varía el valor de una magnitud física. — **FÍSICA**
4 Aparato televisivo que adapta las señales de un sistema a otro. — **AUDIOVISUALES**

convertir (Del lat. *convertere.*)
1 Hacer de una cosa otra distinta: *el agua se convirtió en vino milagrosamente; la bruja encantó al príncipe y le convirtió en rana.* — **v.tr/prnl./conj:** sentir part.tb: converso = transformar
2 Conseguir que una persona adopte determinada creencia, ideología u opinión: *se convirtió al cristianismo.* — = persuadir
3 Hacer que una persona o una cosa llegue a ser otra: *convirtió su casa en un refugio para animales.* — **v.tr.=** mudar, transformar
4 Cambiar una emisión de valores mobiliarios por otra de condiciones diferentes. — **ECONOMÍA**
5 Cambiar una expresión por otra de igual significación. — **v.prnl. LÓGICA**

convexidad
1 Característica de lo que es convexo. — **s.f.**
2 Forma convexa: *recoger la pelota en la convexidad de la mano.*

convexo, a (Del lat. *convexus,* curvo.) Se aplica a la superficie o línea que es curva y tiene su parte más prominente en el centro: *el aparato óptico contenía un juego de lentes convexas y cóncavas.* — **adj. GEOMETRÍA**

convicción (Del lat. *convictio, -onis.*)
1 Convencimiento, creencia firme: *gracias a su fuerte convicción les persuadió para que asistiesen.* — **s.f.** = seguridad
2 Idea religiosa, ética, política en la que se cree firmemente: *aferrada a sus convicciones no respetaba opiniones distintas.* — **s.f.pl.** = principios

convicto, a (Part. irreg. *convencer.*)
1 Se aplica al acusado a quien se le ha probado su culpabilidad aunque no lo haya confesado. — **adj. DERECHO**
2 convicto y confeso: Se aplica a la persona cuya culpabilidad no ofrece duda alguna. — **DERECHO**

convictor Persona que vive en un seminario o colegio religioso sin pertenecer a la comunidad. — **s.m.**

convictorio Internado de estudiantes en los colegios jesuitas. — **s.m.**

convidada Convite en el que, por lo común, sólo se invita a beber: *les ofreció una convidada para celebrar el compromiso de su hija.* — **s.f. coloquial**

convidado, a
1 Persona que recibe un convite o invitación: *los convidados llegaron en lujosos coches.* — **s.** = invitado
2 como el convidado de piedra: Expresión que se aplica a una persona que está quieta o silenciosa en una reunión: *pasó la velada en un rincón como el convidado de piedra.* — **loc.adv.**

convidar (Del lat. vulgar **convitare,* variante de *invitare.*)
1 Ofrecer a una persona una cosa que se supone grata para ella: *te convido a una copa; la convidaron a participar en una mesa redonda sobre la carrera armamentística.* — **v.tr.** = invitar

2 Ofrecer o brindar un lugar o circunstancia la oportunidad de hacer una cosa: *la ocasión convidaba a la alegría; la buena tarde convidaba a pasear.* — = incitar, invitar
3 Ofrecerse voluntariamente para hacer una cosa. — **v.prnl.**

convincente Que convence: *sus argumentos fueron tan convincentes que no fue necesario añadir nada más.* — **adj.**

convite (Del lat. *convivium.*)
1 Acción de convidar: *no puedes rechazar su convite.* — **s.m./=** invitación
2 Comida o fiesta a la que se invita a algunas personas, normalmente para celebrar un acontecimiento: *el convite de la boda fue un éxito.*

convival Del convite: *manjares convivales.* — **adj./formal**

convivencia
1 Acción y resultado de coexistir o vivir con otros. — **s.f./=** coexistencia
2 Relación mantenida al convivir: *llevan dos años de feliz convivencia; saber escuchar mejora la convivencia.*

convivir
1 Vivir una persona en compañía de otra u otras en el mismo lugar o tiempo. — **v.intr.** = coexistir
2 Vivir en armonía: *es muy difícil convivir con un genio.*

convocación Acción de convocar. — **s.f.**

convocar (Del lat. *convocare,* llamar a junta.)
1 Llamar o citar a una o más personas para que acudan a un lugar: *la dirección ha convocado a los jefes de departamento en la sala de juntas; los sindicatos convocaron a la manifestación anual del día del trabajo.* — **v.tr. conj:** sacar
2 Anunciar un concurso o una competición para que los interesados acudan a participar: *han convocado oposiciones a correos; convocar el premio literario.*
3 Llamar a jugar a una serie de jugadores para un partido: *el entrenador no le convocó para el encuentro internacional.* — **DEPORTES**

convocatoria Anuncio o escrito con que se convoca a alguien: *en la convocatoria se especifican los requisitos para concursar a la plaza.* — **s.f.**

convolvuláceo, a Perteneciente a una familia de plantas angiospermas dicotiledóneas, arbóreas o herbáceas, de hojas alternas, corola en forma de tubo o campana y fruto en cápsula, como la batata y la maravilla. — **adj/s.f. BOTÁNICA**

convólvulo (Del lat. *convolvulus.*)
1 Insecto de vistosos colores cuya oruga ataca los frutos y hojas de la vid. — **s.m./ZOOLOGÍA** = piral de la vid
2 Enredadera, planta de tallo trepador. — **BOTÁNICA**

convoy (Del fr. *convoi,* escolta de soldados < *convoyer,* escoltar < lat. vulgar **conviare < cum,* con + *via,* camino.)
1 Formación militar o policial que protege por tierra o por mar a una persona o una cosa que tiene que ser trasladada de un sitio a otro: *el convoy flanqueaba los camiones de refugiados.* — **s.m. pl: convoyes MILITAR** = escolta
2 Conjunto de vehículos o mercancías escoltados: *el convoy sufrió el asedio de los francotiradores.*
3 Serie de vagones unidos unos con otros y arrastrados por la misma máquina. — = tren
4 Vinagreras del servicio de mesa.
5 Séquito o acompañamiento. — **coloquial**

convoyar Ir con una persona o una cosa de un lugar a otro para su protección: *la ONU ha dispuesto que los cascos azules convoyen a los repatriados.* — **v.tr.** = escoltar

convulsión
1 Agitación involuntaria, brusca y repetida de uno o varios músculos, debida a una alteración del sistema nervioso: *cayó en un profundo sueño y tres convulsiones la estremecieron.* — **s.f. MEDICINA**
2 Perturbación violenta, por causas políticas o sociales, de la vida de una comunidad: *la situación estallará si se produce otra convulsión.* — **SOCIOLOGÍA**
3 Movimiento violento producido por los terremotos: *el suelo tembló bajo una fuerte convulsión.* — **GEOLOGÍA**

convulsionar Producir convulsiones. — **v.tr./MEDICINA**

convulsivo, a
1 De la convulsión: *movimientos convulsivos.* — **adj.**
2 Que tiene carácter de convulsión: *sufrió un ataque de tos convulsiva.*

convulso, a (Del lat. *convulsus,* que padece convulsiones.)
1 Que padece convulsiones. — **adj./MEDICINA**
2 Que está excitado o inquieto: *aún convulso, no pudo relatarle el altercado.* — = agitado, nervioso

conyúdice Juez juntamente con otro en un mismo asunto. — **s.m/DERECHO** = conjuez

conyugal De los cónyuges: *el sacerdote insistió en los derechos conyugales durante la homilía.* — **adj.**

cónyuge (Del lat. *conjux, -ugis,* el que lleva el mismo yugo.) Respecto de una persona, su marido o su mujer: *le regalaron un viaje a las islas para él, su cónyuge e hijos.* — **s. = consorte**

conyugicida Cónyuge que mata al otro: *el conyugicida fue condenado a cadena perpetua.* — **s.m.f.** = parricida

coña
1 Burla o broma que se hace utilizando determinadas palabras o un tono irónico: *no te enfades, es coña.* — s.f. coloquial
2 Lo que resulta molesto o pesado: *es una coña madrugar.* — coloquial = coñazo, lata
3 Falta de seriedad y formalidad: *me molesta su coña en el trabajo.* — coloquial
4 **de coña:** 1. Maravillosamente, muy bien: *nos lo pasamos de coña en la sierra.* 2. En broma, de burla, de manera poco formal: *de coña le dijo que no le pensaba acompañar.* — loc.adv./coloquial loc.adv. coloquial
5 **en coña:** En broma, de burla o de manera poco formal. — coloquial
6 **ni de coña:** De ninguna manera: *no pienso hacer cola ni de coña para comprar las entradas.* — coloquial

coñac (De *Cognac*, ciudad francesa.) Aguardiente de graduación alcohólica elevada, obtenido por destilación de vinos flojos, aromatizado y añejado en toneles de roble. — s.m. pl: coñacs tb: coñá

coñazo
1 Persona, dicho o hecho pesados o molestos: *menudo coñazo de película.* — s.m. coloquial
2 **dar el coñazo:** Resultar molesto: *le dio el coñazo con los caramelos hasta que consiguió que se los comprase.* — coloquial

coñearse Hacer burla de una persona disimuladamente: *se coñeaba con todo aquello que denotase debilidad.* — v.prnl./coloquial + de

coñete Se aplica a la persona tacaña, cicatera o mezquina. — adj./Chile, Perú

coño (Del lat. *cunnus*.)
1 Parte externa del aparato genital de la mujer. — s.m./vulgar
2 Español, persona natural de España. — Chile/vulgar
3 **¡coño!:** Expresión usada para exteriorizar malhumor o enfado, y para admirarse o quejarse de algo. — interj. vulgar

cooperación
1 Acción y resultado de cooperar o colaborar: *la entidad benéfica agradeció la cooperación de los asistentes.* — s.f./= ayuda, participación
2 Relación entre dos individuos que es útil para ambos, aunque no implique contacto permanente. — BIOLOGÍA
3 Política de entendimiento e intercambio entre dos estados. — POLÍTICA
4 Ayuda económica, financiera o técnica que ofrecen los países desarrollados a los que se encuentran en vías de desarrollo: *las organizaciones no gubernamentales pidieron el aumento de los presupuestos de cooperación.* — ECONOMÍA, POLÍTICA
5 **en cooperación:** Conjuntamente, en equipo: *en cooperación conseguiremos aplicar las reformas.* — loc.adv.

cooperador, a Que coopera en la consecución de algún fin: *las instituciones cooperadoras consiguieron el beneplácito de la ONU.* — adj/s. = cooperante

cooperante Persona especialista en ciertos campos que se pone a disposición de un país en vías de desarrollo para llevar a cabo o hacer factible un proyecto de cooperación: *los cooperantes fueron evacuados de la zona del conflicto.* — s.m.f. = cooperador

cooperar (Del lat. *cooperari < cum*, con + *operari*, trabajar.) Obrar dos o más personas o entidades para conseguir el mismo fin: *diversos sectores cooperaron con la administración para paliar los efectos del terremoto.* — v.intr. = colaborar, participar

cooperatismo Cooperativismo, doctrina económica. — s.m./ECONOMÍA

cooperativa
1 Sociedad formada por personas que tienen intereses comunes, para conseguir ciertos fines que benefician a todos. — s.f. ECONOMÍA
2 Establecimiento comercial donde se venden artículos procedentes de una asociación cooperativista: *en la cooperativa encontrarás los productos lácteos más baratos.* — ECONOMÍA

cooperativismo Doctrina y práctica que propugna la cooperación económica y social para que productores y consumidores controlen la producción, eliminando la competencia, el afán de lucro y el asalariado. — s.m. ECONOMÍA, POLÍTICA

cooperativista
1 Del cooperativismo: *optaron por un sistema cooperativista de producción.* — adj. ECONOMÍA
2 Que es partidario del cooperativismo. — adj/s.m.f.
3 Que pertenece a una cooperativa: *los cooperativistas se reunieron para revisar las propuestas del ministerio.*

cooperativo, a
1 Se aplica a lo que coopera o puede cooperar para lograr un fin: *con espíritu cooperativo sacaremos adelante la empresa.* — adj.
2 Se refiere a la clase basada en la cooperación del grupo de alumnos y su participación activa en la enseñanza.

cooperita Sulfuro natural de platino y paladio, de color gris oscuro y brillo metálico. — s.f. MINERALOGÍA

cooptación (Del lat. *cooptatio, -onis*.) Designación de alguien como miembro de una corporación por elección y no por reglamento. — s.f.

cooptar Llenar las vacantes de una corporación mediante el voto de los integrantes de la misma. — v.tr.

coordenada
1 Línea que determina la posición de un punto, en el plano o en el espacio, en relación con unos ejes de referencia. — s.f. MATEMÁTICAS tb: coordinado
2 **coordenada cartesiana:** Recta paralela a cada uno de los dos ejes de referencia, trazados sobre un plano, o a alguna de las intersecciones de tres planos, que determinan la posición de un punto en el espacio. — GEOMETRÍA
3 **coordenadas esféricas:** Líneas que sirven para determinar la posición de un astro en la esfera celeste. — ASTRONOMÍA
4 **coordenadas geográficas:** Líneas que sirven para determinar la posición de un lugar en la superficie geográfica. — GEOGRAFÍA

coordenado, a De las líneas coordenadas. — adj.

coordinación
1 Acción y efecto de coordinar: *el acto conmemorativo adoleció de falta de coordinación.* — s.f.
2 Relación entre oraciones, cláusulas o sintagmas de sentido independiente. — GRAMÁTICA

coordinado, a Se aplica a la oración o expresión que está unida a otra mediante una relación de coordinación. — adj. GRAMÁTICA

coordinador, a Que coordina: *el coordinador del curso me ha informado de las asignaturas.* — adj/s.

coordinante
1 Que coordina elementos. — adj./= coordinativo
2 Se aplica a la conjunción que une oraciones o elementos de sentido independiente. — adj/s.m. GRAMÁTICA

coordinar (Del bajo lat. *coordinare*.)
1 Hacer varias cosas compatibles para una acción común: *coordinó las actividades de los diferentes sectores.* — v.tr.
2 Disponer cosas de forma metódica: *no logró coordinar sus ideas con coherencia.* — = combinar

coordinativo, a Que puede coordinar: *acciones coordinativas.* — adj.

copa (Del lat. vulgar *cuppa*.)
1 Recipiente semejante a un vaso, de materiales y formas diversas, con un pie, que se usa para beber: *sirvió el cava en unas hermosas copas de cristal.* — s.f.
2 Cantidad de líquido que cabe en este recipiente: *se tomó tres copas de coñac.*
3 Conjunto de ramas y hojas que forman la parte superior de un árbol: *subió hasta la copa para colocar las cajas de anidamiento de pájaros migratorios.* — BOTÁNICA
4 Parte hueca del sombrero.
5 Cada una de las partes huecas del sujetador de las mujeres. — = cazoleta
6 Palo de la baraja española. — s.f.pl./JUEGOS
7 Cada una de las cartas de este palo de la baraja española: *as de copas.* — JUEGOS
8 Premio que se concede en algunas competiciones: *ha ganado la copa de oro.* — s.f. DEPORTES
9 Competiciones deportivas que tienen como recompensa este premio: *hoy se celebra la final de la copa de Europa.* — DEPORTES
10 Brasero con asas para transportarlo.
11 **copa del horno:** Bóveda que cubre un horno. — TECNOLOGÍA
12 **copa graduada:** Copa con algunas muescas que señalan la cantidad de líquido que se vierte en ella.
13 **apurar la copa:** Acabar todo su contenido: *antes de salir del local apuró la copa a toda prisa.* — coloquial
14 **apurar la copa del dolor o la amargura:** Llegar al extremo del sufrimiento sicológico: *con tal mortificación apuró la copa de la amargura.* — literario
15 **ir de copas:** Salir, generalmente por la noche y con los amigos, para ir a distintos bares: *se fueron de copas por el barrio viejo.*

copado, a Se refiere al árbol que tiene las ramas formando copa. — adj./BOTÁNICA = coposo

copador Mazo o martillo usado para encorvar chapas de metal. — s.m. METALURGIA

copaiba (Del port. *copaiba*.)
1 Copayero, árbol leguminoso. — s.f./BOTÁNICA
2 Resina oleosa que producen ciertas especies de estos árboles. — BOTÁNICA
3 **copaiba africana:** Sustancia similar obtenida de una planta cesalpiniácea. — BOTÁNICA

copaína Sustancia obtenida de la copaiba. — s.f./QUÍMICA

copal
1 Se aplica a la resina casi incolora, insípida, inodora y muy dura que se usa para hacer barnices. — adj/s.m. BOTÁNICA
2 Denominación de varios árboles tropicales, de los que se extrae esta resina. — s.m. BOTÁNICA

copar (Del fr. *couper*, cortar.)
1 Conseguir u ocupar los mejores puestos en una clasificación o en unas elecciones, no dejando cabida a otros: *nuestros atletas han copado los primeros puestos; la noticia copa las primeras páginas de los periódicos.* — v.tr.

2 Hacer una apuesta equivalente a todo el dinero de que dispone la banca en los juegos de azar. *JUEGOS*

3 Cortar la retirada al enemigo. *MILITAR*

coparticipación Participación con otro u otros en la posesión de una cosa o en su realización. *s.f.*

copartícipe Se aplica a la persona que participa con otra u otras en alguna cosa: *mis hermanos eran copartícipes en las acciones de la empresa.* *adj/s.m.f.*

copartidario, a Que es de la misma opinión o del mismo partido político que otra u otras personas: *aunque copartidarios políticos, discrepaban mucho en lo personal.* *adj/s.*

copayero Árbol leguminoso de copa poco poblada, hojas alternas y flores blancas agrupadas en espigas axilares, de cuyo tronco se extrae una oleorresina. *(Copaifera officinalis.)* *s.m. BOTÁNICA = copaiba*

copazo Cantidad de vino o licor que se toma generalmente de un solo trago: *se bebió varios copazos de ron.* *s.m. coloquial*

cope Parte más espesa de la red de pescar. *s.m./PESCA*

copé Betún natural de algunas regiones americanas, que se mezclaba con alquitrán. *s.m.*

copear
1 Tomar o ir de copas: *le gusta mucho copear con los amigos.* *v.intr.*
2 Vender las bebidas por copas.

copec Moneda fraccionaria rusa, equivalente a la centésima parte de un rublo. *s.m./pl: copecs tb: cópec, copek*

copela (Probablemente del ital. *coppella.*)
1 Recipiente semejante a un cono truncado, hecho con cenizas de huesos calcinados, que se usa para ensayar y purificar los minerales de oro y plata. *s.f. METALURGIA*
2 Suelo hecho con arcilla apisonada en los hornos en los que se somete a tratamiento metalúrgico los minerales de plata. *METALURGIA*

copelar Convertir un mineral o un metal en líquido mediante la copela o en hornos para tratamiento metalúrgico. *v.tr. METALURGIA*

copeo Acción de tomar copas y de ir de bar en bar para tomarlas: *va de copeo todas las noches.* *s.m.*

copépodo, a Perteneciente a una subclase de crustáceos muy pequeños, sin caparazón ni extremidades, abundantes en el plancton marino o de agua dulce. *adj/s.m. ZOOLOGÍA*

copera
1 Sitio o mueble para guardar las copas. *s.f./tb: copero*
2 Mujer que trabaja en un bar de alterne. *arget*

copernicano, a (De *Copérnico*, astrónomo polaco.) De este astrónomo o que es partidario de sus ideas. *adj/s.*

copero, a
1 Que tiene relación con la copa deportiva: *perdieron el partido copero; competición copera.* *adj. DEPORTES*
2 Se aplica al jugador o al equipo que es apto para ganar una copa deportiva. *DEPORTES*
3 Copera, mueble donde se guardan o ponen las copas. *s.m.*
4 Sirviente que se encargaba de traer la copa y dar de beber a su señor. *HISTORIA*

copete (Derivado de *copo*, mechón.)
1 Mechón de pelo que se lleva levantado sobre la frente: *la humedad del aire me baja el copete.* *s.m. = tupé*
2 Penacho o grupo de plumas que tienen algunas aves en la parte superior de la cabeza. *ZOOLOGÍA*
3 Mechón de crin que le cae al caballo sobre la frente: *adornó con cintas el copete de la yegua.* *ZOOLOGÍA*
4 Adorno que suele ponerse como remate en la parte superior de algunos muebles, como en los espejos o en los sillones.
5 Parte de un sorbete o una bebida helada que sobresale por encima del borde del recipiente que lo contiene. *= colmo*
6 Cima de una montaña. *= pico*
7 Parte superior de la pala del zapato.
8 Actitud del que se comporta con orgullo o presunción: *es un hombre de copete.*
9 Hierba seca o espuma que corona la boca del mate, cuando está bien cebado. *R. de la Plata*
10 Breve resumen y anticipación de una noticia periodística, que sigue inmediatamente al título. *Argent.*
11 de alto copete: Noble o de alta categoría: *debo asistir a una cena de alto copete.* *loc.adj.*

copetín Se usa en la expresión **de copetín** o **de alto copetín** para indicar que algo es de categoría: *fuimos a una fiesta de copetín.* *s.m.*

copetuda Alondra, ave. *s.f./ZOOLOGÍA*

copia (Del lat. *copia*, abundancia.)
1 Reproducción de un escrito, pintura, escultura, fotografía u obra de otro género en que se procura trasladar con exactitud la obra original. *s.f.*
2 Plagio o imitación de una obra ajena: *no tiene nada de original, es una copia.*

3 Imitación que hace una persona de otra: *Clara es una copia de su madre.* *= remedo*
4 Retrato o efigie de una persona, o pintura que se hace del natural: *la copia que ha hecho es de gran calidad.* *ARTE*
5 Ejemplar transcrito a mano de una obra musical. *MÚSICA*
6 Abundancia o gran cantidad de una cosa.
7 copia de cambio: Duplicado de una letra de cambio. *COMERCIO*
8 copia de trabajo: Copión, película positiva que se forma empalmando los planos rodados, sobre la que el montador y el director efectúan el montaje, para obtener una continuidad y un ritmo adecuados, eliminando los trozos deficientes. *CINE*
9 copia estándar: Película positiva destinada a la proyección. *CINE*
10 copia maestra: Placa metálica o disco original, grabado directamente de la cinta magnetofónica y cuyas matrices se usan para estampar los discos. *AUDIOVISUALES*

copiado Reproducción automática de una pieza que se efectúa valiéndose de una plantilla o modelo. *s.m. TECNOLOGÍA*

copiador Libro o registro en el que se anota la correspondencia enviada. *s.m.*

copiadora
1 Se aplica a la máquina que saca copias de dibujos o escritos sobre clichés de papel especial. *adj/s.f. = multicopista*
2 Ampliadora fotográfica. *FOTOGRAFÍA*

copiante Persona que se dedica a copiar escritos o trabajos ajenos. *s.m.f. = copista*

copiar
1 Escribir una cosa que figura en otro lugar: *copiar las actas de la reunión.* *v.tr. = transcribir*
2 Escribir o apuntar lo que dice una persona. *= anotar*
3 Reproducir una cosa mediante la imitación: *copió la melodía de una famosa canción.*
4 Plagiar o reproducir el ejercicio de otro en un examen: *le suspendió la asignatura de matemáticas por copiar una respuesta.*
5 Imitar el estilo o la obra de un escritor o artista. *= plagiar*
6 Imitar a una persona en el modo de ser o el lenguaje. *= remedar*

copichuela Copa de cualquier bebida alcohólica: *se tomó una copichuela con el jefe.* *s.f. coloquial*

copihue Planta arbustiva trepadora de flores rojas y blancas que produce una baya semejante al ají sin madurar. *s.m. Chile BOTÁNICA*

copiloto Piloto auxiliar: *gracias a la ayuda del copiloto ganó la competición.* *s.m.*

copión, a
1 Que copia o imita una cosa ajena: *le han castigado por copión.* *adj/s. coloquial*
2 Copia mal hecha de un cuadro o una estatua. *s.m.*
3 Película positiva con la que se montan los planos. *CINE*

copiosidad Abundancia de alguna cosa: *la copiosidad de datos en su tesis doctoral es exagerada.* *s.f. ≠ escasez*

copioso, a (Del lat. *copiosus.*) Que es muy abundante: *la última noche cayó una copiosa nevada; copiosa comida.* *adj. ≠ escaso*

copista Persona que copia los trabajos, escritos u obras de arte de otra: *era muy buen copista.* *s.m.f. = copiante*

copistería Establecimiento donde se realizan fotocopias y pequeños trabajos de impresión. *s.f. ARTES GRÁFICAS*

copla (Del lat. *copula*, lazo, unión.)
1 Combinación métrica o estrofa. *s.f./POESÍA*
2 Composición poética breve, generalmente de cuatro versos, que por lo común sirve de letra en las canciones populares. *POESÍA*
3 Cosa que una persona siempre dice o repite insistentemente: *no me vengas con la misma copla.* *coloquial*
4 Pareja, conjunto de dos personas o cosas con alguna semejanza.
5 Versos de una poesía o estrofas de una canción. *s.f.pl./coloquial*
6 Habladurías, chismes o evasivas.
7 copla de arte mayor: Conjunto de ocho versos de doce sílabas cada uno, que riman generalmente entre sí el primero, cuarto, quinto y octavo; el segundo y el tercero, y el sexto y séptimo. *POESÍA*
8 copla de ciego: La de ínfima calidad como las que vendían o cantaban los ciegos por los pueblos. *POESÍA*
9 copla de pie quebrado: Combinación métrica en que alterna el verso de pie quebrado con otros más largos. *POESÍA*
10 andar en coplas: Ser ya muy pública y notoria una cosa: *su fama andaba en coplas desde que se desató la polémica.* *coloquial*

coplanario, a Se aplica a los puntos, líneas, figuras u otros, que están situados en un mismo plano. *adj. GEOMETRÍA*

coplear Componer, decir o cantar coplas. *v.intr./MÚSICA*

coplería Conjunto de coplas. *s.f./POESÍA*

coplero, a
1 Persona que compone, canta o vende coplas, romances u otras composiciones poéticas. *s. POESÍA*
2 Poeta que compone versos de mala calidad. *= coplista*

copo
I (Derivado de *copa*.)
1 Porción de nieve que cae cuando nieva: *el viento lanzaba los copos contra los cristales.* *s.m.*
2 Mechón o porción de cáñamo, lana, lino u otras materias dispuestas para el hilado. *TEXTIL*
3 Cosa que por su aspecto, color o ligereza se parece a las porciones de nieve: *desayunó copos de cereales.*
4 Masa o porción de sustancia coagulada que se obtiene a partir de una sustancia orgánica líquida. *= coágulo, grumo*
II (Derivado de *copar*.)
1 Acción y resultado de copar. *s.m.*
2 Saco de red que forma parte de algunos instrumentos o artes de pesca. *PESCA*
3 Pesca hecha usando alguno de estos instrumentos. *PESCA*

copolimerización Operación de síntesis consistente en crear una cadena macromolecular a partir de monómeros de naturalezas distintas. *s.f. QUÍMICA*

copón Copa grande de metal precioso y tapa rematada por una cruz, usada en las ceremonias religiosas católicas para guardar las hostias consagradas. *s.m. RELIGIÓN = ciborio*

coposesión Posesión compartida con otra u otras personas. *s.f. DERECHO*

coposesor, a Persona que posee una cosa con otra u otras personas. *s. DERECHO*

coposo, a Se refiere al árbol que tiene las ramas formando copa: *descansó a la sombra de un coposo árbol.* *adj./BOTÁNICA = copado*

copra Médula del coco de la palma que se utiliza para la extracción de su aceite. *s.f. BOTÁNICA*

copresidir Ocupar varias personas la presidencia de una cosa conjuntamente: *se aceptó que copresidieran el acto ambos dignatarios.* *v.intr/tr.*

copretérito (Voz creada por A. Bello, humanista venezolano.) Pretérito imperfecto de indicativo. *s.m. GRAMÁTICA*

copríncipe Persona que comparte la dignidad de príncipe con otra. *s.m.*

copro- Componente de palabra procedente del gr. *kopros*, que significa excremento: *coprófago; coprología.* *pref.*

coprocesador Procesador que opera conjuntamente con la unidad central de un ordenador, desarrollando tareas específicas. *s.m. INFORMÁTICA*

coprocultivo Siembra, en el laboratorio, de una pequeña cantidad de heces en un medio de cultivo para descubrir la presencia de gérmenes. *s.f. BIOLOGÍA*

coproducción Producción de un disco, película o espectáculo en la que colaboran varias personas, entidades o países: *hicieron una película en coproducción con varios países latinoamericanos.* *s.f. AUDIOVISUALES, CINE*

coproducir Realizar en coproducción una película, un disco o un espectáculo con otras personas, entidades o países. *v.tr./conj.: conducir AUDIOVISUALES, CINE*

coproductor, a Que produce una cosa, como un disco, película o espectáculo, junto con otra persona. *adj/s.*

coprofagia (Del gr. *kopros*, excremento + *fago*, comer.) Ingestión de excrementos, materias fecales, que en ciertas personas existe como trastorno síquico: *la coprofagia es normal en ciertos roedores.* *s.f. SIQUIATRÍA, ZOOLOGÍA*

coprófago, a (Del gr. *kopros*, excremento + *fago*, comer.) Se aplica al animal que se alimenta de excrementos o estiércol: *el escarabajo es coprófago.* *adj/s. ZOOLOGÍA*

coprofilia Erotización de la zona anal o tendencia morbosa a manipular, jugar o exhibir los excrementos. *s.f. SIQUIATRÍA*

coprofílico, a De la coprofilia. *adj/s./SIQUIATRÍA*

coprófilo, a
1 Que padece coprofilia: *en la infancia se dan comportamientos coprófilos.* *adj/s. SIQUIATRÍA*
2 Se aplica a los animales que viven en los excrementos: *algunos coleópteros son coprófilos y coprófagos y viven en los estercoleros.* *adj. ZOOLOGÍA = escatófilo*

coprolalia (Del gr. *kopros*, excremento + *lalo*, charlar.) Abuso de palabras obscenas y escatológicas, provocado normalmente por perturbaciones mentales. *s.f. SIQUIATRÍA*

coprolito (Del gr. *kopros*, excremento + *lithos*, piedra.)
1 Excremento que ha sufrido un proceso de fosilización. *s.m. GEOLOGÍA*
2 Cálculo intestinal formado por materia fecal endurecida, de consistencia pétrea. *FISIOLOGÍA*

coprología Estudio bioquímico de los excrementos del hombre y de otros seres vivos. *s.f. BIOQUÍMICA*

copropiedad Propiedad común a varias personas. *s.f./DERECHO*

copropietario, a Que es propietario de una cosa juntamente con otra u otras personas. *adj/s./DERECHO = condueño*

coprotagonista Se aplica al actor que comparte el protagonismo de una película o espectáculo con otro. *adj/s.m.f. CINE, TEATRO*

cóptico, a De los coptos: *doctrina cóptica.* *adj./= copto*

copto, a (Derivado del gr. *aigyptios*, egipcio.)
1 De los cristianos de Egipto: *han encontrado una tumba copta.* *adj./RELIGIÓN tb: cofto*
2 Cristiano de Egipto. *s./RELIGIÓN*
3 Lengua antigua camito-semítica conservada en su liturgia. *LINGÜÍSTICA*

copucha
1 Vejiga de animal que sirve para varios usos domésticos. *s.f. Chile*
2 Mentira, cuento o bola. *Chile*

copuchento, a Que es exagerado o mentiroso. *adj./Chile*

copudo, a Se aplica al árbol que tiene la copa grande: *en la excursión almorzamos bajo una copuda haya.* *adj. BOTÁNICA*

cópula
I (Del lat. *copula*.)
1 Unión sexual de dos individuos de distinto sexo. *s.f./= copulación*
2 Ligadura, atadura de una cosa con otra.
3 Término que une el predicado con el sujeto. *LÓGICA*
4 Denominación que se da a los verbos *ser* y *estar* cuando tienen uso predicativo: *en la frase «Juan es moreno», «es» actúa como cópula.* *GRAMÁTICA*
5 Elemento que pone en relación unidades que están al mismo nivel: *en la expresión «pan y agua», «y» funciona como cópula entre los dos sustantivos.* *GRAMÁTICA*
II (De origen incierto.) Cúpula de un edificio. *s.f./ARQUITECTURA*

copulación
1 Unión sexual del macho y la hembra de una especie: *antes de llegar a la copulación el macho ha de cortejar a la hembra.* *s.f. BIOLOGÍA = cópula*
2 Acción de un copulante. *FOTOGRAFÍA*

copulante Compuesto capaz de reaccionar con el revelador oxidado para producir un colorante durante el revelado. *s.m. FOTOGRAFÍA*

copular Unirse macho y hembra sexualmente. *v.intr./BIOLOGÍA*

copulativo, a
1 Que liga o une. *adj.*
2 Se aplica a la conjunción que une y enlaza oraciones o elementos análogos de una misma oración gramatical. *GRAMÁTICA*
3 Se refiere al verbo que une un sujeto con su atributo sin aportar ninguna modificación semántica: *los verbos ser y estar suelen funcionar como verbos copulativos.* *GRAMÁTICA*

copyright (Voz inglesa.)
1 Derecho de propiedad del autor, del concesionario o del editor de una obra literaria, musical, artística o científica de explotarla durante cierto tiempo. *s.m. pl: copyrights DERECHO*
2 Marca impresa de este derecho, que indica el propietario de la obra y el año de la primera edición. *DERECHO*

coque (Del ingl. *coke*.) Combustible sólido, ligero y poroso que se obtiene de la destilación de la hulla. *s.m. tb: cok*

coquera
I (Derivado de *coco*.) Cabeza del trompo. *s.f.*
II (Probablemente relacionado con el cat. *coco*, oquedad en una roca.) Hueco pequeño en la masa de una piedra. *s.f.*
III (Derivado de *coque*.) Recipiente para guardar el carbón de coque cerca de la chimenea. *s.f.*

coquería Fábrica donde se quema la hulla para obtener coque. *s.f. INDUSTRIA*

coqueta Mueble con cajones y un espejo para arreglarse delante de él. *s.f. = tocador*

coquetear (Del fr. *coqueter*.)
1 Tratar una persona con otra procurando agradarle o atraerla con maneras afectadas: *coquetea con todas las mujeres de la oficina.* *v.intr. = flirtear*
2 Tener una persona contacto con una actividad, un partido o una ideología sin llegar a comprometerse: *coqueteó mucho tiempo con el partido socialista.*

coqueteo Conversación o conducta con que se intenta atraer o gustar a una persona. *s.m. = flirteo*

coquetería
1 Modo de ser o comportarse la persona coqueta o que coquetea: *no soporta su coquetería.* *s.f. = coqueteo*
2 Afectación o falta de naturalidad en los modales y adornos.

coqueto, a (Del fr. *coquet*.)
1 Que coquetea.. *adj/s.*
2 Se refiere a la persona que es muy presumida.
3 Se aplica a una cosa que es bonita, graciosa y está bien arreglada: *tiene un apartamento muy coqueto.* *adj.*

coquetón, a
1 Que es gracioso y atractivo: *llevaba un vestido coquetón.* *adj. coloquial*
2 Se refiere a la persona que coquetea. *adj/s.*

coquina Molusco bivalvo marino de la familia de las *s.f.*

tellerinas, pequeños y de forma oval, comunes en playas y costas. — ZOOLOGÍA

coquino Árbol quenopodiáceo, maderable y de fruto comestible. — s.m. BOTÁNICA

coquito
I (Derivado de *coco*, fantasma.) Gesto hecho al niño para que ría. — s.m.
II (De origen incierto.)
1 Ave columbiforme, de origen mexicano, de tamaño y apariencia similar a una tórtola, con plumaje de color pardo. — s.m. ZOOLOGÍA
2 Denominación de diversas plantas pertenecientes a distintas familias, en especial a las palmáceas. — s.m./Amér. BOTÁNICA

coquización Proceso de conversión de la hulla en coque, en un recinto cerrado y a elevada temperatura. — s.f. INDUSTRIA

coquizar Transformar la hulla en coque. — v.tr./conj.: *cazar*

cora
I (Del ár. *kura* < gr. *khora*.) Circunscripción provincial hispanomusulmana. — s.f. HISTORIA
II (De origen incierto.) De una tribu amerindia de la familia lingüística nahua que habita en la sierra mexicana de Nayarit. — adj/s.m.f.

corac- Componente de palabra procedente del gr. *korax*, que significa cuervo: *coracoides.* — pref. tb: coraco-

coráceo, a Coriáceo, de cuero. — adj.

coracero
1 Soldado de caballería que estaba armado con coraza: *los coraceros desaparecieron del ejército español a finales del siglo XIX.* — s.m. HISTORIA, MILITAR
2 Cigarro puro fuerte y de mala calidad. — coloquial

coracha (Del lat. *coriacea*, hecha de cuero.) Saco de cuero usado para transportar café, cacao y otros productos. — s.f.

coracina Coraza pequeña y ligera formada por pequeñas escamas metálicas sujetas a una tela fuerte. — s.f./HISTORIA, MILITAR

coracoides (Del gr. *korakoides*, semejante a un cuervo < gr. *korax*, cuervo + *eidos*, forma.)
1 Se aplica a la apófisis del omóplato, situada en la parte más prominente del hombro. — adj/s.f./pl coracoides ANATOMÍA
2 Hueso independiente, en las aves y reptiles, que corresponde a la apófisis del omóplato de los mamíferos. — s.m. ZOOLOGÍA

coraje (Del fr. *courage*, valentía.)
1 Actitud valiente, decidida y apasionada ante el enemigo o ante un peligro o dificultad: *no encontró a nadie con el coraje suficiente para destapar la fosa.* — s.m. = valor
2 Rabia, enfado o irritación violenta: *el coraje que le arrebató le hacía echar chispas.* — = ira

corajina (Derivado de *coraje*.) Enfado grande pero de poca duración, que se manifiesta de forma muy expresiva: *no entiendo el motivo de tu corajina.* — s.f. coloquial

corajudo, a
1 Que se encoleriza con facilidad. — adj./= colérico
2 Que se comporta con coraje y valor: *tenían un equipo corajudo, capaz de afrontar los problemas.* — = esforzado, valiente

coral
I (Del lat. *corallium* < gr. *korallion*.)
1 Celentéreo antozoo que vive en colonias cuyos individuos están unidos entre sí por un esqueleto calcáreo y ramificado de color blanco, rojo o rosado, que vive en aguas claras, poco profundas y cálidas, y se emplea en joyería una vez pulimentado. *(Corallium rubrum.)* — s.m. ZOOLOGÍA
2 Coralillo, serpiente. — ZOOLOGÍA
3 Sartas de cuentas de coral. — s.m.pl.
4 Carúnculas rojas del cuello y cabeza del pavo. — ZOOLOGÍA
II (Derivado de *coro* < lat. *chorus* < gr. *khoros*, coro.)
1 Del coro: *conjunto coral.* — adj.
2 Composición vocal a varias voces, de ritmo lento y solemne, ajustable a un texto de carácter religioso. — s.m. MÚSICA
3 Composición instrumental semejante a este canto. — MÚSICA
4 Conjunto de personas que forman un coro, que interpretan al unísono o a varias voces una composición: *han proliferado las corales en muchos pueblos pequeños.* — s.f. MÚSICA
III (Del ant. *cor*, corazón.) Se refiere a la enfermedad de la gota. — adj. MEDICINA

coralario Animal cnidario que crece en forma de pólipo. — s.m./ZOOLOGÍA = antozoo

coralero, a Persona que se dedica a trabajar o comerciar con coral. — s.

coralífero, a Se refiere a la roca, arrecife o isla que tiene coral. — adj.

coralillo Serpiente muy venenosa, delgada, que tiene anillos de color rojo, amarillo y negro alternados, que habita en regiones calurosas cercanas a la costa en América meridional. — s.m. ZOOLOGÍA tb: coralilla

coralina
1 Coral, celentéreo antozoo. — s.f./ZOOLOGÍA

2 Alga calcárea de tallo gelatinoso y color rojizo que vive adherida a las rocas del fondo marino. *(Corallina officinalis.)* — BOTÁNICA
3 Estructura marina constituida por animales marinos, parecida al coral. — ZOOLOGÍA

coralino, a De coral o que tiene el color parecido a él: *formación coralina.* — adj.

corambre
1 Conjunto de cueros o pieles de algunos animales. — s.f./tb: colambre
2 Bota de cuero que sirve para contener líquidos: *pinchó el corambre con la espada y se vertió todo el vino.* — = cuero, odre

corambrero, a Persona que se dedica a trabajar el corambre o a comerciar con él. — s.

coránico, a Que tiene relación con el libro del Corán: *versículos coránicos; ley coránica.* — adj./RELIGIÓN = alcoránico

coranvobis Aspecto de seriedad propio de la persona corpulenta. — s.m./pl: coranvobis coloquial

coras Mamífero primate catarrino, especie de cinocéfalo. — s.m./pl: coras ZOOLOGÍA

coraza (Del lat. *coriacea*, hecha de cuero.)
1 Armadura de cuero, hierro o acero, que protege el pecho y la espalda: *la lanza le atravesó la coraza y le hirió el pecho.* — s.f. HISTORIA, MILITAR
2 Defensa, protección o refugio, físico o espiritual: *se ha hecho una coraza de cinismo y es insoportable.*
3 Conjunto de planchas metálicas que sirven para acorazar o blindar una embarcación, los carros de combate, etc. — MILITAR = blindaje
4 Concha de la tortuga, del galápago o de otros animales quelonios con aberturas para la cabeza y las patas. — ZOOLOGÍA
5 Lámina metálica que cubre el tronco del floretista en la esgrima. — DEPORTES

coraznada
1 Corazón del pino. — s.f.
2 Guisado de corazones de reses. — COCINA

corazón (Derivado del lat. *cor*.)
1 Órgano central de la circulación de la sangre, de naturaleza muscular, con cuatro cavidades en su interior, que en el hombre está situado en la parte media del pecho y hacia la izquierda. — s.m. ANATOMÍA
2 Sede y fuente de la sensibilidad afectiva y los sentimientos, en especial de la bondad y el amor: *sólo hace lo que le dicta el corazón.* — = entrañas
3 Valor y energía para enfrentarse con decisión a situaciones difíciles o peligrosas: *hace falta corazón para hacer ese viaje.* — = coraje
4 Parte central o media de una cosa: *se encontraron en el corazón de la ciudad.* — = centro
5 Cualquier objeto o superficie que tiene una forma parecida a la de este órgano.
6 Apelativo cariñoso. — coloquial
7 Variedad de ácido, droga. — argot
8 Cualquiera de los naipes del palo de corazones. — JUEGOS
9 Uno de los cuatro palos de la baraja francesa. — s.m.pl./JUEGOS
10 Abismo, punto central del escudo. — s.m./HERÁLDICA
11 **corazón artificial**: Aparato que regula y bombea la sangre reemplazando a este órgano que permite, además, aislarlo del circuito para someterlo a intervención quirúrgica. — MEDICINA
12 **blando de corazón**: Se refiere a la persona muy benévola o compasiva: *era una madraza, muy blanda de corazón.* — coloquial
13 **duro de corazón**: Se refiere a la persona cruel o incapaz de sentir compasión: *a pesar de ser dura de corazón, la acogió en casa.* — coloquial
14 **limpio de corazón**: Se refiere a la persona que no tiene sentimientos innobles. — coloquial
15 **a corazón abierto**: Se aplica a la intervención quirúrgica en la que antes de abrir las cavidades cardíacas, se desvía la circulación mediante un corazón artificial. — loc.adj. MEDICINA
16 **abrir el corazón a alguien**: 1. Animar a una persona, quitarle el temor. 2. Sincerarse con una persona: *necesitaba abrirle su corazón para descargar toda su culpabilidad.* — coloquial
17 **anunciarle el corazón una cosa**: Presentir una cosa que va a suceder: *le anunció el corazón que aquel enfado no sería fácil de solucionar.* — coloquial
18 **arrancar algo el corazón a una persona**: Producir un gran dolor: *el relato de la catástrofe le arrancó el corazón.* — coloquial
19 **arrancársele el corazón**: Sentir mucha lástima: *se le arrancó el corazón al ver tantos heridos y niños malnutridos.* — coloquial
20 **atravesar el corazón**: Sentir lástima o compasión. — coloquial
21 **clavarle o clavársele una cosa en el corazón**: Causarle a una persona mucha pena o dolor. — coloquial
22 **con el corazón en la mano**: Con toda franqueza, sinceramente, tal y como se siente: *con el corazón en la mano, he de decirte que no me gustó tu actuación.* — loc.adv. coloquial

23 cubrírsele a una persona el corazón: Entristecerse mucho: *se le cubrió el corazón con su muerte.* `coloquial`

24 dar brincos el corazón o brincarle dentro del pecho el corazón a alguien: Sentir una gran emoción o impaciencia por algo o alguien: *cada vez que la ve, el corazón le da un brinco.* `coloquial`

25 darle o decirle a una persona el corazón: Presentir un acontecimiento: *le daba el corazón que pronto volvería; le decía que todo saldría bien.* `coloquial`

26 de corazón o de todo corazón: Con franqueza, seguridad y afecto: *le dijo de corazón que la ayudaría.* `loc.adv.` `coloquial`

27 de mi corazón: Expresión cariñosa que se añade al nombre de la persona a quien uno se dirige: *¡Pedro de mi corazón!*

28 del corazón: Se refiere a la noticia o revista que recoge sucesos relativos a personas famosas, especialmente los de su vida privada: *fue portada en todas las publicaciones del corazón.* `loc.adj.`

29 encogérsele el corazón: Sentirse anonadado o asustado o con pena o compasión por un dolor ajeno: *el documental sobre la guerra le encogió el corazón.* `coloquial`

30 helársele el corazón: Quedarse una persona atónita o pasmada por un susto o mala noticia: *ante tan taᵇbarbarie se le helaba a uno el corazón.* `coloquial`

31 latirle a una persona el corazón por alguien: Sentir amor por la persona de quien se trata: *le late el corazón por tu hermana.* `coloquial`

32 levantar algo el corazón a alguien: Animar o animarse: *la noticia del fin del secuestro le levantó el corazón.* `coloquial`

33 llevar el corazón en la mano o ir con el corazón en la mano: Ser, comportarse o hablar con franqueza y sinceridad, sin disimulos: *es muy buena persona, siempre lleva el corazón en la mano.* `coloquial`

34 meter el corazón en un puño: Intimidar a una persona, afligirla demasiado. `coloquial`

35 no caberle el corazón en el pecho: 1. Ser una persona muy buena, magnánima y generosa. 2. Estar muy alegre y contenta una persona: *no le cabía el corazón en el pecho desde que supo que iba a ser padre.* `coloquial`

36 no tener corazón: Ser insensible y cruel: *le castigó tan severamente que parecía no tener corazón.* `coloquial`

37 no tener corazón para decir, hacer o pensar algo: No ser capaz de hacer una cosa, no tener bastante ánimo o valor para ello: *no tenían corazón para afrontar tantas desgracias.* `coloquial`

38 partir o partírsele a alguien el corazón: Producir o sentir mucha lástima o pena: *parte el corazón ser testigo de tanta injusticia.* `coloquial`

39 quebrar una cosa el corazón: Provocar una gran pena o dolor: *la muerte de su hijo le quebró el corazón.* `coloquial`

40 romper o partir corazones una persona: Ser muy seductora. `coloquial`

41 salirle del corazón: Obrar, comportarse sinceramente o decir una cosa con toda franqueza: *los reproches que nos hizo le salieron del corazón.* `coloquial`

42 secársele a alguien el corazón: Hacerse insensible: *al ser testigo de tantas atrocidades se le secó el corazón.* `coloquial`

43 ser todo corazón: Ser una persona generosa o de buen corazón: *nunca te negará la ayuda porque es todo corazón.* `coloquial`

44 sin corazón: Se refiere a la persona cruel o sin compasión: *trataba a los nietos sin corazón y aún esperaba agradecimiento.* `coloquial`

45 tener el corazón en su sitio: 1. Ser valiente o capaz de entusiasmarse o conmoverse por algo que lo merezca. 2. Ser equilibrado y poco propenso a dejarse llevar por las pasiones. `coloquial` `coloquial`

46 tener el corazón en un puño: Encontrarse en un estado de angustia, depresión o pena: *su desaparición le hizo tener el corazón en un puño.* `coloquial`

47 tener mal corazón: Actuar con crueldad o falta de compasión: *el modo en que trata a sus hijos muestra que tiene mal corazón.* `coloquial`

48 tener mucho corazón: Ser muy valiente: *era un chico muy valeroso, tenía mucho corazón.* `coloquial`

49 tener un buen corazón o un corazón de oro: Tener capacidad de compasión, bondad: *sus obras demuestran que tiene un buen corazón.* `coloquial`

corazonada
1 Impulso instintivo que mueve de forma imprevista a realizar una acción: *no es muy reflexivo, siempre se mueve por corazonadas.* `s.f.` `= arranque`
2 Presentimiento de lo que va a ocurrir: *sentí la corazonada de que aparecería antes de lo previsto.* `= presagio`
3 Asadura, conjunto de entrañas de un animal. `coloquial`

corazoncillo Planta herbácea o subarbustiva, de flores amarillas muy llamativas y de hojas con glándulas llenas de esencia. *(Hypericum perforatum.)* `s.m./BOTÁNICA` `= hierba de san Juan`

corbachada Golpe dado con el corbacho. `s.f.`

corbacho (Del ár. *kurbag*, rebenque < turco *gyrbac*.) Látigo con que se castigaba a los remeros y a los forzados. `s.m.`

corbata (Del ital. *corvatta* o *crovatta*.)
1 Prenda de vestir consistente en una tira de seda, algodón, lana u otra tela que se pone alrededor del cuello y se anuda por delante con un lazo o nudo, dejando caer las puntas sobre el pecho. `s.f.`
2 Tira de tela con borbadura o fleco de oro o plata que se ata en las banderas y estandartes como insignia de honor. `MILITAR`
3 Insignia de ciertas órdenes civiles. `HISTORIA`
4 Pañuelo que los gauchos se ponen en el cuello. `Argent.`
5 Parte anterior del cuello de los gallos. `Colomb.`
6 Empleo de poco esfuerzo y bien remunerado. `Colomb.`
7 Parte del proscenio entre la batería y la línea en que está la concha. `TEATRO`
8 Ministro de capa y espada. `s.m./HISTORIA`

corbatería Tienda donde se venden corbatas. `s.f./COMERCIO`

corbatero, a Persona que confecciona o vende corbatas: *su suegro era un corbatero de fama.* `s.`

corbatín Corbata corta que se ajusta por detrás con un broche o brazal con un lazo. `s.m.`

corbato Baño frío en el que está sumergido el serpentín del alambique. `s.m.`

corbeta (Del fr. *corvette*.)
1 Barco de escolta pequeño y ligero, semejante a la fragata, destinado a patrullar las costas y a operaciones de radio limitado en alta mar. `s.f.` `MILITAR, NÁUTICA`
2 Embarcación de guerra, más pequeña que la fragata, con tres palos y vela cuadrada, y con un número de cañones no superior a dieciséis por banda. `MILITAR, NÁUTICA`

corbona Recipiente, cesta. `s.f.`

corcel (Del fr. ant. *corsier* < *cors*, carrera, corrida < lat. *cursus*.) Caballo ligero y alto utilizado en torneos y batallas: *aparecieron montados en briosos corceles.* `s.m.`

corcesca (Del ital. ant. *corsesca*.) Cierta clase de partesana de hierro larga y en forma de arpón. `s.f.`

corcha
I (Derivado de *corcho*.)
1 Corcho arrancado del acornoque. `s.f.`
2 Corchera, recipiente de corcho: *refrescó el vino y la limonada en una corcha vieja.* `th: corcho`
3 Colmena de abejas. `th: corcho`
II (Derivado de *crochar* < fr. *crocher*.) Acción de corchar cordones o cabos. `NÁUTICA`

corchapín Escorchapín, barco velero antiguo. `s.m./NÁUTICA`

corchar
I (Derivado de *corcho*.) Poner tapones de corcho a las botellas. `v.tr.`
II (Probablemente del fr. ant. *crocher*, enganchar.) Unir y retorcer las filásticas para formar un cordón o un cabo. `v.tr.` `NÁUTICA`

corche Calzado con suela de corcho. `s.m./= alcorque`

corchea (Del fr. *crochee*, torcida.) Figura de la escritura musical que equivale a la mitad de una negra. `s.f.` `MÚSICA`

corchera
1 Cada una de las cuerdas con flotadores que se colocan en el agua para delimitar, en una carrera, las zonas o calles de una piscina. `s.f.` `DEPORTES`
2 Recipiente o cubeta hecha de corcho y llena de hielo, en que se ponen las garrafas para refrescar los líquidos que en ellas se contienen. `= corcha, corcho`

corchero, a
1 Del corcho: *la industria corchera está en crisis.* `adj.`
2 Persona que por oficio descorcha los alcornoques. `s.`

corcheta Cierre hembra del corchete. `s.f.`

corchete (Del fr. *crochet*, gancho.)
1 Especie de broche de alambre, plata o metal, compuesto de macho y hembra, que sirve para abrochar o sujetar una cosa: *el vestido era tan ceñido que saltaron los corchetes de la cintura.* `s.m.` `= gafete`
2 Cierre macho de este broche.
3 Pieza de madera con dientes de hierro, con la que los carpinteros sujetan la pieza que trabajan. `CARPINTERÍA`
4 Signo tipográfico usado en los escritos a modo de paréntesis cuadrado: [ ]. `ARTES GRÁFICAS`

corcho (Del lat. *cortex*, corteza.)
1 Tejido vegetal que se encuentra en forma de láminas en la parte exterior de la corteza de algunos árboles, principalmente el del alcornoque. `s.m.` `BOTÁNICA`
2 Tapón o lámina hechos con este tejido vegetal.
3 Corchera, recipiente en que se ponen a refrescar las garrafas. `th: corcha`
4 Colmena de abejas. `th: corcha`
5 Pieza flotante, generalmente hecha de este tejido vegetal, que sirve para sujetar las artes de pesca y mantenerlas a determinada profundidad. `PESCA`

6 corcho fósil o de montaña: Nombre vulgar de una variedad del amianto. — MINERALOGÍA

7 flotar como corcho en el agua: Mantenerse a flote con facilidad.

corcholata Tapón metálico de botella, chapa. — s.f./*Méx.*

¡córcholis! Expresión eufemística usada para indicar sorpresa, admiración, contrariedad o enfado: *¡córcholis!, qué daño me he hecho.* — interj. coloquial

corchoso, a Que tiene un aspecto parecido al del corcho: *plástico corchoso.* — adj. = suberoso

corcino Corzo pequeño, animal rumiante. — s.m./ZOOLOGÍA

corconera Negrón, ave de color negruzco. — s.f./ZOOLOGÍA

corcova (Del bajo lat. hispánico *cucurvus*, encorvado.)
1 Protuberancia anormal en el pecho o en la espalda, o en ambos, causada por deformación de la columna vertebral. — s.f. = joroba, chepa
2 Día o días de fiesta que siguen a una celebración. — *Chile*

corcovado, a
1 Que tiene una o más corcovas: *el corcovado pedía limosna en la puerta de la catedral.* — adj/s. = jorobado
2 Que está torcido: *cogió un palo corcovado para ayudarse en la caminata.* — adj.

corcovar Hacer que una cosa tome forma curva. — v.tr./= encorvar

corcovear Dar un animal corcovos. — v.intr.

corcoveta Jorobado, persona que tiene una corcova. — s.m.f./coloquial

corcovo
1 Salto que dan algunos animales, arqueando al mismo tiempo el cuerpo: *el gato dio un corcovo.* — s.m.
2 Desigualdad o torcedura en un objeto. — coloquial

corcusir Coser o zurcir un roto en la tela con puntadas mal hechas: *corcusir un saco.* — v.tr./coloquial = cusir

cordada Grupo de escaladores sujetos por una misma cuerda: *desde el pie del promontorio observaba el ascenso de la cordada.* — s.f. DEPORTES

cordado, a
1 Perteneciente a un tipo de animales de simetría bilateral dotados de un órgano de sostén llamado cuerda dorsal o notocordio que se extiende entre el sistema nervioso central situado en el dorso y el tubo digestivo situado en la zona ventral. — adj/s.m. ZOOLOGÍA
2 Se aplica a la lava líquida recientemente solidificada, de superficie rugosa. — adj./GEOLOGÍA = lava escoriácea
3 Se refiere a la cerámica de finales del neolítico decorada por impresión de cuerdecillas en la arcilla, antes de someterla a cocción. — ARTE, HISTORIA
4 Se refiere a los pueblos que realizaban este tipo de cerámica. — HISTORIA

cordaje
1 Aparejos y cabos de una embarcación, jarcia. — s.m./NÁUTICA
2 Conjunto de cuerdas de los instrumentos musicales que los llevan: *se ha roto el cordaje de la guitarra.* — MÚSICA
3 Conjunto de cuerdas tensadas de la raqueta. — DEPORTES

cordal
I (Derivado de *cuerda*.) Pieza de los instrumentos musicales que sujeta uno de los extremos de las cuerdas y que está situada en el lado contrario del clavijero. — s.m. MÚSICA
II (Derivado de *cuerdo*.) Se refiere a la muela que en la edad adulta nace en las extremidades de las mandíbulas. — adj/s.f. = muela del juicio

cordato, a Que es juicioso o prudente. — adj.

cordel (Del cat. *cordell*.)
1 Cuerda delgada y fina: *aseguró el paquete de libros con un cordel forrado de plástico.* — s.m.
2 Antigua vía pastoril para el ganado trashumante. — = cañada
3 Hilo de cáñamo con que se cosen los pliegos. — ARTES GRÁFICAS
4 cordel de látigo: Cordel más grueso que el bramante.
5 cordel guía: Cuerda que utilizan los albañiles para colocar regularmente las hiladas de ladrillos. — CONSTRUCCIÓN
6 a cordel: En línea recta, refiriéndose a la colocación de edificios, árboles y caminos: *calles llanas tiradas a cordel componían el entramado viario.* — loc.adv.

cordelado, a Se refiere a la cinta de seda o liga de seda que imita al cordel. — adj.

cordelar Acordelar, señalar con cuerdas. — v.tr.

cordelazo Golpe dado con un cordel. — s.m.

cordelería
1 Sitio donde se hacen cordeles y otros trabajos de cáñamo: *trabaja en una cordelería donde se hacen básicamente productos de artesanía.* — s.f.
2 Tienda donde se venden productos de cáñamo. — COMERCIO
3 Oficio de cordelero.
4 Conjunto de cuerdas. — = cordería
5 Cordaje, aparejos y cabos de una embarcación. — NÁUTICA/= jarcia

cordelero, a
1 Del cordel: *trabaja en un taller cordelero.* — adj.
2 Persona que por oficio hace o vende cordeles y productos de cáñamo. — s.
3 Religioso franciscano. — s.m./RELIGIÓN

cordellate (Del cat. *cordellat*.) Tejido basto de lana, cuya trama forma cordoncillo. — s.m. TEXTIL

cordería Conjunto de cuerdas. — s.f./= cordelería

corderil Del cordero: *el corderil rebaño teñía de blanco el verdor de los prados.* — adj. = corderino

corderillo Piel de cordero curtida con su lana. — adj.

corderina Piel de cordero. — s.f./tb: corderuna

cordero, a (Del lat. vulgar *cordarius* < lat. *cordus*, tardío.)
1 Cría de la oveja antes de cumplir un año: *llevó en brazos al cordero recién nacido hasta el establo.* — s. ZOOLOGÍA
2 Piel curtida de este animal.
3 Carne de este animal destinada al consumo.
4 Persona sumisa, dócil y humilde. — coloquial
5 cordero de Dios o divino cordero: Jesucristo, hijo de Dios según la fe cristiana. — RELIGIÓN
6 cordero de Indias: El que proporciona un manto de pelo corto tupido, ondulado, en una piel sólida, que puede ser gris, marrón o negro.
7 cordero de Toscana: El que proporciona un manto mullido, de pelo largo y flexible, muy agradable. — ZOOLOGÍA
8 cordero endoblado: El que es amamantado por dos ovejas.
9 cordero lechal: Cordero sin destetar, cuya carne es muy blanca y tierna.
10 cordero mueso: El que nace con las orejas muy pequeñas.
11 cordero pascual: El que comen los judíos para celebrar la Pascua, en recuerdo de la salida de Egipto. — RELIGIÓN
12 cordero recental: El que aún no ha salido a pastar.
13 cordero rencoso: El que tiene una criadilla dentro y otra fuera.

cordi- Componente de palabra procedente del lat. *cor, cordis*, que significa corazón: *cordialmente.* — pref. tb: cordio-

cordial (Del lat. *cordialis*, relativo al corazón.)
1 Que es afectuoso o amistoso: *los dos equipos de la ciudad recibieron una cordial acogida.* — adj.
2 Que fortalece el corazón.
3 Se aplica al tercer dedo de la mano, el más largo de los cinco. — adj/s.m.
4 Bebida que se da a los enfermos para confortarlos. — s.m./= tónico

cordialidad
1 Actitud cordial, afectuosa y expresiva: *la cordialidad y la afabilidad no reblandecieron su gesto adusto y frío.* — s.f.
2 Franqueza y sinceridad en el trato: *la cordialidad que existía entre ellas era la envidia de los compañeros.*

cordialmente Con cordialidad, afecto o amistad: *me despido de usted cordialmente.* — adv. formal

cordierita (De L. *Cordier*, geólogo francés.) Silicato natural de aluminio, magnesio y hierro. — s.f. MINERALOGÍA

cordiforme De figura de corazón. — adj./= acorazonado

cordila (Del gr. *kordyle*.) Cría de atún recién nacida. — s.f./ZOOLOGÍA

cordillera Serie de alineaciones montañosas, paralelas en un sentido amplio, o escalonadas, pertenecientes a una sola unidad orogénica: *cordilleras de tipo alpino.* — s.f. GEOGRAFÍA, GEOLOGÍA

cordillerano, a De la cordillera, y especialmente de la de los Andes. — adj./*Amér.* GEOGRAFÍA

cordilo (Del gr. *kordylos*.) Reptil saurio africano, de color negro, cola corta y escamas carenadas que en la cabeza son dentadas. (*Cordylus giganteus.*) — s.m. ZOOLOGÍA tb: cordula

-cordio Componente de palabra procedente del lat. *chorda* que significa cuerda: *clavicordio.* — suf.

cordita Pólvora compuesta de nitroglicerina, algodón, pólvora y acetona, a la que se le daba forma de cuerda. — s.f.

córdoba Unidad monetaria de Nicaragua, que se subdivide en cien centavos. — s.m. ECONOMÍA

cordobán (De *Córdoba*, ciudad española.)
1 Piel curtida de cabra o macho cabrío. — s.m.
2 Cuero repujado y pintado.

cordobanero, a Persona que hace o fabrica cordobanes. — s.

cordobense
1 De Córdoba, ciudad y departamento de Colombia. — adj.
2 Persona natural de este municipio o demarcación. — s.m.f.

cordobés, a
1 De Córdoba, provincias y ciudades españolas y argentinas. — adj.
2 Persona que es natural de estas provincias y ciudades. — s.

cordoma Tumor desarrollado a partir de la notocorda, generalmente maligno y de evolución lenta. — s.m. MEDICINA

cordométrica Se refiere a la línea que suele señalarse en el pantómetro, con divisiones que representan diferentes cuerdas de un círculo de radio conocido. — adj. GEOMETRÍA

cordón
1 Cuerda pequeña, delgada y generalmente redonda, hecha con cabos retorcidos o trenzados de muy diversos materiales: *no se ataba nunca los cordones de los zapatos.* — s.m.

2 Cable conductor de electricidad. `ELECTRICIDAD`
3 Conjunto de personas colocadas a intervalos con el fin de impedir el paso a través de la línea que forman: *no pudimos atravesar el cordón policial.*
4 Bordillo de la acera. `Amér. Merid., Cuba`
5 Corriente de agua de un río. `Colomb.`
6 Moldura convexa de forma cilíndrica parecida a una cuerda. `ARQUITECTURA` `= bocel`
7 Raya blanca que tienen algunos caballos desde la frente hasta la nariz.
8 Divisa que llevan colgada del hombro derecho los militares de cierto empleo o destino. `s.m.pl.` `MILITAR`
9 Conjunto de hilos trenzados que se usan para hacer cabos. `s.m.` `NÁUTICA`
10 Denominación de diversas estructuras del organismo humano. `ANATOMÍA`
11 cordón espermático: Conjunto de órganos de constitución heterogénea, que van desde el conducto inguinal hasta el testículo. `ANATOMÍA`
12 cordón fronterizo: El que se establece a lo largo de la frontera de un estado, cuando en el vecino existen agitaciones de orden público o epidemias. `MILITAR`
13 cordón litoral: Terraplén natural formado por arenas y guijarros acumulados en la parte alta de la playa. `GEOLOGÍA`
14 cordón sanitario: Conjunto de medios humanos y materiales organizados en un lugar para impedir la propagación de enfermedades contagiosas. `MEDICINA`
15 cordón umbilical: Conjunto de órganos de constitución heterogénea, que unen la placenta de la madre con el vientre del feto y permiten la nutrición de éste durante el embarazo. `ANATOMÍA`
cordonal Se aplica a los cordones nerviosos de la médula espinal. `adj.` `ANATOMÍA`
cordonazo
1 Golpe dado con un cordón: *a cordonazos amansó el potrillo.* `s.m.`
2 cordonazo de san Francisco: Borrascas que suelen suceder hacia el equinoccio de otoño. `NÁUTICA`
cordoncillo
1 Cada una de las rayas en relieve que forma el tejido en algunas telas. `s.m.` `TEXTIL`
2 Canto labrado de algunas monedas y medallas.
3 Marca estrecha y alargada que señala la juntura de las partes de algunos frutos o de otras cosas: *el cordoncillo de la nuez.*
cordonería
1 Conjunto de objetos que fabrica el cordonero. `s.f.`
2 Oficio de cordonero.
3 Taller donde se hacen cordones y tienda donde se venden.
cordonero, a
1 Persona que por oficio hace o vende cordones. `s.`
2 Persona que por oficio hace jarcias. `NÁUTICA`
cordubense Cordobés, de Córdoba. `adj./s.m.f.`
cordula Cordilo, animal reptil. `s.f./ZOOLOGÍA`
cordura
1 Normalidad en las facultades mentales: *empieza a dar señales de cordura.* `s.f./≠ locura`
2 Facultad de pensar y obrar con reflexión y acertadamente: *actúa con cordura y sensatez.* `= sensatez`
corea (Del lat. *chorea* < gr. *khoreia*, danza.) Enfermedad nerviosa convulsiva, que ataca especialmente a los niños. `s.m.` `MEDICINA`
coreano, a
1 De una de las dos repúblicas que componen la península asiática oriental de Corea. `adj.`
2 Persona que es natural de una de las dos repúblicas de Corea. `s.`
3 Lengua hablada en las dos repúblicas de la península de Corea. `s.m.` `LINGÜÍSTICA`
4 Cigarrillo corto de papel amarillento. `argot`
5 Porro, cigarrillo hecho a base de tabaco y hachís. `argot`
corear
1 Componer música para ser cantada con acompañamiento de coros: *imitó el estilo de Lope al corear los cantos populares.* `v.tr.` `MÚSICA`
2 Acompañar una composición musical con coros. `MÚSICA`
3 Decir varias personas una cosa al mismo tiempo: *los alumnos corearon la respuesta.*
4 Vitorear o aclamar: *el público aplaudió y coreó con entusiasmo a su ídolo.*
corecico Corezuelo, cochinillo. `s.m./tb: corecillo`
coreo
I (Del lat. *choreus* < gr. *khoreios.*) Pie formado por una sílaba larga seguida de una breve en la poesía griega y latina. `s.m.` `POESÍA` `= troqueo`
II (Derivado de *coro.*) Distribución de las intervenciones del coro en la música. `s.m.` `MÚSICA`
coreografía (Del gr. *khoreia*, baile + *grapho*, escribir.)
1 Conjunto de bailes o danzas de un espectáculo: *se han incluido nuevos pasos en la coreografía.* `s.f.`

2 Arte de idear y diseñar los pasos para componer bailes o danzas.
coreografiar Realizar o poner en escena la coreografía de un espectáculo de danza o baile u otra manifestación artística corporal. `v.tr.` `conj: vaciar`
coreográfico, a Que tiene relación con la coreografía: *arte coreográfico.* `adj.`
coreógrafo, a (Del gr. *khoreia*, baile + *grapho*, representación.) Persona que crea una danza, un baile u otra manifestación artística corporal y dirige un ballet o grupo de baile. `s.`
corete
1 Disco de cuero que los guarnicioneros ponen debajo de las cabezas de los clavos o usan para tapar los remaches. `s.m.`
2 Muñequilla de piel curtida que se usa para pulimentar la encarnación de las esculturas. `ARTE`
coreuta (Del gr. *khoreytes.*) Personaje que formaba parte del coro en el teatro griego. `s.m.f.` `TEATRO`
corezuelo
1 Cochinillo, cerdo de leche. `s.m./tb: cuerezuelo`
2 Pellejo del cochinillo asado.
cori (Del gr. *koris.*) Corazoncillo, planta herbácea medicinal. `s.m.` `BOTÁNICA`
coriáceo, a (Del lat. *coriaceus.*)
1 Que tiene alguna propiedad del cuero: *está recubierto de una capa coriácea.* `adj.` `tb: coráceo`
2 Se aplica a cosas flexibles que tienen la superficie dura o brillante como la piel de la manzana.
coriámbico, a Se refiere al verso o a la composición poética que está formado de coriambos. `adj.` `POESÍA`
coriambo (Del gr. *khoriambos.*) Pie que está formado de dos sílabas breves entre dos largas en la poesía griega y latina. `s.m.` `POESÍA`
corifeo (Del lat. *coryphaeus* < *koryphaios*, jefe.)
1 Persona que guiaba o dirigía el coro en las tragedias clásicas. `s.m.` `TEATRO`
2 Portavoz, persona que representa a otras y se expresa por ellas. `formal`
coriláceo, a (Derivado culto del bajo lat. *corylus.*) Perteneciente a la familia de plantas arbóreas o arbustivas, de hojas sencillas, flores en amento y fruto indehiscente, como el avellano. `adj/s.f.` `BOTÁNICA`
corimbo (Del lat. *corymbus* < gr. *korymbos*, cumbre, racimo.) Grupo de flores o de frutos que, a pesar de nacer en distintos puntos del tallo, llegan todos a la misma altura, de modo que el conjunto de las flores se dispone en un mismo plano. `s.m.` `BOTÁNICA`
corindón (Del fr. *corindon* < tamil *kurundam*, rubí.) Óxido de aluminio cristalizado de extrema dureza, que es usado como piedra preciosa. `s.m.` `MINERALOGÍA` `= corundo`
corintio, a
1 De Corinto, ciudad de Grecia. `adj./= coríntico`
2 Persona que es natural de esta ciudad.
3 Se refiere al orden arquitectónico que tiene la columna de unos diez módulos de altura, el capitel adornado con hojas de acanto y la cornisa con modillones. `adj.` `ARQUITECTURA`
corinto
1 Variedad de vid que se cultiva sobre todo en Grecia. `s.m.` `AGRICULTURA`
2 De color rojo oscuro violáceo, como el de las pasas de Corinto: *compró un sillón corinto.* `adj/s.m.`
corion (Del gr. *khorion*, membrana.)
1 Formación conjuntiva de una estructura epitelial. `s.m./BIOLOGÍA`
2 corion de la placenta: Membrana externa de las dos que envuelven al feto. `BIOLOGÍA`
3 corion ovular: Membrana externa del huevo fecundado. `BIOLOGÍA`
corista
1 Miembro de un coro musical. `s.m.f.`
2 Mujer que forma parte del conjunto de una revista musical u otro espectáculo. `s.f.`
3 Religioso destinado al coro desde que profesa hasta que se ordena sacerdote. `s.m.` `RELIGIÓN`
corito, a
1 Que está desnudo: *en la penumbra se dibujaba la silueta corita de la estatua del David.* `adj.`
2 Que es tímido, apocado o cobarde. `= pusilánime`
3 Persona que lleva en hombros los pellejos de mosto o de vino desde el lagar a las cubas.
coriza (Del lat. *coryza* < gr. *koryza.*) Afección catarral de la mucosa nasal, acompañada de secreción mucosa o mucopurulenta. `s.f.` `MEDICINA` `= rinitis, romadizo`
corkita Sulfato natural de plomo y hierro. `s.f./MINERALOGÍA`
corla Pintura, generalmente de color verde, que se aplica sobre una superficie de oro, plata o estaño. `s.f.` `= transflor`
corlador, a Persona que por oficio corla la plata. `s./tb: corleador`

corladura Barniz usado para cubrir las superficies plateadas o bruñidas para que parezcan doradas: *aplicó corladura al marco del espejo.* — *s.f.*

corlar Cubrir las superficies plateadas o bruñidas con corladura. — *v.tr.* / *tb:* corlear

corma (Del ár. *qurma*, leño, cepo < gr. *kormos*, leño, tronco.)
1 Cepo de madera que se fijaba al pie de un hombre o un animal para impedirle andar. — *s.f.*
2 Molestia o impedimento para obrar con libertad. — *literario*

córmico, a Se dice del índice, cociente entre las medidas del hombre sentado y de pie, multiplicado por cien. — *adj.*

cormidio Grupo de pólipos distintos que se insertan sobre un tallo y forman el eje de la colonia. — *s.m.* / ZOOLOGÍA

cormiera (Del fr. *cormier*.) Árbol pomáceo silvestre, de hojas caducas dentadas, flores blancas y fruto dulce y comestible. *(Amelanchier vulgaris.)* — *s.f.* / BOTÁNICA

cormo Cuerpo de los organismos vegetales más diferenciados, formado por el tallo, hojas y raíces y que contiene elementos de soporte y conducción. — *s.m.* / BOTÁNICA

cormófito, a Se aplica a las plantas con cormo adaptadas a la vida subaérea: *las briofitas, pteridofitas y espermatofitas son plantas cormófitas.* — *adj/s.f.* / BOTÁNICA / ≠ talófito

cormorán (Del fr. *cormoran*.) Ave palmípeda marina, del orden de los pelícanos, de plumaje oscuro, cola larga, pico ganchudo y patas palmeadas, que cría en colonias en acantilados costeros, o en árboles tierra adentro. — *s.m.* / ZOOLOGÍA / = cuervo marino

cornáceo, a Perteneciente a la familia de plantas arbóreas, arbustivas o herbáceas, de hojas sencillas y opuestas, flores pequeñas y fruto en drupa, como el cornejo. — *adj/s.f.* / BOTÁNICA

cornada
1 Golpe dado por un animal con la punta del cuerno y herida que produce: *murió a consecuencia de la cornada.* — *s.f.*
2 Estocada de esgrima que se da colocándose en el plano inferior para herir hacia arriba. — DEPORTES

cornadiza Barrera colocada en el borde del comedero del establo, con aberturas para que cada animal tenga acceso a la cantidad de alimento que le corresponde, pasando su cabeza por ellas. — *s.f.*

cornaje Ruido patológico que se percibe en la respiración en el curso de ciertas enfermedades. — *s.m.* / MEDICINA

cornal Correa o soga con que se atan los bueyes, las mulas u otros animales al yugo. — *s.m.* / = coyunda

cornalina (Del fr. *cornaline*.) Variedad de ágata de color rojo que se utiliza, tallada, como piedra fina y ornamental, usada en bisutería. — *s.f./MINERALOGÍA* / tb: cornelina / = cornerina

cornalón, a Se refiere al toro que tiene los cuernos muy grandes: *de la nube de polvo sólo destacan los toros cornalones.* — *adj.* / TAUROMAQUIA

cornamenta
1 Conjunto formado por los cuernos de un animal: *seleccionaron reses de gran cornamenta.* — *s.f.* / = cornadura
2 Atributo simbólico del cónyuge engañado: *paseaba su cornamenta con cierta dignidad.* — *s.f.* / = cuernos / despectivo

cornamusa (Del fr. *cornemuse*.)
1 Instrumento musical, especie de trompeta con un tubo largo de metal enroscado en medio. — *s.f.* / MÚSICA
2 Instrumento musical de viento que es parecido a la gaita gallega. — MÚSICA
3 Pieza de metal o de madera que sirve para amarrar los cabos. — NÁUTICA

cornapuz Alheña, planta oleácea arbustiva, muy común en la península Ibérica. — *s.m./pl:* cornapuces / BOTÁNICA

cornatillo Cierta clase de aceituna de forma parecida a un cuerno. — *s.m.* / AGRICULTURA

córnea (Del lat. *corneus*, de cuerno.)
1 Membrana dura y transparente, en forma de disco abombado, de la capa exterior del globo del ojo, situada sobre el iris y la pupila. — *s.f.* / ANATOMÍA
2 córnea opaca: Esclerótica, membrana dura y opaca, de color blanco, que cubre casi todo el globo del ojo, salvo la córnea transparente. — ANATOMÍA

cornear Atacar al toro con los cuernos: *el novillo corneó al diestro y le clavó el pitón en la ingle.* — *v.tr.* / tb: acornear

corneja (Del lat. *cornicula*, diminutivo de *cornix*.)
1 Pájaro de la familia de los córvidos, de color negro lustroso, pico fuerte y robusto y patas desnudas. *(Corvus coronae.)* — *s.f.* / ZOOLOGÍA
2 Autillo, especie de búho pequeño, ave rapaz nocturna. — ZOOLOGÍA

cornejal
I (Derivado de *cornejo*.) Terreno donde abundan los cornejos. — *s.m.* / BOTÁNICA
II (Derivado de *cuerno*.) Cornijal, punta, esquina o rincón. — *s.m.*

cornejo (Del lat. *cornus*.)
1 Arbusto con ramas rojizas, hojas opuestas, caducas y aovadas, flores que aparecen después de las hojas, con cuatro pétalos largos blancos, y fruto esférico negro y carnoso. *(Cornus.)* — *s.m.* / BOTÁNICA
2 cornejo hembra o sanguiñuelo o sanapudio: El que presenta flores blancas que aparecen después de las hojas. *(Cornus sanguinea.)* — BOTÁNICA
3 cornejo macho: Aquel en el que aparecen las flores antes que las hojas, flores amarillas y frutos rojos. *(Cornus mas.)* — BOTÁNICA

cornelina Cornalina, ágata de color rojo. — *s.f./MINERALOGÍA*

córneo, a
1 Del cuerno o parecido a él. — *adj.*
2 Perteneciente a la córnea del ojo: *inflamación córnea.* — ANATOMÍA
3 Que tiene relación con el proceso de queratinización o con las estructuras como las uñas, los cuernos o las pestañas. — ZOOLOGÍA

córner (Del ingl. *corner*, esquina, rincón.)
1 Jugada defensiva que constituye falta, que se ejecuta en el fútbol y otros deportes, cuando el balón sale del campo por la línea de la portería, después de haberlo tocado algún jugador del equipo que la defiende. — *s.m.* / pl.tb: córneres / DEPORTES / = saque de esquina
2 Penalización y lanzamiento que realiza un jugador del equipo que no ha cometido esta falta. — DEPORTES
3 Esquina de un campo de juego desde donde se lanza esta falta. — DEPORTES

cornerina Cornalina, ágata de color rojo. — *s.f./MINERALOGÍA*

cornero Lugar donde se juntan dos superficies o dos lados de una cosa. — *s.m.* / = esquina

corneta (Derivado de *cuerno*.)
1 Instrumento musical de viento formado por un tubo de metal en forma cónica enroscado, que se ensancha a modo de campana. — *s.f.* / MÚSICA
2 Instrumento musical, parecido al clarín, usado en el ejército para los toques oficiales. — MILITAR / = cornetín
3 Cuerno que usan los porqueros para llamar al ganado de cerda.
4 Persona que toca estos instrumentos: *el corneta era el más joven de los soldados.* — *s.m.f.*
5 corneta acústica: Trompetilla, instrumento que usan los sordos para mejorar la audición.
6 corneta de llaves: Instrumento musical de viento que tiene el tubo de metal provisto de agujeros que se abren y cierran por medio de llaves. — MÚSICA
7 corneta de monte: Trompa usada por los cazadores. — CAZA

cornete
1 Lámina ósea situada en el interior de las fosas nasales. — *s.m.* / ANATOMÍA
2 Soporte cónico de galleta u oblea que se corona con una o varias bolas de helado.

cornetín
1 Instrumento musical de viento, de cobre, con embocadura y pistones, que es parecido al clarín. — *s.m.* / MÚSICA
2 Instrumento musical parecido al clarín, usado en el ejército para los toques oficiales. — MILITAR / = corneta
3 Persona que toca estos instrumentos. — *s.m.f./MÚSICA*

cornetita Fosfato de cobre de color verde. — *s.f./MINERALOGÍA*

corneto, a Se aplica a la persona que es patizamba o que tiene las piernas torcidas. — *adj.* / Amér. Central

cornezuelo
1 Cornatillo, variedad de la aceituna larga y encorvada a manera de cuerno. — *s.m.* / AGRICULTURA
2 Cornicabra, variedad larga y puntiaguda de la aceituna. — AGRICULTURA
3 Enfermedad producida por un hongo ascomicete, que afecta a las plantas gramíneas, especialmente al centeno. — BOTÁNICA
4 Instrumento usado en cirugía y veterinaria para separar los vasos y tejidos durante la intervención quirúrgica. — MEDICINA, VETERINARIA
5 cornezuelo del centeno oficinal: Esclerocio o micelio condensado de un hongo que se desarrolla en el ovario del centeno, de propiedades terapéuticas. — FARMACIA, MICOLOGÍA

corn flakes (Marca registrada.) Alimento preparado a partir de sémola de maíz y presentado en forma de copos tostados, que suele comerse mezclado con leche. — *s.m.pl.* / COCINA / = cereal

corni- Componente de palabra procedente del lat. *cornu* y que significa cuerno: *cornígero; corniforme.* — *pref.*

corniabierto, a Se refiere a la res vacuna que tiene los cuernos muy separados. — *adj.* / TAUROMAQUIA

corniapretado, a Se refiere a la res vacuna que tiene los cuernos muy juntos. — *adj.* / TAUROMAQUIA

cornibrocho, a Se refiere a la res vacuna que tiene los cuernos con la punta hacia dentro. — *adj.* / TAUROMAQUIA

cornicabra
1 Planta arbustiva de hoja caduca, con flores amarillas en racimos compuesto y drupas apiculadas como guisantes, rojizas y pardas. *(Pistacia terebinthus.)* — *s.f.* / BOTÁNICA

2 Variedad de aceituna larga y puntiaguda. = cornezuelo

3 Higuera silvestre, árbol. BOTÁNICA

4 Mata asclepiadácea, derecha, ramosa, de hojas oblongas y opuestas, flores blanquecinas y fruto puntiagudo y encorvado. BOTÁNICA

corniculado, a Se aplica a los órganos de una planta que tienen forma de cuerno, como las legumbres de loto. adj. BOTÁNICA

corniforme

1 Que tiene forma de cuerno. adj.

2 Se refiere al cometa que tiene la cola encorvada. ASTRONOMÍA

cornigacho, a Se refiere a la res vacuna que tiene los cuernos inclinados hacia abajo. adj. TAUROMAQUIA

cornígero, a (Del lat. *corniger*.) Que tiene cuernos: *la cornígera estatua dominaba la estancia.* adj. culto

cornija Cornisa, coronamiento de molduras, o parte superior del entablamento. s.f. ARQUITECTURA

cornijal

1 Punta, esquina o rincón de cualquier cosa: *cornijal de un colchón; cornijal de un campo.* s.m.

2 Paño con que se seca los dedos el sacerdote en el lavatorio de la misa. RELIGIÓN = purificador

cornijón

I (Derivado de *cornisa*.) Cornisamento, conjunto de arquitrabe, friso y cornisa. s.m. ARQUITECTURA

II (Derivado de *cuerno*.) Esquina de un edificio. s.m. ARQUITECTURA

cornil Cornal, correa que ata los bueyes al yugo. s.m./= coyunda

cornisa (Del gr. *koronís*, remate.)

1 Elemento arquitectónico compuesto de molduras que forman el remate superior de un edificio. s.f. ARQUITECTURA

2 Parte superior del cornisamento. ARQUITECTURA

3 Moldura que remata un mueble, puerta, ventana o que cubre el ángulo formado por el techo y la pared de una construcción. CONSTRUCCIÓN

4 Formación de nieve que orla la mayor parte de las aristas afiladas a partir de cierta altura.

5 Escarpe rocoso abrupto que corona una pendiente suave: *iniciaron la ascensión desde el pie de la cornisa.* GEOGRAFÍA

cornisamento Conjunto de molduras formadas por arquitrabe, friso y cornisa que está entre las columnas y el frontón coronando un edificio clásico o un orden arquitectónico. s.m. ARQUITECTURA tb: cornisamiento = cornijón, cornisón

corniveleto, a Se refiere a la res vacuna que tiene los cuernos derechos y dirigidos hacia arriba. adj. TAUROMAQUIA

cornivuelto, a Se refiere a la res vacuna que tiene las puntas de los cuernos vueltas hacia atrás. adj. TAUROMAQUIA

cornizo Cornejo, arbusto de madera muy dura. s.m./BOTÁNICA

corno

I (Del lat. *cornus*, cornejo.) Cornejo, arbusto. s.m./BOTÁNICA

II (De origen incierto.)

1 Instrumento musical de viento, parecido al oboe pero de mayor tamaño y con la lengüeta ensartada en un tubo curvado. s.m. MÚSICA

2 corno inglés: Instrumento musical de viento, parecido al oboe, pero con lengüeta doble y sonido más grave. MÚSICA

cornucopia (De lat. *cornu copia*, la abundancia del cuerno.)

1 Vaso en forma de cuerno, rebosante de frutas y flores, que entre los antiguos griegos y romanos simbolizaba la abundancia. s.f.

2 Espejo con un marco dorado tallado y varios soportes para poner candelabros.

cornudilla Pez martillo. s.f./ZOOLOGÍA

cornudo, a (Del lat. *cornutus*.)

1 Se aplica al animal que tiene cuernos: *dieron alcance al venado cornudo al final de la trocha.* adj.

2 Se aplica a la persona cuyo cónyuge no guarda la fidelidad matrimonial. adj/s.m.

cornúpeta (Del bajo lat. *cornupeta*.)

1 Se refiere al animal que está en posición de acometer con sus cuernos. adj/s.m.f. culto

2 Se aplica al toro de lidia, en referencia a la magnitud de su cornamenta. adj/s.m. TAUROMAQUIA

3 Cornudo, persona engañada por su cónyuge. coloquial

cornuto Se refiere al argumento o silogismo que está formado por dos proposiciones contrarias, de tal manera que, negada o aceptada cualquiera de las dos, queda demostrado lo que se pretendía. adj. LÓGICA tb: cornudo = dilema

coro

I (Del lat. *chorus* < gr. *khoros*.)

1 Conjunto de personas en una ópera o un espectáculo musical cantan al unísono o en partes una pieza musical concertada. s.m. MÚSICA

2 Pieza musical cantada por este conjunto de personas. MÚSICA

3 Composición poética que sirve de letra a un coro musical. POESÍA

4 Conjunto de personas reunidas para cantar o celebrar alguna cosa.

5 Conjunto de eclesiásticos congregados en el templo para cantar o rezar los oficios divinos. RELIGIÓN

6 Rezo y canto de las horas canónicas, asistencia a ellas y tiempo que duran. RELIGIÓN

7 Parte de una iglesia destinada al conjunto de eclesiásticos o seglares que cantan los oficios divinos. RELIGIÓN

8 Lugar de un convento donde se reúnen las monjas para los oficios y demás prácticas devotas. RELIGIÓN

9 Conjunto de actores que en el teatro clásico griego participaban en los entreactos y que en la representación recitaban la parte lírica que comentaba la acción. TEATRO

10 Cada una de las partes que canta o recita el conjunto de coreutas en la tragedia clásica griega. TEATRO

11 Cada uno de los nueve grupos de espíritus angélicos o celestiales. TEOLOGÍA

12 a coro: Simultáneamente, a la vez: *a coro contestaron a su pregunta mostrando su contrariedad.* loc.adv.

13 hacer coro: Apoyar a una persona, adherirse a sus opiniones: *hace coro con cualquiera que haga alarde de erudición.* coloquial

II (Del lat. *Corus* o *Caurus*.) Viento que sopla del noroeste. s.m. literario

corocha Larva del escarabajuelo de la vid, de color negro verdoso, que vive en esta planta y devora los pámpanos y otras partes tiernas. (*Haltica ampelophaga.*) s.f. ZOOLOGÍA

corografía (Del gr. *khora*, país + *grapho*, escribir.) Descripción geográfica de una zona determinada o de un país. s.f. GEOGRAFÍA

corográfico, a Que tiene relación con la corografía. adj./GEOGRAFÍA

corógrafo, a Persona dedicada a la descripción de un país, región o provincia. s. GEOGRAFÍA

coroideo, a De la coroides. adj./ANATOMÍA

coroides (Del gr. *khorion*, piel, cuero + *eidos*, figura.) Membrana coloreada del globo del ojo situada entre la esclerótica y la retina. s.f. pl: coroides ANATOMÍA

corojo

1 Palmera de pequeño tamaño, hojas numerosas, grandes y pinnadas y fruto parecido al coco, de cuyas semillas se extrae el marfil vegetal. (*Phytelephas macrocarpa.*) s.m. BOTÁNICA

2 corojo de Jamaica: Palmera cuyo tronco parece un cono invertido, rodeado de anillos armados de aguijones. (*Acrocomia lasiospata.*) BOTÁNICA

corola (Del lat. *corolla*, corona pequeña.)

1 Parte de la flor que rodea el pistilo y los estambres, por lo general formada por hojas de tejido delicado y de hermosos colores. s.f. BOTÁNICA

2 corola dialipétala: La que presenta pétalos separados hasta la base de su inserción. BOTÁNICA

3 corola gamopétala: La que tiene los pétalos soldados parcial o totalmente. BOTÁNICA

4 corola irregular: La que no está dividida en dos partes simétricas por todos los planos que pasan por el eje de la flor y por la línea media de un pétalo. BOTÁNICA

5 corola regular: Aquella que queda dividida en dos partes simétricas por cualquier plano que pase por el eje de la flor y por la línea media de un pétalo. BOTÁNICA

corolario (Del lat. *corollarium*.) Proposición que se deduce de lo demostrado anteriormente. s.m. LÓGICA

corolifloro, a Se aplica a la planta que tiene estambres insertos en la corola de la flor. adj/s.f. BOTÁNICA

corona (Del lat. *corona*.)

1 Cerco de ramas, flores, metal u otro material que rodea y se apoya sobre la cabeza como adorno, signo de distinción, señal de premio o recompensa: *corona real, la corona laureada del vencedor.* s.f.

2 Ofrenda floral dispuesta en círculo.

3 Forma de gobierno en que el poder supremo es ejercido por un rey: *no es partidario de la corona.* POLÍTICA = monarquía

4 Patrimonio y facultad del rey.

5 Acción o cualidad de una persona que le confiere dignidad, excelencia o nobleza. = aureola

6 Aro que se pone en las imágenes alrededor de la cabeza de los santos. = aureola

7 Punto en la parte superior y posterior de la cabeza de donde arranca el pelo. = coronilla

8 Corte rasurado del pelo de figura circular que se hacía a los eclesiásticos en la parte superior de la cabeza. = tonsura

9 Meteoro consistente en un cerco luminoso que rodea a veces al sol o a la luna. ASTRONOMÍA

10 Aureola o cerco luminoso de un astro. ASTRONOMÍA

11 Unidad monetaria de Eslovaquia, Estonia, República Checa, Dinamarca, Islandia, Noruega y Suecia.

12 Moneda antigua de oro o plata que circuló en Castilla y en otros países europeos como Inglaterra, Portugal, Alemania, de distinto valor.

13 Rosario de siete dieces que se reza a la Virgen. RELIGIÓN

14 Sarta de cuentas con que se reza el rosario de siete dieces a la Virgen. **RELIGIÓN**
15 Adorno que se pone como remate a un edificio. **= coronamiento**
16 Canalización cerrada sobre sí misma que rodea interiormente un inmueble. **CONSTRUCCIÓN**
17 Parte superior de una campana, en la que se halla la anilla de la que pende el badajo.
18 Posición de los brazos del bailarín, en la que, ligeramente arqueados, se elevan por encima de la cabeza, dejando una separación entre las manos.
19 Cima de una colina. **= pico**
20 Cualquier cosa de forma circular que adorna o rodea la parte más alta de una cosa.
21 Cura, párroco y, en general, toda la jerarquía eclesiástica. **argot**
22 Anillo de metal que se usa para evitar el roce entre dos piezas de un engranaje. **MECÁNICA / = arandela**
23 Ruedecilla dentada de algunos relojes que sirve para darles cuerda o ponerlos en hora. **MECÁNICA**
24 Parte del diente que sale de las encías y que se encuentra revestido de esmalte. **ANATOMÍA**
25 Prótesis fija que cubre esta parte de la boca en casos de lesión grave. **MEDICINA**
26 Predorso de la lengua. **ANATOMÍA**
27 Hilera de rocas que bordean la parte alta de un cerro y, también, serie de cumbres que rodean un circo. **GEOLOGÍA**
28 Símbolo de participación en la divinidad, de inspiración, de fuerza y de victoria. **OCULTISMO**
29 Parte de una cornisa que está debajo del cimacio. **ARQUITECTURA**
30 Porción de plano comprendida entre dos circunferencias concéntricas. **GEOMETRÍA / = corona circular**
31 Engranaje tallado en forma de rueda dentada, que es parte del diferencial de los automóviles. **MECÁNICA**
32 Apéndice o serie de apéndices soldados situados entre la corola y los estambres en algunas flores. **BOTÁNICA**
33 Caparazón del erizo de mar. **ZOOLOGÍA**
34 **corona de espinas:** Reliquia cristiana formada por un rodete de junco u espino que, se supone, colocaron los romanos a Jesús en la cabeza para escarnecerle. **RELIGIÓN**
35 **corona de gloria:** Felicidad eterna reservada a los santos, entre los católicos. **RELIGIÓN**
36 **corona de luz:** La que sostiene las lámparas en las iglesias. **RELIGIÓN**
37 **corona radial, radiada, radiata o de rayos:** La que se colocaba sobre la cabeza de los dioses y los emperadores romanos divinizados en estatuas y pinturas. **ARTE**
38 **corona de rey:** Planta de flores amarillas con cabezuelas en forma de corona, que se emplea en medicina. (Saxifraga longifolia.) **BOTÁNICA**
39 **corona de sondeo:** Trépano de forma anular, provisto de diamantes industriales o de dientes de metal, que gira en el fondo del agujero disgregando los materiales. **MINERÍA**
40 **corona del casco:** Extremo de la piel que rodea el casco de las caballerías. **VETERINARIA**
41 **corona del glande:** Reborde circular de la base del glande, interrumpido en su parte inferior por el frenillo. **ANATOMÍA**
42 **corona del trépano:** Sierra de forma circular, que se emplea para seccionar huesos, especialmente los del cráneo en neurocirugía. **MEDICINA**
43 **corona fúnebre:** Ofrenda floral en forma de círculo, que se dedica a un muerto como prueba de afecto y estimación. **= corona**
44 **corona imperial:** Planta liliácea de flores azafranadas situadas en círculo en la extremidad del tallo. (Fritillaria imperialis.) **BOTÁNICA**
45 **corona olímpica:** Corona de ramas de olivo, que se daba a los ganadores en los juegos olímpicos. **HISTORIA**
46 **triple corona:** 1. La tiara papal. 2. Trofeo que se otorga al equipo de rugby británico que haya vencido a los otros en el torneo de las Cinco Naciones. **RELIGIÓN, DEPORTES**
47 **abrir la corona:** Cortar a raíz el pelo del medio de la cabeza, formando coronilla.
48 **ceñir o ceñirse la corona:** Empezar a reinar: le ciñeron la corona siendo un adolescente.

coronación
1 Acto o ceremonia en que se corona un soberano: la embajadora asistió a la coronación acompañada de su esposo. **s.f.**
2 Fin o conclusión de una obra. **= coronamiento**

coronado, a
1 Que tiene corona: en el escudo de la familia aparece un león coronado. **adj.**
2 Clérigo que era ordenado de menores y gozaba el fuero de la iglesia. **s.m. / RELIGIÓN**
3 Perteneciente a un orden de animales celentéreos marinos que poseen un surco circular, que viven en mares profundos. **adj/s.m. / ZOOLOGÍA**
4 Planta herbácea, de hojas inferiores espatuladas y las superiores oblongas gruesamente dentadas, con flores azules, rosadas o blancas. (Aster sinensis.) **s.m. / BOTÁNICA**

coronal
1 Se refiere al hueso que forma la parte anterior y superior del cráneo. **adj/s.m. / ANATOMÍA**
2 De este hueso: sutura coronal. **adj./ANATOMÍA**
3 Se aplica a la articulación en la que sólo actúa el borde o corona de la lengua. **adj/s.f. / LINGÜÍSTICA**
4 Se aplica al sonido que ha sido articulado de esta manera. **LINGÜÍSTICA**

coronamiento
1 Fin o conclusión de una obra: colocaron la bandera sobre el edificio para indicar el coronamiento. **s.m. / = coronación**
2 Adorno puesto como remate en la parte superior de un edificio. **ARQUITECTURA**
3 Parte de borda correspondiente a la popa de una embarcación. **NÁUTICA**
4 Conjunto de almenas de un castillo, de una muralla o de un fuerte. **MILITAR**
5 Momento en el que una parte del feto asoma ya a la vulva, después de haber pasado el estrecho inferior. **FISIOLOGÍA**

coronar (Del lat. coronare.)
1 Colocar una corona en la cabeza: coronaron a la más bella de la fiesta; la coronaron de flores. **v.tr/prnl.**
2 Dar dignidad o autoridad soberana a una persona: aquel tirano se coronó a sí mismo. **+ con, de**
3 Finalizar, acabar una cosa o hacerla más perfecta: aquella novela coronó su carrera como escritor. **v.tr. / = culminar**
4 Llegar a la cima de un lugar elevado: después de varios días de escalada coronaron aquel pico. **= rematar**
5 Poner una ficha encima de la que ha llegado a ser dama para distinguirla de las otras, en el juego de las damas. **JUEGOS**
6 Aparecer la cabeza del feto en el parto: cuando llegó al hospital el niño ya se coronaba. **v.prnl. / FISIOLOGÍA**

coronaria Rueda pequeña de los relojes que mueve la aguja de los segundos: se ha estropeado la coronaria. **s.f. / MECÁNICA**

coronario, a
1 Que tiene relación con la corona. **adj.**
2 Se refiere a la arteria que nace en la aorta e irriga el corazón. **adj/s.f. / ANATOMÍA**
3 Que tiene forma de corona. **BOTÁNICA**

coronda Árbol de hoja menuda y fruto en forma de espiga, con semillas semejantes a las habas, de cuya cáscara se obtiene un polvo parecido al rapé. **s.f. / Argent. / BOTÁNICA**

corondel (Del cat. corondell.)
1 Regleta que se pone sobre el molde para dividir la plana en columnas. **s.m. / ARTES GRÁFICAS**
2 Rayas verticales transparentes en el papel de tina. **s.m.pl.**

coronel
I (Del ital. colonnello, columna de soldados.)
1 Oficial superior del ejército que manda un regimiento. **s.m. / MILITAR**
2 **coronel general:** Empleo que se concedió a los directores generales españoles de ciertos cuerpos. **HISTORIA**
II (Derivado de corona.)
1 Moldura que corona o remata un elemento arquitectónico. **s.m. / ARQUITECTURA**
2 Corona de régulos y dinastías. **HERÁLDICA**

coronelía Empleo de coronel. **s.f./MILITAR**

coroner (Voz inglesa.) Funcionario de justicia anglosajón. **s.m.f.**

coronilla
1 Punto en la parte superior y posterior de la cabeza de donde arranca el pelo en distintas direcciones: le golpeó la coronilla con tal fuerza que le abrió una brecha. **s.f. / = corona**
2 Corte de pelo en forma redonda que se hacía a los clérigos en esta parte de la cabeza. **= corona, tonsura**
3 Planta herbácea o arbustiva, de la cual varias especies se cultivan como ornamentales. **BOTÁNICA**
4 **andar, bailar o ir de coronilla:** Hacer una cosa con mucho esfuerzo y diligencia: anduvo de coronilla para solucionar el problema con el objeto de conseguir el reconocimiento del superior. **coloquial**
5 **dar de coronilla:** Dar con la cabeza en el suelo: tropezó y dio de coronilla. **coloquial**
6 **estar hasta la coronilla:** Estar cansado y harto de una cosa o persona: está hasta la coronilla de tantos secretos y chismes. **coloquial**

coronillo
1 Planta arbórea maderable que crece en Argentina. (Rauwolfia sellowi.) **s.m. / BOTÁNICA**
2 Planta arbórea, de cuya corteza se obtiene un tinte rojo y que es apta para el carboneo. (Scutia buxifolia.) **BOTÁNICA**

coronografía Método radiológico que tiene por objeto hacer visibles las arterias coronarias y sus ramificaciones. **s.f. / MEDICINA**

coronógrafo Lente astronómica que permite la fotografía y estudio de la corona solar fuera de los eclipses. **s.m. / ASTRONOMÍA**

coronoideo, a De la apófisis coronoides. **adj./ANATOMÍA**

coronoides Se aplica a las terminaciones óseas en forma de pico o corona. — adj. ANATOMÍA

coronta (Voz quechua.) Mazorca de maíz desgranada. — s.f. Amér. Merid.

coroplasta Artista que modela figuras en arcilla. — s.m.f./ARTE

corosol Planta arbórea tropical, cuyos frutos son comestibles. *(Anona muricata.)* — s.m. BOTÁNICA

corotos Trastos, cosas: *tenía su casa llena de cuadros y corotos.* — s.m.pl. Colomb., Venez.

corozo
1 Corojo, árbol de la familia de las palmas. — s.m./BOTÁNICA
2 Raspa de la panoja del maíz una vez desgranada. — tb: carozo

corpa Mineral en bruto. — s.f./MINERÍA

corpachón
1 Cuerpo de dimensiones exageradas: *cayó sobre él todo su corpachón de jugador de básquet.* — s.m. tb: corpanchón
2 Cuerpo del ave despojado de las pechugas y patas.

corpiño (Del gallego-portugués *corpinho*, cuerpecito.) Prenda de vestir ajustada y sin mangas que cubre hasta la cintura. — s.m.

corporación (Del ingl. *corporation*.)
1 Organización que agrupa a todos los miembros de una misma profesión: *el colegio de arquitectos es una corporación.* — s.f.
2 Asociación de personas con una finalidad común, privada o pública y reconocida oficialmente.
3 Institución política provincial o local: *acudió al acto el alcalde y la corporación en su totalidad.* — POLÍTICA

corporal (Del lat. *corporalis*.)
1 Del cuerpo: *se ha comprado una crema corporal.* — adj./= corpóreo
2 Lienzo que se extiende sobre el altar, en el que el sacerdote coloca el cáliz y la hostia. — s.m. RELIGIÓN

corporalidad
1 Condición de lo que pertenece al cuerpo. — s.f.
2 Cosa corporal, perteneciente al cuerpo.

corporativismo
1 Doctrina socioeconómica que defiende la creación de asociaciones profesionales corporativas para controlar los problemas económicos y laborales. — s.m. ECONOMÍA

corporativo, a (Del ingl. *corporative*.) Que tiene relación con las corporaciones. — adj.

corporeidad Cualidad de corpóreo. — s.f.

corporeizar Dar cuerpo a algo, concretizar un temor o presentimiento: *sus temores se corporeizaron con la convocatoria de huelga.* — v.intr/prnl. conj: cazar = materializarse

corpóreo, a (Del lat. *corporeus*.)
1 Que tiene cuerpo o que es consistente. — adj./= sólido
2 Del cuerpo. — = corporal

corporificar Dar cuerpo a una idea u otra cosa inmaterial: *su proyecto se corporificó; corporificó sus teorías artísticas en diversas obras monumentales.* — v.tr/prnl. conj: sacar = corporeizar

corpulencia Calidad de corpulento: *la corpulencia del agente la intimidó.* — s.f.

corpulento, a (Del lat. *corpulentus*.) Que tiene el cuerpo grande y bien desarrollado: *es corpulento y de fuerte musculatura.* — adj. = fornido, robusto

corpus (Voz latina.)
1 Conjunto extenso de datos, textos, frases, etc., que pueden servir de base a una investigación: *analizó el corpus con mucho detenimiento.* — s.m. pl: corpus culto
2 Conjunto finito de enunciados escritos o registrados, constituido para su análisis lingüístico. — LINGÜÍSTICA

corpuscular
1 Que tiene relación con los corpúsculos o los átomos. — adj.
2 Se refiere al sistema filosófico que admite los corpúsculos como materia elemental. — FILOSOFÍA

corpúsculo (Del lat. *corpusculum*.)
1 Cuerpo muy pequeño, célula, molécula o partícula. — s.m.
2 **corpúsculo elemental:** Partícula que no puede ser fraccionada. — FÍSICA

corral (Probablemente del lat. vulgar **currale*, circo para carreras.)
1 Construcción sin cubierta, a veces adosada a la casa, donde se guardan los animales domésticos y los aperos de labranza: *encerró las gallinas en el corral.* — s.m.
2 Patio donde se representaban las comedias: *los corrales del siglo de oro español eran unos espacios grandes con galerías que hacían las veces de palcos.* — TEATRO
3 Recinto de las plazas de toros con departamentos comunicados entre sí por puertas, para apartar las reses. — TAUROMAQUIA
4 Cercado hecho en los ríos o en la costa del mar para encerrar la pesca. — PESCA
5 Circo de montañas cubierto de nieves perpetuas o continuas. — GEOGRAFÍA
6 Espacio de mar cerrado por escollos. — GEOGRAFÍA

7 **corral de vacas:** Sitio o paraje desordenado y sucio: *la pensión era un corral de vacas, no parecía que hubieran limpiado la habitación.* — coloquial

corralera Canto popular andaluz bailable. — s.f./MÚSICA

corralero, a
1 Del corral: *bullicio corralero.* — adj.
2 Persona que tiene o se ocupa de un corral. — s.

corralito Pequeño recinto donde se pone a los niños que aún no andan para que jueguen. — s.m. = parque

corraliza Cercado que puede haber en las casas o en el campo. — s.f. = corral

corrasión Fenómeno de erosión de las rocas originado por los granos de arena transportados por el viento. — s.f./GEOLOGÍA = abrasión

correa (Del lat. *corrigia*.)
1 Tira alargada de cuero. — s.f.
2 Cinta de cuero u otro material que ajusta el pantalón a la cintura. — = cinturón
3 Cualidad de ciertos objetos que se pueden doblar y estirar fácilmente. — = flexibilidad
4 Cada uno de los maderos colocados horizontalmente sobre los pares de los cuchillos de una armadura cubierta para asegurar los contrapares. — ARQUITECTURA, CONSTRUCCIÓN
5 Tiras delgadas de cuero, sujetas a un mango, que se usan para sacudir el polvo. — s.f.pl.
6 Órgano de transmisión que conecta dos ejes de rotación por medio de poleas. — MECÁNICA
7 Alga feofícea grande, formada por un disco de fijación, un pie cilíndrico y alargado y una lámina ovoide laciniada. *(Himanthalia.)* — s.f. BOTÁNICA
8 **tener correa:** 1. Soportar trabajos, burlas o bromas sin enfadarse: *suerte que tiene correa, porque no cesó de mofarse de ella.* 2. Ser resistente para el trabajo físico. — coloquial, coloquial

correaje
1 Conjunto de correas, en especial las que forman parte del equipamiento individual en los cuerpos armados. — s.m. MILITAR
2 Conjunto de correas que forman parte del equipo de un caballo.

correal Piel de venado, curtida y de color de tabaco, usada para confeccionar vestidos. — s.m. = estezado

correar Poner la lana blanda. — v.tr.

correazo Golpe dado con una correa: *le atizó un correazo sonoro.* — s.m.

corrección (Del lat. *correctio, -onis.*)
1 Rectificación o enmienda de una cosa que tiene errores o defectos: *ha terminado la corrección de exámenes.* — s.f.
2 Modificación que se hace en un escrito o una obra para suprimir los defectos o errores o para mejorarlos: *este artículo necesita una corrección de estilo.*
3 Tachón o señal que queda al corregir un texto: *el escrito estaba lleno de correcciones.*
4 Calidad de la persona de conducta irreprochable: *se comporta con mucha corrección.*
5 Reprimenda, represión o censura.
6 **corrección de tiro:** Conjunto de operaciones destinadas a que el centro de impactos coincida con el del blanco. — formal MILITAR
7 **corrección disciplinaria:** Castigo leve que el superior impone al subordinado por haber cometido alguna falta.
8 **corrección fraterna o fraternal:** Advertencia para enmendar un error del prójimo.

correccional
1 Que está destinado para corregir: *adoptar una medida correccional.* — adj.
2 Cárcel donde se cumplen las penas de prisión y presidio: *lo han encerrado en el correccional.* — s.m. DERECHO
3 **correccional de menores:** Establecimiento penitenciario donde se recluye a los menores de edad. — DERECHO

correccionalismo Sistema penal que defiende modificar la tendencia a la delincuencia por medio de la educación social en centros especiales. — s.m. DERECHO

correctivo, a
1 Que corrige o subsana: *siempre defendió los métodos correctivos en el marco de lo legal.* — adj/s.
2 Castigo que se aplica para corregir: *tuvo que aplicarle un correctivo por su mala conducta.* — s.m.
3 Producto que atenúa o suprime alguna propiedad inconveniente del ingrediente principal de un medicamento. — FARMACIA

correcto, a (Part. irreg. de *corregir*.)
1 Que no tiene errores o defectos: *texto correcto.* — adj.
2 Que sigue las normas de cortesía: *su intervención fue correcta e intachable.* — = educado

corrector, a
1 Que corrige: *ha diseñado un corrector ortográfico.* — adj/s.
2 Persona que se encarga de corregir las pruebas de imprenta, y la ortografía y el estilo de los textos que han de ser imprimidos. — s. ARTES GRÁFICAS

3 corrector de agua: Aparato que purifica el agua por procedimientos químicos o físicos. `TECNOLOGÍA`

4 corrector de altura: Dispositivo que mantiene a un nivel constante la altura de la aeronave. `AERONÁUTICA`

5 corrector en cascada: El que está dispuesto en la cadena de acción principal. `TECNOLOGÍA`

corredentor, a Que redime junto a otro u otros. `adj/s.`

corredera
1 Carril o ranura en un mecanismo por donde resbala una de sus piezas. `s.f.` `MECÁNICA`
2 Muela superior del molino, cuyo movimiento sirve para moler el grano.
3 Cucaracha, insecto ortóptero nocturno. `ZOOLOGÍA`
4 Pieza que abre y cierra alternativamente los agujeros por donde entra y sale el vapor en los cilindros de una máquina. `MECÁNICA`
5 Plataforma formada por dos o tres maderos paralelos, enlazados por sus extremos, sobre la que se movían las cureñas o armazones de algunas piezas de artillería. `MILITAR`
6 Calle o plaza que antiguamente era un lugar en el que se celebraban carreras de caballos. `HISTORIA`
7 Tabla o postiguillo de celosía que corre de una parte a otra para abrir o cerrar.
8 **de corredera:** Se aplica a puertas y ventanas que se abren deslizándose vertical o lateralmente por carriles o ranuras. `loc.adj.`

corredero, a Que puede correr o deslizarse de un lado a otro: *la cocina estaba separada del comedor por una mampara corredera.* `adj.`

corredizo, a Que está pensado para que corra, se deslice o se desate con facilidad: *es una puerta corrediza; ha hecho un nudo corredizo.* `adj.`

corredor, a
1 Que corre o anda con rapidez. `adj.`
2 Persona que compite o participa en una carrera deportiva: *los corredores se colocaron en la línea de salida.* `s.` `DEPORTES`
3 Pasillo, pieza de paso de un edificio: *patinaba de una punta a la otra del corredor.* `s.m.`
4 Galería que está dispuesta alrededor de un patio.
5 Se refiere al ave de gran tamaño que tiene esternón sin quilla y las alas muy cortas que no le sirven para volar: *el avestruz es una ave corredora.* `adj/s.f.` `ZOOLOGÍA`
6 Espacio o ruta definida y de amplitud restringida y controlada que deben seguir las aeronaves de transporte comercial. `s.m.` `AERONÁUTICA` `= pasillo`
7 Persona que interviene en compras y ventas: *su hermano es corredor de fincas.* `s.` `COMERCIO`
8 **corredor de bolsa:** Miembro de la bolsa que compra y vende acciones. `ECONOMÍA`
9 **corredor de cambios:** El que solicita letras o dinero prestado, y ajusta los cambios de interés y las seguridades o resguardos. `ECONOMÍA`
10 **corredor de comercio:** Persona que tiene como oficio intervenir en contratos de compraventa de efectos comerciales, en los de seguros y en la negociación de letras. `ECONOMÍA`
11 **corredor de oreja:** 1. Chismoso que va llevando cuentos y rumores de un lado a otro. 2. Alcahuete, persona que facilita relaciones amorosas. `coloquial` `coloquial`

corredura Cantidad de líquido que rebosa o sobrepasa de su medida. `s.f.`

corredería
1 Empleo de corredor en subastas, ajustes, apuestas, compras y ventas. `s.f.`
2 Intervención del corredor en un ajuste o venta. `= corretaje`
3 Denuncia de un soplón. `DERECHO`

corregencia Antiguo cargo de corregente. `s.f./POLÍTICA`

corregente Que ejerce la regencia junto a otro. `adj/s.m.f./POLÍTICA`

corregidor, a
1 Que corrige: *medida corregidora.* `adj.`
2 Magistrado que en su territorio ejercía la jurisdicción real y conocía de las causas contenciosas y gubernativas, y del castigo de los delitos. `s.m.` `HISTORIA`
3 Alcalde que nombraba el rey en algunas poblaciones importantes. `HISTORIA`

corregimiento
1 Antiguo cargo u oficio de corregidor. `s.m./HISTORIA`
2 Territorio que estaba bajo la jurisdicción de un corregidor. `HISTORIA`
3 Oficina que tenía el corregidor. `HISTORIA`

corregir (Del lat. *corrigere < regere*, regir, gobernar.)
1 Quitar o rectificar los errores o inexactitudes: *corrigió algunos detalles del cuadro.* `v.tr./conj: regir` `part. tb: correcto`
2 Señalar un profesor los errores en los ejercicios de sus alumnos: *corregir una redacción.*
3 Enmendarse, rectificar, dejar de tener un vicio o actitud negativa: *sus amigos le pidieron que se corrigiera, que moderara su lenguaje.* `v.prnl.`
4 Advertir a una persona que ha obrado incorrectamente o que ha hecho una cosa mal: *corrigió su rebeldía con dulces palabras.* `v.tr.` `= amonestar, reprender`

5 Disminuir la actividad de una cosa: *el corredor corrigió la velocidad de su carrera.*
6 Hacer modificaciones en las pruebas de imprenta antes de la impresión definitiva. `ARTES GRÁFICAS`
7 Mejorar las propiedades del suelo o de una tierra con nutrientes. `AGRICULTURA`

correhuela (Derivado de *correa*.)
1 Juego infantil en que se usa una correa con los extremos juntos y con varios dobleces, por donde se mete un palito que ha de quedar dentro al desdoblarla. `s.f.` `JUEGOS`
2 Nombre de diversas plantas herbáceas o volubles. *(Calystegia, Convolvulus, Hippuris y Polygonum.)* `BOTÁNICA` `tb: corregüela`
3 **correhuela de los caminos:** Sanguinaria mayor, planta herbácea. `BOTÁNICA`
4 **correhuela de mar:** Planta herbácea anual, de tallo hendido y ramificado, que crece en las costas. *(Polygonum maritimum.)* `BOTÁNICA`
5 **correhuela hembra:** Planta acuática o de terreno pantanoso, con tallo erecto, hojas simples y enteras y flores pequeñas axilares. *(Hippuris vulgaris.)* `BOTÁNICA`
6 **correhuela lechosa:** Planta voluble con hojas acorazonadas y flor con corola córnea. *(Cynanchum acutum.)* `BOTÁNICA`
7 **correhuela mayor:** Planta de tallo anguloso, voluble y hojas acorazonadas o aflechadas. *(Calystegia sepium.)* `BOTÁNICA`
8 **correhuela menor:** Planta de tallo voluble con flores acampanilladas de color blanquecino. *(Convolvulus arvensis.)* `BOTÁNICA`

correinado Gobierno simultáneo de dos reyes. `s.m./POLÍTICA`

correjel Cuero grueso y flexible, especialmente usado para hacer correones y suelas. `s.m.`

correlación
1 Relación recíproca o mutua entre dos o más cosas: *su teoría cosmológica guarda correlación con la de su maestro.* `s.f.`
2 Conjunto de dos series de fonemas opuestos por un mismo rasgo distintivo. `LINGÜÍSTICA`
3 Existencia de mayor o menor dependencia mutua entre diversas variables. `MATEMÁTICAS`

correlacionar Poner dos o más cosas en relación recíproca o mutua. `v.tr.`

correlativo, a Que tiene o indica correlación o sucesión inmediata: *el cambio afectará a los elementos correlativos de la serie.* `adj.`

correlato Término que corresponde a otro en una correlación: *su gestión empresarial fue un correlato de la realizada por los antiguos directores.* `s.m.` `= continuación, secuela`

correligionario, a Que tiene las mismas ideas religiosas o políticas que otra persona: *se convirtió en su correligionaria más fiel.* `adj/s.`

correlón, a
1 Se aplica a la persona que corre mucho o que va muy deprisa. `adj./Colomb., Guat., Venez.`
2 Cobarde, persona que tiene miedo.

correncia
1 Diarrea, evacuación de excrementos líquidos. `s.f./coloquial`
2 Vergüenza, timidez: *la correncia de verse descubierto le afloró a las mejillas.* `coloquial`

correndilla Carrera corta. `s.f./coloquial`

correntada Corriente fuerte de un río o arroyo. `s.f./Amér. Merid.`

correntío
1 Se aplica al líquido que fluye. `adj./= corriente`
2 Que es desenvuelto, desenfadado o ligero: *el espíritu correntío de la comedia le valió un gran éxito de taquilla.* `= desembarazado`

correntón, a
1 Que gusta de callejear. `adj.`
2 Que es alegre y bromista: *su compañía siempre era grata, alegraba su charla correntona.*

correo
I (Del cat. *correu < fr. ant. corlieu < corir*, correr + *lieu*, lugar.)
1 Servicio público encargado de la distribución y del transporte de la correspondencia. `s.m.`
2 Oficina donde se da y se recibe la correspondencia.
3 Conjunto de las cartas o comunicaciones escritas que se envían y reciben: *siempre lee el correo por la mañana; lleva el correo al día.* `= correspondencia`
4 Persona que se encarga de llevar y traer la correspondencia de un lugar a otro: *el correo del zar se retrasó dos semanas.*
5 Buzón donde se deposita el correo: *se olvidó de echar la carta al correo.*
6 Intermediario, en el negocio de las drogas, entre el traficante y el camello. `argot`
7 **correo aéreo:** El que se manda por avión.
8 **correo certificado:** El que debe ser firmado por el destinatario al recibir el envío.
9 **correo diplomático o de embajada o de gabinete:** Agente del ministerio de Asuntos Exteriores cuyo cometido es llevar los despachos a los embajadores.

10 correo electrónico: Sistema que permite el intercambio de mensajes entre los usuarios interconectados a través de una red de ordenadores. — INFORMÁTICA

11 correo marítimo: El que se manda por barco: *el correo marítimo ha caído en desuso.*

12 correo terrestre: Correspondencia que se manda por ferrocarril o vehículo automóvil.

13 correo urgente: Correspondencia que se envía y se reparte antes que la ordinaria.

II (Probablemente de *co* + *reo*, acusado.) Responsable con otro u otros en un delito. — s.m. DERECHO

correeón Correa que soporta la caja de algunos coches de caballos. — s.m.

correoso, a
1 Que tiene flexibilidad o elasticidad: *al mojarse la piel de la bota se puso correosa.* — adj.
2 Se refiere al pan y otros alimentos que son blandos pero difíciles de masticar a causa de la humedad, el calor u otros motivos.
3 Se aplica a la persona que tiene mucha resistencia física: *es una persona vital, fuerte y correosa.*

correr (Del lat. *currere.*)
1 Andar muy deprisa y con impulso, de manera que entre cada paso los dos pies quedan en el aire: *corrieron tras el ladrón pero no lo alcanzaron.* — v.intr.
2 Ir de un lugar a otro rápidamente.
3 Realizar una actividad con rapidez: *corrió para terminar los deberes del día.* — = apresurarse
4 Moverse un líquido o un fluido en un sentido determinado: *el agua corre por las tuberías.*
5 Soplar o dominar el viento: *corría una brisa fresca que azotaba las mieses.*
6 Extenderse, pasar un río: *el río corre por su cauce.* — = fluir
7 Estar una cosa extendida u orientada en una determinada dirección: *la cordillera corre de norte a sur.* — = extenderse
8 Transcurrir o pasar el tiempo: *las horas corren.*
9 Tomar una persona a su cargo una cosa: *tu amigo corre con todos los gastos.* — + con = encargarse
10 Devengarse una retribución como salario o jornal.
11 Acudir o buscar remedio en una persona o una cosa en un apuro: *corrió a su buena fama para salvarse.* — = recurrir
12 Pasar un negocio por la oficina correspondiente.
13 Tener una cosa validez durante un tiempo. — = circular
14 Costar una cosa un precio determinado: *este vino corre a quinientas pesetas el litro.* — = a, por = valer
15 Navegar una embarcación con poca o ninguna vela, a causa de la mucha fuerza del viento. — NÁUTICA
16 Echar fuera, despachar a una persona de un lugar. — Méx., Chile
17 Pasar un rumor o una noticia de unos a otros: *corrieron el rumor sobre tu destitución; la noticia corrió como la pólvora.* — v.intr./tr. = propagarse
18 Participar en una carrera. — DEPORTES
19 Echar un cerrojo o una llave: *corrió el pestillo de la puerta y luego no pudo abrir.* — v.tr.
20 Mover las cortinas, los visillos, o cosas semejantes a un lado o a otro: *corrieron el telón y empezó el espectáculo.*
21 Pasar o estar expuesto a peligros o aventuras.
22 Visitar, recorrer diversos lugares: *el viaje fue interesante pero cansado, corrieron demasiadas ciudades.*
23 Perseguir a una persona o un animal: *el perro corrió al gato por toda la casa.* — = acosar
24 Torear una res brava. — TAUROMAQUIA
25 Ejercitar un caballo montando sobre él. — EQUITACIÓN
26 Hacer de corredor de una mercancía en operaciones comerciales. — COMERCIO
27 Entrar en un territorio enemigo por la fuerza. — MILITAR
28 Deshacer el nudo o lazada de un cordón o una cuerda con que está sujeta o cerrada una cosa. — = desatar
29 Hacer caer por demasiado peso el platillo de la balanza en que se pesa la mercancía.
30 Sacar una cosa a subasta pública.
31 Robar, arrebatar una cosa. — coloquial
32 Cambiar una cosa de lugar: *correr el sillón.* — v.tr./prnl.
33 Dejar a una persona confusa o avergonzada. — = aturdir
34 Apartarse, ponerse una persona a un lado. — v.prnl.
35 Moverse o deslizarse una cosa sobre una superficie con demasiada facilidad.
36 Gastarse o derretirse una vela o una bujía desigualmente o demasiado deprisa.
37 Extenderse y mezclarse los colores de una cosa: *al poner agua, la pintura se corrió.*
38 Dar o hacer una persona en una cosa más de lo que es prudente u oportuno. — = excederse
39 Experimentar una persona el orgasmo o eyacular. — vulgar
40 Ofrecer o pagar demasiado por una cosa. — coloquial
41 a todo correr o a más correr: Con la máxima velocidad o ligereza posible: *hay que trasladar la mercancía a todo correr; marcharon a su casa a todo correr.* — loc.adv.
42 correrla: Salir por la noche para divertirse: *quien no la corre de joven, la corre de viejo.* — coloquial
43 el que no corre, vuela: Indica que en ciertas situaciones, todos los involucrados o afectados actúan — coloquial

con rapidez dispuestos a sacar provecho: *las invitaciones se agotaron en seguida: el que no corre, vuela.*

correría
1 Incursión o saqueo en territorio enemigo: *la correría descalabró la línea defensiva.* — s.f./MILITAR = algara
2 Andanza o viaje por diversos sitios, que no suele ser largo, después del cual se retorna al lugar donde se reside habitualmente: *nos contará sus correrías por tierras americanas.* — s.f.pl.

correspondencia
1 Acción y resultado de corresponder o corresponderse: *se estableció correspondencia entre los dos textos.* — s.f.
2 Relación de complementariedad, reciprocidad o proporcionalidad que guardan entre sí dos cosas: *analizó la correspondencia de sus propuestas.*
3 Sentimiento mutuo entre dos personas: *le alegró la correspondencia de su amor.*
4 Relación que mantienen por correo dos personas: *su correspondencia abarcó toda su vida.*
5 Conjunto de las cartas o comunicaciones escritas que recibe y envía una persona: *recogió la correspondencia de su madre.* — = correo
6 Relación de negocios entre comerciantes.
7 Relación entre términos de distintas series, colecciones o sistemas que tienen en cada uno la misma función o significado.
8 Relación que se establece entre elementos de distintos conjuntos. — MATEMÁTICAS
9 Fenómeno que se produce cuando dos o más palabras tienen el mismo significado. — LINGÜÍSTICA = sinonimia
10 Comunicación entre habitaciones, ámbitos, localidades o líneas de transporte.
11 correspondencia biunívoca: Relación que se establece entre elementos de distintos conjuntos cuando, además de ser unívoca, es recíproca; es decir que a cada elemento del segundo conjunto corresponde uno del primero sin ambigüedad. — MATEMÁTICAS
12 correspondencia de sensaciones: Sensación secundaria que se produce en una parte del cuerpo como reacción a un estímulo aplicado en otra parte. — = sinestesia
13 correspondencia unívoca: La que se establece entre elementos de distintos conjuntos cuando a cada elemento del primer conjunto corresponde, inequívocamente, un elemento del segundo conjunto. — MATEMÁTICAS

corresponder
1 Hacer o decir una cosa a cambio de otra que se ha recibido con anterioridad: *Juan correspondió a su anfitrión con un regalo espléndido.* — v.intr./tr.
2 Ser una cosa obligación o derecho de una persona o una institución: *no me corresponde a mí hacerlo.* — = pertenecer, tocar
3 Ser una cosa o una cantidad la que recibe o debe recibir cada participante o persona en un reparto: *les corresponde una finca a cada uno.* — v.intr. = tocar
4 Estar en relación una cosa con otra: *a cada curso corresponde un color.* — + a
5 Ser una cosa adecuada a otra: *la fotografía se corresponde con la realidad.* — v.intr/prnl. = concordar
6 Mantener dos personas correspondencia: *se corresponden desde la juventud.* — v.prnl. = escribirse
7 Amarse y cuidarse dos personas. — = quererse
8 Tener comunicación dos habitaciones, ámbitos o localidades.
9 Estar dos cosas en relación de simetría.

correspondiente
1 Que corresponde o que tiene una relación de correspondencia: *se sentaron en sus butacas correspondientes.* — adj. = respectivo
2 Que cumple las condiciones de una relación: *asumió las correspondientes consecuencias.*
3 Que mantiene correspondencia con una persona o una corporación. — adj/s.m.f.
4 Se refiere al miembro no numerario o representante de una corporación, que por lo general reside fuera de la sede de ésta y colabora con ella por correspondencia: *académico correspondiente.*

corresponsabilidad Responsabilidad compartida: *apeló a la corresponsabilidad de los países desarrollados.* — s.f.

corresponsal
1 Periodista encargado de transmitir las noticias a su periódico, radio, televisión u otro medio de comunicación desde otro país, ciudad o lugar: *los corresponsales extranjeros estuvieron presentes en la zona del conflicto.* — s.m.f.
2 Representante de una firma mercantil en una localidad extranjera. — COMERCIO

corresponsalía
1 Puesto de corresponsal de un periódico, canal de televisión, emisora de radio u otro medio de comunicación: *ocupa la corresponsalía de un periódico en París.* — s.f.
2 Oficina del corresponsal de un medio de comunicación: *cuando llegaron a la corresponsalía estaba vacía.*

corretaje (Del occitano *corratatge* < *corratier*, corredor, intermediario.)
1 Contrato por el que una de las partes se obliga a pagar a la otra que actúa como mediador o corredor — s.m. DERECHO

por el hecho de indicar la oportunidad de celebrarlo o de conseguirlo con su propia gestión.
2 Comisión que cobra el intermediario de una determinada operación comercial por su gestión. **COMERCIO**
3 Intervención del corredor en un ajuste o venta. **= correduría**

corretear
1 Correr de un lado para otro, especialmente los niños jugando: *mientras los mayores descansaban, los pequeños correteaban por el parque.* **v.intr. coloquial**
2 Ir una persona de calle en calle o de casa en casa. **coloquial/= callejear Amér.**
3 Perseguir, acosar.

correteo Acción y resultado de corretear: *con tanto correteo quedó exhausto y se durmió en el sofá.* **s.m.**

corretón, a
1 Que acostumbra a corretear o callejear. **adj.**
2 Se aplica al toro que recorre la plaza sin atender a las citas. **TAUROMAQUIA**

correveidile (Derivado de *corre* + *ve* + *dile*.)
1 Chismoso, persona que lleva y trae chismes: *sus compañeros no le hablan porque es un correveidile.* **s.m.f./pl: correveidile tb: correvedile**
2 Alcahuete, persona que facilita y concierta una relación amorosa ilícita. **coloquial, despectivo**

corrida
1 Carrera, acción de correr: *la policía cargó contra ellos y hubo corridas y atropellos.* **s.f.**
2 Lidia de toros en plaza cerrada: *asistió a la corrida por cuestiones de protocolo.* **TAUROMAQUIA**
3 Playeras, canto popular andaluz. **MÚSICA**
4 Acción y resultado de correrse o alcanzar una persona el orgasmo. **vulgar = eyaculación**
5 de corrida: Con rapidez, de memoria, sin dificultad: *dice las tablas de multiplicar de corrida.* **loc.adv.**
6 en una corrida: En muy poco tiempo, rápidamente: *acércate en una corrida y tráenos azúcar.* **loc.adv.**

corrido, a
1 Que excede o pasa del peso o de la medida que se expresa: *me ha puesto un kilo corrido de carne.* **adj.**
2 Se aplica al elemento de una construcción que es contiguo o seguido: *han construido un banco corrido.* **ARQUITECTURA**
3 Se refiere a la persona que está avergonzada o humillada: *la corrida del bochorno se disculpó ante los amigos.* **= confundido**
4 Se dice del toro resabiado, que ya ha sido toreado. **TAUROMAQUIA**
5 Cobertizo hecho a lo largo de las paredes de los corrales. **s.m.**
6 Romance cantado, propio de Andalucía. **MÚSICA**
7 Composición musical a dos voces con acompañamientos instrumentales de gran riqueza rítmica, propia de México, Venezuela y otros países americanos. **MÚSICA**
8 Créditos vencidos. **s.m.pl./= caídos**
9 corrido de la costa: Romance que se acompaña a la guitarra, con música de fandango. **MÚSICA**
10 de corrido: De memoria, sin dificultad: *de corrido recitó un largo poema de Machado.* **loc.adv.**
11 estar o ser muy corrido: Ser muy experimentado o estar muy versado en algún asunto: *no es de fiar, está muy corrido en trifulcas.* **coloquial**

corriente
1 Se refiere al agua u otro líquido que corre. **adj.**
2 Se aplica a la semana, mes, año que transcurre en la actualidad: *el nueve del corriente mes tenemos reunión.* **formal**
3 Que está en uso en el momento presente o en que se habla: *quiero un informe de las actividades corrientes.* **= vigente**
4 Que está generalmente admitido o aceptado por el uso común o por la costumbre: *viste de modo corriente y nada extravagante.* **= común, habitual**
5 Que no tiene impedimento o estorbo para su uso y efecto.
6 Que es común, no extraordinario: *bebe un vino corriente.* **= mediocre, ordinario**
7 Se aplica al estilo que es fluido, suelto, fácil.
8 Se refiere a la persona de trato llano, afable y familiar: *a pesar de su categoría era una mujer corriente.*
9 Movimiento continuado de traslación en una dirección determinada de una masa de materia fluida, como el agua o el aire: *la corriente del río es fuerte; corrientes oceánicas; corriente vertical de una masa de aire.* **s.f. GEOGRAFÍA**
10 Electricidad transmitida a lo largo de un conductor: *le dio la corriente al tocar el enchufe.* **ELECTRICIDAD**
11 Circulación de aire entre puertas y ventanas: *la corriente de aire rompió los cristales.*
12 Curso, movimiento o tendencia de los sentimientos o de las ideas: *hay una corriente de opinión progresista.*
13 De acuerdo, conforme.
14 corriente alterna: Aquella cuya intensidad es variable en el tiempo. **adv./formal ELECTRICIDAD**
15 corriente continua: Aquella que siempre fluye en la misma dirección con intensidad constante o ligeramente variable. **ELECTRICIDAD**
16 corriente de convección: La que se origina en las capas profundas de la Tierra, debido a las diferencias de densidad y temperaturas. **GEOLOGÍA**

17 corriente genética: Variación casual de las frecuencias genéticas de una generación a otra en comunidades pequeñas. **BIOLOGÍA**
18 corriente sanguínea: Flujo de la sangre al circular por el cuerpo. **BIOLOGÍA**
19 al corriente: Con exactitud, sin atraso, puntualmente. **loc.adv.**
20 corriente y moliente: Expresión que se aplica a las personas y cosas llanas, usuales y ordinarias: *es gente corriente y moliente que no necesita ni fastos ni ceremonias.* **coloquial**
21 dejarse llevar por la corriente: No oponerse a la marcha espontánea de las cosas ni a lo que hacen los demás: *tuvo una reacción gregaria y se dejó llevar por la corriente.*
22 estar al corriente: Estar enterado o al tanto de una cosa: *no puedo decirte nada porque no estoy al corriente de lo que ha pasado.*
23 ir o navegar contra corriente: Hacer o estar en contra de lo que es usual, o querer lograr una cosa superando muchas dificultades: *de fuertes convicciones, navegó siempre contra corriente.*
24 llevarle o seguirle a alguien la corriente: Seguirle el humor a una persona, mostrarse conforme con lo que dice o hace: *es mejor decirle a todo que sí y llevarle la corriente.* **coloquial**
25 poner o ponerse al corriente: Enterarse de lo que sucede: *me puso al corriente de todos los chismes.*

corrillo (Derivado de *corro*.) Grupo de personas que en una reunión o en un sitio concurrido hablan entre ellas apartadas de las demás: *¿de qué hablan en ese corrillo?* **s.m.**

corrimiento
1 Acción y resultado de correr o correrse. **s.m.**
2 Deslizamiento o desplazamiento de una cosa: *el corrimiento de nieve sepultó el refugio.*
3 Sensación producida por la vergüenza. **= rubor, sofoco**
4 Acumulación de líquidos en alguna parte del cuerpo: *tiene un corrimiento en los ojos.* **MEDICINA**
5 Acción de malograrse la vid por el efecto de las heladas, el viento o la lluvia sobre la flor. **AGRICULTURA**
6 corrimiento de tierra: Desplazamiento de un paquete de capas sobre una vertiente o un acantilado. **GEOLOGÍA**

corrivación (Derivado de *rival* < lat. *rivalis*, ribereño de un arroyo respecto del propietario del otro lado.) Canalización que sirve para juntar el agua de varios arroyos: *ya han finalizado la corrivación.* **s.f. AGRICULTURA**

corro
1 Círculo que forman las personas para hablar entre ellas, escuchar a alguien que se sitúa en el centro o para participar en determinados juegos u otras actividades: *se sentaron formando un corro.* **s.m.**
2 Espacio que se forma dentro de este círculo: *en el centro del corro colocaron una lámpara portátil.*
3 Espacio de forma circular o casi circular.
4 Juego infantil en que los participantes cantan y bailan cogidos de las manos y formando un círculo. **JUEGOS**
5 Lugar donde se efectúan las transacciones de valores en la bolsa: *se conocieron en el corro bursátil.*
6 hacer corro: Apartarse la gente aglomerada para hacer un espacio en medio: *el médico pidió que hicieran corro para no atosigar al herido.*
7 hacer corro aparte: Reunirse varias personas en un grupo aparte de una reunión mayor para hablar entre ellas apartados de los demás: *hicieron corro aparte para ponerse de acuerdo.* **coloquial**

corroboración Acción o resultado de corroborar o corroborarse: *les llegó la corroboración por escrito.* **s.f./= confirmación, ratificación**

corroborante
1 Que corrobora. **adj.**
2 Se aplica al medicamento que se utiliza para tonificar el efecto de otro u otros con los que va asociado. **adj/s.m./FARMACIA = tónico**

corroborar (Del lat. *corrobor* < *robur, roboris*, fuerza, robustez.) Dar fuerza o seguridad a una teoría, un argumento o una opinión con nuevos datos: *tu teoría se ha corroborado con una exhaustiva investigación.* **v.tr/prnl. = confirmar**

corrobra Agasajo que hace el comprador o el vendedor a los que intervienen en una venta o trato comercial. **s.f. = alborozque, robra**

corroer (Del lat. *corrodere*.)
1 Destruir lentamente un agente un material inorgánico o un tejido orgánico: *la humedad y las bacterias corroyeron la madera; esta pintura se corroe con la intemperie.* **v.tr/prnl. conj: leer**
2 Alterar el ánimo o la salud de una persona por causa de una preocupación o un sentimiento: *sus incesantes críticas la corroían y la sumían en un profundo desasosiego.*

corromper (Del lat. *corrumpere*.)
1 Cambiar la naturaleza de una sustancia orgánica deteriorándola: *los alimentos se corrompieron con las altas temperaturas estivales.* **v.tr/prnl. part.tb: corrupto = pudrir**

2 Alterar la forma de una cosa: *el abuso de hipérbatos corrompía sus composiciones.*
3 Estropear, viciar una cosa no material: *ciertas ideas corrompen las costumbres.* = enviciar
4 Comprar o sobornar a una persona con dádivas: *corromper a un policía municipal.* v.tr. = cohechar
5 Pervertir, seducir a una persona: *corrompió a la muchacha con sus malos ejemplos.* = malear
6 Despedir mal olor. v.intr.

corronchoso, a Se refiere a la persona ruda, tosca. adj./*Amér. Central*

corrosca Sombrero de paja gruesa tejido a mano, con grandes alas, que usan los campesinos. s.f. *Colomb.*

corrosión
1 Acción y resultado de corroer o corroerse: *la extrema pobreza es la corrosión del equilibrio social.* s.f. = deterioro
2 Procedimiento o método de preparación anatómica de un órgano, que consiste en infiltrar en la partes que se desea conservar de él una sustancia resistente a la acción de un líquido corrosivo, para destruir con éste las partes restantes. BIOLOGÍA
3 Proceso paulatino que cambia la composición química de un cuerpo metálico por acción de un agente externo, destruyéndolo, aunque manteniendo lo esencial de su forma. QUÍMICA
4 Ataque superficial de las rocas debido a procesos químicos. GEOLOGÍA

corrosivo, a
1 Que corroe o tiene virtud de corroer: *las gotas de líquido corrosivo deterioraron la placa de plata.* adj.
2 Se refiere al lenguaje o humor mordaz, incisivo: *sus artículos están salpicados de comentarios corrosivos sobre la figura de la monarquía.* = cáustico, mordiente

corrugación Contracción o encogimiento. s.f.

corrugar (Del lat. *corrugare.*) Hacer estrías o resaltos regulares en una superficie lisa para asegurar que no se mueva o que sea adherente o para protegerla. v.tr. conj: *pagar*

corrupción (Del lat. *corruptio, -onis.*)
1 Acción y resultado de corromperse una sustancia o materia orgánica: *las altas temperaturas aceleraron la corrupción del cadáver.* s.f. = descomposición, putrefacción
2 Alteración, tergiversación: *es una corrupción del guión original.*
3 Abuso, mal uso o exceso: *se escandalizaron ante lo que consideraban una corrupción de las costumbres.*
4 Soborno, delito: *varios miembros del parlamento fueron sospechosos de corrupción.* DERECHO = cohecho
5 Acción de incitar o forzar a una persona a realizar actos contrarios a la moral o a la ley: *está acusado de la corrupción de un menor.* = perversión
6 Mal olor que desprende una sustancia orgánica. = hedor

corruptela
1 Corrupción, alteración: *las corruptelas de los que no dominaban el latín influyeron en su evolución hacia las lenguas vernáculas.* s.f.
2 Mala costumbre o abuso, especialmente los que van contra la ley: *las corruptelas ocuparon las primeras páginas de los diarios.*

corruptibilidad
1 Posibilidad de que una cosa o una persona se pueda corromper: *la corruptibilidad de la materia orgánica.* s.f. ≠ incorruptibilidad
2 Inclinación de una persona a aceptar dinero o cualquier otro tipo de beneficios para actuar, normalmente fuera de la ley, en favor de quien se los ofrece: *consiguieron pruebas de su corruptibilidad para formalizar la acusación.* = venalidad ≠ incorruptibilidad

corruptible Que puede corromperse: *la carne es corruptible; es un funcionario corruptible y sobornable.* adj. ≠ incorruptible

corrupto, a Que se deja o se ha dejado pervertir, corromper o viciar: *es un político corrupto; este tipo de situaciones se producen porque el sistema está corrupto.* adj/s. = podrido

corruptor, a Que corrompe, pervierte o soborna. adj/s.

corruscante Que cruje al ser masticado: *el asado quedó dorado y corruscante.* adj. th: curruscante

corrusco Trozo o mendrugo de pan duro: *ralló los corruscos sobrantes para empanar la carne.* s.m. coloquial

corsario, a (Del ital. *corso* < lat. *cursus,* carrera.)
1 Se aplica a la nave o al navegante que perseguía a naves piratas o enemigas: *el buque corsario emprendió la búsqueda.* adj/s. HISTORIA
2 Se refiere a la embarcación y tripulación que saquea otras naves en el mar. adj/s.m. HISTORIA
3 Pirata, hombre que saquea y asalta embarcaciones en el mar: *los corsarios se repartieron el botín del abordaje.* s.m.

corsé (Del fr. *corset* < *corps* < lat. *corpus, -oris,* cuerpo.)
1 Prenda de vestir interior usada para ceñir el cuerpo y sujetar las medias: *le aflojaron el corsé para facilitarle la respiración.* s.m.
2 corsé ortopédico: El que se usa para prevenir o corregir desviaciones de la columna vertebral.

corsear Ir una embarcación a la captura del enemigo o de un barco pirata. v.intr. HISTORIA

corselete Corsé femenino que ciñe el talle. s.m.

corsetería
1 Tienda donde se vende ropa interior. s.f./COMERCIO
2 Fábrica o taller donde se confecciona ropa interior.

corsetero, a Persona que se dedica a hacer o vender corsés y ropa interior. s.

corso, a
I (Probablemente del lat. *corsus,* de Córcega.)
1 De Córcega, isla del Mediterráneo. adj.
2 Persona que es natural de esta isla. s.
3 Lengua hablada en esta isla. s.m./LINGÜÍSTICA
II (Del lat. *cursus,* corrida, acción de correr.)
1 Campaña que hacían los buques mercantes con patente de su gobierno para perseguir a naves piratas o enemigas. s.m./HISTORIA, MILITAR
2 Armamento especial para llevar a cabo esta operación militar. HISTORIA, MILITAR
3 tener patente de corso: Actuar sin tener en cuenta los derechos de los demás. coloquial

corta
1 Operación de cortar árboles u otras plantas hecha generalmente con hacha o sierra: *la corta de arbustos empezó muy temprano.* s.f. = tala
2 Estocada que penetra en el cuerpo del toro menos de la mitad. TAUROMAQUIA

cortaalambres Tenazas usadas para cortar cables o hilos metálicos. s.m. pl: cortaalambres

cortacallos Cuchillo especial usado por los callistas para su trabajo. s.m. pl: cortacallos

cortacésped Máquina que se utiliza para cortar el césped o la hierba de los jardines: *la cortacésped era eléctrica.* s.m.f.

cortacigarros Utensilio que se utiliza para cortar la punta a los cigarros puros. s.m./pl: cortacigarros = cortapuros

cortacircuitos Dispositivo que sirve para interrumpir de forma automática la corriente eléctrica cuando ésta resulta peligrosa por algún motivo. pl: cortacircuitos ELECTRICIDAD

cortacorriente Mecanismo que se utiliza para establecer un circuito eléctrico. s.m./ELECTRICIDAD = interruptor

cortada
1 Acción y resultado de cortar. s.f.
2 Trozo delgado, largo y ancho cortado de una cosa, en especial del pan o de las frutas. = rebanada
3 Paso entre dos montañas: *el corrimiento de tierra bloqueó la cortada.* GEOGRAFÍA = cortadura
4 Herida o señal hecha con un instrumento cortante. *Amér.*
5 Calle corta que suele tener un único acceso. *Argent.*
6 Atajo para hacer el camino más corto. *Amér. Merid.*

cortadera
1 Cuña de acero con mango que se utiliza para cortar hierro candente: *el herrero usa la cortadera.* s.f.
2 Herramienta que se utiliza para cortar los panales de una colmena.
3 Planta herbácea de hojas con los bordes cortantes como una navaja, que crece en lugares pantanosos y cuyo tallo se usa para tejer cuerdas y sombreros. *(Paspalum plicatulum.)* *Argent., Chile, Cuba* BOTÁNICA

cortadillo, a
1 Se aplicaba a la moneda que estaba cortada y no tenía figura circular. adj.
2 Vaso pequeño y cilíndrico. s.m.
3 Medida casera para líquidos que equivale aproximadamente a una copa: *añade un cortadillo de vino.*
4 azúcar de cortadillo: El moldeado en aparatos centrífugos y que se expende fraccionado en terrones o trozos regulares.

cortado, a
1 Se refiere al estilo literario que utiliza cláusulas breves y sueltas, sin enlazar los conceptos en períodos largos. adj. LITERATURA
2 Que se corta o se turba en una situación y no puede actuar o hablar de manera adecuada: *cuando te ve se queda tan cortado que ni abre la boca.* adj/s. = cohibido, tímido
3 Se aplica a la figura que tiene la mitad superior de un esmalte y la inferior de otro, y al escudo dividido en dos mitades. HERÁLDICA
4 Café con poca leche que se sirve generalmente en taza o vaso pequeños: *siempre se toma un cortado después de comer.* s.m.
5 Cabriola que se hace en el baile o la danza.
6 estar cortado por el mismo patrón: Ser muy parecidas en el modo de actuar dos personas: *padre e hijo están cortados por el mismo patrón.* coloquial
7 estar o quedarse cortado total: Estar extrañado o sorprendido: *se quedó cortada total cuando acabó con el relato del atraco.* vulgar
8 tener un cortado: Tener un plan o ligue: *seguramente no irá con nosotros porque esta noche tiene un cortado.* argot

cortador, a
1 Que corta: *utilizó un filtro cortador de frecuencias.* adj.

2 Carnicero, persona que vende carne. — s.
3 Persona encargada de cortar los trajes o las piezas de los objetos que se fabrican en sastrerías, zapaterías y otros talleres semejantes.
4 Diente incisivo delantero que sirve para cortar. — s.m.
5 cortador de hojas: Nombre dado a ciertos insectos himenópteros que recolectan hojas y las fragmentan, amontonándolas para constituir un terrario de cultivo de hongos. — ZOOLOGÍA

cortadura
1 Herida producida por un instrumento cortante: *la cortadura le alcanzó el hueso.* — s.f. = corte
2 Abertura o división hecha en un cuerpo o superficie por un instrumento o cosa cortante. — = corte, sección
3 Paso entre dos montañas: *la carretera serpenteaba por las cortaduras de la serranía.* — GEOGRAFÍA = cortada
4 Figura recortada de papel. — = recortado
5 Foso y parapeto construidos en los pasos estrechos. — MILITAR
6 Ensanche o extensión en el encuentro de las galerías con el pozo principal de una mina. — MINERÍA
7 Recortes, fragmentos sobrantes de una cosa. — s.f.pl.

cortafrío Cincel que se utiliza para cortar hierro frío o para abrir agujeros en las paredes y suelos. — s.m. = tajadera

cortafuego
1 Franja ancha sin vegetación que se deja en los sembrados y montes para evitar que se propague el fuego: *el cuidado de los cortafuegos asegura un lento avance de las llamas.* — s.m. tb: cortafuegos
2 Pared construida sin madera u otro material combustible, que divide un edificio en toda su altura, para que el fuego no se propague de un lado a otro. — CONSTRUCCIÓN

cortalápices Sacapuntas, utensilio para afilar los lápices. — s.m. pl: cortalápices

cortante
1 Que corta: *un cuchillo es un objeto cortante.* — adj./= cortador
2 Que intimida: *me encontré en una situación cortante.* — coloquial
3 Que es seco, descortés o brusco y deja al interlocutor sin capacidad de reacción: *dio una respuesta cortante a los periodistas que le esperaban en la puerta.* — = tajante
4 Persona que por oficio vende carne. — s.m.f./= carnicero

cortapapeles Utensilio que tiene la forma de un cuchillo poco afilado y que se usa para cortar las hojas de los libros o papeles doblados. — s.m. pl: cortapapeles = plegadera

cortapatillas Dispositivo de una máquina de afeitar eléctrica para recortar las patillas. — s.m. pl: cortapatillas

cortapicos Tijereta, insecto que tiene al final del abdomen unos apéndices en forma de pinza. — s.m./pl: cortapicos ZOOLOGÍA

cortapisa (Del cat. ant. *cortapisa*, guarnición diferente en los vestidos.)
1 Condición o restricción a que está sujeta la concesión o la posesión de una cosa: *le han puesto en libertad con muchas cortapisas.* — s.f.
2 Obstáculo o contratiempo para la realización de una cosa: *el viaje estuvo lleno de cortapisas y problemas de todo tipo.* — = dificultad, traba
3 Adorno o gracia con que se dice una cosa.

cortaplumas Navaja pequeña. — s.m./pl: cortaplumas

cortapuros Utensilio que se utiliza para cortar la punta a los cigarros puros. — s.m./pl: cortapuros = cortacigarros

cortar (Del lat. *curtare*, cercenar.)
1 Dividir o separar las partes de una cosa con un instrumento afilado: *cortar el pan a rodajas.* — v.tr. = escindir
2 Separar un miembro del resto del cuerpo de una persona con un instrumento cortante: *le cortaron el pie para frenar el avance de la gangrena.* — = amputar
3 Separar o dividir en dos partes: *el río corta la ciudad de norte a sur.* — = partir
4 Interrumpir o impedir el curso de una cosa: *cortaron la corriente eléctrica; el golpe de estado cortó las reformas.* — = detener
5 Quitar una parte de un discurso, una lectura o una película. — = suprimir
6 Atravesar una cosa un fluido o un líquido: *la espada cortaba el aire.*
7 Interrumpir una conversación: *le cortó en mitad de su exposición con una capciosa pregunta.*
8 Dividir la baraja en dos partes para alterar el orden de los naipes: *me toca cortar a mí.* — JUEGOS
9 Hacer más corta una distancia. — = acortar
10 Mezclar un líquido con otro para contrarrestar o variar su fuerza o su sabor: *cortar el café con la leche.*
11 Dar la forma conveniente a una pieza de confección: *cortar una camisa.*
12 Ser un instrumento afilado capaz de rajar o separar las partes de una cosa: *ten cuidado, estos cuchillos cortan demasiado.* — v.intr.
13 Tomar o coger el camino más corto: *cortó por el atajo para darle una sorpresa.* — = acortar
14 Ser el frío o el viento muy intenso: *por la noche hace un frío que corta.*
15 Tomar una dirección. — Chile
16 Agrietarse la piel a causa del frío: *durante la caminata se me cortó la cara.* — v.tr/prnl.
17 Quitar la parte sobrante de las uñas o el pelo: *se corta el pelo a menudo.* — = recortar
18 Quedarse una persona sin poder hablar a causa de la turbación: *se ha cortado al verla aparecer de improviso.* — v.prnl. = turbarse
19 Separarse la parte mantecosa de la serosa en la leche: *la leche se ha cortado con tanto calor.* — v.tr/prnl.
20 Separarse los ingredientes de una salsa u otra preparación culinaria que debían quedar trabados: *a la mitad, se ha cortado la mayonesa.* — COCINA
21 Mezclar las drogas, en especial la heroína y la cocaína, con otras sustancias, con el fin de aumentar la cantidad, en detrimento de la pureza. — argot
22 Defecar, expeler los excrementos. — v.prnl./P. Rico
23 Herirse una persona o hacerse un corte: *se cortó en el dedo con las tijeras.*
24 Decidir un asunto como árbitro: *él corta la venta de artículos y los ingresos de la fábrica.* — v.tr.
25 Pronunciar una lengua correcta o incorrectamente: *aún no ha conseguido cortar bien el inglés.*
26 Leer o recitar versos correcta o incorrectamente: *no cortó adecuadamente al declamar el poema.*
27 Dibujar sobre una superficie con incisiones: *cortó la silueta sobre una placa de estaño.* — = tallar
28 Dividir una línea o una superficie a otra con un punto o una línea común. — GEOMETRÍA
29 Dividir una parte del ejército enemigo para quitarle la comunicación con una plaza. — MILITAR
30 Quitar panales de miel a las colmenas. — = castrar
31 Dar los tajos necesarios en la extremidad de una pluma de ave con el fin de utilizarla para escribir.
32 Abrirse una tela o un vestido por los dobleces o las arrugas. — v.prnl.
33 Mancharse una persona de excrementos. — = ensuciarse

cortaúñas Utensilio en forma de pinzas, de boca afilada y curvada hacia dentro, que sirve para cortar las uñas. — s.m. pl: cortaúñas

cortaviento Pieza de la parte delantera de un vehículo que sirve para cortar el viento: *llevaba la moto equipada con cortaviento.* — s.m.

corte
I (Derivado de *cortar*.)
1 Acción y resultado de cortar o cortarse. — s.m.
2 Incisión, herida: *se ha hecho un corte en la mejilla con la cuchilla de afeitar.* — MEDICINA
3 Abertura o señal que queda al cortar: *hizo un corte fino y preciso.*
4 Sección por donde ha sido cortada una cosa.
5 Interrupción brusca de una cosa: *suspendieron el corte de suministros.*
6 Borde afilado de un instrumento o herramienta con que se corta: *afilar el corte del hacha.* — = filo
7 Réplica o contestación ingeniosa e inesperada. — coloquial
8 Medio que se toma para cortar diferencias y poner de acuerdo a los que estaban discordes.
9 Manera de estar confeccionado y acción de cortar prendas de vestir o de calzado: *traje de corte elegante.*
10 Trozo de tela u otro material parecido, necesario para confeccionar una prenda de vestir o de calzado: *necesita un corte de seda.*
11 Taller donde se cortan prendas para los soldados. — MILITAR TEATRO
12 Parte de las entradas de un teatro que se reservan los días de estreno para repartirlas gratuitamente.
13 Dibujo o espacio resultante al cortar supuestamente un edificio por medio de un plano para mostrar su estructura o disposición interior. — ARQUITECTURA = sección
14 Superficie que forma cada uno de los cantos o bordes de un libro. — ARTES GRÁFICAS
15 corte de cuentas: Decisión del deudor de dar por no existente la deuda. — ECONOMÍA
16 corte y confección: Arte y oficio de cortar y confeccionar prendas de vestir.
17 dar corte: Dar vergüenza o apuro una cosa: *le daba corte pedir dinero por la calle.* — coloquial
18 dar o hacer un corte de mangas: 1. Realizar un ademán ofensivo golpeando el brazo, a la vez que se levanta, con la mano del otro, en señal de desprecio. 2. Dar una respuesta negativa adoptando una actitud despectiva y ofensiva. — coloquial
II (Del lat. *cohors, -ortis*, recinto.)
1 Conjunto de todas las personas que componen la familia y la comitiva, séquito o acompañamiento del rey. — s.f. = séquito
2 Población donde habitualmente reside el rey y su séquito: *se concentraron en la corte todas las casas reales europeas.*
3 Conjunto formado por los representantes del pueblo, con facultad para hacer leyes, y otras atribuciones, formado por el senado y el congreso de los diputados. — s.f.pl. POLÍTICA
4 Junta general o asamblea que en los antiguos reinos españoles celebraban las personas autorizadas para intervenir en asuntos de estado. — DERECHO HISTORIA
5 Tribunal de justicia. — s.f./Amér./DERECHO

6 Corral o establo para el ganado: *el ganado coceaba contra las paredes de la corte por el miedo a las llamas.* — aprisco
7 hacer la corte: 1. Acudir a palacio o a casa de poderoso en muestra de respeto y pleitesía. **2.** Cortejar, tratar de enamorar a una persona: *durante años le hizo la corte, pero acabó casándose con otra.* **3.** Agasajar a alguien con el fin de obtener algo de él. — galantear

cortedad
1 Escasez o pequeñez de alguna cosa: *la cortedad de recursos malogrará el proyecto.* s.f.
2 Falta o escasez de inteligencia: *acusó su cortedad al observar cómo actuaba ante el público.*
3 Actitud tímida, apocamiento. — encogimiento

cortega Ortega, ave gallinácea. s.f./ZOOLOGÍA

cortejar (Del ital. *corteggiare.*)
1 Alabar o hacer regalos a una persona interesadamente: *era patético ver cómo cortejaba a su jefe.* v.tr. = agasajar
2 Tratar de enamorar a una persona: *empezó a cortejarla por interés, pero acabó enamorándose de ella.* = galantear

cortejo (Del ital. *corteggio.*)
1 Acción de cortejar: *fue víctima de un tenaz cortejo.* s.m.
2 Conjunto de personas que forman el acompañamiento o comitiva de una ceremonia: *el cortejo recorrió las amplias avenidas de la futurista ciudad.* = séquito
3 Agasajo, regalo: *les ofreció una fruslería como cortejo.*

cortés Que es amable y educado: *saludo cortés; aunque su recibimiento fue cortés, pudo percibir una cierta animadversión.* adj. = afable, atento ≠ descortés

cortesana Mujer que se dedicaba a la prostitución. s.f./HISTORIA

cortesanía Actitud atenta, cortés y respetuosa en el trato con los demás.

cortesano, a (Del ital. *cortegiano.*)
1 De la corte: *la confabulación se gestó en los círculos cortesanos.* adj.
2 Persona que servía en la corte: *las cortesanas se deleitaban oyendo los versos del trovador.* s.

cortesía
1 Conjunto de actos y expresiones con el que se manifiesta atención, consideración, educación y respeto en el trato social: *tuvo la cortesía de contestar la invitación; por cortesía me escuchó largo rato.* s.f. = gentileza
2 Expresión de afecto o respeto que precede a la firma en las cartas.
3 Manera de nombrar a una persona al dirigirse a ella. — tratamiento
4 Objeto que una persona da a otra como muestra de afecto, amor o amistad: *con aquella cortesía pretendía aliviar su dolor.* — obsequio, regalo
5 Días que se concedían para el pago de una letra, pasado su vencimiento.
6 Beneficio o merced que se otorga a una persona. — favor, gracia
7 Hoja, página o espacio que se deja en blanco al final de cada capítulo. ARTES GRÁFICAS
8 cortesía internacional: Conjunto de reglas que cooperan al mantenimiento de las buenas relaciones entre los estados, que ha influido en el avance del derecho internacional. DERECHO, POLÍTICA

córtex
1 Corteza o parte externa o más superficial de algunos órganos. s.m./BIOLOGÍA th: cortex
2 córtex cerebral: Sustancia gris que reviste la superficie de los hemisferios cerebrales. ANATOMÍA

corteza
I (Del lat. *corticea < cortex,* corteza.)
1 Capa exterior del tronco y las ramas de los árboles y arbustos: *la corteza del alcornoque se usa para hacer tapones.* s.f. BOTÁNICA
2 Parte externa de algunos frutos y otros alimentos más dura y gruesa que la piel y más blanda que la cáscara, como la de la naranja, limón, calabaza o la del queso o el tocino.
3 Capa endurecida que recubre el pan: *prefería los bollos de corruscante corteza.* th: cortezo
4 Capa exterior de algunos órganos animales. ANATOMÍA
5 Exterioridad de una cosa no material. = capa, costra
6 Falta de cortesía, consideración y respeto en el trato y los modales: *su rústica corteza le alejó de todos sus vecinos.* = grosería
7 corteza cerebral: Capa superficial del cerebro, formada por la sustancia gris. ANATOMÍA
8 corteza terrestre: Capa más externa y estrecha de la tierra, formada por rocas solidificadas, líquidos y gases. GEOLOGÍA
9 injertar de corteza: Unir al pie una cortecilla de la planta que se quiere injertar. BOTÁNICA
II (De origen incierto.) Ortega, ave gallinácea. s.f./ZOOLOGÍA

cortezudo, a
1 Que tiene la corteza dura o gruesa. adj.
2 Se refiere a la persona rústica o inculta. adj./s.

cortic- Componente de palabra procedente del lat. *cortex,* que significa corteza: *corticoide; cortical.* pref. th: cortico-

cortical (Derivado del lat. *cortex,* corteza.) De la corteza: *se le practicó una delicada intervención en la zona cortical del cerebro.* adj.

corticoide Se refiere a la hormona que se produce en la corteza suprarrenal, a sus derivados y a sus sucedáneos sintéticos. adj/s.m. BIOQUÍMICA, FARMACIA

cortijada
1 Conjunto de habitaciones o edificios de un cortijo. s.f.
2 Conjunto de cortijos: *el campo andaluz estaba salpicado por una cortijada encalada.*

cortijero, a
1 Propietario o persona que habita y cuida un cortijo. s.
2 Capataz que se encarga de un cortijo.

cortijo (Del bajo lat. *cortigium < lat. cohorticula,* cohorte pequeña.)
1 Finca rústica con casa para los propietarios: *poseía un cortijo en la campiña cerealícola y de olivos andaluza.* s.m.
2 Vivienda y edificaciones de esta finca: *el cortijo preside una gran explotación agrícola.*

cortil Corral, cercado descubierto. s.m.

cortina (Del bajo lat. *cortina.*)
1 Tela colgante con que se cubren y adornan las puertas y ventanas: *corre la cortina que nos ven.* s.f.
2 Aquello que encubre y oculta algo: *la silueta de la serranía desapareció bajo la plomiza cortina de lluvia.*
3 Dosel bajo el que estaba el sitial del rey en la capilla real. HISTORIA
4 Parte recta de la muralla que está entre dos baluartes. MILITAR
5 cortina de humo: 1. Masa de humo artificial que sirve para ocultarse del enemigo. **2.** Cualquier cosa o acción que sirve para ocultar otra. MILITAR coloquial
6 cortina de muelle: Muro de sostenimiento a orillas de un río o del mar que facilita las operaciones de embarque y desembarque. NÁUTICA
7 correr la cortina: Ocultar o callar cierto asunto: *corrió hábilmente la cortina para acallar la polémica.* coloquial
8 dormir a cortinas verdes: Dormir al raso, en el campo: *durmieron a cortinas verdes en el monte.* coloquial
9 lo de detrás de la cortina: Intriga, aquello que sólo conocen los que intervienen en el asunto en cuestión. coloquial

cortinaje Juego de cortinas: *al correr los cortinajes dejó la estancia en la penumbra.* s.m.

cortinal Trozo de tierra cercado, situado junto a un pueblo o a una casa de campo. s.m.

cortinilla Cortina pequeña que se pone detrás de los cristales de las ventanas, puertas o vidrieras. s.f. = visillo

cortisona Hormona segregada por la corteza de las glándulas suprarrenales, o elaborada sintéticamente, que tiene una notable actividad antiinflamatoria y se utiliza como medicamento contra el reúma, la alergia, el asma y otras enfermedades. s.f. FARMACIA, FISIOLOGÍA

cortisquear Hacer cortes en un papel o una tela: *cortisqueaba el tapete ensimismada en sus pensamientos.* v.tr.

corto, a (Del lat. *curtus,* truncado, cortado, incompleto.)
1 Que no tiene la extensión que le corresponde, de poca longitud: *esta camisa tiene una manga más corta que la otra.* adj. ≠ largo
2 De poca duración: *la actuación fue corta.* = breve
3 De poca inteligencia o talento.
4 Escaso, insuficiente o defectuoso: *este guiso te ha quedado corto de sal.* = falto
5 Que no alcanza su destino: *me ha pasado una pelota corta.*
6 Tímido, vergonzoso. = apocado
7 Cortometraje, película de poca duración. s.m./CINE
8 Media caña de cerveza. coloquial
9 a la corta o a la larga: 1. Indica que algo tendrá lugar antes o después, más tarde o más temprano: *a la corta o a la larga acabarás dándome la razón.* **2.** Finalmente, en definitiva, en último término: *a la corta o a la larga, el resultado será el mismo indiscutiblemente.* loc.adv. coloquial coloquial
10 de corto: Con vestidos que no cubren los pies: *ya no era una bebé, lo llevaban de corto.* loc.adv.
11 ni corto ni perezoso: Decididamente, sin timidez: *ni corta ni perezosa le espetó todo lo que pensaba sobre el asunto.* coloquial
12 quedarse uno corto: 1. No llegar a decir o hacer todo lo que se había propuesto: *se quedó corto al explicarle las vejaciones de que había sido víctima.* **2.** Hacer o coger una cantidad inferior de una cosa de lo que es conveniente o necesario: *se quedó corta con la previsión de vino para el banquete.* coloquial coloquial
13 ser corto de vista: Ser miope, tener dificultades para ver con claridad los objetos lejanos: *debe ser corta de vista porque se acerca mucho a la página.* coloquial

cortocircuito Perturbación en un circuito eléctrico por la conexión directa entre dos conductores, que produce una descarga. s.m. ELECTRICIDAD

cortometraje Película cinematográfica de poca duración: *antes de la película pasaron un cortometraje.* — s.m. CINE

cortón, a
1 Se refiere a la persona que es ocurrente y graciosa. — adj/s.
2 Grillo real, insecto. — s.m./ZOOLOGÍA

coruja Lechuza, ave rapaz nocturna. — s.f./ZOOLOGÍA

corundo Corindón, óxido de aluminio. — s.m./MINERALOGÍA

coruñés, a
1 De la Coruña, ciudad y provincia española. — adj.
2 Persona que es natural de esta ciudad o provincia. — s.

corupán Nombre de varios árboles leguminosos, cultivados para la obtención de goma. *(Piptadenia.)* — s.m./Bol. BOTÁNICA

coruscar (Del lat. *coruscare*, brillar.) Despedir brillo una cosa: *sus ojos coruscaban en la oscuridad como ascuas enfebrecidas.* — v.intr. conj: sacar literario

corusco, a Que corusca: *estanque corusco.* — adj./literario

corva
1 Parte de la pierna, detrás de la rodilla, por donde se dobla y encorva. — s.f.
2 Aguadera, pluma ancha de las alas de las aves. — ZOOLOGÍA
3 Tumor que se forma en la parte superior interna del corvejón de las caballerías. — VETERINARIA

corvadura
1 Parte por donde se tuerce, dobla o encorva una cosa: *hay un escape en la corvadura de la cañería.* — s.f.
2 Forma curva: *el hierro presentaba una corvadura en un extremo.* — = curvatura
3 Parte curva o arqueada del arco o de la bóveda. — ARQUITECTURA

corval Se aplica a la aceituna más alargada que la común. — adj.

corvato
I (De origen incierto.) Cría de cuervo. — s.m./ZOOLOGÍA
II (Probablemente de *corvo* < lat. *curvus*.) Depósito de agua fría que se utiliza para enfriar el serpentín del alambique. — s.m.

corvaza Tumor que se forma en la parte inferior externa del corvejón de las caballerías. — s.f. VETERINARIA

corvejón
I (Derivado de *corva*.) Parte de la pata posterior de los solípedos entre la tibia y el fémur, que corresponde a la rodilla humana. — s.m./VETERINARIA tb: corvejos = jarrete
II (Probablemente de *cuervo*.) Cuervo marino, ave palmípeda. — s.m./ ZOOLOGÍA = cormorán

corveta (Del fr. *courbette*.) Movimiento que se enseña al caballo, haciéndole andar sobre las patas traseras, con las delanteras en el aire. — s.f. EQUITACIÓN

corvetear (Del fr. *courbetter* < *courbe*, corva.) Hacer el caballo corvetas. — v.intr. EQUITACIÓN

córvido, a (Del lat. *corvus*, cuervo + gr. *eidos*, forma.) Perteneciente a una familia de aves paseriformes con el pico fuerte y ligeramente curvado, como el cuervo. — adj/s.m. ZOOLOGÍA

corvillo Se aplica al cuadragésimo sexto día anterior al domingo de pascua de resurrección, que constituye el primer día de la cuaresma. — adj./RELIGIÓN = miércoles de ceniza

corvina (Derivado de *cuervo*.) Pez marino de cuerpo alargado, color gris o plateado, más oscuro en el dorso, comestible y muy apreciado. *(Corvina.)* — s.f. ZOOLOGÍA

corvinera Red que se usa para pescar corvinas. — s.f./PESCA

corvino, a Del cuervo o que tiene relación con él: *una silueta corvina formaba parte del escudo de la casa.* — adj.

corvo, a (Del lat. *curvus*.)
1 Que está arqueado o curvado: *sustituyó el mango corvo del azadón por uno nuevo y enderezado.* — adj. tb: curvo
2 Gancho metálico para coger o sujetar objetos. — s.m./= garfio

corzo, a (Derivado de *corzar* < lat. vulgar *curtiare* < *curtus*, truncado.) Rumiante que vive en Europa y Asia, perteneciente a la familia cérvidos, de astas erectas adornadas con numerosas protuberancias. *(Capreolus capreolus.)* — s. ZOOLOGÍA

corzuelo Porción de granos de trigo que por conservar la cascarilla, aún después de la trilla, se separa del resto durante la criba. — s.m. AGRICULTURA

cosa (Del lat. *causa*, motivo, causa, asunto.)
1 Palabra que se utiliza para referirse a algo concreto, abstracto, real o mental, cuyo significado se precisa por el contexto que la precede o la sigue. — s.f.
2 Ser inanimado que tiene realidad física por oposición al ser animado: *dame una lista de las cosas de que disponemos.* — = objeto
3 Asunto, tema o negocio: *tienen una cosa muy interesante entre manos.*
4 Nada en absoluto: *no costó cosa alguna.*
5 Objeto de las relaciones jurídicas, en contraposición a persona o sujeto. — DERECHO
6 Objeto material, en contraposición a los derechos creados sobre él y a las prestaciones personales. — DERECHO
7 Entidad material o derecho susceptible de formar parte de un patrimonio. — DERECHO = bien

8 **cosa de:** Aproximadamente la cantidad que se expresa: *lo acabo en cosa de diez minutos.* — loc.adv. coloquial
9 **cosa de oír o de ver:** Que merece ser oída o vista o que es capaz de llamar la atención: *las declaraciones del nuevo ministro son cosa de oír; ese circo es cosa de ver.*
10 **cosa perdida:** Persona muy descuidada en sus obligaciones o incorregible en sus vicios o costumbres: *he tratado de mejorar su actitud, pero no hay nada que hacer, es cosa perdida.*
11 **cosa rara:** Expresión usada para expresar que algo causa extrañeza porque es distinto de lo habitual o previsible: *es cosa rara en él llegar puntual; cosa rara, ha aprobado.*
12 **cosas de alguien:** Comportamiento extraño o fuera de lo normal que no sorprende o se justifica porque se considera normal en cierta persona: *no le hagas caso, son cosas de tu hermano.* — coloquial
13 **cosas de la edad:** Comportamiento o estado físico que se considera justificado por la edad avanzada: *se queja mucho, pero ya se sabe, son cosas de la edad.*
14 **cosas de la vida:** Expresión que se utiliza cuando sucede algo negativo, indicando que es normal que en la vida haya altibajos: *no esperábamos esta desgracia pero hay que aceptarlo, son cosas de la vida.*
15 **a cosa hecha:** 1. Con éxito seguro: *a cosa hecha acabará la gira.* 2. Adrede, con intención: *ha sido a cosa hecha, cuatro ruedas no se pinchan fácilmente.* — loc.adv.
16 **como quien no quiere la cosa:** Expresión que indica que una persona hace algo disimuladamente y como si no quisiera conseguir aquello que realmente pretende: *como quien no quiere la cosa fue ascendiendo hasta llegar a ser la directora de ventas.* — loc.adv. coloquial
17 **como si tal cosa:** Como si no hubiera ocurrido nada o como si no tuviera dificultad o importancia cuando tiene mucha o lo parece: *le informaron de la desgracia y se quedó como si tal cosa.* — loc.adv. coloquial
18 **lo que son las cosas:** Expresión que indica el carácter insólito o casual de lo que se dice a continuación.
19 **no haber tal cosa:** No ser cierto lo que se dice: *no intentes engañarle, porque se dará cuenta de que no hay tal cosa.*
20 **no sea cosa que:** Expresión que indica lo que se quiere prever o evitar con cierta acción: *estudia más, no sea cosa que te vayan a suspender.* — loc.conj.
21 **no ser cosa de:** No ser conveniente u oportuno aquello a lo que se hace referencia: *anda con cuidado, conducir no es cosa de niños.*
22 **no ser cosa del otro jueves:** No ser un hecho extraordinario: *no comprendo cómo alcanzó tanto éxito, no es cosa del otro jueves.* — coloquial
23 **poquita cosa:** Se refiere a la persona de aspecto débil y poco corpulenta o de poco carácter: *es muy simpática, pero físicamente es muy poquita cosa.* — loc.adj. coloquial
24 **ser cosa de:** 1. Expresión que, seguida de infinitivo, indica que ha de hacerse lo que se indica: *eso de cambiar de piso da pena de pensárselo.* 2. Ser del aprecio, estimación, interés o incumbencia, de una persona.

cosaco, a
1 Se aplica a la persona que tiene gran fuerza física. — adj./coloquial HISTORIA
2 De un pueblo nómada o semisedentario que habitaba en las estepas rusas meridionales.
3 Miembro de este pueblo. — s./HISTORIA
4 Soldado ruso de un cuerpo de caballería. — s.m./MILITAR
5 **beber como un cosaco:** Ingerir bebidas sin medida, en exceso: *no era capaz de seguir su ritmo, bebía como un cosaco.* — coloquial

cosario, a
1 Se aplica al cazador de oficio o a lo que es propio de él. — adj/s. CAZA
2 Se aplica al lugar que es muy frecuentado. — adj.
3 Se refiere al caballo amansado que está habituado a ser montado. — Colomb. EQUITACIÓN

coscacho Coscorrón, golpe dado en la cabeza con los nudillos. — s.m. Amér. Merid.

coscarse
1 Mover una persona los hombros y la espalda rápidamente para aliviar el picor: *al salir del gallinero empezó a coscarse.* — v.prnl./conj: sacar coloquial = concomerse
2 Impacientarse, estar o sentirse muy angustiado: *se coscaba con sólo recordar la pérdida del bolso y la documentación.* — coloquial = concomerse

coscoja
1 Planta arbórea parecida a la encina, de escasa altura y achaparrada. *(Quercus coccifera.)* — s.f./BOTÁNICA = chaparro
2 Hoja seca de la cascarra o encina. — = hojarasca
3 Tubo metálico pequeño que cubre el travesaño de una hebilla para que el correaje pase con facilidad.

coscojal Terreno donde abundan las coscojas: *el sabueso se internó en un coscojal a la caza de la liebre.* — s.m./BOTÁNICA tb: coscojar

coscojo (Del lat. *cusculium*, coscoja.)
1 Agalla o abultamiento producido por un insecto en la coscoja. — s.m. BOTÁNICA

2 Especie de cuentas de hierro pasadas por unos alambres enlazados y sujetos al bocado de la caballería. — *s.m.pl. EQUITACIÓN*

coscolino, a Persona que tiene muchas relaciones amorosas o le gusta coquetear. — *s. Méx.*

coscomate Troje cerrado hecho con barro y zacate, que se usa para conservar el maíz. — *s.m. Méx.*

coscón, a Que se comporta con astucia. — *adj/s./coloquial*

coscorrón (De *kosk*, voz onomatopéyica.)
1 Pequeño golpe dado en la cabeza: *al levantarse se dio un coscorrón con la puerta del armario.* — *s.m.*
2 Mendrugo de pan. — *Colomb. Chile/BOTÁNICA*
3 Variedad de poroto, planta papilionácea.

coscorronera Gorro que sirve para proteger la cabeza, especialmente la de los niños. — *s.f. = chichonera*

coscurro Borde o parte del pan muy cocida: *tiró los coscurros porque no los podía morder.* — *s.m. tb: cuscurro*

cosecante Secante del complemento de un ángulo o de un arco. — *s.f. GEOMETRÍA*

cosecha (Del ant. *cogecha*.)
1 Recogida de los frutos de un cultivo: *para la cosecha llegaron varias cuadrillas de jornaleros.* — *s.f./AGRICULTURA = recolección*
2 Producto que se obtiene de estos frutos después de un proceso determinado: *la cosecha de vino blanco es espléndida.*
3 Temporada y trabajo de recogida de frutos: *estamos cercanos a la cosecha del trigo.* — *AGRICULTURA*
4 Conjunto de cosas obtenidas por una persona o varias como resultado de sus cualidades o actos: *se ha ganado la cosecha de suspensos.*
5 ser algo de la cosecha de uno o de la propia cosecha: Ser de su propia invención: *esas conclusiones son de su cosecha y no del autor que cita.* — *coloquial*

cosechadora Máquina agrícola usada para segar y trillar la cosecha de cereales: *no pudieron utilizar la cosechadora porque el terreno era muy irregular.* — *s.f. AGRICULTURA*

cosechar
1 Recoger la cosecha de productos del campo: *el labrador cosechó trigo.* — *v.intr/tr. AGRICULTURA*
2 Obtener, conseguir una cosa: *los atletas cosechan triunfos y derrotas.* — *v.tr.*

cosechero, a
1 De la cosecha: *temporada cosechera.* — *adj./AGRICULTURA*
2 Persona que tiene cosecha: *los cosecheros cortaron la autovía descargando varios camiones de avellanas sobre el firme.* — *s. AGRICULTURA*

cosedor, a
1 Se aplica a la persona que tiene como profesión coser mecánicamente: *la ocupación más solicitada es la de cosedor a máquina industrial.* — *adj/s.*
2 Máquina provista de varios cabezales alimentados en hilo vegetal o metálico, para el cosido mecánico de los libros en los talleres de encuadernación. — *s.f. ARTES GRÁFICAS*

coselete (Del fr. ant. *corselet*, coraza ligera, sin mangas.)
1 Coraza ligera de cuero que usaban ciertos soldados de infantería. — *s.m./HISTORIA, MILITAR*
2 Soldado de las compañías de arcabuceros que llevaba coselete y pica o alabarda como arma ofensiva. — *HISTORIA, MILITAR*
3 Tórax de los insectos cuando los tres segmentos que los componen están fuertemente unidos entre sí. — *ZOOLOGÍA*

coseno Seno del complemento de un ángulo o de un arco. — *s.m. GEOMETRÍA*

coser (Del lat. *consuere*.)
1 Unir dos trozos de tela, cuero u otra materia con hilo enhebrado en una aguja: *coser las piezas del vestido sin haberlas embastado previamente; coser los pliegos.* — *v.tr.*
2 Hacer dobladillos, costuras, embastes, pespuntes u otras labores de aguja.
3 Sujetar papeles con grapas. — *= grapar*
4 Unir o juntar una cosa con otra: *cosió muchos trozos de alambre y cercó el jardín; coser una herida.*
5 Producir muchas heridas en el cuerpo con un arma: *le cosieron a navajazos después de robarle.* — *coloquial = acribillar*
6 Mantenerse una persona muy pegada a otra o a una cosa: *se cosió contra la pared.* — *v.prnl./coloquial + con, contra*
7 ser algo coser y cantar: Ser una cosa muy fácil de realizar: *coser y cantar es este trabajo.* — *coloquial*

cósico Se refiere al número que es potencia exacta de otro. — *adj. MATEMÁTICAS*

cosicosa Enigma, acertijo: *le propuso una cosicosa que no supo resolver.* — *s.f. = quisicosa*

cosido
1 Acción y resultado de coser: *el cosido de los pliegos se hizo muy laborioso.* — *s.m.*
2 Trabajo realizado en un tejido con aguja e hilo: *el cosido de los cojines simulaba las labores rústicas.*

cosidura Amarra, de cualquier tipo, que resulta de unir por medio de vueltas los cabos, gazas u otras cuerdas. — *s.f. NÁUTICA*

cosificación Acción y resultado de cosificar. — *s.f.*

cosificar Convertir o considerar como cosa algo que no lo es: *en su comedia esperpéntica cosifica a los seres humanos.* — *v.tr. conj: sacar*

cosmet- Componente de palabra procedente del gr. *kosmetikos*, que indica relativo al cuidado personal: *cosmetólogo.* — *pref. tb: cosmeto-*

cosmética
1 Conjunto de los productos utilizados para la higiene y la belleza, en especial de la cara. — *s.f.*
2 Técnica de elaboración y aplicación de productos cosméticos para la higiene y la belleza de la persona. — *= cosmetología*

cosmético, a (Del gr. *kosmetikos* < *kosmeo*, poner en orden, adornar.) Se refiere a la sustancia que se usa para cuidar o embellecer la piel y el pelo: *se ocupa de la sección de productos cosméticos.* — *adj/s.m. = afeite*

cosmetólogo, a Persona especializada en productos de cosmética para la belleza corporal. — *s.*

cósmico, a (Derivado del gr. *kosmos*, orden, estructura, mundo.)
1 Que tiene relación con el cosmos: *hacer temblar el orden cósmico.* — *adj.*
2 Se aplica al ocaso u orto de un astro que coincide con la salida del sol. — *ASTRONOMÍA*
3 Que es muy grande: *proyecto cósmico.* — *culto, literario*

cosmo- Componente de palabra procedente del gr. *kosmos*, que significa orden, estructura, mundo, universo: *cosmopolita; cosmogonía.* — *pref. tb: cosm-*

cosmódromo Base astronáutica de lanzamiento: *el término cosmódromo se utiliza para designar sobre todo las bases de lanzamiento rusas.* — *s.m. ASTRONÁUTICA*

cosmofísica Parte de la astronomía que estudia la constitución física de los astros y de la materia interestelar. — *s.f. ASTRONOMÍA = astrofísica*

cosmogonía (Del gr. *kosmogonia* < *kosmos*, orden, estructura, mundo + *gignomai*, llegar a ser.)
1 Ciencia que estudia la formación y evolución inicial de los cuerpos celestes y, en particular, de los astros del sistema solar. — *s.f. ASTRONOMÍA*
2 Teoría que explica el origen y la organización del mundo. — *FILOSOFÍA, MITOLOGÍA*

cosmogónico, a Que tiene relación con la cosmogonía. — *adj.*

cosmogonista Persona dedicada al estudio de la formación y evolución del mundo. — *s.m.f.*

cosmografía (Del gr. *kosmos*, orden, estructura, mundo + *grapho*, describir.) Parte de la astronomía que se dedica a la descripción del universo y de las leyes que lo rigen. — *s.f. ASTRONOMÍA = uranografía*

cosmográfico, a Que tiene relación con la cosmografía: *estudio cosmográfico.* — *adj. ASTRONOMÍA*

cosmógrafo, a Persona dedicada al estudio de la cosmografía. — *s./ASTRONOMÍA = uranógrafo*

cosmología (Del gr. *kosmos*, orden, estructura, mundo + *logos*, tratado.)
1 Parte de la astronomía que estudia el universo como totalidad, sus leyes generales, el origen, la evolución, su estructura e historia. — *s.f. ASTRONOMÍA*
2 Parte de la metafísica que estudia los principios generales que constituyen y rigen el mundo físico. — *FILOSOFÍA*
3 cosmología relativista: La que se basa en la teoría de la relatividad. — *ASTRONOMÍA*

cosmológico, a Que tiene relación con la cosmología: *hipótesis cosmológica.* — *adj. ASTRONOMÍA*

cosmólogo, a Persona dedicada al estudio y conocimiento de la cosmología. — *s./ASTRONOMÍA, FILOSOFÍA*

cosmonauta Piloto o tripulante de una nave espacial: *los cosmonautas reciben un duro entrenamiento antes de subir a bordo de la nave.* — *s.m.f. ASTRONÁUTICA = astronauta*

cosmonáutica Ciencia y técnica de la navegación espacial. — *s.f./ASTRONÁUTICA = astronáutica*

cosmonave Aeronave capaz de desplazarse fuera de la atmósfera terrestre. — *s.f./ASTRONÁUTICA = astronave*

cosmopolita (Del gr. *kosmos*, mundo + *polites*, ciudadano.)
1 Se refiere a la persona que ha vivido en muchos países y que le gusta viajar y conocer nuevas costumbres y culturas. — *adj/s.m.f.*
2 Que es común a todos los países o a muchos de ellos: *especie cosmopolita.* — *adj.*
3 Se aplica al lugar, ciudad, país donde hay gente o costumbres de muchos países: *se trata de una urbe cosmopolita donde han convergido asiáticos, latinoamericanos y anglosajones.*

cosmopolitismo
1 Doctrina y modo de vida de aquellas personas que han vivido en muchos países o que tienen intereses en ellos: *su cosmopolitismo le hace evaluar la situación de una manera más global.* — *s.m.*
2 Cualidad de aquellos lugares donde hay gente o costumbres de muchos países: *el cosmopolitismo de*

Londres o Nueva York se ha extendido a otras grandes ciudades.
3 Cualidad de aquellas cosas, costumbres u otras ma- = universalidad
nifestaciones, cuyo uso se extiende a muchos países.
cosmorama (Del gr. *kosmos*, orden, estructura, mundo + *orama*, vista, espectáculo.)
1 Aparato óptico que mediante una cámara oscura s.m.
aumenta la imagen de un objeto. ÓPTICA
2 Lugar donde se representa una escena mediante
este aparato.
cosmos (Del lat. *cosmos* < gr. *kosmos*, orden, estructura, mundo, universo.)
1 Universo, conjunto de todo lo que existe conside- s.m./pl: cosmos
rado como un todo armonioso y ordenado: *investiga-* = mundo
ción sobre el origen del cosmos. ≠ caos
2 Espacio exterior a la Tierra. culto
cosmovisión Modo de concebir y de interpretar el s.f.
universo. FILOSOFÍA
coso
I (Probablemente del lat. *cursus*, carrera.)
1 Plaza de toros: *uno de los espontáneos que salió al co-* s.m.
so fue corneado por el novillo. TAUROMAQUIA
2 Calle principal de algunas poblaciones que sirve de
paseo: *se encontraron en el coso de Zaragoza.*
II (De origen incierto.)
1 Carcoma, insecto coleóptero que roe la madera. s.m./ZOOLOGÍA
2 coso de los sauces: Insecto lepidóptero nocturno. ZOOLOGÍA
(Cossus lsigniperda.)
cospe Cada uno de los cortes hechos de trecho en s.m.
trecho en una pieza gruesa de madera, para facilitar
su desbaste.
cospel (Del cat. *cospell*.) Disco metálico sin labrar pre- s.m.
parado para acuñar monedas. = flan, tejo
cosqui Coscorrón, golpe pequeño en la cabeza contra s.m./tb: cosque
algo o dado con los nudillos. coloquial
cosquillar Cosquillear, hacer cosquillas. v.intr/tr.
cosquillas
1 Sensación nerviosa y espasmódica experimentada s.f.pl.
en algunas partes del cuerpo provocada por roce y
que provoca la risa involuntariamente: *les hizo cosqui-*
llas hasta que rompieron a reír.
2 buscarle a alguien las cosquillas: Buscar la mane- coloquial
ra de enfadar o irritar a una persona: *le dijo que no le*
buscase las cosquillas o si no se las vería con él.
3 hacer algo cosquillas a alguien: Gustarle, atraerle: coloquial
pensar en ella le hacía cosquillas.
cosquillear
1 Hacer cosquillas a una persona. v.intr/tr.
2 Causar una parte del cuerpo una sensación seme- v.tr.
jante a la de las cosquillas: *le cosquilleaba la espalda en* = hormiguear
contacto con el jersey.
3 Aparecer un pensamiento o un proyecto agradable
en la imaginación de una persona: *me cosquillea la*
idea de hacer vacaciones este verano.
4 Estar las lágrimas o la risa a punto de escapársele a
una persona: *ante la ridícula escena le cosquilleaba una*
sonora carcajada.
cosquilleo
1 Sensación producida por las cosquillas o por algo s.m.
semejante: *un cosquilleo en la nariz le hizo estornudar.* = hormigueo
2 Sensación de desasosiego producida por una deter- coloquial
minada situación: *cada vez que me da excusas me entra* = inquietud
el cosquilleo de la duda.
cosquilloso, a
1 Que tiene muchas cosquillas. adj.
2 Que se ofende o enfada con facilidad. = quisquilloso
costa
I (Derivado de *costar* < lat. *constare*, costar.)
1 Cantidad que se da o se paga por una cosa. s.f./tb: coste, costo
2 Conjunto de gastos que origina un proceso judicial s.f.pl.
y que una de las partes litigantes puede haber asumi- DERECHO
do: *probablemente tendremos que pagar las costas de juicio.*
3 a costa de: 1. A base de trabajo o fatiga que causa loc.prep.
alguna cosa: *logró el ascenso a costa de mucho esfuerzo.*
2. A expensas de, por cuenta de: *vive a costa de sus*
hijos.
4 a toda costa: A cualquier precio: *a toda costa hemos* loc.adv.
de conseguir el aumento salarial.
II (Del lat. *costa*, orilla, lado, costado.)
1 Zona de la superficie terrestre próxima al mar, río s.f.
o lago: *lograron capear el temporal y llegaron a la costa* GEOGRAFÍA
sanos y salvos. = litoral
2 Herramienta de madera dura, con muescas en los
extremos, que usan los zapateros para alisar y bruñir
las suelas de los zapatos.
3 andar o ir a navegar costa a costa: Ir navegando a NÁUTICA
lo largo del litoral.
4 barajar la costa: Navegar siguiendo el perfil del li- NÁUTICA
toral y esquivando sus obstáculos.
5 dar a la costa: Arrojar el viento una embarcación NÁUTICA
contra el litoral.
costadillo Se usa para expresar la forma en que el s.m.

diestro torea, de perfil y preparando la huida, en la TAUROMAQUIA
expresión **torear de costadillo**.
costado (De la voz romance *costatum < lat. *costa*,
costado, lado.)
1 Parte lateral del cuerpo humano o animal compren- s.m.
dida entre el pecho y la espalda: *se hizo daño en el cos-* = lado
tado derecho.
2 Parte o cara de los objetos de dos o cuatro caras = lado
que no es la delantera ni la trasera: *los costados de un*
vestido.
3 Lado derecho e izquierdo de un ejército. = flanco/MILITAR
4 Cada uno de los lados del casco de una embarca- NÁUTICA
ción.
5 Líneas genealógicas de una persona. s.m.pl.
6 al costado: Sobre la parte lateral del cuerpo: *llevaba* loc.adv.
la cantimplora y el machete al costado.
7 dar el costado: 1. Presentar el barco en el combate NÁUTICA
todo el lado para descargar la artillería. 2. Descubrir NÁUTICA
el barco uno de los lados hasta la quilla para carenar-
lo y limpiarlo.
8 de costado: 1. Tendido sobre un lado o costado: *te-* loc.adv.
nía que dormir de costado para respirar con mayor facili-
dad. 2. Con un lado hacia el lugar donde se avanza o
desde donde se es mirado.
9 por los cuatro costados: 1. Por los cuatro lados: *a* loc.adv.
la casa le da el sol por los cuatro costados. 2. Hablando loc.adv.
de la herencia o genealogía de alguien, por los cuatro
abuelos: *es cubana por los cuatro costados.* 3. Por todas loc.adv.
partes, totalmente: *el barrio ardió por los cuatro costa-*
dos; es un mentiroso por los cuatro costados.
10 sentir o tener punta de costado: Sentir un dolor
muy punzante, localizado en la pared torácica, que
impide realizar movimientos respiratorios amplios.
costal (Del lat. *costalis* < *costa*, costilla.)
1 De las costillas. adj.
2 Saco grande hecho con tela basta. s.m.
3 Listón grueso y con forma de aguja que, atravesado CONSTRUCCIÓN
por una barra, sirve para mantener los tapiales de la
construcción en posición vertical.
4 estar una persona hecha un costal de huesos: coloquial
Estar muy delgada: *está pálida, ojerosa y hecha un cos-*
tal de huesos.
5 no ser costal una persona: No tener la oportuni- coloquial
dad de decirlo todo de una vez.
6 vaciar una persona el costal: Explicar pública- coloquial
mente todo aquello que anteriormente se tenía callado u oculto.
costalada Golpe dado al caerse de espaldas o de cos- s.f.
tado: *aún se resiente de la fuerte costalada que recibió al* = costalazo
caer del caballo.
costalearse
1 Recibir una costalada. v.prnl./Chile
2 Sufrir un desengaño o decepción. Chile
costalero, a Persona que lleva a hombros los pasos s.
en las procesiones.
costana
1 Calle que está en cuesta o pendiente. s.f.
2 Pieza curva que encaja en la quilla de una embarca- NÁUTICA
ción y, junto a otras, forma la armadura del casco. = cuaderna
costanera
1 Cuesta, terreno en pendiente. s.f.
2 Maderos largos como vigas que forman la armadu- s.f.pl.
ra del tejado. CONSTRUCCIÓN
3 Avenida o paseo que se extiende a lo largo de la s.f.
costa. Argent.
costanero, a
1 De la costa: *vive en un pueblo costanero.* adj./= costero
2 Que está situado en cuesta o pendiente.
costanilla Calle corta y en pendiente. s.f.
costar (Del lat. *constare*, adquirir por cierto precio.)
1 Tener o valer una determinada cosa un precio. v.intr./conj: contar
2 Causar una cosa dificultades, ser difícil de realizar:
aprobar las oposiciones cuesta mucho.
3 Tardar en la realización de una tarea el tiempo que
se indica: *terminar el edificio costará al menos un año.*
4 costarle caro o cara una cosa a una persona: Re- coloquial
sultar una cosa perjudicial: *pelearme con el juez me ha*
costado caro.
costarricense
1 De Costa Rica, república de América Central. adj./= costarriqueño
2 Persona que es natural de este estado. s.m.f./= costarriqueño
3 Variedad del español hablado en este estado. s.m./LINGÜÍSTICA
costarriqueñismo
1 Expresión o construcción característica de la varie- s.m.
dad del español hablado en Costa Rica. LINGÜÍSTICA
2 Afecto por Costa Rica y lo costarriqueño.
coste
1 Cantidad en metálico que se da o se paga por una s.m.
cosa: *el coste de una finca.* = costo
2 Valor monetario de los recursos utilizados en la ECONOMÍA
producción y distribución de un producto, que se ob-

tiene al deducir el beneficio empresarial del precio de venta.

costear
I (Derivado de *costar* < lat. *constare,* costar.)
1 Pagar el coste o precio de una cosa: *costeó los estudios de sus nietos huérfanos.* — v.tr. = sufragar
2 Producir una cosa utilidad o provecho suficiente para cubrir sus gastos. — v.prnl.
II (Derivado de *cuesta* < lat. *costa,* costilla, costado, lado.)
1 Navegar cerca de la costa o de un lugar costero: *costeó la isla en una lancha.* — v.tr. NÁUTICA
2 Pasar por el lado de una cosa: *la expedición costeó el río para detectar especies vegetales desconocidas.* — = bordear
3 Acabar de hacer o reparar el costado de una cosa.
4 Evitar una situación difícil o peligrosa: *costeamos el incendio tomando otra carretera.* — = esquivar, soslayar
III (De origen incierto.)
1 Hacer trabajar al ganado en las estancias para amansarlo y prepararlo para el engorde. — v.tr. Argent.
2 Alisar los cantos de las suelas de los zapatos. — Chile
3 Mofarse, burlarse de una persona. — v.prnl./Perú
4 Tomarse la molestia de ir hasta un sitio distante o de difícil acceso. — Argent., Chile, Urug.

costeño, a
1 De la costa: *los pueblos costeños.* — adj./= costero
2 Que es natural de la costa de un país. — adj/s.

costera
1 Lado o costado de un fardo o cosa semejante. — s.f.
2 Mano de papel estropeado que se pone encima y debajo de las resmas de papel de tina o de hilo. — ARTES GRÁFICAS
3 Terreno, calle o cualquier otra vía en pendiente: *la vendimia de aquella finca era difícil porque estaba en costera.* — = cuesta
4 Tierra que bordea la orilla del mar: *el crucero avistó la costera francesa e italiana.* — = costa
5 Temporada de pesca de una especie. — PESCA

costero, a
1 De la costa: *pasaron las vacaciones en una población costera muy tranquila.* — adj. = costanero
2 Que está situado en cuesta o pendiente: *la procesión ascendía por una de las calles costeras del pueblo.*
3 Que está situado a un costado. — = lateral
4 Trozo de madera de los dos que resultan al serrar un tronco en el sentido de su longitud. — s.m.
5 Cada uno de los muros que forman los costados de un horno alto. — MINERÍA
6 Cara lateral de una excavación. — MINERÍA

costil De las costillas: *lomo costil.* — adj.

costilla (Derivado del lat. *costa.*)
1 Cada uno de los huesos largos, planos y arqueados que nacen en la columna vertebral y van hacia el pecho delimitando la caja torácica del cuerpo de los vertebrados. — s.f. ANATOMÍA
2 Estos huesos, con carne adherida, de las reses descuartizadas para el consumo: *le gustan mucho las costillas de cordero.* — COCINA = chuleta
3 Cualquier cosa con figura alargada y arqueada similar a la forma de estos huesos: *rompió una de las costillas de la silla.*
4 Conjunto de posesiones y riquezas de una persona: *dilapidó sin duelo toda su costilla.* — = caudal, hacienda
5 Esposa, mujer con la que un hombre ha contraído matrimonio: *su costilla le tenía muy controlado.* — coloquial
6 Espalda, dorso del cuerpo humano: *le dio un cintarazo en las costillas; tenía doloridas las costillas de la caída.* — s.f.pl. coloquial
7 Listón que se coloca horizontalmente sobre las piezas de madera o hierro de una estructura que sostiene el peso de un arco o de otra construcción para enlazarlas y recibir las dovelas. — s.f. ARQUITECTURA
8 Línea o pliegue saliente en la superficie de frutos y hojas o en otras cosas. — BOTÁNICA
9 Pieza curva que encaja en la quilla de una embarcación y, junto a otras, forma la armadura del casco. — NÁUTICA = cuaderna
10 costilla falsa: Cada una de las que no están apoyadas en el esternón, sino en las superiores y se articulan sólo con la columna vertebral. — ANATOMÍA
11 costilla flotante: Cada una de las dos últimas, situadas entre los músculos del abdomen y que tienen un extremo libre. — ANATOMÍA
12 costilla verdadera: Cada una de las que están apoyadas en el esternón. — ANATOMÍA
13 a costillas: Sobre los hombros y espaldas. — loc.adv.
14 medirle a uno las costillas: golpearle, pegarle, darle golpes: *midió las costillas al caballo para domarlo.* — coloquial
15 pasearle a uno las costillas: Pisotearle, pisarle repetidamente: *le paseó las costillas y lo dejó muy dolorido.* — coloquial

costillar
1 Conjunto de costillas: *compró un costillar de lechal para asarlo a la brasa.* — s.m.
2 Parte del cuerpo donde están las costillas: *cayó sobre el costillar derecho.* — ANATOMÍA

costino, a
I (Derivado de *costo.*) Del costo, hierba. — adj.
II (Derivado de *costa.*) De la costa. — adj./Amér.

costo
I (Derivado de *costar.*)
1 Cantidad que se da o se paga por una cosa, en especial por una obra importante. — s.m. = coste, gasto
2 costo de inventario: Cantidad que se abona por mantener un producto en determinados niveles de calidad. — COMERCIO
3 costo de rotura: Cantidad que se pierde al no poder satisfacer un pedido, por no haber existencias suficientes de ese artículo. — COMERCIO
II (Del lat. *costus.*)
1 Hierba vivaz, propia de zonas tropicales, de hojas alternas y flores amarillas, con corteza parda y sabor amargo con propiedades diuréticas y carminativas. *(Aucklandia costus.)* — s.m. BOTÁNICA
2 Hachís, droga blanda. — argot

costoso, a
1 Que cuesta mucho dinero: *suele gastar mucho dinero comprándose costosos vestidos.* — adj./= caro ≠ barato
2 Que es difícil de hacer o de soportar: *le han encargado un trabajo muy costoso.* — = penoso ≠ ligero

costra (Del lat. *crusta.*)
1 Corteza o recubrimiento externo que se forma en un cuerpo por depósito de algo extraño o porque se endurece o seca su propia sustancia: *la lluvia mojó el polvo y se formó una costra de lodo.* — s.f. MEDICINA
2 Lámina dura que se forma sobre las heridas cuando se van secando: *sin querer se levantó la costra de la herida.*
3 Cera derretida que va cayendo y cuajando a los lados de la vela. — = moco
4 Rebanada o trozo de bizcocho que se daba en las galeras como alimento. — HISTORIA
5 costra de azúcar: Porción de esta sustancia que queda pegada en la caldera cuando se cuece o que sale apelotonada.
6 costra láctea: Acumulación de descamaciones que forma una masa gruesa en la cabeza de los lactantes. — MEDICINA

costrada Empanada recubierta con una masa de pan, huevos y azúcar. — s.f. COCINA

costrón Trozo de pan frito con que se adornan y aderezan algunos guisos. — s.m. COCINA

costroso, a
1 Que tiene costras: *piel costrosa.* — adj.
2 Que está muy sucio, descuidado o desaseado. — = cochambroso

costumbre (Del lat. *consuetudo, -udinis* < *consuescere,* acostumbrar.)
1 Modo de actuar fundado en una tradición o adquirido por la tendencia a realizar siempre cierta acción de la misma manera: *tiene la costumbre de madrugar.* — s.f. = hábito, uso
2 Acción o forma de realizarla que, habiendo sido repetida regularmente por cierta colectividad, adquiere en ésta fuerza de derecho.
3 Conjunto de cualidades, inclinaciones y modos de proceder que son distintivos de una persona, colectividad o nación: *le costó mucho adaptarse a las costumbres mediterráneas.* — s.f.pl.
4 buenas costumbres: Comportamiento que está de acuerdo con las normas morales comúnmente aceptadas: *no deben perderse las buenas costumbres.*
5 de o por costumbre: Normalmente, habitualmente: *por costumbre la visita todos los sábados.* — loc.adv.

costumbrismo Expresión más o menos fiel de las costumbres típicas, las tradiciones y el folclore de un país o de una región en una obra artística o literaria: *el costumbrismo de Mesonero Romanos influyó en la narrativa de su época.* — s.m. ARTE, LITERATURA

costumbrista
1 Del costumbrismo. — adj.
2 Se aplica al autor que profesa el costumbrismo literario o artístico: *era una escritora costumbrista de reconocida fama.* — adj/s.m.f. ARTE, LITERATURA

costura (Del lat. vulgar *consutura,* cosedura.)
1 Acción y resultado de coser. — s.f./= cosido
2 Serie de puntadas que une dos trozos de tela o dos piezas cosidas.
3 Labor que se está cosiendo y se deja sin acabar.
4 Técnica y oficio de coser y confeccionar prendas de vestir: *se dedica a la costura.*
5 alta costura: Confección de prendas de vestir que diseñan los grandes modistos y modistas que crean modelos originales.
6 sentar las costuras: Planchar con fuerza las costuras de una prenda para alisarlas.
7 meter a uno en costura: Sujetarle, hacer que razone: *este chico es muy indisciplinado y alguien debe meterle en costura.*

costurero, a
1 Persona que tiene por oficio cortar, hacer, coser o — s.

reformar prendas de vestir: *la costurera embebió las sisas para que se sentase mejor la blusa.*   = modisto
2 Mesa pequeña con cajones para guardar los útiles   s.m.
de costura.
3 Caja para los útiles de costura: *de un manotazo tiró el costurero y el suelo se llenó de alfileres y botones.*
4 Cuarto de costura, habitación de una casa destinada a hacer labores de aguja: *escapó por la puerta secreta que conectaba el despacho con el costurero.*

costurón
1 Cicatriz muy visible: *se le reconoce fácilmente por el*   s.m.
costurón que tiene en la cara.
2 Costura mal hecha: *¡no sabe coser, menudos costurones ha hecho!*   despectivo

cota
I (Del fr. ant. *cote* < germ. *kotta*, paño basto de lana.)
1 Piel callosa que cubre la espaldilla y costillares del   s.f.
jabalí.   CAZA
2 Armadura del cuerpo, de cuero y malla de hierro,   HISTORIA,
usada antiguamente.   MILITAR
3 Vestidura que usaban en las funciones públicas los   HISTORIA
reyes de armas.
II (Del lat. *quota pars*, qué parte, *quota nota*, qué cifra
y *quotus*, cuán numeroso.)
1 Cuota, parte o porción fija y proporcional.   s.f.
2 Altura de un punto en los planos topográficos y   GEOGRAFÍA
número que la indica.
3 Nivel que refleja la altura en una escala determinada: *llevó su triunfo a cotas de popularidad inimaginables hace apenas un lustro.*

cotana
1 Hueco que se abre en una pieza de madera para   s.f.
encajar en ella otra pieza o la punta de ésta.   CARPINTERÍA
2 Herramienta de hierro con mango de madera que   CARPINTERÍA
se usa para agujerear la madera.   = escoplo

cotangente Tangente del complemento de un ángu-   s.f.
lo o de un arco.   GEOMETRÍA

cotanza Lienzo semifino.   s.f./TEXTIL

cotara Sandalia, calzado descubierto.   s.f./Amér. Central

cotarrera Mujer que está mucho fuera de su casa   s.f.
desatendiendo sus obligaciones.   coloquial

cotarro (Derivado de *coto* < lat. *cautum*.)
1 Ambiente o círculo de personas inquietas o agita-   s.m.
das: *es subalterno de grandes toreros y animador del cota-*   coloquial
rro taurino.
2 Situación complicada o difícil de resolver: *le gusta meterse en todos los cotarros.*
3 Albergue en que se alojaban por la noche los vaga-   coloquial
bundos y peregrinos.
4 Ladera de un barranco.   = cotarra
5 dirigir el cotarro: Tener el mando o la dirección   coloquial,
de una actividad o un asunto.   despectivo
6 ser el amo del cotarro: Mandar o dirigir una reu-   coloquial,
nión, empresa, casa, etc.   despectivo

cotejar (Derivado de *cota* < *quotus*, en qué número.)   v.tr.
Comparar dos o más cosas para ver sus semejanzas o   = acotejar,
sus diferencias: *cotejó los manuscritos para determinar*   compulsar
las variantes textuales.

cotejo
1 Comparación o confrontación de dos cosas para   s.m.
apreciar sus semejanzas o diferencias: *su ensayo es fruto del cotejo de ambos movimientos literarios.*
2 Prueba realizada por un perito para determinar la   DERECHO
autenticidad o falsedad de un documento presentado
en juicio.

cotelé Pana, tejido.   s.m./Chile/TEXTIL

cotense Tela basta de cáñamo.   s.m./Méx. Bol. Chile

coterna Tipo de sombrero.   s.f./Colomb.

coterráneo, a Que procede de la misma tierra que   adj./tb: conterráneo
otra.   = paisano

cotí Cutí, tela fuerte de algodón usada para cubiertas   s.m./TEXTIL
de colchones y almohadas.   pl.tb: coties

cotidianidad Cualidad de cotidiano: *su filosofía de*   s.f.
vida se basa en disfrutar de la cotidianidad.   tb: cotidianeidad

cotidiano, a (Del lat. *quotidianus*.) Que se hace o su-   adj.
cede cada día: *en su casa, la tertulia después de la cena*   = diario
es una actividad cotidiana.   tb: cuotidiano

cotiledón (Del gr. *kotyledon*, hueco de un recipiente.)   s.m.
La primera o cada una de las dos primeras hojas del   BOTÁNICA
embrión de las plantas fanerógamas que le suministran alimento.

cotiledóneo, a
1 Del cotiledón.   adj./BOTÁNICA
2 Se refiere al grupo de plantas que tienen uno o más   adj./s.f.
cotiledones.   BOTÁNICA

cotilla (Derivado de *cota* < fr. ant. *cote*, jubón.)
1 Se refiere a la persona que habla indiscreta o mal-   adj./s.m.f.
intencionadamente de las cosas privadas de otros: *el*   = chismoso,
muy cotilla se quedó detrás de la puerta para no perder el   calumniador
hilo de nuestra conversación.

2 Ajustador que usaban las mujeres.   s.f./HISTORIA

cotillear Hablar indiscreta o malintencionadamente   v.intr./coloquial
de las cosas ajenas.   = chismorrear

cotilleo Acción y resultado de cotillear: *he perdido toda la*   s.m./coloquial
tarde con tus cotilleos; los cotilleos de las revistas del cora-   = chisme,
zón.   habladuría

cotillo Parte del martillo y herramientas parecidas   s.m.
con la que se golpea.

cotillón (Del fr. *cotillon*.)
1 Fiesta con baile, bebidas y a veces cena, que se ce-   s.m.
lebra en discotecas, salas de fiesta, restaurantes y
otros establecimientos públicos en la noche de fin de
año o la de Reyes.
2 Danza con que se finalizan los bailes de sociedad.

cotilo Cavidad articular de un hueso donde entra la   s.m./ANATOMÍA
cabeza de otro.   tb: cotila

cotiloideo, a
1 Que tiene forma de taza.   adj.
2 Del cotilo: *cavidad cotiloidea.*   ANATOMÍA

cotín
I (Probablemente derivado de *cutir*, herir, golpear una   s.m.
cosa con otra.) Golpe de revés alto con que el juga-   DEPORTES
dor que resta devuelve la pelota al que saca.
II (De origen incierto.) Cutí, tela gruesa de algodón   s.m.
empleada para almohadas y colchones.   TEXTIL

cotiza
I (De origen incierto.) Banda cuyo ancho es tres ve-   s.f.
ces menor que el ordinario.   HERÁLDICA
II (Cruce de *coriza*, derivado de *cuero*, con *cotara*, san-   s.f.
dalia.) Especie de alpargata usada por la gente del   Colomb., Venez.
campo.

cotizable Que se puede cotizar: *conocimientos cotiza-*   adj.
bles; valores cotizables.

cotización
1 Acción y resultado de cotizar: *la cotización a la Se-*   s.f.
guridad Social se realiza mensualmente.
2 Precio alcanzado por un valor o título en la bolsa.   ECONOMÍA
3 Establecimiento del curso de un título negociado   ECONOMÍA
en una bolsa de valores y del precio de una mercancía en una bolsa de comercio.
4 estar fuera de cotización: No formar parte del   ECONOMÍA
mercado de valores mobiliarios.

cotizar (Del fr. *cotiser*, imponer una contribución
financiera.)
1 Pagar la cuota correspondiente de gastos colecti-   v.tr/intr.
vos, impuestos o afiliaciones: *desde hace tres años coti-*   conj: cazar
za al colegio de abogados.
2 Asignar el precio de un valor en la bolsa o alcanzar   v.tr/prnl.
éste un precio: *algunos valores se cotizan poco en la ac-*   COMERCIO
tualidad.
3 Gozar de mayor o menor estimación pública: *el co-*   = estimar
nocimiento del inglés se cotiza mucho hoy en día.
4 Poner precio a una cosa.   = valorar

coto
I (Del lat. *cautum*, disposición preventiva en las leyes.)
1 Terreno acotado: *tienen un coto de caza en la sierra*   s.m.
madrileña.
2 Mojón o poste que señala el límite entre heredades   = muga
o terrenos.
3 Término, límite.
4 Acuerdo entre mercaderes para fijar un único precio de venta de un producto.
5 Partida de billar en que uno de los jugadores ha de   JUEGOS
ganar tres mesas antes que el otro.
6 Postura, tasa que imponía la justicia.   HISTORIA
7 coto redondo: Conjunto de fincas rústicas unidas,
o muy próximas, pertenecientes al mismo dueño.
8 poner coto: Impedir que siga adelante un abuso: *el
gobierno debe poner coto a la especulación.*
II (Del gr. *kottos*, pez de río.)
1 Pez fluvial, de cuerpo ancho, cabeza aplastada, ojos   s.m.
saltones y aleta dorsal continua, que vive entre pie-   ZOOLOGÍA
dras en corrientes suaves y es comestible. *(Cottus.)*
2 Corteza amarilla de olor aromático y sabor acre de   BOTÁNICA,
una planta rubiácea que crece en América, que se usa   FARMACIA
contra la diarrea, los catarros intestinales y el cólera.
3 Mono aullador de pelaje castaño, con la cara negra   ZOOLOGÍA
y el lomo y el extremo de la cola amarillos. *(Alouatta se-*   = guariba
niculus.)
III (Del quechua *koto*, buche, bocio.) Bocio o papera,   s.m./Amér. Merid.
enfermedad de la tiroides.   MEDICINA

cotón (Del fr. *coton* < ár. *qutn*, algodón.) Tela de algo-   s.m.
dón estampada de varios colores.   TEXTIL

cotonada Tela tejida con fibras de algodón puro   s.f.
mezcladas con otras diferentes.   TEXTIL

cotoncillo Pelotilla de badana en que termina el tien-   s.m.
to de los pintores.   ARTE

cotonía (Del ár. *qutniyya* < *qutn*, algodón.) Tela de   s.f.
algodón blanca que forma cordoncillo.   TEXTIL

cotonificio Industria algodonera. s.m./TEXTIL

cotorra
1 Ave prensora sudamericana, similar a un papagayo pequeño, pero con las mejillas plumosas y colores varios entre los que domina el verde. s.f. ZOOLOGÍA
2 Urraca, ave. ZOOLOGÍA
3 Persona muy habladora: *tu amigo es una cotorra, habla por los codos.* coloquial

cotorrear (Derivado de *cotorra.*)
1 Hablar mucho: *es una persona que cansa porque no para de cotorrear.* v.intr. coloquial
2 Engañar a alguien para burlarse de él: *me cotorrearon diciéndome que me había tocado la lotería.* v.tr./Méx. coloquial

cotorreo Conversación en que los interlocutores hablan en exceso: *sus amores eran el centro de los cotorreos de sus amigos.* s.m. coloquial

cotorrera
1 Hembra del papagayo. s.f.
2 Cotorra, persona habladora. coloquial
3 Prostituta, mujer que mantiene relaciones sexuales a cambio de dinero. = ramera

cotorrón, a Se refiere a la persona mayor que presume de joven. adj/s.

cototo Chichón, bulto que sale en la cabeza como resultado de un golpe. s.m. Amér.

cotufa
1 Chufa, cada uno de los tubérculos que tienen las raíces de una especie de juncia. s.f. BOTÁNICA
2 Tubérculo de la raíz de la aguaturma, que se cuece para ser comestible. BOTÁNICA = tupinambo
3 Golosina, dulce.
4 **pedir cotufas en el golfo:** Pedir cosas imposibles: *me pides cotufas en el golfo, hoy no puedo ayudarte.* coloquial

coturno (Del lat. *cothurnus.*)
1 Calzado griego y romano que llegaba hasta la pantorrilla y se ajustaba con cordones. s.m. HISTORIA
2 Calzado de suela de corcho muy gruesa que usaban en las tragedias los actores antiguos para aparentar mayor estatura. TEATRO
3 **calzar el coturno:** Usar un estilo alto y sublime en poesía. literario
4 **de alto coturno:** De categoría elevada: *fue una recepción de alto coturno; son de una familia de alto coturno.* loc.adj. coloquial

cou (Acrónimo de *[C]urso de [O]rientación [U]niversitaria.*) Último curso de la enseñanza preuniversitaria que sirve de puente entre el bachillerato y la universidad. s.m.

coulomb (De C. de *Coulomb,* físico francés.) Nombre del culombio, en la nomenclatura internacional. s.m. FÍSICA

country (Voz inglesa.) Estilo de música popular propia de la población blanca del sureste de Estados Unidos. adj/s.m. MÚSICA

coupage (Voz francesa.) Mezcla de varios vinos de distinta graduación, para obtener el punto deseado. s.m.

covacha
1 Cueva pequeña: *encontraron los restos de los montañeros en una covacha del macizo.* s.f.
2 Vivienda muy pobre y pequeña: *vive en una covacha.*
3 Tienda donde se venden comestibles. Ecuad.
4 Habitación del portero situada debajo de la escalera. Méx.

covachuela
1 Cada uno de los antiguos ministerios que estaban situados en los sótanos del antiguo palacio real. s.f.
2 Nombre que recibían otras oficinas públicas.
3 Tienda que había en los sótanos de algunos edificios.

covadera Lugar de donde se extrae guano. s.f./Chile

covalencia Unión de dos átomos por medio de un par de electrones compartidos por ambos. s.f. QUÍMICA

covalonga Planta herbácea cuyas semillas, muy amargas, se emplean como sucedáneo de la quinina. (*Thevetia peruviana.*) s.f. BOTÁNICA

covellina Sulfuro de cobre, que se presenta en láminas o masas de color negro o gris oscuro. s.f. MINERALOGÍA

cover-crop (Voz inglesa.) Máquina agrícola que pulveriza la tierra gracias a una estructura de discos dispuestos oblicuamente al avance de la misma. s.m. AGRICULTURA, MECÁNICA

cover-girl (Voz inglesa.) Modelo que posa para las revistas ilustradas, en especial para la portada. s.f. FOTOGRAFÍA

cow-boy (Voz inglesa.) Persona que guarda el ganado en los ranchos norteamericanos. s.m/s.pl: cow-boys tb: cowboy

cox- Componente de palabra procedente del lat. *coxa* que significa cadera. pref. tb: coxa-

coxa Cadera, primera pieza de la pata del insecto. s.f./ZOOLOGÍA

coxal (Derivado del lat. *coxa.*) De la cadera: *se ha fracturado el hueso coxal.* adj. ANATOMÍA

coxalgia (Del lat. *coxa,* cadera + gr. *algos,* dolor, sufrimiento.)
1 Artritis de la cadera, de origen tuberculoso, que suele ser muy dolorosa. s.f. MEDICINA
2 Dolor en esta articulación. MEDICINA

coxartria Reumatismo degenerativo de la articulación de la cadera. s.f. MEDICINA

coxcojilla (Derivado de *cojo.*)
1 Juego infantil en que, a la pata coja, se empuja una piedrecita con el pie por diferentes casillas dibujadas en el suelo. s.f. JUEGOS = rayuela
2 **a coxcojilla:** A la pata coja: *a la coxcojilla iremos hasta la puerta del gimnasio, a ver quién llega primero.* loc.adv.

coxis (Del gr. *kokkyx.*) Cóccix, hueso de los vertebrados sin cola. s.m/pl: coxis ANATOMÍA

coxitis Proceso inflamatorio de la articulación de la cadera. s.f/pl: coxitis MEDICINA

coxofemoral
1 Del fémur y el hueso coxal o ilíaco. adj./ANATOMÍA
2 Se aplica a la articulación de la cadera. ANATOMÍA

coy (Del neerlandés *kooi,* cama de a bordo.) Trozo rectangular de lona o tejido de malla que, colgado de sus puntas, sirve de cama en los barcos. s.m. pl: coyes NÁUTICA

coyol
1 Palmera de mediana altura, con largas espinas. (*Acrocomia vinifera.*) s.m./Méx., Amér. Central /BOTÁNICA
2 Fruto de esta planta de pulpa amarillenta, del que se extrae una bebida y de cuya semilla dura y negra se hacen dijes, botones, etc. Méx., Amér. Central BOTÁNICA

coyote (Del náhuatl *coyotl.*) Mamífero carnívoro de la familia de los cánidos, próximo al lobo, aunque más pequeño, de color gris con manchas rojizas, que vive en Norteamérica. (*Canis latrans.*) s.m. ZOOLOGÍA

coyotero, a
1 Se refiere al perro amaestrado para perseguir coyotes. adj/s./Amér. CAZA
2 Trampa para cazar coyotes. s.m./Amér./CAZA

coyunda (Del lat. vulgar *conjungula.*)
1 Correa o soga con que se uncen los bueyes al yugo. s.f.
2 Correa para atar las abarcas. = cornal, cornil
3 Unión conyugal. coloquial
4 Sujeción o dependencia que resulta pesada para el que la soporta.
5 Látigo, instrumento para azotar. Nicar.

coyuntero Acoyuntero, labrador que une su caballería con la de otro y labran la tierra a medias. s.m. AGRICULTURA

coyuntura (Del lat. *cum,* con + *iunctura,* unión.)
1 Conjunto de elementos que constituyen una situación determinada: *la coyuntura económica actual no es buena.* s.f. = circunstancia
2 Oportunidad para alguna cosa: *hay que aprovechar la coyuntura para hacerlo.* = ocasión
3 Pronóstico sobre la evolución de los acontecimientos económicos, sociales, políticos o demográficos: *tendencias evolutivas de la coyuntura demográfica.*
4 Articulación movible de un hueso con otro. ANATOMÍA
5 Conjunto de las variaciones no estacionales de la actividad económica a corto plazo para una región o país dados. ECONOMÍA
6 **coyuntura al alza:** Fase del ciclo económico que se caracteriza por la tendencia al auge, el aumento de los precios y la elevación del nivel de empleo. ECONOMÍA
7 **hablar por las coyunturas:** Hablar mucho: *combatía su miedo al avión hablando por las coyunturas con los compañeros de asiento.* coloquial

coyuntural Que tiene relación con una coyuntura o circunstancia: *se produjo un aumento coyuntural de los precios.* adj.

coyuyo
1 Cigarra grande. s.m./Argent.
2 Tuco, coleóptero. Argent/ZOOLOGÍA
3 Luciérnaga, coleóptero. Argent/ZOOLOGÍA

coz (Del lat. *calx, calcis,* talón.)
1 Sacudida violenta que lanza una caballería u otro animal con alguna de las patas traseras con intención de golpear. s.f. pl: coces = patada
2 Golpe dado por una persona moviendo el pie violentamente hacia atrás: *le soltó una coz cuando se acercó para vengarse del empujón que le había dado.* = patada
3 Dicho o hecho injurioso o grosero: *cada vez que le digo un piropo contesta con una coz.* coloquial = pulla, puyazo
4 Golpe que da un arma de fuego al dispararla: *fue tan fuerte la coz del fusil que la tumbó.* = culatazo
5 Retroceso del agua de una corriente al chocar con un obstáculo que se encuentra en su curso.
6 Parte inferior más gruesa de un tronco o madero.
7 Culata de la escopeta y otras armas de fuego.
8 Extremo inferior de los palos o mástiles. NÁUTICA
9 **a coces:** Despóticamente, con desconsideración: *siempre trató a coces a los subordinados.* loc.adv.
10 **dar coces contra el aguijón:** Obstinarse en luchar contra una fuerza superior. coloquial

11 soltar una coz: Contestar de manera brusca o inoportuna: *sin saber por qué, le soltó una coz al responderle la pregunta.* `coloquial`

12 tirar coces: Rebelarse o mostrar enfado de forma violenta: *ante tal injusticia social, no pudo evitar tirar coces contra el sistema.* `coloquial`

cpu (Acrónimo del inglés *[C]entral [P]rocessing [U]nit,* Unidad Central de Procesamiento.) Parte más importante de un ordenador, que está compuesta de la unidad de control, la unidad aritmético-lógica y los registros. `s.f.` `INFORMÁTICA`

crac
I (Del alem. *krach,* derrumbamiento.) Desastre financiero o comercial, quiebra: *el crac de la bolsa marcó el inicio de una crisis económica mundial.* `s.m./ECONOMÍA` `tb: crack` `= bancarrota`
II (Voz onomatopéyica.) Ruido que hacen algunas cosas al romperse: *el crac al cascar las nueces le recordó el de un hueso al quebrarse.* `s.m.` `pl: cracs` `coloquial`

-cracia Componente de palabra procedente del gr. *kratos,* que significa poder, autoridad, gobierno: *teocracia; democracia.* `suf.`

crack
I (Del alem. *krach,* derrumbamiento.) Crac, quiebra financiera o comercial. `s.m./ECONOMÍA` `= bancarrota`
II (Voz inglesa.)
1 Droga derivada de la cocaína. `s.m.`
2 Jugador de fútbol o de cualquier otro deporte de gran calidad y extraordinarias facultades. `DEPORTES`

crampón (Del fr. *crampon.*)
1 Clavija fija de gran tamaño, que se coloca en ciertos pasos clave de itinerarios conocidos, para facilitar la ascensión y disminuir los riesgos. `s.m.` `DEPORTES`
2 Sobresuela de puntas metálicas que se adapta a la bota para lograr mayor adherencia sobre el hielo y la nieve. `DEPORTES`

cramponnage (Voz francesa.) Técnica de escalada basada en la utilización de crampones. `s.m.` `DEPORTES`

cran (Voz francesa.) Muesca de las letras de imprenta que indica si están bien colocadas en el componedor. `s.m.` `ARTES GRÁFICAS`

craneal Del cráneo: *nervio craneal; perímetro craneal.* `adj./= craneano`

cráneo (Del gr. *kranion,* diminutivo de *kranos,* casco.)
1 Estructura ósea o cartilaginosa que forma la cabeza de los vertebrados y aloja, en su interior, el encéfalo. `s.m.` `ANATOMÍA`
2 base del cráneo: Parte inferior de la estructura ósea de la cavidad craneal. `ANATOMÍA`
3 ir de cráneo: Estar en una situación de difícil solución: *va de cráneo con las fiebres de la niña.* `coloquial`
4 secársele a uno el cráneo o tener el cráneo seco: Volverse loco: *se le secó el cráneo por la edad.* `coloquial`

craneoestenosis Malformación debida a las suturas craneanas, que provoca una disminución del desarrollo del conjunto del cráneo, lo que se traduce en deficiencias orgánicas y síquicas. `s.f.` `pl: craneoestenosis` `MEDICINA`

craneología Estudio de todos los aspectos del cráneo del ser humano. `s.f.` `ANATOMÍA`

craneometría
1 Estudio científico comparativo de las proporciones de la cabeza humana. `s.f.` `ANATOMÍA`
2 Medición de los diámetros, ángulos y capacidad del cráneo humano. `ANATOMÍA`

craneopatía Denominación genérica de las enfermedades del cráneo. `s.f.` `MEDICINA`

craneoscopia Examen diagnóstico de la cabeza. `s.f./MEDICINA`

craneotomía Abertura o perforación del cráneo. `s.f./MEDICINA`

craniano, a Del cráneo. `adj./tb: craneano`

crápula (Del lat. *crapula,* embriaguez, borrachera.)
1 Persona de vida licenciosa o viciosa: *era un crápula y no dejaba de molestar a sus vecinos con sus entradas y salidas ruidosas.* `s.m.f.`
2 Modo licencioso y libertino de comportarse: *se perdió en crápulas y excesos.* `coloquial,` `despectivo`
3 Estado de embriaguez. `s.f./ = borrachera`

craquear Convertir un hidrocarburo de molécula complicada en otro de molécula más sencilla por elevación de temperatura o con catalizadores. `v.tr.` `QUÍMICA`

craquelado (Del fr. *craquelé,* cuarteado.)
1 Conjunto de grietas que surgen en una superficie pintada, con el paso del tiempo, cuando el barniz del pigmento se cuartea. `s.m.` `ARTE`
2 Procedimiento decorativo que simula estas grietas. `ARTE`

crascitar Emitir el cuervo su voz: *ululaban los vientos y crascitaban las negras aves desde sus nidos.* `v.intr.` `tb: crocitar`

crasia- Componente de palabra procedente del gr. *krasis,* que significa mezcla, temperamento: *discrasia.* `pref/suf.` `tb: crasio-, crato-`

crasiento, a Que está lleno de grasa o tiene su textura. `adj.`

crasis (Del gr. *krasis.*) Contracción, fenómeno que consiste en hacer una sola palabra de dos. `s.f./pl: crasis` `GRAMÁTICA`

crasitud Tejido adiposo concentrado alrededor de las vísceras. `s.f./= grasa,` `gordura`

craso, a (Del lat. *crassus,* gordo.)
1 Que tiene mucha grasa: *su imperturbable sonrisa y sus crasas manos le inspiraban confianza.* `adj.` `= graso`
2 Se aplica al error, al engaño, a la ignorancia que son burdos, groseros y no admiten disculpa: *resultó un craso error confiar en ellos; su crasa ignorancia quedó patente.*
3 Se aplica a las plantas que tienen tallos gruesos y carnosos, en los que almacenan gran cantidad de agua. `BOTÁNICA`

crasuláceo, a Perteneciente a la familia de plantas herbáceas o arbustivas, de hojas carnosas, flores en cima y fruto en folículo, que crecen en países cálidos y templados. `adj/s.f.` `BOTÁNICA`

-crata Componente de palabra procedente del gr. *kratos,* que significa fuerza, poder: *demócrata, burócrata.* `suf.`

cráter (Del lat. *crater* < gr. *krater,* vasija.)
1 Depresión topográfica situada en la parte superior de los volcanes por la cual sale humo, ceniza, lava y otras materias cuando están en actividad. `s.m./pl: cráteres` `GEOGRAFÍA,` `GEOLOGÍA`
2 Sima o hundimiento formado por la caída de un meteorito. `GEOGRAFÍA`
3 Depresión de forma circular y márgenes elevados.
4 cráter lago: El de un volcán sin actividad en el que se ha instalado un lago. `GEOGRAFÍA`
5 cráter lunar: Formación análoga a los cráteres terrestres que se detectan en la superficie lunar y pueden alcanzar dimensiones muy superiores a aquéllos. `ASTRONOMÍA`
6 cráter meteorítico: Depresión casi circular producida por el impacto de un meteorito en la superficie de un astro. `ASTRONOMÍA` `= circo`

cratera Vasija de boca ancha donde se mezclaba el vino con agua antes de servirlo en copas durante las comidas en Grecia y Roma. `s.f./tb: crátera` `ARTE,` `HISTORIA`

crateriforme Que tiene forma de cráter. `adj.`

cratícula
1 Ventana pequeña por donde reciben la comunión las monjas de clausura. `s.f.`
2 Aparato para dispersar la luz. `FÍSICA`

crawl (Voz inglesa.) Crol, estilo de natación. `s.m./DEPORTES`

craza Crisol, recipiente de material refractario en que se funden el oro y la plata para acuñar moneda. `s.f.`

creación
1 Acción y resultado de crear: *creación a partir de la nada.* `s.f.`
2 Acción de crear una obra o una producción originales: *en el proceso de creación de su última novela influyó la muerte de su esposo.*
3 Mundo, conjunto de todas las cosas existentes, producidas por Dios de la nada según la religión cristiana.

creacionismo
1 Doctrina según la cual las especies biológicas se han originado por actos particulares de creación para cada una de ellas. `s.m.` `BIOLOGÍA`
2 Doctrina filosófica y teológica según la cual las especies fueron creadas por Dios y no provienen de un proceso evolutivo. `FILOSOFÍA,` `TEOLOGÍA`
3 Doctrina poética que proclama la total autonomía del poema respecto a toda tradición literaria y cultural. `LITERATURA`

creacionista
1 Del creacionismo: *teoría creacionista; doctrina teológica creacionista.* `adj.`
2 Que profesa esta doctrina. `adj/s.m.f.`

creador, a
1 Que crea, da vida: *mente creadora.* `adj/s.`
2 Que crea una obra artística o intelectual: *destacó como creadora de un universo poético sublime.*
3 el creador: Dios, en la religión cristiana. `s.m./RELIGIÓN`

crear (Del lat. *creare.*)
1 Sacar o producir una cosa de la nada: *tiene la intención de crear una máquina que resuelva el problema.* `v.tr.`
2 Hacer Dios algo de la nada. `TEOLOGÍA`
3 Fundar o hacer que empiece a existir algo: *Heidegger creó el existencialismo alemán.*
4 Realizar una obra artística: *Velázquez creó Las Meninas.* `ARTE`
5 Establecer o instituir un empleo o cargo, o función: *crearon una plaza para él.*
6 Designar a una persona por elección para un cargo o dignidad: *el Papa crea cardenal al obispo.*
7 Hacer una interpretación de un personaje con arte muy personal en el teatro: *con su actuación creó un auténtico personaje.* `TEATRO`

creatina Compuesto cristalino que se encuentra en los músculos y en el plasma sanguíneo que constituye una reserva de energía. `s.f.` `BIOQUÍMICA`

creatinemia Tasa de creatina en la sangre. `s.f./BIOQUÍMICA`

creatinuria Presencia de creatina en la orina. — s.f./MEDICINA

creatividad Facultad o capacidad de hacer o crear una cosa con originalidad: *en la inauguración de la exposición el público alabó su creatividad.* — s.f. / = inventiva

creativo, a
1 Que tiene relación con la creación o inventiva: *espíritu creativo.* — adj.
2 Que tiene creatividad o la estimula: *es una persona inteligente y creativa.*
3 Profesional encargado de la concepción de una campaña publicitaria: *encargó a los creativos una serie de anuncios para lanzar al mercado un nuevo producto.* — s.

crecedero, a
1 Que puede o está en edad de crecer: *niño crecedero.* — adj.
2 Se aplica al vestido que se hace a un niño de modo que le sirva aunque crezca: *en la posguerra les hacían a sus hermanos trajes crecederos.*

crecepelo Sustancia utilizada para hacer crecer el pelo: *se había dado varios crecepelos sin ningún resultado aparente.* — s.m. / coloquial

crecer (Del lat. *crescere.*)
1 Aumentar un ser vivo su tamaño o su estatura: *tu hijo ha crecido mucho este último año.* — v.intr. / conj: carecer
2 Aumentar de tamaño, cantidad o intensidad una cosa: *el río creció tras las nevadas; el número de descontentos crecía rápidamente.*
3 Adquirir una persona mayor autoridad o atrevimiento: *se crece ante la adversidad; se creció con los aplausos y el calor del público.* — v.prnl.
4 Aumentar la parte iluminada o visible de la Luna. — v.intr.
5 Aumentar el valor de una moneda. — ECONOMÍA
6 Aumentar el número de puntos regularmente en cada vuelta en las labores de punto: *para hacer esta manga he crecido diez puntos.* — v.intr/tr.

creces
1 Aumento aparente de volumen que adquiere el trigo en el granero al traspasarlo de una parte a otra. — s.f.pl. / AGRICULTURA
2 Señales que indican disposición de crecer.
3 Abundancia o exceso en algunas cosas. — = aumento
4 **con creces**: Ampliamente, con exceso: *le recompensó con creces por los daños ocasionados.* — loc.adv.

crecida Aumento del caudal de una corriente de agua, especialmente de un río: *la crecida inundó las casas más próximas y la población fue evacuada.* — s.f. / = avenida, desbordamiento

crecido, a
1 Que ha aumentado su caudal o volumen: *tras las lluvias el río está muy crecido.* — adj.
2 Que ha alcanzado un desarrollo: *tiene dos hijos crecidos; los árboles ya están crecidos.*
3 Que es grande o numeroso: *una crecida muchedumbre inundó las avenidas principales de la ciudad.*
4 Que se comporta con engreimiento y orgullo: *se mostró crecido y soberbio.*
5 Puntos que se aumentan en la labor de punto. — s.m.pl.

creciente
1 Que está creciendo: *denunciaron la creciente inseguridad en el barrio.* — adj.
2 Figura que representa una luna, en su primer cuarto, y con las puntas hacia arriba. — s.m. / HERÁLDICA
3 Masa compuesta de microorganismos que producen la fermentación del cuerpo con que se mezclan. — s.f. / = levadura
4 **creciente del mar**: Subida del agua del mar por efecto de la marea.

crecimiento (Derivado de *crecer.*)
1 Acción y resultado de crecer: *el período de crecimiento de una persona es muy amplio.* — s.m.
2 Aumento del valor intrínseco de la moneda. — ECONOMÍA
3 Aumento de las dimensiones del conjunto de un cuerpo orgánico o de alguna de sus partes: *las ramas del árbol han tenido un exuberante crecimiento.*
4 Período en que se registra este aumento: *toma leche, que estás aún en época de crecimiento.*
5 Elevación de uno o varios indicadores económicos durante un espacio de tiempo determinado. — ECONOMÍA
6 **crecimiento cero**: El demográfico que presenta un equilibrio entre la tasa de natalidad y de mortalidad en un período determinado y en una población definida. — GEOGRAFÍA
7 **crecimiento demográfico**: Variación del total de la población teniendo presentes factores como la natalidad, la mortandad y las migraciones. — GEOGRAFÍA

credencia (Derivado del lat. *credere,* creer.)
1 Mueble o repisa para los objetos de la liturgia que se pone junto al altar. — s.f. / RELIGIÓN
2 Aparador para frascos de vino y agua cuya inocuidad debía comprobarse antes de que bebiera el rey u otra persona importante. — HISTORIA

credencial
1 Que acredita: *títulos credenciales.* — adj.
2 Documento que se entrega a un empleado o funcionario en que consta que ha sido nombrado para — adj/s.f.

cierto empleo, y que éste ha de presentar para tomar posesión de él.

credibilidad Posibilidad de que una cosa o una persona sea creída: *este anuncio tiene poca credibilidad.* — s.f. / ≠ incredibilidad

crediticio, a Del crédito público o privado. — adj./ECONOMÍA

crédito (Del lat. *creditum.*)
1 Cantidad de dinero recibida como préstamo durante un período de tiempo: *tuvo que pedir un crédito para restaurar el edificio.* — s.m. / ECONOMÍA / = deuda, préstamo
2 Aceptación de una cosa como verdadera: *es digno de crédito lo que dices.* — = asenso
3 Fama, prestigio u opinión que hay sobre una persona por sus buenas cualidades o por su eficacia: *si pretende ser candidato a la alcaldía, debe recuperar su crédito de antaño.* — ≠ descrédito
4 Reputación que tiene una persona de que cumple los compromisos que contrae, en especial referido a los económicos. — ≠ descrédito
5 Unidad valorativa de los diversos estudios, que sirve para calibrar los mínimos de aprendizaje.
6 Rótulos que aparecen al principio o al final de las películas y de los programas de televisión. — s.m.pl. / CINE
7 **crédito arrendamiento**: Leasing, sistema de arrendamiento de bienes de equipo. — ECONOMÍA
8 **crédito con garantía**: El concedido previa entrega por parte del acreditado de una garantía real o personal. — ECONOMÍA
9 **crédito de consumo**: El concedido a un particular para la adquisición de bienes de consumo o de servicios: *la venta a plazos es un tipo de crédito de consumo.* — ECONOMÍA
10 **crédito en blanco**: El que, a título excepcional, no está provisto de garantía. — ECONOMÍA
11 **crédito internacional o exterior**: 1. El que se recibe de organismos financieros extranjeros, cuyos beneficiarios pueden ser del sector público o del privado. 2. Grado de confianza de que disfruta el posible beneficiario ante los prestamistas extranjeros. — ECONOMÍA
12 **crédito oficial**: El que la administración pública canaliza a través de entidades oficiales financieras, con el fin de apoyar determinadas actividades o sectores. — ECONOMÍA
13 **a crédito**: Prestado o a plazos. — loc.adv. / ECONOMÍA
14 **abrir un crédito**: Autorizar a una persona mediante un documento para que pueda recibir de otra o de una entidad una determinada cantidad de dinero. — ECONOMÍA
15 **dar a crédito**: Prestar dinero o suministrar mercancías sin más garantía que la confianza en la persona a quien se dan. — ECONOMÍA
16 **dar crédito**: Creer, tener, por cierto: *la reprendió por dar crédito a sus mentiras y engaños.*
17 **tener crédito**: Obtener dinero prestado o mercancías sin pagarlas al contado.

credo (Del lat. *credo,* yo creo.)
1 Conjunto de doctrinas y creencias comunes a un grupo o colectividad: *que sus credos fueran incompatibles obstaculizó el desarrollo del partido político.* — s.m.
2 Oración instituida por los apóstoles que expone los principales puntos de la fe católica y parte de la misa en que se dice o está incluida. — RELIGIÓN
3 **en un credo**: En muy poco tiempo: *le explicó todas las novedades en un credo.* — loc.adv. / coloquial
4 **estar con el credo en la boca**: Estar en inminente peligro o riesgo. — coloquial
5 **que canta el credo**: Expresión con que se pondera lo extraordinario de una cosa: *dice cada mentira que canta el credo.* — coloquial

credulidad Cualidad del que tiene facilidad excesiva para creer las cosas: *aprovechó su credulidad para exponer la situación desde su perspectiva.* — s.f.

crédulo, a (Del lat. *credulus.*) Que cree las cosas con excesiva facilidad: *se le puede contar cualquier mentira, es muy crédulo.* — adj. / = inocente / ≠ incrédulo

creederas Disposición a creer fácilmente una cosa: *¡menudas creederas tienes!* — s.f.pl. / coloquial

creencia
1 Crédito o confianza, no basada en pruebas irrefutables, que se tiene en la verdad de una cosa. — s.f. / = fe
2 Convicción religiosa, política o de otro tipo: *jamás traicionará sus creencias.* — s.f.pl.

creer (Del lat. *credere.*)
1 Considerar o aceptar una cosa como cierta sin tener pruebas irrefutables de ella: *se cree todo lo que le dicen.* — v.tr/prnl. / conj: leer
2 Pensar o suponer que una persona o una cosa es de una determinada manera: *creo que éste es el camino correcto; no la creía tan simpática.* — = estimar
3 Tener fe en los dogmas de una religión: *creo en la resurrección de las almas.* — v.intr./RELIGIÓN / + en
4 Considerar que una cosa es buena o eficaz: *creo en el programa del partido.* — v.tr/intr. / + en
5 Considerar o juzgar a una persona de determinada manera: *lo creo muy inteligente.* — v.tr.
6 **creer o creerse de ligero**: Aceptar las cosas sin te-

ner suficiente fundamento: *se creía de ligero todo lo que le explicaba sin preocuparse de corroborarlo.*

7 creerse de alguien: Darle crédito, tener confianza en lo que dice o hace.

8 dar en creer: Llegar a considerar como cierta una cosa infundadamente o con insistencia: *estaba tan preocupado que dio en creer que todos le mentían.*

9 no creas: Indica que lo que se afirma es cierto aunque pueda parecer lo contrario: *a pesar de mi altura, juego muy bien, no creas.* — *coloquial*

10 ¡ya lo creo!: Indica que lo que se afirma es totalmente evidente: *¡ya lo creo que iré!* — *coloquial*

crehuela Tela basta que se usaba para forros. — *s.f./= coleta*

creíble Que puede ser creído: *seleccionó las anécdotas menos disparatadas, las más creíbles.* — *adj. / = verosímil*

creído, a
1 Que está muy seguro y convencido de su superioridad: *es guapo y además listo, pero muy creído.* — *adj./coloquial / = engreído, vanidoso*
2 Que es crédulo o confiado.

crema
I (Del fr. *creme*.)
1 De color blanco amarillento: *lleva un vestido de color crema con orlas malvas.* — *adj.*
2 Dulce preparado con leche, huevos y azúcar, utilizado en pastelería: *le encantan los pasteles de crema.* — *s.f. COCINA*
3 Producto cosmético para el cutis: *todos los días se pone una crema hidratante.*
4 Sopa espesa: *su especialidad es la crema de espárragos.* — *COCINA*
5 Nata de la leche cruda.
6 Licor espeso: *crema de café.*
7 Sustancia untuosa utilizada para limpiar y dar brillo a las pieles: *se le olvidó dar crema a los zapatos.*
8 la crema: Lo más distinguido de un grupo social: *en la recepción se dio cita la crema de la sociedad sevillana.*
II (Del gr. *trema*, puntos marcados en un dado.) Diéresis, signo de puntuación. — *s.f. GRAMÁTICA*

cremá Fiesta en que tiene lugar la quema de las fallas durante la noche de San José, en Valencia. — *s.f. pl:cremás*

cremación (Del lat. *crematio < cremare*, quemar.) Incineración, acción de quemar cadáveres o desechos. — *s.f.*

cremallera (Del fr. *cremaillere < gr. kremaster*, suspendedor.)
1 Cierre para aberturas longitudinales de prendas de vestir, bolsos, cojines y otras cosas, que consiste en dos filas de dientes metálicos que encajan unos con otros. — *s.f.*
2 Barra metálica con dientes en uno de sus cantos, para engranar con un piñón, y convertir un movimiento circular en rectilíneo o viceversa. — *MECÁNICA*
3 Ferrocarril de montaña con rieles en fuerte pendiente y dentados, para que engranen las ruedas de los vagones.

crematística (Del gr. *khrematistikos*, relativo a los negocios financieros.)
1 Parte de la economía política que se refiere especialmente al dinero. — *s.f. ECONOMÍA*
2 Interés económico de un negocio. — *ECONOMÍA*

crematístico, a (Del gr. *khrematistikos*, relativo a los negocios financieros.)
1 Que tiene relación con la crematística o economía política. — *adj. ECONOMÍA*
2 Que tiene relación con el dinero: *su interés en el negocio es puramente crematístico.* — *= pecuniario*

crematorio, a
1 Que tiene relación con la cremación de los cadáveres y materias venenosas: *horno crematorio.* — *adj.*
2 Edificio destinado a la incineración de cadáveres: *el cortejo no acompañó el ataúd hasta el crematorio.* — *s.m.*

cremería Establecimiento donde se preparan algunos productos lácteos, como el queso y la mantequilla. — *s.f. Argent.*

cremona (De *Cremona*, ciudad italiana.) Dispositivo para cerrar puertas y ventanas formado por dos varillas que se accionan simultáneamente mediante una manivela y se encajan en una pieza puesta en la parte superior e inferior del marco. — *s.f.*

crémor (Del lat. *cremor*, jugo, zumo.) Sustancia compuesta de tartrato ácido de potasa que se halla en algunos frutos como la uva, usado en tintorería y en medicina como purgante. — *s.m. QUÍMICA / = crémor tártaro*

cremoso, a
1 Que tiene las propiedades o el aspecto de la crema: *cosmético cremoso.* — *adj.*
2 Que tiene mucha crema: *leche cremosa.*

crencha
1 Raya que divide el cabello en dos partes: *acostumbrada a que se la hiciera su madre, aún no ha aprendido a hacerse bien la crencha.* — *s.f. / = carrera*

2 Cada una de estas partes: *una crencha dorada le ocultaba el rostro.*

crenchar Hacer una raya en el pelo. — *v.tr.*

crenoterapia Método terapéutico basado en el uso de aguas minerales. — *s.f. MEDICINA*

creo- Componente de palabra procedente del gr. *kreas*, que significa comida, carne. — *pref. tb: creos-*

creosota (Del gr. *kreas*, comida, carne + *sodsein*, preservar.) Sustancia oleaginosa obtenida del alquitrán, que se utiliza, entre otras cosas, para preservar de la putrefacción carnes y maderas. — *s.f. QUÍMICA*

creosotar Poner creosota en la madera para que no se pudra. — *v.tr.*

crepar Hacer rizos muy pequeños en el cabello para que, al peinarlo, quede abultado. — *v.tr. / = encrespar*

crepe (Voz francesa.) Tortita muy fina y redonda, hecha en sartén, que se rellena con distintos alimentos. — *s.f. COCINA*

crepé
1 Tela de lino o algodón con relieves usada especialmente para mantelería. — *s.m. TEXTIL*
2 Masa de pelo postizo que se usó como relleno para hacer barbas y bigotes. — *= añadido*
3 crepé de caucho: El bruto, blanco amarillento, obtenido tras secarse con aire caliente un coagulado de látex.

crepería Establecimiento público donde se hacen y se sirven crepes. — *s.f. COMERCIO*

crépida (Del lat. *crepida < gr. krepis*.) Calzado usado por los antiguos griegos, consistente en una suela sujeta al pie por unas correas, una pieza que protegía el talón y otra el empeine. — *s.f. HISTORIA*

crepitación
1 Ruido de chasquidos repetidos con el que hacen las cosas al arder: *la crepitación de las ramas secas acompañaba la explosión de las piñas ardientes.* — *s.f. / = decrepitación*
2 Ruido que se produce al friccionar entre sí los dos extremos de un hueso fracturado o al entrar el aire en los pulmones. — *MEDICINA*

crepitante
1 Que crepita: *fuego crepitante.* — *adj.*
2 Que sucede con mucha rapidez e intensidad y produce excitación: *ha sido una aventura crepitante.* — *= emocionante, excitante*

crepitar (Del lat. *crepitare*.) Producir una cosa chasquidos: *crepitaban los troncos en la chimenea.* — *v.intr.*

crepuscular
1 Del crepúsculo: *se dejó envolver por la penumbra crepuscular que entraba por las vidrieras.* — *adj.*
2 Se aplica al estado de ánimo que está entre la consciencia y la inconsciencia. — *SICOLOGÍA*
3 Se refiere al animal que emprende el vuelo para buscar su alimento a la puesta del sol: *mariposa crepuscular.* — *adj/s.m. ZOOLOGÍA*

crepúsculo (Del lat. *crepusculum*.)
1 Luz que se ve antes de la salida del sol y después de su puesta: *el crepúsculo les sirvió para ocultarse de la guardia.* — *s.m.*
2 Tiempo que dura esta luz.
3 Decadencia o declinación de las personas o de las cosas: *en el crepúsculo de su vida aún produjo varias obras; el crepúsculo de una civilización.*

cresa (Derivado de *queresa < lat. caries*, podredumbre.)
1 Huevos que pone la abeja reina. — *s.f./ZOOLOGÍA*
2 Larva blanca y vermiforme de ciertos dípteros que vive sobre materia orgánica en descomposición. — *ZOOLOGÍA / = moscarda*
3 Conjunto de huevos pequeños que las moscas depositan sobre la carne. — *ZOOLOGÍA*

crescendo (Voz italiana.)
1 Fragmento musical que se ejecuta aumentando gradualmente la intensidad del sonido. — *s.m. MÚSICA*
2 Este aumento gradual de la intensidad del sonido. — *MÚSICA*
3 in crescendo: Aumentando gradualmente la intensidad. — *loc.adv.*

creso (Del nombre del rey de Lidia *Creso*, famoso por sus riquezas.) Persona que posee grandes riquezas. — *s.m. culto*

crespilla Colmenilla, hongo ascomicete terrestre y comestible. — *s.f. MICOLOGÍA*

crespín Pájaro de unos 30 cm. de largo, color pardo claro y pecho amarillento. — *s.m./Argent. ZOOLOGÍA*

crespo, a (Del lat. *crispus*, rizado, ondulado.)
1 Se refiere al cabello que es muy rizado: *acarició lánguidamente su cabeza crespa.* — *adj.*
2 Se aplica a la hoja de las plantas que está retorcida o arrugada. — *BOTÁNICA*
3 Se refiere al lenguaje o al estilo que es artificioso o complicado: *compuso la pieza con un léxico crespo, hinchado y rimbombante.*
4 Que está irritado o alterado.
5 Mechón de pelo rizado: *la melena ensortijada le caía en crespos salvajes.* — *s.m. / = rizo*

crespón
1 Tela ligera en que la urdimbre está más retorcida que la trama. — s.m. TEXTIL
2 Tela negra usada en señal de luto: *desfilaron ante el féretro con crespones en las espadas.*

cresta (Del lat. *crista*.)
1 Carnosidad roja y eréctil que tienen sobre la cabeza algunas aves gallináceas, generalmente más desarrollada en el macho. — s.f. ZOOLOGÍA
2 Apéndice de pelo o plumas que tiene un animal encima de la cabeza. — ZOOLOGÍA = copete
3 Abultamiento pequeño que tienen algunos animales encima de la cabeza, aunque no sea de carne ni de plumas. — ZOOLOGÍA
4 Cumbre de picos o peñascos que forman la cima de un monte: *desde el mirador se perfilaban las crestas de la cordillera pirenaica.* — GEOGRAFÍA
5 Cima espumosa de las olas: *las crestas blancas mecían la barca.*
6 Peinado en forma de tupé o copete: *en su pueblo vive un punk que lleva cresta de colores.* — coloquial
7 Cabeza de las personas. — coloquial
8 Punto más alto alcanzado por la línea de nivel de un gráfico.
9 **cresta de gallo:** 1. Gallocresta, planta amarantácea. *(Celosia cristata.)* 2. Papiloma venéreo, tumor maligno. — BOTÁNICA MEDICINA
10 **cresta de la piel o papilar:** Dermatoglifo, dibujo en la piel de las yemas de los dedos y de las plantas de manos y pies. — ANATOMÍA
11 **cresta de presión:** Serie de deformaciones lineales debidas a la compresión, que son perpendiculares al empuje de los elementos geomorfológicos. — GEOLOGÍA
12 **cresta marina:** Hinojo marino, planta herbácea aromática. — BOTÁNICA
13 **cresta militar:** Línea de cambio de pendiente que ofrecen las colinas y alturas, intermedia entre la cima y la falda. — MILITAR
14 **cresta topográfica:** Punto o zona más elevada de una altura. — MILITAR
15 **alzar o levantar la cresta:** Mostrar orgullo, soberbia. — coloquial
16 **dar en la cresta:** Humillar o chafar a uno cuando toma excesivo atrevimiento: *decidió darle en la cresta para evitar males mayores.* — coloquial
17 **estar una persona en la cresta de la ola:** encontrarse en posición de notoriedad, en el mejor momento de su carrera o de su vida. — coloquial

crestería
1 Adorno de labores caladas colocado en el caballete del tejado y en otras partes altas de los edificios, en especial en el estilo gótico: *una delicada crestería remontaba la parte alta del edificio.* — s.f. ARQUITECTURA
2 Conjunto de almenas o defensa superior de una fortificación. — MILITAR

crestomatía (Del gr. *khrestomatheia* < *khrestos*, útil + *manthano*, aprender.) Colección antológica de escritos, destinada a la enseñanza. — s.f. = analectas, florilegio

crestón
1 Parte de la celada o casco de la armadura donde se ponían las plumas. — s.m. HISTORIA
2 Parte de un filón o una roca que asoma por encima de la superficie del terreno. — MINERÍA = farallón
3 Coronación de una pared o parapeto. — CONSTRUCCIÓN

creta (Del lat. *creta*, greda.) Roca caliza blanda, de color blanco o gris, muy absorbente, compuesta de carbonato de cal de grano muy fino que contiene materia orgánica. — s.f. GEOLOGÍA

cretácico, a
1 Se refiere al tercer y último período geológico de la era secundaria, que sigue al jurásico. — adj./s.m./GEOLOGÍA tb: cretáceo
2 Que tiene relación con este período: *han encontrado un fósil cretácico.* — adj. GEOLOGÍA

cretense
1 De Creta, isla del Mediterráneo. — adj./= crético
2 Que es natural de esta isla. — adj/s.m.f.
3 Dialecto del griego moderno hablado en esta isla. — s.m./LINGÜÍSTICA

crético, a
1 Cretense, de Creta. — adj.
2 Se aplica al pie compuesto por una sílaba breve entre dos largas. — POESÍA

cretinidad Cualidad de cretino o necio: *se ha llegado a un gran nivel de cretinidad.* — s.f. = necedad

cretinismo
1 Enfermedad endémica propia de algunas zonas montañosas, causada por una insuficiencia de la glándula tiroides, que provoca retraso de la inteligencia y, con frecuencia, del desarrollo orgánico. — s.m. MEDICINA
2 Característica de la persona que consiste en su poca inteligencia o sensatez o en su torpeza en comprender un tema. — = estupidez, idiotez

cretino, a (Del fr. *cretin*.)
1 Que padece cretinismo. — adj./s./MEDICINA

2 Que es estúpido, poco inteligente o torpe para comprender: *rechazó sus ideas por ser propias de un cretino.* — = idiota, necio

cretona (Del fr. *cretonne* < P. *Creton*, primer fabricante.) Tela blanca o estampada, generalmente de algodón, que se usa en tapicería. — s.f. TEXTIL

creyente Que tiene fe religiosa: *cumplir todos los preceptos no te hará ser el mejor de los creyentes.* — adj/s.m.f.

crezneja Crizneja, trenza o soga. — s.f.

cría
1 Acción y resultado de criar a personas y animales: *actualmente se dedica a la cría y engorde de ganado lanar.* — s.f. = crianza
2 Animal o niño mientras se está criando: *la madre no abandona a sus crías.*
3 Conjunto de animales nacidos de un parto o nidada.

criada Pala que empleaban las lavanderas para golpear la ropa, especialmente la gruesa. — s.f.

criadero
1 Lugar acondicionado para la cría de animales: *instaló un nuevo sistema de refrigeración en el criadero aviar.* — s.m.
2 Lugar donde se trasplantan árboles para que se críen hasta ser llevados a su lugar definitivo.
3 Depósito de un mineral útil y explotable que se encuentra entre la masa de un terreno. — MINERÍA = mina, yacimiento
4 Lugar en el que una cosa se desarrolla o acumula con facilidad: *criadero de polvo.*

criadilla
1 Testículo de las reses descuartizadas, especialmente el destinado al consumo: *no le gustan las criadillas.* — s.f.
2 Panecillo que tenía la forma parecida a las criadillas del carnero.
3 Patata, tubérculo de esta planta.
4 **criadilla almizclada:** Hongo basidiomicete redondeado, de color ocre, carne blanda y negra con venas blanquecinas y olor almizclado, que es comestible. *(Melanogaster variegatus.)* — BOTÁNICA MICOLOGÍA
5 **criadilla de ciervo:** Hongo ascomicete de forma de globo, de color blanquecino con verrugas. *(Elaphomyces cervium.)* — MICOLOGÍA
6 **criadilla de mar:** Pólipo de forma de globo, hueco y pegado por un solo punto a las rocas, de las que se desprende con facilidad. *(Alcyonium.)* — ZOOLOGÍA
7 **criadilla de tierra:** Trufa, nombre común de diversos hongos ascomicetes. — MICOLOGÍA

criado, a
1 Que está educado de determinada manera: *sus padres lo tienen muy mal criado.* — adj.
2 Empleado en el servicio doméstico por un salario: *conservó al criado que asistió a su padre hasta el lecho de muerte.* — s.
3 **estar criado:** Poder manejarse o cuidarse sin necesidad de ayuda: *su madre es consciente de que ya está criada, pero no puede evitar preocuparse por ella.*

criador, a
1 Que cría y alimenta. — adj.
2 Persona que por oficio cría animales. — s.
3 Persona que se dedica a la vinicultura. — = vinicultor
4 Nodriza, mujer que da de mamar a criaturas ajenas. — s.f.
5 Se aplica a la tierra o región que tiene abundancia de ciertas cosas. — adj.
6 Se aplica a la divinidad entendida como autora de la creación. — adj/s. RELIGIÓN

criancero, a
1 Que cría animales. — adj./*Chile*
2 Pastor trashumante de la región sureña. — s./*Argent.*

criandera Nodriza, mujer que da de mamar a una criatura ajena. — s.f. *Amér.*

crianestesia Insensibilización de la piel mediante la aplicación directa de frío. — s.f. MEDICINA

crianza
1 Acción y resultado de criar a un niño, en especial durante la lactancia. — s.f.
2 Tiempo de la lactancia.
3 Educación, modo de comportarse: *en su manera de comportarse en público se nota que es de buena crianza.*
4 Conjunto de animales nacidos en una finca y destinados a ella. — *Chile*
5 **crianza de los vinos:** Conjunto de cuidados a que se someten los caldos, después de fermentados, para acabar su formación y conferirles un punto más perfecto.

criar (Del lat. *creare*.)
1 Nutrir la madre o la nodriza al niño con su propia leche o con biberón. — v.tr. conj: *vaciar*
2 Alimentar el animal a sus cachorros o crías: *la leona los crió en cautividad.*
3 Cuidar y educar a los niños: *lo criaron de modo muy severo.* — = instruir
4 Tener crías los animales: *cuando críe la gata te daré uno de ellos.* — v.tr/prnl.

5 Estimular la reproducción y el crecimiento de animales y plantas. `v.tr.`
6 Preparar a una persona para ocupar un cargo.
7 Cuidar y someter a ciertas operaciones el vino ya fermentado para mejorar su calidad.
8 Dar motivo para una cosa: *crió una necesidad.* `= causar`
9 Sacar una cosa de la nada: *según el Génesis, Dios crió el mundo y a nuestro primer padre.* `TEOLOGÍA` `= crear`
10 Desarrollarse o crecer un ser vivo: *el niño se crió sano y robusto.* `v.prnl.`
11 cría cuervos: Expresión que se utiliza para indicar que una persona corresponde a los beneficios con desagradecimiento: *los hijos lo abandonaron en su vejez, ¡cría cuervos!*

criatura (Del lat. *creatura.*)
1 Niño recién nacido o de poco tiempo: *la criatura se pasó la noche gimiendo y llorando.* `s.f.` `= bebé`
2 Cualquier cosa creada. `TEOLOGÍA`
3 Feto antes de nacer.
4 Persona que todo lo debe a otra: *en el epílogo se reconoció como criatura del insigne maestro.* `= hechura`
5 ser una criatura: Tener actitudes y comportamientos infantiles: *aunque intente aparentar serenidad, es una criatura y acabará pataleando.* `coloquial`

criba (Del lat. *cribrum.*)
1 Operación de cribar: *con esta criba no será suficiente para separar las cáscaras de los granos.* `s.f./tb: cribo` `AGRICULTURA`
2 Instrumento formado por un aro al que va fijado un fondo de tela metálica, o de otro material agujereado, que se emplea para separar granos. `AGRICULTURA` `= cedazo, harnero`
3 Utensilio o máquina usado en minería para separar partículas de mineral. `MINERÍA`
4 Método o medio para seleccionar, especialmente lo verdadero, distinguiéndolo de lo falso: *pasar por la criba de la crítica.*
5 Tabique situado en el interior de los vasos cribosos de las plantas, con pequeños orificios por los que pasa la savia descendente. `BOTÁNICA`
6 estar algo como o hecho una criba: Estar muy roto o agujereado: *lleva los calcetines hechos una criba.* `coloquial`

cribado
1 Acción y resultado de cribar: *efectuó el cribado del carbón para seleccionar los fragmentos.* `s.m.`
2 Fleco del calzoncillo que se ve por debajo del chiripá del gaucho. `Argent.`
3 Enfermedad producida por un hongo que afecta a los árboles frutales, perforando sus hojas. `BOTÁNICA` `= gomosis`

cribar (Del lat. *cribare.*)
1 Limpiar una cosa de impurezas y partículas gruesas con la criba: *cribó el centeno y apartó la cáscara.* `v.tr.` `tb: acribar`
2 Seleccionar o separar lo bueno de lo malo: *para la reestructuración de la empresa tuvieron que cribar al personal.*

cribelo (Del lat. *cribellum.*) Órgano que tienen muchas arañas en el abdomen, provisto de unas glándulas que posibilitan la producción de seda. `s.m.` `ZOOLOGÍA` `= cribellum`

cribo (Del lat. *cribum.*) Criba, instrumento para cribar. `s.m.`

criboso, a
1 Se aplica al vaso de la planta que tiene cribas y sirve para conducir la savia descendente. `adj.` `BOTÁNICA`
2 Que tiene muchos agujeros, como una criba: *superficie cribosa.*

cric (Del fr. *cric,* voz onomatopéyica.)
1 Aparato formado por un engranaje y una cremallera que sirve para levantar objetos muy pesados. `s.m./pl: crics` `= gato`
2 Onomatopeya de ciertos ruidos.

crica Vulva, parte externa del órgano sexual de la mujer. `s.f./vulgar`

crico- Componente de palabra procedente del gr. *krikos,* que significa anillo: *cricoides.* `pref.` `tb: cric-`

cricoides (Del gr. *krikos,* anillo + *eidos,* forma.) Se aplica al cartílago anular inferior de la laringe de los mamíferos. `adj/s.m.` `pl: cricoides` `ANATOMÍA`

cricquet (Del ingl. *cricket.*) Criquet, deporte de equipo. `s.m./DEPORTES`

cri-cri (Voz onomatopéyica.) Canto del grillo: *el cri-cri indicaba que caía la noche.* `s.m.`

criergia Acción del hielo y del deshielo en los suelos de los dominios árticos. `s.f.` `GEOLOGÍA`

criestesia Sensibilidad ante las bajas temperaturas. `s.f.`

crifia Signo con que se indican los pasajes oscuros y de difícil interpretación, en paleografía. `s.f.` `HISTORIA`

crimen (Del lat. *crimen, - minis.*)
1 Delito grave con derramamiento de sangre. `s.m./DERECHO`
2 Acción que una persona o una comunidad consideran muy reprobable: *talar ese bosque es un crimen; el trato que le diste fue un crimen.* `s.m.`
3 crimen contra la humanidad: Violación de las reglas del derecho internacional, como el genocidio, el exterminio o la deportación. `DERECHO`

4 crimen contra la paz: Violación de los principios que establecen la paz. `DERECHO`
5 crimen de guerra: Violación de las leyes y maneras de actuar propias de esta circunstancia. `DERECHO`

criminal (Del lat. *criminalis.*)
1 Del crimen y de su castigo: *están llevando a cabo una investigación criminal.* `adj.`
2 Que ha cometido un crimen: *hicieron públicos los delitos por los que la criminal fue castigada.* `adj/s.`
3 Que está en muy mal estado: *en inicio de período vacacional el tráfico está criminal.* `adj.` `coloquial`

criminalidad
1 Circunstancia que califica una acción propia de un criminal. `s.f.`
2 Número proporcional de crímenes cometidos en una comunidad y tiempo determinados: *el índice de criminalidad de esta ciudad ha crecido mucho.* `ESTADÍSTICA`

criminalista Que está especializado en causas criminales: *abogado criminalista.* `adj/s.m.f.` `DERECHO`

criminar
1 Acriminar, acusar de algún crimen: *le criminó la desaparición de los libros de contabilidad.* `v.tr.` `= inculpar`
2 Censurar, reprobar: *le criminó su soberbia delante de su esposa.* `= recriminar`

criminogénesis Estudio científico del descubrimiento de las causas criminales y de los factores que influyen en la actitud delictiva. `s.f.` `pl: criminogénesis` `DERECHO`

criminología Ciencia que estudia el delito: *la influencia de la criminología en la evolución del derecho penal ha sido notable.* `s.f.` `DERECHO`

criminológico, a Que tiene relación con la criminología: *análisis criminológico de la personalidad del individuo.* `adj.` `DERECHO`

criminólogo, a Erudito en criminología, es decir, en el estudio científico de las conductas delictivas. `s.` `DERECHO`

criminoso, a (Del lat. *criminosus.*)
1 Del crimen. `adj./DERECHO`
2 Delincuente o reo, persona acusada de un delito. `s./DERECHO`

crimno (Del gr. *krimnon.*) Harina de espelta y trigo usada en la cocina para hacer gachas. `s.m.` `COCINA`

crin (Del lat. *crinis,* cabello.)
1 Conjunto de pelos largos que tienen algunos animales sobre el cuello y en la cola, en especial el caballo: *el jinete guarneció a la yegua con lazos trenzados en las crines.* `s.f.` `ZOOLOGÍA` `tb: clin`
2 Mecha de estos pelos largos de caballo que se utiliza en los arcos de los instrumentos de cuerda. `MÚSICA`
3 Material muy resistente empleado para suturas de piel y en planos profundos. `MEDICINA`
4 crin vegetal: Fibras de esparto o de algas y musgos tratadas, que se usan para relleno de colchones y en tapicería.
5 hacer las crines: Recortar los pelos largos a los caballos.
6 tenerse alguien a las crines: Ayudarse para no decaer de su estado. `coloquial`

crinado, a Que tiene el cabello largo: *el crinado sátiro irrumpió en la cueva y sorprendió a los dos pastores.* `adj.` `literario`

crinar Deshacer los enredos de cabello de una persona o de un animal: *crinó su pelaje con cuidado y mimo.* `v.tr.` `= peinar`

crinera Parte superior del cuello de las caballerías, donde nace la crin. `s.f.` `ZOOLOGÍA`

crinito, a Se aplica al cometa que tiene la cola dividida en ramales divergentes. `adj.` `ASTRONOMÍA`

crino- Componente de palabra procedente del gr. *krino,* que significa secretar: *crinoideo; crinología; endocrino.* `pref./suf.`

crinoideo, a Perteneciente a la clase de animales equinodermos, con el disco en forma de cono invertido y brazos con prolongaciones laterales, que suele vivir fijo en el fondo marino. `adj/s.m.` `ZOOLOGÍA`

crinología Parte de la fisiología que estudia las glándulas y sus secreciones. `s.f.` `FISIOLOGÍA`

crio- Componente de palabra procedente del gr. *kryos,* que significa frío glacial: *criobiología; criogenia.* `pref.` `tb: cri-`

crío, a
1 Niño o niña de muy poca edad: *acompañó a los críos hasta la puerta de la guardería.* `s.`
2 Persona muy joven en comparación con otra. `coloquial`
3 ser un crío: Ser una persona de mentalidad y actitud muy infantiles, o que en determinada ocasión se ha comportado como un niño: *demostró ser un crío al ponerse a patalear por no haber conseguido el excelente en lengua.* `coloquial`

criobiología
1 Estudio de la aplicación de temperaturas muy bajas a tejidos, células y sustancias biológicas para conservarlos vivos. `s.f.` `BIOLOGÍA`
2 Técnica quirúrgica que aplica temperaturas muy bajas a los tejidos sangrantes para eliminar las hemorragias. `MEDICINA`

criocirugía Parte de la cirugía que emplea técnicas de congelación local durante las operaciones quirúrgicas. *s.f. MEDICINA*

crioclastia Proceso por el que se produce la fragmentación de las rocas debido a la dilatación producida por los efectos del hielo y del deshielo. *s.f. GEOLOGÍA*

crioconita Polvo oscuro transportado por el viento y depositado en la superficie del hielo o de la nieve. *s.f. GEOLOGÍA*

criodecapado Método físico que permite preservar la organización celular para su examen en el microscopio. *s.m. BIOLOGÍA*

criodo Soporte en forma de electrodo que permite la aplicación de nitrógeno líquido en criocirugía. *s.m. MEDICINA*

criofijación Fijación de un tejido por enfriamiento localizado a bajas temperaturas, especialmente la que se aplica en el desprendimiento de retina. *s.f. BIOLOGÍA*

criofísica Parte de la física que estudia las temperaturas inferiores a los 120 °K. *s.f. FÍSICA*

criofluoreno Anestésico local que actúa por refrigeración gracias a su rápida evaporación y es utilizado especialmente en odontoestomatología y cirugía menor. *s.m. MEDICINA, QUÍMICA*

crióforo Representación de un pastor que lleva una oveja a los hombros. *s.m. ARTE*

crioftalmología Empleo del frío en el tratamiento ocular, especialmente en la cirugía de cataratas y desprendimiento de retina. *s.f. MEDICINA*

criogenia
1 Técnica de producción de temperaturas inferiores a los 120 °K. *s.f. TECNOLOGÍA*
2 Tecnología relativa al tratamiento de la materia a estas temperaturas. *TECNOLOGÍA*

criolita Fluoruro natural de aluminio y sodio. *s.f./QUÍMICA*

criollismo
1 Conjunto de criollos. *s.m.*
2 Carácter, modo de ser o peculiaridad de los criollos.
3 Amor o afición a todo lo criollo.
4 Modismo, forma de hablar propia de un criollo. *LINGÜÍSTICA*

criollo, a (Del port. *crioulo*, criado negro.)
1 Que es propio de los países hispanoamericanos. *adj.*
2 Que desciende de padres europeos y ha nacido en otro continente. *adj./s.*
3 Persona de raza negra que había nacido en América por oposición al que había sido llevado de África como esclavo.
4 Se aplica al idioma europeo usado como instrumento vehicular o de comunicación con los indígenas de las colonias. *adj./s.m. LINGÜÍSTICA*
5 Se refiere a la lengua hablada fuera de Europa utilizada como único medio de comunicación entre personas que tienen lenguas maternas distintas y mantienen contacto permanente. *LINGÜÍSTICA*
6 Se dice de la lengua que es fruto de la fusión entre una lengua europea y otra indígena negra. *LINGÜÍSTICA = creole*
7 Cierta clase de cacao propio de Venezuela. *s.m./BOTÁNICA*

criología Conjunto de disciplinas científicas y técnicas que estudian las bajas temperaturas o las emplean para sus investigaciones. *s.f. FÍSICA*

criomagnetismo Propiedad magnética de los cuerpos sometidos a temperaturas muy bajas. *s.m. FÍSICA*

criometría Crioscopia, método que determina el punto de congelación de un líquido. *s.f. FÍSICA*

criómetro Termómetro para registrar temperaturas muy bajas. *s.m. FÍSICA*

crioscopia (Del gr. *kryos*, frío glacial + *skopeo*, mirar.) Determinación del punto de congelación de un líquido en el que está disuelta una sustancia para conocer el grado de concentración de la solución. *s.f. FÍSICA = criometria*

crioterapia (Del gr. *kryos*, frío glacial + *terapia*.) Tratamiento de ciertas enfermedades por medio del frío. *s.f. MEDICINA*

crioturbación Cambio de posición de las partículas de un suelo por la alternancia del hielo y el deshielo, en los países de régimen glacial. *s.f. GEOLOGÍA*

cript- Componente de palabra procedente del gr. *kryptos*, que significa oculto: *críptico; criptología*. *pref.*

cripta (Del gr. *krypto*, escondo.)
1 Parte subterránea de una iglesia donde se celebran actos religiosos. *s.f. ARQUITECTURA*
2 Lugar subterráneo en que se solía enterrar a los muertos.
3 Espacio hueco más o menos profundo en ciertos tipos de tejidos vegetales. *BOTÁNICA*

criptestesia Clarividencia, facultad de prever. *s.f./OCULTISMO*

críptico, a (Derivado del gr. *krypto*, yo oculto.)
1 Que tiene relación con la criptografía. *adj./= criptográfico*
2 Que es enigmático u oscuro. *= misterioso*

cripto- Componente de palabra procedente del gr. *kryptos*, que significa oculto: *criptoanálisis; criptógamo*. *pref. tb: cript-*

criptoanálisis Arte y técnica de descifrar lo escrito en clave. *s.m. pl: criptoanálisis*

criptocianina Colorante rojo violáceo utilizado como sensibilizador de películas y placas fotográficas. *s.f. FOTOGRAFÍA*

criptocigo, a Se aplica al cráneo que tiene los arcos cigomáticos escasamente visibles. *adj./s. ANATOMÍA*

criptococo Denominación que reciben algunos microbios blastomicetes. *s.m. BIOLOGÍA*

criptófito, a Se aplica a las plantas que presentan la parte resistente de su organismo completamente protegida bajo el nivel del suelo o del agua. *adj. BOTÁNICA*

criptofonía Conjunto de técnicas relativas al cifrado de los mensajes orales. *s.f.*

criptógamo, a (Del gr. *kryptos*, oculto + *gamos*, casamiento.) Perteneciente a una clase de plantas que carecen de flores, frutos y semillas. *adj/s.f. BOTÁNICA*

criptogenético, a
1 Se aplica a la enfermedad cuyo origen es desconocido. *adj. MEDICINA*
2 Se refiere al proceso patológico de inicio lento y larvado. *MEDICINA*

criptografía (Del gr. *kryptos*, oculto + *graphia*, arte de escribir.) Método de escritura con claves secretas o de modo enigmático. *s.f.*

criptógrafo, a
1 Experto en criptografía: *la brigada requirió la colaboración de un criptógrafo del servicio secreto*. *s.*
2 Aparato que facilita la combinación de letras para los mensajes cifrados. *s.m.*

criptograma Documento escrito en clave: *descifró el criptograma interceptado al enemigo*. *s.m.*

criptomnesia Memorización inconsciente de un acontecimiento, que sólo reaparece en la conciencia en un estado como la hipnosis o el sueño. *s.f. SICOLOGÍA*

criptón (Del gr. *kryptos*, oculto.) Kriptón, elemento químico. *s.m. QUÍMICA*

criptorquidia (Del gr. *kryptos*, oculto + *orkis*, testículo.) Anormalidad que consiste en la retención de uno o ambos testículos en el abdomen sin descender a las bolsas escrotales. *s.f. MEDICINA, VETERINARIA*

criptozoico, a Se aplica a la prehistoria geológica de la Tierra, primera de las dos etapas en que se divide la historia del planeta, antes del fanerozoico. *adj/s.m. GEOLOGÍA*

criquet (Del ingl. *cricket*.) Deporte de origen inglés, entre dos equipos de once jugadores, que consiste en lanzar con la mano una pelota para derribar unos palos apoyados sobre estacas y defendidos por un bateador. *s.m. DEPORTES tb: cricquet*

cris- Componente de palabra procedente del gr. *khrysos*, que significa oro: *crisantemo*. *pref. tb: criso-*

crisálida (Del lat. *chrysalis* < gr. *khrysallis*, dorada < *khrysos*, oro.)
1 Ninfa, estadio de desarrollo de un insecto lepidóptero en que la larva se va transformando en adulto. *s.f. ZOOLOGÍA*
2 Envoltura que deja la ninfa después de completar su metamorfosis. *ZOOLOGÍA*
3 Fase de hibernación en la vida de un insecto. *ZOOLOGÍA*

crisantemo (Del lat. *chrysanthemum* < gr. *khrysos*, oro + *anthemon*, flor.)
1 Planta compuesta, anual, robusta, de hojas muy divididas, flores de color amarillo pálido en cabezuelas grandes y fruto seco con borde membranoso, que se cultiva como ornamental. *(Chrysanthemun.)* *s.m./BOTÁNICA tb: crisantema = antiñamo, magarza*
2 Flor de esta planta con la que se suele adornar las sepulturas en el día de las ánimas. *BOTÁNICA*
3 **crisantemo de arbusto o malabar:** Margarita, planta ornamental. *BOTÁNICA*
4 **crisantemo de flor doble o de botón de oro:** Planta anual de flores grandes y amarillas. *(Chrysanthemun coronarium.)* *BOTÁNICA*

crisis (Del lat. *crisis* < gr. *krisis*, decisión < *krino*, separo, decido.)
1 Cambio considerable, para mejorar o para empeorar, en el curso de una enfermedad, o en el desarrollo de otros procesos: *crisis del noveno día en las neumonías*. *s.f. pl: crisis*
2 Momento decisivo y grave de un asunto o situación que puede tener consecuencias importantes: *la crisis del capital*.
3 Situación difícil o complicada: *crisis matrimonial*. *= dificultad*
4 Juicio formado sobre una cosa después de estudiarla con detenimiento. *= criterio*
5 Ruptura del equilibrio entre la producción y el consumo, que se caracteriza por el hundimiento de la demanda, las quiebras de empresas y el paro. *ECONOMÍA*
6 Dimisión del gobierno. *POLÍTICA*
7 **crisis laboral:** 1. Falta de actividades para asignar a los empleados de una empresa. 2. Dificultad de los trabajadores para encontrar un empleo. *ECONOMÍA*
8 **crisis ministerial:** Situación política de un país cuando ha dimitido un gobierno y todavía no se ha *POLÍTICA*

nombrado otro, o del gobierno cuando ha dimitido alguno de sus miembros.

crisma (Del lat. *chrisma* < gr. *krisma* < *khrio*, ungir.)
1 Mezcla de aceite y bálsamo que consagran los obispos católicos el jueves santo para ungir a los que se bautizan, consagran u ordenan. *s.m. RELIGIÓN*
2 Cabeza de las personas. *s.f./coloquial coloquial*
3 **romper o romperse la crisma:** Descalabrarse, sufrir heridas de importancia: *cayó por las escaleras y se rompió la crisma.*

crismas Christmas, tarjeta navideña de felicitación: *siempre recibe muchos crismas.* *s.m./pl: crismas coloquial*

crismera Vaso de plata usado para guardar el crisma o mezcla de aceite y bálsamo. *s.f./RELIGIÓN = crisma*

crismón Signo formado por el monograma de Cristo y por la cruz o sólo por la cruz. *s.m./RELIGIÓN = lábaro*

crisneja Crizneja, trenza o soga trenzada. *s.f.*

crisobalanáceo, a Que pertenece a la familia de plantas de las rosáceas. *adj/s.f. BOTÁNICA*

crisoberilo (Del lat. *chrysoberillus* < gr. *khrysos*, oro + *beryllos*, berilo.) Mineral de brillo vítreo de color verde o amarillo, transparente o traslúcido, apreciado como piedra preciosa. *s.m. MINERALOGÍA*

crisocola (Del gr. *khrysos*, oro + *kolla*, cola.) Silicato hidratado de cobre, de color azul turquesa intenso, que los antiguos empleaban para soldar el oro. *s.f. MINERALOGÍA*

crisofíceo, a Perteneciente a una división de algas de color pardo dorado, que comparten la naturaleza de la materia de reserva. *adj/s.f. BOTÁNICA*

crisol (Del cat. ant. *cresol*.)
1 Recipiente de barro, porcelana u otra materia resistente que se usa para fundir o calcinar alguna sustancia a temperaturas muy elevadas. *s.m.*
2 Cavidad en la parte inferior de los hornos, que sirve para recibir el metal fundido. *METALURGIA*
3 Lugar donde se produce la integración de diversas etnias y culturas: *Estados Unidos es un crisol de razas.*

crisolar Acrisolar, purificar en el crisol. *v.tr.*

crisolita
1 Piedra de color oro. *s.f./MINERALOGÍA*
2 **crisolita de Sajonia:** Denominación que se daba al topacio verdadero. *MINERALOGÍA*

crisólito (Del gr. *khrysos*, oro + *lithos*, piedra.)
1 Mineral de color verde amarillento, un poco menos duro que el cuarzo, que suele encontrarse en las rocas volcánicas. *s.m./MINERALOGÍA tb: crisólita = olivino, peridoto*
2 **crisólito de los volcanes:** Silicato de magnesio de color aceitunado, pardo, rojo o negro. *MINERALOGÍA*
3 **crisólito oriental:** Piedra preciosa, antiguo topacio, de color amarillo verdoso. *MINERALOGÍA*

crisomélido, a (Del gr. *krysos*, oro + *melos*, miembro.) Perteneciente a una familia de insectos coleópteros que tienen el cuerpo ovalado, cabeza introducida en el tórax hasta los ojos, antenas cortas, alas y élitros, y se nutre de vegetales. *adj/s.m. ZOOLOGÍA*

crisopacio Crisoprasa, mineral de color verde. *s.m./MINERALOGÍA*

crisopeya (Del gr. *khrysos*, oro + *poieo*, hacer.) Arte con que se pretendía convertir los metales en oro en la antigüedad. *s.f. HISTORIA*

crisoprasa (Del gr. *khrysos*, oro + *prasos*, puerro.) Cuarzo duro y traslúcido de color verde manzana. *s.f./MINERALOGÍA tb: crisopacio*

crisotilo Silicato hidratado natural de magnesio, que es variedad fibrosa de la serpentina. *s.m. MINERALOGÍA*

crispación
1 Acción y resultado de crisparse o irritarse. *s.f./= crispadura*
2 Contracción repentina de los músculos o de los nervios debida a una emoción. *FISIOLOGÍA*

crispar (Del lat. *crispare*.)
1 Irritar, exasperar, dar motivo de gran enojo: *su actitud crispa a cuantos lo rodean.* *v.tr/prnl. coloquial*
2 Contraer de manera repentina y transitoria un músculo o cualquier otro órgano contráctil. *FISIOLOGÍA*

crispatura Crispación muscular de poca intensidad pero dolorosa. *s.f./MEDICINA*

crista (Del lat. *crista*, cresta.) Parte de la celada, con figura de cresta, donde se ponían las plumas. *s.f. HERÁLDICA*

cristal (Del lat. *crystallus* < gr. *krystallos*, hielo, cristal.)
1 Sustancia sólida, incolora y muy transparente obtenida por fusión y rápido enfriamiento de arena silícea, potasa y minio usada para hacer lentes, vajilla fina y otros objetos. *s.m.*
2 Placa de vidrio usada para cubrir el hueco de una ventana, vidriera y cuadros o para fabricar espejos.
3 Sustancia cristalizada con forma geométrica regular, como la sal o el cuarzo. *MINERALOGÍA*
4 Conjunto de los vidrios de ventanas, puertas u otras cosas de una casa. *s.m.pl.*
5 Espejo, objeto fabricado con cristal en el que se reflejan los objetos. *s.m.*

6 Agua en que se refleja la luz o las cosas. *literario*
7 Tela de lana muy delgada. *TEXTIL*
8 **cristal de aumento:** Lente, cristal con caras cóncavas o convexas que se emplea en instrumentos ópticos. *ÓPTICA*
9 **cristal de roca:** Cuarzo cristalizado, incoloro y transparente usado para vasijas, joyas y objetos de adorno. *MINERALOGÍA*
10 **cristal esmerilado:** Placa de cristal hecha traslúcida por frotamiento con arena.
11 **cristal hilado:** Cristal fundido y estirado en forma de hilos usado como aislamiento térmico. *= fibra de vidrio*
12 **cristal líquido:** Material en estado intermedio entre líquido y sólido, que se utiliza para la visualización de datos en dispositivos electrónicos. *FÍSICA*
13 **cristal tórico:** Cristal que tiene una superficie con doble curvatura, usado en óptica para corregir el astigmatismo. *ÓPTICA*
14 **depender algo del cristal con que se mire:** Indica que la interpretación que se hace de un hecho está vinculada a la perspectiva o prejuicios de quien la hace. *coloquial*
15 **ver o mirar con cristales de aumento:** Expresión que se emplea para indicar que una persona ve o mira una cosa con exageración.

cristalera
1 Cierre o puerta de cristales. *s.f.*
2 Armario o mueble con puertas de cristales.

cristalería
1 Establecimiento donde se fabrican o se venden objetos de cristal y vidrio, y donde se encargan de cortar y colocar cristales en puertas y ventanas. *s.f. COMERCIO*
2 Conjunto de objetos de cristal o vidrio.
3 Parte de la vajilla consistente en vasos, copas y jarras de vidrio o cristal de distinto tamaño para el servicio de la mesa.

cristalero, a
1 Persona que coloca cristales. *s.*
2 Persona que trabaja el cristal o lo vende.

cristalino; a (Del lat. *crystallinus*.)
1 De cristal o parecido al cristal. *adj.*
2 Cuerpo de forma esférica lenticular, situado detrás de la pupila del ojo de los vertebrados y de los cefalópodos. *s.m. ANATOMÍA*

cristalito Corpúsculo microscópico que se encuentra en rocas eruptivas, en forma de bola, cabello o bastoncillo. *s.m. GEOLOGÍA*

cristalización
1 Acción y resultado de cristalizar o cristalizarse una sustancia. *s.f.*
2 Clarificación o precisión de las ideas, proyectos o sentimientos de una persona o grupo de personas.

cristalizador Recipiente de laboratorio, hecho de vidrio, usado para contener las disoluciones y que cristalicen en él. *s.m. QUÍMICA*

cristalizar
1 Tomar una sustancia forma cristalina: *se cristalizó el agua del estanque.* *v.intr/tr/prnl. conj: cazar*
2 Tomar un proyecto, una idea o un sentimiento forma definida. *v.intr.*

cristalofísica Parte de la cristalografía que estudia las propiedades físicas de los cuerpos cristalinos. *s.f. MINERALOGÍA*

cristalogénesis Parte de la geología o de la mineralogía que estudia el crecimiento de los diferentes tipos de cristales en los minerales. *s.f. pl: cristalogénesis MINERALOGÍA*

cristalografía Parte de la mineralogía que estudia las características de los cuerpos al cristalizar. *s.f. MINERALOGÍA*

cristalográfico, a Que tiene relación con la cristalografía: *proceso cristalográfico.* *adj. MINERALOGÍA*

cristaloide Sustancia que, en disolución, atraviesa una membrana porosa, es decir, forma disoluciones verdaderas. *s.m. QUÍMICA*

cristaloideo, a De los cristaloides. *adj./QUÍMICA*

cristaloquímica Parte de la cristalografía que estudia las relaciones entre la composición química y la forma cristalina. *s.f. MINERALOGÍA*

cristianar Administrar el sacramento del bautismo a una persona. *v.tr/coloquial = bautizar*

cristiandad
1 Conjunto de todas las personas que profesan la religión cristiana: *el cisma provocó una terrible convulsión en toda la cristiandad.* *s.f. RELIGIÓN*
2 Conjunto de países cuya religión mayoritaria es el cristianismo. *RELIGIÓN*
3 Observancia de la ley de Cristo: *es un hombre de gran cristiandad.* *RELIGIÓN*

cristianismo
1 Religión cristiana, doctrina religiosa basada en la persona y predicación de Jesús de Nazaret y en el amor a Dios a través del amor al ser humano. *s.m. RELIGIÓN*

2 Conjunto de los fieles cristianos. **RELIGIÓN**
3 Bautizo, acción de administrar el sacramento del **RELIGIÓN**
bautismo.

cristianización
1 Conversión al cristianismo de una persona o una **s.f.**
comunidad. **RELIGIÓN**
2 Adecuación de un rito, fiesta o devoción al dogma **RELIGIÓN**
cristiano: *cristianización de las ceremonias paganas.*

cristianizar (Derivado de *cristiano.*)
1 Convertir a una persona o un país al cristianismo: **v.tr/pml./conj: cazar**
esa comunidad jamás se cristianizará. **RELIGIÓN**
2 Hacer que una cosa esté de acuerdo con la doctrina **RELIGIÓN**
o la moral cristiana.

cristiano, a (Del lat. *christianus.*)
1 Que profesa el cristianismo. **adj/s./RELIGIÓN**
2 De Cristo o del cristianismo. **adj./RELIGIÓN**
3 Persona sin determinar: *estos días no se ve ni un cris-* **s.m.**
tiano en la calle. **coloquial**
4 Hermano o prójimo.
5 Se aplica al vino que está aguado. **adj./coloquial**
6 **cristiano nuevo:** El que se convierte a la religión **RELIGIÓN**
cristiana y se bautiza siendo adulto.
7 **cristiano viejo:** Expresión que se aplicaba a los **HISTORIA,**
cristianos que no tenían antepasados moros o judíos. **RELIGIÓN**
8 **hablar en cristiano:** 1. Expresarse con sencillez **coloquial**
para poder ser entendido por todos con rapidez. 2. **coloquial,**
Hablar en castellano, por oposición a otras lenguas. **despectivo**

cristo (Del lat. *Christus,* el hijo de Dios < gr. *kristos,*
ungido.)
1 Crucifijo, imagen de Jesús crucificado. **s.m./RELIGIÓN**
2 **donde Cristo dio las tres voces o perdió el go-** **loc.adv.**
rro: En lugar muy lejano y apartado: *se fue a vivir* **coloquial**
donde Cristo dio las tres voces.
3 **poner a alguien como un cristo:** Maltratarlo o en- **vulgar**
suciarlo.
4 **todo cristo:** Todo el mundo, todas las personas: **vulgar**
todo cristo se presentará mañana al examen.

cristobalita Mineral incoloro, traslúcido y de brillo **s.f.**
vítreo, de origen volcánico. **MINERALOGÍA**

cristología Parte de la teología que estudia todo lo **s.f.**
referente a Cristo. **TEOLOGÍA**

cristus
1 Cruz que precedía al abecedario o alfabeto en la **s.m.**
cartilla. **pl: cristus**
2 **estar uno en el cristus:** Poseer tan sólo los primeros conocimientos de una ciencia o un arte.
3 **no saber el cristus:** Ser muy ignorante: *no sabe el*
cristus, confundió perjuicio con prejuicio.

crisuela (Del romance *crosiulum,* de origen incierto.) **s.f.**
Cazoleta en la parte inferior del candil donde cae el
aceite.

criterio (Del lat. *criterium,* juicio < gr. *kriterion,* facultad de juzgar.)
1 Norma para conocer la verdad o la adecuación de **s.m.**
una cosa a lo requerido en una materia o una disci- **= principio**
plina: *no sabe qué criterio emplearán en el examen.*
2 Capacidad de juzgar o discernir: *a pesar de su corta* **= discernimiento,**
edad tiene mucho criterio. **juicio**
3 Opinión que una persona tiene sobre cualquier **= idea,**
asunto: *según mi criterio, la película es muy pretenciosa.* **juicio**

criteriología Disciplina que estudia los criterios de la **s.f.**
verdad. **LÓGICA**

critérium Competición deportiva no oficial para de- **s.m.**
terminar y apreciar los méritos de los participantes: **pl.tb: criteriums**
critérium ciclista. **DEPORTES**

crítica
1 Expresión de un juicio sobre una obra artística, la **s.f.**
actuación de un artista, de un deportista, u otra cues- **= juicio**
tión: *no sabe si tendrá que hacer crítica literaria o taurina.*
2 Conjunto de personas dedicadas a juzgar las obras
literarias, teatrales, cinematográficas y artísticas en
general, y actividad de estas personas: *la crítica ha sido*
muy dura con su nueva obra teatral.
3 Censura de las acciones o de la conducta de una **= reprobación,**
persona. **reproche**
4 Conjunto de las opiniones expuestas sobre una
persona, una cosa o un acontecimiento.

criticable Que puede o merece ser criticado por con- **adj.**
siderarse grave o erróneo. **= censurable**

criticar
1 Juzgar una obra científica, artística o literaria. **v.tr./conj: sacar**
2 Expresar un juicio desfavorable acerca de la con- **= censurar,**
ducta de una persona. **reprobar**

criticismo
1 Sistema filosófico según el cual el examen de la po- **s.m.**
sibilidad del conocimiento, sus fuentes y sus límites **FILOSOFÍA**
debe ser previo a todo trabajo científico.
2 Sistema filosófico kantiano. **FILOSOFÍA**

crítico, a (Del lat. *criticus,* que juzga < gr. *kritikos.*)
1 Que tiene relación con la crítica. **adj.**

2 Que tiene relación con la crisis: *su matrimonio está* **= difícil,**
pasando por una situación crítica. **grave**
3 Se refiere al momento o la ocasión que debe apro- **= culminante,**
vecharse para hacer una cosa por ser el más oportu- **oportuno**
no: *éste es el momento crítico para comprar el coche que*
querías.
4 Se aplica a las condiciones que producen la reac- **FÍSICA NUCLEAR**
ción en cadena en un reactor.
5 Persona que ejerce la crítica como oficio o profe- **s.**
sión: *es el crítico teatral de un gran periódico.*
6 Persona que habla con afectación y pedantería.

criticón, a Que tiene costumbre de criticar a los de- **adj./s.**
más.

critiqueo Acción y resultado de murmurar o criticar: **s.m.**
el critiqueo que hay en ese pueblo es exagerado. **coloquial**

critiquizar Criticar de manera exagerada. **v.tr./conj: cazar**

crizneja (Probablemente del lat. vulgar *crinicula,* diminutivo de *crinis,* cabello, cabellera.)
1 Trenza de pelo. **s.f./tb: crezneja**
2 Soga trenzada de esparto o material parecido.

croar (Voz onomatopéyica.) Emitir la rana y el sapo **v.intr.**
su voz: *croaban las ranas en el estanque.* **tb: groar**

croata
1 De Croacia, región de los Balcanes, y de su lengua. **adj.**
2 Persona natural de Croacia. **s.m.f.**
3 Variedad lingüística del serbocroata, lengua eslava **s.m.**
de la familia indoeuropea. **LINGÜÍSTICA**

crocante (Del fr. *croquant* < *croquer,* comer algo que
cruje.)
1 Pasta preparada con almendra tostada y caramelo y **s.m./COCINA**
amoldada con diversas formas. **= guirlache**
2 Se refiere a la pasta que está cocida o frita y cruje **adj/s.m.**
al morderla. **COCINA**

croché (Del fr. *crochet.*)
1 Labor de ganchillo. **s.m./tb: crochet**
2 Golpe de boxeo dado con el brazo doblado. **DEPORTES**

crocitar Graznar el cuervo. **v.intr./= crascitar**

croco (Del lat. *crocum* < gr. *krokos,* azafrán.) Azafrán, **s.m.**
planta y estigma de la flor. **BOTÁNICA**

croissant (Voz francesa.) Bollo con forma de media **s.m.**
luna. **pl: croissants**

croissantería Lugar donde se hacen o venden crois- **s.f.**
sants de distintos tipos.

crol (Del ingl. *crawl.*) Estilo de natación que consiste **s.m.**
en una rotación vertical alternativa de los brazos y **DEPORTES**
un movimiento pendular continuo de los pies. **= crawl**

croma- Componente de palabra procedente del gr. **pref.**
khroma, que significa color: *cromatismo.* **tb: cromo**

cromado Baño de cromo que se da a un metal para **s.m.**
evitar su oxidación. **METALURGIA**

cromar Cubrir un objeto metálico con cromo para **v.tr.**
embellecerlo y hacerlo más resistente a la oxidación. **METALURGIA**

cromaticidad Calidad de color de la luz determinada **s.f.**
por su longitud de onda dominante y su pureza: *la* **ARTE,**
cromaticidad de su obra se acerca bastante a la barroca. **FÍSICA**

cromático, a (Del gr. *kromatikos* < *khroma,* color.)
1 Que tiene relación con el color. **adj.**
2 Se aplica a la lente o instrumento óptico que pre- **ÓPTICA**
senta los objetos contorneados con los colores del arco **≠ acromático**
iris.
3 Se aplica a la armonía, melodía o instrumento que **MÚSICA**
utiliza los doce semitonos de la octava.

cromatina Sustancia albuminoidea que se encuentra **s.f.**
en el núcleo de las células y absorbe intensamente **BIOLOGÍA**
ciertos colorantes.

cromatismo
1 Abundancia de colores, especialmente en obras de **s.m.**
arte: *siempre he admirado el cromatismo de Van Gogh.*
2 Característica del cristal o del instrumento óptico **ÓPTICA**
que descompone la luz en sus colores constituyentes.
3 Empleo del sistema cromático en la composición **MÚSICA**
musical.

cromatocito Célula pigmentaria. **s.m./BIOLOGÍA**

cromatóforo Célula que contiene el pigmento que **s.m.**
da color a los tejidos orgánicos. **BIOLOGÍA**

cromatografía Procedimiento de análisis que consis- **s.f.**
te en separar las sustancias de una mezcla por adsor- **QUÍMICA**
ción o concentración selectiva.

cromaturia Emisión de orina con coloración anor- **s.f.**
mal. **MEDICINA**

crómico, a Que contiene cromo. **adj.**

crómidos Familia de minerales cuyo elemento tipo es el **s.m.pl.**
cromo. **MINERALOGÍA**

cromífero, a Que contiene cromo. **adj.**

cromita Cromato de hierro. **s.f./MINERALOGÍA**

crómlech Monumento megalítico formado por varios **s.m/pl: crómlechs**
menhires dispuestos en círculo. **HISTORIA**

cromo
I (Del gr. *khroma*, color < *khros*, carne, carnación.) Metal gris, duro, quebradizo y susceptible de pulimento, usado para fabricar pinturas y recubrir objetos para hacerlos inoxidables. **s.m.** **QUÍMICA**
II (Abreviatura de *cromolitografía*.)
1 Tarjeta, cartulina o papel en el que hay representada una figura o que puede tener la forma de dicha figura, y que en algunos casos puede coleccionarse en álbumes: *de niños acostumbramos a jugar con cromos.* **s.m.**
2 estar hecho un cromo: 1. Ir muy desaliñado, sucio y lleno de golpes: *llegó a casa hecho un cromo, lleno de lamparones y sietes en la ropa.* 2. Ir demasiado arreglado y compuesto: *hoy está hecho un cromo, con pajarita y todo.* **coloquial** **coloquial**

cromo- Componente de palabra procedente del gr. *khroma*, que significa color: *cromolitografía; policromo.* **pref/suf.**

cromóforo, a Se refiere al compuesto químico que produce la coloración de una sustancia. **adj/s.** **QUÍMICA**

cromógeno, a Se aplica a la bacteria que puede segregar un pigmento o producir la pigmentación. **adj.** **BIOQUÍMICA**

cromolitografía
1 Procedimiento de estampación con varios colores mediante la impresión sucesiva de cada uno de ellos. **s.f.** **ARTES GRÁFICAS**
2 Cromo, estampa obtenida con este procedimiento. **ARTES GRÁFICAS**

cromolitografiar Obtener una estampa por medio de la cromolitografía. **v.tr./conj: *vaciar*** **ARTES GRÁFICAS**

cromoplasto Plasto impregnado de carotina o xantofila, pigmentos que contribuyen a la coloración de las frutas y de las flores en las tonalidades amarillo y rojo anaranjado. **s.m.** **BOTÁNICA**

cromorno (Del fr. *cromorne*.) Orlo, antigua familia de instrumentos de viento con doble lengüeta. **s.m.** **MÚSICA**

cromosfera (Del gr. *khroma*, color + *sphaira*, esfera.) Capa de la envoltura gaseosa del Sol, comprendida entre la fotosfera y la corona, visible y de color rojo. **s.f.** **ASTRONOMÍA**

cromosoma Cada uno de los cuerpos en forma de bastoncitos que se encuentran en el núcleo de la célula y contienen la información genética del individuo. **s.m.** **BIOLOGÍA**

cromosómico, a Que tiene relación con los cromosomas: *estructura cromosómica; estudio cromosómico.* **adj.** **BIOLOGÍA**

cromoterapia Técnica terapéutica basada en la utilización de los efectos producidos por los colores en el organismo. **s.f.** **MEDICINA**

cromotipografía
1 Arte y técnica de imprimir en colores a partir de clichés realizados por el sistema de fotograbado. **s.f./ARTES GRÁFICAS** **= cromotipia**
2 Obra obtenida mediante esta técnica de impresión en color. **ARTES GRÁFICAS** **= cromotipia**

cromoxilografía Técnica de impresión de colores mediante el uso de planchas de madera. **s.f.** **ARTES GRÁFICAS**

crónica (Del lat. *chronica*, libros de cronología < *chronicus*, cronológico < gr. *khronikos* < *khronos*, tiempo.)
1 Modo de relatar la historia en la que se sigue un orden cronológico. **s.f.** **LITERATURA**
2 Artículo periodístico o narración en los que se cuenta algún suceso o algún tema de actualidad, especialmente cuando lo narra una persona que ha estado o está en el lugar de los hechos. **= reportaje**
3 Información que, a través del teléfono o de una emisora de radio o de televisión, envía a su medio un corresponsal, en directo o en diferido, sobre unos hechos que él observa e interpreta. **AUDIOVISUALES**
4 Sección de un periódico en que se trata una determinada clase de noticias: *crónica teatral.*

cronicidad Carácter o calidad de crónico. **s.f.**

crónico, a (Del lat. *chronicus*, que dura hace tiempo < gr. *khronikos* < *khronos*, tiempo.)
1 Que dura desde hace mucho tiempo: *fumar se ha convertido en un vicio crónico entre los jóvenes.* **adj.** **= inveterado**
2 Se refiere a las enfermedades que tienen larga duración: *padece una faringitis crónica.* **MEDICINA**

cronicón (Del bajo lat. *chronicon* < *chronicus*.) Breve relación de hechos históricos ordenados cronológicamente. **s.m.** **LITERATURA, HISTORIA**

-cronismo Componente de palabra procedente del gr. *khronos*, que significa tiempo: *anacronismo.* **suf.**

cronista Autor de una crónica o el que se dedica a escribirlas: *era el cronista de la ciudad.* **s.m.f.**

crónlech Monumento megalítico formado por un cerco de grandes piedras dispuestas en figura circular o elíptica: *el crónlech de Stonehenge en Inglaterra es el más monumental.* **s.m.** **pl: crónlechs** **HISTORIA** **tb: crómlech**

crono Cronómetro, reloj para medir pequeñas fracciones de tiempo. **s.m.** **coloquial**

crono- Componente de palabra procedente del gr. *khronos*, que significa tiempo: *cronología; heterócrono.* **pref/suf.** **tb: cronía**

cronobiología Disciplina que estudia la estructura temporal de los fenómenos vitales mediante la investigación de los ritmos biológicos. **s.f.** **BIOLOGÍA**

cronoescalada Prueba ciclista que consiste en la ascensión cronometrada e individual a un puerto de montaña: *el escalador colombiano reconoció que esperaba ganar la cronoescalada.* **s.f.** **DEPORTES**

cronoestratigrafía Parte de la estratigrafía relativa a la organización y división de los sedimentos y estratos de la corteza terrestre depositados a intervalos de tiempo geológico. **s.f.** **GEOLOGÍA**

cronofotografía Técnica fotográfica que consiste en tomar imágenes de una cosa en movimiento para descomponerlo en sus fases sucesivas. **s.f.** **FOTOGRAFÍA**

cronografía Estudio de la sucesión de personas o acontecimientos históricos por orden de fechas. **s.f./HISTORIA** **= cronología**

cronógrafo, a (Del gr. *khronos*, tiempo + *grapho*, escribir.)
1 Persona dedicada a la cronografía. **s./HISTORIA**
2 Aparato que registra gráficamente el tiempo transcurrido entre sucesos consecutivos. **s.m.**
3 Aparato que mide intervalos de tiempo muy pequeños. **= cronómetro**

cronograma Representación gráfica de la evolución temporal de un fenómeno. **s.m.** **ESTADÍSTICA**

cronología (Del gr. *khronos*, tiempo + *logos*, estudio, tratado.)
1 Ciencia que estudia la determinación del orden y las fechas de los sucesos históricos. **s.f.** **HISTORIA**
2 Sucesión en el tiempo de personas o acontecimientos históricos. **HISTORIA** **= cronografía**
3 Modo de medir los tiempos: *cronología musulmana.*
4 Secuencia temporal de las operaciones que preceden y siguen al lanzamiento de un cohete. **ASTRONÁUTICA**

cronológico, a Que tiene relación con la cronología: *orden cronológico; serie cronológica de sucesos.* **adj.** **HISTORIA**

cronólogo, a Persona dedicada al estudio de la cronología. **s.** **HISTORIA**

cronometraje Medición del tiempo que dura una acción o fenómeno. **s.m.**

cronometrar Medir el tiempo que dura una actividad con el cronómetro. **v.tr.**

cronometría Medida exacta del tiempo. **s.f.**

cronómetro (Del gr. *khronos*, tiempo + *metron*, medida.) Reloj de alta precisión para medir pequeñas fracciones de tiempo. **s.m.** **= crono, cronógrafo**

cronoscopio Instrumento para medir intervalos de tiempo de hasta una milésima de segundo: *el cronoscopio se usa para medir el tiempo de reacción ante determinados estímulos.* **s.m.** **TECNOLOGÍA**

cronoterapia Método terapéutico basado en la prevención o cura según las características temporales de las enfermedades. **s.f.** **MEDICINA**

crooner (Voz norteamericana.) Cantante de música ligera que interpreta canciones melódicas. **s.m.** **MÚSICA**

croque
1 Gancho de hierro acerado, sujeto a un mango, usado principalmente por pescadores o marineros para capturar grandes piezas. **s.m.** **PESCA** **tb: cloque**
2 Golpe dado con la cabeza o en ella. **= coscorrón**

croquet (Voz inglesa.) Juego que consiste en hacer pasar una bola de madera bajo unos aros o argollas golpeándola con un mazo y siguiendo un trayecto determinado. **s.m.** **pl: croquets** **JUEGOS**

croqueta (Del fr. *croquette* < *croquer*, comer algo que cruje.) Pequeña porción, normalmente ovalada, de una masa hecha con distintos ingredientes ligados con bechamel, que se reboza y fríe: *a Juan le gustan las croquetas de jamón y a su hermano las de bacalao.* **s.f.** **COCINA**

croquis (Del fr. *croquis*.) Diseño ligero de un terreno, paisaje u otra cosa, que se hace a ojo, sin precisión ni detalles. **s.m.** **pl: croquis**

croscitar Crascitar, emitir el cuervo su voz. **v.intr.**

cross
I (Voz inglesa, abreviatura de cross-country, a campo traviesa.) Prueba de atletismo que consiste en correr una larga distancia campo a través. **s.m./pl: cross** **DEPORTES** **= cross-country**
II (Voz inglesa que significa cruz.) Golpe de contraataque, en boxeo. **s.m.** **DEPORTES**

crótalo (Del lat. *crotalum* < gr. *crotalon*, especie de castañuela.)
1 Instrumento de percusión parecido a las castañuelas, que puede ser de madera o metal. **s.m.** **MÚSICA**
2 Serpiente venenosa de América que tiene al final de la cola una serie de anillos córneos que vibran al moverse haciendo un ruido característico. *(Crotalus.)* **ZOOLOGÍA** **= serpiente de cascabel**

crotón (Del lat. *croto, -onis* < gr. *kroton*, ricino.) Ricino, planta vivaz o arborescente. **s.m.** **BOTÁNICA**

crotorar (Del lat. *crotolare.*) Producir un ruido peculiar la cigüeña golpeando ambas partes del pico.   v.intr.

cruce
1 Acción de cruzar o cruzarse.   s.m.
2 Punto donde se cruzan o encuentran dos o más líneas: *nos vemos en el cruce de la nacional.*   = intersección, nudo
3 Paso de una calzada destinado a los peatones.
4 Procedimiento que consiste en mezclar distintas especies de animales o de plantas para obtener una nueva variedad.
5 Ser híbrido que resulta de esta mezcla: *este perro es un cruce de caniche y pequinés.*
6 Interferencia de dos líneas telefónicas o de varias emisiones radiadas.   TELECOMUNICACIONES
7 Influencia recíproca de dos palabras en su forma y significado, que da origen a una tercera.   LINGÜÍSTICA

crucería Conjunto de nervios o arcos diagonales que refuerzan y ornamentan las bóvedas de estilo gótico.   s.f. ARQUITECTURA

crucero
1 Viaje marítimo con itinerario turístico y escala en distintas ciudades para visitarlas.   s.m.
2 Espacio que resulta en la unión de la nave mayor de una iglesia con la transversal.   ARQUITECTURA
3 Encrucijada, intersección de calles o caminos.   = cruce
4 Persona que lleva la cruz delante de los arzobispos en las procesiones y otras funciones religiosas.   RELIGIÓN
5 Cruz de piedra que se coloca en el cruce de los caminos y en los atrios.   RELIGIÓN
6 Vigueta, madero de unos seis metros de largo.   CARPINTERÍA
7 Línea por donde se ha doblado el pliego de papel al ponerlo en resmas o conjuntos.   ARTES GRÁFICAS
8 Extensión de mar en la que se cruzan varios buques.   NÁUTICA
9 Buque de guerra de gran velocidad y radio de acción y que puede llevar armamento.   MILITAR, NÁUTICA
10 Dirección de los planos paralelos, por donde los minerales y las rocas tienen división más fácil.   MINERALOGÍA

cruceta
1 Cada una de las pequeñas cruces que se forma de la intersección de dos series de líneas paralelas.   s.f.
2 Pieza que, en un motor, sirve de articulación entre el vástago del émbolo y la biela.   MECÁNICA
3 Meseta que en la cabeza de los masteleros sirve para facilitar la maniobra de las velas y vergas.   NÁUTICA
4 Torniquete colocado en las entradas para que las personas pasen ordenadamente de una en una.   Chile
5 Grifo, llave de metal para regular el paso de líquido.   Colomb.

cruci- Componente de palabra procedente del lat. *crux, crucis,* que significa cruz: *crucifixión; crucigrama.*   pref.

crucial
1 Que es muy importante o decisivo: *es un momento crucial de su carrera.*   adj./= esencial, trascendental
2 Que tiene forma de cruz.

cruciata Planta herbácea, genciana de flores azules y hojas dispuestas en cruz. *(Gentiana cruciata.)*   s.f. BOTÁNICA

crucífero, a (Del lat. *crux, crucis,* cruz + *ferre,* llevar.)
1 Que tiene o lleva la insignia de la cruz.   adj./culto
2 Perteneciente a una familia de plantas fanerógamas, de hojas alternas con flores de cuatro pétalos dispuestos en cruz y semillas sin albumen.   adj/s.f. BOTÁNICA

crucificar (Del lat. *crucificare < crux, crucis,* cruz + *figere,* fijar.)
1 Poner a una persona clavada en una cruz como suplicio o para matarla: *le crucificaron por exaltar a las masas.*   v.tr. conj: *sacar*
2 Hacer padecer, física o moralmente, a una persona: *sus gritos constantes me crucifican.*   = fastidiar, mortificar

crucifijo (Del lat. *crucifixus.*) Figura o imagen que representa a Jesucristo crucificado: *un crucifijo encabezaba la procesión.*   s.m. RELIGIÓN

crucifixión
1 Acción y resultado de crucificar.   s.f.
2 Escena o imagen artística que representa el padecimiento sufrido por Jesucristo: *su crucifixión tiene un cromatismo espectral.*   ARTE

cruciforme Que tiene forma de cruz.   adj.

crucígero, a Que tiene o lleva la insignia de la cruz.   adj./ literario

crucigrama
1 Pasatiempo que consiste en un casillero en el que hay que rellenar los huecos con las letras o sílabas de las palabras que hay que descubrir a partir de una pequeña definición o pista.   s.m. JUEGOS
2 Representación gráfica de este casillero.

cruda Malestar después de una borrachera.   s.f./Méx.

crudamente Con aspereza y rigor.   adv.

crudeza
1 Cualidad de crudo: *la crudeza del invierno ha dañado las cosechas.*   s.f. = rigor
2 Actitud áspera y carente de tacto o delicadeza al decir o hacer una cosa: *me contestó con una crudeza que no esperaba.*   = aspereza, crueldad

crudillo Tela fuerte y áspera usada para entretelas, bolsillos y fundas.   s.m. TEXTIL

crudo, a (Del lat. *crudus,* que sangra.)
1 Se aplica al alimento que no está cocinado o no lo está en su punto conveniente: *el asado aún está crudo.*   adj.
2 Se refiere a lo que es cruel, áspero o se presenta sin disimulo: *es una película cruda.*
3 Se aplica al clima que es muy frío y riguroso: *este invierno el tiempo ha sido muy crudo.*
4 Se aplica a lo que no está suficientemente preparado o curado: *compró seda cruda.*
5 Se refiere a la fruta que no está madura: *cogen la fruta cruda y la conservan en cámaras frigoríficas.*
6 Se aplica al color que es ocre pálido, como el del lienzo crudo o la arena.   adj/s.m.
7 Se aplica al mineral que una vez refinado proporciona el petróleo y sus derivados: *el precio del crudo sube a principios de año.*   MINERALOGÍA
8 Se aplica a la tumoración o lesión inflamatoria que no está en condiciones de ser desbridada.   adj. MEDICINA
9 Tela de cáñamo utilizada para hacer sacos.   s.m./Méx.
10 **estar alguien crudo:** Padecer los malestares que siguen a una borrachera.   Méx. coloquial
11 **tenerlo crudo:** Tener dificultades para obtener o realizar una cosa: *lo tienes crudo para que te lo preste.*   coloquial

cruel (Del lat. *crudelis.*)
1 Que se complace con el sufrimiento de los demás: *tuvo fama de guerrero cruel y sanguinario.*   adj. = insensible
2 Que causa sufrimiento: *hizo un comentario cruel.*   = brutal, desmedido
3 Que es muy intenso: *su enfermedad le causa un dolor cruel.*   = insufrible, tremendo
4 Que es sangriento y atroz: *fue una de las batallas más crueles de la guerra.*   = brutal, violento

crueldad
1 Modo de comportarse del que se complace en el dolor y sufrimiento ajenos.   s.f./SICOLOGÍA = inhumanidad
2 Acción o palabras propias de la persona cruel.   = atrocidad

cruento, a (Del lat. *cruentus,* sangriento < *cruor, -oris,* sangre.) Que causa derramamiento de sangre: *cruenta batalla; cruenta represión.*   adj. = sangriento

crujía (Del ital. *corsia < corsio < corso,* curso.)
1 Pieza de paso de un edificio, desde la cual se accede a otras piezas o habitaciones situadas a ambos lados.   s.f. = corredor, pasillo
2 Paso cerrado por verjas o barandillas, desde el coro hasta el presbiterio de algunas catedrales.   ARQUITECTURA
3 Espacio comprendido entre dos muros de carga.   ARQUITECTURA
4 Camino en medio del barco, de proa a popa.   NÁUTICA
5 Pasamano, paso de popa a proa junto a la borda.   NÁUTICA

crujido
1 Acción y resultado de crujir: *se asustaron al oír el fuerte crujido de los goznes de la puerta.*   s.m. = chirrido
2 Grieta longitudinal en una hoja de espada.
3 **crujido del estaño:** Leve chasquido que produce este metal cuando al rozar se dobla.   TECNOLOGÍA

crujiente Que cruje.   adj.

crujir (De origen incierto.) Producir un ruido algunos cuerpos al romperse o al rozar con otros.   v.intr. = chirriar

crúor (Del lat. *cruor,* sangre.)
1 Componente sanguíneo que se coagula, en oposición al suero, en especial, la parte roja del coágulo.   s.m. ANATOMÍA
2 Líquido sanguíneo.   culto, literario

crup (Del ingl. *croup,* gritar roncamente.) Difteria, enfermedad infecciosa de la garganta que dificulta la respiración.   s.m. pl: crups MEDICINA

crupier Persona encargada de controlar las apuestas, repartir las cartas y dirigir los juegos, en bingos, casinos y otras casas de juego.   s.m.f. pl: crupiers JUEGOS

crural (Del lat. *cruralis,* de la pierna < *crus, cruris,* pierna.) Del muslo: *biceps crural.*   adj. formal

crustáceo, a (Derivado culto del lat. *crusta,* costra, corteza.)
1 Que tiene costra.   adj.
2 Perteneciente a una clase de artrópodos generalmente marinos, de respiración branquial, con dos pares de antenas, caparazón duro o flexible y patas dispuestas simétricamente.   adj/s.m. ZOOLOGÍA

cruz (Del lat. *crux, crucis.*)
1 Figura formada por dos líneas que se cortan perpendicularmente: *el signo de la suma es una cruz.*   s.f./pl: cruces = aspa
2 Instrumento de tortura formado por dos maderos, uno vertical y otro horizontal más corto que atraviesa el primero en su parte superior, en el cual se clavaban o ataban las extremidades de los condenados.
3 Símbolo del cristianismo, en memoria de la crucifixión de Jesucristo.   RELIGIÓN
4 Sufrimiento o dificultad continua que padece una persona: *tener que madrugar es una cruz para él.*   = carga, suplicio

5 Reverso de monedas y medallas.
6 Parte más alta del lomo de los cuadrúpedos, donde se cruzan los huesos de las extremidades anteriores con el espinazo. **ZOOLOGÍA**
7 Parte del árbol donde termina el tronco y comienzan las ramas. **BOTÁNICA**
8 Insignia de órdenes religiosas, militares y civiles. = **condecoración**
9 Signo gráfico que, puesto delante del nombre de una persona, indica que ya ha muerto y, delante de una fecha, cuándo murió.
10 Pared que divide el suelo de los hornos de reverbero. **MINERÍA**
11 Unión de la caña del ancla con los brazos. **NÁUTICA**
12 **cruz ancorada:** La que tiene las puntas rematadas en forma de ancla. **HERÁLDICA**
13 **cruz de amarre:** Ligada que se hace en el punto en que se cruzan dos cables. **NÁUTICA**
14 **cruz de Calatrava:** Aquella cuyos brazos acaban en flor de lis de color rojo heráldico. **HERÁLDICA**
15 **cruz de centrar:** Instrumento en forma de cruz que se usa para marcar el centro de un eje o cilindro. **MECÁNICA**
16 **cruz de Jerusalén:** Planta herbácea de adorno, de tallos cilíndricos y nudosos, hojas lanceoladas y flores de color escarlata, con ramilletes terminales. *(Lychnis chalcedonica.)* **BOTÁNICA**
17 **cruz de la espada:** La formada por los gavilanes, la empuñadura y la hoja. **MILITAR**
18 **cruz de Malta:** 1. Aquella que está formada por cuatro brazos iguales de forma triangular, cuyos vértices se unen en el centro. 2. Engranaje semejante a ésta, que transforma un movimiento de rotación continuo en uno discontinuo. 3. Trozo cuadrado de lienzo, con un corte diagonal en cada uno de sus ángulos. **HERÁLDICA** / **MECÁNICA**
19 **cruz de San Andrés:** La que forma un aspa. **HERÁLDICA**
20 **cruz de Santiago:** Aquella que tiene el brazo inferior en forma de espada y los laterales terminados en figura de flor de lis. **HERÁLDICA**
21 **cruz egipcia o ansada:** La que tiene un asa sustituyendo al tramo superior. **HERÁLDICA**
22 **cruz esvástica:** La gamada cuyos extremos giran a la izquierda. **HERÁLDICA**
23 **cruz gamada:** La que está rematada en el extremo de cada brazo por otro que forma con el anterior ángulo recto. **HERÁLDICA**
24 **cruz geométrica:** Ballestilla, instrumento astronómico. **ASTRONOMÍA**
25 **cruz griega:** La que, a diferencia de la latina, tiene los cuatro brazos iguales. **HERÁLDICA**
26 **cruz latina:** Aquella que está formada por un palo vertical cortado cerca de su extremo superior por otro horizontal más corto. **HERÁLDICA**
27 **cruz papal:** La que tiene tres brazos horizontales de los cuales el central es el más ancho. **HERÁLDICA**
28 **cruz negra:** Figura que se obtiene al microscopio con luz convergente cuando se examinan minerales tallados. **MINERALOGÍA**
29 **cruz patriarcal o de Caravaca:** La que tiene el segundo travesaño más ancho que el primero. **HERÁLDICA**
30 **cruz potenzada:** Aquella que tiene los brazos iguales y pequeños travesaños en sus cuatro extremos. **HERÁLDICA**
31 **cruz trebolada:** La que remata en forma de hoja de trébol. **HERÁLDICA**
32 **a cruz y escuadra:** Sistema de ensamblaje de maderas formando casetones y lacerías. **loc.adv. CARPINTERÍA**
33 **abrazar o tomar la cruz:** Aceptar un deber o una prueba difícil: *abrazó la cruz de su cargo a regañadientes.* **coloquial**
34 **alzada a la cruz:** Altura desde el suelo hasta la cruz, con la que se evalúa la estatura de los grandes cuadrúpedos. **coloquial**
35 **cruz y raya:** Expresión que se usa para manifestar el propósito de no volver a hacer algo o despreocuparse de una cosa o persona. **coloquial**
36 **de la cruz a la fecha:** Desde el principio hasta el fin, por completo: *de la cruz a la fecha especificó todos los pasos de su viaje.* **loc.adv.**
37 **en cruz:** Con los brazos extendidos formando una cruz con el cuerpo: *los castigó poniéndolos de cara a la pared con los brazos en cruz.* **loc.adj.**
38 **hacerle a alguien la cruz:** Dar a entender que una persona se quiere librar de otra por ser pesada o peligrosa. **coloquial**
39 **hacerse una persona cruces:** Demostrar sorpresa, admiración, extrañeza o desacuerdo por algo. **coloquial**
40 **quedarse en cruz y en cuadro:** Perder todas las posesiones y riquezas: *su afición por el juego le llevó a quedarse en cruz y en cuadro.* **coloquial**
41 **trasquilar a cruces:** Cortar desigualmente el cabello, dejándolo a trasquilones. **coloquial**

cruzada
1 Expedición militar cristiana para liberar los santos lugares en manos de los musulmanes. **s.f./HISTORIA, RELIGIÓN**
2 Conjunto de personas que formaban parte de estas expediciones. **HISTORIA**
3 Campaña en favor de algún fin o empresa.
4 Lugar en que se cruzan dos o más caminos. = **encrucijada**

cruzado, a
1 Que está atravesado sobre otra cosa indicada: *lleva un vestido con los tirantes cruzados.* **adj.**
2 Se aplica a la prenda de vestir que tiene el ancho necesario para poder sobreponer un delantero sobre otro: *se compró un abrigo cruzado.* = **sobrepuesto**
3 Se refiere al animal que procede de un cruce.
4 Se refiere al guerrero cristiano que se alistaba para alguna cruzada: *los caballeros cruzados llevaban una cruz en su vestimenta.* **adj/s. HISTORIA, RELIGIÓN**
5 Persona que pertenece a una orden militar y lleva la cruz de la misma. **s.m. MILITAR**
6 Unidad monetaria de Brasil. **ECONOMÍA**
7 Denominación de varias monedas antiguas de Castilla y Portugal. **HISTORIA**
8 Posición de los dedos en la guitarra pisando las cuerdas primera y tercera en el segundo, y la segunda en el tercero. **MÚSICA**
9 Paso de los bailarines que consiste en formar una cruz y volver a ocupar el lugar que se tenía.

cruzamiento
1 Acción y resultado de cruzar. **s.m.**
2 Fecundación de los gametos femeninos de un individuo con los masculinos procedentes de otro, generalmente de distinto genotipo. **BIOLOGÍA**
3 Intercambio momentáneo en la posición de voces. **MÚSICA**
4 Acción de pasar, en el juego pianístico, una de las manos por encima de la otra. **MÚSICA**

cruzar (Del lat. *cruciare*).
1 Poner una cosa sobre otra formando una cruz: *siempre se cruza de piernas cuando está nervioso.* **v.tr/prnl. conj: cazar**
2 Atravesar una calle, río u otra cosa, pasando de una parte a otra: *cruzó la avenida sin mirar atrás.* **v.tr.** = **pasar, recorrer**
3 Pasar dos personas o dos cosas por un mismo punto en sentidos opuestos: *se cruzaron en la calle.* **v.prnl.**
4 Ponerse una persona o una cosa entre otras dos: *una mujer se cruzó entre ellos y fue la causa de su ruptura.* = **atravesarse, interponerse**
5 Unir un animal macho con una hembra de raza diferente para que procreen: *cruzaron las yeguas con un caballo andaluz.* **v.tr.**
6 Trazar dos rayas paralelas sobre un cheque para que sólo pueda cobrarse ingresándolo en una cuenta corriente. = **barrar**
7 Coincidir varios asuntos o negocios en el mismo período de tiempo. **v.prnl.**
8 Recibir una persona o investirla con las insignias de una orden militar. **MILITAR**
9 Volver a arar un terreno con surcos perpendiculares a los anteriores. **v.tr. AGRICULTURA**
10 Navegar varias embarcaciones en todas direcciones en una extensión de mar para proteger el comercio. **NÁUTICA**
11 Formar dos palabras un término nuevo que comparte rasgos de cada una de ellas. **v.prnl. GRAMÁTICA**
12 Estar dos rectas situadas en planos diferentes. **GEOMETRÍA**
13 Moverse una caballería atravesando sus patas. **VETERINARIA**

c.s.p. (Abreviatura de *[c]antidad [s]uficiente [p]ara*.) Se utiliza en farmacia para referirse al volumen de excipiente de un medicamento para la cantidad expresada. **loc.adj. FARMACIA**

cteno- Componente de palabra procedente del gr. *kteis*, que significa peine: *ctenóforo.* **pref. tb: cten-**

ctenóforo, a Perteneciente a un grupo de animales marinos celentéreos, de cuerpo gelatinoso y transparente que suelen ser flotantes, hermafroditas y de alimentación carnívora. **adj/s.m. ZOOLOGÍA tb: tenóforo**

cu Nombre de la letra *q.* **s.f.**

cuácara
1 Levita, vestidura masculina de etiqueta. **s.f./Colomb., Venez.**
2 Chaqueta o blusa ordinaria. **Chile**

cuache, a
1 Que consta de dos partes iguales y ofrece duplicidad. **adj. Guat.**
2 Se aplica a cada uno de los gemelos nacidos en un mismo parto. **adj/s. Guat.**

cuaco
1 Harina de la raíz de la yuca, planta tropical. **s.m.**
2 Rocín, caballo de mala raza. **Méx.**

cuaderna
1 Pieza curva que encaja en la quilla y, junto a otras, forma la armadura de una embarcación. **s.f./NÁUTICA** = **costana, costilla**
2 Conjunto de estas piezas. **NÁUTICA**
3 Doble pareja, en el juego de las tablas reales. **JUEGOS**
4 **cuaderna vía:** Estrofa que se compone de cuatro versos alejandrinos con una única rima. **POESÍA** = **tetrásforo**

cuadernillo
1 Conjunto de cinco pliegos de papel: *cosió los cuadernillos para formar un volumen encuadernado.* **s.m. ARTES GRÁFICAS**

2 Calendario usado por los eclesiásticos con el rito y
los rezos de todo el año. = añalejo

cuaderno (Del lat. *quaternus < quaterni < quatuor*, cuatro.)
1 Conjunto de pliegos de papel cosidos en forma de s.m.
libro para escribir anotaciones o cuentas: *la policía dio* = libreta
con el cuaderno que apuntaba todas las transacciones.
2 Conjunto de naipes que sirven para varios juegos. JUEGOS/= baraja
3 Conjunto de cuatro pliegos de papel metidos uno ARTES GRÁFICAS
dentro de otro.
4 **cuaderno de bitácora:** Libro donde se anotan las NÁUTICA
incidencias de la navegación: *reconstruyeron la noche*
de la colisión gracias al cuaderno de bitácora.

cuadra (Del lat. *quadra*, cuadro, figura cuadrada.)
1 Lugar donde se guardan las caballerías: *ampliar la* s.f.
cuadra para alojar dos yeguas más. = caballeriza
2 Conjunto de caballos pertenecientes a un mismo EQUITACIÓN
dueño: *tenía la mejor cuadra de la región.*
3 Grupo de corredores de caballos pertenecientes a EQUITACIÓN
un equipo.
4 Lugar muy sucio y desordenado: *aquí no se puede* coloquial
vivir, esta casa es una cuadra. = pocilga
5 Sala o habitación espaciosa.
6 Sala donde duermen muchas personas en un cuartel, hospital o prisión.
7 Medida de longitud, equivalente a la cuarta parte
de una milla.
8 Anchura de un barco en la cuarta parte de su longi- NÁUTICA
tud, contada desde proa o desde popa.
9 Manzana de casas: *en la misma cuadra encontrarás* Amér.
una pulpería; está a dos cuadras de aquí.
10 Medida de longitud cuya equivalencia varía según Amér.
los países.
11 Sala para recibir. Perú
12 **navegar a la cuadra:** Navegar con viento perpen- NÁUTICA
dicular al rumbo.

cuadrada Nota musical de duración igual a dos re- s.f./MÚSICA
dondas. = breve

cuadradillo
1 Terrón de azúcar. s.m./= azucarillo
2 Regla prismática de sección cuadrada que sirve
para rayar con igualdad el papel.
3 Barra de hierro poco gruesa y de sección cuadrada.
4 Pieza de tela cuadrada que se pone en algunas
prendas de vestir para aumentar su anchura.

cuadrado, a
1 Se refiere a la figura plana que tiene los lados igua- adj/s.m./GEOMETRÍA
les y los ángulos rectos. = cuadrilátero
2 Que tiene alguna cara o superficie con esta forma. adj.
3 Se aplica a las cosas que tienen un resultado perfecto o cabal: *el proyecto nos ha salido cuadrado.*
4 Se refiere a las personas de mentalidad irreductible
o que no admiten un cambio razonable en su opinión.
5 Se aplica a una escritura hebraica derivada del alfa- LINGÜÍSTICA
beto arameo.
6 Se refiere a la operación, la cuenta o un resultado
en general que se ciñe a presupuesto.
7 Se aplica a la persona que está muy musculada o coloquial
que tiene una complexión atlética y fuerte: *se puso* + estar, ponerse
cuadrado con el ejercicio. = musculoso
8 Pieza de metal del tamaño de las letras de impren- s.m.
ta, que se pone entre ellas para dejar espacios en ARTES GRÁFICAS
blanco.
9 Aspecto o posición de un astro que dista de otro ASTRONOMÍA
noventa grados.
10 Producto que resulta de multiplicar una cantidad MATEMÁTICAS
por sí misma: *veinticinco es el cuadrado de cinco.* = segunda potencia
11 Cada uno de los huesos de la parte posterior del ZOOLOGÍA
cráneo de los vertebrados que sirven de articulación
a la mandíbula, excepto en los mamíferos.
12 Adorno bordado que se hacía en las medias desde
el tobillo hasta la pantorrilla.
13 **cuadrado de las refracciones:** Instrumento para TECNOLOGÍA
delinear los relojes solares.
14 **cuadrado mágico:** Conjunto de números dispues- OCULTISMO
tos en cuadrado, de manera que al sumar cualquier
fila en horizontal, vertical o diagonal, el resultado sea
siempre el mismo.
15 **cuadrado perfecto:** Número que es el producto
de multiplicar un número entero por sí mismo.
16 **de cuadrado:** Indica que la cabeza o figura pinta- loc.adj.
da se mira frente a frente. ARTE
17 **dejar o poner a uno de cuadrado:** Sorprenderlo, coloquial
asombrarlo: *su habilidad para convencerlos la dejó de*
cuadrado.
18 **elevar al cuadrado:** Multiplicar una cantidad por MATEMÁTICAS
sí mismo: *eleva el cuatro al cuadrado.*
19 **moverse cuadrado:** Estar la primera dovela o la ARQUITECTURA
primera hilada de dovelas de un arco o bóveda asen-
tadas sobre una superficie horizontal.

cuadrafonía Técnica de grabación y de reproducción s.f.
del sonido mediante cuatro canales para obtener un AUDIOVISUALES
relieve acústico superior a la estereofonía.

cuadragenario, a Que tiene cuarenta años: *al fondo* adj/s.
del jardín había una hilera de magnolios cuadragenarios.
cuadragésima Período comprendido entre el miér- s.f./RELIGIÓN
coles de ceniza y el sábado santo, en el catolicismo. = cuaresma
cuadragésimo, a Que ocupa el lugar número cua- adj.num/s.
renta en una serie: *en la clasificación de la maratón ocu-* = cuarentavo
pó el cuadragésimo lugar.
cuadral Madero que une las vigas que sostienen la s.m.
cubierta de un edificio. CONSTRUCCIÓN
cuadrangular Que forma o tiene cuatro ángulos: *ca-* adj.
dena de piedras cuadrangulares.
cuadrángulo Que tiene cuatro ángulos. adj/s.m./GEOMETRÍA
cuadrantal Medida para líquidos que usaban los s.m.
romanos. HISTORIA
cuadrante
1 Que cuadra. adj.
2 Cuarta parte de un círculo o de una circunferencia, s.m.
comprendida por dos radios perpendiculares entre sí. GEOMETRÍA
3 Instrumento compuesto de un cuarto de círculo ASTRONOMÍA
graduado y anteojos, usado para medir ángulos.
4 Reloj solar trazado en un plano. = cuadrante solar
5 Cada una de las cuatro partes en que se considera ASTRONOMÍA
queda dividida la semiesfera celeste por el meridiano
y el primer vertical.
6 Cada una de las cuatro partes en que se considera NÁUTICA
dividido el horizonte y la rosa náutica o rosa de los
vientos.
7 Almohada de cama con forma cuadrada.
8 Tabla puesta en las iglesias para señalar el orden de RELIGIÓN
las misas del día.
9 **cuadrante de reducción:** Figura geométrica traza- NÁUTICA
da en un cartón, que sirve para resolver gráficamente
los problemas relativos a la línea del rumbo.
10 **cuadrante hiemal o senil:** El cuarto de la esfera OCULTISMO
celeste, en astrología.
11 **cuadrante meridiano:** La segunda porción de la OCULTISMO
esfera celeste, en astrología.
12 **cuadrante occidental o melancólico o viril:** El OCULTISMO
tercero de la esfera celeste, en astrología.
13 **cuadrante oriental o pueril o vernal:** El primero OCULTISMO
de la esfera celeste desde la línea de oriente hasta el
mediodía, en astrología.
14 **hasta el último cuadrante:** Indica la exactitud y loc.adv.
rigor con que se obliga a alguien a pagar una deu-
da, sin perdonarle nada.
cuadranura (Del fr. *cadrannure < cadran < lat. quadra-* s.f.
tura.) Pata de gallina, enfermedad del tronco del ár- BOTÁNICA
bol.
cuadrar (Del lat. *quadrare*, hacer cuadrado.)
1 Dar forma cuadrada a una cosa: *cuadró la masa para* v.tr.
hacer una tarta.
2 Resultar agradable o conveniente: *tu carácter no cua-* v.intr/coloquial
dra con el suyo. = coincidir, gustar
3 Estar dos o más cosas en armonía: *los colores del* = armonizar
vestido cuadran con el tono de los zapatos.
4 Ponerse una persona quieta y erguida con los pies v.prnl.
juntos: *el soldado se cuadró ante el sargento.*
5 Mostrar una persona firmeza en una actitud o una coloquial
opinión: *María se cuadró en su opinión a pesar de las* = mantenerse,
críticas. perseverar
6 Hacer que coincidan en una cuenta los totales del v.tr.
debe y el haber: *cuando hicieron balance, no cuadraban* COMERCIO
las cuentas.
7 Cuadricular, formar o trazar cuadrículas.
8 Hallar el cuadrado de un número, un monomio o MATEMÁTICAS
un polinomio.
9 Quedarse un caballo parado en firme. v.prnl/EQUITACIÓN
10 Preparar al toro para que quede con las cuatro v.intr/prnl.
patas en firme, sin atrasar ni adelantar ninguna, para TAUROMAQUIA
entrar a matar.
11 Pararse el banderillero al llegar ante la cara del v.prnl.
toro para clavarle las banderillas. TAUROMAQUIA
12 Lucirse, agradar, quedar airoso. v.tr/Venez.
13 Suscribirse con una importante cantidad de dine- v.prnl.
ro, o dar, de hecho, esa cantidad. Chile
cuadrático, a Que está elevado al cuadrado o segun- adj.
da potencia. MATEMÁTICAS
cuadratín Cuadrado que tiene por cada lado tantos s.m.
puntos como el cuerpo tipográfico al que pertenece, ARTES GRÁFICAS
en las imprentas. = cuadrado
cuadratura (Del lat. *quadratura*.)
1 Acción y resultado de cuadrar una figura. s.f.
2 Situación relativa de dos cuerpos celestes que dis- ASTRONOMÍA
tan entre sí, en longitud o en ascensión recta, uno o
tres cuartos de círculo.
3 **la cuadratura del círculo:** Expresa la imposibilidad coloquial
de hacer o conseguir una cosa o lo insoluble de un + ser
problema: *conciliar intereses tan encontrados sería la cua-*
dratura del círculo.
cuadri- Componente de palabra procedente del lat. pref.
quattuor, que significa cuatro, cuatro veces: *cuadrilátero.* tb: cuadru-, cuatri-

cuadricenal Que se hace o sucede cada cuarenta años. *adj.*

cuádriceps Se aplica al músculo del muslo que tiene uno de sus extremos escindido en cuatro cabos independientes. *adj./s.m.* *pl: cuádriceps* ANATOMÍA

cuadrícula (Diminutivo culto de *cuadra*.)
1 Conjunto de cuadrados que resultan de cortarse perpendicularmente dos series de rectas paralelas. *s.f.* GEOMETRÍA
2 Procedimiento que permite reproducir a escala diferente un motivo previamente cuadriculado. ARTE

cuadriculado, a Que tiene cuadrícula: *siempre dibuja sobre papel cuadriculado.* *adj.*

cuadricular
1 De la cuadrícula: *página cuadricular.* *adj.*
2 Trazar líneas que formen una cuadrícula en un papel u otra superficie. *v.tr.*

cuadrienal Que sucede cada cuatro años o dura este tiempo. *adj.*

cuadrienio (Del lat. *quadriennium* < *quattuor*, cuatro + *annus*, año.) Período de cuatro años. *s.m.* = cuatrienio

cuadrifolio, a Que tiene las hojas dispuestas en grupos de cuatro. *adj./BOTÁNICA* *tb: cuadrifoliado*

cuadrifonía Sistema de grabación y reproducción de sonido con la utilización de cuatro canales que lo transmiten. *s.f.* AUDIOVISUALES

cuadriga (Del lat. *quadriga*, contracción de *quadrijuda* < *quattuor* + *jugus*, yugo.)
1 Grupo de cuatro caballos enganchados de frente que tiran de un carruaje. *s.f.* *tb: cuádriga*
2 Carro romano tirado por cuatro caballos de frente. HISTORIA

cuadriguero, a Persona que conducía una cuádriga, carro romano. *s.* HISTORIA

cuadril
1 Hueso que forma el anca o cadera de los animales cuadrúpedos. *s.m.* ZOOLOGÍA
2 Anca de las caballerías: *les asestó varios latigazos en los cuadriles para que galopasen.* ZOOLOGÍA
3 Cada una de las dos partes salientes formadas por los huesos superiores de la pelvis. ANATOMÍA = cadera

cuadrilátero, a
1 Que tiene cuatro lados: *la habitación tenía forma cuadrilátera.* *adj.*
2 Polígono de cuatro lados: *los paralelogramos, trapecios y trapezoides son cuadriláteros.* *s.m.* GEOMETRÍA
3 Espacio elevado sobre el suelo y limitado por cuerdas donde tienen lugar los combates de boxeo. DEPORTES = ring

cuadrilla
1 Conjunto de personas que realizan juntos un mismo trabajo o que comparten una relación de amistad: *no hay nada como una cena con la cuadrilla.* *s.f.* = grupo, pandilla
2 Grupo de personas que participa en algunas fiestas públicas formando una compañía que se diferencia externamente de otros: *el desfile de cuadrillas con sus bandas de música animaba las fiestas.*
3 Conjunto de perros de caza. CAZA
4 Grupo de lidiadores que actúan bajo la dirección del matador en una corrida. TAUROMAQUIA
5 Grupo armado de la Santa Hermandad que vigilaba y perseguía la delincuencia en una demarcación reducida. HISTORIA
6 Cada una de las cuatro partes de que se componía el Consejo de la Mesta. HISTORIA

cuadrilón Se refiere a la caballería que tiene las ancas descarnadas. *adj.* = anquiseco

cuadringentésimo, a Que ocupa el lugar número cuatrocientos en una serie. *adj.num./s.*

cuadrinieto, a Nieto o nieta del bisnieto o bisnieta o quinta generación de descendientes en línea directa. *s.*

cuadrinomio Expresión algebraica formada por la suma o la resta de cuatro términos. *s.m.* MATEMÁTICAS

cuadriplicar Cuadruplicar, multiplicar por cuatro: *se han cuadriplicado las pérdidas este año.* *v.tr.* *conj: sacar*

cuadrisílabo, a Se aplica al verso o a la palabra de cuatro sílabas: *desarrollar es una palabra cuadrisílaba.* *adj/s.* *tb: cuatrisílabo*

cuadrivio (Del lat. *quadrivium*, cuatro caminos.)
1 Grupo de cuatro artes liberales que constituían la segunda parte de la enseñanza medieval: aritmética, música, geometría y astronomía. *s.m.* HISTORIA *tb: cuadrivium*
2 Encrucijada de cuatro caminos, en las vías romanas. HISTORIA

cuadriyugo (Del lat. *quadriiugum*.) Carro de cuatro caballos. *s.m.*

cuadro (Del lat. *quadrum*, cuadrado.)
1 Pintura, dibujo o grabado enmarcado que sirve para adornar una pared: *les regaló un cuadro de Gauguin.* *s.m.* ARTE
2 Refuerzo que cubre los bordes de algunos objetos para protegerlos y adornarlos. = marco
3 Cuadrilátero que tiene los lados iguales y los ángulos rectos: *lleva un vestido de cuadros.* = cuadrado

4 Conjunto de nombres, cifras u otros datos presentados gráficamente, de manera que se advierta la relación existente entre ellos: *el cuadro de ventas demuestra que el año ha sido bueno.* = cuadro sinóptico, esquema
5 Conjunto de mandos de una empresa, de un ejército o de la administración pública.
6 Visión de un suceso impresionante: *el bombardeo de la capital ofreció un cuadro desolador.* = escena
7 Descripción literaria, muy viva y fácil de ser imaginada por el lector: *es una novela que refleja un interesante cuadro de costumbres.* LITERATURA
8 Armadura de la bicicleta, formada por las barras. DEPORTES
9 Trozo de tierra de un jardín de forma cuadrada, trabajado con flores o plantas. = bancal, parterre
10 Parte de un acto teatral que exige un cambio de decorado: *el cuadro escénico recibió los clamorosos aplausos del público.* TEATRO
11 Personajes de una obra de teatro, que están en escena en un momento determinado. TEATRO
12 Cada una de las divisiones hechas en el muro lateral de los frontones de pelota vasca para marcar el saque y el pase. DEPORTES
13 Pizarra, encerado para escribir. *Colomb.*
14 Bragas, ropa interior femenina. *Chile*
15 **cuadro clínico:** Conjunto de síntomas y signos de una enfermedad. MEDICINA
16 **cuadro de distribución:** Tablero en donde están colocados los dispositivos para dirigir una instalación, generalmente, eléctrica. ELECTRICIDAD
17 **cuadro de mandos:** Tablero con dispositivos para controlar un mecanismo más o menos complejo. TECNOLOGÍA
18 **cuadro flamenco:** Conjunto de personas que cantan, tocan y bailan flamenco. MÚSICA
19 **cuadro sinóptico:** Exposición escrita de las ideas básicas de una materia, dispuestas de forma tal que la relación entre ellas quede clara y pueda abarcarse de una sola vez con la vista.
20 **cuadro vivo:** Reproducción de una obra de arte, hecha por personas que permanecen inmóviles. ARTE
21 **a cuadros:** Que forma cuadrados: *se compró una camisa a cuadros.* *loc.adj.*
22 **estar en cuadro:** Quedar o estar muy pocas personas en un sitio determinado o menos de las necesarias. *coloquial*
23 **quedarse en cuadro:** 1. Permanecer muy pocas personas en una reunión por haberse ido la mayoría de ellas. 2. Quedarse sin tropa, conservando los jefes. *coloquial* MILITAR

cuadropea Cuatropea, bestia de cuatro pies.

cuadrumano, a (Del bajo lat. *quadrumanus*.) Se refiere al animal mamífero con cuatro manos y con el dedo pulgar opuesto a los demás en las cuatro extremidades. *adj/s.* ZOOLOGÍA *tb: cuadrúmano*

cuadrúpedo (Del lat. *quadrupedes, -edis.*) Se aplica al animal que tiene cuatro pies: *el gato y el perro son cuadrúpedos.* *adj/s.m.* ZOOLOGÍA

cuadruple (Del lat. *quadruplus.*)
1 Que contiene exactamente cuatro veces a un número o a una cantidad de algo. *adj/s.m.* *tb: cuádruplo*
2 Que consta de cuatro elementos iguales. *adj.*

cuádruplex Método de comunicación telegráfica que permite transmitir simultáneamente cuatro telegramas, dos en cada una de las direcciones. *s.m./pl: cuádruplex* TELECOMUNICACIONES

cuadruplicar (Del lat. *quadruplicare* < *quattuor* + *plicare*, plegar.)
1 Hacer una cosa cuatro veces mayor: *el cambio de escala cuadruplicó la superficie del mapa.* *v.tr.* *conj: sacar*
2 Multiplicar una cifra por cuatro. MATEMÁTICAS

cuádruplo, a (Del lat. *quadruplus.*) Que contiene exactamente cuatro veces a un número o a una cosa. *adj/s.m.*

cuajada
1 Parte grasa de la leche, que se separa del suero por la acción del calor, del cuajo o de los ácidos. *s.f.*
2 Requesón, masa de leche cuajada: *le encanta la cuajada con miel y nueces.* COCINA

cuajado, a
1 Que está lleno o cubierto de una cosa: *tiene su casa cuajada de libros; diadema cuajada de brillantes.* *adj.* = repleto
2 Que se ha quedado profundamente dormido: *se quedó cuajado en el sofá, vencido por el sueño.* *coloquial* = frito
3 Que está asombrado o pasmado. *coloquial*
4 Guiso hecho con carne picada, hierbas, frutas, huevos y azúcar. *s.m.* COCINA

cuajaleche Amor de hortelano, planta rubiácea parecida al galio. *s.m.* BOTÁNICA

cuajar
I (Del lat. *coagulum*, cuajo.) Cuarta cavidad del estómago de los rumiantes. *s.m./ZOOLOGÍA* = abomaso
II (Del lat. *coagulare.*)
1 Ligar un líquido de modo que se vuelva sólido o pastoso: *se ha cuajado la leche.* *v.tr./prnl.* = coagular
2 Agradar o causar el efecto esperado: *sus ideas no cuajaron entre los asistentes.* *v.tr./intr/prnl.* = gustar

3 Adornar una cosa excesivamente: *ha cuajado su habitación de fotos.* — v.tr.

4 Formar la nieve y el agua superficies sólidas. — v.intr. / = recargar

5 Llenarse un espacio o un lugar de personas o de cosas: *los estadios se cuajan de hinchas cada domingo.* — v.prnl./coloquial / = poblarse

6 Lograrse una cosa, tener éxito: *su propuesta no cuajará porque carece de apoyo.* — v.intr/prnl.

cuajarón Porción de sangre o de otro líquido que se ha cuajado o solidificado: *cuajarón de leche.* — s.m.

cuajo (Del lat. *coagulum.*)
1 Fermentó con que se cuaja un líquido: *sin el cuajo no podrás preparar el requesón.* — s.m.
2 Sustancia contenida en el estómago de los rumiantes lactantes, que sirve para cuajar la leche. — ZOOLOGÍA
3 Calma o lentitud excesivas: *su cuajo en el trabajo me pone nervioso.* — coloquial / = flema, pachorra
4 Cuajar, cuarta cavidad del estómago de los rumiantes. — ZOOLOGÍA
5 **de cuajo:** De raíz, sacando entera una cosa al arrancarla: *arrancaron los árboles de cuajo; le sacó la muela de cuajo.* — loc.adv.
6 **tener bien o mucho cuajo:** Ser muy paciente: *menos mal que tiene mucho cuajo, porque soportar esa situación es muy difícil.* — coloquial

cuakerismo Cuaquerismo, doctrina religiosa protestante. — RELIGIÓN

cuákero, a (Del ingl. *quaker*, tembloroso.) Cuáquero, persona partidaria del cuaquerismo. — s. / RELIGIÓN

cual (Del lat. *qualis*, tal como, como.)
1 Precedido del artículo *el, la, los, las,* equivale al relativo *que* en oraciones adjetivas explicativas: *llegó con sus padres, los cuales traían numerosos regalos.* — pron.relat.
2 En correlación con *tal,* denota igualdad o semejanza en oraciones comparativas: *cual el padre, tal el hijo.* — conj.compar.
3 Así como, como: *admiramos su obra cual si fuera la única en su género.* — adv.
4 **sea cual fuere:** Fórmula que constituye una concesión a la acción principal: *sean cuales fueren sus objeciones acabaron por asumir la decisión del comité.*
5 **tal cual:** De la manera como, igual como: *se muestra tal cual es.* — loc.adv.

cuál (Del lat. *qualis*, tal como, como.)
1 Pregunta acerca de la identidad de las personas o cosas no expresadas o de sus cualidades. — pron.interr.
2 Indica énfasis o intensificación de la cualidad, estado o suceso expresado: *¡cuál no sería su asombro al comprobar su error!* — pron.exclam.
3 Se emplea en oraciones coordinadas distributivas: *ayudaron todos, cuál más, cuál menos, a encontrar la solución.* — pron.indef.
4 **a cuál más:** Pondera una cualidad: *vinieron todos sus primos a cuál más guapo.* — loc.adv.

cualidad (Del lat. *qualitas, -atis.*)
1 Propiedad o característica distintiva, esencial o definitoria de una persona, de un ser vivo o de una cosa y que contribuye a hacerla lo que es y como es: *comparar las cualidades de los elementos para clasificarlos.* — s.f. / = atributo, característica, particularidad
2 Característica positiva y sobresaliente de una persona en relación con una actividad: *tiene buenas cualidades para ser un gran músico.* — = capacidad, virtud

cualificación Método de asignar las bases de retribución del trabajo al personal, mediante la valoración de los puestos. — s.f.

cualificado, a
1 Que tiene las cualidades necesarias para desempeñar un cargo o para desarrollar una actividad: *está cualificado para ocupar la dirección.* — adj. / = autorizado, capacitado
2 Se aplica al trabajador que está especializado en una determinada tarea. — = especialista, técnico

cualificar Calificar, determinar o expresar las cualidades de una persona o una cosa. — v.tr. / conj: sacar

cualitativo, a
1 Que denota cualidad: *el cambio de estrategia publicitaria representó un salto cualitativo.* — adj.
2 Perteneciente o relativo a la naturaleza o cualidad de algo: *se trata de una apreciación cualitativa.*

cualquier Apócope de cualquiera. — adj./pl: cualesquier

cualquiera
1 Persona o cosa indeterminada: *que lo haga cualquiera, pero pronto.* — pron.indef. / pl: cualesquiera
2 Que es poco importante o vulgar: *por mucho que lo intentara no pasaba de ser un cualquiera sin voz ni voto.* — adj.indef/s.m.f.
3 Mujer que ejerce la prostitución o tiene un comportamiento sexual frívolo: *la maltrataba diciéndole que era una cualquiera.* — s.f. / pl: cualquieras despectivo

cuan
I (Probablemente apócope del lat. *quantus*, cuanto.) Se emplea en correlación con *tan* en comparaciones de equivalencia o igualdad: *su gesto es tan generoso cuan inútil para la causa.* — adv.
II (De origen incierto.) Cuerda de esparto. — s.m./Colomb.

cuán (Probablemente apócope del lat. *quantus*, cuánto.) Se usa en oraciones exclamativas para acentuar el grado o la intensidad: *¡cuán cansado estoy de todo eso!* — adv.

cuando (Del lat. *quando.*)
1 En el momento en que, en la época en que: *le reconocí cuando le vi; ocurrió cuando yo nací.* — adv.
2 Siendo así que, puesto que: *no insistiré, cuando yo misma te lo expliqué ya.* — conj.causal
3 Durante, en: *cuando los años difíciles se acordó de mí.* — prep.
4 **aun cuando:** Aunque, a pesar de que: *no vendrá aun cuando se lo pidáis.* — loc.conj.
5 **cuando más o mucho:** A lo más, como máximo: *cuando más vuelve para la hora de cenar.* — loc.adv.
6 **cuando menos:** A lo menos, como mínimo: *cuando menos acércate y saluda, es por simple educación.* — loc.adv.
7 **cuando no:** En caso contrario: *el resultado deberá ser satisfactorio, cuando no, remodelaremos el sistema.* — loc.adv.
8 **cuando quiera:** Siempre, en cualquier momento: *cuando quiera que le llame saldrá corriendo para verse con él.* — loc.adv.
9 **de cuando en cuando:** Algunas veces: *nos gustaría ir al cine de cuando en cuando.* — loc.adv.

cuándo (Del lat. *quando.*)
1 En qué momento o en qué época, en las expresiones interrogativas: *¿cuándo vendrás a verme?; dime cuándo me ha olvidado yo de estas cosas.* — adv.
2 Unas veces y otras veces: *cuándo jugando con los animales, cuándo correteando por el pueblo.* — conj.distribut.
3 **¿de cuándo acá?:** Indica que aquello de lo que se habla sucede de forma irregular o extraordinaria.
4 **el cuándo:** El momento preciso: *dime el cómo y el cuándo de tu decisión.*

cuantía
1 Importe o valor determinado o no de una cosa que se puede medir o contar: *todavía no se conoce la cuantía de los daños ocasionados por la riada.* — s.f. / = cantidad, suma
2 Importancia que tiene una persona por sus cualidades: *es una mujer de gran cuantía.* — = magnitud, trascendencia
3 Valor de la materia en pleito o disputa. — DERECHO

cuantiar Determinar el valor de una cosa, especialmente de una finca. — v.tr./conj: vaciar / = tasar

cuántico, a
1 Que tiene relación con los cuantos de energía: *estudia física cuántica.* — adj./FÍSICA / tb: quántico
2 Se aplica a la teoría que tiene relación con la emisión y la absorción discontinua de la energía. — adj/s.f. / FÍSICA

cuantificable Que se puede cuantificar: *daños cuantificables en miles de millones.* — adj.

cuantificación
1 Operación consistente en determinar la cantidad de algo. — s.f.
2 Propiedad de una magnitud física cuyo conjunto de valores numéricos posibles está restringido a uno de valores discretos. — FÍSICA
3 Acción de indicar expresamente a qué parte de la extensión del sujeto se atribuye el predicado en una proposición. — LÓGICA

cuantificador
1 Elemento que se usa para expresar la cantidad en un enunciado o un juicio. — s.m. / LÓGICA
2 Determinante que expresa idea de cantidad: *todo y dos son cuantificadores.* — LINGÜÍSTICA

cuantificar
1 Expresar numéricamente una magnitud: *la comisión cuantificó las pérdidas que ocasionó el tornado.* — v.tr. / conj: sacar
2 Aplicar los principios de la mecánica cuántica al estudio de un fenómeno físico. — FÍSICA
3 Hacer explícita la cantidad en un enunciado o un juicio. — LÓGICA

cuantimás Cuanto y más. — adv./vulgar

cuantioso, a Que se da en gran cantidad: *sus cuantiosas rentas le permitieron vivir siempre con gran desahogo.* — adj./= abundante, copioso

cuantitativo, a Que tiene relación con la cantidad: *el estudio cuantitativo demuestra un gran aumento; cree que el crecimiento cuantitativo de los bienes es la clave del progreso de la humanidad.* — adj.

cuanto, a
I (Del lat. *quantus.*)
1 Todo lo que: *cuantos la conocían la odiaban; cuanto tenga te lo cederé.* — pron.relat.
2 Se usa también como correlativo con *tanto* y agrupado con *más* y *menos: cuanto más dinero se tiene, tanto más se desea.* — conj.compar.
3 **cuanto antes:** Lo más pronto posible: *hemos de presentar la instancia cuanto antes, el plazo está a punto de expirar.* — loc.adv.
4 **cuanto más:** Sobre todo, especialmente: *te respeto mucho, cuanto más si tenemos en cuenta lo que has hecho por mí.* — loc.adv.

5 en cuanto: 1. Tan pronto como: *ven en cuanto pue-* *loc.conj.*
das. 2. En el momento en que: *vine a verte en cuanto* *adv.*
llegué. 3. Como, en calidad de: *me dirijo a usted en* *prep.*
cuanto presidente del tribunal.
6 en cuanto a: En relación con: *ésta es mi opinión en* *loc.adv.*
cuanto al asunto de las vacaciones.
7 por cuanto: Puesto que: *no tienes ninguna obligación,* *conj.causal*
por cuanto tú jamás te comprometiste a nada.
8 todos cuantos: La totalidad de: *invitó a todos cuan-*
tos estaban.
9 unos cuantos: Algunos: *he visto unos cuantos.*
II (De origen incierto.) Salto que experimenta la *s.m.*
energía de un corpúsculo cuando absorbe o emite ra- *FÍSICA*
diación.

cuánto, a (Del lat. *quantus.*)
1 Qué cantidad o intensidad de: *¿cuánto dinero necesi-* *adj/pron.interr.*
tas?; ¿cuántas te hacen falta?
2 Pondera la cantidad o cualidad del sustantivo al *adj/pron.exclam.*
que acompaña: *¡cuánta gente ha venido!*
3 ¿a cuánto?: A qué precio. *pron.interr.*

cuaquerismo Doctrina religiosa protestante que se *s.m.*
caracteriza por la simplicidad del culto y su rigor mo- *RELIGIÓN*
ral, así como la condena del lujo y del servicio mili- *tb: cuakerismo*
tar.

cuáquero, a Persona partidaria o seguidora del cua- *s/RELIGIÓN*
querismo. *tb: cuákero*

cuarcífero, a Que contiene cuarzo. *adj/MINERALOGÍA*

cuarcita Roca silícea dura, de color blanco o grisáceo, *s.f.*
de estructura granulosa o compacta, formada esen- *MINERALOGÍA*
cialmente por cuarzo.

cuarenta (Del lat. vulgar *quaraginta* < lat. *quadragin-*
ta.)
1 Que resulta de la multiplicación de cuatro por diez: *adj.num/s.m.*
le faltaron dos duros para devolverle las cuarenta pesetas
que le debía.
2 Que ocupa la posición correspondiente a este número en una serie.
3 Se aplica a la década que empieza en el año cua- *adj.num/s.m.*
renta y termina en el cincuenta: *la década de los cua-*
renta estuvo marcada por el conflicto bélico.
4 Signo o conjunto de signos que representan el nú- *s.m.*
mero cuarenta.
5 cantar a alguien las cuarenta: Expresarle clara- *coloquial*
mente lo que se piensa aunque le moleste: *aunque te*
enfades conmigo te voy a cantar las cuarenta.
6 cantar una persona las cuarenta: Lograr un triun- *coloquial*
fo importante en cualquier actividad: *cantó las cuaren-*
ta consiguiendo el acuerdo con la firma japonesa.
7 las cuarenta: Número de puntos que gana el que *JUEGOS*
reúne el caballo y el rey del palo que es triunfo en el
juego del tute.

cuarentavo, a Se aplica a cada una de las partes *adj.num/s.*
iguales en que se divide un todo.

cuarentena
1 Conjunto de cuarenta unidades, en especial perío- *s.f.*
do de cuarenta días, meses o años.
2 Período de aislamiento, especialmente el que se
impone a las cosas o las personas que pueden padecer una enfermedad
contagiosa: *puso en cuarentena a toda la población.*
3 Estudio u observación de una noticia o hecho para
asegurarse de su certidumbre: *creo que debiera ponerse*
en cuarentena ese rumor.
4 Cuaresma, tiempo de cuarenta y seis días de ayuno *RELIGIÓN*
que impone la Iglesia católica.

cuarentón, a Se aplica a la persona que ha cumplido *adj/s.*
cuarenta años y aún no llega a los cincuenta: *se casó*
con un cuarentón retirado del deporte.

cuaresma (Del lat. *quadragesima [dies],* [día] cuadragésimo.)
1 Período comprendido entre el miércoles de ceniza *s.f.*
y el sábado santo que, en la Iglesia católica, se consa- *RELIGIÓN*
gra a la penitencia y al ayuno.
2 Conjunto de sermones para los domingos y días *RELIGIÓN*
festivos de este tiempo y obra que los recoge. *= cuaresmario*
3 Penitencia y privación de alimentos durante este *coloquial*
período: *rompió la cuaresma para no ofender al diplomá-* *RELIGIÓN*
tico japonés.

cuaresmal De la cuaresma: *período cuaresmal; nunca* *adj.*
respetó el ayuno cuaresmal. *RELIGIÓN*

cuaresmario Conjunto de sermones para los oficios *s.m/RELIGIÓN*
de la cuaresma. *= cuaresma*

cuarta
1 Longitud variable que equivale a la que hay entre *s.f.*
la punta de los dedos pulgar y meñique teniendo la *= palmo*
mano extendida: *el palo de la cucaña mide 10 cuartas.*
2 Parte resultante de dividir un todo en cuatro partes
iguales.
3 Intervalo de cuatro grados en la escala diatónica. *MÚSICA*
4 Cuerda de la guitarra u otros instrumentos de cuer- *MÚSICA*
da que está en cuarto lugar contando a partir de la
prima.

5 Instrumento compuesto de un cuarto de círculo *ASTRONOMÍA*
graduado que sirve para medir ángulos. *= cuadrante*
6 Cuartera, medida de varias dimensiones. *CONSTRUCCIÓN*
7 Tropa al mando de un oficial o un sargento que es *MILITAR*
la cuarta parte de una compañía de infantería.
8 Cada una de las 32 partes en que está dividida la *NÁUTICA*
rosa náutica.
9 Soga, cadena o barra utilizada para tirar de un ve- *Argent.*
hículo que está atascado o tiene fallos mecánicos.
10 Látigo para las caballerías. *Méx.*
11 Derecho a percibir la cuarta parte de ciertos bie- *DERECHO*
nes, establecido en casos determinados.
12 cuarta de nasardo: Juego de fondo del órgano, de *MÚSICA*
dos pies, cuyos tubos abiertos tienen forma de flauta.
13 de cuartas: Se aplica a las caballerías inmediatas a *loc.adv.*
las de tronco, cuando en el tiro llevan una u otras *EQUITACIÓN*
por delante.

cuartago (Del fr. *courtaud,* persona o animal de poca *s.m.*
altura < *court* < lat. *curtus,* corto.) Caballo de mediano *EQUITACIÓN*
cuerpo o poca alzada.

cuartal Pan que normalmente equivale a la cuarta *s.m.*
parte de una hogaza o a la de otro pan.

cuartana (Del lat. *quartana,* que se repite cada cuatro
días.)
1 Fiebre palúdica que se presenta cada cuatro días. *s.f/MEDICINA*
2 cuartana doble: Acceso febril que se repite duran- *MEDICINA*
te dos días con uno de intervalo.

cuartanario, a
1 Que padece fiebres cada cuatro días. *adj/s./MEDICINA*
2 De la fiebre cuartana. *adj/MEDICINA*

cuartar Labrar por cuarta vez una tierra antes de sem- *v.tr.*
brarla. *AGRICULTURA*

cuartazo Golpe dado con el látigo. *s.m/Méx.*

cuartazos Hombre muy gordo o corpulento, flojo y *s.m.*
de aspecto descuidado: *la acompañaba un cuartazos con* *pl: cuartazos*
cara de boxeador y belfo caído. *coloquial*

cuarteado, a
1 Que está agrietado o deteriorado: *lleva al zapatero* *adj.*
esos zapatos tan cuarteados. *= resquebrajado*
2 Se aplica a las rocas rotas y reducidas a cantos an- *GEOLOGÍA*
gulosos.

cuartear
1 Dividir una cosa en cuatro partes, especialmente el *v.tr.*
cuerpo de un animal: *cuarteó los pollos y conejos para* *= descuartizar*
servirlos en bandejas.
2 Producir grietas en una superficie: *el cuero se cuarteó* *v.tr/prnl.*
por la humedad; las altas temperaturas cuartearon la tie- *= abrirse,*
rra. *agrietarse*
3 Curvar el cuerpo el torero al hincar las banderillas *v.intr/prnl.*
para evitar los cuernos del toro. *TAUROMAQUIA*
4 Andar haciendo eses por un camino en pendiente *v.tr.*
para suavizar la subida o la bajada: *cuarteaban la cues-*
ta bajo un sol castigador.

cuartel
I (Del fr. *quartier* < lat. *quartus,* cuarto.)
1 Edificio destinado para el alojamiento de la tropa: *s.m.*
el cuartel fue destruido por la aviación enemiga. *MILITAR*
2 Lugar donde se acuartela un ejército en campaña. *MILITAR*
3 cuartel general: Lugar donde se establece el jefe *MILITAR*
de un ejército o división con su estado mayor.
4 dar cuartel: Ser benevolente con el enemigo o ad- *coloquial*
versario: *dieron cuartel a los prisioneros después de que*
éstos se entregaron.
5 sin cuartel: Implacablemente, con un trato severo: *loc.adv.*
salió malparada de aquella discusión sin cuartel.
II (Del cat. *quarter,* cuarta parte de un escudo.)
1 Cuarta parte de una cosa. *s.m.*
2 Cuadro de un jardín o porción de terreno acotado.
3 Parte de un escudo dividido por una cruz u otra di- *HERÁLDICA*
visión.

cuartelada
1 Pronunciamiento militar: *la cuartelada tuvo el éxito* *s.f/MILITAR*
esperado entre las clases altas. *= cuartelazo*
2 Comisión de jefes y oficiales que se vigilan mutua- *MILITAR*
mente para impedir un pronunciamiento: *hubo momen-*
tos de gran tensión entre los miembros de la cuartelada.

cuartelar (Derivado de *cuartel* < cat. *quarter,* cuarta *v.tr.*
parte de un escudo.) Dividir un escudo en partes. *HERÁLDICA*

cuartelazo Sublevación o pronunciamiento militar: *s.m.*
algunos militares participaron en el cuartelazo. *= cuartelada*

cuartelero, a
1 Del cuartel: *ambiente cuartelero.* *adj.*
2 Se aplica al lenguaje grosero y zafio: *quedó sorpren-*
dida de su jerga cuartelera.
3 Marinero que se ocupa de cuidar de los equipajes. *s.m/NÁUTICA*
4 Soldado que cuida del aseo y seguridad del dormi- *MILITAR*
torio que ocupa su compañía.

cuartelesco, a
1 Que es propio de un cuartel militar: *comida cuarte-* *adj/despectivo*
lesca.
2 Que es propio de soldados. *despectivo*

cuartelillo
1 Edificio donde está instalada una sección de milita- s.m.
res, de la policía o de otro cuerpo público: *los vecinos
se acercaron al cuartelillo para exigir la intervención de los
guardiaciviles.*
2 Lugar donde se aloja una sección de la tropa. MILITAR

cuarteo
1 Acción y resultado de cuartear o cuartearse: *el cuar-* s.m.
*teo de las rocas por la acción de los cambios bruscos de
temperatura.*
2 Movimiento rápido del cuerpo hacia uno u otro = esguince
lado para evitar un golpe o un atropello.
3 al cuarteo: Entrarle al toro describiendo una tra- loc.adv.
yectoria curva: *el banderillero le entró al cuarteo.* TAUROMAQUIA

cuartera Madero que se usa en la construcción y que s.f.
suele medir quince pies de longitud y ocho pulgadas CONSTRUCCIÓN
en cuadro de sección.

cuartería Casa de vecindad, generalmente en una ha- s.f./Chile,
cienda de campo. Cuba, Dom.

cuarterola
1 Barril que hace la cuarta parte de un tonel: *adquirió* s.f.
*una cuarterola de roble para experimentar con caldos nue-
vos.*
2 Medida de capacidad para líquidos que equivale a
unos 130 litros: *consiguió una cuarterola de vino añejo.*
3 Carabina pequeña, arma. Chile

cuarterón, a
1 Que es hijo de mestizo y española o viceversa: *la* adj/s.
*cuarterona conservaba la piel achocolatada de su abuela
paterna.*
2 Cada una de las cuatro partes iguales en que se di- s.m.
vide un todo: *unió los cuarterones en que había partido
la pieza.*
3 Puerta pequeña que tienen algunas ventanas: *los
cuarterones golpeaban con ferocidad contra el marco y el
cristal.*

cuarteta (Del ital. *quartetta*.)
1 Estrofa de cuatro versos de ocho o menos sílabas s.f.
métricas, en la que riman, tradicionalmente en con- POESÍA
sonante, el primero con el tercero y el segundo con
el cuarto.
2 Redondilla, combinación métrica de cuatro versos POESÍA
octosílabos de arte menor.

cuarteto (Del ital. *quartetto*.)
1 Estrofa de cuatro versos de once sílabas en la que s.m.
riman el primero con el cuarto y el segundo con el POESÍA
tercero, normalmente en consonante.
2 Conjunto de cuatro voces o de cuatro instrumen- MÚSICA
tos: *actúa un cuarteto de viento.*
3 Composición escrita para cuatro instrumentos o MÚSICA
voces: *compuso un bello cuarteto para cuerda.*

cuartilla
1 Hoja de papel cuatro veces menor que un pliego y s.f.
dos veces menor que un folio: *prefería escribir en cuartillas a hacerlo sobre holandesas.*
2 Parte situada entre los menudillos y la corona del ZOOLOGÍA
casco de las caballerías: *los guijarros del camino hirieron
las cuartillas traseras de la yegua.*
3 Medida de capacidad para áridos equivalente a la
cuarta parte de una fanega.
4 Cuarta parte de una arroba.

cuartillero, a Persona que recoge y lleva los origina- s.
les a la redacción de un periódico y hace otros recados: *la cuartillera descuidó la entrega de documentos.*

cuartillo
1 Medida de capacidad para áridos, equivalente a la s.m.
cuarta parte de un celemín.
2 Medida de capacidad para líquidos, equivalente a la
cuarta parte del azumbre: *no fue consciente de lo que
había bebido hasta que fue a pagar los cuartillos.*
3 Antigua moneda castellana cuyo valor era la cuarta HISTORIA
parte de un real.
4 Recuerdo o propina que se da en ciertas celebracio- Chile
nes familiares.
5 Fracción del bolívar. Venez.
6 andar a tres menos cuartillo: 1. Estar alcanzado
de medios, estar endeudado: *anda a tres menos cuartillo desde que pidió el crédito.* 2. Reñir o contender con
una persona: *siempre andaba a tres menos cuartillo con
su padre por la paga semanal.*
7 ir de cuartillo: Ir a pérdidas y ganancias con otros
en un negocio.

cuartilludo, a Se aplica a la caballería que tiene las adj.
cuartillas largas. EQUITACIÓN

cuarto, a (Del lat. *quartus*.)
1 Que ocupa el lugar número cuatro en una serie: *por* adj.num/s.
favor, el cuarto que se acerque al estrado.
2 Cada una de las cuatro partes iguales en que puede adj/s.m.
dividirse una cosa: *no pudo comérselo todo, pero dio
cuenta de tres cuartos de él.*
3 Pieza o lugar de una vivienda excluyendo cocina,

baño y pasillos: *está en su cuarto estudiando; llenó el* s.m.
cuarto de cachivaches y trastos viejos. = habitación
4 Cada una de las cuatro partes en que se divide el ZOOLOGÍA
cuerpo de los cuadrúpedos y aves: *cuarto delantero y
cuarto trasero.*
5 Período de tiempo de quince minutos y que junto
con otros tres forman una hora completa: *la una y
cuarto; las tres menos cuarto.*
6 Cada una de las líneas de antepasados correspondientes a los cuatro abuelos de una persona.
7 Dinero del que dispone una persona: *me he quedado
sin cuartos para pagar el alquiler.*
8 Cabina electoral. Argent.
9 Abertura longitudinal que se produce anormalmen- VETERINARIA
te en las partes laterales de los cascos de las caballerías.
10 Conjunto de servidores de una casa real: *formaba
parte del cuarto militar.*
11 Cada una de los cuatro grupos o secciones en que MILITAR
suele dividirse la fuerza de las guardias o para repartir el servicio con igualdad.
12 Cada una de las cuatro partes en que se divide un
vestido: *hilvanó los cuartos para ponérselo en prueba.*
13 Parte de la mesa de billar, paralela a la banda cor- JUEGOS
ta inferior, donde se colocan las bolas al empezar la
partida.
14 Miembros bien proporcionados de un animal ro- s.m.pl.
busto y fornido: *retrató con fidelidad los hermosos cuartos de la yegua.*
15 cuarto creciente: Fase lunar intermedia entre el ASTRONOMÍA
novilunio y el plenilunio.
16 cuarto de aseo: Departamento de una casa con
lavabo, retrete y, a veces, ducha.
17 cuarto de banderas: Sala de un cuartel donde se MILITAR
guardan las banderas.
18 cuarto de baño: Habitación de la casa destinada
a la higiene personal.
19 cuarto de conversión: Movimiento de la esgrima DEPORTES
que se hace girando hasta una cuarta parte del círculo.
20 cuarto de derrota: Estancia del barco, situada junto NÁUTICA
al puente, en la que se encuentran los instrumentos
de navegación.
21 cuarto de estar: Habitación de la casa, distinta
del comedor, donde se reúne la familia.
22 cuarto de guardia: Tiempo que dura este servicio NÁUTICA
y que suele ser de cuatro horas.
23 cuarto de tono: Unidad de intervalo correspon- MÚSICA
diente a la mitad de un semitono diatónico.
24 cuarto delantero: Parte anterior de los cuadrúpe- ZOOLOGÍA
dos, que comprende cabeza, cuello, pecho y extremidades anteriores.
25 cuarto menguante: Fase lunar intermedia entre el ASTRONOMÍA
plenilunio y el novilunio.
26 cuarto oscuro: 1. Estancia donde se revelan las FOTOGRAFÍA
películas fotográficas, que se aísla de la luz exterior
y, dentro de ella, se instalan lámparas que no velan
el negativo. 2. Lugar de la casa que se utiliza para coloquial
amenazar a un niño y persuadirlo de que se porte
bien.
27 cuarto trasero: Parte posterior de los cuadrúpe- ZOOLOGÍA
dos, que comprende la grupa y las extremidades posteriores.
28 cuarto trastero: Habitación de la casa donde se
acumulan objetos que no se usan.
29 cuartos de final: Cada una de las cuatro competi- DEPORTES
ciones últimas de un campeonato que se gana por
eliminación.
30 cuatro cuartos: Expresión que se usa para referirse despectivamente a una pequeña cantidad de dinero: *compró la casa por cuatro cuartos.*
31 tres cuartos: Que tiene las tres cuartas partes de loc.adj.
la longitud completa: *abrigo tres cuartos.*
32 a o en cuartos: En pedazos, a trozos: *compró el* loc.adj.
pollo a cuartos.
33 dar un cuarto al pregonero: Divulgar aquello coloquial
que debía callarse.
34 de tres al cuarto: De poco valor o importancia: *es* loc.adj.
un hombre de tres al cuarto. coloquial
35 en cuarto: Se aplica al formato correspondiente a loc.adj.
un pliego de cuatro hojas u ocho páginas y al libro o ARTES GRÁFICAS
folleto de este tamaño: *volumen en cuarto.*
36 estar sin o no tener ni un cuarto: Estar sin dine- coloquial
ro: *no quiere salir a cenar porque está sin un cuarto hasta
final de mes.*
37 hacer a uno cuartos: Descuartizarlo, despedazar- coloquial
lo: *soñó que hacían cuartos el cadáver y lo escondían en el
frigorífico.*
38 poner cuarto: Comprar, alquilar o amueblar una coloquial
vivienda a alguien: *les puso cuarto a sus hijos en el centro de la ciudad.*
39 tener buenos cuartos: Ser corpulento y fornido: coloquial
*pídele que te ayude a transportar las cajas, que tiene bue-
nos cuartos.*

40 tener cuartos: Tener dinero: *tiene cuartos para pagarles los estudios y regalarles a cada uno un coche.* `coloquial`

41 tres cuartos de lo mismo: Indica que aquello que se ha dicho de una persona o cosa se puede aplicar a otra: *uno es aburrido y el otro tres cuartos de lo mismo.* `coloquial`

cuartogénito, a Que ha nacido en cuarto lugar: *María es la cuartogénita de la familia.* `adj/s.`

cuartón
1 Madero que resulta de serrar en cuatro partes, con cortes transversales, una pieza entera. `s.m.` `CARPINTERÍA`
2 Madero de construcción. `CONSTRUCCIÓN`
3 Trozo de terreno de cultivo, generalmente de forma cuadrangular. `AGRICULTURA`
4 Medida de capacidad para líquidos.

cuartucho Habitación pequeña y pobre: *vive en un cuartucho de mala muerte.* `s.m.` `despectivo`

cuarzo (Del alem. *quarz*.)
1 Variedad del sílice cristalizado, que se presenta en forma de masa o de cristales. `s.m.` `MINERALOGÍA`
2 Cristal de este mineral puro, tallado para su utilización en relojería.
3 **cuarzo ahumado:** El de color negruzco. `MINERALOGÍA`
4 **cuarzo amatista:** Aquel que presenta un color morado-violeta. `MINERALOGÍA`
5 **cuarzo citrino:** El de color amarillo. `MINERALOGÍA`
6 **cuarzo hematoideo:** El que tiene cristales opacos del color de la sangre. `MINERALOGÍA`
7 **cuarzo hialino:** Aquel cuyos cristales son completamente transparentes.
8 **cuarzo lechoso:** El que presenta cristales opacos, blancos y poco brillantes. `MINERALOGÍA`
9 **cuarzo prasio:** El de color verde. `MINERALOGÍA`
10 **cuarzo rosado:** Aquel que presenta este tono por contener pequeñas cantidades de titanio. `MINERALOGÍA`
11 **cuarzo venturina:** El que contiene mica u óxido de hierro, usado en joyería. `MINERALOGÍA`
12 **cuarzo zafiro o siderita o azul:** El de este color. `MINERALOGÍA`

cuarzoso, a Que tiene cuarzo o es duro como dicho mineral. `adj.`

cuásar Quásar, objeto celeste. `s.m./ASTRONOMÍA`

cuasi- Componente de palabra procedente del lat. *quasi*, que significa casi: *cuasiusufructo.* `pref.`

cuasia (Del lat. moderno *quassia*.) Planta arbustiva de corteza y raíz amarga, usada en medicina. *(Quassia amara.)* `s.f.` `BOTÁNICA`

cuasicontrato Hecho lícito del que derivan, por equidad, obligaciones y derechos. `s.m./DERECHO` `tb: casicontrato`

cuasidelito Acción perjudicial para otro ejecutada sin ánimo de hacer mal, o acción de la que una persona debe responder por algún motivo aunque no la haya cometido. `s.m.` `DERECHO`

cuasina Principio activo amargo obtenido de la corteza y raíz de la cuasia. `s.f.` `FARMACIA`

cuasipartícula Excitación elemental de un sistema físico que contiene un gran número de partículas. `s.f.` `FÍSICA`

cuasirreflejo, a (Voz creada por A. Bello, humanista venezolano.) Se aplica a la oración cuya reflexividad es formal y no afecta prácticamente al sentido. `adj.` `GRAMÁTICA`

cuasiusufructo Derecho de usufructo que recae sobre una cosa fungible. `s.m.` `DERECHO`

cuate, a
1 Se aplica al hermano mellizo o gemelo. `adj/s./Méx.`
2 Se refiere al amigo o al camarada de una persona. `Méx., Guat.`

cuaterna Suerte de la lotería de cartones, que consiste en reunir en un cartón cuatro de los números sorteados. `s.f.` `JUEGOS`

cuaternario, a
1 Que está compuesto de cuatro unidades, números o elementos: *compuesto cuaternario.* `adj/s.m.`
2 Se aplica al período geológico caracterizado por las grandes glaciaciones y la aparición del hombre, que es el último de la era cenozoica y se divide en pleistoceno y holoceno. `GEOLOGÍA`
3 Que pertenece a este período geológico. `adj./GEOLOGÍA`

cuaterno, a (Del lat. *quaternus*.) Que consta de cuatro números. `adj.`

cuatezón, a (Del náhuatl *cuatezon*.) Se aplica al animal que, aunque debería tener cuernos, no los tiene. `adj.` `Méx.`

cuatorvirato Dignidad de cuatorviro. `s.m./HISTORIA`

cuatorviro (Del lat. *quattuorvir*.) Magistrado romano que presidía, junto con otros tres, el gobierno de la ciudad. `s.m.` `HISTORIA`

cuatralbo, a Se aplica al animal que tiene los cuatro pies blancos. `adj.`

cuatratuo, a Que ha nacido en América y es hijo de mestizo y español y mestiza. `adj.` `= cuarterón`

cuatreño, a Se aplica al novillo que tiene entre cuatro y cinco años. `adj.`

cuatrero, a Que roba ganado, en especial caballos: *una pandilla de cuatreros les asaltó en la cañada.* `adj/s.`

cuatri- Componente de palabra procedente del lat. *quattuor*, que significa cuatro: *cuatricromía.* `pref.` `tb: cuadri-`

cuatribarrado, a Que representa las cuatro barras rojas sobre fondo amarillo que forman la bandera y escudo de los territorios del antiguo reino de Aragón. `adj.` `HERÁLDICA`

cuatricromía
1 Impresión de un grabado a cuatro colores, los tres primarios, rojo, azul, amarillo y el negro. `s.f.` `ARTES GRÁFICAS`
2 Lámina o documento impreso con esta técnica. `ARTES GRÁFICAS`

cuatriduano, a (Del lat. *quatriduanus*.) Que tiene o dura cuatro días. `adj.`

cuatrienal
1 Que se hace o sucede cada cuatrienio: *se celebran elecciones generales cuatrienales.* `adj.`
2 Que dura un cuatrienio: *plan cuatrienal de desarrollo económico sostenido.* `tb: cuadrienal`

cuatrienio
1 Período de cuatro años: *el primer cuatrienio de la década fue un cúmulo de convulsiones sociales.* `s.m.` `tb: cuadrienio`
2 **cuatrienio legal:** 1. El que sigue inmediatamente a la mayoría de edad, a la cesación de una incapacidad o al regreso de un ausente. 2. Período en que aquellos que no han podido actuar, pueden ejercitar diversos derechos y acciones. `DERECHO` `DERECHO`

cuatrillizo, a
1 Que ha nacido con otros tres en el mismo parto. `adj/s.`
2 Conjunto de los cuatro niños o niñas nacidos en un mismo parto. `s.pl.`

cuatrillo Juego de cartas parecido al tresillo, que se juega entre cuatro personas. `s.m./JUEGOS` `= cascarela`

cuatrillón Un millón de trillones. `s.m.`

cuatrimestral
1 Que sucede cada cuatro meses: *cuotas cuatrimestrales; evaluaciones cuatrimestrales.* `adj.`
2 Que dura cuatro meses.

cuatrimestre (Del lat. *quadrimestris*.)
1 Que dura cuatro meses. `adj.`
2 Período de cuatro meses: *no ha suspendido ninguna asignatura del primer cuatrimestre.* `s.m.`

cuatrimotor Avión de cuatro motores: *atravesaron el país en un cuatrimotor de la empresa.* `s.m.` `AERONÁUTICA`

cuatrinca
1 Reunión de cuatro personas, en especial para participar en oposiciones. `s.f.`
2 Reunión de cuatro cartas del mismo número, en el juego de la báciga. `JUEGOS`

cuatripartito, a Que está compuesto de cuatro partes o clases: *discurso cuatripartito.* `adj.` `tb: cuadripartito`

cuatrirreactor Se aplica al avión que tiene cuatro motores de reacción: *transportaron las mercancías en un cuatrirreactor del ejército.* `adj/s.m.` `AERONÁUTICA`

cuatrisílabo, a Que tiene cuatro sílabas: *paquidermo es una palabra cuatrisílaba.* `adj/s.` `tb: cuadrisílabo`

cuatro (Del lat. *quattuor*.)
1 Se aplica al número que equivale a tres más uno: *cuatro gorriones picoteaban entre las matas del jardín.* `adj.num/s.m.`
2 Que ocupa el cuarto lugar en una serie: *por el altavoz pidieron que el cuatro de la lista bajase a secretaría.* `= cuarto`
3 Signo o conjunto de signos que representan este número. `s.m.`
4 Carta de la baraja con cuatro signos: *ganó con el cuatro de oros.* `JUEGOS`
5 Composición musical que se canta a cuatro voces. `MÚSICA`
6 Guitarra de cuatro cuerdas. `P. Rico, Venez.`
7 **estar o quedarse hecho un cuatro:** Sentir molestias en todo el cuerpo por haber mantenido una postura incómoda: *estaba hecho un cuatro, se levantó quejándose de la espalda.* `coloquial`
8 **más de cuatro:** Indica muchos, gran cantidad de personas: *aquella historia tan secreta la saben más de cuatro.* `coloquial`

cuatrocentista
1 Del siglo XV: *es un experto en pintura cuatrocentista.* `adj./ARTE`
2 Escritor o artista de este siglo. `s.m.f.`

cuatrocientos, as
1 Que resulta de la multiplicación de cuatro y cien: *la carrera de cuatrocientos metros es una prueba de velocidad.* `adj.num/s.m.`
2 Que ocupa el lugar correspondiente a este número en una serie. `= cuadringentésimo`
3 Signo o conjunto de signos que representan este número. `s.m.` `pl: cuatrocientos`

cuatrodoblar Aumentar una cosa hasta el cuádruplo: *la inflación cuatrodobló los precios de los artículos de primera necesidad.* `v.tr.` `= cuadruplicar`

cuatrojos Persona que usa gafas: *el cuatrojos se acercó a la pizarra porque no veía el resultado de la operación.* `s.m.` `despectivo`

cuatrolatas Coche utilitario, de carrocería poco consistente: *con el cuatrolatas tardaron el doble en llegar a Madrid.* — s.m. coloquial

cuatropea (Del lat. *quadrupedia*.) — s.f.
1 Cuadrúpedo, animal de cuatro patas.
2 Lugar donde se vende ganado en una feria.
3 Impuesto que se pagaba por la venta de caballerías en los mercados.

cuatropeado Movimiento de danza, que consiste en levantar la pierna izquierda, bajarla, cruzar la otra encima rápidamente y dar un paso, finalmente, con la primera. — s.m.

cuatropear Andar una persona apoyando las manos y las piernas en el suelo: *el niño cuatropeaba arriba y abajo del pasillo.* — v.intr. = gatear

cuatrotanto Número que contiene cuatro veces a otro mencionado. — s.m. = cuádruple

cuba (Del lat. *cupa*.) — s.f.
1 Recipiente de madera o de metal con forma de barril, usado para contener líquidos: *estas cubas de vino no tienen el tamaño adecuado.*
2 Cantidad de líquido que cabe en este recipiente: *han traído una cuba de vino.*
3 Parte del hueco interior de un alto horno. — METALURGIA
4 **cuba libre**: Cubalibre, combinado de refresco de cola con ron.
5 **calar las cubas**: Medirlas para saber la cantidad que contienen y pagar los derechos.
6 **estar como una cuba**: Estar una persona borracha: *lleva toda la tarde bebiendo y ahora está como una cuba.* — coloquial

cubalibre Combinado preparado con un refresco de cola y ron. — s.m. tb: cuba-libre

cubanismo — s.m. LINGÜÍSTICA
1 Expresión o construcción característica del español hablado en Cuba.
2 Apego por Cuba y lo cubano.

cubanización Proceso de transformación política y económica de un país según el modelo socialista del castrismo. — s.f. ECONOMÍA, POLÍTICA

cubanizar Dar carácter cubano a una persona, a una cosa o a un acontecimiento. — v.tr. conj: *cazar*

cubano, a
1 De Cuba, isla y país caribeño. — adj.
2 Persona natural de este país. — s.
3 Modalidad del español hablado en Cuba. — s.m./LINGÜÍSTICA

cubata Cubalibre u otro combinado de una bebida alcohólica con un refresco de cola. — s.m. coloquial

cubeba — s.f.
1 Planta arbustiva trepadora, de hojas lisas y fruto parecido a la pimienta. (*Piper cubeba.*) — BOTÁNICA
2 Fruto de esta planta de color pardo oscuro. — BOTÁNICA
3 **cubeba africana**: Planta arbustiva tropical, cuyo fruto tiene el mismo sabor que la pimienta negra. (*Piper clusii.*) — BOTÁNICA

cubera Pez de color blanquecino por el vientre y aceitunado por el lomo, de ojos rodeados por un círculo amarillo. (*Lutianus pargus.*) — s.f. Cuba, P. Rico ZOOLOGÍA

cubería — s.f.
1 Arte y oficio de fabricar o vender cubas.
2 Taller o tienda del cubero.

cubero, a (Derivado de *cuba*.) Persona que fabrica o vende cubas. — s.

cubertería Conjunto de cucharas, tenedores, cuchillos y otros utensilios para el servicio de mesa: *la cubertería de plata de la abuela no está completa.* — s.f.

cubertura Cobertura, aquello que cubre o tapa una cosa. — s.f. = cubierta

cubeta
1 Cubo con asas: *mezcló el cemento, el agua y la arenilla en una cubeta de madera.* — s.f. = balde
2 Recipiente de vidrio u otro material, rectangular y con más base que altura, usado para el revelado de las fotografías y diversas operaciones químicas. — FOTOGRAFÍA, QUÍMICA
3 Depósito para el mercurio que tienen algunos barómetros en la parte inferior. — FÍSICA
4 Recipiente que se llena con agua para obtener hielo en los frigoríficos. — = cubitera
5 Parte del arpa donde están colocados los resortes de los pedales. — MÚSICA
6 Depresión del terreno sin avenamiento hacia el exterior. — GEOLOGÍA
7 **cubeta terminal**: Depresión del interior de un arco morrénico, situada en el lugar que había ocupado el glaciar, generalmente ocupada por un lago o llanura pantanosa. — GEOLOGÍA

cubeto, a (Derivado de *cubeta*.)
1 Se aplica a la res que tiene las astas caídas y muy juntas por las puntas. — adj.
2 Vasija de madera más pequeña que la cuba: *sacaron de la bodega el cubeto de vino añejo.* — s.m.

3 **todo saldrá del cubeto**: Expresión con la que se pretende infundir ánimos al que sufre. — coloquial

cúbica Tela de lana más fina que la estameña y más gruesa que el alepín. — s.f. TEXTIL

cubicación — s.f./MATEMÁTICAS GEOMETRÍA
1 Operación matemática de cubicar.
2 Medición de una capacidad o un volumen.
3 Estimación del volumen de un árbol o de una plantación de ellos.

cubicaje Potencia en centímetros cúbicos de un vehículo a motor: *aumento de la demanda de motos de gran cubicaje.* — s.m. MECÁNICA = cilindrada

cubicar
1 Realizar la operación de elevar un número o una expresión a la tercera potencia o cubo. — v.tr./conj: *sacar* MATEMÁTICAS
2 Medir el volumen de un cuerpo o la capacidad de un espacio en unidades cúbicas o de otra clase: *cubicar un local para la remodelación.* — GEOMETRÍA

cubichete — s.m.
1 Pieza metálica con que se cubría el oído y la llave de las piezas de artillería. — MILITAR
2 **cubichete de tumbar**: Armazón de tablas en forma de caballete que impide la entrada de agua en el combés de un barco. — NÁUTICA

cúbico, a
1 Que tiene relación con el cubo o hexaedro regular: *perímetro cúbico.* — adj. GEOMETRÍA
2 Que tiene forma de cubo geométrico: *el nuevo museo es de construcción cúbica y austero.*
3 Que presenta el mismo volumen que un cubo que tiene como lado la unidad de longitud que se expresa: *tiene una capacidad de 50 metros cúbicos.*
4 Que tiene relación con la tercera potencia. — MATEMÁTICAS
5 Se aplica al sistema cristalino que tiene el mayor grado de simetría. — MINERALOGÍA

cubículo (Del lat. *cubiculum*.) — s.m.
1 Habitación pequeña y pobre: *lo encerraron en un cubículo sin ventilación ni luz.* — = cuartucho
2 Celda utilizada como capilla en las catacumbas. — HISTORIA
3 Aposento o alcoba. — literario

cubierta
1 Cosa que se pone encima de otra para cubrirla, taparla o resguardarla: *dejó el coche bajo una cubierta.* — s.f. = protección
2 Sobre de papel: *clasificó los documentos y los guardó en cubiertas.*
3 Forro protector de un libro encuadernado: *se fija en los libros por los colores de la cubierta.* — ARTES GRÁFICAS
4 Parte exterior del libro encuadernado donde consta el título y autor del mismo. — ARTES GRÁFICAS
5 Funda de la cámara de los neumáticos: *las cubiertas tenían los surcos gastados y no se adherían al piso.*
6 Parte exterior de la techumbre de un edificio: *el tornado arrancó las cubiertas de varios chalets.* — CONSTRUCCIÓN = tejado
7 Cada uno de los pisos que dividen el interior del casco de un barco, especialmente el superior: *el restaurante de la cubierta principal.* — NÁUTICA
8 **cubierta vegetal**: Conjunto de vegetales que cubren el suelo: *la cubierta vegetal cerrada no permite la oxigenación de la tierra.* — BOTÁNICA

cubierto, a (Part. irreg. de *cubrir*.)
1 Que está nublado: *el día está cubierto y amenaza lluvia.* — adj. = tapado
2 Que lleva sombrero: *pidieron que no asistiese cubierto a la ceremonia.*
3 Juego de cuchara, tenedor y cuchillo: *pusieron la mesa sin cubiertos.* — s.m.
4 Servicio completo de mesa para cada comensal, compuesto de cuchara, tenedor, cuchillo, plato, vaso o copa y servilleta: *para la boda contrataron ciento cincuenta cubiertos.*
5 Comida que se sirve en restaurantes u otros establecimientos con unos platos fijos y a un determinado precio: *el precio del cubierto es muy aceptable en este restaurante.* — = menú
6 a **cubierto**: Resguardado o protegido: *lograron llegar al refugio y dormir a cubierto.* — loc.adv.
7 **estar a cubierto**: Poseer saldo acreedor en la cuenta de créditos. — ECONOMÍA
8 **ponerse a cubierto**: Precaverse contra un peligro: *se puso a cubierto de las balas enemigas.*

cubil (Del lat. *cubile*, lecho < *cubare*, acostarse.)
1 Guarida, cueva o sitio resguardado donde se refugian los animales: *el hurón sacó al conejo de su cubil.* — s.m./tb: cubilar = madriguera
2 Refugio de pequeñas dimensiones: *la pandilla tenía su cubil en las afueras.* — coloquial = escondrijo
3 Cauce de una corriente de agua.

cubilar (Derivado de *cubil*.)
1 Majada, aprisco. — s.m.
2 Pasar la noche el ganado en la majada. — v.intr./tb: acubilar

cubilete (Del fr. *gobelet*, vaso sin pie ni asa.)
1 Recipiente de cuero semejante a un vaso, usado en el juego de los dados o en juegos de manos. — s.m. JUEGOS

2 Molde de madera o metal, más ancho por la boca que por la base, usado por los cocineros y reposteros para preparar diversos platos y pasteles.   COCINA = cubiletero
3 Pastel de carne preparado con este molde.   COCINA
4 cubilete de cuasia: Recipiente hecho con la corteza de este árbol para dar sabor amargo a las bebidas que en él se depositan.

cubiletear
1 Utilizar una persona los cubiletes en juegos de manos o de dados.   v.intr.
2 Usar una persona mañas y engaños para conseguir un propósito: *tenía facilidad para cubiletear y convencerles de la veracidad de los hechos.*   coloquial

cubiletería Conjunto de piezas huecas en las fábricas de vidrio.   s.f.

cubiletero, a
1 Jugador de cubiletes.   s.
2 Cubilete o vaso de cobre usado por los cocineros y pasteleros.   s.m. COCINA
3 Recipiente metálico o de otro material usado para servir los cubitos de hielo.   = cubitera

cubillo
1 Carraleja, insecto coleóptero.   s.m./ZOOLOGÍA
2 Recipiente usado para mantener fría el agua de beber: *la sacó demasiado pronto del cubillo y se calentó.*

cubilote (Del fr. *cubilot.*) Horno donde se refunden los lingotes de hierro o el acero: *el cubilote es el aparato más utilizado en la fundición.*   s.m. METALURGIA

cubismo Movimiento artístico, fundamentalmente pictórico, que se caracteriza por emplear en sus composiciones formas geométricas, la técnica del collage, la superposición de planos y la representación simultánea de las diferentes facetas de objetos, figuras y conceptos.   s.m. ARTE

cubista
1 Del cubismo: *estética cubista.*   adj./ARTE
2 Que es seguidor de esta tendencia artística.   adj/s.m.f./ARTE

cubital
1 Del codo: *arteria cubital.*   adj./ANATOMÍA
2 Del cúbito o de la parte interior del antebrazo: *músculo cubital.*   ANATOMÍA

cubitera Recipiente que se usa para servir los cubitos de hielo.   s.f. = cubeta

cubito
1 Pequeño cubo de hielo artificial, usado, por lo general, para enfriar bebidas.   s.m.
2 Concentrado alimenticio que se presenta en forma de cubo.   COCINA

cúbito Hueso interior del antebrazo entre la muñeca y el codo.   s.m. ANATOMÍA

cubo
I (Del lat. *cupa,* cuba.)
1 Recipiente, plástico o metal, más ancho por la boca que por el fondo y provisto de un asa en el borde superior, usado para transportar líquidos u otros materiales, o para faenas domésticas: *tiró agua con un cubo para apagar el incendio.*   s.m.
2 Pieza central en que se encajan los radios de las ruedas de los carruajes.
3 Cilindro hueco que remata por abajo la bayoneta y sirve para adaptarla al fusil.   MILITAR
4 Cañón o tubo de los candeleros en el que se coloca la vela.   = mechero
5 Depósito de los molinos para recoger el agua cuando ésta no es abundante, a fin de que se pueda mover la muela.
6 Pieza de algunos relojes de bolsillo, donde se arrolla la cuerda.   MECÁNICA
7 Torreón circular de las antiguas fortalezas.   CONSTRUCCIÓN
8 a cubos: En grandes cantidades, o con mucha fuerza: *llovía a cubos sobre la comarca.*   coloquial
II (Del lat. *cubus* < gr. *kybos,* cubo, dado.)
1 Tercera potencia de un número o de una expresión algebraica: *diez elevado al cubo.*   s.m. MATEMÁTICAS
2 Figura regular limitada por seis cuadrados iguales: *les enseñó a colocar los cubos de madera ordenadamente, según el tamaño.*   GEOMETRÍA = hexaedro regular
3 Adorno en relieve de figura cúbica en los techos artesonados.   ARQUITECTURA

cubocubo Novena potencia de un número.   s.m./MATEMÁTICAS

cuboides Se aplica al hueso que pertenece al tarso y está situado en el borde externo del pie.   adj/s.m/pl: cuboides ANATOMÍA

cubrecabeza Prenda de cualquier forma o material usada para cubrir la cabeza.   s.m. tb: cubrecabezas

cubrecadena Pieza de la bicicleta o motocicleta que protege la cadena.   s.m. MECÁNICA

cubrecama Colcha, cobertura de cama para adorno y abrigo: *el cubrecama hacía conjunto con las cortinas.*   s.m. = sobrecama

cubrecorsé Prenda de vestir femenina que se usaba encima del corsé.   s.m.

cubrecosturas Tira estrecha de tela que se cose encima de una costura para disimularla.   s.m. pl: cubrecosturas

cubrejunta Listón con que se tapa una junta en un entablonado: *la humedad abarquilló los cubrejuntas.*   s.f. CARPINTERÍA

cubremantel Mantel que se pone encima de otro para adornar la mesa.   s.m.

cubrenuca Cogotera, pieza de tela de un casco o de un yelmo para proteger la nuca.   s.f. MILITAR

cubreobjetos Lámina de cristal para proteger las preparaciones microscópicas.   s.m. pl: cubreobjetos

cubrepiés Manta que se coloca a los pies de la cama como abrigo.   s.m. pl: cubrepiés

cubreplatos Cobertura semiesférica para preservar el contenido de un plato.   s.m. pl: cubreplatos

cubrición
1 Acción y resultado de unirse el macho a la hembra para fecundarla.   s.f.
2 Tiempo en que el animal macho se une a la hembra.

cubrimiento
1 Acción y resultado de cubrir, ocultar o tapar.   s.m.
2 Aquello que sirve para cubrir una cosa.
3 Ceremonia en la que se otorga el título de grande de España.

cubrir (Del lat. *cooperire* < *operire,* tapar.)
1 Poner una cosa encima de otra para resguardarla u ocultarla: *cubrió la caja con un papel para que no se ensuciara de pintura.*   v.tr/prnl. conj: abrir part: cubierto
2 Extender una cosa sobre la superficie de otra: *las grietas se cubrieron con yeso.*
3 Poner mucha cantidad de una cosa encima de otra: *se cubrió de joyas.*   + de
4 Pagar una deuda: *cubrió la factura con un talón.*   = cargarse = cancelar, saldar
5 Llevar una cosa implícita otra: *el precio cubre los gastos de hotel y del viaje.*   = incluir
6 Hacer objeto de alabanzas, atenciones o insultos a una persona: *cubrió de alabanzas a su madre.*   + de
7 Proteger o defender a otra persona, puesto militar u otra cosa: *varios soldados cubren la fortaleza.*
8 Ocuparse un periodista de la información que genera un asunto o noticia: *cubre la información de la guerra.*   v.tr.
9 Recorrer una distancia: *cubrió el trayecto en dos horas.*
10 Unirse el macho a la hembra para fecundarla.   ZOOLOGÍA
11 Tener una persona gente para desempeñar un servicio: *los becarios cubrirán la inscripción de los congresistas.*
12 Intentar ocultar una cosa o una acción con malicia y malas artes.   = encubrir
13 Poner el techo a un edificio: *cubrieron las casas en construcción antes de que llegara el invierno.*   ARQUITECTURA = techar
14 Vigilar una zona del campo o marcar a un jugador: *los defensas cubrían la portería a duras penas.*   DEPORTES = defender
15 Proteger un puesto militar y construir defensas o fortificaciones.   MILITAR
16 Ponerse los soldados en sus puestos de combate, ejercicio o saludo.   MILITAR
17 Ponerse ropa u otra cosa para taparse total o parcialmente el cuerpo.   v.prnl.
18 Ponerse una persona un sombrero o una gorra.
19 Tomar medidas para librarse de un riesgo o una responsabilidad: *se cubrió contra riesgos innecesarios.*   = prevenir
20 Quedar cubierta por completo una emisión de títulos de deuda pública o de valor comercial.   ECONOMÍA
21 Llenarse el cielo de nubes.   = nublarse
22 Moverse el soldado lateralmente hasta quedar situado detrás y en la misma hilera que el anterior.   MILITAR
23 cubrir el expediente: Hacer lo mínimo e indispensable para no ser castigado o reprendido.   coloquial
24 cubrir las apariencias: Disimular una situación o un estado para no dar que hablar: *intentó cubrir las apariencias haciendo referencia a su vida en común, para que no se descubriese su separación.*   coloquial
25 cubrirse de cieno o mierda: Ganarse alguien una fama negativa: *con aquella gestión se cubrió de cieno en el ámbito empresarial.*   vulgar
26 cubrirse de gloria: Indica que una persona se ha hecho digna de fama y, en sentido irónico, significa lo contrario: *se cubrió de gloria con sus trapacerías y engaños.*   coloquial

cuca
1 Chufa, tubérculo de esta planta.   s.f.
2 Mujer enviciada en el juego.   coloquial
3 Frutos secos y golosinas.
4 Dinero, pesetas: *me ha costado dos mil cucas.*   coloquial

cucalón Civil que asiste a las maniobras del ejército en calidad de espectador o reportero.   s.m. Chile

cucamba
1 Se aplica a la mujer desgarbada y gruesa.   adj/s.f./Perú
2 Que es cobarde.   adj./s.m.f./Hond.

cucamonas Caricias o halagos que se hacen a una persona para conseguir una cosa de ella: *el niño consiguió el juguete con cucamonas y zalamerías.* — s.f.pl. / coloquial / = carantoñas

cucaña (Del ital. *cucagna.*)
1 Palo largo colocado vertical u horizontalmente, y untado de jabón o grasa por el que hay que trepar o andar para conseguir los premios atados en su extremo: *subió por la cucaña y se hizo con el jamón.* — s.f.
2 Espectáculo en que se trepa o se anda por este palo.
3 Aquello que se consigue sin gran esfuerzo o a costa de otra persona. — coloquial

cucañero, a Que consigue lo que desea con poco trabajo o a costa de otro. — adj/s. / coloquial

cucar
1 Hacer una seña guiñando el ojo: *le cucó el ojo para indicarle que lo que estaba a punto de revelar era muy comprometido.* — v.tr. / conj: sacar
2 Avisar de la proximidad de una pieza. — CAZA
3 Huir un animal cuando le pica un tábano: *la vaca cucó prado arriba por el escozor de la picada.* — v.intr.

cucaracha (Voz de creación expresiva.)
1 Insecto ortóptero de color negro o rojizo, de antenas y patas largas, dotado de un escudo torácico que cubre en parte la cabeza, que se alimenta de desechos y basuras y es muy común en los lugares habitados por las personas. *(Blatta orientalis.)* — s.f. / ZOOLOGÍA / = curiana
2 Cochinilla, crustáceo terrestre. — ZOOLOGÍA
3 Sacerdote con sotana o monja con hábito negro. — argot, despectivo
4 Modelo de automóvil de formas redondeadas.
5 Coche pequeño. — argot
6 Colilla de un porro. — argot

cucarda (Del fr. *cocarde < coq,* gallo.)
1 Adorno compuesto de cintas, generalmente de varios colores, fruncidas o formando lazadas alrededor de un punto. — s.f. / = escarapela
2 Pieza de adorno que se coloca a cada lado de la frontalera de la brida. — EQUITACIÓN
3 Martillo de boca ancha y cubierta de puntas de diamante que los canteros usan para rematar algunas obras de sillería.

cucarro, a
1 Se aplica al trompo que baila mal. — adj./Chile
2 Que está ebrio. — Chile
3 Trompo, juego. — s.m./Chile

cucha Lugar donde duerme el perro. — s.f./= yacija

cuchara (Del lat. *cochlear, -aris < cochlea,* concha, por la forma de la cuchara.)
1 Utensilio para comer, que consiste en un mango con una palita cóncava en un extremo: *trae la cuchara para tomar la sopa.* — s.f. / tb: cuchar
2 Cantidad de alimento o sustancia que cabe o que se coge con este utensilio. — = cucharada
3 Pieza de algunas máquinas con forma cóncava y de tamaño variable, usada para diversos fines: *recogieron los escombros con la cuchara de la excavadora.*
4 Cazo pequeño con un mango largo, usado para sacar líquidos de las tinajas u otros recipientes.
5 Vulva, parte exterior del órgano sexual de las mujeres. — Venez./vulgar
6 Cuernos de un toro de lidia: *el novillo le asestó un golpe con las cucharas.* — s.f./ TAUROMAQUIA
7 **cuchara de madera:** Trofeo simbólico que se otorga al equipo de rugby que no ha conseguido ningún punto en el torneo de las Cinco Naciones.
8 **de cuchara:** Que procede de la tropa y no ha hecho la carrera militar: *es un sargento de cuchara.* — loc.adj. / MILITAR
9 **meter con cuchara o con cuchara de palo:** Explicar a alguien una cosa con todo detalle: *le metió con cuchara el incidente de la ópera.* — coloquial
10 **meter cuchara:** Entrometerse en asuntos o conversaciones ajenas: *intentó meter cuchara en lo que se estaban confesando.* — coloquial
11 **tener la cuchara por el mango:** Ser dueño de la situación y tener la posibilidad para dirigirla: *no es necesario que nos preocupemos, tiene la cuchara por el mango, no dejará ni un cabo suelto.* — coloquial

cucharada (Derivado de *cuchara.*)
1 Cantidad de alimentos o sustancias que cabe en una cuchara o que se coge con ella: *no le cabía ni una cucharada más de sopa.* — s.f.
2 **meter alguien su cucharada:** Entrometerse en asuntos o conversaciones ajenas: *metía su cucharada en cuanto notaba que empezaban a entrar en el ámbito personal.* — coloquial

cucharear
1 Coger una cosa con una cuchara: *cuchareaba el puré sin ánimo de comerlo.* — v.tr.
2 Entrometerse en asuntos ajenos: *le molestaba que cucharease sin el más mínimo prejuicio.* — v.intr. / = cucharetear

cucharero, a
1 Persona que hace o vende cucharas. — s.

2 Soporte usado para colocar cucharas. — s.m./= cucharetero

cuchareta
1 Inflamación del hígado en el ganado lanar. — s.f./VETERINARIA
2 Ave zancuda de plumaje blanco en el animal joven y rosado en el adulto, y de pico en forma de espátula. *(Platalea leucorodia.)* — ZOOLOGÍA

cucharetear
1 Introducir una cuchara en un recipiente para remover su contenido: *mientras hablaba por teléfono, cuchareteaba dando vueltas al guiso.* — v.intr. / coloquial / = cucharear
2 Meterse una persona en asuntos ajenos: *cuchareteaba siempre porque era muy curioso.* — coloquial

cucharetero, a
1 Persona que hace o vende cucharas de madera. — s.
2 Soporte para colocar las cucharas en la cocina: *abrió dos agujeros en la pared para colocar el cucharetero de madera.* — s.m. / = cucharero

cucharilla
1 Cuchara de pequeño tamaño y su contenido: *usa las cucharillas de café.* — s.f. / COCINA
2 Varilla de hierro con un extremo aplanado y doblado en ángulo recto, para sacar el polvo del fondo de los barrenos.
3 Aparejo para la pesca con caña, formado por uno o varios anzuelos y una chapa metálica que con su brillo y movimiento atrae a los peces. — PESCA
4 Enfermedad del hígado que ataca a los cerdos. — VETERINARIA

cucharón
1 Utensilio semejante a una cuchara grande, usado especialmente para servir los alimentos en los platos: *no le sirvas nada más que la sopa que quepa en un cucharón, porque no tiene mucha hambre.* — s.m. / COCINA
2 **despacharse uno con el cucharón:** Quedarse con la mejor parte de aquello que reparte o distribuye: *con falsa humildad acaba despachándose siempre con el cucharón.* — coloquial
3 **tener el cucharón por el mango:** Ser dueño de la situación, dominarla y tener la facultad de dirigirla o mandar en ella. — coloquial

cucharro Pedazo de tablón, cortado irregularmente, que sirve para entablar algunas partes de la embarcación. — s.m. / NÁUTICA

cuché (Del fr. *papier couché < couche,* capa de color.) Se aplica al papel que está muy satinado y barnizado y se usa principalmente en revistas y obras con fotograbados. — adj. / ARTES GRÁFICAS

cuchepo
1 Mutilado de las piernas. — s.m./Chile
2 Carrito que usa una persona que ha perdido las piernas. — Chile

cucheta Litera de los barcos, trenes y otros medios de transporte. — s.f.

¡cuchi! Expresión de afecto usada entre enamorados y con los niños: *¡cuchi, ven conmigo!* — interj. / familiar

cuchí
1 Cerdo, animal. — s.m./Amér.
2 Voz usada para llamar al cerdo.

cuchichear (Voz onomatopéyica.) Hablar una persona en voz baja a otra, de forma que nadie más les escuche: *intrigada al verlos cuchichear durante tanto rato, se fue acercando con disimulo para enterarse de qué hablaban.* — v.intr. / tb: cuchuchear

cuchicheo Acción y resultado de cuchichear. — s.m.

cuchichi Persona que, siendo paya, convive con gitanos. — s.m.f. / argot

cuchichí (Voz onomatopéyica.) Canto de la perdiz: *los cuchichís del ave alertaron al podenco.* — s.m.

cuchichiar Emitir la perdiz su voz. — v.intr./conj: vaciar

cuchilla
1 Herramienta de acero muy afilada, ancha y pesada, usada para cortar o parte de una máquina que tiene la misma utilidad: *cambiar la cuchilla de cortar papel; afilar la cuchilla de la guillotina.* — s.f.
2 Hoja de afeitar: *se quedó sin cuchillas desechables y tuvo que rasurarse con la máquina eléctrica.*
3 Cuchillo grande de hoja muy ancha y un solo filo.
4 Hoja de las armas blancas de filo: *le detuvieron en la aduana por llevar una navaja con una cuchilla de veinte centímetros.*
5 Archa, arma antigua semejante a la lanza: *clavó la cuchilla en la tierra en señal de retirada.* — HISTORIA
6 Espada, arma blanca de hoja larga: *los caballeros exhibían las afiladas cuchillas ante el cortejo real.* — culto
7 Montaña muy escarpada, de cumbre aguda y larga: *el perfil de las cuchillas alpinas rompía el horizonte.* — GEOGRAFÍA

cuchillada
1 Herida o señal producida por un cuchillo u otra arma de corte: *su rostro quedó marcado con dos cuchilladas en diagonal que le daban un aspecto fiero y peligroso.* — s.f. / = navajazo

2 Golpe violento hecho con un cuchillo u otra arma blanca con intención de herir: *intentó asestarle varias cuchilladas, pero no logró más que rasgarle la camisa.* — navajazo

3 Aberturas hechas en los vestidos para que se viese otra tela de distinto color u otra prenda lujosa. s.f.pl. = cuchillo

4 Riña, altercado: *tuvieron unas cuchilladas con unos maleantes.* = pelea, pendencia

5 cuchillada de cien reales: Herida muy grande o muy profunda que se le ha causado a alguien.

6 dar cuchillada: Obtener un artista o actor el beneplácito y preferencia del público. TEATRO

cuchillazo Corte o herida producidos con un arma cortante: *con dos rápidos cuchillazos le cortó los tirantes y se le cayeron los pantalones.* s.m. = cuchillada

cuchillería
1 Establecimiento donde se fabrican, venden o afilan cuchillos, tijeras y otros utensilios cortantes. s.f.
2 Oficio de cuchillero.
3 Calle o barrio donde estaban los talleres y tiendas de los cuchilleros. HISTORIA

cuchillero, a
1 Persona que hace o vende cuchillos. s.
2 Se aplica al hierro que está forjado en barras de unos cinco centímetros. adj. METALURGIA
3 Abrazadera que ciñe y sujeta una cosa. s.m.
4 Abrazadera de hierro que en el extremo inferior del pendolón sujeta la viga tirante de las armaduras. CONSTRUCCIÓN
5 Persona pendenciera y diestra en el manejo del cuchillo que usa en las peleas. Amér. Merid.

cuchillo (Del lat. *cultellus* < *culter*.)
1 Utensilio para cortar, formado por una hoja de acero con filo y un mango: *para pelar las patatas utilizaba un cuchillo corto.* s.m.
2 Pieza, objeto o lugar de forma semejante a la del cuchillo: *tiene un cuchillo de terreno en que cultiva hortalizas y verduras.* coloquial
3 Pieza triangular de tela añadida a un vestido para ensancharlo o para que se vea la tela de la pieza interior. = cuchilladas
4 Cada una de las piezas triangulares de las medias o calcetines que empalman la caña con el pie.
5 Colmillo inferior del jabalí. ZOOLOGÍA
6 Cada una de las seis plumas grandes del ala del halcón que están junto a la principal. ZOOLOGÍA
7 Conjunto de piezas colocadas verticalmente sobre apoyos, para sostener la cubierta de un edificio, el piso de un puente, una cimbra o la armadura de un arco o bóveda. ARQUITECTURA
8 Cada una de las velas triangulares pequeñas colocadas en el mismo sentido que la longitud del barco. NÁUTICA = vela de cuchillo
9 cuchillo bayoneta: Arma que consiste en una hoja de acero que se ajusta al cañón del fusil. MILITAR
10 cuchillo cabritero: Utensilio usado para despellejar las reses.
11 cuchillo de armadura: Estructura triangular, formada por dos pares y un tirante, y las piezas complementarias. ARQUITECTURA
12 cuchillo de monte: El de gran tamaño usado por los cazadores. CAZA
13 cuchillo maestro: Pluma principal del ala del halcón. ZOOLOGÍA
14 cuchillo mangorrero: El tosco y mal forjado.
15 matar a alguien con cuchillo de palo: Hostigar a una persona lenta y tenazmente. coloquial
16 pasar o meter o llevar a alguien a cuchillo: Dar muerte a una persona, especialmente cuando se trata de ejecutar a unos enemigos en tiempo de guerra.
17 ser alguien cuchillo de otro: Serle muy perjudicial o pesado. coloquial

cuchipanda Reunión de personas para comer y divertirse: *organizó una fastuosa cuchipanda para celebrar el compromiso.* s.f./coloquial = francachela, juerga

cuchitril
1 Habitación o vivienda pequeña y, normalmente, desordenada o sucia: *digamos que más que un estudio tengo un cuchitril.* s.m. th: cochitril
2 Pocilga de algunos animales.

cucho, a
1 Se refiere a la persona que tiene la boca semejante a la de una liebre. adj. Méx.
2 Que está mal hecho o estropeado: *te quedó cucho el trabajo.* Méx.
3 Rincón de un lugar. s.m./Colomb.
4 Gato, animal doméstico. Chile

cuchuchear
1 Hablar en voz baja a otra persona. v.intr./= cuchichear
2 Chismorrear, explicar chismes a una persona: *les cuchicheó los últimos rumores sobre el príncipe heredero.* v.tr. coloquial

cuchuco Sopa de carne de cerdo y cebada. s.m./Colomb.

cuchufleta Palabra o dicho con que se quiere hacer reír o con los que se quiere burla de otros: *no hagas caso, es una cuchufleta; las cuchufletas y ocurrencias del cómico amenizaron la cena.* s.f. coloquial = chufleta, chufleta

cuchufletear Gastar una persona cuchufletas. v.tr./= bromear

cuchufletero, a Que gusta de decir cuchufletas: *su discurso cuchufletero les entretuvo durante todo el trayecto.* adj.

cuchugo Cada una de las dos cajas de cuero que suelen llevarse en el arrón de la silla de montar. s.m. Amér. Merid.

cuchumbí Martucha, mamífero. s.m./ZOOLOGÍA

cuchumbo
1 Cubilete para los dados. s.m./Amér. Central
2 Juego de dados. Amér. Central

cuclillas (Del ant. *en cluquillas* < *clueca*.) Indica agachado con las rodillas dobladas en la expresión en cuclillas: *se puso en cuclillas para coger al niño; nos escondimos los dos en cuclillas detrás del banco.* loc.adv.

cuclillo (De la variante *cuquillo* < *cuco*.)
1 Ave de tamaño mediano, dorso gris y pecho rayado que deposita sus huevos en los nidos de otras aves para que alimenten a su polluelo. *(Cuculus.)* s.m. = cuco
2 Marido de una mujer adúltera. = cornudo

cuco, a (Voz onomatopéyica.)
1 Que es bonito y gracioso: *se ha comprado una camisa muy cuca con motivos africanos.* adj.
2 Que se comporta con astucia y habilidad para conseguir los fines que persigue: *el muy cuco os ha engañado a todos.* adj/s. coloquial
3 Oruga o larva de cierta mariposa nocturna. s.m./ZOOLOGÍA
4 Cuclillo, ave paseriforme.
5 Juego de naipes en el que los jugadores intercambian las cartas con las que están descontentos y en el que pierde el que se queda con la más baja. JUEGOS = malcontento
6 Personaje imaginario con el que se asusta a los niños: *si no acabas la sopa vendrá el cuco y te llevará.* familiar
7 Tahúr, persona aficionada al juego. s./coloquial
8 cuco moñudo o real: Ave trepadora semejante al cuclillo que acostumbra a poner sus huevos en los nidos de las urracas. ZOOLOGÍA

cucú (Voz onomatopéyica.)
1 Canto del cuco: *la sorprendió observar que los cucús se habían callado de golpe.* s.m. pl.th: cucúes
2 Reloj que contiene un cuclillo mecánico que sale por una abertura y canta las horas, las medias horas o los cuartos.

cucubano Luciérnaga, insecto. s.m./P. Rico

cucufato, a Se refiere a la persona beata y mojigata. adj./Perú

cuculistearse Enmohecerse una cosa. v.prnl./Hond.

cuculla (Del bajo lat. *cuculla*.)
1 Prenda de vestir antigua, parecida a una capucha que cubría la cabeza. s.f.
2 Cogulla, vestido de los religiosos. RELIGIÓN

cucurbitáceo, a (Derivado del lat. *cucurbita*, calabaza.) Perteneciente a una familia de plantas de tallo sarmentoso, hojas sencillas y alternas, flores unisexuales y fruto carnoso, como la calabaza y el melón. adj/s.f. BOTÁNICA

cucurucho
1 Papel, cartón o barquillo enrollado en forma de cono que sirve para contener dulces, helados u otras cosas menudas: *compró dos cucuruchos de castañas; preparó el chocolate mientras ellos iban a por un cucurucho de churros.* s.m. = cartucho
2 Gorro en forma de cono que utilizan los penitentes en las procesiones de semana santa: *se fundieron los encapuchados con cucurucho morado con los que se llevaban verde.* = capirote
3 Cono de galleta u oblea que se corona por la base con una bola de helado: *me pidió un cucurucho de chocolate y nata.* = cornete
4 Elevación natural de un terreno. Amér.
5 Parte más alta de una cosa. Amér.

cucuyo Cocuyo, insecto coleóptero americano con dos manchas amarillas, por las que despide de noche una luz azulada. s.m. th: cucuy ZOOLOGÍA

cudría (Del adj. ant. *crudío* < *crudo*.) Soga trenzada usada para atar las espuertas. s.f.

cudú Mamífero artiodáctilo africano del grupo de los antílopes, grande, de pelo corto y gris, y cuernos espiralados en el macho, que vive en las sabanas y praderas al sur del Sahara. *(Strepticeros.)* s.m. pl.th: cudúes ZOOLOGÍA

cueca
1 Danza de pareja suelta que se baila con unos pañuelos con los que se trazan figuras. s.f. Amér. Merid.
2 Baile popular de ritmo vivo que se baila por parejas. Chile

cueceleches Recipiente de cocina usado para hervir o calentar la leche. s.m. pl: cueceleches

cuelga
1 Acción y resultado de colgar frutos para que se conserven durante el invierno. s.f.
2 Regalo que se da a una persona el día de su cumpleaños. coloquial

3 de cuelga: Se aplica a la variedad de los frutos que se cuelgan para conservarlos: *sembró algunas hileras de tomates de cuelga; las uvas de cuelga aguantaron hasta la primavera.* | loc.adj.

cuelgacapas Mueble que se utiliza para colgar las capas y otras prendas de abrigo. | s.m./pl: cuelgacapas = perchero

cuelgaplatos Soporte destinado a sostener en la pared o colgar de ella los platos decorativos. | s.m. pl: cuelgaplatos

cuelgue
1 Estado físico o mental producido por la ingestión de una droga: *creo que lleva un cuelgue de alucine.* | s.m. argot
2 Circunstancia de haber ingerido una droga: *el cuelgue le duró varias horas.* | argot
3 Actitud estúpida o alelada, habitual en una persona o no provocada por una causa concreta: *su cuelgue y su parsimonia la exasperan.* | coloquial
4 Amor, atracción, dependencia o afición exageradas por una persona o una cosa hasta el punto de casi no poder dedicarse a nada más: *tiene un cuelgue tal por ella que no es capaz de trabajar con eficiencia ni de disfrutar en las fiestas.* | coloquial

cuellicorto, a Que tiene el cuello corto: *este jersey no le queda bien porque es cuellicorta.* | adj. ≠ cuellilargo

cuellierguido, a Que tiene el cuello tieso y levantado: *el cuellierguido cisne trazaba círculos en el estanque.* | adj.

cuellilargo, a Que tiene el cuello largo: *la luz del atardecer proyectaba la silueta cuellilarga de la jirafa.* | adj. ≠ cuellicorto

cuello (Del lat. *collum*.)
1 Parte del cuerpo que une la cabeza al tronco: *su cuello esbelto sostenía en equilibrio su abundante cabellera.* | s.m. ANATOMÍA
2 Parte de una prenda de vestir que rodea el cuello: *arréglate el cuello de la camisa.*
3 Adorno suelto de tela, encaje, piel u otra materia que se pone alrededor del cuello: *tiene un cuello de zorro heredado de la bisabuela.*
4 Parte superior y más estrecha de una vasija debajo de la boca: *fijó una etiqueta identificativa de la cosecha en el cuello de la botella.*
5 Tira de tela endurecida o de material rígido que se ciñen al cuello los eclesiásticos: *se guardó el cuello del clergyman para no delatar su condición de cura.* | = alzacuello
6 Tallo de una cabeza de ajos, cebolla u otra cosa parecida.
7 Parte estrecha de un objeto que, considerado en conjunto, tiene parecido con una cabeza: *el cuello de la bombilla.*
8 Moldura estrecha, situada entre el capitel y el fuste de una columna. | ARQUITECTURA
9 Parte más estrecha de un palo de barco. | NÁUTICA
10 Parte de la viga más próxima a la tenaza en los molinos de aceite.
11 **cuello acanalado o alechugado o apanalado o escarolado:** El almidonado y rizado que se usaba antiguamente: *el retrato le presentaba con un cuello alechugado.*
12 **cuello almidonado:** El planchado con almidón: *le costó mucho conseguir que el cuello almidonado le quedase bien.*
13 **cuello blanco:** Empleado de oficina en oposición al que trabaja manualmente haciendo esfuerzos físicos.
14 **cuello blando:** El de camisa sin almidonar.
15 **cuello de botella:** Situación de congestión que no permite el normal desarrollo de un proceso: *empiezan a producirse cuellos de botella entre los trabajadores.*
16 **cuello de cisne:** El del jersey, que es alto y se dobla sobre sí mismo: *el cuello de cisne no le favorece en absoluto porque tiene la cara muy redonda.*
17 **cuello de marinero:** El que llevan los marineros en sus blusas y también se pone en la ropa de los niños y otras prendas, que es cuadrado por detrás y con adornos alrededor.
18 **cuello de pajarita:** El postizo o de camisa, almidonado y con las puntas dobladas.
19 **cuello duro:** El de camisa almidonado.
20 **cuello postizo:** El suelto que no va unido a la camisa: *el abrigo tiene un cuello postizo de cibelina.*
21 **cuello uterino:** Porción de la matriz que sobresale en la vagina. | ANATOMÍA
22 **cortar el cuello:** 1. Degollar a una persona o animal. 2. Hacer daño o enfadarse, usado como amenaza hiperbólica. | coloquial
23 **levantar uno el cuello:** Salir de un apuro: *mucho le costó, pero consiguió levantar el cuello.* | coloquial
24 **salirse o escaparse por el cuello de la camisa:** Estar muy delgado: *ha perdido tantos kilos que se sale por el cuello de la camisa.* | coloquial

cuelmo Madera con resina para dar luz: *en los pasillos aún se conservaban los soportes de los cuelmos.* | s.m. = tea

cuenca (Del lat. *concha*, concha de molusco < gr. *konkhe*.)
1 Depresión de grandes dimensiones en la superficie terrestre ocupada por un océano: *cuenca oceánica.* | s.f. GEOGRAFÍA
2 Área avenada por un sistema fluvial: *la cuenca hidrográfica del Ebro.* | GEOGRAFÍA
3 Depresión sujeta a procesos de subsidencia y sedimentación: *cuenca sedimentaria; cuenca geosinclinal.* | GEOLOGÍA
4 Sector donde se formó uno o más yacimientos carboníferos, y que constituye una unidad geográfica y geológica: *cuenca hullera.* | GEOLOGÍA, MINERÍA
5 Área rodeada de tierras altas con o sin salida al mar. | GEOGRAFÍA
6 Taza de madera usada por los peregrinos y mendigos.
7 **cuenca del ojo:** Órbita, cavidad donde están los ojos: *las ojeras dan la sensación de que se hunden las cuencas de los ojos.* | ANATOMÍA

cuenco
1 Vaso de barro u otros materiales, hondo y ancho, sin reborde: *tomaba la leche en un cuenco de cerámica.* | s.m.
2 Parte o sitio cóncavo: *se refugiaron en un cuenco de la montaña.* | = concavidad

cuenda Hilo que recoge y divide la madeja para que no se enmarañe. | s.f.

cuenta
1 Operación aritmética de sumar, restar, multiplicar o dividir: *en el colegio le mandaron hacer muchas cuentas como castigo.* | s.f. MATEMÁTICAS
2 Relación de cantidades de dinero que una persona o una entidad tiene que cobrar o pagar: *tengo que revisar las cuentas para saber qué nos deben.* | ECONOMÍA
3 Depósito de dinero que tiene una persona en una entidad bancaria: *ha abierto una cuenta en una caja de ahorros.* | ECONOMÍA
4 Recibo, factura o papel en que constan la cantidad total y las parciales que una persona o entidad tiene que pagar o cobrar: *pidió la cuenta a la camarera.*
5 Relación de partidas y cantidades de gastos e ingresos de una actividad comercial u operación bancaria: *los auditores revisaron sus cuentas.* | ECONOMÍA
6 Bolita o pieza perforada de cualquier forma, usada para hacer collares, rosarios y otros adornos: *le regaló un collar de cuentas de coral.*
7 Explicación o justificación de algún acto o hecho que una persona da a otra: *no me des cuentas de tus actos, allá tú con tu conciencia.*
8 Asunto, obligación o responsabilidad que asume una persona: *no os preocupéis de los gastos, que todos irán de mi cuenta.*
9 Provecho que se consigue al hacer una cosa: *sale a cuenta comprar en el almacén.*
10 Consideración o atención hacia una persona: *no tenía cuenta alguna de sus opiniones.*
11 Cálculos o planes que una persona se hace: *no estaba en mis cuentas que me echasen de la escuela.* | s.f.pl.
12 **cuenta alegre o galana:** Cálculo lisonjero, sin fundamento: *con alegres cuentas intentó deslumbrarle.* | coloquial
13 **cuenta atrás:** Lectura en sentido inverso del tiempo que falta para un acontecimiento.
14 **cuenta corriente:** Depósito bancario del cual su titular puede retirar dinero a voluntad. | ECONOMÍA
15 **cuenta de crédito:** Aquella en que se permite al titular sacar más dinero del que tiene depositado. | ECONOMÍA
16 **cuenta de la vieja:** Forma de contar sencilla generalmente con los dedos. | coloquial
17 **cuentas galanas:** Cálculos optimistas y poco fundamentados.
18 **las cuentas de la lechera:** Proyectos muy ambiciosos que carecen de fundamento lógico. | coloquial
19 **las cuentas del Gran Capitán:** Las que presentan partidas y cantidades exageradas y fantásticas. | coloquial
20 **a buena cuenta:** De manera provisional, hasta que se proceda a la liquidación de la cuenta y se compruebe si falta o sobra algo. | loc.adv.
21 **a cuenta o a cuenta de:** Como parte de una cantidad a pagar: *dejó dinero a cuenta de la cena.* | loc.adv.
22 **abrir una cuenta:** Iniciar una relación comercial con una entidad bancaria: *le abrió una cuenta para enseñarle el sentido del ahorro.* | ECONOMÍA
23 **ajustar cuentas:** Amenaza que se hace a una persona: *ya ajustaremos cuentas tú y yo.* | coloquial
24 **ajustarle las cuentas a alguien:** Darle un castigo o reprimenda con actitud amenazante o vengativa. | coloquial
25 **caer en la cuenta:** Entender o acordarse de una cosa: *estaba tan ensimismado que no cayó en la cuenta de que se hacía tarde.* | coloquial
26 **cargar en cuenta:** Incluir en la cuenta de una persona lo que debe: *no llevaba dinero y pidió que le cargaran en cuenta.* | ECONOMÍA
27 **cerrar la cuenta:** Saldarla, cancelarla. | ECONOMÍA
28 **correr, dejar o quedar una cosa por o de cuenta de alguien:** Ser una cosa de su responsabilidad.
29 **dar cuenta o buena cuenta de algo:** 1. Acabar con una cosa, en especial de comida: *dio cuenta de la cena en un santiamén.* 2. Comunicar una noticia: *dio cuenta de lo ocurrido.* | coloquial

30 dar la cuenta: Despedir de un puesto de trabajo. `coloquial`
31 darse cuenta: Comprender una cosa o reparar en ella.
32 de o por cuenta y riesgo: Bajo la responsabilidad de una persona: *trabaja por cuenta y riesgo de otros.* `loc.adv.`
33 echar cuentas: 1. Hacer un cálculo aproximado: *echó cuentas y se habían gastado demasiado dinero.* **2.** Reflexionar sobre las ventajas o inconvenientes de alguna cosa: *eché cuentas sobre su proposición y comprendí que no me interesaba.* `coloquial`
34 en resumidas cuentas: En conclusión: *en resumidas cuentas, acabó confirmando su error.* `loc.adv.`
35 estar fuera de o salir de cuentas: Haber cumplido ya los nueve meses la mujer embarazada. `coloquial`
36 hacer o hacerse cuenta o la cuenta: Dar por supuesto, figurarse: *haz cuenta que no nos has visto por aquí.* `coloquial`
37 llevar la cuenta: Tener cuidado de anotar todas las partidas que la han de componer: *llevaba la cuenta de los gastos.*
38 más de la cuenta: Demasiado, más de lo debido: *bebía más de la cuenta.* `loc.adv.`
39 no querer cuentas con alguien: Negarse a tratar con una persona.
40 pasar la cuenta: Enviar a un deudor la nota de lo que ha de pagar. `ECONOMÍA`
41 pedir cuentas: Pedir la razón o el motivo de lo que se hace o dice: *la actriz pidió cuentas al semanario por lo que había publicado.*
42 perder la cuenta: No acordarse de una cosa: *perdió la cuenta de lo que le debía.*
43 por cuenta de alguien: En su nombre o a su costo.
44 por la cuenta que me, te, le..., trae: Porque le conviene a la persona en cuestión: *por la cuenta que te trae vendrás a nuestra fiesta.*
45 por mi, tu, su cuenta: Al juicio de la persona en cuestión: *por su cuenta no creía que aquel accidente hubiera sido culpa suya.* `loc.adv.`
46 rendir cuentas: Presentar ante quien corresponde la relación de gastos e ingresos de una gestión, o de acciones realizadas, para que las compruebe: *rindió cuentas ante el gestor.*
47 sin darse cuenta: Inadvertidamente, sin pensar: *sin darse cuenta metió el pie en un charco.* `loc.adv.`
48 tener cuenta una cosa: Ser útil, conveniente o provechosa.
49 tener en cuenta: Considerar la opinión de una persona, una cosa o una situación: *tendré en cuenta todos los pros y contras de la operación.*
50 traer cuenta: Ser ventajoso algo: *traerá cuenta que evalúes los desperfectos para hacer una primera valoración de la catástrofe.*

cuentacorrentista Persona que tiene una cuenta corriente en un establecimiento bancario. `s.m.f.` `ECONOMÍA`

cuentagotas
1 Utensilio formado por un tubito con una perilla dosificadora en un extremo y un orificio en el otro para verter un líquido gota a gota. `s.m.` `pl: cuentagotas`
2 con cuentagotas: 1. Poco a poco, en pequeñas dosis o cantidades: *el portavoz del gobierno informa a la prensa con cuentagotas.* **2.** Con tacañería: *le daba el dinero con cuentagotas para que no gastara tanto.* `loc.adv.` `loc.adv.`

cuentahílos Lupa potente para contar los hilos de un tejido, si la trama es adecuada, o cualquier otra cosa en detalle. `s.m.` `pl: cuentahílos`

cuentaimágenes Dispositivo de algunas cámaras cinematográficas que registra el número de imágenes impresionadas y permite obtener algunos efectos especiales. `s.m.` `pl: cuentaimágenes` `CINE`

cuentakilómetros Aparato que mide la velocidad a la que circulan los automóviles y los kilómetros recorridos. `s.m.` `pl: cuentakilómetros`

cuentapasos Aparato parecido a un reloj de bolsillo que sirve para que una persona cuente los pasos que da y la distancia recorrida. `s.m.` `pl: cuentapasos` `= podómetro`

cuentarrevoluciones Contador que marca las revoluciones de un eje o de una máquina. `s.m./pl: cuentarre-voluciones`

cuentavueltas Aparato usado en algunos deportes para registrar las veces que un competidor ha recorrido un determinado circuito o recorrido. `s.m.` `pl: cuentavueltas` `DEPORTES`

cuentear
1 Chismorrear, comadrear. `v.intr./Amér.`
2 Decir mentiras, engañar. `Méx.`

cuentista
1 Persona que exagera o falsea la realidad: *es un cuentista, se queja mucho pero es una simple indigestión.* `s.m.f.` `coloquial`
2 Que acostumbra a contar cuentos o chismes: *eres un cuentista, no me expliques su vida.* `adj./s.m.f./coloquial` `= cuentero, cuentón`
3 Persona que narra o escribe cuentos. `s.m.f./LITERATURA`

cuentístico, a
1 Del cuento o narración breve. `adj./LITERATURA`
2 Género narrativo representado por el cuento. `s.f./LITERATURA`

cuento
I (Del lat. *computus,* cuenta.)
1 Obra literaria breve que narra hechos ficticios: *le explicó el cuento de Caperucita.* `s.m./LITERATURA` `= relato`
2 Narración de un suceso: *no se fue hasta que acabó con el cuento de sus aventuras en África.*
3 Chisme o habladuría para denigrar a una persona o enemistarla con otras: *no voy a escuchar sus cuentos sobre mis amigos.*
4 Palabrería, exageración o engaño con que una persona quiere aparentar: *no está enfermo, es cuento.* `coloquial`
5 Chiste, historieta humorística.
6 cuento chino: Embuste, mentira: *les contó un cuento chino para que no lo reprendieran.* `coloquial`
7 cuento de cuentos: Suceso difícil de relatar, cuya explicación es embrollada: *vamos por partes porque si no resultará el cuento de cuentos.* `coloquial`
8 cuento de hadas: Narración fantástica, en especial la dedicada a los niños. `LITERATURA`
9 cuento de viejas: Noticia que se considera falsa o exagerada: *eso que cuentan de la invasión es cuento de viejas.*
10 cuento largo: Asunto que requiere muchas explicaciones: *cómo lo logró, es cuento largo.* `coloquial`
11 el cuento de la lechera: Planes o cálculos sobre ganancias o beneficios que es poco probable que se obtengan. `coloquial`
12 el cuento de nunca acabar: Asunto complicado que parece no tener fin: *esta obra parece el cuento de nunca acabar.* `coloquial`
13 ¿a cuento de qué?: Al caso, a propósito o en relación con lo que se trata: *¿a cuento de qué me explicas toda esta historia?* `loc.conj.`
14 aplicarse el cuento: Tomar una persona para sí la experiencia de otra: *ves lo que le ha ocurrido, pues aplícate el cuento.* `coloquial`
15 dejarse de cuentos: Ir a lo importante del asunto que se trata: *¡déjate de cuentos y empieza a trabajar!* `coloquial`
16 tener más cuento que Calleja: Ser muy exagerado: *no te hagas caso, tiene más cuento que calleja.* `coloquial`
17 tener mucho cuento: Ser exagerado: *no se hizo tanto daño, lo que ocurre es que tiene mucho cuento.* `coloquial`
18 traer a cuento: Mencionar de pasada alguna cosa: *trajo a cuento lo de la herencia, pero no tenía nada que ver con nuestra conversación.* `coloquial`
19 venir a cuento: Ser oportuno o motivado: *no te enojes, lo que dijo venía perfectamente a cuento.* `coloquial`
20 venir con cuentos: Contar a una persona cosas que no le interesan o no desea saber: *no me vengas con cuentos porque no quiero saber nada de ellos.* `coloquial`
21 vivir del cuento: Vivir sin trabajar, a costa de los demás o de engaños y estafas: *hace años que vive del cuento.* `coloquial`
II (Del lat. *contus* < gr. *kontos,* bastón.)
1 Pieza que se pone en el extremo opuesto del puño de algunas cosas, como el bastón o la lanza, para protegerlo de darle mayor firmeza. `s.m.` `= contera, regatón`
2 Madero en posición vertical que sostiene una cosa. `= puntal`
3 Parte exterior de la dobladura del ala de las aves, en cetrería. `CAZA`

cuera
1 Chaqueta de piel que se usaba sobre el jubón. `s.f./HISTORIA`
2 cuera de armar: La que se ponía debajo del arnés. `HISTORIA`

cuerazo Golpe dado con el látigo: *le dio cuerazos hasta que perdió el conocimiento.* `s.m.` `Amér.`

cuerda (Del lat. *chorda,* cuerda de instrumento.)
1 Conjunto de hilos o fibras que, retorcidos juntos, forman un cuerpo alargado y flexible que se usa para atar o sujetar cosas: *puse todos los libros en cajas y los aseguré con cuerdas.* `s.f.`
2 Cada hilo de tripa, metal u otra materia flexible que, en algunos instrumentos musicales, producen sonidos al vibrar: *rompió una cuerda de la guitarra con el punteado.* `MÚSICA`
3 Conjunto de instrumentos de una orquesta que poseen estos hilos, en oposición a la madera y al metal: *la cuerda suena muy bien.* `MÚSICA`
4 Atadura con la que a los alpinistas de una cordada y los asegura en los descensos y otras maniobras. `DEPORTES`
5 Pieza propulsora del movimiento en algunos relojes y otros mecanismos, como algunos juguetes: *el carillón no funciona porque no le has dado cuerda.* `MECÁNICA`
6 Cadena que sostiene las pesas en los relojes que funcionan con este procedimiento y que imprime el movimiento a toda la máquina. `MECÁNICA`
7 Segmento que une dos puntos de curva. `GEOMETRÍA`
8 Cada una de las cuatro voces fundamentales de bajo, tenor, contralto y soprano. `MÚSICA`
9 Extensión o número de notas que abarca una voz. `MÚSICA`

10 Límite interior en una pista de carreras que se halla en cada calle. — **DEPORTES**

11 Borde de un estrato de roca que queda descubierto en la falda de una montaña. — **GEOLOGÍA**

12 Línea de arranque de una bóveda o arco. — **ARQUITECTURA**

13 Talla normal del ganado caballar equivalente a siete cuartas.

14 Hilo que se usa como medida en las operaciones topográficas.

15 Tendones del cuerpo humano. — **s.f.pl./ANATOMÍA**

16 Conjunto de tiras protectoras y elásticas que rodean el cuadrilátero: *el boxeador cayó sobre las cuerdas.* — **DEPORTES**

17 **cuerda al aire:** La que es frotada por el arco sin que la toquen los dedos. — **MÚSICA**

18 **cuerda falsa:** La de un instrumento musical que es disonante y difícil de templar. — **MÚSICA**

19 **cuerda floja:** Cable poco tenso sobre el que hacen sus ejercicios los acróbatas.

20 **cuerda sin fin:** Maroma cuyos extremos están empalmados.

21 **cuerdas vocales:** Ligamentos de la laringe que al vibrar producen la voz. — **ANATOMÍA**

22 **aflojar la cuerda:** Disminuir el esfuerzo o la severidad en una cosa: *trabajas demasiado, conviene que aflojes un poco la cuerda.* — coloquial

23 **andar o bailar en la cuerda floja:** 1. Actuar con vacilación ante las dificultades: *anda en la cuerda floja por miedo a su reacción.* 2. Seguir una conducta cambiante o equívoca. — coloquial / coloquial

24 **apretar hasta que salte la cuerda:** Apurar tanto a una persona que acaba perdiendo la paciencia. — coloquial

25 **apretar la cuerda:** Aumentar la disciplina o el rigor: *le apretó la cuerda para que trabajase con más ahínco.* — coloquial

26 **dar cuerda a algo:** Hacerlo durar más de lo normal: *dio cuerda a la canción para contentar al público.* — coloquial

27 **dar cuerda a alguien:** Animarle a que haga o diga una cosa: *le daban cuerda para que dijera todo lo que sabía.* — coloquial

28 **dar cuerda al reloj:** Ponerlo en disposición de que marche, arrollando el resorte o subiendo las pesas: *si no le das cuerda al reloj de pared no esperes que luego dé las campanadas.* — **MECÁNICA**

29 **echar una cuerda:** Medir un terreno a la ligera o con la cuerda sola.

30 **en la cuerda floja:** Sin tomar partido entre posiciones distintas, intentando estar bien con todos: *se siente en la cuerda floja con tu familia.* — loc.adv. / coloquial

31 **llevar la cuerda:** Correr por la curva más cercana al centro de la pista en las carreras de caballos. — **DEPORTES**

32 **por debajo de cuerda o bajo cuerda:** Por medios ocultos, reservadamente: *intentó eludir la polémica solucionando el conflicto por debajo de cuerda.* — loc.adv.

33 **romperse la cuerda:** Acabar violentamente la resistencia de una cosa o la paciencia de una persona por abusar de ellas: *no paró de molestarla hasta que se le rompió la cuerda y se levantó y se fue.*

34 **ser o no ser de la cuerda de alguien o de la misma cuerda:** No convenir o concordar con sus ideas u opiniones: *no se esforzó en escucharme al descubrir que no era de su cuerda.* — coloquial

35 **saltar o saltarse la cuerda:** Romperse el resorte de un reloj u otro mecanismo. — **MECÁNICA**

36 **ser uno de la otra cuerda:** Pertenecer al bando u opinión opuestos: *no le votará, es de la otra cuerda.*

37 **ser uno de una sola cuerda:** Ser repetitivo, insistente, que siempre hace y dice las mismas cosas. — coloquial

38 **tener uno cuerda para rato:** 1. Ser propenso a hablar mucho. 2. Tener mucho aguante: *no es tan sencillo desmoralizarlo, tiene cuerda para rato.* — coloquial / coloquial

39 **tener alguien mucha cuerda:** 1. Tener por delante mucha vida, ofrecer signos de buena salud. 2. Tener mucho aguante: *por mucho que lo chinches no le responderá, tiene mucha cuerda.* — coloquial / coloquial

40 **tener una persona la cuerda tirante:** Actuar con severidad y rigor: *su gestión es impecable, tiene la cuerda tirante.*

41 **tirar de la cuerda:** 1. Contener o frenar a una persona. 2. Abusar de la resistencia de una cosa o de la paciencia de una persona. — coloquial

cuerdamente
1 Con cordura: *siempre actúa cuerdamente, teniendo presentes los pros y los contras.* — adv.
2 Con prudencia y acierto: *solucionó el conflicto agrícola cuerdamente, sin soliviantar a ningún sector de los implicados.*

cuerdo, a (Derivado del lat. *cor, cordis,* corazón, ánimo.)
1 Que está en plenas facultades mentales: *los médicos dicen que está cuerdo.* — adj/s./= equilibrado, sensato/≠ loco
2 Que reflexiona antes de tomar una decisión: *suele actuar de forma muy cuerda y prudente.* — = juicioso, prudente

cuereada
1 Azotaina, paliza de golpes. — s.f./Amér.
2 Temporada en que se obtienen los cueros secos. — Amér. Merid.

cuerear
1 Hablar mal de otra persona. — v.intr./Argent.
2 Azotar, dar golpes. — v.tr./Amér.
3 Ocuparse de las operaciones del secado del cuero. — Amér. Merid.
4 Despellejar, quitar el pellejo. — Argent., Urug.

cuerezuelo Corezuelo, cochinillo. — s.m./ZOOLOGÍA

cueriza Azotaina, paliza: *recibió una fuerte cueriza cuando se enfrentó en la calle a un atracador.* — s.f. / Amér.

cuerna
1 Vaso rústico hecho con el cuerno de una res vacuna: *imitaba en cobre una cuerna de buey.* — s.f.
2 Cuerno macizo que algunos animales mudan cada año, como el ciervo. — ZOOLOGÍA
3 Cornamenta de un animal. — ZOOLOGÍA
4 Trompa de forma y materia parecidas a las del cuerno bovino que les sirve a los guardas y campesinos para comunicarse.

cuérnago Cauce de un río: *las algas verdosas oscurecían el cuérnago del arroyo.* — s.m. / = cuérrago

cuernecillo
1 Planta vivaz, de tallos poco ramosos, hojas blanquecinas y flores amarillas, con estrías rojas agrupadas en cabezuelas densas. (*Lotus corniculatus.*) — s.m. / BOTÁNICA
2 **cuernecillo de centeno:** Cornezuelo, hongo que afecta a este cereal. — MICOLOGÍA

cuernezuelo Cornezuelo, instrumento para separar los tejidos y vasos sanguíneos en una intervención quirúrgica. — s.m. / MEDICINA, VETERINARIA

cuerno (Del lat. *cornu.*)
1 Apéndice óseo que tienen algunos rumiantes, cérvidos y bóvidos en la cabeza como medio de defensa: *el toro lo embistió y le clavó los cuernos en la espalda.* — s.m. / ZOOLOGÍA / = asta
2 Materia obtenida de la capa exterior de estos apéndices óseos que se usa en la industria para hacer diversos objetos: *la navaja tiene el mango de cuerno.*
3 Instrumento de viento de forma curva, hecho generalmente con esta materia y que tiene el sonido parecido al de la trompa. — MÚSICA
4 Protuberancia o saliente que tiene el rinoceronte sobre la mandíbula superior. — ZOOLOGÍA
5 Antena de los insectos y crustáceos. — ZOOLOGÍA
6 Símbolo de infidelidad matrimonial: *le pone los cuernos con su mejor amigo.* — s.m.pl. / coloquial
7 Extremidad de algunas cosas que termina en punta y se parece a un apéndice óseo: *hoy la luna tiene cuernos.* — s.m.
8 Ala de un ejército o una escuadra. — MILITAR
9 Ángulo saliente y curvado en forma de cuerno. — ARQUITECTURA
10 Denominación que reciben algunas estructuras del organismo por su forma. — ANATOMÍA
11 **cuerno de la abundancia:** 1. Cornucopia, figura decorativa en forma de cuerno del que rebosan frutos. 2. Hongo basidiomicete negruzco y escamoso, en forma de trompeta, con el pedicelo hueco. (*Craterellus cornucopioides.*) — MICOLOGÍA
12 **¡cuernos!:** Exclamación de sorpresa o enfado. — interj. / coloquial
13 **en los cuernos del toro:** Estar en peligro o apuro: *no es consciente de su situación, de que está en los cuernos del toro.* — coloquial
14 **importar algo un cuerno:** Carecer de importancia, prescindir de ello: *le importa un cuerno que nadie entienda su postura.* — coloquial
15 **irse algo al cuerno:** Malograrse, no llegar a buen fin: *la empresa se fue al cuerno por falta de previsión y mala gestión.* — coloquial
16 **levantar o poner a alguien en, hasta o sobre los cuernos de la luna:** Alabarle, elogiarla desmedidamente: *estaba muy orgulloso de su nieta y la ponía en los cuernos de la luna.* — coloquial
17 **mandar a alguien al cuerno:** Desentenderse de él, echarle bruscamente: *es un grosero, le mandó al cuerno sin contemplaciones.* — coloquial
18 **no valer un cuerno:** Valer poco o nada. — coloquial
19 **romperse una persona los cuernos:** Esforzarse con mucho interés y energía en algo: *se rompieron los cuernos para idear una pieza semejante pero no lo consiguieron.* — coloquial
20 **saber y oler algo a cuerno quemado:** 1. Desagradar el sabor u olor de una cosa: *el guiso le supo a cuerno quemado.* 2. Dar señales de que no se puede uno fiar: *sus palabras le olían a cuerno quemado.* — coloquial / coloquial

cuero (Del lat. *corium,* piel.)
1 Piel que cubre el cuerpo de los animales. — s.m.
2 Piel de los animales curtida: *siempre lleva zapatos de suela de cuero y tafilete.*
3 Bota de cuero que sirve para contener líquidos: *arremetió con la espada contra los cueros de vino.* — = odre, pellejo
4 Mujer que se dedica a la prostitución. — Amér.
5 **cuero adobado:** El que está en bruto de curtido, simplemente secado.
6 **cuero artificial:** El obtenido por procedimientos sintéticos, para sustituir al natural.

7 cuero batanado: El que se ha sometido a la operación del batanado para hacerlo más consistente.

8 cuero cabelludo: Piel que recubre el cráneo. ANATOMÍA

9 cuero cilindrado: El alisado con rodillo, que se utiliza para hacer calzado.

10 cuero de lana: Tela muy consistente, sólida y tupida. TEXTIL

11 cuero de montaña: Variedad de asbesto serpentínico. MINERALOGÍA

12 cuero en verde: Piel en bruto, tal y como sale del matadero.

13 cuero hervido: El que se ha hecho impermeable y resistente por los sucesivos baños a que ha sido sometido.

14 dejar a alguien en cueros: Dejar a alguien sin ropa, dinero u otra cosa: *la asaltaron y la dejaron en cueros.* coloquial

15 en cueros o en cueros vivos: 1. Sin nada de ropa: loc.adv. *en cueros vivos se paseaba por la playa sintiendo las gotas* coloquial *sobre la piel.* 2. Sin dinero ni bienes: *perseguido, arrui-* coloquial *nado, en cueros vivos, huyó hacia la frontera.*

16 estar hecho un cuero: Estar borracho: *hecho un* coloquial *cuero lo dejaron en casa.*

17 sacar el cuero: Hablar mal de otra persona. Argent.

cuerpear Esquivar, capotear o evadirse: *cuerpeó y llegó* v.intr. *a la meta.* Argent., Urug.

cuerpo (Del lat. *corpus, -oris.*)

1 Cualquier materia sólida, líquida o gaseosa. s.m.

2 Objeto material caracterizado por ocupar un lugar en el espacio: *volumen de un cuerpo.*

3 Organismo del hombre, en oposición al espíritu. ANATOMÍA

4 Tronco del cuerpo, en oposición a las extremida- ANATOMÍA des: *tenía el cuerpo esbelto y las piernas largas.*

5 Aspecto exterior de una persona: *ese chico es muy* coloquial *guapo y tiene un buen cuerpo.*

6 Consistencia o espesor de ciertas cosas: *este vino tiene mucho cuerpo.*

7 Cadáver, persona sin vida: *no tocaron el cuerpo hasta que llegó la forense.*

8 Parte principal de una cosa: *aún no he llegado al* = meollo *cuerpo del libro.*

9 Grupo de personas que forma un conjunto organizado: *pertenece al cuerpo de bomberos.*

10 Cada una de las partes en la que está dividida una cosa: *un armario de dos cuerpos.*

11 Parte del vestido que cubre desde el cuello hasta la cintura: *el cuerpo le viene estrecho y la falda ancha.*

12 Elemento anatómico que se puede estudiar por ANATOMÍA separado: *han detectado un cuerpo calloso.*

13 Tamaño de los caracteres de imprenta. ARTES GRÁFICAS

14 Conjunto de informaciones, conocimientos o princi- tb: corpus pios: *desconozco el cuerpo legal.*

15 Conjunto de soldados y sus oficiales: *no ha llegado* MILITAR *el cuerpo de guardia.*

16 Conjunto de policías o guardias civiles. jerga

17 cuerpo de baile: Conjunto de bailarines de un teatro o de un montaje musical.

18 cuerpo del delito: Aquello con que se ha cometi- DERECHO do un delito, o en donde existen señales de él: *la policía no tardó en encontrar el cuerpo del delito.*

19 cuerpo de ejército: Unidad integrada por dos o MILITAR más divisiones.

20 cuerpo de iglesia: Espacio de la iglesia que no incluye el crucero, la capilla mayor y las colaterales.

21 cuerpo diplomático: Conjunto de los represen- POLÍTICA tantes diplomáticos extranjeros en un país.

22 cuerpo extraño: Objeto alojado en un organismo del que es ajeno: *desde la guerra tenía alojado en el abdomen un cuerpo extraño.*

23 cuerpo facultativo: Conjunto de personas que tienen unos conocimientos técnicos: *forma parte del cuerpo facultativo de químicos.*

24 cuerpo legal: Compilación de leyes de cierta ex- DERECHO tensión: *es un país con un cuerpo legal muy pobre.*

25 cuerpo muerto: Boya fondeada con buena suje- NÁUTICA ción para amarrar las embarcaciones. = muerto

26 cuerpo negro: El que absorbe completamente las FÍSICA radiaciones.

27 cuerpo simple: Sustancia compuesta por átomos QUÍMICA con igual número de protones nucleares.

28 a cuerpo o a cuerpo gentil: Sin ninguna prenda de loc.adv. abrigo: *salió de casa a cuerpo gentil y pasó mucho frío.*

29 a cuerpo de rey: Con todas las comodidades: *sus* loc.adv. *padres trataron a su amigo a cuerpo de rey.*

30 a cuerpo descubierto: Sin protección: *se lanzó* loc.adv. *contra el enemigo a cuerpo descubierto.*

31 a cuerpo limpio: Sin armas, sin ayuda o protec- loc.adv. ción.

32 cuerpo a cuerpo: Peleando en contacto personal loc.adv. directo, con o sin armas, y física o intelectualmente: *fue un combate sangriento cuerpo a cuerpo.*

33 dar con el cuerpo en tierra: Caer al suelo: *el caballo se encabritó y dio con el cuerpo en tierra.*

34 dar cuerpo: Espesar una sustancia: *echó harina a la salsa para darle cuerpo.*

35 dar cuerpo a algo: Realizar una cosa que ha sido estudiada y pensada detenidamente.

36 de cuerpo presente: Cadáver dispuesto para ser loc.adv. conducido al enterramiento.

37 de medio cuerpo: Se aplica al retrato que sólo loc.adj. capta la mitad superior de una persona.

38 hacer de cuerpo: Defecar, hacer de vientre. vulgar

39 en cuerpo y alma: Totalmente, con intensidad: *le* loc.adj/adv. *amaba en cuerpo y alma; se entregaba al trabajo en cuer-* coloquial *po y alma.*

40 pedirle a alguien alguna cosa el cuerpo: Apete- coloquial cerla, desearla: *por las mañanas el cuerpo le pide café.*

41 tomar cuerpo: 1. Espesarse una cosa: *poco a poco* coloquial *fue tomando cuerpo.* 2. Concretarse una cosa, empezar coloquial a realizarse o tomar importancia: *la conspiración no tomó cuerpo hasta que llegó el líder del grupo.*

cuerudo, a

1 Se aplica a las caballerías que son lerdas. adj./Amér.

2 Que tiene la piel muy gruesa y dura. Amér.

3 Que es tonto o lerdo. Colomb.

cuerva Graja, ave. s.f./ZOOLOGÍA

cuervo (Del lat. *corvus.*)

1 Pájaro negro, de gran tamaño, pico grande, plumaje s.m. iridiscente y cola en forma de cuña, que vive en cam- ZOOLOGÍA pos abiertos y montañas. *(Corvus corax.)*

2 Sacerdote vestido con sotana o traje negro y alza- coloquial cuellos.

3 cuervo de agua: Mirlo de agua, ave. ZOOLOGÍA

4 cuervo frutero: Denominación común a varias pa- ZOOLOGÍA seriformes de América del Sur.

5 cuervo marino: Cormorán, ave. ZOOLOGÍA

6 cuervo merendero: Grajo, ave. ZOOLOGÍA

7 cuervo negro: Buitre de color negro y cabeza gris, ZOOLOGÍA con manchas blancas en las alas. *(Coragyps atratus.)*

8 cuervo real: Acabiray, ave. ZOOLOGÍA

9 no poder ser el cuervo más negro que las alas: coloquial Haber ocurrido lo peor que podía pasar.

10 venir el cuervo: Recibir repetidamente una ayu- coloquial da: *suerte que viene el cuervo, si no morirían de desnutrición.*

cuesco (De *kosk,* onomatopeya.)

1 Hueso de la fruta: *desde la orilla lanzaba los cuescos* s.m. *de las cerezas al otro lado del río.*

2 Ventosidad ruidosa. vulgar

3 Masa redonda de mineral. Méx.

4 Persona enamorada. Chile

5 cuesco de lobo: Hongo gasteromicete redondeado, MICOLOGÍA blanquecino o grisáceo, cubierto de aguijones tiernos. *(Lycoperdon pratense.)*

cuesta (Del lat. *costa,* costado, lado.)

1 Terreno, carretera, calle o cualquier otra vía en s.f. pendiente: *llegó agotada por la cuesta del camino.*

2 cuesta de enero: Período de dificultades económi- coloquial cas tras las navidades: *hasta que no pase la cuesta de enero no podré salir de fin de semana.*

3 a cuestas: 1. Sobre los hombros: *llevaba a cuestas un* loc.adv./coloquial *saco de carbón.* 2. Expresa una carga no física que re- loc.adv. cae sobre una persona: *lleva a cuestas la invalidez de su* coloquial *madre.*

4 con la casa a cuestas: Viajar o desplazarse con loc.adv. mucho equipaje o impedimenta. coloquial

5 hacerse cuesta arriba: Indica el sacrificio con que coloquial se realiza un trabajo: *se me hace muy cuesta arriba el madrugar.*

6 ir cuesta abajo: Expresar la decadencia de una per- coloquial sona o actividad: *su influencia en el ayuntamiento iba cuesta abajo.*

cuestación Petición de limosnas para algún fin bené- s.f. fico: *la cuestación se destinó a la vacunación contra el có-* = cuesta *lera en la zona del conflicto.*

cuestión (Del lat. *quaestio, -onis < quaerere,* inquirir, pedir.)

1 Pregunta hecha para informarse, averiguar la ver- s.f. dad de un asunto o los conocimientos de una perso- na: *no sé contestar a esa cuestión.*

2 Asunto problemático que requiere discusión: *hay que pensar detenidamente en la cuestión.*

3 Asunto o materia en general: *la cuestión es si vienes o no.*

4 Disputa o riña no muy violentas: *no quiero ninguna* = gresca *cuestión con él.*

5 cuestión batallona o candente: Asunto de actuali- dad que provoca apasionamiento: *el intervencionismo militar será siempre para ellos una cuestión candente.*

6 cuestión de competencia: Desacuerdo entre jue- DERECHO ces u otras autoridades sobre la facultad de intervenir en un asunto.

7 cuestión de confianza: Asunto que un gobierno o POLÍTICA dirigente presenta al parlamento o a una asamblea, haciendo depender su continuidad de la aprobación de dicho asunto.

8 cuestión de nombre: Discusión en la que hay desacuerdo en aspectos accesorios o en la designación de las cosas, pero acuerdo en lo principal.

9 cuestión determinada: Problema matemático que tiene solamente una solución o un número determinado de ellas. — MATEMÁTICAS

10 cuestión indeterminada: Problema matemático con un número indeterminado de soluciones. — MATEMÁTICAS

11 cuestión personal: Discusión en la que se pasa al ataque personal.

12 cuestión previa: Asunto sobre el que hay que ponerse de acuerdo, o que es necesario conocer, antes de entrar en la discusión de la materia de que se trata: *para que se establezca diálogo entre las partes, hay que aclarar las cuestiones previas relativas a la distensión de la situación.*

13 cuestión de: Se usa seguida de una cantidad para indicar que ésta es aproximada: *ya acabo, es cuestión de cinco minutos.* — loc.adv. coloquial

14 en cuestión: Se refiere al asunto de que se trata: *ya te contaré el tema en cuestión.* — loc.adj.

15 en cuestión de: En materia de, seguido de la expresión del asunto del que se trata: *está muy flojo en cuestión de números.* — loc.prep.

16 ser cuestión de: Consistir una cosa en lo que se expresa: *hacer maquetas es cuestión de paciencia.*

cuestionable Que puede ser cuestionado, o que es dudoso o controvertido: *tu teoría es cuestionable.* — adj./= discutible ≠ incuestionable

cuestionamiento Acción y resultado de cuestionar: *acepta una fe o creencias sin reservas ni cuestionamientos.* — s.m.

cuestionar
1 Refutar un asunto aportando pruebas y razonamientos: *cuestionó la tesis con toda serie de citas su afirmación.* — v.tr. = controvertir
2 Poner en duda lo que alguien ha afirmado o realizado: *cuestionó sus lapidarias sentencias; cuestionó bravamente la gestión que había hecho en el último semestre.*

cuestionario
1 Lista de temas o cuestiones que se proponen con cualquier fin: *el cuestionario de oposiciones es muy amplio.* — s.m. = programa
2 Libro que trata de cuestiones o que contiene cuestiones: *utilizó el cuestionario de las oposiciones para preparar la prueba sicotécnica.*

cuesto Cerro de poca altura: *una ermita coronaba el cuesto.* — s.m.

cuestor (Del lat. *quaestor, -oris.*)
1 Magistrado romano encargado de la administración o recaudación de los fondos públicos. — s.m. HISTORIA
2 Persona que pide limosna para el prójimo o para llevar a cabo una obra benéfica: *las señoras de alta alcurnia actuaban como cuestores conmiserativos.* — = postulante

cuestura Dignidad de cuestor. — s.f./HISTORIA

cuete
1 Lonja de carne que se saca del muslo de la res: *prepararon los cuetes con chile y los acompañaron con frijoles.* — s.m. Méx.
2 Borrachera, estado de ebriedad. — Méx.

cueto
1 Sitio alto y defendido. — s.m.
2 Otero, normalmente peñascoso y con forma cónica: *la carretera bordeaba un cueto agreste.*

cueva (Del lat. vulgar *cova < covus < lat. cavus*, hueco.)
1 Cavidad natural o excavada, que se adentra bajo tierra o en una elevación del terreno: *en las paredes de la cueva encontraron pinturas rupestres.* — s.f.
2 Bodega o sótano: *guardaban en la cueva las botas de vino.*
3 cueva de ladrones: 1. Se refiere a un lugar donde una persona se siente estafada o engañada: *esa tienda es una cueva de ladrones.* **2.** Casa en la que se acoge a personas de mal vivir.

cuévano (Del lat. *cophinus.*) Cesto grande y hondo, más ancho en la boca que en la base, usado, especialmente, en la vendimia para transportar la uva: *recogieron el fruto en cuévanos.* — s.m. AGRICULTURA

cuezo
1 Pequeña artesa de madera usada por los albañiles para amasar el yeso. — s.m./CONSTRUCCIÓN tb: cueza
2 meter el cuezo: Entremeterse en asuntos o negocios ajenos de forma indiscreta e imprudente. — coloquial

cúfico, a Se aplica a los caracteres que se empleaban antiguamente en la escritura arábiga. — adj. LINGÜÍSTICA

cufito, a Que está borracho. — adj./Chile

cugujada Cogujada, ave granívora. — s.f./ZOOLOGÍA

cugulla Cogulla, vestido de los religiosos. — s.f./RELIGIÓN

cui Cobayo, mamífero roedor. — s.m./Amér. Merid.

cuicacoche Ave menor que el tordo, con las plumas del pecho y del vientre amarillas y el resto grises o negras, que vive en México. (*Hyalocichla mustelina.*) — s.f. ZOOLOGÍA

cuidado (Del lat. *cogitatum*, pensamiento.)
1 Interés y atención que se pone en hacer una cosa: *ten cuidado con la porcelana.* — s.m.
2 Trabajo u ocupación que corresponde a una persona: *el cuidado de la casa es cosa suya, yo me ocupo de los niños.*
3 Preocupación o temor de que suceda una cosa: *no tengas cuidado, que yo se lo diré.* — = recelo
4 cuidados intensivos: Los que reciben los pacientes muy graves en unidades hospitalarias especiales del mismo nombre. — MEDICINA
5 al cuidado de: A cargo o bajo la responsabilidad de una persona. — loc.adv.
6 ¡allá cuidados!: Expresión con la que se indica despreocupación o desinterés: *yo ya les di el recado, ¡allá cuidados!*
7 ¡cuidado!: 1. Se usa para advertir la proximidad de un peligro o recomendar precaución: *¡cuidado con la cabeza al salir!* **2.** Se usa para enfatizar o ponderar lo que se expresa a continuación: *¡cuidado que llegas a ser tonto!* — interj. + con + que
8 cuidado me llamo: Expresión que se usa para amenazar con un castigo si el niño o muchacho no realiza correctamente un encargo o un deber.
9 ¡cuidado conmigo!: Expresión con la que alguien llama la atención de otro, por lo común en un tono reprobatorio o amenazante: *¡cuidado conmigo, que cuando me enfado soy peligroso!*
10 de cuidado: Que resulta peligroso: *se dio un golpe de cuidado.* — loc.adj.
11 estar de cuidado: Estar gravemente enfermo o en peligro de muerte: *no vendrán a la parrillada porque su suegro está de cuidado.*
12 salir una mujer de cuidado o de su cuidado: Parir o dar a luz: *María salió de cuidado antes de lo previsto.* — coloquial
13 sin cuidado: Sin importar ni producir inquietud: *me trae sin cuidado lo que hagas.* — loc.adv. + tener, traer
14 tener cuidado: Ir con precaución ante una persona, un animal, una cosa o una situación: *ten cuidado con los coches cuando cruces la acera.*

cuidador, a
1 Que cuida: *trabaja como cuidador de caballos en el hipódromo.* — adj/s.
2 Que hace las cosas con esmero y cuidado. — = cuidadoso
3 Persona que cuida o asiste físicamente a los deportistas. — s./DEPORTES = entrenador

cuidadoso, a
1 Que cuida o trata las cosas con esmero y cuidado: *es muy cuidadoso con su ropa.* — adj/+ con, para tb: cuidoso
2 Se aplica a quien cuida o se preocupa de que algún aspecto de su persona mejore o se mantenga en consideración óptima: *es muy cuidadosa de su aseo personal.* — + de = celoso, vigilante

cuidar (Del lat. *cogitare*, pensar.)
1 Mantenerse una persona al cuidado de una cosa o persona: *desde que se hizo el reparto de la herencia cuido de la hacienda de mis padres.* — v.tr/intr. + de = atender, guardar
2 Poner interés y atención en la realización de una cosa: *cuida mucho su aspecto físico.* — v.tr. = esmerar
3 Vigilar una persona su salud: *no se cuida en absoluto, hasta que un cólico le dé un susto.* — v.prnl.
4 Tener en cuenta cada cosa: *siempre se cuida de la opinión del resto del equipo.* — + de

cuija Lagartija muy pequeña y delgada de las regiones cálidas. (*Phyllodactilus tuberculatus.*) — s.f./Méx. ZOOLOGÍA

cuino Cerdo, animal. — s.m./ZOOLOGÍA

cuis Cobayo, mamífero roedor. — s.m./Amér. Merid.

cuita (Del ant. *cuitar*, apurar, mortificar < occitano *coitar.*)
1 Pena, afectación del ánimo. — s.f./= congoja = penalidad
2 Cosa que produce tristeza. — Méx./vulgar
3 Excremento, producto de la defecación.

cuitado, a
1 Que está afligido o apenado. — adj.
2 De carácter tímido y de poca voluntad y energía: *aun siendo tan cuitada, sacó fuerzas para emprender el negocio ella sola.* — = apocado

cuja
1 Bolsa de cuero sujeta a la silla del caballo, que se usa para apoyar la extremidad inferior de la lanza o la bandera. — s.f.
2 Aro de hierro sujeto al estribo derecho, donde los lanceros apoyan el arma. — MILITAR

cuje Vara horizontal que se coloca sobre dos verticales, de la que se cuelgan las mancuernas en la recolección del tabaco. — s.m.

cujinillo Alforja o maleta que se tercia sobre una bestia para acarrear agua. — s.m. Méx., Guat.

cujito Persona extremadamente delgada. — s.m./Cuba

cujón Cada punto o esquina de un colchón, almohada, saco o cosa parecida. — s.m. = cogujón

culada Golpe dado en las nalgas al caerse: *resbaló en el hielo y se dio una fuerte culada.* — s.f. coloquial

culantrillo
1 Helecho de pecíolos largos, delgados y oscuros, que se cría en rocas y muros húmedos. — s.m. BOTÁNICA
2 **culantrillo blanco:** Helecho que presenta el limbo de contorno triangular y un soro único, grande y cuneiforme, en cada segmento terminal. *(Asplenium rutamuraria.)* — BOTÁNICA
3 **culantrillo de pozo:** El que crece en lugares sombríos y húmedos, en terrenos calcáreos, cuyos frondes tienen virtudes pectorales y enemagogas. *(Adiantum capillus veneris.)* — BOTÁNICA
4 **culantrillo dorado:** El que presenta un rizoma grueso y frondes lanceoladas. *(Polypodium rhaeticum.)* — BOTÁNICA

culantro (Alteración popular del lat. *coriandrum.*) Cilantro, hierba umbelífera medicinal. — s.m. BOTÁNICA

cular
1 Del culo. — adj.
2 Se aplica al embutido que está elaborado con la tripa del intestino recto: *chorizo cular.* — adj. COCINA

culata (Probablemente del ital. *culatta.*)
1 Parte posterior de la caja de las escopetas, pistolas o fusiles, por donde se agarran o apoyan para disparar: *le golpeó el hombro con la culata y se lo descoyuntó.* — s.f. MILITAR
2 Parte posterior del tubo de cualquier arma grande o pieza de artillería. — MILITAR
3 Cuarto trasero de la res bovina o anca de la ternera situada encima de la tapa, en el despiece de la carne.
4 Pieza metálica que se ajusta al bloqueo de los motores de explosión y cierra el cuerpo de los cilindros. — MECÁNICA
5 Anca de las caballerías: *el dardo se hundió en los músculos tensos de la culata del potrillo.* — ZOOLOGÍA
6 **dar de culata:** Apartar un poco un vehículo, levantando a mano la parte trasera sin mover el juego delantero. — coloquial

culatazo
1 Golpe dado con la culata de un arma: *derribó al ladrón de un culatazo.* — s.m.
2 Golpe causado por un arma al ser disparada. — = retroceso

culé Seguidor de cualquiera de los equipos de las secciones deportivas del Fútbol Club Barcelona. — adj/s.m.f. DEPORTES

culear
1 Mover una persona o un animal el culo. — v.intr.
2 Moverse la parte trasera de un vehículo por estar resbaladizo el suelo u otra causa: *el coche culea en las curvas.* — coloquial
3 Realizar el acto sexual. — *Méx., Chile*
4 Asustarse, acobardarse: *se culeó y no quiso discutir con su jefe.* — v.prnl. *Méx., Chile*

culebra (Del lat. *colubra.*)
1 Reptil ofidio de cuerpo cilíndrico y largo, cabeza aplastada, piel escamosa y con diversos colores, que puede vivir en la tierra o en el agua. — s.f. ZOOLOGÍA
2 Tubo largo en espiral de los alambiques que, entre otros usos, sirve para el enfriamiento de la destilación. — TECNOLOGÍA = serpentín
3 Canal que perfora en el corcho del alcornoque la larva de un insecto coleóptero parásito.
4 Desorden o alboroto provocado de repente por un pequeño grupo en una reunión pacífica. — coloquial
5 **culebra ciega:** Anfisbena, reptil saurio. — ZOOLOGÍA
6 **culebra coronela:** La que habita en lugares rocosos y poblados de zarzas, que se alimenta de insectos y lagartijas. *(Coronella austriaca.)* — ZOOLOGÍA
7 **culebra de cascabel:** Crótalo, reptil saurio. — ZOOLOGÍA
8 **culebra de collar o de agua:** La de piel blanco amarillento y de escamas fuertes y aquilladas, es semiacuática y se alimenta de peces y ranas. *(Natrix matrix.)* — ZOOLOGÍA
9 **culebra de herradura:** La que presenta una faja en forma de herradura en la nuca, su piel es aceitunada, amarillenta o rojiza con manchas oscuras en el dorso. *(Zamenis hippocrepis.)* — ZOOLOGÍA
10 **culebra nariguda:** Ofidio venenoso originario de la India, de cabeza prolongada en un hocico largo. *(Passerita nasuta.)* — ZOOLOGÍA
11 **culebra viperina o falsa víbora:** La de piel de coloración pardarrosada con dibujos zigzagueantes como los de la víbora, que vive en ríos y estanques. *(Natrix maura.)* — ZOOLOGÍA
12 **liársele a alguien la culebra:** Verse envuelto en graves dificultades por causas inesperadas: *planificó el asunto hasta el último detalle, pero se le lió la culebra al fallecer su superior.* — coloquial
13 **saber más que las culebras:** Ser muy sagaz y aprovecharse de ello: *ten cuidado con ella, sabe más que las culebras.* — coloquial

culebrear Andar una persona formando eses y pasándose de un lado a otro: *culebreaba por la oficina en espera de que su jefe la llamase al despacho.* — v.intr. = serpentear

culebreo Movimiento en forma de ese parecido al de la culebra: *seguía su culebreo con la mirada.* — s.m./= serpenteo, zigzagueo

culebrera Se aplica al águila rapaz diurna que devora muchos reptiles. — adj/s.f. ZOOLOGÍA

culebrilla
1 Enfermedad de la piel de carácter herpético, que se extiende por el cuerpo formando líneas onduladas y es frecuente en países tropicales. — s.f. MEDICINA
2 Dragontea, planta. — BOTÁNICA
3 **culebrilla de agua:** Culebra viperina, ofidio. — ZOOLOGÍA

culebrina
1 Antigua pieza de artillería, larga y de poco calibre que lanzaba proyectiles a gran distancia. — s.f./HISTORIA, MILITAR
2 Relámpago en forma de línea ondulada.

culebrón
1 Hombre muy astuto y solapado. — s.m./coloquial
2 Mujer intrigante, de mala reputación. — coloquial
3 Narración melodramática de televisión emitida en numerosos capítulos y que se caracteriza normalmente por lo inverosímil de las situaciones y por su escasa calidad artística: *se ha aficionado a los culebrones.* — AUDIOVISUALES

culera
1 Mancha, desgaste o remiendo en la parte de los pantalones que cubre las nalgas: *su manera de andar le hacía llevar siempre culeras.* — s.f.
2 Mancha que deja el excremento de los niños en las mantillas y pañales.

culero, a
1 Que es perezoso o hace las cosas después que otros. — adj.
2 Especie de braga que consistía en una bolsa de tela que se ponía a los niños atándosela a la cintura. — s.m.
3 Tumor pequeño que padecen algunas aves en la rabadilla. — VETERINARIA = granillo

culi Criado indígena en la India, China y otros países de Oriente. — s.m.

culiada Se refiere a la mujer que ha perdido su virginidad. — adj/s.f. *Amér. Merid.*

culiblanco Denominación común a varios pájaros que tienen la rabadilla blanca. — s.m. ZOOLOGÍA

culícido, a (Del lat. *culex, -icis,* mosquito.) Perteneciente a la familia de insectos provistos de una trompa, que utiliza la hembra para alimentarse de sangre y el macho de jugos vegetales, y que se desarrollan en el agua, donde la hembra pone los huevos. — adj/s.m. ZOOLOGÍA

culín Pequeña cantidad de vino, licor u otro líquido que cubre el culo del vaso: *ponme un culín de vino.* — s.m./coloquial = culito

culinaria Arte de cocinar. — s.f./COCINA

culinario, a (Del lat. *culinarius < culina,* cocina.) Que tiene relación con el arte de cocinar: *tiene un notable instinto culinario.* — adj. COCINA

culito Porción pequeña de vino, cerveza u otra bebida que cubre el fondo de un vaso. — s.m./coloquial = culín

culmen Auge, punto culminante: *aquella tragedia representó, a ojos de la crítica, el culmen de su carrera como dramaturgo.* — s.m. culto = cima, culminación

culminación
1 Situación de lo que ha llegado a su punto más favorable o intenso: *está en la culminación de sus ambiciones.* — s.f. = colmo, culmen
2 Momento en que un astro alcanza su altura máxima o mínima al cruzar el meridiano del punto de observación. — ASTRONOMÍA

culminante
1 Que representa la situación más favorable o de máxima intensidad o interés de una cosa: *se encuentra en el punto culminante de su carrera.* — adj. = álgido
2 Se refiere al punto más alto en el que se puede hallar se un astro sobre el horizonte. — ASTRONOMÍA
3 Se aplica al punto que culmina o remata una elevación o altura del terreno. — GEOGRAFÍA

culminar (Derivado culto del lat. *culmen.*)
1 Llegar una cosa al grado más elevado, intenso o significativo: *la tensión de la película culminó en la última escena.* — v.intr.
2 Pasar un astro por el meridiano superior del observador. — ASTRONOMÍA
3 Dar fin a un trabajo o a un asunto: *el escándalo culminó su carrera como diplomático.* — v.tr.

culo (Del lat. *culus.*)
1 Parte posterior del cuerpo del hombre y de ciertos animales situada entre el final del espinazo y el inicio de los muslos. — s.m. coloquial = trasero
2 Orificio donde termina el intestino grueso. — coloquial/= ano
3 Parte posterior o inferior de un objeto o de alguna cosa: *el culo del coche sobresalía un poco del garaje; el culo de un vaso.* — coloquial

4 Porción pequeña de vino, licor u otro líquido que queda en el fondo del vaso. *coloquial = culín, culito*

5 culo de mal asiento: Persona inquieta y nerviosa: *jamás la verás sentada dejando pasar el tiempo, es culo de mal asiento.* *coloquial*

6 culo de pollo: Cosido mal hecho que sobresale y forma un bulto en la tela. *coloquial*

7 a culo pajarero: Con las nalgas desnudas. *loc.adv.*

8 caerse de culo: Quedarse una persona atónita o sorprendida por una cosa: *te caerás de culo cuando te explique cómo sucedió en realidad.* *coloquial*

9 con el culo al aire: En posición desairada, difícil o imprevista: *al no concederles el crédito se quedaron con el culo al aire.* *loc.adv.*

10 dar por el culo: 1. Realizar el acto sexual por el ano. 2. Fastidiar, importunar a una persona. *vulgar vulgar*

11 estar hasta el culo: Estar harto de una persona, cosa o situación. *vulgar*

12 ir de culo: Ir de mal en peor o muy justo de tiempo: *el retraso del mayorista nos hizo ir de culo durante varios meses.* *coloquial*

13 lamer el culo: Adular a una persona en exceso, normalmente para conseguir algo: *le lamía el culo y se humillaba ante ella para mantener su cargo.* *malsonante, vulgar*

14 mojarse el culo: Comprometerse o arriesgarse en una cosa: *en el asunto de la indigencia los servicios sociales deberían mojarse el culo.* *malsonante, vulgar*

15 pensar con el culo: Pensar de forma irracional y sin lógica ni coherencia: *no comprende cómo se me ha ocurrido proponérselo, cree que pienso con el culo.* *malsonante, vulgar*

16 perder el culo por alguien: Admirar a alguien o algo o estar muy enamorado de una persona y hacer todo lo que pide o desea: *no le reproches sus descuidos, pierde el culo por él y no existe nada en el mundo aparte de esto.* *coloquial*

culombio (De *Coulomb*, físico francés.) Unidad eléctrica equivalente a la cantidad de electricidad transportada por un amperio en un segundo. *s.m. ELECTRICIDAD*

culón, a
1 Que tiene las nalgas muy grandes: *la matrona culona dominaba a sus hijos y su casa como si se tratara de un imperio.* *adj. coloquial*
2 Soldado inválido. *s.m./coloquial*

culote
1 Pieza maciza de hierro que algunos proyectiles tienen en la parte posterior. *s.m. MILITAR*
2 Restos de fundición que quedan en el fondo del crisol. *METALURGIA*
3 Pantalón corto y de tejido elástico que llevan los ciclistas u otros deportistas. *DEPORTES*

culpa (Del lat. *culpa*.)
1 Responsabilidad de la persona que ha causado un daño a otra voluntaria o involuntariamente: *ya sé quién tiene la culpa.* *s.f.*
2 Aquello que causa un daño o perjuicio: *la lluvia tuvo la culpa del accidente.*
3 Incumplimiento de una ley: *fue acusado de culpa leve.* *DERECHO*
4 culpa lata: La que supone un grave descuido. *DERECHO*
5 culpa leve: Aquella cometida por quien no tomó las precauciones que tomaría una persona cuidadosa. *DERECHO*
6 culpa levísima: Aquella en que puede incurrir cualquiera, aunque sea muy cuidadoso. *DERECHO*
7 culpa teológica: Pecado, transgresión de la ley divina. *TEOLOGÍA*
8 absolver a culpa y pena: Absolver plenariamente: *el tribunal la absolvió a culpa y pena de la incriminación.* *DERECHO*
9 echar la culpa: Atribuir una falta o delito a una persona: *el niño le echó la culpa a su hermana.*
10 tener la culpa: Ser el causante de un daño: *no le des más vueltas, yo tengo la culpa del fracaso.*

culpabilidad
1 Circunstancia de ser una persona o una cosa la causante de un daño: *sobre él recayó toda la culpabilidad.* *s.f.*
2 Responsabilidad de un hecho ante la ley: *no se demostró su culpabilidad ante el juez.* *DERECHO*

culpabilizar Echar las culpas a una persona de un daño causado: *me culpabilizó del robo.* *v.tr. conj: cazar*

culpable
1 Que tiene la culpa de una cosa: *a mi entender tú no fuiste el único culpable de vuestra separación.* *adj/s.m.f.*
2 Persona que ha cometido un delito: *fue declarado culpable de asesinato.* *s.m.f. DERECHO*

culpado, a Que ha cometido una culpa o falta: *los culpados recibirán su castigo.* *adj/s.*

culpar (Del lat. *culpare*.) Atribuir una culpa a una persona: *se culpa de lo que sucedió a su padre; los culpó de dejarla sola en la fiesta.* *v.tr/prnl. + de*

culposo, a Se aplica al acto u omisión que conlleva culpa por ser imprudente o negligente. *adj. DERECHO*

cultalatiniparla Lenguaje afectado y lleno de cultismos: *su rebuscada cultalatiniparla era rayana en la pedantería.* *s.f. literario*

cultamente
1 Con afectación: *tan cultamente se expresó que no logró hacerse entender.* *adv.*
2 Con cultura, de manera culta: *cultamente le respondió a las cuestiones sobre derecho romano.*

cultedad
1 Calidad de culterano o culto. *s.f. = culteria*
2 Hecho de ser un texto demasiado culto y complicado: *ensalzó con ironía la sencillez y cultedad de su producción.*

culteranismo Estilo literario propio de la época barroca, caracterizado por el uso de un lenguaje con numerosas metáforas forzadas, referencias de difícil interpretación, hipérboles extremadas, latinismos e hipérbatos abundantes. *s.m. LITERATURA*

culterano, a
1 Del culteranismo: *producción culterana.* *adj./LITERATURA*
2 Se aplica al escritor que profesa el culteranismo. *adj/s./LITERATURA*

cultería Cultedad, circunstancia de ser un texto pedante y rebuscado, añadiendo un matiz irónico: *con una sonrisa festiva intentó alabar gravemente la cultería de sus silvas.* *s.f. despectivo*

cultiparlar Hablar una persona de manera afectadamente culta: *el protagonista cultiparlaba en la escena que se desarrolla ante el mago de la corte.* *v.intr.*

cultipicaño, a Que sabe mucho y utiliza esa sabiduría para la picaresca: *el cultipicaño estudiante sisaba a los tenderos en el mercado de abastos.* *adj. coloquial*

cultismo
1 Palabra o expresión cultos o eruditos. *s.m.*
2 Voz procedente de una lengua clásica que penetra por vía culta en una moderna sin sufrir las transformaciones fonéticas normales de las voces populares. *LINGÜÍSTICA*
3 Construcción o acepción propias de una lengua clásica recreadas en una moderna, casi siempre con finalidad expresiva o estética. *LINGÜÍSTICA*

cultivable Que reúne las condiciones necesarias para ser cultivado: *era una región rica, de tierras cultivables.* *adj. AGRICULTURA*

cultivado, a Que ha adquirido modales, comportamientos o conocimientos: *en sus intervenciones demostraba que era una mujer muy cultivada.* *adj.*

cultivador, a
1 Que cultiva: *los cultivadores de productos ecológicos denunciaron la falta de subvenciones para los métodos experimentales.* *adj/s. AGRICULTURA*
2 Instrumento que consiste en un arado arrastrado por el tractor. *s.m. AGRICULTURA*

cultivar (Del bajo lat. *cultivare*.)
1 Dar a la tierra y a las plantas los cuidados necesarios para que crezcan o den fruto provechoso para el hombre: *cultivaba plantas ornamentales.* *v.tr. AGRICULTURA*
2 Poner todos los medios necesarios para fomentar el conocimiento, la amistad, las artes u otras cosas: *es una institución que cultiva la pintura; cultivar el ingenio.*
3 Desarrollar cultivos microbianos. *BIOLOGÍA*

cultivo
1 Acción, actividad o arte de cultivar la tierra o cierta planta: *han deforestado el bosque amazónico para dedicar la tierra a los cultivos de café.* *s.m. AGRICULTURA = cultivación*
2 Método de estudio de los microorganismos que consiste en colocar alguno de ellos en un medio determinado para que se produzca fácilmente y forme colonias que permitan su examen detenido: *el cultivo de laboratorio es esencial para el experimento.* *BIOLOGÍA*
3 cultivo intensivo: El que utiliza abonos y riegos para que la tierra produzca sin descansar. *AGRICULTURA*
4 cultivo hidropónico: Aquel en que se utilizan medios artificiales. *AGRICULTURA*
5 cultivo microbiano: Técnica que consiste en colocar gérmenes en un medio nutritivo apropiado, para que se multipliquen y así poder aislarlos, identificarlos y estudiarlos. *BIOLOGÍA*
6 poner en cultivo: Limpiar de maleza un terreno para dedicarlo a la actividad agrícola: *pusieron en cultivo las tierras de una extensa área.* *AGRICULTURA*

culto, a (Del lat. *cultus < colere*, cultivar, honrar.)
1 Que tiene una cultura o formación considerable que se manifiesta en sus obras, comportamiento o palabras: *es muy culta y puedes hablar con ella de cualquier cosa.* *adj.*
2 Se refiere a la palabra o enunciado que es usado entre personas con cultura o en lenguaje literario: *usa un lenguaje muy culto.*
3 Se aplica a la palabra o expresión que se ha introducido tardíamente a partir del griego o del latín y no ha tenido evolución popular ni ha seguido las leyes fonéticas habituales. *LINGÜÍSTICA*
4 Se aplica a la tierra o planta que ha sido cultivada. *AGRICULTURA*
5 Demostración de veneración y acatamiento a una divinidad: *rinde un profundo culto a la virgen.* *s.m. + a*

6 Conjunto de ritos y ceremonias con que se manifiesta la adoración a una divinidad: *el culto católico difiere del culto luterano.* `RELIGIÓN`
7 Admiración extraordinaria hacia una cosa espiritual o material: *su culto a la belleza resulta excesivo.* `+ a`
8 culto a la personalidad: Admiración, a menudo provocada, respecto a un dirigente que ostenta un poder absoluto o a una personalidad carismática: *en muchos regímenes totalitarios el gobierno fomenta el culto a la personalidad del dictador.*
9 culto de dulía: El que se da a los ángeles y a los santos, en la religión católica. `RELIGIÓN`
10 culto de hiperdulía: Adoración exclusiva de la Virgen María como madre de Dios, en la religión católica. `RELIGIÓN`
11 culto de latría: El tributado a Dios, en la religión católica. `RELIGIÓN`
12 culto externo: Aquel que consiste en demostraciones exteriores, como sacrificios, cantos sagrados, ofrendas o procesiones. `RELIGIÓN`
13 culto indebido: Aquel que es supersticioso o contrario a los preceptos de la iglesia católica. `RELIGIÓN`
14 culto interno: Culto que se tributa interiormente con actos de fe, esperanza y caridad. `RELIGIÓN`
15 culto superfluo: El que se tributa por medio de cosas vanas o inútiles o dirigiéndolo a fines no probados por la Iglesia católica. `RELIGIÓN`
cultor, a
1 Que cultiva: *el sabio cultor de las letras.* `adj/s./literario`
2 Que rinde culto a alguna cosa.
-cultor, a Componente de palabra procedente del lat. *cultor,* que significa cultivador: *viticultor; horticultor; agricultor.* `suf.`
cultual Del culto religioso. `adj./RELIGIÓN`
cultura (Del lat. *cultura.*)
1 Conjunto de conocimientos y actividades científicas, industriales y artísticas de un pueblo, país o una época, considerados globalmente o en cada una de las materias: *es un especialista en la cultura maya.* `s.f.`
2 Conjunto de conocimientos adquiridos por una persona mediante el estudio, la lectura, los viajes, su vida de relación u otros medios: *su cultura es muy amplia, sabe de todo.* `= instrucción` `≠ incultura`
3 Cultivo o desarrollo de las facultades humanas: *desde joven tiene una gran cultura física.*
4 cultura de masas: Conjunto de manifestaciones pertenecientes a un gran número de personas gracias a la difusión a través de los medios de comunicación. `SOCIOLOGÍA`
5 cultura popular: La que expresa la vida del pueblo y que se transmite por tradición. `SOCIOLOGÍA`
-cultura Componente de palabra procedente del lat. *cultura,* que significa cultivo, cultura: *arboricultura; puericultura.* `suf.`
cultural (Del alem. *kulturell.*) Que tiene relación con la cultura: *asiste a un centro cultural.* `adj.`
culturar Trabajar la tierra. `v.tr./= cultivar`
culturismo Actividad gimnástica cuyo fin es desarrollar los músculos. `s.m. DEPORTES`
culturista
1 Del culturismo. `adj./DEPORTES`
2 Que practica el culturismo: *el culturista desarrollaba sus músculos trabajándolos con pesas.* `adj/s.m.f. DEPORTES`
culturización Acción y resultado de promover o difundir las actividades culturales: *la culturización ha de ser promovida desde los organismos oficiales.* `s.f.`
culturizar Introducir una cultura en un país. `v.tr./conj: cazar`
cuma
1 Cuchillo grande que se utiliza para rozar la maleza y podar las plantas. `s.f./Amér. Central, Perú`
2 Madrina, comadre.
cumarú (Voz guaraní.) Árbol leguminoso de grandes dimensiones, cuyo fruto es una almendra que se emplea para la obtención de perfumes y bebidas alcohólicas. *(Dypterix odorata.)* `s.m. BOTÁNICA`
cumbamba Barbilla, mentón. `s.f./Colomb.`
cumbarí Se refiere al ají pequeño, rojo y muy picante. `adj./Argent.`
cumbé Baile y música popular de Guinea. `s.m./MÚSICA`
cumbia Baile y música popular de Colombia, de ritmo ágil y compás de dos por cuatro. `s.f. MÚSICA`
cumbral Caballete del tejado. `s.m./CONSTRUCCIÓN`
cumbre (Del lat. *culmen,* cima.)
1 Parte más alta de una montaña: *la expedición alpina llegó a la cumbre un día antes de lo previsto.* `s.f./GEOGRAFÍA` `= cima, cumbrera`
2 Punto o grado más alto de perfección que se puede alcanzar en una actividad: *es la cumbre de su arte.* `= cenit`
3 Reunión de dignatarios nacionales o internacionales: *se celebra una cumbre de países europeos.* `POLÍTICA`
cumbrera
1 Caballete de la armadura del tejado. `s.f./CONSTRUCCIÓN`

2 Dintel de una puerta o ventana.
3 Cumbre de un monte. `= cima`
cúmel (Del alem. *kümmel.*) Licor dulce de origen ruso elaborado con comino, canela, hinojo, alcohol y jarabe de azúcar. `s.m.`
cumiche Hijo menor de una familia. `s.m./Amér. Central`
cumínico Se aplica al ácido que se obtiene del comino. `adj./QUÍMICA`
cuminol Aceite esencial extraído del comino. `s.m./QUÍMICA`
cum laude (Expresión latina.) Calificación máxima de una tesis doctoral. `loc.adj.`
cumpa Amigo, camarada. `s.m./Amér. Merid.`
cúmplase
1 Fórmula que se coloca en algunos documentos para confirmar lo que en ellos se expresa y para ordenar el cumplimiento de su contenido. `s.m./pl: cúmplase formal DERECHO`
2 Decreto que se ponía en el título de los funcionarios públicos para que pudieran tomar posesión de sus cargos o destinos. `HISTORIA`
cumpleaños Aniversario del nacimiento de una persona: *organizó una fiesta privada para celebrar su cumpleaños.* `s.m. pl: cumpleaños`
cumplidamente Por entero, ampliamente: *pagó cumplidamente su culpa.* `adv.`
cumplidero, a
1 Se aplica al plazo que debe cumplirse en un tiempo determinado: *cumplidero el día primero del mes entrante.* `adj. formal`
2 Que es conveniente o importante.
cumplido, a
1 Que está terminado o completo: *llegó a las cinco cumplidas.* `adj.`
2 Que es largo o abundante: *compró una falda cumplida.*
3 Que se comporta con cortesía y atenciones: *es una persona atenta y muy cumplida.*
4 Acción o palabras obsequiosas o corteses: *no recibieron con muchos cumplidos; dar el pésame es un cumplido.* `s.m.`
cumplidor, a Que cumple con sus obligaciones o compromisos: *puedes confiar en ellos, son muy cumplidores.* `adj/s.`
cumplimentación
1 Acción de cumplimentar, llevar a cabo una orden recibida. `s.f.` `= cumplimiento`
2 Acción de cumplir un trámite o diligencia.
3 Acción de cumplimentar, saludar con respeto y formalidad a una autoridad.
cumplimentar
1 Realizar una orden recibida, una diligencia o un trámite: *debe cumplimentar estos documentos.* `v.tr.` `= tramitar`
2 Realizar un acto de atención o cortesía hacia una persona que ésta merezca: *el presidente cumplimentó al rey.*
cumplimentero, a Que hace demasiados cumplimientos. `adj/s. coloquial`
cumplimiento
1 Acción y resultado de cumplir o cumplirse algo. `s.m.`
2 Palabras con que se adula u obsequia a alguien: *hace ostentación de demasiado cumplimiento como para no esperar algo a cambio.* `= cumplido`
3 Ofrecimiento que se hace por cortesía o ceremonia. `= ofrenda`
4 Perfección en la manera de obrar o de hacer una cosa.
5 cumplimiento del deseo: Formación síquica en la que el deseo aparece ya realizado de forma imaginaria. `SICOLOGÍA`
6 cumplimiento pascual: Confesión y comunión que se realizan por precepto religioso durante la pascua, entre los católicos. `RELIGIÓN`
7 por o de cumplimiento: Por urbanidad: *por cumplimiento fue a visitarles a su nueva residencia.* `loc.adv.`
cumplir (Del lat. *complere,* llenar, completar.)
1 Hacer una cosa obligada o prometida: *has de cumplir con tus obligaciones.* `v.tr.` `≠ incumplir`
2 Tener una cosa las condiciones establecidas: *cumple los requisitos técnicos.*
3 Llegar a tener un número exacto de semanas, meses o años: *hoy cumple seis meses.*
4 Realizar las funciones o las acciones que corresponden a un empleo, un cargo o una posición: *cumplir con el deber.* `v.intr. + con = desempeñar`
5 Hacer una cosa por cortesía: *asistió a la ceremonia por cumplir con ellos.* `+ con`
6 Acabar una persona el servicio militar. `MILITAR`
7 Acabar o vencer un plazo de tiempo determinado: *se cumple el término de presentación de instancias.* `v.intr/prnl. = finalizar`
8 Llegar a ser verdad una cosa anunciada o esperada: *al fin se ha cumplido tu deseo.* `v.prnl.`
9 por cumplir: Por cortesía o por no caer en falta: *le ofrecí mi apartamento por cumplir, no esperaba que lo aceptase con tanta facilidad.* `loc.adv.`
cumquibus Dinero, moneda. `s.m./tb: conquibus`
cúmulo (Del lat. *cumulus,* exceso, amontonamiento.)
1 Conjunto de cosas puestas unas sobre otras: *tiene un cúmulo de papeles sobre la mesa.* `s.m.` `= montón`

2 Junta, unión o suma de muchas cosas materiales o inmateriales: *se ha cometido un cúmulo de errores.*
3 Conjunto de nubes con apariencia de montañas nevadas, con bordes brillantes, propias del verano.
4 **cúmulo estelar:** Acumulación o agrupación muy extensa de estrellas. — ASTRONOMÍA

cumulonimbo Nube de grandes dimensiones, de desarrollo vertical y aspecto oscuro que suele causar tormentas. — s.m.

cuna (Del lat. *cuna*.)
1 Cama para niños pequeños, protegida por barandillas o bordes altos: *los abuelos maternos le regalaron la cuna.* — s.f.
2 Lugar de nacimiento de una persona: *a pesar de haber vivido en diferentes países siempre guardaba parabienes y alabanzas para su cuna.* — = patria
3 Ascendencia de una persona: *es de noble cuna.* — = estirpe
4 Origen o principio de una cosa: *la cuna del renacimiento fue Italia.*
5 Espacio comprendido entre los cuernos de una res bovina.
6 Puente tosco formado por dos maromas unidas por travesaños de madera. — CONSTRUCCIÓN
7 Dispositivo armado debajo de un barco que sirve para botarlo. — NÁUTICA = basada
8 **conocer a alguien desde la cuna:** Conocerle desde muy niño: *sus amigas lo conocen desde la cuna.* — coloquial

cunar Mover la cuna de un lado a otro. — v.tr./= acunar

cunda
1 Paliza, azotaina: *le dio una cunda que lo dejó tieso.* — s.f./= tunda
2 Cómic, historieta dibujada. — argot
3 Furgón con el que se traslada a los presos: *la cunda volcó al explotar el artefacto.* — argot

cundir (De origen incierto.)
1 Dar mucho de sí una cosa: *el guiso ha cundido mucho.* — v.intr.
2 Propagarse las cosas inmateriales: *cundió el pánico al ver las llamas.* — = extenderse
3 Progresar un trabajo material o intelectual: *no le cunde el estudio.* — = rendir
4 Extenderse en todas direcciones un líquido, en especial el aceite.

cunear
1 Mover a un niño en la cuna suavemente para que se duerma: *lo cuneaba mientras le tarareaba una canción.* — v.tr. = acunar
2 Moverse una cosa de un lado a otro: *las olas hacían que el barco se cunease.* — v.prnl. coloquial

cuneco, a Hijo menor de una familia. — s./Venez.

cuneiforme (Del lat. *cuneus*, cuña + *forma*, figura.)
1 Que tiene forma de cuña. — adj.
2 Se aplica al hueso que está en la parte anterior de la segunda fila del tarso. — adj./s.m. ANATOMÍA
3 Se aplica a una escritura propia de la mayor parte de los pueblos del antiguo oriente, que se caracteriza por sus rasgos en forma de cuña.

cúneo (Duplicado culto de *cuño*.)
1 Espacio comprendido entre los vomitorios o entradas de los teatros y circos romanos. — s.m./ARQUITECTURA, HISTORIA
2 Grupo de soldados en formación triangular para romper las líneas enemigas. — MILITAR

cunero, a
1 Se aplica al recién nacido que ha sido abandonado. — adj/s./= expósito
2 Se refiere al toro del que no se conoce la ganadería a la que pertenece. — adj. TAUROMAQUIA
3 Se aplica al candidato a cortes que es extraño al distrito y es patrocinado por el gobierno. — POLÍTICA

cuneta (Del ital. *cunetta* < *la cunetta* < *lacuna*, laguna.)
1 Zanja que hay a cada lado de un camino o carretera para recoger el agua de lluvia: *el coche resbaló sobre la placa de hielo y fue a parar a la cuneta.* — s.f. CONSTRUCCIÓN
2 Zanja de desagüe en el foso de una fortificación. — CONSTRUCCIÓN

cunicular Del conejo o que tiene relación con él: *afecciones cuniculares.* — adj. ZOOLOGÍA

cunicultor, a Que se dedica a la cría y reproducción de conejos. — adj/s.

cunicultura (Del lat. *cuniculus*, conejo + *cultura*, cultivo, cría.) Cría y reproducción de conejos para su propagación o venta. — s.f.

cunnilingus Caricia sexual consistente en la estimulación de los órganos sexuales femeninos con la boca o la lengua. — s.m.

cuña
1 Pieza de madera, metal, u otro material, generalmente con forma de prisma triangular, que se utiliza para calzar, dividir o ajustar objetos: *colocó dos cuñas bajo la nevera para asentarla.* — s.f. = calzo
2 Breve espacio publicitario que se emite en medio de un programa de radio. — AUDIOVISUALES
3 Noticia breve que se añade a una plana de una publicación escrita para ajustar mejor la compaginación.
4 Recipiente destinado a recoger la orina y los excre-

mentos de los enfermos que no pueden levantarse de la cama.
5 Piedra de empedrar labrada en forma de pirámide truncada. — CONSTRUCCIÓN
6 Formación de una franja de altas presiones que penetra en zonas de presión distinta, causando inestabilidad atmosférica.
7 Hueso cuneiforme. — ANATOMÍA
8 Enchufe, influencia de que se sirve una persona para conseguir su objetivo. — Amér.
9 **meter cuña:** Meter cizaña o introducir discordia o motivo de malestar. — coloquial
10 **ser buena cuña:** Ser una persona bastante gruesa y meterse en un lugar estrecho, incomodando a los demás. — coloquial

cuñado, a (Del lat. *cognatus* < *cum*, con + *natus*, nacido.) Hermano o hermana del cónyuge de una persona. — s.

cuñete
1 Barril o cubeto pequeño para líquidos. — s.m.
2 Barril en el que se envasan aceitunas y otros productos con el fin de que se conserven largo tiempo.

cuño (Del lat. *cuneus*, cuña.)
1 Troquel, normalmente de acero, con el que se sellan o imprimen las monedas, las medallas y otras cosas parecidas. — s.m.
2 Impresión o señal que deja este instrumento.
3 Formación en forma de triángulo de un cuerpo de tropa. — MILITAR = cúneo
4 **de nuevo cuño:** Indica que una persona o cosa ha entrado recientemente a formar parte de una comunidad: *es una abogada de nuevo cuño.* — loc.adj.

cuodlibeto (Del lat. *quodlibet*, lo que se quiera.)
1 Disertación, discusión o relación que un autor hace sobre un tema científico elegido a su voluntad. — s.m. culto
2 Ejercicio que hacía la persona que se graduaba en una universidad sobre un tema elegido por él.
3 Comentario irónico o mordaz dicho con intención de entretener.

cuota (Duplicado culto de *cota*.)
1 Cantidad de dinero que hay que pagar por ciertos usos colectivos: *la cuota del gimnasio es baja.* — s.f.
2 Parte o porción fija proporcional: *cuota de mercado.* — = cupo
3 **cuota de ventas:** Cifra total de ventas que debe realizar un vendedor, en un determinado territorio o a una clientela dada. — COMERCIO
4 **cuota vidual:** Denominación de la legítima usufructuaria del cónyuge supervivientе. — DERECHO
5 **cuota tributaria:** Magnitud tributaria que resulta de aplicar el tipo de gravamen sobre la base liquidable, arrojando la cantidad de dinero que el sujeto pasivo del tributo de que se trate debe pagar a hacienda. — ECONOMÍA

cuotalitis Pacto que hace un abogado con su cliente, por el cual sus honorarios serán una parte de las ganancias obtenidas en el litigio. — s.m. pl: cuotalitis DERECHO

cuotidiano, a Que es cotidiano o habitual. — adj.

cupaje Mezcla de bebidas alcohólicas con otras de menor graduación. — s.m.

cupé (Del fr. *coupé* < *couper*, cortar.)
1 Automóvil de dos puertas y, por lo general, de dos plazas y deportivo. — s.m.
2 Coche cerrado de dos asientos.

cupido (De *Cupido*, dios mitológico del amor.)
1 Representación del dios del amor con figura de niño con los ojos vendados, alas y un arco y unas flechas. — s.m. = amorcillo
2 Hombre enamoradizo y galanteador.

cupitel Se usa para indicar que se arroja la bola por alto, en el juego de las bochas, para que, al caer, pegue en otra y la aparte. — s.m. JUEGOS

cuplé (Del fr. *couplet*.) Canción corta y ligera, generalmente picaresca y cantada por mujeres, que forma parte de ciertos espectáculos. — s.m. MÚSICA

cupletista
1 Cantante de cuplés. — s.m.f./MÚSICA
2 Compositor de cuplés. — MÚSICA

cupo (Del pret. perf. de *caber*.)
1 Parte proporcional que corresponde pagar a una persona en un impuesto o servicio. — s.m. = cuota
2 Parte, porcentaje de una cosa: *llenó su cupo de paciencia.*
3 Plaza de un vehículo. — Amér. Central

cupón (Del fr. *coupon*, recorte < *couper*, cortar.)
1 Papel o documento que da derecho a tomar parte en concursos, sorteos y que normalmente se corta de otro papel mayor: *ha comprado un cupón de los ciegos.* — s.m.
2 Cada una de las partes de un documento de deuda pública o de una sociedad que periódicamente se cortan para presentarla al cobro de los intereses vencidos. — ECONOMÍA

cupr- Componente de palabra procedente del lat. *cuprum*, que significa cobre: *cúprico; cuproníquel.* — pref. tb: cupri-

cupresáceo, a Perteneciente a la familia de plantas coníferas resinosas, arbustivas o arbóreas, de hojas verticiladas u opuestas, flores unisexuales y fruto seco o carnoso. *adj/s.f.* BOTÁNICA

cupresino, a (Derivado culto de *ciprés*.) Del ciprés. *adj./culto*

cúprico, a (Derivado culto de *cobre*.) Que se refiere al cobre o lo contiene. *adj.* QUÍMICA

cuprífero, a (Del lat. *cuprum*, cobre + *ferre*, llevar.) Que contiene cobre: *yacimientos cupríferos.* *adj.* QUÍMICA

cuprita Óxido de cobre cúbico de color rojo, frecuente en los afloramientos de los yacimientos de metal. *s.f.* MINERALOGÍA

cuproníquel Aleación de cobre y níquel, usada para fabricar monedas. *s.m.* QUÍMICA

cúpula (Del ital. *cupola* < lat. *cupa*, cuba.)
1 Bóveda en forma semiesférica que cubre un edificio, o parte de él: *la pista de baloncesto está cubierta por una cúpula de vidrio y metal.* *s.f.* ARQUITECTURA
2 Órgano de mando de una organización: *la cúpula del partido mantiene una reunión.* *= dirección*
3 Órgano que sostiene o envuelve las bases de los frutos de la encina, el avellano, el castaño y otras plantas. BOTÁNICA
4 Torre de hierro redonda, cubierta y giratoria, que tienen algunos buques blindados. MILITAR

cupulífero, a Perteneciente a un antiguo grupo de plantas arbóreas o arbustivas, de hojas sencillas, flores monoicas, cuyos frutos reposan en una cúpula. *adj/s.f.* BOTÁNICA *= fagáceo*

cupulino Cúpula pequeña que se añade a la cúpula de un edificio. *s.m.* ARQUITECTURA

cuquería Procedimiento hábil y engañoso para conseguir una cosa: *no pude resistir sus cuquerías y acabé cediendo.* *s.f.* coloquial *= astucia*

cuquero, a Persona pícara y astuta. *s./coloquial*

cuquillero, a Se refiere al cazador furtivo. *adj./CAZA*

cuquillo Cuclillo, ave paseriforme. *s.m./ZOOLOGÍA*

cura (Del lat. *cura*, cuidado.)
1 Sacerdote católico, especialmente el encargado de una feligresía. *s.m.* RELIGIÓN
2 Terapia que se aplica a un enfermo para que sane: *le aplicaron una cura muy dolorosa.* *s.f.* MEDICINA
3 Método curativo: *siguió una cura de aguas termales.* MEDICINA
4 Borrachera, estado de ebriedad. *Chile*
5 cura de almas: Cargo que tiene el párroco de cuidar, instruir y administrar los sacramentos a sus feligreses. RELIGIÓN
6 cura ecónomo: Sacerdote que sustituye a un cura párroco. RELIGIÓN
7 cura párroco: El de una feligresía. RELIGIÓN
8 cura propio: El que tiene en propiedad una feligresía. RELIGIÓN
9 este cura: Expresión que sustituye a la persona que habla: *este cura se va a dormir.* coloquial
10 primeras curas: Tratamiento de urgencia de alguna herida. MEDICINA
11 alargar la cura: Prolongar sin necesidad un negocio, cuando al que lo alarga se le sigue de esto una utilidad. coloquial
12 encarecer una persona la cura: Exagerar lo que hace por otro para que éste se lo agradezca o recompense más. coloquial
13 no tener cura: Ser incorregible: *ha vuelto a delinquir, no tiene cura.* coloquial
14 tener cura: Poder curarse de una enfermedad: *tranquilízate, esta enfermedad tiene cura.* MEDICINA

curable Que se puede curar: *tiene una enfermedad curable.* *adj.* MEDICINA

curación Acción y resultado de curar o curarse: *el equipo médico confía en que la curación será rápida.* *s.f.* MEDICINA

curado, a
1 Se aplica al alimento que es conservado en seco: *me gusta el jamón curado.* *adj.*
2 Que está ebrio o borracho. *adj/s./Chile*
3 estar curado de espantos: Estar preparado o acostumbrado para no sufrir una sorpresa por haber sido testigo de situaciones más impresionantes o tremendas: *no me escandalizaré, ya estoy curada de espantos.* coloquial

curador, a
1 Que tiene cuidado de alguna cosa. *adj/s.*
2 Que cura pescados, carnes y otros productos.
3 Persona que administra los bienes de un menor o de una persona que no está en estado de administrarlos por sí mismo. *s.* DERECHO *= tutor*

curaduría
1 Cargo de curador de un menor. *s.f./DERECHO*
2 curaduría ejemplar: La que se daba para los incapacitados por locura o demencia. DERECHO

cural Se aplica a la casa que ocupa el cura y suele ser propiedad de la iglesia. *adj.*

curalle (Del fr. ant. *curaille*, residuos < *curer*, mondar, limpiar.) Pequeña pelota de plumas o algodón que se da a los halcones para limpiarles el buche. *s.m.* CAZA

curalotodo Remedio contra cualquier enfermedad. *s.m./coloquial*

curanderil Del curandero y de sus procedimientos: *confía en absoluto en las terapias curanderiles.* *adj.* coloquial

curanderismo Arte y práctica de curar sin tener los estudios de medicina. *= curandería*

curandero, a
1 Persona que se dedica a curar sin haber realizado estudios de medicina y, por lo general, con métodos poco ortodoxos: *jamás confió en curanderas, pero es capaz de reconocer que sus métodos son, a veces, efectivos.* *s.* MEDICINA
2 Persona que ejerce la medicina sin título oficial. MEDICINA

curángano Cura, sacerdote: *los curánganos ensotanados paseaban por los jardines del palacio episcopal.* *s.m.* despectivo

curanto Guiso de mariscos, carnes y legumbres que se cuecen en un hoyo tapado con piedras calientes. *s.m./Chile* COCINA

curar (Del lat. *curare*, cuidar.)
1 Hacer que un enfermo sane o recobre la salud o desaparezca su dolencia o enfermedad: *el jarabe te curará la tos.* *v.tr/intr/prnl.* MEDICINA *= sanar*
2 Preparar la carne o el pescado con sal, humo, u otro método, para que se conserve más tiempo: *colgaron el jamón para curarlo.* *v.tr.* COCINA
3 Hacer una cosa que disminuya la violencia de un sentimiento: *la relación con sus amigos curó su tristeza.*
4 Evitar que continúe una cosa no deseada: *con el juego no conseguirás curar los problemas económicos.*
5 Preparar las pieles para fabricar objetos con ellas. *= curtir*
6 Tener la madera cortada en ciertas condiciones durante un tiempo antes de usarla. CARPINTERÍA
7 Preparar las telas para blanquearlas. TEXTIL
8 Cuidar de una persona, un animal o una cosa: *el perro cura de la casa durante el fin de semana.* *v.intr.* *+ de*
9 Recuperar una persona o animal la salud. *v.prnl.*
10 Embriagarse, emborracharse. *Chile*

curare Sustancia venenosa obtenida del maracure que utilizan los indios de América del Sur para envenenar sus flechas. *s.m.*

curasao Licor elaborado con cáscaras de naranja, azúcar y aguardiente. *s.m.* tb: curazao

curativo, a Que cura o sana: *tomo un jarabe de efecto curativo vertiginoso.* *adj.* MEDICINA

curato
1 Cargo del cura párroco. *s.m./RELIGIÓN*
2 Territorio que está bajo la jurisdicción de un cura párroco. RELIGIÓN *= parroquia*

curazao Curasao, licor. *s.m.*

cúrcuma (Del ár. *kurkum*, azafrán de la India.) Planta monocotiledónea cuya raíz se parece al jengibre y de la que se extrae un producto empleado como colorante y como especia. *s.f.* BOTÁNICA

curcuncho, a Que está jorobado. *adj./Amér. Merid.*

curcusilla (De origen incierto.) Rabadilla, extremidad del esternón. *s.f.* coloquial

curda
1 Estado producido por el alcohol cuando se bebe encantidad superior a la tolerada por el organismo: *ha pillado una buena curda.* *s.f.* coloquial *= borrachera*
2 Se aplica a la persona que está borracha: *anda curda todo el día.* *adj/s.m.f.* coloquial/= ebrio

curdela
1 Estado producido por el alcohol cuando se bebe en cantidad superior a la tolerada por el organismo. *s.f./coloquial* *= borrachera*
2 Se aplica a la persona borracha: *el joven curdela entraba en casa dando tumbos y tropezando por la escalera.* *adj/s.m.f.* coloquial

curdo, a
1 De Kurdistán, región del Oriente Próximo. *adj./tb: kurdo*
2 Persona natural de Kurdistán. *s.*
3 Lengua de la familia irania, hablada principalmente en esta región. *s.m.* LINGÜÍSTICA

cureña (De origen incierto.)
1 Armazón formado por dos maderos laterales, fuertemente unidos, que servía de soporte a los cañones de artillería. *s.f.* MILITAR
2 Pieza de madera usada para fabricar la caja de un fusil.
3 Pieza alargada de madera en que va sujeto el arco de la ballesta.
4 a cureña rasa: 1. Expresión usada cuando una batería de cañones carece de parapeto o defensa que la proteja. 2. Indica que algo se hace sin protección: *aguantó la lluvia a cureña rasa.* *loc.adv.* *loc.adv.*

curia (Del lat. *curia*, edificio del senado.)
1 Conjunto de abogados, procuradores y demás funcionarios que intervienen en la administración de justicia. *s.f.* DERECHO
2 Organismo administrativo, judicial y de gobierno que despacha los asuntos eclesiásticos. RELIGIÓN

3 Cada una de las divisiones del antiguo pueblo romano. — HISTORIA

4 Lugar donde se reunía la curia romana y más tarde el senado. — HISTORIA

5 Senado romano. — HISTORIA

6 curia diocesana: La del obispo. — RELIGIÓN

7 curia romana o pontificia: La que junto con el papa gobierna la Santa Sede. — RELIGIÓN

curial (Del lat. *curialis*.)
1 De la curia, en especial de la Curia Vaticana. — adj.
2 Persona que tenía correspondencia en Roma para hacer traer las bulas y decisiones papales. — s.m. HISTORIA
3 Persona que tiene un cargo en la curia romana. — RELIGIÓN
4 Empleado y subalterno de los tribunales de justicia. — DERECHO

curiana (De origen incierto.) Cucaracha, insecto. — s.f./ZOOLOGÍA

curiche
1 Cenegal que queda en las zonas llanas después de crecidas. — s.m. Bol.
2 Persona que tiene la piel de color oscuro o negro. — Chile

curio (Del nombre de los esposos *Curie*, químicos franceses.)
1 Elemento químico radiactivo obtenido artificialmente bombardeando el plutonio con partículas alfa. — s.m. QUÍMICA
2 Unidad de medida para la radiactividad. — FÍSICA

curiosamente
1 Con limpieza y cuidado: *un examen muy curiosamente presentado.* — adv.
2 De manera sorprendente: *curiosamente, no resultó dañado el edificio.*

curiosear
1 Intentar una persona enterarse de asuntos ajenos: *le gusta curiosear.* — v.intr./tr. + en
2 Mirar una cosa sin mostrar interés: *ha estado curioseando tiendas.*

curiosidad
1 Deseo de saber o enterarse de una cosa: *siente curiosidad por las matemáticas.* — s.f.
2 Interés por conocer los asuntos de los demás: *le pregunté con pura curiosidad.*
3 Actitud cuidadosa, ordenada o aseada: *es tal su curiosidad que no deja pasar ni un error.* — = pulcritud
4 Condición de lo que está hecho con cuidado, esmero o pulcritud.
5 Cosa que causa interés, sorpresa o extrañeza.
6 Cosa hecha con cuidado y esmero: *colecciona curiosidades en cerámica.*

curioso, a (Del lat. *curiosus*, cuidadoso, curioso.)
1 Que hace las cosas con cuidado y esmero: *es muy curiosa con sus deberes y presenta unos dibujos muy pulcros.* — adj. = pulcro
2 Que llama la atención o excita la curiosidad: *es un caso curioso.* — = atractivo
3 Que tiene interés por saber cosas. — adj./s.
4 Que se entromete en los asuntos ajenos: *no seas curioso y deja de mirar por la ventana.* — = fisgón
5 Que está limpio y ordenado: *siempre tiene la casa muy curiosa.* — adj.

curling (Voz inglesa.) Deporte de invierno que se practica sobre hielo y consiste en desplazar una piedra pulida por esta superficie. — s.m. DEPORTES

currante Que trabaja: *Antonio es un currante desde muy joven.* — adj/s.m.f./coloquial = trabajador

currar
1 Realizar una persona una actividad por la que obtiene una cantidad de dinero: *estoy currando, así que la semana que viene cobro y te pago.* — v.intr./argot = currelar, trabajar
2 Pegar a una persona: *le curraron al salir de la discoteca y le rompieron dos costillas.* — v.tr./prnl. vulgar

curre Actividad laboral de una persona: *no puedo ir de fiesta porque tengo mucho curre; tiene el curre al lado de casa.* — s.m./coloquial = currelo, curro

currelar Realizar una persona una actividad por la que obtiene una cantidad de dinero: *currelaba en un taller para pagarse los estudios.* — v.intr. coloquial = currar, trabajar

currelo Trabajo, empleo, actividad laboral de una persona: *tengo que ir al currelo, no puedo ir al cine.* — s.m./coloquial = curre, curro

curricán (Probablemente del port. *corricao*, procedimiento de caza.) Aparejo de pesca formado por un solo anzuelo, que se arroja por la popa o por un costado de la embarcación. — s.m. PESCA

curricular Del currículo. — adj.

currículo Currículum, historial académico o profesional. — s.m.

currículum (Del lat. *curriculum vitae*, carrera de la vida.)
1 Historial académico o profesional de una persona, presentado, por escrito: *conseguirás el trabajo si presentas un buen currículum.* — s.m./pl: currículums = currículo
2 Plan de estudio.
3 currículum vitae: Relación de los datos personales y de la historia académica y profesional que presenta

el aspirante a un cargo, a un puesto de trabajo o a una plaza académica.

currinche
1 Persona que empieza a ejercer el periodismo y es todavía inexperta. — s.m.f. argot
2 Persona que tiene pocas posibilidades o poco alcance, tanto físico como material.

currito Persona que trabaja y no ocupa un cargo importante. — s.m.f. coloquial

curro, a
1 Que es majo o guapo. — adj./coloquial
2 Actividad laboral de una persona: *estoy sin curro.* — s.m./coloquial
3 Paliza, conjunto de golpes: *le han dado un curro.* — vulgar

curruca Pájaro insectívoro, de plumaje gris, muchas veces con la cabeza más oscura y la cola escalonada y redondeada, típico de zonas de matorral, que tiene un canto muy característico. *(Sylvia).* — s.f. ZOOLOGÍA

currutaco, a (De un cruce de *curro* con *retaco*.)
1 Que sigue la moda con rigurosidad: *es tan currutaca que aunque le siente fatal, se pone minifalda.* — adj/s./coloquial = petimetre
2 Que es pequeño o insignificante. — coloquial

curry Polvo usado como condimento compuesto de cilantro, canela, jengibre, pimienta, clavo, cúrcuma, nuez moscada y pimienta de cayena. — s.m. COCINA

cursado, a Que es experto o experimentado en una materia: *está muy cursada en este tipo de conflictos familiares.* — adj.

cursar
1 Estudiar una materia en un centro docente: *cursa derecho en Inglaterra.* — v.tr.
2 Enviar una cosa a su destino: *hay que cursar los paquetes.*
3 Hacer que un documento siga su tramitación: *cursó la solicitud de empleo.* — = tramitar
4 Ir a un lugar a menudo o hacer una cosa frecuentemente.

cursi (Probablemente del ár. marroquí *kursi*.)
1 Que presume de elegante y fino sin serlo: *llegó con sus cursis andares intentando comerse el mundo.* — adj/s.m.f./coloquial = presumido
2 Que aparenta elegancia o riqueza, pero resulta ridículo: *lleva un vestido muy cursi.* — adj./coloquial = vulgar, hortera
3 Que se expresa con un lenguaje demasiado elevado y resulta ridículo, mal sonante o inapropiado: *me parece un escritor muy cursi.* — adj/s.m.f. = afectado, amanerado

cursilada
1 Acción o palabras propias de una persona cursi. — s.f./= cursilería
2 Cosa cursi: *este vestido rosa de organdí es una cursilada.* — = cursilería

cursilería
1 Modo de ser y de comportarse de las personas que pretendiendo ser distinguidas y elegantes, resultan ridículas y afectadas: *la cursilería de aquellas mujeres me resultaba insoportable.* — s.f. tb: curseria
2 Cosa, dicho o hecho cursi. — = cursilada

cursillista Persona que participa o asiste a un cursillo: *entregaron los certificados de asistencia a todos los cursillistas.* — s.m.f.

cursillo
1 Curso de poca duración para completar la preparación de una materia o actividad: *asiste a un cursillo de natación.* — s.m.
2 Breve serie de conferencias muy especializadas sobre una materia concreta: *se ha inscrito en un cursillo sobre Antonio Machado.*

cursivo, a Se refiere al carácter o letra manuscrita de trazo rápido y libre. — adj/s.f.

curso (Del lat. *cursus*.)
1 Dirección, carrera o camino que sigue una cosa: *el asunto siguió su curso.* — s.m.
2 Movimiento o recorrido de una corriente de agua: *en su curso, el río atraviesa varios países.*
3 Esta misma corriente: *curso de agua; le arrastró el curso del río.*
4 Paso del tiempo: *en el curso de una semana se han cometido tres asesinatos.* — = transcurso
5 Serie de estados o fases en las que se desarrolla un proceso, un fenómeno, un asunto u otra cosa: *el curso de la enfermedad es positivo.*
6 Período determinado durante el que se cursan clases: *la licenciatura está dividida en cinco cursos.*
7 Conjunto de lecciones que forman la enseñanza de una materia: *nos han dado el temario del curso.*
8 Tratado especial sobre una materia que se desarrolla en un período de tiempo breve: *asiste a un curso de lingüística general.* — = cursillo
9 Conjunto de alumnos que, teniendo el mismo grado de estudios, asisten a las mismas clases: *todo el curso está en una reunión de estudiantes.*
10 Serie de informes, consultas y trámites que precede a la resolución de un expediente: *al fin ha concluido el curso de la demanda judicial.* — DERECHO

11 Circulación, uso de algo que pasa de unos a otros: *esta moneda no es de curso legal.*
12 Recorrido real o aparente de un astro: *siguió con el telescopio el curso del cometa.* ASTRONOMÍA
13 Diarrea, trastorno del aparato digestivo.
14 curso forzoso: Obligación gubernamental de aceptar títulos del estado, billetes de banco o moneda sin valor apreciable. ECONOMÍA
15 curso monográfico: El que se limita a una parte muy específica de la ciencia o materia sobre la que trata: *ha dado un curso monográfico sobre la metáfora en Cernuda.*
16 curso posoperatorio: Proceso que sigue a una intervención quirúrgica hasta la curación o muerte del paciente. MEDICINA
17 dar curso: Hacer que una cosa siga su trayectoria, en especial se dice de documentos y estados de ánimo: *dio curso a una demanda; dio curso a su desbordante imaginación.*
18 en curso: Corriente, actual: *el año en curso.* loc.adj./formal
19 seguir su curso: Marchar una cosa como es normal en ella o como le corresponde: *a pesar del granizo, las tareas agrícolas tuvieron que seguir su curso.*

cursómetro Aparato usado para medir la velocidad alcanzada por un tren. s.m. TECNOLOGÍA

cursor
1 Indicador luminoso, normalmente parpadeante, que señala la posición de trabajo en una pantalla de caracteres o puntos. s.m. INFORMÁTICA
2 Pieza pequeña que se desliza a lo largo de otra mayor en algunos aparatos: *el cursor de la máquina de escribir indica los márgenes.* MECÁNICA
3 cursor de procesiones: Persona encargada de cuidar del orden en este tipo de actos. RELIGIÓN

curtación Diferencia entre la distancia real entre un planeta y el Sol, respecto a la misma distancia proyectada sobre el plano de la eclíptica. s.f. ASTRONOMÍA = acortamiento

curtido, a
1 Que está fortalecido o tiene experiencia para afrontar determinados asuntos: *está muy curtido, por los palos que le ha dado la vida.* adj. coloquial
2 Cuero que ya ha sido adobado o aderezado. s.m.
3 Acción y resultado de curtir.
4 Corteza de ciertos árboles. = casca

curtidor, a Persona cuyo oficio es curtir pieles. s.

curtiduría Taller donde se curten las pieles. s.f./= tenería

curtimbre Operación de curtir las pieles. s.f.

curtir (De origen incierto.)
1 Someter las pieles a un tratamiento que las hace flexibles y aptas para fabricar objetos. v.tr.
2 Poner el sol o el aire la piel de una persona morena y fuerte: *este sol te curtirá el cutis; se le ha curtido la piel.* v.tr/prnl.
3 Hacer que una persona se acostumbre a los contratiempos o penalidades que le depare la vida: *los avatares de la vida me han curtido; se curtirá con esta experiencia tan dura.*
4 Castigar azotando. v.tr./Amér.

curú Larva de la polilla. s.m./Perú

curucutear Cambiar los trastos de lugar: *el niño curucuteaba sus juguetes por la habitación.* v.intr. Colomb., Venez.

curuja Lechuza, ave. s.f./tb: curuca

curul (Del lat. *curulis.*)
1 Se refiere al edil que, en Roma, pertenecía a la clase de los patricios. adj. HISTORIA
2 Se aplica a la silla que ocupa un alto magistrado.

cururasca Ovillo de hilo. s.f./Perú

cururo, a
1 De color negro. adj./Chile
2 Especie de rata campestre, de color negro y muy dañina. s.m./Chile ZOOLOGÍA

curva (Derivado de *curvo.*)
1 Línea que cambia de dirección constantemente sin formar ángulos. s.f. GEOMETRÍA
2 Línea que representa la evolución de un fenómeno: *la curva de la temperatura es ascendente.*
3 Tramo curvo de un camino o carretera: *el coche se salió de la carretera en una curva.*
4 Pieza fuerte de madera que sirve para fijar dos maderos ligados en ángulo. NÁUTICA
5 Formas muy marcadas del cuerpo femenino: *todos los hombres se perdían por sus curvas.* s.f.pl.
6 curva abierta: Tramo curvo de una carretera de radio amplio.
7 curva cerrada: Tramo curvo de una carretera de radio pequeño y que, por tanto, suele obligar a reducir mucho la velocidad para tomarla.
8 curva de nivel: Línea que resulta de la intersección del terreno con el plano horizontal. GEOGRAFÍA

curvado, a Que tiene forma curva: *tiene la nariz curvada, casi aguileña.* adj.

curvar Dar forma curva a una cosa: *el metal se curvó por el calor.* v.tr/prnl. = combar

curvatura Condición de lo que es curvo: *es preciso modificar la curvatura del arco.* s.f. = curvidad

curvear Moverse una persona, un animal o una cosa haciendo curvas. v.intr.

curvi- Componente de palabra procedente del lat. *curvus,* que significa curvo: *curvilíneo; curvímetro.* pref.

curvilíneo, a Que tiene forma curva o está formado por líneas curvas: *proyectó un espacio curvilíneo.* adj.

curvímetro Instrumento para medir la longitud de las líneas curvas. s.m. GEOMETRÍA

curvo, a Que se aparta de la dirección recta sin formar ángulos: *línea curva; superficie curva; dio forma curva a las maderas.* adj.

cusca
1 Prostituta, mujer que ejerce la prostitución. s.f./Méx.
2 Borrachera, estado de ebriedad. Colomb.
3 Colilla de cigarro. Colomb.
4 hacer la cusca: Molestar, fastidiar a una persona: *no le hagas más la cusca a tu hermano, porque acabará aborreciéndote.* coloquial

cuscurrear
1 Comer una persona cuscurros. v.intr.
2 Hacer ruido la comida al masticarla: *sólo se le oía cuscurrear, no articuló ni una palabra.*

cuscurro Extremo del pan más tostado que el resto de la pieza: *siempre que podía comía cuscurro porque no le gustaba la miga.* s.m. tb: coscurro

cuscuta (Del bajo lat. *cuscuta* < ár. *kusuta* < gr. *kasutas.*) Planta sin clorofila, parásita de otras, sin hojas y con flores blanco-rosadas en grupos globulares densos, con la corola acampanada. s.f. BOTÁNICA

cusir Zurcir una prenda con puntadas mal hechas: *deprisa y corriendo se cusió los calcetines.* v.tr. coloquial

cusma Camisa usada por los indios de las serranías. s.f./Perú

cúspide (Del lat. *cuspis, -idis,* punta, objeto puntiagudo.)
1 Cumbre puntiaguda de una montaña. s.f.
2 Punto o momento más favorable que se puede alcanzar en una situación: *ahora mismo está en la cúspide de la gloria.* = apogeo
3 Punta de una pirámide o de un cono. GEOMETRÍA
4 Remate superior de una cosa: *la cúspide del campanario se ve desde todo el pueblo.*

cusqui Indica molestar o fastidiar a una persona en la expresión **hacer la cusqui.** coloquial

custodia (Del lat. *custodia,* guardia, centinela < *custos,* guardián.)
1 Vigilancia, protección o guarda: *al peligrar su vida, pidió custodia policial.* s.f.
2 Persona encargada de custodiar. tb: custodio
3 Pieza de metal precioso en que se expone el Santísimo Sacramento para la adoración de los fieles cristianos, en la liturgia católica. RELIGIÓN = ostensorio
4 Pequeño recinto, en forma de armario, situado encima del altar mayor en el que se guardan las hostias consagradas, en la liturgia católica. RELIGIÓN = sagrario, tabernáculo
5 Trono de grandes dimensiones en que se coloca el vaso litúrgico para ser conducido en una procesión. RELIGIÓN
6 Agregado de algunos conventos de la orden franciscana que no bastan para formar una provincia. RELIGIÓN
7 Consigna de una estación o aeropuerto donde los viajeros pueden depositar sus paquetes y equipajes. Chile

custodiar Guardar una cosa o persona con cuidado y vigilancia: *dos policías custodiarán al peligroso asesino.* v.tr.

custodino Eclesiástico que tiene un beneficio en nombre de otro. s.m./DERECHO, RELIGIÓN

custodio (Del lat. *custos, -odis.*)
1 Persona o escolta que vigila a un preso. s.m.
2 Superior de una custodia de la orden franciscana. RELIGIÓN

cususa Aguardiente de caña. s.f./Amér. Central

cutacha Machete pequeño. s.f./Amér. Central

cutama
1 Costal, talego. s.f./Chile
2 Persona torpe y pesada. Chile

cutáneo, a (Derivado culto de *cutis.*) De la piel: *le ha salido una erupción cutánea.* adj.

cutarra
1 Chancleta, calzado descubierto. s.f./Méx., Cuba
2 Zapato alto hasta la caña de la pierna. Hond.

cúter (Del ingl. *cutter.*)
1 Cuchilla pequeña y con mango, usada para cortar papel: *con el cúter separó las piezas del recortable.* s.m. pl.tb: cúteres
2 Barco de vela ligero, de poco tonelaje y con un solo palo. NÁUTICA

cutí (Del fr. *coutil* < fr. ant. *coute* < fr. *couette* < lat. *culcita,* colchón.) Tela fuerte de algodón usada para cubiertas de colchones y almohadas. s.m./TEXTIL pl.tb: cutíes = coti, terliz

cutícula (Del lat. *cutícula*.)   **s.f.**
1 Película fina y delicada que recubre el cuerpo de los   **BIOLOGÍA**
animales y las personas.
2 Piel que rodea la base de las uñas.
3 Capa externa de la concha de los moluscos y que   **ZOOLOGÍA**
leda su coloración característica en diversas especies.
4 Membrana formada por ciertas sustancias que se-   **BIOLOGÍA**
grega el protoplasma y que se acumulan en la periferia de la célula para formar una cubierta protectora.
5 Película externa de los tallos jóvenes y de las hojas   **BOTÁNICA**
que contiene cutina.

cuticular De la cutícula: *inflamación cuticular*.   **adj.**

cutina Sustancia impermeable contenida en la cutícu-   **s.f.**
la de los vegetales.   **BOTÁNICA**

cutio
1 Continuamente, seguidamente.   **adv./culto**
2 **de cutio:** De continuo.   **loc.adv./culto**

cutir Golpear una cosa con otra: *cutió el cuero húmedo*   **v.tr.**
contra las piedras.

cutis (Del lat. *cutis*, piel, pellejo.)
1 Piel que cubre el cuerpo humano, en especial la del   **s.m.**
rostro: *el viento y el frío le han resecado el cutis y los la-*   **pl: cutis**
bios.
2 Dermis, piel humana.   **ANATOMÍA**

cutral (Derivado del ant. *cuitre*, reja, cuchillo.) Se apli-   **adj/s.m.f.**

ca al buey o la vaca que es viejo y se destina al con-   **tb: cotral**
sumo de carne.

cutre
1 Que es sórdido y sucio o de mal gusto: *no sé cómo*   **adj./coloquial**
te gusta entrar en estos locales tan cutres.   **= miserable, sórdido**
2 Que es miserable y tacaño.   **= agarrado**
3 Se aplica a la persona o a la manera de decir y   **adj/s.m.f.**
hacer las cosas que resulta poco elegante o impropia.   **≠ pulifa**

cutrerío
1 Cualidad de cutre, miserable y tacaño.   **s.m./coloquial**
2 Conjunto de personas o cosas sórdidas y descuidadas: *se junta con el peor cutrerío del barrio.*

cuy (De origen incierto.) Cobayo, mamífero roedor.   **s.m./Amér. Merid.**

cuyabra Vasija hecha de calabaza.   **s.f./Colomb.**

cuyo, a (Del lat. *cujus*.) Expresa una relación de pose-   **pron.relat.**
sión de la palabra que antecede, con la que tiene que
concordar en género y número: *los autores cuyos libros*
has leído.

¡cuz! Expresión con que se llama a los perros.   **interj.**

cuzco Perro pequeño.   **s.m.**

cuzcuz Pasta de harina y miel.   **s.m./tb: alcuzcuz**

cuzma (Voz quechua.) Vestidura de lana, sin cuello ni   **s.f.**
mangas, que cubre el cuerpo hasta el muslo, usada
en América por los indios de las serranías.

cuzque De color negro.   **adj./Colomb.**

D

d Cuarta letra del alfabeto español y tercera de sus consonantes. **s.f.**

dabitis Palabra nemotécnica que designa el modo silogístico en que todas las premisas y las conclusiones son afirmativas pero la premisa mayor es universal y la menor y las conclusiones son particulares. **s.m.** **LÓGICA**

dable Que se puede hacer: *siento advertirle que en esta situación no es dable renunciar.* **adj.** **= factible, posible**

dabuten Que es excelente o muy bueno: *ha sido un fin de semana dabuten; tiene un currelo dabuten en un bar musical de su barrio.* **adj./pl: dabuten** **argot, vulgar** **tb: dabuti**

daca Indica que hay un intercambio de servicios, favores, palabras, etc., entre dos personas en la expresión de toma y daca. **loc.adv.**

da capo (Expresión italiana.) Significa volver al principio en un momento dado de una composición. **loc.adv.** **MÚSICA**

dacha Casa de campo rusa, generalmente construida con madera. **s.f.**

dacio, a
1 De Dacia, antigua región de Europa.
2 Persona natural de esta antigua región. **adj./HISTORIA** **s./HISTORIA**

dación
1 Acción de dar.
2 **dación en pago:** Transmisión del dominio de los bienes que hace el acreedor para compensar una deuda o parte de ella. **s.f./DERECHO** **DERECHO**

dacri- Componente de palabra procedente del gr. *dakryon,* que significa lágrima: *dacriocistitis.* **pref.**

dacriocistitis Inflamación del saco lagrimal. **s.f./MEDICINA**

dactilado, a Que tiene forma de dedo. **adj.**

dactilar De los dedos: *imprime tus huellas dactilares en el papel.* **adj.** **= digital**

dactílico, a (Del lat. *dactylicus* < gr. *daktylos,* dedo.) Se aplica al verso formado por pies dáctilos. **adj.** **POESÍA**

dactiliforme Que tiene forma de palmera. **adj.**

dactiliología (Del gr. *daktilios,* anillo + *logos,* estudio, tratado.) Parte de la arqueología que estudia los anillos y piedras preciosas que están grabadas. **s.f.** **HISTORIA**

dactilión Instrumento que se coloca sobre el teclado de un piano para ayudar al principiante a adquirir agilidad y seguridad en los dedos. **s.m.** **MÚSICA**

dáctilo (Del lat. *dactylus* < gr. *dactylos,* dedo.) Pie de la **s.m.** poesía griega y latina formado por una sílaba larga seguida de dos breves. **POESÍA**

dactilo- Componente de palabra procedente del gr. *dáktylos,* que significa dedo: *dactilografía; artiodáctilo.* **pref/suf.** **tb: dactil-, dactili-**

dactilografía
1 Técnica de escribir a máquina.
2 Estudio de las huellas dactilares. **s.f./= mecanografía** **= dactiloscopia**

dactilografiar Escribir un texto a máquina: *le han contratado para dactilografiar cartas.* **v.tr./conj.:** *vaciar* **= mecanografiar**

dactilográfico, a
1 Que tiene relación con la dactilografía: *tratamiento dactilográfico de un texto.*
2 Que está escrito mediante esta técnica. **adj.** **= mecanográfico**

dactilógrafo, a Persona que escribe a máquina textos o documentos. **s.** **= mecanógrafo**

dactilograma Impresión digital que se toma, con fines de identificación policial, judicial o forense por medio del tintado de los dedos y la estampación de las huellas dactilares. **s.m.** **DERECHO**

dactilología Arte y técnica de comunicarse con los dedos. **s.f.**

dactiloscopia Sistema de identificación de las personas basado en el examen de las huellas dactilares. **s.f.** **= dactilografía**

dactiloscopista Persona dedicada al estudio y examen de las huellas dactilares. **s.m.f.**

dadá
1 Término de resonancias infantiles que los dadaístas adoptaron como emblema.
2 Dadaísmo, movimiento artístico de vanguardia. **s.m.** **ARTE, LITERATURA** **ARTE, LITERATURA**

dadaísmo Movimiento artístico y literario iniciado en 1916, que se caracterizó por la ausencia de significación racional en la expresión. **s.m.** **ARTE, LITERATURA** **= dadá**

dadaísta Del dadaísmo, partidario de este movimiento: *manifiesto dadaísta; estética dadaísta.* **adj/s.m.f.** **ARTE, LITERATURA**

dádiva (Del lat. *dativa,* plural de *dativum,* donativo.)
1 Obsequio que se da sin esperar nada o cambio.
2 **acometer con dádiva:** Intentar sobornar a alguien.
3 **dádivas quebrantan peñas:** Expresión que indica que los regalos sirven para sobornar hasta a la persona más reacia y férrea. **s.f./= regalo** **coloquial** **coloquial**

dadivosidad Cualidad de la persona desprendida. **s.f.**

dadivoso, a Que es desinteresado o generoso: *es dadivoso y da parte de su sueldo al orfanato.* **adj/s.** **= desprendido**

dado (Probablemente del ár. *dad*, juego.)
1 Cubo con las caras numeradas del uno al seis que se usa en algunos juegos. — s.m. JUEGOS
2 Soporte para tornillos, ejes u otras piezas, de forma cúbica y hecho de metal u otro material duro. — MECÁNICA
3 Paralelogramo de una bandera de distinto color que su fondo.
4 Pedestal de una columna. — ARQUITECTURA
5 **dado o cargado:** El que tiene el centro de gravedad desplazado hacia una de sus caras, de forma que al lanzarlo siempre cae sobre ésta. — JUEGOS
6 **cargar los dados:** Hacerlos falsos introduciendo un poco de plomo en un lado de ellos.
7 **correr el dado:** Tener suerte favorable. — coloquial

dado, a
1 Posible, permitido: *si me es dado elegir, aceptaré.* — adj./+ ser
2 Concreto, determinado: *en un momento dado, se echó a reír; por la circunstancia dada cerraremos el caso.*
3 **dado que:** 1. Puesto que, porque: *iremos mañana, dado que no quedan entradas para hoy.* 2. Siempre que, si: *dado que te interese comprar el piso, llámame mañana mismo.* — loc.conj.
4 **ser dado a:** Tener una persona inclinación o afición por una cosa: *es dado a la lectura.*

dador, a
1 Que da. — adj./s.
2 Portador de una carta de una persona a otra: *en su carta me instaba a que atendiera cortésmente al dador de la misma.* — s.
3 Persona que libra una letra de cambio. — ECONOMÍA
4 Átomo que cede electrones en el transcurso de una reacción química. — ELECTRICIDAD

daga
I (De origen incierto.)
1 Arma blanca semejante a una espada de hoja corta: *le acometió con una daga de cuatro filos.* — s.f. MILITAR
2 **llegar a las dagas:** Llegar un negocio al lance de mayor aprieto. — coloquial
II (Del ár. *taqa*, hilada, capa.) Hilera de ladrillos que se cuece al mismo tiempo. — s.f. CONSTRUCCIÓN

dagame Árbol silvestre de la familia de las rubiáceas, con tronco elevado, copa pequeña de hojas menudas y flores blancas. *(Calycophillum camdidissimum.)* — s.m. Cuba BOTÁNICA

daguerrotipar Grabar la imagen de una cosa por medio de un daguerrotipo. — v.tr. FOTOGRAFÍA

daguerrotipia Arte y técnica de fijar en unas chapas metálicas especiales las imágenes recogidas con una cámara oscura. — s.f. FOTOGRAFÍA

daguerrotipo (De *Daguerre*, nombre de su inventor + gr. *tipos*, huella, imagen.)
1 Procedimiento fotográfico en el que el negativo se obtiene sobre una plancha de cobre. — s.m. FOTOGRAFÍA
2 Aparato que se usa en esta técnica. — FOTOGRAFÍA
3 Imagen que se obtiene con este procedimiento fotográfico. — FOTOGRAFÍA

daiquiri Bebida preparada con zumo de limón, ron y azúcar. — s.m.

dala Canal de tablas de algunas embarcaciones por donde sale al mar el agua que achica la bomba. — s.f. NÁUTICA

dalai-lama Sumo sacerdote budista, dirigente espiritual y jefe del estado en el Tibet. — s.m. RELIGIÓN

dalia (De *Dahl*, botánico sueco.)
1 Planta de hojas opuestas y dentadas, flores terminales o axilares de botón central amarillo y corola grande, circular, de muchos pétalos y muy variada coloración, y raíz tuberculosa. *(Dahlia.)* — s.f. BOTÁNICA
2 Flor de esta planta. — BOTÁNICA

daliniano, a (De S. *Dalí*, pintor español del s. XX.)
1 De este pintor o de su obra. — adj/s./ARTE
2 Que está influido por la obra de este pintor. — adj./ARTE

dalla Guadaña, instrumento para segar: *utilizan la dalla en los pastos de montaña.* — s.f. tb: dalle

dallar Cortar la hierba con la guadaña: *dallaron los prados antes de tiempo por la amenaza de lluvias.* — v.tr./AGRICULTURA = guadañar

dálmata
1 De Dalmacia, región balcánica junto al Adriático. — adj.
2 Persona natural de esta región. — s.
3 Lengua romántica, de la familia indoeuropea, en la actualidad extinguida, que se habló en esta región. — s.m. LINGÜÍSTICA
4 Se refiere al perro caracterizado por su pelaje corto y blanco con manchas negras bien definidas y espaciadas. — adj/s.m.f. ZOOLOGÍA

dalmática (Del bajo lat. *dalmatica vestis*, túnica de los dálmatas.)
1 Túnica blanca y adornada de púrpura que tomaron los antiguos romanos de los dálmatas. — s.f.
2 Túnica abierta por los lados usada por los reyes de armas y los maceros.
3 Vestidura litúrgica propia del diácono, que se pone encima de otra. — RELIGIÓN

dalmático, a
1 De Dalmacia, región balcánica junto al Adriático. — adj./tb: dálmata

2 Persona natural de esta región. — s./tb: dálmata
3 Dálmata, lengua romántica. — s.m./LINGÜÍSTICA

daltoniano, a Que padece daltonismo o tiene relación con esta enfermedad. — adj/s. = daltónico

daltónico, a Que padece daltonismo o tiene relación con esta enfermedad. — adj/s. = daltoniano

daltonismo (De J. *Dalton*, físico inglés.) Defecto de la vista consistente en no percibir o confundir algunos colores, generalmente el rojo y el verde. — s.m. MEDICINA

dama
I (Del fr. *dame* < lat. *domina*, dueña.)
1 Mujer de comportamiento y modales educados y distinguidos: *volvió de París hecha una dama.* — s.f. = señora
2 Mujer galanteada o pretendida por un hombre: *era la dama de mis sueños.*
3 Señora que acompañaba y servía a la reina o a las princesas. — HISTORIA
4 Actriz que representa papeles principales. — TEATRO
5 Reina en el juego del ajedrez. — JUEGOS
6 Peón del juego de damas que ha llegado a la primera fila del contrario. — JUEGOS
7 Juego de mesa que se ejecuta en un tablero de 64 escaques, con 24 piezas. — s.f.pl. JUEGOS
8 **dama de carácter:** Característica, actriz que interpreta papeles de mujer de edad. — CINE, TEATRO
9 **dama de honor:** Joven que forma parte del acompañamiento de honor en ciertos actos: *la novia llevaba tres damas de honor.*
10 **dama de noche:** Planta de flores blancas, muy olorosas durante la noche. — BOTÁNICA
11 **soplar la dama a otro:** 1. Levantar y suprimir la del contrario por no haberla comido, en el juego de las damas. 2. Casarse u obtener la correspondencia amorosa de la mujer pretendida por otro. — JUEGOS coloquial
II (Del fr. *dame* < alem. *damm*, dique.) Losa que cierra el crisol de un horno por la parte delantera. — s.f. METALURGIA

damajagua Árbol corpulento cuya corteza usan los indios para hacer vestidos y esteras de caña. — s.m./Ecuad. BOTÁNICA

damajuana (Del fr. *dame-jeanne.*) Garrafa con forma de castaña. — s.f. = bombona

damascado, a Se refiere al tejido fuerte con dibujos brillantes. — adj./TEXTIL tb: adamascado

damasco (De *Damasco*, ciudad de Siria.)
1 Tela fuerte de seda, lana o algodón con dibujos brillantes formados con el tejido. — s.m. TEXTIL
2 Albaricoquero, árbol. — BOTÁNICA
3 Albaricoque, fruto de este árbol. — BOTÁNICA

damasina (Del fr. *Damas*, Damasco.) Damasquillo, tejido de lana o seda. — s.f. TEXTIL

damasquillo Tela de lana o seda semejante al damasco pero más fina. — s.m./TEXTIL = damasina

damasquina Planta compuesta anual, muy ramificada, con hojas divididas, flores de color púrpura manchado de amarillo, originaria de México y cultivada como ornamental. *(Tagetes patula.)* — s.f. BOTÁNICA

damasquinado Labor de embutido de piezas de metales finos en superficies de hierro o acero. — s.m./ARTE = ataujía

damasquinar Adornar un objeto de hierro o acero con piezas de metales finos. — v.tr. ARTE

damasquino, a
1 De Damasco. — adj.
2 Se aplica a la arma blanca de fino temple y hermosas aguas. — MILITAR

damero
1 Tablero del juego de damas. — s.m./JUEGOS
2 Planta de cualquier espacio formada por cuadrados o rectángulos.

damisela (Del fr. ant. *dameisele*, señorita < lat. *domnicilla*.) Mujer joven, bonita, alegre y que presume de dama: *las damiselas se arremolinaban alrededor de la princesa.* — s.f.

damnificado, a Se aplica a la persona que ha sufrido un gran daño o perjuicio, en especial a la que ha sido víctima de un desastre colectivo: *compensaron a los damnificados por las pérdidas.* — adj/s.

damnificar (Del lat. *damnificare* < *damnum*, daño + *facere*, hacer.) Causar daño. — v.tr. conj: sacar

dámper Amortiguador pequeño que se coloca en el extremo de un cigüeñal para anular las vibraciones de torsión. — s.m. MECÁNICA

dan (Voz japonesa.) Cada uno de los diez grados superiores de las artes marciales tradicionales, que se conceden a partir del cinturón negro. — s.m. DEPORTES

dandi (Del ingl. *dandy*.) Hombre muy elegante y de modales exquisitos: *siempre va hecho un dandi.* — s.m.

dandismo
1 Actitud propia del dandi o del hombre que se distingue por su elegancia. — s.m.

2 Trajes y ropa en general que visten los dandis.

danés, a
1 De Dinamarca, estado del norte de Europa. — adj./= dinamarqués
2 Persona natural de esta nación. — s./= dinamarqués
3 Lengua germánica de la familia indoeuropea, hablada en Dinamarca. — s.m. LINGÜÍSTICA

danta
1 Mamífero rumiante cérvido, muy corpulento, de cuello corto, cabeza grande y astas en forma de pala. — s.f./ZOOLOGÍA tb: dante/= alce
2 Mamífero ungulado perisodáctilo, con cola rudimentaria y hocico prolongado en forma de pequeña trompa. *(Tapirus americanus.)* — ZOOLOGÍA = tapir

dantesco, a (De *Dante*, poeta italiano.)
1 De este poeta o de su obra. — adj./LITERATURA
2 Se aplica a la escena o situación que causa temor y espanto: *ante mis ojos se descubrió una visión dantesca.* — = pavoroso

dantismo ·
1 Inclinación o preferencia que se concede a las obras de Dante. — s.m. LITERATURA
2 Influencia de la obra de este autor en la literatura general. — LITERATURA

danto Pájaro de plumaje negro y azulado y pecho rojizo sin plumas. — s.m./*Amér. Central* ZOOLOGÍA

danubiano, a Del Danubio, río de la Europa central: *el bosque danubiano; cultura danubiana.* — adj.

danza
1 Baile colectivo cuyos movimientos y figuras se ejecutan con precisión y siguiendo unos pasos establecidos. — s.f.
2 Serie de movimientos que forman una pieza de baile: *la danza del cisne.*
3 Conjunto de personas que ejecutan un baile colectivo.
4 Riña, alboroto.
5 Habanera, baile de origen cubano.
6 danza de cintas: Aquella en que los bailarines hacen figuras cruzando y descruzando las tiras de tela que cuelgan de un palo.
7 danza de espadas: La que se hace con unas espadas que los bailarines van golpeando.
8 en danza: En movimiento, de un lado para otro: *no podía dormir y estuve toda la noche en danza.* — loc.adv. coloquial
9 meter o seguir en danza: Implicar a una persona en algo, generalmente en un negocio desacertado o en un enredo: *las metió en danza sin atender a los perjuicios que les podría ocasionar.*

danzante, a
1 Persona que ejecuta un baile colectivo. — s.
2 Persona activa y mañosa, que cuida su negocio.
3 Persona poco juiciosa, petulante y entremetida.

danzar (Del fr. ant. *dancier*, bailar.)
1 Bailar rítmicamente, siguiendo el compás de la música conforme a unos pasos establecidos. — v.intr/tr./conj: *cazar* MÚSICA
2 Moverse una cosa de un lado para otro. — v.intr.
3 Intervenir una persona en asuntos ajenos.
4 Ir de un lado para otro sin hacer nada de provecho. — coloquial

danzarín, a
1 Persona que ejecuta un baile con destreza. — s.
2 Se aplica a la persona ligera de juicio. — adj/s.

danzón Baile cubano, semejante a la habanera, y música con que se ejecuta este baile. — s.m. MÚSICA

dañar
1 Causar un perjuicio físico o moral: *su reputación se ha dañado con este escándalo.* — v.tr/prnl.
2 Provocar que una cosa se deteriore o esté en mal estado: *la cosecha se ha dañado por la sequía.* — = estropear

dañino, a Que causa daño: *el tabaco es dañino para la salud.* — adj. = nocivo

daño (Del lat. *damnum*.)
1 Resultado de dañar o dañarse. — s.m.
2 Perjuicio, lesión o detrimento que se sufre por la acción u omisión de otro en la persona o sus bienes. — DERECHO
3 Mal de ojo, maleficio que se realiza hacia una persona con el fin de causarle algún mal. — *Amér. Central y Merid.*
4 daños y perjuicios: Molestias causadas por una persona a otra, voluntaria o involuntariamente, por las que deberá indemnizarla. — DERECHO

dañoso, a Que daña. — adj.

dar (Del lat. *dare*.)
1 Entregar una cosa a una persona temporalmente o bien para que ésta sea el nuevo propietario: *le dio las llaves para que abriese la puerta.* — v.tr. = ceder, donar
2 Acercar o pasar una cosa a una persona: *dame la sal.*
3 Ser una cosa origen de otra que brota o se produce en ella misma: *el manzano ha dado muchas manzanas esta temporada.* — = producir, proveer
4 Proporcionar algo una cosa, un estado o una cualidad: *la sal da sabor a los alimentos.* — = conferir
5 Realizar la acción que indica el sustantivo: *nos dimos un abrazo.*

6 Celebrar y ofrecer una fiesta o un banquete: *dio una fiesta para celebrar su aniversario.*
7 Explicar una lección o pronunciar una conferencia: *dio una charla sobre poesía barroca.* — = exponer
8 Exhibir un espectáculo o una película: *miraré qué película dan hoy en televisión.* — = echar
9 Decir o expresar una cosa: *al entrar debes dar los buenos días; dar una opinión.*
10 Ofrecer una cosa inmaterial o de utilidad moral a una persona: *me dio un buen consejo; dar ánimos.* — = aconsejar, animar
11 Conceder una cosa a una persona: *te doy permiso para que vayas.* — = otorgar, permitir
12 Hacer que un fluido que se suministra por cañerías o cables llegue a un lugar para poder ser utilizado: *ya han dado la luz.* — = proveer
13 Usar la llave o el dispositivo con que se abre o regula el curso de un fluido: *da el agua; da la luz.* — = encender
14 Cambiar la dirección o el sentido de una cosa: *dale la vuelta al disco.* — = girar
15 Asestar un golpe: *le dio una bofetada en un ataque de nervios.* — = golpear
16 Cubrir la superficie de una cosa con una capa de otra: *todavía he de dar otra mano de pintura a la pared.*
17 Amargar a alguien durante el período de tiempo que se indica: *le has dado el día.* — = fastidiar
18 Atribuir una cierta relevancia o valor a una acción o suceso: *no le des más importancia a lo ocurrido.* — = importar, preocuparse
19 Acertar una cosa: *a pesar de la dificultad de la pregunta dio con la respuesta correcta.* — + con
20 Hacer sonar el reloj las campanadas que señalan las horas: *acaban de dar las cinco.* — v.tr/intr.
21 Sentir de forma repentina una sensación física o moral: *le ha dado un síncope.* — v.intr.
22 Golpear una cosa con otra: *la pelota dio contra la pared y rebotó.* — = chocar
23 Considerar o declarar a una persona o una cosa en una condición o estado: *el jurado dio por inocente al acusado.* — + por
24 Repartir las cartas a los jugadores, en el juego de naipes: *nos has dado una carta de más.* — v.tr/intr. JUEGOS
25 Decir a una persona que haga una cosa: *dio a guardar el reloj a su padre.* — v.intr. + a + inf.
26 Declarar los espectadores entendidos en un juego una jugada por buena o mala. — + por JUEGOS
27 Usar un dispositivo con el que se mueve, regula o dirige una cosa: *dio a la manivela para poner en marcha el mecanismo.* — = accionar
28 Golpear con una parte del cuerpo al caer o tropezar: *dio de cabeza al resbalar por la escalera.* — + de
29 Estar una cosa abierta u orientada hacia una dirección: *mi ventana da al mar.* — + a
30 Afluir una calle a otra que se expresa: *la avenida da a la plaza mayor.* — = mirar
31 Sujetar una cosa con un cabo. — NÁUTICA
32 Adquirir conocimiento de una cosa o llegar a darse cuenta de ella: *no puedo dar en quién es.* — + en = saber
33 Encontrar una persona una cosa: *dio con la foto de sus bisabuelos.* — + con
34 Cometer una falta o un error: *dio en un error al hacer los cálculos finales.* — + en
35 Dedicarse una persona a otra: *se dio mucho a sus hijos hasta que se independizaron.* — v.prnl.
36 Dejarse dominar una persona por un vicio o una actividad absorbente: *se dio a la bebida tras la separación conyugal.* — + a = abandonarse
37 Ocurrir una cosa: *las riadas en la zona mediterránea se dan a menudo.* — = acaecer
38 Producirse una planta en un lugar: *aquí se dan mal el cacao y el café.* — = hacerse
39 Ser fácil una cosa para una persona por tener habilidad o aptitud para hacerla o aprenderla: *se le dan bien las matemáticas.*
40 Considerarse en un determinado estado: *los excursionistas se dieron por desaparecidos al llegar la noche.* — v.intr/prnl. + por
41 a dar, que van dando: Expresión que se utiliza para indicar que se devuelve golpe por golpe, ofensa por ofensa. — coloquial
42 a mal dar: Expresión que se utiliza para indicar las peores expectativas de una cosa: *a mal dar no le renovarán el contrato.* — loc.adv. coloquial
43 ¡ahí me las den todas!: Expresión que se utiliza para indicar que no importa o que importa poco una cosa perjudicial: *¿crees que me preocuparé por sus insultos?, ¡ahí me las den todas!* — coloquial
44 dado que: Puesto que, por esta razón: *dado que está lloviendo, mejor que no salgamos.* — loc.conj.
45 ¡dale!: Expresión que se emplea para reprobar con enfado la obstinación o terquedad: *¡dale!, sigue así y verás cómo acabas con su paciencia.* — interj. coloquial
46 ¡dale que dale o que te pego o dale que le darás!: Expresión que se emplea para reprobar con enfado la obstinación o terquedad, pero con más énfasis o intensidad. — coloquial

47 dar a conocer: Hacer pública una noticia, opinión, etc.: *la casa real ha dado a conocer el compromiso de la infanta.*

48 dar a entender: Expresar algo sin hacerlo explícito: *con su gesto dio a entender que no le gustaba la propuesta.*

49 dar algo por una cosa: Expresión que se utiliza para indicar lo que una persona sería capaz de hacer por conseguir o porque sucediera una cosa.

50 dar en: Empeñarse, poner ahínco en alguna cosa: *dieron en criticarle por todas sus actuaciones en público.*

51 dar por supuesta una cosa: Suponer una cosa como existente o real en lo que se hace o dice: *dio por supuesto que llegarían a cenar, pero no se cercioró de que lo harían.*

52 dar una buena: Golpear a una persona en una lucha o vencerle en una discusión: *hacía trampas en el juego y le dieron una buena.* coloquial

53 darse por entendido: 1. Manifestar una persona con señales o palabras que está enterado de una cosa: *con un discreto guiño se dio por entendido de la encerrona que les habíamos preparado.* 2. Corresponder a una atención con las gracias o recompensas que se acostumbran.

54 darse por vencido: 1. Reconocer una persona que erraba en una cosa: *se dio por vencida y, a regañadientes, corrigió públicamente su error.* 2. No acertar ni responder una persona a una pregunta oscura que se le ha hecho: *se dará por vencido en seguida, no tiene ni idea de por dónde va el acertijo.* coloquial

55 dárselo poco una cosa: Tener poca habilidad para hacer algo: *se le da poco el dibujo artístico.*

56 dar algo de comer a alguien: Proporcionar un empleo o un oficio el necesario sustento a una persona: *el taller bastaba para darles de comer hasta que aprendiesen el oficio y se valiesen por sí mismos.*

57 dar de sí: 1. Estirarse materialmente una cosa: *este tejido es elástico y da mucho de sí.* 2. Producir o rendir una cosa poco o mucho: *este proyecto da poco de sí, es demasiado limitado.*

58 dar en ello: Caer en la cuenta: *dio en ello al oírles hablar del asunto de la herencia.*

59 dar por ahí: Expresión que se utiliza para aludir a una actitud maniática o injustificada: *ahora le ha dado por ahí, después de haberle criticado acaba dándole la razón.* coloquial

60 dar por supuesto: Suponer una cosa como existente o real en lo que se hace o dice: *dio por supuesto que llegarían a cenar, pero no se cercioró de que lo harían.*

61 dar que decir o que hablar: Ser causa una persona o una cosa de que la gente haga críticas o murmuraciones sobre ella: *dio que decir con su mal comportamiento; dieron mucho que hablar con su boda.*

62 dar qué o en qué pensar: Dar una ocasión o motivo para sospechar que hay algo más de lo que se manifiesta: *me dio qué pensar el comprobar que la exposición de su relato no concordaba con los hechos.*

63 dar que hacer: Causar molestias, incomodidades o daños: *me envió a sus hijos para ayudarme y no hicieron más que darme que hacer.* coloquial

64 dar sobre alguien: Acometer una persona a otra con furia: *dio sobre el caballero tirándose desde una rama baja.*

65 dar tras alguien: Acosar a una persona con furia o griterío: *varios vendedores del mercado dieron tras el ladronzuelo que no paraba de correr entre las paradas.* coloquial

66 dar una buena: Golpear a una persona en una lucha o vencerle en una discusión: *hacía trampas en el juego y le dieron una buena.* coloquial

67 dar y tomar: 1. Discutir dos o más personas: *en esa cuestión hay mucho que dar y tomar.* 2. Aflojar y tirar alternativamente de las riendas para refrescar la boca del caballo. coloquial EQUITACIÓN

68 darle a algo: Trabajar o estudiar una cosa mucho o de manera insistente: *debes darle más a las matemáticas.* coloquial

69 darle a alguien por algo: Interesarse mucho por algo: *le ha dado por la filatelia.* coloquial

70 darse a conocer: 1. Hacer saber una persona quién es: *se dará a conocer en la próxima reunión de accionistas.* 2. Descubrir una persona su carácter y calidades: *en un arrebato de ira se dio a conocer como el tirano que es.*

71 darse a entender: Explicarse una persona por señas o en lengua extraña, en términos de ser comprendida: *el finés se dio a entender chapurreando un poco de inglés.*

72 darse a ver: Mostrarse una persona a la gente para ser conocida: *se dio a ver en los pasillos de la Audiencia Nacional.*

73 darse por entendido: 1. Manifestar una persona con señales o palabras que está enterada de una cosa: *con un discreto guiño se dio por entendido de la encerrona*

que les habíamos preparado. 2. Corresponder a una atención con las gracias o recompensas que se acostumbran.

74 darse por vencido: 1. Reconocer una persona que erraba en una cosa, ceder o renunciar a un empeño o pretensión: *se dio por vencida y, a regañadientes, corrigió públicamente su error.* 2. No acertar ni responder una persona a una pregunta oscura que se le ha hecho: *se dará por vencido enseguida, no tiene ni idea de por dónde va el acertijo.* coloquial coloquial

75 dársela: Burlar una persona la confianza o la fidelidad de otra: *se la dio con su carita de ángel y sus maneras de señorita.* coloquial

76 dárselas de algo: Hacer ostentación, presumir de ello: *se las da de guapo y de inteligente.* coloquial

77 dársele a alguien bien o mal algo: Tener habilidad para hacer algo o carecer de ella: *las tareas domésticas no se le dan muy bien.* coloquial

78 dársele poco: Tener poca habilidad para hacer algo: *se le da poco el dibujo artístico.*

79 dársele tanto por lo que va como por lo que viene: No importarle a una persona en absoluto una cosa. coloquial

80 donde las dan las toman: Expresión que se utiliza para comentar que una persona que se ha portado mal con otra recibe el mismo trato, o para predecir que ocurrirá así: *no sé por qué protestas, en realidad, donde las dan las toman.* coloquial

81 no dar ni una: Cometer una equivocación tras otra: *hoy estás tan despistada que no das ni una.* coloquial

82 no dársele a alguien nada: No importarle una cosa: *no se les daba nada si les ibas a recibir o no, lo único que exigían era un buen trato y una habitación cómoda.* coloquial

83 para dar y tomar: En abundancia: *había críticas para dar y tomar; hubo rencillas para dar y tomar.* loc.adv.

CONJ.: IND.: PRES.: *doy, das, da, damos, dais, dan.* PRET. PERF.: *di, diste, dio, dimos, disteis, dieron.* SUBJ.: PRET. IMPERF.: *diera, -ese, dieras, -eses, diera, -ese, diéramos, -ésemos, dierais, -eseis, dieran, -esen.*

daraptí Palabra mnemotécnica que designa el modo silogístico en que todas las premisas y las conclusiones son afirmativas, pero las primeras son universales y las segundas particulares. s.m. LÓGICA

dardabasí Ave falconiforme diurna que se alimenta de las sabandijas del campo. *(Cerneis naumanni.)* s.m. ZOOLOGÍA

dardanio, a
1 Troyano, de Dardania o Troya, antigua ciudad de Asia menor. adj./HISTORIA tb: dárdano
2 Troyano, persona natural de esta antigua ciudad: *la desaparición de los dardanios.* s./HISTORIA tb: dárdano

dardanismo Destrucción voluntaria de la producción o de los excedentes, que permite a los monopolistas mantener los precios elevados. s.m. ECONOMÍA

dardo (Del fr. *dard.*)
1 Lanza arrojadiza corta y delgada, de tamaño intermedio entre la flecha y la jabalina. s.m. = jáculo
2 Flecha de pequeño tamaño que, en cierto juego de puntería, se lanza con la mano para clavarla en una diana: *clavó el dardo en el centro del panel.* JUEGOS
3 Dicho satírico, agudo y agresivo: *lanzó hirientes dardos contra sus contrincantes.* = mordacidad
4 Órgano puntiagudo y hueco, generalmente unido a una glándula venenosa, con el que se inyecta veneno a los tejidos de la presa o del enemigo: *el aguijón de la abeja y del escorpión son dardos.* ZOOLOGÍA
5 Órgano copulador en forma de estilete calcáreo propio de los moluscos gasterópodos. ZOOLOGÍA
6 Pequeño brote de los árboles frutales, derivado de una yema de leño, que después de uno o dos años forma un fruto. BOTÁNICA
7 **dardo de fuego:** El dotado de materias inflamables: *los dardos de fuego de los sitiadores incendiaron las casas y cobertizos.*

dares
1 Se usa en la expresión **dares y tomares** indicando las cantidades dadas y recibidas. s.m.pl. coloquial
2 En la misma expresión indica, también, réplicas entre varias personas. coloquial

dari Variedad del persa del grupo de las lenguas iranias, de la familia indoeuropea, hablada en Afganistán. s.m. LINGÜÍSTICA

dársena (Del ital. *darsena* < ár. *dar al-sinaa*, casa de fabricación, atarazana.) Zona acondicionada como fondeadero o para la carga y descarga de los barcos, en un puerto. s.f. CONSTRUCCIÓN, NÁUTICA

dartros Lesión cutánea en forma de costras o exfoliaciones producida por diversas enfermedades. s.m./pl: dartros MEDICINA

dartrosis Enfermedad de la patata causada por un hongo. s.f./pl: dartrosis MICOLOGÍA

darviniano, a Del darvinismo: *teorías darvinianas; fundamentos darvinianos.* adj./BIOLOGÍA tb: darvinista

darvinismo (De Ch. *Darwin,* natural británico.) Teoría biológica según la cual las especies han evolucionado unas de otras por selección natural de los individuos dotados de las variaciones genéticas que les permitían una mejor adaptación al medio. — *s.m.* BIOLOGÍA

darvinista
1 Darviniano, del darvinismo. — *adj./*BIOLOGÍA
2 Que es partidario del darvinismo. — *adj/s.m.f./*BIOLOGÍA

dasiúrido, a Perteneciente a una familia de marsupiales con dentadura de carnívoro u omnívoro y dedos independientes en los pies. — *adj/s.m.* ZOOLOGÍA

dasocracia (Del gr. *dasos,* bosque + *kratos,* fuerza, poder.) Parte de la dasonomía que estudia el régimen de explotación más conveniente para los montes. — *s.f.*

dasonomía (Del gr. *dasos,* bosque + *nomos,* ley.) Ciencia que estudia la conservación, cultivo y aprovechamiento de los montes. — *s.f.*

dasonómico, a Que tiene relación con la dasonomía: *un estudio dasonómico ha aconsejado la reforestación de la zona.* — *adj.*

dasotomía Parte de la dasonomía que estudia la tala y repoblación de montes. — *s.f.*

dat (Acrónimo del ingl. *[d]igital [a]udio [t]ape.*) Banda magnética que sirve de soporte para el registro digital del sonido. — *s.m.* TECNOLOGÍA

data (Del bajo lat. *data,* extendido, otorgado).
1 Indicación del lugar y tiempo en que se hace o sucede una cosa, especialmente la que se pone al principio o al final de una carta o documento: *la data de la inscripción hace referencia al año de fundación de la ciudad.* — *s.f.* = fecha
2 Tiempo en que ocurre o sucede una cosa.
3 Orificio de salida del agua de un depósito.
4 Partida o partidas que componen el descargo de lo recibido en una cuenta. — ECONOMÍA = haberes
5 Grupo de operandos o factores compuestos por números, caracteres alfabéticos o símbolos que denotan condiciones, valores, estados, etc. — INFORMÁTICA
6 **ser algo de larga data:** Pertenecer a un tiempo remoto o antiguo: *sus rencillas son cosa de larga data.*

datación
1 Acción y resultado de datar o fechar: *los resultados del análisis le permitieron la datación de los fósiles.* — *s.f.*
2 Fórmula del documento que indica la fecha: *utilizó una datación errónea en las circulares.*
3 Anotación en una cuenta de las partidas correspondientes a la data o descargo. — ECONOMÍA
4 Primer documento escrito donde aparece una voz de una lengua. — LINGÜÍSTICA

datáfono Servicio de transmisión de datos a través del teléfono, previo abono a la línea de este servicio. — *s.m./*TELECOMUNICACIONES

datar
1 Poner la fecha: *debes datar todas las cartas que escribas.* — *v.tr.* = fechar
2 Determinar la fecha de un documento, una obra de arte o un acontecimiento: *están teniendo dificultades para datar el documento.* — = fechar
3 Poner la cantidad correspondiente a la data en una cuenta: *se ha datado el dinero en este banco.* — *v.tr/prnl./*ECONOMÍA = abonar
4 Tener una cosa su origen en un tiempo determinado: *esta costumbre data de principios de siglo.* — *v.intr.* + de

dataría
1 Tribunal de la curia romana, en el que se tramitaban las dispensas y los beneficios eclesiásticos. — *s.f.* HISTORIA
2 Cargo y dignidad del datario. — HISTORIA

datario (Del ital. *datario.*) Se refiere al prelado que se encargaba del tribunal de la curia romana que tramitaba los beneficios eclesiásticos. — *adj/s.m.* HISTORIA

dátil (Del lat. *dactylus* < gr. *daktylos,* dedo.)
1 Fruto de la palmera datilera que tiene forma elipsoidal, está recubierto por una película amarilla, su carne blanca es comestible y el hueso, muy duro, está surcado longitudinalmente. — *s.m.* BOTÁNICA
2 Dedos de la mano: *al cerrar las puertas de golpe me pillé los dátiles.* — *s.m.pl.* coloquial
3 **dátil de mar:** Molusco comestible de forma y color parecidos a los del dátil pero más alargado. *(Lithodomus lithophagus.)* — ZOOLOGÍA

datilado, a Que tiene el color del dátil maduro: *una laca datilada cubría la cómoda.* — *adj.*

datilero, a Se aplica a la palmera que produce dátiles. — *adj/s.f.* BOTÁNICA

datismo Empleo abundante e innecesario de sinónimos al hablar o escribir. — *s.m.* RETÓRICA

dativo, a (Del lat. *dativus.*)
1 De nombramiento judicial: *tutela dativa.* — *adj./*DERECHO
2 Caso de la declinación, que en español equivale al objeto indirecto del verbo. — *s.m.* GRAMÁTICA
3 **dativo ético:** Uso de pronombres personales innecesarios que denotan afectividad: *¡me han muerto a mi hijo! es un ejemplo de dativo ético.* — GRAMÁTICA

4 **dativo simpatético:** Uso de dativo en construcciones con valor de genitivo: *lavo la camisa a mi hermano es un ejemplo de dativo simpatético.* — GRAMÁTICA

dato (Del lat. *datum.*)
1 Hecho, circunstancia o detalle que se conoce y permite sacar conclusiones sobre un asunto o resolver un problema: *no tengo datos suficientes para demostrar mi tesis; los datos que hemos manejado son fiables.* — *s.m.* = referencia
2 Documento o testimonio que permite conocer una cosa: *no hay datos sobre su nacimiento.* — = prueba
3 Información adquirida, procesada o emitida por un ordenador en forma de una secuencia de bits. — INFORMÁTICA
4 Cada una de las cantidades conocidas que constituyen la base de un problema y permiten hallar el valor de las incógnitas. — MATEMÁTICAS
5 Título de alta dignidad que se otorga en algunos países de Oriente.
6 Resultado de la observación o experiencia sometido a los métodos estadísticos: *en el anexo aparecen los datos de la población activa.* — ESTADÍSTICA
7 **dato corregido:** Aquel del que se han eliminado las variaciones sistemáticas. — ESTADÍSTICA
8 **dato regularizado:** Media de los datos contables afectados por variaciones circunstanciales. — ESTADÍSTICA
9 **dato relativo:** Cociente expresado en tanto por ciento que indica la proporción entre un dato en bruto y el regularizado correspondiente. — ESTADÍSTICA

datura Planta herbácea o arbustiva de flores blancas o violáceas, cultivada como ornamental. *(Datura.)* — *s.f.* BOTÁNICA

daturina (Derivado culto del sánscrito *dhattura,* especie de estramonio.) Alcaloide tóxico obtenido del estramonio. — *s.f.* QUÍMICA

dauco (Del lat. *daucum,* zanahoria.)
1 Biznaga, planta umbelífera. — *s.m./*BOTÁNICA
2 Zanahoria silvestre. — BOTÁNICA

daudá Planta morácea. — *s.f./Chile/*BOTÁNICA

davalar Devalar, separarse un buque de su rumbo: *el barco davaló a causa del tornado.* — *v.intr.* NÁUTICA

daza Zahína, planta gramínea. — *s.f./*BOTÁNICA

dazibao (Voz china.) Periódico mural chino expuesto en calles y plazas para información pública. — *s.m.*

ddt (Acrónimo de *[d]icloro-[d]ifenil-[t]ricloroetano.*) Insecticida muy eficaz y persistente, compuesto de diclorodifeniltricloroetano, que actúa por ingestión o contacto. — *s.m.* QUÍMICA

de
I (Del lat. *de,* desde.)
1 Indica propiedad, posesión o pertenencia: *es la libreta de Pedro; perdí el collar de mi abuela.* — prep.
2 Indica el modo, manera o instrumento como se realiza una acción: *caminaba de pie; iba vestido de torero; es músico de cuerda; se lo bebió de un trago.*
3 Indica la procedencia de las personas o las cosas, así como su trayectoria: *bebió vino de Jerez; van de Madrid a Barcelona cada semana.*
4 Indica la materia, contenido o cualidad de una cosa o una persona: *es una copa de cristal; sirve una taza de té a los señores; Pedro es de buena fe.*
5 Indica un espacio de tiempo o edad determinado en que sucede algo: *me levanto de madrugada; de niño me gustaba ir en bicicleta; se oyen ruidos de noche y de día.*
6 Indica refuerzo o determinación del apelativo o calificativo al que acompaña: *la ciudad de Madrid es intransitable; ¡pobre de mí!*
7 Indica finalidad o causalidad: *es el momento de actuar; se murió de pena.*
8 Seguido de infinitivo denota concesión o condición: *de haberlos visto te lo hubiera dicho; de saber esto no le hubiese dejado ir.*
9 Sirve de elemento de ilación o deducción: *de esto sigue que se haya de sustituir un elemento por otro.*
10 Denota sentido partitivo: *uno de nosotros lo delató.*
11 Se utiliza en la comparación de cantidades: *consiguió más de medio millón de pesetas.*
12 Forma parte de las perífrasis con verbos auxiliares: *haber de saber algo; debió de resultar extraño.*
13 Precede al complemento agente de las oraciones pasivas: *fue apreciado y querido de todos.*
14 **a:** A razón de la cantidad que toca en un reparto: *subiremos en fila de a dos.* — loc.adv.
II Nombre de la letra *d.* — *s.f.*

de- Componente de palabra procedente del lat. *de-,* que significa negación, carencia o inferioridad: *defoliación.* — pref.

dea Diosa, deidad de sexo femenino: *dedicó una oda a la dea cazadora.* — *s.f.* literario

deambular (Del lat. *deambulare.*) Andar o pasear sin un fin determinado: *me gusta deambular por las calles del casco antiguo.* — *v.intr.* = pasear

deambulatorio Espacio transitable que hay en las catedrales y otras iglesias detrás de la capilla o el altar mayor y da paso a otras situadas en el ábside. — *s.m.* ARQUITECTURA

deán (Del fr. ant. *deiien* < *doyen* < lat. *decanus*, jefe de una decena de monjes.)
1 Párroco de la parroquia más importante de una ciudad, en la iglesia católica. — s.m. RELIGIÓN
2 **deán de la catedral:** Funcionario eclesiástico de cargo inferior al del obispo, en la iglesia anglicana. — RELIGIÓN
3 **deán del cabildo:** Presidente del mismo. — RELIGIÓN

deanato
1 Dignidad del deán. — s.m./tb: deanazgo
2 Territorio eclesiástico bajo la jurisdicción de un deán. — RELIGIÓN

debacle (Del fr. *débâcle*.) Destrucción, situación desastrosa o muy negativa: *los continuos cambios de entrenador y las lesiones han llevado al equipo a la debacle.* — s.f. = ruina, desastre

debajo
1 En lugar inferior, respecto de otro superior: *debajo vive un músico.* — adv. ≠ encima
2 En situación personal de inferioridad: *en su profesión tiene debajo gran número de empleados.*
3 **debajo de:** Bajo, en nivel inferior: *balanceaba la copa debajo de la nariz para aspirar el aroma del vino.* — loc.prep. ≠ sobre

debate
1 Discusión sobre un determinado tema entre dos o más personas que se reúnen públicamente para este fin: *hizo de moderadora en el debate entre los respresentantes de las principales fuerzas políticas.* — s.m. = controversia
2 Enfrentamiento, lucha, combate. — = contienda

debatible Que está sujeto a debate o que puede ser discutido. — adj.

debatir
1 Hablar dos o más personas sosteniendo opiniones distintas sobre un determinado tema: *han debatido la cuestión, pero no han llegado a un acuerdo.* — v.tr.
2 Reñir dos o más personas por conseguir algo que desean: *ellos se debaten por el cargo de director.* — v.tr/prnl.
3 Combatir o hacer esfuerzos para conseguir una cosa: *se debatían para liberarse de los correajes; se debatía entre la vida y la muerte.* — v.prnl. = forcejear

debe
1 Parte de una cuenta corriente donde se sitúan las cantidades que se cargan al titular de la misma. — s.m./sólo en sing. ECONOMÍA
2 **debe y haber:** El activo y el pasivo. — ECONOMÍA

debelación Acción y resultado de debelar. — s.f.

debelador A Que debela. — adj.

debelar (Del lat. *debellare*.) Vencer al enemigo por las armas: *se esforzaron en debelar a la milicia.* — v.tr./culto MILITAR

deber (Del lat. *debere*.)
1 Obligación de hacer una cosa por cualquier razón personal, profesional, civil o religiosa: *tu deber es ir a la reunión; tiene un estricto sentido del deber.* — s.m.
2 Trabajo escolar que se encarga a los alumnos para que lo realicen en casa como complemento de lo aprendido en clase: *haced estos deberes para mañana.* — s.m.pl.
3 Obligación que tiene una persona de reintegrar a otra una cosa: *tengo el triste deber de hacerle saber que su demanda se considera improcedente.* — s.m. = deuda
4 Tener una persona una deuda con otra: *María debe mil pesetas a Juana.* — v.tr.
5 Ser una cosa posible: *debe de hacer mucho frío; deben de ser las doce.* — v.intr. + de + inf.
6 Tener la obligación de hacer una cosa: *se debe callar en clase; no le debes decir mentiras.* — v.tr/prnl. + inf.
7 Ser una cosa consecuencia de otra: *su malhumor se debe a que ha perdido el trabajo.* — v.prnl.
8 Estar o sentirse obligado a hacer algo: *se debe a aquellos en otros tiempos le ayudaron.*
9 **como debe ser:** Ser una persona o una cosa de la manera establecida por los principios morales o como se espera que sea: *es un alumno como debe ser, aplicado y constante.* — coloquial
10 **no deber nada una cosa a otra:** No ser inferior a ésta: *su terraza no le debe nada a la mía, son casi igual de amplias.*

debidamente Como es debido, correctamente: *el impreso ha de estar debidamente rellenado.* — adv.

debido, a
1 Que es conveniente, justo, razonable o necesario: *se recomienda circular por carretera con las debidas precauciones.* — adj.
2 **como es debido:** Como corresponde o es lícito: *coge el bolígrafo como es debido; compórtate como es debido.*
3 **debido a:** A causa de, por el motivo que se indica: *no pude venir debido a la huelga de trenes.* — loc.adv.

débil (Del lat. *debilis*.)
1 Que tiene poca fuerza física o resistencia: *después de la enfermedad se ha quedado muy débil.* — adj./s.m.f. = endeble, flojo
2 Se aplica a la persona que por flaqueza de ánimo cede al capricho o voluntad de otras: *los débiles no resistieron sus persuasivas palabras y acabaron votándole.* — = condescendiente
3 Poco perceptible, escaso: *su salud presenta una débil mejoría; unos débiles rayos de luz mortecina.* — adj. = pobre, suave

4 Se aplica a la sílaba átona, que no lleva acento de intensidad: *banana tiene dos sílabas débiles.* — GRAMÁTICA
5 Se refiere al pie o al grupo de pies métricos situados en un tiempo no marcado. — POESÍA
6 Se dice del ácido, base o electrólito cuyo grado de ionización es pequeño. — QUÍMICA
7 Sujeto que padece debilidad mental. — s.m.f./SIQUIATRÍA
8 **débil ligero:** Sujeto cuyo coeficiente intelectual está entre 50 y 75, según las pruebas sicométricas. — SIQUIATRÍA
9 **débil profundo:** Aquel cuyo coeficiente intelectual es inferior a 30, según las pruebas sicométricas. — SIQUIATRÍA

debilidad
1 Extrema pérdida o falta de fuerzas: *el recién nacido prematuro padece debilidad congénita.* — s.f. MEDICINA
2 Falta de vigor o energía: *sus contrincantes se aprovechan de la debilidad de su carácter.* — = flojedad, endeblez
3 Persona o cosa por la que alguien siente un cariño o una preferencia especial: *su hijo mayor es su debilidad; los bombones son su debilidad.*
4 **debilidad mental:** Cualquier deficiencia caracterizada por la incapacidad para realizar procesos hipotético-deductivos. — SIQUIATRÍA
5 **debilidad motora:** Trastorno de la capacidad de movimiento. — SIQUIATRÍA
6 **sentir o tener debilidad por algo o alguien:** Tener un cariño o una preferencia especial hacia una cosa o una persona: *siente debilidad por los niños más desprotegidos.*

debilitación
1 Acción y resultado de debilitar o debilitarse. — s.f./= debilitamiento
2 Falta de fuerza física o moral. — = debilidad
3 Disminución gradual de una magnitud física. — FÍSICA

debilitador Baño químico para disminuir la intensidad del clisé fotográfico. — s.m. FOTOGRAFÍA

debilitamiento Acción y resultado de debilitar o debilitarse: *siente un gran debilitamiento por las fiebres.* — s.m. = debilitación

debilitante Que debilita: *procesos debilitantes y desgastadores de la situación.* — adj/s.m.

debilitar Disminuir la fuerza o el poder de una persona o una cosa: *los antibióticos me debilitaron de tal manera que no pude reincorporarme al trabajo; te debilitas ante cualquier problema.* — = afeblecer v.tr/prnl.

debilucho, a Que es débil o enclenque: *es muy debilucha, no la atosigues mucho.* — adj. despectivo

debitar Poner o cargar una cantidad en el debe de una cuenta. — v.tr./ECONOMÍA = adeudar

débito (Derivado culto del lat. *debitum*.)
1 Deuda, obligación de pagar o reintegrar una cosa: *el débito asciende a varios millones.* — s.m.
2 Suma de todas las cantidades anotadas en el debe de una cuenta. — ECONOMÍA
3 **débito conyugal:** Obligación recíproca de los esposos de aceptar la unión carnal.

debla Canto popular andaluz de carácter triste y melancólico, con copla de cuatro versos. — s.f. MÚSICA

debocar Vomitar, arrojar por la boca el contenido del estómago. — v.tr/intr./conj: sacar/Argent.

deboulé (Voz francesa.) Paso compuesto por dos medias vueltas seguidas, efectuadas girando rápidamente sobre medias puntas o puntas. — s.m.

debut (Voz francesa.)
1 Estreno o presentación de un espectáculo: *fui invitado al debut de la obra teatral.* — s.m./pl: debuts tb: debú
2 Primera actuación de una persona en una actividad cualquiera: *recibió una gran ovación en su debut como orador.*

debutante Que debuta en alguna actividad: *los debutantes fueron del agrado del público.* — adj/s.m.f.

debutar Presentarse una persona por primera vez ante el público en una actividad: *debutó en el festival de verano con una obra de Lope de Vega.* — v.intr.

deca Pasta pictórica, preparada para pintar sobre tela, que no se despinta con las lavadas. — s.f. ARTE

deca- Componente de palabra procedente del gr. *deka*, que significa diez: *decálogo; decágono.* — pref.

década (Del bajo lat. *decas, -adis* < gr. *deka*, diez.)
1 Espacio de tiempo formado por diez años o días: *la vida de un ser humano dura, por lo general, algunas décadas.* — s.f.
2 Conjunto de diez hombres en el ejército griego. — MILITAR, HISTORIA
3 División de una obra histórica que abarca diez libros o diez capítulos. — HISTORIA
4 Historia en la que intervienen diez personajes.

decadencia Proceso de debilitación o pérdida de la plenitud: *su estilo estaba en plena decadencia; la decadencia de las instituciones.* — s.f. = caída, declive

decadente
1 Que decae o está en decadencia: *civilización decadente.* — adj. = decrépito

2 Que pertenece a una época de decadencia: *es una obra característica del arte modernista decadente.* = tardío

3 Se aplica al arte y al artista o a la obra y el autor que hacen del refinamiento y del decadentismo su forma de expresión, y al gusto por los ambientes en crisis o en decadencia: *es la obra de un poeta decadente.* adj./s.m.f.

4 Decadentista, del decadentismo.

decadentismo Estilo y movimiento literarios caracterizados por el escepticismo de sus temas y por la propensión a un refinamiento exagerado. adj./LITERATURA / s.m. LITERATURA

decadentista
1 Del decadentismo: *movimiento decadentista.* adj.
2 Que es partidario o sigue el decadentismo: *es un escritor decadentista.* adj/s.m.f. LITERATURA

decaedro Cuerpo geométrico de diez caras. s.m./GEOMETRÍA

decaer
1 Perder una persona o una cosa fuerza o intensidad poco a poco, pasando de un estado positivo a otro negativo: *el escándalo le hizo decaer de su prestigio.* v.intr. conj: *caer* = declinar/+ de
2 Debilitarse físicamente, perder la salud: *decayó desde la muerte de su anciano esposo.*
3 Separarse un barco de su rumbo a causa del viento, la corriente o la marejada. NÁUTICA

decagonal
1 Del decágono: *perímetro decagonal.* adj./GEOMETRÍA
2 Que tiene forma de decágono.

decágono, a (Del gr. *deka*, diez + *gonia*, ángulo.) Se aplica al polígono que tiene diez lados y diez ángulos. adj/s.m. GEOMETRÍA

decagramo Medida de peso, equivalente a diez gramos. s.m.

decaído, a
1 Que está en decadencia. adj.
2 Que está abatido física o moralmente: *desde que perdió el empleo está muy decaída.* = desanimado, flojo

decaimiento
1 Desmoronamiento físico o moral de una persona: *su decaimiento se debe a la muerte de su amigo.* s.m./= desánimo, abatimiento
2 Pérdida progresiva de radiactividad de una materia, debida al aumento de la proporción de sus átomos estables y a la disminución del número de los que se desintegran. FÍSICA

decalcificación Descalcificación, acción y resultado de descalcificar o descalcificarse. s.f.

decalco Copia calcada de una imagen. s.m.

decalescencia Absorción de calor por el hierro o el acero cuando se calientan por encima de su punto de transformación. s.f. METALURGIA

decalitro Medida de capacidad, equivalente a diez litros. s.m.

decálogo (Del gr. *deka*, diez + *logos*, palabra.)
1 Conjunto de normas o consejos básicos para realizar alguna actividad: *les presentó el decálogo del buen estudiante.* s.m.
2 Conjunto de los diez mandamientos de la ley de Dios, en la religión cristiana. RELIGIÓN

decalvación Acción y resultado de rapar el pelo de la cabeza a alguien, en especial como pena o castigo: *los reyes visigodos destronados sufrían la afrenta de la decalvación.* s.f. culto

decalvar (Del lat. *decalvare.*) Afeitar el pelo de la cabeza a una persona, generalmente como castigo. v.tr.

decámetro Medida de longitud, equivalente a diez metros. s.m.

decampar (Del fr. *décamper.*) Levantar un ejército de campamento: *el coronel ordenó decampar de madrugada.* v.intr. MILITAR

decanal Del decano: *debes obedecer las órdenes decanales.* adj.

decanato (Del lat. *decanatum.*)
1 Cargo de decano: *obtuvo el decanato por votación del claustro.* s.m.
2 Oficina o despacho destinado al decano para el desempeño de su cargo.
3 Tiempo en el que se ejerce el cargo de decano: *su decanato fue el más largo de la historia de aquel centro universitario.*
4 Deanato, dignidad y territorio. RELIGIÓN

decanía Finca rural que es propiedad de un monasterio. s.f.

decano, a
I (Del lat. *decanus*, suboficial que mandaba diez soldados.)
1 Persona que preside una facultad universitaria: *la decana presidió la ceremonia de apertura del nuevo curso académico.* s.
2 Miembro más antiguo de una organización: *es la decana de los miembros del Ateneo.*
3 Presidente de una corporación de profesionales: *en el debate intervino el decano del colegio de abogados.*
II (De origen incierto.) Hidrocarburo saturado. s.m./QUÍMICA

decantación
1 Acción y resultado de decantar o decantarse. s.f.
2 Operación de decantar un líquido inclinando el recipiente: *realizó la decantación del preparado con un cono agujereado.*
3 Separación de sustancias que no se mezclan por diferencia de gravedad. QUÍMICA

decantador Vasija o instrumento de laboratorio que se usa para decantar o verter líquido: *utilizó un decantador para eliminar las impurezas del agua.* s.m. QUÍMICA

decantar (Del lat. *decantare.*)
1 Dejar caer parte del líquido de una vasija a otra sin que caiga el poso. v.tr.
2 Decidirse sobre algo o tomar partido: *Pedro se decantó finalmente por el voto de izquierda.* v.prnl./= inclinarse + por
3 Separar por decantación productos que no se mezclan. v.tr. QUÍMICA

decapado Eliminación de la costra de impurezas formada en la superficie de los metales o de capas de pintura que la recubre. s.m. METALURGIA

decapante Se aplica al producto que sirve para eliminar una capa de pintura u óxido: *con un fuerte decapante logró quitar la laca de los cajones.* adj/s.m.

decapar
1 Quitar la capa de pintura o de óxido que cubre un objeto por medios físicos o químicos. v.tr. TECNOLOGÍA
2 Quitar el óxido de un objeto metálico por inmersión en un baño de ácido. METALURGIA

decapitación
1 Acción y resultado de decapitar: *la decapitación no se consideraba infamante, por ello se aplicaba a los nobles.* s.f.
2 Escisión de la cabeza de un hueso: *la decapitación del fémur.* MEDICINA

decapitar (Del lat. *decapitare* < *de-* + *caput*, cabeza.) Cortar la cabeza: *el rey mandó decapitar a su esposa.* v.tr. = degollar

decápodo, a (Del gr. *deka*, diez + *pous*, *podos*, pie.)
1 Perteneciente a un orden de crustáceos con cinco pares de patas locomotoras, caparazón que recubre todo el tórax y las branquias y ojos compuestos pedunculados, como la langosta y el bogavante. adj/s.m. ZOOLOGÍA
2 Perteneciente a un orden de moluscos cefalópodos con ocho brazos iguales y dos tentáculos con ventosas pedunculadas. ZOOLOGÍA

decárea Medida agraria de superficie, equivalente a diez áreas: *sus bosques podían ser medidos en decáreas.* s.f. AGRICULTURA

decasílabo, a Se aplica al verso que tiene diez sílabas. adj/s.m. POESÍA

decatizado Proceso de acabado permanente a los tejidos de estambre y lana: *el decatizado confiere al lienzo brillo y lo ablanda.* s.m./INDUSTRIA, TEXTIL

decatlón Competición de atletismo masculino formada por diez pruebas diferentes: *consiguió ganar el decatlón con gran ventaja sobre el resto de competidores.* s.m./DEPORTES tb: decathlón

decatloniano, a Se aplica al atleta que concursa en un decatlón. adj/s./DEPORTES tb: decathloniano

decca (Nombre de una firma británica.) Sistema de radionavegación marítima o aérea que permite señalar la posición sobre el mapa. s.m. AERONÁUTICA, NÁUTICA

decébalo Título de los reyes dacios. s.m./HISTORIA

deceleración Aceleración negativa o reducción de la velocidad de un cuerpo móvil: *comprobó la potencia de los frenos sometiéndolos a una prueba de deceleración.* s.f. FÍSICA

decelerar Reducir la velocidad de un cuerpo en movimiento. v.tr. FÍSICA

decelerómetro Aparato que indica la deceleración de un cuerpo móvil al disminuir éste la marcha. s.m. FÍSICA

decemnovenal Se aplica al ciclo o período de diecinueve años. adj. = decemnovenario

decemrema Nave de guerra antigua de diez hileras o grupos de remos. s.f./HISTORIA, MILITAR

decena
1 Conjunto de diez unidades: *una decena de claveles; a lo largo de su carrera obtuvo una decena de premios.* s.f.
2 Octava de la tercera. MÚSICA
3 contar por decenas: 1. Contabilizar por grupos de diez objetos o personas. **2.** Contabilizar por mucha cantidad: *los fallecidos se cuentan por decenas.*

decenal
1 Que se hace o sucede cada decenio: *celebran un congreso decenal.* adj.
2 Que dura diez años: *ocupa un cargo decenal.*

decenario, a
1 Del número diez. adj.
2 Período de tiempo de diez años. s.m./= decenio
3 Sarta de diez cuentas que forma parte del rosario.

decencia (Del lat. *decentia.*)
1 Actitud del que respeta y cumple las normas de comportamiento social y moral reinantes en una sociedad: *vestir con decencia.* s.f. = honestidad, urbanidad

2 Actitud moderada y modesta de quien evita hablar bien de sí mismo o presumir ante los demás. = modestia, recato

3 Actitud y hecho dignos, merecedores de respeto al obrar y expresarse. = dignidad

4 Circunstancia de ser una cosa decente, de cantidad o calidad adecuada.

5 Aseo, limpieza y orden en las personas o las cosas: *alabó la decencia de sus dependencias.*

decenio Período de diez años: *ha sido el decenio más trágico de la historia del país.* s.m. = decenario

decentar
1 Empezar a cortar o consumir un comestible: *decentó el jamón por la parte más curada.* v.tr./conj. *pensar* tb: encentar
2 Hacer que se pierda lo que se había conservado sano: *la vejez le decentó la salud.*
3 Violar, desflorar.
4 Producirse por decúbito una lesión o una herida en una parte del cuerpo: *estuvo tanto en cama que se le decentó la espalda.* v.prnl. MEDICINA = encentar

decente (Del lat. *decens, -ntis.*)
1 Que se comporta respetado y cumpliendo las normas sociales y morales: *es una persona muy decente, nunca tendrás problemas con él.* adj. = honesto ≠ indecente
2 Que es de cantidad o calidad adecuada: *el sueldo no es extraordinario, pero es decente.* = digno ≠ indecente
3 Que está limpio y ordenado: *guarda todos los trastos y deja la habitación decente.* = aseado ≠ indecente

decentemente
1 Con decencia, sin lujo, pero sin miseria: *sólo queremos vivir decentemente.* adv.
2 Con la compostura y dignidad correspondientes al estado o calidad de la persona o cosa.
3 Con algún exceso, en sentido irónico.

decenvirato
1 Cargo que tenía el decenviro. s.m./HISTORIA HISTORIA
2 Tiempo que duraba el mandato de un denviro.

decenviro (Del lat. *decemvir < decem,* diez *+ vir,* varón.)
1 Miembro de una comisión de diez personas nombrada legalmente, en especial cada uno de los diez magistrados que, durante la república romana, se encargaban de intervenir en los procesos referentes a la libertad. s.m. HISTORIA tb: decenvir
2 Suboficial que tenía bajo su mando a diez soldados. HISTORIA, MILITAR

decepción (Del bajo lat. *deceptio, -onis < lat. decipere,* engañar.)
1 Sentimiento de contrariedad producido por algo que no responde a las expectativas puestas en ello: *la pérdida de las últimas colonias creó gran decepción; qué decepción se ha llevado cuando no te ha encontrado.* s.f. = desengaño, desilusión ≠ satisfacción
2 Persona o cosa que produce este sentimiento: *aquel concejal fue una decepción; el programa resultó ser una decepción.* = engaño

decepcionar Causar una decepción a una persona: *tu falta de solidaridad me ha decepcionado.* v.tr. = desilusionar

deceso (Del lat. *decessus,* partida, retirada.) Muerte natural o civil. s.m. DERECHO

dechado (Del lat. *dictatum,* texto dictado por un maestro a sus alumnos.)
1 Persona o cosa que por sus cualidades o comportamiento se toma como modelo y ejemplo: *fíjate en ella porque es un dechado de virtudes.* s.m. + de = arquetipo
2 Trabajo de costura que se realizaba para aprender y en el que se practicaban distintos tipos de puntos y bordados.
3 ser un dechado de perfecciones: Se usa en sentido irónico para hablar de una persona que presenta cualidades negativas o muchos defectos: *según su madre, esa niña es un dechado de perfecciones.*

deci- Componente de palabra procedente del lat. *decam,* que significa diez: *decilitro, decímetro.* pref.

deciárea Medida de superficie, equivalente a la décima parte de un área. s.f.

decibel Nombre del decibelio en la nomenclatura internacional. s.m. FÍSICA

decibelio Unidad práctica de medida de sonido o electricidad que es diez veces el logaritmo decimal de su relación numérica. s.m. FÍSICA

decibilidad Propiedad de una fórmula decidible. s.f./LÓGICA

decible Que se puede decir o explicar. adj./≠ indecible

decidible Se refiere a la fórmula que es demostrable o refutable dentro de una teoría deductiva. adj. LÓGICA

decididamente
1 Con resolución y decisión: *salió del hotel como un huracán y entró decididamente en el coche.* adv.
2 Definitivamente, en efecto: *decididamente, me quedo, no voy a salir por cumplir con ellos.*

decidido, a
1 Que se comporta con audacia y decisión: *es una chica atrevida y muy decidida y a la que no le detienen las habladurías.* adj. = audaz, resuelto ≠ indeciso
2 Se aplica a la actitud, al movimiento o al tono que es resuelto y terminante: *entró con paso decidido.* = resuelto ≠ medroso

decidir (Del lat. *decidere,* cortar, resolver *< caedere,* cortar.)
1 Formar un juicio definitivo sobre un asunto dudoso: *el juez decidirá si es culpable.* v.tr.
2 Hacer que una persona tome una decisión: *haré lo posible por decidirle sobre este asunto.*
3 Hacer que un asunto tome un determinado rumbo o camino: *tu voto decidirá quién es el ganador.*
4 Tomar una decisión sobre una cosa: *por fin, se ha decidido a venir; se decidieron en favor de tu propuesta; se decidirá por el procedimiento anterior.* v.tr./prnl. + a, en, por = resolver

decidor, a
1 Se aplica a la persona que habla con soltura y gracia. adj./s.
2 Que es alegre, chistoso o bromista.

decidua Caduca, mucosa uterina. s.f./FISIOLOGÍA

decigramo Medida de peso, equivalente a la décima parte de un gramo. s.m.

decila
1 Décima parte de un conjunto de datos clasificados. s.f./ESTADÍSTICA
2 Magnitud de los elementos que divide una serie de datos en diez grupos o intervalos. ESTADÍSTICA

decilitro Medida de capacidad, equivalente a la décima parte de un litro. s.m.

decilo Radical hidrocarbonado derivado del decano. s.m./QUÍMICA

décima
1 Cada una de las diez partes iguales en que se divide un todo: *nos falta la décima para completar el pliego.* s.f.
2 Décima parte de un grado del termómetro que se usa para medir la fiebre: *el niño tiene tres décimas.* MEDICINA
3 Estrofa de diez versos octosílabos, tradicionalmente de rima consonante, y en la que, por lo general, riman el primero, el cuarto y el quinto; el segundo con el tercero; el sexto, el séptimo y el décimo y, por último, el octavo con el noveno. POESÍA = espinela
4 Derecho que se pagaba al rey y que consistía en la décima parte de los frutos, o de las mercancías que llegaban a los puertos y pasaban de un reino a otro. HISTORIA = diezmo
5 Intervalo cuyo resultado es una tercera doblada a la octava. MÚSICA

decimal (Del lat. *decimalis.*)
1 Se aplica a la cantidad que resulta de dividir otra en diez partes iguales. adj. MATEMÁTICAS
2 Se refiere al sistema de numeración de base diez o que usa diez signos para los números. MATEMÁTICAS
3 Se aplica al sistema métrico que está formado por unidades que son múltiplos o divisores de diez de la principal de la clase. MATEMÁTICAS
4 Se refiere al dígito que aparece a la derecha de la coma: *número decimal.* MATEMÁTICAS
5 Del diezmo: *beneficios decimales.* = diezmal

decimalización Reducción al sistema de numeración decimal de todas las medidas: *la guinea desaparece cuando se aplica la decimalización del sistema monetario británico.* s.f.

decimalizar Aplicar el sistema decimal a las magnitudes. v.tr. conj: *cazar*

decimanovena Uno de los registros de trompetería del órgano. s.f. MÚSICA

decimétrico, a Que su longitud es del orden del decímetro. adj.

decímetro
1 Medida de longitud, equivalente a la décima parte de un metro. s.m.
2 decímetro cuadrado: Medida de superficie equivalente a un cuadrado de un decímetro de lado.
3 decímetro cúbico: Medida de volumen, que equivale a un cubo de un decímetro de arista y cuya capacidad es un litro.
4 doble decímetro: Instrumento en forma de regla, dividido en centímetros y milímetros.

décimo, a (Del lat. *decimus.*)
1 Que ocupa el lugar número diez en una serie: *vivo en el décimo piso del edificio.* adj.num/s.
2 Parte que resulta de dividir una cosa en diez partes iguales: *la décima cuerda se rompió.* = deceno
3 Cada una de las diez partes en que se divide un billete de lotería: *he comprado un décimo.* s.m.
4 Moneda de plata de México, Ecuador y Colombia.

decimoctavo, a Que ocupa el lugar número dieciocho en una serie: *consiguió el decimoctavo puesto en la competición.* adj.num/s. tb: decimoctava

decimocuarto, a Que ocupa el lugar número catorce en una serie. adj.num/s. tb: decimocuarta

decimonónico, a
  1 Del siglo XIX: *literatura decimonónica.*   adj./HISTORIA
  2 Anticuado, pasado de moda: *su modo de vida es deci-*   despectivo
  monónico.

decimonono, a Que ocupa el lugar número dieci-   adj.num/s.
nueve en una serie.   tb: decimanona

decimonoveno, a Que ocupa el lugar número dieci-   adj.num/s.
nueve en una serie.

decimoquinto, a Que ocupa el lugar número quince   adj.num/s.
en una serie.   tb: decimaquinta

decimoséptimo, a Que ocupa el lugar número die-   adj.num/s.
cisiete en una serie.   tb: decimaséptima

decimosexto, a Que ocupa el lugar número dieci-   adj.num/s.
séis en una serie.   tb: decimasexta

decimotercero, a Que ocupa el lugar número trece   adj.num/s.
en una serie.   tb: decimotercio

decir (Del lat. *dicere.*)
  1 Dicho, palabra o refrán.   s.m.
  2 Dicho notable por la sentencia, por la oportunidad
  o por otro motivo.
  3 Habladurías, chismes: *son decires de malas lenguas,*
  no hagas ni caso.
  4 ser un decir o ir al decir: Se utiliza para indicar   coloquial
  que algo es una suposición y suavizar lo afirmado: *si*
  tuviera tanto dinero, es un decir, se notaría.
  5 Expresar el pensamiento o los sentimientos con pa-   v.tr.
  labras: *se acercó para decirle que se comportara con come-*   part: dicho
  dimiento.   = enunciar
  6 Expresar un juicio sobre alguien o algo: *dicen de*   + de
  ellas que son unas coquetas.   = opinar
  7 Precisar, concretar una información: *si no le dices el*
  año de edición, no podrá encontrar el libro que buscas.
  8 Manifestar, denotar, dar muestras de algo: *tus ojos*
  le dijeron cuánto sentías su pérdida; su vestimenta decía lo
  precario de su economía.
  9 Recitar, repetir de memoria o leyendo: *dijo el verso*
  en menos que canta un gallo.
  10 Asegurar o afirmar una opinión: *dice que vendrá*
  tan pronto como pueda.
  11 Convenir o armonizar una cosa con otra: *la blusa*   + bien, mal
  dice bien con la falda; las perlas dicen mal con su color de
  piel.
  12 Nombrar a alguien o algo de cierta manera: *en su*   = llamar
  pueblo le dicen el pájaro loco.
  13 Murmurar de alguien, chismorrear: *con esos deva-*
  neos da lugar a que digan de ella.
  14 Contener un escrito o libro cierta información: *los*
  cuatro evangelios dicen que Jesucristo fue crucificado entre
  otros dos, pero el de san Juan no indica que fuesen malhe-
  chores.
  15 Hablar, conversar: *dicen y dicen, pero realmente ter-*   v.intr.
  minan por no explicar nada que tenga sentido.
  16 Ser favorable o no el tiempo, la suerte o la cose-   v.tr.
  cha: *le dijo tan bien la suerte que ganó el triple de lo ju-*   + bien, mal
  gado.
  17 Reflexionar consigo misma una persona: *a veces*   v.prnl.
  me digo que no tiene arreglo.   = monologar
  18 al decir de o según el decir de: Tal como señala   loc.adv.
  alguien o según murmuración, chisme o censura pú-   coloquial
  blica: *al decir de su padre, el accidente tendrá graves con-*
  secuencias; según el decir de las gentes el asunto de los so-
  bornos es una trama organizada.
  19 aunque digas o por más que digas: Expresión
  concesiva de contradicción: *aunque digas lo contrario,*
  tú sabes que tengo razón; por más que digas, sé que lo
  sientes.
  20 como dijo el otro: Expresión con que se apoya   coloquial
  una cosa que se da como evidente: *todo esto es cierto,*
  como dijo el otro.
  21 como quien dice o como si dijéramos o como   coloquial
  aquel que dice: Expresión que se usa para explicar, y
  también para suavizar, lo que se ha afirmado: *ella es,*
  como quien dice, amiga y secretaria.
  22 como quien no dice nada: **1.** Expresión irónica   coloquial
  con que se pondera lo que se dice a continuación o
  se acaba de decir: *le costó, como quien no dice nada,*
  veinte mil pesetas, y eso que era de muy mal gusto. **2.** Ex-   coloquial
  presión con que se indica no ser cosa fácil aquello de
  que se trata, sino muy difícil o importante.
  23 como si no hubiera dicho nada: Expresión con
  que una persona retira una cosa que ha dicho al ver
  que se ha equivocado o que produce mal efecto: *vale,*
  de acuerdo, como si no hubiera dicho nada.
  24 con decirte que: Expresión con la que se pondera   coloquial
  lo que se expresa a continuación: *con decirte que no*
  pude ni tomar un taxi, porque no tenía ni un duro.
  25 ¡cualquiera diría!: Expresión con que se comenta   coloquial
  la actitud de una persona que se considera improcedente: *sólo nos saluda en el trabajo, cualquiera diría que*
  no nos conocemos.
  26 ¡cualquiera lo diría!: Expresión con que una per-   coloquial
  sona muestra extrañeza por una cosa de que se ente-
  ra, muy distinta de las apariencias.

  27 ¿decía? o ¿decías?: Expresión con que se pregunta o pide la repetición de una cosa que no se ha oído
  bien o se ha interrumpido.
  28 decíamos ayer: Alusión a una frase atribuida a
  fray Luis de León, con la que se indica que se retoma
  el tema que se había dejado a medias.
  29 decir algo para sí: Pensar para uno mismo: *me*
  dije para mí: si me enfado será peor.
  30 decir bien: Hablar con verdad, o explicarse con
  gracia y facilidad: *¿digo bien al señalar que la raíz del*
  problema es la irresponsabilidad?
  31 decir bien de una persona: Alabarla: *dijo bien de*
  sus compañeros ante el jefe.
  32 decir lo que le viene a la boca: Hablar una persona sin contención ni miramiento: *su espontaneidad*
  le pierde, siempre dice lo que le viene a la boca.
  33 decir mal una cosa con otra: **1.** Desdecir, corregir: *su actitud dice mal con sus ideales.* **2.** No combinar,
  no encajar: *su vestido dice mal con los zapatos.*
  34 decir por decir: Hablar sin fundamento: *no le ha-*
  gas ni caso, lo dice por decir.
  35 decir una cosa por otra: **1.** Expresión que significa, eufemísticamente, mentir: *estoy cansada de que*
  siempre me digas una cosa por otra. **2.** Cometer una persona una equivocación: *el profesor le llamó la atención*
  por decir andó por anduvo.
  36 decir y hacer: Hacer una cosa con mucha ligereza
  y prontitud: *sólo le planteé el trabajo y lo realizó en un*
  decir y hacer.
  37 decirlo todo: Ser muy hablador o indiscreto: *no le*   coloquial
  cuentes secretos porque lo dice todo.
  38 decírselo todo: Decir una persona lo que podría
  comunicarle o responderle su interlocutor: *yo no te he*
  dado mi opinión, tú te lo dices todo.
  39 ¡diga! o ¡dígame!: Voz con la que se interpela a
  alguien para que hable, especialmente en las conversaciones telefónicas.
  40 dígame en qué puedo servirle: Expresión cortés   formal
  para preguntarle a alguien en qué se le puede ayudar
  o ser útil.
  41 digamos o por decirlo así: Expresión con que se   coloquial
  indica que una palabra o una expresión se emplea sin
  rigor absoluto.
  42 ¡digo!: **1.** Expresión que indica admiración, sor-   interj./coloquial
  presa o ponderación. **2.** Expresión con que se asiente   coloquial
  enérgicamente a una cosa.
  43 el qué dirán: Expresión con que se alude a la opinión pública reflejada en murmuraciones y que cohíbe los actos: *no pienso preocuparme por el qué dirán.*
  44 ello dirá: Expresión que se emplea para dar a en-   coloquial
  tender que más adelante se conocerá el resultado de
  una cosa o lo que haya de cierto en ella: *no te preocu-*
  pes ahora, ello dirá.
  45 es decir: Indica que se va a explicar o aclarar algo   formal
  que se ha dicho anteriormente: *el texto es críptico, es*
  decir, no se entiende fácilmente.
  46 he dicho: Fórmula con la que se indica que se ha   formal
  acabado de hablar: *se ha de mejorar el sistema, he dicho.*
  47 lo que se dice...: Expresión de ponderación con
  que se indica que no se exagera al aplicar el calificativo que sigue: *lo que se dice un fracaso rotundo.*
  48 ni que decir tiene: Expresión con que se indica que
  una cosa es evidente o sabida de todos: *ni que decir tiene*
  que si llueve no podremos realizar el ascenso al mon'e.
  49 no decir malo ni bueno: **1.** No responder una persona: *la miró impasible y no dijo ni malo ni bueno.* **2.** No
  expresar una persona su sentir: *le pregunté qué pensa-*
  ba sobre el asunto y no me dijo malo ni bueno. **3.** Permitir
  una persona una cosa.
  50 no decir nada una persona: **1.** Ser sosa o inexpresiva. **2.** No hablar, permanecer callada: *no dijo*
  nada cuando le preguntaron sobre sus preferencias.
  51 no decir nada algo a una persona: No provocar-   coloquial
  le su interés: *este nuevo libro no me dice nada, no pienso*
  leerlo.
  52 no digamos: Expresión con que se indica que no   coloquial
  es completamente exacto o seguro lo que se afirma,
  pero le falta poco para serlo.
  53 no digo nada: Expresión de ponderación con que
  alguien muestra la importancia que le da a algo que
  le comunican.
  54 no irás a decir que: Frase con la que alguien se
  anticipa, al adivinar algo desagradable o sorprendente: *no irás a decirme ahora que no vendrás a cenar.*
  55 ¡no me digas! o ¡qué me dices!: Expresión con   coloquial
  que se muestra sorpresa ante una noticia que se recibe: *¡no me digas!, o sea, que llegan esta misma noche.*
  56 por decirlo así: Se usa para prevenir que lo que
  se ha expresado no es del todo exacto u oportuno: *se*
  normalizó la situación de la población civil, por decirlo así.
  57 por mejor decir: Expresión que se utiliza para corregir lo que se ha dicho: *decidí quedarme en la oficina,*
  por mejor decir, en el despacho.

58 que digamos: Expresión con que se pondera lo que antes se había negado: *no presume la niña que digamos.*

59 ¡quién lo diría!: Expresión que se usa para indicar incredulidad: *¡quién lo diría! con lo buen chico que parecía.* — coloquial

60 se diría que: Expresión cortés con la que se indica que algo parece otra cosa: *se diría que esta línea es la frontera entre los dos países.* — formal

61 ¡y que lo digas!: Expresión utilizada para asentir o afirmar lo que ha dicho otra persona.

62 ya es decir o mucho decir: Expresión para enfatizar lo que es evidente o lo que es posible: *es el primero de su promoción, lo que ya es decir; suponiendo que tu padre te deje ir, lo que es mucho decir.*
CONJ.: IND.: PRES.: *digo, dices, dice, decimos, decís, dicen.* PRET. PERF.: *dije, dijiste, dijo, dijimos, dijisteis, dijeron.* COND.: *diría, dirías, diría, diríamos, diríais, dirían.* SUBJ.: PRES.: *diga, digas, diga, digamos, digáis, digan.* PRET. IMPERF.: *dijera, -ese, dijeras, -eses, dijera, -ese, dijéramos, -ésemos, dijerais, -eseis, dijeran, -esen.* IMP.: *di, diga, digamos, decid, digan.* GERUND.: *diciendo.* PART.: *dicho.*

decisión (Del lat. *decisio, -onis.*)
1 Acuerdo o determinación adoptada en una situación de duda: *tomó la decisión de no ir al viaje.* — s.f. = resolución
2 Valor o energía para realizar algo: *quedó patente su decisión y entereza cuando murió el abuelo.* — = firmeza, determinación
3 Elección de las orientaciones que ha de seguir un asunto, una empresa o una política.
4 Medida adoptada de acuerdo con estas orientaciones: *la prensa especializada analizó el paquete de decisiones del gobierno.*
5 Sentencia o resolución de un juez o tribunal: *por decisión del juez pasó a disposición judicial.* — DERECHO
6 Parte dispositiva o imperativa de una ley. — DERECHO
7 Acto por el que una autoridad competente toma posición después de examinar un asunto. — DERECHO
8 Elección entre dos comportamientos o dos actividades internas incompatibles. — SICOLOGÍA
9 **decisión binaria:** La que consiste en elegir entre dos y sólo dos posibilidades. — INFORMÁTICA
10 **decisión de grupo:** Situación en la que varios individuos deben emitir conjuntamente un parecer, formular un juicio o tomar una determinación respecto a un problema determinado. — SICOLOGÍA, SOCIOLOGÍA
11 **con decisión:** Con firmeza, sin dudar: *lo hizo con mucha decisión y valentía.* — loc.adv.

decisivo, a Que es muy importante o determinante para el resultado final de una cosa: *tu voto es decisivo para la elección de delegado.* — adj. = decisorio, concluyente

decisorio, a Que decide o resuelve: *su intervención en el conflicto fue decisoria.* — adj. = decisivo

declamación
1 Acción o arte de declamar. — s.f.
2 Frase o discurso. — RETÓRICA
3 Ejercicio retórico verbal o escrito, casi siempre sobre un asunto fingido o supuesto: *todas las declamaciones que componía versaban sobre la grandeza de España.* — RETÓRICA
4 Discurso pronunciado con vehemencia contra personas o cosas.
5 Arte de representar en el teatro. — TEATRO

declamador, a Que declama o recita. — adj/s.

declamar (Del lat. *declamare.*)
1 Hablar una persona en público entonando y gesticulando convenientemente. — v.intr. = orar, disertar
2 Pronunciar una persona discursos para practicar y aprender las reglas de la retórica. — RETÓRICA
3 Hacer una crítica agresiva.
4 Recitar una composición literaria artísticamente: *Fernando declamó unos versos de García Lorca.* — v.intr/tr.

declamatoria Manera vehemente de pronunciar un discurso. — s.f.

declamatorio, a Se aplica al estilo, tono o lenguaje que resulta exagerado, grandilocuente y enfático. — adj. RETÓRICA

declaración
1 Acción y resultado de declarar o declararse. — s.f.
2 Exposición o explicación con que se aclara o se da a conocer alguna cosa. — = revelación, confesión
3 Manifestación del ánimo o de la intención.
4 Manifestación del amor que una persona siente por otra: *fue una declaración en toda regla, con versos y todo.*
5 Deposición que bajo juramento hace el testigo o perito en una causa y la que hace el reo sin encontrarse bajo juramento: *en su declaración figuran dos inculpados.* — DERECHO = testificación
6 Nombre que reciben los textos más solemnes adoptados por las Naciones Unidas, aunque tengan únicamente el valor de recomendaciones: *repartió varias copias de la declaración universal de los derechos humanos.* — DERECHO
7 Definición del tipo de una variable en un lenguaje de programación. — INFORMÁTICA

8 declaración de la renta: Documento en el que se manifiesta ante la administración la naturaleza y cantidad de una materia sujeta a impuestos: *hoy expira el plazo para presentar la declaración de la renta en Hacienda.* — ECONOMÍA
9 prestar declaración: Declarar ante el juez: *se negó a prestar declaración por sentirse coaccionado.* — DERECHO
10 tomar declaración: Inquirir, preguntar un juez o un tribunal de justicia al acusado o a un testigo sobre los hechos que se tratan de aclarar. — DERECHO

declarado, a Manifiesto, ostensible: *su enemistad es declarada; es un partidario declarado de las reformas.* — adj. = evidente

declarante Se aplica a la persona que declara, particularmente ante un juez. — adj/s.m.f. DERECHO

declarar (Del lat. *declarare*, aclarar.)
1 Decir una cosa relativa a un asunto reservado a otras personas: *en la rueda de prensa el presidente declaró que no sabía nada del fraude.* — v.tr.
2 Tomar con autoridad una decisión acerca de otra persona o una cosa: *le han declarado inocente.*
3 Manifestar en la aduana qué mercancías, sujetas al pago de impuestos, se transportan: *no declaró todos los cartones de tabaco que llevaba en la maleta.*
4 Manifestar a la administración la naturaleza y cantidad de una materia sujeta a impuestos: *declarar el patrimonio.* — ECONOMÍA
5 Decir una cosa ante un juez o un tribunal de justicia: *el acusado declaró su participación.* — v.intr/tr. DERECHO
6 Manifestar una persona su amor a otra: *se le declaró en un parque con la genuflexión de rigor.* — v.prnl.
7 Aparecer una cosa claramente: *se ha declarado una epidemia de cólera.*
8 Quedar el viento fijo en una dirección, un carácter o una intensidad determinados. — NÁUTICA

declarativo, a
1 Que declara o explica una cosa que originalmente no estaba clara. — adj.
2 Se aplica al acto por el que se constata la existencia de un derecho preexistente. — DERECHO

declaratorio, a
1 Que sirve para declarar o explicar. — adj.
2 Se refiere al pronunciamiento judicial que proclama la existencia o no de un derecho, sin contener mandamiento ejecutivo. — DERECHO

declinable Que tiene declinación gramatical: *el latín y el griego son lenguas con elementos gramaticales declinables.* — adj. GRAMÁTICA

declinación (Del lat. *declinatio, -onis.*)
1 Inclinación de un terreno o de una superficie: *rodaron hacia abajo por la declinación de una galería subterránea.* — s.f. = declive
2 Decadencia, ocaso: *la declinación del imperio.*
3 Conjunto ordenado de las posibles variaciones morfológicas de los nominales de las lenguas flexivas en virtud de sus diferencias casuales. — GRAMÁTICA
4 Serie ordenada de los casos gramaticales. — GRAMÁTICA
5 Distancia de un astro al ecuador celeste. — ASTRONOMÍA
6 **declinación magnética o de la aguja:** Ángulo variable que forma la aguja de la brújula con el meridiano de un lugar por no coincidir el polo terrestre con el magnético.
7 **no saber alguien ni las declinaciones:** Ser sumamente ignorante: *no le preguntes, no tiene ni idea, no se sabe ni las declinaciones.* — coloquial

declinante
1 Que está declinando o decayendo. — adj.
2 Se aplica al plano o pared que tiene declinación o inclinación.

declinar (Del lat. *declinare*, apartar, evitar.)
1 Rechazar una cosa: *declinó la invitación del embajador; declinar una responsabilidad.* — v.tr.
2 Poner una palabra declinable en los distintos casos: *declinar el sujeto de la oración.* — GRAMÁTICA
3 Inclinarse una cosa hacia abajo o hacia un lado u otro: *la brújula declinó al Sur.* — v.intr.
4 Perder una persona o una cosa fuerza o intensidad poco a poco: *con el medicamento la fiebre declinó.* — = descaecer, decaer
5 Aproximarse una cosa a su fin: *declinaba el día y los rayos del sol se escondían tras la cordillera.*
6 Cambiar una persona desde una manera de ser a la opuesta: *declinó de la verdad en la hipocresía.*

declinatoria Petición en la que se declina el fuero o en la que se no se reconoce la aptitud del juez para conocer un asunto y se indica que lo remita al competente. — s.f. DERECHO

declinatorio Brújula que se usa en topografía para medir la declinación magnética. — s.m./ASTRONOMÍA, TECNOLOGÍA

declinómetro Instrumento que sirve para medir la declinación de los astros. — s.m. ASTRONOMÍA

declive (Del lat. *declivis*, que forma cuesta.)
1 Inclinación de un terreno o de la superficie de otra cosa: *el suelo del patio tiene un declive suave para evitar inundaciones.* — s.m. = pendiente

2 Pérdida progresiva de una cualidad: *el declive de su fuerza es evidente.* = decadencia

3 en declive: 1. Con inclinación y pendiente: *viñas cultivadas en terrenos en declive.* **2.** Que está en decadencia: *su éxito estaba en declive.* loc.adv.

declividad
1 Declive, pendiente: *el coche rodó a causa de la declividad del terreno hasta chocar con un muro.* s.f. = inclinación
2 Inclinación que presenta, en uno u otro sentido, el perfil longitudinal de una carretera, vía o autopista. CONSTRUCCIÓN

decocción
1 Operación por la que se obtienen los principios activos de una sustancia por la acción de un líquido en ebullición. s.f.
2 Producto que se obtiene con esta operación.

decodificación Aplicación a un mensaje cifrado de las reglas de su código para descifrarlo. s.f. tb: descodificación

decodificador Aparato o dispositivo que sirve para dar una interpretación a un mensaje codificado. s.m. tb: descodificador

decodificar Dar una interpretación a un mensaje codificado: *decodificar las tarjetas en morse.* v.tr./conj: sacar tb: descodificar

decollage (Voz francesa.) Técnica moderna de realización plástica que consiste en destruir y distorsionar diversos elementos de uso cotidiano en un planteamiento opuesto al collage. s.m. ARTE

decoloración (Del lat. *decoloratio, -onis.*)
1 Atenuación, eliminación o pérdida del color. s.f./tb: descoloración
2 Eliminación de los pigmentos naturales y de los productos colorantes para mejorar el color de un artículo, una vez acabado.

decolorante Que decolora o sirve para decolorar: *usó un decolorante antes de teñir la ropa.* adj/s.m. tb: descolorante

decolorar
1 Quitar o rebajar el color de una cosa: *la camisa se decoloró por la acción del sol.* v.tr/prnl. tb: descolorar
2 Eliminar los pigmentos naturales y los productos colorantes para mejorar el color de un artículo, una vez acabado.

decomisar
1 Declarar que una cosa ha caído en decomiso. v.tr./DERECHO
2 Incautarse de lo que ha caído en decomiso como castigo: *decomisaron el cargamento de tabaco y hachís.* = confiscar DERECHO

decomiso
1 Confiscación, pena de pérdida de la cosa, en que incurre el que comercia con géneros prohibidos. s.m./DERECHO = comiso
2 Pena accesoria de privación o pérdida de los instrumentos o efectos del delito. DERECHO
3 Cosa decomisada: *el decomiso fue trasladado a las dependencias policiales.* DERECHO

decoración
1 Acción y resultado de decorar o adornar: *sólo en la decoración del hall intervinieron dos diseñadores diferentes.* s.f. = decorado
2 Arte que estudia la combinación de los elementos ornamentales.
3 Disposición o conjunto de objetos y luces, colores, telas u otras cosas que adornan un lugar: *la decoración de su casa es preciosa.*
4 decoración arquitectónica: La que afecta a los interiores y exteriores de los edificios. ARQUITECTURA
5 decoración escenográfica: Conjunto de telones, muebles y objetos con que se monta el escenario para una representación teatral. = decorado
6 decoración interior: La que busca la armonía y comodidad en las salas y aposentos de una vivienda o edificio.

decorado
1 Acción y resultado de decorar, adornar. s.m./= decoración
2 Conjunto de telones, muebles y objetos con que se monta el escenario para una representación teatral: *en esa obra cambian cinco veces el decorado.* TEATRO
3 Ambiente en el que se desarrollan las escenas de una película: *la filmaron en un decorado reconstruido de la antigua plaza.* CINE

decorador, a
1 Persona que se dedica a decorar o adornar interiores de edificios o locales comerciales. s. = interiorista
2 Persona que proyecta una escenografía o la ejecuta: *el equipo de decoradores necesita un pintor y un constructor.* TEATRO

decorar (Del lat. *decorare.*)
1 Adornar una casa, una habitación u otro lugar con objetos bellos y de forma armónica: *decoró la sala con motivos africanos y muebles de caña y bambú.* v.tr.
2 Adornar una cosa: *decoró el pastel con arabescos de chocolate; los jarrones decoraban la mesa.* = engalanar
3 Poner una insignia a una persona: *condecoró al capitán con una distinción honorífica.* culto = condecorar

decorativo, a
1 De la decoración: *las técnicas decorativas rechazan esta combinación.* adj.

2 Que decora o adorna, aunque no sea de una belleza exquisita: *el cuadro que hay encima de la chimenea es decorativo.*
3 Que tiene un aspecto o una apariencia agradable. coloquial

decoro (Del lat. *decorum,* las conveniencias.)
1 Honor, estimación y respeto que se debe a una persona por su nacimiento o dignidad: *tened presente que hay que darle el trato y decoro que su cargo requiere.* s.m. = honor
2 Seriedad y gravedad en acciones o palabras: *no perdió su decoro al mencionar tan escabroso incidente.* = circunspección
3 Pudor o recato en la apariencia, el lenguaje o comportamiento de una persona: *siempre se comporta con mucho decoro.*
4 Circunstancia de lo que, sin lujo, presenta un aspecto cuidado y acorde con su categoría: *está hecha con una ornamentación simple, pero con decoro.*
5 Adecuación del estilo y lenguaje de una obra literaria al género, al tema y a la condición social de los personajes. LITERATURA
6 guardar el decoro: 1. Comportarse una persona con arreglo a su condición social: *aun achispada, intentó guardar el decoro y la compostura.* **2.** Comportarse una persona respecto a alguien o a algo con el respeto que merecen: *le guardó el decoro debido.*

decoroso, a (Del lat. *decorosus,* hermoso, brillante.)
1 Que tiene o manifiesta decoro: *en la iglesia debes mantener una conducta decorosa.* adj.
2 Que es limpio y decente, pero sin lujos: *llevaba un vestido decoroso y elegante.* = cuidadoso
3 Que es honesto y no está en contra del pudor o de lo que se considera moral o correcto: *sus gestos no eran decorosos en aquella situación.* = pundonoroso
4 Que no es ni humillante ni vergonzoso: *su sueldo es decoroso aunque no le permite excesos.*

decortación Enfermedad que destruye la copa de las encinas. s.f. BOTÁNICA

decorticación Escisión de una porción de la corteza cerebral. s.f. MEDICINA

decorticar Practicar la escisión de una porción de la corteza cerebral. v.tr./conj: sacar MEDICINA

decrecer (Del lat. *decrescere.*)
1 Hacerse menor en tamaño, cantidad, intensidad o importancia: *con la sequía el río ha decrecido; después del examen la tensión decreció.* v.intr./conj: carecer tb: descrecer = menguar
2 Evolucionar en el curso del tiempo una sustancia radiactiva. FÍSICA NUCLEAR

decreciente
1 Que decrece o mengua: *durante varias noches fue observando la decreciente figura de la luna.* adj. = menguante
2 Se aplica al diptongo cuyo segundo elemento vocálico es más cerrado: *la primera sílaba de aire es un diptongo decreciente.* LINGÜÍSTICA

decrecimiento Acción y resultado de decrecer: *el decrecimiento de la fiebre se debe a la ingestión de paracetamol.* s.m. tb: descrecimiento = disminución

decremento
1 Disminución, mengua en número, extensión, intensidad o importancia: *hay que controlar el decremento del potencial eléctrico.* s.m. = merma
2 Decadencia, debilitación de fuerzas o facultades.
3 Cantidad o valor utilizado para hacer disminuir la magnitud de una variable. INFORMÁTICA

decrepitación Acción y resultado de producir chasquidos: *sólo se oían las decrepitaciones de la leña seca de la fogata.* s.f.

decrepitante Que produce chasquidos. adj.

decrepitar Producir un cuerpo encendido chasquidos repetidamente. v.intr. = crepitar

decrépito, a (Del lat. *decrepitus,* sumamente viejo.)
1 De aspecto físico, capacidad de movimiento y salud muy mermados o deteriorados por la avanzada edad: *a pesar de ser un hombre ya decrépito su espíritu es joven.* adj/s. = achacoso
2 De edad muy avanzada o sumamente viejo. adj./ = senil
3 Que decae o degenera: *imperio decrépito; industria decrépita.* = caduco

decrepitud
1 Extremo grave de decadencia física o mental debido a la vejez. s.f.
2 Suma vejez: *en plena decrepitud se obsesionó por cambiar el testamento.* = chochez
3 Decadencia extrema de las cosas: *la decrepitud de las expectativas de cambio se deja ver en las conductas de las gentes.* = declive

decrescendo (Voz italiana.)
1 Con disminución gradual de la intensidad de la melodía o el canto. adv. MÚSICA
2 Fragmento de una composición musical que se ejecuta de esta manera. s.m. MÚSICA

decretal (Del lat. *decretalis [epistola],* carta que contiene un decreto.)

1 Epístola en la que el papa contesta a una consulta particular que sirve de regla para todos los casos semejantes. **s.f. RELIGIÓN**
2 Libro en que están recogidas las epístolas pontificias. **s.f.pl. RELIGIÓN**

decretar
1 Ordenar, mandar una cosa por decreto: *decretaron la expulsión de la minoría.* **v.tr.**
2 Escribir una autoridad en el margen de un documento la resolución correspondiente para que sea ejecutada. **formal**
3 Determinar el juez una resolución acerca de las peticiones de las partes. **DERECHO**

decretero Lista o colección de decretos. **s.m.**

decreto (Del lat. *decretum < decernere*, decidir, determinar.)
1 Decisión que toma la autoridad competente y que se hace pública. **s.m. DERECHO**
2 Anotación que se hace al margen de los documentos.
3 Disposición del poder ejecutivo dada con carácter general. **DERECHO, POLÍTICA**
4 Decisión de la autoridad eclesiástica de carácter general: *reunió en un volumen los decretos del concilio.* **RELIGIÓN**
5 decreto ley: Disposición legislativa que, sin ser sometida a los órganos adecuados, promulga el poder ejecutivo, en virtud de alguna excepción de carácter extraordinario. **DERECHO, POLÍTICA**
6 real decreto: Decreto aprobado por el gobierno y firmado por el rey, en los regímenes constitucionales monárquicos. **DERECHO, POLÍTICA**
7 por real decreto: De forma inapelable, que no admite discusión: *no intentes rebatirlo, lo harás por real decreto.* **loc.adv.**

decretorio, a Que es decisivo, crítico: *señaló el día decretorio.* **adj. MEDICINA**

decúbito (Del lat. *decubitus < decumbere*, acostarse.)
1 Posición del cuerpo cuando está tendido de manera horizontal: *el cuerpo del muerto estaba echado y en posición de decúbito.* **s.m. ANATOMÍA**
2 decúbito lateral: Posición en que el cuerpo está echado sobre un costado: *tenderse en decúbito lateral y elevar la pierna que no está en contacto con el suelo.* **ANATOMÍA**
3 decúbito prono: Posición en la que el cuerpo está echado sobre el pecho y el vientre. **ANATOMÍA**
4 decúbito supino: Posición en que el cuerpo está echado sobre la espalda: *en decúlito supino, flexionar las rodillas y extender los brazos en cruz.* **ANATOMÍA**

deculturalización Pérdida total o parcial de la cultura tradicional en beneficio de otra nueva: *la deculturalización se produjo en las segundas y terceras generaciones de inmigrados.* **s.f. SOCIOLOGÍA**

decumano, a Se aplica a las tierras que pertenecían al estado romano y cuyos colonos pagaban el diezmo del producto. **adj. HISTORIA**

decuplicar
1 Hacer una cosa diez veces mayor: *decuplicó la superficie corporal de la primera planta.* **v.tr. conj: sacar**
2 Multiplicar una cantidad por diez: *tus ingresos decuplican los míos.*

décuplo, a (Del lat. *decuplus.*) Que contiene diez veces otro número: *cien es el décuplo de diez.* **adj/s.m.**

decuria (Del lat. *decuria.*)
1 Escuadra de diez soldados, división de la centuria romana. **s.f. HISTORIA**
2 Cualquier grupo compuesto por diez personas, entre los romanos. **HISTORIA**
3 División del senado romano. **HISTORIA**

decurión (Del lat. *decurio, -onis.*)
1 Denominación de diversos funcionarios civiles y jefes militares entre los romanos. **s.m. HISTORIA**
2 Jefe de un conjunto de diez personas. **HISTORIA**
3 Miembro de una asamblea municipal en las provincias romanas. **HISTORIA**

decurional Del decurión o del decurionato: *función decurional.* **adj. HISTORIA**

decurionato
1 Dignidad o cargo del decurión. **s.m./HISTORIA**
2 Conjunto o grupo de los decuriones. **HISTORIA**

decurrente
1 Se aplica a la hoja que tiene el limbo extendido a lo largo del pecíolo o tallo. **adj. BOTÁNICA**
2 Se refiere a la lámina de los hongos que al llegar al estípite se prolonga hasta la base. **MICOLOGÍA**

decursas Réditos vencidos de los censos. **s.f.pl./DERECHO**

decursivo, a Se aplica al nervio de la hoja que desciende a lo largo del tallo. **adj. BOTÁNICA**

decurso (Del lat. *decursus.*)
1 Sucesión o transcurso del tiempo: *se presentó tres veces en el despacho en el decurso de la tarde.* **s.m.**

2 Fase de declive en la evolución de una enfermedad. **MEDICINA**
3 Período comprendido entre la luna llena y la nueva durante el cual disminuye la superficie del disco lunar percibida desde la Tiera. **ASTRONOMÍA**

decuso, a
1 Que tiene forma de cruz o de aspa: *el cuartel derecho del escudo estaba dominado por una figura decusa.* **adj. culto**
2 Se aplica a las hojas opuestas dispuestas formando ángulo recto con las inferiores y superiores. **BOTÁNICA th: decusado**

dedada
1 Porción de una sustancia que se toma con el dedo: *dedada a dedada acabó con el tarro de la mermelada.* **s.f.**
2 Mancha o marca que se deja en una cosa al tocarla con los dedos sucios: *dejó el cristal lleno de dedadas; dedadas sucias en la servilleta.*
3 dedada de miel: Lo que se hace para compensar a alguien de algún mal o para consolarle de lo que le es adverso. **coloquial**

dedal (Del lat. *digitale*, perteneciente al dedo.)
1 Funda metálica o de otro material duro que se encaja en el extremo del dedo, y con la que se empuja la aguja al coser: *si no usas el dedal te harás daño al coser una tela tan rígida.* **s.m. = uñeta**
2 Funda de cuero, plástico u otro material que se pone en los dedos para que no se lastimen o manchen al realizar algún trabajo: *el trabajador llevaba un dedal para contar los documentos.* **= dedil**
3 dedal de monja o de princesa: Digital, planta herbácea. **BOTÁNICA**

dedalera Digital, planta herbácea. **s.f./BOTÁNICA**

dédalo (De *Dédalo*, personaje mitológico.) Laberinto, lugar con calles y encrucijadas de donde es difícil salir. **s.m.**

dedazo Acción por la cual, sin tener en cuenta las vías democráticas, se designa a una persona para un puesto público. **s.m. Méx. coloquial**

dedeo
1 Agilidad y destreza de los dedos al tocar un instrumento musical. **s.m./MÚSICA = digitación**
2 Indicación de los dedos que deben usarse para ejecutar un determinado pasaje musical. **MÚSICA = digitación**

dedicación
1 Acción y resultado de dedicar o dedicarse a un fin determinado. **s.f.**
2 Actitud del que se entrega con fervor o abnegación a una actividad: *es de alabar su dedicación a su familia.* **= entrega**
3 Jornada laboral asignada a los docentes.
4 Fiesta con que se conmemora la consagración de un templo, altar u otra cosa: *ceremonia católica de la dedicación de una iglesia.* **RELIGIÓN**
5 Inscripción puesta en la pared o fachada de un templo u otro edificio, para conservar la memoria del que lo erigió y de su destino.
6 dedicación exclusiva o plena: La que ocupa toda la jornada laboral, bajo el compromiso de no realizar otros trabajos.

dedicado, a Se aplica a los ordenadores, aplicaciones o programas con una misión concreta y que dedican toda su actividad a ésta. **adj. INFORMÁTICA**

dedicar (Del lat. *dedicare.*)
1 Aplicar una cosa a un fin: *dedicó su dinero a obras benéficas; cada mañana se dedica a hacer gimnasia.* **v.tr/prnl. conj: sacar**
2 Dirigir a una persona una obra literaria o artística como obsequio o en señal de agradecimiento, cariño, etc.: *dedico esta canción a mis amigos; dedicó la novela a sus hijos.* **v.tr. = ofrecer**
3 Destinar una iglesia u otra cosa al culto de Dios, o de los santos o al recuerdo de una persona o una cosa: *dedicar una ermita a san Antonio; dedicar una placa al alcalde fallecido.* **RELIGIÓN = consagrar**
4 Tener una persona una ocupación o una profesión: *se dedica a la jardinería; dedicarse a la enseñanza.* **v.prnl.**

dedicatoria
1 Nota o escrito con los que se dedica una obra a una persona: *se emocionó al leer la dedicatoria del libro; el cuadro estaba firmado y con dedicatoria del autor.* **s.f.**
2 Lápida en la fachada de un edificio, en homenaje a un benefactor.
3 Conmemoración del día en que fue consagrado un templo o altar. **RELIGIÓN**

dedicatorio, a Que implica dedicación. **adj.**

dedición Rendición sin condiciones y a discreción de un pueblo o ciudad, entre los romanos. **s.f. HISTORIA**

dedil Funda de cuero, plástico u otro material que se pone en los dedos para protegerlos al realizar determinados trabajos. **s.m. = dedal**

dedillo Se usa para indicar con todo detalle y seguridad en la expresión **al dedillo**: *me sé al dedillo la lección; dijo la lista de los reyes al dedillo.* **loc.adv. coloquial**

dedo (Del lat. *digitus.*)

1 Cada una de las partes en que se dividen en su extremo la mano, el pie o la pezuña de los animales. *s.m.* ANATOMÍA

2 Medida equivalente al grueso de un dedo: *ponme sólo un dedo de vino; llevaba la trenza atada con un lazo de dos dedos de ancho.*

3 Medida de longitud que constituye la duodécima parte del palmo y equivale a 18 milímetros.

4 Medida de diez nudillos que se usa para la labor de la media o calceta.

5 dedo anular o médico: El cuarto dedo de la mano empezando a contar por el pulgar. ANATOMÍA

6 dedo cordial o medio o corazón: Dedo que ocupa el lugar central de la mano y el tercero empezando por el índice. ANATOMÍA

7 dedo índice: El segundo dedo de la mano empezando a contar por el pulgar. ANATOMÍA

8 dedo meñique o auricular: El quinto dedo de la mano empezando a contar por el pulgar. ANATOMÍA

9 dedo pulgar o gordo o grueso: El dedo más grueso de la mano que se opone a los otros para agarrar algo. ANATOMÍA

10 el dedo de Dios: Expresión para referirse a la omnipotencia divina manifestada en algún suceso extraordinario.

11 a dedo: 1. Arbitrariamente, con abuso de autoridad al efectuar una elección: *han elegido al delegado a dedo.* 2. Haciendo autostop: *llegué a París a dedo.* *loc.adv.* coloquial coloquial

12 a dos dedos de: Muy cerca de, a punto de: *estuve a dos dedos de morir en aquel accidente.* coloquial

13 alzar o levantar el dedo: 1. Levantarlo para pedir intervención en un asunto o mostrar su conformidad con lo propuesto: *los que estén de acuerdo que levanten el dedo.* 2. Levantarlo como juramento o para asegurar el cumplimiento de alguna cosa. coloquial coloquial

14 antojársele a uno los dedos huéspedes: Ser muy receloso o suspicaz: *se le antojan los dedos huéspedes cuando le insinúan cualquier cosa sobre su marido.* coloquial

15 atar uno bien su dedo: Asegurarse en cualquier negocio, tomando las precauciones necesarias: *ató bien su dedo para sacar a flote la empresa familiar.* coloquial

16 átatela o que se la ate al dedo: 1. Forma de burlarse del que tiene una esperanza sin fundamento. 2. Manera de expresar que no se cree lo que otro afirma. coloquial

17 chuparse o mamarse el dedo: Hacerse el tonto, fingirse incapaz para llevar algo a cabo: *se chupaba el dedo para no tener que ayudarles.* coloquial

18 cogerse o pillarse los dedos: Sufrir perjuicio o desprecio en alguna empresa, presupuesto, proyecto, etc., por equivocación, improvisación, descuido, etc.: *debes controlar los gastos para no cogerte los dedos; se pilló los dedos al presupuestar el proyecto.* coloquial

19 comerse o chuparse los dedos: Sentir gran placer al comer, decir, o hacer una cosa: *este guiso está para chuparse los dedos.* coloquial

20 contar con los dedos: Hacer una cuenta señalando la numeración con ellos: *todavía cuenta con los dedos, tendría ya que dominar las sumas de memoria.*

21 dar un dedo de la mano por algo: Desear mucho la cosa de que se trate: *daría un dedo de la mano por esa moto.*

22 derribar con un dedo: Se usa para expresar la debilidad de alguna cosa: *su obstinación la derribas con un dedo.* coloquial

23 ganar uno a dedos una cosa: Expresa el trabajo, la dificultad y el tiempo que cuesta conseguirla, aun trabajando siempre: *ganaron su patrimonio a dedos, con tesón y penalidades.*

24 hacer dedos: Practicar con los dedos para adquirir soltura en el manejo de un instrumento. MÚSICA coloquial

25 ir algo o ir a parar todo al dedo malo: Indica que todo va a tropezar en la parte herida o enferma: *estaba tullido, parecía que todo se le iba a parar al dedo malo.* coloquial

26 medir algo a dedos: Reconocer o examinarlo con detenimiento y minuciosidad: *midió y observó a dedos la finca antes de dar la paga y señal.* coloquial

27 meter a alguien el dedo en la boca: Se usa para afirmar que una persona no es tan tonta o necia como se suponía.

28 meter a uno el dedo en el ojo: Actuar contra alguien para fastidiarle o enfadarle. coloquial

29 meter a uno los dedos por los ojos: Pretender que crea lo contrario de lo que sabe con certeza. coloquial

30 meterle a alguien los dedos: Sonsacarle, ponerle en situación de que diga ciertas cosas: *le metieron los dedos para enterarse de los planes del contrario.* coloquial

31 morderse uno los dedos: Encolerizarse, irritarse por no poder vengarse de alguna ofensa: *se mordía los dedos ante la impotencia y delante de tan terrible injusticia.* coloquial

32 no chuparse o mamarse alguien el dedo: Ser despierto y no dejarse engañar: *sabe bien dónde está el problema, no se chupa el dedo.* coloquial

33 no mover ni un dedo: No preocuparse ni esforzarse por nada ni nadie: *la vio muy apurada, pero no movió ni un dedo.* coloquial

34 no tener dos dedos de frente: Ser torpe y de poco entendimiento, discurrir muy poco: *por más que le expliqué no entendió nada, no tiene dos dedos de frente.* coloquial

35 poner el dedo en la llaga: Aludir o acertar con el punto delicado o que preocupa: *puso el dedo en la llaga cuando le habló sobre la inutilidad de los celos.* coloquial

36 poner los cinco dedos en la cara a alguien: Darle una bofetada. coloquial

37 poner uno los dedos: Tocar un instrumento con destreza y habilidad. MÚSICA

38 ponerse uno el dedo en la boca: Callarse, dejar de hablar, señalándolo con un gesto que consiste en colocar el índice cruzado sobre los labios. coloquial

39 señalar a uno con el dedo: Dirigir despectivamente la mirada hacia una persona: *no soporta que nadie le señale con el dedo.* despectivo

40 ser el dedo malo: Achacarle todo lo malo que acontece: *ella es nuestro dedo malo.* coloquial

41 tener sus cinco dedos en la mano: No ceder ante otro: *tenía sus cinco dedos en la mano, no se desdijo de lo hablado.* coloquial

dedocracia Sistema de elección y nombramiento a dedo, de forma arbitraria: *últimamente se había generalizado una injusta y peligrosa dedocracia.* *s.f.* coloquial

dedolar Cortar oblicuamente para desprender una porción delgada de superficie. *v.tr./conj: contar* MEDICINA

deducción (Del lat. *deductio, -onis.*)
1 Acción de obtener una idea a partir de otra. *s.f./= inferencia*
2 Acción de separar una parte del todo: *deducción de la tara del camión.*
3 Descuento aplicado por un concepto determinado a una cantidad: *deducciones sobre la base imponible según las cargas familiares.* COMERCIO
4 Razonamiento por el que se obtiene una idea particular desconocida a partir de conceptos generales conocidos. FILOSOFÍA, LÓGICA = inferencia
5 Serie de notas musicales que ascienden o descienden de tono en tono, en el canto llano. MÚSICA

deducible
1 Que puede deducirse: *impuesto deducible; concepto deducible.* *adj.*
2 Se aplica a la fórmula de cuyas hipótesis existe una deducción. LÓGICA

deducir (Del lat. *deducere.*)
1 Sacar una idea a partir de un principio o una suposición: *deduzco su enfado de su mala cara; dedujo por lo dicho que tienes razón.* *v.tr/prnl. conj: conducir + de, por*
2 Quitar una parte de una cantidad: *deduce los gastos de envío de esta cuenta.* COMERCIO + de/= rebajar
3 Presentar la defensa o la acusación sus pruebas o argumentos en un juicio. DERECHO = alegar
4 Rebajar la parte que por precepto legal o disposición del testador pertenece a otra persona, en las sucesiones. DERECHO

deductivo, a Que procede por deducción lógica: *se trata de un razonamiento deductivo.* *adj.*

de facto (Expresión latina.)
1 De hecho, efectivamente: *de facto, se trata de un derecho inalienable.* *adv.* formal
2 Fórmula que se opone una situación de hecho a una situación jurídica. DERECHO ≠ de iure

defasado, a Se aplica a la magnitud que no está en fase con otra magnitud del mismo período. *adj.* FÍSICA

defasaje Diferencia de fase entre dos fenómenos alternativos de igual potencia: *se produjo un defasaje entre el potencial y la corriente.* *s.m.* FÍSICA

defase Diferencia de tiempo entre dos acontecimientos, uno de los cuales se produce con retraso respecto al otro. *s.m.* ESTADÍSTICA

defatigante Que combate la fatiga: *le han recetado un defatigante para que se recupere del cansancio que ha acumulado durante el curso.* *adj/s.m.* tb: desfatigante FARMACIA

defecación
1 Expulsión de los excrementos o materias fecales. *s.f./FISIOLOGÍA*
2 Tratamiento de depuración del azúcar que consiste en agregar cal al jugo extraído.
3 Coagulación de una parte de las sustancias del mosto de manzana, para obtener el jugo clarificado, en la fabricación de sidra. INDUSTRIA

defecador, a
1 Que defeca: *sustancia defecadora de licores.* *adj.*
2 Aparato en que se produce la defecación o clarificación de sustancias. *s.m.* INDUSTRIA

defecar (Del lat. *defaecare*, purificar < *fex, fecis*, heces, impurezas.)
1 Expeler una persona o un animal los excrementos. *v.tr./intr./conj: sacar*
2 Quitar las impurezas de una sustancia, especialmente de un líquido. *v.tr.*

defección (Del lat. *defectio, -onis.*) Abandono desleal de la causa que se defendía o del partido a que se pertenecía: *hubo numerosas defecciones en el partido.* — s.f. = deserción

defeccionar Dejar una persona su puesto o su situación. — v.tr. = cesar

defectibilidad Posibilidad de que una cosa falte: *has de prever la defectibilidad de algún elemento del sistema.* — s.f. ≠ infalibilidad

defectible (Del lat. *defectibilis.*) Que puede faltar: *la presencia de cualquier elemento es defectible.* — adj. ≠ indefectible

defectivo, a (Del lat. *defectivus.*)
1 Que tiene algún defecto. — adj./= defectuoso
2 Se aplica al verbo que no se usa en todos los modos, tiempos o personas: *abolir es un verbo defectivo.* — GRAMÁTICA
3 Se refiere a la palabra declinable que no tiene todos los casos, géneros o números.

defecto (Del lat. *defectus < deficere*, faltar.)
1 Carencia o imperfección en las cualidades propias de una persona, animal o cosa: *tiene un pequeño defecto en el labio superior; esta avería se debe a un defecto de fabricación.* — s.m.
2 Rasgo del carácter de una persona que se considera negativo: *su mayor defecto es ser tan intolerante.* — ≠ virtud
3 Lesión que es consecuencia de las secuelas de otra: *le quedó un defecto en el ojo después de la intervención.* — MEDICINA
4 Imperfección producida en las piezas durante su elaboración, transformación o utilización: *la chapa presentaba varios defectos de fabricación.* — METALURGIA
5 Modificación circunstancial que afecta al funcionamiento normal de un dispositivo. — ELECTRICIDAD
6 Pliegos que sobran o faltan en el número completo de la tirada. — s.m.pl. ARTES GRÁFICAS
7 **defecto de forma:** Falta en la que se incurre cuando no se aplican estrictamente las leyes procesales, en las causas judiciales o administrativas: *consiguió la nulidad de la actuación judicial por defectos de forma.* — DERECHO
8 **defecto de masa:** Diferencia entre las masas de las partículas subatómicas y la del átomo a que pertenecen. — FÍSICA NUCLEAR
9 **defecto legal:** Falta de alguno de los requisitos exigidos por la ley para la validez de ciertos actos jurídicos. — DERECHO
10 **en defecto de o en su defecto:** A falta de la persona o cosa de que se habla: *en defecto de su comparecencia, usted ocupará su lugar; en su defecto utilizaremos otros materiales.* — loc.adj.
11 **por defecto:** Expresión que indica que una diferencia o inexactitud no llega al límite que debiera: *error por defecto.* — loc.adj.

defectología Rama de la medicina que se ocupa de los pacientes que carecen de autonomía propia. — s.f. MEDICINA

defectuosidad
1 Falta de perfección. — s.f.
2 Posibilidad de que existan defectos en alguna cosa.
3 Defecto, fallo.

defectuoso, a Que tiene algún defecto: *tengo que cambiar este libro porque está defectuoso.* — adj./= imperfecto, tarado

defender (Del lat. *defendere*, rechazar al enemigo, defender.)
1 Proteger a una persona o una cosa de un daño o un ataque: *se defendió de los golpes de su agresor; los defendieron con sólidos argumentos.* — v.tr/prnl. conj. tender = amparar/ + de, por
2 Mantener una persona una afirmación: *siempre defenderá la opción política que ha elegido.* — v.tr. = sostener
3 Oponerse a la acción de los adversarios en un deporte o un juego. — v.intr. DEPORTES
4 Tener una posición económica, conocimientos o habilidad suficientes como para vivir holgadamente o realizar una actividad: *desde que ella trabaja se defienden mejor; se defiende con el inglés.* — v.prnl.
5 Buscar el toro refugio en las tablas, corneando y tapándose sin atacar. — TAUROMAQUIA

defendible
1 Que puede ser defendido: *castillo fácilmente defendible; actitud defendible.* — adj. = defendedero
2 Se aplica a la idea o acto que puede ser justificado. — = justificable

defendido, a Que es ayudado en su defensa por un abogado: *mi defendido no estuvo en el lugar del crimen.* — adj./s. DERECHO

defenestración Acción de defenestrar. — s.f.

defenestrar
1 Lanzar a una persona por una ventana: *el actor defenestró a la protagonista y el público lanzó al unísono un grito de sorpresa.* — v.tr.
2 Quitar el puesto o el cargo a una persona inesperada o repentinamente: *el presidente del gobierno defenestró a varios ministros.* — = destituir

defensa (Del bajo lat. *defensa.*)
1 Acción y resultado de defender o defenderse: *en la defensa de la plaza muchos civiles perdieron la vida.* — s.f.
2 Arma, instrumento u otra cosa con que uno se defiende: *lleva un palo como defensa.*
3 Persona o cosa que sirve para proteger o socorrer: *su hermano mayor lo hacía de defensa ante la rectitud y severidad de los padres.* — = amparo, protección

4 Conjunto de razones alegadas para defender una causa, especialmente en un juicio. — DERECHO/= alegato, justificación
5 Abogado defensor: *la defensa alegó la demencia del acusado.* — DERECHO
6 Jugador o grupo de jugadores que forma parte de la línea que protege su propia meta. — s.m.f. DEPORTES
7 Conjunto de estrategias destinadas a evitar el objetivo del equipo contrario. — s.f. DEPORTES
8 Acto por el que el individuo enfrentado a una idea o sensación insoportable la reprime. — SICOLOGÍA
9 Agente o mecanismo por el que los organismos son capaces de protegerse contra determinados agentes fisicoquímicos y biológicos. — s.f.pl. BIOLOGÍA
10 Espinas y aguijones que protegen a ciertas plantas contra sus depredadores. — BOTÁNICA
11 Conjunto de dispositivos que protegen una cerradura contra las llaves falsas.
12 Conjunto de obras que sirven para defender una plaza, un campamento o un territorio: *el enemigo no podrá con las defensas de la ciudad.*
13 Colmillos del elefante o cuernos del toro u otro animal que tienen una función de ataque o defensiva. — ZOOLOGÍA
14 Protectores, como rollos de esparto, madera o neumáticos, que se cuelgan del costado de la embarcación para evitar daños durante las atracadas. — NÁUTICA
15 **defensa de una cuneta:** Diferencia de altura existente entre el fondo de la misma y su borde longitudinal. — CONSTRUCCIÓN
16 **defensa muscular:** Contracción y dureza musculares que se manifiestan en determinadas afecciones inflamatorias. — MEDICINA
17 **defensa nacional:** 1. Acción coordinada de las fuerzas armadas, instituciones y población civil para proteger los intereses nacionales de una agresión. 2. Organismos encargados de esta misión. — POLÍTICA
18 **defensa pasiva:** Conjunto de medidas de protección que se exigen a la población civil en tiempos de guerra.
19 **defensa personal:** Conjunto de técnicas basadas en la habilidad y la fuerza que sirven para hacer frente a un ataque: *decidió seguir un curso de defensa personal para salir a la calle más segura.*
20 **legítima defensa:** Violencia autorizada en ciertos casos para rechazar una agresión injusta. — DERECHO
21 **defensas accesorias:** Obstáculos artificiales batidos por el fuego enemigo. — MILITAR
22 **salir en defensa de algo o alguien:** Defenderlo cuando es atacado por otros: *salió en defensa de su secretario ante la incriminación.*

defensiva
1 Situación del que trata de defenderse. — s.f.
2 **estar, o ponerse, a la defensiva:** 1. Estar en actitud de defenderse, sin pretender atacar: *se puso a la defensiva para prevenir el ataque.* 2. Estar en actitud recelosa y desconfiada por temor a ser dañado: *siempre está a la defensiva conmigo.*

defensivo, a
1 Que sirve para defenderse, especialmente para resistir un ataque: *la OTAN es una alianza defensiva.* — adj./= protector ≠ ofensivo
2 Defensa o resguardo. — s.m.
3 Paño, empapado en un líquido, que se aplica a alguna parte enferma del cuerpo. — MEDICINA

defensor, a (Del lat. *defensor, -oris.*)
1 Que defiende: *fue una de las más famosas defensoras de los derechos humanos.* — adj./s.
2 Persona encargada de la defensa del acusado en un juicio: *la abogada defensora dio el golpe de gracia con el testimonio de un último testigo.* — DERECHO
3 **defensor de oficio:** El abogado nombrado por turno para defender a un acusado que carece de uno propio. — DERECHO
4 **defensor del lector:** Representante de los lectores de una publicación, que defiende los intereses de los mismos y la objetividad y la ética en el tratamiento de la información. — DERECHO
5 **defensor del pueblo:** 1. Institución constitucional cuyas funciones son defender los derechos y libertades de las personas físicas y jurídicas en relación, sobre todo, con la administración y supervisar las actividades de los organismos públicos. 2. Persona elegida para ocupar este cargo. — POLÍTICA
6 **defensor judicial:** Persona que designa el juez para representar y amparar a los menores, incapacitados o ausentes, en los juicios en que sus intereses sean incompatibles con los de sus respresentantes legales o cuando éstos no cumplan su función. — DERECHO

defensorio Escrito apologético que se hace en defensa de una persona o de una cosa. — s.m.

deferencia (Derivado del lat. *deferre*, llevar ante una jurisdicción.)
1 Modo especial de tratar a una persona por respeto o cortesía: *debes tratar a los mayores con deferencia; tuvo muchas deferencias con la prensa.* — s.f. = consideración, miramiento

2 Conducta condescendiente y respetuosa al adherir se a opiniones ajenas: *el suyo fue un acto de deferencia a la autoridad competente.* = condescendencia

deferente
1 Respetuoso, cortés: *con un gesto discreto y deferente nos hizo saber que era cierto lo que contaban.* adj./= considerado, atento
2 Que accede al dictamen ajeno, sin querer mantener el suyo.
3 Se aplica al conducto excretor y eyaculador de cada uno de los testículos. ANATOMÍA

deferido, a Se aplica al juramento que una parte exige de la otra, obligándose a pasar por lo que ésta juró. adj. DERECHO

deferir (Del lat. *deferre*, llevar ante una jurisdicción.)
1 Acceder a hacer algo o adherirse a la opinión de otro por amabilidad, respeto o cortesía. v.intr. conj: *sentir*
2 Dar una persona parte de su jurisdicción o de su poder a otra. v.tr. = delegar

defervescencia Descenso de la fiebre. s.f./MEDICINA

deficiencia
1 Estado de lo que es deficiente o insuficiente: *la deficiencia del sistema se debe a una errónea evaluación de las previsiones.* s.f. = insuficiencia
2 Defecto o imperfección en una cosa: *se han encontrado notables deficiencias en las piezas.* = tara, desperfecto
3 Función orgánica que no alcanza el grado normal de funcionamiento o desarrollo. MEDICINA
4 Incorporación insuficiente de minerales que produce alteraciones en el metabolismo de la planta y enfermedades carenciales. BOTÁNICA
5 deficiencia mental: Síntoma caracterizado por la insuficiencia intelectual, sin que el déficit llegue a ser clínico. SIQUIATRÍA = idiocia

deficiente
1 Que tiene defectos o imperfecciones: *presentó un proyecto deficiente lleno de errores de cálculo.* adj./= defectuoso, imperfecto
2 Que no alcanza el grado conveniente o deseado: *su estado de salud es deficiente; deficiente iluminación.* = incompleto, escaso
3 Persona que padece una deficiencia física o síquica: *los discapacitados físicos presentan problemas de adaptación muy diferentes a los deficientes mentales.* s.m.f. MEDICINA

déficit (Del lat. *deficit*, falta.)
1 Cantidad que falta a las ganancias para que se equilibren con los gastos, o descubierto que resulta comparando el haber o caudal existente con el fondo o capital puesto en una empresa: *la cuenta arroja un déficit de dos millones.* s.m. pl: déficit ECONOMÍA ≠ superávit
2 Situación financiera que resulta de esta falta: *criticó el déficit presupuestario.* ECONOMÍA
3 Falta de algo que se juzga necesario. = escasez
4 déficit contable: Saldo en contra de las cuentas que llevan los encargados de los fondos públicos. ECONOMÍA
5 déficit hídrico: Desecación progresiva de un suelo, que recibe sólo agua de lluvia, y que alcanza su grado máximo cuando el terreno presenta un marchitamiento permanente de los vegetales. GEOLOGÍA
6 déficit intelectual: Insuficiencia de los procesos intelectuales que impide la respuesta del sujeto a las exigencias de su medio. SICOLOGÍA

deficitario, a
1 Que tiene déficit: *la situación económica de la empresa es deficitaria.* adj.
2 Que presenta un desarrollo orgánico o síquico que resulta insuficiente: *el estado de nutrición del niño es deficitario.* MEDICINA

definible Que puede ser definido: *concepto definible.* adj./= explicable

definición
1 Acción y resultado de definir. s.f.
2 Explicación en la que se expresan las características esenciales de una cosa determinada, para mostrar en qué consiste o qué es y en qué se diferencia de otras cosas. = proposición
3 Enunciado de un diccionario que constituye una paráfrasis sinonímica de la entrada y ofrece un análisis semántico de la misma. LINGÜÍSTICA
4 Capacidad de detalle de una imagen televisiva o telescópica: *pantalla con poca definición.* TELECOMUNICACIONES
5 Resolución de un dogma u otra cuestión, dada por una persona con autoridad para hacerlo.
6 Poder resolutivo o separador de un telescopio u otro instrumento óptico, que determina el grado de nitidez de las imágenes obtenidas. ÓPTICA
7 Estatutos y ordenanzas por los que se rigen las órdenes militares, excepto en la de Santiago. s.f.pl.
8 alta definición: Sistema de televisión que responde más fielmente a la imagen original que los sistemas convencionales y emula la calidad de la imagen cinematográfica. AUDIOVISUALES
9 definición de un problema: Método de representación lógica y formal de un problema, para su resolución por ordenador. INFORMÁTICA

definido, a
1 Que es delimitado y preciso: *el partido presenta una ideología definida.* adj. = determinado

2 Se aplica al compuesto cuya constitución atómica está perfectamente establecida. QUÍMICA

definidor, a
1 Se aplica a la persona que define o determina. adj/s.
2 Religioso delegado por su orden para tratar cuestiones disciplinarias y administrativas entre otras. s.m. RELIGIÓN

definir (Del lat. *definire*, delimitar, definir.)
1 Expresar con exactitud y precisión el significado de una palabra o la naturaleza de una persona o una cosa: *la definió como cauta y reservada; definir un término con una paráfrasis.* v.tr/prnl.
2 Tomar una decisión o una actitud frente a un asunto: *al fin se definió y votó a favor.* = pronunciarse
3 Delimitar, fijar explicar: *sus obsesiones son las que mejor definen su carácter; la mala gestión define su mandato.*
4 Acabar todos los detalles de una obra artística. ARTE
5 Fijar como verdad de fe un punto de la doctrina: *los concilios definen los dogmas.* TEOLOGÍA
6 Enumerar los conceptos y símbolos constitutivos de un objeto de pensamiento. LÓGICA

definitivo, a (Del lat. *definitivus*.)
1 Que ya no admite cambios: *su respuesta es definitiva.* adj./= concluyente
2 Que es muy importante o determinante para el resultado final de una cosa: *el resultado del partido es definitivo para la copa.* = decisivo
3 en definitiva: En conclusión, en resumen: *en definitiva, no me conviene el cambio que me propones.* loc.adv.

definitorio, a
1 Que sirve para definir o diferenciar: *las características definitorias son las que permiten realizar la taxonomía.* adj.
2 Cuerpo de algunas órdenes religiosas formado por los definidores de éstas. s.m. RELIGIÓN
3 Junta o congregación que celebra este cuerpo. RELIGIÓN
4 Lugar donde se reúne esta junta. RELIGIÓN

deflación Técnica de la política económica que tiene por objeto luchar contra la inflación, que consiste en reducir la masa monetaria y rebajar los precios. s.f. ECONOMÍA

deflacionar Reducir la circulación del papel moneda incrementando así su valor. v.tr. ECONOMÍA

deflacionario, a
1 De la deflación: *ley deflacionaria; aplicaron diversas medidas deflacionarias.* adj./ECONOMÍA = deflacionista
2 Que tiende a producir deflación. ECONOMÍA

deflacionista
1 De la deflación o que tiende a producirla: *en el panorama económico se observa una tendencia deflacionista.* adj./ECONOMÍA
2 Que es partidario de la deflación: *el nuevo gobierno aplicó un programa económico deflacionista.* adj/s.m.f. ECONOMÍA

deflagración
1 Combustión muy viva que se propaga en una sustancia explosiva, principalmente por conductividad del calor. s.f. QUÍMICA
2 Explosión violenta acompañada de un ruido súbito: *nada más salir de la casa, sobrevino una gran deflagración.*

deflagrador, a
1 Se aplica a la sustancia que arde con llama pero sin explosión. adj. QUÍMICA
2 Dispositivo eléctrico que se usa en las minas para hacer estallar el barreno. s.m. MINERÍA

deflagrar (Del lat. *deflagrare*, quemarse del todo.) Arder súbitamente una sustancia con llama y sin explosión. v.intr. QUÍMICA = flagrar

deflector, a
1 Que sirve para desviar o modificar un fluido o ciertas partículas: *placas deflectoras.* adj. FÍSICA
2 Cristal móvil de la ventanilla delantera de un automóvil que sirve para orientar el paso del aire. s.m.
3 Dispositivo para cambiar la dirección de un fluido. FÍSICA

deflegmar Eliminar el agua de un líquido espirituoso por destilación. v.tr. QUÍMICA

deflexión
1 Desviación de partículas por la acción de un campo eléctrico o magnético. s.f. FÍSICA
2 Modificación de la dirección del aire detrás del ala o de un empenaje. AERONÁUTICA
3 Movimiento de extensión del cráneo del feto durante el parto. MEDICINA

defoliación Fenómeno consistente en la caída prematura de las hojas de los árboles y plantas, debido a una enfermedad, al influjo atmosférico o a la acción humana. s.f. BOTÁNICA, ECOLOGÍA

defoliante Producto químico que produce la caída de la hoja. adj/s.m. BOTÁNICA

defoliar Provocar con productos químicos la caída de la hoja: *defoliaron la zona y tardó años en restablecerse el tapiz vegetal.* v.tr. BOTÁNICA, ECOLOGÍA

deforestación Acción y resultado de despojar un te- | s.f.
rreno de las plantas forestales: *la deforestación masiva de grandes extensiones amazónicas.*

deforestar Quitar las plantas forestales de un terre- | v.tr.
no: *deforestan las laderas de la montaña para empezar a* | ECOLOGÍA
construir la urbanización. | ≠ repoblar

deformación (Del lat. *deformatio, -onis.*)
1 Acción y resultado de alterar o alterarse la forma | s.f.
de algo: *el proceso de deformación de una imagen.*
2 Alteración que sufre algo y le hace perder su exactitud, naturaleza o sentido: *la deformación de la reali-*
dad es síntoma de un problema síquico; su ideología dio
pie a la deformación de la noticia.
3 Cambio de forma de una roca por una fuerza tectó- | GEOLOGÍA
nica: *si se producen plegamientos la deformación es conti-*
nua.
4 Modificación en una pieza bruta de fundición por | METALURGIA
tener algún defecto de fabricación o por las tensiones
durante el tratamiento.
5 Resultado de las prácticas de ciertas culturas que
tienen por objeto modelar una parte del cuerpo: *la*
deformación de los pies femeninos vendándolos para impe-
dir su total desarrollo era una costumbre china.
6 **deformación profesional:** Apreciación errónea de
los hechos o costumbres adquiridos por el ejercicio
de una profesión.

deformante
1 Que deforma: *espejo deformante; visión deformante.* | adj./= deformador
2 Se aplica a diferentes enfermedades de evolución | MEDICINA
crónica, cuyo curso clínico tiende a producir deformaciones en el esqueleto: *la artritis es una patología*
deformante.

deformar
1 Alterar la forma de una cosa: *esta tabla se ha defor-* | v.tr./prnl./ tb: desfor-
mado a causa de la humedad. | mar, disformar
2 Interpretar erróneamente palabras, sucesos, etc.: | = tergiversar,
deformó la versión de los hechos intencionadamente. | falsear

deforme (Del lat. *deformis.*) Que tiene o presenta una | adj.
forma irregular o anormal: *la caricatura exagera su fi-* | tb: disforme
gura deforme y jorobada. | = informe

deformidad
1 Anormalidad en la forma, tamaño u otra caracterís- | s.f.
tica de alguna cosa o de una persona: *era un monstruo* | = disformidad
de una deformidad espeluznante.
2 Cosa de forma o tamaño anormal: *aquel edificio tan*
desproporcionado era una deformidad.
3 Error grosero y tosco.

defraudación
1 Uso de engaño o simulación en las relaciones con | s.f.
otras personas.
2 Acción de eludir con trampas el pago de una cosa o | DERECHO
de impuestos a la que una persona o entidad tiene
derecho: *la defraudación es un delito contra la propiedad.*

defraudador, a Que defrauda: *colaboración defrauda-* | adj./s.
dora; los defraudadores del fisco.

defraudar (Del lat. *defraudare.*)
1 Resultar una persona o una cosa menos buena, in- | v.tr.
teresante o importante de lo que se esperaba: *tu falta* | = decepcionar,
de solidaridad me ha defraudado. | frustrar
2 Evitar el pago de algo a la persona, entidad o insti- | DERECHO
tución que tiene derecho: *defraudar al fisco está penali-*
zado.
3 Impedir que una persona disfrute con una cosa: *le* | = entorpecer
defraudamos la hermosa puesta de sol.

defuera Exteriormente o por la parte exterior: *por de-* | adv.
fuera se veían los prados y los arroyos. | + por

defunción (Del lat. *defunctio, -onis.*) Muerte de una | s.f.
persona: *el médico forense certificó la defunción del acci-* | = fallecimiento
dentado.

degeneración
1 Acción y resultado de degenerar o degenerarse. | s.f./= corrupción
2 Proceso de alteración de los tejidos o elementos | MEDICINA
anatómicos con cambios de la sustancia constituyente y pérdida de sus caracteres funcionales: *en el trans-*
curso del experimento analizaron la degeneración celular
de la muestra.
3 Disminución o pérdida de normalidad síquica y | MEDICINA,
moral y de las reacciones nerviosas de un individuo. | SICOLOGÍA

degenerado, a Se aplica a la persona que tiene un | adj./s.
comportamiento moral y mental que se considera | = despreciable,
anormal: *sus repugnantes acciones lo convirtieron en un* | vil
personaje degenerado.

degenerante Que degenera: *su autoestima ha entrado* | adj.
en un proceso degenerante.

degenerar (Del lat. *degenerare.*) descender de un linaje.)
1 Perder una persona o una cosa calidad, valor o una | v.intr.
de sus cualidades: *la raza degeneró a causa de los suce-* | = degradarse,
sivos cruces; degeneraron de su antigua calidad. | decaer/+ de
2 Perder una persona o una familia prestigio y virtudes respecto a sus antepasados.

3 Evolucionar una enfermedad o un tumor de un | MEDICINA
estado benigno a otro más grave.
4 Tomar una figura el aspecto de otra por efecto de | ARTE
la perspectiva.

degenerativo, a Que produce degeneración: *la en-* | adj.
fermedad de Alzheimer es degenerativa.

deglución
1 Paso del bolo alimenticio de la boca al esófago y | s.f./FISIOLOGÍA
estómago. | = ingestión
2 **falsa deglución:** Paso de un alimento u objeto a la | VETERINARIA
tráquea, en los animales.

deglutir (Del lat. *degluttire.*) Hacer pasar los alimentos | v.tr/intr.
de la boca al esófago: *deglutió la cebada sin moverse ni* | = ingerir
un milímetro.

degollación Acción y resultado de matar a una per- | s.f.
sona cortándole el cuello: *Herodes ordenó la degollación* | = degüello,
de los niños en Belén y alrededores. | degollamiento

degolladero
1 Parte del cuello por donde se degüella al animal. | s.m.
2 Lugar donde se degüellan las reses.
3 Tablado o cadalso donde se degollaba a los reos.
4 Tablón o viga de los antiguos teatros que separaba | TEATRO
la luneta del patio, dejando un espacio libre para los
que asistían al espectáculo de pie.
5 Degolladura, escote del vestido.
6 **ir o llevar a alguien al degolladero:** Llevarle a
afrontar un peligro o ponerle en grave peligro: *presen-*
tarse al examen representó ir al degolladero, suspendió
con un cero.

degollado
1 Escote de un vestido. | s.m./= degolladura
2 Toro de poca papada. | TAUROMAQUIA
3 Ave de pequeño tamaño, cuyo macho presenta una | ZOOLOGÍA
mancha roja en el cuello. *(Spermestes fasciata.)*

degollador, a
1 Que degüella. | adj./= degollante
2 Cuchillo especial para cortar el cuello de las reses. | s.m.
3 Pescador encargado de cortar la cabeza y la lengua | s.
de los bacalaos. | PESCA
4 Alcaudón, ave de presa. | s.m./ZOOLOGÍA

degolladura
1 Herida hecha con un instrumento cortante en la | s.f.
garganta o el cuello de una persona o de un animal.
2 Escote de un vestido femenino. | = degollado
3 Parte más estrecha de las columnas, balaustres y | ARQUITECTURA
otras piezas parecidas. | = garganta

degollante
1 Degollador, que degüella. | adj.
2 Se aplica a la persona desagradable, pesada y mo- | adj/s.m.f.
lesta. | despectivo

degollar (Del lat. *decollare < collum*, cuello.)
1 Cortar el cuello o la garganta a una persona o un | v.tr.
animal: *lo degollaron en la plaza pública.* | conj: contar
2 Hacer un escote en el cuello de un vestido.
3 Destruir o deteriorar una cosa o un sentimiento:
degolló sus esperanzas al explicarle la miseria extrema de
la población.
4 Hacer o representar un papel o una obra dramática | TEATRO
muy mal: *aquel actor degolló su monólogo.* | = malograr
5 Resultar una persona muy antipática y desagrada- | coloquial
ble a otra: *no la soporto, María me degüella.*
6 Matar el torero al toro con estocada mal dirigida. | TAUROMAQUIA
7 Cortar una vela en caso de peligro cuando no es | NÁUTICA
posible recogerla.

degollina
1 Pelea sangrienta, matanza. | s.f./coloquial
2 Abundancia de suspensos en un examen: *el profesor* | coloquial
hizo una degollina en mi clase, sólo aprobaron cuatro. | = escabechina
3 Supresión de una gran cantidad de cosas o de una
parte sustancial: *redujo el texto a la mitad, la degollina*
fue considerable.

degradación
1 Acción y resultado de degradar o degradarse. | s.f.
2 Pérdida de categoría o de dignidad de una persona,
o de la calidad de una cosa: *osadía y las pérdidas*
que originó a la empresa le valieron la degradación en la
jerarquía.
3 Estado de envilecimiento o bajeza: *lleva varios años*
sumida en una degradación espantosa.
4 Disminución progresiva del tamaño de las figuras | ARTE
de un cuadro, de acuerdo con las leyes de la perspectiva, para producir la impresión de alejamiento.
5 Pena que se aplica al militar culpable de un delito | MILITAR
muy grave, que comporta su destitución pública.
6 Disminución de la intensidad de un color, que pro- | TEXTIL
duce el efecto de aguas en un tejido.
7 Alteración del tinte por la acción de la luz, el aire,
la lejía u otros productos.
8 Acidificación y descenso de la fertilidad del suelo y | ECOLOGÍA
del humus, precedidos por la destrucción de la cobertura vegetal.

9 Reacción química que consiste en romper uno o varios enlaces en el interior de una molécula, dividiéndose ésta en otras más pequeñas. — QUÍMICA

10 degradación canónica: Pena que consiste en la privación impuesta a un clérigo del derecho a llevar hábitos y su reducción al estado laical. — RELIGIÓN

11 degradación de color: Disminución progresiva de la intensidad del color de las figuras para producir la impresión de alejamiento. — ARTE

12 degradación de luz: Disminución progresiva de la intensidad de la luz en las cosas más distantes. — ARTE, ÓPTICA

13 degradación verbal: La declarada por una autoridad competente, sin que llegue a ejecutarse de forma ritual. — DERECHO

degradador Aparato usado para desvanecer parte de una fotografía al sacar la positiva. — s.m./FOTOGRAFÍA = desvanecedor

degradamiento Pérdida de un grado sin nota infamante. — s.m. MILITAR

degradante Que degrada o humilla: *fue víctima de un trato degradante por parte del consulado.* — adj. = humillante

degradar (Del bajo lat. *degradare.*)
1 Hacer que una persona pierda su dignidad, honor, empleo o privilegio: *lo degradaron a sargento.* — v.tr./prnl. = destituir
2 Reducir o desgastar las cualidades de una persona o una cosa: *la contaminación degrada el medio ambiente.* — = deteriorar
3 Hacer indigna a una persona: *sus actos le degradan; se degrada emborrachándose a diario.* — = humillar, envilecer
4 Disminuir gradualmente el tamaño y la viveza de las figuras para dar sensación de distancia. — v.tr. ARTE
5 Convertir una molécula compleja en otra u otras más sencillas. — QUÍMICA

degras Mezcla de aceite de pescado y de ácido nítrico con que se suavizan e impermeabilizan las pieles. — s.m.

degüella Pena que se imponía por entrar el ganado en cotos vedados. — s.f.

degüelle Operación que consiste en la eliminación de impurezas, durante la preparación del cava. — s.m. INDUSTRIA

degüello
1 Acción y resultado de degollar: *sometieron a degüello a las reses.* — s.m. = degollación
2 Parte más estrecha de un dardo o de otra arma o instrumento semejante.
3 entrar a degüello: Asaltar una población enemiga sin ofrecer condiciones benévolas para rendirse y matando a todos sus habitantes. — MILITAR
4 pasar a degüello: Degollar, cortar el cuello: *pasaron a degüello a los nobles y confiscaron sus posesiones.*
5 tirar a degüello: Hacer o decir una cosa con el fin de causar el mayor daño posible. — coloquial
6 tocar a degüello: Dar la señal de ataque de la caballería. — MILITAR

degustación Acción de degustar: *el alcalde asistió a la degustación de quesos y a la cata de vinos.* — s.f.

degustar Probar un poco de comida o bebida para determinar su calidad o valorar su sabor: *el jurado degustó más de cincuenta tipos diferentes de tortillas.* — v.tr. = catar

dehesa (Del bajo lat. *defesa,* prohibición.)
1 Campo acotado destinado a pastos y en algunas zonas a la cría de toros bravos. — s.f.
2 dehesa carneril: Aquella destinada a que pasten los carneros.
3 dehesa carnicera: La destinada a pastos para el ganado de un pueblo.
4 dehesa potril: Aquella en que se crían los potros después de haberlos separado de las yeguas, cuando tienen dos años.

dehesar Convertir un terreno en dehesa. — v.tr./tb: adehesar

dehesero, a Guarda de una dehesa. — s.

dehiscencia (Derivado del lat. *dehiscere,* abrirse.)
1 Acción de abrirse espontáneamente ciertos órganos cerrados como las anteras de una flor o el pericarpio de un fruto. — s.f. BOTÁNICA
2 Apertura de una estructura anatómica, generalmente de forma espontánea. — MEDICINA
3 dehiscencia folicular: Ovulación, función del ovario. — MEDICINA

dehiscente (Del lat. *dehiscens, entis < dehiscere,* abrirse.) Se aplica a los órganos cerrados que se abren espontáneamente. — adj. BOTÁNICA ≠ indehiscente

deicida (Del lat. *Deus,* Dios + *caedere,* matar.) Se aplica a los que dieron muerte a Jesucristo o a lo que contribuyó a ella. — adj./s.m.f. RELIGIÓN

deicidio Crimen de los que mataron a Jesucristo o contribuyeron de algún modo a su muerte. — s.m. RELIGIÓN

deíctico, a Se aplica al elemento lingüístico cuya función es articular el enunciado y situarlo en el contexto en que se produce o inscribirlo en otro discurso. — adj./s.m. LINGÜÍSTICA

deidad (Del lat. *deitas, -atis.*) Ser de naturaleza divina: *las deidades de la mitología griega eran antropomorfas.* — s.f. = divinidad

deificación Acción y resultado de divinizar a una persona o cosa: *el ser humano somete a deificación las fuerzas de la naturaleza.* — s.f. = divinización

deificante Que deifica: *las deificantes intervenciones de los fenómenos naturales.* — adj.

deificar (Del lat. *deificare.*)
1 Considerar a una persona o una cosa divina: *los egipcios deificaron a diferentes animales, como el gato y el cocodrilo.* — v.tr. conj: sacar = divinizar
2 Alabar a una persona excesivamente: *la deificaba en público sin ningún pundonor.* — coloquial = endiosar
3 Unirse el alma con Dios en el éxtasis, en la teología mística. — v.prnl. TEOLOGÍA

deífico, a Perteneciente o relativo a Dios. — adj.

deiforme Que tiene forma de deidad. — adj./literario

deionización Desaparición de iones en un gas ionizado. — s.f. FÍSICA

deípara Título exclusivo de la Virgen María, por ser madre de Dios. — s.f. RELIGIÓN

deísmo Doctrina que reconoce un dios, pero sin admitir su intervención en los actos humanos ni la revelación, y que rechaza el culto externo. — s.m. TEOLOGÍA

deísta
1 Perteneciente al deísmo: *doctrina deísta.* — adj./TEOLOGÍA
2 Partidario de esta doctrina. — adj./s.m.f./TEOLOGÍA

de iure (Expresión latina.)
1 Según lo establecido por el derecho: *de iure, ella era la única heredera.* — adv./DERECHO ≠ de facto
2 Fórmula que permite oponer una situación o el reconocimiento jurídico de ésta al reconocimiento de hecho. — DERECHO ≠ de facto

deixis Función que realizan ciertos elementos lingüísticos que muestran o indican una persona, un lugar o un tiempo presentes en el discurso o en la memoria. — s.f. pl: deixis LINGÜÍSTICA

deja Parte saliente entre dos muescas o cortaduras. — s.f.

dejación
1 Acción y resultado de dejar. — s.f./= dejamiento
2 Cesión, desistimiento o abandono de bienes, derechos o propiedades. — DERECHO

dejada
1 Acción y resultado de dejar. — s.f./= dejación
2 Acción de golpear la pelota de tenis, frontón o deportes semejantes, de manera que quede cerca de la red o de la pared y lejos del adversario. — DEPORTES

dejadez
1 Abandono o falta de cuidado de las cosas propias, el trabajo o el arreglo personal: *había en su apariencia una dejadez manifiesta.* — s.f. pl: dejadeces = desidia, pereza
2 Estado físico de quien se encuentra decaído o flojo de energías: *le invadió una dejadez soporífera.* — = decaimiento, flojera

dejado, a
1 Que se comporta con negligencia y descuido de su persona o de sus cosas: *es muy dejado, nunca lleva los cuadernos y los libros en orden.* — adj. = negligente
2 Que se comporta con desánimo y desgana por melancolía o enfermedad. — = decaído, abatido

dejante Aparte de, además de. — adv./Colomb., Chile, Guat.

dejar (Del lat. *laxare,* ensanchar, aflojar.)
1 Soltar una cosa que se tiene cogida y ponerla en algún sitio: *deja el bolso en el suelo.* — v.tr. = desasir
2 Separarse de una persona o una cosa: *dejó a su mujer y a sus hijos.* — = desamparar
3 Permitir que una persona haga una cosa: *no te dejo ir; no le dejaron pegar ojo en toda la noche.* — = consentir
4 Dar una cosa a una persona para que la utilice y luego la devuelva: *me ha dejado varios discos.* — = prestar
5 Hacer que una persona o una cosa quede en un lugar: *¿dónde has dejado el bolígrafo?* — = colocar
6 No hacer una cosa: *dejó de hacer lo que debía; dejamos sin medir las piezas; dejar por comparar dos elementos.* — v.intr. + de, por, sin
7 Producir una cosa ganancia: *el negocio les deja varios millones al año.* — v.tr. = reportar
8 Confiar una cosa a una persona: *le dejaré el dinero a la portera.*
9 Hacer una tarea o recado antes de marchar: *dejó dicho al salir que lo hicieras.* — = encargar
10 No molestar a una persona: *déjame tranquilo, que he tenido un día muy duro.*
11 Dar una persona una cosa a otra al morir: *le ha dejado la finca en herencia.* — = legar
12 No ocuparse o no preocuparse por una persona o una cosa: *déjale, ya se le pasará el enfado.* — = despreocuparse
13 No hacer una cosa que es más oportuna en otros casos: *deja las lágrimas para cosas más serias.*
14 No hacer alguien una cosa que juzga propia de otra: *dejo la costura para la modista.*
15 Interrumpirse una cosa: *dejó de llover y empezó a nevar; se dejó de lamentos y lloros.* — v.intr/prnl./+ de = cesar

16 Hacer que una persona o una cosa quede de cierta manera: *la he dejado en cama, febril y tiritando.* — v.tr.
17 Producir una cosa cierto efecto que queda como huella: *el fuego deja ceniza.*
18 Olvidarse algo en un lugar: *me he dejado las llaves en el maletero del coche.* — v.prnl.
19 Señalar para más adelante una cosa que se pensaba hacer inmediatamente: *dejo el viaje para el verano.* — v.tr. = aplazar
20 Esperar que ocurra una cosa para hacer otra: *deja que acabe los deberes antes de iros.* — + para, antes
21 Interrumpir una cosa empezada: *dejé lo que hacía por acudir en su ayuda.* — v.tr/prnl.
22 Rechazar a una persona o a una cosa que importuna: *déjame de chismorreos.* — v.tr.
23 No ofrecer resistencia a una cosa por desaliento: *se dejó al arbitrio de la fortuna.* — v.prnl./+ a = abandonarse
24 No ocuparse una persona de sí mismo: *parece mayor de lo que es porque últimamente se ha dejado mucho.* — = despreocuparse
25 Permitir que suceda una cosa: *se dejó tomar el pelo.* — = consentir, admitir
26 ¡**deja**!: Exclamación empleada para impedir a una persona que haga o diga una cosa: *¡Deja!, ya lo terminaré yo.* — interj.
27 ¡**deja eso!, ¡déjalo! o ¡déjalo estar!:** Expresión que equivale a no hables o no te preocupes: *¡déjalo estar!, no vale la pena discutir más.*
28 déjale correr que él parará: Expresión con la que se indica que es mejor no dar consejos a una persona hasta que se la desengañe la experiencia. — coloquial
29 dejar adivinar: Decir una cosa dejándola entender, pero sin expresarla claramente: *nos dejó adivinar sus intenciones, pero jamás reconocerá que nos las hizo saber.*
30 dejar aparte o a un lado o fuera: Expresión que se utiliza para indicar que se prescinde de una cosa o se omite parte de un discurso para pasar a una cosa más urgente: *dejemos aparte los prolegómenos y pasemos a los puntos clave.*
31 dejar atrás: 1. Adelantar a una persona andando o corriendo: *el favorito dejó atrás el pelotón.* 2. Superar a alguien en algún asunto: *la deja atrás en disponibilidad y dedicación.*
32 dejar bastante o mucho que desear: Expresión que significa que una cosa dista mucho de ser completamente buena o de estar bien hecha: *el servicio de habitaciones deja bastante que desear; su capacidad de trabajo deja mucho que desear.* — coloquial
33 dejar caer: Decir alguna cosa con intención oculta: *dejó caer su opinión en la reunión.* — coloquial
34 dejar correr: Tolerar, no intervenir en la marcha de un asunto: *dejaron correr los problemas personales y entraron a discutir el tema de la planificación.* — coloquial
35 dejar escapar: 1. Emitir una cosa involuntariamente: *dejó escapar un chillido estridente que asustó a los niños.* 2. Perder una oportunidad: *dejó escapar la ocasión de quedar bien ante los superiores.*
36 dejar temblando: Tomar la mayor parte de una cosa que contenía un recipiente: *dejó la botella de vino temblando.* — coloquial
37 dejar vivir: No molestar a los demás ni meterse en sus asuntos: *decidió dejarles vivir y no criticar sus actitudes.*
38 dejarse caer: 1. Decir alguna cosa con intención, pero de manera implícita. 2. Presentarse en un lugar inesperadamente: *nadie lo esperaba, pero se dejó caer por la oficina.* 3. Ceder una persona a las contratiempos o a las calamidades: *se dejó caer en aquella soledad.*
39 dejarse decir: 1. Revelar en la conversación alguna opinión que no convenía manifestar: *se dejó decir que no había tenido intención clara de voto.* 2. Decir algo que ofrezca dudas o que presente algún inconveniente. — coloquial / coloquial
40 dejarse llevar: Tener poca voluntad para afrontar los acontecimientos o las opiniones contrarias: *se dejó llevar por la tristeza; se deja llevar por los amigos.*
41 dejarse rogar: Conseguir que los demás insistan mucho para que una persona haga cierta cosa: *le encantaba dejarse rogar, así su colaboración parecía más estimable.* — coloquial
42 dejarse sentir: Empezar a ser molesta una cosa: *se dejó sentir un cierto temor a las represalias.*
43 dejarse ver: 1. Descubrirse lo que estaba oculto: *se dejó ver su deseo de venganza.* 2. Acudir a sitios concurridos, procurando ser visto: *se dejaron ver en la cafetería para preparar su coartada.* — coloquial / coloquial
44 no dejar mentir: Expresión con la que se afirma algo, atestiguándolo con el testimonio que ofrece una cosa o una persona: *el análisis no me deja mentir, las medidas aplicadas eran correctas.* — coloquial
45 no dejarse ensillar: No permitir a otros que lo dominen: *no se dejaba ensillar ni por sus padres ni por sus maestros.* — coloquial

dejativo, a Que es perezoso o se abandona. — adj./= dejado

deje
1 Modo particular de hablar de una determinada región: *imitaba el deje de los maños.* — s.m./= dejo, acento
2 Gusto o sabor que queda de la comida o de la bebida: *la salsa tiene un deje amargo.* — = dejo, regusto
3 Impresión que queda después de hacer algo: *sus gestos tenían un deje de nostalgia.* — = dejo

dejo
1 Modo particular de pronunciación y de inflexión de la voz que acusa un estado de ánimo del hablante: *con un dejo de insatisfacción les relató el desarrollo de la reunión.* — s.f.
2 Acento peculiar del habla de determinada región: *su dejo le delató, era de Murcia.* — = deje
3 Inflexión descendente con que termina cada período de emisión de voz en el habla o en el canto.
4 Gusto o sabor que queda de la comida o de la bebida: *prefiero conservar el dejo del postre, no tomaré café.* — = regusto
5 Placer o disgusto que queda después de una acción: *la conversación me dejó un dejo triste.*
6 Dejación, abandono.
7 Fin de una cosa: *el dejo de su intervención era poner en claro los puntos del tratado.*
8 Descuido, flojedad: *sorprendía el dejo de sus gestos en persona tan activa.* — = dejadez

del Forma contracta de la preposición *de* y el artículo *el.* — contr.

delación (Del lat. *delatio, -onis*, denuncia.)
1 Acción de delatar o comunicar voluntariamente a la autoridad un delito y su autor. — s.f./= acusación, denuncia
2 Aviso confidencial que se da a la autoridad sobre un hecho delictivo: *con la delación del cómplice consiguieron detenerle.* — = soplo
3 delación hereditaria: Llamamiento legal para la aceptación o renuncia de una herencia. — DERECHO

delantal (Del cat. *davantal < davant*, delante.) Prenda que se pone encima del vestido y que, atada a la cintura, sirve para no manchar o para preservar la ropa: *se puso el delantal nada más entrar en la cocina; el zapatero usaba delantal de cuero.* — s.m. / th: devantal / = mandil

delante (Del bajo lat. *inante*, delante, enfrente < *ante*, antes.)
1 En primer término, en lugar anterior: *tú que eres el más bajo ponte delante.* — adv. / ≠ detrás
2 Enfrente, en el sitio opuesto al que está una persona o cosa: *no tienes nada delante, puedes seguir.* — ≠ detrás
3 En la parte delantera: *el piso tiene delante tres preciosos balcones, y atrás varias ventanas.* — ≠ detrás
4 Frente a los interesados, en la cara: *si es tan valiente, que me lo diga delante.* — ≠ detrás
5 delante de: 1. En lugar anterior a, ante: *cuando estés delante del papa, te arrodillarás.* 2. A la vista, en presencia de: *lo dijo delante de los testigos.* — loc.prep.

delantera
1 Parte anterior de una cosa: *se sentaron en la delantera del autocar.* — s.f.
2 Asiento de primera fila en los locales de espectáculos: *tengo dos delanteras de anfiteatro.*
3 Espacio o distancia con que uno se adelanta o anticipa a otro en el camino: *lleva delantera al favorito en contra de todo pronóstico.* — = ventaja
4 Línea de ataque de un equipo deportivo. — DEPORTES
5 Pecho de la mujer: *tiene mucha delantera.* — coloquial
6 Prenda de vestir de cuero o paño que cubre desde la cintura hasta media pierna, con perneras abiertas que se atan a los muslos, usada para resguardar el pantalón. — s.f.pl. / = zahones
7 coger, o tomar, la delantera: 1. Aventajar a otro en hacer o conseguir algo: *su hermano pequeño le tomó la delantera en los estudios.* 2. Adelantar a otro en una carrera o cosa parecida: *el pelotón tomó la delantera al favorito.* — DEPORTES

delantero, a
1 Que está delante: *el perro no puede mover la pata delantera.* — adj.
2 Que juega en la línea de ataque: *el delantero del equipo de fútbol marcó el gol.* — adj/s. / DEPORTES
3 Pieza que está situada en la parte de delante en una prenda de vestir: *los delanteros son de color negro y el resto es rojo carmín.* — s.m.

delatable Que puede ser delatado: *su injerencia es delatable ante la comisión.* — adj.

delatador, a Que delata: *las fuerzas de seguridad protegían al delatador.* — adj/s. / = delator

delatar
1 Descubrir a la autoridad un delito y su autor: *los cómplices delataron a los autores del crimen.* — v.tr. / = denunciar
2 Poner de manifiesto una cosa que se tenía oculta o en secreto: *con su conducta, él solo se ha delatado.* — v.tr/prnl. / = revelar

delator, a (Del lat. *delator, -oris < deferre*, denunciar.)
1 Que delata: *la banda enemiga asesinó al delator, a pesar de que había cambiado de identidad.* — adj/s. / = delatador

2 Pieza de la cerradura que indica si ésta ha sido forzada o se ha intentado abrir con llave falsa. — s.m. TECNOLOGÍA

delco (Marca registrada). Aparato distribuidor de la corriente de alto voltaje que llega a cada una de las bujías de los motores de explosión: *se mojó el delco y no pudo continuar el viaje.* — s.m. MECÁNICA

dele (Voz latina.) Signo con el que el corrector señala en el margen de las pruebas de imprenta que ha de efectuarse una supresión. — s.m. ARTES GRÁFICAS = deleátur

deleble (Del lat. *delebilis* < *delere*, borrar.) Que puede borrarse fácilmente: *los niños escriben con tinta deleble.* — adj. ≠ indeleble

delectación
1 Placer del ánimo o de los sentidos: *se hundió en la delectación de contemplar sus evoluciones en el agua.* — s.f. = deleite
2 delectación morosa: La experimentada deliberadamente al pensar en algo prohibido: *con delectación morosa, evocaba los veranos pasados con ella.*

delegable Se aplica al cargo u oficio que puede ser delegado: *se trata de una tarea delegable en un compañero del equipo.* — adj. ≠ indelegable

delegación
1 Acción y resultado de delegar: *la delegación de poderes no dio el fruto esperado.* — s.f. = encomienda
2 Cada una de las oficinas que una empresa o un organismo público tiene establecidas en distintos lugares: *voy a la delegación de hacienda.* — = agencia, sucursal
3 Cargo de delegado.
4 Oficina del delegado.
5 Conjunto de personas a las que se autoriza para realizar un asunto determinado: *la delegación de los trabajadores negoció el fin de la huelga.*
6 Área administrativa menor básica en que está dividido el Distrito Federal en México.
7 delegación de crédito: Sustitución de la persona del acreedor en una relación obligacional. — DERECHO
8 delegación de deuda: Sustitución de la persona del deudor, previa aceptación del acreedor. — DERECHO

delegado, a
1 Se aplica a la persona que ha recibido autorización de otra para que la represente en un asunto. — adj/s.
2 delegado del gobierno: Representante de la administración estatal dentro de cada comunidad autónoma, cuya competencia es dirigir la administración del estado en el territorio de la comunidad y la coordinación de ambas. — DERECHO, POLÍTICA
3 delegado de personal: Representante de los trabajadores, que tiene las competencias previstas para los comités de empresa, en centros de trabajo de menos de cincuenta y más de diez trabajadores. — DERECHO

delegar (Del lat. *delegare.*) Dar una persona autorización a otra para que obre en su representación en algún asunto: *delegó su representación en el subsecretario; no es capaz de delegar ciertas funciones.* — v.tr. conj: pagar = autorizar, apoderar

delegatorio, a Que delega o implica delegación: *conformó el documento delegatorio.* — adj. formal

deleitable (Del lat. *delectabilis.*) Que causa deleite: *mantuvo una conversación deleitable con sus suegros.* — adj./literario = placentero

deleitación Sensación agradable producida por una cosa: *los niños miraban con deleitación el pastel.* — s.f. = deleite

deleitante Que deleita o crea placer: *una deleitante melodía.* — adj. = delicioso

deleitar (Del lat. *delectare*, seducir.) Causar una cosa placer a una persona: *se deleita cocinando platos exóticos; deleitarse con la vista; deleitarse en oír una ópera romántica.* — v.tr/prnl. + con, de, en

deleite Sensación de placer que experimenta una persona: *saboreaba con deleite los dulces.* — s.m. = deleitación

deleitoso, a Que causa deleite o placer: *melodía deleitosa.* — adj. = deleitable

deletéreo, a (Del gr. *deleterios*, nocivo < *deleomai*, herir, destruir.) Que es venenoso o mortífero: *fueron ingresados por inhalar un gas deletéreo.* — adj. = mortal

deletreado, a
1 Que se pronuncia enunciando sus letras una a una. — adj.
2 decir algo deletreado: Explicarlo con la mayor claridad a quien se desentiende de ello: *ya sé que no quiere ir, habrá que decírselo deletreado.* — coloquial

deletrear
1 Decir las letras de cada sílaba, las sílabas de la palabra y luego la palabra completa. — v.tr.
2 Conseguir interpretar una cosa difícil de entender: *deletreó la leyenda de la moneda.* — = adivinar, captar

deletreo
1 Acción y resultado de deletrear: *el deletreo de su apellido resolvió las dudas sobre su identidad.* — s.m.
2 Procedimiento para enseñar a leer deletreando.

deleznable
1 Que se rompe o disgrega con facilidad: *el barro es un material deleznable.* — adj. = frágil

2 Que puede ser despreciado o rechazado: *su conducta es vil y deleznable.* — = despreciable, despectivo
3 Que se desliza o resbala con facilidad.
4 Que dura poco tiempo: *la felicidad es un estado deleznable.* — = inconsistente, fugaz

deleznarse Resbalarse, deslizarse: *se deleznaba la nieve por la ladera del monte.* — v.prnl. culto

délfico, a Que tiene relación con la isla de Delfos o con el oráculo de Apolo en esta isla. — adj. literario

delfín
I (Del lat. *delphin* < gr. *delphís*.) Mamífero cetáceo de cuerpo alargado, cabeza terminada en pico, con un cerebro muy desarrollado, que presenta un comportamiento muy socializado y vive en mares templados y cálidos. (*Delphinus delphis.*) — s.m. ZOOLOGÍA
II (Del fr. *dauphin.*)
1 Título que se daba a varios señores feudales en Francia. — s.m. HISTORIA
2 Heredero de la corona de Francia. — HISTORIA
3 Futuro sucesor de una persona importante.

delfina Esposa del heredero de la corona de Francia. — s.f./HISTORIA

delfinario Instalación donde los delfines viven en cautividad y está convenientemente equipado para que hagan exhibiciones públicas: *el equipo del delfinario estudia el sistema de comunicación de estos cetáceos.* — s.m.

delga Cada una de las pequeñas piezas conductoras de cobre que, aisladas entre sí, forman el colector de una dinamo. — s.f. ELECTRICIDAD

delgadamente
1 Con delicadeza y cortesía. — adv.
2 Con ingenio y agudeza: *delgadamente dejó caer profundas críticas a su comportamiento.*

delgadez Estado físico de quien está delgado: *tenía una delgadez enfermiza.* — s.f. pl: delgadeces

delgado, a (Del lat. *delicatus*, delicado, tierno.)
1 Que tiene poco grosor: *cubrió la mesa con un delgado mantel; tabla delgada.* — adj. = estrecho, fino
2 Se aplica a la persona que tiene poca carne o grasa en el cuerpo: *después de las fiebres se quedó muy delgada.* — = enjuto, flaco ≠ gordo
3 Que es agudo, sutil o ingenioso: *con un delgado comentario les hizo saber su parecer; delgada ironía.*
4 Se aplica a la tierra de cultivo que es pobre o tiene poca sustancia. — AGRICULTURA ≠ fértil
5 Se refiere al vino que tiene escasa estructura y carácter.
6 Parte de una embarcación, tanto de proa como de popa, en que se estrecha el pantoque. — s.m. NÁUTICA
7 Partes inferiores del vientre de los animales, hacia las ijadas. — s.m.pl. ZOOLOGÍA
8 hilar delgado: Discurrir con sutileza o proceder con mucho cuidado: *intentó hilar delgado al comunicarle la pérdida de su hermano.*

delgaducho, a Que está un poco delgado: *un perro delgaducho y hambriento merodeaba por el barrio.* — adj./despectivo = flaco

deliberación Acción de tratar un asunto con detenimiento y atención: *sometieron a deliberación las reformas del edificio.* — s.f. = meditación, reflexión

deliberado, a Que es voluntario e intencionado: *fueron víctimas de un atropello deliberado, no se trató de un accidente.* — adj. = premeditado, preconcebido

deliberante
1 Que delibera, examina o reflexiona: *las partes deliberantes harán públicas mañana sus conclusiones.* — adj.
2 Se aplica al consejo, reunión o junta que tiene por objeto deliberar.

deliberar (Del lat. *deliberare*, tomar una decisión.)
1 Tratar un asunto entre dos o más personas considerando los motivos a favor y en contra de una decisión: *el jurado delibera antes de dar a conocer el ganador; el claustro deliberó sobre la nueva contratación.* — v.intr. = discutir + en, entre, sobre
2 Pensar o reflexionar sobre un asunto: *el juez delibera sobre la culpabilidad del acusado.* — = meditar, pensar

deliberativo, a De la deliberación: *se decantaron por ella después de varias sesiones deliberativas.* — adj.

delicadez
1 Delicadeza, acción realizada con tacto o por cortesía. — s.f. pl:delicadeces
2 Modo de ser de la persona que se altera con facilidad: *su delicadez le impide mantener el sosiego.* — = susceptibilidad
3 Comportamiento de quien se muestra extremadamente cuidadoso en el trato con los demás. — = cortesía tb: delicadeza

delicadeza
1 Modo de comportarse del que trata a las personas y las cosas con suavidad y cuidado: *actuaba con suma delicadeza con sus compañeros.* — s.f. = finura ≠ dureza
2 Acción, obsequio o rasgo de cortesía: *es una delicadeza por tu haberme esperado; tenía con ella atenciones de una delicadeza exquisita.* — = detalle, miramiento
3 Actitud o comportamiento de una persona que procede con exactitud y cuidado en su trabajo: *con delicadeza bordó sus pañuelos y camisas.* — = escrupulosidad, miramiento

delicado, a (Derivado culto del lat. *delicatus*, delicado, tierno.)
1 Que se comporta con delicadeza o respeto: *era muy delicada en el trato con sus amigos.* — adj. = respetuoso
2 Que es fácil de romper, estropear o deteriorarse: *es un mecanismo delicado.* — = frágil, quebradizo
3 Que es débil o enfermizo: *está delicado del estómago; tiene el corazón delicado.* — = pachucho
4 Que es exquisito y refinado: *tiene un paladar delicado; delicada labor de bolillos.* — = refinado, selecto
5 Que es sensible a las molestias e incomodidades físicas: *nunca irá de cámping porque es muy delicado.* — = escrupuloso, melindroso
6 Que es exigente y difícil de contentar: *es muy delicado en cuestiones de trabajo, cuídate de presentarle la tarea mal hecha.* — = susceptible
7 Que se enfada o enoja con facilidad. — = suspicaz
8 Se aplica a la situación o asunto que exige cuidado o tacto por ser complejo: *es un tema delicado que debemos tratar con el director.* — = peliagudo

delicaducho, a Que tiene poca salud: *estos días anda un poco delicaducho y fatigado.* — adj. = débil, enfermizo

delicia (Del lat. *deliciae*.)
1 Sensación de placer muy viva e intensa: *su compañía era una delicia y la reconfortaba en grado sumo.* — s.f./= agrado, satisfacción
2 Cosa que causa esa sensación de placer. — = encanto
3 Bizcocho enrollado y relleno de mermelada, crema, cabello de ángel y otros ingredientes. — COCINA
4 **hacer las delicias de alguien:** Divertirle, regocijarle: *los payasos hacen las delicias de los niños.*
5 **... que es una delicia:** 1. Expresión con la que se pondera lo bueno o abundante que es lo anteriormente anunciado: *hubo tantos manjares exquisitos, que el banquete fue una delicia.* 2. Se aplica con ironía a cosas, situaciones o personas desagradables: *llovió tanto, que fue una delicia; es tan quisquilloso que es una delicia.* — coloquial

delicioso, a Que causa delicia y resulta muy agradable: *el pastel está delicioso.* — adj.

delictivo, a
1 Del delito: *le llevaron a un correccional por tener una conducta delictiva.* — adj. = delictuoso
2 Se aplica al acto que constituye delito: *lo que has hecho raya en lo delictivo.* — DERECHO

delicuescencia
1 Propiedad de algunas sustancias de convertirse en líquidos al absorber la humedad del aire. — s.f. FÍSICA
2 Decadencia, principalmente la referida a las reglas morales o a los estilos artísticos: *tendencia literaria en delicuescencia.*

delicuescente
1 Que se licua lentamente al absorber la humedad del aire: *la sosa cáustica es delicuescente.* — adj. FÍSICA
2 Se aplica a lo que es inconsistente, sin vigor o decadente, como los estilos o costumbres.

delimitación Determinación de los límites de algo, especialmente de un terreno. — s.f./= limitación, deslinde

delimitador, a Que delimita o señala los límites: *saltaron la valla delimitadora de la heredad.* — adj.

delimitar Determinar los límites de una cosa: *si delimitas las consecuencias del problema podrás solventarlo.* — v.tr. = limitar

delincuencia
1 Comportamiento del que comete algún delito. — s.f.
2 Acción de cometer un delito: *el hurto y el robo son actos de delincuencia.* — DERECHO
3 Conjunto de infracciones penales: *ha aumentado la delincuencia en este barrio por la crisis económica.* — DERECHO = criminalidad

delincuente
1 Que comete delito: *para juzgar al delincuente tuvieron en cuenta su ambiente social.* — adj/s.m.f.
2 **delincuente habitual:** Persona que reincide en varias ocasiones en su comportamiento delictivo. — DERECHO
3 **delincuente juvenil:** Persona que comete delito y tiene una edad inferior a la legal: *optar por la readaptación social del delincuente juvenil, considerándolo víctima y no culpable.* — DERECHO

delineación Acción y resultado de delinear: *en la delineación del edificio no tuvo en cuenta los accesos para disminuidos.* — s.f. = delineamiento

delineador, a Se aplica a la persona que se dedica a delinear. — adj/s. = delineante

delineante
1 Que delinea. — adj./= delineador
2 Persona que traza planos profesionalmente: *trabaja como técnico delineante.* — s.m.f. = delineador

delinear Trazar las líneas de un dibujo, especialmente de un plano: *delineó los contornos de las piezas.* — v.tr.

delinquimiento Acción y resultado de delinquir. — s.m.

delinquir (Del lat. *delinquere*, cometer una falta < *linguere*, dejar.) Cometer un delito: *si continúa con esas compañías puede acabar delinquiendo.* — v.intr.

CONJ.: IND.: PRES.: *delinco, delinques, delinque, delinquimos, delinquís, delinquen.* SUBJ.: PRES.: *delinca, delincas, delinca, delincamos, delincáis, delincan.* IMP.: delinque, *delinca, delincamos,* delinquid, *delincan.*

deliquio (Del lat. *deliquium*, falta, ausencia < *delinquere*, faltar.) Desmayo, éxtasis, estado dominado por un sentimiento intenso. — s.m. culto

delirante
1 Se aplica a la persona que delira: *lívida y delirante pasó cuatro días en cama.* — adj.
2 Que va acompañado de una cierta perturbación mental: *el enfermo presenta fiebre delirante.* — MEDICINA
3 Se aplica a la situación o a la idea que no tiene lógica: *el estallido bélico sumió al país en un delirante caos.* — = disparatado

delirar (Del lat. *delirare*, apartarse del surco < *de-* + *lira*, surco.)
1 Decir o imaginar una persona cosas incoherentes o inconexas por efecto de una fiebre muy alta: *deliraba y nos confundía a todos, ni siquiera entendíamos qué nos decía.* — v.intr. MEDICINA = desvariar
2 Hacer o decir una persona disparates: *no hagas caso de sus fantasías, delira.* — = fantasear
3 Tener una persona gran afición por una cosa: *delira por las carreras de coches.* — = alucinar

delirio (Del lat. *delirium tremens,* delirio tembloroso.)
1 Perturbación mental que conlleva ideas disparatadas y pérdida de la capacidad de razonar. — s.m. SIQUIATRÍA
2 Estado de excitación con alucinaciones, provocado por intoxicación o fiebre: *las imágenes que revivía eran producto del delirio.* — MEDICINA
3 Despropósito o disparate: *siempre nos pareció un delirio que hiciesen ese viaje tan peligroso.* — = fantasía, absurdo
4 **delirios de grandeza:** Ansia de disfrutar de cosas o situaciones inalcanzables en la realidad: *es una megalómana con delirios de grandeza que aspira a lujos imposibles.*
5 **ser algo un delirio:** Se refiere a situaciones en que la alegría o el bullicio son extraordinarios: *cuando acabó el banquete, la fiesta fue un delirio.* — coloquial

delírium trémens (Del lat. *delirium tremens,* delirio, tembloroso.) Enfermedad que sufren los alcohólicos crónicos, caracterizada por una gran agitación, temblores y alucinaciones. — s.m. MEDICINA

delitescencia
1 Desaparición súbita de los síntomas de una enfermedad. — s.f. MEDICINA
2 Pérdida de agua que experimenta un cuerpo al cristalizarse. — QUÍMICA = eflorescencia

delito (Del lat. *delictum* < *delinquere*, faltar.)
1 Acto que transgrede las leyes penales de un estado, que es castigado con una pena, especialmente si la que conlleva es grave. — s.m. DERECHO
2 Cosa o acción deplorable: *es un delito el mal trato que te han dado.*
3 **delito complejo:** El constituido por la infracción de diversos bienes jurídicos mediante hechos diversos que, individualmente, se consideran delitos: *el homicidio con ocasión de robo es un delito complejo.* — DERECHO
4 **delito compuesto:** El que está constituido por varios delitos. — DERECHO
5 **delito común:** El que, sin ser político, está penado en el código ordinario. — DERECHO
6 **delito consumado:** El que con plena ejecución produce un resultado punible. — DERECHO
7 **delito continuado:** Ejecución de diversas acciones que no constituyen, independientemente, una figura delictiva, pero hay concurrencia real. — DERECHO
8 **delito de hábito:** El constituido por varias acciones que no son delictivas, pero su carácter repetitivo lo convierte en punible. — DERECHO
9 **delito de lesa majestad:** El que, en régimen monárquico, se comete contra la vida del monarca, del inmediato sucesor o del regente. — DERECHO
10 **delito de lesión:** El que causa daño directo y efectivo. — DERECHO
11 **delito de peligro:** El que no causa daño directo y efectivo, pero pone en peligro los intereses o bienes jurídicos. — DERECHO
12 **delito flagrante o in fraganti:** Aquel en el que se sorprende al reo mientras lo comete. — DERECHO
13 **delito formal:** El que se produce por acción u omisión, no por su resultado: *el falso testimonio es un delito formal.* — DERECHO
14 **delito frustrado:** El que no llega a producirse por causas ajenas al infractor. — DERECHO
15 **delito imposible:** Aquel que se da cuando falta el objeto material de la falta o cuando el medio empleado no es adecuado. — DERECHO
16 **delito material:** El que no se consuma si no se produce el resultado deseado. — DERECHO
17 **delito notorio:** El que se comete ante el juez, o en presencia pública. — DERECHO

18 delito permanente: Aquel que, aun después de consumado, continúa violando la ley: *el rapto es un delito permanente.* — DERECHO

19 delito político: El que va contra la seguridad del estado, o de sus poderes y autoridad. — DERECHO

20 delito putativo: Ejecución de un hecho que no es castigado por la ley, creyendo que sí lo es. — DERECHO

21 delito simple: El que viola un solo bien jurídico. — DERECHO

delo- Componente de palabra procedente del gr. *delos,* que significa visible: *delomorfo; urodelo.* — pref/suf. th: -delo

delomorfo, a Se refiere a la célula que tiene forma y límites definidos. — adj. BIOLOGÍA

delta (Del nombre de la letra griega *delta.*)
1 Cuarta letra del alfabeto griego que se traslitera por *d* en el latino. — s.f. GRAMÁTICA
2 Terreno de forma triangular en la desembocadura de un río, que generalmente se divide en varios brazos, donde se acumulan sus aluviones: *hay zonas del delta donde se estanca el agua del mar.* — s.m. GEOGRAFÍA
3 delta arqueado o redondeado: Aquel cuyo perfil exterior es convexo hacia el mar. — GEOGRAFÍA
4 delta de marea: El construido por la marea en una de las salidas al mar de una laguna aislada por un cordón litoral. — GEOGRAFÍA
5 delta en cúspide o acuminado: Aquel cuyo perfil exterior es cóncavo hacia el mar. — GEOGRAFÍA
6 delta lobulado: El que presenta un perfil ondulado. — GEOGRAFÍA
7 delta submarino o abisal: El que está ubicado en las profundidades de los océanos. — GEOGRAFÍA
8 en delta: Se aplica a cualquier objeto que tenga una silueta o forma semejante a la letra griega mayúscula de este nombre: *alas en delta.* — loc.adv.

deltaplano Aparato para volar que tiene las alas en forma de delta. — s.m. DEPORTES

deltoide
1 Que tiene figura de la letra griega delta. — adj.
2 Se refiere a los órganos laminares con contorno triangular: *hojas deltoides.* — BOTÁNICA

deltoideo, a Del músculo deltoides: *lesión deltoidea.* — adj./ANATOMÍA

deltoides Se aplica al músculo que tiene forma triangular, situado en el hombro desde la clavícula al omóplato, cubriendo la articulación de éste con el húmero. — adj/s.m. pl: deltoides ANATOMÍA

deludir Inducir a una persona a creer lo que no es verdad: *intentó deludirlos para que comprasen unos baldíos terrenos.* — v.tr. = burlar, engañar

delusorio, a Se aplica a aquello que engaña. — adj./= engañoso

demacración Palidez y enflaquecimiento manifiestos por desnutrición o enfermedad: *la demacración de su rostro fue el primer signo de que se avecinaba el final.* — s.f.

demacrado, a Que está ojeroso, pálido y delgado y con aspecto de estar enfermo: *la fiebre lo dejó débil y demacrado.* — adj.

demacrar (Derivado de *magro* < lat. *macer,* delgado.) Provocar que una persona se adelgace o adquiera un aspecto enfermizo: *la postración lo demacró mucho; se demacró en cuatro días.* — v.tr/prnl. = adelgazar

demagogia (Del gr. *demagogia.*)
1 Manipulación de la opinión y la conducta de la gente por medio de halagos, engaños o falsas promesas, principalmente con fines políticos: *la oposición criticaba su demagogia y populismo.* — s.f. POLÍTICA, SOCIOLOGÍA
2 Dominación tiránica de la plebe, en la antigua Grecia. — HISTORIA

demagógico, a De la demagogia o del demagogo: *su éxito entre las masas proletarias se basaba en un discurso demagógico.* — adj.

demagogo, a (Del gr. *demagogos* < *demos,* pueblo + *ageo,* conducir.)
1 Persona, por lo general político o dirigente, que con su actuación y actitud trata de complacer a la gente para atraérsela y conseguir su apoyo: *los demagogos manipulan los sentimientos de los votantes.* — s. POLÍTICA, SOCIOLOGÍA
2 Cabeza o caudillo de una facción popular. — HISTORIA

demanda
1 Petición, acción de solicitar o reclamar una cosa: *he tramitado una demanda de empleo en una multinacional; acudió a sus amigos en demanda de apoyo.* — s.f.
2 Pedido de mercancías, servicios o bienes que hacen los consumidores mediante el pago de una cantidad de dinero determinada: *ha crecido la demanda de cítricos en el área norte.* — COMERCIO
3 Petición que hace un órgano judicial en reclamación de un derecho, que sirve para iniciar procesos civiles o laborales: *le interpuso una demanda por despido improcedente.* — DERECHO
4 Escrito de reclamación contra algo o alguien presentado ante un juez o tribunal. — DERECHO
5 Declaración de voluntad de una persona, formalmente expresada en un escrito dirigido a un tribunal, solicitando que se inicie un proceso y su tramitación. — DERECHO

6 Búsqueda, acción de buscar. — = busca
7 Pregunta, acción de pedir una información: *en respuesta a su demanda le envió su fax.*
8 contestar la demanda: Responder el demandado a las imputaciones que provocan el proceso judicial. — DERECHO
9 demandas y respuestas: Altercados que surgen en el tratamiento de un asunto o en ciertas situaciones.
10 en demanda de algo: En busca de ello, pidiéndolo: *acudió a ellas en demanda de asilo.* — loc.adv.
11 salir a la demanda: 1. Defender una opinión, persona o cosa: *salió a la demanda de sus propuestas.* 2. Hacer oposición a otra persona.

demandadero, a Mandadero, persona que hace los recados. — s.

demandado, a Persona a quien se reclama una cosa en juicio y contra quien se actúa. — s. DERECHO

demandador, a
1 Que demanda o pide: *demandador del pago.* — adj/s.
2 Demandante, persona que demanda en un juicio. — s./DERECHO

demandante
1 Que demanda o pide. — adj/s.m.f.
2 Persona que presenta una demanda judicial: *la demandante tuvo que asumir los gastos del proceso.* — s.m.f. DERECHO

demandar (Del lat. *demandare.*)
1 Presentar una demanda judicial contra una persona: *demandaron al periodista por calumnias; los demandó en juicio.* — v.tr./DERECHO + por, en
2 Pedir una cosa a una persona: *todo el que lo demandare, lo recibirá.* — = rogar, suplicar
3 Hacer una pregunta a una persona: *por educación le demandó por su salud.* — = preguntar

demarcación
1 Delimitación de un terreno o territorio: *en poco tiempo llevaron a cabo la demarcación de los terrenos expropiados.* — s.f.
2 Terreno delimitado: *llevaron los rebaños a las demarcaciones comunales.*
3 Línea natural o convencional de separación entre dos estados o dos territorios. — GEOGRAFÍA, POLÍTICA
4 Jurisdicción, territorio a que se extiende la acción de una autoridad: *decreció la criminalidad en su demarcación.* — = circunscripción, zona
5 Parte del terreno de juego en el que se supone que actúa un jugador en ciertos deportes. — DEPORTES

demarcador, a Que demarca, señala o determina: *la línea demarcadora de la finca.* — adj/s.

demarcar
1 Señalar los límites de un territorio o terreno: *las autoridades han demarcado los distritos.* — v.tr./conj: sacar = delimitar
2 Determinar el ángulo que forma la visual dirigida a un astro con el rumbo del barco. — NÁUTICA

demarraje Acción y resultado de demarrar: *en el demarraje perdió el control del automóvil.* — s.m. DEPORTES

demarrar Acelerar la marcha, en una carrera automovilística, para distanciar a los demás participantes. — v.intr. DEPORTES

demás (Derivado de *más.*)
1 Lo otro, el resto: *traeré las demás cosas; vimos las aves, los peces y demás animales; lo demás le pareció superficial.* — adj/pron.indef.
2 Además, que añade otra cosa. — adv.
3 por demás: 1. En vano, sin resultado: *es por demás que me lo pidas.* 2. En exceso, demasiado: *le hacía regalos por demás.* — loc.adv.
4 por lo demás: En relación a otras cosas, aparte de lo ya enunciado: *yo, por lo demás, no me ofendo fácilmente.*

demasía
1 Parte que sobra de una cosa o que pasa de una regla o medida prefijada: *se han de corregir sus demasías en el beber.* — s.f. = exceso, profusión
2 Atrevimiento o falta de respeto: *su demasía durante la reunión fue criticada por todos.* — = descaro, insolencia
3 en demasía: En exceso: *últimamente come en demasía; nos colmaron de atenciones en demasía.* — loc.adv.

demasiado, a
1 En exceso, en demasía, en mayor número, cantidad, proporción, etc., de lo necesario: *hay demasiado arroz para una paella; existen demasiadas mujeres sin estudios.* — adj. = desmedido, sobrado
2 Estupendo, muy bien: *lo pasamos demasiado en el parque de atracciones.* — adv./coloquial = genial
3 En demasía, con exceso: *su defecto es que habla demasiado y escucha poco.* — = sobradamente

demasiarse Desmandarse, mostrarse una persona insolente o descarada. — v.prnl. conj: vaciar

demediar
1 Dividir una cosa en dos partes iguales: *demedió las rentas entre sus dos hijas.* — v.tr/intr. = promediar
2 Llegar una persona o una cosa a la mitad de un curso o actividad que ha de realizar. — v.tr.

3 Usar o gastar una cosa hasta que pierda la mitad de su valor: *demedió la herencia familiar en cuestión de meses.*

demencia
1 Degeneración, normalmente progresiva e irreversible de las facultades mentales, que se manifiesta por trastornos de memoria, de atención, por empobrecimiento del lenguaje y la capacidad de cálculo y pérdida de los criterios éticos y sociales de comportamiento. — s.f. SIQUIATRÍA = locura ≠ cordura
2 Pequeño o débil trastorno de la razón: *aquella aventura en el trópico fue una demencia de juventud.* — = disparate, locura
3 **demencia precoz:** Esquizofrenia, enfermedad mental según la antigua notación. — SIQUIATRÍA
4 **demencia senil:** La que es provocada por la edad y el envejecimiento y que presenta un deterioro intelectual, conductas infantiles y desorientación en el espacio y el tiempo. — SIQUIATRÍA

demencial
1 De la demencia: *no fue declarado culpable por haber realizado el hurto en estado demencial.* — adj. SIQUIATRÍA
2 Que es desatinado o disparatado, como originado por la demencia: *has pagado una cantidad demencial por el piso.* — = desmedido, desproporcionado

dementar Hacer perder el juicio a una persona. — v.tr./prnl./conj: *pensar*

demente (Del lat. *demens, -tis.*)
1 Que padece demencia: *aquel crimen fue obra de un asesino demente; su sintomatología se corresponde con el cuadro clínico de un demente.* — adj./s.m.f. SIQUIATRÍA = loco, trastornado
2 Que es imprudente o poco juicioso: *sus dementes disquisiciones epataron a toda la concurrencia.* — = desatinado ≠ sensato

demergido, a Abatido, afligido. — adj./= hundido

demérito (Derivado de *merecer.*) Cualidad, acción o circunstancia que hacen que una persona o una cosa sean valoradas negativamente. — s.m. = desmerecimiento ≠ mérito

demeritorio, a Que desmerece o no es digno de algo: *recibió un trato demeritorio por parte de la embajada.* — adj.

-demia Componente de palabra procedente del gr. *demos,* que significa pueblo, gente: *epidemia; pandemia.* — suf.

demiurgo (Del lat. *demiurgus* < gr. *demiurgos,* obrero, artesano < *demios,* popular + *ergon,* trabajo.) Principio activo, creador y ordenador del universo, en el platonismo y nosticismo. — s.m. FILOSOFÍA

demo- Componente de palabra procedente del gr. *demos,* que significa pueblo, gente: *demografía.* — pref. tb: dem-, demia

democracia (Del bajo lat. *democratia* < gr. *demokratia,* gobierno popular < *demos,* pueblo + *krateo,* gobernar.)
1 Régimen político en el que el pueblo participa en el gobierno de un país, mediante la elección de sus representantes. — s.f. POLÍTICA
2 Doctrina política que defiende esta participación: *democracia y dictadura son sistemas opuestos.* — POLÍTICA
3 Estado gobernado con un sistema democrático: *es la época de las democracias europeas.* — POLÍTICA
4 **democracia cristiana:** Movimiento político que pretende conciliar la doctrina democrática con el dogma cristiano. — POLÍTICA
5 **democracia directa:** Sistema en el que el pueblo ejerce su soberanía sin tener como representante a un órgano intermediario. — POLÍTICA
6 **democracia orgánica:** Sistema franquista en el que la participación política se basaba en la familia, el municipio y los sindicatos verticales y corporativistas. — HISTORIA, POLÍTICA
7 **democracia representativa:** Sistema en el que el pueblo ejerce su poder a través de órganos representantes. — POLÍTICA
8 **democracia social:** Sistema en el que el pueblo ejerce su soberanía tanto en el ámbito económico, como el social o el político. — POLÍTICA

demócrata Que es partidario de la democracia: *los demócratas condenaban la represión política en otros sistemas.* — adj/s.m.f. POLÍTICA

democratacristiano, a
1 Que tiene relación con la democracia cristiana: *defiende un ideario democratacristiano.* — adj./POLÍTICA tb: democristiano
2 Persona que es partidaria de este sistema. — s./POLÍTICA

democrático, a (Del gr. *demokratikos.*)
1 Que tiene relación con la democracia: *los acontecimientos reventaron el sistema democrático; votación democrática.* — adj. POLÍTICA
2 Persona partidaria de este sistema. — s./POLÍTICA

democratización
1 Adopción en un país de un sistema social y de gobierno en el que las personas en que se delegan las funciones públicas son elegidas por los ciudadanos mediante votación. — s.f. POLÍTICA
2 Organización de una entidad, organismo o colectividad de forma que sus miembros puedan intervenir en la toma de decisiones sobre asuntos que conciernen al bien común. — POLÍTICA, SOCIOLOGÍA

democratizar
1 Hacer un país democrático o a una persona demócrata: *la sociedad tiende a democratizarse.* — v.tr/prnl. conj: *cazar*

2 Hacer que una cosa sea accesible a un gran número de personas. — v.tr.

democristiano, a Democratacristiano, de la democracia cristiana: *los democristianos se alinean con la derecha o centroderecha.* — adj/s. POLÍTICA

demodé (Voz francesa.) Pasado de moda: *su música presenta una melodía demodé, propia de los setenta.* — adj. coloquial

demodulación Separación de dos magnitudes anteriormente combinadas, con el fin de obtener, tras el filtrado, la señal moduladora. — s.f./INFORMÁTICA, TELECOMUNICACIONES

demodulador Dispositivo seguido en general de un filtro, que sirve para separar magnitudes previamente combinadas. — s.m./INFORMÁTICA, TELECOMUNICACIONES

demodular Llevar a cabo una demodulación de magnitudes. — v.tr./INFORMÁTICA, TELECOMUNICACIONES

demografía (Del gr. *demos,* pueblo + *grapho,* escribir.)
1 Parte de la estadística que estudia las colectividades humanas dentro de una región determinada. — s.f. ESTADÍSTICA
2 Tasa de población en una zona o región determinada: *la demografía europea va a la baja.* — s.f. ESTADÍSTICA

demográfico, a De la demografía: *un estudio demográfico refleja la elevada natalidad del país.* — adj. ESTADÍSTICA

demógrafo, a Persona dedicada al estudio de la demografía. — s. ESTADÍSTICA

demoledor, a Que demuele o destruye: *la piqueta demoledora derribó el muro.* — adj/s.

demoler (Del lat. *demoliri,* echar al suelo.)
1 Destruir una construcción: *demolerán el edificio en ruinas con cargas explosivas controladas.* — v.tr./conj: *mover* = derribar
2 Destruir una organización o un sistema: *demolió el sindicato para conseguir sus propósitos; sus razonamientos demolieron las viejas teorías.* — = desbaratar, deshacer ≠ construir

demolición Acción y resultado de demoler: *ya se ha realizado la demolición de la vieja fábrica.* — s.f./= derribo, destrucción

demoníaco, a
1 Del demonio: *cree que los exorcismos eliminan las influencias demoníacas.* — adj. tb: demoniaco
2 Que está poseído por el demonio: *los demoníacos eran quemados en la hoguera.* — adj/s. = endemoniado

demonio (Del bajo lat. *daemonium* < gr. *daimonion,* genio, divinidad inferior, diminutivo de *daimon,* divinidad.)
1 Diablo, ángel rebelde. — s.m./RELIGIÓN
2 Espíritu o genio benigno o maligno que en ciertas religiones regía el destino de los hombres. — RELIGIÓN
3 **darse a los demonios o a todos los demonios:** Enfadarse mucho: *tiene facilidad para darse a los demonios por cualquier nimiedad.* — coloquial
4 **estudiar con el demonio:** Mostrar gran agudeza para lo retorcido y negativo. — coloquial
5 **llevarse a alguien los demonios:** Irritarse, enfadarse, desesperarse: *estoy que me llevan los demonios.* — coloquial
6 **oler o saber, algo a demonios:** Oler o saber muy mal: *esta sopa sabe a demonios.* — coloquial
7 **ser el demonio o el mismísimo demonio:** 1. Ser mala persona. 2. Ser muy inquieto y travieso: *este niño es el mismísimo demonio, no para quieto ni un segundo.* 3. Ser sagaz y conseguir con habilidad lo que se propone: *es el demonio, siempre acaba saliéndose con la suya.* — coloquial
8 **tener el demonio en el cuerpo:** Ser excesivamente inquieto: *parece que tiene el demonio en el cuerpo, no es capaz ni de disfrutar del descanso.* — coloquial
9 **¡demonios!:** Expresión usada para indicar disgusto o enfado: *¡demonios!, yo no lo pienso aceptar de ninguna manera.* — interj.
10 **¡qué demonio! o ¡qué demonios!:** Expresión con la que se pone énfasis en lo que se dice: *¡qué demonios!, tú también lo sabías.* — coloquial

demonismo
1 Fe en la existencia de espíritus demoníacos y en las prácticas de magia espiritista. — s.m. OCULTISMO
2 Forma de religión primitiva en la que se considera que los acontecimientos dependen de la lucha entre espíritus buenos y malos. — RELIGIÓN

demono- Componente de palabra procedente del gr. *daimon,* que significa demonio: *demonología.* — pref. tb: demonio-

demonólatra Persona que practica un culto supersticioso al demonio. — s.m.f. OCULTISMO

demonolatría Culto supersticioso que se da al demonio. — s.f. OCULTISMO

demonología Estudio científico sobre la naturaleza del demonio y todo lo relacionado con el universo de este tipo de espíritus. — s.f. RELIGIÓN

demonomancia (Del gr. *daimon,* dios, divinidad + *manteia,* adivinación.) Adivinación del futuro mediante la inspiración de los demonios. — s.f. OCULTISMO tb: demonomancia

demonomanía Conjunto de delirios de posesión del que se cree endemoniado. — s.f. / tb: demoniomanía

demontre
1 Demonio o diablo, ángel rebelde. — s.m.
2 ¡demontre!: Expresión usada para indicar disgusto o enfado: *¡demontre!, ¡qué estropicio has hecho!* — interj. coloquial

demora
1 Retraso o detención de una cosa por algún tiempo: *el tren sufre una demora de diez minutos.* — s.f. / = dilación
2 Tiempo que se tarda en cumplir una obligación desde que es exigible. — DERECHO
3 Retraso en el pago de una deuda e intereses que ello conlleva. — ECONOMÍA
4 Rumbo en que se halla un objeto o un lugar respecto a otro conocido. — NÁUTICA

demorar (Del lat. *demorari*.)
1 Retrasar la·realización de una cosa: *tuvimos que demorar el viaje por problemas de salud.* — v.tr/prnl./= retardar ≠ adelantar
2 Hacer el movimiento o el desarrollo de una cosa más lento: *se demoró en su paseo por la playa.* — = frenar, retrasar
3 Quedarse una persona en un lugar durante un tiempo: *se tuvo que demorar en la capital para solucionar el asunto de la hipoteca.* — v.intr. = dilatar
4 Corresponder una dirección o destino a un rumbo determinado respecto a un lugar concreto. — NÁUTICA

demoroso, a Se aplica a la persona que es lenta y tarda. — adj/s. Argent., Chile

demoscopia Técnica de estudio de las orientaciones y pareceres de la opinión pública sobre algún asunto. — s.f./ESTADÍSTICA = encuesta

demoscópico, a Relativo al estudio de la opinión pública: *en período electoral se realizaron diversos estudios demoscópicos.* — adj. ESTADÍSTICA

demosofía Conjunto de tradiciones, leyendas, creencias, costumbres y proverbios populares. — s.f. = folclor

demóstenes (De *Demóstenes*, orador ateniense.) Persona muy elocuente. — s.m.

demostrabilidad Propiedad de una fórmula de una teoría deductiva para la que existe una demostración. — s.f. LÓGICA

demostrable Que puede ser demostrado: *se trata de una teoría difícilmente demostrable.* — adj.

demostración (Del lat. *demostratio, -onis*.)
1 Acción de mostrar la verdad o falsedad de una cosa: *hizo una demostración impecable de la teoría.* — s.f. = argumentación
2 Evidencia o indicación de una cosa: *los besos son claras demostraciones de cariño.* — = manifestación, prueba, señal
3 Muestra práctica del funcionamiento de una cosa, o del procedimiento adecuado para obtener un resultado determinado en algo: *el vendedor hizo una demostración de la batidora.* — = muestra
4 Exhibición pública de habilidad, fuerza u otra destreza cualquiera. — = exposición
5 Prueba o razonamiento de una cosa partiendo de verdades universales y evidentes: *suspendió el examen de lógica de predicados por la demostración.* — LÓGICA
6 Serie de experimentos con que se comprueba una teoría, o de hechos observados a los que es aplicable. — LÓGICA
7 Conclusión de una deducción. — LÓGICA
8 Estratagema o movimiento simulado que consiste en hostigar al enemigo para ocultarle el ataque proyectado en otro lugar. — MILITAR

demostrador, a Que demuestra: *con un demostrador gesto de rechazo les hizo saber su opinión.* — adj/s.

demostrar (Del lat. *demonstrare*.)
1 Ser una cosa indicio de otra: *las pruebas demuestran su culpabilidad.* — v.tr./conj: contar = indiciar, señalar
2 Hacer patente la verdad de una cosa: *demostró la teoría con pruebas irrefutables.* — = probar
3 Mostrar o enseñar prácticamente una cosa: *os demostraré el funcionamiento de la máquina.* — = exhibir
4 Hacer evidente el hecho de que una verdad particular está comprendida en otra universal. — LÓGICA

demostrativo, a
1 Que demuestra: *argumentación demostrativa.* — adj.
2 Se aplica al adjetivo o al pronombre que sirve para mostrar o señalar la persona o la cosa designada por el nombre: *éste, ése y aquél son pronombres demostrativos.* — adj/s.m. GRAMÁTICA

demótico, a (Del gr. *demotikos*, popular < *demos*, pueblo.)
1 Se aplica a la escritura que era empleada por los antiguos egipcios para diversos actos privados. — adj. HISTORIA
2 Se refiere a la variedad hablada de la lengua griega moderna. — adj/s.m.

demudación Fenómeno producido al demudar o demudarse el rostro. — s.f./= turbación, demudamiento

demudar (Del lat. *demutare*.)
1 Cambiar el aspecto o la forma de una cosa: *la erosión había demudado el perfil de la cordillera.* — v.tr. culto
2 Disfrazar o desfigurar una cosa: *demudó el color del pelo con un tinte vegetal.* — v.tr/prnl.
3 Alterarse el color o la expresión de la cara de una persona a causa de una impresión o una emoción. — v.prnl. = inmutarse

demulcente Se aplica al medicamento que sirve para relajar las partes inflamadas. — adj/s.m./FARMACIA = emoliente

demultiplicación Relación de reducción de velocidad entre dos piñones de una transmisión. — s.f. MECÁNICA

denario, a (Del lat. *denarius*.)
1 Del número diez. — adj.
2 Se aplica al número que es múltiplo de diez.
3 Moneda romana de plata que equivalía a diez ases o cuatro sestercios. — s.m. HISTORIA
4 Antigua moneda romana de oro que equivalía a cien sestercios. — HISTORIA

dendri- Componente de palabra procedente del gr. *dendron*, que significa árbol: *dendriforme; dendrografía.* — pref. tb: dendro-

dendriforme Que tiene forma de árbol. — adj./= arborescente

dendrita (Del gr. *dendritis < dendron*, árbol.)
1 Figura arborescente formada por pequeños cristales en una roca. — s.f. MINERALOGÍA
2 Prolongación protoplasmática ramificada de la célula nerviosa. — ANATOMÍA
3 Figura arborescente de la superficie de la roca. — GEOLOGÍA

dendrítico, a
1 Que tiene forma de dendrita. — adj.
2 Se refiere a la red fluvial muy densa y ramificada. — GEOGRAFÍA

dendrocronología Estudio de la edad de los árboles o sus variaciones climáticas y ecológicas a través de los anillos de crecimiento. — s.f. BOTÁNICA

dendróforo
1 Persona que llevaba árboles simbólicos en ciertas procesiones en la antigua Roma. — s.m. HISTORIA
2 Miembro de una corporación de artesanos de la Roma antigua. — HISTORIA

dendrografía Estudio descriptivo de los árboles. — s.f./BOTÁNICA

dendrográfico, a Que tiene relación con el estudio de los árboles. — adj. BOTÁNICA

dendrograma Representación gráfica, en forma de árbol, de los agrupamientos por agregación binaria en una clasificación jerárquica. — s.m. ESTADÍSTICA

dendroide Arborescente, que crece como las ramas de un árbol. — adj. tb: dendroideo

dendrología
1 Estudio de las plantas arbóreas. — s.f./BOTÁNICA
2 Tratado sobre este tipo de vegetales. — BOTÁNICA

dendrometría Estudio y medición del tamaño, volumen, peso y otras dimensiones de los árboles. — s.f. BOTÁNICA

dendrómetro Instrumento para medir las dimensiones de los árboles, especialmente su altura. — s.m. BOTÁNICA

dendrotráquea Tráquea arborescente, ramificada, como la de los insectos. — s.f. ZOOLOGÍA

denegación (Del lat. *denegatio, -onis*.)
1 Acción y resultado de denegar. — s.f./= negación
2 denegación de auxilio: Delito que se comete desobedeciendo de manera injustificada un requerimiento de la autoridad o eludiendo sin excusa legal una función o cargo públicos. — DERECHO
3 denegación de prueba: Decisión del juez o tribunal de no admitir aquella prueba, propuesta por las partes, que considera impertinente o sin influencia sobre el resultado del juicio. — DERECHO

denegar (Del lat. *denegare*.) Negar, no conceder lo que se pide: *le denegaron la beca que había solicitado por falsedad en los datos.* — v.tr. conj: regar = desestimar

denegatorio, a Que implica una denegación: *escrito denegatorio.* — adj.

denegrecer Ennegrecer, oscurecer o volver de color negro: *el hollín denegreció las paredes.* — v.tr/prnl. conj: carecer

denegrido, a Ennegrecido, de color que tira a negro: *las denegridas nubes cubrían el horizonte.* — adj.

denegrir (Derivado de *negro*.) Ennegrecer, ponerse una cosa negra: *denegrirse el cielo.* — v.tr/prnl./defectivo conj: abolir

dengoso, a Que es delicado, melindroso o remilgado. — adj./= denguero

dengue
I (Voz onomatopéyica.)
1 Delicadeza exagerada o actitud afectada de aprensión ante lo que en realidad más se desea: *siempre hacía dengues cuando la sacaban a bailar.* — s.m. = melindre, remilgo
2 Persona extremadamente delicada o aprensiva: *es un dengue y un blando.* — s.m.f. coloquial
3 Enfermedad tropical contagiosa, transmitida por un mosquito y que se manifiesta por dolores en las articulaciones y sarpullido semejante al de la escarlatina. — s.m. MEDICINA
4 Contoneo, movimiento afectado al andar. — Amér.
5 Berrinche, rabieta. — Méx.
6 Muecas, gestos con el rostro. — Méx.
7 Esclavina de paño que llevaban las mujeres cruzada al pecho.
II (De origen incierto.)
1 Dondiego de noche, planta herbácea. — s.m./Chile/BOTÁNICA

2 Flor de esta planta. — BOTÁNICA

denguear Hacer una persona dengues o mostrar actitudes de exagerada delicadeza: *era muy amiga de denguear y hacer aspavientos.* — v.intr.

denguero, a Dengoso, melindroso o remilgado. — adj./coloquial

denier (Voz francesa.) Unidad de medida, usada para diferenciar la finura de las fibras textiles. — s.m. TEXTIL

denigración Acción y resultado de denigrar, injuriar o ultrajar a una persona: *el concepto de la denigración y el honor son diferentes en cada época.* — s.f. = difamación, injuria/≠ elogio

denigrante Que denigra, injuria o ultraja: *los denigrantes comentarios sobre su persona.* — adj/s. = ofensivo

denigrar (Del bajo lat. *denigrare,* ennegrecer.)
1 Desacreditar, ofender la fama de una persona: *se sumó a los que denigraban al alcalde.* — v.tr./= difamar, vilipendiar
2 Criticar o dirigir insultos o juicios despectivos: *quienes ayer denigraban su capacidad intelectual, hoy aplauden su talento.* — = injuriar, agraviar

denigrativo, a Denigrante, que denigra: *criticó su denigrativas ofensas hacia los extranjeros.* — adj.

denigratorio, a Que tiene relación con la denigración: *recibió un trato denigratorio.* — adj.

denodado, a
1 Que se esfuerza y es enérgico: *en un denodado esfuerzo por superarse, consiguió el puesto.* — adj.
2 Que es valeroso y arrojado: *la vanguardia se constituía por filas de denodados combatientes.* — = atrevido, intrépido

denodarse (Del lat. *denotare,* darse a conocer.) Mostrarse una persona audaz, actuar con fiereza y resolución. — v.prnl. = atreverse

denominación
1 Acción de nombrar o dar nombre a una cosa. — s.f./≠ definición
2 Nombre con el que se distinguen las personas, los animales y las cosas, de acuerdo con sus cualidades, género o estado: *creó nuevas denominaciones para los elementos que acababa de descubrir; recibió la denominación de insigne arabista.*
3 Confesión religiosa en el mundo anglosajón: *las denominaciones protestantes.* — RELIGIÓN
4 **denominación de origen:** Nombre geográfico de la región, comarca o localidad que garantiza la procedencia y calidad de ciertos productos que tienen cualidades diferenciales debidas al medio natural, a su elaboración o crianza.

denominado Se refiere al número complejo. — adj./MATEMÁTICAS

denominador, a
1 Que denomina o nombra. — adj./s.
2 Número que en los quebrados o fracciones indica las partes iguales en que se divide la unidad: *el denominador se escribe debajo del numerador, separado por una raya horizontal.* — MATEMÁTICAS

denominar (Del lat. *denominare.*) Poner o dar un nombre: *usted lo denomina un hábil financiero, pero sus acreedores y accionistas lo tratan de mangante.* — v.tr/prnl. = llamar, nombrar

denominativo, a
1 Que sirve para designar: *listó los términos denominativos de la taxonomía.* — adj.
2 Se aplica a la palabra, especialmente verbo, derivada de un nombre: *torear es una voz denominativa por que proviene del sustantivo toro.* — GRAMÁTICA

denostador, a Que denuesta, insulta u ofende: *censuró los denostadores rumores sobre el obispo.* — adj/s. = injurioso

denostar (Del lat. *dehonestare,* deshonrar, infamar < de-, privativo + *honestus,* honrado.) Injuriar, dirigir insultos contra una persona: *sus comentarios sirvieron para denostar al director.* — v.tr./conj: contar = insultar/+ a

denotación
1 Acción y resultado de indicar o expresar. — s.f.
2 Significado estricto de una unidad léxica que es común a todos los hablantes y no está sujeto a los matices que puede aportar el contexto, ni a las valoraciones subjetivas de los hablantes. — LINGÜÍSTICA
3 Relación semántica entre una expresión y la realidad a la que hace referencia. — LÓGICA

denotar (Del lat. *denotare.*)
1 Dar a entender con indicios y señales una cosa para que se conozca o sepa: *su desencajado rostro denotaba cansancio.* — v.tr. = anunciar, indicar
2 Significar una palabra o expresión una realidad en la que coincide toda la comunidad lingüística. — LINGÜÍSTICA ≠ connotar

denotativo, a
1 Que denota, significa o indica cierto sentido. — adj.
2 Que tiene relación con la denotación: *valor denotativo de una palabra; relación denotativa en una expresión lógica.* — LINGÜÍSTICA, LÓGICA
3 Se aplica a la función referencial del lenguaje. — LINGÜÍSTICA

densi- Componente de palabra procedente del lat. *densus,* que significa grueso, lento: *densímetro.* — pref.

densidad
1 Concentración de mucha materia en relación con el volumen del cuerpo que la contiene: *la densidad de un texto; la densidad del aceite.* — s.f. = espesura
2 Relación entre la masa o peso de un cuerpo y su volumen: *la densidad del plomo es mayor que la del agua.* — FÍSICA
3 Medida de la compacidad de registro al almacenar datos: *discos de doble densidad.* — INFORMÁTICA
4 **densidad aparente:** Relación de la masa de un suelo con el volumen ocupado por la materia sólida y los poros. — AGRICULTURA, GEOLOGÍA
5 **densidad de plantación, siembra o población:** Número de árboles, semillas o plantas presentes en una unidad de superficie. — AGRICULTURA, BOTÁNICA
6 **densidad de población:** Número de habitantes por unidad de superficie: *la densidad de población del casco viejo ha disminuido considerablemente.* — GEOGRAFÍA
7 **densidad de un gas:** Relación entre la masa de un gas y la masa de aire que ocupa el mismo volumen con las mismas condiciones de presión y temperatura. — FÍSICA
8 **densidad de un líquido o un sólido:** Relación entre la masa de este cuerpo y la masa de agua que ocupa a una determinada temperatura. — FÍSICA
9 **densidad real:** Relación de la masa de un suelo con el volumen ocupado por una materia sólida. — AGRICULTURA, GEOLOGÍA

densificación Procedimiento por el que se mejoran las maderas aplicándoles métodos compresivos: *después de la densificación utilizaron piezas como soporte.* — s.f. CARPINTERÍA

densificar Hacer una cosa densa: *al enfriarse, el aceite se densifica.* — v.tr/prnl. conj: sacar

densifloro, a Se refiere a la planta que presenta flores muy próximas las unas a las otras. — adj. BOTÁNICA

densifolio, a Se aplica a la planta de hojas dispuestas en gran concentración. — adj. BOTÁNICA

densimetría Medida de las densidades. — s.f.

densímetro Aparato que se utiliza para medir la densidad de los líquidos. — s.m./FÍSICA = areómetro

densivolúmetro Instrumento que se utiliza para medir la densidad de un cuerpo mediante la determinación previa de su volumen. — s.m. FÍSICA

denso, a (Del lat. *densus,* espeso, compacto, denso.)
1 Que tiene mucha masa en poco volumen: *se nos echó encima una densa niebla.* — adj. = compacto
2 Se refiere al líquido o al gas que es espeso y poco fluido: *compró un aceite muy denso; aire denso.*
3 Que es muy pesado: *el plomo es muy denso.*
4 Que está apiñado o apretado: *era un bosque denso.*
5 Se aplica al texto o discurso que tiene mucho contenido: *se trata de un libro denso.*
6 Que es confuso, dudoso: *obvió las ideas densas.*

dentado, a
1 Que tiene dientes o puntas parecidas a ellas: *rueda dentada; esta planta tiene las hojas dentadas.* — adj.
2 Se aplica al escudo que tiene sus particiones o piezas guarnecidas de puntas como dientes de sierra. — HERÁLDICA
3 Conjunto de los dientes de un sello de correos. — s.m.

dentadura
1 Conjunto de dientes, muelas y colmillos de una persona o animal: *el fósil presenta una dentadura incompleta.* — s.f. ANATOMÍA
2 Prótesis dentaria: *le insertaron las piezas de la dentadura en el maxilar.* — MEDICINA

dental
I (Del lat. *dentale.*)
1 Palo donde se encaja la reja del arado. — s.m./AGRICULTURA
2 Cada una de las piedras o hierros del trillo o trilladora que se utilizan para cortar la paja. — AGRICULTURA
II (Derivado de *diente.*)
1 De los dientes: *le han puesto una prótesis dental.* — adj./ANATOMÍA
2 Se refiere al sonido consonántico que se articula con la punta de la lengua tocando la cara interior de los incisivos superiores: *la t es una consonante dental.* — adj/s.f. LINGÜÍSTICA

dentalización Acción y resultado de pronunciar un sonido cerca de la región dental. — s.f. LINGÜÍSTICA

dentalizar Pronunciar un sonido cerca de la zona dental por la presencia, en el contexto, de consonantes dentales. — v.tr. conj: cazar LINGÜÍSTICA

dentar
1 Poner o formar dientes en el borde de una cosa: *dentó el filo de la sierra.* — v.tr. conj: pensar
2 Echar un niño los dientes: *la criatura duerme mal porque ha empezado a dentar.* — v.intr. = endentecer

dentario, a Relativo a los dientes: *los incisivos son piezas dentarias.* — adj./ANATOMÍA = dental

dentejón Yugo para uncir los bueyes a la carreta. — s.m./AGRICULTURA

dentelaria Planta de rocalla, de flores violetas, con cuyas raíces machacadas se calmaba el dolor de muelas. (*Plumbago.*) — s.f. BOTÁNICA

dentellada
1 Acción de morder o clavar los dientes en una cosa: *se comió en tres dentelladas.* — s.f. = mordisco

2 Herida o señal producida al morder: *llevaba cuatro dentelladas en el muslo, recuerdo de un perro del vecino.* = mordedura
3 Acción de mover la quijada con fuerza sin mascar cosa alguna.
4 a dentelladas: Con los dientes: *el cachorro rompió a dentelladas el cortinaje.* loc.adv.
5 dar, o sacudir, uno dentelladas a otro: Dar respuestas agrias o desabridas: *no sabe responder, sino sacudir dentelladas a cualquiera.* coloquial

dentellado, a
1 Que tiene dientes o es parecido a ellos: *filo dentellado; silueta dentellada de la cordillera.* adj. = dentado
2 Que tiene una dentellada o mordedura: *las dentelladas ancas del ciervo.*
3 Se refiere a la pieza que tiene el perfil formado por dientes menudos, separados por espacios curvos. HERÁLDICA

dentellar Batir los dientes unos contra otros: *empecé a dentellar al ver el horror que nos esperaba.* v.intr. = castañetear

dentellear Morder una cosa sin fuerza y repetidamente: *el niño dentellea el chupete.* v.tr. = mordisquear

dentellón
1 Pieza de algunas cerraduras, en forma de diente. s.m.
2 Adorno en forma de diente que aparece en la parte superior del friso jónico. ARQUITECTURA = dentículo
3 Parte saliente de este adorno. ARQUITECTURA

dentera
1 Sensación desagradable experimentada en los dientes al oír ruidos chirriantes o al comer, ver o tocar ciertas cosas: *tocar la seda le da dentera.* s.f. = repelús
2 Deseo de hacer o tener lo mismo que otra persona: *le encantaba darnos dentera con sus vestidos y juguetes.*
3 Anhelo, deseo vehemente.

denti- Componente de palabra procedente del lat. *dens, -ntis,* que significa diente: *dentífrico.* pref. tb: dento-

denticina Medicamento que favorece la dentición de los niños. s.f. FARMACIA

dentición
1 Acción y resultado de endentecer o echar los dientes. s.f.
2 Dentadura, conjunto de dientes y muelas. ANATOMÍA
3 Tiempo en que los niños echan los dientes: *durante la dentición pasó malas noches y comió fatal.*
4 Clase, número y disposición de los dientes de un mamífero según la especie a que pertenece. ZOOLOGÍA
5 dentición primaria o de leche: La del mamífero que consta de incisivos, caninos y premolares. ZOOLOGÍA
6 dentición secundaria o permanente: La del mamífero que comprende también los molares. ZOOLOGÍA

denticonejuno, a Se refiere a la caballería que tiene dientes pequeños, blancos e iguales, por lo que no puede calcularse su edad. adj. ZOOLOGÍA

denticulación Conjunto de dientes que forman parte de algunos órganos de ciertos animales y cuya disposición puede ser característica de la especie. s.f. ZOOLOGÍA

denticulado, a
1 Que tiene dentículos: *el impacto de la bomba afectó al adorno denticulado del entablamento.* adj. ARQUITECTURA
2 Se aplica a la hoja cuyos bordes presentan dientes. BOTÁNICA

denticular Que tiene forma de dientes. adj.

dentículo (Del lat. *denticulus.*)
1 Pequeña formación dentaria. s.m./ANATOMÍA
2 Adorno arquitectónico en forma de diente que aparece en la parte superior del friso jónico, formando fila. ARQUITECTURA = dentellón
3 dentículo dérmico: Órgano tegumentario con una punta saliente muy dura que, en lugar de escamas, desarrollan algunos peces como el tiburón o la raya. ZOOLOGÍA

dentífrico, a (Del lat. *dens, dentis,* diente + *fricare,* frotar.) Que sirve para cuidar o limpiar los dientes: *pasta dentífrica; colutorio dentífrico; polvos dentífricos.* adj/s.m.

dentina Marfil de los dientes. s.f./ANATOMÍA

dentirrostro, a (Del lat. *dens, dentis,* diente + *rostrum,* pico de ave.) Se refiere al ave cuyo pico presenta puntas y escotaduras a modo de dientes, como el cuervo y el ruiseñor. adj. ZOOLOGÍA

dentista Profesional dedicado al cuidado de la dentadura y sus enfermedades, así como a corregir sus defectos. s.m.f. MEDICINA = odontólogo

dentistería
1 Consultorio de un dentista, clínica dental. s.f./Amér. Central y Merid.
2 Odontología, estudio y tratamiento de los dientes. Amér. Merid., C. Rica

dentivano, a Se refiere a la caballería que tiene los dientes grandes y muy separados. adj. ZOOLOGÍA

dento- Componente de palabra procedente del lat. *dens, -ntis,* que significa dental, diente: *dentoalveolar.* pref. tb: denti-

dentolabial Labiodental, se refiere al sonido que se articula acercando el labio inferior a los dientes superiores. adj/s.f. LINGÜÍSTICA

dentolingual Dental, se aplica al sonido que se articula aplicando la lengua cerca de los dientes. adj/s.f. LINGÜÍSTICA

dentón, a
1 Dentudo, que tiene los dientes grandes. adj/s./coloquial
2 Pez espárido de cuerpo oval, comprimido, de color gris plateado con dos dientes salientes, que vive en el Mediterráneo. *(Dentex dentex.)* s.m. ZOOLOGÍA = hurta

dentro (Del lat. *intro,* adentro, en el interior.)
1 En interior, en la parte interna: *mira dentro y verás lo que te dije; hablaron desde dentro; está sucio por dentro; lo llevo muy dentro de mí.* adv.
2 En un grupo, en una serie: *dentro del partido se oyeron diferentes opiniones.*
3 a dentro o adentro: Hacia o en lo interior: *navegaron mar a dentro.* loc.adv.
4 dentro de: 1. En el interior de: *las llaves están dentro de mi bolsillo.* **2.** Después de, en un plazo de tiempo: *ven dentro de tres meses.*

dentrodera Empleada del servicio doméstico que no cocina ni lava. s.f./Colomb.

dentudo, a Que tiene los dientes grandes: *dentudo como era, fue a dar con la boca en el bordillo.* adj/s. tb: dientudo

denudación
1 Acción y resultado de denudar o denudarse, en especial referido a la ablación y erosión de las rocas. s.f. GEOLOGÍA
2 Proceso por el que quirúrgicamente, o a consecuencia de una enfermedad, se priva a un órgano de su cubierta normal. MEDICINA

denudar (Derivado culto del lat. *nudus,* desnudo.)
1 Desnudar, despojar a un órgano de su cubierta normal. v.tr/prnl. BIOLOGÍA
2 Erosionar una roca o un terreno. GEOLOGÍA

denuedo Brío en la lucha o al acometer una empresa: *se aplicó con denuedo a dilapidar la fortuna familiar.* s.m. = esfuerzo, valor

denuesto Ofensa o injuria grave de palabra o por escrito: *se contuvo para no estallar en denuestos.* s.m. = insulto

denuncia
1 Acción y resultado de denunciar: *sus modales fueron denuncia de su educación.* s.f.
2 Comunicación a la autoridad competente de un hecho que pudiera constituir delito o falta: *la omisión de la denuncia está penada por la ley.* DERECHO = acusación, delación
3 Documento en que consta la notificación de un posible delito o falta: *ya han repartido los talonarios de denuncias con nuevo formato.* DERECHO
4 denuncia de un tratado: Comunicación de la voluntad de no prorrogar o anular un tratado en derecho internacional. DERECHO
5 denuncia falsa: Imputación falsa de un delito. DERECHO

denunciable Que merece ser denunciado por ser ilegal o abusivo: *los abusos deshonestos son denunciables y censurados por la opinión pública.* adj.

denunciador, a
1 Que denuncia: *han redactado una carta conjunta denunciadora de la situación.* adj/s. = denunciante
2 Persona que denuncia ante los tribunales: *todavía no sabe quién ha sido su denunciador.* s./DERECHO = denunciante

denunciante Persona que denuncia ante los tribunales: *la parte denunciante consiguió el éxito de la demanda.* adj/s.m.f. DERECHO

denunciar (Del lat. *denuntiare.*)
1 Acusar ante la autoridad a una persona de haber cometido un delito: *le denuncié aun sabiendo que mi vida correría peligro.* v.tr. = delatar
2 Anunciar una cosa que va a ocurrir: *los rayos del sol denunciaban el comienzo del día.* = pronosticar
3 Poner de manifiesto: *sus escritos denuncian una concepción posmoderna del ser humano.* = mostrar
4 Comunicar, avisar de algo con solemnidad: *el alto mando denunció el final del enfrentamiento bélico.* = publicar
5 Comunicar una de las partes implicadas la rescisión de un acuerdo, contrato, convenio o tratado.
6 Notificar públicamente una cosa ilegal o abusiva para que la conozcan las autoridades. DERECHO
7 Comunicar a la autoridad competente la existencia de una mina, para reservar su explotación: *denunció sus tierras como auríferas.* MINERÍA

denunciatorio, a Relativo a la denuncia: *presentó una alegación denunciatoria ante el tribunal.* adj. DERECHO

denuncio
1 Acción de comunicar la existencia de una mina. s.m./MINERÍA
2 Concesión minera solicitada y aún no obtenida. MINERÍA

deo gracias (Del lat. *deo gratias,* gracias a Dios.) Se usa para indicar el alivio y satisfacción que se experimenta al haber superado una prueba o haberse acabado una situación problemática. loc.adv. culto

deontología (Del gr. *deon, -ontos,* el deber + *logos,* estudio, tratado.)

1 Ciencia que estudia el deber y la teoría de las normas morales, ya sea de manera genérica, ya sea el de un grupo humano determinado. — s.f. SOCIOLOGÍA

2 deontología médica: Conjunto de normas éticas que regulan el comportamiento profesional de los médicos. — MEDICINA

deontológico, a De la ciencia o teoría de las normas morales. — adj. SOCIOLOGÍA

deparador, a Que depara, suministra o presenta: *aquel asunto fue el deparador de una rara coincidencia.* — adj/s.

deparar (Del lat. *deparare.*)
1 Presentar u ofrecer: *ignoro lo que me depara el futuro.* — v.tr.
2 Proporcionar o proveer: *aquel encuentro me deparó una profunda contrariedad.* — = suministrar

departamental Relativo al departamento: *las medidas del decanato aliviaron la tensión departamental.* — adj.

departamento (Del fr. *departement.*)
1 Cada una de las partes en que se divide un espacio cualquiera, como un edificio, un territorio, una caja, un almacén, una oficina: *han cambiado el departamento de cuentas de la oficina.* — s.m.
2 Sección universitaria dedicada a la docencia e investigación de materias afines: *trabaja en el departamento de derecho internacional.*
3 Ministerio, rama de la administración: *este asunto es competencia del departamento de justicia.* — POLÍTICA
4 División administrativa de algunos países hispanoamericanos o de Francia, que equivale a la provincia española. — POLÍTICA
5 División administrativa argentina, equivalente al municipio español. — POLÍTICA
6 departamento marítimo: Antigua denominación de la zona marítima como división administrativa de la jurisdicción naval. — MILITAR, HISTORIA

departidor, a Que departe o conversa: *en la tertulia del café encontró eruditos departidores.* — adj/s.

departir Hablar dos o más personas entre sí: *departieron largo y tendido sobre las últimas tendencias de la narrativa en lengua española.* — v.intr. = conversar

depauperación
1 Empobrecimiento, debilitamiento: *la cumbre esclareció las causas de la depauperación en ciertas zonas del planeta.* — s.f. culto
2 Proceso de enflaquecimiento, extenuación o debilitamiento del organismo. — MEDICINA

depauperante Que depaupera, empobrece o debilita: *el depauperante proceso de la enfermedad la dejó síquicamente deprimida.* — adj.

depauperar (Derivado culto del lat. *pauper, -eris*, pobre.)
1 Hacer que algo o alguien sea más pobre: *la crisis depauperó aún más su situación.* — v.tr/prnl. = empobrecer
2 Debilitar, extenuar el organismo: *la inflamación depauperó su sistema cardiovascular.* — MEDICINA

dependencia
1 Situación del que depende o está subordinado a una persona o cosa: *necesita ayuda para acabar con la dependencia de sus padres.* — s.f. = subordinación
2 Adicción a una droga que se manifiesta, en su supresión, por un conjunto de trastornos físicos y síquicos: *tiene dependencia del tabaco.*
3 Cada habitación o espacio dedicado a los servicios de una casa: *se retiró a sus dependencias en mitad de la celebración.*
4 Elementos accesorios a otros principales: *venden el edificio con todas sus dependencias.* — s.f.pl.
5 Colonia, territorio que no es soberano: *el imperio perdió todas sus dependencias.* — s.f. POLÍTICA
6 Situación de la economía de ciertos países que dependen de la de los países desarrollados: *desarrolló el tema de las teorías de dependencia.* — ECONOMÍA
7 Oficina dependiente de otra superior.
8 Conjunto de empleados dependientes.

depender (Del lat. *dependere*, colgar, pender.)
1 Hallarse sujeto a una autoridad o jurisdicción: *el gobierno de la isla depende del poder central.* — v.intr. + de
2 Producirse o ser consecuencia de una cosa: *la cosecha depende de la lluvia.* — + de
3 Estar o quedar al arbitrio de una voluntad o de las circunstancias: *las decisiones más trascendentes dependen de muy pocos.* — + de
4 Vivir bajo la protección o el dominio de una persona o atenerse o ajustarse a un solo recurso: *dependía de su tío; dependo de mi sueldo.* — + de

dependiente, a
1 Que depende: *esta institución es dependiente del ayuntamiento.* — adj.
2 Persona que sirve a otra o es subalterna de una autoridad. — s.
3 Persona encargada de atender a los clientes en una tienda o comercio: *el nuevo dependiente es locuaz y muy atractivo.* — COMERCIO

depilación Acción y resultado de depilar o depilarse: *prefiero la depilación a la cera a la depilación eléctrica.* — s.f.

depilar (Del lat. *depilare < de-*, privativo + *pilus*, pelo.) Arrancar el pelo o el vello de una parte del cuerpo o hacer que se caiga por medio de una sustancia o de otros procedimientos. — v.tr/prnl.

depilatorio, a Que sirve para depilar: *utiliza un depilatorio que produce un extraño olor.* — adj/s.m.

depleción
1 Disminución de la cantidad de líquido contenido en el organismo o en un órgano. — s.f. MEDICINA
2 Disminución local del campo de gravedad de un astro. — ASTRONOMÍA

deplorable
1 Que puede ser deplorado o lamentado: *viven en unas condiciones deplorables.* — adj./= lamentable, penoso
2 Que causa mala impresión: *presenciaron una escena deplorable.* — ≠ encomiable

deplorar (Del lat. *deplorare.*) Sentir pena o disgusto por algo, en particular si uno mismo es causa de estos sentimientos: *deploraba las molestias que su enfermedad les había causado.* — v.tr. = lamentar

deponente
1 Que depone, aparta o destituye. — adj.
2 Se refiere al verbo latino que, con significación de activo, se conjuga por la voz pasiva. — adj/s.m. GRAMÁTICA
3 Depositante, persona que entrega algo en depósito. — adj/s.m.f./DERECHO

deponer (Del lat. *deponere.*)
1 Dejar a un lado o apartar de sí: *deponer las diferencias y discordias; tienes que deponer esa actitud tuya tan altanera.* — v.tr/conj: *poner* part.irreg: depuesto
2 Quitar a una persona de un empleo o cargo importante, o degradarla de los honores o dignidades que tenía: *deponer a una autoridad de su categoría.* — = destituir + de
3 Quitar una cosa del lugar en que está: *mandó deponer la imagen del altar menor.*
4 Dar una cosa por cierta, aseverar. — = afirmar
5 Vomitar, arrojar por la boca lo contenido en el estómago. — Amér. Central
6 Declarar ante el juez u otro magistrado: *no depusieron ante la sala tal y como esperaba el fiscal.* — DERECHO
7 Expeler los excrementos. — v.intr./= evacuar

depopulador, a Que daña o causa estragos en campos y poblados: *una depopuladora epidemia asoló la zona norte del continente.* — adj/s.

deportación
1 Pena consistente en trasladar a un condenado a un lugar determinado: *los británicos castigaban a deportación a algunos delincuentes y los confinaban en sus colonias de Oceanía.* — s.f. DERECHO
2 Internamiento en un campo de concentración que está ubicado en el extranjero o lugar aislado: *muchos liberales fueron víctimas de la deportación.*

deportar (Del lat. *deportare.*) Desterrar a una persona a un lugar, y confinarla allí como castigo o por razones políticas: *el gobierno decidió deportar a los insurrectos.* — v.tr.

deporte
1 Ejercicio físico o juego que se practica individualmente o por equipos, con intención o no de competir y de acuerdo con ciertas reglas: *desde que ascendió en la empresa no puede practicar ningún deporte.* — s.m. DEPORTES
2 deportes de combate: Aquellos en que los competidores golpean o inmovilizan a sus adversarios: *el judo, el boxeo y la esgrima son deportes de combate.* — DEPORTES
3 deportes de invierno: Los que se desarrollan sobre hielo o nieve: *el esquí y el bobsleigh son deportes de invierno.* — DEPORTES
4 deportes ecuestres: Los que se practican montando a caballo: *el polo y la equitación son deportes ecuestres.* — DEPORTES
5 por deporte: 1. Sin ánimo de lucro: *no trabaja para enriquecerse, sino por deporte.* 2. Por afición o distracción: *participará en el proyecto, pero sólo por deporte.* — coloquial

deportismo Afición a los deportes o a la práctica de los mismos. — s.m. DEPORTES

deportista
1 Se refiere a la persona que por afición o profesión practica algún deporte: *alojaron a los deportistas en la ciudad universitaria.* — adj/s.m.f. DEPORTES
2 Se refiere a la persona aficionada o entendida en el deporte. — DEPORTES

deportivamente
1 Como deporte, por deporte. — adv.
2 Con buen ánimo, con optimismo: *encajó la derrota electoral deportivamente.*

deportividad Actitud correcta y generosa que se estima ser propia del deportista: *el partido su jugó con gran deportividad.* — s.f. DEPORTES

deportivo, a
1 Que tiene relación con el deporte: *ayer inauguraron las nuevas instalaciones deportivas.* — adj. DEPORTES

2 Que se ajusta a las normas de corrección en la práctica de los deportes: *fue un partido deportivo.* `DEPORTES`
3 Se refiere al coche aerodinámico y preparado para competiciones: *se ha comprado un deportivo azul.* `adj/s.m.`
deportoso, a Alegre, divertido o gracioso. `adj.`
deposición
1 Acción de deponer o destituir a una persona de un cargo, empleo, dignidad u honor: *la deposición del soberano fue una medida revolucionaria motivada por su mal gobierno.* `s.f.` `formal` `= degradación`
2 Exposición o declaración de una cosa: *su confesión fue una simple deposición mecánica.* `formal`
3 Declaración verbal hecha ante un juez o tribunal. `DERECHO`
4 Defecación, evacuación de vientre: *deposiciones acuosas.* `s.f./formal` `FISIOLOGÍA`
5 Tema iconográfico en que se representa a Jesucristo colocado sobre la sábana, cuando ya está muerto. `ARTE`
depositador, a Que deposita: *el depositador de los bienes firmó su entrega desde el lecho de muerte.* `adj/s.` `= depositante`
depositante
1 Depositador, que deposita. `adj.`
2 Que establece un depósito de dinero, valores u otros bienes para su custodia o como garantía de una obligación. `adj/s.m.f.` `DERECHO`
depositar
1 Fundar o crear esperanzas, ilusiones, confianza: *en la hija depositaron todas sus aspiraciones.* `v.tr/prnl.` `+ en`
2 Poner bienes bajo la custodia o guarda de una persona, entidad o institución que responda de ellos: *depositó las joyas en una caja de seguridad.* `v.tr.` `+ en`
3 Entregar una cosa, un sentimiento, a una persona, confiándosela sobre su palabra: *depositó toda su fortuna en sus manos.* `+ en` `= encomendar`
4 Sedimentar, hacer que se separe de un líquido o del aire una materia en suspensión, cayendo al fondo: *las heces del vino se depositaron en el fondo de la cuba.* `v.tr/prnl.`
5 Dejar, colocar o poner a una persona o cosa en un lugar: *depositan la mercancía en los camiones.* `v.tr.`
6 Encerrar, contener una cosa algo.
7 Poner un cadáver en lugar adecuado hasta que se entierra. `v.tr.`
8 Situar a una persona en un lugar donde pueda manifestar libremente su voluntad, por medio del juez: *depositó a la confidente en un edificio controlado por la policía.* `DERECHO`
depositaría
1 Sección de un banco u oficina en que está depositado el dinero y en que se efectúan los pagos: *depositaría de Hacienda.* `s.f./COMERCIO` `ECONOMÍA` `= tesorería`
2 Función o empleo de depositario.
depositario, a (Del lat. *depositarius.*)
1 Que tiene relación con el depósito. `adj.`
2 Que contiene o guarda una cosa.
3 Se aplica a la persona en quien se deposita un sentimiento: *me hizo depositario de sus temores.*
4 Persona que actúa como intermediaria y a quien se confían las mercancías para venderlas, por cuenta del propietario. `adj/s.` `COMERCIO`
5 Tesorero de la dependencia pública. `s./ECONOMÍA`
depósito (Del lat. *depositum.*)
1 Acción y resultado de depositar: *al acabar de realizar el depósito consignaron las piezas almacenadas.* `s.m.`
2 Cosa o conjunto de cosas depositadas: *mandó contabilizar los depósitos del mes anterior.*
3 Lugar donde se deposita o guarda una cosa: *lo ha colocado en el depósito de armas.*
4 Recipiente que sirve para contener líquidos: *hay que limpiar el depósito de agua potable.*
5 Sedimento de un líquido: *eliminar los depósitos por decantación.*
6 Cantidad de dinero que se deposita en un banco. `ECONOMÍA`
7 Oficina de reclutamiento donde quedan concentrados los reclutas que no pueden ir inmediatamente al servicio activo. `MILITAR`
8 Contrato real por el que una persona, el depositario, recibe de la obra, el depositante o deponente, un bien mueble, con la obligación de guardarla y restituirla. `DERECHO`
9 Material mineral que ha surgido a la superficie terrestre por la acción de algún agente geológico. `GEOLOGÍA`
10 Sustancia que se precipita o fija en un tejido: *en algunas lesiones tuberculosas se presentan depósitos calcáreos.* `MEDICINA`
11 Conjunto de instalaciones destinadas a la explotación de un ferrocarril.
12 Cochera de locomotoras y taller de reparación de estos vehículos.
13 Aljibe de agua potable de la embarcación que sirve para las cocinas de a bordo. `NÁUTICA`
14 depósito activo: Sustancia sólida radiactiva. `FÍSICA NUCLEAR`
15 depósito de almacenamiento: Recipiente de gran tamaño en el que se almacenan el petróleo y sus derivados. `INDUSTRIA`

16 depósito de cadáveres: Lugar donde se depositan los cadáveres que por algún motivo no pueden ser sepultados en el tiempo habitual.
17 depósito de cobertura: El de oro o divisas que tiene el banco central de un país como garantía del papel moneda que emite. `ECONOMÍA`
18 depósito de marinería: Personal de la base naval con el que se forman o completan las tripulaciones de los barcos. `NÁUTICA,` `MILITAR`
19 depósito franco: Conjunto de mercancías importadas, libres de derechos de aduanas hasta su reexportación, o su introducción en el país. `COMERCIO`
20 depósito indistinto: El que se constituye a nombre de varias personas o entidades. `DERECHO`
21 depósito legal: Entrega que, por obligación, se hace a la administración de determinado número de ejemplares de las obras impresas y audiovisuales. `DERECHO`
22 depósito subterráneo: Cavidad del subsuelo, artificial o natural, en que se almacena el gas.
23 en depósito: Se aplica a lo entregado para su exposición o eventual compra o venta. `loc.adj.`
depravación (Del lat. *depravatio, -onis.*) Estado o cualidad de una persona viciosa o degenerada: *su depravación era rayana en la maldad.* `s.f.` `= perversión,` `vicio`
depravado, a (Del lat. *depravatus,* malvado, malo.)
1 Que tiene costumbres muy viciadas o corrompidas: *el etnocentrismo cultural les llevó a llamar depravados a los jíbaros.* `adj/s.` `= perverso`
2 Se aplica a la persona que causa daño o padecimiento: *tenía una mente malévola que le hacía comportarse como un depravado gobernante.* `= malvado,` `perverso`
depravador, a Que deprava o pervierte: *está convencido de que su compañía es depravadora.* `adj/s.`
depravar (Del lat. *depravare.*) Corromper, volver a una persona mala: *se depravó con sus doctrinas.* `v.tr/prnl.` `= pervertir, viciar`
depre
I (Apócope de *depresivo.*) Que es propenso a sufrir depresión nerviosa: *desde que le dejaste está depre.* `adj.` `coloquial`
II (Apócope de *depresión.*) Estado depresivo, tristeza: *la depre le impide realizar cualquier actividad, sea física o mental.* `s.f.` `coloquial`
deprecación (Del lat. *deprecatio, -onis.*)
1 Petición, súplica o ruego. `s.f./culto`
2 Figura retórica consistente en dirigir un ruego o súplica ferviente: *la súplica de Príamo ante Aquiles es un célebre ejemplo de deprecación.* `RETÓRICA`
deprecar (Del lat. *deprecari,* interceder, suplicar.) Pedir, rogar insistentemente. `v.tr./conj.: sacar` `= suplicar`
deprecativo, a Perteneciente a la deprecación o súplica: *con un tono deprecativo le pidió su intercesión en el conflicto familiar; fórmula deprecativa.* `adj.` `culto` `= deprecatorio`
deprecatorio, a Deprecativo, relativo a la súplica o el ruego. `adj.` `culto`
depreciación (Del fr. *depreciation.*)
1 Disminución del precio o valor de una cosa: *la depreciación de la tierra de secano afectó a la agricultura cerealística.* `s.f.` `ECONOMÍA`
2 Disminución del valor de un elemento activo: *compensó la depreciación con los beneficios ya obtenidos.* `COMERCIO`
3 depreciación de la moneda: Pérdida del valor de una moneda como consecuencia de un largo período inflacionista: *hubo durante el año una lenta depreciación de la moneda.* `ECONOMÍA,`
depreciar Reducir el precio o valor de una cosa: *las acciones se han depreciado mucho.* `v.tr/prnl.`
depredación (Del lat. *depredatio, -onis.*)
1 Acción y resultado de depredar. `s.f.`
2 Saqueo violento o devastación: *se dedicaron a la depredación de las naves europeas.* `= pillaje`
3 Malversación, abuso de un gobernante imponiendo cargas o tributos injustos: *la población fue objeto de depredación por parte de los nobles.* `POLÍTICA`
4 Modo de nutrición extendido entre los animales que consiste en apoderarse de una presa para devorarla y alimentarse. `ZOOLOGÍA` `= predación`
5 Modo de adquisición de alimento por parte del ser humano prehistórico que vivía de la caza y la recolección. `HISTORIA`
depredador, a
1 Que depreda, roba o saquea: *las depredadoras hordas de bárbaros.* `adj/s.`
2 Se refiere al animal que caza a sus presas para comérselas. `ZOOLOGÍA` `= predador`
3 Se aplica al ser humano prehistórico que adquiría el alimento por depredación. `HISTORIA`
depredar (Del lat. *depredari,* saquear.)
1 Robar, saquear con gran violencia y destrozo. `v.tr.`
2 Cazar un animal a otro para subsistir. `ZOOLOGÍA`
depresión (Del lat. *depressio, -onis.*)
1 Acción y resultado de deprimir o deprimirse. `s.f.`

2 Concavidad de la corteza terrestre que está más baja o hundida que el resto: *una cuenca es una depresión.* — GEOGRAFÍA
3 Conjunto de los síntomas de una enfermedad síquica caracterizada por una tristeza profunda y abatimiento del ánimo que altera las funciones síquicas: *suele tener depresiones con bastante frecuencia.* — SICOLOGÍA, SIQUIATRÍA
4 Período prolongado en el que la actividad económica se estanca o disminuye. — ECONOMÍA = recesión
5 depresión barométrica o atmosférica: Masa atmosférica dominado por bajas presiones y que es el centro de movimientos ascendentes. — GEOGRAFÍA
6 depresión del horizonte: Ángulo que forman para el observador las líneas horizontal y tangente a la superficie del mar desde su posición. — NÁUTICA

depresivo, a
1 Que, deprime, aflige o abate: *pasó su infancia en un ambiente depresivo.* — adj. = deprimente
2 Que presenta los caracteres propios de una depresión síquica: *fase depresiva.* — SICOLOGÍA, SIQUIATRÍA
3 Persona que tiende a la depresión: *desde que sufrió el accidente se ha vuelto depresivo.* — s.

depresor, a
1 Que deprime o humilla. — adj./s.
2 Se refiere a los músculos cuya acción primordial es hacer que descienda uno de los puntos en que se insertan: *el músculo superciliar es depresor.* — adj./s.m. ANATOMÍA
3 Instrumento que se utiliza para bajar o apartar la lengua a un enfermo para observarle la garganta. — s.m. MEDICINA

deprimente
1 Que deprime, abate o debilita: *la matanza fue un espectáculo horrible y deprimente.* — adj. = lamentable
2 Se refiere a aquello que es depresivo para el ánimo: *le entristecía la atmósfera deprimente de la oficina.* — = triste

deprimido, a
1 Que padece una depresión nerviosa: *está tan deprimida que el médico le ha dado la baja.* — adj./s. SIQUIATRÍA
2 Se aplica al animal que tiene el cuerpo o una parte de él aplanado en el sentido dorsoventral: *la raya y el pez espada son animales deprimidos.* — ZOOLOGÍA

deprimir (Del lat. *deprimere*.)
1 Causar decaimiento del ánimo: *se deprimió su alegría por sus malas notas.* — v.tr/prnl. = desanimar
2 Sentir o sufrir un síndrome de depresión: *sólo toma las pastillas cuando se deprime.* — v.prnl./SICOLOGÍA, SIQUIATRÍA
3 Reducir o hacer menor el volumen de un cuerpo por medio de la presión: *la presión del aire deprime la columna barométrica.* — v.tr.
4 Hundir la superficie de alguna parte de un cuerpo: *deprimir el vientre.*
5 Rebajar o hacer perder su buen crédito a una persona o una cosa. — v.tr/prnl. = humillar
6 Disminuirse el volumen de un cuerpo o deformarse a causa de un hundimiento parcial. — v.prnl.
7 Estar una superficie o una línea más baja que las inmediatas.

deprisa (Derivado de *de* + *prisa*.)
1 Con rapidez o celeridad: *ven deprisa, te necesito.* — adv./tb: de prisa
2 deprisa, deprisa: Se usa para incitar a una mayor rapidez.
3 deprisa y corriendo: Con atropello y atolondramiento: *siempre termina haciendo las cosas a última hora deprisa y corriendo.* — loc.adv. coloquial

depuración
1 Acción y resultado de depurar o depurarse: *la depuración del agua es necesaria.* — s.f.
2 Técnica de detección, diagnóstico y corrección de errores que pueden aparecer en programas o sistemas, tanto si se trata de errores de software como de hardware. — INFORMÁTICA
3 Acción de eliminar de una institución, empresa o partido político a las personas desidentes o que son indeseables por alguna razón.

depurado, a
1 Que está libre de impurezas. — adj.
2 Que está pulido o trabajado con mucho cuidado: *el estilo de este trabajo es poco depurado.*

depurador, a
1 Que depura: *su secretario era el depurador de sus exabruptos.* — adj./s.
2 Aparato o dispositivo que se utiliza para la depuración o limpieza de impurezas de una cosa, especialmente las aguas potables. — s.m. TECNOLOGÍA
3 Aparato destinado a purificar el aceite de engrase de un motor, antes de devolverlo al circuito con una bomba. — MECÁNICA TECNOLOGÍA
4 depurador centrífugo: Aparato para eliminar las impurezas de los líquidos, en especial de la leche. — TECNOLOGÍA
5 depurador telúrico: Dispositivo con el que se expanden las aguas residuales de las cloacas, constituido por una zanja estancada rellena de grava, cascajo o escoria. — TECNOLOGÍA

depuradora Aparato que purifica un líquido, especialmente aguas residuales: *la industria recibió subvenciones por instalar depuradoras en sus desagües.* — s.f. TECNOLOGÍA

depurar (Del lat. *depurare*.)
1 Limpiar o separar de un cuerpo las impurezas: *el agua se depuró al pasar por el filtro.* — v.tr/prnl. = purificar
2 Refinar una persona su conducta o sus sentimientos o hacerlos más perfectos: *depurar la rudeza.* — v.tr. = acrisolar
3 Separar de una organización a los miembros considerados disidentes o desafectos: *tienen la intención de depurar la administración, dejando de lado a los funcionarios más desleales.* — = purgar
4 Volver a habilitar en el ejercicio de un cargo al que estaba separado o suspendido del mismo por razones políticas.
5 Someter una institución a investigación para dar con los miembros cuya conducta se considera incorrecta.

depurativo, a
1 Que sirve para limpiar de impurezas — adj.
2 Medicamento que se utiliza para depurar los líquidos del organismo, en especial la sangre: *la homeópata le administró depurativos para eliminar toxinas.* — s.m. FARMACIA

depuratorio, a Que sirve para depurar: *con intención depurativa sometió a los militantes a examen.* — adj. = depurativo

deque Después que, luego que, en cuanto: *deque lo vi acercarse, salí corriendo para no verle.* — adv. vulgar

dequeísmo Uso incorrecto de la locución *de que* cuando el régimen verbal no lo admite: *"cree de que vendrá"* es un ejemplo de dequeísmo. — s.m. GRAMÁTICA

derby (Voz inglesa.)
1 Competición deportiva, generalmente futbolística entre dos equipos rivales de la misma ciudad o ciudades próximas: *en el último derby las gradas estaban llenas de aficionados radicales.* — s.m. pl.tb: derbies DEPORTES
2 Competición hípica inglesa para la selección de potros y potrancas de tres años que corren milla y media: *su caballo corrió en el derby anual en Epsom.* — EQUITACIÓN
3 Cualquier competición hípica de relevancia. — EQUITACIÓN

derecha
1 Mano o pierna del cuerpo humano situada en el lado opuesto al corazón: *escribe con la derecha; metió el gol con la derecha.* — s.f. = diestra
2 Espacio situado en este lado: *continúa hasta la segunda bocacalle y a la derecha de la avenida encontrarás la estafeta de correos.* — = diestra
3 Lado o cara de una cosa considerada como principal: *la derecha de la moneda.* — = anverso
4 Sector de una asamblea parlamentaria que se sienta a la derecha del presidente, formado generalmente por los representantes de los partidos conservadores o más moderados: *la derecha no aprobó los presupuestos.* — POLÍTICA ≠ izquierda
5 Conjunto de personas que profesan ideas conservadoras: *toda la derecha del país estaría de acuerdo con ese tipo de propuesta.* — POLÍTICA ≠ izquierda
6 extrema derecha: Conjunto de movimientos y partidos políticos que se alinean con una ideología ultraconservadora y contrarrevolucionaria, consideran legítimo el uso de la violencia y los regímenes autoritarios y rechazan el parlamentarismo y el liberalismo. — POLÍTICA
7 a o a las derechas: Indica que algo se ha hecho bien o tal y como se debe: *con tanta ensoñación no hace nada a derechas.* — loc.adv.
8 ceder la derecha: Ponerse a la izquierda de algo o alguien como señal de cortesía: *cedió la derecha a la madre del novio.*
9 de derecha, o de derechas: De ideas políticas conservadoras: *milita en un partido de derechas.* — loc.adj. POLÍTICA
10 ¡derecha!: Voz militar para ordenar a la tropa que gire hacia su lado derecho. — interj. MILITAR

derechamente
1 De forma directa, sin tapujos: *fue derechamente al grano, sin perder el tiempo en miniedades.* — adv. = derecho
2 Con rectitud, prudencia, discreción y destreza: *hazlo derechamente, intentando ser ecuánime.*

derechazo
1 Golpe fuerte dado con la mano o el puño derechos: *se cabreó tanto que acabó soltándole un derechazo.* — s.m. coloquial
2 Pase de muleta ejecutado con la mano derecha. — TAUROMAQUIA
3 Disparo potente con la pierna derecha en el fútbol: *el derechazo del delantero dio el triunfo al equipo visitante.* — DEPORTES

derechera Camino sin rodeos: *tomó la derechera aunque era más escabrosa e intransitable.* — s.f. = atajo

derechero, a
1 Que es justo y conveniente. — adj.
2 Empleado de los tribunales y oficinas públicas que se encarga de cobrar los derechos. — s.

derechismo Doctrina y actitud políticas propias de los partidos de derecha. *s.m.* POLÍTICA

derechista Del derechismo o que es partidario de él. *adj./s.m.f./*POLÍTICA

derechización Tendencia a adoptar actitudes o posiciones de derechas o conservadoras: *con la crisis económica se advirtió una cierta derechización de la sociedad.* *s.f.* POLÍTICA

derechizar Proceso hacia el conservadurismo de las ideas políticas: *con la edad se está derechizando y aburguesando bastante.* *v.tr/prnl.* conj. cazar POLÍTICA

derecho, a (Del lat. *directus,* recto, directo.) *adj.* ≠ torcido
1 Recto, igual, que sigue siempre la misma dirección sin torcerse a un lado o a otro: *éste es el camino más derecho para llegar a su casa.*
2 Se refiere a aquello que, puesto en el suelo, es perpendicular a la horizontal: *esta pared no está derecha, habrá que apuntalarla.*
3 Directo, que no da rodeos: *fue derecha a la cuestión principal del asunto.*
4 Que cae o queda al lado de la mano derecha de quien habla. ≠ izquierdo
5 Se refiere a la parte corporal que está al lado opuesto al del corazón: *levanta la pierna derecha.* ≠ izquierdo
6 Se aplica a lo que, idea que se considera hecha o pensada con sensatez, fundamento o lógica: *dadas sus derechas razones, acabó dándole su beneplácito.* = justo, legítimo ≠ torcido
7 De forma directa, derechamente: *lo hizo derecho, sin atender a superfluas cuestiones.* *adv.*
8 Facultad moral del hombre para hacer legítimamente lo que conduce a los fines de su vida: *tiene derecho a un poco de tranquilidad.* *s.m.*
9 Facultad que posee cualquier miembro de la sociedad para realizar un acto, gozar de una cosa o para exigir una prestación de otras personas o de la colectividad al estar reconocida por la ley o la autoridad: *todo ciudadano tiene derecho a una vivienda digna.* DERECHO
10 Conjunto de leyes, preceptos o reglas que rigen las relaciones humanas de una determinada sociedad y que constituye el fundamento de las obligaciones y derechos del hombre reconocidos por dichas leyes: *esa acción es contraria al derecho.* DERECHO
11 Ciencia que estudia estas leyes o reglas: *es doctor en derecho.* DERECHO
12 Justicia o razón: *es de derecho que consiga el asilo político que solicita.*
13 Concesión o ventaja social o económica que se da a una persona, a un empleo o a un estado. = prerrogativa, privilegio ≠ revés
14 Lado anverso de un objeto, como una tela, un papel o una madera, que está pensado o hecho para que se vea: *se ponía la camisa unas veces del derecho y otras del revés.*
15 Cantidad o tributo que se paga por una mercancía según un arancel o por otro hecho consignado por la ley: *hay que pagar los derechos aduaneros.* *s.m.pl.* ECONOMÍA
16 **derecho absoluto:** El que es oponible y exigible de todos, en contraposición al relativo. DERECHO
17 **derecho accesorio:** Aquel cuya existencia y efectividad depende de otro. DERECHO
18 **derecho adjetivo:** El que regula las relaciones jurídicas poniendo en ejercicio la actividad judicial. DERECHO
19 **derecho administrativo:** Conjunto de reglas concernientes a la administración pública, a la ordenación de los servicios que legalmente le están encomendados y a sus relaciones con las colectividades o individuos a quienes atañen tales privilegios. DERECHO
20 **derecho adquirido:** Aquel que ya posee una persona y que debe ser respetado, por ser más favorable, por las leyes posteriores. DERECHO
21 **derecho canónico, eclesiástico o pontificio:** Conjunto de normas jurídicas dictadas por la Iglesia católica que regulan su organización y las relaciones de los fieles con la jerarquía. DERECHO
22 **derecho civil o común:** Conjunto de normas que regulan las relaciones privadas de los ciudadanos entre sí. DERECHO
23 **derecho cogente:** Mandato recogido en normas de observancia obligatoria que afectan al orden público jurídico. DERECHO
24 **derecho común:** El civil codificado opuesto al foral. DERECHO
25 **derecho constitucional:** El que se deriva de la constitución. DERECHO
26 **derecho consuetudinario:** El que se establece o fundamenta en las costumbres. DERECHO
27 **derecho de acceso:** Nivel de entrada concedido al usuario de un sistema: *el programa ofrece un derecho de acceso muy restringido, sólo permite leer los archivos.* INFORMÁTICA
28 **derecho de asilo:** Derecho según el cual un estado protege a extranjeros que están perseguidos por las autoridades de otro estado por motivos políticos. DERECHO
29 **derecho de autor:** 1. El que se reserva un autor o concesionario para explotar una obra literaria, artística o científica. 2. Cantidad que se cobra por la explotación de una obra literaria, artística o científica. DERECHO

30 **derecho de entrada:** El que se paga por ciertos géneros cuando se introducen en un puerto o una aduana. DERECHO
31 **derecho de establecimiento:** El que supone la liberalización de las restricciones existentes en cuanto al ejercicio de una actividad liberal, artesanal o técnica o de creación o gestión de empresas y que se da en el marco de la Unión Europea. ECONOMÍA, POLÍTICA
32 **derecho de gentes:** El natural que los romanos admitían entre todos los hombres diferenciándolo del que era peculiar de sus ciudadanos. DERECHO
33 **derecho de pernada:** El que se atribuye a los señores feudales de la edad media y que consistía en pasar con la esposa de un siervo la primera noche después de la boda, real o simbólicamente. HISTORIA
34 **derecho de réplica o de respuesta:** El de una persona aludida en una publicación a contestar en la misma a las alusiones recibidas.
35 **derecho divino:** El que se considera establecido por Dios. TEOLOGÍA
36 **derecho escrito:** Aquel que se establece según la ley escrita y promulgada. DERECHO
37 **derecho internacional o de gentes:** El que regula las relaciones entre los estados. DERECHO
38 **derecho interno:** Conjunto de reglas de derecho público o privado aplicables a un país determinado. DERECHO
39 **derecho mercantil:** El que regula las actividades comerciales o económicas. DERECHO
40 **derecho natural:** Conjunto de los principios universales de privilegios, concebidos por la razón y fundados en la naturaleza humana. DERECHO
41 **derecho objetivo:** Normas jurídico-positivas que forman el ordenamiento vigente. DERECHO
42 **derecho penal o criminal:** El que establece y regula los delitos, las penas y las medidas de corrección y de seguridad con que tales delitos son sancionados. DERECHO
43 **derecho personal:** El que relaciona entre sí personas y no está atribuido a sujetos sobre las cosas. DERECHO
44 **derecho político:** El que regula el orden y funcionamiento de los poderes del estado y sus relaciones con los ciudadanos. DERECHO, POLÍTICA
45 **derecho positivo:** Sistema de normas jurídicas que informa y regula con efectividad la vida de un pueblo en un determinado momento histórico. DERECHO
46 **derecho privado:** El que determina las condiciones de la nacionalidad, la situación de los extranjeros y los conflictos de ley. DERECHO, POLÍTICA
47 **derecho procesal:** El que establece y desarrolla las normas del procedimiento civil y criminal. DERECHO
48 **derecho público:** El que regula las relaciones entre personas que forman parte de la comunidad internacional. DERECHO
49 **derecho real:** El que se atribuye a su titular un poder directo e inmediato sobre una cosa y, al mismo tiempo, impone a todos un deber de respeto y abstención. DERECHO
50 **derecho romano:** Conjunto de normas que regularon las relaciones jurídicas del pueblo romano en las distintas épocas de su historia. DERECHO
51 **derecho subjetivo:** Facultad garantizada y reconocida a una persona por el ordenamiento jurídico. DERECHO
52 **derecho supletorio:** El que se aplica subsidiariamente cuando no exista disposición expresa en el ordenamiento principal. DERECHO
53 **derecho transitorio:** Conjunto de normas que regulan el paso de una situación legal a otra nueva. DERECHO
54 **derechos civiles:** Conjunto de privilegios que el código civil reconoce a los ciudadanos en el estado: *el derecho a la vida y a la dignidad son derechos civiles.* DERECHO, POLÍTICA
55 **derechos humanos:** Conjunto de privilegios y libertades considerados inherentes a la naturaleza humana y que han de ser respetados por todo poder político. DERECHO, POLÍTICA, SOCIOLOGÍA
56 **derechos reales:** Tributos o cantidades que se pagan al estado en la transmisión de bienes. DERECHO
57 **al derecho** 1. Con la parte delantera de una pieza: *ponte el pijama al derecho.* 2. En la dirección que se considera normal: *cree que los árabes no leen al derecho.* loc.adv. coloquial
58 **conforme o según derecho:** Con arreglo a las leyes establecidas. DERECHO
59 **dar derecho:** Servir para que uno tenga derecho a cierta cosa: *este documento te da derecho a acceder a la rueda de prensa.*
60 **de derecho:** 1. Por derecho o según las leyes establecidas: *te corresponde de derecho.* 2. Indica lo que es legítimo en comparación con lo que existe meramente, pero con abstracción de esta cualidad: *poder de hecho, juez de derecho.* loc.adv. DERECHO ≠ de hecho
61 **de pleno derecho:** Se aplica a los miembros o socios de una asociación o de una institución que gozan de todos los poderes que confieren los respectivos estatutos. loc.adj.
62 **del derecho:** 1. Por la parte delantera de un objeto: *marca las piezas del vestido del derecho.* 2. En la po- coloquial

sición correcta: *pon los adornos del derecho, respetando el boceto.*
63 en derecho de su dedo o de sus narices: Según su conveniencia, provecho o capricho: *juzgó su interpretación en derecho de su dedo.*
64 estar uno en su derecho: Tener el privilegio de hacer lo que hace: *están en su derecho de quedarse, al fin y al cabo son de la familia.*
65 ir por derecho: Actuar una persona de manera recta, justa o sensata.
66 perder uno de su derecho: Aceptar una persona ideas u opiniones contrarias para llegar a un acuerdo: *prefirió perder de su derecho a tener que pelearse.*
67 tener derecho al pataleo o el derecho al pataleo: Tener como último recurso el de mostrar el desacuerdo, enfado, decepción o desengaño: *ante tal injusticia sólo nos queda el derecho al pataleo.* — coloquial
68 todo derecho: Sin torcerse ni a un lado ni al otro: *siga todo derecho hasta llegar al cruce.* — coloquial
69 usar de su derecho: 1. Valerse una persona de la acción que le compete para el efecto que le convenga. 2. Hacer una persona libremente cualquier cosa de manera lícita. — DERECHO

derechohabiente Se refiere a la persona que deriva su derecho de otra. — adj./s.m.f. DERECHO

derechuelo Labor de costura elemental y sencilla. — s.m.

derechura
1 Condición de lo que es o está derecho. — s.f.
2 **en derechura:** 1. Por el camino más recto: *supuso que llegaría a la comisaría en derechura.* 2. Sin detenerse: *atravesó el lago en derechura hacia la ciudad.* — loc.adv.
3 **en derechura de sus narices:** Manera de examinar o juzgar las cosas según su propio provecho o capricho. — coloquial

deriva
1 Desviación del rumbo de un barco producida por el viento, el mar u otras circunstancias. — s.f. NÁUTICA
2 **deriva continental:** Teoría que alude a la existencia de movimientos horizontales, a gran escala, de las masas continentales en el curso de los tiempos geológicos. — GEOLOGÍA
3 **a la deriva:** 1. Se usa para indicar la manera de ir un barco o cualquier objeto flotante cuando está a merced del viento, el mar o las corrientes. 2. Sin gobierno, dirección o rumbo fijo, sometido a las circunstancias: *sus negocios van a la deriva.* — loc.adv. NÁUTICA coloquial

derivable Se aplica a la función que admite una derivada en un punto o en un intervalo. — adj. MATEMÁTICAS

derivación
1 Obtención de una idea o una consecuencia por su relación con otra anterior de la que se sigue. — s.f. = deducción
2 Acción y resultado de sacar o separar una parte del todo, o de su origen y principio.
3 Procedimiento para formar palabras a partir de otras ya existentes: *la voz torear se forma por derivación de toro.* — GRAMÁTICA
4 Pérdida de fluido en una instalación eléctrica. — ELECTRICIDAD
5 Figura retórica que consiste en emplear en una cláusula dos o más voces de un mismo radical. — RETÓRICA
6 Operación matemática de hallar la derivada. — MATEMÁTICAS

derivada Límite hacia el cual tiende el cociente entre el incremento de una función y el correspondiente de la variable cuando este último tiende a cero, en una función matemática. — s.f. MATEMÁTICAS

derivado, a
1 Se aplica al producto que deriva o se obtiene de otro: *la gasolina es un producto derivado del petróleo.* — adj/s.m.
2 Se refiere a la palabra que deriva de otra: *herradura es una palabra derivada de hierro.* — GRAMÁTICA

derivar
I (Del lat. *derivare*, desviar una corriente de agua.)
1 Tener una cosa su origen en otra o ser consecuencia de otra: *la crisis se deriva de una mala gestión comercial; el país derivó hacia la anarquía.* — v.intr/prnl. + de, hacia
2 Cambiar o dirigir la dirección de una cosa hacia otro punto: *derivó su comentario hacia la política.* — v.tr. = encaminarse
3 Hacer proceder una palabra de otra: *mermelada deriva de una palabra portuguesa.* — v.tr/prnl. LINGÜÍSTICA
II (Del fr. *deriver* < ingl. *drive*, empujar, derivar.) Desviarse una embarcación de su rumbo: *el barco no derivó a tiempo y embarrancó en los escollos.* — v.intr. NÁUTICA = abatir

derivativo, a Que deriva o implica derivación: *en la palabra comprador, "-dor" es un sufijo derivativo.* — adj/s.m. LINGÜÍSTICA

derivo Procedencia, origen: *les costó mucho dar con el derivo de la epidemia.* — s.m.

dermal Dérmico, de la dermis o de la piel. — adj./ANATOMÍA

dermalgia (Del gr. *derma, -atos,* piel + *algia,* dolor.) Dolor de la piel que se produce sin lesión visible y es de origen nervioso. — s.f. MEDICINA

dermáptero, a Perteneciente a un orden de insectos de cuerpo deprimido, alas pequeñas, las anteriores coriáceas y las posteriores membranosas, y con pinzas en el extremo final del abdomen. — adj/s.m. ZOOLOGÍA

dermat- Componente de palabra procedente del gr. *derma, -atos,* que significa piel: *dermatología; dermatitis.* — pref./tb: derm-, dermato-, dermo-

dermatitis (Del gr. *derma, -atos,* piel +*itis,* inflamación.) Inflamación de la piel. — s.f./pl: dermatitis MEDICINA tb: dermitis

dermatoblasto Embrión vegetal cuyo cotiledón está formado por una membrana que se desgarra de forma desigual. — s.m. BOTÁNICA

dermatoesqueleto
1 Caparazón o concha exterior duro y rígido, que recubre el cuerpo de los artrópodos y otros animales invertebrados. — s.m. ZOOLOGÍA = exoesqueleto
2 Esqueleto calcáreo que presentan los animales equinodermos que está ubicado en la dermis. — ZOOLOGÍA
3 Conjunto de piezas duras que revisten el cuerpo de ciertos animales como el armadillo o el cocodrilo. — ZOOLOGÍA

dermatófilo, a Se refiere a los parásitos de la piel y, en particular, a los ácaros. — adj. ZOOLOGÍA

dermatófito, a Perteneciente a un grupo artificial de hongos microscópicos que se desarrollan en la piel, el pelo y las uñas del ser humano y son responsables de la tiña. — adj/s.m. MICOLOGÍA

dermatofitosis Enfermedad de la piel producida por hongos que parasitan la capa córnea de la epidermis. — s.f./pl: dermatofitosis/MEDICINA

dermatoglifo Conjunto de surcos o líneas de la yema del dedo y de la palma de la mano que, estudiándolos, permiten diferenciar a las personas. — s.m. ANATOMÍA = cresta papilar

dermatolisis Destrucción o relajación de la piel. — s.f./pl: dermatolisis MEDICINA

dermatología (Del gr. *derma, -atos,* piel + *logos,* estudio, tratado.) Parte de la medicina que estudia la piel y sus enfermedades. — s.f. MEDICINA

dermatológico, a Que tiene relación con la dermatología: *tiene una infección dermatológica.* — adj. MEDICINA

dermatólogo, a Se aplica al médico especialista en las enfermedades de la piel. — adj/s. MEDICINA

dermatomicosis Nombre común a varias enfermedades cutáneas causadas por hongos. — s.f./pl: dermatomicosis = epidermofitia MEDICINA

dermatomiositis Enfermedad de naturaleza inmunológica que afecta a la piel y los músculos. — s.f./pl: dermatomiositis MEDICINA

dermatosis
1 Cualquier enfermedad de la piel: *la tiña y la sarna son dermatosis de tipo parasitario.* — s.f./pl: dermatosis MEDICINA = dermatopatía MEDICINA
2 **dermatosis profesional:** Afección cutánea provocada por una reacción frente a productos a que la persona está expuesta en el ejercicio de su profesión: *los obreros de la construcción padecen eccema del cemento.* — MEDICINA

dermatótomo Instrumento empleado en la cirugía estética, con el que se toman injertos de piel para utilizarlos posteriormente. — s.m. MEDICINA = dermátomo

dermesto Insecto coleóptero de pequeño tamaño, color negro y pelos coloreados. (*Dermestes.*) — s.m. ZOOLOGÍA

dérmico, a
1 De la dermis, capa intermedia de la piel: *las quemaduras le afectaron la zona dérmica.* — adj. ANATOMÍA
2 De la piel: *padece una afección dérmica provocada por una infección.* — ANATOMÍA = cutánea

dermis (Del gr. *derma, -atos,* piel.) Capa de tejido conjuntivo situada debajo de la epidermis y que, con ésta, forma la piel. — s.f./pl: dermis ANATOMÍA

dermitis Dermatitis, inflamación de la piel. — s.f./pl: dermitis MEDICINA

dermo- Componente de palabra procedente del gr. *derma, -atos,* que significa piel: *dermoplastia; dermis; dermatología; hipodermia.* — pref/suf. tb: derm-, dermato-, -dermia

dermografismo Propiedad de la piel de ciertas personas de presentar marcas elevadas y rojizas cuando en ella se hacen trazos con la uña o con un estilete. — s.m. MEDICINA

dermoide Que presenta un aspecto semejante al de la piel: *superficie dermoide.* — adj.

dermopatía Dermatosis, afección cutánea. — s.f./MEDICINA

dermóptero, a Perteneciente a un orden de mamíferos euterios con una membrana cutánea que usan como paracaídas, viven en los árboles y se alimentan de frutos y hojas. — adj/s.m. ZOOLOGÍA

dermotropismo Aptitud que muestran ciertos microorganismos de fijarse con preferencia en las estructuras cutáneas. — s.m. BIOLOGÍA

-dero
1 Unido a un sustantivo indica, generalmente, lugar o bien instrumento: *vertedero; regadera.* — suf.
2 Unido a adjetivos indica posibilidad o necesidad: *casadero.*

derogación (Del lat. *derogatio, -onis.*)

1 Abolición, anulación de una ley o disposición legal: *la derogación de un precepto legal sólo puede estar provocada por otro.*
2 Deterioro, disminución de la calidad de una cosa.
s.f.
DERECHO

derogador, a Que deroga, anula o destruye: *disposición jurídica derogadora de la anterior.*
adj/s.
DERECHO

derogar (Del lat. *derogare,* anular en parte una ley.)
1 Abolir, anular una norma legal o consuetudinaria o dejarla sin validez: *el poder legislativo derogó la pena de muerte.*
2 Destruir o suprimir una cosa.
v.tr./conj: *pagar*
DERECHO
= abolir

derogatorio, a Que deroga o anula: *el texto contiene una disposición derogatoria.*
adj.
DERECHO

derrabadura Herida que se hace a un animal al cortarle o arrancarle la cola.
s.f.
VETERINARIA

derrabar Cortar o arrancar la cola a un animal.
v.tr./= desrabotar

derrabe Derrumbamiento o hundimiento accidental en lo hondo de una mina: *el derrabe de carbón sepultó a varios mineros.*
s.m.
MINERÍA

derrama
1 Operación de repartir un impuesto o un gasto eventual.
2 Impuesto extraordinario o temporal.
s.f.
ECONOMÍA
ECONOMÍA

derramadero Vertedero, lugar donde se vierten escombros o desechos.
s.m.
ECOLOGÍA

derramado, a Que es derrochador o malgastador: *jamás se preocupó por ser derramado hasta que dilapidó toda la herencia.*
adj.

derramador, a Que derrama [en todas sus acepciones].
adj/s.

derramamiento
1 Acción y resultado de derramar o derramarse: *no quieren un derramamiento de sangre.*
2 Dispersión de un pueblo o de una familia: *investigaron sobre las causas del derramamiento de los judíos.*
s.m.

derramar (Del lat. vulgar *diramare,* separarse las ramas de un árbol < lat. *ramus,* rama.)
1 Verter, esparcir un líquido o una sustancia fuera del recipiente en que están contenidos: *derramó el vino sobre la mesa; el azúcar se derramó por el suelo.*
2 Esparcirse las personas o los animales desordenadamente: *los manifestantes se derramaban por calles y avenidas.*
3 Publicar, difundir una noticia: *los diarios derramaron el escándalo por todo el país.*
4 Desembocar una corriente de agua en un lugar: *surcaron el río hasta donde se derrama en el mar.*
5 Repartir el pago de un impuesto o de un gasto común entre los habitantes de una localidad o comunidad.
v.tr/prnl.
+ en, por, sobre

v.prnl.

v.tr.
= divulgar
v.prnl./GEOGRAFÍA
= desaguar
v.tr.
ECONOMÍA

derrame
1 Derramamiento, acción y resultado de verter o derramarse: *con el derrame de la jarra de agua se mojó todo el mantel.*
2 Cantidad de líquido que se sale o se pierde por defecto o rotura del recipiente que lo contiene: *repuso el derrame de las garrafas antes de venderlas.*
3 Salida de un líquido orgánico o acumulación anormal del mismo en tejidos o en una cavidad orgánica: *sufrió un derrame sanguíneo.*
4 Sesgo o corte oblicuo en el hueco o vano de una puerta o ventana para que abran mejor las hojas de éstas o para aumentar la entrada de luz.
5 Disposición de las aguas corrientes fuertes en capa, que no se canalizan a través de un valle.
6 Pendiente de la tierra por la que puede correr el agua: *por ignorancia construyó la cabaña en el derrame de la montaña.*
7 Parte inferior del corte de las aspilleras, cañoneras y troneras.
8 Corriente de aire que se escapa por las relingas de una vela hinchada por el viento.
s.m.
= derramamiento

MEDICINA

CONSTRUCCIÓN
tb: derramo

GEOGRAFÍA

MILITAR

NÁUTICA

derramo Derrame de un hueco o vano de una puerta o ventana.
s.m.
CONSTRUCCIÓN

derrapage (Del fr. *derapage.*) Sistema de frenado en el esquí que se usa en el descenso en posición lateral.
s.m.
DEPORTES

derrapar (Del fr. *deraper.*) Resbalar un vehículo desviándose lateralmente de su dirección: *el coche derrapó en la curva.*
v.intr.
= patinar

derrape Movimiento de deslizamiento que hace que el vehículo se desvíe de la dirección que llevaba.
s.m.
coloquial

derraspado, a Desraspado, operación de eliminar el escobajo del racimo de uvas.
adj.

derredor
1 Espacio que rodea a una persona o a una cosa: *el derredor de la mesa estaba protegido por biombos de madera.*
s.m.
= contorno

2 al, o **en, derredor de:** Alrededor, entorno a: *se concentraron al derredor del homenajeado.*
loc.adv.
= en rededor

derrelicción Abandono de bienes.
s.f./DERECHO

derrelicto Buque u objeto abandonado en el mar.
s.m./NÁUTICA

derrelinquir (Del lat. *derelinquere.*) Abandonar, desamparar.
v.tr.
conj: *delinquir*

derrenegar Aborrecer, detestar a una persona o una cosa: *derrenega de los atascos de la autopista.*
v.intr./conj: *regar*
coloquial

derrengado, a
1 Que está torcido: *ese palo está derrengado.*
2 Que está muy cansado: *al final del día acabas derrengado con tantos paseos.*
3 Se refiere al animal que tiene una lesión en el hueso ilíaco que le produce dificultades en la marcha.
adj.
= molido

VETERINARIA
= descaderado

derrengadura Herida o daño que le queda al animal descaderado.
s.f.
VETERINARIA

derrengar (Del lat. vulgar *derenicare,* lesionar los riñones, los lomos < *ren,* riñón.)
1 Herir a una persona o un animal gravemente en las caderas, el lomo o el espinazo: *el caballo se derrengó al saltar la valla; el golpe le derrengó el hueso ilíaco.*
2 Inclinar una cosa más a un lado que a otro: *el mástil se derrengó por la fuerza del viento.*
3 Cansarse, fatigarse: *al no estar acostumbrada a la bicicleta, se derrengó a los pocos kilómetros.*
v.tr/prnl.
conj: *pagar*
= ringar, descaderar

= ringar

v.prnl.
= desriñonarse

derreniego Reniego que se emite como protesta: *sus derreniegos nos sorprendieron, siempre había sido muy correcta.*
s.m./coloquial
= blasfemia, maldición

derretido, a
1 Que está amartelado o muy enamorado: *tiene a su novio totalmente derretido por ella.*
2 Hormigón, masa de arena, grava y agua.
adj.
coloquial

s.m.

derretimiento
1 Acción y resultado de derretir o derretirse: *por el derretimiento de la brea el aire apestaba.*
2 Sentimiento de amor muy intenso, en sentido irónico: *en un arrebato de derretimiento le propuso casarse.*
s.m.

coloquial

derretir (Derivado del ant. *retir* < lat. vulgar **retrire,* liquidar una sustancia sólida.)
1 Licuar, convertir una cosa sólida en líquido por medio del calor: *la nieve se derrite con el sol.*
2 Gastar una persona sus bienes con insensatez o exceso: *derritió su herencia en dos días.*
3 Enamorarse con rapidez y facilidad: *se derrite por cualquier mujer hermosa.*
4 Mostrarse una persona impaciente o inquieta: *se derrite por tener que ir a la fiesta mañana.*
5 Cambiar moneda grande por pequeña, en especial en el juego cuando a un participante le toca pagar.
v.tr/prnl.
conj: *pedir*
= consumir, derrochar

v.prnl.
coloquial

coloquial
= impacientarse

v.tr.
coloquial

derriba Acción y resultado de desmontar.
s.f./Amér. Central

derribado, a
1 Se aplica a las ancas de la caballería que son más bajas de lo normal por un extremo.
2 Que es humilde o está abatido.
adj.

derribador, a Persona que derriba reses vacunas.
s.

derribar (Derivado de *riba* < lat. *ripa,* orilla.)
1 Demoler, echar al suelo una construcción: *derribaron las paredes interiores del edificio y conservaron en pie la fachada.*
2 Hacer caer al suelo a una persona o animal: *derribó el pájaro de un disparo; la derribó con un simple codazo.*
3 Hacer caer al suelo una cosa que está en un lugar alto o de pie: *derribó el busto del político que estaba sobre el pedestal.*
4 Hacer que una persona pierda su cargo, su poder o su dignidad: *derribaron al presidente recién elegido.*
5 Hacer perder el ánimo a una persona: *la enfermedad de su marido la derribó del todo.*
6 Quitar el vigor, enflaquecer: *la fiebre la derribó y dejó postrada varios días.*
7 Hacer que un caballo coloque los pies lo más cerca posible de las manos para que baje las ancas.
8 Hacer caer a tierra a toros y vacas, corriendo tras ellos a caballo y empujándolos con la garrocha.
9 Echar por tierra el toro al caballo y al picador cuando embiste.
10 Echarse o caer una persona o un animal al suelo por impulso propio o por accidente.
v.tr.
= abatir
CONSTRUCCIÓN

= tirar

= tumbar

= derrocar, destituir

= abatir

= debilitar, postrar

v.tr.
EQUITACIÓN

v.intr.
TAUROMAQUIA

v.prnl.

derribo
1 Acción y resultado de derribar o demoler: *presenciaron el derribo del palacete.*
2 Conjunto de materiales que quedan o se sacan después de la demolición de una construcción: *acumularon los derribos en un contenedor.*
3 Sitio donde se derriba una construcción.
4 Acción de derribar o hacer caer a tierra a las vacas y toros, empujándolos con la garrocha.
s.m.
CONSTRUCCIÓN
CONSTRUCCIÓN

CONSTRUCCIÓN

derrick (Voz inglesa.)
1 Torre de sondeo que soporta la maquinaria de perforación de un pozo petrolífero.
2 Especie de grúa.
s.m.

CONSTRUCCIÓN

derrocadero Lugar abrupto o despeñadero en el que hay peligro de caerse: *el camino se perdía por un derrocadero peligroso.* — s.m.

derrocamiento Acción y resultado de derrocar, en especial un sistema de gobierno o un miembro del poder político: *los liberales fomentaron la idea del derrocamiento del vicepresidente.* — s.m. CONSTRUCCIÓN, POLÍTICA

derrocar (Del cat. *derrocar*, derribar, despeñar.)
1 Arrojar a una persona del puesto que ocupa en la administración del estado o de su fortuna: *los grupos revolucionarios derrocaron al monarca.* — v.tr. conj: *sacar* = derribar, destituir
2 Destruir o derribar un edificio: *han tenido que derrocar la antigua estación de trenes.* — = demoler
3 Lanzar o precipitar una cosa desde una roca o desde cualquier otra elevación del terreno: *los espartanos derrocaban a los niños tullidos desde lo alto del cerro.* — = despeñar
4 Hacer que se debilite la fuerza moral o intelectual de una persona: *el suspenso derrocó su seguridad.* — = abatir

derrochador, a Que derrocha o despilfarra: *era el derrochador y manirroto y no tenía conciencia alguna del valor del dinero.* — adj/s. = despilfarrador, malgastador

derrochar (Del fr. *derocher*, despeñar.)
1 Gastar sin medida el dinero o patrimonio: *en pocos meses derrochó más de lo que tenía.* — v.tr./= despilfarrar, malgastar
2 Emplear una persona con intensidad sus cualidades intrínsecas: *todos los candidatos derrocharon sus energías para hacerse con el cargo.*

derroche
1 Acción y resultado de derrochar: *fue tal el derroche y dispendio que pronto socavaron el erario público.* — s.m. = despilfarro
2 Abundancia de alguna cosa: *derroche de salud; derroche de buen humor.*

derrota
I (Del fr. *deroute*, desbandada, con influencia del cast. *rota*, derrota.)
1 Acción y resultado de derrotar o de ser derrotado: *la derrota del equipo frustró las esperanzas de conseguir el título de liga.* — s.f.
2 Vencimiento total de las tropas enemigas, acompañado generalmente de una huida atropellada de éstas. — MILITAR
II (Derivado de *romper*.)
1 Camino o senda de tierra: *tomaron una derrota tortuosa que ascendía por la ladera.* — s.f.
2 Rumbo o dirección que lleva una embarcación durante la navegación. — NÁUTICA
3 Levantamiento de la prohibición para que paste el ganado en un coto.
4 **derrota compuesta:** La que consta de varios rumbos. — NÁUTICA
5 **dar la derrota:** Indicar el rumbo que se ha de seguir para efectuar una travesía determinada. — NÁUTICA
6 **hacer derrota:** Navegar a rumbo. — NÁUTICA
7 **seguir la derrota:** Seguir el alcance, perseguir al enemigo: *les siguieron la derrota con sigilo.* — MILITAR

derrotado, a
1 Que está deprimido, o muy cansado: *el fracaso del proyecto la dejó derrotado; lo encontré triste y derrotado.* — adj./= abatido, agotado
2 Se refiere a la persona que lleva los vestidos muy usados, rotos o raídos: *el pobre hombre va derrotado, cubierto de harapos.* — = harapiento

derrotar
I (Derivado de *derrota* < fr. *deroute*.)
1 Vencer al contrario en una disputa o en una competición cualquiera: *derrotaron al equipo contrario.* — v.tr.
2 Estropear, romper muebles o vestidos con el uso o el mal trato: *derrotas los zapatos porque tenías los pies deformados.*
3 Vencer y hacer huir al ejército enemigo en la guerra: *derrotaron, no sin dificultad, a las tropas napoleónicas.* — MILITAR
II (Derivado de *derrota* < *romper*.) Separarse una embarcación del rumbo: *el viento derrotó la nave y la dirigió contra las rocas.* — v.tr/prnl. NÁUTICA
III (Derivado de *derrote*.) Dar el toro cornadas levantando la cabeza. — v.intr. TAUROMAQUIA

derrote Cornada que da el toro con las astas levantando la cabeza: *el novillo tiraba unos peligrosos derrotes ante la muleta.* — s.m. TAUROMAQUIA

derrotero
1 Línea señalada en la carta de navegación y que sirve de guía al piloto de la nave. — s.m. NÁUTICA
2 Rumbo o dirección que lleva una embarcación durante la navegación. — NÁUTICA = derrota
3 Libro que contiene derrotas o rumbos. — NÁUTICA
4 Camino o rumbo, medio adoptado para llegar al fin propuesto: *tu hijo no va por buenos derroteros.*

derrotismo Actitud pesimista ante las cosas o los acontecimientos, ejerciendo influencia negativa ante los demás: *su derrotismo es desalentador.* — s.m. = pesimismo

derrotista
1 Relativo al derrotismo: *no adoptes una actitud tan derrotista.* — adj.

2 Se aplica a la persona que actúa o se comporta con derrotismo: *fue tachado de agorero y derrotista por su profundo pesimismo.* — adj/s.m.f. = aguafiestas

derrubiar Arrastrar progresivamente la humedad o una corriente de agua, la tierra de las riberas o vertientes: *la ribera se derrubió al desbordarse el río.* — v.tr/prnl. GEOLOGÍA

derrubio
1 Acción y resultado de derrubiar o arrastrar la tierra. — s.m.
2 Depósito formado por fragmentos de roca que se acumulan al pie de una vertiente. — GEOLOGÍA
3 **derrubio de gravedad:** Acumulación de rocas al pie de una pared sometida a fragmentación, con caída libre de las piezas sueltas. — GEOLOGÍA
4 **derrubio ordenado:** Depósito de rocas dispuestas en lechos diferenciados. — GEOLOGÍA

derruir (Del lat. *diruere*, derribar, demoler.) Derribar o hacer caer un edificio o una construcción: *derruyeron el edificio afectado por la onda expansiva.* — v.tr. conj: *huir*

derrumbadero
1 Precipicio, despeñadero: *el sendero serpenteaba por derrumbaderos abruptos y escabrosas alturas.* — s.m. GEOGRAFÍA
2 Riesgo, peligro al que uno se expone.

derrumbamiento Acción y resultado de derrumbar o derrumbarse: *el derrumbamiento del rascacielos creó una gran nube de polvo.* — s.m.

derrumbar (Del lat. vulgar *derupare*, despeñar < lat. *rupes*, precipicio.)
1 Hacer caer o precipitar una cosa desde un lugar elevado: *por suerte, nos dimos cuenta a tiempo de que las rocas se derrumbaban.* — v.tr/prnl. = despeñar
2 Demoler, hundirse un edificio o una construcción: *el viejo teatro se ha derrumbado sobre la avenida.* — = derribar
3 Hundir, abatir moralmente: *después de su muerte se derrumbó; la separación la derrumbó y sumió en una gran pena.*

derrumbe
1 Lugar rocoso y escarpado: *visto desde lo alto de la carretera la altura del derrumbe parecía menor y más accesible.* — s.m./= derrumbadero, despeñadero, precipicio
2 Derribo de una construcción: *procedieron al derrumbe de la casa.* — = demolición
3 Falta de ánimo y energía: *no levantas cabeza con el derrumbe que tienes encima.* — = abatimiento, desánimo

derrumbo Lugar rocoso y escarpado: *los derrumbos que cercaban el monasterio hacían difícil su acceso.* — s.m./= derrumbe, precipicio

derviche (Del fr. *derviche* < persa *dervis*, pobre.) Monje mendicante musulmán. — s.m. RELIGIÓN

des- Componente de palabra procedente del lat. *dis*, que indica negación, privación, acción inversa: *deshabitar; desactivar.* — pref. tb: dis-

desabarrancar
1 Sacar de un barranco o de un atascadero: *ayúdame a desabarrancar el coche de este barrizal.* — v.tr. conj: *sacar*
2 Proporcionar ayuda a una persona para superar una dificultad: *el préstamo logró desabarrancar a su amigo.*

desabastecer Privar o no proporcionar las provisiones a una persona o un pueblo o impedir que lleguen donde los esperan: *las tropas desabastecieron a los civiles de la ciudad sitiada.* — v.tr/prnl. conj: *carecer* ≠ abastecer

desabejar Sacar las abejas de una colmena. — v.tr.

desabollador Herramienta que usan los artesanos para quitar las abolladuras de las placas metálicas. — s.m.

desabollar Quitar las abolladuras de un objeto de metal: *desabollar el chasis de una moto.* — v.tr. ≠ abollar

desabonarse Dejar de estar una persona abonada a un club, organización, centro: *se desabonaron de los conciertos de noche.* — v.prnl. ≠ abonarse

desabono
1 Acción y resultado de desabonarse de un club, centro, espectáculo o semejante. — s.m.
2 Pérdida de consideración o crédito producido a una persona por atentar contra su reputación: *tus cotilleos me han traído demasiado desabono.* — = descrédito

desabor
1 Falta de sabor en el paladar o en la cosa que se come o se bebe: *no puede con el desabor de la comida de los hospitales.* — s.m. = insipidez
2 Sinsabor, dolor causado por un hecho o situación no deseada: *prefirió no recordar los desabores de su estancia en la isla.* — = disgusto, pena, pesar

desabordarse Separarse un barco de otro que previamente había abordado. — v.prnl. NÁUTICA

desaborido, a
1 Que no tiene sabor: *la sopa le quedó un poco aguada y desaborida.* — adj./= insípido, soso
2 Que no tiene sustancia o fundamento. — = insustancial
3 Se refiere a la persona que no tiene gracia, aburrida o que no se la encuentra a las cosas: *no quiero saber nada de él, es un desaborido.* — adj/s. coloquial = soso

desabotonar
1 Sacar los botones que cierran una prenda de vestir de los ojales: *suele desabotonarse completamente la camisa antes de quitársela.*   v.tr./prnl. = desabrochar
2 Abrirse los capullos de las flores: *este año las rosas se desabotonan pronto.*   v.intr./prnl. BOTÁNICA

desabrido, a
1 Se refiere al alimento que no tiene sabor, tiene poco o lo tiene malo: *me has traído una fruta muy desabrida.*   adj.
2 Se aplica al tiempo atmosférico que es desapacible o destemplado: *les espera un clima desabrido que les puede desconcertar, ahora sol, ahora lluvia.*
3 Que es áspero o desagradable en el trato: *era una joven desabrida que no mantenía buenas relaciones con los vecinos.*
4 Se refiere a la ballesta, arma de fuego que es dura al disparar, de manera que da culatazo.   MILITAR

desabrigado, a
1 Se refiere al lugar que está muy expuesto a los vientos.   adj. = descubierto
2 Que está desamparado: *los sectores más desabrigados de la sociedad necesitan la ayuda oficial.*

desabrigar Quitar a una persona la ropa que le abriga, desarropar: *se desabrigó en la calle y se resfrió.*   v.tr./prnl./conj: pagar = descubrir

desabrigo
1 Acción y resultado de desabrigar o desabrigarse: *me constipé con tanto entrar y salir y tanto desabrigo.*   s.m.
2 Desamparo, abandono: *aquellos niños crecieron con un desabrigo familiar importante.*

desabrimiento
1 Insipidez, falta de sabor o buen gusto en un alimento, en especial de una fruta.   s.m.
2 Modo de comportarse antipático, aspereza en el trato: *el desabrimiento no es bueno ni aconsejable para hacer amigos.*
3 Sentimiento de inquietud causado por una contrariedad, pesadumbre: *la discusión que mantuvo con él le dejó un desabrimiento indefinido pero mordiente.*   = desazón, disgusto
4 Fuerza provocada por el disparo dando coz y golpeando al tirador, en la ballesta y armas de fuego.   MILITAR

desabrir
1 Dar una cosa mal sabor a la comida: *el vino que añadimos desabrió el guiso.*   v.tr./defectivo conj: abolir
2 Causar un disgusto, inquietar a una persona: *la humillante derrota le desabrirá.*   v.tr/prnl. ≠ animar

desabrochado Prueba que se efectúa en ciertas soldaduras para comprobar su calidad.   s.m. METALURGIA

desabrochar
1 Abrir los broches o botones que cierran una prenda de vestir: *mientras bailaba un rock se le desabrocharon los pantalones.*   v.tr/prnl. = desabotonar ≠ abrochar
2 Abrir algo que estaba recogido o plegado: *desabrochó las cortinas para crear una atmósfera más íntima.*   v.tr.
3 Confiar un secreto o un sentimiento oculto: *se desabrochó con su mejor amigo.*   v.prnl. coloquial
4 Proceder a efectuar la prueba del desabrochado en la soldadura.   v.tr. METALURGIA

desacalorarse Aliviarse uno del calor que padece: *se desacaloró permaneciendo quieta ante el ventilador.*   v.prnl.

desacantonar Desalojar las tropas del acantonamiento: *la ofensiva obligó a desacantonar el batallón.*   v.tr. MILITAR

desacatador, a Que desacata o se desacata: *su desacatadora actitud bloqueó las actuaciones del departamento.*   adj/s.

desacatar
1 Faltar al respeto a una autoridad en el ejercicio de sus funciones o a una persona a quien se debe: *desacataba por sistema todas las órdenes que se le daban.*   v.tr/prnl. ≠ respetar
2 Desobedecer, contravenir una ley o una orden: *fue sancionado por desacatar la orden del tribunal.*   v.tr. = infringir

desacato
1 Falta de respeto o consideración a los superiores: *es incapaz de mostrar ni un ápice de desacato a su jefe.*   s.m.
2 Irreverencia con las cosas sagradas.
3 Delito que se comete al calumniar o injuriar a una autoridad pública en el ejercicio de sus funciones: *fue acusado de desacato.*   DERECHO

desacedar Eliminar la acidez: *desacedó las fresas sumergiéndolas en azúcar.*   v.tr.

desaceitado, a Que no tiene aceite o no tiene el que necesita: *motor desaceitado.*   adj.

desaceitar
1 Separar el aceite que está mezclado con otra sustancia.   v.tr.
2 Separar el aceite del cilindro de una máquina de vapor.   MECÁNICA

desaceleración Acción y resultado de reducir la velocidad: *el piloto de pruebas comprobó el efecto de la desaceleración del prototipo.*   s.f.

desacelerar Reducir o disminuir la velocidad: *desaceleró la marcha del automóvil; desacelerar el proceso de adjudicación de las obras.*   v.tr/intr.

desacerar Quitar o gastar la parte de acero que tiene una herramienta: *esas tenazas se desaceraron al ponerlas en contacto con esa sustancia.*   v.tr/prnl. ≠ acerar

desacerbar Quitar la aspereza o la acritud de una cosa: *desacerbó sus relaciones tratándolos como iguales.*   v.tr. = templar

desacertado, a
1 Que no actúa con acierto: *estuvo desacertado en su intervención en la mesa redonda.*   adj. ≠ acertado
2 Que se hace sin acierto: *la suya fue una decisión descabellada y desacertada.*   = inadecuado

desacertar Cometer errores, no tener acierto: *desacertó en la previsión de gastos.*   v.intr. conj: pensar

desachispar Quitar la borrachera a una persona: *finalmente logró desachisparse y conducir sin miedo.*   v.tr/prnl.

desacidificar Quitar la acidez de una cosa.   v.tr./conj: sacar

desacierto
1 Acción y resultado de desacertar.   s.m.
2 Dicho o hecho erróneo: *su discurso estaba lleno de desaciertos y esto le valió sonoros abucheos.*   = error

desaclimatar
1 Cambiar de clima.   v.tr./ECOLOGÍA
2 Perder una costumbre o hábito.

desacobardar Quitar la cobardía, el temor o el miedo a una persona o a un animal: *la conversación contigo la desacobardó y la ayudó a poner los puntos sobre las íes.*   v.tr. = alentar ≠ amedrentar

desacomodado, a
1 Que no tiene los medios económicos necesarios para mantener su estado.   adj. ≠ acomodado
2 Se refiere a la persona que no tiene empleo.
3 Que causa incomodidad o molestia: *se vio obligada a dormir en un desacomodado diván.*   = incómodo

desacomodamiento Falta de comodidad: *lo peor del viaje fue el desacomodamiento de las literas del tren.*   s.m.

desacomodar
1 Privar de comodidad a una persona: *el cambio de hotel los desacomodó.*   v.tr.
2 Dejar sin empleo a una persona: *la crisis del sector desacomodó a un gran número de obreros.*   v.tr/prnl.

desacomodo Acción y resultado de privar de comodidad o empleo: *el desacomodo del cámping le resulta insufrible.*   s.m. = incomodidad ≠ acomodo

desacompañamiento Acción y resultado de dejar de acompañar a una persona.   s.m. ≠ acompañamiento

desacompañar Dejar de ir en compañía de otro.   v.tr.

desaconsejado, a Que actúa sin consejo ni prudencia, y sólo por capricho: *es una muchacha desaconsejada que no atiende a lo que le dicen.*   adj/s.

desaconsejar Disuadir a una persona de lo que tiene pensado o está dispuesto a realizar: *le desaconsejó que se despidiera sin esperar a las vacaciones.*   v.tr.

desacoplamiento Acción y resultado de separar lo que estaba unido y acoplado: *observó en pantalla el desacoplamiento del cohete.*   s.m.

desacoplar
1 Desajustar, separar lo que está acoplado: *desacopló las dos piezas que estaban empalmadas.*   v.tr.
2 Desconectar dos circuitos eléctricos.   ELECTRICIDAD
3 Separar dos locomotoras, dos vehículos, dos rieles o dos ejes.   MECÁNICA

desacordado, a
1 Se refiere a la obra que tiene partes que desentonan por su composición o su colorido.   adj. ARTE
2 Desafinado, que se aparta del tono debido.   MÚSICA

desacordar
1 Desafinar, producir un instrumento músico o la voz un sonido desagradable al apartarse del tono debido: *el violín se desacordó.*   v.tr/prnl. conj: contar MÚSICA
2 Destruir o romper la armonía: *este mueble desacuerda la decoración de la sala.*   = discordar
3 Poner en desacuerdo.
4 Perder el recuerdo de una cosa: *tu hermano prefirió desacordarse de su pasado.*   v.tr. v.prnl. = olvidarse

desacorde
1 Que no está de acuerdo o en armonía o concordancia con otra cosa: *tiene una opinión desacorde; colores desacordes.*   adj. = disconforme, dispar
2 Se refiere al instrumento que está desafinado o afinado en distinto tono.   MÚSICA

desacorralar
1 Sacar el ganado de los corrales o cercados: *desacorraló las reses de su proximidad del fuego.*   v.tr.
2 Separar el toro de la manada y hacerlo salir al centro de la plaza.   TAUROMAQUIA

desacostumbrado, a Que es extraño o no es habitual: *una desacostumbrada paz reinaba en el centro de la ciudad a principios de agosto.*   adj.

desacostumbrar Hacer perder la costumbre o uso de una cosa: *se desacostumbró a comer entre horas.* — v.tr./prnl. ≠ acostumbrar

desacotar
I (Derivado de *coto*.) Levantar el coto de un terreno: *desacotó la heredad sólo en parte.* — v.tr. ≠ acotar
II (Derivado de *acotar* < *cota*.)
1 Dejar de lado la cuestión que se está tratando: *desacotó los planes familiares.* — v.tr.
2 Rechazar, no aceptar una cosa: *desacotó su intervención en el conflicto.* — = rehusar
3 Quitar las reglas o prohibiciones de un juego. — JUEGOS

desacoto Acción y resultado de levantar el coto de un terreno. — s.m. ≠ acotamiento

desacralizar Quitar el carácter sagrado o religioso que tenía una cosa: *algunos dogmas se han desacralizado.* — v.tr./prnl. conj: cazar

desacreditado, a Que ha perdido el crédito o reputación que tenía: *no lo compres, es de una marca desacreditada.* — adj.

desacreditador, a Que desacredita o disminuye la reputación o estima de una persona o cosa: *todos leímos su desacreditadora columna en el diario de ayer.* — adj/s.

desacreditar Perder el buen crédito, valor o reputación: *se ha desacreditado con sus continuas estafas; su pésima gestión le desacreditó entre sus clientes.* — v.tr./prnl. = desprestigiar + con, en, entre

desactivación Acción y resultado de desactivar o anular la actividad: *el sistema de alarma provocó la desactivación de los aparatos.* — s.f.

desactivar
1 Suprimir o disminuir la potencia activa de un proceso dinámico, de una organización o de un plan económico: *desactivar la asistencia respiratoria; desactivar un negocio.* — v.tr. ≠ activar
2 Inutilizar los dispositivos que harían estallar un explosivo: *desactivaron la bomba a tiempo.*
3 Neutralizar las propiedades corrosivas o agresivas de una sustancia, incorporándole un producto inhibidor. — QUÍMICA

desacuartelamiento Acción y resultado de desacuartelar las tropas: *el desacuartelamiento se realizó sin problemas.* — s.m. MILITAR ≠ acuartelamiento

desacuartelar Sacar las tropas de los cuarteles. — v.tr./MILITAR

desacuerdo
1 Diferencia de opinión o de actitud respecto de una cosa, disconformidad: *estaban en total desacuerdo y no fueron capaces de dar solución al conflicto.* — s.m.
2 Falta de armonía.

desadaptación Falta de adaptación. — s.f./= inadaptación

desaderezar Estropear el aspecto o la vestimenta de una persona: *sudaba tanto que se le desaderezó el maquillaje que llevaba.* — v.tr./prnl. conj: cazar = desaliñar

desadeudar Liberar a una persona de sus deudas: *podré desadeudarme, si me toca la lotería.* — v.tr./prnl.

desadorar Dejar de adorar. — v.tr.

desadormecer
1 Despertar o espabilar a una persona: *tiene tanto sueño que ni una bomba podría desadormecerlo.* — v.tr./prnl. conj: carecer
2 Hacer que una parte del cuerpo recobre el movimiento perdido momentáneamente, quitar el entumecimiento: *el pie se me ha desadormecido.* — = desentumecer, destullecer
3 Desentorpecer el sentido.

desadornar Quitar el adorno a una persona o cosa: *desadornar el árbol de Navidad.* — v.tr. ≠ adornar

desadorno Falta de adorno o compostura: *el desadorno y austeridad de las estancias era evidente.* — s.m. = desaliño

desadujar Deshacer las adujas de una vela. — v.tr./NÁUTICA

desadvertimiento Falta de advertencia o previsión. — s.m.

desadvertir No percibir o percibir a alguien o algo. — v.tr./conj: sentir

desafección
1 Sentimiento de rechazo o aversión hacia una cosa, una forma de pensar, unas ideas políticas. — s.f. = malquerencia
2 Decisión de la administración de retirar del dominio público un bien o un servicio. — DERECHO

desafectar Hacer que algo deje de estar afectado. — v.tr. ≠ afectar

desafecto, a
1 Que no siente o muestra afecto por una cosa: *les sorprendió el trato desafecto que nos dio.* — adj. = indiferente
2 Que no es partidario de una persona o una cosa o se opone a ella: *desafecto al régimen vigente.* — = contrario
3 Antipatía, sentimiento de rechazo hacia alguien o algo: *su desafecto hacia los foráneos resulta extraño en una persona que promueve la solidaridad entre los pueblos.* — s.m. = desafección, malquerencia

desaferrar
1 Soltar o desprenderse una cosa que está asida fuertemente: *la anilla se desaferró con tanto movimiento.* — v.tr./prnl./conj: pensar/≠ sujetar
2 Hacer que una persona abandone una opinión que defendía tenazmente: *consiguió desaferrarle de sus ideas.* — = disuadir
3 Levantar las anclas de un barco para zarpar. — v.tr./NÁUTICA

desafiador, a Que desafía o plantea reto: *les presentó un desafiador proyecto de remodelación.* — adj/s. = desafiante

desafiante Que desafía o está en actitud de desafío: *me lanzó una desafiante mirada.* — adj. = desafiador

desafiar
1 Provocar, retar a combate, pelea o discusión: *le desafiaron a mantener un debate televisivo con su opositor.* — v.tr. conj: vaciar
2 Competir con una persona en una empresa que requiera fuerza, habilidad o agilidad: *le desafío a subir a la cima de esa montaña.* — = contender
3 Afrontar una situación difícil con valentía.
4 Hacer frente a las órdenes o la ira de una persona contrariándola en su deseos o acciones: *es la única que osó desafiar sus órdenes.*
5 Oponerse una cosa a otra: *los árboles desafiaban el fuerte viento.*
6 Pararse el toro y escarbar la arena, humillándose hasta dar con el hocico en tierra. — TAUROMAQUIA

desafición Falta de afición, desapego. — s.f./= desafecto

desaficionar Hacer que una persona pierda la afición por una cosa: *se desaficionó de la bebida tras muchos esfuerzos.* — v.tr./prnl.

desafilar Hacer menos cortante el filo de un instrumento afilado o de un arma: *el cuchillo se desafiló con el uso.* — v.tr./prnl. = embotar

desafinación Acción y efecto de desafinar o desafinarse: *la desafinación de la cuerda se hizo evidente en el ensayo.* — s.f. MÚSICA

desafinar
1 Producir la voz o un instrumento musical un sonido desagradable al apartarse del tono o entonación debidos: *a causa de la humedad, el piano se desafinó.* — v.intr/prnl. MÚSICA = desentonar
2 Decir una cosa indiscreta o inoportuna en una conversación: *no le invitan a las reuniones porque desafina siempre.* — v.intr. = desentonar coloquial

desafío
1 Acción y resultado de desafiar: *el desafío fue público y al enfrentamiento asistió toda la vecindad.* — s.m. = duelo, reto
2 Tarea u objetivo difícil con que alguien se enfrenta. — = reto
3 Composición musical brasileña en la que dos cantores se hacen preguntas y las contestan. — MÚSICA

desaforadamente
1 Con exceso, sin orden y con atropellamiento: *gritaba desaforadamente.* — adv.
2 Con atrevimiento y osadía: *desaforadamente la cosió a preguntas y no cesó hasta conseguir las respuestas.*

desaforado, a
1 Que se comporta sin respetar la ley. — adj.
2 Que es o se expide contra los privilegios.
3 Sin moderación: *tuvo una reacción desaforada ante los proveedores.* — = desmedido, excesivo

desaforar
1 Obrar en contra de lo dispuesto por el fuero o la ley. — v.tr./conj: contar DERECHO
2 Privar a una persona de sus fueros o privilegios, por haber cometido algún delito: *el tribunal desaforó al ex-ministro por malversación de fondos.* — DERECHO
3 Obrar una persona de manera desmedida: *la embriaguez le llevó a desaforarse y decir y hacer cosas impensables.* — v.prnl. = descomedirse

desaforo Comportamiento propio de personas desmedidas u osadas: *su desaforo les sorprendió a todos.* — s.m.

desaforrar Quitar el forro a una cosa: *desaforró el vestido para remodelarlo.* — v.tr.

desafortunado, a
1 Se aplica a la persona que no tiene fortuna o buena suerte: *fue muy desafortunada en amores, según sus biógrafos.* — adj/s.
2 Que va acompañado de mala suerte: *llegaron en un día aciago y desafortunado.* — adj.
3 Que no es oportuno o acertado: *realizó una intervención desafortunada en el debate.* — = desacertado, inoportuno

desafuero
1 Abuso o atropello cometido en contra de la ley. — s.m./DERECHO
2 Acción contraria a la costumbre o a la razón: *los bárbaros cometieron todo tipo de desafueros.*
3 Acto, hecho o circunstancia que priva de fuero al que lo tenía. — DERECHO

desagarrar Desasir lo que se tenía agarrado o preso. — v.tr./coloquial = soltar

desagraciar Quitar la gracia o la belleza a una persona o una cosa: *ese maquillaje le desagracia las facciones.* — v.tr. = afear

desagradable
1 Que causa desagrado o disgusto: *la salsa tiene un sabor desagradable, casi amargo; aquel tono de verde era desagradable a la vista.* — adj. + a
2 Que es antipático y molesto: *es desagradable con todos los subordinados; estuvo muy desagradable e impertinente; se hizo desagradable a ojos de sus compañeros.* — + a, para, con

desagradar Causar desagrado, fastidio, disgusto o molestia: *le desagradó tener que asistir a la convención; me desagrada esa música machacona y ruidosa; nos desagrada el olor a pintura.* — v.intr/prnl. ≠ gustar

desagradecer No corresponder, mostrar o reconocer debidamente el beneficio o favor recibido: *no le perdonaré que nos haya desagradecido nuestra colaboración.* — v.tr. conj: carecer

desagradecido, a — adj/s. = ingrato/+ con
1 Que no muestra agradecimiento: *después de todo lo que ha hecho por él..., es un desagradecido; fue muy desagradecido con su familia.*
2 Que no compensa el esfuerzo o trabajo que se les dedica: *ha resultado ser una labor desagradecida.* — = ingrato

desagradecimiento Acción y resultado de desagradecer: *le dolió su desagradecimiento y su falta de generosidad.* — s.m. = ingratitud

desagrado — s.m.
1 Disgusto, descontento: *la noticia de su cese me causó un profundo desagrado, fui yo quien lo propuso a la junta.*
2 Expresión en el semblante o en el comportamiento del disgusto producido por una persona o una cosa: *reacciona con desagrado cuando se dirigen a él en otra lengua.*

desagraviar
1 Resarcir o borrar el agravio producido dando satisfacción cumplida al agraviado: *tus amigos se desagraviaron tras el incidente.* — v.tr/prnl.
2 Dar una indemnización a una persona por el perjuicio que se le ha causado: *la empresa desagravió al empleado, por haberle dado una categoría inferior, con una paga extra.* — = indemnizar

desagravio Compensación o reparación de un perjuicio causado: *los compañeros le prepararon una fiesta de desagravio.* — s.m.

desagregación — s.f.
1 Acción y resultado de separar elementos que estaban unidos.
2 Disgregación de una roca o una arenisca: *la desagregación del granito libera cristales de cuarzo.* — GEOLOGÍA
3 Operación a que se someten los minerales compactados en exceso para facilitar su tratamiento metalúrgico. — METALURGIA
4 Separación de una entidad de población de su municipio para convertirse en otro de nueva creación. — GEOGRAFÍA

desagregar
1 Separar las cosas que estaban unidas o formaban un conjunto: *las hojas del libro se desagregaron y se desparramaron por el suelo.* — v.tr/prnl. conj: pagar = disociar, desunir
2 Separarse una entidad de población de su municipio para constituir uno nuevo. — v.prnl.

desaguadero
1 Desagüe, zanja o canal por donde se da salida a las aguas: *la brigada encontró el arma homicida en el desaguadero de la huerta.* — s.m. th: desaguador
2 Motivo de gasto continuo que consume los bienes de una persona o la endeuda o empobrece: *la nueva finca es un desaguadero.*

desaguar
1 Sacar el agua de un sitio o lugar: *desaguaron una parte de la marisma para instalar un campo de golf.* — v.tr. conj: aguar
2 Gastar o consumir: *desaguó todo el dinero que le habían prestado en poco tiempo.* — = disipar
3 Acabar, desembocar una corriente de agua en un lugar: *el riachuelo desaguaba en el muelle.* — v.intr. GEOGRAFÍA
4 Expeler una persona la orina: *no aguantaba más y desaguó en el mismo portal.* — coloquial = orinar
5 Salir un líquido de un recipiente por un agujero o por un conducto: *el botijo se desaguó al hacerse una brecha en la base.* — v.intr/prnl.
6 Expeler una persona o un animal el contenido del estómago mediante vómito o deposición: *estaba tan borracho que se desaguó al bajar del coche.* — v.prnl. vulgar

desaguazar Quitar el agua de un sitio encharcado: *los bomberos ayudaron a desaguazar los bajos de las casas afectadas por la riada.* — v.tr. conj: cazar

desagüe
1 Acción y resultado de desaguar o desaguarse. — s.m.
2 Canal o conducto por donde se da salida a las aguas: *remodelaron el sistema de canalización y desagües del edificio.* — = desaguadero

desaguisado, a
1 Que está hecho contra la ley o la razón. — adj./= injusto
2 Hecho que molesta, ofende o perjudica: *perdónale por los desaguisados que ha cometido.* — s.m./= atropello, insulto, ofensa
3 Acción que causa trastorno o destrozo: *los estudiantes han hecho un desaguisado en el instituto.* — coloquial = fechoría

desaherrojar Quitar a una persona los hierros que le aprisionan: *en un descuido del policía, el detenido se desaherrojó.* — v.tr/prnl.

desahijar
1 Separar en el ganado las crías de las madres: *desahijaron los potrillos para domarlos.* — v.tr.
2 Producir las abejas muchos enjambres pequeños empobreciendo a la madre o dejando la colmena sin maestra. — v.prnl. conj: aislar = enjambrar

desahitarse Quitarse una persona la indigestión o empacho: *la infusión le sirvió para desahitarse de la comilona.* — v.prnl. conj: aislar

desahogadamente — adv.
1 Con holgura, con desahogo: *viven desahogadamente con los dos sueldos.*
2 Con demasiada libertad o desenvoltura: *a pesar de su juventud, se mueve desahogadamente por la ciudad.*

desahogado, a
1 Que se comporta con descaro y falta de consideración hacia los otros: *el muy desahogado se fumó todos mis cigarrillos.* — adj. = desvergonzado
2 Que vive con acomodo o bienestar económico: *se encuentra en una situación desahogada.*
3 Se refiere al lugar que es amplio y espacioso o está libre de obstáculos: *vive en una habitación desahogada.*
4 Se aplica al barco que navega con desembarazo. — NÁUTICA

desahogar
1 Expresar una pena o un estado de ánimo para hacerlo más soportable: *se desahogó gritando; desahogó su enfado haciendo terribles críticas sobre ellos.* — v.tr/prnl. conj: pagar
2 Dar consuelo a una persona afligida: *la desahogó saber que él también sufría.* — v.tr. = aliviar
3 Reponerse del calor y la fatiga, recuperando las energías valiéndose de un medio idóneo. — v.prnl.
4 Dejar de tener una persona deudas: *gracias a lo que le tocó en la herencia se pudo desahogar del préstamo.*
5 Confesar una persona a otra los sentimientos o las quejas que tiene de ella: *menos mal que se desahogó con ella antes de salir juntas de viaje.* — = sincerarse
6 Hacer una persona confidencias sobre los problemas o las inquietudes que tiene: *cuando se divorció se desahogó de sus pesares con sus amigos.* — = confiarse + de

desahogo
1 Alivio de la pena, trabajo o preocupación: *aquel fin de semana le sirvió de desahogo de su estrés.* — s.m. = descanso
2 Expansión, actividad o acción que sirve de recreo o diversión: *su producción literaria era puro desahogo de su atormentada vida interior.* — = esparcimiento
3 Libertad, facilidad para manejarse o desenvolverse. — = comodidad, desenvoltura
4 Falta de respeto o de vergüenza. — = descaro, desvergüenza
5 **vivir con desahogo:** Poseer los suficientes recursos económicos para vivir con comodidad: *desde que han dejado de pagar las hipotecas viven con otro desahogo.* — coloquial

desahuciar (Derivado del ant. *ahuciar.*)
1 Quitar todas las esperanzas de conseguir algo a una persona. — v.tr/prnl. = desesperanzar
2 Declarar un médico a un enfermo incurable y sin posibilidades de sobrevivir: *la medicina tradicional lo desahució hace años, pero la homeopatía ha conseguido mejorar su calidad de vida.* — v.tr. MEDICINA
3 Emprender el propietario una acción legal para que el inquilino abandone la finca que tiene arrendada. — DERECHO

desahucio Acción y resultado de desahuciar o despedir a un inquilino del local o finca que tiene arrendado: *la falta de pago es motivo de desahucio.* — s.m. DERECHO

desahumado, a Se refiere al licor que ha perdido fuerza por evaporación de parte de su sustancia. — adj.

desahumar Quitar el humo de una cosa o un lugar: *les costó mucho desahumar el edificio para que los vecinos se instalaran en sus pisos.* — v.tr. conj: aunar

desainadura Enfermedad de las caballerías consistente en derretírseles el saín o grasa dentro del cuerpo. — s.f. VETERINARIA

desainar
I (Derivado de *saín.*)
1 Quitar el saín o la grasa a un animal: *el ganado se desainó durante la epidemia.* — v.tr/prnl.
2 Hacer que se debilite el azor en la época de muda disminuyéndole la comida o purgándole. — v.tr. CAZA
II (De origen incierto) Debilitar a un ave de rapiña durante la muda, disminuyéndole la comida o purgándola. — v.tr. CAZA

desairado, a
1 Que no tiene garbo ni gracia: *le reconoció a lo lejos por sus andares desairados.* — adj.
2 Se refiere a la persona que no queda airosa en lo que pretende o en lo que tiene a su cargo: *hizo una desairada intervención en el foro artístico.*
3 Que es objeto de desaire o desprecio. — = menospreciado

desairar
1 Mostrar una persona desprecio o descortesía hacia otra: *desairó a su marido delante de sus padres.* — v.tr/conj: aislar = despreciar
2 Desestimar, no aceptar una cosa: *le desairó devolviéndole el regalo.*

desaire
1 Acción y resultado de desairar o despreciar. — s.m./= desprecio

2 Falta de garbo y gracia: *anda y se mueve con mucho desaire.*

desaislarse Salir del aislamiento.   v.prnl./conj: aislar

desajustar
1 Deshacer el arreglo, el orden o la relación conveniente entre dos cosas: *el traqueteo del camino desajustó las piezas del motor.*   v.tr. = desacoplar
2 Deshacerse el acuerdo entre dos ó más personas: *se desajustaron las negociaciones.*   v.prnl. = desconcertarse

desajuste Acción y resultado de desajustar o desajustarse, falta de ajuste: *el técnico corrigió el desajuste de los canales en el televisor.*   s.m.

desalabanza
1 Acción y efecto de desalabar o vituperar: *recibió duras desalabanzas por parte de sus compañeros.*   s.f.
2 Desprecio u ofensa.

desalabar Vituperar, decir las faltas o los defectos de una persona o una cosa: *aprovecharon el descanso para desalabar su intervención.*   v.tr.

desalabear
1 Quitar el alabeo o la curvatura de una pieza de madera.   v.tr. CARPINTERÍA
2 Labrar o trabajar una pieza de madera para que quede perfectamente plana.   CARPINTERÍA

desalabeo Acción y resultado de desalabear una pieza de madera: *efectuaron el desalabeo de las piezas, después de serrarlas.*   s.m. CARPINTERÍA

desalación
1 Proceso por el que se eliminan las sales del agua del mar para hacerla potable.   s.f. = desalinización
2 Técnica de mejora de un terreno cuyo fin es disminuir el exceso de sales.   AGRICULTURA
3 Extracción de las sales contenidas en el petróleo bruto.   QUÍMICA

desalado, a Acelerado, que va hacia un lugar con precipitación o aturdimiento: *corrían desalados al lugar donde les esperaba el contacto.*   adj. = ansioso

desalagar Desecar, quitar el agua o la humedad de un terreno: *desalagar el estanque.*   v.tr./conj: pagar = desencharcar

desalar
I (Derivado de *sal.*)
1 Quitar la sal o el exceso de ella a una cosa: *desalar el bacalao antes de cocinarlo.*   v.tr.
2 Eliminar o disminuir la sal del agua del mar para hacerla potable o con otra finalidad.
3 Extraer las sales contenidas en el petróleo bruto.   QUÍMICA
II (Derivado de *ala.*) Quitar las alas a un animal o una cosa: *desalaron la nave para remodelar el fuselaje.*   v.tr.
III (Derivado del lat. *halare*, exhalar.)
1 Andar precipitadamente: *se desaló para llegar pronto.*   v.prnl.
2 Desear con vehemencia una cosa: *se desala por conseguir un buen trabajo.*   = desalarse

desalbardar Quitar la albarda a las caballerías.   v.tr./= desenalbardar

desalcoholización Separación del alcohol de un objeto o líquido.   s.f. QUÍMICA

desalentador, a Que desalienta o desanima: *practicamos un juego desalentador.*   adj.

desalentar
1 Entorpecer o dificultar la respiración por fatiga o cansancio: *el esfuerzo excesivo desalienta a cualquiera.*   v.tr. conj: pensar
2 Quitar los ánimos, la valentía, la energía a una persona: *sus palabras desalentaron al público.*   v.tr./prnl. = desanimar

desalfombrar Quitar la alfombra que cubre el suelo de una habitación: *desalfombrar un despacho.*   v.tr.

desalforjar
1 Sacar una cosa de las alforjas: *desalforjó la carga al llegar al caserío.*   v.tr.
2 Desabotonarse o aflojarse la ropa para descansar o desacalorarse: *lo primero que hace al llegar del trabajo del campo es desalforjarse.*   v.prnl. = desabrocharse

desalhajar Quitar los muebles o los objetos valiosos de una habitación: *poco a poco fue desalhajando la casa y empeñándolo todo.*   v.tr.

desaliento Falta o decaimiento del ánimo y de las fuerzas: *cundió el desaliento entre la tropa al conocer el número de bajas.*   s.m. = desánimo

desalineación Acción y resultado de desalinear o desalinearse, hacer que algo alineado deje de estar en esta disposición.   s.f.

desalinear Hacer que una cosa que estaba alineada o en orden deje de estarlo: *los soldados se desalinearon al pasar delante de la tribuna.*   v.tr./prnl. ≠ alinear

desalinización Proceso por el que se eliminan las sales del agua del mar para hacerla potable: *consiguieron la desalinización por congelación.*   s.f. = desalación

desalinizador, a
1 Se refiere al método usado para eliminar la sal del agua de mar.   adj. INDUSTRIA

2 Instalación industrial donde se desarrolla este proceso.   s.f. INDUSTRIA

desalinizar
1 Eliminar la sal de algo: *la desalinización de los suelos para mejorar su calidad.*   v.tr. conj: cazar
2 Eliminar la sal del agua: *en los barcos desalinizaban el agua por destilación.*

desaliñado, a Que no tiene cuidado en su aspecto: *parecía un fardo desaliñado y andrajoso.*   adj. = desaseado

desaliñar Estropear el arreglo personal: *el niño se desaliñó en un momento.*   v.tr/prnl. = desaderezar

desaliño
1 Desaseo, falta de cuidado en el arreglo personal: *criticó el ficticio desaliño de las nuevas tendencias.*   s.m. = desatavío
2 Negligencia, falta de cuidado.   = descuido

desalivar Echar una persona saliva en abundancia: *al desalivar tanto, el dentista tuvo dificultades para insertarle la prótesis.*   v.intr/prnl.

desalmadamente
1 Sin piedad, ni lástima: *trataba desalmadamente a sus subordinados.*   adv.
2 Sin consciencia ni conocimiento.

desalmado, a
1 Que es cruel e inhumano: *un crimen así sólo lo ha podido hacer un desalmado.*   adj/s. = malvado
2 Que no tiene conciencia o la facultad del espíritu que impulsa a hacer el bien y a rechazar el mal.   adj.

desalmamiento Inhumanidad, comportamiento o acción perversa: *a tal punto llegó su desalmamiento que aplicaba las penas sin atender al juicio.*   s.m. = perversidad culto

desalmar
1 Quitar la fuerza, la eficacia o la virtud a una cosa: *hemos desalmado sus proyectos; su talento se desalmó.*   v.tr/prnl.
2 Quitar el sosiego o la tranquilidad a una persona: *mamá se desalma con tanto trabajar.*   = desasosegar
3 Desear vehementemente una cosa; *todos nos desalmamos por un buen futuro.*   v.prnl. = desalarse

desalmenado, a Que no tiene almenas: *se destacaba la silueta desalmenada del castillo.*   adj.

desalmenar Quitar o destruir las almenas de un castillo: *los potentes cañones desalmenaron la fortificación.*   v.tr.

desalmidonado Operación que consiste en eliminar de los tejidos de algodón o de los géneros de lencería ciertos productos como el almidón.   s.m./TEXTIL = desaprestado, desgomadura

desalmidonar Quitar el almidón a la ropa que lo tenía: *desalmidonó los tapetes de las mesas.*   v.tr. ≠ almidonar

desalojamiento Acción y resultado de desalojar un lugar: *el desalojamiento del edificio fue rápido.*   s.m. = desalojo

desalojar
1 Sacar o hacer salir de un lugar: *las autoridades sanitarias desalojaron la zona.*   v.tr.
2 Abandonar un puesto o un lugar: *el guardacostas desalojó el puerto.*
3 Mudarse, dejar el alojamiento por propia voluntad.   v.intr.
4 Sacar un cuerpo al sumergirse o flotar una determinada cantidad de líquido: *desalojó más volumen de agua del esperado.*   v.tr. = desplazar

desalojo Desalojamiento, acción y efecto de desalojar: *el desalojo estuvo vigilado por la policía.*   s.m.

desalquilar
1 Dejar una cosa o habitación que se tenía alquilada.   v.tr/prnl.
2 Quedar una vivienda o un local sin inquilino: *se desalquila hoy un piso en esta casa.*   v.prnl. = desocuparse

desalquitranado Operación que consiste en eliminar las partículas de alquitrán del gas bruto.   s.m./INDUSTRIA, QUÍMICA

desalterar Apaciguar, tranquilizar a una persona: *escuchar música clásica era lo que más le desalteraba.*   v.tr. = sosegar

desalumbrado, a
1 Que está ofuscado o con dificultades de visión por demasiada luz: *los faros del camión la dejaron desalumbrada.*   adj. tb: deslumbrado
2 Que ha perdido el juicio y procede sin acierto.

desalumbramiento Falta de tino o acierto: *tu desalumbramiento nos llevó a todos a pagar las consecuencias.*   s.m. tb: deslumbramiento = ofuscación

desamarrar
1 Soltar las amarras de una embarcación: *el yate se desamarró a causa del viento.*   v.tr/prnl./NÁUTICA = desatar
2 Desviar, soltar o apartar una cosa: *desamarró las persianas cuando salía el sol.*   v.tr.
3 Dejar un barco sobre una sola ancla o amarra.   NÁUTICA

desamartelar Dejar de estar enamorada de una persona: *se desamarteló al conocerle más a fondo.*   v.tr/prnl. = desenamorar

desamasado, a Que está disgregado o deshecho: *intentó hacer la tarta con una desamasada mezcla de harina y huevos.*   adj.

desambientado, a Que no está en su ambiente natural: *en los círculos políticos se siente desambientada.* — adj. = inadaptado

desambientar Hacer que una persona se sienta desplazada de su propio ambiente: *su afán elitista hizo que se desambientara y que no conectara con ellos.* — v.tr/prnl.

desambiguar
1 Hacer desaparecer la ambigüedad o carácter dudoso o incierto de una cosa: *tuvo que desambiguar la frase para que se entendiera su propósito.* — v.tr.
2 Separar y determinar los diversos sentidos o interpretaciones que puede tener una palabra o una frase. — LINGÜÍSTICA

desamigado, a Que ha perdido la amistad de una persona. — adj.

desaminasa Enzima que provoca la pérdida de dos moléculas de hidrógeno y una de nitrógeno de los aminoácidos. — s.f. BIOQUÍMICA

desamistarse Perder una persona la amistad de otra: *tu hijo se desamistó del mío por un equívoco.* — v.prnl. = enemistarse

desamoblar Desamueblar, sacar los muebles de una habitación o una casa: *desamobló el estudio para colocar allí una salita.* — v.tr. conj: contar

desamoldar
1 Hacer perder a una cosa la forma que tomó del molde: *desamoldar un pastel.* — v.tr.
2 Descomponer la forma o el aspecto de una cosa: *ha desamoldado toda su casa.*

desamontonar Deshacer lo que está amontonado: *desamontonar los libros.* — v.tr.

desamor
1 Falta de amor, sentimiento o afecto: *el desamor les llevó al divorcio.* — s.m. ≠ amor
2 Sentimiento de rechazo o aversión: *existía entre ellos un profundo desamor y enemistad.* — = aborrecimiento, odio

desamorado, a Se refiere a la persona que no siente amor o no lo manifiesta. — adj.

desamorar Desenamorarse o perder el amor a una persona: *al ver a su novia con otro hombre, él se desamoró.* — v.tr/prnl. ≠ enamorarse

desamorrar Hacer que una persona levante la cabeza y deje de estar callada o enfadada. — v.tr. coloquial

desamortizable Se refiere a los bienes que pueden o deben ser desamortizados. — adj. ECONOMÍA

desamortización Proceso por el que se ponen en venta bienes inmuebles, de entidades como la iglesia o los municipios, mediante disposiciones legales. — s.f. ECONOMÍA, HISTORIA

desamortizador, a Que desamortiza: *sometió los inmuebles del clero a un proceso desamortizador.* — adj/s.

desamortizar
1 Liberar los bienes amortizados: *el estado desamortizó los bienes inmuebles de la iglesia.* — v.tr./conj: cazar ECONOMÍA
2 Poner en venta los bienes inmuebles expropiados, mediante disposiciones legales. — ECONOMÍA, HISTORIA

desamotinarse Apartarse de un motín: *sólo se desamotinaron los oficiales del buque.* — v.prnl.

desamparado, a
1 Que no tiene amparo, ayuda o protección: *sintió mucha pena por aquellos desamparados gemelos.* — adj/s.
2 Se refiere al lugar que no está protegido de los fenómenos atmosféricos, en especial los vientos: *la heredad ocupaba una desamparada ladera de una montaña.* — adj.

desamparador, a Que desampara o abandona: *las desamparadoras actuaciones del gobierno central.* — adj/s.

desamparar
1 Dejar a una persona necesitada sin amparo o alejarse de él: *los servicios sociales los desampararon por carecer de presupuesto.* — v.tr.
2 Abandonar un lugar o sitio o alejarse de él. — = ausentarse DERECHO
3 Dejar una cosa de manera que se pierde todo derecho sobre ella.

desamparo Acción y resultado de desamparar: *se encuentra en el mayor de los desamparos.* — s.m.

desamueblado, a Se refiere al apartamento, piso o vivienda que se alquila o se vende sin muebles. — adj.

desamueblar Quitar los muebles de una casa o una habitación: *desamueblar el comedor.* — v.tr. tb: desamoblar

desamurar Soltar las amuras de las velas. — v.tr./NÁUTICA

desanclaje Abertura del dispositivo que fija el cinturón de seguridad de un automóvil: *permite en caso de emergencia el desanclaje del cinturón de seguridad de la carrocería del vehículo.* — s.m.

desanclar Levantar las anclas: *el capitán ordenó desanclar y partir rumbo al norte.* — v.tr./NÁUTICA = desancorar

desancorar Levantar el ancla con que está amarrada una embarcación: *desancorar el velero.* — v.tr./NÁUTICA = desanclar

desandar Volver a recorrer una distancia cubierta anteriormente en sentido contrario: *al confundirse de senda tuvo que desandar cerca de medio kilómetro.* — v.tr. conj: andar

desandrajado, a Se refiere a la persona que está cubierta de andrajos, desastrada. — adj. = andrajoso

desangelado, a Que no tiene gracia o simpatía: *es buena persona, pero tan desangelada que me da miedo ofrecerle este trabajo.* — adj.

desangramiento Acción y resultado de desangrar o desangrarse: *durante mucho tiempo se sometía al paciente a duros desangramientos.* — s.m.

desangrar
1 Sacar mucha sangre a una persona o un animal: *desangraron a los monos en busca del anticuerpo.* — v.tr/prnl.
2 Perder mucha o toda su sangre una persona o un animal: *el torero se desangraba a causa de la cornada.*
3 Sacar el agua de un lago o un pantano: *desangraron el lago para encontrar el coche del accidente.*
4 Gastar todo el dinero de una persona poco a poco: *después de desangrar a sus padres decidió buscar trabajo.* — coloquial

desanidar
1 Abandonar las aves el nido, en especial, cuando terminan de criar: *los cucos aprovechan cuando ya han desanidado otras aves.* — v.intr. ZOOLOGÍA
2 Echar de un lugar, de un refugio: *las tropas desanidaron al enemigo de las montañas.* — v.tr.

desanimación
1 Acción y resultado de desanimar o desanimarse. — s.f./= desaliento
2 Falta o carencia de alegría o de diversión en una reunión, fiesta o espectáculo.

desanimado, a
1 Que está deprimido, desalentado: *encontramos a Carlos muy desanimado por haber perdido el título de campeón.* — adj.
2 Se refiere al lugar, espectáculo, reunión que no tiene animación: *cuando llegamos era una fiesta desanimada.*

desanimar Perder los ánimos, quitarlos a una persona: *a veces tu hermano se desanima sin razón.* — v.tr/prnl. = desalentar

desánimo Decaimiento, desmoronamiento físico o moral de una persona, falta de ánimo: *el desánimo anidó en ella y evolucionó hacia una depresión.* — s.m. = abatimiento ≠ ánimo

desanublar Desaparecer las nubes del cielo: *el cielo se desanubló en pocas horas.* — v.tr/prnl./= aclarar, despejar

desanudadura
1 Acción y efecto de deshacer un nudo o aclarar un asunto: *gracias a la desanudadura pudo enrollar la cuerda y guardarla.* — s.f. tb: desañudadura
2 Nudo deshecho.

desanudar
1 Deshacer el nudo de una cosa anudada: *desanuda el paquete, por favor.* — v.tr.
2 Desenredar o aclarar un asunto confuso y enmarañado: *con pocas palabras desanudó el problema.* — = desenmarañar

desaojar Quitar el mal de ojo a una persona: *fue a casa de la abuela para que desaojase al niño.* — v.tr.

desapacibilidad Calidad de desapacible: *la desapacibilidad del clima; suele ser bastante tranquila, no comprendo su desapacibilidad.* — s.f. ≠ apacibilidad

desapacible
1 Que causa disgusto o enfado. — adj./= desabrido
2 Que es desagradable a los sentidos: *toda la semana hizo un tiempo desapacible; lugar desapacible.* — ≠ apacible

desapadrinar
1 No aceptar o no aprobar una cosa: *desapadriné su conducta por parecerme muy interesada.* — v.tr. = desaprobar
2 Dejar de proteger o apadrinar: *desapadrinó el proyecto que antes había apoyado.* — = desproteger

desapañar Deshacer o quitar el arreglo o el atavío. — v.tr./= desataviar

desaparear Separar dos cosas que forman una pareja: *siempre desaparea los calcetines.* — v.tr. = desparejar

desaparecer
1 Ocultar, quitar de la vista con rapidez, dejar de ser visible: *ha desaparecido mi encendedor; desaparecieron juntos a media tarde.* — v.tr/intr/prnl. conj: carecer
2 Dejar de existir, morir: *la iluminación a gas desapareció a principios de siglo; con las guerras desaparecieron diferentes etnias.* — v.intr.

desaparecido, a
1 Que está oculto o no se puede ver: *la desaparecida libertad de expresión y la dura censura.* — adj.
2 Muerto o dado por muerto: *el accidente se saldó con tres heridos y dos desaparecidos.* — adj/s.
3 Adversario político que es víctima de las prácticas totalitarias y es eliminado sin juicio previo: *las madres de los desaparecidos se organizaron para denunciar los crímenes de estado.* — POLÍTICA

desaparejar
1 Quitar los aparejos a una caballería: *el caballo se desaparejó en un ataque de furia.* — v.tr/prnl. EQUITACIÓN
2 Quitar, romper o derribar los aparejos de una embarcación. — v.tr./NÁUTICA = desarbolar

desaparición
1 Acción y resultado de desaparecer: *su desaparición es inexplicable.* — s.f. = desaparecimiento

2 Ausencia, condición de la persona en paradero desconocido. — DERECHO

3 desaparición del estado: Fenómeno de la última fase de la evolución histórica posterior a la dictadura del proletariado, según los marxistas. — POLÍTICA

desaparroquiar
1 Apartar o separarse una persona de su parroquia: *se desaparroquió tras una larga crisis.* — v.tr/prnl. RELIGIÓN
2 Quitar los clientes a un comercio o a un comerciante: *mi vecina se desaparroquió de esa tienda.*

desapartar Apartar [en todas sus acepciones]. — v.tr.

desapasionado, a Se refiere a la persona, idea, juicio que está falto de pasión o es imparcial: *necesitamos una opinión desapasionada.* — adj. ≠ parcial

desapasionar Hacer que una persona deje de tener pasión o interés por otra o por una cosa: *el tiempo la desapasionó y calmó sus ansiedades.* — v.tr/prnl. = desinteresar

desapegar
1 Separar una cosa de otra a la que estaba pegada o unida: *se desapegaron los dos trozos del jarrón.* — v.tr/prnl./conj: *pagar* = despegar
2 Perder una persona el afecto o afición a otra o a una cosa: *se desapegó del cariño que le tenía.* — v.prnl.

desapego Falta de apego, afición o interés: *tiene un gran desapego por lo material.* — s.m./= despego ≠ apego

desapercibido, a
1 Que no es advertido o percibido: *la noticia pasó desapercibida en los medios internacionales.* — adj./= inadvertido ≠ apercibido
2 Que está desprevenido o desprovisto de lo necesario: *por estar desapercibida de la situación, metió la pata nada más entrar en la sala.* — = desprovisto

desapercibimiento Falta de preparación o prevención para hacer frente a lo imprevisto o falta de aprovisionamiento: *por su desapercibimiento tuvieron que racionar los víveres.* — s.m. = desprevención

desapestar Quitar el mal olor a una persona o una cosa: *desapestó la tienda de campaña para utilizarla como hospital.* — v.tr.

desapiolar Desligar o desatar las patas de la caza menor o los picos de las aves para colgarlas después de muertas. — v.tr./conj: *contar* CAZA

desaplacible Desagradable, que fastidia o disgusta. — adj./culto

desaplicación Falta de aplicación o afición. — s.f./= ociosidad

desaplicado, a Que no se aplica o esfuerza en el trabajo o en el estudio: *la tutora le hizo saber que su hijo era desaplicado y despistado.* — adj/s. ≠ aplicado

desaplicar Hacer que una persona pierda la aplicación, la afición o el interés en el trabajo o el estudio: *las malas compañías le han desaplicado.* — v.tr/prnl. conj: *sacar* ≠ aplicar

desaplomar Hacer que una construcción u otra cosa pierda su posición vertical: *la pared se desaplomó con el primer golpe.* — v.tr/prnl. CONSTRUCCIÓN = desplomar

desapoderado, a Se aplica a la pasión o al fenómeno natural que es desenfrenado, incontenible o violento: *tiene una ambición desapoderada por el dinero y el poder.* — adj.

desapoderamiento
1 Acción y resultado de despojar o desapoderarse de algo. — s.m.
2 Falta de moderación moral, libertad excesiva. — = desenfreno

desapoderar
1 Despojar a una persona de lo que tenía o de aquello de que se había apoderado: *le desapoderaron de sus cosas antes de ingresar en prisión.* — v.tr/prnl. = desposeer
2 Quitar a una persona los poderes que le habían dado: *desapoderaron al tutor del niño.* — v.tr. DERECHO

desapolillar
1 Quitar la polilla: *desapolillar la ropa.* — v.tr.
2 Salir una persona de casa después de haber estado mucho tiempo recluida en ella: *después de esta larga convalecencia, me urge desapolillarme.* — v.prnl. coloquial

desaporcar Sacar la tierra con que está aporcada o cubierta una planta: *desaporcar el apio.* — v.tr./conj: *trocar* AGRICULTURA

desaposentar
1 Echar a una persona de la habitación que ocupaba. — v.tr.
2 Rechazar o apartar de sí: *desaposentó los objetos que le disgustaban.*

desapoyar Quitar el apoyo que sirve para sostener o sujetar una cosa: *desapoyó los contrafuertes y comprobó su resistencia.* — v.tr. ≠ apoyar

desapreciar No sentir el aprecio o estimación que merece una persona o cosa. — v.tr./= desestimar ≠ apreciar

desaprender Olvidar lo que se había aprendido: *fácilmente desaprendió lo que le enseñaron en la escuela.* — v.tr. ≠ recordar

desaprensión Falta de miramiento o preocupación por obrar con honradez y equidad. — s.f. ≠ aprensión

desaprensivo, a Que no tiene aprensión o escrúpulos, que es poco honrado: *cínico y desaprensivo les explicó con todo detalle los hechos que rodearon la muerte de su vecino.* — adj.

desaprestar Eliminar el apresto que sobra a una tela con la intención de suavizarla. — v.tr. TEXTIL

desapretar Aflojar o soltar lo que está apretado: *con los tirones, la tela se desapretó.* — v.tr/prnl. conj: *pensar*

desaprisionar Sacar a una persona de la prisión: *el abogado defensor logró desaprisionarla.* — v.tr. ≠ aprisionar

desaprobación Acción y resultado de desaprobar: *su desaprobación fue el obstáculo principal a la concesión de obras.* — s.f.

desaprobador, a Que desaprueba o rechaza una cosa: *en un tono desaprobador le hizo saber su contrariedad.* — adj. ≠ aprobador

desaprobar
1 Reprobar o censurar: *desaprueba sus autocompasión.* — v.tr./conj: *contar*
2 Negar o no asentir: *con su respuesta desaprobó la proposición de sus compañeros.* — ≠ aprobar

desapropiamiento Acción y resultado de quitar a alguien una propiedad o desprenderse de ella: *el cacique se benefició del desapropiamiento de tierras.* — s.m. = desapropiación

desapropiar
1 Quitar a alguien la propiedad de una cosa: *le desapropiaron todos sus bienes.* — v.tr.
2 Ceder una persona la posesión de sus bienes: *se desapropió de sus libros al quedarse ciego.* — v.prnl./+ de = desprenderse

desaprovechado, a
1 Se refiere a la persona que ha desperdiciado la oportunidad de mejorar moral o intelectualmente: *es el típico alumno desaprovechado.* — adj/s. ≠ aprovechado
2 Que no produce el provecho o utilidad que puede: *al no cultivar las tierras las tiene desaprovechadas.* — adj. = desperdiciado

desaprovechamiento Acción y resultado de desaprovechar: *el desaprovechamiento del agua está injustificado.* — s.m. ≠ aprovechamiento

desaprovechar
1 No obtener todo el rendimiento potencial o provecho de una cosa o emplearla mal: *cuando se cansa de las cosas las tira y las desaprovecha.* — v.tr./= malgastar, desperdiciar ≠ aprovechar
2 Dejar pasar una oportunidad, omitir una acción ventajosa: *desaprovechó la ocasión de verte en directo.* — = desperdiciar
3 Perder lo que se había adelantado. — v.intr.

desapuntalar Quitar los puntales de un edificio: *desapuntalaron la pared cuando la hubieron reforzado.* — v.tr. CONSTRUCCIÓN

desapuntar
1 Excluir a una persona de una lista o corporación: *lo desapuntaron del coro.* — v.tr/prnl.
2 Dejar de apuntar con un arma. — v.tr.
3 Hacer perder la puntería a una persona.
4 Cortar las puntadas de lo que está cosido con ellas: *desapuntó los bajos de la falda para alargarla.*

desarbolado, a
1 Que está despojado o libre de árboles: *en un desarbolado descampado tuvo lugar el torneo.* — adj.
2 Desolado por falta de objetos que lo adornen: *el salón de la chimenea se convirtió en una desarbolada estancia tras el expolio del ejército.*

desarbolar
1 Quitar fuerza, deshacer o estropear una cosa: *con la marcha del delantero se desarboló el equipo.* — v.tr/prnl. = desmantelar
2 Destruir la arboladura o los palos de una embarcación. — v.tr./NÁUTICA = desaparejar

desarbolo Acción y resultado de destruir la arboladura de un barco. — s.m. NÁUTICA

desarcillado Sustitución de la capa de arcilla por una de arena o grava de una carretera. — s.m. CONSTRUCCIÓN

desarenar
1 Quitar la arena de un terreno, calzada o patio: *desarenaron el jardín para sembrar césped.* — v.tr.
2 Extraer la arena del molde en que se cuela una pieza metálica. — METALURGIA

desareno Acción y resultado de quitar la arena de un lugar o de una pieza metálica. — s.m.

desargentar Limpiar la plata sin refinar de los restos y residuos del metal, o del oro con el que estaba mezclada. — v.tr. METALURGIA

desarmable Se aplica al objeto que puede ser desarmado: *todos los muebles de su casa son desarmables.* — adj./= desmontable ≠ armable

desarmado, a
1 Que está desprovisto de armas: *los atracadores iban desarmados.* — adj./= inerme ≠ armado
2 Que no tiene argumentos con que replicar o responder: *su razonamiento le dejó desarmado; quedó el interlocutor tan desarmado que ya no articuló palabra.* — = desconcertado coloquial + quedar, estar, dejar

desarmador
1 Disparador de un arma de fuego. — s.m.

2 Destornillador, instrumento con que se atornilla o desatornilla. *Méx.*

desarmar
1 Quitar las armas a una persona: *el policía desarmó al delincuente que no opuso resistencia.* v.tr/prnl. ≠ **armar**
2 Descomponer, separar las piezas que forman una cosa: *desarmó el reloj para proceder a su reparación.* = **desmontar**
3 Calmar o aplacar el enfado u otro sentimiento similar de una persona: *intentó desarmar su rabia con razones irrefutables.* v.tr.
4 Dejar a una persona incapaz de responder o reaccionar: *sus argumentos le desarmaron por completo.* = **desconcertar**
5 Desposeer al adversario de su arma mediante un movimiento veloz y fuerte, en esgrima. **DEPORTES**
6 Retirar la artillería y el aparejo de un buque. **NÁUTICA**
7 Reducir las naciones su potencial bélico en cumplimiento de un pacto internacional: *después de la segunda guerra mundial muchas naciones se desarmaron.* v.tr/intr/prnl. **MILITAR. POLÍTICA**
8 Arrebatar el toro los trastos al torero, dejándolo indefenso. v.tr. **TAUROMAQUIA**
9 Taparse el toro con derrotes. v.prnl. **TAUROMAQUIA**

desarme
1 Acción y resultado de desarmar o desarmarse: *el inicio de desarme coincidió con el fin de las tensiones internacionales.* s.m. = **desarmamiento**
2 Reducción o supresión de la producción de armamentos y de las fuerzas militares de un país para mantener la paz. **MILITAR. POLÍTICA**
3 Arrebatamiento que el toro hace al torero. **TAUROMAQUIA**
4 desarme de un buque mercante: Licenciamiento de su tripulación. **NÁUTICA**

desarmonía Falta de armonía. s.f.
desarmonizar Eliminar la armonía: *la nueva voz desarmoniza con el resto de voces del coro.* v.intr/conj: *cazar* ≠ **armonizar**
desaromatizar Quitar o hacer perder el aroma: *la evaporación desaromatizó los perfumes naturales.* v.tr/conj: *cazar* ≠ **aromatizar**

desarraigado, a
1 Que no ha echado raíces o no está integrado en el lugar donde vive: *se ha desarraigado de la sociedad.* adj./+ de = **marginado** ≠ **arraigado**
2 Que no vive en su lugar de nacimiento: *la ciudad absorbe a muchos desarraigados.*

desarraigar (Derivado de *raíz*.)
1 Arrancar de raíz un árbol o una planta: *los rosales se desarraigaron a causa del viento; los árboles recién plantados se desarraigaron.* v.tr/prnl/conj: *pagar* = **descepar** ≠ **enraizar**
2 Acabar o extinguir un vicio, una costumbre o una pasión: *su esposa se propuso desarraigarle del juego.* + de = **arraigar**
3 Separar a una persona del lugar donde vive o de su familia y amigos: *la guerra desarraigó de sus hogares a muchos hombres.* + de = **desterrar** ≠ **arraigar**
4 Hacer que una persona cambie de opinión. v.tr.

desarraigo
1 Acción y resultado de desarraigar o desarraigarse. s.m.
2 Separación o alejamiento del país o el sitio en que se vive, o de la familia o los amigos: *la emigración ocasiona desarraigo cultural.*
3 Situación de la persona que ha sido separada o se ha desarraigado de su país, familia y amigos: *los exiliados viven en un estado de desarraigo.*
4 Supresión de un vicio, costumbre, pasión o sentimiento.

desarrancarse Separarse una persona de un cuerpo o una asociación: *se desarrancó del ejército.* v.prnl/conj: *sacar* = **desertar**
desarrapado, a Harapiento, mal vestido: *llegó desarrapado al albergue y allí le dieron ropa, cena y cama.* adj/s./tb: desharrapado/= andrajoso

desarrebozar
1 Quitar el rebozo o prenda que cubre la cabeza: *al entrar en su habitación se desarrebozó.* v.tr/prnl. conj: *cazar*
2 Hacer una cosa patente: *lograron desarrebozar el problema.* = **descubrir**

desarrebujar
1 Deshacer una maraña o enredo: *no sé si podré desarrebujar la maraña de hilos.* v.tr./= desembrollar, desenmarañar
2 Explicar una cosa confusa: *el detective desarrebujó el misterio con muy pocas pistas.* = **desembrollar, resolver**
3 Quitar a una persona la ropa que le cubre: *el bebé se desarrebujó mientras dormía.* v.tr/prnl./= destapar, desarropar

desarreglado, a
1 Que es desordenado o descuidado en sus cosas o en su aspecto: *siempre ha sido muy desarreglado en el vestir.* adj. = **desaseado, desaliñado**
2 Que se excede en el comer o en el beber, que no está sujeto a regla. = **desmedido**
desarreglar (Derivado de *regla*.) Deshacer el arreglo, orden o preparación de una cosa: *la excursión se desarregló a causa del mal tiempo.* v.tr/prnl. = **desreglar, desordenar**

desarreglo
1 Falta de orden, de regla: *últimamente tiene desarreglos hormonales.* s.m. = **desorden**
2 Descuido de las tareas cotidianas o dejadez personal: *su desarreglo era expresión de su depresión.*

desarrendado, a Que lleva una vida desordenada. adj.

desarrendar
I (Derivado de *rienda*.) Quitar la rienda a un caballo: *el caballo consiguió desarrendarse.* v.tr/prnl. conj: *pensar*
II (Derivado del ant. *renda*, renta.) Abandonar o hacer que una persona abandone una finca que le tenía arrendada. v.tr. conj: *pensar*

desarrimar
1 Apartar una cosa de otra a la que está arrimada: *desarrima la silla de la pared.* v.tr. ≠ **acercar, arrimar**
2 Hacer que una persona desista de una opinión: *sus teorías desarrimaron a Pedro.* = **disuadir**
desarrimo Falta o carencia de apoyo o ayuda: *las clases desfavorecidas sufrían el desarrimo institucional.* s.m. = **abandono**
desarrinconar Volver a mostrar o usar una cosa que se había escondido o apartado: *voy a desarrinconar los discos viejos.* v.tr. ≠ **arrinconar**
desarrollable Que se puede desarrollar o realizar: *creo que el plan es desarrollable; su trabajo no era desarrollable en el plazo de un año.* adj./= realizable, factible ≠ **irrealizable**

desarrollado, a
1 Que ha alcanzado un buen desarrollo. adj.
2 Se refiere a los países que han conseguido un alto grado de crecimiento económico. **ECONOMÍA, POLÍTICA**
3 Manera de cortar los troncos formando una única lámina u hoja fina y continua. **TECNOLOGÍA**
desarrolladora Máquina con la que se extrae una lámina de madera continua del tronco. s.f. **TECNOLOGÍA**

desarrollar
1 Hacer que una cosa crezca o progrese físicamente: *la gimnasia desarrolla los músculos; los adolescentes se desarrollan con gran rapidez.* v.tr/prnl. = **madurar, formar** ≠ **menguar**
2 Progresar una comunidad a nivel económico, social, cultural o político: *la concentración de capital extranjero servirá para que puedan desarrollarse los países en vías de transformación.* = **enriquecer** ≠ **empobrecer**
3 Perfeccionar o hacer más compleja y completa una cosa o una idea: *le pidieron que desarrollara el tercer punto de su disertación y él se negó.* = **completar, detallar**
4 Mejorar o acrecentar las condiciones intelectuales o morales: *estos ejercicios nemotécnicos desarrollan la capacidad de retentiva.* v.tr/prnl. = **incrementar**
5 Tener lugar o suceder una cosa de un modo determinado: *la reunión se desarrolló con toda normalidad.* v.prnl./= suceder, transcurrir
6 Realizar las operaciones necesarias para cambiar la forma de una expresión analítica: *no sé cómo puede desarrollarse esta ecuación.* v.tr. **MATEMÁTICAS**
7 Realizar, poner en práctica: *no es posible desarrollar el plan previsto.* v.tr/prnl. = **ejecutar, hacer**
8 Extender lo que está arrollado, deshacer un rollo: *la bobina de hilo se desarrolló al caer.* = **desenrollar** ≠ **arrollar**
9 Representar en un plano las diversas caras de un edificio. v.tr. **ARQUITECTURA**
10 Determinar el desarrollo de una superficie. **GEOMETRÍA**
11 Extender una fórmula empírica que exprese la agrupación atómica. **QUÍMICA**

desarrollismo Concepción de la sociedad que valora sobre todo el desarrollo económico que concede primacía a lo cuantitativo respecto a lo cualitativo. s.m. **ECONOMÍA, POLÍTICA**

desarrollista
1 Del desarrollismo: *concepción desarrollista.* adj./ECONOMÍA
2 Partidario del desarrollismo: *los ministros desarrollistas.* adj/s.m.f./ECONOMÍA, POLÍTICA

desarrollo (Derivado de *rollo* < lat. *rotulus*, ruedecita.)
1 Acción y resultado de desarrollar o desarrollarse: *no entendí el desarrollo de la explicación.* s.m.
2 Crecimiento cualitativo de determinados aspectos de una sociedad, como la producción o la acumulación de capital, que va acompañado de una mejora en la calidad de vida de la misma sociedad. **ECONOMÍA**
3 Conjunto de fenómenos fisiológicos que constituyen el crecimiento de los seres vivos: *el desarrollo del ser humano está condicionado por la tiroides y la hipófisis.* **BIOLOGÍA** = **crecimiento**
4 Relación entre la rueda de pedales y el piñón pequeño de la rueda posterior. **MECÁNICA**
5 Distancia que recorre la bicicleta con cada vuelta completa de los pedales. **DEPORTES**
6 Parte de una composición musical que sigue a una exposición temática, cuyos elementos amplifica: *en la sonata se ha ido dando importancia al desarrollo.* **MÚSICA**
7 Imagen en un plano de una superficie desarrollable, mediante isometría. **GEOMETRÍA**
8 Determinación de la longitud o contorno de una pieza a partir de la forma concreta que se le pretende dar. **TECNOLOGÍA**

desarropar Quitar la ropa que cubre a una persona: *el niño se desarropa durante la noche.* v.tr/prnl./= desabrigar, destapar
desarrugadura Acción y resultado de quitar arrugas. s.f.
desarrugar Alisar, quitar las arrugas, en especial de la ropa: *alisó el traje se ha desarrugado.* v.tr/prnl/conj: *pagar* = **estirar, planchar**
desarrumar Deshacer la estiba de un barco o remover la carga que ya estaba colocada de forma adecuada. v.tr. **NÁUTICA** = **desestorar**

desarticulación
1 Acción y resultado de desarticular o desarticularse: *el ejército logró la desarticulación de la banda terrorista.* — s.f.
2 Amputación de una extremidad o parte de ella a la altura de una articulación mediante intervención quirúrgica. — MEDICINA
3 Luxación, dislocación de un hueso. — MEDICINA

desarticulado, a Que está desorganizado, carente de articulación o inconexo: *tu trabajo está desarticulado conceptualmente.* — adj.

desarticular
1 Desunir dos o más huesos articulados entre sí: *se desarticuló la muñeca al caerse.* — v.tr/prnl./MEDICINA = dislocar
2 Separar las piezas de una máquina o artefacto: *el fontanero desarticuló la tubería.* — v.tr.
3 Desorganizar una conspiración o una asociación delictiva deteniendo a los miembros que la integran o dirigen: *la policía ha desarticulado la banda de atracadores.* — v.tr. = abortar
4 Alternar o cambiar la organización o el orden de algo: *tuvieron que desarticular los planes.* — v.tr/prnl. = descomponer, desorganizar

desartillar Quitar la artillería a un buque o fortaleza. — v.tr./MILITAR

desarzonar Hacer que el jinete salga despedido violentamente de la silla: *el caballo desarzonó al jockey.* — v.tr. EQUITACIÓN

desasado, a Que tiene las asas rotas o quitadas: *la mayoría de las crateras que encontraron estaban desasadas.* — adj.

desaseado, a Que no tiene aseo: *tiene la casa desaseada y desordenada.* — adj./= sucio ≠ aseado, pulcro

desasear Quitar el aseo, limpieza o compostura que tenía una cosa o persona. — v.tr./= ensuciar, desordenar

desasegurar
1 Quitar la seguridad o fijeza de una cosa: *ya puedes desasegurar las cuerdas.* — v.tr. ≠ asegurar
2 Cesar el contrato de seguro, dejar de estar asegurado.

desaseo Falta de aseo, aliño o compostura: *le tildaron de harapiento por su desaseo.* — s.m. ≠ aseo

desasimiento
1 Acción y resultado de soltarse o desprenderse. — s.m.
2 Indiferencia o desinterés: *los santos predican el desasimiento de la riqueza o los placeres.* — ≠ preocupación, interés

desasimilación Degradación de las sustancias asimiladas a través de una serie de reacciones catabólicas con liberación de energía. — s.f. BIOLOGÍA = catabolismo

desasimilar
1 Producir la desasimilación de una sustancia. — v.tr./BIOLOGÍA
2 Quitar los elementos asimilables de una cosa: *desasimiló los capítulos cercanos de su novela.*

desasir
1 Soltar, desprenderse lo que estaba asido o sujeto: *no puedo desasirme de las cuerdas.* — v.tr/prnl./conj: asir ≠ coger, asir
2 Desprenderse, desapropiarse de una cosa: *se desase de todas sus posesiones.* — v.prnl. = desposeerse

desasistencia Falta de asistencia: *han denunciado al hospital por desasistencia.* — s.f. ≠ asistencia

desasistir No proporcionar a una persona la ayuda que necesita: *desasistió a sus pacientes.* — v.tr. = desamparar

desasnar (Derivado de *asno*.) Dar educación a una persona haciéndole perder la rudeza o rusticidad: *se desasnó en la escuela.* — v.tr/prnl./coloquial, despectivo = desembrutecer

desasociar Disolver una asociación. — v.tr/prnl./= asociar

desasosegar Quitar el sosiego o la tranquilidad a una persona: *Juan se desasosiega con tanto trabajo.* — v.tr/prnl./conj: *pensar* tb: desosegar

desasosiego Falta de sosiego, de tranquilidad: *esa casa tan vieja me produce desasosiego.* — s.m./= inquietud ≠ sosiego

desastillar Sacar astillas de la madera. — v.tr./Amér.

desastrado, a
1 Que es desgraciado, infeliz o desafortunado. — adj./= desastroso
2 Se refiere a la persona que no cuida su aspecto. — adj/s./= desaliñado

desastre (Del occitano ant. *desastre*, desgracia < *astre*, buena o mala estrella.)
1 Desgracia considerable, suceso que provoca mucho daño o destrucción: *supone un desastre ecológico.* — s.m. = catástrofe
2 Persona inútil, que carece de habilidad: *es un desastre para los negocios.* — = calamidad
3 Persona desaliñada, mal vestida.
4 Cosa imperfecta, de mala calidad, mal organizada o que no tiene buen aspecto: *fue un desastre de fiesta.* — = fracaso

desastroso, a
1 Que es desgraciado, infeliz o desafortunado. — adj./= desastrado
2 Que produce un desastre: *la falta de lluvias es desastrosa para los campos.*
3 Que es muy malo: *la madera del muelle era desastrosa.*

desatacador Instrumento que se usaba par sacar la carga del cañón de las armas de fuego. — s.m. MILITAR

desatacar
1 Soltar los broches, botones o cintas que ajustan una prenda de vestir. — v.tr/prnl. conj: sacar
2 Desabrocharse los pantalones. — v.prnl.
3 Quitar los tacos o tapaderos a las armas de fuego o a los barrenos. — v.tr. MILITAR

desatado, a Que se comporta con desenfreno: *desde que llegó a la ciudad está desatada, cada noche sale de copas.* — adj. = desenfrenado

desatador, a Que desata. — adj/s./≠ atador

desatadura Acción y resultado de desatar o desatarse: *desde que es consciente de su desatadura vive mejor.* — s.f.

desatalentado, a Desconcertado o desatinado: *quedó desatalentada al presenciar aquella escena de celos.* — adj.

desatancar Desatascar, limpiar un conducto que estaba obstruido: *desatancar una tubería.* — v.tr/prnl. conj: sacar

desatar
1 Soltar una cosa atada a otra: *se desató la cortina a causa del fuerte viento.* — v.tr/prnl. = desenlazar
2 Poner en claro un asunto, una dificultad o deshacer un malentendido: *gracias a su ayuda pudo desatar el problema que le obsesionaba.* — v.tr. = aclarar, resolver
3 Originar o desencadenarse una fuerza física o manifestación moral: *se desató la tempestad; al conocer la verdad se desató su ira.* — v.tr/prnl. = desencadenar
4 Convertir una cosa sólida en líquida: *desató el hielo.* — v.tr/= derretir
5 Perder una persona la contención en el lenguaje o la conducta: *se desató nada más empezar la reunión.* — v.prnl. = desmadrarse
6 Adquirir una persona desenvoltura: *tu amiga se desató con el paso de los años.* — ≠ retraerse
7 Absolver a alguien por el poder que Jesucristo dio a san Pedro. — v.tr. TEOLOGÍA

desatascador, a Que desatasca: *desembozó el conducto con un desatascador.* — adj/s.

desatascar
1 Sacar de un atascadero o atolladero: *el coche se desatascó con la ayuda de una grúa.* — v.tr/prnl./conj: sacar = desatollar
2 Limpiar un conducto que estaba obstruido: *desatasqué el fregadero con un chorro de agua caliente.* — v.tr. = desatancar
3 Ayudar a una persona a superar una dificultad que le es imposible resolver por sí misma: *las visitas de sus amigos la desatascaron de la depresión.* — = estimular

desatasco Acción y resultado de desatascar: *logró el desatasco con salfumán.* — s.m.

desataviar Quitar los atavíos o adornos: *desatavió las caballerías al acabar la romería.* — v.tr. conj: vaciar

desate
1 Acción y resultado de no contener las palabras o la conducta. — s.m.
2 **desate de vientre**: Diarrea, descomposición. — coloquial

desatelización
1 Acción de dejar una órbita estable alrededor de un astro y de trasladarse a su atmósfera o superficie. — s.f. AERONÁUTICA
2 Liberación de un país que estaba en condición de satélite o sometimiento político, económico o militar a otro. — POLÍTICA

desatención
1 Falta de atención o aplicación. — s.f./= distracción
2 Falta de amabilidad, urbanidad o respeto: *sería una desatención no ir a saludar a tu familia.* — = descortesía

desatender
1 No prestar la debida atención: *últimamente desatiende sus ocupaciones.* — v.tr./conj: *tender* = descuidar
2 No hacer caso de lo que dice o hace una persona: *desatiende las explicaciones y por eso suspende.* — ≠ atender, escuchar
3 No proporcionar ayuda al que la necesita: *fue acusada de desatender a la pobre anciana.* — = desasistir

desatentado, a
1 Que habla o actúa sin tacto o prudencia. — adj/s./= desatinado
2 Exagerado, que no tiene orden. — adj.

desatentar Hacer que una persona pierda el tiento o turbar su sentido: *lo desatentó y lo llevó por el camino de la perdición.* — v.tr/prnl. conj: *pensar*

desatento, a (Derivado de *tentar*.)
1 Que no pone atención: *estaba desatento a la explicación y no la he entendido.* — adj./= distraído ≠ atento
2 Se refiere a la persona que es descortés, desconsiderada: *es desatento y poco detallista.* — adj/s./= incorrecto ≠ atento, considerado, correcto

desaterrar Quitar los escombros. — v.tr/conj: *pensar* Amér.

desatesorar Sacar o gastar el dinero a las cosas de valor que se tenían guardadas. — v.intr. ≠ atesorar

desatestarse Negar una persona su anterior declaración: *el acusado se desatestó en un segundo careo.* — v.prnl. DERECHO

desatibar Retirar los escombros que obstruyen una excavación: *los mineros desatibaron la galería.* — v.tr./MINERÍA = desatorar

desatiento
1 Falta de tiento o de tacto. — s.m.

2 Desasosiego o perturbación del ánimo: *mostró su desatiento ante la muerte moviendo las manos como queriendo apartarla.* — literario / = inquietud

desatierre Escombrera, conjunto de escombros y lugar donde se depositan. — s.m. / Amér.

desatinado, a
1 Que se comporta con desatino: *no hace nada como ha de ser, está totalmente desatinada.* — adj/s. / = desquiciado
2 Se refiere a la acción o al enunciado que se hace sin juicio ni razón. — adj.

desatinar
1 Hacer perder el juicio o la serenidad: *la desatinó su modo de insinuarle sus sentimientos.* — v.tr. / = desvariar
2 No dar en el blanco: *desatinó en el lanzamiento de los tres dardos.* — = errar
3 Decir o cometer una persona desatinos o disparates: *cuando bebe, desatina cantidad.* — v.intr. / = desvariar
4 Perder una persona la habilidad o destreza.

desatino
1 Falta de destreza o de buen juicio para acertar, bien en lanzamientos y disparos, bien en decisiones: *ha sido un desatino no invitarle.* — s.m. / = desacierto
2 Acción o palabras disparatadas, imprudentes o poco acertadas: *salió al balcón lanzando desatinos a los jóvenes que pasaban.* — = dislate, disparate

desatollar Sacar de un atolladero: *el carro se desatolló.* — v.tr/prnl.

desatolondrar Quitar el atolondramiento o aturdimiento, recuperar el sentido: *al recibir mi bofetada ella se desatolondró.* — v.tr/prnl. / = desaturdir

desatontarse Salir una persona del atontamiento en que se encontraba: *se desatontó con sólo verla entrar en el bar.* — v.prnl. / coloquial

desatorar
1 Deshacer la estiba de un barco o remover la carga que ya estaba colocada convenientemente. — v.tr/NÁUTICA / = desarrumar
2 Retirar los escombros que obstruyen un hueco o excavación: *desatorar un pozo.* — MINERÍA / = desatibar

desatornillar Dar vueltas a un tornillo para poder sacarlo de donde está: *los desatornilló con cuidado para no resquebrajar la madera.* — v.tr. / = destornillar

desatracar
1 Separar una embarcación del atracadero: *el barco se desatracó del embarcadero.* — v.tr/prnl./conj: sacar / NÁUTICA
2 Alejarse una embarcación de la costa cuando su proximidad ofrece peligro. — v.intr. / NÁUTICA

desatraillar Quitar la traílla o correa a los perros: *desatraílló los podencos para dar inicio a la cacería.* — v.tr. / conj: aislar

desatrampar Desatascar o limpiar un conducto de impedimentos o cosas que lo obstruyen. — v.tr/= desatascar, desobstruir

desatrancar
1 Retirar la tranca que cierra o atranca una puerta o una ventana: *finalmente logró desatrancar los postigos.* — v.tr. / conj: sacar
2 Desatascar, quitar lo que obstruye un conducto: *no puedo desatrancar las cañerías.* — = desatrampar, desatascar

desatufarse
1 Dejar de estar una persona enfadada: *Pedro se desatufó con sus colegas.* — v.prnl. / ≠ enojarse
2 Quedar una persona libre del ambiente cargado de una habitación: *salió del salón al jardín para desatufarse.*

desaturdir Quitar el aturdimiento, recuperar el sentido: *al darle el aire, se ha desaturdido.* — v.tr/prnl. / = desencalabrinar

desautorización Acción y resultado de no dar crédito o autorización a algo: *su desautorización bloqueó el plan económico.* — s.f. / = desaprobación / ≠ autorización

desautorizado, a
1 Que no tiene autoridad, crédito o prestigio: *personal desautorizado.* — adj. / ≠ autorizado
2 Que no está permitido, explícitamente denegado. — = prohibido

desautorizar
1 Quitar autoridad, poder o crédito: *han desautorizado la flexibilidad horaria.* — v.tr/prnl./conj: cazar / = prohibir
2 Manifestar una persona que las declaraciones de otra no son ciertas o fundadas. — = desacreditar

desavahamiento Acción y resultado de desavahar. — s.m.

desavahar
1 Dejar enfriar una cosa que está muy caliente hasta que no exhale vaho: *desavahó la sopa antes de empezar a tomarla.* — v.tr.
2 Exponer una cosa al aire o al viento para quitarle el moho o para secarla: *desavahó la ropa de cama antes de preparar las habitaciones.* — = orear
3 Manifestar una persona sus pensamientos o sentimientos más íntimos: *necesita desavaharse con alguien para liberarse de la angustia.* — v.prnl. / = desahogarse

desavecindado, a Se refiere a la casa o lugar que está desierto o desamparado de los vecinos. — adj.

desavecindarse Ausentarse de un lugar, cambiando de domicilio: *se desavecindaron y se fueron de nuevo a vivir a la capital.* — v.prnl.

desavenencia Discordia o falta de acuerdo: *las desavenencias matrimoniales entre ellos son frecuentes.* — s.f. / = desacuerdo

desavenido, a Se refiere al que no mantiene buena relación con otras personas: *son dos hermanos, pero siempre han estado desavenidos.* — adj. / = enemistado

desavenir Hacer que dos o más personas dejen de estar de acuerdo: *tu hermana y mi cuñado se han desavenido.* — v.tr/prnl. / conj: venir / = desconvenir

desaventajado, a Que está en desventaja: *es una alumna desaventajada respecto al resto de la clase, no podrá superar el curso.* — adj. / ≠ aventajado

desaviar (Derivado de vía.)
1 Apartar o desviarse una persona del camino que debe seguir o llevarla por uno equivocado: *se desvió del verdadero camino.* — v.tr/prnl. / conj: vaciar / = descaminar
2 Dejar a una persona sin lo necesario o no dárselo: *lo desvió de las herramientas precisas.* — ≠ proporcionar

desavío
1 Acción y resultado de desaviar o desaviarse. — s.m.
2 Trastorno, incomodidad: *si no te resulta un desavío ven conmigo al médico.*

desavisado, a Que es ignorante o incauto. — adj/s.

desavisar Dar una contraorden a una persona. — v.tr.

desayudar Poner inconvenientes para que una persona reciba ayuda: *desayudaba negándose a colaborar con la organización.* — v.tr/prnl. / = impedir

desayunador Habitación contigua a la cocina que se utiliza como comedor informal. — s.m. / Méx.

desayunar
1 Tomar el desayuno: *no desayuna porque al levantarse no tiene hambre.* — v.intr/prnl.
2 Comer en el desayuno: *desayunó fruta, cereales y un yogur.* — v.tr.
3 Enterarse de aquello que se ignoraba: *entonces se desayunó de los rumores que circulaban sobre su matrimonio.* — v.prnl.

desayuno (Derivado de ayunar < lat. vulgar jajunare.)
1 Primera comida del día: *mi desayuno es siempre muy ligero.* — s.m.
2 Alimentos que se consumen en el desayuno: *el desayuno de la dieta consiste en dos tostadas y una infusión.*
3 Acción de desayunar.

desayustar
1 Separar las piezas de madera que están ensambladas. — v.tr/CARPINTERÍA
2 Deshacer el ajuste o unión de dos cabos. — NÁUTICA

desazogar Eliminar el azogue o mercurio de una sustancia. — v.tr/conj: pagar / QUÍMICA

desazón
1 Falta de sabor y gusto: *la desazón de este bacalao me sorprende, ¿lo has desalado en exceso?* — s.f. / = insipidez
2 Molestia causada por un picor en el cuerpo. — = picazón
3 Disgusto, descontento: *no puede disimular su desazón por el suspenso; el enfrentamiento con el jefe creó desazón en la oficina.* — = contrariedad / ≠ sosiego, tranquilidad
4 Malestar interior, poca salud.
5 Falta de sazón, de tempero, de buena disposición en que se hallan las tierras que se han de cultivar. — AGRICULTURA

desazonado, a
1 Se refiere a la persona que está disgustada: *anda desazonada desde que le dijiste aquello.* — adj. / = inquieto
2 Que está enfermo o indispuesto: *desde que está embarazada pasa la mitad del tiempo desazonada.*
3 Se refiere al terreno que está mal preparado para un determinado fin, en especial para su cultivo. — AGRICULTURA

desazonar
1 Causar disgusto o enfado a una persona: *esta noticia desazona a cualquier persona sensible.* — v.tr/prnl. / = inquietar
2 Quitar la sazón o el sabor a un alimento: *la humedad desazonó la cecina.* — v.tr. / COCINA
3 Sentirse una persona enferma o indispuesta: *tras la copiosa comida se desazonó.* — v.prnl.

desazufrar Quitar el azufre que contiene una sustancia. — v.tr. / QUÍMICA

desbabar
1 Purgar, echar las babas. — v.intr/prnl.
2 Quitar la baba a los caracoles. — v.tr.
3 Quitar la baba o jugo viscoso que genera la baya del café y del cacao cuando está madura. — Méx., Perú, P. Rico, Venez.

desbagar Sacar la linaza de la baga o cápsula que la contiene: *con el calor se ha desbagado la linaza.* — v.tr/prnl. / conj: pagar

desbalagar Dispersar, esparcir. — v.tr/conj: pagar / Méx.

desbancadura
1 Movimiento de arrastre de hielo en un río durante el deshielo. — s.f. / GEOGRAFÍA
2 Momento en que se produce este arrastre. — GEOGRAFÍA

desbancar
1 Suplantar, usurpar una posición perteneciente a una persona para ocuparla uno mismo: *el nuevo empleado desbancó a sus compañeros.* — v.tr. / conj: *sacar* = *reemplazar*
2 Hacer que una persona pierda el favor o el afecto de otra para ganarlo uno mismo: *al caer enfermo desbancó a su hermano de los mimos de sus padres.*
3 Ganar a la banca todo el dinero que ésta puso de contado para mantener el juego. — JUEGOS
4 Quitar los bancos que hay en un lugar.

desbandada
1 Acción y resultado de desbandarse: *el disparo provocó la desbandada de todos los pájaros.* — s.f.
2 **a la o en desbandada:** De forma desordenada y confusa: *los atracadores huyeron en desbandada.* — loc.adv.

desbandarse
1 Huir en desorden y de forma confusa: *el rebaño se desbandó al oír el disparo del cazador; los integrantes de la manifestación se desbandaron.* — v.prnl. = *desparramarse* ≠ *agruparse*
2 Separarse una persona o un animal de un grupo.
3 Dejar de cumplir una persona una obligación. — = *desertar*

desbanque Acción y efecto de arrastrar un río los trozos de hielo. — s.m. GEOGRAFÍA

desbañado, a Se refiere al azor que no ha tomado el agua los días que vuela. — adj. CAZA

desbarajustar (Probablemente derivado intensivo de *barahustar*, desbaratar < *vara* + *hustar* < bajo lat. *justare*, azotar.) Alterar el orden de una cosa: *llegaron ellas y nos desbarajustaron todos los planes.* — v.tr. = *desordenar*

desbarajuste Desorden o gran confusión: *con tanta gente entrando y saliendo, la fiesta fue un desbarajuste.* — s.m./= *barullo, lío* ≠ *orden*

desbaratado, a Se refiere a la persona que lleva una vida desordenada e irregular. — adj./s. coloquial

desbaratador, a Que desbarata, deshace, arruina o impide que se realice: *se convirtió en el desbaratador de la fortuna familiar; era desbaratador y locuaz.* — adj./s.

desbaratamiento
1 Acción y resultado de desbaratar. — s.m./= *desbarate*
2 Desconcierto que se produce a una persona: *su presencia le produjo cierto desbaratamiento.*

desbaratar (Derivado de *barato* < *baratar*, hacer negocios.)
1 Deshacer o arruinar una cosa: *vas a desbaratar la radio con tanto golpe.* — v.tr./= *descomponer, desmontar*
2 Hacer que no sigan adelante o no se realicen planes, intrigas o proyectos: *desbarató todos mis proyectos; se desbarataron sus planes de fuga.* — v.tr/prnl. = *frustrar*
3 Gastar los bienes con insensatez o exceso: *desbarató la herencia en cuanto la recibió.* — v.tr. = *derrochar*
4 Introducir el desorden y la confusión en las filas enemigas. — MILITAR
5 Decir una persona disparates: *se pasó todo el viaje desbaratando y sus compañeros rieron mucho.* — v.intr. = *disparatar*
6 Hablar u obrar alocadamente una persona: *se desbarata con frecuencia.* — v.prnl. = *descomponerse*

desbarate
1 Acción y resultado de desbaratar. — s.m./tb: *desbarato*
2 **desbarate de vientre:** Diarrea, cólico, repetición frecuente de evacuaciones. — coloquial
3 **al desbarate:** Casi de balde o sin coste alguno: *al desbarate consiguió varias libras de carne y tabaco que revendió en el mercado negro.* — loc.adv.

desbarbado, a
1 Que no tiene barba: *hace tanto tiempo que llevas barba que, ahora, desbarbado, te veo raro.* — adj./despectivo = *rasurado*
2 Operación con la que se eliminan las rebabas de una pieza estampada o matrizada. — s.m./MECÁNICA, METALURGIA
3 Acción de desbarbar las piezas de metal. — METALURGIA

desbarbadora Máquina de muelas con la que se desbarban las piezas de metal. — s.f. METALURGIA

desbarbadura
1 Acción de desbarbar. — s.f.
2 Eliminación de barbas y rebabas de las piezas de fundición: *en la desbarbadura del acero se emplean la soplete y la sierra de cinta.* — METALURGIA

desbarbar
1 Quitar las hiladas o los pelos de una cosa, en especial, las raíces delgadas de las plantas y los filamentos del borde del papel. — v.tr.
2 Afeitar la barba de una persona: *en verano siempre se desbarba para no tener tanto calor.* — v.tr/prnl./coloquial = *rasurarse*
3 Eliminar las rebabas de una pieza metálica. — v.tr./METALURGIA
4 Quitar las rebabas de una pieza estampada o matrizada. — MECÁNICA, METALURGIA
5 Rebajar la parte saliente de un molde para evitar que deje marca en el tiraje. — ARTES GRÁFICAS

desbarbillar Cortar las raíces de los troncos de las vides nuevas. — v.tr. AGRICULTURA

desbardar Quitar la cubierta que resguarda una tapia. — v.tr.

desbarnizar Quitar el barniz: *desbarnizó las puertas para darles una capa de laca blanca.* — v.tr. conj: *cazar*

desbarrar
I (Del ant. *desvarar*, resbalar.)
1 Moverse o deslizarse rozando sobre una superficie. — v.intr./= *resbalar* = *desvariar, disparatar*
2 Hacer o decir disparates: *cuando se enfada desbarra mucho.*
II (Probablemente derivado de *barra*.) Lanzar una persona la barra lo más lejos posible sin preocuparse de hacer blanco. — v.intr. JUEGOS

desbarretar Quitar las barretas a lo que está reforzado con ellas. — v.tr.

desbarrigado, a Que tiene poca barriga. — adj.

desbarrigar Herir o abrir la barriga de una persona o un animal: *las leonas desbarrigaron de un zarpazo a los venados.* — v.tr. conj: *pagar*

desbarro Acción y resultado de desbarrar: *tuvo que aguantarle toda la noche sus desbarros y tonterías.* — s.m. = *disparate*

desbastado Proceso al que se somete el lingote en la primera fase de la laminación. — s.m. METALURGIA

desbastador Herramienta que se usa para desbastar. — s.m./TECNOLOGÍA

desbastadora Primera carda que se da a la lana, que consiste en abrir y peinar los vellones o borra. — s.f. TECNOLOGÍA

desbastadura Resultado de desbastar. — s.f./= *desbaste*

desbastar
1 Quitar las partes más gruesas o bastas de una cosa para labrarla: *desbastar la madera.* — v.tr. = *pulir*
2 Gastar o debilitar una cosa.
3 Quitar la tosquedad o la incultura a una persona: *en el colegio lo desbastaron.* — v.tr/prnl./coloquial = *educar*
4 Dar una forma aproximada a una pieza que se encuentra en el proceso de mecanizado. — TECNOLOGÍA
5 Disminuir el espesor de una espiga para que encaje en la muesca o ranura. — TECNOLOGÍA
6 Ejecutar la primera talla en un bloque de piedra. — TECNOLOGÍA
7 Despojar de la costra terrosa el diamante en bruto. — TECNOLOGÍA
8 Aplomar el caballo para la doma. — EQUITACIÓN
9 Restregar la res sus cuernos en los troncos de los árboles para eliminar la piel que los recubre. — ZOOLOGÍA

desbaste
1 Acción y resultado de desbastar. — s.m./= *desbastadura*
2 Estado de una materia que va a ser labrada y que ha sido despojada de sus partes más bastas.
3 Operación preliminar de una operación de acabado. — TECNOLOGÍA
4 Primer acabado de la pieza óptica que se lleva a cabo usando abrasivos, diamantes o herramientas. — ÓPTICA
5 Operación de talla de un bloque de piedra u otro material duro, dejando cierta cantidad de material alrededor de las formas definitivas. — ARQUITECTURA, ARTE

desbastecido, a Que no tiene bastimentos o provisiones: *la ciudad quedó desbastecida por el cerco enemigo.* — adj. tb: *desabastecido*

desbautizarse (Derivado de *bautizar*.) Mostrarse enfadado o irritado, impacientarse mucho: *se desbautiza cuando le quitan la razón.* — v.prnl./conj: *cazar* coloquial = *enfadarse*

desbazadero Sitio húmedo y resbaladizo: *rodaron por un desbazadero de la umbría de la montaña.* — s.m.

desbeber Expeler la orina: *bebió tanta cerveza que no paró de desbeber en toda la noche.* — v.intr./coloquial = *orinar*

desbecerrar
1 Separar a los becerros de sus madres. — v.tr.
2 Hacer que los becerros dejen de mamar. — = *destetar*

desblanquecido, a Blanquecino, que tira a blanco: *cubrieron el cadáver con un desblanquecido lienzo.* — adj. = *desblanquiñado*

desbloquear
1 Suprimir los obstáculos que impiden el desarrollo de una acción: *han desbloqueado el desarrollo de las negociaciones.* — v.tr. ≠ *bloquear*
2 Levantar el bloqueo de los créditos o bienes: *han desbloqueado la cuenta bancaria.* — COMERCIO, ECONOMÍA
3 Aflojar una pieza u otra cosa agarrotada o colapsada: *la tuerca se desbloqueó y la máquina ya funciona.* — v.tr/prnl.

desbloqueo Acción y resultado de desbloquear: *los organismos internacionales apoyaron el desbloqueo económico.* — s.m.

desbocado, a
1 Se aplica a la pieza de artillería que tiene la boca más ancha que el resto del hueco del cañón. — adj. MILITAR
2 Se refiere a la herramienta que tiene la boca gastada o mellada: *me trajo un martillo desbocado.*
3 Se aplica al escote o cuello que está demasiado abierto hacia los lados y no ajusta bien.
4 Se refiere a la caballería que deja de obedecer al freno. — EQUITACIÓN
5 Que es malhablado, desvergonzado: *es una desbocada, de sus labios sólo salen tacos e insultos.* — adj./coloquial = *descarado*

desbocamiento Acción y resultado de desbocarse: *el desbocamiento del jarrón fue culpa nuestra.* — s.m.

desbocar
1 Estropear o romper la boca a una cosa: *desbocaron* — v.tr.

una de las piezas de la cristalería, creo que fue la licorera pequeña.
2 Llegar una corriente de agua a un lugar: *este arroyo desboca en el río.* — v.intr./GEOGRAFÍA = desembocar
3 Perder una prenda de ropa su forma habitual en la parte del cuello o en las mangas: *vas a desbocar el jersey de tanto estirarlo.* — v.tr/prnl.
4 Perder una persona la contención en su comportamiento o su lenguaje: *cuando escuchó aquellos insultos, se desbocó enfadado.* — v.prnl./= desmandarse/≠ comedirse, contenerse
5 Dejar de obedecer una caballería al freno. — conj: sacar

desbonetarse Quitarse una persona el bonete. — v.prnl./coloquial

desboquillar Quitar o romper la boquilla de una cosa: *la flauta se desboquilló al caer.* — v.tr/prnl.

desbordable Que se puede desbordar: *los desbordables ríos mediterráneos.* — adj.

desbordamiento
1 Acción y resultado de desbordar o desbordarse, de rebasar un límite: *el servicio de protección civil avisó del inminente desbordamiento del río.* — s.m. = desborde, riada, llena
2 Falta de moderación en la conducta. — = desenfreno
3 Superación de la capacidad de un registro de ordenador durante la ejecución de una operación. — INFORMÁTICA
4 Obtención de un resultado cuya longitud es excesiva o de un número que supera el máximo de la máquina. — INFORMÁTICA = overflow

desbordante
1 Que desborda o se desborda: *desbordante de alegría; el autobús está desbordante de gente.* — adj. = rebosante
2 Que sale de sus límites o de la medida: *lo hizo con una facilidad desbordante.*

desbordar (Derivado de *borde* < fr. *bord* < germ. *bord*, orilla.)
1 Salir de los bordes, rebasar un límite o una previsión: *con las últimas lluvias, el río se desbordó; tanta demanda de pedidos ha desbordado a la empresa.* — v.intr/prnl. = rebosar
2 Sobrepasar una cosa o una situación la capacidad intelectual o emocional de una persona: *el exceso de responsabilidades le desborda.* — v.tr. = sobrepasar

desbornizar Arrancar el corcho virgen o bornizo a un alcornoque. — v.tr. conj: cazar

desboronar Desmoronar, descomponer una cosa en partes. — v.tr/prnl./=deshacer

desborrador, a
1 Persona que quita la borra o los nudos que quedan después de tejer la lana. — s. TEXTIL
2 Aparato utilizado para desborrar el paño. — TEXTIL

desborrar Quitar la borra o los nudos a los paños. — v.tr./TEXTIL

desboscar Limpiar un terreno de matas y malezas. — v.tr./conj: sacar AGRICULTURA

desbotonar
1 Hacer saltar el botón de un florete en esgrima. — v.tr./DEPORTES Amér. Central y Merid.
2 Quitar los botones y la guía a las plantas, para impedir su crecimiento y hacer que sus hojas aumenten de tamaño. — BOTÁNICA

desbragado, a
1 Que no lleva bragas. — adj./coloquial
2 Desharrapado, que es muy pobre: *su desbragada familia intentó que todos sus hijos tuvieran una buena educación.* — adj/s. despectivo

desbraguetado, a Que lleva la bragueta del pantalón abierta o mal abrochada. — adj./coloquial, vulgar

desbravador, a Persona que tiene por oficio desbravar y amansar el ganado. — s.

desbravar
1 Hacer manso el ganado cerril, mular o caballar. — v.tr./= amansar
2 Perder parte de la bravura: *el caballo se desbravó, gracias a la doma.* — v.intr/prnl. = desbravecer
3 Perder ímpetu o violencia: *él no se desbravó; habla con él a ver si se desbravas.* — = calmarse
4 Perder una bebida alcohólica su fuerza: *el cava se ha desbravado por tenerlo destapado tanto rato.* — = desvirtuar

desbravecer Desbravar [en todas sus acepciones]. — v.intr/prnl. conj: carecer

desbrazarse Extender los brazos y hacer movimientos violentos con ellos: *en el andén del metro se desbrazaba para decirle no se qué.* — v.prnl. conj: cazar

desbrevarse Perder fuerza y vitalidad, especialmente el vino que se ha echado a perder. — v.prnl.

desbridamiento Acción y resultado de cortar un tejido o limpiar una llaga. — s.m. MEDICINA

desbridar
1 Cortar un tejido fibroso que puede causar estrangulación en algún órgano. — v.tr. MEDICINA
2 Limpiar una llaga de sustancias fibrosas que impiden la secreción de pus. — MEDICINA

desbriznar
1 Reducir a briznas, dividir en trozos muy pequeños: *desbriznó la carta para que nadie pudiera recomponerla.* — v.tr. = desmenuzar

2 Quitar los estambres a la flor del azafrán. — AGRICULTURA
3 Quitar los hilos de las legumbres verdes.

desbroce
1 Acción y resultado de limpiar de broza un lugar: *iniciaron el desbroce antes del verano, para prevenir de incendios el bosque.* — s.m. = desbrozo
2 Cantidad de broza: *sacaron un enorme desbroce de la acequia.* — = desbrozo

desbrozadora Máquina con la que se aplasta y corta la maleza de los bosques. — s.f. TECNOLOGÍA

desbrozado Operación de quitar la broza de un lugar: *hicieron el desbrozado antes de la corta.* — s.m. = desmotado

desbrozar
1 Limpiar o quitar la broza de un lugar, un terreno o un camino. — v.tr/conj: cazar = desembrozar
2 Eliminar la materia vegetal que se ha adherido a la lana. — TEXTIL

desbrozo Desbroce, acción y resultado de quitar la broza o cantidad de ella que se recoge. — s.m.

desbruar (Del fr. *ebrouer*, quitar la grasa al tejido, < fr. ant. *brou*, caldo < germ. *brod*.) Quitar la grasa a un tejido para meterlo en el batán. — v.tr. conj: actuar TEXTIL

desbrujar (Derivado de *orujo*.) Desmoronar, deshacer o decaer: *la tormenta desbrujó la pared.* — v.tr. = desboronar

desbuchar
1 Echar las aves lo que tienen en el buche. — v.tr./= desembuchar
2 Quitar el saín o la grasa a un animal. — = desainar
3 Disminuir o aliviar el buche de las aves de cetrería. — CAZA

desbulla Parte que queda de la ostra después de quitar el cuerpo del animal. — s.f.

desbullador Tenedor para ostras. — s.m.

desbullar (Del port. *esbulhar*, pelar.)
1 Sacar la ostra de su concha. — v.tr.
2 Quitar la cáscara o la envoltura de una cosa: *desbulló las almendras para prepararar el turrón.*

desburbujador Dispositivo para eliminar las burbujas del aire de un líquido que ha de ser inyectado en el organismo. — s.m. TECNOLOGÍA

desburocratizar Eliminar el carácter burocrático a algo o disminuir las competencias de los servicios administrativos. — v.tr. conj: cazar POLÍTICA

descabal Que no es justo, completo o exacto. — adj./≠ cabal

descabalado, a Que está incompleto o que le falta una parte: *el volumen está descabalado, alguien ha arrancado algunas páginas.* — adj. ≠ cabal

descabalamiento Acción y resultado de quitar o perder algo. — s.m.

descabalar (Derivado de *cabo*.) Dejar una cosa incompleta, especialmente un conjunto: *al romperse una taza, se descabaló el juego de café.* — v.tr/prnl. ≠ completar, reunir

descabalgadura Acción de bajar de una caballería: *hizo una aparatosa descabalgadura ante la dama.* — s.f. = desmonte

descabalgar
1 Apearse o bajarse una persona de un caballo: *te ayudaré a descabalgar para que no te caigas.* — v.intr. conj: pagar
2 Separar las piezas de la cureña de un cañón u otra máquina de guerra: *el cañón se descabalgó tras el ataque del enemigo.* — v.tr/prnl. MILITAR

descabellado, a Que es contrario a la razón, al orden o a la prudencia: *fugarnos con todo este dinero es una idea descabellada.* — adj./= desatinado, disparatado ≠ prudente

descabellamiento Dicho o hecho inoportuno o fuera de sentido: *si haces caso a tus descabellamientos creo que se volvería loco.* — s.m. = despropósito

descabellar (Derivado de *cabello*.) Matar al toro de un pinchazo certero en la cerviz con el estoque. — v.tr. TAUROMAQUIA

descabello Acción y resultado de matar al toro hiriéndole en la cerviz. — s.m. TAUROMAQUIA

descabestrar Sacar la pata de la caballería que se ha enredado en el cabestro. — v.tr./EQUITACIÓN = desencabestrar

descabezado, a
1 Que se comporta de manera alocada: *aquel sosegado niño se convirtió en un descabezado adolescente.* — adj/s. = descerebrado
2 Que tiene poca memoria, distraído: *qué descabezada soy, no sé dónde dejé las llaves.* — adj. = desmemoriado

descabezamiento Acción y resultado de descabezar o descabezarse. — s.m.

descabezar
1 Quitar o cortar la cabeza: *descabezó varias cerillas antes de encender el fuego.* — v.tr. conj: cazar
2 Cortar la parte superior o la punta de una cosa: *descabezó los maderos para dejarlos a la misma altura.* — = despuntar
3 Empezar a superar una dificultad: *cuando descabezamos el problema era ya demasiado tarde.* — coloquial
4 Dormir durante un corto período de tiempo: *descabezó un sueñecito antes de salir.*
5 Terminar un terreno en otro: *el sembrado descabeza en aquellos eriales.* — v.intr.

6 Pensar insistentemente en una cosa o persona: *se descabeza sin encontrar ninguna solución.* — v.prnl./coloquial / = descalabazar

7 Separarse los granos de las espigas: *con la lluvia y el pedrisco se descabezó el trigo.* — AGRICULTURA / = desgranar

8 Destituir, sacar a una persona de su cargo. — v.tr./Colomb.

9 Disminuir la graduación de un licor añadiéndole agua. — Bol., P. Rico.

descabritar Separar a los cabritos de sus madres o hacer que dejen de mamar. — v.tr. / = destetar

descabullirse (Probablemente del lat. vulgar *excapulare* < *capulare*, enlazar animales < *capere*, coger.)
1 Escaparse o escabullirse de entre las manos de una persona. — v.prnl./conj: *mullir* / = escabullirse
2 Irse con disimulo una persona de un lugar: *consiguió descabullirse de la fiesta antes de que le hicieran cantar.* — = escabullirse

descachalandrado, a Que está desaliñado o va andrajoso. — adj. / Amér.

descachalandrarse Descuidarse en la forma de vestir o en el aseo personal. — v.prnl. / Amér.

descachar Descornar o arrancar los cuernos a un animal. — v.tr./Colomb., Méx., Chile, Venez.

descacharrante
1 Que descacharra o destroza. — adj.
2 Que provoca carcajadas: *te recomiendo que la veas porque es una comedia descacharrante.* — = tronchante / coloquial

descacharrar
1 Romper o estropearse una cosa: *en pocos meses se descacharraron todos los electrodomésticos de la casa; pronto descacharró el coche nuevo.* — v.tr/prnl. / tb: escacharrar / coloquial
2 Malograr o hacer fracasar una cosa, un plan, un proyecto: *como se puso enfermo, descacharró las vacaciones ya programadas con sus amigos.* — = estropear / coloquial
3 Causar o provocar carcajadas: *se descacharraba viendo a los payasos.* — = troncharse / coloquial

descaderar Herir gravemente a una persona o un animal en las caderas: *mi vecina se descaderó al caer de la terraza.* — v.tr/prnl. / = ringar, derrengar

descadillador, a Persona que descadilla la lana. — s./TEXTIL / = desmotador

descadillar Limpiar la lana de cadillos o primeros hilos de la urdimbre. — v.tr. / TEXTIL

descaer Decaer, ir a menos. — v.intr./conj: *caer*

descafeinado, a
1 Se refiere al café que se obtiene al quitarle la totalidad o parte de la cafeína: *he pedido un descafeinado para que no me quite el sueño.* — adj.s.m.
2 Que ha sido privado de sus elementos más perjudiciales o nocivos: *este video puede verlo cualquiera, es porno descafeinado.* — adj.
3 Que ha sido privado de sus elementos originarios, principales o esenciales: *aplican una versión descafeinada de su ideología.* — = desvirtuado

descafeinamiento Proceso mediante el que se pierden las características esenciales: *falta saber cuál será la reacción del partido ante este descafeinamiento de su programa.* — s.m.

descafeinar
1 Suprimir o reducir la cafeína del café. — v.tr./conj: *aislar*
2 Disminuir o atenuar la fuerza de lo que se considera violento o peligroso: *la revuelta se ha descafeinado.* — = mermar

descafilar (De *des-*, prefijo negativo + ár. *cafr*, asfalto, betún.) Limpiar las desigualdades o el mortero viejo de las baldosas o de los ladrillos para que encajen bien. — v.tr. / CONSTRUCCIÓN / tb: descacilar, escafilar

descalabazarse Esforzarse mucho en averiguar una cosa sin conseguirlo: *Juan se descalabazaba sin lograr resolver el enigma.* — v.prnl./conj: *cazar* / coloquial / = descrismarse

descalabrado, a Que resulta perjudicado o malparado en un asunto: *salió descalabrado de aquel negocio.* — adj/s.

descalabradura Herida producida por un golpe recibido en la cabeza y cicatriz que queda de ese golpe: *al caer por la escalera se hizo varias descalabraduras, pero la de la frente fue la más grave.* — s.f.

descalabrar (Derivado de *calavera*.)
1 Herir a una persona o a un animal en la cabeza o en otra parte del cuerpo: *se descalabró al bajar las escaleras.* — v.tr/prnl. / = escalabrar
2 Causar un daño o perjuicio: *la acusación le descalabró por completo.* — = perjudicar, dañar
3 **descalábrame con eso** Expresión irónica que se utiliza para indicar la convicción de que el interlocutor no cumplirá lo prometido.

descalabro Suceso en el que se experimenta un contratiempo, un daño o un perjuicio: *la guerra significó un descalabro para el pueblo entero.* — s.m. / = desastre, infortunio

descalcador Instrumento usado para descalcar los junturas de los barcos. — s.m. / NÁUTICA

descalcar Sacar las estopas viejas de las junturas de las maderas de un barco. — v.tr./conj: *sacar* / NÁUTICA

---

descalce Pequeña excavación, hoyo que se hace alrededor de los árboles y plantas para retener el agua del riego. — s.m. / = alcorque, socava

descalcez
1 Calidad de descalzo. — s.f./pl: descalceces
2 Voto de ciertas órdenes religiosas que obligaba a sus miembros a llevar los pies descalzos: *la descalcez de las carmelitas.* — RELIGIÓN

descalcificación
1 Acción y resultado de descalcificar o descalcificarse los huesos u otros tejidos orgánicos: *el proceso de descalcificación es más intenso en mujeres que en hombres.* — s.f. / MEDICINA / tb: descalcificación
2 Disolución de la parte calcárea de una roca o un suelo por la acción de las aguas arroyadas o infiltradas. — AGRICULTURA, GEOLOGÍA

descalcificar Eliminar o disminuir el calcio contenido en un tejido orgánico: *los huesos se descalcifican con los años.* — v.tr/prnl./conj: *sacar* / MEDICINA / = decalcificar

descalificación
1 Acción y resultado de descalificar de una competición: *su descalificación del torneo ha sido injusta.* — s.f. / DEPORTES
2 Supresión o disminución de la autoridad, el crédito o la reputación de una persona como consecuencia de una actuación indebida: *el escrito estaba lleno de insultos y descalificaciones.* — = desautorización, desprestigio-

descalificar
1 Quitar o disminuir el crédito, prestigio o fama de una persona como consecuencia de una actuación indebida: *toda la crítica ha descalificado al director por sus declaraciones.* — v.tr./conj: *sacar* / = desacreditar, desprestigiar, desautorizar
2 Dejar a un deportista o equipo fuera de una competición por alguna falta o incorrección cometida. — DEPORTES

descalostrado, a Se aplica al niño que ya ha pasado los días del calostro. — adj.

descalzamiento
1 Labor ejecutada con azadón o arado que consiste en retirar la tierra del pie de la cepa o el árbol. — s.m. / AGRICULTURA
2 Accidente que eleva y deja al descubierto las raíces de las plantas. — AGRICULTURA

descalzar (Del lat. *discalceare* < *calceare*, calzar < *calcens*, zapato.)
1 Quitar el calzado a una persona: *el zapatero descalzó al cliente; se descalzó al entrar en el templo.* — v.tr/prnl. / conj: *cazar*
2 Quitar el calzo o la cuña que frenaba una cosa: *descalzó el coche y empezó a rodar calle abajo.* — v.tr.
3 Cavar por debajo de un terreno. — = socavar
4 Retirar la tierra del pie de la cepa o árbol. — AGRICULTURA
5 Dejar a la intemperie las raíces de las plantas. — AGRICULTURA
6 Perder una caballería una o varias herraduras. — v.prnl.
7 Pasar un fraile a la condición de descalzo: *se descalzó y cambió de orden al no encontrar la paz.* — RELIGIÓN

descalzo, a (Del lat. vulgar *discalcens*.)
1 Que tiene los pies desnudos: *el niño está descalzo y medio desnudo.* — adj.
2 Que no tiene los recursos necesarios para vivir. — = desnudo, pobre
3 Se refiere al religioso o a la orden que profesa descalcez. — adj/s. / RELIGIÓN

descamación
1 Renovación y caída de la epidermis seca en forma de pequeñas escamas. — s.f. / MEDICINA
2 Disgregación de una roca en forma de escamas concéntricas. — GEOLOGÍA

descamar
1 Quitar las escamas a los peces: *primero descama las sardinas y luego las lavas bien.* — v.tr. / = escamar
2 Caerse la piel en laminillas: *en primavera se suelen descamar las manos.* — v.prnl.

descambiar
1 Deshacer un cambio o un trueque. — v.tr./= destrocar
2 Devolver una cosa comprada a cambio de otra: *si no te gusta el color de la camisa, puedo descambiarla.*
3 Convertir billetes o monedas grandes en dinero menudo equivalente, o viceversa. — Amér. Central y Merid.

descaminado, a Que está equivocado: *andas muy descaminada si es esto lo que piensas.* — adj. / = desencaminado

descaminar
1 Apartar a una persona del camino que debe seguir o llevarle por uno equivocado: *durante la excursión mi hermano se descaminó.* — v.tr/prnl./≠ desviar, desorientar, extraviar / ≠ descaminar
2 Incitar a una persona a obrar indebidamente o apartarle de un buen propósito: *descaminó a Juan cuando supo que podían ganar mucho dinero juntos.* — = descarriar, desencaminar

descamino
1 Acción y resultado de descaminar o descaminarse. — s.m.
2 Lo que se quiere introducir de contrabando.
3 Acción o palabras disparatadas, imprudentes o poco acertadas. — = desatino, despropósito

descamisado, a
1 Que no lleva camisa o lleva los faldones de la misma por fuera del pantalón. — adj. / coloquial

2 Que es muy pobre: *acogió a varios descamisados y les dio medios para salir de su situación.* — adj/s. despectivo

descampado, a
1 Se aplica al terreno que está limpio de malezas y tropiezos: *se reunieron en un descampado.* — adj/s.m. tb: escampado
2 en descampado: Al aire libre, a campo raso: *durmieron en descampado al no encontrar una fonda.* — loc. adv.

descampar Despejar un sitio de maleza u obstáculos: *descamparon la explanada para hacer allí un campo de fútbol.* — v.tr. = escampar

descangayado, a (Voz lunfarda.) Que está arruinado o deteriorado o es inservible o viejo. — adj. tb: descangallado

descangayar (Voz lunfarda.) Descomponer, producir un daño o deterioro. — v.tr./= descangallar, descoyuntar

descansadero Lugar adecuado para descansar. — s.m.

descansado, a
1 Se refiere a la actividad que no exige mucho trabajo o esfuerzo: *tiene un oficio descansado.* — adj. = relajado
2 Que produce una satisfacción o tranquilidad semejantes al descanso. — = tranquilizador

descansar
1 Hacer una pausa en una actividad para reposar o para reponer las fuerzas: *descansaremos en este pueblo y luego seguimos ruta.* — v.intr. = holgar
2 Tener algún alivio en las preocupaciones, daños o penas: *le dijeron las notas y descansó.* — = aliviarse
3 Obtener alivio o consuelo comunicando a una persona los males o penalidades que se padecen: *estaban muy unidos y descansaban el uno en el otro, contándose sus problemas.* — = apoyarse, desahogarse
4 Dormir, guardar una persona reposo: *no puedo darle ahora tu recado porque está descansando.* — = reposar
5 Poner una persona toda su confianza en otra: *descanso en Juan para salir adelante.* — = confiar
6 Apoyarse o estar asentada una cosa sobre otra: *el tejado descansa sobre cuatro pilares.* — v.intr/tr. = asentarse
7 Estar una tierra de labor uno o más años sin cultivar: *dejaron descansar la huerta un tiempo para sacarle después mayor rendimiento.* — v.intr. AGRICULTURA
8 Estar enterrado: *la abuela descansa en paz.* — v.intr.
9 Ayudar a una persona en un trabajo. — v.tr.

descansillo Rellano entre dos tramos de escalera: *se cruzaron y se pararon en el descansillo para explicarse sus aventuras nocturnas.* — s.m. = descanso

descanso
1 Pausa o reposo en el trabajo o en la actividad que se realiza. — s.m.
2 Alivio en la fatiga, en las preocupaciones, daños o penas: *la llegada de tu hermana ha sido un descanso para ti.* — = respiro
3 Rellano de una escalera: *cayó rodando y se paró en el descanso.* — = descansillo
4 Intermedio en un espectáculo, partido o reunión: *aprovecharon el descanso de la obra para tomar un refresco en el bar del teatro.*
5 Base o fundamento sobre el que se apoya una cosa.
6 Calzado que se usa en los deportes de invierno durante el tiempo que no se realiza una actividad deportiva. — DEPORTES
7 Posición militar opuesta a la de firmes. — MILITAR
8 descanso a discreción: Voz de mando que permite al soldado abandonar la posición de descanso por otra más cómoda, sin romper la fila. — MILITAR
9 descanso semanal: Interrupción de la actividad laboral semanal por un período, generalmente, de veinticuatro horas. — DERECHO
10 eterno descanso: Expresión eufemística para designar a la muerte: *rezaron una oración por el eterno descanso de todos sus antepasados.*

descantar Limpiar un lugar de cantos o piedras. — v.tr.

descantear Eliminar los cantos, ángulos o esquinas a una cosa: *descantear las piezas de fábrica.* — v.tr.

descanterar Suprimir o cortar el cantero, en especial del pan. — v.tr.

descantillar (Derivado de *canto* < lat. *cantus*, esquina, ángulo.)
1 Romper los bordes o cantos de una cosa: *el jarrón se descantilló al caerse.* — v.tr/prnl. = descantonar
2 Rebajar una cantidad: *descantilló el diez por ciento del precio.* — v.tr.

descantillón Plantilla o patrón, escantillón. — s.m.

descantonar Romper los cantos de algo: *en el viaje se descantonaron todas las mesas del envío.* — v.tr/.= descantillar, desportillar

descañar Romper la caña de las plantas. — v.tr./AGRICULTURA

descañonar
1 Quitar los cañones de las plumas de las aves. — v.tr.
2 Pasar la navaja a contrapelo para apurar el afeitado de la barba. — v.tr/prnl.

3 Quitar todo el dinero a una persona mediante engaño: *le descañonó en unas pocas bazas.* — v.tr. coloquial

descaperuzar Retirar la caperuza de la cabeza o descoserla de la prenda de la que forma parte: *se descaperuzaron al entrar en el santuario.* — v.tr/prnl. conj: cazar

descaperuzo Acción de quitar la caperuza o retirársela de la cabeza. — s.m.

descapirotar Quitar el capirote a un ave de cetrería: *descapirotó al azor para iniciar la batida.* — v.tr/prnl. CAZA

descapitalización
1 Acción y resultado de descapitalizar o descapitalizarse una empresa, institución o entidad: *la crisis económica produjo una descapitalización generalizada en las empresas.* — s.f. ECONOMÍA
2 Empobrecimiento social, económico o cultural de una comunidad.

descapitalizar
1 Dejar a una empresa o entidad sin capital: *los nuevos gestores descapitalizaron la industria familiar en poco tiempo.* — v.tr/prnl. conj: cazar ECONOMÍA
2 Perder entidad cultural un país o un grupo social: *el saqueo colonial descapitalizó al pueblo egipcio; aquella zona se descapitalizó mucho por culpa del turismo masivo.*

descapotable Se aplica al coche que tiene la capota plegable: *se ha comprado un descapotable precioso.* — adj/s.m.

descapotar Bajar o plegar la capota de un coche descapotable. — v.tr.

descapsulación Ablación de la cápsula de una víscera. — s.f. MEDICINA

descapsulador Utensilio para quitar las cápsulas metálicas que cierran las botellas. — s.m.

descapullar Quitar el capullo a una cosa: *descapulló el rosal.* — v.tr.

descarado, a
1 Que se comporta o habla con desvergüenza, sin pudor ni respeto: *¡niño, no seas descarado y, no contestes así a tu abuela!* — adj. = atrevido, fresco
2 Claramente, sin duda: *descarado que vas a ganar.* — adv/coloquial

descaramiento Comportamiento excesivamente atrevido. — s.m. = descaro

descarapelar Despellejarse, quitarse la piel o el pellejo. — v.tr. Méx.

descararse Obrar o hablar con desvergüenza, sin pudor ni respeto. — v.prnl. coloquial

descarbonatar Quitar una molécula de dióxido de carbono de una sustancia. — v.tr. QUÍMICA

descarburación Operación de separar de los carburos de hierro o de otro cuerpo, el carbono que entra en su composición. — s.f. QUÍMICA, METALURGIA

descarburante Se refiere al procedimiento que elimina el carbono de una materia, en especial del acero. — adj. METALURGIA

descarburar Eliminar total o parcialmente el carbono que contiene un cuerpo. — v.tr. QUÍMICA

descarcañalar Doblar la parte del zapato que cubre el talón: *estos zapatos se descarcañalan con facilidad.* — v.tr/prnl.

descarga
1 Acción y resultado de descargar: *los vecinos también participaron en la descarga del camión.* — s.f. ≠ carga
2 Aligeramiento de un elemento arquitectónico ante el temor de que el exceso de peso lo arruine. — ARQUITECTURA
3 Centralización total o parcial de las cargas opuestas de un condensador eléctrico. — FÍSICA
4 Liberación brusca de una sustancia en el torrente circulatorio: *descarga de adrenalina.* — MEDICINA
5 Fuego que hacen al mismo tiempo los componentes de una tropa o unidad. — MILITAR
6 Proyectil disparado por un arma: *el tanque recibió la descarga en el costado derecho.* — MILITAR
7 Carga de pólvora que proyecta una parte del artificio.
8 Exteriorización de la excitación tanto interna como externa, con el objeto de mantener un estado de tensión menor. — SICOLOGÍA
9 Ventaja que se concede a ciertos concursantes, en las pruebas de equitación. — DEPORTES
10 descarga atmosférica: La que se produce entre dos nubes o una nube y la tierra: *el rayo es un ejemplo de descarga atmosférica.*
11 descarga de agua: Aflujo rápido del agua de un depósito para arrastrar la arena, el lodo o las piedrecillas que obstruyen una canalización. — CONSTRUCCIÓN
12 descarga de aire: 1. La que sirve para limpiar canalizaciones de hierro fundido. 2 Violento desplazamiento provocado por una explosión de grisú o polvo. — CONSTRUCCIÓN MINERÍA

descargada Carta que no está cargada, en el juego de monte. — s.f. JUEGOS

descargadero Lugar donde se descargan mercancías u otras cosas: *encontró el cadáver en el descargadero del almacén.* — s.m.

descargador, a
1 Persona que tiene por oficio descargar mercancías. — s.
2 Instrumento de hierro en forma de espiral usado para extraer los tacos y proyectiles de las armas de fuego. — s.m. = sacatrapos
3 Dispositivo compuesto de dos electrodos entre los cuales tiene lugar una descarga positiva. — FÍSICA

descargadura Parte de hueso que se separa de la carne mollar al venderla. — s.f.

descargar
1 Quitar o disminuir la carga de una cosa: *descarga esas cajas con cuidado.* — v.tr./conj: *pagar* ≠ cargar
2 Liberar a una persona de un cargo u obligación: *descargó al enfermero de todas sus obligaciones.* — v.tr/prnl. = eximir, aliviar
3 Desahogar el enfado o el malhumor que se experimenta sobre otra persona: *descargó todo su mal humor sobre su madre.*
4 Dar un golpe con violencia: *le descargó una sonora bofetada ante sus compañeros.* — v.tr/intr.
5 Quitar a la carne la falda y la parte del hueso, especialmente a la del lomo. — v.tr.
6 Retirar la carga de un arma de fuego o dispararla: *descargó toda la munición sobre el enemigo.* — MILITAR
7 Dejar el cargo, empleo o puesto. — v.prnl.
8 Desembocar un río en el lugar donde acaba su curso: *el río Ebro descarga en el mar Mediterráneo.* — v.intr.
9 Declarar a una persona libre de culpa: *le han descargado de todos los delitos que le imputaban.* — DERECHO
10 Producir una nube o una tormenta lluvia, granizo o rayos: *aquellas nubes descargarán lluvia abundante.* — v.intr/tr.
11 Anular la carga eléctrica de un cuerpo: *la batería del coche se descargó.* — v.tr/prnl. ELECTRICIDAD
12 Desteñir una tela, en tintorería.
13 Cortar la parte de la impresión del pliego de arreglo para que salga clara. — ARTES GRÁFICAS
14 **¡descarguen!**: Voz de mando que indica que en el siguiente paso se descargará el arma. — interj. MILITAR

descargo
1 Acción de descargar o quitar la carga: *le alivió el descargo del saco que llevaba a hombros.* — s.m.
2 Salida de una cuenta en contraposición al cargo o entrada. — ECONOMÍA
3 Satisfacción, respuesta o excusa del cargo que se hace a alguien. — DERECHO
4 Cumplimiento de las obligaciones legales y dispensa de las que afectan a la conciencia. — DERECHO
5 **en descargo**: Como excusa o disculpa: *en su descargo, señaló que las extremas condiciones de vida no le permitieron analizar otros cultivos.* — loc.adv.

descargue Descarga de un peso o transporte: *les ayudaron a hacer el descargue.* — s.m.

descariño Despego en el cariño o falta de voluntad. — s.m.

descarnación Operación de eliminar la carne de las pieles y cueros para curtirlos. — s.f.

descarnado, a
1 Que no tiene carne: *tenía el brazo descarnado por las llagas.* — adj.
2 Se refiere a la descripción o al asunto que es crudo y desagradable y se expone sin paliativos: *es una película desagradable pero muy buena.* — = desgarrador
3 Que está muy delgado: *tienes un aspecto descarnado y famélico ¿no habrás enfermado?*
4 Que se muestra sin adornos ni rodeos.

descarnador, a
1 Que descarna. — adj.
2 Instrumento de acero, largo y con una punta curvada en un extremo y una lancilla en el otro, usado para despegar la encía de la muela o diente que se va a sacar. — s.m. MEDICINA
3 Cuchilla de filo embotado y con dos empuñaduras, usada en la descarnación de pieles. — TECNOLOGÍA

descarnadura Acción y resultado de descarnar o descarnarse. — s.f.

descarnar
1 Quitar la carne de un hueso o de la piel. — v.tr/prnl.
2 Quitar parte de una cosa o desmoronarla.
3 Quitar la parte blanda que cubre una cosa dura.
4 Debilitar o enflaquecer una persona: *la enfermedad le descarnó el cuerpo.* — v.tr. = demacrar
5 Quitar los restos de carne de una piel para curtirla.
6 Alejar a una persona de los asuntos terrenales: *las charlas con el párroco lograron descarnarlo; se descarnó para abrazar la vida religiosa.* — v.tr/prnl.
7 **descarnarse uno por otro**: Gastar la riqueza propia en beneficio ajeno: *se descarnó por él, para que acabase sus estudios.*

descaro Falta de respeto o excesivo atrevimiento en el comportamiento: *se dirigió a ellos con mucho descaro.* — s.m. = desvergüenza

descarozar Quitar el hueso o carozo a las frutas: *descarozó los duraznos para conservarlos en almíbar.* — v.tr./conj: *cazar/* Amér. Cent. y Merid.

descarriado, a Que se aparta de la conducta considerada razonable o adecuada: *el hijo menor es el descarriado de la familia.* — adj./= desencaminado/≠ encaminado, orientado

descarriamiento Acción y resultado de descarriar o descarriarse. — s.m. = descarrío

descarriar (Del cruce de *descarrerar* < *carrera*, camino, + *desviar* < *vía*.)
1 Apartar a una persona del buen camino: *las malas compañías le descarriaron.* — v.tr. conj: *vaciar*
2 Separarse o perderse una persona del grupo con el que iba. — v.prnl. = extraviarse
3 Separarse una persona de la conducta considerada razonable o adecuada: *se descarrió por culpa de su afición a la bebida.* — = pervertirse ≠ encaminarse, orientarse
4 Separar una res del resto del rebaño: *se descarriaron varias ovejas con la tormenta.* — v.tr/prnl.

descarrilador, a
1 Que descarrila o hace que un tren salga del carril. — adj.
2 Se refiere al aparato que puede provocar el descarrilamiento de un vagón.
3 Aguja instalada en el vehículo del ferrocarril que provoca el descarrilamiento si en la vía hubiese algún peligro. — s.m.

descarrilamiento
1 Acción y efecto de descarrilar: *el mal estado de las vías provocó el descarrilamiento.* — s.m. = descarrilladura
2 Acción de apartar o apartarse una persona o una cosa de la dirección que seguía. — = desviación
3 Aborto, interrupción natural o provocada del embarazo. — coloquial

descarrilar (Derivado de *carril* < probablemente del lat. vulgar *carrilis* < lat. *currilis*, del carro.) Salirse un tren de su carril: *aún no se sabe por qué descarriló, pero pronto iniciarán una investigación.* — v.intr.

descarrilladura Acción de descarrillar. — s.f.

descarrillar Quitar o romper los carrillos: *descarrilló la cabeza del cerdo para guisarla; lo descarrilló con un par de bofetadas.* — v.tr.

descarrío
1 Acción y resultado de descarriar o descarriarse. — s.m.
2 Desorientación o conducta desordenada. — = extravío

descartar (Derivado de *carta*.)
1 Excluir a una persona, una cosa o una idea de un asunto o de una elección: *los modistos italianos han descartado los colores oscuros en sus últimas colecciones.* — v.tr. = desechar, prescindir
2 Dar excusas para no hacer una cosa: *se descartó de los compromisos más duros.* — v.prnl. = excusarse
3 Dejar o desprenderse un jugador de algunas de las cartas que tiene y que considera inútiles: *se descartó de dos cuatros.* — + de JUEGOS

descarte
1 Acción de descartarse en el juego. — s.m./JUEGOS
2 Las cartas que se desechan en algunos juegos. — JUEGOS
3 Excusa para no hacer una cosa: *con disimulo les dio un descarte para no asistir a la boda.*

descartelización Disolución legal de un cártel de productores. — s.f. ECONOMÍA

descasamiento
1 Declaración de nulidad de un matrimonio. — s.m./DERECHO
2 Divorcio o repudio.

descasar
1 Separar a los que están legítimamente casados, deshacerse un matrimonio: *después de tantos años, se han descasado.* — v.tr/prnl. coloquial ≠ casar
2 Hacer que varias cosas que casaban o se correspondían dejen de hacerlo: *al unir las piezas descasó los cuadros de la falda.*
3 Separar las planas de un pliego para colocarlas en otro orden. — ARTES GRÁFICAS

descascar (Derivado de *casco*, vasija rota.)
1 Quitar la cáscara: *descascó los frutos secos para preparar la tarta.* — v.tr/conj: *sacar* = descascarar
2 Romperse una cosa en cascos o trozos: *se descascaron las barras de pan dentro de la camioneta de reparto.* — v.prnl.
3 Decir fanfarronadas o hablar sin comedimiento.

descascarar
1 Quitar la cáscara de una cosa: *descascarar las avellanas para su venta.* — v.tr. = descascar
2 Caerse o levantarse la superficie de una cosa: *se descascaró toda la pared con la humedad.* — v.prnl. = descascarillar

descascarillado
1 Acción y resultado de quitar la envoltura de los frutos o semillas. — s.m. AGRICULTURA
2 Acción de descascarillar o desportillar cualquier objeto o superficie.

descascarillar
1 Quitar la cáscara a los frutos o semillas: *pasó la tarde descascarillando piñones y almendras.* — v.tr/prnl. AGRICULTURA

2 Hacer saltar la superficie o esmalte de un objeto: *se descascarilló una parte del techo.* — = desconchar, desportillar

descaspar Quitar o limpiar la caspa a una persona. — v.tr./= escoscar

descasque Operación de descortezar los árboles, especialmente los alcornoques. — s.m. = descortezo

descastado, a
1 Que se muestra distanciado o poco cariñoso con los familiares u otras personas cercanas: *eres un descastado, deberías llamar a tu familia.* — adj/s. = desapegado
2 Que no corresponde al cariño que otros le han mostrado.

descastar Destruir una casta de animales, por lo común dañinos. — v.tr.

descatolización Acción y resultado de apartar o apartarse del catolicismo: *la influencia del protestantismo está provocando la descatolización de ese pueblo.* — s.f. RELIGIÓN

descatolizar Apartar a una persona o un pueblo de la religión católica: *con los años se fue descatolizando.* — v.tr/prnl./conj: cazar RELIGIÓN

descaudalado, a Se aplica a la persona que ha perdido su caudal o riqueza: *la enfermedad de su hijo les dejó descaudalados.* — adj. = arruinado

descebar
1 Quitar el cebo o una pequeña cantidad de pólvora a un arma de fuego. — v.tr. MILITAR
2 Vaciar el agua del interior de una bomba centrífuga, por medio de una válvula o espita. — TECNOLOGÍA

descendencia
1 Conjunto de hijos, nietos y demás descendientes de una persona por generaciones sucesivas: *me maldijo a mí y a toda mi descendencia.* — s.f. = progenie
2 Conjunto de animales que proceden de otro por generaciones sucesivas. — ZOOLOGÍA
3 Circunstancia de descender de la persona que se expresa.

descendente Que desciende o baja: *gira a la izquierda y toma el camino descendente.* — adj./= descendiente ≠ ascendente

descender (Del lat. *descendere < scandere*, subir.)
1 Bajar, pasar de un lugar alto a otro más bajo: *los escaladores descendían la cima.* — v.intr./conj: tender ≠ ascender, subir
2 Fluir, correr una cosa líquida: *el agua descendía por el barranco.*
3 Proceder una persona de cierto antepasado, linaje, pueblo o país por generaciones sucesivas: *el príncipe desciende de los Borbones.* — = provenir
4 Tener una cosa su origen en otra: *sus problemas personales descienden de su infancia.* — = derivar
5 Disminuir una cosa en cantidad o calidad: *los precios han descendido.* — = decrecer, mermar ≠ aumentar
6 Perder una persona o una cosa fuerza o intensidad poco a poco: *ha descendido en su vitalidad; sus gritos descendieron de tono.* — + de, en
7 Poner o llevar a una persona, un animal o una cosa a un lugar más bajo: *los camilleros descendieron con cuidado al enfermo de la ambulancia.* — v.tr. = bajar

descendiente
1 Que desciende: *nudo astronómico descendiente.* — adj./= descendente
2 Persona que desciende de otra: *los derechos de autor recayeron en sus descendientes.* — s.m.f.

descendimiento
1 Acción de descender: *uno de los montañeros tuvo problemas durante el descendimiento.* — s.m. = descenso
2 Bajada que se hizo del cuerpo de Jesucristo de la cruz. — RELIGIÓN
3 Composición pictórica o escultórica que representa el descendimiento de Jesucristo. — ARTE

descendista Se refiere al ciclista o al esquiador que es especialista en descensos. — adj/s.m.f. DEPORTES

descenso (Del lat. *descensum*.)
1 Acción y resultado de descender: *en el descenso tuvieron el accidente.* — s.m. = descendimiento
2 Bajada, camino o senda por donde se baja: *el descenso tenía un desnivel muy grande.*
3 Pérdida de un rango superior y caída a otro inferior: *este equipo se está ganando el descenso a pulso.*
4 Prueba de velocidad del esquí alpino: *el descenso masculino se efectúa frecuentemente a una media horaria superior a cien km.* — DEPORTES
5 Parte de una recorrido en el que el alpinista avanza descendiendo por un terreno inclinado. — DEPORTES
6 Pérdida regular de altitud de una nave. — AERONÁUTICA
7 Ciclo que sucede a la sensación de placer para el toxicómano y que conduce a una fase depresiva. — SIQUIATRÍA

descentrado, a
1 Se refiere a la persona que no está equilibrada o integrada: *aún está descentrado en la nueva empresa.* — adj./= desarraigado, inadaptado
2 Se aplica al instrumento mecánico o a la pieza de una máquina que no tiene su centro en la posición que debe ocupar. — MECÁNICA

descentralización Sistema de organización política en que se tiende a transferir a otros organismos o — s.f. POLÍTICA

cuerpos, de ámbito local o regional, parte de la autoridad que corresponde a los órganos del poder central estatal.

descentralizador, a Que descentraliza o provoca que algo dependa en menor grado del poder central: *su política descentralizadora fue la clave del éxito en ciertas autonomías.* — adj. POLÍTICA

descentralizar Hacer que una cosa dependa menos del poder o de la administración central: *pretenden descentralizar la administración.* — v.tr./conj: cazar POLÍTICA

descentramiento
1 Alteración en la posición de una cosa. — s.m./= descentración
2 Pérdida pasajera, debida a cualquier circunstancia, de la capacidad de pensar o comportarse con normalidad.
3 Desplazamiento del portaobjetivo para modificar la posición de la imagen en el visor de la cámara. — FOTOGRAFÍA

descentrar
1 Sacar una cosa de su centro: *a causa del choque, el manillar de la bicicleta se descentró.* — v.tr./prnl.
2 Hacer perder la concentración a una persona: *el ruido de la taladradora la descentró y ya no pudo seguir estudiando.* — ≠ concentrarse
3 No adaptarse a una situación o ambiente: *se descentró mucho con el nuevo equipo de trabajo.* — ≠ ambientarse
4 Eliminar la coincidencia entre los ejes de las lentes de un sistema óptico centrado. — ÓPTICA

desceñidura Acción de soltar o aflojar cualquier cosa que ciñe o es ceñida por otra. — s.f.

desceñir Quitar o aflojar una cosa que ciñe o sujeta otra: *se desciñó el cinturón después de comer.* — v.tr./prnl. conj: ceñir

descepar
I (Derivado de *cepa < cepo*.) Arrancar de raíz las plantas que tienen cepa. — v.tr. AGRICULTURA
II (Derivado de *cepo*.) Quitar los cepos a las anclas. — v.tr./NÁUTICA

descerar Quitar las celdillas vacías de las colmenas de las abejas. — v.tr.

descercado, a Se refiere al lugar abierto que no tiene ninguna cerca: *las vacas pastaban en un descercado próximo al pueblo.* — adj. ≠ cercado

descercador El que obligaba y forzaba al enemigo a levantar el sitio o cerco de una plaza o fortaleza. — s.m. MILITAR

descercar
1 Quitar la muralla de una ciudad o la cerca de un campo o una casa. — v.tr. conj: sacar
2 Levantar u obligar a levantar el sitio o cerco de una ciudad o fortificación. — MILITAR

descerco Levantamiento del cerco o sitio de un lugar: *el descerco estuvo vigilado por observadores internacionales.* — s.m. MILITAR

descerebelación Supresión definitiva o transitoria del cerebelo: *produjeron la descerebelación por seccionamiento de las conexiones de éste con el cerebro.* — s.f. MEDICINA

descerebelarse Sufrir un animal una supresión del cerebelo. — v.prnl. ZOOLOGÍA

descerebración
1 Estado producido por la pérdida de la actividad funcional del cerebro. — s.f. MEDICINA
2 Extirpación experimental del cerebro de un animal. — ZOOLOGÍA

descerebrar
1 Causar una cosa la inactividad funcional del cerebro de una persona. — v.tr. MEDICINA
2 Privar a un animal de su cerebro con fines experimentales. — ZOOLOGÍA

descerezar Quitar la carne de la baya o cereza que recubre la semilla del café. — v.tr. conj: cazar

descerrajado, a Se aplica a la persona que es perversa y de mal vivir. — adj. coloquial

descerrajadura Acción de forzar o quitar una cerradura: *la descerrajadura sirvió de pista a la policía.* — s.f.

descerrajar (Derivado de *cerraja*, cerradura *< cerrar*.)
1 Arrancar o forzar la cerradura de una cosa: *hemos descerrajado el cofre porque no encontrábamos la llave.* — v.tr.
2 Hacer disparos contra una persona o una cosa: *el ladrón descerrajó varios tiros a la policía.* — coloquial

descerrumarse Herirse una caballería la articulación del menudillo con la cerruma. — v.prnl. VETERINARIA

descervigamiento Desnucamiento, acción de descervigar a un animal. — s.m.

descervigar Doblar la cerviz o parte dorsal del cuello a un animal. — v.tr. conj: pagar

deschapar Descerrajar una cerradura. — v.tr./Amér. Merid.

descharchar Dejar a uno sin su empleo. — v.tr./Amér. Central

deschavetarse Perder el juicio, atolondrarse. — v.prnl./Amér.

deschuponar Quitar los chupones o brotes superfluos de un árbol. — v.tr. BOTÁNICA

descifrable Que puede ser descifrado: *si tienes la clave el mensaje es descifrable.* — adj. ≠ indescifrable

descifrado
1 Restitución del sentido de un mensaje o texto que es difícil de entender. — s.m.
2 Traducción de un texto cifrado aplicando la clave descodificadora.

descifrador, a Que interpreta un texto cifrado o explica algún asunto oscuro. — adj/s.

desciframiento Acción de descifrar el significado oculto de algo. — s.m. = descifre

descifrar
1 Llegar a conocer el significado de una escritura cifrada o casi ilegible o de unas palabras con sentido oculto: *los especialistas han descifrado el manuscrito.* — v.tr. = descodificar ≠ codificar, cifrar
2 Llegar a entender una cosa de difícil comprensión: *algún día descifraré el motivo de tu huida.* — = desentrañar

descimbramiento Acción y resultado de quitar las cimbras de una construcción: *el descimbramiento de la bóveda.* — s.m. CONSTRUCCIÓN

descimbrar Quitar la cimbra o armazón que provisionalmente sostiene el peso de una construcción. — v.tr./CONSTRUCCIÓN/= descintrar

descimentar Deshacer los cimientos sobre los que se levanta un edificio. — v.tr./conj: pensar CONSTRUCCIÓN

descincado
1 Operación por la que se extrae el cinc de otros metales o aleaciones. — s.m. METALURGIA
2 Operación de eliminación del revestimiento de cinc de una pieza. — METALURGIA

descinchar Quitar o aflojar a una caballería las cinchas o faja con que se asegura la silla sobre la cabalgadura. — v.tr. EQUITACIÓN

descintrar Quitar la cinta o curvatura de un arco. — v.tr./ARQUITECTURA

desclasarse Perder la conciencia de pertenecer a una determinada clase social: *he tenido suerte, porque yo no me he desclasado absolutamente nada.* — v.prml. SOCIOLOGÍA

desclavador Cincel de boca ancha, recta y poco afilada, para sacar clavos. — s.m.

desclavar
1 Sacar un clavo del lugar donde está clavado: *no consiguió desclavarlos y no pudo desmontar el armario.* — v.tr. th: desenclavar
2 Retirar una piedra preciosa del metal en que está engastada o encajada: *desclavó la esmeralda del armazón.*
3 Aflojarse un clavo: *con el traqueteo se desclavaron las piezas del carromato.* — v.prml.

desclavijar Quitar las clavijas de una cosa. — v.tr.

descoagulante Que vuelve líquido lo que se había coagulado: *el médico le administraba descoagulantes para evitar una embolia.* — adj. ≠ coagulante

descoagular Hacer líquida una sustancia que se ha coagulado: *descoagularse la sangre.* — v.tr/prml. ≠ coagular

descobajar (Derivado de *escoba*.) Quitar el escobajo o raspa de un racimo de uvas. — v.tr. AGRICULTURA

descobijar Destapar o descubrir una cosa: *dio tantas vueltas en la cama que acabó descobijándose.* — v.tr.

descocado, a (Derivado de *coca*, cabeza.) Que se comporta con demasiada libertad u osadía: *los mayores decían que era una descocada en el vestir.* — adj/s. coloquial, peyorativo

descocador Utensilio que se usa para eliminar los insectos dañinos de los árboles. — s.m. AGRICULTURA

descocamiento Acción y efecto de descocar o descocarse. — s.m.

descocar
I (Derivado de *coco*, cochinilla < lat. *coccum*.) Limpiar los árboles de insectos perjudiciales. — v.tr./conj: sacar AGRICULTURA
II (Derivado de *coca*, cabeza.) Mostrar demasiado descaro. — v.prml./conj: sacar coloquial

descoco (Derivado de *coca*, cabeza.) Modo de ser y de comportarse de la persona que actúa con demasiada libertad y osadía o de manera poco pudorosa. — s.m./coloquial = desvergüenza ≠ recato

descodificación Aplicación de las reglas de su código a un mensaje para descifrarlo. — s.f. th: decodificación

descodificador, a
1 Que descodifica o sirve para interpretar un mensaje cifrado. — adj. ≠ codificador
2 Aparato que descodifica la señal de ciertas televisiones de pago. — s.m./TELECOMUNICACIONES

descodificar Dar una interpretación a un mensaje codificado: *no llegó a descodificar el fax, porque la policía los detuvo.* — v.tr. conj: sacar th: decodificar

descoger Soltar o extender una cosa que está recogida, arrollada o plegada. — v.tr. conj: coger

descogollar Quitar los cogollos de las plantas: *descogolló las lechugas.* — v.tr. AGRICULTURA

descogotado, a Que tiene el cogote pelado y descubierto: *un buitre descogotado y plomizo.* — adj. coloquial

descogotar Cortar o quitar de raíz los cuernos al ciervo. — v.tr. CAZA

descohesión Falta de cohesión o de unidad de las partes que componen un todo: *suspendió por la descohesión de su exposición.* — s.f. ≠ cohesión

descohesionar
1 Eliminar la cohesión de las partes de un todo. — v.tr/prml.
2 Hacer que la resistencia de un cohesor vuelva a su estado inicial. — ELECTRICIDAD ≠ cohesionar

descojonado, a
1 Que está cansado: *estaban descojonados de tantos problemas.* — adj. vulgar, malsonante
2 Que se ha estropeado: *tira este despertador, está descojonado desde que se cayó de la mesa.* — vulgar, malsonante

descojonante Que es muy divertido: *es una película descojonante, te tronchas de risa.* — adj./vulgar, malsonante

descojonar
1 Romper una cosa: *sin querer, tropezó con la alfombra y descojonó el aparato de radio.* — v.tr./vulgar, malsonante
2 Reírse o mofarse de una persona o cosa: *se descojonaron con su disfraz.* — v.prml./vulgar, malsonante

descolar
1 Seccionar los músculos depresores de la cola de un animal para que mantenga una posición horizontal. — v.tr. VETERINARIA
2 Cortar en una pieza de ropa el extremo opuesto al que lleva la marca del fabricante.

descolchado Operación de descolchar o destorcer los cabos o cables. — s.m. NÁUTICA

descolchar (Derivado de *corchar*, unir los cordones de un cabo.) Separar los cordones de los cabos. — v.tr/prml. NÁUTICA

descolgado, a Que está desconectado o apartado del grupo del que forma parte: *el ciclista quedó descolgado en la subida del pelotón.* — adj.

descolgar
1 Quitar una cosa de donde está colgada: *descolgó todos los cuadros y tapices para pintar los techos.* — v.tr. conj: rogar
2 Bajar una cosa que está colgada o pendiente de una cuerda, cadena o cinta: *descolgaron todas las cortinas de los ventanales.*
3 Levantar el auricular del teléfono. — v.tr/intr.
4 Dejar un corredor atrás a sus competidores: *el corredor se descolgó en la última vuelta.* — v.tr/prml. DEPORTES
5 Bajar de un lugar escurriéndose por una cuerda u otra cosa: *los alpinistas se descolgaban por la montaña.* — v.prml.
6 Soltarse una cosa y caer de donde está colgada: *se descolgó la persiana.*
7 Decir o hacer una cosa inoportuna o inesperada: *se descolgó diciendo que estaba arruinado.* — coloquial = salir
8 Aparecer una persona inesperadamente: *se descolgó en la reunión cuando creíamos que ya no vendría.* — coloquial

descoligado, a Que se aparta de una liga o confederación. — adj.

descollado, a Que es elevado o eminente: *a lo lejos se distinguía la descollada torre del campanario.* — adj.

descollamiento Descuello [en todas sus acepciones]. — s.m.

descollante Que descuella o destaca por sus cualidades. — adj.

descollar Tener una persona o una cosa una cualidad superior a la de las demás personas o cosas: *descuella entre toda la clase por su sagacidad.* — v.intr/prml. conj: contar = sobresalir

descolmar
1 Pasar el rasero por una medida para quitarle el colmo o parte que sobresale: *descolmó la artesa de trigo.* — v.tr.
2 Hacer una cosa más pequeña. — = disminuir

descolmillar Quitar o romper los colmillos a una persona o a un animal. — v.tr.

descolocación
1 Falta de colocación adecuada: *su descolocación en el campo le impidió hacer buenas jugadas.* — s.f.
2 Acción de quitar a una persona o cosa del lugar que ocupa.

descolocado, a Que no tiene colocación o empleo: *está disminuyendo el número de descolocados.* — adj. = parado

descolocar Quitar a una persona o una cosa del lugar que ocupa: *la pieza se ha descolocado al moverla.* — v.tr/prml. conj: sacar

descolonización Proceso histórico y cultural que conduce a la independencia política de los pueblos colonizados. — s.f. POLÍTICA

descolonizar Dar un país la independencia a una de sus colonias. — v.tr/conj: cazar POLÍTICA

descoloramiento Atenuación, eliminación o pérdida del color. — s.m. th: descolorimiento

descolorante Que descolora o amortigua el color: *con el descolorante hizo aguas en el lienzo.* — adj. th: decolorante

descolorar Decolorar, quitar o rebajar una cosa el color de otra: *la bufanda se descoloró al lavarla con lejía.* — v.tr/prml./≠ colorar, colorear

descolorido, a Que ha perdido color: *no te pongas ese pantalón tan descolorido.* — adj./= apagado ≠ coloreado

descolorir Quitar color a una cosa: *después de tanto lavar su ropa en la lavadora se le ha descolorido.* — v.tr/prnl. conj: *abolir* defectivo

descombrar (Derivado de *escombrar*.) Limpiar un lugar de escombros y desperdicios: *descombraron el sendero para avanzar más deprisa.* — v.tr. = desescombrar, escombrar

descombro Acción de limpiar un lugar de escombros y desperdicios. — s.m. = escombra

descomedido, a 1 Que se comporta sin respeto ni comedimiento: *es descomedido e irrespetuoso con los ancianos.* — adj/s. = incorrecto
2 Que es desproporcionado o desmedido: *me parece un enfado desmedido por tan poca cosa.* — adj./= desmedido, exagerado

descomedimiento Falta de comedimiento o respeto: *el descomedimiento hacia los padres.* — s.m. ≠ comedimiento

descomedirse (Derivado de *medir*.) Faltar al respeto a una persona: *cuando estaba ebrio se descomedía sobre todo con sus mejores amigos.* — v.prnl. conj: *pedir* = descompasarse

descomer Evacuar el vientre. — v.intr./coloquial

descompadrar 1 Hacer que se pierda la amistad o la confianza entre dos o más personas. — v.tr.
2 Perder dos o más personas la amistad que las unía. — v.intr./coloquial = enemistar

descompaginar Alterar el orden o el arreglo de una cosa: *cada vez que limpias me descompaginas los papeles.* — v.tr. = descomponer ≠ organizar

descompás Desproporción o falta de medida: *el descompás de sus acciones no favorece la consecución del proyecto.* — s.m.

descompasado, a 1 Que es descomedido o excesivo: *se ha comprado un abrigo de un tamaño descompasado.* — adj. = exagerado
2 Que no lleva el ritmo o compás: *creo que el violín va descompasado.*

descompasar 1 Hacer perder el compás a una persona o una máquina. — v.tr. ≠ acompasar
2 Perder una persona la compostura o los buenos modales: *siempre se descompasa con María.* — v.prnl. = descomedirse

descompensación 1 Eliminación o desaparición de la compensación o equilibrio de algo. — s.f.
2 Estado funcional de un órgano enfermo, en el que éste no es capaz de responder a las exigencias habituales del organismo al que pertenece. — MEDICINA

descompensado, a Se refiere al órgano o sistema que es incapaz de compensar el equilibrio perdido por una afección crónica. — adj. MEDICINA

descompensar 1 Hacer perder el equilibrio a una cosa: *la balanza se descompensó con el uso.* — v.tr/prnl.
2 Tener un órgano una deficiencia estructural o funcional, en especial el corazón. — v.prnl. MEDICINA

descomponedor Microorganismo que descompone la materia orgánica muerta de otros seres vivos y la convierte en materia inorgánica. — s.m. BIOLOGÍA

descomponer (Derivado de *poner* < lat. *ponere*, colocar.) — v.tr/prnl. conj: *poner*
1 Separar los componentes de una sustancia o las partes de un asunto o problema.
2 Alterar una cosa una sustancia orgánica: *la planta se descompuso; algo descompuso el caldo.* — = corromper, pudrir
3 Alterar el orden o el arreglo de una cosa: *los papeles se descompusieron al caer.* — = desorganizar, desordenar
4 Hacer que una cosa deje de funcionar: *la máquina se ha descompuesto.* — = estropear
5 Hacer perder la serenidad a una persona: *tu actitud descompuso al director; tu amigo se descompuso al oír tus palabras.* — = enfadar, irritar ≠ serenar
6 Hacer que se pierda la amistad o la confianza entre dos o más personas: *descompuso la buena relación que había en su pandilla.* — = enemistar
7 Perder una persona la salud: *la fiebre intermitente la descomponía.* — v.prnl. = enfermar
8 Cambiar el color o la expresión de la cara de una persona a causa de una emoción: *se le descompuso el rostro ante tanta miseria.* — = demudarse

descomponible Que se puede descomponer o separar en componentes. — adj.

descomposición 1 Proceso de descomponer o descomponerse una cosa u organismo. — s.f.
2 Fenómeno o síntoma de enfermedad que consiste en evacuaciones de vientre líquidas o semi-líquidas y frecuentes. — MEDICINA = diarrea
3 Pérdida de la estructura de una sustancia orgánica por separación de sus componentes: *la descomposición fisiológica es un fenómeno de necrosis.* — BIOLOGÍA = putrefacción

descompostura 1 Falta de aseo o de cuidado en el vestir y el arreglo personal. — s.f. = desaliño
2 Falta de respeto o excesivo atrevimiento. — = descaro
3 Acción de estropear o estropearse un mecanismo.

descompresión 1 Acción y resultado de eliminar o disminuir la compresión a que está sometida una cosa. — s.f.
2 Procedimiento para eliminar la presión a que está sometido un cuerpo o los efectos de la misma. — FÍSICA
3 Modificación producida en un organismo al pasar de una fuerte presión a otra menor. — FISIOLOGÍA
4 Operación que suprime por un momento la compresión en el cilindro del motor. — MECÁNICA
5 **descompresión cerebral:** Reducción de la presión dentro del cráneo por trepanación o incisión de la duramadre. — MEDICINA

descompresor 1 Aparato para disminuir la presión de un fluido en algún punto de un circuito de agua, aire o gas. — s.m. MECÁNICA
2 Dispositivo que poseen algunos motores para disminuir la compresión en el momento del arranque y facilitarlo. — MECÁNICA

descomprimir 1 Hacer desaparecer la compresión de una cosa. — v.tr.
2 Hacer que un fichero vuelva a tener el tamaño y contenido que tenía antes de ser comprimido. — INFORMÁTICA

descompuesto, a 1 Que tiene sus partes o constituyentes separados o desordenados. — adj.
2 Que padece descomposición o diarrea.
3 Que está alterado o irritado: *descompuesta y arrebolada estalló en exabruptos contra ellos.*
4 Que es inmodesto y atrevido.
5 Que está podrido: *abrió el paquete y encontró varios mangos descompuestos.*
6 Que está borracho. — Amér. Central y Merid.

descomulgado, a 1 Que ha sido apartado de la comunidad católica por parte de una autoridad eclesiástica. — adj./RELIGIÓN = excomulgado
2 Que es malvado o perverso. — adj/s.

descomulgador Persona que descomulga. — s.m/RELIGIÓN

descomulgar (Derivado de *comulgar* < lat. *communicare* < *communis*, común.) Excomulgar, dejar la autoridad eclesiástica a una persona fuera de la comunidad católica. — v.tr. conj: *pagar* RELIGIÓN

descomunal (Derivado de *común*.) Que es enorme o extraordinario: *nos contó una mentira descomunal.* — adj./= gigantesco, monstruoso

desconcentración 1 Falta de concentración: *este error está causado por la desconcentración.* — s.f.
2 Concesión de mayores poderes a los órganos del estado de las colectividades territoriales. — DERECHO

desconcentrar Hacer perder la concentración a una persona: *con tanto ruido, se desconcentró.* — v.tr/prnl.

desconceptuación Acción y resultado de desacreditar o descalificar a una persona. — s.f. = desacreditación

desconceptuar Hacer perder a una persona o una cosa el prestigio o la fama que tienen. — v.tr./conj: *actuar* = desacreditar

desconcertado, a Que actúa con desconcierto. — adj.

desconcertadura Acción y resultado de desconcertar o desconcertarse. — s.f.

desconcertante Que causa desconcierto o confusión: *tantas versiones del mismo asunto resultan desconcertantes.* — adj.

desconcertar 1 Dejar a una persona sin saber qué decir o qué hacer: *desconcertó a su padre con su actitud.* — v.tr/conj: *pensar* = desorientar
2 Perder una persona la serenidad: *el juez se desconcertó al oír al culpable.* — v.prnl./= alterar, sorprender
3 Deshacerse el acuerdo entre personas o cosas. — = desavenir
4 Alterar el orden o el concierto de una cosa: *los materiales se desconcertaron al trasladarlos.* — v.tr/prnl.
5 Sacar un hueso o una articulación de su lugar: *los huesos del brazo se desconcertaron a consecuencia del accidente.* — MEDICINA = dislocar

desconchabar Descomponer, descoyuntar. — v.tr/prnl./Amér.

desconchado 1 Acción de eliminar el revestimiento de una pared. — s.m.
2 Parte donde una pared o muro ha perdido su enlucido o revestimiento: *el desconchado dejaba ver el color de la pintura de antes.* — = desconchadura
3 Zona donde una pieza de loza o porcelana ha perdido el vidriado. — = desconchadura

desconchadura Parte por donde una pared o muro ha perdido su enlucido o revestimiento o por donde una pieza de loza o porcelana ha perdido el vidriado. — s.f. = desconchado

desconchar 1 Quitar parte del enlucido o del revestimiento de una pared. — v.tr/prnl.

2 Hacer saltar un trozo del vidriado u otro revestimiento de un objeto.

desconchiflado, a Descompuesto, estropeado.　*adj./Méx.*

desconchón
1 Desprendimiento de un trozo del enlucido o revestimiento de una pared.　*s.m.*
2 Señal o marca que deja este desprendimiento.

desconcierto (Derivado de *concertar* < lat. *concertare*, combatir, debatir.)
1 Desorden o confusión en una actividad o en las ideas: *los últimos acontecimientos me han sumido en el más absoluto desconcierto*.　*s.m.* / *= desorientación*
2 Falta de coordinación entre los elementos de una cosa o de un conjunto.　*= desavenencia*
3 Falta de método o de proporción en las acciones o las palabras: *se expresó con mucho desconcierto*.　*= descomedimiento*
4 Mala administración política o económica.

descondicionar Desligar un estímulo condicionado de un reflejo del mismo tipo.　*v.tr.* / *SICOLOGÍA*

desconectado, a
1 Se aplica a la conexión eléctrica que está interrumpida.　*adj.* / *ELECTRICIDAD*
2 Que está aislado, separado o sin relación: *está muy desconectado de los antiguos amigos*.　*coloquial*

desconectar
1 Deshacer o interrumpir la conexión entre dos aparatos o de un aparato con la red general.　*v.tr.* / *ELECTRICIDAD*
2 Dejar de tener relación o comunicación con una persona o cosa: *se desconectó de los problemas de su hermano*.　*v.prnl.* / *+ de* / *= desvincular*
3 Dejar el propulsor independiente de los demás órganos de una máquina marina de vapor.　*v.tr.* / *NÁUTICA*

desconexión
1 Acción y resultado de desconectar: *hubo una desconexión al cortarse el suministro eléctrico*.　*s.f.*
2 Falta de conexión o relación: *lo peor de su exposición fue la desconexión de sus argumentos*.　*= desunión*
3 Técnica farmacéutica que utiliza sustancias que anestesian a nivel general, pero no contienen anestésicos e intervienen en diferentes funciones del sistema nervioso central.　*FARMACIA, MEDICINA*

desconfiado, a Que muestra desconfianza o duda: *desconfiado como era aún me extraña más que se marchara con unos desconocidos*.　*adj/s.*

desconfianza Falta de confianza: *observaba al recién llegado con desconfianza*.　*s.f.* / *≠ confianza*

desconfiar Mostrar dudas o falta de confianza hacia una persona o una cosa: *desconfío de su eficacia y capacidad para hacer este trabajo*.　*v.intr /conj: vaciar* / *+ de* / *≠ confiar*

desconformar
1 No estar dos o más personas de acuerdo entre sí.　*v.intr./= discrepar*
2 Ser dos o más cosas opuestas.　*v.prnl./= discordar*

descongelación
1 Acción y resultado de descongelar o descongelarse.　*s.f./≠ congelación*
2 Operación con la que se modifica el estado de un alimento congelado exponiéndolo a la temperatura ambiente o calentándolo.

descongelar
1 Hacer que una cosa deje de estar congelada: *voy a descongelar algo para cenar*.　*v.tr.* / *= deshelar*
2 Quitar la escarcha o el hielo que se acumula en un frigorífico.
3 Dar efectividad a una cuenta, un crédito o un préstamo que están inmovilizados provisionalmente.　*ECONOMÍA*

descongestión Reducción de la congestión.　*s.f.*

descongestionante Que descongestiona o disminuye la congestión: *le recetó un medicamento descongestionante*.　*adj.*

descongestionar
1 Quitar o disminuir la congestión u obstrucción de una cosa: *la nueva carretera ha descongestionado el tráfico*.　*v.tr.* / *= desahogar, desatascar*
2 Disminuir la aglomeración o acumulación de cualquier tipo: *la guardia urbana descongestionó el tráfico de las vías rápidas*.

descongojar Hacer que una persona deje de estar acongojada, triste o preocupada.　*v.tr.*

desconocedor, a Que desconoce una cosa: *desconocedor de sus propósitos, le sugirió su cese*.　*adj.*

desconocer
1 No saber o ignorar una cosa: *desconozco la hora de llegada del tren*.　*v.tr.* / *conj: carecer*
2 No reconocer a una persona o una cosa: *después de tanto tiempo en el exilio desconocía a su propia familia*.　*= extrañar*
3 Negar una persona su relación con otra o con una cosa.
4 Encontrar a una persona o una cosa completamente cambiada o distinta de como se la creía: *te desconozco gritando así; desconozco tu habitación, tan ordenada*.　*v.tr/prnl.*

desconocido, a
1 Que no es conocido: *es un autor desconocido*.　*adj/s./≠ conocido*
2 Que está muy cambiado o distinto: *veo a Juan completamente desconocido*.　*adj.*
3 Que se comporta con ingratitud.　*= desagradecido*

desconocimiento
1 Ignorancia de una cosa: *su desconocimiento del derecho era total*.　*s.m.*
2 Falta de reconocimiento o gratitud: *se comportó con un desconocimiento total de los favores recibidos*.　*= desagradecimiento*

desconsentir Oponerse a que una persona haga una cosa.　*v.tr.* / *conj: sentir*

desconsideración Falta de consideración o respeto: *su no asistencia al acto la tomaron como una desconsideración hacia ellos*.　*s.f.* / *= inconsideración*

desconsiderado, a Que no tiene consideración con los demás: *lo tildan de egoísta y desconsiderado*.　*adj/s.* / *= irrespetuoso*

desconsiderar Tratar a una persona con falta de consideración o respeto.　*v.tr.*

desconsolado, a
1 Que no tiene consuelo: *lloraba desconsolado buscando a su madre*.　*adj.*
2 Que está muy melancólico, triste o apenado: *últimamente tiene aspecto de estar desconsolado*.　*= afligido*
3 Se aplica al estómago que sufre desfallecimiento o debilidad.　*= desfallecido*

desconsolador, a Que desconsuela, aflige o entristece: *era desconsolador ver la mala situación en que estaban*.　*adj.* / *= desconsolante*

desconsolar Causar una persona o una cosa desconsuelo o aflicción a otra: *se desconsoló cuando le conté tus problemas*.　*v.tr/prnl.* / *conj: contar* / *= apenar, afligir*

desconsuelo
1 Angustia y aflicción grandes por falta de consuelo: *ni su padre pudo calmar su desconsuelo*.　*s.m.* / *= tristeza, congoja*
2 Debilidad del estómago.　*= desfallecimiento*

descontado
1 Que ha sido rebajado.　*adj.*
2 **dar por descontado**: Dar una cosa como segura: *dio por descontado que llegarían en avión*.　*coloquial*
3 **por descontado**: Por supuesto, sin duda: *por descontado que atenderemos su propuesta*.　*loc.adv.* / *coloquial*

descontagiar Eliminar el contagio destruyendo los gérmenes nocivos de una cosa.　*v.tr.*

descontaminación
1 Eliminación de sustancias contaminantes y sus efectos.　*s.f./ECOLOGÍA* / *≠ contaminación*
2 **descontaminación radiactiva**: Reducción o eliminación de las sustancias radiactivas que han contaminado un medio o superficie.　*ECOLOGÍA*

descontaminar Hacer que una cosa o un lugar pierda sus propiedades contaminantes o nocivas: *agentes especiales descontaminaron la zona afectada por el gas tóxico*.　*v.tr./ECOLOGÍA* / *= purificar* / *≠ contaminar*

descontar
1 Quitar una parte de una cantidad de dinero, peso u otra medida por un motivo determinado: *me descontaron mil pesetas del importe de la factura*.　*v.tr.* / *conj: contar* / *= rebajar*
2 Quitar una parte del mérito o virtudes que se atribuyen a una persona: *descontó alguno de sus méritos para perjudicarlo*.
3 Dar una cosa como segura: *descontó la buena fe de su amigo y jamás la puso en duda*.
4 Añadir el árbitro al final del partido el tiempo que éste ha estado interrumpido, para que alcance la duración reglamentaria.　*DEPORTES*
5 Pagar al contado una letra u otro documento no vencido, restando de su importe una cantidad en concepto de intereses del dinero que se anticipa.　*ECONOMÍA*

descontentadizo, a
1 Que tiende a sentirse descontento: *pocas cosas le alegran, siendo tan descontentadiza*.　*adj/s.*
2 Que es difícil de contentar.　*= insatisfecho*

descontentamiento
1 Estado del que no es feliz o no está a gusto o de acuerdo.　*s.m.* / *= descontento*
2 Falta de amistad o acuerdo.　*= desavenencia*

descontentar Causar descontento o disgusto a una persona: *a causa de esa visita, mi marido se descontentó para toda la tarde*.　*v.tr/prnl.* / *= disgustar*

descontento, a
1 Que no está a gusto o de acuerdo con una persona o con una cosa: *el director está descontento con su investigación sobre el asunto*.　*adj/s.* / *= contrariado, insatisfecho*
2 Estado de la persona que no es feliz o no está a gusto o de acuerdo: *el descontento de las masas*.　*s.m./=desagrado, disgusto*

descontextualizar Sacar una cosa u otro contexto: *si se descontextualizan sus palabras, pierden su sentido*.　*v.tr.* / *conj: cazar*

descontón Golpe, encuentro violento de dos cuerpos. — s.m./*Méx.* coloquial

descontraído, a Sin tensión: *el papa, en todo momento descontraído y sonriente, se acercó a los fieles que le saludaban.* — adj. = distendido, relajado

descontrol
1 Falta de control, de orden, de organización: *tu descontrol desquicia a cualquiera.* — s.m. ≠ organización
2 Falta de dominio sobre uno mismo.

descontrolado, a
1 Se aplica a la persona que ha perdido el control de sí misma: *un grupo de descontrolados asoló las instalaciones deportivas.* — adj/s. ≠ controlado
2 Que funciona sin control: *el tren circulaba descontrolado por las vías interiores; el mecanismo del motor está descontrolado.* — adj./≠ controlado + estar, ir

descontrolar
1 Hacer perder a una persona el dominio sobre sí misma: *el conductor se descontroló en la última vuelta del circuito.* — v.tr/prnl.
2 Hacer perder a un mecanismo u otra cosa su ritmo normal: *se descontroló la aguja del cuentakilómetros.*

desconvenible Que no puede ser conciliado o armonizado: *matrimonio desconvenible.* — adj./= desacorde ≠ convenible

desconveniencia
1 Situación de inferioridad en que se encuentra una persona o una cosa con respecto a otra. — s.f. = desventaja
2 Incomodidad o perjuicio.

desconveniente Que no es conveniente, útil, conforme o proporcionado. — adj. = disconforme

desconvenir
1 Estar dos o más personas en desacuerdo. — v.intr/prnl./conj: *venir*
2 No estar dos o más cosas en armonía o relación por no ser semejantes, proporcionadas o por no ser una a propósito de la otra. — v.intr. tb: disconvenir

desconversable Que es huraño y solitario. — adj.

desconvidar
1 Anular la invitación hecha a una persona. — v.tr.
2 Revocar, anular lo ofrecido o prometido.

desconvocar Anular una convocatoria o una reunión: *la charla se desconvocó por problemas técnicos.* — v.tr/prnl./conj: *sacar* = revocar

descopado, a Se refiere a la caballería que tiene las ancas fuera de su aplomo. — adj. EQUITACIÓN

descorazonador, a Que quita o disminuye el ánimo o la esperanza: *presagiaba un destino descorazonador para tal empresa.* — adj.

descorazonamiento Pérdida del ánimo o de la esperanza: *se dejó llevar por el descorazonamiento que le provocó el suspenso.* — s.m./= desánimo, desaliento ≠ alegría, ánimo

descorazonar
1 Quitar una cosa el ánimo o la esperanza a una persona: *le descorazona ver que su hijo no estudia; se descorazonó al quedar la última en la competición.* — v.tr/prnl./= afligir, desmoralizar ≠ alegrar, animar
2 Extraer, arrancar o sacar el corazón a una persona o un animal. — v.tr.

descorchado, a
1 Que no tiene el tapón, tratándose de una botella. — adj.
2 Acción de descorchar las botellas. — s.m.

descorchador, a
1 Persona que arranca, saca o rompe el corcho. — s.
2 Utensilio que sirve para descorchar botellas. — s.m./= sacacorchos

descorchar
1 Sacar el tapón de corcho que cierra un recipiente: *en la fiesta descorcharon un buen número de botellas.* — v.tr.
2 Arrancar el corcho a un alcornoque. — AGRICULTURA
3 Romper o sacar el corcho de la colmena para extraer la miel.
4 Romper una cosa para robar lo que hay en su interior: *el ladrón descorchó la caja fuerte.* — coloquial

descorche
1 Acción y resultado de descorchar una botella. — s.m.
2 Operación de quitar o arrancar el corcho a los alcornoques. — AGRICULTURA
3 Prima que cobra un empleado por cada botella que consume el cliente en restaurantes y cafeterías.

descordar
1 Quitar las cuerdas a un instrumento musical: *descordaron las guitarras, laúdes y bandurrias de toda la rondalla.* — v.tr/conj: *contar* MÚSICA = desencordar
2 Herir al toro en la médula espinal con el estoque, sin matarlo. — TAUROMAQUIA = descabellar

descorderar Separar los corderos de las ovejas para formar nuevos rebaños. — v.tr.

descoritar (Derivado de *cuero* < lat. *corium*, piel del hombre o de los animales.) Dejar a una persona en cueros: *se descoritó sin el más mínimo rubor.* — v.tr/prnl. = desnudar

descornar
1 Arrancar los cuernos a un animal: *el ciervo se descornó a causa de la caída.* — v.tr/prnl./conj: *contar* tb: descuernar

2 Dar a conocer o manifestar una cosa. — v.tr/= descubrir
3 Trabajar o pensar intensa y continuamente en la misma cosa: *se descornaba estudiando día y noche.* — v.prnl./coloquial = esforzarse

descoronar
1 Quitar la corona a una persona. — v.tr.
2 Bajar las cubas vacías de la andana o estante, en las grandes bodegas.

descorrear Perder los animales la piel que cubre los pitones de las astas. — v.intr/prnl. ZOOLOGÍA

descorrer
1 Volver a correr la misma distancia, pero en sentido contrario. — v.tr.
2 Plegar o fruncir lo que estaba estirado: *descorre las cortinas, por favor.*
3 Moverse un líquido avanzando por un lugar. — v.intr/prnl.
4 Mover el cerrojo o el pestillo para abrir: *acudió con prisa a descorrer los cierres de la tapa.* — v.tr.

descortés Que no tiene cortesía o no muestra amabilidad: *fue muy descortés con nosotros, ni siquiera nos invitó a ir a su casa.* — adj/s.m.f. = desatento, desconsiderado

descortesía Falta de cortesía o atención. — s.f.

descortezador, a
1 Que quita la corteza o rudeza. — adj.
2 Persona que quita la corteza de los troncos o de los vástagos de encina. — s. AGRICULTURA

descortezadura
1 Trozo o trozos de corteza arrancados de algo. — s.f.
2 Parte de corteza que se quita a algo.

descortezamiento
1 Acción de extraer la corteza o rudeza de algo. — s.m.
2 **descortezamiento anular**: Incisión circular que se efectúa en el tallo o raíz de la planta. — BOTÁNICA

descortezar
1 Quitar la corteza a una cosa. — v.tr/prnl./conj: *cazar*
2 Desbastar, quitar la tosquedad o la rudeza a una persona. — coloquial

descortezo Operación de descortezar ciertos árboles: *acabaron el descortezo de las encinas.* — s.m. AGRICULTURA

descortinar Destruir la cortina o la muralla de una fortificación, disparando sobre ella los cañones. — v.tr. MILITAR

descosedura Parte descosida de una prenda. — s.f./= descosido

descoser
1 Cortar o deshacer las costuras de una prenda. — v.tr/prnl.
2 Descubrir indiscretamente lo que conviene mantener en secreto. — v.prnl.
3 Expeler ventosidades. — vulgar/= ventosear

descosidamente En exceso y sin orden: *se puso a beber descosidamente y acabó borracho.* — adv. = excesivamente

descosido, a
1 Que habla mucho y de manera indiscreta. — adj.
2 Que es desordenado o incoherente.
3 Trozo de costura que no está cosida en una prenda: *no me he dado cuenta del descosido de la camisa.* — s.m.
4 **como un descosido**: Mucho o con exceso: *estudia como un descosido; hablar como un descosido.* — loc.adv.

descostillar
1 Golpear a una persona en las costillas. — v.tr.
2 Caer una persona de espaldas de tal manera y fuerza que se la pueda romper. — v.prnl.

descostrar Quitar la costra, corteza o capa superficial a una cosa. — v.tr.

descotar Cortar una cosa para acomodarla a la medida que se necesita. — v.tr/prnl. = escotar

descoyuntamiento
1 Dislocación o luxación de un hueso de una articulación. — s.m./MEDICINA = descoyunto
2 Desazón enorme, molestia que se siente en el cuerpo como si los huesos estuvieran descoyuntados. — coloquial

descoyuntar (Derivado de *junto* < lat. *iunctus*, part. de *iungere*, juntar.)
1 Sacar un hueso de su articulación: *en la caída, se descoyuntó el brazo.* — v.tr/prnl. MEDICINA
2 Desencajar una cosa articulada.
3 Dejar un hecho o una circunstancia sin fuerzas a una persona: *el largo viaje me ha descoyuntado.* — = agotar, extenuar

descrédito Pérdida de la reputación o crédito de las personas o del valor o estima de las cosas: *el escándalo fue la causa de su descrédito.* — s.m./= desprestigio ≠ crédito, prestigio

descreencia Descreimiento, falta de fe. — s.f.

descreer
1 Dejar de creer en una cosa. — v.tr/conj: *leer*
2 Negar la confianza a una persona. — = desconfiar

descreído, a Que ha perdido la fe. — adj/s./= incrédulo

descreimiento Incredulidad, falta o abandono de fe o confianza: *se sorprendió de su descreimiento ante verdades de dogma.* — s.m. = descreencia

descremado, a
1 Que no tiene crema o nata: *toma leche descremada para no engordar.* — adj.

2 Acción y resultado de descremar. s.m.

descremadora Aparato para quitar la crema o nata a la leche. s.f.

descremar Quitar la crema o nata a la leche. v.tr.

descrestar
1 Quitar la cresta a un ave. v.tr.
2 Pasar de un lado a otro cruzando una cresta o divisoria. v.intr.
3 Asomarse a la cresta a una montaña o cordillera.

describir (Del lat. *describere.*)
1 Explicar por medio del lenguaje cómo es un lugar, una persona o una cosa: *me describió la situación con todo detalle.* v.tr.
part. descrito
2 Trazar o seguir determinada trayectoria: *los planetas describen órbitas alrededor del sol.* = dibujar
3 Dibujar o representar una cosa de modo que se da una idea exacta de ella.

descripción (Del lat. *descriptio, -onis.*)
1 Acción y resultado de describir. s.f.
2 Relación de bienes que pertenecen a una persona o a una comunidad. DERECHO
= inventario
3 Estudio de una lengua o un estado de cierta lengua, haciendo un inventario de sus unidades y de sus variaciones morfológicas y una representación estructural de las combinaciones posibles entre éstas. LINGÜÍSTICA
4 Pasaje de una obra en que se describe la realidad concreta, los personajes y el contexto en que se desarrolla la acción. LITERATURA

descriptible Que puede ser descrito: *el suceso, aunque insólito, era descriptible.* adj./tb: describible
≠ indescriptible

descriptivo, a (Del lat. *descriptivus.*)
1 Que describe. adj.
2 Se aplica a la gramática que estudia los aspectos sincrónicos de la lengua sin considerar los diacrónicos. GRAMÁTICA

descriptor, a
1 Descriptivo, que describe. adj.
2 Palabra clave que define el contenido de un documento y permite localizarlo en un archivo: *el descriptor puede hacer referencia a la materia o localización geográfica del texto en cuestión.* s.m.
INFORMÁTICA

descrismar
1 Quitar el crisma u óleo consagrado a una persona. v.tr./RELIGIÓN
= descristianar
2 Golpear a una persona en la cabeza fuertemente: *resbaló con tan mala fortuna que se descrismó.* v.tr/prnl.
coloquial
3 Enfadarse mucho, perdiendo la paciencia y el tino. v.prnl.
4 Pensar o trabajar afanosamente en una cosa: *se descrismaba estudiando el temario.* coloquial
= descalabazar

descristianar
1 Quitar el crisma a una persona. v.tr./RELIGIÓN
= descrismar
2 Golpear a una persona en la cabeza fuertemente. v.tr/prnl./coloquial
= descrismar

descristianizar
1 Separar o apartar del cristianismo a una persona o un pueblo. v.tr./conj: *cazar*
RELIGIÓN
2 Perder las costumbres el estilo propio de la doctrina cristiana. v.prnl.
RELIGIÓN

descromado Operación que consiste en quitar el revestimiento de cromo mediante solución electrolítica. s.m.
TECNOLOGÍA

descrudecer Eliminar la goma de la seda cruda. v.tr./= desengomar

descrudecimiento Operación por la que se elimina la goma de la seda cruda: *efectuó el descrudecimiento mediante baño a alta temperatura.* s.m.
TECNOLOGÍA
= desengomado

descruzar Separar dos cosas que formaban una cruz: *descruzó las piernas una y otra vez.* v.tr.
conj: *cazar*

descuadernar
1 Romper o arrancar la encuadernación de un libro: *estaba enfadado porque en la mudanza se descuadernó su libro preferido.* v.tr/prnl.
= desencuadernar
2 Hacer desaparecer el arreglo o el orden de una cosa o hacer que no se realice lo previsto. = descuajaringar, desbaratar

descuadrillado, a
1 Que está fuera de la cuadrilla. adj.
2 Enfermedad que padecen los animales en el hueso de la cadera o del cuadril. adj.
VETERINARIA

descuadrillarse Derrengarse o herirse una caballería el cuadril o hueso que forma el anca. v.prnl.
VETERINARIA

descuajar
1 Hacer que una cosa deje de estar cuajada: *se descuajó la horchata.* v.tr/prnl.
2 Quitar el ánimo o las esperanzas a una persona para hacer una cosa. v.tr./coloquial
= desanimar
3 Arrancar árboles o malezas de raíz. AGRICULTURA

descuajaringar
1 Separar las partes constitutivas de una cosa: *la silla se descuajaringó al caer.* v.tr/prnl./conj: *pagar*
= desvencijar

2 Reírse una persona de forma violenta: *me descuajaringaba de oírle decir tales sandeces.* v.prnl./coloquial
= desternillarse
3 Tener la sensación de estar desarticulado a causa del agotamiento físico. v.tr.
Amér.

descuaje Acción de descuajar o arrancar de raíz árboles o malezas. s.m.
AGRICULTURA

descuajeringar
1 Desordenar lo que estaba ordenado. v.tr/prnl./coloquial
2 Desternillarse de risa. v.prnl./coloquial

descuajo Descuaje, acción de arrancar árboles o malezas de raíz. s.m.
AGRICULTURA

descuartizamiento
1 Acción de descuartizar un cuerpo: *el descuartizamiento era una de las penas de suplicio en el antiguo régimen.* s.m.
2 Operación que consiste en dividir en cuartos el cuerpo de un animal.

descuartizar
1 Dividir un cuerpo en cuartos: *ya han descuartizado las reses para el mercado.* v.tr./conj: *cazar*
= despedazar
2 Despedazar una cosa en trozos para repartirla. coloquial

descubierta
1 Pastel relleno sin la cubierta de hojaldre o pasta que lleva normalmente. s.f./COCINA
= destapada
2 Inspección del estado del aparejo de una embarcación que se realiza por la mañana y por la tarde. NÁUTICA
3 Reconocimiento del horizonte a la salida y a la puesta del sol que se hace desde una embarcación. NÁUTICA
4 Reconocimiento del terreno que efectúa la tropa a ciertas horas, para comprobar si hay enemigos en las inmediaciones y para saber su situación. MILITAR

descubierto, a (Part. pas. irreg. de *descubrir.*)
1 Se refiere al lugar que es despejado o espacioso. adj.
2 Que no lleva sombrero.
3 Se aplica a la persona que tiene deudas: *quedó descubierta al no poderse rentabilizar la inversión.*
4 Déficit en una cuenta: *le llamaron de su banco porque tenía un descubierto importante.* s.m.
ECONOMÍA
5 Acto de exponer la eucaristía a la adoración de los fieles. RELIGIÓN
6 Anticipo de fondos o crédito que hace un banquero a un comerciante. ECONOMÍA
7 Posición en que el cuerpo del boxeador queda a merced del adversario por no subir la guardia de manera adecuada. DEPORTES
8 **al descubierto o a la descubierta**: Sin resguardo, a la inclemencia del tiempo: *dormimos al descubierto.* loc.adv.
9 **en descubierto**: Sin poder dar salida a un cargo o reconvención.
10 **en todo lo descubierto**: En todo el mundo conocido: *no hubo masacre parecida en todo lo descubierto.*
11 **poner al descubierto**: Hacer que se conozca una cosa que estaba oculta: *los servicios secretos pusieron al descubierto la trama golpista.*

descubridero Altura desde la cual se puede ver una gran extensión de terreno. s.m.
= otero

descubridor, a
1 Se aplica a la persona que descubre, en especial la que hace un descubrimiento geográfico o científico. adj./s.
2 Que indaga, investiga o averigua. adj.
3 Se refiere a la embarcación que se utiliza para hacer la descubierta. NÁUTICA
4 Batidor, explorador del terreno. s.m./MILITAR

descubrimiento
1 Hecho de descubrir lo que estaba oculto, secreto o era desconocido. s.m.
2 Encuentro, invención o hallazgo de algo, en especial de tierras desconocidas: *el descubrimiento de América cambió el mundo.* HISTORIA
3 Aquello que se descubre.

descubrir
1 Hacer que se conozca la existencia de una cosa o su verdadera naturaleza. v.tr.
part: descubierto
2 Destapar una cosa que estaba cubierta: *cuando descubrieron la fosa no estaba el cadáver.* ≠ tapar
3 Hallar lo que estaba oculto o era desconocido: *Colón descubrió América.* = encontrar
4 Encontrar una persona una nueva ley de la naturaleza o una nueva explicación científica de sus fenómenos.
5 Adquirir conocimiento de una cosa que se ignoraba: *cuando llegó a la adolescencia descubrió el sentido de sus avisos.*
6 Alcanzar a ver una cosa desde lejos. = divisar
7 Quitarse una persona el sombrero u otra prenda que cubra la cabeza para saludar o por respeto. v.prnl.
≠ cubrirse
8 Mostrar admiración por una persona o una cosa: *se descubrió ante tus conocimientos.* + ante
9 Darse a conocer una persona que no había sido reconocida por alguna razón.
10 Bajar el toro la cabeza para acometer. TAUROMAQUIA

11 Quedarse el torero sin protección por no señalar bien la salida al toro con el engaño. — TAUROMAQUIA

descuello
1 Conjunto de cualidades o características que hacen que una persona o cosa destaque de las demás. — s.m. = descollamiento
2 Orgullo, altanería o falta de respeto.

descuento
1 Acción y resultado de descontar. — s.m.
2 Reducción sobre el precio de una compra: *le hizo un buen descuento por pronto pago.* — COMERCIO = rebaja
3 Operación bursátil o bancaria consistente en adquirir antes del vencimiento valores endosables, como una letra o un cheque. — ECONOMÍA
4 Cantidad quitada del importe de un valor bursátil para pagar las operaciones realizadas con él. — ECONOMÍA
5 descuento bancario: Contrato entre un banco y un cliente por el que el primero entrega al segundo la suma del crédito documentado que éste tiene contra un deudor, a cambio de que le dé dicho documento para pago de la suma anticipada. — ECONOMÍA

descuerar
1 Desollar, quitar la piel a un animal. — v.tr./= despellejar
2 Criticar a una persona para desprestigiarla: *en aquella tertulia se descueraba al prójimo sin piedad.* — coloquial = desacreditar

descuernacabras Viento frío y fuerte que sopla del norte. — s.m. pl: descuernacabras

descuernar Descornar, quitar los cuernos a un animal. — v.tr.

descuerno Ofensa o desaire. — s.m./coloquial

descueve
1 Momento culminante de una reunión. — s.m./Chile/vulgar
2 Grado máximo de excelencia de una persona, cosa o circunstancia. — Chile vulgar

descuidado, a
1 Se refiere a lo que no está bien cuidado: *tiene la casa muy descuidada.* — adj.
2 Que no tiene cuidado en su comportamiento o en su aspecto: *últimamente se le ve muy descuidado.* — adj/s.
3 Que está desprevenido: *iba tan descuidado cuando un coche se le echó encima.*

descuidar
1 No prestar atención o cuidado a una persona o una cosa: *descuidaba su aspecto.* — v.tr./intr/prnl.
2 Hacer que una persona desatienda una cosa con el fin de distraerla. — v.tr.
3 Eximir o dejar a una persona libre de un cuidado u obligación. — v.tr/intr.
4 Dejar de prestar atención a una cosa: *se descuida en sus funciones.* — v.prnl. + de, en

descuidero, a Se aplica al ladrón que roba aprovechando descuidos: *el número de asaltantes y descuideros había aumentado en los últimos años.* — adj/s.

descuido
1 Omisión, negligencia o falta de cuidado. — s.m./= inadvertencia
2 Desliz o distracción involuntaria: *en un descuido mío se llevó el bolso.* — = olvido
3 al descuido o al descuido y con cuidado: Con una falta de cuidado cargada de afectación: *se sentaba al descuido sobre el diván.* — loc.adv.

descuitado, a Que vive sin pesadumbre ni temor. — adj.

descular Quitar o romper el fondo de un recipiente: *con el golpe se desculó la garrafa.* — v.tr/prnl./vulgar = desfondar

desculatarse Perder la culata a un arma de fuego. — v.prnl.

descumbrado, a Que es llano o no tiene cumbre. — adj.

descurtir Poner blanca la piel curtida. — v.tr.

desdar
1 Dar vueltas en sentido inverso a un manubrio o empuñadura de un instrumento para deshacer otras vueltas anteriores. — v.tr. conj: dar
2 Soltar los corchetes o los botones. — = desabrochar

desde (Del lat. *de ex*, desde dentro de + prep. *de*.)
1 Indica el tiempo o el lugar a partir del cual se realiza una acción o se cuenta una distancia: *desde mi balcón se ve el mar; desde el verano pasado no la he visto.* — prep. th: dende
2 desde que: A partir del momento en que: *desde que te vi comprendí lo sucedido.* — loc.conj.

desdecir
1 Perder una persona o una cosa las cualidades propias de su clase o de sus antecesores: *tu amigo desdice de su familia.* — v.intr. conj: decir + de/= desmentir
2 No ser una cosa tan buena como otras con las que está: *estos muebles desdicen los del resto de la casa.* — + de
3 Cambiar una cosa de nivel, de aspecto o de dirección.
4 Negar una persona una cosa que antes había afirmado: *sorprendentemente se desdijo de sus promesas.* — v.prnl. = retractarse

desdén
1 Desprecio o indiferencia con que se trata a una persona: *le trató con desdén; la miró de arriba abajo con desdén.* — s.m. = desapego

2 al desdén: Con descuido sólo aparente. — loc.adv.

desdentado, a
1 Que no tiene dientes o ha perdido todos o algunos. — adj.
2 Perteneciente a un orden de mamíferos que no tienen incisivos y a veces tampoco caninos ni molares, como el armadillo y el oso hormiguero. — adj/s.m. ZOOLOGÍA

desdeñable Que puede ser desdeñado o despreciado: *sus desdeñables actitudes altivas.* — adj.

desdeñador, a Que desdeña o desprecia: *por respuesta obtuvo una desdeñadora mirada.* — adj/s.

desdeñante Desdeñoso, que expresa indiferencia o desdén. — adj.

desdeñar (Del lat. *dedignari*, rehusar como indigno.)
1 Tratar con desdén o indiferencia: *desdeñaba a la servidumbre y subordinados.* — v.tr.
2 Desestimar o desechar una cosa: *no hay que desdeñar esa posibilidad.*

desdeñoso, a
1 Que expresa indiferencia o desdén: *desdeñosa y engañada se acercó a él con orgullo.* — adj/s. = desdeñante
2 Se refiere al músculo recto externo del ojo. — ANATOMÍA

desdevanar Deshacer el devanado de un hilo o un alambre. — v.tr/prnl.

desdibujado, a
1 Que tiene el contorno o la forma difusos o imprecisos. — adj.
2 Que no está bien definido: *los caracteres de la novela están desdibujados.*

desdibujar Hacer confusa o borrosa una cosa o el contorno de una imagen: *el monte se desdibujó con la lejanía; los recuerdos se acaban desdibujando con el tiempo.* — v.tr/prnl.

desdicha
1 Acontecimiento que produce un intenso dolor físico o moral. — s.f. = desgracia
2 poner a alguien o ponerse hecho una desdicha: Ensuciarle o ensuciarse mucho la ropa. — coloquial

desdichado, a
1 Que sufre desdichas o desgracias. — adj/s.
2 Que es infeliz, cobarde y no tiene malicia. — adj./coloquial
3 Que causa desdicha o es inoportuno: *tomaron una desdichada decisión.*

desdiferenciación
1 Pérdida parcial de los caracteres morfológicos y funcionales de una célula o tejido. — s.f. BIOLOGÍA
2 desdiferenciación glandular: Pérdida del carácter secretor de las células que cubren los tubos glandulares. — MEDICINA

desdinerar
1 Hacer un país pobre despojándolo de moneda. — v.tr./ECONOMÍA
2 Quedarse una persona sin dinero. — v.prnl./coloquial
3 Hacer una inversión excesiva de dinero: *se desdineró con la compra del nuevo local.* — coloquial

desdoblamiento
1 Acción y resultado de extender o poner recto algo que está doblado. — s.m.
2 Conversión de una cosa en dos o más iguales.
3 Fraccionamiento por evolución natural o artificial de un compuesto en sus componentes o elementos. — QUÍMICA
4 Interpretación o explicación de un texto o idea.
5 desdoblamiento de personalidad: Trastorno que consiste en la coexistencia en un mismo individuo de dos tipos de conductas: *el personaje literario del doctor Jekyll y el señor Hyde es un ejemplo de desdoblamiento de personalidad.* — SIQUIATRÍA

desdoblar
1 Extender o poner recta una cosa que estaba doblada: *desdobla la mantelería.* — v.tr/prnl. = desplegar
2 Convertir una cosa en dos o más iguales: *la imagen se desdobla al pasar por este aparato.*
3 Distinguir con la ayuda de un instrumento las partes de un objeto que parece un punto. — ÓPTICA

desdorar
1 Quitar el oro que cubre una cosa: *la lámpara se desdoró con los años.* — v.tr/prnl.
2 Hacer que una persona pierda su buena reputación. — = desprestigiar

desdoro Perjuicio que se ocasiona a una persona en su reconocimiento social: *esto no va en desdoro de tu trabajo.* — s.m.

desdoroso, a Que desacredita o desprestigia: *encontró desdorosa su estancia en aquel hotelucho de tres al cuarto.* — adj. culto

desdramatizar
1 Hacer menos intenso el carácter dramático de una cosa: *los dos personajes graciosos desdramatizaban algo la historia.* — v.tr. conj: cazar ≠ dramatizar
2 Quitar importancia a una situación aparentemente grave: *intentó desdramatizar lo ocurrido con una intervención un poco frívola.* — = atenuar ≠ dramatizar

deseabilidad Utilidad de un bien o de un servicio.   s.f./ECONOMÍA

deseable
1 Que conviene o se desea: *es deseable que espere; tarda en producirse su deseable dimisión.*   adj.
= ansiado
2 Que despierta deseo erótico: *ese muchacho es muy deseable.*   = atractivo

desear (Del lat. *desiderare.*)
1 Sentir una persona la necesidad de poseer o alcanzar una cosa con intensidad: *siempre ha deseado un coche deportivo.*   v.tr.
2 Querer que se produzca o no un acontecimiento: *deseo que vengas cuanto antes.*
3 Sentir una persona atracción sexual por otra.

desecación
1 Acción y resultado de desecar o desecarse, en especial un terreno que estaba húmedo.   s.f.
= desecamiento
2 Operación que consiste en eliminar el agua de las plantas para conservarlas en herbarios.   BOTÁNICA
3 Separación del agua que contiene una sustancia: *realizó la desecación del sólido calentándolo en un horno.*   QUÍMICA

desecador, a Que deseca o elimina la humedad: *para deshidratar las verduras utilizó un desecador.*   adj./s.m.

desecante Que deseca.   adj./s.m.

desecar
1 Quitar la humedad o el líquido a un lugar o una cosa: *el embalse se desecó.*   v.tr/prnl.
conj: sacar
2 Hacer una cosa insensible a una persona: *los continuos engaños lo desecaron mucho.*   v.tr.

desecativo, a Que tiene la propiedad de desecar: *la cal viva y el cloruro de calcio son desecativos.*   adj.

desechable
1 Que puede ser desechado.   adj.
2 Que está pensado para ser usado una sola vez: *cada vez hay más productos en envases desechables.*

desechar (Derivado de *echar* < lat. *jactare,* arrojar, lanzar.)
1 Rechazar o negar una cosa posible: *desechó la idea de asistir a la reunión.*   v.tr.
= descartar
2 Alejar un pesar, un temor, una sospecha o un mal pensamiento: *desecha esos pensamientos tristes.*
3 No tomar una cosa cuando se eligen otras de un conjunto: *desechó las naranjas podridas y guardó en la nevera las sanas.*
4 Dejar una cosa por inútil: *desechó todos los vestidos pasados de moda.*   = arrinconar
5 Hacer a una persona o una cosa poco caso o darle poco aprecio: *desechó la caricaturización del estado.*   = menospreciar

desecho
1 Aquello que queda tras haber escogido lo más útil y provechoso.   s.m.
= residuo
2 Cosa que por cualquier motivo no sirve a la persona para quien se hizo.
3 Escoria o cosa despreciable de un conjunto: *son el desecho de la sociedad.*
4 Actitud del que muestra desprecio hacia los demás.
5 Atajo, senda.   Amér.

deseconomía Repercusión negativa en una unidad económica, manifestada por el aumento desproporcionado de los costes.   s.f.
ECONOMÍA

desedificar Dar mal ejemplo a una persona: *ese padre con su actitud desedifica a su hijo.*   v.tr.
conj: sacar

deseducar Hacer perder la educación a una persona.   v.tr./conj: sacar

deselectrización Acción y resultado de sacar de la carga eléctrica de un cuerpo.   s.f.
ELECTRICIDAD

deselectrizador Aparato que elimina la carga eléctrica de las fibras textiles.   s.m.
TECNOLOGÍA

deselectrizar Sacar o descargar la carga eléctrica de un cuerpo.   v.tr./conj: cazar
ELECTRICIDAD

deselladura Acción y resultado de quitar el sello a algo.   s.f.

desellar Quitar el sello que cierra una cosa.   v.tr.

desembalaje Operación de desembalar mercancías u objetos.   s.m.
= desempaquetado

desembalar Sacar una cosa del embalaje en que estaba envuelta.   v.tr.
= desempaquetar

desembaldosar Quitar las baldosas de un suelo: *hemos de desembaldosar el suelo y ponerle parquet.*   v.tr.

desemballestar Prepararse el halcón para descender cuando está en vuelo.   v.intr.
CAZA

desembalsar Dar salida al agua contenida en un embalse o a parte de ella.   v.tr.

desembalse Acción y resultado de dar salida al agua de un embalse.   s.m.

desembanastar
1 Sacar una cosa de una banasta o cesto grande.   v.tr.
2 Hablar sobre una cosa excesiva e indiscretamente.
3 Sacar un arma blanca de la vaina: *desembanastó su cuchillo para defenderse.*   = desenvainar

4 Huir un animal del lugar en que estaba encerrado o sujeto: *el caballo se desembanastó al oír los tiros.*   v.prnl.
5 Salir de un vehículo.

desembarazado, a Que está libre de entorpecimiento o de obstáculos.   adj.

desembarazar
1 Dejar una cosa libre de obstáculos o estorbos: *desembarazamos el camino de maleza para seguir la marcha.*   v.tr./conj: cazar
+ de
2 Librarse de la persona o cosa que estorba para lograr un fin: *se desembarazó de sus perseguidores y consiguió huir.*   v.prnl.
+ de
3 Dejar un lugar libre y sin impedimento.   v.tr./= evacuar

desembarazo Modo de comportarse con naturalidad y sin timidez en ciertas situaciones.   s.m.
= desenfado

desembarcadero Lugar apropiado para embarcar o desembarcar pasajeros o mercancías: *la cala era un buen desembarcadero de fardos.*   s.m.
NÁUTICA

desembarcar
1 Descargar, sacar la carga de una embarcación.   v.tr./conj: sacar
2 Salir, bajar de una embarcación: *Pedro desembarcó en Barcelona por primera vez, durante toda la travesía.*   v.intr./prnl.
NÁUTICA
3 Acabar una escalera o un tramo de ella en un lugar.   v.intr.
4 Salir de un vehículo: *desembarcó del autobús.*   coloquial/+ de
5 Dejar de pertenecer a la tripulación de un barco.   NÁUTICA

desembarco
1 Acción y resultado de salir de una embarcación: *los marineros se preparaban para el desembarco.*   s.m./NÁUTICA
= desembarque
2 Meseta o descanso donde termina la escalera.   = descansillo
3 Operación militar que consiste en desembarcar tropas.   MILITAR
4 **desembarco aéreo:** Acción de situar en tierra, por medios aéreos, tropas y material de guerra.   MILITAR

desembargar
1 Dejar una cosa libre de obstáculos.   v.tr./conj: pagar
2 Levantar el embargo que pesa sobre una cosa: *la autoridad competente desembargó la casa.*   DERECHO

desembargo
1 Acción y resultado de quitar el embargo que pesa a una cosa.   s.m.
DERECHO
2 Carta de libramiento del antiguo consejo de hacienda, que se daba por un número determinado de años para que se pagasen los réditos de un derecho perpetuo de propiedad.   HISTORIA

desembarque Acción y resultado de desembarcar personas o mercancías.   s.m.
= desembarco

desembarrancar Sacar a flote un barco que está embarrancado o varado.   v.tr/intr./conj: sacar
NÁUTICA

desembarrar Limpiar de barro una cosa o un lugar.   v.tr.

desembaular
1 Sacar una cosa de un baúl.   v.tr./conj: aunar
2 Sacar una cosa de un recipiente.
3 Manifestar una persona un sentimiento o un secreto que mantenía callado.   coloquial

desembebecerse Salir una persona de un estado de abstracción.   v.prnl.
conj: carecer

desembelesarse Salir una persona del embelesamiento o estado de quien pierde la noción de la realidad por estar cautivado por algo que le produce placer.   v.prnl.

desembocadero
1 Abertura por donde se sale de una calle o camino.   s.m.
2 Desembocadura de un río o canal.   GEOGRAFÍA

desembocadura
1 Lugar donde desemboca un río en otro, en un lago o en el mar: *el río era navegable por la desembocadura.*   s.f./GEOGRAFÍA
= desembocadero
2 Desembocadero, salida de una calle a otra: *la casa estaba situada en la desembocadura de la calle.*

desembocar
1 Acabar el curso de un río en otro río, en un lago o un mar: *el Guadiana desemboca en el océano Atlántico.*   v.intr./conj: sacar
+ en
2 Salir una cosa por una abertura o un estrecho.   + en
3 Tener una calle u otra vía salida a un lugar: *mi calle desemboca en la plaza.*   + en
4 Tener un suceso o una acción un desenlace o un resultado determinado: *la actitud de los hinchas desembocó en una tragedia.*   + en

desembojadora Utensilio o máquina para recoger de las bojas los capullos de seda.   s.f./MECÁNICA
tb: desembojadera

desembojar Quitar los capullos de seda de la boja o el embojo.   v.tr.

desembolsar
1 Sacar una cosa de una bolsa: *si desembolsas el jersey, luego no podrás cambiarlo.*   v.tr.
2 Pagar o entregar una cantidad de dinero: *desembolsó un millón de pesetas a la hacienda pública.*   = abonar, apoquinar
ECONOMÍA

desembolso
1 Dinero que se desembolsa o entrega.   s.m./ECONOMÍA
2 Dispendio o gasto excesivo.   ECONOMÍA

desemboque Desembocadero, salida de una calle a otra. · s.m. = desembocadura

desemborrachar Quitar la borrachera a una persona: *se desemborrachó durmiendo.* · v.tr/prnl. = desembriagar

desemboscarse Salir una persona de un bosque o de una emboscada. · v.prnl. conj: sacar

desembotar Hacer que desaparezca el aturdimiento de una persona: *tras el pesado sueño no se podía desembotar.* · v.tr/prnl.

desembozado, a Que se hace sin embozo o disimulo: *una venganza desembozada.* · adj.

desembozar
1 Descubrir o desenmascarar a una persona. · v.tr/prnl./conj: cazar
2 Quitar una cosa que obstruye un conducto: *finalmente, el fontanero pudo desembozar el desagüe del fregadero.* · = desatascar, desatrancar

desembozo Acción y resultado de desenmascarar a alguien o desatascar una cosa. · s.m.

desembragar Quitar el embrague de una máquina o vehículo. · v.tr./conj: pagar MECÁNICA

desembrague Acción y resultado de quitar el embrague de una máquina o vehículo. · s.m. MECÁNICA

desembravecer
1 Hacer que una persona o un animal deje de estar furioso o violento. · v.tr/prnl./conj: carecer = amansar
2 Dejar el mar de estar agitado: *el océano empezó a desembravecerse hacia la caída de la tarde.* · v.prnl.

desembravecimiento Recuperación de la calma después de un estado de furia. · s.m.

desembrazar
1 Quitar una cosa del brazo. · v.tr./conj: cazar
2 Arrojar o lanzar una cosa con toda la fuerza del brazo: *desembrazó el dardo contra la diana.*

desembriagar Quitar la embriaguez a una persona: *se desembriagó tomando café con sal.* · v.tr/prnl. conj: pagar

desembridar Quitar las bridas o freno que sujeta la cabeza a una caballería. · v.tr. EQUITACIÓN

desembrollar Aclarar una cosa o una cuestión que estaba enredada o confusa: *desembrolló el problema con mucha facilidad.* · v.tr. coloquial

desembrozar Desbrozar, quitar la broza de un lugar. · v.tr. conj: cazar

desembrujar Deshacer el embrujamiento o el hechizo de que una persona se supone víctima. · v.tr. OCULTISMO

desembuchar
1 Decir una persona lo que sabía y tenía callado: *no pudo aguantar más y desembuchó su secreto.* · v.tr. coloquial
2 Expeler las aves el contenido del buche. · ZOOLOGÍA

desemejable Fuerte, grande, terrible: *fueron desemejables los monstruos a que tuvo que enfrentarse.* · adj. literario

desemejante Que no es parecido o semejante: *tienen actitudes desemejantes.* · adj. = diferente

desemejanza Falta de semejanza, diferencia entre dos o más cosas, personas o situaciones: *la abismal desemejanza entre sus criterios políticos.* · s.f.

desemejar
1 Ser una cosa diferente de otra: *tu bolígrafo se desemeja al mío muchísimo.* · v.intr/prnl. + de
2 Cambiar de aspecto a una persona o una cosa.

desempacar
1 Sacar las mercancías de la paca o embalaje en que se transportan. · v.tr. conj: sacar
2 Apaciguarse, dejar de estar una persona enfadada. · v.prnl.

desempachar
1 Quitar el empacho o indigestión a una persona: *se desempachaba tomando sales de frutas.* · v.tr/prnl.
2 Perder una persona la vergüenza o la timidez: *se desempachó y no paró de hablar en toda la noche.* · v.prnl.
3 Determinar las causas de una cuestión. · v.tr.

desempacho Falta de empacho o timidez en el modo de comportarse. · s.m. = desenfado

desempadronar
1 Dar a una persona de baja en el padrón de una localidad: *al marcharse del pueblo en que vivía, se desempadronó.* · v.tr/prnl.
2 Quitar la vida a una persona: *le desempadronaron por chivato.* · v.tr/argot = matar

desempalagar
1 Quitar el empalago de una comida a una persona: *tomó un zumo y se desempalagó del todo.* · v.tr/prnl. conj: pagar
2 Quitar el agua sucia que impide el movimiento de la rueda de un molino.

desempalmar Romper o desconectar un empalme de un circuito: *para desempalmar los cables, corta la corriente.* · v.tr.

desempañar
1 Limpiar un cristal o cualquier otra cosa empañada. · v.tr.

2 Quitar los pañales a un niño. · v.tr/prnl.

desempapelar
1 Quitar el papel que envuelve o recubre una cosa: *antes de pintar hemos de desempapelar las paredes.* · v.tr.
2 Dejar de tramitar un proceso contra una persona.

desempaque Acción y resultado de desempacar mercancías o cosas semejantes. · s.m.

desempaquetar Sacar una cosa del paquete en que estaba contenida: *estaba tan nerviosa que no podía desempaquetar el regalo.* · v.tr.

desemparejado, a
1 Que no forma o no tiene pareja: *este calcetín está desemparejado.* · adj.
2 Que está desigualado o no es parejo con otra cosa.

desemparejar
1 Hacer que dos o más cosas que van o están emparejadas dejen de estarlo. · v.tr/prnl.
2 Dejar de formar pareja. · v.prnl.

desemparentado, a Que no tiene parientes: *está completamente solo y desemparentado en la vida.* · adj.

desemparvar Recoger en un montón la mies extendida en la era. · v.tr. AGRICULTURA

desempastar Quitar el empaste de una pieza dental: *desempastar una muela.* · v.tr. MEDICINA

desempaste Acción de desempastar una muela o diente. · s.m. MEDICINA

desempastelar Volver a distribuir las letras de un molde. · v.tr. ARTES GRÁFICAS

desempatar Deshacer el empate entre dos o más cosas: *jugaron la prórroga para desempatar.* · v.tr/prnl. DEPORTES

desempate Acción y resultado de deshacer el empate: *llegaron al final del partido sin desempate.* · s.m. DEPORTES

desempedrador, a Persona que se dedica a arrancar las piedras de un área empedrada. · s.

desempedrar
1 Arrancar las piedras de un sitio empedrado: *desempedraron la avenida para asfaltarla.* · v.tr. conj: pensar
2 Correr con velocidad y desenfreno.
3 Pasar frecuentemente por un lugar: *desempiedra esta calle para ver a su novia.*

desempegar Quitar el baño de pez a un pellejo, tinaja u otra cosa empegada. · v.tr. conj: pagar

desempeñar (Derivado de *prenda*.)
1 Recuperar una cosa que estaba empeñada después de pagar la cantidad que se obtuvo como préstamo por ella: *ha desempeñado las joyas que empeñó su madre.* · v.tr. ECONOMÍA
2 Realizar las funciones o las acciones que corresponden a un empleo, un cargo o una posición: *desempeña su cargo con muchos problemas.*
3 Hacer un papel en una obra teatral: *desempeñó sobre todo papeles de malo.* · TEATRO = interpretar
4 Pagar las deudas de una persona. · v.tr/prnl./ECONOMÍA
5 Sacar a una persona de una situación apurada o comprometida.
6 Actuar como, ejercer cierta función: *se desempeñaba como funcionario gubernamental.* · v.prnl. Amér.
7 Bajarse el lidiador del caballo para herir al toro con la espada cuando no puede hacerlo con el rejón. · TAUROMAQUIA

desempeño
1 Acción y resultado de desempeñar o desempeñarse. · s.m.
2 Realización de las actividades propias de un empleo, cargo o función: *murió en el desempeño de sus funciones.*
3 Acción de liberar a alguien de las deudas que tiene.
4 Disposición o aptitud para realizar distintas clases de actividades.
5 Desarrollo de una habilidad: *esta chica ha sorprendido a los expertos por su desempeño futbolístico.*

desemperezar Quitarse una persona la pereza: *le cuesta mucho desemperezarse por la mañana.* · v.intr/prnl. conj: cazar

desempernar Sacar los pernos que sujetan las piezas, bastidores o vías: *desempernar un carril.* · v.tr.

desempleado, a Que no tiene empleo: *el número de desempleados es cada vez mayor.* · adj/s. = parado

desempleo Paro forzoso por falta de trabajo. · s.m.

desempolvadura
1 Acción y resultado de quitar el polvo. · s.f.
2 Aplicación y puesta en funcionamiento de una cosa que estaba inactiva u olvidada.

desempolvar
1 Quitar el polvo a una cosa: *abrieron las ventanas y desempolvaron toda la casa.* · v.tr/prnl./= despolvar, despolvorear
2 Volver a usar o recordar una cosa que se había abandonado y olvidado: *desempolvó sus pocos conocimientos de matemáticas para ayudar a su hijo con los deberes escolares.* · v.tr.
3 Recordar algo que había estado mucho tiempo olvidado: *desempolvó su vivencia en el internado.*

desemponzoñar `v.tr.`
1 Hacer que una persona se libre de una cosa que le causa daño o pesar.
2 Eliminar las cualidades venenosas de una sustancia u objeto: *desemponzoñar los dardos.*

desempotrar Sacar una cosa del lugar donde estaba empotrada. `v.tr.`

desempozar Sacar una cosa de un pozo o una hondonada. `v.tr.` `conj: cazar`

desempuñar Dejar de empuñar una cosa: *desempuñó la espada y arremetió contra el enemigo.* `v.tr.`

desemulsionar Separar un aceite o betún de su emulsión con el agua. `v.tr.`

desenalbardar Quitar la albarda o pieza que se coloca sobre el lomo de una caballería de carga. `v.tr.` `tb: desalbardar`

desenamorar Hacer perder a una persona el amor o el afecto que siente hacia una persona o una cosa: *se desenamoró con el paso del tiempo.* `v.tr./prnl.` `≠ enamorar`

desenastar Quitar el asta o mango de un arma o herramienta. `v.tr.`

desencabalgar Desmontar o separar las partes de una pieza de artillería. `v.tr./conj: pagar` `MILITAR`

desencabestrar Sacar la pata de una caballería que se ha enredado en la rienda o el cabestro. `v.tr.` `tb: descabestrar`

desencadenador, a Que desencadena: *el desencadenador de la tragedia fue el brote de violencia en los barrios populares.* `adj.`

desencadenamiento Acción y resultado de desencadenar o desencadenarse: *la negativa a aprobar el consenso fue el desencadenamiento de una cruenta lucha política.* `s.m.`

desencadenar
1 Quitar la cadena que sujeta a una persona, animal o cosa: *desencadenó los perros para empezar la búsqueda de los fugitivos.* `v.tr.` `= encadenar`
2 Dejar en libertad una fuerza perjudicial que estaba contenida o inactiva o ponerla en actividad: *desencadenaron sus sentimientos y se divorciaron.*
3 Producir movimientos o afectos violentos una fuerza natural: *la tormenta se desencadenó por la tarde.* `v.tr./prnl.` `= desatar`
4 Provocar sentimientos violentos: *su rencor se desencadenó al volver a verla.*

desencajadura Parte que queda desunida cuando se quita la trabazón o encaje. `s.f.`

desencajamiento Acción y resultado de desencajar o desencajarse: *el desencajamiento de su rostro denotaba espanto.* `s.m.` `= desencaje`

desencajar
1 Sacar una cosa del lugar donde está encajada. `v.tr./prnl.`
2 Cambiar las facciones de una cara a causa de una enfermedad o una impresión fuerte: *su rostro se desencajó al saber la mala noticia.* `v.prnl.`

desencajonamiento
1 Acción y resultado de sacar una cosa de un cajón. `s.m.`
2 Acción de sacar los toros de lidia de los vagones o cajones en que se transportan: *el desencajonamiento se efectúa en el ruedo de la plaza donde los novillos serán lidiados.* `TAUROMAQUIA`

desencajonar
1 Sacar una cosa de un cajón. `v.tr.`
2 Sacar los toros del cajón de madera utilizado para transportarlos. `TAUROMAQUIA`

desencalabrinar Quitar el aturdimiento a una persona: *intentamos que se desencalabrine.* `v.tr./prnl.` `= desaturdir`

desencalcar Aflojar una cosa apretada. `v.tr./conj: sacar`

desencallar Poner a flote un barco que estaba encallado: *al subir la marea el buque desencalló.* `v.tr./intr.` `NÁUTICA`

desencaminar
1 Separar a una persona del camino conveniente. `v.tr./= descaminar`
2 Apartar a alguien de un buen propósito, induciéndole a que haga algo que no le conviene.

desencantamiento
1 Desilusión, pérdida de la fascinación o la atracción que producía una persona o una cosa. `s.m.` `= desencanto`
2 Liberación o cese de los efectos de un hechizo. `OCULTISMO`

desencantar
1 Perder la ilusión o la admiración que se sentía: *Luisa se desencantó al ver lo que contenía el regalo.* `v.tr./prnl.` `= desilusionar`
2 Deshacer el encantamiento de una persona o una cosa: *el joven se desencantó al pronunciar el hada las palabras mágicas.* `OCULTISMO`

desencantaración Acción de desencantarar las papeletas en un sorteo o votación. `s.f.`

desencantarar
1 Sacar las papeletas de un sorteo o votación. `v.tr./= desinsacular`
2 Excluir de la votación a uno de los candidatos. `= desinsacular`

desencanto Pérdida de la fascinación o la atracción que una persona o cosa producía: *hace tiempo que perdió la ilusión y ahora vive sumido en el desencanto.* `s.m.` `= desencanto`

desencapillar
1 Desenganchar un cordaje del punto a que se encuentra sujeto. `v.tr/prnl.` `NÁUTICA`
2 Zafar lo que está encapillado o encapirotado: *desencapillar las aves de cetrería.*

desencapotadura
1 Acción y resultado de desencapotar o desencapotarse. `s.f.`
2 Acción y resultado de pasársele a alguien el enfado.
3 Acción de quitarle la capa o una prenda semejante a alguien.
4 Manifestación o descubrimiento de algo.
5 Acción de obligar a una caballería a llevar la cabeza levantada. `EQUITACIÓN`

desencapotar
1 Quitar la capa a una persona: *al llegar a casa se desencapotó.* `v.tr./prnl.`
2 Descubrir una persona una cosa: *desencapotó el secreto de sus amigas.* `v.tr.` `coloquial`
3 Quedar el cielo despejado de nubes: *después de la tormenta el cielo se desencapotó.* `v.prnl.`
4 Dejar de estar enfadado.
5 Hacer que una caballería levante la cabeza. `v.tr./EQUITACIÓN`

desencaprichar Hacer que una persona deje de tener un capricho: *él solo se desencaprichó del coche.* `v.tr./prnl.` `+ de`

desencarcelar Poner en libertad a un preso por orden de una autoridad competente. `v.tr.` `= excarcelar`

desencargar Dejar sin validez un encargo o revocarlo. `v.tr.` `conj: pagar`

desencarnar
1 Quitar a los perros la carne de las reses muertas para que no se encarnicen. `v.tr.` `CAZA`
2 Perder la afición a una cosa.

desencarpetar
1 Sacar un documento de la carpeta o legajo en que se guarda. `v.tr.`
2 Volver a ocuparse de un asunto apartado u olvidado: *desencarpetó aquel proyecto que obtuvo dinero.*

desencartonar Quitar el cartón que recubre una cosa: *desencartonar las piezas embaladas.* `v.tr.`

desencastillar
1 Echar a una fortificación a sus defensores. `v.tr./MILITAR`
2 Descubrir o aclarar una cosa. `v.tr./prnl.`

desencerrar
1 Sacar a una persona, un animal o una cosa del lugar donde estaba encerrado. `v.tr.` `conj: pensar`
2 Abrir una cosa que estaba cerrada.
3 Descubrir una cosa oculta o ignorada: *desencerró la adivinanza en un minuto.*

desenchuecar Enderezar lo que está torcido. `v.tr./Amér.`

desenchufar Hacer que una cosa que estaba enchufada deje de estarlo: *antes de salir de casa desenchufa los electrodomésticos.* `v.tr.` `ELECTRICIDAD`

desencintar
1 Quitar las cintas a una cosa. `v.tr.`
2 Quitar el encintado o faja de piedra de un pavimento. `CONSTRUCCIÓN`

desenclavar
1 Arrancar o quitar los clavos. `v.tr./= desclavar`
2 Sacar de modo violento a una persona del lugar en que está.

desenclavijar
1 Quitar las clavijas de un instrumento musical. `v.tr./MÚSICA`
2 Soltar o apartar a una persona o una cosa de aquello a lo que está firmemente sujeta o unida.

desencobrado Acción de quitar el cobre a una pieza. `s.m.` `METALURGIA`

desencobrar Quitar el cobre a una pieza por disolución química o electrolítica. `v.tr.` `METALURGIA`

desencochar Bajar de un coche, en especial el cliente de un taxi. `v.tr./intr.`

desencoche Acción de bajar de un coche. `s.m.`

desencofrado Acción y resultado de desencofrar. `s.m.`

desencofrar Quitar el enconfrado o molde en el que se vacía el hormigón de un elemento de construcción: *desencofrar los muros de contención.* `v.tr.` `CONSTRUCCIÓN`

desencoger
1 Hacer que una cosa deje de estar encogida, doblada, arrugada o arrollada. `v.tr.` `conj: coger`
2 Perder la timidez. `v.prnl.`

desencogimiento
1 Acción y resultado de desencoger o desencogerse. `s.m.`
2 Modo de comportarse natural y espontáneo. `= desenfado`

desencoladura Operación y resultado de separar cosas pegadas con cola. `s.f.`

desencolar Separar o despegar una cosa pegada con cola: *la silla se desencoló.* — v.tr/prnl.

desencolerizar Apaciguar o hacer disminuir el enfado de una persona. — v.tr/prnl. / conj: *cazar*

desenconamiento
1 Acción y resultado de quitar la inflamación o la congestión. — s.m.
2 Acción de apaciguar, quitar el encono o la cólera a una persona. — = desencono

desenconar
1 Quitar la inflamación o la congestión de una herida o un tumor. — v.tr/prnl.
2 Disminuir el encono o la cólera de una persona.
3 Hacerse suave una cosa. — v.prnl.

desencono Acción y resultado de apaciguar el ánimo o disminuir la cólera. — s.m.

desencordar Quitar las cuerdas de un instrumento, en especial las de los musicales. — v.tr. / conj: *contar*

desencordelar Quitar los cordeles que ataban o sujetaban una cosa. — v.tr.

desencorvar Enderezar, poner recta una cosa. — v.tr./= enderezar

desencovar
1 Sacar una cosa de una cueva. — v.tr./conj: *contar*
2 Hacer salir a un animal de una cueva.

desencrespar
1 Deshacer los rizos de una cosa: *el cabello se desencrespó al lavarlo.* — v.tr/prnl.
2 Calmar a una persona o una cosa que están agitadas. — v.tr.

desencrudecer
1 Hervir los capullos de seda. — v.tr./TEXTIL
2 Pasar por lejía el hilo crudo antes de la tinción o teñido. — TEXTIL

desencuadernar Deshacer la encuadernación de un cuaderno o un libro. — v.tr/prnl.

desencubar Trasegar el vino de las cubas. — v.tr.

desencuentro Encuentro fallido. — s.m.

desendemoniar Echar a los demonios del cuerpo de una persona. — v.tr./OCULTISMO / = desendiablar

desendiablar Expulsar los demonios del cuerpo de una persona. — v.tr./OCULTISMO / = desendemoniar

desendiosar Hacer disminuir o desaparecer la soberbia de una persona: *será muy difícil desendiosarle después de este triunfo.* — v.tr/prnl.

desenfadaderas Astucia o recursos para salir de alguna dificultad: *tiene buenas desenfadaderas, sale airosa de cualquier atolladero.* — s.f.pl. / coloquial

desenfadado, a
1 Que es o se comporta de modo informal, distendido o relajado: *a pesar de su cargo, es un hombre muy desenfadado.* — adj.
2 Se aplica al lugar o sitio que es ancho y espacioso.

desenfadar Quitar el enfado a una persona: *quiero que mis amigos se desenfaden.* — v.tr/prnl. / = desenfurruñar

desenfado
1 Modo de comportarse con naturalidad y desenvoltura: *revolvió la situación con desenfado.* — s.m. / = desparpajo
2 Expansión o desahogo del ánimo.

desenfaldar Bajar el recogido o enfaldo de un vestido. — v.tr/prnl.

desenfardar Abrir y desatar los fardos de las mercancías. — v.tr. / = desenfardelar

desenfilada
1 Acción y resultado de poner o ponerse a cubierto de los tiros del enemigo. — s.f. / MILITAR
2 **avanzar en desenfilada de hombre de pie o tendido:** Avanzar detrás de un obstáculo hasta que una persona de pie o tendida sea descubierta por un observador situado al otro lado de la pendiente. — MILITAR

desenfilado, a Se refiere a la posición o terreno que no puede ser visto ni abatido por el enemigo. — adj. / MILITAR

desenfilar Poner las tropas o los barcos a cubierto de los tiros del enemigo: *al caer en la emboscada los soldados se desenfilaron.* — v.tr/prnl. / MILITAR

desenfocar
1 Perder el enfoque o no enfocar bien una imagen: *desenfocar el primer plano de la fotografía.* — v.tr/prnl/conj: *sacar* / FOTOGRAFÍA
2 Tratar un asunto sin tino ni acierto alguno: *desenfocaron las inversiones extranjeras y ahora no pueden atajar el problema de la deuda externa; desenfocar la verdad.*

desenfoque
1 Enfoque defectuoso. — s.m.
2 Defecto de una imagen cinematográfica por falta de nitidez en el enfoque de las figuras. — CINE, FOTOGRAFÍA

desenfrailar
1 Secularizarse, dejar de ser un hombre fraile. — v.intr/prnl.

2 Quedar una persona libre de una opresión. — coloquial
3 Estar una persona desocupada por un tiempo. — coloquial

desenfrenado, a
1 Que no tiene moderación ni control: *le embarga una pasión desenfrenada.* — adj. / ≠ moderado
2 Que se comporta con desenfreno. — adj/s.

desenfrenar
1 Quitar el freno a una caballería. — v.tr./EQUITACIÓN
2 Perder una persona la contención o compostura en su conducta. — v.prnl. / = desatarse
3 Manifestar una fuerza natural o un sentimiento con violencia: *se desenfrenó una tempestad que duró toda la noche.* — = desencadenarse

desenfreno
1 Falta de moderación en la conducta: *toda su vida la pasó en un puro desenfreno.* — s.m./= libertinaje, desenfrenamiento
2 **desenfreno de vientre:** Descontrolada y precipitada necesidad de hacer de vientre producida normalmente por un mal estado del organismo. — coloquial

desenfundar Quitar la funda que recubre una cosa. — v.tr.

desenfurecer Quitar el furor a una persona: *se desenfureció al hablar con su marido.* — v.tr/prnl. / conj: *carecer*

desenfurruñar Hacer que una persona deje de estar enfadada: *siempre acaba por desenfurruñarse.* — v.tr/prnl. / = desenfadar

desenganchar
1 Soltar una cosa que estaba enganchada a otra: *se desenganchó las manos atadas.* — v.tr/prnl.
2 Dejar de ser adicto a una droga: *hace tiempo que se desenganchó de la cocaína.* — v.prnl. / coloquial/+ de
3 Soltar las caballerías de tiro de un carruaje. — v.tr.

desenganche Acción y resultado de desenganchar o desengancharse. — s.m.

desengañadamente
1 Con claridad y sin engaño. — adv.
2 Sin cuidado ni acierto. — coloquial

desengañado, a Que ha sufrido un desengaño por lo que ha perdido la esperanza o la ilusión: *después de ese escándalo, es un hombre desengañado de la vida.* — adj/s. / = desilusionado

desengañador, a Que desengaña: *fueron tantas sus desengañadoras respuestas que no volvió a confiar en él.* — adj/s.

desengañar
1 Hacer saber o hacer ver el engaño o error en que se encuentra a una persona. — v.tr/prnl.
2 Quitar a una persona sus esperanzas o sus ilusiones: *me pareció que lo más correcto era no desengañarla.* — v.tr. / = desencantar
3 Darse una persona cuenta de que su visión positiva de la realidad o de una cosa, o su opinión sobre una persona es equivocada: *se desengañó de la política.* — v.prnl. / + de

desengañilar Soltar al que se tiene agarrado por el gaznate o gañil. — v.tr.

desengaño
1 Impresión que recibe una persona cuando la realidad desmiente la esperanza o confianza puestas en una persona o cosa: *se llevó un gran desengaño con su novio; su desengaño es tan grande que no se atreve a emprender nada nuevo.* — s.m. / = decepción
2 Palabras o actitud con la que se echa en cara una cosa a una persona.
3 Experiencias amargas o dolorosas que condicionan o predisponen a quien las ha sufrido: *ha sufrido muchos desengaños en su vida.* — s.m.pl.

desengarzar Deshacer el engarce o unión de una cosa: *el diamante se desengarzó de la sortija.* — v.tr/prnl. / conj: *cazar*

desengastar Sacar una cosa de su engaste o cerco donde está encajado. — v.tr.

desengomar Desgomar, quitar la goma a los tejidos. — v.tr./TEXTIL

desengoznar Desgoznar, quitar los goznes de una cosa. — v.tr/prnl.

desengranar Separar dos piezas que engranan. — v.tr.

desengrasante
1 Se aplica a la sustancia o producto que se utiliza para limpiar la grasa: *lavó los manteles con un jabón desengrasante.* — adj/s.m.
2 Que desengrasa o hace adelgazar.

desengrasar
1 Quitar la grasa a una cosa: *he comprado un producto para desengrasar el horno.* — v.tr.
2 Enflaquecer, ponerse delgada una persona. — v.intr/coloquial
3 Quitar el sabor graso a una cosa o ayudar a digerir la grasa que se ha tomado. — coloquial

desengrase
1 Acción y resultado de desengrasar. — s.m.
2 Eliminación del efluente urbano de aceites y grasas. — = despumación
3 Operación de eliminar la materia grasa de la superficie de una pieza metálica. — METALURGIA
4 Limpieza del cuero o piel para eliminar las partículas grasas por centrifugado.
5 Operación del blanqueo de la lana. — TEXTIL

desengrilletar Soltar un grillete de una cadena. — v.tr./NÁUTICA

desengrosar
1 Adelgazar o reducir el grosor del cuerpo. — v.tr/intr.
2 Aminorar el efecto o las consecuencias de algo.

desengrudamiento Operación y resultado de eliminar el engrudo de una cosa. — s.m. ≠ engrudamiento

desengrudar Quitar el engrudo a una cosa. — v.tr.

desenguantarse Quitarse los guantes. — v.prnl.

desenhebrar Sacar o salirse la hebra de una aguja: *sin darse cuenta se le desenhebró la aguja.* — v.tr/prnl.

desenhornar Sacar un alimento del horno: *dentro de una hora tengo que desenhornar las galletas.* — v.tr./COCINA / tb: deshornar

desenjaezar Quitar los jaeces o adornos a una caballería. — v.tr. / conj: cazar

desenjalmar Quitar la enjalma o aparejo de carga a una caballería. — v.tr.

desenjaular Sacar a una persona o un animal de una jaula. — v.tr.

desenlace
1 Acción y resultado de desenlazar o desenlazarse. — s.m.
2 Final de un suceso, de una narración o de una obra dramática o cinematográfica: *me gustan los libros con desenlace feliz.* — CINE, LITERATURA

desenladrillado Acción y resultado de desenladrillar. — s.m. CONSTRUCCIÓN

desenladrillar Quitar los ladrillos del suelo de una habitación. — v.tr./tb: desladrillar CONSTRUCCIÓN

desenlazar
1 Soltar una cosa enlazada, anudada o sujeta con lazos o nudos: *la cuerda se desenlazó.* — v.tr/prnl. conj: cazar
2 Hacer más clara una situación: *desenlazó aquel asunto con su intervención.* — v.tr. = desanudar
3 Aclarar o resolver la trama de una obra dramática, narrativa o cinematográfica. — v.tr/prnl. CINE, LITERATURA

desenlodar
1 Limpiar de lodo una cosa. — v.tr.
2 Extraer el lodo o cieno que obstruye la entrada a un puerto o el lecho de un río.
3 Limpiar el lodo en que está envuelto el mineral. — MINERÍA

desenlosar Quitar el enlosado de un suelo. — v.tr./CONSTRUCCIÓN

desenlutar Quitar el luto a una persona o una cosa: *la abuela se desenlutó al cabo de tres años.* — v.tr/prnl.

desenmallar Sacar el pescado de las mallas. — v.tr./PESCA

desenmarañar Deshacer el enredo o la maraña de una cosa o asunto: *Pedro desenmarañó aquel conflicto.* — v.tr./tb: desmarañar = desembrollar

desenmascaradamente Con franqueza, públicamente y sin recato. — adv.

desenmascarar
1 Quitar la máscara a una persona. — v.tr/prnl.
2 Descubrir los propósitos o los sentimientos ocultos de una persona o la realidad oculta de algo. — v.tr.

desenmohecer
1 Limpiar de moho una cosa. — v.tr./conj: carecer
2 Volver una persona o una cosa a la actividad después de estar un tiempo inactiva: *Pedro se desenmoheció tras cinco meses de rehabilitación.* — v.prnl.

desenmudecer
1 Volver a disponer una persona de la facultad de hablar que había perdido. — v.intr/tr. conj: carecer
2 Volver a hablar una persona después de un tiempo de permanecer voluntariamente en silencio. — v.intr.

desenojar Aplacar, quitar el enojo a una persona. — v.tr/prnl.

desenojo Cese del enojo, enfado o disgusto. — s.m.

desenojoso, a Que puede quitar el enojo, enfado o disgusto. — adj. ≠ enojoso

desenredar
1 Hacer que una cosa que estaba enredada deje de estarlo: *me desenredo el pelo con un peine ancho.* — v.tr.
2 Poner orden en un asunto que estaba confuso: *desenredó una cuestión problemática.* — = desenmarañar
3 Salir una dificultad. — v.prnl.

desenredo
1 Acción y resultado de desenredar o desenredarse. — s.m.
2 Final de un suceso, de una narración o de una obra dramática o cinematográfica. — LITERATURA, CINE = desenlace

desenrizar Desrizar, deshacer los rizos. — v.tr./conj: cazar

desenrollar Extender una cosa envuelta en forma de rollo: *desenrollaron los carteles.* — v.tr/prnl. = desarrollar

desenroscar
1 Extender lo que está enroscado: *se desenroscó el alambre.* — v.tr/prnl. conj: sacar
2 Sacar una cosa introducida a vuelta de rosca dándole vueltas: *le costó mucho desenroscar el último tornillo.* — v.tr.

desenrudecer Quitar la rudeza a una persona o una cosa: *ni siquiera en la universidad se desenrudeció.* — v.tr/prnl. conj: carecer

desensamblador Programa capaz de traducir un programa escrito en lenguaje máquina, en un lenguaje de más alto nivel, o lenguaje objeto. — s.m. INFORMÁTICA

desensamblar Separar cosas que están ensambladas: *el armario se desensambló.* — v.tr/prnl.

desensañar Quitar la saña o el furor a una persona. — v.tr/prnl.

desensartar Soltar cosas que están ensartadas: *se desensartaron las cuentas del collar.* — v.tr/prnl.

desensebar
1 Quitar el sebo a un animal en vivo. — v.tr.
2 Quitarse una persona el sabor a grasa de un alimento comiendo fruta u otra cosa semejante. — v.intr.
3 Cambiar una persona de ocupación para hacer más llevadero el trabajo: *desenseba varias veces durante la jornada laboral.*

desenseñar Hacer olvidar una mala enseñanza por medio de otra buena. — v.tr.

desensibilización
1 Privación de la sensibilización nerviosa. — s.f./MEDICINA
2 Disminución de la sensibilidad por inmersión de una superficie fotosensible. — FOTOGRAFÍA
3 Procedimiento terapéutico que tiene como finalidad disminuir el estado alérgico. — MEDICINA

desensibilizador
1 Sustancia química usada para reducir la sensibilidad de las emulsiones fotográficas. — s.m./QUÍMICA, FOTOGRAFÍA
2 Medicamento que elimina la intolerancia a determinadas sustancias. — MEDICINA

desensillar Quitar la silla a una caballería: *el jinete desensilló al caballo al finalizar la carrera.* — v.tr. EQUITACIÓN

desensoberbecer Quitar la soberbia o la altivez a una persona. — v.tr/prnl. conj: carecer

desensortijado, a
1 Se refiere al pelo que tiene los rizos deshechos. — adj.
2 Se aplica al hueso que está fuera de sitio.

desentablar
1 Arrancar las tablas que forman una cosa. — v.tr.
2 Alterar el orden o la composición de una cosa.
3 Deshacer un trato o una amistad: *tus celos desentablaron nuestra relación.*

desentalingar Soltar el cable de la argolla de hierro del ancla. — v.tr/conj: pagar NÁUTICA

desentarimar Quitar el entarimado del suelo. — v.tr.

desentenderse
1 Hacer ver que se ignora o no se entiende una cosa: *se desentendió de sus palabras.* — v.prnl./conj: tender + de
2 No tomar parte en una cosa: *Juan se desentendió de aquel negocio.* — + de

desentendido, a Que finge no darse por aludido cuando se le llama: *cuando le conviene, se hace el desentendido.* — adj.

desentendimiento
1 Acción y resultado de desentenderse: *desaprobó su desentendimiento sobre la herencia.* — s.m.
2 Estado de quien decide no intervenir en un asunto determinado. — = inhibición

desenterrador, a Persona que desentierra. — s.

desenterramiento Acción y resultado de desenterrar algo que está bajo tierra. — s.m.

desenterrar
1 Sacar un cadáver u otra cosa que está debajo de tierra: *desenterrar un tesoro.* — v.tr. conj: pensar
2 Volver a recordar una cosa que se había olvidado.

desentierramuertos Persona que habla mal de los muertos: *era un personaje mezquino, iracundo, desentierramuertos y procaz.* — s.m.f./coloquial pl: desentierramuertos

desentoldar
1 Quitar los toldos de un lugar. — v.tr.
2 Quitar los adornos a una cosa.

desentonación Desentono de un sonido o descomedimiento de la voz. — s.f.

desentonar
1 Dar una persona una nota más alta o más baja de lo que corresponde. — v.intr/MÚSICA = desafinar
2 Estar en contraste desagradable con lo que hay o sucede a su alrededor: *la tristeza de tu amigo desentona con la alegría de la fiesta.* — + con
3 Hacer perder el orgullo. — v.tr.
4 Levantar la voz o faltar al respeto. — v.prnl.

desentono
1 Acción y resultado de desentonar o desafinar. — s.m./MÚSICA
2 Descomedimiento en el tono de la voz. — = desentonamiento

desentornillar Destornillar, sacar un tornillo dándole vueltas. — v.tr.

desentorpecer
1 Quitar la torpeza a una persona: *después de la ducha se desentorpeció.* — v.tr/prnl. conj: carecer

2 Mover o realizar una cosa fácilmente o con suavidad: *la palanca se desentorpeció.*

desentrampar Quedar una persona libre de deudas: *al final pudo desentramparse gracias a que su padre pagó sus atrasos.* — v.tr./prnl. coloquial = desempeñarse

desentrañamiento
1 Acción y resultado de desentrañar o descubrir algo secreto. — s.m.
2 Acción de sacar o arrancar las entrañas.

desentrañar
1 Arrancar las entrañas a una persona o un animal. — v.tr.
2 Descubrir el significado profundo de una cosa: *desentrañó el enigma rápidamente.*
3 Dar o ceder una cosa querida o apreciada a una persona: *se desentrañó del anillo para ofrecérselo a su novia.* — v.prnl. + de

desentrenamiento Falta de preparación física para la práctica de un deporte o pérdida de la costumbre de realizar una actividad determinada. — s.m.

desentrenar Hacer perder la preparación o el entrenamiento adquirido: *después del accidente tuvo que descansar y se desentrenó.* — v.tr./prnl.

desentronizar
1 Echar del trono a un rey: *los cortesanos y la nobleza desentronizaron a su rey.* — v.tr./conj: cazar = destronar
2 Quitar la preponderancia o la autoridad a una persona.

desentumecer Quitar el entumecimiento o entorpecimiento a un miembro. — v.tr./prnl. conj: carecer

desentumecimiento Aminoramiento o eliminación del entumecimiento, ya por evolución natural, ya por acción reparadora o curativa. — s.m.

desenvainar
1 Sacar un arma blanca de la vaina: *desenvainó la espada y le atacó.* — v.tr.
2 Sacar un animal las uñas.
3 Descubrir una cosa que estaba oculta: *desenvainó el móvil del crimen.*

desenvelejar Quitar el velamen o conjunto de velas de un barco. — v.tr. NÁUTICA

desenvergar Soltar las velas atadas a las varas de la embarcación. — v.tr./conj: pagar NÁUTICA

desenviolar Hacer puro un lugar sagrado que ha sido violado o profanado. — v.tr./RELIGIÓN ≠ violar

desenvoltura
1 Característica de la persona que tiene habilidad y soltura para hacer una cosa: *ya conduce el autobús con desenvoltura.* — s.f.
2 Falta de timidez en el modo de comportarse y de hablar de una persona: *su simpatía y desenvoltura lo hacían muy atractivo.*

desenvolvedor, a Que desenvuelve, investiga o averigua una cosa. — adj/s. = curioso

desenvolver
1 Sacar una cosa de su envoltura: *ahora ya puedes desenvolver el regalo.* — v.tr./prnl. conj: volver
2 Exponer ampliamente una teoría. = desarrollar
3 Explicar o aclarar una cosa que estaba oscura o enredada: *desenvolvió el enigma con prontitud.* — v.tr.
4 Dar más amplitud o desarrollo a una cosa.
5 Obrar con maña y habilidad: *desenvolverse ante una exigente audiencia.* — v.prnl.
6 Quedar libre una persona de otra o de una cosa que le estorba: *en cuanto pudo, se desenvolvió de su prima.* — + de
7 Salir de una dificultad.

desenvolvimiento
1 Acción y resultado de desenvolver o desenvolverse. — s.m.
2 Conjunto de las fases por las que pasa una cosa que se desarrolla o que progresa. = desarrollo

desenvuelto, a Que tiene desenvoltura: *es una persona desenvuelta y hábil.* — adj.

desenzarzar
1 Sacar, soltar a un animal o cosa enredados en las zarzas: *desenzarzaron a varias ovejas que habían quedado atrapadas; se desenzarzó la manga con los dientes.* — v.tr./prnl. conj: cazar
2 Separar o tranquilizar a las personas que riñen: *los desenzarzó con buenas palabras.* — coloquial

desenzolvar Destapar un conducto, limpiarlo. — v.tr./Méx.

deseo (Del lat. vulg. *desidium,* deseo erótico.)
1 Movimiento intenso de la voluntad hacia la consecución de una cosa. — s.m.
2 Acción y resultado de desear.
3 Cosa deseada.
4 **arder en deseos de algo:** Desear algo con mucha vehemencia: *ardo en deseos de volver a verla.* — coloquial
5 **buen deseo:** Buena intención: *no fue así, a pesar de mis buenos deseos.*
6 **venir en deseo de algo:** Empezar a desear alguna cosa. — coloquial

deseoso, a Que tiene deseo de una cosa: *está deseoso de dinero; deseosa de honores.* — adj. + de

desequido, a Reseco, demasiado seco: *la fiebre le puso desequidos los labios.* — adj.

desequilibrado, a
1 Que no tiene equilibrio: *la barca está desequilibrada.* — adj.
2 Que no tiene equilibrio mental: *la joven fue agredida por un desequilibrado.* — adj/s./SIQUIATRÍA = loco

desequilibrar Hacer perder el equilibrio a una persona o una cosa: *se desequilibró y cayó del andamio.* — v.tr./prnl.

desequilibrio
1 Falta de equilibrio. — s.m.
2 Alteración del funcionamiento orgánico o del comportamiento mental. — MEDICINA, SIQUIATRÍA
3 Exceso de oferta o de demanda que tiende a destruir el equilibrio económico. — ECONOMÍA

deserción (Del lat. *desertio, -onis.*)
1 Acción y resultado de desertar un soldado. — s.f./MILITAR
2 Abandono de una obligación o de un grupo al que se está adherido.
3 Desamparo, abandono de la causa entablada o de la apelación interpuesta. — DERECHO

deserrado, a Que no tiene error. — adj.

desertar (Del fr. *deserter* < derivado del lat. *desertus,* abandonado.)
1 Dejar de cumplir un soldado sus obligaciones militares. — v.intr/prnl. MILITAR
2 Dejar de cumplir una persona sus obligaciones con una comunidad o una organización a la que pertenece: *desertar del sindicato por su desacuerdo con las medidas adoptadas.* — v.intr.
3 Dejar de ir una persona a los lugares o las reuniones que solía frecuentar. — coloquial
4 Dejar la causa o apelación que se tiene entablada. — DERECHO

desértico, a
1 Del desierto: *vegetación desértica.* — adj./GEOGRAFÍA
2 Se refiere al lugar que está despoblado o solitario.
3 Se aplica al clima o lugar que es muy seco y caluroso.

desertícola Que vive en el desierto: *especies animales desertícolas.* — adj.

desertificación
1 Transformación de una región en desierto por darse un clima cada vez más árido. — s.f. ECOLOGÍA
2 Empobrecimiento de un área semiárida por la destrucción que ejerce el ser humano: *el pastoreo abusivo y los cultivos de erosión acelerada provocan la desertificación de ciertas zonas.* — ECOLOGÍA

desertización Desertificación, acción y resultado de desertizar o desertizarse un terreno. — s.f./ECOLOGÍA

desertizar
1 Convertir un terreno en un desierto: *debido a la falta de lluvia, el lugar se desertizó.* — v.tr/prnl./ECOLOGÍA conj: cazar
2 Provocar la desaparición de toda actividad humana de un lugar: *el nuevo pantano desertizó la zona.* — v.tr.

desertor, a (Del fr. *deserteur* < lat. *desertor, -oris* < *deserere.*)
1 Soldado o militar que deserta. — adj/s./MILITAR
2 Persona que abandona la opinión o postura a la que servía. — s. coloquial

deservicio Culpa que se comete contra alguien a quien hay obligación de servir. — s.m.

deservidor, a Persona que falta a la obligación que ha contraído de servir a otra. — s.

desescalada Disminución progresiva del peligro y la tensión resultantes de un proceso de escalada: *la intervención de la ONU dio lugar a la desescalada del conflicto bélico.* — s.f.

desescolarización Tendencia pedagógica que pone en cuestión la escuela tradicional por no potenciar los valores culturales y por reducir la capacidad intelectual y creativa del alumno. — s.f.

desescombrar Descombrar, quitar los escombros de un lugar. — v.tr.

desescoriar
1 Separar del metal o del vidrio las escorias, escombros o residuos que contienen. — v.tr. METALURGIA
2 Extraer la escoria de los hornos o de los conductos de las calderas. — METALURGIA

deseslabonar Deslabonar, separar un eslabón de otro. — v.tr.

desespaldar Herir a una persona en la espalda rompiéndole las costillas y desarticulándole la columna vertebral: *se desespaldó al levantar el piano.* — v.tr/prnl. tb: despaldar

desespañolizar Quitar el carácter español a una persona o una cosa. — v.tr/prnl. conj: cazar

desesperación
1 Falta total de esperanza. — s.f./≠ esperanza

2 Alteración del ánimo causada por despecho o enfado.
3 ser una desesperación: Ser una cosa muy molesta. · coloquial

desesperado, a
1 Que tiene desesperación: *con tantos problemas familiares estaba bastante desesperado.* · adj/s.
2 a la desesperada: Como último remedio: *se presentó al examen a la desesperada.* · loc.adv. coloquial

desesperante Que causa desesperación o impaciencia: *tu falta de puntualidad es desesperante.* · adj. = exasperante

desesperanza Falta de esperanza: *se notaba una cierta desesperanza en sus palabras.* · s.f. ≠ esperanza

desesperanzador, a Que quita la esperanza. · adj.

desesperanzar Quitar o perder la esperanza de hacer o conseguir una cosa: *después de tantos intentos infructuosos, se desesperanzó de conseguir un trabajo.* · v.tr./prnl. conj: cazar + de

desesperar
1 Perder la esperanza de que algo ocurra: *desespero ya de encontrarlo.* · v.intr. + de
2 Hacer perder la tranquilidad a una persona: *se desesperaba por el tiempo perdido.* · v.tr./prnl. = exasperar

desespero Desesperanza, falta de esperanza.

desestabilidad Poca estabilidad o falta de ella, en particular tratándose de asuntos políticos o económicos: *crece la preocupación general por la desestabilidad del gobierno.* · s.f. = inestabilidad

desestabilización Pérdida o amenaza de la estabilidad. · s.f.

desestabilizador, a Que perturba la estabilidad de una situación política, social o económica. · adj.

desestabilizar Alterar el orden o la estabilidad de una cosa: *la depreciación de la moneda podría desestabilizar aún más la situación económica; se desestabilizaron las constantes vitales de la paciente.* · v.tr./prnl. conj: cazar

desestancar Dejar libre el curso y la corriente de una cosa. · v.tr. conj: sacar

desestanco Acción de permitir el libre comercio de una mercancía que estaba monopolizada: *el desestanco de la sal y el tabaco se dio a principios del XIX.* · s.m. ECONOMÍA

desestañar Quitar el estaño con que está bañada o soldada una cosa: *esas piezas de plomo se desestañaron.* · v.tr./prnl. METALURGIA

desesterar Quitar las esteras que cubren un lugar. · v.tr.

desestiba Acción y resultado de descargar el cargamento de una embarcación. · s.f. NÁUTICA

desestibar Sacar el cargamento de la bodega de una embarcación para descargarlo. · v.tr. NÁUTICA

desestima Desestimación, falta de aprecio. · s.f./≠ estima

desestimación
1 Falta de aprecio por una persona o una cosa. · s.f.
2 Respuesta negativa que da una autoridad a una petición que le ha sido hecha. · DERECHO = desestima

desestimador, a Que desestima: *la respuesta desestimadora del juez ante la petición de asilo político.* · adj/s.

desestimar
1 Tener una persona poco aprecio por una persona o una cosa. · v.tr.
2 Dar la autoridad una respuesta negativa a una petición: *el juez desestimó nuestra petición.* · DERECHO = denegar

desestructuración
1 Acción y resultado de perder la estructura: *la guerra provocó la desestructuración de muchos núcleos familiares.* · s.f.
2 Desorganización de la personalidad. · SIQUIATRÍA

desestructurar Hacer perder a algo o a alguien su estructura o su organización: *la dictadura desestructuró el movimiento social.* · v.tr./prnl.

desexcitación Retorno de una molécula, átomo o núcleo excitados a su estado de energía mínima. · s.f. FÍSICA

desfachatado, a (Del ital. *sfacciato*.) Que se comporta con desfachatez o desvergüenza. · adj. coloquial

desfachatez (Del ital. *sfacciatezza*.) Falta de vergüenza o comedimiento: *su desfachatez no tiene límites.* · s.f./pl: desfachateces coloquial

desfajar Quitar la faja a una persona o a una cosa. · v.tr./prnl.

desfalcador, a Que se queda con las propiedades que tiene bajo su custodia y responsabilidad. · adj/s.

desfalcar (Probablemente del ital. *defalcare < falcare <* alem. ant. *falgan*, despojar.)
1 Quedarse una persona con el dinero o los bienes que tiene en custodia. · v.tr./conj: sacar tb: defalcar
2 Quitar una parte de una cosa, dejándola incompleta.
3 Quitar o retirar a una persona el favor o la amistad.

desfalco
1 Acción y resultado de desfalcar. · s.m.
2 Delito cometido por quien se apodera de una cantidad de dinero o de unos bienes que tenía bajo su custodia: *el desfalco cometido por un funcionario constituye malversación de caudal público.* · DERECHO

desfallecer
1 Perder las fuerzas a causa del cansancio o de una emoción: *desfalleció ante el cadáver del hijo.* · v.intr./conj: carecer = desmayarse
2 Perder los ánimos o las ganas de continuar una actividad o empresa.

desfallecido, a Que está sin aliento, vigor ni fuerzas: *tras la caminata llegaron desfallecidos.* · adj.

desfalleciente Que ha perdido el ánimo o las fuerzas. · adj.

desfallecimiento Disminución de la fuerza anímica o física: *tuvo dos desfallecimientos en pocos días.* · s.m.

desfasado, a
1 Que no se ajusta o adapta a las corrientes, condiciones o circunstancias del momento: *utilizaron una técnica desfasada.* · adj.
2 Que está fuera de fase. · ELECTRICIDAD
3 Que no está al día en el ambiente en que vive: *se mofaban de ellos por anacrónicos y desfasados.*

desfasar
1 Producir una cosa una diferencia de fase en un mecanismo o un movimiento periódico. · v.tr. FÍSICA
2 Perder una persona la posibilidad de adaptarse al ambiente o a la gente que le rodea. · v.prnl.
3 Desmadrarse, actuar de manera desmedida y poco convencional: *con sólo dos copitas ya se desfasó que no veas.* · coloquial

desfase
1 Falta de adaptación entre personas y cosas con las circunstancias que las rodean: *había un desfase entre ellos.* · s.m.
2 Diferencia de fase entre dos procesos periódicos. · FÍSICA

desfaunación Destrucción de la fauna parasitaria de un animal. · s.f./BIOLOGÍA, ZOOLOGÍA

desfavorable Perjudicial, adverso, que no favorece: *el árbitro les fue desfavorable en el partido.* · adj. ≠ favorable

desfavorecedor, a Que desfavorece: *aquel desfavorecedor maquillaje deformaba sus rasgos.* · adj/s.

desfavorecer
1 Causar una cosa un perjuicio en el aspecto de una persona: *ese peinado te desfavorece.* · v.tr. conj: carecer
2 Dejar de favorecer a una persona: *la atacó y desfavoreció en todo lo que pudo.*
3 Hacer oposición a una cosa, favoreciendo la contraria: *lo desfavoreció sistemáticamente en el debate.* · = contradecir

desfavorecido, a Se aplica a la clase social que vive en condiciones más precarias que el resto de la sociedad. · adj. SOCIOLOGÍA

desfecha Canción breve inspirada en un romance que presenta su asunto condensado y un carácter más popular que éste. · s.f./MÚSICA, POESÍA

desferrizador Aparato que se usa para extraer chatarra o para enriquecer minerales ferromagnéticos. · s.m. TECNOLOGÍA

desfibrado Acción y resultado de quitar las fibras a un vegetal o reducir éstas a unidades elementales. · s.m. TECNOLOGÍA

desfibrador, a
1 Que quita las fibras de los vegetales o las reduce a otras elementales. · adj.
2 Molinillo con que se desmenuza y aplasta la caña para extraer el azúcar. · s.m. TECNOLOGÍA
3 Máquina con que se desfibra la madera usada en la fabricación de papel. · TECNOLOGÍA

desfibradora Máquina que sirve para quitar las fibras del papel o la madera o para reducirlas a otras más elementales. · s.f. TECNOLOGÍA

desfibrar Quitar las fibras a un vegetal o reducirlas a otras más simples. · v.tr. TECNOLOGÍA

desfibrilación Detención de la fibrilación o contracción espontánea auricular o ventricular, con reanudación del ritmo cardíaco normal. · s.f. MEDICINA

desfibrilador Instrumento para detener la fibrilación cardíaca o contracción de las fibras del miocardio. · s.m. MEDICINA

desfibrinación Separación de la fibrina o sustancia albuminoidea de la sangre. · s.f. MEDICINA

desfiguración Acción y resultado de desfigurar o desfigurarse: *la desfiguración era muy patente.* · s.f. = desfiguramiento

desfigurar (Del lat. *desfigurare*.)
1 Afear el rostro de una persona: *se desfiguró la cara en un accidente.* · v.tr/prnl.
2 Hacer que una cosa o la intención de una persona parezca otra distinta. · v.tr.
3 Cambiar la forma o el aspecto o apariencia de una cosa afeándola o falseándola: *desfiguró los datos contables.*
4 Cambiar un suceso al contarlo: *desfiguró lo ocurrido para que no le culparan.*
5 Alterarse el color o la expresión de la cara de una persona a causa de una emoción o una impresión: *al verle se le desfiguró la cara.* · v.prnl.

desfiguro Ridículo, hecho que produce la risa: *Ramón* — s.m. *Méx.*
hizo un desfiguro la otra noche.

desfilachar Sacar hilachas de una tela: *se le empezó a* — v.tr.
desfilachar el pantalón por los bajos. = deshilachar

desfiladero
1 Paso estrecho encajonado entre montañas: *al punto* — s.m./GEOGRAFÍA
divisaron el desfiladero que debían seguir. = congosto
2 Sitio por donde los soldados deben pasar desfi- — MILITAR
lando.

desfilar (Del fr. *defiler*.)
1 Ir en fila uno detrás de otro. — v.intr.
2 Empezar a irse las personas de un lugar. — coloquial
3 Pasar un grupo de personas por delante de un sitio
por algún motivo.
4 Pasar una formación militar por delante de un su- — MILITAR
perior, de una persona distinguida o de un monumento conmemorativo: *los soldados desfilaron ante el
rey.*

desfile
1 Acto de desfilar las fuerzas armadas: *el desfile pasa-* — s.m.
rá por delante del palacio presidencial. — MILITAR
2 **desfile naval:** Acto de pasar la fuerza naval por de- — MILITAR,
lante de algún punto: *durante el desfile naval daban vi-* — NÁUTICA
vas de personaje ante la autoridad que presidía.

desflecar Sacar flecos de los extremos de una tela. — v.tr./conj: sacar

desflemar
1 Expulsar una persona las mucosidades procedentes — v.intr.
de las vías respiratorias. — FISIOLOGÍA
2 Quitar o separar el producto acuoso de una sustan- — v.tr.
cia orgánica sometida y descompuesta por calor. — QUÍMICA

desfloración Acción y resultado de desflorar. — s.f./= desfloramiento

desflorar
1 Hacer que una mujer pierda la virginidad rompién- — v.tr.
dole el himen. = desvirgar
2 Quitar a una cosa su buena apariencia.
3 Tratar un asunto superficialmente.
4 Descubrir una cosa.

desflorecimiento Pérdida de la flor en una planta. — s.m./BOTÁNICA

desfogar (Derivado de *fuego*.)
1 Manifestar un estado de ánimo de manera brusca o — v.tr/prnl.
violenta: *se desfogó al llegar a casa.* — conj: pagar
2 Dar salida al fuego de un lugar. — v.tr.
3 Echar agua a la cal viva para apagarla.
4 Producirse una tormenta. — v.intr.

desfogonar Quitar o romper el fogón a un arma de — v.tr/prnl.
fuego.

desfogue
1 Exteriorización o manifestación violenta de una pa- — s.m.
sión o un estado de ánimo.
2 Acción de apagar la cal viva.
3 Acción de estallar una tormenta que se estaba preparando.

desfoliadora Máquina que corta la hoja de la remo- — s.f.
lacha antes de que sea arrancada. — AGRICULTURA

desfollonar Quitar las hojas o vástagos inútiles de — v.tr./AGRICULTURA
una planta. = deslechugar

desfondamiento
1 Acción y resultado de quitar o romper el fondo de — s.m.
una cosa.
2 Pérdida de fuerza producida por el cansancio o el — DEPORTES
desánimo.

desfondar
1 Quitar o romper el fondo de un recipiente. — v.tr/prnl.
2 Abrir o agujerear el fondo de una embarcación: *la* — NÁUTICA
barca se desfondó al chocar con una roca.
3 Restar fuerza a una persona, en una competición — DEPORTES
deportiva.
4 Perder una persona las fuerzas o el ánimo antes de
terminar o dar por acabado un proyecto, trabajo o
empresa.
5 Labrar la tierra profundamente. — v.tr./AGRICULTURA

desfonde
1 Acción de quitar o romper el fondo de un recipien- — s.m.
te: *se vertió el líquido por el desfonde de la garrafa.*
2 Labor agrícola que consiste en labrar en profundi- — AGRICULTURA
dad la tierra.
3 Rotura o apertura del fondo de un barco. — NÁUTICA

desfonologización Mutación en la evolución fónica — s.f.
de una lengua que provoca la supresión o desapari- — LINGÜÍSTICA
ción de una diferencia fonológica.

desforestación
1 Degradación o pérdida de la masa forestal de un — s.f.
terreno: *el excesivo pastoreo, los incendios, la roturación y* — ECOLOGÍA
la explotación excesiva son causas de la deforestación. — tb: deforestación
2 Resultado de esta destrucción. — ECOLOGÍA

desforestar Destruir la masa forestal de un terreno: — v.tr./ECOLOGÍA
al deforestar los bosques se acelera el proceso de erosión. = deforestar

desformar Deformar, hacer que algo pierda su forma. — v.tr.

desforrar Quitar el forro a una cosa: *desforrar un abrigo.* — v.tr.

desfortalecer Quitar o derribar la guarnición de una — v.tr.
fortaleza. — conj: carecer

desfortificar Quitar la fortificación de un lugar. — v.tr./conj: sacar

desfosfatar Eliminar del suelo o de las aguas parte — v.tr.
de los fosfatos que contienen.

desfosforación Operación por la cual se elimina el — s.f.
fósforo del hierro o del acero. — METALURGIA

desfosforar Eliminar el fósforo de una materia: *des-* — v.tr.
fosforar el hierro. — METALURGIA

desfruncir Extender una cosa que está recogida o — v.tr.
plegada: *desfruncir el ceño.* — conj: zurcir

desgabilado, Se aplica a la persona que es desvaí- — adj.
da, desgarbada y pusilánime. — tb: desgalibado

desgaire (Probablemente del cat. *a escaire*, oblicuamente < *caire*, canto < lat. *quadrum*, cuadro.)
1 Falta de cuidado en la manera de vestir o de hacer — s.m.
una cosa.
2 Ademán de desprecio hacia una persona o cosa: *lo*
despachó con una mueca de desgaire.
3 **al desgaire:** Con descuido a veces afectado: *lo dijo* — loc.adv.
al desgaire como si no tuviera importancia.

desgajadura Desgaje o rotura de una rama que se — s.f.
lleva consigo parte del tronco.

desgajamiento Acción y resultado de desgajar o — s.m.
desgajarse: *el desgajamiento de la pared produjo un des-* = desgajadura,
plome. desgaje

desgajar (Derivado de *gajo* < lat. vulgar *galleus*.)
1 Arrancar una rama de su tronco con fuerza: *la rama* — v.tr/prnl.
se desgajó a causa del huracán.
2 Romper una cosa en pedazos. — v.tr.
3 Separar o apartar a una persona del lugar o comunidad en que vive: *el exilio desgajó a muchas personas
de sus familias.*
4 Separarse una cosa de otra. — v.prnl.

desgalgadero
1 Pedregal en pendiente. — s.m.
2 Despeñadero, lugar alto desde donde es fácil caerse: *les advirtió que no se asomasen al desgalgadero.*

desgalgar (Derivado de *galga*.) Despeñar o tirar a — v.tr/prnl.
una persona o una cosa desde un lugar alto: *se desgal-* — conj: pagar
gó por la cuesta.

desgalichado, a Que es desaliñado y desgarbado. — adj./coloquial

desgalichadura Desaliño, falta de aseo o negligen- — s.f.
cia: *la desgalichadura y tosquedad de aquellas gentes le
exasperaban.*

desgalillarse Desgañitarse, dar gritos esforzando — v.prnl.
mucho la garganta. — Amér. Central

desgalonar Quitar los galones a una persona. — v.tr./MILITAR

desgana (Derivado de *ganas*.)
1 Inapetencia, ausencia de apetito: *las vitaminas frena-* — s.f.
ron su desgana. — tb: desgano
2 Indiferencia o falta de interés por una cosa: *hace su
trabajo mal y con desgana; el ejercicio solo le inspira
desgana.*

desganar
1 Quitar las ganas de hacer una cosa. — v.tr.
2 Perder una persona el apetito: *con la gripe se ha des-* — v.prnl.
ganado.
3 Perder una persona las ganas de hacer una cosa
que antes se hacía con gusto o satisfacción: *después
de la lesión se desganó.*

desganchar Cortar los ganchos o restos de ramas ro- — v.tr/prnl.
tas de un árbol. — AGRICULTURA

desgano Desgana, falta de hambre. — s.m./= desgana

desgañitarse
1 Dar gritos o voces esforzando la garganta: *no te des-* — v.prnl./tb: desgañirse
gañites de esta manera que ya no te pueden oír. = desgargantarse
2 Ponerse ronco. = enronquecerse

desgarbado, a Se aplica a la persona, manera de — adj.
moverse o acción que no tiene garbo o gracia: *andares desgarbados; era desgarbado, aunque atractivo.*

desgarbo Falta de garbo o gracia: *el desgarbo de sus* — s.m.
movimientos denotaba cansancio. ≠ garbo

desgargantarse Dar voces o gritos esforzando la — v.prnl.
garganta. = desgañitarse

desgargolar
I (Derivado de *galbana* < ár. *gulubbana*, especie de — v.tr.
guisante.) Mover bruscamente el lino o el cáñamo — AGRICULTURA
secos para quitar de la linaza o los cañamones.
II (Derivado de *gárgola*.) Sacar una pieza de madera — v.tr.
de la ranura donde ha de encajar. — CARPINTERÍA

desgaritar
1 Desorientarse, perder el rumbo: *se desgaritó en el* — v.intr/prnl.
campo.
2 Separarse una res de la manada: *se le desgaritaron* — v.tr/prnl.
tres ovejas.
3 Salir una res del aprisco o lugar donde se resguarda — v.prnl.
al ganado de la intemperie.

4 Separarse una persona de la idea o propósito con que había empezado una cosa: *comenzó bien su tesis pero después se desgarritó.*

desgarrado, a
1 Terrible o descarnado. — adj.
2 Que se comporta de manera licenciosa y escandalosa. — adj/s.

desgarrador, a
1 Que desgarra o puede desgarrar. — adj.
2 Que causa horror o pena: *se oyó un grito desgarrador.*

desgarradura Desgarrón, rotura: *presentaba varias desgarraduras en el vestido y arañazos en todo el cuerpo.* — s.f.

desgarramiento
1 Acción y resultado de desgarrar o desgarrarse. — s.m.
2 Desgarrón, rotura: *el desgarramiento de las velas.*

desgarrante Desgarrador, que desgarra: *la desgarrante expresión de su rostro.* — adj.

desgarrar (Derivado de *garra*.)
1 Romper una cosa de poca consistencia: *se me desgarró la camisa.* — v.tr/prnl. = rasgar
2 Causar una cosa mucha pena a una persona: *tu actitud me desgarra.* — v.tr.
3 Hacer esfuerzo para arrancar la mucosidad de las vías respiratorias. — = esgarrar
4 Separarse una persona de la compañía de otras: *quisiera desgarrarme del equipo.* — v.prnl. + de

desgarriare Desorden, caos, falta de orden. — s.m./*Méx.*

desgarro
1 Rotura grande producida al desgarrarse un papel, una tela u otro material parecido. — s.m. = desgarrón
2 Descaro o modo desvergonzado de actuar. — = fanfarronería
3 Fanfarronada, afectación de valentía: *los que más desgarros manifestaban, más cobardes resultaban.*
4 Herida lineal que se produce durante el parto en el periné. — MEDICINA
5 desgarro muscular: Accidente traumático con ruptura de fibras musculares que se manifiesta por un dolor brusco e intenso. — MEDICINA

desgarrón
1 Rotura grande producida al rasgarse una cosa, tela, papel o material parecido. — s.m. = desgarro
2 Jirón o tira del vestido producida al desgarrarse la tela.

desgasificación
1 Extracción de los gases contenidos en un líquido. — s.f./TECNOLOGÍA
2 Operación consistente en extraer los gases y residuos de las cisternas de un buque petrolero, realizada después de la descarga. — TECNOLOGÍA
3 Operación de extracción del grisú de las minas de carbón. — MINERÍA

desgasificador
1 Aparato con que se extraen los gases disueltos en un líquido, en especial del agua de las calderas. — s.m. TECNOLOGÍA
2 Aparato que indica la presencia de gases en los sondeos o perforaciones petrolíferos. — TECNOLOGÍA
3 Sustancia destinada a acentuar el vacío de un tubo electrónico. — TECNOLOGÍA

desgasificar Eliminar el gas contenido en un producto petrolífero. — v.tr/conj: *sacar* = estabilizar

desgasolinar Separar los hidrocarburos líquidos de un gas natural. — v.tr.

desgastamiento Prodigalidad, profusión o gran desperdicio: *hizo gala de un alegre desgastamiento de chistes y sonrisas.* — s.m. = derrochamiento

desgastar
1 Gastar una cosa por el uso o el roce: *los niños desgastan pronto los zapatos.* — v.tr/prnl.
2 Hacer una cosa débil o viciada. — v.tr.
3 Perder una persona o una cosa fuerza o vitalidad: *se desgastaron más de la cuenta cuando pusieron en marcha la empresa.* — v.prnl.

desgaste Acción y resultado de desgastar o desgastarse: *el desgaste laboral diario le resultaba insoportable; el desgaste de las máquinas.* — s.m.

desgatar Quitar las hierbas llamadas gatas o gatuñas de un terreno. — v.tr. AGRICULTURA

desgaznatarse Dar voces o gritos esforzando la garganta: *no le oyeron a pesar de que se desgaznató llamándolos.* — v.prnl. = desgañitarse

desglaciación Retroceso o recesión de los glaciares: *el intenso recalentamiento del clima produjo una desglaciación acelerada.* — s.f. GEOGRAFÍA

desglosar
1 Separar una cosa de un todo o dividir un conjunto en partes para tratarlas por separado: *resulta difícil desglosar lo que corresponde a cada uno de los socios.* — v.tr.
2 Quitar las glosas o notas de un texto.
3 Separar un impreso de otros con los que está encuadernado. — ARTES GRÁFICAS

4 Quitar algunas hojas de un documento judicial dejando una copia o una anotación de lo suprimido. — DERECHO

desglose
1 Acción y resultado de separar algo de un conjunto para considerarlo o tratarlo con detenimiento o aisladamente: *necesito el desglose del presupuesto.* — s.m.
2 Supresión de las glosas o notas en un escrito.
3 Acción de separar de un expediente o una pieza de autos judiciales un documento. — DERECHO
4 Separación de un impreso de otros con los que está encuadernado.

desgobernado, a Que es desordenado o desarreglado en su manera de vivir. — adj.

desgobernadura Acción de dislocar los huesos: *el veterinario le tuvo que hacer una desgobernadura para salvarlo.* — s.f. VETERINARIA = desgobierno

desgobernar
1 Alterar el gobierno o la dirección de una cosa. — v.tr./conj: *pensar*
2 Dirigir mal un país.
3 Sacar un hueso de su lugar.
4 Hacer contorsiones o movimientos violentos en un baile: *se desgobernó al efectuar aquella danza.* — v.prnl.
5 Dejar de atender el timonero el gobierno de la embarcación. — v.tr. NÁUTICA
6 Realizar una operación antigua que consistía en ligar las venas cubital y radial de un animal en dos puntos, y cortar la porción comprendida entre ellas. — VETERINARIA

desgobierno
1 Falta de gobierno o mal gobierno: *existía un desgobierno evidente; desgobierno doméstico.* — s.m./= desorden ≠ gobierno
2 Operación que consiste en desgobernar los huesos de una caballería. — VETERINARIA

desgomadura
1 Operación que consiste en eliminar la goma que se había incorporado a la urdimbre del tejido. — s.f. TEXTIL
2 Acción de eliminar la goma del tejido para teñirla mejor. — TEXTIL
3 Inmersión en agua de los tallos de plantas que proporcionan fibras textiles: *la desgomadura del lino o el cáñamo.* — TEXTIL

desgomar Descrudecer, quitar la goma de los tejidos para que tomen mejor el tinte. — v.tr./TEXTIL tb: desengomar

desgonzar
1 Desgoznar, quitar los goznes o bisagras. — v.tr.
2 Desquiciar, desencajar: *con el uso se desgonzaron las puertas de los muebles.* — v.tr/prnl.

desgorrarse Quitarse la gorra o el sombrero: *se desgorró para saludarnos.* — v.prnl.

desgoznar
1 Quitar los goznes o bisagras de una cosa. — v.tr./tb: desengoznar
2 Hacer contorsiones. — v.prnl.

desgracia (Derivado de *grado* < bajo lat. *gratum*, agradecimiento.)
1 Acontecimiento funesto o adverso: *la semana estuvo repleta de desgracias.* — s.f.
2 Mala suerte: *la desgracia los acompañó durante todo el viaje.* — = adversidad
3 Pérdida de la gracia o el favor: *el equipo favorito ha caído en desgracia.* — = disfavor
4 Desagrado, aspereza o desabrimiento en el trato.
5 Falta de maña.
6 estar en desgracia: Ocurrirle a una persona una adversidad tras otra. — coloquial
7 por desgracia: Por una causa funesta o adversa: *por desgracia no llegasteis a tiempo de verla bailar.*

desgraciado, a
1 Que tiene o causa desgracias. — adj/s.
2 Que es desafortunado o desdichado: *empleó su fortuna en socorrer a los desgraciados.*
3 Que vive de manera pobre o mísera.
4 Que inspira compasión o menosprecio: *¿qué se ha creído ese desgraciado?* — coloquial despectivo
5 Se aplica al acto o enunciado que es desafortunado o inoportuno: *su intervención en el parlamento fue muy desgraciada.* — adj.
6 Que no tiene gracia o atractivo: *aquel desgraciado corte de pelo le hacía parecer más vieja.*
7 Que tiene mala suerte: *que desgraciado es, todo le sale mal.*
8 Hombre al que su mujer no es fiel. — s.m./*Amér.*

desgraciar
1 Estropear una persona o una cosa el aspecto de otra: *se desgració con la bebida.* — v.tr/prnl.
2 Perderse la amistad entre dos o más personas. — v.prnl. = malograrse
3 No llegar una cosa a realizarse completamente: *el negocio se desgració por su mala gestión.*
4 Causar enfado o disgusto. — v.tr.

desgramar Quitar la grama, planta medicinal, de un campo. — v.tr. AGRICULTURA

desgramaticalización Proceso de formación de elementos léxicos a partir de procedimientos gramaticales. — *s.f. LINGÜÍSTICA*

desgranado, a Se refiere a la rueda dentada que ha perdido algún diente. — *adj. + estar*

desgranador, a Que separa los elementos de un conjunto. — *adj/s.*

desgranadora Máquina para desgranar el maíz, las plantas forrajeras y las plantas textiles. — *s.f. AGRICULTURA*

desgranamiento Estría que la fuerza expansiva de la pólvora forma en el ánima y en el oído del cañón cuando la recámara es esférica. — *s.m. MILITAR*

desgranar
1 Separar los granos de una cosa, en especial, los granos de una legumbre. — *v.tr. AGRICULTURA*
2 Decir varias palabras de significado semejante con un determinado propósito: *durante el discurso desgranó varios insultos contra su oponente.*
3 Separarse las piezas ensartadas que forman una cosa: *el racimo de uvas se desgranó; desgranarse el collar.* — *v.prnl.*
4 Pasar las cuentas de un rosario entre los dedos durante el rezo. — *v.tr. RELIGIÓN*
5 Pasar la pólvora por un tamiz para separar los granos según su grosor.
6 Gastarse el oído o el grano de un arma de fuego. — *v.prnl./MILITAR*

desgrane Acción y resultado de desgranar o desgranarse. — *s.m.*

desgranzar
1 Limpiar el grano de los restos que quedan tras echarlo al viento. — *v.tr. conj: cazar*
2 Hacer la primera trituración de los colores. — *ARTE*

desgrasadora Tina donde se lava la lana para quitarle la grasa. — *s.f. TEXTIL*

desgrasar
1 Quitar la grasa acumulada en una superficie.
2 Quitar la grasa a la lana o los tejidos de lana. — *v.tr./TEXTIL*
3 Disminuir la plasticidad de una arcilla o de una pasta cerámica. — *ARTE*

desgrase
1 Acción y resultado de desgrasar. — *s.m./= desengrase*
2 Pérdida de la grasa de una célula o un tejido. — *BIOLOGÍA*

desgravación Disminución de la cuota líquida de un impuesto: *las leyes fiscales regulan las desgravaciones.* — *s.f./DERECHO ECONOMÍA*

desgravar
1 Reducir los impuestos o los aranceles de una mercancía. — *v.tr. ECONOMÍA*
2 Proporcionar una situación o un documento mercantil una reducción en los impuestos: *los bonos y los alquileres desgravan un cinco por ciento.* — *v.intr/tr. DERECHO*

desgreñado, a Que tiene greñas o el cabello en desorden. — *adj. = despeinado*

desgreñar (Derivado de *greña*.)
1 Despeinar a una persona. — *v.tr/prnl.*
2 Reñir dos o más personas entre sí. — *v.prnl./coloquial*

desguace
1 Acción y resultado de desguazar un barco, un vehículo o cualquier tipo de estructura para separar los elementos aprovechables: *después del desguace logró reunir varias piezas del carburador.* — *s.m.*
2 Materiales resultantes de esta acción.

desguarnecer
1 Quitar la guarnición o el adorno de una cosa. — *v.tr./conj: carecer*
2 Desarmar piezas esenciales para el uso de un instrumento o un artefacto: *desguarnecer un coche.*
3 Sacar las guarniciones a las caballerías o los animales de tiro.
4 Eliminar las tropas que protegen una ciudad, una fortaleza o una plaza. — *MILITAR*
5 Quitar una o varias piezas de la armadura del contrario a golpes. — *MILITAR*

desguarnir
1 Soltar las vueltas del virador o cabo grueso del cabrestante o torno. — *v.tr./conj: abolir NÁUTICA*
2 Soltar la cadena del ancla. — *NÁUTICA*
3 Sacar la beta o cuerda de un aparejo. — *NÁUTICA*

desguazar (Del ital. *sguazzare*, desbaratar.)
1 Separar las piezas de cualquier tipo de estructura. — *v.tr./conj: cazar*
2 Trabajar un madero o parte de él con el hacha. — *= hachear*
3 Deshacer total o parcialmente una embarcación. — *NÁUTICA*

desguince
1 Cuchillo con que se corta el trapo en los molinos de papel. — *s.m.*
2 Esguince, torcedura violenta y dolorosa de una articulación. — *MEDICINA*

desguindar
1 Bajar una cosa que está guindada o colgada. — *v.tr./NÁUTICA*
2 Descolgarse o bajar una persona. — *v.prnl.*

desguinzar (Del lat. vulgar *exquintiare*, partir en cinco partes.) Cortar un trapo con el desguince. — *v.tr. conj: cazar*

deshabillé (Del fr. *deshabille*.) Bata de mujer, salto de cama. — *s.m. tb: desabillé*

deshabitado, a Que no está habitado: *de momento la casa está deshabitada.* — *adj.*

deshabitar
1 Dejar de vivir en un lugar. — *v.tr.*
2 Dejar sin habitantes una población. — *= despoblar*

deshabituación Pérdida de un hábito o costumbre. — *s.f.*

deshabituar
1 Hacer perder una costumbre o hábito a una persona o un animal: *se deshabituó al trato humano tras años de reclusión.* — *v.tr/prnl. conj: actuar*
2 Curar a una persona de algún tipo de dependencia física o síquica: *estuvo tres meses sin beber alcohol y logró deshabituarse.* — *MEDICINA*

deshacedor, a
1 Que deshace. — *adj/s.*
2 **deshacedor de agravios:** Se aplica a la persona que los venga: *aquel deshacedor de agravios manchego llamado don Quijote.*

deshacer
1 Descomponer o hacer desaparecer el arreglo, el orden o la buena disposición de una cosa: *la figura se deshizo al cambiarla; el viento le deshizo el peinado.* — *v.tr/prnl. conj: hacer*
2 Estropear una cosa con el uso: *la máquina se deshace con el uso diario.* — *= desgastar, atenuar*
3 Disolver una sustancia en un líquido: *el azúcar se deshizo en el té.* — *= desleir*
4 Convertir una cosa sólida en líquida: *la mantequilla se deshizo con el calor.* — *= derretir*
5 Destruir una cosa completamente: *el edificio se deshizo con el huracán.*
6 Dividir, partir o separar una cosa en trozos pequeños: *deshizo la caja en mil pedazos.* — *v.tr. = desmenuzar*
7 Descomponer algo que estaba hecho: *deshizo las costuras del vestido.*
8 Vencer a un ejército: *las tropas invasoras deshicieron a las que defendían la ciudad.* — *= derrotar*
9 Alterar o anular un tratado o un negocio: *la empresa deshizo todos los planes de compra.*
10 Dejar a una persona confusa en una lucha o una discusión: *en el debate deshizo al adversario.*
11 Causar una cosa intranquilidad, perjuicio o trastorno a una persona: *la muerte de Pedro deshizo a los vecinos.* — *v.tr/prnl. = abatir*
12 Mostrar una persona una pena o un disgusto de forma vehemente: *se deshizo en llanto nada más llegar.* — *v.prnl. = afligirse*
13 Trabajar una persona con mucho esfuerzo e interés: *Luis se deshace para que su negocio funcione.*
14 Poner empeño en complacer a una persona: *se deshace por darme alegrías.* — *+ por*
15 Desear o ansiar mucho una cosa: *se deshace por los coches rápidos.* — *+ por = anhelar*
16 Hacer o decir alabanzas o insultos: *se deshizo en maldiciones al conocer el resultado.* — *+ en*
17 Producirse una persona una lesión grave: *se deshizo la cara en aquel accidente.* — *= estropearse, herirse*
18 Dejar de ser una cosa visible: *la montaña se deshacía al alejarnos con el coche.*
19 Quedarse una persona sin fuerza: *el enfermo se deshizo a causa de la gripe.* — *= agotarse, extenuarse*
20 **deshacerse de algo:** Desposeerse o desapropiarse de una cosa.
21 **deshacerse de alguien:** 1. Quedar libre una persona de otra: *se deshizo de su madre antes de las vacaciones.* 2. Matar a una persona o matar a una persona ocultándola después: *se deshizo de él pegándole cuatro tiros; se deshizo rápidamente del cadáver.*

deshaldo Marceo, corte que se hace en la colmena para extraer lo reseco de la parte inferior. — *s.m.*

deshalogenar Eliminar un halógeno de un compuesto. — *v.tr. QUÍMICA*

deshambrido, a Que está muy hambriento: *aquellas tortas duras fueron maná para aquel deshambrido indigente.* — *adj.*

desharrapado, a
1 Se refiere a la persona que viste harapos: *lo encontraron medio helado y desharrapado.* — *adj/s./= andrajoso tb: desarrapado*
2 Que no tiene medios suficientes para vivir. — *= pobre*

desharrapamiento
1 Modo de vestir poco cuidado, por lo general con ropas pobres, sucias y viejas. — *s.m.*
2 Situación económica de pobreza extrema. — *= miseria*

deshebillar Soltar una hebilla o la cosa que estaba sujeta en ella: *deshebillar una correa.* — *v.tr.*

deshebrar
1 Sacar los hilos de una tela, deshaciendo lo tejido. — *v.tr./TEXTIL*
2 Deshacer una cosa en trozos muy finos.

deshecha
1 Modo con que una persona oculta sus pensamientos, sentimientos, intenciones o una cosa material. — *s.f. = disimulo*
2 Despedida cortés.

3 Estrofa final, a modo de canción, de una composi- **POESÍA**
ción poética.
4 Movimiento o compás de la danza española que se
hace con el pie contrario, deshaciendo el mismo que
se había hecho.

deshechizar Deshacer el hechizo del que una perso- **v.tr./conj:** *cazar*
na se supone víctima. **OCULTISMO**

deshecho, a (Derivado de *hacer*.)
1 Se refiere a la tempestad o al temporal que es muy **adj.**
violento: *la calma siguió a un vendaval deshecho.*
2 Desaliñado, descuidado. **Amér. Merid.**
3 Atajo, senda más corta: *tomaron un deshecho casi* **s.m./Amér. Central**
oculto para salir rápido del cantón. **y Merid.**

deshelar Derretir, convertir en líquido una cosa hela- **v.tr./prnl.**
da: *la tarta se desheló con tanto calor.* **conj:** *pensar*

desherbar Limpiar un terreno de hierbas perjudicia- **v.tr.**
les: *desherbar el jardín.* **conj:** *pensar*

desheredación Declaración explícita de voluntad, **s.f.**
fundada en una causa legal, por la que el testador **DERECHO**
priva de la herencia legítima al heredero forzoso.

desheredado, a
1 Que es excluido de una herencia. **adj./s.**
2 Que tiene muy pocos medios para vivir: *es un des-* **= pobre**
heredado de la vida; ayudaba a los pobres y deshereda-
dos.

desheredamiento Acción y resultado de privar a un **s.m./DERECHO**
heredero de su herencia legal. **= desheredación**

desheredar
1 Excluir a una persona en la herencia legal. **v.tr./DERECHO**
2 Separarse una persona del linaje familiar obrando **v.prnl.**
indignamente: *se desheredó con su conducta.*

deshermanar
1 Hacer que dos cosas, en un principio iguales, pier- **v.tr.**
dan su semejanza.
2 Perder una persona el cariño o la consideración que **v.prnl.**
sentía por un hermano.

desherradura Lesión que pueden padecer en los **s.f.**
cascos las caballerías por andar sin herraduras. **VETERINARIA**

desherrar
1 Quitar los hierros a una persona presa. **v.tr./prnl.**
 conj: *pensar*
2 Quitar las herraduras a una caballería.

desherrumbramiento Eliminación de la herrumbre **s.m.**
que presente una cosa o una superficie.

desherrumbrar Eliminar la herrumbre de una cosa. **v.tr.**

deshidratación
1 Acción y resultado de deshidratar o deshidratarse. **s.f.**
2 Disminución o pérdida del agua que ha de hallarse **MEDICINA**
en los tejidos orgánicos.
3 Operación o técnica de conservación de alimentos **TECNOLOGÍA**
que consiste en extraer la totalidad o parte del agua
que contienen.
4 Reacción en el curso de la cual un compuesto pier- **QUÍMICA**
de una o varias moléculas de agua: *por deshidratación*
del alcohol etílico se obtiene el etileno.

deshidratador, a Que deshidrata o seca: *el calor ac-* **adj./s.m.**
túa como deshidratador. **= deshidratante**

deshidratadora Máquina que disminuye la tasa de **s.f.**
humedad de los forrajes para asegurar su conserva- **AGRICULTURA**
ción.

deshidratante Que deshidrata: *los continuos vómitos y* **adj./s.m.**
la diarrea le hicieron entrar en un proceso deshidratante. **= deshidratador**

deshidratar
1 Perder un cuerpo o un organismo mucha agua. **v.tr./prnl./MEDICINA**
2 Quitar el agua que contiene un cuerpo o un orga- **v.tr.**
nismo en su masa. **QUÍMICA**

deshidrogenación
1 Acción de deshidrogenar. **s.f./QUÍMICA**
2 Oxidación de un compuesto orgánico por libera- **QUÍMICA**
ción de hidrógeno, bajo la acción de un enzima.

deshidrogenar Quitar a una sustancia el hidrógeno **v.tr.**
que contiene. **QUÍMICA**

deshidrogenasa Grupo de enzimas que transportan **s.f.**
hidrógeno de una molécula a otra. **BIOQUÍMICA**

deshielo
1 Derretimiento o fusión de lo que estaba helado a **s.m.**
causa de la elevación de la temperatura.
2 Temporada en que el hielo y la nieve se transforman en agua a consecuencia del aumento de las temperaturas.

deshierba Acción y resultado de arrancar y sacar los **s.f./tb:** *desyerba*
cardos y otras hierbas perjudiciales de los sembrados. **= escarda**

deshijar Apartar las crías del ganado de las madres. **v.tr.**

deshilachar Sacar hilachas de una tela: *se deshilacha-* **v.tr./prnl.**
ron las costuras del vestido. **= desfilachar**

deshilado, a
1 Se refiere a las personas que van desfilando unas **adj.**
tras otras. **culto**

2 Acción y resultado de deshilar o deshilarse una te- **s.m.**
la: *el mantel está rematado con un deshilado.* **= deshiladura**
3 Tipo de labor que consiste en sacar hilos de una **= calado**
tela de manera que los que quedan forman un ca-
lado.

deshilar
1 Sacar hilos del borde de una tela o tejido para que **v.tr.**
formen flecos: *deshilar unos pantalones.*
2 Deshacer una cosa en briznas delgadas. **= desbriznar**
3 Interrumpir la fila de abejas para cambiar una col- **ZOOLOGÍA**
mena vieja por otra nueva para que las abejas entren
en ésta.
4 Volverse una persona flaca o perder peso. **v.intr./= adelgazarse**

deshilo Acción y resultado de deshilar las abejas. **s.m.**

deshilvanado, a Se aplica al discurso, idea o pensa- **adj.**
miento que no tiene cohesión o enlace entre sus partes.

deshilvanar Quitar los hilvanes de una pieza de tela: **v.tr/prnl.**
deshilvana las costuras una vez cosidas.

deshincadura Acción y resultado de sacar una cosa **s.f.**
que estaba hincada.

deshincar Sacar una cosa que está hincada o clavada **v.tr./prnl.**
en otra. **conj:** *sacar*

deshinchadura Acción y resultado de deshinchar o **s.f.**
desinflar. **= deshinchazón**

deshinchar
1 Desinflar o quitar la hinchazón de una cosa: *deshin-* **v.tr./prnl.**
char una rueda.
2 Expresar una persona su enojo, enfado o cólera: **v.tr.**
deshinchó su ira golpeando con fuerza la mesa.
3 Perder o desaparecer la hinchazón de la parte del **v.prnl.**
cuerpo afectada por ella.
4 Dejar de mostrarse una persona orgullosa o pre- **coloquial**
suntuosa: *se deshinchó cuando vio que nadie escuchaba*
sus historias.
5 Perder una persona los ánimos o las fuerzas.

deshipotecar
1 Pagar, levantar o cancelar la hipoteca: *deshipotecar* **v.tr./conj:** *sacar*
un terreno. **ECONOMÍA**
2 Levantar la obligación que pesa sobre una cosa.

deshojado, a Que quita las hojas. **adj./s.**

deshojadura Acción de quitar o caerse las hojas de **s.f.**
las plantas: *el otoño provocó la deshojadura de los árbo-* **= deshoje**
les.

deshojar
1 Quitar las hojas a una planta o los pétalos a una **v.tr./prnl.**
flor: *esa rosa se ha deshojado por falta de agua.*
2 Quitar las hojas a una cosa: *deshojar una revista.* **v.tr.**
3 Terminar o gastar del todo una cosa. **= agotar, consumir**

deshoje Caída de las hojas de las plantas. **s.m./= deshojadura**

deshollejar Eliminar el hollejo que recubre algunos **v.tr.**
frutos: *siempre deshilleja la uva.*

deshollinadera Utensilio en forma de escoba que **s.f.**
sirve para deshollinar techos y paredes. **= deshollinador**

deshollinador, a
1 Que deshollina o quita el hollín. **adj./s.**
2 Que curiosea o fisgonea lo que otros hacen. **coloquial/= fisgón**
3 Utensilio que sirve para quitar el hollín de las chi- **s.m.**
meneas.
4 Utensilio en forma de escoba que sirva para desho- **= deshollinadera**
llinar techos y paredes.

deshollinar
1 Limpiar de hollín las chimeneas. **v.tr.**
2 Limpiar los techos y paredes de un local.
3 Mirar con gran curiosidad para descubrir una cosa **coloquial**
o para averiguar lo que otros hacen o dicen: *deshollinó* **= curiosear, fisgar**
toda la casa buscando manchas de humedad.

deshonestarse Perder una persona el decoro o gra- **v.prnl.**
vedad.

deshonestidad
1 Falta de honestidad. **s.f.**
2 Acción o palabra deshonesta.

deshonesto, a
1 Que no tiene honestidad u honradez. **adj./= impúdico**
2 Inmoral, reprobable, obsceno: *fue víctima de frecuen-*
tes abusos deshonestos.

deshonor
1 Pérdida de la dignidad, el respeto y la considera- **s.m.**
ción de los demás. **≠ honor**
2 Acto o conducta contrarios a los códigos de honor **= afrenta,**
socialmente vigentes. **deshonra**

deshonrar
1 Quitar el honor a una persona: *se deshonra con sus* **v.tr./prnl.**
acciones. **= deshonrar**
2 Privar a una persona de un empleo, cargo o digni- **v.tr.**
dad.

deshonra
1 Pérdida de la dignidad, el respeto y la considera- **s.f.**
ción de los demás.

2 Acto o conducta por el que se pierde la buena fama, la dignidad, el respeto y la consideración de los demás. — = deshonor

deshonrador, a Que deshonra u ofende. — adj/s.

deshonrar
1 Quitar la honra o el honor: *su cobarde actitud deshonró al oficial; se deshonró para siempre con el desfalco que hizo en la empresa.* — v.tr/prnl. = deshonorar
2 Rechazar u ofender a una persona con palabras o hechos: *deshonró al diputado con sus acusaciones.* — v.tr. = injuriar
3 Obligar a una persona a satisfacer un deseo sexual mediante la fuerza o la coacción. — = violar

deshonroso, a Que es inmoral o indecente: *no pienso aceptar un trabajo tan deshonroso.* — adj. = vergonzoso

deshora (Derivado de *hora.*)
1 Tiempo o momento inoportuno. — s.f.
2 a deshora o deshoras: 1. Fuera de tiempo: *entregó el trabajo a deshora.* **2** De repente, de improviso. — loc.adv.

deshornado Acción de sacar algo del horno: *durante el deshornado del pan se le cayó una hogaza al suelo.* — s.m.

deshornadora Máquina utilizada para sacar del coque del horno. — s.f. TECNOLOGÍA

deshornar Deshornar, sacar del horno. — v.tr.

deshuesado, a
1 Se refiere a la carne o a la fruta que ha sido desprovista de huesos. — adj.
2 Acción y efecto de sacar los huesos de un fruto o de separar la carne de los huesos del animal. — s.m.

deshuesadora Máquina o instrumento que se usa para sacar el hueso de cualquier fruto. — s.f. TECNOLOGÍA

deshuesar Quitar los huesos a un fruto o separar la carne de los huesos de un animal: *deshuesa el melocotón antes de almibararlo.* — v.tr. = desosar

deshumanización Acción y resultado de privar algo de características humanas: *la deshumanización de las masas.* — s.f.

deshumanizado, a Se aplica a la persona que no tiene sentimientos o a aquello que ha sido privado de características humanas: *ciudad deshumanizada.* — adj.

deshumanizar
1 Pasar por alto toda preocupación por el bien, el mal, la angustia o el dolor humanos. — v.tr. conj: *cazar*
2 Volverse una persona menos humana, más cruel o severa. — v.prnl.

deshumano, a Carente de humanidad, cruel. — adj/= inhumano

deshumedecer Quitar o extraer la humedad de un lugar o una cosa: *con el drenaje, el terreno se deshumedece rápidamente.* — v. tr/prnl. conj: *carecer* = desecar

deshumidificación Acción de eliminar la humedad: *el enfriamiento provoca una deshumidificación del aire.* — s.f. = deshumectación

deshumidificador, a Se aplica al aparato que sirve para quitar la humedad. — adj/s.m.

deshumidificar Quitar o extraer la humedad de una cosa o un lugar con medios artificiales. — v.tr. conj: *sacar*

desiderable (Del lat. *desiderabilis.*) Que es digno de ser deseado. — adj. culto

desiderata (Del lat. *desiderata.*) Proposición o relación de cosas que se desean o solicitan: *entregó al bibliotecario su desiderata con los volúmenes que necesitaba.* — s.f. formal

desiderativo, a (Del lat. *desiderativus < desiderare,* desear.) Que expresa deseo: *adoptó una actitud desiderativa.* — adj. formal

desiderátum (Del lat. *desideratum,* cosa deseada.)
1 Serie de cosas que se desean tener: *pretender esto, no está mal como desiderátum.* — s.m/pl: desiderata formal
2 Lo máximo que se puede desear en lo que se hace o se persigue: *su desiderátum era muy ambicioso.* — formal

desidia (Del lat. *desidia,* pereza, indolencia.) Abandono del que descuida las cosas propias, el trabajo o el arreglo personal: *no hace las cosas que tiene que hacer por pereza y desidia.* — s.f. = dejadez, abandono

desidioso, a Que es negligente y dejado: *los conquistadores despreciaban lo que ellos entendían como actitudes desidiosas de los indígenas.* — adj/s.

desierto, a (Del lat. *desertus.*)
1 Que está solitario o deshabitado. — adj/= despoblado
2 Se aplica a la plaza o al concurso que no tiene ningún solicitante, o que no es adjudicado porque nadie reúne los requisitos necesarios: *el premio se declaró desierto este año.*
3 Región que se caracteriza por una escasa pluviosidad, temperaturas extremas, frías o cálidas, que hacen que las condiciones para la vida humana, animal y vegetal sean muy adversas. — s.m. GEOGRAFÍA
4 predicar en el desierto: Intentar persuadir sin obtener ningún resultado. — coloquial

designación
1 Nombramiento de una persona para ocupar un cargo o un puesto. — s.f.

2 Nombre aplicado a una cosa. — = denominación
3 Información codificada que forma parte del registro del ordenador e indica su clase y determina el procedimiento que le será aplicado. — INFORMÁTICA

designar (Del lat. *designare.*)
1 Destinar para un fin determinado. — v.tr.
2 Denominar o representar por medio de una palabra, una letra o una característica: *designó los mapas con la letra m.* — = nombrar + con, por
3 Tener una persona el designio o la intención de hacer una cosa.

designativo, a Que implica designación o denominación. — adj/s. = denominativo

designio (Del bajo lat. *designium.*) Pensamiento o intención de hacer una cosa. — s.m.

desigual
1 Distinto, que no es igual: *no es justo, es un trato desigual que nunca aceptará.* — adj/= diferente ≠ idéntico
2 Que presenta variaciones o irregularidades: *tiene una letra desigual; durante las vacaciones hizo un tiempo desigual.* — = variable, desigualado ≠ constante
3 Se refiere al terreno que tiene desigualdades. — = quebrado/≠ llano
4 Arduo, que es muy difícil.
5 salir desigual: Frustrarse o torcerse una cosa. — coloquial

desigualado, a Se refiere a la res que al cuadrarse no tiene los aplomos paralelos en su totalidad. — adj. TAUROMAQUIA

desigualar
1 Hacer que dos o más personas o cosas no sean iguales: *al final desigualaron el resultado.* — v.tr.
2 Tener una persona superioridad o ventaja sobre otras: *se desiguáló de sus compañeros.* — v.prnl/+ de, entre = adelantarse

desigualdad
1 Calidad de desigual. — s.f./≠ igualdad
2 Aspereza de un terreno o de la superficie de un cuerpo o un objeto.
3 Expresión algebraica que expresa la falta de igualdad entre dos cantidades. — MATEMÁTICAS

desilusión
1 Impresión que recibe alguien cuando la realidad desmiente la esperanza o confianza que tenía puestas en una persona o una cosa: *no esperaba aquello, ¡qué tremenda desilusión!* — s.f. = decepción, desengaño
2 Falta o pérdida de las ilusiones: *ha caído en la más absoluta desilusión.* — ≠ ilusión

desilusionar
1 Hacer perder las ilusiones a una persona. — v.tr/prnl.
2 Descubrir una persona el error o el engaño en que se hallaba. — v.prnl. = desengañarse

desimaginar Dejar de imaginar o recordar. — v.tr.

desimanar
1 Destruir la imanación o devolver al estado neutro un cuerpo que se había imanado. — v.tr/prnl/FÍSICA tb: desimantar
2 Disminuir la inducción magnética. — FÍSICA

desimanación
1 Acción y resultado de eliminar la imanación de un cuerpo o devolverlo a un estado neutro. — s.f. FÍSICA
2 Situación de un cuerpo desimanado. — FÍSICA

desimponer Quitar la imposición de una forma tipográfica. — v.tr/conj: *poner* ARTES GRÁFICAS

desimpresionar Sacar a una persona de la falsa impresión: *al conocer personalmente a aquel actor se desimpresionó de su belleza.* — v.tr/prnl. ≠ impresionar

desincentivación Acción y resultado de desincentivar: *la desincentivación fue una de las causas del fracaso de la empresa.* — s.f. ≠ incentivación

desincentivar Quitar los incentivos que mueven a desear o hacer una cosa. — v.tr.= disuadir ≠ incentivar

desinclinar Separar a una persona de una inclinación: *se desinclinó de su afán lucrativo.* — v.tr/prnl. + de

desincorporar Separar una cosa que estaba incorporada a otra: *se desincorporó de aquel cuerpo de élite.* — v.tr/prnl. + de

desincronización
1 Dejar de ocurrir al tiempo dos fenómenos sincrónicos. — s.f.
2 Modificación de la actividad bioeléctrica sincrónica de un conjunto de elementos nerviosos. — ANATOMÍA

desincronizar Hacer que pierdan el sincronismo dos fenómenos que antes ocurrían al tiempo. — v.tr/prnl.

desincrustante Se aplica a la sustancia que se utiliza para desincrustar o limpiar las incrustaciones que se forman en las paredes de ciertos aparatos. — adj/s.m. QUÍMICA

desincrustar Limpiar o quitar las incrustaciones que se forman en las paredes de ciertos aparatos, en especial de las calderas o las tuberías. — v.tr.

desindexación Supresión de la indexación. — s.f./INFORMÁTICA

desindexar Dejar de indexar. — v.tr./INFORMÁTICA

desindustrialización
1 Reducción del número de puestos de trabajo en un sector industrial. — s.f.

2 Reducción de la producción industrial de una región o país.

desindustrializar Perder o retirar las industrias de una región o país. *v.tr/prnl.*

desinencia (Del lat. *desinens, -entis*, el que cesa o termina < *desinere*, cesar, terminar.)
1 Terminación gramatical de una palabra, donde están expresados los morfemas de flexión. *s.f. GRAMÁTICA BIOLOGÍA*
2 Parte del nombre colectivo de un grupo de animales o plantas que permite saber a qué tipo de unidad se refiere dicho nombre.

desinencial De la desinencia: *forma desinencial; elemento desinencial.* *adj. GRAMÁTICA*

desinente Se refiere al verbo que expresa una acción acabada o terminada: *nacer y lanzar son verbos desinentes.* *adj./GRAMÁTICA = perfectivo ≠ permanente*

desinfartar Curar un infarto a una persona: *se desinfartó con gran facilidad.* *v.tr/prnl. MEDICINA*

desinfección Acción y resultado de eliminar los parásitos y microorganismos causantes de enfermedades contagiosas. *s.f. MEDICINA*

desinfectante Se refiere a la sustancia que puede destruir microorganismo y parásitos: *el alcohol y la lejía son desinfectantes.* *adj/s.m.*

desinfectar Limpiar una cosa para eliminar la infección o los gérmenes nocivos: *se desinfectó la herida con alcohol.* *v.tr/prnl. MEDICINA = desinficionar*

desinflamación Proceso de disminución de la inflamación en un tejido u órgano. *s.f. MEDICINA*

desinflamar Disminuir la inflamación de un tejido u órgano: *con reposo se desinflamará la pierna.* *v.tr/prnl. MEDICINA*

desinflar
1 Sacar el aire o una sustancia gaseosa de un cuerpo que la contiene: *debido al reventón la rueda se desinfló.* *v.tr/prnl.*
2 Perder una persona el ánimo o la exaltación para hacer una cosa: *al perder el empleo se desinfló.* *= desanimar, desilusionar*
3 Disminuir la importancia de una persona o una cosa: *el llamado escándalo del siglo ya se ha desinflado.*

desinformación
1 Manipulación, supresión o falseamiento de la información. *s.f.*
2 Ignorancia, carencia de información.

desinformar No dar una información o darla manipulada: *desinformaron a sus lectores.* *v.tr/= desorientar, malinformar*

desinhibición Eliminación de la inhibición sicológica o fisiológica: *la desinhibición por administración de drogas es reversible.* *s.f.*

desinhibido, a Se refiere a la persona que es espontánea, abierta: *es un muchacho alegre y desinhibido.* *adj.*

desinhibir Perder las inhibiciones, actuar con espontaneidad o naturalidad. *v.tr/prnl.*

desinsacular
1 Sacar las bolas o papeletas de una votación o un sorteo del lugar donde están contenidas. *v.tr.*
2 Excluir de una votación a una persona que se había presentado como candidato.

desinsectación Acción y resultado de eliminar los insectos que pueden transmitir gérmenes. *s.f.*

desinsectador, a Que elimina los insectos perjudiciales: *gases desinsectadores.* *adj.*

desinsectar Aniquilar los insectos de una cosa o un lugar, por ser susceptibles de transmitir gérmenes patógenos. *v.tr.*

desinserción Hecho de dejar de estar integrado en un grupo: *la desinserción del drogadicto con anticuerpos del sida.* *s.f. SOCIOLOGÍA*

desinsertar Hacer que una persona o colectivo deje de estar integrado en la sociedad: *la conducta delictiva no siempre desinserta al que la manifiesta.* *v.tr/prnl. SOCIOLOGÍA*

desintegración
1 Separación o disgregación de los elementos que componen un todo. *s.f.*
2 desintegración nuclear: Transformación producida en un núcleo atómico por pérdida de alguna partícula con absorción o producción de energía. *FÍSICA NUCLEAR*

desintegrador
1 Aparato que da vueltas que se acopla a la draga y disgrega el fondo, facilitando la extracción de materiales. *s.m. TECNOLOGÍA*
2 Aparato que se usa para desmenuzar las hojas de celulosa. *TECNOLOGÍA*
3 Aparato con que se fragmenta los minerales o el carbón. *TECNOLOGÍA*

desintegrar Separar o descomponer en partes una cosa: *la nave espacial se desintegró en el espacio intergaláctico.* *v.tr/prnl. = disgregar*

desinterés
1 Falta de interés: *su desinterés por los estudios nos preocupa.* *s.m.*
2 Disposición a actuar sin buscar ningún provecho personal, material o egoísta: *demostró su desinterés al ayudarte sin pedir nada a cambio.* *= generosidad*

desinteresado, a
1 Que no muestra interés. *adj.*
2 Se aplica a la persona o acción que no busca un interés material o egoísta: *le prestó una ayuda desinteresada, sin esperar nada a cambio.* *= desprendido*

desinteresarse Perder el interés en una cosa: *enseguida se desinteresa de lo que empieza.* *v.prnl. + de*

desintoxicación Eliminación de sustancias tóxicas del organismo por acción terapéutica o natural. *s.f. MEDICINA*

desintoxicar
1 Curar una intoxicación o un envenenamiento a una persona: *se desintoxicó con una purga.* *v.tr/prnl./conj: sacar MEDICINA*
2 Limpiar el organismo de toxinas. *MEDICINA*
3 Eliminar los efectos negativos de la propaganda. *SOCIOLOGÍA*

desinvernar Salir las tropas de los cuarteles de invierno: *el general desinverna a las tropas.* *v.intr/tr/conj: pensar MILITAR*

desinversión Supresión o reducción de las inversiones en una empresa o en un sector económico: *en búsqueda de liquidez hicieron una desinversión en la empresa.* *s.f. ECONOMÍA*

desionización Desaparición de los iones de un gas, recobrando éste su estado normal. *s.f. FÍSICA*

desiquiatrizar Dejar de interpretar un fenómeno como uno siquiátrico o como una enfermedad mental. *v.tr. SIQUIATRÍA*

desistimiento Abandono o renuncia de una intención o proyecto. *s.f. = desistencia*

desistir (Del lat. *desistere*.)
1 Renunciar a una intención, proyecto o a realizar una cosa que ya se ha empezado: *el acusado desistió de su empeño.* *v.intr. + de*
2 Renunciar a la reclamación de un derecho. *DERECHO*

desjarretadera Vara larga terminada en una cuchilla en forma de media luna, que se usa para desjarretar o cortar las piernas de toros y vacas. *s.f.*

desjarretar
1 Cortar las piernas de un animal por el jarrete. *v.tr.*
2 Quitar las fuerzas o el ánimo a una persona: *le desjarretó totalmente con sus malas noticias.* *coloquial tb: jarretar*

desjarrete Corte que se da a las patas de los animales a la altura del jarrete. *s.m. VETERINARIA*

desjugar Sacar o extraer el jugo de una cosa. *v.tr/prnl./conj: pagar*

desjuiciado, a Que no tiene juicio o sensatez. *adj.*

desjuntar Dividir o separar dos o más cosas que estaban juntas. *v.tr/prnl. ≠ juntar, unir*

deslabonar
1 Separar los eslabones que forman una cadena: *se deslabonó la cadena.* *v.tr/prnl. tb: deseslabonar*
2 Desunir una cosa de otra de la que forma parte. *tb: deseslabonar*
3 Alejarse de la compañía de una persona: *se deslabonó de aquel muchacho.* *v.prnl. tb: deseslabonarse*

desladrillar Quitar los ladrillos de una construcción. *v.tr/CONSTRUCCIÓN tb: desenladrillar*

deslamar Limpiar o sacar la lama depositada en el fondo de un canal, un lugar o un recipiente. *v.tr. MINERÍA*

deslanar Extraer o sacar la lana de una piel. *v.tr./TEXTIL*

deslastrar Quitar el lastre a una cosa. *v.tr.*

deslatar Quitar las latas o listones que se ponen de manera provisional en un tejado o una embarcación. *v.tr.*

deslateralización Pérdida del carácter lateral de un sonido consonántico. *s.f. LINGÜÍSTICA*

deslateralizar Convertir una consonante lateral en otra que no lo es: *la ll se deslateraliza en favor de y.* *v.tr/prnl./conj: cazar LINGÜÍSTICA*

deslavado, a Se refiere a la persona que es desvergonzada. *adj/s. = descarado*

deslavadura Acción y resultado de lavar mal una cosa o de quitarle intensidad. *s.f.*

deslavar
1 Limpiar o lavar una cosa muy por encima, sin aclararla bien. *v.tr. = deslavazar*
2 Quitar intensidad, fuerza o vigor a una cosa. *= deslavazar*

deslavazado, a
1 Que es insípido, simple o insustancial: *persona deslavazada.* *adj. = insulso*
2 Que no tiene cohesión o unión entre sus partes: *discurso deslavazado.* *= inconexo*
3 Que no tiene vigor y fuerza en su posición, movimiento y compostura. *≠ vigoroso*

deslavazar Lavar o limpiar algo muy por encima y con descuido: *deslavazó las verduras y nos encontramos piedrecitas en la olla.* *v.tr. conj: cazar = deslavar*

deslazamiento Acción y resultado de deslazar o soltar lo que estaba atado. — *s.m.*

deslazar (Derivado de *lazo*.) Desenlazar, soltar lo que está enlazado, atado o anudado. — *v.tr.* / *conj: cazar*

desleal (Derivado de *ley*.)
1 Que no es leal o que no se comporta con lealtad: *fue desleal a sus convicciones; se descubrió como desleal con el partido.* — *adj/s.m.f.* / *= traidor* / *+ a, con*
2 Que no se ajusta a los usos o leyes comúnmente aceptados: *esta campaña es una competencia desleal.* — *adj.*

deslealtad Falta de lealtad: *con no avisarme me ha demostrado una gran deslealtad.* — *s.f.* / *≠ lealtad*

deslechugar
1 Limpiar las vides de lechuguillas y otras hierbas silvestres. — *v.tr./conj: pagar* / AGRICULTURA
2 Limpiar una planta de hojas y vástagos inútiles. — AGRICULTURA
3 Podar las puntas de los sarmientos que tienen el fruto prácticamente maduro. — AGRICULTURA / *= deslechuguillar*

deslegalizar Quitar la legalidad a lo que antes la poseía. — *v.tr.* / *conj: cazar*

desleimiento Acción y resultado de disolver una sustancia en un líquido. — *s.m.* / *= desleidura*

desleír (Probablemente de una antigua forma *esleír*, separar, desintegrar < lat. *eligere*, escoger.)
1 Disolver una sustancia o un cuerpo sólido por medio de un líquido: *el terrón de azúcar se deslíe en agua.* — *v.tr./prnl.* / *conj: reír*
2 Expresar una idea, concepto o pensamiento con más palabras de las necesarias: *desleí su pensamiento ante el asombro de todos.* — *v.tr.*

deslendrar Quitar las liendres o huevos del piojo del cabello de una persona o un animal. — *v.tr.* / *conj: pensar*

deslenguado, a Se refiere a la persona que habla con desvergüenza y atrevimiento. — *adj.* / *= descarado*

deslenguamiento Manera de hablar sin contención y con descaro. — *s.m.* / *coloquial*

deslenguar
1 Cortar la lengua a una persona o un animal. — *v.tr./conj: aguar*
2 Perder una persona la compostura o los buenos modales: *se deslenguó porque estaba un poco bebido.* — *v.prnl./coloquial* / *= desvergonzarse*

desliar
I (Probablemente derivado de *ligar*.) Quitar las envolturas y ataduras de una cosa: *los paquetes se desliaron.* — *v.tr./prnl.* / *conj: vaciar*
II (De origen incierto.) Separar del vino los desperdicios del fondo de la cuba. — *v.tr.* / *conj: vaciar*

desligadura
1 Acción y resultado de desligar o desligarse. — *s.f.*
2 Acción de separar los distintos aspectos de un asunto, para tratarlos independientemente.
3 Liberación de alguna obligación contraída.

desligar
1 Desatar, soltar una cosa de otra a la que está ligada: *las cuerdas se desligaron.* — *v.tr./prnl.* / *conj: pagar*
2 Separar una cosa de otra a la que naturalmente está unida: *en su discurso desligó el aspecto político del aspecto social.* — *= independizar* / *+ de*
3 Dejar a una persona libre de un compromiso o una obligación: *le desligó de su compromiso matrimonial.* — *v.tr./+ de* / *= eximir*
4 Poner orden en un asunto que estaba confuso: *el negocio se desligó tras las conversaciones.* — *= desenmarañar, desenredar*
5 Perdonar las censuras eclesiásticas a una persona. — TEOLOGÍA
6 Hacer sonar las notas de manera clara, dejando una breve pausa entre ellas. — MÚSICA / *= picar*

deslindador, a Se aplica a la persona que deslinda. — *adj/s.*

deslindar (Del lat. *delimitare*.)
1 Señalar los límites de un territorio: *deslindó sus propiedades de las de la comunidad.* — *v.tr.* / *= limitar*
2 Tratar cada aspecto o detalle de un asunto para evitar cualquier posible confusión: *deslindó cada tema; deslindó las obligaciones de cada cual.* — *= delimitar*

deslinde
1 Acción y resultado de deslindar: *las características del terreno hacían difícil su deslinde.* — *s.m.* / *= delimitación*
2 Derecho que corresponde al propietario de una finca para delimitar sus términos. — DERECHO

desliñar Limpiar el tejido de elementos extraños antes de llevarlo a la prensa. — *v.tr.* / TEXTIL

deslío Operación de separar el mosto de las heces o desperdicios depositados en el fondo de la vasija durante la fermentación. — *s.m.*

desliz
1 Equivocación o indiscreción involuntaria, debidas a la falta de reflexión o a un descuido: *cometió un desliz al preguntarle por su ex-marido.* — *s.m.* / *pl: deslices* / *= desacierto*
2 Culpa o falta moral, en especial la de carácter sexual: *tuvo un desliz con su secretaria.*
3 Deslizamiento por una superficie.
4 Porción de mercurio que se desliza y escapa al limpiar la plata. — METALURGIA

deslizable Que se puede deslizar: *el trineo bajaba por una superficie deslizable artificial.* — *adj.*

deslizadero, a
1 Que es resbaladizo: *procura andar con precaución porque el suelo está mojado y es deslizadero.* — *adj.* / *= deslizadizo*
2 Lugar resbaladizo: *esta carretera es un deslizadero.* — *s.m.*

deslizamiento
1 Acción y resultado de deslizar o deslizarse. — *s.m.*
2 Inclusión en un escrito, un discurso o una conversación de palabras o expresiones a las que se finge no dar importancia especial, pero que tienen un fin determinado.
3 Acción de marcharse o escapar de un sitio con disimulo.
4 Falta cometida por una persona causada por la irreflexión: *le perdonó el deslizamiento que había tenido con él, debido a su inexperiencia.* — *= desliz*
5 **deslizamiento de los salarios:** Aumento de la masa salarial producido por las mejoras en la estructura de las cualificaciones de los trabajadores.

deslizante Que desliza o se desliza: *la superficie deslizante del tobogán.* — *adj.*

deslizar (Voz de creación expresiva.)
1 Pasar una cosa sobre otra suavemente: *deslizaba la mano por sus cabellos.* — *v.tr/prnl.* / *conj: cazar*
2 Resbalar una persona o un cuerpo por una superficie lisa o mojada rozándola suavemente: *se deslizó por el hielo.* — *v.intr/prnl.* / *= patinar*
3 Poner una cosa en un lugar con disimulo: *deslizó un sobre en mi bolsillo.* — *v.tr.*
4 Introducir frases o palabras intencionadas en un escrito o un discurso: *deslizó un comentario sarcástico.* — *= insinuar*
5 Irse de un lugar con disimulo: *se deslizó de la casa antes de que acabara la fiesta.* — *v.prnl./+ de* / *= escabullirse*
6 Cometer una falta o indiscreción: *se deslizó con sus inoportunos comentarios.* — *= pasarse*

desloar Dirigir censuras o reproches a una persona. — *v.tr/= execrar*

deslomadura Daño que se produce en el lomo a consecuencia de un trabajo o esfuerzo excesivo. — *s.f.*

deslomar
1 Quedar lastimados los lomos de una persona o animal: *el coche deslomó al perro al golpearlo.* — *v.tr/prnl.* / *= ringar, derrengar*
2 Trabajar o esforzarse mucho una persona: *se deslomó estudiando, pero no ha aprobado.* — *v.prnl.*

deslucido, a
1 Que no tiene brillo o esplendor o los ha perdido: *el traje está muy deslucido.* — *adj.*
2 Se aplica al acto realizado en público que no tiene lucimiento o brillantez: *resultó un espectáculo deslucido por la lluvia.* — *≠ brillante*

deslucimiento
1 Falta de brillo o esplendor: *las paredes del palacio serán restauradas porque su deslucimiento es ya notable.* — *s.m.*
2 Falta de brillantez en la actuación de una persona.

deslucir
1 Quitar la buena apariencia o el atractivo a una cosa: *sus vestidos se deslucieron con el paso del tiempo.* — *v.tr/prnl.* / *conj: lucir*
2 Hacer perder a una persona su prestigio o su buena fama: *con su última interpretación se deslució como actriz de teatro.* — *= desacreditar* / *≠ afamar*

deslumbrador, a Que deslumbra: *la actrativa modelo estaba anoche deslumbradora.* — *adj.* / *= deslumbrante*

deslumbramiento
1 Acción y resultado de deslumbrar. — *s.m.*
2 Pérdida momentánea de visión producida por una luz excesiva y directa a los ojos: *sufrí un deslumbramiento al mirar fijamente el sol.*
3 Fascinación que una persona produce sobre otra. — *= admiración*

deslumbrante
1 Que dificulta la visión: *hoy luce un sol vivo y deslumbrante.* — *adj.*
2 Que ofusca o impresiona vivamente a causa de su apariencia llamativa: *se presentó en la fiesta con un vestido deslumbrante.* — *= impresionante, despampanante*

deslumbrar
1 Causar el exceso de luz dificultad en la visión: *se deslumbró con los faros del coche.* — *v.tr/prnl.* / *= ofuscar*
2 Causar una cosa duda, confusión o admiración: *deslumbró a su madre con su comportamiento.* — *= impresionar*
3 Impresionar, causar un profundo asombro: *su belleza deslumbró a los presentes.* — *v.tr.*

deslustrador, a Que deslustra, desluce o desacredita. — *adj/s.*

deslustrar
1 Deslucir, quitar el brillo, el lustre o la buena apariencia a una cosa: *el sol deslustró el color del vestido.* — *v.tr.* / *= ajar*
2 Desprestigiar a alguien con infamias o descubriendo sus falsedades. — *= desacreditar*

deslustre
1 Falta de lustre o mal aspecto en la presentación de alguna cosa. — *s.m.* / *= deslucimiento*

2 Desprestigio causado por una acción indecorosa: *el continuo deslustre de su gobierno forzó la dimisión*. = descrédito

deslustroso, a Que no tiene brillo ni esplendor. adj./= deslucido

desmadejado, a Que siente flojedad en el cuerpo, particularmente, por falta de descanso o como consecuencia de una enfermedad reciente: *después de la hepatitis se sentía agotado y desmadejado; estaba desmadejado por no haber dormido*. adj. ≠ vigoroso

desmadejamiento Falta de fuerza en el cuerpo. s.m./= debilidad

desmadejar Causar debilidad en el cuerpo: *la enfermedad le ha desmadejado; les desmadejó el sueño y el cansancio*. v.tr./prnl. = debilitar

desmadrado, a
1 Se aplica al animal que ha sido abandonado por la madre o separado de ella. adj. ZOOLOGÍA
2 Se refiere a la persona que actúa de forma poco convencional y con mucha libertad: *estuvo muy desmadrado toda la fiesta*. adj./s. coloquial

desmadrar
1 Separar las crías de la madre. v.tr.
2 Actuar o divertirse una persona de manera desmedida y poco convencional: *empezó a beber y se desmadró*. v.tr/prnl. coloquial
3 Salirse una corriente de agua de su cauce. v.prnl.

desmadre (Derivado de *madre*, terreno por donde corre un río o arroyo.)
1 Acción desordenada o irregular, que excede los límites del comportamiento que se considera correcto: *me parece un desmadre presentarnos en su casa a estas horas de la noche*. s.m. coloquial
2 Diversión en la que se cometen excesos: *eran las cinco de la mañana y aún seguía el desmadre*. coloquial = juerga

desmagnetización
1 Acción y resultado de desmagnetizar. s.f.
2 Creación de un dispositivo de protección individual de los buques contra las minas magnéticas. NÁUTICA

desmagnetizar Quitar el magnetismo a un metal, en especial a las piezas metálicas de un receptor de televisión. v.tr./conj: *cazar* ELECTRICIDAD

desmajolar
1 Arrancar o descepar los majuelos que crecen cerca de una viña. v.tr./conj: *contar* AGRICULTURA
2 Soltar las correas que sujetan los zapatos. v.tr.

desmalazado, a
1 Se aplica a la persona que está floja y sin fuerzas: *después del duro entreno se encuentra desmalazado*. adj. tb: desmazalado
2 Desmazalado, que está sin ánimo ni entusiasmo. = apático

desmalezar Quitar o limpiar la maleza de un sembrado o de un bosque. v.tr./conj: *cazar* Amér.

desmallador, a Que rompe o deshace una malla. adj.

desmallar
1 Cortar los engarces de una malla, una red, una media u otra cosa parecida. v.tr.
2 Sacar el pescado de la red. PESCA

desmamar Hacer que deje de mamar el niño o la cría de un animal para que empiece a comer. v.tr. = destetar

desmamonar Quitar los mamones o chupones de una planta, en especial de las vides. v.tr. AGRICULTURA

desmán
I (Del lat. *manus*, manada.)
1 Acción o palabras abusivas y desordenadas con las que se molesta a los demás: *tu rechazo ha sido un desmán*. s.m.
2 Desgracia, suceso desafortunado.
II (Del sueco *desman-ratta*, rata de almizcle.) Mamífero insectívoro acuático, con hocico en trompa y cola larga. *(Desmana moschata.)* s.m. ZOOLOGÍA

desmanarse Separarse un animal de la manada. v.prnl.

desmanchar
1 Salir corriendo de un lugar o huir de una situación. v.tr.
2 Abandonar el grupo o compañía del que se forma parte, alejándose de las amistades. Amér.
3 Salirse un animal de la manada. v.prnl./Amér.

desmandado, a Que es desobediente o díscolo: *es un niño rebelde y desmandado*. adj.

desmandar
1 Separarse un animal de la manada: *con los tiros algunos búfalos se desmandaron*. v.prnl. = desmanarse
2 Mostrarse insolente o desobediente con una persona a la que se le debe un respeto u obediencia. = propasarse
3 Dejar sin validez un legado testamentario. v.tr./DERECHO

desmanear Desatar las manos a una caballería u otro animal. v.tr/prnl.

desmangar Quitar el mango de una herramienta o un utensilio. v.tr/prnl. conj: *pagar*

desmano Indica fuera de lo habitual o del alcance de la mano en la expresión **a desmano**: *no iré a tu casa por que me pilla a desmano*. loc.adv.

desmanotado, a
1 Que es torpe, en especial con las manos. adj./s.

2 Que es apocado o de poco ánimo y se turba con el trabajo u otra cosa. = encogido

desmantecar Quitar la manteca de un alimento. v.tr./conj: *sacar*

desmantelado, a Que ha sido despojado de los muebles o está mal cuidado: *dejó el piso sucio y desmantelado*. adj.

desmantelamiento Acción y resultado de desmantelar: *con el desmantelamiento del local se rompieron varios muebles*. s.m.

desmantelar (Del fr. *demanteler*.)
1 Quitar los muebles o los objetos necesarios de una cosa o de un lugar. v.tr.
2 Desorganizar la estructura de una entidad: *han desmantelado la institución*.
3 Desmontar las piezas de una estructura: *hay que desmantelar el andamiaje*. ≠ montar
4 Destruir o desmontar una fortificación. MILITAR
5 Echar abajo los palos de una embarcación: *el capitán ordenó desmantelar la nave*. NÁUTICA = desarbolar
6 Separar las piezas o quitar el aparejo a una embarcación. NÁUTICA = desaparejar

desmaña Falta de maña o habilidad. s.f.

desmañado, a Que no tiene maña o habilidad: *es un chico patoso y desmañado para los trabajos manuales*. adj./s. = torpe

desmañanarse Despertarse muy temprano. v.prnl./Méx.

desmaño Negligencia, falta de cuidado. s.m./= descuido

desmaquillador, a Se aplica a la sustancia que sirve para desmaquillar: *usa un desmaquillador hipoalérgico especial para los ojos*. adj/s.m. = desmaquillante

desmaquillar Quitar el maquillaje del rostro de una persona. v.tr/prnl.

desmarañar Desenredar lo que estaba enmarañado o liado. v.tr.

desmarcar
1 Quitar una marca de una cosa. v.tr./conj: *sacar*
2 Evitar o eludir un jugador la vigilancia del adversario: *el delantero se desmarcó y pudo rematar de cabeza el balón*. v.prnl. DEPORTES

desmarojador, a Persona que quita las hojas inútiles de las plantas. s.

desmarojar Quitar las hojas inútiles de las plantas. v.tr.

desmasificación Proceso por el cual un grupo en que los individuos habían estado aislados, comienza a respetar la personalidad de cada uno. s.f. SOCIOLOGÍA

desmasificar Disminuir o eliminar la masificación de un grupo social o lugar: *es necesario desmasificar las cárceles*. v.tr. SOCIOLOGÍA

desmatar Arrancar las matas de un terreno. v.tr.

desmaterialización
1 Aniquilación de las partículas materiales y correlativa aparición de energía. s.f. FÍSICA
2 Desaparición paranormal de un objeto material. OCULTISMO

desmayado, a
1 Que está sin fuerza o desfallecido: *tras la carrera estaba desmayado*. adj.
2 Se aplica al color que es pálido y apagado: *llevaba un vestido de un color amarillo desmayado que no le favorecía*.
3 Que tiene un aspecto famélico: *el perro se acercó con cuerpo desmayado*.

desmayar (Del fr. ant. *esmaiier*, perturbar, desfallecer < lat. *exmagare*, quitar las fuerzas < germ. *magan*, tener fuerza, poder.)
1 Causar una cosa la pérdida del conocimiento y la sensibilidad a una persona. v.tr.
2 Perder una persona el conocimiento y la sensibilidad por un momento: *se desmayó del susto*. v.prnl.
3 Perder una persona el ánimo o el valor para hacer una cosa: *al acercarse al jefe, desmayó y no le pidió el aumento*. v.intr.

desmayo
1 Pérdida momentánea del sentido y del conocimiento: *durante los primeros meses del embarazo sufría frecuentes desmayos*. s.m. = desfallecimiento
2 Pérdida del ánimo y las fuerzas: *tras la enfermedad sentía un desmayo*. = debilidad

desmazalado, a (Del hebreo *mazzal*, destino, suerte.)
1 Desmalazado, sin fuerzas: *después de tantos días de trabajo se encuentra algo desmazalado*. adj./= flojo, desmadejado
2 De ánimo decaído o de espíritu desdichado: *tras el despido se siente desmazalado*. = desalentado, abatido

desmedido, a Que no tiene proporción ni medida: *tiene un hambre desmedida*. adj. = excesivo

desmedirse Excederse, hacer más de lo conveniente o prudente en un asunto: *opino que se desmidió en sus comentarios*. v.prnl. conj: *pedir* = descomedirse

desmedrado, a Que no muestra un desarrollo normal: *el chico está desmedrado para su edad.* adj.

desmedrar
1 Poner una cosa en mal estado: *la finca fue desmedrándose con el tiempo.* v.tr./prnl. = deteriorar
2 Perder una persona la salud, la autoridad o los bienes económicos poco a poco: *su fortuna fue desmedrándose hasta que se quedó sin nada.* v.intr.

desmedro
1 Adelgazamiento o pérdida de salud de las personas o animales o marchitamiento de las plantas. s.m.
2 Debilitación o empeoramiento del estado de una cosa.

desmejora Deterioro o disminución del valor de algo o de la salud de una persona o de un animal. s.f. = desmejoramiento

desmejoramiento Acción o resultado de desmejorar o desmejorarse. s.m. = desmejora

desmejorar
1 Hacer que una cosa o persona pierda el brillo o el buen estado: *el sol desmejora las maderas.* v.tr./prnl.
2 Ir perdiendo la salud: *con la fiebre ha vuelto a desmejorarse.* v.intr./prnl.

desmelancolizar Hacer que una persona deje de estar melancólica. v.tr./prnl. conj: *cazar*

desmelar Quitar la miel de las colmenas. v.tr./conj: *pensar*

desmelenado, a
1 Que tiene el pelo despeinado y revuelto: *el fuerte viento la dejó muy desmelenada.* adj.
2 Se aplica a la persona que se muestra atrevida e impetuosa: *en los últimos meses ha estado muy desmelenada y alocada.* adj./s. ≠ apaciguado

desmelenadura Alborotamiento o revolvimiento del cabello. s.f. = desmelenamiento

desmelenamiento
1 Desmelenadura, alboroto del cabello. s.m.
2 Pérdida de la compostura: *durante el viaje hubo un desmelenamiento general.* = desmadre

desmelenar
1 Despeinar o revolver el pelo a una persona. v.tr./prnl.
2 Dejarse llevar por una pasión: *tardó muchos años en desmelenarse y declararle su amor.* v.prnl.
3 Mostrarse una persona muy atrevida para su forma de ser o su comportamiento habitual: *si no se le controla, se desmelena.* = desmadrarse

desmembración División o separación de un organismo social o de los miembros de un cuerpo. s.f.

desmembrado, a Se aplica a los animales que se representan sin algún miembro como señal de infamia. adj. HERÁLDICA

desmembrador, a Que desmiembra o divide. adj./s.

desmembrar
1 Separar los miembros del cuerpo. v.tr./conj: *pensar*
2 Dividir un organismo social o político: *la asociación se desmembró por problemas económicos.* v.tr./prnl.

desmemoria Falta de memoria. s.f./≠ memoria

desmemoriado, a
1 Que tiene poca memoria y olvida con facilidad lo que tiene que hacer: *un desmemoriado como tú necesita una agenda.* adj./s. ≠ memorioso
2 Que es falto de memoria por completo o a intervalos: *a raíz del accidente estuvo desmemoriado durante un tiempo.*
3 Se aplica a la persona que pierde por completo, o en gran parte, la conciencia y la memoria de sus propios actos. DERECHO

desmemoriarse
1 Dejar de tener una persona una cosa en la memoria: *se desmemorió de la cita.* v.prnl. = olvidarse
2 Perder una persona la memoria: *las personas mayores se desmemorian.*

desmenguar
1 Hacer una cosa más pequeña, reducir su tamaño habitual o casual. v.tr./conj: *aguar* = amenguar
2 Disminuir una cosa no material: *este hombre desmengua mi paciencia.*

desmentido, a
1 Rectificación o negación de una cosa que se ha dicho con anterioridad o de una sospecha sin fundamento. s. = mentís
2 Comunicado en el que se desmiente públicamente una cosa: *la prensa publicó el desmentido del presidente.*

desmentidor, a Que desmiente, disimula o niega. adj./s.

desmentir
1 Decir que no es verdad una cosa que una persona ha dicho: *el gobierno desmintió la noticia.* v.tr. conj: *sentir*
2 Demostrar la falsedad de una cosa: *las pruebas desmentían la acusación.* = rebatir ≠ ratificar

3 Ser una persona o una cosa peor de lo que le corresponde por su origen o circunstancias: *esta novela desmiente a su autor.* = desmerecer ≠ honrar
4 Disimular una cosa o hacerla desaparecer para que no se conozca: *ya no puede desmentir su avanzado embarazo.* = ocultar ≠ mostrar
5 Separarse una cosa del paralelismo o nivel que debería tener con respecto a otra: *estas cortinas desmienten con respecto a la pared.* v.intr.

desmenuzable Que puede ser desmenuzado o dividido en trozos pequeños. adj.

desmenuzador, a Que desmenuza o deshace en unidades menores. adj./s.

desmenuzadora Máquina de mecanismo semejante al de los molinos, que reduce la remolacha o la caña de azúcar a pequeños fragmentos en el proceso industrial de fabricación del azúcar. s.f. INDUSTRIA

desmenuzamiento
1 Acción y resultado de deshacer en trozos menudos una sustancia. s.m.
2 Examen de un asunto que se realiza analizando detenidamente cada una de sus partes: *el profesor realizó un desmenuzamiento exhaustivo del tema.*

desmenuzar
1 Deshacer una cosa en partes pequeñas: *desmenuza el pan para hacer la sopa.* v.tr./prnl. conj: *cazar*
2 Examinar una cosa detenidamente: *desmenuzó el proyecto antes de aprobarlo.* v.tr.

desmeollamiento Extracción quirúrgica de la médula de un hueso. s.m. MEDICINA

desmeollar Sacar el meollo de un hueso con una intervención quirúrgica. v.tr. MEDICINA

desmerecedor, a Que desmerece una cosa o es indigno de ella. adj.

desmerecer
1 Hacerse una persona indigna de premio o alabanza: *desmerece las atenciones que recibe.* v.tr. conj: *carecer*
2 Perder una cosa parte de su valor: *los muebles antiguos desmerecen con el paso de los años.* v.intr.
3 Ser una cosa inferior a otra.

desmerecimiento Cualidad, acción o circunstancia que hacen que una persona o cosa sean valoradas de forma negativa. s.m. = demérito ≠ mérito

desmesura Falta de moderación: *está obesa porque come con desmesura.* s.f. ≠ mesura

desmesurado, a
1 Que es enorme o exagerado: *nos recibió con atenciones desmesuradas.* adj. = desmedido
2 Que se comporta sin mesura o consideración: *no consiento que me hables con esas desmesuradas palabras.* adj/s./= insolente, atrevido

desmesurar
1 Deshacer el orden, el arreglo o la organización de una cosa. v.tr.
2 Perder una persona la modestia o la moderación: *primero los halagos fueron oportunos, pero acabó desmesurándose.* v.prnl.

desmigajar Reducir una cosa blanda o disgregable a trozos pequeños: *desmigajó las galletas para hacer una papilla.* v.tr./prnl.

desmigar Deshacer el pan en migas: *desmiga el pan para preparar una sopa.* v.tr. conj: *pagar*

desmilitarización Medida de seguridad prevista por tratado, que prohíbe toda presencia o actividad militar en una zona militarizada. s.f. MILITAR, POLÍTICA

desmilitarizado, a Desprovisto de tropas e instituciones militares. adj. POLÍTICA

desmilitarizar
1 Hacer que una colectividad deje de tener organización o carácter militar. v.tr./conj: *cazar* POLÍTICA
2 Retirar las tropas e instalaciones militares de un territorio obedeciendo a un acuerdo internacional. MILITAR, POLÍTICA

desmineralización Pérdida o disminución excesiva de componentes minerales necesarios para el organismo. s.f. MEDICINA

desmineralizarse Perder el organismo una cantidad anormal de componentes minerales. v.prnl./conj: *cazar* MEDICINA

desmirriado, a Que está muy delgado o débil: *este niño come muy poco y cada día está más desmirriado.* adj./coloquial = esmirriado

desmitificación Acción o resultado de desmitificar. s.f.

desmitificar Quitar el carácter mítico a una persona o una cosa y ver sus características reales. v.tr. conj: *sacar*

desmochador, a Que sirve para quitar la parte superior de una cosa. adj.

desmochadora Máquina con que se desmocha el trigo. s.f. AGRICULTURA

desmochar
1 Quitar la parte superior de una cosa: *desmocharon lo que sobresalía del seto; desmochar las astas de una res.* v.tr.

2 Eliminar una parte de una obra artística o literaria: *el equipo de montaje dejó la película desmochada.*   = cortar

desmoche
1 Acción u operación de desmochar a una res o una cosa.   s.m./tb: desmocha
2 Supresión o eliminación de gran cantidad de elementos o cosas dentro de un conjunto.   = desmochadura, coloquial, = escabechina

desmocho Conjunto de las partes que resultan al desmochar una cosa: *con el desmocho de las ramas tendremos leña para unos días.*   s.m.

desmogar Mudar un animal los cuernos.   v.intr./conj: *pagar*

desmolado, a Que ha perdido muelas.   adj.

desmolasa Enzima que provoca oxidación o reducción.   s.f. BIOQUÍMICA

desmoldar Extraer una cosa del molde: *cuando el pastel se enfríe podremos desmoldarlo.*   v.tr.

desmoler
1 Gastar o consumir parte de una cosa poco a poco.   v.tr./conj: *mover*
2 Convertir los alimentos en sustancia apta para la asimilación en el aparato digestivo.   = digerir

desmonetización Abolición de algún metal en la acuñación de moneda.   s.f. ECONOMÍA

desmonetizar
1 Prohibir el uso de un metal para acuñar moneda, mediante una disposición legal.   v.tr. conj: *cazar*
2 Quitar o disminuir el valor legal a una moneda como medida económica tomada por un gobierno: *en este país se desmonetizan las monedas antiguas.*   v.tr./prnl. Argent., Chile, Par., P. Rico

desmonopolizar Suprimir un monopolio: *el estado pretende desmonopolizar la telefonía móvil.*   v.tr. ECONOMÍA

desmontable
1 Que está pensado para que pueda ser desmontado: *la mesa es desmontable.*   adj. = desarmable
2 Instrumento similar a una palanca usado para desmontar las cubiertas de los neumáticos.   s.m. MECÁNICA

desmontadura
1 Acción y resultado de desmontar.   s.f.
2 Desmonte o limpieza de malezas de un terreno.
3 Desmontaje de una pieza, mecanismo o cualquier otra cosa montada sobre una armadura.

desmontaje
1 Operación de desmontar las piezas de una máquina, instalación o estructura.   s.m. ≠ montaje
2 Separación del disparador y la llave de un arma de fuego para que no funcione.

desmontar
1 Separar las piezas que componen una cosa: *desmonté los muebles para la mudanza; no importa que desmonte la radio, ya no funciona.*   v.tr. = desarmar
2 Limpiar un monte de vegetación para cultivarlo.   AGRICULTURA
3 Quitar las desigualdades de un terreno.   = allanar
4 Separar la llave de un arma de fuego del disparador.
5 Bajar de una caballería o de otro lugar.   v.tr./intr./prnl.
6 Destruir un edificio: *desmontaron la vieja fábrica porque amenazaba ruina.*   v.tr. = demoler

desmonte
1 Operación de desmontar un terreno o un monte: *procedieron al desmonte del terreno para prevenirse de los incendios.*   s.m.
2 Despojos que resultan de cortar, arrancar y limpiar un terreno: *se llevaron los desmontes.*
3 Terreno al que se le ha eliminado la maleza.

desmoñar Deshacer o descomponer el moño de una persona: *se desmoñaron en la pelea.*   v.tr./prnl. coloquial

desmoralización
1 Pérdida del valor o de la confianza en sí mismo: *después de la noticia, cundió la desmoralización.*   s.f. = desánimo
2 Acción y resultado de perder las buenas costumbres.   ≠ moralización

desmoralizador, a Que desmoraliza: *el trabajo que realiza es desmoralizador.*   adj/s.

desmoralizante Desmoralizador, que desanima.   adj.

desmoralizar
1 Hacer perder el valor o la decisión a una persona: *al ver los resultados de la votación se desmoralizó.*   v.tr/prnl./conj: *cazar* = abatir, desanimar
2 Hacer perder a una persona la moral o las buenas costumbres.   = encanallar, pervertir

desmorecerse
1 Experimentar una persona un sentimiento o una pasión con violencia.   v.prnl. conj: *carecer*
2 Sentir una persona dificultad para respirar por la risa o el llanto violento.

desmoronadizo, a Que tiene facilidad para desmoronarse: *talud desmoronadizo.*   adj.

desmoronamiento Acción y resultado de desmoronar o desmoronarse: *con la invasión, el desmoronamiento del ejército fue inevitable.*   s.m.

desmoronar (Del ant. *desboronar < des + borona*, migaja.)

1 Derrumbarse un edificio.   v.tr/prnl.
2 Disgregarse una cosa formada por partículas.   = desmenuzar
3 Destruirse una cosa no material poco a poco: *se desmoronó su imperio.*   v.prnl.
4 Perder una persona el ánimo o las fuerzas: *no superó la desgracia y se desmoronó.*   = abatir ≠ animar

desmostarse Perder el mosto la uva debido a algún agente externo, natural o no.   v.prnl. AGRICULTURA

desmotadera Máquina o instrumento que se usa para quitar las motas a la lana o al paño.   s.f./TEXTIL tb: desmotadora

desmotado Acción y resultado de desmotar.   s.m./TEXTIL

desmotador, a
1 Que desmota.   adj.
2 Persona encargada de quitar las motas a la lana o al paño, o las semillas al algodón.   s. TEXTIL

desmotadora Máquina que sirve para quitar las motas a la lana o al paño o las semillas al algodón.   s.f./TEXTIL tb: desmotadera

desmotar
1 Quitar las motas de la lana, el paño o las semillas al algodón.   v.tr. TEXTIL
2 Desnudar a una persona a la fuerza.

desmote Operación de desmotar los paños de forma manual o mecánica.   s.m. TEXTIL

desmotivación Falta de ganas o de ánimo para hacer una cosa: *la desmotivación de los alumnos es una causa importante del fracaso escolar.*   s.f. ≠ motivación

desmotivar Perder las ganas o el ánimo de hacer una cosa: *se desmotivó al ver que su trabajo no era reconocido.*   v.tr/prnl.

desmovilización Licenciamiento de las tropas o de las personas que han sido incorporadas a filas.   s.f. MILITAR

desmovilizar
1 Dar licencia a las tropas o a las personas movilizadas en un ejército.   v.tr./conj: *cazar* MILITAR
2 Frenar una movilización social.

desmugrar Quitar la grasa de un paño en las máquinas para desengrasar.   v.tr. TEXTIL

desmullir Quitar la esponjosidad o la blandura de una cosa.   v.tr. conj: *mullir*

desmultiplicación Acción y resultado de disminuir la velocidad de rotación de una pieza giratoria.   s.f. MECÁNICA

desmultiplicar Disminuir la velocidad de rotación de una pieza giratoria mediante un sistema de transmisión.   v.tr. conj: *sacar* MECÁNICA

desnacionalización Acción y resultado de eliminar el carácter nacional de alguna institución u organismo.   s.f. POLÍTICA

desnacionalizar
1 Quitar el carácter nacional.   v.tr/prnl./conj: *cazar*
2 Hacer que una industria o un servicio de interés público deje de pertenecer a la administración del estado: *las empresas petrolíferas han sido desnacionalizado.*   ECONOMÍA, POLÍTICA = privatizar

desnarigado, a Que no tiene nariz o la tiene muy pequeña.   adj/s.

desnarigar Quitar las narices a una persona.   v.tr./conj: *pagar*

desnatado, a Se aplica al alimento al que se le ha eliminado el exceso de grasa o nata: *leche desnatada; yogur desnatado.*   adj.

desnatadora Aparato para quitar la nata a la leche o a otros líquidos.   s.f. INDUSTRIA

desnatar
1 Quitar la nata a la leche u otros lácteos.   v.tr.
2 Quitar la escoria que sobrenada en un metal fundido cuando sale del horno.   METALURGIA

desnaturalización Acción y resultado de desnaturalizar o desnaturalizarse.   s.f.

desnaturalizado, a
1 Que no muestra el cariño que se considera natural hacia sus parientes más cercanos.   adj/s.
2 Se refiere a la sustancia que ha perdido sus cualidades naturales.   adj.

desnaturalizante Se aplica al isótopo que inutiliza el material de fisión al que se añade.   adj. QUÍMICA

desnaturalizar
1 Hacer que una cosa o persona pierda sus características o cualidades naturales.   v.tr/prnl. conj: *cazar*
2 Obligar a un ciudadano a marcharse de su lugar de origen.

desnebulización Conjunto de procedimientos que tienen por objeto eliminar la niebla, principalmente en los aeródromos.   s.f. TECNOLOGÍA

desnegar
1 Decir que una cosa afirmada por una persona no es verdad.   v.tr. conj: *regar*
2 Negar una persona una cosa que ha dicho antes.   v.prnl.

desnervar Quitar la fuerza física o moral.   v.tr./= enervar

desnevado, a Se aplica al lugar que suele tener nieve y no la tiene.   adj.

desnevar Convertirse la nieve en agua: *las cimas ya se han desnevado.* — v.tr./intr./prnl. conj: *pensar*

desnicotización Acción de eliminar la nicotina del tabaco. — s.f. INDUSTRIA

desnicotizar Quitar una parte de la nicotina contenida en el tabaco. — v.tr. conj: *cazar*

desnieve Recuperación del estado líquido del agua al derretirse la nieve. — s.m. = deshielo

desnitración Acción de eliminar del suelo o de las aguas los compuestos nitratos que contienen. — s.f. QUÍMICA

desnitrificar Transformar en nitrógeno molecular los átomos de este elemento que formaban parte de los nitratos y sales amoniacales del suelo o del agua. — v.tr. conj: *sacar* QUÍMICA

desnivel 1 Diferencia de altura entre dos o más puntos. 2 Elevación o depresión del terreno. — s.m.

desnivelación Acción y resultado de desnivelar o desnivelarse. — s.f. ≠ nivelación

desnivelar Hacer que una o varias cosas dejen de estar niveladas o equilibradas. — v.tr./prnl. ≠ nivelar

desnortarse Perder una persona la dirección o el rumbo que llevaba. — v.prnl. = desorientarse

desnucamiento Acción y resultado de desnucar o desnucarse: *murió por desnucamiento.* — s.m.

desnucar 1 Romper o dislocar los huesos de la nuca de una persona o un animal: *se desnucó al caer rodando por la escalera.* 2 Matar a una persona o un animal al golpearle en la nuca. — v.tr./prnl. conj: *sacar* MEDICINA

desnuclearización Desmantelamiento progresivo de las instalaciones y de las armas nucleares. — s.f. POLÍTICA

desnuclearizado, a Que no tiene instaladas armas ni centrales nucleares. — adj.

desnuclearizar Dejar de construir centrales nucleares o de instalar armas nucleares en un lugar. — v.tr./conj: *cazar* POLÍTICA

desnudamiento Acción y resultado de desnudar o desnudarse. — s.m.

desnudar (Del lat. *denudare* < *nudus*, nudo.) 1 Quitar la ropa que cubre el cuerpo de una persona. — v.tr./prnl. 2 Quitar los adornos de una cosa: *desnudaron las paredes de la iglesia.* — v.tr. 3 Quitar el dinero o una cosa de valor a una persona: *le desnudaron al salir del bingo.* — coloquial 4 Decidir no tener una cosa o rechazarla: *se desnudó de sus inquietudes.* — v.prnl.

desnudez Estado de quien está desnudo: *mostró su desnudez en público.* — s.f. pl: desnudeces

desnudismo Exposición del cuerpo a los agentes naturales por considerarlo natural. — s.m. = nudismo

desnudista Que practica el desnudismo. — adj./s.m.f./= nudista

desnudo, a 1 Que no lleva ropa o no se cubre lo suficiente. — adj./≠ vestido 2 Que no tiene adorno o revestimiento: *la casa está aún desnuda de muebles.* — = pelado 3 Que carece de una cosa necesaria: *está desnudo de dinero; desnudo de méritos; desnudo de favor.* — = falto, necesitado 4 Que carece de una cosa no material: *está desnudo de malas intenciones.* — ≠ provisto 5 Se aplica a lo que se expresa con claridad y sin rodeos: *me dijo la verdad desnuda.* — = manifiesto, patente 6 Figura humana sin vestido: *ganó el concurso de dibujo con un desnudo masculino.* — s.m. ARTE 7 **al desnudo**: Sin ocultarlo, a la vista de todos. — loc.adv.

desnutrición Trastorno de la salud por causa de una falta de equilibrio entre el aporte alimenticio y las necesidades del organismo. — s.f. MEDICINA

desnutrirse Perder fuerza el organismo de una persona por una mala nutrición. — v.prnl. MEDICINA

desobedecer No hacer lo que ordenan las normas o los superiores: *está castigado por desobedecer a su profesor.* — v.tr. conj: *carecer*

desobediencia 1 Falta de obediencia: *lo han despedido por desobediencia reiterada.* — s.f. = rebeldía 2 **desobediencia civil o pacífica**: Resistencia que realizan los ciudadanos de un país contra la imposición de unas leyes que se consideran injustas. — POLÍTICA, SOCIOLOGÍA

desobediente Que no atiende a lo que le ordenan: *es un niño muy desobediente y rebelde.* — adj./= díscolo, insubordinado

desobligado, a Que es irresponsable: *Pedro es un padre muy desobligado.* — adj. Méx.

desobstrucción 1 Eliminación de una obstrucción o un obstáculo: *desobstrucción de un desagüe.* — s.f. ≠ obstaculización 2 Acción de expeler un ser orgánico excrementos o líquidos.

desobstruir 1 Quitar las obstrucciones de una cosa: *le medicaban para desobstruirle las arterias.* — v.tr. conj: *huir* 2 Dejar una cosa libre de obstáculos: *no lograron desobstruir la carretera a tiempo.* 3 Expeler un ser orgánico excrementos o líquidos.

desocasionado, a Que está fuera de ocasión. — adj./= inoportuno

desocupación 1 Falta de ocupación: *el índice de desocupación es muy elevado.* — s.f./= desempleo ≠ ocupación 2 Estado de la persona que está ociosa, sin hacer nada. — = ociosidad

desocupado, a 1 Que no tiene ocupación o empleo: *está desocupado y no tiene dinero.* — adj./s. = parado 2 Que está ocioso o sin nada que hacer. 3 Se aplica al lugar que está vacío o sin ocupar: *este vagón está desocupado.* — adj.

desocupar 1 Sacar lo que hay dentro de una cosa: *nos obligaron a desocupar la vivienda.* — v.tr. = vaciar 2 Dejar un lugar libre de obstáculos. 3 Expeler una persona los excrementos de los intestinos. — coloquial = evacuar 4 Quedar una persona libre de trabajo u ocupación. — v.prnl.

desodorante Que sirve para eliminar los malos olores, en especial los del cuerpo humano: *usa un desodorante sin alcohol.* — adj./s.m.

desodorar Quitar el olor desagradable de una cosa. — v.tr.

desodorizante Se refiere a la sustancia que elimina los malos olores. — adj./s.m.

desodorizar Hacer desaparecer un olor de un cuerpo, un lugar o una cosa. — v.tr. conj: *cazar*

desoír Dejar de oír, desatender una persona lo que se le ordena o lo que se dice en su beneficio: *no desoigas sus buenos consejos.* — v.tr. conj: *oír*

desojar 1 Romper el ojo de una herramienta. — v.tr./prnl. 2 Mirar una persona con sumo cuidado para encontrar alguna cosa: *se desojaba buscando su agenda.* — v.prnl. = rebuscar 3 Estropearse una persona la vista por forzarla demasiado.

desolación (Del lat. *desolatio*, *-onis*.) 1 Acción y resultado de destruir o arrasar un lugar: *le dolía ver la desolación de su pueblo natal.* — s.f. = devastación 2 Estado de angustia y aflicción: *la pérdida del empleo le causó una gran desolación.*

desolador, a Que destruye, arrasa o causa aflicción. — adj./= desolante

desolar (Del lat. *desolare*.) 1 Destruir las cosechas, los edificios y otras cosas que hay en un lugar: *el fuego desoló la comarca.* — v.tr./conj: *contar* = asolar 2 Causar una cosa mucha aflicción y angustia a una persona: *quedó desolado tras la muerte de su hermano.* — v.prnl.

desolazar Hacer que una persona deje de estar inquieta o afligida: *tus palabras de consuelo la desolazaron.* — v.tr. conj: *cazar*

desoldar Quitar la soldadura a una cosa: *los tubos se desoldaron a causa de la baja temperatura.* — v.tr./prnl. conj: *contar*

desolidarizarse Dejar de ser una persona solidaria: *en su vejez se desolarizó con los problemas de las clases más desfavorecidas.* — v.prnl. conj: *cazar* ≠ solidarizar

desolladero Sitio donde se quita la piel a las reses. — s.m.

desollado, a 1 Se aplica a la persona o a la actitud descarada y sinvergüenza: *con desollada osadía se presentó en la fiesta sin haber sido invitado.* — adj. 2 Representación de ser humano o de un animal despojados de la piel: *el desollado sirve para que los alumnos estudien la disposición de los músculos, venas y articulaciones.* — s.m. ARTE

desollador, a 1 Que desuella: *trabaja como desollador en el matadero.* — adj./s. 2 Que abusa en el precio de una cosa. 3 Alcaudón, pájaro carnívoro que se utilizaba en cetrería. — s.m. ZOOLOGÍA

desolladura 1 Acción y resultado de desollar o desollarse: *se hizo una desolladura en la rodilla al caer.* — s.f. = despellejadura 2 Lesión o cicatriz de la piel del caballo en la zona que ha sido sometida a un traumatismo intenso. — VETERINARIA

desollar (Del lat. vulgar *exfollare* < *ex*, separativo + *follis*, fuelle, bolsa de cuero.) 1 Quitar la piel o un trozo de ella a una persona o un animal: *desolló al conejo recién cazado.* — v.tr./prnl. conj: *contar* 2 Producir una cosa una rozadura o una irritación en la piel de una parte del cuerpo: *los pies se le desollaron con los zapatos nuevos.* 3 Hacer que una persona pierda su buena reputación o su prestigio. — v.tr.

4 Hacer pagar más precio del que es justo.

5 desollar vivo a alguien: Obtener de una persona más dinero del razonable o justo: *se dejó desollar viva en aquella tienda tan exclusiva.* — coloquial

6 desollarla: Dormir mientras dura el estado de embriaguez: *mientras los demás seguían la fiesta, la desolló hasta la alborada.* — coloquial

desonce Acción y resultado de descontar una o más onzas de cada libra. — s.m.

desonzar Quitar una o más onzas de cada libra de una mercancía. — v.tr. / conj: *cazar*

desopilación Eliminación de los obstáculos que impiden el curso normal de las materias, líquidos y gases por las vías del cuerpo. — s.f. / MEDICINA

desopilar Curar la obstrucción de una vía del cuerpo, para permitir la circulación normal de los líquidos, gases y sólidos por ella. — v.tr/prnl. / MEDICINA

desopilativo, a Se aplica al medicamento que desopila. — adj/s.m. / FARMACIA

desopinar Hacer disminuir la buena opinión que se tiene sobre una persona. — v.tr. / = desacreditar

desopresión Acción de librar a una persona o cosa de la opresión o sujeción a que está sometida. — s.f.

desoprimir Quitar la opresión a que están sujetas una persona o una cosa. — v.tr.

desorbitado, a Que es desmedido o exagerado: *nos han cobrado un precio desorbitado por el bocadillo.* — adj. / = excesivo

desorbitar
1 Dar a una cosa más trascendencia o importancia de la que tiene: *la prensa sensacionalista desorbitó la noticia.* — v.tr.
2 Sacar una cosa de su órbita natural. — v.tr/prnl.

desorción Fenómeno que consiste en abandonar un sólido los gases que ha absorbido. — s.m. / FÍSICA

desorden
1 Situación en que las cosas no están en el lugar que les corresponde: *tu habitación está en desorden.* — s.m.
2 Falta de organización que provoca una alteración en el funcionamiento normal de las cosas: *el desorden político provocó una crisis.* — = confusión, desbarajuste
3 Irregularidad o excesos en la conducta: *vive en el más absoluto desorden alimenticio y enfermará.*

desordenado, a
1 Que no tiene orden: *vive en un piso pequeño con todas las cosas desordenadas.* — adj.
2 Se aplica a la persona que no tiene orden en su casa: *es un alumno muy desordenado.* — adj/s.
3 Se refiere a la conducta que no tiene regularidad o método.

desordenar
1 Alterar el orden de una cosa: *curioseó y desordenó los libros de la biblioteca.* — v.tr/prnl.
2 Mostrarse una persona insolente o descarada con otra. — v.prnl.

desorejado, a
1 Que tiene un comportamiento vil. — adj/s./coloquial
2 Que no tiene asas. — adj./Amér. Merid.
3 Que tiene mal oído para la música. — Amér. Merid., Pan.
4 Que actúa de forma irresponsable o con desfachatez. — Argent., Urug.
5 Se aplica a la persona derrochadora que malgasta sus bienes. — Argent., Cuba, Urug.
6 Que es tonto, demuestra poca inteligencia o es de parco entendimiento. — Colomb., Amér. Central

desorejar Cortar las orejas a una persona o un animal: *el veterinario desorejó al perro.* — v.tr.

desorganización Falta de orden o de coordinación en la forma de actuar una persona o un organismo: *había tal desorganización que el congreso fue un fracaso.* — s.f. / ≠ organización

desorganizador, a Que hace que lo que estaba organizado deje de estarlo. — adj/s.

desorganizar Hacer que una cosa que estaba organizada y arreglada deje de estarlo: *se puso a buscar el informe y desorganizó todo el archivo.* — v.tr/prnl. / conj: *cazar*

desorientación
1 Estado de la persona o animal que se ha extraviado o ha perdido la noción del espacio y el tiempo. — s.f.
2 Confusión en una situación: *al oír el discurso, la desorientación fue general.*

desorientador, a Que hace perder la orientación o causa confusión. — adj/s.

desorientado, a Se refiere a la persona que se muestra confusa y desconcertada ante determinadas situaciones. — adj.

desorientar
1 Hacer que una persona pierda la noción del espacio y el tiempo: *se desorientó a causa de la niebla.* — v.tr/prnl.
2 Causar una persona o una cosa confusión o desconcierto: *su pregunta le desorientó.*

desorillar Quitar las orillas a un papel, una tela u otro material. — v.tr.

desornamentado, a Que no tiene ornamentos o adornos. — adj.

desornamentar Quitar los adornos a una persona o una cosa. — v.tr. / = desadornar

desortijado, a Se aplica al hueso que está relajado o dislocado. — adj. / VETERINARIA

desortijar Labrar las plantas recién nacidas o trasplantadas por primera vez. — AGRICULTURA

desosar Quitar el hueso. — v.tr.
CONJ.: IND.: PRES.: *deshueso, deshuesas, deshuesa, desosamos, desosáis, deshuesan.* SUBJ.: PRES.: *deshuese, deshueses, deshuese, desosemos, desoséis, deshuesen.* IMP.: *deshuesa, deshuese, desosemos, desosad, deshuesen.*

desosegar Desasosegar, quitar la tranquilidad y el sosiego a una persona: *la tardanza de sus hijos la desasosiega.* — v.tr. / conj: *pagar* / = inquietar

desovadero
1 Época del desove. — s.m./ZOOLOGÍA
2 Lugar donde desovan los peces, insectos y anfibios. — ZOOLOGÍA

desovar Expeler las hembras de los peces, insectos y anfibios sus huevas. — v.intr. / ZOOLOGÍA

desove
1 Puesta de huevos que realizan las hembras de insectos, peces y anfibios. — s.m. / ZOOLOGÍA
2 Época en que desovan las hembras de insectos, peces y anfibios. — ZOOLOGÍA

desovillar
1 Deshacer los ovillos de lana u otra cosa. — v.tr.
2 Deshacer un embrollo o un enredo en una cosa: *el investigador desovilló el enigma.* — v.tr/prnl. / = resolver

desoxidable Que puede ser desoxidado. — adj.

desoxidación Pérdida de oxígeno de una sustancia o cuerpo químico. — s.f. / QUÍMICA

desoxidante Que desoxida. — adj/s.m.

desoxidar
1 Quitar el oxígeno a una sustancia o un cuerpo químico. — v.tr. / QUÍMICA
2 Limpiar una metal u otro material del óxido que se ha formado en él. — v.tr. / METALURGIA
3 Usar un conocimiento o una aptitud de nuevo: *he tenido que desoxidar mis conocimientos de matemáticas.* — coloquial

desoxigenación Desoxidación, eliminación del oxígeno de una sustancia. — s.f. / QUÍMICA

desoxigenar Quitar el oxígeno a una sustancia o un cuerpo químico. — v.tr/prnl./QUÍMICA / = desoxidar

desoxirribonucleico, a Se aplica a los ácidos nucleicos que constituyen los cromosomas del núcleo celular. — adj. / BIOQUÍMICA

despabiladeras
1 Tijeras que sirven para cortar el pabilo o mecha de velas, candiles o utensilios parecidos para avivar la luz. — s.f.pl. / = espabiladeras, molletas
2 **tener alguien buenas despabiladeras:** Tener desenvoltura e inteligencia para hacer cosas. — coloquial

despabilado, a
1 Que está despierto. — adj.
2 Que tiene desenvoltura e inteligencia para hacer cosas. — = resuelto

despabilador, a
1 Que despabila. — adj/s.
2 Persona que en los antiguos teatros y en las iglesias quitaba el pabilo a las velas o candiles. — s.

despabiladura Parte del pabilo ya quemado que se corta a la mecha. — s.f.

despabilar
1 Acabar o consumir una cosa con rapidez y celeridad: *despabiló su bebida y se marchó.* — v.tr. / = apurar
2 Acabar de despertar a una persona que está adormilada: *¡despabílate que llegas tarde!* — v.prnl/intr. / tb: espabilar
3 Quitar a una persona la torpeza o la ingenuidad: *a ver si el viaje despabila a tu hijo.* — v.tr/prnl.
4 Quitar a una mecha o un candil la parte ya quemada del pabilo. — v.tr. / tb: espabilar

despachaderas
1 Actitud muy áspera y malhumorada al responder: *le contestó con unas agrias despachaderas.* — s.f.pl. / coloquial
2 Facilidad y rapidez para desenvolverse en los negocios y en las situaciones complicadas.

despachado, a
1 Que está libre de un trabajo o preocupación. — adj.
2 Que es desenvuelto y hábil. — = resuelto
3 Se aplica a la persona que se comporta con descaro o desvergüenza. — coloquial / = desfachatado

despachante
1 Dependiente que atiende a los clientes en una tienda o comercio. — *s.m.f./Argent. COMERCIO*
2 **despachante de aduana:** Agente que tramita la recepción y entrega de las mercancías en la aduana. — *Argent., Par., Urug.*

despachar (Del fr. ant. *despeechier* < lat. *impedicare*, trabar.)
1 Acabar un negocio o cualquier otra actividad: *tengo que despachar el correo de hoy.* — *v.tr.*
2 Enviar a una persona o una cosa a otro lugar: *despachó un paquete postal.* — *v.tr.*
3 Vender géneros o mercaderías en una tienda: *aquí sólo despachamos género al por menor.* — *v.tr/intr. COMERCIO*
4 Ocuparse de un cliente en una tienda: *¿quién despacha aquí?* — *v.tr/prnl. COMERCIO*
5 Echar a una persona del lugar que ocupa: *le han despachado del trabajo.* — *v.tr. = despedir*
6 Tratar con una persona un negocio o un asunto que a ésta le interesa: *el presidente despacha a diario con el ministro portavoz.* — *v.tr/intr.*
7 Quitar la vida a una persona: *entró en el bar y lo despachó de un tiro.* — *v.tr/prnl. coloquial/= matar*
8 Acabar una persona lo que está haciendo o apresurarse en hacerlo. — *v.intr.*
9 Hablar con plena libertad y franqueza: *se despachó toda la tarde con su madre.* — *v.prnl. coloquial*

despachero, a Persona que tiene un despacho o una tienda. — *s. Chile*

despacho
1 Acción de despachar, tratar o resolver un asunto.
2 Habitación o recinto donde una persona realiza su actividad profesional o estudia: *la secretaria me acompañó hasta el despacho del director.* — *= escritorio*
3 Mobiliario apropiado para realizar una actividad profesional o estudiar: *todo el despacho es de caoba.*
4 Comunicación oficial, particularmente la dirigida por el gobierno a un representante diplomático en el extranjero. — *DERECHO*
5 Tienda o parte de un establecimiento donde se venden determinados productos: *despacho de pan.* — *COMERCIO*
6 Comunicación transmitida por telégrafo o por teléfono: *aún no he recibido el despacho telegráfico.* — *TELECOMUNICACIONES*
7 Tienda pequeña de comestibles. — *Chile/COMERCIO*

despachurramiento Aplastamiento de una cosa con el interior blando, de manera que éste sale al exterior. — *s.m. = despanzurramiento, despachurro*

despachurrar
1 Apretar, voluntaria o involuntariamente, una cosa blanda hasta deformarla: *ten cuidado al coger el pastel que vas a despachurrarlo.* — *v.tr/prnl./coloquial = chafar, espachurrar*
2 Dejar a una persona confundida y sin saber qué decir o qué hacer: *me has despachurrado con tus argumentos.* — *v.tr. coloquial = apabullar*
3 Contar una historia con torpeza embrollando a los oyentes. — *coloquial*

despachurro Acción y resultado de despachurrar. — *s.m.*

despacio
1 Con lentitud, poco a poco: *baja despacio las escaleras y no corras.* — *adv.*
2 En voz baja. — *Amér.*

despacioso, a Que hace las cosas con lentitud: *tendrás que esperarle porque es muy despacioso.* — *adj. = lento*

despajadura
1 Labor agrícola de separar la paja del grano. — *s.f./AGRICULTURA*
2 Criba de tierras y desechos para sacar las partículas de mineral. — *MINERÍA = despajo*

despajar
1 Separar la paja del grano. — *v.tr./AGRICULTURA*
2 Pasar tierras y desechos por la criba para separar el mineral. — *MINERÍA*

despaldar Romper o lastimarse la espalda: *no cojas tanto peso que vas a despaldarte.* — *v.tr/prnl. = deslomar*

despaldilladura Rotura o dislocación del omoplato de un animal. — *s.f. VETERINARIA*

despaldillar Romper o dislocar la espaldilla a un animal: *el gato fue atropellado y se despaldilló.* — *v.tr/prnl. VETERINARIA*

despaletillar
1 Romper o dislocar la espaldilla de un animal: *el golpe despaletilló al perro.* — *v.tr/prnl. = despaldillar*
2 Herir la espalda de una persona a golpes. — *coloquial*

despalillado Operación y resultado de despalillar el tabaco o la uva. — *s.m.*

despalillador, a Persona que por oficio quita los palillos a las hojas del tabaco. — *s.*

despalillar
1 Quitar los palillos a las hojas del tabaco. — *v.tr.*
2 Quitar los rabillos a las pasas o la raspa a la uva.

despalmadero
1 Sitio donde se despalman o acondicionan los fondos de los barcos. — *s.m. NÁUTICA*

2 Cuchillo corvo con mango en los dos extremos que usan los herradores para despalmar las caballerías. — *VETERINARIA tb: espalmador*

despalmadura
1 Operación de separar los cascos de algunos animales de la parte carnosa. — *s.f./VETERINARIA tb: espalmadura*
2 Desperdicio de los cascos de las caballerías. — *VETERINARIA*

despalmar
1 Limpiar y untar con sebo el fondo de una embarcación. — *v.tr. NÁUTICA*
2 Separar los herradores la palma córnea de la carnosa en los cascos de los animales. — *VETERINARIA tb: espalmar*
3 Arrancar el césped o la grama de un terreno.

despalme
1 Operación consistente en despalmar los cascos de las caballerías. — *s.m./VETERINARIA = despalmadura*
2 Corte hecho en el tronco de un árbol para derribarlo.

despampanador, a Persona que quita los sarmientos verdes o pámpanos a las vides. — *s. AGRICULTURA*

despampanadura Labor agrícola de despampanar, limpiar la vida. — *s.f./AGRICULTURA = despampano*

despampanante Que produce asombro o admiración a causa de su apariencia llamativa: *llegó con un coche despampanante.* — *adj. = deslumbrante*

despampanar
1 Quitar los pámpanos o sarmientos verdes a las vides: *un grupo de jornaleros despampanan las vides.* — *v.tr. AGRICULTURA*
2 Quitar los brotes que sobran de las plantas: *el jardinero está despampanando los árboles frutales.* — *AGRICULTURA = despimpollar*
3 Dejar una cosa o persona asombrada o deslumbrada a una persona. — *coloquial = deslumbrar*
4 Manifestar una opinión o un estado de ánimo hablando con libertad. — *v.intr. coloquial*
5 Herirse una persona gravemente a causa de un golpe o caída. — *v.prnl. coloquial*

despampanillar Limpiar las vides de pámpanos o sarmientos verdes: *pronto llegará la época de despampanillar los viñedos.* — *v.tr. AGRICULTURA*

despamplonar
1 Separar los tallos de una planta que están demasiado juntos. — *v.tr. AGRICULTURA*
2 Herirse la articulación de una mano. — *v.prnl.*

despancar Separar la envoltura o panca de las mazorcas de maíz. — *v.tr/conj: sacar Amér. Merid.*

despanchurrar Deformar una cosa blanda apretándola: *el niño despanchurró el pastel.* — *v.tr. = espachurrar*

despanzurrar
1 Romper una cosa cuyo interior o cuyo contenido es blando: *los tomates se han despanzurrado en la bolsa.* — *v.tr/prnl. = reventar*
2 Romper una cosa aparatosa o ruidosamente: *despanzurró el jarrón con gran estruendo.*
3 Romper o abrir el abdomen o la panza de una persona o un animal. — *= destripar*

despapar Llevar al caballo con la cabeza demasiado levantada. — *v.intr/tr. EQUITACIÓN*

desparafinado Operación que consiste en la separación de la parafina contenida en un aceite mineral o en un petróleo bruto. — *s.m. INDUSTRIA*

desparasitar Eliminar los parásitos: *este preparado es especial para desparasitar a los perros.* — *v.tr.*

desparedar Tirar las paredes o tapias de un lugar: *los obreros han desparedado la casa.* — *v.tr. CONSTRUCCIÓN*

desparejado, a Que no tiene pareja o está mal emparejado: *te has puesto los calcetines desparejados.* — *adj. = desemparejado*

desparejar Separar dos cosas que formaban pareja: *desparejó los pendientes al perder uno.* — *v.tr/prnl. = desaparear*

desparejo, a Que es desigual o diferente: *hoy su opinión es despareja a la de ayer.* — *adj./+ a = dispar*

desparpajado, a Que actúa con desenfado y facilidad. — *adj.*

desparpajar
1 Deshacer una cosa de forma sucia y descuidada. — *v.tr.*
2 Hablar una persona mucho y sin sentido: *es muy pequeña pero desparpaja que da gusto.* — *v.intr/prnl. coloquial*

desparpajo
1 Característica de la persona que actúa y habla con mucha facilidad y desenfado: *desde pequeño tiene mucho desparpajo.* — *s.m.*
2 Desorden y confusión de personas o cosas. — *Amér./coloquial*

desparramado, a Que está disperso o esparcido: *recogió el vino desparramado.* — *adj.*

desparramamiento Esparcimiento sin orden de algo que estaba junto. — *s.m.*

desparramar (Del cruce de *esparcir + derramar.*)
1 Separar las cosas que estaban juntas en distintas direcciones y con desorden: *desparramó los papeles por toda la habitación.* — *v.tr/prnl. tb: esparramar = esparcir*

2 Gastar una persona sus bienes con insensatez o exceso: *ha desparramado su herencia en juergas.* — v.tr. = dilapidar
3 Dirigir el interés a demasiadas cosas: *desparrama su atención en mil y un asuntos.* — v.tr/prnl.
4 Poner una persona moneda falsa en circulación. — v.tr./vulgar
5 Divertirse una persona excesivamente y sin orden. — v.prnl.
6 Divulgar una noticia. — v.tr./Argent., Méx., Par., P. Rico

desparramo
1 Acción y resultado de desparramar o desparramarse: *le riñó por el desparramo del agua del guacal.* — s.m./Argent., Chile, Cuba
2 Desbarajuste y desconcierto que impera en algún lugar. — Chile, Urug.

desparrancarse Abrirse de piernas, esparrancarse. — v.prnl/conj: sacar

despartir
1 Poner distanciadas a una persona o una cosa de otra que se toma como referencia. — v.tr. = separar
2 Poner paz entre personas que riñen. — = conciliar

desparvar Levantar la mies tendida en la era para aventarla. — v.tr. AGRICULTURA

despasar
1 Sacar una cosa del orificio por donde se había pasado: *despasó el hilo de la aguja.* — v.tr.
2 Sacar el cable del cabrestante del virador. — NÁUTICA

despatarrada
1 Paso de algunos bailes que consiste en abrir mucho las piernas. — s.f. coloquial
2 hacer la despatarrada: Fingir una persona que sufre una enfermedad o ataque, tendiéndose en el suelo: *el delantero engañó al árbitro haciendo la despatarrada.* — coloquial

despatarrar
1 Abrir las piernas excesivamente: *se despatarró para subirse a la moto.* — v.tr/prnl./vulgar tb: espatarrar
2 Causar una persona o una cosa miedo o asombro a una persona: *se despatarró con las escenas de terror.* — vulgar
3 Caerse una persona al suelo con las piernas abiertas: *se despatarró y se hizo daño en la rodilla.* — v.prnl. vulgar

despatillado Corte o rebaje hecho en el extremo de una madera. — s.m. CARPINTERÍA

despatillar
1 Hacer en una pieza de madera los cortes necesarios para que pueda entrar en la muesca correspondiente para ensamblarla con otra. — v.tr. CARPINTERÍA
2 Cortar las patillas a una persona: *el barbero me cortó el pelo y me despatilló.*

despavesaderas Tijeras con que se corta el pabilo o mecha de las velas para avivar el fuego. — s.f.pl. = despabiladeras

despavesadura Acción y resultado de despavesar. — s.f.

despavesar
1 Quitar el pabilo de una vela o un candil. — v.tr./= despabilar
2 Quitar la ceniza de la superficie de las brasas soplando.

despavonar Quitar el pavón o capa de óxido con que se ha cubierto un objeto de hierro. — v.tr. tb: desempavonar

despavorido, a Que siente un intenso miedo o pavor: *las aves huyeron despavoridas al oír el disparo.* — adj./adv. = aterrado

despavorir Sentir una persona pavor: *se despavoría sólo de pensar que podía quedarse sin trabajo.* — v.intr/prnl. conj: abolir

despeadura Acción y resultado de estropearse los pies caminando mucho. — s.f. = despeamiento

despearse Herirse una persona o un animal los pies por haber caminado mucho: *fue tan largo el viaje que el caballo se despeó.* — v.prnl.

despechado, a Que siente un fuerte despecho. — adj.

despechar
I (Del lat. *despicere*, despreciar.) Causar indignación o despecho a una persona. — v.tr/prnl. = indignar
II (Del lat. *pectus*, pecho.) Hacer que un niño deje de mamar. — v.tr./coloquial = destetar

despecheretado, a Que va con el pecho al descubierto. — adj. = despechugado

despecho
I (Del lat. *despectus*, desprecio < *despicere*, despreciar.)
1 Sentimiento de gran enfado o indignación, por haber sufrido un contratiempo o desengaño, que invita a la venganza: *el despecho le llevó a reaccionar con agresividad.* — s.m.
2 a despecho: A pesar de la oposición de una persona, o contra su voluntad. — loc.adv.
II (Del lat. *pectus*, pecho.) Destete de un niño al que se amamantaba. — s.m. coloquial

despechugado, a Que va con el pecho al descubierto. — adj. coloquial

despechugadura
1 Resultado de despechugar o despechugarse. — s.f.
2 Acción de abrirse la ropa dejando al descubierto la garganta y parte del pecho.

despechugar
1 Quitar la pechuga a un ave. — v.tr./conj: pagar

---

2 Descubrirse o mostrar el pecho una persona. — v.prnl./coloquial

despectivo, a
1 Que muestra desprecio. — adj.
2 Se aplica al término, palabra o significado que incluye la idea de menosprecio. — LINGÜÍSTICA

despedazamiento Acción de despedazar o despedazarse un cuerpo o un objeto. — s.m.

despedazar
1 Hacer pedazos una cosa violenta e irregularmente: *despedazó la res.* — v.tr/prnl. conj: cazar
2 Causar una cosa mucho dolor a una persona. — v.tr.

despedida
1 Circunstancia de decir adiós a una persona o cosa: *no me gustan las despedidas.* — s.f.
2 Frase o fórmula empleada para despedirse: *como despedida sólo le dijo un seco ¡adiós!*
3 Fiesta con que se despide a alguien: *me ha invitado a su despedida laboral.*
4 despedida de soltero: Fiesta previa a la boda en que los novios, generalmente por separado, celebran con sus respectivos amigos el final de su soltería.

despedido, a Que ha perdido el empleo: *los trabajadores despedidos se reúnen en la sede del sindicato.* — adj.

despedir
1 Decir adiós o acompañar a una persona que se marcha de un lugar o de viaje: *me despidió en el aeropuerto.* — v.tr. conj: pedir
2 Echar a una persona del trabajo, comunicarle que no se desean o se necesitan más sus servicios: *le han despedido del trabajo sin indemnización.* — v.tr/prnl.
3 Producir una cosa otra que sale de su interior: *este guisado despide muy buen olor.* — v.tr. = exhalar
4 Separar una persona de sí aquello que le es molesto: *despidió al gato de una patada.*
5 Extenderse la costa hacia el mar. — GEOGRAFÍA
6 Lanzar una cosa con fuerza y lejos: *el tenista despidió la pelota.*
7 Perder una persona la esperanza de conseguir una cosa: *despídete de la casa porque ya está vendida.* — v.prnl. coloquial
8 Hacer o decir expresiones de afecto para separarse unas personas de otras: *se despidió con un beso.*

despedrar Limpiar las piedras de un lugar: *han despedrado la carretera vieja.* — v.tr./conj: pensar = despedregar

despedregar Limpiar un terreno de piedras. — v.tr./conj: pagar

despegable Que se puede despegar. — adj.

despegado, a Que se comporta sin dar muestras de cariño o afecto. — adj coloquial

despegador, a Que despega. — adj/s.

despegadura Acción y resultado de despegar o despegarse. — s.f. = desprendimiento

despegamiento Desapego, falta de afición o interés por algo o alguien. — s.m.

despegar
1 Separar cosas que están pegadas: *no puedo despegar los papeles.* — v.tr/prnl. conj: pagar
2 Separarse una artefacto volador del suelo o del agua para emprender el vuelo: *el avión despegó a su hora.* — v.intr. AERONÁUTICA
3 Perder una persona el cariño que sentía por otra: *se despegó mucho de su hermana mayor.* — v.prnl. tb: desapegarse
4 Iniciarse el desarrollo de una actividad económica: *hace años que despegó la industria informática.* — v.intr.

despego Falta de afecto o interés hacia una persona o cosa: *mostró un gran despego hacia todos los amigos.* — s.m. = desapego

despegue
1 Acción de despegar un avión, cohete u otro aparato aéreo: *el despegue se efectuó a la hora señalada.* — s.m. AERONÁUTICA
2 Comienzo de un proceso de desarrollo o expansión: *en los últimos años sobrevino el despegue de la industria informática.*

despeinar
1 Deshacer el peinado a una persona: *el viento la despeinó al salir a la calle.* — v.tr/prnl.
2 Descomponer o enmarañar el pelo.

despejado, a
1 Que está libre de estorbos y obstáculos. — adj.
2 Se aplica al cielo que no tiene nubes. — ≠ apagado
3 Que tiene el ingenio vivo y despierto: *es un joven despejado e inteligente.*
4 Que está despierto y sin sueño: *he dormido bien y me siento despejado.* — = somnoliento

despejar (Del port. *despejar*, vaciar, desocupar < *pejar*, impedir.)
1 Dejar un lugar libre: *la policía despejó el lugar de curiosos.* — v.tr. = desocupar
2 Hacer desaparecer la confusión de una cosa: *su explicación no despejó mis dudas.*
3 Quedar el cielo o el tiempo claro.

4 Lanzar un futbolista el balón fuera del área de peligro de su portería. — DEPORTES

5 Recuperarse una persona física o intelectualmente: *salió a dar un vuelta para despejarse.* — v.prnl. = desembotarse

6 Quedar un enfermo sin fiebre.

7 Dejar la incógnita sola en uno de los miembros de una ecuación. — MATEMÁTICAS

despeje Lanzamiento del balón para evitar una situación de peligro o un tanto. — s.m. DEPORTES

despejo Acción de despejar de gente un lugar, en especial referido a la plaza de toros antes de comenzar la corrida. — s.m. = desalojo, desocupación

despellejadura Rasguño o arañazo que se produce en la piel. — s.f./coloquial = desolladura

despellejamiento
1 Acción de despellejar. — s.m.
2 Suplicio que consistía en despellejar vivo al condenado. — HISTORIA

despellejar
1 Sacar la piel o el pellejo a una persona o un animal. — v.tr/prnl.
2 Hablar mal de una persona: *siempre que puede la crítica y despelleja.* — v.tr. coloquial
3 Quitar a una persona todo lo que posee: *los ladrones me despellejaron.* — coloquial = limpiar
4 Levantarse la parte más superficial de la piel de una parte del cuerpo formando escamas. — v.prnl.

despelotado, a Que está desnudo. — adj./coloquial

despelotar
1 Quitar a una persona la ropa: *se despelotó delante de todo el equipo; los asaltantes las despelotaron y se llevaron el coche.* — v.tr./prnl. coloquial = desnudarse
2 Ponerse una persona rolliza.

despelote
1 Acción y resultado de desnudarse: *en los últimos años cundió el despelote en las playas.* — s.m. coloquial
2 Informalidad o falta de organización valorada positiva o negativamente según las situaciones: *su casa es un despelote de libros.* — coloquial
3 Diversión exagerada: *el despelote de la fiesta duró toda la noche.* — coloquial = desmadre

despelucar Despeluzar, dejar sin dinero a una persona. — v.tr/prnl. conj: sacar Méx., Amér. Merid.

despeluzamiento
1 Acción de despeinarse o erizarse el pelo. — s.m.
2 Erizamiento del pelo como consecuencia del miedo: *advirtió la extraña presencia por el despeluzamiento del lomo del gato.* — = espeluznamiento

despeluzar
1 Despeinar o revolver el pelo a una persona: *ya has despeluzado al niño con tanto arrumaco.* — v.tr./conj: cazar tb: espeluzar
2 Ponerse el cabello de una persona erizado a causa del miedo: *aquella película despeluzó a los niños.* — v.tr/prnl.
3 Desplumar, dejar sin dinero a una persona. — v.tr./Cuba, Nicar.

despeluznante Que es pavoroso o produce miedo: *la película era despeluznante.* — adj. = espeluznante

despenalización Pérdida del carácter penal de un acto que hasta entonces había sido considerado ilícito: *las manifestantes pedían la despenalización del aborto.* — s.f.

despenalizar Hacer que un acto deje de tener carácter penal. — v.tr. conj: cazar

despenar
1 Quitar la vida a una persona o a un animal: *despenó al conejo desnucándole.* — v.tr. = matar
2 Quitar las penas a una persona. — = consolar

despender Gastar o utilizar una cosa. — v.tr.

despendolado, a Que está o va sin control, que tiene una actitud poco seria. — adj/s./coloquial = desmadrado

despendolar Desmandar o sembrar el desorden con una actitud poco seria y desinhibida, o de manera alocada y sin control: *se despendolaba cada vez que sus padres marchaban de casa.* — v.intr/prnl. coloquial = desmadrar

despendole Acción de despendolar o actuar de forma alocada y descontrolada. — s.m./coloquial

despenolar Romper una persona o una cosa alguno de los penoles de la verga. — v.tr. NÁUTICA

despensa
1 Cuarto o lugar donde se guardan las provisiones de comida: *hay más arroz en la despensa.* — s.f.
2 Provisión de comestibles: *uno de los excursionistas cargaba con la despensa.*
3 Oficio de despensero: *se ocupa de la despensa del hotel y del restaurante.*

despensero, a Persona encargada de la despensa. — s.

despeñadamente Con precipitación. — adv.

despeñadero
1 Terreno alto, escarpado y muy pendiente: *el coche cayó por un despeñadero.* — s.m. = precipicio
2 Riesgo o peligro a que alguien se expone: *tu negocio me parece un despeñadero.*

despeñadizo, a Se refiere al lugar que es apto para despeñarse. — adj.

despeñamiento
1 Caída violenta por un despeñadero, por una pendiente o desde una altura. — s.m. = despeño
2 Perdición o fracaso aparatoso. — = ruina
3 Flujo de vientre, defecación poco sólida. — = diarrea

despeñar
1 Caer una persona o una cosa desde un lugar alto: *resbaló y se despeñó.* — v.tr/prnl. = precipitar
2 Dejarse dominar una persona por pasiones o vicios: *se despeñó por el alcohol.*

despepitar
I (Derivado del lat. *pepo*, melón.) Quitar las pepitas de un fruto. — v.tr.
II (Derivado del lat. *pituita*, enfermedad de las aves.)
1 Expeler las aves el contenido del buche. — v.tr.
2 Hablar una persona dando gritos: *se despepitaba llamando a sus hijos y no le hacían caso.* — v.prnl./coloquial = desgañitarse
3 Hablar u obrar una persona de modo descarado e imprudente. — coloquial
4 despepitarse por algo: Tener mucha afición o deseo hacia o por una cosa: *se despepita por asistir a todos los actos sociales.* — coloquial

despercudido, a Se aplica a la persona que tiene el color más claro que el característico de su etnia. — adj.

despercudir
1 Limpiar una cosa que está sucia o percudida. — v.tr.
2 Hacer que una persona despierte por completo o se vuelva más lista. — v.tr/prnl. = espabilar

desperdiciador, a Que desperdicia, malgasta o desaprovecha. — adj/s.

desperdiciar (Del lat. *disperdere*, perder del todo.)
1 Gastar una cosa inadecuadamente: *desperdicia mucho dinero en comprarse ropa.* — v.tr./+ en = despilfarrar
2 No sacar provecho de una cosa: *no desperdicies tu tiempo en este trabajo.* — + en = desaprovechar

desperdicio (Del bajo lat. *disperditio* < lat. *disperdere*, perder del todo.)
1 Resto no aprovechable de una cosa, o lo que queda de una cosa después de utilizar una parte de ella. — s.m. = residuo
2 Gasto innecesario, despilfarro. — = derroche
3 no tener desperdicio: 1 Ser muy útil o de mucho provecho: *este relato no tiene desperdicio, cualquiera de las escenas es aprovechable para ejemplificar la amistad.* 2. Presentar algo o alguien cualidades negativas, en sentido irónico: *fastidia a todo el mundo, no tiene desperdicio.*

desperdigado, a Que está esparcido o disperso: *tiene los libros desperdigados por el salón; la tropa estaba desperdigada por el monte.* — adj.

desperdigamiento Acción y resultado de desperdigar o desperdigarse. — s.m.

desperdigar
1 Separar las cosas que formaban un conjunto: *desperdigó los papeles por la habitación.* — v.tr/prnl. conj: pagar
2 Repartir una persona su actividad en demasiadas cosas. — = dispersar

desperecerse Desear una cosa con mucha intensidad. — v.prnl/conj: carecer

desperezarse Mover y estirar una persona o animal los brazos o las piernas para desentumecerse: *tras levantarse de la cama se desperezó.* — v.prnl. conj: cazar tb: esperezarse

desperezo Acción de desperezarse: *cada día duraba más su desperezo y le costaba llegar puntual.* — s.m. = esperezamiento

desperfecto
1 Destrucción o deterioro leve de algo: *el paquete llegó con desperfectos.* — s.m.
2 Defecto o falta en una cosa: *lo venden más barato porque tiene desperfectos.* — = tacha

desperfilar
1 Hacer imprecisos los perfiles o los contornos de una pintura. — v.tr. ARTE
2 Dejar de estar una cosa de perfil. — v.prnl.
3 Cambiar el aspecto o disimular las líneas de una obra de fortificación para que el enemigo no pueda conocer su estructura. — v.tr. MILITAR

despernada Paso de algunos bailes que consistía en dar un salto y caer con las piernas abiertas. — s.f.

despernado, a Que está fatigado o muy cansado de andar mucho: *tras la subida al monte llegó agotado y despernado.* — adj.

despernancarse Despatarrarse, quedarse una persona con las piernas abiertas o muy separadas. — v.prnl./conj: sacar = espatarrarse

despernar Cortar o herir las piernas a una persona o a un animal. — v.tr/prnl. conj: pensar

despersonalización
1 Acción y resultado de perder una persona su individualidad. — s.f.

2 Estado propio de algunas enfermedades mentales en el que los enfermos se sienten extraños a sí mismos, a su propio cuerpo y a su entorno. — SIQUIATRÍA

despersonalizar
1 Tratar a una persona sin considerar su individualidad o sus atributos como persona. — v.tr. / conj: *cazar*
2 Hacer referencia a una persona indeterminada o a las personas en general al hablar de una cosa: *es preferible despersonalizar las críticas que hagas.*
3 Perder una persona sus atributos como tal o su individualidad. — v.prnl.

despertador, a
1 Que despierta. — adj./= despertante
2 Reloj que hace sonar una campana o timbre a la hora que previamente se ha marcado. — s.m.
3 Aviso, estímulo que hace despertar: *el amanecer es mi despertador.*
4 Persona que despierta a otras. — s.

despertamiento Acción y resultado de despertar o despertarse. — s.m.

despertar
1 Acción y resultado de interrumpir el sueño o de dejar de dormir. — s.m.
2 Interrumpir el sueño de una persona: *se despertó al oír el teléfono; se despertó con el cuerpo bañado en sudor, atormentada por las pesadillas.* — v.tr./prnl. / conj: *pensar* / part.tb: despierto
3 Dejar de dormir una persona: *despertó de mal humor y estuvo todo el día ofuscado.* — v.intr.
4 Provocar una cosa el recuerdo de otra: *la fotografía despertó en él el recuerdo de otros tiempos.* — = recordar
5 Provocar una cosa una sensación o un deseo: *la informática despertó su interés.* — = avivar
6 Hacer que una persona reconsidere o se dé cuenta de una cosa. — v.tr. / = reconsiderar
7 Hacerse una persona más espabilada: *en aquel momento despertó de su ingenuidad de adolescente.* — v.intr/prnl. / = despabilarse

despescar Recoger o reunir peces en las artes de pesca y en los terrenos pantanosos. — v.tr./conj: *sacar* / PESCA

despestañar
1 Quitar las pestañas a una persona. — v.tr.
2 Mirar una persona con insistencia para ver una cosa: *se despestañaba para ver lo que hacía su hermano.* — v.prnl.

despezar
1 Adelgazar un tubo por un extremo para que pueda encajar en otro. — v.tr. / conj: *empezar*
2 Separar las distintas partes de que se compone una obra o construcción. — ARQUITECTURA
3 Cortar un material según la estructura de una obra. — ARQUITECTURA

despezo
1 Rebajo que se hace en el extremo de un tubo para empalmarlo a otro, en fontanería y otros oficios mecánicos. — s.m.
2 Planificación de la forma y tamaño de las diferentes piezas que componen una construcción. — ARQUITECTURA / = despiezo
3 Corte por donde los sillares se unen unos con otros, en las canteras.
4 Taco de madera que sobra al labrar un madero. — CARPINTERÍA

despezonar
1 Quitar o romperse la parte saliente de una cosa. — v.tr/prnl.
2 Separar una cosa de otra con violencia.

despezuñarse
1 Herirse un animal la pezuña: *el perro se despezuñó rascando la puerta e intentando salir.* — v.prnl. / VETERINARIA
2 Andar muy deprisa: *se despezuñaba por las calles buscando un trabajo.* — Amér. Merid., P. Rico
3 Poner mucho empeño en hacer una cosa o intentando resolverla. — Amér. Merid., P. Rico

despiaco, a
1 Se aplica al animal que se resiente de las patas por andar por terrenos pedregosos. — adj./VETERINARIA Argent.
2 Se refiere a la persona que camina con dificultad. — Argent.

despiadado, a
1 Que es agresivo y cruel: *el enemigo lanzó un despiadado ataque contra nuestras posiciones.* — adj. / = sádico
2 Se refiere al enunciado o crítica que es muy agresivo y violento: *resistió su despiadado humor.* — adj. / = implacable

despicar
1 Quitar el enfado a una persona. — v.tr./conj: *sacar*
2 Quitar la parte más aguda del pico de una gallina. — v.tr/prnl.
3 Dejar de sentirse una persona enfadada u ofendida. — v.prnl.

despichar Morirse una persona. — v.intr./coloquial

despidiente
1 Palo que se pone en los andamios colgados para mantenerlos separados de la pared. — s.m. / CONSTRUCCIÓN
2 **despidiente de agua:** Dispositivo para desviar el agua de lluvia y evitar que penetre en alguna parte. — CONSTRUCCIÓN

despido
1 Acción y resultado de echar a alguien de un empleo: *el director ordenó el despido de veinte trabajadores.* — s.m. / = expulsión
2 Indemnización pagada a una persona a la que se despide de su empleo: *ya me han pagado el despido.* — = compensación

3 **despido libre:** Derecho que se concede al empresario para rescindir los contratos de trabajo de sus asalariados unilateralmente. — DERECHO

despiece
1 Operación de descuartizar una res. — s.m.
2 Manera en que están colocadas las dovelas de un arco. — ARQUITECTURA

despierto, a (Part. irreg. de *despertar.*)
1 Que no está dormido. — adj.
2 Que aprende con facilidad y rapidez, en especial niños y jóvenes. — = listo
3 **soñar despierto:** Imaginar o ilusionarse con cosas que, en principio, no van a suceder.

despiezar
1 Dividir una cosa en trozos: *el carnicero despieza el ternero.* — v.tr. / conj: *cazar*
2 Dividir los arcos, bóvedas o muros de un edificio. — ARQUITECTURA

despiezo Operación de despezar una obra de sillería, un muro o bóveda. — ARQUITECTURA

despigmentación
1 Decoloración de la piel provocada con una dermatosis o cualquier otra patología. — s.f. / MEDICINA
2 Ausencia o insuficiencia de un pigmento en un ser vivo: *el albinismo es una despigmentación total.* — BIOLOGÍA

despilaramiento Explotación de los pilares de mineral. — s.m. / MINERÍA

despilarar Recuperar el mineral que forma los pilares, quitando o extrayendo los mismos. — v.tr. / MINERÍA

despilfarrado, a Que viste con ropas andrajosas y rotas: *vestido con un gabán despilfarrado y unas botas de caucho.* — adj.

despilfarrador, a Que gasta en exceso y sin necesidad alguna. — adj/s. / = derrochador

despilfarrar Gastar lo que se posee de modo indebido o en exceso: *en un año despilfarró la herencia de su abuelo.* — v.tr. / = dilapidar, malbaratar

despilfarro Gasto excesivo o innecesario: *me parece un despilfarro que te compres otro mobiliario.* — s.m. / = derroche

despimpollar Quitar los pimpollos o brotes que sobran a la vid. — v.tr. / AGRICULTURA

despinochar Quitar las hojas de las mazorcas de maíz. — v.tr.

despintar
1 Quitar la pintura de una cosa: *con el tiempo la silla se despintó.* — v.tr/prnl.
2 Cambiar o desfigurar una cosa al explicarla.
3 No estar una persona en armonía con otra: *el menor despinta del resto de la familia.* — v.intr./+ de / = desdecir
4 Perder una cosa el color: *las maderas se despintan con la luz y el calor del sol.* — v.prnl. / = destenirse
5 Alterarse o borrarse una cosa en la mente de una persona: *la cara que puso nunca se me despintará.* — = nublarse
6 Retirar o apartar la vista de una persona o de una cosa. — Colomb., Chile
7 **no despintársele a uno algo o alguien:** Conservar su recuerdo: *te aseguro que no se me despintará su perfil aguileño.* — coloquial

despinzadera
1 Mujer que quita las motas al paño. — s.f./TEXTIL
2 Utensilio de hierro para despinzar los paños. — TEXTIL

despinzado Operación de despinzar los tejidos de lana antes del apresto y acabado. — s.m./TEXTIL / = despinzadura

despinzador, a Que quita las motas y residuos de los tejidos de lana. — adj/s. / TEXTIL

despinzar Quitar las motas y pelos de los paños, telas y pieles con pinzas. — v.tr./TEXTIL / conj: *cazar*

despinzas Pinzas para despinzar los paños. — s.f.pl./tb: despinces

despiojador Aparato o procedimiento empleado para quitar los piojos a las aves u otros animales domésticos. — s.m.

despiojar
1 Quitar los piojos u otros parásitos a las aves y otros animales domésticos: *la hembra despiojaba a los cachorros.* — v.tr/prnl.
2 Sacar a una persona de la miseria.

despioje Operación de despiojar o despiojarse. — s.m./= espulgo

despiole Situación de confusión y desorden, jaleo: *al final, la organización falló y el aniversario fue un despiole.* — s.m. / Argent.

despiporrante Que escandaliza: *calificó de despiporrante al espectáculo musical.* — adj.

despiporre
1 Escándalo producido por un grupo de gente que grita y se divierte: *la fiesta fue un auténtico despiporre y todos se divirtieron mucho.* — s.m./coloquial / tb: despiporren / = jaleo
2 Momento culminante en una situación festiva o escandalosa: *cuando contó aquella anécdota ya fue el despiporre.*

despique Venganza que se toma de una ofensa o desprecio: *por despique no quisieron asistir a la fiesta.* — s.m.

despistado, a Que está desorientado, distraído o no se da cuenta de lo que pasa a su alrededor. — *adj/s.*

despistar
1 Hacer que una persona pierda el hilo de un hecho, la pista o la orientación: *se perdió porque cogió un desvío equivocado al despistarse.* — *v.tr/intr/prnl.*
2 Disimular una cosa que no se quiere que se sepa: *despistó su disgusto.* — *v.intr.* = *fingir*

despiste
1 Estado de la persona que está distraída. — *s.m.*
2 Error cometido por no estar pendiente de lo que se hace. — = *descuido*
3 Salida involuntaria del circuito en una competición automovilística. — *Argent. DEPORTES*

despitorrado, a Se aplica al toro de lidia que tiene roto uno o los dos cuernos, pero quedando algo de punta en ellos. — *adj. TAUROMAQUIA*

desplacer Causar una cosa disgusto o desagrado a una persona: *me desplace tu conducta tan egoísta.* — *v.tr./conj: carecer* = *disgustar*

desplaciente Que desplace, disgusta o desagrada. — *adj.*

desplanchar Hacer arrugas en una cosa planchada. — *v.tr/prnl.*

desplantación Acción de sacar una planta de la tierra con su raíz. — *s.f./AGRICULTURA* = *desarraigo*

desplantador, a
1 Que desplanta. — *adj/s.*
2 Herramienta que se usa para arrancar las plantas con su cepellón o tierra y trasplantarlas. — *s.m. AGRICULTURA*

desplantar
1 Sacar una planta con su raíz o con su cepellón de la tierra. — *v.tr. AGRICULTURA*
2 Hacer que una cosa pierda su posición vertical o la línea de plomada. — *v.tr/prnl.* = *desplomar*
3 Perder una persona la planta o postura vertical en esgrima o danza. — *v.prnl.*

desplante
1 Dicho o hecho arrogante o despectivo: *me contestó con un desplante.* — *s.m.* = *bravata*
2 Postura irregular en la danza o en la esgrima.
3 Adorno consistente en volverse de espaldas al toro, arrojando el engaño y arrodillándose. — *TAUROMAQUIA*

desplatar Separar la plata que está mezclada con otro metal. — *v.tr. METALURGÍA*

desplate Operación de separar la plata que se encuentra mezclada con otro mineral. — *s.m. METALURGÍA*

desplatear Retirar la plata que cubre un objeto. — *v.tr.*

desplayado
1 Playa de arena que queda descubierta en la marea baja. — *s.m. Argent.*
2 Descampado, terreno abierto y desprovisto de árboles o construcciones. — *Argent., Guat., Urug.*

desplayar Retirarse el mar de la playa durante la bajamar. — *v.intr.*

desplaye Acción y resultado de desplayar. — *s.m./Chile*

desplazado, a
1 Se aplica a la persona que no se encuentra en su ambiente habitual. — *adj/s.* = *inadaptado*
2 Migrante forzoso que sale en masa de su país de origen y va a parar a un lugar asignado por el poder público.

desplazamiento
1 Acción y resultado de moverse un cuerpo a otro lugar: *hubo un desplazamiento hacia la derecha.* — *s.m.*
2 Operación que consiste en desplazar los bits en un registro, a la izquierda o a la derecha, un número determinado de posiciones. — *INFORMÁTICA*
3 Espacio que ocupa en el agua el casco de un buque hasta su línea de flotación. — *NÁUTICA*
4 Volumen y peso del agua que desaloja el casco de una embarcación. — *NÁUTICA*

desplazar
1 Mover a una persona o una cosa de un lugar a otro: *se desplazó hasta el lugar de los hechos.* — *v.tr/prnl. conj: cazar*
2 Desalojar un cuerpo una cantidad de líquido al sumergirse. — *v.tr.*
3 Quitar a una persona del puesto que ocupa: *la han desplazado a otra sección.*
4 Hacer que una persona se sienta incómoda y poco atendida entre otras: *la desplazaron por su color.*

desplegar (Del lat. *displicare.*)
1 Extender una cosa que está doblada: *desplegó el mantel y lo extendió sobre la mesa.* — *v.tr/prnl. conj: regar*
2 Dar muestras de una cualidad o una aptitud: *desplegó todo su ingenio para convencernos.* — *v.tr.*
3 Hacer pasar las tropas de una formación muy compacta a otra más disgregada. — *v.tr/prnl. MILITAR*

despleguetear Quitar los pleguetes a las vides para que den más fruto. — *v.tr. AGRICULTURA*

despliegue
1 Acción de extender una cosa que estaba doblada. — *s.m.*
2 Manifestación o demostración de riqueza, fuerza u otra capacidad a fin de que sea tenido en cuenta: *el despliegue de tropas provocó la retirada de los enemigos.* — = *exhibición*

desplomar
1 Hacer que una cosa pierda la posición vertical. — *v.tr/prnl.*
2 Caer una cosa pesada a plomo. — *v.prnl.*
3 Caerse una persona pesadamente al perder el conocimiento: *con el golpe se desplomó en el suelo.* — = *desmayarse*
4 Perderse o desaparecer con violencia y brusquedad: *el trono se desplomó tras la rebelión.* — = *derrumbarse*
5 Perder una persona la serenidad o el aplomo: *al enterarse de la noticia, se desplomó.* — = *desmoronarse*

desplome
1 Acción y resultado de desplomar o desplomarse. — *s.m.*
2 Parte de una construcción que sobresale de la línea de aplomo. — *ARQUITECTURA*

desplomo Desviación de la línea vertical de una pared o un edificio. — *s.m. CONSTRUCCIÓN*

desplumadura
1 Robo del dinero o pertenencias que una persona lleva consigo. — *s.f.* = *desplume*
2 Acción de desplumar o desplumarse.

desplumar
1 Quitar las plumas a un ave: *desplumaba a las gallinas antes de venderlas.* — *v.tr/prnl.*
2 Dejar a una persona sin dinero o sin bienes: *los ladrones me desplumaron.* — *v.tr.* = *pelar*

despoblación Disminución de la población de un territorio: *la despoblación de la zona se dio porque la gente joven se fue a la ciudad.* — *s.f. SOCIOLOGÍA*

despoblado
1 Lugar que no está poblado y que antes sí lo estaba. — *s.m.*
2 Lugar en el que no consta concurrencia de personas: *el delincuente aprovechó el despoblado para realizar el crimen.* — *DERECHO*

despoblar
1 Disminuir de manera considerable la población de una zona: *tras la epidemia, la región se despobló.* — *v.tr/prnl. conj: contar*
2 Dejar un terreno yermo.
3 Quitar las cosas de un lugar: *despobló la estantería de figuras.* — *v.tr.* = *despejar*
4 Quedar un lugar sin gente por un espacio de tiempo determinado: *en vacaciones, las ciudades se despueblan.* — *v.prnl.*

despoetizar Quitar el carácter poético a una cosa. — *v.tr./conj: cazar*

despojador, a Que despoja. — *adj/s.*

despojar (Del lat. *despoliare,* saquear < *spoliare* < *spolium,* pellejo de los animales.)
1 Quitar una cosa a una persona con violencia: *le despojaron de todas sus joyas.* — *v.tr.* + *de*
2 Quitar lo que completa, adorna o enriquece una cosa o lugar: *han despojado la sala de muebles.* — + *de*
3 Quitarse una prenda de vestir: *se despojó del abrigo al entrar en el bar.* — *v.prnl.* + *de*
4 Dejar de tener una cosa: *se despojó de sus bienes para donarlos.* — + *de*

despojo (Del lat. *spolium,* pellejo de los animales.)
1 Acción de despojar o desposeer a alguien de algo. — *s.m.*
2 Sobras o residuos que quedan de una cosa: *le dieron para comer los despojos del banquete.* — *s.m.pl.*
3 Restos mortales: *sus despojos fueron enterrados al atardecer.*
4 Vientre, asadura, cabeza y manos de las reses muertas destinadas al consumo.
5 Patas, alones, molleja, cabeza y pescuezo de las aves muertas destinadas al consumo.
6 Cosa que el tiempo o la muerte destruyen. — *s.m./LITERARIO*
7 Conjunto de armas, provisiones y otras cosas que los vencedores arrebatan a los vencidos. — *s.m.pl./MILITAR* = *botín*
8 Conjunto de los materiales aprovechables de un edificio que se derriba. — *CONSTRUCCIÓN*
9 Minerales demasiado pobres en metal para ser molidos y que se venden a los lavaderos o propietarios de polveros. — *MINERÍA*

despolarización Acción y resultado de despolarizar. — *s.f./FÍSICA*

despolarizador, a
1 Se aplica al instrumento que tiene la propiedad de despolarizar. — *adj/s.m. FÍSICA*
2 Sustancia química o medio que se utilizan para reducir o impedir la polarización. — *s.m. QUÍMICA*

despolarizante Se refiere al producto empleado en la fabricación de pilas eléctricas para impedir ciertas acciones electroquímicas que modifican su funcionamiento. — *adj/s.m. QUÍMICA*

despolarizar Interrumpir el estado de polarización de una cosa en su totalidad o sólo en parte. — *v.tr./conj: cazar FÍSICA*

despolimerización Degradación de un polímero con formación de compuestos de masas moleculares menores. — *s.f. QUÍMICA*

despolitizar Quitar a una persona o una cosa el carácter político: *las últimas reuniones de la junta se han despolitizado.* — v.tr/prnl. conj: *cazar* POLÍTICA

despolvar Quitar el polvo a una cosa: *hay que despolvar los muebles.* — v.tr/prnl. tb: *desempolvar*

despolvorear
1 Limpiar o sacudir el polvo a una cosa: *sal al balcón y despolvorea la alfombra.* — v.tr. tb: *desempolvar*
2 Dejar o apartar una cosa como inútil. — = aparcar

despolvoreo Acción de limpiar o sacudir el polvo.

despopularización Pérdida de los partidarios, admiradores o simpatizantes que tenía una persona, una doctrina o una ideología. — s.f. SOCIOLOGÍA

despopularizar Hacer perder la popularidad a una persona o una cosa. — v.tr/prnl. conj: *cazar*

desporrondingarse Despilfarrar, gastar dinero en exceso y en cosas innecesarias. — v.prnl./conj: *pagar* Colomb., Venez.

desportilladura
1 Fragmento o astilla que, por accidente, se separa del borde de una cosa: *la desportilladura de un plato.* — s.f. = desconchadura
2 Hueco o abertura que queda en el borde de una cosa, después de desprenderse un fragmento de él. — = mella

desportillar Romper el borde de una vasija u otra cosa ligeramente: *la jarra se desportilló al caer.* — v.tr/prnl.

desposado, a
1 Que está recién casado: *los desposados se hicieron fotografías con los invitados.* — adj/s.
2 Que está aprisionado con esposas. — adj./tb: *esposado*

desposar (Del lat. *spondere*, prometer.)
1 Unir el sacerdote a dos personas en matrimonio: *el sacerdote que nos desposó, bautizará a nuestro hijo.* — v.tr. RELIGIÓN
2 Contraer matrimonio. — v.prnl.
3 Hacerse promesa pública de matrimonio a través de los esponsales.

desposeer
1 Quitar una cosa a una persona: *me han desposeído de todo por no pagar mis deudas.* — v.tr. conj: *leer*
2 Renunciar a una cosa que se posee: *nos hemos desposeído de la tienda.* — v.prnl./+ de = desapropiarse

desposeído, a
1 Que es privado de una cosa a la que tiene derecho. — adj/s.
2 Persona que carece de lo más elemental e indispensable: *el mensaje del cristianismo se dirige a los desposeídos.* — s.m.

desposorio Ceremonia en que el hombre y la mujer hacen promesa de contraer matrimonio: *después de los desposorios aún tuvieron que esperar tres años para casarse.* — s.m. = esponsales

despostador, a Persona encargada de descuartizar las reses o aves. — s. Argent.

despostar Descuartizar una res o un ave. — v.tr./Amér. Merid.

despostillar Romper el borde de una vasija u otra cosa. — v.tr. Amér.

déspota (Del ital. *despota* < gr. *despotes*, dueño, tirano.)
1 Persona que trata con dureza a sus subordinados y abusa de su poder o autoridad: *es un déspota con los trabajadores.* — s.m.f. = tirano
2 Soberano o político que gobierna de modo absoluto y sin someterse a ninguna ley. — s.m./POLÍTICA = dictador
3 Jefe supremo en algunos pueblos antiguos: *el déspota de Epiro.* — HISTORIA

despótico, a
1 Que tiene relación con el déspota o con el despotismo: *actuó como un gobernante despótico.* — adj./= absolutista, tiránico
2 Que dispone con arbitrariedad de personas o cosas: *el tuyo es un jefe despótico.* — = tiránico

despotismo
1 Forma de gobierno en la que se ejerce un poder absoluto mediante la represión continua del pueblo y sin someterse a ninguna norma limitativa. — s.m. POLÍTICA
2 Abuso de superioridad, poder o fuerza en el trato con los demás. — = autoritarismo
3 **despotismo ilustrado**: Política de algunas monarquías del siglo XVIII que, inspiradas en las ideas de la Ilustración, fomentaban la cultura y la prosperidad desde el poder absoluto. — HISTORIA, POLÍTICA

despotizar Gobernar despóticamente o tiranizar a un país y a sus ciudadanos. — v.tr/conj: *cazar* Amér. Merid.

despotricar Hablar contra una persona o una cosa sin reparo: *deja de despotricar de él y observa tus propios defectos.* — v.intr/conj: *sacar* coloquial = criticar

despreciable Que puede ser despreciado por considerarse indigno o vulgar: *me parece despreciable juzgar a la gente por su aspecto.* — adj. = indigno, insignificante

despreciar
1 Considerar a una persona indigna de estimación: *le desprecio por su actitud egoísta.* — v.tr. = menospreciar

2 Considerar una cosa no merecedora de atención o no hacer caso de ella: *no desprecies mi ofrecimiento.* — = subestimar

despreciativo, a Que indica desprecio: *estaba de mal humor y nos habló en un tono despreciativo.* — adj.

desprecio
1 Desdén en el modo de tratar a una persona o cosa a la que se cree indigna de estimación. — s.m. = menosprecio
2 **desprecio del ofendido**: Circunstancia agravante de la responsabilidad criminal, cuando el delito es ejecutado con desprecio al ofendido. — DERECHO

desprender
1 Separar una cosa de otra a la que estaba unida: *desprendió el cromo del álbum.* — v.tr/prnl. + de
2 Emitir una cosa otra que sale de ella: *el pedernal desprende chispas.* — = expeler
3 Renunciar a una cosa que se poseía: *se desprendió de su piso nuevo.* — v.prnl. + de
4 Quitarse de encima una cosa o persona que se considera molesta: *se desprendió de sus escrúpulos para seguir adelante.*
5 Ser una cosa deducible de otra: *de sus palabras se desprende que está irritado.*

desprendido, a De carácter generoso y desinteresado: *siempre lo da todo a sus amigos porque es muy desprendido.* — adj. = entregado

desprendimiento
1 Acción de desprender o desprenderse: *desprendimiento de tierras.* — s.m.
2 Generosidad o desapego de una persona hacia otras sin buscar el beneficio propio.
3 Caída o separación de un órgano, o de parte del mismo, de su posición anatómica normal: *ha sufrido un desprendimiento de retina.* — MEDICINA
4 Representación artística del descendimiento del cuerpo de Cristo. — ARTE
5 Bajada rápida de la carga de un horno que se había obstruido en lo alto de la cuba. — METALURGIA
6 Fase de la expulsión de la cabeza del feto durante la que ésta pasa por el estrecho inferior de la pelvis y comisura vulvar. — FISIOLOGÍA
7 Caída del casco y pezuña en determinadas enfermedades: *el ganado bóvido sufre desprendimientos.* — VETERINARIA
8 **desprendimiento instantáneo**: Violenta fuga de gases, ya sea grisú o gas carbónico, que se produce en las minas de carbón. — MINERÍA

despreocupación Estado de ánimo y comportamiento de la persona que no tiene preocupaciones: *liberada de la vigilancia familiar, se paseaba con total despreocupación.* — s.f. ≠ preocupación, inquietud

despreocupado, a Que se muestra indiferente ante un asunto. — adj.

despreocuparse
1 Dejar de estar una persona preocupada. — v.prnl.
2 Mostrar poco interés por una persona o una cosa: *se despreocupó del asunto.* — = desentenderse + de

despresar Despedazar una res o trinchar un ave. — v.tr./Amér. Merid.

desprestigiar Hacer que una persona pierda el prestigio o la buena fama que tiene: *los comentarios sobre el supuesto fraude desprestigiaron al banquero.* — v.tr/prnl.

desprestigio Pérdida del prestigio o la fama: *desprestigio social; desprestigio profesional.* — s.m. = descrédito

despresurización Operación que consiste en hacer desaparecer la presión en la cabina de un avión o una nave espacial. — s.f. AERONÁUTICA, ASTRONÁUTICA

despresurizar Hacer que desaparezca la presión atmosférica normal de la cabina de un avión o de una nave espacial. — v.tr./conj: *cazar* AERONÁUTICA, ASTRONÁUTICA

desprevención
1 Falta de lo necesario o de preparación para afrontar una situación o llevar a cabo una cosa determinada: *la desprevención del municipio ante la gota fría.* — s.f.
2 Falta de precaución para evitar un daño.
3 Estado de la persona a la que faltan los conocimientos necesarios para hacer frente a una determinada situación imprevista.

desprevenido, a
1 Que está desprovisto de lo necesario: *la lluvia nos cogió desprevenidos y nos mojamos.* — adj. ≠ prevenido
2 Que no está prevenido o preparado: *el lanzamiento cogió desprevenido al portero.* — ≠ prevenido

desprivatización Acción y resultado de convertir en públicos bienes privados: *el comunismo defiende la desprivatización de las empresas.* — s.f. ECONOMÍA, POLÍTICA

desprivatizar Convertir en pública una empresa privada o de propiedad anónima o limitada: *el gobierno desprivatizó algunas empresas para evitar el cierre.* — v.tr./conj: *cazar* ECONOMÍA, POLÍTICA

desprolijo, a Que está falto de esmero y prolijidad, o hecho con poco cuidado. — adj./Argent., Chile, Urug.

desproporción Falta de equilibrio, regularidad o armonía entre las cualidades de dos o más cosas relacionadas entre sí, o entre las partes de una misma cosa: *se ha detectado una desproporción entre la inversión y los beneficios.* — s.f. / ≠ proporción

desproporcionado, a Que no tiene proporción entre sus partes o con otras cosas: *esta escultura está desproporcionada.* — adj.

desproporcionar Quitar la proporción a una cosa. — v.tr.

despropositado, a Que no tiene relación con el asunto de que se trata. — adj. / = inoportuno

despropósito Dicho o hecho inoportuno o absurdo: *su discurso fue un conjunto de despropósitos.* — s.m.

desproveer Quitar a una persona sus provisiones o una cosa que le es necesaria: *le desproveyeron de los alimentos.* — v.tr./conj: proveer / part.tb: desprovisto / + de

desprovisto, a (Part. irreg. de *desproveer.*) Que está falto de una cosa o de todo lo necesario: *la casa está desprovista de comodidades.* — adj. / + de

despueble Ausencia de habitantes en un lugar: *se proponen inversiones para evitar el despueble del campo.* — s.m. / tb: despueblo

después (Del bajo lat. *de post.*)
1 Más adelante, luego, más tarde: *iremos a cenar y después a bailar; después de enfadarse cada uno salió en su propio coche.* — adv. / ≠ antes
2 A continuación, detrás: *si atraviesa la gasolinera encontrará después un garaje.*
3 En un orden inferior o secundario: *amo a mis padres sobre todo, y después a ti.* — ≠ primero
4 Que sigue o es posterior: *al año después fuimos a la montaña.* — adj. / ≠ anterior
5 **después de todo:** Al fin y al cabo: *después de todo, no ha quedado tan mal.* — loc.adv.

despuesito Dentro de un momento, enseguida. — adv./Méx., Guat., P. Rico

despulmonarse Levantar una persona la voz: *se despulmonó llamándote, pero no le oíste.* — v.prnl.

despulpado Operación de extracción de la pulpa de algunas frutas. — s.m.

despulpador Aparato que sirve para extraer la pulpa de algunas frutas. — s.m.

despulpar Sacar la pulpa de algunas frutas. — v.tr.

despulsamiento Pérdida del pulso y de las fuerzas. — s.m.

despulsar
1 Dejar sin pulso o sin fuerzas a una persona. — v.tr/prnl.
2 Hacer una persona mucho esfuerzo para conseguir una cosa. — v.prnl.

despumar Quitar la espuma a algo: *cuece el caldo poco a poco y ve despumándolo.* — v.tr. / = espumar

despuntadura Acción y resultado de despuntar o despuntarse. — s.f. / = despunte

despuntar
1 Quitar o gastar la punta de una cosa: *al caer el lápiz se despuntó.* — v.tr/prnl.
2 Amanecer, empezar el día: *el día despunta a las seis.* — v.intr.
3 Manifestar una persona agudeza e ingenio: *el chico ya despunta en su primera novela.*
4 Empezar a brotar una planta: *en primavera empiezan a despuntar las plantas.*
5 Cortar las celdillas vacías de una colmena hasta llegar a la que contiene la cría. — v.tr. / = descerar
6 Remontar un río u otro caudal de agua por las márgenes hasta las puertas. — v.intr. / Argent.
7 Distinguirse una persona entre las demás por su inteligencia o por su buen hacer en alguna actividad. — = destacar

despunte
1 Despuntadura, acción y resultado de despuntar. — s.m.
2 Leña delgada o desmocho. — Argent., Chile

desquejar Sacar esquejes de una planta para plantarlos: *es la temporada de desquejar los rosales.* — v.tr.

desqueje
1 Operación y resultado de sacar esquejes de una planta. — s.m.
2 **desqueje natural:** Forma de multiplicación vegetativa en la que un fragmento de las partes aéreas cae al suelo, se desarrolla y forma un nuevo individuo. — BOTÁNICA

desquerer Dejar de querer una persona a otra. — v.tr/conj: querer

desquiciador, a Que desquicia. — adj/s.

desquiciamiento
1 Alteración grave en la vida o costumbres de una persona: *el accidente produjo un desquiciamiento en sus relaciones familiares.* — s.m. / = desquicio
2 Acción de sacar una puerta de su quicio u otra cosa de su estado regular.
3 Desorden en una cosa.

desquiciar
1 Hacer que una persona pierda la serenidad o la sensatez en sus acciones: *los continuos lloros del niño la desquician.* — = trastornar

2 Dar a una cosa una importancia excesiva: *no debes desquiciar los hechos, no hay para tanto.* — = desorbitar
3 Deshacer el orden, el arreglo o la organización de una cosa: *el mal tiempo desquició nuestros planes para ir de excursión.*
4 Sacar una cosa de su quicio: *hay que desquiciar la puerta para entrar el mueble.* — v.tr/prnl.

desquijarar Dislocar la articulación de la boca de una persona. — v.tr/prnl. / = desquijarrar

desquijerar Cortar los extremos de un madero con una sierra para formar una espiga. — v.tr. / CARPINTERÍA

desquitar
1 Usar una ganancia o ventaja para compensar una pérdida o un contratiempo: *ayer perdí mucho en el juego, pero hoy me desquitaré.* — v.tr/prnl.
2 Tomar venganza de una ofensa o un perjuicio: *se desquitó de modo cruel.* — v.prnl. / = vengarse
3 Descontar una cantidad: *le desquitó lo que le debía.* — v.tr.

desquite
1 Compensación obtenida por una pérdida o un perjuicio. — s.m.
2 Venganza o revancha.

desrabotar Cortar el rabo a un animal: *los veterinarios desrabotan algunas razas de perros.* — v.tr. / = desrabar

desraizar Arrancar las raíces de un terreno, en especial si ha de ser cultivado. — v.tr/conj: arcaizar / AGRICULTURA

desramar Cortar ramas a un árbol, dejándole tan sólo el tronco y una pequeña copa. — v.tr.

desraspado, a
1 Se aplica al trigo que tiene el grano blando y de poco salvado, y cuya espiga es pequeña y achatada. — adj. / BOTÁNICA / tb: derraspado
2 Acción de eliminar la raspa o escobajo del racimo de uvas antes de ponerlos a fermentar. — s.m. / AGRICULTURA

desraspar Quitar la raspa de la uva prensada antes de ponerla a fermentar. — v.tr.

desrastrojar Quitar el rastrojo de un terreno: *convendría desrastrojar los campos para evitar el peligro de incendio.* — v.tr.

desratización Operación de exterminar de ratas y ratones un lugar. — s.f.

desratizar Limpiar un lugar de ratas y ratones: *debemos desratizar el local antes de hacer el traslado.* — v.tr. / conj: cazar

desrayadura Acción y resultado de abrir surcos de desagüe o trazar el surco que delimita dos terrenos. — s.f. / AGRICULTURA

desrayar
1 Abrir surcos para desecar un terreno. — v.tr./AGRICULTURA
2 Hacer el último surco de un campo. — AGRICULTURA

desreglar Sacar de la norma o desordenar lo que estaba arreglado. — v.tr/prnl. / = desarreglar

desrelingar Quitar las relingas a las velas de una embarcación. — v.tr/conj: pagar / NAUTICA

desrielar Descarrilar, salirse un vehículo de los raíles: *el tren se desrieló en la curva.* — v.intr/prnl. / Amér.

desriñonar
1 Herir gravemente la espalda de una persona, por lo general debido a un sobreesfuerzo. — v.tr/prnl.
2 Cansarse mucho una persona por realizar un trabajo muy duro: *se desriñonó trabajando durante tantas horas; este trabajo tan duro desriñona a cualquiera.* — = derrengar

desrizar
1 Deshacer los rizos de una persona o una cosa: *fue a la peluquería para que le desrizaran el pelo.* — v.tr/prnl. / conj: cazar
2 Soltar los rizos de las velas. — v.tr/NÁUTICA

desroblar Quitar la robladura o remache de un clavo o un perno. — v.tr.

desrodrigar Quitar los rodrigones de las plantas: *el jardinero desrodriga los arbustos del jardín.* — v.tr/conj: pagar / AGRICULTURA

destacado, a Que destaca o sobresale del resto: *es un destacado periodista político.* — adj. / = notorio, notable

destacamento
1 Grupo de un tropa, separado de su unidad táctica, para una misión determinada. — s.m. / MILITAR
2 **destacamento de ejército:** Unidad formada por cierto número de divisiones que se organizan para cumplir una misión transitoria, y que se disuelve después de ello. — MILITAR
3 **destacamento naval:** Fracción de una fuerza naval que se separa con carácter transitorio de su unidad para realizar ciertas misiones. — MILITAR

destacar (Del ital. *staccare* < gótico *stakka,* estaca.)
1 Poner de relieve las cualidades de una persona: *destacó especialmente su belleza e inteligencia.* — v.tr/intr/prnl. / conj: sacar
2 Tener una persona superioridad o ventaja sobre otras: *destaca del resto de compañeros.* — v.intr/prnl. / = despuntar
3 Poner especial interés o llamar la atención sobre una cosa: *en su charla destacó la problemática laboral.* — v.tr. / = recalcar
4 Hacer resaltar un objeto de una composición artística: *la catedral se destaca por sus colores ocres.* — v.tr/prnl. / ARTE

5 Ser una cosa más alta, más visible o superior que otras: *al fondo de la calle se destaca la fachada del ayuntamiento.* v.intr/prnl. = despuntar

6 Separar un grupo de tropa del grueso del ejército y enviarlo a una misión: *se destacó un pelotón para reconocer el terreno.* v.tr/prnl. MILITAR

destace Acción de destazar, hacer pedazos o partir. s.m.

destachonar Sacar las tachuelas que están clavadas en una cosa. v.tr.

destaconar Gastar los tacones del calzado. v.tr.

destajador Martillo que usan los herreros para forjar el hierro. s.m. METALURGIA

destajar
1 Decidir de común acuerdo las condiciones con que se ha de hacer una cosa. v.tr. th: estajar
2 Cortar la baraja en los juegos de naipes. JUEGOS
3 Destazar, descuartizar una res. Méx., Ecuad.

destajista Persona que trabaja por un precio convenido: *los destajistas empezaron el trabajo a las seis.* s.m.f./= destajero th: estajista

destajo
1 Trabajo cuya remuneración se acuerda en función de la tarea realizada. s.m. th: estajo
2 Obra o empresa que una persona inicia por su cuenta.
3 a destajo: **1.** Por un precio convenido en función de la tarea realizada: *en esta constructora se contrata a destajo.* **2** Con empeño, esfuerzo y sin descanso para concluir pronto: *está trabajando a destajo para acabar la casa este mes.* loc.adv. loc.adv.
4 hablar alguien a destajo: Hablar en exceso sin parar. coloquial

destallar Quitar los tallos inútiles a una planta. v.tr.

destalonar
1 Quitar o desgastar el talón de un calzado. v.tr/prnl.
2 Arrancar un recibo, participación u otro documento de un talonario. v.tr.
3 Quitar un talón de un documento que lo lleva unido.
4 Rebajar el casco de una caballería por la parte de atrás. VETERINARIA

destapada Descubierta, pastel sin cubierta de hojaldre. s.f./COCINA

destapar
1 Quitar la tapa de un recipiente: *destapa la olla de la sopa para que salga el vapor.* v.tr.
2 Hacer que una persona o una cosa que estaban tapadas dejen de estarlo: *durante la noche el niño se destapó.* v.tr/prnl. = desarroparse
3 Descubrir lo que está oculto: *al final se destapó el engaño.* = revelar
4 Mostrar una persona su verdadera manera de ser o sus intenciones: *no pudo disimular más y se destapó.* v.prnl.

destape
1 Acción y resultado de destapar o destaparse. s.m.
2 Desnudo realizado en el cine o en cualquier espectáculo: *el destape ya ha pasado de moda.*
3 Liberalización de las prohibiciones: *la época del destape.*

destapiado Espacio que queda después de derribar una tapia. s.m. ≠ tapiado

destapiar Derribar las tapias que cierran un lugar: *el solar está lleno de escombros desde que lo destapiaron.* v.tr.

destaponar Quitar el tapón o el taponamiento de una cosa: *bostezando se destaponan los oídos; destaponar una tubería.* v.tr/prnl. ≠ taponar

destara Peso que se rebaja de lo que se ha pesado con tara o envase. s.f.

destarar Quitar del peso bruto de una cosa la parte de la tara. v.tr.

destartalado, a Que está descuidado o no tiene orden ni proporción entre sus partes: *vive en un caserón destartalado.* adj/s. = desangelado

destártalo Falta de orden o de proporción entre los elementos que componen una cosa. s.m. coloquial

destazador, a Persona que por oficio hace trozos las reses muertas. adj/s.

destazar Partir una cosa en pedazos. v.tr./conj: cazar

destechar Quitar el techo a un edificio para cambiarlo, arreglarlo o por derribo. v.tr. CONSTRUCCIÓN

destejar
1 Quitar las tejas del tejado de un edificio: *destejaron el tejado para poner un material aislante.* v.tr. CONSTRUCCIÓN
2 Dejar una cosa sin protección o defensa. = desproteger

destejer
1 Deshacer una cosa tejida. v.tr/prnl.
2 Deshacer un trabajo o un progreso realizado.

destellante Que destella o despide resplandor. adj.

destellar (Del lat. *destillare*, gotear < *stilla*, gota.) Despedir una cosa un resplandor intenso y breve. v.tr.

destello (Del lat. *stilla*, gota.)
1 Luz o resplandor intenso de escasa duración, que se produce generalmente a intervalos. s.m.
2 Indicio o manifestación repentina de una cualidad: *me pareció un destello de verdad.* = vislumbre

destemplado, a
1 Que no tiene moderación en sus actos: *hizo un gesto destemplado.* adj.
2 Que está desafinado y no tiene armonía: *emitió un sonido destemplado.*
3 Que siente destemplanza o malestar general o una fiebre ligera: *se quedó destemplado al mojarse.* = desentonado
4 Se aplica al tiempo que es desagradable. = desapacible
5 Se refiere al cuadro o pintura que no tiene armonía de tonos. ARTE

destemplador, a
1 Que destempla. adj.
2 Persona que por oficio destempla el acero. s.m./METALURGIA

destemplanza
1 Estado desapacible y desigual del tiempo: *no soporta la destemplanza del clima de su país.* s.f.
2 Malestar físico general, sin síntomas claros o precisos.
3 Brusquedad y falta de moderación en las palabras o en las acciones: *le contestó con destemplanza.*
4 Falta de comedimiento o cortesía en acciones o comportamientos.

destemplar
1 Alterar la armonía o el buen orden de una cosa: *los cuadros destemplan el conjunto del salón.* v.tr.
2 Quitar el temple al acero o a otro metal. v.tr/prnl.
3 Sonar un instrumento músico de cuerda de manera inarmónica. MÚSICA
4 Sentir una persona malestar físico: *se metió en cama porque estaba destemplada.* v.prnl.
5 Perder una persona la moderación: *se destempla con poca cosa.*
6 Quitar o hacer perder el temple al acero. v.tr/prnl.

destemple
1 Falta de armonía en el sonido de un instrumento musical de cuerda. s.m. MÚSICA
2 Malestar o ligera indisposición: *me voy a tomar una manzanilla, a ver si se me quita este destemple.*
3 Alteración o falta de orden o armonía en algunas cosas.
4 Falta de la dureza o la elasticidad necesarias en el acero u otros metales. METALURGIA

destensar
1 Hacer disminuir la tensión de algo. v.tr./= relajar
2 Aflojar una cuerda o cable que estaba tenso. = distender

desteñido, a Poco firme en sus convicciones. adj./Argent.

desteñir Perder brillo los colores con que está teñida una cosa: *esa chaqueta destiñe.* v.tr/intr/prnl. conj: ceñir
2 Manchar un objeto a otro cuando se encuentra en contacto con él: *estos zapatos destiñen.* v.intr.

desternillante Que provoca la risa: *vimos una película desternillante.* adj. = hilarante

desternillarse
1 Reírse mucho: *se desternilla de risa con tus chistes.* v.prnl./coloquial
2 Romperse un animal las ternillas. VETERINARIA

desterrado, a Que cumple destierro. adj/s.

desterrar
1 Hacer que la autoridad que una persona abandone un lugar o territorio como pena o castigo: *es probable que lo destierren del delito que cometió.* v.tr. conj: pensar
2 Quitar la tierra de un lugar o una cosa: *hay que desterrar las raíces antes de trasplantar.*
3 Abandonar una costumbre: *logró desterrar el hábito de fumar en la escuela.* = deshabituar
4 Apartar de la mente un pensamiento o un sentimiento: *espero que destierres esas ideas lúgubres de tu cabeza.*
5 Irse una persona de un país por propia voluntad o por necesidad: *ante la incomprensión de sus semejantes se desterró a otro país.* v.prnl. = exiliarse

desterronador Especie de rastrillo o rodillo con que se deshacen los terrones de un terreno. s.m. AGRICULTURA

desterronamiento Acción y resultado de deshacer los terrones de un lugar. s.m. AGRICULTURA

desterronar Deshacer los terrones de un lugar: *con la lluvia se desterronó el campo.* v.tr/prnl. AGRICULTURA

destetadera Objeto con púas colocado en las tetas de las vacas y otros animales para destetar las crías. s.f.

destetar
1 Hacer que el niño o las crías de los mamíferos dejen de mamar: *las ovejas se han destetado pronto.* v.tr/prnl. = despechar
2 Hacer que un hijo se valga por sí mismo: *al ser mayor de edad se destetó.*

3 destetar a alguien con una cosa: Haber hecho o sabido una cosa desde la niñez: *le destetaron con la música de los Beatles.*

destete Suspensión de la lactancia materna para que el niño o el animal su nutran de otros alimentos. — s.m. = despecho

destetillar Quitar las yemas adventicias o tetillas de un árbol. — v.tr. AGRICULTURA

desteto
1 Conjunto de cabezas de ganado destetadas. — s.m.
2 Lugar o caballeriza donde se recogen los machos y las mulas lechuzas o menores de un año recién destetadas.

destiempo Se usa para indicar en mal momento o fuera de tiempo en la expresión **a destiempo:** *siempre interviene a destiempo.* — loc.adv.

destierre Operación de limpiar de tierra los minerales. — s.m. MINERÍA

destierro
1 Acción y resultado de desterrar o desterrarse: *el suyo fue un destierro voluntario.* — s.m.
2 Pena que consiste en expulsar a una persona de un lugar o territorio: *le cayó una pena de destierro.* — DERECHO
3 Lugar donde vive una persona que ha sido desterrada.
4 Lugar alejado o de difícil acceso: *al final no compraron el piso porque estaba en el destierro y mal comunicado.*

destilación
1 Proceso de separación de los constituyentes de una sustancia por ebullición. — s.f. QUÍMICA
2 Flujo de humores serosos o mucosos.
3 Proceso en que un líquido fluye gota a gota: *las estalactitas se forman por destilación.* — GEOLOGÍA
4 **destilación extractiva:** Operación que consiste en añadir una sustancia que modifique las características de vaporización de los cuerpos que se han de separar. — INDUSTRIA
5 **destilación seca:** Operación que consiste en someter sustancias orgánicas, como la madera o el carbón, a un calentamiento para descomponerlas. — INDUSTRIA

destiladera
1 Instrumento o aparato para destilar. — s.f.
2 Ardid, medio ingenioso para lograr lo que se pretende.

destilado
1 Líquido obtenido por condensación del vapor. — s.m./QUÍMICA
2 Producto obtenido por destilación del petróleo bruto: *la gasolina, el queroseno y el gasóleo son destilados.* — INDUSTRIA

destilador, a
1 Persona que se dedica a destilar agua o licores. — adj/s.
2 Filtro para clarificar un líquido. — s.m./INDUSTRIA
3 Aparato que sirve para extraer por destilación la esencia de una sustancia líquida, que consta de una caldera y de un conducto de refrigeración. — INDUSTRIA = alambique
4 Reactor nuclear pequeño en el que la materia activa es sal de uranio disuelta en agua. — FÍSICA NUCLEAR

destilar (Del lat. *destillare.*)
1 Separar una sustancia de otras menos volátiles por medio del calor: *el queroseno destila a una temperatura elevada.* — v.tr/intr. INDUSTRIA
2 Gotear un líquido: *la llaga destilaba sangre; le destilaba la nariz con el catarro.*
3 Hacer pasar un líquido por un filtro: *al aceite se destiló.* — v.tr/prnl. = filtrar
4 Manifestar una persona en sus palabras o en sus actos un determinado sentimiento o cualidad: *sus palabras destilaban odio.* — v.tr. = emanar

destilatorio, a
1 Que sirve para destilar. — adj.
2 Alambique, aparato para destilar sustancias. — s.m.

destilería Establecimiento industrial donde se destilan bebidas alcohólicas o alcoholes de uso industrial. — s.f. INDUSTRIA

destinación (Del lat. *destinatio, -onis.*)
1 Asignación a una persona de un determinado trabajo o a una cosa de un determinado uso: *se convocan dos plazas de técnico con destinación en este distrito.* — s.f.
2 Lugar donde se dirige alguien o algo: *tren con destinación Lisboa.* — = destino

destinado, a Que tiene un destino fijado por la suerte o fatalidad: *su trabajo estaba destinado al éxito.* — adj.

destinar (Del lat. *destinare,* fijar, sujetar.)
1 Asignar un uso a una cosa: *destinó su sueldo a la beneficencia.* — v.tr. = dedicar
2 Determinar que una persona desempeñe un trabajo o preste sus servicios en un lugar: *han destinado a mi hijo a Madrid.* — = asignar
3 Dirigir un envío a una persona o a un lugar determinado. — = enviar

destinatario, a Persona a quien va dirigida o destinada alguna cosa: *han devuelto el paquete por no encontrar al destinatario.* — s.

destino
1 Futuro ya trazado e irreversible: *nunca se sabe lo que el destino te puede deparar.* — s.m. = hado
2 Lugar, real o figurado, al que va dirigida una persona o cosa: *el tren con destino a Madrid salió con retraso.* — = destinación
3 Fin asignado a una cosa: *el destino del edificio es una biblioteca.* — = finalidad
4 Puesto de trabajo o lugar al que una persona es asignada para trabajar: *le han dado un destino en su pueblo.* — = cargo, plaza
5 Meta, punto de llegada: *no llegaron a tiempo a su destino.* — = destinación

destiño Parte negruzca o verdosa del panal de las abejas, que no tiene miel. — s.m.

destiranizado, a Que está libre de tiranía. — adj.

destitución
1 Acción y resultado de relevar a alguien, destituyéndole del cargo. — s.f.
2 Revocación disciplinaria de un funcionario. — DERECHO
3 Privación del derecho a ejercer un cargo o función pública: *nuestra actual constitución no contempla la destitución del presidente del gobierno.* — POLÍTICA

destituible Que puede ser destituido o cesado de su cargo. — adj.

destituidor, a Que destituye a alguien y le releva. — adj/s.

destituir (Del lat. *destituere.*) Quitar el empleo o el cargo a una persona: *me destituyeron del puesto de delegado.* — v.tr. conj: huir = relevar, cesar

destitulado, a Que no tiene título o ha sido privado de él. — adj. ≠ titulado

destocar
1 Quitar o deshacer el tocado a una persona: *se destocó con el viento.* — v.tr/prnl. conj: sacar
2 Quitarse una persona una prenda con la que se cubre la cabeza. — v.prnl. = descubrirse

destoconar Quitar los tocones después de talados los árboles. — v.tr.

destorcedura Acción y resultado de poner recto algo que está torcido. — s.f.

destorcer
1 Deshacer el retorcimiento de una cosa: *el cordón se destorció antes de la labor.* — v.tr/prnl. conj: torcer
2 Perder una embarcación el rumbo. — v.prnl/NÁUTICA

destorgar Arrancar el torgo o la cepa de un árbol: *les costó mucho destorgar el olivo.* — v.tr/conj: pagar AGRICULTURA

destornillado, a Que habla o actúa de forma irreflexiva y precipitada. — adj/s.

destornillador
1 Herramienta que sirve para atornillar y destornillar: *apretó los tornillos con el destornillador.* — s.m. = desatornillador
2 Combinado de vodka y naranja.

destornillar
1 Retirar un tornillo dándole vueltas: *los destornilló para desmontar la mesa.* — v.tr. tb: desatornillar
2 Quedarse una persona desconcertada, actuando de forma precipitada e irreflexiva. — v.prnl.

destoserse Toser una persona sin fuerza o simular la tos como señal de alguna cosa. — v.prnl. = carraspear

destoxicación
1 Conjunto de procesos biológicos que conducen a la neutralización o eliminación de sustancias tóxicas dentro del organismo. — s.f. BIOQUÍMICA
2 Eliminación de la toxicidad de un desecho antes de llegar al depósito de basuras o de aplicarle cualquier otro tratamiento. — INDUSTRIA

destrabar
1 Quitar las trabas que sujetan una cosa o a una persona. — v.tr/prnl.
2 Separar una cosa de otra a la que está unida: *se destrabaron las patas del muelle.*

destrabazón Acción y resultado de eliminar las trabas o separar lo que estaba unido. — s.f.

destral Hacha pequeña que se maneja generalmente con una sola mano. — s.m.

destraleja Destral pequeño. — s.f.

destramar Sacar la trama de una tela. — v.tr/TEXTIL

destrejar Obrar una persona con destreza. — v.intr.

destrenzar Deshacer una trenza hecha con cabello u otro material: *destrenzaron la lana.* — v.tr/prnl. conj: cazar

destreza Habilidad, principalmente manual, para hacer una cosa: *tiene destreza para la costura.* — s.f. = maña

destrincar Soltar una cosa o deshacer la atadura que se le había dado. — v.tr/prnl/conj: sacar NÁUTICA

destripacuentos Persona que interrumpe inoportunamente un relato. — s.m.f. pl: destripacuentos

destripador, a
1 Que destripa. — adj.
2 Criminal que asesina a sus víctimas cometiendo con sus cuerpos actos crueles. — s.

destripamiento
1 Acción de abrir o sacar las tripas. — s.m.
2 Acción de aplastar una cosa hasta que salga lo que tiene en su interior, o de abrir un objeto para sacar su mecanismo. — = espachurramiento
3 Anticipación que alguien hace del final de una historia de manera que ésta pierde su gracia. — coloquial

destripar
1 Sacar las tripas a una persona o un animal. — v.tr.
2 Sacar lo que hay dentro de una cosa: *destripó el colchón para venderlo en la zona.*
3 Apretar una cosa hasta que su contenido salga al exterior: *la curiosidad del niño lo llevó a destripar el juguete.* — = despachurrar
4 Anticipar el final de la historia que relata otra persona de modo que ésta pierde su efecto o interés. — coloquial

destripaterrones Trabajador del campo: *aunque alardea de tener su propia finca, no es más que un destripaterrones.* — s.m. pl: destripaterrones despectivo

destriunfar Hacer un jugador que otros se desprendan de los triunfos que tienen, en algunos juegos de naipes. — v.tr. JUEGOS

destrizar
1 Hacer trizas una cosa. — v.tr./conj: cazar
2 Dar una persona muestras exageradas de dolor o enfado. — v.prnl.

destrocar Deshacer un cambio o trueque. — v.tr./conj: trocar

destrón Lazarillo, persona que acompaña o guía a un ciego. — s.m.

destronamiento Acción y resultado de destronar a un rey o soberano: *el destronamiento se produjo sin derramamiento de sangre.* — s.m. POLÍTICA

destronar
1 Quitar a un rey su trono o autoridad: *el monarca fue destronado tras la revolución popular.* — v.tr./POLÍTICA = desentronizar
2 Quitar a alguien de un cargo o de una posición importante. — = desentronizar

destroncadora Máquina para cortar árboles. — s.f.

destroncar
1 Cortar un árbol por el tronco. — v.tr./conj: sacar
2 Interrumpir una cosa no material: *destroncó el discurso con su intervención.*
3 Causar una persona o una cosa un gran perjuicio a otra. — = perjudicar
4 Cortar o descoyuntar el cuerpo a una persona.
5 Causar una cosa cansancio excesivo a una persona: *la dureza del trabajo en los muelles lo destroncó.* — v.tr./prnl. = deslomar

destroyer (Voz inglesa.)
1 Cazatorpedero, buque de guerra ligero y bien armado. — s.m. pl: destroyers
2 Persona que actúa sin miramientos, no teniendo en cuenta el resultado final de su acción, aun en el caso de ser ella la perjudicada. — coloquial

destrozador, a Que destroza. — adj/s.

destronque Acción y resultado de destroncar. — s.m.

destrozar
1 Romper una cosa en muchos trozos: *el perro cachorro que le regalaron para su cumpleaños le destrozó varios libros.* — v.tr./prnl. conj: cazar = despedazar
2 Dejar una cosa en mal estado: *destrozó los muebles al trasladarlos.* — v.tr.
3 Perjudicar a una persona o una cosa no material dejándola trastornada o destruida: *destrozó la paz de su familia; está destrozando su vida.*
4 Gastar el dinero con exceso. — = malbaratar
5 Vencer al enemigo dejándole imposibilitado para rehacerse. — = arrasar
6 Quedar una persona abatida físicamente: *se ha destrozado haciendo bici.* — v.prnl.

destrozo Acción y resultado de destrozar o destrozarse algo: *la nieve ha causado destrozos en la zona.* — s.m.

destrozón, a Que destroza mucho las cosas: *este niño es muy destrozón.* — adj/s.

destrucción
1 Acción y resultado de destruir. — s.f.
2 Pérdida irreparable, ruina: *el terremoto causó la destrucción de la zona.* — = asolación, arrasamiento

destructibilidad Posibilidad de que una cosa sea destruida. — s.f./≠ indestructibilidad

destructible Que puede ser destruido. — adj.

destructividad
1 Capacidad de destrucción: *la destructividad del fuego es enorme y muy temida.* — s.f.
2 Tendencia a destruir.

destructivo, a Que destruye o puede destruir: *es una persona negativa y muy destructiva.* — adj. = destructorio

destructor, a
1 Que destruye: *las armas químicas tienen efectos destructores sobre las personas y el medio.* — adj/s.
2 Barco torpedero de hasta dos mil toneladas, armado con artillería de mediano calibre, usado especialmente como protección de escuadras y convoyes. — s.m./MILITAR, NÁUTICA = destruidor

destrueque Descambio de una cosa por otra. — s.m./tb: destrueco

destruible Que se puede destruir: *los viejos archivos son destruibles.* — adj. ≠ indestructible

destruir (Del lat. *destruere*, demoler.)
1 Deshacer, convertir en ruina una construcción u otra cosa material: *el ejército destruyó gran parte de la ciudad.* — v.tr./prnl. conj: huir
2 Hacer desaparecer una cosa no material: *destruyó las razones de su oponente.* — v.tr.
3 Gastar una persona sus bienes con insensatez o exceso: *destruyó su hacienda en dos años.* — = dilapidar
4 Anularse dos cantidades o expresiones algebraicas por ser iguales y de signo contrario. — v.prnl. MATEMÁTICAS

destusar Quitar la hoja del maíz. — v.tr./Amér. Central

desuardado Operación que tiene por objeto eliminar la suarda de la lana bruta. — s.m. TEXTIL

desubicar
1 Colocar una cosa donde no corresponde. — v.tr./conj: sacar
2 No saber donde se está o lo que se tiene que hacer: *con el golpe que recibió en la cabeza se desubicó por completo.* — v.prnl. = desorientarse

desubstanciar Quitar o perder una cosa la sustancia: *esta sopa está desubstanciada.* — v.tr. tb: desustanciar

desucar Sacar el jugo de una cosa. — v.tr./conj: sacar

desudación Acción y resultado de quitar el sudor. — s.f.

desudar Quitar el sudor a una persona. — v.tr./prnl.

desuello
1 Acción de desollar o desollarse. — s.m./= desolladura
2 Cualidad del que actúa con descaro y desvergüenza. — = desfachatez
3 ser algo un desuello: Ser muy alto o excesivo el precio pedido por una cosa. — coloquial

desueradora Máquina para quitar o extraer el suero. — s.f./INDUSTRIA

desuerar Quitar el suero de la manteca, la mantequilla, el queso u otros productos. — v.tr.

desulfitación Eliminación, en el mosto o del vino, del anhídrido sulfuroso que se había añadido: *la desulfitación se realiza por trasiego.* — s.f.

desulfuración Separación del azufre o los sulfuros de la sustancia que los contiene. — s.f. QUÍMICA

desulfurar Quitar el azufre o sulfuros contenidos en una sustancia. — v.tr. QUÍMICA

desuncir Quitar el yugo a un animal. — v.tr./conj: zurcir

desunión
1 Separación de las partes que componen una cosa, o de las cosas que estaban unidas. — s.f.
2 Desavenencia entre personas que estaban unidas: *la herencia fue la causa de desunión entre los hermanos.* — = enemistad

desunir
1 Separar las cosas que estaban unidas: *no quiero desunir las piezas del puzzle.* — v.tr./prnl./= disociar, desagregar
2 Introducir enemistad o discordia entre las personas: *en poco tiempo consiguió desunir a los amigos.* — v.tr. = dividir, apartar

desuñar
1 Arrancar las uñas a una persona o un animal. — v.tr.
2 Arrancar las raíces viejas de una planta. — AGRICULTURA
3 Dejarse dominar por un vicio: *se desuñó con la bebida hasta su muerte.* — + con
4 Ocuparse afanosamente en un trabajo manual difícil: *se desuñaba construyendo la maqueta del castillo.* — v.prnl. coloquial

desurbanización Tendencia política que tiende a favorecer el desarrollo industrial en zonas rurales. — s.f. POLÍTICA

desurbanizar Practicar una política de desurbanización. — v.tr. conj: cazar

desurcar Deshacer los surcos de un campo. — v.tr./conj: sacar

desurdir
1 Deshacer una tela quitando la urdimbre. — v.tr.
2 Deshacer una trama o una intriga. — = desbaratar

desusado, a
1 Desacostumbrado, que ha dejado de usarse: *les sorprendió por hacer gala de una desusada gama de tonos.* — adj. = anticuado
2 Que es extraño o desacostumbrado: *últimamente tiene un comportamiento desusado en él.* — = insólito

desusar Dejar de usar una cosa. — v.tr./prnl.

desuso
1 Falta de uso o práctica de algo: *el latín es una lengua en desuso.* — s.m. + dejar, estar
2 Falta de aplicación de una ley aunque no implica su derogación: *aunque es una norma en desuso, puede sernos útil.* — DERECHO
3 desuso calculado: Técnica que se propone abreviar intencionadamente la vida de un producto: *el desuso calculado incita al consumidor a la rápida renovación del producto.* — ECONOMÍA

desustanciar Quitar la sustancia a una cosa: *desustanciar un caldo; desustanciar un texto.* — v.tr/prnl. tb: desubstanciar

desutilidad Insatisfacción que se produce por un bien económico. — s.f. ECONOMÍA

desvahar Quitar los tallos secos o marchitos de una planta. — v.tr. AGRICULTURA

desvaído, a (Derivado del port. *esvaído*.)
1 Que está descolorido o pálido: *le encontré con un color desvaído.* — adj./= pálido, desvanecido
2 Que está poco definido: *los contornos se veían desvaídos en la foto.* — = impreciso
3 Que tiene poca personalidad. — coloquial
4 Se aplica al vino que tiene poca consistencia en el paladar.

desvainadura Acción de quitar la vaina a las legumbres. — s.f.

desvainar Sacar las semillas de las vainas de las legumbres. — v.tr.

desvaírse Perder el color, la fuerza o la intensidad. — v.prnl./conj: *embair*

desvalido, a
1 Que está indefenso: *desde la muerte de sus padres se sentía débil y desvalido.* — adj/s./= desamparado, abandonado
2 Que carece de bienes o recursos: *pertenece a una asociación de ayuda a los desvalidos.*

desvalijamiento
1 Acción de desvalijar o quitar los bienes a alguien. — s.m./= desvalijo
2 Acción de desvalijar o robar todos los objetos de valor que hay en un sitio.

desvalijar
1 Quitar todos los bienes y el dinero a una persona: *le desvalijaron en pleno día.* — v.tr. = robar
2 Robar los objetos contenidos en una casa, establecimiento u otro lugar: *entraron de noche y desvalijaron la tienda.*

desvalimiento Carencia de recursos y de ayuda. — s.m./= desamparo

desvalorar Quitar valor a una cosa. — v.tr./= desvalorizar

desvalorización
1 Pérdida del valor de algo: *la desvalorización de los criterios morales ha sido muy grande.* — s.f. ≠ valoración
2 Disminución del valor de las partidas del activo: *la continua desvalorización de la moneda provocó la bajada de la bolsa.* — ECONOMÍA = devaluación, depreciación
3 **desvalorización del capital**: Reducción o cambio de categoría de capital con el fin de rentabilizar el resto: *el cierre de fábricas a precio reducido y el cambio de utillaje aún útil son dos formas de desvalorización del capital.* — ECONOMÍA

desvalorizar
1 Hacer que disminuya el valor, la consideración o el prestigio de una persona o cosa. — v.tr/prnl. conj: *cazar*
2 Hacer que pierda la moneda de un país valor en el cambio internacional. — v.tr. ECONOMÍA

desvaluación Disminución del valor de una moneda: *la devaluación de la peseta.* — s.f. ECONOMÍA

desván (Del ant. *desvanar* < lat. *vanus*, vacío, inútil.)
1 Parte más alta de la casa, inmediata al tejado, donde se suelen guardar objetos inútiles o que no se usan. — s.m. = buhardilla
2 **desván gatero**: El que no es habitable.

desvanecedor, a
1 Que se desvanece, desaparece o pierde fuerza. — adj.
2 Aparato para desvanecer parte de una fotografía antes de sacar la positiva. — s.m. FOTOGRAFÍA

desvanecer
1 Hacer desaparecer una cosa gradualmente: *la niebla ya se ha desvanecido.* — v.tr/prnl. conj: *carecer*
2 Perder fuerza o importancia un hecho o una cosa: *las sospechas hacia él se desvanecieron.* — = disipar
3 Hacer menos intensos los colores o los contornos de una cosa. — = envaguecer, evanescer
4 Perder una cosa su aroma, su sabor o su fuerza. — v.prnl.
5 Sufrir una persona un desmayo: *se desvaneció en medio de la clase.* — = desmayarse

desvanecimiento
1 Acción de desvanecerse o desmayarse. — s.m./= desmayo
2 Sensación de mareo: *sufrió un desvanecimiento.* — = vahído

desvaporizadero Sitio por donde se evapora una sustancia o respira un cuerpo. — s.m.

desvarar Poner a flote un barco varado. — v.tr./NÁUTICA

desvariado, a
1 Que actúa de forma incoherente: *es una persona desvariada.* — adj.
2 Que está fuera de regla, orden o concierto.
3 Se aplica a la rama que es larga y está desemparejada con las otras. — AGRICULTURA

desvariar Decir una persona disparates o cosas incoherentes: *no entiendo por qué me dices estas cosas, parece que desvarías.* — v.intr. conj: *vaciar*

desvarío
1 Acciones, palabras o pensamientos incoherentes y sin sentido. — s.m. = delirio
2 Trastorno mental con delirios. — SIQUIATRÍA
3 Monstruosidad, cosa fuera de lo normal o natural.

desvastigar Podar una planta para aclarar su follaje: *habría que desvastigar el almendro.* — v.tr./conj: *pagar* = chapodar

desvedar Levantar la prohibición que existe sobre una cosa. — v.tr.

desvelar
I (Del lat. *dis-*, de + *evigilare*, despertar.)
1 Quitar el sueño a una persona, no dejarla dormir: *el café me desveló.* — v.tr/prnl.
2 Dedicar mucha atención, cuidados o esfuerzo al bienestar de una persona o a que una cosa marche debidamente: *se desveló para que todo saliera como estaba previsto.* — v.prnl.
II (Del lat. *dis- des- + velum*, velo.) Poner de manifiesto una cosa que estaba oculta: *desvelar un secreto.* — v.tr./= descubrir = revelar

desvelo
1 Acción y resultado de desvelar o desvelarse. — s.m.
2 Falta de sueño o dificultad para conciliarle. — = insomnio
3 Esfuerzo que se aplica para que algo vaya bien: *sus desvelos no sirvieron de nada.*

desvenar
1 Quitar las venas de la carne. — v.tr.
2 Quitar las nervaduras a los chiles para eliminar lo picante. — Méx.
3 Sacar un mineral de una vena o un filón. — MINERÍA
4 Quitar las fibras de las hojas de las plantas. — AGRICULTURA
5 Levantar los cañones de un freno por el nudo, arqueándolos para que hagan montada. — EQUITACIÓN

desvencijar Separar las partes de una cosa de modo que ésta pierda su firmeza o su cohesión: *el mueble se desvencijó con los años.* — v.tr/prnl.

desvendar Quitar la venda que cubre una cosa: *se desvendó el brazo.* — v.tr/prnl. tb: desenvendar

desveno Arco que hay en el centro de la embocadura del freno que forma el hueco necesario para que se aloje en él la lengua del caballo. — s.m. EQUITACIÓN = montada

desventaja
1 Situación de inferioridad en que se encuentra una persona o una cosa con respecto a otra: *competía con desventaja y perdió.* — s.f. = desconveniencia
2 Inconveniente que dificulta o impide algo. — = obstáculo

desventajoso, a Que tiene desventajas: *está en situación desventajosa.* — adj./= perjudicial ≠ favorable

desventar Sacar el aire de un lugar. — v.tr/conj: *pensar*

desventura
1 Situación o suceso que causa una adversidad o un sufrimiento: *resulta difícil superar tanta desventura.* — s.f. = infortunio
2 Estado del que está sumido en la tristeza: *consolar en la desventura.*

desventurado, a
1 Que es desafortunado: *¡pobre desventurado, que mala suerte tienes!* — adj/s.
2 Se aplica a la persona que es apocada y de poco espíritu.
3 Que es avaro y miserable. — = ruin

desvergonzado, a Que se comporta con descaro e insolencia: *era una pícara desvergonzada.* — adj/s. = insolente

desvergonzarse Insolentarse faltando al respeto: *se desvergonzó ante sus superiores.* — v.prnl. conj: *avergonzar*

desvergüenza
1 Falta de vergüenza: *después del mal que le hizo, tiene la desvergüenza de llamarla.* — s.f. ≠ vergüenza
2 Acto o dicho descarado e insolente. — = desfachatez

desvestir
1 Quitar el vestido a una persona: *desvístase para que puede auscultarle.* — v.tr/prnl./conj: *pedir* = desnudar
2 Quitar lo que cubre o adorna una cosa: *desvistió el altar tras la celebración.* — v.tr.

desviación
1 Acción de apartar o apartarse una cosa o una persona de la dirección que seguía: *la desviación del proyectil fue provocada.* — s.f.
2 Tramo de una carretera o vía de comunicación que se separa de la principal: *hay que coger la desviación de la derecha, una vez pasado el primer pueblo.* — = bifurcación
3 Anomalía o irregularidad en una cosa: *en la gráfica se observa una desviación.*
4 Desplazamiento lateral de un cuerpo respecto de su posición media: *desviación del péndulo.*
5 Alteración en la posición de la aguja imantada respecto al plano del meridiano magnético, producida por la atracción de una masa de hierro u de otro imán.
6 Paso de los líquidos corporales fuera de sus conductos naturales. — MEDICINA

7 Cambio de la posición normal de los órganos, especialmente de los huesos: *el médico diagnosticó desviación de columna.* — MEDICINA
8 Veta que se cruza con otra y sigue la dirección de ésta en cierta longitud. — MINERÍA

desviacionismo Doctrina o práctica que se aparta de unos principios o de una línea de conducta. — s.m./FILOSOFÍA, POLÍTICA

desviacionista Que se aparta sistemáticamente de la línea política de la organización a que pertenece. — adj/s.m.f. POLÍTICA

desviador, a
1 Que desvía o aparta. — adj.
2 Instrumento que permite desviar de la vertical un pozo en perforación. — s.m. MINERÍA
3 desviador de chorro: Dispositivo de la aeronave que cambia la dirección de los gases para modificar su empuje. — AERONÁUTICA

desviamiento Cruce de una vena mineral con otra. — s.m./MINERÍA

desviar (Del lat. *desviare*.)
1 Separar a una persona o una cosa de su lugar o del camino que seguía: *la flecha se desvió por el viento.* — v.tr/prnl. conj: vaciar
2 Conseguir que una persona desista de su propósito: *lo desvió de su intención de ser ingeniero.* — = apartar
3 Separar la espada del contrario del punto a que iba dirigida. — v.tr. DEPORTES

desviejar Separar las reses viejas del rebaño, entre ganaderos. — v.tr.

desvinculación Anulación de un vínculo, relación u obligación a que una persona o cosa estaba sujeta. — s.f.

desvincular
1 Deshacer el vínculo existente entre personas o instituciones: *se desvinculó de su entorno familiar cuando se independizó.* — v.tr.
2 Desamortizar bienes. — Argent., Chile

desvío
1 Acción y resultado de apartar o apartarse una cosa o una persona de la dirección que seguía. — s.m. = desviación
2 Prolongación de una cosa, como una carretera, una vía de comunicación o un conducto, que se aparta de la dirección principal: *cuando llegues al semáforo, tienes que coger el desvío a la derecha.* — = desviación
3 Cambio provisional en el trazado de una carretera o camino. — = desviación
4 Falta de afecto de una persona hacia otra. — = desapego
5 Madero sujeto al andamio y apoyado en una pared para evitar el movimiento de vaivén. — CONSTRUCCIÓN
6 Cruce de una vena con otra. — MINERÍA
7 Apartadero de una línea férrea: *el tren permanecía estacionado en el desvío.* — Amér. Merid., P. Rico

desvirar
1 Cortar el material sobrante de una suela de zapato. — v.tr.
2 Cortar el encuadernador los extremos de un libro. — ARTES GRÁFICAS
3 Dar vueltas a un torno o un cabrestante en sentido contrario a las que se dieron al virarlo.

desvirgar
1 Hacer que una persona pierda la virginidad. — v.tr./conj: pagar
2 Usar una cosa por primera vez. — coloquial

desvirtuar Quitar la fuerza o virtud de una cosa: *con tantos invitados de última hora se desvirtuó el acto.* — v.tr/prnl. conj: actuar

desvitrificación
1 Modificación del vidrio por la acción prolongada del calor, cristalizándose sus componentes. — s.f. INDUSTRIA
2 Recristalización de los vidrios volcánicos. — GEOLOGÍA

desvitrificar Hacer perder la transparencia al vidrio por la acción prolongada del calor. — v.tr. conj: sacar

desvivirse Mostrar mucho interés o amor por una persona o una cosa: *se desvive por la empresa.* — v.prnl. + por

desvolvedor Herramienta que usan los herreros y los cerrajeros para apretar o aflojar tuercas. — s.m.

desvolver
1 Labrar la tierra. — v.tr./conj: volver
2 Darse la vuelta. — v.prnl./Amér.

desyemado Acción de quitar las yemas: *procedieron al desyemado de las plantas.* — s.m.

desyemar
1 Quitar las yemas de una planta. — v.tr.
2 Separar la yema de la clara del huevo.

desyerba Eliminación de las hierbas nocivas de un sembrado. — s.f./AGRICULTURA = escarda

desyerbar Arrancar las hierbas nocivas de un sembrado. — v.tr. = desherbar

desyugar Quitar el yugo a un animal: *desyugar los bueyes.* — v.tr. conj: pagar

deszafrar Separar de un sitio el mineral ya arrancado de la mina. — v.tr. MINERÍA

deszocar
1 Producir una herida grave a alguien en el pie o en la mano. — v.tr/prnl. conj: sacar

2 Quitar el zócalo de una columna o el zoquete en que se afirma un pie derecho. — v.tr. ARQUITECTURA

deszulacar Quitar el zulaque o betún en pasta que tapa las juntas. — v.tr. conj: sacar

deszumar Sacar el zumo de un vegetal: *la fruta se ha deszumado por el calor.* — v.tr/prnl.

detall Significa al por menor, en pequeñas cantidades en la expresión **al detall**. — loc.adv.

detallar
1 Explicar una cosa con detalle y sin omitir ninguna circunstancia: *quiero que me detalles todo lo que sucedió.* — v.tr.
2 Vender una cosa al por menor. — COMERCIO

detalle (Del fr. *détail* < *détailler* < lat. *taliare*, cortar.)
1 Cuestión o asunto de menor importancia que otros que se consideran esenciales: *les contó la película sin omitir ningún detalle.* — s.m. = pormenor
2 Gesto o rasgo de atención o amabilidad que alguien tiene con otra persona: *no tuvo ningún detalle con nosotros.* — = delicadeza
3 Pequeño obsequio que se ofrece a una persona: *te he comprado un detalle por tu santo.* — = regalo
4 al detalle: Al por menor, en pequeñas cantidades: *en esta tienda sólo se vende al por mayor y no al detalle.* — loc.adv. COMERCIO
5 con o en detalle: Con todos los pormenores: *me explicó el viaje con detalle.* — loc.adv.

detallista
1 Se aplica a la persona que cuida mucho los detalles. — adj/s.m.f.
2 Comerciante que vende al por menor. — s.m.f./= minorista

detasa (Del fr. *détaxe* < *de* + *taxe*, < *taxer* < lat. *taxare*, tasar.) Devolución del exceso de portes pagados por el transporte de mercancías, en especial en el ferrocarril. — s.f. COMERCIO

detección
1 Acción y resultado de detectar, descubrir o darse cuenta de una cosa. — s.f.
2 Operación por la que se determina la posición de los aviones, submarinos, minas, misiles, etc. — MILITAR
3 detección de errores: Método de protección contra los errores de transmisión o registro. — TELECOMUNICACIONES

detectable Que puede ser detectado. — adj.

detectar (Del ingl. *to detect* < lat. *detectus* < *detegere*, descubrir.)
1 Darse cuenta de una cosa a partir de una observación minuciosa: *aún no han detectado el error.* — v.tr. = percibir
2 Descubrir la presencia de una cosa con un aparato o un procedimiento físico: *los radares han detectado un submarino.*
3 Extraer de la onda modulada la señal transmitida.

detective (Derivado del ingl. *detect*, descubrir.) Persona que se ocupa en hacer investigaciones privadas por encargo. — s.m.f.

detectivesco, a Del detective o de su profesión. — adj.

detector
1 Elemento de un receptor de radiotelegrafía o radiotelefonía sin hilos que sirve para recoger las ondas hertzianas o de radiodifusión. — s.m. TELECOMUNICACIONES
2 detector de mentiras: Aparato que registra los cambios cardíacos, etc., que sufre una persona que está sometida a un interrogatorio.

detención
1 Apresamiento de una persona por la policía u otro cuerpo de seguridad: *la detención del delincuente fue espectacular.* — s.f. DERECHO = arresto
2 Período de tiempo durante el que un presunto delincuente permanece en prisión. — DERECHO
3 Detenimiento y cuidado con que se hace una cosa.
4 Acción de impedir que algo avance.
5 Tope que detiene la rueda de escape de un reloj. — MECÁNICA
6 detención codificada o programada: La que ha sido predefinida en el programa. — INFORMÁTICA
7 detención ilegal: La que vulnera las disposiciones legales. — DERECHO
8 detención inesperada: La que aparece en la ejecución de un programa que, generalmente, se debe a un error del programa o un fallo o avería en el hardware. — INFORMÁTICA
9 detención preventiva: La que se impone a una persona que se supone ha intervenido en un hecho delictivo. — DERECHO

detener
1 Impedir que siga adelante: *se detuvo el tráfico por el gran diluvio; pudieron detenerle la hemorragia.* — v.tr/prnl. conj: tener
2 Capturar a una persona, privarle de libertad generalmente durante un tiempo breve: *lo detuvieron a la semana del robo.* — v.tr. DERECHO
3 Pasar mucho tiempo haciendo una cosa: *se detiene mucho en la limpieza de la casa.* — v.prnl.
4 Pararse a meditar una cosa: *se detuvo a pensar en su futuro.*

detenido, a
1 Que está parado o no avanza. — adj.

2 Que está hecho con mucho detalle: *han presentado un detenido análisis.*   **= minucioso**

3 Que está apresado por una autoridad pública: *Pedro está detenido en comisaría.*   **adj/s.
DERECHO**

4 Que se comporta con timidez y es de poca resolución.   **= apocado**

detenimiento
1 Dilación, tardanza en hacer alguna cosa.   **s.m.**
2 con detenimiento: Con minuciosidad: *examinó el problema con mucho detenimiento.*   **loc.adv.**

detentación (Del lat. *detentatio.*) Uso o atribución indebida o ilegítima de una cosa.   **s.f./DERECHO
= apoderamiento**

detentador, a (Del lat. *detentator.*) Persona que retiene la posesión de lo que no es suyo.   **s.
DERECHO**

detentar (Del lat. *detentare,* retener.)
1 Atribuirse o retener una persona una cosa que no le pertenece: *detentó el poder anulando los resultados electorales.*   **v.tr.
DERECHO**
2 Ostentar u ocupar un cargo u honor: *detenta el título desde hace varios años.*   **= desempeñar, ejercer**

detente Recorte de tela con la imagen del corazón de Jesús y la leyenda «detente, bala», que llevaban prendido a la altura del pecho los soldados del bando nacional durante la guerra civil española.   **s.m.
HISTORIA**

detergente
1 Se aplica a la sustancia química que sirve para limpiar, o lavar: *utiliza un detergente especial para la ropa de lana.*   **adj/s.m.**
2 Se refiere a la sustancia que limpia y purifica, utilizada con propiedades terapéuticas.   **FARMACIA,
MEDICINA**

deterger (Del lat. *detergere.*)
1 Limpiar una herida o una úlcera: *utiliza alcohol yodado para deterger la herida.*   **v.tr./conj. coger
MEDICINA**
2 Limpiar una cosa sin corroerla.

deterioración Acción y resultado de deteriorar o deteriorarse.   **s.f.
= deterioro**

deteriorar (Del lat. *deteriorare.*)
1 Echar a perder, estropear: *el abrigo de ante se deterioró a causa de la lluvia; los celos deterioraron su matrimonio después de tantos años.*   **v.tr/prnl.**
2 Ponerse peor, degenerar: *su salud se ha deteriorado mucho después que sufrió la tuberculosis; sus relaciones se han deteriorado.*   **v.prnl.
= decaer**
3 Padecer un debilitamiento intelectual.   **SIQUIATRÍA**

deteriorativo, a Que produce o provoca un deterioro intelectual: *padece un proceso deteriorativo debido a la edad.*   **adj.
SIQUIATRÍA**

deterioro
1 Acción y resultado de deteriorar o deteriorarse.   **s.m./= deterioración**
2 deterioro intelectual, mental o síquico: Debilitamiento de ciertas funciones intelectuales.   **SIQUIATRÍA**

determinabilidad
1 Propiedad de lo que se puede determinar.   **s.f.**
2 Principio aplicable a un concepto según su forma lógica, en la filosofía kantiana.   **FILOSOFÍA**

determinación (Del lat. *determinatio, -onis.*)
1 Acción de acordar o decidir una cosa.   **s.f.**
2 Valor ante los peligros o dificultades: *se lanzó a socorrerla con determinación.*   **= decisión**
3 Decisión firme que alguien toma: *tomó la determinación de irse.*   **= decisión**
4 Procedimiento por el cual un elemento lingüístico es actualizado en el enunciado.   **LINGÜÍSTICA**
5 determinación del sexo: Conjunto de fenómenos genéticos, celulares y hormonales que llevan a la concepción y diferenciación de seres de sexo opuesto.   **BIOLOGÍA**

determinado, a
1 Que se comporta con valor y osadía: *era una mujer determinada que no se arredraba ante nada.*   **adj/s. = resuelto, valeroso**
2 Se refiere a la ecuación cuya incógnita tiene un número limitado de valores.   **adj.
MATEMÁTICAS**
3 Elemento lingüístico que caracteriza y precisa el valor y sentido de otro.   **s.m.
LINGÜÍSTICA**

determinante
1 Que constituye la causa que provoca cierto hecho: *esta cuestión determinante desencadenó un proceso inesperado.*   **adj.**
2 Se refiere al elemento lingüístico que caracteriza y precisa el valor y sentido de otro.   **adj/s.m.
LINGÜÍSTICA**
3 Morfema gramatical que precede al nombre para introducirlo en el enunciado, dándole diversas especificaciones, como los artículos y los adjetivos determinativos.   **s.m.
LINGÜÍSTICA**
4 Se aplica al juicio que relaciona un caso particular con una ley universal dada, según la filosofía kantiana.   **adj.
FILOSOFÍA**

determinar (Del lat. *determinare.*)
1 Llegar a saber una cosa a partir de los datos que se poseen: *el forense determinó la causa de la muerte a partir de los resultados de la autopsia.*   **v.tr.
= discernir**

2 Fijar una cosa con precisión: *no han determinado la fecha límite para presentar solicitudes.*

3 Motivar o ser causa de cierto hecho o proceso: *la inestabilidad afectiva de su madre determinó la formación de su carácter.*   **= provocar**

4 Tomar una decisión sobre una cosa: *determinó dejar la empresa; se determinaron en favor de la enmienda.*   **v.tr/prnl.
+ a, en**

5 Pronunciar una sentencia contra una persona: *el juez determinó la máxima pena para el acusado.*   **v.tr./DERECHO
= sentenciar**

6 Decidir sobre la situación política de un territorio: *se contempla el derecho a un pueblo a determinarse libremente.*   **v.prnl.
POLÍTICA
= autodeterminarse**

determinativo, a
1 Que determina o resuelve: *con un tono determinativo les presentó la resolución final.*   **adj.
= resolutivo**
2 Se aplica al adjetivo que determina o limita el significado de un sustantivo, como los numerales, indefinidos, demostrativos y posesivos.   **LINGÜÍSTICA**

determinismo
1 Doctrina filosófica que afirma que los fenómenos naturales y los hechos humanos están motivados y condicionados por sus antecedentes.   **s.m.
FILOSOFÍA**
2 Relación de causa y efecto entre dos o varios fenómenos.
3 determinismo cultural: Principio teórico que defiende que en cualquier cultura o sociedad existen elementos que determinan las pautas de comportamiento y los límites de la normalidad.   **SOCIOLOGÍA**
4 determinismo geográfico o ambiental: Teoría que postula que el medio natural es el factor determinante de los modos de vida y concepción del mundo de una cultura.   **SOCIOLOGÍA**
5 determinismo universal o laplaciano: Hipótesis que sostiene que el conocimiento de las leyes de la evolución del universo y de su estado actual permite prever su futuro.   **FILOSOFÍA**

determinista
1 Del determinismo: *doctrina determinista; concepción determinista del universo; antropología determinista.*   **adj.
FILOSOFÍA**
2 Partidario del determinismo: *los deterministas reflejan una visión mecanicista del cosmos.*   **adj/s.m.f.**

detersión
1 Acción de limpiar o purificar.   **s.f.**
2 Eliminación de los restos necrosados que se han vuelto extraños al organismo o irritantes para los tejidos vecinos.   **MEDICINA**

detersorio, a Se aplica al producto o sustancia que se utiliza para limpiar: *después de la licuefacción del forúnculo le aplicaron el detersorio.*   **adj/s.m.= abluente, detergente, detersivo**

detestable Que no se puede tolerar o aguantar: *me parece una persona detestable, no sólo por su aspecto sino por sus rudas costumbres.*   **adj./= odioso, abominable, execrable**

detestar (Del lat. *detestari.*)
1 Sentir una persona aversión por otra o por una cosa: *detesto las mentiras y los engaños.*   **v.tr/= aborrecer, execrar**
2 Condenar y maldecir a una persona o una cosa poniendo al cielo por testigo.

detienebuey Gatuña, planta herbácea.   **s.m./BOTÁNICA**

detonación
1 Sonido producido por un disparo o una explosión: *la detonación de la carga de dinamita llegó hasta los barrios periféricos.*   **s.f.**
2 Explosión rápida capaz de iniciar la de un explosivo más estable.
3 Fenómeno en el funcionamiento de un motor térmico originado por la falta de correspondencia del carburante con las características del motor.   **MECÁNICA**

detonador, a
1 Que sirve para detonar.   **adj/s.**
2 Dispositivo o parte de una munición que sirve para provocar la detonación de un explosivo: *los detonadores llevaban relés de retardo para provocar explosiones desfasadas.*   **s.m.
TECNOLOGÍA**

detonante
1 Que detona o es apto para explotar.   **adj/s.m.**
2 Que produce la reacción de algo: *el detonante del escándalo fue un suceso infortunado.*
3 Que llama la atención por contraste violento con su entorno: *llevaba un conjunto de detonantes colores.*   **adj./= discordante, estridente**

detonar (Del lat. *detonare.*)
1 Hacer que explote una cosa: *el aumento de temperatura detonó la dinamita del almacén.*   **v.tr.**
2 Producir una cosa un ruido fuerte y seco como el de un trueno, un cañonazo o una explosión.   **v.intr.
= estallar**
3 Causar asombro o admiración, llamar la atención.

detorsión Torcedura de un músculo, nervio o ligamento.   **s.f./ANATOMÍA
= distensión**

detracción (Del lat. *detractio, -onis.*) Acción y resultado de detraer, separar o desacreditar: *a su vuelta del exilio fue víctima de la detracción de sus enemigos.*   **s.f.**

detractor, a Se refiere a la persona que desacredita a alguien o algo: *se erigió en el detractor del poder establecido.* — adj/s. = infamador

detraer (Del lat. *detrahere.*)
1 Sustraer, quitar una parte de una cosa: *detrajo las tres últimas cláusulas del documento.* — v.tr/prnl. conj: traer
2 Hacer que una persona pierda su buena reputación: *una vez caída en desgracia todos colaboraron en detraerla.* — v.tr. = difamar

detrás
1 En último término, en lugar posterior: *desfiló todo el ejército, y detrás, el cuerpo médico auxiliar; ¿has visto a quién llevamos detrás?* — adv. = después ≠ delante
2 Sin la presencia de los interesados, en ausencia: *siempre anda criticando por detrás.*
3 **detrás de:** Tras, en pos de: *siempre va detrás de las chicas.* — loc.adv.
4 **por detrás:** A espaldas del que es objeto del comentario: *jamás le dijo en la cara lo que de él publicó por detrás.* — loc.adv.

detrición Proceso de formación de detritos. — s.f./GEOLOGÍA

detrimento
1 Disminución de valor o cantidad que sufre una cosa: *detrimento del valor del dinero.* — s.m.
2 Pérdida o perjuicio de la salud o de los intereses.
3 Daño moral: *esto va en detrimento de tu reputación.*

detrítico, a
1 Se refiere a cualquier formación sedimentaria que está compuesta de productos de la disgregación de rocas preexistentes. — adj. GEOLOGÍA
2 Formación de las profundidades que procede de la sedimentación de materiales disgregados. — s.m. GEOLOGÍA

detritívoro, a Se refiere a los animales o bacterias que se alimentan de detritos o residuos. — adj/s.m./ZOOLOGÍA = detritófago

detrito
1 Conjunto de restos o residuos que quedan de la elaboración o descomposición de algo: *los detritos de una fábrica.* — s.m. tb: detritus
2 Resultado de la descomposición de una masa sólida en partículas. — = fragmento
3 Fragmentos que resultan de la descomposición de las rocas. — s.m. tb: detritus
4 Fragmentos que al perforar un pozo quedan adheridos al trépano y son expulsados en superficie por la circulación del fluido. — s.m.pl.

detumescencia Disminución del volumen o desaparición total de una inflamación. — s.f. MEDICINA

detumescente Se refiere al medicamento que sirve para deshinchar. — adj/s.m. FARMACIA

deturpar Poner una cosa en mal estado o en peor estado del que tenía. — v.tr. tb: destorpar

deuce (Voz inglesa.) Expresión con que se indica que los jugadores de tenis en competición están empatados a puntos para conseguir un game o juego. — s.m. DEPORTES = iguales

deuda (Del lat. *debitum.*)
1 Obligación que alguien tiene de pagar, devolver o dar una cantidad de dinero u otra cosa a otra persona: *está lleno de deudas.* — s.f. = débito
2 Cantidad que se debe pagar, devolver o dar: *la deuda asciende a un millón.*
3 Obligación moral de corresponder en algo con una persona: *me siento en deuda contigo.*
4 Pecado o falta cometida: *pedimos al Señor que perdonase nuestras deudas.*
5 **deuda amortizable:** Aquella cuyo capital se ha de reembolsar en un plazo determinado. — ECONOMÍA
6 **deuda consolidada:** La flotante o amortizable que se hace fija. — ECONOMÍA
7 **deuda exterior:** La pública que se paga en el extranjero y con moneda extranjera. — ECONOMÍA
8 **deuda flotante:** La pública no consolidada que puede variar todos los días. — ECONOMÍA
9 **deuda interior:** La pública que se paga en el propio país y con moneda nacional. — ECONOMÍA
10 **deuda perpetua:** Aquella cuyo capital no es exigible nunca. — ECONOMÍA
11 **deuda pública:** La que tiene el estado con los poseedores de títulos emitidos por él: *han hecho una emisión de deuda pública.* — ECONOMÍA

deudo, a
1 Persona que pertenece a la misma familia que otra, ya sea por consanguinidad o afinidad: *los deudos y amigos le hicieron una pomposa despedida.* — s. = pariente
2 Relación de parentesco. — s.m.

deudor, a (Del lat. *debitor, -oris.*)
1 Persona que debe algo a otra: *es un deudor de Hacienda; el club es deudor al banco por varios cientos de millones.* — adj/s. + a, de, por ≠ acreedor
2 Se aplica a la cuenta en la que se ha de anotar una cantidad en el debe. — COMERCIO
3 Persona cuya cuenta ha sido más debitada que acreditada: *en el activo del balance se agrupan las cuentas de los diversos deudores.* — s. COMERCIO

deus ex machina (Expresión latina que significa *dios bajado por medio de una máquina.*)
1 Aparición en escena de una divinidad, a la que se hace bajar por medio de cierto mecanismo. — s.m. TEATRO
2 Persona que resuelve una situación crítica o dramática. — s. culto
3 Desenlace feliz o aventurado de una situación. — s.m./culto

deuteragonista (Del gr. *deuteros,* segundo + *agonistes,* actor, competidor.) Personaje que sigue en importancia al protagonista en las obras literarias o análogas: *Esquilo añadió la figura del deuteragonista en la tragedia griega.* — s.m. LITERATURA

deuterio (Del gr. *deuteros,* segundo.) Isótopo del hidrógeno, cuyo peso es doble que el del hidrógeno normal. — s.m. QUÍMICA = hidrógeno pesado

deuterogamia Estado del que ha contraído segundas nupcias. — s.f.

deuteromicete Se aplica al hongo imperfecto que no forma esporas y presenta multiplicación vegetativa por conidios. — adj/s.m. MICOLOGÍA

deuterón Deutón, núcleo de deuterio. — s.m./FÍSICA

deuto- Componente de palabra procedente del gr. *deuteros,* que significa dos, segundo: *deutóxido, deutoneurona.* — pref. tb: deuter-, deutero-

deutón (Del gr. *deuteros,* segundo.) Núcleo del átomo del deuterio, constituido por un protón y un neutrón. — s.m. FÍSICA

deutoneurona Segunda neurona que transmite el influjo nervioso de la periferia a los centros nerviosos o al revés. — s.f. ANATOMÍA

deutoplasma Material nutriente de reserva que se halla en el citoplasma del huevo. — s.m. BIOLOGÍA

devalar Derivar, separarse una embarcación del rumbo marcado. — v.intr./NÁUTICA tb: davalar

devaluación
1 Disminución del valor de una moneda respecto de otra: *la devaluación de la peseta.* — s.f./ECONOMÍA = depreciación
2 Disminución o pérdida del valor de una cosa. — = depreciación
3 Técnica que consiste en disminuir la cantidad de oro legal para ajustar el valor de la moneda a una nueva situación provocada por un alza anterior en los precios. — ECONOMÍA

devaluar Rebajar el valor de una moneda u otra cosa: *han vuelto a devaluar el dólar.* — v.tr/prnl./conj: actuar/= depreciar

devanadera
1 Máquina industrial y eje en que se enrollan hilos, alambres y otro material, para después devanarlo con más facilidad. — s.f./TECNOLOGÍA = aspadera, azarja
2 Mecanismo giratorio en el que van montados los bastidores del escenario pintados por ambos lados para hacer cambios rápidos. — TEATRO
3 Dispositivo utilizado para arrollar las mangas contra incendios. — TECNOLOGÍA
4 Pedazo de madera o corcho preparado para arrollar los sedales. — PESCA

devanado
1 Operación de arrollar el hilo o el alambre: *el devanado se simplificó al enrollar las fibras en el carrete.* — s.m.
2 Hilo conductor que, enrollado y cubierto con un revestimiento aislador, se emplea en algunos aparatos eléctricos. — ELECTRICIDAD = arrollamiento, bobina

devanador, a
1 Que arrolla el hilo en un carrete, bobina o en ovillo. — adj/s.
2 Pieza de cartón, madera u otro material en la que se enrolla hilo. — s.m.

devanadora Pieza de la máquina de coser que sirve para devanar la bobina de hilo. — s.f. TEXTIL

devanagari (Voz sánscrita.) Escritura de las lenguas védica y sánscrita y ciertas lenguas indias modernas como el hindi o el bengalí. — s.m. LINGÜÍSTICA

devanar (Del lat. vulgar *depanare* < lat. *panus,* ovillo.)
1 Formar un rollo con un hilo, un alambre o una cuerda alrededor de un eje. — v.tr.
2 Hacer un ovillo con el hilo o la lana de una madeja: *devanó el perlé para venderlo.* — TEXTIL

devanear Hacer o decir una persona disparates: *en cuanto se cruza con ella comienza a devanear.* — v.intr. = disparatar

devaneo
1 Acción de delirar o de decir disparates. — s.m.
2 Pasatiempo o acción con la que una persona se distrae y pierde el tiempo: *déjate de devaneos y ponte a trabajar.*
3 Relación amorosa superficial y pasajera: *entre tanto devaneo jamás encontró al hombre de sus sueños.*

devastación (Del lat. *devastatio -onis.*) Acción y resultado de devastar o destruir. — s.f.

devastador, a Que devasta o destruye: *un fuego devastador asoló la comarca.* — adj/s.

devastar
1 Destruir los edificios y asolar los campos de un te- v.tr.
rritorio: *la contienda devastó el centro de la ciudad.*
2 Hacer desaparecer o arruinar una cosa material.

develar
1 Descorrer o quitar el velo que cubre una cosa. v.tr.
2 Manifestar una cosa que estaba oculta o secreta: tb: desvelar
develó su secreto por televisión. = descubrir

devengar (De *de-* + lat. *vindicare*, atribuirse, apropiar- v.tr.
se.) Tener una persona el derecho a percibir una can- conj: pagar
tidad de dinero: *la cuenta devenga intereses mensuales.* ECONOMÍA

devengo
1 Acción y resultado de tener derecho a cobrar por s.m.
un servicio o trabajo.
2 Cantidad que se tiene derecho a cobrar por un tra- ECONOMÍA
bajo o un servicio. = acreditación

devenir
1 La realidad entendida como proceso o cambio: *el* s.m.
devenir es uno de los conceptos de mayor tradición en la FILOSOFÍA
historia de la filosofía.
2 Proceso mediante el cual una cosa se hace, se
transforma o llega a ser: *la diversificación y devenir cua-*
litativo de los átomos.
3 Producirse un hecho: *auguró que devendría una crisis* v.intr./conj: venir
política. = suceder
4 Llegar a ser una cosa. = transformarse

deverbal Se aplica a la palabra que se forma a partir adj/s.m.
de la raíz de un verbo: *"desviación" es un sustantivo de-* LINGÜÍSTICA
verbal que deriva de "desviar" = postverbal

deverbativo, a Se refiere a la forma lingüística que adj/s.m.
se forma a partir de la raíz de un verbo, especialmen- LINGÜÍSTICA
te si la derivada es verbal.

de verbo ad vérbum (Expresión latina.) Palabra loc.adv.
por palabra, sin omitir ningún detalle. culto

devillita (De *Deville*, geólogo francés.) Sulfato de co- s.f.
bre y calcio hidratado. MINERALOGÍA

devisa Divisa, derecho señorial. s.f.

de visu (Expresión latina.) Con los propios ojos, visto loc.adv.
por uno mismo. culto

devoción
1 Sentimiento religioso de admiración, respeto o ve- s.f.
neración: *siente devoción por la virgen María.* RELIGIÓN
2 Modo solemne y de recogimiento con que se mani- RELIGIÓN
fiesta el culto religioso.
3 Sentimiento de cariño hacia algo o alguien: *tiene de-* = amor
voción por sus hijos.
4 Inclinación o afición a una cosa: *siente una gran de-* = pasión
voción por la música.
5 **devoción de monjas:** La del que acude con fre- RELIGIÓN
cuencia a los conventos.
6 **estar a la devoción de alguien:** Estar, por propia
voluntad, sujeto a la obediencia de una entidad, doctrina o persona.

devocionario Libro que contiene oraciones y prácti- s.m.
cas piadosas para uso de los fieles. RELIGIÓN

devolución
1 Acción y resultado de devolver, restituir o restable- s.f.
cer: *no admiten la devolución de las compras una vez pa-* = restitución
sados quince días.
2 Entrega de los autos judiciales en el juicio de faltas. DERECHO
3 Entrega del sumario al instructor para nuevas dili- DERECHO
gencias en el procedimiento de urgencia.
4 **devolución de oficio:** Reintegro de la parte de la DERECHO
cuota ingresada que efectúa la hacienda pública
cuando a un incremento determinado de la base imponible le corresponde uno mayor de la cuota tributaria.

devolutivo, a Que devuelve: *restitución devolutiva.* adj./DERECHO

devolver
1 Dar una cosa a la persona, institución o lugar que la v.tr.
poseía antes o de quien se ha recibido: *tengo que de-* conj: volver
volver el libro prestado; le devolví las joyas. = restituir
2 Volver una cosa al estado o situación que antes tenía: *devolvió a la casa el aspecto de antaño.*
3 Hacer una cosa a cambio de otra que se ha recibido: *me devolvió el favor.*
4 Rechazar una cosa: *el banco ha devuelto la letra del*
coche.
5 Dar una cosa comprada al vendedor y recuperar su COMERCIO
importe: *lo devolveré porque está roto.*
6 Dar la vuelta del importe pagado: *le doy las veinti-* = volver
cinco y me devuelve dos mil pesetas.
7 Expeler una persona el contenido del estómago: *de-* coloquial
volvió toda la cena. = vomitar
8 Responder a una acción, positiva o negativa: *le de-*
volvieron la visita; le devolvió el plantón.

devónico, a (Derivado de *Devon*, condado británico.)
1 Del período geológico que es el cuarto de los seis adj/s.m.
en que se divide la era paleozoica: *sistema devónico; en* GEOLOGÍA

el devónico aparecen los vertebrados terrestres y los anfi- = devoniano
bios.
2 Se aplica al terreno o fósil que pertenece a este pe- adj.
ríodo geológico. GEOLOGÍA

devorador, a Que devora. adj/s./= devorante

devorar
1 Tomar alimentos con avidez: *devoró la paella en dos* v.tr.
minutos. = engullir
2 Comer los animales sus presas.
3 Provocar el fuego la destrucción de una cosa: *las*
llamas devoraron el manuscrito.
4 Mostrar mucho interés hacia una persona o una coloquial
cosa u observarla atentamente: *la devoraba con los*
ojos.
5 Arruinar o consumir una cosa: *el juego devoró su ha-* coloquial
cienda.
6 Leer un libro con avidez: *devora las novelas, princi-* coloquial
palmente las policíacas.
7 Producir desasosiego e inquietud una pasión o un
deseo: *la devoraban los celos.*

devotería Beatería, demostración de falsa devoción. s.f./despectivo

devoto, a (Del lat. *devotus.*)
1 Que tiene devoción: *es devoto de la virgen de Montse-* adj/s./= creyente,
rrat; las devotas la acogieron en su círculo. fervoroso
2 Que es afecto o aficionado a una persona: *su más*
devoto y seguro servidor.
3 Que despierta devoción religiosa: *es una imagen de-* adj./RELIGIÓN
vota. = piadoso
4 Objeto de la devoción de alguien: *tomó a san Franci-* s.m.
co de Asís por devoto. RELIGIÓN

dexio- Componente de palabra procedente del gr. *de-* pref.
xios, que significa a la derecha: *dexiocardia.*

dexiocardia Desviación congénita o adquirida, del s.f./MEDICINA
corazón hacia la derecha. = dextrocardia

dextrina Sustancia gomosa que se extrae del almidón s.f.
y se usa en tintorería. QUÍMICA

dextrismo Empleo preferente de la mano derecha. s.m./MEDICINA

dextro Terreno alrededor de una iglesia, en el que se s.m.
tenía derecho de asilo. culto

dextro- Componente de palabra procedente del lat. pref/suf.
dexter, que significa derecho: *dextrógiro; ambidextro.*

dextrógiro, a (Del lat. *dexter*, derecho + *gyrare*, gi- adj/s.m./QUÍMICA
rar.) Que desvía a la derecha la luz polarizada. ≠ levógiro

dextroglucosa Glucosa dextrógira. s.f./= dextrosa

dextrorso, a (Del lat. *dextrorsus.*) Que se mueve ha- adj.
cia la derecha, como las manecillas del reloj. FÍSICA

dextrórsum (Voz latina.) Hacia la derecha. adv.

dextrosa Glucosa, en particular, la de la fruta. s.f./QUÍMICA

dey Oficial de jenízaros en las regencias berberiscas. s.m./ MILITAR

deyección (Del lat. *dejectio, -onis.*)
1 Conjunto de materias arrojadas por un volcán o s.f.
desprendidas de una montaña. GEOLOGÍA
2 Defecación o expulsión de los excrementos. = evacuación
3 Los propios excrementos. = deposición

deyector Aparato para evitar las incrustaciones en las s.m.
calderas de vapor. TECNOLOGÍA

dezmable Se aplica a los bienes que estaban o po- adj.
dían ser sometidos a diezmo. HISTORIA

dezmar Diezmar, pagar los diezmos. v.tr./conj: pensar

dezmería Territorio del que se cobraba el diezmo. s.f./HISTORIA

di-
1 Componente de palabra procedente del lat. *di*, que pref.
significa oposición, origen o extensión: *disentir; dima-*
nar; difundir.
2 Componente de palabra procedente del gr. *dis*, que pref.
indica duplicación: *dicarpio; dimorfia.* tb: bi-

día (Del lat. *dies.*)
1 Tiempo empleado por la Tierra en dar una vuelta s.m.
completa alrededor de su eje: *lo hizo en unos cuantos*
días.
2 Tiempo durante el cual hay luz solar: *en verano es*
de día hasta muy tarde.
3 Tiempo atmosférico referido a un día entero o a
gran parte de él: *hoy hace un buen día para pasear; el*
día está lluvioso.
4 Tiempo o momento indeterminado: *ya llegará el día*
en que cambies de forma de pensar.
5 Fecha en la que se celebra un acontecimiento o festividad: *no recuerdo el día de su cumpleaños.*
6 Espacio de tiempo entre el nacimiento y la muerte: s.m.pl.
parece que está llegando al final de sus días. = vida
7 **buen día:** Aquel en el que hace buen tiempo: *ma-*
ñana hará buen día según las previsiones meteorológicas.
8 **día artificial:** Tiempo que media desde que sale el ASTRONOMÍA
Sol hasta que se pone.
9 **día astronómico o del primer móvil:** Período de ASTRONOMÍA
tiempo comprendido entre dos pasos sucesivos de un
astro por el meridiano: *el día astronómico del Sol es de*
24 horas.

10 día civil: Tiempo comprendido entre las doce de una noche y las doce de la noche siguiente.

11 día complementario: Cada uno de los cinco o seis días que contaban al fin del año en el calendario republicano francés, para complementar el número de 365 o de 366. — HISTORIA

12 día crítico o decretorio: Día en que se espera la decisión del curso de una enfermedad. — MEDICINA

13 día D: Día clave o decisivo en el curso de un acontecimiento o un proceso: *por fin ha llegado el día D de las elecciones.*

14 día de año nuevo: El primero del año.

15 día de ayuno: Aquel en que la iglesia católica manda ayunar. — RELIGIÓN

16 día de campo: Excursión al campo que dura casi todo el día: *llevaba un vestido no muy adecuado para un día de campo.*

17 día de carne: Aquel en que la iglesia permite comer carne. — RELIGIÓN

18 día de fiesta, festivo o colendo: Fiesta oficial o de la iglesia.

19 día de fortuna: Aquel en que abunda la caza por haber habido incendio o por cualquier otro accidente, y en el cual está prohibido cazar. — CAZA

20 día de gala: Aquel en que por cualquier fiesta o celebración, los militares, la corte o cualquier otra clase de personas se visten de gala.

21 día de guardar, de precepto o de misa: Día en que la iglesia católica obliga a oír misa y a no trabajar. — RELIGIÓN

22 día de huelga: Aquel que media entre un acceso de fiebre y otro. — MEDICINA

23 día de iglesia: El destinado para confesar y comulgar, para ganar un jubileo o para asistir a una función de la iglesia. — RELIGIÓN

24 día de indulto: Aquel en que los reyes indultan de la pena capital y conceden otros indultos. — HISTORIA

25 día de la joya: Aquel en que el novio regala a su novia una joya de valor como señal de compromiso.

26 día de libranza o descanso: Aquel día laborable que se concede como de descanso al trabajador: *por cada seis le dan dos días de libranza.*

27 Día de los o de difuntos o de ánimas: Fiesta católica que se celebra el dos de noviembre, en la que se recuerda a los difuntos y se hacen sufragios por ellos. — RELIGIÓN

28 día de los inocentes: 1. Fecha en que la iglesia católica conmemora la degollación de niños ordenada por Herodes, en la que, actualmente, es costumbre gastar bromas. 2. Festividad popular dedicada a hacer bromas a la gente. — RELIGIÓN

29 día de media gala: El que se celebra con cierta solemnidad, inferior a la de los de gala.

30 día de moda: Aquel en el que, en teatros, circos, exposiciones y otros espectáculos, el precio de entrada es mayor, para reservarlo a la gente más acomodada.

31 día de pescado: Aquel en que la iglesia católica prohíbe comer carne. — RELIGIÓN

32 día de Ramos: El último domingo de la cuaresma, que da principio a la semana santa, en la religión católica. — RELIGIÓN

33 día de Reyes: Fiesta católica en la que se celebra, el seis de enero, la visita de los Reyes Magos al niño Jesús para ofrecerle presentes. — RELIGIÓN

34 día de Todos los Santos: Fiesta que se celebra el día primero de noviembre, en que la iglesia católica conmemora a todos los santos que no tienen asignado día particular de conmemoración. — RELIGIÓN

35 día de trabajo, de cutio, de hacienda o laborable: El ordinario, por contraposición al de fiesta.

36 día de vigilia: Aquel en que la iglesia católica prohíbe comer carne. — RELIGIÓN

37 día del dicho: Aquel en el que el juez eclesiástico explora la voluntad de los que han de contraer matrimonio.

38 día del juicio: 1. Último día de los tiempos en que Jesucristo juzgará a los vivos y a los muertos, en la religión católica. 2. Muy tarde o nunca: *ya puedes ir esperando al día del juicio final para que se preocupe por esto.* 3. Aquel en que hay gran confusión, griterío o multitud de gente. — RELIGIÓN — loc.adv.

39 día del Señor: Fiesta católica en la que se celebra la festividad de la institución de la Eucaristía. — RELIGIÓN

40 día diado: Día preciso y señalado por algún motivo.

41 día eclesiástico: Distribución de un día, en relación con los rezos obligatorios para los eclesiásticos, empezando desde la hora de vísperas hasta el siguiente día a la misma hora. — RELIGIÓN

42 día feo o mal día o día hosco: Aquel en el que hace mal tiempo: *se levantó mal día y no pudimos salir de excursión.*

43 día feriado: Aquel en que están cerrados los tribunales y se suspende la actividad judicial. — DERECHO

44 día festivo o de fiesta: El que la autoridad civil ha establecido como descanso laboral.

45 día hábil o de tribunales: Aquel en que funcionan las oficinas públicas y los tribunales. — DERECHO

46 día intercalar: El que se añade al mes de febrero en cada año bisiesto.

47 día interciso: El que era festivo sólo por la mañana.

48 día lectivo: Aquel en que se imparten clases en los centros de enseñanza: *sólo quedan veintidós días lectivos para las vacaciones de verano.*

49 día marítimo: Tiempo transcurrido desde que un barco que va navegando tiene el Sol en su cenit, hasta que sucede lo mismo al siguiente día. — NÁUTICA

50 día medio: Intervalo de tiempo comprendido entre dos pasos consecutivos del Sol sobre un meridiano dado, una vez obtenida la media a lo largo de todo el año, y cuya duración es de 24 horas. — ASTRONOMÍA

51 día natural: Tiempo que dura la luz del Sol.

52 día nefasto: Aquel en que se conmemora o padece una gran desgracia.

53 día pardo: Aquel en que el cielo está cubierto de nubes: *entregó su alma en un día pardo.*

54 día pesado: Aquel en que está muy cargada la atmósfera: *llegaron a Gijón en un día pesado y amenazante de lluvia.*

55 día primero: El primer día del mes: *hasta primero de mes no me ingresan la nómina.*

56 día primero de año: El primero del calendario anual: *el día primero de año comemos todos juntos.*

57 día puente: El laborable, comprendido entre dos días que no lo son, que se convierte en festivo.

58 día quebrado: Aquel en que no se trabaja, por ser festivo o por otra causa cualquiera.

59 día sidéreo: Intervalo de tiempo transcurrido entre dos pasos consecutivos del punto vernal por el meridiano del lugar, y cuya duración es de 23 horas 56 minutos y 4'09 segundos. — ASTRONOMÍA = día sideral

60 día solar: Tiempo comprendido entre dos pasos consecutivos del centro del Sol por el meridiano superior del lugar. — ASTRONOMÍA

61 días útiles: Aquellos que conforman el plazo para que sea realizada una cosa.

62 a días: De vez en cuando: *a días se encuentra mejor, pero no le dura mucho.*

63 a tantos días fecha o vista: Se usa para expresar el plazo señalado para el cobro de letras, pagarés y otros efectos bancarios. — loc.adj./adv.

64 abrir, romper, despuntar o rayar el día: Amanecer, salir el sol: *despuntaba el día tras la sierra y los gallos amenizaban el evento.*

65 abrirse o cerrarse el día: Despejarse u oscurecerse el día: *hacia mediodía se cerró el día, pero a media tarde mejoró y se abrió.*

66 al clarear el día: En el momento de amanecer: *al clarear el día levantaron el campamento.* — loc.adv.

67 al día: Al corriente, sin retraso: *tener el trabajo al día; estoy al día en el asunto de las extorsiones.* — loc.adv.

68 al otro día: Al día siguiente: *al otro día volvió para pedirle perdón.* — loc.adv.

69 alcanzar a uno en días: Sobrevivir una persona a otra: *alcanzó en días a su nieto.* — coloquial

70 ¡buenos días!: saludo usado hasta el mediodía. — interj.

71 caer el día: Atardecer, ponerse el Sol: *el horizonte se puso rojo al caer el día.*

72 coger o tomar a alguien el día en alguna parte: Amanecer o despertar en un lugar: *después de la fiesta, el día nos cogió en la playa.*

73 como el día a la noche: Frase con que se expresa la mucha diferencia que existe entre dos términos comparados. — loc.adv.

74 como es de día o como ahora es de día: Expresa la veracidad de una cosa que se ha dicho: *como es de día que dormimos por la noche en la playa.*

75 dar los buenos días: Saludar por la mañana: *va tan dormida que ni me dio los buenos días.*

76 dar uno los días a otro: Felicitar a alguien por su santo, cumpleaños o aniversario.

77 de día: Mientras hay luz solar: *por lo general, prefiere estudiar de día.* — loc.adv.

78 de día en día: A medida que pasa el tiempo: *progresa de día en día.* — loc.adv.

79 de días: De algún tiempo o de mucho tiempo: *está enfermo ya de días.* — loc.adv.

80 de un día a otro: Con mucha rapidez y sin avisar: *ya verás, el frío llegará de un día a otro.* — loc.adv.

81 dejar de un día para otro: Retrasar una tarea por pereza u olvido: *ha ido dejando de un día para otro la plancha y se le ha amontonado.*

82 del día: 1. De moda o conforme al gusto o al uso predominante: *es el político del día.* 2. Del mismo día en que se está: *pan del día, periódico del día.* — loc.adj. loc.adj.

83 despejarse el día: Despejarse el cielo de nubes: *esperaron varias horas hasta que se despejara el día para salir en la avioneta.*

84 día y noche: Constantemente, a todas horas: *tose día y noche y el médico ya no sabe qué darle.* · loc.adv.

85 el día de mañana: En tiempo venidero: *este cursillo no es muy útil ahora pero te servirá el día de mañana.*

86 el día menos pensado: Cuando menos se piense: *el día menos pensado me sorprende con un regalo.* · loc.adv.

87 el otro día: Hace unos días, un día de los pasados, no mucho tiempo antes: *el otro día vi a María en la plaza.* · loc.adv.

88 en cuatro días: En poco tiempo: *en cuatro días ha mejorado mucho.* · loc.adv. coloquial

89 en días o entrado en días: Viejo o próximo a la vejez: *hasta muy entrado en días no cayó enfermo.* · loc.adj.

90 en el día: En el momento actual. · loc.adv.

91 en los días de: En los tiempos de: *la inestabilidad política en los días de Alfonso XIII.* · loc.adv.

92 en su día: A su debido tiempo: *en su día te lo explicaré con todo detalle.* · loc.adv.

93 en todos los días de mi, tu, su vida: Nunca, en ningún momento: *en todos los días de mi vida he visto semejante desorden.* · loc.adv.

94 entre día: A cualquier hora del día, especialmente refiriéndose a las comidas. · loc.adv.

95 estar al día: Saber o tener noticia de los últimos acontecimientos o avances técnicos: *no es fácil estar al día en informática.*

96 habilitar días o el día: Decretar el juez que en ellos puedan hacerse o recibirse actuaciones. · DERECHO

97 llevarse uno el día en una cosa: Emplear todo el día en esa cosa: *arreglar la cerradura de la puerta se llevará el día.*

98 no pasar los días por alguien: Mantenerse joven: *por ella no pasan los días, se conserva muy bien.* · coloquial

99 no se van los días en balde: Expresión que se usa para indicar el efecto que causa en las personas la edad, haciendo que disminuya su robustez, brío y salud.

100 no tener más que el día y la noche: Ser muy pobre, no poseer bienes materiales: *no podrá hacerle frente a esas letras, no tiene más que el día y la noche.*

101 otro día: Expresión con la que se posterga algo para un día indeterminado: *otro día volveré a verte.* · loc.adv.

102 ser el día de alguien: Ser un día en el que todo le sale bien, incluso mejor de lo esperado: *apruebas el examen, te felicita el jefe y encima te toca la lotería, hoy es tu día.*

103 tener días: 1. Tener mucha edad. 2. Ser mudable y desigual en el trato, el semblante, en el humor, etc: *tiene días, a veces es sumamente amable y otros es arisca e insufrible.* · coloquial

104 tener los días contados: Encontrarse en el fin de la vida: *tiene los días contados, no creemos que llegue a navidad.*

105 todo el santo día: Continua o incesantemente: *el teléfono no ha parado de sonar en todo el santo día.* · loc.adv. coloquial

106 todos los días: De manera continua e incesante: *todos los días hace lo mismo, a pesar de mis advertencias.* · loc.adv.

107 un buen día: El día menos pensado: *un buen día se hartará y no volverá a salir con nosotros.* · loc.adv.

108 un día de éstos: Cualquier día, el menos pensado: *un día de éstos pasaré por casa de los abuelos.*

109 un día es un día: Indica que alguien hace algo poco frecuente por un motivo especial: *si llegas tarde no pasa nada, un día es un día.* · coloquial

110 un día sí y otro no: En días alternos: *un día sí y otro no, llega tarde a la oficina.* · loc.adv.

111 un día u otro: Indica que algo sucederá de manera inexorable antes o después: *un día u otro llamará pidiéndonos perdón.* · loc.adv.

112 un día y otro: Que se produce de manera continua: *le reprenden un día y otro.* · loc.adv.

113 unos días: Algunos o unos cuantos: *pasaremos unos días en la costa y luego iremos a los Pirineos.*

114 vivir al día: Gastar todo lo ganado sin ahorrar nada: *vive al día y está empeñado de letras.*

115 yendo y viviendo días: Expresión con que se da a entender que ha transcurrido mucho tiempo entre un suceso y otro.

dia- Componente de palabra procedente del gr. *dia-*, que significa a través de, entre: *diacrítico; diámetro; diatónico.* · pref. tb: di-

diabasa Roca eruptiva de color verde con minerales no visibles a simple vista. · s.f./GEOLOGÍA = diorita

diabático, a (Del gr. *diabatikos*, que puede atravesar.) Se aplica al fenómeno físico que implica un intercambio de calor. · adj. FÍSICA

diabetes (Del lat. *diabetes* < gr. *diabetes*.)
1 Afección causada por un desorden de nutrición y caracterizada por una excesiva secreción de orina y sed intensa: *diabetes renal, diabetes sacarina.* · s.f. pl: diabetes MEDICINA

2 Diabeto, aparato hidráulico. · s.m./MECÁNICA

diabético, a
1 Que tiene relación con la diabetes. · adj./MEDICINA
2 Que padece diabetes. · adj/s./MEDICINA

diabeto Aparato hidráulico, semejante a un sifón intermitente, que se llena del todo se vacía automáticamente. · s.m. MECÁNICA

diabetómetro Aparato para medir la proporción de glucosa existente en la orina. · s.m. MEDICINA

diabla
1 Diablo hembra. · s.f./coloquial
2 Utensilio usado para cardar lana y algodón. · TEXTIL
3 Carro de dos ruedas, tirado por animales y cubierto con un toldo.
4 Batería de luces que en los escenarios se cuelga del peine, entre las bambalinas, para iluminar las tablas y la escena. · TEATRO
5 a la diabla: Mal, sin perfección ni esmero. · loc.adv.

diablear Hacer una persona diabluras. · v.intr./coloquial

diablesa Diabla, diablo hembra. · s.f.

diablesco, a
1 Del diablo o que tiene relación con él. · adj./= diabólico
2 Muy malo o muy difícil. · = diabólico

diablillo
1 Persona que va disfrazada de diablo, en especial durante el carnaval. · s.m.
2 Niño travieso y sagaz: *no hay quien pueda con estos diablillos.* · coloquial
3 Conjunto de pelos cortos que nacen en la nuca. · s.m.pl./= abuelos
4 diablillo de Descartes: Aparato que demuestra la teoría del equilibrio de los cuerpos sumergidos en los líquidos. · FÍSICA

diablismo Sistema teológico que atribuye al diablo gran intervención en los asuntos humanos. · s.m. TEOLOGÍA

diablo (Del bajo lat. *diabolus* < gr. *diabolos*, el que desune o calumnia < *diaballeo*, separar.)
1 Denominación que se da a los seres que, siendo ángeles, fueron condenados por su rebeldía a vivir en el infierno, en la religión católica. · s.m. RELIGIÓN = demonio
2 Persona traviesa, enredadora e inquieta, particularmente un niño: *este chico no para, es un diablo.* · = demonio
3 Persona astuta, sagaz, que consigue con habilidad lo que se propone: *llegará lejos porque es un diablo.* · = demonio
4 Persona muy fea: *era un diablo de mujer, de tal deformidad que hasta costaba mirarla.* · = demonio
5 Soporte de madera con varias muescas, que se usa para apoyar el taco cuando no puede apoyarse en la mano por encontrarse la bola situada demasiado lejos, en el billar. · JUEGOS
6 diablo cojuelo: Persona enredadora, traviesa e inquieta: *su hijo es un diablo cojuelo.* · coloquial
7 diablo de mar: Manta, animal marino. · ZOOLOGÍA
8 diablo de Tasmania: Mamífero marsupial nocturno, depredador, agresivo, que mide aproximadamente un metro de longitud, de aspecto parecido a un perro, de pelaje negro y con un collar blanco en el cuello. (*Sarcophilus harrisi.*) · ZOOLOGÍA
9 diablo encarnado: Persona perversa y de malas intenciones: *cuidado con ése que es el diablo encarnado.* · coloquial
10 diablo marino: Escorpina, pez teleósteo. · ZOOLOGÍA
11 diablo predicador: Persona de malas costumbres que da consejos de moral a otros. · coloquial
12 diablo: Expresión usada para manifestar desprecio hacia una persona de buenas intenciones pero escasa valía: *todos lo toman por un pobre diablo.* · coloquial = pobre hombre
13 ¡diablo! o ¡diablos!: Expresión que se usa para indicar disgusto o enfado: *¡Diablos! El profesor me ha visto romper la silla.* · interj.
14 ¡al diablo! o ¡al diablo con...!: Expresión usada para mostrar enfado y rechazo: *¡al diablo con estos ejercicios!* · coloquial
15 como el diablo o como un diablo: Expresión para demostrar que algo es excesivo: *pica como un diablo.* · loc.adv. coloquial
16 darse al diablo o a todos los diablos: Irritarse, enfadarse, desesperarse: *iba por el pasillo dándose a todos los diablos por su cobardía.* · coloquial
17 de mil diablos, del diablo o de todos los diablos: Expresión con que se pondera la magnitud de algo desagradable: *se montó un lío de mil diablos.* · loc.adj.
18 el diablo que: Expresión usada para mostrar la dificultad que entrañe lo que se expresa en el verbo que le sigue: *el diablo que lo entienda.* · coloquial
19 llevarse algo el diablo: Suceder una cosa, o desaparecer algo antes de que se le haya sacado provecho: *la herencia se la llevó el diablo.* · coloquial
20 mandar algo al diablo: Abandonarlo por desprecio, enfado o falta de interés: *se quitó el casco y lo mandó al diablo.* · coloquial
21 mandar o echar a alguien al diablo: Expresión con que se muestra enfado o desprecio hacia una · coloquial

persona o hacia lo que dice, o bien se rompen las relaciones con ella por desavenencias: *me mandó al diablo porque no le di la razón.*
22 no sea el diablo que: Expresión con que se muestra el riesgo que algo conlleva y la posibilidad de prevenirlo: *apaga eso, no sea el diablo que se queme algo y tengamos que salir corriendo.*
23 no tener el diablo por donde coger o dejar a alguien: No tener nada de bueno una persona: *no la defiendas tanto, que no tiene el diablo por donde cogerla.*
24 ¡qué diablos!: Expresión que añade énfasis a lo que se dice o, también, sirve para manifestar enfado o impaciencia: *¡qué diablos, no busco más!, ésta me gusta, pues me la quedo.* — *coloquial*
25 tener el diablo en el cuerpo: Ser muy travieso e inquieto: *este niño tiene el diablo en el cuerpo.* — *coloquial*

diablura Travesura infantil de poca importancia. — s.f.

diabólico, a (Del lat. *diabolicus* < gr. *diabolikos*.)
1 Del diablo. — adj.
2 Que es astuto o que tiene alguna propiedad que se atribuye al diablo: *el asesino tenía planes diabólicos.* — coloquial = perverso
3 Que es muy difícil e intrincado: *tardé horas en resolver ese problema diabólico.* — coloquial = enrevesado

diabolín Tableta de chocolate recubierta de azúcar y envuelta en un papel en el que iba escrito un verso o sentencia. — s.m. COCINA

diábolo (Del ital. *diavolo* < bajo lat. *diabolus*, diablo.)
1 Juguete que consiste en una especie de carrete formado por dos conos unidos por el vértice, que se hace girar sobre una cuerda que se pasa por esa unión, subiendo y bajando alternativamente dos varillas a cuyos extremos está sujeta. — s.m. JUEGOS
2 Pata del tren de aterrizaje de una aeronave, que lleva dos ruedas gemelas. — AERONÁUTICA

diabrosis Corrosión de los tejidos por darse en ellos un proceso patológico, en particular una úlcera. — s.f./pl: diabrosis MEDICINA

diacatolicón Purgante que se hacía principalmente con hojas de sen, raíz de ruibarbo y hojas de tamarindo. — s.m. FARMACIA = catolicón

diacetemia Presencia en la sangre de ácido acético o acetilacético. — s.f. MEDICINA

diaceuxis (Del gr. *diazeuxis*, separación.)
1 Tono que en la música antigua separaba dos tetracordios desunidos. — s.f./pl: diaceuxis MÚSICA
2 Intervalo de la cuarta a la quinta. — MÚSICA

diacitrón Cidra confitada. — s.m./= acitrón

diaclasa Grieta o fisura en una roca sin desplazamiento relativo. — s.f. GEOLOGÍA

diacodión Jarabe de adormidera. — s.m./FARMACIA

diaconal Del diácono o del diaconato: *deberes diaconales.* — adj. RELIGIÓN

diaconar Actuar o hacer las funciones de un diácono. — v.intr./ RELIGIÓN

diaconato Orden sacra inmediata al sacerdocio, en la religión católica. — s.m./RELIGIÓN tb: diaconado

diaconía
1 Cargo de diácono, en la iglesia primitiva. — s.f./RELIGIÓN
2 Distrito en que se dividía el término de una iglesia, a cargo de un diácono. — RELIGIÓN
3 Oficina de caridad en cada consistorio protestante. — RELIGIÓN

diaconisa (Del lat. *diaconissa*.)
1 Mujer que, en los primeros siglos del cristianismo, se dedicaba al servicio de la iglesia. — s.f./HISTORIA, RELIGIÓN
2 Mujer que se consagra a obras de piedad y caridad entre los protestantes: *la diaconisa se dedicaba a la reeducación de prostitutas.* — RELIGIÓN

diácono (Del lat. *diaconus* < gr. *diakonos*, sirviente.)
1 Clérigo de grado inmediatamente inferior al de sacerdote, entre los católicos. — s.m. RELIGIÓN
2 Laico encargado de visitar enfermos, recoger o administrar los fondos de la iglesia y asistir a los pobres, entre los protestantes. — RELIGIÓN

diacrítico, a (Del gr. *diakritikos*, que distingue.)
1 Se aplica al signo que sirve para dar un valor especial a una letra o palabra: *la diéresis, en español, es una señal diacrítica.* — adj. GRAMÁTICA
2 Se refiere al síntoma que distingue una enfermedad de otra. — MEDICINA

diacronía (Del gr. *dia*, a través + *kronos*, tiempo.)
1 Desarrollo o sucesión de hechos a través del tiempo. — s.f. LINGÜÍSTICA
2 Conjunto de fenómenos que presenta una lengua al considerarla en sus fases de evolución y desarrollo en el tiempo.

diacrónico, a
1 Que se desarrolla en el tiempo: *realiza un estudio diacrónico sobre la evolución del ser humano.* — adj. = histórico
2 Que tiene relación con la diacronía como fenómeno lingüístico. — LINGÜÍSTICA ≠ sincrónico
3 Del diacronismo. — GEOLOGÍA

diacronismo Constancia litológica de una capa sedimentaria cuya edad varía según los lugares. — s.m. GEOLOGÍA

diacústica Parte de la acústica que estudia la refracción de los sonidos y las modificaciones que sufren al atravesar distintos medios. — s.f. FÍSICA

díada
1 Pareja de dos cosas o seres estrechamente vinculados entre sí. — s.f. SICOLOGÍA
2 Unión de dos principios que se complementan recíprocamente. — FILOSOFÍA

diadelfo, a (Del gr. *dis*, dos + *adelphos*, hermano.)
1 Se aplica a los estambres que están soldados entre sí por sus filamentos formando dos haces distintos. — adj. BOTÁNICA
2 Se refiere a la flor y al androceo que tienen estambres soldados entre sí. — BOTÁNICA

diadema (Del lat. *diadema* < gr. *diadema* < *diadeo*, rodear atando.)
1 Adorno en forma de media corona, que se usa para recogerse el pelo de la parte delantera de la cabeza. — s.f.
2 Adorno en forma de arco que llevan algunas coronas de un lado a otro por la parte superior.
3 Cerco de ramas, metal u otro material que se apoya sobre la cabeza. — = corona
4 Insignia consistente en una cinta blanca que llevaban alrededor de la cabeza algunos reyes. — HERÁLDICA
5 Dignidad real o imperial: *ciñó la diadema imperial.*

diádico, a
1 Que tiene relación con la díada: *conjunto diádico.* — adj.
2 Que constituye una díada: *principios diádicos; cromosomas diádicos.*

diadoco (Del gr. *diadokhos*, sucesor.)
1 Título que se dio a los generales de Alejandro Magno que, a su muerte, se disputaron su imperio. — s.m. HISTORIA
2 Título del príncipe heredero en la Grecia moderna. — POLÍTICA

diadococinesia (Del gr. *diadokhos*, sucesor + *kinesis*, movimiento.) Facultad que permite la realización rápida y ordenada de movimientos antagónicos. — s.f. FISIOLOGÍA

diafanidad
1 Capacidad de algunos cuerpos de dejar pasar luz a su través. — s.f./= translucidez, transparencia
2 Ausencia de impurezas o manchas en los objetos y superficies transparentes: *la diafanidad de los cristales ópticos.* — = claridad, limpidez
3 Falta de ocultación en las acciones y palabras: *admiro la diafanidad de su comportamiento.* — = claridad, sinceridad

diafanizar Hacer una cosa diáfana. — v.tr./conj: cazar

diáfano, a (Del gr. *diaphanes*, trasparente < *diaphaino*, dejar ver a través.)
1 Que deja pasar la luz a su través: *cristal diáfano.* — adj./= translúcido
2 Que está muy limpio, sin empañamiento ni manchas: *agua diáfana.* — = nítido
3 Que es claro o evidente: *a través de su conducta diáfana sabrás lo que piensa.* — = transparente

diáfisis (Del gr. *diaphysis*, intersticio.)
1 Parte tubular o media de los huesos largos, comprendida entre los dos extremos o epífisis. — s.f./pl: diáfisis ANATOMÍA
2 Fenómeno en el que el eje vegetativo de la flor se prolonga y es capaz de producir inflorescencias u órganos vegetativos. — BOTÁNICA

diafonía (Del gr. *diaphonia*, discordancia.)
1 Perturbación electromagnética que se produce en un canal de comunicación por el acoplamiento de éste con otro u otros cercanos, dando como resultado un sonido indeseado. — s.f. AUDIOVISUALES
2 Transferencia indebida o incorrecta de un circuito de transmisión a otro. — TELECOMUNICACIONES
3 Voz que designaba los intervalos consonantes en la música griega. — MÚSICA ≠ sinfonía

diaforesis (Del gr. *diaphoresis*, sudoración.) Sudor abundante y copioso. — s.f./pl: diaforesis MEDICINA

diaforético, a (Del gr. *diaphoretikos*.)
1 De la diaforesis o sudoración copiosa. — adj./MEDICINA
2 Que provoca sudor. — adj./s.m.

diafragma (Del bajo lat. *diaphragma* < gr. *diaphragma*, separación.)
1 Músculo que separa el tórax del abdomen. — s.m./ANATOMÍA
2 Pieza movible que intercepta la comunicación entre dos partes de algunos aparatos o máquinas. — MECÁNICA
3 Disco perforado que sirve para regular la luz que llega a la película, en las máquinas fotográficas. — FOTOGRAFÍA
4 Disco de goma o materia plástica que se introduce en la vagina, obstruye el cuello del útero y se utiliza como método anticonceptivo.
5 Lámina flexible de los aparatos fonográficos, que recibe las vibraciones de la aguja que recorre los surcos impresos en el disco. — MÚSICA, TECNOLOGÍA
6 Membrana que establece separaciones en el interior de algunos frutos, como las silicuas y silículas. — BOTÁNICA
7 **diafragma iris:** El formado por una serie de placas articuladas en circunferencia, que se estrecha o ensancha para graduar la abertura del objetivo. — FOTOGRAFÍA

diafragmar Cerrar más o menos el diafragma de una máquina fotográfica. — *v.intr. FOTOGRAFÍA*

diafragmático, a Del diafragma: *contracción diafragmática.* — *adj. ANATOMÍA*

diagénesis
1 Conjunto de procesos que transforman un sedimento en roca sedimentaria. — *s.f./pl: diagénesis GEOLOGÍA*
2 Etapa final del ciclo sedimentario en la que una vez depositados los materiales sufren una alteración química y física que provoca generalmente su compactación: *en la diagénesis se producen modificaciones mineralógicas.* — *GEOLOGÍA*

diagnosis (Del gr. *diagnosis* < *dia*, a través + *gnosis*, conocimiento.)
1 Conocimiento de las enfermedades por el examen de sus síntomas y signos clínicos para determinar su naturaleza. — *s.f./pl: diagnosis MEDICINA = diagnóstico*
2 Descripción característica y diferencial de una especie o género: *la diagnosis de un grupo se redacta en latín.* — *BIOLOGÍA*

diagnosticar Hacer el diagnóstico de una enfermedad: *le diagnosticaron una hepatitis.* — *v.tr./conj: sacar MEDICINA*

diagnóstico, a (Del gr. *diagnostikos*.)
1 De la diagnosis: *descripción diagnóstica de un género de plantas.* — *adj.*
2 Que sirve o es apto para realizar un reconocimiento.
3 Determinación de la naturaleza de una enfermedad y clasificación en un cuadro nosológico. — *s.m. MEDICINA*
4 Conclusión prospectiva del análisis de la situación económica, política o social de una empresa, región o territorio. — *ECONOMÍA*
5 Resultado de un examen destinado a detectar los errores de software o hardware: *el compilador dio un diagnóstico de los errores sintácticos del programa.* — *INFORMÁTICA*

diagometría Medición de la conductibilidad eléctrica de los cuerpos. — *s.f. ELECTRICIDAD*

diagonal (Del lat. *diagonalis*.)
1 Relativo a la línea recta que une dos vértices no consecutivos o que no están situados en la misma cara. — *adj. GEOMETRÍA*
2 Se refiere a los tejidos o telas que presentan un cordón o bordoncillo oblicuo respecto a sus orillas. — *TEXTIL*
3 Línea recta que, en un polígono, une dos vértices no consecutivos y, en un poliedro, dos vértices no situados en la misma cara. — *s.f. GEOMETRÍA*
4 Calle o avenida que corta oblicuamente a otras paralelas entre sí.
5 Línea imaginaria que une el pie derecho delantero con el pie izquierdo trasero o el pie izquierdo delantero con el derecho trasero, en los cuadrúpedos. — *ZOOLOGÍA*
6 **en diagonal**: 1. Que va de un ángulo a otro no consecutivo. 2. En oblicuo, de forma sesgada: *rasgó los papeles en diagonal.* — *loc.adv.*
7 **leer en diagonal**: Interpretar un texto de manera rápida y superficial: *lo leí en diagonal sólo para hacerme una idea del sentido general.*

diagrafía Arte de dibujar utilizando un diágrafo. — *s.f.*

diágrafo Instrumento de dibujo para seguir los contornos de un objeto o un dibujo y reproducirlos sobre un papel. — *s.m.*

diagrama (Del gr. *diagramma*, diseño < *dia*, a través + *gramma*, línea.)
1 Representación gráfica de un fenómeno o una ley científica. — *s.m.*
2 Representación gráfica de las relaciones entre los elementos que constituyen un conjunto o sistema, en el análisis estadístico. — *ESTADÍSTICA*
3 **diagrama circular**: Croquis que representa sobre un círculo los diferentes tiempos del ciclo en un motor de explosión. — *MECÁNICA*
4 **diagrama de una frase**: Sistema de representación gráfica del análisis en componentes de una oración. — *LINGÜÍSTICA*
5 **diagrama de Venn**: Representación gráfica de operaciones efectuadas en teoría de conjuntos. — *MATEMÁTICAS*
6 **diagrama floral**: Esquema de la disposición de todas las piezas de una flor, inflorescencia o rama, desde una proyección perpendicular al eje. — *BOTÁNICA*

diagramar
1 Realizar una maqueta de una revista, libro o cualquier otra publicación. — *v.tr./Amér. ARTES GRÁFICAS*
2 Organizar o planificar una secuencia de tareas o funciones. — *Argent.*

dial
I (Del ingl. *dial*, indicador.)
1 Superficie graduada sobre la que se mueve un indicador que señala o mide una determinada magnitud: *el dial de la radio indica la frecuencia de la emisora.* — *s.m.*
2 Placa de los teléfonos y algunos receptores de radio, sobre la que están los números o teclas que es necesario marcar para obtener la conexión adecuada.
II (Del lat. *dialis*, de un día.)

1 Que es propio de un día. — *adj.*
2 Efemérides, libro o comentario sobre los hechos de cada día. — *s.m.pl.*

diálaga (Del gr. *diallage*, cambio.) Silicato de calcio, magnesio y hierro. — *s.f. MINERALOGÍA*

dialectal De los dialectos: *la pronunciación es un rasgo dialectal; fragmentación dialectal.* — *adj. LINGÜÍSTICA*

dialectalismo
1 Carácter dialectal: *el variado dialectalismo de la lengua española.* — *s.m. LINGÜÍSTICA*
2 Palabra, expresión o giro propios de un dialecto: *su obra está plagada de dialectalismos extremeños.* — *LINGÜÍSTICA*

dialectalización Proceso histórico por el que una lengua va adoptando formas cada vez más diferenciadas en cierta área geográfica: *la dialectalización del latín dio lugar a las diferentes lenguas románicas.* — *s.f. LINGÜÍSTICA*

dialéctica (Del lat. *dialectica* < gr. *dialektike* < *dialego*, hablar.)
1 Arte de discutir o argumentar con discursos. — *s.f.*
2 Conjunto de sutilezas, argucias, disertaciones ingeniosas y de poca utilidad.
3 Lógica filosófica que estudia el razonamiento como proceso natural, como arte de razonar y de descubrir metódicamente la verdad. — *FILOSOFÍA*
4 Serie ordenada de verdades o teoremas que se desarrolla en la ciencia o en la sucesión o encadenamiento de los hechos. — *FILOSOFÍA*
5 Método de razonamiento que consiste en analizar la realidad poniendo de manifiesto sus contradicciones e intentando separarlas. — *FILOSOFÍA*
6 Lógica formal en oposición a la retórica, en la edad media. — *FILOSOFÍA*

dialéctico, a (Del lat. *dialecticus* gr. *dialecticus* < gr. *dialektikos*.)
1 De la dialéctica. — *adj.*
2 Que profesa la dialéctica. — *adj./s.*

dialecto (Del gr. *dialektos*, manera de hablar.)
1 Variante regional de una lengua, dotada de ciertas características funcionales específicas desde el punto de vista fonológico, morfosintáctico y léxico. — *s.m. LINGÜÍSTICA*
2 **dialecto social**: Sistema de signos y reglas sintácticas que se utiliza en cierto grupo social: *el argot se considera dialecto social.* — *LINGÜÍSTICA, SOCIOLOGÍA*

dialectología (Del gr. *dialektos*, manera de hablar.) Parte de la lingüística que estudia los dialectos: *la dialectología utiliza como método la encuesta oral.* — *s.f. LINGÜÍSTICA*

dialectólogo, a Que se dedica, cultiva o estudia la dialectología. — *adj./s. LINGÜÍSTICA*

dialefa Encuentro de dos vocales que se pronuncian en sílabas distintas. — *s.f./LINGÜÍSTICA = azeuxis, hiato*

diali- Componente de palabra procedente del gr. *dialyo*, que significa separar: *diálisis; dialisépalo.* — *pref.*

dialipétalo, a (Del gr. *dialyo*, separar + *petalon*, hoja.) Se aplica a la flor y a la corola que tienen los pétalos separados y no soldados entre sí. — *adj./BOTÁNICA ≠ gamopétalo, monopétalo*

dialisépalo, a (Del gr. *dialyo*, separar + *sépalo*.) Se refiere a la flor y al cáliz que tienen los sépalos separados. — *adj./BOTÁNICA ≠gamosépalo, monosépalo*

diálisis (Del gr. *dialysis*, disolución.)
1 Método terapéutico cuyo objetivo es eliminar sustancias nocivas de la sangre cuando el riñón no puede hacerlo. — *s.f. pl: diálisis MEDICINA*
2 Método que permite separar moléculas o sustancias de una mezcla, basado en la propiedad que poseen las membranas de dejar pasar más fácilmente unas ciertas moléculas que otras. — *QUÍMICA*

dialítico, a Que tiene relación con la diálisis. — *adj.*

dializador Aparato para efectuar la diálisis, compuesto por un cilindro de pergamino vegetal abierto por arriba y colocado en un vaso lleno de agua. — *s.m. QUÍMICA*

dializar
1 Analizar una sustancia mediante el proceso de la diálisis. — *v.tr./conj: cazar QUÍMICA*
2 Limpiar la sangre mediante la diálisis: *al tener dañado el riñón, debe dializar su sangre regularmente.* — *MEDICINA*

dialogador, a
1 Se aplica a la persona que está abierta al diálogo. — *adj./= dialogante*
2 Persona que interviene en un diálogo. — *s.*

dialogar
1 Mantener un diálogo con una persona: *dialogué con mis amigos.* — *v.intr./conj: pagar tb: dialogar*
2 Escribir un texto en forma de diálogo. — *v.tr./LITERATURA*

dialogismo Figura que consiste en hablar con uno mismo o en citar lo dicho en otra ocasión o por otra persona con las mismas palabras y como si fuese esa misma persona la que habla. — *s.m. RETÓRICA*

dialogístico, a
1 Que tiene relación con el diálogo. — *adj./= dialogal*
2 Que está escrito en forma de diálogo. — *LITERATURA*

diálogo (Del gr. *dialogos* < *dia*, a través + *logos*, palabra.)

1 Conversación entre dos o más personas: *hace tiempo que no tengo un diálogo con ella.* — s.m.

2 Género de obra literaria en que se finge una plática o controversia entre dos o más personajes. — LITERATURA

3 Conjunto de frases dichas por los actores de una película u obra teatral o televisiva: *lo mejor de la película eran los diálogos.* — CINE, TEATRO

4 Alternancia del canto entre solistas, entre un solista y el coro o entre dos coros. — MÚSICA

5 diálogo hombre-máquina: Conjunto de procedimientos que presentan al ser humano medios informáticos interactivos que le permiten conversar directamente con programas en vías de ejecución: *la síntesis y reconocimiento de voz son las formas más evolucionadas del diálogo hombre-máquina.* — INFORMÁTICA

dialoguista Persona que escribe diálogos. — s.m.f.

dialtea Ungüento compuesto principalmente de raíz de altea. — s.f. FARMACIA

diamagnético, a Se aplica al cuerpo que, sometido a un campo magnético, toma una imantación dirigida en sentido inverso. — adj/s.m. FÍSICA

diamagnetismo Propiedad que poseen algunos cuerpos y que consiste en rechazar el imán. — s.m. FÍSICA

diamantado, a Que tiene la dureza o el brillo parecidos a los del diamante. — adj. tb: adiamantado

diamantar Dar el brillo del diamante a una cosa. — v.tr.

diamante (Del bajo lat. *diamante*, alteración del lat. *adamans*.)
1 Carbono puro, transparente, claro, brillante, incoloro o con tonalidades, que se utiliza en joyería como piedra preciosa y como instrumento de corte, pulido y perforación, debido a su gran dureza. — s.m. MINERALOGÍA
2 Instrumento que usan los vidrieros o los cristaleros para cortar el cristal.
3 Palo de la baraja francesa.
4 Lámpara minera de petróleo con un reflector. — s.m.pl./JUEGOS s.m./MINERÍA
5 Excrecencia del pico de las aves que les sirve para romper la cáscara del huevo al nacer. — ZOOLOGÍA
6 Antigua pieza de artillería. — MILITAR
7 Rombo del terreno de juego del béisbol, formado por las tres primeras bases. — DEPORTES
8 diamante brillante: El tallado en facetas por el haz y por el envés.
9 diamante bruto: El que no está tallado.
10 diamante negro: Variedad de carbono, semejante al diamante, pero que no se presenta en cristales.
11 diamante rebolludo: El bruto de figura redondeada.
12 diamante rosa: El tallado por el haz y sin tallar por el envés.
13 diamante sintético: El obtenido por sometimiento del grafito a temperaturas y presiones muy elevadas.
14 diamante tabla: El tallado por una sola cara, con una gran superficie plana y cuatro biseles encuadrándolo.
15 diamante en bruto: Persona o cosa que se considera muy valiosa, pero que todavía no está educada o preparada: *estaba considerado como una persona muy capaz aunque todavía fuera un diamante en bruto.*

diamantífero, a Se aplica al terreno que es rico en diamantes. — adj.

diamantina
1 Polvo abrasivo constituido por alúmina cristalizada. — s.f.
2 Serpiente venenosa americana de la familia de los vipéridos, considerada muy peligrosa. — ZOOLOGÍA

diamantino, a
1 Del diamante: *brillo diamantino.* — adj./tb: adamantino
2 Que es duro como el diamante: *carácter diamantino.* — literario

diamantista Persona que labra o vende diamantes y otras piedras preciosas. — s.m.f.

diametral
1 Del diámetro de una figura geométrica: *línea diametral.* — adj. GEOMETRÍA
2 Que es directo, total o absoluto: *sus exposiciones se encuentran en oposición diametral.*

diametralmente
1 Por entero, del todo: *mi ideología es diametralmente opuesta a la tuya.* — adv.
2 De un extremo a otro, en diámetro: *sitúalo diametralmente.*

diámetro (Del lat. *diametrus* < gr. *dia*, a través + *metron*, medida.)
1 Segmento de recta que, pasando por el centro de una circunferencia, de una curva cerrada o de una superficie esférica, está limitado por dos puntos de la misma. — s.m. GEOMETRÍA
2 diámetro aparente: Ángulo bajo el cual se percibe desde un lugar de observación la imagen de un astro que no presenta un aspecto puntiforme. — ASTRONOMÍA

3 diámetro conjugado: Cada uno de los dos diámetros de los cuales uno divide en dos partes iguales todas las cuerdas paralelas del otro. — GEOMETRÍA
4 diámetro primitivo: El de la circunferencia imaginaria que corresponde a una rotación de cada una de las piezas del engranaje, sin que exista deslizamiento de una pieza sobre otra. — MECÁNICA

diana (Del ital. *diana*.)
1 Toque militar de la mañana para que la tropa se levante: *la diana sonó en la madrugada.* — s.f. MILITAR
2 Punto central de un blanco de tiro: *tienes que dar en la diana.*
3 Gol, en el fútbol: *el jugador con tres dianas explotó como ariete.* — DEPORTES
4 Plata, entre los alquimistas. — QUÍMICA
5 hacer diana: Alojar el proyectil en el blanco: *hizo diana tres veces seguidas.*
6 no me vengas con dianas: Expresión con que se rechazan las excusas o zalamerías de una persona: *no me vengas con dianas que sé muy bien lo que pasó.* — coloquial

¡diantre! Expresión usada para indicar disgusto o enfado: *¡diantre de chiquillo!* — interj./coloquial tb: dianche

diapasón (Del lat. *diapason* < gr. *dia pason khordon*, a través de todas las cuerdas.)
1 Instrumento formado por una varilla doblada en forma de U, que al vibrar produce un tono determinado, sobre el que se reglamenta la afinación de las voces y de los instrumentos. — s.m. MÚSICA = diapasón de horquilla
2 Intervalo del canto llano que comprende cinco tonos, tres mayores y dos menores, y dos semitonos menores. — MÚSICA
3 Serie de notas que comprenden la extensión total de una voz o instrumento. — MÚSICA
4 Regla o plantilla en que están señaladas las medidas para cortar los tubos de los órganos, las cuerdas de los clavicordios, etc., para obtener los distintos tonos. — MÚSICA
5 Trozo de madera que cubre el mástil y sobre el que se pisan con los dedos las cuerdas de los instrumentos de cuerda, como el violín. — MÚSICA = batidor
6 diapasón normal: El que tiene forma de horquilla o de silbato que al hacerla vibrar da la nota *la* de 870 vibraciones por segundo. — MÚSICA
7 bajar o subir el diapasón: Bajar o alzar la voz o el tono de un razonamiento. — coloquial

diapausa Período de actividad suspendida que se produce de manera regular en la vida de muchos insectos entre los estados. — s.f. ZOOLOGÍA

diapédesis (Del gr. *dia*, a través + *pedesis*, salto.) Paso de los leucocitos y otras células sanguíneas a través de las paredes de los vasos. — s.f. pl: diapédesis FISIOLOGÍA

diapírico, a Del diapiro, formación geológica: *en ciertas ocasiones aparecen láminas diapíricas a lo largo de algunas fallas.* — adj. GEOLOGÍA

diapiro Ascenso de rocas profundas, plásticas y de baja densidad a través de los estratos superiores. — s.m. GEOLOGÍA

diaporama Montaje constituido por la proyección en pantalla de imágenes sincronizadas con una banda sonora. — s.m. AUDIOVISUALES

diapositiva Imagen fotográfica positiva en soporte transparente, destinada a ser proyectada sobre una pantalla. — s.f. FOTOGRAFÍA

diaprea (Del fr. *diapree* < *diaprer* < lat. *de*, de + *iaspis*, jaspe.) Variedad de ciruela redonda, pequeña y gustosa, cuyo hollejo no se quita con facilidad. — s.f. BOTÁNICA

diaquenio Se aplica al fruto que, cuando madura, se fragmenta en dos aquenios. — adj/s.m. BOTÁNICA

diaquilón (Del lat. *diachylon* < gr. *dia*, con + *kylos*, jugo.) Ungüento que se empleaba para ablandar tumores. — s.m. FARMACIA

diariero, a Vendedor de diarios. — s./Amér. Merid.

diario, a
1 Que se hace o sucede cada día: *el gasto diario cada vez es superior.* — adj.
2 Periódico que se publica todos los días: *suele comprar el diario de su región.* — s.m.
3 Narración de acontecimientos distribuida por días: *de pequeña escribía mi diario.*
4 diario de navegación: Registro obligatorio que llevan a bordo los oficiales de marina donde anotan los datos náuticos y meteorológicos. — NÁUTICA
5 diario de operaciones: Relación de todos los sucesos ocurridos cada día en una unidad durante la marcha, campaña o comisión de servicio. — MILITAR
6 diario filmado: Conjunto de noticias transmitidas por medio de sistemas cinematográficos. — TELECOMUNICACIONES
7 diario hablado: Noticias de actualidad transmitidas por radio. — TELECOMUNICACIONES
8 diario televisado: Conjunto de noticias difundidas a través de la televisión. — TELECOMUNICACIONES

9 a diario: Cada día, todos los días: *a diario conducía hasta el centro de la ciudad.* — loc.adv.

10 de diario: De todos los días, de ordinario: *cambió el traje de diario por un elegante vestido de ceremonia.* — loc.adv.

diarismo Periodismo, profesión del periodista: *hace tres generaciones que la familia se dedica al diarismo.* — s.m./*Amér. Central y Merid.*

diarquía (Del gr. *di,* dos + *arke,* jefe.)
1 Sistema de gobierno en el que dos soberanos comparten el poder. — s.f. HISTORIA
2 Autoridad ejercida por dos personas o dos instituciones. — POLÍTICA

diarrea (Del bajo lat. *diarrhoea* < gr. *diarrhoia* < *diarrheo,* fluir por todas partes.)
1 Evacuación intestinal abundante, frecuente y líquida: *tenía diarrea y ganas de vomitar.* — s.f. MEDICINA
2 **diarrea mental:** Confusión de ideas: *vaya diarrea mental tienes, no te enteras de nada.* — coloquial

diarreico, a Que tiene relación con la diarrea: *cólico diarreico; síntomas diarreicos.* — adj.

diartrosis (Del gr. *dia,* a través + *arthrosis,* articulación.) Articulación que permite el movimiento del hueso en varias direcciones. — s.f. pl: diartrosis ANATOMÍA

diascopia Examen radioscópico del organismo. — s.f./MEDICINA

diascopio (Del gr. *dia,* a través + *skopeo,* ver.)
1 Aparato utilizado para la proyección por transparencia de diapositivas fotográficas, sobre todo en la enseñanza: *el conferenciante encendió el diascopio para dar inicio a su comunicación.* — s.m. AUDIOVISUALES = proyector
2 Instrumento de los carros de combate que permite observar el exterior sin exponer los ojos al peligro. — ÓPTICA

diasén Purgante compuesto por hojas de sen. — s.m./FARMACIA

diáspero Diaspro, variedad de jaspe. — s.m./MINERALOGÍA

diáspora (Del gr. *diaspora,* dispersión.)
1 Acción o resultado de dispersar o dispersarse una comunidad o un pueblo. — s.f. = dispersión
2 Conjunto de comunidades judías establecidas fuera de Palestina, especialmente después del exilio del siglo VI a.J.C. — HISTORIA
3 Conjunto de comunidades judías en el mundo, desde la creación del estado de Israel.

diásporo
1 Parte de un vegetal que ha sido arrastrada lejos de la planta y comienza su desarrollo en otro lugar, dispersándose así la especie. — s.m. BOTÁNICA
2 Hidrato de aluminio transparente e incoloro. — MINERALOGÍA

diaspro
1 Variedad de jaspe. — s.m./MINERALOGÍA
2 Tejido muy apreciado en la edad media que se empleaba para vestiduras lujosas y ornamentos eclesiásticos. — HISTORIA
3 **diaspro sanguíno:** Heliotropo, ágata de color verde oscuro con manchas rojas. — MINERALOGÍA

diastasa (Del fr. *diastase* < gr. *diastasis,* separación.)
1 Amilasa, enzima que produce la hidrólisis. — s.f./BIOQUÍMICA FARMACIA
2 **diastasa oficinal:** Conjunto de enzimas solubles que se retiran por maceración acuosa de la cebada germinada.

diastasis (Del gr. *diastasis.*) Separación entre dos estructuras óseas, sin que exista fractura o luxación. — s.f./pl: diastasis MEDICINA

diastema (Del gr. *diastema,* intervalo, distancia.) Separación que a veces existe entre dientes contiguos, en especial entre los incisivos centrales superiores. — s.m. ZOOLOGÍA

diástilo, a (Del lat. *diastylos* < gr. *diastylos* < *dia,* a través + *stylos,* columna.) Se aplica al edificio o monumento cuyas columnas están separadas entre sí por tres diámetros o seis módulos. — adj. ARQUITECTURA

diastimómetro (Del gr. *diastema,* intervalo + *metron,* medida.) Instrumento usado para medir automáticamente distancias, espacios o intervalos. — s.m. TECNOLOGÍA

diástole (Del lat. *diastole* < gr. *diastole,* dilatación.)
1 Movimiento rítmico de dilatación del corazón y de las arterias. — s.f. FISIOLOGÍA
2 Licencia poética que consiste en usar una sílaba breve como larga, fundamentalmente en la poesía clásica griega y latina. — POESÍA
3 Paso de la intensidad de pronunciación de una sílaba a la siguiente dentro de la misma palabra. — LINGÜÍSTICA

diastólico, a De la diástole: *el soplo diastólico le ayudó a detectar una insuficiencia en el funcionamiento de la aorta.* — adj. FISIOLOGÍA

diastrofia (Del gr. *diastrophe,* torsión.) Deformidad que se produce en un hueso, músculo, tendón o nervio como resultado de una torsión. — s.f. MEDICINA = dislocación

diatérmano, a (Del gr. *dia,* a través + *therme,* calor.) Se aplica al cuerpo que transmite el calor con facilidad. — adj./FÍSICA = diatérmico ≠ atérmano

diatermia Método terapéutico que utiliza la energía eléctrica de alta frecuencia para producir calor en los tejidos. — s.f. MEDICINA

diatesarón (Del lat. *diatessaron* < gr. *dia* + *tessaron,* de cuatro [cuerdas o notas].) Denominación de la cuarta justa en la música griega, según los musicólogos medievales y renacentistas. — s.m. MÚSICA

diátesis (Del lat. *diathesis* < gr. *diathesis,* disposición.)
1 Conjunto de afecciones diferentes que afectan simultánea o sucesivamente a un individuo y que tienen una causa común, generalmente un trastorno nutricional. — s.f. pl: diátesis MEDICINA
2 Predisposición individual a contraer determinadas enfermedades. — MEDICINA

diatomáceo, a De las diatomeas, organismos unicelulares: *la multiplicación diatomácea es por división celular.* — adj.

diatomea (Del gr. *diatome,* corte.) Organismo autótrofo unicelular, móvil, con concha silícea, de color que varía entre el amarillo y el pardo. — s.f. BOTÁNICA = bacilariófito

diatómico, a Se refiere a la molécula formada por dos átomos. — adj. QUÍMICA

diatomita Roca silícea de origen orgánico que se emplea como abrasivo y como absorbente, por ejemplo en la dinamita. — s.f. MINERALOGÍA

diatónico, a (Del lat. *diatonicus* < gr. *diatonikos* < *dia,* por + *tonos,* tono.)
1 Se aplica a uno de los tres géneros del sistema músico, que procede por dos tonos y un semitono. — adj. MÚSICA
2 **diatónico cromático:** Se refiere al género mixto de diatónico y cromático. — MÚSICA

diatonismo Sistema que se aplica a toda la escala de siete sonidos conjuntos y que resulta de una alternancia entre tonos y semitonos naturales. — s.m. MÚSICA

diatriba (Del lat. *diatriba,* discusión filosófica.)
1 Discurso o escrito violento e injurioso: *lanzó fuertes diatribas contra el gobierno.* — s.f.
2 Forma popular de predicación moral y filosófica en la literatura helenística: *la diatriba era un género practicado por los filósofos cínicos.* — LITERATURA

diatropismo Tropismo de los vegetales en el que la orientación se produce en una dirección transversal al estímulo. — s.m. BOTÁNICA

diazoar Convertir una amina en un derivado azoico. — v.tr/QUÍMICA

dibranquio, a Perteneciente a una subclase de cefalópodos con dos branquias, con ventosas en los brazos que rodean la boca y un par de aurículas y riñones. — adj./s.m. ZOOLOGÍA

dibujante
1 Persona que se dedica a dibujar. — adj/s.= dibujador
2 Persona que tiene como profesión el dibujo: *su vecino es dibujante de cómics.* — s.m.f.

dibujar (Del fr. ant. *deboisser,* labrar en madera < *bois,* madera.)
1 Trazar líneas sobre una superficie, generalmente tratando de imitar o representar una realidad: *dibujó un paisaje precioso.* — v.tr/prnl.
2 Describir una idea o un sentimiento: *has dibujado muy bien su personalidad.* — v.tr.
3 Revelarse lo que estaba oculto: *su silueta comenzó a dibujarse entre la niebla.* — v.prnl. = perfilarse

dibujo
1 Arte y técnica de dibujar. — s.m./ARTE
2 Representación sobre una superficie de la forma y color de una figura u objeto: *el niño hizo un dibujo de su casa.*
3 Figura formada por líneas en cualquier clase de cosas, naturales o artificiales: *el dibujo irregular de las venas de un brazo; le gustó el dibujo del bordado, pero no su colorido.*
4 Cualquier tipo de producción gráfica: *existe relación entre el nivel de elaboración de un dibujo y los conocimientos de su autor.*
5 Delineación de las figuras y ordenación de las mismas en una pintura. — ARTE
6 Proporción que han de mantener las partes y medidas de la figura que se pinta o dibuja. — ARTE
7 **dibujo a mano alzada:** El que se realiza sin apoyar la mano en la superficie donde se hace esta representación. — ARTE
8 **dibujo artístico:** El que se efectúa con fines estéticos y realizado a mano alzada. — ARTE
9 **dibujo del natural:** El que se ejecuta teniendo a la vista un modelo vivo, o un paisaje real. — ARTE
10 **dibujo lineal:** El que se realiza con escuadra, cartabón, compás y otros instrumentos análogos.
11 **dibujo técnico:** El que representa motivos ornamentales u objetos relativos o pertenecientes a la industria.
12 **dibujos animados:** 1. Técnica de animación en que se filman una a una las imágenes que se suceden en una película cinematográfica, imitando así los mo- — CINE

vimientos de los seres vivos. 2. Película realizada de este modo. — CINE

13 no meterse uno en dibujos: Abstenerse de hacer o decir más de lo que sea pertinente: *no te metas en dibujos, que aún me dejarás mal a mí.* — coloquial

dicacidad (Del lat. *dicacitas, -atis.*) Mordacidad ingeniosa, agudeza. — s.f. culto

dicasio Inflorescencia formada por una flor terminal y dos flores sobre ejes laterales, que nacen a un mismo nivel del eje principal. — s.m. BOTÁNICA

dicción (Del lat. *dictio, -onis,* acción de decir.)
1 Manera de hablar o de escribir, considerada buena o mala por el acertado o desacertado uso de voces y construcciones: *la dicción escénica difiere de la coloquial.* — s.f.
2 Manera de pronunciar: *la operación bucal le perturba la dicción; su dicción es limpia y clara.*
3 Palabra o expresión que comunican una idea: *intercala dicciones francesas en su castellano dialectal.*
4 Estudio y práctica del lenguaje oral: *la dicción abarca la articulación, pronunciación, puntuación, entonación y declamación.* — LINGÜÍSTICA

diccionario (Del bajo lat. *dictionarium.*)
1 Conjunto de palabras de un idioma o lenguaje específico, generalmente ordenadas alfabéticamente, con su correspondiente definición, traducción a otro idioma u otro tipo de información, que se presenta en forma de libro o en soporte magnético. — s.m.
2 Obra en que aparecen por orden alfabético nombres, hechos o noticias referentes a un campo de conocimientos: *diccionario bibliográfico.*
3 **diccionario enciclopédico:** El que contiene, además de la definición de las palabras de un idioma, artículos relativos a las artes, las ciencias y las técnicas y otros campos del conocimiento.
4 **diccionario etimológico:** El que explica el origen de las palabras que contiene. — LINGÜÍSTICA
5 **diccionario histórico:** El que estudia las diferentes fases evolutivas del significado de las palabras. — LINGÜÍSTICA

diccionarista Persona especializada en la realización de diccionarios. — s.m.f.

dicha
I (Del lat. *dicta,* las cosas dichas.)
1 Felicidad, estado de ánimo favorable: *no puedo expresar la dicha que sentí al ver nacer a mi hijo.* — s.f./= alegría ≠ desdicha
2 Ladra o ladrido de un perro de caza en persecución de una res. — CAZA
3 **por dicha:** Por suerte, por casualidad. — loc.adv.
II (De origen incierto.) Planta herbácea de hojas y frutos punzantes, que crece en Chile. — s.f. BOTÁNICA

dicharachero, a Que usa expresiones graciosas, joviales o chocantes o conversa animadamente: *te gustará conocerle porque es muy dicharachero.* — adj/s./coloquial = ingenioso, ocurrente

dicharacho Dicho chocante por su vulgaridad, falta de decencia o su poca gracia: *sus comentarios le parecieron dicharachos y necedades impropias de su condición.* — s.m. coloquial

dicho, a (Part. irreg. de *decir.*)
1 Sustituye a un adjetivo demostrativo: *dicho lugar, dichas personas.* — adj.
2 Palabra o conjunto de palabras con que se expresa oralmente un concepto, opinión o intención: *fue un dicho malicioso que molestó a la audiencia.* — s.m.
3 Frase hecha con la que se expresa una idea, observación o consejo de sabiduría popular: *mi abuela siempre me dice este dicho: ande yo caliente y ríase la gente.*
4 Expresión oral chistosa, ocurrente u oportuna: *¡este niño tiene cada dicho!* — = gracia, salida
5 Declaración o deposición de un testigo durante un juicio o causa. — DERECHO
6 Acción de declarar los que van a casarse su voluntad de hacerlo, realizada en presencia de la autoridad competente: *los contrayentes se tomaron los dichos.* — s.m.pl.
7 **dicho de las gentes:** Murmuración y conversaciones entre muchas personas para censurar, criticar o condenar moralmente la actitud de otra ausente.
8 **dicho y hecho:** Expresión que indica la prontitud con que se hace algo: *y dicho y hecho, en un momento le arregló el vestido.* — coloquial
9 **lo dicho, dicho:** Expresión con que se ratifica o afirma lo que se acaba de decir o tratar. — coloquial
10 **mejor dicho:** Expresión con la que se corrige o rectifica lo que se acaba de decir: *le sorprendió su comentario, mejor dicho su manera de expresarse.* — coloquial
11 **no ser una cosa para dicha:** Expresión con la que se ponderá algo que se considera asombroso o extraordinario: *no es para dicha su bondad.* — coloquial
12 **propiamente dicho:** Indica que la cosa de que se trata tiene esta cualidad en propiedad: *la causa propiamente dicha fue una demanda desmesurada.* — coloquial
13 **tener una cosa por dicha:** Considerarla expresada con formalidad y deliberada intención, no con ligereza o de broma.

dichoso, a
1 Que siente dicha: *estaba dichoso el día de su boda; se siente dichosa con su suerte.* — adj./= feliz ≠ infeliz
2 Que causa dicha: *el nacimiento de su hijo fue un acontecimiento dichoso.* — = venturoso ≠ desagradable
3 Que es molesto o fastidioso: *¡dichoso niño, a ver si te estás quieto!* — coloquial = cargante, pesado
4 Desventurado o infeliz en sentido irónico.

diciembre (Del lat. *december < decem,* diez.) Duodécimo y último mes del año en el calendario occidental, y que consta de treinta y un días. — s.m.

diciente Que dice o comunica algo. — adj/s.m.f./tb: dicente

dickita Silicato de aluminio hidratado. — s.f./MINERALOGÍA

diclino, a (Del gr. *dis,* dos + *kline,* lecho.) Se aplica a la especie vegetal cuyas flores tienen órganos de un solo sexo. — adj. BOTÁNICA

dico- Componente de palabra procedente del gr. *dikha,* que significa en dos: *dicogamia; dicasio.* — pref. tb: dica-

dicogamia Fecundación cruzada en los organismos hermafroditas para mantener la especie. — s.f./BIOLOGÍA ≠ autofecundación

dicógamo, a Se refiere a las flores hermafroditas en las que los estambres y el pistilo no maduran al tiempo, impidiéndose así la autofecundación. — adj. BOTÁNICA

dicordio
1 Instrumento musical de dos cuerdas usado por los griegos. — s.m. MÚSICA
2 Cordón doble que en las centrales telefónicas sirve para conectar dos líneas. — TELECOMUNICA- CIONES

dicoreo (Del lat. *dichoreus < gr. dikhoreios.*) Pie métrico formado por dos coreos o troqueos. — s.m. POESÍA

dicótico, a Se aplica a la sensación auditiva que no es igual en los dos oídos. — adj. MEDICINA

dicotiledóneo, a (Del gr. *dis,* dos + *kotiledon,* hueco.) Perteneciente a la clase de plantas cuya semilla contiene una plántula con dos cotiledones. — adj/s.f./BOTÁNICA = dicotiledón ≠ monocotiledóneo

dicotomía (Del gr. *dikhotomia, < dikha,* en dos partes + *temno,* cortar.)
1 División en dos partes. — s.f.
2 Método de clasificación en que las divisiones y subdivisiones sólo tienen dos partes. — LÓGICA
3 Fase de la Luna en su primero y último cuadrante, en que sólo es visible la mitad de su disco. — ASTRONOMÍA
4 Oposición entre dos caracteres presentados por dos especies vivas próximas. — BIOLOGÍA
5 Pago ilegal de una comisión al médico de cabecera que ha recomendado un cliente al consultante.
6 Operación que consiste en cortar una cadena de caracteres para formar otras dos disjuntas. — INFORMÁTICA ≠ concatenación
7 Aspecto de un astro del sistema solar cuya superficie iluminada visible ocupa la mitad del disco, en especial el de la Luna en su cuarto creciente o menguante. — ASTRONOMÍA

dicotómico, a
1 De la dicotomía: *aspecto dicotómico de la Luna; división dicotómica.* — adj.
2 Se refiere al sistema o clave de clasificación en que se escoge entre dos caracteres opuestos para separar géneros y especies. — BIOLOGÍA

dicótomo, a (Del gr. *dikhotomos.*)
1 Que está dividido en dos. — adj.
2 Que está bifurcado. — BOTÁNICA

dicroico, a (Del gr. *dis,* dos + *khros,* color.) Que presenta coloraciones diversas según la incidencia de la luz. — adj. FÍSICA

dicroísmo Pleocroísmo, propiedad que tienen ciertas sustancias de presentar dos coloraciones distintas según la incidencia de la luz. — s.m. FÍSICA

dicromático, a (Del gr. *dis,* dos + *khromaticos,* cromático.) Que es de dos colores. — adj.

dicrotismo Pulso en que cada pulsación va acompañada de otra más débil. — s.m. MEDICINA

dícroto, a Se aplica al latido arterial que se aprecia como una doble pulsación. — adj. MEDICINA

dictado (Del lat. *dictatus.*)
1 Texto que una persona dicta y otra u otras escriben, en especial si se trata de un ejercicio escolar: *una de las pruebas del examen era un dictado.* — s.m.
2 Acción de dictar, decir o leer algo.
3 Conveniencia de hacer una cosa según un sentimiento o una facultad intelectual como la razón o la conciencia: *obedecía los dictados de la conciencia.* — s.m.pl. = precepto, inspiración
4 **al dictado:** Expresión con que se indica que alguien hace algo por inspiración de otro: *un gobierno democrático no ha de responder al dictado de una sola y minoritaria clase social.* — loc.adv.
5 **escribir al dictado:** Transcribir de forma escrita lo que otro dicta. — coloquial

dictador, a (Del lat. *dictator.*)
1 Persona que asume todos o los principales poderes en un estado ejerciéndolos al margen las leyes. — s. POLÍTICA

2 Magistrado supremo entre los antiguos romanos, nombrado por el senado en los tiempos peligrosos de la república para que mandase como soberano. — *s.m.* HISTORIA
3 Persona que abusa de su autoridad. — = tirano

dictadura (Del lat. *dictatura.*)
1 Régimen político en el que el poder lo ejerce una persona o un grupo de personas de forma autoritaria y sin ningún tipo de control. — *s.f.* POLÍTICA
2 Tiempo que un dictador ejerce el poder. — POLÍTICA
3 Poder absoluto ejercido por una persona o institución sobre un grupo. — = tiranía
4 Fuerza o poder dominante.
5 dictadura del proletariado: Período de transición que sigue a la revolución socialista, caracterizado por el control de los medios de producción por parte del proletariado. — HISTORIA, POLÍTICA

dictáfono Aparato fonográfico que registra y reproduce lo que se habla o dicta. — *s.m.* = magnetófono

dictamen (Del bajo lat. *dictamen,* acción de dictar.)
1 Opinión o juicio que una persona experta o autorizada se forma y emite sobre una cosa: *contrastó el dictamen de su médico de cabecera con el de otro.* — *s.m.*
2 Informe redactado y firmado por uno o varios especialistas o personas autorizadas en una materia: *si el dictamen fuera negativo, le imputarían el delito.* — DERECHO

dictaminador, a Que dictamina. — *adj.*

dictaminar Emitir una persona una opinión o juicio sobre un determinado tema del que es experto: *el médico forense dictaminó la hora de la muerte.* — *v.tr/intr.*

díctamo (Del gr. *dictamnos.*)
1 Planta herbácea labiada de hojas blandas, gruesas y vellosas y flores en espiga, de color morado. *(Origanum creticum.)* — *s.m.* BOTÁNICA
2 díctamo blanco: Planta herbácea rutácea de tallo pubescente, hojas sencillas y ovaladas y flores blancas o rosadas en racimos terminales. *(Dictamus albus.)* — BOTÁNICA
3 díctamo real: Planta euforbiácea, de tallo quebradizo, que destila un jugo lechoso y purgante. *(Pedilanthus tithymaloides.)* — BOTÁNICA Amér.

dictar (Del lat. *dictare.*)
1 Decir una cosa a otra persona para que ésta la vaya escribiendo: *te voy a dictar unas cartas.* — *v.tr.*
2 Pronunciar una ley, un decreto o una sentencia: *el juez ya ha dictado el fallo.* — = decretar, emitir
3 Sugerir un sentimiento, una facultad o una determinada actuación: *haz lo que te dicte la conciencia.* — = aconsejar, inspirar

dictatorial
1 Del dictador o de la dictadura: *ejerce un poder dictatorial con sus súbditos.* — *adj./POLÍTICA* = dictatorio
2 Se refiere al comportamiento arbitrario y absolutista: *mantiene una conducta dictatorial con sus hijos.*

dicterio (Del lat. *dicterium.*) Dicho insultante y ofensivo. — *s.m.* = improbio

díctico, a De la deixis. — *adj./LINGÜÍSTICA*

dictio- Componente de palabra procedente del gr. *diktyon,* que significa red: *dictióptero.* — *pref.*

dictióptero, a Perteneciente a un suborden de insectos ortópteros cuyo abdomen no está imbricado lateralmente y tienen patas de coxas alargadas y en contacto las de un lado y otro. — *adj/s.m.* ZOOLOGÍA

dictióspora Espora que presenta tabiques longitudinales y transversales. — *s.f.* BOTÁNICA

-didacta Componente de palabra procedente del gr. *didasko,* que significa aprender: *autodidacta.* — *suf.*

didáctica Parte de la pedagogía que estudia, explica y fundamenta las teorías sobre la enseñanza: *la didáctica está muy vinculada a la pedagogía, sicología y metodología.* — *s.f.*

didáctico, a (Del gr. *didaktikos < didasko,* enseñar.)
1 Que tiene relación con la enseñanza: *conoce las nuevas técnicas didácticas.* — *adj./= didascálico, pedagógico*
2 Que es bueno o adecuado para enseñar: *son cuentos muy didácticos.* — = educativo

didáctilo, a (Del gr. *dis,* dos, + lat. *dactylus,* dedo.)
1 Que tiene dos dedos: *el avestruz es un ave didáctila.* — *adj./ZOOLOGÍA*
2 Se refiere al órgano que termina en dos apéndices en forma de dedo: *las pinzas del bogavante son didáctilas.* — ZOOLOGÍA

didactismo Tendencia o finalidad didáctica o docente. — *s.m.* th: didacticismo

didascalia (Del gr. *didaskalia.*)
1 Conjunto de informes de los concursos trágicos y cómicos de la antigua Grecia. — *s.f.* TEATRO
2 Colección cronológica de estos informes. — TEATRO
3 Monumento epigráfico sobre los que se grababan estos informes, eran arqueólogos. — HISTORIA
4 Resumen de los datos referidos a la representación de una obra, entre los latinos. — TEATRO

didascálico, a Que tiene relación con la enseñanza o es propio para instruir: *poesía didascálica.* — *adj.* = didáctico

didelfo, a (Del gr. *dis,* dos + *delphys,* matriz.) Se aplica una malformación del útero que comporta la existencia de dos cavidades en el cuerpo uterino. — *adj.* MEDICINA

didímeo, a Del dios Apolo. — *adj./literario*

didimio (Del gr. *didymos,* gemelo.) Metal raro, terroso y de color de acero, mezcla de neodimio y de praseodimio. — *s.m.* QUÍMICA

dídimo, a (Del gr. *didymos,* gemelo.)
1 Se aplica al órgano vegetal que está formado por dos lóbulos iguales y simétricos. — *adj.* BOTÁNICA
2 Se refiere a los frutos de huerta apareados. — AGRICULTURA
3 Cada una de las dos glándulas masculinas donde se producen los espermatozoides o células reproductoras de los animales. — *s.m.* BIOLOGÍA = testículo

diecinueve
1 Que resulta de la suma de diez y nueve: *tiene diecinueve años, ya está en edad penal.* — *adj.num/s.m.* th: diez y nueve
2 Que ocupa el lugar decimonono de una serie. — = decimonono
3 Signo o conjunto de signos que representa este número. — *s.m.*

diecinueveavo, a Se aplica a cada una de las partes que resultan de dividir una cosa en diecinueve partes iguales. — *adj.num/s.m.*

dieciocheno, a Que ocupa la posición dieciocho en una serie. — *adj.num/s.m.*

dieciochesco, a Del siglo XVIII. — *adj.*

dieciochismo Conjunto de caracteres, modos y estilos propios del siglo XVIII. — *s.m.*

dieciocho
1 Que resulta de la suma de diez y ocho: *a la cena asistieron dieciocho personas.* — *adj.num/s.m.* th: diez y ocho
2 Que ocupa el lugar decimoctavo en una serie. — = decimoctavo
3 Signo o conjunto de signos que representa este número. — *s.m.*

dieciochoavo, a Se aplica a cada una de las partes que resultan de dividir una cosa en dieciocho partes iguales. — *adj.num/s.m.* th: dieciochavo

dieciséis
1 Que resulta de la suma de diez y seis. — *adj.num/s.m.*
2 Que ocupa el lugar decimosexto en una serie. — = decimosexto
3 Signo o conjunto de signos que representa este número. — *s.m.*

dieciseisavo, a
1 Se aplica a cada una de las partes que resultan de dividir una cosa en dieciséis partes iguales. — *adj.num/s.m.*
2 en dieciseisavo: Se refiere al libro o folleto cuyo tamaño es la dieciseisava parte del pliego de papel ordinario. — *loc.adj.* ARTES GRÁFICAS

dieciseiseno, a Que ocupa la posición dieciséis en una serie. — *adj.num/s.m.*

diecisiete
1 Que resulta de la suma de diez y siete: *cumplió diecisiete años el día que se apuntó en la autoescuela.* — *adj.num/s.m.* th: diez y siete
2 Que ocupa el lugar decimoséptimo de una serie. — = decimoséptimo
3 Signo o conjunto de signos que representa este número. — *s.m.*

diecisieteavo, a Se aplica a cada una de las partes que resultan de dividir una cosa en diecisiete partes iguales. — *adj.num/s.m.*

diedro (Del gr. *diedros < dis,* dos + *edra,* plano.)
1 Se aplica al ángulo formado por dos planos que se cortan. — *adj/s.m.* GEOMETRÍA
2 Se aplica al ángulo formado por el plano horizontal y el plano de las alas de una aeronave. — AERONÁUTICA

diego
1 Dondiego, planta herbácea. — *s.m./BOTÁNICA*
2 donde dije "digo" digo "diego": Expresión que se aplica a una persona que cambia de opinión frecuentemente y sin fundamento. — coloquial

dieléctrico, a Se aplica al cuerpo o sustancia que es capaz de almacenar energía electrostática, dado que no posee electrones libres capaces de transportar una corriente eléctrica. — *adj/s.m.* FÍSICA = aislante

diencéfalo Parte del encéfalo embrionario que forma la epífisis, hipófisis, tálamo, nervio óptico y las retinas. — *s.m.* ANATOMÍA

dieneaedro, a Se aplica al sólido formado por dos pirámides de nueve caras, unidas por sus bases. — *adj.* GEOMETRÍA

diente (Del lat. *dens, dentis.*)
1 Cada una de los órganos duros que están clavados en las encías, formados por marfil recubierto de esmalte en la corona, que sirven para morder y triturar los alimentos. — *s.m.* ANATOMÍA
2 Cada una de las puntas que tienen los pájaros dentirrostros en uno y otro lado del pico. — ZOOLOGÍA
3 Punta o saliente picudo que tiene el borde o superficie de algunas cosas y herramientas.

4 Cada uno de los salientes que forman una rueda dentada o un engranaje.

5 Defecto que resulta cuando, por no estar bien apuntado el pliego, no se corresponden las líneas de una plana con una de otra. **ARTES GRÁFICAS**

6 Cada parte de piedras o ladrillos que se dejan salientes en un muro para enlazar con una posible prolongación de él. **CONSTRUCCIÓN = adaraja**

7 **diente acolmillado:** El que es demasiado grande y muy triscado, que al serrar deja mucha huella y corte estoposo.

8 **diente canino:** Diente fuerte entre los incisivos y las muelas. **ANATOMÍA = colmillo**

9 **diente de ajo:** Cada una de las partes en que está dividida la cabeza del ajo, separadas por su envoltura o cáscara.

10 **diente de embustero:** El que está muy separado de los otros: *el niño abrió la boca y aparecieron sus dientes de embustero.* **coloquial**

11 **diente de leche:** Cada uno de los que salen durante la primera dentición que se caen cuando los niños llegan a cierta edad. **ANATOMÍA = diente mamón**

12 **diente de león:** Planta compuesta, de flores amarillas, semilla menuda y raíces medicinales. *(Taraxacum officinale.)* **BOTÁNICA**

13 **diente de lobo:** 1. Especie de clavo más grande que los usuales. 2. Bruñidor utilizado en encuadernación para el dorado de los cantos. **CARPINTERÍA ARTES GRÁFICAS**

14 **diente de perro:** 1. Cierta labor de bordado que forma como dos filas de dientes alternados. 2. Costura de puntadas desiguales y mal hechas. 3. Adorno que se usaba en los muros de los edificios, formado por prismas triangulares o cuñas, con una de sus aristas al exterior. 4. Escoplo con la boca dividida en dos puntas, usado por los escultores. **TEXTIL TEXTIL ARQUITECTURA ARTE**

15 **diente de sierra:** Nombre que se da a la forma de una corriente o tensión que, de manera periódica, crece y decrece linealmente en función del tiempo. **TELECOMUNICACIONES**

16 **diente extremo:** Cada uno de los dientes más apartados del medio de la quijada de los solípedos. **ANATOMÍA**

17 **diente incisivo:** Cada uno de los dientes delanteros de borde cortante. **ANATOMÍA**

18 **diente molar:** Muela de los mamíferos. **ANATOMÍA**

19 **a regaña dientes:** Sintiendo o mostrando disgusto o enfado: *lavó los platos a regaña dientes.* **coloquial**

20 **aguzar los dientes:** Prepararse o disponerse para comer cuando ya está lista la comida. **coloquial**

21 **alargársele a alguien los dientes:** 1. Sentir dentera por lo ácido. 2. Desear mucho alguna cosa. **coloquial coloquial**

22 **armado hasta los dientes:** Muy bien provisto de armas: *se parapetaron en las casas armados hasta los dientes.* **coloquial**

23 **crujir a alguien los dientes:** Sentir mucha rabia, impaciencia o desesperación. **coloquial**

24 **dar diente con diente:** Tiritar de frío o de miedo: *daba diente con diente ante tal aparición; da diente con diente como si tuviera una febrada.* **coloquial**

25 **de dientes afuera:** Ofrecer algo con falta de sinceridad: *de dientes afuera les invitó a su casa de campo.* **loc.adv. coloquial**

26 **diente por diente:** Forma de designar la venganza en que se causa el mismo daño que se ha recibido. **coloquial**

27 **enseñar o mostrar los dientes:** Demostrar a otra persona que uno es capaz de resistirle o atacarle: *harto de sentirse rechazado, enseñó los dientes a quienes se burlaban de él.* **coloquial**

28 **estar a diente:** No haber comido teniendo hambre: *estuvo a diente dos días, en señal de protesta.* **coloquial**

29 **estar alguien que echa los dientes:** Estar encolerizado o muy enfadado: *no les nombres ese asunto, están que echan los dientes.* **coloquial**

30 **haberle nacido o salido a una persona los dientes en un lugar o haciendo algo:** Haber nacido, residido o frecuentado un lugar o haberse dedicado a una actividad desde joven.

31 **hablar o decir entre dientes:** 1. Hablar de modo que no se entiende lo que se dice: *para que no se enteraran los demás todo el rato me habló entre dientes.* 2. Refunfuñar, gruñir o murmurar. **coloquial coloquial**

32 **hincar el diente:** 1. Comer alguna cosa difícil de masticar. 2. Apropiarse de algo que pertenece a otro. 3. Acometer las dificultades con ánimo y decisión: *bueno, creo que ya es momento de hincar el diente a este trabajo.* **coloquial coloquial**

33 **pelar el diente:** 1. Sonreír mucho con coquetería. 2. Halagar a alguien, adularle. **Colomb., Amér. Central**

34 **poner los dientes largos:** Provocar una cosa la envidia de otro: *tus planes para las vacaciones me han puesto los dientes largos.* **coloquial**

35 **rechinarle a alguien los dientes:** 1. Crujirle los dientes: *le rechinaban los dientes por el frío.* 2. Padecer un acceso de rabia o cólera: *salió de la sala rechinándole los dientes por lo que acababa de oír.*

36 **tener buen diente:** Comer siempre con buen apetito. **coloquial**

37 **tomar o traer a alguien entre dientes:** 1. Tenerle ojeriza, manía: *nos trae entre dientes desde que le contaron esos chismes.* 2. Hablar mal de él: *las tomaba entre dientes en las tertulias del café.* **coloquial coloquial**

dientimellado, a Que tiene mella en uno o más dientes. **adj. tb: dentimellado**

dientudo, a Que tiene los dientes grandes. **adj./tb: dentado**

diéresis (Del lat. *diaeresis* < gr. *diairesis*, división < *diaireo*, dividir.)

1 Signo diacrítico, formado por dos puntos horizontales, que en español se coloca sobre la vocal *u* de los grupos *gue, gui* cuando se deben pronunciar las dos vocales. **s.f. pl: diéresis GRAMÁTICA = crema**

2 Licencia poética que consiste en pronunciar en dos sílabas distintas las vocales de un diptongo. **POESÍA**

3 Procedimiento quirúrgico que consiste en la división de los tejidos orgánicos. **MEDICINA**

diesel Se aplica al motor de explosión en que el carburante se inflama por la compresión a que se somete el aire en la cámara de combustión. **adj/s.m. MECÁNICA**

diesi (Del lat. *diesis* < gr. *diesis*, separación.) Signo musical de alteración que tiene por efecto elevar un semitono el sonido de la nota natural a la que afecta. **s.f. MÚSICA = sostenido**

dies irae (Expresión latina.) Prosa o secuencia que se recita en la misa de difuntos y que comienza con esas palabras. **s.m. RELIGIÓN**

diestra

1 Mano derecha: *nos saludamos dándonos la diestra.* **s.f./≠ siniestra**

2 **juntar diestra con diestra:** Hacer amistad o asociarse para algún fin. **coloquial**

diestro, a (Del lat. *dexter*, derecho.)

1 Que está en el lado derecho. **adj.**

2 Que es hábil e inteligente en una actividad: *es un diestro cirujano; es muy diestro en mecánica; es diestro en el regate.* **adj. + en = ducho**

3 Se aplica a la persona que utiliza preferentemente la mano derecha para hacer las cosas. **adj/s. ≠ zurdo**

4 Persona que torea a pie: *el diestro salió al ruedo con decisión.* **s.m. TAUROMAQUIA = ronzal**

5 Rienda que se pone a las bestias.

6 **a diestro y siniestro:** 1. Hacia todos lados: *miraba a diestro y siniestro.* 2. Sin orden y sin método: *repartía regalos a diestro y siniestro.* **loc.adv. loc.adv.**

dieta

I (Del lat. *diaeta* < gr. *diaita*, régimen de vida.)

1 Régimen de alimentación, en particular el prescrito a un enfermo: *no puedo comer productos lácteos porque estoy a dieta.* **s.f. MEDICINA**

2 Privación absoluta de comer: *cena tú solo, esta noche estaré a dieta.* **coloquial**

II (Del lat. *dieta* < *dies*, día.)

1 Honorario o remuneración diaria que se paga a los funcionarios y trabajadores que desempeñan trabajos extraordinarios fuera de su residencia habitual: *las dietas de esa empresa son muy elevadas.* **s.f.**

2 Retribución o indemnización que se da a los que ejecutan algunas comisiones, forman parte de una asamblea o asisten a determinadas reuniones: *las dietas de los senadores.*

3 Asamblea o congreso en que algunos estados confederados deliberan sobre sus asuntos comunes. **POLÍTICA**

dietar Poner a dieta. **v.tr./tb: adietar**

dietario (Del bajo lat. *dietarium*.)

1 Libro donde se anotan los ingresos y gastos diarios de una casa o un establecimiento. **s.m. COMERCIO**

2 Libro o cuaderno, con espacios correspondientes a cada día del año, para anotar lo que se tenga previsto realizar o lo que se quiera recordar: *anota sus compromisos en un dietario de sobremesa.* **= agenda**

dietética Parte de la medicina que estudia la alimentación necesaria y correcta para cada persona y la influencia de ésta en el organismo. **s.f. MEDICINA**

dietético, a (Del bajo lat. *diaeteticus* < gr. *diaitetikos*.) Que tiene relación con la dieta o con la dietética. **adj. MEDICINA**

dietista Médico que tiene como especialidad la dietética: *los dietistas cuestionan la eficacia de ciertos productos libres de colesterol.* **s.m.f. MEDICINA**

diez (Del lat. *decem*.)

1 Que resulta de la suma de nueve y uno: *sacó el número diez en las oposiciones.* **adj.num/s.m. pl: dieces**

2 Que ocupa la posición décima en una serie. **= décimo**

3 Signo o conjunto de signos con que se representa este número. **s.m.**

4 Se refiere a la década que empieza en el año diez y termina en el veinte. **adj.**

5 Cada una de las partes en que se divide el rosario, compuesta por diez avemarías y un padrenuestro. **s.m. RELIGIÓN**

6 Cuenta más gruesa o marcada que en el rosario divide las decenas. **RELIGIÓN**

7 La más alta de las cartas bajas, señalada por diez puntos: *el diez de oros; el diez de picas.* **JUEGOS**

8 diez de lados: El que se pone enfrente y fuera del orden de los otros nueve, en el juego de bolos. — JUEGOS
9 diez de últimas: Diez tantos que gana el que hace la última baza, en algunos juegos de naipes. — JUEGOS
10 hacer las diez de últimas: Actuar de tal manera que se acaba eliminando toda posibilidad de conseguir lo que se pretendía.

diezmar (Del lat. *decimare*.)
1 Causar una catástrofe una gran mortandad en un país: *la peste negra diezmó a la población.* — v.tr./ tb: dezmar = dañar
2 Separar una de cada diez de un grupo de personas o cosas.
3 Dar la décima parte de una cosa a la iglesia como pago de un impuesto. — RELIGIÓN
4 Matar o castigar a uno de cada diez entre un grupo de delincuentes por desconocerse el verdadero culpable: *echaban a suertes quién había de ser diezmado.* — HISTORIA

diezmero, a
1 Persona que pagaba el diezmo. — s./tb: dezmero
2 Persona que percibía el diezmo.

diezmesino, a Que tiene o dura diez meses. — adj.

diezmilésimo, a
1 Se aplica a cada una de las partes que resultan de dividir una cosa en diez mil partes iguales. — adj.num/s.
2 Que ocupa el lugar número diez mil en una serie.

diezmilímetro Medida de longitud, equivalente a la décima parte de un milímetro. — s.m.

diezmillonésimo, a Se aplica a cada una de las partes que resultan de dividir una cosa en diez millones de partes iguales. — adj.num/s.

diezmilmillonésimo, a Se aplica a cada una de las partes que resultan de dividir una cosa en diez mil millones de partes iguales. — adj.num/s.

diezmo (Del lat. *decimum*.)
1 Prestación en ganado y fruto que se hacía a la iglesia, consistente en una décima parte del producto bruto de la cosecha. — s.m. HISTORIA
2 Derecho que se pagaba al rey consistente en la décima parte de las mercaderías que llegaban a los puertos y pasaban de un reino a otro. — HISTORIA

difamación Acción de difamar o desacreditar: *denunció al periodista por difamación.* — s.f.

difamador, a Que difama o desacredita: *sus palabras difamadoras le hicieron daño.* — adj/s. = difamante

difamar (Del lat. *diffamare* < *dis-* + *fama*, fama.) Hacer o decir cosas que perjudican la buena fama, crédito o honra de una persona o una cosa. — v.tr. tb: disfamar = desacreditar

difamatorio, a Que difama o desacredita: *realizó unas difamatorias declaraciones a la prensa.* — adj. = difamante

difásico, a Se aplica a la corriente o tensión que es igual en frecuencia y amplitud a otra, pero cuyas fases se diferencian por un cuarto. — adj. ELECTRICIDAD

diferencia
1 Circunstancia de ser distintas dos cosas o dos personas y rasgo, característica o cualidad que las distingue: *la diferencia entre los gemelos está en el color de sus ojos.* — s.f. = disimilitud ≠ igualdad
2 Desacuerdo, discordia o disputa entre dos o más personas: *hay algunas diferencias entre los socios.* — = discrepancia ≠ acuerdo
3 Motivo del desacuerdo, discordia o disputa entre dos o más personas: *contadme vuestras diferencias.* — = desavenencia
4 Resultado de la operación de restar dos cantidades o dos expresiones algebraicas. — MATEMÁTICAS = resto
5 Modulación o variación dentro del mismo compás. — MÚSICA
6 Margen que existe, en la liquidación, entre la cotización de valores vendidos y comprados y la cotización de éstos en el momento en que la operación fue autorizada: *pagar la diferencia; cobrar la diferencia.* — ECONOMÍA
7 **diferencia de fase:** La que existe entre los valores de dos procesos periódicos en un momento dado y que tiene la respectiva fracción de período. — FÍSICA
8 **diferencia de incorporación:** La constatada entre los gastos reales y las cargas imputadas en el momento de calcular los costos de fabricación. — ECONOMÍA
9 **diferencia de potencial:** Tensión, magnitud. — ELECTRICIDAD
10 **diferencias cambio:** Cuenta del activo que representa los posibles beneficios o pérdidas que se podrían obtener al especular con moneda extranjera. — ECONOMÍA
11 **diferencias de clase:** Características de una clase social que no se dan en ninguna otra. — SOCIOLOGÍA
12 **a diferencia de:** Siendo cierta cosa diferente de otra con que se compara: *mi hermano, a diferencia de mí, es alto.* — loc.prep.
13 **jugar la diferencia o a la diferencia:** Fijar una apuesta, en determinados juegos de naipes, la cual se subordina a la del descarte entre los jugadores, al final de la partida. — JUEGOS
14 **partir la diferencia:** Ceder cada uno de su parte en un ajuste o controversia para acercarse a la media aproximada.

diferenciación
1 Acción y resultado de diferenciar. — s.f.

2 Operación por la que se determina la diferencial de una función. — MATEMÁTICAS
3 Aparición de varios tipos diferentes de células, tejidos u órganos en el curso del desarrollo de un ser vivo. — BIOLOGÍA
4 Técnica que consiste en colorear una preparación histológica y, a continuación, decolorarla para diferenciar un elemento determinado. — BIOLOGÍA
5 Evolución de una unidad geológica hacia conjuntos distintos en su composición química. — GEOLOGÍA
6 Cambio fonético que crea o acentúa las diferencias entre dos fonemas contiguos. — LINGÜÍSTICA
7 Capacidad de distinguir dos estímulos diferentes que se traduce en un determinado comportamiento. — SICOLOGÍA
8 **diferenciación de las aptitudes:** Hipótesis según la cual las aptitudes de un individuo se van independizando unas de otras a lo largo de su desarrollo. — SICOLOGÍA

diferencial
1 De la diferencia. — adj.
2 Se aplica a la cantidad que es infinitamente pequeña. — MATEMÁTICAS
3 Mecanismo de un automóvil que permite transmitir a una rueda un movimiento igual a la suma o a la diferencia de otros dos. — s.m. MECÁNICA
4 Incremento infinitamente pequeño de una función correspondiente a un crecimiento infinitamente pequeño de la variable. — MATEMÁTICAS

diferenciar
1 Ser una cosa la causa de que otras sean diferentes entre sí: *lo que más diferencia a los hermanos es su carácter.* — v.tr. = distinguir
2 Percibir dos o más cosas como diferentes: *no diferencio los dos vinos.*
3 Ser una cosa distinta de otra en una característica: *sus ojos se diferencian de los tuyos en el tamaño.* — v.prnl. = distinguir
4 Estar dos personas o más en desacuerdo: *diferencian en los gustos.* — v.intr. ≠ coincidir
5 Hacerse una persona famosa o notable por sus cualidades: *se diferencia del resto de sus compañeros por su rapidez.* — = distinguirse, sobresalir
6 Hallar la diferencial de una cantidad variable. — MATEMÁTICAS
7 Pasar una célula, tejido u órgano de un estado de constitución general homogéneo a otro especial heterogéneo. — BIOLOGÍA

diferendo Diferencia o discrepancia entre instituciones o estados. — s.m. Amér. Merid.

diferente
1 Que no es igual a otra cosa o persona con que se compara o tiene diferencias: *estamos hablando de cosas diferentes; los niños son diferentes de los mayores.* — adj./= distinto, desigual ≠ igual
2 Que es poco corriente o se aparta de lo normal: *buscaban una silla diferente.* — = especial ≠ común
3 Alguno, más de uno, varios: *puedes darle diferentes interpretaciones.* — = diverso, múltiple
4 De manera diferente: *yo lo hago diferente y me sale mejor.* — adv./= distinto ≠ igual

diferido, a
1 Se aplica a la retransmisión o programa de radio o televisión que se emite con posterioridad a su grabación: *vimos el partido de fútbol diferido.* — adj. AUDIOVISUALES ≠ directo
2 **en diferido:** Se refiere a las emisiones que no se hacen en directo: *retransmisión en diferido del desfile.* — loc.adj/adv. AUDIOVISUALES

diferir (Del lat. *differre*, ser diferente.)
1 Ser una cosa diferente de otra en un aspecto o característica: *mi libro difiere del tuyo en el número de páginas; sus opiniones difirieron entre sí.* — v.intr. conj: sentir + entre
2 Dejar una cosa para hacerla más tarde de lo pensado: *hemos diferido la reunión hasta el viernes.* — v.tr./= aplazar, retrasar/ formal
3 No estar de acuerdo con otra persona o con la opinión que manifiesta: *difiero contigo en que no creo que sea posible hacerlo así.* — v.intr./+ de en, entre/= discrepar, disentir

difícil (Del lat. *difficilis*.)
1 Que requiere inteligencia, habilidad o esfuerzo: *la empresa atraviesa una difícil situación; me han encargado un trabajo difícil.* — adj./= complejo, complicado ≠ fácil, sencillo
2 Que es irritable y descontentadizo: *resulta duro educar a un niño difícil; ten paciencia porque es difícil de carácter.* — = intratable, rebelde ≠ dócil
3 Se aplica a la cara o figura que es fea o extraña: *es un hombre de rostro difícil.*

dificultad (Del lat. *difficultas, -atis* < *facere*, hacer.)
1 Circunstancia de lo que es difícil de hacer, lograr o entender: *es un trabajo de gran dificultad.* — s.f. ≠ sencillez
2 Obstáculo o contratiempo que hace una cosa difícil de realizar, lograr o entender: *el mal estado del mar es una dificultad para los pescadores.* — = contrariedad
3 Situación difícil de resolver: *hemos pasado muchas dificultades.* — = penalidad
4 Exigencia o reparo que se pone a quien quiere hacer o conseguir una cosa: *me pusieron muchas dificultades antes de convalidarme los estudios.* — = pega, inconveniente, obstáculo

dificultador, a
1 Que dificulta la realización de alguna actividad. — adj/s.

2 Que pone o imagina dificultades.

dificultar (Del lat. *difficultare*.)
1 Poner dificultades o inconvenientes a la realización de una cosa. — v.tr. = entorpecer
2 Hacer una cosa que otra resulte difícil: *el viento excesivo dificulta la navegación.*

dificultoso, a
1 Que presenta dificultades o es difícil: *la travesía fue dificultosa.* — adj./= trabajoso ≠ fácil
2 Se aplica al rostro o figura que son feos o extraños: *dificultoso aspecto.* — = difícil
3 Que ofrece inconvenientes o pone dificultades para que algo llegue a realizarse. — adj/s.= embarazoso, molesto

difidencia (Del lat. *diffidentia*.)
1 Desconfianza, falta de confianza. — s.f.
2 Falta de fe. — = incredulidad

difilo, a (Del gr. *dis*, dos + *phyllon*, hoja.)
1 Se aplica a la planta que está formada por dos partes parecidas al limbo de las hojas. — adj. BOTÁNICA
2 Que tiene dos hojas. — BOTÁNICA

difluencia
1 Condición de difluente, que se esparce o extiende. — s.f.
2 División de un río o de un glaciar en varios brazos que no vuelven a reunirse. — GEOGRAFÍA

difluente
1 Se refiere al brazo de río o glaciar que se separa del tronco principal. — adj/s.m. GEOGRAFÍA
2 Se aplica al tejido que, tras un proceso patológico, está muy reblandecido y adquiere casi consistencia líquida. — adj. MEDICINA

difluir (Del lat. *diffluere*.)
1 Derramarse una cosa por todas partes. — v.intr./ conj: *huir*
2 Dividirse un río en varios brazos. — GEOGRAFÍA

difracción Desviación de un rayo de luz o de otro tipo de onda, al rozar el borde de un cuerpo opaco o de otro obstáculo. — s.f. FÍSICA

difractar Producir una cosa la difracción de las ondas. — v.tr/prnl./ FÍSICA

difteria (Del gr. *diphtera*, membrana.)
1 Enfermedad infecciosa y contagiosa que ataca principalmente a las vías respiratorias, y que puede llegar a producir parálisis. — s.f. MEDICINA = garrotillo
2 **difteria aviar:** Enfermedad contagiosa de las aves de cinco a doce meses. — VETERINARIA
3 **difteria del ternero:** Infección de la laringe y faringe causada por el bacilo de la necrosis. — VETERINARIA

diftérico, a
1 Que tiene relación con la difteria. — adj./MEDICINA
2 Que padece difteria. — adj/s./MEDICINA

difteritis Inflamación diftérica: *sufre una difteritis que le causa problemas respiratorios.* — s.f./pl: difteritis MEDICINA

difuminar
1 Hacer perder claridad, nitidez o intensidad. — v.tr/prnl.
2 Desvanecer las líneas o los colores de un dibujo con el difumino. — v.tr./ARTE = esfuminar

difumino Utensilio que usan los dibujantes para desvanecer los trazos de lápiz o carboncillo. — s.m./ARTE = esfumino

difundir (Del lat. *diffundere* < *fundere*, derramar.)
1 Hacer que una noticia, una costumbre o una doctrina sea conocida o aceptada por más personas: *difundió el marxismo entre sus compañeros; los tristes sucesos se difundieron por la radio.* — v.tr/prnl. part.th: difuso = divulgar
2 Extender una cosa material por todas partes. — = derramar
3 Convertir los rayos procedentes de un foco luminoso en luz que se propaga en todas direcciones: *la luz de la lámpara se difundió por toda la habitación.*

difunto, a (Del lat. *deffunctus*.)
1 Se aplica a una persona que está muerta. — adj/s.
2 Cadáver o cuerpo muerto de una persona. — s.m.
3 **difunto de taberna:** Borracho, persona embriagada por haber ingerido una cantidad excesiva de alcohol. — coloquial
4 **el difunto es mayor o menor:** Se aplica a la persona que lleva una prenda de vestir mayor o menor de lo que su corpulencia exige. — coloquial

difusión (Del lat. *diffusio, -onis*.)
1 Acción y resultado de difundir: *la noticia de su boda ha tenido mucha difusión.* — s.f.
2 Extensión innecesaria al hablar o escribir, que implica pérdida de precisión. — = imprecisión
3 Número de ejemplares de un diario o publicación vendidos en cada edición.
4 Tendencia de una sociedad a tomar y adaptar sistemas culturales elaborados por otras sociedades, como la tecnología o el lenguaje. — SOCIOLOGÍA
5 Proceso por el cual una sustancia, un gas, los moléculas o los iones en solución se esparcen por todo el organismo. — BIOLOGÍA MEDICINA
6 Distribución continua, en numerosas direcciones, de la energía de una onda electromagnética después de que ésta ha chocado con ciertos obstáculos. — FÍSICA
7 **difusión acústica:** Reflexión o difracción irregular de una onda acústica en varias direcciones. — FÍSICA

difusionismo Teoría antropológica según la cual las culturas humanas se han extendido progresivamente por afinidad. — s.m. SOCIOLOGÍA

difusionista
1 Del difusionismo: *postulados difusionistas.* — adj./SOCIOLOGÍA
2 Partidario de esta tendencia. — s.m.f./SOCIOLOGÍA

difusivo, a Que tiene la propiedad de difundir o difundirse: *sustancias difusivas.* — adj.

difuso, a
1 Que es poco claro o preciso: *los colores de este cuadro son difusos.* — adj./= borroso ≠ nítido
2 Que es ancho y dilatado: *para tal concentración de gente se necesita un espacio difuso.* — = extenso
3 Se aplica a la obra o al estilo que es extenso y poco conciso: *se expresa con un lenguaje difuso.* — ≠ claro, preciso
4 Se refiere al fonema cuyo espectro presenta los dos primeros componentes separados y una distribución heterogénea de ruidos. — LINGÜÍSTICA ≠ compacto

difusor, a
1 Que difunde: *la televisión, la radio y la prensa son medios difusores de información.* — adj/s.
2 Pieza que se aplica al secador de pelo para repartir más el aire que sale de éste. — s.m.
3 Pantalla para atenuar o enfocar a voluntad la luz de una lámpara.
4 Aparato que se usa en la fabricación de azúcar para extraer el jugo de la pulpa de la remolacha. — TECNOLOGÍA
5 Gasa transparente que se coloca delante de las fuentes de luz o del objetivo de la cámara para tamizar la luz. — CINE

digenita Sulfuro natural de cobre. — s.f./MINERALOGÍA

digerible
1 Que se puede digerir. — adj./= digestible
2 Que puede ser soportado: *novela digerible.* — = tolerable

digerir (Del lat. *digerere*, distribuir < *gerere*, llevar.)
1 Convertir los alimentos, en el aparato digestivo, en sustancia propia para la nutrición: *no digirió bien la comida.* — v.tr. conj: *sentir* FISIOLOGÍA
2 Recuperar una persona el estado de ánimo normal después de una desgracia o una ofensa: *a pesar del apoyo de todos, no consiguió digerir su muerte.* — = encajar coloquial
3 Percibir y asimilar una idea: *digirió la cuestión que él le planteó rápidamente.* — = entender
4 Considerar una cosa con detenimiento: *estuvo digiriendo el problema durante días.* — = meditar
5 Cocer una sustancia lentamente. — QUÍMICA
6 Ser una sustancia capaz de disolver a otra albuminoidea: *este ácido digiere muy bien algunos compuestos.* — QUÍMICA

digestibilidad Facilidad que un alimento tiene para ser digerido: *la lechuga tiene gran digestibilidad.* — s.f.

digestible Que es fácil de digerir. — adj./= digerible

digestión (Del lat. *digestio, -onis*.)
1 Acción y resultado de digerir. — s.f.
2 Proceso fisiológico por el que los alimentos ingeridos se transforman en sustancias asimilables para el organismo. — FISIOLOGÍA
3 Sometimiento prolongado de un cuerpo al calor y a la humedad para sacar o extraer de él alguna sustancia. — QUÍMICA
4 Fenómeno por el cual una roca se incorpora a otra. — GEOLOGÍA

digestivo, a
1 Que tiene relación con la digestión: *tubo digestivo; aparato digestivo.* — adj.
2 Que ayuda a digerir: *tomo unas pastillas digestivas.* — adj/s.m.
3 Medicamento que promueve y sostiene la supuración de las úlceras y heridas. — s.m./FARMACIA = estomacal

digesto Colección de textos recopilados de algunos juristas romanos. — s.m. HISTORIA

digestólogo, a Médico especialista en el estudio y tratamiento de las enfermedades del aparato digestivo. — s. MEDICINA

digestor
1 Recipiente o vasija cerrado a tornillo, especial para preparar alimentos al baño de María. — s.m. COCINA
2 Aparato que sirve para extraer las partes solubles de ciertos cuerpos. — QUÍMICA

digit- Componente de palabra procedente del lat. *digitus*, que significa dedo: *digitopuntura; digitígrado.* — pref. th: digito-

digitación
1 Indicación escrita del orden en que deben usarse los dedos en una ejecución musical. — s.f. MÚSICA
2 Agilidad de los dedos: *la digitación es de importancia capital para los instrumentistas de cuerda.* — MÚSICA
3 Saliente en forma de dedo que presentan las hojas digitadas. — BOTÁNICA
4 Denominación que reciben algunos fascículos de inserción de ciertos músculos, cuya forma recuerda la de los dedos. — ANATOMÍA

digitado, a
1 Se refiere a los órganos y estructuras que tienen prolongaciones que arrancan todas de un mismo — adj. BIOLOGÍA

punto y se asemejan a un dedo: *el castaño de Indias tiene las hojas digitadas.*
2 Se aplica al mamífero que tiene los dedos separados.   ZOOLOGÍA

digital (Del lat. *digitalis*, relativo a los dedos.)
1 De los dedos: *puso los dedos en una sustancia para imprimir su huella digital.*   adj. / ANATOMÍA
2 Se aplica al instrumento de medida que representa el resultado de la medición con números dígitos: *reloj digital.*   TECNOLOGÍA
3 Se refiere a la representación de informaciones o magnitudes físicas por medio de caracteres o señales con valores discretos.   INFORMÁTICA = numérico
4 Se aplica a los sistemas, dispositivos o procedimientos que utilizan este modo de representación.   INFORMÁTICA ≠ analógico
5 Planta herbácea de la familia de las escrofulariáceas, de hojas alternas, flores pendientes en racimo, que tiene usos medicinales. *(Digitalis purpurea.)*   s.f. / BOTÁNICA = dedal de monja
6 Flor de esta planta.   BOTÁNICA

digitalina Principio activo contenido en las semillas de la digital, de color amarillo y sabor amargo, usado, en dosis muy pequeñas, como medicamento cardíaco.   s.f. FARMACIA, QUÍMICA

digitalización Proceso de conversión de una señal continua o analógica en digital.   s.f. INFORMÁTICA

digitalizador, a Se refiere al dispositivo que convierte una información analógica o una imagen convencional en una secuencia de números, de manera que pueden recibir tratamiento informático.   adj./s.m. INFORMÁTICA

digitalizar Convertir una información analógica o una imagen convencional en una secuencia de números, según unas reglas.   v.tr. conj.: *cazar* INFORMÁTICA

digitiforme Que tiene forma de dedo.   adj.

digitígrado, a (Del lat. *digitus*, dedo + *gradi*, andar.) Se aplica al animal que al andar apoya sólo los dedos: *el gato es un digitígrado.*   adj./s.m. ZOOLOGÍA

dígito, a (Del lat. *digitus*.)
1 Se aplica al número que se expresa con una sola cifra en el sistema de numeración decimal.   adj./s.m. MATEMÁTICAS
2 Cada una de las doce zonas paralelas en las que se divide el disco lunar para determinar la extensión de un eclipse de luna.   s.m. ASTRONOMÍA
3 **dígito de control:** Cada una de las representaciones que acompañan a un valor numérico con el fin de detectar posibles errores de codificación o transcripción.   INFORMÁTICA

digitoplastia Intervención quirúrgica que consiste en la reconstrucción plástica de uno o varios dedos.   s.f. MEDICINA

diglosia (Del gr. *diglossia* < *dis*, dos + *glossa*, lengua.)
1 Convivencia de dos lenguas, en especial cuando una de ellas goza de privilegios sociales o políticos superiores.   s.f. LINGÜÍSTICA
2 Disposición de la lengua en forma doble o bífida.   ANATOMÍA

dignamente
1 De una manera digna, con dignidad: *aceptó dignamente su ayuda desinteresada.*   adv.
2 Con justicia, con razón.

dignarse (Del lat. *dignari*, juzgar digno.) Aceptar o consentir en hacer una cosa: *se digna a hablar con nosotros; no se dignó a mirarme en toda la tarde.*   v.prnl. + a = consentir

dignatario, a Persona investida de una dignidad: *los dignatarios políticos se reunieron en Bruselas.*   s. = mandatario

dignidad (Del lat. *dignitas, -atis*.)
1 Sentimiento de amor propio o autoestima de las personas muy sensibles a las ofensas, desprecios o faltas de respeto: *has herido su dignidad.*   s.f.
2 Actitud grave, merecedora de respeto y consideración: *habla con mucha dignidad; soporta con dignidad su desgracia.*   = gravedad ≠ indignidad
3 Circunstancia de lo que es digno, merecedor de respeto y consideración.   = honra
4 Cargo o empleo honorífico y de autoridad: *le restituyeron la dignidad de alcalde.*   = título
5 Persona que posee un cargo o empleo honorífico y de autoridad: *a la boda acudieron todas las dignidades políticas.*   = personalidad
6 Cargo del obispo o del arzobispo.   RELIGIÓN
7 Alto cargo del ejército: *los generales son dignidades en el ejército de tierra y aire.*   MILITAR

dignificable Que puede ser dignificado: *dignificable condición de funcionario.*   adj.

dignificación Acción y resultado de dignificar: *fue víctima de una hipócrita dignificación.*   s.f.

dignificante
1 Que dignifica o hace digno.   adj.
2 Se aplica a la gracia que dignifica.   TEOLOGÍA

dignificar (Del bajo lat. *dignificare*.) Dar dignidad a una persona o a una cosa, o aumentar la que ya tenía: *se ha dignificado al encontrar trabajo.*   v.tr./prnl. conj.: *sacar*

digno, a (Del lat. *dignus*.)
1 Que tiene dignidad: *es un hombre digno y respetable.*   adj./≠ indigno
2 Que es merecedor de una cosa: *su gesto desinteresado es digno de admiración.*   + de/= merecedor ≠ indigno
3 Que se corresponde o es propio de una persona o una cosa: *lleva un vestido digno de una princesa.*   + de ≠ indigno
4 Que resulta suficiente o decoroso: *cobra un sueldo digno.*

digrafía
1 Contabilidad por partida doble.   s.f./COMERCIO
2 **digrafía pulmonar:** Sobreimpresión en una misma película de las imágenes del tórax expirando e inspirando.   MEDICINA

dígrafo Grupo de dos letras que representan un solo sonido: *la ch es un dígrafo.*   s.m. LINGÜÍSTICA

digrama
1 Conjunto de dos letras con el que se transcribe un solo fonema.   s.m. LINGÜÍSTICA
2 Grupo de dos letras, entre los criptógrafos.   = bigrama

digresión (Del lat. *digressio* < *digredi*, apartarse.) Parte de un texto o de un discurso que se aparta del tema o argumento principal: *me permitirán que haga una pequeña digresión sobre la noticia.*   s.f. = divagación, acotación

dihueñe Denominación vulgar de varios hongos comestibles de los que los indios obtienen una determinada bebida.   s.m. *Chile* th: dihueñi

dije
1 Joya, adorno o relicario que se lleva colgando de una cadena, de una pulsera o de un imperdible.   s.m.
2 Persona de grandes cualidades físicas o morales.   coloquial
3 Persona muy compuesta y acicalada.   coloquial
4 Persona apta para hacer muchas cosas.   coloquial

dijes Amenazas hechas con arrogancia: *no pienso hacer caso a sus dijes.*   s.m.pl. = bravatas

dilaceración Acción y resultado de desgarrar la carne a una persona o animal.   s.f.

dilacerar (Del lat. *dilacerare*.)
1 Desgarrar la carne de una persona o un animal: *el perro se dilaceró al pasar la alambrada.*   v.tr./prnl. th: dislacerar
2 Herir la honra o el orgullo de una persona: *la dilaceraban con calumnias.*   v.tr. = desacreditar

dilación (Del lat. *dilatio, -onis*.)
1 Retraso o tardanza: *no estaba previsto que el proyecto sufriera esta dilación.*   s.f.
2 **sin dilación:** Enseguida a continuación: *preséntese sin dilación en mi despacho.*   loc.adv. formal

dilapidación Derroche de dinero o de otra cosa: *lo suyo con el dinero es auténtica dilapidación.*   s.f. = despilfarro

dilapidador, a Que dilapida o gasta con exceso.   adj/s.

dilapidar (Del lat. *dilapidare*, malgastar.) Gastar con insensatez o exceso: *en pocos meses dilapidó la herencia.*   v.tr. = malbaratar

dilatabilidad Capacidad para dilatarse que presenta un cuerpo.   s.f.

dilatable Que se puede dilatar: *cuerpo dilatable; sustancia dilatable.*   adj.

dilatación (Del lat. *dilatatio, -onis*.)
1 Acción y resultado de dilatar o dilatarse: *sometió el metal a un proceso de dilatación.*   s.f. = extensión
2 Aumento del volumen de un cuerpo al aumentar la temperatura: *la dilatación de los raíles.*   FÍSICA
3 Procedimiento empleado para aumentar o restablecer el calibre de un conducto, una cavidad o un orificio, o mantener libre un trayecto fistuloso.   MEDICINA

dilatado, a Que es extenso o vasto: *recorrimos una dilatada llanura; una dilatada estancia.*   adj. = amplio

dilatador, a
1 Que dilata o extiende: *tiene que tomar un medicamento dilatador de los vasos sanguíneos.*   adj/s. = dilatante
2 Instrumento que se usa para agrandar o mantener abierto un orificio.   s.m. MEDICINA

dilatar (Del lat. *dilatare*, ensanchar.)
1 Hacer que una cosa ocupe más espacio del que ocupaba: *el metal se dilata con el calor.*   v.tr./prnl. = agrandar, ampliar
2 Hacer que una cosa dure más de lo previsto: *la reunión se dilató durante toda la tarde.*   = prolongar
3 Hacer una cosa que otra se difunda o se propague: *con seguridad su fama se dilatará rápidamente.*   = extender
4 Extenderse una narración o una explicación.   v.prnl.

dilatómetro Instrumento para medir la dilatación en los cuerpos metálicos.   s.m. TECNOLOGÍA

dilatoria Tiempo que se retrasa o detiene una cosa: *ahora no me vengas con dilatorias.*   s.f. = demora

dilatorio, a
1 Que causa retraso o tardanza.   adj.
2 Que sirve para prorrogar o extender un término judicial o la tramitación de un asunto.   DERECHO

dilección (Del lat. *dilectio, -onis*.) Voluntad o amor que se manifiestan con honestidad.   s.f.

dilecto, a (Del lat. *dilectus*.) Que es querido o amado de forma honesta. — adj. culto

dilema (Del lat. *dilemma* < gr. *dilemma* < *dis*, dos + *lemma*, premisa.)
1 Situación en la que se debe optar por la elección de una solución de entre las dos posibles: *menudo dilema: si me niego le haré daño y si acepto perderé la oportunidad de mi vida*. — s.m. = conflicto, disyuntiva, duda
2 Razonamiento formado por una premisa con dos términos contrapuestos que, afirmando uno o el otro, conducen a la misma conclusión. — LÓGICA

dilemático, a
1 Que tiene relación con el dilema. — adj.
2 Se aplica al razonamiento que es parecido a un dilema. — LÓGICA

dileniáceo, a Perteneciente a una familia de plantas angiospermas dicotiledóneas, leñosas o herbáceas, de hojas esparcidas y fruto en cápsula o baya y semillas con arilo. — adj/s.f. BOTÁNICA

diletante (Del ital. *dilettante*.)
1 Que es aficionado al arte, en especial a la música. — adj/s.m.f. despectivo
2 Que se interesa por algún campo del saber o lo cultiva como aficionado sin la preparación adecuada: *aunque sólo es un diletante de la pintura, ha ganado varios premios*.

diletantismo (Del ital. *dilettantismo*.) Dedicación y cultivo de un arte sin profesionalidad, por pura afición y entretenimiento. — s.m.

diligencia (Del lat. *diligentia*.)
1 Disposición para resolver con rapidez e interés lo que ha de hacerse: *hace su trabajo con mucha diligencia*. — s.f.
2 Acción necesaria para la tramitación de un asunto: *tengo que ir a resolver unas diligencias para formalizar la compra*. — = gestión
3 Nota puesta en un documento administrativo para tramitarlo en la forma adecuada. — formal
4 Antiguo coche de caballos dedicado al transporte de viajeros.
5 Actuación del secretario judicial en un asunto de su competencia. — DERECHO
6 **diligencia de comparendo**: Acta que se extiende para acreditar la comparecencia de una persona. — DERECHO
7 **evacuar una diligencia**: Terminar la tarea o gestión que se había de realizar.
8 **hacer las diligencias de cristiano**: Cumplir las obligaciones de la iglesia. — RELIGIÓN
9 **hacer las diligencias del jubileo**: Ejecutar lo que se previene para ganarlo.
10 **hacer alguien sus diligencias**: 1. Poner todos los medios necesarios para lograr un fin. 2. Hacer de vientre. — coloquial

diligenciamiento
1 Tramitación de un asunto. — s.m.
2 Anotación que hace la persona autorizada en un documento para que quede constancia escrita de un trámite administrativo. — formal

diligenciar
1 Poner los medios necesarios para obtener una cosa. — v.tr.
2 Realizar los trámites sucesivos de un asunto administrativo.
3 Poner una diligencia en un documento.
4 Despachar un asunto mediante las oportunas diligencias. — DERECHO

diligenciero, a Persona que toma a su cargo asuntos de otro para su administración. — s.

diligente (Del lat. *diligens*, *-tis*.)
1 Que hace las cosas con cuidado, esmero e interés: *es muy diligente en su trabajo*. — adj. ≠ negligente
2 Que hace las cosas con rapidez y presteza: *se disponía diligente a terminar sus deberes*.

dilliniáceo, a Perteneciente a una familia de plantas arbóreas o arbustivas dicotiledóneas, de hojas esparcidas, flores hermafroditas y fruto capsular. — adj/s.f. BOTÁNICA

dilogía (Del gr. *dis*, dos + *logos*, palabra, tratado.) Palabra o expresión con doble sentido y que se usa en el mismo enunciado. — s.f. RETÓRICA = ambigüedad

dilucidación Aclaración o explicación de una cuestión. — s.f.

dilucidador, a Que dilucida, aclara o explica un asunto: *intervención dilucidadora*. — adj/s.

dilucidar Explicar y aclarar un asunto o una cuestión: *las declaraciones de los testigos ayudaron a dilucidar el robo*. — v.tr. = elucidar

dilucidario Escrito que contiene la explicación de una obra. — s.m.

dilución (Del lat. *dilutio*, *-onis*.)
1 Acción y resultado de diluir o diluirse. — s.f.
2 Coeficiente entre el volumen de la masa del cuerpo disuelto y el volumen de una solución. — QUÍMICA ≠ concentración

dilúculo (Del lat. *diluculum*, alborada, amanecer.) Última de las seis partes en que se dividía la noche. — s.m. literario

diluir (Del lat. *diluere*.)
1 Deshacer un cuerpo sólido en uno líquido, mezclándolos: *diluyó el chocolate en leche hirviendo*. — v.tr/prnl. conj: huir
2 Añadir o desleír un líquido en una disolución para aclararla. — v.tr. QUÍMICA

diluvial
1 Del diluvio. — adj.
2 Se aplica al terreno que está formado por material arenisco procedente de grandes aluviones. — adj/s.m. GEOLOGÍA

diluviano, a Que tiene relación con el diluvio universal, o que hiperbólicamente se compara con él por el transtorno que produce o su antigüedad. — adj.

diluviar Llover con mucha intensidad: *diluvió de tal forma que se inundaron las calles*. — v.intr.

diluvio (Del lat. *diluvium*.)
1 Lluvia muy abundante y de larga duración que provoca inundaciones: *la zona quedó en un estado catastrófico tras el diluvio*. — s.m.
2 Lluvia muy abundante: *está cayendo un diluvio*. — coloquial
3 Excesiva abundancia de una cosa: *me recibió con un diluvio de reproches*. — = aluvión
4 **diluvio universal**: El que se produjo en tiempo de Noé y fue mandado por Dios como castigo, según los textos bíblicos. — RELIGIÓN

diluyente Se aplica al líquido que se utiliza para hacer más fluida una disolución. — adj/s.m. tb: diluente

dimanación Acción de dimanar o provenir una cosa de otra: *la dimanación cristalina del torrente*. — s.f.

dimanar (Del lat. *dimanare* < *manare*, brotar.)
1 Manar, venir el agua de sus manantiales: *el río dimana de las rocosas estribaciones de la montaña*. — v.intr.
2 Proceder u originarse una cosa de otra: *sus problemas dimanan de una mala organización*. — + de = provenir

dimensión (Del lat. *dimensio*, *-onis* < *dimetiri*, medir en todos los sentidos.)
1 Cada una de las magnitudes que se consideran en el espacio para determinar el tamaño de las cosas: *la longitud y la masa son dimensiones de los cuerpos*. — s.f. FÍSICA
2 Longitud, extensión o volumen de una línea, una superficie o un cuerpo, respectivamente. — GEOMETRÍA
3 Aspecto de las cosas por el que pueden ser más grandes o más pequeñas: *el país vive una catástrofe de grandes dimensiones*. — = importancia, magnitud
4 Medida de los compases. — MÚSICA
5 **cuarta dimensión**: El tiempo, según la teoría de la relatividad de Einstein. — FÍSICA

dimensional
1 Que tiene relación con las dimensiones. — adj.
2 Se aplica a la flexión nominal que opone nombres de objetos según su diferente tamaño: *la oposición cuchillo-cuchilla y ventano-ventana es dimensional*. — GRAMÁTICA
3 Se aplica al análisis de las dimensiones de las magnitudes físicas. — FÍSICA

dimensionar Establecer las dimensiones exactas o el valor preciso de una cosa: *dimensionó los componentes de una construcción*. — v.tr.

dímero, a (Del gr. *dis*, dos + *meros*, parte.)
1 Que tiene dos partes: *flor dímera*. — adj./BIOLOGÍA
2 Se aplica al insecto que tiene sólo dos artejos en todos los tarsos. — ZOOLOGÍA
3 Se refiere a la molécula que tiene la misma composición química y peso doble que otra, sin ninguna relación entre sí. — QUÍMICA

dimes Se usa en la expresión **dimes y diretes** para referirse a las réplicas, chismes o debates entre dos o más personas: *andan todo el santo día con dimes y diretes*. — s.m.pl. coloquial

dímetro Se aplica al verso de la poesía griega y latina formado por dos metros o pies. — adj/s.m. POESÍA

dimiario, a Se aplica al molusco bivalvo con dos músculos para cerrar las valvas de la concha, como la almeja. — adj/s.m. ZOOLOGÍA

diminuendo (Voz italiana.) Disminución de intensidad sonora en el curso de una frase o de un pasaje musical, repartida en una duración variable. — s.m. MÚSICA

diminutamente
1 Con escasez. — adv.
2 Por partes, por menor.

diminutivo, a (Del lat. *diminutivus*.)
1 Que disminuye una cosa o la hace menos importante. — adj.
2 Se aplica al sufijo que disminuye la magnitud del significado del vocablo al que se une o que expresa matices apreciativos en especial una actitud afectuosa del hablante, pero también matices irónicos y de menosprecio: *un arbolito, ¡vaya nochecita!, una ayudita, es un listillo, son diminutivos*. — adj/s.m. GRAMÁTICA
3 Palabra modificada mediante sufijos diminutivos: *es frecuente el uso de diminutivos en el lenguaje familiar*. — s.m. GRAMÁTICA

diminuto, a (Del lat. *diminutus.*)
1 Que es muy pequeño: *los granos de arena son diminutos.* — adj.
2 Que tiene algún defecto. — = defectuoso

dimisión Renuncia o abandono del cargo que se desempeñaba: *después del escándalo, presentó su dimisión.* — s.f. ≠ compromiso

dimisionario, a Se aplica a la persona que dimite o presenta una dimisión: *el presidente se reunió con el consejero dimisionario.* — adj/s. = dimitente

dimisorias
1 Permiso que dan los obispos a sus súbditos para que puedan recibir las órdenes de otro obispo. — s.f.pl. RELIGIÓN
2 **dar dimisorias a alguien:** Despedirle o echarle bruscamente y con malos modos. — coloquial
3 **llevar alguien dimisorias:** Haber sido despedido con brusquedad. — coloquial

dimitir (Del lat. *dimittere.*) Renunciar o abandonar una persona el cargo que desempeña: *dimitió la presidencia del consejo; tuvo que dimitir ante las presiones de la cámara.* — v.tr/intr.

dimórfico, a
1 Se refiere al compuesto químico que puede cristalizar en dos sistemas distintos. — adj./MINERALOGÍA = dimorfo
2 Que puede presentar dos formas distintas. — BIOLOGÍA/= dimorfo

dimorfismo
1 Propiedad de algunos minerales de cristalizar en dos sistemas distintos. — s.m. MINERALOGÍA
2 Fenómeno por el cual en una misma especie animal o vegetal aparecen dos formas diferentes de individuos: *dimorfismo sexual; dimorfismo foliar.* — BIOLOGÍA

dimorfo, a (Del gr. *dimorphos.*) Que puede presentar dos formas distintas o cristalizar en dos sistemas diferentes. — adj. BIOLOGÍA, MINERALOGÍA

din
I (Apócope de *dinero.*)
1 Dinero o riqueza que posee una persona. — s.m./coloquial
2 **el din y el don:** Dinero y calidad: *el din y el don de su señoría no le servirán para conseguir sus favores.* — coloquial
II (Acrónimo de *[D]eutsche [I]ndustrie [N]orm,* norma de la industria alemana.) Conjunto de normas unificadoras de tolerancia, tamaño u otros aspectos de los productos industriales. — s.f. INDUSTRIA

dina (De la abreviación del gr. *dynamis,* fuerza.) Unidad de fuerza del sistema cegesimal, que equivale a la fuerza necesaria para comunicar a la masa de un gramo la velocidad de un centímetro por segundo. — s.f. FÍSICA

dinamarqués, a
1 De Dinamarca, país europeo. — adj./= danés
2 Persona natural de este país. — s./= danés
3 Danés, lengua germánica. — s.m./LINGÜÍSTICA

dinámetro Instrumento usado para determinar el aumento de los anteojos. — s.m. ÓPTICA

dinámica
1 Parte de la mecánica que estudia las leyes del movimiento en relación con las fuerzas que lo producen. — s.f. FÍSICA
2 Manera de desarrollarse una actividad, un hecho o un acontecimiento: *cada uno tiene su dinámica en el trabajo.*
3 Grado de intensidad o suavidad con que se interpreta un fragmento musical. — MÚSICA

dinámico, a (Del gr. *dynamikos < dynamis,* fuerza.)
1 Que tiene relación con el movimiento o con la dinámica: *fuerza dinámica.* — adj.
2 Que tiene mucha energía y vitalidad: *hace muchas actividades porque es muy dinámica.* — coloquial/= vital ≠ apático
3 Se aplica a la expresión artística caracterizada por la fuerza y el movimiento. — ARTE

dinamismo
1 Cualidad de la persona activa o dinámica: *es un hombre que contagia su dinamismo en el trabajo.* — s.m. = empuje, vitalidad
2 Doctrina filosófica que defiende que el mundo físico está constituido sólo por fuerzas activas. — FILOSOFÍA ≠ mecanicismo
3 Característica de las comunidades vegetales debida a la actividad de ciertas especies, que condicionan la aparición o desaparición de otras. — BOTÁNICA

dinamista
1 Del dinamismo, doctrina filosófica: *defiende la teoría dinamista.* — adj/s.m.f. FILOSOFÍA
2 Que es partidario del dinamismo. — adj/s./FILOSOFÍA

dinamita (Derivado del gr. *dynamis,* fuerza.)
1 Mezcla explosiva compuesta por nitroglicerina y un cuerpo muy poroso, que la absorbe. — s.f. QUÍMICA
2 Suceso, lugar o persona que produce alboroto con facilidad: *este niño es pura dinamita; la noticia fue dinamita en los medios de comunicación.* — coloquial
3 **dinamita de base activa:** Aquella en que se usa como absorbente una sustancia combustible o explosiva como carbón, nitrato de sodio, etc. — QUÍMICA

4 **dinamita de base inerte:** Aquella en que se usa como absorbente una sustancia inerte como sílice, yeso, etc. — QUÍMICA

dinamitar
1 Destruir una cosa con dinamita: *dinamitaron la montaña para ampliar la carretera.* — v.tr.
2 Atacar una cosa violentamente para destruirla: *dinamitaron todos los proyectos de sus compañeros.*

dinamitazo
1 Explosión provocada por una carga de dinamita. — s.m.
2 Voladura hecha con esta mezcla explosiva.

dinamitero, a
1 Se aplica a la persona que destruye o trata de destruir a otras personas o cosas o atentar contra ellas, utilizando la dinamita. — adj/s.
2 Operario encargado de dinamitar un lugar. — s.

dinamización
1 Acción y resultado de dinamizar: *contrató a un grupo de animación para la dinamización del pasacalles.* — s.f.
2 Tratamiento global que transforma una sustancia activa en un remedio homeopático. — MEDICINA

dinamizar
1 Hacer más dinámico, ágil o activo: *debemos dinamizar la producción para obtener mayores beneficios.* — v.tr. conj: cazar
2 Aumentar la eficacia terapéutica de un medicamento por dilución, bituración u otros métodos. — MEDICINA

dinamo (Apócope de *dinamoeléctrico.*) Máquina capaz de transformar la energía mecánica en eléctrica o viceversa, por medio de un electroimán. — s.f. FÍSICA tb: dínamo

dinamo- Componente de palabra procedente del gr. *dynamis,* que significa fuerza: *dinamómetro; dinamometría.* — pref. tb: dinam-

dinamoeléctrico, a Se aplica a la máquina que transforma la energía mecánica en eléctrica o al revés: *generador dinamoeléctrico; motor dinamoeléctrico.* — adj. FÍSICA

dinamogénesis Desarrollo, mediante un estímulo, de la función de un órgano, que se opone al concepto de inhibición. — pl: dinamogénesis FISIOLOGÍA

dinamógeno, a Que estimula el vigor físico: *el ginseng es una sustancia dinamógena.* — adj. = tónico

dinamometamorfismo Metamorfismo que se caracteriza por estar acompañado de deformaciones penetrativas. — s.m. GEOLOGÍA

dinamometría
1 Medición de las fuerzas motrices, utilizando un dinamómetro. — s.f. FÍSICA
2 Conjunto de técnicas con las que se mide la fuerza muscular. — BIOLOGÍA

dinamómetro (Del gr. *dynamis,* fuerza + *metron,* medida.)
1 Aparato usado para medir fuerzas. — s.m./FÍSICA
2 Aparato que se utiliza para registrar la intensidad de una contracción muscular. — BIOLOGÍA

dinar (Del ár. *dinar < lat. denarius,* dinero.)
1 Unidad monetaria de algunos países europeos y árabes. — s.m. ECONOMÍA
2 Moneda de oro acuñada en los países árabes y que circuló en la edad media por la península Ibérica. — HISTORIA

dinasta (Del gr. *dinastes.*) Príncipe o soberano que reinaba con el consentimiento o bajo la dependencia de otro soberano. — s.m. POLÍTICA tb: dínastes

dinastía (Del gr. *dynasteia,* dominación.)
1 Serie de reyes o soberanos de un país, que pertenecen a la misma familia. — s.f. = casa, familia
2 Familia en cuyos individuos se perpetúa el poder o la influencia política, económica o cultural: *pertenece a una dinastía de grandes médicos.* — = linaje

dinástico, a
1 De la dinastía: *la sucesión del monarca es una cuestión dinástica.* — adj.
2 Que es partidario de una dinastía: *un grupo de dinásticos aclamó al rey.* — ≠ antidinástico

dinastismo Sentimiento o muestra de fidelidad o adhesión política a una dinastía. — s.m.

dinerada
1 Cantidad grande de dinero: *pagó una dinerada por ese cachorro con pedigrí.* — s.f. = dineral
2 Moneda antigua que equivalía a un maravedí de plata. — HISTORIA

dineral
1 Gran cantidad de dinero: *vive muy bien porque gana un dineral.* — s.m./= dinerada, dineralada
2 Juego de pesas que se usaba para comprobar en la balanza el peso de las monedas.

dinerario, a Que tiene relación con el dinero: *mis únicos problemas son dinerarios.* — adj. = monetario

dinero (Del lat. *denarius,* moneda romana que valía diez ases < *deni,* cada diez < *decem,* diez.)
1 Monedas y billetes corrientes que se utilizan como medio de pago. — s.m.

2 Medio de pago aceptado, constituido por piezas metálicas acuñadas, billetes, bonos u otras cosas: *el precio del dinero ha subido.* — ECONOMÍA

3 Conjunto abundante de bienes o cosas de valor: *su familia tiene mucho dinero.* — = fortuna

4 Moneda de plata y cobre usada en Castilla en el siglo XIV, que equivalía a dos cornados. — HISTORIA

5 Antigua moneda de plata del Perú. — HISTORIA

6 Penique, moneda inglesa de cobre que equivale a una centésima parte de una libra esterlina. — ECONOMÍA

7 dinero o interés: El que se da o recibe en préstamo y con un interés a cambio. — ECONOMÍA

8 dinero al contado: Dinero en efectivo, en moneda o en papel moneda. — ECONOMÍA

9 dinero contante y sonante: Dinero en efectivo, en moneda o en billetes. — coloquial

10 dinero negro: Dinero obtenido ilegalmente. — ECONOMÍA

11 dinero trocado: El que se ha cambiado por monedas de menor valor.

12 ¡adiós mi dinero!: Se usa para lamentarse de una pérdida material.

13 alzarse alguien con el dinero: Entre jugadores, ganarlo.

14 andar mal o escaso de dinero: Estar apurado en asuntos económicos: *andamos mal de dinero y no podremos ir de vacaciones.* — coloquial

15 dinero llama dinero: Expresión con la que se indica que aquel que tiene una situación acomodada logra mejorar con facilidad su posición económica. — coloquial

16 dinero, y no consejos: Expresión con que se reprende a quien da consejos en lugar de ayuda material. — coloquial

17 echar dinero en algo: Invertir o gastar mucho dinero en una cosa: *tuvo que echar dinero en la casa para dejarla habitable.* — coloquial

18 estar alguien mal con su dinero: Malgastarlo o hacer malas inversiones. — coloquial

19 estar alguien mal o bien de dinero: Tenerlo en abundancia o no tenerlo: *últimamente están bastante mal de dinero.* — coloquial

20 estar podrido de dinero: Ser muy rico: *a pesar de su recatado modesto estilo de vida, su familia está podrida de dinero.* — coloquial

21 estrujar el dinero: Ser miserable o poco dadivoso. — coloquial

22 hacer dinero: Hacerse rico: *en pocos años hizo dinero con negocios fraudulentos.* — coloquial

dingo Mamífero carnívoro australiano de color amarillo rojizo y parecido al lobo. *(Canis dingo.)* — s.m. ZOOLOGÍA

dingui (Del ingl. *dinghy* < indostaní *dingi*.)
1 Cualquier bote pequeño, en particular los utilizados por los grandes yates y buques de guerra como embarcaciones de a bordo. — s.m. NÁUTICA
2 Bote neumático de caucho que llevan a bordo los aviones para usarlo en casos de emergencia. — AERONÁUTICA

dino- Componente de palabra procedente del gr. *deinos,* que significa terrible: *dinosaurio; dinoterio.* — pref.

dinodo Electrodo de un tubo fotomultiplicador que se usa para producir una emisión secundaria de electrones y una amplificación de corriente. — s.m. ELECTRICIDAD

dinofisiáceo, a Perteneciente a una familia de organismos unicelulares flagelados, provistos de expansiones en forma de collar. — adj./s.f. BIOLOGÍA

dinosaurio, a (Del gr. *deinos,* terrible + *sauros,* lagarto.) Perteneciente al orden de reptiles fósiles, generalmente de gran tamaño, que vivieron en la era secundaria, extinguiéndose totalmente al final de la misma. — adj./s.m. ZOOLOGÍA

dinotérido, a (Del gr. *deinos,* terrible + *terios,* animal.) Perteneciente a una familia de mamíferos proboscidios fósiles, similares a un gran elefante con las defensas curvadas hacia abajo que vivieron en el período mioceno. *(Deinotherium.)* — adj./s.m. ZOOLOGÍA

dintel (Del ant. *linte* < fr. *lintel*.)
1 Pieza de madera, piedra u otro material que está colocada en la parte superior y horizontal del hueco de puertas y ventanas. — s.m. ARQUITECTURA th: lintel
2 dintel de chimenea: Viga que está situada encima del hueco de la chimenea. — CONSTRUCCIÓN
3 dintel de hierro: Barra de hierro que se embebe en la mocheta de un arco para apear las dovelas. — ARQUITECTURA

dintelar
1 Hacer el dintel de una puerta o una ventana. — v.tr.
2 Construir una cosa en forma de dintel.

dintorno (Voz italiana.) Delineación de las partes de una figura contenidas dentro de su contorno o de los interiores de la planta o sección de un edificio. — s.m. ARQUITECTURA, ARTE

diñar (Voz gitana.)
1 Dar o entregar algo a una persona. — v.tr/coloquial
2 diñarla: Morir, perecer: *la diñó antes de que naciese su primer hijo.* — vulgar
3 diñársela a una persona: Engañarla, burlarse de ella. — coloquial

diocesano, a
1 De la diócesis: *sacerdotes diocesanos.* — adj./RELIGIÓN
2 Se aplica al obispo o arzobispo que tiene una diócesis asignada. — adj/s.m. RELIGIÓN

diócesis (Del bajo lat. *dioecesis* < gr. *dioikesis* < *dioiko,* administrar < *oikos,* casa.)
1 Territorio que está bajo la jurisdicción de un obispo u otro prelado: *las diócesis se agrupan en provincias eclesiásticas.* — s.f./pl: diócesis RELIGIÓN = obispado, sede
2 Circunscripción administrativa del imperio romano: *las diócesis estaban confiadas a unos funcionarios bajo las órdenes directas del emperador.* — HISTORIA

diodo Tubo termoiónico de dos electrodos por el que circula la corriente en un solo sentido. — s.m. ELECTRICIDAD

dioico, a (Del gr. *dis,* dos + *oikos,* casa, morada.) Se aplica a la planta que tiene flores de ambos sexos en pie separado. — adj. BOTÁNICA ≠ monoico

dionea Atrapamoscas, planta insectívora. — s.f./BOTÁNICA

dionisia (Del gr. *dionysis* < *Dionysos,* dios del vino.) Piedra que, según los antiguos, podía dar al agua el sabor del vino y ser remedio contra la embriaguez. — s.f.

dionisíaco, a (Del gr. *dionysiakos* < *Dionysos,* dios del vino.)
1 De Dioniso o Baco, dios de la mitología grecorromana. — adj./MITOLOGÍA th: dionisiaco
2 Se aplica a lo que es irracional e instintivo en el hombre, entendido como afirmación de la vida o voluntad de vivir. — adj. FILOSOFÍA ≠ apolíneo

dioptra
1 Tablilla metálica con una abertura circular o longitudinal que llevan los instrumentos ópticos y topográficos para dirigir visuales. — s.f. ÓPTICA = pínula
2 Regla que forma parte de algunos instrumentos topográficos y que sirve para dirigir visuales. — = alidada

dioptría (Del gr. *día,* a través + *ops,* vista.) Unidad óptica de medida que equivale al poder de una lente con una distancia focal de una metro: *tiene una dioptría en el ojo derecho y tres en el izquierdo.* — s.f. ÓPTICA

dióptrica Parte de la óptica que estudia la refracción de la luz. — s.f. ÓPTICA

dioptrio Superficie óptica que separa dos medios transparentes de distinta refrigencia. — s.m. ÓPTICA

diorama (Del gr. *día,* a través + *horama,* lo que se ve.)
1 Lienzo pintado con colores transparentes y opacos en el que se aprecian distintas imágenes y diversos efectos según como se ilumine. — s.m. ARTE
2 Lugar en el que se exhiben estos lienzos.

diorita (Del gr. *diorizo,* distinguir.) Roca magmática de color gris oscuro, de textura granuda formada por feldespato y otro elemento como el anfíbol o el piroxeno. — s.f. GEOLOGÍA

dios (Del lat. *deus.*)
1 Cada uno de los seres sobrenaturales a los cuales el hombre rinde culto o venera, en las religiones politeístas: *el dios de la guerra latino era Marte.* — s.m./RELIGIÓN pl: dioses = deidad
2 Ser sobrenatural, creador del hombre y del universo, digno de culto y adoración, en las religiones monoteístas. — RELIGIÓN
3 Dios Espíritu Santo: Espíritu santo, tercera persona de la santísima trinidad en el cristianismo. — TEOLOGÍA
4 Dios Hijo u Hombre: Jesucristo, segunda persona de la santísima trinidad en el cristianismo. — TEOLOGÍA
5 Dios Padre: Primera persona de la santísima trinidad en el cristianismo. — TEOLOGÍA
6 ¡por Dios!: 1. Expresión que se dice al irse de un lugar o al despedirse o al cruzarse con alguna persona conocida sin detenerse. 2. Exclamación de susto cuando se ha producido un daño o un percance ya inevitable o sin remedio: *¡a Dios, el jarrón hecho añicos!* — interj. = ¡adiós!
7 a la buena de Dios: 1. Sin plan previo, al azar: *cogió el coche y se fue de vacaciones así, a la buena de Dios.* 2. Sin artificio ni malicia: *lo dijo a la buena de Dios.* — loc.adv. coloquial loc.adv/coloquial
8 ¡alabado sea Dios! o ¡bendito sea Dios!: 1. Expresión de saludo al entrar en un lugar, especialmente usada entre religiosos y en los pueblos. 2. Expresión de conformidad o resignación ante algún asunto. 3. Expresión con la que se manifiesta enfado y resignación ante algún asunto, percance o contratiempo. 4. Exclamación de susto o sorpresa ante algo que produce disgusto, alegría u otros sentimientos.
9 a la de Dios es Cristo: De forma poco considerada: *se despidió a la de Dios es Cristo.* — loc.adv.
10 ¡anda con Dios!: Expresión que se usa para despedir a una persona, a veces manifestando alivio o enfado ante la marcha.

11 armarse la de Dios es Cristo: Organizarse o tener lugar una disputa, una riña o una pelea, también un alboroto o jaleo muy grande: *la discusión subió de tono y acabó armándose la de Dios es Cristo.* — coloquial

12 ¡ay Dios!: Exclamación de sorpresa, de susto, de lástima o de queja por un padecimiento físico o moral: *¡ay Dios, seguro que me caigo mareada!* — interj.

13 bien sabe Dios que: Expresión que se usa para asegurar la certeza de lo que se afirma: *bien sabe Dios que he hecho todo lo que podía por ellos.* — coloquial

14 cada uno es como Dios le ha hecho: Frase que se usa para solicitar la tolerancia y comprensión ante la manera de ser o de actuar de alguien, y también para disculpar a la persona: *no le censures tan duramente, cada uno es como Dios le ha hecho.*

15 clamar a Dios algo: Ser una cosa, situación o asunto intolerable por injusto, cruel o cualquier otra razón: *su negligencia clama a Dios.* — coloquial

16 clamar a Dios alguien: Desesperarse, afligirse. — coloquial

17 como Dios: Muy bien: *ese chico está como Dios; después de hacer gimnasia, me siento como Dios.* — loc.adv. coloquial

18 como hay Dios: Expresión que se usa para jurar, afirmando o negando una cosa.

19 como Dios le da a entender a alguien: Arreglándoselas como buenamente se puede y salvando de cualquier modo las dificultades que se presentan: *nadie me lo ha explicado así que lo haré como Dios me dé a entender.* — loc.adv. coloquial

20 como Dios manda: De la manera adecuada o del mejor modo: *para ir a esa fiesta te has de vestir como Dios manda.* — loc.adv. coloquial

21 ¡con Dios!: Expresión de despedida. — interj.

22 con la ayuda de Dios: Confiando en la intervención del ser supremo para que resulte bien un asunto: *terminaré el trabajo a tiempo con la ayuda de Dios.* — loc.adv. coloquial

23 costar hacer algo Dios y ayuda o necesitarse Dios y ayuda para ello: Costar mucho trabajo y esfuerzo: *cuesta Dios y ayuda entender su letra, es casi ininteligible.* — coloquial

24 creer en Dios a macha martillo o a puño cerrado: No querer entrar en discusiones relativas al dogma por estar muy seguro de sus creencias. — RELIGIÓN

25 cuando Dios quiera: Expresión que se usa para señalar que algún hecho o la realización de alguna cosa tendrá lugar en un momento del futuro que no se puede determinar con precisión: *a este paso llegarán a casa cuando Dios quiera.* — loc.adv.

26 darse alguien a Dios y a los santos: Afligirse o incomodarse en exceso. — coloquial

27 de Dios: De manera abundante y copiosa: *nieva de Dios.* — loc.adv. coloquial

28 de Dios abajo: Expresión que se usa para manifestar una firmeza de actitud tal que sólo cedería ante Dios: *nadie me lo impedirá de Dios abajo.* — coloquial

29 de Dios, el medio: Expresión con que se exagera la propensión que alguien tiene a apropiarse de lo ajeno. — loc.adv. coloquial

30 dejar Dios de su mano a alguien: Obrar tan desacertadamente que parezca que Dios le ha abandonado.

31 dejar una cosa a Dios: Fiar a la providencia el éxito de un negocio o asunto.

32 delante de Dios y de todo el mundo: En público: *delante Dios y de todo el mundo hizo patente su ira.* — coloquial

33 de menos nos hizo Dios: Frase con la que se manifiesta la esperanza de lograr lo que se pretende a pesar de que parezca excesivo o desproporcionado a la vista de los medios de que se dispone.

34 después de Dios, la olla: Frase con la que se manifiesta que de las cosas terrenas no hay nada mejor que tener qué comer. — coloquial

35 ¡Dios! o ¡Dios santo! o ¡santo Dios!: Exclamación de asombro, admiración o de horror: *¡Dios, no sé cómo llevas abrigo en verano!* — interj.

36 Dios aprieta, pero no ahoga: Frase con que se aconseja la conformidad y resignación cristiana ante las dificultades y las penas: *todo se arreglará porque Dios aprieta pero no ahoga.* — coloquial

37 Dios dará o proveerá: Expresión con que se anima a ser generoso manifestando confianza ante la propia suerte.

38 Dios dirá: Expresión con la que se confía el resultado dudoso de algo realizado o que está en marcha a la voluntad de Dios o al futuro: *de momento haz lo que te han dicho y, luego, Dios dirá.* — coloquial

39 Dios lo oiga o lo quiera: Frase con que se expresa el deseo de que suceda algo como se quiere, pretende o como se ha dicho o manifestado. — coloquial = quiera Dios

40 Dios me entiende: Frase con que se expresa que lo que se dice es razonable o está justificado, aunque no lo parezca por no saber o no poder explicarlo con claridad. — coloquial

41 Dios me perdone, pero...: Expresión que se usa — coloquial

al ir a emitir un juicio aventurado o desfavorable o una sospecha sobre una cosa o persona: *Dios me perdone, pero creo que él lo ha robado.* — coloquial

42 ¡Dios mío!: Exclamación de asombro, admiración, sobresalto o de queja por un padecimiento físico o moral. — interj.

43 Dios nos asista, nos la depare buena, nos coja confesados o nos tenga de su mano: Frase que se usa para invocar la ayuda divina ante una situación difícil o dolorosa o un mal inminente: *Dios nos asista si acaba inundándose la casa; hoy vendrá la pesada esa, Dios nos coja confesados.*

44 ¡Dios quiera que! o ¡Dios te oiga!: Exclamación de deseo: *¡Dios quiera que llegue sano y salvo!* — interj.

45 ¡Dios sabe!: 1. Exclamación de intranquilidad. 2. Exclamación de duda o de incredulidad. — interj.

46 Dios te ayude: Frase de cortesía que se dice al estornudar otra persona.

47 Dios te bendiga: Bendición con la que se desea felicidad y prosperidad.

48 Dios te lo pague: Expresión humilde de agradecimiento: *gracias por tu ayuda, Dios te lo pague.*

49 donde Dios es servido: Cualquier lugar o sitio indefinido o indeterminado: *encontraron los restos donde Dios es servido.* — loc.adv. coloquial

50 dormir en Dios o dormir en el Señor: Morir con la muerte de los justos. — coloquial

51 en Dios y en conciencia: Expresión de juramento o de aseveración de una cosa.

52 estar de Dios una cosa: Ser inevitable: *estaba de Dios que la tormenta nos estropeara la excursión.*

53 estar uno fuera de Dios: Obrar de manera disparatada y alocada: *por las atrocidades que dijo creyeron que estaba fuera de Dios.* — coloquial

54 gozar alguien de Dios o estar alguien con Dios: Hallarse un alma en el cielo tras la muerte, para ciertas religiones.

55 hablar con Dios: 1. Rezar, orar: *desde muy joven empezó a hablar con Dios con un fervor inusitado.* 2. Volar a gran altura. — RELIGIÓN

56 hablar Dios a una persona: Inspirarle, infundirle ideas nuevas: *le habló Dios y le guió en su discurso.*

57 hacer algo como Dios manda: Hacer alguna cosa bien o del modo conveniente: *si no quieres repetirlos, haz tus deberes como Dios manda.* — coloquial

58 irse alguien mucho con Dios: Marcharse enfadado.

59 llamar alguien a Dios de tú: Ser muy atrevido y tratar con excesiva confianza, familiaridad o insolencia a personas de elevada de categoría. — coloquial

60 llamar Dios a alguien, a juicio, a su seno o para sí: Morirse una persona: *Dios llamó al abuelo a su seno.* — coloquial

61 llamar Dios a alguien por ese camino o por el camino de: Tener aptitudes o vocación para llevar a cabo la actividad que se trata: *a estos muchachos Dios no les llama por el camino de las ciencias.* — coloquial

62 más que Dios: En grado máximo o sumo: *se cabreó más que Dios, vaya gritos le pegó.* — loc.adv. vulgar

63 miente más que da por Dios: Frase con la que se pondera el exceso con que alguien miente. — coloquial

64 ni Dios: Nadie o nada en absoluto: *no quedó ni Dios en casa después de la bronca.* — loc.adv. vulgar

65 no haber para uno más Dios ni santa María que algo: Sentir pasión o excesivo amor o cariño por algo: *para ellos no hay más Dios ni santa María que el beneficio y el éxito personal.* — coloquial

66 no servir a Dios ni al diablo: Ser una cosa inútil o una persona inepta: *ese coche ya no sirve a Dios ni al diablo.* — coloquial

67 no tener uno sobre qué Dios le llueva: Ser extremadamente pobre. — coloquial

68 ofender alguien a Dios: Cometer un pecado. — RELIGIÓN

69 ¡oh Dios!: Exclamación de horror o de asombro: *¡oh Dios! ¿cómo has podido hacer eso?* — interj.

70 poner a Dios por testigo: Jurar o invocar a Dios para aseverar lo que se dice o la veracidad de ello: *pongo a Dios por testigo que yo no lo robé.*

71 ponerse bien con Dios: Confesarse, limpiar la conciencia de culpa.

72 por Dios: Expresión que se usa para suplicar y particularmente al pedir limosna.

73 ¡por Dios!: 1. Expresión de juramento. 2. Exclamación de protesta o de oposición a lo que otro dice o hace: *¡pero, por Dios!, ¿no se da cuenta de la barbaridad que ha dicho?* — interj. coloquial

74 que Dios le ampare o le bendiga: Expresión que se usa para despedir a una persona, especialmente a un mendigo al que no se da limosna.

75 que sea lo que Dios quiera: Frase con la que se confía el resultado de alguna acción o asunto, en marcha o en proyecto, a la voluntad de Dios o al futuro: *ya no podemos remediarlo así que, que sea lo que Dios quiera.* — coloquial

76 que venga Dios y lo vea: Frase con la que se pone a Dios por testigo de que lo que se afirma o se manifiesta es cierto y evidente, aunque otro diga lo contrario: *que venga Dios y lo vea si no es cierto.* — coloquial

77 quiera o permita Dios que: Expresión con la que se manifiesta el deseo o el temor de que ocurra alguna cosa: *quiera Dios que apruebe el examen; permita Dios que todo salga bien.* — coloquial

78 recibir alguien a Dios: Comulgar, tomar la hostia consagrada. — RELIGIÓN

79 ¡sabe Dios!: Exclamación de duda o de ignorancia acerca de algo. — interj. / coloquial

80 ser una cosa para alabar a Dios: Ser una cosa o asunto digno de admiración por su perfección, abundancia o cualquier otra razón: *la belleza del fresco es para alabar a Dios.* — coloquial

81 ser una cosa un contra Dios: Ser una cosa o asunto sumamente injusto: *el dictamen de la junta es un contra Dios, te lo aseguro.* — coloquial

82 si Dios quiere o Dios mediante: Expresión piadosa que se añade al exponer un proyecto o una esperanza: *nos veremos mañana, si Dios quiere.*

83 sin encomendarse uno a Dios ni al diablo: Sin tomar precauciones, de manera irreflexiva: *tomó el avión y partió hacia Asia sin encomendarse a Dios ni al diablo.* — loc.adv. / coloquial

84 ¡si quisiera o no quisiera Dios!: Expresión de deseo vehemente de que suceda o no alguna cosa.

85 tener Dios a alguien de su mano: Protegerle y guiarle.

86 tentar alguien a Dios: Ejecutar, decir o intentar cosas peligrosas o imprudentes, o repetir con insistencia algo en lo que hay riesgo.

87 todo sea por Dios: Expresión que se usa para manifestar resignación: *hay que trabajar, qué le vamos a hacer, todo sea por Dios.*

88 tratar alguien con Dios: Rezar y meditar sobre las cosas espirituales en recogimiento interior. — RELIGIÓN

89 ¡válgame Dios!: Exclamación que se usa para manifestar con cierta moderación el disgusto o sorpresa que nos causa algo: *¡válgame Dios, qué calor hace hoy!* — interj.

90 vaya con Dios: 1. Expresión que se usa para despedir a una persona. 2. Expresión para mostrar conformidad ante las cosas y los acontecimientos. — coloquial / coloquial

91 ¡vaya por Dios!, Exclamación de disgusto o de resignación ante algún contratiempo que desagrada o decepciona: *¡vaya por Dios! yo creía que iríamos hoy a la playa.* — interj.

92 venga Dios y véalo: Frase que se usa para invocar a Dios como testigo de una injusticia: *¡pero qué robo, venga Dios y véalo!* — coloquial

93 venir Dios a ver a alguien: Sucederle a una persona alguna cosa inesperada favorable o afortunada, particularmente estando en un apuro o necesidad: *cuando le tocó la lotería a tu hermano le vino Dios a ver.* — coloquial

94 ¡vive Dios! o ¡voto a Dios!: Expresión de juramento y de enfado o cólera. — interj.

diosa Deidad de sexo femenino. — s.f.

dioscoreácea, a (De *Dioscórides*, médico griego.) Perteneciente a una familia de plantas herbáceas o sarmentosas, de tallo voluble, hojas dísticas pecioladas y flores pequeñas, generalmente dioicas y que, a menudo, forman un gran tubérculo subterráneo rico en fécula. — adj./s.f. / BOTÁNICA / = dioscóreo

diostedé Ave trepadora de plumaje negro, pecho y extremidades de alas amarillas y pico amarillo con grandes rayas negras. *(Rhampastos ariel.)* — s.m. / ZOOLOGÍA

dióstilo Fachada de un edificio formada por columnas acopladas. — s.m. / ARQUITECTURA

dióxido (Del gr. *dis*, dos + *oxys*, ácido.)
1 Óxido que contiene dos átomos de oxígeno.
2 **dióxido de carbono:** Anhídrido carbónico, gas más pesado que el aire, inodoro, incoloro y asfixiante, usado en la preparación de bebidas espumosas, extintores, y otros usos. — s.m./QUÍMICA / QUÍMICA

dioxina Sustancia química orgánica tóxica. — s.f./QUÍMICA

dipétalo, a (Del gr. *dis*, dos + *petalon*, hoja.) Se aplica a la corola que tiene dos pétalos y a la flor que la contiene. — adj. / BOTÁNICA

dipiro Silicato natural de aluminio, sodio y calcio: *en muchos puntos de la cadena pirenaica se encuentra dipiro.* — s.m. / MINERALOGÍA

diplacusia Trastorno de la audición que consiste en la percepción de un sonido distinto en cada oído cuando el estímulo sensitivo es único. — s.f. / MEDICINA

diplejía Tipo de parálisis que afecta a partes simétricas del cuerpo. — s.f. / MEDICINA

diplo- Componente de palabra procedente del gr. *diploos*, que significa doble: *diplococo; diplodoco.* — pref. / tb: dipl-

diploblástico, a Se refiere a los animales cuyos órganos se originan a partir de dos hojas embrionarias, el ectoblasto y el endoblasto. — adj. / BIOLOGÍA

diplococo (Del gr. *diploos*, doble + *kokkos*, grano.) Bacteria esférica que se agrupa con otras de dos en dos. — s.m. / BIOLOGÍA

diplodoco (Del gr. *diploos*, doble + *dokis*, estilete.) Dinosaurio fósil de gran tamaño, cuadrúpedo, de cuello y cola largos, cabeza pequeña y que vivió en el cretácico. *(Diplodocus.)* — s.m. / ZOOLOGÍA

diploe (Del gr. *diploe*, cosa doble.) Parte del tejido óseo esponjoso de los huesos planos de la bóveda craneana. — s.m. / ANATOMÍA

diploide Se aplica al organismo cuyo núcleo celular posee un número par de cromosomas, siendo el doble del de los gametos. — adj. / BIOLOGÍA

diploma (Del lat. *diploma* < gr. *diploma*, papel doblado en dos < *diploo*, doblar < *diplus*, doble.)
1 Documento que acredita la concesión de un título académico o de un premio: *los asistentes al curso recibieron un diploma.* — s.m.
2 Documento con el sello y las armas de un soberano, en que se concede un derecho a una persona.

diplomacia
1 Ciencia que estudia los intereses y relaciones oficiales entre naciones. — s.f. / POLÍTICA
2 Conjunto de personas y organismos que intervienen en las relaciones oficiales entre naciones: *a la recepción del embajador asistirá toda la diplomacia española.* — POLÍTICA
3 Habilidad, sagacidad y disimulo en las relaciones humanas: *Alberto sabe tratar a las personas con mucha diplomacia; se burló de ella con mucha diplomacia.* — coloquial / = sutileza, tacto

diplomado, a
1 Que ha obtenido una titulación académica al finalizar los estudios de una escuela universitaria, del estado mayor del ejército, el primer ciclo de una facultad o de formación profesional de tercer grado. — adj/s.
2 Se aplica a la persona que ha conseguido una titulación en una enseñanza no incluida en los niveles educativos oficiales.

diplomar
1 Dar un diploma a una persona. — v.tr.
2 Obtener una persona un diploma: *se diplomó en una universidad francesa.* — v.prnl.

diplomática
1 Ciencia que estudia los intereses y relaciones oficiales entre naciones. — s.f./POLÍTICA / = diplomacia
2 Estudio científico de los diplomas y otros documentos, para determinar su fecha, calidad y autenticidad o falsedad.

diplomático, a
1 Se aplica a la persona que interviene en los negocios de estado internacionales: *es asesor diplomático en la embajada.* — adj/s. / POLÍTICA
2 Que tiene relación con la diplomacia: *recibieron a los jefes de estado según las convenciones diplomáticas.* — adj. / POLÍTICA
3 Que se comporta con habilidad, prudencia y sutileza en el trato con los demás: *es una persona muy diplomática para dar las malas noticias.* — coloquial / = sagaz, sutil
4 Que tiene relación con el diploma o documento: *ciencia diplomática.*
5 Se refiere al negocio que se hace entre dos o más naciones: *asunto diplomático.*

diplomatista Persona dedicada al estudio de diplomas y documentos. — s.m.f.

diplomatura Título universitario de grado medio, inferior a la licenciatura. — s.f.

diplopía (Del gr. *diploos*, doble + *ops, opos*, vista.) Enfermedad ocular que consiste en ver dobles los objetos, provocada con frecuencia por una anomalía de los músculos del ojo. — s.f. / MEDICINA / = visión doble

dipneo, a (Del gr. *dis*, dos + *pneo*, respirar.) Se aplica al animal que tiene respiración branquial y pulmonar. — adj/s.m. / ZOOLOGÍA

dipnoo, a Perteneciente a un orden de peces óseos que pueden respirar por branquias o por pulmones, según el medio en que se hallen. — adj/s.m. / ZOOLOGÍA

dipodia Conjunto de dos pies en la métrica griega y latina. — s.f./POESÍA / ≠ sizigia

dipolo
1 Sustancia que contiene en su molécula a la vez grupos hidrófilos y lipófilos. — s.m. / BIOQUÍMICA
2 **dipolo eléctrico:** Conjunto de dos cargas eléctricas puntuales iguales y de signos contrarios, separadas por una distancia pequeña. — ELECTRICIDAD
3 **dipolo magnético:** Bucle de corriente infinitamente pequeño. — ELECTRICIDAD

dipsacácea, a (Derivado del gr. *dipsakos*, cardencha < *dipsa*, sed.) Perteneciente a una familia de plantas herbáceas, de hojas opuestas o verticiladas, flores en espiga o cabezuela y fruto en aquenio. — adj/s.f. / BOTÁNICA / = dipsáceo

dipso- Componente de palabra procedente del gr. *dipsos*, que significa sed: *dipsomanía; anadipsia.* — pref./suf. / tb: dips-, -dipsia

dipsomanía (Del gr. *dipsa*, sed + *manía*, manía.) Afición desmedida al abuso de bebidas alcohólicas, alternada con períodos de abstinencia. — s.f. SIQUIATRÍA

dipsomaníaco, a Se aplica a la persona que padece dipsomanía: *los dipsomaníacos suelen padecer enfermedades hepáticas.* — adj/s./SIQUIATRÍA tb: dipsomaníaco, dipsómano

díptero, a (Del lat. *dipteros* < gr. *dipteros* < *dis*, dos + *pteron*, ala.)
1 Se aplica al edificio cuyo pórtico tiene doble fila de columnas a los lados. — adj. ARQUITECTURA
2 Que tiene dos alas. — ZOOLOGÍA
3 Perteneciente al orden de insectos que posee un solo par de alas membranosas, un par de balancines, y cuyas piezas bucales están dispuestas para la succión o para picar, como la mosca. — adj/s.m. ZOOLOGÍA

dipterocarpáceo, a (Del gr. *dis*, dos + *pteron*, ala + *karpos*, fruto.) Perteneciente a una familia de plantas dicotiledóneas, que incluye árboles grandes y resinosos de Asia y Oceanía, de hojas aisladas, flores en racimo y fruto en cápsula con una semilla. — adj/s.f. BOTÁNICA tb: dipterocárpeo

díptico (Del gr. *dis*, dos + *ptyke*, plegadura.)
1 Cuadro o bajorrelieve formado por dos paneles, fijos o móviles: *compró un pequeño díptico esculpido en marfil que databa del siglo XIII.* — s.m. ARTE
2 Tablas articuladas por una bisagra, cubiertas interiormente de cera para escribir en ellas con un estilete. — tb: díptica
3 Tablillas sobre las que se escribían los nombres de obispos, mártires y bienhechores, a los que debía mencionarse durante los oficios. — RELIGIÓN tb: díptica

diptongación
1 Pronunciación de dos vocales en la misma sílaba, por haber trasladado el acento. — s.f. GRAMÁTICA
2 Transformación de una vocal en un diptongo, por lo general en la evolución histórica de una lengua. — GRAMÁTICA

diptongar
1 Pronunciar dos vocales en una sola sílaba: *en la palabra aire, diptonga la primera sílaba.* — v.tr/prnl/conj: pagar GRAMÁTICA
2 Convertirse una vocal en diptongo, por lo general en la evolución histórica de una lengua. — v.intr/prnl. GRAMÁTICA

diptongo (Del bajo lat. *diphthongus* < gr. *diphthongos* < *dis*, dos + *phthongos*, sonido.) Grupo de dos vocales, una débil o abierta y otra fuerte o cerrada, que se pronuncian en una sola sílaba. — s.m. GRAMÁTICA

diputación (Del bajo lat. *deputatio, -onis*.)
1 Conjunto de los diputados o conjunto de representantes de un cuerpo. — s.f.
2 Cargo de diputado.
3 Tiempo de duración del cargo de diputado.
4 Asunto que se encarga a un diputado o representante.
5 diputación permanente: Comisión representativa para ciertos fines, de la autoridad de las cortes mientras no se hallan reunidas o están disueltas. — POLÍTICA
6 diputación provincial: 1. Corporación que dirige y administra los intereses de una provincia. **2.** Local donde los diputados provinciales celebran sus sesiones. — POLÍTICA POLÍTICA

diputado, a
1 Persona que se elige popularmente como representante en una cámara legislativa. — s. POLÍTICA
2 Persona que representa al cuerpo que lo ha elegido.
3 diputado del congreso: Miembro de esta cámara de las cortes generales: *los diputados del congreso desalojaron el hemiciclo.* — POLÍTICA
4 diputado provincial: Persona que representa a un distrito en la diputación provincial. — POLÍTICA

diputar (Del lat. *deputare*, evaluar.)
1 Designar a una persona para una comisión. — v.tr/tb: deputar
2 Designar a una colectividad a uno de sus miembros para que la represente en un acto.
3 Considerar o juzgar a alguien o algo como cierta cosa: *le diputaron no apto.* — = reputar, tener por

dique (Del neerlandés *dijk*, dique.)
1 Muro hecho para retener agua o para proteger una cosa de la fuerza o erosión del agua: *los diques protegen el puerto y los barrios cercanos del mar.* — s.m./CONSTRUCCIÓN/= espigón, malecón
2 Medida o disposición con que se intenta evitar que se extienda o desarrolle una cosa perjudicial: *las medidas sanitarias pusieron dique a la epidemia.* — = freno
3 Filón de rocas magmáticas que al erosionarse la lugar a un relieve descalzado. — GEOLOGÍA
4 Filón de roca eruptiva que asoma a la superficie de una mina sirviendo de muro. — MINERÍA
5 dique de depósito: Muro de tierra que rodea a un conjunto de productos o mercaderías peligrosos, como protección en caso de incendio.
6 dique flotante: El formado por cajones que al inundarse bajan permitiendo la entrada de un buque dejándolo en seco y permitiendo así su reparación. — NÁUTICA

7 dique seco o de carena: Recinto construido en un puerto o lugar abrigado que puede quedar sin agua y que sirve para poder reparar los barcos. — NÁUTICA
8 en el dique seco: 1. Que está estropeado o sin posibilidad de ser usado. **2.** Se aplica a la persona que no puede realizar una determinada actividad por estar enfermo o indispuesto: *el delantero centro estará dos semanas en el dique seco por una lesión.* — loc.adj/adv. loc.adj/adv.

diquelar (Voz gitana.) Comprender, entender o advertir el sentido de algo. — v.tr. argot

diquero, a Que ostenta o es vanidoso. — adj/Argent.

dirceo, a De Tebas: *Píndaro recibe la denominación de cisne dirceo.* — adj. culto

dirección (Del lat. *directio, -onis*.)
1 Acción y resultado de dirigir. — s.f.
2 Camino o rumbo que sigue un cuerpo cuando se mueve: *el atracador huyó en dirección a la plaza Mayor.* — = curso
3 Inclinación u orientación de una cosa hacia un punto determinado: *la aguja de la brújula apunta en dirección al norte.*
4 Línea de conducta de una persona o rumbo de un asunto: *los acontecimientos han tomado una dirección inesperada.* — = orientación
5 Conjunto de personas encargadas de dirigir una sociedad, empresa, entidad u organización: *forma parte de la dirección de la empresa.* — = directiva
6 Cargo de director: *hace dos años que se encarga de la dirección del banco.*
7 Oficina o despacho del director o de los directivos.
8 Técnicas usadas para coordinar y organizar una representación artística: *la dirección y realización del programa corren a su cargo.* — AUDIOVISUALES, CINE, TEATRO
9 Localización del lugar de residencia de una persona, de un edificio o lugar: *escríbeme a mi nueva dirección.* — = domicilio
10 Texto escrito sobre una carta o paquete postal para indicar a dónde se envía: *indica también la dirección del remitente.* — = señas
11 Mecanismo para guiar un vehículo automóvil: *la dirección de este vehículo es muy segura.* — MECÁNICA
12 Información utilizada por los sistemas informáticos para localizar un registro, una posición de memoria, una unidad periférica o un registro dentro de un fichero. — INFORMÁTICA
13 Inclinación de una capa geológica o de un yacimiento. — GEOLOGÍA
14 dirección absoluta: La referida al punto inicial del soporte de almacenamiento completo y que es utilizada directamente por el hardware. — INFORMÁTICA
15 dirección colegiada: Órgano dirigente de una sociedad organizada, compuesto por varios miembros con iguales poderes.
16 dirección general: 1. Despacho y oficinas dependientes de un ministerio, desde donde se dirige una determinada función de la administración pública: *dirección general de tráfico; dirección general de enseñanza.* — POLÍTICA
2. Cada una de las unidades administrativas en que se organizan las instituciones de la Unión Europea: *envió un escrito a la dirección general de desarrollo.* — POLÍTICA
17 dirección física: La que contiene una configuración referida al soporte físico de almacenamiento. — INFORMÁTICA
18 dirección lógica: La utilizada por el programador para almacenar la información en la memoria. — INFORMÁTICA
19 en dirección a: Hacia un lugar: *salió esta mañana en dirección a tu casa.* — loc.prep.

direccionable Se refiere a la memoria cuyo acceso se realiza mediante direcciones que indican la posición de las informaciones en dicha memoria. — adj. INFORMÁTICA

direccional
1 Que sirve para dirigir. — adj.
2 Que se puede orientar hacia alguna dirección: *antena direccional.*

directa
1 La mayor de las velocidades que permite el cambio de marchas de un vehículo automóvil. — s.f. MECÁNICA
2 poner o meter la directa: Actuar con decisión para resolver un asunto o decir alguna cosa: *puso la directa y le declaró su amor.*

directiva
1 Mesa o junta de gobierno de una corporación o sociedad: *la votación de la directiva fue unánime.* — s.f. = dirección, mando
2 Ley o disposición que deben cumplir todos los miembros de un organismo internacional: *algunos países están incumpliendo las directivas internacionales sobre pesca.* — POLÍTICA = precepto, regla
3 Orden o línea que debe seguirse en un proceso: *la comunidad suaviza la directiva que controlará las fusiones de empresas.* — = directriz
4 Acto institucional comunitario europeo que obliga a los estados miembros a conseguir un determinado resultado, dejándoles en libertad para escoger el medio y la forma adecuados para conseguir el resultado previsto. — POLÍTICA

directividad
1 Carácter de un emisor o receptor que emite o recibe, respectivamente, en una sola dirección. _s.f._
2 Cualidad de un método educativo que propicia la intervención y control del docente en la actividad educacional.

directivo, a
1 Que tiene poder y función de dirigir: _los directivos de la compañía se reunen hoy; junta directiva._ _adj./s._
2 Se refiere a los métodos educativos que tienden a permitir al docente orientar la dinámica, en detrimento de la espontaneidad del alumno. _adj._

directo, a (Del lat. _directus < dirigere_, dirigir.)
1 Que está derecho o en línea recta: _tomamos el camino más directo para llegar al pantano._ _adj._
2 Que se encamina hacia un fin o destino sin detenerse: _tomaremos un tren directo._
3 Que se hace sin rodeos: _me formuló una pregunta muy directa que me sorprendió por su concisión._
4 Golpe de boxeo que se da extendiendo el brazo de manera que el puño recorre una línea recta. _s.m./coloquial_ _DEPORTES_
5 **en directo:** Retransmisión de radio o televisión que se emite simultáneamente a la sucesión de los hechos, por oposición a en diferido: _imágenes en directo de la batalla._ _loc.adj/adv._ _AUDIOVISUALES_

director, a
1 Que dirige o guía. _adj./s._ _s._
2 Persona que está a cargo de la dirección de una institución, un negocio o cuerpo: _el director de la escuela; la directora de la empresa._
3 Persona que controla una producción interpretando el guión, la contratación de los actores y dirige a los mismos y la puesta en escena, así como la posproducción, es decir, el montaje, el doblaje y la sonorización. _AUDIOVISUALES,_ _CINE,_ _TEATRO_
4 Músico que guía los instrumentos en una interpretación musical. _MÚSICA_
5 Se aplica a la línea, figura o superficie que determina las condiciones de generación de otra línea, figura o superficie. _adj._ _GEOMETRÍA_ _= directriz_
6 **director artístico:** Persona que se encarga de la decoración, vestuario, maquillaje, efectos especiales y caracterización de los personajes. _AUDIOVISUALES,_ _CINE, TEATRO_
7 **director de escena:** Persona que dirige todo lo relativo a la representación y puesta en escena de obras teatrales. _TEATRO_
8 **director de fotografía:** Persona responsable de la iluminación, composición, elección de cámara, objetivos y película. _AUDIOVISUALES,_ _CINE_
9 **director de orquesta:** Músico encargado de dirigir la ejecución de una obra musical que requiere la participación de un conjunto de músicos. _MÚSICA_
10 **director de producción:** Encargado del presupuesto y el gasto de una obra teatral, cinematográfica, televisiva o de un videoclip, así como del alojamiento, desplazamientos y horarios del equipo. _AUDIOVISUALES,_ _CINE, TEATRO_
11 **director de reparto:** Persona responsable de la selección de actores bajo la supervisión del director. _AUDIOVISUALES,_ _CINE, TEATRO_
12 **director de situación o localización:** Persona que se encarga de buscar los escenarios y exteriores adecuados y los adapta a las necesidades del guión. _AUDIOVISUALES,_ _CINE_
13 **director espiritual:** Sacerdote que aconseja habitualmente a una persona en asuntos de conciencia. _RELIGIÓN_
14 **director general:** Persona que tiene la dirección superior de una entidad pública o privada.

directoral Que está relacionado con el director: _atribuciones directorales; competencias directorales._ _adj._

directorio, a (Del lat. _directorius._)
1 Que sirve para dirigir. _adj._
2 Conjunto de direcciones o nombres catalogados que son de utilidad en una actividad concreta: _en el directorio de la mesa están los teléfonos de los clientes._ _s.m._
3 Conjunto de normas e instrucciones que rigen una materia: _directorio de navegación._ _= normativa,_ _preceptiva_
4 Conjunto de personas que dirigen asociaciones, partidos u otros grupos sociales. _= junta directiva,_ _cúpula_
5 Lista de ficheros acompañada ocasionalmente por la extensión, la versión, la fecha de su creación o actualización y el tamaño. _INFORMÁTICA_

directriz
1 Se aplica a la línea, figura o superficie que determina las condiciones de generación de otra línea, figura o superficie. _adj/s.f._ _pl: directrices_ _GEOMETRÍA_
2 Conjunto de normas o instrucciones para la ejecución de una cosa: _debes obedecer las directrices del partido._ _s.f._

dirham
1 Unidad monetaria de la Unión de Emiratos Árabes y de Marruecos. _s.m./ECONOMÍA_ _tb: dirhem_
2 Fracción monetaria de Irak, Libia y otros países islámicos. _ECONOMÍA_

dirigente
1 Que dirige: _la idea dirigente del partido es el socialismo democrático._ _adj/s.m.f._

2 Persona que ejerce una función o cargo directivos en una asociación, organismo o empresa: _fue la dirigente del partido desde su creación._ _s.m.f._ _= directivo_

dirigible
1 Que puede ser dirigido: _es un niño dócil y fácilmente dirigible._ _adj._
2 Se aplica al globo que dispone de un dispositivo de hélices y timón para poder ser dirigido. _adj/s.m._ _AERONÁUTICA_

dirigir (Del lat. _dirigere < regare_, regir, gobernar.)
1 Hacer que una cosa vaya hacia un lugar o en una dirección: _los canales dirigen el agua hacia la zona de regadío._ _v.tr/prnl._ _conj: surgir_ _+ a, hacia/= guiar_
2 Señalar cómo hay que hacer una cosa o lo que hay que hacer en un lugar. _= dictar,_ _mandar_
3 Hacer llegar una cosa a una persona: _debes dirigir la queja al gerente._ _v.tr._ _= mandar_
4 Señalar el camino a una persona.
5 Llevar un vehículo u otro medio de transporte: _el capitán dirige la nave._ _= conducir_
6 Dedicar una persona sus atenciones o sus preocupaciones a una cosa: _dirigió sus investigaciones al nuevo producto._ _= encarrilar_
7 Hacer seguir una conducta a una persona. _= educar_
8 Dedicar una obra a una persona: _han dirigido el programa al público juvenil._ _= destinar,_ _enfocar_
9 Marcar una determinada orientación artística a los componentes de una orquesta, un coro o un espectáculo, asumiendo la responsabilidad de su actuación pública. _AUDIOVISUALES,_ _CINE,_ _TEATRO_
10 Ir hacia un lugar o en una dirección: _se dirigió al pueblo con toda celeridad._ _v.prnl._ _= encaminarse_
11 Decir una cosa a una persona de palabra o por escrito: _se dirigió al director por carta._

dirigismo Tendencia a llevar la dirección y controlar una serie de actividades por parte del gobierno o de cualquier autoridad: _es evidente el dirigismo ideológico de las televisiones._ _s.m._ _POLÍTICA_

dirigista
1 Que practica el dirigismo político, económico o de cualquier otra índole. _adj._
2 Persona partidaria de este sistema. _s.m.f._

dirimente Se refiere a la circunstancia que impide la celebración del matrimonio a aquellos que no tienen dispensa. _adj._ _DERECHO_

dirimible Que se puede dirimir, anular o resolver: _circunstancia dirimible._ _adj._

dirimir (Del lat. _dirimere_, partir < _dis-_, separación + _emere_, coger.)
1 Dejar sin validez un contrato que liga a dos o más personas. _v.tr._ _DERECHO_
2 Poner fin a un desacuerdo o una dificultad que afecta a dos o más personas.

dis-
I Componente de palabra procedente del lat. _dis_ que significa separación, distinción, negación: _distraer; disconforme._ _pref._
II Componente de palabra procedente del gr. _dys_ que significa dificultad, anomalía: _dispepsia; disfasia._ _pref._

disacárido Carbohidrato formado por la unión de dos monosacáridos. _s.m._ _QUÍMICA_

disámara Fruto que está formado por dos sámaras o aquenios provistos de una formación membranosa: _el fruto del arce es una disámara._ _s.f._ _BOTÁNICA_

disanto Día de fiesta religiosa: _cada santo tiene su disanto; llegó un disanto por la mañana y se fue a mediodía._ _s.m._ _RELIGIÓN_

disarmonía
1 Ausencia de armonía entre cosas, situaciones o personas: _su favoritismo creó disarmonía entre los hermanos._ _s.f._
2 Alteración del funcionamiento normal de ciertas actividades fisiológicas correlacionadas. _MEDICINA_
3 **disarmonía evolutiva:** Organización patológica de la personalidad que se traduce en un desequilibrio entre la parte afectiva y la de los conocimientos. _SIQUIATRÍA_

disarmónico, a
1 Que carece de armonía musical: _los tonos disarmónicos de la música rock._ _adj._ _MÚSICA_
2 De la disarmonía evolutiva: _trastorno disarmónico._ _SIQUIATRÍA_
3 Se aplica a la persona que presenta disarmonía evolutiva. _adj/s._ _SIQUIATRÍA_

disartria (Del gr. _dys_, dificultad, anomalía + _arthron_, articulación.) Dificultad para articular el lenguaje, causada por una lesión en el sistema nervioso. _s.f._ _MEDICINA_ _= anartria_

disbulia Denominación genérica de las alteraciones de la voluntad. _s.f._ _SIQUIATRÍA_

discal Del disco intervertebral: _le han diagnosticado una hernia discal._ _adj._ _ANATOMÍA_

discalculia Dificultad de aprendizaje del cálculo relacionado con el sistema simbólico: _su discalculia es síntoma de un desorden afectivo._ _s.f._ _SIQUIATRÍA_

discantar (Del lat. _discantare._)
1 Cantar, componer o recitar una poesía. _v.tr./culto_

2 Hablar mucho sobre un tema o glosar un asunto. — culto
3 Echar el contrapunto sobre un paso. — MÚSICA

discante Tiple, guitarra pequeña de sonidos muy agudos. — s.m. MÚSICA

discapacidad Incapacitación, por lesión congénita o adquirida, para realizar ciertos trabajos, movimientos o deportes. — s.f. = minusvalía

discapacitado, a Se aplica a la persona que está incapacitada, por lesión congénita o adquirida, para realizar ciertas actividades. — adj/s. = disminuido, minusválido

discente (Derivado del lat. *discere*, aprender.) Se aplica a la persona que recibe algún tipo de enseñanza o cursa ciertos estudios. — adj/s.m.f. = estudiante

discernible Que puede ser discernido o reconocido: *la luz del amanecer hizo discernibles los contornos de la sierra.* — adj. = distinguible

discernidor, a Que discierne o distingue una cosa de otra. — adj/s.

discernimiento
1 Acción y resultado de discernir. — s.m.
2 Facultad que permite percibir la diferencia de las cosas.
3 Nombramiento judicial que permite a una persona ejercer un cargo. — DERECHO

discernir (Del lat. *discernere*.)
1 Ver una cosa como distinta de otra: *discernía las buenas novelas de las mediocres.* — v.tr. + de
2 Designar el juez a una persona como tutor de un menor, u otro cargo. — DERECHO
CONJ.: IND.: PRES.: *discierno, disciernes, discierne, discernimos, discernís, disciernen.* SUBJ.: PRES.: *discierna, disciernas, discierna, discernamos, discernáis, disciernan.* IMP.: *discierne, discierna, discernamos, discernid, disciernan.*

discinesia Anormalidad o dificultad en los movimientos corporales. — s.f. MEDICINA

disciplina (Del lat. *disciplina*, enseñanza.)
1 Doctrina, enseñanza o educación del comportamiento de una persona. — s.f.
2 Conjunto de reglas para mantener el orden entre los miembros de una organización militar, política, religiosa o de otro tipo: *disciplina militar; disciplina de partido.*
3 Ciencia que se enseña o estudia en un centro, o que está dentro de un plan de estudios. — = asignatura, materia
4 Cumplimiento de las reglas establecidas para mantener el orden entre los miembros de una comunidad y organización: *en este centro hay mucha disciplina.*
5 Azote hecho de cuerdas y dividido en varios ramales o colas, que sirve de instrumento de penitencia.
6 Castigo aplicado con este azote.
7 **disciplina académica:** Observancia de las leyes y normas de orden externo en un centro de enseñanza.
8 **disciplina de fuego:** Disposición imperativa que asegura la eficacia del fuego de una fuerza de combate. — MILITAR
9 **disciplina de voto:** Actitud de los miembros de un partido o grupo parlamentario que siguen las directrices de voto dadas. — POLÍTICA
10 **disciplina eclesiástica:** Conjunto de reglas formuladas por los apóstoles, papas y concilios, que atañen a la vida exterior y gobierno de la iglesia. — RELIGIÓN

disciplinado, a (Del bajo lat. *disciplinatus*.)
1 Que se comporta conforme a una disciplina. — adj.
2 Se aplica a la flor que tiene algunas vetas de distinto color, en especial al clavel. — BOTÁNICA = jaspeado

disciplinal Que tiene relación con la disciplina: *directrices disciplinales.* — adj. tb: disciplinar

disciplinante
1 Que se disciplina y guarda las reglas. — adj/s.m.f.
2 Persona que, en semana santa, se azotaba e iba rezando las estaciones. — s.m.f. RELIGIÓN

disciplinar
1 De la disciplina eclesiástica. — adj./RELIGIÓN
2 Enseñar o instruir a una persona: *organizó y disciplinó a su gente.* — v.tr.
3 Hacer que una persona siga una disciplina.
4 Azotar con la disciplina por mortificación o por castigo. — v.tr/prnl. RELIGIÓN

disciplinario, a
1 De la disciplina: *expediente disciplinario.* — adj.
2 Que sirve para mantener la disciplina: *nos han impuesto una pena disciplinaria.*
3 Se aplica al cuerpo militar formado con soldados condenados a alguna pena: *batallón disciplinario.* — MILITAR

disciplinazo Golpe o azote dado con la disciplina. — s.m.

discipulado
1 Ejercicio y condición de discípulo o alumno de una escuela. — s.m.
2 Doctrina, enseñanza o educación que reciben las personas.
3 Conjunto de discípulos.

discipular Que tiene relación con los discípulos. — adj.

discípulo, a (Del lat. *discipulus*.)
1 Persona que aprende en una escuela o directamente de un maestro: *fue discípulo suyo en la universidad; los discípulos de Jesús.* — s. = alumno
2 Persona que es partidaria de las ideas de una escuela o persona: *todavía quedan discípulos del platonismo.* — = epígono

disc-jockey (Del ingl. *disk-jockey*.) Persona que hace la selección de discos musicales en una discoteca o emisora de radio. — s.m.f. pl: disc-jockeys tb: discjokey

disco
I (Del lat. *discus* < gr. *diskos*.)
1 Cuerpo cilíndrico cuya base es mucho mayor que su altura. — s.m.
2 Lámina circular de plástico, vinilo u otro material sobre cuya superficie se han grabado, en microsurcos espirales, las vibraciones de uno o varios sonidos, para ser reproducidas por un tocadiscos. — AUDIOVISUALES, MÚSICA
3 Lámina gruesa y circular, de treinta cm de diámetro aproximadamente, usada en lanzamientos de atletismo: *lanzar el disco.* — DEPORTES
4 Pieza del teléfono, circular y giratoria, con diez orificios numerados, para marcar el número deseado.
5 Chapa metálica de contorno regular con una señal del código de la circulación pintada, que se coloca de forma bien visible a un lado de la vía pública.
6 Cada una de las tres señales luminosas de que consta un semáforo.
7 Figura circular y plana con que aparecen a la vista el Sol, la Luna y los planetas: *el disco lunar.* — ASTRONOMÍA
8 Soporte de almacenamiento de grandes cantidades de información, constituido de un disco magnético, que rota y es controlado por cabezas y sensores adecuados. — INFORMÁTICA
9 Superficie de la hoja comprendida dentro de sus bordes. — BOTÁNICA
10 **disco compacto:** El dotado con dispositivo de memoria que utiliza técnicas de almacenamiento óptico por láser. — AUDIOVISUALES, TECNOLOGÍA
11 **disco compacto interactivo:** El que tiene que ser reproducido sobre un lector determinado, y visualizado en pantalla de televisión. — AUDIOVISUALES, INFORMÁTICA, TECNOLOGÍA
12 **disco duro o rígido:** Disco constituido por un soporte rígido y estático, revestido de material magnetizable. — INFORMÁTICA
13 **disco flexible:** Disquete, disco magnético blando, utilizado para el almacenamiento de datos, cuya capacidad es menor que la del duro. — INFORMÁTICA = floppy
14 **disco galáctico:** Núcleo de una galaxia. — ASTRONOMÍA
15 **disco germinal:** Región del huevo fecundado en el que se observa la señal del embrión. — BIOLOGÍA
16 **disco invertebral:** Formación fibrosa circular, entre dos vértebras, en cuyo interior hay una masa pulposa. — ANATOMÍA
17 **disco magnético:** Placa metálica en la que se graba información magnetizando su superficie. — INFORMÁTICA
18 **disco óptico:** Aquel en el que se lee o graba información mediante rayo láser. — INFORMÁTICA
19 **disco rayado:** El que tiene algún surco deteriorado que hace que la aguja del reproductor salte con brusquedad.
20 **ser o parecer alguien un disco rayado:** Expresión con que se califica a una persona que repite insistentemente lo que dice: *parece un disco rayado, no para de decir que la culpa no fue suya.* — coloquial
II (Apócope de *discoteca*.)
1 Discoteca, lugar donde se escucha música y se baila. — s.f./coloquial
2 Estilo de música de origen norteamericano, destinada a ser bailada, que se puso de moda en las décadas de los años setenta y ochenta. — s.m. MÚSICA

discóbolo (Del gr. *diskobolos*.) Atleta que lanzaba el disco en los juegos de la antigua Grecia. — s.m. DEPORTES

discófilo, a Que es aficionado a los discos musicales: *la feria fue del agrado de los discófilos.* — adj/s. MÚSICA

discografía
1 Conjunto o colección de discos referentes a un estilo, un autor, o a un intérprete: *la discografía del jazz; la discografía de Mozart; la discografía de los Beatles.* — s.f. MÚSICA
2 Técnica de impresión y reproducción de discos fonográficos. — TECNOLOGÍA

discográfico, a De los discos musicales o de la discografía: *éxito discográfico; novedad discográfica.* — adj. MÚSICA

discoidal Que tiene forma de disco: *célula discoidal.* — adj./= discoideo

díscolo, a (Del bajo lat. *dyscolus* < gr. *dyskolos*, malhumorado.) Que es desobediente o rebelde: *es un niño díscolo que merece ser castigado.* — adj/s. = indócil ≠ obediente

discoloro, a Se aplica a la hoja que tiene cada cara de un color distinto. — adj. BOTÁNICA

discomicete Perteneciente a un grupo de hongos ascomicetes que fructifican en forma de disco, como las pezizas y las morillas. — adj/s.m. MICOLOGÍA

disconforme
1 Que muestra disconformidad o desacuerdo: *se mostró en extremo disconforme con la resolución adoptada en el pleno.* — adj/s.m.f. th: desconforme = discorde
2 Que no es conforme o acorde con otro elemento: *las disconformes siluetas del cuadro escénico.* — adj.

disconformidad
1 Falta de conformidad entre las cosas: *la disconformidad en sus posturas fue la principal causa de la ruptura.* — s.f. th: desconformidad = desacuerdo
2 Diferencia entre personas por ideas, opiniones o decisiones.
3 Insatisfacción, estado de la persona que no está conforme con lo que hace o recibe: *mostró su disconformidad con una mueca.*

discontinuar Romper o interrumpir la continuidad de una cosa. — v.tr/conj: actuar th: descontinuar

discontinuidad
1 Condición de lo que no tiene continuidad: *la discontinuidad de la historia de los libros de texto.* — s.f.
2 Trastorno del curso del pensamiento en el que el flujo de las ideas se dispersa de forma anárquica: *la discontinuidad suele°aparecer en las esquizofrenias.* — SIQUIATRÍA
3 Perturbación del lenguaje caracterizada por la emisión de oraciones en las que se suceden enunciados incompletos. — SIQUIATRÍA
4 **discontinuidad sedimentaria:** Interrupción de la sedimentación marina, que se manifiesta por la ausencia de depósitos en cierto lapso de tiempo. — GEOLOGÍA

discontinuo, a
1 Que es intermitente o no tiene continuidad: *ruido discontinuo; línea discontinua.* — adj./th: descontinuo ≠ continuo
2 Se refiere a la consonante que se emite con interrupciones en la salida del aire: *las vibrantes son discontinuas.* — LINGÜÍSTICA ≠ continuo
3 Que tiene relación con la discontinuidad siquiátrica: *perturbación discontinua.* — SIQUIATRÍA
4 Se aplica a la deformación geológica que produce una ruptura en la roca. — GEOLOGÍA

disconveniencia Desconveniencia, incomodidad o perjuicio causado a una persona. — s.f.

disconveniente Que no conviene. — adj.

disconvenir Desconvenir, no estar de acuerdo o no corresponderse una cosa con otra. — v.intr. conj: venir

discor Canción breve de tema amoroso o satírico, de estrofas extensas y versos breves, generalmente hexasílabos y heptasílabos. — s.m. POESÍA = descort

discordancia
1 Desacuerdo o diversidad: *discordancia de pareceres.* — s.f./= discrepancia
2 Falta de armonía en una sucesión de sonidos. — MÚSICA
3 Disposición de una serie de capas que reposan sobre otras más antiguas, que no les son paralelas. — GEOLOGÍA

discordante
1 Que presenta discordancia: *sus criterios son discordantes.* — adj.
2 Se aplica al terreno que está en discordancia respecto a las capas subyacentes. — GEOLOGÍA

discordar (Del lat. *discordare.*)
1 Ser dos o más cosas opuestas: *sus interpretaciones discordan, pero pueden tener algún punto común.* — v.intr./conj: contar ≠ discrepar
2 Estar dos o más personas en desacuerdo. — = disentir
3 Estar los sonidos o las voces en desarmonía con otros. — MÚSICA = disonar

discorde (Del lat. *discors.*)
1 Que no está de acuerdo con la opinión o con la forma de actuar de una persona. — adj./= disconforme ≠ acorde
2 Se aplica al sonido que es disonante o no tiene consonancia. — MÚSICA ≠ acorde

discordia (Del lat. *discordia.*)
1 Situación de enfrentamiento o disputa entre dos o más partes, debida a una falta de acuerdo entre sus opiniones o deseos: *sus posiciones son tan divergentes que no podía haber nada más que discordia.* — s.f. = desacuerdo ≠ concordia
2 Falta de mayoría para votar una sentencia. — DERECHO

discoteca (Del gr. *diskos*, disco + *theke*, caja.)
1 Local público para escuchar música grabada, bailar y consumir bebidas. — s.f. = disco
2 Colección de discos musicales. — = fonoteca
3 Lugar o mueble para guardar discos musicales.

discotequero, a
1 De la discoteca: *me gusta la música discotequera.* — adj.
2 Se aplica a la persona que va a la discoteca con frecuencia: *las drogas sintéticas se están popularizando entre dos discotequeros.* — adj/s.

discrasita Mineral de color blanco, con reflejos grises o pardos dorados y brillo intenso. — s.f./MINERALOGÍA = discrasa

discreción (Del lat. *discretio, -onis.*)
1 Actitud del que hace, dice o piensa algo procurando no cometer ligerezas o imprudencias: *siempre actúa con mucha discreción.* — s.f.
2 Cualidad del que no habla sobre secretos o cosas confidenciales.
3 Facultad de expresarse con agudeza, ingenio y oportunidad.
4 Dicho o expresión ingeniosos y oportunos.
5 **a discreción:** 1. Al buen juicio o a la voluntad de una persona. 2. Sin limitación: *durante el debate hubo disparates a discreción por parte de todos los grupos.* — loc.adv. loc.adv.
6 **darse o entregarse a discreción:** Entregarse al vencedor sin condiciones: *el enemigo se dio a discreción.* — MILITAR
7 **¡a discreción!:** Voz de mando que otorga plena libertad para ejecutar un movimiento o tiro: *¡fuego a discreción!* — interj. MILITAR

discrecional Que no está regulado con precisión y se deja a la libre apreciación de alguien: *a este pastel se le puede añadir una cantidad discrecional de azúcar; parada discrecional.* — adj.

discrecionalidad Condición de lo que es discrecional o no está regulado con precisión. — s.f.

discrepancia
1 Falta de acuerdo entre las opiniones de varias personas: *existía gran discrepancia de opiniones.* — s.f. = desacuerdo
2 Circunstancia de resultar diferentes o desiguales dos cosas que se comparan.

discrepar (Del lat. *discrepare*, disonar.)
1 No tener una persona la misma opinión que otra: *los compañeros discrepamos del director en ciertas cuestiones relativas al horario laboral.* — v.intr. + de, sobre = desconformar
2 No estar una cosa en armonía con otra: *la corbata discrepa del traje por lo llamativa.* — + de

discretear
1 Obrar fingiendo discreción. — v.intr./despectivo
2 Hacer comentarios con aire confidencial a una persona sin que se enteren los demás. — = cuchichear

discreteo Comentario confidencial y en voz baja. — s.m./= cuchicheo

discreto, a (Del lat. *discretus*, part. de *discernere*, distinguir.)
1 Que se comporta con discreción, sin cometer ligerezas o imprudencias: *puedes confiar en él, es muy discreto y no contará nada.* — adj/s. ≠ indiscreto
2 Que se hace con discreción, sin ligereza y de modo sencillo: *el suyo fue un acto muy discreto que pasó desapercibido.* — adj. = prudente ≠ indiscreto
3 Que es mediocre: *se notó que estaba cansado porque tuvo una actuación discreta.* — ≠ brillante
4 Se refiere a la cantidad o conjunto que está compuesto de elementos separados o contables.
5 Persona que asiste al superior como consiliario en el gobierno de una comunidad religiosa. — s. RELIGIÓN
6 **a lo discreto:** Con discreción, sensatez y prudencia: *a lo discreto le dejó caer lo del dinero que aún le debía.* — loc.adv.

discretorio
1 Asamblea de religiosos que asesoran al superior de una comunidad religiosa. — s.m. RELIGIÓN
2 Sala donde se reúne esta asamblea. — s.m. RELIGIÓN

discriminación
1 Acción y resultado de discriminar, distinguir o diferenciar. — s.f.
2 Trato de inferioridad que, en un país o comunidad, se da a una minoría o a ciertos miembros de ella por motivos raciales, religiosos, políticos o sociales: *fueron víctimas de la discriminación racial.* — SOCIOLOGÍA
3 Posibilidad de vender el mismo producto a diferentes precios durante un determinado período de tiempo. — COMERCIO
4 **discriminación positiva:** Disposición legal que, en algunos países, promociona la ocupación laboral de la mujer cuando en una vacante concurra en oposición con un hombre y los currículos sean equiparables. — DERECHO

discriminador, a
1 Que discrimina o da un trato de inferioridad: *la discriminadora elite cultural.* — adj. = discriminante
2 Circuito eléctrico que convierte las variaciones de frecuencia o fase en variaciones de amplitud. — s.m. ELECTRICIDAD

discriminar (Del lat. *discriminare.*)
1 Señalar las diferencias entre una cosa y otra: *le resultaba muy difícil discriminar lo bueno de lo malo.* — v.tr. = discernir
2 Dar trato de inferioridad a una persona por motivos ideológicos, raciales, religiosos o políticos: *no entiendo cómo discriminan así a sus propios vecinos.*

discriminatorio, a Que discrimina: *recibió un trato discriminatorio.* — adj. = discriminador

discromatopsia Transtorno de la vista que dificulta la distinción de los colores. — s.f. MEDICINA

discromía Alteración de la pigmentación cutánea caracterizada por la aparición irregular de zonas de diferente coloración. — s.f. MEDICINA

disculpa
1 Razón o justificación dada para descargar la responsabilidad de algo que se ha dicho o hecho: *tus disculpas no aminoraron su ira.* — s.f. = excusa
2 **pedir o presentar disculpas:** Pedir perdón por algo: *le presento mis disculpas por llegar tarde.*

disculpable Que puede ser disculpado por no considerarse muy grave: *error disculpable.* — adj. = excusable

disculpar
1 Dar razones o pruebas que descarguen a una persona de su culpa: *se disculpó ante todos por haber creado aquel conflicto; se disculparon con los padres.* — v.tr/prnl. + de, con, ante
2 Encontrar razones para perdonar la falta que ha cometido una persona: *no trates de disculpar a tu novio, es un golfo.* — v.tr.

discurrir (Del lat. *discurrere,* correr acá y acullá, tratar de algo.)
1 Pasar por un lugar continuamente: *el manantial discurre entre rocas.* — v.intr.
2 Pasar, transcurrir el tiempo: *la tarde discurrió lentamente y el sopor acabó invadiéndonos.*
3 Aplicar la inteligencia para considerar una cuestión detenidamente o hallar la solución a un problema: *discurrió durante mucho tiempo cómo solucionar el enigma.* — = pensar
4 Producirse una acción o un suceso de manera continua: *la clase discurrió con normalidad.* — = desarrollarse

discursante Que discursea, o pronuncia discursos. — adj/s.m.f.

discursear Pronunciar discursos con frecuencia: *gustaba de discursear ante el público femenino.* — v.intr. coloquial

discursista Persona que hace discursos sin necesidad. — s.m.f.

discursivo, a
1 Se aplica a la inteligencia, análisis o pensamiento que procede según un discurso lógico y razonado. — adj. ≠ intuitivo
2 Que tiene relación con el discurso o el raciocinio: *verborrea discursiva.*

discurso (Del lat. *discursus.*)
1 Exposición de cierta extensión sobre un tema pronunciado en público: *después de la cena pronunció un discurso de agradecimiento.* — s.m.
2 Conjunto de frases o palabras usadas para expresar las ideas: *su discurso sobre el terrorismo era incoherente.* — = disertación
3 Escrito de poca extensión que trata de alguna materia con la finalidad de enseñar o persuadir.
4 Conjunto de ideas y modo de deducir con razonamiento una cosa de otra: *el discurso marxista.*
5 Paso del tiempo: *el discurso de los meses le asusta.* — = decurso
6 Fragmento de la cadena fónica o escrita que tiene cierta coherencia. — LINGÜÍSTICA
7 **discurso de estado:** El atribuido a políticos de extraordinario relieve y en circunstancias muy solemnes. — POLÍTICA
8 **discurso de la corona:** Aquel con el que el soberano o representante del ejecutivo inaugura las sesiones legislativas. — POLÍTICA

discusión (Del lat. *discussio, -onis.*)
1 Acción y resultado de discutir. — s.f.
2 **discusiones bizantinas:** Aquéllas que son ociosas e innecesarias: *no entremos en discusiones bizantinas, que no nos resolverán el problema.*
3 **sin discusión:** Sin duda, con toda seguridad. — loc.adv.

discutible
1 Que puede ser discutido: *preséntame una propuesta discutible y hablaremos.* — adj. = cuestionable
2 Que se cree dudoso o inadecuado: *ésa es una afirmación discutible.*

discutidor, a Que es propenso a discutir: *la niña les salió muy discutidora, todo lo pregunta y a todo pone peros.* — adj/s.

discutir (Del lat. *discutere,* decidir.)
1 Examinar varias personas una cuestión detalladamente y exponer cada una su opinión: *hay que discutir este tema en la próxima reunión.* — v.tr. = argumentar
2 Manifestar una persona una opinión contraria a una cosa que ha dicho u ordenado otra persona: *discutió las notas de los exámenes al profesor; es imposible discutir con él cuando está así de nervioso.* — = contender
3 Manifestar dos o más personas opiniones opuestas en una conversación: *discuten siempre de fútbol.* — v.intr. + de

disecación Disección, acción y resultado de disecar o realizar una autopsia. — s.f. = disecado

disecado Disección, acción y resultado de disecar o realizar una autopsia. — s.m. = disecación

disecador, a Persona que diseca y realiza operaciones relacionadas con la autopsia. — s. = disector

disecar (Del lat. *dissecare.*)
1 Dividir en partes una planta o el cadáver de un animal para su estudio. — v.tr. conj: *sacar*
2 Tratar mediante técnicas especiales los animales muertos para que conserven la apariencia de cuando estaban vivos: *suele disecar algunos de los animales que caza.*
3 Preparar y secar una planta para que se conserve y sea estudiada. — BOTÁNICA

disección
1 Acción y resultado de disecar. — s.f./= disecación
2 Análisis o examen pormenorizado de una cosa.
3 Operación de disecar un animal, manipular y rellenar la piel para darle la apariencia de animal vivo.

disecea (Del gr. *dysekoia < dusys,* mal + *akono,* oír.) Trastorno de la facultad de oír. — s.f. MEDICINA

disector, a Disecador, persona que diseca o realiza disecciones anatómicas. — s.

disembrioma Formación tumoral a partir de restos del embrión. — s.m. BIOLOGÍA

diseminación Esparcimiento o dispersión de personas, animales o cosas en distintas direcciones: *gracias a la diseminación del polen se produce la fecundación de ciertas flores.* — s.f.

diseminado, a Que está separado aquello que solía estar junto: *casas diseminadas entre los cultivos.* — adj. = disperso

diseminador, a Que disemina o esparce. — adj.

diseminar (Del lat. *disseminare,* sembrar al vuelo, esparcir.) Separar cosas que estaban juntas o enviarlas en distintas direcciones. — v.tr/prnl.

disemínulo Cada uno de los órganos que se pueden separar del individuo y producir uno igual del que proceden. — s.m. BOTÁNICA

disensión (Del lat. *dissensio, -onis.*)
1 Desacuerdo, oposición entre varias personas en los pareceres o en los propósitos: *no sabe cómo poner fin a las disensiones entre los grupos parlamentarios de izquierdas.* — s.f. = disenso
2 Enfrentamiento o riña entre distintas personas. — = disputa

disenso (Del lat. *dissensum.*)
1 Disentimiento, acción y resultado de discrepar de algo. — s.m.
2 **mutuo disenso:** Conformidad de las partes en disolver o dejar sin efecto el contrato u obligación existente entre ellas. — DERECHO

disentería (Del gr. *dys,* mal + *enteron,* intestino.) Denominación genérica de cualquier enfermedad infecciosa consistente en la inflamación del intestino grueso, que tiene como síntoma la diarrea, acompañada de fiebre. — s.f. MEDICINA

disentérico, a Que tiene relación con la disentería: *padece un síntoma disentérico.* — adj. MEDICINA

disentimiento Acción y resultado de disentir o discrepar: *por lo que parece, existía entre ellos un profundo disentimiento.* — s.m. = disenso ≠ acuerdo

disentir (Del lat. *dissentire.*) Mostrarse una persona disconforme en el sentir o pensar de otra: *disiente de ellos en su concepción del ser humano.* — v.intr./+ de, en conj: *sentir* = discrepar

diseñador, a
1 Persona que se dedica a diseñar: *su hermano es diseñador de muebles.* — s.
2 **diseñador gráfico:** Persona que se dedica al dibujo publicitario: *le pidió al diseñador gráfico un cartel más llamativo e impactante.* — PUBLICIDAD

diseñar (Del ital. *disegnare,* dibujar.) Determinar las líneas generales de una idea o de un proyecto: *diseñar el organigrama del departamento; diseñar la línea de bañadores del próximo verano.* — v.tr.

diseño (Del ital. *disegno.*)
1 Representación gráfica, a partir de una idea previa, de un objeto, un dispositivo, una estructura o del funcionamiento de un sistema: *diseño de la organización; el diseño de una lámpara.* — s.m.
2 Disciplina que trata de armonizar el entorno humano, desde la concepción de objetos hasta el urbanismo.
3 Realización del original de un producto u objeto destinado a la producción en serie: *diseño de modas; diseño industrial.*
4 Forma resultante de estos objetos: *el diseño de este mueble es de inspiración clásica.*
5 Plan para realizar alguna cosa: *diseño urbanístico.* — = proyecto
6 Descripción breve de una cosa hecha con palabras.
7 **diseño asistido por ordenador:** Conjunto de técnicas informáticas de ayuda a la concepción y gestión de proyectos de diseño. — INFORMÁTICA
8 **diseño gráfico:** Grafismo, arte de proyectar y realizar ediciones de carteles, folletos, libros y otras cosas en su aspecto formal.
9 **diseño industrial:** Dibujo técnico de objetos que se producen industrialmente. — INDUSTRIA
10 **diseño lógico:** Fase del proceso de informatización en la que se diseñan las conexiones lógicas entre informaciones y procesos del sistema. — INFORMÁTICA

disépalo, a Se aplica a la flor o al cáliz que tiene dos sépalos. — adj. BOTÁNICA

disertación
1 Acción y resultado de disertar. — s.f.
2 Discurso o escrito en que se expone una materia determinada con orden y detenimiento: *está preparando una disertación sobre el existencialismo.*

disertador, a Que gusta de disertar o hacer discursos. — adj.

disertar Exponer o razonar detenidamente sobre alguna materia, especialmente en público: *le pidieron que disertara sobre el impacto ambiental.* — v.intr. + sobre

diserto, a Que habla con facilidad y buenos argumentos. — adj. = elocuente

disestesia (Del gr. *dys-*, mal + *aiesthesis*, facultad de percepción por los sentidos.) Trastorno de la sensibilidad, especialmente la del tacto. — s.f. MEDICINA

disfagia (Del gr. *dys-*, mal + *fageo*, comer.) Dificultad o imposibilidad de tragar. — s.f. MEDICINA

disfasia (Del gr. *dys-*, mal + *fasai*, hablar.) Trastorno en la producción o apreciación del habla, debido a una lesión cerebral. — s.f. MEDICINA

disfavor
1 Desaire o desprecio que se hace a una persona. — s.m.
2 Perjuicio causado a una persona.

disfemismo Palabra o expresión que nombra una realidad de modo peyorativo. — s.m. ≠ eufemismo

disfonía Trastorno de la fonación o emisión de la voz. — s.f. MEDICINA

disformar Deformar, hacer que algo pierda su forma natural. — v.tr/prnl.

disforme Que es irregular o desproporcionado en la forma. — adj.

disfraz
1 Vestido de máscara usado en algunas fiestas y en carnaval: *todavía no he elegido mi disfraz para el próximo carnaval.* — s.m. pl: disfraces
2 Artificio o procedimiento con que se desfigura una cosa. — = maquillaje
3 Simulación para desfigurar un sentimiento.

disfrazar
1 Cambiar el aspecto de una persona o una cosa para que no sea conocida: *los ladrones se disfrazaron de guardias de seguridad.* — v.tr/prnl. conj: *cazar*
2 Vestirse una persona con un disfraz: *todos los invitados se disfrazaron para asistir a la fiesta.* — v.prnl.
3 Intentar ocultar lo que se siente con palabras: *disfraza su timidez contando chistes.* — v.tr. = enmascarar

disfrutar (Del bajo lat. *disfrutare* < *fructus*, usufructo, disfrute.)
1 Sentir una persona placer o satisfacción en un lugar o con una cosa: *disfruta en el teatro; disfruta la música.* — v.intr. + con, de, en
2 Tener una persona una buena condición: *disfruta de buena salud.* — + de
3 Percibir una persona las rentas u obtener el provecho de una cosa: *disfruta la herencia de tu tío; disfruta de la herencia de tu tío.* — v.intr/tr.
4 Percibir una persona las ventajas o los frutos de una cosa. — v.tr.

disfrute
1 Sentimiento de placer o de alegría que produce una actividad, una circunstancia o una situación determinadas: *el viaje se convirtió en un auténtico disfrute.* — s.m. = goce
2 Acción de recibir alguien las rentas, o de beneficiarse de una cosa determinada, por ser de su propiedad, por tener derecho a ello o por otra razón: *les pertenecía el disfrute de las tierras.* — = aprovechamiento

disfumar Esfumar o disipar un trazo o un color. — v.tr.

disfumino Difumino, instrumento que se utiliza para difuminar los colores o trazos de un dibujo. — s.m. ARTE

disfunción
1 Alteración cuantitativa o cualitativa de una función orgánica. — s.f. BIOLOGÍA
2 Desarreglo en el funcionamiento de una cosa.

disgregación Separación de lo que estaba unido. — s.f.

disgregador, a Que disgrega. — adj/s.

disgregar (Del bajo lat. *disgregare* < lat. *grex*, *-gis*, rebaño.)
1 Separar lo que estaba unido: *debido a problemas internos, se ha disgregado el grupo de trabajo.* — v.tr/prnl. conj: *pagar*
2 Separar una cosa en partes: *disgregaron la extensa finca en pequeñas parcelas.* — v.tr. = desintegrar

disgustado, a
1 Que tiene algún disgusto o pena: *está muy disgustado por el accidente de su padre.* — adj.
2 Que está enemistado con otro u otros: *está disgustado con su jefe.* — = enfadado

disgustar
1 Causar pena o enfado a una persona: *al no ser invitado a la cena se disgustó; se ha disgustado por algo pero no sé por qué; se disgustó con su actitud.* — v.tr/prnl. + con, por
2 Perder dos o más personas la amistad: *se disgustaron y ya no se relacionan.* — v.prnl. = enfadarse
3 Quitar una cosa gusto o sabor a una comida. — v.tr.

disgusto
1 Sentimiento de inquietud causado por una contrariedad o un accidente: *la pérdida de los documentos le dio un gran disgusto.* — s.m. = insatisfacción
2 Querella entre dos personas que se dirigen reproches: *ha tenido un disgusto con su hermana.* — = enfado
3 Desazón causado en el paladar por una comida o bebida.
4 **a disgusto:** De mala gana: *se encontró a disgusto en aquella reunión de antiguos alumnos.* — loc.adv. coloquial

disgustoso, a
1 Que no tiene sabor o es desagradable al paladar: *comida disgustosa.* — adj./= desabrido ≠ sazonado
2 Que causa disgusto o enfado. — = enfadoso, penoso

disidencia
1 Separación de una persona de una doctrina, creencia o partido: *desde su disidencia del partido, algunos amigos han dejado de hablarle.* — s.f. = cisma
2 Desacuerdo grave que afecta a opiniones e ideología: *entre ellos hay una disidencia manifiesta respecto a la religión.* — = discrepancia

disidente (Del lat. *dessidens*, *-ntis* < *dissidere*, sentarse lejos, discrepar.) Que discrepa o diside, en especial el que mantiene opiniones y posiciones contrarias a las del sistema social del que depende. — adj/s.m.f.

disidir (Del lat. *dissidere*.) Separarse una persona de una doctrina, una creencia o un partido. — v.intr. + de

disílabo, a (Del lat. *disyllabus*.) Se aplica, a la palabra que tiene dos sílabas: *dedo es una palabra disílaba.* — adj/s./GRAMÁTICA = disilábico, bisílabo

disímbolo, a Que es disímil, disconforme o diferente. — adj./Méx.

disimetría Defecto de simetría. — s.f.

disimétrico, a Que no es simétrico. — adj.

disímil (Del lat. *dissimilis*.) Que es diferente: *se trataron temas disímiles en aquella reunión.* — adj.

disimilación Alteración u omisión de un sonido diferenciándolo así de otro igual o semejante que está contiguo o cercano. — s.f. GRAMÁTICA

disimilar Alterar la articulación de un sonido para diferenciarlo de otro igual o semejante que está contiguo o cercano. — v.tr/intr/prnl. GRAMÁTICA

disimilitud (Del lat. *dissimilitudo*.) Cualidad por la cual una cosa se distingue o diferencia de otra. — s.f./= desemejanza ≠ similitud

disimulación (Del lat. *dissimulatio*, *-onis*.)
1 Acción y resultado de disimular. — s.f.
2 Acción de ocultar lo que se siente o se sabe.
3 Tolerancia afectada de una incomodidad o de un disgusto.

disimulado, a Que habla o actúa con disimulo. — adj/s./= hipócrita

disimular (Del lat. *dissimulare*.)
1 Ocultar con astucia intenciones, acciones, cosas, cualidades o defectos: *no ha sabido disimular su error.* — v.tr. = encubrir
2 Simular una persona que no se entera de algo que se dice o sucede en su presencia: *no disimules, que sabes muy bien de lo que hablamos.*
3 No tener en cuenta las faltas de una persona fingiendo ignorarlas. — = tolerar
4 Dar una apariencia falsa o errónea a una cosa: *disimulaba sus gorduras con un terno muy amplio.* — = enmascarar
5 Ocultar una cosa mezclándola con otras: *disimularon la droga entre la ropa de la maleta.*

disimulo
1 Arte o habilidad con que uno oculta sus pensamientos, sentimientos, intenciones o una cosa material. — s.m.
2 Actitud tolerante o indulgente hacia los demás. — = tolerancia

disinergia Trastorno de la coordinación muscular. — s.f./MEDICINA

disipable Que se puede disipar: *gas disipable; duda disipable.* — adj.

disipación (Del lat. *dissipatio*, *-onis*.)
1 Acción y resultado de disipar o disiparse. — s.f. QUÍMICA
2 Desaparición, por pérdida de densidad, de una sustancia que está en el aire.
3 Comportamiento de la persona excesivamente dedicada a los placeres y diversiones.
4 Pérdida de energía eléctrica debida a la resistencia de un circuito. — ELECTRICIDAD

disipado, a Que se comporta libertinamente y se entrega a los placeres y diversiones. — adj. = calavera

disipador, a Que disipa o derrocha. — adj/s./= dilapidador

disipar (Del lat. *dissipare*, desparramar.)
1 Desaparecer o hacer desaparecer una cosa material o inmaterial gradualmente: *las nubes se disiparon cuando terminó de llover; sus sueños de grandeza se disiparon.* — v.tr/prnl.

2 Convertirse un líquido en vapor.　*v.prnl./QUÍMICA*
3 Gastar bienes sin prudencia.　*v.tr.*

diskette (Voz inglesa.) Disco magnético portátil que se introduce en un ordenador para ser leído o para grabar información en él.　*s.m./INFORMÁTICA th: disquete = disco flexible*

dislacerar Dilacerar, desgarrar o despedazar la carne.　*v.tr.*

dislalia (Del gr. *dys-*, mal + *laleo*, hablar.) Dificultad para pronunciar los sonidos del lenguaje, sin lesión orgánica en el aparato fónico.　*s.f. MEDICINA*

dislate (Probablemente del ant. *deslatar*, disparar un arma.) Dicho o hecho absurdo o imprudente: *¡qué dislate!, eso es imposible.*　*s.m. = disparate*

dislexia (Del gr. *dys-*, mal + *lexis*, dicción.) Trastorno del lenguaje manifestado en la niñez y que afecta al aprendizaje de la lectura, sin que existan otras deficiencias intelectuales o neurológicas.　*s.f. SICOLOGÍA*

disléxico, a
1 Relativo a la dislexia.　*adj./SICOLOGÍA*
2 Que padece dislexia: *tiene problemas con su hijo, al parecer es disléxico.*　*adj/s. SICOLOGÍA*

dislocación
1 Acción y resultado de dislocar o dislocarse, especialmente un hueso: *ha sufrido una dislocación del tobillo izquierdo.*　*s.f. = dislocadura*
2 Discontinuidad en la estructura de un cristal.　*GEOLOGÍA*
3 Cambio de dirección, en sentido horizontal, de una capa o filón.　*GEOLOGÍA*

dislocadura Dislocación de un hueso o articulación: *dislocadura de un tobillo.*　*s.f. MEDICINA*

dislocar
1 Sacar un hueso o una articulación de su sitio: *se dislocó el tobillo al caer por la escalera.*　*v.tr/prnl. conj: sacar*
2 Introducir cambios en un suceso al hablar de él.　*v.tr.*
3 Provocar entusiasmo a una persona o hacerle perder la compostura.

disloque Se usa para indicar que algo es el colmo en la expresión **ser el disloque.**　*s.m.*

dismenorrea (Del gr. *dys*, mal + *men*, mes + *reo*, fluir.) Menstruación dolorosa o difícil.　*s.f. MEDICINA*

dismetría Trastorno consistente en la mala apreciación de las distancias al realizar movimientos o acciones musculares.　*s.f. MEDICINA*

disminución
1 Reducción de la cantidad o intensidad de una cosa: *la disminución de nacimientos en Europa es un hecho.*　*s.f./+ de/= mengua ≠ aumento = minusvalía*
2 Incapacidad física o síquica.
3 Cantidad en que el grueso de un muro es menor que su zarpa o parte más ancha de su cimiento.　*ARQUITECTURA*
4 Enfermedad que padecen ciertos animales en los cascos.　*VETERINARIA*
5 en disminución: Reduciéndose el número o intensidad de una cosa: *los políticos dicen que los problemas del país van en disminución.*　*loc.adv. + estar, ir ≠ en aumento*

disminuido, a
1 Que no tiene completas sus facultades físicas o síquicas: *persona disminuida; disminuido síquico.*　*adj/s. = minusválido*
2 Que es tenido en poca consideración o se siente insignificante en un sitio: *tiene problemas porque se siente disminuido en clase.*　*adj. = achicado*

disminuir (Del lat. *deminuere* < *minuere* < *minus*, menos.)
1 Reducir la extensión, la intensidad o el número de algo: *se disminuyó el período vacacional.*　*v.tr/prnl./conj: huir th: diminuir*
2 Hacerse una cosa más pequeña.　*v.intr.*

dismnesia Debilidad de la memoria.　*s.f./MEDICINA*

disnea (Del gr. *dyspnoia*.) Dificultad en la respiración.　*s.f./ MEDICINA*

disneico, a
1 Que tiene relación con la disnea.　*adj./MEDICINA*
2 Que padece disnea: *suele tener problemas respiratorios; creo que es disneico.*　*adj/s./MEDICINA = asmático*

disociable Que se puede disociar o separar.　*adj.*

disociación (Del lat. *dissociatio, -onis.*)
1 Separación de un cuerpo de otro, o de los elementos que componen una sustancia.　*s.f.*
2 Descomposición química de los cuerpos limitada por la tendencia a combinarse.　*QUÍMICA*

disociador, a Que disocia o separa: *aquella sustancia operó como disociadora de los elementos de la mezcla.*　*adj/s.*

disociar (Del lat. *dissociare.*)
1 Separar las cosas que estaban unidas: *después de una década como militante, el rumbo de su vida lo disoció del partido.*　*v.tr. = desunir*
2 Separar los componentes de una sustancia: *el hidrógeno se disocia del oxígeno en determinadas condiciones.*　*v.tr/prnl. QUÍMICA*

disociativo, a Se aplica a la enfermedad mental o sicosis que consiste en una alteración global de la personalidad.　*adj. MEDICINA*

disódico, a Se refiere a la sal que deriva de un ácido en el que dos átomos de hidrógeno están reemplazados por sodio.　*adj. QUÍMICA*

disolubilidad Propiedad de las sustancias disolubles o solubles: *la disolubilidad de un metal en un ácido.*　*s.f./QUÍMICA = solubilidad*

disoluble (Del lat. *dissolubilis.*) Se refiere a la sustancia que se puede disolver: *el azúcar es disoluble en agua.*　*adj. QUÍMICA = soluble*

disolución (Del lat. *dissolutio, -onis.*)
1 Acción y resultado de disolver o disolverse una sustancia.　*s.f. = solución + de*
2 Anulación de un vínculo o disgregación de una reunión de personas: *disolución del matrimonio; disolución de una asamblea.*
3 Relajación en la vida y costumbres o pérdida de la austeridad: *su dogma condena la deshonestidad y la disolución.*
4 Sustancia obtenida al disolver cualquier sustancia en un líquido: *la disolución del hierro en el ácido sulfúrico.*　*QUÍMICA*
5 Solución de caucho usada en la reparación de cámaras de neumáticos.　*TECNOLOGÍA*
6 disolución acuosa: Aquella cuyo disolvente es agua.　*QUÍMICA*

disolutivo, a (Del lat. *dissolutivus.*) Que tiene la propiedad de disolver.　*adj.*

disoluto, a (Del lat. *dissolutus.*) Que actúa con desenfreno: *la naturaleza disoluta de las cortesanas.*　*adj/s. = libertino*

disolvencia Método para realizar la transición de unos planos de imágenes o de sonidos a otros por medio de la desaparición gradual de los primeros.　*s.f. AUDIOVISUALES*

disolvente
1 Que disuelve o deslíe: *el aguarrás es disolvente para la pintura.*　*adj/s.m.*
2 Se aplica a la idea o principio que produce confusión o relajación en la sociedad o en las ideas o tiende a producirlas.　*adj.*
3 Líquido que sirve para disolver y quitar el esmalte de uñas.　*s.m.*

disolver (Del lat. *dissolvere* < *solvere*, desatar, soltar.)
1 Desleír o disgregar en un líquido una sustancia en cualquier estado de tal manera que sus partículas no sean perceptibles: *disolvió el azúcar en el agua para endulzarla.*　*v.tr/prnl. conj: volver part: disuelto + con, en*
2 Anular un contrato que liga a dos o más personas: *el matrimonio se disolvió.*
3 Deshacer una cosa o reunión de personas: *la asociación se disolvió hace tiempo; las dudas se disolvieron tras su explicación.*　*= desunir*

disón Disonancia, sonido desagradable.　*s.m./MÚSICA*

disonancia
1 Sonido inarmónico desagradable al oído creado por el efecto de varias notas simultáneas como las de un acorde.　*s.f. MÚSICA = disón*
2 Combinación no armónica de sonidos sucesivos o simultáneos.　*MÚSICA = cacofonía*
3 Falta de conformidad o proporción entre dos o más cosas: *criticó la disonancia de sus palabras con sus obras.*　*= desacuerdo + con, de*
4 estar en disonancia con: No estar en armonía con algo: *la ideología de izquierdas está en disonancia con el liberalismo económico.*
5 hacer disonancia una cosa: Parecer una cosa extraña y fuera de razón.

disonante
1 Se refiere al sonido o combinación de sonidos que es inarmónico.　*adj. MÚSICA*
2 Que destaca, o llama la atención, por estar en desacuerdo con los demás: *lo que dices hoy es disonante con lo que dijiste ayer.*　*+ con, de = dísono*

disonar (Del lat. *dissonare.*)
1 Producir un sonido inarmónico, faltando a la armonía: *el viejo órgano disonaba y sus notas retumbaban en la basílica.*　*v.intr. conj: contar MÚSICA*
2 Estar una cosa en desacuerdo o desarmonía notable con otra: *la lámpara disuena con los muebles.*　*+ con, de*
3 Parecer o resultar inoportuna o extraña una cosa a una persona: *su actitud disonó en la reunión.*

dísono, a (Del lat. *dissonus.*) Que es inarmónico o disconforme.　*adj.*

disorexia Alteración del apetito.　*s.f./MEDICINA*

disosmia Disminución patológica del olfato.　*s.f./MEDICINA*

dispar Que no es lo mismo, que no es igual: *siempre han tenido ideas dispares sobre la cuestión.*　*adj. = desigual, diferente*

disparada
1 Acción de echar a correr de repente o de partir con precipitación, fuga.　*s.f./Argent., Méx., Nicar., Urug.*
2 a la disparada: Muy deprisa y corriendo: *a la disparada salió del poblado, temiendo por su vida.*　*loc.adv. Amér. Merid.*

disparadamente
1 Con gran precipitación y violencia.　*adv.*
2 Fuera de razón o de la norma.

disparadero
1 Disparador de un arma de fuego.　*s.m.*

2 Poner a uno en el disparadero: Poner a uno a punto de decir o hacer algo violento: *no me pongas en el disparadero, que puedo decir cualquier cosa.*

disparador, a
1 Persona que dispara. — s.
2 Pieza que sujeta la llave de las armas de fuego que al ser accionada provoca el movimiento de la palanca de disparo. — s.m. MILITAR
3 Pieza del reloj que al separarse deja obrar al muelle o la pieza que sujeta. — MECÁNICA = escape
4 Nuez de la ballesta.
5 Pieza que sirve para hacer funcionar el obturador de una cámara fotográfica. — FOTOGRAFÍA
6 Aparato que sirve para desprender el ancla de la serviola en el momento de dar fondo. — NÁUTICA
7 **disparador automático:** El que dispara con efecto retardado el obturador de la cámara. — FOTOGRAFÍA
8 **poner a uno en el disparador:** Provocar o irritar a alguien para que diga o haga algo que si no no haría.

disparar (Del lat. *disparare*, separar.)
1 Accionar el disparador de un arma para que lance el proyectil: *se le disparó el arma; dispararon contra un enemigo.* — v.tr/intr/prnl. + a, contra
2 Lanzar con fuerza una cosa: *disparó el balón y metió un gol.* — v.tr.
3 Crecer o aumentar algo de forma descontrolada: *se ha disparado el consumo de cítricos.* — v.tr/prnl.
4 Ponerse bruscamente en movimiento, salir precipitadamente hacia un lugar: *se disparó hacia la salida.*
5 Mostrar irritación o cólera con palabras y ademanes descompuestos: *no pudo controlarse y se disparó.*
6 Invitar u ofrecer algo a alguien. — Méx.
7 **salir disparado:** Marcharse muy rápidamente: *después de cenar salió disparado de casa.* — coloquial

disparatadamente Sin orden ni razón ni regla: *disparatadamente les hizo una explicación sobre lo sucedido.* — adv.

disparatado, a Que es absurdo, increíble o imprudente: *han ideado un proyecto disparatado.* — adj.

disparatador, a Que dice o hace disparates. — adj/s.

disparatar Hacer o decir disparates: *disparataba como si estuviera loco.* — v.intr. = desbarrar

disparate (Alteración de *desbarate*, desconcierto.)
1 Acción o palabras absurdas, increíbles o imprudentes: *no digas más disparates, los elefantes no vuelan.* — s.m. = disparo, dislate
2 Atrocidad, exceso o crueldad grande: *el modo en que trata a sus hijos es un disparate.* — coloquial
3 Maldición o insulto: *se enfadó y le dijo todos los disparates que le vinieron a la boca.* — coloquial

disparatero, a Que dice o hace disparates. — adj.

disparatorio Conversación, discurso o escrito lleno de disparates: *su intervención fue un risible disparatorio, pero divirtió a toda la concurrencia.* — s.m.

disparejo, a Que es diferente o dispar: *gustos disparejos; opiniones disparejas.* — adj.

disparidad
1 Falta de semejanza de una cosa respecto de otra: *es habitual la disparidad de opiniones.* — s.f. + de
2 Divergencia que modifica o destruye una situación de equilibrio entre dos elementos de la economía. — ECONOMÍA
3 Figura de sentencia por la cual se oponen dos pensamientos. — RETÓRICA
4 **disparidad de cultos:** Impedimento para el matrimonio católico debido a la diferencia de religión entre los contrayentes. — DERECHO

disparo
1 Acción y resultado de disparar o dispararse, en especial un arma: *oyeron un disparo de escopeta.* — s.m. = tiro
2 Acción o palabras absurdas, increíbles o imprudentes: *sus continuos e injuriosos disparos contra la banca le crearon una mala imagen.* — = disparate, dislate
3 Tiro potente que impulsa el balón con gran fuerza, en los deportes de pelota, y, en especial en el fútbol. — DEPORTES

dispendio (Del lat. *dispendium*, gasto.) Despilfarro, gasto excesivo o innecesario: *lo siento, pero no estamos para dispendios.* — s.m. = derroche

dispendioso, a (Del lat. *dispendiosus*.)
1 Que cuesta mucho dinero: *es un lujo dispendioso que no puedes afrontar.* — adj./= costoso, caro/≠ económico
2 Que malgasta el dinero: *es muy dispendioso y siempre tiene problemas económicos.* — = gastador ≠ austero

dispensa
1 Privilegio o excepción, en un caso particular, de lo ordenado por las leyes generales. — s.f.
2 Documento escrito que contiene este privilegio.
3 Suspensión por un superior de la obligación de respetar una ley religiosa en vigor. — RELIGIÓN
4 Compromiso de la administración de expedir una nueva licencia de importación. — COMERCIO
5 **dispensa de escolaridad:** 1. Autorización para de-

jar de asistir a las clases. 2. Autorización para matricularse de dos cursos en un mismo año escolar.
6 **dispensa matrimonial:** Permiso que concede la iglesia para que parientes en algún grado puedan contraer matrimonio. — RELIGIÓN

dispensabilidad Cualidad de lo que puede ser dispensado. — s.f.

dispensable Que puede ser dispensado: *leyes dispensables.* — adj.

dispensación (Del lat. *dispensatio*, administración.)
1 Concesión u otorgamiento de un favor, un perdón o de una obligación. — s.f. = dispensa
2 Dispensa eclesiástica. — RELIGIÓN
3 Absolución de una falta leve. — DERECHO

dispensador, a
1 Que dispensa una obligación. — adj/s.
2 Que concede o distribuye: *organismo dispensador de víveres y otros artículos de primera necesidad.*

dispensar (Del lat. *dispensare*, distribuir, administrar.)
1 Conceder o distribuir una cosa: *dispensar una fría acogida; dispensar asistencia a los refugiados.* — v.tr.
2 Permitir que una persona no cumpla una obligación, eximirle de ella: *me dispensaron del pago de la cuota.* — v.tr/prnl. + de = liberar
3 No tener en cuenta una falta: *dispénsale, total, ha sido una locura de juventud.* — v.tr. = excusar

dispensaría Dispensario, centro de asistencia médica y farmacéutica. — s.f. Chile, Perú

dispensario Centro donde los enfermos reciben asistencia médica y farmacéutica, generalmente gratuita. — s.m./= consultorio, ambulatorio

dispepsia (Del lat. *dyspepsia*, digestión difícil < gr. *dys-*, mal + *pepto*, digerir.) Enfermedad crónica que consiste en una digestión lenta y difícil. — s.f. MEDICINA ≠ eupepsia

dispéptico, a
1 Que tiene relación con la dispepsia: *se queja de desarreglos dispépticos.* — adj. MEDICINA
2 Se refiere al enfermo que padece dispepsia: *por sus dolores y náuseas, diría que es dispéptica.* — adj/s. MEDICINA

dispersar (Del fr. *disperser* < *dispers*, disperso.)
1 Separar o esparcir lo que estaba junto o formando grupo: *la policía dispersó la manifestación.* — v.tr/prnl. = disgregar
2 Repartir la atención, la actividad o las facultades entre muchas cosas: *se dispersa demasiado con tantas ocupaciones extraescolares.*
3 Hacer desaparecer los celos, las dudas, las sospechas o los temores que afligen o preocupan a una persona: *consiguió dispersar todos sus miedos.* — v.tr. = desvanecer
4 Extender una fuerza en orden abierto de guerrilla: *se dispersó la fuerza militar para atacar por sorpresa.* — v.tr/prnl. MILITAR
5 Hacer huir al enemigo: *se dispersaron con rapidez.* — MILITAR

dispersión (Del lat. *dispersio, -onis.*)
1 Acción y resultado de dispersar o dispersarse. — s.f.
2 Separación de los diversos colores espectrales de un rayo de luz por medio de un prisma, lente u otro medio adecuado. — ÓPTICA
3 Fluido que contiene uniformemente repartido en su masa un cuerpo en suspensión o en estado coloidal. — QUÍMICA
4 Separación de una onda acústica compleja en sus diferentes componentes. — FÍSICA
5 **dispersión del tiro:** Fenómeno consistente en la diferencia de impacto de los tiros realizados con la misma arma y en las mismas condiciones.
6 **dispersión hidráulica:** Mezcla de las soluciones que se encuentran en el suelo. — GEOLOGÍA
7 **dispersión magnética:** Fuga magnética. — FÍSICA

dispersivo, a Que tiene la propiedad de dispersar. — adj.

disperso, a (Del lat. *dispersus* < *dispergere*, esparcir, dispersar.)
1 Que está separado o dividido: *el planteamiento disperso de la exposición ha desmejorado su investigación.* — adj./= desperdigado ≠ ordenado
2 Se refiere a la persona que no está demasiado concentrada porque reparte su atención, actividad o esfuerzo entre muchas cosas. — adj/s.
3 Se aplica al militar que está incomunicado del cuerpo a que pertenece. — MILITAR

dispersor, a Que dispersa. — adj/s.

displacer Desplacer, causar disgusto. — v.tr./conj: carecer

displasia Desarrollo anormal de un tejido u órgano, por una perturbación durante la embriogénesis. — s.f. MEDICINA

displástico, a Relativo o perteneciente a la displasia: *desarrollo displástico.* — adj./tb: displásico MEDICINA

display (Voz inglesa.)
1 Sistema de representación visual de salida de información en un sistema electrónico. — s.m./sólo en sing. INFORMÁTICA
2 Soporte publicitario para vitrinas y escaparates, generalmente hecho de cartón. — PUBLICIDAD

displicencia (Del lat. *displicentia.*)
1 Falta de ánimo o interés en la realización de una cosa o acción, por dudar de su bondad o desconfiar de su éxito. — s.f. = desaliento

2 Actitud del individuo desagradable e indiferente en el trato: *los atendió con corrección, pero con displicencia.*

displicente (Del lat. *displicens, -tis < displicere*, desagradar.)
1 Que manifiesta desinterés, que es brusco en el trato, huraño: *estuvo displicente con nosotros.* — adj/s./= desabrido ≠ complaciente
2 Que desplace, desagrada y disgusta. — adj.

dispondeo (Derivado del lat. *spondeus*, espondeo < gr. *spondeios*.) Pie de la poesía griega y latina formado por cuatro sílabas largas. — s.m. POESÍA

disponedor, a Que dispone, ordena y coloca las cosas: *es muy eficiente y una buena disponedora.* — adj/s.

disponente Se aplica a la persona que hace una donación por testamento o entre vivos. — adj/s.m.f.

disponer (Del lat. *disponere*, poner por separado.)
1 Colocar o distribuir de manera ordenada y conveniente: *dispuso su ropa con mucho cuidado dentro de la maleta.* — v.tr. conj: poner
2 Determinar u ordenar las cosas que deben hacerse: *la junta dispuso una nueva normativa.* — v.tr.
3 Preparar una cosa para un fin: *dispuso todo lo necesario para la fiesta.* — v.tr/prnl.
4 Tener o poseer una persona una cosa: *dispone de dinero suficiente para montar el negocio.* — v.intr. + de
5 Contar una persona con la ayuda o los servicios de otra o de la que le pertenece: *dispone de sus amigos para sus propios intereses.*
6 Prepararse para realizar o ejecutar alguna cosa: *se disponen a salir.* — v.prnl. + a

disponibilidad
1 Situación o cualidad de disponible o de lo que puede ser utilizado: *comprueba la disponibilidad de la suite antes de ofrecerla a los clientes.* — s.f.
2 Situación laboral de quien no está en servicio activo, pero puede ser llamado para prestarlo, especialmente en el caso de los funcionarios.
3 Cantidad de dinero o bienes de que se puede disponer: *mis disponibilidades no me permiten muchos gastos.* — s.f.pl.

disponible
1 Que está en disposición de poder ser utilizado: *hay mucha información disponible sobre este tema.* — adj. = libre
2 Que está libre de compromiso.
3 Se refiere a la situación de un funcionario que espera ser destinado a un servicio: *quiere una lista de los militares disponibles.*
4 Conjunto de mercancías o títulos que pueden ser liquidados inmediatamente. — s.m./COMERCIO, ECONOMÍA

disposición (Del lat. *dispositio, -onis*.)
1 Acción y resultado de colocar o de preparar una cosa de manera ordenada y conveniente para un fin determinado: *la disposición de las fichas es incorrecta.* — s.f.
2 Aptitud o capacidad que se tiene para una cosa determinada: *tiene buena disposición para las matemáticas.* — + para
3 Habilidad y soltura que tiene una persona en una actividad: *es persona de mucha disposición para atender a cualquiera.* — + de
4 Precepto legal o reglamentario, orden o mandato dado por alguna autoridad competente: *acataron las disposiciones de la abadesa.*
5 Posibilidad de usar o de disponer una cosa.
6 Estado de salud o de ánimo de una persona que le predispone a obrar de una manera u otra: *fue muy admirada por su gentil disposición.*
7 Actitud ágil y graciosa que se acompaña de buena presencia.
8 Distribución de las partes de un edificio o vivienda. — ARQUITECTURA
9 Ordenación o distribución adecuada de las partes de una composición literaria. — RETÓRICA
10 última disposición: Testamento, última voluntad.
11 a la disposición de alguien: Se usa para expresar que una persona o cosa puede ser utilizada por una persona: *el laboratorio de idiomas está a la disposición de todos los alumnos del centro.* — loc.adj.
12 estar o hallarse en disposición de: Estar dispuesto o preparado para un fin determinado: *hoy estoy en disposición de comerme el mundo.*
13 estar o ponerse a disposición de alguien: Poner una cosa en condiciones que pueda ser utilizada por una persona.
14 hacer disposición de una cosa: Disponer de una cosa para algún fin.
15 tener libre disposición de una cosa: Poder hacer uso de una cosa sin ningún tipo de trabas.
16 tomar una disposición: Disponer una cosa para evitar algo.
17 tomar disposiciones: Tomar medidas para evitar algo: *las autoridades han tomado sus disposiciones para evitar enfrentamientos entre los hinchas de los equipos rivales.*

dispositivo, a (Del lat.)
1 Que dispone. — adj.

2 Mecanismo, aparato o máquina que está preparado para producir una acción prevista. — s.m.

disprosio Metal perteneciente al grupo de las tierras raras o elementos lantánidos. — s.m, QUÍMICA

dispuesto, a (Part. irreg. de *disponer*.)
1 Que está preparado: *llegó dispuesta a conseguir sus propósitos, costase lo que costase.* — adj. = listo
2 Que es inteligente y apto: *es un chico muy dispuesto, sobre todo para las ciencias.*
3 bien o mal dispuesto: 1. Que tiene una actitud favorable o desfavorable. 2. Con buena o mala salud.

disputa
1 Discusión violenta, competición o enfrentamiento de dos rivales. — s.f.
2 sin disputa: Sin duda alguna. — loc.adv.

disputable Que puede ser disputado: *honor disputable; argumentos disputables.* — adj. = debatible

disputador, a (Del lat. *disputator*.) Que disputa o gusta de disputar. — adj/s.

disputar (Del lat. *disputare*, examinar, discutir.)
1 Oponerse una persona a otra para conseguir o defender una cosa que ambas pretenden: *se disputan el ascenso en la empresa.* — v.tr/prnl. = competir, rivalizar
2 Discutir dos o más personas sobre un asunto con vehemencia y enfado: *siempre que se encuentran, disputan durante varias horas.* — v.tr/intr. + con, sobre = altercar
3 Hablar dos o más personas sosteniendo opiniones distintas sobre un asunto. — v.tr. = debatir
4 Discutir los estudiantes sobre un asunto para ejercitarse: *estos dos alumnos disputaban fuera de las aulas.* — v.tr/intr.

disqueratosis Trastorno patológico de la formación de la queratina debido al efecto de las células de la epidermis. — s.f. pl: disqueratosis MEDICINA

disquete (Del ingl. *diskette*.) Disco magnético de pequeña capacidad que sirve para el registro y reproducción de datos. — s.m. INFORMÁTICA th: diskette

disquetera Parte del ordenador donde se introducen los disquetes para su grabación o lectura: *se ha averiado la disquetera del ordenador.* — s.f. INFORMÁTICA

disquinesia Alteración del movimiento de los músculos voluntarios. — s.f. MEDICINA

disquisición (Del lat. *disquisitio < disquirere*, indagar.)
1 Análisis riguroso y preciso de una cuestión y de cada uno de los elementos o partes que la integran. — s.f.
2 Reflexiones o comentarios que se hacen al margen de lo que se está hablando. — s.f.pl. = divagación
3 disquisiciones filosóficas: Reflexiones pretendidamente profundas o trascendentales.
4 entrar en disquisiciones: Desviar el tema de la conversación hacia cuestiones que pretenden ser más trascendentales.

disrupción Interrupción o apertura brusca de un circuito eléctrico. — s.f. ELECTRICIDAD

disruptivo, a (Del ingl. *disruptive < lat. disrumpere*, romper.) Se refiere a la descarga o tensión que produce la ruptura brusca de un circuito eléctrico. — adj. ELECTRICIDAD

distal Se aplica a la parte de un miembro u órgano que está separada de la línea media del organismo en cuestión. — adj. ANATOMÍA

distancia (Del lat. *distantia*.)
1 Espacio o tiempo que media entre dos cosas o sucesos: *la distancia de Madrid a Bilbao es de 395 km.* — s.f.
2 Falta de similitud o semejanza entre una cosa y otra: *se observa una gran distancia entre los trabajos de unos y otros.* — = diferencia
3 Pérdida paulatina de las relaciones de amistad o del afecto entre personas: *he observado una cierta distancia entre ellos.* — = alejamiento, distanciamiento
4 Longitud del segmento de recta comprendido entre dos puntos del espacio. — GEOMETRÍA
5 Longitud de una carrera. — DEPORTES
6 Trecho entre la meta y el poste, en un concurso hípico. — EQUITACIÓN
7 distancia focal: La existente entre el foco principal y el centro de una lente. — ÓPTICA
8 a considerable o respetable distancia: Desde bastante lejos: *le gusta ir a los toros, pero a una distancia respetable.* — loc.adv.
9 a distancia: Desde lejos o apartadamente: *a distancia se ven las cosas de otra manera.* — loc.adv.
10 acortar las distancias: Disminuir la diferencia que hay entre dos cosas, dos opiniones: *acortaron distancias respecto a sus puntos de vista.*
11 guardar o mantener las distancias: No llegar a un trato demasiado íntimo o familiar con una persona: *con esa persona conviene guardar las distancias.* — s.f.

distanciado, a
1 Se refiere a la persona que ha perdido parte de la amistad o relación que mantenía con otra: *está distanciado de sus antiguos amigos.* — adj. = alejado

2 Se refiere a la persona que está alejada de otra respecto de ideas, creencias u opiniones.

3 Que está alejado o a cierta distancia: *la ceremonia tuvo lugar en una distanciada ermita románica.* = lejano

distanciamiento
1 Enfriamiento de una relación amistosa: *desde que se fue al extranjero hay un distanciamiento entre ellos.* s.m.
2 Alejamiento de una persona respecto de ideas, creencias u opiniones que antes sostenía: *su militancia política ha creado entre ellos un cierto distanciamiento.*
3 Separación de cosas que estaban juntas o próximas. = alejamiento
4 Técnica teatral usada por el actor en el proceso de TEATRO preparación de su papel, opuesta a la identificación = distanciación con el personaje, para adoptar una actitud crítica y objetiva frente a su personaje.

distanciar
1 Perder la amistad, enfriarse una relación amistosa v.tr/prnl./+ de entre dos o más personas. = desunir
2 Separar a dos personas moralmente, alejarse de las + de ideas, creencias u opiniones que antes sostenía: *se distanció de su marido en poco tiempo.*
3 Separar, alejar o apartar lo que estaba junto: *se dis-* + de *tanció del lugar unos tres kilómetros.*

distante
1 Que está apartado, lejano o alejado: *la catedral está* adj. *muy distante de aquí.* ≠ próximo
2 Se refiere a la persona que mantiene cierta distan- = circunspecto, cia en el trato con otras o se muestra poco abierto: *es* reservado *una persona distante que difícilmente se desinhibe.*

distar (Del lat. *distare,* estar apartado.)
1 Estar una cosa separada de otra en el espacio o el v.intr. tiempo: *la fábrica dista dos kilómetros del pueblo.* + de
2 Ser muy diferente, distinguirse de otras personas o cosas.

distena Silicato natural de aluminio, transparente o s.f./MINERALOGÍA traslúcido, que a veces toma una coloración azul. = cianita

distender
1 Poner floja una cosa que está tensa o tirante. v.tr./conj: tender
2 Reducir o disminuir la tensión entre personas o países.
3 Producir una distensión en un tendón o un liga- v.tr/prnl. mento de una articulación, a causa de un esfuerzo MEDICINA violento.

distensión
1 Acción y resultado de aflojar o aflojarse una ten- s.f. sión: *logró la momentánea distensión de la situación di- plomática.*
2 Lesión en un tendón o ligamento de una articula- MEDICINA ción, producida por un esfuerzo violento.

distermia Temperatura del organismo algo más alta s.f. que lo normal y de larga duración. MEDICINA

dístico, a
I (Del lat. *distichus* < gr. *dyo,* dos + *sitkhos,* ordenado.) adj. Se refiere a los órganos vegetales que están en direc- BOTÁNICA ciones opuestas: *hoja dística; flor dística.*
II (Del gr. *distikhos* < *dyo,* dos + *sitkhos,* línea de ver- s.m. so.) Estrofa de dos versos, usada fundamentalmente POESÍA en la poesía griega y latina, que encerraba una idea o un concepto completo.

dístilo, a Se refiere a la edificación o pórtico de dos adj/s.m. columnas. ARQUITECTURA

distimia (Del gr. *dysthymia.*) Denominación genérica s.f. de las alteraciones del estado de ánimo, en particu- SIQUIATRÍA lar, de las fases de depresión.

distinción (Del lat. *distinctio, -onis.*)
1 Acción de conocer la diferencia que separa cada s.f. cosa de las demás: *no hace distinción entre la ficción y la realidad.*
2 Diferencia que hace a cada cosa distinta de las de- más y permite su diversidad.
3 Trato especial u honor que se concede o se rinde a una persona y por el que se diferencia de los demás.
4 Cualidad de lo claramente perceptible, intelectual o materialmente, por su orden, precisión y claridad.
5 Diferencia por la que sobresale una persona de las demás, en especial en elegancia y educación.
6 a distinción de: Expresión con que se indica la di- loc.conj. ferencia entre dos elementos que se pueden confun- dir: *Cartagena de Indias a distinción de Cartagena, Mur- cia.*
7 hacer distinción: Presentar varias cosas como dis- tintas o destacar distintos aspectos de una cosa: *si no haces distinción entre mi colaboración y la suya, me retiro del proyecto.*

distingo
1 Distinción lógica en una proposición de dos senti- s.m./FILOSOFÍA, dos, uno de los cuales se afirma y el otro se niega. LÓGICA
2 Observación meticulosa y sutil: *en este trabajo no* = reparo *podemos hacer distingos.*
3 Distinción injusta que se hace entre iguales: *no tiene que haber distingo en el amor de los hijos.*

distinguible Que se puede distinguir: *desde aquí, en* adj. *días claros, la costa es distinguible.* = perceptible

distinguido, a Se refiere a la persona que se distin- adj. gue y sobresale por sus cualidades: *con los años se ha* = aventajado, *convertido en un médico distinguido.* ilustre

distinguir (Del lat. *distinguere.*)
1 Percibir una persona la diferencia que separa una v.tr. cosa de otra: *distingue las obras de arte de las imitacio-* + de, entre *nes.*
2 Establecer diferencias entre dos o más cosas. v.tr/prnl.
3 Ver con claridad una cosa a pesar de alguna dificul- v.tr. tad que haya para ello: *distingue la casa a pesar de la niebla.*
4 Mostrar una persona preferencia o especial estima- = preferir ción por otra: *distingue de forma especial a uno de sus alumnos.*
5 Conceder una dignidad u honor a una persona.
6 Hacer que una cosa se diferencie de otra mediante v.tr/prnl. una particularidad, peculiaridad o cualidad distintiva: = caracterizar *la buena música se distingue por su calidad.*
7 Hacerse notar una persona por una cualidad o pe- v.prnl./+ por culiaridad: *se distingue por su generosidad.* = sobresalir
8 no distinguir: No tener una persona criterio para diferenciar cosas opuestas.
9 no distinguir lo blanco de lo negro: Ser poco sa- gaz o avispado, o no tener criterio.
10 saber distinguir: Tener criterio para dilucidar lo válido o positivo de lo que no lo es.
CONJ.: IND.: PRES.: *distingo,* distingues, distingue, dis- tinguimos, distinguís, distinguen. SUBJ.: PRES.: *distinga, distingas, distinga, distingamos, distingáis, distingan.* IMP.: distingue, *distinga, distingamos,* distinguid, *distin- gan.*

distintivo, a
1 Que tiene la propiedad de distinguir o caracterizar: adj/s. *rasgo distintivo.*
2 Objeto o marca que diferencia al que lo lleva: *lleva-* s.m. *ba un distintivo de la Cruz Roja.* = insignia

distinto, a (Del lat. *distinctus.*)
1 Que es diferente o diverso, que no se parece a otra adj. cosa: *mi situación es distinta de la tuya; hacer cosas dis-* + de *tintas a las prometidas.* ≠ semejante
2 Que se percibe con claridad, sin confusión: *quieren* = claro, nítido *una voz distinta para el anuncio.* ≠ confuso
3 Diversos, que son más de uno: *usaba distintos libros* adj.pl. *para consultar.* =varios

distocia (Del gr. *dystokya* < *dys,* mal + *tokos,* parto.) s.f. Parto laborioso o complicado. MEDICINA

distócico, a Que tiene relación con la distocia: *difi-* adj. *cultad distócica.* MEDICINA

distomiasis Enfermedad parasitaria provocada por s.f./pl: distomiasis una duela o gusano parásito. MEDICINA

dístomo, a (Del gr. *dis,* dos + *stoma,* boca.) Que tiene adj. dos bocas. ZOOLOGÍA

distonía Alteración motora caracterizada por la apari- s.f. ción de contracciones parásitas. MEDICINA

distorsión (Derivado del lat. *distorsus* < *distorquere,* dar vueltas.)
1 Alteración de un hecho falseando la realidad: *califi-* s.f. *có de distorsión de la historia a las crónicas medievales.*
2 Torcedura o distensión violenta de una articulación MEDICINA sin dislocación del hueso, con posible rotura de algún = torcedura, ligamento o de fibras musculares. esguince
3 Deformación de una onda óptica o acústica duran- FÍSICA te su propagación.

distorsionar
1 Alterar la forma de una cosa, deformar la realidad: v.tr/prnl. *distorsionó lo sucedido para que no se descubriese que ha- bía estado presente.*
2 Causar una torsión, una torcedura o un esguince en MEDICINA una parte del cuerpo.

distracción (Del lat. *distractio, -onis.*)
1 Entretenimiento, actividad que sirve de diversión, s.f. descanso o que produce alegría. = distraimiento
2 Estado de relajación de la atención y la actividad intelectual, falta de atención o aplicación.

distraer (Del lat. *distrahere.*)
1 Apartar la atención de una persona de lo que está v.tr/prnl. haciendo: *el ruido lo distrajo; se distrae con pasatiempos* conj: traer *ridículos; se distrae por el cansancio; con facilidad se dis-* + con, por, de *traen de la conversación.*
2 Retener la atención de una persona gratamente: *se* = divertir *distrajo muchísimo con la música.* entretener
3 Malversar o robar una persona parte de un dinero v.tr/coloquial del que es responsable. = sustraer

distraído, a
1 Que se divierte o entretiene: *es un juego muy distraído.* adj/s.
2 Que se comporta con distracción, sin poner aten- ción en lo que hace o dice.

distribución (Del lat. *distributio, -onis.*)
1 Acción y resultado de distribuir o distribuirse. **s.f.**
2 Disposición de las diferentes partes y habitaciones de un edificio: *esta casa tiene una buena distribución.*
3 Reparto de actores en el teatro y el cine. **CINE, TEATRO**
4 Difusión comercial de las películas de cine. **CINE**
5 Repartición del valor del producto entre los factores de la producción. **ECONOMÍA**
6 Figura retórica, parecida a una enumeración, en que se afirma o niega algo de cada cosa enumerada. **RETÓRICA**
7 Repartición que se hacía de una cantidad entre los asistentes a ciertos actos, en especial en las iglesias. **= porción, ración**

distribuidor, a
1 Que distribuye o reparte. **adj./s.**
2 Se refiere a la empresa o persona que media entre la producción y venta al público de un producto. **COMERCIO**
3 Mecanismo que, en las máquinas de componer, devuelve a los respectivos almacenes las matrices con las que ya se ha fundido la composición. **s.m. ARTES GRÁFICAS**
4 Rodillo que establece igualmente la tinta sobre la máquina de imprimir. **ARTES GRÁFICAS**
5 Caja de derivación que permite conectar los circuitos derivados con cada uno de los circuitos principales, sin necesidad de desmontar los conectadores. **ELECTRICIDAD**
6 Mecanismo usado en el sistema de encendido de los motores de explosión, para aplicar la tensión a los distintos cilindros. **MECÁNICA**
7 **distribuidor automático:** Aparato que, mediante la introducción de monedas, suministra golosinas, tabaco, café, refrescos o gasolina.

distribuidora
1 Empresa que se dedica a la difusión y distribución de productos comerciales, en especial de las películas de cine: *tuvieron problemas con la distribuidora y la película no llegó a tiempo.* **s.f. COMERCIO, CINE**
2 Máquina agrícola para esparcir abono. **AGRICULTURA**

distribuir (Del lat. *distribuere.*)
1 Repartir o dividir una cosa entre varias personas según lo que a cada una corresponde: *hay que distribuir bien el trabajo.* **v.tr. conj: huir**
2 Colocar cada cosa en el lugar que le corresponde habitualmente. **v.tr/prnl. = disponer**
3 Deshacer los moldes y repartir las letras en los cajetines correspondientes. **ARTES GRÁFICAS**
4 Comercializar o difundir un producto o mercancía: *la empresa distribuye carne a toda la provincia.* **COMERCIO**

distributividad Carácter o naturaleza de una ley de composición interna distributiva respecto de otra. **s.f. MATEMÁTICAS**

distributivo, a
1 De la distribución. **adj.**
2 Se aplica al elemento gramatical, especialmente conjunción, que relaciona oraciones repitiéndose correlativamente al principio de cada una de ellas. **GRAMÁTICA**
3 Se refiere a la oración formada por varias proposiciones coordinadas enlazadas por medio de conjunciones distributivas o bien oraciones yuxtapuestas en las que se contraponen acciones de diferentes sujetos. **GRAMÁTICA**
4 Se aplica a la operación matemática que, efectuada sobre el resultado de una segunda operación con dos elementos, da el mismo resultado que otra que consiste en hacer dos operaciones parciales. **MATEMÁTICAS**

distrito (Del lat. *districtus < distringere,* separar.) División territorial administrativa o jurídica: *en este distrito abundan las zonas verdes, pero hay carencia de zonas verdes.* **s.m.**

distrofia (Del gr. *dys,* mal + *trophe,* alimentación.)
1 Desarrollo defectuoso de algún órgano corporal producido por un trastorno de la nutrición y el crecimiento. **s.f. MEDICINA**
2 Anomalía en el desarrollo de una célula. **BIOLOGÍA**

distrófico, a
1 Que tiene relación con la distrofia: *desarrollo distrófico; afección distrófica.* **adj./BIOLOGÍA, MEDICINA**
2 Que padece distrofia. **adj./s./MEDICINA**
3 Se aplica al suelo o humus que posee una débil fertilidad y actividad biológica retrasada. **adj./GEOLOGÍA ≠ eutrófico**

disturbar (Del lat. *disturbare.*) Alterar el orden o la tranquilidad de un lugar: *las motos disturbaban la calma de la montaña.* **v.tr. = perturbar**

disturbio Perturbación de la paz o del orden público: *no hubo disturbios después del partido.* **s.m. = altercado**

disuadir (Del lat. *dissuadere.*) Hacer que una persona cambie de opinión o desista de un propósito: *no pude disuadirle de que protestara.* **v.tr. + de**

disuasión (Del lat. *dissuasio, -onis.*) Acción y resultado de convencer a una persona de que desista en la realización de un propósito. **s.f.**

disuasivo, a Que disuade: *el ayuntamiento ha aprobado un conjunto de medidas disuasivas para evitar la degradación de las zonas ajardinadas.* **adj. = disuasorio**

disuasorio, a Que disuade: *argumentos disuasorios.* **adj./= disuasivo**

disuria (Del lat. *dysuria < gr. dys,* mal + *ouron,* orina.) Expulsión dolorosa e incompleta de la orina. **s.f. MEDICINA**

disúrico, a Que tiene relación con la disuria: *sufre una afección disúrica causada por una inflamación de la vejiga.* **adj. MEDICINA**

disyunción (Del lat. *disiunctio, -onis.*)
1 Acción y resultado de separar o desunir. **s.f./= separación**
2 Dilema, necesidad u obligación de decidir entre dos o más opciones: *tengo la siguiente disyunción: o cambio de piso o me compro un coche.*
3 Relación entre dos o más elementos por la que cada uno de ellos excluye a los demás. **LÓGICA**

disyuntiva Alternativa entre dos o más opciones por una de las cuales hay que decidirse. **s.f. = dilema**

disyuntivamente
1 Con disyuntiva. **adv.**
2 Con separación, cada cosa de por sí.

disyuntivo, a (Del lat. *disiunctiuus.*)
1 Que desune o separa. **adj.**
2 Se refiere a la conjunción que expresa incompatibilidad o alternativa entre las oraciones que relaciona. **GRAMÁTICA**
3 Se aplica a la oración que está formada por varias proposiciones coordinadas, una de las cuales excluye a las demás. **GRAMÁTICA**

disyunto Término de una disyunción o disyuntiva. **s.m.**

disyuntor Aparato que abre y cierra automáticamente el paso de la corriente eléctrica. **s.m. ELECTRICIDAD**

dita (Probablemente del cat. *dita,* lo que se ofrece o promete.)
1 Deuda, lo que uno debe a otro, normalmente cuando se trata de dinero. **s.f./Amér. Central, Chile**
2 Persona o cosa que se señala como garantía de pago. **ECONOMÍA**

ditá Árbol de Filipinas, de flores blancas, de cuya corteza se extrae la ditaína. *(Alstonia scholaris.)* **s.f. BOTÁNICA**

ditaína Alcaloide obtenido de la corteza del ditá, que se utiliza en farmacia para combatir la fiebre. **s.f./ FARMACIA, QUÍMICA**

diteísmo Doctrina religiosa que afirma la existencia de dos dioses. **s.m. RELIGIÓN**

diteísta
1 Del diteísmo: *creencias diteístas.* **adj./RELIGIÓN**
2 Que profesa esta doctrina. **adj./s./RELIGIÓN**

ditirámbico, a Del ditirambo: *composición ditirámbica; elogio ditirámbico.* **adj. POESÍA**

ditirambo (Del lat. *dithyrambus < gr. dithyrambos,* composición poética en honor a Baco.)
1 Composición poética en honor del dios Dioniso o Baco, en la antigua Grecia. **s.m. POESÍA**
2 Composición poética lírica que expresa entusiasmo y elogio hacia una persona o cosa. **POESÍA**
3 Alabanza o elogio exagerado.

dítono (Del gr. *ditonos.*) Intervalo que consta de dos tonos, en el sistema musical de los griegos. **s.m. MÚSICA**

ditroqueo Pie de la poesía griega y latina formado por cuatro sílabas, de las cuales la primera y la tercera son largas, y la segunda y la cuarta, breves. **s.m. POESÍA**

diu (Acrónimo de *[D]ispositivo [I]ntra[U]terino.*) Método anticonceptivo consistente en un aparato que se coloca en el cuello de la matriz. **s.m. MEDICINA**

diuca Ave cuyo macho es de color gris plomizo, con el vientre y la garganta blancos y el abdomen castañorrojizo, y la hembra es de plumaje pardo. *(Diuca diuca.)* **s.f. ZOOLOGÍA**

diuresis Aumento de la secreción de la orina por el riñón. **s.f./pl: diuresis MEDICINA**

diurético, a (Del gr. *dia,* a través, sin obstáculo + *uron,* orina.) Se aplica a la sustancia que aumenta la diuresis o secreción y expulsión de orina. **adj./s.m. FARMACIA**

diurno, a (Del lat. *diurnus.*)
1 Del día, en contraposición a lo relativo a la noche: *sus ojos no soportan la claridad diurna.* **adj. ≠ nocturno**
2 Se refiere al animal que sólo caza de día. **ZOOLOGÍA**
3 Se refiere a la planta que sólo abre sus flores de día. **BOTÁNICA**
4 Que dura un día astronómico o sidéreo. **ASTRONOMÍA**
5 Libro del rezo que contiene las horas menores, desde laudes hasta completas. **s.m./RELIGIÓN = diurnal**

diuturnidad Espacio dilatado de tiempo. **s.f.**

diuturno, a (Del lat. *diuturnus.*) Que dura o subsiste mucho tiempo. **adj. culto**

diva
1 Diosa, deidad femenina. **s.f./culto**
2 Cantante de ópera o artista que es famosa: *fue la diva más controvertida de la escena mundial.* **MÚSICA**
3 Mujer engreída, creída de sí misma. **despectivo**

divagación
1 Acción y resultado de divagar o de apartarse de lo que se está hablando: *no empieces con divagaciones, vete al grano, por favor.* **s.f. = elucubración**

2 Desplazamiento total o parcial del cauce de un río debido a su propia acción. `GEOLOGÍA, GEOGRAFÍA`

divagador, a Que divaga. `adj/s./= divagante`

divagar (Del lat. *divagari*.)
1 Separarse una persona, al hablar, del asunto de que se está tratando: *cuando empieza a divagar no hay quien lo aguante, siempre pierde el hilo de lo que decía.* `v.intr./conj: pagar` `= andarse por las ramas`
2 Hablar o escribir una persona sin precisar o concretar el asunto o las ideas que expone.
3 Ir una persona de un lugar a otro sin destino fijo. `= vagar`

divalente Que puede fijar dos átomos de hidrógeno o de cloro. `adj. QUÍMICA`

diván (Del turco *diwan*, libro, registro público, y por extensión, sala de consejos.)
1 Asiento sin respaldo, generalmente con brazos y con almohadones sueltos: *ha tapizado el diván con una tela de flores.* `s.m.`
2 Consejo supremo de estado y de justicia turco. `HISTORIA`
3 Lugar donde se reunía dicho consejo. `HISTORIA`
4 Colección de poesías de un autor islámico, recopiladas en vida del autor o después de su muerte. `POESÍA`

divergencia
1 Movimiento por el que dos cosas se van apartando o separando progresivamente. `s.f.` `≠ convergencia`
2 Discrepancia, diversidad de opiniones: *sus divergencias crearon tensión en el gabinete.* `= desacuerdo`

divergente Que diverge, separa o diferencia: *puntos de vista divergentes.* `adj.` `≠ convergente`

divergir
1 Separarse o apartarse una o varias cosas de otras: *las carreteras divergen a partir de este punto.* `v.intr.` `conj: surgir`
2 Ser los gustos o las opiniones de una persona diferentes de los de otra: *diverge de las ideas de su socio.* `+ de` `= discrepar`

diversidad (Del lat. *diversitas, -atis.*)
1 Diferencia o distinción entre personas, animales o cosas: *en la diversidad se encuentra el gusto.* `s.f.` `= variedad`
2 Abundancia, circunstancia en que concurren varias cosas distintas: *tiene una gran diversidad de flores en su jardín.* `= multiplicidad`
3 Número de especies y variedades genéticas de seres vivos que existen en la tierra. `BIOLOGÍA` `= biodiversidad`

diversificación Acción y resultado de diversificar o diferenciar: *la diversificación en la evolución de las especies.* `s.f.`

diversificar (Del lat. *diversificare.*) Hacer una cosa diversa o diferente de otra, diferenciar o variar lo que era uniforme o igual. `v.tr/prnl. conj: sacar`

diversiforme Que tiene varias formas. `adj.`

diversión
1 Circunstancia o situación que produce alegría o entretenimiento. `s.f.` `= divertimento`
2 Cualquier pasatiempo, juego o fiesta que haga reír a la gente o sirva de expansión. `= recreo`
3 Movimiento estratégico, maniobra para desviar la atención del enemigo. `MILITAR`

diverso, a (Del lat. *diversus.*)
1 Que es diferente, que no se parecen: *son gemelos, pero tienen gustos muy diversos.* `adj./= distinto` `≠ semejante`
2 Varios, que son más de uno: *ha conocido a diversas personas en diferentes ocasiones.* `adj./pl: múltiples` `≠ único`
3 Que no es el mismo: *la suya es una opción diversa de la de sus amigos.* `adj./+ de` `= distinto, otro`

divertículo (Del lat. *diverticulum*, camino aislado.) Bolsa que aparece en la pared de alguna cavidad o conducto del cuerpo por causas patológicas. `s.m. ANATOMÍA`

diverticulosis Presencia de numerosos divertículos en alguna cavidad del cuerpo: *la diverticulosis es muy frecuente en el sistema digestivo.* `s.f. pl: diverticulosis MEDICINA`

divertido, a
1 Que divierte: *era un espectáculo divertido; es una persona muy divertida.* `adj.` `= gracioso`
2 Que infunde o está lleno de alegría, que se comporta con gracia y animación: *aquella noche estuvo de buen humor y divertido.* `= alegre, festivo`
3 Que está ligeramente bebido, embriagado. `Amér. Merid.`

divertimento (Voz italiana.) Pasaje breve de música instrumental, a veces de carácter informal, dentro de una composición más larga o simplemente de forma libre. `s.m. MÚSICA`

divertimiento
1 Acción y resultado de divertir o divertirse. `s.m./= diversión`
2 Distracción momentánea de la atención.
3 Composición musical para un reducido número de instrumentos. `MÚSICA`

divertir (Del lat. *divertere*, apartarse.)
1 Entretener, hacer pasar agradablemente el tiempo a una persona: *se divierte con cualquier juguete; los divertimos contándoles chistes.* `v.tr/prnl. conj: sentir` `= distraer`
2 Hacer que una persona deje de prestar atención a una cosa: *se divirtió de los trabajos del despacho.* `+ de`

3 Llamar la atención del enemigo en varias partes con el fin de distraer y dividir sus fuerzas. `v.tr. MILITAR`

dividendo
1 En una división, cantidad que se divide por otra, llamada divisor. `s.m. MATEMÁTICAS`
2 Conjunto de beneficios que se reparten entre los accionistas al cerrar el ejercicio: *este año han tenido pingües dividendos.* `ECONOMÍA`
3 **dividendo activo:** Parte del interés que corresponde a cada acción, cuando una compañía mercantil distribuye las ganancias. `ECONOMÍA`
4 **dividendo pasivo:** Cuota que debe pagar el accionista con cargo al importe de una acción que no ha sido totalmente desembolsada. `ECONOMÍA`

divididero, a Que debe ser dividido. `adj.`

dividir (Del lat. *dividere*, partir, separar.)
1 Separar en dos o más partes: *se dividieron en grupos de tres para rastrear mejor la zona; dividió entre todas las culpas; dividió las ganancias por la mitad para repartirlas con su socio.* `v.tr/prnl. part. tb: diviso` `+ en, entre, por` `= disgregar, partir`
2 Repartir una cosa entre varias personas: *¿podrías dividir la tarta?* `v.tr.` `= distribuir`
3 Introducir la discordia entre dos o más personas: *esa chismosa los ha dividido.* `= apartar, desunir`
4 Ser requerida simultáneamente una persona por varios quehaceres: *no puedo dividirme en dos mitades.* `v.prnl.`
5 Apartarse una persona de la amistad de otra.
6 Realizar la operación aritmética que representa la acción de averiguar cuántas veces una cantidad que se llama divisor está contenida en otra que se llama dividendo, hacer una división. `MATEMÁTICAS`
7 Servir una cosa de separación entre otras dos: *el río divide las dos provincias.*

dividuo, a Que se puede dividir. `adj./DERECHO`

divieso Tumor o inflamación que se forma en la dermis: *le apareció un duro divieso en el costado.* `s.m./MEDICINA` `= furúnculo`

divinal (Del lat. *divinalis.*) De Dios, de los dioses o de lo que se relaciona con ellos. `adj. culto`

divinidad (Del lat. *divinitas, -atis.*)
1 Naturaleza divina, esencia de los seres divinos: *la divinidad de sus obras.* `s.f.` `= deidad`
2 Dios pagano: *las divinidades grecolatinas; divinidad antropomórfica.* `= deidad`
3 Persona o cosa muy hermosa o de gran calidad: *le regaló una sortija que era una divinidad.*
4 **decir o hacer divinidades:** Decir o hacer cosas con habilidad e ingenio: *hace divinidades con su voz.*

divinización
1 Acción y resultado de divinizar: *la divinización de las fuerzas de la naturaleza.* `s.f.` `= deificación`
2 Alabanza o ensalzamiento exagerado a una persona.

divinizar
1 Atribuir características divinas a una persona o una cosa o rendirle honores y culto como si así fuera. `v.tr. conj: cazar`
2 Alabar exageradamente a una persona: *su admiración es tal que lo diviniza.*

divino, a (Del lat. *divinus.*)
1 Se refiere a dios o a los dioses: *se abandonaron a la voluntad divina.* `adj.` `= divinal`
2 Que es muy bueno, exquisito: *el asado está divino; su última novela es divina.* `= excelente`

divisa (Derivado del lat. *divisus*, dividido < *dividere*, partir, separar.)
1 Señal o marca exterior para diferenciar personas, grados u otras cosas. `s.f.`
2 Moneda, billete o efecto mercantil de cualquier país extranjero que dispone un país. `ECONOMÍA`
3 Lema que se expresa con palabras o con figuras: *su divisa es «divide y vencerás».*
4 Lazo de cintas de colores que se coloca en el lomo del toro para identificar la ganadería a la que pertenece. `TAUROMAQUIA`
5 Faja que tiene un tercio de la anchura normal, en los escudos de armas. `HERÁLDICA`
6 Leyenda o lema que se expresaba con palabras o con figuras. `HERÁLDICA`
7 Herencia transmitida a descendientes de grado no inmediato. `DERECHO tb: devisa`
8 Decoración esculpida o pintada, en la que aparece una inscripción acompañada o no de figuras. `ARTE`

divisar
1 Percibir a gran distancia y de forma confusa: *a lo lejos se divisaba la caravana.* `v.tr.` `= atisbar`
2 Poner blasones o timbres a las armas de familia para diferenciarlas de otras. `HERÁLDICA`

divisibilidad
1 Fraccionabilidad, cualidad de divisible: *la divisibilidad hasta el infinito de un número.* `≠ indivisibilidad`
2 Propiedad que tienen los cuerpos de dividirse en partes o fracciones. `FÍSICA`

divisible (Del lat. *divisibilis*.)
1 Que se puede dividir: *la materia es divisible.* — adj./≠ indivisible
2 Se aplica al número que puede ser dividido exacta- — MATEMÁTICAS
mente por otro: *cuatro es divisible por uno, por dos y por
sí mismo.*

división (Del lat. *divisto, -onis*.)
1 Acción y resultado de dividir o dividirse, separar, — s.f./= separación
partir o repartir: *la división del pastel no fue equitativa.* — ≠ unión
2 Señal, corte o separación que queda entre las cosas — = escisión
que se dividen o separan.
3 Cada parte resultante de dividir una cosa: *las divi-* — = fracción,
siones de la hijuela no son correctas. — porción
4 Desacuerdo, discordia o enemistad entre personas: — = desunión
la división entre vosotros os restará fuerza.
5 Categoría en la que está clasificado un equipo de- — DEPORTES
portivo o un deportista según méritos: *lo ha fichado
un equipo de primera división.*
7 Unidad militar integrada por dos o más regimien- — MILITAR
tos homogéneos y provista de servicios auxiliares.
8 Distribución ordenada de la materia del discurso. — RETÓRICA
9 Guión, signo ortográfico que sirve para dividir pa- — GRAMÁTICA
labras.
10 Modo de conocimiento lógico consistente en divi- — LÓGICA
dir la materia u objeto de conocimiento.
11 **división acorazada o blindada:** Unidad militar — MILITAR
dotada de carros de combate y vehículos blindados.
12 **división celular:** Modo de reproducción de las cé- — BIOLOGÍA
lulas por el cual la célula queda dividida en dos células hijas, casi siempre iguales.
13 **división motorizada:** Unidad militar cuyas tropas — MILITAR
son transportadas sobre camiones o vehículos especiales.

divisionario, a
1 Se aplica a la moneda que representa una fracción — adj.
de la unidad monetaria y tiene un valor convencional — ECONOMÍA
superior al efectivo.
2 Que tiene relación con una división militar. — MILITAR

divisionismo
1 Técnica pictórica derivada del impresionismo que — s.m.
consiste en la yuxtaposición de pequeños puntos de — ARTE
colores puros sobre el lienzo para obtener una mez- — = puntillismo
cla óptica.
2 Tendencia a la disgregación dentro de un partido o — POLÍTICA
de una asociación sindical.

divisionista
1 Del divisionismo: *técnica divisionista.* — adj.
2 Partidario del divisionismo político o artista que — s.m.f.
practica esta técnica pictórica.

divisivo, a Que sirve para dividir o separar. — adj.

divismo
1 Circunstancia de ser o de considerarse una persona — s.m.
un divo, un personaje famoso.
2 Afición extrema a la personalidad e imagen de algún personaje famoso.

divisor, a
1 Se aplica al número que otro contiene dos o más — adj/s.m.
veces exactamente: *el dos es el divisor de todos los nú-* — MATEMÁTICAS
meros pares y de los terminados en cero. — = submúltiplo
2 Número por el cual se divide otro, en la operación — s.m.
matemática de la división. — MATEMÁTICAS
3 **común divisor:** Número por el cual dos o más can- — MATEMÁTICAS
tidades son exactamente divisibles.
4 **divisor de frecuencias:** Dispositivo electrónico que — TELECOMUNICA-
proporciona una oscilación de salida cuya frecuencia — CIONES
es submúltiple de la de la oscilación de entrada.
5 **divisor de tensión:** Dispositivo usado en alta ten- — ELECTRICIDAD
sión que permite transportar la señal a un nivel sin
determinar.
6 **máximo común divisor:** El mayor de los divisores — MATEMÁTICAS
comunes de dos o más cantidades.

divisorio, a
1 Que divide o separa: *pared divisoria entre dos habita-* — adj.
ciones. — = divisivo
2 Se refiere a la línea que marca los límites entre dos — adj/s.f.
cuencas fluviales. — GEOGRAFÍA

divo, a (Del lat. *divus*, divino.)
1 Se refiere a Dios, a los dioses, a deidades gentíli- — adj.
cas o a emperadores romanos divinizados: *el divo Au-* — literario
gusto.
2 Se refiere a la persona engreída o creída de sí misma. — adj/s.
3 Artista que sobresale en su género, en especial el — s.
cantante de ópera.
4 Deidad pagana. — literario

divorciado, a
1 Se refiere a la persona cuyo matrimonio se ha di- — adj/s.
suelto legalmente: *es divorciada desde hace tres años.*
2 Se aplica a la persona que ha roto la relación que — adj.
tenía con una cosa: *está divorciado de la realidad.*

divorcialidad Fenómeno demográfico relacionado — s.f.
con los divorcios: *ha crecido la tasa anual de divorciali-* — ESTADÍSTICA
dad en Europa.

divorciar
1 Disolver o separarse legalmente un matrimonio: — v.tr/prnl.
mis amigos se divorciaron en enero.
2 Separar lo que estaba junto. — = desunir

divorcio (Del lat. *divortium*.)
1 Disolución legal de un matrimonio. — s.m.
2 Desacuerdo total entre varias personas. — = divergencia
3 Falta de coordinación o separación entre los ele- — s.m./Colomb.
mentos de una cosa.
4 Cárcel de mujeres.

divulgación Acción y resultado de divulgar o divul- — s.f.
garse.

divulgador, a Que divulga: *aún se desconoce la identi-* — adj/s.
dad del divulgador de la noticia.

divulgar (Del lat. *divulgare*.) Hacer que una cosa sea — v.tr.
conocida por un gran número de personas: *divulgó la* — conj: pagar
noticia sin permiso. — = difundir

divulsión
1 Dilatación forzada de un canal o conducto. — s.f./MEDICINA
2 Ruptura de tejidos del organismo. — MEDICINA

dixie Estilo de jazz interpretado por grupos pequeños — s.m./MÚSICA
que realizan improvisación colectiva a tres voces. — = dixieland

diyámbico, a Se refiere a la composición o verso — adj/s.
que se compone de diyambos. — POESÍA

diyambo Pie de la poesía griega y latina, formado — s.m.
por dos yambos. — POESÍA

dizque Chisme o murmuración en ausencia del perju- — s.m.
dicado.

dna (Acrónimo del ingl. *[D]esoxyribo [N]ucleic [A]cid*, — s.m.
ácido desoxirribonucleico.) Ácido que se encuentra — BIOQUÍMICA
en el núcleo de las células y que constituye la molécula portadora de las características hereditarias.

dni (Acrónimo de *[D]ocumento [N]acional de [I]denti-* — s.m.
dad.) Tarjeta oficial, numerada, con una fotografía y
los datos personales del titular, que acreditan su
identidad.

do
I (De origen incierto.)
1 Primera nota de la escala musical. — s.m./MÚSICA
2 **do de pecho:** Notas muy agudas en la voz del so- — MÚSICA
prano y del tenor.
3 **dar el do de pecho:** Lograr o conseguir aquello — coloquial
que supone un esfuerzo extraordinario: *todos los hijos
dieron el do de pecho ante la dramática situación de la familia.*
II (Del ant. *o*, donde < lat. *ubi*.) Donde, en un lugar. — adv./literario

doberman (Del alem. *Dobermann*.) Se refiere al perro — adj/s.m.
de tamaño mediano, musculado, de pelo corto y ge- — ZOOLOGÍA
neralmente negro o marrón, y que es muy buen
guardián.

dobla
1 Antigua moneda castellana de oro. — s.f./HISTORIA
2 Beneficio que el dueño de un mina concede a una — Chile
persona para que saque durante un día todo el mine- — MINERÍA
ral que pueda.
3 Provecho que saca una persona a una cosa a la que — Chile
no ha contribuido. — coloquial
4 **jugar a la dobla:** Jugar apostando cada vez el do- — coloquial
ble de la apuesta anterior. — JUEGOS

dobladamente
1 Al doble o en cantidad doble. — adv.
2 Con doblez o malicia.

dobladillar Hacer dobladillos en la ropa. — v.tr.

dobladillo
1 Pliegue cosido que remata los bordes de la ropa: *se* — s.m.
me ha descosido el dobladillo del pantalón.
2 Hilo fuerte usado para hacer medias o calcetines.

doblado, a
1 Se refiere a la persona que es baja y robusta. — adj.
2 Se aplica al terreno que es accidentado o desigual.
3 Que no es sincero o muestra lo contrario de lo que — = hipócrita
siente o piensa.
4 Medida de la marca del paño. — s.m./TEXTIL

doblador, a
1 Persona que realiza el doblaje de una película: *los* — s.
dobladores han hecho un gran trabajo en esa película. — CINE
2 Persona que realiza ejercicios o la labor de capea — TAUROMAQUIA
con los toros en espectáculos taurinos.

dobladura
1 Lugar por donde se ha doblado o plegado una cosa. — s.f.
2 Marca que queda por donde se ha plegado una cosa: — = doblez
planchar las dobladuras de la camisa.
3 Caballo de repuesto que llevaba a la guerra un — HISTORIA
hombre de armas.

doblaje Técnica que consiste en volver a grabar en — s.m.
un estudio los diálogos de una película sincronizán- — AUDIOVISUALES
dolos con los movimientos labiales de los actores, — CINE

creando la ilusión de que las palabras son pronunciadas por el intérprete en ese preciso momento.

doblamiento
1 Acción y resultado de multiplicar por dos el tamaño o la cantidad de una cosa. — s.m.
2 Acción de plegar un objeto en forma de lámina de manera que la mitad de su superficie quede unida a la otra mitad.
3 Acción de torcer un objeto de manera que sus partes formen un ángulo.
4 Inclinación de parte de una cosa.

doblar (Del bajo lat. *duplare*.)
1 Aumentar o hacer doble el tamaño, extensión, número o cantidad de una cosa: *doblaremos las ganancias*. — v.tr. / = duplicar
2 Aplicar una sobre otra dos partes de una cosa flexible de manera que la mitad o una parte de su superficie quede unida a la otra mitad. — = plegar
3 Poner o inclinarse una cosa formando ángulo: *doblar una cañería*. — v.tr/prnl.
4 Tener una persona el doble de años que otra: *te dobla la edad, podría ser tu padre*. — v.tr./+ en
5 Cambiar de dirección: *doblar a la derecha*. — v.tr/intr. / = torcer
6 Pasar una persona o una embarcación al otro lado de una cosa saliente que se interpone en su camino. — v.tr. / = franquear
7 Poner otra voz en lugar de la del actor de una película, y especialmente cuando se traduce del idioma original al del país en que se exhibe: *éste es el que dobla las películas de varios actores de moda*. — AUDIOVISUALES, CINE
8 Sustituir un actor o doble a otro en una escena de una película, y en especial en aquellas escenas peligrosas o que requieren un especialista: *en aquella escena lo tuvieron que doblar porque él no se atrevía a hacerlo*. — AUDIOVISUALES, CINE
9 Pasar delante de un rival que lleva una vuelta menos al circuito: *dobló a los rezagados*. — DEPORTES
10 Aumentar la duración de un operación de bolsa a plazos. — ECONOMÍA
11 Golpear duramente a una persona. — coloquial
12 Hacer cambiar de actitud, opinión o propósito a una persona. — = torcer
13 Enviar una bola de billar, al golpearla con otra, al extremo opuesto de la mesa. — DEPORTES
14 Poner un jugador de ajedrez un peón en columna donde ya existe otro peón del mismo jugador, por tomar una pieza contraria. — JUEGOS
15 Hacer que un cordero mame a la vez de dos ovejas. — = endoblar
16 Tocar las campanas a muerto: *¿Por quién doblan las campanas?* — v.intr.
17 Hacer un actor dos papeles en la misma obra. — CINE, TEATRO
18 Aumentar la cantidad de una apuesta hasta el doble. — JUEGOS
19 Poner un jugador de dominó ficha doble. — JUEGOS
20 Celebrar un sacerdote dos misas en un día festivo. — RELIGIÓN/= binar
21 Caer o desplomarse el toro agonizante después de clavarle el estoque. — TAUROMAQUIA
22 Hacer que una persona empiece a ceder en un asunto, actitud u opinión. — v.intr/prnl. / = doblegarse
23 Hacerse el terreno más desigual y accidentado. — v.prnl.
24 **bien pueden doblar por él:** Expresión con que se amenaza de muerte a una persona o se desconfía de la vida de una. — coloquial
25 **doblar la cabeza:** 1. Sentir una persona vergüenza o humillarse: *dobló la cabeza al ver descubierto su engaño*. 2. Obedecer o conformarse una persona. — coloquial
26 **antes doblar que quebrar:** Expresión con que se advierte que es más ventajoso ser blando y ceder algo en su derecho, que ser inflexible y duro. — coloquial

doble (Del lat. *duplus*.)
1 Cantidad dos veces la que se expresa: *gana el doble que su hermano*. — adj/s.m. / = duplo
2 Que está formado por dos cosas iguales: *han colocado doble ventana en la habitación*. — adj. / = duplicado
3 Se aplica a aquello que es más fuerte, más concentrado o más grueso de lo normal: *es de franela doble*.
4 Se refiere a la flor que tiene más hojas que las sencillas de la misma especie. — BOTÁNICA
5 Se aplica a la ficha de dominó que tiene el mismo número de puntos en ambos cuadrados de su anverso: *el seis doble empieza*. — JUEGOS
6 Que es simulado, que se muestra de una manera y realmente es de otra: *es una persona de trato doble*. — adj/s. / = falso
7 Persona que, por su parecido físico con otra, puede hacerse pasar por ella. — s.
8 Actor que, en determinadas escenas, sustituye a otro a quien se parece. — CINE
9 Doblez, parte que se dobla y señal que queda. — s.m./= dobladura
10 Toque de campanas por los difuntos. — s.
11 Operación de bolsa que consiste en vender un valor y volver a comprarlo al mes siguiente abonando una cantidad por intereses. — ECONOMÍA
12 Suma que se paga por la prórroga de una operación a plazos. — ECONOMÍA

13 Segunda fila de tejas en un alero corrido de tejas cuadradas. — CONSTRUCCIÓN
14 Partido de tenis en que participan dos jugadores en cada equipo. — s.m.pl. / DEPORTES
15 Mucho o mucho más: *tengo doble interés*. — adv./= doblemente
16 **al doble:** Dobladamente, en cantidad dupla: *apostaré al doble de lo que él apueste*. — loc.adv.

doblegable
1 Que se puede doblegar o doblar con facilidad. — adj.
2 Que puede ser fácilmente sometido: *al final su rebeldía se convirtió en doblegable*.

doblegadizo, a Que se doblega con facilidad: *el doblegadizo tallo de los juncos*. — adj.

doblegar (Del lat. *duplicare*, doblar, hacer doble.)
1 Doblar o torcer una cosa que ofrece resistencia: *doblegó el hierro a martillazos*. — v.tr/prnl. / conj.: pagar
2 Someter o empezar a ceder en un asunto: *se doblegó al ver que perdería el caso*. — = ceder
3 Vencer al rival en un deporte o al enemigo en una contienda: *doblegó al contrincante en la última vuelta*.
4 Sostener en la mano un arma en señal de amenaza. — v.tr./= blandir

doblemente
1 Dos veces más, el doble: *incrementó doblemente su apuesta*. — adv.
2 Mucho más: *estoy doblemente preocupada por ello*.
3 Con doblez o astucia. — = dobladamente

doblescudo Hierba de la familia crucíferas, áspera y vellosa, con flores amarillas en racimo y frutos redondos unidos de dos en dos. *(Biscutella auriculata.)* — s.m. / BOTÁNICA

doblete
1 Que está entre doble y sencillo: *tafetán doblete*. — adj.
2 Imitación de una piedra preciosa hecha con dos pedazos de cristal pegados. — s.m.
3 Juego consistente en hacer que la bola haga varias veces una trayectoria perpendicular a las bandas que toca, en el billar. — DEPORTES
4 Acción de matar dos piezas disparando sucesivamente los dos cañones de una escopeta. — CAZA
5 Palabra que tiene el mismo origen etimológico que otra y distinta evolución: *"artículo" y "artejo" son dobletes*. — LINGÜÍSTICA
6 Par de electrones que son compartidos por dos átomos. — QUÍMICA
7 Ganar el título de liga y el de copa en una misma temporada, en algunos deportes de equipo, o dos disciplinas distintas. — DEPORTES
8 **hacer doblete:** Intervenir un actor en la misma o en otra obra representando dos papeles diferentes a la vez. — CINE, TEATRO

doblez
1 Parte de una cosa que se dobla o pliega: *hizo el doblez en diagonal*. — s.m./pl: dobleces / = pliegue
2 Señal que queda en la parte por donde se dobló: *la sábana quedó llena de dobleces*. — = dobladura
3 Disimulo con el que se comporta una persona, dando a entender lo contrario de lo que siente u ocultando lo que sabe: *no te puedes fiar, actúa casi siempre con doblez*. — s.m.f. / = falsedad, hipocresía

doblón Antigua moneda de oro de distintos valores según las épocas, equivalente a partir del siglo XVII a veinte pesetas. — s.m. / HISTORIA

doca
1 Planta herbácea de tallo rastrero, hojas opuestas, carnosas, flores rosadas y fruto comestible. *(Alibrexia tomentosa.)* — s.f. / BOTÁNICA
2 Fruto de esta planta. — BOTÁNICA
3 Planta de flores vistosas de la familia de las aizoáceas, que crece en Chile. *(Mesembrianthemum chilense.)* — BOTÁNICA

doce (Del lat. *duodecim*.)
1 Se refiere al número que equivale a diez más dos. — adj.num/s.m.
2 Que ocupa el lugar número doce en una serie: *soy el doce de la lista de los admitidos*. — = duodécimo
3 Signo o conjunto de signos que representa el número doce. — s.m.

doceañista Se refiere al que era partidario de la constitución española de 1812, en especial a los que intervinieron en su elaboración. — adj/s.m.f. / HISTORIA

doceavo, a Se refiere a la parte que resulta de dividir una cosa en doce partes iguales. — adj.num/s.m. / = dozavo

docemesino Se refiere al año que tiene doce meses de diferencia del otros cómputos. — adj.

docena Conjunto de doce cosas: *compró una docena de huevos*. — s.f.

docenal Que se vende por docenas. — adj.

docenario, a Que consta de doce unidades o elementos constitutivos. — adj.

docencia Ejercicio de la profesión docente: *ejerce docencia en diversos centros de enseñanza*. — s.f. / = enseñanza

doceno, a
1 Que ocupa el lugar número doce en una serie: *en su familia él era el doceno hijo.* — adj.num. = duodécimo
2 Se aplica al paño, tejido de lana que tiene doce centenares de hilos en la urdimbre. — adj/s.m. TEXTIL

docente (Del lat. *docens, -tis < docere*, enseñar.)
1 De la enseñanza: *la actividad docente.* — adj.
2 Se refiere a la persona que se dedica a la enseñanza: *el personal docente; los docentes reclamaron sus derechos.* — adj/s.

doceta
1 Del docetismo. — adj./FILOSOFÍA
2 Se refiere a la persona que profesa la doctrina teológica del docetismo. — adj/s.m.f. FILOSOFÍA

docetismo Tendencia teológica presente en la Iglesia de los primeros siglos cristianos, común a ciertos nósticos y maniqueos, que defendía que el cuerpo humano de Cristo no era real sino aparente. — s.m. FILOSOFÍA, TEOLOGÍA

dócil (Del lat. *docilis.*)
1 Que obedece, que cumple lo que otro manda: *no te preocupes, es un caballo dócil.* — adj./= obediente ≠ rebelde
2 Que se puede educar o dirigir con facilidad: *un curso dócil; un niño dócil.* — = apacible, suave
3 Se aplica al material que puede ser labrado o trabajado con facilidad: *el estaño es un metal muy dócil.* — = dúctil, maleable

docilidad
1 Actitud dócil, mansa u obediente: *aparenta docilidad, pero hace lo que quiere.* — s.f. = sumisión
2 Cualidad del metal u otra cosa fácil de trabajar. — = ductilidad

docilitar
1 Hacer dócil a una persona o animal. — v.tr.
2 Hacer flexible o manejable una cosa.

docimasia (Del gr. *dokimasia*, prueba, ensayo < *dokimadso*, probar, ensayar.)
1 Técnica para determinar los metales que contienen los minerales y en qué proporción. — s.f. MINERALOGÍA
2 Conjunto de pruebas a que se somete el pulmón del feto muerto para saber si ha llegado a respirar. — MEDICINA

docimasiología Estudio general de las técnicas de examen e investigación, especialmente las referentes a enfermos y patologías. — s.f.

dock (Voz inglesa.)
1 Dársena o muelle rodeado de almacenes de mercancías. — s.m. pl: docks
2 Almacén de mercancías en muelles o estaciones.

docto, a (Del lat. *doctus < docere*, enseñar.) Que tiene muchos conocimientos: *el nuevo profesor es docto en matemáticas.* — adj/s./+ en = entendido, versado

doctor, a (Del lat. *doctor, -oris*, maestro.)
1 Persona que ha obtenido el grado superior que concede una universidad, después de haber defendido la tesis doctoral: *ya es doctora en filosofía.* — s. + en
2 Persona que enseña una ciencia o arte.
3 Persona que practica la medicina: *si no te encuentras bien, llama al doctor.* — coloquial = médico
4 **doctor de la Iglesia:** Título que da la iglesia católica a algunos santos que con mayor profundidad de doctrina defendieron sus enseñanzas. — RELIGIÓN
5 **doctor honoris causa:** Título honorífico que conceden las universidades a personas destacadas.

doctorado
1 Grado de doctor, que se obtiene tras la elaboración y defensa de una tesis. — s.m.
2 Estudios necesarios para obtener este grado.

doctoral
1 Del doctor o del doctorado: *tesis doctoral.* — adj.
2 Se refiere al lenguaje o al hablante que es enfático, dogmático o solemne.
3 Que presume de conocimientos de manera presuntuosa o afectada. — coloquial = pedante

doctoramiento Obtención del grado de doctor en una materia o en una facultad determinada. — s.m. = doctorado

doctorando, a Persona que realiza los estudios necesarios para obtener el grado de doctor. — s.

doctorar
1 Conceder una universidad el grado de doctor a una persona: *se doctoró en historia en la universidad complutense.* — v.tr/prnl. + en
2 Tomar el diestro la alternativa: *se doctoró en Las Ventas.* — v.prnl. TAUROMAQUIA

doctrina (Del lat. *doctrina.*)
1 Conjunto estructurado de ideas, teorías y enseñanzas de un autor, de una escuela, de un partido político o de una religión: *doctrina cristiana; doctrina marxista; doctrina del positivismo lógico.* — s.f. = ideario
2 Estudios que se imparten a una persona o colectivo. — = enseñanza
3 Sabiduría correspondiente a alguna parte del saber humano. — = ciencia

4 **doctrina legal:** La que se deduce de las sentencias judiciales y administrativas. — DERECHO

doctrinal
1 Que tiene relación con la doctrina: *las obras doctrinales y biográficas de santa Teresa.* — adj.
2 Libro que contiene reglas y preceptos. — s.m.

doctrinar Enseñar o inculcar a una persona o colectivo las ideas o conocimientos de una determinada doctrina. — v.tr. tb: adoctrinar

doctrinario, a
1 Que profesa una doctrina de manera sistemática o que tiene relación con ella. — adj.
2 Que atiende más a las doctrinas y teorías abstractas que a la práctica: *es un político doctrinario.* — adj/s.
3 Que profesa el doctrinarismo político-filosófico. — = sectario

doctrinarismo Sistema político-filosófico liberal, nacido en la Restauración francesa, que atribuye a un pacto entre el pueblo y el soberano el principio de la soberanía, la cual radica en la inteligencia humana. — s.m. FILOSOFÍA, POLÍTICA

doctrinero Sacerdote que explica la doctrina: *doctrinero y misionero tuvieron funciones muy diferentes.* — s.m. RELIGIÓN

doctrino Se refiere al niño huérfano que se recoge en un colegio para educarlo hasta que pueda trabajar. — adj/s.m.

docudrama Género de radio y televisión que contiene características propias del drama y del documental. — s.m. AUDIOVISUALES

documentación
1 Presentación de documentos para demostrar la verdad o falsedad de una cosa. — s.f.
2 Conjunto de documentos que sirven para ilustrar, informar o aportar testimonios de una cosa. — = expediente
3 Documento o conjunto de documentos, especialmente los oficiales, que demuestran la identidad o alguna condición determinada de la persona a favor de la que han sido expedidos. — = credencial
4 Conjunto de informaciones que acompañan a un programa para facilitar su comprensión, utilización y evolución. — INFORMÁTICA
5 Operación que efectúa un individuo para extraer, del medio sociocultural, una información que él no posee, pero que la memoria social conserva. — SOCIOLOGÍA
6 Memoria individual o colectiva formada por documentos de naturaleza diversa. — SOCIOLOGÍA

documentado, a
1 Se aplica al memorial, solicitud o pedimento que va acompañado de los documentos necesarios. — adj.
2 Que tiene o aporta pruebas o documentos sobre un asunto. — adj/s.
3 Se refiere a la persona que tiene documentos de identidad personal: *en la frontera se aseguraban de que pasaran sólo los documentados.* — ≠ indocumentado

documental
1 Que se funda en documentos o se refiere a ellos: *pruebas documentales.* — adj.
2 Se refiere al programa o película que presenta hechos, experimentos, documentos, u otras informaciones tomadas de la realidad con el fin de informar o ilustrar: *proyectaron un documental sobre la guerra civil española.* — adj/s.m. AUDIOVISUALES, CINE

documentalista
1 Persona que por oficio busca, prepara, elabora y difunde datos bibliográficos, informes, noticias u otras informaciones sobre determinada materia: *trabaja de documentalista en un diario.* — s.m.f.
2 Persona que se dedica a realizar documentales cinematográficos. — AUDIOVISUALES, CINE

documentar
1 Mostrar o justificar la verdad o falsedad de una cosa con documentos: *documentaron exhaustivamente todas sus hipótesis.* — v.tr. = probar
2 Proporcionar o dar a una persona datos sobre los antecedentes del asunto en que va a intervenir: *se documentó antes de investigar el caso.* — v.tr/prnl. = informar

documentario, a Que tiene relación con los documentos. — adj. = documental

documento (Del lat. *documentum.*)
1 Escrito que sirve para justificar o acreditar una cosa o un hecho histórico o legal: *documentos jurídicos.* — s.m.
2 Cosa que sirve para ilustrar o aclarar algo: *presentaron documentos escritos, gráficos y audiovisuales que justificaban la compra del terreno.* — = dato
3 Testimonio escrito de épocas pasadas que sirve para reconstruir su historia. — HISTORIA
4 **documento de crédito:** El que atribuye a su poseedor legítimo el derecho a obtener la prestación contenida en el mismo, a su vencimiento. — DERECHO
5 **documento nacional de identidad:** Tarjeta oficial, numerada, con una fotografía y los datos personales del titular, que acredita su identidad. — = carné, carnet de identidad, dni
6 **documento privado:** Escrito que contiene un compromiso, firmado por los interesados y que les obliga — DERECHO

a su cumplimiento, aunque no haya sido autorizado por un notario.

7 documento público: Escrito que contiene un compromiso autorizado por un notario o funcionario competente. — DERECHO

dodeca- Componente de palabra procedente del gr. *dodeka*, que significa doce: *dodecágono*. — pref. tb: dodec-

dodecaedro (Del gr. *dodeka*, doce + *edra*, cara.) Cuerpo geométrico de doce caras. — s.m. GEOMETRÍA

dodecafonía (Del gr. *dodeka*, doce + *phone*, sonido.) Sistema musical atonal de composición que usa doce sonidos de la gama cromática en lugar de los siete de la diatónica. — s.f. MÚSICA = dodecafonismo

dodecafónico, a Que tiene relación con el dodecafonismo: *no comprende la música dodecafónica*. — adj. MÚSICA

dodecafonismo Técnica de composición musical que utiliza los doce sonidos de la escala cromática occidental. — s.m. MÚSICA

dodecafonista Se aplica al compositor que practica la técnica del dodecafonismo. — adj/s.m.f. MÚSICA

dodecágono, a Se aplica al polígono que tiene doce lados y doce ángulos. — adj/s.m. GEOMETRÍA

dodecasílabo, a (Del gr. *dodeka*, doce + *syllabe*, sílaba.) Se refiere al verso que tiene doce sílabas. — adj/s.m. POESÍA

dodo Ave paseriforme del tamaño de un cisne, extinguido en la actualidad, con cabeza y pico grandes, alas cortas que no le permitían volar y patas robustas. — s.m./ZOOLOGÍA = dronte

dogal (Del bajo lat. *ducale*.)
1 Cuerda con forma de lazo que se ata al pescuezo o cabeza de la caballería para conducirla o sujetarla. — s.m. EQUITACIÓN
2 Cuerda para ahorcar a un reo o para llevar a cabo otro castigo. — = soga
3 Cuerda con un nudo corredizo con que se comienzan a atar dos maderos.
4 **estar con el dogal al cuello:** Estar en una dificultad, encontrarse en apuros: *desde que se metió en el negocio de la alimentación, está con el dogal al cuello*. — coloquial

dogaresa (Del ital. *dogaressa*.) Mujer del dux. — s.f.

dogma (Del lat. *dogma* < gr. *dogma*, *-atos*, parecer, decisión, decreto.)
1 Proposición capital de una ciencia o doctrina, proclamada como innegable. — s.m. = axioma
2 Conjunto de verdades fundamentales de una ciencia o doctrina: *el dogma católico*.
3 Conocimiento que se considera cierto de modo absoluto.

dogmática Conjunto de dogmas o principios de una religión o filosofía. — s.f.

dogmáticamente
1 De acuerdo con el dogma. — adv.
2 Atribuyendo la naturaleza de principio innegable a aquello que se señala: *aseveró dogmáticamente que el liberalismo había ganado la batalla al comunismo*.

dogmático, a (Del lat. *dogmaticus* < gr. *dogmatikos*.)
1 De los dogmas: *un discurso dogmático*. — adj.
2 Que no admite contradicción en sus opiniones. — adj/s.
3 Se refiere al escritor que trata de los dogmas.
4 Se aplica a la persona que profesa el dogmatismo. — FILOSOFÍA

dogmatismo
1 Actitud inflexible del que pretende que sus afirmaciones sean tomadas como verdades irrefutables: *su dogmatismo le impide considerar otras opiniones*. — s.m. = intransigencia
2 Conjunto de los dogmas o principios innegables de una religión o de una ciencia.
3 Doctrina filosófica, opuesta al escepticismo, que defiende la capacidad de la razón humana para conocer la verdad. — FILOSOFÍA

dogmatista Persona que sostiene ideas opuestas a la doctrina católica y las enseña como dogmas. — s.m.f. TEOLOGÍA

dogmatizador, a Que dogmatiza: *afán dogmatizador de las masas; dogmatizadora exposición de los hechos*. — adj/s. = dogmatizante

dogmatizar
1 Enseñar dogmas a una persona, en especial aquellos opuestos a la religión católica. — v.tr/intr. conj: cazar
2 Exponer una persona sus ideas u opiniones convencida de que son verdades indudables. — v.intr.

dogo, a
I (Del ingl. *dog*, perro, porque esta raza de perros procede de Inglaterra.) Se refiere al perro que tiene la cabeza grande, el hocico chato, de considerable peso, fuerza y valor, y que sirve al hombre como guardián. — adj/s.m. ZOOLOGÍA
II (Del ital. *doge* < lat. *dux*, guía.) Príncipe o magistrado supremo en las repúblicas venecianas y genovesas medievales y renacentistas. — s.m. HISTORIA = dux

dogre Embarcación utilizada en el mar del Norte para pescar. — s.m. NÁUTICA

doladera Se refiere al hacha grande que usan los toneleros. — adj/s.f. = dolobre, segur

dolador, a Artesano que se dedica a dolar o labrar la madera o piedra con la doladera. — s.

doladura Astilla que se saca con un hacha o pico. — s.f.

dolaje Vino que absorben las cubas donde se guarda. — s.m./tb: duelaje

dolama
1 Achaque o enfermedad oculta que tienen las caballerías. — s.f./VETERINARIA = dolame
2 Achaque o indisposición de una persona. — coloquial

dolame Cualquier enfermedad oculta que tiene una caballería. — s.m. VETERINARIA

dolar (Del lat. *dolare*.) Labrar la madera o la piedra con un hacha especial. — v.tr. conj: contar

dólar (Del ingl. *dollar* < bajo alem. *daler*.) Unidad monetaria de los Estados Unidos, Canadá, Australia, Nueva Zelanda y otros países. — s.m. pl: dólares ECONOMÍA

dolby (Marca registrada.) Dispositivo integrado en un equipo de sonido para reducir el ruido de fondo inherente en las grabaciones magnéticas. — s.m. AUDIOVISUALES

dolce far niente (Expresión italiana.) Indica indolencia o agradable ociosidad.

dolencia Enfermedad, alteración en la salud: *su dolencia no es grave*. — s.f./= achaque, indisposición

doler (Del lat. *dolere*.)
1 Padecer o sufrir dolor físico: *me duele la cabeza*. — v.intr./conj: mover
2 Causar repugnancia o disgusto hacer una cosa, sentir pesar: *me duele tener que decirte una cosa tan desagradable*.
3 Pesarle a uno haber hecho o no una cosa: *se dolía de su actuación*. — v.prnl./+ de = arrepentirse
4 Expresar el dolor con voz quejumbrosa. — = quejarse
5 Compadecerse del mal que otro padece. — + de
6 Lamentarse de un defecto o insuficiencia. — + de
7 **ahí le duele:** Punto débil de una persona o cuestión fundamental. — loc.adv.

dolico- Componente de palabra procedente del gr. *dolikhos*, que significa largo: *dolicocéfalo*. — pref.

dolicocefalia Forma craneal alargada. — s.f./ANATOMÍA

dolicocéfalo, a (Del gr. *dolikhos*, largo + *kephale*, cabeza.) Se refiere a la persona o raza que tiene el cráneo más largo que ancho. — adj/s. ANATOMÍA

dolido, a Que se siente afligido u ofendido: *se siente muy dolida por lo que me dijiste*. — adj.

doliente (Del lat. *dolens, -ntis*.)
1 Que está afectado o afligido por un dolor físico o enfermedad. — adj/s.m.f.
2 Que está afligido o apenado. — culto
3 Pariente del difunto, en un duelo. — s.m.f.

dolina (Voz eslava.) Depresión, normalmente circular, propia de regiones calcáreas, cuyo fondo plano está ocupado por residuo arcilloso rojo procedente de la disolución de las calizas. — s.f. GEOLOGÍA

dolmán (Del turco *dolaman*.) Chaqueta de uniforme que usaban los húsares. — s.m./HISTORIA tb: dormán

dolmen (Del fr. *dolmen*.) Monumento megalítico formado por dos o más piedras verticales y una horizontal dispuestas en forma de mesa: *la mayoría de los dólmenes estaban recubiertos por túmulos*. — s.m. HISTORIA

dolo (Del lat. *dolus*, astucia, fraude, engaño.)
1 Engaño, fraude, acto de mala fe: *no ha habido dolo en sus actos*. — s.m. = fingimiento DERECHO
2 Voluntad y deliberación al cometer un delito. — DERECHO
3 Engaño o infracción maliciosa en el cumplimiento de las obligaciones contraídas en los contratos o actos jurídicos.

dolobre (Del lat. vulgar *dolubrum*.)
1 Pico para labrar o trabajar la piedra. — s.m./MINERÍA
2 Doladera que utiliza el tonelero.
3 Azuela que usa el trabajador de la pizarra.

dolomía (Del fr. *dolomie*.) Roca sedimentaria de color grisáceo claro, amarillento o rosado, compuesta por calcita y dolomita con trazos de arcilla, cuarzo, y formada por precipitación directa de los componentes del agua del mar. — s.f. GEOLOGÍA

dolomita Carbonato de calcio y magnesio de brillo vítreo, que suele ser incoloro, blanco o coloreada en diversos tonos. — s.f. MINERALOGÍA

dolomítico, a
1 Que es parecido a la dolomita. — adj./GEOLOGÍA
2 Que contiene dolomita: *rocas dolomíticas*. — GEOLOGÍA

dolomitización Reemplazamiento del carbonato cálcico, en las calizas, por carbonato cálcico magnésico o dolomía, en cualquier momento durante o después de la deposición. — s.f. GEOLOGÍA

dolor (Del lat. *dolor, -oris*.)
1 Sensación de daño, sufrimiento o padecimiento de alguna parte del cuerpo: *se despertó de la anestesia con dolores en todo el abdomen*. — s.m.
2 Pesar, sentimiento de pena o arrepentimiento: *sintió un intenso dolor al descubrir el cadáver de su gato*. — = aflicción

3 dolor de corazón: El experimentado por haber ofendido, afligido o apenado a alguien. · *coloquial*

4 dolor de costado: Enfermedad que causa una sensación molesta muy aguda en alguno de los costados, acompañada de fiebre. · MEDICINA

5 dolores de entuerto: Los producidos tras el parto por la retracción de la matriz. · MEDICINA

6 dolor de viudo o viuda: El que es muy intenso pero pasajero. · *coloquial*

7 dolor latente o sordo: El que es poco intenso, pero molesto y duradero.

8 dolor moral: Estado de sufrimiento físico que no tiene correspondencia dolorosa en ninguna parte del cuerpo y que se manifiesta con síntomas de depresión. · SIQUIATRÍA

9 dolor nefrítico: El producido por piedras o pequeñas concreciones en los riñones. · MEDICINA

10 estar con dolores: Estar una mujer en los preliminares del parto: *ya estaba con dolores la noche anterior, pero aún no ha dado a luz.* · *coloquial*

11 ser un dolor: Ser una calamidad. · *coloquial*

dolora Breve composición poética de espíritu dramático que observa la vida cotidiana y encierra una reflexión desengañada y escéptica. · s.f. POESÍA

dolorido
1 Se refiere a la parte del cuerpo que duele o se resiente de un dolor anterior: *tiene un músculo dolorido.* · adj.
th: adolorido
2 Que siente gran dolor, angustia o pena: *recordó muy dolorida el abandono de que fue objeto.* · = afligido, apenado

dolorosa Imagen de la Virgen en que se representa su sufrimiento por la muerte de Jesucristo. · s.f. RELIGIÓN
2 Factura o cuenta de un restaurante: *tráigame la dolorosa.* · *coloquial*

doloroso, a
1 Que causa dolor físico o moral. · adj.
2 Que causa pena: *su estado es doloroso.* · = lastimoso

doloso, a (Del lat. *dolosum.*) Que es engañoso o fraudulento. · adj. DERECHO

dom (Del lat. *dominus.*) Título que se da a algunos religiosos. · s.m. RELIGIÓN

doma
1 Acción y resultado de domar o domesticar animales: *participó en un concurso de doma.* · s.f. = domadura
2 Conjunto de ejercicios a que se somete al caballo después de domesticarlo para que responda a las órdenes del jinete. · EQUITACIÓN

domador, a
1 Persona que doma o domestica animales. · s.
2 Artista circense que utiliza fieras domadas en sus números: *el domador fue atacado por sus propios tigres.*

domar (Del lat. *domare.*)
1 Amansar, hacer dócil a un animal salvaje. · v.tr./= amaestrar
2 Someter, hacer que una persona pierda su rebeldía: *consiguió domar a su hijo.* · = domesticar
3 Controlar un sentimiento o las ganas de hacer o decir una cosa. · = reprimirse
4 Hacer que una cosa se adapte o adquiera flexibilidad: *el zapatero domó mis botas.*

dombo Domo, cúpula en forma de media esfera. · s.m./ARQUITECTURA

domeñable Que puede ser domeñado o sometido: *confío en que su fiereza sea finalmente domeñable.* · adj.

domeñar (Probablemente del lat. vulgar *dominiare.*) Someter, reducir a la obediencia. · v.tr.

domesticable Que puede ser domesticado: *no todos los animales son domesticables.* · adj. = domable

domesticación Proceso de adaptación por el que un animal salvaje pasa a ser domesticado por la intervención del hombre. · s.f. = doma, domadura

domesticar
1 Hacer doméstico a un animal salvaje, acostumbrarlo a la compañía del hombre. · v.tr. conj: sacar
2 Hacer que una persona pierda su rebeldía, volverse más tratable: *últimamente se ha domesticado un poco.* · v.tr/prnl. = domar

domesticidad
1 Cualidad de lo doméstico. · s.f.
2 Situación en la que viven los animales domésticos.

doméstico, a (Del lat. *domesticus < domus,* casa.)
1 Que tiene relación con la casa: *nunca realiza las tareas domésticas.* · adj.
2 Se aplica al animal que se cría junto al hombre.
3 Se refiere a la persona que sirve o trabaja en una casa. · adj/s. = criado

domiciliación Recibo y pago de los efectos girados a cargo de una persona o sociedad a través del banco en el que tiene cuenta: *domiciliación bancaria.* · s.f.

domiciliar
1 Dar domicilio a una persona: *domiciliaron a sus parientes recién llegados de Cuba.* · v.tr.
2 Efectuar una domiciliación: *domicilió todos sus recibos en el banco.*

3 Fijar el domicilio en un lugar: *se domicilió en su pueblo natal.* · v.prnl.

domiciliario, a
1 Del domicilio. · adj.
2 Que se lleva a cabo en el domicilio del interesado: *sufrió un arresto domiciliario.*
3 Persona que tiene domicilio en un lugar. · s.

domiciliatario, a Tercera persona que una letra de cambio señala como quien realiza el pago, en vez del librado. · s. DERECHO

domicilio (Del lat. *domicilium < domus,* casa.)
1 Casa en que vive o se hospeda habitualmente una persona o familia: *fijaron su domicilio en una población del extrarradio.* · s.m. = residencia
2 Sitio o población donde reside oficialmente una persona o una entidad. · = residencia
3 a domicilio: Se usa para indicar que un servicio se realiza en la casa del propio interesado: *reparto de periódicos a domicilio.* · loc.adv.
4 sin domicilio fijo: Se aplica a la persona que no tiene residencia estable donde vivir. · loc.adj.

dominación (Del lat. *dominatio, -onis.*)
1 Acción y resultado de dominar: *resistir a la dominación romana.* · s.f.
2 Señorío o poder que tiene sobre un territorio el que ejerce la autoridad soberana.
3 Desigualdad existente entre diferentes agentes económicos: *dominación estadounidense en los mercados latinoamericanos.* · ECONOMÍA
4 Monte o altura desde la que puede atacarse una fortificación. · MILITAR
5 Espíritus bienaventurados que componen el cuarto coro, en el catolicismo. · s.f.pl. TEOLOGÍA

dominador, a Que domina o gusta de dominar: *tenía una influencia dominadora sobre sus iguales.* · adj/s.

dominancia
1 Importancia de una especie en relación con otras, en una agrupación vegetal. · s.f. BOTÁNICA
2 Relación entre dos genes alelos que se concreta en un efecto de interacción. · BIOLOGÍA
3 dominancia cerebral: Propiedad del cerebro humano por la que las personas que usan habitualmente la mano derecha tienen más dominante el hemisferio del mismo lado. · MEDICINA
4 dominancia social: Posición de los individuos que resulta de haber establecido una jerarquía en el grupo. · SOCIOLOGÍA

dominanta Se refiere a la mujer que tiende a imponerse a los demás, que tiene un carácter dominante. · adj/s.f.

dominante
1 Que domina: *la falda corta se ha vuelto la moda dominante.* · adj./= dominativo
2 Se refiere a la persona que tiende a imponerse a los demás y no admite que le lleven la contraria. · = dominador
3 Que sobresale, que es característico: *la simpatía es su cualidad dominante.* · = sobresaliente
4 Se aplica al rasgo genético que siempre se manifiesta en el fenotipo: *el moreno es dominante sobre el rubio.* · BIOLOGÍA
5 Quinto grado o sonido de una escala diatónica siendo uno de los ejes de apoyo de la tonalidad. · s.f. MÚSICA
6 Desviación del color original de una película. · s.m./FOTOGRAFÍA
7 Se refiere a la especie más frecuente en una región o asociación. · adj/s.f. BOTÁNICA
8 Individuo que tiene una posición, dentro del grupo, de dominación respecto a los otros miembros. · s.m.f. SOCIOLOGÍA

dominar (Del lat. *dominare.*)
1 Tener poder, dominio o autoridad sobre una persona o una cosa: *dominar el barrio.* · v.tr.
2 Reprimir, hacer un sentimiento moderado: *dominar los nervios; dominar la ira; dominar una carcajada.* · = contener, moderar
3 Saber, aprender o conocer correctamente una materia, arte o técnica: *mi primo domina el inglés y el alemán.*
4 Ver una extensión amplia de terreno desde una altura determinada: *desde la cima se dominaba todo el valle.*
5 Ser una cosa inmaterial más perceptible que otras que la acompañan: *la amargura domina su carácter.* · = predominar
6 Sobresalir, ser una cosa más visible que otras entre las que está situada. · v.intr/tr. = destacar
7 Callar, controlarse o contenerse una persona. · v.prnl./= reprimirse
8 Parar o contener una cosa perjudicial: *finalmente consiguieron dominar el fuego.* · v.tr/prnl.
9 Ser una cosa más alta que otras entre las que está situada: *la torre dominaba todo el pueblo.* · v.tr.
10 Ser una cosa lo más frecuente en un lugar o una época: *el anarquismo dominaba a principios de siglo.* · = predominar

dómine (Del vocativo lat. *domine < dominus,* señor.)
1 Persona que enseña latín. · s.m./coloquial
2 Persona que, sin mérito para ello, adopta el tono de maestro. · despectivo

domingada Fiesta que se celebra en domingo: *se encontraron en una domingada organizada por el ateneo.* · s.f.

domingas Mamas o pechos de la mujer. · s.f.pl./vulgar

domingo (Del lat. *dies dominicus,* día del Señor.)
1 Día de la semana, entre sábado y lunes. — **s.m.**
2 Día consagrado al culto semanal, entre los cristia- — **RELIGIÓN**
nos.
3 **domingo de Adviento:** Cada uno de los cuatro do- — **RELIGIÓN**
mingos precedentes a la fiesta de Navidad.
4 **domingo de Pascua o Resurrección:** El siguiente — **RELIGIÓN**
al sábado santo.
5 **domingo de Pasión:** El quinto de cuaresma. — **RELIGIÓN**
6 **domingo de Pentecostés:** El quincuagésimo des- — **RELIGIÓN**
pués de la Pascua de Resurrección.
7 **domingo de Piñata:** El primero de cuaresma. — **RELIGIÓN**
8 **domingo de Ramos:** Último domingo de cuares- — **RELIGIÓN**
ma, que da comienzo a la semana santa.
9 **domingo gordo:** El primero de carnaval anterior al
miércoles de ceniza.
10 **hacer domingo:** Hacer fiesta cierto día que no es — **coloquial**
domingo: *con los cambios de turno hace domingo en dife-*
rentes días, dependiendo del mes.

dominguero, a
1 Que se suele usar o hacer en domingo: *se ha puesto* — **adj.**
el traje dominguero. — **coloquial**
2 Se refiere a la persona que acostumbra a arreglarse — **adj/s.**
y divertirse sólo los domingos o días de fiesta. — **coloquial**
3 Persona que acostumbra a utilizar el automóvil sólo — **coloquial,**
los domingos y días festivos para salir de la ciudad: *los* — **despectivo**
merenderos de la sierra se infestaban de domingueros en
chándal.
4 Conductor inexperto o inseguro. — **despectivo**

dominguillo
1 Muñeco con un contrapeso en la base que, aunque — **s.m.**
se tumbe, recobra la posición vertical. — **= tentetieso**
2 **traer o llevar, a alguien como un dominguillo:** — **coloquial,**
Dominar a una persona y manejarla a su antojo: *trae* — **despectivo**
a su marido como un dominguillo.

domínica
1 Denominación que, en lenguaje y estilo eclesiásti- — **s.f./RELIGIÓN**
co, se da al domingo. — **tb: dominica**
2 Conjunto de textos y lecciones bíblicas que se leen — **RELIGIÓN**
o cantan en el oficio divino dominical. — **tb: dominica**

dominical (Del lat. *dominicalis.*)
1 Del domingo: *es necesario el descanso dominical.* — **adj.**
2 Se aplica al periódico o publicación que se edita los — **adj/s.m.**
domingos como suplemento de otros.
3 Del derecho de dominio sobre las cosas. — **adj./DERECHO**
4 Se refiere al derecho pagado al señor de un feudo — **HISTORIA**
por los feudatarios. — **= señorial**
5 Cada uno de los actos académicos que se celebra- — **s.f.**
ban los domingos en las universidades.

dominicanismo Expresión o construcción caracte- — **s.m.**
rísticas de la variedad del español hablado en la República Dominicana.

dominicano, a
1 De la República Dominicana, estado de las Anti- — **adj.**
llas.
2 Persona que es natural de este estado antillano. — **s.**
3 Variedad lingüística del español hablada en este — **s.m.**
país antillano. — **LINGÜÍSTICA**
4 Dominico, de la orden religiosa de Santo Domingo. — **adj./RELIGIÓN**
5 Dominico, persona que es miembro de la orden de — **s.**
Santo Domingo. — **RELIGIÓN**

dominico, a
1 De la orden religiosa de Santo Domingo. — **adj./RELIGIÓN**
2 Persona que es miembro de la orden religiosa de — **s.**
Santo Domingo. — **RELIGIÓN**

dominio (Del lat. *dominium,* propiedad, dominio.)
1 Facultad de una persona para disponer libremente — **s.m.**
de lo que es suyo.
2 Territorio perteneciente a una persona o sujeto al
poder de un gobierno o estado: *sus dominios llegan*
hasta la frontera con Albania.
3 Poder ejercido sobre una persona o cosa, o habilidad en el manejo o utilización de un idioma, una
ciencia, un arte o una técnica: *el dominio del centro del*
campo correspondió al equipo español; este pintor tiene un
dominio manifiesto del color.
4 Ámbito en el que tiene lugar la influencia o la acción de una cosa: *es del dominio de la ciencia; el dominio*
lingüístico leonés.
5 **dominio aéreo:** El del espacio aéreo. — **AERONÁUTICA**
6 **dominio del aire:** Capacidad de controlar a nivel — **MILITAR**
militar un espacio aéreo.
7 **dominio del mar:** Capacidad para utilizar una — **MILITAR**
zona marítima determinada o prohibirla al enemigo.
8 **dominio directo:** El reservado al propietario de — **DERECHO**
una propiedad, cuyo disfrute tiene cedido a otro.
9 **dominio eminente:** Facultad que tiene el gobierno — **DERECHO**
de un país para disponer de los bienes públicos o privados en interés de la nación.
10 **dominio pleno:** Conjunto de todos los derechos — **DERECHO**
de propiedad sobre algo.

11 **dominio público:** Conjunto de todos los bienes — **DERECHO**
del estado y de los destinados a uso público.
12 **dominio señorial:** Conjunto de tierras que perte- — **HISTORIA**
necían a un señor feudal.
13 **dominio útil:** El que tiene una persona que dis- — **DERECHO**
fruta ciertos bienes cuyo dominio directo pertenece a
otra.
14 **pasar algo al dominio público:** Se aplica a la — **DERECHO**
obra artística o producto de diseño que puede ser libremente reproducida tras la muerte del autor.
15 **ser algo del dominio público:** Expresión con la
que se indica que una cosa es conocida de todos: *el*
asunto ya es del dominio público.

dominó (Del lat. *domino,* yo gano.)
1 Juego que se practica con veintiocho fichas rectan- — **s.m.**
gulares, negras por el revés y cuya cara blanca está — **JUEGOS**
dividida en dos partes iguales que pueden llevar de — **pl: dominós**
cero a seis puntos negros. — **tb: dómino**
2 Conjunto de estas fichas.
3 Traje con capucha que se usa en los bailes de disfraces.

domo (Del fr. *dome.*)
1 Cúpula en forma de media esfera. — **s.m./ARQUITECTURA**
2 Masa rocosa irregular que aparece en un entorno — **GEOLOGÍA**
distinto a ella.

domo- Componente de palabra procedente del gr. — **pref/suf.**
domos o *doma,* que significa casa: *litodomo; opistodomo.*

domótica Disciplina que se ocupa de la aplicación de — **s.f.**
los medios informáticos como componentes del ho- — **INFORMÁTICA**
gar.

dompedro
1 Dondiego de noche, planta cuyas flores sólo se — **s.m.**
abren al anochecer. — **BOTÁNICA**
2 Recipiente o vasija donde se orina o defeca. — **coloquial/= orinal**

don
I (Del lat. *donum < dare,* dar.)
1 Disposición innata o habilidad para alguna activi- — **s.m.**
dad.
2 Donativo hecho a una persona. — **= regalo**
3 Ventaja o aptitud natural, considerada como recibi- — **= talento**
da de Dios, la fortuna o la naturaleza.
4 **don de gentes:** Disposición innata para atraer, persuadir o agradar a los demás: *logró aquel cargo por su*
don de gentes y su saber hacer.
5 **don de mando:** Aptitud para ejercer el mando: *que*
sea la directora no implica que tenga don de mando.
II (Derivado del lat. *dominus,* señor.)
1 Tratamiento de respeto que se antepone al nombre — **s.m.**
de pila: *ha llegado don Juan acompañado de doña Inés.* — **f: doña**
2 Delante de un sustantivo o un adjetivo utilizados
como vocativos, enfatiza su significado: *tu vecino es*
insoportable, es un don gandul.
3 Voz que se usa para dirigirse a un hombre cuyo — **Amér.**
nombre se desconoce.
4 **don nadie:** Persona de poca importancia, poder e — **coloquial**
influencia: *no pienses que te promocionará, es un don na-*
die.

donación (Del lat. *donatio, -onis.*)
1 Acción y resultado de donar. — **s.f./= regalo**
2 Acto por el cual una persona transmite gratuita- — **DERECHO**
mente una cosa que le pertenece a otra que la acepta.
3 Bienes dados por devoción a una iglesia, una parroquia o un convento.
4 Transferencia de bienes o capitales sin que haya — **ECONOMÍA**
contrapartida por parte del receptor.
5 **donación de sangre:** Acción de ofrecer la propia — **MEDICINA**
sangre para que se utilice con fines terapéuticos.
6 **donación entre vivos o inter vivos:** La hecha le- — **DERECHO**
galmente para que tenga efectos en vida del donante
y no a su muerte.
7 **donación esponsalicia:** La hecha a favor de alguno — **DERECHO**
de los que van a casarse o de ambos.

donado, a
1 Persona que sirve en una orden religiosa mendican- — **s.**
te y asiste en ella con una especie de hábito religioso, — **RELIGIÓN**
pero sin haber profesado.
2 Persona seglar que se retira a un monasterio. — **s.m.**

donador, a
1 Que dona o da: *la empresa donadora de alimentos.* — **adj/s./= donante**
2 Que hace un don o regalo.

donaire (Del lat. *donarium.*)
1 Característica de la persona que habla y escribe — **s.m.**
con gracia, habilidad y discreción: *con donaire nos rela-* — **= garbo**
tó la escena.
2 Chiste o dicho gracioso: *su prosa estaba llena de* — **= broma**
chascarrillos y donaires.
3 Gallardía, buen porte, elegancia: *andaba con mucho* — **= prestancia**
donaire.

donante
1 Que dona o da. — **adj/s.m.f./= donador**
2 Persona que dona sangre o algún órgano corporal — **s.m.f.**
para trasplantes o para la investigación.

3 Persona que había costeado una pintura, vidriera u otra obra y que solía aparecer retratada a un lado de la escena principal. **ARTE**

4 donante universal: Persona cuya sangre tiene unas características que le permiten donarla a cualquier receptor, aunque sea de distinto grupo. **MEDICINA**

donar (Del lat. *donare.*) Dar o traspasar una persona a otra el dominio que tiene sobre alguna cosa: *donar todos sus bienes.* **v.tr.** **tb: endonar**

donatario Persona a quien se hace una donación. **s.m.**

donatismo (De *Donato*, obispo de Cartago.) Movimiento religioso que surgió en el siglo IV cuya doctrina negaba la validez de los sacramentos administrados por una persona en pecado mortal. **s.m.** **RELIGIÓN**

donatista
1 Del donatismo: *cisma donatista.* **adj./ RELIGIÓN**
2 Persona que profesaba el donatismo. **s.m.f./RELIGIÓN**

donativo (Del lat. *donativum.*) Bienes o dinero donados para fines benéficos, humanitarios o culturales: *la institución sobrevivía gracias a los donativos de los particulares.* **s.m.** **= óbolo**

doncel (Del cat. *donzell,* joven noble < bajo lat. vulgar *domnicillus.*)
1 Joven noble que aún no estaba armado caballero. **s.m./HISTORIA**
2 Hombre que no ha mantenido relaciones sexuales.
3 Hombre que, habiendo servido de paje a los reyes, pasaba a servir en la milicia. **HISTORIA**
4 Se refiere a la comida, bebida que es más suave o dulce que otras de la misma clase: *vino doncel; pimienta doncel.* **adj.**

doncella (Del lat. vulgar *domnicilla,* diminutivo de *domina,* señora.)
1 Mujer que no ha mantenido relaciones sexuales. **s.f.**
2 Criada que sirve cerca de la señora y se encarga de los menesteres domésticos ajenos a la cocina.
3 Pez marino de colores vistosos, muy común en los mares de España. *(Coris julis.)* **ZOOLOGÍA** **= budión**
4 doncella blanca: Boquerón, pez marino. **ZOOLOGÍA**
5 doncella roja: Pez cuyas aletas abdominales están implantadas bajo el mentón y constituyen una especie de barba rala. *(Ophidium vassali.)* **ZOOLOGÍA**

doncellez Estado del doncel o de la doncella que no ha tenido ningún contacto sexual: *son educados para mantener la doncellez hasta el matrimonio.* **s.f.** **pl: doncelleces** **= virginidad**

donde (Del ant. *de* + *onde,* de donde < lat. *unde,* donde.)
1 En el lugar en que: *lo encontrarás donde lo dejaste.* **adv.**
2 En casa de o en el lugar en que se encuentra: *fueron donde el alcalde a pedir su intervención.*
3 Con verbos de movimiento indica hacia o para qué lugar: *fue donde sonaban las campanas y cohetes.*
4 a donde: A qué parte o lugar. **loc.adv./tb: adonde**
5 por donde: Introduce en la oración un hecho inesperado: *mira por donde apareció él.* **loc.conj.**

dónde (Del ant. *de* + *onde,* de donde < lat. *unde,* donde.)
1 En qué lugar: *dime dónde vives.* **adv.interr.**
2 a dónde: A qué parte o lugar: *¿a dónde irás?* **loc.adv./tb: adónde**
3 por dónde: ¿Por qué razón, causa o motivo? **adv.interr.**

dondequiera En cualquier parte: *piensa en mí dondequiera que estés.* **adv./tb: adondequiera/+ que**

dondiego
1 Planta de tallos derechos y nudosos, flores en corimbo de color blanco, rojo, amarillo o jaspeado de estos colores, que se abren de noche y se cierran al amanecer, y fruto capsular. *(Mirabilis jalapa.)* **s.m.** **BOTÁNICA** **= bella de noche, dondiego de noche**
2 dondiego de día: Planta anual, de flores axilares de corola azul, con garganta blanca y fondo amarillo, que se abren de día. *(Convolvulus tricolor.)* **BOTÁNICA** **= maravilla**

donfrón Tela antigua de lienzo crudo. **s.m./TEXTIL**

donguindo Cierto tipo de peral cuyas peras son más grandes, irregulares y verdeamarillentas, con la carne azucarada y porosa. **s.m.** **BOTÁNICA**

donjuán
1 Hombre que por su forma de actuar seduce o conquista con facilidad a las mujeres: *a pesar de su fama de donjuán se dejó enamorar por él.* **s.m.** **= conquistador**
2 Dondiego, planta cuyas flores sólo se abren al anochecer. **BOTÁNICA**

donjuanesco, a Que es propio de un donjuán: *la engatusó con sus modos donjuanescos y sus discursos galantes.* **adj.**

donjuanismo Comportamiento, carácter o conjunto de cualidades que distinguen a un donjuán. **s.m.**

donosidad Gracia, donaire con que se expresa una persona. **s.f./= donosura**

donoso, a Gracioso, que tiene gracia o donaire: *sus donosos andares de patizambo.* **adj.**

donostiarra (De *Donostia*, nombre vasco de San Sebastián.)
1 De la ciudad de Donostia-San Sebastián, capital de la provincia de Guipúzcoa. **adj.**

2 Persona que es natural de esta ciudad guipuzcoana. **s.**

donosura Gracia o donaire en la forma de expresarse: *recibía a sus alumnos con elegantes donosuras y halagos.* **s.f.** **= donosidad**

doña (Del lat. *domina*, dueña.) Tratamiento de respeto que se antepone al nombre de pila: *ama a doña Inés.* **s.f.**

doñear
1 Intentar enamorar un hombre a una mujer: *doñeaba a la primogénita de la casa para poder estar cerca de la pequeña.* **v.tr.** **= galantear**
2 Andar un hombre entre mujeres y tener trato y conversación con ellas. **v.intr.** **coloquial**

doñegal Se refiere al higo que es de buen tamaño y de pulpa muy roja. **adj.** **tb: doñigal**

dopado, a Se refiere al deportista que ha tomado sustancias estimulantes o excitantes para aumentar su rendimiento: *el ganador de la carrera de los cien metros fue descalificado por estar dopado.* **adj.** **DEPORTES**

dopar Administrar productos farmacéuticos estimulantes o excitantes a una persona o consumirlos para aumentar el rendimiento en una competición: *este atleta se dopa.* **v.tr/prnl.** **DEPORTES**

doping (Voz inglesa.) Medicación usada para aumentar de modo no natural el rendimiento general de un individuo en una competición. **s.m./pl: dopings** **DEPORTES** **tb: dopaje**

doquier Dondequiera, en cualquier parte. **adv./tb: doquiera**

dorada (Del lat. *aurata.*) Pez marino, de tamaño mediano, cuerpo alto y plateado, con bandas amarillas y mandíbula saliente, que vive entre rocas en aguas someras y es comestible. *(Sparus aurata.)* **s.f.** **ZOOLOGÍA** **= doradilla**

doradilla
1 Dorada, pez plateado con bandas amarillas. **s.f./ZOOLOGÍA**
2 Helecho pequeño de frondes largos y poco divididos, con el envés cubierto de escamillas doradas, que crece en grietas y rocas. *(Ceterach officinarum.)* **BOTÁNICA**
3 Aguzanieves, ave paseriforme. **ZOOLOGÍA**

doradillo Hilo de latón usado para engarces, guarnición de sombreros y en modistería. **s.m.**

dorado, a
1 De color de oro o semejante a él: *las doradas dunas de la costa.* **adj.**
2 Que está cubierto por una fina capa de oro: *la dorada corona de la imagen de la Virgen.*
3 Que es esplendoroso y magnífico: *la época dorada del cine.*
4 Se refiere a las caballerías de color de la miel. **Chile, Cuba**
5 Pez de agua dulce, de color dorado con el vientre plateado, muy apreciado para la pesca deportiva por la gran resistencia que ofrece a ser sacado del agua. **s.m./Argent., Par., Urug.** **ZOOLOGÍA**

dorador, a Persona que tiene por oficio dorar. **s.**

doradura Acción y resultado de dorar. **s.f.**

doral Mosquitero, ave de color amarillo rojizo. **s.m./ZOOLOGÍA**

dorar (Del lat. *deaurare.*)
1 Cubrir la superficie de una cosa con oro o con un material que tenga el mismo color. **v.tr.**
2 Dar el color del oro a una cosa: *doraron el tinte.* **v.tr/prnl.**
3 Asar o freír un alimento hasta que tome color dorado: *el asado se doraba en el horno.*
4 Hacer que una cosa parezca buena o menos mala de lo que realmente es: *le doraron el tema para que aceptara.*

dórico, a
1 Que procede de la Dórida, región de la antigua Grecia. **adj./= dorio** **HISTORIA**
2 Variedad lingüística del griego antiguo, que se hablaba en Corinto, en varias islas, como Creta, y en las colonias griegas de Italia. **s.m.** **LINGÜÍSTICA**
3 Se aplica al orden arquitectónico que tiene la altura de la columna de ocho módulos como máximo, el capitel sencillo y el friso adornado con metopas y triglifos. **adj.** **ARQUITECTURA**

dorífora Coleóptero muy perjudicial para la patata y otras plantas solanáceas. *(Leptinotarsa decemlineata.)* **s.f.** **ZOOLOGÍA**

doríforo Soldado armado con una lanza: *reproducción en mármol del doríforo en bronce de Policleto.* **s.m./HISTORIA, MILITAR**

dorio, a (Del gr. *dorioi.*)
1 De la Dórida, región de la antigua Grecia. **adj./HISTORIA**
2 Persona que procede de esta antigua región griega. **s./HISTORIA**

dormán Dolmán, chaqueta de uniforme que usaban los húsares. **s.m.**

dormancia (Del fr. *dormance.*) Incapacidad interna temporal de un órgano embrionario para una actividad celular: *dormancia de los brotes de los árboles; dormancia de los dientes definitivos del niño.* **s.f.** **BIOLOGÍA**

dormida
1 Acción de dormir: *durante la dormida les robaron todo lo que llevaban en el cofre.* **s.f.**
2 Estado por el que pasa cuatro veces el gusano de seda hasta que se encierra en el capullo. **ZOOLOGÍA**

3 Sitio donde pasan la noche algunos animales.
4 Lugar donde se pernocta. *Amér. Merid.*

dormidera
1 Adormidera, planta de cuyo fruto se extrae el opio. s.f./ BOTÁNICA
2 Facilidad para dormir: *no sufras por el ruido, tiene* s.f.pl./coloquial
buenas dormideras.

dormidero, a
1 Que hace dormir: *le pone música dormidera cerca de* adj.
la cuna.
2 Lugar donde duerme el ganado. s.m./= dormida

dormilón, a
1 Se aplica a la persona que duerme mucho y con fa- adj/s.
cilidad: *¡anda que no eres dormilona!, catorce horas se-* coloquial
guidas durmiendo.
2 Atajacamino, pájaro pequeño de color ceniciento s.m.
oscuro y cola larga que mantiene en continuo movi- ZOOLOGÍA
miento.
3 Pez teleósteo que se hunde en el fango y permane- ZOOLOGÍA
ce enterrado por un largo período.

dormilona
1 Pendiente con un brillante o una perla. s.f.
2 Asiento cómodo para dormir la siesta: *no puede con-*
ciliar el sueño si no es en su dormilona.

dormir (Del lat. *dormire.*)
1 Estar, entrar en el estado del sueño: *dormir la siesta;* v.intr/tr/prnl.
dormir mal.
2 Pasar alguien la noche en algún lugar fuera de su v.intr.
casa: *hoy dormiré en un hotel.* = pernoctar
3 Descuidarse u obrar con poca diligencia: *se durmió y* v.intr/prnl.
perdió el negocio.
4 Sosegarse lo que estaba inquieto: *he preferido dejar* = apaciguar
dormir el problema hasta que lo vea más claro.
5 Tomarse tiempo para meditar sobre algún asunto: v.intr./+ sobre
no puedo darte una respuesta, he de dormir sobre tu suge-
rencia.
6 Hacer que una persona esté en el estado del sueño: v.tr.
durmió al niño con una nana.
7 Anestesiar, privar de forma parcial o general de la
sensibilidad.
8 Adormecerse o entumecerse un miembro: *se le dor-* v.prnl.
mían con mucha frecuencia las manos. th: adormirse
9 Copular, unirse sexualmente. v.intr./+ con/coloquial
10 **dormirla**: Dormir después de una colosal borra- v.intr./+ con
chera. coloquial
CONJ.: IND.: PRES.: *duermo, duermes, duerme,* dormimos,
dormís, *duermen.* PRET. INDEF.: dormí, dormiste, durmió, dormimos, dormisteis, *durmieron.* SUBJ.: PRES.:
duerma, duermas, duerma, durmamos, durmáis, duerman.
PRET. IMPERF.: *durmiera, durmieras, durmiera, durmiéra-*
mos, durmierais, durmieran; durmiese, durmieses, durmie-
se, durmiésemos, durmieseis, durmiesen. FUTUR. IMPERF.:
durmiere, durmieres, durmiere, durmiéremos, durmiereis,
durmieren. IMP.: *duerme, duerma, durmamos,* dormid,
duerman. GERUND.: *durmiendo.*

dormirlas Juego del escondite. s.m./JUEGOS

dormitar (Del lat. *dormitare.*) Estar o quedarse una v./intr.
persona medio dormida: *dormitaba en la sala, mientras*
esperaba su llamada.

dormitivo, a Se refiere al medicamento que se utili- adj/s.m./FARMACIA
za para hacer dormir. = somnífero

dormitorio (Del lat. *dormitorium.*)
1 Habitación o cuarto para dormir: *nunca duerme la* s.m.
siesta en el dormitorio.
2 Muebles destinados a la habitación donde se duerme: *encargaron un dormitorio de roble.*

dornajo (Derivado del ant. *duerna.*) Artesa pequeña s.m.
redonda usada para dar de comer a los cerdos, para = dornillo
fregar o para otros usos: *les echó el pienso en dos dorna-*
jos.

dornillo
1 Dornajo, artesa pequeña redonda. s.m.
2 Plato o cazuela de madera. = hortera
3 Pequeña artesa de madera que se usaba de escupidera en las habitaciones.

dorsal
1 Del dorso, la espalda o el lomo. adj.
2 Pieza de tela, papel o plástico que llevan los partici- s.m.
pantes de cualquier tipo de carrera deportiva, en la DEPORTES
que aparece impreso el número de inscripción que
distingue a los corredores: *el ciclista con el dorsal 28 va*
en cabeza.
3 Se refiere al sonido que se articula con el dorso de adj/s.f.
la lengua. LINGÜÍSTICA
4 Cuña anticiclónica o de altas presiones. s.f.
5 **dorsal barométrica**: Línea continua de altas presiones.
6 **dorsal oceánica**: Línea que marca la dirección de GEOGRAFÍA
las cordilleras submarinas que se extienden y ramifi-
can a través de todos los océanos.

dorsalgia Dolor de espalda. s.f./MEDICINA

dorso (Del lat. *dorsum,* lado.)
1 Revés, parte posterior de una cosa: *el remite de una* s.m./= espalda
carta se pone al dorso del sobre. reverso/≠ cara
2 Parte posterior del tronco de una persona, que va ANATOMÍA
desde la nuca hasta la cintura: *tiene el dorso muy bron-* = espalda
ceado.

dorso- Componente de palabra procedente del lat. pref.
dorsum, que significa lado: *dorsopalatal.* th: dors-

dos (Del lat. *duos,* acusativo de *duo,* dos.)
1 Que resulta de la suma de uno y uno. adj.num/s.m.
2 Que ocupa el lugar número dos en una serie: *la fila* = segundo
dos; el tomo dos de la enciclopedia.
3 Signo o conjunto de signos que representa el nú- s.m.
mero dos.
4 Carta de la baraja con dos signos: *el dos de bastos.*
5 **a dos**: Que se encuentran agrupados de dos en loc.adj.
dos: *en fila de a dos.*
6 **cada dos por tres**: A menudo: *le pide dinero cada* loc.adv.
dos por tres.
7 **como dos y dos son cuatro**: De forma evidente. coloquial
8 **de dos en dos**: Expresión que indica que algunas loc.adv.
personas o cosas van apareadas.
9 **dos iguales**: Indica que los jugadores están iguala- DEPORTES,
dos a dos puntos o tantos, en el ping-pong y otros JUEGOS
juegos.
10 **dos por cuatro**: Compás de dos tiempos en el MÚSICA
que la unidad de compás es la blanca.
11 **en un dos por tres**: Rápidamente, en un instante: coloquial
en un dos por tres preparó cena para todos.

dosalbo, a Se refiere a la caballería que tiene blancos adj.
los pies.

doscientos, as (Del lat. *ducenti.*)
1 Que resulta de multiplicar dos y cien. adj.num/s.m.
2 Que ocupa el lugar número doscientos en una se- = ducentésimo
rie: *quedó la doscientos en la carrera.*
3 Signo o conjunto de signos que representa el nú- s.m.
mero doscientos.
4 **a doscientos por hora**: Muy deprisa, al máximo: loc.adv.
trabaja a doscientos por hora.
5 **poner a doscientos**: 1. Poner cachondo, excitar. 2. coloquial
Poner muy nervioso: *me puso a doscientos con sus tonte-*
rías.

dosel (Del cat. *dosser.*)
1 Cubierta de adorno, en forma de techo de madera s.m.
o tela, adosado a la pared o sostenido por columnas
que se coloca sobre un altar, un trono, una imagen o
una cama.
2 Tapiz que cubre una puerta. = antepuerta

doselera Cenefa del dosel. s.f.

doselete Cubierta ornamental voladiza que se coloca s.m.
sobre estatuas o sillas de coro.

dosificación
1 Determinación de la dosis de un medicamento. s.f./FARMACIA
2 Operación consistente en añadir al vino embotellado la dosis adecuada de un licor.
3 Determinación de la dosis de una cosa cualquiera,
material o inmaterial.

dosificador, a
1 Que dosifica. adj.
2 Utensilio que sirve para dosificar: *el dosificador no* s.m.
funciona porque la tinta obturó el tubo.

dosificar
1 Determinar las dosis en que debe tomarse un me- v.tr./conj: sacar
dicamento. FARMACIA
2 Graduar la cantidad de una cosa.

dosillo
1 Juego de cartas parecido al tresillo, que se juega en- s.m.
tre dos personas. JUEGOS
2 Grupo de dos notas que sustituye a uno de tres y MÚSICA
que tiene que ser ejecutado en el mismo tiempo.

dosimetría Sistema terapéutico que emplea sólo los s.f.
principios activos de las sustancias medicamentosas MEDICINA
en dosis fijas.

dosímetro
1 Instrumento para medir la intensidad de irradiación s.m.
en un ambiente determinado. FÍSICA NUCLEAR
2 **dosímetro de bolsillo**: El que tiene una pinza para FÍSICA NUCLEAR
facilitar su sujeción a la ropa.
3 **dosímetro individual**: El que permite la deducción FÍSICA NUCLEAR
de la dosis absorbida por su portador.

dosis (Del gr. *dosis,* acción de dar < *didomai,* dar.)
1 Toma de medicamento que se da al enfermo en s.f.
una unidad de tiempo o a lo largo de un tratamiento: pl: dosis
le tuvieron que administrar una dosis de morfina. MEDICINA
2 Cantidad o porción de una cosa cualquiera, material o inmaterial: *necesita una buena dosis de simpatía.*
3 **dosis letal**: Dosis mínima mortal de una sustancia MEDICINA
tóxica o de una radiación.
4 **dosis máxima**: Cantidad máxima de un medica- MEDICINA
mento que puede administrarse de una vez o durante
un día sin provocar daños en el organismo.

5 dosis permisible: Cantidad de radiación que puede recibir una persona sin causar lesiones. — MEDICINA

dosología (Voz francesa.) Parte de la medicina que estudia la dosificación de los medicamentos. — s.f./MEDICINA = posología

dossier (Voz francesa.) Informe, expediente o historial sobre una materia concreta: *en la sesión inaugural de los cursos repartieron un dossier a cada asistente.* — s.m. pl.th: dossieres th: dosier

dotación
1 Acción y resultado de proporcionar el dinero o los medios necesarios para un fin determinado: *dotación económica.* — s.f.
2 Cantidad de dinero o medios que se facilitan para un fin determinado: *la dotación para la reconstrucción asciende a ocho mil millones.*
3 Conjunto de personas que tienen asignado un trabajo en un mismo sitio: *la dotación de cirujanos resultará insuficiente.*
4 Conjunto de personas que tripulan un buque de guerra, o conjunto de personas, equipo o municiones que se asignan a una unidad militar. — MILITAR
5 **dotación cromosómica:** Conjunto de cromosomas que constituyen el material hereditario de un ser vivo. — BIOLOGÍA

dotal Que tiene relación con la dote. — adj.

dotar (Del lat. *dotare.*)
1 Asignar o entregar una dotación de dinero a una fundación o un organismo: *dotó el proyecto con varios millones.* — v.tr. = donar
2 Dar o poner la naturaleza ciertas buenas cualidades o dones en una persona o una cosa. — + de, con
3 Destinar una dotación de personal o de material a un organismo o un establecimiento: *dotó la ciudad de las mejores instalaciones deportivas.* — = suministrar, proveer
4 Señalar un sueldo a un empleo o un cargo.
5 Equipar, poner en una cosa otra que la mejora: *dotar al hospital de los más avanzados sistemas de diagnosis.*
6 Dar bienes o dinero como dote a una mujer que va a casarse.

dote (Del lat. *dos, dotis < dare,* dar.)
1 Conjunto de bienes que aporta la mujer al matrimonio o que adquiere después de casada. — s.m/f.
2 Cualidades o aptitudes de una persona para hacer una cosa: *tiene unas excelentes dotes para la música.* — s.f.pl.
3 Congrua o patrimonio que se entrega al convento o a la orden en que va a tomar estado religioso una profesa. — s.m. RELIGIÓN
4 Tantos que toma cada jugador para saber después lo que pierde o gana, en algunos juegos de cartas. — JUEGOS
5 **dote estimada:** La que se tasa y cuya propiedad se transmite al marido con la obligación de que éste restituya el importe en su día. — DERECHO
6 **dote germana:** Aquella que constituye el marido a favor de la mujer. — DERECHO
7 **dote inestimada:** Aquella cuya propiedad conserva la mujer y que se le debe restituir a ella o a sus herederos. — DERECHO
8 **dote romana:** La que aporta la mujer para el sostenimiento de las cargas conyugales. — DERECHO
9 **constituir la dote:** Hacer otorgamiento formal de ella.

dovela (Del fr. *douvelle.*)
1 Piedra labrada en forma de cuña que sirve para formar los arcos o bóvedas. — s.f. ARQUITECTURA
2 Superficie correspondiente al interior o al exterior de las piedras de un arco o bóveda. — CONSTRUCCIÓN

dovelaje Conjunto de dovelas. — s.m.

dovelar Labrar las piedras en forma de dovelas. — v.tr.

doxo- Componente de palabra procedente del gr. *doxa,* que significa opinión: *doxología; ortodoxia.* — pref/suf. th: -doxa, -doxia

doxología (Del gr. *doxa,* glorificación + *logos,* estudio, tratado.) Fórmula de alabanza a la divinidad, en especial a la Santísima Trinidad, en la liturgia católica. — s.f. RELIGIÓN

doxometría Estudio de la opinión pública por medio de sondeos metódicos sobre cualquier problema. — s.f. ESTADÍSTICA

dozavado, a Que tiene doce lados o partes. — adj.

dozavo, a
1 Se refiere a cada una de las doce partes iguales en que se divide un todo. — adj.num/s.m. = doceavo
2 **en dozavo:** Se aplica al libro o folleto cuyo tamaño es la doceava parte del pliego de papel ordinario. — loc.adj. ARTES GRÁFICAS

draba Planta herbácea de flores blancas, pequeñas, en corimbo, y cuyas semillas se han usado como sustituto de la pimienta. — s.f. BOTÁNICA

dracma (Del lat. *drachma < gr. drakhme.*)
1 Unidad monetaria de Grecia. — s.f./ECONOMÍA
2 Antigua moneda de plata griega y romana, equivalente a cuatro sestercios. — HISTORIA

draconiano, a (De *Dracon,* legislador ateniense con fama de cruel y severo.)
1 De este legislador ateniense. — adj./HISTORIA
2 Se aplica a la ley o castigo que es muy cruel o severo: *las medidas de restricción económica fueron draconianas.*

draga (Del ingl. *drag,* arrastrar.)
1 Máquina que se usa para excavar bajo el agua o para limpiar el fondo de corrientes y extensiones de agua. — s.f. TECNOLOGÍA
2 Barco provisto de una máquina para dragar.
3 **draga de cuchara:** Grúa provista de cuchara especial para el dragado. — = dragador
4 **draga de rosario:** Barco o pontón en el que va instalada una cadena de cangilones o cubos que recogen el material.
5 **draga succión:** La que dispone de potentes aspiradores.

dragado
1 Acción y resultado de dragar. — s.m.
2 Operación consistente en la extracción o destrucción de minas. — MILITAR

dragador, a
1 Obrero que trabaja en una draga. — s.
2 Barco equipado especialmente para el dragado o limpieza de ríos, puertos de mar y otros lugares semejantes. — s.m. NÁUTICA = draga

dragaminas Barco que limpia de minas el mar. — s.m./pl: dragaminas

dragante Figura que representa una cabeza de dragón con la boca abierta mordiendo o tragando alguna cosa. — s.m. HERÁLDICA = dragonete

dragar Limpiar el fondo de los puertos, lagos, ríos y otros lugares semejantes con la draga: *dragaron el lago en busca de sus cuerpos.* — v.tr. conj: pagar

drago Árbol originario de Canarias, de tronco grueso, flores en espiga terminal, pequeñas, de color blancoverdoso, fruto en baya amarillenta del tamaño de una cereza y sabor agridulce, y de los que se extrae la resina llamada sangre de drago. (*Dracaena draco.*) — s.m. BOTÁNICA

dragón (Del lat. *draco, -onis < gr. drakon, ontos.*)
1 Animal fantástico con cuerpo de serpiente, pies y alas, que es feroz y voraz. — s.m. MITOLOGÍA
2 Reptil tropical, con aspecto de lagarto, pero dotado de una membrana entre las patas anteriores y posteriores que le permite efectuar planeos y pequeños vuelos. (*Draco.*) — ZOOLOGÍA
3 Pez marino, pequeño, aplanado, de cabeza grande, enormes aletas dorsales y bellos colores azules y amarillos, que vive sobre fondos poco o medianamente profundos. (*Callionymus pusillus.*) — ZOOLOGÍA
4 Planta perenne, de hojas carnosas, y de flores encarnadas o amarillas en espigas terminales. (*Antirrhinum murale.*) — BOTÁNICA
5 Soldado que se traslada a caballo y que combate a pie o a caballo. — MILITAR
6 Abertura por donde se cargan y ceban los hornos de reverbero mientras están encendidos. — METALURGIA
7 Embarcación deportiva de vela de nueve metros de longitud, como máximo. — DEPORTES
8 Mancha blanca opaca que se forma en las pupilas de los ojos de las caballerías. — VETERINARIA

dragona Tipo de charretera, divisa militar. — s.f./MILITAR

dragoncillo
1 Antigua arma de fuego. — s.m.
2 Estragón, planta usada como condimento. — BOTÁNICA
3 Dragón, planta de flores encarnadas o amarillas. — s.m.pl/ BOTÁNICA

dragonear
1 Ejercer un cargo sin tener un título para ello. — v.intr./Amér.
2 Alardear, jactarse de una cosa. — Amér.
3 Galantear, cortejar o enamorar a una mujer. — Argent., Urug.

dragonites Piedra preciosa que se creía que existía en la cabeza de los dragones. — s.f. pl: dragonites

dragontea (Del lat. *dracontea < gr. drakonteion.*) Planta herbácea de hasta un metro, con hojas en forma de abanico, flores pequeñas, agrupadas sobre un tallo en forma de porra y rodeadas de una vaina violácea, y fruto en baya. (*Dracunculus vulgaris.*) — s.f. BOTÁNICA = culebrera, dragoncillo

dralón Cierta clase de tejido sintético acrílico. — s.m.

drama (Del bajo lat. *drama < gr. drama,* acción, pieza teatral.)
1 Obra teatral escrita para ser representada, en forma de diálogo, en especial, aquellas de acción más trágica, seria y conmovedora. — s.m. TEATRO
2 Dramaturgia, género literario caracterizado por un final trágico: *el drama decimonónico.* — LITERATURA = dramática
3 Acontecimiento o suceso de la vida real, triste, conmovedor, trágico o terrible: *el drama de los refugiados políticos.*
4 **drama litúrgico:** Texto literario dialogado que ponía en escena pasajes evangélicos y se representaba en el marco de los oficios religiosos. — TEATRO
5 **drama trágico:** El que alcanza la plenitud trágica. — TEATRO

6 hacer un drama: Dar carácter dramático a un acontecimiento o suceso que no lo tiene: *hicieron un drama de su discusión.* — coloquial

dramática
1 Arte de escribir obras teatrales. — s.f./TEATRO
2 Dramaturgia, género literario. — LITERATURA

dramáticamente
1 Según las reglas propias del drama. — adv./LITERATURA
2 Con pesimismo, de manera trágica: *no te lo tomes tan dramáticamente que no hay para tanto.* — coloquial

dramático, a (Del gr. *dramatikos.*)
1 Del drama: *lenguaje dramático.* — adj./TEATRO
2 Que es propio del género o de la poesía dramática. — LITERATURA
3 Se refiere al autor que escribe dramas o poesía dramática. — adj/s. LITERATURA
4 Se aplica al actor que representa un papel en un drama. — TEATRO
5 Que causa pena o angustia o que es capaz de conmover: *el país se encuentra en una dramática crisis.* — adj.
6 Que se comporta de manera teatral o afectada.

dramatismo
1 Carácter de lo que es dramático: *su intervención dio al acto un gran dramatismo.* — s.m.
2 Expresión sincera de un sentimiento: *lo hizo con tal dramatismo que parecía real.*
3 **echar dramatismo a una cosa:** Hacerla más exagerada: *le echó dramatismo a su dolencia y le dieron la baja.* — coloquial

dramatización Acción y resultado de dramatizar. — s.f.

dramatizar
1 Dar forma y carácter dramático a una cosa. — v.tr./conj: *cazar*
2 Manifestar una cosa, un suceso o un acontecimiento de manera exagerada y dramática: *dramatizó hasta límites insospechados su fracaso.* — v.tr/intr.

dramaturgia
1 Arte de escribir obras teatrales. — s.f./LITERATURA
2 Género literario que comprende todas las obras escritas para ser representadas: *la dramaturgia medieval.* — LITERATURA = drama, dramática

dramaturgo, a (Del gr. *dramaturgos < drama, -atos,* drama + *érgon,* obra.) Persona que escribe obras de teatro. — s. LITERATURA

dramón
1 Drama que se considera de mala calidad por ser excesivamente aburrido o sensiblero. — s.m./despectivo TEATRO
2 Sentimiento exagerado provocado por una situación o por un acontecimiento tristes: *su confesión se convirtió en un dramón y todas acabaron llorando.* — coloquial

drapeado Disposición o dibujo de los pliegues de una tela o un paño: *lucía un corpiño drapeado.* — s.m. TEXTIL

drapear Disponer o plegar las telas de un vestido o darle la caída conveniente. — v.tr/prnl. TEXTIL

draque Bebida elaborada con agua, aguardiente y nuez moscada. — s.m./Amér. Central y Merid.

drástico, a (Del gr. *drastikos,* enérgico < *drao,* yo obro.)
1 Que es riguroso y definitivo: *la empresa necesita medidas drásticas para salir adelante.* — adj. = radical, tajante
2 Se aplica al medicamento que purga con gran eficacia. — FARMACIA

dravídico, a Se refiere a la familia de lenguas que ocupan la mayor parte meridional de la India y que no son arias. — adj/s.f. LINGÜÍSTICA

dren Tubo de arcilla cocida, hormigón poroso o similar que se utiliza para el drenaje de un terreno. — s.m.

drenaje (Del fr. *drainage.*)
1 Operación de dar salida al agua estancada, o a la excesiva humedad de un terreno, por medio de las instalaciones adecuadas. — s.m. = avenamiento
2 Procedimiento para dar salida a líquidos o humores de una herida, un absceso o cavidad: *con el drenaje le extrajeron dos litros de la vejiga.* — MEDICINA

drenar (Del fr. *drainer.*)
1 Quitar el agua de un terreno inundado o pantanoso mediante zanjas o cañerías. — v.tr. = avenar, desaguar
2 Sacar los humores de una herida o un tumor: *le tuvieron que drenar el pulmón.* — MEDICINA

drepano- Componente de palabra procedente del gr. *drepane* o *drepanon,* que significa hoz, guadaña: *drepanocitosis.* — pref. tb: drepan-

drepanocitosis Enfermedad hereditaria que se presenta principalmente en individuos de raza negra y se caracteriza por una disminución de los glóbulos rojos. — s.f. pl: drepanocitosis MEDICINA

dresina Vagón automotor de ferrocarril que permite revisar tramos de la red ferroviaria sobre la marcha. — s.f.

dríade (Del lat. *dryas, -adis* < gr. *dryas, -ados.*) Ninfa de los bosques. — s.f./MITOLOGÍA tb: dríada

driblar Regatear, engañar un jugador al contrario conservando el balón. — v.tr/intr. DEPORTES

drible Eliminación de un obstáculo o acción de esquivar al contrario para poder seguir controlando el balón. — s.m. DEPORTES

dribling (Voz inglesa.) Regate o finta que realiza un jugador de fútbol para conservar el balón. — s.m./pl: driblings DEPORTES

dril (Del ingl. *drill.*) Tejido fuerte de hilo o de algodón crudos. — s.m. TEXTIL

dril Mono catirrino, parecido al mandril, de rostro muy negro y barba leonada, que vive en África occidental. *(Mandrillus leucocephalus.)* — s.m. ZOOLOGÍA

drino (Del gr. *drynas,* culebra de los árboles.) Reptil ofidio, delgado y de color verde, que vive en los árboles de los grandes bosques tropicales. *(Drymus.)* — s.m. ZOOLOGÍA

driopitecino, a Perteneciente a un grupo de primates antropoides fósiles que vivieron en Eurasia y África desde el final del oligoceno hasta el final del mioceno. — adj/s.m. ZOOLOGÍA

dripping (Voz inglesa.) Técnica pictórica que consiste en distribuir el color sobre un soporte directamente del tubo sin usar pincel ni otra herramienta. — s.m. ARTE

drive (Voz inglesa.)
1 Primer golpe de larga distancia desde la salida de un hoyo, en el golf. — s.m. DEPORTES
2 Golpe de derecha en el tenis. — DEPORTES

driver (Voz inglesa.) Palo con que se ejecuta el drive, en el golf. — s.m. DEPORTES

driza (Del ital. *drizza < drizzare,* levantar.) Cabo con que se izan y arrían velas, vergas, banderas y otros aparejos de una embarcación. — s.f. NÁUTICA tb: triza

droga
1 Sustancia medicamentosa, natural o sintética, de efecto estimulante, deprimente, narcótico o alucinógeno, que se usa en la medicina y en la industria. — s.f./FARMACIA, INDUSTRIA, MEDICINA
2 Sustancia preparada usada en la industria para pintar, limpiar y otros usos. — INDUSTRIA
3 **droga blanda:** La que no crea adicción y produce efectos menores en el organismo, como el hachís o la marihuana.
4 **droga dura:** La que crea adicción y produce efectos graves en el organismo, como la cocaína o la heroína.

drogadicción Hábito o adicción que crea la droga. — s.f./MEDICINA

drogadicto, a Se refiere a la persona que tiene dependencia del consumo de una droga: *encontraron el cuerpo de una drogadicta muerta por sobredosis.* — adj/s. MEDICINA = toxicómano

drogado, a
1 Se refiere a la persona que está bajo el efecto de una droga. — adj/s.
2 Acción de drogar o drogarse. — s.m.

drogar
1 Administrar una droga a una persona o un animal: *drogaron a los mandriles para trasladarlos al zoológico.* — v.tr. conj: *pagar*
2 Tomar o inyectarse una persona una droga: *se droga desde hace mucho tiempo.* — v.prnl.
3 Introducir impurezas dosificadas en proporciones muy pequeñas en un elemento semiconductor, para influir en el comportamiento electrónico del mismo. — v.tr. FÍSICA

drogata Drogadicto, persona que tiene dependencia del consumo de una droga. — s.m.f./coloquial tb: drogota

drogodependencia Dependencia fisiológica de una droga. — s.f. = toxicomanía

drogodependiente Que es adicto o tiene dependencia de algún tipo de droga o estupefaciente. — adj/s./MEDICINA = toxicómano

droguería
1 Tienda donde se venden sustancias químicas preparadas para el uso industrial y doméstico, y productos de cosmética y aseo. — s.f. COMERCIO
2 Farmacia, establecimiento en el que se preparan y venden medicamentos. — Amér. Central COMERCIO

droguero, a Persona que por oficio vende productos de droguería. — s./COMERCIO = droguista

droguete Tela de lana con listas de diversos colores y flores entre las listas. — s.m. TEXTIL

dromedario (Del lat. *dromedarius* < gr. *dromas, -ados,* corredor.) Rumiante similar al camello, de una sola joroba, que vive domesticado en los desiertos africanos y asiáticos. *(Camellus dromedarius.)* — s.m. ZOOLOGÍA

dromona (Del lat. *dromon,* bergantín.) Nave de guerra a remo, típica de la flota y época bizantinas. — s.f. HISTORIA

drop (Voz inglesa.) Tanto obtenido al meter el balón entre los palos al darle una patada a bote pronto, en el rugby. — s.m./pl: drops DEPORTES = drop-goal

dropacismo (Del lat. *dropacismus* < gr. *dropakismos.*) Sustancia que se usa para depilar. — s.m.

dropar Dejar caer la bola por encima del hombro estando de espaldas, cuando la pelota cae en un lugar desde donde no se puede jugar, en el golf. — v.tr. DEPORTES

drosera (Del gr. *droseros,* cubierto de rocío.) Planta que se alimenta de insectos y animales pequeños. *(Drosera rotundifolia.)* — s.f. BOTÁNICA = atrapamoscas

droseráceo, a (Derivado del gr. *droseros*, cubierto de rocío.) Perteneciente a una familia de plantas insectívoras, herbáceas, de hojas alternas y flores regulares. — adj/s.f. BOTÁNICA = drosáceo

droso- Componente de palabra procedente del gr. *drosos*, que significa agua, rocío: *drosofila; drosómetro; melanidrosa*. — pref/suf. tb: drus-, -drosa

drosofila Denominación común de diversos insectos dípteros (*Drosophila*), uno de ellos (*Drosophila melanogaster*) muy utilizado en investigaciones genéticas. — s.f. ZOOLOGÍA tb: drosófila

drosómetro (Del gr. *drosos*, agua, rocío + *métron*, medida.) Aparato que sirve para medir la cantidad de rocío que se forma en un día. — s.m. TECNOLOGÍA

drugstore (Voz inglesa.) Establecimiento dedicado a la venta de productos farmacéuticos, de perfumería, alimenticios, de libros, discos, tabaco y que permanece abierto en un horario muy superior al normal. — s.m. COMERCIO

druida (Del lat. *druida* < celta *derua*, roble.) Sacerdote celta. — s.m. RELIGIÓN

druidesa Mujer sacerdotisa que, según los celtas, era adivina e intervenía en los asuntos de la comunidad. — s.f. RELIGIÓN

druídico, a Que tiene relación con los druidas o con su religión: *sabiduría druídica*. — adj. RELIGIÓN

druidismo Religión de los antiguos galos y celtas, que profesaba culto a varias divinidades, creía en la vida futura y en cierta forma de reencarnación. — s.m. RELIGIÓN

drumlin (Voz irlandesa.) Morrena de fondo que origina colinas alargadas según el desplazamiento del glaciar. — s.m. GEOLOGÍA

drupa (Del lat. *druppa*, aceituna madura < gr. *dryppa*.) Fruto carnoso con una sola semilla en su interior, como el melocotón o la cereza. — s.f. BOTÁNICA

drupáceo, a Se refiere al fruto que tiene alguna propiedad de la drupa. — adj. BOTÁNICA

drusa (Del fr. *druse* < alem. *Druse*.) Conjunto de cristales que recubre la superficie de un mineral o roca. — s.f. MINERALOGÍA

drusiforme Se refiere al mineral que forma drusas al cristalizar o se parece a una. — adj. MINERALOGÍA

druso, a De una secta islámica, que habita en Líbano y Siria, con elementos cristianos y de otras religiones. — adj/s. RELIGIÓN

dry (Voz inglesa.) Se aplica a las bebidas secas, como el champán y algunos aperitivos. — adj/s.m.

dry-farming (Voz inglesa.) Sistema agrícola de cultivo utilizado para retener el agua en tierras en barbecho de regiones semiáridas, a través de frecuentes labores superficiales. — s.m. AGRICULTURA

dual (Del lat. *dualis*, binario.)
1 Que tiene dos aspectos o partes: *elemento dual; sistema dual*. — adj.
2 Se aplica al número gramatical que tienen algunas lenguas para indicar que la palabra se refiere a dos personas o cosas. — adj/s.m. LINGÜÍSTICA
3 Se aplica al sistema audiovisual que permite que una emisión, por ejemplo de una película, pueda ser seleccionada en versión original o doblada a otra lengua. — AUDIOVISUALES

dualidad
1 Circunstancia de poseer dos caracteres o dos modos de vida distintos u opuestos: *la dualidad de la comunidad*. — s.f. = dualismo
2 Circunstancia de existir dos cosas de una misma clase o dos personas para una misma función: *dualidad de presidentes*.
3 Propiedad que tienen algunos cuerpos de cristalizar en dos posibles figuras geométricas. — QUÍMICA
4 Propiedad de los cuerpos de presentar dos estados diferenciados, a veces incluso opuestos. — FÍSICA
5 Aplicación matemática que transforma un espacio vectorial en uno dual: *el teorema de Pascal es un ejemplo de dualidad*. — MATEMÁTICAS

dualismo
1 Circunstancia de poseer dos caracteres o dos modos de vida distintos u opuestos. — s.m. = dualidad
2 Doctrina filosófica y religiosa que defiende la existencia de dos principios opuestos, eternos e independientes en el origen del universo. — FILOSOFÍA, RELIGIÓN
3 Reunión de dos partes bajo un soberano, conservando éstos su autonomía. — POLÍTICA
4 Sistema social que se basa en la división de un pueblo en dos clases que realizan diferentes funciones, en especial en el intercambio de mujeres y en la organización del trabajo, en algunas sociedades preindustriales. — SOCIOLOGÍA

dualista
1 Del dualismo: *sistema dualista*. — adj.
2 Persona que profesa el dualismo. — s.m.f.

dualístico, a
1 Que tiene relación con la dualidad. — adj.
2 Que tiene relación con el dualismo filosófico. — FILOSOFÍA

duba (Del fr. *douve*, zanja, o foso, llenos de agua.) Muro o tapia de tierra amasada. — s.f. CONSTRUCCIÓN

dubitable Que es dudable o dudoso. — adj.

dubitación
1 Duda, incertidumbre y problema que se propone para resolver. — s.f.
2 Figura retórica consistente en que la persona que habla manifiesta duda acerca de lo que debe decir o hacer. — RETÓRICA

dubitativo, a (Del lat. *dubitativus*.) Que supone o expresa duda. — adj. = dudoso

dublé (Del fr. *doublé*.) Chapeado en oro sobre latón o similar, utilizado en la fabricación de bisutería y en orfebrería. — s.m.

dublinés, a
1 De Dublín, capital de la república de Irlanda. — adj.
2 Persona que es natural de Dublín. — s.

ducado (Del ital. *ducato*.)
1 Título de duque y territorio sobre el que tenía jurisdicción: *recibió de sus manos el ducado de Ávila*. — s.m.
2 Antigua moneda de oro que se usó en España hasta el siglo XVI y en otros países. — HISTORIA

ducal Del duque: *palacio ducal*. — adj.

duce (Voz italiana.) Título del jefe del estado italiano durante la época fascista. — s.m. POLÍTICA

ducentésimo, a
1 Que ocupa el lugar número doscientos en una serie. — adj.num.
2 Parte que resulta de dividir una cosa en doscientas partes iguales. — adj.num/s.m.

ducha
I (Del fr. *douche* < ital. *doccia*.)
1 Chorro de agua que se deja caer sobre el cuerpo o sobre una parte de él con fines higiénicos, relajantes o curativos. — s.f.
2 Instalación o dispositivo que sirve para ducharse: *instalaron una ducha en el camarote*.
3 **ducha de agua fría**: Noticia o acontecimiento desagradables que causan una fuerte impresión: *su dimisión cayó como una ducha de agua fría*. — coloquial
II (Derivado de *ducho* < lat. *ductus*, conducido, guiado.) Lista que se forma en los tejidos. — s.f. TEXTIL

duchar
1 Dar o tomar una ducha: *se estaba duchando cuando se cortó el agua*. — v.tr/prnl.
2 Mojar inoportunamente a una persona con agua u otro líquido: *aquel coche nos duchó cuando pasó por el charco*. — v.tr.

ducho, a (Del lat. *ductus*, conducido, guiado < *ducere*, conducir.) Que es hábil o experimentado: *es ducho en historia; es muy ducha en manualidades*. — adj. + en

dúctil (Del lat. *ductilis*.)
1 Que es condescendiente o acomodadizo: *tiene un carácter muy dúctil*. — adj. = dócil
2 Que es fácil de manejar o moldear. — = dócil
3 Se aplica al metal que puede ser transformado o estirado en frío. — = maleable
4 Se refiere a cosas que pueden ser deformadas. — = flexible

ductilidad
1 Facilidad para dejarse convencer o conducir: *ductilidad de carácter*. — s.f. = docilidad
2 Facilidad para doblarse o cambiar de forma. — = flexibilidad
3 Propiedad de algunos metales para ser deformados o estirados en frío: *el plomo tiene bastante ductilidad*.

-ducto Componente de palabra procedente del lat. *ductum*, que significa conducido: *acueducto; oleoducto*. — suf.

duda
1 Estado de quien no está seguro de una cosa o no se decide entre dos juicios u opciones: *la duda se apoderó de él y ya no lo dejó hasta su muerte*. — s.f. = incertidumbre ≠ certeza
2 Problema o cuestión que se propone para resolver: *al final de la clase estuvimos aclarando dudas*.
3 Vacilación o falta de firmeza en la fe religiosa: *vivía su religión angustiado por la duda*. — RELIGIÓN
4 **duda filosófica**: Escepticismo metódico que anima a considerar escrupulosamente todos los detalles antes de decidirse a expresar un juicio sobre cualquier asunto. — FILOSOFÍA
5 **la duda ofende**: Frase con que se responde a una observación o pregunta cargada de intención sobre el modo de proceder de una persona.
6 **no caber duda**: Expresión con la que se asegura la certeza de lo enunciado: *no cabe duda que vendrá, sin su equipaje no puede salir de viaje*.
7 **sin duda, sin duda alguna o sin ninguna duda**: Con toda probabilidad: *sin ninguna duda lloverá antes de que llegue el invierno*.
8 **tener alguien sus dudas**: Desconfiar de una persona o de una cosa: *él dice que vendrá mañana, pero yo tengo mis dudas*.

dudable Que ofrece duda. — adj.

dudar (Del lat. *dubitare*.)
1 Estar una persona indecisa respecto a una cosa: *duda entre ir a Irlanda o a Suecia.* — v.intr/tr.
2 Vacilar, no creer mucho en lo que dice una persona: *dudo de sus promesas.* — v.intr. + de
3 Desconfiar, tener poca confianza en una persona o en una cosa: *dudo de aquellos compañeros.* — + de

dudoso, a
1 Que implica o expresa duda: *asunto dudoso; un texto de dudosa procedencia.* — adj./= vacilante ≠ seguro
2 Que es inseguro o poco probable. — = incierto
3 Que tiene una calidad o una moral poco fiables: *nos trajo una tela de dudosa calidad.* — = sospechoso ≠ indiscutible

duela (Del fr. ant. *douelle* < *douve, doue* < bajo lat. *doga*, tonel.)
1 Cada una de las tablas que forman un tonel o una cuba. — s.f.
2 Cada una de las tablas angostas de un piso o entarimado. — Méx. CONSTRUCCIÓN
3 Gusano parásito del hígado del cordero y del ganado vacuno, que a veces se halla en otros mamíferos y, ocasionalmente, en el hombre y que produce una enfermedad grave. *(Fasciola hepatica.)* — ZOOLOGÍA

duelaje Dolaje, vino que absorben las cubas donde se guarda. — s.m.

duelista
1 Persona que se precia de saber y entender las leyes del duelo. — s.m.f.
2 Persona que desafía con facilidad.

duelo
I (Del lat. *duellum*, combate.) Combate con armas, librado entre dos personas a consecuencia de un reto o desafío: *ambos contendientes fallecieron en el duelo a pistola.* — s.m.
II (Del bajo lat. *dolus*, dolor.)
1 Dolor profundo: *sentía un hondo duelo por las miserias a que estaban sometidos.* — s.m.
2 Pesar que se manifiesta por la muerte de una persona.
3 Reunión de personas que asisten a la casa mortuoria, a la conducción del cadáver, al cementerio o a los funerales.

duenario Ejercicio piadoso durante dos días, entre los cristianos. — s.m. RELIGIÓN

duende (Derivado de *duen de [casa]*, dueño de la casa.)
1 Ser fantástico que, según la tradición, habita en algunas casas, donde hace ruido y mueve las cosas. — s.m. = trasgo
2 Ser fantástico de los cuentos que gasta bromas a los humanos o les ayuda en sus quehaceres. — LITERATURA
3 Niño travieso.
4 **andar alguien como duende:** Aparecer una persona en lugares o momentos inesperados. — coloquial
5 **tener duende:** 1. Tener gracia o encanto o misterio: *esa muchacha tiene duende.* 2. Tener alguna preocupación. — coloquial

duendo, a Que es manso: *vaca duenda; palomas duendas.* — adj.

dueña (Del lat. *domina*.)
1 Mujer propietaria de una cosa: *la dueña del prado les dio permiso para acampar.* — s.f.
2 Monja o beata que vivía en comunidad y solía ser mujer principal. — RELIGIÓN
3 Ama de llaves, mujer viuda que había en las casas principales y se encargaba de dirigir a las criadas.

dueño (Del lat. *dominus*, señor.)
1 Persona que tiene la propiedad o posesión de una cosa: *quiere hablar con el dueño de la tienda.* — s.m. = propietario
2 Amo, persona para la que trabaja el criado.
3 **dueño dulce:** Persona amada. — culto
4 **dueño de sí mismo:** Expresión que se aplica a la persona que sabe dominarse.
5 **hacerse dueño de algo:** Apoderarse o adquirir conocimiento de una cosa: *hacerse dueño de la situación.*
6 **ser alguien dueño o muy dueño de hacer algo:** Tener libertad para hacer una cosa: *es muy dueño de hacer lo que quiera con la herencia.*

duermevela Sueño ligero o inquieto, frecuentemente interrumpido: *pasó la noche en duermevela, pendiente de su respiración.* — s.m.f. coloquial

duerna
1 Recipiente de madera y de forma cuadrada, con la base más estrecha que la boca, usado para amasar el pan y para otros usos. — s.f. tb: duerno = artesa
2 Tronco hueco en forma de canal usado para dar de comer a los animales: *puso el pienso en la duerna.* — tb: duerno

duetista Cantante que canta duetos: *era uno de los duetistas más famosos del panorama musical.* — s.m.f. MÚSICA

dueto (Del ital. *duetto*.) Dúo musical o canción cantada a dos voces. — s.m./MÚSICA tb: duetino

dufrenita (De A. Petit-*Dufrenoy*, minerólogo francés.) Fosfato hidratado natural de hierro. — s.f. MINERALOGÍA

dugo Ayuda o daño que se puede causar a una persona. — s.m. Amér. Central

dugón Mamífero herbívoro de color grisáceo, que vive en las costas marinas del océano Índico y remonta los ríos. *(Dugong dugong.)* — s.m. ZOOLOGÍA tb: dugongo

dula (Del ár. vulgar *dula*, turno, alternativa < ár. *dawla*, cambio, vicisitud.)
1 Porción de tierra cultivable que, por turno, recibe riego de una misma acequia. — s.f. AGRICULTURA
2 Porción de terreno comunal o en rastrojera donde, por turno, pace el ganado de los vecinos de un pueblo. — = boalaje
3 Conjunto de cabezas de ganado de los vecinos de un pueblo que pastan en un mismo turno en un terreno comunal.

dulcamara Planta trepadora perenne, de flores violetas, grandes, con vistosos estambres amarillos, fruto en baya rosa, y que es usada como planta medicinal. *(Solanum dulcamara.)* — s.f. BOTÁNICA tb: dulzamara

dulce (Del lat. *dulcis*.)
1 Que tiene un sabor parecido al del azúcar: *era una fruta muy dulce al paladar.* — adj.
2 Que no está agrio o salado, comparado con otras cosas de la misma especie: *bebió agua dulce del río.*
3 Que es suave y agradable: *tiene una voz dulce.*
4 Se refiere a la persona que es amable y cariñosa.
5 Comestible compuesto de azúcar, de sabor dulce muy agradable al paladar: *me regaló una caja de dulces.* — s.m. = golosina
6 Tantos que gana o pierde el que entra a vuelta en el juego del tresillo. — s.m.pl./JUEGOS coloquial
7 **dulce de almíbar:** Fruta conservada en almíbar: *decoró la tarta con dulce de almíbar.* — COCINA
8 **dulce de leche:** Manjar de consistencia pastosa que se prepara cociendo a fuego lento leche y azúcar, hasta que adquiere un color marrón claro y consistencia espesa. — Argent., Urug. COCINA
9 **dulce o carne de membrillo:** El que se hace con la pulpa del membrillo. — COCINA
10 **dulce seco o de platillo:** Fruta cocida en almíbar que después se deja secar. — COCINA
11 **a nadie le amarga un dulce:** Significa que cualquier ventaja o regalo no se debe desperdiciar: *aprovecharé la oportunidad, a nadie le amarga un dulce.* — coloquial
12 **en dulce:** Que está confitado o sumergido en almíbar. — loc.adj. COCINA

dulcémele (Del bajo lat. *dulce melos*.) Instrumento musical de cuerda. — s.m./MÚSICA tb: dulcemel

dulcera Vaso en que se guarda y sirve el dulce de almíbar. — s.f.

dulcería Confitería, tienda donde se hacen o venden dulces. — s.f. COMERCIO

dulcero, a
1 Que gusta de comer dulce. — adj./coloquial
2 Persona que por oficio elabora o vende dulces. — s./= confitero

dulciacuícola Que tiene relación con el agua dulce y, en particular, con los organismos que viven en ella. — adj. BIOLOGÍA tb: dulceacuícola

dulcificación Acción y resultado de dulcificar: *ayudó a la dulcificación de su carácter.* — s.f. = endulzamiento

dulcificar (Del lat. *dulcificare*.)
1 Endulzar, poner una cosa dulce: *dulcifica demasiado los pasteles.* — v.tr/prnl. conj: sacar
2 Hacer una cosa desagradable más grata o suave: *tu visita ha dulcificado la monotonía de la tarde; con los años, dulcificó su carácter.* — = suavizar

dulcinea (De *Dulcinea*, personaje del *Quijote*.) Mujer amada. — s.f. coloquial

dulcísono, a Que tiene un dulce sonido: *los dulcísonos tintineos del cascabel.* — adj. culto

dulimán (Del turco *dulamán*.) Prenda de vestir usada por los turcos, abierta por delante, que se llevaba encima de otras prendas. — s.m.

dulleta
1 Bata ancha y entretelada, que se usaba cuando hacía frío. — s.f.
2 Prenda de vestir que usaban los eclesiásticos encima de la sotana. — RELIGIÓN

dulzaina
1 Instrumento musical de viento, parecido a la chirimía pero con el tubo más corto y sonidos más agudos, antecesor del oboe. — s.f. MÚSICA
2 Mucha cantidad de dulce: *la mesa auxiliar estaba atestada de dulzainas y confites.* — despectivo

dulzainero, a Persona que toca la dulzaina. — s./MÚSICA

dulzarrón, a Que es demasiado dulce: *acompañó la crema con hojaldres dulzarrones.* — adj. coloquial

dulzamara Dulcamara, planta trepadora de flores violetas. — s.f. BOTÁNICA

dulzarrón, a Que empalaga o es desagradable por ser demasiado dulce: *licor dulzarrón.* adj./coloquial = dulzón

dulzón, a
1 Que es demasiado dulce: *pasta dulzona.* adj.
2 Se refiere al carácter o a la obra que es demasiado emotiva: *carácter dulzón; novela dulzona.*

dulzor Condición de dulce, de sabor semejante al del azúcar: *el dulzor del almíbar.* s.m. = dulzura

dulzura
1 Circunstancia de ser algo dulce, de sabor semejante al del azúcar: *la excesiva dulzura de la leche condensada me empalaga.* s.f. ≠ amargor
2 Circunstancia de ser algo suave y agradable: *la dulzura de su canto le hizo el efecto de un bálsamo.* = suavidad
3 Actitud pacífica, reposada y amable en el trato, expresión y movimientos: *suele hablar a los niños con mucha dulzura.*
4 Palabras cariñosas: *se pasó horas diciendo dulzuras a su gato.* s.f.pl.

dulzurar Hacer una cosa dulce o más dulce: *el azúcar dulzura los alimentos y las bebidas.* v.tr. = endulzar

duma (Voz rusa que significa *consejo.*) Asamblea de la Rusia del antiguo régimen. s.f. HISTORIA

dumdum Bala con incisiones en forma de cruz, que produce heridas muy graves. s.f. MILITAR

dumontita Sulfato de uranio y plomo, mineral radiactivo de color amarillo. s.f. MINERALOGÍA

dumper (Voz inglesa.) Vehículo volcador equipado con una caja basculante. s.m. CONSTRUCCIÓN

dumping (Voz inglesa.) Práctica comercial ilícita que consiste en vender a precio muy bajo para eliminar la competencia. pl: dumpings ECONOMÍA

duna (Del neerlandés *duin*, colina.) Montículo de arena que forma el viento en desiertos y playas: *atravesamos numerosas dunas antes de llegar al oasis.* s.f. GEOGRAFÍA = médano

dundasita Mineral de color blanquecino y brillo vítreo de la clase de los carbonatos. s.f. MINERALOGÍA

dundera Simpleza o tontería. s.f./Amér.

dundo, a Se aplica al tonto o simple. adj./Amér.

dunita Roca magmática formada por olivino y pequeñas cantidades de minerales metálicos. s.f. GEOLOGÍA

dúo (Del lat. *duo*, dos.)
1 Composición musical que se canta o toca entre dos voces o dos instrumentos. s.m. MÚSICA
2 Conjunto de dos voces, o dos instrumentos, que interpretan una composición musical de este tipo: *un dúo de guitarras interpretó el tema.* s.m. MÚSICA
3 Conjunto de dos personas: *forman un dúo humorístico muy curioso.* = pareja
4 **a dúo**: 1. Cantado por dos personas o tocado con dos instrumentos. 2. Con cooperación o intervención de dos personas: *levantaron la piedra a dúo.* loc.adv. loc.adv.

duodecimal (Derivado culto del lat. *duodecim.*)
1 Se aplica a la parte que resulta de dividir una cosa en doce partes iguales. adj.num. = duodécimo
2 Se refiere al sistema numérico de base doce. MATEMÁTICAS

duodécimo, a (Del lat. *duodecimus.*)
1 Que ocupa el lugar número doce en una serie. adj.num./s.
2 Se aplica a la parte que resulta de dividir una cosa en doce partes iguales. adj.num/s.m. = duodecimal

duodécuplo, a (Derivado culto del lat. *duodecim.*)
1 Que contiene a otro número exactamente doce veces. adj/s.
2 Que se repite doce veces. adj.
3 Que consta de doce elementos iguales o semejantes.

duodenal Del duodeno: *su dolor de estómago se debía a una inflamación duodenal.* adj. ANATOMÍA

duodenario, a Que dura doce días: *período duodenario de incubación.* adj.

duodenitis Inflamación del duodeno o primera porción del intestino delgado. s.f./pl: duodenitis MEDICINA

duodeno, a (Del lat. *duodeni*, de doce en doce.)
1 Duodécimo, que ocupa el lugar doce de una serie. adj.num/s.
2 Primera porción del intestino delgado de los mamíferos que va desde el estómago al yeyuno: *el duodeno recibe los jugos digestivos del páncreas y del hígado.* s.m. ANATOMÍA

duomesino, a
1 Que tiene o dura dos meses. adj.
2 Referente a este período de tiempo.

duomo (Voz italiana.) Denominación que reciben en Italia algunas catedrales. s.m.

duopolio Situación en la que únicamente existen dos competidores en el mercado y numerosos compradores. s.m. COMERCIO

dúplex (Del lat. *duplex*, doble.)
1 Vivienda que está compuesta de dos pisos unidos entre sí: *se ha comprado un dúplex.* s.m. pl: dúplex

2 Se refiere al sistema de información que transmite mensajes simultáneos por un mismo hilo y en ambos sentidos. adj. TELECOMUNICACIONES
3 Se aplica al procedimiento de colada que permite obtener lingotes dobles cuyas dos partes tienen diferente composición. METALURGIA

dúplica Escrito con el que el demandado responde a la réplica del demandante. s.f./DERECHO = contrarréplica

duplicación
1 Multiplicación por dos. s.f.
2 Registro seguido de dos fotogramas iguales en el proceso de rodaje fotograma a fotograma. CINE

duplicado
1 Segundo documento que se expide, y que es copia o se basa en el primero: *sólo es necesario que presente el duplicado de la escritura.* s.m.
2 Ejemplar repetido de un original o modelo.
3 **por duplicado**: En dos ejemplares: *todos los documentos debe presentarlos por duplicado.* loc.adv.

duplicador, a
1 Que duplica. adj.
2 Máquina que hace copias de un escrito. s.m.

duplicar (Del lat. *duplicare.*)
1 Hacer doble una cosa: *con la llegada del segundo hijo se le ha duplicado el trabajo.* v.tr/prnl. conj: sacar
2 Multiplicar una cantidad por dos: *el resultado de duplicar el número dos es cuatro.* v.tr.
3 Responder el demandado a la réplica. DERECHO

duplicativo, a Que duplica o dobla. adj.

dúplice (Del lat. *duplex, -icis,* doble.)
1 Que es doble o contiene un número dos veces. adj./culto
2 Se aplica al convento o monasterio que tenía una comunidad de religiosos y otra de religiosas. RELIGIÓN

duplicidad
1 Circunstancia de ser doble una cosa, o posibilidad de que pueda duplicarse: *la duplicidad de copias de ficheros hace que su pérdida sea más difícil.* s.f.
2 Cualidad de las personas que presentan dos maneras de ser y comportarse distintas, normalmente para engañar. = doblez, falsedad ≠ franqueza, honestidad

duplo, a (Del lat. *duplus.*) Se aplica al número que contiene dos veces a otro mencionado: *el duplo de dos es cuatro.* adj/s.m.

duplum (Voz latina.) La voz más alta en la música polifónica más primitiva. s.m. MÚSICA

duque, sa (Del fr. ant. *duc* < lat. *dux,* guía, conductor.)
1 Título nobiliario inferior al de príncipe y superior a los de marqués y conde. s.
2 Persona que tiene este título.
3 Antiguo carruaje de dos plazas. s.m.
4 Primera dignidad de la jerarquía señorial, en la organización feudal. HISTORIA
5 Pliegue que se hacían las mujeres en el manto, prendiéndolo en el pelo y echando hacia atrás las puntas.
6 **duque de alba**: Conjunto de pilotes sujetos por un zuncho de hierro que se clavan en puertos y ensenadas y sirven para amarrar las embarcaciones. NÁUTICA
7 **gran duque**: Denominación genérica de distintas especies de búho. ZOOLOGÍA

durabilidad Cualidad de duradero: *la durabilidad del acero inoxidable está demostrada.* s.f. = perdurabilidad

duración
1 Tiempo que dura una cosa: *la película tiene una duración de tres horas.* s.f.
2 Tiempo transcurrido entre el comienzo y el fin de un proceso.

duradero, a Que dura mucho: *el caos en esa organización ya es duradero.* adj.

duralex (Marca registrada.) Materia plástica, transparente y de textura similar a la del vidrio, que se emplea para la fabricación de piezas de vajilla y cristalería: *la vajilla de diario es de duralex por su resistencia.* s.m.

duraluminio (Marca registrada.) Aleación de aluminio con cobre, magnesio, manganeso y silicio, que es tan dura como el acero y muy resistente a la tracción. s.m. INDUSTRIA

duramadre La más externa de las meninges o membranas fibrosas que envuelven el cerebro y la médula espinal de los batracios, reptiles, aves y mamíferos. s.f. ANATOMÍA = duráméter

duramen Parte central, más seca, compacta y oscura, del tronco y ramas gruesas de los árboles. s.m. BOTÁNICA

durante Mientras, en el tiempo de: *lució el sol durante el día.* prep.

durar (Del lat. *durare,* endurecer.)
1 Existir una cosa un tiempo: *la película dura dos horas largas.* v.intr. = prolongarse

2 Seguir existiendo: *todavía duran los pasteles que trajiste la semana pasada.* = perdurar

durativo, a
1 Que dura: *efecto durativo.* adj.
2 Que expresa una acción considerada en su desarrollo o duración: *el imperfecto de indicativo es un tiempo durativo.* GRAMÁTICA

duraznero Árbol frutal, variedad del melocotonero con el fruto algo más pequeño. s.m./BOTÁNICA = durazno

duraznilla Durazno, fruto del duraznero o melocotonero. s.f. BOTÁNICA

duraznillo Planta herbácea de tallos ramosos y flores rosáceas o blancas que forman espigas laterales. *(Polygonum persicaria.)* s.m./BOTÁNICA = hierba pejiguera, persicaria

durazno (Del lat. *duracinus,* de carne fuertemente adherida al hueso.) s.m./ BOTÁNICA
1 Duraznero, árbol frutal variedad del melocotonero. BOTÁNICA
2 Fruto de este árbol.

dureza (Del lat. *duritia.*) s.f.
1 Calidad de duro: *el diamante es una piedra de gran dureza.* = resistencia
2 Capa de piel dura, menos profunda que el callo, que se forma en las extremidades: *los zapatos me han creado unas durezas en los talones.* = callosidad
3 Actitud de la persona que hace algo con severidad: *me miró con dureza; la reprendió con dureza.* = brusquedad, insensibilidad
4 Grado de resistencia de un material.
5 dureza de vientre: Estreñimiento, dificultad para la evacuación fecal.
6 dureza del agua: Característica del agua con muchas sales.

durillo (Derivado de *duro.*)
1 Arbusto caprifoliáceo de uno a tres metros, hojas enteras, coriáceas, perennes, verdes oscuras, brillantes, flores blancas, pequeñas y aromáticas y fruto negro cuando está maduro. *(Viburnum tinus.)* s.m. BOTÁNICA = tino
2 Moneda de oro que equivalía a unos veinte reales. = doblilla

durina Enfermedad de las caballerías, que se propaga por contacto sexual, caracterizada por tumefacción de los ganglios linfáticos, inflamación de los genitales y parálisis. s.f. VETERINARIA

durmiente
1 Que está durmiendo: *la bella durmiente.* adj.
2 Se aplica al masón que puede mantenerse alejado de las actividades masónicas durante algún tiempo.
3 Madero horizontal sobre el que se apoyan otros para distribuir la carga. s.m. CONSTRUCCIÓN
4 durmiente empotrado: Listón empotrado horizontalmente en una pared para clavar en él alguna cosa. CONSTRUCCIÓN
5 ser una persona los siete durmientes: Ser muy dormilona o capaz de dormirse en cualquier sitio. coloquial

duro, a (Del lat. *durus.*)
1 Que ofrece resistencia a ser rayado, deformado o comprimido: *el cristal es duro.* adj. = compacto
2 Que no tiene blandura o flexibilidad: *le gusta dormir en colchón duro.* = sólido ≠ blando
3 Que exige mucho esfuerzo o produce dolor moral: *la oposición fue una dura prueba.* = arduo
4 Que es fuerte o resistente: *se compró un coche alemán porque son duros.* = duradero
5 Que es violento o insensible: *juez duro; tipo duro.* = exigente, severo

6 Se refiere al agua que no hace espuma con el jabón por contener muchos carbonatos y bicarbonatos de calcio y magnesio. QUÍMICA
7 Que es difícil de soportar: *noticia dura, tiempos duros de vivir.* = difícil, severo
8 Que es terco y obstinado: *no creo que lo convenzas, es muy duro.* = testarudo
9 Se aplica a la obra artística que está poco matizada o presenta fuertes contrastes. = rígido
10 Que por su violencia o crueldad puede resultar desagradable: *no es aconsejable que veas la película porque es muy dura.* = crudo ≠ inocente
11 Que le cuesta comprender las cosas o que tiene algún sentido corporal poco desarrollado: *es duro de oído; es muy duro para las matemáticas.* = torpe ≠ agudo
12 Que no es generoso en el dar. = tacaño
13 Se aplica al vino con marcada acidez y astringencia.
14 Moneda de cinco pesetas. s.m.
15 Con fuerza o violencia: *suele pegar duro.* adv.
16 duro y parejo: Con fuerza y constancia: *trabajaba duro y parejo sin perder el tiempo.* loc.adv. Méx., Amér. Merid.
17 duro de mollera: Se aplica a la persona que es torpe u obstinada: *explícaselo otra vez que es dura de mollera y no lo ha entendido.* loc.adj. coloquial
18 duro de oído: Se refiere a la persona que tiene problemas de audición y dificultades para oír bien: *grita un poco más, soy un poco duro de oído.* loc.adj. coloquial
19 duro de pelar: Se aplica a la persona o cosa que es difícil de conseguir o de hacer: *son duros de pelar, te costará mucho convencerles para que te dejen ir.* loc.adj. coloquial
20 estar a las duras y a las maduras: Aceptar el aspecto desagradable de algo igual que el agradable. coloquial
21 hacerse duro o dura una cosa: Ser difícil de soportar o creer: *se le hizo muy duro aguantar las bajas temperaturas.*
22 hacerse el duro: Mostrar a los demás cualidades como la seguridad, la arrogancia o la valentía intentando ocultar la debilidad personal. coloquial
23 lo que faltaba para el duro: Expresión que se emplea para indicar que un suceso desagradable o desgraciado ocurre justamente después de otros de ese mismo tipo. coloquial

durómetro Instrumento para medir la dureza de los metales. s.m. FÍSICA

duunviral (Del lat. *duunviralis.*)
1 De los duunviros o magistrados romanos: *dignidad duunviral.* adj. HISTORIA
2 Del duunvirato. HISTORIA

duunvirato
1 Cargo y dignidad de duunviro en la antigua Roma. s.m./HISTORIA
2 Tiempo que duraba el mandato de un duunviro. HISTORIA
3 Régimen político en que el gobierno está en manos de duunviros. POLÍTICA

duunviro (Del lat. *duumvir.*)
1 Denominación de diferentes magistrados en la antigua Roma. s.m./HISTORIA th: duunvir
2 Cada uno de los dos presidentes de los decuriones en las colonias y municipios romanos. HISTORIA

duvetina Tela de lana o punto, con pelusa corta y densa parecida al terciopelo: *lucía unos delicados guantes de duvetina azul.* s.f. TEXTIL

dux (Del lat. *dux,* guía, jefe.) Príncipe o magistrado supremo de las repúblicas de Venecia y Génova. s.m./pl: dux HISTORIA

E

e **s.f.**
I Quinta letra del alfabeto y segunda de sus vocales.
II (Del lat. *et*.) Y, ante palabras que comienzan por *i* **conj.cop.**
o *hi* para evitar el hiato: *mañana vendrá tu padre e iremos al médico; compró ciruelas, pasas e higos para el postre.*

e- Componente de palabra procedente del lat. *ex-*, que **pref.**
significa origen, procedencia: *emanar.*

¡ea! (Del lat. *eia*.) Expresión usada para indicar deter- **interj.**
minación y para animar o estimular una acción: *¡ea, ea, fuera de aquí!*

eagle (Voz inglesa.) Introducción de la bola en un hoyo **s.m.**
con dos golpes por debajo del par del campo, en el **DEPORTES**
golf.

easonense (Del lat. *Oeason*, nombre de la ciudad **adj.**
de Donostia-San Sebastián.) De esta ciudad guipuz- **= donostiarra**
coana.

ebanista (Derivado de *ébano*.) Persona que hace tra- **s.m.f.**
bajos finos de carpintería: *el ebanista realizó unas tallas* **CARPINTERÍA**
en la mesa de caoba.

ebanistería
1 Taller donde se hacen muebles y trabajos finos de **s.f.**
madera. **CARPINTERÍA**
2 Obra realizada por el ebanista. **CARPINTERÍA**
3 Oficio de ebanista. **CARPINTERÍA**

ébano (Del lat. *ebenus* < gr. *ebenos*.) **s.m.**
1 Árbol exótico de hasta doce metros de altura, hojas **BOTÁNICA**
de color verde oscuro, flores verdosas y bayas redon- **= abenuz**
das y amarillentas. *(Diospyros.)*
2 Madera de este árbol muy usada en ebanistería.
3 **ébano vivo**: Denominación que se dio a las perso- **HISTORIA**
nas de raza negra en tiempos de la trata de esclavos. **despectivo**

ebenáceo, a Perteneciente a una familia de árboles o **adj./s.f.**
arbustos de las regiones tropicales, de hojas alternas, **BOTÁNICA**
flores auxiliares y fruto carnoso y en baya.

ebionita (De *Ebión*, heresiarca palestino.)
1 De la doctrina herética de este heresiarca, que sos- **adj.**
tenía que Jesucristo había nacido de María y José y **RELIGIÓN**
había sido adoptado por Dios.
2 Que profesa esta doctrina herética. **adj/s./RELIGIÓN**

ebonita (Del ingl. *ebonite* < *ebony*, ébano.) Materia **s.f.**
compuesta de goma elástica, azufre y aceite de lina- **INDUSTRIA**
za, muy dura, usada para hacer peines, aisladores de **= vulcanita**
aparatos eléctricos y otras cosas.

eborario, a (Del lat. *eborarius*.) De marfil o relativo a **adj.**
él: *artista eborario.*

ebrancado, a Se aplica al árbol que tiene cortadas **adj.**
las ramas. **HERÁLDICA**

ebriedad Estado producido por el alcohol cuando se **s.f.**
bebe en tal cantidad que provoca alteraciones físicas **= borrachera,**
o perceptivas: *su ebriedad era tal que no podía andar sin* **embriaguez**
apoyarse.

ebrio, a (Del lat. *ebrius*.)
1 Que está borracho o embriagado: *no paró de beber* **adj/s./= borracho**
en toda la noche y terminó ebrio. **≠ sobrio**
2 Que está ofuscado a causa de un sentimiento vio- **adj.**
lento: *se puso ebrio de ira.* **= ciego, loco**

ebullición (Del lat. *ebullitio, -onis.*)
1 Hervor, fenómeno producido al hervir un líquido: **s.f.**
la temperatura de ebullición del agua es de cien grados. **= cocción**
2 Estado de agitación: *llegó a la reunión cuando estaban* **= bullicio**
en plena ebullición. **≠ calma**

ebullómetro (Del lat. *ebullitio* + gr. *metron*, medida.) **s.m.**
Aparato para medir la temperatura de ebullición de **FÍSICA**
un cuerpo. **= ebulloscopio**

ebulloscopia
1 Proceso por el que se determina el peso molecular **s.f.**
de una sustancia por el aumento del punto de ebulli- **FÍSICA**
ción de un disolvente apropiado. **= ebullometría**
2 Medida de la masa molecular de los cuerpos reali- **FÍSICA**
zada con el ebullómetro.

eburnación Densidad excesiva de un hueso o cartíla- **s.f.**
go, que les da a éstos un aspecto similar al marfil. **MEDICINA**

ebúrneo, a (Del lat. *eburneus*, de marfil < *ebur*, marfil.)
1 De marfil o relativo a él. **adj./literario**
2 Que tiene el color, la consistencia u otra cualidad **literario**
parecidos a los del marfil: *sus ebúrneos dientes.*

ecapacle Planta de la familia de las leguminosas, de **s.m./ BOTÁNICA**
propiedades medicinales. *(Cassia.)* **Méx.**

ecarté (Del fr. *écarté*, descartado.) Juego de cartas en **s.m.**
el cual cada uno de los dos jugadores toma cinco car- **JUEGOS**
tas, que pueden cambiarse por otras, de común
acuerdo.

eccehomo (Del lat. *ecce homo*, he aquí el hombre.)
1 Imagen o representación de Jesucristo, lleno de he- **s.m./ARTE**
ridas, antes de su crucifixión. **tb: ecce homo**
2 Persona cubierta de heridas o magulladuras: *cuando* **= maltratado**
lo encontramos caído en la calle, parecía un eccehomo.

eccema (Del gr. *ekzema*, erupción cutánea < *ekzeo*, hervir.) Inflamación aguda o crónica de la piel, de causas y formas diversas: *algunas alergias pueden causar eccemas.* — s.m. MEDICINA tb: eczema

eccematoso, a Que tiene relación con el eccema: *el picor es un síntoma eccematoso.* — adj./MEDICINA tb: eczematoso

ecdémico, a Que no es propio de lugar. — adj.

ecdisis Cambio de la epidermis en los insectos: *la ecdisis está provocada por una hormona llamada ecdisona.* — s.f./pl: ecdisis ZOOLOGÍA

ecdisona Hormona de los insectos que estimula la regeneración y muda de su epidermis. — s.f. ZOOLOGÍA

ecdótica Ciencia que estudia la crítica y la edición de textos, especialmente los antiguos y, particularmente los manuscritos. — s.f.

ecfonema Exclamación que aparece como un enunciado en un inciso. — s.m. RETÓRICA

echacantos Persona despreciable e insignificante: *no vale la pena que le contestes, es un echacantos.* — s.m.f. pl: echacantos

echacorvear Ejercer de alcahuete: *se hizo famosa en la vecindad por su afición a echacorvear.* — v.intr.

echacuervos
1 Alcahuete, persona que actúa de mediadora en relaciones amorosas o sexuales irregulares. — s.m.f. pl: echacuervos
2 Hombre mentiroso y despreciable. — s.m.

echada
1 Acción y resultado de echar o echarse: *la echada de la piedra produjo varias ondas en la superficie del agua.* — s.f./= echamiento, echazón
2 Espacio que ocupa el cuerpo de una persona tendida en el suelo, usado como medida en algunos juegos: *le dio cuatro echadas de ventaja.*

echadero Sitio adecuado para echarse a dormir o a descansar. — s.m.

echadillo, a Se aplica al niño que ha sido abandonado al nacer. — adj/s. = expósito

echadizo, a
1 Se aplica a la persona que es enviada para averiguar o para divulgar una noticia. — adj/s.
2 Que puede ser desechado por considerarse inútil: *el ayuntamiento retiró los escombros echadizos de la obra.* — adj.
3 Que ha sido abandonado al nacer. — adj/s.

echado, a Que es indolente o perezoso. — adj/s./C. Rica, Nicar.

echador, a
1 Que echa o arroja algo. — adj/s.
2 Persona que practica la cartomancia. — OCULTISMO s.
3 Persona encargada de echar el café y la leche en las tazas, en cafeterías, bares y otros locales. — s.
4 Se aplica a la persona que fanfarronea o que hace alarde de lo que no es. — adj/s./Méx., Cuba, Venez.

echadura
1 Acción de echarse las gallinas cluecas para empollar los huevos. — s.f.
2 Conjunto de los huevos que empolla una gallina.
3 Desperdicio que queda después de cribar el grano de los cereales. — s.f.pl. = ahechaduras
4 **echadura de pollos:** Pollada, conjunto de pollos: *la tormenta ahogó a toda la echadura de pollos del corral.*

echapellas Persona que, en los lavaderos de lana, cogía las pellas del tablero para echarlas en el pozo. — s.m.f. pl: echapellas

echaperros Antiguo perrero de las iglesias. — s.m./pl: echaperros

echar
I (Del lat. *jactare*, arrojar, lanzar.)
1 Impulsar una cosa hacia un lugar: *échame el balón; echar papeles a la basura.* — v.tr. = lanzar, tirar
2 Meter, introducir una cosa en un sitio: *tengo que echar una carta en el buzón.* — = meter ≠ sacar
3 Despedir o hacer salir de sí algo: *la habitación echa mal olor; la locomotora echa humo.* — = despedir, emanar
4 Hacer salir a una persona de un lugar por castigo, enfado o desprecio: *me han echado de clase.* — = de = expulsar
5 Poner, aplicar: *se echó todo el frasco de colonia; se echó la americana por encima.* — v.tr/prnl.
6 Producir un ser vivo una cosa que sale de él y que le es propia o natural: *el manzano no ha echado manzanas este año; el niño está echando los dientes.* — v.tr/intr. = brotar
7 Mover o correr una llave, un cerrojo, una persiana para cerrar una cosa: *siempre echa el pestillo de su habitación.* — v.tr.
8 Inclinar o mover el cuerpo o una parte de él hacia un sitio o una dirección: *echa un poco la cabeza a la izquierda.* — + a, hacia, para = ladear
9 Dar o repartir una cosa: *echar las cartas; echar de comer al ganado.* — = entregar
10 Publicar o anunciar una cosa: *echar un bando.*
11 Ir por un camino o una dirección: *echa hacia la derecha cuando llegues al cruce.* — v.intr.
12 Perseguir a una persona o un animal: *echamos tras el ladrón.* — + a, hacia, por = detrás, tras
13 Acercarse o precipitarse una persona o un animal hacia otra persona o una cosa para cogerla, sujetarla o abrazarla: *el perro se echó sobre el ladrón.* — v.prnl. = abalanzarse

14 Prescindir de una persona por no necesitar más sus servicios: *nos han echado hace dos días; lo han echado del trabajo.* — v.tr. = despedir
15 Asignar una tarea o un trabajo a una persona: *nos han echado problemas de física para mañana.* — = dar
16 Hacer un cálculo o cuenta: *echa esta multiplicación.* — = calcular
17 Calcular o suponer por la apariencia de una persona, un animal o una cosa alguna de sus características: *a tu hermano le echo veinte años.* — = conjeturar
18 Invertir o gastar en una cosa cierto tiempo o cantidad: *eché dos horas en llegar a Barcelona.* — = consumir
19 Dedicarse o decantarse por una carrera o una profesión: *se echó por las ciencias; echarse por la carrera eclesiástica.* — v.intr/prnl. + por
20 Adquirir una persona un aumento en sus cualidades físicas o morales: *echar barriga; echar nuevos bríos.* — v.tr.
21 Pronunciar, decir o proferir algo: *echó un largo y soporífero discurso; echar maldiciones.* — = largar, proferir
22 Dedicarse una persona a una forma de vida considerada baja o humilde o adquirir un hábito menospreciable: *echarse a barrendero; echarse a la bebida.* — v.prnl. = darse
23 Juntar un animal macho a uno hembra para que procreen. — v.tr. = aparear
24 Tomar parte en un juego: *echar un tute; echar un partido de fútbol.* — = jugar
25 Utilizar una ficha o una carta: *echa el dos de copas.* — = jugar
26 Apostar o arriesgar dinero en un juego: *eché dos mil pesetas a la rifa; esta semana no he echado nada a la lotería.* — v.tr/intr. = apostar, jugar
27 Proyectar una película o representar una obra teatral: *¿qué película echan esta semana?*
28 Ahuyentar a un animal: *echa a los perros de aquí.* — v.tr.
29 Tumbarse una persona en la cama u otro sitio, en especial cuando se hace sin desnudarse y sólo para un rato: *me echaré un rato a ver si se me pasa el mareo.* — v.prnl. = acostarse, reposar
30 Empezar a entablar o mantener una persona cierto tipo de relación con otra u otras: *se ha echado novio; echarse amigos.*
31 Gastar o invertir una persona cierta cantidad de dinero en una cosa: *se echa toda la semanada en la lotería y el bingo.* — = consumir, usar
32 Seguido de ciertos sustantivos indica que se realiza la acción que éstos señalan: *echar a suertes; echar una bronca; echarse una siesta.* — v.tr/prnl.
33 Ponerse el ave sobre los huevos para darles calor y asegurar su desarrollo. — v.prnl.
34 Seguido de sustantivos o expresiones que indican pena o castigo, condenar a una persona a ello: *le echaron cinco años de cárcel.* — v.tr. = imponer
35 Comenzar una acción: *echar a correr; echarse a llorar por nada.* — v.intr/prnl. a + inf.
36 **echar a alguien a pasear o a paseo:** Despedir a una persona o deshacerse de ella con enfado o brusquedad: *si no te callas te echarán del cine a pasear.*
37 **echar de ver:** Notar o advertir cierta cosa: *echo de ver que no ha llegado todavía.* — coloquial
38 **echar por alto algo: 1.** Considerar a una persona o a una cosa de poco valor o importancia. **2.** Gastar una cosa de manera imprudente o inadecuada. — = menospreciar = despilfarrar
39 **echar por largo:** Hacer un cálculo suponiendo o pensando en el máximo al que se puede llegar: *echando por largo, costará unos diez millones.* — coloquial
40 **echarlo todo a rodar: 1.** Hacer que un asunto o un proyecto fracase o tenga un resultado adverso: *con tu negativa, echarás todo a rodar y nos quedaremos sin viaje.* **2.** Estropear una cosa o un asunto por estar muy enfadado. — coloquial
41 **echarse a morir:** Abandonar un asunto al perder la esperanza de conseguir lo que se desea. — coloquial
42 **echarse a perder: 1.** Poner una cosa material o inmaterial en mal estado o hacer que sea inútil o inservible: *no dejes el pescado fuera de la nevera que se echará a perder.* **2.** Hacer que un asunto o un proyecto tenga un resultado adverso por no llevarlo bien: *se echó a perder el plan al no encontrar la solución adecuada.* **3.** Hacer a una persona mala o viciosa: *las malas compañías lo echaron a perder.* — coloquial
43 **echarse atrás:** Negar algo que se había afirmado o no cumplir un trato o una promesa: *estaba animado a comprar el piso pero al final se echó atrás.* — coloquial
44 **echarse encima algo:** Ser muy próxima o inminente una cosa: *se le echan encima los exámenes.* — coloquial
45 **echarse encima de alguien:** Reprenderle o recriminarle con dureza: *el jefe se echó encima del contable cuando vio el error.* — coloquial
46 **echar alguien a dormir:** Dejar de prestar atención a una cosa o no pensar en ella: *aún no ha terminado el curso, así que no te eches a dormir.* — coloquial
47 **echárselas con:** Apostar o suponer una persona con otra para hacer una cosa tan bien o mejor: *se las echó a correr con su hermano.* — coloquial
48 **echárselas de o echarla de:** Mostrar una persona alguna de sus características con excesivo orgullo: *echárselas de listo.* — coloquial = dárselas de

II (Del port. *achar menos*.) Se usa para indicar que se nota, con tristeza, la ausencia de una persona, cosa o estado en la expresión **echar de menos**. — loc.v.

echarpe (Del fr. *écharpe*.) Especie de chal largo y ancho que se ponen las mujeres sobre los hombros: *iba muy elegante con un echarpe de seda*. — s.m. = chal

echazón
1 Echada, acción y resultado de echar. — s.f.
2 Lanzamiento al agua de la totalidad o parte de la carga de un barco, cuando es necesario aligerarlo de peso. — NÁUTICA

echón, a Que es fanfarrón o jactancioso. — adj/s./Venez.

echona Hoz para segar. — s.f./Argent., Chile

-ecico Unido a sustantivos y adjetivos forma diminutivo: *nuevecico*. — suf.

ecidio Forma de fructificación de los hongos del orden de los uredinales. — s.m. MICOLOGÍA

-ecillo, a Unido a sustantivos y adjetivos forma diminutivo: *pececillo*. — suf.

-ecito, a Unido a sustantivos y adjetivos forma diminutivo: *panecito*. — suf.

eclampsia (Del gr. *eklampsis*, brillo súbito < *eklampo*, brillar.) Enfermedad caracterizada por ataques convulsivos, que pueden padecer los niños y las mujeres embarazadas o que hayan dado a luz recientemente. — s.f. MEDICINA

eclámptico, a
1 De la eclampsia: *ataque eclámptico; convulsión eclámptica*. — adj. MEDICINA
2 Que padece eclampsia. — adj/s./MEDICINA

eclecticismo
1 Escuela filosófica que procura conciliar las doctrinas que parecen mejores o más verosímiles, aunque procedan de diversos sistemas. — s.m. FILOSOFÍA
2 Modo de pensar o de actuar del que, frente a doctrinas o soluciones extremas, adopta una posición intermedia o indefinida: *eclecticismo religioso*.

ecléctico, a (Del gr. *eklektikos* < *eklego*, elegir.)
1 Que tiene relación con el eclecticismo. — adj./FILOSOFÍA
2 Que profesa el eclecticismo. — adj/s./FILOSOFÍA
3 Que adopta una actitud o modo de pensar moderado, conciliando lo más apropiado de diferentes doctrinas, estilos o sistemas. — adj. = conciliador, moderado

eclesia (Del gr. *ekklesia*.) Asamblea de ciudadanos que gozaban de sus derechos políticos en una ciudad griega, especialmente en Atenas. — s.f. HISTORIA th: ecclesia

eclesial De la iglesia o comunidad de todos los fieles cristianos. — adj. RELIGIÓN

eclesiástico, a (Del gr. *ekklesiastikos*.)
1 Que tiene relación con la Iglesia y, en especial, con los clérigos. — adj. RELIGIÓN
2 Persona que ha recibido las órdenes sagradas. — s.m./= clérigo

eclesiastizar
1 Dar carácter eclesiástico a una persona o una cosa: *eclesiastizar una fiesta pagana*. — v.tr./conj: cazar RELIGIÓN
2 Convertir los bienes temporales de una persona en eclesiásticos.

eclesiología Parte de la teología que se ocupa del estudio, del desarrollo y evolución de la Iglesia. — s.f. TEOLOGÍA

eclímetro Instrumento para medir la inclinación de una pendiente. — s.m.

eclipsable Que se puede eclipsar. — adj.

eclipsar (Derivado de *eclipse*.)
1 Ocultar transitoriamente un astro a otro: *si la Luna eclipsa la Tierra no se ve el Sol*. — v.tr. ASTRONOMÍA
2 Disminuir o anular los méritos y cualidades de una persona o una cosa por otra con los suyos: *con su talento eclipsa a los demás; las gafas le eclipsan la mirada*. — coloquial
3 Ocultarse transitoriamente un astro al interponerse en la zona de sombra de otro. — v.prnl. ASTRONOMÍA
4 Perder paulatinamente una persona o cosa importancia, calidad o presencia: *tras cosechar enormes triunfos, su carrera artística se ha eclipsado*. — = apagarse
5 Desaparecer una persona o desvanecerse una cosa: *sin dinero se eclipsan nuestros deseos de viajar*.

eclipse (Del lat. *eclipsis* < gr. *ekleipsis*, desaparición < *ecleipo*, faltar, desaparecer < *leipo*, dejar.)
1 Ocultación transitoria, total o parcial, de un astro debido a la interposición de otro cuerpo celeste. — s.m. ASTRONOMÍA
2 Pérdida o deslucimiento de las características que dan valor o importancia a una persona o cosa: *el eclipse del cantante se debe a su enfermedad*. — = decadencia
3 Desaparición transitoria y definitiva de una persona o cosa: *nadie sabe a qué se debe su eclipse político*. — = evasión
4 **eclipse lunar**: El que ocurre por interposición de la Tierra entre la Luna y el Sol. — ASTRONOMÍA
5 **eclipse solar**: El que ocurre por interposición de la Luna entre el Sol y la Tierra. — ASTRONOMÍA

eclíptica
1 Trayectoria o recorrido aparente que describe el — s.f.

Sol a lo largo de un año en el firmamento de las estrellas fijas. — ASTRONOMÍA
2 Trayectoria que describe la Tierra alrededor del Sol en su movimiento de traslación. — ASTRONOMÍA

eclíptico, a (Del gr. *ekliptikos*.) Que tiene relación con el eclipse o con la eclíptica: *la Tierra describe una elíptica en su movimiento eclíptico*. — adj. ASTRONOMÍA

eclisa Plancha de metal que une y refuerza por ambos lados los rieles de una línea de ferrocarril. — s.f.

eclógico, a De la égloga. — adj./LITERATURA

eclogita Roca metamórfica granulosa, compuesta principalmente por granate rojo y piroxeno verde. — s.f. GEOLOGÍA

eclosión (Del fr. *eclosion*.)
1 Apertura de algo que se expande y se muestra totalmente al descubierto: *eclosión de una semilla; eclosión de la primavera*. — s.f. = brote
2 Aparición o manifestación súbita de un movimiento político social o cultural: *en los últimos tiempos se están dando eclosiones de movimientos nacionalistas*. — = aparición, surgimiento
3 Acción de abrirse un capullo de flor, una crisálida o un huevo. — BIOLOGÍA
4 Proceso de abrirse el ovario en el momento de la ovulación para dar salida al óvulo. — FISIOLOGÍA

ecmenesia (Del gr. *ex*, a partir de + *mnesis*, memoria.) Resurgimiento alucinador de momentos del pasado vividos con valor de presente. — s.f. SIQUIATRÍA

eco (Del gr. *ekho*, sonido, eco.)
1 Repetición de un sonido producido por la reflexión de las ondas sonoras por un cuerpo duro: *el eco de los truenos se oía fuertemente en el valle*. — s.m. FÍSICA
2 Sonido que se percibe de un modo débil o confuso: *aunque vive bastante lejos del hospital, hasta su casa llega el eco de las ambulancias*. — = murmullo
3 Onda electromagnética devuelta de tal modo que se percibe como distinta a la originalmente emitida. — FÍSICA
4 Rumor o noticia poco clara de un suceso: *he oído ecos del fraude pero aún no sé los detalles*. — = referencia
5 Repercusión de una noticia o suceso: *su boda tuvo mucho eco en ciertos ambientes*. — = difusión, resonancia
6 El que imita o repite lo que otros dicen: *por si no quedaba claro, su eco nos lo volvió a explicar*.
7 Influencia u origen de algo: *en su novela hay ecos del surrealismo*. — = influjo
8 Noticias de ciertos ambientes que se publican en un periódico o revista: *ecos de sociedad*. — s.m.pl.
9 Composición poética en que se repite parte de un vocablo o un vocablo entero para formar una nueva palabra que sea como iteración de la anterior. — s.m. POESÍA
10 Repetición en pantalla o en una línea de impresión de un carácter pulsado en un teclado. — INFORMÁTICA
11 Repetición de las últimas sílabas o palabras por un distinto coro de músicos. — MÚSICA
12 **hacer o hacerse eco de algo**: Contribuir a que sea aceptado o tenga resonancia, apoyar la difusión de un asunto: *la prensa internacional se hizo eco de la problemática que suscitó con sus declaraciones*.
13 **tener eco**: Tener aceptación un asunto: *la iniciativa de huelga ha tenido eco entre la gente joven*.

eco-
I Componente de palabra procedente del gr. *oikos*, que significa casa: *ecología; economía*. — pref.
II Componente de palabra procedente del gr. *ekho*, que significa sonido, eco: *ecografía; ecolalia*. — pref.

ecoencefalograma Registro gráfico de las estructuras del cráneo por medio de ultrasonidos. — s.m. MEDICINA

ecofisiología Parte de la ecología que trata del funcionamiento de los procesos fisiológicos de los seres vivos, bajo la acción de factores ecológicos tales como la luz, la presión o la temperatura. — s.f. ECOLOGÍA

ecofobia (Del gr. *oikos*, casa + *phobeomai*, temer.) Aversión o temor a permanecer en casa. — s.f. SICOLOGÍA

ecofonía Percepción de un eco después de la pronunciación de un sonido vocal, en una auscultación torácica. — s.f. MEDICINA

ecografía (Del gr. *oikos*, interior + *grapho*, escribir.)
1 Método de exploración de los órganos internos basado en el uso de los ultrasonidos: *en ginecología, se utilizan las ecografías para comprobar el desarrollo normal del feto*. — s.f. MEDICINA
2 Imagen obtenida mediante este método: *en esta ecografía se ve claramente que es un niño*. — MEDICINA

ecoico, a
1 Que tiene relación con el eco o sonido reflejado. — adj.
2 Que es de origen onomatopéyico, está formado por una onomatopeya o imitación de algún sonido.
3 Que tiene relación con la estrofa llamada eco. — POESÍA

ecolalia (Del gr. *ekho*, eco + *laleo*, hablar.)
1 Perturbación del lenguaje, que consiste en repetir de forma involuntaria una palabra o frase que el sujeto acaba de oír o de pronunciar. — s.f. MEDICINA, SICOLOGÍA

2 Repetición de la última palabra de una frase al principio de la siguiente. — RETÓRICA

ecolocación Procedimiento por el que algunos animales pueden calcular la distancia a la que se encuentran los objetos por medio de los sonidos que son reflejados por éstos: *los murciélagos están dotados de órganos que posibilitan la ecolocación.* — s.f. ZOOLOGÍA

ecología (Del gr. *oikos*, casa + *logos*, tratado.)
1 Ciencia que estudia las relaciones entre los seres vivos y su medio ambiente: *ecología humana.* — s.f. ECOLOGÍA
2 Parte de la sociología que estudia las relaciones entre los grupos humanos y su ambiente, tanto físico como social: *los movimientos sociales se preocupan cada vez más de la ecología.* — SOCIOLOGÍA
3 Defensa y protección del medio ambiente. — ECOLOGÍA,

ecológico, a Que tiene relación con la ecología o con el medio ambiente: *el agujero de ozono es un desastre ecológico.* — adj. ECOLOGÍA

ecologismo Movimiento o actitud que defiende la protección de la naturaleza frente a las agresiones causadas por los abusos del progreso industrial o el uso irracional de los recursos naturales. — s.m. ECOLOGÍA, SOCIOLOGÍA

ecologista
1 De la ecología: *movimiento ecologista.* — adj./ECOLOGÍA
2 Que se interesa por la naturaleza y el medio ambiente y procura protegerlos: *todo buen ecologista debe seleccionar los desechos que genera.* — adj/s.m.f. ECOLOGÍA
3 Que está especializado en el estudio de las relaciones entre los seres vivos y su ambiente: *varios ecologistas han demostrado las consecuencias de la lluvia ácida.* — ECOLOGÍA

ecólogo, a Persona dedicada al estudio de las relaciones de los seres vivos con el medio ambiente. — s. ECOLOGÍA

ecometría (Del gr. *ekho*, sonido + *metron*, medida.) Técnica para construir arcos o bóvedas que transmiten el sonido según direcciones y con resultados previstos. — s.f. ARQUITECTURA

ecómetro Aparato que se emplea para medir o calcular la profundidad a que está sumergido un objeto utilizando la reflexión de un haz de ultrasonidos. — s.m. TECNOLOGÍA = ecosonda

econdrosis Tumor del tejido cartilaginoso: *la econdrosis puede causar deformaciones articulares.* — s.f./pl: econdrosis MEDICINA

economato Almacén o tienda donde se vende más barato para beneficio de los trabajadores de una empresa: *si no tienes el carné, no puedes comprar en el economato.* — s.m. COMERCIO

econometra Especialista en econometría. — s.m.f./ECONOMÍA

econometría Disciplina que estudia la aplicación de los métodos estadísticos y matemáticos a las teorías económicas para su verificación y para la creación de modelos. — s.f. ECONOMÍA

econométrico, a Que tiene relación con la econometría: *análisis econométrico.* — adj. ECONOMÍA

economía (Del lat. *oeconomia* < gr. *oikonomia*, dirección o administración de una casa < *oikos*, casa + *nemo*, distribuir.)
1 Ciencia que estudia las leyes que regulan la producción, distribución y consumo de las riquezas. — s.f. ECONOMÍA
2 Administración y ordenación de los ingresos y los gastos del modo más provechoso. — ECONOMÍA
3 Riqueza de un país, de una entidad o de una persona: *el país tiene una economía boyante.* — ECONOMÍA
4 Ahorro de trabajo, tiempo, dinero y otras cosas: *esa acción puede suponer una importante economía de medios.*
5 Buena distribución del tiempo y de otras cosas inmateriales: *economía de esfuerzos.*
6 Sistema de reglas y principios que regulan la organización y funcionamiento de una cosa.
7 Pobreza o falta de lo necesario para subsistir. — = escasez
8 Dinero que se ha podido reservar de los gastos ordinarios. — s.f.pl. = ahorros
9 economía animal: Conjunto armónico de órganos y funciones de los seres vivos. — ZOOLOGÍA
10 economía de mercado: Sistema económico en el que los precios se regulan en función de la oferta y la demanda. — ECONOMÍA
11 economía política: Ciencia que trata de la producción y distribución de la riqueza. — ECONOMÍA, POLÍTICA
12 economía sumergida: Actividad comercial que se desarrolla al margen de la legislación. — ECONOMÍA

económicamente
1 Según la economía. — adv.
2 A buen precio: *en este restaurante se come económicamente y hay mucha variedad de platos.*

economicista Que analiza los fenómenos sociales basándose en los factores económicos. — adj/s.m.f. SOCIOLOGÍA

económico, a (Del gr. *oikonomikos*, de la administración de una casa.)
1 De la economía: *el ingreso en la comunidad modificará el sistema económico del país.* — adj.
2 Que cuesta poco: *este coche es muy económico; va a comprar a esa tienda porque tiene precios económicos.* — = barato, módico

3 Que gasta con moderación: *siempre se da el gusto de unas buenas vacaciones pero el resto del año es muy económico.* — = ahorrador

4 Que escatima de manera exagerada lo que gasta o lo que da: *es un tipo extraordinariamente económico.* — = mezquino, roñoso, tacaño

economismo Doctrina o tendencia que defiende la interpretación de la historia desde un punto de vista económico. — s.m. ECONOMÍA, HISTORIA

economista Que es especialista en economía o se dedica profesionalmente a ella. — adj/s.m.f. ECONOMÍA

economizador, a
1 Que economiza o ahorra. — adj.
2 Dispositivo que se coloca en motores para ahorrar consumo de energía. — s.m. TECNOLOGÍA

economizar
1 Disminuir los gastos y reservar una parte de ellos para otras cosas: *tiene que economizar mucho si quiere comprarse ese coche.* — v.tr/intr. conj: *cazar* = ahorrar
2 Evitar un trabajo o un riesgo: *a ocho mil metros hay que economizar esfuerzos físicos.* — v.tr.

ecónomo (Del gr. *oikonomos*.)
1 Persona que administra y cobra las rentas de las piezas eclesiásticas. — s.m.
2 Persona que sirve un oficio eclesiástico cuando la plaza está vacante. — RELIGIÓN

ecopacifismo Movimiento social o político que conjuga idearios ecologistas y pacifistas. — s.m./ECOLOGÍA, SOCIOLOGÍA

ecopraxia Imitación de los gestos y movimientos de las personas que hace un enfermo mental. — s.f. SIQUIATRÍA

ecosistema Conjunto que forman un medio natural y los seres vivos que habitan en él y sus interacciones mutuas: *la acción humana está alterando los ecosistemas del planeta.* — s.m. ECOLOGÍA

ecosonda Aparato para medir la profundidad del mar y detectar bancos de pesca, utilizando la reflexión de un haz de ultrasonidos. — s.f. NÁUTICA

ecotado, a Se aplica al tronco o rama que se representa con los nudos de las ramificaciones cortadas. — adj. HERÁLDICA

ecotipo Forma que adopta una especie en función del medio en el que vive. — s.m. BIOLOGÍA

ecotono Zona que limita dos medios naturales distintos. — s.m. BIOLOGÍA

ecoturismo Actividad turística por la que se intenta disfrutar de la naturaleza sin dañar su equilibrio. — s.m. ECOLOGÍA

ecovirus Virus que actúa en las personas como agente de la meningitis, de erupciones cutáneas o de fiebres aisladas. — s.m./pl: ecovirus BIOLOGÍA, MEDICINA

ectasia (Del gr. *ektasis*, extensión.) Estado de dilatación de un vaso sanguíneo u otro órgano hueco. — s.f. MEDICINA

éctasis (Del gr. *ektasis*, extensión.) Alargamiento de la sílaba breve de una palabra para conseguir la medida precisa de un verso. — s.f./sin: éctasis POESÍA

ectima (Del gr. *ekthyma*.) Enfermedad de la piel caracterizada por pústulas que al secarse dejan úlceras que se recubren de costras. — s.f. MEDICINA

ectinita Roca metamórfica que se ha formado por simple recombinación de otra preexistente, sin ajuste exterior. — s.f. GEOLOGÍA

ecto- Componente de palabra procedente del gr. *ektos*, que significa fuera, externo: *ectoplasma.* — pref. tb: ect-

ectodérmico, a Del ectodermo. — adj./BIOLOGÍA

ectodermo (Del gr. *ektos*, fuera + *derma*, piel.) Capa externa del blastodermo después de la segmentación. — s.f. BIOLOGÍA

-ectomía Componente de palabra procedente del gr. *ektome*, que significa ablación, extirpación: *histerectomía.* — suf.

ectópago, a (Del gr. *ektos*, fuera + *pegnunai*, clavar, fijar.) Que está formado por dos individuos que tienen un ombligo común y están unidos por el pecho: *criatura ectópaga.* — adj/s. BIOLOGÍA

ectoparásito, a Se refiere al parásito que vive en la superficie de un animal o planta, o en las zonas accesibles del cuerpo humano, como la nariz y las orejas: *el piojo y la sanguijuela son animales ectoparásitos.* — adj/s.m. BIOLOGÍA = epiparásito, epizoario

ectopia (Del gr. *ekto*, fuera de + *topos*, lugar.) Ubicación anormal de un órgano corporal, normalmente congénita. — s.f. MEDICINA

ectoplasma (Del gr. *ektos*, por fuera + *plasma*, modelación, formación.)
1 Parte externa del citoplasma. — s.m./BIOLOGÍA
2 Supuesta emanación material de un medium, de origen síquico según los espiritistas, con lo que se forman imágenes y seres fantasmales. — OCULTISMO = fantasma

ectoplasmia Proceso de emisión de ectoplasmas. — s.f./OCULTISMO

ectropión Inversión hacia fuera del párpado inferior originada por una inflamación o parálisis. — s.m. MEDICINA

ecu (Acrónimo de *[E]uropean [C]urrency [U]nit*, unidad de cambio europea.) Unidad monetaria de la Unión Europea que se define como la suma ponderada de cada una de las monedas de los países de la misma y que ha cambiado su nombre por el de euro. **s.m. ECONOMÍA**

ecuable Se aplica a lo que es uniforme, especialmente al movimiento. **adj.**

ecuación (Derivado culto de *aequare*, igualar.)
1 Igualdad entre dos expresiones que contienen una o más incógnitas: *para resolver la ecuación despeja primero la incógnita*. **s.f. MATEMÁTICAS**
2 Diferencia que hay entre el lugar o movimiento medio y el verdadero o aparente de un astro. **ASTRONOMÍA**
3 Relación de igualdad entre los resultados de efectuar determinadas operaciones con las medidas de las magnitudes que intervienen en un fenómeno. **FÍSICA**
4 **ecuación del.tiempo:** Exceso del tiempo solar medio respecto del verdadero. **ASTRONOMÍA**
5 **ecuación determinada:** Ecuación cuya incógnita tiene un número limitado de valores. **MATEMÁTICAS**
6 **ecuación indeterminada:** Aquella en que la incógnita tiene un número ilimitado de valores. **MATEMÁTICAS**
7 **ecuación lineal:** La de primer grado con dos variables. **MATEMÁTICAS**
8 **ecuación personal:** Promedio de error en las observaciones o mediciones de precisión, que difiere de unos observadores a otros. **ASTRONOMÍA**

ecuador (Derivado culto de *aequare*, igualar.)
1 Círculo máximo que se considera en la esfera celeste, perpendicular al eje de la Tierra. **s.m. ASTRONOMÍA**
2 Paralelo de mayor radio en una superficie de revolución. **GEOMETRÍA**
3 **ecuador galáctico:** Círculo máximo tomado en el medio de la Vía Láctea. **ASTRONOMÍA**
4 **ecuador terrestre:** Círculo máximo que equidista de los polos de la Tierra. **GEOGRAFÍA**
5 **paso del ecuador:** Mitad de la carrera, entre los universitarios. **jerga**

ecualizador Aparato que se usa para amplificar las bajas frecuencias y atenuar las altas y lograr una mejor relación entre señal y ruido. **s.m. MÚSICA, TECNOLOGÍA**

ecualizar Ajustar las frecuencias de reproducción de un sonido para igualarlo a su emisión originaria, en alta fidelidad. **v.tr. TECNOLOGÍA**

ecuánime Que tiene ecuanimidad o equilibrio: *dicen que es un juez ecuánime*. **adj. = imparcial**

ecuanimidad
1 Facultad de pensar y juzgar con imparcialidad: *fue relegado del tribunal por falta de ecuanimidad*. **s.f. ≠ parcialidad**
2 Cualidad de la persona equilibrada y constante de ánimo: *demostró su ecuanimidad de carácter en aquellos difíciles momentos*. **= serenidad ≠ desequilibrio**

ecuatorial
1 Del ecuador: *la vegetación ecuatorial se caracteriza por la densidad arbórea*. **adj.**
2 Se aplica al clima caracterizado por la abundancia de precipitaciones, las altas temperaturas y humedad constante. **adj./s.m. GEOGRAFÍA**
3 Se aplica al instrumento o dispositivo que sirve para medir coordenadas celestes. **ASTRONOMÍA**
4 Telescopio cuya montura permite seguir el movimiento diurno de los astros y medir sus coordenadas. **s.m. ASTRONOMÍA**

ecuatorianismo
1 Expresión o construcción característica de la variedad del español hablado en Ecuador. **s.m. LINGÜÍSTICA**
2 Afición por Ecuador y lo ecuatoriano.

ecuatoriano, a
1 Que es de Ecuador, país de América del Sur. **adj.**
2 Persona natural de este país. **s.**
3 Variedad lingüística del español hablado en este país sudamericano. **s.m. LINGÜÍSTICA**

ecuestre (Del lat. *equester, -tris < equus*, caballo.)
1 Del caballo: *es aficionado a las competiciones ecuestres*. **adj.**
2 Se aplica a la figura o estatua que está representada sobre un caballo: *en la plaza hay una gran escultura ecuestre*. **ARTE**
3 Del caballero o de la orden y ejercicio de la caballería. **HISTORIA**

ecúmene Conjunto de la Tierra habitada por la humanidad y la que es apta para ello. **s.f.**

ecumenicidad Universalidad de alguna cosa, en especial de los concilios y mensajes de la Iglesia católica. **s.f. RELIGIÓN**

ecuménico, a (Del gr. *oikumenikos*, universal < *oikumene*, tierra habitada.)
1 Que se extiende a todo el orbe. **adj. = universal**
2 Se refiere al concilio que tiene representación de la Iglesia occidental y de la oriental. **RELIGIÓN**

ecumenismo Movimiento a favor de la unión entre todos los cristianos para conseguir una Iglesia universal. **s.m. RELIGIÓN**

ecumenista
1 Del ecumenismo: *movimiento ecumenista*. **adj./RELIGIÓN**

2 Que es partidario del ecumenismo. **adj/s.m.f./RELIGIÓN**

ecúmeno Parte de la Tierra apta para la vida humana. **s.m.**

ecuo, a (Del lat. *aequus*, plano, equitativo.)
1 De los ecuos, antiguo pueblo del Lacio. **adj.**
2 Miembro de este pueblo del Lacio. **s.**

ecuóreo, a (Del lat. *aequoreus*.) Del mar. **adj./literario**

eczema (Del fr. *eczema < gr. ekzema < ekzeo*, hervir.) Eccema, afección de la piel caracterizada por manchas rojizas que dan lugar a costras y escamas. **s.m. MEDICINA**

edad (Del lat. *aetas, -atis*, vida, tiempo que se vive.)
1 Tiempo transcurrido desde el nacimiento de un ser vivo hasta un momento concreto: *tenía treinta años de edad*. **s.f. = vida**
2 Duración de una cosa: *la edad del documento es de siete siglos*. **= antigüedad**
3 Cualquier período de la vida humana: *estoy en la edad de divertirme*. **= etapa, fase**
4 Cualquiera de los períodos establecidos en la historia de la Tierra: *edad cuaternaria*. **GEOLOGÍA**
5 Cualquiera de los períodos establecidos en la historia de la humanidad: *edad antigua; edad media*. **HISTORIA**
6 Cualquier período de tiempo precisado de algún modo: *en la edad de nuestros abuelos eso era normal*. **= época**
7 **edad adulta:** Aquella en la que el organismo ya ha sufrido todas las transformaciones y el desarrollo propio del ser: *los perros alcanzan la edad adulta hacia el primer año*.
8 **edad antigua:** Período histórico que llega desde los inicios de la historia hasta el fin del imperio romano. **HISTORIA**
9 **edad avanzada:** Último período de la vida de una persona. **= ancianidad**
10 **edad contemporánea:** Período histórico que comprende desde fines del siglo XVIII hasta la actualidad. **HISTORIA**
11 **edad crítica:** Período en el que una persona sufre cambios relacionados con la sexualidad, como la pubertad o, en las mujeres, la menopausia. **FISIOLOGÍA**
12 **edad cronológica:** La que se mide en años de vida.
13 **edad del bronce:** Período en que se divide la edad de los metales, entre la del cobre y la del hierro. **HISTORIA**
14 **edad del hierro:** Último período de los tres en que se divide la edad de los metales. **HISTORIA**
15 **edad de la Luna:** Número de días transcurridos desde la última luna nueva. **ASTRONOMÍA**
16 **edad de la marea:** Período comprendido entre el plenilunio y la marea siguiente más alta, que se expresa en horas.
17 **edad de los metales:** Época prehistórica que sigue a la edad de piedra, durante la cual el ser humano empezó a usar útiles y armas de metal. **HISTORIA**
18 **edad de merecer:** Época en que se consideraba que ya podían casarse los jóvenes. **coloquial**
19 **edad de oro o dorada:** Momento histórico en que las artes, ciencias y la cultura en general han tenido mayor esplendor en un pueblo o país. **HISTORIA**
20 **edad de piedra:** Período prehistórico de la humanidad anterior a la edad de los metales. **HISTORIA**
21 **edad de plata:** Período mítico que supuso un paso atrás respecto al esplendor de la edad de oro. **HISTORIA**
22 **edad de un monte o de un bosque:** Tiempo transcurrido desde la última poda.
23 **edad del cobre:** Primer período en que se divide la edad de los metales. **HISTORIA**
24 **edad del pavo:** Época en los que los niños pasan a ser adolescentes, y en la que sufren cambios físicos y emocionales: *esos bruscos cambios de humor se deben a que está en la edad del pavo*. **coloquial = adolescencia**
25 **edad escolar:** La que va desde el comienzo de los primeros estudios hasta la señalada legalmente en la que se permite trabajar.
26 **edad madura:** La comprendida entre el final de la juventud y el inicio de la vejez.
27 **edad media:** Período comprendido entre el siglo V y el XV de la era cristiana. **HISTORIA**
28 **edad mental:** Grado de desarrollo intelectual de una persona determinado por pruebas de inteligencia. **SICOLOGÍA**
29 **edad moderna:** Época comprendida entre la edad media y la contemporánea. **HISTORIA**
30 **edad temprana:** Período de la vida comprendido entre la niñez y la edad adulta. **= juventud**
31 **edad tierna:** Período desde el nacimiento hasta la juventud. **= niñez**
32 **grupo de edad:** Conjunto de personas con edades comprendidas entre dos límites fijados: *está en el grupo de edad entre los cuarenta y los cincuenta años*. **ESTADÍSTICA**
33 **mayoría de edad o mayor edad:** La fijada por la ley para el ejercicio de ciertos derechos civiles y políticos y de ciertos deberes y responsabilidades penales. **DERECHO**

34 minoría de edad o menor edad: La de la persona que no ha alcanzado la mayoría de edad. — DERECHO

35 tercera edad: 1. Último período de la vida humana: *ha llegado a la tercera edad.* **2.** Colectivo de personas que están en este período de la vida: *es importante apoyar a la tercera edad para que continúen realizándose como personas activas.* — = vejez SOCIOLOGÍA

36 de edad o de cierta edad, viejo o próximo a la vejez: *antiguamente las señoras de cierta edad vestían de negro.* — loc.adj.

37 entrar en edad: Ir pasando de una edad a otra, como de niño a joven.

edaf- Componente de palabra procedente del gr. *edaphos,* que significa suelo: *edáfico; edafología.* — pref. th: edafo-

edáfico, a Que tiene relación con el suelo, en especial como condicionante de la vida de las plantas: *clima edáfico.* — adj. BIOLOGÍA

edafogénesis Proceso o conjunto de procesos por los que se forman y evolucionan los suelos. — s.f./pl: edafogénesis BIOLOGÍA

edafología Ciencia que estudia el suelo y su relación con las plantas, desde los puntos de vista físico, químico y biológico. — s.f. BIOLOGÍA

edafológico, a Que tiene relación con la edafología: *análisis edafológico.* — adj. BIOLOGÍA

edafólogo, a Persona dedicada al estudio del suelo, desde los puntos de vista físico, químico y biológico. — s. BIOLOGÍA

edecán (Del fr. *aide de camp,* ayuda de campo.)
1 Ayudante de campo de un oficial del ejército. — s.m./MILITAR
2 Auxiliar, persona que acompaña a otra y le sirve de correveidile. — s.m.f.
3 Persona que en reuniones y actos públicos especiales atiende a los invitados o participantes. — Méx.

edelweiss Planta herbácea de flores lanosas y blancas que crece en las zonas de alta montaña. *(Leontopodium alpinum.)* — s.m./pl: edelweiss BOTÁNICA = flor de nieve

edema (Del gr. *oidema,* hinchazón < *oidao,* hinchar.) Hinchazón blanda de una parte del cuerpo, producida por líquido seroso infiltrado en los tejidos. — s.m. MEDICINA

edematoso, a
1 Que tiene relación con el edema: *hinchazón edematosa.* — adj. MEDICINA
2 Que tiene un edema. — MEDICINA

edén (Del hebreo *eeden,* deleite.)
1 Paraíso terrenal, en el Antiguo Testamento: *Adán y Eva fueron expulsados del edén.* — s.m. RELIGIÓN
2 Sitio paradisíaco: *aquel valle es un auténtico edén en medio de las montañas.*

edénico, a
1 Del edén o que tiene relación con él. — adj./= paradisíaco
2 Que tiene alguna propiedad del edén.

edetano, a
1 De un pueblo prerromano, que habitaba una región de la Hispania Tarraconense. — adj. HISTORIA
2 Persona originaria de este pueblo. — s./HISTORIA

edible Comestible, que se puede comer. — adj./culto

edición (Del lat. *editio, -onis,* parto, publicación < *edere,* dar a luz, publicar.)
1 Impresión de una obra o escrito para su publicación: *la obra está preparada para su edición.* — s.f. ARTES GRÁFICAS
2 Conjunto de ejemplares de una obra impresa de una sola vez sobre el mismo molde: *ya ha salido la segunda edición de su libro.* — ARTES GRÁFICAS = tirada
3 Colección de libros caracterizada por tener en común el tipo de formato, la naturaleza de las obras u otras cosas: *edición de bolsillo; edición de lujo.* — ARTES GRÁFICAS
4 Texto de una obra preparado con criterios filológicos: *le han encargado la edición de la obra de un famoso novelista.*
5 Celebración de determinado certamen, exposición o festival, repetida con periodicidad o sin ella: *ayer se celebró la décima edición del concurso musical.*
6 Impresión o grabación de un disco. — AUDIOVISUALES
7 edición anotada: La que va acompañada de diversas notas aclaratorias.
8 edición crítica: Aquella que se establece a base de diversas fuentes manuscritas o impresas y que consigna las variantes existentes entre ellas.
9 edición diamante: La que está hecha en tamaño pequeño y con caracteres muy menudos. — ARTES GRÁFICAS
10 edición facsímil: Reproducción fotográfica de un texto manuscrito o impreso.
11 edición incunable: La realizada en el siglo XV.
12 edición paleográfica: La que trata de reproducir un texto sin introducir modificaciones en él.
13 edición pirata: Aquella que se realiza por quien no tiene derecho a hacerla: *en su colección de discos tiene varias ediciones pirata.*
14 edición príncps o príncipe: La primera de varias ediciones de una misma obra.

15 segunda edición de alguien o algo: Que se asemeja mucho a otro: *el mayor es una segunda edición del abuelo.* — loc.adj.

edicto (Del lat. *edictum* < *edicere,* proclamar.)
1 Mandato publicado por la autoridad competente. — s.m./= decreto
2 Cartel expuesto en un lugar público en que se da a conocer un aviso o una disposición oficial: *en el tablón de anuncios está el edicto del ayuntamiento.* — = bando
3 Aviso de un tribunal, expuesto en el local del mismo y publicado en los periódicos oficiales para hacerlo llegar a los interesados en los autos, que no están representados en ellos, o cuyo domicilio se desconoce. — DERECHO

edículo (Del lat. *aediculum,* diminutivo de *aedes,* edificio.)
1 Edificio pequeño colocado como remate de otro: *edículos del puente valenciano del Real.* — s.m. ARQUITECTURA
2 Templete que servía de tabernáculo o relicario, en las antiguas casas romanas. — HISTORIA

edificabilidad Posibilidad de ser edificado un terreno: *la nueva ley de ordenamiento del transporte supone ciertas restricciones a la edificabilidad.* — s.f. CONSTRUCCIÓN

edificable Se aplica al terreno que puede ser edificado o está destinado para la edificación. — adj. CONSTRUCCIÓN

edificación
1 Acción y resultado de edificar: *la edificación tuvo un sobrecoste no esperado.* — s.f. CONSTRUCCIÓN
2 Edificio o conjunto de edificios: *vive en una nueva edificación en las afueras.* — CONSTRUCCIÓN

edificante Que edifica o sirve de ejemplo: *el discurso ha sido muy edificante.* — adj. = ejemplar

edificar (Del lat. *aedificare* < *aedes,* edificio + *facere,* hacer.)
1 Construir un edificio: *el ayuntamiento no permite edificar en esta calle.* — v.tr./conj: sacar = levantar
2 Servir una persona o sus actos de ejemplo a otra persona: *su conducta le edificó.* — = ejemplarizar
3 Establecer asociaciones: *edificaron una sociedad con fines lucrativos.* — = fundar

edificativo, a Que edifica o sirve de ejemplo: *las edificativas palabras de la homilía la serenaron.* — adj. = edificante

edificio (Del lat. *aedificium.*)
1 Construcción de cierta altura y extensión, hecha con materiales resistentes, cuyo interior está dividido en pisos o dependencias: *tiene el despacho en un edificio antiguo.* — s.m. CONSTRUCCIÓN
2 edificio de nueva planta: 1. El que ha sido construido desde un principio para el objeto a que se destina. **2.** El que no ha sido reformado o adaptado: *los edificios de nueva planta de hace dos décadas no permiten un fácil acceso a los minusválidos.* — CONSTRUCCIÓN
3 edificio inteligente: El provisto de un cableado interno y dispositivos electrónicos con el objeto de asegurar las funciones de automatización, regulación o comunicación internas. — CONSTRUCCIÓN
4 edificio público: Aquel que se destina a oficinas y servicios públicos. — CONSTRUCCIÓN

edil, a (Del lat. *aedilis.*)
1 Miembro de un ayuntamiento: *han destituido al edil de deportes por malversación de fondos.* — s./POLÍTICA = concejal
2 Magistrado encargado de las obras públicas, en la antigua Roma. — s.m. HISTORIA
3 edil curul: El que pertenecía a la clase patricia. — HISTORIA
4 edil plebeyo: El que era elegido por la plebe. — HISTORIA

edilicio, a
1 Del edil: *responsabilidades edilicias.* — adj./POLÍTICA
2 Concerniente a los edificios o a la construcción. — Argent., Urug.

edilidad
1 Cargo de edil: *accedió a la edilidad a los dieciocho años, convirtiéndose en el más joven del estado.* — s.f./POLÍTICA
2 Tiempo que dura el mandato de un edil. — POLÍTICA

edípico, a Que presenta rasgos del llamado complejo de Edipo relativo al deseo del niño respecto a sus progenitores: *relación edípica.* — adj. SICOLOGÍA, SIQUIATRÍA

edipificación Focalización del deseo del niño en el esquema edípico. — s.f./SICOLOGÍA, SIQUIATRÍA

editar (Del fr. *éditer.*)
1 Hacer múltiples ejemplares de una obra escrita, un grabado o un mapa por medio de la imprenta u otro procedimiento mecánico: *han editado una edición crítica muy buena.* — v.tr. ARTES GRÁFICAS
2 Pagar y administrar una publicación.
3 Organizar las grabaciones originales para el montaje de un programa de radio o de televisión. — AUDIOVISUALES
4 Visualizar en pantalla un archivo para manipularlo, imprimirlo u otras operaciones. — INFORMÁTICA

editor, a (Del lat. *editor, -ris,* autor, fundador.)
1 Que edita: *reunión de editores.* — adj.
2 Persona o entidad que edita una obra, costeando la publicación y administrándola, utilizando la imprenta u otras artes gráficas para multiplicar los ejemplares. — s. ARTES GRÁFICAS
3 Persona que se dedica a la preparación de un texto ajeno siguiendo criterios filológicos.

4 Programa de utilidad que permite realizar ediciones, es decir redactar, corregir, reorganizar y archivar textos, normalmente registrados en ficheros de símbolos. — s.m. INFORMÁTICA

editorial
1 Del editor o de la edición: *los criterios editoriales marcan la concepción y el estilo de este diccionario.* — adj. ARTES GRÁFICAS
2 Empresa que se dedica a editar libros, revistas, periódicos o discos. — s.f. ARTES GRÁFICAS
3 Artículo de fondo de un periódico o publicación que no suele ir firmado por asumirse su contenido y reflejar la opinión de los editores. — s.m.

editorialista Persona encargada de redactar el editorial de un periódico. — s.m.f.

-edo, a Unido a sustantivos de árboles o plantas, indica lugar colectivo, conjunto: *robledo; arboleda.* — suf.

edometría Técnica para medir la compresión del terreno bajo los cimientos de los edificios y otras construcciones. — s.f. CONSTRUCCIÓN

edómetro Aparato que calcula, a partir del ensayo de una muestra, el asiento del suelo bajo el peso de una edificación. — s.m. CONSTRUCCIÓN

-edor, a Unido a verbos, indica persona que realiza una acción: *entendedor, conocedor.* — suf.

edrar (Del lat. *iterare*, repetir.) Labrar el terreno por segunda vez antes de sembrarlo. — v.tr./AGRICULTURA = abinar, binar

edredón (Del fr. *édredon* < sueco *eiderdum*, plumón del eíder < *eider + dum*, plumón.)
1 Plumón muy fino que producen ciertas aves palmípedas, en especial el eíder, con el que se confeccionan colchas y otras prendas de abrigo. — s.m.
2 Cubierta de cama acolchada, rellena de algodón, miraguano, de plumón u otro material.

-edro Componente de palabra procedente del gr. *edra*, que significa cara, plano: *poliedro.* — suf.

educación
1 Acción y resultado de educar: *llevó al perro a un lugar especializado en educación canina.* — s.f. = adiestramiento
2 Proceso de enseñanza y aprendizaje encaminado a la formación de una persona: *la escuela y la familia son muy importantes para la educación del niño.* — = instrucción
3 Manera de comportarse una persona según las normas sociales de cortesía: *es de mala educación no ceder el asiento a una persona mayor.* — = modales, urbanidad
4 educación ambiental: Aquella que incide en el conocimiento del medio natural y respeto al mismo, concienciando al sujeto de que se ha de utilizar y disfrutar de él sin dañarlo.
5 educación especial: Aquella que se dirige a los niños que no pueden acceder a la enseñanza normal debido a problemas físicos, sociales o mentales.
6 educación física: Conjunto de ejercicios y disciplinas que se realizan para conseguir un buen desarrollo corporal.

educacional De la educación: *ámbito educacional.* — adj.

educacionista
1 De la educación: *doctrina educacionista.* — adj.
2 Que se dedica a la educación de niños o jóvenes: *institución educacionista.* — adj/s.m.f.

educado, a Que tiene educación o buenos modales: *le gusta porque es un chico muy educado.* — adj. = cortés

educador, a Que educa: *la misión de los educadores es sumamente importante.* — adj/s. = educante

educando, a Que está recibiendo educación o escolarización: *los educandos se reunieron en la sala de actos.* — adj. = alumno

educar (Del lat. *educare*, educar, emparentado con *ducere*, conducir y educar, fuera.)
1 Desarrollar y perfeccionar las facultades intelectuales y morales del niño o del joven por medio de preceptos, ejercicios o ejemplos: *se educó con los jesuitas.* — v.tr.prnl. conj: *sacar* = instruir
2 Enseñar a una persona las normas de cortesía: *hay que educar a este chico porque está hecho un salvaje.* — v.tr. = urbanizar
3 Desarrollar y perfeccionar las facultades de un miembro u órgano o la percepción de los sentidos: *tras el accidente, tiene que educar la mano; ha sabido educar su olfato.* — = ejercitar
4 Adiestrar a un animal: *no es fácil educar a los perros a no hacer sus necesidades en casa.* — = amaestrar

educativo, a
1 Que tiene relación con la educación: *el nuevo plan educativo puede ser útil para los chicos con más dificultades.* — adj. = educacional
2 Que sirve para educar: *es un juego educativo demasiado difícil para su edad.*

educir (Del lat. *educere*.) Deducir, sacar una idea de otra. — v.tr. conj: *conducir*

edulcoración Proceso de endulzar una sustancia: *la miel es un sano aditivo para la edulcoración de las bebidas.* — s.f.

edulcorante Se aplica a la sustancia que endulza o sirve para endulzar: *el medicamento lleva edulcorantes para quitar el amargor.* — adj/s.m.

edulcorar (Del bajo lat. *edulcorare* < lat. *dulcor*, dulzura.) Hacer dulce el sabor de un producto. — v.tr. = endulzar

¡eeh! (Voz de creación expresiva.) Indica sorpresa o admiración: *¡eeh, cómo has dicho que te caíste!* — interj.

efabilidad
1 Posibilidad de que una cosa sea expresada con palabras: *la efabilidad de sus sentimientos.* — s.f. ≠ inefabilidad
2 Facultad de expresar debidamente lo que se quiere. — = expresividad

efable Que puede decirse o expresarse. — adj.

efe Denominación de la letra *f*. — s.f.

efébico, a
1 Del efebo o adolescente. — adj./culto
2 Se aplica al período de máxima fortaleza de un animal. — BIOLOGÍA

efebo (Del lat. *ephebus* < gr. *ephebos*, adolescente.) Adolescente, chico de pocos años. — s.m. culto

efectismo
1 Actitud del que busca producir una fuerte impresión: *todos los aspavientos los hizo para causar efectismo.* — s.m. = aparatosidad
2 Recurso usado para impresionar fuertemente a una persona: *el efectismo es un recurso habitual en este político.* — = sensacionalismo

efectista Se aplica a la persona, obra o recurso que pretende producir un fuerte efecto o impresión en el ánimo por medio de recursos teatrales: *discurso efectista.* — adj/s.m.f. = impactante, sorprendente

efectividad
1 Cualidad de efectivo. — s.f.
2 Posibilidad que tiene una persona o cosa de producir los resultados o efectos esperados: *la efectividad del tratamiento ha sido científicamente probada.* — = eficacia
3 Posesión y ejercicio de un empleo cuyo grado se tenía. — MILITAR

efectivo, a (Del lat. *effectivus*.)
1 De realidad indiscutible: *su triunfo se ha hecho efectivo; ostenta el poder efectivo.* — adj./= cierto, real ≠ aparente
2 Que produce efecto: *es un remedio muy efectivo contra los catarros y la gripe.* — = eficaz, operante
3 Se refiere al empleo o cargo de plantilla o que se tiene en propiedad: *tiene un cargo efectivo.* — = fijo ≠ interino
4 Dinero o valor disponible: *me he quedado sin efectivo, ¿admiten tarjetas?* — s.m. = líquido
5 Número de personas que integran la plantilla de una organización, especialmente militar: *los efectivos policiales intervinieron en la manifestación.* — s.m.pl.
6 en efectivo: Con dinero líquido: *no se puede pagar con tarjeta, hay que hacerlo en efectivo.* — loc.adv.
7 hacer efectivo: **1.** Realizar una cosa: *al fin se ha hecho efectivo el proyecto.* **2.** Pagar o cobrar: *el pago se hace efectivo el 20 de cada mes.*

efecto (Del lat. *effectus* < *efficere*, producir un efecto < *facere*, hacer.)
1 Resultado de una causa: *tomar el sol en exceso puede causar efectos nocivos para la piel.* — s.m. = consecuencia
2 Impresión que produce una cosa en el ánimo: *le hizo mucho efecto la noticia.* — = sensación
3 Finalidad con que se hace una cosa: *no consiguió el efecto que buscaba en el público.* — = objetivo
4 Artículo de comercio, mercancía: *algunos comercios bajaron el precio de los efectos al aumentar la competencia.* — COMERCIO = género
5 Documento de crédito, como letras o acciones. — ECONOMÍA
6 Movimiento giratorio que, además del de traslación, se imprime a una bola o una pelota, por el que se desvía de su trayectoria normal: *el delantero le dio un efecto al balón que despistó al portero.* — DEPORTES
7 Propiedades o bienes de una persona: *aún tienes algunos efectos personales en el despacho.* — s.m.pl.
8 efecto devolutivo: El que tiene un recurso cuando atribuye al tribunal superior el conocimiento del asunto de la resolución impugnada. — DERECHO
9 efecto explosivo: Reacción violenta o muy perturbadora causada en alguien o en algo.
10 efecto fotoeléctrico: Descarga de electrones provocada por la luz en un cuerpo conductor: *la célula fotoeléctrica se basa en el efecto fotoeléctrico.* — FÍSICA
11 efecto invernadero: Elevación de la temperatura de la atmósfera próxima a la corteza terrestre por acumulación de gases naturales o artificiales. — ECOLOGÍA
12 efectos a cobrar: Los que se han de hacer efectivos. — ECONOMÍA
13 efectos especiales: Simulación artificial de situaciones, movimientos, imágenes o sonidos en una película o programa radiofónico. — CINE, AUDIOVISUALES
14 efectos estancados: Artículos o mercaderías cuya venta está monopolizada por el estado. — ECONOMÍA
15 efectos públicos: Documentos de crédito emitidos por el estado y algunas entidades, que han sido reconocidos por el gobierno como negociables en bolsa. — ECONOMÍA

16 al efecto o a dicho efecto o a tal efecto: Para ello o para eso: *vino a tal efecto con nosotros.* `loc.prep.`

17 a efectos de: Con el fin de conseguir lo que se expresa a continuación: *te lo volveré a explicar a efectos de que lo entiendas.* `loc.prep.`

18 a un solo efecto: Fórmula con que se indica, en algunos documentos, el uso determinado a que están destinados. `loc.prep.`

19 con efecto desde: Fórmula que precede a la fecha, desde la que se considera válido lo que se ha dispuesto en un documento. `loc.prep.`

20 con efectos retroactivos: Fórmula con que se indica que lo dispuesto en un documento se aplica desde una fecha, que suele indicarse, anterior al momento en que se emite el documento. `loc.adv.`

21 de buen efecto: Que produce una impresión agradable: *me pareció un joven de buen efecto.* `loc.adj.`

22 de o de mucho efecto: Espectacular, impresionante: *es una película de efecto pero poco cuidada de contenido.* `loc.adj.`

23 de efecto inmediato: Se aplica a aquello que tendrá consecuencias a muy corto término: *fármaco de efecto inmediato.* `loc.adj.`

24 de mal efecto: Que causa mala impresión o es desagradable: *fue de mal efecto tu comentario irónico sobre su padre, murió hace poco.* `loc.adj.`

25 en efecto: Expresión con que se confirma la verdad de lo dicho: *llegó, en efecto, a las diez de la mañana.* `loc.adv.`

26 hacer efecto: Crear algo una buena impresión o deslumbrar por su aspecto: *hizo efecto la presentación del plato.*

27 llevar a efecto: Realizar, hacer una cosa: *llevaron a efecto los trámites de la denuncia.*

28 para los efectos: De manera hipotética o supuesta: *para los efectos es como si ya fuese su padre adoptivo.* `loc.adv.`

29 tener, hacer o surtir efecto: Dar una cosa el resultado deseado: *parece que la regañina ha tenido efecto en su comportamiento.*

efector, a
1 Se refiere al impulso que produce una acción fisiológica en la parte del organismo a que llega. `adj.` `FISIOLOGÍA`
2 Se aplica al órgano que recibe un impulso efector. `FISIOLOGÍA`

efectuación Realización o cumplimiento de una cosa. `s.f.`

efectuar
1 Ejecutar una cosa: *la policía efectuó una exhaustiva inspección de la zona.* `v.tr.` `conj: actuar`
2 Realizarse, cumplirse una cosa: *la acción se efectuó con éxito.* `v.prnl.` `= producirse`

efedráceo, a Perteneciente a una familia de plantas gimnospermas, leñosas, de tallo ramificado y nudoso, hojas pequeñas, flores unisexuales y fruto en baya. `adj/s.f.` `BOTÁNICA`

efedrina Alcaloide simpaticomimético de acción semejante a la epinefrina. `s.f./FARMACIA,` `QUÍMICA`

efélide (Derivado culto del gr. *helios*, sol.) Mancha de color marrón claro que aparece en las zonas expuestas al sol. `s.f.` `MEDICINA` `= peca`

efeméride (Del lat. *ephemeris, -idis,* diario, memorial diario < gr. *ephemeris*.)
1 Acontecimiento importante ocurrido en diferentes épocas y que persiste en el recuerdo. `s.f.`
2 Conmemoración del aniversario de un acontecimiento importante: *el 12 de octubre es la efeméride del descubrimiento de América.*
3 Libro donde se anotan o refieren los acontecimientos diarios. `s.f.pl.`
4 Conjunto de sucesos notables que ocurren en el día o en la misma fecha pero de años anteriores: *inició el programa explicando las efemérides del día.*

efémero Lirio hediondo, planta semejante al lirio, del cual se distingue por tener el tallo sencillo y ser las flores de mal olor. `s.m.` `BOTÁNICA`

eferencia Transmisión de sangre o de otras sustancias desde una parte del organismo a otra que con respecto a ella se considera periférica. `s.f.` `FISIOLOGÍA`

eferente (Del lat. *eferens, -ntis* < *eferre,* llevar hacia fuera.)
1 Que lleva hacia fuera. `adj.`
2 Se aplica a la formación anatómica que transmite sangre o linfa, una secreción o un impulso energético desde una parte del organismo a otras que respecto a ella son consideradas periféricas. `ANATOMÍA`
3 Se refiere al estímulo o sustancia que se transmite de esta manera. `ANATOMÍA`

efervescencia
1 Desprendimiento de burbujas gaseosas a través de un líquido: *al agitar la cerveza, le quitas efervescencia.* `s.f.` `= burbujeo`
2 Estado de ánimo de gran excitación o enojo de máxima intensidad en una colectividad: *la discusión estaba en plena efervescencia cuando yo llegué.* `= agitación,` `exaltación`

3 Denominación de ciertas erupciones cutáneas, de carácter pasajero y benigno. `MEDICINA`

efervescente (Del lat. *effervescens, - ntis* < *effervescere,* empezar a hervir.) Se refiere a la sustancia que desprende o puede desprender burbujas gaseosas: *tiene que tomar unas pastillas efervescentes.* `adj.`

efesio, a De Éfeso, antigua ciudad de Asia Menor. `adj/s. tb: efesino`

efetá (Del hebreo *hephethaj,* ábrete.) Con obstinación y terquedad. `adv.`

eficacia Capacidad y validez para obrar y lograr un efecto determinado: *no creo en la eficacia de ese remedio casero para curar la gastritis.* `s.f.` `≠ impotencia`

eficaz (Del lat. *efficax, - acis.*)
1 Que produce el efecto deseado: *una medicina eficaz contra la tos.* `adj./= activo` `≠ ineficaz`
2 Que realiza con rapidez y perfección un trabajo o una actividad: *es una secretaria eficaz.* `= competente,` `eficiente`

eficiencia
1 Capacidad para lograr un efecto determinado: *sólo puso de relieve la eficiencia del producto y no su precio.* `s.f.` `= eficacia`
2 Competencia que se demuestra en el trabajo desempeñado: *la eficiencia del secretario le hace imprescindible en la empresa.* `= aptitud`

eficiente (Del lat. *efficiens, -tis* < *efficere,* producir un efecto.) Que cumple su misión o trabajo del modo deseado: *es un auxiliar muy voluntarioso aunque poco eficiente.* `adj.` `= eficaz`

efigiar Representar en efigie. `v.tr.`

efigie (Del lat. *effigies,* representación, imagen < *effingere,* representar.)
1 Representación de una persona en un dibujo, una pintura o una escultura: *en la entrada del edificio hay una efigie griega.* `s.f.` `ARTE`
2 Personificación, representación viva de algo ideal: *la viuda era la efigie del dolor.*

efímera Insecto efemeróptero de cuerpo alargado, dos pares de alas desiguales y largos apéndices en forma de colas, cuya vida adulta es muy corta y exclusivamente reproductora. *(Ephemera.)* `s.f.` `ZOOLOGÍA` `= cachipolla`

efímero, a
1 Que dura un solo día: *la amapola es una flor efímera.* `adj.`
2 Que dura muy poco tiempo: *la felicidad absoluta es una sensación efímera.* `= breve,` `pasajero`

eflorecerse (Del lat. *efflorescere,* abrirse las flores.) Ponerse en eflorescencia un cuerpo. `v.prnl./conj: carecer` `QUÍMICA`

eflorescencia
1 Erupción aguda o crónica, de color rojo intenso, que se presenta especialmente en la cara. `s.f.` `MEDICINA`
2 Conversión en polvo que sufren algunas sales al perder el agua de cristalización. `QUÍMICA`

eflorescente Se aplica al cuerpo que puede eflorecerse. `adj.` `QUÍMICA`

efluente
1 Que efluye o emana. `adj.`
2 Líquido que procede de una planta industrial, o aguas residuales en general. `s.m.`

efluir Salir un líquido o un gas al exterior: *el gas efluye por un poro del conducto.* `v.intr./conj: huir` `= fluir`

efluvio (Del lat. *effluvium,* acto de manar.)
1 Emisión de partículas muy finas. `s.m.`
2 Emanación, irradiación de algo inmaterial: *en la manifestación se notaban efluvios de solidaridad.* `= exhalación`
3 Descarga eléctrica de luminiscencia débil producida en la proximidad de un conductor. `ELECTRICIDAD`

efod (Voz hebrea.) Vestidura de lino corta y sin mangas que se ponían los sacerdotes hebreos sobre la túnica y el abrigo. `s.m./HISTORIA` `= superhumeral`

eforato Dignidad de éforo. `s.m./ HISTORIA`

éforo Cada uno de los cinco magistrados que cada año elegía el pueblo en Esparta. `s.m.` `HISTORIA`

efugio (Del lat. *effugium.*) Recurso para sortear una dificultad o salir de ella. `s.m.`

efundir (Del lat. *effundere,* derramar.) Esparcir un líquido. `v.tr.`

efusión (Del lat. *effusio, -onis,* acción de derramar.)
1 Actitud ostensiblemente expresiva de un estado de ánimo alegre o generoso: *después del examen todo eran efusiones.* `s.f.` `= entusiasmo`
2 Derramamiento de un líquido, en especial de sangre: *el cuerpo presentaba varias heridas con efusión de sangre.* `= derrame,` `flujo`
3 Salida de los gases de combustión por un orificio pequeño como medio propulsor de un motor de reacción: *le multaron porque la efusión de gases de su vehículo era excesiva.* `= emanación`
4 Paso de un gas a través de una pequeña abertura o grieta debido a la presión ejercida. `= escape`

efusividad Modo afectuoso y expresivo de mostrar los buenos sentimientos hacia los demás: *se saludaron con efusividad.* — s.f.

efusivo, a (Del lat. *effusus*.)
1 Que expresa alegría, cordialidad o afecto: *recibió una efusiva y calurosa acogida.* — adj.
2 Se aplica a la roca ígnea que ha salido al exterior y se ha solidificado. — GEOLOGÍA

egarense
1 De Egara, actual Tarrasa. — adj.
2 Persona originaria de esta ciudad. — s.m.f.

egb (Acrónimo de *[E]ducación [G]eneral [B]ásica.*) Enseñanza primaria en el sistema educativo español. — s.f.

egesta Conjunto de materias expulsadas por el tubo digestivo. — s.f. ≠ ingesta

égida (Del lat. *aegis, -idis* < gr. *aigis, -idos*, escudo < *aix*, cabra.)
1 Arma defensiva consistente en una plancha de cuero, madera o metal que se llevaba en el brazo como protección. — s.f. MILITAR = escudo
2 Cosa que sirve para defenderse o protegerse. — = defensa

egílope (Del gr. *aigilops* < *aigilos*, hierba de que se alimentan las cabras + *ops*, cara, aspecto.)
1 Especie de avena, parecida a la ballueca, pero más alta y con más flores. — s.f./BOTÁNICA = trigo montesino
2 Rompesacos, planta graminea de hojas estrechas y cubiertas de vello y flores en espiga. — BOTÁNICA

egipán (Del gr. *aix*, cabra + *Pan*, nombre del dios *Pan*.) Ser fantástico, mitad cabra y mitad hombre. — s.m. MITOLOGÍA

egipcíaco, a De Egipto. — adj/s.

egipcio, a
1 De Egipto, estado de África septentrional. — adj./= egipciano
2 Persona natural de este estado. — s.
3 Lengua del grupo camitosemítico que se hablaba en el delta del Nilo o en una franja fértil a ambas orillas del río. — LINGÜÍSTICA
4 Variedad lingüística del árabe hablado en este país y en el Sudán. — LINGÜÍSTICA

egiptología Estudio de la civilización del antiguo Egipto. — s.f. HISTORIA

egiptológico, a Que tiene relación con la egiptología o con el antiguo Egipto. — adj. HISTORIA

eglantina Planta arbustiva espinosa de hojas alternas con estípulas y hermosas flores. *(Rosa eglantina.)* — s.f. BOTÁNICA

eglefino Pez teleósteo marino, de tamaño mediano, parecido al bacalao, rechoncho y pardo, con una mancha negra en los costados y un barbillón bajo la boca que vive en aguas poco o medianamente profundas y sobre suelos finos. *(Gadus aeglefinus.)* — s.m. ZOOLOGÍA

égloga (Del lat. *ecloga* < gr. *ekloge*, extracto, pieza escogida.) Composición poética, generalmente lírica, en la que pastores, reales o fingidos, dialogan sobre amores o sobre la vida campestre. — s.f. POESÍA

eglógico, a Que tiene relación con la égloga: *temática eglógica.* — adj./POESÍA tb: eclógico

ego (Del lat. *ego*, yo.)
1 Instancia síquica que, en el sicoanálisis de Freud, se reconoce como «yo» y media entre los instintos del «ello», los ideales del «super yo» y la realidad del mundo externo. — s.m. SICOLOGÍA
2 Calidad de soberbio o arrogante: *tiene mucho ego.*

-ego, a Unido a sustantivo indica natural de, pertenencia: *manchego.* — suf.

egocéntrico, a
1 Que tiene relación con el egocentrismo. — adj.
2 Que se comporta con egocentrismo: *siempre busca llamar la atención porque es muy egocéntrico.* — adj/s. = egoísta

egocentrismo Modo de ser de la persona que se considera el centro de atención de todos: *es una víctima de su egocentrismo: no le interesa nada aparte de ella misma.* — s.m. = egoísmo ≠ altruismo

egofonía Resonancia de la voz que se percibe al auscultar el tórax de una persona enferma con derrame de la pleura. — s.f. MEDICINA

egoísmo (Del fr. *egoisme*.)
1 Modo de ser de quien antepone sus deseos e intereses a los de los demás: *tu egoísmo te llevará a perder buenas amistades.* — s.m. = egocentrismo ≠ altruismo ≠ generosidad
2 Actitud egoísta.

egoísta
1 Del egoísmo: *sentimiento egoísta.* — adj.
2 Que se comporta con egoísmo: *es tan egoísta que se ha quedado sin amigos.* — adj/s.m.f./= codicioso, egolatra

ególatra Que se comporta con egolatría: *pasó a la historia como el más empedernido de los egolatras.* — adj. = narcisista

egolatría (Del lat. *ego*, yo + *labreia*, adoración.) Actitud del que se tiene excesivo amor a sí mismo y se rinde culto: *todos tus cuadros esconden un fondo de egolatría.* — s.f. = narcisismo

egolátrico, a
1 Que tiene relación con la egolatría: *actitud egolátrica; adoración egolátrica.* — adj.
2 Que tiene una actitud ególatra.

egotismo (Del ingl. *egotism*.) Tendencia a hablar de uno mismo, concediéndose así excesiva importancia: *¡qué egotismo! Todo lo explica en relación consigo mismo.* — s.m. culto ≠ altruismo

egotista
1 Del egotismo: *afán egotista.* — adj.
2 Que se comporta con egotismo: *no sé por qué invitan a la tertulia a un hombre tan egotista como él.* — adj/s.m.f. = ególatra

egregio, a (Del lat. *egregius*, que destaca.) Que destaca por su nobleza o méritos: *ya han llegado los egregios visitantes.* — adj. = ilustre, insigne

egresar
1 Salir de un lugar. — v.intr. Amér.
2 Terminar un ciclo de estudios medios y superiores con la obtención del título correspondiente: *ha egresado de la escuela en marzo.*

egresión (Del lat. *egressio* < *egredi*, salir.) Acto o título por el que se traspasaba a una comunidad o a un particular alguna finca o derecho que pertenecían a la corona. — s.f. DERECHO

egreso (Del lat. *egressus*, salida.) Partida de descargo o de gastos en una cuenta. — s.m. COMERCIO

¡eh!
1 Expresión usada para reprender, advertir o llamar la atención de alguien: *¡eh, tú, no te cueles!* — interj.
2 Expresión usada como interrogación retórica en la conversación para reclamar la atención del interlocutor: *que tú ya me conoces, ¿eh?* — interj.

éider Ave anseriforme del grupo de los patos buceadores, marina, de constitución fuerte y con colores vistosos en los machos, que vive en las costas del norte de Europa y tiene un plumón finísimo que se utiliza para rellenar almohadones. *(Somateria.)* — s.m. pl: eideres ZOOLOGÍA

eidético, a
1 Del eidetismo: *tendencia eidética.* — adj./SICOLOGÍA FILOSOFÍA
2 Que se refiere a la esencia.

eidetismo Tendencia, normal en la infancia o propia de algunos estados nerviosos, que consiste en proyectar visualmente las imágenes de impresiones recientes. — s.m. SICOLOGÍA

eidóforo Aparato para reproducir las imágenes televisivas en una pantalla de grandes dimensiones. — s.m. AUDIOVISUALES

einstenio (De *Einstein*, físico alemán.) Elemento químico artificial y radioactivo, que pertenece a la serie de los actínidos y se obtiene bombardeando el uranio con iones de nitrógeno. — s.m. QUÍMICA

eirá Pequeño carnívoro semejante al hurón de poco más de un metro de longitud. Tiene patas bastante largas, el pelaje pardo oscuro, corto y liso, y se alimenta de pequeños mamíferos y de miel. *(Eyra barbara.)* — s.m. Argent., Par. ZOOLOGÍA

eje (Del lat. *axis*.)
1 Varilla que atraviesa un cuerpo giratorio y le sirve de soporte en el movimiento. — s.m. MECÁNICA
2 Barra horizontal perpendicular a la línea de tracción de un vehículo que une dos ruedas opuestas. — MECÁNICA
3 Idea fundamental de un discurso o tema dominante de un escrito: *la paz fue el eje de su disertación.* — = base, centro
4 Línea que divide la mitad del ancho de una vía, calle o camino.
5 Persona o cosa considerada como la atracción o centro, en torno al cual giran las demás: *con su simpatía, María se convirtió en el eje de la reunión.* — = centro
6 Recta alrededor de la cual se considera que gira una línea para engendrar una superficie. — GEOMETRÍA
7 Diámetro principal de una curva. — GEOMETRÍA
8 Pieza que transmite el movimiento de rotación en una máquina. — MECÁNICA
9 **eje coordenado o de coordenadas:** Cada una de las dos líneas indefinidas que se cortan en un punto de un plano, y se trazan en ángulo recto para determinar la posición de los demás puntos del mismo plano, por medio de las líneas coordenadas paralelas a ellas. — GEOMETRÍA
10 **eje de abcisas:** El de coordenadas, paralelamente al cual se trazan las abcisas. — GEOMETRÍA
11 **eje de la esfera terrestre:** El imaginario alrededor del cual gira la Tierra, determinando en ella dos puntos que se llaman polos. — ASTRONOMÍA, GEOGRAFÍA
12 **eje de ordenadas:** El de coordenadas, paralelamente al cual se trazan las ordenadas. — GEOMETRÍA
13 **eje de simetría:** Recta que al ser tomada como eje de giro en un cuerpo hace que se superpongan todos los puntos análogos. — GEOMETRÍA
14 **dividir o partir a alguien por el eje:** Causar un perjuicio impidiendo que se continúe con lo que se había comenzado: *con sus inesperadas y nuevas propuestas, nos ha partido por el eje.* — coloquial

ejecución (Del lat. *exsecutio, -onis*.)

1 Realización de una obra, acción o acto: *la excavadora inició la ejecución del derrumbamiento.* **s.f.**

2 Manera de ejecutar o hacer una cosa, en especial referido a una obra musical o pictórica: *la ejecución de la sonata fue exquisita.*

3 Acción de ejecutar a una persona en cumplimiento de una sentencia. **DERECHO** **= ajusticiamiento**

4 Intervención judicial para el pago de una deuda mediante el embargo y venta de bienes. **DERECHO**

5 Fase operativa de un programa que previamente ha sido compilado y cargado en memoria. **INFORMÁTICA**

6 **poner en ejecución:** Iniciar una acción, poner en práctica: *ya se han puesto en ejecución las nuevas medidas económicas.*

7 **trabar ejecución:** Hacer las diligencias de embargo para asegurar el pago de una deuda. **DERECHO**

8 **traer aparejada ejecución:** Tener un título de crédito los requisitos necesarios para sustentar el mandamiento de embargo de bienes. **DERECHO**

ejecutable
1 Que puede ser ejecutado: *sí, efectivamente creo que el plan es ejecutable.* **adj.** **= realizable**

2 Se aplica al fichero de un programa informático que contiene las órdenes para activar y utilizar dicho programa. **adj./s.m.** **INFORMÁTICA**

ejecutante
1 Que ejecuta, realiza o lleva a cabo una cosa o una acción. **adj./s.m.f.** **= ejecutor**

2 Que ejecuta judicialmente a otro por el cobro de una deuda. **DERECHO**

3 Persona que ejecuta una obra musical: *los ejecutantes de la sinfonía fueron muy aplaudidos.* **s.** **MÚSICA**

ejecutar (Del lat. *exsequi,* seguir hasta el final.)
1 Hacer o realizar una acción: *tienes que ejecutar las órdenes de tus superiores.* **v.tr.** **= efectuar**

2 Matar a una persona en cumplimiento de una sentencia: *lo ejecutaron a la madrugada.* **DERECHO** **= ajusticiar**

3 Tocar una pieza musical: *ejecutaron un concierto para violín; ejecutó una pieza al piano.* **MÚSICA**

4 Hacer intervenir al juzgado para el cobro de una deuda. **DERECHO**

5 Realizar una instrucción o pasar un programa en un ordenador. **INFORMÁTICA**

ejecutiva Junta directiva de una asociación: *la ejecutiva de la empresa tomará hoy una decisión.* **s.f.**

ejecutivamente
1 Por vía o procedimientos ejecutivos. **adv./DERECHO**

2 A la manera de los ejecutivos.

3 Con prontitud y eficacia. **= rápidamente**

ejecutivo, a
1 Que debe ejecutarse de inmediato. **adj.**

2 Se aplica al organismo que se encarga de la ejecución de leyes o acuerdos. **DERECHO**

3 Persona que tiene un cargo directivo en la organización de una empresa: *los ejecutivos de la empresa están reunidos con los accionistas.* **s.**

4 Se aplica al poder del estado que se encarga de gobernar y hacer cumplir las leyes. **adj./s.m.** **POLÍTICA**

5 Se refiere al procedimiento judicial para el pago de una deuda en el que se embargan los bienes del deudor. **adj.** **DERECHO**

ejecutor, a (Del lat. *exsecutor, -oris.*)
1 Que ejecuta o hace una cosa: *organismo ejecutor de las disposiciones judiciales.* **adj./s.**

2 Verdugo, persona que ejecuta la pena de muerte: *su abuelo fue el ejecutor de los tres últimos ajusticiamientos de la dictadura.* **s.m.** **= ejecutor de la justicia**

ejecutoria
1 Sentencia judicial que alcanza la firmeza de cosa juzgada, así como documento en que se consigna dicha sentencia. **s.f.** **DERECHO**

2 Título o diploma que acreditaba la nobleza y limpieza de sangre de una familia. **HISTORIA**

3 Timbre, insignia que se coloca encima del escudo de armas para distinguir los grados de nobleza.

ejecutoría Antiguo oficio de ejecutor. **s.f.**

ejecutorial Se refiere a los despachos o letras que contienen la ejecución de una sentencia del tribunal eclesiástico. **adj.** **DERECHO**

ejecutoriar
1 Dar firmeza a un fallo judicial: *este fallo ya se ejecutorió al leerse las pruebas definitivas en el último juicio.* **v.tr/prnl.** **conj:** *vaciar* **DERECHO**

2 Comprobar la certeza de una cosa hasta hacerla indudable: *ejecutorió sus sospechas y denunció al culpable.* **v.tr.**

ejecutoriedad Fuerza del acto administrativo cuando su ejecutividad no esté suspendida y su ejecución se produce como si se tratara de una ejecutoria judicial. **s.f.** **DERECHO**

ejecutorio, a Se aplica a la sentencia que es firme o invariable. **adj.** **DERECHO**

¡ejem! Expresión onomatopéyica que imita el carras- **interj.**

peo, usada para llamar la atención, dejar en suspenso la frase o indicar ironía: *aunque me esté mal decirlo, yo, ¡ejem!, no tengo un pelo de tonto.* **tb: ejem, ejem**

ejemplar
I (Derivado de *ejemplo.*) Ejemplificar, demostrar o ilustrar con ejemplos lo que se dice. **v.tr.**

II (Del lat. *exemplar, -aris.*)
1 Que sirve de ejemplo: *su ejemplar conducta fue reconocida por los directores del centro.* **adj.**

2 Original, prototipo o norma representativa de un objeto o de un proyecto. **s.m.**

3 Cada uno de los escritos, impresos o grabados, sacados de un mismo original o modelo: *tengo un ejemplar de la revista.* **= muestra**

4 Individuo de una especie o de un género: *es un ejemplar de raza y muy bonito.* **= espécimen**

5 Cada uno de los objetos de diverso género que forman una colección científica.

6 Caso que sirve o puede servir de escarmiento.

7 Aquello que se ha hecho igual otras veces.

8 **sin ejemplar:** Sin igual, sin que se haya visto antes. **loc.adv.**

ejemplaridad
1 Cualidad de lo que puede servir de ejemplo o modelo para otros: *puso de relieve la ejemplaridad de sus obras.* **s.f.**

2 Resultado de una acción ejemplar, que sirve de enseñanza y advertencia para los demás.

ejemplarizar Dar buen ejemplo a una persona: *su honestidad ejemplariza a sus hijos.* **v.tr./conj:** *cazar* **= aleccionar**

ejemplificación Demostración o ilustración de una cosa mediante un ejemplo: *la ejemplificación del problema me ayudó a comprenderlo.* **s.f.**

ejemplificar (Derivado de *ejemplo.*) Mostrar una cosa con ejemplos: *es muy didáctico, siempre ejemplifica sus afirmaciones.* **v.tr./conj:** *sacar* **= ejemplar, ilustrar**

ejemplo (Del lat. *exemplum,* modelo, ejemplo.)
1 Cosa o caso que se cita como muestra clara de los de su misma clase, usado para explicar, comprobar una cosa o darle autoridad: *me explicó un ejemplo parecido a lo que estaba pasando.* **s.m.** **= modelo, pauta**

2 Actitud o comportamiento dignos de ser imitados: *su altruismo es un ejemplo a seguir.* **= modelo**

3 Cosa que ha de servir de objeto de imitación: *éste es un ejemplo de cómo utilizar el secador.* **= modelo, paradigma**

4 **ejemplo casero:** El que se refiere a cosas muy comunes y frecuentes.

5 **vivo ejemplo:** Persona o cosa en la que concurre a la perfección una determinada cualidad, facultad o estado: *es el vivo ejemplo del optimismo.* **coloquial**

6 **por ejemplo:** Expresión usada cuando va a aplicarse a un caso concreto lo que se estaba diciendo con carácter general, para explicarlo o mostrar su validez. **= verbigracia**

7 **sin ejemplo:** Sin precedente o caso o modelo con que se pueda comparar. **loc.adv.**

ejercer (Del lat. *exercere,* agitar, hacer trabajar sin descanso.)
1 Realizar las actividades propias de una profesión: *es médico, pero no ejerce.* **v.tr/intr./conj:** *mecer* **= desempeñar**

2 Realizar sobre una persona o una cosa una acción o influencia: *su presencia ejerce un gran poder entre los asistentes.* **v.tr.** **= influir**

3 Hacer uso de un derecho: *ejerce su derecho a la libertad de expresión.* **= ejercitar**

ejercicio (Del lat. *exercitium.*)
1 Trabajo práctico que se hace para la adquisición, desarrollo o conservación de una facultad, de una aptitud o de una habilidad: *ejercicios matemáticos; ejercicios gimnásticos.* **s.m.**

2 Movimiento corporal que exige algún esfuerzo físico y que se hace para mantenerse en forma o para conservar o recobrar la salud: *tengo que hacer ejercicios correctivos para la espalda.* **= gimnasia**

3 Prueba oral o escrita que se hace en exámenes u oposiciones: *aprobó todos los ejercicios del trimestre.*

4 Práctica de una profesión: *el ejercicio de la medicina conlleva mucha responsabilidad.* **= desempeño**

5 Cada prueba de una competición deportiva. **DEPORTES**

6 Tiempo durante el que rige una ley de presupuestos: *del ejercicio del año próximo, el presupuesto será inferior al actual en materia militar.* **ECONOMÍA, POLÍTICA**

7 Uso de un derecho, o de una determinada facultad o poder. **= ejercitación**

8 Movimientos, marchas y maniobras militares con que se adiestra a los soldados. **s.m.pl.** **MILITAR**

9 **ejercicios espirituales:** Práctica religiosa en que un grupo de personas, alejadas de sus ocupaciones cotidianas, se dedican durante determinado número de días a la oración, meditación y penitencia. **RELIGIÓN**

10 **en ejercicio:** Que ejerce su profesión: *se ha jubilado, así que ya no está en ejercicio.* **loc.adv.**

ejercitación Acción de ejercitarse u ocuparse en alguna tarea determinada: *en el gimnasio hemos empezado la ejercitación de los músculos pectorales.* **s.f.** **= práctica**

ejercitante
1 Que ejercita, practica o realiza una actividad. **adj/s.m.f.**
2 Persona que realiza los ejercicios de unas oposicio- **s.m.f.**
nes o ejercicios espirituales.

ejercitar (Del lat. *exercitare*, ejercitar a menudo.)
1 Practicar o hacer que una persona practique una **v.tr/prnl.**
actividad para adiestrarse en ella: *se ejercita en karate.* **= practicar**
2 Usar una facultad o un poder sobre una persona: **v.tr.**
ejercita sus dotes de fascinación sobre el muchacho.
3 Poner en práctica una virtud: *ejercitar la caridad.*
4 Hacer valer un derecho.
5 Ejercer un oficio o profesión: *está facultado para ejer-*
citar la medicina.

ejército (Del lat. *exercitus*.)
1 Conjunto de todas las fuerzas militares de un esta- **s.m./MILITAR**
do: *el ejército desfiló ante el monarca.* **= milicia**
2 Gran unidad de soldados, con sus correspondientes **MILITAR**
mandos y bajo las órdenes de un jefe superior: *el ejér-*
cito enemigo tomó la capital del país.
3 Conjunto muy numeroso de personas o animales: **MILITAR**
un ejército de niños se instaló en la sala.
4 **ejército de tierra:** Todas las fuerzas militares te- **MILITAR**
rrestres de un estado.
5 **ejército del aire:** Todas las fuerzas militares aéreas **MILITAR**
de un estado.

ejidal Del ejido. **adj.**

ejidario, a Persona que forma parte de un ejido. **s./Méx.**

ejidatario, a Campesino que disfruta de tierras en **s.**
un ejido. **AGRICULTURA**

ejido (Derivado del ant. *exir*, salir < lat. *exire*, salir.)
1 Terreno comunal, a las afueras de un pueblo, que **s.m.**
se destina a eras y en el que se pueden reunir los ga- **AGRICULTURA**
nados de todos los vecinos.
2 Terreno concedido por el gobierno a un grupo de **Méx.**
campesinos para su explotación. **AGRICULTURA**

ejión Pieza de madera con forma de cuña que se utili- **s.m.**
za para sujetar las piezas horizontales de un armazón **ARQUITECTURA**
o de un andamio.

-ejo, a Unido a sustantivos y adjetivos forma diminu- **suf.**
tivos con matiz despectivo: *pellejo.*

ejote
1 Judía verde: *tomaron ejotes y papas en la puerta de la* **s.m./Méx., Amér.**
pulpería. **Central**
2 Puntada grande y mal hecha en la costura. **Amér. Central**

el (Del lat. *ille*, aquél.) Indica el género masculino y el **art.**
número singular de la palabra a la que acompaña.

él (Del lat. *ille*, aquél.) Indica la persona, animal o cosa **pron.pers.**
única y masculina a la que se refiere la persona que **f: ella**
habla: *me encuentro terriblemente sola sin él; me gusta* **pl: ellos**
pasear con mi perro y siempre que puedo juego con él;
amo el mar, pero temo zambullirme de golpe en él.

elaboración Acción y resultado de elaborar: *hemos* **s.f.**
comprado una máquina que facilita el proceso de elabora-
ción de la pasta de papel.

elaborado, a
1 Que es producto de una elaboración industrial: *ela-* **adj.**
borados lácteos. **INDUSTRIA**
2 Que está muy pensado, trabajado o retocado: *el po-*
lítico pronunció un discurso elaborado.

elaborar (Del lat. *elaborare*.)
1 Preparar o transformar una cosa mediante un pro- **v.tr.**
ceso: *su empresa elabora quesos de cabra.* **= fabricar, hacer**
2 Producir un organismo o un órgano una sustancia: **= fabricar**
las abejas elaboran la miel.
3 Crear una estructura intelectual compleja: *están ela-* **= conformar,**
borando un proyecto de ley. **trazar**

elación (Del lat. *elatio, -onis*, < *efferre*, elevar, levantar
en alto, arrobar.)
1 Sentimiento de exaltación anímica o espiritual. **s.f.**
2 Modo de hablar y de expresarse pomposo y altiso- **= grandilocuencia**
nante.
3 Inclinación desmesurada del que se cree superior y **= arrogancia,**
menosprecia a los demás. **soberbia**

elafebolión Noveno mes del año, en el calendario **s.m.**
ático. **HISTORIA**

eláfodo Mamífero artiodáctilo rumiante, con un me- **s.m./ZOOLOGÍA**
chón de pelos largos en lo alto de la cabeza. **= ciervo de mechón**

elaiómetro Instrumento que sirve para medir la can- **s.m.**
tidad de aceite que contiene una sustancia oleagi- **= eleómetro**
nosa.

elaiotecnia Técnica de fabricación, conservación y **s.f./INDUSTRIA**
análisis de aceites vegetales. **= eleotecnia**

elamí Tono que empieza en el tercer grado de la es- **s.m./pl.tb: elamíes**
cala diatónica de do, en la música antigua. **MÚSICA**

elasm- Componente de palabra procedente del gr. **pref.**
elasmos, que significa placa, lámina: *elasmobranquio.* **tb: elasmo-**

elasmobranquio, a Perteneciente a una subclase de **adj/s.m.**
peces de esqueleto cartilaginoso, con hendiduras **ZOOLOGÍA**
branquiales al descubierto y la piel con dentículos
dérmicos.

clástica Prenda de vestir interior, de punto, general- **s.f.**
mente con mangas.

elasticidad
1 Propiedad que tienen algunos cuerpos para estirar- **s.f.**
se o deformarse y recuperar su forma primitiva una **FÍSICA**
vez que cesa la fuerza que los alteraba: *para facilitar* **= flexibilidad**
los movimientos, las prendas deportivas se fabrican con te-
jidos de gran elasticidad.
2 Posibilidad de que una cosa sea entendida o aplica- **= adaptabilidad**
da de distintas maneras: *la elasticidad de un horario; la*
elasticidad de una norma.

elasticímetro Instrumento para medir las deforma- **s.m.**
ciones elásticas de los cuerpos. **FÍSICA**

elástico, a (Del gr. *elastos*, que puede ser empujado o
dirigido.)
1 Que se puede estirar o deformar y luego recobrar **adj.**
su forma original: *la lycra es un tejido elástico.* **= flexible**
2 Se aplica a la prenda de vestir que se ajusta al cuer- **= adaptable**
po: *los ciclistas usan pantalones elásticos.*
3 Que puede ser entendido de varias maneras: *lo que* **= relativo**
tú dices es muy elástico. **≠ concreto**
4 Que se puede ajustar o adaptar a diversas circuns- **= flexible**
tancias: *tengo un horario muy elástico.* **≠ rígido**
5 Cinta o cordón de goma: *se sujeta el pelo con un elás-* **s.m.**
tico.
6 Tejido que tiene elasticidad. **TEXTIL**
7 Parte superior del calcetín hecho de un punto más
elástico que el resto para que se ajuste a la pierna:
este calcetín tiene un elástico que me aprieta.
8 Tiras flexibles que se cuelgan desde los hombros **s.m.pl.**
para sostener el pantalón: *el payaso llevaba unos elásti-* **= tirantes**
cos de color naranja.

elastina Proteína existente en los tejidos conjuntivos, **s.f.**
óseo y cartilaginoso. **BIOQUÍMICA**

elastómero Materia natural o artificial que tiene mu- **s.m.**
cha elasticidad. **INDUSTRIA**

elatérido, a Perteneciente a una familia de insectos **adj/s.m.**
coleópteros con la cabeza escondida bajo el pronato **ZOOLOGÍA**
que dan saltos altos y al caer sobre el dorso producen
un ruido seco.

elaterio (Del lat. *elaterium*, purgante sacado del co- **s.m.**
hombrillo amargo.) Cohombrillo amargo, planta me- **BOTÁNICA**
dicinal de hojas blanquecinas y flores amarillas.

elativo (Del lat. *elativus*, que eleva.)
1 Superlativo absoluto. **s.m./LINGÜÍSTICA**
2 Caso de la declinación que expresa separación, en **LINGÜÍSTICA**
la lengua vasca.

elato, a (Del lat. *elatus*, levantado.) Que se comporta **adj./= altivo,**
con soberbia. **presuntuoso**

elche (Del ár. *ilg*, extranjero no mahometano.) Moris- **s.m.**
co o renegado de la religión cristiana. **HISTORIA**

ele Denominación de la letra *l* del alfabeto español. **s.f.**

¡ele! Expresión de satisfacción, que equivale a "olé". **interj.**

eleagnáceo, a Perteneciente a una familia de plantas **adj/s.f.**
angiospermas dicotiledóneas, arbóreas o arbustivas, **BOTÁNICA**
de hojas alternas u opuestas, flores solitarias y a veces en espiga o en racimo, y fruto en drupa.

eleático, a Relativo a la escuela filosófica fundada **adj/s.**
por Zenón de Elea, filósofo griego del siglo v a. J.C. **FILOSOFÍA**

eleatismo Doctrina filosófica griega, surgida en la es- **s.m.**
cuela de Elea, que defendía que la existencia del cam- **FILOSOFÍA**
bio y del devenir son difíciles de probar por la lógica,
y que éstos no afectaban al ser único.

eléboro Planta ranunculácea de raíz fétida y purgan- **s.m.**
te, que crece en zonas montañosas. (*Helleborus.*) **BOTÁNICA**

elección (Del lat. *electio*.)
1 Acción y resultado de elegir: *es una elección difícil* **s.f.**
porque me gustan mucho los dos.
2 Acción de decidir mediante votación quién, entre **SOCIOLOGÍA**
varios candidatos, es la persona más indicada para
ocupar un cargo determinado: *los miembros de la junta,*
procedieron a la elección del nuevo presidente.
3 Votación para elegir representantes políticos, sindi- **s.f.pl.**
cales o los cargos de diversas instituciones y asocia- **POLÍTICA,**
ciones. **SOCIOLOGÍA**

eleccionario, a De las elecciones o que tiene rela- **adj./Amér. Central**
ción con ellas. **y Merid.**

electividad Calidad de electivo. **s.f./SOCIOLOGÍA**

electivo, a (Del lat. *electivus*.) Se refiere al cargo o **adj.**
empleo que se ocupa o se provee por elección. **SOCIOLOGÍA**

electo, a (Part. irreg. de *elegir*.) Que ha sido elegido **adj.**
para un cargo pero todavía no ha tomado posesión **SOCIOLOGÍA**
de él: *a la reunión asistirá también el presidente electo.*

elector, a
1 Que elige o tiene derecho a elegir: *los electores elegi-* **adj/s.** *rán a sus representantes sindicales; ha aumentado el nú-* **POLÍTICA,** *mero de electores.* **SOCIOLOGÍA**
2 Príncipe u obispo del Sacro imperio germánico a **s.m.** quien correspondía la elección de emperador. **HISTORIA**

electorado
1 Conjunto de los electores: *con la abstención, el electo-* **s.m./POLÍTICA,** *rado demuestra su desinterés.* **SOCIOLOGÍA**
2 Dignidad de elector en el Sacro imperio germánico. **HISTORIA**
3 Cada país del Sacro imperio bajo el dominio de **HISTORIA** esta dignidad.

electoral
1 Que tiene relación con las elecciones o con los **adj./POLÍTICA,** electores: *hoy empieza la campaña electoral.* **SOCIOLOGÍA**
2 De la dignidad o calidad del elector.

electoralismo Actividad política que aprovecha cual- **s.m.** quier circunstancia social para obtener resultados elec- **POLÍTICA,** torales favorables, aun a costa del propio compromiso **SOCIOLOGÍA** doctrinal.

electoralista
1 Del electoralismo: *estrategia electoralista.* **adj./SOCIOLOGÍA**
2 Que hace electoralismo: *es un político electoralista* **POLÍTICA,** *que, en repetidas ocasiones, ha demostrado la hipocresía* **SOCIOLOGÍA** *de su discurso.*

electorero, a
1 Que intriga o no juega limpio en unas elecciones: *le* **adj/s.** *considero un candidato electorero.* **despectivo**
2 Que tiene relación con la intriga o maniobra elec- **adj.** toral: *maniobra electorera.* **SOCIOLOGÍA**
3 Persona que participa en los entresijos de unas **s.** elecciones. **SOCIOLOGÍA**

electreto (Del ingl. *electret.*) Cuerpo cuyas moléculas **s.m.** se conservan polarizadas, tras ser sometidas a unas **FÍSICA** líneas de fuerza de un campo eléctrico.

electricidad
1 Forma de energía, producida por frotamiento, ca- **s.f.** lor, acción química u otros agentes, que se manifiesta **ELECTRICIDAD** por atracciones y repulsiones, por chispa y otros fe- nómenos luminosos y por las descomposiciones quí- micas que produce.
2 Esta energía en su uso doméstico: *es conveniente aho-* **ELECTRICIDAD** *rrar electricidad.*
3 Parte de la física que estudia la electricidad. **FÍSICA**
4 **electricidad animal:** Electrobiogénesis, la produci- **BIOLOGÍA** da por los animales.
5 **electricidad atmosférica:** Carga de esta energía presente en la atmósfera.
6 **electricidad estática:** La que aparece en un cuerpo **FÍSICA** cuando existen el cargas eléctricas en reposo.
7 **electricidad médica:** Aplicación de esta energía a **MEDICINA** la medicina con fines diagnósticos y terapéuticos.
8 **electricidad negativa:** La que se manifiesta en los **FÍSICA** cuerpos que se electrizan como la resina.
9 **electricidad positiva:** La que se manifiesta en los **FÍSICA** cuerpos que se electrizan como el vidrio.

electricista
1 Que está especializado en aplicaciones de la electri- **adj/s.m.f.** cidad: *perito electricista.* **ELECTRICIDAD**
2 Persona especializada en instalaciones eléctricas: **s.m.f.** *llamaré al electricista para que me ponga un nuevo en-* **ELECTRICIDAD** *chufe.*

eléctrico (Del gr. *elektron*, ámbar.)
1 Que tiene o comunica electricidad o que funciona **adj.** mediante ella: *he de comprar cable eléctrico.* **ELÉCTRICIDAD**
2 Perteneciente a la electricidad.

electrificación
1 Transformación o adaptación de instalaciones o **s.f.** maquinaria para que funcionen mediante energía **ELECTRICIDAD** eléctrica.
2 Establecimiento de instalaciones que suministran o **ELECTRICIDAD** utilizan energía eléctrica.

electrificar
1 Hacer que un ferrocarril, una máquina o una fábri- **v.tr./conj:** *sacar* ca funcione por medio de la electricidad. **ELECTRICIDAD**
2 Poner electricidad en un lugar. **ELECTRICIDAD**

electrizable Que se puede electrizar: *cuerpos electriza-* **adj.** *bles por inducción.* **ELECTRICIDAD**

electrización Acción y resultado de electrizar o elec- **s.f.** trizarse un cuerpo.

electrizador, a Que electriza. **adj/s.**

electrizante
1 Que electriza, o sirve para electrizar. **adj.**
2 Que comunica entusiasmo o logra emocionar: *fue un espectáculo electrizante.*

electrizar
1 Transmitir una cosa electricidad a un cuerpo: *la* **v.tr./prnl.** *antena se electrizó a causa de un rayo.* **conj:** *cazar*
2 Causar emoción o entusiasmo a una persona: *la ac-* **= emocionar,** *tuación de aquel actor electrizó a los espectadores; el pú-* **entusiasmar** *blico se electrizó al oír su discurso.*

electro (Del lat. *electrum* < gr. *elektron*, ámbar.)
1 Resina fósil de color amarillo y traslúcida usada en **s.m.** la fabricación de barnices fotográficos. **= ámbar**
2 Aleación de cuatro partes de oro y una de plata, **= oro verde** cuyo color es parecido al del ámbar.
3 Aleación compuesta de aluminio, magnesio y a ve- ces cinc, muy resistente y ligera.

electro- Componente de palabra procedente del gr. **pref.** *elektron*, que significa ámbar amarillo, electricidad: *elec-* *troimán; electrodo.*

electroacústico, a
1 Se aplica a la parte de la acústica que trata de la **adj/s.f.** captación y reproducción de sonidos mediante co- **FÍSICA** rrientes eléctricas.
2 Se refiere a la música que utiliza la conversión de **MÚSICA** señales acústicas en señales eléctricas.

electroafinidad Cualidad de un elemento químico **s.f.** que le permite transformarse en ion. **QUÍMICA**

electroanálisis Separación de metales mediante elec- **s.m.** trólisis o descomposición por electricidad. **pl: electroanálisis**

electrobalística Medida de la velocidad de los pro- **s.f.** yectiles, determinada por medios electrónicos.

electrobiogénesis Electricidad producida por los se- **s.f./pl: electrobio-** res vivos. **génesis/BIOLOGÍA**

electrobiología Estudio de los fenómenos eléctricos **s.f.** en el ser vivo. **BIOLOGÍA**

electrocapilaridad Alteración de la tensión superfi- **s.f.** cial a causa de la acción de un campo eléctrico. **ELECTRICIDAD**

electrocardioencefalograma Gráfico en el que se **s.m.** reflejan los impulsos eléctricos del corazón y del cere- **MEDICINA** bro.

electrocardiografía Disciplina que estudia la obten- **s.f.** ción e interpretación de los electrocardiogramas. **MEDICINA**

electrocardiógrafo Aparato para medir las corrien- **s.m.** tes eléctricas producidas por el músculo cardiaco. **MEDICINA**

electrocardiograma Registro gráfico de la actividad **s.m.** eléctrica del corazón: *antes de operarme, me harán un* **MEDICINA** *electrocardiograma.*

electrocauterio Cauterio formado por un bucle de **s.m.** platino que se pone incandescente al ser sometido a **MEDICINA** la acción de una corriente eléctrica de baja tensión y gran intensidad.

electrochoque Método terapéutico utilizado en de- **s.m.** terminados trastornos nerviosos que se basa en el **MEDICINA** uso de corrientes eléctricas: *algunos siquiatras son par-* **tb: electroshock** *tidarios del electrochoque.*

electrocinesis Desplazamiento de un animal debido **s.f.** a un campo eléctrico. **pl: electrocinesis**

electrocinética Ciencia que estudia los fenómenos **s.f.** derivados del movimiento de las cargas eléctricas. **FÍSICA**

electrocirugía Uso de la corriente eléctrica de alta **s.f.** frecuencia en cirugía. **MEDICINA**

electrocoagulación Técnica de destrucción de los **s.f.** tejidos mediante la acción de corrientes de alta fre- **MEDICINA** cuencia.

electrocopia Sistema de reprografía basado en la **s.f.** electrostática.

electrocución (Del ingl. *electrocution.*) Muerte causa- **s.f.** da por una descarga eléctrica: *si tocas un cable de alta* **ELECTRICIDAD** *tensión puedes sufrir una electrocución.*

electrocutar (Del ingl. *electrocute.*) Matar a una per- **v.tr/prnl.** sona por medio de una corriente o descarga eléctrica: **DERECHO** *al arreglar la avería eléctrica se electrocutó.*

electrodeposición Procedimiento que permite obte- **s.f.** ner una capa fina de metal por medio de la electróli- **METALURGIA** sis.

electrodiagnóstico Conjunto de las técnicas explo- **s.m.** ratorias del tejido muscular y del sistema nervioso **MEDICINA** mediante su excitación con una corriente eléctrica moderada.

electrodiálisis Purificación de los iones de un líqui- **s.f.** do entre dos membranas semipermeables en presen- **pl: electrodiálisis** cia de un campo eléctrico. **QUÍMICA**

electrodinámica Ciencia que estudia los fenómenos **s.f./FÍSICA** y leyes de la electricidad en movimiento. **= electrocinética**

electrodinámico, a De la electrodinámica. **adj./FÍSICA**

electrodinamismo Conjunto de fenómenos que dan **s.m.** origen a las corrientes eléctricas. **FÍSICA**

electrodinamómetro Aparato que mide la intensi- **s.m.** dad de una corriente eléctrica. **ELECTRICIDAD**

electrodisolución Disolución de una sustancia en **s.f.** un electrodo mediante electrólisis. **QUÍMICA**

electrodo (Del ingl. *electrode.*) Extremo de un conduc- **s.m.** tor en contacto con un medio al que lleva o del que **FÍSICA** recibe una corriente eléctrica.

electrodoméstico Aparato eléctrico de uso domés- **s.m.** tico: *todos los electrodomésticos de su casa son de la mis-* *ma marca.*

electroencefalografía Disciplina científica que estudia la obtención e interpretación de los electroencefalogramas. *s.f. MEDICINA*

electroencefalógrafo Aparato para medir las corrientes eléctricas producidas por la corteza cerebral. *s.m. MEDICINA*

electroencefalograma Registro gráfico de la actividad eléctrica cerebral: *el electroencefalograma reveló la existencia de una lesión.* *s.m. MEDICINA*

electroerosión Formación de pequeños cráteres en la superficie de un conductor al ser sometido a una serie de descargas eléctricas rápidas y de corta duración. *s.f. ELECTRICIDAD*

electrofilia Capacidad de un reactivo para actuar como electrófilo. *s.f. QUÍMICA*

electrófilo Reactivo que actúa como aceptor de dos electrones de un átomo de carbono de una molécula orgánica, formando un nuevo enlace. *s.m. QUÍMICA*

electrofisiología Ciencia que estudia la actividad eléctrica de diversas partes del organismo. *s.f. BIOLOGÍA*

electrofónico, a Que registra o reproduce el sonido por medio de la electricidad. *adj. AUDIOVISUALES*

electrófono Aparato formado por un tocadiscos y un amplificador con altavoz que reproduce, mediante un procedimiento electromecánico, los sonidos grabados en un disco. *s.m. AUDIOVISUALES*

electroforesis Dispersión de micelas o partículas en solución o en emulsión bajo la influencia de un campo eléctrico. *s.f. pl: electroforesis QUÍMICA*

electroforético, a Relativo a la electroforesis. *adj./QUÍMICA*

electroformación Procedimiento de obtención de piezas por medio de la electrólisis. *s.f. METALURGIA*

electróforo (De *electro* + gr. *fereo*, llevar.) Aparato compuesto por un disco resinoso que se electriza frotándolo con una gamuza o piel, y que sirve para producir y conservar electricidad en los laboratorios de física. *s.m. FÍSICA*

electrogalvanismo Conjunto de fenómenos y efectos que produce la electricidad en las pilas. *s.m. FÍSICA*

electrógeno, a Que produce o genera electricidad: *un grupo electrógeno mantiene en funcionamiento las máquinas cuando se va la luz.* *adj. ELECTRICIDAD*

electroimán Barra de hierro dulce imantada por la acción de una corriente eléctrica. *s.m. FÍSICA*

electrólisis (De *electro* + gr. *lisis*, disolución.) Descomposición química de un cuerpo producida por la electricidad. *s.f. pl: electrólisis QUÍMICA*

electrolítico, a Que tiene relación con la electrólisis: *mecanizado electrolítico.* *adj. QUÍMICA*

electrolito Cuerpo que se somete a la descomposición por la electricidad. *s.m./QUÍMICA tb: electrólito*

electrolización Descomposición de un cuerpo mediante la aplicación de corriente eléctrica. *s.f. QUÍMICA*

electrolizador, a
1 Que electroliza.
2 Aparato en que se lleva a cabo la electrólisis o electrolización. *adj/s./QUÍMICA s.m. QUÍMICA*

electrolizar Separar los componentes de un cuerpo haciendo pasar por su masa una corriente eléctrica. *v.tr./conj: cazar QUÍMICA*

electrología Ciencia que estudia los fenómenos y leyes de la electricidad y sus aplicaciones. *s.f. ELECTRICIDAD*

electroluminiscencia Luminiscencia provocada por un fenómeno eléctrico. *s.f. ELECTRICIDAD*

electromagnético, a Que tiene relación con el electromagnetismo. *adj. FÍSICA*

electromagnetismo
1 Magnetismo causado por una corriente eléctrica.
2 Ciencia que estudia las relaciones entre el magnetismo y la electricidad. *s.m./FÍSICA FÍSICA*

electromecánica Técnica que se ocupa de las aplicaciones de la electricidad a la mecánica. *s.f. MECÁNICA*

electromecánico, a
1 Se aplica a todo dispositivo mecánico de mando eléctrico.
2 Profesional de la electromecánica. *adj. MECÁNICA s.*

electromedicina Especialidad de la electrónica aplicada a la medicina. *s.f. MEDICINA*

electrometalurgia Parte de la metalurgia que se ocupa de la aplicación de la electricidad a los metales. *s.f. METALURGIA*

electrometalúrgico, a
1 Que tiene relación con la electrometalurgia.
2 Especialista en electrometalurgia. *adj./ METALURGIA s./METALURGIA*

electrometría Ciencia que estudia la medición de magnitudes eléctricas. *s.f. FÍSICA*

electrométrico, a Que tiene relación con la electrometría. *adj. FÍSICA*

electrómetro Aparato que sirve para medir la cantidad de electricidad que posee un cuerpo. *s.m. FÍSICA*

electromiografía Estudio de los fenómenos eléctricos originados durante la contracción muscular. *s.f. MEDICINA*

electromiograma Gráfico obtenido de los impulsos eléctricos originados durante la contracción muscular. *s.m. MEDICINA*

electromontaje Montaje eléctrico: *con el primer fascículo regalan una placa para hacer un electromontaje.* *s.m. ELECTRICIDAD*

electromotor, a Se aplica a la máquina que transforma la energía eléctrica en trabajo mecánico: *aparato electromotor.* *adj/s.m. f.tb.: electromotriz FÍSICA*

electrón (Del ingl. *electron*.) Partícula elemental de un átomo que contiene la mínima carga posible de electricidad negativa. *s.m. FÍSICA*

electronegatividad Capacidad de los átomos para atraer y fijar electrones en su enlace con un átomo diferente: *la escala de electronegatividad.* *s.f. FÍSICA*

electronegativo, a Se refiere al cuerpo que, en la electrólisis, se dirige al polo positivo. *adj./QUÍMICA ≠ electropositivo*

electrón-gramo Masa total de los electrones contenidos en un átomo gramo de hidrógeno. *s.m./pl: electrones-gramo/QUÍMICA*

electrónica
1 Ciencia que estudia el comportamiento de los electrones libres, en particular el paso de electricidad a través de gases o del vacío. *s.f. FÍSICA*
2 Aplicación a la industria de estos conocimientos científicos. *INDUSTRIA*

electrónico, a
1 Que tiene relación con la electrónica: *técnica electrónica; microscopio electrónico.* *adj. FÍSICA*
2 Que tiene relación con el electrón: *haz electrónico; emisión electrónica.* *FÍSICA*

electrono Alteración de un nervio motor por la acción de la corriente eléctrica. *s.m. MEDICINA*

electronuclear Se refiere a las centrales eléctricas que utilizan energía térmica generada por un reactor nuclear. *adj. FÍSICA NUCLEAR*

electrón-voltio Unidad de energía que equivale a la de un electrón acelerado con la diferencia de potencial de un voltio. *s.m. FÍSICA*

electroóptica
1 Parte de la física que estudia los fenómenos electroópticos. *s.f. FÍSICA*
2 Conjunto de técnicas para la construcción de dispositivos que transforman señales ópticas en electrónicas y viceversa. *FÍSICA*

electroóptico, a Que modifica las propiedades ópticas de un medio por la presencia de un campo eléctrico. *adj. FÍSICA*

electroósmosis Filtración de un líquido a través de una pared por la acción de una corriente eléctrica. *s.f. pl: electroósmosis*

electropositivo, a Se aplica al cuerpo que, en la electrólisis, se dirige al polo negativo. *adj./QUÍMICA ≠ electronegativo*

electropuntura Técnica terapéutica que consiste en introducir en los tejidos vivos una corriente eléctrica por medio de agujas. *s.f. MEDICINA*

electroquímica Parte de la fisicoquímica que estudia los fenómenos eléctricos en las reacciones químicas y su influencia en la composición de los cuerpos. *s.f. FÍSICA, QUÍMICA*

electroquímico, a Que tiene relación con la electroquímica. *adj./FÍSICA, QUÍMICA*

electrorradiología Especialidad médica que comprende las aplicaciones de la electricidad y de las radiaciones al diagnóstico y tratamiento de las enfermedades. *s.f. MEDICINA*

electroscopio (De *electro* + gr. *skopeo*, examinar.) Aparato que se usa para determinar si un cuerpo está electrizado. *s.m. ELECTRICIDAD*

electroshock (Voz inglesa.) Electrochoque, método terapéutico usado en determinadas enfermedades nerviosas. *s.m. MEDICINA*

electrosiderurgia Técnica siderúrgica basada en el empleo de la electricidad como fuente de calor. *s.f. METALURGIA*

electrosoldado, a Soldado por medio de la electricidad: *acero electrosoldado.* *adj. METALURGIA*

electrosoldadura Soldadura de metales por medio de la electricidad. *s.f. METALURGIA*

electrostática Disciplina que estudia los fenómenos eléctricos de cuerpos en equilibrio. *s.f. FÍSICA*

electrostático, a Relativo a la electrostática. *adj./FÍSICA*

electrostricción Deformación de un cuerpo cuando está sometido a un campo eléctrico fuerte. *s.f. tb: electroestricción*

electrotecnia Estudia de las técnicas de producción, conducción y aplicación de la electricidad. *s.f./ELECTRICIDAD = electrotécnica*

electrotécnico, a
1 Que tiene relación con la electrotecnia. *adj./ELECTRICIDAD*

2 Especialista en las aplicaciones técnicas de la electricidad. **s. ELECTRICIDAD**

electroterapia Tratamiento de las enfermedades por medio de la electricidad. **s.f./MEDICINA = galvanoterapia**

electrotermia Ciencia que estudia los fenómenos en que intervienen la electricidad y el calor. **s.f. FÍSICA**

electrotipia Técnica de reproducción de los caracteres de imprenta por medio de la electricidad. **s.f. ARTES GRÁFICAS**

electrotipo Reproducción de un grabado o de una composición tipográfica mediante la técnica de la electrotipia. **s.m. ARTES GRÁFICAS**

electrotrén Tren eléctrico automotor formado por una o varias unidades. **s.m.**

electrotropismo Reacción de orientación de algunos animales con relación a un campo eléctrico. **s.m./ZOOLOGÍA = galvanotropismo**

electrovalencia Valencia química definida por los fenómenos de electrólisis. **s.f. QUÍMICA**

electroválvula Válvula para la regulación de líquidos que actúa por la acción de un electroimán. **s.f. TECNOLOGÍA**

electroventilador Ventilador con motor eléctrico. **s.m./TECNOLOGÍA**

electuario (Del bajo lat. *electuarium*.) Líquido medicinal pastoso, entre cuyos ingredientes están la miel o el azúcar. **s.m. FARMACIA**

elefancía (Del bajo lat. *elephantia*.) Elefantiasis, enfermedad. **s.f. MEDICINA**

elefante, a (Del lat. *elephas*, *-antis* < gr. *elephas*, *-antos*.)
1 Mamífero proboscidio que puede alcanzar tres metros de alto y cinco de largo; tiene el cuerpo de color gris oscuro, la cabeza pequeña, las orejas muy grandes y colgantes, la nariz y el labio superior unidos y prolongados en forma de trompa y unos colmillos muy grandes. (*Loxodonta africana* y *Elephas indicus*.) **ZOOLOGÍA**
2 **elefante marino:** Mamífero cetáceo sin orejas, de la familia de las focas, de gran tamaño y con una protuberancia nasal a modo de trompa que el macho utiliza como resonador. (*Mirounga*.) **ZOOLOGÍA**

elefantiásico, a
1 Que tiene relación con la elefantiasis: *tiene algunos síntomas elefantiásicos.* **adj./MEDICINA tb: elefancíaco**
2 Que padece elefantiasis. **adj/s./MEDICINA**

elefantiasis Enfermedad que consiste en el aumento desproporcionado de algunas partes del cuerpo con endurecimiento del tejido conjuntivo, que se produce por la inflamación y obstrucción de los vasos linfáticos. **s.f. pl: elefantiasis MEDICINA = elefancia**

elefantino, a Del elefante o parecido a alguna de sus características: *colmillos elefantinos; memoria elefantina.* **adj.**

elegancia (Del lat. *elegantia*.)
1 Cualidad de elegante: *todos destacaron la elegancia de su vestido.* **s.f.**
2 Actitud distinguida y armoniosa en las acciones, en la expresión y en la forma de vestir: *en un relaciones públicas la elegancia es fundamental.*
3 **elegancia espiritual:** Conjunto de cualidades de la persona que rechaza naturalmente lo mezquino y cultiva lo bello y noble.

elegante (Del lat. *elegans*, *-antis*.)
1 Que está dotado de gracia y de buen gusto: *es una joven refinada y elegante.* **adj.**
2 Que es distinguido, mesurado y armonioso: *decoró su casa con un estilo elegante; gesto elegante.* **≠ exagerado, vulgar**
3 Que viste con buen gusto y elegancia: *estaba muy elegante en tu boda.* **adj/s.m.f. ≠ hortera**
4 Se refiere a la prenda de vestir que tiene elegancia o distinción: *llevaba un traje muy elegante.* **adj. ≠ vulgar**
5 Se aplica a las personas con un alto nivel económico y social, así como a las cosas que les rodean: *vive en un elegante ático.* **= lujoso**
6 Moderado, que no es exagerado o apasionado: *pronunció un elegante discurso.* **= correcto ≠ exagerado**

elegantizar Dar elegancia a una persona o una cosa: *desde que tiene dinero su vestuario se ha elegantizado mucho.* **v.tr/prnl. conj: cazar**

elegantoso, a Muy elegante o que pretende ser elegante. **adj./coloquial Amér.**

elegía (Del lat. *elegia* < gr. *elegeia*.)
1 Composición poética lírica en que se lamenta la muerte de alguien o canta un tema solemne. **s.f. POESÍA**
2 Pieza vocal o instrumental con carácter de lamento. **MÚSICA**

elegíaco, a
1 De la elegía: *composición elegíaca; pieza elegíaca.* **adj./= élego**
2 Que es triste y melancólico: *terminó su actuación con un canto elegíaco.*

elegibilidad Posibilidad legal de que una persona pueda ser elegida para un cargo. **s.f. DERECHO**

elegible Que reúne las condiciones necesarias para ser elegido. **adj.**

elegido, a
1 Que es el más querido o estimado. **adj.**
2 Que es muy selecto: *la recepción tuvo lugar en un club muy elegido de la zona centro.*
3 Que está elegido por Dios para lograr la gloria o bienaventuranza. **adj/s./RELIGIÓN = predestinado**
4 Se aplica a un conjunto de cosas del que se ha ido escogiendo lo mejor, dejando los elementos peores: *el montón de manzanas ya está muy elegido.*

elegir (Del lat. *eligere*, sacar, arrancar.)
1 Preferir a una persona, animal o cosa entre varias para un fin: *no sé qué vestido elegir.* **v.tr./conj: regir part.tb: electo**
2 Designar a una persona por votación para un cargo o un premio: *el jurado eligió al joven escritor.*
3 Predestinar para la salvación. **TEOLOGÍA**

elementado, a Que está distraído, alelado o presta poca atención. **adj./Colomb., Chile**

elemental
1 De los elementos. **adj.**
2 De los principios básicos de una ciencia o arte: *tengo conocimientos elementales sobre literatura.* **= básico, fundamental**
3 Que resulta obvio y no necesita explicación: *sus razonamientos son elementales.* **= evidente, sencillo ≠ difícil**

elemento (Del lat. *elementum*, principios, elementos.)
1 Cada uno de los componentes de un conjunto o de una cosa: *el mueble consta de varios elementos.* **s.m.**
2 Fundamento y primer principio de las ciencias o artes: *sólo conozco los elementos de la física.*
3 Persona valorada de forma positiva o negativa: *¡menudo elemento es Julio!* **s.m.f. coloquial**
4 Componente de una agrupación humana: *el elemento más audaz del regimiento.* **= miembro**
5 Suceso imprevisto: *no se puede luchar contra los elementos.* **s.m.**
6 Sustancia pura que no se puede descomponer en otras sustancias más simples. **QUÍMICA**
7 Conjunto de dos cuerpos heterogéneos que pueden producir una corriente eléctrica. **FÍSICA**
8 Cada uno de los cuatro principios fundamentales en la filosofía antigua: *la tierra, el agua, el aire y el fuego son los elementos.* **FILOSOFÍA**
9 Persona de cortos alcances. **Chile, P. Rico literario**
10 **el líquido elemento:** El mar, el agua: *zambullirse en el líquido elemento.*
11 **elemento compositivo:** Morfema no flexivo que interviene en la formación de palabras compuestas, anteponiéndose o posponiéndose a otro. **GRAMÁTICA**
12 **elemento raro:** Metal raro que presenta forma de óxido. **QUÍMICA**
13 **elementos de juicio:** Medios necesarios para hacer o comprender una cosa: *tiene pocos elementos de juicio.*
14 **estar alguien en su elemento:** Estar en la situación más cómoda y adecuada para poder desarrollar las facultades personales. **coloquial**

elemí (Del fr. *elemi*.) Resina sólida y amarillenta que se obtiene de un árbol tropical y se usa en farmacia y en la fabricación de barnices. **s.m. pl.tb: elemíes**

elenco (Del lat. *elenchus*, apéndice de un libro < gr. *elenkos*, argumento.)
1 Conjunto de los actores de una compañía teatral o de los que componen el reparto de una obra: *la crítica destacó la calidad del elenco.* **s.m. TEATRO**
2 Relación ordenada de libros, documentos u objetos. **= catálogo**

eleo- Componente de palabra procedente del gr. *elaion*, que significa aceite: *eleófago; eleotecnia.* **pref. tb: elaio-, elayo-**

eleometría Medición de la cantidad de aceite que contiene una materia oleaginosa. **s.f./tb: elaiometría, elayometría**

eleómetro Instrumento que sirve para medir la cantidad de aceite que contiene una sustancia oleaginosa. **s.m. TECNOLOGÍA**

eleotecnia Técnica de fabricación, conservación y análisis de aceites vegetales. **s.f./INDUSTRIA tb: elayotecnia**

elepé Disco musical de larga duración: *este verano lanzará su nuevo elepé.* **s.m./pl: elepés MÚSICA/= l.p.**

eleusino, a (De *Eleusis*, población griega.) Se refiere al culto o misterios relacionados con Ceres. **adj. MITOLOGÍA**

elevación (Del lat. *elevatio*, *-onis*.)
1 Acción y resultado de elevar: *la elevación del nivel del mar causó destrozos en la playa.* **s.f. = elevamiento**
2 Lugar más elevado de un terreno: *contemplamos el valle desde una elevación.*
3 Suspensión de la actividad de los sentidos y potencias del alma a causa de un arrebato místico: *los poetas místicos nos hablan de la elevación del espíritu.* **SICOLOGÍA**
4 Altivez o presunción con que actúan las personas: *me molesta su elevación.* **= soberbia**
5 Movimiento hecho por el sacerdote al alzar el cáliz y la hostia en la misa. **RELIGIÓN**

elevado, a
1 Que es alto: *la nieve cubría las cumbres elevadas.* **adj.**

2 Que es sublime: *es joven, pero sus pensamientos son elevados.*

elevador, a
1 Que eleva: *vaciamos la piscina con una bomba elevadora de agua.* — adj.
2 Se aplica al músculo del cuerpo humano cuya función es levantar las zonas donde se inserta. — adj/s.m. ANATOMÍA
3 Ascensor o montacargas, aparatos para subir o bajar personas o cosas. — s.m.
4 Se refiere a la máquina eléctrica cuya fuerza electromotriz se suma a la tensión de otra fuerza de energía eléctrica. — adj/s. ELECTRICIDAD
5 elevador eléctrico: Aparato para aumentar el voltaje de la corriente. — ELECTRICIDAD

elevadorista Ascensorista. — s.m.f./ Amér.

elevalunas Mecanismo para subir los cristales de las ventanillas de los automóviles, que puede ser manual o eléctrico: *los nuevos coches tienen elevalunas eléctrico.* — s.m. pl: elevalunas

elevamiento Acción y resultado de elevar. — s.m.

elevar (Del lat. *elevare*.)
1 Poner una cosa más alta de lo que está: *se ha elevado un poco el nivel del agua; usan una polea para elevar los materiales.* — v.tr/prnl. = alzar, levantar
2 Aumentar la cantidad o el valor de una cosa: *han elevado los precios.* — = incrementar
3 Acceder a cosas superiores o mejores: *su charla con el cura le elevó en su carrera.*
4 Dar fuerzas o vigor a una persona: *sus consejos le elevaron y le ayudaron a seguir.*
5 Poner a una persona en un cargo o puesto importante: *el presidente le elevó por sus años de labor fiel.* — = ascender
6 Dirigir un escrito o una petición a una autoridad: *elevé la instancia al rector y ahora espero una respuesta.* — v.tr.
7 Realizar una potencia: *elevar un número al cuadrado.* — MATEMÁTICAS
8 Quedarse absorto: *se elevó pensando en sus cosas y no se dio cuenta de lo que ocurría.* — v.prnl. = ensimismarse
9 Mostrarse una persona orgullosa o engreída: *se elevaba pavoneándose con su vestido de noche.* — = engreírse

elevatorio, a Que sirve para elevar: *máquinas elevatorias.* — adj. = elevador

elevón Aleta móvil o superficie de control que actúa a la vez como estabilizador y como alerón. — s.m. AERONÁUTICA

elfina Elfo femenino o hada: *la cuentística tradicional está poblada por elfinas y brujas.* — s.f. MITOLOGÍA

elfo (Del ingl. *elf*.) Genio o espíritu del aire, en la mitología escandinava. — s.m. MITOLOGÍA

elícito, a Se aplica a lo que es completamente voluntario: *actos elícitos.* — adj. FILOSOFÍA

elidir (Del lat. *elidere*.)
1 Frustar o debilitar una cosa. — v.tr.
2 Suprimir la vocal final de una palabra cuando la palabra siguiente también empieza por vocal. — GRAMÁTICA

elijación Proceso de cocción de una materia orgánica o inorgánica para extraer su sustancia, purificarla, o para otros fines análogos. — s.f. FARMACIA

elijan Uno de los lances, en los juegos de cartas del monte y de la banca. — s.m./pl: elijan JUEGOS

elijar (Del lat. *elixare*, cocer en agua.) Cocer una sustancia para extraer su jugo o para otros fines. — v.tr. FARMACIA

eliminación Acción y resultado de eliminar: *con la eliminación de las tasas aduaneras se facilita el libre comercio.* — s.f.

eliminar (Del lat. *eliminare*, hacer salir, expulsar < *limen*, umbral.)
1 Quitar, hacer desaparecer: *no sé cómo eliminar esta mancha.* — v.tr.
2 Dejar a una persona fuera de un grupo o de un asunto: *han eliminado al ex ministro de la lista electoral.* — = excluir
3 Separar o desechar una cosa: *la nueva prueba presentada lo elimina como sospechoso.* — = descartar
4 Quitar la vida a una persona: *los mafiosos decidieron eliminar al juez.* — coloquial = matar
5 Hacer que una incógnita desaparezca en una ecuación por medio de operaciones. — MATEMÁTICAS
6 Expeler el organismo una sustancia: *tiene problemas para eliminar el ácido úrico.* — MEDICINA

eliminatoria Cada una de las rondas anteriores a la final en los campeonatos deportivos de competición selectiva: *se está entrenando a fondo para la eliminatoria.* — s.f. DEPORTES

eliminatorio, a Que sirve para eliminar: *este examen es eliminatorio.* — adj.

elipse (Del lat. *ellipsis* < gr. *elleipsis*, insuficiencia.) Curva cerrada y achatada, simétrica respecto de dos ejes perpendiculares entre sí. — s.f. GEOMETRÍA

elipsis (Del lat. *ellipsis* < gr. *elleipsis*, insuficiencia.) Figura de construcción que consiste en omitir en la oración palabras que son no indispensables para comprender el sentido de la misma y quedan sobreentendidas. — s.f. pl: elipsis GRAMÁTICA, RETÓRICA

elipsógrafo Instrumento para trazar elipses. — s.m./GEOMETRÍA

elipsoidal Que tiene forma de elipsoide: *la órbita que describe la Tierra alrededor del Sol es elipsoidal.* — adj. GEOMETRÍA

elipsoide
1 Figura geométrica limitada en todos sus sentidos, cuyas secciones planas son todas elipses o círculos. — s.m. GEOMETRÍA
2 elipsoide de revolución: Aquel en que todas las secciones perpendiculares a uno de sus ejes son círculos. — GEOMETRÍA

elíptico, a (Del gr. *elleiptikos*.)
1 Que tiene relación con la elipse: *curva elíptica.* — adj./GEOMETRÍA
2 Que tiene forma de elipse: *dibujó una figura elíptica.* — GEOMETRÍA
3 Que tiene relación con la elipsis u omisión: *proposición elíptica; sujeto elíptico.* — GRAMÁTICA = omitido

elisabetano, a Del período en que reinaron cualquiera de las soberanas que llevaron el nombre de Isabel en España o en Inglaterra, de sus partidarios y de los movimientos desarrollados en estos períodos. — adj./s. ARTE, HISTORIA tb: elisabetiano

elíseo, a (Del gr. *elysion*.)
1 De los Campos Elíseos, morada de las almas, de los héroes y de los hombres virtuosos. — adj. MITOLOGÍA
2 Lugar delicioso y paradisíaco. — s.m./= elisio

elisión (Del lat. *elisio, -onis*.)
1 Supresión, en algunos casos determinados, de la vocal con que termina una palabra cuando la siguiente empieza por vocal. — s.f. GRAMÁTICA
2 Acción y resultado de frustrar o debilitar una cosa.

elite (Del fr. *élite*.) Grupo de personas o minoría selecta que se considera o es considerado como el más preparado para las tareas de dirección política, económica o cultural en una sociedad, clase o asociación: *a la recepción del monarca acudió toda la elite del país.* — s.f. tb: élite = buena sociedad, flor y nata

elitismo Actitud que defiende la existencia de diferencias sociales a favor de las clases más beneficiadas o elites: *se fue a vivir a un barrio lujoso por su elitismo.* — s.m. SOCIOLOGÍA

elitista
1 De la elite: *usó todos sus recursos para entrar en el mundo elitista de los lores.* — adj.
2 Que sólo es accesible a los miembros de una elite: *revisión elitista; precio elitista.*
3 Que se comporta como miembro de una elite y manifiesta gustos selectos: *suele comprar en tiendas lujosas porque es muy elitista.* — adj/s.m.f.
4 Que es partidario de una elite o del predominio de las elites.

élitro (Del gr. *elitron*, envoltorio, estuche.) Alas anteriores de algunos insectos, endurecidas, con las que cubren y protegen los posteriores cuando están en reposo. — s.m. ZOOLOGÍA

elixir (Del ár. *al-iksir*, piedra filosofal.)
1 Líquido de sabor fuerte, compuesto de sustancias aromáticas disueltas en alcohol. — s.m. tb: elíxir
2 Medicamento o remedio maravilloso: *me gustaría descubrir el elixir de la juventud.* — = brebaje, pócima
3 Sustancia esencial de un cuerpo. — = esencia
4 Materia con la que los alquimistas querían fabricar oro. — = piedra filosofal

ella Indica la persona, animal o cosa única y femenina a la que se refiere la persona que habla: *estoy con ella porque la amo; nunca llamo a mi gatita, es ella la que viene; me gusta la luna, ella es mi confidente.* — pron.pers. m.: él

elle Denominación del dígrafo *ll* incluido anteriormente en el alfabeto. — s.f.

ello
1 Indica las acciones, ideas o conjuntos de cosas a las que se refiere la persona que habla: *no pienses más en ello.* — pron.pers.
2 Una de las tres instancias síquicas descritas por el sicoanálisis, que constituye el polo pulsional de la personalidad. — s.m. SICOLOGÍA
3 ello es que...: Expresión con la que se inicia la exposición de algún asunto relacionado con lo dicho anteriormente.

ellos, as
1 Indica las personas, animales o cosas a las que se refiere la persona que habla: *díselo a ellas; me gustan mis cosas, no podría vivir sin ellas; ¿y las serpientes?, ¿qué pasa con ellas?* — pron.pers.
2 ¡a ellos!: Expresión usada para incitar a un ataque o acometida contra más de una persona: *¡a ellos! ¡que no escapen!* — coloquial

-elminto Componente de palabra que significa gusano: *nematelminto.* — suf.

elocución (Del lat. *elocutio, -onis*.)
1 Forma de elegir y distribuir las palabras y las ideas en un discurso: *siempre me gustó su elocución.* — s.f.
2 Conjunto de oraciones que forman un pensamiento completo.

elocuencia (Del lat. *eloquentia*.)
1 Facultad de expresarse escrita u oralmente de ma- — s.f.

nera que se conmueva, deleite y sobre todo persuada al receptor: *pocos tienen el don de la elocuencia.* **= fluidez, oratoria**
2 Cualidad del lenguaje convincente y expresivo: *la elocuencia del discurso.*
3 Poder expresivo y persuasivo de las cosas: *la elocuencia de una imagen.*

elocuente
1 Que se expresa con elocuencia: *se gana a las personas porque es un político elocuente.* **adj.**
= fluido, locuaz
2 Que tiene elocuencia: *la campaña publicitaria se basa en una imagen elocuente.* **= expresivo**

elocutivo, a Que tiene relación con la elocución: *la calidad elocutiva de sus disertaciones.* **adj.**
= discursivo

elogiable Que es digno de elogio: *su colaboración desinteresada en la campaña benéfica es elogiable.* **adj.**
= elogioso

elogiador, a Que elogia. **adj.**

elogiar Alabar o hacer elogios a una persona o una cosa: *todos elogiaron la perfección de su trabajo.* **v.tr.**
= enaltecer

elogio (Del lat. *elogium*, epitafio, sentencia breve.)
1 Alabanza a una persona o cosa: *la crítica sólo tuvo elogios para la actriz debutante.* **s.m.**
= loa
2 Composición en verso que se alaba a una persona o cosa: *Gonzalo de Berceo es autor de varios elogios a la Virgen.* **LITERATURA**

elogioso, a Que es digno de ser elogiado. **adj./= elogiable**

elongación (Del lat. *elongatio, -onis.*)
1 Alargamiento, resultado de dar más longitud a una cosa. **s.f.**
2 Alargamiento accidental de un miembro o de un nervio. **MEDICINA**
3 Diferencia de longitud entre un planeta y el Sol. **ASTRONOMÍA**

elotada Merienda a base de elotes. **s.f./Méx.**

elote Mazorca tierna de maíz que, cocida o asada, se consume como alimento. **s.m./Méx., Amér. Central**

elucidación (Del lat. *elucidatio, -onis.*) Aclaración o explicación de una cosa. **s.f.**

elucidar (Del lat. *elucidare.*) Poner en claro un asunto o una cuestión: *no conseguía elucidar el misterio.* **v.tr.**
= aclarar

elucidario (Del bajo lat. *elucidarium.*) Libro que aclara asuntos difíciles de entender. **s.m.**

elución Proceso por el que se separan sustancias absorbidas por un cuerpo por medio de un lavado progresivo con un líquido apropiado. **s.f.**
QUÍMICA

eluctable Que puede ser vencido en una lucha: *se enfrentaba a un oponente eluctable.* **adj./= vencible**
≠ ineluctable

elucubración (Del lat. *elucubratio, -onis.*) Acción y resultado de apartarse de lo que se está hablando: *céntrate en la cuestión y déjate de elucubraciones.* **s.f**
= divagación
tb: lucubración

elucubrar
1 Imaginar sin mucho fundamento: *elucubraba una solución a sus problemas.* **v.tr.**
= divagar
2 Estudiar o trabajar con aplicación en asuntos literarios, científicos o artísticos. **tb: lucubrar**

eludible Que puede ser eludido o evitado: *sabes que es un deber fácilmente eludible.* **adj.**
≠ ineludible

eludir (Del lat. *eludere*, escapar jugando < *ludere*, jugar.)
1 Poner excusas para no hacer o no aceptar una cosa: *eludió hablar del tema.* **v.tr./= esquivar, evadir**
2 Evitar una dificultad u obligación con astucia: *consiguió eludir al detective que le seguía.*

elusión Acción y resultado de eludir: *le acusó de irresponsable por la elusión de sus responsabilidades.* **s.f.**

elusivo, a Que elude o evita algo: *con un ademán elusivo sorteó el proyectil; sus elusivas palabras me hacen sospechar que miente.* **adj.**

eluvial Del eluvión. **adj./GEOLOGÍA**

eluvión Depósito detrítico que se encuentra al pie de la roca de la que se ha disgregado a causa de agentes atmosféricos que hasta ahí lo han transportado. **s.m.**
GEOLOGÍA

elzevirio (De *Elzevier*, nombre de una familia de libreros e impresores holandeses.) Libro impreso en los talleres de los Elzevier, los siglos XVI y XVII. **s.m.**
HISTORIA

emaciación Enflaquecimiento causado por alguna enfermedad. **s.f.**
MEDICINA

emaciado, a Que está muy delgado a causa de alguna enfermedad. **adj.**
MEDICINA

emanación
1 Acción y resultado de emanar: *la emanación de gases puede resultar peligrosa.* **s.f.**
2 Cuerpo simple gaseoso que proviene de la desintegración del radio, del torio o del actinio. **QUÍMICA**

emanantismo Doctrina panteísta según la cual todas las cosas emanan y proceden de Dios. **s.m.**
RELIGIÓN

emanantista
1 Del emanantismo: *doctrina emanantista.* **adj./RELIGIÓN**
2 Que profesa esta doctrina. **adj/s.m.f./RELIGIÓN**

emanar (Del lat. *emanare.*)
1 Venir o derivar una cosa de otra: *la belleza emana del bien según algunos filósofos.* **v.intr./+ de**
= provenir
2 Salir radiaciones o una sustancia volátil de un cuerpo: *los gases que emanan de la lejía son irritantes.* **+ de**
= exhalar
3 Transmitirse una cosa no material: *es una chica que emana alegría.* **v.tr/intr.**

emancipación Acción y resultado de emancipar o liberar: *el siglo XX está marcado por la emancipación de la mujer.* **s.f.**
= liberación

emancipador, a Que emancipa, libera o independiza: *movimientos emancipadores; la obra contenía ideas emancipadoras.* **adj.**
= liberador

emancipar (Del lat. *emancipare.*)
1 Dejar a una persona libre de la patria potestad, de la tutela o de la servidumbre: *algunos señores feudales emancipaban a sus siervos.* **v.tr.**
DERECHO
2 Dejar libre de un impedimento o una situación difícil a una persona: *mi trabajo me emancipó de la carencia económica.* **= librar**
3 Quedarse una persona libre del dominio de otra: *los esclavos se emanciparon hace tiempo.* **v.prnl.**
= liberarse
4 Independizarse una persona, especialmente el hijo o la hija que deja de vivir con sus padres: *se emancipó a los dieciocho años.*

emasculación Acción y resultado de castrar: *fueron sometidos a emasculación para afinar su voz.* **s.f.**
= castración

emascular (Del lat. *emasculare*, castrar.)
1 Quitar los órganos genitales a una persona o un animal. **v.tr.**
= castrar
2 Cortar los estambres de una flor antes de que se abra.

embachar Meter el ganado lanar en el bache para esquilarlo. **v.tr.**

embadurnador, a Que embadurna. **adj/s.**

embadurnamiento Acción y resultado de embadurnar o embadurnarse: *sucesivos embadurnamientos con lodos medicinales mejoraron su cutis.* **s.m.**

embadurnar Manchar con una sustancia pegajosa o viscosa: *se embadurnó con barro jugando en el jardín.* **v.tr/prnl.**

embaidor, a Que embauca o engaña: *no te fíes de él porque es un embaidor.* **adj/s.**
= embaucador

embaír (Del lat. *invalidere*, invadir, acometer.) Engañar a una persona con malas artes, aprovechando su inocencia. **v.tr.**
defectivo
CONJ.: IND.: PRES.: embaímos, embaís. PRET. INDEF.: embaí, embaíste, embayó, embaímos, embaísteis, embayeron. SUBJ.: PRET. IMPERF.: embayera o embayese, embayeras o embayeses, embayera o embayese, embayéramos o embayésemos, embayerais o embayeseis, embayeran o embayesen. FUTUR. IMPERF.: embayere, embayeres, embayere, embayéremos, embayereis, embayeren. IMP.: embaíd. GERUND.: embayendo.

embajada (Del occitano *ambaissada* < galo *ambactus*, servidor.)
1 Mensaje enviado para tratar un asunto importante, particularmente los que se envían los Jefes de estado a través de sus embajadores. **s.f.**
= comunicado
2 Cargo de embajador. **POLÍTICA**
3 Oficina en que se encuentra la representación diplomática de un estado en otro: *los emigrantes esperaban en la puerta de la embajada.* **POLÍTICA**
4 Casa en que reside el embajador.
5 Conjunto de personas que el embajador tiene a su cargo.
6 Propuesta, petición o exigencia molesta o inoportuna para la persona a la que se dirige: *¡vaya una embajada!*

embajador, a
1 Funcionario diplomático de primera clase que representa a un estado ante otro extranjero y que dirige la misión diplomática en éste. **s.**
POLÍTICA
2 Persona encargada de transmitir o recibir un mensaje. **= emisario**

embalador, a Persona que se dedica a embalar. **s.**

embalaje
1 Operación de embalar objetos para ser transportados: *en esta sección se realiza el embalaje de la mercancía.* **s.m.**
2 Caja, cubierta o envoltorio para proteger los objetos que van a transportarse: *el embalaje llegó roto y los libros en mal estado.*
3 Precio del envoltorio que protege la mercancía que va a transportarse: *debe pagar trescientas pesetas por el embalaje.* **COMERCIO**

embalar
I (Derivado de *bala*.)
1 Poner los objetos que han de ser transportados en cajas o cajones, protegiéndolos convenientemente: *he de embalar todos los pedidos.* **v.tr.**
≠ desembalar

2 Hacer que los peces se ajusten para que entren en las redes, golpeando el fondo de la barca o la superficie del mar. — PESCA

3 Golpear el fondo de una embarcación o la superficie del mar con los remos u otras cosas para asustar a los peces. — v.intr. PESCA

II (De origen incierto.)
1 Hacer que un motor desprovisto de regulación automática adquiera gran velocidad cuando se suprime la carga: *el motor se embaló.* — v.tr/prnl. = acelerar

2 Aumentar un corredor o un móvil su velocidad: *el atleta se embaló en los últimos metros.* — v.intr/prnl. = acelerar

3 Dejarse llevar una persona por un deseo o un sentimiento: *se embaló cuando descubrió su amor.* — v.prnl. ≠ moderarse

4 Hacer una cosa muy deprisa: *cuando habla en público se embala.* — coloquial

embaldosado
1 Suelo pavimentado con baldosas: *el embaldosado del patio es portugués.* — s.m. = endosado

2 Operación de embaldosar: *con el embaldosado habrán finalizado las obras.* — CONSTRUCCIÓN

embaldosar Cubrir el suelo con baldosas: *sólo falta embaldosar el cuarto de baño.* — v.tr/CONSTRUCCIÓN/tb: baldosar

emballenado, a
1 Que tiene ballenas o varillas: *llevaba un corpiño emballenado y un miriñaque sobrio.* — adj. TEXTIL

2 Armazón formado por ballenas o láminas pequeñas. — s.m.

emballenar Poner ballenas en una prenda de vestir para mantenerla erguida o estirada: *la modista del teatro emballenaba los corsés de las actrices.* — v.tr. TEXTIL

emballestado, a
1 Se refiere a la caballería que tiene encorvado hacia adelante el menudillo de las manos: *caballo emballestado.* — adj. VETERINARIA

2 Enfermedad de la caballería que le encorva los menudillos de las patas delanteras. — s.m. VETERINARIA

emballestarse Ponerse en posición para disparar la ballesta. — v.prnl.

embalo
1 Modo de pesca que consiste en espantar a los peces para que se precipiten en las redes, golpeando el fondo de la barca o la superficie del mar. — s.m. PESCA

2 Objetos e instrumentos usados en este modo de pesca. — PESCA

embalsadero Terreno pantanoso donde se acumula el agua de lluvia o de las crecidas de los ríos: *las huertas se convirtieron en un embalsadero.* — s.m.

embalsado Formación vegetal, típica de algunos arroyos y esteros, que puede adquirir la forma y la consistencia de una isla flotante: *embalsados de los esteros del Ibera.* — s.m. Argent. BOTÁNICA

embalsamador, a Que embalsama un cadáver: *los embalsamadores de los cuerpos de los faraones.* — adj/s.

embalsamamiento Acción y resultado de embalsamar: *el embalsamamiento es una práctica de ciertas civilizaciones.* — s.m.

embalsamar
1 Preparar un cadáver realizando ciertas operaciones y utilizando determinadas sustancias que evitan que el cuerpo se descomponga: *embalsamaban los cuerpos y los enterraban en cámaras inaccesibles.* — v.tr.

2 Transmitir una cosa olor agradable a un lugar: *la habitación se embalsamó con el aroma de las flores.* — v.tr/prnl. = aromatizar

embalsar
I (Derivado de *balsa*.)
1 Introducir una cosa en una balsa: *embalsar el cáñamo.* — v.tr/prnl.

2 Detener y recoger el agua u otro líquido formando una balsa: *el agua de la lluvia se embalsó en el piso bajo.* — = rebalsar

3 Recoger agua en una balsa: *embalsar el agua del deshielo.* — v.tr.

II (Derivado de *balso*.) Poner a una persona o una cosa en un balso para izarla a un lugar alto. — v.tr. NÁUTICA

embalse
1 Acción y resultado de embalsar un líquido. — s.m/CONSTRUCCIÓN

2 Gran balsa o depósito artificial donde se recogen las aguas de un río o arroyo, por lo general cerrando la boca de un valle mediante una presa o dique: *con la crecida del río el nivel del embalse subió.*

3 Cantidad de aguas recogidas en esta balsa o depósito artificial.

embalumar
1 Cargar a una persona o una cosa con objetos muy grandes, muy pesados o embarazosos: *embalumó al botones con todas las maletas.* — v.tr. = sobrecargar

2 Cargarse con demasiadas ocupaciones o negocios: *se embalumó a causa de las deudas.* — v.prnl.

embanastar
1 Meter una cosa en una banasta o cesto grande: *los jornaleros embanastan la fruta mientras y conforme la van recogiendo.* — v.tr.

2 Meter demasiada gente en un espacio cerrado: *la gente se embanasta para ver a sus ídolos.* — v.tr/prnl. = atiborrar

embancadura Obstáculo producido en un río. — s.f.

embancarse Quedar una embarcación detenida en un banco de arena. — v.prnl./conj: sacar = enarenar

embanderar Adornar con banderas: *embanderaron el balcón del ayuntamiento.* — v.tr/prnl.

embanquetar Hacer banquetas o aceras en las calles. — v.tr. Méx.

embarazado, a
1 Que es vergonzoso y se siente cohibido: *se siente muy embarazado en presencia de sus suegros.* — adj.

2 Se aplica a la mujer que está preñada: *están embarazadas de gemelos.* — adj/s.f.

embarazador, a Que embaraza o estorba: *ante tan embarazadora situación no supo más que inhibirse.* — adj.

embarazar (Del port. *embaraçar*.)
1 Dificultar o impedir que se realice una cosa: *las continuas llamadas telefónicas embarazan su trabajo.* — v.tr/conj: cazar = obstaculizar

2 Hacer concebir a una mujer. — v.tr/prnl.

3 Encontrarse impedido ante cualquier embarazo o dificultad. — v.prnl.

embarazo
1 Estado de la mujer embarazada. — s.m/FISIOLOGÍA

2 Período de gestación de la mujer. — FISIOLOGÍA

3 Modo de comportarse con timidez o vergüenza: *pronunció el discurso con nerviosismo y embarazo.* — = turbación

4 Dificultad u obstáculo para la realización de una cosa: *su falta de eficiencia fue un embarazo para el desarrollo del proyecto.*

embarazoso, a Que causa embarazo o turbación: *no quiero forzar una situación embarazosa; de repente se hizo un silencio embarazoso.* — adj. = incómodo, molesto

embarbar Sujetar al toro por las astas. — v.tr. TAUROMAQUIA

embarbascar
1 Quedar el arado enredado en las raíces u otra herramienta entre las fibras de los materiales: *las raíces embarbascaron al arado.* — v.tr/prnl. conj: sacar AGRICULTURA

2 Hacerse una persona un lío: *los nervios embarbascaron al alumno.* — = enredar

embarbecer Salirle la barba a una persona: *embarbeció muy joven.* — v.intr. conj: carecer

embarbillado Ensamblaje de dos maderos. — s.m/CARPINTERÍA

embarbillar Unir un madero con otro haciendo en ellos los cortes de muesca y barbilla. — v.tr/intr. CARPINTERÍA

embarcación
1 Vehículo apto para flotar y transportar por el agua personas o cosas: *las embarcaciones se concentraron en el puerto.* — s.f. NÁUTICA = barco

2 Acción de embarcar o embarcarse: *la tripulación estaba lista para proceder a la embarcación de los pasajeros.* — NÁUTICA = embarque

3 Tiempo que dura una travesía. — NÁUTICA

4 embarcación menor: Barco de pequeño porte usado en el puerto o bote de servicio. — NÁUTICA

embarcadero Zona de un puerto destinada a embarcar y desembarcar: *esperaba la llegada del barco en el embarcadero.* — s.m. = desembarcadero

embarcar
1 Introducir personas o mercancías en una embarcación, tren o avión: *los turistas se embarcaron en aquel puerto.* — v.tr/intr/prnl. conj: sacar NÁUTICA

2 Determinar que una persona desempeñe su trabajo en una embarcación: *su padre lo embarcó en un buque mercante.* — v.tr. NÁUTICA

3 Involucrar a una persona en un asunto o en una empresa difícil o arriesgada: *se embarcó en un negocio y perdió su dinero; le embarcaron en un asunto ilegal.* — v.tr/prnl. + en coloquial

embarco
1 Acción de embarcar o embarcarse personas, tropas o mercancías: *el embarco de los pasajeros se iniciará a las doce en punto.* — s.m. NÁUTICA = embarcación

2 Acción de emprender o tomar parte en algún asunto o negocio: *te costará caro tu embarco en el negocio de libros.* — coloquial = empresa

embardar Poner bardas o cubiertas a vallados, paredes o tapias. — v.tr. = bardar

embargabilidad Posibilidad de que un bien sea embargado. — s.f. DERECHO

embargable Que puede ser embargado: *el juez preparó una lista en la que constaban todos los bienes embargables.* — adj. DERECHO

embargado, a
1 Se refiere a la persona a la que han embargado los bienes. — adj/s. DERECHO

2 Se aplica a los bienes que han sido objeto de embargo. — adj.

embargador, a Persona que realiza un embargo. — s./DERECHO

embargar (Del lat. vulgar *imbarricare*.)
1 Retener los bienes de una persona en virtud de un — v.tr.
mandato judicial: *le embargaron los muebles por no pa-* — conj: *pagar*
gar el alquiler. — DERECHO
2 Colmar una sensación o sentimiento a una perso- — = enajenar
na: *le embarga el miedo.*
3 Producir mucho placer o agrado una cosa a una — = cautivar
persona: *el regalo embargó a Pedro.* — ≠ defraudar
4 Ser el objeto principal de la atención de una perso- — = absorber
na: *su recuerdo le embarga y perturba.*
5 Impedir o dificultar una acción. — = obstaculizar

embargo
1 Retención o secuestro de bienes por mandamiento — s.m.
judicial. — DERECHO
2 Suspensión de las exportaciones de uno o varios — DERECHO
productos a un estado como medio de presión o sanción.
3 Prohibición del comercio y transporte de armas u — MILITAR,
otros instrumentos de guerra decretada por un go- — POLÍTICA
bierno.
4 **sin embargo**: No obstante, sin que sirva de impe- — loc.conj.
dimento: *tengo motivos para enfadarme, sin embargo no*
lo haré.

embarnizadura Acción y resultado de embarnizar: — s.f.
el mueble estará restaurado al finalizar la embarnizadura. — = barnizado
embarnizar Dar un baño de barniz a una cosa: *voy a* — v.tr./conj: *cazar*
embarnizar las viejas sillas. — = barnizar

embarque
1 Operación de embarcar mercancías en un barco, un — s.m.
tren o en otro vehículo. — = embarcación
2 Embarco de personas: *el embarque se realizará por la* — = embarcación
pasarela del barco.
3 Acción de obligar a una persona a intervenir en un
asunto o empresa.

embarrada Error grande, patochada: *lo de declararse* — s.f./Argent.,
sin mediar más, fue una embarrada. — Colomb., Chile
embarradilla Empanadilla grande rellena de dulce — s.f./ Méx.
de leche, coco, huevo y otros ingredientes. — COCINA
embarrado, a
1 Se aplica a la ropa que queda muy ajustada. — adj./Méx.
2 Revoco o enlucido de barro de algunas paredes o — s.m.
tapias. — CONSTRUCCIÓN
embarrador, a
1 Que embarra o ensucia de barro. — adj./s.
2 Que lía o enreda a los demás. — = chismoso, liante
embarradura Acción y resultado de embarrar o em- — s.f.
barrarse. — = embarrado
embarrancar
1 Quedar una embarcación detenida en la arena o en — v.intr/tr.
las rocas: *la poca profundidad embarrancó al buque.* — conj: *sacar*
2 Quedarse una cosa atascada en un barranco o en — v.intr/prnl.
un atolladero: *el rebaño se embarrancó en aquel paso.* — = atrancar
3 Quedar una persona o cosa detenida: *el proyecto* — v.intr/tr.
embarrancó por falta de capital.
embarrar
I (Derivado de *barro*.)
1 Untar o cubrir con barro. — v.tr/prnl.
2 Manchar con barro o con una sustancia viscosa. — = enfangar
3 Complicar a alguien en un asunto sucio. — Méx. Amér. Central
4 Calumniar o desacreditar a una persona. — Amér.
5 Cometer algún delito. — Amér.
II (Derivado de *barra*.)
1 Usar una barra para hacer palanca y mover una — v.tr.
cosa.
2 Subirse las perdices a los árboles cuando se ven — v.prnl.
muy perseguidas.
embarriar Separar y clasificar la correspondencia — v.tr.
para distribuirla.
embarrilado Operación de embarrilar: *el embarrilado* — s.m.
de las aceitunas.
embarrilador, a Persona encargada de embarrilar. — s.
embarrilar Introducir y guardar una cosa en un ba- — v.tr.
rril: *unos operarios embarrilaban el vino.*
embarrizarse Cubrirse o mancharse de barro: *las* — v.prnl./conj: *cazar*
ruedas del jeep se embarrizaron. — = embarrarse
embarrotar Llenar completamente un espacio: *los* — v.tr.
fans embarrotaron el hall del hotel esperando al actor. — = abarrotar
embarullador, a Que embarulla o confunde: *su aña-* — adj./s.
dido a mi exposición fue un comentario embarullador que
no aclaró nada.
embarullar
1 Mezclar unas cosas con otras desordenadamente: — v.tr.
embarulló el archivo y no encuentro nada.
2 Hacer una cosa atropelladamente, sin cuidado. — v.tr/prnl.
3 Confundir a una persona: *se embarulló al empezar su* — = aturrullar
conferencia.
embasamiento Base que sirve de cimiento a un edi- — s.m.
ficio o a parte de él. — ARQUITECTURA
embastar
I (Derivado de *basta*.)

---

1 Unir con hilvanes lo que se va a coser: *antes de co-* — v.tr./TEXTIL
serlo has de embastar el dobladillo. — = hilvanar
2 Sujetar la tela que se ha de bordar al bastidor con — TEXTIL
puntadas de hilo fuerte.
3 Poner bastas o ataduras a los colchones de lana.
II (Derivado de *basto*.) Poner bastos o arreos a las ca- — v.tr.
ballerías.
embaste
1 Acción y resultado de embastar: *esta máquina de co-* — s.m.
ser también hace el embaste.
2 Hilván o costura en una prenda de vestir: *se me ha* — TEXTIL
deshecho el embaste.
embastecer
1 Ponerse una persona gorda: *el chocolate embastece;* — v.intr.
dejó de fumar y embasteció mucho. — conj: *carecer*
2 Volverse una persona basta o tosca. — v.prnl.
embatada Golpe fuerte de mar o de viento que hace — s.f.
cambiar el curso del barco: *costaba dominar la embar-* — NÁUTICA
cación por las fuertes embatadas del mar. — = embate
embate
1 Golpe fuerte de mar o de viento: *los embates de las* — s.m.
olas rompieron el espigón. — = embatada
2 Acometida violenta, en especial de una cosa contra — = ataque
otra, o de las pasiones y estados de ánimo: *refrena tus*
embates de cólera.
3 Viento fresco y suave que sopla en verano a la orilla del mar.
4 Vientos periódicos mediterráneos que suelen soplar — s.m.pl.
en las épocas más calurosas del año.
embaucador, a Que embauca: *no te puedes fiar de él,* — adj/s.
es un embaucador.
embaucamiento Acción y resultado de embaucar: — s.m.
fue un embaucamiento descarado.
embaucar (Derivado del ant. *embabucar* < *bab-*, bobe- — v.tr.
ría.) Engañar a una persona aprovechando su inge- — conj: *sacar*
nuidad o inexperiencia: *el falso médico embaucó a sus*
pacientes y desapareció con su dinero.
embaulado, a Que está en un espacio reducido: *via-* — adj.
jó embaulada en un departamento de tercera. — = apretado
embaular
1 Introducir una cosa en un baúl: *las doncellas embau-* — v.tr.
laron el equipaje de la princesa. — conj: *aunar*
2 Comer una cosa precipitadamente o con mucha — = engullir
ansia: *embauló la cena porque era tarde y tenía que salir.*
3 Meter a muchas personas en un lugar pequeño: *los* — = apiñar,
embaularon en un vagón. — hacinar
embausamiento Acción y resultado de abstraerse, — s.m.
olvidarse la mente de la realidad exterior. — = abstracción
embazador, a Persona que embaza o tiñe de color — s.
bazo, especialmente las telas.
embazadura
1 Tinte y colorido pardo o bazo. — s.f.
2 Asombro o admiración que produce una persona o
una cosa: *su aparición en escena produjo una sorpren-*
te embazadura entre el público.
embazar
I (Derivado de *bazo*.) Teñir una cosa de color bazo o — v.tr.
pardo amarillento.
II (Derivado de la onomatopeya *baz*.)
1 Paralizar o atascar a una persona o una cosa: *me* — v.tr/prnl.
embazo cuando veo su actitud. — conj: *cazar*
2 Cohibir o turbar a una persona: *su presencia me em-* — v.tr.
baza y no soy capaz de seguir atenta.
3 Parar el fango u otra cosa blanda un objeto duro: *el*
barro embazó las ruedas.
III (Derivado de *baza*.) Ganar bazas en juegos de nai- — v.prnl.
pes. — conj: *cazar*
embebecer
1 Causar una persona o una cosa mucha admiración — v.tr.
o placer a otra persona: *la exposición de Van Gogh le* — conj: *carecer*
embebeció. — = embelesar
2 Quedarse una persona deslumbrada por una perso- — v.prnl.
na o una cosa: *nos embebecimos con su belleza.* — + con
embebecimiento Estado del que se encuentra fuera — s.m.
de sí por admiración o asombro. — = embelesamiento
embeber (Del lat. *imbibere*.)
1 Absorber líquido un cuerpo sólido: *el papel de coci-* — v.tr.
na embebe el agua. — = chupar
2 Impregnar una cosa de líquido: *embebe el algodón* — = empapar
con agua oxigenada.
3 Contener una cosa material o inmaterial dentro de
sí a otra: *el proyecto embebe las propuestas de cada grupo.*
4 Meter una cosa dentro de otra: *embeberemos la* — = embutir,
estantería entre las dos columnas. — encajar
5 Recoger una cosa sobre sí misma haciéndola más
corta o reducida: *la modista me ha embebido las costuras*
del vestido.
6 Volverse más tupido un tejido cuando se moja. — v.intr/≠ encoger
7 Quedarse absorto: *se embebía contemplando el vuelo* — v.prnl.
de las gaviotas. — = ensimismarse

8 Estudiar y asimilar una doctrina profundamente: *se embebe de la doctrina de Marx.* — + de, en

9 Entregarse con atención y mucho interés a una actividad: *Luis se embebió en la lectura de la novela.*

10 Quedarse el toro parado y con la cabeza en alto al recibir la estocada. — TAUROMAQUIA

embebido, a
1 Que está abstraído o enfrascado en un asunto. — adj.
2 Se aplica a la columna que parece que introduce parte de su fuste en otro cuerpo. — ARQUITECTURA

embecadura Cada uno de los espacios triangulares que se forman cuando se inscribe un círculo en un cuadrado. — s.f. / ARQUITECTURA / = pechina, enjuta

embejucar
1 Cubrir o envolver una cosa con los tallos delgados y sarmentosos del bejuco o de cualquier otra planta de características similares. — v.tr./conj: sacar / Colomb., Antillas, Venez.
2 Desorientar o confundir a una persona. — Colomb.
3 Enredarse o enmarañarse en algún asunto. — v.prnl. / Colomb., Venez.
4 Enfadarse, sentir enojo o una conmoción del ánimo. — Colomb.

embelecamiento Engaño mediante halagos y zalamerías: *es tan inocente que fue víctima de su embelecamiento.* — s.m. / = embeleco

embelecar Engañar a una persona con zalamerías y falsas promesas: *la embeleco y aceptó invertir en su negocio.* — v.tr. / conj: sacar

embeleco
1 Engaño en el que se utilizan halagos o adulaciones para conseguir el fin que se pretende. — s.m.
2 Persona o cosa insignificante, molesta o enfadosa. — coloquial

embeleñar
1 Dar beleño, una planta narcótica, a una persona para que se duerma. — v.tr.
2 Causar una cosa mucho placer o gusto a una persona: *la embeleñaba oírle aquellas historias.* — = embelesar

embelequero, a Que se sirve de embelecos o engaños para conseguir el fin que se pretende. — adj.

embelesamiento Embeleso, estado o cosa o persona que embelesa: *sintió un profundo embelesamiento ante su belleza.* — s.m.

embelesar Atraer irresistiblemente la atención de una persona: *papá se embelesa con las películas de aventuras.* — v.tr./prnl. / = cautivar, fascinar

embeleso
1 Estado en el que la atención se concentra en el disfrute de un placer intenso: *la música le sume en un embeleso del que cuesta sacarlo.* — s.m. / = embelesamiento
2 Cosa o persona que atrae irresistiblemente la atención de alguien: *este paisaje es un embeleso.*

embellaquecerse Hacerse bellaco o pícaro. — v.prnl./conj: carecer

embellecedor, a
1 Que embellece: *el restaurador usa ceras embellecedoras para las maderas.* — adj.
2 Cada una de las molduras cromadas de un coche, especialmente las de las ruedas. — s.m.
3 Adorno de un mueble, moldura, puerta u otro objeto.

embellecer Poner a una persona o una cosa bella: *se embelleció de tal manera que, al verla, no la reconocí.* — v.tr./prnl. / conj: carecer

embellecimiento Proceso de embellecer o embellecerse: *embellecimiento de los metales y maderas nobles.* — s.m.

embeodar Causar embriaguez una bebida alcohólica a una persona: *se embeodó con tres o cuatro copas.* — v.tr./prnl. / = emborrachar

embermejecer
1 Teñir una cosa de color bermejo o rojo. — v.tr./conj: carecer
2 Poner colorada o avergonzar a una persona: *se embermejeció al mirarla.* — v.tr/prnl. / = sonrojar
3 Ponerse una cosa de color bermejo: *las hojas del hayedo se embermejecen en invierno.* — v.intr.

embero
1 Árbol propio del África ecuatorial, muy apreciado por su madera. *(Lovoa trichilioides.)* — s.m. / BOTÁNICA
2 Madera de este árbol, de color marrón grisáceo, muy utilizada en ebanistería y clasificada entre las nobles y semiduras. — CARPINTERÍA

emberrincharse Ser una persona víctima de un ataque violento de enfado o de disgusto: *se emberrinchó y se fue dando un portazo.* — v.prnl. / = emberrincharse

embestida
1 Acción y resultado de embestir. — s.f./tb: embestidura
2 Acometida inoportuna hecha a alguien para solicitarle algo o tratar de un asunto: *son conocidas sus embestidas al profesor.*

embestidor, a
1 Que embiste o acomete con violencia. — adj.
2 Persona que pide dinero a otras haciendo uso de las desgracias de que es víctima: *por fin me dejaron en paz aquellos embestidores y pedigüeños.* — s.

embestir (Probablemente del ital. *investire* < lat. *investire*, revestir, rodear.)

1 Lanzarse contra una persona o una cosa violentamente: *lo embistió sin dudar al escuchar sus gritos.* — v.tr/intr. / conj: pedir
2 Dirigirse a una persona bruscamente para hacerle una petición: *le embistió en mitad del bar pidiéndole dinero y una recomendación.*
3 Lanzarse el toro contra una persona o una cosa para cornearla: *el toro embistió al diestro.* — TAUROMAQUIA
4 Juntarse dos embarcaciones por un golpe o chocar con la costa. — NÁUTICA
5 Atacar una plaza o una posición enemiga. — MILITAR

embetunar Cubrir una cosa con betún: *he de embetunar las botas.* — v.tr. / = abetunar

embicadura Acción y resultado de embicar. — s.f./NÁUTICA

embicar (Del port. *embicar* < *bico*, pico.) Poner una verga de un barco inclinada en señal de luto. — v.tr/conj: sacar / NÁUTICA

embigado, a Que está formado de piezas desiguales. — adj./Méx.

embijar
1 Teñir una cosa con pasta de semilla de bija o bermellón: *las telas se embijaron antes de cortarlas.* — v.tr/prnl.
2 Ensuciar o manchar un objeto: *embijaron los lienzos con pintura acrílica; se embijó de lodo.* — v.tr./Méx., Hond., Nicar.

embije Acción de pintar con bija o bermellón. — s.m.

embióptero, a Perteneciente a una orden de insectos de cuerpo cilíndrico y alargado, que en las patas anteriores tienen unas glándulas secretoras de seda. — adj/s.m. / ZOOLOGÍA

embizcar Quedarse bizco: *embizcó por una enfermedad que tuvo de pequeña; se embizcó del susto.* — v.intr/prnl. / conj: sacar

emblandecer
1 Ablandar, poner blanda una cosa: *el colchón se ha emblandecido por tu peso.* — v.tr/prnl. / conj: carecer
2 Sentir compasión, enternecerse: *se emblandeció al ver la pobreza de aquella familia.* — v.prnl. / = conmoverse

emblanquecer Blanquear, poner blanca una cosa: *si quieres emblanquecer los tejanos ponlos en lejía.* — v.tr/prnl. / conj: carecer

emblanquecimiento Acción de blanquear o proceso de ponerse blanca una cosa. — s.m.

emblema (Del lat. *emblema* < gr. *emblema*, adorno en relieve.)
1 Jeroglífico o insignia que lleva una leyenda explicativa de su significación. — s.m.
2 Figura u objeto que es representación simbólica de una cosa: *la cruz gamada es el emblema del nazismo.* — = símbolo
3 Símbolo cuyo significado ha cristalizado por el uso y, con posterioridad, ha pasado a ser utilizado en la lengua cotidiana. — LINGÜÍSTICA
4 Distintivo de los distintos cuerpos y armas militares. — MILITAR
5 emblema de una embarcación: Símbolo distintivo de la proa de la misma. — NÁUTICA
6 emblemas masónicos: Ornamentos que usan los masones en sus ceremonias e indican sus grados en la organización.

emblemático, a Que distingue o que se adopta como distintivo: *una figura emblemática; una ciudad emblemática.* — adj. / = representativo

embobamiento Estado de ánimo del que se encuentra tan embelesado o admirado que parece bobo: *el embobamiento ante tamaña proeza.* — s.m. / = atontamiento

embobar
1 Causar mucha admiración o placer una persona: *los dibujos animados embistan a los niños.* — v.tr. / = embebecer
2 Quedarse una persona admirada con una cosa: *nos embobamos con su manera de hablar.* — v.prnl. / + con, de, en

embobecer Volver boba a una persona: *se embobeció con el fuerte golpe en la cabeza.* — v.tr/prnl. / conj: carecer

embobecimiento Admiración excesiva por algo en apariencia extraordinaria. — s.m.

embocadero
1 Entrada o portillo a modo de canal estrecho. — s.m.
2 estar al embocadero: Estar cerca de conseguir lo que se pretende: *estuvo, por dos veces, al embocadero de sacarse las oposiciones.* — coloquial

embocado, a Se refiere al vino que es más suave que el seco sin llegar a ser dulce. — adj/s.m.

embocadura
1 Acción y resultado de meter una cosa por una boca, entrada o abertura estrecha. — s.f.
2 Parte de un instrumento de viento sobre la cual se aplican los labios para producir el sonido. — MÚSICA / = boquilla
3 Parte del freno que entra en la boca de una caballería. — EQUITACIÓN / = bocado
4 Sabor o gusto del vino.
5 Lugar por donde pueden entrar los barcos en ríos, canales o puertos. — NÁUTICA
6 Boca o abertura del escenario de un teatro. — TEATRO
7 tener buena embocadura: 1. Tocar uno con suavidad cualquier instrumento de viento. 2. Ser blando de boca el caballo. — MÚSICA / EQUITACIÓN

8 tomar la embocadura: 1. Comenzar a tocar con suavidad un instrumento de viento. 2. Empezar a vencer las dificultades de una tarea o aprendizaje. — MÚSICA / coloquial

embocar
1 Meter una cosa por la boca: *el niño emboca todo lo que ve.* — v.tr. / conj: *sacar*
2 Pasar una cosa por un lugar estrecho: *se embocó por la ventanilla para poder salir del vehículo.* — v.tr/prnl.
3 Comer deprisa y excesivamente. — v.tr.
4 Hacer creer una cosa que no es cierta: *me embocó que tenía una enfermedad incurable.* — v.tr/prnl.
5 Decir o dirigir a una persona una cosa que le resulta molesta: *le embocó todo el humo de su cigarrillo.* — v.tr.
6 Emprender un proyecto o un negocio.
7 Aplicar los labios a la boquilla de un instrumento de viento. — MÚSICA
8 Meter la bola o la lanza por el aro, en algunos juegos. — JUEGOS

embochinchar Causar alboroto con el griterío o el estrépito de una o varias personas. — v.tr/prnl. / Amér. Merid.

embocinada Objetivo plenamente alcanzado. — s.f./Colomb.

embocinado, a Que tiene forma de bocina. — adj./= abocinado

embodegar Guardar una cosa en una bodega: *embodegó el vino.* — v.tr. / conj: *pagar*

embojar Poner ramas de boj o de otra planta alrededor de los zarzos donde se crían los gusanos de seda para que éstos se suban a ellas y hagan capullos.

embojo
1 Operación de embojar. — s.m.
2 Conjunto de ramas, generalmente de boj, que se pone a los gusanos de seda para que hilen.

embolada Movimiento de vaivén del émbolo cuando está funcionando dentro del cilindro. — s.f. / MECÁNICA

embolado, a
1 Se aplica al toro que lleva bolas en las puntas de los cuernos. — adj. / TAUROMAQUIA
2 Problema o situación difícil: *me he metido en un embolado del que no sé salir.* — s.m. / coloquial
3 Papel desairado o de poco lucimiento en una representación teatral. — TEATRO

embolador Persona que se dedica a limpiar y lustrar botas y zapatos. — s.m. / Colomb.

embolar
I (Derivado de *bola*.)
1 Poner bolas de madera en las puntas de los cuernos de un toro para que no pueda herir con ellos. — v.tr. / TAUROMAQUIA
2 Dar bola o betún al calzado: *primero embola los zapatos y después los cepillas.*
II (Derivado de *bolo*.) Dar la última mano de bol a la pieza que se ha de dorar. — v.tr.

embolatar
1 Engañar con falsas promesas. — v.tr/Colomb., Pan.
2 Dilatar o demorar una acción. — Colomb.
3 Enredar o enmarañar una situación. — Colomb., Pan.
4 Estar absorbido por un asunto, entretenerse. — v.prnl./Colomb.
5 Perderse o extraviarse por algún lugar. — Colomb.
6 Entregarse al jolgorio. — Colomb., Pan.

embolectomía Operación quirúrgica que consiste en extraer un coágulo que obstruye un vaso sanguíneo, por lo general de una extremidad inferior. — s.f. / MEDICINA

embolia Obstrucción de un vaso sanguíneo que impide la circulación de la sangre. — s.f. / MEDICINA

embolismal Se refiere al año que incluye un mes suplementario de treinta días, en el calendario judío. — adj.

embolismar Contar chismes para enfrentar a varias personas entre sí: *embolismaba a toda la familia por pura diversión.* — v.tr.

embolismático, a Que es confuso o ininteligible, en especial el lenguaje. — adj.

embolismo (Del lat. *embolismum*, intercalación.)
1 Añadidura de cierto número de días para igualar años de distintos cómputos. — s.m.
2 Confusión, desorden y dificultad en un negocio.
3 Mezcla desordenada de muchas cosas.
4 Chisme o chascarrillo dicho con ánimo de enredar. — coloquial

embolita Clorobromuro natural de plata de brillo vítreo y color verde grisáceo. — s.f. / MINERALOGÍA

émbolo (Del lat. *embolus* < gr. *embolos*, pene.)
1 Pieza que se mueve dentro de un cuerpo de bomba para producir la compresión de un fluido o para recibir movimiento de él. — s.m. / MECÁNICA
2 Coágulo, burbuja de aire u otro cuerpo extraño que, alojado en un vaso sanguíneo, produce una embolia. — MEDICINA

embolsar
1 Guardar una cosa en un bolsa: *en esta sección de la fábrica embolsan las camisetas.* — v.tr.
2 Obtener una cantidad de dinero en un negocio o en el juego: *se embolsó tres millones de pesetas invirtiendo en terrenos.* — v.tr/prnl. / = percibir, recaudar

embolso Acción y resultado de embolsar. — s.m.

embonada Operación de embonar un barco. — s.f./NÁUTICA

embonar
1 Mejorar o hacer mejor una cosa. — v.tr.
2 Cubrir el casco exterior de un barco con tablones para hacerlo más ancho y estable. — NÁUTICA
3 Empalmar, unir una cosa con otra: *embonar los cables de la instalación.* — v.intr./Méx., Cuba, Ecuad.

embono Forro de tablones con que se embona una embarcación. — s.m. / NÁUTICA

emboñigar Untar una cosa con boñiga o excremento de ganado: *tradicionalmente se emboñigaba la era para trillar las mieses.* — v.tr. / conj: *pagar*

emboque
1 Paso de la bola por un aro o de cualquier otra cosa por una boca, entrada u orificio. — s.m.
2 Acción y resultado de engañar: *la noticia de su boda fue un emboque que yo me creí .* — coloquial / = engaño
3 Abertura del escenario hacia el patio de butacas del teatro. — TEATRO / = boca
4 Sabor o gusto del vino. — = bouquet
5 Boliche, juguete. — Chile

emboquillado, a Se refiere al cigarrillo que tiene boquilla o filtro. — adj/s.m.

emboquillar
1 Poner boquilla a un cigarrillo: *mientras lo liaba y emboquillaba le fue contando sus planes.* — v.tr.
2 Empezar a abrir la boca de un barreno, una galería o un túnel. — MINERÍA

emboriado, a Se aplica al día en que hay mucha niebla baja. — adj. / = neblinoso

embornal (Del cat. *embrunal* < de un derivado del gr. *ombrinos*, pluvial.) Agujero que hay en las bordas de los barcos para desalojar el agua que, en algunas ocasiones, se acumula en cubierta. — s.m. / NÁUTICA / = imbornal

emborrachacabras Planta arbórea coriácea, de hojas lanceoladas con tres nervios, flores verdosas en racimos cuyos pétalos se vuelven carnosos y fruto negro con cinco gajos, que es venenoso. (*Coriaria myrtifolia.*) — s.f. / pl: emborrachacabras / BOTÁNICA / = garapalo, roldón

emborrachamiento Embriaguez debida a la ingestión masiva de alcohol. — s.m. / coloquial

emborrachar
1 Causar embriaguez: *tomamos un licor muy fuerte que nos emborrachó a todos.* — v.tr. / = embriagar
2 Causar mareo o sueño a una persona o a un animal: *ese olor emborracha.* — v.tr/intr/prnl.
3 Poner exceso de combustible en una mecha o un mechero. — v.tr.
4 Mojar un alimento totalmente en vino, licor o almíbar: *emborraché el bizcocho con licor de cerezas.* — COCINA
5 Ponerse ebria una persona: *se emborrachó con sólo una copa; se emborrachaba de vino.* — v.prnl. / + con, de
6 Mezclarse y confundirse los colores de una tela a causa del agua o de la humedad.

emborradura
1 Acción y resultado de emborrar. — s.f.
2 Aquello que sirve para emborrar.

emborrar
1 Llenar de borra o pelo de cabra una cosa: *emborró con sumo cuidado los almohadones.* — v.tr.
2 Volver a limpiar y peinar la lana con la carda. — TEXTIL
3 Comer muy rápido: *emborra todo lo que le ponen, luego tiene malas digestiones.* — = embocar, engullir

emborrascar
1 Enfadar o irritar a una persona: *esa pareja se han emborrascado; has conseguido emborrascar a tu hermano.* — v.tr/prnl. / conj: *sacar*
2 Hacerse el tiempo borrascoso: *este fin de semana se emborrascará el tiempo.* — v.prnl.
3 Salir mal un negocio: *su negocio de helados se emborrascó.*

emborrazar Poner lonjas de tocino encima de un ave para asarla: *... a continuación se emborrazan las perdices antes de ponerlas en el horno.* — v.tr./conj: *cazar* / COCINA / = enalbardar

emborregado, a Se aplica al cielo que está cubierto de nubes: *amaneció aborregado el celaje de la sierra.* — adj.

emborricarse (Derivado de *borrico*.)
1 Quedarse una persona aturdida: *se emborricó con el golpe y el susto.* — v.prnl/conj: *sacar* / = ofuscarse
2 Empezar a sentir un gran amor una persona por otra: *se emborricó perdidamente de ella.* — = enamorarse

emborrizar (Derivado de *borra*.) Limpiar y peinar la lana en la carda por primera vez antes de hilarla. — v.tr./conj: *cazar* / TEXTIL

emborronador, a Que emborrona. — adj.

emborronar (Derivado de *borrar*.)
1 Llenar un papel de borrones o garrapatos: *se emborronó el documento con tinta.* — v.tr/prnl.
2 Escribir un texto destinado al público descuidada-

mente: *emborronó unas pocas líneas para contentar a sus amigos.*

emborrullarse (Derivado de *barullo.*) Reñir o discutir ruidosamente. v.prnl.

emborucarse Confundirse o mezclarse entre otras personas o cosas. v.prnl./*Méx.*

emboscada
1 Ataque preparado desde una posición oculta y desconocida para el enemigo, con el fin de sorprenderle desorganizado: *los soldados cayeron en una terrible emboscada.* s.f. MILITAR
2 Intriga urdida contra alguien: *es muy susceptible, cree que le están preparando una emboscada.* = celada

emboscado Persona que en tiempo de guerra elude sus obligaciones militares para no exponerse al peligro. s.m. MILITAR

emboscadura
1 Acción de emboscar o emboscarse. s.f./= emboscada
2 Sitio propicio para una emboscada: *a la entrada de la emboscadura erigieron un monumento en memoria de los caídos.*

emboscar (Derivado de *bosque.*)
1 Poner a varios soldados ocultos en un lugar para una operación militar: *varios soldados se emboscaron para sorprenderle.* v.tr/prnl. conj: *sacar* MILITAR
2 Esconderse para pasar inadvertido: *se emboscaron en la espesura y no salieron hasta el anochecer.* v.prnl. = enselvarse
3 Realizar una persona un trabajo cómodo para evitar otro más duro: *se emboscó en ese taller para no tener que trabajar en el campo.*

embosquecer Convertirse un campo en bosque: *la falta de cultivo embosqueció la heredad.* v.intr. conj: *carecer*

embostar
1 Abonar un terreno con bosta o excremento de ganado vacuno o caballar. v.tr. AGRICULTURA
2 Revocar las paredes con una mezcla de estiércol de caballo y tierra. R. de la Plata, Venez.
3 Dejar la ropa enjabonada algún tiempo. Venez.

embotado, a
1 Que está acorchado o ha quedado insensible: *al dormir en aquella postura, me desperté con el cuerpo embotado y entumecido.* adj.
2 Se refiere a la res vacuna de pelo claro con extremidades negras. Chile

embotadura Falta de agudeza en la punta o el filo de un instrumento, herramienta o arma cortante. s.f. = melladura

embotamiento Acción y resultado de embotar o embotarse: *salió a pasear para quitarse el embotamiento de cabeza.* s.m.

embotar
I (Derivado de *boto*, romo, sin punta.)
1 Quitar la agudeza de una punta o el corte de un arma o un instrumento engrosándolos: *esta espada se ha embotado.* v.tr/prnl. = despuntar, mellar
2 Tener dificultad para pensar con claridad: *con tanto jaleo se embotó.* = aturdir
3 Causar hinchazón, congestión o pesadez algún alimento o una afección: *comió tanto que se embotó.*
4 Quitar una cosa fuerza o eficacia a otra: *el hambre embota la razón.* v.tr. = eclipsar
II (Derivado de *bote* < cat. *pot*, tarro.) Introducir una cosa dentro de un tarro: *hay que embotar el café.*

embotarse Ponerse o calzarse las botas. v.prnl.

embotellado, a
1 Se aplica al discurso, conferencia o lección que se aprende de memoria para repetirlo de manera mecánica. adj.
2 Acción y resultado de embotellar: *después de esta etapa se hace urgente el embotellado del cava.* s.m. = embotellamiento

embotellador, a
1 Que embotella: *inaugurar una planta embotelladora muy sofisticada.* adj.
2 Persona que tiene por oficio embotellar. s.

embotelladora Máquina para embotellar. s.f.

embotellaje Acción y resultado de embotellar. s.m.

embotellamiento
1 Operación de embotellar un líquido o un gas. s.m./= embotellado
2 Congestión de vehículos que dificulta el tráfico: *circulo por la noche para evitar embotellamientos.* = atasco
3 Aglomeración producida al entrar mucha gente en un espacio reducido al o coincidir un número excesivo de personas en un lugar. = atasco
4 Aglomeración de los jugadores ante la portería. DEPORTES
5 Discurso o conferencia que alguien tiene memorizado.

embotellar
1 Introducir un líquido en una botella: *mañana embotellarán la sidra.* v.tr.
2 Causar una circunstancia la inmovilización de un negocio, una mercancía o del tráfico: *el accidente embotelló la circulación en este cruce.* = atascar, obstruir

3 Meter a mucha gente en un espacio reducido. = atiborrar
4 Acorralar a una persona: *le embotelló entre dos autobuses y allí le detuvieron.* = cercar
5 Aprender una cosa de memoria: *se embotelló todas las lecciones en una sola tarde.* v.tr/prnl. = empollar
6 Impedir que una embarcación enemiga salga al mar. v.tr./MILITAR

emboticar Proporcionar y administrar medicamentos o consumirlos. v.tr/prnl./conj: *sacar/Chile*

embotijar
1 Guardar un líquido en una botija o en un botijo. v.tr.
2 Poner una capa de piezas de barro huecas debajo de las baldosas de un suelo para evitar la humedad. CONSTRUCCIÓN
3 Aumentar una persona o una cosa su volumen: *al quedarse embarazada se embotijó.* v.prnl.
4 Ponerse una persona enfadada o colérica: *cuando tiene visitas inoportunas se embotija.* coloquial

embovedado, a Se aplica a la construcción en forma de bóveda: *bodega embovedada.* adj/s.m. CONSTRUCCIÓN

embovedar
1 Abovedar, cubrir o tapar una construcción con una bóveda. v.tr. CONSTRUCCIÓN
2 Guardar una cosa en una bóveda.

embozalar Poner un bozal a un animal. v.tr./= embozar

embozar (Del lat. *imbucciare* < *bucca*, boca.)
1 Cubrir la parte inferior del rostro con una prenda de vestir: *hacía tanto frío en la calle que se embozó la bufanda hasta los ojos.* v.tr/prnl. conj: *cazar* + en, con, hasta
2 Quedar un conducto atascado con objetos extraños: *la tubería se embozó.* = atascar, obstruir
3 Intentar ocultar una cosa: *embozó sus intenciones con una sonrisa.* = encubrir, enmascarar
4 Poner un bozal a un animal: *suele embozar al perro para sacarlo a pasear.* = embozalar

embozo
1 Parte de la sábana encimera que se dobla hacia afuera sobre las otras ropas de la cama y toca el rostro al estar acostado. s.m.
2 Parte de la capa, banda u otra prenda que sirve para taparse el rostro.
3 Cada una de las tiras de tela con que se adornan los lados interiores de la capa.
4 Disimulo con que se dice o hace alguna cosa: *se puso a hablar con embozo.*
5 **quitarse uno el embozo:** Manifestar la intención ocultada: *por fin se quitó el embozo y nos reveló sus planes.*

embracilado, a Se aplica al niño que está acostumbrado a estar en los brazos. adj.

embragar
I (Derivado de *braga*, cuerda.) Rodear un fardo o una piedra con una soga. v.tr. conj: *pagar*
II (Del fr. *embrayer* < *braie*, braga.) Hacer que un mecanismo o que una parte de él haga conexión con el eje del motor. v.tr. conj: *pagar* MECÁNICA

embrague
1 Acción y resultado de embragar. s.m./MECÁNICA
2 Mecanismo en el que se comunican dos piezas de un mismo eje, que transmite a una de ellas el movimiento rotativo de la otra y que permite que ambas se desacoplen para modificar el movimiento de una sin afectar a la otra. MECÁNICA
3 Pedal con que se acciona este mecanismo en los automóviles. MECÁNICA

embravecer
1 Hacer que una persona, un animal o una cosa se enfurezca o se vuelva violento: *contrariarla sería embravecer su ánimo; el mar se embraveció.* v.tr/prnl. conj: *carecer* tb: abravecer
2 Brotar las plantas con fuerza y robustecerse: *mis margaritas embravecen.* v.intr.

embravecimiento Estado de ánimo de irritación: *intentó tranquilizarlo y aplacar su embravecimiento.* s.m. = furor

embrazado, a Se dice del escudo partido en forma triangular, con dos líneas cuyo vértice toca en la mitad de uno de los flancos del escudo. adj. HERÁLDICA

embrazadura
1 Acción y resultado de embrazar. s.f.
2 Asa por donde se coge un escudo. = brazal

embrazar Meter el brazo por el asa de un escudo. v.tr/conj: *cazar*

embreado Acción y resultado de untar con brea. s.m./= embreadura

embreadura Operación y resultado de embrear. s.f./= embreado

embrear (Del fr. *brayer.*) Untar un barco, cable u otra cosa con brea. v.tr. tb: brear

embregarse Empezar dos o más personas una riña o una discusión. v.prnl. conj: *pagar*

embreñarse Introducirse en un terreno con maleza: *las perdices se embreñaron y las perdí de vista.* v.prnl.

embriagador, a Que embriaga: *perfume embriagador; sonrisa embriagadora.* adj. = embriagante

embriagante Que embriaga. adj./= embriagador

embriagar (Derivado del ant. *embriago*, borracho < bajo lat. *ebriacus* < lat. *ebrius*.) v.tr/prnl.
1 Emborrachar, causar un estado de embriaguez: *dos copas lo embriagaron; se embriagó en su fiesta de despedida.* conj: pagar
2 Extasiar, causar un estado de felicidad: *se embriagan ante la belleza de la melodía.* = enajenar

embriaguez
1 Estado producido por el alcohol cuando se bebe en exceso: *tuvimos que soportar su embriaguez durante toda la noche.* s.f.
pl: embriagueces
= borrachera
2 Estado, con pérdida de la serenidad o equilibrio, del que se siente extremadamente feliz y satisfecho por alguna cosa: *la embriaguez del éxito.* ≠ indiferencia

embridar
1 Poner las bridas a una caballería: *ensilló y embridó la yegua y partió al amanecer.* v.tr.
EQUITACIÓN
2 Hacer que un caballo mueva y lleve bien la cabeza durante la monta. EQUITACIÓN
3 Evitar el exceso de violencia en una persona o una cosa: *le embridó al ver que se estaba peleando con su hermano.* EQUITACIÓN
= contener, refrenar

embrio- Componente de palabra procente del gr. *embryon*, que significa feto: *embriología.* pref.

embriogénesis Conjunto de transformaciones sucesivas que sufre un organismo animal o vegetal desde el estado de huevo o espora hasta el estado adulto. s.f.
pl: embriogénesis
BIOLOGÍA

embriogenia Formación y desarrollo del embrión. s.f./BIOLOGÍA

embriogénico, a Que tiene relación con la embriogenia: *proceso embriogénico.* adj.
BIOLOGÍA

embriología Parte de la biología que estudia la formación y desarrollo de los embriones. s.f.
BIOLOGÍA

embriológico, a Que tiene relación con la embriología o con los embriones. adj.
BIOLOGÍA

embriólogo, a Especialista en embriología. s./BIOLOGÍA

embrión (Del gr. *embryon*, recién nacido < *bryo*, brotar.) s.m.
BIOLOGÍA
1 Organismo en vías de desarrollo desde la fecundación del óvulo hasta la realización de una forma capaz de vida autónoma, o bien, en los mamíferos, hasta que se reconocen sus caracteres distintivos.
2 Producto de la concepción hasta el tercer mes de embarazo, en la especie humana. MEDICINA
3 El nuevo ser, antes de desarrollarse lo suficiente para que se conozcan sus caracteres distintivos, en los mamíferos o en los animales que nacen de un huevo. ZOOLOGÍA
4 Principio de una cosa: *su idea es todavía un embrión de teoría.* = germen, origen

embrionario, a
1 Del embrión: *el desarrollo embrionario.* adj./BIOLOGÍA
2 Que acaba de empezar o se está formando: *aún es una tendencia artística embrionaria.*

embriopatía Daño o enfermedad que sufre el embrión, que sobreviene durante los dos primeros meses de embarazo: *algunas malformaciones se deben a embriopatías.* s.f.
MEDICINA

embriotomía Operación quirúrgica que consiste en seccionar el embrión para extraerlo del útero. s.f.
MEDICINA

embroca (Del bajo lat. *embrocha* < gr. *embrokhe*, loción.) Aplicación blanda usada como calmante en una parte del cuerpo. s.f.
FARMACIA
= cataplasma

embrocación (Del gr. *embrokhe*, loción.)
1 Aplicación tópica de una preparación aceitosa para distender los músculos y calmar los dolores. s.f.
MEDICINA
2 Esta misma preparación. FARMACIA

embrocado, a Se aplica a la persona que está bebido o ebrio. adj.
= borracho

embrocar
I (De origen incierto.) Echar el contenido de una vasija en otra: *embrocó el vino del tonel a botellas.* v.tr./conj: sacar
= abocar
II (Derivado de *broca*, objeto con forma puntiaguda.)
1 Poner alrededor de la broca los hilos con que se ha de bordar. v.tr.
conj: sacar
2 Sujetar las suelas con brocas.
3 Coger el toro al torero entre las astas. TAUROMAQUIA

embrochalado Armadura de piezas que forma un marco alrededor del hueco de una chimenea o de una escalera. s.m.
CONSTRUCCIÓN

embrochalar Sostener las vigas de una construcción con un brochal, cuando no se pueden cargar sobre la pared. v.tr.
CONSTRUCCIÓN

embrollador, a Que embrolla o confunde: *no logré entender su embrolladora explicación.* adj/s.= enredador,
embrollista

embrollar (Del fr. *embrouiller* < *brouiller*, confundir.)
1 Hacer un asunto confuso o enredado: *embrollar el hilo de la madeja; embrollar las cuentas.* v.tr/prnl.
= enredar
2 Apropiarse de una cosa mediante engaño. v.tr./Chile, Urug.

embrollo
1 Maraña de cosas, enredo: *se formó un embrollo de hilos al deshacer el jersey.* s.m.
= lío
2 Situación embarazosa de la que no se sabe cómo salir: *me metió en un embrollo y ahora no me ayuda a solucionarlo.* = confusión, enredo
3 Cosa que se dice con la intención de que se crea, sabiendo que no es cierta. = embuste, mentira

embrolloso, a
1 Que tiende a embrollar las cosas. adj.
2 Que es un embrollo o enredo. = enredoso

embromador, a Que embroma o gasta bromas: *le enfurecía saberse en el punto de mira de los embromadores de la escuela.* adj/s.
= bromista

embromar
1 Gastar una broma a una persona. v.tr/= bromear
2 Engañar a una persona con trampas o chismes.
3 Engañar a una persona por diversión y sin intención de hacer daño: *le gustaba embromar y escandalizar a su madre con sus invenciones.*
4 Fastidiar, molestar a una persona. Amér.
5 Causar un daño moral o material. v.tr/prnl./Amér.

embroncarse Enojarse, molestarse con una persona por alguna causa. v.prnl./conj; sacar
Argent.

embroque Momento de ganar el toro el terreno del torero. s.m.
TAUROMAQUIA

embroquelarse
1 Cubrirse una persona con un broquel o escudo para defenderse. v.prnl.
tb: abroquelarse
2 Usar cualquier medio para defenderse o evitar una acusación o una obligación: *se embroquela en su resfriado para no ir a clase.* + con, en, tras

embroquetar Sujetar las patas de las aves con broquetas para asarlas. v.tr.

embrujador, a Que embruja o hechiza: *sintió el influjo de su embrujadora mirada.* adj.
= hechizador

embrujamiento
1 Brujería que se ejerce sobre una persona, generalmente en su perjuicio. s.m./OCULTISMO
= hechizo
2 Fascinación o atracción ejercida por una persona o cosa sobre otra: *se dejó atrapar por el embrujamiento de su presencia.* = embrujo,
encantamiento

embrujar
1 Ejercer un maleficio sobre una persona con prácticas de brujería: *le embrujó con pócimas y sortilegios.* v.tr./OCULTISMO
= hechizar
2 Ejercer una gran atracción sobre los demás: *sus ojos me embrujaron.* = cautivar
3 Influir mucho una persona o cosa sobre otros: *su modo de hablar embruja a sus compañeros.*

embrujo
1 Fascinación o atracción misteriosas que una persona o cosa ejerce: *se dejó arrastrar por el embrujo de aquel paraje.* s.m.
= embrujamiento
2 Brujería que se ejerce sobre una persona. = hechizo

embrutecedor, a Que hace que las facultades de una persona se entorpezcan: *paliar la miseria embrutecedora.* adj.

embrutecer (Derivado de *bruto*.) Entorpecer las facultades mentales o espirituales: *se embruteció con su total aislamiento.* v.tr/prnl.
conj: carecer

embrutecimiento Pérdida de la capacidad de razonamiento y de las facultades intelectuales: *se refugia en el embrutecimiento de una faena repetitiva y mecánica.* s.m.

embuchado
1 Tripa, de diversos tamaños y aderezos, que se rellena con carne de cerdo picada: *la morcilla, la longaniza y la salchicha son embuchados.* s.m.
= embutido
2 Asunto o negocio tras el cual se oculta una cosa más grave o importante. = engaño
3 Introducción fraudulenta de votos en las elecciones.
4 Invención que introduce un cómico en su papel. TEATRO
5 Sentimiento de enfado disimulado. = entripado
6 Moneda o monedas que se ocultan entre otras de menos valor al hacer apuestas. JUEGOS

embuchador, a Persona encargada de embuchar hojas y cuadernillos. s.
ARTES GRÁFICAS

embuchadora Aparato utilizado para el embuchamiento de las aves. s.f.

embuchamiento Acción de embuchar un ave. s.m.

embuchar
1 Meter carne picada y otras sustancias en una tripa de animal para hacer embutidos: *esperaron un día para embuchar los chorizos.* v.tr.
= embutir
2 Comer una persona mucho, deprisa y casi sin masticar: *se embuchó de dulces y luego tuvo indigestión.* v.tr/prnl.
= engullir
3 Meter comida en el buche de un ave para cebarla. v.tr.
4 Meter hojas o cuadernillos impresos dentro de otros. ARTES GRÁFICAS

embudado, a Que tiene forma de embudo: *el zumo iba cayendo en la pieza embudada de la licuadora.* adj.

embudador, a Persona encargada de sostener el embudo para llenar las vasijas. — s.

embudar
1 Poner un embudo en la boca de un recipiente para ir echando dentro un líquido. — v.tr.
2 Hacer que una persona caiga en un engaño o una trampa: *no se fían de él porque embuda a la gente con sus timos.* — = embaucar
3 Hacer que la caza entre en un cercado que va estrechándose gradualmente. — CAZA

embudista Que hace embudos o trampas. — adj/s.

embudo (Del bajo lat. *imbutum.*)
1 Utensilio hueco en forma de cono, con el vértice prolongado por un tubo, que se emplea para envasar líquidos: *necesito un embudo para trasvasar el agua de la garrafa a la jarra.* — s.m. / = envasador
2 Engaño o trampa.
3 Cavidad natural en la tierra o producida por una explosión, con forma cónica semejante a este utensilio. — GEOLOGÍA

embullar (Derivado de *bullir.*) Incitar a una persona a tomar parte en una diversión: *el joven se embulló después de tomar varias copas.* — v.tr/prnl. / = engrescar

emburujar
1 Hacer que se formen grumos en una masa o que se enreden los hilos. — v.tr/prnl. / = aborujar
2 Formar un montón mezclando cosas diversas: *ha emburujado todos sus juguetes.* — v.tr.

embuste
1 Mentira grande disfrazada de verdad: *su padre le castigó por decir un embuste.* — s.m.
2 Adornos o joyas de poco valor: *se presentó llena de embustes.* — s.m.pl. / = bujerías

embustear Engañar y decir embustes con frecuencia. — v.intr./= embustir

embustería Mentira muy intrincada o conjunto de engaños. — s.f.

embustero, a Que dice embustes: *no seas embustero y dime dónde has ido.* — adj/s. / = mentiroso

embutición Operación mediante la cual se da forma cóncava o hueca a una chapa metálica embutiéndola en una matriz de acero o de hierro colado. — s.f. / METALURGIA

embutido
1 Acción y resultado de embutir. — s.m.
2 Tripa rellena de carne de cerdo picada y aderezada de diversas formas. — COCINA / = embuchado
3 Obra de madera, piedra, marfil u otro material, que se hace incrustando, encajando y ajustando piezas de igual o diferente color o materia, de manera que formen diversas figuras y relieves: *un marco de madera con embutido de bronce y marfil.* — ARTE

embutidor, a
1 Persona que hace embutidos de carne. — s.
2 Se aplica a la persona o industria que se dedica a hacer moldes de chapa metálica. — adj/s. / METALURGIA
3 Aparato usado para hacer moldes con chapas metálicas. — s.m. / METALURGIA

embutidora Máquina para hacer moldes de chapa metálica. — s.f. / METALURGIA

embutir (Derivado del ant. *embotir* < bajo lat. *buttis,* odre, tonel.)
1 Meter carne picada y condimentada en una tripa para hacer embutidos. — v.tr. / COCINA
2 Meter una cosa dentro de otra y apretarla: *hay que embutir la lana en el colchón.* — = rellenar
3 Exponer el contenido de una cosa brevemente: *embutí el libro de historia en cuatro folios.* — = resumir
4 Encajar un material en otro con fines artísticos.
5 Comer una cosa precipitadamente: *embutió toda la comida que pudo encontrar; se embutió todo el jamón que quedaba.* — v.tr/prnl. / = engullir
6 Dar la forma de un molde a una chapa metálica. — METALURGIA
7 Poner grabados, letras o adornos en una composición. — ARTES GRÁFICAS

eme
1 Nombre de la letra *m.* — s.f.
2 Eufemismo de mierda: *el trabajo que has hecho es una eme.* — familiar / coloquial

emelga Franja de terreno delimitada para sembrarla. — s.f./= amelga

emenagogo, a (del gr. *emmena,* menstruos + *agogos,* que conduce.) Se aplica al medicamento que provoca la evacuación menstrual. — adj/s.m. / FARMACIA

emenología Parte de la fisiología que estudia la menstruación. — s.f. / FISIOLOGÍA

emergencia
1 Accidente o suceso imprevisto que requiere atención especial y una solución rápida: *siempre llevo una linterna por si surge una emergencia.* — s.f. / = eventualidad
2 Acción y resultado de emerger: *el observatorio detectó la emergencia de una columna de lava bajo el mar.*
3 **de emergencia:** Que se realiza con rapidez por producirse en una situación de peligro: *la tripulación salió del aparato tras un amerizaje de emergencia.* — loc.adj.

emergente
1 Que emerge: *el agua emergente de las rocas se congela por las bajas temperaturas exteriores.* — adj.
2 Que procede de otra cosa, o tiene su origen en ella. — = procedente
3 Que crece o aparece con fuerza: *el abstencionismo emergente preocupa a los políticos.*
4 Que adquiere importancia y se sitúa en el primer plano de la actualidad: *los nacionalismos emergentes.*
5 Se aplica al rayo luminoso que después de atravesar un medio sale de él. — FÍSICA
6 Se refiere al año a partir del cual se contabiliza una era o período.

emerger (Del lat. *emergere.*)
1 Salir una cosa o parte de ella de un líquido: *del agua emergía un iceberg.* — v.intr. / conj: coger
2 Salir una cosa de detrás o del interior de otra como si brotase de ella: *el Sol emergió en toda su redondez desde detrás de la Luna.* — = asomar
3 Aparecer una cosa como consecuencia de la desaparición de otra anterior: *fue la España que emergió del hundimiento del imperio colonial.*
4 Salir una persona de un ambiente determinado: *al encontrar este trabajo emergió de la pobreza.*

emeritense (De *Emerita,* nombre latino de la ciudad de Mérida.)
1 De Mérida, ciudad de Badajoz. — adj/s.
2 Persona natural de Mérida. — s.m.f.

emérito, a (Del lat. *emeritus.*)
1 Que se ha retirado de un empleo o cargo y recibe un premio por sus méritos: *ahora es profesor emérito de la universidad.* — adj.
2 Se aplica al soldado veterano de la Roma antigua que disfrutaba la recompensa debido a sus méritos. — adj/s. / HISTORIA

emersión (Del lat. *emersio, -onis.*)
1 Reaparición de un cuerpo en la superficie de un líquido en que estaba sumergido. — s.f.
2 Reaparición de un astro eclipsado. — ASTRONOMÍA
3 Aumento relativo de la altura de un continente respecto del nivel del mar causado por una fuerza profunda o por el descenso del nivel medio de los mares. — GEOLOGÍA

-emesis Componente de palabra procedente del gr. *emeo,* que significa vomitar: *hematemesis; hiperemesis.* — suf. / tb: -emia

emético, a (Del lat. *emeticus* < gr. *emetikos* < *emeo,* vomitar.)
1 Se aplica al medicamento que se usa para provocar el vómito. — adj./FARMACIA / = vomitivo
2 Tartrato de potasa y de antimonio. — s.m./QUÍMICA

emétrope (Del gr. *en,* dentro + *metron,* medida + *ops, opos,* ojo.)
1 Se refiere al ojo que posee una visión normal sin defectos de refracción. — adj./MEDICINA, ÓPTICA
2 Persona que tiene la visión normal. — s.m.f.

emetropía Estado normal del ojo respecto a la refracción. — s.f./MEDICINA, ÓPTICA

emetrópico, a
1 De la emetropía o normalidad de la visión del ojo: *estado emetrópico del ojo.* — adj./MEDICINA, ÓPTICA
2 Que tiene emetropía. — MEDICINA, ÓPTICA

-emia Componente de palabra procedente del gr. *haima,* que significa sangre: *hiperemia.* — suf.

emídido, a (Del gr. *emys,* galápago.) Perteneciente a una familia de reptiles quelonios que viven en agua dulce, con cabeza y extremidades retráctiles, y dedos unidos por una membrana, como el galápago. — adj/s.m. / ZOOLOGÍA

emigración
1 Abandono temporal o definitivo de un país para establecerse en otro: *en aquella época no había más remedio que recurrir a la emigración para trabajar.* — s.f. / = migración
2 Conjunto de personas que viven fuera de su patria. — = emigrantes
3 Migración considerada desde el punto de vista del lugar de origen de los que emigran.
4 **emigración golondrina:** Aquella en que el emigrante no va a establecerse en el país, sino que va a realizar ciertas tareas para luego volver a su región de origen.

emigrado, a Se aplica a la persona que vive fuera de su patria, en especial por circunstancias políticas. — adj/s. / = emigrante

emigrante
1 Se refiere a la persona que emigra: *los emigrantes siempre vuelven a casa en vacaciones.* — adj/s.m.f. / = emigrado
2 Persona que vive fuera de su patria por razones no políticas. — s.m.f.

emigrar (Del lat. *emigrare.*)
1 Dejar una persona su país temporal o definitivamente para establecerse en otro: *emigró en busca de trabajo.* — v.intr.

2 Cambiar un animal de territorio, de manera temporal o definitiva, para instalarse en otro por exigencias del clima, la alimentación o la reproducción. — ZOOLOGÍA

emigratorio, a De la emigración: *los motivos económicos suelen ser la causa de los movimientos emigratorios.* — adj.

eminencia (Del lat. *eminentia*.)
1 Persona eminente o de gran valía en la ciencia, el arte o una profesión: *es una eminencia en oftalmología.* — s.f.
2 Tratamiento honorífico dado a los cardenales y otras jerarquías de la iglesia católica. — RELIGIÓN
3 Persona que ostenta este tratamiento honorífico. — RELIGIÓN
4 Altura o elevación del terreno: *desde la eminencia rocosa dominaba con la vista la cala.*
5 Prominencia que presenta la superficie de un órgano o de una región anatómica. — ANATOMÍA
6 eminencia gris: Se aplica a la persona que se ha convertido en personaje público sin tener cualidades que lo justifiquen. — despectivo

eminencial Se aplica a la virtud o al poder que puede producir un efecto, no por conexión formal con él, sino a causa de una virtud superior que lo contiene con excelencia. — adj. FILOSOFÍA

eminente (Del lat. *eminens, -entis < eminere*, elevarse.)
1 Que sobresale por sus méritos: *es un eminente historiador, al que toda la intelectualidad respeta.* — adj./= destacado, eximio/≠ mediocre
2 De gran elevación: *es un monte eminente.* — = alto, elevado

eminentemente
1 Sobre todo, en primer lugar: *mi decisión es eminentemente práctica.* — adv.
2 Con excelencia.

eminentísimo, a Se aplica al cargo o al nombre propio de ciertas jerarquías eclesiásticas: *el eminentísimo señor cardenal.* — adj.

emir (Del ár. *amir*, jefe < *amar*, mandar.) Príncipe o caudillo árabe. — s.m.

emirato
1 Dignidad y territorio del emir. — s.m.
2 Tiempo que dura el gobierno de un emir.

emisario, a (Del lat. *emissarius*.)
1 Persona encargada de transmitir o recibir un mensaje. — s. = mensajero
2 Curso de agua que da salida a las aguas de un estanque o de un lago o que nace de ellos. — s.m.

emisión (Del lat. *emissio, -onis*.)
1 Acción y resultado de emitir: *investiga la emisión de sonidos de las aves limícolas.* — s.f.
2 Conjunto de billetes, títulos, valores o efectos públicos puestos en circulación o a la venta de una vez: *emisión de moneda.* — ECONOMÍA
3 Colocación o introducción en el mercado financiero y bursátil de nuevos valores: *aprobó la emisión de bonos.* — ECONOMÍA
4 Programa o conjunto de programas emitidos sin interrupción por radio o televisión: *está viendo la emisión de la tarde.* — AUDIOVISUALES
5 Proceso durante el cual un sistema físico produce un flujo de materia o de radiación portador de energía. — FÍSICA
6 emisión Salida de productos gaseosos, líquidos o sólidos de un volcán. — GEOLOGÍA
7 emisión sanguínea: Pérdida de sangre por cualquier vía, en especial, una sangría. — MEDICINA

emisor, a
1 Que emite: *el organismo emisor de moneda.* — adj/s.
2 Aparato que emite señales electromagnéticas portadoras de mensajes telegráficos, sonidos o imágenes. — s.m. TECNOLOGÍA
3 Unión semiconductora que forma un transistor con la base y el colector. — TECNOLOGÍA
4 Persona que emite un mensaje en un acto de comunicación. — s. LINGÜÍSTICA

emisora Estación de emisión de radio o televisión: *emisora local.* — s.f. AUDIOVISUALES

emitir (Del lat. *emittere*.)
1 Producir y echar fuera de sí una cosa a otra: *el Sol emite calor y luz.* — v.tr. = emanar
2 Hacer pública o manifestar una opinión o una decisión: *no emitas juicios de valor.* — = exponer
3 Hacer y poner en circulación papel moneda o valores públicos: *van a emitir un nuevo billete de cinco mil.* — ECONOMÍA
4 Lanzar señales de radio o televisión al espacio en forma de ondas hertzianas. — TELECOMUNICACIONES/= radiar

emmenthal Queso de leche de vaca, parecido al gruyère, pero lleno de grandes agujeros, originario del valle suizo del mismo nombre. — s.m. tb: emmental

emoción (Del fr. *émotion*.)
1 Estado afectivo intenso y transitorio producido por una situación o estímulo del entorno que transforma el equilibrio sicofísico de una persona: *temblaba de emoción esperando los resultados del concurso musical.* — s.f. SICOLOGÍA
2 Interés expectante o ansiedad con que se participa en algo que está ocurriendo: *el graderío seguía con emoción la evolución del juego.*

emocional Que tiene relación con la emoción como estado afectivo intenso y transitorio: *se encuentra en un estado emocional muy frágil.* — adj. SICOLOGÍA

emocionante Que provoca un estado afectivo intenso o un interés expectante: *fue un emocionante debate por la valía de los interlocutores.* — adj.

emocionar (Del fr. *émouvoir*, conmover.) Causar emoción, sentimiento intenso, interés expectante o ansiedad a una persona: *se emocionó al ver a su hijo ganar la competición.* — v.tr/prnl.

emoliente (Derivado del lat. *molliare*, ablandar.) Se aplica al medicamento que ablanda las durezas o tumores. — adj/s.m. FARMACIA = demulcente

emolir (Del lat. *emollire*.) Hacer que un tumor madure supurando. — v.tr./MEDICINA = ablandar

emolumento (Del lat. *emolumentum*, ganancia del molinero.) Remuneración económica propia de un cargo o empleo. — s.m. = retribución, sueldo

emotividad Circunstancia de que una cosa sea emocionante o conmovedora: *la emotividad de sus palabras ablandó al jurado.* — s.f.

emotivo, a
1 Que tiene relación con la emoción. — adj.
2 Que emociona o enternece con expresión de sentimientos: *fue una despedida emotiva.*
3 Que se emociona con facilidad: *es una chica muy emotiva.*

empacado Acción y resultado de empacar. — s.m.

empacador, a Que empaca. — adj.

empacadora Máquina para empacar o empaquetar: *el uso de la empacadora facilita el transporte de la paja y el heno.* — s.f.

empacamiento Acción y resultado de empacarse. — s.m./Amér.

empacar
1 Poner una cosa en pacas o fardos. — v.tr/conj: *sacar*
2 Poner en conserva. — Méx.
3 Hacer las maletas. — v.tr/intr./Amér.

empacarse (Derivado de *alpaca*.)
1 Tener una persona capricho por una cosa: *se empacó con un collar de perlas.* — v.prnl./conj: *sacar* = encapricharse
2 Poner empeño en hacer una cosa: *se empaca en hacer horas extras.* — = obstinarse
3 Quedarse una persona sin saber qué hacer ni qué decir por una ajena causa: *se empaca cada vez que se encuentra con su jefe.* — = turbarse
4 Pararse una caballería y no querer seguir. — Amér.

empachada Acción y resultado de empacharse. — s.f./Méx.

empachadamente Con embarazo y vergüenza, sin naturalidad. — adv.

empachado, a
1 Que es desmañado y corto de ingenio. — adj.
2 Que se comporta con cohibición o apocamiento. — = vergonzoso

empachar (Del fr. *empecher < bajo lat. impedicare*, trabar.)
1 Causar un alimento indigestión a una persona: *se empachó de chocolate.* — = indigestar
2 Tener una persona vergüenza de hacer una cosa: *creo que se empacha de pedir las cosas.* — v.prnl./= apurarse, cortarse
3 Intentar ocultar una cosa. — v.tr.
4 Estorbar, obstaculizar la realización de una cosa. — v.tr.

empacho
1 Sensación de malestar físico producido por haber comido o bebido en exceso: *tiene un empacho de pasteles y dulces.* — s.m. MEDICINA = indigestión
2 Sensación de cansancio o saturación producida por la insistencia con que se presenta una cosa: *los mundiales de fútbol fueron un empacho de balón.* — = saturación
3 Vergüenza que impide realizar una acción indigna: *no tuvo empacho en hacerlo.* — = apuro, turbación

empachoso, a
1 Que produce empacho o indigestión: *no abuses del chocolate que es empachoso.* — adj. = indigesto
2 Que causa fastidio por su excesiva o afectada amabilidad: *no seas empachoso y deja de besuquearme.* — = empalagoso
3 Que se avergüenza con facilidad. — = vergonzoso
4 Que causa embarazo o cohibimiento. — = embarazoso

empacón, a Se dice del caballo o yegua que se empaca. — adj. Amér.

empadrarse Sentir un niño un afecto excesivo hacia su padre o sus padres. — v.prnl.

empadronador, a Persona que empadrona, que forma los padrones. — s.

empadronamiento
1 Inscripción de una persona en el padrón de una localidad. — s.m.

2 Padrón, lista de habitantes: *presentaron toda la documentación para inscribirse en el empadronamiento.*   ESTADÍSTICA

empadronar Inscribir a una persona en el padrón: *se ha empadronado en su nueva ciudad.*   v.tr/prnl. ESTADÍSTICA

empajada Paja mojada y mezclada con salvado, que se da a las caballerías.   s.f.

empajado Acción y resultado de empajar.   s.m.

empajar
1 Cubrir, rodear o rellenar una cosa con paja: *empajó las fresas en el momento de plantarlas.*   v.tr.
2 Techar una construcción con paja.   Amér. Merid.
3 Mezclar con paja.   Chile
4 Echar los cereales mucha paja y poco fruto.   v.prnl./Chile
5 Llenarse de comida sin sustancia.   P. Rico, Venez.

empajolar Echar humo aromático con una pajuela en el interior de las botas o las tinajas de vino después de lavarlas.   v.tr. conj: contar

empalagamiento Empalago, acción y resultado de empalagar o empalagarse.   s.m.

empalagar (Del lat. *impalaticare < palatum,* paladar.)
1 Cansar un alimento por ser demasiado dulce: *se empalagó de comer chocolate.*   v.tr/prnl. conj: pagar
2 Molestar o cansar una cosa a una persona: *tus continuos halagos me empalagan.*   = hastiar
3 Formar una cosa un remanso grande de agua en un terreno: *se empalagó el campo de golf a causa de las inundaciones primaverales.*   = empantanar
4 Dejar una gran cantidad de agua sin movimiento a un molino: *se empalagó por el diluvio y no se pudo moler el trigo.*

empalago
1 Acción y resultado de empalagar o empalagarse.   s.m./= empacho
2 Modo de comportarse excesivamente dulce, artificioso o amable.   = acaramelamiento

empalagoso, a
1 Que empalaga: *los dulces me resultan empalagosos.*   adj.
2 Que causa molestia o fastidio por ser demasiado amable o sobón: *deja ya de adularme, no seas tan empalagoso.*   = empachoso

empalamiento Acción y resultado de empalar o atravesar con un palo.   s.m.

empalar
1 Poner a una persona en un palo o un madero.   v.tr.
2 Golpear la pelota con la pala de frontón.   DEPORTES
3 Obstinarse, encapricharse de una persona o de una cosa.   v.prnl./Chile, Perú
4 Envararse, entumecerse o entorpecer un movimiento.   Chile

empalicar Engatusar, ganar la voluntad de una persona con halagos.   v.tr./conj: sacar Chile

empalidecer
1 Palidecer, ponerse pálido o lívido: *empalideció al recibir la noticia.*   v.intr. conj: carecer
2 Poner pálido: *el susto empalideció su rostro; el atardecer empalideció el paisaje.*   v.tr.
3 Hacer que algo se desluzca por la proximidad o presencia de otra cosa: *su intervención empalideció mi discurso.*

empalizada Cercado que rodea un lugar: *electrificaron la empalizada para impedir que se escapasen las reses.*   s.f. = estacada

empalizar Rodear un terreno con una empalizada.   v.tr./conj: cazar

empalletado Defensa contra la fusilería enemiga que se formaba en los costados del buque con ropa o colchones de los marineros.   s.m. NÁUTICA

empalmado, a Se aplica al pene que está en erección.   adj. coloquial

empalmadora Instrumento utilizado para unir por sus extremos dos fragmentos de película.   s.f. CINE

empalmar
1 Unir dos cosas por sus extremos: *empalmó dos cables; empalmar unas cuerdas.*   v.tr.
2 Poner ideas, planes o acciones en relación: *nos reunimos y empalmamos los planes de cada uno.*
3 Ser los horarios de dos medios de transporte público combinables: *el tren empalma con el autobús.*   v.intr.
4 Seguir una cosa a otra sin interrupción: *el discurso de hoy empalma con el de ayer.*   + con
5 Tirar un futbolista a gol tras el pase de un compañero de equipo, sin preparar el balón: *empalma muy bien.*   v.tr./intr. DEPORTES
6 Unir dos fragmentos de película mediante cinta adhesiva o acetona.   v.tr. CINE
7 Excitarse sexualmente el hombre.   v.prnl./coloquial
8 Llevar una persona la navaja oculta entre la manga y la palma de la mano.

empalme
1 Acción y resultado de empalmar una cosa con otra por sus extremos.   s.m. = empalmadura
2 Punto en que se empalma: *el escape está en el empalme de las cañerías.*

3 Correspondencia de los trenes u otros medios de transporte en un sitio determinado.   = conexión, enlace
4 Manera de estar hecho el empalme.
5 Cosa que empalma con otra.

empalomado Presa construida en un río con piedras, sin utilizar argamasa.   s.m. CONSTRUCCIÓN

empalomadura Atadura fuerte con la que se une la relinga a su vela.   s.f. NÁUTICA

empalomar (Derivado de *paloma.*) Coser la relinga a la vela ligándola.   v.tr. NÁUTICA

empamparse Extraviarse en la pampa.   v.prnl./Amér. Merid.

empampirolado, a Que se jacta o presume mucho de sí mismo.   adj. = engreído

empanada
1 Pastel salado hecho con masa de harina y relleno de alimentos diversos que se cuece al horno.   s.f. COCINA
2 Acción y resultado de ocultar algún negocio no demasiado legal.   = intriga, tapujo
3 empanada mental: Confusión de ideas: *tengo una empanada mental después de tanto estudiar.*   coloquial

empanadilla Pequeño pastel que se hace doblando una masa sobre sí misma, con un relleno dulce o salado.   s.f. COCINA

empanado, a Se aplica a la sala de una casa que no tiene luz ni ventilación directas.   adj/s.m. CONSTRUCCIÓN

empanar
1 Cubrir un alimento con pan rallado para freírlo después: *siempre empana los filetes de ternera.*   v.tr. COCINA
2 Poner un alimento dentro de una masa para cocerlo: *empanar el atún en hojaldre.*   COCINA
3 Sembrar una tierra de trigo.   AGRICULTURA
4 Estropearse los sembrados por exceso de simiente: *el primer año se empanaron los viveros.*   v.prnl. AGRICULTURA

empandar Hacer que una cosa se doble por el centro debido a un exceso de peso: *se empandó la viga por el peso del tejado.*   v.tr/prnl.

empandillar
1 Poner unos naipes junto a otros para hacer trampas.   v.tr. JUEGOS
2 Hacer que una persona se distraiga o se confunda con el propósito de engañarle.

empanizar Cubrir un alimento con pan rallado para freírlo.   v.tr./conj: cazar Méx.

empantanar
1 Cubrir un lugar con agua hasta formar un pantano: *el campo se empantanó para aprovechar el agua.*   v.tr/prnl. = apantanar
2 Meter a una persona en un pantano: *el cazador se empantanó para conseguir la presa.*
3 Detener el curso o la buena marcha de un asunto: *el asesor empantanó la firma de los documentos.*   = estancar, inmovilizar

empañado, a
1 Que tiene adherido vapor de agua: *después de ducharme los vidrios quedaron empañados.*   adj.
2 Que está turbio o desmejorado: *voz empañada; ojos empañados por el sueño; fama empañada por los chismes.*

empañadura
1 Acción y resultado de empañarse una superficie.   s.f./= empañamiento
2 Envoltura de pañales, mantillas y otras prendas que se pone a los niños pequeños.

empañamiento Acción y resultado de empañar o empañarse.   s.m. = empañadura

empañar (Derivado de *paño.*)
1 Quitar una cosa el brillo o la transparencia del cristal u otra superficie pulimentada: *los cristales se han empañado con el vapor.*   v.tr/prnl.
2 Restar belleza o prestigio a una persona: *la enfermedad ha empañado su belleza.*   = mancillar
3 Llenarse los ojos de lágrimas o quebrarse la voz por la emoción: *los aplausos hicieron que se le empañaran los ojos.*   v.prnl.
4 Poner los pañales a un niño.   v.tr.

empañetar
1 Enlucir, encalar las paredes de una casa o de cualquier otra construcción.   v.tr/Colomb., P. Rico
2 Cubrir una pared con mezcla de barro, paja y boñiga.   Amér. Central, Ecuad., P. Rico

empañicar Recoger las velas en pliegues pequeños para sujetarlas.   v.tr./conj: sacar NÁUTICA

empapada Acción y resultado de empaparse.   s.f./ Méx.

empapamiento Acción y resultado de empapar o empaparse.   s.m.

empapar
1 Mojar un material o un cuerpo hasta que quede impregnado del líquido: *se empapó al caer vestido en la piscina.*   v.tr/prnl. = impregnar
2 Absorber una cosa un líquido dentro de sus poros o huecos: *la tierra se empapó de agua.*   = chupar
3 Recoger un líquido con un cuerpo esponjoso o poroso: *empapó el agua con su servilleta.*   v.tr.
4 Dejarse influir una persona por un afecto, una idea o una doctrina: *se empapó del modernismo catalán.*   v.prnl. = imbuirse

5 Quedarse bien enterado de una cosa: *se empapó de historia antes de presentarse al concurso.* · **+ de**

6 Comer una cosa hasta saciarse: *empaparse de pasteles y helados.* · **= hartarse**

7 ¡**para que te empapes!**: Se usa para enfatizar una información al ser comunicada a una persona a la que se le causa un disgusto o contradicción por lo dicho. · **coloquial**

empapelado
1 Acción y resultado de empapelar una habitación u otra cosa. · **s.m.**
2 Papel usado para recubrir una superficie.
3 Pescado cocido dentro de un papel. · **Méx.**

empapelador, a Persona que por oficio empapela. · **s.**

empapelar
1 Cubrir una superficie totalmente con papel: *empapeló la habitación del niño.* · **v.tr.**
2 Formar un expediente o un proceso a una persona: *empapelaron al traficante de droga.* · **coloquial / = expedientar**

empapirotar Adornar a una persona o una cosa cuidadosamente. · **v.tr/prnl.**

empapuciar Hacer comer mucho a una persona: *su obsesión por engordar le hacía empapuciarse.* · **v.tr/prnl. / = empapujar**

empapuzar Empapuciar, hacer comer a una persona en exceso: *llegó al restaurante y allí se empapuzó de todo.* · **v.tr/prnl. / = empapujar**

empaque
I (Derivado de *paca*, fardo < fr. *pacque*.)
1 Acción y resultado de empacar. · **s.m.**
2 Conjunto de materiales con que se envuelve una cosa.
3 Trozo de material para mantener herméticamente cerradas dos piezas distintas. · **Colomb., C. Rica**
4 Descaro o desfachatez con que se actúa. · **Chile, Perú, P. Rico**
II (De origen incierto.) Aspecto cuidadoso, distinguido o exagerado con que se presenta una persona o cosa: *ese político tiene mucho empaque.* · **s.m.**

empaquetado Operación de empaquetar: *el empaquetado de piezas se realiza mecánicamente.* · **s.m. / = empaquetamiento**

empaquetador, a Persona que se dedica a empaquetar. · **s.**

empaquetadura Arandela, disco o dispositivo de cuero, goma u otro material, para impedir la fuga de gases o fluidos en un conducto. · **s.f.**

empaquetar (Derivado de *paca*, fardo < fr. *pacque*.)
1 Hacer un paquete con una o varias cosas: *empaquetó los libros para facilitar el traslado.* · **v.tr. / = envolver**
2 Meter a varias personas en un lugar estrecho: *empaquetaron a todos los niños en el vagón.* · **= embotellar**
3 Imponer un castigo: *el guardia me empaquetó una multa.* · **coloquial**
4 Adornar a una persona o una cosa con exceso: *se empaquetó para ir al baile.* · **v.tr/prnl. / = emperejilar**
5 Engañar a una persona. · **v.tr./Argent.**

emparamar
1 Aterir o helar el frío a una persona que no está suficientemente abrigada. · **v.tr/prnl./Colomb. Venez.**
2 Mojar la lluvia o la humedad una superficie. · **Colomb., Venez.**

emparamentar Adornar o cubrir una cosa con paramentos o telas. · **v.tr. / = paramentar**

emparchar Poner parches en una cosa: *le ayudó a emparchar los neumáticos de la bicicleta.* · **v.tr.**

empardar Empatar o igualar, especialmente en el juego de cartas. · **v.tr. / Argent., Urug.**

emparedado, a (Derivado de *pared*.)
1 Que está recluido por castigo, por penitencia o por propia voluntad. · **adj.**
2 Alimento que consiste en dos rebanadas de pan inglés o de molde con un relleno dulce o salado: *se hizo un emparedado de jamón para cenar.* · **s.m. / COCINA / = sandwich**

emparedamiento Acción de emparedar y estado en que se encuentra la persona emparedada. · **s.m.**

emparedar
1 Encerrar a una persona en un lugar sin comunicación alguna con el exterior. · **v.tr/prnl.**
2 Ocultar a una persona o cosa en el grueso de una pared o entre paredes. · **v.tr.**

emparejamiento Acción y resultado de emparejar o emparejarse: *el emparejamiento del macho con la hembra.* · **s.m.**

emparejar
1 Unir o poner una persona o cosa junto a otra de manera que formen una pareja: *los asistentes a la fiesta se emparejaron para el baile.* · **v.tr/prnl.**
2 Poner una cosa al mismo nivel que otra. · **v.tr./= nivelar**
3 Cerrar una puerta o una ventana de manera incompleta, sin cerrarlas del todo.
4 Igualar la tierra. · **AGRICULTURA**

5 Formar dos cosas pareja: *los calcetines que llevas no emparejan.* · **v.intr.**
6 Ponerse una persona al lado de otra que va delante. · **= alcanzar**
7 Ponerse una persona al mismo nivel que otra en un estudio o un trabajo: *emparejó con su compañero en los exámenes.* · **= alcanzar**
8 Equilibrarse económicamente gracias a una paga secundaria. · **v.prnl. / Méx.**

emparentado, a Se aplica a las lenguas que proceden de una misma lengua hablada anteriormente, aunque con evoluciones diferentes. · **adj. / LINGÜÍSTICA**

emparentar (Derivado de *pariente*.)
1 Contraer una persona parentesco con otra: *estoy emparentado con el marido de mi hermana.* · **v.intr. / conj.: *pensar*/+ con**
2 Poner dos o más cosas afines o semejantes en relación: *emparentó el cambio climático con el impacto medioambiental de la industria.* · **+ con / = relacionar, vincular**
3 Señalar o descubrir relaciones de parentesco. · **v.tr.**
4 estar una persona bien emparentada: Tener una persona parientes con una buena posición social o con influencias.

emparrado
1 Cubierta formada por el conjunto de los brotes y hojas de una o más parras que están sostenidas en una armazón: *pasaban las tardes veraniegas al fresco del emparrado.* · **s.m.**
2 Armazón que sostiene una parra u otra planta trepadora.
3 Peinado de los hombres que consiste en tapar con el pelo de los lados de la cabeza, la calva de la parte superior. · **coloquial**

emparrar Hacer que una planta crezca trepando por una armazón. · **v.tr.**

emparrillado
1 Enrejado de vigas o barras para dar base firme a los cimientos de una construcción. · **s.m. / CONSTRUCCIÓN**
2 Obra de hormigón o mampostería que sirve de cimiento en los terrenos poco firmes. · **CONSTRUCCIÓN / = zampeado**

emparrillar
1 Asar un alimento en la parrilla. · **v.tr.**
2 Asegurar un terreno inseguro con armazones de madera y macizos de mampostería. · **CONSTRUCCIÓN / = zampear**

emparvar Poner la mies en parva para trillarla. · **v.tr./AGRICULTURA**

empastado, a Se aplica al campo que tiene pasto para el ganado. · **adj./ Argent., Chile**

empastador, a
1 Que cubre una cosa con pasta. · **adj.**
2 Pintor que empasta. · **adj/s.**
3 Pincel para empastar. · **s.m.**
4 Encuadernador de libros. · **s./Amér.**

empastadura Acción y resultado de empastar un libro. · **s.f. / Chile**

empastar
I (Derivado de *pasta*.)
1 Cubrir una cosa con pasta: *después de empastar las paredes tuvieron que esperar a que se secase el yeso.* · **v.tr.**
2 Llenar el hueco producido por la caries en un diente o una muela con pasta: *le tienen que empastar tres piezas dentales.* · **MEDICINA**
3 Coser o pegar los elementos de un libro con pasta. · **ARTES GRÁFICAS / ARTE**
4 Cubrir la superficie de los cuadros con bastante color para tapar la imprimación.
II (Derivado de *pasto*.)
1 Empradizar, convertir un terreno en prado para que paste el ganado o para otros usos. · **v.tr/prnl./Méx., Chile, Argent.**
2 Padecer meteorismo un animal. · **Argent., Chile**
3 Llenarse un sembrado de maleza. · **v.prnl./Chile**

empaste
I (Derivado de *pasta*.)
1 Operación y resultado de empastar una muela o diente. · **s.m. / MEDICINA**
2 Pasta con que se llena el hueco hecho por la caries en un diente: *tiene que ir al dentista porque se le ha caído el empaste.* · **MEDICINA**
3 Encuadernación de un libro con pastas. · **ARTES GRÁFICAS**
4 Unión acertada de los colores.
5 Capa de óleo gruesa cuyas pinceladas sobresalen en relieve. · **ARTE**
II (Derivado de *pasto*.) Meteorismo, enfermedad del ganado. · **s.m. / Argent., Urug.**

empastelamiento Operación de empastelar las letras en la imprenta. · **s.m. / ARTES GRÁFICAS**

empastelar (Derivado de *pasta*.)
1 Arreglar un asunto con trampas o chanchullos: *han empastelado este negocio de forma ilegal.* · **v.tr.**
2 Mezclar las letras de un molde de manera que no tienen sentido: *estas letras se han empastelado y habrá que repetir la impresión.* · **v.tr/prnl. / ARTES GRÁFICAS**

empatadera Acción y resultado de empatar, suspender o turbar el curso de una resolución. · **s.f.**

empatar (Del ital. *impattare* < *patta* < lat. *pacta*, acuerdo.)

1 Obtener el mismo número de votos, de tantos u otras cosas contables: *los dos equipos empataron a dos goles.* — v.intr.
2 Detener el curso o tramitación de un asunto. — v.tr.
3 Empalmar, juntar una cosa con otra. — Amér.
4 Gastar el tiempo en cosas molestas. — Colomb.

empate
1 Acción y resultado de empatar. — s.m.
2 Igualdad entre los concursantes por haber obtenido la misma puntuación o por haberse colocado en el mismo lugar de la clasificación. — DEPORTES

empatía Sentimiento de solidaridad del que comparte los afectos o emociones de otra persona o grupo. — s.f.

empático, a De la empatía. — adj.

empatillar Sujetar el anzuelo con alambre. — v.tr./PESCA

empatronar Marcar las pesas y las medidas con el contraste. — v.tr.

empavesada
1 Faja de tela, por lo general azul o roja, que se usa para adornar las velas y palos de las embarcaciones en días señalados. — s.f. NÁUTICA tb: pavesada
2 Encerado clavado por la parte exterior de la borda y que sirve para defender de la intemperie los coyes o hamacas de la marinería que van colocados en la batayola. — NÁUTICA

empavesado, a
1 Soldado provisto de pavés u otra arma defensiva. — adj/s.m./MILITAR
2 Conjunto de banderas y gallardetes con que se empavesan los buques. — NÁUTICA

empavesar (Derivado de *pavés.*)
1 Adornar una embarcación poniendo una banda de tela sobre la borda y banderines o gallardetes sobre los palos. — v.tr. NÁUTICA
2 Cubrir un monumento en construcción con telas para ocultarlo hasta su inauguración.
3 Preparar el pábilo de las velas para que arda con facilidad.

empavonar
1 Dar una capa de hierro o acero a un objeto. — v.tr.
2 Untar, pringar una cosa. — Colomb., P. Rico
3 Empañar los vidrios. — Chile

empecatado, a
1 Que es travieso o díscolo en extremo. — adj./= indomable
2 Que causa mucha molestia o enfado: *esta empecatada corbata me va a ahogar.*

empecedero, a Que puede empecer, dañar o perjudicar. — adj. = dañino

empecer
1 Causar un daño o un perjuicio a una persona o cosa: *su resolución podía empecer nuestra inversión.* — v.tr. conj: carecer
2 Impedir una cosa que algo se produzca: *esto no empece que sigas con tu carrera.* — v.intr.

empecible Que puede empecer. — adj./= empecedero

empeciente Que empece, daña o impide. — adj./= empecedero

empecinado, a Que se comporta con terquedad y obstinación: *empecinada en sus propósitos no hacía caso de mis advertencias.* — adj. = terco

empecinamiento Actitud del que se mantiene en sus ideas, opiniones o deseos, aun en contra de razones convincentes. — s.m. = obstinación, terquedad

empecinar
1 Untar un barco, cable u otra cosa, con pez. — v.tr.
2 Tener empeño una persona en una cosa: *se empecinó en ir al cine, a pesar de que le avisé de que no le gustaría la película.* — v.prnl. = emperrarse, obstinarse

empedar Emborrachar, dar bebidas alcohólicas a una persona. — v.tr. Méx./vulgar

empedernido, a (Derivado del lat. *petrinus* < gr. *petrinos,* pétreo.)
1 Que tiene un vicio o una costumbre muy arraigada y que resulta difícil de superar: *es un fumador empedernido.* — adj. = tenaz
2 Que es insensible o duro de corazón. — = cruel

empedernir
1 Hacer que una cosa se ponga muy dura: *dejó el pan tanto tiempo en el horno que se empedernió.* — v.tr/prnl. defectivo conj: abolir
2 Volverse una persona insensible o cruel. — v.prnl.

empedrado, a
1 Que está cubierto de nubes pequeñas que se tocan unas con otras. — adj.
2 Se aplica a la caballería que tiene manchas, generalmente redondas, más oscuras que el resto del pelo. — = rodado
3 Acción y resultado de empedrar. — s.m.
4 Pavimento formado artificialmente de piedras. — CONSTRUCCIÓN

empedrador, a Persona que se dedica a empedrar aceras, plazas o caminos. — s. CONSTRUCCIÓN

empedramiento Acción y resultado de empedrar: *ya han acabado el empedramiento de la avenida.* — s.m. = empedrado

empedrar
1 Cubrir o pavimentar el suelo con piedras clavadas o ajustadas: *empedraba la calle de adoquines; antes empedraban con cantos de río.* — v.tr./conj: pensar + con, de CONSTRUCCIÓN
2 Cubrir una superficie con objetos que alteran su uniformidad: *empedró la tarta de avellanas.* — + con, de
3 Llenar un escrito de citas o errores: *empedró con citas su artículo.* — + con, de

empega
1 Pez o sustancia similar usada para cubrir los pellejos, barriles o tinajas. — s.f.
2 Marca hecha con pez al ganado lanar. — = empego

empegado Tela o piel untada de pez o de otra sustancia semejante. — s.m.

empegadura Baño de pez o de otra materia semejante que se da al interior o al exterior de algunos recipientes como los pellejos y los barriles. — s.f.

empegar
1 Cubrir pellejos, barriles u otras vasijas con pez o materia semejante. — v.tr. conj: pagar
2 Marcar el ganado lanar con pez. — = empeguntar

empego Marca con pez que se hace al ganado lanar. — s.m./= empega

empeguntar Marcar las reses con pez. — v.tr./= empegar

empeine
I (Derivado del lat. *pecten,* peine, por comparación con la ramificación ósea de los dedos de los pies.)
1 Parte superior del pie, entre su unión con la pierna y los dedos. — s.m. ANATOMÍA
2 Parte del calzado que cubre la zona superior del pie.
3 Casco o uña del caballo.
II (Del lat. *in,* en + *pectiniculum,* vello del pubis.) Parte baja del vientre, entre las ingles. — s.m. ANATOMÍA
III (Del bajo lat. *impedigo.*)
1 Impétigo, enfermedad del cutis, que lo pone áspero y encarnado y causa picazón. — s.m. MEDICINA
2 Hepática, planta herbácea de flores azuladas o rojizas. — BOTÁNICA

empeinoso, a Que tiene empeine en el cutis. — adj./MEDICINA

empelar
1 Echar pelo un ser vivo. — v.intr.
2 Tener dos o más caballerías el mismo color de pelo.

empelazgarse Empezar dos o más personas una riña o una discusión: *la ignorancia les llevó a empelazgarse por una cuestión nimia y trivial.* — v.prnl. conj: pagar

empelechar (Del ital. *impiallacciare* < *pialla,* cepillo de carpintero < lat. *planula,* doladera pequeña.)
1 Unir chapas de mármol. — v.tr.
2 Cubrir una superficie con mármol.

empella Pieza que forma la parte delantera del zapato. — s.f. = pala

empellar Dar empujones a una persona o una cosa: *deja de empellarme, que acabarás tirándome.* — v.tr/= empujar tb: empeller

empellejar (Derivado de *piel.*) Cubrir una cosa con pellejos. — v.tr.

empellón (Derivado del ant. *empellir* < lat. *impellere,* impulsar.)
1 Empujón dado con el cuerpo: *con un solo empellón lo desplazó un par de metros.* — s.m.
2 a empellones: Con brusquedad y violencia: *a empellones lo sacaron de la sala.* — loc.adv.

empelotarse
1 Ponerse varias personas juntas desordenadamente a causa de una riña. — v.prnl.
2 Enamorarse apasionadamente. — Colomb., P. Rico
3 Desnudarse, quedarse en cueros: *se empelotó para meterse en la ducha.* — Colomb., Méx., Chile, Cuba

empenachar Adornar una cosa con penachos: *empenachar los yelmos.* — v.tr.

empenado, a Se dice de las flechas o dardos que tienen plumas de diferente esmalte en el cabo. — adj. HERÁLDICA

empenaje Cada una de las superficies planas situadas detrás de las alas o en la parte posterior del fuselaje del avión, que sirven para dar estabilidad. — s.m. AERONÁUTICA

empenta (Del bajo lat. *impieta* < lat. *impingere,* empujar.) Puntal o apoyo para sostener algo. — s.f.

empentar Unir las excavaciones o las obras de fortificación para que queden bien seguidas. — v.tr. MINERÍA

empeñado, a
1 Que tiene deudas: *está empeñado hasta las cejas.* — adj.
2 Que se comporta con empeño y obstinación: *empeñado en marcharse.*
3 Que es acalorado y reñido: *la discusión fue empeñada.*

empeñar (Derivado del ant. *peños,* prenda.)
1 Dejar una cosa en depósito y como garantía para obtener un préstamo: *empeñó las joyas.* — v.tr.

2 Contraer deudas: *compró la casa y el coche y se empe-* · v.prnl.
ñó hasta el cuello.
3 Insistir en una cosa u opinión: *si te empeñas, te lo*
explicaré.
4 Aspirar a conseguir una cosa poniendo los medios · + en
necesarios para ello: *se empeña en montar un restauran-*
te con varios amigos.
5 Intervenir en un asunto para que una persona con- · + con, por
siga una cosa: *se empeñó por su hijo en ese juicio.*
6 Dar una persona su palabra para realizar lo prome- · v.tr./prnl.
tido. · = comprometerse
7 Empezar una lucha o una discusión: *se empeñó en*
una disputa sobre política.
8 Exponerse una embarcación a un peligro por apro- · NÁUTICA
ximarse demasiado a otra, a un bajo o a la costa: *el*
capitán empeñó el barco al ir hacia la costa velozmente.

empeñero, a Persona que hace préstamos. · s./Méx.

empeño
1 Acción de empeñar o empeñarse: *fue a una casa de* · s.m.
empeños para conseguir un poco de dinero en efectivo.
2 Deseo intenso de una cosa y esfuerzo que se hace · = anhelo
para conseguirla: *todo su empeño es comprarse un barco.*
3 Constancia en un propósito: *admiro el empeño que* · = tensón,
puso en aprobar las oposiciones. · tenacidad
4 Obligación moral de hacer una cosa.
5 Amistad influyente que apoya o avala a una perso- · = influencia
na en sus aspiraciones.
6 con empeño: Con deseo intenso, constancia y es- · loc.adv.
fuerzo: *intenta complacerle con empeño.*
7 en empeño: En fianza: *dejó en empeño la cubertería* · loc.adj.
de plata.

empeñoso, a Se aplica a la persona que muestra te- · adj.
són en conseguir un fin. · Amér.

empeoramiento Acción y resultado de empeorar o · s.m.
empeorarse: *la familia está preocupada por el empeora-*
miento de su estado físico.

empeorar Hacer que una persona o una cosa que · v.tr./intr./prnl.
estaba mal, se ponga peor: *la situación de la empresa* · ≠ mejorar
ha empeorado; el tiempo se ha empeorado.

empequeñecer (Derivado de *pequeño*.)
1 Reducir el tamaño de una cosa: *el jersey se empeque-* · v.tr./intr./prnl.
ñeció al lavarlo con agua caliente. · conj: carecer
2 Quitar importancia o valor a una persona o una · v.tr.
cosa: *él empequeñeció su heroicidad.* · = atenuar, restar

empequeñecimiento Acción de empequeñecer o · s.m.
empequeñecerse.

emperador (Del lat. *imperator*.)
1 Título de dignidad dado al jefe supremo del anti- · s.m.
guo Imperio romano. · HISTORIA
2 Título dado a algunos soberanos.
3 Pez espada. · ZOOLOGÍA

emperatriz (Del lat. *imperatrix*.)
1 Soberana de un imperio. · s.f./pl: emperatrices
2 Mujer del emperador.

emperchado Cerca compuesta por maderas verdes · s.m.
entrecruzadas.

emperchar
1 Colgar una cosa de una percha: *yo que tú empercha-* · v.tr.
ría los vestidos antes de que se arrugen.
2 Prenderse, colocarse la pieza de caza en la percha o · v.prnl.
bandolera. · CAZA

empercudir Manchar tanto que una cosa no vuelve · v.tr./prnl.
a quedar completamente limpia.

emperejilar (Derivado de *perejil*.) Adornar a una per- · coloquial
sona cuidadosamente y en exceso: *se emperejiló tanto* · = emperifollar
que daba risa.

emperezar (Derivado de *pereza*.)
1 Hacer más lento el curso de una cosa: *fue empere-* · v.tr.
zando el proceso de compra porque no estaba seguro de · conj: cazar
querer adquirirlo. · = demorar
2 Volverse una persona perezosa.

empergaminar Cubrir los libros con pergamino. · v.tr.

empericarse Encaramarse en algún lugar. · v.prnl./conj: sacar
· Méx.

emperifollar (Derivado de *perifollo*.) Adornar en ex- · v.tr./prnl.
ceso a una persona o una cosa: *se emperifolló para ir a* · coloquial
la fiesta. · = emperejilar

empernado
1 Acción y resultado de empernar. · s.m.
2 Ensamblaje por medio de pernos.
3 Método par la sustentación de un techo de excava- · CONSTRUCCIÓN,
ción. · MINERÍA

empernar Asegurar una cosa con pernos. · v.tr./= enclavijar

empero (Derivado del lat. *per hoc*, pero.) A pesar de · conj.advers.
ello, sin embargo: *yo, empero, sigo creyendo en él.*

emperrada Tresillo, juego de cartas. · s.f./JUEGOS

emperramiento Empeño caprichoso en una cosa. · s.m.

emperrarse Obstinarse en una cosa de manera irra- · v.prnl.
cional: *se emperró en comer fuera de casa.* · + en/= empeñarse

empesado Operación que consiste en añadir engru- · s.m.
do de almidón al hilo o tela, para aumentar su peso. · TEXTIL

empesador (Del cat. *empesador* < *empesa*, adobo para · s.m.
los hilos < lat. *impensa*, gastos, ingredientes.) Manojo · TEXTIL
de raíces de juncos usado por los tejedores de lienzos
para atusar la urdimbre.

empesgar Ejercer presión sobre una cosa con un · v.tr.
peso. · conj: pagar

empesgue
1 Acción o resultado de empesgar. · s.m.
2 Prensado de la aceituna.
3 Barra o palanca con que se prensa la aceituna.

empestillarse Mantener con obstinación una idea: · v.prnl.
se empestilló en la compra de ese coche. · + en/= emperrarse

empetatar Cubrir con petate. · v.tr./Amér.

empetráceo, a Perteneciente a una familia de plan- · adj/s.f.
tas arbustivas fanerógamas, de flores unisexuales y · BOTÁNICA
fruto en drupa.

empetro Hinojo marino, planta aromática de sabor · s.m.
algo salado, abundante entre las rocas. · BOTÁNICA

empezar (Derivado de *pieza*.)
1 Dar principio a una cosa: *empezó a escribir una nove-* · v.tr./intr.
la, pero la dejó a medias; no empieces, estoy harta de tus
tonterías.
2 Dar comienzo al uso o consumo de una cosa: *ha* · v.tr.
empezado el jamón.
3 Tener una cosa principio: *la obra empieza con un* · v.intr.
poema de Neruda. · + con
CONJ.: IND.: PRES.: *empiezo, empiezas, empieza*, empezamos, empezáis, *empiezan*. PRET. INDEF. *empecé,* empe-
zaste, empezó, empezamos, empezásteis, empezaron. SUBJ.: PRES.: *empiece, empieces, empiece, empecemos,*
empecéis, *empiecen*. IMP.: *empieza, empiece, empecemos,*
empezad, *empiecen*.

empicarse Tomar una persona demasiada afición por · v.prnl./conj: sacar
una cosa. · = aficionarse

empicotar Poner a una persona en la picota: *lo empi-* · v.tr.
cotaron sin darle oportunidad a que se defendiera.

empiece
1 Origen o inicio de una cosa: *reforzó el empiece del* · s.m.
jersey. · = comienzo
2 Parte por donde se empieza a gastar o consumir
una cosa: *el empiece de un jamón.*

empiema (Del gr. *empyema*.) Acumulación de pus en · s.m.
una cavidad del cuerpo, especialmente en la pleura. · MEDICINA

empiezo Acción de empezar, origen o parte donde · s.m./Colomb.,
comienza una cosa. · Ecuad., Guat.

empilar Formar pilas o montones con las cosas. · v.tr./= apilar

empilchar Vestir o vestirse una persona, especial- · v.tr./prnl./Argent.,
mente si es con esmero. · Urug.

empiltrarse Meterse en la piltra o cama. · v.prnl./vulgar

empiluchar Desnudar, quitar la ropa. · v.tr./prnl./Chile

empinado, a
1 Que tiene una pendiente muy pronunciada: *su calle* · adj.
es muy empinada.
2 Que es orgulloso o presumido: *¡qué tío más empina-* · = estirado
do!, no hay quien le aguante.
3 Que es muy alto.
4 irse a la empinada: 1. Encabritarse un animal. 2. · EQUITACIÓN
Defenderse el caballo levantándose sobre las piernas.

empinamiento Enderezamiento, levantamiento o · s.m.
elevación. · = empinadura

empinar
1 Poner vertical una cosa que está tumbada. · v.tr.
2 Coger a una persona o una cosa levantándola y
sosteniéndola en alto: *empina la bota para beber.*
3 Ponerse una persona de puntillas o un animal so- · v.prnl.
bre las patas levantando las manos.
4 Tener una cosa mucha altura: *la iglesia del pueblo se*
empina sobre los tejados.
5 Tener el hombre una erección al sentirse sexual- · coloquial
mente excitado. · = empalmarse

empingorotado, a Que se comporta con orgullo y · adj.
afectación mostrando su elevada posición social. · = engreído

empingorotar
1 Poner una cosa encima de otra. · v.tr./prnl.
2 Volverse orgullosa una persona por alcanzar una · v.prnl.
posición social elevada.

empiñonado Piñonate, pasta de piñones y azúcar. · s.m./COCINA

empiojarse Llenarse de piojos. · v.prnl./Méx.

empipada Atracón, hartazgo, ingestión exagerada de · s.f./Chile, Ecuad.,
comida. · P. Rico

empíreo, a (Del gr. *empyrios*, que está en el fuego.)
1 Del cielo: *las empíreas alturas.* · adj./culto
2 Paraíso, cielo: *los ángeles del empíreo.* · s.m./culto

empireuma (Del lat. *empyreuma* < gr. *empyreuma* < · s.m.

en, en + *pyreuo.*) Olor y sabor acres y desagradables adquiridos por algunas sustancias orgánicas al someterlas a fuego violento.

empireumático, a Que presenta empireuma. adj./QUÍMICA

empíricamente Según la experiencia, por la práctica. adv.

empírico, a (Del lat. *empíricus* < gr. *empeirikos.*)
1 Que sigue un procedimiento basado en la observación y la experiencia: *sigue un método empírico.* adj/s. = experimental
2 Que es partidario del empirismo: *es un filósofo empírico.* FILOSOFÍA

empiriocriticismo Teoría epistemológica de fines del siglo XIX e inicios del XX que propone una crítica a la experiencia con el fin de eliminar los conceptos metafísicos que desvirtúan el conocimiento. s.m. FILOSOFÍA

empirismo
1 Método o procedimiento fundado únicamente en la práctica o experiencia, en la medicina antigua. s.m. MEDICINA
2 Sistema filosófico que considera que el saber procede de la experiencia y las ideas de los sentidos. FILOSOFÍA

empirista
1 Que tiene relación con el empirismo. adj.
2 Partidario de esta corriente de pensamiento. s.m.f./FILOSOFÍA

empitonar Herir el toro al torero con los pitones: *lo empitonó en el primer lance de capa.* v.tr. TAUROMAQUIA

empizarrado Revestimiento de un edificio hecho con pizarras imbricadas o solapadas. s.m. CONSTRUCCIÓN

empizarrar Cubrir un tejado con pizarras: *empizarraron las cubiertas de todas las casas de la urbanización.* v.tr. CONSTRUCCIÓN

emplantillar Rellenar con cascotes los cimientos de una pared. v.tr./Chile, Perú CONSTRUCCIÓN

emplastadura
1 Aplicación de emplastos, afeites o un compuesto pegajoso semejante. s.f. = emplastamiento
2 Entorpecimiento o detención en la marcha de un asunto. = obstaculización

emplastar
1 Poner emplastos a una persona o en una cosa. v.tr.
2 Adornar a una persona con cosméticos: *el peluquero emplastó a la novia el día de la boda; se emplasta cada vez que sale de su casa.* v.tr/prnl.
3 Poner obstáculos o dificultades a un asunto o un negocio. v.tr.
4 Ensuciarse con una sustancia pegajosa. v.prnl.

emplaste Pasta hecha con yeso que se endurece rápidamente, usada para alisar una superficie que se va a pintar. s.m. CONSTRUCCIÓN

emplastecer Reparar y alisar con yeso una superficie que se va a pintar. v.tr./conj: carecer CONSTRUCCIÓN

emplástico, a
1 Que es pegajoso como el emplasto. adj./tb: emplástrico
2 Se aplica a la sustancia que se usa como supurativo o disolutivo. FARMACIA

emplasto (Del lat. *emplastrum* < gr. *emplastron.*)
1 Medicamento de uso externo, de consistencia pastosa y adhesiva, compuesto de materias grasas y resina o jabón de plomo. s.m. FARMACIA = cataplasma
2 Cosa añadida a otra y que desentona: *se limitó a poner un emplasto de tela para reparar el siete.* = parche, pegote
3 Cosa blanda, deshecha o apelmazada y de mal aspecto.
4 Persona muy delicada de salud.

emplazamiento
I (Derivado de *plaza.*) Situación o colocación de una cosa: *preguntó al guardia urbano el emplazamiento de la comisaría.* s.m. = ubicación
II (Derivado de *plazo.*) Acción de emplazar o citar: *trasladó el emplazamiento al mes siguiente.* s.m./= citación, convocatoria

emplazar
I (Derivado de *plaza.*) Poner o situar una cosa en un lugar: *emplazó la artillería y a los francotiradores en las colinas.* v.tr. conj: cazar
II (Derivado de *plazo.*)
1 Decir a una persona que acuda a una cita en una fecha y un lugar determinados. v.tr./conj: cazar = citar, convocar
2 Citar al demandado para que comparezca ante el tribunal. DERECHO
3 Examinar los cazadores divididos en grupos el monte para saber la caza que hay en él y cuáles son los lugares apropiados para cazar. CAZA = concertar

empleado, a
1 Persona que desempeña algún empleo, cargo o servicio a las órdenes del gobierno o de un particular, corporación o empresa. s.
2 **empleado de hogar:** Persona que por un sueldo desempeña los trabajos domésticos o ayuda en ellos.
3 **dar por bien empleada una cosa:** Estar satisfecho de ello: *dio por bien empleado el tiempo que perdió con los alumnos, al final aprobaron todos.*
4 **estar bien empleada una cosa a alguien:** Mere-

cerse el castigo o contratiempo a que ha dado lugar: *te está bien empleado por mentirosa.*

emplear (Del fr. *employer* < lat. *implicare,* envolver, complicar.)
1 Hacer trabajar a una persona en una tarea determinada: *me han empleado para podar plantas; empleó la paga en un viaje.* v.tr/prnl. + en, para
2 Destinar una cosa a un fin determinado. v.tr./= usar
3 Consumir una cosa material o inmaterial: *¡ojalá empleases tu vigor en algo más que en el deporte!*
4 Invertir dinero en una actividad: *la universidad emplea este año dos millones en la compra de ordenadores.*
5 Ocupar o pasar el tiempo haciendo algo: *emplea las tardes en pasear por la ribera del río.*
6 **empleársele bien a uno alguna cosa:** Ser una cosa castigo o contratiempo merecidos para una persona por haber hecho alguna cosa. = estarle bien empleada una cosa a uno

empleita (Del lat. *plecta,* entrelazamiento.) Tira de esparto trenzada que, cosida con otras, sirve para confeccionar objetos. s.f. = pleita

empleitero, a Persona que hacía o vendía empleitas. s.

emplenta Trozo de tapia que se construye de una sola vez en una obra. s.f. CONSTRUCCIÓN

empleo
1 Acción y resultado de usar una cosa: *el empleo de la maquinaria agrícola facilita las tareas de labranza.* s.m. = uso
2 Función desempeñada habitualmente por una persona en una empresa o en una institución a cambio de un salario: *se quedó sin empleo y lleva dos años en paro.* = ocupación, puesto
3 Jerarquía o categoría militar. MILITAR
4 Nivel de ocupación de un país: *el índice de empleo ha disminuido.* ECONOMÍA
5 **jurar un empleo:** Tomar posesión de él, haciendo el juramento previo cuando se acostumbra.
6 **suspender o apear a una persona del empleo:** Interrumpirle temporalmente su ejercicio o dejarle temporalmente sin él.

empleomanía Obsesión por conseguir un empleo público. s.f. coloquial

emplomado Conjunto de las piezas o planchas de plomo que unen los cristales de una vidriera. s.m.

emplomador, a Persona que se dedica a emplomar. s.

emplomadura
1 Operación y resultado de emplomar. s.f.
2 Cantidad de plomo con que está emplomado algo.
3 Empaste de un diente. Argent., Urug.

emplomar
1 Cubrir o soldar una cosa con plomo: *emplomar los cristales de la vidriera.* v.tr.
2 Poner sellos de plomo en las cosas que se precintan: *emplomar un ataúd.*
3 Rellenar con una pasta especial los huecos dejados en los dientes por las caries. Argent., Urug. MEDICINA

emplumar
1 Poner plumas a una persona o una cosa: *emplumó los yelmos con plumón de faisán.* v.tr.
2 Imponer un castigo a alguien, untándole el cuerpo con una sustancia pegajosa en la que se quedan pegadas las plumas que se le echan por encima.
3 Echar un ave plumas. v.intr.
4 Engañar a una persona. v.tr./Amér. Central, Cuba
5 Enviar a una persona a un sitio de castigo. Ecuad., Venez.
6 Huir, fugarse una persona de un lugar o de una situación. Amér. Merid., P. Rico

emplumecer Echar un ave plumas. v.intr./conj: carecer

empobrecedor, a Que empobrece: *la acumulación de recursos es empobrecedora para las mayorías.* adj.

empobrecer
1 Hacer que una persona o colectividad se vuelvan pobres: *la guerra empobreció al campesinado.* v.tr. conj: carecer
2 Volverse una persona pobre: *a causa de sus múltiples gastos se empobreció.* v.intr/prnl.
3 Hacer una cosa que otra decaiga o empeore: *la tierra se ha empobrecido con la sequía.* v.tr/prnl.

empobrecimiento Proceso de hacer o hacerse más pobre una persona o cosa: *el empobrecimiento de los suelos.* s.m.

empodrecer Hacer que una sustancia orgánica se altere o descomponga. v.tr/prnl./conj: carecer/= pudrir

empolladura
1 Acción y resultado de empollar. s.f.
2 Cría de abeja.

empollar
1 Calentar un ave los huevos para que nazcan los pollos: *obligó a la gallina a empollar.* v.tr. = incubar
2 Estudiar mucho, entre estudiantes: *Juan empolla literatura.* v.tr/intr. coloquial
3 Producir las abejas cría. v.intr.

4 Estudiar un asunto con mucho detenimiento: *empolló el proyecto durante un mes.* — v.tr.

empollón, a Se aplica al estudiante que estudia mucho y que sobresale más por ser muy aplicado que por tener mucho talento. — adj/s. despectivo

empoltronecerse Hacerse una persona más perezosa o menos activa. — v.prnl./conj: *carecer* = apoltronarse

empolvado, a Que no está al día en una profesión: *ese doctor está un poco empolvado.* — adj. Méx.

empolvar
1 Echar polvo sobre una cosa: *el viento arrastraba la arena y ésta empolvaba los caminos y las casas.* — v.tr.
2 Poner polvos cosméticos sobre los cabellos o el rostro: *Laura se empolvó las mejillas rápidamente.* — v.tr/prnl.
3 Mancharse o cubrirse una cosa de polvo. — v.prnl.

emponchado, a
1 Se aplica a la persona que está cubierta con un poncho. — adj. Amér. Merid.
2 Que está muy abrigado. — Argent.

emponcharse Ponerse una persona el poncho. — v.prnl.

emponzoñador, a
1 Que emponzoña o envenena: *una sustancia emponzoñadora.* — adj/s.
2 Que daña y produce perjuicios. — adj.

emponzoñamiento Acción y resultado de emponzoñar: *murió víctima de emponzoñamiento.* — s.m. = envenenamiento

emponzoñar (Del bajo lat. *potionare,* dar un brebaje.)
1 Convertir una sustancia en nociva para la salud: *emponzoñó la leche con unos polvitos misteriosos.* — v.tr/prnl. = envenenar
2 Causar la destrucción de una cosa no material: *emponzoñó con insidias nuestras relaciones; los celos emponzoñan su espíritu.* — = envilecer

empopada
1 Navegación que se hace con viento duro por la popa. — s.f. NÁUTICA
2 Distancia ganada con viento favorable de popa. — NÁUTICA

empopar
1 Calar o alcanzar una embarcación mucha profundidad de popa. — v.intr. NÁUTICA
2 Dirigir la popa de una embarcación hacia el viento, la marea u otra cosa: *el buque se empopó hacia la playa.* — v.intr/prnl. NÁUTICA

emporcar Llenar a una persona o una cosa de porquería: *se emporcó los pies al pisar el barro.* — v.tr/prnl. conj: *trocar*

emporio (Del lat. *emporium* < gr. *emporion,* mercado.)
1 Centro de comercio y negocios de importancia internacional. — s.m. ECONOMÍA
2 Ciudad o lugar de importancia comercial, industrial, cultural o de otro tipo: *París era el emporio de las artes.*
3 Conjunto importante de empresas de un sector industrial determinado: *dirige un emporio petrolífero.* — ECONOMÍA
4 Gran establecimiento comercial donde se puede comprar todo lo necesario para una casa. — Amér. Central COMERCIO

emporium (Voz latina.) Establecimiento comercial fundado en un país extranjero, en la antigüedad. — s.m. HISTORIA

emporrado, a Que está bajo los efectos del porro. — adj./coloquial

emporrar Hacer que una persona esté bajo los efectos del porro: *sus amigos le emporraron.* — v.tr/prnl. coloquial

empotramiento
1 Acción de empotrar algo en la pared o en el suelo. — s.m./= embutimiento
2 Operación de poner las colmenas en un hoyo para partirlas.

empotrar
1 Meter una cosa en una pared o en el suelo, asegurándola con obra de albañilería: *empotró un armario en cada habitación.* — v.tr.
2 Poner las colmenas en un hoyo para partirlas.

empotrerar Meter el ganado en el potrero para que paste. — v.tr. Amér.

empozar
1 Introducir una cosa en un pozo: *empozó las botellas de vino para enfriarlas.* — v.tr. conj: *cazar*
2 Meter el cáñamo o el lino en pozas para que se macere.
3 Pararse la tramitación de un expediente: *tu expediente de separación se ha empozado.* — v.prnl.

empradizar Convertir un terreno en prado: *empradizó la finca y compró más cabezas de ganado.* — v.tr/prnl. conj: *cazar*

emprendedor, a Que tiene decisión e iniciativa para emprender cosas que presentan dificultades: *su actitud emprendedora gustó al director.* — adj/s. = resuelto ≠ pusilánime

emprender (Del lat. vulgar *prendere* < lat. *prehendere,* coger, atrapar.)
1 Empezar una tarea que implica trabajo o presenta dificultades: *emprendieron la ascensión a la cumbre.* — v.tr. = acometer
2 Empezar a realizar una acción agresiva contra una persona o una cosa: *la emprendió a puñetazos con unos chicos; la emprendió con él sin motivo.* — + a, con

3 **emprenderla para un lugar:** Tomar un camino con el propósito de llegar a un lugar.

empreñador, a Que empreña o molesta: *se lamenta de su empreñadora presencia.* — adj/s. coloquial

empreñar (Derivado de *preñado.*)
1 Fecundar el macho a la hembra. — v.tr/= preñar
2 Causar una persona o una cosa molestias a una persona: *me empreña que te dediques a desordenarlo todo después de haberme pasado el día arreglándolo.* — coloquial
3 Quedar la hembra preñada. — v.prnl.

empresa
1 Acción o cometido arduo y dificultoso, e intento de llevarlo a cabo: *me parece una empresa difícil.* — s.f.
2 Sociedad mercantil o industrial. — ECONOMÍA
3 Grupo de sociedades mercantiles o industriales: *la pequeña empresa crece cada día más.* — ECONOMÍA
4 Leyenda o símbolo que servía de distintivo par expresar una cualidad o aspiración: *los caballeros llevaban empresas en sus escudos.* — = enseña
5 **empresa de servicios:** Aquella que no realiza un proceso de producción completo y tiene flexibilidad para adaptarse a diversas tareas propias de un área determinada. — ECONOMÍA
6 **empresa pública:** La creada y sostenida por el poder público: *trabaja como funcionario en la empresa pública.* — ECONOMÍA

empresariado Conjunto de empresas o de empresarios: *la crisis afectó al campesinado y al pequeño empresariado.* — s.m. ECONOMÍA

empresarial De la empresa o del empresario: *organizaciones empresariales.* — adj. ECONOMÍA

empresario, a
1 Propietario o directivo de una industria, negocio o empresa. — s. ECONOMÍA
2 Persona propietaria o contratista de una obra, explotación o industria que concierta los servicios de otras personas a cambio de una remuneración. — ECONOMÍA

empréstito (Del ital. *emprestido.*)
1 Préstamo que toma el estado o una empresa a cambio de una rentabilidad fija o periódica: *si no obtenemos un empréstito no podremos continuar con el proyecto.* — s.m. ECONOMÍA
2 Cantidad así prestada. — ECONOMÍA

empretecer Ennegrecer una cosa: *el humo empretecío las paredes.* — v.intr/prnl./ conj: *carecer/Ecuad.*

emprimado Operación y resultado de emprimar la lana para hacer el paño más fino. — s.m. TEXTIL

emprimar
1 Trabajar la lana con una segunda carda para obtener un paño más fino. — v.tr. TEXTIL
2 Engañar a una persona aprovechando su ingenuidad o su inexperiencia: *le emprimaron haciéndole pagar todas las rondas.* — coloquial
3 Preparar una superficie que ha de ser pintada o teñida con los ingredientes necesarios. — tb: imprimar
4 Preparar la madera para pintarla tapando sus poros. — tb: imprimar

empringar Pringar, mancharse con pringue o con algo grasiento o pegajoso. — v.tr./conj: *pagar* vulgar

empuchar Meter las madejas de hilo en lejía antes de ponerlas al sol para curarlas. — v.tr. TEXTIL

empuercar Ensuciar, llenar de porquería. — v.tr./conj: *sacar* Méx.

empuesta Indica por detrás, después de haber pasado el ave en la expresión **de empuesta.** — loc.adv.

empujada Impulso brusco que se da a alguien para desplazarlo de su posición. — s.f. Amér. Merid.

empujar (Del bajo lat. *impulsare.*)
1 Hacer fuerza una persona o una cosa contra otra para moverla o desplazarla: *empuja la puerta para cerrarla; lo empujó al precipicio; empujar a alguien contra la pared; empujar el carrito hacia la salida.* — v.tr. + a, contra, hacia
2 Incitar a una persona a actuar de una determinada manera: *empujé al diputado para que me votara.*
3 Hacer que una persona salga de su cargo o puesto: *le empujaron a dimitir.*

empuje
1 Acción de empujar, de hacer fuerza. — s.m.
2 Capacidad de la persona que por su carácter o condiciones intelectuales consigue un objetivo: *gracias a su empuje ha llegado a director.*
3 Energía, decisión y entusiasmo puesta en la realización de una cosa: *empezó sus estudios con mucho empuje.* — = brío
4 Fuerza ejercida por un elemento de una construcción sobre otro. — CONSTRUCCIÓN = carga, peso
5 Fuerza hacia arriba que experimenta un cuerpo sumergido en un líquido. — FÍSICA
6 Fuerza propulsora desarrollada por un motor de reacción. — FÍSICA

empujón
1 Impulso brusco y violento que se da a alguien o algo para desplazarlo de su posición: *del empujón que me dieron me caí al suelo.* — s.m. = empellón

603

2 Avance rápido en una actividad o trabajo hecho con un esfuerzo intenso: *tienes que darle un empujón a tu tesis.* = adelanto, progreso

empulgada Parte de la cuerda del arco en que se inserta el extremo de la flecha para lanzarla. s.f. DEPORTES

empulgadura Operación de preparar o armar la ballesta para disparar. s.f. DEPORTES

empulgar Preparar el arco o la ballesta para disparar la flecha. v.tr./conj: pagar DEPORTES

empulgarse Llenarse una persona o un animal de pulgas. v.prnl. conj: pagar

empulguera
1 Cada extremo de la verga de la ballesta, que tiene una muesca para sujetar la cuerda. s.f.
2 Instrumento de tortura con que se apretaban los dedos pulgares de los pies a los presos. s.f.pl.

empuntar
1 Encarrilar, dirigir una cosa hacia una dirección. v.tr./ Colomb., Ecuad.
2 Irse, marcharse de un lugar. v.intr./Colomb., Ecuad.
3 Obstinarse una persona en su tema. v.prnl./Venez.

empuñadura
1 Parte por donde se cogen las espadas, herramientas u otros utensilios como el paraguas, los remos o el bastón: *la empuñadura de una daga.* s.f. = mango, puño
2 Principio de una narración o discurso con fórmulas establecidas por su uso como *érase que se era* o *érase una vez.*
3 hasta la empuñadura: Forma de expresar que en una discusión una de las partes da un golpe decisivo.

empuñar (Derivado de *puño.*)
1 Coger o sujetar un objeto por el mango o la empuñadura: *empuñaba un arma blanca.* v.tr.
2 Coger una cosa abarcándola con la mano.
3 Obtener un empleo o un cargo: *empuñó aquel puesto durante diez años.*
4 Cerrar la mano para presentar el puño. Chile

empuñidura Cabo firme que sirve para sujetar los puños vértices de la vela a las vergas. s.f. NÁUTICA

empurpurado, a Que va vestido de púrpura: *se caracterizó como un empurpurado patricio.* adj.

empurpurar Teñir una cosa de púrpura. v.tr.

empurrarse Enfurruñarse o enfadarse. v.prnl./Amér. Central

emputecer Prostituir, inducir a una mujer a la prostitución: *la emputeció en poco tiempo.* v.tr/prnl. conj: carecer

emú Ave corredora de gran tamaño originaria de Australia, de plumaje marrón y cuello emplumado. (*Dromiceius novae-hollandiae.*) s.m. ZOOLOGÍA

emulación Acción o actitud con que una persona intenta imitar o superar a otras personas a las que admira. s.f.

emulador, a
1 Que emula o imita: *fue un emulador de sus ídolos de juventud.* adj/s. = imitador
2 Dispositivo físico que, gracias a un software desarrollado y de fácil uso, es capaz de simular el comportamiento de otro dispositivo o componente informático. s.m. INFORMÁTICA

emular (Del lat. *aemulari.*) Imitar o procurar hacer una cosa del mismo modo o mejor que otra persona: *intenta emular a su padre.* v.tr/prnl.

emulgente (Del lat. *emulgens, -entis < emulgere,* ordeñar, por su aspecto lácteo.)
1 Que efectúa un proceso de purificación. adj.
2 Se aplica a la sustancia medicamentosa que relaja y ablanda las zonas inflamadas. FARMACIA
3 Se aplica a la arteria o vena que conducen la sangre al riñón. ANATOMÍA

émulo, a (Del lat. *aemulus,* rival, imitador.) Se aplica a la persona que imita a otra y procura aventajarla: *es un émulo de su cuñado.* adj/s. culto

emulsión (Derivado del lat. *emulgere,* ordeñar.)
1 Líquido con partículas en suspensión de una sustancia insoluble en él: *el aceite de vaselina se presenta en forma de emulsión para facilitar su penetración en la piel.* s.f. FARMACIA
2 emulsión fotográfica: Preparación sensible a la luz compuesta por una sal de plata suspendida en gelatina que cubre las películas y papeles fotográficos. FOTOGRAFÍA

emulsionante Se aplica al producto o agente que permite obtener o estabilizar una emulsión. adj/s.m. QUÍMICA

emulsionar
1 Poner una sustancia en otra en forma de emulsión. v.tr/ QUÍMICA
2 Extender una emulsión fotográfica sobre una película, placa o papel. FOTOGRAFÍA

emulsivo, a Se refiere a la sustancia que sirve de base a una emulsión. adj. FARMACIA

emulsor Aparato para preparar emulsiones. s.m./QUÍMICA

emunción Evacuación del organismo de líquidos y materias superfluas o nocivas, por vías naturales. s.f. FISIOLOGÍA

emuntorio (Derivado del lat. *emungere,* sonar la nariz.) Órgano del cuerpo que realiza la eliminación de sustancias: *los riñones y el recto son emuntorios.* s.m. ANATOMÍA

en (Del lat. *in,* en, dentro de.)
1 Indica el lugar dentro del cual está u ocurre algo: *tengo el pañuelo en el bolsillo; nos veremos en casa.* prep.
2 Indica el lugar sobre el cual se realiza la acción: *escribe en papel reciclado.*
3 Expresa el medio o el ambiente donde se desarrolla una acción: *en la oscuridad distinguía sólo sus siluetas; vivía en una angustia permanente.*
4 Indica el momento en que sucede algo: *se firmó el tratado de paz en 1992; en primavera se produce el deshielo.*
5 Señala el tiempo que se invierte para hacer algo: *lo acabaré en un mes.*
6 Indica anterioridad inmediata: *en llegando a la ciudad te llamaremos.* + gerundio = en cuanto
7 Expresa que lo indicado está en proceso de realizarse: *edificio en construcción; abogado en ciernes.*
8 Señala la forma de cierta cosa: *movimiento en espiral; punta en redondo.*
9 Indica el modo o manera en que se realiza la acción: *me pidió en matrimonio; presume en gran manera de su barco; lo llevaron en volandas.*
10 Indica finalidad u objetivo: *intervenir en favor de un compañero.*
11 Señala el asunto o tema en que alguien sobresale: *es doctor en química; es muy docta en arqueología.*
12 Indica que la persona de quien se habla lleva cierta indumentaria o viste de cierta manera: *se presentó en traje de ceremonia; iba en ropa interior.*
13 Indica medio o instrumento de la acción: *viaja en tren; escríbelo en bolígrafo.*
14 Señala la causa, con ciertos verbos: *se lo noté en sus ojos; me conoció en la forma de vestir.* = por

en-
1 Componente de palabra procedente del lat. *in,* que indica dentro de o sobre. pref.
2 Indica inclusión o encierro: *encajonar.*
3 Expresa la idea de colocar o construir con: *encerar; enladrillar.*

enaceitar
1 Untar una cosa con aceite: *enaceitar el queso de oveja para conservarlo mejor.* v.tr.
2 Ponerse una cosa aceitosa. v.prnl.

enacerar
1 Dar las propiedades del acero a una cosa. v.tr.
2 Dar fuerza o vigor a una cosa: *enaceró sus músculos con mucha gimnasia.* v.tr. coloquial

enaciado Súbdito de los reyes cristianos españoles unido a los moros por vínculos estrechos de amistad e interés. s.m. HISTORIA

enagua (Del taíno *nagua,* especie de falda de algodón.)
1 Prenda interior femenina usada debajo de la falda. s.f.
2 Combinación, prenda interior femenina que cae desde los hombros.
3 Falda, prenda femenina. s.f.pl./Méx.

enaguachar
1 Llenar un recipiente o un lugar excesivamente de agua: *enaguachar los arrozales.* v.tr. = anegar
2 Sentir molestias en el estómago por haber ingerido mucho líquido: *Pedro se enaguachó tras tomar dos litros de limonada.* v.tr/prnl.

enaguar Llenar un recipiente o un lugar excesivamente de agua. v.tr./conj: aguar = enaguachar

enaguazar Echar demasiada agua en las tierras: *los campos se enaguazaron.* v.tr/prnl./conj: cazar = aguacharnar

enagüillas Falda corta que forma parte del traje típico masculino de Escocia y Grecia y que se pone a algunas imágenes de Cristo. s.f.pl.

enajenable Se aplica a los bienes que pueden ser vendidos o transmitidos en propiedad: *es una finca enajenable.* adj. DERECHO

enajenación
1 Venta o transmisión de una propiedad. s.f.
2 Pérdida del dominio de las propias facultades, producida por un fuerte sentimiento de dolor o enfado: *ha sufrido una enajenación transitoria.* = alienación
3 Falta de atención, distracción.
4 Trastorno mental que priva a alguien de responsabilidad sobre sus actos o le incapacita, total o parcialmente, para actuar jurídicamente. DERECHO
5 enajenación mental: Locura, pérdida de las facultades mentales. SIQUIATRÍA

enajenado, a
1 Que está loco o perturbado. adj.
2 Persona que sufre una enfermedad o deficiencia síquicas que le impiden valerse por sí misma. s. DERECHO

enajenamiento Acción y resultado de enajenar.   s.m./= enajenación

enajenar
1 Vender o transmitir la propiedad de una cosa.   v.tr./= transferir
2 Sacar fuera de sí a una persona: *el dolor la enajenó y*   v.tr./prnl.
la llevó a actuar de forma inverosímil.   = enloquecer
3 Producir una cosa o persona asombro o admiración   = embelesar
en otra.
4 Apartarse del trato o relación que se tenía con una   v.prnl.
persona: *se enajenó de su familia.*
5 Privarse o desposeerse de un bien: *se enajenó de su*
colección.

enálage (Del gr. *enallage*, inversión < *enallassio*, cam-   s.f.
biar.) Figura que consiste en intercambiar el valor de   GRAMÁTICA
las partes de la oración o sus accidentes.   = traslación

enalbar (Del lat. *inalbare*, blanquear.) Poner el hierro   v.tr.
caliente hasta que quede blanco en la fragua.   METALURGIA

enalbardar
1 Poner la albarda a una caballería.   v.tr./tb: albardar
2 Cubrir un alimento que se va a freír con harina,   COCINA
huevo o pan rallado: *enalbardó el filete.*
3 Poner lonjas de tocino por encima de un ave para   COCINA
asarla: *enalbardó el faisán una hora antes de que llegaran*   = emborrazar
los invitados.

enalmagrado, a Que es considerado ruin o vil.   adj./= almagrado

enalmagrar (Derivado del ár. *magra*, arcilla roja.) Te-   v.tr.
ñir una cosa de óxido rojo de hierro.   = almagrar

enaltecedor, a Que enaltece: *sus enaltecedoras pala-*   = ensalzador
bras me halagan.

enaltecer (Derivado de *alto*.)
1 Alabar las cualidades de una persona o cosa: *se*   v.tr/prnl./conj: care-
enalteció después de obtener el premio.   cer/= ensalzar
2 Dar una cosa mayor mérito o grandeza a una per-   = engrandecer
sona: *su altruista gesto le enaltece ante la sociedad.*

enaltecimiento Acción de alabar o ensalzar a al-   s.m.
guien por sus méritos o cualidades.   = elogio

enamarillecer Amarillecer, volverse una cosa ama-   v.intr/prnl.
rilla.

enamoradizo, a Que se enamora con facilidad: *es*   adj./s.
una joven enamoradiza pero, probablemente, pronto se le
pasará.

enamorado, a
1 Que siente amor: *es un marido enamorado profunda-*   adj./s.
mente de su joven esposa.
2 Que siente entusiasmo por una cosa o persona: *es*   = entusiasmado
un enamorado del mar.

enamoramiento Estado de la persona que siente   s.m.
atracción amorosa hacia otra: *lo nuestro fue un enamo-*
ramiento a primera vista.

enamorar (Del lat. *amare*, amar.)
1 Despertar un sentimiento de amor en otra persona: v.tr.
sus bellos ojos lo enamoraron.   = cautivar
2 Decir alabanzas, piropos y palabras cariñosas.   = galantear
3 Sentirse o estar prendado de amor por otra perso-   v.prnl.
na: *se enamoró perdidamente de una jovencita; se enamo-*   + de
raron en la fiesta.   = colarse, prendarse
4 Aficionarse o sentir pasión por una cosa: *se enamoró*   + de/= aficionarse,
de su música la primera vez que la escuchó.   entusiasmarse

enamoriscarse Empezar a enamorarse o enamorarse   v.prnl.
ligeramente una persona de otra: *se ha enamoriscado*   conj: sacar
de una vecina.   tb: enamoricarse

enancarse
1 Montar a las ancas.   v.prnl./Amér.
2 Meterse alguien donde no le llaman.   Amér.

enanchar Hacer más ancho.   v.tr./= ensanchar

enangostar Hacer una cosa más estrecha: *el camino*   v.tr/prnl.
se enangostaba poco a poco.   = angostar

enanismo Trastorno del crecimiento de causas diver-   s.m.
sas caracterizado por alcanzar una talla inferior a la   MEDICINA
media propia de los individuos de la misma edad, especie y raza.

enano, a (Alteración del lat. *nanus* < gr. *nanos*.)
1 Que padece enanismo.   adj./s./MEDICINA
2 Que es muy pequeño en su especie: *rana enana;*   adj.
caballo enano; casa enana.   = diminuto
3 Personaje fantástico de figura humana y diminuta   s.m.
que suele aparecer en los cuentos infantiles y en le-   = duende
yendas populares.
4 Apelativo cariñoso o despectivo para dirigirse a los
niños.
5 **enana blanca**: Estrella de temperatura superficial   s.f.
elevada y luminosidad débil.   ASTRONOMÍA
6 **divertirse como un enano**: Pasárselo muy bien: *los*
chicos se divirtieron como enanos en el parque.
7 **trabajar como un enano**: Trabajar mucho ganando poco dinero: *trabaja como un enano pero no llegan a*
fin de mes.

enante Felandrio acuático, planta umbelífera.   s.f./BOTÁNICA

enantema Erupción roja en las mucosas de las cavi-   s.m.
dades naturales.   MEDICINA

enántico, a Relativo al aroma de los vinos.   adj.

enantio- Componente de palabra procedente del gr.   pref.
enantios, que significa contrario, opuesto: *enantiomorfo.*

enantiomorfo, a
1 Que está formado por las partes dispuestas en or-   adj.
den inverso como si fuera una imagen reflejada en un   GEOMETRÍA
espejo.
2 Se aplica a los compuestos que son inversos ópti-   QUÍMICA
cos.

enarbolado Armazón de madera de la linterna de   s.m.
una torre o bóveda.   ARQUITECTURA

enarbolar (Derivado de *árbol*.)
1 Levantar un estandarte o una bandera en alto: *el*   v.tr.
soldado enarbolaba la bandera de su compañía.   = alzar
2 Ponerse una caballería sobre las patas levantando   v.prnl.
las manos.   = encabritarse
3 Ponerse una persona furiosa: *cuando oyó aquellas*   = rabiar
mentiras, se enarboló.
4 Alzar un palo u otro objeto en señal de amenaza: v.tr.
enarboló un garrote para asustar a los ladronzuelos.   = blandir, empuñar
5 Declararse partidario de un partido o ideología me-   = defender
diante los símbolos que los representan: *dice enarbo-*
lar el ideario marxista.

enarcar
1 Dar forma de arco: *esta estantería se ha enarcado a*   v.tr/prnl.
causa del peso; enarcó las cejas sorprendido ante su res-   conj: sacar
puesta.   = arcar, arquear
2 Poner cercos en las cubas, toneles u objetos seme-   v.tr.
jantes.
3 Sentir una persona vergüenza o temor ante un peli-   v.prnl.
gro o una dificultad.   = achicarse

enardecedor, a Que enardece o excita: *las enardece-*   adj.
doras frases del dirigente exaltaron al público.

enardecer (Derivado de *arder*.)
1 Hacer una lucha o una discusión más violenta: *los*   v.tr/prnl.
recientes acontecimientos enardecieron el debate.   conj: carecer
2 Provocar entusiasmo, violencia u otra pasión en   = encender,
una persona: *sus palabras enardecieron al público.*   enfervorizar
3 Provocar una persona el deseo sexual en otra: *se*   coloquial
enardecía cuando veía unas piernas bonitas.   = calentar
4 Ponerse una parte del cuerpo inflamada.   v.prnl./= inflamarse

enardecimiento
1 Excitación de un sentimiento: *ante el enardecimiento*   s.m.
del público, el árbitro se fue del campo.   = acaloramiento
2 Excitación del deseo sexual.
3 Inflamación de una parte del cuerpo.

enarenación Mezcla de cal y arena usada para pre-   s.f.
parar las paredes que se han de pintar.   CONSTRUCCIÓN

enarenar
1 Cubrir una superficie con arena: *se enarenó la plaza*   v.tr/prnl.
a causa de las obras.   = arenar
2 Mezclar arena con tierra argentífera para facilitar la   v.tr.
acción del mercurio sobre la plata.   MINERÍA
3 Quedar una embarcación detenida en un banco de   v.prnl.
arena.   = embancarse

enargita Mineral de color gris acero que tira a negro,   s.f.
frágil y con un brillo no del todo metálico, importan-   MINERALOGÍA
te mena de cobre.

enarma Empuñadura o asa del broquel o escudo pe-   s.m.
queño.

enarmonar
1 Poner una cosa de pie.   v.tr.
2 Ponerse un animal cuadrúpedo con las manos en   v.prnl.
alto, especialmente un caballo.

enarmonía Relación entre dos notas consecutivas   s.f.
que sólo se distinguen por una coma y que, en la   MÚSICA
práctica, se confunden.

enarmónico, a (Del gr. *enarmonios*.) Se aplica a las   adj.
notas distinto pero con la misma entona-   MÚSICA
ción.

enartar Realizar un encantamiento con una persona: v.tr.
los enartó una bruja fea y vieja.   = hechizar

enartrosis (Derivado del gr. *enarthros*, articulado.)   s.f.
Articulación formada por la parte redonda de un hue-   pl: enartrosis
so que se mueve dentro de la cavidad de otro.   ANATOMÍA

enastado, a Se aplica al animal que tiene astas o   adj.
cuernos: *el enastado ciervo.*

enastar Poner el asa a una herramienta o a otro uten-   v.tr.
silio.

enastilar Poner el mango a una herramienta o a otro   v.tr.
utensilio.

encabalgamiento
1 Acción y resultado de encabalgar.   s.m.
2 Armazón de maderos que sirve de apoyo.
3 Licencia métrica que consiste en enlazar el final de   POESÍA
un verso con el principio del siguiente.

encabalgar (Derivado de *cabalgar*.)
1 Estar una cosa apoyada sobre otra.   v.intr/conj: pagar

2 Dar caballos a una persona. — v.tr.

3 Distribuir en versos o hemistiquios parte de una palabra o una frase que forma normalmente una unidad fonética y sintáctica: *algunas frases se encabalgan en el poema.* — v.tr./prnl. POESÍA

encaballado Descomposición de un molde por haberse mezclado las líneas, letras y espacios. — s.m. ARTES GRÁFICAS

encaballar (Derivado de *caballo*.)
1 Poner una cosa sobre otra de modo que la cubra parcialmente: *encaballar las tejas de la cubierta.* — v.tr.
2 Estar una cosa apoyada parcialmente sobre otra. — v.intr./= encabalgar
3 Poner las letras de un molde desordenadas: *la impresión ha salido mal porque se han encaballado unas letras.* — v.tr./prnl. ARTES GRÁFICAS

encabar (Derivado de *cabo* < lat. *caput*, cabeza.) Poner el mango a una herramienta u otro instrumento. — v.tr.

encabellecerse Echar una persona cabello. — v.prnl./conj: *carecer*

encabestradura Herida producida a una caballería en la parte posterior de la cuartilla por el frote del cabestro o ronzal. — s.f. VETERINARIA

encabestrar
1 Poner el cabestro a una caballería: *antes de nada, encabestra los caballos.* — v.tr.
2 Hacer que las reses bravas sigan a los cabestros.
3 Conseguir una persona que otra haga, sin resistirse, lo que quiere: *le resultó muy fácil encabestrarlo.* — = dominar
4 Quedar las patas de una caballería enredadas en el cabestro. — v.prnl.

encabezado Titular de un periódico: *sólo lee los encabezados, no le interesa nada más.* — s.m./*Argent., Méx., Guat.*

encabezamiento (Derivado de *cabeza*.)
1 Fórmula con que comienzan algunos documentos como los testamentos o los memoriales, o palabras con que comienza un libro u otro escrito. — s.m. / = cabecera
2 Lista o inscripción de vecinos en el listado oficial de habitantes de una localidad. — = padrón

encabezar
1 Figurar a la cabeza o al principio de una lista o una relación: *nuestro equipo de fútbol vuelve a encabezar la clasificación.* — v.tr. conj: *cazar* / = presidir
2 Estar una persona al frente de una reunión o un grupo: *el sargento encabezó el grupo militar.* — = acaudillar, capitanear
3 Poner una frase o un párrafo al principio de un escrito: *encabezó su novela con una cita de Borges.*
4 Inscribir a una persona en un padrón. — = empadronar
5 Echar alcohol o licor en un vino para aumentar su graduación.
6 Unir o reparar dos vigas o tablones de madera. — CARPINTERÍA
7 Ponerse varias personas de acuerdo en una cantidad para realizar un pago. — v.prnl.
8 Darse por contento o conformarse aceptando un perjuicio para evitar otro mayor.

encabezonarse (Derivado de *cabeza*.) Obstinarse en mantener una idea o en conseguir una cosa: *se encabezonó con que no quería ir y no fue.* — v.prnl. / + con, en / = emperrarse

encabillar Sujetar un barco o construcción con cabillas. — v.tr.

encabriar (Derivado de *cabrio*.) Poner los maderos de la armadura de un tejado. — v.tr. CONSTRUCCIÓN

encabrillar Formar el agua del mar pequeñas olas espumosas al agitarse. — v.intr. / = cabrillear

encabritarse (Derivado de *cabrito*.)
1 Ponerse el caballo sobre las patas levantando las manos por rebeldía o por un temor: *al oír los disparos, el caballo se encabritó tirando al jinete.* — v.prnl. / = empinarse
2 Levantarse la parte delantera de un automóvil, un avión o de una embarcación: *la proa del barco se encabritó sobre las olas.* — = empinarse
3 Ponerse una persona enfadada: *no sé por qué se encabritó; nadie le dio motivo alguno.* — coloquial/= cabrearse, enfadarse

encabronar Poner a una persona furiosa: *el muchacho consiguió encabronarme.* — v.tr./prnl./coloquial / = cabrear, enfadar

encabuyar Liar o envolver una cosa con fibra de la pita. — v.tr./*Cuba, P. Rico, Venez.*

encachado, a
1 Bien presentado. — adj./*Chile*
2 Refuerzo de piedra u hormigón con que se fortalece el cauce de una corriente de agua entre los estribos o las pilas de un puente o alcantarilla. — CONSTRUCCIÓN
3 Capa de cascajo apisonado para cimentación de una carretera o calle. — CONSTRUCCIÓN
4 Empedrado de las vías de los trenes y, antes, de los tranvías. — CONSTRUCCIÓN
5 Pavimento hecho con losas o baldosas distanciadas entre sí. — CONSTRUCCIÓN

encachar (Derivado de *cacha*.)
1 Cubrir con pavimento de piedra u hormigón el cauce de una corriente de agua entre los pilares de un puente. — v.tr. CONSTRUCCIÓN
2 Poner las cachas a un cuchillo o una navaja.

3 Agachar la cabeza el ganado vacuno para acometer. — *Chile*
4 Obstinarse, emperrarse en hacer o decir alguna cosa. — v.prnl./*Chile, Venez.*

encadenado, a
1 Se aplica a la serie de versos en que cada uno se inicia con la misma sílaba o sílabas con que acaba el anterior. — adj. POESÍA
2 Desaparición gradual de una imagen mientras aparece la otra por sobreimpresión. — s.m. CINE
3 Bastidor de maderos sobre el que se levanta una fábrica. — ARQUITECTURA
4 Machón de sillería que fortifica un muro de ladrillo o mampostería. — CONSTRUCCIÓN
5 Serie de maderos ligados entre sí con que se apuntala una excavación minera. — MINERÍA

encadenamiento
1 Sujeción con cadenas: *liberó al perro de su encadenamiento para que corriera por el jardín.* — s.m. / = encadenación / = concatenación
2 Conexión o enlace físico o moral de unas cosas con otras, en la que cada una se relaciona con las inmediatas: *no acabo de comprender tu encadenamiento de ideas.*
3 Serie de cambios de significado de una palabra cada uno de los cuales se apoya en el anterior y explica el siguiente. — LINGÜÍSTICA / = encadenamiento semántico

encadenar
1 Sujetar con cadenas: *encadenó el perro a la caseta; el policía encadenó a los presos.* — v.tr. / = amarrar, atar
2 Privar de la libertad para actuar: *el matrimonio la encadenó a la ciudad.*
3 Unir varias cosas no materiales formando una serie en la que cada una se relaciona con la inmediata: *el detective encadenó las sospechas hacia la criada.* — v.tr./prnl. / = conectar, enlazar
4 Echar las cadenas en un puerto. — v.tr./NÁUTICA

encajado, a
1 Se aplica a las piezas de un escudo que forman encajes. — adj. HERÁLDICA
2 Se refiere a los dos fragmentos óseos cuando en la reducción de una fractura quedan perfectamente alineados. — MEDICINA
3 Se aplica al feto que ya ha descendido en la cavidad pelviana, en la última época del embarazo, previa al parto. — FISIOLOGÍA

encajador, a
1 Persona que encaja. — s.
2 Utensilio para encajar una cosa en otra. — s.m.

encajadura
1 Acción y resultado de encajar una cosa dentro de otra. — s.f.
2 Agujero donde se encaja o mete algo. — = encaje

encajamiento Descenso del feto en la cavidad pelviana, por debajo del estrecho superior de la pelvis. — s.m. FISIOLOGÍA

encajar (Derivado de *caja*.)
1 Introducir una cosa en otra de manera que quede ajustada: *encajó las piezas en la ranura.* — v.tr. / = acoplar
2 Dar un golpe o un tiro a una persona: *me molestó tanto que le encajé una bofetada.* — = atizar, propinar
3 Ajustar una cosa en otra de manera que no se puede sacar o mover: *al fin se encajó la pieza del motor.* — v.tr./prnl.
4 Meterse una persona en un lugar estrecho o con mucha gente: *no sé cómo pudo encajarse en aquella sala.* — v.prnl.
5 Reaccionar de cierta manera ante una situación difícil o un contratiempo: *encajamos bien la derrota.* — v.tr. / = asimilar
6 Hacer oír a una persona una cosa molesta o pesada: *el alcalde nos encajó un discurso.* — = soltar, espetar
7 Dar una persona una cosa molesta con o sin engaño: *el jefe me encajó recados pesadísimos.* — = endosar
8 Estar dos o más cosas en armonía: *nuestros caracteres encajan perfectamente.* — v.intr. / = casar, concordar
9 Ser una cosa que se dice oportuna o adecuada: *sus chistes no encajaron en la reunión.* — = concordar
10 Ponerse una prenda que no queda bien o ponérsela bruscamente: *se hacía tarde y se encajó lo primero que encontró.* — v.prnl.

encaje
1 Acción y resultado de encajar una cosa con otra: *el encaje de las piezas de un rompecabezas.* — s.m. / = acoplamiento
2 Sitio o hueco en que encaja una cosa. — = encajadura
3 Ajuste de dos elementos que casan entre sí: *limó las piezas para que el encaje fuera perfecto.* — = ensamblaje
4 Tejido formado sobre un fondo reticulado sobre el que se hacen otras labores y figuras formando dibujos: *remató el escote de la blusa con una tira de encaje.* — TEXTIL
5 Objetos de adorno hecho con este tejido.
6 Cantidad de dinero que los bancos tienen en caja. — s.m.pl. / s.m./ECONOMÍA
7 Labor de embutido o taracea que se realiza en madera, piedra o metal.
8 Serie de pliegos puestos uno dentro de otro. — ARTES GRÁFICAS
9 Divisiones del escudo de forma triangular, encajadas entre sí. — s.m.pl. HERÁLDICA

10 encaje a la aguja: El que se realiza sobre pergamino, en hilo de lino blanco, con el fondo y los adornos hechos a mano. `TEXTIL`

11 encaje al ganchillo: El que se realiza con hilo brillante y sólido y un ganchillo fino. `TEXTIL`

12 encaje de blonda: El realizado sobre tul bordado a mano con seda, que se hace rellenando perfiles de diversas figuras con punto de zurcido. `TEXTIL`

13 encaje de bolillos: El que se hace sobre un dibujo entrelazando los hilos enrollados en unos bolillos y fijando cada entrecruzamiento con un alfiler sobre el dibujo. `TEXTIL`

14 encaje de redecilla: El que se caracteriza por presentar dibujos geométricos. `TEXTIL`

15 encajes de la cara: Facciones del rostro de una persona: *los encajes de la cara son de su padre, pero los ojos son iguales a los de la madre.*

encajerarse Quedar un cabo detenido entre la abertura de los motores y la rueda de una polea. `v.prnl.` `NÁUTICA`

encajero, a
1 Del encaje. `adj.`
2 Persona que hace o vende encajes. `s./TEXTIL`

encajetillar Poner el tabaco o los cigarrillos en cajetillas. `v.tr.`

encajonado
1 Acción y resultado de encajonar o encajonarse. `s.m.`
2 Macizo que se hace para atajar el paso del agua mientras se construye una obra hidráulica. `CONSTRUCCIÓN` `= ataguía`
3 Obra de tapia de tierra que se hace encajonando la tierra y apisonándola dentro de un armazón. `CONSTRUCCIÓN`

encajonar
1 Meter una cosa dentro de un cajón. `v.tr.`
2 Poner a una persona en una situación difícil: *le encajonaron sus preguntas.* `= acorralar`
3 Meter a una persona o una cosa en un lugar estrecho: *el río se encajona antes de llegar a la desembocadura; le encajonaron en el vagón del tren.* `v.tr/prnl.`
4 Asegurar un muro a trechos con machones o maderos formando encajonados. `v.tr.` `CONSTRUCCIÓN`
5 Meter a los toros en cajones para llevarlos al lugar en que han de ser lidiados. `TAUROMAQUIA`
6 Construir cimientos en cajones o zanjas abiertas. `CONSTRUCCIÓN`

encajoso, a Que es pedigüeño. `adj./Méx.`

encalabozar Encarcelar, meter a una persona en un calabozo. `v.tr.` `conj: cazar`

encalabrinar (Derivado de *calavera*.)
1 Turbar los sentidos el olor o el vaho de una cosa: *el olor del éter le encalabrinó.* `v.tr/prnl.` `th: encalabriar` `= irritar`
2 Hacer que una persona se altere o enfade: *si sigues molestándolo, se encalabrinará.* `= irritar`
3 Hacer concebir ambiciones o ilusiones desmedidas o infundadas a una persona. `= encandilar`
4 Sentir un intenso deseo o pasión por otra persona o hacia una cosa: *se encalabrinó de un hombre al que apenas conocía.* `v.prnl.` `+ de, por` `= prendarse`
5 Mantener una persona una opinión, una actitud o una decisión sin haber reflexionado sobre ellas: *se encalabrinó en atosigarla sin tener presente su tristeza.* `+ con` `= empeñarse, obstinarse`

encalada Pieza de metal que forma parte de los jaeces con que se adorna al caballo. `s.f.`

encalado Blanqueo de una superficie con cal: *el encalado de la fachada; el encalado de los troncos de los frutales.* `s.m.` `= encaladura`

encalador, a
1 Que encala o blanquea. `adj/s.`
2 Cuba donde meten las pieles con cal para pelarlas en las tenerías. `s.m.`

encaladura Acción y resultado de encalar o blanquear. `s.f.` `= encalado`

encalambrarse Entumecerse o aterirse un miembro, entorpeciendo su movimiento. `v.prnl./Colomb., Chile, P. Rico`

encalamocar Embobar, volver lela o tonta a una persona. `v.tr/prnl.` `conj: sacar` `Colomb., Venez.`

encalar
I (Derivado de *cal*.)
1 Blanquear una superficie con cal: *en el sur acostumbran a encalar las paredes.* `v.tr.`
2 Meter una cosa en cal o espolvorearla con ella.
II (Derivado de *cala*, de origen incierto.) Meter una cosa en una cala o un cañón. `v.tr.`

encalillarse Contraer deudas. `v.prnl./Chile`

encalladero Lugar donde pueden quedar encallados los barcos: *la borrasca les arrastró violentamente hacia el encalladero.* `s.m.` `NÁUTICA`

encalladura Acción y resultado de quedar encallado un barco. `s.f./= encallada, varadura`

encallar (Derivado de *calle*.)
1 Quedar una embarcación detenida en la arena o enlas rocas por haber topado su fondo con éstas: *la barca encalló en un banco cercano a la costa.* `v.intr.` `= embarrancar, varar`
2 Detenerse el funcionamiento de un negocio u otro asunto a causa de las dificultades: *la fábrica encalló después de la huelga.* `v.intr/prnl.` `= atascar, paralizar`
3 Endurecerse un alimento por haberse interrumpido la cocción. `v.prnl.` `COCINA`

encallecer
1 Criar callos la carne de una persona: *se me han encallecido las manos de trabajar.* `v.tr/intr/prnl.` `conj: carecer`
2 Hacerse una persona insensible al sufrimiento o a cualquier otra emoción: *las vicisitudes de la vida acabaron por encallecer su corazón.* `v.prnl.` `= curtirse`
3 Hacerse resistente a las inclemencias del tiempo o al trabajo. `= curtirse`
4 Estar demasiado habituado a un vicio como para dejarlo. `= enviciarse`
5 Encallarse los alimentos. `COCINA`

encallejonar
1 Hacer que una persona o un animal entre en un callejón o paso estrecho: *el ladrón se encallejonó y por eso le detuvieron.* `v.tr/prnl.`
2 Meterse el toro entre tablas sin querer abandonar el callejón. `TAUROMAQUIA`

encalmadura Enfermedad de las caballerías, producida por trabajar en exceso con mucho calor. `s.f.` `VETERINARIA`

encalmar
1 Tranquilizar a una persona: *se encalmó mucho con sus cariñosas palabras.* `v.tr/prnl.` `= calmar`
2 Quedar el viento o el mar en calma: *parece que ya se ha calmado la ventisca.* `v.prnl.` `= aquietarse`
3 Sentir una caballería sensación de ahogo por exceso de calor, de trabajo o por su volumen. `VETERINARIA`

encalostrarse Ponerse el niño enfermo, aunque no obedece a una patología real, por mamar los calostros o líquidos que salen durante los primeros días después del parto. `v.prnl.`

encalvecer Quedarse una persona calva: *encalveció muy joven y por eso parece mayor de lo que realmente es.* `v.intr/conj: carecer` `= encalvar`

encamación Estibación hecha con maderos delgados, uno junto a otro, dispuestos a lo largo de las excavaciones. `s.f.` `MINERÍA`

encamada (Voz lunfarda.) Acción de acostarse dos personas para mantener relaciones sexuales. `s.f.` `Argent., Urug.`

encamado Acción y resultado de tumbarse las mieses en el campo. `s.m.` `AGRICULTURA`

encamar
1 Echar o tender una cosa en el suelo. `v.tr.`
2 Meterse una persona en la cama a causa de una enfermedad: *se encamó a causa de la fiebre que tenía.* `v.prnl.`
3 Echarse o agazaparse los animales en un lugar para descansar.
4 Cubrir o rellenar los huecos del piso de las galerías con ramajes. `v.tr.` `MINERÍA`
5 Inclinarse las mieses debido al peso de los granos o a la acción del viento. `v.prnl.` `AGRICULTURA`

encamarar Guardar los frutos en la cámara: *encamarar las naranjas cuando aún están verdes.* `v.tr.` `th: encambrar`

encambijar Recoger agua en cambijas o depósitos para distribuirla. `v.tr.`

encambronar
1 Rodear una finca con cambrones o zarzas. `v.tr.`
2 Robustecer una cosa con hierros.

encame
1 Sitio donde se acuestan durante el día algunos animales, en el campo. `s.m.`
2 Ingreso de un enfermo en un hospital. `coloquial`

encaminamiento Acción y resultado de encaminar o encaminarse. `s.m.` `= encaminadura`

encaminar
1 Señalar a una persona el camino que ha de seguir: *el policía nos encaminó hacia la carretera correcta.* `v.tr.` `= orientar`
2 Dirigir una cosa hacia un punto o un fin determinados: *encaminó sus esfuerzos a obtener el empleo.* `v.tr/prnl.` `= destinar`
3 Dirigir la conducta o la educación de una persona: *encaminó a su hijo hacia el estudio.* `= encarrilar`
4 Ir, dirigirse a un lugar: *se encaminó a su casa; se encaminó hacia el centro, donde iban a reunirse.* `v.prnl.` `+ a, hacia`

encamisada
1 Estratagema nocturna que se ejecutaba por sorpresa, en que los soldados se cubrían con una camisa blanca para no confundirse con el enemigo. `s.f.` `MILITAR`
2 Fiesta nocturna, semejante a la mojiganga, que se realizaba con hachas y máscaras.

encamisado Revestimiento con una capa continua de las paredes interiores de un conducto, bien sea de un cilindro de un motor o de una galería subterránea. `s.m.` `CONSTRUCCIÓN, MECÁNICA`

encamisar
1 Poner la camisa a una persona: *antes de salir de su casa se encamisó.* — v.tr/prnl.
2 Enfundar, poner un objeto dentro de una funda. — v.tr.
3 Cambiar el aspecto de una cosa para que no sea vista o reconocida: *encamisó los hechos para evitar el castigo.* — = encubrir
4 Cubrirse los soldados con una camisa blanca durante una estratagema nocturna para no confundirse con el enemigo. — v.prnl. MILITAR

encamonado, a Que está hecho con una armazón de cañas o listones: *bóveda encamonada.* — adj. ARQUITECTURA

encamotarse Enamorarse, sentir amor hacia una persona. — v.prnl. Amér. Merid., Nicar.

encampanado, a
1 Con forma de campana. — adj./= acampanado
2 Se aplica a la pieza de artillería que tiene el ánima cada vez más estrecha a medida que se acerca al fondo de la recámara.
3 **dejar a una persona encampanada:** Abandonarla en un apuro o en una situación difícil. — Méx. P. Rico coloquial

encampanar (Derivado de *campana.*)
1 Encumbrar a una persona. — v.tr/prnl./Amér.
2 Abandonar a una persona en una situación difícil o apurada. — v.tr. Méx.
3 Involucrar a una persona en una empresa generalmente destinada al fracaso. — Méx.
4 Engañar con halagos y promesas. — Méx.
5 Volverse una persona vanidosa. — v.prnl.
6 Sentir amor hacia una persona o cosa. — Colomb.
7 Internarse, avanzar hacia dentro. — Venez.
8 Levantar el toro la cabeza en actitud desafiante. — TAUROMAQUIA

encanalar Llevar o conducir el agua por canales: *acabar las obras para encanalar la crecida del río.* — v.tr/prnl. = canalizar

encanalizar Encanalar, llevar el agua por canales. — v.tr./conj. cazar

encanallamiento Degradación moral y pérdida de la dignidad. — s.m. = envilecimiento

encanallar (Derivado de *canalla.*) Hacer que una persona adquiera costumbres que se consideran malas: *se encanalló tras caer en desgracia.* — v.tr/prnl. = envilecer

encanamento Saliente formado por los extremos de una serie de vigas o carreras que sostienen una cornisa o voladizo de una fachada. — s.m. ARQUITECTURA

encanarse Quedarse rígida una persona por la fuerza del llanto o de la risa: *se asustó al ver que el niño se encanaba.* — v.prnl.

encanastar Poner en canastas: *los vendimiadores encanastaban las uvas.* — v.tr.

encancerarse Volverse una úlcera cancerosa. — v.prnl./MEDICINA

encandecer (Del ital. *incandescere* < lat. *candere,* arder.) Poner una cosa candente: *el hierro se encandece en la fragua.* — v.tr/prnl. conj: carecer = enalbar

encandelar Florecer una planta en amento o en espiga con flores muy pequeñas. — v.intr. BOTÁNICA

encandelillar
1 Sobrehilar una tela. — v.tr./Amér. Merid.
2 Encandilar o deslumbrar a una persona: *lo encandelillaron con tanta fastuosidad y riqueza.* — v.tr/prnl. Amér. Merid.

encandilado, a
1 Que está impresionado o admirado: *los niños miraban encandilados el escaparate de la juguetería.* — adj./= deslumbrado, fascinado
2 Que está erguido o levantado.

encandiladora Mujer que actúa de mediadora en relaciones amorosas o sexuales, encubriéndolas y facilitándolas. — s.f. = alcahueta, celestina

encandilar (Derivado de *candela.*)
1 Causar una persona o una cosa gran admiración a otra, valiéndose de falsas apariencias: *se encandiló oyendo las aventuras del viaje.* — v.tr/prnl. = deslumbrar, fascinar
2 Estimular el sentimiento o deseo amoroso de una persona: *se encandiló al ver a esa chica tan guapa.* — = enamorar
3 Provocar en una persona el deseo de una cosa o la ilusión de que va a conseguirla: *no conseguirá encandilarme con sus promesas.* — v.tr. = embaucar
4 Deslumbrar una luz a la vista: *se encandiló con la ráfaga de la linterna.* — = cegar
5 Hacer el fuego más vivo: *se encandiló la antorcha.* — = avivar
6 Ponerse los ojos brillantes por la bebida o la pasión: *se encandiló por beber demasiado licor.* — v.prnl.
7 Enfadarse, sentir enojo. — P. Rico

encanecer
1 Ponerse una persona canosa: *en cuanto se le encaneció el pelo, se lo tiñó.* — v.intr/prnl. conj: carecer
2 Ponerse una cosa mohosa: *se olvidó de la hogaza y cuando la fue a buscar ya había encanecido.* — = enmohecer
3 Hacerse una persona vieja. — v.intr./= envejecer

encanecimiento Acción y resultado de encanecer o encanecerse. — s.m.

encanijado, a Que es muy delgado, débil o de aspecto enfermizo: *la operación le ha dejado encanijado.* — adj. = esmirriado

encanijamiento Acción y resultado de encanijar o encanijarse: *la desnutrición provoca el encanijamiento de la población infantil.* — s.m. = esmirriamiento

encanijar (Derivado de *canijo.*)
1 Enflaquecer o debilitar a un niño: *al ser internado tu hijo se encanijó.* — v.tr/prnl.
2 Enojarse o sentirse enfadado. — v.prnl./Méx.

encanillar Poner el hilo de la trama en las canillas o formarlas para las lanzaderas. — v.tr./TEXTIL = encañar

encantado, a
1 Que está muy contento o satisfecho: *está encantado con su nueva casa.* — adj. ≠ desencantado
2 Que está distraído y no pone atención.
3 Que está sometido a poderes mágicos: *dicen que es una casa encantada.* — = embrujado, hechizado
4 Fórmula de cortesía usada al saludar o conocer a una persona por primera vez: *encantado de saludarle.* — formal

encantador, a
1 Que encanta o hechiza: *el mago dijo unas palabras encantadoras y el voluntario se durmió; encantador de serpientes.* — adj/s. = mago, hechicera
2 Que resulta muy agradable: *estuvimos en un lugar encantador.* — adj.

encantamiento
1 Fascinación o atracción ejercida por una persona o cosa sobre otra: *el crítico puso de relieve el encantamiento que produjo la escena.* — s.m. tb: encantamento = encantación
2 Efecto producido en una persona o cosa por medio de la magia: *fue víctima de un encantamiento maléfico.* — OCULTISMO = embrujamiento

encantar (Derivado de *contar.*)
1 Ejercer artes de magia sobre una persona o cosa: *el mago encantó a la princesa.* — v.tr./OCULTISMO = hechizar
2 Gustar una cosa o persona a otra: *me encanta bailar.* — = fascinar
3 Quedarse una persona inmóvil, contemplando una cosa: *se encanta viendo la televisión.* — v.prnl./coloquial = embelesarse

encantarar Introducir una cosa en un cántaro o cualquier otro recipiente: *encantarar las bolas para el sorteo; encantarar el vino.* — v.tr.

encante (Del bajo lat. *inquantum,* en cuanto.)
1 Venta de artículos en subasta pública. — s.m.
2 Lugar donde se realiza esta subasta: *lo compró a buen precio en los encantes de la capital.*

encanto
1 Atractivo, modo de ser o cualidades de una persona que ejerce fascinación o atracción sobre los demás: *no fue capaz de captar el encanto de la escena.* — s.m.
2 Cosa que fascina o atrae. — = delicia
3 Encantamiento, efecto producido con artes de magia. — OCULTISMO = embrujamiento
4 Apelativo cariñoso: *qué bien que me ayudes, eres un encanto.* — coloquial
5 Atractivos físicos de una persona: *con los años fue perdiendo todos sus encantos.* — s.m.pl.

encantusar Ganar la voluntad de una persona con artimañas o halagos. — v.tr. tb: engatusar

encanutar
1 Dar forma de canuto a una cosa: *estos papeles se han encanutado al estar doblados tanto tiempo.* — v.tr/prnl.
2 Meter una cosa en un canuto. — v.tr.
3 Poner boquillas a los cigarrillos. — = emboquillar

encañada Cañada o paso entre montañas: *el río discurría por la estrecha encañada.* — s.f./GEOGRAFÍA = garganta

encañado
I (Derivado de *caño.*)
1 Conducto de agua hecho con caños. — s.m.
2 Grieta en las montañas. — Chile
II (Derivado de *caña.*) Enrejado hecho con cañas para hacer divisiones en un jardín o como apoyo para las plantas enredaderas: *la hiedra trepa por el encañado de la terraza.* — = encañizada

encañadura Caña del centeno que queda entera y sirve para henchir jergones y albardas. — s.f.

encañamar Poner fibras de cáñamo pegadas sobre las juntas de una tabla para evitar que se abran y poder pintarla. — v.tr.

encañar
I (Derivado de *caño.*)
1 Hacer pasar el agua por cañerías o conductos. — v.tr.
2 Quitar la humedad de las tierras por medio de encañados o conductos. — AGRICULTURA
II (Derivado de *caña.*)
1 Poner cañas al lado de una planta para que se sostenga o trepe por ellas. — v.tr.
2 Arrollar el hilo alrededor de la canilla. — = encanillar
3 Empezar a formar los cereales caña en sus tallos: *el maíz ya se encaña.* — v.intr/prnl. AGRICULTURA

encañizada
1 Armazón de cañas para pescar, que se coloca en una desembocadura de un río, en una albufera o mar de poco fondo. — s.f. PESCA
2 Entramado de cañas. — = encañado

encañizar
1 Poner cañizos para los gusanos de seda. — v.tr./conj: *cazar*
2 Cubrir un techo con cañizos. — CONSTRUCCIÓN

encañonado, a Se aplica al humo o viento que corre con cierta fuerza por sitios estrechos y largos. — adj.

encañonar
1 Dirigir el cañón de un arma hacia una persona o una cosa: *el teniente nos encañonó con su pistola.* — v.tr. = apuntar
2 Dirigir una cosa o a una persona hacia un lugar estrecho.
3 Hacer entrar una corriente de agua u otra cosa por un conducto estrecho. — v.tr./prnl.
4 Preparar o planchar una cosa con pliegues: *encañonar la falda de un vestido.*
5 Hacer un ovillo con el hilo en las canillas. — = encanillar
6 Encajar un pliego dentro de otro. — ARTES GRÁFICAS
7 Echar un ave cañones de pluma. — v.intr.

encapacetado, a Que lleva capacete o yelmo: *en la lejanía apareció un regimiento de soldados encapacetados.* — adj.

encapachar Meter una cosa en un capacho, especialmente las aceitunas prensadas. — v.tr. tb: encapazar

encapado, a Se refiere a la mina cuyo criadero o mineral no aflora a la superficie. — adj. MINERÍA

encapar Poner la capa a una persona: *se encapó al salir para que no le reconocieran.* — v.tr./prnl.

encaperuzar Poner la caperuza a una persona o una cosa: *al salir se encaperuzó porque hacía frío.* — v.tr./prnl. conj: *cazar*

encapillado, a Se aplica a la vela que el viento echa sobre la verga o el estay. — adj. NÁUTICA

encapillar (Derivado de *capillo*.)
1 Poner un capirote a un ave de cetrería: *encapillar el halcón para que no se excite.* — v.tr./CAZA = encapirotar
2 Hacer una galería más ancha para conseguir que se forme otra nueva. — MINERÍA
3 Sujetar un cabo por medio de una gaza hecha en su extremo. — NÁUTICA
4 Llenarse la cubierta de una embarcación de agua por un golpe de mar. — v.prnl. NÁUTICA
5 Montarse una cosa por encima de otra. — NÁUTICA
6 Ponerse una prenda de vestir por la cabeza: *se encapilló un jersey y salió a buscarla.* — coloquial

encapirotar Poner un capirote a una persona o un animal. — v.tr./prnl.

encapotadura Ceño, además que manifiesta enfado: *no comprendo el origen de su encapotadura.* — s.f. = encapotamiento

encapotar
1 Cubrir a una persona con el capote: *el vigilante se encapotó al salir a la intemperie.* — v.tr./prnl.
2 Cubrirse el cielo de nubes oscuras: *parece que la tarde se está encapotando, igual llueve.* — v.prnl. = entoldarse
3 Poner una persona gesto de enfado: *se encapotó al conocer el resultado desfavorable.*
4 Poner el caballo la cabeza demasiado baja. — EQUITACIÓN

encapricharse
1 Empeñarse en conseguir algo, sentir un gran deseo de hacer o tener una cosa: *se ha encaprichado del último modelo de moto.* — v.prnl. + con, en, de
2 Enamorarse de manera superficial y frívola: *se encaprichó de esa chica, pero se cansó pronto de ella.* — + con
3 Tomar gran afición a una cosa: *está encaprichado con las máquinas tragaperras.* — = emperrarse

encapsulación
1 Operación que consiste en envolver un objeto o sus constituyentes con un revestimiento para protegerlo del exterior. — s.f. TECNOLOGÍA
2 Proceso de formación de una cápsula o tejido que envuelve un órgano. — MEDICINA

encapsular Meter una cosa en una cápsula. — v.tr.

encapuchado, a
1 Se aplica a la persona que va cubierta con una capucha o un capirote, en especial en las procesiones de semana santa, en la religión católica. — adj/s.
2 Que está provisto de un capuchón o tiene esta forma: *pétalos encapuchados.* — adj. BOTÁNICA
3 Se refiere a los animales, y, en especial, a las aves que tienen la cabeza de color diferente al resto del cuerpo. — ZOOLOGÍA

encapuchar Poner una capucha o tapar algo con ella: *se encapuchó para resguardarse del frío.* — v.tr./prnl.

encapullado, a Que está encerrado dentro de una cápsula, como la flor en el capullo. — adj.

encapuzar Poner una capucha o capuz. — v.tr./prnl./conj: *cazar*

encarado, a
1 Se aplica a la persona con buena o mala cara o con facciones agraciadas o no: *hoy pareces que está mal encarado y de no muy buen humor.* — adj. + bien, mal
2 Se refiere a las piezas iguales de un todo que se colocan una enfrente de la otra: *los delanteros encarados de la blusa.*

encaramar (Probablemente del bajo lat. *incamarare*, adulterar + *encamarar* < *camera*, bóveda.)

1 Poner a una persona o una cosa en un lugar elevado: *se encaramó al árbol para coger unas ciruelas.* — v.tr./prnl. = alzar
2 Alabar a una persona mucho para obtener algo a cambio: *para conseguir un favor encarama a quien sea.* — = lisonjear
3 Poner o llevar a una persona a una posición social o económica elevada: *sus estudios y buena formación le encararamon rápidamente al puesto de director.* — coloquial + a, en, hacia = encumbrar

encaramiento Acción y resultado de encarar o encararse: *el encaramiento de los jugadores acabó en conatos de pelea.* — s.m.

encarar
1 Poner a dos personas, animales o cosas cara a cara: *los encararon durante el interrogatorio; los toros se encararon en la dehesa; encarar el patrón y la tela.* — v.tr./prnl.
2 Mantenerse una persona firme y decidida frente a una dificultad o una situación difícil: *la familia se encaró con la bancarrota.* — v.prnl. = afrontar
3 Ponerse una persona o animal frente a otra en actitud violenta: *se encararon por un asunto sin importancia.* — = carearse
4 Contraponer aspectos, opiniones o problemas: *voy a encarar ambas hipótesis.* — v.tr.
5 Dirigir o apuntar un arma hacia un lugar. — = encañonar

encaratularse Cubrirse la cara con una mascarilla o una carátula: *el payaso se encaratuló para la representación.* — v.prnl. = enmascarar

encarcavinar (Derivado de *cárcava*.)
1 Meter a una persona en una zanja. — v.tr.
2 Molestar un mal olor a una persona. — = atafagar, atufar
3 Causar una cosa asfixia a una persona. — = asfixiar, sofocar

encarcelación Acción y resultado de encarcelar a una persona: *varios curiosos esperaban ver la encarcelación del famoso empresario.* — s.f. = encarcelamiento

encarcelador, a Que encarcela. — adj/s.

encarcelamiento Acción de meter a una persona en la cárcel: *el preso reclamaba el fin de su encarcelamiento por cuestiones de salud.* — s.m. = encarcelación

encarcelar
1 Meter en la cárcel: *los encarcelaron junto a varios delincuentes comunes.* — v.tr.
2 Asegurar una pieza de madera o hierro con yeso o cal. — CONSTRUCCIÓN
3 Sujetar dos piezas de madera recién encoladas para que se peguen bien. — CARPINTERÍA

encarecedor, a Que encarece o exagera las cosas: *el exceso de intermediarios resulta muy encarecedor para los productos.* — adj/s.

encarecer (Derivado de *caro*.)
1 Aumentar el precio de un artículo: *la gasolina encarece el transporte; los libros se han encarecido mucho.* — v.tr/intr/prnl. conj: *carecer*
2 Alabar mucho una cualidad: *encarecen la habilidad de este torero con la muleta.* — v.tr./= encomiar, ponderar
3 Recomendar una cosa con empeño: *suelen encarecer la visita a los parques nacionales de los Pirineos.*
4 Solicitar algo con insistencia: *me encargó que si iba a la ciudad le trajese varios periódicos y revistas.*

encarecidamente Con insistencia: *me pidió encarecidamente que le entregara esta carta.* — adv. = insistentemente

encarecimiento
1 Subida de precios: *el encarecimiento de los productos de primera necesidad es muy preocupante.* — s.m./= carestía ≠ abaratamiento
2 Insistencia o interés con que se pide o recomienda una cosa: *le solicitaba con encarecimiento que la visitase.*

encargado, a
1 Que está al cuidado de una tarea o a la que se le ha hecho un encargo: *tú eres el encargado de comprar el pan durante todo el mes.* — adj/s.
2 Persona que tiene a su cargo un establecimiento, negocio u otra actividad, en representación del dueño: *el encargado te llamará la atención si sigues llegando tarde.* — s.
3 **encargado de negocios**: Agente diplomático de categoría inferior al ministro residente. — POLÍTICA

encargar (Derivado de *cargar*.)
1 Poner a una persona o una cosa al cuidado de otra: *se encargó de mi hijo durante mi ausencia.* — v.tr/prnl/conj: *pagar* = cuidar
2 Pedir una a otra que le proporcione o sirva un artículo: *he encargado un pastel para la fiesta.* — v.tr. = solicitar
3 Decir a una persona que haga una cosa: *me encargó que le lo dijera.* — = pedir
4 Imponer una obligación. — = obligar
5 Quedar embarazada una mujer. — v.intr./Méx.

encargo
1 Acción y resultado de encargar: *he recibido el encargo de llamarte.* — s.m. = recado
2 Pedido de mercancías hecho a un proveedor: *ha llegado el encargo del restaurante.* — COMERCIO
3 Diligencia que se tiene que hacer aunque no haya sido encargada por otra persona: *tengo unos encargos que hacer en el centro.* — = recado
4 **como hecho de encargo o que ni hecho de en-** — coloquial

cargo: Indica que una cosa reúne todas las condiciones esperadas: *la alfombra es perfecta, parece que ni hecha de encargo.*
5 estar de encargo: Estar una mujer embarazada.　　　*Méx.*
6 ser algulen más tonto, bruto (...), que hecho de encargo: Indica que no puede ser peor: *su hermano es más tonto que hecho de encargo.*　　　*coloquial, despectivo*

encariñar Hacer que una persona sienta cariño por otra persona, un animal o una cosa: *el niño se encariñó con el perro cachorro.*　　　*v.tr/prnl./+ con, de = prendar, encaprichar*

encarna Acción de cebar a los perros con las entrañas de los animales cazados.　　　*s.f. CAZA*

encarnación
1 Acción y resultado de encarnar o encarnarse.　　　*s.f.*
2 Personificación, representación o símbolo material de algo inmaterial: *el personaje de la guadaña es la encarnación de la muerte; es la encarnación de los ideales progresistas.*
3 Color de la carne humana, que se usa en pintura y escultura.　　　*ARTE = carnación*
4 Unión de la naturaleza divina con la humana en la persona de Jesucristo, en la religión cristiana.　　　*RELIGIÓN*
5 encarnación de paletilla o mate: La que no es brillante.　　　*ARTE*
6 encarnación de pulimento: La que es brillante.　　　*ARTE*

encarnadino, a De color rojo apagado.　　　*adj.*

encarnado, a
1 Que se personifica.　　　*adj.*
2 Del color rojo, del color de la sangre o de las amapolas: *se le pusieron encarnadas las mejillas por la vergüenza que pasó.*　　　*adj/s.m. = colorado*
3 Del color de la carne.
4 Color de carne que se da a las estatuas.　　　*s.m./ARTE*

encarnadura
1 Disposición o capacidad de los tejidos orgánicos para reparar sus lesiones y cicatrizar: *tener buena o mala encarnadura.*　　　*s.f. MEDICINA = carnadura*
2 Acción de cebarse el perro con la carne que se le ha puesto cebo o en la caza que coge.　　　*CAZA*

encarnamiento Proceso y resultado de encarnar o cicatrizarse una herida.　　　*s.m. MEDICINA*

encarnar (Del lat. *incarnare.*)
1 Tomar una idea o un espíritu la forma corporal de una persona o un animal: *en la película el demonio se encarna en un niño.*　　　*v.intr/prnl.*
2 Ser una persona, un animal o una cosa la representación de un concepto abstracto: *la paloma blanca encarna la paz.*　　　*v.tr. = simbolizar*
3 Representar un personaje en una obra dramática, cinematográfica o televisiva: *en su última película encarna un patriota americano.*　　　*= interpretar*
4 Cerrarse una herida.　　　*v.intr./MEDICINA*
5 Imprimir bien una tinta sobre un papel o sobre otra.　　　*ARTES GRÁFICAS*
6 Poner la carnada en el anzuelo.　　　*v.tr./PESCA*
7 Hacerse Dios hombre en la persona de Jesucristo, según la fe cristiana.　　　*v.intr/prnl. RELIGIÓN*
8 Coger un perro la presa y cebarse en ella hasta matarla: *nuestros perros siempre se encarnan.*　　　*CAZA*
9 Hacer que un perro se ensañe con la carne del animal cazado para que se haga fiero.　　　*v.tr. CAZA*
10 Dar color de carne a las esculturas y pinturas.　　　*ARTE*
11 Introducirse o clavarse una uña, al crecer en la carne de alrededor.　　　*v.prnl.*
12 Mezclarse dos cosas: *algunos metales se encarnan.*

encarnativo, a Que cicatriza las heridas o facilita la formación de tejido en ellas: *me han aplicado un medicamento encarnativo.*　　　*adj. FARMACIA*

encarne Primer cebo de la res muerta que se da a los perros.　　　*s.m. CAZA*

encarnecer Ponerse una persona gruesa y corpulenta: *encarneció mucho, tras el parto.*　　　*v.intr./conj: carecer = engordar*

encarnizado, a
1 Que se desarrolla con violencia y ensañamiento o apasionamiento: *fue una batalla brutal encarnizada.*　　　*adj.*
2 Que está encendido o sangriento: *tenía los ojos encarnizados del golpe.*　　　*= sanguinolento*

encarnizamiento
1 Acción y resultado de encarnizarse.　　　*s.m.*
2 Acción y resultado de mostrarse cruel una persona o cosa.　　　*= ensañamiento*

encarnizar (Derivado de *carne.*)
1 Cebar los perros con la caza para que se hagan fieros.　　　*v.tr/prnl./conj: cazar CAZA*
2 Mostrarse cruel o violento: *se encarnizó con sus compañeros de viaje.*　　　*v.prnl.*

encaro
1 Acción de mirar a otra persona con cuidado y atención.　　　*s.m.*
2 Acción de apuntar un arma hacia un objetivo.　　　*= encañonar*
3 Tino al apuntar con un arma.　　　*= puntería*

4 Escopeta corta parecida a un trabuco.
5 Parte de la culata de un arma donde se apoya la mejilla al apuntar.

encarpetar
1 Guardar papeles en carpetas: *tienes que encarpetar los documentos y papeles del notario.*　　　*v.tr.*
2 Suspender la tramitación de un expediente o solicitud.　　　*Amér. Merid., Nicar.*

encarrerarse
1 Acelerar el paso.　　　*v.prnl./Méx.*
2 Dirigirse hacia un lugar determinado.　　　*Méx.*

encarriladera Aparato de hierro que sirve para encarrilar locomotoras, vagones o vagonetas que se han salido de la vía.　　　*s.f. = rampa de encarrilar*

encarrilar
1 Dirigir o enderezar una cosa, para que continúe por el camino o carril adecuado.　　　*v.tr/prnl.*
2 Dirigir acertadamente a una cosa, asunto o persona: *su padre le encarriló en sus estudios.*　　　*= encaminar, encauzar*
3 Salirse la cuerda del carril de la polea.　　　*v.prnl.*

encarroñar Hacer que una cosa se pudra: *las manzanas se han encarroñado.*　　　*v.tr/prnl.*

encarrujado, a
1 Que es rizado o está plegado en pequeñas arrugas.　　　*adj.*
2 Labor de arrugas menudas que se usaba en tejidos de seda.　　　*s.m. TEXTIL*

encarrujarse (Del lat. vulgar *corrotulare < rotula*, ruedecita.) Quedar el hilo, el pelo o las hojas de algunas plantas enredado: *con el viento se le encarrujó la melena.*　　　*v.prnl. = retorcerse, ensortijarse*

encartación
1 Empadronamiento para el pago de tributos.　　　*s.f./= encartamiento*
2 Reconocimiento de vasallaje que se hacía a un señor pagando un tributo.　　　*HISTORIA*
3 Pueblo o lugar que tomaba a un señor por su dueño, y le pagaba cierto tributo por vía de vasallaje.　　　*HISTORIA*
4 Territorio al cual se hacen extensivos los fueros de una comarca limítrofe.

encartado, a Que está sujeto a un proceso.　　　*adj/s./DERECHO*

encartamiento
1 Acción y resultado de encartar.　　　*s.m./= encartación*
2 Despacho judicial en que se contenía la sentencia condenatoria del reo ausente.　　　*DERECHO*

encartar
1 Incluir a una persona entre las que han de ser juzgadas en un proceso.　　　*v.tr. DERECHO*
2 Incluir en un libro, revista o periódico una hoja, folleto o pliego que se colocan sueltos.　　　*ARTES GRÁFICAS*
3 Introducir a una persona en una compañía o un negociado.
4 Poner a una persona en los padrones o matrículas para el pago de tributos.　　　*= empadronar*
5 Tirar un jugador una carta cuyo palo debe seguir otro.　　　*JUEGOS*
6 Tomar un jugador cartas del mismo palo que las que tiene otro para obligar a éste a seguirle.　　　*v.prnl. JUEGOS*
7 Ser la ocasión propicia para hacer o decir una cosa: *cuando encarte, se lo contaré todo.*　　　*v.intr.*

encarte
1 Acción y resultado de encartar o encartarse en los juegos de cartas.　　　*s.m. JUEGOS*
2 Orden casual en que quedan las cartas al final de una mano y que sirve de guía a los jugadores para la siguiente.　　　*JUEGOS*
3 Hoja o folleto suelto que se introduce o pliego en una publicación para repartirlo con ella: *el periódico trae un encarte sobre las elecciones.*　　　*ARTES GRÁFICAS*

encartonado Tipo de encuadernación en el que se usa un cartón poco grueso cubierto de tela o de papel.　　　*s.m. ARTES GRÁFICAS = cartoné*

encartonador, a Persona que encartona libros para encuadernarlos.　　　*s. ARTES GRÁFICAS*

encartonar
1 Cubrir o proteger con cartones: *encartonó varias copas para protegerlas de los golpes.*　　　*v.tr.*
2 Encuadernar un libro con cartón forrado en papel o tela.　　　*ARTES GRÁFICAS*

encartuchar
1 Enrollar alguna cosa dándole la forma de un cucurucho.　　　*v.tr/prnl./Amér. Merid., P. Rico*
2 Meter la pólvora en los cartuchos.　　　*v.tr.*

encasar Volver a colocar en su sitio un hueso dislocado.　　　*v.tr. MEDICINA*

encascabelar Poner cascabeles en una cosa o a un animal: *encascabeló a los caballos para el desfile por la ciudad.*　　　*v.tr.*

encascar Teñir las artes y aparejos de pesca con una sustancia cubriente extraída de la corteza de algunos árboles.　　　*v.tr. conj: sacar PESCA*

encascotar
1 Llenar un hueco de cascote: *encascotaron los baches de la carretera para después recubrirla con alquitrán.*　　　*v.tr. CONSTRUCCIÓN*

2 Poner cascotes en una mezcla para reforzarla. — CONSTRUCCIÓN

encasillado
Conjunto de casillas: *la llave de la habitación está en el encasillado.* — s.m. = casillero

encasillar
1 Poner una serie de cosas en casillas: *hay que encasillar los documentos.* — v.tr.
2 Clasificar o considerar de determinada manera a personas o cosas, por alguna característica o propiedad, por lo general de forma frívola o rígida: *la encasillaron como actriz cómica.* — = etiquetar
3 Limitarse una persona en exceso por realizar un tipo de actividad o por poseer cualidades muy específicas. — v.prnl. despectivo

encasquetar
1 Encajar bien una prenda en la cabeza: *se encasquetó el sombrero.* — v.tr./prnl.
2 Persuadir a una persona de una idea, opinión u otra cosa: *al final me encasquetó su teoría.* — = convencer
3 Hacer oír cosas sin sentido o pesadas: *nos encasquetó una larga y aburrida perorata.* — v.tr./coloquial = endilgar
4 Metérsele a una persona una cosa en la cabeza: *se le encasquetó irse de ermitaño y en el monte está.* — v.prnl. = obstinarse

encasquillador, a Herrador, persona que pone herraduras a las caballerías. — s./Amér. Central y Merid.

encasquillar
1 Poner un casquillo a una cosa. — v.tr.
2 Quedarse un arma de fuego atascada con el casquillo de la bala. — v.prnl.
3 Quedar atascada una pieza de un mecanismo o de un aparato. — MECÁNICA
4 Herrar, ajustar y clavar las herraduras a las caballerías. — v.tr./Amér. Central y Merid.
5 Acobardarse o acoquinarse. — Cuba

encastado, a Se aplica al toro que se considera típico y característico de su casta. — adj. TAUROMAQUIA

encastillado, a Que se comporta con altivez y soberbia. — adj./= altivo, soberbio

encastillar
1 Mantener una persona sus ideas o propósitos con obstinación: *Luis se encastilló en sus ideas.* — v.prnl./ = emperrarse, obcecarse
2 Meterse una persona dentro de un castillo o en un lugar de difícil acceso para defenderse.
3 Proteger un lugar con castillos. — v.tr./HISTORIA
4 Formar una pila con varias cosas: *encastillar los ladrillos y las vigas cerca de los cimientos.* — = apilar
5 Hacer un castillejo o armazón en una obra para poder levantar pesos. — CONSTRUCCIÓN
6 Hacer las abejas los castillos o maestriles en la colmena para las reinas. — ZOOLOGÍA

encastrar
1 Meter una cosa en otra de manera que queden ajustadas: *encastrar los libros en el anaquel.* — v.tr. = empotrar, encajar
2 Introducir los dientes de dos piezas unos en otros. — MECÁNICA

encatusar Ganar la voluntad de una persona con halagos. — v.tr./= engatusar

encauchado, a
1 Se aplica a la tela o la prenda impermeabilizada con caucho. — adj/s./Amér. Central y Merid.
2 Poncho impermeabilizado con caucho. — s.m./Amér. Merid.

encauchar Cubrir con caucho: *encauchar un tejido.* — v.tr.

encausar Formar causa o juicio criminal a una persona: *le encausaron por participar en un fraude.* — v.tr. DERECHO

encauste (Del lat. *encaustum* < gr. *enkaustos* < *kaio*, quemar.) Tinta roja con la que sólo podían escribir los emperadores. — s.m. tb: encaustro

encáustica Preparación de cera con que se cubren las piezas de mármol o estuco para suavizar su colorido y protegerlas de la humedad. — s.f./ARTE tb: encauste, encausto

encáustico, a
1 Se aplica a la pintura o barniz que se hace con ceras. — adj. ARTE
2 Sustancia preparada con cera y aguarrás que se utiliza para preservar y dar brillo a la madera, las paredes o superficies pulimentadas. — s.m. TECNOLOGÍA

encauzamiento Acción y resultado de encauzar: *el encauzamiento del río es todavía provisional.* — s.m.

encauzar
1 Abrir un cauce para dirigir una corriente: *al fin han encauzado el río.* — v.tr./conj: cazar = canalizar
2 Llevar a una persona o un asunto por buen camino: *el presidente encauzó la discusión; la empresa se encauzó gracias a la participación de nuevos accionistas.* — v.tr/prnl.

encavarse (Derivado de *cavar*.)
1 Meterse un animal en su madriguera: *el conejo se encavó al oír los perros.* — v.prnl.
2 Meterse una persona en casa: *se encavó cuando empezó a llover.* — coloquial

encebadamiento Enfermedad de las caballerías, producida por beber mucha agua después de haber comido mucho. — s.m. VETERINARIA = enfosado

encebadar
1 Dar una cantidad excesiva de cebada a un animal, especialmente a un caballo. — v.tr. tb: acebadar
2 Contraer una caballería el encebadamiento al beber demasiada agua después de haber comido. — v.prnl. VETERINARIA

encebollado Guiso hecho con carne y cebolla: *de primero hay encebollado de ternera.* — s.m. COCINA

encebollar Poner mucha cebolla en un guiso. — v.tr./COCINA

encefalalgia Dolor intenso en el interior de la cabeza. — s.f./MEDICINA tb: cefalalgia

encefálico, a Del encéfalo: *masa encefálica.* — adj./ANATOMÍA

encefalina Sustancia narcótica semejante a la morfina segregada por el encéfalo como reacción a dolores muy intensos. — s.f. BIOQUÍMICA

encefalitis
1 Inflamación del encéfalo: *le diagnosticaron una encefalitis de origen bacteriano.* — s.f./pl: encefalitis MEDICINA
2 **encefalitis letárgica:** Variedad de esta enfermedad, caracterizada por la tendencia prolongada a la somnolencia. — MEDICINA

encéfalo (Del gr. *enkephalon* < *en*, en + *kephale*, cabeza.) Conjunto de órganos que forman los centros nerviosos de los mamíferos y están encerrados en el cráneo. — s.m. ANATOMÍA = masa encefálica

encefalo- Componente de palabra procedente del gr. *enkephalon*, que significa cerebro o cerebelo. — pref/suf. tb: encefal-

encefalografía Procedimiento de exploración radiográfica del encéfalo, que consiste en extraer líquido cefalorraquídeo e inyectar aire en su lugar. — s.f. MEDICINA

encefalograma Gráfico del funcionamiento del cerebro que se obtiene por procedimientos electrónicos mediante el electroencefalógrafo. — s.m./MEDICINA = electroencefalograma

encefalomielitis Inflamación del encéfalo y de la médula espinal. — s.f./pl: encefalomielitis/MEDICINA

encefalopatía Conjunto de secuelas neurológicas y síquicas consecutivas a lesiones del encéfalo. — s.f. MEDICINA

enceguecer (Derivado de *ciego*.)
1 Reducir o impedir una cosa la visión a una persona momentáneamente: *las luces de un vehículo me enceguecieron.* — v.tr. conj: carecer = encegar
2 Hacer que una persona no obre o piense tranquila y claramente: *se enceguece con sus problemas amorosos.* — v.tr/prnl. = obnubilar, ofuscar
3 Perder la vista o sufrir ceguera: *se encegueció trabajando en la mina.* — v.intr/prnl.

encelajarse Cubrirse el cielo de nubes tenues: *en un momento se ha encelajado el cielo.* — v.prnl.

encelamiento Acción y resultado de ponerse un animal en celo: *han capado al gato para evitarle encelamientos.* — s.m.

encelar
1 Hacer que una persona se ponga celosa: *le gusta encelar a su mujer mirando a otras mozas.* — v.tr.
2 Sentir una persona celos. — v.prnl.
3 Estar un animal en celo: *las perras se encelan dos veces al año.*

enceldar Encerrar a una persona en una celda. — v.tr.

encella (Probablemente del lat. *fiscella*.) Molde para hacer quesos y requesones. — s.f./COCINA = formaje

encellar Dar forma al queso en un molde. — v.tr./COCINA

encenagado, a Que está cubierto de cieno: *el jardín estaba encenagado después de las lluvias.* — adj.

encenagarse
1 Meterse en el cieno o ensuciarse de barro: *me encenegué por ir a buscarle la pelota que salió disparada hacia el riachuelo.* — v.prnl. conj: pagar
2 Adquirir un vicio o una mala costumbre: *se ha encenagado con el alcohol desde que vive en este barrio.* — + con/= corromperse, envilecerse

encencerrado, a Que lleva cencerro: *varias vacas encencerradas se acercaban al campamento.* — adj.

encendajas Ramas secas para encender un fuego. — s.f.pl.

encendedor, a
1 Que enciende. — adj/s.
2 Utensilio para encender, formado por un depósito con un gas o sustancia combustible y un mecanismo que produce una chispa para inflamarla: *se ha gastado la piedra del encendedor.* — s.m. = mechero

encender (Del lat. *incendere*, quemar < *candere*, blanquear, abrasar.)
1 Hacer brotar luz o fuego de una cosa: *encendió unas velas para cenar.* — v.tr. conj: tender
2 Prender fuego, provocar un incendio: *una hoguera mal apagada encendió el bosque.* — = incendiar
3 Causar un alimento u otra sustancia ardor o escozor en una parte del cuerpo: *estos pimientos encienden el paladar.* — v.tr/prnl. = picar

4 Provocar una lucha, una discusión u otra cosa violenta: *tú siempre enciendes las peleas entre los niños.*
5 Producir o agudizar un estado de ánimo o un sentimiento: *se encendió su odio al verle llegar; aquella aria encendió el entusiasmo del público.*   = enardecer, inflamar
6 Ponerse una persona roja: *al preguntarle si tenía novio se encendió.*   v.prnl. = ruborizarse
7 Establecer contacto entre dos partes de un circuito eléctrico.   v.tr. ELECTRICIDAD

encendidamente Con ardor, con pasión: *defiende encendidamente la igualdad de derechos de la mujer.*   adv. = apasionadamente

encendido, a
1 Que es de color muy subido: *tenía las mejillas encendidas por el calor.*   adj.
2 Dispositivo eléctrico y aparatos que producen la chispa en los motores de explosión.   s.m. MECÁNICA
3 Inflamación de los gases que provienen del carburador o sistema de inyección, provocada por este dispositivo.   MECÁNICA

encendimiento
1 Hecho de estar ardiendo o abrasándose algo.   s.m.
2 Modo muy vehemente y ardiente de mostrarse un sentimiento: *el encendimiento de las pasiones.*   = ardor

encendrar Purificar los metales con la acción del fuego.   v.tr. tb: acendrar

encenizar Cubrir una cosa con ceniza: *el suelo se encenizó debido al incendio.*   v.tr/prnl. conj: cazar

encentar
1 Empezar a cortar una cosa, especialmente un alimento: *encentó el jamón para ofrecérselo a los invitados.*   v.tr./conj: pensar tb: decentar
2 Cortar o mutilar un miembro.   = decentar
3 Causar una lesión o una herida en una parte del cuerpo debido al efecto de una rozadura: *el pie se le encentó por el roce con el zapato.*   v.tr/prnl. tb: decentar = llagar, ulcerar

encentrar Centrar, poner en el centro.   v.tr.

encepador Soldado que se encargaba de encepar o encajar los cañones de las armas de fuego.   s.m. MILITAR

encepadura Acción y resultado de encepar o asegurar las piezas por medio de cepos.   s.f. CARPINTERÍA

encepar
1 Meter a una persona en el cepo.   v.tr.
2 Asegurar dos o más cosas con cepos, especialmente piezas de madera.   CARPINTERÍA
3 Poner la caja al cañón de un arma de fuego.
4 Echar una planta raíces profundas: *la higuera se encepó y levantó el pavimento.*   v.intr/prnl. AGRICULTURA
5 Quedar un cable enredado en el cepo del ancla.   v.prnl./NÁUTICA

encerado, a
1 Que tiene el color de la cera: *tenía el rostro de color encerado a causa de la enfermedad.*   adj.
2 Tablero o tela pintados de color oscuro sobre los que se escribe con tiza: *el profesor entró en la clase y borró el encerado.*   s.m. = pizarra
3 Capa de cera con que se cubren los muebles y entarimados.   = enceramiento
4 Lienzo impermeabilizado con cera.
5 Lienzo o papel que se ponía en las ventanas y resguardaba del aire.
6 Emplasto compuesto de cera y otros ingredientes.

encerador, a Persona que se dedica a encerar pavimentos o muebles.   s.

enceradora Máquina eléctrica provista de cepillos giratorios para encerar y abrillantar suelos.   s.f.

encerar
1 Aplicar cera a una superficie o a un objeto: *enceró el suelo de la casa.*   v.tr.
2 Manchar con cera: *la vela enceró la mesa.*
3 Espesar la cal o el mortero.   CONSTRUCCIÓN
4 Empezar a amarillear las mieses: *el trigo se ha encerado pronto este año.*   v.intr/prnl. AGRICULTURA

encernadar Cubrir una cosa con cernada.   v.tr.

encerotar Untar con cerote el hilo con el que se cose el calzado.   v.tr. = cerotear

encerradero
1 Lugar donde se recogen los rebaños.   s.m.
2 Zona destinada a encerrar los toros.   TAUROMAQUIA

encerrador, a
1 Que encierra.   adj/s.
2 Persona que se dedica a encerrar el ganado mayor en los mataderos.   s.

encerramiento
1 Acción y resultado de encerrar o encerrarse: *no saldrá de su encerramiento mientras no se acepten sus condiciones.*   s.m. = encierro
2 Lugar donde se encierra a una persona, animal o cosa: *las jaulas son el encerramiento para las aves.*   = encierro

encerrar
1 Meter a una persona o animal en un lugar de donde no puede salir: *encierra al perro en la habitación para que no se escape.*   v.tr. conj: pensar
2 Guardar cosas en un lugar cerrado: *encerró su dinero en una caja fuerte.*

3 Contener las cosas dichas o escritas otras que son consecuencia de ellas: *sus palabras parecían encerrar una amenaza.*   = entrañar, incluir
4 Poner cosas escritas entre signos que las separan del resto del escrito: *encerró sus comentarios entre ·paréntesis y corchetes.*
5 Mantenerse firme y con obstinación en un propósito o una idea: *se encerró en su planteamiento inicial.*   v.prnl./+ en = encastillarse
6 Hacer que el jugador contrario no pueda mover las piezas del tablero: *me encerró la torre.*   v.tr. JUEGOS
7 Entrar en una orden religiosa: *se encerró en un convento de clausura.*   v.prnl./+ en RELIGIÓN
8 Acosar el toro al diestro contra las tablas: *el toro encerró al subalterno y lo empitonó junto al burladero.*   v.tr. TAUROMAQUIA
9 encerrarse una persona en sí mismo: Mostrarse reflexiva y hermética.

encerrizarse Mantenerse una persona en una actitud de manera tenaz y obstinada: *se encerrizó en ganarle al mus.*   v.prnl./conj: cazar + en = obstinarse

encerrona
1 Estratagema con la que se obliga a una persona a hacer una cosa que no quiere: *me prepararon una encerrona y tuve que dimitir.*   s.f. = celada, trampa
2 Retiro o encierro voluntario durante algún tiempo con un fin determinado: *aún me acuerdo de tu encerrona cuando preparabas las oposiciones.*
3 Jugada de dominó con la que se cierra el juego cuando todavía los jugadores tienen muchas fichas.   JUEGOS
4 Lidia de toros sin público.   TAUROMAQUIA

encespedar Cubrir un terreno con césped: *encespedar el jardín de la casa.*   v.tr.

encestador, a Jugador de baloncesto que encesta: *ha sido la máxima encestadora del equipo.*   adj/s. DEPORTES

encestar
1 Introducir una cosa en una cesta: *encestar la fruta para transportarla.*   v.tr.
2 Meter el balón en el cesto del tablero contrario, en el juego del baloncesto: *encestó un triple por casualidad.*   DEPORTES

enceste Acción de encestar el balón, en baloncesto: *el suyo fue un enceste memorable.*   s.m./DEPORTES = canasta

encetar Comenzar o iniciar una cosa: *encetó la novela mientras estaba en la cárcel.*   v.tr. tb: encentar

enchancletar
1 Poner o calzarse las chancletas: *al entrar en casa se enchancletó.*   v.tr/prnl.
2 Llevar los zapatos como chancletas: *no te enchancletes los mocasines porque los vas a estropear.*

enchapado
1 Trabajo de recubrimiento hecho con chapas.   s.m./= chapado CARPINTERÍA
2 Chapa fina de madera que se obtiene con máquinas especiales: *cubrir las puertas con enchapado de roble.*

enchapar Cubrir una cosa con chapas: *el ebanista enchapó las puertas interiores.*   v.tr. = chapear

enchapinado, a Que está construido sobre una bóveda.   adj. CONSTRUCCIÓN

encharcada Charco o charca: *la piara se revolcaba en una encharcada.*   s.f.

encharcamiento Acción y resultado de encharcar o encharcarse un terreno: *el partido se anuló a causa del encharcamiento del terreno del juego.*   s.m.

encharcar
1 Cubrir un terreno con agua hasta formar charco: *con la tormenta se encharcó el campo de juego.*   v.tr/prnl. conj: sacar
2 Causar el exceso de líquido ingerido molestias en el estómago a una persona: *su estómago se encharcó después de beber dos litros de agua.*   = enaguachar
3 Dejarse dominar una persona por los placeres sensuales: *se encharcó con aquella comida opípara.*   v.prnl. = enfangarse

enchavetar Sujetar una cosa con una chaveta: *enchavetar una espiga para que no se salga de su sitio.*   v.tr.

enchilada Tortilla de maíz aderezada con chile y rellena de diversos manjares.   s.f./Méx., Guat., Nicar./COCINA

enchilado Plato guisado de mariscos condimentado con salsa de chile.   s.m./Méx., Cuba

enchilar Aderezar con chile algún manjar: *el cocinero de aquel restaurante enchilaba excesivamente el mole.*   v.tr./Méx, Amér. Central COCINA

enchinar
1 Cubrir el suelo con piedras pequeñas: *en vacaciones se entretenían enchinando el sendero hacia el cenador.*   v.tr./= enchinarrar
2 Rizar el cabello.   v.tr/prnl./Méx.
3 Ponerse la carne de gallina, por efecto del frío o del miedo.   v.prnl. Méx.

enchinarrar Cubrir el suelo con piedras pequeñas.   v.tr/= enchinar

enchinchar
1 Fastidiar o molestar a alguien.   v.tr./Méx., Guat.
2 Enojarse o embroncarse con alguna persona.   v.prnl./Amér.

enchipar Enrollar una cosa.   v.tr./Colomb.

enchiquerar
1 Meter al toro en el chiquero. — v.tr./TAUROMAQUIA
2 Meter en la cárcel: *la policía lo enchiqueró ayer.* — coloquial

enchironar Meter a una persona en la cárcel: *le han enchironado por robo a mano armada.* — v.tr./argot

enchisterado, a Que lleva chistera: *los hombres debían asistir a la ceremonia enchisterados y con frac.* — adj.

enchivarse Enojarse o enfadarse una persona: *se enchivó al oírle aquellas mentiras.* — v.prnl./Colomb., Ecuad., P. Rico

enchuecar Torcer o encorvar alguna cosa: *el viento enchuecó los troncos de los árboles jóvenes.* — v.tr/prnl./conj: sacar Méx., Chile

enchufado, a Que tiene enchufe o influencia: *es un enchufado del director general.* — adj/s. coloquial

enchufar (De *chuf*, voz onomatopéyica del ruido que producen ciertas conexiones.)
1 Hacer que dos piezas se ajusten introduciendo el extremo de una en el de la otra: *estas mangueras no enchufan bien en el grifo.* — v.tr/intr.
2 Introducir la clavija de un aparato eléctrico en el enchufe hembra o de base: *enchufar el secador.* — ELECTRICIDAD
3 Conseguir un empleo para una persona por influencia: *su tío le enchufó en la oficina.* — v.tr/prnl. coloquial

enchufe
1 Dispositivo unido por cable a un aparato eléctrico para conectar éste a la corriente: *el enchufe me dio una sacudida porque lo toqué con las manos húmedas.* — s.m. ELECTRICIDAD
2 Parte de un tubo u otra pieza que entra en otro: *conecta el enchufe de la lavadora al grifo.* —
3 Influencia o recomendación para conseguir un cargo o empleo: *como tiene enchufe ha conseguido una mejor plaza.* — coloquial
4 Cargo, destino o beneficio que se obtiene por influencia: *su pariente le proporcionó el enchufe para gerente.* — coloquial = chollo

enchufismo Modo de actuar del que se beneficia de influencias a la hora de conseguir una cosa, aun a costa de perjudicar a otros: *denunciaron el enchufismo extendido en la administración.* — s.m. coloquial

enchufista Persona que disfruta de varios enchufes o cargos retribuidos que ocasionan poco o ningún trabajo: *en este departamento hay varios enchufistas.* — s.m.f. despectivo

enchularse Vivir o comportarse una persona como un chulo. — v.prnl.

enchuletar Llenar un hueco con piezas de madera delgadas. — v.tr. CARPINTERÍA

enchumbar Empapar de agua: *la lluvia enchumbó las cobijas y los telares.* — v.tr./Amér. Central y Merid.

encía (Del lat. *gingiva*.) Carne que cubre las mandíbulas en la base de la dentadura. — s.f. ANATOMÍA

encíclica Carta que el papa dirige a todos los obispos o a los fieles católicos: *la encíclica trata sobre la reorganización de la iglesia.* — s.f. RELIGIÓN

encíclico, a Que tiene relación con una encíclica: *código encíclico.* — adj. RELIGIÓN

enciclopedia (Del gr. *en*, en + *kyklos*, círculo + *paideia*, educación, instrucción.)
1 Conjunto de todas las ciencias o de todas las partes de una ciencia. — s.f.
2 Obra que trata sobre un gran número de conocimientos humanos, de diversas materias y sobre ciencias y artes disponiéndose la información en artículos separados.
3 Diccionario que incluye en cada artículo, además de la definición, una explicación más científica y detallada de la materia que trata: *la enciclopedia consta de 30 volúmenes ilustrados a todo color.*
4 Información que se añade al concepto definido en la entrada de un diccionario enciclopédico, que completa el sentido de la definición.
5 Enciclopedismo, ideología o conjunto de doctrinas o profesadas por los colaboradores de la Enciclopedia publicada en Francia en el siglo XVIII. — HISTORIA
6 ser una enciclopedia o una enciclopedia viviente: Saber de todo: *la profesora de filosofía es una enciclopedia, domina tanto las materias de letras como las de ciencias.* — coloquial

enciclopédico, a
1 Que tiene relación con la enciclopedia. — adj.
2 Que tiene conocimientos universales: *tiene un saber enciclopédico.*

enciclopedismo Ideología o conjunto de doctrinas profesadas por los autores de la Enciclopedia publicada en Francia en el siglo XVIII. — s.m. HISTORIA = enciclopedia

enciclopedista
1 Que es autor o colabora en la realización de una enciclopedia: *el equipo de redacción está formado por doce prestigiosos enciclopedistas.* — adj/s.m.f.
2 De la Enciclopedia o del enciclopedismo. — adj./HISTORIA
3 Que era o es partidario del enciclopedismo. — adj/s./HISTORIA

enciclar Poner techo o cubierta a una cosa. — v.tr./Chile

encierro
1 Acción y resultado de encerrar o encerrarse: *su encierro es un modo de reivindicar sus derechos.* — s.m.
2 Lugar donde se encierra a una persona, animal o cosa: *el perro se escapó de su encierro arañando la pared.*
3 Celda de castigo o de aislamiento.
4 Acción de conducir a los toros de lidia al toril antes de la corrida: *en los sanfermines hay encierros diarios.* — TAUROMAQUIA
5 Toril, lugar donde están encerrados los toros que se van a lidiar. — TAUROMAQUIA
6 Situación de una persona apartada del trato con los demás y retirada en un lugar: *eligió el encierro en un convento como única salida a su estado anímico.* — = retiro

encima (Derivado de *cima*.)
1 En lugar superior, ya sea inmediato o no: *encima de mi piso viven dos hermanas.* — adv. ≠ debajo
2 En su persona, sobre sí, consigo: *no llevo encima más de dos o tres duros; tener encima mucha responsabilidad.* — + llevar, tener, traer
3 En situación personal de superioridad: *sus gastos están muy por encima de sus posibilidades.*
4 Además, por añadidura: *y, encima, ni siquiera me dio las gracias; tengo que ir al colegio, y, encima, llueve.*
5 Cerca, en tiempo próximo: *ya están encima las vacaciones de verano.*
6 echarse encima algo: Ocurrir un acontecimiento antes de lo que se esperaba: *se me echa encima la hora y aún no he terminado el trabajo.* — coloquial
7 echarse encima de alguien: Acosarlo o perseguirlo: *los vecinos se echaron encima de los ladrones.*
8 encima de: Sobre, en la parte superior: *ponlo encima de mi mesa.* — loc.prep. ≠ bajo
9 estar encima: Vigilar, cuidar de una cosa o persona: *para que un negocio funcione hay que estar encima.* — coloquial
10 por encima: De manera superficial, de pasada: *he leído tu artículo por encima.* — loc.adv. coloquial
11 por encima de alguien: A pesar de ella, contra su voluntad: *tomó la decisión por encima de su familia.* — loc.adv.
12 por encima de todo: 1 Más que cualquier otra cosa: *soy, por encima de todo, actriz.* 2 A pesar de los obstáculos: *lo terminaré por encima de todo.* — loc.adv.
13 por encima del hombro: Con desdén: *nos mira por encima del hombro.* — loc.adv. coloquial

encimar
1 Poner una cosa en un lugar alto o sobre otra: *encimó los jarrones para que no se cayeran.* — v.tr. = alzar
2 Añadir una nueva apuesta a la que ya se ha hecho, en el juego del tresillo. — JUEGOS
3 Subirse una persona o cosa a mayor altura que otra: *el campanario se encima sobre los tejados.* — v.prnl. = elevarse

encimera
1 Aparato para cocinar formado por una placa provista de hornillos o quemadores: *la encimera es de gas y el horno, eléctrico.* — s.f.
2 Capa de material resistente con la que se recubre la parte superior de los espacios auxiliares de las cocinas: *la encimera es de mármol.*

encimero, a Que se usa o se pone encima de otra cosa del mismo género: *coloca la sábana encimera.* — adj.

encimoso, a Se aplica a la persona que es molesta y latosa. — adj. Méx.

encina (Del bajo lat. *illicina < ilex, -icis*, roble.)
1 Planta arbórea de hoja perenne, con tronco grueso y muy ramificado, con hojas apuntadas y espinosas, flores de color verde amarillento, cuyo fruto es la bellota. (*Quercus ilex.*) — s.f. BOTÁNICA tb: encino = carrasca
2 Madera de este árbol dura y compacta utilizada en carpintería, ebanistería y para la producción de carbón vegetal. — CARPINTERÍA
3 encina de mar o marina: Alga parda formada por láminas acintadas, con una base en pedículo que la sujeta a las rocas. (*Fucus vesiculosus.*) — BOTÁNICA

encinar Terreno poblado de encinas: *en Extremadura abundan los encinares.* — s.m. tb: encinal

encino Encina, árbol. — s.m./BOTÁNICA

encinta (Del bajo lat. *incincta*.) Se aplica a la mujer que está embarazada: *quedó encinta a los pocos meses de casarse.* — adj. = embarazada

encintado
1 Acción y resultado de encintar. — s.m.
2 Borde de una acera o andén, formado por una fila de piezas alargadas. — = bordillo

encintar
1 Adornar una cosa con cintas: *encintó la sala con guirnaldas de colores.* — v.tr.
2 Atar los novillos con un cintero. — TAUROMAQUIA
3 Poner la hilera de piezas que ha de formar el borde de la acera o que rodea la parte inferior de una pared. — CONSTRUCCIÓN
4 Poner las cintas a un barco. — NÁUTICA

encismar Provocar una persona o una cosa la discordia en una comunidad: *encismó a la familia con sus cotilleos.* — v.tr. = enemistar

enciso Terreno adonde salen a pastar las ovejas después de parir.   s.m.

encizañar Meter cizaña entre dos o más personas: *deja de encizañar a tus hermanos.*   v.tr.   tb: cizañar

enclaustramiento Acción y resultado de enclaustrar o enclaustrarse: *es preciso que salgas de tu enclaustramiento en casa y disfrutes un poco.*   s.m.

enclaustrar
1 Meter a una persona en un convento o lugar de recogimiento: *su hermana se enclaustró durante cuatro años en un monasterio.*   v.tr/prnl.
2 Retirarse o apartarse una persona del trato social: *este fin de semana me enclaustraré para estudiar.*   v.prnl.
3 Encerrar u ocultar una cosa: *enclaustró todos sus libros bajo llave.*   v.tr/prnl.

enclavado, a
1 Se aplica al lugar que está dentro del área de otro: *una ciudad enclavada en el centro de la meseta.*   adj.
2 Que está encajado: *hueso enclavado.*

enclavadura
1 Clavadura, herida de las caballerías.   s.f./VETERINARIA
2 Muesca hecha en una tabla o madero para unirlo con otro: *los tableros de la mesa se unen por unas enclavaduras.*   CARPINTERÍA

enclavamiento
1 Fijación de una cosa con clavos.   s.m./= enclavación
2 Dispositivo de seguridad destinado a subordinar el accionamiento de un aparato al estado o posición de otro.   MECÁNICA
3 Penetración de una estructura orgánica en otra, produciendo un bloqueo.   MEDICINA
4 Técnica quirúrgica usada en traumatología consistente en colocar un clavo metálico, para mantener inmovilizada la fractura de un hueso.   MEDICINA
5 Posición del feto que se caracteriza por quedar la cabeza inmovilizada en el estrecho superior de la pelvis.   MEDICINA

enclavar
1 Asegurar con clavos: *enclavó las patas de la mesa.*   v.tr.
2 Traspasar o atravesar de parte a parte: *en una pelea callejera le enclavaron el antebrazo con un cuchillo.*
3 Situar o ubicar algo dentro de un área: *enclavar la capital a orillas del lago.*   = establecer
4 Engañar a una persona.   coloquial
5 Causar un clavo de la herradura una herida a una caballería al introducirse demasiado en ella.   VETERINARIA
6 Introducirse una cosa dentro de otra, fijándose en ella.   v.prnl.

enclave
1 Territorio de un país, de una jurisdicción o de un propietario situado en otro: *el condado de Treviño es un enclave burgalés en el País Vasco.*   s.m.
2 Grupo étnico, político o religioso que convive junto a otro más extenso y de características diferentes.   SOCIOLOGÍA
3 Zona en que se habla una lengua distinta a la de su entorno: *el enclave de Miranda de Douro, con habla leonesa, en territorio portugués.*   LINGÜÍSTICA

enclavijar
1 Unir una cosa con otra enlazando o metiendo partes de la una en la otra.   v.tr.
2 Poner las clavijas a un instrumento.   MÚSICA

enclenque Que tiene poca salud o está débil y delgado: *es un niño enclenque desde su nacimiento.*   adj/s.m.f.   = endeble

énclisis (Del gr. *enklisis*, inclinación.) Unión de una partícula al final de la palabra que le precede.   s.f/pl: énclisis   GRAMÁTICA

enclítico, a (Del gr. *enklitikos* < *enkino*, apoyar.) Se aplica a la partícula que se une a la palabra precedente por no tener acento propio: *los pronombres me, te y se son o pueden ser enclíticos.*   adj/s.   GRAMÁTICA

enclocar Enllocar, ponerse clueca un ave.   v.intr/prnl.   conj: trocar

encloquecer Ponerse un ave clueca: *la gallina encloqueció.*   v.intr.   conj: carecer

-enco, a Unido a nombres de localizaciones geográficas indica que es natural de este lugar: *ibicenco.*   suf.

encobar Colocarse las aves sobre los huevos para incubarlos.   v.intr/prnl.   tb: incubar

encobijar Dar cobijo: *a menudo encobija a los vagabundos en su casa.*   v.tr.   tb: cobijar

encobrar
I (Derivado de *recobrar*.) Poner una cosa en un lugar seguro.   v.tr.
II (Derivado de *cobre*.) Cubrir un metal con una capa de cobre.   v.tr.

encochado, a Que suele ir en coche: *no se anima a vender el coche porque está muy encochado.*   adj.

encochar Llevar pasajeros, especialmente en un taxi.   v.intr.

encoclar Enclocar, ponerse clueca un ave, en disposición de incubar los huevos.   v.intr/prnl.   conj: contar

encocorar Hacer que una persona se enfade o irrite mucho: *nos preguntamos por qué se encocoró tanto.*   v.tr/prnl.   coloquial

encocrar Enclocar, ponerse un ave clueca: *la gallina se ha encocrado.*   v.intr/prnl.   conj: contar

encodillarse Ocultarse el hurón o el conejo en un recodo de la madriguera.   v.prnl.

encofrado
1 Armazón de madera que sustenta el hormigón durante el proceso de fraguado.   s.m.   CONSTRUCCIÓN
2 Obra hecha sirviéndose de planchas de madera o metal que sirven de molde al hormigón.   CONSTRUCCIÓN
3 Revestimiento de madera para sostener la tierra en las galerías de las minas.   MINERÍA
4 Galería enconfrada de una mina.   MINERÍA

encofrador, a Persona que se dedica al encofrado de obras en edificios, minas y otras construcciones.   s.   CONSTRUCCIÓN

encofrar
1 Poner bastidores para contener las tierras en las galerías de las minas.   v.tr.   MINERÍA
2 Formar el molde de madera para hacer el vaciado de una cornisa u otro elemento de construcción.   CONSTRUCCIÓN

encoger
1 Disminuir el tamaño, volumen o extensión de una cosa: *el algodón encoge al lavarlo.*   v.tr/intr/prnl.   conj: coger
2 Retirar un miembro o una cosa contrayéndolos: *encoge las piernas para que pueda barrer.*   v.tr/prnl.   = contraer
3 Acobardar a una persona o ser ésta de poco ánimo: *se encoge ante los gritos de su madre.*   = apocar

encogido, a Que es o está apocado o cohibido: *es muy encogido, por eso no le gusta asistir a actos sociales.*   adj.   = pusilánime

encogimiento
1 Acción y resultado de encoger o encogerse.   s.m.
2 Timidez que cohíbe a una persona en presencia de otras.   = pusilanimidad

encogollarse Subir la caza a las cimas de los árboles.   v.prnl./CAZA

encohetar
1 Atacar u hostigar a un toro o a otro animal con cohetes.   v.tr.
2 Enfurecerse o encolerizarse una persona.   v.prnl./C. Rica

encojar
1 Poner coja a una persona o un animal por accidente, enfermedad u otra circunstancia: *el jinete se encojó al caer del caballo.*   v.tr/prnl.   = renquear
2 Ponerse enferma una persona: *se encojó después de tomar un alimento en malas condiciones.*   v.prnl.
3 Simular una persona que está enferma: *se encojó para no ir a la escuela.*

encolado, a
1 Que está muy acicalado.   adj./Chile
2 Acción y resultado de encolar: *el encolado de las maderas ya está listo.*   s.m.
3 Clarificación de los vinos, licores y otras bebidas.
4 Preparación del hilo de urdimbre mediante la aplicación de sustancias adhesivas.   TEXTIL

encolador, a Persona que tiene por oficio encolar.   s.

encoladora Máquina con que se hace el encolado.   s.f.

encoladura
1 Encolado, operación de dar cola a una superficie para unirla a otra: *lo más fácil de empapelar una pared es la encoladura del papel.*   s.f.   = encolamiento
2 Operación de dar una o más capas de cola caliente a una superficie que se va a pintar al temple.   ARTE
3 Pegadura, unión entre dos o más piezas.

encolar
1 Unir dos cosas con cola u otra sustancia adhesiva: *encoló bien la pata a la mesa para que no se despegara.*   v.tr.   = pegar
2 Introducir informaciones, actividades o procesos en una cola.   INFORMÁTICA
3 Poner un vino más claro echándole cola.
4 Aplicar cola caliente a una superficie que ha de pintarse al temple.   ARTE
5 Lanzar una cosa a un lugar de donde no puede recuperarse con facilidad: *el balón se encoló en la terraza del cuarto piso.*   v.tr/prnl.   coloquial
6 Preparar el papel con una sustancia caliente para que no embeba y coja color.

encolerizar Poner a una persona colérica: *se encolerizó al saber la mala noticia.*   v.tr/prnl.   conj: cazar

encomendado, a
1 Indio que formaba parte de una encomienda.   s./HISTORIA
2 Dependiente del comendador en las órdenes militares.   s.m.   MILITAR

encomendamiento Acción y resultado de encomendar o encargar una cosa a una persona: *me dio el encomendamiento de entregártelo.*   s.m.   = encomendación, encargo

encomendar (Derivado del lat. *commendare*, confiar.)
1 Poner algo o a alguien al cuidado de una persona: *le encomendaron la vigilancia del preso; te encomiendo a mi hijo.*   v.tr.   conj: pensar

2 Hablar a una persona en favor de otra. = recomendar

3 Entregarse al amparo o protección de otra persona: *se encomendó a la Virgen para que le ayudara.*

4 Llegar a tener una persona encomienda de orden militar. v.intr. MILITAR

encomendería Abacería, tienda de comestibles. s.f./*Perú*

encomendero, a
1 Persona que vende comestibles. s./*Perú*
2 Persona que se dedica a suministrar la carne a las ciudades. *Cuba*

encomiador, a Que encomia o alaba. adj/s.

encomiar Alabar encarecidamente: *encomió al operario delante de su jefe.* v.tr. ≠ censurar

encomiasta Persona que alaba a otra. s.m.f./= panegirista

encomiástico, a (Del gr. *enkomiastikos.*) Que alaba o contiene alabanza: *acabó su discurso con una frase encomiástica.* adj. = laudatorio

encomienda
1 Acción y resultado de encomendar. s.f.
2 Cosa que se encarga, especialmente la molesta o inoportuna: *recuerda la encomienda que te hizo y cumple tu compromiso; me ha encargado una encomienda difícil.* = encargo
3 Elogio de una persona ante otra que puede repercutir en beneficio. = recomendación
4 Amparo dado a una persona.
5 Encargo de saludar a alguien: *déle mis más encarecidas encomiendas.* s.f.pl. = recuerdos
6 Paquete postal que se envía por correo o por otro servicio de transporte. *Amér. Merid., C. Rica, Guat.*
7 Dignidad de comendador en las órdenes civiles. s.f.
8 Cruz bordada o sobrepuesta que llevan los caballeros de las órdenes militares.
9 Dignidad, territorios y rentas que se otorgaban a algunos caballeros. HISTORIA
10 Institución jurídica implantada por España en América para reglamentar las relaciones entre españoles e indígenas. HISTORIA

encomio (Del gr. *enkomion.*) Alabanza encarecida a una persona: *su forma de actuar fue digna de encomio.* s.f. = elogio

encompadrar Contraer dos personas compadrazgo o amistad: *encompadró enseguida con los nuevos vecinos.* v.intr. tb: compadrar

enconado, a Se aplica a la pelea o disputa que es muy reñida: *tuvimos una discusión enconada sobre la calidad de su última novela.* adj. = encarnizado, violento

enconadura Enconamiento, inflamación de una herida. s.f. MEDICINA

enconamiento
1 Inflamación de una herida o una llaga. s.m./= enconadura
2 Sentimiento de rencor u odio que suele manifestarse de forma violenta o intensa: *manifestó ostensiblemente su enconamiento por su ideología ultraconservadora.* = encono

enconar (Del lat. *inquinare,* manchar, contaminar.)
1 Provocar una cosa la inflamación y la supuración de los tejidos de una herida: *la herida se le enconó por la falta de higiene.* v.tr/prnl. MEDICINA
2 Agravar, hacer más violenta o difícil una pelea o una discusión entre dos o más personas: *el forastero enconó los ánimos de los contendientes; se enconó la discusión con las últimas noticias.*
3 Llegar una persona al mayor grado de crueldad en el daño que hace a otra: *se enconó en sus enemigos.* v.prnl. + en
4 Conseguir provecho ilícitamente de un asunto o negocio que se administra o maneja. = aprovecharse

enconfitar Convertir una fruta en confitura. v.tr/tb: confitar

encono Sentimiento de rencor u odio hacia una persona o una cosa que suele manifestarse de forma violenta: *con un golpe en la mesa puso en evidencia su encono y enfado.* s.m. = animadversión, antipatía, enconamiento

enconoso, a
1 Que causa encono o animadversión: *me dirigió unas enconosas palabras.* adj.
2 Que tiende a sentir antipatía hacia otras personas. = bilioso

encontradamente De forma contraria u opuesta: *expuso sus ideas encontradamente a las de su adversario.* adv. = opuestamente

encontradizo, a
1 Que se encuentra con otra persona o cosa. adj./= topadizo
2 **hacerse el encontradizo:** Simular un encuentro casual: *se hizo el encontradizo para poder hablar con ella a solas.*

encontrado, a
1 Que es contrario, opuesto o antitético: *mantienen opiniones encontradas.* adj.
2 Que está frente a otra cosa: *sus ventanas están encontradas.*

encontrar (Derivado del lat. *ex contra,* desde enfrente.)
1 Dar de manera casual con la persona o cosa que busca: *lo encontré en el bar; al fin encontré las gafas; encontré el libro mientras buscaba un bolígrafo.* v.tr/prnl. conj: *contar* = hallar

2 Ponerse una persona o una cosa frente a otra o chocarse con otra de manera casual: *los dos camiones se encontraron al doblar la esquina.* v.prnl. = tropezarse

3 Formar una opinión o un juicio sobre una cosa, asunto o persona: *encuentro que es una persona lista y muy agradable.* = juzgar, opinar

4 Reunirse, estar dos o más personas juntas en un lugar: *se encontraron en la plaza.* v.prnl.

5 Estar una persona en un lugar o una situación: *se encontró solo y sin dinero.* = hallarse

6 Estar dos o más personas, actitudes o posturas en desacuerdo. = diferir

7 Tener los mismos gustos o aficiones. = coincidir

8 Sentirse físicamente de un modo determinado: *se encuentra mal y no irá.*

9 Romper dos o más personas su amistad o relación. = enfadarse

10 Estar una persona o una cosa entre otras: *me encuentro entre los agraciados.* = hallarse

11 **encontrarse alguien con algo:** Hallarlo por sorpresa: *se encontró con la casa desvalijada por los ladrones.* coloquial

12 **encontrárselo alguien todo hecho:** Conseguir lo que se busca o desea sin necesidad de esforzarse para ello: *se instaló en la casa y se encontró todo hecho.* coloquial

13 **no encontrarse:** Estar una persona descentrada o fuera de su ambiente habitual: *no se encuentra en su nuevo trabajo.* coloquial

encontronazo
1 Choque violento: *por fortuna, el encontronazo de los dos coches no tuvo víctimas.* s.m. tb: encontrón
2 Encuentro inesperado o sorprendente.
3 Riña o enfrentamiento: *al final de la manifestación hubo un encontronazo con los grupos radicales.*

encoñarse
1 Enamorarse perdidamente de una mujer. v.prnl./vulgar
2 Encapricharse de una cosa o persona: *se encoñó con el viaje al Caribe y no paró hasta conseguir el pasaje.* vulgar

encopetado, a
1 Que es de elevada posición social o presume de pertenecer a ella: *me encontraba a disgusto en tan encopetado cóctel.* adj.
2 Que presume mucho de sí mismo: *su encopetada forma de hablar me disgusta.*
3 Cateto vertical del cartabón de la armadura de un tejado. s.m. ARQUITECTURA

encopetar
1 Poner una cosa en alto: *el globo se encopetó en la copa del árbol.* v.tr/prnl.
2 Formar copete en una cosa o con ella: *una corona de niebla encopeta la cima de la montaña.* v.tr.
3 Ponerse una persona vanidosa: *se encopetó porque logró aprobar las oposiciones.* v.prnl. = engreírse

encorachar Meter una cosa en un saco de cuero para transportarla. v.tr.

encorajar
1 Dar valor y coraje a una persona: *los aplausos del público encorajaron al atleta.* v.tr. = animar
2 Ponerse una persona colérica: *no sé por qué se encorajó conmigo.* v.prnl. tb: encorajinar

encorajinar
1 Poner a una persona colérica: *al ver cualquier injusticia se encorajina.* v.tr/prnl. = encolerizar
2 Echarse a perder o malograrse un asunto o negocio. v.prnl./*Chile*

encorar
1 Cubrir una cosa con cuero: *mandó encorar los respaldos de las sillas.* v.tr/conj: *contar* = encorecer
2 Poner un líquido dentro de un recipiente de cuero. = encorecer
3 Hacer que una herida forme piel: *la herida del brazo ya empieza a encorarse.* v.intr/prnl. = encorecer

encorazado, a
1 Que va cubierto con una coraza: *un regimiento de soldados encorazados.* adj/s. = acorazado
2 Que está cubierto de cuero: *un baúl de madera encorazado y con repujados.*

encorchadora Máquina que pone los tapones de corcho a las botellas: *los dueños de la sidrería han comprado una nueva encorchadora.* s.f.

encorchadura Conjuntos de corchos que sirven para sostener flotantes las redes de pesca. s.f. PESCA

encorchar
1 Poner tapones de corcho o de otro material a las botellas. v.tr.
2 Poner trozos de corcho en las artes de pesca para que floten. PESCA
3 Coger un enjambre y alimentarlo para que entre en la colmena.

encorchetar
1 Poner corchetes a una prenda u otra cosa: *encorcheté las mangas para ajustarlas a las muñecas.* v.tr.
2 Sujetar o abrochar una cosa con corchetes.
3 Unir varias piedras con grapas. CONSTRUCCIÓN

encordadura Conjunto de cuerdas de un instrumento musical: *tengo que cambiar las encordaduras de las guitarras.* — s.f. MÚSICA

encordamiento Acción por la cual el alpinista se ata a la cuerda de seguridad. — s.m. DEPORTES

encordar
1 Poner las cuerdas de un instrumento musical: *encordar los violines de la orquestra representó un retraso en el ensayo.* — v.tr./conj: *contar* MÚSICA
2 Poner una cuerda alrededor de una cosa: *encordó fuertemente el paquete de los libros.* — = encordelar
3 Atarse el montañero a la cuerda de seguridad: *tuvo un pequeño accidente en la escalada por no haberse encordado bien.* — v.prnl. DEPORTES

encordelar
1 Poner una cuerda alrededor de una cosa: *encordeló el mango para que no se le encalleciera la mano.* — v.tr. = encordar
2 Atar con cordeles.

encordonar Poner cordones a una cosa para sujetarla o para adornarla. — v.tr./intr/prnl.

encorecer Encorar [en todas sus acepciones]. — v.tr./conj: *carecer*

encornado, a Se aplica al toro o a la vaca que tiene buena o mala encornadura. — adj.

encornadura
1 Forma o disposición de los cuernos de un animal: *el ñu tiene la encornadura curva.* — s.f.
2 Conjunto formado por los cuernos de un animal: *el ciervo renueva la encornadura cada año.* — = cornamenta, cuerna

encornudar
1 Ser un cónyuge infiel al otro: *encornudaba a su mujer con la vecina.* — v.tr. coloquial
2 Echar un animal los cuernos. — v.intr.

encorozar
1 Poner un capirote a una persona como señal de castigo. — v.tr. conj: *cazar* Chile
2 Emparejar una pared.

encorralar Meter el ganado en el corral: *al caer la tarde, el pastor encorrala las ovejas.* — v.tr.

encorrear Sujetar una cosa con correas. — v.tr.

encorsetado, a
1 Que lleva corsé: *tiene que ir encorsetada por su escoliosis.* — adj.
2 Se aplica a la persona estirada o rígida: *a nadie cae bien porque es muy encorsetado.* — = engreído coloquial
3 Que está limitado o controlado: *tiene unas ideas muy encorsetadas.*

encorsetar
1 Hacer que el cuerpo de una persona se ajuste con un corsé, por razones estéticas o terapéuticas: *antes, las mujeres se encorsetaban; el traumatólogo le encorsetó para corregir la desviación de columna.* — v.tr/prnl.
2 Limitar el pensamiento o la actuación de una persona: *la cerrazón del partido encorsetaba mis propias ideas.* — v.tr.

encortinar Adornar un lugar con cortinas: *encortinó el salón con telas de raso.* — v.tr.

encorujarse Encoger o doblar el cuerpo: *se encorujó en la cama porque le dolía el estómago.* — v.prnl./= acurrucarse, aovillarse

encorvada
1 Acción y resultado de encorvar o encorvarse. — s.f./= encorvadura
2 Planta de tallos rectos, hojas acorazonadas, flores amarillas y fruto en vaina con semillas rojas y prismáticas. *(Securigera coronilla.)* — BOTÁNICA = hierba de la segur
3 **hacer alguien la encorvada:** Fingir una enfermedad para eludir un trabajo o compromiso. — coloquial

encorvadura Acción y resultado de encorvar o encorvarse. — s.f. = encorvamiento

encorvar (Del lat. *incurvare.*)
1 Doblar una cosa en forma de curva: *con el calor se encorvó el cartel.* — v.tr/prnl. = arquear, corvar
2 Inclinarse una persona doblando la espalda: *se encorvó para recoger el papel que había en el suelo.* — v.prnl./= arquearse, corcovarse
3 Mostrar preferencia o parcialidad: *se encorvó por el equipo local.* — + a, por = inclinarse
4 Bajar el caballo la cabeza para lanzar al jinete. — EQUITACIÓN

encostalar Meter una cosa en un costal: *encostalar las mieses.* — v.tr.

encostarse Acercarse una embarcación a la costa, a lo largo de su ruta. — v.prnl. NÁUTICA

encostillado
1 Conjunto de maderos o armazones metálicos a modo de costillas que sostienen y refuerzan las paredes de un pozo, galería o mina. — s.m. MINERÍA
2 Adorno superficial que consiste en una serie de depresiones, arrugas o costillas en la pintura.

encostradura
1 Corteza exterior endurecida de un cuerpo. — s.f./= costra
2 Revestimiento de tablas o placas delgadas de piedra, mármol u otro material. — ARQUITECTURA

3 Blanqueo con cal. — = encaladura

encostrar
1 Cubrir una cosa con una costra o capa de otra sustancia para conservarla, resguardarla, etc.: *encostró la tarta con azúcar.* — v.tr.
2 Formar una cosa costra: *aunque era una herida profunda, se encostró rápidamente.* — v.intr/prnl.

encovado, a Que está oculto o encerrado: *los encovados pensamientos de una persona introvertida.* — adj. literario

encovar
1 Meter en una cueva: *el queso de Cabrales se encueva para que fermente.* — v.tr/prnl./conj: *contar* tb: encuevar
2 Tener una cosa en sí misma o en su interior a otra: *aquel libro encovaba la verdadera historia.* — v.tr. = contener, guardar
3 Obligar a una persona o animal a esconderse: *el ladrón se encovó para escapar de la policía.* — v.tr/prnl.

encrasar (Del lat. *incrassare.*)
1 Poner o volverse un líquido espeso: *el aceite se encrasó a causa del frío.* — v.tr/prnl.
2 Fertilizar un terreno poniéndole abono: *al excretar el ganado en ese olivar, la tierra se encrasó.* — AGRICULTURA

encrespado, a
1 Que se encrespa o ha sido encrespado. — adj.
2 Se aplica al cabello tieso o mal rizado: *ha dormido mal y se ha levantado con el pelo encrespado.*

encrespador, a
1 Que encrespa. — adj.
2 Utensilio con el que se riza el pelo. — s.m./= rizador

encrespamiento
1 Rizado del pelo. — s.m.
2 Erizamiento del pelo o del plumaje, debido a una fuerte impresión recibida.
3 Fuerte oleaje: *el ferry se movía mucho por el encrespamiento de las aguas del estrecho.*
4 Acción de predisponer a una persona a la violencia.
5 Complicación de un asunto: *el encrespamiento de la negociación retrasó la firma del acuerdo.*

encrespar (Del bajo lat. *incrispare.*)
1 Hacer pequeños rizos en el pelo: *últimamente se ha encrespado la melena.* — v.tr/prnl. = ensortijarse
2 Poner rígido el pelo o el plumaje el miedo o una impresión fuerte: *se le encrespó el lomo al ver el ratón.*
3 Causar irritación o enfado: *sus bromas encresparon los ánimos.* — = crisparse
4 Embravecerse el mar por la acción del viento: *el océano se encrespó.* — = agitarse
5 Hacerse un asunto difícil o complicado: *las negociaciones se encresparon.* — v.prnl.

encrestado, a Que se comporta con altivez y soberbia: *desde que ocupa un cargo de responsabilidad está muy encrestado.* — adj. = engreído

encrestarse Ponerse tiesa la cresta de las aves. — v.prnl.

encristalar Poner cristales en una ventana, una puerta o una galería: *tuvieron que encristalar la galería porque se inundaba cada vez que llovía.* — v.tr. CONSTRUCCIÓN tb: acristalar

encrucijada
1 Cruce de varios caminos: *en la encrucijada hay un cartel indicador.* — s.f.
2 Situación difícil en que no se sabe qué conducta seguir: *estamos en una encrucijada y debemos tomar una opción.* — = dilema

encrudecer
1 Dar aspecto o cualidad de crudo: *esta comida se encrudece en la nevera.* — v.tr/prnl. conj: *carecer*
2 Enfadar o irritar a una persona: *le encrudece tu actitud.* — = exasperar

encruelecer
1 Inducir a una persona a la crueldad: *las películas violentas pueden encruelecer.* — v.tr. conj: *carecer*
2 Hacerse cruel. — v.prnl.

encuadernación
1 Operación de encuadernar o poner las cubiertas a un libro. — s.f. ARTES GRÁFICAS
2 Manera de estar encuadernado o forrado un libro: *es una encuadernación poco resistente.* — ARTES GRÁFICAS
3 Forro o cubierta que se pone a los libros para proteger sus hojas.
4 Taller donde se encuaderna. — ARTES GRÁFICAS

encuadernador, a
1 Persona que tiene por oficio encuadernar libros o fascículos. — s. ARTES GRÁFICAS
2 Pieza de metal que sirve para unir varios pliegos en forma de cuaderno. — s.m. ARTES GRÁFICAS

encuadernar Coser o pegar las hojas que constituyen un libro o publicación y ponerles las tapas: *sólo me falta encuadernar la tesis.* — v.tr. ARTES GRÁFICAS

encuadramiento
1 Acción y resultado de encuadrar personas para formar grupos: *el encuadramiento de jugadores en el equipo oficial.* — s.m

2 Disposición de la imagen que se quiere fotografiar o filmar. — CINE. FOTOGRAFÍA

encuadrar
1 Poner una cosa en un marco o cuadro: *encuadraré este retrato.* — v.tr. = enmarcar
2 Servir una cosa de marco a otra: *una pequeña línea encuadraba su pintura.*
3 Situar un hecho, una persona o una cosa en el espacio o en el tiempo: *su obra se encuadra en el romanticismo.* — v.tr./prnl. = enmarcar
4 Disponer la imagen que se quiere fotografiar o filmar de la forma deseada. — v.tr./CINE. FOTOGRAFÍA
5 Incorporar a una persona en un grupo que realiza cierta actividad: *se encuadró en el partido comunista.* — v.tr./prnl. = integrar

encuadre
1 Porción de espacio que es captado por el objetivo de una cámara: *si no os juntáis, no cabéis todos en el encuadre; todos los encuadres eran de primer plano.* — s.m./CINE. FOTOGRAFÍA = encuadramiento
2 Colocación de la imagen que se quiere filmar dentro de los límites del visor. — CINE. FOTOGRAFÍA
3 Composición que se obtiene en la fotografía o en las tomas de la cámara: *conseguir un buen encuadre.* — CINE. FOTOGRAFÍA
4 Cada control de un televisor que regula el ajuste de la imagen. — AUDIOVISUALES
5 Ajuste de la imagen en la pantalla de televisión. — AUDIOVISUALES

encuartar
1 Poner una caballería o una yunta de refuerzo a un vehículo. — v.tr.
2 Calcular el aumento de precio de las piezas de madera o piedra, cuando alguna de sus dimensiones excede de las establecidas.

encuarte
1 Caballería o yunta de refuerzo que se añade al tiro de un carruaje, para subir una cuesta o salir de un atasco. — s.m.
2 Sobreprecio que se añade a las piezas de madera o piedra cuando alguna de sus dimensiones excede de lo establecido.

encuartelar Reunir a la tropa en un cuartel o hacer que permanezca en él: *ante el posible ataque, el capitán acuarteló a los soldados.* — v.tr. MILITAR tb: acuartelar

encuartero, a Persona que se encarga del cuidado de las caballerías de encuarte o refuerzo. — s.

encubado Operación de poner las uvas dentro de las cubas para que fermenten en ellas: *el encubado es una operación que tiene lugar antes del prensado en los vinos tintos.* — s.m.

encubar
1 Poner el vino u otro líquido en una cuba: *no encuban el vino hasta que no está prensado.* — v.tr.
2 Asegurar o reforzar las paredes de un pozo en redondo. — MINERÍA

encubertar
1 Cubrir una cosa, en especial el cuerpo del caballo, con lanas y seda negra en señal de luto. — v.tr.
2 Cubrirse el cuerpo con una defensa para protegerse de los golpes durante el combate. — v.prnl. MILITAR

encubierta Ocultación delictiva de una cosa: *serás acusado de la encubierta de ese fraude.* — s.f. = encubrimiento

encubiertamente
1 En secreto: *encubiertamente le preparó una fiesta de cumpleaños.* — adv.
2 Con fraude y engaño: *su socio llevó a cabo el falso negocio encubiertamente.*

encubridor, a Que oculta una cosa, especialmente un delito o a un delincuente: *la policía sabe que en este asunto hay un encubridor.* — adj./s. = cómplice

encubrimiento
1 Acción y resultado de encubrir. — s.m.
2 Delito que consiste en ocultar una acción ilegal o en ayudar a los culpables a no ser descubiertos, sin participar en su organización y ejecución: *alojó al terrorista en su casa y está acusado de encubrimiento.* — DERECHO

encubrir
1 Ocultar una cosa o no manifestarla: *encubre sus malas intenciones para que nadie le pueda impedir sus propósitos.* — v.tr./prnl./conj: abrir part: encubierto
2 Ocultar a un delincuente o un delito para que no sea descubierto: *encubrir al ladrón.* — v.tr. DERECHO

encuclillarse Ponerse en cuclillas. — v.prnl./Méx.

encuentro
1 Cruce o choque en un punto de dos o más cosas: *se citaron en el encuentro de las dos avenidas.* — s.m.
2 Acción de encontrarse casualmente dos o más personas: *nos conocimos en un encuentro fortuito.*
3 Entrevista o reunión de dos o más personas para tratar asuntos o desarrollar actividades relacionadas con sus intereses profesionales o de otro tipo: *se celebra un encuentro para hablar de la medicina alternativa.*
4 Competición deportiva: *el encuentro entre los equipos favoritos será televisado.* — DEPORTES

5 Acción de topetar o golpear con la cabeza los carneros y otros animales.
6 Discusión o disputa entre personas.
7 Madero con que se asegura el telar para tejer lienzos. — TEXTIL
8 Concurrencia de dos puntos o cartas iguales en juegos de dados o de naipes. — JUEGOS
9 Jugada del billar en que la carambola se produce por retruque. — JUEGOS
10 Enfrentamiento inesperado de tropas enemigas. — MILITAR
11 Ajuste de estampaciones de colores distintos en el arte del grabado. — ARTES GRÁFICAS
12 Ángulo formado por dos vigas horizontales o carreras. — ARQUITECTURA
13 Macizo comprendido entre un ángulo de un edificio y el vano más cercano. — ARQUITECTURA
14 Axila, concavidad situada entre el brazo y el tórax. — ANATOMÍA
15 Suerte de matar parecida a la de aguantar, en la que el diestro previene el viaje del toro y mejora su terreno. — TAUROMAQUIA
16 Parte del ala de un ave, inmediata al pecho. — s.m.pl./ZOOLOGÍA
17 Puntas de las espaldillas de las caballerías y otros cuadrúpedos. — ZOOLOGÍA
18 ir al encuentro de alguien: Ir en busca de una persona: *fue al encuentro de su padre a la hora de su salida del trabajo.*
19 salirle al encuentro a alguien: Salir a recibirle: *salieron a mi encuentro en la estación.*

encuerado, a Que está en cueros o desnudo. — adj./Amér.

encuerar
1 Desnudar, quitar la ropa. — v.tr./Méx.
2 Emborracharse, ponerse borracho. — v.prnl./Méx./vulgar

encuesta (Del fr. *enquête*.)
1 Serie de preguntas que se formulan a un grupo de personas para conocer su opinión sobre un asunto determinado: *me hicieron una encuesta sobre la atención médica del país.* — s.f. ESTADÍSTICA
2 Conjunto de acciones realizadas para averiguar una cosa. — ESTADÍSTICA

encuestado, a Se aplica a la persona que responde a una encuesta: *los encuestados tienen que ser personas mayores de edad.* — adj./s. ESTADÍSTICA

encuestador, a Persona que se dedica a hacer preguntas para encuestas: *hay encuestadores que trabajan por teléfono.* — s. ESTADÍSTICA

encuestar
1 Hacer preguntas a una persona para una encuesta: *encuestaron a todos los alumnos del centro.* — v.tr. ESTADÍSTICA
2 Someter un asunto a una encuesta o una investigación.
3 Hacer una persona encuestas o investigaciones. — v.intr.

encuetarse Emborracharse por efecto del exceso de alcohol. — v.prnl./Méx. vulgar

encuitarse Sentir pena: *se encuitó al saber que no podría despedirse de él.* — v.prnl. = afligirse

encularse Enamorarse, sentir amor y atracción física por una persona. — v.prnl./Méx. vulgar

enculatar
1 Cubrir una colmena con un panal superpuesto. — v.tr.
2 Poner una culata en un arma de fuego.

enculturación Proceso por el que una persona adopta la cultura y las costumbres del país o la comunidad en que vive. — s.f. SOCIOLOGÍA = endoculturación

encumbrado, a
1 Que está elevado o en un alto: *las encumbradas cimas de la cordillera.* — adj.
2 Se aplica a la posición social que es muy alta o elevada y a la persona que está en esta posición.

encumbramiento
1 Acción y resultado de encumbrar o encumbrarse. — s.m.
2 Altura o elevación.
3 Acción y resultado de ensalzar o exaltar: *su texto es un auténtico encumbramiento de los valores de la cultura occidental.* — = ensalzamiento

encumbrar
1 Levantar en alto o acceder a la parte elevada de algo: *se encumbró a lo alto de la torre.* — v.tr/prnl.
2 Poner a una persona en una posición social o económica elevada: *ese productor encumbró al joven actor; se encumbró por méritos propios.* — = ensalzar, exaltar
3 Llegar a la cumbre de una montaña: *encumbramos el Aneto.* — v.tr. = coronar
4 Volverse una persona engreída: *la actriz se encumbró por la fama que en poco tiempo consiguió.* — v.prnl. = endiosarse
5 Subir o llegar a mucha altura: *los rascacielos neoyorquinos se encumbran hasta perderse en la niebla.*

encunar
1 Poner a un niño en la cuna: *le dijo a la canguro que encunara al bebé.* — v.tr.

2 Coger el toro entre las astas al torero. **TAUROMAQUIA**

encurdarse Embriagarse o emborracharse: *si sigues bebiendo tanto, te encurdarás.* v.prnl. / coloquial

encureñar Poner el cañón en la cureña o armazón especial. v.tr. / MILITAR

encurtido, a Se aplica al fruto o legumbre que se conserva en vinagre y se come como entremés o tapa: *tomaremos cebollas y pepinillos encurtidos.* adj/s.m. / COCINA

encurtir Conservar en vinagre frutos o legumbres: *cada año encurtía pepinos y zanahorias.* v.tr. / COCINA

ende (Del lat. *inde*, de allí.) Indica por tanto en la expresión **por ende**: *cargó con todos, y, por ende, con sus hijos.* loc.adv.

endeble (Del lat. vulgar *indebilis*.)
1 Que tiene poca fuerza o resistencia: *es un niño endeble y enfermizo; este estante es demasiado endeble.* adj. / = flojo
2 Que tiene poco fundamento o valor: *basa su teoría en un argumento endeble.* = inconsistente / ≠ consistente

endeblucho, a Que tiene la salud delicada: *su abuelo últimamente anda muy endeblucho.* adj. / coloquial

endeca- Componente de palabra procedente del gr. *endeka*, que significa once: *endecasílabo; endecágono.* pref.

endécada Período de once años. s.f.

endecágono, a Se aplica al polígono que tiene once ángulos. adj/s.m. / GEOMETRÍA

endecasílabo, a
1 Se aplica al verso que tiene once sílabas: *los endecasílabos de un soneto.* adj/s.m. / POESÍA
2 Que está compuesto de estos versos: *su último poema es una composición endecasílaba.* adj. / POESÍA
3 **endecasílabo anapéstico, dáctilo o de gaita gallega:** El que se acentúa en la cuarta y séptima sílabas. POESÍA
4 **endecasílabo común, yámbico o heroico:** El que se acentúa en la sexta sílaba. POESÍA
5 **endecasílabo sáfico:** El que se acentúa en la cuarta y octava sílabas. POESÍA

endecha (Probablemente del lat. *indicta < indicere*, anunciar, señalar.)
1 Estrofa que está formada por cuatro versos de seis o siete sílabas, generalmente con rima asonante. s.f. / POESÍA
2 Canción triste en la que el poeta se lamenta de algo o de una cosa. POESÍA
3 **endecha endecasílaba o real:** La que está formada por tres versos, generalmente heptasílabos, y uno endecasílabo que forma asonancia con el segundo. POESÍA

endehesar Meter el ganado en una dehesa para que engorde. v.tr.

endeja Saliente que se deja en una pared que puede tener continuación, para que la parte nueva quede mejor unida con la vieja. s.m. / CONSTRUCCIÓN / = adaraja

endemia (Del gr. *endemia < en*, en + *demos*, pueblo.) Enfermedad que se da habitualmente en una misma zona geográfica: *el beriberi y el cólera son endemias.* s.f. / MEDICINA

endémico, a
1 Que tiene relación con la endemia: *debes vacunarte de las enfermedades endémicas del trópico.* adj. / MEDICINA
2 Se aplica al acto o suceso que se repite con frecuencia en una zona: *los enfrentamientos con la guerrilla son ya endémicos.*
3 Se aplica a las especies vegetales y animales originarias de una región o comarca restringida: *el pinsapo es endémico de la sierra de Grazalema en Granada.* BIOLOGÍA, ECOLOGÍA

endemismo Carácter de las especies de seres vivos que tienen una distribución geográfica limitada, distorsionada por la acción del hombre o por la expansión de otras especies. s.m. / BIOLOGÍA, ECOLOGÍA

endemoniado, a
1 Que está poseído por el demonio: *la leyenda habla del espíritu endemoniado del castillo.* adj/s. / = poseso
2 Se aplica a la persona que es muy mala o perversa. adj.
3 Se refiere al niño que es muy travieso. coloquial
4 Que fastidia, molesta o da mucho trabajo: *¡cómo me molestan estos endemoniados zapatos!* coloquial
5 Que es de mala calidad o muy desagradable: *material endemoniado.*

endemoniar
1 Introducir los demonios o espíritus malignos en el cuerpo de una persona. v.tr. / = endiablar
2 Poner a una persona furiosa o colérica: *sus hirientes palabras me endemoniaron; se endemonió al verme.* v.tr/prnl.

endentado, a Se aplica a las borduras, cruces y sotueres que tienen dientes pequeños y triangulares. adj./HERÁLDICA / = enclavado

endenantes Hace poco tiempo. adv./Amér./vulgar

endentar
1 Encajar una cosa dentro de otra por medio de dientes o muescas: *no puedo endentar los engranajes.* v.tr. / conj: pensar / = dentar
2 Hacer dientes en el borde de una cosa.

endentecer Comenzar los niños a echar los dientes: *el bebé empezará a endentecer hacia los seis o siete meses.* v.intr. / conj: carecer

endeñarse Inflamarse o infectarse un herida. v.prnl.

enderezado, a Que tiende o es favorable a cierta cosa: *la administración está enderezada a la aceptación de voluntarios.* adj. / + a

enderezamiento Acción y resultado de enderezar o enderezarse: *estos ejercicios favorecerán el enderezamiento de tu espalda.* s.m.

enderezar (Del bajo lat. *directiare*.)
1 Poner derecha una cosa que está torcida: *el alambre se endereza fácilmente.* v.tr/prnl/conj: cazar / tb: enderechar
2 Poner vertical una cosa que está inclinada o tendida: *aquella valla se enderezó con la ayuda de una grúa.*
3 Arreglar la marcha de una cosa que no va bien: *los negocios se enderezaron al ponerse él al frente de la compañía.*
4 Dirigir una acción hacia un objetivo: *su carrera se endereza hacia la política.*
5 Dirigir una carta u otro escrito a una persona: *el escritor le enderezó su última novela.* v.tr. / = dedicar

enderrotar Dar el rumbo conveniente a una embarcación. v.tr. / NÁUTICA

endeudamiento Procedimiento para obtener financiación mediante la asunción de deudas: *el ayuntamiento acudirá al endeudamiento para financiar las nuevas inversiones.* s.m. / ECONOMÍA

endeudar
1 Hacer contraer deudas a una persona: *se endeudó por la mala gestión que hizo de su patrimonio.* v.tr/prnl.
2 Sentirse obligado con una persona por haber recibido un favor: *me endeudé con él cuando me salvó la vida.* v.prnl. / + con

endevotado, a
1 Que es muy devoto o muy dado a la devoción. adj.
2 Que está muy enamorado o prendado de una persona.

endiablada Fiesta popular de carnaval, en la que algunas personas se disfrazan de diablo con máscaras, llevando por lo común cencerros con los que producen ruido al saltar. s.f.

endiablado, a
1 Se aplica a la persona que es muy mala o perversa: *la protagonista de la película es vengativa y endiablada.* adj. / = endemoniado
2 Se refiere a los niños que son inquietos y revoltosos: *cuesta dominar a este mocoso endiablado.* = travieso
3 Que fastidia, molesta o da mucho trabajo: *no puedo resolver este endiablado problema; hace un frío endiablado.* coloquial / = insoportable
4 Que está poseído por el demonio: *fue condenado a la hoguera por endiablado y hereje.* adj/s. / = endemoniado

endiablar
1 Introducir los demonios en el cuerpo de una persona. v.tr. / = endemoniar
2 Ponerse una persona furiosa o colérica: *se endiabló al saber que había perdido el monedero.* v.prnl. / = enfurecerse

endíadis (Del gr. *hen dia dyoin*, una cosa por medio de dos.) Figura retórica que consiste en denominar un solo concepto con dos palabras unidas por una conjunción coordinada. s.f. / pl: endíadis / RETÓRICA

endibia
1 Variedad de achicoria cuyas hojas adquieren una disposición fusiforme, que se blanquean protegiéndolas de la luz, cultivada para el consumo. s.f. / AGRICULTURA
2 Escarola, planta hortense. BOTÁNICA

endilgar
1 Dar una cosa molesta o pesada a una persona: *me han endilgado el peor trabajo.* v.tr/conj: pagar / tb: indilgar
2 Mostrar a una persona el camino que ha de seguir.

endino, a Que es indigno o perverso. adj./coloquial

endiñar
1 Dar un golpe a una persona: *le endiñó un puñetazo.* v.tr/vulgar
2 Dar una cosa molesta o pesada a una persona: *le endiñó todas las maletas.* = endilgar

endiómetro Instrumento para determinar el meridiano de un lugar. s.m. / ASTRONOMÍA

endiosamiento
1 Envanecimiento, altivez extremos: *pronto su endiosamiento le hizo perder a sus amigos.* s.m. / = envanecimiento
2 Estado de quien se encuentra extasiado o en suspensión de los sentidos. = esimismado

endiosar
1 Dar la categoría y el trato de un dios a una persona: *algunas culturas endiosan a sus líderes.* v.tr.
2 Ensalzar excesivamente a una persona: *lo endiosaron con tanto halago y buenas críticas.* = encumbrar
3 Volverse una persona engreída: *se ha endiosado de un tiempo acá.* v.prnl. / = encumbrarse
4 Quedarse una persona extasiada. = ensimismarse

enditarse Contraer deudas. v.prnl./Chile

endivia Endibia [en todas sus acepciones]. s.f./BOTÁNICA

endo- Componente de palabra procedente del gr. *endon*, que significa dentro, interior: *endogamia; endoscopia.* `pref.`

endoblar Hacer que dos ovejas críen a la vez un cordero. `v.tr.` `= doblar`

endoblasto Entoblasto, hoja germinativa embrionaria. `s.m.` `BIOLOGÍA`

endoble Jornada doble que hacen mineros y fundidores al hacer el cambio de turno. `s.m.`

endocárdico, a Que tiene relación con el endocardio: *película endocárdica.* `adj.` `ANATOMÍA`

endocardio (Del gr. *endon*, dentro + *kardia*, corazón.) Membrana que recubre las cavidades del corazón. `s.m.` `ANATOMÍA`

endocarditis Inflamación del endocardio, que puede llegar a afectar a las válvulas del corazón. `s.f./pl: endocarditis` `MEDICINA`

endocarpo (Del gr. *endon*, dentro + *karpos*, fruto.) Capa interna de las tres que forman el pericarpio de los frutos. `s.m.` `BOTÁNICA` `tb: endocarpio`

endocervitis Inflamación de la mucosa del cuello del útero. `s.f./pl: endocervitis` `MEDICINA`

endocondral Que está situado en el interior de un cartílago. `adj./ANATOMÍA` `= encentral`

endocráneo Superficie interna de la caja del cráneo. `s.m/ANATOMÍA`

endocrino, a
1 Que tiene relación con las hormonas o con las secreciones internas: *glándulas endocrinas.* `adj.` `MEDICINA`
2 Endocrinólogo, médico: *después de varios años de práctica hospitalaria se instaló como endocrino.* `s./MEDICINA` `coloquial`

endocrinología Parte de la medicina que estudia las glándulas y sus secreciones internas. `s.f.` `MEDICINA`

endocrinológico, a Que tiene relación con la endocrinología. `adj.` `MEDICINA`

endocrinólogo, a Médico especialista en las secreciones de las glándulas endocrinas. `s./MEDICINA` `= endocrino`

endocrinopatía Enfermedad que afecta a las glándulas de secreción interna. `s.f.` `MEDICINA`

endodermis Capa más profunda de la corteza primaria de las raíces y tallos. `s.f./pl: endodermis` `BOTÁNICA`

endodermo (Del gr. *endon*, dentro + *derma*, piel.) Entoblasto, hoja germinativa embrionaria. `s.m./BIOLOGÍA` `= endoblasto`

endodoncia
1 Parte de la odontoestomatología que estudia la patología y tratamiento de las afecciones de la pulpa y raíz dentarias. `s.f.` `MEDICINA`
2 Tratamiento de las afecciones de la pulpa dentaria. `MEDICINA`

endoesqueleto Esqueleto interno de los animales vertebrados. `s.m./ZOOLOGÍA` `= neuroesqueleto`

endófito, a Se aplica al parásito que vive en el interior de los tejidos de una planta. `adj./s.m.` `BIOLOGÍA`

endogamia (Del gr. *endon*, dentro + *gameo*, casarse.)
1 Sistema de reproducción en el que los cruzamientos se realizan entre individuos con parentesco genético. `s.f.` `BIOLOGÍA`
2 Costumbre u obligación que tiene un individuo de contraer matrimonio con miembros de un mismo linaje o grupo étnico, social o religioso. `SOCIOLOGÍA`

endogámico, a Que tiene relación con la endogamia. `adj.` `SOCIOLOGÍA`

endogénesis (Del gr. *endon*, dentro + *genesis*, generación.) Reproducción por escisión del elemento primitivo en el interior del órgano que lo engendra. `s.f.` `pl: endogénesis` `BIOLOGÍA`

endógeno, a
1 Que se origina en el interior: *célula endógena.* `adj.`
2 Que se origina por causas internas.
3 Se aplica a la roca que se forma en el interior de la tierra. `GEOLOGÍA`

endolinfa Líquido que llena el laberinto del oído de los vertebrados. `s.f.` `FISIOLOGÍA`

endometrio Mucosa interna del útero. `s.m./ANATOMÍA`

endometriosis Afección ginecológica que se caracteriza por la presencia de un tumor fuera del útero, constituido por mucosa uterina. `s.f.` `pl: endometriosis` `MEDICINA`

endometritis Inflamación de la mucosa del útero, que se manifiesta con fiebre, dolores y pérdidas purulentas. `s.f.` `pl: endometritis` `MEDICINA`

endomingado, a Se aplica a la persona que se viste con ropa de fiesta o de forma elegante: *suele ir muy endomingado a las cenas.* `adj.` `= dominguero`

endomingarse Vestirse una persona con ropa de fiesta: *se endomingó para acudir a mi cumpleaños.* `v.prnl.` `conj: pagar`

endomorfismo
1 Morfismo u homorfismo de un conjunto en sí mismo. `s.m.` `MATEMÁTICAS`
2 Diferencia de composición en una roca endógena, en la zona de contacto con una roca a la cual atraviesa. `GEOLOGÍA`

endoparásito, a Se aplica al parásito que vive en el interior del cuerpo de un animal o planta: *la lombriz intestinal es un animal endoparásito.* `adj/s.m./BIOLOGÍA` `= entozoario` `≠ ectoparásito`

endoplasma Parte interior o central del cuerpo de los seres unicelulares. `s.m.` `BIOLOGÍA`

endoprocto, a Perteneciente a un grupo de invertebrados marinos cuyo intestino desemboca en el interior de una corona de tentáculos. `adj/s.m.` `ZOOLOGÍA`

endorfina Sustancia narcótica que segrega el encéfalo como respuesta a dolores muy intensos. `s.f./BIOQUÍMICA` `= encefalina`

endorreico, a Se aplica al lugar que tiene corrientes de agua permanentes pero que no llegan al mar. `adj.` `GEOGRAFÍA`

endorreísmo Afluencia de los cursos de agua de un territorio hacia las depresiones interiores, sin que tengan desagüe al mar. `s.m.` `GEOGRAFÍA` `≠ exorreísmo`

endosante Persona que cede un documento de crédito a otra. `s.m.f.` `COMERCIO`

endosar
I (Del fr. *endosser*.)
1 Ceder a una persona una letra, un cheque u otro documento de crédito a otra. `v.tr./COMERCIO` `tb: endorsar`
2 Dar una cosa molesta a otra persona: *le endosó el trabajo más difícil.* `coloquial` `= endilgar`
II (De origen incierto.) Conseguir que el que no hace la contra siente segunda baza, en el juego del tresillo. `v.tr.` `JUEGOS`

endosatario, a Persona en cuyo favor se endosa un documento de crédito. `s.` `COMERCIO`

endoscopia Exploración visual de los conductos o cavidades internas del cuerpo humano mediante un endoscopio: *la endoscopia reveló la existencia de una úlcera de estómago.* `s.f.` `MEDICINA`

endoscopio (Del gr. *endon*, dentro + *skopeo*, observar.) Aparato óptico que permite realizar el examen visual de los conductos o cavidades internas del cuerpo. `s.m.` `MEDICINA`

endose Acción y resultado de endosar en el juego del tresillo. `s.m.` `JUEGOS`

endoselar Hacer un dosel sobre una cosa: *el monarca ordenó endoselar su trono.* `v.tr.`

endosfera Núcleo o parte central de la esfera terrestre. `s.f.` `GEOLOGÍA`

endósmosis Penetración de agua en la célula causada porque la concentración molecular de su interior es más alta que la del medio que la rodea. `s.f./pl: endósmosis` `BIOLOGÍA` `tb: endosmosis`

endoso
1 Acción y resultado de ceder un documento de crédito. `s.m.` `COMERCIO`
2 Escrito firmado en el dorso de un efecto comercial, que transfiere su propiedad a otra persona. `COMERCIO`

endosperma Tejido del embrión de las plantas fanerógamas que, en el momento en que la semilla madura, asegura la nutrición del embrión. `s.f.` `BOTÁNICA`

endotelio (Del gr. *endon*, dentro + *thele*, pezón del pecho.) Tejido formado por células planas que recubre algunas cavidades internas del organismo y el interior de los vasos sanguíneos y el corazón. `s.m.` `ANATOMÍA`

endotérmico, a Se refiere a la reacción que se produce con absorción de calor. `adj./QUÍMICA` `≠ exotérmico`

endotoxina Componente de la pared de algunas bacterias, que tiene propiedades tóxicas que se manifiestan en ciertas enfermedades infecciosas como la fiebre tifoidea. `s.f.` `BIOLOGÍA`

endovenoso, a Que se coloca o está en el interior de una vena: *es una inyección endovenosa.* `adj./MEDICINA` `= intravenoso`

endriago Monstruo fantástico, mezcla de ser humano y de varias fieras. `s.m.` `MITOLOGÍA`

endrina Fruto del endrino. `s.f./tb: andrina`

endrinal Terreno poblado de endrinos. `s.m.`

endrino, a (Derivado del bajo lat. *pruna atrina*, ciruelas negruzcas.)
1 Que tiene el color negro azulado de la endrina. `adj.`
2 Ciruelo silvestre, cuyos frutos son de color negro azulado y de sabor áspero y agrio. (*Prunus spinosa.*) `adj.m./BOTÁNICA` `= andrino, asarero`

endrogarse
1 Contraer deudas una persona con otra o con una empresa financiera. `v.prnl./conj: pagar` `Méx., Chile, Perú`
2 Drogarse, consumir drogas. `Dom., P. Rico`

endulzadura Acción y resultado de endulzar. `s.f.`

endulzante Se aplica a la sustancia que endulza los alimentos: *toma un endulzante bajo en calorías.* `adj/s.m.` `= edulcorante`

endulzar
1 Dar sabor dulce a una cosa: *endulzar el requesón con miel.* `v.tr/prnl./conj: cazar` `= edulcorar`
2 Hacer más leve un sufrimiento o un hecho molesto: *intentó endulzar su pena haciéndole compañía.* `= mitigar`

endurador, a Que es poco inclinado a gastar y menos a dar. `adj/s.` `= tacaño, roñoso`

endurar (Del lat. *indurare*.)
1 Poner una cosa dura: *el cemento rápido se endura en poco tiempo.* — v.tr/prnl. = endurecer
2 Soportar una persona una cosa: *no sé cómo puedes endurar su mal humor.* — v.tr. = tolerar
3 Dejar una cosa para hacerla más tarde: *prefiero endurar este trabajo para mañana.*
4 Gastar lo menos posible de una cosa. — = economizar

endurecedor, a
1 Que endurece: *materia endurecedora.* — adj.
2 Sustancia que acelera el fraguado del hormigón y de ciertas resinas sintéticas. — s.m. CONSTRUCCIÓN

endurecer (Del lat. *induscere*.)
1 Poner una cosa dura: *el aire ha endurecido el queso; el pan se endureció al estar fuera de la bolsa.* — v.tr/prnl. conj: carecer
2 Hacer que una persona sea resistente al trabajo o al dolor: *el capataz endureció a sus hombres antes de emprender el viaje.* — = curtir
3 Hacer cruel o insensible a una persona: *la edad lo fue endureciendo, ya no se compadece de cualquier cosa.* — = insensibilizar

endurecimiento
1 Acción y resultado de endurecer o endurecerse. — s.m.
2 Parte endurecida de la piel del cuerpo humano, en especial de los pies y las manos: *el podólogo me quita el endurecimiento del talón.* — = callosidad
3 Terquedad en el mantenimiento de una idea: *los radicalismos se originan con el endurecimiento de las distintas posturas.*
4 Excesiva serenidad o falta de sensibilidad en la consideración de un suceso: *ha sorprendido el endurecimiento de la población ante tanta matanza.*

ene
1 Denominación de la letra *n*. — s.f.
2 Indica una cantidad indeterminada de cosas: *costar una cosa ene pesetas.* — adj. coloquial

enea Planta tifácea cuyas hojas se usan para hacer asientos de sillas. — s.f./BOTÁNICA = espadaña

enea- Componente de palabra procedente del gr. *ennea*, que significa nueve: *eneágono; eneasílabo.* — pref.

eneagonal Que presenta nueve ángulos: *polígono eneagonal.* — adj. GEOMETRÍA

eneágono, a Se aplica al polígono que tiene nueve ángulos: *proyectaron un bloque de edificios con forma de eneágono.* — adj/s.m. GEOMETRÍA = eneagonal

eneasílabo, a Se refiere al verso que tiene nueve sílabas. — adj. POESÍA

enebral Terreno donde abundan los enebros. — s.m.

enebrina Fruto del enebro. — s.f./th: nebrina

enebro (Del lat. vulgar *jiniperus*.)
1 Arbusto de hojas espinosas y aceradas, y bayas de color violeta que poseen propiedades diuréticas. *(Juniperus communis.)* — s.m./BOTÁNICA = junípero, grojo
2 Madera rojiza, fuerte y olorosa de este arbusto. — CARPINTERÍA
3 **enebro de la miera:** El de tronco recto, hojas con dos líneas blancas en el envés y frutos rojizos. *(Juniperus oxycedrus.)* — BOTÁNICA

enejar
1 Poner el eje o los ejes de un carro o un coche. — v.tr.
2 Poner una cosa en el eje.

eneldo (Del lat. vulgar *anethulum*.) Planta umbelífera anual, aromática, de hojas muy divididas y flores amarillas. *(Anethum graveolens.)* — s.m./BOTÁNICA th: aneldo = hinojo hediondo

enema (Del lat. *enema* < gr. *enema*.) Líquido que se introduce en los intestinos, a través del ano, con fines laxantes, terapéuticos o diagnósticos. — s.m./ MEDICINA = lavativa

enemiga Enemistad, odio u oposición hacia una persona. — s.f.

enemigo, a (Del lat. *inimicus*.)
1 Que se opone o es contrario a una cosa: *soy enemigo de las medicinas; era una acérrima enemiga del tabaco.* — adj/s. + de/= opuesto
2 Persona que hace o desea mal a otra: *su jefe lo trataba como si fuese su enemigo.* — s.
3 Persona o bando contrario en la guerra: *el enemigo ganó las primeras batallas.* — s.m. MILITAR
4 **enemigo malo:** El diablo o demonio. — coloquial
5 **ganar alguien enemigos:** Procurárselos o adquirirlos con sus propios actos: *con tales bravatas sólo se ganará enemigos.*
6 **ser alguien enemigo de algo:** No gustar una cosa: *soy enemigo de los viajes organizados, prefiero viajar solo; era enemigo de los fanatismos.*

enemistad (Del lat. vulgar *inimicitas*.) Sentimiento de odio o rechazo mutuo entre dos o más personas: *la traición fue la causa de su enemistad.* — s.f. = aversión

enemistar Hacer que una persona deje de ser amiga de otra: *nunca me enemistaré con ella; se enemistaron al enamorarse los dos de la misma mujer.* — v.tr/prnl.

éneo, a (Del lat. *aeneus*.) De cobre o bronce. — adj./literario

eneolítico, a Se aplica al período prehistórico de transición entre la edad de piedra y la edad del bronce. — adj/s.m. HISTORIA = calcolítico

energética Ciencia que trata de la energía. — s.f./FÍSICA

energético, a De la energía o que tiene relación con ella: *el viento es una fuente energética.* — adj.

energía (Del bajo lat. *energia* < gr. *energeia*, fuerza en acción.)
1 Capacidad de un sistema físico para producir trabajo en forma de movimiento, luz, calor u otra transformación. — s.f. FÍSICA
2 Capacidad de una persona para hacer una acción o producir un efecto: *el duro trabajo le ha restado energías.* — = fuerza, poder, vigor
3 Actitud firme de una persona para realizar sus propósitos, venciendo los obstáculos o imponiendo su voluntad a los demás. — = carácter, tesón
4 **energía alimentaria:** La proporcionada por los alimentos.
5 **energía calorífica:** La que se transmite de los cuerpos calientes a los fríos. — FÍSICA
6 **energía cinética:** La que posee un cuerpo en virtud de su movimiento. — FÍSICA
7 **energía de ionización:** La mínima necesaria para ionizar una molécula o átomo en estado normal. — FÍSICA
8 **energía eléctrica:** La producida por las cargas eléctricas. — ELECTRICIDAD, FÍSICA
9 **energía eólica:** La que se genera aprovechando la fuerza del viento. — FÍSICA
10 **energía geotérmica:** La que se basa en el calor que sale de las profundidades de la Tierra. — FÍSICA
11 **energía hidroeléctrica:** La que se genera aprovechando el ciclo natural del agua. — FÍSICA
12 **energía luminosa:** La producida por cuerpos que emiten luz. — FÍSICA
13 **energía maremotriz:** La que se obtiene aprovechando el movimiento de las mareas. — FÍSICA
14 **energía nuclear o atómica:** La que se produce a partir de la división del átomo de uranio. — FÍSICA NUCLEAR
15 **energía potencial:** Aquella que posee un cuerpo por hallarse dentro de un campo de fuerzas. — FÍSICA
16 **energía química:** La producida por la unión de átomos al formar moléculas. — FÍSICA
17 **energía radiante:** La energía causada por ondas electromagnéticas o fotones desde un punto en todas direcciones y sin desplazamiento de la materia. — FÍSICA
18 **energía renovable:** La que se produce naturalmente en la Tierra, por acción de fenómenos naturales como el viento, el agua, las mareas, etc., y cuyo consumo no agota las fuentes que la producen. — ECOLOGÍA, FÍSICA
19 **energía solar:** La producida por el Sol y captada por varios sistemas especiales que permiten su aprovechamiento. — FÍSICA

enérgico, a
1 Que tiene energía, fuerza y decisión: *es un hombre vital y enérgico.* — adj.
2 Se aplica a lo que produce un contundente efecto: *nadie replicó su enérgica respuesta.*

energizar
1 Proporcionar corriente eléctrica: *han energizado el último pueblo de la comarca.* — v.tr. conj: cazar
2 Poner un electroimán en actividad. — FÍSICA
3 Enviar corriente para magnetizar el núcleo de una bobina. — FÍSICA
4 Obrar con energía y vehemencia. — v.intr/prnl./Colomb.
5 Estimular, dar energía. — v.tr./Colomb.

energúmeno, a (Del gr. *energoumenos*, influido por un mal espíritu.)
1 Persona muy furiosa o que se encoleriza con facilidad: *se enfadó y se puso hecho un energúmeno.* — s.
2 Persona violenta y extremista: *sólo un energúmeno puede defender una política radical.*

enero (Del lat. vulgar *jenuarius* < lat. *januarius*.) Primer mes del año en el calendario occidental, entre diciembre y febrero. — s.m.

enervación
1 Acción y resultado de quitar la fuerza física o intelectual. — s.f. = enervamiento
2 Acción de adquirir los hombres aspecto y modales femeninos. — = afeminación
3 Estado de agotamiento atribuido a una falta de energía nerviosa. — MEDICINA

enervador, a Que enerva. — adj./= enervante

enervante Que enerva: *les resultó enervante el primer acto de la obra por su mediocridad.* — adj.

enervar (Del lat. *enervare*.)
1 Quitar las fuerzas a una persona: *el exceso de calor lo enervó en extremo.* — v.tr/prnl. = debilitar
2 Quitar fuerza o importancia a las razones o las argumentaciones: *enervó totalmente el razonamiento de su interlocutor con un par de citas.*

3 Poner nerviosa a una persona: *se enervaba con su charlatanería sin sentido.*

enésimo, a
1 Que se repite un número indeterminado de veces: *por enésima vez te digo que no.* | adj.
2 Que ocupa un lugar indeterminado en una sucesión. | MATEMÁTICAS

enfadadizo, a Que se enfada con facilidad: *es tan enfadadizo que no se le puede decir nada.* | adj.

enfadar (Derivado del gallego-portugués *fado*, destino desfavorable.) Causar ira, irritación o disgusto a una persona: *al ver la multa en el coche se enfadó con el guardia urbano.* | v.tr/prnl. = enojar

enfado
1 Sentimiento de malestar o ira contra una persona: *su enfado con María dura ya dos meses.* | s.m. = enojo
2 Impresión desagradable y molesta que provocan en el ánimo algunas cosas: *me causa enfado ver tanta injusticia.* | s.m. = enojo
3 Composición satírica en que cada estrofa empezaba con enfádome u otra forma del verbo enfadar. | s.m.pl. LITERATURA

enfadoso, a Que causa enfado o disgusto. | adj.

enfaenado, a
1 Que está entregado al trabajo con mucho afán: *está tan enfaenado que ni te oye.* | adj.
2 Que tiene mucho trabajo: *me quedaré un rato más en el despacho porque estoy muy enfaenada.* | = ocupado

enfajar Poner o envolver con una faja: *enfajar paquetes; enfajar la cintura.* | v.tr/prnl. tb: fajar

enfajillar Envolver con fajilla los impresos para echarlos al correo. | v.tr./Méx., Amér. Central

enfajinar Obra de defensa de las construcciones marítimas o fluviales, formada por varias capas de fajinas sobrepuestas. | CONSTRUCCIÓN

enfajinar Proteger de la erosión del agua las obras marítimas o fluviales. | v.tr. CONSTRUCCIÓN

enfaldado, a Se aplica al hombre, y especialmente al niño, que está demasiado unido a su madre o a otras mujeres. | adj. coloquial

enfaldado Alfiler grueso que se usa para mantener recogida la falda. | s.m.

enfaldar
1 Recoger la falda hacia arriba: *se enfaldó la saya para cruzar el río.* | v.tr/prnl. = arremangar
2 Cortar las ramas más bajas de un árbol para que crezcan las superiores formando copa. | v.tr.

enfaldo
1 Hueco que forman las faldas recogidas: *llevaba en el enfaldo las flores que había cogido.* | s.m.
2 Falda u otra ropa recogida.

enfangar
1 Cubrir o ensuciar una cosa con fango: *al vadear el arroyo se enfangó hasta las rodillas.* | v.tr/prnl. conj: pegar
2 Mezclarse una persona en negocios sucios o vergonzosos: *el funcionario de aduanas se enfangó en el tráfico de drogas.* | v.prnl. + en
3 Dejarse dominar una persona por los placeres sensuales: *se enfanga emborrachándose a diario.* | = enviciarse

enfardar
1 Hacer fardos de una cosa: *enfarda la ropa que hemos de llevarla a la lavandería.* | v.tr. = enfardelar
2 Poner mercancías en paquetes. | = empaquetar

enfardelador, a Persona que hace paquetes, en especial la que prepara los fardos para cargarlos en un buque. | s.

enfardeladura Acción de enfardelar mercancías para la carga. | s.f.

enfardelar
1 Hacer fardeles o fardos. | v.tr.
2 Poner las mercancías en paquetes. | = enfardar

énfasis (Del gr. *emphasis*, explicación < *emphaino*, mostrar, declarar.)
1 Fuerza de expresión o de entonación con que se quiere realzar la importancia de lo que se dice o se lee: *pronunció con mucho énfasis sus últimas palabras.* | s.m. pl: énfasis
2 Modo de expresarse una persona con afectación en el tono, los gestos o las palabras: *siempre gesticula con mucho énfasis.* | = empaque
3 Intensidad con que se hace una cosa o importancia que se le da: *has de estudiar con más énfasis; hemos de poner el énfasis en la puntualidad.*
4 Figura retórica que consiste en dar a entender más de lo que realmente se expresa. | RETÓRICA

enfático, a
1 Que está expresado con énfasis: *habló en un tono enfático para convencer a la audiencia.* | adj./= altisonante, declamatorio
2 Que se expresa con énfasis: *es el estilo propio de un autor enfático.*
3 Afectado y falto de naturalidad: *nos recibió con un enfático saludo.* | = ampuloso

enfatizar
1 Expresarse con énfasis: *es un orador que siempre enfatiza lo que dice.* | v.tr. conj: cazar
2 Destacar o recalcar la importancia de una cosa: *enfatizó la necesidad de la colaboración humanitaria.* | = subrayar

enfebrecido, a Que tiene fiebre: *se asustó al tocar su enfebrecida frente.* | adj./MEDICINA = febril

enfermar (Del lat. *infirmari*.)
1 Contraer una enfermedad: *si sigues así, acabarás enfermando; los avellanos se enferman a causa de la sequía.* | v.intr/prnl. MEDICINA
2 Causar una enfermedad: *el abuso del tabaco lo enfermó de forma grave.* | v.tr. MEDICINA
3 Desagradar o molestar mucho: *su falta de educación me enferma.* | coloquial = disgustar

enfermedad (Del lat. *infirmitas*, *-atis*.)
1 Alteración del funcionamiento normal del cuerpo de los animales o de los organismos de los vegetales: *para diagnosticar la enfermedad parte de los síntomas.* | s.f./MEDICINA = afección, dolencia
2 Alteración en lo moral o espiritual: *la ambición es una enfermedad que difícilmente se cura.* | = vicio
3 Anormalidad en el funcionamiento de una institución y organismo o colectivo que resulta ser perjudicial.
4 **enfermedad del cemento**: Alteración que experimentan los elementos estructurales de un edificio construido con cemento de mala calidad, con pérdida de estabilidad y con posibilidad de derrumbamiento de la construcción. | CONSTRUCCIÓN = aluminosis
5 **enfermedad infecciosa o vírica**: Aquella que está originada por microbios, como la difteria, o por un virus, como el sarampión. | MEDICINA
6 **enfermedad metabólica**: La que se imputa a trastornos de la nutrición, como la diabetes. | MEDICINA
7 **enfermedad parasitaria**: Aquella provocada por parásitos intestinales, como la amebiasis, o por parásitos de la sangre, de los órganos o de los tejidos, como el paludismo. | MEDICINA
8 **enfermedad profesional**: La que es producida a consecuencia del trabajo y que incapacita al trabajador para desarrollar su profesión. | MEDICINA
9 **enfermedad traumática**: La que resulta de un choque, herida, golpe o compresión. | MEDICINA

enfermería
1 Dependencia de algunos establecimientos acondicionada para atender a los enfermos: *llevaron al niño a la enfermería del colegio.* | s.f. MEDICINA
2 Conjunto de enfermos de un lugar determinado. | MEDICINA

enfermero, a Persona encargada de atender a los enfermos: *la enfermera preparó al paciente para ser llevado al quirófano.* | s.

enfermizo, a
1 Que tiene poca salud o tiende a enfermar: *requiere atenciones especiales porque es un niño enfermizo.* | adj./= delicado ≠ robusto
2 Que excede a la normalidad: *siente por él un odio enfermizo.* | = anormal
3 Que produce enfermedades: *las bajas temperaturas son para mí enfermizas.* | = mórbido

enfermo, a (Del lat. *infirmus* < *in*, no + *firmus*, firme.)
1 Que padece una enfermedad: *está en cama enfermo de viruela.* | adj/s./MEDICINA ≠ sano
2 **caer enfermo**: Contraer una enfermedad: *al volver del trópico, cayó enferma.*
3 **poner enfermo a alguien**: Desagradar o molestar mucho: *su chulería me pone enfermo.* | coloquial

enfermoso, a Enfermizo, que tiene poca salud o que se enferma con facilidad. | adj. Amér.

enfervorizador, a Que enfervoriza: *el mitin resultó enfervorizador para el público.* | adj/s.

enfervorizar Provocar ánimo, entusiasmo o sentimientos positivos en una persona o en un colectivo: *el público se enfervorizó al escuchar sus palabras.* | v.tr/prnl./conj: tb: fervorizar = enardecer

enfeudación
1 Acción de conceder un territorio en feudo. | s.f./HISTORIA
2 Título o diploma en el que se recogía esta acción. | HISTORIA

enfeudar (Del bajo lat. *infeodare*.) Conceder un título de feudo. | v.tr. HISTORIA

enfielar Hacer que una balanza quede equilibrada. | v.tr./tb: afielar

enfiestarse Divertirse o recrearse. | v.prnl./Amér.

enfilación Acción y resultado de enfilar. | s.f.

enfilado, a Se aplica a las cosas huecas, a través de las cuales se pasa una banda, palo, faja o lanza, y que parecen ensartadas: *anillo enfilado; corona enfilada.* | adj. HERÁLDICA

enfilar (Del fr. *enfiler*.)
1 Poner varias cosas en fila. | v.tr.
2 Tomar una dirección determinada: *enfiló la avenida hacia la plaza.* | = encaminarse
3 Dirigir un asunto o una conversación en un sentido determinado: *enfiló el debate hacia los problemas económicos del país.* | = conducir
4 Dirigir o apuntar una cosa hacia un lugar: *enfila el rifle al blanco.* | + a, hacia

5 Pasar varias cosas por un hilo o un alambre: *haré un collar enfilando estas cuentas.*   = ensartar
6 Atacar la artillería un puesto enemigo por el flanco.   MILITAR
7 Dirigir la proa de una embarcación hacia un lugar: *el capitán ordenó enfilar hacia el norte; el barco se enfiló hacia alta mar.*   v.intr/prnl. NÁUTICA
8 Dirigirse a un lugar: *enfilamos hacia la puerta de salida.*   v.intr./+ hacia

enfisema (Del gr. *emphysema* < *en*, en + *physao*, soplar.) Hinchazón de un tejido orgánico por presencia de aire o gases.   s.m. MEDICINA

enfisematoso, a
1 Del enfisema.   adj./MEDICINA
2 Que está afectado de enfisema.   adj/s./MEDICINA

enfistolar Convertir en fístula una llaga: *la herida se enfistoló.*   v.tr/prnl. MEDICINA

enfiteusis (Del lat. *emphyteusis* < gr. *emphyteuo*, implantar.) Cesión por largo tiempo o perpetua del dominio útil de un inmueble mediante el pago anual de un canon a la persona que hace la cesión.   s.f./pl: enfiteusis DERECHO = censo enfitéutico

enfiteuta Persona que tiene el dominio útil de un inmueble o enfiteusis.   s.m.f. DERECHO

enfitéutico, a De la enfiteusis: *contrato enfitéutico.*   adj./DERECHO

enflaquecer
1 Poner delgado o flaco: *los disgustos le enflaquecen; con ese régimen alimenticio se enflaqueció mucho; con la edad fue enflaqueciendo poco a poco.*   v.tr/intr/prnl. conj: carecer = enflacar
2 Perder una persona las fuerzas o el ánimo: *al morir su madre, ella enflaqueció y tuvo una depresión.*   v.intr.
3 Hacer que una persona o cosa se debilite: *la desidia fue enflaqueciendo su ánimo.*   v.tr. = enervar

enflaquecimiento Acción y resultado de enflaquecer o enflaquecerse: *su enflaquecimiento fue el primer síntoma de la enfermedad.*   s.m.

enflautada Patochada, disparate sin sentido.   s.f./Hond.

enflautar
1 Llenar una cosa de aire: *enflautar la barca hinchable.*   v.tr./= hinchar
2 Explicar chismes o habladurías a alguien.   = chismorrear
3 Engañar a una persona, haciéndole concebir deseos o ilusiones vanos.
4 Encajar algo molesto o inoportuno.   Colomb., Guat.

enflechado, a Se aplica al arco o ballesta que está montado con su flecha.   adj. DEPORTES

enflorar Adornar una cosa con flores: *enfloramos los bancos de la iglesia para la boda.*   v.tr./= florear, floretear

enfocar
1 Dirigir un foco de luz, una cámara de cine u otra cosa hacia un persona o cosa: *me enfocó con la linterna; el cámara enfocaba a la actriz.*   v.tr. conj: sacar
2 Hacer que la imagen obtenida en un aparato óptico se reproduzca con claridad y nitidez sobre un plano u objeto determinado.   FOTOGRAFÍA, ÓPTICA
3 Plantear un asunto o tema de una manera determinada para resolverlo acertadamente: *enfocó la cuestión desde otro punto de vista.*

enfondar Cubrir la parte interior de un molde de cocina con una pasta.   v.tr. COCINA

enfoque
1 Acción y resultado de enfocar.   s.m.
2 Ajuste de la posición de una superficie sensible con relación al objetivo de una cámara fotográfica, con la intención de obtener una imagen nítida.   FOTOGRAFÍA

enfoscar
1 Tapar los agujeros que quedan en una pared recién construida o cubrirla con mortero o materiales similares.   v.tr. conj: sacar CONSTRUCCIÓN
2 Cubrirse el cielo de nubes: *a media tarde se enfoscó el día y empezó a llover.*   v.prnl. = nublarse
3 Ponerse una persona hosca y ceñuda.
4 Dedicarse por completo a un asunto: *ahora nos enfoscamos en averiguar al asesino.*   + en = enfrascarse

enfrailar Meter o meterse fraile: *tras aquel desengaño se enfrailó.*   v.tr/intr/prnl.

enfranque (Del cat. *enfran* < *enfranquir*, coser las piezas del calzado para unirlas a la suela.) Parte más estrecha de la suela del calzado, entre la planta y el tacón.   s.m.

enfrascamiento Acción y resultado de enfrascarse.   s.m.

enfrascar
I (Derivado de *frasco*.) Introducir un líquido en un frasco: *enfrascó dos litros de vino.*   v.tr. conj: sacar
II (Del ital. *infrascari*, enredarse.)
1 Poner una persona toda su atención e interés en una cosa: *estaba enfrascado en los estudios.*   v.prnl./conj: sacar tb: enfroscarse
2 Introducirse una persona en una espesura.
3 Mancharse una persona con una cosa: *jugando con los amigos se enfrascó de barro.*   = ensuciarse

enfrenador, a Que enfrena animales.   adj/s.

enfrenar (Del lat. *infrenare*.)
1 Poner el freno al caballo.   v.tr./EQUITACIÓN
2 Enseñar a obedecer al caballo.   EQUITACIÓN
3 Poner el freno al caballo y enseñarle a obedecer.   EQUITACIÓN
4 Hacer que el caballo lleve la cabeza derecha y en buena postura.   EQUITACIÓN
5 Evitar que se actúe con demasiada violencia: *consiguió enfrenar a sus adversarios; se enfrenó para no empezar una pelea.*   v.tr/prnl. = refrenar

enfrentamiento Acción y resultado de enfrentar o enfrentarse: *se produjeron enfrentamientos entre las dos aficiones.*   s.m.

enfrentar
1 Poner a dos personas, animales o cosas frente a frente: *los dos amigos se enfrentaron para jugar a las cartas; enfrentaron las dos facciones en la mesa de negociaciones.*   v.tr/prnl. = afrontar
2 Esperar un peligro o una dificultad sin eludirlo: *se enfrentó a su enfermedad.*   = afrontar
3 Oponerse una persona a otras o provocar la oposición de otros hacia uno mismo: *es capaz de enfrentarse con el director.*   v.prnl.

enfrente En la parte opuesta, delante: *ahí enfrente hay una farmacia.*   adv. = frente a

enfriadera Recipiente usado para enfriar líquidos.   s.f.

enfriadero Lugar adecuado para enfriar.   s.m./= enfriador

enfriador, a Que enfría.   adj/s.

enfriamiento
1 Proceso de reducción de la temperatura: *el enfriamiento de la atmósfera.*   s.m. FÍSICA
2 Resfriado leve: *debo de tener un enfriamiento porque no me encuentro muy bien.*   MEDICINA = catarro
3 Pérdida paulatina del afecto y de las buenas relaciones que existen entre personas o comunidades: *se produjo un enfriamiento entre ellos.*

enfriar
1 Poner una cosa fría: *he enfriado demasiado la nata; la nevera no enfría; se enfría la sopa.*   v.tr/prnl/intr. conj: vaciar
2 Disminuir la fuerza o intensidad de un sentimiento o un deseo: *el paso del tiempo ha enfriado su dolor; todo el odio que sentía ya se ha enfriado.*   v.tr/prnl. = mitigar
3 Contraer una persona un resfriado.   v.prnl.
4 Destemplarse el cuerpo de una persona.
5 Quitar la vida a una persona.   v.tr./= matar

enfrijolada Tortilla de maíz rellena de diversos ingredientes, bañada en crema de frijol.   s.f./Méx. COCINA

enfullar Hacer trampas en el juego.   v.intr.

enfullinarse Enfadarse o irritarse por algo.   v.prnl./Méx., Chile

enfunchar Enojar o enfadar a una persona o con alguien.   v.tr/prnl. Cuba, P. Rico

enfundar
1 Poner una cosa dentro de su funda: *ayúdame a enfundar los cojines del sofá.*   v.tr.
2 Ponerse una persona una prenda de abrigo: *se enfundó el chaquetón antes de salir a la calle.*   v.prnl.

enfurecer
1 Poner a una persona o un animal furiosos: *a la hora de ir a trabajar, se enfurece con los atascos de circulación; enfurece a su novia con su actitud machista.*   v.tr/prnl. conj: carecer = enojar
2 Ponerse el viento o el mar agitado: *el mar se enfureció y las olas empezaron a romper contra el malecón.*   = encresparse

enfurecimiento Acción y resultado de poner o ponerse furioso: *su enfurecimiento es desmesurado.*   s.m.

enfurruñamiento Enfado leve.   s.m.

enfurruñarse (Del fr. medio *enfrogner*.)
1 Enfadarse ligeramente: *se enfurruñará si no le dejas ir de viaje donde él quiere.*   v.prnl. coloquial
2 Cubrirse el cielo de nubes.   coloquial

enfurruscarse Enfadarse ligeramente.   v.prnl./Chile

enfurtido Acción y resultado de enfurtir.   s.m./TEXTIL

enfurtir (Del cat. *enfortir*, fortalecer.)
1 Dar golpes a una tela de lana en el batán para que tome aspecto compacto: *la lana se enfurtió tras unos golpes.*   v.tr/prnl. TEXTIL tb: infurtir
2 Apelmazar el pelo: *con tanta brillantina se te enfurtirá el flequillo.*

engabanado Que lleva gabán.   adj.

engafar
1 Sujetar o enganchar una cosa con gafas o grapas.   v.tr.
2 Poner la escopeta en el seguro.
3 Armar la ballesta con la gafa, colocando la cuerda en la nuez.   = empulgar

engaitador, a Que engaita: *ganó su aprecio con engaitadoras zalamerías.*   adj.

engaitar Engañar con halagos.   v.tr/coloquial

engalanar Embellecer con galas o adornos: *se engalanó para asistir a la recepción en la embajada.*   v.tr/prnl. = acicalar, ataviar

engalgadura Operación de apretar la galga u otra pieza contra el cubo de la rueda para impedir que éste gire. — s.f. MECÁNICA

engalgar
I (Derivado de *galgo*.) Hacer que el galgo persiga la liebre o el conejo. — v.tr./conj: *pagar* CAZA
II (Derivado de *galga*.)
1 Apretar la galga contra las ruedas de un carruaje para impedir que giren. — v.tr. conj: *pagar*
2 Asegurar el ancla con otra pequeña sujeta a su cruz para que dé seguridad a la embarcación. — NÁUTICA

engallado, a
1 Que se envalentona y se comporta con engreimiento: *lo vi engallado y presumido.* — adj. = engreído
2 Que está erguido o derecho: *la torre de Pisa no está engallada.*

engalladura Pequeño coágulo de sangre que hay en la yema del huevo de gallina fecundado. — s.f. tb: galladura

engallar
1 Hacer que una persona o un animal levante la cabeza o enderece el cuello: *el domador engalla los leones ante el público.* — v.tr.
2 Ponerse una persona derecha. — v.prnl./= erguirse
3 Ponerse una persona arrogante y erguida: *al pasar por delante de sus compañeros se engalló.*
4 Levantar el caballo la cabeza obligado por el freno o el engalle. — EQUITACIÓN

engalle Parte del arnés de lujo, formado por dos correas que salen del bocado, pasan por unas argollas de la frontalera y se unen en una hebilla fija en la parte alta del collerón, que sirve para obligar al caballo a mantener la cabeza erguida. — s.m. EQUITACIÓN = engallador

enganchado, a
1 Que es adicto a una droga: *cada vez son más los enganchados a la cocaína.* — adj/s./+ a argot
2 **estar enganchado:** Tener adicción a una droga: *está enganchado a las anfetaminas.* — argot

enganchar
1 Sujetar una cosa con un gancho o un objeto similar o colgarla de él: *el jersey se enganchó en el picaporte.* — v.tr./intr./prnl. = prender
2 Coger, agarrar, apresar a alguien: *la policía los persiguió por la calle hasta que los enganchó.*
3 Atraer a una persona con habilidad o con engaño: *nos enganchó hablándonos de los sustanciosos beneficios.* — v.tr.
4 Hacer que una persona se enamore: *la enganchó con su mirada triste.* — = conquistar
5 Conseguir que una persona se aliste en el ejército ofreciéndole dinero. — MILITAR
6 Coger el toro con los cuernos a una persona y levantarla. — TAUROMAQUIA = ompitonar
7 Hacer un enganchón o desgarrón. — v.tr./prnl.
8 Crear adicción: *la heroína engancha rápido; se ha enganchado a la cocaína.* — v.tr./intr./prnl. argot
9 Sujetar las caballerías a un carruaje para que tiren de él: *el cochero enganchó pronto para salir cuanto antes.* — v.tr./intr. = uncir
10 Ir una persona al servicio militar voluntariamente. — v.prnl./MILITAR

enganche
1 Acción y resultado de enganchar o engancharse: *se hizo un enganche en el pantalón.* — s.m. = enganchamiento
2 Pieza o conjunto de piezas que sirven para enganchar.
3 Alistamiento voluntario en el ejército con la intención de obtener algún premio, gratificación o ventaja. — MILITAR
4 Cantidad de dinero que se da en anticipo para comprar una cosa a plazos. — Méx. COMERCIO

enganchón Desgarrón que se produce al engancharse con una cosa: *me he hecho un enganchón en el jersey.* — s.m. tb: enganche

engañabobos
1 Persona que embauca y se aprovecha de los incautos: *desconfía de él porque es un engañabobos.* — s.m.f. pl: engañabobos
2 Cosa que engaña por su apariencia: *este nuevo detergente es un engañabobos.* — s.m. coloquial

engañadizo, a
1 Que engaña: *no te fíes de la profundidad del río porque es muy engañadizo.* — adj. = engañoso
2 Que puede ser engañado con facilidad: *es inocente y engañadizo.*

engañador, a
1 Que engaña. — adj./= engañoso
2 Que atrae dulcemente el cariño. — adj/s.

engañamundos Persona o cosa que engaña: *no te creas lo que te dice, es un engañamundos.* — s.m./pl: engañamundos tb: engañamundo

engañanecios Persona que embauca y se aprovecha de los incautos: *es un timador y un gran engañanecios.* — s.m. pl: engañanecios

engañapastores Chotacabras, ave caprimulgiforme que caza insectos durante la noche. — s.m. pl: engañapastores

engañapichanga Cosa que engaña o defrauda por su apariencia. — s.m.f. Argent.

engañar (Del lat. vulgar *ingannare*, escarnecer.)
1 Hacer creer una cosa que no es verdad: *nos engañó diciendo que había ido al colegio.* — v.tr. = burlar

2 Inducir una falsa apariencia a error a una persona: *me ha engañado la vista.* — = confundir
3 Hacer que una sensación se calme momentáneamente con una cosa: *come un poco para engañar el hambre.* — = despistar, entretener
4 Hacer un manjar más apetitoso con otro o con un ingrediente: *engaña la verdura con huevo revuelto.* — COCINA
5 Ser infiel una persona a su cónyuge: *lo engaña con un amigo de juventud.* — = traicionar
6 Resistirse una persona a aceptar o reconocer la realidad cuando ésta es desagradable: *no te engañes, él ya no te quiere.* — v.prnl.
7 **engañar como a un chino o a un niño:** Hacerlo a una persona muy crédula y confiada.

engañifa Engaño que se oculta tras una buena apariencia: *por fuera el coche aún parecía algo, pero resultó ser una engañifa.* — s.f. coloquial = filfa

engaño
1 Acción y resultado de engañar: *fue víctima de un engaño; llevar algo a engaño.* — s.m. = fraude, timo
2 Muleta, capa que utiliza el torero. — TAUROMAQUIA
3 Arte o instrumento para pescar. — PESCA
4 **llamarse a engaño:** Quejarse por haber sido engañado: *fíjate bien en lo que firmas para que luego no te llames a engaño.* — coloquial

engañoso, a Que engaña: *no te fíes de las apariencias, que pueden ser engañosas.* — adj.

engarabatar
1 Coger una cosa con un gancho o garabato. — v.tr.
2 Dar forma de gancho o garabato a una cosa: *la varilla se engarabató al hurgar en la cerradura con ella.* — v.tr/prnl.

engarabitar
1 Subir a un lugar utilizando las extremidades: *se engarabita a los tejados.* — v.intr/prnl. = trepar
2 Hacer los dedos se pongan en forma de gancho a causa del frío: *se le engarabitan los dedos con este frío que hace.* — v.tr/prnl.

engaratusar Engatusar a una persona con halagos o mentiras. — v.tr./Colomb., Amér. Central

engarbado, a Se aplica al árbol que se sostiene en la copa de otro al ser derribado. — adj.

engarbarse Subirse las aves al punto más alto de un árbol u otra cosa: *la gallina se engarbó por el tejado.* — v.prnl.

engarbullar Mezclar una cosa con otras por confusión: *engarbullé el documento notarial con las cartas y ahora no lo encuentro.* — v.tr.

engarce
1 Acción y resultado de engarzar piezas: *el joyero realizó un correcto engarce de la piedra preciosa.* — s.m. tb: engace
2 Metal en que se engarza alguna piedra preciosa o cosa semejante.
3 Enlace, relación o conexión: *el engarce de tus ideas con las mías resultó un fracaso.* — coloquial

engargantar
1 Introducir una cosa en la garganta. — v.tr.
2 Introducir los dientes de una pieza en los de otra: *no consigo engargantar las ruedas del mecanismo.* — v.intr/MECÁNICA = engranar
3 Meter una persona el pie en el estribo hasta el empeine. — v.intr/prnl. EQUITACIÓN

engargante Encaje de los dientes de una rueda o barra dentada en los intersticios de otra. — s.m. = engargantadura

engargolado, a
1 Ranura o raíl por el que se desliza una puerta corredera. — s.m. CARPINTERÍA
2 Unión o trabazón de lengüeta y ranura que une dos piezas de madera. — CARPINTERÍA

engargolar Ajustar las piezas de los maderos que tienen ranuras. — v.tr. CARPINTERÍA

engaritar
1 Poner garitas en una fortaleza o un edificio: *engaritar un cuartel del ejército.* — v.tr. CONSTRUCCIÓN
2 Engañar a una persona con astucia. — = embaucar

engarnio Persona o cosa que no sirve para nada por ser vieja o estar estropeada. — s.m. coloquial

engarrafar Coger o asir una cosa con fuerza. — v.tr.

engarriar Subir a un lugar utilizando las extremidades: *los ladrones se engarriaron a la chimenea.* — v.intr/prnl. = trepar

engarrotar Poner el frío una parte del cuerpo rígida: *la mano se me engarrota cuando esquío.* — v.tr/prnl. tb: agarrotar

engarzar
1 Unir una cosa con otra formando una cadena: *engarza todos los eslabones de la pulsera.* — v.tr./conj: *cazar* tb: engazar
2 Sujetar una piedra preciosa en un metal: *engarzar el rubí en la plata.*
3 Poner una frase en relación con otra: *engarzó el texto con el discurso.* — = conectar, relacionar
4 Hacer rizos en el pelo. — = rizar

engasgarse Padecer una persona una obstrucción en la garganta: *se engasgó con una espina de pescado.* — v.prnl./conj.: *pagar* = atragantarse

engastado Operación que consiste en fijar y mantener piedras preciosas en un metal noble. — s.m.

engastar (Del lat. vulgar *incastrare*, insertar.) Meter en un material una pieza de otro material de modo que éste quede encajado en aquél: *el joyero engastó el diamante en el anillo.* — v.tr.

engaste
1 Acción y resultado de engastar.
2 Cerco de metal que sujeta lo que se engasta.
3 Perla que es llana por un lado y redonda por el otro. — s.m./= engarce = montura

engatado, a Que acostumbra a robar. — adj./= ratero

engatar Engañar a una persona halagándola: *la engató y consiguió lo que quería.* — v.tr./coloquial = engatusar

engatillado, a
1 Se aplica al animal que tiene el pescuezo grueso y levantado por la parte superior: *reses engatilladas.* — adj.
2 Procedimiento mediante el que se unen dos chapas de metal por los bordes. — s.m. METALURGIA
3 Obra de techado en la que las piezas están trabadas por medio de gatillos de hierro. — ARQUITECTURA

engatillar
1 Unir dos chapas metálicas por el procedimiento del engatillado. — v.tr. METALURGIA
2 Sujetar dos o más piezas de un techado con gatillos. — ARQUITECTURA
3 Fijar los extremos de los maderos del suelo en las muescas de una viga. — CONSTRUCCIÓN
4 Sujetar la tabla de una pintura con gatillos. — ARTE
5 No funcionar del modo correcto el mecanismo de disparar de un arma de fuego: *se engatilló el fusil.* — v.prnl.

engatusador, a Que engatusa con halagos o mentiras: *es muy engatusadora, aunque no se dejó conquistar por sus amables palabras.* — adj/s.

engatusamiento Acción de ganarse una persona la confianza o simpatía de otra mediante halagos o atenciones. — s.m.

engatusar Ganar la voluntad o la simpatía de una persona con halagos o mentiras. — v.tr./tb: encatusar = camelar

engaviar Subir una cosa a un lugar alto. — v.tr/prnl.

engavilanar Sujetar, en esgrima, la espada del adversario por los gavilanes. — v.tr. DEPORTES

engavillar Poner la mies en gavillas. — v.tr./tb: agavillar

engazar
1 Teñir los paños después de tejidos, en la industria textil. — v.tr./conj: *cazar* TEXTIL
2 Ajustar y poner gazas a las poleas. — NÁUTICA

engendrador, a Que engendra, cría o produce: *aquel malentendido fue el engendrador de su enemistad.* — adj/s.

engendramiento Proceso de engendrar: *las causas del engendramiento de la deuda externa estatal.* — s.m.

engendrar (Del lat. *ingenerare*.)
1 Dar vida a un nuevo ser: *engendró diez hijos y sólo sobrevivieron ocho.* — v.tr.
2 Producir una cosa otra: *su comportamiento engendró toda clase de críticas.*
3 Iniciar o comenzar una suerte. — TAUROMAQUIA

engendro
1 Embrión de los mamíferos placentarios desde que ha adquirido la forma característica de su especie hasta el momento de su nacimiento. — s.m. ZOOLOGÍA = feto
2 Ser o criatura deforme. — = monstruo
3 Plan u obra intelectual o artística mal concebida, absurda o erróneamente realizada. — coloquial

engentarse Sentirse aturdido por la presencia de mucha gente. — v.prnl. Méx.

engestado, a De buena o mala cara. — adj./tb: agestado

engibar Causar una torcedura de la columna vertebral, u otro defecto, una joroba: *si no procuras sentarte bien acabarás engibándote.* — v.tr/prnl. = jorobar

englandado, a Se aplica al roble o a la encina que están cargados de bellotas, de diferente esmalte. — adj/HERÁLDICA tb: englantado

englobar
1 Tener un conjunto una o varias cosas dentro de sí: *la urbanización engloba varias casas.* — v.tr. = abarcar
2 Incluir varias cosas en una sola: *engloba varias hipótesis en una teoría.* — = encerrar

engobe Pasta de arcilla blanca de color uniforme con la que se bañan los objetos de barro antes de la cocción para obtener una superficie lisa y vidriada. — s.m. = engalbe, revoque

engocetar Poner el rodete de cuero o de hierro en el mango de la lanza. — v.tr.

engolado, a
I (Derivado de *gola*.) Que tiene gola o pieza de la armadura que defendía la garganta. — adj. HISTORIA
II (De origen incierto.)
1 Se aplica a la voz, articulación o acento que tiene resonancia en el fondo de la boca o en la garganta. — adj.
2 Que es afectadamente enfático o engreído: *el orador se expresa en un tono engolado.* — = presuntuoso

engolamiento
1 Acción y resultado de engolar la voz. — s.m.
2 Manera afectada de hablar o comportarse: *me desagrada escucharle porque me molesta su engolamiento al hablar.* — = afectación

engolar Dar resonancia gutural a la voz. — v.tr.

engolfar
1 Meter una embarcación en un golfo. — v.tr./NÁUTICA
2 Entrar un barco muy adentro del mar: *la fragata se engolfó en poco tiempo.* — v.intr/prnl. NÁUTICA
3 Poner toda la atención en una cosa: *me engolfé en ese negocio; los niños se han engolfado en la televisión.* — v.prnl. + en

engolillado, a Que tiene gusto por los usos anticuados y se precia de observarlos con rigor. — adj. coloquial

engolletado, a Que se comporta con vanidad y presunción: *es creída y engolletada.* — adj./coloquial = presuntuoso

engolletarse Volverse una persona vanidosa: *desde que tiene dinero se ha engolletado.* — v.prnl. = envanecerse

engolliparse
1 Padecer una persona una obstrucción en la garganta: *si hablas mientras comes, te engolliparás.* — v.prnl. = atragantarse
2 Comer una persona hasta que ya no puede más: *se engollipó de dulces después de varias semanas a dieta.* — = atiborrarse

engolondrinar
1 Hacer que una persona se vuelva vanidosa o engreída: *me sorprende ver cómo se ha engolondrinado con su reciente éxito.* — v.tr/prnl. = envanecer
2 Empezar a enamorarse de una persona: *creo que me he engolondrinado de tu amigo.* — v.prnl. = enamoriscarse

engolosinar
1 Provocar el deseo de una persona por una cosa: *la engolosinaron con una sustanciosa remuneración.* — v.tr.
2 Tomar una persona gusto a una cosa: *se engolosinó con el cine desde muy jovencita.* — v.prnl. + con
3 Encontrar cada vez más placer en una cosa al habituarse a ella: *se engolosinó con sus visitas.* — + con

engomado, a
1 Que tiene goma o está recubierto por una capa de ella: *todos los sobres están engomados.* — adj. = gomoso
2 Acción y resultado de untar con goma. — s.m./= engomadura

engomadura
1 Acción y resultado de engomar. — s.f./= engomado
2 Primer baño que dan las abejas a las colmenas antes de fabricar la cera.

engomar
1 Poner goma en una cosa para pegarla: *engoma los cromos antes de ponerlos en el álbum.* — v.tr.
2 Poner goma en una tela para que quede brillante. — TEXTIL

engominarse Ponerse una persona gomina en el pelo: *se engomina el flequillo para que no se le mueva.* — v.prnl.

engonzar Unir varias cosas con gonces. — v.tr./conj: *cazar*

engorar Dejar o quedarse una cosa vacía: *el fruto se engoró en los árboles y la cosecha se malogró.* — v.tr/intr/prnl. conj: *contar*

engorda
1 Engorde o ceba de animales. — s.f./Méx., Chile
2 Conjunto de animales que se ceban para la matanza. — Méx., Chile

engordadero
1 Pocilga destinada a engordar cerdos. — s.m.
2 Tiempo en que se engordan.
3 Alimento para el engorde de éstos.

engordar
1 Poner a una persona o animal gordo: *hemos de engordar al cerdo; el azúcar engorda.* — v.tr/intr.
2 Ponerse una persona o animal gordo: *parece que has engordado un poco.* — v.intr/prnl.
3 Hacerse una persona rica: *con sus continuas estafas ha engordado rápido.* — v.intr.

engorde Acción y resultado de engordar al ganado: *no utiliza piensos para el engorde.* — s.m. = ceba

engorrar
1 Fastidiar o molestar a una persona. — v.tr./Venez.
2 Quedar una cosa enganchada. — v.prnl.
3 Entrar en la carne una espina o púa de difícil extracción.

engorro Cosa que resulta molesta o fastidiosa: *es un engorro ir de compras cuando llueve.* — s.m. = fastidio, molestia

engorroso, a Que causa fastidio o molestia: *hacer tantas fotocopias es muy engorroso.* — adj./= fastidioso, molesto

engoznar
1 Poner goznes a una puerta o a una ventana. — v.tr.
2 Hacer entrar una puerta o una ventana en un gozne: *ayúdame a engoznar la puerta del salón.*

engrama Huella que deja cualquier acontecimiento en la memoria. — s.f. SICOLOGÍA

engranaje
1 Resultado de engranar dos o más piezas. — s.m./MECÁNICA

2 Conjunto de las piezas que engranan: *se ha estropeado el engranaje del reloj.* — MECÁNICA

3 Conjunto de los dientes de una máquina. — MECÁNICA

4 Serie encadenada de ideas o sucesos: *el discurso resultó un engranaje ideológico peligroso.*

engranar (Del fr. *engrener.*)
1 Encajar los dientes de una pieza en los de otra: *estas dos ruedas no engranan.* — v.intr/tr. MECÁNICA
2 Establecer relación entre varias ideas o contenidos: *engranar las causas y los efectos de la crisis.*

engrandar Hacer más grande: *engrandar una fotografía con la ampliadora.* — v.tr. tb: agrandar

engrandecer
1 Hacer una cosa más grande: *algunos espejos engrandecen lo que se refleja en ellos.* — v.tr. conj: carecer
2 Hacer una cosa más noble o digna a una persona: *su gesto humanitario la engrandeció.* — = ennoblecer
3 Alabar a una persona exageradamente: *le admira mucho y lo engrandece.* — = enaltecer
4 Poner a una persona en una categoría o una posición superior: *engrandeció a su secretario dándole un nuevo cargo; se ha engrandecido dentro del equipo.* — v.tr/prnl. = exaltar

engrandecimiento
1 Aumento del tamaño o del volumen o las dimensiones de una cosa. — s.m. = agrandamiento
2 Exageración al considerar un asunto.
3 Acción de elevar o elevarse a una categoría superior: *esto sirvió para engrandecimiento de su gesta.*
4 Acción y resultado de conceder a una persona un título nobiliario. — = ennoblecimiento

engranerar Guardar los cereales en el granero. — v.tr./AGRICULTURA

engranujarse
1 Llenarse una persona de granos: *comió mucho chocolate y se le engranujó la cara.* — v.prnl.
2 Volverse una persona granuja: *desde que va con esos chicos se ha engranujado.*

engrapado
1 Acción y resultado de grapar. — s.m.
2 Unión de sillares mediante el encaje de los salientes y entrantes labrados en ellos. — CONSTRUCCIÓN

engrapadora Aparato que sirve para engrapar papeles. — s.f. tb: grapadora

engrapar Sujetar una o varias cosas con grapas: *engrapé todos los documentos.* — v.tr. tb: grapar

engrasado Acción y resultado de engrasar: *la máquina necesita un engrasado a fondo.* — s.m. = engrase

engrasador, a
1 Que engrasa o lubrica. — adj.
2 Aparato o dispositivo que lubrifica una parte de la máquina. — s.m. MECÁNICA

engrasar
1 Poner grasa en una cosa: *engrasa la bisagra para que no chirríe.* — v.tr.
2 Poner abono en la tierra. — AGRICULTURA
3 Manchar una cosa con pringue o grasa: *se ha engrasado los pantalones por arreglar la cadena de la bicicleta.* — v.tr/prnl. = pringar
4 Alabar a una persona para conseguir una cosa: *engrasaré a mi jefe para que me aumente el sueldo.* — = adular
5 Dar dinero o regalos a alguien para que actúe de cierta manera: *intentó engrasar al funcionario con un apartamento en la costa.* — coloquial = sobornar

engrase
1 Operación de engrasar un mecanismo o cualquier otra cosa: *el mecánico realizó el engrase de las piezas.* — s.m. = engrasación.
2 Sustancia lubricante. — = lubrificante

engrálido, a Perteneciente a una familia de peces cupleiformes con ojos desarrollados, protegidos por párpados, que viven en aguas templadas y cálidas. — adj/s.m. ZOOLOGÍA

engravado Capa de grava que se coloca sobre un pavimento antes de echar hormigón. — s.m. CONSTRUCCIÓN

engravar Cubrir el suelo con un camino o un jardín con grava: *engravamos el sendero que conducía a la piscina.* — v.tr. CONSTRUCCIÓN

engravecer Hacer una cosa grave o pesada: *estos sacos de cemento se engravecieron al mojarse.* — v.tr/prnl./conj: carecer/tb: agravar

engredar Untar una cosa con greda o arcilla arenosa: *engredar un tejido.* — v.tr.

engreído, a Se aplica a la persona creída o convencida de su propio valer. — adj/s. = presuntuoso

engreimiento Actitud o cualidad de la persona que está convencida de su superioridad y, por ello, muestra desprecio o desdén por los demás. — s.m. = petulancia

engreír
1 Hacer a una persona soberbia, vanidosa y orgullosa de sí misma o de lo suyo: *se engreía con su éxito.* — v.tr/prnl./conj: reír = envanecer
2 Mimar, aficionar o encariñar a una persona o a un animal. — Amér. Central y Merid.

engrescar Incitar o animar a una persona a participar en una pelea, discusión, juego o broma: *a lo largo de la noche se engrescaron los ánimos y acabaron riñendo; al final de la fiesta, se engrescó.* — v.tr/prnl. conj: sacar = enguizgar

engrifar
1 Encrespar o erizar el cabello o los ánimos. — v.tr./tb: grifar
2 Ponerse una caballería sobre las patas levantando las manos: *el caballo se engrifó al asustarse.* — v.prnl. EQUITACIÓN
3 Ponerse una persona bajo los efectos de la grifa: *en cuanto tenía pasta se engrifaba.* — argot

engrillar
1 Poner grillos a un prisionero en los pies: *engrillaron a los presos.* — v.tr.
2 Sujetar o apresar a una persona: *engrilló a su enemigo después de la pelea.*

engrillarse Echar grillos o brotes las patatas u otros frutos. — v.prnl. tb: grillarse

engrilletar Unir una cadena a otra cosa por medio de un grillete. — v.tr.

engringarse Seguir una persona las costumbres de los gringos: *los que emigraron a Estados Unidos se engringaron rápido.* — v.prnl. conj: pagar

engrosamiento Acción y resultado de engrosar. — s.m.

engrosar
1 Poner o hacer grueso o más grueso: *engrosó la pared con varias capas de pintura.* — v.tr/prnl. tb: engruesar
2 Hacerse una persona más gruesa o corpulenta: *con tanto deporte ha engrosado mucho.* — v.intr. = engordar
3 Aumentar el caudal de una corriente de agua o la cantidad o número de una cosa: *el río se engrosó tras la lluvia; engrosó su cuenta corriente en poco tiempo.* — v.tr/prnl.

engrudador, a
1 Persona que engruda. — s.
2 Utensilio que sirve para poner engrudo. — s.m.

engrudar
1 Poner engrudo en una cosa para pegarla en algún sitio: *engrudar las tiras de papel para cubrir la pared.* — v.tr. = engomar
2 Tomar una cosa la consistencia del engrudo. — v.prnl.

engrudo (Derivado del bajo lat. *glus*, cola, goma.)
1 Masa hecha con harina o almidón cocidos en agua que se usa para pegar cosas ligeras. — s.m. = gacheta
2 Cola de pegar. — = pegamento

engruesar Hacer más grueso. — v.intr./tb: engrosar

engrumecerse Formarse grumos en un líquido o en una masa fluida: *cuida que no se te engrume la bechamel.* — v.prnl. conj: carecer

enguachinar Echar demasiada agua en un terreno: *con las lluvias se enguachinó la huerta.* — v.tr/prnl. tb: aguachinar

engualdrapar Poner una cobertura larga a una caballería para adornar o tapar las ancas. — v.tr. EQUITACIÓN

engualichar Hechizar o embrujar a una persona con artes mágicas. — v.tr/Argent., Chile, Urug.

enguantar Cubrir las manos con guantes: *nunca salía de casa sin enguantarse.* — v.tr/prnl.

enguatar Poner guata en una prenda para forrarla o acolcharla: *enguatar los cojines.* — v.tr.

enguedejado
1 Se aplica al cabello que es largo y está peinado a guedejas: *melena enguedejada.* — adj.
2 Se refiere a la persona que tiene el cabello de esta manera. — = melenudo
3 Que cuida mucho su melena.

enguerrillarse Formar varias personas una guerrilla: *el campesinado se enguerrilló para luchar contra las violaciones de sus derechos.* — v.prnl.

enguijarrado Empedrado de guijarros: *un enguijarrado bordeaba el invernáculo.* — s.m. CONSTRUCCIÓN

enguijarrar Cubrir el suelo con guijarros: *enguijarrar un tramo de pista forestal para poder pasar con el vehículo.* — v.tr. CONSTRUCCIÓN

enguillotarse Tener una persona puesta toda su atención en una cosa: *se enguillota en sus crucigramas.* — v.prnl. + en, con

enguirnaldar Adornar una cosa con guirnaldas: *enguirnaldaron el jardín para la fiesta de cumpleaños.* — v.tr.

enguitarrarse Vestirse con levita o con otro traje de ceremonia. — v.prnl. Venez.

enguizgar Incitar, estimular a la lucha o a enemistarse. — v.tr./conj: pagar

engullidor, a Que engulle. — adj/s.

engullir (Derivado del lat. *gula*, garganta.) Comer de forma atropellada y sin apenas masticar la comida. — v.tr. conj: mullir

engurrar Arrugar o encoger un papel o una tela: *el programa de centrifugado de la lavadora engurró la ropa.* — v.tr. = engurruminar

engurrio Melancolía o tristeza de espíritu o de ánimo. — s.m.

engurrumir Poner arrugada o encogida una cosa: *al mojarla, la lana se engurrume.* — v.tr/prnl. = engurruminar

engurruñar
1 Poner arrugado o encogido: *el gato se engurruñó frente al fuego.* v.tr/prnl. **tb: engruñar**
2 Ponerse una persona triste: *cuando piensa en su familia ausente se engurruña.* v.prnl. **= entristecerse**

engurruñir Poner una cosa arrugada o encogida: *se le ha engurruñido la piel al estar mucho rato en el agua.* v.tr/prnl./conj: mullir **= engurrumir**

engusgarse Sentir una persona mucho frío. v.prnl./coloquial

enhacinar Amontonar varias cosas. v.tr./tb: hacinar

enharinar Cubrir o manchar a una persona o una cosa con harina: *se enharinaron al descargar la harina; enharinar la carne para freírla.* v.tr/prnl.

enhastiar Causar enfado, hastío o fastidio a una persona con palabras o actitudes. v.tr/prnl. **conj: vaciar**

enhastillar Poner las flechas en el carcaj. v.tr.

enhatijar Cubrir la boca de una colmena con tela de esparto para trasladarla. v.tr.

enhebillar Sujetar las correas de una cosa en las hebillas: *enhebillar la montura del caballo.* v.tr.

enhebrar
1 Pasar un hilo o una hebra por el ojo de una aguja. v.tr./= enhilar
2 Pasar un hilo o un alambre a través de varias cosas agujereadas: *enhebrar las cuentas del collar.* = ensartar
3 Decir muchas cosas seguidas de manera desordenada: *estaba tan excitada que enhebraba las palabras con frases inconexas.*

enhenar Cubrir una cosa con heno. v.tr.

enherbolar (Derivado del lat. *herbula*, hierbecita.) Poner veneno en las puntas de las armas u otras cosas: *enherbolaron los machetes por si les atacaban.* v.tr.

enhestar Erguir o poner derecha una cosa: *se deben enhestar los postes que han sido derrumbados.* v.tr/prnl./conj: pensar **tb: inhestar**

enhielar Mezclar una cosa con hiel. v.tr.

enhiesto, a (Probablemente del lat. *infestus*, hostil.) Que está levantado o erguido: *los guerreros avanzaban con las lanzas enhiestas; su bigote enhiesto lo distinguía del resto de los tertulianos.* adj. **tb: inhiesto**

enhilar
1 Pasar el hilo por el ojo de una aguja: *¿puedes enhilármelaí, no veo bien.* v.tr. **= enhebrar**
2 Poner orden o coordinar las ideas de un escrito o un discurso: *antes de empezar a hablar intentó enhilar su conferencia.*
3 Dirigir un asunto con cierto orden: *enhiló la discusión de sus amigos hasta que se reconciliaron.* = hilvanar
4 Poner varias cosas en fila: *enhiló los vasos a lo largo de la mesa.* = enfilar
5 Dirigirse hacia un lugar o un fin. v.intr./= encaminarse
6 Ponerse una persona delante del toro en línea recta con la de su espinazo. v.prnl. **TAUROMAQUIA**

enhollinarse Mancharse una persona de hollín. v.prnl.

enhorabuena
1 Felicitación que se da a una persona por lo que ha hecho o le ha sucedido: *le dio la enhorabuena por su ascenso.* s.f. **tb: norabuena**
2 En hora buena, con bien y felicidad. adv.

enhoramala Indica enfado o reproche: *enhoramala os encontré, sólo me habéis traído disgustos.* adv. **= en hora mala**

enhorcar Formar ristras de ajos o cebollas. v.tr./conj: sacar

enhornar Meter una cosa en el horno para cocerla o asarla: *enhornar el guiso.* v.tr. **= hornear**

enhorquetar Poner a horcajadas o sentar a alguien como si fuera montado a caballo, con una pierna a cada lado. v.tr/prnl./Argent., Cuba, P. Rico, Urug.

enhuecar Dejar hueca una cosa: *enhuecó las calabazas para usarlas como recipientes.* v.tr./conj: sacar **tb: ahuecar**

enhuerar (Derivado de *huero*.)
1 Dejar una cosa hueca o vacía: *enhueró el arcón y lo volvió a llenar de grano.* v.tr.
2 Volverse una persona superficial: *sus desgracias hacen que se enhuere.* v.intr/prnl.

enigma (Del lat. *aenigma* < gr. *ainigma*, frase equívoca.)
1 Dicho de significado intencionadamente oscuro o ambiguo: *intentaban descifrar el enigma que indicaría la entrada de la cripta.* s.m. **= adivinanza**
2 Persona o cosa desconocida, o difícil de comprender: *mi compañera es un enigma, no logro entenderla.* = misterio
3 Composición, generalmente en verso, equivalente al acertijo. LITERATURA

enigmático, a
1 Que contiene algún enigma o misterio: *es una persona enigmática; sus palabras enigmáticas me dejaron intrigada.* adj. **= misterioso**
2 De difícil interpretación.

enigmatista Persona que habla o se expresa con enigmas. s.m.f.

enigmística Conjunto de adivinanzas, enigmas o misterios de un lugar o época determinados. s.f. **OCULTISMO**

enilismo Alcoholismo por vino. s.m.

enjabegarse Quedar un cable enredado en el fondo del mar. v.prnl./conj: pagar **NÁUTICA**

enjabonado, a
1 Se refiere a la caballería que tiene el pelo oscuro sobre fondo blanco. adj. **Cuba, Perú**
2 Enjabonadura, operación de enjabonar. s.m./tb: jabonado

enjabonadura Operación que precede a la colada y consiste en enjabonar la ropa con agua tibia. s.f./= enjabonado, jabonado

enjabonar
1 Frotar una cosa o persona con jabón para lavarla: *se enjabonó todo el cuerpo.* v.tr/prnl.
2 Dirigir lisonjas a una persona: *enjabonó a su padre para conseguir un aumento de su asignación mensual.* v.tr.
3 Dar una reprimenda a una persona: *enjabonó a su hijo por su mala educación.* = reprender

enjaezado, a Se refiere al caballo que tiene puestos los jaeces. adj.

enjaezamiento Acción y resultado de enjaezar una caballería. s.m.

enjaezar (Derivado de *jaez*.) Poner adornos a una caballería: *enjaezaron a los caballos para el desfile.* v.tr./conj: cazar **= engalanar**

enjagüe Enjuague, acción y resultado de enjuagar alguna cosa s.m. **Amér.**

enjalbegado Blanqueo de las paredes con cal, yeso o tierra blanca: *esta casa necesita un enjalbegado.* s.m. **= enjalbegadura**

enjalbegadura Blanqueo de las paredes: *proceder a la enjalbegadura de las tapias.* s.f./= enlucido, enjalbiego

enjalbegar (Del bajo lat. *exalbicare*.)
1 Blanquear una pared con cal, yeso o tierra blanca: *cada verano enjalbegaban la mayoría de las casas del pueblo.* v.tr. **conj: pagar**
2 Arreglar el aspecto del rostro de una persona con afeites o cosméticos: *pasó horas enjalbegándose para salir a cenar.* v.tr/prnl. **coloquial = maquillar**

enjalma (Del lat. vulgar *salma*.) Albarda ligera para las caballerías de carga. s.f. **= jalma**

enjambradera
1 Abeja que forma la colmena en otro sitio. s.f./ZOOLOGÍA
2 Cubierta o cúpula de la celda donde se cría la abeja reina. ZOOLOGÍA
3 Abeja reina que dirige un enjambre. ZOOLOGÍA

enjambradero Sitio donde los colmeneros enjambran sus vasos o colmenas. s.m.

enjambrar
1 Coger las abejas o los enjambres que están fuera de la colmena para encerrarlos en ella: *como iba a llover, enjambró las abejas.* v.tr.
2 Sacar un enjambre de una colmena cuando está muy poblada. v.tr.
3 Producir la colmena un enjambre. v.intr.
4 Producir una cosa en abundancia: *con la humedad del canal, los mosquitos enjambraron.* = multiplicar

enjambrazón
1 Multiplicación de las colonias de abejas por haber emigrado una parte de los individuos de la colmena. s.m.
2 Época en que enjambran las abejas.

enjambre (Derivado del lat. *examen*.)
1 Conjunto de abejas u otros insectos con su reina que marchan juntos para formar una colonia nueva. s.m. **ZOOLOGÍA**
2 Grupo muy grande y agitado de personas o cosas: *le esperaba un enjambre de aficionados.* = multitud
3 Grupo de estrellas fugaces. ASTRONOMÍA

enjaquimar (Derivado de *jáquima*.) Poner la cabezada a una bestia o a otra bestia. v.tr.

enjarciar (Derivado de *jarcia*.) Poner los aparejos y cabos a una embarcación. v.tr./NÁUTICA **tb: jarciar**

enjardinar
1 Convertir un terreno en jardín. v.tr.
2 Plantar y arreglar los árboles como en un jardín: *enjardinó la parte trasera de la casa.*
3 Poner un ave de rapiña en un paraje verde. CAZA

enjaretado Tablero formado por tablones pequeños colocados de modo que formen un enrejado. s.m.

enjaretar
1 Hacer pasar un cinta o un cordón por la jareta de una prenda. v.tr.
2 Decir o hacer una cosa deprisa y de manera atropellada: *enjaretó el sermón en cinco minutos.*
3 Dar o hacer aguantar una cosa pesada o molesta a una persona: *me enjaretó todo su equipaje.* coloquial **= endosar**

enjarje
1 Piedra o parte saliente que se deja en el límite de una pared o muro para que sirva de enlace en posibles construcciones contiguas o prolongaciones de la obra. s.m. **ARQUITECTURA = adaraja**
2 Enlace de los nervios de una bóveda en el punto de arranque. ARQUITECTURA

enjaular
1 Poner a una persona o un animal dentro de una jaula: *enjaularon al león para transportarlo al zoo.* — v.tr.
2 Meter a una persona en la cárcel: *lo enjaularon después del juicio.* — coloquial = encarcelar

enjebar
1 Meter los paños en lejía antes de teñirlos. — v.tr./TEXTIL
2 Poner lechada de yeso en un muro para blanquearlo. — CONSTRUCCIÓN

enjebe
1 Operación de enjebar. — s.m.
2 Lejía usada para blanquear las telas antes de teñirlas, en cuya composición entra el alumbre. — TEXTIL

enjergado, a Que va vestido de luto. — adj./= enlutado

enjergar Empezar y dirigir un negocio o un asunto. — v.tr./coloquial

enjerir
1 Hacer un injerto a un ser vivo. — v.tr./= injertar
2 Meter una cosa en otra. — = insertar
3 Introducir una palabra, nota o texto en un escrito: *el traductor enjerió un par de aclaraciones en el artículo.*

enjertal Tierra plantada de árboles frutales injertados. — s.m./ AGRICULTURA

enjertar Hacer un injerto a un ser vivo. — v.tr./tb: injertar

enjerto, a
1 Se aplica a la planta que ha sido injertada: *peral enjerto.* — adj. tb: injerto
2 Acción de hacer un injerto. — s.m.
3 Mezcla de cosas: *enjerto de etnias.*

enjorguinarse Hacerse una persona hechicero. — v.prnl.

enjoyado, a Que tiene o lleva puestas muchas joyas: *una mujer muy enjoyada entró en el teatro.* — adj.

enjoyar
1 Adornar con joyas: *se enjoyó para ir a la boda.* — v.tr/prnl.
2 Adornar o enriquecer una cosa: *enjoyó la sala para la fiesta.* — v.tr. = embellecer
3 Poner o engastar piedras preciosas en una joya o en otro objeto de valor.

enjoyelado, a
1 Se aplica al oro o a la plata que se ha transformado en joyas o joyeles. — adj.
2 Que está adornado con joyas o joyeles.

enjuagar (Del ant. *enxaguar* < lat. vulgar *exaquare*, lavar con agua < *ex*, fuera + *aqua*, agua.)
1 Limpiar con agua clara lo que está enjabonado o fregado: *enjuaga mejor los vasos, tienen jabón; enjugó el suelo con una bayeta.* — v.tr./conj: pagar tb: enjaguar
2 Limpiar la boca con agua o licor: *se enjuagó la boca con un preparado farmacéutico.* — v.tr/prnl.

enjuagatorio
1 Líquido que se utiliza para enjuagar o enjuagarse la boca: *el enjuagatorio que uso es rico en clorofila.* — s.m./= colutorio, enjuague
2 Acción y resultado de enjuagar. — = enjuague

enjuague
1 Acción y resultado de enjuagar: *echó el suavizante a la lavadora tras el último enjuague.* — s.m. = enjuagatorio
2 Agua, licor u otro líquido que se usa para enjuagar: *me han recetado un enjuague bucal.* — = enjuagatorio
3 Acuerdo irregular o fraudulento para conseguir lo que no se espera obtener por los medios regulares: *en este partido hay demasiados enjuagues.* — coloquial = chanchullo
4 Vaso con escupidera que se usaba para lavarse y enjuagarse los dientes.

enjugador, a
1 Que enjuga, seca o escurre. — adj.
2 Utensilio que se usa para enjugar o escurrir, como las cápsulas usadas en los laboratorios o las cubetas de los cartoneros. — s.m.
3 Armazón de aros y tablillas con un enrejado de cuerda en la parte superior que se usa para secar y calentar la ropa. — = sahumador

enjugar (Del bajo lat. *exsucare*, dejar sin jugo < *ex*, privativo + *succus*, jugo.)
1 Quitar la humedad de una cosa: *enjúgate el pelo con una toalla.* — v.tr./conj: pagar part. tb: enjuto
2 Limpiar o secar el sudor, la sangre u otros líquidos corporales: *se enjugó las lágrimas entre sollozos.* — v.tr/prnl.
3 Lavar una cosa ligeramente: *se enjugó las manos antes de comer.*
4 Pagar o cubrir totalmente una deuda o un déficit: *lo que debía se enjugó con un préstamo del banco.* — COMERCIO = liquidar
5 Ponerse una persona delgada o más delgada: *se enjugó mucho a causa de la enfermedad.* — v.prnl. = adelgazar

enjuiciable Que puede ser enjuiciado o examinado. — adj.

enjuiciamiento
1 Acción y resultado de formar alguien juicio u opinión sobre algo: *sus enjuiciamientos sobre mi actuación no me interesan.* — s.m.
2 Acción y resultado de enjuiciar o instruir un juicio contra alguien. — DERECHO

3 Forma legal de proceder en la tramitación de un asunto judicial. — DERECHO = instrucción

enjuiciar
1 Someter una cuestión a examen, discusión o juicio: *no se puede cerrar este asunto sin enjuiciarlo primero.* — v.tr. = analizar
2 Realizar las gestiones establecidas en un juicio sobre una cosa o contra una persona. — DERECHO
3 Juzgar, sentenciar o determinar una causa. — DERECHO

enjulio (Del bajo lat. *insubulum.*) Madero horizontal de los telares en el que se enrolla la urdimbre. — s.m./TEXTIL tb: enjullo, ensullo

enjuncar
1 Cubrir con juncos: *enjuncar la trampa para que no se vea; se enjuncó para ocultarse.* — v.tr./prnl. conj: sacar
2 Atar una vela con juncos. — v.tr./NÁUTICA
3 Soltar las trenzas que agarran las velas y sustituirlas por hilos de cabos. — NÁUTICA

enjundia (Del lat. *axungia*, grasa de cerdo.)
1 Manteca o grasa de un animal, especialmente la que tienen las aves alrededor de la overa. — s.f. tb: injundia
2 Lo más sustancioso e importante de alguna cosa no material: *hemos de analizar la enjundia del asunto.* — = esencia
3 Profundidad y riqueza de contenido de un escrito: *un ensayo de mucha enjundia.*

enjunque (Derivado de *junco.*)
1 Lastre muy pesado que se coloca en el fondo de la bodega de una embarcación. — s.m. NÁUTICA
2 Colocación de este lastre para obtener la óptima estabilidad o equilibrio de la embarcación. — NÁUTICA

enjuta
1 Cada uno de los espacios que deja un círculo inscrito en un cuadrado. — s.f./ARQUITECTURA = embecadura
2 Cada uno de los triángulos curvilíneos que forman el anillo de la cúpula. — ARQUITECTURA = pechina

enjutar
1 Rellenar o tapar las enjutas o embecaduras de una bóveda. — v.tr. ARQUITECTURA
2 Secar la cal u otros materiales. — CONSTRUCCIÓN

enjutez
1 Estado de la persona delgada o de pocas carnes. — s.f./pl: enjuteces
2 Falta de humedad. — = sequedad

enjuto, a (Del lat. *exsuctus* < *exsugere*, chupar, absorber.)
1 Que está muy delgado: *después de la huelga de hambre se quedó enjuto y muy pálido.* — adj. = flaco
2 Tascos y palos secos que se emplean para encender el fuego. — s.m.pl.
3 Bocados ligeros que se toman acompañando una bebida. — = tapa

enlabiar
I (Derivado de *labio.*) Aplicar los labios a una cosa. — v.tr.
II (Derivado de *labia.*) Seducir a una persona con promesas o palabras amables. — v.tr. = engatusar

enlabio Engaño hecho con promesas o palabras amables. — s.m.

enlace
1 Acción y resultado de enlazar o enlazarse. — s.m.
2 Unión de una cosa con otra: *el enlace de sus teorías con la escuela neopositivista.* — = empalme
3 Cosa que establece la unión o relación de una cosa con otra: *se rompió el enlace entre el motor y el eje.* — = conexión, engarce
4 Persona que actúa de intermediario entre otras: *es el enlace sindical.* — = nexo
5 Empalme de comunicación de las líneas de los trenes: *el enlace a Madrid.*
6 Acto de casarse, ceremonia y fiesta con que se celebra: *el enlace tuvo lugar en la ermita.* — = boda, matrimonio
7 Fuerza que mantiene unidos los átomos de las moléculas: *la ruptura del enlace molecular desprende energía.* — QUÍMICA

enlaciar Poner una cosa lacia: *este champú me enlació el cabello; esa tela se enlaciará al mojarla.* — v.tr./intr/prnl. tb: alaciarse

enladrillado Pavimento hecho con ladrillos: *restauraron el enladrillado de la calle.* — s.m./CONSTRUCCIÓN = enladrilladura

enladrillar Cubrir el suelo, el pavimento con ladrillos. — v.tr. CONSTRUCCIÓN

enlagunar Convertir un terreno en laguna: *se enlagunó el terreno al comenzar el deshielo.* — v.tr/prnl.

enlajado Suelo cubierto de lajas o piedras lisas. — s.m./Venez.

enlamar Cubrir un campo de barro: *la riada enlamó el valle.* — v.tr/prnl.

enlanado, a Que está cubierto o relleno de lana: *un colchón enlanado.* — adj.

enlardar (Derivado de *lardo.*) Poner grasa en un alimento para cocinarlo: *enlardó el solomillo para asarlo.* — v.tr./COCINA = lardar, lardear

enlatado, a Se aplica al programa o reportaje audiovisual que ha sido grabado antes de ser emitido o reproducido: *no fue un debate en directo, sino enlatado.* — adj./AUDIOVISUALES coloquial, jerga

enlatar Meter una cosa en una lata: *enlatar pescado, carnes y verduras.* — v.tr.

enlazar
1 Unir o sujetar una cosa con lazos. — v.tr./conj: cazar

2 Cazar un animal echándole el lazo. CAZA

3 Poner una cosa en relación con otra: *estas piezas se enlazan con este mecanismo; esta idea enlaza con la explicación que he dado.* v.tr/intr/prnl. = conectar

4 Combinarse los medios de transporte, o sus trayectos y horarios: *el tren de las cinco enlaza con el expreso del norte.* v.intr. + con

5 Contraer dos personas matrimonio: *se enlazaron el año pasado.* v.prnl. = casarse

6 Unirse dos familias por un casamiento: *nuestras familias se enlazarán cuando tu hermano y yo nos casemos.* = emparentarse

enlechar Cubrir una cosa con una lechada o masa fina de cal y yeso: *enlechar las tapias que bordean la finca.* v.tr. CONSTRUCCIÓN

enlegajar Reunir papeles en un atado o meterlos en el que les corresponde. v.tr.

enlegamar (Derivado de *légamo*.)
1 Manchar una cosa con barro. v.tr./= entarquinar
2 Abonar las tierras con barro. AGRICULTURA
3 Rellenar y sanear un terreno pantanoso por la sedimentación del barro que lleva una corriente de agua.

enlejiar
1 Meter una cosa en lejía: *si enlejías los pantalones se estropearán.* v.tr. conj: vaciar
2 Disolver en agua una sustancia alcalina. QUÍMICA

enlenzar Poner tiras de lienzo en las obras de madera, especialmente en una escultura para que no se agriete. v.tr. conj: empezar ARTE

enlerdar (Derivado de *lerdo*.) Dificultar o retrasar una cosa: *sus continuas interrupciones enlerdaban la marcha del proyecto.* v.tr. = entorpecer

enligar
1 Untar con liga las ramas de los árboles, para cazar pájaros. v.tr./CAZA conj: pagar
2 Quedarse un pájaro pegado en la liga. v.prnl./CAZA

enlistonado Conjunto de listones y obra hecha con ellos. s.m. CARPINTERÍA

enlistonar Hacer un entablado de listones: *enlistonar el techo de la buhardilla.* v.tr./CARPINTERÍA tb: listonar

enlizar Añadir lizos o cordones de hilo para la urdimbre de un telar. v.tr./conj: cazar TEXTIL

enllantar Guarnecer con llantas las ruedas de un vehículo: *llevó el coche al taller para que lo enllantaran.* v.tr.

enllentecer Poner una cosa blanda: *estos alimentos se enllentecen con el calor.* v.tr/prnl. conj: carecer

enllocar Ponerse un ave a empollar o en estado de empollar: *esa gallina se enlloca siempre en el rincón más caliente.* v.intr/prnl. conj: trocar = enclocar

enlobreguecer (Derivado de *lóbrego*.) Oscurecer un lugar: *al correr la cortina se enlobregueció el cuarto.* v.tr/prnl. conj: carecer

enlodamiento Acción y resultado de enlodar o enlodarse: *la riada arrasó los cultivos y el enlodamiento afectó a todas las plantas bajas.* s.m. = enlodadura

enlodar
1 Cubrir o ensuciar una cosa con lodo: *las ruedas del carro se enlodaron.* v.tr/prnl. tb: enlodazar
2 Hacer que una persona pierda su prestigio: *él mismo se enlodaba al actuar de forma tan despreciable.* = enfangar
3 Tapar las grietas de un barreno con arcilla para impedir que entre agua por ellas. MINERÍA
4 Embarrar o cubrir una tapia con una mano de arcilla o de lodo. v.tr. CONSTRUCCIÓN

enlomar
1 Formar el encuadernador el lomo de un libro haciendo un reborde o cajo en los primeros y últimos pliegos. v.tr. ARTES GRÁFICAS
2 Doblar el caballo el lomo al prepararse para dar un brinco. v.prnl. EQUITACIÓN

enloquecedor, a
1 Que hace enloquecer. adj.
2 Que es insoportable o muy molesto: *hacían un ruido enloquecedor.*

enloquecer
1 Volver loca a una persona: *enloqueció al perder a su familia en un accidente.* v.tr/intr. conj: carecer
2 Gustar mucho una persona o una cosa: *me enloquece salir por las noches.* v.tr. = encantar
3 Perder la serenidad, volverse como loco: *sus manías me enloquecen, no las soporto.* = trastocar
4 Dejar un árbol de dar fruto o darlo con irregularidad, por falta de cultivo o por vicio del terreno. AGRICULTURA

enloquecido, a
1 Que está loco a algo enajenado: *la pérdida de su hermano lo dejó enloquecido.* adj.
2 Que está entusiasmado o emocionado: *el niño estaba enloquecido con la idea de ir al zoo.* + con

enloquecimiento Acción y resultado de volver o volverse loco: *su aparición en el escenario provocó el enloquecimiento de sus fans.* s.m.

enlosado Suelo cubierto con losas o baldosas unidas y ordenadas: *el enlosado de la plaza era de cerámica grabada y brillante.* s.m. CONSTRUCCIÓN tb: losado

enlosar Cubrir el suelo con losas: *enlosaron la terraza con baldosas de arcilla.* v.tr. = losar

enlozanarse Ponerse una persona lozana. v.prnl.

enlozar Cubrir con un baño de loza o de esmalte vítreo. v.tr/conj: cazar Amér.

enlucido, a
1 Que se ha blanqueado para que tenga buen aspecto. adj.
2 Capa de yeso o estuco que se da a las paredes para alisarlas y protegerlas contra la humedad y la pérdida de calor. s.m. CONSTRUCCIÓN

enlucir (Derivado de *lucir*.)
1 Poner una capa de yeso o de argamasa a las paredes o los techos de un edificio. v.tr/conj: lucir CONSTRUCCIÓN
2 Limpiar y dar brillo a un objeto metálico: *enlucir los dorados.* = pulimentar, pulir

enlustrecer (Derivado de *lustre*.) Poner una cosa limpia y brillante: *deberías enlustrecer los zapatos más a menudo.* v.tr. conj: carecer = lustrar

enlutar
1 Poner ropas de luto a una persona o una cosa: *se enlutó tras la muerte de su padre; enlutaron la bandera con un crespón negro.* v.tr/prnl.
2 Quitar luz o claridad a un lugar: *Luisa enlutó la sala al correr las cortinas.* v.tr. = oscurecer
3 Causar una cosa tristeza a una persona: *enlutó a su madre con su comportamiento despreciable.* = entristecer

enmaderación
1 Obra hecha o cubierta de madera, en especial las paredes de las casas y los edificios. s.f. = enmaderamiento
2 Operación de apuntalar con maderas las excavaciones de las minas. MINERÍA = entibación

enmaderado
1 Obra hecha o cubierta con madera, en especial las paredes y muros. s.m. = enmaderamiento
2 Conjunto de vigas y maderas que se usan para una construcción. CONSTRUCCIÓN = maderaje

enmaderar
1 Cubrir un techo, una pared u otra cosa con madera: *enmaderaron el suelo de las salas.* v.tr. CONSTRUCCIÓN
2 Hacer el maderamen de un edificio. CONSTRUCCIÓN

enmadrarse Ponerse el hijo demasiado encariñado con la madre. v.prnl.

enmagrecer (Derivado de *magro*.) Enflaquecer, poner flaco: *no come casi nada y, sin embargo, no enmagrece ni pierde la salud.* v.tr/intr/prnl. conj: carecer = adelgazar

enmalecer (Derivado de *malo*.)
1 Hacer una cosa daño a una persona o una cosa. v.tr/conj: carecer
2 Cubrirse un terreno de maleza.

enmallarse Quedar un pez atrapado en las mallas de la red. v.prnl./PESCA = mallar

enmalle (Derivado de *malla*.) Red doble colocada en posición vertical para que los peces, al pasar, queden atrapados. s.m. PESCA

enmangar Poner mango a un instrumento: *enmangar una azada; enmangar un machete.* v.tr. conj: pagar

enmarañar
1 Hacer que se forme un enredo o una maraña en una cosa: *con el viento se me enmarañaba mucho el pelo.* v.tr/prnl. = enredar
2 Hacer una cosa más confusa y difícil: *su presencia enmarañó todavía más el asunto; este juicio se enmaraña día a día.* = embrollar
3 Cubrirse el cielo de nubes: *por la tarde, el cielo se enmarañó y se puso a llover.* v.prnl.

enmararse Entrar una embarcación en alta mar. v.prnl./NÁUTICA

enmarcar
1 Poner una cosa en un marco: *quiero enmarcar la foto de tu boda.* v.tr/conj: sacar = encuadrar
2 Limitar o ceñir una cosa a otra: *se enmarcaron en los grupos de izquierdas.*
3 Contener una cosa a otra, servirle de fondo: *la música enmarcaba perfectamente aquella secuencia de la película.* v.tr/prnl. = encuadrar
4 Situar algo dentro de unos parámetros de lugar, tiempo, modo o estilo: *su pintura puede enmarcarse dentro de las corrientes vanguardistas.*

enmaridar (Derivado de *marido*.) Contraer una mujer matrimonio. v.intr/prnl.

enmarillecerse Ponerse una persona o una cosa amarilla, amarillenta o pálida: *el trigo se enmarillecía con los calores estivales.* v.prnl. conj: carecer

enmaromar Atar con una maroma: *enmaromó al toro.* v.tr.

enmascarado, a Que lleva máscara o disfraz: *al final la salva el héroe enmascarado.* adj/s.

enmascaramiento
1 Disimulo, desfiguración o encubrimiento de una cosa: *el enmascaramiento de la verdad.* s.m.

2 Acción de ocultar o encubrir el armamento de guerra: *con el enmascaramiento intentaron confundir al enemigo.* — MILITAR = camuflaje

enmascarar
1 Cubrir el rostro con una máscara: *se enmascaró para no ser descubierto.* — v.tr/prnl. = disfrazar
2 Intentar ocultar una cosa: *enmascaraba con astucia sus oscuras intenciones.* — v.tr. = encubrir

enmasillar
1 Sujetar los cristales de las vidrieras con masilla. — v.tr.
2 Tapar las grietas de la madera con masilla. — CARPINTERÍA

enmelado Fruta de sartén, recubierta de miel. — s.m./COCINA

enmelar
1 Untar una cosa con miel: *enmeló la superficie del pastel.* — v.tr. conj: *pensar*
2 Hacer una cosa agradable: *el nieto le enmelaba la vida con su alegría.* — = endulzar
3 Hacer las abejas miel.

enmendable Que puede ser enmendado o corregido: *no te preocupes, se trata de un error enmendable.* — adj.

enmendar (Del lat. *emendare.*)
1 Quitar o corregir un defecto o equivocación: *debes aprender a enmendar tus faltas; enmendó su error con una carta de disculpa.* — v.tr/prnl. conj: *pensar* = rectificar
2 Pagar una cantidad a una persona por un daño o una pérdida: *enmendó al anciano por el atropello.* — v.tr./= resarcir, subsanar
3 Cambiar un tribunal superior una sentencia dada por él mismo, a instancias de la parte interesada. — DERECHO
4 Cambiar el rumbo o el fondeadero de una embarcación según las necesidades. — NÁUTICA

enmendatura Enmienda o corrección. — s.f./Amér.

enmerdado, a Que está involucrado en un asunto: *cuando se quiso dar cuenta estaba tan enmerdado como el que más.* — adj. vulgar

enmerdar
1 Liar o complicar un asunto. — v.tr./vulgar
2 Ensuciar o desordenar una cosa. — vulgar
3 Involucrarse o implicarse: *se enmerdó en un oscuro negocio de loterías.* — v.prnl. vulgar

enmicado Funda de plástico. — s.m./Méx.

enmienda
1 Corrección de un error o defecto: *mandó listar las enmiendas del texto original.* — s.f. = rectificación
2 Propuesta de un cambio en el texto de una ley, de un proyecto o informe. — DERECHO
3 Reparación por un daño que se ha causado. — = compensación
4 Rectificación hecha en un escrito, que suele mencionarse al final para darle validez. — DERECHO
5 Sustancias que se mezclan con la tierra para hacerlas más productivas. — s.f.pl. AGRICULTURA
6 enmienda constitucional: Cambio en la constitución de un país. — POLÍTICA

enmohecer
1 Cubrir de moho: *la humedad había enmohecido el pan y las galletas que les quedaban; el queso se enmohece enseguida.* — v.tr/prnl. conj: *carecer* tb: amohecer
2 Inutilizar una cosa por falta de uso: *al no hacer deporte los músculos se enmohecen.*

enmohecimiento Acción y resultado de enmohecer o enmohecerse. — s.m.

enmollecer (Derivado de *muelle.*)
1 Poner una cosa blanda: *con el uso, la bota se enmolleció.* — v.tr/prnl. conj: *carecer*
2 Hacer más suave una cosa: *la madera se enmolleció mucho al pasarle la lija.* — = suavizar
3 Hacer más moderada la ira o la agresividad de una persona: *la llegada del cheque le enmolleció por unos días; se enmolleció con las carantoñas de su nieta.* — = aplacar
4 Hacer una cosa que una persona se compadezca. — v.tr.

enmonarse Coger una borrachera. — v.prnl./Chile, Perú

enmondar Limpiar un paño de hilachas o impurezas antes de llevarlo a la prensa. — v.tr./TEXTIL = desliñar

enmontarse Volverse monte un campo o cubrirse de maleza. — v.prnl. Amér.

enmoquetar Cubrir con moqueta un suelo o pared. — v.tr.

enmostar Manchar o empapar con mosto: *se enmostó al trasladar los recipientes.* — v.tr/prnl.

enmotar (Derivado de *mota.*) Fortificar un territorio con castillos. — v.tr. MILITAR

enmudecer (Derivado de *mudo.*)
1 Hacer callar a una persona: *tu respuesta fue tan contundente que lo enmudeció.* — v.tr/conj: *carecer* = acallar
2 Perder una persona el habla: *enmudeció a causa de la lesión cerebral.* — v.intr.
3 Quedarse una persona callada cuando debía hablar: *le preguntaron si había cometido el crimen y enmudeció.*

enmugrar Cubrir una cosa de mugre. — v.tr./Colomb., Méx, Chile

enmugrecer Cubrir o cubrirse una cosa de mugre o suciedad grasienta. — v.tr/prnl. conj: *carecer*

enmustiar Poner mustia una planta: *los geranios se enmustiaron por falta de riego.* — v.tr/prnl. tb: mustiar

enneciarse Volverse una persona necia. — v.prnl.

ennegrecer
1 Poner negra una cosa o teñirla de negro: *se ennegreció la silla; el humo ennegrece las paredes.* — v.tr/prnl. conj: *carecer*
2 Tomar una cosa un aspecto desfavorable: *su futuro se ennegrecía tras el escándalo.*
3 Ponerse el cielo muy oscuro: *el horizonte se ennegreció de repente a causa de la tormenta.* — v.prnl.

ennegrecimiento Acción y resultado de ennegrecer o ennegrecerse. — s.m.

ennoblecedor, a Que ennoblece: *halaga sus ennoblecedores actos.* — adj.

ennoblecer
1 Hacer a una persona noble: *él se ennobleció con sus buenas relaciones.* — v.tr/prnl. conj: *carecer*
2 Adornar un lugar para darle un aspecto distinguido: *ennobleció el salón con grandes alfombras orientales.* — v.tr.
3 Dar una cosa dignidad a una persona o una cosa: *sus palabras me ennoblecen inmerecidamente.* — = enaltecer

ennoblecimiento
1 Estado que resulta de la posesión y práctica de las cualidades morales que se consideran dignificadoras de la persona: *ennoblecimiento del espíritu.* — s.m.
2 Distinción o aspecto distinguido que algo confiere a una persona o a una cosa.
3 Acción y resultado de conceder a una persona un título nobiliario.
4 Fenómeno semántico por el cual el significado de una palabra ordinaria se eleva y dignifica. — LINGÜÍSTICA ≠ envilecimiento

ennudecer Dejar de crecer los seres vivos, en especial los árboles y los injertos. — v.intr. conj: *carecer*

eno- Componente de palabra procedente del gr. *oínos,* que significa vino: *enología; enólogo; enobarómetro.* — pref. tb: -en

-eno, a
1 Terminación propia de los números ordinales: *noveno; centena.* — suf.
2 Terminación propia de los hidrocarburos no saturados: *acetileno; benceno.* — suf. QUÍMICA

enodio (Del lat. *enodis,* que no tiene nudos.) Ciervo entre tres y cinco años de edad. — s.m.

enoftalmos Hundimiento anormal del globo ocular. — s.m./MEDICINA

enografía Parte de la enología que estudia la descripción de los vinos. — s.f.

enojadizo, a Que se enoja con facilidad. — adj./= irritable

enojar (Del lat. vulgar *inodiare,* inspirar asco u horror.)
1 Causar enojo o enfado a una persona: *se enoja mucho cuando pierde.* — v.tr/prnl. = enfadar
2 Causar molestia o disgusto a una persona: *tus retrasos continuos me enojan.* — v.tr. = molestar
3 Moverse el viento o el mar de forma violenta: *el mar se enojó a causa del huracán.* — v.prnl.

enojo
1 Alteración en el ánimo que suscita enfado o ira hacia una cosa o contra alguien. — s.m.
2 Disgusto o molestia: *¡pero cuántos enojos me causas!*

enojón, a Se aplica a la persona que se enoja o enfada con mucha facilidad. — adj/s./Méx., Chile, Ecuad.

enojoso, a Que produce enojo o molestia: *es un tema enojoso porque tendré que enfrentarme a mi socio.* — adj. = enojante

enología Conjunto de conocimientos relativos a la elaboración y conservación de los vinos. — s.f.

enológico, a Que tiene relación con la enología o con los vinos. — adj.

enólogo, a Técnico especialista en la fabricación, conservación y análisis de vinos. — adj/s.

enometría Determinación del contenido alcohólico de los vinos. — s.f.

enométrico, a De la enometría. — adj.

enómetro Instrumento para medir la fuerza o riqueza alcohólica de un vino. — s.m.

enorgullecedor, a Que enorgullece. — adj.

enorgullecer Ser una persona o una cosa motivo de orgullo para otra: *se enorgullece de sus hijos.* — v.tr/prnl. conj: *carecer/+ de*

enorgullecimiento Acción y resultado de enorgullecer o enorgullecerse: *le causó un gran enorgullecimiento saberse el tercero en la carrera.* — s.m.

enorme (Del lat. *enormis.*)
1 Que es muy grande o mayor de lo habitual: *tiene un cuadro enorme en la pared.* — adj./= colosal, gigantesco
2 Que es excesivo o desproporcionado: *las travesuras de mis hijos son enormes.* — = tremendo

3 Que es muy bueno, gracioso o extravagante: *cuando cuenta chistes es enorme.* — coloquial

enormidad
1 Carácter de lo que es enorme o grandísimo: *la enormidad de una gran urbe como México D.F.* — s.f.
2 Gran cantidad de una cosa: *había una enormidad de personas en la sala.* — = abundancia
3 Cosa inexacta o poco prudente y contraria a la razón: *su discurso estuvo lleno de enormidades.* — = disparate
4 Exceso de maldad: *reconoció la enormidad del crimen.*

enotecnia Técnica de elaboración y comercialización de los vinos. — s.f.

enquiciar
1 Poner la puerta o la ventana en su quicio: *la puerta se enquició suavemente.* — v.tr/prnl. CONSTRUCCIÓN
2 Poner una cosa en orden: *consiguió enquiciar sus asuntos.* — v.tr. = ordenar

enquillotrar
1 Poner una cosa engreída a una persona: *se enquillotró mucho al lograr el empleo.* — v.tr/prnl. = engreírse
2 Sentirse una persona atraída emocionalmente por otra: *se enquillotró de aquella chica nada más verla.* — v.prnl. = enamorarse

-enquima Componente de palabra procedente del gr. *enkhyma,* que significa infusión o inyección: *parénquima.* — suf.

enquistado, a
1 Que tiene forma de quiste. — adj.
2 Embutido, metido dentro de alguna cosa.
3 Se aplica al ser vivo que está en la fase de enquistamiento de su ciclo vital. — BIOLOGÍA

enquistamiento Secreción por parte de un organismo de una cubierta dura para protegerse de las condiciones externas adversas y, en el caso de los parásitos, para propagarse más fácilmente. — s.m. BIOLOGÍA

enquistarse
1 Rodearse un cuerpo extraño o un tumor de un quiste: *se le enquistó el grano.* — v.prnl. MEDICINA
2 Incrustarse una cosa profundamente: *la espina acabó por enquistársele en el dedo.*
3 Detenerse un proceso o una enfermedad: *se enquistaron las negociaciones.* — = paralizar

enrabar (Derivado de *rabo.*)
1 Acercar un carro por la parte trasera hacia un lugar. — v.tr.
2 Sujetar con cuerdas la carga que va en la parte trasera de un carro. — v.tr.

enrabiar (Derivado de *rabia.*) Hacer que una persona se ponga furiosa: *le hacían enrabiar con sus bromas.* — v.tr/prnl. = encolerizar

enracimarse Formar varias cosas un racimo. — v.prnl./= arracimarse

enraizar Echar una planta raíces: *aún no han enraizado las margaritas; se quemaron los pequeños árboles que ya habían enraizado.* — v.intr/prnl. conj: arcaizar = arraigar

enralecer Ponerse una cosa rala o despoblada: *ya le empieza a enralecer la calva aunque es muy joven.* — v.intr. conj: carecer

enramada
1 Ramaje espeso y entrelazado: *el zorro se internó en la enramada del sotobosque.* — s.f. = espesura
2 Adorno hecho con ramas de árboles.
3 Cobertizo hecho de ramas. — = chamizo

enramado Conjunto de las cuadernas de un buque. — s.m./NÁUTICA

enramar
1 Poner ramas entrelazadas en un lugar para adornarlo o para hacer sombra: *enramaron el patio para pasar all í las tórridas tardes estivales.* — v.tr.
2 Echar un árbol ramas: *por mucho que poden los árboles, vuelven a enramar.* — v.intr. BOTÁNICA
3 Ocultarse entre el ramaje. — v.prnl.
4 Fijar las cuadernas de una embarcación en construcción. — v.tr. NÁUTICA

enramblar Poner los paños en la rambla para estirarlos. — v.tr. TEXTIL

enrame
1 Aparición de ramas en un árbol o planta: *la sequía provocó un pobre enrame en los frutales.* — s.m. BOTÁNICA
2 Colocación de ramas en un sitio.

enranciamiento Aparición de un gusto o un olor desagradable en los productos alimenticios, que impide que puedan ser utilizados o consumidos. — s.m.

enranciar Hacer una cosa que otra se ponga rancia: *se enranciaron los embutidos.* — v.tr/prnl. tb: ranciar

enrarecer (Derivado de *raro.*)
1 Dilatar un gas o cuerpo gaseoso haciéndolo menos denso: *el aire de la atmósfera se enrarece en la medida que se aleja del nivel del mar.* — v.tr/prnl. conj: carecer = rarificar
2 Contaminar el aire. — = viciar
3 Hacer que una cosa escasee: *el petróleo enrarece por aquí; los alimentos se enrarecen en algunos países.* — v.tr/intr/prnl.
4 Deteriorar o complicar una situación, o una relación: *se enrarecieron los ánimos tras sus declaraciones; notó que la relación entre ellos se había enrarecido.* — v.tr/prnl. = degradar

enrarecimiento Acción y resultado de enrarecer o enrarecerse: *el enrarecimiento del aire de una habitación.* — s.m. = rarefacción

enrasado Obra con que se rellenan o macizan los ángulos de una bóveda. — s.m. CONSTRUCCIÓN

enrasar
1 Igualar la altura de algo, en especial, las obras de albañilería: *los obreros enrasaban las paredes del patio.* — v.tr/intr. CONSTRUCCIÓN
2 Igualar la superficie de un obra: *volvieron a enrasar el techo porque estaba desigual.* — v.tr. CONSTRUCCIÓN
3 Igualar el contenido de un recipiente pasando un rasero: *enrasar el azucarero.* — tb: rasar
4 Hacer coincidir el nivel de un líquido con una señal del recipiente que lo contiene. — = nivelar
5 Alcanzar los elementos de un aparato la misma altura o nivel. — v.intr. FÍSICA

enrase
1 Igualación de la altura o el nivel de una cosa con el de otra. — s.m. = enrasamiento
2 Parte superior de una obra de albañilería, dispuesta en plano horizontal. — CONSTRUCCIÓN
3 Hilera formada con bloques de piedra que sirve de coronación de una obra. — CONSTRUCCIÓN

enrasillar Poner la rasilla entre las vigas de hierro que forman el armazón de los pisos. — v.tr. CONSTRUCCIÓN

enratonarse Ponerse enfermo el gato por haber comido demasiados ratones. — v.prnl. tb: ratonarse

enrayado Maderamen horizontal que asegura los cuchillos de la armadura del tejado. — s.m. CONSTRUCCIÓN

enrayar
1 Fijar los rayos en una rueda. — v.tr.
2 Sujetar una rueda por los radios para frenarla.

enreciar Ponerse una persona gruesa y fuerte: *después de la operación, le hicieron seguir una dieta para que se enreciara.* — v.intr/prnl.

enredadera
1 Se aplica a las plantas de tallos trepadores, que se adhieren a las superficies verticales gracias a unas pequeñas raíces adventicias: *la hiedra y la pasionaria son enredaderas.* — adj/s.f. BOTÁNICA
2 Planta de tallos trepadores y flores en forma de campanilla y de color rosado. *(Ipomaea sagittata.)* — BOTÁNICA

enredador, a
1 Que enreda o es o está inquieto: *su hermano es tranquilo, pero él es un enredador.* — adj/s./coloquial = travieso
2 Que enreda o complica las cosas con su intervención: *es tan enredador que siempre lo lía todo.* — = chismoso, liante

enredar
1 Mezclar varias cosas de manera desordenada: *se enredaron las madejas de lana.* — v.tr/prnl.
2 Coger una cosa con una red. — v.tr.
3 Quedarse atrapado en algo: *se enredó en discusiones bizantinas; enredarse un pie en la manguera del jardín.* — v.prnl.
4 Hacer una cosa, un asunto o una situación más difícil: *no enredes más el argumento de la cuestión.* — v.tr/prnl. = complicar
5 Mezclar a una persona en un asunto peligroso o arriesgado: *la enredaron y acabó pagando una fuerte multa.* — = involucrar
6 Aparecer complicaciones en un asunto o un negocio: *la fiesta se enredó y acabamos detenidos.* — v.prnl.
7 Empezar varias personas una pelea o una discusión: *se enredaron a bofetadas.* — = enzarzarse
8 Hacer perder el tiempo a una persona: *no me enredes que tengo trabajo.* — v.tr/prnl. = entretener
9 Confundir a una persona para llevarle a engaño o para convencerla de algo. — v.tr.
10 Hacer una persona cosas sin un propósito claro o por distracción: *enredó en la cocina toda la mañana.* — v.intr.
11 Mostrarse los niños inquietos o juguetones: *desde que se levanta esta nena hasta que se acuesta no para de enredar.* — = travesear
12 Quedar una persona aturdida o confundida al ir a hacer o decir alguna cosa. — v.prnl. = embarullarse
13 Mantener una pareja relaciones al margen del matrimonio o del noviazgo. — coloquial = amancebarse
14 Subir las plantas trepadoras por una guía que le sirve de soporte.
15 Poner redes para cazar. — v.tr./CAZA

enredijo Enredo de hilos u otras cosas que son flexibles. — s.m./familiar = maraña

enredista Que es dado o proclive a contar chismes o a enredar. — s.m.f./Amér. Central y Merid.

enredo
1 Nudo o maraña que resulta al entrelazarse, de manera desordenada, hilos, pelos u otras cosas flexibles: *tiene la habitación llena de enredos.* — s.m. = enredijo
2 Actividad o asunto poco claro o ilícito. — = chanchullo
3 Complicación difícil de salvar o remediar en algún suceso o circunstancia de la vida: *¡en menudo enredo te has metido!* — = lío
4 Relación sentimental irregular o problemática: *tiene un enredo con dos hombres a la vez.*

5 Confusión de ideas: *menudo enredo tienes, no has en tendido nada.*
6 Conjunto de sucesos que preceden al desenlace de una novela u obra de teatro: *el segundo acto correspon de al enredo de la acción.* **LITERATURA TEATRO** = nudo, trama
7 Trastos o cosas diversas de poca importancia: *reco ge tus enredos y vete.* **s.m.pl.**

enredoso, a Que es complicado, dificultoso o confu so: *me parece que se trata de un asunto enredoso que me exigirá mucha atención.* **adj.** = lioso

enrehojar Mover la cera en hojas para que se ponga blanca. **v.tr.**

enrejado
1 Verja o cerramiento de un recinto hecho con rejas: *un enrejado protegía la finca de los curiosos.* **s.m.** = cancela
2 Conjunto de hierros o cañas entrecruzados para pro teger o cubrir algo.
3 Conjunto de varillas de hierro que refuerzan los ci mientos de un edificio. **CONSTRUCCIÓN** = emparrillado
4 Bordado hecho en forma de malla poco densa. **TEXTIL**

enrejadura Herida producida por la reja del arado en las patas de los animales que tiran de él. **s.f. VETERINARIA**

enrejalar Apilar ladrillos, maderos u otras cosas cru zándolos de forma que queden espacios vacíos. **v.tr.** = enrejar

enrejar
I (Derivado de *reja*, de origen incierto.)
1 Poner rejas: *para evitar los robos has de enrejar todas las ventanas.* **v.tr.**
2 Apilar ladrillos, maderos u otras cosas cruzándolos ordenadamente y de forma que queden espacios va cíos. = enrejalar
II (Derivado de *reja*, del lat. *regula*, regla.)
1 Poner la reja en el arado. **v.tr./AGRICULTURA**
2 Herir con la reja del arado las patas de los animales que tiran de él.

enresmar Poner los pliegos de papel en resmas. **v.tr./ARTES GRÁFICAS**

enrevesado, a (Derivado de *revés*.)
1 Que es intrincado o difícil de entender: *te va a cos tar solucionar este enrevesado crucigrama.* **adj./tb:** revesado = complicado
2 Que presenta muchos entrecruzamientos.

enrevesamiento
1 Acción y resultado de complicar algo. **s.m.**
2 Cualidad de enrevesado o intrincado: *el enreves miento de una argumentación; el enrevesamiento de las ramas.*

enriamiento Acción de enriar fibras textiles para macerarlas. **s.m./TEXTIL** = enriado

enriar (Derivado de *río*.) Meter el lino, el cáñamo o el esparto en el agua para que se maceren. **v.tr. conj:** *vaciar*

enrielar
1 Hacer rieles de metal. **v.tr.**
2 Echar un metal en el molde de hacer rieles. **METALURGIA**
3 Encarrilar o encauzar un asunto. **Chile**
4 Meter en el riel un vagón, vagoneta o aparato simi lar. **Méx., Chile**

enrigidecer Poner una cosa rígida: *las plantas del jar dín se han enrigecido con el frío.* **v.tr/prnl. conj:** *carecer*

enriostrar Poner piezas oblicuamente en una arma zón para asegurar la invariabilidad de su forma. **v.tr./ARQUITECTURA tb:** riostrar

enripiar Ripiar, rellenar un hueco con ripios o casco tes: *enripiar una pared.* **v.tr. CONSTRUCCIÓN**

enriquecedor, a Que enriquece: *el voluntariado es una experiencia enriquecedora.* **adj.**

enriquecer
1 Hacer rica o más rica a una persona o cosa: *la co marca se enriqueció gracias a su industrialización.* **v.tr/prnl. conj:** *carecer*
2 Mejorar o aumentar las cualidades, componentes o propiedades de una cosa: *los abonos enriquecen los te rrenos.* = potenciar
3 Llenar de adornos o ennoblecer una cosa: *enrique cieron el altar con nuevas pinturas.*

enriquecido, a
1 Se refiere al cuerpo en el que uno de sus compo nentes está en proporción más elevada que la nor mal. **adj. FÍSICA**
2 Se aplica a la sustancia alimenticia o farmacéutica a la que se le ha añadido algún componente energé tico.

enriquecimiento
1 Acción de acumular bienes o recursos económicos: *después de una etapa inflacionaria, se produjo un enrique cimiento general del país.* **s.m.**
2 Aumento de cantidad o cualidad de algo en una sustancia o en uno de los elementos que la compo nen: *enriquecimiento de los alimentos con vitaminas.*
3 **enriquecimiento torticero:** El obtenido por me dios injustos y con perjuicio de otros, que se conside ra ilícito en derecho.

enriscado, a Que está lleno de riscos o peñascos: *es difícil andar por un terreno enriscado con este calzado.* **adj.** = abrupto

enriscar
1 Llevar una cosa desde un lugar a otro más alto: *le costó enriscar el nido que se había caído del árbol.* **v.tr./conj:** *sacar* = levantar
2 Meterse entre riscos y peñascos. **v.prnl.**

enristrar
I (Derivado de *ristre*.)
1 Poner la lanza en el ristre o esgrimiéndola. **v.tr.**
2 Poner la lanza horizontal bajo el brazo derecho para atacar: *enristrar las alabardas.*
3 Ir directo hacia un lugar: *enristró el camino de su casa.*
4 Encontrar la solución de una cosa difícil: *finalmente logró enristrar el problema.* = solucionar
II (Derivado de *ristra*.) Hacer ristras o trenzas de ajos, cebollas u otras cosas. **v.tr.**

enrizar (Derivado de *rizo*.) Rizar una cosa, en especial el pelo. **v.tr/prnl. conj:** *cazar*

enrocar
I (Derivado de *roque*.) Mover el rey y una torre bajo las condiciones prescritas en el ajedrez. **v.tr/prnl. JUEGOS**
II (Derivado de *rueca*.) Hacer girar un copo en la rue ca para hilarlo. **v.tr. conj:** *trocar*

enrocarse Quedar una cosa trabada en las rocas del mar: *se nos enrocó el anzuelo.* **v.prnl.**

enrodar Someter a una persona a una tortura consis tente en despedazarla sujetándola a una rueda en movimiento. **v.tr. conj:** *contar*

enrodrigar (Derivado de *rodriga*.) Poner varas o ca ñas a una planta para sostener sus tallos y ramas. **v.tr./conj:** *pagar* = enrodrigonar

enrojar
1 Poner una cosa roja: *el dibujo se enrojó; al verle entrar se le enrojaron las mejillas.* **v.tr/prnl.** = enrojecer
2 Calentar el horno. **v.tr.**

enrojecer
1 Poner una cosa roja por medio del fuego o del calor: *con el calor del horno se ha enrojecido la carne.* **v.tr/prnl. conj:** *carecer*
2 Dar color rojo a una cosa: *enrojecer las figuras huma nas del cuadro.* **v.tr.**
3 Ponerse la cara de una persona roja: *el sol le enroje ció el rostro; al ver que todos le miraban enrojeció.* **v.tr/intr/prnl.**

enrojecimiento Acción y resultado de enrojecer o enrojecerse: *sentía tanta vergüenza que no pudo evitar el enrojecimiento del rostro.* **s.m.** = rubor, sonrojo

enrolamiento Acción o resultado de enrolar o enro larse. **s.m.** = alistamiento

enrolar
1 Poner a una persona en la lista de tripulantes de un buque: *quería ser marino y se enroló en un mercante ita liano.* **v.tr/prnl./NÁUTICA** = alistar
2 Inscribirse una persona en el ejército o en cualquier otra organización: *enrolarse en infantería.* **v.prnl./MILITAR** = alistarse

enrollado, a
1 Que está envuelto sobre sí mismo. **adj.**
2 Que está entregado plenamente a una actividad: *está muy enrollado con la fabricación de maquetas.* **coloquial**
3 Que tiene una mentalidad abierta y se relaciona fá cilmente con los demás: *tu amigo es un tipo muy enro llado.* **coloquial, argot**
4 Que se extiende de manera exagerada en la con versación. **coloquial**
5 Elemento arquitectónico en forma de espiral que adorna los capiteles de las columnas. **s.m./ARQUITECTURA** = voluta

enrollador, a
1 Que enrolla. **adj.**
2 Se aplica a los insectos que enrollan las hojas de las plantas para poner en ellas sus huevos o para alimen tarse. **ZOOLOGÍA**

enrollamiento Operación de enrollar. **s.m.**

enrollar
1 Poner una cosa en forma de rollo: *ayúdame a enro llar la alfombra.* **v.tr.** = arrollar
2 Gustar mucho una persona o cosa a alguien: *la mú sica de este grupo enrolla a la juventud.* **v.intr. coloquial, argot**
3 Extenderse una persona mucho en una conversa ción, disertación o conferencia: *el profesor se enrolló hasta las ocho.* **v.prnl. coloquial**
4 Tener una persona facilidad de expresión: *se enrolla bien hablando.* **coloquial**
5 Tener una persona facilidad para el trato sociable y amistoso: *se enrolla muy bien con todos los clientes.* **coloquial**
6 Tener una relación sentimental con una persona: *se enrolló con su vecina.* **coloquial + a, con**
7 Meterse en un asunto: *se enrolló en el problema de las demandas estudiantiles.* **coloquial**
8 Convencer a alguien para que haga algo: *logró enro llarme para que le acabara los deberes.* **v.tr. coloquial**
9 Cubrir un suelo con cantos rodados.

enromar Poner una cosa roma: *al caer al suelo las tije ras se enromaron.* **v.tr/prnl.**

enronchar
1 Llenar de ronchas o producir ampollas. **v.tr./Méx.**

2 Hartar a una persona. — *Méx.*

enronquecer Poner una cosa ronco o afónico a alguien: *gritó tanto que se enronqueció.* — v.tr/prnl. conj: *carecer*

enronquecimiento Afección de la laringe que hace bronco el timbre de la voz. — s.m. = *ronquera*

enroñar Cubrir una cosa de roña u orín: *la verja de hierro se enroñó por estar a la intemperie.* — v.tr/prnl.

enroque (Derivado de *roque*.)
1 Jugada de ajedrez en la que se mueve a la vez el rey y la torre. — s.m. JUEGOS
2 **enroque corto:** El que se hace con la torre del rey, en el juego del ajedrez. — JUEGOS
3 **enroque largo:** El que se hace con la torre de la reina, en el juego del ajedrez. — JUEGOS

enroscamiento Acción y resultado de enroscar o enroscarse. — s.m. = *enroscadura*

enroscar
1 Doblar una cosa en forma de rosca o espiral: *se enroscó el alambre.* — v.tr/prnl. conj: *sacar*
2 Introducir una cosa dándole vueltas de rosca: *no puedo enroscar la bombilla en el portalámparas.* — v.tr.

enrostrar Reprochar, echar en cara una cosa a una persona. — v.tr./Amér. Central y Merid.

enrubiar Poner rubia una cosa, especialmente el cabello de una persona: *se enrubió el cabello para que no le reconocieran.* — v.tr/prnl.

enrubio
1 Procedimiento para poner rubia una cosa, especialmente el pelo. — s.m.
2 Ingrediente con que se pone rubia una cosa.
3 Planta arbórea de madera muy dura, albura blanca y corazón rojizo. *(Xanthoxilon.)* — BOTÁNICA P. Rico

enrudecer
1 Hacer que una persona se vuelva ruda o tosca: *no nos explicamos por qué se ha enrudecido.* — v.tr/prnl. conj: *carecer*
2 Volver a una persona torpe, ya sea para desarrollar actividades físicas o intelectuales.

enrugar Poner arrugada o encogida una cosa: *enrugó la ropa y la guardó en la maleta.* — v.tr./conj: *pagar* = *gurruñar*

enruinecer Hacerse una persona ruin. — v.intr/conj: *carecer*

ensabanado, a
1 Se aplica al toro que tiene el cuerpo blanco y las extremidades y la cabeza oscuras o negras. — adj. TAUROMAQUIA
2 Capa de yeso con que se cubren las paredes que se van a blanquear. — s.m. CONSTRUCCIÓN

ensabanar
1 Cubrir una cosa con sábanas: *se ensabanó para el baile de disfraces.* — v.tr/prnl.
2 Cubrir una pared, un techo o una fachada con una capa de yeso blanco. — v.tr. CONSTRUCCIÓN

ensacado, a
1 Que participa en una carrera de sacos. — adj/s.
2 Sistema para proteger los frutos durante su maduración introduciéndolos en bolsas o sacos de papel o tela. — s.m. AGRICULTURA

ensacadora Máquina que sirve para ensacar. — s.f./AGRICULTURA

ensacar Meter una cosa en un saco: *se dispusieron a ensacar el arroz.* — v.tr./conj: *sacar* AGRICULTURA

ensaimada (Voz catalana.) Dulce hecho con una tira de hojaldre enrollada en forma de espiral, y recubierta de azúcar, que es típico de Mallorca. — s.f. COCINA

ensalada
1 Plato compuesto de hortalizas aderezadas con aceite, vinagre y sal, a las que se pueden añadir otros alimentos o condimentos. — s.f. COCINA
2 Mezcla de cosas sin conexión: *¡menuda ensalada de papeles tienes en la mesa!* — = *revoltijo*
3 Composición poética en que se emplean versos de diferente metro o se incluyen versos de otras obras. — POESÍA
4 Refresco preparado con agua de limón, hierbabuena y piña. — Cuba
5 **ensalada de frutas:** Postre preparado con trozos de diversas frutas y zumo. — COCINA = *macedonia*
6 **ensalada de tiros:** Tiroteo, acción de disparar tiros. — argot

ensaladera
1 Recipiente de cocina usado para servir la ensalada en la mesa. — s.f.
2 **ensaladera de plata:** Trofeo que se otorga al equipo nacional que vence en el torneo de tenis de la Copa Davis. — = *ensaladilla* DEPORTES

ensaladilla
1 Conjunto de dulces diferentes. — s.f.
2 Conjunto de diferentes piedras preciosas engarzadas en una misma joya.
3 Conjunto de pequeñas cosas diferentes. — coloquial
4 **ensaladilla rusa:** Plato frío preparado con patatas cocidas, guisantes, aceitunas, atún u otros ingredientes, todo ello mezclado con mayonesa. — COCINA = *ensalada rusa*

ensalivar Llenar una cosa de saliva o mojarla o humedecerla con ella: *ensalivó el sobre para evitar que se abriera; se ensalivó los labios.* — v.tr/prnl.

ensalmador, a
1 Persona que tenía como profesión componer los huesos dislocados o rotos. — s.
2 Persona que se vale de ensalmos para curar. — OCULTISMO

ensalmar
1 Arreglar los huesos dislocados o rotos. — v.tr.
2 Curar a una persona con ensalmos o rezos: *aquel anciano se ensalmó muy rápidamente.* — v.tr/prnl. OCULTISMO

ensalmo
1 Modo de curar con prácticas supersticiosas, oraciones y con la aplicación de remedios medicinales naturales. — s.m. OCULTISMO
2 **por o como por ensalmo:** De manera casi prodigiosa por su extraordinaria prontitud o sin causa aparente: *las nubes de tormenta desaparecieron como por ensalmo.* — loc.adv.

ensalobrarse Hacerse el agua amarga y salobre. — v.prnl.

ensalzador, a Que ensalza, alaba o proporciona dignidad: *la paciencia es virtud ensalzadora del espíritu.* — adj.

ensalzamiento Elogio o alabanza que se hacen a alguien: *su intervención sirvió como ensalzamiento de su persona.* — s.m. = *halago*

ensalzar (Del lat. vulgar *exaltiare*.)
1 Alabar o elogiar a una persona o cosa, enalteciéndola: *es tan pedante que se ensalza a sí mismo sin temer el desprecio de los demás.* — v.tr/prnl. conj: *cazar* = *elogiar*
2 Hacer que una persona o sus cualidades sean más dignas de admiración: *esta acción te ensalzará.* — v.tr. = *exaltar, encumbrar*

ensamblado Obra o armazón resultante de la unión de piezas que se encajan. — s.m. = *ensambladura*

ensamblador, a
1 Se aplica al programa que traduce lenguajes de alto nivel a código máquina. — adj/s.m. INFORMÁTICA
2 Se refiere al lenguaje de programación que utiliza instrucciones simbólicas que representan sucesiones de instrucciones en lenguaje máquina. — INFORMÁTICA
3 Persona que realiza ensambladuras y empalmes de piezas. — s.

ensambladura
1 Acción y resultado de ensamblar dos o más piezas: *la ensambladura de los listones de madera.* — s.f./= *ensamblaje* ensamble
2 Armazón o estructura que garantiza la solidez de un mueble o edificio. — TECNOLOGÍA
3 Obra de arte realizada reuniendo objetos diversos, característica de algunos estilos contemporáneos. — ARTE th: *ensamblaje*

ensamblaje
1 Ensambladura o empalme de piezas. — s.m.
2 Obra de arte realizada reuniendo objetos diversos, característica de algunos estilos contemporáneos. — ARTE th: *ensambladura*

ensamblar (Del fr. ant. *ensembler*, juntar, reunir.)
1 Unir dos piezas o dos cosas metiendo las partes salientes de una en las entrantes de la otra. — v.tr. = *acoplar*
2 Realizar un programa en lenguaje máquina. — INFORMÁTICA

ensancha
1 Acción y resultado de hacer una cosa más ancha. — s.f./th: *ensanche*
2 **dar ensanchas:** 1. Dar a un negocio treguas para arreglarse: *se venderá abajo la empresa si da más ensanchas.* 2. Dar demasiada libertad en algunas acciones: *le han dado tantas ensanchas que la han malcriado.*

ensanchador, a
1 Que ensancha. — adj.
2 Utensilio formado por dos varillas articuladas que sirve para ensanchar los dedos de los guantes. — s.m. = *conformador*

ensanchamiento Acción y resultado de ensanchar: *el ensanchamiento de la carretera evitó muchos accidentes.* — s.m.

ensanchar
1 Hacer una cosa más ancha, grande o extensa: *la calle se ensancha al llegar a la plaza; ensanchó la cintura del pantalón.* — v.tr/prnl. th: *enanchar*
2 Volverse una persona engreída o vanidosa: *se ensanchó al hacerse famoso; ensanchó a causa del dinero.* — = *engreírse*
3 Ponerse varias personas, que están sentadas en fila, de modo que ocupan mucho espacio.

ensanche
1 Acción y resultado de ensanchar o hacer más ancha una cosa. — s.m./= *dilatación* th: *ensancha*
2 Parte aumentada de una cosa.
3 Ampliación del casco urbano de una ciudad.
4 Espacio destinado a la expansión del caso urbano y conjunto de edificios construidos.
5 Parte de tela remetida en la costura de un vestido para poderlo ensanchar.

ensandecer Volverse loca una persona: *el trabajo ensandeció al artista.* — v.intr/tr. conj: *carecer*

ensangrentamiento Acción y estado producido al ensangrentar o ensangrentarse algo. — s.m.

ensangrentar
1 Manchar una cosa con sangre: *se ensangrentó las manos al recoger a los heridos.* — v.tr/prnl/conj: *pensar* th: *sangrentar*

2 Causar muertes y derramamiento de sangre en un lugar: *la revolución ensangrentó las calles.* — v.tr.

3 Perder una persona la calma e irritarse mucho: *se ensangrentó con sus oponentes en el cargo.* — v.prnl./+ con, contra = acalorarse

4 Ser una persona cruel con otra: *se ensangrentaba contra su peor enemigo.* — + con, contra

ensañamiento
1 Acción y resultado de ensañarse. — s.m.
2 Circunstancia agravante de la responsabilidad penal, que consiste en aumentar el mal del delito de manera deliberada. — DERECHO

ensañar (Derivado de *saña*.)
1 Hacer que una persona se irrite o enfurezca. — v.tr.
2 Mostrarse muy cruel, provocando el mayor daño posible, ya sea por placer o por cólera: *el perro se ensañaba con la perdiz.* — v.prnl. = encarnizarse + con, en

ensarmentar Poner un sarmiento de la vid bajo tierra para que arraigue. — v.tr./conj: *pensar* AGRICULTURA

ensarnecer Llenarse una persona o un animal de sarna. — v.intr. conj: *carecer*

ensartar
1 Pasar una cosa por un hilo o un alambre para formar una sarta: *ensartar las cuentas del collar.* — v.tr. = engarzar
2 Atravesar un objeto o un cuerpo con un instrumento de punta: *el toro ensartó la pierna del diestro.*
3 Decir cosas sin orden ni conexión: *ensartó en su discurso un montón de insultos.*
4 Pasar la hebra por el ojo de la aguja. — = enhebrar
5 Hacer caer en un engaño o trampa. — v.tr/prnl./Amér.

ensayada Acción y resultado de ensayar: *vamos a dar una ensayada antes de empezar el partido de fútbol.* — s.f. Méx.

ensayador, a
1 Persona que ensaya. — s.
2 Persona que se dedica a ensayar o probar la calidad de los metales preciosos.

ensayalarse Ponerse una persona un sayal. — v.prnl.

ensayar
1 Hacer la prueba de un espectáculo o un acto importante antes de realizarlo en público: *ensayaron miles de veces la escena antes del estreno.* — v.tr/intr.
2 Comprobar las cualidades de una cosa antes de usarla, sometiéndola a pruebas: *en el laboratorio ensayan una nueva vacuna.* — v.tr. = probar
3 Hacer que una persona aprenda a hacer una cosa dirigiéndola o corrigiéndola: *a los niños los ensaya un profesor de canto.* — = adiestrar
4 Hacer o intentar una cosa para realizarla después con mayor corrección: *le relajaba después del trabajo ensayar pasos de baile.* — v.intr/prnl. + a + inf.
5 Poner el balón el primero en la zona de marca contraria, en el rugby. — v.intr. DEPORTES
6 Examinar la calidad de los minerales o la ley de los metales preciosos. — v.tr.

ensaye
1 Comprobación de la calidad de los metales que contiene la mena. — s.m. MINERALOGÍA
2 Análisis de la moneda para conocer la proporción de los metales que contiene.

ensayismo Género literario que está constituido por los ensayos. — s.m./LITERATURA = ensayística

ensayista (Del ingl. *essayist*.) Persona que escribe ensayos. — s.m.f.

ensayístico, a Que tiene relación con el ensayo o el ensayismo. — adj.

ensayo (Del bajo lat. *exagium*, acto de pesar.)
1 Acción y resultado de ensayar. — s.m.
2 Prueba que se hace de un espectáculo antes de estrenarlo: *a lo largo de los ensayos fue mejorando su caracterización.*
3 Texto escrito de reflexión sobre un tema determinado. — LITERATURA
4 Género literario en prosa, de intencionalidad didáctica, que trata de temas históricos, filosóficos, etc. — LITERATURA
5 Jugada de rugby que consiste en pasar el balón, con las manos, detrás de la línea o zona de marca contraria. — DEPORTES
6 Análisis de la moneda para conocer la proporción de los metales que contiene. — = ensaye
7 Operación por la que se determina el metal que contiene la mena. — MINERALOGÍA = ensaye
8 ensayo general: Prueba de la representación completa de un espectáculo antes de ser estrenada. — TEATRO

-ense Unido a nombres de localizaciones geográficas, indica que es natural de este lugar: *almeriense; canadiense.* — suf.

ensebar Untar una cosa con sebo. — v.tr.

enseguida De inmediato, sin dejar pasar tiempo: *hazlo enseguida; enseguida vuelvo.* — adv. tb: en seguida

enselvado, a Que está lleno de selvas o árboles: *colinas enselvadas.* — adj.

enselvar (Derivado de *selva*.)
1 Poner a los soldados ocultos entre el ramaje para una operación militar. — v.tr. MILITAR
2 Ocultarse entre el ramaje: *el fugitivo se enselvó para no ser descubierto.* — v.prnl. = emboscarse

ensenada (Derivado de *seno*.)
1 Entrada de mar en la tierra, que sirve de refugio natural para las embarcaciones. — s.f. GEOGRAFÍA
2 Lugar destinado a encerrar animales. — Argent.

ensenado, a Que tiene forma de seno o entrante curvo. — adj.

ensenar
1 Guardar o esconder una cosa en el seno. — v.tr.
2 Meter una embarcación en una ensenada: *ensenaron la nave porque amenazaba tormenta.* — v.tr/prnl. NÁUTICA

enseña (Del lat. *insignia*.) Objeto o figura que se ostenta a modo de insignia como representación de una colectividad. — s.f. = distintivo

enseñable Que puede ser enseñado con facilidad. — adj.

enseñado, a Que está educado o acostumbrado de cierta manera: *es un niño bien enseñado.* — adj. = instruido

enseñante Persona que tiene por oficio la docencia o educación: *ejerce de enseñante en un centro público.* — s.m.f. = educador

enseñanza
1 Acción y resultado de enseñar: *se dedica a la enseñanza en un colegio público* — s.f. tb: enseñamiento
2 Acción, suceso, idea o principio que una persona enseña o comunica a otra: *nunca olvides las enseñanzas que te dio tu padre.* — = consejo, ejemplo
3 Sistema y método usados para enseñar: *enseñanza a distancia.*
4 Conjunto de recursos, personas y actividades que se aplican a la educación: *la enseñanza en nuestro país tiene un alto nivel.*
5 enseñanza estatal o pública: La que depende directamente del estado y es sufragada en su totalidad por él.
6 enseñanza media: Conjunto de estudios formado por el bachillerato y la formación profesional. — = segunda enseñanza
7 enseñanza primaria: Aquella que se imparte en las escuelas hasta los doce años, o el equivalente para adultos.
8 enseñanza privada: La que se imparte en centros no estatales.
9 enseñanza superior: Aquella que se imparte en la universidad y en las escuelas superiores científicas y técnicas.

enseñar (Del bajo lat. *insignare*, señalar < *in*, en + *signum*, signo.)
1 Hacer que una persona aprenda una cosa. — v.tr./= instruir
2 Dar consejo, ejemplo o escarmiento a una persona: *las malas experiencias te enseñarán.*
3 Mostrar una cosa a una persona para que la vea o aprecie: *te enseñaré mi colección de sellos.* — = mostrar
4 Dejar ver algo involuntariamente: *al agacharte enseñas los muslos.*

enseñoramiento Dominación o apropiación en exclusiva de una cosa. — s.m.

enseñorearse Hacerse dueño y señor de una cosa: *el estado enseñoreó las empresas; el empresario se enseñoreó de todas las acciones.* — v.tr/intr/prnl. = adueñarse

enserar Cubrir una cosa con sera de esparto para conservarla o protegerla. — v.tr.

enseres (Derivado de *ser*.) Conjunto de cosas necesarias para la casa o para realizar una actividad: *al irse de casa se llevó consigo todos sus enseres.* — s.m.pl. = bienes, útiles

ensiforme (Del lat. *ensiformis* < *ensis*, espada + *forma*, figura.) Que tiene forma de espada: *las hojas del gladiolo son ensiformes.* — adj.

ensilado Acción y resultado de guardar el forraje o los frutos en el silo. — s.m./AGRICULTURA = ensilaje

ensiladora
1 Máquina para ensilar o guardar el forraje o los frutos en el silo. — s.f. AGRICULTURA
2 Máquina arrastrada por el tractor que siega, desmenuza y carga en un remolque los forrajes. — AGRICULTURA

ensilar Guardar el forraje o los frutos en el silo. — v.tr./AGRICULTURA

ensillada Depresión suave en el lomo de una montaña. — s.f. GEOGRAFÍA

ensillado, a Se aplica a la caballería que tiene el lomo hundido. — adj.

ensilladura
1 Colocación de la silla a una caballería. — s.f./EQUITACIÓN
2 Parte de una caballería donde se pone la silla. — EQUITACIÓN
3 Encorvadura entrante de la columna vertebral en la región lumbar. — ANATOMÍA

ensillar Poner la silla de montar a una caballería: *ensilló la yegua para que la montase yo.* — v.tr. EQUITACIÓN

ensimado Operación que consiste en engrasar las fibras textiles antes de la hilatura, para suavizarlas y hacerlas flexibles. — *s.m. TEXTIL*

ensimismamiento Estado del que se abstrae o concentra en sí mismo aislándose de lo que le rodea: *no consigo sacarlo de su ensimismamiento.* — *s.m. = embelesamiento*

ensimismarse
1 Quedarse una persona absorta en sus pensamientos, hasta el punto de aislarse de lo que le rodea: *se ha ensimismado y no oye lo que le dicen.* — *v.prnl./= absortarse, embelesarse*
2 Envanecerse o engreírse. — *Colomb., Chile*

ensoberbecimiento Estado o actitud del soberbio: *sus halagos le sirvieron de ensoberbecimiento.* — *s.m./= altivez, presunción*

ensoberbecer
1 Hacer que una persona se ponga soberbia: *al ganar dinero se ensoberbeció.* — *v.tr/prnl. conj: carecer*
2 Ponerse el mar agitado: *a causa del fuerte viento, el océano se ensorberbeció.* — *v.prnl. = embravecer*

ensobrar Meter una cosa en un sobre: *he de ensobrar las felicitaciones de navidad.* — *v.tr.*

ensogar
1 Atar a una persona, un animal o una cosa con una soga: *ensogó el asno a la puerta.* — *v.tr. conj: pagar*
2 Forrar una cosa con soga: *ensogó una garrafa de vino.*

ensolerar Poner soleras a las colmenas de abejas. — *v.tr.*

ensolver
1 Tener una cosa otra dentro de sí. — *v.tr./conj: volver*
2 Reducir una cosa. — *= contraer*
3 Hacer que evolucione un tumor o una inflamación hasta desaparecer la infección. — *MEDICINA*

ensombrecer
1 Hacer una cosa sombra a otra oscureciéndola: *el paisaje se ensombrece con la llegada de la noche.* — *v.tr/prnl. conj: carecer*
2 Ponerse una persona triste o melancólica: *se ensombreció al conocer la noticia.* — *v.prnl. = entristecerse*

ensoñación
1 Estado del que se entrega a ensueños o ilusiones: *la encontró inmersa en su habitual ensoñación.* — *s.f.*
2 Ensueño o ilusión: *este poema es fruto de su propia ensoñación.*

ensoñador, a Que tiende a forjar ensueños o ilusiones. — *adj/s. = soñador*

ensoñar
1 Forjar o crear ensueños o ilusiones. — *v.tr./conj: contar*
2 Crear imágenes mientras se duerme. — *= soñar*

ensopada Acción y resultado de ensoparse. — *s.f./Méx.*

ensopar (Derivado de *sopa*.)
1 Mojar un trozo de pan o bizcocho totalmente en un líquido. — *v.tr. = remojar*
2 Empapar o mojar por completo una persona, un animal o una cosa. — *v.tr/prnl. Amér. Merid.*

ensordecedor, a Que ensordece: *no puedo soportar este ruido ensordecedor.* — *adj. = atronador*

ensordecer
1 Causar una cosa sordera a una persona: *una infección en el oído la ensordeció.* — *v.tr. conj: carecer*
2 Quedarse una persona sorda: *ensordeció a causa de un accidente.* — *v.intr.*
3 Suavizar o hacer que disminuya la intensidad de un sonido o un ruido: *el aislamiento acústico ensordece las voces de la gente de la calle.* — *v.tr.*
4 Dificultar un ruido muy fuerte que se oiga una cosa: *tu música estridente me ensordece.* — *= aturdir*
5 Convertir una consonante sonora en sorda. — *LINGÜÍSTICA*

ensordecimiento Acción y resultado de ensordecer: *su ensordecimiento empieza a ser grave.* — *s.m.*

ensortijamiento
1 Acción y resultado de ensortijar. — *s.m.*
2 Conjunto de sortijas o rizos formados en el cabello: *el ensortijamiento de su melena brilla bajo el sol.*

ensortijar (Derivado de *sortija*.)
1 Formar ondas o bucles con el cabello u otra cosa: *siempre se ensortija el pelo.* — *v.tr/prnl. = rizar*
2 Poner un aro de hierro atravesando la nariz de un animal: *ensortijó el ternero para llevarlo hasta el establo.* — *v.tr.*
3 Ponerse una persona sortijas u otras joyas: *se ensortijó para ir a la ópera.* — *v.prnl. = enjoyarse*

ensotarse Ocultarse en un soto: *las perdices se ensotaron, pero el podenco dio con ellas.* — *v.prnl.*

enstatita Silicato de magnesio, de color blanco grisáceo y, a veces, verdoso. — *s.f. MINERALOGÍA*

ensuciamiento Acción y resultado de ensuciar o ensuciarse. — *s.m.*

ensuciar
1 Poner sucia a una persona o una cosa: *se ensució las manos con la grasa.* — *v.tr/prnl. = manchar*
2 Hacer que una persona pierda su prestigio: *ensució el buen nombre de su amigo.* — *v.tr. = mancillar*

3 Hacerse una persona las necesidades corporales en la cama o en la ropa: *le cambié el pañal y volvió a ensuciarse.* — *v.intr/prnl. coloquial*
4 Obrar una persona con falta de escrúpulos en un asunto: *se ensució con aquel negocio irregular.* — *v.prnl. + con*

ensueño (Derivado de *sueño*.)
1 Cosa que se imagina mientras se duerme: *ya estaba despierta, pero sus ensueños aún estaban presentes.* — *s.m./= sueño, ensoñación*
2 Ilusión o fantasía que tiene una persona.
3 **de ensueño:** Se aplica a aquello que es tan fantástico y magnífico que parece irreal: *Venecia es una ciudad de ensueño.* — *loc. adj. = de película*

ensullo Madero redondo en el que se enrolla la urdimbre en el telar. — *s.m./TEXTIL tb: enjullo*

ent- Componente de palabra procedente del gr. *entos*, que significa en el interior, dentro: *entozoario.* — *pref. tb: ento-, endo-*

entabacarse (Derivado de *tabaco*.) Fumar una persona demasiado: *tiene bronquitis crónica porque se entabacó de muy joven.* — *v.prnl. conj: sacar*

entabicar Construir un tabique cerrando o tapando un hueco. — *v.tr./conj: sacar CONSTRUCCIÓN*

entablación
1 Acción y resultado de entablar. — *s.f.*
2 Anotación de las fundaciones, memorias y capellanías, y de las obligaciones de los clérigos, escrita sobre tablas puestas en un lugar visible. — *RELIGIÓN*

entablada Acción y resultado de soplar el viento en una misma dirección de manera continua. — *s.f.*

entablado
1 Conjunto de tablas dispuestas y arregladas en una armadura. — *s.m. CONSTRUCCIÓN*
2 Suelo formado por tablas: *ensayaban los pasos de la coreografía en el entablado del gimnasio.* — *CARPINTERÍA = entarimado*

entablamento
1 Moldura compuesta por arquitrabe, friso y cornisa que constituye la parte alta de la fachada de un edificio. — *s.m. ARQUITECTURA*
2 Techo formado por tablas. — *CONSTRUCCIÓN*

entabladura Acción y resultado de cubrir, cercar o asegurar algo con tablas. — *s.f. = entable*

entablar
1 Empezar cualquier tipo de acción, actividad, negociación o conversación: *entablar una acalorada discusión.* — *v.tr/prnl.*
2 Sujetar un miembro con tablillas y vendaje para componer un hueso roto. — *= entablillar*
3 Cubrir, rodear o asegurar una cosa con tablas: *vamos a entablar el suelo.* — *v.tr.*
4 Poner las piezas de un juego de tablero en el lugar que les corresponde para empezar a jugar. — *JUEGOS*
5 Soplar el viento en una dirección determinada, de forma continua. — *v.prnl.*
6 Igualar o empatar una cosa o un resultado. — *v.tr/Amér.*
7 Ofrecer el caballo resistencia a volverse a uno u otro lado. — *v.prnl. EQUITACIÓN*
8 Escribir una memoria o una fundación en las tablas de las iglesias. — *v.tr. RELIGIÓN*

entable
1 Disposición de las piezas en un tablero de juego. — *s.m/JUEGOS*
2 Entablado, conjunto de tablas. — *= entabladura*

entablerarse Acercarse el toro a las tablas del ruedo para defenderse. — *v.prnl. TAUROMAQUIA*

entablillamiento Acción de sujetar con tablillas y vendaje un miembro para mantener en su sitio las partes de un hueso roto. — *s.m. MEDICINA*

entablillar Sujetar un miembro con tablillas y vendaje para componer un hueso roto: *le entablillarán los dos dedos.* — *v.tr. MEDICINA*

entalamadura (Derivado de *tálamo*.) Toldo de carro hecho de un tejido de cañas forrado de tela, cáñamo o de hule. — *s.f.*

entalegar
1 Meter una cosa en un talego o bolsa larga y estrecha. — *v.tr. conj: pagar*
2 Guardar o ahorrar dinero. — *coloquial*
3 Meter a una persona en la cárcel: *la han entalegado por robar.* — *argot*

entalingar (Del fr. *etalinguer*.) Asegurar el extremo de cuerda del cable a la argolla de la caña del ancla. — *v.tr./conj: pagar NÁUTICA*

entalla Corte o muesca que se hace en una piedra o pieza de madera o metal, para ensamblarla con otra. — *s.f. = entalladura*

entalladura
1 Corte hecho en el borde o extremo de las maderas o piezas de piedra para ensamblarlas. — *s.f./CARPINTERÍA, CONSTRUCCIÓN*
2 Corte hecho en los árboles para extraer la resina.
3 Tallado o labrado de figuras. — *tb: talladura*

entallar
I (Derivado de *talla*.)
1 Hacer estatuas o figuras de relieve de madera, bronce, mármol u otra materia. — *v.tr/ARTE tb: tallar*

2 Grabar en una lámina, una piedra u otro material.
3 Hacer una incisión en la corteza de algunos árboles para extraer la resina.
4 Hacer cortes en una pieza de madera para ensamblarla con otra. CARPINTERÍA CONSTRUCCIÓN
II (Derivado de *talle*.)
1 Hacer que una prenda se ajuste al talle: *la chaqueta entalla bien; esta camisa me entalla demasiado.* v.tr/intr/prnl. = ceñir
2 Hacer que la ropa de cama se ajuste al cuerpo de la persona que está echada: *la enfermera le entalló las sábanas.* v.tr.

entalle Piedra dura grabada en hueco: *los griegos y romanos utilizaban entalles para sellar documentos.* s.m.

entallecer Echar tallos una planta o árbol: *el rosal que plantaste el invierno pasado no ha entallecido todavía; con la primavera han entallecido todos los plátanos de la ciudad.* v.intr/prnl. conj: carecer BOTÁNICA tb: tallecer

entalonar Echar los árboles de hoja perenne nuevos brotes: *los naranjos y los olivos ya han empezado a entalonar.* v.intr. BOTÁNICA

entalpía Magnitud termodinámica de un cuerpo físico material, que es igual a la suma de su energía interna del producto de la presión por el volumen. s.f. FÍSICA

entamar Cubrir una cosa con tamo o pelusa. v.tr/prnl.

entapetado, a Que está cubierto con un tapete: *colocó las fotos de sus nietos sobre una mesita entapetada.* adj.

entapizada Conjunto de cosas usadas para cubrir y adornar el suelo. s.f. = alfombra

entapizado 1 Acción y resultado de entapizar. s.m./tb: tapizado
2 Tela u otro material con que se tapiza: *el entapizado hace juego con el papel de la pared.*

entapizar Tapizar, cubrir una superficie con tapices o forrarla de tela. v.tr. conj: cazar

entapujar 1 Tapar una cosa para ocultarla: *entapujar el regalo para que la homenajeada no lo vea.* v.tr/prnl.
2 Ocultar la verdad o sirviéndose de tapujos: *entapujó sus razones para disimular.* v.tr.

entarascar (Derivado de *tarasca*.) Adornar a alguien o algo con exceso. v.tr/prnl. conj: sacar

entarimado Suelo hecho con tablas dispuestas y arregladas sobre una armadura: *les contrata para que pulan el entarimado.* s.m. CARPINTERÍA CONSTRUCCIÓN

entarimar (Derivado de *tarima*.) Cubrir el suelo con tablas. v.tr/CARPINTERÍA CONSTRUCCIÓN

entarquinar (Derivado de *tarquín*.)
1 Manchar una cosa con barro o cieno. v.tr. AGRICULTURA
2 Abonar las tierras con barro.
3 Rellenar o sanear un terreno pantanoso por la sedimentación del barro que lleva una corriente de agua.

entarugado Pavimento hecho con trozos de madera gruesos y cortos. s.m./CARPINTERÍA CONSTRUCCIÓN

entarugar Cubrir el suelo con tarugos de madera. v.tr./conj: pagar

éntasis (Del gr. *entasis*, intensidad.) Abultamiento del fuste de una columna. s.m./pl: éntasis ARQUITECTURA

ente (Del bajo lat. *ens, entis < esse*, ser.)
1 Todo aquello que es, existe o puede ser o existir. s.m./ = entidad, ser
2 Organismo o colectividad: *la televisión era un ente público; el ente autonómico.*

entecarse 1 Ponerse enfermo o débil.
2 Obstinarse o emperrarse en alguna cosa. v.prnl./Chile

enteco, a (Alteración de *hético*, tísico < gr. *hektikos pyretos*, tisis.) Que es endeble o enfermizo: *requiere cuidados especiales porque es un niño enteco.* adj. tb: entecado

entejar Tejar, cubrir un edificio con tejas: *sólo falta entejar el garaje, la casa ya está hecha.* v.tr. CONSTRUCCIÓN

entelequia (Del lat. *entelechia < gr. entelkheia < en, en + telos, acabamiento + ekho, tener*.)
1 Cosa ideal y perfecta, pero irreal o inalcanzable: *lo que te propones es una entelequia, es algo imposible.* s.f. = quimera FILOSOFÍA
2 Cosa real que lleva en sí el principio de su acción y que tiende por sí misma a su fin propio.

entelerido, a 1 Que está sobrecogido por el frío o por el miedo: *llegó entelerido por el viento glacial.* adj./= inmovilizado, sobrecogido C. Rica, Hond, Venez.
2 Que es flaco o enclenque.

entena 1 Palo largo y encorvado al que se aseguran las velas de las embarcaciones latinas. s.f. NÁUTICA
2 Madero redondo de gran longitud y diámetro variable. CARPINTERÍA

entenado, a (Derivado de *nacer*.) Hijo o hija de uno de los cónyuges respecto del otro. s./DERECHO = hijastro

entenallas Torno de mano para apretar piezas pequeñas. s.f.pl. TECNOLOGÍA

entendederas Entendimiento o capacidad de comprensión de una situación: *tiene muy malas entendederas.* s.f.pl. coloquial

entendedor, a Que entiende. adj/s.

entender (Del lat. *intendere*, tender hacia.)
1 Captar el sentido o significado de una cosa: *no entiendo la respuesta.* v.tr/prnl/conj: tender = comprender
2 Comprender lo que se dice en una lengua extranjera: *entiendo perfectamente el italiano.* v.tr.
3 Encontrar motivo o justificación que explique la conducta, actitud o pensamientos de una persona: *ya entiendo tu postura.* = justificar
4 Expresar una opinión: *yo entiendo que deberías pedirle perdón.* = opinar
5 Ser experto en una materia: *él entiende de mecánica y te lo arreglará.* v.tr/intr. + de, en/= saber
6 Tener autoridad o competencia para intervenir en un asunto: *es un abogado que entiende en cuestiones fiscales.* v.intr. + de, en
7 Conocer la forma de ser de una persona y qué trato se le ha de dar. v.tr.
8 Ser consciente de las intenciones y motivaciones de alguien, aunque éste no las exprese.
9 Llevarse bien con una persona: *me entiendo muy bien con mi socio.* v.prnl. = congeniar
10 Ponerse de acuerdo en un asunto: *ya os entenderéis en el precio.* = avenirse
11 Mantener dos personas una relación amorosa: *se entiende con su vecina.* coloquial + con
12 Ser homosexual. v.intr./argot
13 **al o según el entender de alguien:** Según cree u opina esta persona: *a mi entender, su propuesta carece de lógica.* loc.adv.
14 **entendérselas:** Saber manejar una situación o un aparato: *se las entiende bien con el ordenador.* coloquial
15 **entendérselas alguien con otra persona:** Dar explicaciones o rendir cuentas sobre algo: *ya te las entenderás con el jefe, no pienso defenderte.* coloquial

entendido, a 1 Que tiene amplios conocimientos sobre una materia: *es un entendido en política.* adj./s./+ en = experto, docto
2 **bien entendido que:** Con la advertencia de que: *haré el presupuesto bien entendido que el pago será al contado.* loc.conj.
3 **¡entendido!:** Expresión con la que se indica que se ha comprendido algo. interj.
4 **no darse por entendido:** Aparentar que no se ha comprendido algo que atañe directamente. coloquial = hacerse el sordo

entendimiento 1 Facultad del ser humano de conocer, comprender y juzgar las cosas. s.m. = juicio
2 Acuerdo o armonía que alcanzan dos o más personas en algún asunto: *hemos llegado a un entendimiento.* = avenencia

entenebrecer 1 Dejar un lugar en tinieblas o llenarlo de oscuridad: *el paisaje se entenebreció.* v.tr/prnl. conj: carecer
2 Entristecer o llenar de pesadumbre.

entenebrecimiento Acción y resultado de entenebrecer. s.m.

entente (Voz francesa.) Acuerdo, especialmente entre estados o gobiernos. s.f.

enteradillo, a Que presume de saber más que los demás o entender de cualquier cosa. adj./s./coloquial = sabelotodo

enterado, a 1 Que tiene amplios conocimientos sobre una materia: *fíate de él, es un enterado en el tema.* adj. = entendido
2 Que es orgulloso o estirado. Chile
3 **dar el enterado:** Dar la conformidad a un trámite, gestión o documento. formal
4 **ir de enterado por la vida:** Aparentar saber de todo: *va de enterado por la vida y se pasa.* coloquial

enteralgia Dolor intestinal agudo. s.f./MEDICINA

enterar 1 Poner a una persona al corriente de una cosa: *me enteré del atentado por televisión.* v.tr/prnl. = informar
2 Darse cuenta de una cosa o comprenderla: *nunca se entera de nada.* v.prnl.
3 Completar una cantidad de dinero. v.tr./Chile Colomb., Méx. C. Rica, Hond.
4 Pagar un dinero que se debía o hacer entrega de él a la persona correspondiente.
5 **para que te enteres:** Expresión con la que se pone énfasis en lo que se acaba de decir al otro, en especial si se sabe que le va a molestar: *papá no me ha pegado la bronca, ¡para que te enteres!* coloquial
6 **te vas o se va a enterar:** Expresión con la que se amenaza a alguien: *como no lo traigas hoy, te vas a enterar.* coloquial

entercarse Ponerse terco con algo: *sin darle la oportunidad a explicarse se enterció en que era mentira.* v.prnl/conj: sacar+ en/= obstinarse

enterciar Empacar una mercancía. v.tr./Cuba

enterectomía Operación quirúrgica que consiste en extraer parte de un intestino.
s.f.
MEDICINA

entereza
1 Cualidad de entero, íntegro o perfecto.
s.f.
2 Dominio de sí mismo y firmeza de ánimo ante un peligro, una desgracia o cualquier obstáculo: *aceptó su muerte con entereza y serenidad.*
= aplomo, serenidad
3 Energía y decisión en la manera de comportarse o expresarse: *los trató con entereza; gestionar un negocio con entereza.*

entérico, a De los intestinos.
*adj./*ANATOMÍA

enteritis (Del gr. *enteron,* intestino + *itis,* inflamación.) Inflamación del intestino.
s.f./pl: enteritis
MEDICINA

enterizo, a
1 Que está entero.
adj.
2 Que está hecho de una sola pieza: *columna enteriza.*

enternecedor, a Que enternece o conmueve: *recibió un enternecedor homenaje.*
adj.
= conmovedor

enternecer
1 Poner una cosa tierna o blanda: *puso la carne en maceración para que se enterneciera.*
v.tr./prnl.
conj: carecer
2 Causar una persona o una cosa sentimientos de compasión o ternura a una persona: *sus lamentos me enternecieron; se enternece muy fácilmente.*
= conmover

enternecimiento
1 Estado de ternura o compasión producido en una persona o por alguien o algo.
s.m.
2 Reblandecimiento de una sustancia.

entero, a (Del lat. *integer,* intacto.)
1 Que está íntegro o completo: *me he comido la tortilla entera; este rompecabezas no está entero.*
adj.
≠ incompleto
2 Que no ha sufrido ningún daño o desperfecto: *el espejo llegó entero.*
3 Que tiene entereza o sabe sobreponerse a sus emociones: *me alegra verte tan entera.*
= firme, sereno
≠ pusilánime
4 Que es fiel a sus ideas y compromisos.
= íntegro
5 Que es robusto y sano: *a pesar de sus años se conservaba entero.*
= fuerte
≠ débil
6 Se aplica al animal que no ha sido castrado.
7 Se refiere a la tela que es tupida y recia.
TEXTIL
8 Unidad que mide los cambios en la cotización de los valores bursátiles.
s.m.
ECONOMÍA
9 Entrega de dinero.
Colomb., Chile, C. Rica
10 Número que resulta de la división de otros números con resto igual a cero y con signo positivo o negativo: *+ 1 y -1 son números enteros.*
MATEMÁTICAS
11 **por entero:** Por completo, de forma total. *estoy convencido por entero de que no lo hizo con mala intención.*
loc.adv.
= totalmente

entero- Componente de palabra procedente del gr. *enteron,* que significa intestino: *enteroquinasa; enterostomía, mesenterio.*
pref./suf.
tb: enter-

enterococo Microbio que abunda en el intestino.
*s.m./*BIOLOGÍA

enterocolitis Proceso inflamatorio que afecta al intestino delgado y el colon, en alguno de sus tramos.
*s.f./*MEDICINA
pl: enterocolitis

enteropatía Denominación genérica de las enfermedades del intestino.
s.f.
MEDICINA

enteroptosis Caída o descenso del intestino, especialmente del colon transverso.
s.f./pl: enteroptosis
MEDICINA

enteroquinasa Enzima secretada por la mucosa intestinal, que activa la secreción pancreática.
*s.f./*FISIOLOGÍA
= enteropeptidasa

enterostomía Operación quirúrgica que consiste en realizar un abocamiento del intestino en la parte abdominal.
s.f.
MEDICINA

enterovirus Grupo de virus que se localizan en el intestino.
s.m./pl: enterovirus
BIOLOGÍA

enterrador
1 Persona que cava sepulturas y entierra a los muertos: *el sacerdote avisó al enterrador para que preparase el nicho.*
s.m.
= sepulturero
2 Se aplica a los insectos coleópteros que ponen sus huevos sobre los cadáveres de pequeños animales, a los que entierran después para que sus larvas se alimenten y desarrollen.
adj./s.m.
ZOOLOGÍA
3 Subalterno que ayuda al matador a rematar al toro, mareándolo a capotazos.
s.m.
TAUROMAQUIA

enterramiento
1 Acción y resultado de enterrar, en especial un cadáver: *toda la familia estuvo presente en el enterramiento.*
s.m.
= entierro
2 Monumento funerario en que está enterrado alguien.
= sepulcro
3 Fosa en que una persona está enterrada.
= sepultura

enterrar
1 Poner una cosa debajo de la tierra: *enterraron la bolsa con el dinero en el jardín.*
v.tr.
conj: pensar
2 Poner un cadáver en la sepultura: *los enterraron a primera hora de la tarde.*
3 Seguir viviendo una persona después de la muerte de otra: *era el más débil, pero acabó enterrando a todos sus hermanos.*
= sobrevivir

4 Poner un cosa debajo de otra de modo que quede escondida: *el niño enterró sus zapatos entre un montón de juguetes; enterrar los pies en la arena.*
= ocultar
5 Olvidar un recuerdo o un propósito intencionadamente: *al perder su empleo enterró todas sus ilusiones..*
6 Separarse del trato con la gente y permanecer en un lugar solitario: *después de jubilarse se enterró en un pueblo pequeño.*
v.prnl.
= aislarse
7 Clavar, hincar una cosa punzante, especialmente un arma.
v.tr./prnl.
s.m.
Amér.

enterratorio Cementerio, especialmente si es de indígenas.
s.m.
Amér. Merid.

entesar (Derivado de *tieso.*)
1 Aumentar la fuerza o intensidad de una cosa.
v.tr./conj: pensar
2 Poner una cosa tirante: *entesar los cabos.*
= atirantar

entestado, a Que es testarudo u obstinado.
adj.

entestar (Derivado de *atestar.*)
1 Unir dos piezas o maderos por sus cabezas.
v.tr.
2 Meter una cosa o una parte de ella en otra de modo que quede ajustada o encajada.
v.tr./intr.
= adosar, empotrar
3 Estar una cosa en contacto con otra: *tu casa entesta con la mía.*
= lindar

entibación Colocación de maderos y tablas para apuntalar las paredes de las minas o de otras excavaciones que ofrecen riesgo de desmoronamiento o hundimiento.
*s.f./*CONSTRUCCIÓN, MINERÍA
= enmaderación

entibador, a Trabajador u operario encargado de llevar a cabo una entibación.
s.

entibar (Derivado de *estibar.*)
1 Asegurar con maderos o armazones de metal una excavación, pozo o mina.
*v.tr./*CONSTRUCCIÓN, MINERÍA
2 Apoyar o descansar el peso de una cosa en otra.
v.intr./= estribar

entibiar
1 Poner tibio, moderar la temperatura de una cosa, en especial la de un líquido: *ya puedes coger la sartén porque se ha entibiado.*
v.tr./prnl.
= templar
2 Disminuir la intensidad de un sentimiento o moderar las pasiones: *los celos entibiaron nuestra amistad.*
= enfriar, templar

entibo
1 Madero que sirve para entibar las galerías de una mina, de una excavación o de un pozo.
*s.m./*CONSTRUCCIÓN, MINERÍA
2 Pared o muro que se usa para sostener una bóveda y contrarrestar su empuje.
ARQUITECTURA
= estribo
3 Fundamento o apoyo principal.
= base

entidad
1 Circunstancia de ser o de existir.
s.f./= esencia
2 Ente, lo que existe: *las entidades no materiales.*
3 Importancia que presenta una cosa: *este asunto no tiene entidad como para ser tratado en la junta de accionistas.*
= valor
4 Colectividad, organismo, público o privado o empresa creados para desarrollar una actividad financiera, cultural o política: *han sido convocadas todas las entidades locales.*
5 Edificio donde tiene su sede una institución: *dos individuos atacaron la entidad financiera de la calle Mayor.*

entierrar Llenar de tierra o polvo.
*v.tr./*Méx.

entierro
1 Enterramiento, acción de enterrar un cadáver.
s.m./= inhumación
2 Ceremonia religiosa en que se da sepultura a un cadáver: *le hicieron un entierro solemne.*
= funerales
3 Sepultura, fosa o lugar donde se entierra el cadáver.
= enterramiento
4 **entierro de la sardina:** Fiesta de carnaval, de carácter burlesco, que se celebra el miércoles de ceniza.

entiesar Poner tiesa una cosa: *entiesar con almidón los tapetes de las mesas.*
v.tr.
tb: atiesar

entimema (Del lat. *enthymema* < gr. *enthymema* < *enthymeomai,* reflexionar.)
1 Silogismo en el que se suprime una de las premisas por ser demasiado evidente.
*s.m./*FILOSOFÍA, LÓGICA
2 Silogismo basado en premisas que no presentan hechos reales sino hechos posibles o ejemplos.
FILOSOFÍA

entinar Poner en una tina.
v.tr.

entintado Acción de entintar los rodillos de una máquina de imprimir.
*s.m./*ARTES GRÁFICAS
= entinte

entintar
1 Manchar o empapar con tinta.
v.tr.
2 Teñir, dar color distinto.

entiznar Manchar algo con tizne u hollín: *se entiznó las manos al rescatar el anillo de las cenizas.*
v.tr./prnl.
tb: tiznar

ento- Componente de palabra procedente del gr. *entos,* que significa dentro: *entozoario.*
pref.
tb: endo-

-ento, a
1 Unido a nombres forma adjetivos que indican estado físico o condición: *fraudulento; flatulento.*
suf.
2 Unido a adjetivos señala que es parecido o tiene apariencia de: *amarillento.*

entoblasto Hoja germinativa embrionaria que es diferenciable en los órganos digestivos y anexos.
*s.m./*BIOLOGÍA
tb: endoblasto

entolar Pasar los dibujos de un encaje de un tul a otro. — v.tr. TEXTIL

entoldado
1 Acción y resultado de entoldar. — s.m.
2 Sitio cubierto con toldos.
3 Conjunto de toldos para dar sombra o proteger de la intemperie.

entoldar
1 Cubrir con un toldo, patios, terrazas o calles, para dar sombra. — v.tr. tb: toldar
2 Cubrir las paredes con tapices, paños o colgaduras.
3 Cubrir las nubes el cielo: *se ha entoldado el cielo de nuevo, quizás vuelva a llover.* — v.tr/prnl. = nublar
4 Mostrarse una persona engreída o vanidosa: *Pedro se entoldó ante el éxito conseguido.* — v.prnl. = envanecerse

entomatada Tortilla de maíz rellena de diversos ingredientes y bañada con salsa de tomate. — s.f./ Méx. COCINA

entomizar Cubrir las tablas de paredes y techo con tomizas o cuerdas de esparto para que pegue el yeso. — v.tr./conj: cazar CONSTRUCCIÓN

entomo- Componente de palabra procedente del gr. *entomon,* que significa insecto: *entomología.* — pref. tb: entom-

entomófago, a
1 Se aplica a los organismos que se alimentan de insectos: *pájaro entomófago; planta entomófaga.* — adj./BIOLOGÍA = insectívoro
2 Se refiere a los hongos que viven sobre insectos como parásitos. — MICOLOGÍA

entomófilo, a
1 Que es aficionado a los insectos. — adj.
2 Se aplica a las plantas que se polinizan por la intervención de los insectos. — BOTÁNICA

entomología (Del gr. *entomon,* insecto + *logos,* tratado.) Parte de la zoología que estudia los insectos. — s.f. ZOOLOGÍA

entomológico, a Que tiene relación con la entomología o con los insectos. — adj. ZOOLOGÍA

entomólogo, a Estudioso de los insectos. — adj./ZOOLOGÍA

entomostráceo, a Perteneciente a una antigua subclase de crustáceos de organización simple, generalmente de pequeñas dimensiones. — adj/s.m. ZOOLOGÍA

entonación
1 Acción y resultado de entonar. — s.f./= entonamiento
2 Sucesión de tonos e inflexiones de la voz que conforman una línea melódica que da un determinado matiz expresivo a lo que se dice: *entonación interrogativa.* — LINGÜÍSTICA
3 Cualidad del canto cuando se ajusta al tono debido. — MÚSICA
4 Arrogancia, presunción u orgullo con que actúan las personas.

entonadera Palanca que se utiliza para mover los fuelles del órgano. — s.f. MÚSICA

entonado, a
1 Que está en buena forma o en buen estado: *el equipo está entonado.* — adj. coloquial
2 Que está alegre a causa de la bebida: *últimamente llegan entonados cada viernes.* — = bebido
3 Se refiere a la persona que es orgullosa, vanidosa o creída. — = arrogante, engreído

entonador, a
1 Que entona. — adj./= entonante
2 Persona que mueve los fuelles de un órgano para que pueda sonar. — s. MÚSICA

entonar
1 Cantar con el tono debido, afirmar la voz: *entonaba mejor que el tenor.* — v.tr/intr. MÚSICA/= afinar
2 Dar cierto tono a la voz. — v.tr.
3 Empezar a cantar una persona una canción para dar el tono a los demás: *la profesora entonaba y el coro la seguía.* — v.tr/intr. MÚSICA
4 Cantar o recitar un himno en honor de algo o alguien: *entonaron una salve.* — v.tr.
5 Tonificar, dar fuerza y vigor al organismo: *tómate algo caliente, te entonará.* — v.tr/prnl. = fortalecer, reponer
6 Armonizar los colores u otras cosas. — v.tr/= pegar
7 Ponerse una persona engreída, vanidosa o arrogante: *se entonó hasta tal punto que lo echó del despacho.* — v.prnl. = engreírse
8 Poner animada o alegre el alcohol a una persona: *se entonó con un par de copas.* — = achisparse
9 Dar aire al órgano levantando los fuelles. — MÚSICA

entonces (Del lat. vulgar *intunce.*)
1 En aquel tiempo, momento u ocasión: *entonces entró ella y los descubrió.* — adv.
2 En este caso, siendo así: *si no te gustan los toros, entonces no vengas a la corrida.*
3 **de entonces acá** o **desde entonces:** Desde aquel momento, tiempo u ocasión hasta ahora: *desde entonces dejó de saludarme.* — loc.adv.
4 **en aquel, por aquel** o **por entonces:** En aquel tiempo: *por entonces aún no habías nacido.* — loc.adv.

entonelar Introducir un líquido en un tonel: *entonelar el vino de las bodegas.* — v.tr.

entongar Formar pilas o tongadas de una cosa. — v.tr./conj: pagar

entono
1 Acción y resultado de entonar la voz. — s.m./= entonación
2 Presunción o arrogancia en el trato: *era incapaz de soportar el entono con que los trataba.* — = virotismo

entontecer
1 Hacer que una persona se vuelva tonta: *aquellas amistades lo entontecieron.* — v.tr. conj: carecer
2 Volverse una persona tonta: *a causa de esa enfermedad se entonteció.* — v.intr/prnl. = alelarse

entontecimiento Acción y resultado de entontecer o entontecerse. — s.m. = atontamiento

entorchado (Derivado de *antorcha,* por comparación de forma.)
1 Cuerda o hilo de seda alrededor del cual se enrolla en espiral otro hilo fino de seda o de metal. — s.m.
2 Bordado en oro o plata que llevan en el uniforme algunos militares y altos funcionarios, como distintivo de su graduación. — MILITAR
3 Título de campeón de un equipo o de un deportista.

entorchar
1 Formar una antorcha retorciendo varias velas. — v.tr./tb: antorchar
2 Cubrir un hilo o una cuerda con otro de metal arrollado en espiral.

entorilar Meter los toros en el toril: *los mozos tuvieron dificultades para entorilar los novillos.* — v.tr. TAUROMAQUIA

entornar
1 Cerrar a medias o en parte una puerta, una ventana o los ojos: *entornar las contras para que no entre tanta luz; no cierres la puerta, déjala entornada.* — v.tr.
2 Inclinar a un lado una cosa de manera que pierda su posición normal: *la botella se entornó.* — v.tr/prnl.

entornillar Dar forma de tornillo a una cosa. — v.tr.

entorno (Derivado de *torno.*)
1 Conjunto de personas, cosas y circunstancias que rodean a alguien o algo e influyen en su desarrollo. — s.m. = ambiente
2 Término que indica el tipo de sistema operativo, de hardware y de informaciones de software organizadas, con el que un proceso está destinado a operar. — INFORMÁTICA

entorpecedor, a Que entorpece: *las protestas violentas son factores entorpecedores de la negociación.* — adj/s.

entorpecer
1 Causar el entorpecimiento del movimiento de alguien o algo: *al llegar la hora punta la circulación se entorpeció.* — v.tr/prnl. conj: carecer
2 No dejar que una persona piense o razone con claridad: *los nervios le entorpecieron en el examen.* — = turbar
3 Retardar o poner inconvenientes o dificultades para la ejecución de una cosa: *la huelga entorpeció la producción de la empresa.* — = dificultar

entorpecimiento Acción y resultado de entorpecer o entorpecerse. — s.m.

entortar
1 Torcer lo que estaba derecho: *se ha entortado el asta de la bandera.* — v.tr/prnl. conj: contar
2 Dejar tuerta a una persona o a un animal. — v.tr.

entosigar Envenenar a una persona o un animal con tósigo, ponzoña o veneno. — v.tr/conj: pagar tb: atosigar

entozoario (Del gr. *entos,* adentro + *zoarion,* animalito.) Animal que vive parásito en el interior del cuerpo de su huésped. — s.m. ZOOLOGÍA = endoparásito

entozoología Parte de la zoología que estudia los parásitos de las cavidades internas del ser humano y de algunos animales. — s.f. ZOOLOGÍA

entrabar Poner trabas, estorbar. — v.tr./Amér. Merid.

entrada
1 Acción y resultado de entrar en un sitio. — s.f.
2 Espacio o sitio por donde se entra: *el teatro tiene dos entradas.* — = acceso
3 Parte de la casa que da paso al resto de estancias: *le hizo esperar en la entrada.* — = recibidor
4 Billete que autoriza a entrar en un espectáculo, exposición o sala de fiestas: *compró dos entradas para el concierto.* — = tiquet
5 Cantidad o conjunto de personas que asisten a un espectáculo: *hubo una buena entrada en el estreno de la película.* — = público
6 Beneficio obtenido en la venta de billetes de una sesión de un espectáculo.
7 Caudal que entra en una caja o en poder de una persona. — COMERCIO
8 Anotación o asiento en una cuenta. — COMERCIO
9 Desembolso inicial o cantidad de dinero que se entrega como primer pago para la compra de una cosa: *la entrada del coche.* — COMERCIO = depósito
10 Plato que se sirve entre el primero y el segundo. — = entrante
11 Cada uno de los ángulos que hace el pelo en las sienes o en la frente: *parece mayor porque tiene muchas entradas.*

12 Aceptación que una persona o cosa tiene en un grupo o casa: *tiene buena entrada en la familia de su esposa.*

13 Palabra o voz que se define en una enciclopedia o diccionario. — = **lema**

14 Acto de ser recibida una persona en un consejo, comunidad o religión.

15 Acción de empezar a disfrutar de una dignidad o empleo.

16 Facultad para realizar una cosa: *no halló entrada alguna para hablar del tema.*

17 Inicio de algo: *la entrada de la primavera; la entrada de una representación.* — = **comienzo**

18 Invasión del enemigo en un pueblo, ciudad o país. — **MILITAR**

19 Arremetida o zurra que se le da a alguien o algo. — **Cuba**

20 Ingreso económico. — **Argent., Chile, Urug.**

21 Salida a escena de un personaje. — **TEATRO**

22 Últimas palabras de lo que dice un actor y que indican que el otro ha de empezar a hablar. — **TEATRO**

23 Introducción de datos o instrucciones en un ordenador. — **INFORMÁTICA**

24 Acción de jugar una persona contra las demás declarando el palo a que lo hace antes de descartarse de los naipes que no le interesan, en el tresillo y otros juegos de cartas. — **JUEGOS**

25 Encuentro entre dos jugadores contrarios para quitarse la pelota uno al otro: *le señalaron falta por aquella entrada tan dura.* — **DEPORTES**

26 Acción de entrar un instrumento o una voz en la ejecución de una pieza musical. — **MÚSICA**

27 Extremo de un madero o sillar que está metido en un muro o sentado sobre una solera. — **ARQUITECTURA**

28 Período de tiempo que dura cada día el trabajo de un grupo de operarios. — **MINERÍA**

29 dar entrada: 1. Aceptar un coqueteo. 2. Acceder a una cosa no deseada: *si Juan no te cae bien, ¿para qué le diste entrada?* — **Méx.**

30 de entrada: 1. Desde el principio o comienzo: *de entrada tendrías que haberle dejado las cosas claras.* 2. Se refiere al grado de ingreso de ciertas carreras. — **loc.adv. / loc.adj.**

entradilla Conjunto de frases iniciales de una noticia que resumen lo más importante de ésta. — **s.f.**

entrado, a Que está dedicado por completo a algo. — **adj./coloquial/Méx.**

entrador, a
1 Se refiere a la persona que es emprendedora y arriesgada. — **adj.**

2 Que acomete fácilmente empresas arriesgadas. — **Perú, Venez.**

3 Que es entrometido. — **Chile, Perú**

4 Se refiere a la persona que es simpática y agradable. — **Argent., C. Rica**

entramado
1 Armazón de madera empleado en la construcción de paredes o suelos. — **s.m./ARQUITECTURA, CONSTRUCCIÓN**

2 Conjunto de ideas, opiniones que se entrecruzan en un texto.

entramar Hacer el entramado de una pared o suelo con un armazón. — **v.tr. ARQUITECTURA**

entrambos, as Ambos, los dos: *discutí con entrambos hasta pasada la media noche.* — **adj.pl. literario**

entrampar
1 Meter o hacer caer en una trampa: *el león se entrampó en la red.* — **v.tr/prnl.**

2 Hacer a una persona víctima de un engaño o una burla: *sus amigos le entrampan debido a su inocencia.* — = **engañar**

3 Causar enredo, confusión o complicación en un negocio: *entrampaba todos los asuntos debido a su falta de honestidad.* — **coloquial** / = **enredar**

4 Imponer una obligación de pago sobre una empresa, un negocio o una propiedad: *debido a sus deudas ha entrampado su casa.* — = **adeudar**

5 Empeñarse, contraer una persona deudas: *se entrampó con el juego.* — **v.prnl./coloquial** / = **endeudarse**

entrampillar
1 Perseguir a una persona por un lugar del que no pueda escapar. — **v.tr.**

2 Coger a una persona a la que se persigue. — = **capturar**

3 Coger el toro al diestro, impidiéndole la salida. — **TAUROMAQUIA**

entrante
1 Se aplica a la parte o pieza que entra en otra: *un fiordo es un entrante del mar en la tierra.* — **adj./s.**

2 Se refiere a la semana, mes, año que es inmediatamente próximo en el futuro. — **adj.**

3 Primer plato de un menú. — **s.m.**

entraña (Del lat. *interanea*, intestinos.)
1 Conjunto de tripas, vísceras del animal y la persona. — **s.f.**

2 Parte íntima, central o esencial de una cosa o asunto: *quiere llegar a la entraña del conflicto.* — = **núcleo**

3 Interior o parte más oculta de una cosa: *se introdujeron en las entrañas del volcán.* — **s.f.pl.**

4 Capacidad para tener buenos sentimientos, en es-

pecial compasión: *sólo una persona cruel y sin entrañas sería capaz de cometer semejante crimen.* — **sentimientos**

5 Modo de ser y comportarse propio y natural de una persona: *era un hombre de buenas entrañas.*

6 arrancársele a alguien las entrañas: Sentir un gran dolor físico o moral: *su muerte nos arrancó las entrañas.* — **coloquial**

7 dar una persona hasta las entrañas o las entrañas: Ser muy generoso o desprendido. — **coloquial**

8 de mis entrañas: Expresión de cariño que se añade al nombre de un ser querido: *hijo de mis entrañas.* — **loc.adj.**

9 echar una persona las entrañas o hasta las entrañas: Vomitar con muchas ansias y con violencia: *le sentó tan mal la comida que echó las entrañas.* — **coloquial**

10 no tener entrañas: Ser muy cruel y desalmado. — **coloquial**

11 sacar las entrañas a una persona: 1. Matarle o hacerle mucho daño. 2. Hacerle gastar cuanto posee: *sus hijos le sacaron las entrañas con sus caprichos.* — **coloquial** / **coloquial**

entrañable
1 Que es íntimo y querido. — **adj.**

2 Que es profundo y verdadero: *les unía una relación bastante entrañable.*

entrañar
1 Incluir, contener o implicar: *esta historia entraña demasiados misterios.* — **v.tr.** / = **conllevar**

2 Entrar o introducirse en lo más profundo: *se entrañó en la mina.* — **v.tr/prnl.**

3 Unirse íntimamente dos o más personas. — **v.prnl.**

entrapajar
1 Cubrir una parte del cuerpo con trapos. — **v.tr.**

2 Llenarse una cosa de suciedad. — **v.prnl./= entraparse**

entrapar
1 Echar y enterrar trapos viejos cerca de las raíces de una cepa para que sirvan de abono. — **v.tr. AGRICULTURA**

2 Ensuciarse mucho la tela o el cabello de modo que resulte imposible o muy difícil su limpieza. — **v.prnl.**

3 Perder un utensilio la capacidad para cortar, pinchar o pintar por la suciedad acumulada en la punta: *dejó de usar pluma para escribir porque se entrapaba cada dos por tres.*

entrapazar Usar una persona trampas o embustes. — **v.intr./conj.: cazar**

entrar (Del lat. *intrare*.)
1 Pasar adentro o al interior de un lugar: *entró en la tienda como un vendaval.* — **v.intr.**

2 Poder colocarse o encajar una cosa en otra: *los pantalones no me entran.* — = **caber**

3 Meter o introducir una cosa en otra: *entró el disquete en el ordenador y luego no podía sacarlo.* — **v.tr/prnl.**

4 Empezar un período de tiempo: *hoy entra la última semana del verano.* — **v.intr.**

5 Empezar un discurso o un escrito: *la novela entra con un asesino por asalto domiciliario.* — = **comenzar**

6 Estar incluido en un grupo o una clase: *ella no entra en el grupo de los aprobados.* — + **en**

7 Formar parte una cosa en la composición de otra: *esa sustancia no entra en la mezcla.*

8 Seguir o adoptar un uso o una costumbre: *yo no entro en esa nueva moda.* — + **en**

9 Tener una persona entrada o ser admitida en un lugar: *todavía no puede entrar en discotecas.*

10 Incorporarse o empezar a formar parte de una corporación: *ayer entré en este negocio y hoy ya me arrepiento.* — = **ingresar**

11 Dedicarse o empezar a desempeñar una ocupación, una carrera o una profesión: *mi hermano ya entró en medicina.*

12 Empezar a hacerse sentir o manifestarse una sensación o un estado de ánimo: *me entró un frío terrible.*

13 Empezar a realizar una acción: *entraron a reinar el siglo pasado; entró a trabajar hace un mes.* — + **a**

14 Empezar a experimentar una sensación: *entré en calor gracias a ese té caliente.* — + **en**

15 Pasar a estar en un período de edad o en una época determinada: *tu hijo ya ha entrado en la adolescencia.* — + **en**

16 Ejercer influencia en el ánimo de una persona: *no sé cómo entrarle a mi padre para conseguir su permiso.*

17 Ser asimilable o comprendida una cosa: *a mí no me entra la historia.* — **coloquial**

18 Ser un alimento o bebida muy fácil o agradable de tomar: *este brebaje entra bien.* — **coloquial**

19 Desaguar un río o canal en otro o en el mar. — = **desembocar**

20 Arremeter, ir el toro hacia el capote cuando es llamado. — **TAUROMAQUIA**

21 Apostar un jugador contra los otros, en los juegos de naipes: *entró con demasiado dinero.* — **JUEGOS**

22 Unirse una voz o un instrumento a un conjunto musical: *en aquel momento entró el fagot.* — **MÚSICA**

23 Meter tela en una costura o dobladillo para estrechar o acortar la prenda: *entrar una falda por los costados.* — **v.tr.**

24 Ir alcanzando una embarcación a otra que va siguiendo. — **NÁUTICA**

25 Salir a escena un personaje. — **v.intr./TEATRO**

26 Acometer un jugador a otro para quitarle el balón, en algunos deportes como el fútbol. `v.tr./DEPORTES = arremeter`

**`27** no entrar ni salir en una cosa:** No intervenir o tomar parte en un asunto: *no entro ni salgo en la repartición de las tareas.* `coloquial`

28 no entrarle a una persona una cosa o no entrarle en la cabeza:** 1. No ser de su agrado o aprobación: *no me entra que dejes la carrera a medias.* 2. No comprenderla, no poder aprenderla: *las matemáticas no me entran.* `coloquial` `coloquial`

29 no entrarle a uno una persona:** Sentir una persona antipatía hacia otra: *tu novia no le entra ni con calzador.* `coloquial`

entre (Del lat. *inter*.)
1 Indica el tiempo o el espacio situado en medio de dos acciones, estados, personas o cosas: *entre tú y yo no caben malentendidos; vendré entre lunes y miércoles; entre las nueve y las diez.* `prep.`
2 Indica el estado intermedio en cualidades o características de las personas o las cosas: *su estatura es entre baja y media.*
3 En sus adentros, en lo interior: *yo, entre mí, pensaba todo lo contrario.*
4 En calidad de, en el número de o como uno de: *se sitúa entre los mejores.*
5 Indica cooperación o participación en un grupo o conjunto: *entre los griegos; entre Juan y Pedro subieron el piano al tercer piso.*
6 Indica relación o comparación: *no hay diferencia entre demócratas y republicanos.*
7 entre que o entre tanto que:** Mientras, durante estos momentos: *entre que vas y vuelves, pasarán por lo menos dos horas.* `loc.conj. coloquial`

entre-
1 Componente de palabra procedente del lat. *inter*, que significa situación intermedia: *entrecano.* `pref.`
2 Indica que está en medio de dos o más cosas: *entreguerras; entrecejo; entretela.*
3 Unido a otra palabra debilita o atenúa el significado de ésta: *entrever; entreabrió; entresueño.*
4 Indica relación, combinación o cruce de dos o más cosas: *entremezclar; entretejer.*

entreabrir Abrir un poco o a medias: *la ventana se entreabrió a causa del viento; entreabrió los ojos y, al ver que llovía, decidió continuar en la cama.* `v.tr/prnl. conj: abrir part: entreabierto`

entreacto
1 Tiempo intermedio entre dos actos de una representación teatral o de un espectáculo. `s.m. TEATRO`
2 Danza o baile interpretado en el intermedio de una representación teatral. `TEATRO`
3 Cigarro puro pequeño y cilíndrico.

entreancho, a Que tiene una anchura intermedia. `adj.`

entrebarrera Espacio entre la barrera y la contrabarrera de las plazas de toros. `s.f. TAUROMAQUIA`

entrecalle Separación entre dos molduras. `s.f./ARQUITECTURA`

entrecanal Espacio entre las estrías o canales de una columna. `s.f. ARQUITECTURA`

entrecano, a
1 Se aplica a la barba o al cabello que empieza a encanecer. `adj.`
2 Se refiere a la persona que tiene el pelo de esta manera.

entrecasco Defecto de las maderas consistente en la inclusión de trozos de corteza en su interior. `s.m. = entrecorteza`

entrecava Cava de poca profundidad. `s.f./AGRICULTURA`

entrecavar Cavar la tierra sin ahondar. `v.tr./AGRICULTURA`

entrecejo (Del bajo lat. *intercilium*.)
1 Espacio que hay entre las cejas: *ante su respuesta frunció el entrecejo mostrando confusión.* `s.m. = ceño`
2 Gesto de disgusto hecho arrugando la frente: *hizo un gesto de desagrado y al mismo tiempo frunció el entrecejo.*

entrecerca Espacio que hay entre una cerca y otra. `s.f.`

entrecerrar Cerrar, en parte, una puerta, una ventana u otra cosa: *entrecerró los ojos.* `v.tr/prnl. conj: pensar`

entrechocar Chocar una cosa con otra: *todos brindaron entrechocando las copas con alegría.* `v.tr/prnl. conj: sacar`

entrecinta Madero que se coloca entre dos pares de una armadura de tejado de forma paralela al tirante. `s.f. ARQUITECTURA`

entreclaro, a Que tiene alguna claridad: *la penumbra entreclara de la sala.* `adj.`

entrecoger
1 Coger o sujetar a una persona o una cosa de modo que no pueda escapar o desprenderse con facilidad. `v.tr. conj: coger`
2 No dejar que una persona reaccione o se defienda utilizando amenazas o argumentos: *le entrecogió con sus gritos sin dejarle hablar.* `= acosar, apabullar`

entrecomar Poner entre comas una palabra o una expresión. `v.tr.`

entrecomillado, a Se refiere a la palabra o palabras que en un texto van colocadas entre comillas: *puso la cita entrecomillada a pie de página.* `adj/s.m.`

entrecomillar Poner entre comillas una palabra o una expresión: *entrecomillar los anglicismos del artículo.* `v.tr.`

entrecoro Espacio que está entre el coro y el altar mayor, en una iglesia o en una catedral. `s.m. ARQUITECTURA`

entrecortado, a Se refiere a la voz o al sonido que se produce de forma intermitente o discontinua. `adj.`

entrecortadura Corte que se aplica a una cosa sin dividirla por completo. `s.f.`

entrecortar
1 Cortar, de manera parcial, una cosa sin terminar de separar sus partes. `v.tr.`
2 Hablar una persona por turbación o timidez de forma intermitente: *el miedo le hacía entrecortar.* `v.prnl.`
3 Combinar varias cosas de modo que se cruzan unas con otras.

entrecorteza Defecto de las maderas, consistente en la inclusión de un trozo de corteza en su interior. `s.f. = entrecasco`

entrecot (Del fr. *entrecôte*.)
1 Filete de carne de buey o de ternera, que se saca de las costillas: *de segundo plato pidieron un entrecot con salsa a la primienta verde.* `s.m. tb: entrecó, entrecote`
2 Filete grueso de cualquier parte del animal.

entrecriarse Criarse unas plantas entre otras. `v.prnl./conj: vaciar`

entrecruzamiento Acción y resultado de entrecruzar o entrecruzarse. `s.m.`

entrecruzar Cruzar dos o más cosas entre sí: *los caminos se entrecruzan en esa montaña.* `v.tr/prnl. conj: cazar`

entrecubierta Entrepuente, espacio entre las cubiertas de una embarcación. `s.f. NÁUTICA`

entrecuesto
1 Espinazo de un animal: *azuzaba a los cerdos, dándoles con el látigo en el entrecuesto.* `s.m.`
2 Solomillo, carne de los animales de consumo de las costillas y el lomo.

entredecir (Del lat. *interdicere*, prohibir.) Poner a una persona en entredicho. `v.tr. conj: bendecir`

entredicho (Part. irreg. de *entredecir*.)
1 Prohibición de hacer o decir una cosa. `s.m.`
2 Censura eclesiástica que prohíbe la asistencia a los oficios y algunos sacramentos. `RELIGIÓN`
3 estar en entredicho:** Ser objeto de dudas: *su honradez está en entredicho.*
4 poner en entredicho:** Dudar de la palabra, integridad, actitud u honor de una persona o de la veracidad de una cosa: *puso en entredicho la noticia porque no se fiaba de la agencia.*

entredoble Se aplica al tejido que tiene un grosor intermedio. `adj. TEXTIL`

entredós (Del fr. *entre-deux*.)
1 Tira bordada o de encaje cosida entre dos telas: *colocó un primoroso entredós entre los delanteros de la blusa.* `s.m. TEXTIL`
2 Armario de poca altura, que suele colocarse entre dos balcones de una misma pared.

entrefilete
1 Suelto de un periódico. `s.m. ARTES GRÁFICAS`
2 Frase o fragmento breve en un texto, que se destaca con una tipografía distinta.

entrefino, a
1 Que no es ni muy fino ni muy basto. `adj.`
2 Se refiere al vino de Jerez que es parecido al fino o jerez muy seco.

entreforro Tela que se coloca entre el tejido y el forro de algunas prendas de vestir. `s.m. = entretela`

entrega
1 Acción y resultado de entregar. `s.f./= entregamiento`
2 Devoción, esfuerzo, interés en apoyar a una o varias personas, a un ideal, a una acción: *su entrega a la causa es admirable.*
3 Cada uno de los cuadernos impresos en que se divide un libro que se vende por partes. `ARTES GRÁFICAS = fascículo`
4 Acto público en el que se conceden premios o títulos: *la entrega de los premios nacionales de literatura y cinematografía.*
5 Parte de una piedra labrada o madero introducida en la pared. `ARQUITECTURA`

entregar (Del lat. *integrare*, reparar, rehacer < *integer*, entero, íntegro.)
1 Dar una cosa a una persona o ponerla en su poder: *entregaron los diplomas a los alumnos.* `v.tr. conj: pagar`
2 Poner a una persona en manos o en poder de otra: *entregó al ladrón a la policía.* `v.tr/prnl.`
3 Ponerse a la disposición de una persona, sometiéndose a su opinión o voluntad: *se entregó al enemigo.* `v.prnl. = rendirse`
4 Ceder a mantener una relación sexual con alguien: *se entregó a él después de rechazarlo en varias ocasiones.*

5 Dedicarse o emplearse por completo a una cosa: *se entregó a su negocio.* = enfrascarse

6 Dejarse dominar una persona por un vicio o un estado de ánimo: *Luis se entregó a la bebida.* + a = abandonarse

7 Declararse una persona vencida o sin fuerzas para continuar una actividad o un trabajo.

8 Hacerse cargo de una cosa o apoderarse de ella.

9 Colocar una pieza de construcción en el lugar donde ha de fijarse. v.tr. CONSTRUCCIÓN

10 entregarla: Dar el alma, morirse una persona: *la entregó después de despedirse de todos sus hijos.* coloquial

entreguerras Se usa para indicar el período de paz entre dos guerras consecutivas, en la expresión **entreguerras**. loc.adj.

entreguismo Actitud pusilánime que induce a darse por vencido antes de emprender una actividad o una negociación, por temor al fracaso o por soborno. s.m.

entreguista El que traiciona, en una negociación, a sus representados. s.m.f. Méx.

entrejuntar Unir los entrepaños o tableros de las puertas o de las ventanas con paños o travesaños. v.tr. CARPINTERÍA

entrelargo, a Se refiere al objeto que es más largo que ancho. adj.

entrelazamiento
1 Acción y resultado de entrelazar. s.m.
2 Técnica de organización de la memoria central de un ordenador, en la que las direcciones sucesivas se encuentran en bloques de memoria diferentes e independientes. INFORMÁTICA

entrelazar Entretejer o enlazar una cosa con otra cruzándolas entre sí: *entrelazaron sus manos.* v.tr. conj: *cazar*

entrelazo Adorno formado por molduras y figuras entrelazadas entre sí. s.m.

entrelínea
1 Aquello que está escrito entre dos renglones. s.f.
2 Interlineado de un texto.

entrelinear Escribir algo entre las líneas de un texto. v.tr./ = interlinear

entreliño Espacio de tierra que queda entre dos filas de árboles o plantas. s.m. = almanta

entrelistado, a Que tiene listas de color diferente o que tiene algún dibujo entre lista y lista: *cubrió la cama con una colcha entrelistada.* adj.

entrelucir (Del lat. *interlucere.*) Ser visible una cosa entre otras. v.intr. conj: *lucir*

entremediar Poner o colocar una cosa revuelta o mezclada con otras. v.tr.

entremedias Entre dos momentos, lugares o cosas: *entremedias de aquello recordó que tenía que llamarnos.* adv.

entremedio, a
1 Que está entre los puntos extremos. adj./= intermedio
2 En medio, entre dos cosas. adv.

entremés (Del cat. *entremès* o del fr. ant. *entremes* < lat. *intermissus*, intercalado.)
1 Plato ligero y surtido que se sirve como aperitivo: *nos agasaja con un suculento entremés.* s.m. COCINA
2 Pieza de teatro breve de un solo acto y tono jocoso, que solía representarse en los entreactos de las comedias. LITERATURA, TEATRO
3 Género teatral constituido por este tipo de piezas breves. LITERATURA, TEATRO

entremesear
1 Representar un personaje en un entremés. v.tr./tb: entremesar
2 Amenizar una conversación diciendo cosas graciosas.

entremesil Que tiene relación con el entremés teatral: *el carácter entremesil de una obra.* adj. TEATRO

entremesista Persona que componía o representaba entremeses. s.m.f. TEATRO

entremeter
1 Meter una cosa entre otras: *entremeter una cinta de raso entre los calados de la tela.* v.tr.
2 Recoger hacia dentro la parte que sobresale de una cosa: *entremetió la costura.*
3 Inmiscuirse, meterse una persona en los asuntos de otra sin ser invitada a ello: *se entremetió en la discusión.* v.prnl./+ en tb: entrometerse
4 Ponerse una persona en medio o entre otras.

entremetido, a Entrometido, se refiere a la persona que se quiere meter en todo. adj./s.

entremetimiento Acción y resultado de entremeter o entremeterse. s.m.

entremezclar Mezclar o juntar varias cosas con otras: *se entremezclaron los juguetes; se entremezclan realidad y ficción.* v.tr/prnl.

entremiso Mesa para hacer el queso, con un tablero inclinado enmarcado con listones y ranuras para que se escurra el suero. s.m. tb: entremijo = expremijo

entrenador, a
1 Persona que se dedica al entrenamiento o prepara- s.

ción de deportistas o de animales: *era entrenador de fútbol.*

2 entrenador de pilotaje: Aparato o máquina en forma de cabina y programada para simular vuelos. AERONÁUTICA = simulador de vuelo

entrenamiento Acción y resultado de entrenar o entrenarse: *se ha suspendido el entrenamiento.* s.m./= entreno, preparación

entrenar Enseñar y preparar a una persona o a un animal en la práctica de un deporte o una actividad: *se entrenaba a fondo para el campeonato; entrena perros para el cuerpo de seguridad.* v.tr/prnl.

entrencar Poner trencas en una colmena. v.tr/conj: *sacar*

entrenervio Cada uno de los espacios comprendidos entre los nervios del lomo de un volumen encuadernado. s.m. ARTES GRÁFICAS

entreno Entrenamiento, preparación o ensayo. s.m.

entrenudo Parte del tallo de algunas plantas situada entre dos nudos consecutivos. s.m./BOTÁNICA = cañuto

entrenzar Trenzar el cabello, fibras o hilos. v.tr/conj: *cazar*

entreoír Oír una cosa a medias o sin entenderla bien: *entreoí sus lamentos, pero no comprendí sus demandas.* v.tr. conj: *oír*

entreordinario, a Que no es demasiado basto u ordinario. adj.

entreoscuro, a Que tiene alguna oscuridad. adj.

entrepalmadura Enfermedad que padecen las caballerías en la cara palmar del casco, producida por una herida infectada. s.f. VETERINARIA

entrepanes (Derivado de *pan*.) Tierras no sembradas entre otras que sí lo están. s.m.pl. AGRICULTURA

entrepaño
1 Tabla de una estantería. s.m.
2 Parte de la pared comprendida entre dos columnas o dos ventanas. ARQUITECTURA
3 Tablero o cuarterón que conforman una puerta o ventana. CARPINTERÍA

entreparecerse Verse una cosa a través de otra por su transparencia. v.prnl. conj: *carecer*

entrepaso Marcha de la caballería en la que ésta marca cuatro tiempos. s.m. EQUITACIÓN

entrepechuga Porción de carne que tienen las aves entre la pechuga y el caparazón. s.f.

entrepeines Lana que queda en los peines del telar después de sacar el estambre. s.m.pl. TEXTIL

entrepelado, a
1 Se refiere al ganado que tiene, sobre pelaje oscuro, pelos blancos entremezclados. adj.
2 Se aplica a los caballos de capa indefinida, por la mezcla de pelos de diferentes colores. Argent.

entrepeña Vela triangular que se usa en algunas embarcaciones cuando se navega en popa cerrada. s.f. NÁUTICA

entrepernar Poner una persona sus piernas entre las de otra. v.intr. conj: *pensar*

entrepierna
1 Parte del cuerpo formada por las caras internas de los muslos: *tenía una irritación en la entrepierna.* s.f.
2 Parte de una prenda de vestir que corresponde a la parte interna de los muslos: *se le descosió la costura de la entrepierna de los pantalones.*
3 Pieza puesta como refuerzo o remiendo en la parte interior de los muslos de las prendas de vestir.
4 Órganos genitales del hombre o de la mujer. vulgar

entrepiso Piso o apartamento que tiene dos plantas unidas por una escalera interior. s.m. = dúplex

entreplanta Piso entre la planta baja de un edificio y el primer piso, que se destina a oficinas o tiendas. s.f.

entrepretado Se refiere a la caballería que tiene una lesión o herida en el pecho o en los brazuelos. adj. VETERINARIA

entrepuente Entrecubierta, espacio entre las cubiertas de un barco. s.m. NÁUTICA

entrepunzadura Dolor a modo de punzadas que causa un absceso o tumor mientras se forma el pus. s.f. MEDICINA

entrepunzar Causar una herida un dolor poco intenso o intermitente. v.intr./conj: *cazar* MEDICINA

entrerrenglonadura Lo escrito entre dos renglones: *descubrir que las entrerrenglonaduras del escrito están en otra lengua.* s.f.

entrerrenglonar Escribir entre renglones. v.tr.

entresacadura Acción y resultado de entresacar: *se notan las entresacaduras de las costuras.* s.f. = entresaca

entresacar
1 Sacar o quitar unas cosas de entre otras. v.tr./conj: *sacar*
2 Cortar árboles para aclarar un monte o espaciar las plantas que han crecido demasiado juntas.
3 Cortar el pelo cuando es demasiado espeso.

entresijo
1 Mesenterio, pliegue del peritoneo que une el intestino delgado con la pared posterior del abdomen. s.m. ANATOMÍA

2 Interioridades o cosas ocultas: *le gustaría saber todos los entresijos.* — s.m.pl.
3 Tripas, aparato digestivo. — vulgar
4 tener muchos entresijos: 1. Tener una cosa o asunto muchas dificultades: *la química, para mí, tiene muchos entresijos.* 2. Actuar con cautela y disimulo.
entresuelo Piso de un edificio situado entre la planta baja y el principal o el primero. — s.m.

entresueño
1 Estado intermedio entre sueño y sueño, que se caracteriza por la disminución de lucidez de la conciencia. — s.m.
2 Duermevela, sueño ligero: *con los calmantes pasó la noche en un entresueño.* — coloquial

entresurco Espacio entre dos surcos: *los entresurcos se llenaron de hierba mala.* — s.m. AGRICULTURA

entretalla Media talla o bajorrelieve. — s.f./= entretalladura

entretallar
1 Trabajar o esculpir una obra en bajorrelieve o media talla: *entretallar un bloque de mármol.* — v.tr.
2 Grabar o esculpir en piedra, madera u otros materiales.
3 Hacer calados o recortes en una tela: *entretalló el lienzo para hacerle vainica.* — TEXTIL
4 Detener o parar a alguien o algo impidiendo que siga adelante: *le entretalló en mitad de la calle.* — coloquial
5 Meterse una cosa dentro de otra: *se entallaron las tazas una dentro de otra y no podía desencajarlas.* — v.prnl. = encajarse

entretanto
1 Mientras, en el mismo tiempo en que se hace una cosa: *entretanto intentaba conformarme con un trabajo a media jornada.* — adv. th: entre tanto
2 Tiempo en que se espera una cosa o que media entre dos sucesos: *en el entretanto se dedicó a hojear una revista.* — s.m. = ínterin

entretecho Desván, habitáculo en la parte más alta de la casa, inmediatamente bajo el tejado. — s.m. Colomb., Chile

entretejedura Labor que se hace entretejiendo una cosa con otra. — s.f.

entretejer
1 Poner hilos diferentes en una tela que se está tejiendo para formar un dibujo o un adorno. — v.tr. TEXTIL
2 Sujetar o enlazar una cosa con otra: *los tallos de las enredaderas se entretejían con la celosía.* — v.tr./prnl.
3 Incluir uno o varios textos ajenos en un libro o un escrito propio: *en el ensayo entretejió varios versos de aquel poeta.* — v.tr.
4 Pasar hilos o mimbres uno por encima de otro alternativamente para formar una tela, un adorno o un trabajo de cestería.

entretela
1 Tela rígida que se pone como refuerzo entre el tejido y el forro de algunas prendas de vestir. — s.f. TEXTIL
2 Sentimientos más íntimos y profundos de una persona: *le confesó todas sus entretelas.* — s.f.pl. coloquial

entretelar
1 Poner una entretela en una prenda de vestir: *entretelar las solapas de un abrigo.* — v.tr. TEXTIL
2 Hacer que desaparezca la huella de lámina o la forma en las hojas impresas. — ARTES GRÁFICAS = satinar

entretención Entretenimiento, acción y resultado de entretenerse. — s.f./Amér. Central y Merid.

entretener
1 No dejar que una persona continúe su camino o realice su trabajo: *se entretuvo en el bar para saludar a un amigo.* — v.tr./prnl. conj: tener
2 Pasar el tiempo con alguna actividad agradable: *se entretiene mucho jugando con la muñeca.* — v.prnl.
3 Divertir, distraer o recrear: *la película entretuvo a los niños un buen rato.* — v.tr.
4 Hacer menos molesta o más soportable una cosa: *entretiene el hambre cantando.*
5 Dejar la tramitación de un asunto para más adelante: *los abogados entretuvieron el curso del caso con la aportación de nuevas pruebas.*
6 Mantener o conservar una cosa.

entretenida
1 Amante de un hombre casado. — s.f./despectivo
2 dar la o con la entretenida: Engañar con excusas con la intención de retrasar o no resolver un asunto. — coloquial = dar largas

entretenido, a
1 Que entretiene o divierte: *es un libro entretenido.* — adj./= divertido
2 Se refiere al trabajo que exige mucho tiempo para ser realizado por su complejidad o su minuciosidad: *corregir los errores del texto será muy entretenido.* — = minucioso
3 Se aplica a la figura que consta de otras dos, iguales entre sí, y que están apoyadas una sobre otra. — HERÁLDICA

entretenimiento
1 Acción y resultado de entretener o entretenerse: *ordenar las facturas como entretenimiento.* — s.m.
2 Lo que sirve de diversión, recreo o pasatiempo: *la*

televisión *le sirvió de entretenimiento durante la convalecencia.*
3 Mantenimiento, conservación o cuidado de una persona o cosa: *contabilizar los gastos de entretenimiento de la casa de campo.*

entretiempo Tiempo intermedio entre los de frío o calor riguroso: *se ha comprado una chaqueta de entretiempo para esta primavera.* — s.m.

entreuntar Untar ligeramente una cosa. — v.tr./conj: aunar

entrevenarse Introducirse un líquido por las venas. — v.prnl.

entreventana Parte de pared entre dos ventanas: *colocó una estantería en la entreventana.* — s.f. CONSTRUCCIÓN

entrever (Del fr. *entrevoir*.)
1 Empezar a ver algo de manera confusa: *sólo pude entrever una embarcación.* — v.tr. conj: ver
2 Sospechar o adivinar una cosa por indicios y observaciones: *entreveo sus intenciones.*

entreverado, a
1 Que tiene intercaladas cosas o colores diferentes: *tocino entreverado; pimiento entreverado.* — adj.
2 Asado de cordero o de cabrito aderezado con sal y vinagre. — s.m./Venez. COCINA

entreverar (Derivado de *entre variar* < lat. *inter*, entre + *variare*, variar.)
1 Mezclar una cosa con otra para conseguir variedad. — v.tr.
2 Mezclarse personas, animales o cosas desordenadamente. — v.prnl./Argent., Perú
3 Chocar dos masas de caballería y luchar cuerpo a cuerpo los jinetes. — Argent.

entrevero
1 Acción y resultado de entreverarse. — s.m./Amér. Merid.
2 Confusión o desorden. — Argent., Chile, Perú

entrevía Espacio libre que queda entre los rieles de una vía de tren. — s.f. = entrerriel

entrevigado
1 Espacio que existe entre las dos vigas de un suelo o de un lecho. — s.m. CONSTRUCCIÓN
2 Operación de relleno, con yeso o ladrillos huecos, de los espacios entre las vigas. — CONSTRUCCIÓN
3 El relleno que se coloca enre vigas. — CONSTRUCCIÓN

entrevigar Rellenar los espacios entre las vigas de una construcción. — v.tr./conj: pagar CONSTRUCCIÓN

entrevista
I (Del fr. *entrevue*.) Reunión de dos o más personas en un lugar determinado para tratar un asunto o un negocio: *hoy tengo una entrevista con el director de mi empresa.* — s.f. = cita, encuentro
II (Del ingl. *interview*.) Conversación que mantiene un periodista con una persona cuyas opiniones se consideran de interés, debido a su notoriedad o popularidad: *realizó una entrevista al presidente del gobierno.* — = interviú

entrevistador, a Persona que realiza una entrevista: *el entrevistador improvisaba las preguntas.* — s.

entrevistar
I (Del fr. *entrevue*.) Conversar o tener una entrevista una o varias personas para tratar de algún asunto: *el presidente se entrevistó con otros jefes de estado.* — v.prnl.
II (Del ingl. *interview*.) Mantener una conversación con una persona para divulgar sus respuestas: *sólo entrevista a actores famosos.* — v.tr.

entrevuelta Surco corto que se hace en la besana con el arado, para enderezarla si va torcida. — s.f. AGRICULTURA

entripado, a
1 Que está o causa molestias en las tripas: *por las mañanas se levanta con un dolor entripado.* — adj/s.m.
2 Se refiere al animal muerto que no ha sido destripado. — adj.
3 Disgusto o enojo que se disimula. — s.m./coloquial

entrismo Introducción de militantes en otro partido o sindicato para modificar sus prácticas u objetivos, que se hace de manera sistemática. — s.m. POLÍTICA

entristecedor, a Que causa tristeza: *es entristecedor ver cómo se vale de mentiras para conseguir el puesto.* — adj.

entristecer
1 Causar tristeza, depresión del ánimo: *su desaparición nos entristeció mucho.* — v.tr./conj: carecer = apenar
2 Dar aspecto triste: *este vestido negro te entristece, no te favorece nada.*
3 Ponerse una persona triste: *se entristeció por el resultado de la votación.* — v.prnl./+ con, de, por = engurruñarse

entristecimiento Estado de aflicción o abatimiento: *sufre un entristecimiento tal que no la consuela nada.* — s.m. = tristeza

entrojar Guardar los frutos en la troje o granero: *entrojar la cebada y el centeno.* — v.tr. th: entrujar

entrometer
1 Entremeter, meter una cosa entre otras. — v.tr.
2 Entremeterse, inmiscuirse en asuntos ajenos: *se entrometía donde no debía.* — v.prnl.

3 Empalmar o unir dos líneas de transporte público o de mercancías. — v.intr/prnl./*Cuba, Perú, P. Rico*

entrometido, a Se refiere a la persona que se entromete en los asuntos de otros. — adj/s. tb: entrometido

entrometimiento Intervención indebida en los asuntos ajenos. — s.m. tb: entremetimiento

entromparse Ponerse una persona ebria: *los dos amigos acabaron entrompándose.* — v.prnl./coloquial = emborracharse

entrón, a Que es animoso, atrevido o valiente. — adj./*Méx.*

entronar Entronizar, colocar en el trono. — v.tr.

entroncamiento
1 Acción y resultado de entroncar: *el entroncamiento de sus tesis con la escuela positivista.* — s.m. = emparentamiento
2 Entronque del ferrocarril. — = empalme

entroncar
1 Tener una cosa un punto de coincidencia o su punto de partida, su final o su continuación con otra: *algunas materias lingüísticas entroncan con algunas filosóficas; su tren entronca en Medina con el que va a Madrid.* — v.intr. conj: *sacar* + con = enlazar
2 Relacionar una cosa, persona o idea con otra: *entroncar el cristianismo con el marxismo.* — v.tr.
3 Contraer parentesco con una persona o con una familia por un casamiento: *hace poco he entroncado con la familia García.* — v.intr. = emparentar
4 Tener una persona parentesco o linaje con otra o descender de ellos: *nos entroncan con una rama familiar gallega.* — + con

entronerar Meter o introducir una bola en una de las troneras o agujeros de la mesa de billar: *ganó la partida porque la bola se entroneró por casualidad.* — v.tr/prnl. JUEGOS

entronización Acción y resultado de entronizar: *retransmitieron la ceremonia de entronización.* — s.f. = entronizamiento

entronizar
1 Poner en el trono o darle la autoridad real a una persona. — v.tr./conj: *cazar* tb: entronar
2 Alabar las cualidades o las acciones de una persona: *entronizaba constantemente a sus hijos; su buen carácter lo entroniza entre sus conocidos.* — = enaltecer, ensalzar
3 Volverse una persona engreída o vanidosa: *se entronizó a causa de las alabanzas que recibía.* — v.prnl. = envanecerse

entronque
1 Relación de parentesco entre personas que descienden de la misma familia, persona o linaje. — s.m.
2 Empalme de ferrocarriles.

entropía (Del gr. *entrope*, vuelta.)
1 Magnitud termodinámica que indica el grado de desorden interno de un sistema. — s.f. FÍSICA
2 Medida que indica el grado de información no aprovechable de una fuente, en función del número de respuestas posibles. — SICOLOGÍA

entropillar Acostumbrar a los caballos a vivir en tropilla o en manada, guiados por una madrina. — v.tr. *Argent., Urug.*

entropión Inversión patológica del borde del párpado inferior hacia el globo ocular. — s.m. MEDICINA

entruchada Trampa, estratagema o conspiración para engañar a una persona. — s.m/coloquial tb: entruchado

entruchar Conseguir, con disimulo y engaño, que una persona haga una cosa o intervenga en un negocio. — v.tr. coloquial

entruejo Antruejo, período formado por los tres días de carnaval. — s.m.

entrujar
1 Guardar los frutos en la troje, en especial la aceituna. — v.tr. tb: entrojar
2 Guardar algo en una bolsa: *hay que entrujar las joyas antes de marcharnos.* — coloquial = embolsar

entrullado, a Se refiere a la persona que está en la cárcel. — adj. argot

entubación Acción y resultado de entubar. — s.f.

entubado Introducción de un tubo en la laringe, para combatir la asfixia, o en el estómago, para analizar los tejidos. — s.m. MEDICINA

entubar
1 Colocar un tubo: *la entubaron para que pudiera respirar.* — v.tr.
2 Imponer un castigo o arrestar a un recluta o soldado, en el servicio militar. — argot

entuerto
1 Ofensa o agravio que se causa a alguien de manera injusta. — s.m/= tuerto, afrenta, ultraje
2 Dolores, en la parte baja del abdomen, que sobrevienen a las mujeres después del parto. — s.m.pl. MEDICINA
3 deshacer un entuerto: Reparar un agravio, daño u ofensa: *como castigo le impuso deshacer el entuerto pagándole las deudas.* — coloquial

entullecer
1 Parar, detener o impedir una acción o el movimiento de una cosa: *la arena entulleció los engranajes del motor.* — v.tr. conj: *carecer*

2 Quedarse una persona tullida, imposibilitada o inválida: *se entulleció tras el grave accidente.* — v.intr/prnl. = tullirse

entumecer (Del lat. *intumescere*.)
1 Dificultar o entorpecer el movimiento de un miembro, músculo o nervio: *se me entumecieron los brazos con el frío tan intenso.* — v.tr/prnl. conj: *carecer* = agarrotarse
2 Hincharse, aumentar de volumen un río o el mar: *el río se entumece con las lluvias.* — v.prnl.

entumecimiento Proceso de entumecer o entumecerse un miembro, músculo o nervio. — s.m. MEDICINA

entumida Acción y resultado de entumirse un miembro o músculo. — s.f. *Méx.*

entumirse Volverse torpe un miembro o un músculo: *entumirse una pierna.* — v.prnl. = entumecerse

entunicar
1 Cubrir o vestir con una túnica. — v.tr./conj: *sacar*
2 Cubrir una pared que se ha de pintar al fresco con dos capas de cal y arena gruesa. — CONSTRUCCIÓN

entupir
1 Impedir el paso de una cosa por un conducto: *las bajas temperaturas congelaron el agua de la cañería y entupieron su circulación.* — v.tr/prnl. = atascar, taponar
2 Hacer más tupida una cosa, apretarla para que sea más espesa. — = tupir

enturbantado, a Que lleva turbante. — adj.

enturbiamiento Acción y resultado de enturbiar o enturbiarse. — s.m.

enturbiar
1 Poner turbio o hacer perder claridad o transparencia: *a causa de la lluvia el agua de la piscina se enturbió.* — v.tr/prnl. = turbar
2 Cambiar el orden o disposición de una cosa, causando su desorden: *la ausencia de un participante enturbió el ciclo de conferencias.* — = perturbar
3 Hacer que disminuya el entusiasmo o la alegría: *el apagón enturbió la animación de la sala.*

entusiasmar
1 Causar o provocar entusiasmo o admiración a una persona: *se entusiasma por ir al cine.* — v.tr/prnl. = encantar
2 Gustar mucho una cosa a una persona: *le entusiasman las películas de acción.* — v.intr.

entusiasmo (Del gr. *enthusiasmos*, éxtasis < *enthusiazo*, estar inspirado por la divinidad.)
1 Exaltación o excitación del ánimo provocado por una cosa que cautiva o por un sentimiento de admiración o de interés: *el entusiasmo de los oyentes.* — s.m.
2 Fervor, ardor o afán al hacer algo: *estudia con mucho entusiasmo; los espectadores aplaudieron con entusiasmo.*
3 Inspiración del escritor o del artista.

entusiasta (Del fr. *enthousiaste*.)
1 Que siente o muestra entusiasmo por una persona o una cosa: *seguidores entusiastas; aplausos entusiastas.* — adj/s.m.f.
2 Que se entusiasma con facilidad.
3 Que revela o denota entusiasmo. — adj./= entusiástico

entusiástico, a (Del ingl. *enthusiastic* < gr. *enthusiastikos*.)
1 Del entusiasmo. — adj.
2 Que implica o revela entusiasmo. — = entusiasta

enucleación Extirpación quirúrgica de un tumor, órgano o cuerpo extraño que está encapsulado y que se expulsa por incisión superficial. — s.f. MEDICINA

enumeración
1 Relación o expresión sucesiva y ordenada de las partes de un todo. — s.f. = recuento
2 Cómputo o relación numerada de un conjunto de cosas o de una cantidad: *la enumeración de las asignaturas de este curso.*
3 Recapitulación breve de las razones expuestas en un discurso. — RETÓRICA
4 Forma de organizar el discurso que consiste en reseñar los elementos que lo constituyen. — RETÓRICA

enumerar (Del lat. *enumerare*.) Exponer o nombrar varias cosas de manera sucesiva y ordenada: *enumerar las virtudes de la homenajeada.* — v.tr.

enumerativo, a Que enumera o contiene una enumeración. — adj.

enunciación
1 Expresión o formulación de una idea. — s.f./= enunciado
2 Acto individual de la locución. — RETÓRICA

enunciado
1 Conjunto de términos con que se expone un problema o se expresa o formula una idea: *su enunciado fue lacónico y sucinto.* — s.m. = enunciación
2 Secuencia cerrada de palabras delimitada por silencios muy marcados: *un enunciado puede componerse de varias oraciones.* — LINGÜÍSTICA

enunciar (Del lat. *enuntiare*.)
1 Exponer o dar forma verbal a una idea, un principio o una teoría para comunicarla. — v.tr.

2 Exponer los datos de un problema o los términos de un teorema. `MATEMÁTICAS`

enunciativo, a
1 Que enuncia. `adj.`
2 Se refiere al enunciado u oración afirmativa o negativa que expresa un juicio sin interrogación ni exclamación. `LINGÜÍSTICA`

enuresis Expulsión involuntaria de la orina, sin que exista una afección urológica. `s.f./pl: enuresis` `MEDICINA`

envagarar Poner las vagras sobre las cuadernas en la construcción de una embarcación. `v.tr./NÁUTICA` `th: envagrar`

envaguecer Difuminar o disminuir los colores o los contornos de una cosa: *la neblina envagueció la silueta de la sierra.* `v.tr.` `conj: carecer` `= desvanecer`

envaina Martillo grande con que se mete el espetón o hierro para hacer la sangría de un horno. `s.f.` `METALURGIA`

envainador, a
1 Que envaina. `adj.`
2 Se aplica a la hoja cuya vaina rodea el tallo. `BOTÁNICA`

envainar
1 Introducir una espada, un arma blanca o un instrumento cortante en la vaina. `v.tr.`
2 Poner una cosa alrededor de otra de manera que se ajuste a ella a modo de vaina.

envalentonamiento Acción y resultado de envalentonar o envalentonarse. `s.m.`

envalentonar
1 Dar valentía o valor a una persona: *necesita que alguien la envalentone para encarar este agravio.* `v.tr.` `th: avalentar`
2 Ponerse una persona arrogante, desafiante o atrevida: *se envalentonó al oírle esgrimir argumentos tan poco sólidos.* `v.prnl.`

envalijar Meter en la valija. `v.tr.`

envanecer
1 Infundir soberbia o volverse vanidosa una persona: *se envaneció al conseguir ese empleo.* `v.tr./prnl.` `conj: carecer`
2 Quedarse vacío el fruto de una planta por haberse secado o podrido su meollo o pulpa. `Chile`

envanecimiento Estado o actitud de que es vanidoso: *su envanecimiento le hizo perder amigos.* `s.m.` `= presunción`

envarado, a Se refiere a la persona que es estirada y orgullosa. `adj/s.` `= tieso`

envaramiento
1 Acción y resultado de envarar o envararse: *detestaba su envaramiento y arrogancia.* `s.m.`
2 Entumecimiento o rigidez de un miembro o músculo.

envarar
1 Entorpecer o producir rigidez o el entumecimiento de un miembro: *con el frío, tu brazo se ha envarado.* `v.tr./prnl.` `= entumecer`
2 Ponerse una persona soberbia: *se envara delante de cualquier mujer.* `v.prnl./coloquial` `= ensoberbecerse`

envarbascar Echar verbasco en el agua para atontar a los peces. `v.tr./conj: sacar` `PESCA`

envasado Acción y resultado de envasar o poner en un envase. `s.m.` `= envase`

envasador, a
1 Que envasa. `adj/s.`
2 Se aplica a la máquina que envasa en cadena diversos productos. `INDUSTRIA`
3 Embudo grande, que se usa para introducir líquidos en los recipientes. `s.m.`

envasar
1 Introducir en un envase o en un recipiente adecuado líquidos, cereales o cualquier otra cosa. `v.tr.` `INDUSTRIA`
2 Tomar vino o licor con exceso: *envasó una gran cantidad de ginebra.* `coloquial`
3 Introducir o clavar la espada u otra arma semejante en el cuerpo de una persona: *al final de la pelea, envasó el puñal a su contrincante.*

envase
1 Operación de envasar. `s.m./= envasado`
2 Envoltorio o recipiente que contiene artículos de comercio para conservarlos o transportarlos: *compra la leche en envases de cartón.*

envedijarse
1 Enredarse el pelo o la lana formando vedijas o mechones. `v.prnl.`
2 Pelearse o reñir de forma violenta. `coloquial`

envegarse Empantanarse, inundarse de agua un terreno. `v.prnl./conj: pagar` `Chile`

envejecer
1 Hacer vieja o antigua a una persona o una cosa o hacerla parecer más vieja de lo que es: *envejecía muebles para venderlos.* `v.tr.` `conj: carecer`
2 Hacerse viejo: *tus amigas envejecen, pero por ti parece que no pasa el tiempo.* `v.intr./prnl.`
3 Permanecer en un lugar o situación durante mucho tiempo: *envejeció siendo botones del banco; envejecieron juntos en el pueblo.* `v.intr.`

4 Hacer tomar cuerpo al vino en los toneles. `v.tr/intr.`

envejecimiento
1 Proceso y resultado de envejecer: *sufrió un rápido envejecimiento.* `s.m.` `FISIOLOGÍA`
2 Conjunto de cambios que se producen en la anatomía y funciones de los organismos que conducen a su deterioro y, finalmente, a la muerte.

envelar Huir, alejarse de un lugar. `v.intr./Chile`

envenenamiento Acción y resultado de envenenar o envenenarse: *la autopsia reveló que había muerto por envenenamiento.* `s.m.`

envenenar
1 Matar o hacer enfermar a una persona con la ingestión de una sustancia venenosa: *se envenenó con pastillas.* `v.tr/prnl.` `th: avenenar` `= tosigar`
2 Convertir una sustancia, alimento u objeto en nocivos para la salud: *envenenaron las manzanas.* `= emponzoñar`
3 Dar una interpretación maliciosa a las palabras o las acciones: *envenenó mis declaraciones.* `v.tr.`
4 Corromper a una persona con malos ejemplos, doctrinas o consejos: *envenenó al muchacho con sus creencias.* `= pervertir, depravar`

enverar Empezar a tomar color de madura una fruta: *ya enveran los melocotones en los árboles.* `v.intr.` `= pintonear`

enverdecer Reverdecer, cobrar verdor los campos o plantas: *después de las lluvias enverdecen los collados.* `v.intr.` `conj: carecer`

envergadura
1 Importancia, amplitud o alcance de una cosa o de un asunto: *es un problema de mucha envergadura.* `s.f.`
2 Distancia que existe entre los extremos de las alas de un avión o de los brazos humanos, cuando se encuentran completamente extendidos.
3 Distancia que existe entre las puntas de las alas de las aves cuando están extendidas. `ZOOLOGÍA`
4 Ancho de una vela en la parte que va unida a la verga. `NÁUTICA`

envergar Atar las velas a las vergas de una embarcación. `v.tr./conj: pagar` `NÁUTICA`

envergue
1 Acción y resultado de envergar. `s.m./NÁUTICA`
2 Cabo delgado que sirve para envergar las velas. `s.m./NÁUTICA`

enverjado Estructura metálica formada de rejas, que sirve para cerrar un recinto: *hay que pintar de nuevo el enverjado del jardín.* `s.m.` `= enrejado, verja`

envero
1 Color dorado o rojizo de la fruta cuando empieza a madurar. `s.m.` `AGRICULTURA`
2 Uva que presenta ese color.

envés (Del lat. *inversus*, invertido.)
1 Lado o parte opuestos a la cara principal, en especial en las telas: *no distingo el envés del haz de este brocado.* `s.m.` `= revés` `≠ haz`
2 Parte posterior del cuerpo humano, que va de la nuca hasta la cintura. `= espalda`
3 Cara inferior de la hoja opuesta a la haz: *por el envés presenta una vellosidad blanca.* `BOTÁNICA`

envesar Dar azotes a una persona. `v.tr./= azotar`

envestir Investir, conferir una dignidad o cargo. `v.tr./conj: pedir`

enviada
1 Acción y resultado de enviar. `s.f./= envío`
2 Barco que lleva a puerto la pesca capturada por otro mayor. `NÁUTICA`

enviado, a
1 Persona que lleva o transmite un mensaje a otra o es enviada a un sitio para cumplir una misión. `s.` `= mensajero`
2 enviado especial: Reportero encargado de una noticia o reportaje especial.
3 enviado extraordinario: Agente diplomático con plenos poderes, equivalentes a los del ministro plenipotenciario. `POLÍTICA`

enviajado, a Que es oblicuo o está inclinado al través o desviado de la horizontal. `adj./ARQUITECTURA/= sesgado`

enviar (Del bajo lat. *inviare*, recorrer un camino.)
1 Mandar o hacer llegar una cosa a cierto lugar: *envía los informes por fax.* `v.tr.` `conj: vaciar`
2 Hacer que una persona vaya o se dirija a un lugar: *envió a los niños a la cama.*

enviciamiento
1 Adquisición de un vicio o mala costumbre. `s.m.`
2 Afición intensa por una cosa: *luchaba contra el enviciamiento por las drogas.*
3 Producción excesiva de hojas en las plantas, en detrimento de la de frutos. `BOTÁNICA`

enviciar
1 Viciar o corromper con malas doctrinas, vicios, ideas o creencias: *las malas compañías te envician.* `v.tr.` `= pervertir`
2 Producir una planta muchas hojas en detrimento del fruto. `v.intr./prnl.` `BOTÁNICA`

3 Aficionarse en exceso por una cosa: *se envició con el juego.* — v.prnl./+ con, en = engolosinarse

4 Deformarse una cosa por estar un tiempo en mala posición: *la falda se envició al estar mal doblada.* — v.prnl.

envidada Acción y resultado de envidar. — s.f.

envidar (Del lat. *invitare*.)
1 Hacer un envite en el juego. — v.tr./JUEGOS
2 Ofrecer una cosa a una persona, deseando que no la acepte: *le envidó a salir con él, pero temía que aceptase.*

envidia (Del lat. *invidia* < *invidere*, < mirar con malos ojos < *videre*, ver.)
1 Sentimiento de pesar o de recelo por el bien ajeno o por creer que los otros gozan de mayor estima y consideración: *le tiene mucha envidia a su amigo porque es muy rico.* — s.f.
2 Deseo de hacer o tener lo mismo que otra persona: *ha estado de vacaciones en varios países europeos, ¡qué envidia!* — = dentera
3 comérsele a una persona la envidia o comerse o morirse de envidia: Estar totalmente dominado por ella: *se le comía la envidia al ver que a ellos sí les aplaudían.* — coloquial

envidiable Que puede ser deseado por considerarse muy bueno: *se encuentra en una envidiable situación.* — adj./= apetecible, deseable

envidiar
1 Sentir o tener envidia: *los envidia porque ellos han conseguido un gran éxito profesional.* — v.tr.
2 Desear o querer lo que tienen otros: *envidio su cultura e inteligencia.*
3 no tener qué envidiar o tener poco que envidiar: No ser una persona o una cosa inferior a otra: *mi coche tiene poco que envidiar al tuyo.* — coloquial

envidioso, a Que siente envidia: *se sentía envidiosa por el reconocimiento que otros recibían.* — adj/s.

envido Envite de dos tantos, en el juego de cartas del mus. — s.m. JUEGOS

envigado Conjunto de vigas de un edificio o de una construcción: *sustituyeron el envigado de madera por uno de hierro.* — s.m. CONSTRUCCIÓN = viguería

envigar Asentar o poner las vigas de un edificio o de una construcción: *envigaron durante todo el día el último piso para dar por terminada la obra.* — v.tr./intr. conj: *pagar* CONSTRUCCIÓN

envilecedor, a Que envilece o convierte en despreciable: *no era consciente de que sus adulaciones eran envilecedoras.* — adj.

envilecer
1 Hacer vil, indigno o despreciable: *la hipocresía envileció a tu hermano.* — v.tr./prnl. conj: *carecer*
2 Disminuir el precio o valor de la moneda o de un producto: *las acciones se envilecieron.* — = depreciar

envilecimiento
1 Pérdida de la dignidad o estimación que tenía una persona: *su estancia en prisión fue la causa de su envilecimiento.* — s.m. = encanallamiento
2 Disminución del precio o valor de una cosa. — = depreciación
3 Fenómeno semántico por el cual una palabra adquiere un sentido vil o degradado. — LINGÜÍSTICA ≠ ennoblecimiento

envinagrar Poner o añadir vinagre: *envinagrar la ensalada; envinagrar berenjenas para conservarlas.* — v.tr.

envinar
1 Añadir vino en el agua. — v.tr.
2 Poner vino o licor en un postre. — Méx./COCINA

envío
1 Acción y resultado de enviar. — s.m.
2 Conjunto de mercancías que se envían de un sitio a otro: *no ha recibido el envío de revistas.* — = remesa
3 envío contra reembolso: El que se realiza por correo y cuyo importe ha de ser pagado por el destinatario al recibir el paquete.

envión Impulso brusco y violento que se da a una persona o a una cosa y que la desplaza de su posición: *tenía poca estabilidad y de un solo envión lo tiró al suelo.* — s.m. = empujón

envirar (Derivado de *vira*, saeta.) Clavar los corchos con que se forman las colmenas con estaquillas de madera. — v.tr.

envirotado, a Que se comporta con demasiado orgullo y engreimiento. — adj.

enviscamiento Acción y resultado de enviscar las ramas. — s.m.

enviscar
I (Derivado de *visco*, del lat. *viscum*, muérdago.)
1 Untar las ramas de las plantas con una masa hecha con zumo de muérdago, que se utiliza para cazar pájaros. — v.tr./conj: *sacar* CAZA = enligar
2 Quedarse los pájaros o los insectos pegados en la liga con que se untan las ramas. — v.prnl./CAZA = enligarse

II (Probablemente de *guizque*.) Incitar a personas o animales para que luchen entre sí o se enemisten: *con sus chismes enviscó a sus compañeros.* — v.tr. conj: *sacar* = azuzar, enconar

envite (Del cat. *envit*.)
1 Apuesta que se añade a la ordinaria en ciertos juegos de cartas. — s.m. JUEGOS
2 Empujón dado a una persona, un animal o una cosa para moverlos del sitio donde están: *soportar el envite del toro.*
3 Ofrecimiento de una cosa: *no se hizo de rogar, aceptó su envite sin más.* — = invitación
4 al primer envite: De buenas a primeras, con el primer intento: *al primer envite logró colocarse a la cabeza de la clasificación.* — loc.adv.

enviudar Quedarse una persona viuda: *enviudó siendo todavía muy joven.* — v.intr.

envoltorio
1 Paquete hecho con ropas u otras cosas envueltas: *hizo un envoltorio con todas sus pertenencias.* — s.m. = lío
2 Material que sirve para envolver una cosa: *puso un envoltorio muy vistoso a su regalo.* — = envoltura
3 Defecto en el paño por mezclar lanas o tejidos de distinta clase. — TEXTIL

envoltura
1 Capa exterior que envuelve una cosa: *cubrió los muebles con una envoltura de tela.* — s.f.
2 Aspecto externo de una cosa. — = apariencia
3 Conjunto de cosas que sirven para envolver.

envolvente Que envuelve o rodea: *membrana envolvente; manto envolvente.* — adj.

envolver (Del lat. *involvere*.)
1 Cubrir totalmente a una persona o una cosa, ciñéndoles alrededor una pieza de tela, papel u otro material flexible: *envolvió los regalos con papel de seda; se envolvieron en sus capas.* — v.tr./prnl. conj: *volver* + con, en
2 Rodear una cosa a otra por todas sus partes: *los envolvió una profunda oscuridad.* — v.tr.
3 Cubrir una cosa con una determinada sustancia: *envolvió el bizcocho con chocolate.*
4 Enrollar un hilo o una cinta alrededor de una cosa. — = arrollar, devanar
5 Contener una cosa a otra: *su discurso envolvía una velada acusación de injerencia.* — = implicar
6 Dejar a una persona confusa y sin salida mediante argumentos o sofismas: *lo envolvió con sus artimañas.* — v.tr.
7 Poner los pañales a un niño.
8 Dejar las líneas del enemigo atrás, de modo que quede rodeado y pueda ser atacado por todos los lados. — MILITAR
9 Complicar o mezclar a una persona en un asunto irregular: *se envolvió en un asunto de drogas.* — v.tr./prnl.
10 Unirse una pareja haciendo vida matrimonial sin estar casados: *según parece, tus amigos se envolvieron el verano pasado.* — v.prnl. = amancebarse, liarse

envuelta Revestimiento metálico del proyectil, que sirve para aumentar su adherencia en el ánima del cañón. — s.f. MILITAR

envuelto, a
1 Que está cubierto o rodeado por una cosa: *el niño estaba envuelto en pañales.* — adj.
2 Tortilla de maíz guisada. — s.m./Méx./COCINA

enyerbar Dar un bebedizo o bebida venenosa para embrujar a una persona. — v.tr. Méx.

enyesado Operación y resultado de enyesar: *no les pagaré porque me han dejado mal el enyesado.* — s.m. = enyesadura

enyesar
1 Cubrir con yeso o añadirlo a algo: *enyesar el vino para aumentar su acidez.* — v.tr.
2 Igualar las paredes o los suelos con yeso. — CONSTRUCCIÓN
3 Aplicar o colocar un vendaje recubierto de yeso en una parte del cuerpo para inmovilizarla. — MEDICINA = escayolar

enyugar
1 Atar o sujetar al yugo los bueyes o las mulas: *enyugar los animales para labrar la tierra.* — v.tr. conj: *pagar*
2 Poner el yugo a una campana.

enzainarse (Derivado de *zaíno*.)
1 Ponerse a mirar de reojo. — v.prnl.
2 Comportarse de forma traidora y falsa. — coloquial

enzalamar Incitar a personas o a animales para que luchen entre sí o se enemisten: *disfrutaba enzalamando los perros de los vecinos.* — v.tr. coloquial = azuzar, cizañar

enzamarrado, a Que está cubierto y abrigado con zamarra: *sólo se distinguían las siluetas de los enzamarrados pastores.* — adj.

enzarzar
I (Derivado de *zarza*.)
1 Llenar una cosa de zarzas o cubrirla de ellas. — v.tr./conj: *cazar*
2 Incitar o provocar a dos o más personas para que riñan o discutan entre sí: *después de la fiesta se enzarzaron en una violenta discusión.* — v.tr/prnl. = pelearse, reñir
3 Quedarse enredado en las zarzas o los matorrales: *la oveja se enzarzó en las matas y se separó del rebaño.* — v.prnl.

4 Meterse o involucrarse en un negocio o un asunto comprometido o difícil: *se enzarzó en un negocio ilegal.* = enfangarse

II (Derivado de *zarzo*.) Poner zarzos para los gusanos de seda. v.tr.

enzima (Derivado culto del gr. *en-*, en + *zyme*, fermento.) Sustancia producida por las células vivas que actúa como catalizador en los procesos metabólicos. s.m.f. BIOQUÍMICA

enzimático, a De las enzimas. adj./BIOQUÍMICA

enzimología Parte de la bioquímica que estudia las enzimas y su repercusión clínica. s.f. BIOQUÍMICA

enzimopatía Enfermedad producida por la falta de intervención de un enzima. s.f. MEDICINA

enzimuria Presencia de enzimas en la orina. s.f./BIOQUÍMICA

enzolvar Cegar un conducto. v.tr./Méx.

enzootia Enfermedad que afecta a una o más especies animales en una misma zona geográfica o de una explotación agropecuaria. s.f. VETERINARIA = epizootia

enzoquetar (Derivado de *zoquete*.) Asegurar con tacos de madera un entramado para sujetarlo o para evitar que se curve. v.tr.

enzunchar Colocar zunchos a una cosa para reforzarla, sujetarla o ceñirla. v.tr.

enzurdecer Volverse una persona zurda. v.intr./conj: carecer

enzurizar Incitar a dos o más personas a que se enemisten, peleen, discutan o luchen. v.tr./conj: cazar = azuzar, enzarzar

enzurronar
1 Meter o introducir en un zurrón o bolsa de cuero. v.tr.
2 Poner una cosa dentro de otra. coloquial

eñe Denominación de la letra *ñ* del alfabeto español. s.f.

-eño, a
1 Unido a nombres indica natural de: *brasileño; angoleño.* suf.
2 Indica semejante a: *aguileño.*
3 Significa relativo o relacionado con: *navideño.*

eo- Componente de palabra procedente del gr. *eos*, que significa aurora, inicio: *eolito; eoceno.* pref.

-eo Unido a verbos forma sustantivos que significan acción *paseo; toqueteo.* suf.

-eo, a Unido a sustantivos forma adjetivos que indican cualidad: *marmóreo; pétreo.* suf.

eoceno, a (Del gr. *eos*, aurora + *kainos*, nuevo.) Período geológico que es posterior al paleoceno y forma parte de la era terciaria. adj/s.m. GEOLOGÍA = eocénico

eólico, a
I (De *Eolo*, dios griego del viento.)
1 Que tiene relación con este dios. adj./tb: eolio
2 Se aplica al viento o a los efectos que éste produce: *la erosión eólica desgasta los monumentos.*
II (De *Eolia*, antigua región de Asia Menor.)
1 De esta antigua región. adj./tb: eolio
2 Variedad lingüística de la lengua griega hablada en dicha región y otras zonas de la Grecia antigua. LINGÜÍSTICA

eolito (Del gr. *eos*, aurora + *lithos*, piedra.) Piedra de sílice, usada, en su forma natural, como instrumento por el hombre primitivo. s.m. HISTORIA = sílex

eolización
1 Acción del viento sobre la superficie terrestre. s.f./GEOLOGÍA
2 Erosión del viento. GEOLOGÍA

eón (Del lat. *aerum* < gr. *aion*, eternidad.)
1 Término usado en el nosticismo para designar cada uno de los seres o inteligencias divinas y eternas, emanados de la unidad suprema, que ponen en relación la materia y el espíritu. s.m. FILOSOFÍA
2 Período de tiempo indefinido e incomputable.

eosina Sustancia colorante roja obtenida del alquitrán, que se usa para teñir tejidos, fabricar tinta roja, preparar las placas fotográficas y como antiséptico. s.f. QUÍMICA

¡epa!
1 Expresión con que se anima a alguien. interj./Chile, Perú
2 Salutación familiar. Hond., Perú, Venez.
3 Expresión que se usa para detener o avisar de un peligro. Méx.

epacta (Del bajo lat. *epactae* < gr. *epaktai hemerai*, días intercalados.)
1 Número de días en que el año solar excede al lunar común de doce lunaciones. s.f.
2 Calendario para los eclesiásticos con el orden del rezo y el oficio divino de todo el año. RELIGIÓN = añalejo

epagómeno, a (Del gr. *epagómenos*.) Se refiere a los días que se intercalaban en el calendario griego para restablecer la correspondencia entre el año solar y el lunar. adj/s.m. HISTORIA

epanadiplosis (Del gr. *epanadiplosis*, reduplicación.) Figura retórica consistente en la repetición al final de una cláusula o frase de la misma palabra con que empieza. s.f. pl: epanadiplosis RETÓRICA

epanáfora (Del gr. *epanaphora*.) Figura retórica que consiste en repetir una palabra o un concepto ya expresados, generalmente para enfatizar alguna idea. s.f./RETÓRICA = anáfora, repetición

epanalepsis (Del gr. *epanalepsis*.) Figura sintáctica consistente en la repetición de una o más palabras para reforzar la idea que se quiere expresar. s.f. pl: epanalepsis RETÓRICA

epanástrofe (Del gr. *epanastrophe*.)
1 Concatenación, figura retórica. s.f./RETÓRICA
2 Conduplicación, figura retórica. RETÓRICA

eparca (Del gr. *eparkhos*.)
1 Gobernador de una provincia griega, en el imperio romano. s.m. HISTORIA
2 Prefecto de Constantinopla, en el imperio bizantino. HISTORIA
3 Obispo, entre los rusos y orientales. RELIGIÓN

eparquía (Del gr. *eparkhia*.)
1 Circunscripción civil, en el imperio romano de Oriente. s.f. HISTORIA
2 Subdivisión de la diócesis, en la iglesia bizantina. RELIGIÓN
3 Diócesis de un obispo o arzobispo. RELIGIÓN

epatante Se refiere a la persona o cosa que causa asombro y admiración: *hizo una fiesta epatante.* adj. = deslumbrante

epatar (Del fr. *epater*.) Causar una persona o una cosa admiración o asombro: *epató a todo el mundo con su novela.* v.tr. =deslumbrar

epazote Planta herbácea de hojas olorosas y flores pequeñas que se usa mucho como condimiento. s.m./ Méx. BOTÁNICA

epéndimo (Del gr. *ependyma*, revestimiento.) Membrana fina que cubre los ventrículos cerebrales y el canal central de la médula espinal. s.m. ANATOMÍA

epéntesis (Del gr. *epenthesis*, acción de agregar enmedio.)
1 Transformación que se produce al intercalar un sonido en una palabra. s.f./pl: epéntesis GRAMÁTICA
2 Recurso expresivo consistente en añadir un sonido a una palabra para darle un sentido irónico: *autometracto y cinemanteca son epéntesis.* RETÓRICA

epentético, a Se aplica al sonido que se añade en el interior de una palabra. adj. GRAMÁTICA

eperlano (Del fr. *eperlan* < germ. *spirling*.) Pez marino, similar al salmón, que aova cerca de la desembocadura de los ríos. *(Osmerus eperlanus.)* s.m. ZOOLOGÍA

epi- Componente de palabra procedente del gr. *epi*, que significa encima de: *epidermis; epigastrio.* pref.

epiblasto Capa externa que recubre al embrión en sus primeras fases. s.m. BIOLOGÍA

épica (Derivado de *épico*.) Género poético que narra las hazañas de un héroe o de un pueblo en tono solemne: *la épica artúrica.* s.f. LITERATURA = epopeya

epicanto Repliegue cutáneo del ángulo interior del ojo. s.m. ANATOMÍA

epicarpio Capa externa de las tres que forman el pericarpio de los frutos. s.m. BOTÁNICA

epicedio (Del lat. *epicedion* < gr. *epi*, en + *kedos*, exequias.)
1 Composición poética o discurso que se hacía en homenaje a alguna persona muerta. s.m./LITERATURA th: epiceyo/= elegía
2 Composición poética laudatoria que se recitaba delante del cadáver de una persona. POESÍA

epiceno (Del lat. *epicoenus* < gr. *epikoinos*.) Se refiere al género de los nombres que tienen una sola forma para expresar el macho y la hembra: *ardilla es un nombre epiceno.* adj/s.m. GRAMÁTICA

epicentro (Del gr. *epi*, sobre + *kentron*, centro.) Punto de la superficie terrestre situado sobre la vertical de un hipocentro de un seísmo, donde se originan las ondas sísmicas. s.m. GEOGRAFÍA

epiciclo (Del gr. *epikyklos*, círculo concéntrico.) Círculo que se suponía descrito por un planeta alrededor de uno circular que se movía en un círculo mayor. s.m. ASTRONOMÍA

epicicloide
1 Línea curva descrita por un punto de una circunferencia que rueda sobre sobre otra fija, siendo ambas tangentes exteriormente. s.f. GEOMETRÍA = epicicloide plana
2 **epicicloide esférica:** La descrita cuando los dos planos de las circunferencias forman un ángulo constante. GEOMETRÍA

épico, a (Del lat. *epicus* < gr. *epikos*.)
1 Se refiere al texto literario que relata una epopeya o un hecho heroico. adj. LITERATURA
2 Se aplica al poeta que compone poesía épica. adj/s./LITERATURA
3 Que tiene características de la poesía épica por ser desmedido o grandioso: *escena épica.* adj./= heroico ≠ vulgar

epicondilitis Inflamación de los tendones de los músculos que se insertan en el epicóndilo. s.f./pl: epicondilitis MEDICINA

epicóndilo Apófisis de la extremidad inferior del húmero. s.m. ANATOMÍA

epicontinental Se aplica a los mares u océanos que cubren la plataforma continental. adj. GEOGRAFÍA

epicraneano, a Se aplica a la estructura anatómica que rodea el cráneo. adj. ANATOMÍA

epicureísmo (De *Epicuro*, filósofo de la antigua Grecia.)
1 Doctrina filosófica propuesta por dicho filósofo o pensador griego. **s.m. FILOSOFÍA**
2 Modo de vivir consistente en la búsqueda del placer fuera de todo dolor.

epicúreo, a (De *Epicuro*, filósofo de la antigua Grecia.)
1 Del epicureísmo: *doctrinas epicúreas*. **adj./FILOSOFÍA**
2 Persona que profesa el epicureísmo. **s./FILOSOFÍA**
3 Que es sensual y voluptuoso. **adj.**

epidemia (Del gr. *epidemia*, residencia en un lugar < *epi demeo*, residir en un lugar en calidad de extranjero.) Enfermedad accidental transitoria, generalmente infecciosa, que ataca al mismo tiempo, en una zona determinada, a un gran número de personas, animales o plantas: *ya han muerto muchas personas por la epidemia de dengue*. **s.f. MEDICINA = epizootia, enzootia**

epidémico, a Que tiene relación con la epidemia: *un brote epidémico de cólera*. **adj. = epidemial**

epidemiología Ciencia que estudia las epidemias. **s.f./MEDICINA**

epidemiológico, a Que tiene relación con la epidemiología o con las epidemias. **adj. MEDICINA**

epidemiólogo, a Especialista en epidemias. **s./MEDICINA**

epidérmico, a De la epidermis: *infección epidérmica; los pelos y las plumas son derivados epidérmicos*. **adj. ANATOMÍA**

epidermis (Del lat. *epidermis* < gr. *epi dermis*.)
1 Membrana epitelial que recubre el cuerpo de los animales. **s.f./pl: epidermis ANATOMÍA**
2 tener la epidermis fina o sensible: Ser quisquilloso: *en cuanto le dijeron que estuve contigo se pensó lo peor, ¡mira que tiene la epidermis fina!*

epidermofitia Afección provocada por el desarrollo de un hongo microscópico y parásito bajo la piel. **s.f. MEDICINA**

epidermoide
1 Semejante a la epidermis. **adj.**
2 Tumor o quiste formado por la inclusión de células epidérmicas o membranas mucosas. **s.m. MEDICINA**

epidermólisis
1 Desprendimiento de la epidermis por la acción de cáusticos o agentes físicos. **s.f./MEDICINA pl: epidermólisis**
2 epidermólisis ampollosa: Enfermedad de la piel caracterizada por la aparición de grandes ampollas. **MEDICINA**

epidiascopio Aparato que se usa para proyectar la imagen amplificada de un objeto opaco o de diapositivas. **s.m. AUDIOVISUALES tb: epidiáscopo**

epididimitis Inflamación del epidídimo, que puede ser aguda o crónica. **s.f./pl: epididimitis MEDICINA**

epidídimo (Del gr. *epididymis*.) Órgano situado en la parte superior del testículo, formado por la reunión de vasos seminíferos, en el que se elabora la parte líquida del semen, y donde se almacenan los espermatozoides. **s.m. ANATOMÍA**

epidota Silicato de aluminio, hierro y calcio hidratado, que se encuentra en las rocas débilmente metamórficas, de color verde amarillento a verde oscuro. **s.f. MINERALOGÍA**

epidural
1 Se aplica al espacio que hay entre la duramadre y la pared ósea del cráneo o del raquis. **adj. ANATOMÍA**
2 Se refiere a la anestesia que se inyecta en esta zona. **adj./s.f. MEDICINA**

epifanía (Del gr. *epiphaneia*, aparición.) Festividad católica que se celebra el seis de enero, para conmemorar la adoración de los reyes magos. **s.f./RELIGIÓN = adoración de los reyes**

epifenomenismo Teoría filosófica según la cual la conciencia no influye en los fenómenos fisiológicos, pero se añade a ellos. **s.m. FILOSOFÍA**

epifenomenista
1 Del epifenomenismo. **adj./FILOSOFÍA**
2 Partidario de esta teoría. **s.m.f./FILOSOFÍA**

epifenómeno
1 Síntoma o accidente secundario en el curso de una enfermedad. **s.m. MEDICINA**
2 Fenómeno secundario que aparece junto al fenómeno esencial.

epífisis (Del gr. *epiphysis*, excrecencia.)
1 Pequeño órgano glandular situado en el encéfalo, entre los hemisferios cerebrales y el cerebelo al que se le supone una función endocrina. **s.f./pl: epifisis ANATOMÍA = glándula pineal**
2 Parte terminal de los huesos largos, que durante el período de crecimiento está separada del resto del hueso por una sección cartilaginosa que permite el crecimiento de éste. **ANATOMÍA**

epifitia Denominación que se da a cualquier enfermedad contagiosa que ataca a las plantas. **s.f./BOTÁNICA tb: epifitotia**

epifito, a Se aplica a la planta que se desarrolla sobre otra sin ser parásita suya. **adj/s.m. BOTÁNICA**

epifonema (Del gr. *epiphonema*, interjección < *epi, phoneo*, llamar por su nombre.) Exclamación o reflexión con la que se concluye lo que anteriormente se ha dicho. **s.m. RETÓRICA**

epífora (Del gr. *epiphora*.) Lagrimeo persistente producido en algunas enfermedades de los ojos. **s.f. MEDICINA**

epífora (Del gr. *epiphora*, repetición de una palabra.) Repetición de una o más palabras al final de varias oraciones consecutivas. **s.f. RETÓRICA**

epifrasis Figura lógica consistente en añadir a un enunciado una expansión de contenido moral o como ampliación de la idea expresada con anterioridad. **s.f. pl: epifrasis RETÓRICA**

epigástrico, a Que tiene relación con el epigastrio. **adj./ANATOMÍA**

epigastrio (Del gr. *epigastrion*.) Región o parte superior del vientre que va desde la punta del esternón hasta el ombligo, limitada a ambos lados por las costillas falsas. **s.m. ANATOMÍA**

epigénesis Teoría que sostiene que los rasgos que caracterizan a un ser vivo se modelan en el curso del desarrollo y no están preformados en el germen. **s.f. pl: epigénesis BIOLOGÍA**

epigeo, a (Del gr. *epi*, sobre + *gea*, tierra.) Se refiere a la planta u órgano vegetal que se desarrolla o vive sobre el suelo. **adj. BOTÁNICA ≠ endogeo**

epiglosis (Del lat. *epiglosis* < gr. *epi*, sobre + *glossa*, lengua.) Parte de la boca de los insectos himenópteros. **adj. pl: epiglosis ZOOLOGÍA**

epiglotis Cartílago elástico y ovalado, situado encima del orificio superior de la laringe al que cierra durante la deglución. **s.f. pl: epiglotis ANATOMÍA**

epígono, a (Del gr. *epigonos* < *epigignomo*, nacer más tarde.) Persona que sigue a otra en materia artística, filosófica o científica: *criticar a los epígonos mediocres del romanticismo*. **s.m. tb: epigono**

epígrafe (Del gr. *epigraphe*, inscripción, título.)
1 Resumen del contenido que a veces encabeza un capítulo o una división similar de una obra literaria o científica. **s.m.**
2 Cita que a veces se coloca al comienzo de una obra literaria o científica o de alguna de sus partes.
3 Inscripción en piedra, metal o materiales similares. **= epigrama**
4 Título o enunciado escrito que se coloca al principio de un libro, de un escrito o de una conferencia. **= rótulo**

epigrafía Ciencia que estudia las inscripciones epigráficas. **s.f. HISTORIA**

epigráfico, a Que tiene relación con la epigrafía. **adj.**

epigrafista Estudioso de la epigrafía. **s.m.f.**

epigrama (Del lat. *epigramma*, inscripción < gr. *epigrapho*, inscribir.)
1 Inscripción grabada en piedra, metal u otros materiales similares. **s.m. = epígrafe**
2 Composición poética muy breve, generalmente satírica o festiva. **POESÍA**
3 Pensamiento satírico expresado con brevedad y perspicacia.

epigramatario, a
1 Del epigrama o de la persona que lo hace o emplea. **adj/s.**
2 Colección de epigramas. **s.m./LITERATURA**

epigramático, a
1 Que tiene relación con el epigrama o características de éste. **adj. = epigramatario**
2 Persona que compone o emplea epigramas. **s./= epigramatario**

epigramista Persona que hacía o componía epigramas. **s.m.f./= epigramatista, epigramatario**

epilepsia (Del lat. *epilepsia* < gr. *epilepsia*, interrupción brusca.) Enfermedad nerviosa, esencialmente crónica, caracterizada por súbitos ataques, pérdidas de conocimiento, convulsiones y vértigos. **s.f. MEDICINA = mal comicial**

epiléptico, a (Del gr. *epileptikos*.)
1 Que tiene relación con la epilepsia: *afección epiléptica*. **adj. MEDICINA**
2 Persona que padece epilepsia. **s./MEDICINA**

epilimnion Zona superficial de un estanque o lago, más cálida que las zonas inferiores y donde la temperatura es uniforme. **s.m. GEOGRAFÍA**

epilio Poema breve de género mítico o narrativo de cuidada elegancia expresiva, cultivado por los poetas helenísticos. **s.m. POESÍA**

epilogal Que está resumido o sintetizado. **adj./= compendiado**

epilogar Resumir una obra. **v.tr./= compendiar**

epilogismo Cálculo o cómputo astronómico. **s.m./ASTRONOMÍA**

epílogo (Del gr. *epilogos* < *epilego*, añadir a lo dicho.)
1 Recapitulación de lo dicho en un discurso u otra composición literaria. **s.m. = conclusión**
2 Parte añadida al final de algunas obras literarias, en la que se narran las consecuencias últimas de la tra- **LITERATURA, RETÓRICA**

ma ya desarrollada en la obra, o en la que el autor hace algunas consideraciones morales o de otro tipo.
3 Parte final de un discurso en la que se resume y se trata de acentuar su efecto en el oyente o el lector. **= peroración**

epímone (Del gr. *epimone.*) Figura retórica que consiste en la repetición de una misma palabra para dar énfasis a lo dicho o en intercalar en un poema varias veces el mismo verso o la misma expresión. **s.f. RETÓRICA**

epinicio (Del lat. *epinicion* < gr. *epi nikon* < *nike*, victoria.) Canto de victoria o himno triunfal. **s.m. POESÍA**

epipaleolítico, a
1 Se aplica a una fase de la prehistoria situada entre el paleolítico y el neolítico. **adj/s.m. HISTORIA**
2 De este período de la prehistoria. **adj./HISTORIA**

epiparásito Ectoparásito, se refiere al parásito que vive en la superficie de otro organismo. **adj./ZOOLOGÍA = epizoario**

epiplón (Del gr. *epiploon.*) Repliegue de la membrana peritoneal que une el intestino delgado con la pared posterior del abdomen. **s.m. ANATOMÍA = mesenterio**

epiquerema (Del gr. *epikeirema*, argumentación breve < *epikheireo*, emprender.) Silogismo en el que una o varias premisas van acompañadas de su prueba. **s.m. LÓGICA**

epiqueya (Del gr. *epieikeia*, equidad < *epieikes*, mesurado.) Interpretación prudente y equitativa de la ley, según las circunstancias de tiempo, lugar y persona. **s.m. DERECHO**

epirogénesis Conjunto de movimientos de levantamiento o hundimiento de la corteza terrestre que pueden afectar a continentes enteros. **s.f./pl: epirogénesis GEOLOGÍA tb: epeirogénesis**

epirogénico, a Que tiene relación con la epirogénesis: *movimiento epirogénico.* **adj. GEOLOGÍA**

epirota
1 De Epiro, región de la antigua Grecia. **adj./HISTORIA**
2 Persona natural de esta antigua región. **s.m.f./HISTORIA**

epirótico, a Del Epiro. **adj/s./HISTORIA**

episcopado (Del lat. *episcopatum.*)
1 Dignidad de obispo. **s.m./RELIGIÓN**
2 Época y duración del gobierno de un obispo. **RELIGIÓN**
3 Conjunto de los obispos. **RELIGIÓN**

episcopal (Del lat. *episcopalis.*)
1 Del obispo: *se encontraron en el palacio espiscopal.* **adj/RELIGIÓN**
2 Libro que contiene las ceremonias y oficios propios de los obispos. **s.m. RELIGIÓN**

episcopaliano, a
1 Del episcopalismo. **adj./RELIGIÓN**
2 Partidario de esta teoría religiosa. **s./RELIGIÓN**

episcopalismo Doctrina que favorece el poder de los obispos, asignándoles una función principal en la estructura de la iglesia superior a la supremacía pontificia. **s.m. RELIGIÓN**

episcopio
I (Del gr. *epi*, sobre + *skopein*, mirar.) Aparato que sirve para proyectar sobre una pantalla la imagen amplificada de un objeto opaco o de diapositivas. **s.m. AUDIOVISUALES = epidiascopio**
II (Probablemente de *obispo*.)
1 Catálogo en el que se relacionan los obispos de una iglesia. **s.m./RELIGIÓN = episcopologio**
2 Palacio episcopal.

episio- Componente de palabra procedente del gr. *epision*, que significa vulva: *episiotomía.* **pref.**

episiotomía Operación quirúrgica que consiste en efectuar un corte en la vulva para facilitar la salida del feto y evitar un desgarro grave del periné. **s.f. MEDICINA**

episódico, a
1 Que constituye solamente un episodio de una acción o de un asunto. **adj.**
2 Que es circunstancial o poco importante. **= anecdótico**

episodio (Del gr. *epeisodion*, intervención, accesorio < *eisodos*, entrada.)
1 Circunstancia o suceso que, enlazado con otros, forman parte de una serie de acontecimientos que constituyen un todo: *nos explicó un episodio de la guerra civil española.* **s.m.**
2 Suceso circunstancial, pasajero y de poca relevancia.
3 Suceso imprevisto muy complicado.
4 División de la acción dramática de una narración no literaria, discurso, serie de televisión o radio: *hoy dan el último episodio de la serie dramática.*
5 Parte de una obra literaria en la que se narran o exponen acciones secundarias. **LITERATURA**

espispástico, a (Derivado del gr. *epispao*, atraer.) Se aplica a una sustancia que irrita o produce ampollas en la piel. **adj/s.m. FARMACIA = vesicante**

epistaxis (Del gr. *epistaxis* < *epi*, sobre + *staxis*, caída gota a gota.) Hemorragia nasal. **s.f./pl: epistaxis MEDICINA**

epistemología (Del gr. *episteme*, saber científico + *logía*, palabra, tratado, estudio.) Disciplina filosófica **s.f. FILOSOFÍA**

que estudia la teoría del conocimiento científico e investiga el objeto, métodos y procedimientos de cada ciencia o del pensamiento científico en general. **= filosofía de la ciencia**

epistemológico, a Que tiene relación con la epistemología. **adj. FILOSOFÍA**

epistemólogo, a Filósofo que se dedica a la epistemología. **s. FILOSOFÍA**

epistilo (Del lat. *epistylium* < gr. *epistylion*.) Arquitrabe, en la arquitectura griega. **s.m. ARQUITECTURA**

epístola (Del lat. *epistula* < gr. *epistole*.)
1 Carta, escrito que se escribe y envía a una persona: *¡menuda epístola me mandó!* **s.f. = misiva**
2 Composición poética dirigida a una segunda persona real o fingida con intencionalidad didáctica o moral. **LITERATURA**
3 Cada una de las cartas escritas por los discípulos de Jesús y que están incluidas en el Nuevo testamento. **RELIGIÓN**
4 Fragmento de una de éstas que se lee en la misa, antes del evangelio, en la religión católica. **RELIGIÓN**
5 Parte de la misa en que se leen las epístolas de los apóstoles, en la religión católica. **RELIGIÓN**

epistolar De la epístola o carta: *género epistolar; novela epistolar; estilo epistolar.* **adj.**

epistolario
1 Colección de cartas de un autor recogidas en un libro o cuaderno: *ha escrito el prólogo de un epistolario.* **s.m. tb: epistolio**
2 Libro litúrgico que recoge las epístolas que se leen en las misas. **RELIGIÓN tb: epistolio**

epistolografía Género literario constituido por las epístolas en verso o en prosa. **s.f. LITERATURA**

epitáfico, a Del epitafio: *poema epitáfico.* **adj.**

epitafio (Del lat. *epitaphium* < gr. *epitaphios* < *epi*, sobre + *taphos*, sepultura.) Inscripción puesta en la lápida de una sepultura: *le dejó escrito el texto del epitafio de su tumba.* **s.m.**

epitalámico, a Que tiene relación con el epitalamio. **adj./ LITERATURA**

epitalamio (Del gr. *epithalamion*, relativo a las nupcias.) Poema lírico con el que se celebra una ceremonia nupcial. **s.m. LITERATURA**

epítasis (Del gr. *epitasis.*) Parte de una composición dramática que contiene los episodios fundamentales o núcleo de la acción. **s.f. LITERATURA = nudo**

epitaxia Proceso de crecimiento de un mineral sobre otro de manera uniforme, que sólo es posible cuando las redes cristalinas son semejantes. **s.f. GEOLOGÍA tb: epitaxis**

epitelial Se refiere al tejido con funciones de recubrimiento y secreción. **adj. ANATOMÍA**

epitelio (Del gr. *epi*, sobre + *thele*, pezón del pecho.) Tejido celular que constituye la epidermis, la capa externa de las mucosas y la porción secretora de las glándulas. **s.m. ANATOMÍA**

epitelioma (Del gr. *epi*, sobre + *thele*, pezón del pecho.) Tumor derivado de un epitelio. **s.m./MEDICINA = carcinoma**

epítema (Del lat. *epithema* < gr. *epithema*.) Medicamento que se aplicaba antiguamente sobre una parte del cuerpo a manera de cataplasma o fomento. **s.f. FARMACIA tb: epítima**

epítesis
1 Adición de un fonema al final de una palabra, que no tiene explicación etimológica. **s.f./pl: epítesis LINGÜÍSTICA**
2 Prótesis que se coloca en algún lugar de la parte exterior del cuerpo para corregir un defecto físico. **MEDICINA**

epíteto (Del gr. *epitheton*, añadido.)
1 Adjetivo o construcción adjetiva que se añade a un sustantivo, normalmente delante de éste, no con valor determinativo o especificativo, sino por motivos estilísticos. **s.m. GRAMÁTICA**
2 Calificación o caracterización que se hace de una persona, sea insultante o elogiosa: *le dirigió unos epítetos hirientes.*

epítima (Del lat. *epithema* < gr. *epithema*.)
1 Medicamento tópico aplicado en forma de cataplasma o fomento. **s.f./FARMACIA tb: epítema**
2 Descanso y alivio de lo que aflige y oprime el ánimo. **= consuelo**

epitimar Poner epítima en una parte del cuerpo. **v.tr.**

epitimia Antojo o capricho, especialmente el de la mujer durante el embarazo. **s.f.**

epítimo (Del gr. *epithymon*.) Planta parásita, anual, de tallos rojizos, muy delgados y flores rosadas aromáticas, que suele atacar a plantas herbáceas, especialmente labiadas y leguminosas. *(Cuscuta epithymum.)* **s.m. BOTÁNICA = barba de capuchino**

epitomar Resumir una obra extensa. **v.tr.**

epítome (Del gr. *epitome*, corte, resumen.)
1 Resumen de una obra literaria extensa. **s.m./= compendio**
2 Figura retórica consistente en repetir algo de lo que ya se ha dicho, para mayor claridad o para darle mayor importancia. **RETÓRICA**

epítrito, a (Del gr. *epitritos*.) Se aplica al pie de la poesía griega y latina, formado por cuatro sílabas, una breve y tres largas combinadas libremente. **adj/s.m. POESÍA**

epítrope
1 Figura de dicción que consiste en admitir una objeción posible para demostrar que, aun así, la tesis que se sustenta resulta cierta. — s.f. RETÓRICA = concesión
2 Figura de dicción que consiste en fingir que se permite o que se deja a la voluntad ajena alguna cosa. — RETÓRICA = permisión

epizoario, a (Del gr. *epi*, sobre + *zoiarion*, animalito.) Se aplica al animal ectoparásito. — adj/s./ZOOLOGÍA = epiparásito

epizootia (Del gr. *epi*, sobre + *zoion*, animal.) Enfermedad o epidemia que afecta a una o más especies animales en una misma zona geográfica. — s.f. VETERINARIA

epizoótico, a Que tiene relación con la epizootia. — adj./VETERINARIA

época (Del gr. *epokhe*, detención, parada.)
1 Cierto período concreto de la historia que está marcado por algún acontecimiento significativo: *la época de los grandes descubrimientos*. — = era
2 Período de tiempo memorable por algún personaje famoso: *está estudiando las costumbres de la época de Luis XIV*.
3 Espacio de tiempo de cierta duración: *pasaron una mala época*. — = temporada
4 Período de tiempo con características determinadas o destinado a una actividad concreta: *en la época de la recolección hay mucho trabajo*.
5 Período geológico correspondiente a una serie en la sucesión estratigráfica, diferenciado con nombres particulares: *el pleistoceno es una época del período cuaternario*. — GEOLOGÍA
6 **de época**: Se aplica a cosas no contemporáneas: *he comprado un vestido de época para la colección*. — loc.adj.
7 **de los o las que hacen época**: Se aplica para ponderar algo con deliberado propósito de exageración. — loc.adj.
8 **formar o hacer época**: Tener una cosa mucha resonancia en el tiempo en que ocurre y servir en adelante para aludir a ese tiempo: *ese gol hará época, ya lo verás*.

epodo (Del gr. *epoidos < epi*, sobre + *oide*, canto.)
1 Combinación métrica de la poesía griega y latina formada por dos versos desiguales. — s.m. POESÍA
2 Poema compuesto por este tipo de combinación métrica. — POESÍA tb: epoda
3 Tercera parte del canto en la lírica coral griega antigua, que sigue a la estrofa y antistrofa. — POESÍA

epónimo (Del gr. *eponymos*.) Se refiere a la persona o héroe cuyo nombre designa un pueblo, un lugar, una época u otras cosas. — adj/s.m.

epopeya (Del gr. *epopoiia*.)
1 Poema narrativo extenso que relata hechos heroicos, históricos o legendarios de un pueblo. — s.f. LITERATURA
2 Conjunto de poemas que configuran la tradición épica de un pueblo. — LITERATURA
3 Conjunto de hechos y proezas memorables.
4 Acción que se realiza con dificultades o penalidades: *fue una epopeya conseguir entradas para el concierto*. — = aventura

epoxi Resina sintética de alta resistencia y baja contracción, usada para encapsular componentes electrónicos. — s.m. QUÍMICA

epóxido Función de enlace de dos átomos vecinos de una cadena de carbono con un mismo átomo de oxígeno exterior a la cadena. — s.m. QUÍMICA

eprom (Acrónimo de *[E]lectrically [P]rogrammable [R]ead [O]nly [M]emory*, memoria programable eléctricamente que sólo permite la lectura.) Tipo de memoria electrónica que es programable por el usuario y cuya programación es reversible. — s.f. INFORMÁTICA

épsilon (Del gr. *e psilon*.) Denominación de la letra *e* breve del alfabeto griego. — s.f.

epsomita Sulfato natural hidratado de magnesio incoloro o blanco y de sabor muy amargo. — s.f./MINERALOGÍA = sal de la higuera

épulis Denominación genérica de cualquier tumor de la encía. — s.m./pl: épulis MEDICINA

equi- Componente de palabra procedente del lat. *aequus*, que significa igual: *equilátero*. — pref.

equiángulo, a (Del lat. *aequus*, igual + *angulus*, ángulo.) Que tiene todos los ángulos iguales. — adj. GEOMETRÍA

equidad (Del lat. *aequitas, -atis*.)
1 Cualidad que consiste en tratar con imparcialidad a las personas, dando a cada una según sus méritos: *me extraña que le reprochen una injusticia, porque él siempre actúa con equidad*. — s.f. = justicia
2 Igualdad de ánimo.
3 Propensión a juzgar y actuar dando más importancia a la conciencia y al sentimiento del deber que a la estricta aplicación de la ley. — = templanza
4 Justicia natural, por oposición a la justicia legal. — DERECHO
5 Moderación al establecer el precio de una cosa o las condiciones de un contrato.

equidiferencia Igualdad de dos razones por diferencia. — s.f. MATEMÁTICAS

equidistancia Igualdad de distancia entre varios puntos u objetos. — s.f.

equidistante Que está a la misma distancia de dos o más puntos u objetos. — adj.

equidistar (Del lat. *aequus*, igual + *distare*, estar apartado.) Estar dos o más cosas a la misma distancia de otras: *su casa y la muestra equidistan del colegio*. — v.intr.

equidna (Del cruce del gr. *ekhidna*, víbora + *ekhinos*, erizo.) Mamífero monotrema terrestre ovíparo, con cabeza pequeña, lengua larga extensible, hocico alargado y cola corta, cubierto de espinas, parecido al erizo, que se alimenta de insectos y su distribución se reduce a la región australiana y de Nueva Guinea. (*Tachyglossus aculeatus* y *Tachyblossus setosus*.) — s.f. ZOOLOGÍA

équido, a (Derivado del lat. *equus*, caballo.) Perteneciente a una familia de mamíferos cuyas extemidades acaban en un solo dedo, como el caballo y la cebra. — adj/s.m. ZOOLOGÍA = solípedo

equilátero, a (Del lat. *aequus*, igual + *latus, -eris*, lado.) Se refiere a la figura que tiene los lados iguales entre sí, en especial el triángulo. — adj. GEOMETRÍA

equilibrado, a
1 Se refiere a la persona que se comporta con equilibrio y a lo que es propio de este tipo de personas: *siempre he admirado su carácter equilibrado*. — adj. = sensato, prudente
2 Acción y resultado de equilibrar. — s.m.
3 Operación de hacer coincidir el centro de gravedad con el eje de rotación, en una pieza giratoria, utilizando pequeños contrapesos sobre el rotor. — MECÁNICA

equilibrador, a
1 Que mantiene el equilibrio. — adj.
2 Dispositivo que sirve para equilibrar las tensiones entre conductores en los sistemas polifásicos de corriente alterna. — s.m. ELECTRICIDAD

equilibrar (Del lat. *aequilibrare*.)
1 Poner dos o más cosas en equilibrio: *han equibrado las patas de la mesa; las dos paredes se equilibraron*. — v.tr/prnl. ≠ desequilibrar
2 Mantener dos o más cosas en proporciones iguales: *ayer equilibramos las entradas y salidas de productos*. — v.tr. = igualar
3 **equilibrar la balanza a favor de uno u otro**: Hacer que una persona salga favorecida en una cosa: *las decisiones de los jueces equilibraron la balanza a favor del campeón mundial*.

equilibrio (Del ital. *equilibrio < lat. aequilibrium*.)
1 Situación de estabilidad de un cuerpo sometido a fuerzas opuestas. — s.m. FÍSICA
2 Situación de estabilidad del cuerpo humano: *el acróbata se cayó al perder el equilibrio*.
3 Peso igual a otro que contrarresta.
4 Armonía y proporción entre cosas distintas: *el equilibrio entre los equipos garantiza un buen partido*.
5 Sensatez o moderación en las palabras y los actos: *el equilibrio caracteriza siempre sus discursos*.
6 Actos de prudencia que se hacen para sostener una situación dificultosa. — s.m.pl.
7 Tendencia natural de los ecosistemas y de las relaciones entre especies que allí se producen. — s.m. ECOLOGÍA

equilibrismo Conjunto de los ejercicios y juegos que practica un equilibrista. — s.m.

equilibrista Artista que realiza juegos y ejercicios de equilibrio: *el número de los equilibristas siempre suele tener éxito*. — adj/s.m.f.

equimolecular Que contiene un número igual de moléculas de dos o más compuestos. — adj./FÍSICA, QUÍMICA

equimosis (Del gr. *ekkymosis < ekkymoutai*, extravasarse la sangre.) Mancha negruzca o amoratada de la piel provocada por un derrame de sangre producido por un golpe, una presión u otra causa. — s.f./pl: equimosis MEDICINA = cardenal, moretón

equinado, a Se aplica al organismo que está cubierto de espinas delgadas y rígidas. — adj. BIOLOGÍA

equinismo
1 Deformidad del pie en la que éste adopta una posición equina. — s.m. MEDICINA
2 Manera de andar parecida a la del caballo, por tener heridas en la pierna.

equino- Componente de palabra procedente del gr. *ekhinos*, que significa erizo. — pref. tb: equin-

equino, a (Del lat. *equinus < equus*, caballo.)
I 1 Que tiene relación con el caballo: *peste equina*. — adj./ZOOLOGÍA
2 Caballo y yegua: *competiciones de equinos*. — s.
II (Del lat. *echinus*, erizo < gr. *ekhinos*.)
1 Erizo de mar, animal. — s.m./ZOOLOGÍA
2 Moldura convexa del capitel dórico que se apoya en el collarino. — ARQUITECTURA

equinoccial
1 Relativo o perteneciente al equinoccio. — adj./ASTRONOMÍA
2 Ecuador terrestre. — s.f./GEOGRAFÍA

equinoccio (Del lat. *aequinoctium < aequus*, igual + *nox*, noche.) Cada uno de los dos puntos del movi- — s.m. ASTRONOMÍA miento anual de la Tierra en los que los rayos del Sol forman un ángulo de 90 grados con el eje de la Tierra y en los que los días son iguales a las noches en todo el planeta: *hay dos equinoccios, el de primavera y el de otoño.*

equinococo (Del lat. *echinus* < gr. *ekhinos*, erizo + gr. *kokkos*, gusanillo.) Gusano cestodo del género de la tenia, que vive parásito en el intestino de ciertos mamíferos. — s.m. ZOOLOGÍA

equinococosis Enfermedad parasitaria que se da en el ser humano y en los mamíferos, producida por un gusano cestodo. — s.f./pl: equinococosis/MEDICINA = equinococia

equinodermo, a (Del lat. *echinus* < *ekhinos*, erizo + gr. *derma*, piel.) Perteneciente a un tipo de animales marinos de piel gruesa provista de placas yuxtapuestas y espinas, como el erizo de mar. — adj/s.m. ZOOLOGÍA

equipaje
1 Conjunto de maletas y demás objetos o cosas que se llevan en un viaje: *ha perdido el equipaje.* — s.m.
2 Conjunto de personas encargadas de las maniobras y servicios de una embarcación. — NÁUTICA = tripulación
3 Conjunto de ropa y cosas de uso particular de una persona: *equipaje de soldado.* — MILITAR

equipal Silla de varas entretejidas, con el asiento y el respaldo de cuero o de palma tejida. — s.m. Méx.

equipamiento Acción y resultado de equipar: *han sacado a concurso el equipamiento de la nueva casa de cultura.* — s.m. = equipo

equipar (Del fr. *equiper* < escandinavo ant. *skipa*, proveer un barco < *skip*, barco.)
1 Proporcionar o proveer de todo lo necesario para uso particular de una persona: *se equipó con tres abrigos para el viaje.* — v.tr/prnl. + con, de
2 Proveer del equipo necesario a industrias, hospitales, urbanizaciones y otros establecimientos: *equipar la clínica con los más modernos aparatos de radiodiagnóstico.*
3 Proporcionar o suministrar todo lo necesario a una embarcación para un viaje. — v.tr. NÁUTICA

equiparable Que puede ser equiparado: *tu situación económica no es equiparable a la de ella.* — adj./+ a, con = comparable

equiparación Comparación que se establece entre dos cosas o personas considerándolas iguales o equivalentes: *pedían la equiparación de sueldos con los funcionarios autonómicos.* — s.f.

equiparar (Del lat. *aequiparare* < *aequus*, igual + *parare*, disponer.) Comparar o considerar iguales, equivalentes o semejantes a dos personas, animales o cosas. — v.tr. + a, con

equipo
1 Acción y resultado de equipar o equiparse. — s.m.
2 Conjunto de personas que realizan un mismo trabajo: *forma parte del equipo de redactores.*
3 Grupo de personas o de jugadores que compiten siempre juntos contra otros: *buscan gente nueva para el equipo de balonmano.* — DEPORTES
4 Conjunto de ropas u otras cosas para uso particular de una persona: *se ha dejado el equipo de fútbol en casa.*
5 Accesorios, aparatos y utensilios necesarios para un fin determinado: *prepara el equipo quirúrgico de emergencia.*
6 **equipo de música**: Sistema de registro y reproducción del sonido formado por varios módulos: *se estropeó el amplificador del equipo de música.* — AUDIOVISUALES = equipo
7 **caerse con todo el equipo**: Fracasar, equivocarse de forma rotunda: *el proyecto estaba mal planificado y se cayó con todo el equipo.* — coloquial
8 **en equipo**: Entre varios, de forma coordinada: *el profesor se ha encargado hacer un trabajo en equipo.* — loc.adv.

equipolencia Igualdad en el valor de varias cosas: *la equipolencia entre estos términos es imposible.* — s.f./LÓGICA = equivalencia

equipolente Que es equivalente o de igual valor: *proposición equipolente; términos equipolentes.* — adj. LÓGICA

equiponderancia Igualdad en el peso. — s.f.

equiponderar Ser una cosa igual a otra en peso: *el eje delantero equiponderaba al eje trasero.* — v.intr.

equipotencial Que tiene la misma potencia o potencial. — adj. FÍSICA

equis
1 Denominación de la letra *x* del alfabeto español. — s.f./pl: equis
2 Signo de la incógnita en una ecuación, un problema o un cálculo en general. — MATEMÁTICAS
3 Se aplica a un número o cantidad que es desconocida o indiferente: *me costó equis pesetas.*

equisetáceo, a (Del lat. *equisaetum*, cola de caballo, planta.) Perteneciente a una familia de plantas herbáceas, de tallo muy delgado y hojas escamosas, como la cola de caballo. — adj/s.f. BOTÁNICA

equisetal Perteneciente a un orden de plantas sin flores. — adj/s./BOTÁNICA

equiseto Planta que crece en lugares húmedos, de tallo hueco y aspecto articulado, ramas verticiladas y hojas rudimentarias. — s.m. BOTÁNICA

equitación (Del lat. *equitatio, onis.*) Arte, deporte o actividad de montar a caballo. — s.f. EQUITACIÓN

equitador Caballista, el que entiende de caballos y los monta bien. — s.m./Amér. Central y Merid.

equitativo, a Que tiene o actúa con equidad e imparcialidad: *no ha hecho un reparto equitativo.* — adj./= justo ≠ parcial

équite (Del lat. *eques, -itis*, jinete.) Ciudadano de la antigua Roma que pertenece a una clase intermedia entre los patricios y los plebeyos. — s.m. HISTORIA

equivalencia Igualdad en el valor, eficacia o potencia de varias cosas. — s.f.

equivalente
1 Que equivale o tiene el mismo valor o función: *expresiones equivalentes; elementos equivalentes.* — adj.s.m.f. = igual
2 Se aplica a la figura o cuerpo que tiene la misma área o volumen que otro y distinta forma. — adj. GEOMETRÍA
3 Peso mínimo de un cuerpo necesario para que, al unirse con otro tomado como tipo, forme verdadera combinación. — s.m. QUÍMICA
4 Número que representa dicho peso.
5 **equivalente-gramo**: Masa de un cuerpo puro cuyo valor en gramos está expresado en el mismo número de su equivalente químico. — s.m. FÍSICA, QUÍMICA
6 **equivalente químico**: Cociente de la masa atómica por la valencia. — QUÍMICA

equivaler (Del lat. *aequus*, igual + *valere*, valer.)
1 Tener una cosa el mismo valor que otra: *un dólar equivalía, ayer, a ciento veinticinco pesetas; tu postura equivale a una negativa.* — v.intr. conj: valer
2 Ser las áreas de dos figuras planas distintas o las áreas o volúmenes de dos sólidos diversos iguales. — GEOMETRÍA

equivocación
1 Acción y resultado de equivocar o equivocarse: *todo el mundo comprendió su equivocación porque estaba muy cansado.* — s.f.
2 Lo que se hace o dice de manera desacertada o inoportuna: *fue una equivocación ir pregonando la noticia.* — = error, desacierto

equivocidad Acción y resultado de equivocarse. — s.f./Méx.

equivocado, a
1 Se aplica a aquello que contiene errores: *su juicio es equivocado.* — adj. = erróneo
2 Se refiere a la persona que se equivoca o actúa de manera desatinada: *iba desacertada en sus opiniones.* — = desacertado
3 Que produce un efecto contrario al que se pretendía: *su equivocada intervención aún produjo más polémica.* — = desacertado

equivocar
1 Incurrir en error, tener, tomar, considerar o decir una cosa por otra: *se equivocó de día y no asistió a la reunión.* — v.tr/prnl. conj: sacar = errar
2 Hacer cometer un error a una persona: *Juan equivocó a José.* — v.tr.
3 **equivocarse una cosa con otra**: Ser una cosa muy parecida a otra.

equivocidad Cualidad o condición de lo que puede interpretarse en varios sentidos: *la equivocidad de un texto ambiguo.* — s.f.

equívoco, a (Del bajo lat. *aequivocus.*)
1 Que tiene dos o más significados o interpretaciones posibles: *planteó el problema en términos equívocos.* — adj./= ambiguo ≠ unívoco
2 Que puede inducir a error por sus características y lleva a sospechar de su validez moral: *vida equívoca.*
3 Expresión o palabra que tiene varios significados. — s.m.
4 Confusión, situación o expresión poco clara.
5 Figura retórica consistente en el empleo de palabras que pueden tener dos significados. — RETÓRICA

equivoquista Persona que usa equívocos con frecuencia. — s.m.f.

era
I (Del bajo lat. *aera*, número, cifra.)
1 Momento concreto en el tiempo que se calcula a partir de un hecho o fecha determinada. — s.f. = época
2 Período histórico, caracterizado por un nuevo orden de vida y de cultura: *la era de los descubrimientos.*
3 Cada una de las cuatro grandes divisiones geológicas de la historia de la Tierra. — GEOLOGÍA
4 **era cristiana**: La que se inicia con el nacimiento de Jesucristo, que viene a coincidir con el año 1. — = era de Cristo
5 **era española o hispánica**: La que se inicia treinta y ocho años antes de la era cristiana, que viene a coincidir con el año 38 a.J.C. — = era de César
II (Del lat. *area*, solar sin edificar.)
1 Lugar descubierto donde se trillan las mieses: *está trabajando en la era.* — s.f. AGRICULTURA
2 Trozo de tierra destinado al cultivo de flores y hortalizas. — AGRICULTURA
3 Suelo o lugar preparado para realizar las mezclas los albañiles. — CONSTRUCCIÓN
4 Sitio donde se aparta el carbón en las minas. — MINERÍA

eral, a (Derivado de *era* < lat. *aera.*) Novillo menor de dos años y que tiene más de uno. — s.

erar Formar eras en un terreno para plantar o sembrar. — v.tr. AGRICULTURA

erario (Del lat. *aerarium.*)
1 Tesoro público: *durante su reinado dilapidó el erario público.* — s.m./ECONOMÍA = fisco
2 Lugar o banco nacional donde se guarda este tesoro. — ECONOMÍA

erasmiano, a (De *Erasmo de Rotterdam*, humanista y pensador neerlandés.)
1 Que es propio de este humanista y pensador. — adj./FILOSOFÍA
2 Que sigue la pronunciación del griego basada en la transcripción fonética literal. — LINGÜÍSTICA

erasmismo (De *Erasmo de Rotterdam*, humanista y pensador neerlandés.) Doctrina o ideología humanista suscitada por dicho pensador. — s.m. FILOSOFÍA

erasmista (De *Erasmo de Rotterdam*, humanista y pensador neerlandés.)
1 Del erasmismo. — adj./FILOSOFÍA
2 Partidario de esta doctrina. — s.m.f./FILOSOFÍA

erbio (De *Ytterby*, localidad sueca.) Metal raro, que puede aparecer unido al itrio y al terbio. — s.m. QUÍMICA

ere Denominación de la letra *r* en su sonido suave. — s.f.

erebo (Del lat. *erebus* < gr. *Erebos.*) Infierno, averno. — s.m./literario

erección (Del lat. *erectio, onis.*)
1 Acción y resultado de erigir o erigirse.
2 Estado que presenta el pene tras experimentar un levantamiento y endurecimiento debido a la afluencia de sangre en él, provocados por una excitación sexual u otro estímulo, o cualquier otro tejido orgánico. — FISIOLOGÍA
3 Construcción o fundación de un edificio o monumento.
4 Tensión o tirantez de un cuerpo.

eréctil Que se puede erguir o poner rígido: *el camaleón tiene una lengua eréctil.* — adj.

erectilidad Cualidad de eréctil. — s.f./≠ flaccidez

erecto, a Que está erguido y rígido: *los erectos troncos de los chopos.* — adj. = tieso

erector, a
1 Que erige. — adj.
2 Que tiene relación con la erección: *músculo erector.* — FISIOLOGÍA

eremita (Del lat. *eremita* < gr. *eremites* < *eremos*, desierto.) Ermitaño, el que vive en una ermita o en soledad y se dedica a la oración y a la penitencia. — s.m.f.

eremítico, a Del eremita o ermitaño. — adj.

eremitorio Sitio donde hay una o más ermitas. — s.m./tb: ermitorio

erepsina Enzima que se encuentra en el jugo intestinal, que actúa sobre las peptonas. — s.f. BIOQUÍMICA

eretismo (Del gr. *erethismos*, irritación.) Exaltación de las propiedades vitales de un órgano. — s.m.

erg (Voz árabe.) Denominación de las regiones ocupadas por las dunas, en el Sáhara. — s.m. GEOGRAFÍA

ergástula (Del lat. *ergastulum.*) Cárcel de esclavos, en la antigua Roma. — s.f./HISTORIA tb: ergástulo

ergativo Caso gramatical que, en algunas lenguas flexivas, indica el sujeto de una acción que se ejerce sobre un objeto. — s.m. LINGÜÍSTICA

ergio Unidad de trabajo en el sistema cegesimal, que equivale al realizado por una dina cuando se desplaza un centímetro. — s.m. FÍSICA

ergo (Voz latina.) Por lo tanto, luego. — conj.

ergo- Componente de palabra procedente del gr. *ergon*, que significa obra. — pref/suf. tb: erg-, -ergia

ergógrafo Aparato para medir el trabajo muscular. — s.m./FISIOLOGÍA

ergol Denominación genérica de las sustancias químicas susceptibles de entrar en la composición de una mezcla combustible o comburente. — s.m. QUÍMICA

ergonomía Ciencia que estudia las relaciones del ser humano con el trabajo que realiza, tratando de adaptar las condiciones a las características del trabajador. — s.f.

ergonómico, a
1 De la ergonomía. — adj.
2 Que se caracteriza por su buena ergonomía: *diseño ergonómico.*

ergonomista Especialista en ergonomía. — s.m.f.

ergoterapia Método terapéutico que se basa en la reeducación de los enfermos o impedidos, mediante trabajo manual. — s.f. MEDICINA

ergotina (Del fr. *ergotine.*) Sustancia tóxica sacada del cornezuelo de centeno, y empleada contra las hemorragias y para contraer la musculatura. — s.f. FARMACIA

ergotismo Intoxicación producida por la ergotina que se extrae del cornezuelo del centeno. — s.m. MEDICINA

ergotizar (Derivado de *ergo.*) Usar excesivamente la argumentación silogística. — v.intr./conj: cazar culto

erguén
1 Planta arbórea espinosa de poca altura y copa muy extendida, de cuyas semillas se extrae aceite. (*Argania sideroxyllon.*) — s.m. BOTÁNICA tb: argán
2 Planta arbustiva papilionácea que crece en Andalucía y Murcia. — BOTÁNICA

erguimiento Enderezamiento o elevación del cuerpo. — s.m. = levantamiento

erguir (Del lat. *erigere.*)
1 Levantar y poner derecha una cosa: *erguí el cuello para verlo mejor.* — v.tr/prnl.
2 Ponerse de pie, enderezarse: *no lo había visto hasta que se irguió.* — v.prnl.
3 Volverse una persona engreída o soberbia. — = engreírse
CONJ.: IND.: PRES.: *irgo o yergo, irgues o yergues, erguimos, erguís, irguen o yerguen;* PRET. INDEF.: *erguí, erguiste, irguió, erguimos, erguisteis, irguieron;* SUBJ.: PRES.: *irga o yerga, irgas o yergas, irga o yerga, irgamos o yergamos, irgáis o yergáis, irgan o yergan;* PRET. IMPERF.: *irguiera, irguieras, irguiera, irguiéramos, irguierais, irguieran; irguiese, irguieses, irguiese, irguiésemos, irguieseis, irguiesen;* FUTUR. IMPERF.: *irguiere, irguieres, irguiere, irguiéremos, irguiereis, irguieren;* IMP.: *irgue o yergue, irga o yerga, erguid, irgan o yergan.* GERUND.: *irguiendo.*

erial
1 Se refiere al terreno que está sin cultivar: *no sé para qué se ha comprado esa tierra erial.* — adj/s.m. = eriazo, erío
2 Que no tiene nada provechoso ni agradable.

ericáceo, a (Derivado culto del lat. *erice*, jara < gr. *erike.*) Perteneciente a una familia de plantas angiospermas dicotiledóneas, herbáceas o arbustivas, de hojas generalmente alternas, flores solitarias y fruto en cápsula, baya o drupa. — adj/s.f. BOTÁNICA

erical Perteneciente a un orden de plantas dicotiledóneas de flores tetrámeras o pentámeras, actinomorfas y hermafroditas. — adj/s.f. BOTÁNICA

erigir (Del lat. *erigere.*)
1 Construir un edificio o un monumento: *tardaron mucho tiempo en erigir el templo.* — v.tr. conj: surgir
2 Atribuir a una persona o a una cosa una función preeminente o más importante de la que antes tenía: *el rey erigió su territorio en capital del reino; se erigió en el representante de la asamblea.* — v.tr/prnl.

erina (Del fr. *erine.*) Instrumento de uno o dos ganchos que usan los cirujanos para separar los tejidos de la zona donde se opera. — s.f. MEDICINA

erio, a Erial [en todas sus acepciones]. — adj/s.

erio- Componente de palabra procedente del gr. *erion*, que significa lana: *eriotecnia.* — pref.

-erio Unido a nombres cultos de origen latino, indica acción y resultado: *improperio; cautiverio.* — suf.

eriotecnia (Del gr. *erion*, lana + *tekne*, arte.) Técnica de las aplicaciones industriales de la lana. — s.f. TEXTIL

erisipela (Del lat. *erysipelas* < gr. *ereutho*, enrojecer + *pelas*, cerca.) Enfermedad contagiosa, caracterizada por la inflamación y enrojecimiento de la piel, principalmente en cara, cuello, brazos y manos, con acompañamiento de fiebre. — s.f. MEDICINA

erisipelar Provocar erisipela en la piel de persona: *se ha erisipelado a causa de las quemaduras del sol.* — v.tr/prnl. MEDICINA

erisipelatoso, a Que tiene relación con la erisipela. — adj./MEDICINA

erística Arte de la controversia. — s.f./LÓGICA

erístico, a (Del gr. *eristikos*, consistente en discusiones.)
1 De la escuela socrática de Megara. — adj./s./FILOSOFÍA
2 Se refiere a la escuela o al arte de la controversia, que abusa del procedimiento dialéctico para hacer prevalecer la propia tesis, sea falsa o verdadera. — LÓGICA

eritema (Del gr. *erythema*, enrojecimiento de la piel.)
1 Enrojecimiento difuso o en manchas de la piel producido por congestión de los capilares. — s.m. MEDICINA
2 **eritema solar**: Enrojecimiento de la piel producido por el sol: *en verano se dan muchos casos de eritemas solares.* — MEDICINA

eritematoso, a Que tiene relación con el eritema. — adj./MEDICINA

eritrasma Enfermedad de la piel muy frecuente de la zona inguinal, caracterizada por una placa de color rojo amarronado, que es debida a una micosis. — s.f. MEDICINA

eritreo, a
1 De Eritrea, estado de África. — adj.
2 Persona natural de este estado. — s.
3 Que tiene relación con el mar Rojo. — adj.

eritro- Componente de palabra procedente del gr. *erythros*, que significa rojo: *eritrocito.* — pref.

eritroblasto Célula madre de los eritrocitos, que conserva su núcleo. — s.m. BIOLOGÍA

eritroblastosis Presencia patológica de eritroblastos en la sangre. — s.f./pl: eritroblastosis MEDICINA

eritrocito Célula sanguínea encargada de transportar los pigmentos respiratorios. · s.m./BIOLOGÍA = hematíe

eritrofobia Temor exagerado a ruborizarse. · s.f./SIQUIATRÍA

eritrosina Sustancia colorante obtenida por la acción del yodo sobre la fluoresceína, que se utiliza como colorante de alimentos y de preparaciones microscópicas. · s.f. QUÍMICA

eritrosis Propensión excesiva a ruborizarse. · s.f./pl: eritrosis

eritroxiláceo, a Perteneciente a una familia de plantas angiospermas dicotiledóneas, arbóreas o arbustivas, de hojas sencillas con estípulas, flores blanquecinas o amarillas en panoja, y fruto en drupa. · adj/s.f. BOTÁNICA = eritroxíleo

erizado
1 Que está cubierto de púas o espinas. · adj.
2 Que está rígido o tieso: *se le quedó el pelo completamente erizado.* · = encrespado

erizamiento Proceso de erizar o erizarse las púas, pelo o vello de los animales: *el erizamiento del lomo del gato.* · s.f.

erizar
1 Poner una cosa rígida y tiesa: *se me ha erizado el vello con este frío.* · v.tr/prnl. conj: cazar
2 Realizar con dificultades e inconvenientes una cosa, complicar. · v.tr. = dificultar
3 Sentir temor o inquietud: *Jorge se eriza cuando el profesor se enfada con él.* · v.prnl. = inquietarse

erizo (Del lat. *ericius*.)
1 Mamífero insectívoro, de cuerpo rechoncho cubierto de espinas, hocico alargado y orejas pequeñas que cuando se siente amenazado se enrolla sobre sí mismo presentando las púas a su agresor. *(Erinaceus europaeus.)* · s.m. ZOOLOGÍA
2 Persona arisca, de mal carácter o intratable. · coloquial, despectivo
3 Vaina o envoltura espinosa que protege la castaña y otras semillas. · BOTÁNICA
4 Defensa con puntas de hierro que protegen y defienden la parte alta de murallas, parapetos y tapias. · CONSTRUCCIÓN
5 **erizo de mar o marino:** Equinodermo globoso, protegido por un caparazón lleno de espinas, que vive en el mar entre rocas y fondos duros. *(Diodon hystrix.)* · ZOOLOGÍA

erke Instrumento de música de viento, parecido a la trompeta, con embocadura lateral. · s.m./Argent. MÚSICA/th: erque

erkencho Trompeta rústica cuyo pabellón se construye con un cuerno de vacuno en el que se inserta una boquilla de caña terminada a modo de lengüeta. · s.m./Argent. MÚSICA th: erquencho

ermita (Del lat. *eremita* < gr. *eremites*.) Santuario, generalmente pequeño, situado fuera de la población. · s.f. ARQUITECTURA

ermitaño, a
1 Persona que vive en la ermita y cuida de ella: *el ermitaño nos enseñó su morada.* · s. = eremita
2 Asceta que vive en soledad: *siempre fue muy independiente y ahora es feliz en su vida de ermitaño.* · s.m.
3 Crustáceo pagúrido que protege su abdomen alojándose en la concha vacía de algún molusco. *(Eupagurus.)* · s.m. ZOOLOGÍA

erogación
1 Distribución de bienes o caudales. · s.f./DERECHO
2 Gasto, pago de una mercancía. · Méx.

erogar (Del lat. *erogare*.)
1 Distribuir bienes o caudales. · v.tr./conj: pagar
2 Gastar, pagar por una mercancía. · v.intr./Méx.

erógeno, a Que produce o es sensible a la excitación sexual: *zona erógena.* · adj. th: erotógeno

eros (Del gr. *eros*, amor.) Conjunto de deseos e impulsos eróticos y sexuales de una persona. · s.m. SICOLOGÍA

erosión (Del lat. *erosio, onis* < *erodere*, corroer.)
1 Desgaste que se produce en un cuerpo por el roce continuo o violento de otro. · s.f.
2 Conjunto de procesos que causan el desgaste de la corteza terrestre, por efecto de los agentes naturales externos, en especial el agua y el viento: *la erosión antrópica es la llevada a cabo por el hombre.* · GEOLOGÍA
3 Herida superficial producida en la piel por alguna causa natural. · MEDICINA = excoriación
4 Deterioro del prestigio o la influencia de una persona o institución.
5 Degradación del ánima de una boca de fuego.

erosionable Que se puede erosionar o que es susceptible de ser erosionado: *terreno erosionable.* · adj.

erosionar
1 Causar erosión en un cuerpo: *la lluvia y el viento han erosionado la piedra de la fachada.* · v.tr.
2 Deteriorar el prestigio de una persona o una institución: *aquel escándalo erosionó su carrera política; este centro se ha erosionado después de arrastrar varios problemas económicos.* · v.tr/prnl. = desgastar

erosivo Que produce erosión: *agente erosivo; propiedad erosiva.* · adj. = corrosivo

erostratismo (De *Eróstrato*, el que incendió el templo de Éfeso.) Tendencia exagerada a cometer actos delictivos para conseguir renombre o fama. · s.m. SICOLOGÍA

erot- Componente de palabra procedente del gr. *eros, -otos*, que significa amor: *erotismo; erotómano.* · pref.

erotema (Del gr. *erotema*.) Interrogación retórica. · s.f./RETÓRICA

erótica (Del lat. *eroticus* < gr. *erotikos*.)
1 Género poético que tiene por tema el amor erótico. · s.f./LITERATURA
2 **la erótica del poder:** El gusto por él: *quedó subyugado por la erótica del poder y utilizó las más sucias artimañas para permanecer en su posición.*

erótico, a (Del lat. *eroticus* < gr. *erotikos*.)
1 Del amor físico o carnal: *no suele reprimir su deseo erótico.* · adj.
2 Que es excitante o sensual: *fueron a ver una película muy erótica.*
3 Se refiere al poeta o a la poesía que trata temas amorosos: *participó en un concurso de novela erótica.* · LITERATURA

erotismo (Derivado del gr. *eros*, amor.)
1 Manifestación amorosa o sexual. · s.m.
2 Sensación del que se siente atraído por una cosa que le produce placer o satisfacción: *le encanta el erotismo del poder.* · = erótica

erotización
1 Acción de dotar o de adquirir una cosa significación erótica. · s.f.
2 Acción de estimular o estimularse sexualmente.

erotizar Dar contenido o significación erótica a una cosa: *esta novela se erotiza en los últimos capítulos.* · v.tr/prnl. conj: cazar

erotógeno, a Que es sensible a excitación sexual. · adj.

erotología Estudio científico del amor físico y de las obras eróticas. · s.f.

erotólogo, a Persona dedicada al estudio del erotismo y de sus problemas. · s.

erotomanía (Del gr. *eros, -otos*, amor + *manía*, locura.) Enfermedad mental producida por una obsesión sexual. · s.f. SIQUIATRÍA

erotómano, a Que padece erotomanía. · adj/s./SIQUIATRÍA

erque Erke, instrumento músico de viento. · s.m./Argent/MÚSICA

erquencho Erkencho, trompeta rústica. · s.m./Argent/MÚSICA

errabundo, a (Del lat. *errabundus*.) Errante, que va de un lugar a otro sin tener residencia fija: *ya es hora de que termines con tu errabundo ir y venir.* · adj. = vagabundo

errada Jugada de billar en la que el jugador no toca la bola que pretende. · s.f. JUEGOS

erradicación
1 Acción y resultado de erradicar una cosa: *luchan por la erradicación de los métodos violentos en la enseñanza.* · s.f.
2 Extirpación o supresión radical, mediante medidas terapéuticas y profilácticas, de una enfermedad generalmente contagiosa: *están estudiando la posibilidad de una erradicación de la viruela.* · MEDICINA

erradicar Arrancar o suprimir de raíz: *hay que erradicar la miseria extrema.* · v.tr. conj: sacar

erradizo, a Que anda errante y vagando. · adj.

errado, a
1 Que está equivocado: *planteó una hipótesis errada.* · adj/= desacertado
2 **andar, estar o ir errado:** Equivocarse, cometer un error.

erraj (Probablemente del vasco *erragin*, combustible.) Carbón de brasero hecho con los huesos de aceitunas, después de prensados en el molino. · s.m./pl: errajes th: herraj = piñuelo

errante Que va de un lugar a otro sin tener residencia o emplazamiento fijos o sin destino determinado: *desde que se divorció vive errante.* · adj. = vagabundo

errar (Del lat. *errare*, vagar, equivocarse.)
1 Cometer una persona una falta o un error: *erró en la elección de carrera.* · v.tr/intr. ≠ acertar
2 Andar sin rumbo o destino fijo: *erraba por los caminos solitarios.* · v.intr. = vagar
3 Dejar volar la imaginación o la atención o separarse del asunto que se trata. · = vagar
4 Cometer una falta no cumpliendo con las obligaciones.
CONJ.: IND.: PRES.: *yerro, yerras, yerra, erramos, erráis, yerran.* SUBJ.: PRES.: *yerre, yerres, yerre, erremos, erréis, yerren.* IMP.: *yerra, yerre, errad, yerren.*

errata (Del lat. *errata*.) Falta o equivocación material cometida en un escrito o impreso: *todavía tiene que corregir las erratas de su tesis.* · s.f. = error

errático, a
1 Que está o aparece unas veces en un sitio y otras en otro. · adj/= ambulante, vagabundo
2 Se aplica a la enfermedad o al dolor crónico que se produce de modo esporádico o intermitente en diferentes partes del cuerpo. · MEDICINA
3 Se refiere a la masa rocosa que es transportada por un glaciar y depositada lejos de su lugar de origen. · GEOLOGÍA

errátil Que es incierto o variable.   *adj./= errante*

erre
1 Denominación de la letra *r* en su sonido fuerte.   *s.f.*
2 **erre que erre:** Con insistencia y terquedad: *y él,*   *loc.adv.* / *coloquial*
erre que erre que la culpa había sido mía.

errona Suerte en que no acierta el jugador.   *s.f./Chile/JUEGOS*

erróneo, a (Del lat. *erroneus.*) Que no es acertado o   *adj./= equivocado / ≠ correcto*
que contiene error: *realizó un juicio erróneo.*

error (Del lat. *error.*)
1 Concepto, idea, opinión o juicio falso o equivo-   *s.m.*
cado.
2 Acción o conducta desacertada o reprobable: *era un*
error comportarse de esa manera.
3 Falta o equivocación: *el programa estaba repleto de*
errores.
4 **error absoluto:** Diferencia entre el cálculo experi-   *MATEMÁTICAS*
mental de una magnitud y su valor real.
5 **error de bulto:** El que tiene mucha importancia: *coloquial*
confundir los mogoles con los mongólicos es un error de
bulto.
6 **error por defecto:** El que consiste en la falta de
algo para ser la cantidad exacta.
7 **error por exceso:** El que consiste en la sobra de
algo para ser la cantidad exacta.
8 **error relativo:** Cociente entre el error absoluto y el   *MATEMÁTICAS*
valor real de una magnitud.
9 **salvo error u omisión:** Fórmula que aparece al   *formal / COMERCIO*
final de un extracto contable que necesite la confor-
midad del cliente y que indica que la cuenta puede
contener fallos involuntarios.
10 **estar en un error:** Expresión que se usa para desmentir una creencia o idea: *están en un error si piensan*
que voy a ceder.

ertzaina (Voz vasca.) Miembro de la policía autonó-   *s.m.f.*
mica vasca.

ertzantza (Voz vasca.) Policía autónoma vasca.   *s.f.*

erubescencia (Del lat. *erubescentia.*) Estado de una   *s.f. / literario / = rubor, vergüenza*
persona que se produce cuando se sonroja o ruboriza
al hacer o decir una cosa.

erubescente Que se ruboriza o se sonroja.   *adj./literario*

eruciforme Se refiere a la larva de insecto de cuerpo   *adj. / ZOOLOGÍA*
carnoso y cilíndrico que tiene forma de oruga.

eructar (Del lat. *eructare.*) Expeler con ruido los gases   *v.intr. / tb: erutar / = regoldar*
del aparato digestivo por la boca: *no eructes en la*
mesa.

eructo Acción y resultado de eructar.   *s.m./tb: eruto*

erudición (Del lat. *eruditio, -onis.*) Conocimiento am-   *s.f. / = sabiduría*
plio y profundo adquirido por el estudio en una o va-
rias materias, en ciencias, artes, etc.: *demostró tener*
una gran erudición en literatura europea.

erudito, a (Del lat. *eruditus < erudire,* enseñar.)
1 Que tiene o manifiesta erudición: *utiliza un lenguaje*   *adj/s.*
demasiado erudito.
2 **erudito a la violeta:** Se aplica a la persona cuya   *coloquial*
erudición es superficial: *en el café había una tertulia de*
eruditos a la violeta.

eruginoso, a (Del lat. *aeroginosus.*) Ruginoso, cubier-   *adj. / = enmohecido*
to de moho.

erupción (Del lat. *eruptio, onis < erumpere,* precipitarse
afuera.)
1 Aparición de granos, manchas o ampollas en la   *s.f. / MEDICINA*
piel: *le ha salido una erupción en el brazo.*
2 Conjunto de esos granos, manchas o ampollas.   *MEDICINA*
3 Expulsión violenta de materias sólidas, líquidas o   *GEOLOGÍA*
gaseosas a la superficie terrestre por los volcanes,
grietas o fracturas de la corteza.

erupcionar Hacer erupción un volcán.   *v.tr./Colomb.*

eruptivo, a
1 Que produce erupción.   *adj.*
2 Que tiene relación con la erupción volcánica: *rocas*   *GEOLOGÍA*
eruptivas.

erutar (Del lat. *eructare.*) Eructar, expeler por la boca   *v.intr.*
los gases del estómago.

ervilla Arveja, planta.   *s.f./BOTÁNICA*

es- Componente de palabra procedente del lat. *ex,*   *pref.*
que significa fuera o más allá: *estirar; escoger.*

-és, Unido a sustantivos forma adjetivos gentilicios   *suf.*
o que implican relación con: *leonés; cortés.*

esa (Del lat. *ipsa,* misma.)
1 Equivale a un sustantivo cuyo sentido indica oca-   *pron.dem.f.*
sión o situación: *¿ahora me vienes con esas?*
2 **ni por esas:** De ninguna manera, en absoluto: *ni*   *loc.adv.*
por esas vendrá, no le insistas más.

esbarar Deslizarse, moverse una cosa rozando suave-   *v.intr. / = resbalar*
mente sobre una superficie.

esbatimentar (Del ital. *sbattere,* dar luz.)
1 Pintar, dibujar o delinear un esbatimento.   *v.tr./ARTE*

2 Hacer sombra una cosa sobre otra.   *v.intr.*

esbatimento (Del ital. *sbattimento.*) Sombra que hace   *s.m./ARTE / tb: batimento*
un cuerpo sobre otro.

esbeltez
1 Característica de la persona esbelta, elegante y de   *s.f. / pl: esbelteces / = esbelteza*
buen porte: *aunque no es muy guapa, impresiona por su*
esbeltez.
2 Elegancia de una cosa: *le gustó la esbeltez de la escul-*
tura, pero no se decidió a comprarla.

esbelto, a (Del ital. *svelto.*)
1 Se refiere a la persona que tiene una figura alta y   *adj. / = gallardo*
delgada: *es guapa y esbelta como las modelos.*
2 Se aplica a las plantas delgadas que tienen un órga-   *AGRICULTURA, BOTÁNICA*
no largo y erguido.

esbirro (Del ital. *sbirro.*)
1 Individuo que sirve a quien le paga para cumplir   *s.m.*
cualquier orden de su superior o para protegerlo.
2 Alguacil, oficial inferior de justicia.

esbozar (Del ital. *sbozzare.*)
1 Indicar de manera general una idea, proyecto, con-   *v.tr./conj: cazar / = bocetar, bosquejar*
cepto, etc.: *está esbozando un nuevo diseño para su ha-*
bitación.
2 Dejar entrever un gesto: *al final esbozó una leve son-*
risa.

esbozo (Del ital. *sbozzo.*)
1 Acción y resultado de esbozar.   *s.m.*
2 Dibujos, forma o traza primera, todavía imperfecta,   *ARTE / = bosquejo, boceto*
que se realiza de una obra artística: *ha hecho un esbozo*
del cuadro.
3 Descripción o idea vaga de una cosa que puede de-   *= bosquejo*
sarrollarse más: *el plan de trabajo de momento es sólo un*
esbozo.

esbrencar Quitar la brenca o estigma de la flor del   *v.tr. / conj: sacar*
azafrán.

escabechado, a Se refiere a la persona que se tiñe el   *adj. / despectivo*
pelo o se maquilla: *se les acercó una vieja escabechada y*
estrafalaria.

escabechar
1 Poner un alimento en escabeche: *todos los años esca-*   *v.tr. / COCINA*
bechan el atún.
2 Declarar a una persona no apta en un examen: *este*   *coloquial, jerga / = suspender*
profesor escabecha a la mitad de la clase cada curso.
3 Matar con un arma blanca: *durante la pelea el ladrón*   *coloquial*
escabechó a un policía.
4 Dar color a las canas de una persona: *aunque es jo-*   *v.tr/prnl./= teñir / coloquial*
ven se escabecha el pelo blanco desde hace años.

escabeche (Del ár. vulgar **iskebey,* guiso de carne
con vinagre y otros ingredientes.)
1 Salsa preparada con aceite, vinagre, sal, laurel y   *s.m. / COCINA*
otros ingredientes, con la que se conserva el pescado
y otros alimentos: *hemos tomado sardinas en escabeche.*
2 Cualquier alimento conservado en escabeche.   *COCINA*
3 Líquido o tinte para teñir las canas.
4 Fruto en vinagre, encurtido.   *Argent.*

escabechina
1 Destrozo, daño o destrucción: *intentando arreglarlo,*   *s.f.*
ha hecho una escabechina en el vestido.
2 Gran cantidad de suspensos en un examen: *el profe-*   *coloquial, jerga*
sor de química la hecho una escabechina.

escabel (Del cat. ant. *escabell < lat. escabellum.*)
1 Mueble bajo, semejante a un taburete, que sirve   *s.m.*
para apoyar los pies el que está sentado: *siempre hay*
un escabel cerca de su sofá.
2 Asiento pequeño y sin respaldo.
3 Persona o circunstancia de que alguien se aprovecha para medrar.

escabicida Sustancia usada en el tratamiento de la   *s.f. / FARMACIA*
sarna para eliminar el agente productor, que es el
arador.

escabinato Tribunal formado por legos en materia   *s.m. / DERECHO*
jurídica y jueces expertos, que deliberan todos juntos
sobre un asunto.

escabiosa (Del lat. *scabiosa < scabiosus,* áspero, rugoso < *scabies,* sarna.)
1 Planta herbácea, de tallo hueco y velloso, con flo-   *s.f. / BOTÁNICA*
res azules, púrpuras o blancas en cabezuela semiesfé-
rica y semillas abundantes, que se utiliza para las enfermedades de la piel. *(Trichera arvensis.)*
2 **escabiosa mordida:** Planta herbácea utilizada   *BOTÁNICA*
como depurativa y contra la sarna. *(Succisa pratensis.)*

escabioso, a Que tiene relación con la sarna.   *adj./= sarnoso*

escabro (Del lat. *scabrum,* sarnoso.)
1 Roña que produce costurones y asperezas en la piel   *s.m. / VETERINARIA*
de las ovejas y echa a perder la lana.
2 Enfermedad de los árboles y las vides, muy perjudi-   *AGRICULTURA*
cial, que produce rugosidades y asperezas anormales
en su corteza.

escabrosearse Hacerse escabroso.   *v.prnl.*

escabrosidad
1 Condición de escabroso, desigual o accidentado: *se*   *s.f.*
mareó a causa de la escabrosidad del terreno.

2 Actitud áspera y malhumorada: *nos recibió con una escabrosidad injustificada.*
3 Característica de las palabras o acciones inconvenientes u obscenas.

escabroso, a (Del bajo lat. *scabrosus*, desigual, tosco.) **adj.**
1 Se aplica al terreno que es abrupto, desigual o accidentado: *anduvieron todo el día por parajes desconocidos y escabrosos.*
2 Que es de carácter brusco y desapacible.
3 Se refiere al asunto o tema que se considera inconveniente, difícil o inmoral: *más vale que no saques a relucir ese tema porque parece bastante escabroso.*

escabuche Azada pequeña que sirve para arrancar los cardos y otras hierbas nocivas de los sembrados. **s.m. AGRICULTURA**

escabullarse Escabullirse, irse o huir de un lugar o de una situación. **v.prnl./Amér.**

escabullimiento Acción de escabullirse. **s.m.**

escabullirse (Probablemente del lat. vulgar *excapulare*, escaparse de un lazo.)
1 Escaparse de entre las manos: *tras una larga persecución lo cogieron, pero logró escabullirse.* **v.prnl./conj.** *mullir* **tb: descabullirse**
2 Irse o marcharse disimuladamente una persona de un lugar: *no me gustaba la fiesta y me escabullí.* **= descabullirse**
3 Evitar una obligación, trabajo o actividad: *cuando tenemos mucho trabajo se escabulle.* **= escaquearse**

escachar (Derivado de *cacho*.)
1 Romper una cosa haciéndola pedazos: *el jarrón cayó de la mesa y se escachó.* **v.tr/prnl. tb: cachar**
2 Aplastar o espachurrar una cosa: *se sentó encima de la bolsa y escachó los huevos.* **= cascar**

escacharrar
1 Romper un cacharro, un recipiente de barro o de loza: *se escacharró la cazuela grande.* **v.tr/prnl. tb: descacharrar**
2 Estropear, destrozar o malograr una cosa: *el televisor se escacharró rápidamente; la inflación escacharró nuestros proyectos.* **coloquial**

escachifollar
1 Dejar confundida o humillada a una persona. **v.tr./tb: cachifollar**
2 Estropear, malograr una cosa. **coloquial**

escaf- Componente de palabra procedente del gr. *skaphe*, que significa barca: *escafoides.* **pref. tb: escafo-**

escafandra (Del fr. *scaphandre* < gr. *skaphe*, barco + *andros*, hombre.) Equipo formado por un traje impermeable y un casco completamente hermético al que llega aire a través de unos tubos que permite respirar al buzo un tiempo prolongado debajo del agua. **s.f. tb: escafandro**

escafandrista Buzo o submarinista que permanece o trabaja debajo del agua protegido por una escafandra. **s.m.f.**

escafilar Limpiar y alisar los cantos de un ladrillo o una baldosa. **v.tr./CONSTRUCCIÓN = descafilar**

escafoides (Del gr. *skaphe*, bote + *eidos*, aspecto.)
1 Se refiere al hueso más externo y grueso de la primera fila del carpo. **adj/s.m. ANATOMÍA**
2 Se aplica al hueso del pie situado en el tarso, delante del astrágalo. **ANATOMÍA**

escafópodo, a Perteneciente a un orden de moluscos que tienen la concha en forma de tubo. **adj/s.m. ZOOLOGÍA**

escagarruzarse Expeler una persona los excrementos de manera involuntaria. **v.prnl. vulgar**

escajo (Derivado de *cuajar*.) Acción de labrar de nuevo un terreno erial o yermo de propiedad comunal. **s.m./AGRICULTURA tb: escalio**

escajocote Planta arbórea corpulenta, de América Central, cuyo fruto tiene aspecto de bola de algodón una vez sustraída la cáscara. **s.m. BOTÁNICA**

escala (Del lat. *scala*.)
1 Escalera de mano portátil que se usa para subir a un sitio elevado. **s.f.**
2 Serie graduada u ordenada de cosas según cierto criterio: *me mostraron la escala de colores del nuevo producto.*
3 Tamaño o proporción entre una longitud determinada y la longitud real correspondiente, en una representación cartográfica, gráfica, fotográfica o modelo reducido.
4 Línea recta dividida en idénticas partes con que se indica la relación que existe entre una dimensión o tamaño y su representación en un plano o mapa.
5 Importancia mayor o menor de un trabajo, plan, idea u otra cosa: *realizaron un estudio de mercado a gran escala.*
6 Graduación de un instrumento de medida: *comprueba la escala del termómetro.* **FÍSICA**
7 Cada uno de los lugares donde se detienen las embarcaciones o las aeronaves en tránsito entre su punto de origen y el de destino: *hicimos escala en una isla del Mediterráneo; el avión hizo escala en Madrid.* **+ hacer MILITAR**
8 Escalafón de un cuerpo militar. **MILITAR**
9 Sucesión de las siete notas musicales. **MÚSICA**
10 escala cerrada: Escalafón para ascensos en un trabajo por orden de antigüedad.

11 escala del modo: Serie de sonidos del mismo tono, arreglados entre sí por el orden más inmediato, partiendo del sonido técnico. **MÚSICA**
12 escala de temperaturas: Cada una de las distintas maneras convencionales de graduar las temperaturas. **FÍSICA**
13 escala de tipos impositivos: Conjunto de tipos de gravamen que se aplican gradualmente a los diferentes niveles de renta. **ECONOMÍA**
14 escala diatónica: Sucesión de siete sonidos que procede por movimiento conjunto y sólo posee dos semitonos. **MÚSICA**
15 escala técnica: La que hace el piloto por necesidades de la navegación, por ejemplo para repostar combustible. **AERONÁUTICA**
16 a escala: Aplicado a figuras, mapas, dibujos o maquetas significa que se ajusta a ella o que está hecho a proporción: *reproducción a escala de un conjunto monumental.* **loc.adj/adv.**

escalaborne (Del cat. *escalaborn*.) Trozo de madera ya desbastado que se usa para labrar la caja del arma de fuego. **s.m.**

escalabrar Hacer una herida en la cabeza o en cualquier otra parte del cuerpo: *caer por la escalera y escalabrarse fue todo uno.* **v.tr/prnl. tb: descalabrar**

escalada
1 Acción y resultado de escalar una pendiente o una fortaleza: *tardó una hora en la escalada de la pared.* **s.f./= ascenso, subida**
2 Aumento o intensificación rápida y por lo general alarmante de alguna cosa: *el objetivo del gobierno es evitar la escalada de actos delictivos; se alarman por la escalada terrorista.* **= escalamiento**

escalado, a Se refiere al animal que está abierto en canal para salar. **adj.**

escalador, a
1 Que escala. **adj/s.**
2 Persona que practica la escalada como deporte. **s./DEPORTES**
3 Corredor que destaca en las pruebas ciclistas de montaña. **DEPORTES**
4 Obrero portuario que realiza la desestiba de los buques de pesca, limpia y clasifica el pescado, lo transborda y descarga en el muelle. **PESCA**

escalafón (Probablemente del fr. *échelle de fonds*, escala de los fondos necesarios para pagar a la oficialidad.) Lista de los individuos de una corporación ordenados según su categoría, su antigüedad o su empleo. **s.m.**

escalamiento Acción y resultado de escalar. **s.m./= escalada**

escálamo (Del lat. vulgar *scalamus* < gr. *skalmos*.) Estaca pequeña y redondeada fijada en la borda de una embarcación y que se usa para atar a ella el remo. **s.m. NÁUTICA = tolete**

escalar (Del lat. vulgar *scalare*, escalera.)
1 Se aplica a la magnitud física y matemática, como la temperatura o la presión, que se expresan sólo con un número. **adj. FÍSICA**
2 Subir, trepar o ascender por una montaña, pendiente o altura: *escaló el muro para poder entrar.* **v.tr.**
3 Entrar en un lugar cerrado, ocultándose o con violencia: *escalaron la casa para robar.*
4 Introducirse en un lugar valiéndose de escalas.
5 Llegar una persona a una posición social elevada empleando a veces medios poco correctos: *escaló tan rápidamente gracias a la especulación.* **v.tr/intr.**
6 Subir pendientes en las pruebas ciclistas de montaña. **v.tr. DEPORTES**
7 Levantar la compuerta de una acequia para dar salida al agua. **AGRICULTURA**

escalaris Pez de cuerpo comprimido en sentido vertical y desarrollado, con aletas muy desarrolladas, que vive en aguas dulces y se cría en acuarios. *(Ptherophyllum scalare.)* **pl: escalaris ZOOLOGÍA**

escaldado, a Que está escarmentado, receloso, desengañado: *los reveses que ha sufrido en su vida lo han dejado ya muy escaldado.* **adj. coloquial**

escaldadura
1 Acción y resultado de escaldar. **s.m.**
2 Quemadura producida por el contacto con fuego.
3 Humillación u ofensa: *no soporta las escaldaduras de su padre.* **= agravio**

escaldamiento Acción y resultado de escaldar. **s.m.**

escaldar (Del lat. *excaldare*.)
1 Introducir o someter una cosa en agua hirviendo: *escaldar las verduras.* **v.tr.**
2 Quemar o abrasar una cosa con fuego hasta encenderla o ponerla roja.
3 Padecer una irritación en la piel: *se ha escaldado el dedo con el agua caliente.* **v.prnl. = escocerse**

escalde Enfermedad de diversas plantas que está causada por bacterias. **s.m. BOTÁNICA**

escaldo (Del escandinavo *scald*, cantor.) Antiguo poeta escandinavo. — s.m. LITERATURA

escaldrante Palo afianzado en la cubierta o costado de un barco para amarrar en él la escota de una vela. — s.m. NÁUTICA

escaleno (Del bajo lat. *scalenus* < gr. *skalenos*, oblicuo, cojo.)
1 Se refiere al triángulo que tiene los tres lados desiguales. — adj/s.m. GEOMETRÍA
2 Se aplica al cono o a la pirámide que tiene el eje oblicuo a la base. — adj. GEOMETRÍA
3 Músculo que se encuentra a cada lado del cuello. — s.m./ANATOMÍA

escalentamiento Enfermedad de los animales, localizada en pies y manos y causada por la suciedad adherida. — s.m. VETERINARIA

escalera (Del lat. *scalaria*, peldaños.)
1 Serie de peldaños para subir o bajar de un nivel a otro: *subimos por la escalera porque el ascensor estaba averiado.* — s.f.
2 Sucesión de cartas de valor correlativo: *me ganó con una escalera de color.* — JUEGOS
3 Trasquilón recto o línea de desigual nivel en un corte de pelo mal hecho.
4 **escalera automática o mecánica**: La dotada de automoción con peldaños movidos por un mecanismo eléctrico. — MECÁNICA
5 **escalera compensada**: Aquella que, en lugar de descansillo, tiene peldaños que se estrechan en la parte interior.
6 **escalera de caracol o de husillo**: La que tiene forma de espiral.
7 **escalera de color**: La formada por naipes del mismo color y palo. — JUEGOS
8 **escalera de escapulario**: La de mano que se cuelga en la pared de los pozos. — MINERÍA
9 **escalera de incendios**: La que se destina a facilitar la salida o entrada de un edificio en caso de incendio.
10 **escalera de mano**: Utensilio portátil formado por dos largueros unidos por travesaños paralelos entre sí que sirven de peldaños.
11 **escalera de servicio**: Escalera accesoria que tienen algunos edificios para dar paso a la servidumbre y a los abastecedores.
12 **escalera de tijera o doble**: Utensilio portátil formado por dos escaleras de mano unidas.

escalerilla
1 Escalera que tiene pocos peldaños: *están arreglando la escalerilla de entrada a su casa.* — s.f.
2 Serie de tres cartas consecutivas. — JUEGOS
3 Instrumento que sirve para explorar la boca de las caballerías. — VETERINARIA

escalerón Escalera formada por un madero y estacas pequeñas transversales. — s.m./= escalera de espárrago

escaleta Plataforma mecánica que se usa para suspender el eje de un vehículo con el fin de examinar, cambiar o limpiar las ruedas. — s.f. MECÁNICA

escalfado, a Se aplica a la pared que tiene burbujas por no estar bien aplicado el yeso o la cal. — adj. CONSTRUCCIÓN

escalfador
1 Braserillo que se usaba para calentar la comida. — s.m.
2 Aparato usado para quemar la pintura de puertas y ventanas que se han de pintar de nuevo.
3 Jarro de estaño u otro metal usado antiguamente por los barberos para calentar el agua de afeitar.

escalfar (Derivado del ant. *calfar* < del lat. vulgar *calfare* < lat. *calefacere*.)
1 Cocer un huevo sin su cáscara en un líquido hirviendo: *siempre escalfa un huevo en la sopa.* — v.tr. COCINA
2 Levantar ampollas en el pan al cocerlo con demasiado fuego: *se escalfó el pan en el horno de leña.* — v.tr/prnl. COCINA

escalfarote (Del ital. *scalferotto*.) Bota con paredes dobles que se rellenaba con borra o heno para conservar calientes los pies y las piernas. — s.m.

escalfeta Brasero pequeño de metal o de barro que se usaba para encender el cigarro o quemar hierbas aromáticas. — s.f. = chofeta

escalinata (Del ital. *scalinata* < *scalino*, escalón.) Escalera amplia de un solo tramo, construida a la entrada de algunos edificios: *cubrir con alfombra la escalinata para la ceremonia.* — s.f.

escalio (Del lat. *squalidum*, inculto.) Acción de labrar de nuevo las tierras yermas o en baldíos de propiedad comunal. — s.m. AGRICULTURA

escalla (Del bajo lat. *scandula*.) Carrón, variedad de trigo. — s.m. AGRICULTURA

escalmo (Del lat. *scalmus* < gr. *skalmos*.)
1 Estaca a la que se ata el remo en el borde de la embarcación. — s.m./NÁUTICA th: escálamo
2 Cuña con que se calzan o aprietan algunas piezas de una máquina. — MECÁNICA

escalo
1 Acción y resultado de escalar a algún sitio. — s.m./= escalada
2 Boquete hecho en un sitio para salir o entrar en él.

escalofriado, a Que siente escalofríos. — adj.

escalofriante
1 Que produce escalofríos: *el niño tenía una fiebre escalofriante.* — adj.
2 Espeluznante, que causa horror o miedo: *la película tenía escenas escalofriantes.* — = aterrador, pavoroso
3 Que causa asombro o sorpresa. — = sorprendente

escalofriar Producir escalofríos a una persona: *me escalofrié al tocar la madera mojada.* — v.tr/intr/prnl. th: calofriarse

escalofrío (Del ant. *calofrío*.) Sensación repentina de frío y estremecimiento producida especialmente por la fiebre o por una emoción fuerte: *aquel ruido daba escalofríos.* — s.m. th: calofrío = espeluzno, repelús

escalón
1 Peldaño, travesaño de una escalera: *se han roto tres escalones.* — s.m. = grada
2 Categoría o grado profesional o laboral: *cree que podrá subir de escalón en el trabajo.*
3 Grupo de soldados colocado con intervalos a distancias regulares. — MILITAR
4 **en escalones**: Se aplica a lo que está cortado o hecho con desigualdades. — loc.adv.

escalona Chalote, planta. — s.f./BOTÁNICA

escalonado, a
1 Se refiere al cuerpo, o al objeto cuya superficie se halla dispuesta en escalones. — adj.
2 Que está hecho en tiempos sucesivos: *hacen guardias escalonadas.*

escalonamiento
1 Disposición en escalones o en serie. — s.m.
2 Distribución en fases temporales sucesivas de las partes que componen una serie. — = graduación

escalonar
1 Distribuir o disponer de manera ordenada: *los soldados se escalonaron en la plaza.* — v.tr/prnl.
2 Realizar una cosa por etapas: *escalonar.* — v.tr.

escalonia Chalote, planta hortense. — s.f./BOTÁNICA

escalope (Voz francesa.) Filete empanado y frito: *de segundo pidió escalope de ternera.* — s.m./COCINA th: escalopa

escalpar Arrancar la piel de la cabeza con el cabello adherido. — v.tr.

escalpelo (Del lat. *scalpellum*.) Bisturí que se usa en las disecciones anatómicas y autopsias. — s.m. MEDICINA

escalplo Cuchilla usada por los curtidores para raspar y trabajar las pieles. — s.m.

escalpo (Derivado del ingl. *scalp*, cuero cabelludo.) Trofeo de guerra de algunos pueblos amerindios consistente en una cabellera unida a la piel del cráneo. — s.m. HISTORIA = escalpelo

escama
I (Del lat. *squama*.)
1 Cada una de las pequeñas láminas córneas que cubren el cuerpo de los peces y otros animales: *en la pescadería quitan las escamas del pescado.* — s.f. ZOOLOGÍA
2 Aquello que es parecido a una escama de pez: *en la lavandería utilizaban jabón en escamas.*
3 Laminilla formada por células epidérmicas que se desprende de la piel.
4 Cada una de las piezas con figura de escama que forman la loriga o armadura. — MILITAR
5 Órgano escarioso o membranoso parecido a una hojita, que se encuentra en la superficie de algunos vegetales. — BOTÁNICA
II (Derivado de *escamar* < probablemente de *escamonea*.) Sentimiento de temor o desconfianza ante lo que se sospecha mala intención o peligro: *sus promesas no borran la escama que me da el proyecto.* — s.f. = desconfianza, recelo

escamada
1 Bordado en forma de escamas. — s.f.
2 Susto, impresión repentina de miedo o sobresalto. — Méx.

escamado, a
1 Que siente recelo o desconfianza: *no es ningún iluso, ya está bastante escamado.* — adj. coloquial
2 Se refiere a la obra o figura labrada o bordada con escamas. — adj/s.m.
3 Conjunto de escamas. — s.m.

escamadura Operación de escamar, quitar las escamas de los peces. — s.f.

escamante Que causa recelo o desconfianza: *su actitud resulta escamante.* — adj.

escamar
I (Derivado de *escama* < lat. *squama*.)
1 Quitar las escamas a los peces. — v.tr.
2 Adornar una cosa con piezas en forma de escama.
II (Probablemente derivado de *escamonea*.)

1 Causar recelo o desconfianza a una persona: *su comportamiento le escamó mucho.* **v.tr/prnl. coloquial**

2 Asustar, intimidar a una persona. **v.tr./Méx./coloquial**

escamel Soporte sobre el que se fija una espada para labrarla. **s.m.**

escamiforme Que tiene forma de escama. **adj.**

escamochar Dejar que se gaste o se pierda una cosa sin obtener provecho de ella: *escamochaba su tiempo jugando a los dados.* **v.tr. = desperdiciar ≠ aprovechar**

escamocho (Probablemente alteración del ant. *esquimocho < esquimar,* esquilmar.) Restos de la comida o bebida. **s.m.**

escamoles Hueva comestible de ciertas hormigas, muy apreciada por su sabor. **s.m.pl. Méx.**

escamón, a (Derivado de *escamar < escamonea.*) Que es desconfiado y receloso: *no se fía ni de su sombra, es muy escamona.* **adj.**

escamondadura Conjunto de ramas y hojas secas que se quitan a los árboles: *la escamondadura servirá para hacer fuego en invierno.* **s.f.**

escamondar

1 Podar un árbol, cortándole las ramas secas o inútiles: *ya es hora de escamondar el pino.* **v.tr.**

2 Limpiar una cosa quitándole lo superfluo y dañoso: *escamondó los muebles más cargados de figurillas.*

escamondo, a Acción y resultado de cortar las ramas secas o inútiles de los árboles. **s. th: escamonda**

escamonea (Del gr. *skammonia.*)

1 Planta herbácea que produce una especie de resina, ligera, de color gris y olor fuerte, que se utiliza como purgante. (*Convolvulus scammonia.*) **s.f. BOTÁNICA**

2 Gomorresina obtenida de dicha planta. **BOTÁNICA**

escamonearse Mostrarse una persona desconfiada o recelosa: *se escamonea de todo lo que hago.* **v.prnl. coloquial**

escamoso, a

1 Que tiene o está cubierto de escamas: *un animal de piel escamosa.* **adj. = escamudo**

2 Que es sospechoso, que no es de fiar. **coloquial**

3 Se aplica a los bulbos formados por escamas carnosas, como la cebolla. **BOTÁNICA**

4 Perteneciente a un orden de reptiles de cuerpo alargado y cilíndrico, cubiertos de escamas. **adj/s.m. ZOOLOGÍA**

escamoteador, a Que escamotea. **adj/s.**

escamotear (Del fr. *escamoter.*)

1 Quitar una cosa o hacer que desaparezca sin que nadie se dé cuenta: *mi hermano me ha escamoteado la pluma estilográfica.* **v.tr. th: escamotar**

2 Evitar que se conozca una cosa: *el gobierno escamotea el tema de los desaparecidos.* **= eludir**

3 Hacer un jugador de manos o un prestidigitador que desaparezca una cosa sin que nadie se percate de ello. **JUEGOS**

escamoteo

1 Acción y resultado de escamotear. **s.m.**

2 Desaparición de una cosa de forma fraudulenta: *se produjo el escamoteo de unos veintisiete mil millones de pesetas de los fondos estatales.*

escampada Espacio breve de tiempo en que deja de llover, a lo largo de un día lluvioso: *aprovechar la escampada para salir a comprar.* **s.f. coloquial = clara**

escampado, a Se refiere al terreno que no tiene vegetación ni viviendas. **adj. th: descampado**

escampar

1 Dejar de llover: *si escampara podríamos salir a dar un paseo.* **v.intr. th: descampar**

2 Despejar o dejar libre de obstáculos. **v.tr.**

3 Ceder o aflojar en el empeño con que se intenta una cosa: *escampó en su afán de conseguir el puesto.* **v.intr.**

escampavía

1 Barco velero pequeño que sirve de explorador a uno más grande. **s.f. NÁUTICA**

2 Barco muy ligero y de poco calado, para perseguir el contrabando. **NÁUTICA**

escampo Acción de escampar, en especial el cielo nublado o la lluvia. **s.m.**

escamudo, a Que tiene escamas. **adj.**

escamujar Podar ligeramente un árbol, en especial el olivo, para mejorar el sabor del fruto. **v.tr. AGRICULTURA**

escamujo

1 Rama de olivo cortada del árbol. **s.m./AGRICULTURA**

2 Tiempo en que se realiza la poda. **AGRICULTURA**

escámula Pequeña escama, como las que recubren las alas de las mariposas. **s.f. ZOOLOGÍA**

escancia Acción y resultado de escanciar los vinos y licores en los vasos: *la escancia de la sidra es todo un arte.* **s.f.**

escanciador, a Que escancia o sirve la bebida, en especial el vino y los licores. **adj/s.**

escanciar (Del germ. *skankjan,* servir bebida.)

1 Echar vino u otra bebida en los vasos, en especial, sirviendo las mesas de un convite. **v.tr.**

2 Tomar vino. **v.intr.**

escanda (Del bajo lat. *scandula.*) Tipo de trigo propio de terrenos pobres, cuyo grano se adhiere con fuerza al cascabillo. **s.f. AGRICULTURA = espelta**

escandalera Escándalo, gran alboroto: *las vecinas formarán una escandalera cuando sepan que suben la cuota.* **s.f. coloquial**

escandalizador, a Que escandaliza: *se desdirá de sus escandalizadoras declaraciones.* **adj/s. = escandaloso**

escandalizar (Del lat. *scandalizare.*)

1 Causar escándalo: *a algunos escandalizará nuestra conducta; se escandalizan por bien poco.* **v.tr/intr/prnl. conj: cazar**

2 Alborotar o hacer un gran ruido: *ellos solitos escandalizaron el salón.* **v.tr.**

3 Mostrarse exageradamente indignado: *se escandalizó por la injusticia que cometieron contigo.* **v.prnl. = irritarse**

escandallar

1 Medir la profundidad del mar con el escandallo. **v.tr./NÁUTICA**

2 Valorar el conjunto de una mercancía únicamente por el de unas muestras. **COMERCIO**

3 Determinar el precio de una mercancía por los factores de su producción. **COMERCIO**

escandallo (Del cat. *escandall,* sonda < lat. vulgar *scandaculum < scandere,* subir.)

1 Cavidad de la base de las sondas con la que se recogen muestras del fondo del agua para determinar su calidad. **s.m.**

2 Prueba o ensayo consistente en la recogida de muestras de distintos envases o porciones de una mercancía como representativas de su calidad. **COMERCIO**

3 Muestra obtenida mediante dicha prueba. **COMERCIO**

4 Determinación o fijación del precio de una mercancía con arreglo a los factores que lo integran. **COMERCIO**

5 Etiqueta o marca con el precio que se pone a la mercancía. **COMERCIO**

escándalo (Del lat. *scandalum < gr. skandalon.*)

1 Declaración o hecho que provoca indignación, fuertes censuras o asombro: *los periódicos no dejan de destapar escándalos políticos y financieros.* **s.m.**

2 Situación ruidosa producida por un grupo de gente exaltada que se divierte: *en su fiesta de cumpleaños armaron un gran escándalo.* **= alboroto, barullo, confusión**

3 Repercusión social o inquietud pública que produce una determinada acción por ser contraria a los usos convencionales o a las normas morales.

escandalosa

1 Vela pequeña que se orienta por encima de la cangreja en goletas y otras embarcaciones. **s.f. NÁUTICA**

2 Usar frases duras o insultantes en una disputa: *empezó a preocuparse cuando comenzaron a echarse la escandalosa.* **coloquial**

escandalosamente

1 Con escándalo: *se presentaron en la reunión escandalosamente.* **adv.**

2 Mucho, en exceso: *es escandalosamente rico.*

escandaloso, a

1 Que causa escándalo: *se trata de una noticia de prensa muy escandalosa.* **adj/s.**

2 Que grita o alborota mucho: *es un niño escandaloso, que anda todo el día enredando.* **= ruidoso, revoltoso**

escandelar (Del ital. ant. *scandolaro < lat. scandula.*) Cámara de la galera donde estaba la brújula. **s.f./NÁUTICA th: escandelar**

escandinavo, a

1 De Escandinavia, región del norte de Europa. **adj.**

2 Persona natural de esta región europea. **s.**

3 Grupo de lenguas que se hablan en el norte de europa: *el noruego, el sueco y el danés pertenecen al grupo lingüístico escandinavo.* **s.m. LINGÜÍSTICA = nórdico**

escandio Elemento químico del grupo de los metales raros, de color gris plateado. **s.m. QUÍMICA**

escandir (Del lat. *scandere.*)

1 Descomponer un verso en sus elementos constitutivos. **v.tr. POESÍA**

2 Pronunciar un verso con ritmo. **POESÍA**

escáner (Del ingl. *scanner.*)

1 Aparato que se utiliza para explorar un objeto mediante la emisión de electrones. **s.m. pl: escáneres**

2 Aparato que sirve para explorar radiográficamente a través de la emisión de electrones y después registrar la imagen de la sección corporal explorada, estableciendo un diagnóstico muy preciso. **MEDICINA th: scanner = escanógrafo**

3 Aparato para realizar para exploración electrónica de un documento original de colores, la selección necesaria para su reproducción. **ARTES GRÁFICAS**

escanograma Radiografía obtenida mediante un escáner. **s.m. MEDICINA**

escansión (Del lat. *scansio, -onis.*) Medida de los versos: *un buen poeta no debe cometer errores en la escansión de su poesía.* **s.f. POESÍA**

escantillar
1 Romper los cantos o quebrar las aristas de algo: *si se te cae el plato, se escantillará.*　v.tr/prnl.
2 Tomar una medida o una dimensión desde una línea fija.　v.tr.　ARQUITECTURA

escantillón (Del fr. *échantillon*.)
1 Regla o patrón que sirve para trazar las líneas y fijar las dimensiones según las cuales se han de obtener las piezas en ciertos oficios mecánicos.　s.m.　= chantillón, ságoma
2 Conjunto de las dos dimensiones de la sección transversal de una pieza de madera cortada en escuadra.　NÁUTICA　= escuadría

escaña (Del bajo lat. *scandula*.) Planta herbácea gramínea. *(Triticum.)*　s.f.　BOTÁNICA

escañero Persona que cuidaba de los asientos y escaños en los concejos y ayuntamientos.　s.m.　HISTORIA

escaño (Del lat. *scamnum*.)
1 Asiento de los senadores y diputados en las cámaras legislativas.　s.m.
2 Acta de diputado.　POLÍTICA
3 Banco con respaldo.

escañuelo Banquillo para poner los pies: *siempre tiene el escañuelo cerca de su butaca.*　s.m.

escapada
1 Acción de escapar o escaparse a toda prisa de un sitio procurando no ser visto: *su madre quiso ocultar su escapada, pero todos los presentes se dieron cuenta.*　s.f.
2 Abandono momentáneo de las ocupaciones o del trabajo para divertirse o distraerse.
3 Fuga o distanciamiento de uno o más corredores del pelotón con el fin de lograr sobre éste una ventaja suficiente, en ciclismo.　DEPORTES
4 en una escapada: Con mucha rapidez o aprovechando un momento entre otras ocupaciones: *iré en una escapada a comprarte tabaco.*　loc.adv.　coloquial

escapar (Del lat. vulgar **excappare*, salirse de un estorbo < *cappa*, capa.)
1 Salir una persona o un animal de un peligro o de un lugar donde estaba encerrado: *escapó de los dos terremotos.*　v.intr/prnl.　+ a, de　= huir
2 Irse de prisa y procurando no ser visto: *se escapó en un descuido del guardia.*
3 Evitar que una persona sufra un trabajo, un mal o un peligro: *se escapó de la pelea.*　v.tr/prnl./+ de　= librar
4 Salir un líquido o un gas del sitio en que está guardado o contenido, por un orificio o una grieta.　v.prnl.　+ de
5 Soltarse cualquier cosa que estaba sujeta: *escaparse un cabo.*
6 Marcharse un vehículo sin que la persona haya podido subir en él: *se me ha escapado el autobús.*
7 Quedar una persona o una cosa fuera del dominio o del alcance de otra: *hay problemas que escapan a mi decisión.*　v.intr/prnl.　+ a
8 Perder, no conseguir una cosa: *se me escapó la oportunidad de conocerla.*　v.prnl.
9 Distanciarse un corredor de los demás deportistas en una carrera.　DEPORTES
10 Hacer correr mucho a un caballo.　v.tr.
11 escapársele a una persona una cosa: 1. No poder contenerse de hacer o decir una cosa: *se le escapó la lengua y contó todo lo que sabía.* 2. Olvidarla, no preverla o perder el control sobre ella.　coloquial
12 escaparse de milagro: Salir una persona de una dificultad cuando las circunstancias parecían impedirlo.

escaparate (Del neerlandés ant. *schaprade*, armario < *schapp*, estante + *reeden*, preparar.)
1 Parte delantera de las tiendas, cerrada con cristales, donde se exponen las mercancías: *le gusta salir a mirar escaparates.*　s.m.　= aparador
2 Estantería con puertas de cristales.　= vitrina

escaparatista Decorador encargado de disponer de manera estética los objetos que se exponen en un escaparate.　s.m.f.

escapatoria
1 Acción y resultado de evadirse y escaparse: *no hay escapatoria posible, estamos bloqueados.*　s.f.
2 Artimaña o pretexto para salir de un apuro: *se inventó una escapatoria inverosímil.*　coloquial
3 Abandono momentáneo del trabajo o de las ocupaciones habituales para divertirse o relajarse: *esta tarde haré una escapatoria para ir al cine.*　coloquial　= escapada

escape
1 Acción y resultado de escapar o escaparse.　s.m.
2 Pérdida o fuga de un fluido, de un gas o de un líquido: *el escape de agua ha estropeado la moqueta.*
3 Válvula de un motor de explosión que abre o cierra la salida de gases.　MECÁNICA
4 Pieza de algunos aparatos que al separarse deja obrar a un muelle o rueda que sujetaba, deteniendo su funcionamiento: *hay que cambiar el escape del reloj.*　MECÁNICA

5 a escape: A todo correr, a toda prisa: *tráeme a escape el formulario.*　loc.adv.
6 no haber o tener escape: No encontrar solución o salida para un problema: *no tiene escape, te tocará hacer la guardia.*　coloquial

escapo (Del lat. *scapus*.)
1 Parte de la columna entre el capitel y la base: *escapo estriado o acanalado.*　s.m./= fúste　ARQUITECTURA
2 Tallo herbáceo sin hojas que arranca de la parte baja de la planta y que tiene flores en su extremo superior.　BOTÁNICA　= bohordo

escápula (Del lat. *scapula*.) Omóplato, cada uno de los dos huesos situados a ambos lados de la espalda, articulados con las clavículas y los húmeros.　s.f.　ANATOMÍA

escapular
I (De origen incierto.)
1 Doblar una embarcación un bajío, un cabo o cualquier otro accidente.　v.tr.　NÁUTICA
2 Soltarse una amarra por deshacerse su nudo o la vuelta que la afirma: *se escapuló la cuerda que sujetaba la embarcación.*　v.intr/prnl.　NÁUTICA
II (Derivado de *escápula*.) De la escápula u omóplato: *estructura escapular.*　adj.　ANATOMÍA

escapulario (Del bajo lat. *scapularia* < *scapularis*, que cuelga sobre los hombros.)
1 Pedazo de tela con una imagen religiosa que cuelga sobre el pecho y la espalda a modo de medalla, que sirve como distintivo de algunas órdenes religiosas.　s.m.　RELIGIÓN
2 Juego de cintas o pequeños trozos de tela, que se llevan por devoción colgados del cuello: *su abuela llevaba siempre un escapulario bajo el vestido.*　RELIGIÓN

escapulohumeral Que tiene relación con el húmero y la escápula: *articulación escapulohumeral.*　adj.　ANATOMÍA

escaque (Del cat. u occitano *escac* < bajo lat. *scaccum*.)
1 Cada uno de los cuadros o casillas en que están divididos los tableros de ajedrez o damas.　s.m./JUEGOS　= casilla
2 Ajedrez, juego entre dos personas, cada una de las cuales dispone de 16 piezas movibles que se colocan sobre un tablero dividido en 64 escaques.　s.m.pl.　JUEGOS
3 División cuadrada del escudo que resulta de partirlo por lo menos dos veces.　s.m./HERÁLDICA　= jaquel

escaqueado, a
1 Que tiene forma de escaques: *el tablero de ajedrez es escaqueado.*　adj.　tb: escacado
2 Se refiere a la persona que evita o elude un trabajo u obligación.　coloquial

escaquear
1 Dividir un tablero en escaques.　v.tr.
2 Esquivar o evitar un trabajo o una obligación: *siempre se las arregla para escaquearse cuando hay trabajo.*　v.prnl.　coloquial

escaqueo Acción de escaquearse o eludir un trabajo u obligación.　s.m.　coloquial

escara (Del gr. *eskhara*, hogar, brasero.) Costra de color oscuro que se forma en un tejido afectado por gangrena o quemado.　s.f.　MEDICINA

escarabajear
1 Ir de un lugar a otro de manera desordenada: *se pasa el día escarabajeando y no hace nada de provecho.*　v.intr.
2 Escribir o dibujar garabatos: *te he dicho mil veces que no escarabajees en mis papeles.*　= garabatear, garrapatear
3 Causar en una parte del cuerpo una sensación parecida a la de las cosquillas.　= hormiguear
4 Ser una cosa motivo de preocupación o disgusto para una persona: *me escarabajea su desánimo.*　coloquial　= preocupar
5 Bailar el trompo o peonza con irregularidad.

escarabajeo
1 Preocupación o desazón producidos por un pensamiento o temor: *la hipocondría le produce un continuo escarabajeo sobre su salud.*　s.m.　coloquial
2 Bullimiento o cosquilleo: *no soporto el escarabajeo del nerviosismo en las piernas.*

escarabajo (Del lat. vulgar **scarafaius* < lat. *scarabaeus*.)
1 Insecto coleóptero, de élitros lisos, por lo general de cuerpo ovalado y patas cortas.　s.m.　ZOOLOGÍA
2 Persona pequeña y regordeta o de mala figura.　coloquial
3 Defecto de los tejidos que consiste en estar torcidos los hilos de la trama.　TEXTIL
4 Letras y trazos mal formados, torcidos y confusos: *no entendí su nota, eran unos escarabajos ininteligibles.*　s.m.pl./coloquial　= garrapatos
5 escarabajo de la col: El que ataca a diversas verduras. *(Haltica oleracea.)*　ZOOLOGÍA
6 escarabajo de la patata: Insecto coleóptero de tamaño mediano y cuerpo oval de color amarillo con líneas negras cuya larva se alimenta de las hojas de la patata. *(Leptinotarsa decemlineata.)*　ZOOLOGÍA
7 escarabajo de los cigarros o de las drogas: Insecto minúsculo que ataca al tabaco y a las plantas medicinales. *(Lasioderma serricorne.)*　ZOOLOGÍA
8 escarabajo de los cueros: Insecto cuyas larvas atacan a los cueros y a las pieles. *(Dermestes frischii.)*　ZOOLOGÍA

9 escarabajo del pan: Insecto que ataca a las pastas alimenticias y al pan. *(Sitodrepa panicea.)* — ZOOLOGÍA

10 escarabajo enterrador: Insecto que vive sobre los cadáveres, donde también pone sus huevos, asegurando así el alimento a sus larvas. *(Necrophorus fossor.)* — ZOOLOGÍA

11 escarabajo pelotero, sagrado o bolero: Insecto coleóptero de color negro y con las antenas en forma de maza, que se alimenta de estiércol, con el que también hace unas bolas en las que deposita sus huevos. *(Scarabeus sacer.)* — ZOOLOGÍA

escarabajuelo Insecto coleóptero, de tamaño pequeño, color verde azulado metálico, élitros lisos y patas posteriores desarrolladas, que come las hojas y otras partes tiernas de la vid. *(Haltica ampelophaga.)* — s.m. ZOOLOGÍA

escarabeido, a Perteneciente a una familia de coleópteros, con antenas en forma de mazas, en el estado adulto, y, en el larvario, presentan tres pares de patas y el abdomen curvado hacia abajo. — adj/s.m. ZOOLOGÍA

escarabeo Representación escultórica del escarabajo pelotero, que simbolizaba la vida eterna en el Egipto faraónico. — s.m. ARTE, HISTORIA

escaramucear Escaramuzar, mantener una pelea o escaramuza: *los hos hermanos suelen escaramucear a menudo.* — v.intr.

escaramujo (Probablemente del lat. *scrabrunculum*.)
1 Rosal silvestre, con flores blancas o rosadas, solitarias o en cimas, hojas agudas y sin vello, tallo liso con dos aguijones alternos y fruto en baya, carnoso y de color rojo. *(Rosa canina.)* — s.m./BOTÁNICA th: caramujo = agavanzo, mosqueta
2 Fruto de esta planta, usado en medicina. — BOTÁNICA
3 Percebe, crustáceo comestible. — ZOOLOGÍA

escaramuza
1 Enfrentamiento o combate de poca importancia sostenido en especial por las avanzadillas de los ejércitos o soldados de caballería. — s.f. MILITAR = zalagarda
2 Pelea o riña de poca importancia: *tuvieron una pequeña escaramuza a causa del fútbol.*

escaramuzar (Probablemente del occitano ant. *escaramussar*.)
1 Mantener una persona uno o varios combates de poca importancia. — v.intr/conj: cazar th: escaramucear
2 Moverse bruscamente el caballo a uno y otro lado: *el animal se escaramuzó al ver la serpiente.* — v.intr/prnl.

escarapela
1 Divisa o adorno compuesto de cintas, generalmente de varios colores, que sirve de distintivo y suele colocarse en el sombrero. — s.f.
2 Riña o enfrentamiento: *lo que empezó como una conversación distendida acabó como una escarapela.*
3 Tres cartas falsas de palo distinto al que se juega en el juego del tresillo. — JUEGOS

escarapelar (Del port. *escarpelar-se < carpir-se*, arañarse < lat. *carpere*, arrancar.)
1 Reñir o pelearse dos o más personas entre sí. — v.intr/prnl.
2 Descascarar o resquebrajar una cosa sin que por ello se llegue a romper del todo: *escarapelar un plato; escarapelarse la pared.* — v.intr/prnl. Colomb., C. Rica, Venez.
3 Ponérsele a una persona la piel erizada por frío o miedo. — v.prnl./Perú

escarbadero Sitio donde algunos animales suelen escarbar. — s.m.

escarbadientes Palo pequeño y acabado en punta que sirve para limpiar los dientes de los restos de comida que quedan entre ellos: *se le quedó un trozo de escarbadientes entre dos muelas.* — s.m. pl: escarbadientes = mondadientes, palillo

escarbador, a
1 Que escarba. — adj.
2 Herramienta para escarbar o remover.

escarbar (Probablemente del bajo lat. *scarifare*.)
1 Mover o rascar el terreno u otra superficie parecida para buscar algo o ahondar en ella: *el perro escarbaba la tierra para esconder el hueso.* — v.tr.
2 Hacer gestiones o diligencias en un asunto para averiguar lo que está oculto: *escarbó en el tema hasta dar con el fraude.* — = investigar
3 Remover la lumbre con un instrumento para avivarla: *escarba el fuego con la badila.* — = atizar
4 Limpiar los dientes o los oídos hurgando en ellos con un instrumento: *el otorrino le ha prohibido escarbar los oídos a su bebé.* — = mondar

escarbillos Trozos pequeños de carbón que quedan entre la ceniza. — s.m.pl. = carbonilla

escarbo Acción y resultado de escarbar. — s.m./= escarbadura

escarcear Hacer escarceos el caballo: *se deleitaba haciendo escarcear los pingos.* — v.intr./Argent., Urug., Venez.

escarcela (Del ital. *scarsella < scarso*, avaro.)
1 Bolsa que se llevaba colgada de la cintura. — s.f.
2 Mochila del cazador, con forma de red.
3 Cofia o adorno de mujer.
4 Parte de la armadura que cubría el muslo. — HISTORIA

escarceo (Del port. *escarceu*, gran oleada.)
1 Formación de pequeñas olas en el mar, en los sitios donde hay corriente: *el fuerte viento provocó continuos escarceos en la bahía.* — s.m.
2 Intento previo o incursión en alguna actividad nueva: *tus primeros escarceos en el deporte fueron negativos.* — = prueba, tentativa
3 Tentativas de adentrarse en una actividad que no se domina o en la que no se pretende profundizar: *deberías tomarte en serio la música y dejarte de escarceos.* — s.m.pl.
4 Rodeos, divagaciones alrededor de un asunto.
5 Vueltas que da un caballo cuando está inquieto o cuando el jinete lo obliga.
6 escarceos amorosos: 1. Relación o aventura amorosa poco profunda: *sus escarceos amorosos son famosos.* 2. Conjunto de actos que dan comienzo a una relación amorosa.

escarcha Rocío nocturno que se ha helado: *por la mañana había una fina capa de escarcha en el jardín.* — s.m. = carama

escarchada Planta herbácea crasa de tallos cortos, hojas anchas cubiertas de vesículas transparentes y llenas de agua, flores de muchos pétalos y fruto en caja. *(Mesembryanthemum crystallynum.)* — s.f. BOTÁNICA = hierba de la plata

escarchado, a
1 Que está cubierto de escarcha. — adj. COCINA
2 Se aplica a la fruta con una capa de azúcar cristalizado en el exterior.
3 Se refiere al aguardiente que contiene azúcar cristalizado sobre un ramo de anís.
4 Bordado de oro o plata hecho sobre la tela. — s.m./= escarche

escarchar
1 Formarse escarcha. — v.intr.
2 Preparar confitura de manera que el azúcar cristalice en la parte exterior: *su madre suele escarchar naranja y melón para hacer tartas.* — v.tr. COCINA
3 Poner en una bebida alcohólica una rama de anís con azúcar: *mi madre escarcha muy bien el jerez.*
4 Desleír la tierra en el agua: *el alfarero escarchó la arcilla.*
5 Cubrir una cosa con una sustancia que imita la escarcha: *el niño escarchó el belén con purpurina.*

escarche Labor de oro o de plata hecho o sobrepuesto en una tela. — s.m. = escarchado

escarcina Espada corta y corva parecida al alfanje. — s.f.

escarcinazo
1 Movimiento violento hecho con la escarcina con intención de herir. — s.m.
2 Herida o señal producida por la escarcina.

escarda
1 Labor agrícola de escardar los cultivos, quitando las malas hierbas. — s.f/AGRICULTURA th: escardo
2 Temporada en que se realiza esta labor agrícola. — AGRICULTURA
3 Azada pequeña con que se limpia de hierbas un sembrado. — AGRICULTURA = desherbador

escardadera
1 Escardador, herramienta de labor. — s.f/AGRICULTURA
2 Azada pequeña usada para limpiar la tierra y trasplantar flores y arbustos. — AGRICULTURA = almocafre

escardador, a
1 Persona que escarda o arranca las malas hierbas de los sembrados. — s. AGRICULTURA
2 Cuchilla de mango largo con la que se cortan las malas hierbas a ras de tierra. — s.m. AGRICULTURA

escardadura Acción y resultado de escardar. — s.f./tb: escarda

escardar
1 Arrancar los cardos y otras malas hierbas de un campo cultivado. — v.tr./AGRICULTURA = escardillar
2 Separar, apartar o arrancar lo bueno de lo malo: *escardó el arroz antes de cocerlo.*

escardilla Escarda, azada pequeña usada para limpiar la tierra y trasplantar flores y arbustos. — s.f./AGRICULTURA = almocafre

escardillar Escardar, arrancar las malas hierbas. — v.tr./AGRICULTURA

escardillo
1 Azada pequeña usada para limpiar la tierra y trasplantar flores y arbustos. — s.m./AGRICULTURA = almocafre, escarda
2 Flor del cardo. — BOTÁNICA
3 Reflejo del sol producido con un espejo u otro cuerpo brillante.

escardo Acción de escardar o quitar las hierbas malas. — s.m./AGRICULTURA th: escarda

escariador Herramienta de acero que se usa para ensanchar o redondear un agujero en una pieza de metal. — s.m. METALURGIA

escariar Ensanchar y redondear el agujero hecho en un metal: *escariar el diámetro de un tubo de plomo.* — v.tr. METALURGIA

escarificación
1 Acción y resultado de escarificar. — s.f. MEDICINA
2 Formación de una escara.
3 Adorno corporal practicado por algunas culturas.

escarificado Acción de escarificar la tierra. — s.m./AGRICULTURA

escarificador
1 Máquina agrícola que se utiliza para escarificar o romper la costra o superficie del terreno. s.m. AGRICULTURA
2 Instrumento quirúrgico para escarificar o hacer en la piel incisiones poco profundas. MEDICINA = sajador

escarificar (Del lat. *scarificare*.)
1 Labrar la tierra con el escarificador, abriendo surcos profundos para mullirla. v.tr./conj: *sacar* AGRICULTURA
2 Hacer incisiones superficiales en una parte del cuerpo para que puedan salir ciertos líquidos y humores. MEDICINA
3 Quitar la escara que se forma alrededor de las llagas o úlceras. MEDICINA = escarizar

escarioso, a Se aplica al órgano vegetal que tiene color de hoja seca y aspecto de escama: *hojas escariosas.* adj. BOTÁNICA

escarizar Escarificar, quitar la costra de las llagas o úlceras para limpiarlas. v.tr./conj: *cazar* MEDICINA

escarlador Herramienta semejante a una navaja con que los peineros pulen las púas gruesas de los extremos de los peines. s.m. INDUSTRIA

escarlata (Del ár. hispánico *iskirlata* < ár. *siqillat*, tela de seda brochada de oro.)
1 Se aplica al color que es rojo intenso, entre el carmín y el bermellón: *las paredes estaban recubiertas de ricas telas rojo escarlata.* adj/s.f. = carmín
2 Tela de ese color. s.f./TEXTIL
3 Escarlatina, enfermedad infecciosa. MEDICINA

escarlatina
1 Enfermedad infecciosa grave, contagiosa y epidémica, que se manifiesta con temperatura alta, anginas y manchas rojas extendidas por la piel. s.f. MEDICINA
2 Tela de lana de color encarnado o carmesí. TEXTIL

escarlatinoso, a
1 De la escarlatina: *el niño tiene una infección escarlatinosa; la blusa es escarlatinosa.* adj.
2 Que padece escarlatina. adj/s./MEDICINA

escarmenador, a Carmenador, instrumento para desenredar el cabello, la lana o la seda. s.m.

escarmenar
1 Limpiar y arreglar el pelo, la lana o la seda. v.tr./= carmenar
2 Castigar a alguien, quitándole el dinero u otra cosa de valor de la que se puede hacer mal uso: *escarmenó a su hijo para que no comprara más golosinas.*
3 Estafar con engaños y de manera paulatina: *escarmenaba a su socio desde hacía años.*
4 Separar el mineral útil de la tierra a los escombros. MINERÍA

escarmentado, a Que escarmienta: *salir escarmentada de un negocio; quedó bien escarmentado con la reprimenda.* adj/s.

escarmentar
1 Imponer un castigo al que ha cometido una falta para que se enmiende o corrija: *no le gusta escarmentar a su hijo.* v.tr. conj: *pensar*
2 Tomar la decisión de no volver a cometer una falta a causa de los daños y perjuicios que ésta le ha supuesto: *cree que con esto escarmentará para toda la vida.* v.intr.

escarmiento
1 Castigo duro o ejemplar: *le dio un buen escarmiento.* s.m.
2 Lección, aviso o advertencia que invita a rectificar a una persona para no incidir en un error: *el pésimo resultado le servirá de escarmiento.*

escarnecedor, a Que escarnece: *no pudo soportar por más tiempo sus escarnecedores sarcasmos.* adj/s.

escarnecer (Derivado del ant. *escamir* < germ. *skernjan*.) Hacer escarnio o burla de una persona. v.tr. conj: *carecer* = escarnecimiento

escarnio Burla humillante y dañina: *le sometieron a escarnio público.* s.m.

escaro (Del gr. *skaros*.) Pez de los arrecifes coralinos de colores variados y brillantes. *(Scarus cretensis.)* s.m./ZOOLOGÍA = vieja

escaro, a (Del lat. *scaurus*.) Que tiene los pies y los tobillos torcidos. adj/s.

escarola (Del bajo lat. *escariola* < lat. *latuca escariola*, lechuga apetitosa.)
1 Planta hortense de hojas radicales muy numerosas, dispuestas en rosetas, lisas o rizadas, que se comen en ensalada. *(Cichorium endivia.)* s.f. BOTÁNICA
2 Cuello alechugado que se usó antiguamente.

escarolado, a Que es rizado, como las hojas de la escarola: *tiene el cabello escarolado.* adj.

escarolar Hacer pequeños dobleces en una prenda de vestir o un trozo de tela al plancharla. v.tr. = alechugar

escarótico, a Se aplica a la sustancia que produce debilidad o tiene un efecto cáustico. adj./FARMACIA = caterético

escarpa (Del ital. *scarpa*.)
1 Cuesta muy pronunciada en un terreno abrupto: *perdió el aliento en mitad de la escarpa.* s.f. = escarpadura
2 Superficie inclinada del muro de una fortificación. CONSTRUCCIÓN

escarpado, a (Del ital. *scarpato*.)
1 Se aplica al terreno que tiene mucho desnivel o pendiente. adj. = enriscado

2 Se refiere a las alturas que presentan subidas peligrosas o intransitables: *montaña escarpada.* = abrupto

escarpadura Declive o escarpa de un terreno. s.f./= escarpe

escarpar Hacer una escarpa o una rampa en un terreno o en una montaña. v.tr. CONSTRUCCIÓN

escarpe
I (Derivado de *escarpar*.) Declive, inclinación de un terreno, salto que interrumpe la continuidad general de un paisaje. s.m. = escarpa
II (Derivado de *escarpín*.) Pieza de la armadura que cubría el pie. s.m. HISTORIA

escarpelo (Del lat. *scalpellum*.)
1 Herramienta con dientecillos que los carpinteros, entalladores y escultores usan para limpiar y raspar sus obras. s.m. ARTE, CARPINTERÍA
2 Bisturí que se usa en las disecciones anatómicas y en las autopsias. MEDICINA tb: escalpelo

escarpia Clavo doblado en ángulo recto para que sostenga lo que se cuelga de él. s.f. = alcayata

escarpiador
1 Horquilla de hierro para afianzar las cañerías a la pared. s.m.
2 Peine para desenredar el cabello. tb: escarpidor

escarpidor (Del cat. *escarpidor* < *escarpir*, desenredar el cabello.) Peine de púas largas, gruesas y separadas, para desenredar el cabello. s.m. tb: escapidior = batidor

escarpín (Del ital. *scarpino* < *scarpa*, zapato.)
1 Zapato ligero y flexible, de una suela y una sola costura. s.m.
2 Calzado interior de abrigo que se pone encima de la media o el calcetín. = patuco

escarramanado, a (De *Escarramán*, personaje literario.) Que es chulo o bravucón: *siempre se mete en problemas porque es muy escarramanado.* adj.

escarrancharse Ponerse una persona con las piernas muy abiertas o separadas: *se escarranchó para subirse a la moto.* v.prnl. = despatarrarse

escartivana Tira de papel o tela que se pone en las láminas u hojas sueltas para poderlas encuadernar. s.f./ARTES GRÁFICAS tb: cartivana

escarza Herida en las patas de las caballerías producida al clavárseles hasta la carne una piedra u otra cosa semejante. s.f. VETERINARIA

escarzador Persona que se dedica a quitar los panales con miel de las colmenas. s.m.

escarzano, a
1 Se refiere al arco menor que la circunferencia del mismo radio. adj. ARQUITECTURA
2 Se aplica a la bóveda más deprimida que la esférica. ARQUITECTURA

escarzar
I (De origen incierto.) Dar forma de arco a un palo utilizando una cuerda que se sujeta a sus extremos. v.tr. conj: *cazar*
II (Probablemente derivado del lat. *castare*, castrar.)
1 Sacar una cosa de entre otras: *escarcé las naranjas podridas del frutero.* v.tr. conj: *cazar*
2 Quitar los panales sucios o pequeños de una colmena.
3 Sacar de la tierra las patatas más grandes para que crezcan las pequeñas. AGRICULTURA

escarzo
1 Operación o proceso de escarzar o castrar las colmenas. s.m.
2 Panal con borra o suciedad.
3 Borra o desperdicio de la seda. TEXTIL

escás Línea trazada en las paredes o en el suelo que marca la validez de las jugadas, en el juego de la pelota vasca. s.m. DEPORTES

escasamente
1 Apenas, con dificultad: *hace escasamente un año que murió su padre.* adv.
2 Con escasez: *vivir escasamente, como en tiempos del racionamiento.*

escasear
1 Haber poca o insuficiente cantidad de una cosa: *escasea la comida entre los refugiados.* v.intr.
2 Dar lo menos posible de una cosa: *escasea las raciones hasta con los mejores clientes.* v.tr. = escatimar
3 Dejar a una persona libre de un trabajo, una molestia o un gasto: *escasearla de la tarea de hacer las fotocopias.* + de
4 Cortar una cara de un sillar o un madero por un plano oblicuo a las otras. CARPINTERÍA

escasez
1 Falta o mengua de una cosa: *la escasez de medicamentos favorece la expansión de la epidemia.* s.f. pl: escaseces
2 Falta de lo necesario para subsistir: *la escasez afecta a las clases más desfavorecidas.* = pobreza
3 Acción de escatimar o dar lo menos posible. = mezquindad
4 Apuros o privaciones económicas: *sobreviven con muchas escaseces.* s.f.pl.

escaso, a (Del lat. vulgar *excarsus*, entresacado.)   **adj.**
1 Que es poco o limitado: *la bebida fue muy escasa en*   ≠ **abundante**
el convite.
2 Que está falto o incompleto: *mide un metro escaso.*
3 Que da o gasta lo mínimo: *es tan escaso que nunca*   = **mezquino,**
hace regalos.   **tacaño**

escatimar Dar la menor cantidad posible de una cosa   **v.tr.**
o gastar lo mínimo: *no escatimes el pan que compres*
porque hoy somos muchos.

escatimoso, a Que es malicioso o mezquino.   **adj.**

escato-   **pref.**
1 Componente de palabra procedente del gr. *skaor,*
skatos, que significa excremento: *escatológico.*
2 Componente de palabra procedente del gr. *exkhatos*
que significa último, relativo a la muerte: *escatología.*

escatofagia (Del gr. *skatos,* excremento + *phageo,* co-   **s.f./SIQUIATRÍA,**
mer.) Hábito de comer excrementos, que es patológi-   **ZOOLOGÍA**
co en las personas.   = **coprofagia**

escatófago, a Se refiere al animal que se alimenta de   **adj./ZOOLOGÍA**
excrementos: *insectos escatófagos.*   = **coprófago**

escatófilo, a Se aplica al insecto que desarrolla las   **adj./ZOOLOGÍA**
larvas entre excrementos.   = **coprófilo**

escatol Compuesto químico con olor a materia fecal,   **s.m.**
que tiene su origen en la putrefacción de proteínas.   **QUÍMICA**

escatología
I (Del gr. *eskhatos,* último + *logos,* tratado.) Conjunto   **s.f.**
de creencias y doctrinas referentes a la vida de ultra-   **TEOLOGÍA**
tumba.
II (Del gr. *skor, skatos,* excremento + *logos,* tratado.)
1 Tratado o estudio de los excrementos.   **s.f.**
2 Conjunto de supersticiones o dichos sobre los excrementos.

escatológico, a
I (Del gr. *eskhatos,* último + *logos,* tratado.) Que tiene   **adj.**
relación con la escatología o la vida de ultratumba.   **TEOLOGÍA**
II (Del gr. *skor, skatos,* excremento + *logos,* tratado.)
1 Que tiene relación con la escatología o excremen-   **adj.**
tos y suciedades.
2 Se aplica al lenguaje que es grosero e indecente.

escavar Cavar la tierra ligeramente para ahuecarla y   **v.tr./AGRICULTURA**
quitar la maleza: *el agricultor escavaba los sembrados.*   **tb: escavanar**

escayola (Del ital. *scaglinola,* especie de estuco yesoso.)
1 Yeso calcinado y amasado con agua usado en es-   **s.f.**
cultura para sacar moldes o en construcción: *el dentis-*   = **estuco**
ta hizo un molde de escayola de su dentadura.
2 Figura o adorno hecho con esta masa.   = **estuco**
3 Vendaje que se endurece con esta masa de yeso y   **MEDICINA**
sirve para inmovilizar un miembro fracturado.

escayolar Poner una vendaje endurecido con escayo-   **v.tr.**
la en un miembro roto para inmovilizarlo y facilitar   **MEDICINA**
su curación: *me tuvieron que escayolar la pierna porque*
me rompí el fémur.

escayolista Persona que hace obras de escayola.   **s.m.f.**

escena (Del lat. *scaena* < gr. *skene.*)
1 Parte del teatro donde se representa la obra o es-   **s.f./TEATRO**
pectáculo teatral: *el actor ya está en escena.*   = **escenario**
2 Lo que se representa en esta parte del teatro: *hubo*   **TEATRO**
tres cambios de escena.
3 Cada una de las partes en que se dividen los actos   **TEATRO**
de una obra teatral, determinada por la entrada o salida de uno o más personajes.
4 Parte de la acción de una película que se desarrolla   **AUDIOVISUALES,**
en un mismo lugar.   **CINE**
5 Ambientación de una obra, que imita la realidad:
una escena bucólica.
6 Literatura dramática: *la escena española en aquella*   **LITERATURA**
época fue muy fructífera.
7 Arte de la interpretación teatral: *lo suyo es la escena.*   **TEATRO**
8 Acto o actitud fingido o exagerado: *se enfadó y nos*   + **hacer**
hizo una escena.
9 Suceso o circunstancia que merece atención y al   = **panorama**
que se asiste como espectador: *la escena política; la*
tremenda escena de la marcha de refugiados.
10 escena muda: Aquella en la que los personajes se   **TEATRO**
expresan sólo mediante gestos.
11 desaparecer de o de la escena: 1. Marcharse o   **coloquial**
ausentarse de un lugar: *desapareció de la escena antes*   **coloquial**
del brindis. **2.** Fallecer, morir.
12 entrar en escena: 1. Salir el actor al escenario: *en-*   **TEATRO**
tró en escena el protagonista. **2.** Intervenir en un asunto:
la oposición pidió que entrase en escena la ministra.
13 poner en escena: 1. Preparar su representa-   **TEATRO**
ción o representar una obra: *la pieza se puso en escena*
treinta años después de que fuera escrita. **2.** Presentar en   **coloquial**
público o poner en marcha una cosa.

escenario
1 Parte del teatro donde se representa la obra teatral   **s.m.**
o cualquier otro espectáculo: *los actores hicieron salir al*   **TEATRO**
director al escenario.   = **escena**

2 Lugar donde se desarrolla cada escena de una pelí-   **CINE**
cula: *el director busca escenarios tenebrosos.*
3 Lugar en que se desarrolla una acción u ocurre un
suceso: *el escenario de la boda fue precioso; el escenario*
del crimen.
4 Conjunto de circunstancias que se consideran en
torno a una persona o suceso: *me imagino el escenario*
de su vida.
5 escenario giratorio: El que está formado por una   **TEATRO**
plataforma giratoria, que permite presentar escenas y
decorados diversos.

escénico, a Que tiene relación con la escena: *coreo-*   **adj.**
grafía escénica; tratado escénico.

escenificable Que puede ser escenificado.   **adj.**

escenificación Puesta en escena de una obra teatral: **s.f.**
la escenificación de La Celestina.   **TEATRO**

escenificar
1 Poner en escena o representar una obra teatral: *a la*   **v.tr./conj: sacar**
actriz le costó mucho escenificar el suicidio.   **TEATRO**
2 Dar forma teatral a una obra literaria.   **TEATRO**

escenografía
1 Conjunto de decorados que se montan en un esce-   **s.f.**
nario para ser utilizados en una representación tea-   **TEATRO**
tral: *ha recibido un premio por la escenografía de su últi-*
ma obra.
2 Arte de proyectar y realizar decorados escénicos: **TEATRO**
estudió diseño y ahora se dedica a la escenografía.

escenográfico, a Que tiene relación con la esceno-   **adj.**
grafía: *asistió a un curso de técnicas escenográficas.*   **TEATRO**

escenógrafo, a Que hace escenografías o decorados   **adj/s.**
escénicos: *el escenógrafo supo representar muy bien el*
ambiente de la época.

escepticismo
1 Desconfianza sobre la verdad o eficacia de una   **s.m.**
cosa: *su escepticismo le lleva a cuestionarse evidencias.*
2 Doctrina filosófica que niega la capacidad de la   **FILOSOFÍA**
mente humana para descubrir la verdad.

escéptico, a (Del gr. *skeptikos,* que observa sin afirmar.)
1 Que no cree o le cuesta creer en una cosa: *es escép-*   **adj/s.**
tico en la cuestión.   = **descreído**
2 Que está relacionado con el escepticismo.   **adj/s./FILOSOFÍA**
3 Que profesa el escepticismo.   **adj/s./FILOSOFÍA**

escia- Componente de palabra procedente del gr.   **pref.**
skia, que significa sombra: *esciagrafía.*

esciagrafía Técnica de pintar sombras y claroscuros.   **s.f./ARTE**

escialítico, a Se aplica al dispositivo para iluminar   **adj.**
que no proyecta sombras y que se usa en cirugía.   **TECNOLOGÍA**

esciénido, a Perteneciente a una familia de peces   **adj/s.m.**
óseos teleósteos, que viven en aguas poco profundas   **ZOOLOGÍA**
de los mares cálidos y templados.

esciente (Del lat. *sciens, -entis.*) Que sabe.   **adj./literario**

escifozoo Perteneciente a una clase de cnidarios for-   **adj/s.m./ZOOLOGÍA**
mada por medusas de gran tamaño.   = **acalefo**

escila (Del lat. *scincus* < gr. *skigkos.*) Cebolla albarrana,   **s.f.**
planta.   **BOTÁNICA**

escíncido, a Perteneciente a una familia de saurios,   **adj/s.m.**
provistos, en general, de extremidades de pequeñas   **ZOOLOGÍA**
dimensiones y cabeza aplanada.

escinco (Del lat. *scincus* < gr. *skigkos.*) Reptil del orden   **s.m.**
de los saurios, de fuertes escamas, de cuerpo alargado   **ZOOLOGÍA**
y extremidades reducidas.   = **eslizón**

escindir (Del lat. *scindere,* rasgar, rajar.)
1 Cortar o dividir una cosa en partes: *con el bisturí es-*   **v.tr/prnl.**
cindió la zona afectada; la corporación se escindió por des-
avenencias internas.
2 Romper un núcleo atómico en dos partes similares   **FÍSICA NUCLEAR**
para conseguir una liberación de energía.   = **fisión**

escintigrafía Método de diagnóstico en el que previa   **s.f.**
inyección en el organismo de una sustancia radiacti-   **MEDICINA**
va puede obtenerse una imagen de una superficie fo-   **tb: escintilografía**
tosensible de un órgano determinado.   = **gammagrafía**

escintigrama Registro gráfico obtenido por escinti-   **s.m./MEDICINA**
grafía.   **tb: escintilograma**

escintilar Despedir una cosa destellos rápidos y   **v.intr.**
vivos u oscilantes: *vimos una extraña luz que escintilaba*   = **centellear**
en el cielo.

escirro (Del gr. *skirros,* cuerpo duro.) Tipo de cáncer   **s.m.**
que consiste en un tumor duro que se produce prin-   **MEDICINA**
cipalmente en las glándulas, especialmente las ma-   = **cirro**
marias.

escirroso, a Que tiene relación con el escirro.   **adj./MEDICINA**

escisión (Del lat. *scissio, -onis.*)
1 División de una cosa: *algunas células se reproducen*   **s.f.**
por escisión.
2 Separación, ruptura o desacuerdo que se produce
entre personas que tenían intereses comunes: *al final*
se produjo la escisión del partido.

3 escisión nuclear: Rotura de un núcleo atómico en dos partes similares. — FÍSICA NUCLEAR = fisión

escisionista Que produce escisión o división: *la facción escisionista del movimiento obrero.* — adj.

escisiparidad Fisiparidad, modo de reproducción sexual. — s.f. BIOLOGÍA

escita De Escitia, antiguo pueblo iranio de Asia, o de su lengua. — adj/s.m.f. HISTORIA

escitamíneo, a Perteneciente a un orden de plantas monocotiledóneas, con estambres de dos tipos, uno de ellos estéril. — adj/s.f. BOTÁNICA

esciúrido, a Perteneciente a una familia de mamíferos roedores de pequeña talla, como la ardilla. — adj/s.m. ZOOLOGÍA

esclarea Amaro, planta herbácea labiada. — s.f./BOTÁNICA

esclarecedor, a Que esclarece: *sus últimas palabras fueron esclarecedoras para todos.* — adj.

esclarecer (Del lat. *clarescere*.)
1 Iluminar, poner clara una cosa: *la luz del sol esclarecía las estancias interiores.* — v.tr. conj: carecer
2 Poner en claro un asunto o una situación: *esclarecimos el malentendido rápidamente.* — = aclarar, dilucidar
3 Crecer o ampliar la inteligencia de una persona: *los años de estudio lo esclarecieron mucho.*
4 Dar prestigio a una persona: *ganar el premio lo esclareció mucho.* — = afamar, prestigiar
5 Empezar a aparecer la luz del día: *en verano esclarece más temprano.* — v.intr. = amanecer, clarear

esclarecido, a Que es insigne o ilustre: *el cónsul es miembro de una esclarecida familia.* — adj. ≠ mediocre

esclarecimiento
1 Acción y resultado de esclarecer: *los padres pidieron a la escuela el esclarecimiento de los hechos.* — s.m.
2 Lo que sirve para esclarecer.

esclava Pulsera que no se abre y no tiene adornos. — s.f.

esclavina (Derivado del gr. bizantino *sklavinos*.)
1 Capa que llega hasta la mitad del antebrazo. — s.f.
2 Prenda de vestir de cuero o tela semejante a una capa corta usada por los peregrinos y marineros.

esclavismo Sistema social fundamentado en la esclavitud. — s.m./HISTORIA, SOCIOLOGÍA

esclavista
1 De la esclavitud o del esclavismo. — adj.
2 Que es partidario de la esclavitud: *los estados americanos del sur eran esclavistas.* — adj/s.m.f.

esclavitud
1 Sistema social en el que unas personas tienen derecho de propiedad sobre otras. — s.f. SOCIOLOGÍA
2 Situación de la persona que pertenece a un dueño para el que trabaja y se halla privada de todo tipo de derechos.
3 Dependencia excesiva que una persona tiene de otra o una cosa: *la esclavitud de las drogas.*

esclavización Acción y resultado de esclavizar: *luchó en contra de la esclavización de la población indígena.* — s.f.

esclavizar
1 Hacer esclava a una persona: *los terratenientes americanos esclavizaban a los negros.* — v.tr. conj: cazar
2 Tener a una persona muy sujeta y constantemente ocupada: *el trabajo nos esclavizaba.*

esclavo, a (Del gr. *sklavos*.)
1 Se aplica a la persona que no tiene libertad por estar bajo el dominio de otra: *algunos esclavos podían comprar su libertad.* — adj/s.
2 Que está dominado por una pasión, obligación o vicio: *es un esclavo del tabaco.*
3 Que está profundamente enamorado.
4 Miembro de cierta congregación o cofradía religiosa. — s. RELIGIÓN
5 **esclavo ladino:** El que llevaba más de un año de esclavitud.
6 **ser alguien un esclavo o una esclava:** Trabajar mucho: *nunca le reconocerán lo que hace por su familia, es una esclava de todos.* — coloquial

esclerénquima Tejido vegetal de sostén. — s.m./BOTÁNICA

escleritis Inflamación de la esclerótica. — s.f./pl: escleritis

esclero- Componente de palabra procedente del gr. *skleros*, que significa duro: *esclerótica.* — pref. tb: escler-

esclerodermia (Del gr. *skleros*, duro + *derma*, piel.) Enfermedad de la piel, a menudo incurable, caracterizada por su endurecimiento y atrofia. — s.f. MEDICINA

esclerófilo, a Que tiene las hojas duras y bien adaptadas a la sequía. — adj. BOTÁNICA

esclerómetro Instrumento que sirve para medir la dureza de los sólidos. — s.m. TECNOLOGÍA

esclerosar
1 Causar un agente esclerosis en un órgano o un tejido del cuerpo. — v.tr/prnl. MEDICINA

2 Perder la capacidad de reacción ante situaciones inesperadas o nuevas, por haberse anclado en una actitud inmovilista.

escleroscopio Instrumento para determinar la dureza de los metales. — s.m. tb: escleróscopo

esclerósico, a De la esclerosis: *el enfermo presenta síntomas esclerósicos.* — adj./MEDICINA = escleroso

esclerosis (Del gr. *sklerosis*, endurecimiento.)
1 Proceso de endurecimiento de los tejidos u órganos, debido al aumento anormal del tejido conjuntivo que entra en su estructura. — s.f. pl: esclerosis MEDICINA
2 Embotamiento o rigidez de una facultad intelectual: *padece una esclerosis de la memoria.*
3 Incapacidad para adaptarse a nuevas o inesperadas situaciones: *la esclerosis del sistema neoliberalista.*

escleroso, a
1 Que tiene relación con la esclerosis. — adj./MEDICINA
2 Que padece esclerosis: *los pacientes esclerosos requieren cuidados especiales.* — adj/s.

esclerótica Membrana externa del globo ocular que forma el blanco del ojo. — s.f. ANATOMÍA

esclerótico, a Que tiene relación con la esclerosis. — adj./= escleroso

esclusa (Del lat. *exclusa*.)
1 Parte de un canal de navegación, delimitada por compuertas, construida para que los barcos puedan salvar el desnivel entre dos tramos: *el buque se detuvo en la esclusa.* — s.f. NÁUTICA
2 Compuerta de esta obra: *el ingeniero ordenó abrir la esclusa.*
3 **esclusa de limpia:** Depósito de agua que se abre de manera brusca para arrastrar el fango acumulado en un puerto o en un embalse.

esclusada Cantidad de agua que fluye en el tiempo que media entre la apertura y el cierre de la esclusa. — s.f.

esclusero, a Persona encargada de manejar las puertas de una esclusa. — s.

-esco, a Unido a sustantivos forma adjetivos que expresan propio o característico: *burlesco.* — suf.

escoa (Del cat. *escoa*.) Punto de mayor curvatura de cada cuaderna de una embarcación. — s.f. NÁUTICA

escoba (Del lat. *scopa*.)
1 Instrumento que consta de un manojo de ramas flexibles o de hilos de plástico u otro material atado al extremo de un palo, que sirve para barrer o limpiar. — s.f.
2 Planta arbustiva de ramas angulosas verdes y flores amarillas en racimo, con la que se hacen estos instrumentos. (*Cytisus scoparius.*) — BOTÁNICA
3 Juego de naipes que consiste en alcanzar quince puntos siguiendo ciertas reglas. — JUEGOS
4 Planta malvácea de hojas mucilaginosas o viscosas, que se usa para hacer cataplasmas. (*Sida glutinosa.*) — BOTÁNICA Colomb., Hond.

escobada
1 Cada movimiento hecho con la escoba para barrer: *con un par de escobadas recogió los cristales del suelo.* — s.f. = escobazo
2 Barrido ligero: *dejó limpio el local de una escobada.*

escobajar Quitar el escobajo del racimo de uvas. — v.tr.

escobajo
1 Raspa que queda al quitar las uvas de un racimo. — s.m./= raspajo
2 Escoba vieja y estropeada.

escobar Limpiar el suelo con la escoba: *tú limpias los cristales y yo escobaré el salón.* — v.tr. = barrer

escobazar Mojar una cosa con una escoba o con ramas mojadas. — v.tr. conj: cazar

escobazo
1 Golpe dado con una escoba: *mató al ratón de un escobazo.* — s.m.
2 Cada movimiento que se hace con la escoba. — = escobada
3 Escobada, barrido ligero. — Argent., Chile
4 **echar a alguien a escobazos:** Despedirle de mala manera: *iba borracho y lo echaron del bar a escobazos.* — coloquial

escobén Agujero que hay a ambos lados de la pieza curva que forma la proa de una embarcación por los que pasan los cables o cadenas de amarre. — s.m. NÁUTICA

escobera Retama común, arbusto. — s.f./BOTÁNICA

escobero, a
1 Persona que hace o vende escobas. — s.
2 Armario donde se guarda la escoba y otros instrumentos de limpieza. — s.m.

escobeta
1 Cepillo de la ropa: *quítame la pelusilla del jersey con la escobeta.* — s.f.
2 Escobilla de cerdas o alambre, que se usa para labrar metales. — METALURGIA
3 Escobilla de raíz de zacatón, que es corta y recia. — Méx.

escobilla
I (Probablemente del lat. *scobis*.) Tierra y polvo que se barre en los talleres donde se trabaja la plata y el — s.f.

oro, y que contiene algunas partículas de estos metales.
II (Derivado de *escoba*.)
1 Cepillo para ropa, polvo u otras cosas. — s.f.
2 Escoba pequeña formada por cerdas o alambres: *recogió la ceniza de la chimenea con una escobilla.*
3 Planta arbustiva de ramas alternas, mimbreadas y cilíndricas y hojas alternas, también. *(Caroxyllum tamariscifolium.)* — BOTÁNICA = acianos
4 Planta arbustiva de ramas rígidas, desnudas en su extremidad y flores purpúreas o rosadas. *(Microlonchus clusii.)* — BOTÁNICA
5 Mazorca del cardo silvestre, empleada para cardar la seda.
6 Pieza de algunas máquinas eléctricas para mantener el contacto entre los conductores y el rotor para la entrada y salida de la corriente: *en la juguetería encontrarás escobillas para tus coches de carreras.* — ELECTRICIDAD
7 **escobilla de ámbar:** Planta herbácea exótica anual, de tallos erguidos y ramosos y flores de olor agradable. — BOTÁNICA

escobillado Acción y resultado de mover rápidamente los pies restregándolos contra el suelo. — s.m./Amér. tb: escobilleo

escobillar
1 Limpiar una cosa con la escobilla: *voy a escobillar la chimenea.* — v.tr. = cepillar
2 Frotar una persona el suelo con movimientos rápidos de los pies en algunos bailes. — v.intr. Amér.

escobilleo Escobillado, acción y resultado de escobillar. — s.m. Amér.

escobillón
1 Cepillo en el que se encaja un palo largo para barrer el suelo. — s.m.
2 Instrumento que consta de un palo largo con un cilindro con cerdas en un extremo, que sirve para limpiar el cañón de un arma de fuego.
3 Bastoncillo con una bola de algodón estéril en un extremo, que se usa para tomar muestras de un líquido orgánico que se tiene que analizar. — MEDICINA

escobina
1 Polvo o pequeños fragmentos que se desprenden de un material al barrenar, lijar, limar o hacer otro trabajo con él. — s.f. = limadura
2 Serrín producido con la barrena cuando se agujerea con ella alguna cosa.

escobo Matorral espeso de retama u otros arbustos similares: *el incendio sólo quemó los escobos.* — s.m. BOTÁNICA

escobón
1 Escoba de mango largo para barrer o para deshollinar: *coge el escobón para barrer la terraza.* — s.m.
2 Escoba de mango muy corto o sin él.
3 Planta arbustiva de ramas angulosas, con las cuales se hacen escobas para barrer. *(Sarothamnus.)* — BOTÁNICA
4 **escobones de brujas:** Cierta enfermedad que ataca al ciruelo provocada por un hongo parásito. — BOTÁNICA

escocedura
1 Sensación desagradable o dolorosa producida por irritación o lesión de la piel: *esta pomada te aliviará la escocedura que te produjo la mochila en los hombros.* — s.f.
2 Parte del cuerpo que escuece: *los pantalones me rozan la escocedura de la ingle.*

escocer
1 Causar una herida o una lesión una sensación desagradable: *la cicatriz todavía escuece.* — v.intr. conj: torcer
2 Ponerse la piel de una parte del cuerpo inflamada o irritada a causa del sudor o del roce: *con tanto calor se te pueden escocer las plantas de los pies.* — v.prnl.
3 Producir una impresión desagradable a una persona o sentirse dolido a causa de un desaire o un reproche: *su desprecio me escoció profundamente; se escocerá por lo que hiciste.* — v.intr/prnl. = dolerse

escocés, a
1 De Escocia, país de Gran Bretaña, o de su lengua. — adj.
2 Persona natural de este país. — s.
3 Variedad gaélica de la lengua celta, de la familia indoeuropea, que se habla en este país. — s.m. LINGÜÍSTICA
4 Se aplica a la tela o tejido que tiene cuadros y rayas de varios colores: *este año se llevan mucho las faldas escocesas.* — adj/s. TEXTIL
5 Whisky elaborado en Escocia. — s.m.

escocia (Del lat. *scotia* < gr. *skotia*, oscuridad.) Moldura cóncava cuya sección está formada por dos arcos de diferente circunferencia y más saliente por su parte inferior. — s.f. ARQUITECTURA = escota, nacela

escocimiento Sensación dolorosa o desagradable experimentada por irritación de la piel: *el alcohol sobre la herida produce escocimiento.* — s.m. = escozor

escoda
1 Herramienta semejante al martillo, con corte en ambos extremos de la cabeza, que se emplea para labrar piedras y picar paredes. — s.f. CONSTRUCCIÓN

2 **labrar a escoda:** Trabajar la superficie de los sillares con este instrumento, antes de dar el acabado. — CONSTRUCCIÓN

escodadero Sitio donde los venados y ciervos suelen rozar la cuerna o cuerno macizo para quitarle la piel y facilitar su crecimiento. — s.m.

escodadura Marca o huella que la escoda deja en la piedra. — s.f. CONSTRUCCIÓN

escodar
1 Trabajar una piedra con la escoda. — v.tr.
2 Frotar algunos animales la cornamenta para quitar la piel que la cubre. — v.tr/prnl.

escofina (Del lat. vulgar *scoffina*.)
1 Herramienta semejante a una lima, de dientes gruesos y triangulares, usada para desbastar. — s.f.
2 **escofina de ajustar:** Pieza de hierro o acero que usan los carpinteros para trabajar e igualar las piezas. — CARPINTERÍA

escofinar Trabajar o limar una cosa con la escofina. — v.tr.

escogedor, a Que escoge. — adj/s.

escoger (Del lat. *ex*, de fuera + *colligere*, coger.) Coger o elegir una cosa de un conjunto: *escogió tres cartas de la baraja.* — v.tr. conj: coger

escogidamente
1 De forma cabal y perfecta. — adv.
2 Con acierto y tino: *dirigir un asunto escogidamente.*

escogido, a Que es o se reputa como lo mejor de su género: *en esta frutería venden productos escogidos.* — adj. = selecto

escogimiento Acción y resultado de escoger. — s.m.

escolán Denominación que se da a los niños que se educan para el canto en los monasterios. — s.m. = escolano

escolanía Coro de niños que cantan en las iglesias: *al finalizar la misa, la escolanía dio un concierto.* — s.f. MÚSICA

escolano Cada uno de los niños que se educan para el canto en una escolanía. — s.m/MÚSICA tb: escolán

escolapio, a
1 De la orden religiosa de las Escuelas Pías. — adj/RELIGIÓN
2 Clérigo regular o religioso que profesan la regla de orden religiosa dedicada a la enseñanza. — s. RELIGIÓN
3 Se aplica a la persona que recibe enseñanza en las Escuelas Pías. — adj/s.

escolar
I (Derivado de *escuela*.)
1 De la escuela o del estudiante: *le han concedido una ayuda para el material escolar.* — adj.
2 Alumno que estudia en la escuela: *un grupo de escolares visitó el museo de geología.* — s.m.f. = estudiante
II (Derivado de *colar*.) Pasar una cosa por un lugar estrecho. — v.intr/prnl.

escolaridad
1 Conjunto de cursos que un estudiante sigue en un centro docente. — s.f.
2 Período de tiempo durante el que se asiste a un centro de enseñanza de cualquier grado para realizar estudios.

escolariego, a Que es propio de estudiantes o escolares. — adj.

escolarización Acción y resultado de proporcionar la enseñanza obligatoria a una persona: *la escolarización debe ser gratuita.* — s.f.

escolarizar Proporcionar la enseñanza obligatoria a una persona: *su tutor la escolarizó cuando tenía seis años.* — v.tr. conj: cazar

escolástica (Del lat. *scholastica* < gr. *skholastike*.) Filosofía medieval que se caracteriza por sintetizar la doctrina de la Iglesia católica y la filosofía de Aristóteles. — s.f. FILOSOFÍA = escolasticismo

escolástico, a (Del lat. *scholasticus* < gr. *skolastikos*.)
1 Que tiene relación con la filosofía de la escolástica. — adj/FILOSOFÍA
2 Filósofo o teólogo que sigue esta corriente. — s./FILOSOFÍA
3 Que tiene relación con la escuela o con los estudiantes de la misma. — culto = escolar
4 Que presenta expresiones y construcciones cultas al estilo de los textos de épocas anteriores: *disertación escolástica; escritor escolástico.*

escólex (Del gr. *skolex*, gusano, lombriz.) Extremidad anterior de la tenia, provista de ventosas, que usa para adherirse al intestino. — s.m/pl: escólex ZOOLOGÍA = cabeza

escoliador, a Persona que escolia o anota un escrito. — s./= escoliasta

escoliar Poner escolios o notas a un escrito para aclararlo o comentarlo. — v.tr.

escoliasta Persona que escolia o pone notas a un escrito. — s.m.f. = escoliador

escolimado, a Que es débil o propenso a contraer enfermedades: *requiere cuidados especiales porque es un niño escolimado.* — adj. = enfermizo

escolimoso, a Que es propenso a interpretar como ofensivo lo que otro hace o dice. — adj. = susceptible

escolio (Del gr. *skholion*, explicación, comentario.) Nota puesta en un texto para explicarlo. — s.m.

escoliosis (Derivado del gr. *skolios*, torcido.) Desviación lateral de la columna vertebral. — s.f./pl: escoliosis MEDICINA

escoliótico, a
1 Que tiene relación con la escoliosis: *padece una desviación escoliótica.* — adj. MEDICINA
2 Que padece escoliosis. — adj/s./MEDICINA

escollar
1 Tener una cualidad superior a las de las demás personas o cosas: *Juan escolla sobre los demás alumnos de su clase.* — v.intr/prnl. conj: *contar* = descollar
2 Malograrse un propósito por haber tropezado con algún inconveniente. — Argent., Chile

escollera Obra hecha en un puerto con piedras grandes echadas al mar para formar un rompeolas o como cimiento de un muelle: *las olas eran tan altas que sobrepasaron la escollera.* — s.f. CONSTRUCCIÓN

escollo (Del ital. *scoglio* < lat. *scopulus*, peña, peñasco.)
1 Peñasco que por estar oculto por el agua constituye un peligro para la navegación: *el barco chocó contra un escollo y embarrancó.* — s.m.
2 Obstáculo para llevar a cabo una actividad: *logró superar todos los escollos que presentaba la lectura del manuscrito.*
3 Peligro o riesgo que entraña la realización de una cosa: *aceptar los escollos que pueda presentar la inversión.*

escolopendra (Del lat. *scolopendra* < gr. *skolopendra*, ciempiés.)
1 Denominación común a varios invertebrados quilópodos, de cuerpo aplanado, con veintiún pares de patas y un par de uñas venenosas. — s.f. ZOOLOGÍA
2 Lengua de ciervo, helecho. — BOTÁNICA

escolta (Del ital. *scorta* < *scorgere* < lat. vulgar *excorrigere*, rectificar el camino.)
1 Grupo de personas que protegen y velan por la seguridad de alguna persona o cosa: *el ministro salió indemne del atentado gracias a la intervención de su escolta.* — s.f.
2 Persona que acompaña a otra para protegerla: *el escolta cayó abatido por las balas.* — s.m.f.
3 Acompañamiento en señal de honra o reverencia: *una escolta de guardias a caballo precedía al coche fúnebre del mandatario.* — s.f. = séquito
4 Jugador cuya función es la de ayudar al base a dirigir al equipo, en el baloncesto. — s.m.f. DEPORTES

escoltar (Del ital. *scortare*.)
1 Acompañar a una persona o una cosa para protegerla: *tres guardaespaldas escoltaban al famoso cantante de rock.* — v.tr.
2 Acompañar a una persona en señal de honra y reverencia: *muchos ciudadanos escoltaron los restos mortales del alcalde hasta el cementerio.*

escombra
1 Acción y resultado de escombrar o de quitar los escombros, desperdicios o basuras. — s.m. = desescombro
2 Conjunto de escombros: *los servicios municipales retirarán la escombra.* — = escombrera
3 Lugar por donde se echan los escombros de una excavación. — MINERÍA

escombrar (Del lat. vulgar *excomborare*, sacar estorbos.)
1 Limpiar un lugar de escombros y desperdicios: *un grupo de limpieza escombrará los bosques.* — v.tr. th: desescombrar
2 Quitar las pasas más pequeñas de los racimos de uvas. — AGRICULTURA

escombrera
1 Conjunto de escombros. — s.f./= escombra
2 Lugar donde se tiran o amontonan escombros: *el descampado se ha convertido en la escombrera del barrio.*

escombrero, a Se refiere a la persona exagerada o aparatosa. — adj/s. Argent.

escómbrido, a Perteneciente a una familia de peces óseos de alta mar que suelen ser de color azul verdoso metálico, como la caballa y el atún. — adj/s.m. ZOOLOGÍA

escombro
1 Conjunto de cascotes y desechos que quedan de una obra de albañilería o de un edificio derribado o en ruinas: *alquilamos un contenedor para tirar en él los escombros de las obras.* — s.m. CONSTRUCCIÓN
2 Conjunto de escombros de la explotación de una mina. — MINERÍA = zafra
3 Pasa pequeña o poco desarrollada que se vende a menor precio que la buena para hacer vino. — AGRICULTURA
4 **hacer escombro:** Expresión que magnifica la importancia de un hecho o el modo de realizarlo. — Argent.

escomendrijo Criatura raquítica y poco desarrollada. — s.m.

escomerse Gastarse una cosa lentamente por el uso u otras causas: *con los años los escalones se han escomido.* — v.prnl.

esconce (Del fr. ant. *escoinaz* < lat. *cuneus*, cuña.) Ángulo, rincón o punta que interrumpe la dirección de una superficie. — s.m.

escondedero Lugar apropiado para guardar o esconder una cosa. — s.m. = escondite

esconder (Del ant. *asconder* < lat. *abscondere*.)
1 Poner a una persona, un animal o una cosa donde no se vea o de modo que sea difícil verla: *escondió el dinero del robo en una vieja fábrica abandonada; se escondía de sus acreedores.* — v.tr/prnl. = encubrir, ocultar
2 Contener o incluir una cosa en otra: *el universo esconde grandes secretos; en el mar se esconde una gran riqueza.* — = encerrar
3 Tener una cualidad o un sentimiento que habitualmente no se deja ver: *esconde un gran corazón.* — v.tr.

escondidas
1 Se usa para indicar con ocultación, sin ser visto, en la expresión **a escondidas**. — loc.adv.
2 Juego del escondite. — s.f.pl./Amér.

escondidijo Lugar adecuado para esconderse: *la mina fue un buen escondidijo para el preso fugado.* — s.m. = escondite

escondidillas
1 Indica sin ser visto, en la expresión **a escondidillas**: *salió de la reunión a escondidillas.* — loc.adv.
2 Juego del escondite. — s.f.pl./Méx.

escondidizo, a Que tiene tendencia a esconderse por temor o timidez: *cuando vienen visitas el niño se hace el escondidizo.* — adj.

escondidos Juego del escondite. — s.m.pl/Perú

escondimiento Acción y resultado de esconder o esconderse. — s.m.

escondite
1 Sitio adecuado para esconderse o esconder cosas: *encontraron un escondite ideal para guardar la bolsa con el dinero.* — s.m. = escondrijo, escondedero
2 Juego infantil en que un niño o una niña busca a otros que se esconden: *se pasaban horas jugando al escondite.* — JUEGOS

escondrijo
1 Lugar apropiado para ocultarse o para ocultar a una persona o una cosa: *nadie nos encontrará en este escondrijo.* — s.m. th: escondijo, escondredijo
2 Sitio donde algo o alguien están escondidos: *dar con el escondrijo de los secuestradores.*

esconzado, a Que tiene ángulos, rincones o puntas: *es difícil circular por este garaje porque es muy esconzado.* — adj.

esconzar Hacer una habitación o una pared formando esconce o ángulo. — v.tr/conj: *cazar* CONSTRUCCIÓN

escoñado, a
1 Que está roto o estropeado: *tuve que subir andando porque el ascensor está escoñado.* — adj. vulgar
2 Que está en mal estado físico o síquico: *llegó escoñado después de la caminata.* — vulgar

escoñar
1 Romper o estropear una cosa: *de un golpe escoñó el reloj; la lavadora se ha escoñado.* — v.tr/prnl. vulgar
2 Fracasar un asunto: *escoñarse un negocio.* — v.prnl./vulgar
3 Hacerse daño: *me he escoñado la muñeca.* — vulgar

escopeta (Del ital. *schioppetto* < *schioppo*, explosión.)
1 Arma de fuego portátil, con uno o dos cañones largos, montados en una caja de madera. — s.f.
2 Persona que tira o caza con escopeta. — s.m.f.
3 **escopeta de aire comprimido:** La que dispara el proyectil por medio del aire comprimido que hay en la culata. — s.f.
4 **escopeta de pistón:** La que se ceba con pólvora fulminante encerrada en una cápsula o pistón.

escopetazo
1 Disparo de escopeta: *de un solo escopetazo tumbó al ciervo.* — s.m.
2 Ruido producido por el disparo de una escopeta: *el escopetazo asustó a los animales.*
3 Herida o daño producido por disparo de escopeta: *el tigre muerto tenía un escopetazo en el cuello.*
4 Noticia o suceso desagradable, repentino e inesperado: *la noticia de su boda fue un escopetazo para todos.* — coloquial = bombazo

escopetear
1 Disparar repetidamente la escopeta sobre una persona, un animal o una cosa: *escopeteó al león.* — v.tr.
2 Dirigirse dos o más personas cumplidos o insultos recíprocamente: *los dos hermanos andan siempre escopeteándose.* — v.prnl.
3 **ir escopeteado:** Tener muchas cosas que hacer: *siempre va escopeteado y no tiene tiempo para nada.* — coloquial

escopeteo
1 Disparo repetido de escopeta: *sólo se oían los escopeteos de los cazadores.* — s.m.
2 Intercambio de frases amables o de insultos entre dos personas. — coloquial

escopetería
1 Grupo de personas armadas de escopetas. — s.f.
2 Conjunto de escopetazos o detonaciones: *una atronadora escopetería les despertó a medianoche.*

escopetilla Cañón muy pequeño, cargado de pólvora y bala con que se rellenaba una bomba. *s.f. MILITAR*

escopladura Corte, muesca o agujero hecho con un escoplo. *s.f./CARPINTERÍA tb: escopleadura*

escoplear Hacer cortes o agujeros en la madera con el escoplo. *v.tr. CARPINTERÍA*

escoplo (Del ant. *escopro* < lat. *scalprum*.)
1 Herramienta de carpintero o de escultor, de hierro acerado, con mango de madera y boca en bisel, que se usa para tallar o moldear golpeándolo con un mazo. *s.m./ARTE, CARPINTERÍA = formón*
2 Instrumento utilizado en cirugía que sirve para cortar huesos. *MEDICINA*
3 **escoplo de alfarjía:** Herramienta de dos cortes o ramas, una de las cuales es un cincel y la otra un escoplo ordinario. *CARPINTERÍA*
4 **escoplo de cantería:** El de mango de hierro, usado para labrar la piedra. *CONSTRUCCIÓN*
5 **escoplo de fijas:** El que es muy estrecho y sólo sirve para hacer cortes en las cajas en que se meten las fijas. *CARPINTERÍA*
6 **escoplo de media alfarjía:** El usado por los carpinteros para trabajar esta clase de maderos. *CARPINTERÍA*

escora (Del fr. ant. *escore*.)
1 Inclinación transversal de la embarcación por efecto del viento o por la desigual distribución del peso a bordo. *s.f. NÁUTICA*
2 Puntal que sirve para sostener los costados de una embarcación en construcción o en reparación. *NÁUTICA*
3 Línea curva que pasa por los puntos de mayor anchura de todas las cuadernas de una embarcación. *NÁUTICA*

escoraje Acción y resultado de escorar o escorarse una embarcación. *s.m. NÁUTICA*

escorar
1 Asegurar un barco con escoras o puntales. *v.tr./NÁUTICA*
2 Inclinarse un barco por la fuerza del viento u otra causa. *v.intr. NÁUTICA*
3 Inclinarse por una opción: *sus ideas escoran hacia la izquierda.*
4 Desviar el cuerpo hacia un lado: *se escoró para evitar el golpe.* *v.prnl.*
5 Llegar la marea a su nivel más bajo. *v.intr.*

escorbútico, a Que tiene relación con el escorbuto. *adj./MEDICINA*

escorbuto (Del fr. *scorbut*.) Enfermedad de desarrollo lento, producida por falta de cierta vitamina en la dieta y por las malas condiciones higiénicas. *s.m. MEDICINA*

escorchapín Antiguo barco velero destinado al transporte de soldados y provisiones. *s.m./NÁUTICA tb: corchapín*

escorchar (Del fr. *écorcher*, desollar < lat. vulgar *excorticare* < lat. *cortex*.) Causar una rozadura en la piel: *la caída le escorchó la pierna.* *v.tr. = desollar*

escordio (Del lat. *scordion* < gr. *skordion*.) Planta labiada muy ramificada, de hojas redondeadas en la base, vellosas y algo cenicientas y flores de pequeño tamaño, que crece en suelos húmedos. (*Teucrium scordium.*) *s.f. BOTÁNICA = ajote, camedrio acuático*

escoria (Del lat. *scoria* < gr. *skoría* < *skor*, excremento.)
1 Sustancia vítrea que flota en el crisol de los hornos de fundir metales, procedente de las impurezas que contienen. *s.f. METALURGIA = cagafierro*
2 Materia que suelta el hierro candente al ser martilleado. *METALURGIA*
3 Residuo esponjoso que queda tras la combustión del carbón. *METALURGIA*
4 Lava esponjosa de los volcanes. *GEOLOGÍA*
5 Cosa o persona despreciable, inútil, desechada: *estos grupos de mafiosos son la escoria de la sociedad.* *despectivo*

escoriáceo, a Que es esponjoso, áspero y ligero como la escoria. *adj. GEOLOGÍA*

escoriación Acción y resultado de escoriar o escoriarse la piel. *s.f./MEDICINA tb: excoriación*

escorial
1 Vertedero de las escorias o desechos de las fábricas metalúrgicas. *s.m. METALURGIA*
2 Montón de escorias.
3 Terreno cultivado en el que se han explotado yacimientos mineros. *MINERÍA*

escoriar Excoriar, gastar o quitar la piel. *v.tr./MEDICINA*

escorpa Cabracho, pez de escamas cicloideas. *s.f./ZOOLOGÍA*

escorpina (Del lat. *scorpaena* < gr. *skorpaina*.) Pez teleósteo marino de color gris, cuerpo robusto y cabeza espinosa, que se defiende expulsando veneno y vive entre rocas en aguas poco profundas. (*Scorpaena.*) *s.f. ZOOLOGÍA tb: escorpena, escorpera*

escorpioide Se refiere a los organismos o a alguna de sus partes que son curvados como la cola del escorpión. *adj. BIOLOGÍA*

escorpión (Del lat. *scorpio*, alacrán.)
1 Artrópodo de los países cálidos dotado de un par de pinzas delanteras y cuyo abdomen móvil termina en un aguijón venenoso. *s.m. ZOOLOGÍA*
2 Octavo signo del zodíaco, entre libra y sagitario, representado por este artrópodo. *OCULTISMO*
3 Persona nacida entre el 21 de octubre y el 21 de noviembre. *s.m.f. OCULTISMO*
4 Máquina de guerra, consistente en una especie de ballesta enorme que se utilizaba para arrojar piedras. *s.m. MILITAR*
5 Instrumento de tortura que constaba de unas cadenas para azotar con un garfio en el extremo. *HISTORIA*
6 **escorpión acuático o de agua:** Insecto que vive en las aguas estancas, carnívoro, plano y que respira por un tubo abdominal. (*Nepa.*) *ZOOLOGÍA*
7 **escorpión de mar:** Pez de cabeza grande y cuerpo subcilíndrico con espinas y aguijones. (*Acanthocothus scorpio.*) *ZOOLOGÍA*

escorrentía
1 Corriente de agua que se vierte al rebasar su depósito o cauce. *s.f.*
2 Circulación libre del agua de lluvia sobre la superficie de un terreno. *= aliviadero*
3 Erosión del terreno causada por el agua a lo largo de una pendiente muy pronunciada. *GEOGRAFÍA*

escorrozo (Derivado del ant. *corroçar* < fr. *courroncer* < lat. vulgar *corruptiare*.) Deleite que se obtiene al recrearse en una cosa que gusta o causa placer. *s.m. = regodeo*

escorzar (Del lat. *scorciare*, acortar.) Dibujar una cosa con cierta perspectiva. *v.tr. conj: cazar*

escorzo (Del ital. *scorcio*.)
1 Tipo de perspectiva en la que se representan figuras situadas de manera oblicua o perpendicular al plano del lienzo o de la pared. *s.m. ARTE*
2 Posición o representación de una figura en perspectiva, en la que se muestran diversas caras de la misma. *ARTE = escorzado*
3 Figura o parte de figura en esta posición. *ARTE*

escorzonera (Del cat. *escurçonera* < *escurço*, víbora.) Planta herbácea cuya raíz, gruesa y carnosa, se emplea como alimento. (*Scorzonera hispanica.*) *s.f. BOTÁNICA = salsifí negro*

escoscar
1 Descaspar, quitar la caspa a una persona. *v.tr./conj: sacar*
2 Agitarse o inquietarse a causa de una molestia: *se encoscaba por las escoceduras de las ingles.* *v.prnl. = concomerse*

escota (Del fr. ant. *escote*.) Cabo que sirve para cazar o poner tirantes las velas. *s.f. NÁUTICA*

escotado, a
1 Se refiere a la prenda de vestir que tiene un escote muy pronunciado: *lleva un vestido muy escotado y provocativo.* *adj.*
2 Se aplica a la hoja u otra parte de un vegetal que presenta una muesca o corte poco profundo, generalmente en el ápice. *BOTÁNICA*
3 Corte hecho en una prenda de vestir por la parte del cuello o por las mangas: *el escotado de este jersey me parece demasiado grande.* *s.m. = escotadura*

escotadura
1 Escote de una prenda de vestir. *s.f./= escotado*
2 Entrante en el borde de una cosa por haber sido cortado. *= cercenadura, corte*
3 Abertura grande hecha en el escenario de un teatro, para el paso de las tramoyas. *TEATRO*
4 Sisa o corte hecho en el peto de la armadura a la altura de cada axila para facilitar los movimientos de los brazos. *HISTORIA*

escotar
I (De origen incierto.)
1 Cortar la ropa para ajustarla a una medida: *la modista me está escotando el vestido.* *v.tr. TEXTIL*
2 Extraer agua de un río, lago o pantano, haciendo acequias y canalizándola.
II (Derivado de *escote*, pago de un gasto.) Pagar cada persona una parte del importe total de un gasto hecho en común. *v.tr.*

escote
I (Derivado de *escotar*.)
1 Abertura o corte hecho en una prenda de vestir alrededor del cuello: *se compró un vestido con escote en pico pronunciado.* *s.m.*
2 Parte del busto que queda descubierto por esta abertura: *tener un buen escote.*
3 Adorno de encajes pequeños que antiguamente se cosía en el cuello de las camisas femeninas.
II (Del fr. ant. *escot* < germ. *skot*, contribución en dinero.)
1 Parte o cuota que paga cada uno en un gasto común: *el escote es de mil pesetas cada uno.* *s.m.*
2 **a escote:** Pagando cada uno la parte que le corresponde en un gasto común: *si le hacemos el regalo a escote nos saldrá más a cuenta.* *loc.adv.*

escotera Abertura del costado de la embarcación por donde pasa la escota mayor o cabo para poner tirantes las velas. *s.f. NÁUTICA*

escotero, a
1 Que camina sin carga ni impedimentos. *adj/s.*
2 Se aplica al barco que navega solo. *adj./NÁUTICA*

escotilla
1 Abertura rectangular en la cubierta de un barco, para acceder a los compartimentos interiores: *el grumete bajó a la bodega por la escotilla.* — s.f. NÁUTICA
2 Trampilla de un carro de combate. — MILITAR

escotillón
1 Trampilla en el suelo: *bajó al sótano abriendo el escotillón.* — s.m.
2 Parte del suelo de un escenario que puede abrirse, bajarse o subirse para dar entrada a personajes o cosas. — TEATRO
3 **aparecer o desaparecer como por escotillón:** Aparecer o desaparecer de forma repentina.

escotín Escota o cabo de cualquier vela de cruz de un barco, excepto la de las mayores. — s.m. NÁUTICA

escotoma (Del gr. *skotoma*, vértigo.) Mancha oscura y móvil que cubre parte del campo visual y es síntoma de distintas lesiones oculares. — s.m. MEDICINA

escozor
1 Sensación dolorosa o desagradable, que se experimenta por una irritación de la piel o por una lesión: *la herida me produce un escozor insoportable.* — s.m. = escocimiento
2 Sentimiento de desazón, dolor o desagrado producido por la pena o el resentimiento: *su actitud hacia mí me causó un profundo escozor.* — = resquemor

escriba (Del bajo lat. *scriba*.)
1 Doctor e intérprete de la ley, entre los hebreos. — s.m.
2 Escribano o secretario, en la antigüedad. — HISTORIA
3 Personaje importante de la antigua administración egipcia, encargado de la redacción de diversos textos. — HISTORIA

escribanía
1 Oficio u oficina del escribano. — s.f.
2 Juego de utensilios para escribir colocados sobre un soporte o bandeja: *extravió la pluma de la escribanía; una escribanía con baño de oro.*
3 Oficina del secretario judicial. — DERECHO
4 Notaría, oficio del notario. — Amér. Merid.

escribanil Del escribano o de la escribanía. — adj.

escribano, a
1 Persona que por oficio público estaba autorizada para dar fe de las escrituras y demás actos que pasaban ante él. — s. DERECHO, HISTORIA
2 Insecto coleóptero acuático con forma de barquilla, que tiene el segundo y tercer par de patas con misión impulsora. — s.m. ZOOLOGÍA
3 Cualquier ave paseriforme de la familia de los fringílidos. — ZOOLOGÍA
4 **escribano acompañado:** El nombrado por el juez para acompañar al que había sido recusado. — DERECHO
5 **escribano cerillo:** Ave granívora de color amarillento y rabadilla rojiza. *(Emberiza citrinella).* — ZOOLOGÍA
6 **escribano de agua o palustre:** Aquel que vive en suelos pantanosos y cría en la tierra, entre vegetación caduca. *(Emberiza schoeniclus.)* — ZOOLOGÍA
7 **escribano hortelano:** Ave de cabeza y pecho verdosos y garganta y anillo alrededor del ojo amarillos. *(Emberiza hortulana).* — ZOOLOGÍA

escribidor, a Mal escritor: *nadie publicará las obras de este escribidor.* — s. despectivo

escribiente Empleado de una oficina que se dedica a copiar o escribir al dictado: *el juez hizo llamar al escribiente.* — s.m.f.

escribir (Del lat. *scribere*.)
1 Representar gráficamente una lengua mediante un alfabeto u otro tipo de signos convencionales: *el niño todavía no sabe escribir; me escribió su teléfono en un papel; jefe se escribe con jota.* — v.tr/intr/prnl. part. escrito
2 Representar las notas musicales mediante signos convencionales. — v.tr. MÚSICA
3 Componer obras literarias, científicas o musicales: *Cela ha escrito una nueva novela.* — v.tr/intr.
4 Comunicar una cosa por carta: *hace mucho que no me escribe.* — v.intr/prnl.
5 Inscribirse en una lista para un fin determinado, como entrar en la milicia o en una congregación. — v.prnl.
6 **no escribirse una cosa:** Expresión con la que se subraya una cosa.

escriño (Del lat. *scrinium*.)
1 Cesta o canasta de paja, cosida con mimbres o cáñamo, que se usa para recoger el salvado y los residuos de los granos: *los escriños se amontonaban a la puerta del granero.* — s.m.
2 Cofre pequeño o caja para guardar joyas, papeles o algún otro objeto de valor: *mi abuela guardaba sus cartas en un escriño.*

escripia Cesta de pescador de caña: *volvió a casa con la escripia llena de peces.* — s.f. PESCA

escrita Raya, pez marino. — s.f./ZOOLOGÍA

escritilla Criadilla del carnero. — s.f.

escrito, a (Part. irreg. de *escribir*.)
1 Se aplica a lo que tiene manchas o rayas que parecen letras. — adj.
2 Papel que contiene un mensaje representado por palabras: *sé que no vendrá porque me dejó un escrito en la mesa.* — s.m.
3 Obra científica o literaria: *van a publicar sus últimos escritos.*
4 Petición o alegato en un proceso o causa judicial. — DERECHO
5 **escrito de agravios:** Aquel en el que el apelante exponía ante el tribunal superior los agravios que creía haber recibido en la sentencia del inferior para que ésta se revocase o modificase. — DERECHO
6 **escrito de ampliación:** Aquel en el que una de las partes litigantes alega un hecho importante sobrevenido con posterioridad o que fue ignorado previamente. — DERECHO
7 **escrito de calificación:** Aquel que, en el juicio penal, fija las afirmaciones de las partes sobre los hechos, el carácter delictivo de éstos, la participación, responsabilidades y circunstancias de los reos y propone la prueba. — DERECHO
8 **escrito de conclusión o de conclusiones:** El que, al terminar la fase de prueba, presenta cada litigante para recopilar sus pruebas y rebatir las de su contrario. — DERECHO
9 **estar escrito:** Frase con la que se da a entender la irreversibilidad del destino: *estaba escrito que acabaría arruinado.*
10 **por escrito:** Por medio de la escritura: *presente sus quejas por escrito al director.* — loc.adv.

escritor, a (Del lat. *scriptor*.)
1 Persona que escribe obras de creación, especialmente literaria: *con su última novela ha demostrado ser un buen escritor.* — s.
2 Persona que escribe al dictado. — = escribiente

escritorio (Del bajo lat. *scriptorium*.)
1 Mueble con cajones y compartimentos para papeles, cerrado por una tapa abatible, que se usa como mesa para escribir: *se sentó en el escritorio para redactar su dimisión.* — s.m. = bufete
2 Mueble pequeño con cajones para guardar joyas: *los ladrones se llevaron el escritorio.*
3 Lugar donde tienen su despacho algunos profesionales y trabajadores de administración y gestión.

escritorzuelo, a (Diminutivo de *escritor*.) Persona que profesionalmente se dedica a escribir: *no pienso, ni me apetece leer nada de estos escritorzuelos.* — s. despectivo

escritura
1 Acción y resultado de escribir. — s.f.
2 Sistema de signos utilizado para escribir: *el paleógrafo descifró la escritura utilizada en la inscripción.*
3 Modo de escribir de una persona: *tiene una escritura infantil; su escritura es ágil.*
4 Obra escrita. — = escrito
5 Documento notarial en que se consigna un acto o compromiso del que se derivan derechos y obligaciones: *la escritura de un testamento; la escritura de una compra-venta.* — DERECHO
6 Almacenamiento de información en la memoria de un ordenador. — INFORMÁTICA
7 Conjunto de los libros bíblicos: *el sacerdote leyó un fragmento de las escrituras.* — s.f.pl. RELIGIÓN
8 **escritura fonética:** La que representa los sonidos o elementos fonéticos de una palabra o enunciado. — LINGÜÍSTICA
9 **escritura iconográfica:** Aquella que utiliza iconos o imágenes como signos para representar las ideas. — LINGÜÍSTICA
10 **escritura ideográfica:** Aquella cuyos signos representan ideas y no sonidos, como la notación matemática o la numeración romana. — LINGÜÍSTICA
11 **escritura jeroglífica:** La que utiliza imágenes para designar objetos y conceptos. — LINGÜÍSTICA
12 **escritura simbólica:** La que utiliza imágenes como símbolos para expresar conceptos. — LINGÜÍSTICA

escriturar
1 Hacer constar un contrato o un hecho mediante escritura pública: *has de escriturar el piso ante notario.* — v.tr. DERECHO
2 Hacer un contrato a ciertos profesionales, como artistas de teatro o toreros. — DERECHO

escriturario, a
1 De la escritura pública o que consta en ella. — adj./DERECHO
2 Persona que conoce muy bien las Sagradas Escrituras e imparte sus enseñanzas. — s. RELIGIÓN

escrófula (Del bajo lat. *scrofula* < lat. *scrofa*, hembra del cerdo.) Enfermedad congénita que afecta a la constitución linfática de niños y adolescentes, que se caracteriza por lesiones cutáneas y mucosas y a menudo por lesiones tuberculosas de localización ganglionar, ósea o articular. — s.f. MEDICINA = escrofulosis

escrofularia (Derivado de *escrófula*.) Planta herbácea de tallo tetragonal y flores en racimo. *(Scrophularia.)* — s.f. BOTÁNICA

escrofulariáceo, a Perteneciente a una familia de plantas herbáceas o arbustivas dicotiledóneas, de flores con cuatro estambres y fruto en cápsula o en baya. — adj/s.f. BOTÁNICA

escrofulismo Enfermedad caracterizada por la aparición de escrófulas. — s.m. MEDICINA

escrofulosis Alteración de los ganglios linfáticos, de origen tuberculoso y localizada normalmente en el cuello. *s.f.* *pl:* escrofulosis MEDICINA

escrofuloso, a
1 Que tiene relación con la escrófula. *adj./MEDICINA*
2 Que padece escrofulosis. *adj/s./MEDICINA*

escrotal Del escroto. *adj./ANATOMÍA*

escroto (Del bajo lat. *scrotum.*)
1 Bolsa formada por la piel que cubre los testículos de los mamíferos. *s.m.* ANATOMÍA
2 Piel que recubre a esta bolsa. ANATOMÍA

escrupulillo Bolita que se pone dentro del cascabel para que suene: *harto del ruido, le quité el escrupulillo al gato.* *s.m.*

escrupulizar Tener u oponer escrúpulos. *v.intr./conj: cazar*

escrúpulo (Del lat. *scrupulus,* guijarro pequeño y puntiagudo.)
1 Duda o preocupación moral a la hora de hacer alguna cosa: *no lo hizo porque sentía escrúpulos.* *s.m.*
2 Aprensión o asco hacia una cosa: *tiene muchos escrúpulos con la comida.* = repugnancia
3 Gran cuidado y delicadeza con que se hace una cosa: *actúo con escrúpulo y esmero.* = pulcritud
4 Piedrecilla o china que se mete en el zapato.
5 Parte que resulta de dividir un grado de círculo en sesenta partes iguales. MATEMÁTICAS = minuto
6 Peso antiguo que equivalía a algo más de un kilo. FARMACIA
7 **escrúpulo de marigajo o del padre gargajo:** Aquel que es ridículo, extravagante y no tiene razón de ser. coloquial
8 **escrúpulo de monja:** El que es exagerado, tonto y pueril. coloquial
9 **sin escrúpulos:** Sin preocuparse por actuar con honradez y justicia: *una persona sin escrúpulos; les engaña sin escrúpulos.* loc.adj/adv.

escrupulosidad Modo de ser y de comportarse esmerado y preciso en todo aquello que uno tiene a su cargo: *trabaja con mucha escrupulosidad.* *s.f.* = pulcritud

escrupuloso, a
1 Que tiene aprensión o escrúpulos: *es muy escrupuloso con la comida.* adj/s.
2 Que hace las cosas con esmero o delicadeza: *es escrupuloso y riguroso en su trabajo.* = pulcro
3 Que es exacto: *el tendero siempre da el peso de manera escrupulosa.* adj.

escrutador, a
1 Que examina con cuidado y atención: *tiene una mirada escrutadora.* adj.
2 Que hace el recuento de los votos en una elección o de los boletos de una lotería, u otra cosa parecida: *los resultados se sabrán cuando los escrutadores hayan finalizado.* adj/s.

escrutar (Del lat. *scrutari.*)
1 Mirar una cosa con mucha atención y detenimiento: *el jefe escruta su trabajo antes de aceptarlo.* v.tr.
2 Hacer el recuento de votos en unas elecciones: *tras escrutar los votos podremos hablar de resultados.* = escrutinizar

escrutinio (Del lat. *scrutinium.*)
1 Recuento general e información pública de los votos de unas elecciones o de los datos de un sorteo o concurso: *al finalizar la votación se procede al escrutinio de todos los votos.* *s.m.*
2 Examen y averiguación exacta de una cosa para formarse un juicio sobre ella.

escuadra
1 Instrumento de dibujo, de madera, plástico u otro material, en forma de triángulo rectángulo. *s.f.*
2 Pieza de hierro u otro metal con la que se aseguran las ensambladuras de las maderas. CARPINTERÍA
3 Conjunto de jugadores de un equipo, en especial de fútbol. DEPORTES
4 Pequeño número de soldados a las órdenes de un cabo. MILITAR
5 Puesto de cabo al mando de este grupo de soldados. MILITAR
6 Conjunto de buques de guerra para un determinado servicio. MILITAR
7 **escuadra de agrimensor:** Instrumento de topografía que constaba de cuatro alidadas, con que se podían señalar en el terreno alineaciones en ángulos rectos y perpendiculares.
8 **escuadra sutil:** Conjunto de buques de guerra, generalmente pequeños, destinados a la vigilancia y defensa de puertos y costas. MILITAR
9 **falsa escuadra:** Instrumento que se compone de dos reglas móviles alrededor de un eje y con el cual se trazan ángulos de diferentes aberturas.
10 **a o en escuadra:** En ángulo recto: *corta la moqueta en escuadra.* loc.adv.
11 **a escuadra viva:** Se aplica al modo de labrar las vigas y maderos con sierra o hacha, dejándoles ángulos rectos y aristas bien rectas. loc.adv. CARPINTERÍA

12 **fuera de escuadra:** En ángulo oblicuo. loc.adv.

escuadración Operación de labrado de un tronco o un bloque de piedra, con el fin de transformarlos en paralelepípedos de sección cuadrada o rectangular. *s.f.* TECNOLOGÍA

escuadrar Disponer un objeto de modo que sus caras formen ángulos rectos con las caras contiguas. v.tr.

escuadreo Medición de un terreno en unidades cuadradas. *s.m.*

escuadría Cualquiera de las dos dimensiones de la sección transversal de un madero labrado a escuadra. *s.f.* CARPINTERÍA

escuadrilla
1 Grupo de aviones que realizan un mismo vuelo, al mando de un jefe: *una escuadrilla sobrevoló el territorio enemigo.* *s.f.* MILITAR
2 Escuadra formada por buques de pequeño porte: *llegó a puerto una escuadrilla americana.* MILITAR

escuadrón
1 Cada una de las unidades tácticas y administrativas en que se divide un regimiento de caballería y que está al mando de un capitán. *s.m.* MILITAR
2 Unidad táctica y administrativa de las fuerzas aéreas: *un escuadrón de cazabombarderos.* MILITAR

escuadronar Hacer formar a los soldados en escuadrones. v.tr. MILITAR

escualidez
1 Cualidad de escuálido o esquelético: *su escualidez preocupaba a los médicos.* *s.f.* pl: escualideces
2 Condición de lo que está sucio o desaliñado.

escuálido, a (Del lat. *squalidus,* áspero, tosco.)
1 De extraordinaria delgadez o falto de desarrollo: *tras la enfermedad quedó escuálido.* adj./= esquelético ≠ robusto
2 Que está muy sucio y desaliñado: *recogimos a un niño harapiento y escuálido.*
3 Perteneciente a una familia de peces que tienen forma de escualo y carecen de aleta anal. adj/s.m. ZOOLOGÍA

escualo, a (Del lat. *squalus.*) Perteneciente a un grupo de peces de cuerpo alargado y fusiforme, con hendiduras branquiales laterales. adj/s.m. ZOOLOGÍA

escucha
1 Acción y resultado de escuchar. *s.f./= audición*
2 Centinela que se adelanta de noche para observar de cerca los movimientos del enemigo: *el escucha advirtió del ataque sorpresa.* MILITAR
3 **escuchas telefónicas:** Control de las comunicaciones telefónicas de una persona sin que ésta lo sepa: *denunció a los servicios secretos por haber ultrajado su intimidad con las escuchas telefónicas.* TELECOMUNICACIONES
4 **a la escucha:** Estando atento para oír algo: *estaba a la escucha para ver si se enteraba de lo que pasaba.* loc.adv.

escuchador, a Que escucha. adj.

escuchar (Del lat. *auscultare.*)
1 Prestar atención a lo que se oye: *escuchó en silencio todo lo que dijiste.* v.tr.
2 Acercar el oído a un lugar para oír lo que se dice: *escuchad un momento, todo está en silencio.* v.intr.
3 Hablar de manera pausada y afectada. v.prnl.

escuchimizado, a Que está muy delgado y con aspecto débil y enfermizo: *es un niño menudo, pálido y escuchimizado.* adj. coloquial

escuchón, a Que escucha con indiscreción conversaciones ajenas: *no hables delante de él, porque es un escuchón.* adj/s. coloquial

escudar
1 Proteger a una persona con el escudo: *el caballero escudó a la dama para que no la ofendieran.* v.tr/prnl.
2 Defender a una persona o una cosa de un peligro o de una amenaza: *escudó su empresa de la quiebra; se escudó para no sufrir daño.* v.tr.
3 Usar una cosa como defensa o pretexto para evitar un peligro: *se escudó detrás de la puerta para no ser visto.* v.prnl. + con, contra, en

escuderear Servir a una persona como escudero: *Sancho escuderea a don Quijote.* v.tr.

escudería
1 Conjunto de automóviles, corredores o personal técnico adscritos a una marca o a un club que compite en un mismo equipo de carreras: *el piloto ha cambiado de escudería.* *s.f.* DEPORTES
2 Oficio que tenía el escudero. HISTORIA

escuderil Relativo al escudero. adj.

escudero (Del lat. *scutarius.*)
1 Paje o criado que acompañaba a un caballero para llevarle el escudo y servirle. *s.m.* HISTORIA
2 Persona que hacía escudos.
3 Criado que servía mediante pago o compensación económica a un señor. HISTORIA
4 Persona que por su sangre es noble y distinguido. = hidalgo
5 El que, emparentado con una familia o casa ilustre, es reconocido y tratado como tal.

escudete
1 Pieza de metal que protege la boca de la cerradura. s.m./= escudo

2 Pedazo de tela con que se refuerzan las aberturas o costuras de la ropa.

escudilla Recipiente semejante a un cuenco o una taza pequeña, sin asas, usado para servir en él la sopa o caldos calientes: *las monjas sirvieron una escudilla de sopa a los peregrinos.* — s.f.

escudillar
1 Echar la sopa o el caldo en la escudilla: *pronto comeremos, sólo falta escudillar la sopa.* — v.tr.
2 Echar el líquido alimenticio hirviendo sobre el pan para hacer la sopa: *cuando escudilles el caldo procura no quemarte.* — COCINA
3 Tomar la iniciativa en un asunto, excluyendo a otras personas y desplegando mucha actividad: *escudilló el proyecto.*

escudo (Del lat. *scutum.*)
1 Arma defensiva consistente en una plancha de cuero, madera o metal, que se llevaba en el brazo para protegerse de las ofensivas: *el caballero se protegía con el escudo.* — s.m. MILITAR
2 Objeto en forma de este arma sobre el que se representan los emblemas o símbolos distintivos de una ciudad, nación, linaje o corporación. — HERÁLDICA = escudo de armas
3 Protección ante un peligro real o imaginario: *su timidez le sirve de escudo.* — = amparo, defensa
4 Plancha pequeña y metálica que se pone delante de algunas cerraduras como refuerzo o para guiar la llave. — = escudete
5 Unidad monetaria de Portugal y otros países. — ECONOMÍA
6 Moneda antigua de oro y plata. — HISTORIA
7 Parte dura y córnea que presentan diversos grupos de animales: *el escudo de un crustáceo.* — ZOOLOGÍA
8 Emblema con que se identifica a un equipo. — DEPORTES
9 Plataforma continental de tipo rocoso. — GEOLOGÍA
10 Bólido, masa de materia cósmica que atraviesa rápidamente la atmósfera y que suele estallar. — ASTRONOMÍA
11 Tabla vertical que en los botes forma el respaldo del asiento de popa. — NÁUTICA
12 Placa de blindaje que llevan las piezas de artillería para servir de defensa a los que la manejan. — MILITAR
13 escudo acuartelado: El que está dividido en cuatro partes por una cruz. — HERÁLDICA
14 escudo burelado: El que tiene una fajas o bandas horizontales de color y otras cinco de metal. — HERÁLDICA
15 escudo cortado: El que está dividido horizontalmente en dos partes iguales. — HERÁLDICA
16 escudo cortinado o mantelado: El que está partido por dos líneas verticales entre sí en el jefe, o parte superior, y los cantones de la punta. — HERÁLDICA
17 escudo enclavado: El que está dividido en dos partes, una de las cuales monta sobre la otra. — HERÁLDICA
18 escudo fajado: El que tiene tres bandas horizontales o fajas de color y tres de metal. — HERÁLDICA
19 escudo partido en banda o por banda: El que está dividido por una banda. — HERÁLDICA
20 escudo raso: El que no tiene adornos o timbres. — HERÁLDICA
21 escudo tajado: El que está dividido por una línea diagonal que baja de izquierda a derecha. — HERÁLDICA
22 escudo tronchado: El que está dividido por una línea diagonal que baja de derecha a izquierda. — HERÁLDICA
23 escudo vergeteado: El que está dividido en diez o más bandas verticales o palos. — HERÁLDICA

escudón Adorno bordado con flores o imágenes piadosas, puesto alrededor de la abertura del capote de paseo. — s.m. TAUROMAQUIA

escudriñador, a Que manifiesta curiosidad por saber las cosas secretas u ocultas: *una escudriñadora mirada.* — adj/s.

escudriñamiento Acción y resultado de examinar una cosa o averiguar sobre ella. — s.m.

escudriñar (Del lat. vulgar *scrutiniare < scrutinium*, acción de escudriñar o visitar.) Examinar una cosa cuidadosamente para conocer todos sus detalles o para descubrir algo: *el detective escudriñó toda la casa buscando alguna pista.* — v.tr. = indagar

escuela (Del lat. *schola*, lección < gr. *skhole*, ocio, tiempo libre.)
1 Centro docente de carácter público o privado donde se imparte la enseñanza primaria o cualquier otro tipo de enseñanza: *todas las mañanas lleva al niño a la escuela; han abierto una escuela de idiomas.* — s.f.
2 Enseñanza o conocimiento que se le da o se adquiere. — = formación
3 Conjunto de profesores y alumnos de un mismo establecimiento o una misma enseñanza.
4 Método o estilo peculiar para enseñar de cada maestro: *creó escuela con su estilo.*
5 Conjunto de seguidores o de características de una tendencia artística, de una doctrina, una teoría o un autor: *la escuela neoclásica; la escuela freudiana.*
6 Aquello que sirve de ejemplo o de experiencia: *la escuela de la vida.*

7 escuela militar: Centro de enseñanza que depende del ejército y capacita profesionalmente a los soldados. — MILITAR
8 escuela normal: Centro de enseñanza donde se cursaban los estudios para obtener el título de maestro de enseñanza primaria.
9 escuela universitaria: Centro universitario en el que se imparten enseñanzas equivalentes al primer ciclo de las facultades.
10 tener mucha escuela: Saber mucho sobre un asunto determinado: *no es tonto, tiene mucha escuela.* — coloquial

escuerzo (Del lat. vulgar *excurtio.*)
1 Sapo, batracio anuro. — s.m./ZOOLOGÍA
2 Persona flaca, esmirriada y desnutrida. — coloquial

escueto, a
1 Que no presenta adornos innecesarios: *una escultura escueta.* — adj. = limpio
2 Se aplica al lenguaje breve que no presenta rodeos innecesarios: *le dijo la verdad escueta; estilo lacónico y escueto.*

escuincle, a Muchacho o muchacha, persona joven. — s./Méx.

escular (Del germ. *skulkan.*)
1 Espiar o averiguar una cosa con rapidez y cuidado. — v.tr./conj: sacar
2 Examinar el interior de una cosa para buscar algo que puede estar oculto: *escularé su casa hasta encontrar una prueba.* — = escudriñar

esculina Sustancia extraída de la corteza y hojas del castaño de Indias, que tiene una acción vitamínica. — s.f. = esculósido

escullador Vaso de lata con que, en los molinos de aceite, se saca éste del pozuelo. — s.m.

escullirse Irse una persona de un lugar con disimulo: *en cuanto pudo se escullió sin que nos diéramos cuenta.* — v.prnl./conj: mullir = escabullirse

esculpidor, a Persona que se dedica a esculpir. — s.m.f.

esculpir (Del lat. *sculpere*, rascar.)
1 Trabajar a mano una materia para hacer con ella una escultura: *esculpía el mármol para hacer una virgen.* — v.tr. th: insculpir
2 Grabar una cosa sobre un material como la madera, el metal o la piedra, ya sea en hueco o en relieve. — ARTE

escultismo Movimiento juvenil internacional de carácter formativo, que tiene como objetivo la educación integral del individuo por medio de la autoformación y el contacto con la naturaleza. — s.m. th: escutismo

escultor, a Artista que hace esculturas: *el escultor trabajaba en su taller haciendo el retablo de la iglesia.* — s. ARTE

escultórico, a Que tiene relación con la escultura: *nuevas técnicas escultóricas.* — adj. ARTE

escultura (Del lat. *sculptura.*)
1 Arte de modelar, tallar y esculpir en cualquier material para representar figuras en tres dimensiones: *se dedica a la escultura.* — s.f. ARTE
2 Obra del escultor: *su escultura causó asombro; una escultura en bajorrelieve.* — ARTE
3 Fundición o vaciado que se forma en los moldes de las figuras hechas a mano.

escultural
1 Relativo a la escultura: *pone en práctica nuevas teorías esculturales.* — adj. ARTE
2 Que tiene gran belleza y perfección de líneas: *esta modelo es una mujer escultural.*

escuna Embarcación de vela, de costados poco elevados, con dos o tres palos. — s.f./NÁUTICA = goleta

escupidera
1 Recipiente pequeño usado para escupir. — s.f.
2 Orinal, utensilio en el que se recogen los excrementos o el orín. — Amér. Merid. = bacín

escupidero
1 Sitio donde se escupe. — s.m.
2 Situación en la que uno se expone a ser despreciado o desairado.

escupido, a
1 Se refiere a la persona que se parece mucho a alguno de sus ascendientes directos: *Isabel es escupida a su padre.* — adj.
2 Porción de líquido salival o secreción respiratoria que se lanza de una vez por la boca. — s.m./= escupitajo, esputo

escupidor, a
1 Que escupe con frecuencia. — adj/s.
2 Escupidera, recipiente para escupir. — s.m./Chile, P. Rico

escupidura
1 Porción de líquido salival o de secreciones respiratorias que se lanza por la boca de una vez. — s.f./= escupitajo, esputo
2 Excoriación que puede aparecer en los labios, producida por la fiebre. — = calentura

escupir (Probablemente del lat. vulgar *exconspuere.*)
1 Arrojar o echar saliva u otra cosa por la boca: *está enfermo y escupe sangre; no escupas, es de mala educación.* — v.intr/tr.
2 Expeler líquido una erupción o una herida: *tiene un grano que escupe pus.* — v.tr.
3 Echar de sí una cosa repugnante o despreciable: *escupió el egoísmo.*

4 Despedir un cuerpo una sustancia contenida en su interior a la superficie: *el queso escupe el suero; el volcán escupe lava.*
5 Contar lo que se sabe de un asunto: *a poco que los forzaron escupieron los nombres del resto de implicados.* — coloquial = confesar
6 escupir a alguien: Despreciarle o desdeñarle: *tuvo el valor de escupirle.*
7 no escupir a alguien a algo: Ser aficionado a una cosa. — coloquial

escupitajo Cantidad de saliva o secreción respiratoria que se expulsa por la boca de una vez: *le lanzó un escupitajo a los pies en señal de reto.* — s.m./= escupidura, escupitina, escupitinajo

escurar (Del lat. *ex*, fuera + *curare*, limpiar.) Limpiar los paños de aceite antes de golpearlos en el batán. — v.tr. TEXTIL

escurialense
1 Del monasterio de El Escorial, en la comunidad autónoma de Madrid: *la pinacoteca escurialense.* — adj.
2 De El Escorial o de San Lorenzo de El Escorial, municipios de esta comunidad autónoma. — adj.
3 Persona natural de estos municipios. — s.m.f.

escurra (Del lat. *scurra*, chusco, bufón.) Persona que vive de engaños y estafas. — s.m. = truhán

escurreplatos
1 Mueble de cocina provisto de uno o más estantes, en los que se pone a escurrir la vajilla: *sobre el fregadero instalarán un escurreplatos.* — s.m. pl: escurreplatos = escurridor
2 Utensilio de cocina en el que se colocan de forma vertical los platos ya fregados, para que se sequen.

escurribanda
1 Evasión o marcha precipitada de un lugar: *al llegar la policía los manifestantes montaron una escurribanda.* — s.f. = escapatoria
2 Flujo de un líquido corporal, en especial del excremento cuando es líquido. — coloquial = diarrea
3 Zurribanda, paliza de golpes. — = zurra

escurridero Sitio adecuado para escurrir una cosa: *antes de tender la ropa quítale el agua en el escurridero.* — s.m.

escurridizo, a
1 Que se escurre con facilidad: *el sapo y la rana son animales muy escurridizos.* — adj.
2 Que se fija o agarra con dificultad: *se basa en una idea escurridiza.*
3 Se aplica al lugar que es apto para deslizarse por él: *terreno escurridizo.*
4 hacerse el escurridizo: Escabullirse o escaparse de una persona o situación con las que no interesa estar mezclado: *se hizo la escurridiza para no tener que contestar a sus preguntas.* — coloquial

escurrido, a
1 Que es delgado y sin curvas, en especial la mujer: *no tiene pecho, ¡es tan escurrida!* — adj. = plano
2 Se refiere a la ropa que queda muy ajustada: *necesito otra talla porque este vestido me queda muy escurrido.*
3 Que está confuso o avergonzado. — P. Rico

escurridor
1 Recipiente de cocina, semejante a un colador grande, en que se escurren los alimentos: *antes de hacer la ensalada pon la lechuga en el escurridor.* — s.m.
2 Armario de cocina provisto de uno o más estantes en el que se pone a escurrir la vajilla: *no puedo instalar un escurreplatos porque sobre el fregadero está la ventana.* — = escurreplatos
3 Utensilio de cocina en el que se ponen a escurrir los platos de forma vertical. — = escurreplatos
4 Pieza de algunas lavadoras, para escurrir la ropa ya limpia: *pon las toallas recién lavadas en el escurridor.*

escurriduras
1 Residuos o gotas de un líquido que quedan en un recipiente después de vaciarlo: *se bebió todo el whisky y no dejó ni las escurriduras.* — s.f.pl. = escurrimbres
2 Última parte que se puede obtener de una cosa al agotarla. — = resto
3 llegar uno a las escurriduras: Llegar a lo último, a lo que carece de valor en una materia o cosa: *llegó a las escurriduras y se perdió la ceremonia.* — coloquial

escurril Que es truhanesco o bufonesco. — adj./= chocarrero

escurrilidad Acción o palabras con que vive de engaños y estafas: *con sus escurrilidades demuestra que es un farsante.* — s.f. = bufonada, truhanería

escurrimbres Residuos o gotas de un líquido que quedan en un recipiente después de vaciarlo: *limpió las escurrimbres de la garrafa.* — s.f. = escurriduras

escurrimiento Acción y resultado de escurrir o escurrirse. — s.m.

escurrir (Del lat. vulgar *excorrigere*.)
1 Hacer o dejar que una cosa suelte el líquido que la empapa: *escúrrete bien el pelo, hoy hace mucho frío; colgué las cortinas para que se escurrieran.* — v.tr/prnl.
2 Verter las últimas gotas del líquido que contiene una vasija sosteniéndola o dejándola invertida: *le gustó tanto el vino que escurrió la botella.* — v.tr.
3 Soltar una cosa el líquido que contiene. — v.intr.

4 Caer el líquido que estaba en una vasija gota a gota: *la leche se escurrió por toda la nevera porque la botella estaba mal cerrada.* — v.intr/prnl.
5 Irse rápida o disimuladamente de un lugar: *se escurrió tan hábilmente que nadie le vio irse.* — v.prnl. = escabullirse
6 Moverse sobre una superficie, rozándola suavemente: *los zapatos se escurrían por la calle mojada.* — v.prnl. = deslizarse
7 Estar algo resbaladizo: *la carretera helada escurre.* — v.intr.
8 Llegar demasiado lejos en un asunto: *te escurriste en tu propuesta de darlo todo por él.* — v.prnl.

escusa
1 Cesta de mimbre con tapa: *guarda la ropa para lavar en la escusa.* — s.f. = escusabaraja
2 Ventaja o privilegio que disfruta una persona por su origen o condición o por pacto.
3 Derecho que tiene el guarda o pastor de una finca para que algunas cabezas de ganado suyas puedan pacer en la propiedad del dueño.
4 Conjunto de cabezas de ganado al que se aplica este derecho.
5 Acción y resultado de esconder u ocultar.
6 a escusa o escusas: De forma disimulada, con cautela. — loc.adv.

escusabaraja Cesta de mimbre con tapa: *las serpientes estaban guardadas en unas escusabarajas.* — s.f./= escusa tb: excusabaraja

escusado, a
1 Que está reservado o separado del uso común. — adj.
2 Cuarto con las instalaciones apropiadas para que una persona haga sus necesidades. — tb: excusado = retrete

escusalí Excusalí, delantal pequeño: *se puso un escusalí para no mancharse.* — s.m. pl.tb: escusalíes

escusón
1 Reverso de una moneda que tiene representado un escudo. — s.m.
2 Escudo pequeño que está sobre otro mayor. — HERÁLDICA

escut- Componente de palabra procedente del lat. *scutum*, que significa escudo. — pref. tb: escuti-

escutelo (Del lat. *scutullum*, escudo pequeño.)
1 Cotiledón único de las plantas gramíneas. — s.m./BOTÁNICA
2 Cada una de las dos placas anteriores que protegen el cuerpo de ciertos crustáceos. — ZOOLOGÍA
3 Escudete, pieza pequeña triangular situada en la base de los élitros. — ZOOLOGÍA

escúter Scooter, vehículo de dos ruedas, de cuadro abierto y motor protegido con un capó. — s.m.

escutiforme Que tiene forma de escudo. — adj.

escutismo Escultismo, movimiento juvenil. — s.m.

esdrujulismo Calidad de esdrújulo. — s.m./GRAMÁTICA

esdrujulizar Hacer esdrújula una palabra. — v.tr/conj: cazar

esdrújulo, a (Del ital. *sdrucciolo* < *sdrucciolare*, deslizarse.) Se aplica a la palabra cuya antepenúltima sílaba se pronuncia con más intensidad. — adj/s. GRAMÁTICA

ese
1 Denominación de la letra *s* del alfabeto español. — s.f.
2 Figura u objeto que tiene la forma de esta letra: *el cuello del cisne forma una ese estilizada.*
3 hacer eses: Andar tambaleándose, como la persona ebria: *bajó las escaleras haciendo eses.* — coloquial

ese, a (Del lat. *ipse*, mismo.)
1 Indica la o las personas, animales o cosas que se encuentran cerca de la persona que escucha, las que señala o muestra la persona que habla y las ideas o asuntos mencionados con anterioridad: *fíjate en esa, no te la pierdas; ese hombre no es de fiar.* — adj/pron.dem.
2 Indica valor despectivo al posponerse al sustantivo que acompaña: *el niño ese es un pesado.* — adj.dem.
3 ¡a ese! o ¡esa!: Expresión con la que se incita a detener o apresar a una persona que se escapa o huye: *¡a ese!, ¡al ladrón!* — interj.

esecilla Cada una de las asillas con que se traban los botones de metal. — s.f. = alacrán

esencia (Del lat. *essentia*.)
1 Lo que constituye la naturaleza o manera de ser fundamental de una persona, animal o cosa: *Platón defendía que las ideas son la esencia de lo que nos rodea.* — s.f.
2 Cualidad más importante, característica y permanente de una idea, ideología, asunto o problema: *nunca se discutía la esencia de las cuestiones, tan sólo los aspectos superficiales.*
3 Sustancia líquida, muy volátil y de olor intenso, producida por ciertos vegetales y otros cuerpos orgánicos que se emplea para dar olor o sabor a otras sustancias: *echó esencia de vainilla en el pastel.* — = extracto
4 Persona o cosa que para los demás representa lo más puro y concentrado de cierta cualidad, actitud o forma de ser: *es la esencia del aburrimiento.*
5 en esencia: Sin entrar en detalles: *conozco en esencia el asunto, pero ignoro las causas.* — loc.adv.
6 por esencia: Expresa una cualidad que es característica de la cosa de la que se habla: *el francés es por esencia refinado.* — loc.adv.

7 quinta esencia: 1. Lo más puro y concentrado de una cualidad, que está representado por alguien o algo: *la quinta esencia de las maravillas.* 2. Principio fundamental de la materia, por medio del cual los alquimistas esperaban poder transformar su composición y, en concreto, conseguir la trasmutación de los metales. — tb: quintaesencia

8 ser de esencia algo: Ser indispensable o condición necesaria: *tu presencia en la reunión es de esencia.*

esencial
1 Que tiene relación con la esencia: *la honradez y la sinceridad son sus cualidades esenciales; aceites esenciales.* — adj./= constitutivo ≠ accidental
2 Que es de importancia primordial: *el amor es esencial en la vida; su participación será esencial para cerrar el trato.* — + a, en, para = fundamental, básico

esencialidad
1 Cualidad que hace que una cosa sea esencial o no se pueda prescindir de ella. — s.f.
2 Circunstancia de ser importante una cosa: *dada la esencialidad del caso, lo han denunciado.* — ≠ accidentalidad

esencialismo Doctrina filosófica que defiende la primacía de la esencia sobre la existencia, por oposición al existencialismo. — s.m. FILOSOFÍA

esenciero Frasco para guardar esencias: *guarda la esencia de violeta en un esenciero de porcelana.* — s.m.

esenio, a
1 Que tiene relación con una secta judía que practicaba la comunidad de bienes, la humildad y el celibato. — adj. RELIGIÓN
2 Persona que pertenecía a esta secta. — s./RELIGIÓN

esfacelar Producir gangrena en un tejido: *tuvieron que amputarle la pierna porque se le esfaceló.* — v.tr./prnl. MEDICINA

esfacelo (Del gr. *sphakelos*, gangrena seca.) Masa de tejido gangrenado. — s.m. MEDICINA

esfalerita Blenda, sulfuro de cinc. — s.f./MINERALOGÍA

esfeno- Componente de palabra procedente del gr. *sphen*, que significa cuña: *esfenoides.* — pref.

esfenoidal Del esfenoides, hueso de la cabeza. — adj./ANATOMÍA

esfenoides (Del gr. *sphenoeides*, cuneiforme.) Hueso de forma irregular situado en la parte media inferior del cráneo. — adj./s. ANATOMÍA

esfenoiditis Inflamación de la mucosa que cubre los senos del esfenoides. — s.f./pl. esfenoiditis MEDICINA

esfer- Componente de palabra procedente del gr. *sphaira*, que significa globo: *esfera.* — pref/suf. tb: esfero-, -esfera

esfera (Del lat. *sphaera* < gr. *sphaira*, pelota.)
1 Cuerpo o espacio limitado por una superficie curva cuyos puntos equidistan todos de otro interior llamado centro. — s.f. GEOMETRÍA
2 Círculo en el que giran las manecillas del reloj: *el reloj es de oro y la esfera de plata.*
3 Clase o condición social de una persona: *se mueve en las altas esferas.*
4 Espacio a que se extiende la acción o el influjo de una cosa: *la fama es importante dentro y fuera de nuestra esfera de actividad.*
5 Parte del cielo que rodea a la Tierra.
6 **esfera armilar:** Instrumento compuesto de varios círculos que representan los de la esfera celeste, con un pequeño globo en el centro, que representa al planeta Tierra. — ASTRONOMÍA
7 **esfera celeste:** La ideal, concéntrica con el globo terráqueo, en la cual se mueven aparentemente los astros. — ASTRONOMÍA
8 **esfera oblicua:** La celeste, para los habitantes de la Tierra cuyo horizonte es oblicuo con respecto al ecuador. — ASTRONOMÍA
9 **esfera paralela:** La celeste, para un observador colocado en cualquiera de los polos terrestres, ya que su horizonte sería paralelo al ecuador. — ASTRONOMÍA
10 **esfera recta:** La celeste, para los que habitan en la línea equinoccial, cuyo horizonte corta de forma perpendicular al ecuador. — ASTRONOMÍA
11 **esfera terrestre:** La Tierra, globo terráqueo.

esfericidad Característica de las cosas con forma esférica. — s.f.

esférico, a (Del bajo lat. *sphaericus*.)
1 Que tiene relación con la esfera. — adj./= esferal
2 Que tiene forma de esfera: *la naranja es una fruta esférica.*
3 Bola, pelota de material elástico que se emplea para jugar en algunos deportes: *el esférico fue a parar a las gradas.* — s.m. DEPORTES = balón

esferográfico Bolígrafo, instrumento para escribir. — s.m./Amér. Merid.

esferoidal
1 Del esferoide. — adj./GEOMETRÍA GEOMETRÍA
2 Que tiene forma de esferoide. — s.m./GEOMETRÍA

esferoide Cuerpo elipsoide de revolución aplanado.

esferómetro Instrumento de precisión para medir la curvatura de las superficies esféricas. — s.m. TECNOLOGÍA

esfigmo- Componente de palabra procedente del gr. *sphygmos*, que significa pulso: *esfigmómetro.* — pref. tb: esfigm-

esfigmografía Estudio y registro gráfico de la fuerza y frecuencia del pulso obtenido mediante el esfigmógrafo. — s.f. MEDICINA

esfigmógrafo (Del gr. *sphygmos*, latido + *grapheo*, grabar.) Instrumento que registra los movimientos, fuerza y forma del pulso arterial: *la enfermera le tomó el pulso con el esfigmógrafo.* — s.m. MEDICINA

esfigmomanómetro Aparato que permite medir la presión arterial. — s.m. MEDICINA

esfinge (Del lat. *sphinx* < gr. *sphinx*.)
1 Ser fantástico mitad mujer y mitad león. — s.f./MITOLOGÍA
2 Persona de apariencia impasible: *como una esfinge escuchó la tremenda bronca del jefe.*
3 Denominación que se da a diversos lepidópteros de la familia de los esfíngidos. — ZOOLOGÍA
4 **ser o parecer una esfinge:** Adoptar una actitud reservada o misteriosa.

esfíngido, a Perteneciente a una familia de mariposas provistas de larga trompa y que presentan las alas anteriores largas y estrechas. — adj/s.m. ZOOLOGÍA

esfínter (Del lat. *sphincter* < gr. *sphinkter*, lazo, atadijo.) Músculo en forma de anillo que rodea el orificio de entrada o de salida de ciertas cavidades naturales del organismo y que, al contraerse, los cierra: *esfínter anal.* — s.m. ANATOMÍA

esfinteriano, a Que tiene relación con el esfínter. — adj./ANATOMÍA

esfirénido, a Perteneciente a una familia de peces teleósteos de cuerpo alargado y algo comprimido, boca muy amplia y mandíbula prominente. — adj/s.m. ZOOLOGÍA

esfogar
1 Apagar la cal. — v.tr.
2 Desfogar o dar salida al fuego. — vulgar

esforrocinar Quitar los esforrocinos o ramas bastardas de la vid. — v.tr. AGRICULTURA

esforrocino Rama o sarmiento bastardo de la vid. — s.m./AGRICULTURA

esforzado, a Que es valiente y animoso. — adj.

esforzar
1 Aplicar una facultad o un órgano con mayor intensidad de lo que es normal: *esforzaba la vista para leer el diario.* — v.tr. conj: forzar
2 Hacer un esfuerzo físico o moral con un fin determinado: *se esforzó por conseguir el trabajo.* — v.prnl. + a, en, por
3 Dar fuerza o vigor a una persona. — v.tr.
4 Infundir ánimos o valor a una persona.
5 Animarse o envalentonarse. — v.intr.

esfuerzo
1 Empleo enérgico de la fuerza física, la inteligencia, la voluntad o cualquier facultad espiritual, para la consecución de un fin: *los exámenes finales siempre suponen un gran esfuerzo para los estudiantes; hacer el esfuerzo de llamarle; costará muchos esfuerzos terminar este proyecto.* — s.m.
2 Trabajo o privación que se hacen para ofrecer medios económicos para hacer cierta cosa: *hacer el esfuerzo para pagarle la carrera.* — = esfuerzo económico
3 Ánimo, vigor o valor.
4 **hacer una persona un esfuerzo por su parte:** Ayudar para que dé resultado lo que otra hace: *aunque el profesor nos elimine materia, no aprobarás si no haces un esfuerzo por tu parte.* — coloquial

esfumación Desvanecimiento, disipación o desaparición gradual de una cosa del campo de visión: *primero fue el espejismo y después su esfumación.* — s.f.

esfumado Transición suave en los tonos cromáticos de un cuadro que se obtiene con juegos de luz y sombra. — s.m. ARTE = sfumato

esfumar (Del ital. *sfummare*.)
1 Extender los trazos de lápiz con el esfumino para dar empaste a las sombras de un dibujo: *tras finalizar el dibujo, esfumó los contornos.* — v.tr/ARTE = difuminar, esfuminar
2 Suavizar los colores o los contornos de un dibujo o una pintura para lograr un aspecto vago o lejano: *esfumó el paisaje del fondo del dibujo.* — ARTE
3 Dejar de ser perceptible gradualmente una cosa por alejarse o expandirse: *el sol se esfuma al caer la tarde.* — v.prnl. = desvanecerse
4 Irse de un lugar con rapidez y disimulo: *al verle entrar en la fiesta me esfumé.* — coloquial = escabullirse

esfuminar Extender los trazos de lápiz con el esfumino. — v.tr. ARTE

esfumino (Del ital. *sfummino*.) Rollito de papel estoposo o de piel suave y de punta roma que sirve para rebajar los tonos de un dibujo o una pintura. — s.m. ARTE = difumino

esgarrar Sacar las secreciones respiratorias u otros líquidos corporales tosiendo levemente: *está resfriado y esgarra; tiene tuberculosis y esgarra sangre.* — v.tr/intr. = desgarrar

esgonzar Desgonzar, quitar los goznes o desencajar una cosa: *el ladrón esgonzó la puerta para poder entrar.* — v.tr. conj: cazar

esgrafiado
1 Técnica de decoración que consiste en trazar dibujos superponiendo capas de distinto color o raspando la superficial para que se vea la inferior. *s.m. ARTE*
2 Obra que se hace con esta técnica. *ARTE*

esgrafiar (Del ital. *sgraffiare*.) Decorar una superficie con la técnica del esgrafiado. *v.tr./conj: vaciar ARTE*

esgrima (Del occitano *escrima*.)
1 Deporte en que dos contrincantes compiten armados con floretes, sables o espadas. *s.f. DEPORTES*
2 Arte y técnica de manejar el florete, el sable o la espada para combatir.

esgrimible Que puede ser esgrimido, sostenido o manejado: *tus argumentos son esgrimibles, pero no producirán el efecto deseado.* *adj.*

esgrimidor, a Se aplica a la persona que practica la esgrima: *era una lucha esgrimidora.* *adj/s. DEPORTES*

esgrimidura Acción de esgrimir un arma o una razón contra alguien. *s.f. = blandimiento*

esgrimir (Del germ. **skermjan*, proteger, defender.)
1 Sostener o manejar un arma en actitud de utilizarla: *estaba muy nervioso y esgrimía un cuchillo de forma amenazadora.* *v.tr. = blandir*
2 Usar una cosa o un argumento contra una persona: *esgrimió una serie de razones para derribarlo.*
3 Poner en práctica la esgrima con un sable o una espada. *DEPORTES*

esgrimista Esgrimidor, persona que practica la esgrima. *s.m.f./Argent., Chile, Ecuad., Perú, Urug.*

esguardamillar Desbaratar o descomponer una cosa. *v.tr.*

esguazar (Del ital. *sguazzare*, chapotear en el agua.) Pasar de un lado al opuesto de una corriente de agua por un tramo poco profundo: *conseguimos encontrar el punto más adecuado del río para esguazarlo.* *v.tr. conj: cazar = vadear*

esguazo
1 Acción de esguazar. *s.m.*
2 Parte de un río por donde éste se puede atravesar a pie o a caballo: *cruzaremos el río por el esguazo.* *= vado*

esgucio Antequino o moldura cóncava cuyo perfil es la cuarta parte de un círculo. *s.m. ARQUITECTURA*

esguín (Del vasco *izokin*, salmón.) Cría de salmón que aún no ha emigrado al mar. *s.m./ZOOLOGÍA = murgón*

esguince (Derivado del bajo lat. *exquintiare*, rasgar.)
1 Distensión o torcedura traumática de una articulación: *al caer del caballo me hice un esguince en el tobillo.* *s.m. MEDICINA*
2 Movimiento ágil hecho con el cuerpo para evitar un golpe, o una caída: *el delantero no chocó con el portero porque hizo un buen esguince.* *= desguince, regate*
3 Gesto o movimiento del cuerpo o del rostro con que se muestra disgusto o desdén: *su ceño era un esguince socarrón.* *= mohín*

esguízaro, a (Del alem. *schweizer*.)
1 De Suiza, país europeo. *adj/s./= suizo*
2 Se aplica a la persona pobre y desvalida. *adj.*

eslabón (Del ant. *esclavón*.)
1 Pieza que, enlazada con otras, forma una cadena: *uno de los eslabones de la gargantilla se ha roto.* *s.m.*
2 Elemento necesario para el enlace de acciones, sucesos o argumentos: *su huida es el eslabón que completa la historia.* *= nexo*
3 Trozo de acero con que se golpea el pedernal para producir chispas y encender una cosa.
4 Barra de acero que usan los carniceros para afilar los cuchillos. *= chaira*
5 Denominación de varias especies de escorpiones. *ZOOLOGÍA*
6 Tumor duro que les sale a las caballerías debajo del corvejón o de la rodilla. *VETERINARIA*
7 Conjunto de hoyos de un terreno, en el golf. *s.m.pl./DEPORTES*
8 Recorrido total de una prueba de golf. *DEPORTES*

eslabonamiento Acción y resultado de eslabonar o eslabonarse. *s.m.*

eslabonar
1 Unir unos eslabones con otros para formar una cadena. *v.tr.*
2 Poner unas cosas en relación con otras utilizando nexos: *eslabonó temas muy diversos para atraerse al público.* *v.tr/prnl. = concatenar, encadenar*

eslalon (Del noruego *slalom*.) Carrera de habilidad con esquíes: *fue nuevamente el campeón del eslalon gigante.* *s.m. DEPORTES tb: slalom*

eslavismo
1 Estudio o afición por el mundo y la cultura eslavos. *s.m.*
2 Expresión o construcción propias de alguna lengua eslava usadas para otra lengua. *LINGÜÍSTICA*
3 Influencia de las costumbres y caracteres eslavos en otros pueblos que no lo son. *SOCIOLOGÍA*

eslavista Persona dedicada al estudio de la lengua, literatura o cultura eslavas. *s.m.f. LINGÜÍSTICA*

eslavística Ciencia y estudio de las lenguas eslavas. *s.f./LINGÜÍSTICA*

eslavizar Dar a algo carácter eslavo. *v.tr/conj: cazar*

eslavo, a
1 De un pueblo antiguo que se extendió por el nordeste de Europa. *adj.*
2 Persona natural de este pueblo. *s.*
3 Se aplica al grupo de lenguas indoeuropeas formado principalmente por el antiguo eslavo, búlgaro, polaco, ruso, serbio-croata, esloveno, eslovaco y checo. *adj/s.m. LINGÜÍSTICA*

eslavófilo, a Que simpatiza con lo eslavo. *adj/s.*

eslavón Lengua litúrgica de los eslavos ortodoxos, creada sobre la base del eslavo antiguo para traducir los evangelios, y que fue incorporada a la evolución específica de las lenguas eslavas. *s.m. LINGÜÍSTICA*

eslinga (Del ingl. *sling*.) Maroma o cuerda gruesa con ganchos usada para levantar grandes pesos. *s.f.*

eslip (Del ingl. *slip*.)
1 Prenda de vestir interior masculina ajustable y sin pernera. *s.m./pl: eslips = calzoncillo*
2 Calzón semejante a esta prenda de vestir, de algodón, fibra u otro tejido usado como bañador.

eslizón Reptil saurio de cuerpo largo y extremidades muy reducidas, con cuatro rayas pardas en el lomo que vive en prados y herbazales húmedos. *s.m. ZOOLOGÍA*

eslogan (Del ingl. *slogan*.)
1 Frase publicitaria, breve, muy expresiva y fácil de recordar: *rechazó el eslogan que le propuso la publicista; los eslóganes de los partidos políticos no eran muy atractivos.* *s.m. PUBLICIDAD pl: eslóganes tb: slogan*
2 Consigna o lema que se identifica con alguna cosa: *el candidato acabó su discurso con el eslogan de la campaña electoral.*

eslora (Del neerlandés *slorie < sloeren*, medir un barco.)
1 Longitud de una embarcación de proa a popa: *el yate mide doce metros de eslora.* *s.f. NÁUTICA*
2 Conjunto de maderas que se encadenan en los baos, barrotes o latas en el sentido de popa a proa, que sirve para reforzar el asiento de las cubiertas: *esloras de escotilla.* *s.f.pl. NÁUTICA*

eslovaco, a
1 De Eslovaquia, estado centroeuropeo, o de su lengua. *adj.*
2 Persona natural de este estado. *s.*
3 Lengua eslava, de la familia indoeuropea, que se habla en este estado. *s.m. LINGÜÍSTICA*

esloveno, a
1 De Eslovenia, estado del sur de Europa, o de su lengua. *adj.*
2 Persona natural de este estado. *s.*
3 Lengua eslava, de la familia indoeuropea, que se habla en este estado. *s.m. LINGÜÍSTICA*

esmaltado, a
1 Que es de esmalte o está revestido de él: *colecciona botellas de vidrio esmaltado.* *adj/s.*
2 Acción y resultado de esmaltar: *existen distintas técnicas de esmaltado.* *s.m.*
3 Conjunto de salpicaduras de colores variados.
4 Barnizado brillante de las copias fotográficas, con el que se proporciona una capa muy resistente. *FOTOGRAFÍA*

esmaltador, a Persona que cubre con esmalte metales u objetos de vidrio o cerámica. *s. = esmaltista*

esmaltadora Aparato con el que se efectúa el esmaltado de las copias fotográficas. *s.f. FOTOGRAFÍA*

esmaltar
1 Cubrir con esmalte un metal u otro material: *la porcelana se somete a altas temperaturas para esmaltarla.* *v.tr.*
2 Adornar una cosa con varios colores o matices: *las mariposas esmaltan el campo.* *= embellecer*

esmalte (Del germ. **smalt < *smaltjan*, fundir.)
1 Sustancia vítrea usada para dar brillo, proteger o colorear de forma inalterable ciertos materiales: *el esmalte de una copa de cristal.* *s.m.*
2 Cuadro, metal u otro objeto cubierto o trabajado con esta sustancia: *sobre su mesa hay un esmalte precioso que usa como cenicero.*
3 Sustancia que se utiliza para pintar o abrillantar una cosa: *después de pulir la madera, dale un esmalte.*
4 Sustancia blanca y muy dura, que recubre la corona de los dientes: *la nicotina ensucia el esmalte dental.* *ANATOMÍA*
5 Color azul que se hace fundiendo vidrio con óxido de cobalto y moliendo la pasta que resulta. *= esmaltín*
6 Aspecto noble o lujoso de una persona o una cosa. *= lustre*
7 Denominación genérica del color heráldico que incluye los metales, los colores y los forros. *HERÁLDICA*
8 esmalte de uñas: Barniz para dar color y brillo a las uñas: *lleva esmalte de uñas rojo.*

esmaltería Conjunto de trabajos de esmalte: *la esmaltería italiana.* *s.f.*

esmaltina Mineral de color gris acero que se utiliza en la fabricación de esmaltes azules. *s.f. MINERALOGÍA*

esméctico, a (Del lat. *smecticus* < gr. *smektikos* < *smekho*, limpiar.) — adj. = detersorio
1 Que tiene la virtud de limpiar o purificar, en especial aplicado a una sustancia que sirve para deschurrar la lana.
2 Se aplica al estado mesomorfo de la materia más próximo al cristalino que al líquido. — FÍSICA, QUÍMICA

esmegma Materia blanquecina que se deposita en los repliegues de los órganos genitales externos. — s.m. MEDICINA

esmerado, a — adj.
1 Que pone gran cuidado e interés en hacer las cosas: *es un esmerado miniaturista.*
2 Que se hace con esmero: *presentó un trabajo esmerado y muy interesante.*

esmerador, a Persona que por oficio pule piedras o metales. — s.

esmeralda (Del lat. *smarafdus* < gr. *smaragdos*.)
1 Piedra preciosa, variedad del berilo, de color verde profundo, transparente, con frecuentes inclusiones, muy apreciada en joyería. — s.f. MINERALOGÍA
2 Que tiene el color de este mineral: *la vio en un descapotable verde esmeralda.* — adj./s.m.
3 **esmeralda oriental:** Variedad del corindón, piedra preciosa. — MINERALOGÍA

esmeraldero, a Se aplica a la persona que se dedica a la explotación de esmeraldas o a negociar con ellas. — adj/s. Colomb.

esmeraldino, a Que tiene el color parecido al de la esmeralda: *el mar tenía un color esmeraldino en la orilla.* — adj. literario

esmerar (Derivado de *mero* < lat. *merus*, puro, sin mezcla.)
1 Limpiar o pulir una cosa cuidadosamente. — v.tr.
2 Poner gran interés y cuidado en hacer una cosa: *se esmeró en caerle bien; se esmeró por complacerles.* — v.prnl. + en, por

esmerejón (Derivado del germ. **smiril.*)
1 Ave falconiforme de pequeño tamaño, con las zonas inferiores listadas y silueta compacta. *(Falco columbarius.)* — s.m. ZOOLOGÍA
2 Pieza de artillería antigua, de pequeño calibre. — MILITAR

esmeril
I (Del gr. bizantino *smeri* < gr. *smyris*.) Variedad basta y ferrífera del corindón, que se utiliza para pulimentar debido a su dureza. — s.m. MINERALOGÍA
II (Del germ. **smiril.*) Antigua pieza de artillería algo mayor que el falconete. — s.m./MILITAR = pijote

esmerilado, a
1 Se aplica al vidrio mate y traslúcido. — adj.
2 Operación de pulir una pieza para darle un mejor acabado y afinado. — s.m. INDUSTRIA
3 Acción de suavizar el tacto del tejido de algodón, poniéndolo en contacto con un cilindro revestido de esmeril. — TEXTIL

esmerilar
1 Pulir una cosa o quitarle la transparencia al vidrio con esmeril: *esmerila cristales en una óptica.* — v.tr.
2 Tratar los tejidos con la operación del esmerilado. — TEXTIL

esmero (Del lat. *ex*, fuera + *merus*, puro.) Máximo cuidado en hacer las cosas: *es un perfeccionista, hace las cosas con mucho esmero.* — s.m. = pulcritud

esmirnio Cañarejo, planta herbácea umbelífera. — s.m./BOTÁNICA

esmirriado, a Que está flaco, extenuado o consumido: *él está muy grueso y ella, esmirriada.* — adj. th: desmirriado

esmoladera Herramienta para amolar. — s.f./= afiladora

esmoquin (Del ingl. *smoking.*) Chaqueta masculina de etiqueta, con cuello largo y sin solapas ni faldones: *dado que se trata de una cena de gala, debes asistir con esmoquin.* — s.m.

esmorecer Desfallecer, disminuir la fuerza o perder el aliento una persona. — v.intr/prnl./C. Rica, Cuba, Venez.

esmuir (Del lat. *emulgere*.) Coger las ramas de los árboles rodeándolas con la mano para que suelten las hojas o los frutos. — v.tr. conj: huir th: esmuñir

esnifada
1 Aspiración nasal de una dosis de droga. — s.f./argot
2 Dosis aspirada por las fosas nasales. — argot

esnifar (Derivado del ingl. *sniff*, aspirar.) Aspirar cocaína u otra droga en polvo por la nariz. — v.tr. argot

esnob (Del ingl. *snob.*) Persona que adopta los gustos y costumbres de moda, que no le son propios y cuyo comportamiento se caracteriza por la afectación. — adj/s.m.f. th: snob

esnobismo Gusto o admiración excesivos por todo lo que está de moda en supuestos ambientes de distinción: *no le interesa en absoluto el deporte, asiste a las competiciones de tenis por puro esnobismo.* — s.m.

esnobista Se aplica a la persona que se comporta con esnobismo. — adj/s.m.f.

eso (Del lat. *ipsum*, mismo.)
1 Indica aquello que está cerca, en el espacio o en el tiempo, de la persona que escucha: *eso es lo que dicen.* — pron.dem.

2 a eso de: Indica proximidad en el tiempo: *a eso de las cinco llegaré a la estación.* — loc.adv.
3 aun con eso o ni con eso: A pesar de o aunque encierre cierta dificultad: *aun con eso no me atrevo a decírselo.* — loc.conj.
4 en eso: Entonces, en aquel momento: *en eso llegó su padre y nos pilló curioseando su despacho.* — loc.conj.
5 ¡eso! o ¡eso mismo!: Exclamación que indica aprobación o asentimiento: *... y si hace esto, no le dejaremos entrar, ¡eso!* — interj.
6 ¡eso sí!: Expresión con la que se refuerza una afirmación: *puedes ir, aunque ¡eso sí!, llega pronto.*
7 por eso: Expresión para referirse al motivo que explica o justifica cierta cosa: *por eso no querían saber nada de ella.* — loc.conj.
8 por eso mismo o por eso precisamente o justamente: Expresión con la que se indica una razón que, a priori, podría parecer que va a favor, pero que en realidad va en contra: *este equipo no está funcionando, por eso mismo, se impone un cambio.* — loc.conj.

eso- Componente de palabra procedente del gr. *eso*, que significa adentro: *esotérico.* — pref.

esofágico, a Del esófago: *conducto esofágico.* — adj./ANATOMÍA

esofagitis Inflamación del esófago, caracterizada por un intenso dolor al ingerir alimentos. — s.f./pl: esofagitis

esófago (Del gr. *oisophagos* < *oiso*, llevar + *ephago*, comer.) Conducto muscular membranoso que va desde la faringe al estómago, y por el cual pasan los alimentos. — s.m. ANATOMÍA

esofagoscopio Instrumento que se intuba en el esófago para realizar exámenes de la mucosa que lo recubre. — s.m. MEDICINA

esotérico, a (Del gr. *esoterikos*, íntimo, reservado a los adeptos.)
1 Que sólo es accesible a los iniciados en una materia determinada: *ritos esotéricos.* — adj. = oculto, reservado
2 Que es misterioso e incomprensible: *sus explicaciones son siempre esotéricas; literatura esotérica.* — = hermético ≠ claro
3 Que tiene relación con el ocultismo y con fenómenos paranormales. — OCULTISMO
4 Se aplica a la doctrina filosófica que sólo se enseñaba a un reducido número de alumnos. — FILOSOFÍA
5 Se refiere a toda doctrina que se transmite oralmente a los iniciados.

esoterismo
1 Conjunto de doctrinas y ritos que entienden que existe un conocimiento profundo del cosmos, pero que sólo es susceptible de ser abarcado por unos elegidos. — s.m. FILOSOFÍA
2 Característica de las cosas que son misteriosas, herméticas u obstrusas: *el esoterismo de un texto.*
3 Ocultismo, conjunto de prácticas y teorías. — OCULTISMO

espabilado, a Que es listo, vivo y habilidoso: *está muy espabilado con lo pequeño que es.* — adj.

espabiladeras Tijeras con que se corta el pabilo o mecha de las velas para avivar la llama. — s.f.pl. th: despabiladeras

espabilar
1 Avivar el entendimiento a una persona, hacerle perder la timidez o la torpeza: *con este viaje, se espabilará.* — v.tr/intr/prnl. th: despabilar
2 Sacudirse el sueño o la pereza: *venga, a la ducha, a espabilarse.* — v.prnl.
3 Darse prisa en la realización de una cosa: *espabílate con las tijeras, que las necesito.* — v.intr. = aligerar
4 Quitar la parte ya quemada del pabilo o mecha a las velas y candiles. — v.tr.

espachurrar Romper o aplastar una cosa golpeándola o apretándola con fuerza: *pon las fresas encima, que sino se espachurrarán.* — v.tr/prnl. coloquial th: despachurrar

espaciadamente Con separación, o con intervalo de tiempo: *coloca las fichas espaciadamente en el tablero; envía las cartas espaciadamente.* — adv.

espaciado, a
1 Se refiere a las cosas que están separadas entre sí. — adj.
2 Conjunto de espacios que se ponen en la composición de un texto: *montar la página con un espaciado mayor.* — s.m. ARTES GRÁFICAS

espaciador Tecla que se pulsa en las máquinas de escribir y teclados de ordenador para dejar espacios en blanco: *el espaciador suele pulsarse con el dedo pulgar.* — s.m.

espacial
1 Del espacio o relacionado con él. — adj.
2 Que tiene relación con el espacio interestelar e interplanetario: *la navegación espacial; traje espacial.* — AERONÁUTICA

espacialidad Carácter de lo que se organiza en el espacio u ocupa un espacio. — s.f.

espaciar
1 Poner dos o más personas o cosas separadas en el espacio o en el tiempo: *vamos a espaciar los muebles para dejar más hueco; debido a la huelga los envíos se han espaciado mucho.* — v.tr/prnl. = dilatar, separar

2 Hacer llegar una noticia a mucha gente: *la noticia se ha espaciado gracias a la prensa.* = difundir

3 Separar las letras, las palabras o los renglones con espacios o regletas. v.tr. ARTES GRÁFICAS

4 Extenderse una persona mucho en un discurso o en un escrito: *no te espacies más con las anécdotas y vamos al grano.* v.prnl. = explayarse

5 Ocupar el tiempo de un modo grato y apacible. = esparcirse

espacio (Del lat. *spatium*, campo para correr.)
1 Extensión o superficie en que está contenida la materia. s.m.
2 Parte de esta extensión que ocupa un cuerpo: *necesito un piso más grande y con más espacio.* = sitio
3 Distancia entre dos cuerpos o sucesos: *no hay suficiente espacio entre los coches para aparcar otro.*
4 Transcurso o porción de tiempo: *cortaron la luz por espacio de dos horas.* = período
5 Programa de radio o de televisión: *presenta un nuevo espacio matinal.* AUDIOVISUALES
6 Pieza de metal que sirve para separar las palabras o para distanciarlas. ARTES GRÁFICAS
7 Conjunto de elementos estructurados entre los que se establece una relación. MATEMÁTICAS
8 Separación que hay entre las rayas del pentagrama. MÚSICA
9 **espacio aéreo**: Parte de la atmósfera bajo la jurisdicción de un estado, que se destina al tráfico aéreo. AERONÁUTICA
10 **espacio exterior o sidéreo**: El cósmico que se encuentra más allá de la atmósfera terrestre. ASTRONOMÍA
11 **espacio planetario**: El que ocupan los planos de las órbitas de los planetas en su movimiento alrededor del sol. ASTRONOMÍA
12 **espacio publicitario**: Porción de superficie o tiempo destinada a emitir publicidad en los distintos medios de comunicación. AUDIOVISUALES, PUBLICIDAD
13 **espacio-tiempo**: Concepto que aúna el espacio geométrico de tres dimensiones con el continuo temporal de una sola, en la teoría de la relatividad. FÍSICA
14 **espacio vital**: Ámbito territorial que necesitan los pueblos u organismos para desarrollarse.

espaciosidad Condición de espacioso, vasto, de gran capacidad: *la espaciosidad del recinto.* s.f.

espacioso, a
1 Que tiene mucho espacio o amplitud: *esta habitación es muy espaciosa.* adj. = amplio, ancho
2 Que se comporta con excesiva lentitud o serenidad: *es tan espacioso haciendo cualquier cosa que me enferma.* coloquial = flemático, lento

espacle Sustancia medicinal que se extrae del tronco del drago y sirve para combatir la disentería. s.m./Méx. FARMACIA

espada (Del lat. *spatha*, < gr. *spathe*.)
1 Arma blanca de hoja larga, recta, aguda y cortante, provista de guarnición y empuñadura: *el caballero del cuadro lleva la espada en el cinto.* s.f. = acero
2 Persona diestra o hábil en el manejo de la espada: *tenía fama de ser un gran espada.* s.m.f. = espadachín
3 Uno de los cuatro palos de la baraja española: *si salen espadas, das tú.* s.f.pl. JUEGOS
4 Carta de este palo: *pero hombre, no tires una espada que yo fallo.* s.f. JUEGOS
5 Pez espada. ZOOLOGÍA
6 Diestro, torero que mata al toro con estoque en la lidia. s.m. TAUROMAQUIA
7 **espada blanca**: La ordinaria de corte y punta, usada en esgrima. DEPORTES
8 **espada de Damocles**: Amenaza constante de un peligro: *en aquella situación estábamos siempre bajo la espada de Damocles.*
9 **espada de dos filos**: Se aplica al argumento o procedimiento que al ser usado puede revertir negativamente en quien lo ha empleado. coloquial
10 **espada negra**: La que no tiene filo y lleva un botón en la punta, empleada en esgrima. DEPORTES
11 **primer o primera espada**: 1. Torero principal. 2. Persona que sobresale en determinada disciplina o arte. TAUROMAQUIA
12 **ceñir a alguien la espada**: Armar caballero a una persona. HISTORIA
13 **con la espada desnuda**: Con resolución, por todos los medios: *se lanzó a la aventura con la espada desnuda.* loc.adv.
14 **entre la espada y la pared**: 1 Amenazado por un peligro y sin posible escapatoria. 2 En situación muy comprometida, o teniendo que elegir entre dos opciones o cosas igualmente malas: *estoy entre la espada y la pared, no sé si decírselo o callármelo.* loc.adv.
15 **quedarse alguien a espadas**: Quedarse sin nada o perder lo que tenía.
16 **sacar la espada por algo o alguien**: Defenderlo cuando alguien lo ataca: *al ver cómo la criticaban sacó la espada por ella.*
17 **ser alguien buen espada**: Ser hábil en polémicas: *este diario tiene fama de ser buen espada.*

espadachín (Del ital. *spadaccino*.)
1 El que es muy hábil en el manejo de la espada. s.m.
2 Persona que se precia de valiente y gusta de provocar pendencias. = pendenciero

espadaña
1 Planta herbácea de hojas radicales y tallo largo, que crece junto a las aguas estancadas parecida a una caña y cuyas flores forman una espiga compacta. s.f. BOTÁNICA = aceña, anea
2 Campanario formado por una sola pared en la que están abiertos los huecos para colocar las campanas. ARQUITECTURA
3 **espadaña fina**: Ácoro bastardo, planta. BOTÁNICA

espadañada
1 Vómito de sangre arrojado violentamente y de una vez por la boca. s.f. = bocanada
2 Cantidad abundante: *en la fiesta se comieron toneladas de dulces y se bebieron espadañadas de vino.* = abundancia

espadañal Terreno húmedo donde crecen y abundan las espadañas: *se ocultó en los espadañales de los remansos.* s.m.

espadañar Extender un ave las plumas de la cola. v.tr.

espadar Golpear el lino o el cáñamo con la espadilla para limpiarlo y poder hilarlo. v.tr./TEXTIL = tascar

espadarte Pez espada. s.m./ZOOLOGÍA

espadería Lugar donde se fabrican, arreglan o venden espadas. s.f.

espadero, a Persona que hace, repara o vende espadas. s.

espádice (Del gr. *spadix, -ikos*, rama de palmera arrancada con sus frutos < *spao*, arrancar.) Inflorescencia de ciertas plantas monocotiledóneas, que consiste en un eje carnoso recubierto de flores y envuelto en una espata. s.m. BOTÁNICA

espadicifloro, a Perteneciente a un orden de plantas monocotiledóneas que presenta las inflorescencias en forma de espiga. adj/s.f. BOTÁNICA

espadilla
1 Insignia roja con forma de espada que llevan los caballeros de la orden militar de Santiago. s.f./MILITAR, RELIGIÓN
2 Herramienta de madera semejante al machete, para espadar el cáñamo. TEXTIL = tascador
3 Especie de remo que se usa como timón en ciertas embarcaciones. NÁUTICA
4 As de espadas, carta de la baraja española. JUEGOS
5 Aguja o prendedor de marfil, metal u otro material que usaban las mujeres para recogerse el pelo.

espadillado Operación de quitar al lino o cáñamo la hilaza con la espadilla. s.m./TEXTIL = espadillamiento

espadillar Golpear el lino o el cáñamo con la espadilla para limpiarlo y poder hilarlo. v.tr./TEXTIL = espadar, tascar

espadillazo Lance que se pierde, en algunos juegos de cartas, a pesar de tener el as de espadas. s.m. JUEGOS

espadín
1 Espada de hoja muy estrecha usada como complemento de algunos uniformes. s.m. MILITAR
2 Pez teleósteo marino parecido al arenque. *(Clupea sprattus.)* ZOOLOGÍA

espadista Ladrón que utiliza llaves falsas o utensilios apropiados para entrar en una casa. s.m.f. argot

espadón
I (Derivado de *espada*.) Personaje de elevada jerarquía en la milicia o en otras jerarquías sociales. s.m. coloquial
II (Del lat. *spado, -onis* < gr. *spadon*, eunuco.) Hombre castrado que ha conservado el pene. s.m.

espagírica Técnica para depurar los metales. s.f./METALURGIA

espagírico, a (Del lat. *spagiricus*.) Que tiene relación con la espagírica. adj. METALURGIA

espagueti (Del ital. *spaghetti*.) Pasta de harina en forma de fideos largos y más gruesos: *prepara unos espaguetis con gambas deliciosos.* s.m. COCINA

espahí
1 Soldado de una caballería turca. s.m./MILITAR
2 Soldado de caballería del ejército francés en Argelia. MILITAR

espalación (Del ingl. *spallation*.) Fragmentación del núcleo del átomo en numerosas partículas, por haber sido bombardeado. s.f. FÍSICA NUCLEAR

espalar Quitar la nieve con una pala. v.tr/intr.

espalda (Del bajo lat. *spatula*, omóplato.)
1 Parte posterior del tronco de una persona que va desde la nuca hasta la cintura. s.f. ANATOMÍA
2 Parte de una prenda de vestir que corresponde a esta parte del tronco: *esta chaqueta te queda un poco estrecha de espalda.*
3 Lomo de los animales: *el perro tenía una herida en la espalda; una espalda de cabrito al horno.* ZOOLOGÍA
4 Parte de detrás o posterior de una cosa. = reverso
5 Estilo de natación que consiste en nadar boca arriba. DEPORTES

6 espalda mojada: 1. Trabajador indocumentado en Estados Unidos. 2. Mexicano que cruza ilegalmente la frontera con Estados Unidos. — *Méx.* *Méx.*

7 a espaldas de: En ausencia o detrás de alguien, al que se mantiene ignorante de lo que se hace: *no critiques los actos de los demás o a espaldas de ellos.* — *loc.adv.*

8 caer o caerse de espaldas: Sentir asombro o sorpresa: *se cayó de espaldas cuando se enteró de la verdad.* — *coloquial*

9 cargado de espaldas: Se aplica a la persona que tiene la espalda grande o muy convexa. — *loc.adj.*

10 dar alguien de espaldas: Caer boca arriba: *fue a dar de espaldas contra un coche.*

11 dar alguien la espalda o las espaldas: 1. Huir de un peligro o del enemigo. 2. Despreciar o desatender a otra persona: *dio la espalda a su mejor amigo cuando más le necesitaba.* — *coloquial* *coloquial*

12 echarse una cosa a la espalda: Mostrarse indiferente a ella, tomársela sin preocupación. — *coloquial*

13 echarse algo sobre las espaldas: Hacerse responsable de una cosa: *se echó sobre la espalda todo el peso de la empresa.* — *coloquial*

14 guardarse o cubrirse las espaldas: Protegerse ante posibles adversidades: *el director se guardó las espaldas eludiendo la responsabilidad de la decisión.* — *coloquial*

15 hablar por las espaldas: Criticar a una persona sin que ésta esté presente. — *coloquial*

16 hacer espaldas a alguien: Defender a una persona para evitar que sufra un daño: *hizo espaldas a sus hijos hasta que ya fueron bien mayores.* — *coloquial*

17 hacer espaldas: Sufrir sin quejarse, aguantar. — *coloquial*

18 medirle a alguien las espaldas: Dar una paliza a una persona: *prefiero hablar del tema pero si no acepta, le mediré las espaldas.* — *coloquial*

19 por la espalda o a espaldas vueltas: De un modo desleal o traidor: *le agredieron por la espalda sin darle oportunidad de defenderse.* — *loc.adv.* *coloquial*

20 tener buenas espaldas: Tener mucha resistencia para aguantar un trabajo o un padecimiento: *hay que tener buenas espaldas para aguantar tanto abuso.* — *coloquial*

21 tener cubiertas, guardadas o seguras las espaldas: Estar bien protegida una persona: *intentó tener guardadas las espaldas cuando inició su loca aventura económica.* — *coloquial*

22 tirar o tumbar de espaldas algo: 1. Causar mucho asombro o sorpresa una cosa: *la noticia de su dimisión tiró de espaldas a cuantos le conocían.* 2. Se aplica a lo que resulta repugnante, en especial a los olores: *la habitación olía tan mal que tumbaba de espaldas.* — *coloquial* *coloquial*

23 volver la espalda o las espaldas: Mostrar desprecio hacia una persona: *fue capaz de volverme las espaldas y no saludarme.* — *coloquial*

espaldar
1 Parte de la coraza y del coselete que sirve para cubrir y defender la espalda. — *s.m.* *HISTORIA*
2 Respaldo de un asiento: *no apoyes el espaldar de la silla en la pared para no estropearlo.*
3 Parte posterior del cuerpo: *es estrecho de cintura, pero tiene el espaldar muy robusto.* — *= espalda*
4 Enrejado puesto en una pared para que por él trepen las plantas. — *= espaldera*
5 Parte dorsal de la coraza de las tortugas. — *ZOOLOGÍA*

espaldarazo
1 Golpe dado en la espalda de un hombre para armarlo caballero. — *s.m.* *HISTORIA*
2 **dar el espaldarazo:** Reconocer y aprobar la capacidad o habilidad de una persona en una profesión o actividad: *fue gratificante que, después de tanto esfuerzo, nos dieran el espaldarazo.* — *coloquial*

espaldarcete Pieza de la armadura que cubría la parte superior de la espalda. — *s.m.* *HISTORIA*

espaldarón Pieza de la armadura que cubría y defendía la zona de la espalda. — *s.m.* *HISTORIA*

espaldear Defender a una persona. — *v.tr./Chile*

espalder Remero que boga en la proa y gobierna con el remo a los demás. — *s.m.f.* *DEPORTES*

espaldera
1 Enrejado que se pone en la pared para que trepen las plantas. — *s.f.* *= espaldar*
2 Aparato de gimnasia que consiste en unas barras de madera fijas a distintas alturas, adosado a una pared: *hacía flexiones en unas espalderas.* — *s.f.pl.* *DEPORTES*

espaldilla
1 Omóplato, cada hueso de la espalda entre el cuello y el principio del brazo. — *s.f.* *ANATOMÍA*
2 Cada uno de los cuartos traseros del jubón o almilla, que cubren la espalda.
3 Cuarto delantero de las reses despedazadas para el consumo: *espaldilla de lechal al horno.*

espaldista Nadador especializado en la modalidad de espalda: *el espaldista subió al podio para recibir nuevamente el oro.* — *s.m.f.* *DEPORTES*

espalditendido, a Que está tendido o echado de espaldas: *el accidentado estaba espalditendido, pero consciente.* — *adj.*

espaldón
1 Parte maciza y saliente que queda en un madero, después de abierta una entalladura. — *s.m.* *CARPINTERÍA*
2 Barrera de contención para resistir el empuje de las tierras o las aguas. — *CONSTRUCCIÓN*
3 Cercado o valla para protegerse del fuego enemigo, con menos posibilidades bélicas que el parapeto. — *MILITAR*
4 Última cuaderna de la proa. — *NÁUTICA*

espaldonarse Ponerse una persona a cubierto del fuego enemigo detrás de alguna defensa natural. — *v.prnl.* *MILITAR*

espaldudo, a Que tiene la espalda grande: *parece grueso porque es muy espaldudo.* — *adj.* *= lomudo*

espalera (Del ital. *spalliera*.) Enrejado puesto en una pared para que las plantas trepen por él: *el jazmín se enreda en la espalera.* — *s.f.* *= espaldar, espaldera*

espalmador Cuchillo corvo usado por los herradores para separar la palma córnea de la carnosa de los animales. — *s.m.* *tb: despalmador*

espalmadura Desperdicios de los cascos o uñas de los animales. — *s.f.* *tb: despalmadura*

espalmar (Del cat. *espalmar*.) Separar los herreros la palma córnea de la carnosa. — *v.tr.* *tb: despalmar*

espalto (Del ital. *spalto*.) Color oscuro, transparente y suave para velar o suavizar el tono de lo pintado. — *s.m./ARTE* *tb: aspalto*

espantable Que causa espanto. — *adj.*

espantada
1 Huida repentina de los animales: *los tiros de los cazadores provocaron la espantada de los patos.* — *s.f.*
2 Abandono súbito de una actividad ocasionado por el miedo.

espantadizo, a Que se espanta con facilidad: *no es un buen perro guardián porque es espantadizo.* — *adj.* *= asustadizo*

espantagustos Persona que, por su carácter, estropea una diversión o interrumpe una reunión: *no seas espantagustos contando ahora tus problemas con el fisco.* — *s.m.* *pl: espantagustos* *= aguafiestas*

espantajo
1 Figura de apariencia humana colocada en sembrados y huertas para espantar los pájaros: *en el huerto hay un espantajo con trapos y latas.* — *s.m.* *= espantapájaros*
2 Aquello que provoca un temor infundado.
3 Persona de aspecto estrafalario y despreciable: *no sé cómo se ha casado con un espantajo como él.*

espantalobos Planta arbustiva de flores en racimos axilares y legumbres en vesícula, que al ser presionadas con los dedos hacen ruido. *(Colutea arborescens.)* — *s.m.* *pl: espantalobos* *BOTÁNICA*

espantamoscas Utensilio hecho con plumas, hierbas o tiras de papel atadas a uno de sus extremos, que sirve para espantar las moscas: *en cuanto llega el verano, se arma con el espantamoscas mientras toma la fresca.* — *s.m.* *pl: espantamoscas* *= mosquero*

espantanublados
1 Persona vestida con hábitos largos que pedía dinero por los pueblos haciendo creer que tenía poder sobre los nublados. — *s.m.* *pl: espantanublados* *= lobero*
2 Persona inoportuna y molesta. — *despectivo*

espantapájaros
1 Figura de apariencia humana que se pone en sembrados o árboles para ahuyentar los pájaros: *los niños se entretenían golpeando al espantapájaros.* — *s.m.* *pl: espantapájaros*
2 Persona fea, ridícula o desaliñada: *se presentó hecho un espantapájaros, mientras que los demás iban de etiqueta.* — *despectivo* *= espantajo*

espantapastores Cólquico, planta liliácea bulbosa cuyas hojas sólo salen en primavera. — *s.m./pl: espantapastores/BOTÁNICA*

espantar (Del lat. vulgar *expaventare* < lat. *expavere*, temer.)
1 Causar espanto o terror a una persona o un animal: *esta cosa espanta sólo de verla.* — *v.tr/intr.* *= asustar*
2 Echar de un lugar a una persona o un animal: *el perro espantó a las palomas con sus ladridos.* — *v.tr.* *= ahuyentar*
3 Impresionar o maravillar: *al presenciar el parto de su esposa, él se espantó y tuvo que marcharse.* — *v.tr/prnl.*
4 Sentir mucho miedo: *se espanta con el ruido de los truenos.* — *v.prnl.* *= atemorizarse*
5 Disgustar o molestar una cosa: *le espanta tener que verla.* — *v.intr.* *coloquial*

espantavillanos Joya o cosa insignificante que aparenta tener mucho valor. — *s.m.* *pl: espantavillanos*

espanto
1 Impresión desagradable causada por un hecho catastrófico, sangriento o cruel: *la catástrofe del accidente aéreo fue un espanto.* — *s.m.* *= sobresalto*
2 Miedo muy intenso: *siente espanto por las tormentas.* — *= horror, terror*
3 Disgusto o molestia muy grande. — *coloquial*
4 Fantasma, espíritu de una persona. — *Méx.*
5 **de espanto:** Se usa para rechazar algo que no gusta o que es muy grande: *hacía un calor de espanto.* — *loc.adj.*
6 **estar curado de espantos:** No impresionarse por cierta cosa por estar ya acostumbrado a ella: *no se sorprende porque está curada de espantos.* — *coloquial*

7 ser una cosa un espanto: Ser una cosa desmedida: *el calor que hace hoy es de espanto.* — coloquial

espantosidad Cosa muy fea. — s.f./*Méx.*

espantoso, a
1 Que causa espanto o asombro: *no vayas a verla, es una película espantosa.* — adj./= horrible, horroroso
2 Que es muy grande: *aquella taladradora hacía un ruido espantoso.* — = desmesurado
3 Que es muy feo: *llevaba una ropa espantosa.* — = horrible

español, a
1 De España, país de Europa occidental, o su lengua. — adj.
2 Persona natural de este país. — s.
3 Lengua románica de la familia indoeuropea que se habla en España, en los países de Hispanoamérica, en parte de Estados Unidos, y minoritariamente en otros países de influencia española. — s.m. LINGÜÍSTICA

españolada Cualquier acto o espectáculo que exagera los tópicos sobre España y lo español. — s.f./coloquial / = españolería

españolado, a Extranjero que por su aspecto o por sus costumbres parece español. — adj. / = españolizado

españolar Españolizar, dar carácter español. — v.tr/prnl.

españolear Hacer propaganda exagerada de España: *cuando visita un país extranjero, le gusta españolear.* — v.intr.

españolería
1 Cualidad y actitud propia de los españoles. — s.f.
2 Españolada, exageración de los tópicos sobre español. — = españolada
3 Apego o afición exagerada por lo español.

españoleta Antiguo baile español. — s.f.

españolidad
1 Condición de español. — s.f.
2 Modo de ser y de comportarse genuino del español.

españolismo
1 Amor o apego a todo lo español.
2 Hispanismo, expresión o construcción propia del español, que se usa en otra lengua. — LINGÜÍSTICA
3 Carácter español acentuado o definido.

españolista
1 Del españolismo. — adj.
2 Que es partidario de lo español. — adj/s.
3 Se aplica a los partidos que no son autonomistas y a sus militantes, en ciertas regiones españolas. — POLÍTICA / = centralista

españolización Difusión de la cultura y las costumbres españolas: *tras el descubrimiento de América, la españolización fue un hecho inevitable.* — s.f. SOCIOLOGÍA

españolizar
1 Dar carácter español a una persona, un país o una cosa: *por vivir en el barrio latino se ha españolizado su música.* — v.tr/prnl. conj: *cazar* / = hispanizar
2 Dar forma española a un vocablo o expresión de otro idioma: *españolizar un galicismo.* — v.tr./LINGÜÍSTICA / = castellanizar

esparadrapo (Probablemente del ital. ant. *sparadrappo.*) Tira de tela, plástico o papel, cubierta de una sustancia adherente por una de sus caras, usada para sujetar vendajes: *se le despegó el esparadrapo y se le ha caído la venda.* — s.m.

esparaván
1 Gavilán, ave de rapiña. — s.m./ZOOLOGÍA VETERINARIA
2 Tumor que se forma en la parte inferior interna del corvejón de las caballerías que, si se endurece, les produce una cojera incurable.
3 **esparaván de garbanzuelo o seco:** Enfermedad de los músculos flexones de las patas de los solípedos. — VETERINARIA

esparavel (Del cat. *esparaver* < germ. *sparwari*, gavilán.)
1 Red redonda, que se emplea para pescar en lugares de poca profundidad. — s.m./PESCA / = atarraya
2 Tabla con un mango en que los albañiles tienen una porción de la argamasa que están utilizando. — CONSTRUCCIÓN

esparceta (Del occitano *esparseto.*) Pipirigallo, planta. — s.f./BOTÁNICA

esparciata Que es muy austero o severo: *el esparciata asceta.* — adj/s.m.f. / = espartano

esparcido, a
1 De carácter alegre y divertido: *es agradable estar con ellos por su esparcida naturaleza.* — adj.
2 Se aplica a los órganos que nacen aislados y parecen estar dispersos sobre el eje que los soporta: *hojas esparcidas.* — BOTÁNICA

esparcidor, a Que esparce. — adj/s.

esparcidora Máquina con la que se esparce el abono sobre la tierra de cultivo. — s.f. AGRICULTURA

esparcilla Planta herbácea de hojas lacinadas, cultivada como forraje. *(Spergula arvensis.)* — s.f. BOTÁNICA

esparcimiento
1 Acción y resultado de esparcir o esparcirse una sustancia. — s.m.
2 Actividad placentera o que sirve de descanso: *es un centro de esparcimiento para los más jóvenes.* — = diversión, recreo
3 Actividad a la que se dedica el tiempo de ocio: *se dedica a la marquetería en sus horas de esparcimiento.*

esparcir (Del lat. *spargere.*)
1 Separar o extender en distintas direcciones las cosas que estaban juntas: *la canela se esparció por toda la cocina; esparce bien la harina por el pastel.* — v.tr/prnl. conj: *zurcir* / = desparramar
2 Tirar una cosa extendiéndola al mismo tiempo: *el arroz se esparció por el suelo.* — = derramar, desparramar
3 Divulgar una noticia: *se esparció el rumor al día siguiente.* — v.tr/prnl. / = difundir
4 Hacer pasar el tiempo a una persona agradablemente: *los niños se esparcieron durante toda la tarde.* — = divertir, recrear

espargiro Mercurio, entre los alquimistas. — s.m.

espárido, a Perteneciente a una familia de peces provistos de aletas pelvianas que se insertan en el tórax, con una sola aleta dorsal y que presentan un radio espinoso. — adj/s.m. ZOOLOGÍA

esparragado Guiso de espárragos. — s.m./COCINA

esparragador, a Persona que cultiva espárragos. — s/AGRICULTURA

esparragal Tierra plantada de espárragos. — s.m.

esparragar
1 Cultivar o coger espárragos. — v.intr/conj: *pagar*
2 **mandar a alguien a esparragar:** Echar a una persona de un lugar: *su actitud me crispó y lo mandé a esparragar.* — coloquial

espárrago (Del lat. *asparagus*, brote, tallito < gr. *asparagos.*)
1 Brote tierno y comestible que produce el rizoma de la esparraguera: *le encanta la tortilla de espárragos tiernos.* — s.m. AGRICULTURA, BOTÁNICA
2 Palo largo y derecho que sostiene junto con otros un entoldado.
3 Madero atravesado por palos a distancias regulares, que sirve de escalera.
4 Barra pequeña de hierro que atraviesa una puerta o pared para poder accionar desde el exterior una campana situada en el interior de un edificio.
5 Vástago metálico con rosca que pasa a través de una pieza y sirve para sujetarla por medio de una tuerca. — MECÁNICA
6 **espárrago amarguero o blanco:** Planta herbácea de tallo leñoso y erguido y frutos negros. — BOTÁNICA
7 **espárrago perico:** El que es de gran tamaño. — BOTÁNICA
8 **espárrago triguero:** El silvestre, delgado y de color verde, en especial el que crece en los trigales. — BOTÁNICA
9 **¡a freír espárragos!:** Se usa para interrumpir a una persona o despedirla con malos modos o brusquedad: *¡a freír espárragos!, me voy sin esperarle más.* — coloquial, despectivo
10 **estar alguien como un espárrago:** Se usa para enfatizar que una persona es o se ha quedado muy delgada: *con tanto trajín, está como un espárrago.* — coloquial

esparragón Tejido de seda que forma un cordoncillo doble y más fuerte que el de la tercianela. — s.m. TEXTIL

esparraguera
1 Planta herbácea perenne, de tallo erecto y cilíndrico, de frutos en baya roja, cuyos brotes tiernos son comestibles. *(Asparagus officinalis.)* — s.f. BOTÁNICA
2 Porción de tierra destinada a cultivar espárragos. — AGRICULTURA
3 Bandeja o fuente para servir en ella espárragos.

esparraguina Fosfato de cal cristalizado de color verde. — s.f. MINERALOGÍA

esparramar Desparramar, extender o esparcir lo que estaba junto: *esparramó el azúcar por toda la cocina.* — v.tr.

esparrancado, a
1 Que anda o está con las piernas muy abiertas. — adj.
2 Se aplica a la cosa que está muy separada de otra, debiendo estar junto a ella.

esparrancarse Abrir una persona mucho las piernas: *unos chicos se esparrancaban en la piscina y otros buceaban entre su piernas.* — v.prnl. conj: *sacar* / = despatarrarse

espartal Campo donde se cría esparto. — s.m./= espartizal

espartano, a
1 De Esparta, ciudad de la Grecia antigua. — adj.
2 Persona natural de esta antigua ciudad. — s.
3 Que es muy austero o severo: *con sus hijos es espartano.* — adj. / = sobrio

espartaquismo Movimiento socialista alemán, que más tarde se convirtió en comunista y agrupó a grupos minoritarios socialdemócratas. — s.m. HISTORIA, POLÍTICA

espartaquista
1 Del espartaquismo. — adj/POLÍTICA
2 Partidario de este movimiento político. — s.m.f./POLÍTICA

esparteína Alcaloide obtenido de la retama que se utiliza en farmacia como tónico del corazón. — s.f. FARMACIA

esparteña Alpargata de cuerda de esparto. — s.f./= alborga

espartería
1 Oficio de espartero. — s.f.

2 Taller donde se hacen obras de esparto y tienda donde se venden.

espartero, a Persona que por oficio fabrica o vende obras de esparto.   s.

espartilla Trozo de estera o manojo de esparto, que se usa para limpiar las caballerías.   s.f.

espartizal Terreno donde se cría esparto.   s.m./= espartal

esparto (Del lat. *spartum* o *sparton* < gr. *spartos* o *sparton*, especie de retama empleada para trenzar cuerdas.)
1 Planta herbácea que crece en el norte de África y en el centro y sur de la península Ibérica, de cuyas hojas se extrae una fibra. *(Stipa tenacissima.)*   s.m. BOTÁNICA = atocha, atochón
2 Fibra que se obtiene de esta planta y que se usa para hacer cuerdas, esteras u otras cosas.
3 esparto basto: Planta gramínea herbácea de rizoma rastrero y hojas rígidas con apariencia de junco. *(Lygeum spartum.)*   BOTÁNICA

esparver (Del neerlandés *sperwer*.) Gavilán, ave rapaz.   s.m. ZOOLOGÍA

esparvero Ave falconiforme rapaz, de silueta delgada, con larga cola y alas cortas. *(Accipiter.)*   s.m. ZOOLOGÍA

esparza (Del occitano *esparsa*.) Composición poética que consta de una sola estrofa, generalmente de arte mayor.   s.f. POESÍA

espasmo (Del gr. *spasmos*, convulsión.) Contracción involuntaria de las fibras musculares.   s.m. MEDICINA

espasmo- Componente de palabra procedente del gr. *spasmos*, que significa convulsión: *espasmolítico*.   pref/suf.

espasmódico, a
1 Que tiene relación con el espasmo.   adj.
2 Se aplica a la enfermedad que tiene el espasmo como síntoma.   MEDICINA

espasmofilia Exceso de sensibilidad del sistema nervioso.   s.f. MEDICINA

espasmolítico, a Se refiere al medicamento que relaja la musculatura de las vísceras.   adj/s.m./FARMACIA = antiespasmódico

espata (Del gr. *spathe*, lanzadera.) Bráctea en forma de cucurucho que rodea ciertas inflorescencias.   s.f. BOTÁNICA

espatarrada Paso de algunos bailes que consiste en abrir mucho las piernas.   s.f. = despatarrada

espatarrarse Caerse al suelo con las piernas abiertas: *se tropezó y se espatarró en la acera*.   v.prnl./vulgar = despatarrarse

espático, a
1 Se refiere al mineral que tiene una estructura laminosa parecida a la del espato.   adj. MINERALOGÍA
2 Que tiene espato.   MINERALOGÍA

espato (Del alem. *spat*.)
1 Denominación que se da a muchos minerales de estructura laminosa.   s.m. MINERALOGÍA
2 espato calizo: Caliza cristalizada en romboedros.   MINERALOGÍA
3 espato de Islandia: Espato calizo muy transparente e incoloro.   MINERALOGÍA
4 espato flúor: Fluorita, mineral compuesto de flúor y calcio, de colores brillantes y variados.   MINERALOGÍA
5 espato pesado: Denominación que se da a la baritina a causa de su elevado peso específico.   MINERALOGÍA

espátula (Derivado culto de *spatula*, omóplato.)
1 Herramienta semejante a una paleta o cuchillo romo, formada por un mango de madera o plástico y una lámina de metal afilada en el borde que se usa en trabajos de carácter manual, artesanal o artístico: *el pintor esparcía el óleo sobre la tela con una pequeña espátula; aplicó cemento en el agujero con una espátula*.   s.f.
2 Ave zancuda de pico con forma de cuchara que anida en las costas o en los cañaverales. *(Platalea lencorodia.)*   ZOOLOGÍA = cuchareta

espatulado, a Que tiene forma de espátula: *hoja espatulada*.   adj.

espatulomancia Adivinación por medio de la observación de los huesos de los animales.   s.f./OCULTISMO tb: espatulomancía

espavorido, a Que siente pavor: *salir espavorido de ver una película de terror*.   adj/= aterrorizado tb: despavorido

especería Especiería, conjunto de especias y lugar donde se venden y comercia con ellas.   s.f.

especia (Del lat. *species*, aspecto, mercadería.)
1 Sustancia vegetal aromática que se usa en pequeña cantidad para dar sabor a las comidas: *la única especia que usa en la cocina es la pimienta*.   s.f. COCINA
2 Postres que se servían antiguamente acompañados de vino.   s.f.pl. COCINA

especiación Proceso de formación de especies nuevas, mediante la creación de barreras reproductivas que impiden la aparición de híbridos fértiles.   s.f. BIOLOGÍA

especial (Del lat. *specialis*.)
1 Que se diferencia de lo común o acostumbrado: *esas flores tienen un olor especial; para la ocasión prefiero que lo compres de una clase especial*.   adj. = singular, particular

2 Que está pensado o destinado para un determinado fin o para una persona o una cosa específica: *una comida especial para los enfermos*.   = específico, idóneo
3 en especial: De modo específico: *me dirijo a todos, pero en especial a los premiados*.   loc.adv.

especialidad
1 Circunstancia de lo particular o propio de una persona o cosa, o limitado tan sólo a ellas: *la especialidad de la obra estriba en la original disposición de la información*.   s.f. = particularidad
2 Rama de una ciencia, arte o actividad que se dedica a un estudio concreto y profundo de una parte de las mismas: *se decidió por la especialidad de ginecología*.
3 Actividad, tarea, ocupación o entretenimiento para los que una persona está especialmente capacitada: *su especialidad es la filosofía*.   = fuerte
4 Producto en cuya elaboración destaca o sobresale una persona, establecimiento, lugar o región: *estos dulces son especialidad de la casa*.   = fuerte
5 Medicamento autorizado oficialmente para ser despachado con un nombre comercial registrado.   FARMACIA = específico

especialista
1 Que está especializado en una profesión o estudio: *especialista en electrónica*.   adj/s.m.f. + de, en
2 Persona que realiza las escenas peligrosas o aquellas que requieren cierta habilidad: *el especialista sufrió un pequeño accidente mientras rodaban con los caballos al galope*.   s.m.f. CINE

especialización Acción y resultado de especializarse en cierta técnica, ciencia o arte: *cada vez se precisa mayor especialización técnica*.   s.f.

especializado, a Que tiene conocimientos específicos en una determinada materia: *encontró empleo rápidamente porque es un mecánico especializado*.   adj.

especializar
1 Cultivar de modo especial una determinada rama o parte de una ciencia, arte o actividad: *se especializó en física nuclear*.   v.intr/prnl. conj: *cazar* + en
2 Limitar una cosa a un determinado fin: *especializó la tienda en quesos y patés*.   v.tr.

especialmente
1 En especial: *tú, especialmente, no deberías decir esto*.   adv.
2 De forma notoria: *este trabajo es especialmente peligroso*.

especiar Poner especias en un alimento: *el guiso debe especiarse con albahaca*.   v.tr/prnl. COCINA

especie (Del lat. *species*, aspecto, apariencia.)
1 Conjunto de individuos o cosas que tienen ciertos caracteres comunes.   s.f.
2 Clase, tipo o naturaleza: *esa especie de indicadores no sirven de nada*.   + de
3 Asunto o cosa de la cual se trata o habla.
4 Rumor, noticia: *se difundió una especie increíble*.
5 Categoría básica utilizada para clasificar a los seres vivos que son capaces de reproducirse entre sí.   BIOLOGÍA
6 Grupo taxonómico de organismos entre la familia, subfamilia, subespecies, variedades o razas.   BOTÁNICA, ZOOLOGÍA
7 Conjunto de cuerpos de igual composición química.   QUÍMICA
8 Cada una de las voces de una composición.   MÚSICA
9 Revés o estocada, en esgrima.   DEPORTES
10 Accidentes de olor, color y sabor que quedan en el rito cristiano de la eucaristía después de la transustanciación.   s.f.pl/RELIGIÓN = especies sacramentales
11 bajo especie de: Con aspecto o apariencia.   loc.prep.
12 en especie o especies: En género y no en dinero: *no te preocupes, te pagaré en especies*.   loc.adv.
13 una especie de: Expresión que se usa para indicar que algo o alguien no puede ser definido con precisión, pero se asimila a otra para poder hablar de ello: *llevaba encima una especie de capa*.

especiería
1 Tienda donde se venden especias: *me encanta entrar en la especiería por sus olores*.   s.f./COMERCIO tb: especería
2 Conjunto de especias: *le encanta cocinar, así que tiene una surtida especiería en casa*.
3 Actividad de los que comercian con especias.   COMERCIO

especiero, a
1 Persona dedicada al comercio de especias.   s./COMERCIO
2 Mueble pequeño, semejante a un armario diminuto y con cajoncitos, donde se guardan las especias.   s.m.

especificación
1 Acción y resultado de especificar: *adjunto una serie de especificaciones sobre el modo de realizar las tareas*.   s.f. = precisión
2 Realización de una obra de nueva especie empleando en todo o en parte materiales ajenos.   DERECHO

especificar Explicar o expresar una cosa de modo preciso: *si no especificas el apellido, no sé a quién te refieres*.   v.tr. conj: *sacar* = detallar, precisar

especificativo, a
1 Que especifica.   adj.

2 Se aplica al adjetivo que determina, precisa o limita la extensión de un término. `GRAMÁTICA`
3 Se refiere a la oración subordinada adjetiva o de relativo que limita el significado de su antecedente. `GRAMÁTICA`

especificidad Característica que distingue a una especie de otras: *la especificidad de los murciélagos es que son los únicos mamíferos voladores.* `s.f.`

específico, a (Del bajo lat. *specificus.*)
1 Que es propio de los individuos de una especie, una persona o una cosa y la distingue de otras: *es un síntoma específico de la enfermedad.* `adj.`
2 Que tiene su propio carácter y exige una adaptación de las normas generales: *los cambios sociales plantean problemas específicos.* `= especial, peculiar`
3 Que está especialmente indicado para una enfermedad: *un remedio específico para la tos.* `adj./s.m. + contra, para`
4 Medicamento que se fabrica al por mayor, con envase especial y nombre registrado y que se comercializa en las farmacias. `s.m./FARMACIA = especialidad farmacéutica`

espécimen (Del lat. *specimen, -inis.*) Muestra, modelo o ejemplar de personas, animales o cosas: *tiene un espécimen de perro terranova precioso.* `s.m. pl: especímenes`

especioso, a (Del lat. *speciosus,* hermoso.)
1 Que induce a error o a engaño: *argumento especioso; razonamiento especioso.* `adj./= aparente, engañoso`
2 Que es muy hermoso. `literario`

especiota Noticia falsa o disparate: *con tal de vender ejemplares, utiliza especiotas aun sabiendo que lo son.* `s.f. despectivo`

espectacular
1 Que causa impresión por ser muy aparatoso o vistoso: *el corredor sufrió una caída espectacular.* `adj./= aparatoso, asombroso`
2 Que tiene características del espectáculo: *la ceremonia de inauguración fue espectacular.*

espectacularidad
1 Condición de las cosas que por su aparatosidad impresionan a la gente. `s.f.`
2 Actitud espectacular o que impresiona.

espectáculo (Del lat. *spectaculum < spectare,* contemplar.)
1 Función o diversión pública: *la plaza se llenó de gente para ver el espectáculo de malabarismo.* `s.m.`
2 Conjunto de las actividades teatrales, circenses, cinematográficas o de otra especie: *el mundo del espectáculo.*
3 Suceso o escena que produce algún tipo de impresión, como asombro, pena o indignación: *el debate fue un espectáculo bochornoso.* `= cuadro, número`
4 dar el espectáculo: Actuar de forma escandalosa o llamar la atención: *dieron el espectáculo peleándose en plena calle.* `coloquial`

espectador, a (Del lat. *spectator, -oris.*)
1 Persona que presencia un espectáculo público: *ha aumentado el número de espectadores de teatro este año.* `s.`
2 Que mira con interés o atención: *observaba con ojos espectadores el desarrollo del partido.* `adj.`
3 Persona que mira la televisión: *en el concurso también podían participar los espectadores desde sus casas.* `s. = telespectador`

espectral
1 De los espectros o fantasmas: *la imagen espectral de la película se consiguió con técnicas informáticas.* `adj. = fantasmal`
2 Del espectro de la luz. `FÍSICA`

espectro (Del lat. *spectrum,* simulacro.)
1 Fantasma, figura aterradora imaginaria, especialmente de un difunto: *corría atemorizada gritando que se le había aparecido un espectro.* `s.m. = aparición`
2 Persona muy delgada o decaída: *la dieta te ha dejado hecha un espectro.* `= ruina`
3 Amenaza o peligro importante: *el espectro de la muerte.*
4 Conjunto variado de elementos de los que consta una cosa: *un espectro de posibilidades.* `= abanico`
5 Conjunto de longitudes de ondas electromagnéticas emitidas o absorbidas por un cuerpo. `FÍSICA`
6 Serie de microorganismos sobre los que puede ejercer su acción un antibiótico. `FARMACIA, MEDICINA`
7 espectro de absorción: El luminoso interrumpido por líneas negras paralelas. `FÍSICA`
8 espectro de emisión: El que presenta una o más líneas brillantes que se destacan sobre los colores. `FÍSICA`
9 espectro luminoso: Banda matizada de los colores del arco iris, que resulta de la descomposición de la luz blanca a través de un prisma o de otro cuerpo refractor. `FÍSICA`
10 espectro solar: Resultado de la descomposición de la luz blanca del sol al pasar a través de un prisma. `FÍSICA`
11 de amplio espectro: Expresión con la que se señala la variedad de elementos, tendencias o influencias en un grupo, individuo o elemento: *un acuerdo social de amplio espectro; un medicamento de amplio espectro.* `loc.adj.`

espectro- Componente de palabra procedente del lat. *spectrum,* que significa simulacro, apariencia: *espectrofotómetro.* `pref.`
espectrofotometría Comparación de las distribuciones espectrales de dos radiaciones. `s.f. ÓPTICA`
espectrofotómetro Aparato que se utiliza para comparar dos espectros luminosos zona por zona. `s.m. FÍSICA`
espectrografía Estudio de los espectros y de los aparatos y métodos de obtenerlos. `s.f. ÓPTICA`
espectrográfico, a Que tiene relación con la espectrografía o el espectrógrafo. `adj./ÓPTICA`
espectrógrafo
1 Instrumento óptico capaz de registrar los espectros de radiaciones en espectrogramas. `s.m. ÓPTICA`
2 Aparato utilizado en fonética experimental, que es capaz de filtrar ondas sonoras, descomponerlas en sus armónicos componentes y grabar éstos en bandas separadas para su posterior estudio. `FÍSICA, LINGÜÍSTICA`
espectrograma
1 Representación gráfica de un sonido realizada por un espectrógrafo. `s.m./FÍSICA, LINGÜÍSTICA`
2 Fotografía o diagrama de un espectro luminoso. `FÍSICA`
espectroheliógrafo Aparato semejante al espectroscopio usado para fotografiar, a una luz monocroma, el disco del sol o las protuberancias solares. `s.m. FÍSICA`
espectrohelioscopio Espectroheliógrafo modificado para la visión directa. `s.m. FÍSICA`
espectrometría Técnica de utilización de los espectrómetros. `s.f. FÍSICA`
espectrométrico, a Que tiene relación con la espectrometría o el espectrómetro. `adj. FÍSICA`
espectrómetro
1 Aparato para medir el espectro luminoso. `s.m./FÍSICA`
2 espectrómetro de masas: Aparato para medir la abundancia de los iones o moléculas en una mezcla. `QUÍMICA`
espectroscopia Conjunto de métodos empleados para estudiar por medio del espectro las radiaciones de los cuerpos incandescentes. `s.f. FÍSICA tb: espectroscopía`
espectroscópico, a Que tiene relación con el espectroscopio. `adj. FÍSICA`
espectroscopio (Del lat. *spectrum,* imagen + gr. *skopeo,* observar, mirar.) Instrumento óptico para obtener y observar el espectro de las radiaciones de cuerpos incandescentes. `s.m. FÍSICA`
especulación
1 Acción y resultado de especular. `s.f.`
2 Actividad u operación comercial consistente en obtener un beneficio aprovechando los cambios previstos en los precios de los bienes o de moneda, como consecuencia de las fluctuaciones, naturales o provocadas, de la oferta y la demanda: *la especulación del suelo provoca subidas excesivas del precio de la vivienda.* `COMERCIO, ECONOMÍA`
3 Conocimiento teórico y desinteresado cuyo fin es la contemplación del objeto. `FILOSOFÍA`
4 Conocimiento abstracto o conjetura sin fundamento: *los comentarios que has oído son pura especulación, nadie sabe la verdad sobre lo sucedido.*
especulador, a Que especula: *consultó a un experto especulador para invertir.* `adj/s.`
especular
I (Del lat. *speculari,* observar, acechar.)
1 Examinar una cosa atentamente para estudiarla. `v.tr.`
2 Pensar o reflexionar con hondura sobre una cosa. `v.tr/intr.`
3 Desarrollar hipótesis y suposiciones sin base real: *se especula sobre la veracidad de los hechos.* `v.intr. COMERCIO`
4 Negociar con el objetivo de obtener beneficios basados en las variaciones de los precios o de los cambios de moneda. `ECONOMÍA`
II (Del lat. *specularis,* transparente.)
1 Que tiene relación con el espejo. `adj./literario MINERALOGÍA`
2 Se refiere a los minerales compuestos por hojas brillantes.
3 Se aplica a una forma de alucinación en la que el enfermo cree que se está viendo como si tuviera delante un espejo. `SIQUIATRÍA`
especulativa Facultad para examinar un cosa con atención. `s.f.`
especulativo, a
1 Que tiene relación con la especulación: *su discurso es puramente especulativo.* `adj.`
2 Que procede de la reflexión.
3 Que tiende a especular o a suponer algo sin base suficiente: *no seas especulativo: le acusas sin saber su versión.*
espéculo (Derivado culto del lat. *speculum,* espejo.) Instrumento quirúrgico provisto de un espejo para explorar ciertas cavidades del cuerpo. `s.m. MEDICINA tb: speculum`
espejado, a
1 Que es claro o limpio, como el espejo: *las aguas del lago estaban espejadas y quietas.* `adj.`

2 Que refleja la luz, como el espejo: *la superficie pulida de los muebles es espejada.*

espejarse Reflejarse la imagen de un objeto en una superficie: *se espeja su cara en la bandeja.* · v.prnl.

espejear Resplandecer como un espejo: *la pulidora dejó el suelo tan limpio que espejeaba.* · v.intr.

espejeo Fenómeno óptico producido por la reflexión total de la luz en las capas de aire muy caliente que están en contacto con el suelo, con lo que a distancia, se ven las imágenes invertidas como si se reflejaran en el agua. · s.m. / ÓPTICA / = espejismo

espejería Tienda donde se venden espejos y muebles de adorno. · s.f. / COMERCIO

espejero, a Persona que por oficio hace o vende espejos. · s.

espejismo
1 Percepción engañosa, frecuente en los desiertos, producida por la reflexión de la luz en las capas de aire muy caliente que están en contacto con el suelo, con lo cual los objetos lejanos se ven invertidos como si se reflejasen en el agua. · s.m. / ÓPTICA / = espejeo
2 Ilusión de la imaginación que puede provenir de trastornos síquicos. · SICOLOGÍA, SIQUIATRÍA
3 Percepción engañosa que despierta una expectativa que con el paso del tiempo se comprueba que fue infundada: *apuntaba buenas perspectivas, pero sólo fue un espejismo.* · = quimera

espejo (Del lat. *speculum.*)
1 Superficie de cristal u otro material azogada por la parte posterior para que se reflejen en ella las imágenes: *le encanta mirarse en los espejos de la calle.* · s.m.
2 Cualquier superficie en la cual se reflejan las imágenes.
3 Imagen o expresión evidente de un estado de ánimo o de un un sentimiento: *la cara es el espejo del alma.* · = reflejo
4 Ejemplo que se toma como referencia: *su sabiduría es el espejo en el que nos miramos todos.* · = modelo
5 Adorno ovalado que se entalla en las molduras huecas. · ARQUITECTURA
6 Remolino de pelos en el pecho del caballo. · s.m.pl.
7 espejo concavo: El de superficie más deprimida en el centro que tiene la propiedad de hacer converger los rayos luminosos. · ÓPTICA
8 espejo convexo: El de superficie más prominente en el centro que hace diverger los rayos luminosos. · ÓPTICA
9 espejo de los incas: Mineral volcánico de color negro o verde muy oscuro. · MINERALOGÍA / = obsidiana
10 espejo de popa: Superficie exterior de la popa de un barco. · NÁUTICA
11 espejo de Venus: Planta herbácea de hojas oblongas y flores de color blanco o violáceo con los pétalos soldados. *(Specularia speculum.)* · BOTÁNICA
12 espejo retrovisor: El que va colocado en la parte delantera de un vehículo y que permite ver la zona que está detrás. · = retrovisor
13 como un espejo: Se aplica a lo que está muy limpio: *dejó los cristales como un espejo.* · loc.adj./adv.
14 mirarse en una persona como en un espejo: Sentir mucho amor hacia ella y complacerse en sus acciones: *los padres no dejan de mirarse en sus hijos como en un espejo.*

espejuela
1 Arco que tienen algunos bocados, o partes del freno que entran en la boca de la caballería, en la parte interior y que une los extremos de los dos cañones o hierros que lo componen. · s.f. / EQUITACIÓN
2 espejuela abierta: La que tiene un gozne en la parte superior para el mayor juego al bocado. · EQUITACIÓN
3 espejuela cerrada: La de una pieza. · EQUITACIÓN

espejuelo
1 Yeso cristalizado en láminas brillantes. · s.m./MINERALOGÍA
2 Hoja de talco. · MINERALOGÍA
3 Reflejo producido en ciertas maderas cortadas a lo largo de los radios medulares. · CARPINTERÍA
4 Utensilio de caza para atraer a las alondras, formado por pequeños espejos incrustados en una madera recortada en forma de pájaro con las alas extendidas, que al ser girado al sol produce reflejos. · CAZA
5 Cristal de las gafas o las gafas mismas. · s.m.pl.

espeleo- Componente de palabra procedente del gr. *spelaion*, que significa cueva o gruta: *espeleólogo.* · pref. / tb: espele-

espeleología (Del gr. *spelaion*, caverna + *logos*, tratado.) Exploración y estudio de las cuevas y cavidades subterráneas. · s.m.

espeleológico, a Que tiene relación con la espeleología: *expedición espeleológica.* · adj.

espeleólogo, a Persona dedicada al estudio y exploración de las cuevas: *las pinturas rupestres fueron descubiertas por un espeleólogo francés.* · s.

espelotarse Ponerse una persona rolliza. · v.prnl./coloquial

espelta Escanda, variedad del trigo. · s.f./AGRICULTURA

espelucar
1 Despeinar o revolver el pelo a una persona: *en la reyerta me espeluqué.* · v.tr/prnl./conj: sacar / = despeluzar
2 Ponerse rígido el vello de una persona a causa del miedo: *sentí tanto miedo que se me espelucó el pelo.* · = despeluzar
3 Causar una cosa mucho miedo: *su presencia me espelucó.* · = despeluzar

espelunca (Del lat. *spelunca.*) Cueva muy oscura. · s.f.

espeluzar Despeluzar [en todas sus acepciones]. · v.tr/prnl./conj: cazar

espeluznamiento
1 Erizamiento del pelo como consecuencia del miedo: *con la cámara captó el espeluznamiento del lomo del gato.* · s.m. / tb: despeluznamiento
2 Despeluzamiento, acción de despeinar o revolver el pelo a alguien.

espeluznante Que produce horror: *la puerta se abrió con un chirrido espeluznante.* · adj. / = horripilante

espeluznar
1 Despeinar o revolver el pelo a una persona: *el viento espeluznó su melena.* · v.tr. / = despeluznar
2 Erizar el miedo o el terror el cabello de una persona: *se espeluznó al ver aparecer a aquel hombre.* · v.tr/prnl. / tb: despeluznar
3 Atemorizar o causar mucho miedo: *todos se espeluznaron al oír los gritos.* · tb: despeluznar

espeluzno Escalofrío o estremecimiento producido por el temor o por la repugnancia que inspira una cosa: *ya he visto esa película y me dio espeluzno; sólo de pensar en las arañas, ya me da espeluzno.* · s.m. / = repeluzno

espeo (Del gr. *speos*, caverna.) Templo y tumba subterránea del antiguo Egipto. · s.m. / ARQUITECTURA

espeque (Del fr. *anspect* < neerlandés ant. *handspaecke*, palo de mano < *hand*, mano + *spaecke*, palo.)
1 Palanca de madera que usaban los artilleros para levantar las piezas. · s.m. / MILITAR
2 Puntal para sostener una pared. · CONSTRUCCIÓN
3 Palanca recta de madera resistente. · = leva

espera
1 Acción y resultado de esperar: *se llevó un libro para aliviar la espera de la salida del tren.* · s.f.
2 Plazo o prórroga que se da para la ejecución de una cosa: *el juez concedió una espera de un mes para recibir los documentos.*
3 Disposición para esperar con calma las cosas que tardan en llegar: *ten espera y ya verás cómo se solucionan las cosas por sí mismas.* · = paciencia
4 Puesto en el que el cazador espera para cobrar las piezas que acudan espontáneamente. · CAZA
5 Corte hecho con el escoplo que empieza en una de las aristas de la cara del madero y no llega a la opuesta. · CARPINTERÍA
6 Plazo que los acreedores dan para pagar sus deudas al deudor en quiebra o suspensión de pagos. · DERECHO
7 Antiguo cañón de artillería. · MILITAR
8 a la o en espera de: Esperando que suceda una cosa: *está en espera de los resultados; se quedó en camino a la espera de verles pasar.* · loc.adv.

esperadero Puesto desde donde se espera la caza. · s.m./CAZA

esperantista
1 Relativo al esperanto: *congreso esperantista.* · adj./LINGÜÍSTICA
2 Persona que usa el esperanto. · s.m.f./LINGÜÍSTICA

esperanto Idioma artificial creado en el siglo XIX, con la finalidad de servir como lengua universal. · s.m. / LINGÜÍSTICA

esperanza (Del bajo lat. *sperantia.*)
1 Confianza en lograr una cosa o en que ocurra algo deseado: *tenía la esperanza de verlo.* · s.f. / = ilusión
2 Fundamento u objeto de esta confianza: *mi única esperanza es que la medicación haga su efecto.*
3 Virtud teologal, en la doctrina cristiana, por la que se espera que Dios dé los bienes que ha prometido. · TEOLOGÍA
4 Valor medio de una variable aleatoria.
5 esperanza de vida: Duración media de la vida de una población y una época determinadas, que se establece estadísticamente sobre la base de la tasa de mortalidad. · MATEMÁTICAS / ESTADÍSTICA
6 alimentarse o vivir de esperanzas: Esperar sin fundamento algo que se desea o pretende. · coloquial
7 dar esperanzas a alguien: Hacerle creer que puede lograr lo que pide o espera: *si sabes que no podrás ir, no te des esperanzas.*
8 llenar algo la esperanza: Corresponder una cosa a lo que se esperaba de ella.

esperanzado, a Que tiene esperanza de conseguir algo: *está esperanzado de conseguir el puesto.* · adj. / = ilusionado

esperanzador, a Que da esperanza: *me alegro de saberlo, es una noticia esperanzadora.* · adj. / ≠ desesperanzador

esperanzar
1 Dar esperanzas a una persona: *no debes esperanzarle con tus promesas sabiendo que no podrás cumplirlas.* · v.tr./conj: cazar / = ilusionar
2 Tener esperanza o confianza en lograr algo: *se esperanzó al ver que su hijo mejoraba.* · v.intr/prnl. / ≠ desesperanzar

esperar (Del lat. *sperare*, esperar, tener esperanza.)
1 Permanecer en un lugar al que se cree o se sabe que ha de llegar una persona o ha de ocurrir una cosa: *espero a Pedro para ir a comer.* — v.tr. = aguardar
2 Creer que una cosa favorable ocurrirá realmente: *espero poder ir al concierto.* — v.tr/intr. = confiar
3 Tener esperanzas de conseguir una cosa deseada: *espero que apruebes este examen.* — v.tr. = desear
4 Dejar de hacer una cosa hasta que ocurra otra: *esperaré a que llegues para preparar la cena.* — + a
5 Ser inminente o inevitable una cosa: *me espera una regañina.*
6 esperar en alguien: Confiar en una persona.
7 ser de esperar: Ser muy probable que ocurra una cosa: *es de esperar que acepte la propuesta.*

esperezarse Estirar los miembros para sacudir la pereza: *se esperaza en el dormitorio antes de hacer su gimnasia.* — v.prnl. conj: *cazar* th: desperezarse

esperm- Componente de palabra procedente del gr. *sperma, -atos*, que significa simiente: *espermatozoide.* — pref/suf./th: esperma-, espermato-

esperma (Del lat. *sperma* < gr. *sperma, -onis*, simiente < *speiro*, sembrar.)
1 Líquido que segregan las glándulas genitales del sexo masculino, en el cual están contenidos los espermatozoides. — s.m.f. FISIOLOGÍA = semen
2 esperma de ballena: Sustancia grasa que se extrae de las cavidades del cráneo del cachalote y de otros cetáceos y se usa para fabricar velas y ciertos medicamentos.

espermafito, a Perteneciente a una clase de plantas que se reproducen por flores y semillas. — adj/s.f. BOTÁNICA

espermático, a Del esperma: *harán un análisis espermático para comprobar su fertilidad.* — adj. FISIOLOGÍA

espermatida Gameto masculino inmaduro que se convertirá en espermatozoide. — s.f. BIOLOGÍA

espermatófito, a Perteneciente a una clase de plantas que se reproduce por flores y semillas. — adj/s.m. BOTÁNICA

espermatóforo Órgano que contiene los espermatozoides en diversos invertebrados y del que suelen desprenderse al pasárselo a las hembras. — s.m. ZOOLOGÍA

espermatogénesis Formación de las células reproductoras masculinas o espermatozoos, que intervienen en el proceso de la reproducción. — s.f. pl. espermatogénesis BIOLOGÍA

espermatorrea Pérdida involuntaria de esperma. — s.f./MEDICINA

espermatozoario Espermatozoide de los animales. — s.m./ZOOLOGÍA

espermatozoide (Del gr. *sperma*, semilla + *zoon*, animal.)
1 Célula sexual masculina, que interviene en el proceso de la reproducción. — s.m./BIOLOGÍA th: espermatozoo
2 Gameto masculino de las plantas criptógamas. — BOTÁNICA
3 Cada uno de los dos gametos que resultan de la división de una de las células que componen el grano de polen. — BOTÁNICA

espermatozoo (Del gr. *sperma*, semilla + *zoon*, animal.) Célula sexual masculina. — s.m. BIOLOGÍA

espermicida Se aplica a la sustancia que provoca la muerte de los espermatozoides, usada como anticonceptivo. — adj/s.m. FARMACIA = espermaticida

espernada Final de una cadena que consiste en un eslabón abierto para engancharlo en una argolla. — s.f.

esperón (Del ital. *sperone*.) Pieza saliente de la proa de algunas embarcaciones que sirve para embestir a otras embarcaciones. — s.m. NÁUTICA = espolón

esperonte Obra en ángulo saliente de las cortinas de las murallas y de las riberas de los ríos. — s.m. CONSTRUCCIÓN

esperpéntico, a
1 Que es muy feo o ridículo. — adj./despectivo
2 Que es absurdo o ilógico. — = desatinado
3 Se aplica al lenguaje, estilo o situación que son propios del esperpento literario: *fue una situación tan esperpéntica que aún no entiendo cómo sucedió.* — LITERATURA = absurdo, grotesco

esperpento
1 Persona o cosa fea y ridícula: *se acercó un esperpento pidiéndonos un cigarrillo.* — s.m./despectivo = mamarracho
2 Cosa o actitud disparatada o absurda: *cómo pudiste decirle semejante esperpento.* — = desatino
3 Género literario en el que se deforma sistemáticamente la realidad con rasgos grotescos: *Valle-Inclán dio el título de espertento a varias de sus obras.* — LITERATURA

espesamiento Acción y resultado de espesar o espesarse. — s.m.

espesante
1 Que espesa. — adj.
2 Sustancia que se utiliza para dar viscosidad y espesor al añadirla a una disolución: *la harina es un espesante de la salsas.* — s.m.
3 Materia que se añade a un barniz o a una pintura para darle cuerpo. — INDUSTRIA

espesar
1 Condensar lo que está líquido: *la vainilla se espesa lo suficiente.* — v.tr/prnl. = densificar
2 Hacer tupido un tejido. — v.tr./TEXTIL
3 Hacerse la vegetación o un bosque más espeso: *cuando el bosque se espesó decidimos acampar.* — v.prnl.
4 Zona de un monte más densa o cerrada por vegetación de árboles y matorrales que el resto. — s.m.

espesartina Variedad de granate de color amarillo o pardo rojizo. — s.f. MINERALOGÍA

espesativo, a Que tiene la propiedad de espesar. — adj.

espeso, a (Del lat. *spissus*, apretado, compacto.)
1 Se aplica al líquido o al gas que tiene mucha densidad o condensación: *leche espesa; niebla espesa.* — adj. = condensado, denso
2 Que es denso y tupido: *no debes internarte solo por ese bosque tan espeso.* — = prieto
3 Que es grueso o macizo: *lanzar un proyectil que sea capaz de atravesar los espesos muros de la fortaleza.* — = recio
4 Que es o está sucio, grasiento y deseaseado: *es muy espeso y va siempre muy desastrado.*
5 Que resulta difícil de comprender: *no te recomiendo que la leas aún porque es una novela espesa.* — = complejo ≠ sencillo
6 Que es pesado e impertinente. — *Perú, Venez.*

espesor
1 Magnitud más pequeña de un cuerpo en tres dimensiones: *el cable debe medir por lo menos dos centímetros de espesor.* — s.m. = grosor
2 Relación entre la masa y el volumen de un fluido o de un cuerpo. — = densidad

espesura
1 Cualidad de espeso: *consiguió gran espesura agregando levadura a la masa.* — s.f.
2 Lugar donde abundan los árboles y matorrales: *el jabalí salió furioso de la espesura del bosque.*
3 Cabellera muy espesa.

espetar (Derivado del ant. *espeto*, asador.)
1 Poner un alimento en un asador para cocinarlo: *al final se decidió por espetar el pollo en vez de guisarlo.* — v.tr. COCINA
2 Atravesar un cuerpo con un objeto largo y puntiagudo. — = ensartar
3 Decir a una persona una cosa que le sorprende o le molesta: *le espetó a gritos todas sus pegas.* — = soltar
4 Ponerse tieso o erguido mostrando gravedad, seriedad o importancia. — v.prnl.
5 Asegurarse o encajarse en un lugar: *se espetó de la rama y no hubo forma de bajarlo.* — = afianzarse

espetera
1 Tabla con ganchos donde se cuelgan carnes y utensilios de cocina: *el cucharón de madera está colgado en la espetera.* — s.f. COCINA
2 Conjunto de los utensilios de cocina, especialmente los de metal, que se cuelgan en esta tabla. — COCINA
3 Pecho de la mujer cuando es muy abultado: *nunca tuvo mucha espetera, hasta después de dar a luz.* — coloquial

espetón (Derivado del ant. *espeto*, asador.)
1 Hierro largo y delgado que sirve para asar alimentos o para remover las ascuas de los hornos. — s.m.
2 Golpe dado con este hierro.
3 Alfiler grande.
4 Pez teleósteo parecido a la barracuda, de gran agresividad. *(Sphyraena sphyraena.)* — ZOOLOGÍA

espía
I (Del gótico *spaiha*.)
1 Persona que con disimulo y secreto observa o escucha lo que pasa, para comunicarlo al que tiene interés en saberlo: *contrató a un espía para averiguar si le engañaba con otra.* — s.m.f.
2 Agente al servicio de una potencia extranjera para averiguar informaciones secretas: *es una película de espías rusos y americanos.* — POLÍTICA
3 espía doble: Persona que espía para las dos partes contrarias. — POLÍTICA
II (De origen incierto.)
1 Cabo o estacha que, sujetos al ancla o a otro objeto fijo, sirven para mover una embarcación hacia ellos. — s.f. NÁUTICA
2 Cuerda o tirante que mantiene vertical y fijo un madero.
3 Acción de espiar o tirar de un cabo para mover la embarcación. — NÁUTICA

espiado, a Se refiere al madero que está sujeto verticalmente con espías. — adj.

espiar
I (Del germ. *spaihon*, acechar, atisbar.)
1 Mirar o escuchar lo que sucede con disimulo: *suele espiar a su vecina a través de la ventana.* — v.tr. conj: *vaciar*
2 Observar secretamente lo que sucede en un país o un ejército para informar a otro. — v.tr/intr. POLÍTICA
II (De origen incierto.) Tirar de un cabo firme para llevar la embarcación en una dirección determinada. — v.intr. NÁUTICA

espibia Torcedura lateral patológica del cuello de una caballería. — s.f./VETERINARIA th: espibio, estibia

espicanardo (Del lat. *spica nardi*, espiga del nardo.)
1 Planta herbácea de raíz perenne y aromática, tallo sencillo y velloso, flores purpúreas y fruto en caja. *(Nardostachys.)* — s.m. BOTÁNICA
2 Planta de tallo en forma de caña delgada, con hojas envainadoras, inflorescencias terminales y rizoma de olor agradable. *(Andropogon nardus.)* — BOTÁNICA = espicanardo espurio
3 Raíz de estas plantas. — BOTÁNICA

espichar
1 Herir o punzar con un objeto agudo: *el picador espicha al toro con la pica.* — v.tr. = pinchar
2 Morir, dejar de vivir: *con tantos excesos, la espicharán pronto.* — v.intr./vulgar = fallecer
3 Adelgazarse o perder peso y volumen. — v.prnl./*Cuba*

espiche
1 Arma o instrumento puntiagudo. — s.m.
2 Espiga de madera que sirve para cerrar un agujero. — = estaquilla

espichón Herida producida por el espiche o por cualquier otra arma o utensilio puntiagudo: *la azagaya le dejó un espichón en el lomo.* — s.m.

espiciforme
1 Que tiene forma de espiga. — adj.
2 Se refiere a las inflorescencias que tienen aspecto de espigas y no lo son: *las inflorescencias espiciformes de los cereales.* — BOTÁNICA

espicilegio
1 Colección de documentos, tratados o fragmentos literarios. — s.m. LITERATURA
2 Colección de fragmentos literarios selectos. — = florilegio

espícula (Del lat. *spicula* < *spica*, espiga.)
1 Inflorescencia elemental de las gramíneas. — s.f./BOTÁNICA
2 Corpúsculo silíceo o calcáreo que forma parte del esqueleto de las esponjas. — ZOOLOGÍA

espid (Del ingl. *speed*, velocidad.)
1 Estado eufórico que suele estar provocado por ciertos alucinógenos: *menudo espid lleva encima, ha estado bailando toda la noche.* — s.m. argot = marcha
2 Tipo de droga o alucinógeno sintético. — argot

espiga (Del lat. *spica*.)
1 Inflorescencia formada por un conjunto de flores hermafroditas dispuestas a lo largo de un eje: *la espiga del llantén.* — s.f. BOTÁNICA
2 Fructificación de esta inflorescencia. — BOTÁNICA
3 Conjunto de granos agrupados a lo largo de un eje de las plantas gramíneas. — BOTÁNICA
4 Vástago de un árbol, que se introduce en otro para injertarlo. — BOTÁNICA
5 Clavo pequeño de hierro y sin cabeza. — = púa
6 Parte adelgazada de una herramienta para encajarla en el mango.
7 Badajo de la campana.
8 Dispositivo que provoca la explosión de un cebo que, a su vez, explosiona la carga de bombas, misiles y otros proyectiles. — MILITAR = espoleta
9 Extremo de un madero que se ha adelgazado para poder introducirlo en otro. — CONSTRUCCIÓN
10 Parte más estrecha de un peldaño de escalera de caracol por donde se une al eje.
11 Clavo de madera con que se aseguran las tablas o maderos. — CARPINTERÍA
12 Cabeza de los palos y masteleros de los barcos. — NÁUTICA
13 Una de las velas de la galera. — NÁUTICA

espigadilla Planta herbácea de tallo ascendente, hojas pubescentes, de vainas lampiñas y espiga gruesa y comprimida. *(Hordeum murinum.)* — s.f. BOTÁNICA

espigado, a
1 Que tiene forma de espiga. — adj.
2 Se aplica a la persona que es alta y delgada: *se ha convertido en un joven espigado.*
3 Se aplica a la planta que tiene espigas o inflorescencias ya formadas. — BOTÁNICA
4 Se refiere al árbol joven de tronco muy elevado y delgado.

espigador, a Persona que recoge las espigas que quedan o han caído en la siega. — s. AGRICULTURA

espigadora Máquina-herramienta utilizada para labrar espigas de ensamblaje en las piezas de madera. — s.f./CARPINTERÍA tb: espigadera

espigar
1 Recoger las espigas que han quedado tras la siega o tras el rastrojo. — v.tr./conj: *pagar* AGRICULTURA
2 Buscar y recoger datos o citas de una o varias publicaciones para un fin: *espigó en varios libros hasta reunir lo necesario para su tesis.* — v.tr/intr. = investigar
3 Empezar a formar espigas los cereales: *cayó una granizada justamente cuando el trigo estaba espigando.* — v.intr. AGRICULTURA
4 Crecer demasiado y endurecerse una hortaliza por lo que deja de ser comestible. — v.prnl. AGRICULTURA
5 Crecer una persona mucho o con mucha rapidez: *tu chico se ha espigado este verano.* — = estirarse
6 Labrar las espigas o rebajes en piezas de madera para ensamblarlas. — v.tr. CARPINTERÍA

espigón
1 Muro saliente que se construye a la orilla de un río o del mar para defender las márgenes o cambiar la dirección de la corriente: *aconsejaron alejarse del espigón debido a la fuerza del oleaje.* — s.m. CONSTRUCCIÓN
2 Punta o extremo puntiagudo del palo con que se aguija o pica a los animales para que vayan más deprisa: *el espigón de la aguijada.* — = aguijón
3 Espiga o punta de un instrumento puntiagudo o de un clavo con que se asegura una cosa. — CARPINTERÍA, CONSTRUCCIÓN
4 Monte pequeño, pelado y puntiagudo.
5 Espiga áspera y espinosa. — AGRICULTURA
6 Mazorca o panoja: *espigón de maíz.* — BOTÁNICA
7 Núcleo o base que sustenta una escalera de caracol.
8 **espigón de ajo:** Cada una de las partes en que se divide una cabeza de ajo. — = diente de ajo
9 **ir alguien con espigón o llevar espigón:** Retirarse picado o con resentimiento. — coloquial

espigueo
1 Labor agrícola que consiste en recoger las espigas que han quedado sueltas en el campo. — s.m. AGRICULTURA
2 Temporada en que se realiza esta labor. — AGRICULTURA
3 Acción y resultado de rebuscar datos en libros.

espiguilla
1 Dibujo con figuras semejantes a una espiga: *el traje está confeccionado con una tela de espiguilla en color crudo.* — s.f.
2 Tira de tela estrecha o fleco con picos que se usa para las guarniciones de las prendas.
3 Espiga pequeña que forma parte de la principal en las plantas gramíneas. — BOTÁNICA = espícula
4 Planta herbácea gramínea, con el tallo erguido, hojas agudas y planas. *(Poa annua.)* — BOTÁNICA
5 Amento o flor del álamo. — BOTÁNICA

espilita Tipo de roca volcánica. — s.f./GEOLOGÍA

espín Antigua formación militar en la que un escuadrón se disponía presentando por todas partes lanzas o picas contra el enemigo. — s.m. MILITAR, HISTORIA

espina (Del lat. *spina*.)
1 Partícula puntiaguda de cualquier cosa que se puede clavar: *se ha clavado una espina fregando la mesa de madera.* — s.f. = astilla
2 Parte puntiaguda y dura que forma el esqueleto de los peces: *el boquerón es un pez con diminutas y abundantes espinas.* — ZOOLOGÍA
3 Apéndice delgado y puntiagudo que se forma en algunas plantas por modificación de alguna parte de la planta tal como hojas, brotes y tallo: *el rosal es una planta de espinas.* — BOTÁNICA = aguijón, pincho
4 Pensamiento desazonador o gran pesar íntimos y duraderos: *aún conserva su antigua espina por la derrota.* — = inquietud
5 Recelo o sospecha que provoca algo: *tengo la espina de que me está tomando el pelo.* — coloquial = escrúpulo
6 Dificultades, desventajas o inconvenientes que se encuentran en la consecución de algo: *para lograr lo que quieres tendrás que andar un camino de espinas.* — s.f.pl. = penalidad
7 Apófisis ósea larga y delgada. — s.f./ANATOMÍA
8 Espinazo de los vertebrados. — ANATOMÍA
9 Aro de madera de la rueda del carro.
10 Muro bajo y aislado en medio del circo romano, alrededor del cual corrían los carros y caballos. — HISTORIA
11 **espina blanca:** Cardo borriquero, planta. — BOTÁNICA
12 **espina de Cristo o santa o vera:** Planta arbustiva muy ramosa y lampiña de hojas pecioladas, ovales y festoneadas y pequeñas flores amarillas. *(Paliurus australis.)* — BOTÁNICA
13 **espina de cruz:** Planta arbustiva de cuyas raíces se obtiene una sustancia con la que se lavan los tejidos de lana. *(Colletia spinosa.)* — BOTÁNICA
14 **espina dorsal:** Columna vertebral. — ANATOMÍA
15 **dar a alguien espina o mala espina:** Sospechar o recelar de una cosa o de una persona: *su cambio de actitud me da mala espina.* — coloquial
16 **dejar a alguien con la espina en el dedo:** No remediar completamente el daño o mal que padece: *la dejaras con la espina en el dedo aunque saldes la deuda con ella.* — coloquial
17 **estar alguien con espinas:** Estar inquieto y preocupado por alguna cosa: *está con espinas por los exámenes de selectividad.* — coloquial
18 **estar o quedarse alguien en la espina:** Estar muy delgado: *desde que se ha separado, está en la espina.* — coloquial
19 **sacar la espina:** Desarraigar o destruir algo malo o perjudicial. — coloquial
20 **sacarse alguien la espina:** Desquitarse de una pérdida o de un daño: *al fin se sacó la espina de aquella mala acción.* — coloquial
21 **tener a alguien en espinas:** Tenerle preocupado: *me tiene en espinas con su profunda pena.* — coloquial

espinaca (Del ár. *ispana*.) Planta herbácea de hojas radicales en roseta, que se cultiva en climas frescos para el consumo. *(Spinacia oleracea.)* — s.f. AGRICULTURA, BOTÁNICA

espinal De la columna vertebral: *ya es posible realizar trasplantes de médula espinal.* — adj. ANATOMÍA

espinapez
1 Obra que consiste en colocar las tablas o piezas oblicuas a las cintas, con las testas machihembradas en ángulo recto, en los solados y entarimados. — s.m. pl: espinapeces CONSTRUCCIÓN
2 Situación difícil de resolver. — = dificultad

espinar
I (Derivado de *espino*.)
1 Terreno donde abundan los espinos: *se arañó las piernas andando por un espinar.* — s.m. = senticar
2 Asunto lleno de dificultades: *va de un espinar en otro por su mala cabeza.* — = dificultad
II (Derivado de *espina*.)
1 Herir a una persona o un animal con una espina: *me espiné con las rosas que me regalaste.* — v.tr/intr/prnl.
2 Poner espinos alrededor de los árboles recién plantados para protegerlos. — v.tr. AGRICULTURA
3 Hacer daño a una persona con palabras maliciosas: *se espinó al oír mis reproches.* — v.tr/prnl. = ofender

espinazo
1 Columna vertebral: *sintió un agudo dolor en el espinazo al agacharse.* — s.m. coloquial
2 Clave o piedra con que se cierra una bóveda o un arco. — ARQUITECTURA
3 **doblar el espinazo**: Humillarse para obedecer: *muy a su pesar, dobló el espinazo y cumplió las órdenes.* — coloquial

espinel Instrumento de pesca semejante al palangre, con los ramales más cortos y la cuerda más gruesa. — s.m. PESCA

espinela
I (De V. *Espinel*, escritor español.) Estrofa de diez versos de ocho sílabas. — s.f./POESÍA = décima espinela
II (Del ital. *spinella*.) Piedra preciosa parecida al rubí, de brillo vítreo, incolora, y a veces coloreada por óxido de hierro. — MINERALOGÍA

espíneo, a
1 De espinas o que tiene relación con ellas: *las rosas tenían largos tallos espíneos.* — adj.
2 Que está lleno o hecho de espinas: *matorrales espíneos.*

espinera Espino, arbusto rosáceo. — s.f./BOTÁNICA

espinescente Se aplica a la planta u órgano que tiene espinas pequeñas o que se vuelve espinoso. — adj./BOTÁNICA

espineta (Del ital. *spinetta*.) Instrumento musical de cuerda, parecido al clavicémbalo, pero más pequeño y de forma rectangular o trapezoidal y sin pies. — s.f. MÚSICA

espingarda (Del fr. ant. *espingarde* < *espringaler*, saltar, retozar.)
1 Antiguo cañón de artillería. — s.f./MILITAR
2 Escopeta de chispa, muy larga. — MILITAR
3 Persona muy alta y desgarbada. — coloquial

espingardada
1 Disparo hecho con la espingarda. — s.f.
2 Herida o daño producido por un disparo de este tipo de arma de artillería.

espingardero Soldado que estaba armado de espingarda. — s.m. MILITAR

espinilla
1 Parte delantera de la canilla de la pierna donde se aprecia el hueso: *le pegaron una patada en la espinilla.* — s.f.
2 Grano con un puntito negro que se forma en la piel debido a la obstrucción del conducto secretor de las glándulas sebáceas. — coloquial = barrillo, comedón

espinillera
1 Pieza que protege la espinilla de los operarios en trabajos peligrosos, y que también usan los que practican determinados deportes: *los jugadores de hockey llevan todo tipo de protectores, entre ellos espinilleras.* — s.f.
2 Pieza de la armadura que cubría la espinilla. — HISTORIA

espinillo Denominación de diversos árboles de la familia de las rosáceas, o de las leguminosas, con espinas en sus ramas y flores esféricas de color amarillo, muy perfumadas. — s.m. Argent. BOTÁNICA

espino (Del lat. *spinus*.)
1 Planta arbórea de la familia de las rosáceas de ramas espinosas y flores blancas y olorosas. *(Crataegus oxycantha.)* — s.m./BOTÁNICA = espino albar, majuelo
2 Arbusto leguminoso de flores muy aromáticas y madera muy apreciada por sus vetas jaspeadas. — Argent. BOTÁNICA
3 Arbusto silvestre de la familia de las rubiáceas, muy ramoso y espinoso. — Cuba BOTÁNICA
4 **espino amarillo o falso**: Planta arbórea oleácea, de ramas espinosas y hojas blancas y lustrosas. *(Hippophae rhamnoides.)* — BOTÁNICA
5 **espino artificial**: Alambre con pinchos que se usa para cercas. — = alambre de espino
6 **espino cambrón**: Planta arbustiva provista de espinas robustas amarillentas y hojas coriáceas. — BOTÁNICA
7 **espino cerval**: Planta arbustiva con espinas terminales, hojas elípticas, flores pequeñas y amarillas y fruto en drupa negra. *(Rhamnus cathartica.)* — BOTÁNICA

8 **espino de coral**: Planta arbustiva espinosa, con hojas persistentes y coriáceas y fruto globoso rojo. *(Cotoneaster pyracantha.)* — BOTÁNICA
9 **espino negro**: Arbusto rosáceo espinoso, de hojas ovales dentadas, flores blancas, con olor a almendras, fruto esférico azul negruzco y pulpa verde de sabor ácido. *(Prunus spinosa.)* — BOTÁNICA
10 **espino prieto**: Planta arbustiva de hojas brillantes por el haz, oblongas o lanceoladas y fruto amarillento. *(Rhamnus oleoides.)* — BOTÁNICA

espinocelular Que tiene relación con el estrato espinoso del tejido epitelial. — adj. BIOLOGÍA

espinochar Quitar las hojas que cubren la mazorca de maíz. — v.tr. AGRICULTURA

espinosismo (De *Spinoza*, filósofo neerlandés.) Doctrina filosófica profesada por este filósofo, según la cual todos los seres son modos y formas de la sustancia única. — s.m. FILOSOFÍA

espinosista
1 Del espinosismo. — adj./FILOSOFÍA
2 Que es partidario o profesa la doctrina filosófica del espinosismo. — adj/s.m.f. FILOSOFÍA

espinoso, a
1 Que tiene espinas: *hoja espinosa.* — adj.
2 Que es difícil o comprometido: *es una cuestión espinosa hacerle ver el error de su cálculo.* — = arduo, intrincado

espinudo, a Que tiene espinas. — adj./Amér.

espínula (Del lat. *spinula* < *spina*, espina.) Espina pequeña. — s.f. BOTÁNICA

espiocha Herramienta con una punta en un extremo y corte estrecho en el opuesto, con un mango de madera usada para excavar y demoler. — s.f. CONSTRUCCIÓN = zapapico

espión Persona que escucha u observa algo con disimulo. — s. = espía

espionaje (Del fr. *espionage*.)
1 Acción de espiar u observar con detenimiento. — s.m.
2 Conjunto de personas que se dedican a espiar con fines políticos o militares y sus actividades: *el espionaje francés.*
3 Actividad de estas personas, países o estamentos. — INDUSTRIA
4 **espionaje industrial**: Actividad que persigue conseguir información concerniente a la industria, y, en especial, a los procedimientos de fabricación, de manera ilegal.

espira (Del lat. *spira*, espiral < gr. *speira*.)
1 Vuelta de una espiral o de una hélice. — s.f.
2 Espiral o hélice que forma alrededor de su eje la concha de muchos moluscos gasterópodos. — ZOOLOGÍA
3 Línea espiral. — GEOMETRÍA
4 Parte de la base de la columna que está encima del plinto. — ARQUITECTURA = armilla

espiración (Del lat. *spiratio, -onis*.) Acción y resultado de expeler el aire de los pulmones: *soltar, en una larga espiración, el aire inspirado.* — s.f. ≠ inspiración

espiráculo Cada orificio situado detrás de los ojos, por donde entre el agua para la respiración en algunos peces. — s.m. ZOOLOGÍA

espirador, a
1 Que espira: *la fuerza espiradora se aprovecha en el parto contribuyendo a la expulsión del niño.* — adj.
2 Se aplica al músculo que sirve para espirar. — ZOOLOGÍA

espiral
1 Línea curva plana y abierta, que da indefinidamente vueltas alrededor de un punto alejándose continuamente de él. — s.f. GEOMETRÍA
2 Que tiene forma de espira o de esta línea curva: *cuidado con la escalera espiral porque es muy estrecha.* — adj.
3 Muelle del volante de un reloj. — s.f./MECÁNICA

espiralado, a Se aplica al órgano que se presenta arrollado en espiral. — adj. BIOLOGÍA

espirar (Del lat. *spirare*, soplar, respirar.)
1 Expeler el aire de los pulmones: *inspira y espira luego el aire con lentitud para relajarte.* — v.intr/tr. ≠ inspirar
2 Despedir un olor: *la fábrica espiraba un humo fétido.* — v.tr/= exhalar
3 Soplar el viento suavemente. — v.intr./literario

espiratorio, a De la espiración: *movimiento espiratorio.* — adj.

espirilo (Del lat. *spirillum*.) Denominación genérica de las bacterias alargadas en forma espiral. — s.m. BIOLOGÍA

espirilosis Enfermedad infecciosa producida por las bacterias denominadas espirilos. — s.f./pl: espirilosis MEDICINA

espiritado, a Que está muy delgado: *al salir del hospital estaba espiritado.* — adj./coloquial = flaco

espiritar
1 Introducir los demonios en el cuerpo de una persona: *creo que tu vecino se ha espiritado.* — v.tr/prnl. = endemoniar
2 Enfadar o irritar a una persona: *al final del debate se espiritó.* — = agitar, molestar
3 Adelgazar o consumirse: *insiste en hacer régimen y se está espiritando peligrosamente.* — v.prnl./coloquial = enflaquecer

espiritismo Doctrina que se basa en la existencia y manifestaciones de los espíritus y en que éstos pueden entrar en contacto con los vivos.
s.m.
OCULTISMO

espiritista
1 Del espiritismo: *se reunieron para celebrar una sesión espiritista.*
adj.
OCULTISMO
2 Que practica y cree en las prácticas y fenómenos del espiritismo.
adj/s.m.f.
OCULTISMO

espiritoso, a
1 Se aplica a lo que exhala o tiene mucho alcohol, como los licores.
adj.
tb: espirituoso
2 Que es muy vivo o enérgico: *su ausencia se nota en las reuniones porque es un joven espiritoso.*
= animoso

espiritrompa Aparato chupador de las mariposas, que consiste en una trompa arrollada en espiral.
s.f.
ZOOLOGÍA

espíritu (Del lat. *spiritus*.)
1 Sustancia inmaterial, considerada por algunas doctrinas y creencias como principio de la vida.
s.m./FILOSOFÍA
≠ cuerpo
2 Aptitud o disposición particular de la inteligencia: *tiene un espíritu observador.*
3 Conjunto de las ideas o sentimientos que orientan la acción de una persona: *tiene espíritu de venganza.*
+ de
4 Esencia o idea central de una cosa: *nos explicó el espíritu de la obra.*
5 Alma individual, especialmente la de un muerto.
RELIGIÓN
6 Ánimo o valor de una persona: *si tuviera más espíritu, su recuperación sería más rápida.*
= brío
7 Ser sobrenatural de algunas leyendas y mitologías: *los espíritus del bosque.*
MITOLOGÍA
8 Sentido o intención de un texto, en oposición a la letra.
coloquial
9 Sustancia que se extrae de algunos cuerpos sometidos a destilación.
QUÍMICA
10 Signo ortográfico con el que se indica el grado de aspiración de una vocal en la lengua griega.
GRAMÁTICA
11 **espíritu ardiente:** Alcohol, compuesto orgánico.
QUÍMICA
12 **espíritu de azufre:** Ácido sulfuroso, compuesto químico.
QUÍMICA
13 **espíritu de contradicción:** 1. Tendencia a decir o hacer lo contrario de lo que los demás esperan o desean. 2. Persona que se comporta de esta manera.
coloquial
coloquial
14 **espíritu de sal:** Ácido clorhídrico, compuesto químico.
QUÍMICA
15 **espíritu de vino:** Alcohol etílico.
QUÍMICA
16 **espíritu inmundo o maligno:** El demonio o diablo.
RELIGIÓN
17 **dar, despedir o exhalar el espíritu:** Morir o fallecer: *después de muchos sufrimientos exhaló el espíritu.*
coloquial
18 **levantar el espíritu:** Cobrar ánimo, fortalecerse: *con tu ayuda levantará el espíritu.*
coloquial
19 **ser pobre de espíritu:** Ser apocado y temeroso: *no se atreve a decirle lo que piensa porque es muy pobre de espíritu.*

espiritual
1 Que tiene relación con el espíritu: *su retiro no es más que una actividad espiritual.*
adj./= anímico, síquico/≠ carnal
2 Que revela un espíritu sensible, cultivado e idealista: *un hombre muy espiritual.*
≠ materialista
3 De carácter religioso: *autores espirituales.*
RELIGIÓN
4 Canto religioso de los afroamericanos del sur de los Estados Unidos.
s.m./MÚSICA
= negro espiritual

espiritualidad
1 Predominio de lo espiritual sobre lo material en alguna persona, cosa, asunto, época o lugar: *la espiritualidad de su obra me fascinó.*
s.f.≠ materialismo
2 Conjunto de ideas o doctrinas referentes a la vida religiosa o espiritual de algún individuo, de alguna orden, asociación, grupo, época o lugar: *la espiritualidad carmelitana y la franciscana difieren en algunos aspectos.*
RELIGIÓN
3 Carácter de las cosas declaradas eclesiásticas o relativas a la iglesia.
RELIGIÓN

espiritualismo
1 Inclinación a la vida espiritual.
s.m.
FILOSOFÍA
2 Sistema filosófico que defiende la esencia espiritual y la inmortalidad del alma, y se contrapone al materialismo.

espiritualista
1 Del espiritualismo.
adj./FILOSOFÍA
2 Que profesa el espiritualismo.
adj/s.m.t./FILOSOFÍA

espiritualización
1 Proceso por el que los valores espirituales, inmateriales, llegan a ser considerados más importantes que los valores y bienes materiales.
s.f.
FILOSOFÍA
2 Acción de convertir en eclesiásticos algunos bienes de una persona que se ordena, para que pueda usarlos según las reglas de la iglesia pero sin poder enajenarlos.
RELIGIÓN
3 Reducción de una sustancia a sus elementos más puros.
QUÍMICA
= destilación

espiritualizar
1 Hacer espiritual o más espiritual a una persona o una cosa.
v.tr/prnl.
conj: cazar

2 Considerar una cosa material como espiritual.
v.tr.
RELIGIÓN
3 Convertir algunos bienes de una persona en eclesiásticos.
4 Sacar el espíritu de una sustancia: *espiritualizamos varios líquidos.*
QUÍMICA

espirituoso, a
1 Se refiere al líquido que se evapora con facilidad. *bebida espirituosa.*
adj.
tb: espiritoso
2 Que tiene mucho ánimo o espíritu.
= animoso

espiritusanto Flor de una especie de cacto, blanca y de gran tamaño.
s.m./BOTÁNICA
C. Rica, Nicar.

espiro- Componente de palabra procedente del gr. *speira*, que significa espiral: *espiroqueta.*
pref.

espiroidal Que tiene forma de espiral.
adj.

espirómetro Aparato para medir la capacidad respiratoria de los pulmones.
s.m.
MEDICINA

espiroqueta (Del gr. *speira*, espiral + *khaite*, pelo.) Microorganismo que presenta un filamento axial alrededor del cual se arrolla en espiral el protoplasma o sustancia constitutiva de las células.
s.f.
BIOLOGÍA
tb: espiroqueto

espiroquetal Perteneciente a un orden de microorganismos unicelulares de células helicoidales muy largas.
adj/s.f.
BIOLOGÍA

espita (Del gótico *spitus*, asador.)
1 Canuto o grifo que se mete en el agujero de una cuba u otra vasija para que salga el líquido: *abrió la espita del barril para servir unas cervezas.*
s.f.
2 Dispositivo que permite el paso de un líquido o de un gas por un conducto: *cuando se va de casa, cierra la espita del gas y la del agua.*
3 Medida de longitud, equivalente a un palmo.
4 Persona borracha o que bebe mucho vino.
coloquial
5 **cerrar la espita:** 1. Suprimir la ayuda, especialmente económica, que se estaba dando: *se hartó del abuso y cerró la espita.* 2. Interrumpir lo que se estaba diciendo: *al entrar el vecino, cerró la espita para evitar cotilleos.*
coloquial
coloquial

espitar Poner una espita en un recipiente.
v.tr./coloquial

espito (Del gótico *spitus*, asador.) Utensilio compuesto por un palo largo y una tabla clavada en un extremo, que se emplea para colgar y descolgar el papel que se pone a secar.
s.m.
ARTES GRÁFICAS

espitoso, a Que se comporta con euforia, en especial por el efecto de una droga: *el alcohol que bebió le puso espitoso.*
adj.
argot

esplacn- Componente de palabra procedente del gr. *splanknon*, que significa víscera: *esplacnografía.*
pref.
tb: esplacno-

esplácnico, a Que tiene relación con las vísceras: *cavidades esplácnicas.*
adj.
ANATOMÍA

esplen- Componente de palabra procedente del gr. *splen, -enos*, que significa bazo: *esplenomegalia.*
pref.
tb: espleno-

esplender (Del lat. *splendere*.) Despedir brillo una cosa: *sus ojos esplendían a la luz del fuego.*
v.intr./literario
= resplandecer

esplendidez
1 Circunstancia de ser una cosa espléndida, muy bella o abundante: *nos sorprendió con la esplendidez de la cena.*
s.f.
pl: esplendideces
= generosidad
2 Muestra visible o notoria de riqueza: *montó la tienda con toda esplendidez.*
= ostentación

espléndido, a (Del lat. *splendidus*.)
1 Que destaca por ser muy bueno, bello o rico: *tiene un piso espléndido; espléndido vino; es una actriz espléndida.*
adj./= magnífico, maravilloso
2 Se aplica a la persona que da dinero o lo gasta en obsequiar a otras de manera desinteresada: *es bastante espléndido con los amigos.*
= desprendido, generoso
≠ tacaño
3 De luminosidad intensa y agradable: *hace un día espléndido; luce un sol espléndido.*
= esplendoroso, luminoso

esplendor (Del lat. *splendor*.)
1 Brillo intenso o luz muy clara que despiden ciertos cuerpos: *contemplamos el esplendor de las estrellas.*
s.m.
= resplandor
2 Situación de máximo nivel en el desarrollo, la riqueza, la belleza o el poder al que puede llegar una persona o una cosa: *el verano se encuentra en su máximo esplendor.*
= apogeo, auge
3 Circunstancia de ser una cosa esplendida, bella o lujosa: *el esplendor de la fiesta deslumbró a los invitados.*
= grandeza

esplendoroso, a
1 Que resplandece o brilla: *una luz esplendorosa nos cegó los ojos.*
adj.
= brillante
2 Que causa impresión por su esplendor o grandeza: *le han levantado un monumento esplendoroso.*
= grandioso

esplenectomía (Del gr. *splen*, bazo + *tomos*, división.) Extirpación quirúrgica del bazo.
s.f.
MEDICINA

esplénico, a (Del lat. *splenicus < gr. splenikos*, del bazo < *splen*, bazo.) Que se refiere o pertenece al bazo: *vena esplénica.*
adj.
ANATOMÍA

esplenio, a Se aplica al músculo de la nuca largo y plano que une las vértebras cervicales con la cabeza e interviene en el movimiento de ésta. — *adj/s.m.* *ANATOMÍA*

esplenitis Inflamación del bazo. — *s.f./pl: esplenitis*

esplenomegalia Aumento del tamaño del bazo. — *s.f./MEDICINA*

espliego (Derivado del bajo lat. *spiculum* < lat. *spica*, espiga.)
1 Planta labiada leñosa y subarbustiva, que crece en zonas secas y rocosas, muy aromática, con hojas estrechas y grisáceas, flores azules en espiga de las que se extrae una esencia muy usada en perfumería. (*Lavandula angustifolia*.) — *s.m.* *BOTÁNICA* = lavanda, alhucema
2 Semilla de esta planta. — *BOTÁNICA*

esplín (Del ingl. *spleen* < gr. *splen*.) Estado de ánimo del que no tiene ilusiones ni interés por la vida: *últimamente está muy triste y es porque su esplín puede con él.* — *s.m.*

esplique Trampa para cazar pájaros. — *s.m./CAZA*

espodita Lava de los volcanes. — *s.f./GEOLOGÍA*

espodumena Silicato de aluminio y litio que se emplea en joyería. — *s.f.* *MINERALOGÍA*

espolada
1 Golpe dado con la espuela a una caballería. — *s.f./= espolazo*
2 **espolada de vino:** Trago de vino: *bebió una espolada de vino para entrar en calor.* — *coloquial*

espoleadura Herida producida por la espuela en una caballería: *el veterinario le cura la espoleadura al caballo.* — *s.f.* *VETERINARIA*

espolear
1 Estimular a una persona a hacer una cosa o a que se apresure: *le espoleó para que se comprara un coche.* — *v.tr.* = pinchar, incitar
2 Estimular al caballo con la espuela: *debes espolear al caballo para que corra.* — = picar, espolonear

espoleta
I (Del ital. *spoleta*.) Dispositivo que provoca la explosión de la carga de los proyectiles: *no toques la espoleta, es peligroso.* — *s.f.* *MILITAR*
II (Probablemente del fr. *espaulette*, clavícula del ave.) Horquilla que forman las clavículas del ave. — *s.f.* *ZOOLOGÍA*

espoliación Acción y resultado de espoliar o despojar a una persona de lo que le pertenece. — *s.f.* tb: expoliación

espoliar Despojar a una persona, de manera injusta o con violencia, de lo que le pertenece: *le espoliaron las tierras.* — *v.tr./DERECHO* tb: expoliar

espolín
I (Derivado de *espuela*.)
1 Espuela fija colocada en el tacón de la bota. — *s.m.*
2 Planta gramínea, de hojas amarillas y rígidas. (*Stipa pennata*.) — *s.m.* *BOTÁNICA*
II (Del fr. *espoulin*, canilla de tejedor < gótico *spola*.)
1 Tela de seda con flores o motivos esparcidos y sobretejidos con hilo de oro u otro material. — *s.m.* *TEXTIL*
2 Lanzadera pequeña con la que se tejen aparte los motivos que adornan las telas. — *TEXTIL*

espolinar
1 Tejer formando motivos o adornos. — *v.tr./TEXTIL*
2 Tejer los adornos con el espolín o lanzadera pequeña. — *TEXTIL*

espolio
I (Derivado culto del lat. *spolium*, despojo.) Conjunto de bienes que quedan en propiedad de la iglesia al morir el prelado que los poseía. — *s.m.* *RELIGIÓN* tb: expolio
II (Derivado de *expoliar* < lat. *spoliare*.) Desposesión injusta y violenta. — *s.m.* tb: expolio

espolique Criado que caminaba a pie delante de la caballería en que iba su amo. — *s.m./HISTORIA* = espolista

espolista
I (Derivado de *espolio* < lat. *spolium*.) Persona que arrienda los espolios de un prelado. — *s.m.*
II (Derivado de *espuela*.) Espolique, antiguo criado. — *s.m.*

espolón
1 Apéndice óseo o abultamiento que tienen en las extremidades los machos de algunas aves gallináceas y que utilizan como defensa: *el gallo se defendió clavándole el espolón.* — *s.m.* *ZOOLOGÍA*
2 Abultamiento que tienen las caballerías en la parte posterior de los menudillos. — *ZOOLOGÍA*
3 Sabañón del talón: *tenía los calcañares llenos de espolones y grietas.*
4 Saliente en forma de ángulo agudo situado a ambos lados de los pilares de un puente para repartir la corriente del agua. — *CONSTRUCCIÓN* = tajamar
5 Muro de contención en los márgenes de un río o mar que en algunas poblaciones sirve de paseo: *desde el espolón contemplamos el océano.* — *CONSTRUCCIÓN* = malecón
6 Contrafuerte de un muro.
7 Ramal montañoso, corto y escarpado que sale de una cordillera en dirección perpendicular a ella. — *ARQUITECTURA* *GEOGRAFÍA*
8 Prolongación tubulosa situada en la base de los pétalos o sépalos de algunas flores. — *BOTÁNICA*
9 Punta en que remata la proa de un barco. — *NÁUTICA*

10 **tener más espolones que un gallo:** Se usa para llamar vieja a una persona: *le dijo con desdén que tenía más espolones que un gallo.* — *coloquial, despectivo*

espolonada Avance violento de gente a caballo: *los soldados arremetieron en una espolonada contra el enemigo.* — *s.f.*

espolonazo Golpe dado con el espolón. — *s.m.*

espolvorear
1 Esparcir una sustancia en forma de polvo sobre una cosa: *espolvorea el pastel con canela molida.* — *v.tr.* = polvorear
2 Quitar el polvo de una cosa: *espolvoreé los trastos viejos del desván.* — = desempolvar

espolvoreo Acción y resultado de esparcir polvo de una cosa sobre otra. — *s.m.*

espolvorizar Esparcir polvo sobre una cosa: *espolvorizaré las ensaimadas con azúcar.* — *v.tr./conj: catar* = espolvorear

espondaico, a (Del lat. *spondaicus* < gr. *spondeiakos*.) Se aplica a la composición o al verso que está compuesto de espondeos. — *adj/s.m.* *POESÍA*

espondeo (Del lat. *spondeus* < gr. *spondeios*.) Pie de la poesía griega y latina formado por dos sílabas largas. — *s.m.* *POESÍA*

espondil- Componente de palabra procedente del gr. *spondylos*, que significa vértebra: *espóndilo*. — *pref.* tb: espondilo-

espóndilo (Del lat. *spondylus* < gr. *sphondylos*.) Vértebra, cada uno de los pequeños huesos que forman la columna vertebral. — *s.m.* *ANATOMÍA* tb: espóndil

espondilolistesis Desplazamiento hacia delante de un o varias vértebras que puede causar compresión nerviosa. — *s.f.* pl: espondilolistesis *MEDICINA*

espondilosis Grupo de enfermedades degenerativas de las vértebras, en especial de origen reumático. — *s.f./pl: espondilosis* *MEDICINA*

espongi- Componente de palabra procedente del lat. *spongia*, que significa esponja: *espongiolita*. — *pref./tb: espongio-, esponjo-*

espongiocele Cavidad gastral de las esponjas. — *s.m./ZOOLOGÍA*

espongiolita Roca silícea formada por espículas de esponjas, cementadas por ópalo o calcedonia, con trazas de caliza y arcilla. — *s.f.* *GEOLOGÍA*

esponja (Del lat. *spongia* < gr. *spongia*.)
1 Cualquier animal invertebrado marino, de forma irregular y sin órganos verdaderos, que pertenece al tipo de los poríferos. — *s.f.* *ZOOLOGÍA*
2 Sustancia córnea, ligera y porosa que constituye el esqueleto de algunos poríferos de los mares cálidos, que tiene diversos usos domésticos. — *ZOOLOGÍA*
3 Cualquier masa porosa de propiedades semejantes a esta sustancia, usada para el aseo personal o la limpieza en general por su gran capacidad para absorber líquidos.
4 Persona capaz de ingerir gran cantidad de bebida: *tu amigo es una esponja, ha tomado dos litros de cerveza.* — *coloquial*
5 **pasar la esponja:** Convenir en que un asunto no se trate más: *pasaré la esponja sobre el tema para incidir en lo importante.* — *coloquial*
6 **tirar o arrojar la esponja:** Darse por vencido, desistir de un empeño: *acabó tirando la esponja porque ya no aguantaba más aquella situación tan tensa.* — *coloquial* = tirar la toalla

esponjado Azucarillo, masa esponjosa que se hace con almíbar, clara de huevo y zumo de limón. — *s.m.* *COCINA*

esponjadura
1 Acción y resultado de esponjar o esponjarse. — *s.f./= esponjamiento*
2 Defecto de fundición en el interior del alma de un cañón o de una pieza metálica cualquiera. — *METALURGIA*

esponjamiento
1 Acción y resultado de esponjar o esponjarse. — *s.m./= esponjadura*
2 Acción y resultado de envanecerse. — = envanecimiento

esponjar
1 Hacer esponjoso o poroso un cuerpo: *con el calor del horno el bizcocho se esponjará.* — *v.tr/prnl.* = mullir
2 Volverse una persona engreída o vanidosa: *desde su ascenso en la dirección de la empresa se ha esponjado de una manera exagerada.* — *v.prnl.* = engreírse, envanecerse
3 Adquirir un aspecto que denota salud y bienestar: *después de pasar unos días en el balneario, se esponjó.*

esponjera Recipiente usado para guardar la esponja del baño. — *s.f.*

esponjosidad Cualidad de esponjoso: *alabar la esponjosidad de un bizcocho.* — *s.f.*

esponjoso, a Que es poroso, ligero y absorbente como una esponja: *el pastel ha quedado suave y esponjoso.* — *adj.*

esponsales (Del lat. *sponsalia* < *sponsus*, esposo.) Promesa o acuerdo mutuo entre un hombre y una mujer para contraer matrimonio hecho público y con solemnidad: *se casaron un año después de los esponsales.* — *s.m.pl.* = compromiso

esponsalicio, a De los esponsales. — *adj.*

espontanearse Explicar una persona a otra sus ideas, sentimientos con toda sinceridad y de forma voluntaria: *se espontaneó con Inés.* — *v.prnl.* + con = expansionarse

espontaneidad
1 Circunstancia de una acción o fenómeno que se muestran o producen sin intervención de causas exteriores. s.f.
2 Falta de artificio o afectación en el comportamiento y en la expresión: *admiramos la espontaneidad de la modelo ante las cámaras.* = naturalidad

espontaneísmo Práctica de aquellos elementos de la extrema izquierda que tratan de desarrollar acciones revolucionarias del pueblo, aprovechando acontecimientos que movilizan las masas y prescindiendo de partidos y sindicatos. s.m. POLÍTICA

espontaneísta
1 Del espontaneísmo. adj./POLÍTICA
2 Partidario de esta tendencia. s.m.f./POLÍTICA

espontáneo, a (Del lat. *spontaneus* < *sponte*, voluntariamente.)
1 Se aplica al suceso o fenómeno que ocurre sin intervención exterior: *ha sido un fuego espontáneo; generación espontánea.* adj.
2 Que se realiza por propia voluntad y sin coacción: *su intervención fue totalmente espontánea.* = voluntario
3 Que actúa con naturalidad y sinceridad: *tiene una risa espontánea y pegadiza.* = natural
4 Se aplica a las plantas que crecen de forma natural en un territorio sin que nadie las haya introducido. BOTÁNICA
5 Se refiere al espectador que interviene en un espectáculo sin que nadie se lo pida ni le autorice, especialmente el que sale a un ruedo a intentar alguna suerte. adj/s.

espontón (Del lat. *sponton, -onis.*) Lanza con el hierro en forma de corazón que usaban los oficiales de infantería. s.m. MILITAR

espontonada
1 Golpe dado con un espontón. s.f./MILITAR
2 Saludo hecho antiguamente con esta lanza. MILITAR

espor- Componente de palabra procedente del gr. *spora*, que significa espora, semilla: *esporangio, esporicida.* pref. tb: esporo-

espora (Del gr. *spora*, semilla.) Célula propia de la reproducción asexual de las plantas criptógamas y de algunos protozoos, que se aísla y separa del organismo materno y germina dando lugar a un nuevo ser. s.f. BIOLOGÍA tb: esporo

esporádico, a (Del gr. *sporadikos*, disperso.)
1 Que ocurre de manera aislada: *no te preocupes puesto que es un hecho esporádico.* adj./= casual, ocasional
2 Se aplica a la enfermedad que no tiene carácter epidémico ni endémico. MEDICINA

esporangio (Del gr. *spora*, semilla + *angos*, vaso.) Receptáculo donde están contenidas las esporas. s.m. BOTÁNICA

esporífero, a Se aplica al órgano que forma o produce esporas. adj. BIOLOGÍA

esporocarpo (Del gr. *spora*, semilla + *karpos*, fruto.) Órgano de las plantas acuáticas que contiene los receptáculos donde están alojadas las esporas. s.m. BOTÁNICA

esporofilo Órgano de las hojas que contiene esporas, como la fronda fértil de los helechos. s.m. BOTÁNICA

esporófito Generación que presenta esporas asexuales en las plantas que presentan reproducción por generación alterna. s.m. BOTÁNICA tb: esporofito

esporozoo, a (Del gr. *spora*, semilla + *zoon*, animal.) Perteneciente a una clase o subtipo de protozoos que viven parásitos dentro de las células. adj/s.m. BIOLOGÍA = esporozoario

esportada Cantidad de una cosa que cabe en una espuerta: *las esportadas de tierra se acumulaban en la era.* s.f.

esportear Transportar o echar una cosa con espuertas: *esporteaba los escombros hasta el vertedero.* v.tr.

esportilla Cesta de esparto u otro material con dos asas: *llenó la esportilla con cerezas y manzanas.* s.f. tb: esportillo

esportillo Capacho grande de esparto o de palma: *los melones recogidos ayer están en un esportillo.* s.m. tb: esportilla

esportonada Cantidad de una cosa que cabe o se transporta en una espuerta grande. s.f.

esporulación Proceso de formación de esporas en una bacteria o de emisión de ellas por parte de otro organismo. s.f. BIOLOGÍA

esporular Formar esporas o pasar al estado de espora, cuando las condiciones de vida son desfavorables. v.intr. BIOLOGÍA

esposado, a
1 Que tiene ligadas las manos con esposas: *los esposados eran vigilados por la policía.* adj/s.
2 Que se ha casado: *despedimos a los recién esposados.* tb: desposado

esposar Sujetar a una persona con esposas. v.tr.

esposas Par de manillas de hierro unidas por una cadena muy corta para sujetar a los detenidos por las muñecas: *el policía le puso las esposas al detenerlo.* s.f.pl.

esposo, a (Del lat. *sponsus*, prometido < *spondere*, prometer.)
1 Persona que ha contraído matrimonio: *los esposos deben guardarse respeto.* s.

2 Respecto de una persona, su cónyuge: *mi esposo no se encuentra en casa.*

esprea Llave que deja salir la gasolina en el motor del automóvil. s.f. Máx.

esprintar (Del ingl. *sprint.*) Realizar un sprint o esfuerzo máximo, en especial en una carrera atlética: *acabó la carrera esprintando.* v.intr. tb: sprintar

esprínter (Del ingl. *sprinter.*) Corredor especialista en realizar sprints: *la víctima de la etapa se decidió entre los mejores esprínters.* s.m.f./pl: esprinters DEPORTES tb: sprinter

espuela (Del gótico *spaura.*)
1 Pieza de metal acabada en una ruedecita con puntas que se ajusta a las botas para picar al caballo. s.f. EQUITACIÓN
2 Estímulo con el que se incita a otro a reaccionar o a hacer una cosa. = aviso, acicate
3 Espolón del ave. Amér.
4 **espuela de caballero:** Planta herbácea silvestre, con flores moradas y agrupadas en racimo, que se cultiva como planta ornamental. (*Delphinium ajacis.*) BOTÁNICA = consólida real
5 **calzar espuelas:** Ser caballero.
6 **calzar o calzarse la espuela:** Ser armado caballero.
7 **correr la espuela:** 1. Rodarla el jinete desde la cincha a los ijares. 2. Reprender duramente a alguien. EQUITACIÓN coloquial
8 **dar de espuela o picar espuelas:** Picar a la caballería para que camine: *dale espuelas a este jaco viejo.* EQUITACIÓN
9 **echar o tomar la espuela:** Echar el último trago: *le prometió que se iría después de echar la espuela.* coloquial
10 **estar con las espuelas calzadas:** 1. Estar a punto para emprender un viaje. 2. Estar dispuesto a iniciar un negocio. coloquial coloquial
11 **picar espuelas:** Apretar a correr o dar más velocidad a una cosa. EQUITACIÓN
12 **poner espuelas a alguien:** Estimular a una persona para que emprenda o prosiga con más ánimo un negocio. coloquial
13 **sentir la espuela:** Sentir el aviso, la represión, el trabajo o apremio. coloquial

espuerta (Del lat. *sporta.*)
1 Recipiente grande, cóncavo, flexible y con dos asas pequeñas, generalmente de esparto, mimbre u otro material, usado para transportar tierra, escombros y otras cosas: *llenamos las espuertas con cal.* s.m. = sera
2 **a espuertas:** En grandes cantidades: *sacó de la bodega tierra a espuertas.* loc.adv.
3 **estar alguien para que lo saquen en una espuerta al sol:** Estar una persona muy achacosa. coloquial

espulgador, a Que espulga. adj/s.

espulgar
1 Quitar las pulgas: *el perro se espulga rascándose con la pata.* v.tr/prnl. conj: *pagar*
2 Examinar una cosa con detenimiento: *espulgó la casa de arriba abajo.* v.tr. = escudriñar

espulgo Acción y resultado de espulgar o espulgarse. s.m.

espuma (Del lat. *spuma.*)
1 Conjunto de burbujas que se forman en la superficie de un líquido: *al servir la cerveza se forma espuma.* s.f.
2 Parte del jugo o las impurezas que ciertas sustancias desprenden cuando se hierven.
3 Tejido muy ligero y delicado que se usa en la fabricación de ropa interior y otras prendas. TEXTIL = espumilla
4 **espuma de la sal:** Sustancia blanda y salada que deja el agua del mar pegada a las piedras.
5 **espuma de mar:** Silicato natural de magnesio, blanquecino y poroso, que se usa en la elaboración de pipas. MINERALOGÍA
6 **espuma de nitro:** Costra de sal que se forma en la superficie de la tierra de donde se extrae. MINERALOGÍA
7 **crecer o subir como la espuma:** Aumentar o prosperar muy deprisa: *con sus nuevos negocios su fortuna crece como la espuma.* coloquial

espumadera Cucharón con la superficie agujereada, que sirve para quitar la espuma del caldo o cualquier otro líquido o para sacar y escurrir los alimentos fritos en aceite o grasa: *con la espumadera podrás sacar más fácilmente las patatas de la sartén.* s.f. COCINA

espumador, a Persona que espuma. s.

espumaje Abundancia de espuma: *el espumaje de las olas al romper contra el malecón.* s.m.

espumajear Echar o arrojar espumarajos: *el perro rabioso no dejaba de espumajear.* v.intr. = espumarajear

espumajo Saliva abundante arrojada por la boca. s.m./= espumarajo

espumajoso, a Lleno de espuma: *te has aclarado mal el pelo y lo llevas espumajoso.* adj.

espumante Se refiere a la sustancia usada para mantener la espuma persistente: *la cerveza contiene espumante.* adj.

espumar
1 Quitar la espuma a una sustancia: *espuma el caldo de vez en cuando.* v.tr. tb: despumar

2 Formar o hacer espuma un líquido u otra sustancia: *la cerveza espuma al servirla.* — v.intr. / tb: espumear

3 Hacerse una cosa más grande o próspera: *su negocio espumó durante la crisis.* — = prosperar

espumarajear Echar una persona espumarajos o saliva por la boca. — v.intr. / = espumajear

espumarajo
1 Abundancia de saliva arrojada por la boca: *el perro rabioso llevaba la boca llena de espumarajos.* — s.m. / = espumajo
2 echar espumarajos por la boca: Estar muy irritado y colérico: *estaba tan enfadado que no paró de echar espumarajos por la boca.* — coloquial

espúmeo, a Que tiene mucha espuma. — adj./literario

espumero Lugar donde se embalsa agua salada para obtener la sal. — s.m. / INDUSTRIA

espumilla Tela muy fina semejante al crespón, usada especialmente en la confección de ropa interior. — s.f./TEXTIL / = espuma

espumillón
1 Tela gruesa de seda. — s.m./TEXTIL
2 Cinta con flecos de material brillante y de colores, que se usa como adorno navideño: *llenamos el árbol de espumillón.*

espumosidad Condición de espumoso. — s.f.

espumoso, a
1 Que tiene o hace mucha espuma. — adj.
2 Que se convierte en espuma: *este jabón es muy espumoso.*
3 Se aplica al vino que forma una ligera espuma o burbujas al desprender el gas carbónico procedente de la fermentación.

espundia (Probablemente del lat. *spongia*, esponja.) Úlcera maligna que padecen las caballerías. — s.f. / VETERINARIA

espurio, a (Del lat. *spurius*, bastardo, ilegítimo.)
1 Se aplica a las cosas que han degenerado de su origen o naturaleza. — adj./tb: espúreo / = falso
2 Se aplica al hijo de padre desconocido. — = bastardo

espurrear Mojar una cosa con líquido arrojado por la boca: *el niño espurreaba por el suelo del jardín el zumo de naranja.* — v.tr. / tb: espurriar, espurrir

esputar (Derivado del lat. *spuere*, escupir.) Arrancar y expulsar las mucosidades de las vías respiratorias: *este jarabe te ayudará a esputar las mucosidades.* — v.tr. / = expectorar

esputo (Del lat. *sputum* < *spuere*, escupir.) Saliva o flema que llega a la boca por la expectoración. — s.m./= escupitajo. flema, gargajo

esquebrajar Romper una cosa dura, sólo por su superficie: *el jarrón se esquebrajó contra el suelo.* — v.tr/prnl./= agrietar, resquebrajar

esquejar Plantar esquejes en la tierra: *los jardineros esquejaron el jardín.* — v.tr. / AGRICULTURA

esqueje (Del cat. *esqueix*.) Tallo joven que se injerta o entierra para que nazca una nueva planta: *he plantado esquejes de geranio en esa maceta.* — s.m. / AGRICULTURA

esquela (Probablemente del lat. *scheda*, hoja de papel.)
1 Nota publicada en los periódicos o enviada particularmente en lo que se informa de la muerte de una persona: *me enteré de su muerte por la esquela del diario.* — s.f. / = esquela mortuoria
2 Papel en el que se da una noticia, un aviso o una invitación. — = aviso, nota

esquelético, a
1 Del esqueleto o que pertenece a él. — adj./= esqueletado
2 Que está muy delgado: *con el trajín que lleva, se está quedando esquelético.* — = flaco, raquítico

esqueleto (Del gr. *skeletos* < *skello*, secar, desecar.)
1 Estructura ósea del cuerpo de los vertebrados que da soporte y protección a los tejidos blandos. — s.m. / ANATOMÍA / ZOOLOGÍA
2 Material duro de los invertebrados, como el caparazón, concha o escama, que sirve de protección.
3 Persona muy delgada: *desde que trabaja tanto está hecha un esqueleto.* — coloquial
4 Estructura que sostiene cualquier cosa. — = armazón
5 Modelo o patrón impreso en el que se dejan blancos que se rellenan a mano. — Colomb., Méx., C. Rica, Guat., Nicar. / Chile
6 Bosquejo de una obra literaria.
7 mover o menear el esqueleto: Bailar al son de una música ligera, moderna y festiva. — coloquial

esquema (Del lat. *schema*, figura geométrica < gr. *skhema*, forma, hábito < *ekho*, tener.)
1 Representación gráfica y simbólica de una cosa, atendiendo sólo a sus características más significativas: *el esquema de la jerarquía en la fundación; el esquema de funcionamiento del sistema respiratorio.* — s.f. / = bosquejo
2 Programa no detallado de los puntos o temas que se tratarán en una conferencia, congreso u otra reunión: *si te ciñes al esquema ocuparás el tiempo que te han concedido para intervenir.* — = guión

esquemático, a
1 Del esquema: *hizo un resumen esquemático del temario.* — adj.
2 Que está hecho de una manera simple, destacando

sólo los rasgos generales: *nos dio una explicación muy esquemática.*

esquematismo
1 Modo o procedimiento simplificado de exponer una doctrina, idea o asunto con rasgos o enunciados generales. — s.m. / = simplificación / ≠ complejidad
2 Conjunto de esquemas.

esquematización Representación de una exposición, escrito o enunciado por medio de un esquema o gráfico. — s.f. / = simplificación

esquematizar Representar una cosa por medio de un esquema, destacando sólo aquellas características que son esenciales: *esquematizar el proceso de producción de la fábrica.* — v.tr. / conj: cazar

esquena (Del alem. ant. *skina*, espina.)
1 Columna vertebral o espinazo de los vertebrados. — s.f./ANATOMÍA / ZOOLOGÍA
2 Espina central de los pescados.

esquero Bolsa de cuero que se usaba para llevar la yesca, el pedernal, el dinero y otras cosas. — s.m. / tb: yesquero

esquí (Del fr. *ski* < noruego *ski*, leño, tronco cortado.)
1 Patín alargado y estrecho, adaptable al pie para deslizarse sobre la nieve. — s.m./pl.tb: esquies / tb: ski
2 Deporte que consiste en deslizarse con estos patines sobre la nieve. — DEPORTES
3 esquí acuático: Deporte acuático que se practica sobre uno o dos patines, dejándose arrastrar por una lancha. — DEPORTES
4 esquí alpino: El practicado en pendientes muy pronunciadas. — DEPORTES
5 esquí de fondo: El practicado en recorridos de poco desnivel. — DEPORTES
6 esquí nórdico: Disciplina deportiva que incluye pruebas de fondo, salto con esquies y tiro con fusil. — DEPORTES

esquiador, a Persona que esquía. — s./DEPORTES

esquiar Deslizarse sobre la nieve o sobre el agua con esquis: *se va todos los fines de semana a esquiar.* — v.intr./conj: vaciar / DEPORTES

esquiciar (Del ital. *schizzare*.) Trazar las primeras líneas de un dibujo: *el retratista esquició la caricatura.* — v.tr. / ARTE

esquicio (Del ital. *schizzo*.) Dibujo realizado con rapidez y pocos trazos: *se conservan algunos esquicios del famoso pintor.* — s.m. / ARTE / = apunte, esbozo

esquifada Carga que suele llevar un esquife o barco pequeño. — s.f. / NÁUTICA

esquifado, a Se aplica a la bóveda en rincón de claustro, cuyo vértice está sustituido por una línea recta o por una superficie plana. — adj. / ARQUITECTURA

esquifar Proporcionar alimentos, munición y hombres a una embarcación. — v.tr. / NÁUTICA

esquifazón Conjunto de remos y remeros con que se armaban las embarcaciones. — s.f. / NÁUTICA

esquife (Del cat. *esquif* < ital. *schifo*.)
1 Bote o barco pequeño que se lleva en otro mayor para llegar a tierra u otros usos. — s.m. / NÁUTICA
2 Cañón de bóveda de figura cilíndrica. — ARQUITECTURA

esquila
I (Del germ. *skilla*.)
1 Cencerro pequeño en forma de campana. — s.f./= campano
2 Campana pequeña usada en los conventos para convocar a los actos comunitarios. — RELIGIÓN
II (Del lat. *squilla*.)
1 Galera, crustáceo marino. — s.f./ZOOLOGÍA
2 Girino, insecto coleóptero que habita en aguas estancadas. — ZOOLOGÍA
3 Cebolla albarrana, planta. — BOTÁNICA
4 esquila de agua: Camarón, crustáceo marino. — ZOOLOGÍA
III (Derivado de *esquilar*.) Esquileo, acción de esquilar el ganado. — s.f.

esquiladero Sitio donde se esquila el ganado: *el pastor condujo a las ovejas hasta el esquiladero.* — s.m.

esquilador, a Que esquila a los animales. — adj/s.

esquiladora Máquina para esquilar animales. — s.f.

esquilar (Del gótico *skairan*.)
1 Cortar el pelaje o la lana a un animal: *esquilaron a todas las ovejas.* — v.tr. / = trasquilar
2 Cortar el pelo a una persona: *a ver si te esquilan estas greñas.* — coloquial

esquileo
1 Operación de esquilar los animales. — s.m./= esquila
2 Temporada en que se esquila.
3 Casa donde se esquila el ganado.

esquilero Red en forma de saco con un aro de madera para pescar camarones o esquilas. — s.m. / PESCA

esquilimoso, a Que es muy delicado y hace ascos de todo: *no seas esquilimoso y cámbiale los pañales al niño.* — adj. / = escrupuloso

esquilmar
1 Dejar una fuente de riqueza exhausta por haberla explotado en exceso: *las talas salvajes de los bosques esquilman los pulmones del planeta.* — v.tr. / = agotar

2 Empobrecer una planta la tierra por haberle chupado en exceso los nutrientes. — **AGRICULTURA**
3 Dejar a una persona muy empobrecida o prácticamente sin bienes: *los abogados lo esquilmaban con tantos gastos superfluos.* — = **empobrecer, menoscabar**
4 Recoger los frutos o las rentas de la hacienda.

esquilmo
1 Conjunto de frutos y provechos que se sacan de tierras y ganados. — **s.m.**
2 Escobajo de la uva.
3 Conjunto de beneficios accesorios de poca cuantía obtenidos del cultivo o la ganadería. — **Méx.**

esquilón Esquila o cencerro grande. — **s.m.**

esquimal
1 De un pueblo que habita en la costa ártica de América del Norte, Groenlandia y Asia, o de su lengua. — **adj.** = **inuit**
2 Persona que pertenece a este pueblo. — **s.m.f.**
3 Lengua hablada por este pueblo. — **s.m./LINGÜÍSTICA**

esquina (Probablemente del germ. *skina*, espinazo.)
1 Arista que resulta del encuentro de las paredes de un edificio: *en el local de la esquina instalarán una cafetería.* — **s.f.** = **cantón**
2 Punto en el que se encuentran dos lados de una cosa: *se golpeó con la esquina de la mesa.* — = **cantonada**
3 **darse uno contra o por las esquinas:** Apurarse y cansarse sin llegar a hacer o conseguir lo que se desea: *anduvo todo el curso dándose contra las esquinas, pero no logró aprobarlo todo.* — **coloquial**
4 **de o en esquina:** Se aplica a la estancia que da a dos fachadas o al mueble que se puede colocar en el ángulo de dos paredes: *una estantería de esquina; habitación de esquina.* — **loc.adv.**
5 **doblar la o una esquina:** Dar la vuelta a ella: *al doblar la esquina tropezó con una invidente.* — **coloquial**
6 **hacer la esquina:** Ejercer la prostitución.

esquinado, a (Del germ. *skina*, espinazo.)
1 Que forma esquina. — **adj.**
2 Que tiene un carácter o trato difícil: *lleva varios días esquinado y huraño, debe tener mucho trabajo.* — = **malhumorado**

esquinadura Condición de esquinado. — **s.f.**

esquinar
1 Formar una cosa esquina. — **v.tr./intr.**
2 Poner una cosa en esquina: *esquinar la cama.* — **v.tr.**
3 Poner a mal una persona con otra: *se ha esquinado con su amiga del alma.* — **v.tr./prnl.** = **enemistar**

esquinazo
1 Ángulo formado por el cruce de dos paredes o lados de una cosa. — **s.m.** = **esquina**
2 Serenata, música interpretada por la noche. — **Chile/MÚSICA**
3 **dar esquinazo:** Abandonar o eludir a una persona o evitar un encuentro: *me seguía un tipo sospechoso, pero le di esquinazo.* — **coloquial**

esquinela Pieza de la armadura que cubría la espinilla de la pierna. — **s.f./HISTORIA** = **espinillera**

esquinencia (Del gr. *kunankhe*, collar de perro.) Inflamación de las amígdalas. — **s.f./MEDICINA** = **angina**

esquinera
1 Prostituta que se muestra a los clientes en las esquinas de las calles. — **s.f.**
2 Mueble que se coloca en ángulo o en un rincón. — **Amér./= rinconera**

esquinzador Cuarto grande destinado a esquinzar o cortar el trapo en los molinos de papel. — **s.m./INDUSTRIA**

esquinzar (Del bajo lat. *exquintiare*, descuartizar.) Cortar el trapo en los molinos de papel. — **v.tr./conj: cazar** = **desguinzar**

esquirla Astilla desprendida de un hueso fracturado o cualquier fragmento alargado y puntiagudo que se desprende de un cuerpo al romperse: *se le clavó una esquirla de cristal en la mano.* — **s.f.** = **astilla**

esquirlado, a Que tiene esquirlas. — **adj.**

esquirol (Del cat. *esquirol* < gr. *skiuros*, ardilla < *skia*, sombra + *oura*, cola.) Trabajador que, ante una huelga acordada por sus compañeros, continúa en su puesto, u ocupa el puesto de un huelguista. — **s.m.** = **rompehuelgas** **despectivo**

esquisto (Del lat. *schistos lapis* < gr. *skhistos*, rajado, dividido.) Roca metamórfica de color variable que se divide con facilidad en hojas. — **s.m./GEOLOGÍA** = **pizarra**

esquistosidad Hojosidad que tienen ciertas rocas, debido a la acción de fuerzas tectónicas. — **s.f./GEOLOGÍA**

esquistoso, a Se aplica al mineral que tiene una estructura laminar: *roca esquistosa.* — **adj./MINERALOGÍA**

esquite Granos de maíz cocidos con epazote, que se sirven con limón y chile. — **s.m./Méx., Amér. Central/COCINA**

esquivar
1 Evitar un obstáculo: *el coche esquivó la roca desprendida.* — **v.tr.** = **sortear**
2 Eludir o evitar un encuentro o compromiso: *esquivó la invitación aludiendo tener trabajo.* — = **rehusar**

esquivez Cualidad de esquivo. — **s.f./pl: esquiveces**

esquivo, a Que rehúye las atenciones o muestras de afecto: *es un joven esquivo incluso con su novia.* — **adj.** = **áspero, arisco**

esquizado, a (Del ital. *shizzato*.) Se aplica al mármol que está salpicado de pintas. — **adj.**

esquizo- Componente de palabra procedente del gr. *skhizo*, que significa dividir, disociar: *esquizofrenia.* — **pref.**

esquizofasia Trastorno del lenguaje hablado, en el que se da a las palabras un sentido diferente al habitual. — **s.f./SIQUIATRÍA**

esquizofíceo, a Perteneciente a una clase de algas unicelulares o filamentosas que no tienen flagelos. — **adj/s.f./BOTÁNICA**

esquizofrenia (Del gr. *skhiz*, disociar + *phren*, inteligencia.) Enfermedad mental caracterizada por disociación síquica, despersonalización y alteración de la conducta y el pensamiento. — **s.f./SIQUIATRÍA**

esquizofrénico, a
1 Que tiene relación con la esquizofrenia. — **adj./SIQUIATRÍA**
2 Que padece esquizofrenia. — **adj/s./SIQUIATRÍA**

esquizogamia Forma de reproducción de ciertos anélidos por división del organismo. — **s.f./BIOLOGÍA**

esquizogénesis Proceso de reproducción asexual y por división simple, característico de las bacterias. — **s.f/pl: esquizogénesis BIOLOGÍA**

esquizoide
1 Que tiene relación con la esquizofrenia. — **adj/s.m.f./SIQUIATRÍA**
2 Se aplica a la persona que es muy retraída, pero no llega a ser esquizofrénica. — **SIQUIATRÍA**

esquizotimia Temperamento de la persona caracterizado por el retraimiento y la dificultad para exteriorizar las impresiones. — **s.f./SIQUIATRÍA**

esquizotímico, a
1 De la esquizotimia. — **adj./SIQUIATRÍA**
2 Persona que posee este temperamento. — **s./SIQUIATRÍA**

estabilidad (Del lat. *stabilitas, -atis.*)
1 Situación de equilibrio y de permanencia: *la estabilidad de la moneda favorece la inversión.* — **s.f.** = **firmeza**
2 Capacidad de un cuerpo para volver al estado de equilibrio después de una perturbación: *la estabilidad de una aeronave.* — **MECÁNICA**
3 Resistencia de un cuerpo en equilibrio estable a cambiar de posición. — **FÍSICA**
4 Situación de la atmósfera que se caracteriza por la superposición de capas de densidad decreciente hacia arriba.

estabilización
1 Acción y resultado de estabilizar. — **s.f.**
2 Conjunto de medidas económicas orientadas a evitar la inflación, manteniendo el aumento de precios dentro de unos límietes. — **ECONOMÍA**

estabilizador, a
1 Que estabiliza: *el elemento estabilizador de un sistema.* — **adj/s.**
2 Dispositivo para aumentar la estabilidad de los aparatos aeronáuticos. — **s.m./AERONÁUTICA**
3 Mecanismo que sirve para evitar o amortiguar oscilaciones. — **MECÁNICA**

estabilizar
1 Dar estabilidad de una cosa, a una persona o situación: *la atmósfera se estabilizará el próximo fin de semana.* — **v.tr./prnl.** **conj: cazar** = **equilibrar**
2 Fijar el valor de una moneda oficialmente en relación con el patrón internacional. — **ECONOMÍA**

estable (Del lat. *stabilis.*)
1 Que es seguro o duradero: *aún no tiene un trabajo estable.* — **adj.** = **seguro, firme**
2 Que no experimenta variación o movimiento: *la moneda ha alcanzado un valor estable.* — = **constante, firme** ≠ **inestable**
3 Que una sustancia que no se altera fácilmente por la temperatura o por agentes químicos. — **QUÍMICA**

establear
1 Hacer que una res se acostumbre al establo o a entrar en él: *el ganadero estableó las vacas.* — **v.tr./prnl.**
2 Meter al ganado en el establo. — **tb: estabular**

establecedor, a Que establece. — **adj/s.**

establecer
1 Crear o fundar una cosa: *el banco ha establecido nuevas sucursales.* — **v.tr.** **conj: carecer**
2 Disponer lo que se debe hacer: *el comité estableció la normativa.* — = **ordenar**
3 Expresar un pensamiento de valor general: *su hipótesis establece una nueva línea de trabajo.*
4 Ponerse a vivir en un lugar con carácter estable: *nos hemos establecido en un pequeño pueblo.* — **v.prnl.** = **afincarse**
5 Poner un establecimiento comercial por cuenta propia. — **COMERCIO** = **abrir**
6 Trabajar en una profesión de manera fija.

establecimiento
1 Acción y resultado de establecer o establecerse. — **s.m.**
2 Lugar donde habitualmente se desarrolla un negocio, industria o profesión.
3 Tienda o local donde se vende un producto: *estuvo mirando en varios establecimientos.* — **COMERCIO**

4 establecimiento benéfico: Centro donde se recoge o asiste a las personas que carecen de medios económicos. = asilo

5 establecimiento de las mareas: Hora en que sucede la pleamar, el día de la conjunción u oposición de la luna respecto de cada paraje.

6 establecimiento de puerto: Diferencia entre la hora a que se verifica la pleamar de sicigias en un puerto y la del paso de la luna por el meridiano superior. NÁUTICA

7 establecimiento penitenciario: Lugar donde los presos cumplen condena. = prisión

8 establecimiento público: Tienda o local donde se realiza una actividad comercial o social.

establero, a Persona que cuida un establo. s.

establishment (Voz inglesa.) Grupo de personas o entidades con poder político, social y económico, que defiende sus privilegios y posición. s.m.

establo (Del lat. *stabulum.*)
1 Lugar cubierto donde se encierra ganado. s.m.
2 Lugar sucio, desordenado y maloliente: *después de la fiesta el aula parecía un establo.* = pocilga despectivo

estabulación (Del lat. *stabulatio, -onis.*) Cría y mantenimiento del ganado en establos. s.f.

estabular (Del lat. *stabulare.*) Criar y mantener el ganado en establos. v.tr.

estaca (Probablemente del gótico *stakka.*)
1 Trozo de madera alargado, con un extremo acabado en punta para clavarlo: *la finca estaba rodeada de estacas.* s.f.
2 Palo grueso usado como bastón o para golpear: *se defendió del agresor con una estaca.* = garrote
3 Rama verde sin raíces o con yemas que se planta para que se haga árbol: *los jardineros plantaron estacas en la parte baja del jardín.* AGRICULTURA = esqueje
4 Clavo largo de hierro usado para clavar vigas y maderos. CARPINTERÍA = estaquilla

estacada
1 Cerca de estacas clavadas en la tierra para acotar un terreno o para defenderlo: *levantó una estacada alrededor de sus tierras.* s.f. = empalizada
2 Campo de batalla o desafío. = palenque
3 **dejar a alguien en la estacada:** Abandonarle en una situación comprometida: *me prometió su ayuda y luego me dejó en la estacada.* coloquial
4 **quedar o quedarse alguien en la estacada:** 1. Fracasar en una actividad o salir mal parado de ella. 2. Ser derrotado en una discusión o en un combate. coloquial

estacado Valla o cerca hecha con estacas clavadas en el suelo: *rodeamos la parcela con un estacado.* s.m. = empalizada

estacar
1 Señalar el límite de una cosa con estacas en el suelo: *estacó su finca.* v.tr. conj: sacar
2 Atar un animal a una estaca hincada en la tierra.
3 Quedarse una persona rígida e inmóvil a causa del frío u otra cosa: *al desmayarse en la nieve se estacó hasta que le recogieron.* v.prnl.
4 Extender una cosa sujetándola o clavándola con estacas. v.tr./Amér. Central y Merid.
5 Clavarse una astilla en alguna parte del cuerpo: *se estacó el dedo rebajando la madera.* v.prnl./Colomb., C. Rica

estacazo
1 Golpe dado con una estaca u otro objeto similar. s.m./= garrotazo
2 Daño recibido: *el crítico dio un duro estacazo al autor.* = varapalo

estacha (Del fr. ant. *estache,* lazo, amarra.)
1 Cuerda o cable atado al arpón usado para capturar ballenas. s.f. PESCA
2 Cabo con que se sujeta una embarcación a otra que está fondeada o a un objeto fijo. NÁUTICA
3 **dar estacha:** Largar cuerda para que la ballena se desangre y muera. PESCA

estación (Del lat. *statio, -onis,* permanencia, lugar de estancia.)
1 Cada uno de los cuatro períodos en que se divide el año, comprendido entre un equinoccio y un solsticio. s.f. ASTRONOMÍA
2 Temporada en que se realizan cada año ciertas actividades o en la que predominan ciertas condiciones climáticas: *ya ha llegado la estación de las setas.* = época
3 Lugar e instalaciones donde paran los diferentes medios de transporte para el trasvase de pasajeros y mercancías: *nos vemos en la cafetería de la estación de ferrocarril.*
4 Lugar en el que habitualmente se hace una parada durante un viaje, paseo o trayecto.
5 Conjunto de instalaciones, equipos técnicos, aparatos y personas necesarios para realizar una actividad: *estación radiofónica.* TELECOMUNICA-CIONES
6 Centro donde se realizan observaciones y estudios científicos: *estación meteorológica.*

7 Cada una de las visitas y oraciones sucesivas que se hacen a los templos y altares durante la semana santa o en el Vía Crucis, en la religión católica. RELIGIÓN
8 Lugar que reúne las condiciones necesarias para que habite en él cierta especie animal o vegetal. BIOLOGÍA
9 estación central o principal: La mayor y más importante de una población, que acoge a los trenes y autobuses de larga distancia.
10 estación de esquí o de invierno: Conjunto de edificios e instalaciones construidos en un sitio montañoso y de nieves abundantes para la práctica del esquí y el alojamiento de los esquiadores. DEPORTES
11 estación de radio o emisora: Conjunto de instalaciones y aparatos para emitir o recibir ondas radiofónicas. AUDIOVISUALES, TELECOMUNICA-CIONES
12 estación de servicio: Instalación provista de surtidores de gasolina y otros carburantes, así como de aparatos y accesorios para el abastecimiento y mantenimiento de vehículos automóviles. = gasolinera
13 estación de trabajo: Terminal u ordenador conectado por medio de una red a una unidad central. INFORMÁTICA
14 estación espacial: Nave puesta en órbita alrededor de la Tierra, en la que los astronautas permanecen cierto tiempo para realizar observaciones y experimentos científicos. ASTRONÁUTICA
15 estación geodésica o topográfica: Aquella preparada para observar o medir ángulos que permitan determinar la forma y magnitud de ciertos terrenos, con el fin de describirlos gráficamente.
16 estación meteorológica: Conjunto de instalaciones preparadas para la observación y medición de los fenómenos atmosféricos y características climáticas de un lugar.
17 estación polar: La instalada en la Antártida o en el Ártico para realizar todo tipo de observaciones y estudios científicos.
18 estación terminal: 1. Aquella de la que parte o en la que termina una línea de ferrocarril o de autobuses interurbanos. 2. Instalación de un aeropuerto desde la que parten o a la que llegan los viajeros de un vuelo. = terminal = terminal
19 andar las estaciones: 1. Visitar iglesias y rezar las oraciones prevenidas para ganar indulgencias, en la religión católica. 2. Dar los pasos y hacer las diligencias oportunas para que un negocio funcione. RELIGIÓN coloquial
20 vestir con la estación: Vestir según la requiere la temperatura de la época del año en que se está. coloquial

estacional De las estaciones del año. adj.

estacionamiento
1 Acción y resultado de estacionar o estacionarse. s.m.
2 Espacio o lugar donde se puede aparcar un vehículo: *los conductores tienen problemas para encontrar estacionamiento.* = aparcamiento
3 Sitio donde se establece una tropa. MILITAR

estacionar
1 Dejar una cosa parada en un lugar: *estacionó el coche en un lugar prohibido.* v.tr/prnl. = parar
2 Quedarse una persona o una cosa en un mismo estado o situación, sin adelanto ni retroceso: *la enfermedad se ha estacionado.* v.prnl. = detenerse

estacionario, a
1 Que no se mueve ni varía: *sigue en un estado físico estacionario.* adj.
2 Se aplica al planeta que está detenido aparentemente en su órbita. ASTRONOMÍA

estacionero, a Que suele visitar las iglesias o altares para rezar. adj/s. RELIGIÓN

estacte (Del gr. *stakte,* que gotea.) Aceite esencial oloroso obtenido de la mirra. s.m.

estada
1 Detención, estancia o permanencia de alguien en un lugar. s.f. = estadía, estalaje
2 Tiempo que dura la detención, estancia o permanencia de alguien en un sitio.

estadal (Del bajo lat. *statualis.*)
1 Cierta medida de longitud. s.m.
2 Cinta bendecida que se suele llevar al cuello. RELIGIÓN

estadía
1 Detención, estancia o permanencia en algún lugar: *hizo estadía en un parador nacional.* s.f. = estada, estancia
2 Cada día transcurrido después del plazo estipulado para la carga o descarga de un barco de mercancías, así como indemnización que se ha de pagar por ello. COMERCIO
3 Tiempo que permanece el modelo ante el artista. ARTE

estadígrafo, a Persona dedicada o especializada en estadística. s/ESTADÍSTICA = estadístico

estadio (Del lat. *stadium* < gr. *stadion,* cierta medida itineraria < *stadios,* estable.)
1 Recinto, con gradas para los espectadores, donde se celebran competiciones deportivas: *el estadio se llenó para ver la final de salto de longitud.* s.m. DEPORTES tb: estádium
2 Etapa en un proceso: *el proyecto aún está en un estadio inicial.* = fase

3 Cada uno de los tres períodos apreciados en cada enfermedad. **MEDICINA**

4 Recinto donde antiguamente se ejercitaban los caballos y los hombres para las carreras o la lucha. **HISTORIA**

5 Medida de longitud equivalente a 125 pasos geométricos.

6 Unidad itineraria de los griegos equivalente a unos seiscientos pies. **HISTORIA**

estadista
1 Persona especializada en estadística. s.m.f./= estadígrafo
2 Experto en asuntos de estado. POLÍTICA
3 Persona dedicada a la política. POLÍTICA

estadística (Del fr. *statistique*.)
1 Ciencia que, sirviéndose de un conjunto de datos numéricos, obtiene deducciones basadas en el cálculo de probabilidades. s.f. / ESTADÍSTICA, MATEMÁTICAS
2 Conjunto de datos sobre hechos o manifestaciones sociales, científicos o de cualquier clase: *una estadística dice que las mujeres fuman más que los hombres.* SOCIOLOGÍA

estadístico, a
1 De la estadística: *tabla estadística.* adj./ESTADÍSTICA
2 Persona dedicada al estudio de la estadística. s./ESTADÍSTICA

estadizo, a
1 Que no se mueve ni renueva: *las fétidas y estadizas aguas del pantano.* adj. / = inmóvil
2 Se aplica al alimento que está rancio.

estado (Del lat. *status*.)
1 Situación en la que se encuentra una persona o cosa: *su estado de salud actual es bueno.* s.m. / = circunstancia
2 Clase o condición a la que pertenece una persona dentro del orden social: *su estado civil es el de soltero.* SOCIOLOGÍA
3 Disposición molecular de la materia: *el agua pasa a estado sólido con el frío.* FÍSICA
4 Entidad dotada de un poder político, jurídico y administrativo institucionalizado, que preside y ejerce su autoridad sobre todo aquello que afecta a la colectividad: *ha tenido lugar un intento de golpe de estado.* DERECHO, POLÍTICA, SOCIOLOGÍA
5 Unidad política y territorial propia de una federación, que se rige por leyes peculiares. POLÍTICA
6 Resumen en el que aparecen detalladas todas las partidas y conceptos de una actividad comercial: *quiero ver el estado de cuentas.* COMERCIO
7 Orden o estamento que resultaba de la división del cuerpo social, en el antiguo régimen: *el estado llano también era llamado tercer estado.* HISTORIA
8 Figura en que queda el cuerpo después de haber herido o desviado la espada del contrario, en esgrima. DEPORTES
9 Medida de longitud para alturas y profundidades que equivale a unos siete pies y se tomaba de la estatura de una persona.
10 Medida de superficie equivalente a cuarenta y nueve pies cuadrados.
11 **estado absoluto:** Atraso o adelanto en los cronómetros o relojes marinos respecto de la hora en el meridiano de comparación. NÁUTICA
12 **estado alotrópico:** El de diferente aspecto o propiedades que adopta un elemento químico con capacidad de alotropía. QUÍMICA
13 **estado celeste:** Situación de un planeta determinado según el signo en que se halla, sus aspectos y su configuración. ASTRONOMÍA
14 **estado civil:** Condición de una persona en relación con los derechos y deberes civiles: *el matrimonio implica un cambio de estado civil.* DERECHO
15 **estado de alarma:** Situación declarada oficialmente como de grave inquietud para el orden público, que implica la suspensión de garantías constitucionales. POLÍTICA
16 **estado de ánimo:** Disposición en que se encuentra una persona, causada por la tristeza, la alegría u otro sentimiento.
17 **estado de cosas:** Conjunto de circunstancias que determinan la situación de un asunto: *ante este estado de cosas, tendré que replantearme el proyecto.*
18 **estado de cuentas:** Documento que refleja la situación contable de una empresa, asociación, etc. COMERCIO
19 **estado de derecho:** Organización que tiende a limitar el poder de los gobernantes ampliando los derechos políticos individuales. POLÍTICA
20 **estado de excepción, de guerra o de sitio:** Situación de una población en tiempo de guerra en que el poder civil se somete al militar. POLÍTICA
21 **estado de gracia:** Situación del que está limpio de pecado. RELIGIÓN
22 **estado de necesidad:** Situación de grave peligro o extrema necesidad, en la que se excusa o disculpa la infracción de la ley y la lesión económica del derecho ajeno. DERECHO
23 **estado de prevención:** La primera y menos grave de las situaciones anormales reguladas por la legislación de orden público. DERECHO
24 **estado estacionario:** Situación de una cosa o persona que no varía, en especial la situación de un enfermo: *el paciente se encuentra en estado estacionario.*

25 **estado federal:** El formado por diferentes unidades políticas dotadas de autonomía. POLÍTICA
26 **estado físico:** Situación en que se encuentra una persona respecto a su organismo.
27 **estado general:** 1. Situación buena o mala del organismo de una persona. 2. Situación buena o mala en que se encuentra una cosa, sin referirse a ningún punto o aspecto en particular.
28 **estado mayor:** Cuerpo de oficiales encargados en los ejércitos de informar técnicamente a los jefes superiores, distribuir las órdenes y vigilar y procurar su cumplimiento. MILITAR
29 **estado mayor central:** Organismo superior en el ejército y en la marina. MILITAR
30 **causar estado:** 1. Ser definitiva una sentencia, resolución, etc. 2. Tener un hecho efecto decisivo en lo venidero. DERECHO / DERECHO
31 **dar estado:** Colocar el padre de familia, o el tutor, a los hijos en el estado eclesiástico o en el de matrimonio.
32 **en estado de merecer:** Se aplica a la persona que puede aspirar al noviazgo y al casamiento. loc.adv. / coloquial
33 **estar en estado, en estado de buena esperanza o en estado interesante:** Estar embarazada una mujer.
34 **no estar o no venir en estado un pleito:** Faltarle algunos requisitos necesarios para determinada resolución o pretensión. DERECHO

estadounidense
1 De Estados Unidos de América. adj.
2 Persona natural de este país. s.

estadual Que tiene relación con los estados que forman parte de una federación o confederación. adj./Amér. / POLÍTICA

estafa (Del ital. *staffa*, estribo.)
1 Acción de despojar a una persona de su dinero u otra propiedad mediante engaño: *fue víctima de una estafa y se arruinó.* s.f. / = engaño, timo
2 Engaño en una compra, trato, espectáculo u otra actividad del que se prometen unos resultados que no se cumplen o unas cualidades que no son reales.
3 Estribo de montar. EQUITACIÓN

estafador, a Persona que estafa: *está en la cárcel por estafador.* s. / = camandulero

estafar (Del ital. *staffare*, sacar el pie del estribo < *staffa*, estribo.)
1 Quitar a una persona dinero u otra cosa de valor con engaño. v.tr. / = timar
2 Decepcionar a alguien al no recibir aquello que esperaba o al recibirlo en mal estado: *el cantante estafó al público.* = defraudar
3 Cometer un delito de apropiación patrimonial, usando el engaño como medio y con fin de lucro. DERECHO

estafermo (Del ital. *sta fermo*, estate firme, tente tieso.)
1 Muñeco giratorio con el que los caballeros aprendían el manejo de la lanza. s.m./HISTORIA / = pandorga
2 Persona que se queda como enajenada o embobada, sin entender lo que se le dice y sin hacer nada. = pasmarote
3 Persona de aspecto fachoso y ridículo. = espantajo, fantoche

estafeta (Del ital. *staffetta* < *staffa*, estribo.)
1 Oficina de correos: *iré a la estafeta a comprar sellos.* s.f.
2 Correo especial para el servicio diplomático.

estafetero, a Persona que cuida la estafeta y recoge y distribuye las cartas del correo. s.

estafetil De la estafeta. adj.

estafilínido, a Perteneciente a una familia de insectos coleópteros, que tienen el cuerpo alargado y los élitros muy cortos. adj/s.m. / ZOOLOGÍA

estafilo- Componente de palabra procedente del gr. *staphyle*, que significa racimo: *estafilococo; estafiloma.* pref. / th: estafil-

estafilococia Infección producida por estafilococos. s.f./MEDICINA

estafilococo (Del gr. *staphyle*, racimo + *kokkos*, grano.) Bacteria esférica cuyos individuos se agrupan en racimos, que produce enfermedades en el hombre como el ántrax o la septicemia. s.m. / BIOLOGÍA

estafiloma Tumoración prominente del globo ocular. s.m/MEDICINA

estafisagria (Del gr. *staphis* + *agria*, uva silvestre.) Planta herbácea de tallo erguido, hojas palmeadas y flores azules agrupadas en racimos, cuyas semillas reducidas a polvo o en tintura sirven como insecticida. *(Delphinium staphisagria.)* s.f. / BOTÁNICA / = albarraz, hierba piojera

estajadera Especie de martillo que usan los herreros. s.f./= estajador

estajanovismo (De A. G. *Stajanov*, minero soviético.) Método de incremento de la productividad laboral, de origen soviético, basado en la iniciativa y la emulación del trabajador. s.m. / ECONOMÍA

estajanovista
1 Del estajanovismo: *teorías estajanovistas.* adj./ECONOMÍA
2 Que es partidario del estajanovismo. adj/s.m.f.

estajar Disminuir el espesor de una pieza de hierro. v.tr/METALURGIA

estala
1 Establo para guardar las caballerías. `s.f.`
2 Lugar o puerto donde se detienen las embarcaciones entre el puerto de origen y el de destino. `NÁUTICA` `= escala`

estalación Cada una de las categorías en que se dividen los individuos de una comunidad o cuerpo. `s.f.`

estalactita (Del gr. *stalaktos*, que gotea < *stalasso*, gotear.) Concreción calcárea que cuelga del techo de las cuevas y que se forma al filtrarse agua con sales calizas. `s.f.` `GEOLOGÍA`

estalagmita (Del gr. *stalagmos*, líquido que gotea.) Concreción calcárea formada sobre el suelo de las cuevas, en sentido inverso al de las estalactitas. `s.f.` `GEOLOGÍA`

estalaje
1 Permanencia en un lugar. `s.m./= estancia`
2 Mobiliario de la casa.

estalinismo (De *Stalin*, estadista soviético.) Teoría y práctica defendidas por este estadista y sus seguidores caracterizadas por el dogmatismo teórico, una rígida organización política y social, el culto al líder y la represión de todos los movimientos de oposición. `s.m.` `POLÍTICA`

estalinista
1 Del estalinismo: *tendencias estalinistas.* `adj./POLÍTICA`
2 Que es partidario del estalinismo. `adj/s.m.f./POLÍTICA`

estallante Que estalla o está a punto de hacerlo. `adj.`

estallar (Del ant. *astellar*, hacerse astillas.)
1 Reventar una cosa produciendo un ruido fuerte: *al estallar el petardo se asustaron.* `v.intr.` `= detonar, explotar`
2 Producir un látigo o una cosa parecida un ruido seco: *hizo estallar la correa contra la mesa.* `= restallar`
3 Ocurrir una cosa de manera repentina y violenta: *la tormenta estalló mientras dormíamos.* `= sobrevenir`
4 Manifestarse un sentimiento de forma repentina y violenta: *la risa estalló entre los asistentes.* `= prorrumpir`

estallido
1 Acción y resultado de estallar: *el estallido del cohete dio comienzo a la fiesta.* `s.m./= detonación, estallo, explosión`
2 Final desastroso de un proyecto o proceso. `= ruina`

estambrar Torcer la lana para convertirla en estambre. `v.tr.` `TEXTIL`

estambre (Del lat. *stamen*, urdimbre.)
1 Parte del vellón de lana compuesta de hebras largas. `s.m.` `TEXTIL`
2 Hilo formado por estas hebras. `TEXTIL`
3 Conjunto de hilos que se han urdido o preparado para colocarlos en el telar. `= urdimbre` `TEXTIL`
4 Órgano sexual masculino de las plantas con flores, que consta generalmente de antera y filamento. `BOTÁNICA`

estamental
1 De los estamentos: *realizar una división estamental de una colectividad.* `adj.`
2 Que está estructurado u organizado en estamentos: *sociedad estamental.*

estamento (Del cat. *estament* < lat. *stare*, estar.)
1 Cada uno de los estratos sociales de la edad media y del Antiguo régimen, en que se caracterizaba al individuo en función de los privilegios que tenía. `s.m.` `HISTORIA`
2 Grupo formado por personas que tienen una misma situación social, profesional o cultural. `SOCIOLOGÍA` `= clase`

estameña (Del lat. *texta staminea*, tejidos de estambre < *stamineus* < *stamen*, estambre.) Tela de lana, sencilla y ordinaria, que se usa principalmente para hacer hábitos. `s.f.` `TEXTIL`

estaminado, a Se aplica a las flores provistas de estambres. `adj.` `BOTÁNICA`

estaminal De los estambres. `adj./BOTÁNICA`

estamíneo, a (Del lat. *stamineum*.)
1 Del estambre. `adj.`
2 Que es de estambre. `TEXTIL`

estaminífero, a (Del lat. *stamen*, estambre + *ferre*, producir.) Se aplica a la flor que sólo tiene estambres o a la planta que tiene este tipo de flores. `adj.` `BOTÁNICA`

estampa
1 Reproducción impresa o grabada de un dibujo, una pintura o una fotografía: *colecciona estampas de santos.* `s.f.` `= grabado, lámina`
2 Aspecto físico de una persona o un animal que resulta llamativo por alguna cualidad o por alguna peculiaridad: *ese caballo tiene una estampa magnífica.* `= apariencia, figura`
3 Persona que tiene un gran parecido con otra: *es la viva estampa de su abuelo.* `= imagen, retrato`
4 Persona que, por poseer una determinada cualidad física o moral, se toma como modelo: *es la estampa de la virtud.* `= ejemplo`
5 Escena típica o pintoresca: *el escenario representaba una estampa castiza.* `= cuadro`
6 Huella dejada en la tierra por un hombre o un animal. `= pisada`
7 Estampación o impresión: *ya han dado la novela a estampa.* `ARTES GRÁFICAS`

estampación Acción y resultado de estampar: *estampación de telas.* `s.f.` `= estampado`

estampado, a
1 Se aplica a la tela que tiene dibujos u otras labores: *compró un tejido estampado para las cortinas.* `adj/s.m.` `TEXTIL`
2 Se refiere al objeto de metal que se fabrica con molde a presión. `METALURGIA`
3 Operación y resultado de estampar. `s.m./= estampación`

estampador, a
1 Se aplica a los diferentes instrumentos que se usan para estampar, especialmente en telas. `adj/s.m.` `TECNOLOGÍA`
2 Persona que se dedica a la estampación. `s./= estampero`

estampar (Del fr. *estamper*, machacar < germ. *stampon*, majar.)
1 Dejar escrita o dibujada una cosa sobre un papel, una tela u otra superficie, mediante presión con un molde: *estampó flores en la tela de seda.* `v.tr.` `= imprimir`
2 Marcar el contorno de una cosa en un lugar, ejerciendo presión: *estampó sus manos en la arena.*
3 Dar relieve a una chapa metálica u otro material prensándolo sobre un molde. `TECNOLOGÍA`
4 Lanzar a una persona o un objeto contra una cosa: *estampó el vaso contra la pared.* `v.tr/prnl./+ contra, en/= arrojar`
5 Dar un beso o una bofetada de manera ruidosa: *le estampó un beso en la mejilla.*
6 Quedar una cosa en la mente de una persona: *estampó irremediablemente su recuerdo en ti.* `= grabar`
7 Escribir algo y, en especial, firmar: *estampó su rúbrica al final de la carta.* `v.tr.`

estampería
1 Taller donde se estampan láminas. `s.f.`
2 Tienda donde se venden estampas. `COMERCIO`

estampero, a Persona que hace o vende estampas. `s./= estampador`

estampía Indica que la acción se realiza muy deprisa y con precipitación en las expresiones *embestir, partir, irse* o *salir de estampía.* `loc.adv.` `tb: estampida`

estampida (Del occitano ant. *estampida* < *estampir*, retumbar < germ. *stampjan*, machacar.)
1 Huida o carrera que se emprende de manera brusca e impetuosa, en especial la del ganado cuando se asusta: *el ganadero no pudo evitar la estampida de las vacas.* `s.f.` `= desbandada`
2 Ruido fuerte y seco. `= estampido`
3 **de estampida**: Con precipitación, muy deprisa: *me voy de estampida porque me están esperando.* `loc.adv.` `coloquial`

estampido Ruido fuerte y seco como el producido por un disparo: *me asusté al oír un fuerte estampido.* `s.m./= detonación, estallido`

estampilla
1 Sello con la firma y rúbrica de una persona o cualquier otro letrero para imprimirlos en documentos: *dame la estampilla de cobrado.* `s.f.`
2 Sello de correos o fiscal. `Amér.`

estampillado Acción y resultado de marcar con la estampilla o sello. `s.m.`

estampilladora Máquina con la que se franquea la correspondencia sustituyendo el sello. `s.f.`

estampillar Marcar un documento con una estampilla o un sello. `v.tr.` `= sellar`

estancamiento
1 Detención y retención de una corriente o un líquido de modo que forme un remanso o balsa. `s.m.` `= estancación`
2 Suspensión o interrupción del crecimiento económico: *la economía del país está en fase de estancamiento.* `ECONOMÍA`

estancar
1 Frenar el movimiento o el transcurso de una cosa: *el torrente se estancó a causa de la avalancha.* `v.tr/prnl./conj.: sacar` `= detener/≠ mover`
2 Detener el desarrollo de un negocio o un asunto al surgir un problema: *el negocio se estancó por problemas de la financiación.* `= paralizar`
3 Prohibir la libre comercialización de un producto concediendo el monopolio al estado o a otra entidad. `v.tr.` `ECONOMÍA`

estancia
1 Sala o habitación de una vivienda. `s.f./= aposento`
2 Permanencia durante cierto tiempo en un lugar determinado: *recuerdo con agrado mi estancia en esta casa.* `= estadía`
3 Cantidad de dinero que se paga por estar en un lugar público: *la estancia es de dos mil pesetas por día.*
4 Estrofa que está formada por versos heptasílabos y endecasílabos en número y disposición variables, pero que se repite a lo largo del poema. `POESÍA`
5 Hacienda agrícola destinada principalmente a la ganadería y a cultivos extensivos. `Amér. Merid. AGRICULTURA`
6 Casa de campo con huerta y próxima a la ciudad. `Cuba, Dom. Venez.`

estanciero, a Dueño de una hacienda o persona que cuida de ella. `s. Amér. Merid.`

estanco, a
1 Se aplica al espacio que está incomunicado: *el ordenador central está en un compartimento estanco.* `adj.`
2 Establecimiento donde se venden géneros estancados, en especial tabaco, papel timbrado y sellos. `s.m. COMERCIO`

3 Prohibición de la venta libre de géneros estancados, por estar su explotación reservada al estado. **ECONOMÍA**

4 Se refiere al barco que no deja filtrar el agua por sus costuras. **adj. NÁUTICA**

estándar (Del ingl. *standard*.)

1 Que tiene el tamaño, la forma o cualquier ,otra característica que sigue al modelo: *la bombilla tiene un casquillo estándar*. **adj. tb: standard = normalizado**

2 Se aplica a lo que se produce en serie.

3 Que sigue una tendencia muy extendida.

4 Aquello que se considera modelo: *consiguió crear un estándar de lenguaje de programación*. **s.m. = patrón, tipo**

estandarización Acción y resultado de estandarizar: *en la estandarización de las modas influyen los medios de comunicación*. **s.f. tb: estandardización**

estandarizar

1 Adaptar algo a un patrón, tipo o modelo: *estandarizar las medidas de capacidad en un estado; el fabricante estandarizó las tallas de su ropa*. **v.tr./conj: cazar tb: estandardizar = normalizar**

2 Hacer uniforme una cosa: *la publicidad contribuye a estandarizar los gustos*. **= homogeneizar, igualar**

estandarte (Del fr. ant. *estandart* < germ. *standan*, estar de pie.)

1 Insignia de una corporación civil, militar o religiosa, consistente en un trozo de tela con un escudo, que pende de una barra horizontal. **s.m. = bandera**

2 Pétalo superior de la corola de las flores de las plantas papilionáceas. **BOTÁNICA**

3 Conjunto formado por las barbas y barbillas de la pluma de un ave. **ZOOLOGÍA**

estanflación (Del ingl. *stagflaction*.) Situación económica en la que se combina un estancamiento o recesión del crecimiento con una fuerte inflación. **s.f. ECONOMÍA**

estangurria Micción lenta y dolorosa ocasionada por espasmo de la uretra o de la vejiga. **s.f./MEDICINA = estranguria**

estann- Componente de palabra procedente del lat. *stagnum*, que significa estaño: *estannífero; estannoso*. **pref.**

estannífero, a Que contiene estaño: *aluvión estannífero*. **adj.**

estannoso, a Se aplica al compuesto que contiene estaño divalente. **adj. QUÍMICA**

estanque Balsa de agua, artificial y de poca profundidad, construida como adorno de parques o jardines, para criar peces o para otros fines: *tiene un estanque con nenúfares en el centro del jardín*. **s.m. = alberca**

estanqueidad Cualidad o situación de lo que está perfectamente cerrado: *un técnico me dio un documento garantizando la estanqueidad de la instalación*. **s.f. tb: estanquidad**

estanquero, a Persona encargada de la venta pública de tabaco y otros géneros de monopolio: *el estanquero ha agotado las existencias de sellos*. **s. = estanquillero**

estanquillo

1 Tienda mal abastecida. **s.m./Méx. Ecuad.**

2 Taberna de vinos y licores.

estantal Refuerzo que sirve para consolidar una pared que amenaza ruina. **s.m. CONSTRUCCIÓN**

estante

1 Tabla que se coloca horizontalmente en un mueble o se apoya en la pared para poner cosas: *el peso de los libros combó el estante*. **s.m. = anaquel, balda, repisa**

2 Estantería, mueble. **= anaquelería**

3 Madero incorruptible que sirve de sostén al armazón de las casas de las ciudades tropicales. **Amér. Central y Merid.**

estantería Mueble formado por estantes o anaqueles: *llenó la estantería con sus peluches*. **s.f. = anaquelería**

estantigua (Del lat. *hostis antiquus*, viejo enemigo.)

1 Aparición de uno o varios fantasmas que provoca temor. **s.f.**

2 Persona alta, de aspecto desgarbado y mal vestida. **= espantajo**

estantío, a

1 Se aplica a la corriente de agua que está parada o estancada. **adj.**

2 Se refiere a la persona perezosa o que no tiene espíritu ni energía para hacer las cosas. **= flojo, indolente**

estañado Operación y resultado de cubrir un objeto con estaño. **s.m. METALURGIA**

estañador, a Persona que por oficio estaña metales. **s./METALURGIA**

estañadura Operación de estañar. **s.f./METALURGIA**

estañar

1 Cubrir o bañar con estaño objetos de otro metal. **v.tr./METALURGIA**

2 Unir una cosa a otra soldándola con estaño. **METALURGIA**

estañero, a Persona que hace o vende objetos de estaño. **s.**

estaño (Del lat. *stagnum*.) Metal blanco, más duro, dúctil y brillante que el plomo, que al frotarlo despide un olor particular y cruje cuando se dobla. **s.m. QUÍMICA**

estaqueadero Lugar donde se ponen al aire las pieles de los animales recién desollados para que se oreen. **s.m. Argent. Urug.**

estaqueador Peón encargado de estirar el cuero. **s.m./Argent.**

estaquear

1 Golpear con una estaca. **v.tr.**

2 Poner estacas en la tierra para hacer una cerca: *estaqueamos todo el contorno del terreno*. **Argent.**

3 Estirar un cuero fijándolo con estacas. **Argent.**

4 Tender las pieles de los animales al aire, sujetas por estacas, para que se oreen. **Amér. Central y Merid.**

estaquilla

1 Clavo de hierro, pequeño y sin cabeza, con forma piramidal. **s.f.**

2 Trozo de madera o caña usado para sujetar o fijar una cosa.

estaquillar Sujetar una cosa con estaquillas. **v.tr.**

estar (Del lat. *stare*.)

1 Encontrarse una persona o una cosa en un lugar, una situación o una condición: *el niño está en el colegio; el libro estaba sobre la mesa; ya estamos cerca de la ciudad*. **v.intr/prnl.**

2 Quedar una prenda de vestir de determinada manera: *el vestido te está ancho*. **v.intr. = caer, sentar**

3 Ser un determinado día del mes o de la semana: *estamos a quince de enero*. **+ a**

4 Obligarse a realizar una cosa: *tu amigo está a las órdenes del director*. **+ a**

5 Tener una cosa un determinado precio: *las patatas están a quince pesetas el kilo; el kilo de patatas está en quince pesetas*. **+ a, en = costar**

6 Vivir o tratar una persona con otra: *está con los clientes para cerrar el trato; está con ella desde que murió el abuelo*. **+ con**

7 Mantener una relación sentimental con alguien: *está con Juan desde hace dos años*. **+ con**

8 Hacer u ocuparse de una cosa: *mis padres están de viaje; los vecinos están de mudanza*. **+ de**

9 Tener cierto empleo: *tu primo está de portero en aquella casa; está de profesor en Tubinga*. **+ de = trabajar**

10 Encontrarse falto de una cosa o tenerla en abundancia: *estoy sin dinero; está con ganas de salir*. **+ con, sin**

11 Tener determinado aspecto, ánimo, condiciones físicas o salud: *tu hermano está muy bueno; estás muy morena; estás muy nervioso; está muy fuerte*.

12 Intentar conseguir un deseo: *está tras la moto hace meses*. **+ tras = andar**

13 Tener la convicción de que una cosa va a suceder: *estoy en que no va a venir*. **+ en = creer, suponer**

14 Dar o tener una utilidad: *las vacaciones están para disfrutarlas; tú no estás aquí para hablar por teléfono*. **+ para**

15 Tener o mostrar una actitud determinada: *siempre estás de broma; hoy está que trina*.

16 Ser una cosa la causa o el motivo de otra: *el problema está en la fecha*. **+ en = estribar, residir**

17 Ser inminente la realización de una acción: *mi hermano está al llegar; está a punto de salir*. **+ a**

18 Hallarse en condiciones de hacer una cosa: *no estamos para gastos*. **+ para**

19 Encontrarse a punto de hacer u ocurrir algo: *cuando estaba para salir, le llamaron por teléfono; está para llover*. **+ para**

20 No haber realizado aún una acción: *el libro está por terminar; los platos están por fregar*. **+ por**

21 Hallarse una persona casi decidida a hacer una cosa: *estaba por dejar el trabajo; estoy por irme sin despedirme*. **+ por**

22 Ser partidario de una cosa o persona: *estoy por la ecología*. **+ por**

23 Ocuparse de una cosa o un asunto: *está sobre la educación de sus hijos; no te hace caso porque está por su trabajo*. **+ sobre, por = vigilar**

24 Ocurrir una cosa durante cierto tiempo: *está saliendo ahora mismo; estuvo lloviendo dos días*. **+ gerundio**

25 Tener una cualidad o una propiedad: *el banco ya está cerrado*. **+ participio**

26 Permanecer una persona en un lugar o de un modo determinado temporalmente: *se estuvo quieto mientras le auscultaban; estáte en casa hasta que yo llegue*. **v.prnl. = quedar**

27 Indica el tiempo de embarazo de una mujer: *ya está de cinco meses*. **v.intr. + de**

28 Señala la temperatura, la longitud o la latitud: *estar a cuarenta grados; estar a veinte kilómetros de la capital*. **+ a**

29 Suponer o creer cierta cosa: *está en que el asunto no será fácil de solucionar*. **+ en**

30 **bien está:** Indica aprobación, descontento o enojo.

31 **como estamos aquí tú y yo:** Expresión con que se confirma la certeza de una cosa.

32 **eso sí que está bueno:** Expresión irónica con que se comenta una cosa que se considera intolerable o falta de razón: *eso sí que está bueno, tú preparas la fiesta y luego no vienes*.

33 **¿estamos?:** Se utiliza para apoyar lo que se acaba de decir o para comprobar si hay acuerdo o conformidad. **coloquial**

34 **estar a bien o a mal con una persona:** Mantener **coloquial**

buena o mala relación con ella: *es importante estar a bien con los vecinos; está a mal con su pandilla.*
35 estar a la que salta: 1. Encontrarse siempre dispuesto a aprovechar una oportunidad: *encontró el empleo porque está a la que salta.* 2. No desperdiciar la ocasión de demostrar una equivocación o una falta de otra persona: *le tiene ojeriza y está a la que salta, no le deja pasar ni una.* `coloquial` `coloquial`
36 estar a matar: Existir enemistad entre dos o más personas: *de pequeñas se llevaban bien, pero ahora están a matar.* `coloquial`
37 estar bien o mal: 1. Encontrarse una persona en un estado de salud, económico, etc., positivo o negativo: *ha tenido gripe pero ahora ya está bien.* 2. Ser una cosa útil, suficiente o conveniente: *no me cortes más, ya está bien.*
38 estar bien o mal con alguien: Mantener una buena o mala relación con otra persona: *ahora está bien con sus hermanos.*
39 estar bien de algo: Tener una cantidad elevada o satisfactoria de una cosa: *está bien de dinero.*
40 estar con: Mostrarse de acuerdo con otra persona: *estoy contigo en este asunto.*
41 estar en ello: Encontrarse realizando aquello por lo que se pregunta: *aún no he terminado, pero estoy en ello.*
42 estar en lo cierto: Tener razón o estar actuando de forma acertada: *están en lo cierto si piensan que no vendrá.*
43 estar en mí, ti, sí: Ser una persona consciente de lo que dice o hace.
44 estar en todo: 1. Querer o intentar atender muchas cosas a la vez: *deja que me encargue yo, tú no puedes estar en todo.* 2. Prestar mucha atención a lo que dicen o hacen los demás: *ten cuidado con lo que dices, que el pequeño está en todo.* 3. Ser detallista: *flores, velas, música..., estás en todo.*
45 estar hecho a: Estar acostumbrado a una circunstancia, modo de vida, etc.: *ya está hecha a su nuevo trabajo.*
46 estar hecho un o hecha una: Ser o comportarse una persona según lo que se expresa a continuación: *está hecho un mozo; está hecho una pillastre.* `coloquial`
47 estar para ello: Estar una persona en disposición de ejecutar bien una cosa que acostumbra hacer: *hoy hemos comido bien, se ve que el cocinero estaba para ello.*
48 estar por ver: Indica duda acerca de la certeza o la ejecución de una cosa: *me ha dicho que vendrá pero está por ver.*
49 estar sobre mí, ti, sí: 1. Mostrarse una persona serena y precavida. 2. Tener una persona orgullo y soberbia.
50 estar viendo algo: Anunciar que sucederá una cosa: *estoy viendo que tu negocio fracasará.*
51 ¡estaría bueno!: Indica la decisión de no tolerar una cosa. `coloquial`
52 estaría bueno que: Indica la posibilidad de que ocurra una cosa con la que no se contaba o que parecía improbable: *estaría bueno que no viniera.* `coloquial`
53 ¡pues estamos bien!: Indica disgusto por una cosa que ocurre. `coloquial`
54 ¡pues estaríamos bien!: Expresión con que se apoya la oposición a una cosa: *no vas a ir con esta lluvia, ¡pues estaríamos bien!* `coloquial`
CONJ.: IND.: PRES.: *estoy, estás, está, estamos, estáis, están.* PRET. INDEF.: *estuve, estuviste, estuvo, estuvimos, estuvisteis, estuvieron.* SUBJ.: PRES.: *esté, estés, esté, estemos, estéis, estén.* PRET. IMPERF: *estuviera, estuvieras, -eses, estuviera, -ese, estuviéramos, -ésemos, estuvierais, -eseis, estuvieran, -esen.* IMP.: *está, esté, estemos, estad, estén.* GERUND.: *estando.*

estarcido Dibujo que se hace estarciendo. `s.m.`

estarcir (Del lat. *extergere*, enjugar < *tergere*.) Estampar la silueta de una figura recortada y puesta sobre una superficie, pintando por encima de ella: *estarció figuras navideñas en los cristales.* `v.tr.` `conj: zurcir`

estarna (Del ital. *starna*.) Perdiz pardilla, ave galliforme. `s.f./ZOOLOGÍA`

estárter (Del ingl. *starter*.) Dispositivo en un automóvil que regula la cantidad de aire que entra en el carburador. `s.m.` `MECÁNICA` `tb: starter`

estasiología Parte de la sociología que estudia los partidos políticos. `s.f.` `SOCIOLOGÍA`

estasis (Del gr. *stasis*, estabilidad, fijeza.) Estancamiento de la sangre o de otro líquido orgánico en alguna parte del cuerpo. `s.f.` `pl: estasis` `MEDICINA`

estatal Del estado: *trabaja en un organismo estatal.* `adj.`

estática (Del gr. *statikos*, del equilibrio de los cuerpos.)
1 Parte de la mecánica que estudia las leyes del equilibrio de las fuerzas. `s.f.` `FÍSICA`
2 Conjunto de estas leyes. `FÍSICA`

estático, a (Del gr. *statikos*, del equilibrio de los cuerpos.)
1 Que tiene relación con la estática. `adj./FÍSICA`
2 Que no se mueve, cambia o evoluciona: *pidió a la modelo que permaneciese estática.* `= inmóvil` `≠ dinámico`
3 Que se queda inmóvil por el asombro o la admiración: *al saber la noticia se quedó estático.* `= embobado`

estatificar Poner una institución o una empresa bajo la administración del estado. `v.tr/conj: sacar` `= estatalizar`

estatismo
1 Cualidad de lo que permanece en un mismo estado o lugar. `s.m.` `= inmovilidad`
2 Tendencia política que defiende la plenitud del poder del estado en todos los ámbitos de una sociedad. `POLÍTICA`

estatista
1 Del estatismo. `adj.`
2 Que es partidario de esta tendencia política. `adj/s.m.f.`

estato- Componente de palabra procedente del gr. *statos*, que significa estático, inmóvil: *estator, estatocisto.* `pref.` `tb: estat-`

estatocisto Órgano animal del equilibrio consistente en una serie de pequeños corpúsculos bajo la piel. `s.m.` `ZOOLOGÍA`

estatolito Sustancia calcárea que flota en el líquido interno del estatocisto o que está adherido a las terminaciones sensitivas de las células. `s.m.` `ZOOLOGÍA`

estator Circuito fijo de las dinamos y los motores eléctricos, dentro del cual gira el elemento móvil o rotor. `s.m.` `TECNOLOGÍA` `≠ rotor`

estatorreactor Motor de reacción formado por una tobera termopropulsiva sin órgano móvil. `s.m.` `AERONÁUTICA`

estatua (Del lat. *statua*.)
1 Obra de escultura que representa figuras imitando el natural: *hay una estatua del escritor en el parque.* `s.f.` `ARTE`
2 Persona fría y sin iniciativa: *no le afectará porque es una estatua.*
3 **estatua ecuestre:** La que representa a una persona a caballo. `ARTE`
4 **estatua yacente:** La que representa a una persona echada o tendida. `ARTE`
5 **merecer alguien una estatua:** Frase con que se engrandecen las acciones de una persona.
6 **quedarse hecho una estatua:** Quedarse una persona paralizada por el espanto o la sorpresa.

estatuaria
1 Arte de hacer estatuas. `s.f./ARTE`
2 Conjunto de estatuas de una época, región, etc.: *la estatuaria etrusca.* `ARTE`

estatuario, a
1 De la estatua o la estatuaria. `adj./ARTE`
2 Que es propio de una estatua por su belleza o por su perfección: *alabó la armonía y belleza de sus rasgos estatuarios.*
3 Que es inexpresivo, en semejanza a la estatua: *permaneció muda en una pose estatuaria.*
4 Persona que hace estatuas. `s./ARTE`

estatúder (Del neerlandés *stathouder* o *stadhouder*, lugarteniente.) Gobernador de provincia, elegido por el soberano, en los Países Bajos españoles. `s.m.` `HISTORIA`

estatuir (Del lat. *statuere*.)
1 Determinar un precepto, una ley o una orden lo que hay que hacer. `v.tr.` `conj: huir`
2 Demostrar y asentar la veracidad de un hecho o una doctrina.

estatura (Del lat. *statura*.) Altura de una persona desde los pies hasta la cabeza: *hay mucha diferencia de estatura entre los dos hermanos.* `s.f.` `= talla`

estatus (Del lat. *status*.) Posición social o papel desempeñado por una persona en una colectividad: *mantener el estatus de líder del grupo.* `s.m.` `pl: estatus` `tb: status`

estatutario, a Del estatuto o que ha sido estipulado por los estatutos. `adj.`

estatuto (Del lat. *statutum*.)
1 Ley u ordenamiento jurídico. `s.m./DERECHO`
2 Conjunto de normas, leyes o disposiciones que rigen una colectividad: *conoce el estatuto de los trabajadores.*
3 **estatuto de autonomía:** Conjunto de leyes y normas por las que se rigen las distintas comunidades autónomas de España. `DERECHO`

estauro- Componente de palabra procedente del gr. *stauros*, que significa cruz: *estaurolita; estauroteca.* `pref.` `tb: estaur-`

estauroteca Relicario que encierra un fragmento de la vera cruz. `s.f.` `ARTE`

estay (Del fr. ant. *estay* < germ. *stag*, tendido.) Cabo que sujeta la cabeza de un mástil al pie del mástil inmediato en dirección hacia proa para evitar que caiga hacia la popa. `s.m.` `pl: estayes` `NÁUTICA` `= traversa`

este (Del anglosajón *east*.)
1 Punto cardinal por donde sale el Sol: *la cordillera se divisaba al este.* `s.m.` `= oriente, levante`
2 Se aplica al viento que sopla de levante. `adj/s.m.`

3 Zona de un país, continente, territorio o lugar en general situada en oriente. *s.m.*
4 Que está situado al oriente. *adj.*

este, a (Del lat. *iste, ista,* ese, esa.) *adj.dem.*
1 Indica la proximidad temporal o espacial del nombre al que acompaña, respecto del hablante: *coge esta silla, este libro y estos papeles y ponte a trabajar; ya me conozco esta historia.*
2 Indica desprecio, desdén o enfado al ir pospuesto al sustantivo: *¡vaya con el perro este!* *despectivo*
3 Sustituye a un nombre expresado con anterioridad en el discurso o ya conocido por el oyente: *quiero este y esta solamente; pon estos junto con los otros.* *pron.dem.*
4 Ocasión o situación: *espero no volver a verme en una como esta.* *pron.dem.f.*
5 en estas: Indica ocasión, situación u ocurrencia actuales o ya conocidas o sabidas: *¿otra vez en éstas?; y en éstas que va el juez y lo mete en la cárcel.* *loc.adv.*

estear- Componente de palabra procedente del gr. *stear, steatos,* que significa sebo: *estearina.* *pref./tb: esteare-, esteat-, esteato-*

estearato Sal o éster del ácido esteárico. *s.m./QUÍMICA*

esteárico, a Se aplica al ácido orgánico contenido en las grasas animales usado, entre otras cosas, para fabricar velas. *adj. QUÍMICA*

estearina (Derivado culto del gr. *stear, steatos,* sebo.) Cuerpo graso, componente de las grasas animales, formado por ácido esteárico y glicerina. *s.f. QUÍMICA*

esteatita Variedad de talco, compacto y granular, de color gris o verde grisáceo, que se utiliza en sastrería para marcar la ropa. *s.f./MINERALOGÍA = jabón de sastre, jaboncillo*

esteatopigia Desarrollo anormal de una masa adiposa en las caderas y nalgas. *s.f. MEDICINA*

esteatorrea Pérdida excesiva de materias grasas a través de las heces. *s.f. MEDICINA*

esteba
I (Derivado de *estibar,* apretar, amontonar.) Pértiga gruesa usada en las embarcaciones para apretar unas sacas de lana sobre otras. *s.f. NÁUTICA*
II (Del lat. *stoebe < gr. stoibe.*) Hierba graminácea, con cañas delgadas y nudosas, flores verdosas y semilla negra. *(Cistus ladaniferus.)* *s.f. BOTÁNICA*

estebar Poner el paño en la caldera para teñirlo: *el tintorero estebó las telas.* *v.tr.*

estefanita (De J. *Stefan,* físico austríaco.) Sulfuro de antimonio y plata de brillo metálico y color negro. *s.f. MINERALOGÍA*

estefanote Planta de la familia de las asclepiadáceas, que se cultiva en jardines por sus hermosas flores blancas. *(Stephanotis floribundum.)* *s.m. Venez. BOTÁNICA*

estegomía Mosquito de los países cálidos, transmisor de enfermedades como la fiebre amarilla. *(Stegomya fasciata.)* *s.f. ZOOLOGÍA*

estela
I (Del lat. *aestuaria,* agitación del mar.)
1 Señal o rastro que deja tras de sí una embarcación u otro cuerpo en movimiento: *los reactores dejaban estelas de colores en la exhibición; siguió con la vista la estela del velero.* *s.f.*
2 Rastro que deja en el aire un cuerpo luminoso en movimiento: *aún se veía la estela de la estrella fugaz.*
3 Sensación o rastro que deja cualquier cosa que ocurre o pasa: *en sus primeros cuadros se aprecia la estela del realismo.* *= impresión, recuerdo*
II (Del lat. *stela < gr. stele,* pedestal.) Monumento conmemorativo en forma de lápida, pedestal o columna, que se erige en posición vertical sobre el suelo. *s.f. ARTE*

estelar
1 De las estrellas. *adj.*
2 Que tiene mucha importancia: *el actor fue la figura estelar de la cena.* *= principal*

estelaria Alquimila, planta herbácea que crece en terrenos no cultivados. *s.f./BOTÁNICA = pie de león*

estelífero, a Que está cubierto de estrellas: *les cubría la bóveda estelífera.* *adj. literario*

esteliforme Que tiene forma de estela. *adj.*

estelión Saurio perteneciente a la misma familia que el dragón, que vive en Asia Menor, en Egipto y en algunas islas griegas. *s.m. ZOOLOGÍA*

estelionato (Del lat. *stellionatum.*) Fraude que comete quien encubre en un contrato la obligación o carga que pesa sobre una finca, hacienda u otro bien. *s.m. DERECHO*

estema (Probablemente del lat. *stigma.*) Esquema en el que figura la transmisión de los manuscritos o versiones impresas existentes de una obra literaria, que se usa en la crítica textual. *s.m. LITERATURA*

estemple Madero que se usa para apuntalar las paredes de la mina. *s.m./MINERÍA = ademe*

estenio (Del gr. *sthenos,* fuerza.) Unidad de fuerza, equivalente a mil newtons. *s.m./FÍSICA tb: esteno*

esteno- Componente de palabra procedente del gr. *stenos,* que significa estrecho: *estenosis.* *pref. tb: esten-*

estenocardia (Del gr. *stenos,* estrecho + *kardia,* corazón.) Dolor torácico que afecta al corazón, de naturaleza constrictiva. *s.f. MEDICINA*

estenografía (Del gr. *stenos,* estrecho + *grapho,* escribir.) Método de escribir utilizando ciertos signos especiales que permiten hacerlo a gran velocidad. *s.f. = taquigrafía*

estenografiar Escribir con signos especiales y a gran velocidad. *v.tr./conj: vaciar = taquigrafiar*

estenográfico, a
1 Que tiene relación con la estenografía: *signo estenográfico; escritura estenográfica.* *adj. = taquigráfico*
2 Que está escrito mediante la estenografía: *no sabe interpretar el mensaje estenográfico.* *= taquigráfico*

estenógrafo, a Persona que escribe en estenografía. *s./= taquígrafo*

estenograma Texto escrito en estenografía. *s.m.*

estenohalino, a Se aplica al animal marino que sólo puede vivir en aguas de salinidad constante. *adj. ECOLOGÍA*

estenordeste
1 Punto del horizonte entre el este y el nordeste. *s.m./tb: estenoreste*
2 Se aplica al viento que sopla de este punto. *adj/s.m.*

estenosis (Derivado del gr. *stenos,* estrecho.) Estrechamiento de un conducto, orificio u otra parte del cuerpo. *s.f. pl: estenosis MEDICINA*

estenotermo, a Se aplica al animal marino que sólo puede vivir en aguas de temperatura constante. *adj. ECOLOGÍA*

estenotipia (Del gr. *stenos,* estrecho + *typos,* molde.)
1 Máquina para transcribir palabras a gran velocidad mediante signos especiales. *s.f.*
2 Arte de estenotipiar.
3 Texto estenotipiado.

estenotipiar Escribir con una estenotipia. *v.tr.*

estenotipista Persona que practica la estenotipia. *s.m.f.*

estentóreo, a (Del bajo lat. *stentoreus < gr. stentoreios.*) Que es muy fuerte o ruidoso: *me asusta su estentórea voz.* *adj. = estruendoso*

estepa
I (Del ruso *step.*)
1 Llanura muy extensa y yerma: *las extremas temperaturas de la estepa.* *s.f.*
2 Formación vegetal de plantas xerófitas, con frecuencia herbáceas, propia de las regiones tropicales y de las de clima continental semiáridas. *GEOGRAFÍA*
II (De origen incierto.)
1 Planta cistácea arbustiva de ramas leñosas y erguidas. *(Cistus.)* *s.f. BOTÁNICA*
2 estepa blanca: Planta cistácea arbustiva de casi un metro de altura y flores violadas que abunda en la región mediterránea. *(Cistus albidus.)* *BOTÁNICA = estepilla, jara blanca*
3 estepa negra: Jaguarzo, planta arbustiva muy abundante en la península Ibérica. *BOTÁNICA*

estepar Terreno donde abundan las plantas llamadas estepas. *s.m.*

estepario, a
1 De las llanuras extensas y yermas. *adj.*
2 Que tiene relación con la estepa, formación vegetal. *BOTÁNICA*

estepero, a
1 Se aplica al terreno que produce estepas. *adj.*
2 Lugar de la casa donde se guardan las estepas para usarlas como leña. *s.m.*
3 Persona que vende estepas. *s.*

estepilla Estepa blanca, planta arbustiva. *s.f./BOTÁNICA*

estequiometría (Del gr. *stoikheion,* elemento + *metron,* medida.) Disciplina que estudia las relaciones o proporciones numéricas con las que se combinan las sustancias químicas. *s.f. QUÍMICA*

éster Compuesto químico que resulta de la adición de un ácido sobre un alcohol con eliminación de agua. *s.m. QUÍMICA*

estera (Del lat. *storea.*) Tejido grueso de esparto u otro material basto, que se usa para cubrir el suelo. *s.f.*

esteral Terreno pantanoso. *s.m./Argent., Urug.*

esterar
1 Poner esteras en el suelo de una habitación: *todavía no tiene claro si esterará o no el comedor.* *v.tr.*
2 Ponerse una persona ropa de invierno antes de tiempo: *este hombre se estera nada más sentir un poco de frío.* *v.prnl. coloquial*

esterco- Componente de palabra procedente del lat. *stercus,* que significa excremento: *estercolero.* *pref.*

estercolamiento Operación de abonar las tierras con estiércol. *s.m./AGRICULTURA = estercoladura*

estercolar
1 Echar estiércol en la tierra para abonarla. *v.tr./AGRICULTURA*
2 Expeler un animal los excrementos. *v.intr.*

estercolero, a
1 Persona que recoge y saca el estiércol. *s.*

2 Lugar donde se recoge y fermenta el estiércol: *detrás de la finca instalaron el estercolero.* s.m./= esterquero
3 Lugar muy sucio: *esta casa es un estercolero.* = pocilga

estercolizo, a Que se parece al estiércol. adj.

estercóreo, a (Derivado culto del lat. *stercoreus*.) De los excrementos. adj.

estercuelo Operación de abonar las tierras con estiércol. s.m./AGRICULTURA = estercolamiento

esterculiáceo, a Perteneciente a una familia de plantas angiospermas dicotiledóneas, herbáceas, arbustivas o arbóreas, de hojas alternas y vellosas, flores axilares y fruto en cápsula o baya, como el cacao. adj/s.f. BOTÁNICA

estéreo
I (Del gr. *stereos*, sólido.) Unidad de medida de volumen, especialmente de la madera, equivalente a un metro cúbico. s.m.
II (Apócope de *estereofónico*.) Que tiene relación con la estereofonía, técnica de reproducción de sonidos que da sensación de relieve. adj/s.m. AUDIOVISUALES

estereo- Componente de palabra procedente del gr. *stereos*, que significa sólido: *estereometría; estereostática.* pref.

estereocomparador Aparato de gran precisión usado en la elaboración de planos a partir de fotografías, con el que se determinan con exactitud la situación de puntos topográficos. s.m. TECNOLOGÍA

estereofonía Técnica de grabación y reproducción de sonidos por medio de dos o más canales. s.f. AUDIOVISUALES

estereofónico, a
1 Se aplica al sonido registrado simultáneamente desde dos o más puntos convenientemente distanciados para que, al reproducirlo, dé una sensación de relieve. adj. AUDIOVISUALES = estéreo
2 De la estereofonía. AUDIOVISUALES

estereognosia Percepción y reconocimiento de la forma y solidez de los objetos a partir del tacto. s.f. FISIOLOGÍA

estereografía (Del gr. *stereos*, sólido + *grapho*, escribir.)
1 Técnica de representación de los cuerpos sólidos proyectados en un plano. s.f.
2 Imagen producida por esta técnica. = estereograma

estereográfico, a
1 Que tiene relación con la estereografía. adj.
2 Se aplica a la proyección en un plano de los círculos de la esfera por medio de rectas concurrentes en un punto de la misma esfera. GEOMETRÍA

estereógrafo, a Persona especialista en la técnica de representación de sólidos en un plano. s.

estereograma Representación en relieve de un cuerpo sólido. s.m. = estereografía

estereometría (Del gr. *stereos*, sólido + *metron*, medida.) Parte de la geometría que estudia la medida de los sólidos. s.f. GEOMETRÍA

estereométrico, a De la estereometría. adj./GEOMETRÍA

estereoquímica Estudio de la distribución de los átomos de los compuestos químicos en el espacio. s.f. QUÍMICA

estereoquímico, a De la estereoquímica. adj./QUÍMICA

estereoscopia
1 Visión en relieve conseguida mirando simultáneamente con ambos ojos dos imágenes de un mismo objeto. s.f. ÓPTICA
2 Conjunto de principios que rigen la observación binocular y sus medios de obtención. ÓPTICA

estereoscópico, a De la estereoscopia. adj./ÓPTICA

estereoscopio (Del gr. *stereos*, sólido + *skopeo*, mirar.) Instrumento óptico con el que dos imágenes del mismo objeto se ven como si fuera una sola imagen en relieve. s.m. ÓPTICA

estereotipado, a Se aplica a cualquier manifestación que se repite sin variación con respecto a otras o se usa de un modo formulario: *nos recibió con una cortesía estereotipada.* adj. ≠ natural

estereotipar
1 Fundir en planchas una composición tipográfica de caracteres movibles por medio del vaciado. v.tr. ARTES GRÁFICAS
2 Imprimir una cosa con la estereotipia. ARTES GRÁFICAS
3 Fijar y repetir un gesto, una expresión o cualquier otra manifestación externa: *estereotipa frases cuando da conferencias.*

estereotipia (Del gr. *stereos*, sólido + *typos*, molde.)
1 Procedimiento que se sigue para imprimir una composición tipográfica utilizando una plancha en la que se ha compuesto la página mediante caracteres movibles. s.f. ARTES GRÁFICAS
2 Máquina usada para imprimir según este procedimiento. ARTES GRÁFICAS
3 Taller o sección de la imprenta en el que se estereotipa. ARTES GRÁFICAS

4 Repetición constante e involuntaria de gestos o actitudes, común en ciertos dementes. SIQUIATRÍA

estereotípico, a De la estereotipia o el estereotipo. adj.

estereotipo
1 Modelo establecido y aceptado de conducta, expresión u otra manifestación. s.m. = patrón, tópico
2 Plancha utilizada en estereotipia. ARTES GRÁFICAS

estereotomía (Del gr. *stereos*, sólido + *temno*, cortar.) Arte y técnica de cortar piedras, madera u otros cuerpos sólidos para su aplicación en la construcción y en la industria. s.f.

estereotómico, a De la estereotomía. adj.

estereovisión Procedimiento televisivo en tres dimensiones. s.f. AUDIOVISUALES

esterería
1 Taller donde se hacen esteras. s.f.
2 Tienda donde se venden esteras. COMERCIO

esterero, a Persona que vende, fabrica o coloca esteras en las habitaciones. s.

estérico, a Que tiene relación con la configuración espacial de los átomos, iones o moléculas de los elementos químicos. adj. QUÍMICA

esterificación Acción de un ácido orgánico sobre un alcohol para obtener un éster. s.f. QUÍMICA

estéril (Del lat. *sterilis*.)
1 Que no produce frutos: *los largos años de sequía hicieron de la región una tierra estéril.* adj./= yermo ≠ fértil
2 Que no contiene gérmenes patógenos: *compró una caja de gasas estériles.* = aséptico
3 Se aplica a la persona o al animal que no puede producirse: *el veterinario ha dicho que la gata es estéril.* = infecundo ≠ fecundo
4 Que no da los resultados esperados: *la gestión resultó estéril.* = infructuoso, vano
5 Material no aprovechable que acompaña a los minerales útiles. s.m. MINERÍA

esterilidad
1 Cualidad de lo que es estéril, incapaz de dar fruto o de producir algo útil. s.f. = improductividad
2 Falta de cosecha, escasez de frutos: *empieza a ser preocupante la esterilidad de estas tierras.* ≠ fertilidad
3 Incapacidad fisiológica para fecundar o concebir: *a su mujer le están tratando la esterilidad en un hospital.* ≠ fecundidad
4 Estado libre de infección: *la esterilidad de un quirófano.* = asepsia

esterilización
1 Acción y resultado de desinfectar o eliminar los gérmenes patógenos: *no te olvides de la esterilización de los biberones.* s.f. = desinfección
2 Operación de incapacitar para la fecundación.

esterilizado, a Que ha sido sometido a esterilización: *el cirujano se puso los guantes esterilizados.* adj.

esterilizador, a
1 Que esteriliza. adj.
2 Aparato para esterilizar. s.m.

esterilizar
1 Hacer infecundo o estéril. v.tr./conj: cazar
2 Destruir los gérmenes de una sustancia o de un objeto: *es preciso esterilizar el instrumental quirúrgico.*

esterilla
1 Tejido de paja o de hilos gruesos y separados. s.f./TEXTIL
2 Especie de alfombra usada para tomar el sol, hacer ejercicio u otros usos. Ecuad.
3 Rejilla para construir asientos. Chile, C. Rica, Ecuad., Urug.
4 Tejido de trama parecido al cañamazo.

5 esterilla eléctrica: Almohadilla que produce calor, conectada por un cable a la corriente eléctrica.

esterlete Pez parecido al esturión común, aunque más pequeño y con el hocico más puntiagudo. *(Acipenser ruthenus.)* s.m. ZOOLOGÍA

esterlín Tela de hilo, de color, gruesa y basta. s.m./TEXTIL

esterlina Se aplica a la libra, unidad monetaria del Reino Unido. adj/s.f. ECONOMÍA

esternal Del esternón. adj./ANATOMÍA

esterno- Componente de palabra procedente del gr. *sternon*, que significa esternón: *esternocleidomastoideo.* pref.

esternocleidomastoideo Se aplica al músculo que está situado en la parte lateral del cuello y que permite el giro y flexión de la cabeza. adj/s.m. ANATOMÍA

esternón (Del fr. ant. *sternon* < bajo lat. *sternum* < gr. *sternon*.)
1 Hueso plano situado en la parte anterior del pecho, con el que se articulan por delante los siete pares de costillas verdaderas. s.m. ANATOMÍA
2 Cada una de las piezas del dermoesqueleto de los insectos, correspondiente a la región ventral de cada uno de los segmentos del tórax. ZOOLOGÍA = esternito

estero (Del lat. *aestuarium*, laguna, marisma, desembocadura < *aestus*, agitación del mar.)

1 Desembocadura de un río de gran cauce por la que penetra el mar durante la marea alta. — s.m./GEOGRAFÍA = estuario
2 Cada uno de los brazos que forman los ríos que enlazan unos cauces con otros. — *Amér.* GEOGRAFÍA
3 Aguazal, terreno pantanoso. — *Colomb., Bol., Venez.*
4 Arroyo, riachuelo. — *Chile*

esteroide Se aplica al compuesto químico que posee una cadena carbonada con cuatro núcleos cíclicos enlazados. — adj/s.m. BIOQUÍMICA

esterol Sustancia orgánica que posee la estructura de los esteroides y una función alcohol, como el colesterol. — s.m. BIOQUÍMICA

estertor (Del lat. *stertere*, roncar.)
1 Respiración anhelante propia de los moribundos. — s.m.
2 Ruido anormal percibido por la auscultación torácica en distintas condiciones patológicas del aparato respiratorio. — MEDICINA

estertóreo, a Que tiene estertor: *quedó muy impresionado por la respiración estertórea del moribundo.* — adj. = estertoroso

estesi- Componente de palabra procedente del gr. *aisthesis*, que significa sensibilidad: *estesiología.* — pref. tb: estesio-

-estesia Componente de palabra procedente del gr. *aisthesis*, que significa sensibilidad: *radioestesia; anestesia.* — suf.

estesiología Parte de la anatomía que estudia los órganos de los sentidos. — s.f. ANATOMÍA

estesiometría Medida de la sensibilidad táctil. — s.f.

estesiómetro Instrumento que sirve para medir la sensibilidad táctil. — s.m.

esteta
1 Persona que cuida en grado sumo la belleza formal: *es un esteta, vive por y para la belleza.* — s.m.f.
2 Persona dedicada al estudio de la estética. — = estético
3 Hombre afeminado. — s.m.

estética (Derivado de *estético*.)
1 Disciplina que estudia las condiciones de la belleza en el arte y en la naturaleza. — s.f./ARTE, FILOSOFÍA, LITERATURA
2 Apariencia que tiene una persona o una cosa desde el punto de vista de la belleza en general: *cuida mucho la estética del mobiliario de la oficina.*

esteticién (Del fr. *esthéticien, -ne*) Especialista en el cuidado y embellecimiento del rostro: *en la peluquería precisan una esteticién titulada.* — s.m.f. = esteticista, estetista

esteticismo
1 Doctrina artística que defiende la estética y la búsqueda de la belleza absoluta como objetivo primordial de la creación artística. — s.m. ARTE
2 Actitud de quien considera la belleza como el valor primordial de su vida. — = estetismo

esteticista
1 Del esteticismo. — adj.
2 Que es partidario del esteticismo. — adj/s.m.f.
3 Persona que se dedica al cuidado y al embellecimiento corporal. — s.m.f./= esteticién, estetista

estético, a (Del gr. *aisthetikos*, propio de los sentidos < *aisthesis* < *aissthanomai*, percibir.)
1 De la estética como doctrina filosófica o artística. — adj./ARTE, FILOSOFÍA
2 Que tiene relación con la belleza: *le han hecho una operación de cirugía estética.*
3 Que es bello o elegante: *nunca había visto una alfombra tan estética.* — = decorativo
4 Persona dedicada al estudio de la estética. — s./= esteta

esteto- Componente de palabra procedente del gr. *stethos*, que significa pecho: *estetoscopia.* — pref.

estetoscopia Exploración médica mediante auscultación de los órganos internos, sobre todo los de la cavidad pectoral. — s.f. MEDICINA

estetoscopio (Compuesto culto del gr. *stethos*, pecho + *skopeo*, examinar.) Instrumento formado por una trompetilla acústica y dos tubos que se acoplan a los oídos, usado para auscultar los órganos internos. — s.m. MEDICINA = fonendoscopio

esteva
1 Pieza corva y trasera del arado, sobre la que apoya la mano el que ara. — s.f./AGRICULTURA = estevón
2 Madero curvo que sostenía en sus extremos las varas y se apoyaba por el medio sobre la tijera, en los antiguos carruajes.

estevado, a Que tiene las piernas torcidas en arco, con los pies juntos y las rodillas separadas. — adj/s. = patiestevado

estezar Curtir las pieles en seco. — v.tr./conj: cazar

esthéticien (Voz francesa.) Especialista en el cuidado y embellecimiento del cuerpo, especialmente del rostro. — s.m.f./tb: esthéticienne, esteticién, esteticista

estiaje
1 Nivel más bajo o caudal mínimo de una corriente de agua en las épocas de sequía. — s.m.
2 Período de tiempo en que la corriente o caudal de agua están más bajos.

estiba
1 Colocación adecuada de los pesos de una embarcación y en especial de la carga. — s.f./NÁUTICA = estibación
2 Carga que contiene la bodega u otro espacio de una embarcación. — NÁUTICA
3 Utensilio para atacar o apretar la carga de los cañones de artillería. — = atacador MILITAR
4 Lugar donde se prensa la lana para meterla en sacos.

estibador, a
1 Persona que estiba o distribuye convenientemente los pesos en una embarcación. — s. NÁUTICA
2 Trabajador que distribuye o coloca materiales o cosas sueltas. — = cargador

estibadora Aparato de manutención que permite colocar cargas de formas regulares, una encima de la otra, en dos o más niveles. — s.f. TECNOLOGÍA

estibar (Del lat. *stipare*, meter en forma compacta, amontonar.)
1 Apretar las cosas y colocarlas de modo que ocupen el menor espacio posible. — v.tr.
2 Distribuir la carga de un barco ordenada y convenientemente. — NÁUTICA
3 Cargar y descargar la mercancía de una embarcación en cada puerto. — NÁUTICA

estibia Torcedura en sentido lateral del cuello de una caballería. — s.f./VETERINARIA = espibia

estibiarsénico Mineral de la clase de los elementos, que contiene arsénico y antimonio. — s.m. MINERALOGÍA

estibina Sulfato natural de antimonio, de color gris plomo y brillo metálico, que es mena importante del antimonio. — s.f. MINERALOGÍA = antimonita

estibio (Del lat. *stibum* < gr. *stibi*.) Antimonio, metal blanco azulado que entra en muchas aleaciones. — s.m. QUÍMICA

estiércol (Del lat. *stercus*.)
1 Excremento de cualquier animal. — s.m.
2 Mezcla de excrementos animales y restos orgánicos que sirve como abono para las tierras: *el fin de semana echaré estiércol en la huerta.* — AGRICULTURA

estigio, a
1 De la Estigia, laguna del infierno mitológico. — adj./MITOLOGÍA
2 Del infierno. — literario

estigma (Del lat. *stigma*, marca con hierro candente < gr. *stigma*, picadura < *stizo*, picar.)
1 Marca o señal en el cuerpo: *el náufrago tenía el cuerpo lleno de estigmas.* — s.m. = cicatriz
2 Marca impuesta sobre la piel de una persona con hierro candente como pena infamante, signo de esclavitud o distinción de otro tipo.
3 Afrenta o mala fama: *el estigma de ser hijo ilegítimo le acompañó toda su vida.* — = deshonra
4 Señal de infamia o bajeza moral: *llevaba en el rostro los estigmas del vicio.*
5 Huella física de origen sobrenatural de las llagas de Cristo en el cuerpo de algunos santos. — RELIGIÓN
6 Huella persistente de una enfermedad hereditaria.
7 Parte superior del pistilo de una flor destinada a recoger el polen. — BOTÁNICA
8 Orificio respiratorio que, en número variable, tienen los insectos, arácnidos y miriápodos en el abdomen. — ZOOLOGÍA

estigma- Componente de palabra procedente del gr. *stigma, atos*, que significa picadura, marca, punto: *estigmatizar.* — pref.

estigmático, a
1 Del estigma [en todas sus acepciones]. — adj.
2 Se aplica al sistema óptico que da una imagen neta de un punto objeto. — ÓPTICA

estigmatismo Sistema óptico que da una imagen neta del punto objeto. — s.m. ÓPTICA

estigmatizador, a Que estigmatiza. — adj/s.

estigmatizar
1 Marcar con un hierro candente. — v.tr./conj: cazar
2 Imprimir de forma sobrenatural las llagas de Cristo a una persona. — RELIGIÓN
3 Quitar valor o mérito a una persona: *sus acciones estigmatizaron a Juan.* — = afrentar, infamar

estilar
1 Tener una costumbre, estar de moda: *ya no se estila la minifalda; estilaba cantar.* — v.tr./intr/prnl. = llevarse, usar
2 Escribir un documento según el estilo establecido. — v.tr.

estilete
1 Puñal de hoja estrecha y aguda. — s.m.
2 Pequeño punzón para escribir. — = estilo
3 Varilla que indica la hora en un reloj de sol. — = gnomon
4 Pequeña sonda que tiene un engrosamiento en su extremo, que se usa en cirugía para reconocer algunas heridas o explorar determinados conductos. — MEDICINA

estilicidio
1 Caída gota a gota de un líquido destilado o que mana. — s.m.

2 Líquido recogido al manar o destilar gota a gota.

estilismo
1 Tendencia a escribir cuidando exageradamente la forma y concediendo a ésta más importancia que al fondo de la obra. — **s.m.** LITERATURA
2 Actividad del profesional que se dedica a cuidar el estilo y la imagen en cualquier ámbito.

estilista
1 Autor u orador que tiene un estilo esmerado y elegante. — **s.m.f.** LITERATURA
2 Persona que cuida del estilo en una actividad, particularmente en el mundo de la moda y la decoración: *acudió a un peluquero estilista.*

estilística
1 Estudio del lenguaje literario como conjunto de rasgos de una escuela o como innovación o estilo personal. — **s.f.** LITERATURA
2 Estudio de los elementos expresivos que una lengua pone a disposición de los hablantes. — LINGÜÍSTICA

estilístico, a Del estilo o de la estilística: *está haciendo un estudio estilístico de la obra de un novelista americano.* — **adj.** LINGÜÍSTICA, LITERATURA

estilita (Del gr. *stylistes*, < *stylos*, columna.) Se aplica al anacoreta que vivía sobre una columna. — **adj/s.m.f.** RELIGIÓN

estilización Acción y resultado de estilizar: *consiguió la estilización de su figura con una dieta severa.* — **s.f.**

estilizar
1 Reducir la representación artística de un objeto a sus elementos característicos. — **v.tr./conj: cazar** ARTE
2 Destacar los rasgos delgados y esbeltos: *el negro estiliza la silueta.* — **v.tr/prnl.** = adelgazar

estilo (Del lat. *stilus*, punzón para escribir, arte de escribir.)
1 Conjunto de rasgos característicos de un artista, una obra, época, moda o cualquier actividad: *vimos varias iglesias de estilo románico.* — **s.m.**
2 Manera de hacer personal o característica: *su estilo de hablar es muy gracioso.* — = modo, peculiaridad
3 Manera personal o característica de realizar una obra artística. — ARTE
4 Manera de escribir o de hablar peculiar y privativa de un escritor u orador. — LITERATURA
5 Uso, manera de proceder habitual en una época, un lugar o una colectividad: *le saludó al viejo estilo.* — = costumbre, moda
6 Categoría o buen gusto manifestados por una persona o cosa: *tiene mucho estilo vistiendo.* — = clase, distinción
7 Manera de practicar un deporte: *nadar a estilo braza.* — DEPORTES
8 Punzón con el que antiguamente se escribía sobre tablas enceradas. — = estilete
9 Aguja que indica la hora en un reloj de Sol. — = gnomon
10 Púa sobre la que está montada la aguja magnética de una brújula. — NÁUTICA
11 Canción típica compuesta por una parte lenta, en compás binario, y otra rápida, en compás terciario, que se acompaña con la guitarra. — Argent., Urug.
12 Parte media del pistilo, entre el estigma y el ovario de las flores. — BOTÁNICA
13 **estilo directo:** Modo de reproducir las palabras de una persona o de un personaje transcribiéndolas literalmente. — RETÓRICA
14 **estilo indirecto:** Aquel en que el discurso no se reproduce textualmente. — RETÓRICA
15 **por el estilo:** De forma parecida: *no sé si eso ha cambiado mucho, yo lo veo por el estilo.* — loc.adv.

estilo- Componente de palabra procedente del gr. *stylos*, que significa columna: *estiloides.* — pref.

estilóbato (Del gr. *stylos*, columna + *baino*, ir, andar.) Basa corrida o basamento sobre el que se apoya una columnata. — **s.m.** ARQUITECTURA

estilográfica (Del lat. *stilus*, punzón para escribir + gr. *grapho*, escribir.) Se aplica a la pluma cuyo mango tiene un depósito o cartucho de tinta. — **adj/s.f.**

estilográfico, a Que está escrito con una pluma estilográfica. — **adj.**

estiloides Se aplica a las apófisis que están en la cabeza del peroné, extremo inferior del cúbito y radio, hueso temporal y huesos metacarpianos. — **adj.** pl:estiloides ANATOMÍA

estima
1 Sentimiento de cariño o afecto: *tiene una gran estima por su abuelo.* — **s.f.** = aprecio
2 Cálculo de la situación aproximada de una embarcación deducida tan sólo de los rumbos seguidos y las distancias navegadas. — NÁUTICA

estimabilidad Cualidad de lo que admite estimación o es digno de aprecio. — **s.f.**

estimable Que merece o puede ser estimado o evaluado: *ha recibido una herencia estimable en varios millones; su aportación es muy estimable debido a su originalidad.* — **adj.** = apreciable, valorable ≠ despreciable

estimación
1 Valor que se da o en que se tasa una cosa y que es el resultado de un estudio o análisis: *según las últimas estimaciones, los daños del incendio ascienden a mil millones de pesetas.* — **s.f.** = evaluación, valoración
2 Sentimiento de estima o afecto: *ha conseguido la estimación del público más joven.* — = aprecio, cariño
3 **propia estimación:** Amor propio, estima que uno tiene de su valía y prestigio.

estimador, a Que estima. — adj.

estimar (Del lat. *aestimare*, apreciar, juzgar.)
1 Tener una persona cariño o afecto por una persona o una cosa: *estima mucho a ese amigo; se estimaban mucho desde pequeños.* — **v.tr/prnl.** = apreciar, querer
2 Dar importancia: *estimo mucho tu ayuda.* — **v.tr/= apreciar**
3 Determinar el valor aproximado de una cosa: *estimo la finca en unos cinco millones.* — = evaluar, valorar
4 Dar la opinión sobre una cosa: *estimo que deberías hacerlo.* — = juzgar, opinar

estimativa
1 Facultad de juzgar y apreciar las cosas. — **s.f.**
2 Instinto animal.
3 Teoría de los valores. — FILOSOFÍA

estimativo, a Que valora o sirve para valorar: *el resultado de la encuesta ofrece datos estimativos sobre las diferentes opiniones de los ciudadanos.* — adj.

estimatorio, a
1 De la estimación. — adj./= estimativo
2 Que fija el precio de una cosa. — DERECHO

estimulante
1 Que estimula: *su oferta es muy estimulante.* — adj./= estimulador
2 Se aplica a la sustancia que excita una actividad orgánica: *el café es una bebida estimulante.* — adj/s.m. FARMACIA

estimular (Del lat. *stimulare*, pinchar, estimular.)
1 Incitar a una persona o un animal a que realice una cosa, o avivar una actividad o función: *los incentivos estimularon la producción de los trabajadores; la arbitrariedad de las leyes estimuló el descontento del pueblo.* — **v.tr.** = excitar, incitar ≠ coartar, desanimar
2 Tomar o inyectarse sustancias estimulantes: *se estimula con antidepresivos.* — **v.prnl.** FARMACIA

estimulina Hormona que estimula la actividad de algún órgano. — **s.f.** FISIOLOGÍA

estímulo (Del lat. *stimulus*, aguijón, estímulo.)
1 Agente o causa que incita, mueve o anima a realizar una determinada acción: *las buenas calificaciones le servían de estímulo para estudiar.* — **s.m.** = incentivo
2 Agente físico, mecánico, químico o de otra índole, que desencadena una reacción funcional en un organismo: *la luz es un estímulo que actúa sobre la retina.* — BIOLOGÍA

estío (Del lat. *aestivum*, estación veraniega < *aestas*, verano.) Estación del año que comienza en el solsticio de verano y termina en el equinoccio de otoño. — **s.m.** literario = verano

estiomenar Destruir los tejidos blandos del cuerpo las sustancias que fluyen hacia ellos. — **v.tr.** MEDICINA

estiómeno (Del gr. *esthiomenos*, part. pasivo de *esthio*, comer, devorar.) Llaga corrompida por los líquidos que fluyen a ella. — **s.m.** MEDICINA

estipendiar Remunerar un trabajo o servicio prestado. — **v.tr.**

estipendiario, a Persona que recibe estipendio o sueldo de otra. — **s.**

estipendio (Del lat. *stipendium*, sueldo, contribución pecuniaria.)
1 Remuneración asignada a una persona por un trabajo o un servicio. — **s.m.** = sueldo, retribución
2 Cantidad, fijada por la Iglesia, que los fieles pagan al sacerdote por aplicar la misa a un fin determinado. — RELIGIÓN

estípite (Del lat. *stipes*, tronco, estaca.)
1 Pilar o pie con forma de pirámide truncada con la base menor hacia abajo. — **s.m.** ARQUITECTURA
2 Tallo largo no ramificado de ciertas plantas como la palmera. — BOTÁNICA th: estipe

estipticar Astringir, causar una cosa contracción o sequedad en los tejidos orgánicos. — **v.tr./conj: *sacar*** MEDICINA

estíptico, a (Del gr. *styptikos*, astringente < *stypho*, apretar.)
1 Se aplica a la sustancia que contrae o reseca los tejidos orgánicos: *el médico le recetó un preparado estíptico contra la diarrea.* — adj./MEDICINA th: estítico = astringente = estreñido
2 Que padece estreñimiento.

estiptiquez Estreñimiento de vientre: *siempre ha padecido de estiptiquez.* — s.f./pl: estiptiqueces Amér. Central y Merid. th: estítiquez

estípula Apéndice foliáceo que se desarrolla en el punto de intersección de las hojas de algunas plantas. — **s.f.** BOTÁNICA

estipulación
1 Cláusula o condición de un contrato u otro documento. — **s.f.** = disposición
2 Convenio o pacto, especialmente el verbal. — = acuerdo

estipular (Del lat. *stipulari*, prometer verbalmente.)
1 Determinar las condiciones de un contrato: *la dirección estipuló los plazos.* — **v.tr.**

2 Decidir varias personas juntas una cosa: *estipularon la hora de salida.* — = acordar, convenir

estique (Del ingl. *stick*, bastoncillo.) Herramienta que consiste en un palo pequeño de boca dentellada, usada por los escultores para modelar el barro. — s.m. ARTE

estira Cuchilla de cobre usada por los curtidores para limpiar, alisar y estirar las pieles. — s.f.

estiracáceo, a Perteneciente a una familia de plantas angiospermas dicotiledóneas, arbóreas o arbustivas, de hojas alternas, flores solitarias o en racimo y frutos generalmente en baya, como el estoraque o el aceitunillo. — adj/s.f. BOTÁNICA

estirada Extensión rápida y fuerte de los brazos, o de todo el cuerpo, para desviar o atrapar un balón lanzado a la portería: *la estirada del portero no evitó el gol.* — s.f. DEPORTES

estirado, a
1 Que se comporta con orgullo y superioridad en el trato con los demás: *estuvo tan estirado en la fiesta que casi daba risa.* — adj. = arrogante, orgulloso
2 Que se viste con exagerado cuidado y seriedad: *chica, qué estirado vas, toda de negro.*
3 Acción y resultado de estirar. — s.m.
4 Operación de cirugía estética por la que se estira la piel por el cuerpo, para desviar el rostro para disminuir las arrugas: *el estirado le dejó cicatrices evidentes.* — MEDICINA tb: estiramiento = lifting

estirajar Alterar la forma de una cosa estirándola excesivamente. — coloquial tb: estirazar

estiramiento
1 Acción y resultado de estirar o estirarse una cosa. — s.m.
2 Actitud del que se cree superior a los demás: *me molesta su estiramiento.* — = altivez, orgullo ≠ llaneza

estirar (Probablemente del cat. *tira* < germ. *teri*, pedazo largo y estrecho de una cosa.)
1 Alargar o tensar una cosa tirando de su extremos: *estira la goma.* — v.tr/prnl. = atirantar
2 Mover los brazos o las piernas para recuperar o adquirir agilidad o soltura: *ha salido un momento para estirar las piernas.*
3 Planchar o alisar la ropa ligeramente: *ya que estás con la plancha, ¿me puedes estirar un poco el vestido?* — v.tr. = desarrugar = alargar
4 Gastar el dinero con moderación para cubrir el mayor número posible de gastos: *estiraba mucho el sueldo para llegar a fin de mes.*
5 Hacer un escrito o un discurso demasiado extenso: *se puso pesadísimo estirando tanto su alocución.* — = alargar, dilatar
6 Hacerse una persona más alta: *se estiró mucho durante el verano.* — v.intr/prnl. = crecer
7 Poner el cuerpo o las extremidades tensos para desentumecerlos: *lo primero que hace al levantarse es estirarse.* — = desperezarse
8 Tirar de un extremo: *estira del cable hasta que llegue al enchufe.* — v.intr. + de, por
9 Tenderse en un lugar: *estírese sobre la camilla; al final de la caminata se estiraron en la hierba.* — v.prnl. = tumbarse

estireno Hidrocarburo bencénico que se utiliza principalmente en la preparación de numerosas materias plásticas. — s.m. QUÍMICA

estirón
1 Tirón dado con fuerza. — s.m.
2 Crecimiento rápido en estatura.
3 dar o pegar un estirón: Crecer mucho en poco tiempo: *durante el verano, el chaval pegó un estirón.* — coloquial

estirpe (Del lat. *stirps*, raza, familia.) Antepasados y descendientes de una persona, especialmente si es noble. — s.f. = linaje

estivación
1 Adaptación del cuerpo a la sequedad y al calor veraniegos. — s.f.
2 Letargo de algunos animales en verano. — ZOOLOGÍA

estival (Derivado de *estío*.) Que es propio del verano: *a pesar de estar en febrero, hace una temperatura estival.* — adj/tb: estivo, = veraniego

esto (Del lat. *istud*, eso.)
1 Alude a una situación o a un objeto expresados con anterioridad en el discurso. — pron.dem.
2 esto, lo otro y lo de más allá: Expresión con la que se alude a varias cosas sin especificarlas. — coloquial
3 a todo esto: 1. Mientras, entretanto: *estábamos charlando y, a todo esto, se hizo de noche.* **2.** Todavía: *estamos a diez y a todo esto no hemos cobrado.* — loc.adv.
4 en esto: Entonces, en aquel momento: *estaba duchándome y en esto sonó el teléfono.* **2.** De forma repentina o inesperada: *paseaba sin rumbo y en esto tropezó con él.* — loc.adv.
5 esto es: Introduce una explicación u otra forma de exposición acerca de lo que se ha dicho antes: *hace buen día, esto es, hace Sol y ha parado el viento; miente, esto es, falta a la verdad.* — = es decir

estocada
1 Golpe dado con la espada o con el estoque y herida que produce. — s.f. = hurgonazo

2 Acción y resultado de introducir el torero el estoque en el cuerpo de la res. — TAUROMAQUIA

3 estocada de puño: La que se da recogiendo y extendiendo el brazo sin mover el cuerpo, en esgrima. — DEPORTES

4 estocada por cornada: Expresión que se usa para referirse al daño que uno recibe en el momento de hacérselo a otro. — coloquial

estocafís (Del neerlandés *stokvisch* < *stok*, bastón + *visch*, pez.) Bacalao aplanado y ahumado. — s.m./pl: estocafís = pejepalo

estocástico, a Que es casual o aleatorio: *la estadística se realizó siguiendo un método estocástico.* — adj. = probabilístico

estofa (Del fr. *estofe*, materiales de todas clases < *estofer*, preparar, aprovisionar < alem. ant. *stopfon*, componer, remendar.)
1 Tela con labores generalmente de seda. — s.f./TEXTIL
2 de baja estofa: Se aplica a la persona o grupo despreciable o soez. — loc.adj.

estofado, a
I (Derivado de *estofa*.)
1 Que está engalanado o bien dispuesto. — adj.
2 Acción de acolchar una tela. — s.m.
3 Adorno que se elabora raspando un dorado. — ARTE
II (Derivado de *estofar*.) Guiso de carne o de pescado, condimentado con cebolla, vino o vinagre y aceite, que se deja cocer a fuego lento para que conserve todo su sabor: *hoy ha preparado estofado de ternera.* — s.m. COCINA

estofar
I (Probablemente del fr. *étouffer*, ahogar.) Guisar un alimento dorándolo con abundante cebolla y dejándolo hervir con un poco de caldo. — v.tr. COCINA
II (Derivado de *estofa*.)
1 Acolchar una tela. — v.tr.
2 Raspar el color dado sobre el dorado de una madera para descubrir el oro. — ARTE
3 Pintar sobre el oro bruñido relieves al temple. — ARTE

estoicidad Actitud impasible ante una desgracia. — s.f./= impasibilidad

estoicismo
1 Entereza o conformidad ante la desgracia, el dolor o la adversidad. — s.m.
2 Escuela y doctrina filosóficas fundadas y propagadas por el pensador griego Zenón. — FILOSOFÍA

estoico, a (Del lat. *stoicus* < gr. *stoikos* < *stoa*, pórtico, por el paraje de Atenas donde se reunían los filósofos.)
1 Del estoicismo. — adj.
2 Que se muestra impasible ante la desgracia, la adversidad y el dolor. — = entero, firme
3 Que es partidario del estoicismo filosófico. — adj/s./FILOSOFÍA

estola (Del lat. *stola*, vestido largo < gr. *stole*, vestido < *stello*, vestir.)
1 Tira larga de piel u otro material que usan las mujeres alrededor del cuello o sobre los hombros: *se puso una estola negra muy elegante para ir a la ópera.* — s.f.
2 Prenda de vestir amplia y larga que usaban los griegos y romanos. — HISTORIA
3 Tira larga de tela con tres cruces que sirve como ornamento litúrgico. — RELIGIÓN

estolidez Falta total de razón y discurso. — s.f./pl: estolideces

estólido, a Que no comprende o no discurre. — adj/s./= estúpido

estolón
I (Derivado de *estola*.) Estola grande usada por el diácono en determinados días. — s.m. RELIGIÓN
II (Del lat. *stolo*, retoño.) Vástago rastrero que echa raíces y da lugar a nuevas plantas. — s.m. BOTÁNICA

estoma (Del gr. *stoma*, boca.) Cada una de las pequeñas aberturas que hay en la epidermis de los vegetales, a través de las cuales se producen los cambios de gases entre la planta y el exterior. — s.m. BOTÁNICA

estomacal
1 Del estómago. — adj.
2 Se aplica al medicamento o sustancia que es bueno para el estómago y favorece la digestión: *cada día toma una infusión de hierbas estomacales.* — adj/s.m. = digestivo

estomagar (Del lat. *stomachari*, irritar, causar bilis.)
1 Causar un alimento indigestión: *el exceso de dulces me estomaga.* — v.tr./conj: pagar = indigestar
2 Fastidiar o molestar a una persona: *mi vecina me estomaga con sus continuos chismes.* — v.tr/intr. = hartar, irritar
3 Caer antipático: *esta compañera estomaga con su pedantería.* — v.intr.

estómago (Del lat. *stomachus*, estómago < gr. *stomakhos*, boca del estómago, estómago < *stoma*, boca.)
1 Órgano en forma de bolsa, situado en el abdomen, entre el esófago y los intestinos, en cuyas paredes están las glándulas que segregan el jugo gástrico, y en el cual se realiza la primera digestión de los alimentos. — s.m. ANATOMÍA
2 estómago aventurero: Persona que habitualmente come en mesa ajena. — coloquial

3 abrazar el estómago una cosa: Recibirla y conservarla bien.

4 asentarse en el estómago una cosa: No digerirla bien.

5 de estómago: 1. Se aplica a la persona constante y de espera. 2. Se refiere a la persona poco delicada o escrupulosa. *loc.adj. coloquial*

6 desconcertarse el estómago: Estropearse la digestión.

7 echarse una persona algo al estómago: Comer o beber algo copiosamente. *coloquial*

8 escarbar el estómago: Padecer ardor, desazón o inquietud en el estómago. *coloquial*

9 hacer buen o mal estómago una cosa: Causar gusto o desagrado. *coloquial*

10 hacer una persona estómago a una cosa: Enfrentarse o decidirse a sufrir lo que pueda sobrevenir. *coloquial*

11 ladrar el estómago: Tener hambre: *a las doce del mediodía ya le empieza a ladrar el estómago.* *coloquial*

12 llevar el estómago una cosa: Sentar bien al estómago algunos alimentos.

13 no retener una persona nada en el estómago: Desvelar fácilmente un secreto: *es un cotilla, no puede retener nada en el estómago.* *coloquial*

14 quedarse algo en el estómago: No decir todo lo que sabe o siente sobre una materia. *coloquial*

15 relajarse el estómago: Entregarse o perder sus fuerzas.

16 revolver una cosa el estómago a alguien: 1. Removerlo, alterarlo, conmoverlo: *la mariscada me ha revuelto el estómago.* 2. Causarle repugnancia física o moral: *me revuelve el estómago aguantar sus insultantes comentarios.* *coloquial*

17 tener a una persona sentada en el estómago: Tenerle aversión. *coloquial*

18 tener una persona cogida por el estómago a otra: Poder obligarla o tenerla sometida a su voluntad por poder darle o quitarle los recursos con que vive. *coloquial*

19 tener el estómago en los pies: Tener mucha hambre. *coloquial*

20 tener una persona buen o mucho estómago: 1. Ser poco escrupuloso o delicado tanto en cosas físicas como morales. 2. Sufrir los desaires e insultos que se le hacen sin darse por aludido. *coloquial*

estomaguero Faja que se pone a los niños en el vientre. *s.m.*

estomat- Componente de palabra procedente del gr. *stoma, -atos*, que significa boca: *estomatología; estomatitis.* *pref. th: estomato-*

estomático, a De la boca: *tiene una infección estomática.* *adj./ANATOMÍA = bucal*

estomaticón Emplasto formado de varios ingredientes aromáticos que se pone sobre la boca del estómago con fines curativos. *s.m. FARMACIA*

estomatitis Inflamación de la mucosa bucal: *le han diagnosticado una estomatitis.* *s.f./pl: estomatitis MEDICINA*

estomatología Parte de la medicina que estudia la boca y sus enfermedades. *s.f. MEDICINA*

estomatológico, a Que tiene relación con la estomatología o con la boca. *adj. MEDICINA*

estomatólogo, s Médico especialista en las enfermedades de la boca. *s. MEDICINA*

estomatópodo, a Perteneciente a un orden de crustáceos marinos, con caparazón que deja sin cubrir los últimos segmentos torácicos, como la galera. *adj/s.m. ZOOLOGÍA*

estonio, a
1 De Estonia, país báltico del noreste de Europa, o de su lengua. *adj.*
2 Persona natural de este país báltico. *s.*
3 Lengua del grupo ugrofinés, de la familia urálica, hablada en este país europeo. *s.m. LINGÜÍSTICA*

estopa (Del lat. *stuppa*.)
1 Parte basta del lino o del cáñamo que queda al peinarlos y que se usa para cuerdas, telas bastas u otras cosas. *s.f. TEXTIL*
2 Tela hecha con la hilaza de este residuo. *TEXTIL*
3 Parte basta que queda de la seda.
4 Parte fibrosa que aparece en algunas maderas al cortarlas. *TEXTIL*
5 Jarcia deshilada que sirve para tapar las junturas de las maderas de los barcos. *NÁUTICA*
6 **dar o repartir estopa:** Golpear, dar una paliza. *coloquial*

estopada Porción de estopa que se aplica a algún uso. *s.f.*

estopeño, a Que está hecho con estopa o tiene relación con ella. *adj.*

estopero
I (Del cat. *estoperol* < *estopa*.) Especie de mecha que se hace con filástica vieja. *s.m.*
II (Probablemente de origen catalán o genovés.)
1 Clavo de cabeza grande y redonda. *s.m./NÁUTICA*

2 Tachuela grande, dorada o plateada, que se usa como adorno en prendas de vestir. *Amér.*

estopilla
1 Parte más fina de la estopa del lino o el cáñamo. *s.f.*
2 Hilado y tela hechos con este residuo. *TEXTIL*
3 Tela muy fina, clara y transparente. *TEXTIL/= gasa*

estopín Artificio destinado a inflamar la carga de las armas de fuego. *s.m.*

estopón
1 Parte más gruesa y áspera de la estopa. *s.m.*
2 Tela hecha con este residuo. *TEXTIL*

estopor (Del fr. *stoppeur* < ingl. *stopper*, que detiene < *stop*, detener.) Instrumento de hierro que sirve para detener la cadena del ancla. *s.m. NÁUTICA*

estoposo, a
1 De la estopa del lino o del cáñamo. *adj.*
2 Que tiene un aspecto parecido al de la estopa del lino o del cáñamo.

estoque (Del fr. ant. *estoc*, punto de espada < *estoquier*, dar estocadas < neerlandés *stoken*, clavar.)
1 Espada de hoja muy estrecha, con la que sólo se puede herir con la punta. *s.m.*
2 Arma blanca que se lleva oculta en un bastón.
3 Espada para matar al toro. *TAUROMAQUIA*

estoqueador, a Persona que hiere con estoque o espada, especialmente el torero al toro. *s.*

estoquear Herir al toro con el estoque. *v.tr./TAUROMAQUIA*

estoqueo Acción de dar estocadas. *s.m./TAUROMAQUIA*

estoquillo Planta de la familia de las ciperáceas, con el tallo en forma triangular y cortante. (*Stirpus riparia*.) *s.m./BOTÁNICA Chile*

estor
1 Cortina que cubre el hueco de una puerta o balcón. *s.m.*
2 Cortina de adorno enrollable o plegable, generalmente de tela, pita, plástico u otro material.

estora Estera que se ponía en los lados del carro para que no cayera la carga. *s.f. = álabe*

estoraque (Del bajo lat. *storax* < gr. *styrax*.) Planta arbórea de hojas blanquecinas y ovaladas, fruto carnoso y tronco torcido del que se extrae un bálsamo oloroso del mismo nombre. (*Styrax officinalis*.) *s.m. BOTÁNICA*

estorbador, a Que estorba. *adj/s./= estorboso*

estorbar (Del lat. *disturbare*.)
1 Poner obstáculos o dificultades a la realización de una cosa: *la silla estorba el paso.* *v.tr./= entorpecer, obstaculizar*
2 Ser una persona o una cosa molesta: *el jersey me estorba con este calor.* *= molestar, fastidiar*
3 Ser una cosa la causa de que no se realice u ocurra otra: *las fuertes nevadas estorbaron el campeonato de esquí.* *= impedir*
4 **estorbarle a una persona lo negro:** No saber leer una persona o ser poco aficionada a la lectura: *no es una buena idea que le regales un libro porque a él le estorba lo negro.* *coloquial*

estorbo Persona o cosa que estorba. *s.m.*

estorboso, a Que estorba. *adj./s.*

estordir Causar una cosa aturdimiento a una persona. *v.tr./= aturdir*

estornija
1 Anillo de hierro que se pone en el pezón del eje de los carruajes para que no se salga la rueda. *s.f.*
2 Juego infantil que consiste en golpear con un palo a otro más pequeño y puntiagudo, hacerlo saltar y, cuando está en el aire, darle un segundo golpe para mandarlo lo más lejos posible. *JUEGOS = tala*

estornino (Del lat. *sturnus*.)
1 Pájaro de color negro con reflejos verdes y manchas blancas, cola corta y pico amarillo, que puede ser domesticado y enseñado para imitar sonidos (*Sturmy*.) *s.m. ZOOLOGÍA*
2 Pez teleósteo marino del mismo género que la caballa, de cuerpo fusiforme dorado a lo largo del cuerpo y líneas irregulares en la nuca de color azul negruzco. (*Scomber japonicus*.) *ZOOLOGÍA*

estornudar (Del lat. *sternutare* < *sternuere*.) Dar un estornudo. *v.intr.*

estornudo (Del bajo lat. *sternutus*.) Acto reflejo irreprimible, constituido por una inspiración brusca seguida de una expiración violenta y sonora, debido a una irritación de la mucosa nasal. *s.m. FISIOLOGÍA*

estornutatorio, a Que provoca el estornudo. *adj/s.m.*

estovaína Sustancia anestésica usada en oftalmología. *s.f. MEDICINA*

estovar Freír un alimento a fuego lento para guisarlo después. *v.tr./COCINA = rehogar*

estrábico, a
1 Del estrabismo. *adj./MEDICINA*
2 Que padece estrabismo. *adj./s.*

estrabismo (Del gr. *strabismos* < *strabos*, torcido, bizco.) Defecto de la vista por el que uno de los ojos, o los dos, se desvía de la dirección normal de la mirada. *s.m. MEDICINA = bizquera*

estracilla
1 Trozo basto de un tejido. · s.f.
2 Papel más fino y consistente que el de estraza.

estrada (Del lat. *strata*, camino empedrado.) Camino · s.f.
o vía transitable.

estradiol Estrógeno, hormona del ovario parecida a · s.m.
la foliculina. · FISIOLOGÍA

estradiota Lanza de unos tres metros de longitud · s.f.
que usaban los estradiotes. · HISTORIA

estradiote Soldado mercenario de la caballería ligera, · s.m.
procedente de Grecia. · HISTORIA

estrado (Del lat. *stratum*, yacija, cubierta de cama.)
1 Tarima sobre la que se pone un trono real o la pre- · s.m.
sidencia de un acto solemne: *subió al estrado para re-* · = entarimado
coger el premio.
2 Sitio de honor de un salón de actos que generalmente está más elevado que el resto de la sala: *el con-*
ferenciante ocupó el estrado.
3 Entablado junto al horno en que se ponen los panes amasados antes de cocerlos.
4 Mobiliario de la sala donde recibían las señoras las · HISTORIA
visitas.
5 Salas donde los jueces oyen y sentencian los · s.m.pl.
pleitos. · DERECHO
6 **citar para estrados**: Citar a alguien por edicto, · DERECHO
para que comparezca en un tribunal.

estrafalario, a (Del ital. *strafalario*, persona desaliñada.)
1 Que es o va desaliñado, raro o ridículo: *se presentó* · adj./s.
con un estrafalario sombrero. · = extravagante
2 Que tiene una conducta o pensamiento raro y ri- · = excéntrico
dículo: *eres muy estrafalaria en tu ideología política.*

estragador, a Que estraga. · adj.

estragamiento Pérdida de la sensibilidad para dis- · s.m.
tinguir el bien del mal.

estragar (Del lat. vulgar *stragare*, asolar < *strages*, ruinas, devastación.)
1 Causar una cosa grandes daños en otra: *las inunda-* · v.tr./conj: pagar
ciones estragaron la cosecha. · = arrasar, destruir
2 Alterar la sensibilidad de una persona: *se estragó el* · v.tr/prnl.
paladar con las comidas picantes. · = estropear

estrago
1 Destrozo material o daño físico o moral producido · s.m.
por la guerra, una catástrofe u otra situación: *los es-* · = asolamiento,
tragos de las heladas arruinaron la cosecha. · ruina
2 **causar o hacer estragos**: 1. Provocar gran daño
material o moral: *el huracán causó estragos en las zonas*
turísticas; la droga hace estragos entre los jóvenes. 2. Resultar alguien muy atractivo para las personas del se- · coloquial
xo contrario: *hacía estragos entre las chicas.*

estragón (Del fr. *estragon* < ár. *tarhun*.) Planta herbá- · s.m.
cea aromática, con tallos delgados, de hojas enteras, · BOTÁNICA
lanceoladas, muy estrechas y lampiñas, flores amari- · = dragoncillo
llas en cabezuelas pequeñas y que se usa como condimento. (*Artemisia dracunculus.*)

estral Del período de celo de los mamíferos: *el ciclo* · adj.
estral de las perras es de seis meses. · ZOOLOGÍA

estrambote (De origen incierto.) Conjunto de versos · s.m.
que se añade al final de una composición poética. · POESÍA

estrambótico, a Que es raro o ridículo: *lleva un ves-* · adj./= estrafalario,
tido muy estrambótico. · extravagante

estramonio (Del lat. *stramonium*.) Planta solanácea, · s.m.
muy olorosa, de hojas grandes, flores blancas con la · BOTÁNICA
corola en forma de embudo y fruto espinoso y en · = higuera loca
forma de nuez, cuyas hojas y semillas son tóxicas.
(*Datura stramonium.*)

estrangol Lesión que sufren las caballerías en la len- · s.m.
gua, producida por compresión del bocado o el ra- · VETERINARIA
mal.

estrangul Boquilla de caña o metal que se adapta a · s.m.
ciertos instrumentos de viento para tocar. · MÚSICA

estrangulación
1 Acción y resultado de estrangular. · s.f./= estrangulamiento
2 Obstrucción intestinal que se caracteriza por la · MEDICINA
oclusión simultánea de una parte del intestino y de
los vasos sanguíneos que irrigan la zona afectada.

estrangulador, a
1 Que estrangula. · adj./s.
2 Dispositivo que regula el paso del aire al carbu- · s.m.
rador. · MECÁNICA

estrangulamiento
1 Acción y resultado de estrangular. · s.m./= estrangulación
2 Estrechamiento natural o artificial de un conducto
o un lugar de paso.
3 Falta de coordinación en una o más fases en un · ECONOMÍA
proceso proeconómico que impide el normal desarrollo del sistema.

estrangular (Del lat. *strangulare*.)
1 Ahogar a un ser vivo oprimiéndole el cuello hasta · v.tr/prnl.
impedirle la respiración. · = asfixiar
2 Impedir o dificultar el paso de un fluido u otra cosa · v.tr.
por una vía o un conducto: *estrangularon las cañerías* · = obstruir
para restringir el agua.
3 Dificultar la realización de un proyecto, negocio u · = frustrar
otro asunto: *estrangularon el inicio de las obras.*
4 Impedir el paso de la sangre a una parte del cuerpo · v.tr/prnl.
por medio de presión o ligaduras: *se estranguló la he-* · MEDICINA
morragia durante la operación.

estranguria Micción dolorosa, gota a gota, con te- · s.f./MEDICINA
nesmo de la vejiga. · tb: estangurria

estrapalucio Destrozo, estropicio, trastorno: *se le ca-* · s.m.
yeron los platos que llevaba y causó un gran estrapalucio. · coloquial

estraperlear Comprar y vender una persona artícu- · v.tr/intr.
los de estraperlo. · COMERCIO

estraperlista Persona que se dedica al estraperlo o · s.m.f.
comercio ilegal: *su abuelo fue estraperlista en la posgue-* · COMERCIO
rra.

estraperlo (De los nombres de *Strauss* + *Perlo*, propietarios de *Straperlo*, una especie de ruleta.)
1 Comercio ilegal de productos cuya venta está prohi- · s.m.
bida o controlada por el estado: *se dedica al estraperlo* · COMERCIO
de tabaco.
2 Cualquier producto de comercialización ilegal: *ha* · COMERCIO
comprado joyas de estraperlo.

estrapontín Asiento supletorio plegable de algunos · s.m.
vehículos y teatros. · = traspuntín

estrás (De *Strass*, joyero francés.) Cristal muy denso · s.m./pl: estrás
que imita piedras preciosas. · tb: strass

estratagema (Del gr. *strategema*, maniobra militar <
strategos, < *stratos*, ejército + *ago*, conducir.)
1 Acción de guerra basada en la astucia y la destreza. · s.f./MILITAR
2 Artimaña hecha con habilidad, y a veces con enga- · = ardid,
ño, para lograr un fin. · astucia

estratega Persona experta en estrategia militar: *el ge-* · s.m.f./tb: estratego
neral era un hábil estratega. · MILITAR

estrategia (Del gr. *strategia*, aptitudes de general.)
1 Técnica y arte de concebir, preparar y dirigir las · s.f.
operaciones militares. · MILITAR
2 Habilidad para dirigir un asunto y lograr un objetivo. · = táctica

estratégico, a
1 De la estrategia militar. · adj./MILITAR
2 Que está meditado, planeado y orientado a conseguir un fin: *han ideado un plan estratégico.*
3 Que es especialista en estrategia: *suele sopesar bien* · adj./s.
cada decisión que toma porque es un buen estratégico. · = estratega

estrati- Componente de palabra procedente del lat. · pref.
stratus, que significa capa, cubierta: *estratigrafía, estra-* · tb: estrato-
tocúmulo.

estratificación
1 Acción y resultado de estratificar o estratificarse. · s.f.
2 Disposición de las capas o rocas sedimentarias de · GEOLOGÍA
un terreno.
3 **estratificación social**: Disposición de los grupos · SOCIOLOGÍA
sociales en clases.

estratificado, a Se aplica a la roca, terreno, etc., que · adj.
están formados por estratos. · GEOLOGÍA

estratificar
1 Formar un terreno estratos: *las capas calizas se estra-* · v.tr/prnl./conj: sacar
tificaron por la presión.
2 Disponer varias cosas en capas: *tras las lluvias, el* · = superponer
grano del almacén se estratificó.

estratiforme Que tiene forma de estrato o nube baja · adj.
y alargada.

estratigrafía
1 Parte de la geología que estudia la disposición y · s.f.
caracteres de las rocas sedimentarias estratificadas y · GEOLOGÍA
las huellas fósiles que puedan presentar.
2 Estudio de los estratos arqueológicos, lingüísticos o
de otra índole.

estratigráfico, a De la estratigrafía. · adj./GEOLOGÍA

estrato (Derivado culto del lat. *stratus*.)
1 Capa de roca sedimentaria que está delimitada por · s.m.
dos superficies y formada por el mismo tipo de mate- · GEOLOGÍA
rial. · = lecho
2 Conjunto de capas superpuestas en yacimientos de
fósiles o de restos arqueológicos.
3 Nube baja en forma de banda alargada que se ve
en el horizonte.
4 Clase social. · SOCIOLOGÍA
5 Conjunto de elementos que se ha integrado en · LINGÜÍSTICA,
otros previos o posteriores en la formación y desarro- · HISTORIA
llo de una lengua, entidad o proceso histórico.
6 Capa o serie de capas en un órgano, como las que · ANATOMÍA
forman la piel, la retina y otras partes del cuerpo.
7 **estrato cristalino**: Base de los terrenos sedimenta- · GEOLOGÍA
rios, formada por rocas cristalinas. · = zócalo

estratocúmulo Nube baja de contornos ondulados, con forma intermedia entre el estrato y el cúmulo. *s.m.*

estratopausa Zona de separación entre la estratosfera y la mesosfera. *s.f. GEOGRAFÍA*

estratosfera (Del lat. *stratus*, extendido + *sphaera*, esfera < gr. *sphaira*.) Zona superior de la atmósfera de unos treinta kilómetros de espesor, situada entre los doce y los cuarenta kilómetros de altitud. *s.f. GEOGRAFÍA*

estratosférico, a
1 Que se produce en la estratosfera: *han hecho un vuelo estratosférico.* *adj.*
2 Que puede permanecer en la estratosfera: *globo estratosférico.*

estratovisión Emisión televisiva realizada por medio de una emisora instalada en un avión. *s.f. AUDIOVISUALES*

estratovolcán Volcán cuyo cono está formado por la alternancia de coladas de lava y capas de material sólido. *s.m. GEOGRAFÍA*

estrave (Del fr. ant. *estrave* < escandinavo ant. *stafn*.) Remate de la quilla de una embarcación que va en línea curva hacia la proa. *s.m. NÁUTICA*

estraza (Derivado de *atarazar*, cortar en pedazos.) Trozo o trapo de un tejido basto. *s.f.*

-estre Componente de palabra que, unido a un sustantivo, indica relativo o perteneciente a: *rupestre; campestre.* *suf.*

estrechamente
1 De manera íntima, cercana: *estaban estrechamente relacionados.* *adv.*
2 Con rigor, fuertemente: *se siente estrechamente vigilada.*
3 Con penuria económica: *viven estrechamente con lo que pudieran ahorrar.*

estrechamiento Acción y resultado de estrechar o estrecharse: *en la carretera hay estrechamientos peligrosos.* *s.m.*

estrechar (Del lat. *stringere*.)
1 Disminuir la anchura de una cosa: *cuando perdió varios kilos estrechó la falda; el camino se estrechaba al entrar en el bosque.* *v.tr/prnl. = encoger ≠ ensanchar*
2 Hacer fuerza o presión con los brazos o las manos: *estrechó al niño fuertemente.* *= abrazar, ceñir*
3 Aumentar el vínculo que mantienen entre sí varias personas: *se estrecharon a raíz de la muerte de su padre.* *= intimar*
4 Empujar a una persona a que haga una cosa contra su voluntad: *estrechó a su hermano para que dejara el trabajo.* *= acorralar, forzar*
5 Reducir una persona sus gastos: *se estrechan para comprarse un coche nuevo.* *v.prnl. = ahorrar*
6 Apretarse varias personas en un lugar para que quepa más gente. *= apiñarse*

estrechez
1 Cualidad de estrecho: *la estrechez de las calles del barrio gótico es asombrosa.* *s.f./pl: estrecheces = angostura, estrechura*
2 Escasez de lo necesario para vivir: *tiene serias estrecheces económicas.* *= dificultad, penuria*
3 Falta de tiempo: *ya estamos con estrecheces para terminar a tiempo.* *= apremio, apuro*
4 Limitación, falta de capacidad de juicio: *es un hombre con estrechez de miras.*

estrecho, a (Del lat. *strictus*, part. de *stringere*, estrechar.)
1 Que tiene poca anchura: *la habitación es muy estrecha; la chica es estrecha de caderas.* *adj./=angosto ≠ ancho*
2 Que ajusta o aprieta: *este zapato me queda estrecho.* *= ajustado, ceñido*
3 Que no dispone de espacio suficiente: *iba muy estrecho en el autobús.* *= apretado*
4 Se aplica a la relación que es muy próxima o íntima: *mantienen una estrecha amistad.*
5 Que es muy rígido o austero: *han establecido unas normas muy estrechas.* *= estricto, severo*
6 Se aplica a la persona muy pudorosa o que no accede con facilidad a mantener relaciones sexuales: *María es una estrecha, ya te darás cuenta.* *adj/s. coloquial*
7 Que es tacaño: *no seas estrecho, hombre, invita a tus amigos.* *= estreñido, mezquino*
8 Porción de agua comprendida entre dos tierras y por la que se comunica un mar con otro: *atravesamos el estrecho de Gibraltar.* *s.m. GEOGRAFÍA*

estrechón
1 Sacudida de las velas cuando hay poco viento y de las jarcias cuando están flojas. *s.m./NÁUTICA = socollada*
2 Caída brusca de la proa de una embarcación después de haber sido levantada por la marejada. *NÁUTICA = socollada*

estrechura
1 Angostura de un lugar: *tienen problemas con la estrechura del pasillo.* *s.f. = estrechez*
2 Amistad íntima.

estregadera Cepillo u otro utensilio usado para frotar y limpiar una superficie. *s.f.*

estregadero
1 Lugar al que acuden algunos animales a restregarse. *s.m.*

2 Sitio donde se lava la ropa restregándola sobre una piedra o una tabla.

estregamiento Acción y resultado de estregar o estregarse. *s.m./= estregadura, fricción, rozamiento*

estregar (Probablemente del lat. vulgar *stricare*.) Frotar una cosa con otra con fuerza para limpiarla o calentarla: *se estregaban las manos porque hacía mucho frío.* *v.tr/prnl. conj: pagar = refregar, restregar*

estregón Roce fuerte y señal producida por él. *s.m./= restregón*

estrella (Del lat. *stella*.)
1 Astro dotado de luz propia: *el Sol es la estrella más próxima a la Tierra.* *s.f./ASTRONOMÍA = lucero*
2 Se aplica a la persona o cosa que sobresale del resto en su profesión u otra cualidad: *es el producto estrella de la campaña.* *adj/s.f.*
3 Objeto o figura con una forma semejante al astro, representado por un punto central del que parten rayos: *llevaba una camiseta con estrellas.* *s.f.*
4 Insignia que indica la graduación de los miembros de las fuerzas armadas. *MILITAR*
5 Signo que indica la categoría de un establecimiento hotelero: *se hospeda en un hotel de tres estrellas.*
6 Signo ortográfico que sirve para indicar llamadas a notas y otros usos similares. *= asterisco*
7 Lunar redondeado con pelos blancos que tienen algunas caballerías en la frente. *ZOOLOGÍA*
8 Destino de una persona: *es un hombre con buena estrella.* *= hado, suerte*
9 **estrella de David**: Figura con seis puntas, símbolo del judaísmo. *RELIGIÓN*
10 **estrella de mar**: Invertebrado marino con el cuerpo con cinco brazos y con una boca en la parte inferior por la que se alimenta y respira. *(Asterina, Solaster.)* *ZOOLOGÍA = estrellamar*
11 **estrella enana**: La de densidad media muy alta y luminosidad débil. *ASTRONOMÍA*
12 **estrella errante o errática**: Planeta, cuerpo celeste opaco. *ASTRONOMÍA*
13 **estrella fugaz**: Cuerpo celeste de pequeñas dimensiones que atraviesa el cielo rápidamente y desaparece. *ASTRONOMÍA*
14 **estrella gigante**: La que tiene mucha luminosidad y poca densidad. *ASTRONOMÍA*
15 **estrella polar**: La del extremo de la lanza de la constelación de la Osa Menor. *ASTRONOMÍA*
16 **tener estrella o nacer con estrella**: Tener buena suerte: *todos en su familia han nacido con buena estrella.* *coloquial*
17 **ver las estrellas**: Sentir un dolor con mucha intensidad: *veía las estrellas mientras me curaban.* *coloquial*

estrellada Planta perenne, con tallo recto y ramoso en la parte superior, hojas dentadas y lanceoladas, y flores grandes y azules. *(Amellus.)* *s.f. BOTÁNICA = amelo*

estrelladera Paleta con agujeros usada para retirar la espuma de un guiso o escurrir el aceite de los fritos. *s.f./COCINA = espumadera*

estrelladero Recipiente de cocina en forma de sartén llana y con divisiones, usada por los reposteros. *s.m. COCINA*

estrellado, a
1 Que tiene forma de estrella. *adj.*
2 Se aplica al cielo que está cubierto de estrellas.
3 Se refiere a la caballería que tiene en la frente una estrella o un lunar de pelos blancos.

estrellamar
1 Estrella de mar, invertebrado marino. *s.f./ZOOLOGÍA*
2 Planta herbácea, con las hojas estrechas y dentadas, que se extiende sobre la tierra a modo de estrella. *(Plantago coronopus.)* *BOTÁNICA*

estrellar
I (Derivado de *estrella*.) Cubrir de estrellas: *estrelló el techo de su habitación con estrellas fluorescentes.* *v.tr/prnl.*
II (Derivado de *estallar*.)
1 Arrojar una cosa violentamente sobre una superficie haciéndola pedazos: *estrelló el vaso contra el suelo.* *v.tr/prnl. = estampar*
2 Producirse un choque violento: *el vehículo se estrelló pero no hubo víctimas.* *v.prnl. = chocar*
3 Fracasar en un intento: *su proyecto se estrelló al no encontrar avalista.* *= fallar*
4 Freír un huevo. *v.tr./COCINA*

estrellato
1 Cualidad del artista que ha alcanzado la fama: *alcanzó el estrellato en edad madura.* *s.m.*
2 Conjunto de personas que han alcanzado la fama, en especial los artistas del espectáculo: *en la cena estaba todo el estrellato de Hollywood.*

estrellero, a Se aplica al caballo que levanta demasiado la cabeza. *adj.*

estrellón
1 Fuego artificial que al quemarse toma la forma de una estrella. *s.m.*
2 Representación de gran tamaño de una estrella que se pinta o coloca sobre el altar.
3 Choque, encontronazo violento. *Amér. Central y Merid.*

estrelluela Rueda con puntas en que terminan las espuelas y espolones. *s.f.*

estremecedor, a Que estremece: *me ha parecido un relato estremecedor.* *adj.*

estremecer (Del lat. *tremere*, temblar.) *v.tr/prnl.*
1 Causar temblor el frío, el miedo, un terremoto u otra circunstancia: *la explosión ha hecho estremecer los cimientos del edificio; el poblado se estremeció por el pequeño seísmo; ¡con este tiempo cualquiera no se estremece!* *conj: carecer* = *temblar*
2 Causar una cosa intranquilidad o temor o alteración del ánimo a una persona: *se estremeció al enterarse del accidente de sus compañeros.* = *conmover, intranquilizar, preocupar*
3 Hacer peligrar la existencia de una cosa: *el golpe militar estremeció la democracia; el poder del rey se estremece.* = *alterar, perturbar*

estremecimiento Acción y resultado de estremecer o estremecerse. *s.m./*= *escalofrío, temblor*

estremezón Estremecimiento, temblor. *s.m./Colomb.*

estrenar (Derivado del lat. *strena*, regalo que se hace en día festivo.)
1 Usar una cosa por primera vez: *estrenó el traje en la boda de su hermano.* *v.tr.*
2 Representar una obra de teatro u otro espectáculo por primera vez: *hoy estrenan una película de Scott.*
3 Empezar a desempeñar un oficio o empleo: *la semana que viene se estrena como cocinero.* *v.prnl.* = *debutar*
4 Hacer un comerciante la primera venta del día: *el peletero no se estrenó hasta media tarde.* *coloquial*

estrenista Que asiste habitualmente a los estrenos teatrales o cinematográficos. *adj.*

estreno
1 Acción y resultado de estrenar o estrenarse. *s.m.*
2 Representación de un espectáculo por primera vez: *los famosos asistieron al estreno.*
3 **de estreno**: Se aplica a la sala dedicada a estrenar espectáculos. *loc.adj.* CINE, TEATRO

estrenque (Del fr. ant. *estrenc*, cuerda de barco < escandinavo ant. *strengr*.) Maroma de esparto. *s.m.* tb: *estrinque*

estreñido, a
1 Que padece estreñimiento. *adj/s.*
2 De carácter avaro o mezquino. = *tacaño*

estreñimiento Retención de la materia fecal dentro de los intestinos o dificultad para expulsarla: *su único problema de salud es el estreñimiento.* *s.m.* = *restreñimiento*

estreñir (Del lat. *stringere*, estrechar.) Retener o tener dificultad para evacuar la materia fecal: *se estriñó después de aquella comida tan pesada.* *v.tr/prnl.* *conj: ceñir* = *restreñir*

estrepa Estepa, diferentes especies de jara, arbusto. *s.f./BOTÁNICA*

estrepada (Del cat. *estrepada*, arrancada, sacudida < *estrepar*, arrancar < probablemente del lat. *exstirpare*.)
1 Esfuerzo conjunto realizado al efectuar una actividad física: *levantaremos el armario de una estrepada.* *s.f.*
2 Aumento repentino de la velocidad de una embarcación. NÁUTICA = *arrancada*

estrépito (Del lat. *strepitus* < *strepere*, hacer ruido.)
1 Ruido muy fuerte: *nos despertó un gran estrépito que procedía de la calle.* *s.m.* = *estruendo*
2 Ostentación o exageración con que se hace una cosa: *le encanta bailar con mucho estrépito.* = *aparato, pompa*

estrepitoso, a
1 Que produce un gran ruido: *había una pelea estrepitosa en el piso de arriba.* *adj./*= *escandaloso, ruidoso*
2 Que es grande y espectacular: *su maquillaje resultó un estrepitoso fracaso.* = *rotundo, tremendo*

estrepto- Componente de palabra procedente del gr. *streptos*, que significa redondeado, trenzado: *estreptococo.* *pref.*

estreptococia Infección producida por los estreptococos. *s.f.* MEDICINA

estreptocócico, a De la estreptococia o de los estreptococos. *adj./BIOLOGÍA, MEDICINA*

estreptococo (Del gr. *streptos*, trenzado + *kokkos*, grano.) Bacteria esférica que se agrupa con otras formando cadenas, de la que existen diversas especies infecciosas. (*Streptococcus*.) *s.m.* BIOLOGÍA

estreptomicina Antibiótico elaborado con bacterias y mohos, muy activo contra el bacilo de la tuberculosis y otros. *s.f.* FARMACIA

estrés (Del ingl. *stress*, presión.) Situación de un individuo que, al tener una actividad más intensa de lo normal o encontrarse en una circunstancia tensa o complicada, sufre trastornos físicos y sicológicos. *s.m.* pl: *estrés* MEDICINA tb: *stress*

estresado, a Que siente o padece estrés o ansiedad. *adj/s.*

estresante Que estresa o causa tensión: *esta situación es estresante.* *adj.*

estresar Sufrir estrés o mucha tensión: *la rutina estresa; esta presión constante le está estresando.* *v.tr/intr.*

estría (Del lat. *stria*, surco, estría.)
1 Línea cóncava larga que se talla verticalmente o en hélice en columnas u otros objetos en intervalos regulares. *s.f./ARTE* = *acanaladura, canal*

2 Pequeño surco que aparece en algunas superficies: *al adelgazar le salieron estrías en la piel.*

estriación
1 Acción y resultado de estriar. *s.f.*
2 Conjunto de estrías: *esta pared presenta una fuerte estriación.*

estriado, a Que tiene estrías: *columna estriada; está acomplejado porque tiene el cutis estriado.* *adj.*

estriar Formar estrías en una cosa: *se le estrió la piel del vientre durante el embarazo.* *v.tr/prnl./conj: vaciar* tb: *istriar*

estribación Grupo de pequeñas montañas que destaca a uno u otro lado de una cordillera. *s.f./GEOGRAFÍA* = *estribo*

estribadero Sitio en que se apoya algo. *s.m.*

estribar
1 Descansar un peso sobre una cosa. *v.intr./+ en*
2 Tener una cosa su fundamento en otra: *su éxito estriba en su buena suerte.* = *en* = *basar, consistir*
3 Quedar el jinete colgado de un estribo al caer del caballo. *v.prnl.* EQUITACIÓN
4 Calzar el jinete los pies en el estribo. *v.intr./Argent.*

estribera
1 Estribo de la montura de la caballería, de un carruaje u otra cosa. *s.f.*
2 Correa del estribo. *Argent., Urug.*

estribería
1 Taller donde se fabrican estribos. *s.f.*
2 Sitio donde se guardaban los estribos de las sillas de montar.

estriberón
1 Resalto puesto en el suelo de un paso difícil para poder apoyar los pies. *s.m.*
2 Paso firme hecho con piedras, zarzas, madera u otro material, para que puedan pasar las tropas por un terreno pantanoso. MILITAR

estribillo
1 Conjunto de versos que se repiten cada cierto intervalo en un poema o en una canción. *s.m./POESÍA, MÚSICA*
2 Palabra o frase innecesaria que se repite con mucha frecuencia a lo largo de un discurso o de una conversación. = *muletilla*

estribo (De origen incierto.)
1 Anillo que cuelga a cada lado de la silla de montar donde se introducen los pies. *s.m.* EQUITACIÓN
2 Escalón en algunos vehículos para subir o bajar de ellos.
3 Pieza de apoyo de algunos vehículos u objetos: *se ha roto el estribo de la moto.*
4 Huesecillo del oído medio de los mamíferos. ANATOMÍA
5 Chapa de hierro doblada en ángulo recto en sus dos extremos que sirve para asegurar la unión de algunas piezas. TECNOLOGÍA
6 Macizo de fábrica que sostiene una bóveda y contrarresta su empuje. ARQUITECTURA
7 Escalón en la barrera de la plaza para que el torero pueda saltar al callejón. TAUROMAQUIA
8 Elemento que soporta el peso de una bóveda o un arco. ARQUITECTURA
9 Contrafuerte, refuerzo de un muro. CONSTRUCCIÓN
10 Conjunto de montañas que sobresale a uno u otro lado de una cordillera. GEOGRAFÍA = *espolón*
11 **la del estribo**: Última copa que se toma una persona antes de irse. *Méx.*
12 **perder los estribos**: 1. Enfadarse mucho y actuar de forma violenta: *perdió los estribos y empezó a gritar y a dar golpes.* 2. Impacientarse mucho: *no pierdas los estribos, ya llegará.* *coloquial*

estribor (Del fr. ant. *estribord* < probablemente del neerlandés *stierboord* < *stier*, timonel + *boord*, borda.) Banda derecha de una embarcación, mirando de popa a proa. *s.m.* NÁUTICA ≠ *babor*

estricnina (Del gr. *strykhnos*, nombre de varias plantas venenosas.) Alcaloide venenoso obtenido de la nuez vómica y otros vegetales. *s.f.* QUÍMICA

estricote (Del fr. ant. *estricot*, garrote < *estrique*, rasero < neerlandés *strike*.)
1 Vida licenciosa. *s.m./Venez.*
2 **al estricote**: Molestando o maltratando a una persona, haciéndole la vida imposible. *loc.adv./+ andar, llevar, traer*

estrictamente
1 En sentido preciso, riguroso: *hice estrictamente lo que me pidieron.* *adv.*
2 Sin falta, inexcusable: *es estrictamente necesario saber a qué atenerse.*

estricto, a (Del lat. *strictus*, part. de *stringere*, estrechar.)
1 Que se ajusta exactamente a lo establecido sin concesiones ni excepciones: *es necesario el estricto cumplimiento de las bases del concurso.* *adj.* = *inflexible, preciso, riguroso*
2 Que es muy severo o riguroso: *es demasiado estricto con los alumnos.* = *rígido,* ≠ *indulgente*

estridencia (Del lat. *stridor.*)
1 Sonido agudo, fuerte y desagradable. — s.f.
2 Exageración o violencia en la expresión o en la acción: *su estridencia vistiendo es espantosa.*

estridente (Del lat. *stridens*, part. de *stridere*, chillar.) — adj. = chillón, estrepitoso
Se aplica al ruido o al color que resultan desagradables o molestos: *pintó la sala de un verde estridente.*

estridor Ruido agudo que se produce al inspirar. — s.m./MEDICINA

estridulación Acción y resultado de estridular. — s.f./ZOOLOGÍA

estridular (Derivado culto del lat. *stridulus*, estridente.) Producir ciertos insectos, como los grillos, las cigarras, los saltamontes, etc., un ruido estridente. — v.intr. ZOOLOGÍA

estrige Lechuza, ave nocturna. — s.f./ZOOLOGÍA

estrígido, a Perteneciente a una familia de aves rapaces nocturnas, de cabeza grande y redonda, pico corto y ganchudo y fuertes garras. — adj./s.m. ZOOLOGÍA

estrinque Maroma gruesa de esparto. — s.m./tb: estrenque

estro (Del lat. *oestrus*, tábano < gr. *oistros* tábano.)
1 Inspiración artística. — s.m.
2 Período de celo de los mamíferos. — ZOOLOGÍA
3 Moscardón, insecto pardo oscuro, velloso y que produce un molesto sonido. — ZOOLOGÍA

estrob- Componente de palabra procedente del gr. *strobos*, que significa remolino: *estroboscopio.* — pref. tb: estrobo-

estróbilo (Del gr. *strobilos*, peonza, piña.)
1 Piña, fruto cónico de las coníferas. — s.m./BOTÁNICA
2 Conjunto de órganos o de segmentos que, por estar colocados ordenados de mayor a menor, tiene forma cónica. — ZOOLOGÍA

estrobo (Del lat. *struppus* < gr. *strophos*, lazo de cuerda.) Pedazo de cabo unido por sus extremos, usado para levantar pesos u otras tareas. — s.m. NÁUTICA = arza

estroboscopia Técnica de observación óptica usada para examinar las fases de ciertos fenómenos mediante destellos regulares de frecuencia próxima a la del movimiento. — s.f. ÓPTICA

estroboscopio Dispositivo óptico que, al girar, da la impresión de movimiento. — s.m. ÓPTICA

estrofa (Del lat. *stropha* < gr. *strophe*, estrofa que canta el coro.)
1 Cada una de las partes de que consta un poema, formadas por el mismo número de versos. — s.f. POESÍA
2 Primera de las tres partes en que se divide el canto lírico de la tragedia griega. — LITERATURA, TEATRO

estrófico, a
1 Relativo o perteneciente a la estrofa. — adj./POESÍA
2 Se aplica a la composición poética que está dividida en estrofas. — POESÍA

estrógeno Hormona que provoca el celo en las hembras de los mamíferos. — s.m. BIOLOGÍA

estroma Trama conjuntiva que forma el armazón de un órgano o tejido. — s.f. ANATOMÍA

estromatolito Formación calcárea que se debe a la actividad de algas fotosintéticas primitivas. — s.m. GEOLOGÍA

estromboliano, a Se aplica a la erupción volcánica en la que alternan las explosiones y las emisiones de lava. — adj. GEOLOGÍA

estronciana (De *Strontian*, pueblo de Escocia, donde se encontró este mineral por primera vez.) Óxido de estroncio en forma de polvo gris obtenido artificialmente o de forma natural. — s.f. QUÍMICA

estroncianita Carbonato de estroncio, mineral de color blanco, gris o incoloro, de brillo vítreo, translúcido, usado en pirotecnia. — s.f. MINERALOGÍA

estroncio Metal amarillo, poco brillante, dúctil y maleable, escaso en la naturaleza, cuyo símbolo es *Sr.* — s.m. QUÍMICA

estropajear Limpiar las paredes enlucidas con el estropajo. — v.tr. CONSTRUCCIÓN

estropajeo Limpieza con un estropajo de las paredes ya enlucidas. — s.m. CONSTRUCCIÓN

estropajero Recipiente usado para guardar los estropajos. — s.m.

estropajo
1 Trozo de esparto machacado u otro material que sirve para arrancar y arrastrar la suciedad al fregar: *destrozó el estropajo limpiando.* — s.m.
2 Persona o cosa inútil o despreciable: *cuando le da por beber se queda hecho un estropajo.* — coloquial
3 sentirse como un estropajo: Sentirse despreciado e insignificante, como una persona que no cuenta para nada y sobre la que recaen culpas y malos modos. — coloquial
4 servir de estropajo: Servir en los oficios más bajos, o ser tratado sin consideración. — coloquial

estropajoso, a
1 Que se parece en el tacto u otra característica al estropajo. — adj. = basto

2 Se aplica a la persona de aspecto andrajoso, sucio y descuidado. — = harapiento
3 Se aplica al alimento que es fibroso y áspero y cuesta masticar.
4 Se refiere al habla o a la pronunciación torpe y confusa. — = trapajoso

estropear (Probablemente del ital. *stroppiare* < lat. *disturpiare*, lisiar.)
1 Poner una cosa en mal estado: *se me estropeó el reloj; ya has estropeado otra vez el televisor; los disgustos le estropearon la salud.* — v.tr/prnl. = dañar ≠ arreglar
2 Fracasar un negocio, un proyecto u otro asunto: *se nos estropeó el plan.* — = arruinar, malograr
3 Afear o dar mal aspecto a una cosa: *el rascacielos estropea el paisaje.* — = deslucir
4 Perder una persona la salud o el aspecto juvenil: *este chico se ha estropeado mucho desde que no hace deporte.* — v.intr/prnl.

estropicio
1 Destrozo ruidoso de objetos de uso doméstico o cosas frágiles. — s.m. coloquial
2 Trastorno sin consecuencias importantes: *el nuevo peluquero le hizo un estropicio en el pelo.*

estroquear Intentar pegar a la pelota por tres veces sin conseguirlo, en el béisbol: *el jugador estroqueó la pelota.* — v.intr/tr. tb: estrucar DEPORTES

estructura (Del lat. *structura*, construcción.)
1 Modo de estar distribuidas las partes de un todo y relación que puede establecerse entre ellas: *estudiar la estructura del cuerpo humano.* — s.f. = organización
2 Armadura que sustenta un edificio. — ARQUITECTURA

estructuración Ordenación o distribución de las partes o los elementos que forman un todo. — s.f.

estructurado, a Que tiene una estructura u organización. — adj.

estructural Que tiene relación con la estructura. — adj.

estructuralismo
1 Teoría general del conocimiento, caracterizada por pretender determinar estructuras en cada campo de actuación, y por concebir cualquier objeto de estudio como un todo cuyos miembros se relacionan entre sí y con el todo. — s.m. FILOSOFÍA
2 Teoría lingüística caracterizada por concebir las lenguas como estructuras o totalidades, cuyos elementos mantienen relaciones entre sí. — LINGÜÍSTICA

estructuralista
1 Del estructuralismo. — adj.
2 Que es partidario del estructuralismo. — adj./s.m.f.

estructurar Distribuir las partes de un conjunto según un sistema u orden determinados. — v.tr./= disponer, organizar

estruendo
1 Ruido muy fuerte: *el estruendo de los camiones no me dejó dormir.* — s.m. = estrépito
2 Ruido producido por muchas personas gritando o moviéndose: *el estruendo de la fiesta llegaba hasta mi casa.* — = alboroto, bullicio
3 Ostentación o esplendor con que se hace una cosa: *hubo mucho estruendo por el funeral del marqués.* — = aparato, pompa

estruendosamente Con gran aparato y resonancia, con impacto: *el dictador fue estruendosamente derrotado en la urnas.* — adv.

estruendoso, a Que produce ruido o alboroto. — adj.

estrujador, a Que estruja. — adj./s.

estrujamiento Acción y resultado de estrujar. — s.m./= estrujadura

estrujar (Del lat. vulgar *extorculare* < *torculum*, prensa, molino de aceite < *torquere*, torcer.)
1 Apretar una cosa para sacarle el jugo o lo que contenga: *estruja bien la esponja.* — v.tr. = exprimir
2 Comprimir fuertemente a una persona hasta casi lastimarla: *deja de estrujar al niño.* — = apretujar
3 Apretar una cosa blanda hasta deformarla o arrugarla: *el conferenciante, nervioso, estrujó los papeles.*
4 Sacar el máximo provecho posible: *en esa empresa estrujan a los trabajadores; se estruja el cerebro hasta encontrar la solución.* — coloquial

estrujón
1 Acción y resultado de estrujar: *escurrió la ropa a estrujones; nos dimos un cariñoso estrujón de manos.* — s.m./= apretón, apretujón
2 Procedimiento para obtener el aguapié a partir de la uva ya exprimida y reducida a orujo, consistente en darle una vuelta con la briaga, echarle agua y apretarlo bien. — AGRICULTURA

estruma
1 Tumefacción de los ganglios linfáticos. — s.m./MEDICINA = escrófula
2 Aumento de la glándula tiroidea. — MEDICINA/= bocio

estuación (Del lat. *aestuatio*.) Flujo o creciente de la marea. — s.f.

estuante (Derivado de *estío*.) Que está muy caliente o encendido. — adj.

estuario (Derivado culto de *estero*, terreno inmediato a la orilla de una ría.) Desembocadura de un río en el mar, caracterizada por una amplia abertura por la que el mar penetra tierra adentro. — s.m. / GEOGRAFÍA

estucado
1 Enlucido o blanqueo con estuco. — s.m.
2 Decorado hecho a base de piezas de estuco moldeadas. — ARTE

estucador, a Persona que, en albañilería, hace obras de estuco. — s. = estuquista

estucar
1 Blanquear con estuco: *estucaron las paredes exteriores*. — v.tr. / conj: *sacar*
2 Poner piezas de estuco, previamente moldeadas, sobre una pared. — ARTE

estuchar Poner un producto industrial o manufacturado en un estuche: *estuchaban los terrones de azúcar*. — v.tr. = envolver

estuche (Del occitano ant. *estug* < *estujar*, guardar cuidadosamente < lat. vulgar *studiare*, guardar < *studium*, celo.)
1 Caja o envoltura donde se guardan objetos: *no encuentro el estuche de las gafas*. — s.m.
2 Conjunto de utensilios u objetos guardados en esta caja o envoltura: *tengo un estuche de caramelos*.
3 Conjunto de varios naipes. — JUEGOS

estuchería Fabricación y comercio de estuches. — s.f.

estuchista Fabricante de estuches, cajas y envoltorios. — s.m.f.

estuco (Del ital. *stucco* < longobardo *stukki*, pedazo, costra.)
1 Masa de yeso blanco y agua de cola con la que se hacen objetos de escultura y relieves: *decoraron el techo con estuco*. — s.m. / ARTE = estuque
2 Masa de yeso fino, cal y polvo de mármol con que se hace un enlucido al que luego se le aplica aguarrás o cera y resulta lavable. — CONSTRUCCIÓN

estudiado, a Se aplica al gesto, pose o actitud faltos de naturalidad: *me desagrada su sonrisa estudiada*. — adj. = afectado

estudiantado Conjunto de estudiantes de un centro docente. — s.m. = alumnado

estudiante Se aplica a la persona que cursa estudios, particularmente de grado secundario y superior. — adj/s.m.f. = alumno

estudiantil De los estudiantes o propio de ellos. — adj/.= estudiantino

estudiantina
1 Conjunto musical formado por estudiantes que salen por las calles y plazas, vestidos con trajes al estilo antiguo. — s.f. = tuna
2 Comparsa de carnaval que imita con sus trajes a los antiguos estudiantes.

estudiantón, a Estudiante aplicado pero con dificultades para aprender. — s. / despectivo

estudiar
1 Aplicar la inteligencia para adquirir nuevos conocimientos o comprender una cosa: *le cuesta estudiar*. — v.tr/intr.
2 Cursar estudios en un centro de enseñanza: *estudia física en la universidad*.
3 Aprender una cosa de memoria: *estudio las tablas de multiplicar*.
4 Analizar detenidamente un asunto, observar o examinar con atención: *me gusta estudiar el comportamiento de la gente; he de estudiar tu proyecto*.
5 Leerle a un actor el guión que ha de aprenderse y ayudarle a retenerlo. — CINE, TEATRO
6 Copiar una cosa a partir de un modelo o del natural: *el pintor estudia el rostro de la modelo*. — ARTE

estudio (Del lat. *studium*, aplicación.)
1 Esfuerzo intelectual destinado a la adquisición de conocimientos: *has de dedicar más tiempo al estudio*. — s.m.
2 Obra en que el autor expone sus conocimientos sobre una materia o un tema: *ha publicado un estudio sobre arte medieval*. — = ensayo, tratado
3 Habitación de una casa destinada a actividades artísticas o intelectuales: *este es el estudio de un pintor*. — = taller
4 Vivienda formada por una única pieza principal, cocina y cuarto de baño: *tiene un pequeño estudio en el barrio viejo*. — = apartamento
5 Conjunto de edificios y dependencias destinados a la realización de películas cinematográficas o a la emisión de programas televisivos o radiofónicos. — AUDIOVISUALES
6 Dibujo o pintura que sirve de preparación o de ejercicio antes de la obra definitiva. — ARTE = boceto
7 Composición musical generalmente destinada al aprendizaje: *un estudio para violín*. — MÚSICA
8 Falta de naturalidad en los modales: *se comporta con mucho estudio*. — = afectación
9 Bufete de un abogado. — Chile, R. de la Plata
10 Conocimientos adquiridos en la escuela y la universidad: *mis estudios me han servido de mucho en la vida*. — s.m.pl.
11 Conjunto de los cursos que se imparten en un centro de enseñanza: *jefe de estudios*.

12 **estudio general:** Universidad, centro de enseñanza superior en la edad media. — HISTORIA
13 **en estudio:** Que está siendo objeto de análisis o enjuiciamiento: *tenemos varios proyectos en estudio*. — loc.adj.
14 **dar estudios:** Proporcionar a una persona los medios para que se dedique a los estudios, en especial los secundarios o superiores: *dedicó sus ahorros a dar estudios a sus hijos*.
15 **tener estudios:** Tener instrucción, tener un título académico o haber seguido cursos de enseñanza superior.

estudioso, a
1 Que estudia con mucha aplicación: *es un alumno estudioso*. — adj. = aplicado
2 Persona que tiene grandes conocimientos en una disciplina: *el conferenciante era un estudioso de arte medieval*. — s. = erudito

estufa (Derivado de *estufar*, caldear < probablemente del lat. vulgar *extuphare*, caldear con vapores.)
1 Aparato destinado a calentar un espacio mediante la electricidad o la combustión de gas, leña, carbón, etc. — = calentador
2 Aparato de calefacción usado con distintos fines, como secar o desinfectar instrumentos médicos, mantener constante la temperatura de los cultivos biológicos, criar polluelos, etc.
3 Local acondicionado en los baños termales para que los pacientes suden abundantemente. — = sauna
4 Lugar cubierto que se mantiene caliente de forma artificial y destinado a cultivar plantas. — = invernáculo, invernadero
5 Mueble de cocina con hornillas sobre las que se guisan los alimentos. — Méx. = cocina

estufador Recipiente usado para preparar carne estofada. — s.m. / COCINA

estufilla
1 Manguito de pieles finas, usado para abrigar las manos. — s.f.
2 Brasero para calentar los pies.
3 Brasero de mano que se usaba para encender el cigarro. — = chofeta

estulticia Modo de ser o de comportarse la persona necia o tonta. — s.f./culto = necedad, tontería

estulto, a (Del lat. *stultus*, necio.) Que es tonto o necio. — adj/s. / culto

estuoso, a (Del lat. *aestuosus*, caluroso.) Que es caluroso o ardiente. — adj/.literario = encendido

estupefacción (Derivado culto del lat. *stupefacere*, causar estupor.) Impresión de gran admiración producida por alguna cosa. — s.f. = asombro, estupor

estupefaciente Sustancia o medicamento que altera los sentidos, provocando efectos sedantes o sensación de euforia, y puede generar dependencia: *toma todo tipo de estupefacientes para dormir*. — s.m. / FARMACIA

estupefacto, a Que está asombrado o pasmado: *al saber la noticia se quedó estupefacto*. — adj. = atónito

estupendo, a (Del lat. *stupendus*, part. de *stupere*.)
1 Que produce admiración por tener cualidades positivas en alto grado: *un coche es un regalo estupendo; tu hijo es un chico estupendo*. — adj. = fenomenal, maravilloso
2 Que tiene un gran atractivo físico: *tu hermana está estupenda*. — + estar / coloquial

estupidez
1 Acción o palabras propias de un estúpido. — s.f./pl: estupideces
2 Torpeza notable en comprender una cosa. — = necedad, tontería

estúpido, a (Del lat. *stupidus*, aturdido < *stupere*, estar aturdido.)
1 Que es poco inteligente o sensato: *no entendió nada porque era un estúpido; eso es estúpido por tu parte*. — adj/s. = necio, tonto
2 Se refiere a la persona cuyo comportamiento y modo de ser resulta incómodo e inoportuno: *no me gusta tu amigo, me parece un estúpido*. — = pesado
3 Que es vanidoso o arrogante: *tantas alabanzas la convirtieron en una estúpida*. — = engreído

estupor (Del lat. *stupor*.)
1 Asombro extremado: *el estupor lo dejó sin habla; contemplaron con estupor la magnitud de la catástrofe*. — s.m/.= estupefacción, pasmo
2 Estado de inconsciencia parcial con ausencia de movimientos y de reacción a los estímulos: *el accidente lo dejó en un estado de estupor*. — MEDICINA = aturdimiento

estuporoso, a Del estupor, estado de disminución de la consciencia. — adj. / MEDICINA

estuprador, a Persona que comete estupro. — s.

estuprar (Del lat. *stuprare*.) Violar a una persona menor de edad mediante engaño o aprovechándose de una situación de superioridad, sin recurrir a la violencia. — v.tr.

estupro (Del lat. *stuprum*.) Delito que consiste en efectuar el coito con una persona menor de edad mediante engaño o valiéndose de una situación de necesidad o sumisión de ésta, sin recurrir a la violencia. — s.m. / DERECHO

estuque Estuco, masa de yeso. · s.m.

estuquería
1 Arte y técnica de hacer obras con estuco. · s.f.
2 Obra hecha con estuco.

estuquista Persona que hace obras de estuco. · s.m.f.

esturar Quemar ligeramente los alimentos por falta de caldo: *el arroz se esturó.* · v.tr/prnl. · = socarrar, asurar

esturdir Aturdir, causar desconcierto o asombro a una persona. · v.tr. · tb: estordir

esturgar Quitar las asperezas y perfeccionar una pieza de alfarería con una chapa de hierro que tiene las puntas dobladas. · v.tr. · conj: *pagar*

esturión (Del bajo lat. *sturio* < alto alem. ant. *sturio*.) Pez marino que mide unos cinco metros, con el cuerpo cubierto de placas óseas y boca ventral, que remonta los ríos para desovar y cuyos huevos constituyen el caviar. *(Acipenser sturio.)* · s.m. · ZOOLOGÍA · = sollo

estúrnido, a Perteneciente a una familia de aves de pico grande y plumaje con vivos colores, como el estornino. · adj/s.m. · ZOOLOGÍA

esturrear
1 Hacer que un animal se asuste y huya. · v.tr.
2 Esparcir cosas que estaban juntas. · = desparramar

esvarar Deslizarse por una superficie: *los toros se esvararon durante el encierro.* · v.intr/prnl. · = desvarar, resbalar

esvástica Cruz con cuatro brazos acodados: *la esvástica fue el símbolo del nacionalsocialismo.* · s.f/tb: svástica · = cruz gamada

esviaje Oblicuidad o inclinación de un muro o del eje de una bóveda respecto al frente de la obra de que forman parte. · s.m. · CONSTRUCCIÓN · = viaje

eta Séptima letra del alfabeto griego, correspondiente a la *e* larga. · s.f.

-eta Terminación propia de diminutivo, que indica tamaño inferior: *paleta; trompeta; chancleta.* · suf.

etalaje (Del fr. *étalage* < *étaler*, exhibir, extender.) Parte de la cavidad de la cuba en los altos hornos situada sobre la obra y bajo el vientre. · s.m. · METALURGIA

etamín (Del fr. *etamine*.)
1 Tela rala y flexible, que se usa para confeccionar prendas de vestir. · s.m/tb: etamina · TEXTIL
2 Especie de cañamazo fabricado con algodón o lino y con mucho apresto, usado en tapicería. · TEXTIL

etano Hidrocarburo saturado compuesto por dos átomos de carbono y seis de hidrógeno que se presenta en forma de gas inodoro, incoloro, inerte y combustible. · s.m. · QUÍMICA

etanol Líquido incoloro, de sabor ardiente y olor fuerte, que forma parte de numerosas bebidas alcohólicas y se usa en muchas aplicaciones industriales. · s.m. · QUÍMICA · = alcohol etílico

etapa (Del fr. *étape*, localidad donde pernoctan las tropas < neerlandés medio *stapel*, andamio, depósito.)
1 Trayecto recorrido entre dos paradas: *hicimos el camino a la ermita en dos etapas.* · s.f.
2 Distancia de un punto de salida a otro de llegada en una carrera o en una marcha: *la etapa ciclista de hoy es muy larga.* · DEPORTES
3 Parte del desarrollo de un proceso o de una acción: *estoy en una buena etapa de mi vida.* · = época, fase
4 Lugar en que hace noche la tropa cuando marcha. · MILITAR
5 Ración de comida dada a la tropa en campaña o en marcha. · MILITAR
6 Parte autónoma y separable de un cohete o un vehículo espacial. · ASTRONÁUTICA · = fase
7 **por etapas:** Gradualmente, por partes: *realizó su trabajo por etapas.* · loc.adv.

etarra Que es miembro de ETA, organización revolucionaria e independentista vasca de actividad terrorista. · adj/s.m.f.

etcétera (Del lat. *et cetera*, y las demás cosas.) Voz usada para acortar la relación o enumeración de una serie de cosas que se omiten porque no parece necesario mencionarlas. · s.m. · tb: etc.

-ete Terminación propia de diminutivo, a veces con valor despectivo: *vejete; clarete.* · suf.

éter (Del lat. *aether* < gr. *aither*, cielo < *aitho*, quemar.)
1 Compuesto orgánico en cuya molécula existe un átomo de oxígeno unido a dos radicales de hidrocarburos, líquido, muy volátil, inflamable y buen disolvente. · s.m. · QUÍMICA
2 Espacio celeste. · literario/= cielo
3 Fluido invisible y elástico que se creía en reposo absoluto llenando todo el espacio y que transportaba las ondas electromagnéticas. · FÍSICA
4 **éter etílico o sulfúrico:** Óxido de etilo, líquido volátil, muy inflamable, que se usaba como anestésico. · QUÍMICA

etéreo, a
1 Del éter, compuesto químico: *la inhalación de vapores etéreos produce somnolencia.* · adj.

2 Que es sutil, vago, impreciso, sublime: *vive ajeno a la realidad, en un mundo lleno de sueños etéreos.* · literario
3 Del cielo: *el espacio etéreo.* · literario

eterificación Proceso de transformación de un fenol o de un alcohol en éter. · s.f. · QUÍMICA

eterio Fruto formado por un conjunto de otros más pequeños, procedente de un único gineceo de carpelos libres como la fresa. · s.m. · BOTÁNICA

eterismo Pérdida de toda sensibilidad por la acción del éter. · s.m.

eterizar
1 Quitar la sensibilidad a una persona o un animal con éter: *eterizaron el miembro herido.* · v.tr/conj: *cazar* · = anestesiar
2 Combinar o impregnar con éter una sustancia. · QUÍMICA

eternal Eterno, que no tiene principio ni fin. · adj.

eternamente
1 Siempre, en todo tiempo: *nadie vive eternamente; te estaré eternamente agradecido.* · adv.
2 Por largo tiempo: *le estuvimos esperando eternamente.*

eternidad
1 Duración infinita, sin principio ni fin. · s.f.
2 Espacio de tiempo muy prolongado: *tardó una eternidad en llegar.*
3 Tiempo que, según algunas religiones, sigue a la muerte: *no cree en la eternidad.* · = inmortalidad

eternizable Que puede ser prolongado de modo indefinido o perpetuado. · adj.

eternizar
1 Hacer que una cosa dure demasiado: *ese profesor eterniza las clases; la partida se eternizó.* · v.tr/prnl. · conj: *cazar*
2 Hacer que una cosa dure para siempre: *el pintor eternizó su figura en el cuadro.*

eterno, a (Del lat. *aeternus*.)
1 Que no tiene principio ni fin en el tiempo: *Dios es eterno.* · adj./= eternal, sempiterno
2 Que se hace demasiado largo o dura mucho: *la clase se me hizo eterna; estos zapatos no se rompen, son eternos.* · = interminable
3 Que se desea que no tenga fin: *al casarse se juraron amor eterno.* · = perpetuo
4 Que se repite con frecuencia e insistencia: *estoy harta de sus eternas quejas.* · = constante
5 **el Eterno:** Dios.

eteromanía Adicción a tomar éter mediante inhalación, bebida o inyección. · s.f.

eterómano, a Que padece eteromanía. · adj/s.

etesio (Del lat. *etesius* < gr. *etesios*, anual < *etos*, año.) Se aplica al viento que sopla periódicamente del norte durante el verano sobre el Mediterráneo oriental. · adj/s.m.

ética (Del lat. *ethica* < gr. *ethika*.)
1 Conjunto de principios y reglas morales que regulan el comportamiento y las relaciones del ser humano: *ética profesional.* · s.f. · = moral
2 Parte de la filosofía que estudia la moral de los actos del ser humano y los califica como buenos o malos. · FILOSOFÍA

ético, a
I (Del lat. *ethicus* < gr. *ethikos*, relativo al carácter < *ethos*, carácter.)
1 De la ética o moral: *debes considerar la valoración ética de los hechos.* · adj.
2 Que está conforme con los principios y las reglas morales: *tu actitud no es ética.*
3 Persona que estudia o enseña ética. · s.
II (Del gr. *ektikos pyretos*, fiebre constante, tisis.) Que padece tuberculosis. · adj/s./tb: hético · MEDICINA

etilamina Sustancia líquida derivada del amoníaco y del etanol que se emplea como disolvente y como producto intermedio en la fabricación de colorantes, medicamentos y en la síntesis orgánica. · s.f. · QUÍMICA

etileno Gas incoloro, ligeramente oloroso, que se obtiene del petróleo y se utiliza en síntesis químicas y para la fabricación de plásticos y como anestésico. · s.m. · QUÍMICA

etílico, a
1 Se refiere a los derivados del radical etilo. · adj./QUÍMICA
2 Se refiere al alcohol que se utiliza para la elaboración de bebidas alcohólicas. · QUÍMICA
3 Se aplica a la intoxicación o a la embriaguez que se produce por la ingestión excesiva de bebidas alcohólicas: *el exceso de alcohol en la sangre le provocó un coma etílico.*

etilismo
1 Estado del organismo resultante de la ingestión abusiva de bebidas alcohólicas. · s.m. · = alcoholismo
2 **etilismo agudo:** Estado de embriaguez producido por la ingestión excesiva de bebidas alcohólicas.
3 **etilismo crónico:** Toxicomanía caracterizada por la necesidad de ingerir bebidas alcohólicas.

etilo (Compuesto de *éter* + gr. *yle*, materia.) Radical compuesto de carbono e hidrógeno, que se encuentra en muchos compuestos orgánicos. — s.m. QUÍMICA

etilotest Aparato que mide el nivel de alcoholemia a partir del análisis del aire espirado. — a = etilómetro

étimo (Del gr. *etymon*, sentido verdadero.) Raíz o palabra de la que procede otra u otras. — s.m. LINGÜÍSTICA

etimología (Del lat. *etymologia*, origen de una palabra < gr. *etymologia*, sentido verdadero de una palabra < *etymos*, verdadero + *logos*, palabra.)
1 Origen de la forma y el significado de una palabra. — s.f./LINGÜÍSTICA
2 Disciplina que estudia el origen de una palabra. — LINGÜÍSTICA
3 **etimología popular:** Interpretación espontánea de una palabra relacionándola con otra de distinto origen. — LINGÜÍSTICA

etimológico, a Que tiene relación con la etimología: *el origen de una palabra lo encontrarás en un diccionario etimológico.* — adj. LINGÜÍSTICA

etimologizar Buscar la etimología u origen de las palabras. — v.tr. conj. *cazar*

etimólogo, a Persona especializada en el estudio de la etimología de las palabras. — s./LINGÜÍSTICA = etimologista

etino Hidrocarburo no saturado que arde con llama muy brillante y se emplea como combustible y para obtener productos químicos usados en soldadura. — s.m. QUÍMICA = acetileno

etiolación Anomalía en el crecimiento de plantas criadas en la oscuridad caracterizada por un alargamiento de los entrenudos de los tallos y la decoloración por falta de clorofila. — s.f. BOTÁNICA = ahilamiento

etiología (Del lat. *aetiologia* < gr. *aitiologia* < *aitia*, causa + *logos*, tratado.)
1 Estudio de las causas de las cosas: *etiología de la degradación medioambiental.* — s.f.
2 Parte de la medicina que estudia las causas de las enfermedades. — MEDICINA

etiológico, a De la etiología o que tiene relación con ella. — adj.

etíope
1 De Etiopía, país del este de África: *el país etíope es un centro esencial de interés para paleontólogos y prehistoriadores.* — adj./tb: etiope = etiopiano, etiópico
2 Persona natural de Etiopía. — s.m.f./= etiopio
3 Se aplica al conjunto de lenguas semíticas habladas en este país. — adj/s.m. = etiópico

etiqueta (Del fr. *étiquette*, rótulo.)
1 Trozo de papel, plástico u otro material que se pega o sujeta sobre una cosa para indicar lo que es, su contenido u otra indicación: *el jersey tiene una etiqueta con la talla.* — s.f.
2 Calificación que se da a una persona y que la identifica con una profesión, ideología, actitud u otra cosa semejante: *le han colgado la etiqueta de inconformista.* — = sambenito
3 Ceremonial o conjunto de reglas que han de observarse en actos públicos solemnes o en el trato social.
4 Secuencia de caracteres que indentifican un registro, una instrucción o una posición en un programa. — INFORMÁTICA
5 **de etiqueta:** Se aplica a la fiesta o reunión solemne en que se exige el traje adecuado y también a dicho traje. — loc.adj.

etiquetado Colocación de etiquetas: *visitó la sección de etiquetado de las botellas.* — s.m.

etiquetador, a Persona que pone las etiquetas. — s.

etiquetadora Máquina para poner las etiquetas a las botellas. — s.f. TECNOLOGÍA

etiquetar
1 Poner una etiqueta a una cosa: *he de etiquetar todas las camisas.* — v.tr.
2 Calificar a una persona según su profesión, ideología, actitud u otra cosa semejante: *te han etiquetado de comunista.* — + de

etiquez (Derivado de *ético* < gr. *ektikos pyretos*, fiebre constante, tisis.) Tuberculosis pulmonar. — s.f./pl: etiqueces MEDICINA/tb: hetiquez

etites (Del lat. *aetites* < gr. *aetites* < *aetos*, águila.) Concreción natural de óxido de hierro que se presenta en forma de pequeñas masas redondeadas, huecas y con un nódulo suelto en su interior. — s.f. pl: etites MINERALOGÍA = piedra del águila

etmoidal Del etmoides, hueso de la cabeza. — adj./ANATOMÍA

etmoides Hueso situado en el compartimiento anterior de la base del cráneo que forma la parte superior del esqueleto de la nariz. — s.m. pl: etmoides ANATOMÍA

etnarca
1 Gobernador de las provincias de oriente vasallas de Roma. — s.m. HISTORIA
2 Jefe civil de las comunidades judías de la diáspora romana. — HISTORIA

etnarquía
1 Dignidad de etnarca. — s.f./HISTORIA
2 Provincia gobernada por un etnarca. — HISTORIA

etnia Conjunto de personas que comparten un mismo idioma, una religión, una cultura y un origen propios. — s.f.

étnico, a (Del gr. *ethnikos*, perteneciente a las naciones < *ethnos*, raza, nación, tribu.)
1 Que tiene relación con una etnia o grupo cultural o con una nación. — adj.
2 Que es idólatra o pagano. — = gentil

etno- Componente de palabra procedente del gr. *ethnos*, que significa pueblo, raza: *etnología, etnografía.* — pref.

etnobiología Estudio de la biología de un pueblo o etnia. — s.f. BIOLOGÍA

etnobotánica Parte de la botánica que estudia las relaciones entre el ser humano y las plantas con las que convive. — s.f. BOTÁNICA

etnocéntrico, a Que tiene relación con el etnocentrismo. — adj.

etnocentrismo Tendencia a considerar que la comunidad y cultura a las que uno pertenece son superiores a las demás. — s.m.

etnocidio Destrucción de un grupo étnico o de su cultura. — s.m.

etnografía Parte de la antropología que describe las costumbres y tradiciones de los pueblos, y culturas. — s.f.

etnográfico, a Que tiene relación con la etnografía. — adj.

etnógrafo, a Persona que se dedica a la descripción de los pueblos y culturas. — s.

etnolingüística Disciplina que estudia las correlaciones que existen entre los usos, actitudes lingüísticas o estructura de las lenguas y la cultura de los pueblos respectivos. — s.f. LINGÜÍSTICA

etnolingüístico, a Que tiene relación con la etnolingüística. — adj. LINGÜÍSTICA

etnología Parte de la antropología que estudia los grupos étnicos y los pueblos en todos sus aspectos y relaciones a partir de los datos que proporciona la etnografía. — s.f.

etnológico, a Que tiene relación con la etnología o con los grupos étnicos. — adj.

etnólogo, a Persona que se dedica al estudio de los grupos étnicos y los pueblos. — s.

etnomusicología Disciplina que estudia las manifestaciones de las sociedades primitivas y la música popular de las sociedades avanzadas. — s.f. MÚSICA

eto- Componente de palabra procedente del gr. *ethos*, que significa carácter, costumbre: *etología.* — pref.

-eto Terminación de palabra de significación diminutiva en su origen: *buleto, mariqueto.* — suf.

etoespecie Conjunto de animales de características parecidas a las de los demás de su especie pero que presentan distinto comportamiento. — s.f. ZOOLOGÍA

etolio, a
1 De Etolia, región de la antigua Grecia. — adj/s./tb: etolo
2 Dialecto del griego antiguo que se hablaba en esta región. — s.m. LINGÜÍSTICA

etología Parte de la biología que estudia el comportamiento de los animales y sus relaciones con el medio ambiente. — s.f. BIOLOGÍA

etológico, a Que tiene relación con la etología. — adj./BIOLOGÍA

etólogo, a Persona que se dedica al estudio del comportamiento animal. — s./BIOLOGÍA = etologista

etopeya (Del lat. *ethopeia* < gr. *ethopoiia*, descripción del carácter.) Figura que consiste en describir el carácter, las acciones y las costumbres de una persona. — s.f. RETÓRICA

etos Carácter común a un grupo de individuos de una misma sociedad. — s.m./pl: etos tb: ethos

etrusco, a
1 De Etruria, antigua región de Italia que corresponde a la actual Toscana. — adj/s./HISTORIA = tirreno
2 Persona que formaba parte del pueblo instalado en esta región. — s. HISTORIA
3 Lengua que hablaban los habitantes de esta región. — s.m./LINGÜÍSTICA

etusa Cicuta menor, planta muy tóxica. — s.f./BOTÁNICA

eu- Componente de palabra procedente del gr. *eu*, que significa bueno, bien: *eufórico; eufónico.* — pref.

eubeo, a
1 De Eubea, isla del mar Egeo. — adj./tb: euboico
2 Persona natural de Eubea. — s.

eubolia (Del gr. *euboulia*, prudencia < *euboulos*, prudente.) Virtud que consiste en hablar con prudencia. — s.f. culto

eucalipto (Del gr. *eu*, bien + *kalyptos*, cubierto, tapado.) Árbol de gran tamaño y hojas muy olorosas y balsámicas, originario de Australia, que crece en las regiones cálidas. (*Eucaliptus*.) — s.m. BOTÁNICA

eucariota Se aplica a la célula o a los organismos constituidos por células en los cuales el núcleo y el citoplasma están bien diferenciados. — adj/s.m. BIOLOGÍA

eucaristía (Del gr. *eukharistía*, reconocimiento < *eukharistos*, agradecido < *kharizesthai*, complacer.)
1 Sacramento mediante el cual el pan y el vino se convierten en cuerpo y sangre de Cristo. `s.f./RELIGIÓN = comunión`
2 Parte de la misa católica en la que el sacerdote consagra el pan y el vino y los ofrece, convertidos en cuerpo de Cristo, a sus fieles. `RELIGIÓN = comunión`

eucarístico, a
1 De la eucaristía. `adj.`
2 Se aplica a la obra literaria que tiene la finalidad de dar gracias. `LITERATURA`

euclidiano, a (De *Euclides*, matemático griego.) Que tiene relación con el conjunto de principios axiomáticos en los que dicho autor basó su geometría. `adj. = euclídeo GEOMETRÍA`

eucologio (Compuesto culto del gr. *euke*, oración + *lego*, escoger.) Devocionario que contiene los oficios del domingo y de las principales fiestas del año. `s.m. RELIGIÓN = misal`

eucrático, a Que tiene buena constitución física en relación a su naturaleza, edad y sexo. `adj. MEDICINA`

eudemonismo Doctrina filosófica que considera la felicidad como bien supremo. `s.m. FILOSOFÍA`

eudiometría Determinación de la composición de un gas por medio del eudiómetro. `s.f. FÍSICA`

eudiométrico, a Que tiene relación con la eudiometría. `adj. FÍSICA`

eudiómetro Tubo de vidrio graduado que sirve para medir las variaciones de volumen de los gases. `s.m. FÍSICA`

eufemismo (Del gr. *eufemismos* < *eufemos*, que habla bien < *feme*, modo de hablar < *famai*, hablar.) Palabra o expresión con la que se sustituye otra u otras malsonantes, de mal gusto o inadecuadas. `s.m. LINGÜÍSTICA, RETÓRICA`

eufemístico, a Que tiene relación con el eufemismo o lo contiene. `adj./LINGÜÍSTICA, RETÓRICA`

eufonía Armonía producida por la sonoridad agradable de las palabras. `s.f. ≠ cacofonía`

eufónico, a Que tiene eufonía. `adj.`

euforbia Planta herbácea o leñosa de las euforbiáceas, que segrega un látex blanco muy acre. `s.f. BOTÁNICA`

euforbiáceo, a Perteneciente a una familia de plantas dicotiledóneas herbáceas o leñosas, de flores unisexuales y fruto seco, que por lo general contienen jugos lechosos, como el árbol del caucho y el ricino. `adj/s.f. BOTÁNICA`

euforia (Del gr. *euforía* < *euforos*, robusto, vigoroso.)
1 Sensación de intensa alegría y bienestar producida por una satisfacción, por gozar de perfecta salud o por la administración de medicamentos o drogas. `s.f.`
2 Estado de ánimo positivo y feliz: *su euforia por la consecución del premio era manifiesta.*

eufórico, a
1 De la euforia: *las drogas le han provocado un estado eufórico.* `adj.`
2 Que siente euforia: *está eufórico porque le ha tocado la lotería.* `= animado`

eufótida Roca formada por dialaga y feldespato, de color blanco manchado de verde, de textura granulosa y muy resistente. `s.f. GEOLOGÍA`

eufrasia (Del gr. *eufrasia*, alegría < *eufraino*, alegrar < *fren*, mente.) Planta herbácea de tallo erguido y ramoso, con flores pequeñas blancas, con rayas púrpuras y una mancha amarilla. (*Euphrasia officinalis.*) `s.f. BOTÁNICA`

eugenesia Ciencia que estudia la mejora de los individuos de una especie vegetal o animal, mediante el control de la reproducción y del apareamiento de los ejemplares más idóneos. `s.f. BIOLOGÍA`

eugenésico, a Que tiene relación con la eugenesia. `adj./BIOLOGÍA`

eugenista Persona que estudia, ejerce o practica la eugenesia. `s.m.f.`

eumatia Armónica de cristal creada a finales del siglo XVIII. `s.f. MÚSICA`

eunuco (Del lat. *eunuchus* < gr. *eunoukhos* < *eune*, cama + *eko*, tener, guardar.)
1 Hombre castrado que custodiaba las mujeres en los harenes. `s.m. HISTORIA`
2 Hombre pusilánime, de poco carácter. `coloquial`

eupatorio (Del gr. *eupatorion.*) Planta compuesta, de flores blancas y rosadas, que crece en los lugares húmedos. (*Eupatorium cannabinum.*) `s.m. BOTÁNICA`

eupepsia (Derivado del gr. *petto*, cocer, digerir.) Digestión normal. `s.f. FISIOLOGÍA`

eupéptico, a Se aplica a la sustancia o al medicamento que favorece la digestión. `adj./FARMACIA = digestivo`

eurasiático, a
1 De Europa y Asia, consideradas como un todo geográfico. `adj/s./tb: euroasiático, eurásico`
2 Se aplica al mestizo de europeo y asiático. `adj/s.`

¡eureka! Expresión de júbilo usada para celebrar un hallazgo o descubrimiento. `interj.`

euritermia Carácter de los organismos euritérmicos. `s.f./BIOLOGÍA`

euritérmico, a Se aplica al organismo capaz de soportar grandes diferencias de temperatura. `adj. BIOLOGÍA`

euritmia (Del gr. *eu*, bien + lat. *rhythmus*, ritmo.)
1 Ritmo normal y regular del pulso de una persona. `s.f./≠ arritmia`
2 Disposición armónica de proporciones, líneas, colores, sonidos u otros componentes de una obra artística. `ARTE`

eurítmico, a Se aplica a la obra artística que tiene una disposición armónica de sus componentes. `adj. ARTE`

euro
I (Del lat. *eurus* < gr. *euros*.) Viento que sopla del oriente. `s.m. literario`
II (Derivado de *Europa*.) Unidad monetaria de los países de la Unión europea. `s.m. ECONOMÍA`

euro- Componente de palabra procedente de la voz *Europa*: *eurodiputado; eurodólar.* `pref.`

euroafricano, a De Europa y África consideradas conjuntamente. `adj/s.`

euroaliado, a De los países de Europa que están aliados: *participaron todas las delegaciones euroaliadas.* `adj/s.`

euroasiático, a De Europa y Asia, consideradas como un conjunto geográfico. `adj/s./tb: eurasiático, eurásico`

eurobono Préstamo a largo plazo en eurodólares u otra divisa. `s.m. ECONOMÍA`

eurocentrismo Tendencia a considerar a los pueblos europeos como protagonistas de la historia y de la civilización humanas: *su marcado eurocentrismo le impedía ser objetivo.* `s.m.`

eurocheque Talón de circulación internacional que permite adquirir bienes y servicios, y ser cambiado por dinero fuera del país de origen. `s.m. ECONOMÍA`

eurociudadano, a Ciudadano de un país de la Unión europea. `s.`

eurocomunismo Tendencia adoptada por diferentes partidos comunistas, principalmente de Europa occidental, que propugnaba una adaptación de su ideología a las condiciones del estado en sociedades capitalistas. `s.m. POLÍTICA`

eurocomunista
1 Del eurocomunismo: *corriente eurocomunista.* `adj.`
2 Persona que participa de las ideas del eurocomunismo. `s.m.f. POLÍTICA`

euroconector Clavija estándar de 24 varillas que sirve para conectar transmisiones de sonido e imagen. `s.m. TECNOLOGÍA`

eurócrata Funcionario de alguna institución comunitaria europea: *los eurócratas constituyen un grupo de elite dentro de la administración.* `s.m.f.`

euroderecha Sector político conservador de ámbito europeo: *es contrario a que ese partido contribuya a crear la euroderecha en el ámbito del Parlamento europeo.* `s.f. POLÍTICA`

eurodiputado, a Diputado del Parlamento europeo: *fue elegido eurodiputado en las pasadas elecciones.* `s. POLÍTICA`

eurodivisa Divisa negociada o invertida en un país europeo que no es el de origen. `s.f. ECONOMÍA`

eurodólar Dinero norteamericano destinado a hacer adquisiciones en Europa o como depósito en bancos europeos. `s.m. ECONOMÍA`

euroelección Elección al Parlamento europeo: *organizó la campaña de las euroelecciones.* `s.f.`

euroizquierda Sector político progresista de ámbito europeo. `s.f. POLÍTICA`

euromercado Mercado financiero de las eurodivisas. `s.m./ECONOMÍA`

euromisil Misil nuclear, de alcance medio y alta precisión, instalado en Europa. `s.m. MILITAR`

europarlamentario, a Parlamentario de la Unión europea. `s. POLÍTICA`

europeidad
1 Calidad de europeo. `s.f.`
2 Carácter genérico de las naciones o pueblos europeos.

europeísmo Tendencia que defiende la unidad cultural, política y económica de Europa. `s.m.`

europeísta
1 Del europeísmo. `adj.`
2 Que es partidario del europeísmo. `adj/s.m.f.`

europeización Proceso de difusión o adopción de la cultura y las costumbres europeas. `s.f.`

europeizar Difundir o adoptar las costumbres, la cultura o el carácter europeos: *algunos sectores sociales africanos se han europeizado.* `v.tr/prnl. conj: arcaizar`

europeo, a
1 De Europa. `adj.`
2 Se dice de la persona natural de Europa. `adj/s.`

europio Metal del grupo de las tierras raras de color grisáceo, blando y volátil. `s.m. QUÍMICA`

eurotúnel Túnel submarino que enlaza el continente europeo con Gran Bretaña. — s.m.

eurovisión Organismo internacional de televisión que regula el intercambio de programas entre sus asociados. — s.f. AUDIOVISUALES

euskaldún Vasco, que habla euskera. — adj./s.m.f. tb: euzkaldún

euskera
1 De la lengua vasca. — adj./LINGÜÍSTICA
2 Lengua vasca, hablada en el País Vasco, Navarra y en el sudoeste de Francia. — s.m./tb: euskara, euzquera, euzkera

euskérico, a Del euskera, lengua vasca. — adj./LINGÜÍSTICA tb: eusquérico

éustilo (Del gr. *eu*, bien + *stylos*, columna.) Intercolumnio en el que el espacio entre columna y columna es de cuatro módulos y medio, y de seis módulos en la fachada y en la parte posterior del edificio. — s.m. ARQUITECTURA

eutanasia (Del gr. *euthanasia* < *thanatos*, muerte.)
1 Muerte sin sufrimiento físico. — s.f.
2 Práctica que consiste en acortar voluntariamente la vida de una persona desahuciada para poner fin a sus sufrimientos físicos. — MEDICINA

eutanásico, a De la eutanasia. — adj.

eutéctico, a Que se aplica a la mezcla de cuerpos sólidos, cuya fusión se realiza a una temperatura constante. — adj. FÍSICA

euterio, a Perteneciente a una subclase de mamíferos que se desarrollan en el útero de la madre, con formación de placenta. — adj./s. ZOOLOGÍA = placentario

eutexia Temperatura constante de fusión de una mezcla de sólidos. — s.f. FÍSICA

eutocia Parto normal, sin complicaciones. — s.f./MEDICINA

eutrapelia Virtud que consiste en moderar la diversión o los entretenimientos. — s.f.

eutrofia Buen estado de nutrición. — s.f./BIOLOGÍA

eutrófico, a
1 Se aplica al órgano u organismo que presenta un buen estado de nutrición, y al medio nutritivo que permite alcanzar este estado. — adj. BIOLOGÍA
2 Que tiene relación con la eutrofización. — ECOLOGÍA

eutrofización Enriquecimiento natural o artificial de las aguas en materias nutritivas que causa un exceso de fitoplancton. — s.f. ECOLOGÍA

evacuación
1 Desalojo o desocupación de un lugar: *ante la amenaza de bomba procedieron a la evacuación del edificio.* — s.f.
2 Expulsión de los excrementos. — = defecación

evacuado, a Que ha sido obligado a abandonar un territorio por razones políticas, militares o sanitarias: *los evacuados pasaron la noche en unos barracones.* — adj./s.

evacuador, a Que sirve para evacuar: *conducto evacuador.* — adj.

evacuar (Del lat. *evacuare*.)
1 Desocupar o desalojar un lugar: *el público ha evacuado la sala en orden.* — v.tr. conj: actuar
2 Expulsar un ser vivo secreciones o excrementos. — = defecar
3 Abandonar un lugar sus habitantes o sus ocupantes militares: *las tropas han evacuado la capital.*
4 Realizar una gestión, trámite o diligencia. — DERECHO

evacuatorio, a
1 Se aplica a la sustancia que facilita la expulsión de los excrementos. — adj./s.m. tb: evacuativo
2 Urinario público. — s.m.

evadir (Del lat. *evadere*.)
1 Evitar con astucia una dificultad, un daño o un peligro inminente: *evadió el tema para no comprometerse.* — v.tr./prnl.
2 Sacar del país dinero u otros bienes de manera ilegal: *se dedicaba a evadir divisas.* — v.tr.
3 Irse una persona de un lugar donde está presa o sujeta: *se evadió del campo de concentración.* — v.prnl./+ de = fugarse
4 Apartar una persona de sí misma cualquier preocupación: *se evade de los problemas.*

evagación Distracción de la imaginación: *sus evagaciones le apartan de la realidad.* — s.f. = ensoñación

evaginación Salida de un órgano hacia afuera. — s.f./MEDICINA

evaluable Que se puede evaluar: *una finca evaluable en treinta millones de pesetas.* — adj.

evaluación
1 Acción y resultado de atribuir un valor o una importancia determinadas a una cosa: *se equivocó en la evaluación del coste del proyecto.* — s.f./tb: valuación = apreciación, valoración
2 Valoración de los conocimientos o aptitudes, capacidad y rendimiento de una persona: *la evaluación del trabajo de los alumnos es una tarea difícil.*
3 Cada una de las etapas en que se divide el curso escolar y días en que se realizan los exámenes.

evaluador, a Que evalúa. — adj.

evaluar (Probablemente del fr. *évaluer*.)
1 Determinar el valor de una cosa: *un perito evaluó los daños en cien mil pesetas.* — v.tr./conj: actuar = tasar, valorar

2 Estimar, apreciar el valor de algo inmaterial: *no supo evaluar la amistad que le ofrecían.* — = valorar, valuar
3 Valorar los conocimientos, aptitudes, capacidad y rendimiento de una persona.

evanescencia Cualidad de lo que se desvanece o esfuma. — s.f.

evanescente (Derivado de *vano*.)
1 Que se desvanece o esfuma: *el vapor es evanescente.* — adj.
2 Que es sutil, muy delgado o poco intenso. — = tenue

evanescer Hacer menos densa o intensa una cosa hasta que desaparece: *el arco iris se evanescía entre las blancas nubes.* — v.tr./prnl. conj: carecer tb: evanecer

evangeliario Libro litúrgico que contiene los evangelios correspondientes a todos los días del año. — s.f. RELIGIÓN

evangélico, a
1 Del evangelio. — adj./RELIGIÓN
2 Del protestantismo. — RELIGIÓN
3 Se aplica a la secta cuya doctrina es una fusión del culto luterano y del calvinista. — RELIGIÓN
4 Se aplica a las Iglesias que surgieron de la reforma protestante. — RELIGIÓN
5 Miembro de dichas Iglesias. — s.m./RELIGIÓN

evangelio (Del lat. *evangelium* < gr. *evangelion*.)
1 Historia de la vida y doctrina de Jesucristo y libro que las contiene: *antes de acostarse lee el evangelio; le regaló un evangelio ilustrado.* — s.m. RELIGIÓN
2 Cada uno de los cuatro primeros libros del Nuevo testamento, escritos por los evangelistas y el conjunto de estos libros: *es un pasaje del evangelio de san Mateo.* — RELIGIÓN
3 Fragmento de estos libros y parte de la misa en que se lee. — RELIGIÓN
4 Verdad indiscutible: *en aquella casa la opinión del padre es el evangelio.* — coloquial

evangelismo
1 Doctrina religiosa de la Iglesia protestante. — s.m./RELIGIÓN
2 Movimiento de reforma católica caracterizado por el retorno a las formas de vida de los primitivos cristianos. — RELIGIÓN

evangelista
1 Cada uno de los cuatro discípulos de Jesucristo que escribieron los evangelios: *los evangelistas son san Mateo, san Marcos, san Lucas y san Juan.* — s.m. RELIGIÓN
2 Persona encargada de cantar el evangelio en las iglesias. — RELIGIÓN
3 Persona que profesa el protestantismo. — s.m.f./RELIGIÓN Méx.
4 Memorialista, el que por oficio escribe cartas u otros papeles que necesitan quienes no saben hacerlo.

evangelistero Clérigo que en algunas iglesias tiene la obligación de cantar el evangelio en las misas solemnes. — s.m. RELIGIÓN

evangelización Predicación de la doctrina de los evangelios. — s.f. RELIGIÓN

evangelizador, a Que difunde la doctrina y la fe cristianas: *una misión evangelizadora.* — adj./s.

evangelizar Difundir la doctrina del evangelio o predicar la fe o las virtudes cristianas. — v.tr./conj: cazar RELIGIÓN

evaporable Que se puede evaporar. — adj.

evaporación Transformación de un líquido en vapor sin pasar por la ebullición. — s.f./FÍSICA tb: vaporación

evaporador Aparato que se utiliza para la deshidratación de legumbres, frutas, leche, etcétera. — s.m. TECNOLOGÍA

evaporar (Del lat. *evaporare*.)
1 Convertir un líquido en vapor: *se evaporó el agua.* — v.tr/prnl.
2 Eliminar el agua u otra sustancia volátil de un producto para concentrarlo: *evaporar la leche.* — v.tr./INDUSTRIA = concentrar
3 Hacer desaparecer una cosa: *se evaporó la tensión; con tantas compras se me ha evaporado el sueldo.* — = disipar, volatilizar
4 Irse una persona disimuladamente: *siempre que hay trabajo se evapora.* — v.prnl./coloquial = esfumarse

evaporímetro Instrumento para medir la intensidad de la evaporación atmosférica. — s.m.

evaporita Formación sedimentaria de yeso y sal gema, que resulta de la evaporación del agua en la que estaban disueltos estos componentes. — s.f. GEOLOGÍA

evaporización Acción y resultado de evaporizar o evaporizarse. — s.f. tb: vaporización

evaporizar
1 Transformar un líquido en vapor por medio del calor: *esta sustancia evaporiza fácilmente; con el Sol se ha evaporizado el agua.* — v.tr./intr/prnl. conj: cazar = evaporar
2 Pulverizar un líquido. — v.tr./= vaporizar

evasión (Derivado de *evadir*.)
1 Acción y resultado de huir o escaparse de un lugar: *se descubrió el plan de evasión de los presos.* — s.f. = fuga, huida
2 Acción y resultado de apartar una persona de sí misma cualquier preocupación: *con la evasión no solucionarás tus problemas.*
3 **evasión de capitales**: Delito que consiste en la exportación ilegal de dinero. — DERECHO

4 evasión fiscal: Acción que realiza el contribuyente para evitar un determinado impuesto, en algunos casos por medios fraudulentos. `DERECHO`

5 de evasión: Se aplica a la obra literaria o cinematográfica, cuya principal finalidad es el entretenimiento. `loc.adj. CINE, LITERATURA`

evasiva Recurso con que se evita una dificultad o un compromiso: *me respondió con una evasiva.* `s.f.`

evasivo, a Que elude o evita una dificultad, un daño o un peligro inminente. `adj.`

evasor, a Que evade o se evade: *evasor de impuestos.* `adj/s.`

evección Desigualdad periódica del movimiento de la Luna, debida a la atracción del Sol. `s.f. ASTRONOMÍA`

evento Suceso o hecho considerado de interés e importancia: *celebraron el evento con gran alegría.* `s.m. = acontecimiento`

eventración Ruptura o debilitación de la pared abdominal, que puede llegar a dejar la piel como único medio de contención de las vísceras. `s.f. MEDICINA`

eventual (Derivado del lat. *eventus,* resultado, acontecimiento.) Que no es seguro ni fijo o que depende de las circunstancias: *hace trabajos eventuales.* `adj. = ocasional`

eventualidad `s.f.`
1 Posibilidad de que algo suceda o no.
2 Hecho cuya realización no es segura: *reserva algo de dinero por si surge cualquier eventualidad.* `= contingencia`

eventualmente `adv.`
1 En ocasiones, no siempre: *eventualmente, como en casa de mis suegros.*
2 Por el momento, de manera no definitiva: *trabajo eventualmente en unos grandes almacenes.*

eversión `s.f.`
1 Destrucción, daño grave que aniquila una cosa material o inmaterial. `= ruina`
2 Desviación hacia fuera de una mucosa, en especial la de los labios. `MEDICINA`

evicción (Del lat. *evictio* < *evincere,* sacar de la posesión jurídicamente.) Pérdida de un derecho por sentencia firme y en virtud de derecho anterior ajeno. `s.f. DERECHO`

evidencia `s.f.`
1 Circunstancia de lo que es evidente, tan claro y perceptible que no se puede negar o poner en duda: *su fracaso era una evidencia indiscutible.*
2 Hecho evidente, que no necesita explicación: *ciertos principios de la física se tienen por evidencias.*
3 Prueba judicial. `Amér.`
4 **en evidencia:** En ridículo o en situación comprometida o desairada: *su desastrada manera de vestir le puso en evidencia; es un ignorante que queda en evidencia cuando habla.* `loc.adv. + dejar, estar, poner, quedar`

evidenciar Hacer patente y manifiesta la certeza de una cosa: *su tristeza se evidencia en su rostro.* `v.tr/prnl. = manifestar, mostrar`

evidente (Del lat. *evidens.*)
1 Que es tan claro que no admite duda: *es evidente que a estas horas ya no vendrá.* `adj. = obvio, patente`
2 Se utiliza como expresión de asentimiento: *¿te gustaría trabajar menos y ganar más?, evidente.* `adv./coloquial = evidentemente, ¡claro!`

evidentemente Con certeza y claridad. `adv.`

evisceración Operación quirúrgica consistente en extirpar una o más vísceras del organismo o una parte de ellas. `s.f. MEDICINA`

eviscerar Sacar las vísceras a una persona o un animal. `v.tr.`

evitable Que puede o debe ser evitado. `adj./≠ inevitable`

evitación Acción y resultado de impedir por algún medio que suceda una cosa. `s.f.`

evitar (Del lat. *evitare* < *vitare.*)
1 Impedir que suceda una cosa desagradable: *hemos de evitar la propagación de la epidemia.* `v.tr.`
2 Intentar una persona no encontrarse en una situación o no tener trato con otra persona: *voy por este camino para evitar los semáforos; cuando la veo, procuro evitarla.* `= eludir`

eviterno, a (Del lat. *aeviternus* < *aevum.*) Que tiene principio pero no fin y su duración no es temporal. `adj. culto`

evo `s.m./TEOLOGÍA`
1 Duración de las cosas eternas. `literario`
2 Duración de tiempo sin fin.

evocación Acción y resultado de evocar. `s.f.`

evocador, a Que hace recordar: *las reuniones familiares son especialmente evocadoras.* `adj.`

evocar (Del lat. *evocare,* hacer salir llamando.)
1 Recordar una cosa: *en la cena de ex alumnos evocamos nuestros días de colegiales.* `v.tr. conj: sacar`
2 Provocar una cosa el recuerdo de otra por su semejanza o por existir relación entre ellas: *los niños de la plaza me hacen evocar mi infancia.*
3 Invocar a los espíritus o las almas de los muertos o a los demonios. `OCULTISMO`

evolución (Del fr. *évolution* < lat. *evolutio,* acción de desenrollar.)
1 Desarrollo o transformación gradual: *la evolución científica es fundamental para la curación de las enfermedades; la enfermedad sigue una evolución favorable.* `s.f.`
2 Conjunto de transformaciones sucesivas que han experimentado las especies de organismos vivientes durante las eras geológicas: *estudio la teoría de la evolución.* `BIOLOGÍA`
3 Hipótesis que pretende explicar todos los fenómenos, cósmicos, físicos y mentales, por transformaciones sucesivas de una sola realidad primera. `FILOSOFÍA`
4 Movimientos o ejercicios que realiza una persona o un animal: *durante el ensayo admiré las evoluciones del trapecista.* `s.f.pl.`
5 Movimientos que hacen las tropas o los buques con fines defensivos o de ataque. `MILITAR`

evolucionar
1 Pasar un organismo o una cosa de un estado a otro: *el paciente evoluciona favorablemente.* `v.intr.`
2 Experimentar una persona un cambio de ideas o de actitud: *mis padres han evolucionado con los años.*
3 Realizar movimientos o ejercicios sucesivos: *los bailarines evolucionaban en la pista.*
4 Moverse o cambiar de dirección una formación de tropas o barcos de guerra: *las tropas enemigas evolucionaban hacia el este.* `MILITAR`

evolucionismo Teoría fundada en la hipótesis de la evolución de animales y plantas a partir de organismos simples. `s.m. BIOLOGÍA = darvinismo`

evolucionista
1 Del evolucionismo. `adj.`
2 Que es partidario del evolucionismo. `adj/s.m.f.`

evolutivo, a
1 Que se refiere a la evolución: *el ritmo evolutivo era muy lento.* `adj.`
2 Que se produce por evolución: *su obra narrativa es resultado de un complejo proceso evolutivo.*

evolvente Se aplica a la curva descrita por el extremo de un hilo al desenrollarse de una curva a la que está fijo por el otro extremo y que permanece siempre tenso. `adj/s.f. GEOMETRÍA`

evónimo (Del gr. *euonymos.*) Bonetero, arbusto que se cultiva como seto. `s.m. BOTÁNICA`

ex-
1 Componente de palabra procedente de la prep. lat. *ex,* que significa fuera o más allá: *excéntrico, extender.* `pref.`
2 Componente de palabra procedente de la prep. lat. *ex,* que indica negación o privación: *exheredar.*
3 Componente de palabra procedente de la prep. lat. *ex,* que indica encarecimiento: *exclamar.*
4 Antepuesto a nombres de cargos o dignidades, y a nombres o adjetivos de persona, indica que ésta ha dejado de ser lo que aquellos significan: *exministro o ex ministro.*

ex abrupto (Expresión latina.)
1 Arrebatadamente, sin reflexión y de improviso. `loc.adv.`
2 Sin guardar el orden establecido. `DERECHO`

exabrupto (Del lat. *ex abrupto,* de repente.) Palabra o dicho que suele darse como respuesta salida de tono, con brusquedad y enfado: *le contestó con un exabrupto.* `s.m.`

exacción (Del lat. *exactio,* cobranza.)
1 Exigencia del cobro de un impuesto, tasa, multa u otro tipo de contribución. `s.f. DERECHO`
2 Cobro injusto y violento. `= concusión`

exacerbación
1 Acción y resultado de irritar a una persona o de hacer más fuerte un sentimiento: *la exacerbación de los ánimos no conduce a nada bueno.* `s.f. tb: exacerbamiento = exasperación`
2 Agravación o intensificación de los síntomas de una enfermedad.

exacerbar (Del lat. *exacerbare.*)
1 Causar una cosa gran enfado o irritación a una persona: *cuando no le dejan hacer lo que quiere se exacerba.* `v.tr/prnl. = enojar, exasperar`
2 Hacer más fuerte o intenso un dolor físico o moral: *el escozor se le exacerbó con esas gotas.*

exactitud
1 Fidelidad en la reproducción de un modelo o en la ejecución de alguna cosa que está reglamentada: *respondió con exactitud.* `s.f.`
2 Rigor y precisión en la determinación de una cosa: *toma las medidas con exactitud.*

exacto, a (Del lat. *exactus,* part. de *exigere.*)
1 Que se mide, calcula o expresa con exactitud o precisión: *necesito un metro exacto de cable; dime la hora exacta.* `adj. = justo`
2 Que es exactamente igual a otro: *tus pensamientos son exactos a los míos.* `+ a`
3 Que es reproducción o imitación fiel: *es una copia exacta del cuadro original.* `= fidedigno`
4 Que se corresponde completamente con la verdad o con la realidad: *no es exacto lo que dices.* `= cierto`

5 Que se hace conforme a lo prescrito o establecido: *exige la exacta aplicación de las normas.*

6 Que cumple con rigor sus obligaciones: *era exacto cumplidor de sus promesas.* = cabal, fiel

7 ¡**exacto**!: Se utiliza como expresión de asentimiento: *¡exacto!, quiere engañarnos.* interj.

exactor Persona encargada de cobrar o recaudar tributos, impuestos o emolumentos. s.m.

ex aequo (Expresión latina.) Se aplica a opositores, concursantes o premios para indicar que tienen el mismo mérito o han quedado empatados. loc.adj./adv.

exageración
1 Acción de presentar o representar algo aumentando su importancia o su magnitud: *en su comportamiento, tiende a la exageración.* s.f. = ponderación

2 Cosa, dicho o hecho que excede de los límites normales, justos o razonables: *todo lo que dice es una exageración.*

exagerado, a
1 Se aplica a la persona que exagera: *es muy exagerada con el maquillaje.* adj/s. = exagerador

2 Que excede de un límite considerado normal, justo o razonable: *es un precio exagerado para la calidad del producto.* adj./= desmedido, desmesurado, excesivo

exagerar (Del lat. *exaggerare*, terraplenar, colmar < *agger*, terraplén.) Dar proporciones excesivas a una cosa, yendo más allá de los límites normales, justos o razonables: *exagera todo lo que cuenta.* v.tr. = abultar, hinchar, ponderar

exagerativo, a Que exagera: *lo alabó con frases exagerativas.* adj.

exaltación
1 Acción y resultado de exaltar o exaltarse. s.f./= exaltamiento
2 Intensidad muy elevada en un estado de ánimo: *el gol provocó la exaltación del público.*
3 Acción de atribuir mucho mérito o valor a una persona o una cosa: *la exaltación de sus hazañas.* = glorificación

exaltado, a Que se comporta con gran entusiasmo o apasionamiento: *un grupo de exaltados provocó disturbios.* adj/s.

exaltamiento Exaltación [en todas sus acepciones]. s.m.

exaltar (Del lat. *exaltare*, levantar, ensalzar.)
1 Atribuir mucho valor o mérito a una persona o una cosa: *los diarios han exaltado mi labor.* v.tr. = ensalzar
2 Hacer que una persona llegue a un grado de gran excitación o apasionamiento, perdiendo la moderación y la calma: *me exalto con sus afirmaciones.* v.tr/prnl. = excitar
3 Poner a una persona o una cosa en una posición social o económica elevada: *fue exaltado al grado de coronel.* v.tr. = elevar, encumbrar

examen (Del lat. *examen*, fiel de la balanza, acción de pesar, examen.)
1 Prueba que se realiza para demostrar la aptitud que se tiene para un cargo o el conocimiento de una materia de estudio: *pasó los exámenes con éxito.* s.m. = ejercicio
2 Estudio detenido de una cosa, hecho, materia o asunto: *realizaron un examen detenido del caso.* = investigación
3 examen de conciencia: 1. Meditación sobre los pecados cometidos, que los católicos hacen antes de la confesión. 2. Meditación sobre la propia conducta. RELIGIÓN
4 libre examen: Estudio de los dogmas de fe, hecho desde el punto de vista cristiano pero no basado en las enseñanzas de la Iglesia católica sino en la interpretación personal de la Biblia. RELIGIÓN

examinador, a Persona que examina. s.

examinando, a Persona que se presenta a examen. s.

examinar (Del lat. *examinare*, pesar, examinar.)
1 Hacer que una persona realice un examen o prueba para saber sus aptitudes: *mañana se examinan de lengua alemana.* v.tr/prnl.
2 Observar y analizar a una persona, un animal o una cosa detenidamente: *examinará tu proyecto.* v.tr.

exangüe (Del lat. *exsanguis*, sin sangre.)
1 Que no tiene fuerzas: *el corredor llegó exangüe a la meta.* adj. culto
2 Que ha perdido mucha o toda la sangre.
3 Muerto, sin vida: *la policía lo encontró ya exangüe.* culto

exanimación Pérdida de las funciones vitales. s.f.

exánime (Del lat. *exanimis*.)
1 Que no muestra señales de vida o que no tiene vida: *encontraron el cuerpo exánime de una joven.* adj./culto = inánime, muerto
2 Muy debilitado, sin fuerzas: *el maratón dejó exánimes a los participantes.* culto

exantema (Del gr. *exanthema*, florescencia.) Erupción de la piel que acompaña a ciertas enfermedades infecciosas. s.m. MEDICINA

exantemático, a Del exantema o que tiene el exantema como síntoma: *tifus exantemático.* adj. MEDICINA

exarca (Del gr. *exarkhos*, jefe presidente < *exarkho*, gobernar.)
1 Dignidad de la Iglesia griega inmediatamente inferior a la de patriarca. s.m. RELIGIÓN

2 Gobernador del imperio bizantino en Italia y África. HISTORIA

exarcado
1 Dignidad de exarca. s.m.
2 Tiempo que duraba el gobierno de un exarca. HISTORIA
3 Territorio gobernado por un exarca. HISTORIA

exasperación Acción y resultado de irritar a una persona. s.f. = exacerbación

exasperante Que exaspera o irrita: *su comportamiento es exasperante.* adj. = irritante

exasperar (Del lat. *exasperare*.) Hacer que una persona se enfade muchísimo, que pierda la paciencia: *se exaspera con sus actuaciones; la lentitud de tus respuestas me exaspera.* v.tr/prnl. = enfurecer, irritar

excandecer Hacer que una persona se irrite: *es normal que se excandezca con un hijo tan travieso.* v.tr/prnl. conj: carecer

excarcelación Liberación de un preso. s.f.

excarcelar (Derivado de *cárcel*.) Poner a un preso en libertad por mandamiento judicial: *lo excarcelaron porque no había pruebas de su culpabilidad.* v.tr/prnl.

ex cathedra (Expresión latina.)
1 Desde la cátedra papal, cuando se definen verdades de fe. loc.adv. tb: ex cátedra
2 En tono magistral: *está tan seguro de sí mismo que parece que hable ex cathedra.*

excava Labor consistente en quitar la tierra que hay alrededor de una planta para favorecer su desarrollo. s.f. AGRICULTURA

excavación Acción y resultado de excavar. s.f./= socavación

excavador, a Que excava: *unos excavadores descubrieron un yacimiento prerromano.* adj/s.

excavadora Máquina para excavar. s.f.

excavar (Derivado de *cavar*.)
1 Hacer hoyos, zanjas o galerías en un terreno. v.tr.
2 Quitar la tierra que está alrededor de una planta para favorecer su crecimiento. AGRICULTURA

excedencia
1 Situación del funcionario o empleado que ha dejado de ejercer su cargo de forma temporal: *tiene una excedencia de dos años.* s.f.
2 Pensión que recibe el funcionario público que ha dejado de ejercer temporalmente su cargo.

excedentario, a Que excede o supera a lo necesario: *la producción excedentaria se destina al Tercer Mundo.* adj.

excedente
1 Que excede o sobra: *el material excedente se devuelve a la fábrica.* adj/s.m. = sobrante
2 Se aplica al funcionario público o al empleado que de forma temporal deja de ejercer su cargo. adj. = supernumerario
3 Diferencia entre la producción y el consumo: *los excedentes agrícolas se exportan a bajo precio.* s.m./COMERCIO, ECONOMÍA
4 excedente de cupo: Superioridad del número de jóvenes en edad de realizar el servicio militar respecto al número de plazas disponibles. MILITAR

exceder (Del lat. *excedere*, salir.)
1 Sobrar o quedar después de usar lo necesario: *exportamos la producción que excede.* v.intr. conj: temer
2 Propasarse, ir más allá de lo lícito o razonable: *bebe, pero no te excedas; creo que se excedió en sus elogios ante un cuadro tan mediocre.* v.intr/prnl. = pasarse, sobrepasarse
3 Ser una persona o una cosa mayor o mejor que otra en una cualidad: *el nuevo motor excede al antiguo en varios caballos.* v.tr. = aventajar, superar

excelencia (Del lat. *excellentia*.)
1 Característica de las personas o cosas excelentes. s.f.
2 Tratamiento honorífico o de respeto y cortesía, dado a algunas personas por su dignidad, empleo o cargo. formal
3 por excelencia: Por antonomasia, con más propiedad o derecho que nada o nadie en ser calificado así: *Dalí es el pintor surrealista por excelencia.* loc.adv.

excelente (Del lat. *excellens*, sobresaliente, part. de *excellere*, ser superior, sobresalir.)
1 Que tiene en grado sumo las buenas cualidades propias de su naturaleza: *el profesor es excelente.* adj. = magnífico
2 Moneda española de oro del siglo XV. s.m.

excelentísimo, a Tratamiento protocolario con que se habla de y a la persona que tiene el tratamiento de excelencia: *el excelentísimo señor ministro.* adj. formal

excelsitud Cualidad de excelso. s.f./culto

excelso, a (Del lat. *excelsus*.)
1 De elevada categoría espiritual: *le recordaremos por sus excelsas virtudes.* adj./culto = sublime
2 De gran altura: *las secuoyas son árboles excelsos.* literario
3 el Excelso: Dios. = el Altísimo

excentricidad (Derivado de *centro*.)
1 Carácter y modo de ser de las personas raras o extravagantes. s.f. = extravagancia
2 Dicho o hecho raro o anormal: *su última excentricidad es llevar un loro en el hombro.* = extravagancia

3 Distancia que hay entre el centro de la elipse y uno **GEOMETRÍA**
de sus focos.
4 Situación de lo que está fuera o alejado de su
centro.

excéntrico, a
1 Que es raro y extravagante: *sólo una persona excén-* **adj/s.**
trica puede pintar su casa de negro. **= estrafalario**
2 Que está desplazado del centro o que tiene un cen- **adj.**
tro diferente: *es una circunferencia excéntrica.* **≠ concéntrico**

excepción (Del lat. *exceptio, onis.*)
1 Acción y resultado de exceptuar: *haré una excepción* **s.f.**
y comeré pastel.
2 Cosa o persona que se aparta a una ley o regla general aplicable a los de su especie: *su caso es una ex-*
cepción.
3 Motivo alegado por el demandado para hacer inefi- **DERECHO**
caz la acusación del demandante.
4 a o con excepción de: Exceptuando o excluyendo **loc.prep.**
aquello de que se habla.
5 de excepción: Extraordinario o privilegiado: *al pro-* **loc.adj.**
grama televisivo asistirá un invitado de excepción.

excepcional
1 Que se aparta de lo normal o sucede rara vez: *que* **adj.**
nieve en Barcelona es un hecho excepcional. **= singular, raro**
2 Que está por encima de lo común en calidad o gra- **= extraordinario**
do: *estoy leyendo una novela excepcional.*

excepcionalmente
1 Como excepción: *hoy, excepcionalmente me acostaré* **adv.**
temprano.
2 De manera especial o extraordinaria: *es un hotel ex-*
cepcionalmente bien equipado.

excepcionar
1 Separar a una persona o una cosa del grupo del que **v.tr.**
forma parte o de una regla común. **= exceptuar**
2 Alegar excepción en un juicio. **DERECHO**

excepto (Del lat. *exceptus.*) A excepción de, fuera de, **prep.**
sin incluir a: *pueden pasar todos, excepto los menores de*
catorce años.

exceptuación Acción y resultado de exceptuar o se- **s.f./= excepción,**
parar de un conjunto o norma. **exclusión**

exceptuar Separar a una persona o una cosa de un **v.tr/prnl.**
conjunto o de una regla común: *todos los alumnos fue-* **conj: actuar**
ron castigados, sin exceptuar a ninguno. **= excluir**

excerpta (Voz latina.) Cada uno de los fragmentos de **s.f.**
una o varias obras de un autor publicadas separada- **LITERATURA**
mente. **th: excerta**

excesivo, a Que excede en tamaño o cantidad a lo **adj.**
que se cree necesario o conveniente: *me parece excesi-* **= demasiado,**
vo gastar tanto dinero en ropa. **desmedido**

exceso (Del lat. *excessus, salida.*)
1 Parte que sobra en algo, sobrepasa una regla o me- **s.m.**
dida prefijada o se sale de los límites de lo normal o
de lo lícito: *este hombre tiene exceso de colesterol.*
2 Acción en que se pasa un determinado límite, ya **= abuso**
sea contra la ley, por el sentido común o por
la moral reinante: *las mujeres denunciaron los excesos de*
los invasores.
3 Proporción en que una cosa excede o sobrepasa a **= excedente**
otra: *el exceso de exportación sobre la importación poten-*
cia la economía del país.
4 exceso de equipaje: Peso con que un equipaje sobrepasa el número de kilos que cada viajero puede
transportar gratuitamente.
5 en exceso: De manera excesiva, superior a lo nece- **loc.adv.**
sario o conveniente.

excipiente (Del lat. *excipiens,* part. de *excipere,* sacar, **s.m.**
tomar.) Sustancia inactiva que se mezcla con los me- **FARMACIA**
dicamentos para darles consistencia, forma, sabor u
otras cualidades y así facilitar su administración.

excisión
1 Técnica de biopsia que consiste en la obtención de **s.f./MEDICINA**
una muestra de tejido orgánico, mediante un corte **th: escisión**
con bisturí, para realizar un examen de las células. **= resección**
2 Ablación ritual del clítoris que practican algunos
pueblos.

excitabilidad
1 Cualidad de excitable: *el contexto repercute en el gra-* **s.f.**
do de excitabilidad de los individuos. **= irritabilidad**
2 Propiedad fundamental de la materia viva de reac- **BIOLOGÍA**
cionar a los estímulos ambientales modificando las **= reactividad**
propias características físico-químicas.

excitable
1 Que se puede excitar. **adj.**
2 Que se excita con facilidad: *persona excitable.*

excitación
1 Acción y resultado de excitar o excitarse: *el miedo* **s.f.**
provocó un estado de excitación a los reunidos.
2 Efecto producido por un excitante al actuar sobre **BIOLOGÍA**
una célula, un órgano o un organismo: *excitación de* **= estimulación**
las terminaciones nerviosas.

excitador, a
1 Que excita o sirve para excitar. **adj/s.m.**
2 Aparato formado por dos arcos metálicos, con el **s.m.**
que se produce una descarga eléctrica entre dos pun- **ELECTRICIDAD**
tos que tengan potenciales muy diferentes.
3 Sistema que produce una descarga eléctrica oscilan- **ELECTRICIDAD**
te en las estaciones transmisoras de telegrafía sin
hilos.

excitante
1 Que excita: *el café y el té son bebidas excitantes; le* **adj/s.m.**
han recetado un excitante. **≠ calmante**
2 Excitación que produce un cambio de equilibrio **s.m.**
material y dinámico, y una liberación de energía en **BIOLOGÍA**
una célula, un órgano o un organismo.

excitar (Del lat. *excitare,* despertar, excitar.)
1 Hacer que una actividad o un sentimiento se pro- **v.tr.**
duzca o sea más intenso: *tanto misterio excita mi curio-* **= activar,**
sidad. **estimular, suscitar**
2 Provocar una cosa un estado de entusiasmo, ner- **v.tr/prnl.**
viosismo o impaciencia en una persona: *el niño se ex-*
citó al ver todos los regalos.
3 Provocar el deseo sexual.

exclamación
1 Grito, palabra o frase pronunciados en voz más alta **s.f.**
o aguda de lo normal, para expresar cierta emoción:
lanzó una exclamación de sorpresa.
2 Signo ortográfico de admiración.
3 Figura retórica que consiste en expresar con fuerza **RETÓRICA**
y contundencia un pensamiento o una emoción.

exclamar (Del lat. *exclamare.*) Proferir palabras con **v.intr/tr.**
fuerza, vehemencia o brusquedad como consecuen-
cia de una impresión recibida.

exclamativo, a Que tiene relación con la exclama- **adj.**
ción o la expresa: *oración exclamativa.* **= exclamatorio**

exclaustración Facultad otorgada por la Santa Sede **s.f.**
a un miembro de una orden religiosa de vivir fuera **RELIGIÓN**
de la vida comunitaria.

exclaustrado, a Se refiere al religioso que abandona **adj/s.**
temporalmente la vida comunitaria. **RELIGIÓN**

exclaustrar (Derivado de *claustro.*) Hacer o dejar que **v.tr.**
un religioso abandone el claustro, la vida comuni- **RELIGIÓN**
taria.

excluir (Del lat. *excludere,* cerrar afuera, excluir.)
1 Dejar a una persona o una cosa fuera de un conjun- **v.tr.**
to: *os hago responsables a todos, sin excluir a nadie;* **conj: huir**
lo excluyó de la lista. **part.tb: excluso**
2 Rechazar o negar la posibilidad de una cosa: *exclu-* **= descartar,**
yo tu propuesta por su elevado coste. **eliminar**
3 Ser una cosa incompatible con otra: *esta idea exclu-*
ye la que tú propones.

exclusión (Del lat. *exclusio.*) Acción y resultado de **s.f.**
excluir.

exclusiva
1 Privilegio o concesión por el cual una persona o **s.f.**
corporación es la única autorizada para hacer una **= monopolio**
cosa: *tiene la exclusiva de la venta de coches en España.*
2 Noticia o reportaje conseguido y difundido por un
solo medio informativo: *vendió la exclusiva de su boda*
a nuestra revista.

exclusivamente Sólo, únicamente: *se viste exclusiva-* **adv.**
mente de negro.

exclusive Sin considerar el último término que se **adv.**
menciona como límite de una serie: *lee hasta el deci-* **≠ inclusive**
moquinto capítulo, exclusive.

exclusividad
1 Cualidad de lo que excluye o tiende a excluir. **s.f.**
2 Circunstancia de ser exclusivo, que pertenece o es
propio de una sola persona, un grupo de personas o
una cosa: *la exclusividad de este club se refleja en la cuo-*
ta de socio.

exclusivismo Adhesión exagerada a una persona, una **s.m.**
cosa o una idea, sin prestar atención a otras que deben ser tenidas en cuenta: *se dedica a sus hijos con total*
exclusivismo.

exclusivista
1 Del exclusivismo. **adj.**
2 Que se comporta con exclusivismo: *su actitud exclu-* **adj/s.m.f.**
sivista le ha creado muchos enemigos.

exclusivo, a
1 Que excluye o tiende a excluir. **adj./= excluyente**
2 Que es único: *he venido con el exclusivo fin de ayudarte.* **= solo**
3 Que está fabricado o vendido por una firma comer-
cial y, generalmente, producido de forma limitada: *el*
vestido de la princesa es un modelo exclusivo.

excluso, a (Part. irreg. de *excluir.*) Que ha sido exclui- **adj.**
do, que se ha rechazado o apartado de los demás.

excluyente Que excluye. **adj.**

excogitar (Derivado culto de *cuidar* < lat. *cogitare,* **v.tr.**
pensar.) Descubrir una cosa meditando.

excombatiente Se aplica a la persona que ha participado en algún combate o guerra. — adj/s.m.f.

excomulgado, a Persona que ha sido apartada de la comunidad católica y del uso de los sacramentos. — s. RELIGIÓN

excomulgar (Derivado de *comulgar*.)
1 Apartar a una persona una autoridad eclesiástica de la comunidad católica y prohibirle el uso de los sacramentos. — v.tr. conj: *pagar* RELIGIÓN
2 Separar a una persona del trato con otra u otras: *le excomulgaron de la pandilla por traidor*. — coloquial

excomunión
1 Separación de una persona de la comunidad católica y del uso de los sacramentos, ordenada por la autoridad eclesiástica competente: *sus declaraciones le valieron la pena de excomunión*. — s.f. RELIGIÓN
2 Decreto con que se anuncia la separación de un individuo o grupo de la comunidad católica: *hicieron pública su excomunión*. — RELIGIÓN
3 **excomunión paulina**: Carta que publicaba la autoridad eclesiástica competente manifestando su decisión de excomulgar a los autores y encubridores de un robo. — RELIGIÓN

excoriación Lesión superficial en la piel como la que se produce por rascado. — s.f./MEDICINA th: escoriación

excoriar (Del lat. *excoriare*, sacar la piel.) Rozar o irritar la piel de una parte del cuerpo: *se excorió el brazo en aquella caída*. — v.tr./prnl. MEDICINA th: escoriar

excrecencia (Del lat. *excrescentia*.) Prominencia anormal que aparece sobre una superficie orgánica. — s.f./MEDICINA th: excrescencia

excreción Acción y resultado de excretar. — s.f./FISIOLOGÍA

excrementar Expulsar los excrementos. — v.intr./FISIOLOGÍA

excrementicio, a Que tiene relación con la excreción o de los excrementos. — adj./= excremental, fecal

excremento (Del lat. *excrementum*, cernedura, secreción < *excernere*, separar cribando.)
1 Residuos de la comida que, después de hecha la digestión, expulsa el cuerpo por el ano. — s.m. = heces
2 Secreción despedida por la nariz, la boca u otras vías del cuerpo.

excrementoso, a
1 Se aplica al alimento que nutre poco y se convierte más que otro en excremento. — adj.
2 De la excreción o de los excrementos. — = excrementicio

excretar
1 Expulsar una persona o un animal los excrementos. — v.intr./FISIOLOGÍA
2 Expeler las glándulas las sustancias elaboradas por ellas. — v.tr. FISIOLOGÍA

excretor, a Se aplica al conjunto de órganos, y a cada uno de ellos, que realiza las funciones de excreción: *aparato excretor; glándulas excretoras*. — adj. ANATOMÍA th: excretorio

exculpación
1 Declaración de la inocencia de una persona. — s.f.
2 Hecho o circunstancia que libra de culpa a una persona.

exculpar (Derivado de *culpa*.) Declarar a una persona inocente: *se exculpaba alegando su desinformación*. — v.tr./prnl. ≠ inculpar

exculpatorio, a Que exculpa: *el abogado encontró una prueba exculpatoria*. — adj.

excursión (Del lat. *excursio < excurrere*, correr afuera.)
1 Viaje de corta duración o visita a un lugar, generalmente como diversión, aprendizaje o deporte. — s.f.
2 Distancia angular de un planeta a la eclíptica. — ASTRONOMÍA

excursionismo Actividad que consiste en hacer excursiones como deporte o con fines recreativos, educativos, científicos o artísticos. — s.m.

excursionista (Del cat. *excursionista*.) Persona que hace excursiones. — s.m.f.

excusa
1 Acción y resultado de excusar o excusarse. — s.f.
2 Pretexto o disculpa que se usa para pedir perdón o para eludir una obligación: *se inventó una excusa para justificar su retraso*. — = excusación, justificación
3 Motivo alegado por el demandado para anular la acusación del demandante. — DERECHO = excepción

excusabaraja Cesta de mimbre con tapa: *encontré los disfraces en una excusabaraja del desván*. — s.f. th: escusabaraja

excusable
1 Que puede ser excusado o disculpado por no considerarse grave: *es un error excusable*. — adj. = disculpable
2 Que puede ser evitado u omitido: *una parte del trabajo es excusable*.

excusación Excusa, pretexto o disculpa. — s.f.

excusado, a
I (Derivado del lat. *excusare*, excusar, disculpar.)
1 Innecesario o inútil: *excusado es decir que puedes venir cuando quieras*. — adj.
2 Que goza del privilegio de estar libre de pagar tributos. — DERECHO

II (Derivado de *escusar*, esconder, guardar < *escuso*, escondido, ant. part. de esconder.) Retrete, habitación destinada a hacer las personas sus necesidades. — s.m. th: escusado = servicio, váter

excusalí (Del ital. *scossal*, delantal < *scos*, regazo.) Delantal pequeño. — s.m. pl.th: excusalíes

excusar (Del lat. *excusare*.)
1 Presentar razones o motivos para justificar un acto: *siempre se excusa cuando llega tarde*. — v.tr/prnl. = disculpar
2 Dejar de hacer una cosa por creerla innecesaria o considerarla desagradable: *excusé llamarte porque supuse que no estarías*. — v.tr.
3 Dejar a una persona libre del pago de tributos o de una prestación personal. — DERECHO

excusión (Del lat. *excussio*, acción de sacudirse algo de encima.) Procedimiento judicial para obtener el pago de una deuda. — s.f. DERECHO

exeat Permiso que concede un obispo a un sacerdote de su diócesis para que se establezca en otra. — s.m./RELIGIÓN pl: exeat

execrable Que puede ser rechazado o reprobado por considerarse grave: *el asesino será juzgado por sus actos execrables*. — adj. = abominable

execración Acción y resultado de execrar. — s.f.

execrar (Del lat. *exsecrari*, maldecir, lanzar imprecaciones < *sacer*, santo, sagrado.)
1 Rechazar y aborrecer una cosa censurable: *execra los actos racistas*. — v.tr. = abominar
2 Considerar una autoridad religiosa a una persona o una cosa moralmente mala. — RELIGIÓN

exedra Construcción descubierta de planta semicircular con asientos fijos en la parte interior de la curva. — s.f. ARQUITECTURA

exégesis (Del gr. *exegesis < exegeisthai*, guiar, exponer.) Explicación o interpretación filológica, histórica o doctrinal de un texto, en especial de la Biblia. — s.f. pl: exégesis th: exegesis

exegeta Intérprete o expositor de un texto, en especial de la Biblia. — s.m.f. th: exégeta

exegético, a De la exégesis: *hizo un comentario exegético*. — adj.

exención
1 Liberación o dispensa de una carga, obligación o compromiso. — s.f.
2 Privilegio por el que alguien está libre de una carga u obligación.

exentar Dejar libre de cargas u obligaciones a una persona: *se exentó de pagar el impuesto*. — v.tr/prnl./+ de = eximir

exento, a (Del lat. *exemptus*, part. de eximiere, sacar fuera.)
1 Que está libre de una carga u obligación: *los nobles estaban exentos de pagar impuestos*. — adj. + de
2 Se refiere al lugar, el edificio o la escultura que está descubierto por todas partes.

exequátur (Del lat. *exsequatur*, ejecútese.)
1 Autorización que otorga el estado a los representantes extranjeros de un país para que puedan ejercer las funciones propias de sus cargos. — s.m. pl: exequátur
2 Aprobación que da la autoridad civil de un estado a las bulas y los breves pontificios. — RELIGIÓN

exequial De las exequias. — adj.

exequias (Del lat. *exsequiae < exsequi*, seguir el entierro.) Conjunto de ceremonias que se hacen por los difuntos. — s.f.pl. = funeral

exergo (Del fr. *exergue < gr. ex ergo*.) Parte de una moneda o una medalla donde se pone una inscripción, una fecha, etc. — s.m.

exfoliación
1 División o separación en láminas o escamas. — s.f.
2 Proceso de pérdida o desprendimiento de la epidermis en forma de escamas. — MEDICINA = descamación
3 Propiedad de algunos minerales de dividirse en láminas paralelas a las caras cristalográficas. — MINERALOGÍA

exfoliador, a Se aplica a una especie de cuaderno que tiene las hojas poco pegadas para poder desprenderlas con facilidad. — adj. Amér. Central y Merid.

exfoliante Se aplica al cosmético que retira de la piel las células muertas. — adj/s.m.

exfoliar (Derivado de *hoja < lat. folia*.) Dividir una cosa en láminas o escamas: *el corcho se exfolió a causa de la humedad*. — v.tr/prnl.

exhalación
1 Acción y resultado de exhalar o exhalarse. — s.f.
2 Vapor o vaho que despide un cuerpo.
3 Estrella fugaz, cuerpo celeste que cruza el cielo rápidamente.
4 **como una exhalación**: Muy rápido: *no tuve tiempo de decirle nada, se fue como una exhalación*. — loc.adv. coloquial

exhalar (Derivado de *hálito*.)
1 Despedir una cosa gases, vapores u olores. — v.tr.
2 Dar suspiros o proferir quejas débiles: *el enfermo exhaló gemidos durante toda la noche*.

3 Andar o correr una persona apresuradamente: *se cansó mucho exhalándose por todo el barrio.* — v.prnl.

exhaustivo, a Completo, que abarca todos los aspectos de una cosa: *es un estudio exhaustivo sobre la migración de las aves.* — adj.

exhausto, a (Del lat. *exhaustus*, part. de *exhaurire*, vaciar de agua, agotar < *haurire*, sacar agua.)
1 Que está muy cansado o agotado: *llegó exhausto a la meta.* — adj. = extenuado
2 Que está completamente consumido o agotado: *dejaron exhausto el yacimiento petrolífero.* — = acabado

exheredación Acción y resultado de dejar a una persona fuera de una herencia. — s.f./DERECHO = desheredamiento

exheredar Dejar a una persona fuera de una herencia: *fue capaz de exheredar a uno de sus hijos.* — v.tr./DERECHO = desheredar

exhibición
1 Acción y resultado de exhibir: *su conferencia fue una exhibición de conocimientos; participó como modelo en una exhibición de modas.* — s.f. = ostentación, presentación
2 Prueba deportiva que se realiza con carácter de espectáculo y sin efectos de clasificaciones posteriores: *asistí a una exhibición de judo.* — DEPORTES

exhibicionismo
1 Tendencia exagerada a exhibirse o mostrarse en público: *le encanta asistir a todas las reuniones por puro exhibicionismo.* — s.m.
2 Tendencia patológica que consiste en mostrar en público los órganos genitales, generalmente para obtener placer: *fue detenido por exhibicionismo.* — SIQUIATRÍA

exhibicionista
1 Se aplica a la persona que gusta de exhibirse: *es tan exhibicionista que lleva sus joyas a la playa.* — adj./s.m.f.
2 Persona que muestra en público sus órganos genitales. — s.m.f. SIQUIATRÍA

exhibir (Del lat. *exhibere.*)
1 Mostrar a una persona o una cosa en público: *exhibía orgullosa sus joyas.* — v.tr./prnl.
2 Presentar documentos o pruebas ante quien corresponda. — v.tr. DERECHO
3 Procurar ser visto, llamar la atención: *le gusta exhibirse para que la piropeen.* — v.prnl.

exhortación
1 Acción y resultado de animar a una persona para que haga algo: *su discurso era una exhortación al estudio.* — s.f. = invitación
2 Advertencia o aviso con que se intenta persuadir a una persona de una cosa: *intentaron disuadirle con exhortaciones.* — = persuasión, ruego
3 Sermón familiar y breve: *la cena acabó con una pequeña exhortación de mi padre.* — = discurso, plática

exhortador, a Que exhorta: *fue una frase exhortadora a la moderación.* — adj./s.

exhortar (Del lat. *exhortari* < *hortari*, animar, estimular.) Pedir a una persona con razones o ruegos que haga o deje de hacer una cosa: *le exhortó a cambiar de actitud con buenas palabras.* — v.tr. = alentar, animar ≠ desanimar

exhortativo, a
1 Que sirve para exhortar: *su exhortativo discurso fue aplaudido por los asistentes.* — adj. = exhortatorio
2 Se aplica a la oración que expresa ruego o mandato. — GRAMÁTICA

exhorto Comunicación que manda un juez a otro para que ordene dar cumplimiento a lo que se le pide. — s.m. DERECHO

exhumación Acción de exhumar: *el juez autorizó la exhumación de la víctima.* — s.f.

exhumar (Del bajo lat. *ex humare* < *humus*, tierra.)
1 Desenterrar un cadáver o restos humanos: *fue necesario exhumar el cadáver para confirmar la autopsia.* — v.tr. ≠ inhumar
2 Volver a recordar una cosa que se había olvidado: *al ver la fotografía exhumó su infancia con nostalgia.* — = rememorar

exigencia
1 Acción y resultado de exigir: *pídeme lo que quieras pero no me vengas con exigencias.* — s.f. = demanda
2 Pretensión arbitraria, caprichosa o desmedida: *¡demasiadas exigencias las ese señor!*
3 Necesidad de que se haga una cosa: *accedió a desnudarse por exigencia del guión.*

exigente Se aplica a la persona que exige mucho: *es un jefe exigente y estricto.* — adj./s.m.f. = riguroso

exigible Que puede ser exigido: *el tuyo es un derecho perfectamente exigible.* — adj. = reclamable

exigir (Del lat. *exigere*, hacer pagar, reclamar < *agere*, empujar.)
1 Pedir una cosa quien tiene derecho a ella: *exijo una indemnización; el pueblo exigía medidas para acabar con el terrorismo.* — v.tr./conj: surgir = demandar, reclamar, reivindicar
2 Pedir una cosa con energía y de forma impetuosa: *el conferenciante exigió silencio.*

3 Hacer una cosa que otra sea necesaria: *esta camisa exige una buena corbata.* — = requerir

exigüidad Situación de escasez: *la exigüidad de los recursos naturales es preocupante.* — s.f./culto = insuficiencia

exiguo (Del lat. *exiguus*, de pequeña talla, corto.) Que es insuficiente o escaso: *mi exiguo capital no me permite lujos.* — adj. = pequeño, reducido

exiliado, a Se refiere a la persona que ha abandonado su patria por razones, en general, políticas: *los exiliados en Francia se reunían para hablar de su país.* — adj./s. tb: exilado

exiliar
1 Expulsar a una persona de un país: *le exiliaron por activismo político.* — v.tr./= desterrar tb: exilar
2 Abandonar una persona su patria obligada por las circunstancias, generalmente políticas, o bien por su propia voluntad. — v.prnl. = expatriarse

exilio (Del lat. *exsilium* < *exsilire*, saltar afuera.)
1 Abandono forzoso o voluntario de la patria por motivos generalmente políticos: *el poeta desarrolló su obra durante el exilio.* — s.m. = expatriación
2 Situación o estado de la persona que ha abandonado su patria: *la melancolía me invadió durante mi exilio.*
3 Lugar donde vive la persona que ha dejado su patria: *me carteaba con él desde su exilio.*
4 Tiempo en que una persona vive fuera de su patria: *durante su exilio conoció a grandes pintores.*

eximente
1 Que libera de obligaciones, cargas o culpas: *tus excusas no son eximentes de responsabilidad.* — adj.
2 Se aplica a la circunstancia que libera de la responsabilidad de un delito: *su locura fue circunstancia eximente de culpabilidad.* — adj/s.f. DERECHO

eximio, a (Del lat. *eximius*, privilegiado, sacado de lo corriente.) Que es excelente: *el eximio escritor merecía el premio.* — adj. = ilustre ≠ mediocre

eximir (Del lat. *eximere*, sacar afuera.) Dejar a una persona libre de obligaciones, cargas o culpas: *se eximió de pagar impuestos.* — v.tr./prnl. part.tb: exento = dispensar

exinanición Falta de fuerza y energía físicas o espirituales. — s.f./culto = agotamiento

exinanido, a Que carece de fuerzas y vigor. — adj./culto

existencia
1 Circunstancia de existir o ser: *nadie puede asegurar la existencia de extraterrestres.* — s.f. ≠ inexistencia
2 Vida, en especial la del hombre: *no quiero que me amargues la existencia.*
3 Realidad concreta de un ente cualquiera, por oposición a esencia. — FILOSOFÍA
4 Mercancías que todavía no han sido consumidas o vendidas: *quedan muy pocas existencias en el almacén.* — s.f.pl.

existencial Que tiene relación con la existencia: *para ella el amor es una necesidad existencial.* — adj.

existencialismo Movimiento filosófico contemporáneo, que considera la experiencia inmediata de la existencia propia como el fundamento del conocimiento de la realidad. — s.m. FILOSOFÍA

existencialista
1 Del existencialismo: *la doctrina existencialista centra su preocupación en la existencia del hombre.* — adj. FILOSOFÍA
2 Que profesa el existencialismo: *Sartre fue un filósofo existencialista.* — adj/s.m.f. FILOSOFÍA

existente Que existe: *la realidad existente no se parece al mundo fantástico que uno se crea.* — ≠ inexistente

existimación Acción y resultado de formar juicio sobre una cosa. — s.f. culto

existimar Formar una opinión sobre una cosa aunque no sea cierta. — v.tr. culto

existimativo, a Tenido como padre, hermano, etc., sin que lo sea naturalmente. — adj. = putativo

existir (Del lat. *exsistere*, salir, nacer, aparecer < *sistere*, colocar, detener.)
1 Tener una persona o una cosa realidad fuera de la mente: *mi niño me preguntó si los duendes existían.* — v.intr.
2 Tener una persona o un animal vida: *juró amarle mientras existiera.* — = vivir
3 Estar una cosa en un lugar: *en este valle existe un géiser.* — = haber

exitazo Éxito enorme: *el estreno de la obra fue un exitazo.* — s.m. coloquial

éxito (Del lat. *exitus*, salida, resultado.)
1 Resultado feliz o positivo: *fue laborioso pero terminó su labor con éxito.* — s.m.
2 Buena aceptación: *ese producto ha tenido gran éxito en el mercado; es un autor de éxito.* — = aprobación, fama
3 Cosa con la que se ha alcanzado la fama: *empieza un ciclo con los éxitos de este actor.* — = triunfo

exitoso, a Que tiene éxito: *conquistó el país tras una campaña exitosa.* — adj.

ex libris (Expresión latina). Marca o sello que se pone en un libro para indicar a quién o a qué biblioteca pertenece.   *s.m.*   pl: ex libris   tb: exlibris

exo- Componente de palabra procedente del gr. *exo,* que significa fuera: *exogamia; exógeno.*   *pref.*   ≠ endo-

exobiología Parte de la biología que estudia las posibilidades de existencia de vida en el universo, fuera de la Tierra.   *s.f.*   BIOLOGÍA

exocéntrico, a Que está fuera del centro.   *adj.*

exocrino, a Se aplica a las glándulas que tienen un conducto excretor por el que secretan una sustancia en la piel o en las cavidades naturales.   *adj.*   FISIOLOGÍA

éxodo (Del gr. *exodos,* salida < *odos.*)
1 Emigración de un pueblo o salida de un gran número de personas hacia otro lugar: *el éxodo rural ha dejado muchos pueblos deshabitados.*   *s.m.*   = marcha
2 Segundo libro del Pentateuco en el que se narra la salida de los israelitas de Egipto.   RELIGIÓN

exoesqueleto Cubierta endurecida y rígida que protege el cuerpo de los artrópodos y otros invertebrados.   *s.m.*   ZOOLOGÍA   = dermatoesqueleto

exoftalmia (Derivado del gr. *ofthalmos,* ojo.) Prominencia del globo ocular fuera de su órbita.   *s.f./*MEDICINA   = exoftalmos

exoftálmico, a Que se refiere a la exoftalmia.   *adj./*MEDICINA

exogamia
1 Práctica o norma social de contraer matrimonio con una persona de distinta tribu o ascendencia o procedente de otra localidad.   *s.f.*   SOCIOLOGÍA
2 Cruce entre animales de distinta especie o entre individuos de distinta raza.   BIOLOGÍA

exogámico, a De la exogamia: *se han realizado experimentos exogámicos con perros.*   *adj.*

exógamo, a Que practica la exogamia.   *adj.*

exógeno, a
1 Que se produce u origina por causas externas al organismo: *su dermatitis se debe a causas exógenas.*   *adj.*   ≠ endógeno
2 Se aplica al órgano que se forma en el exterior de otro.   BOTÁNICA
3 Se refiere al fenómeno que se produce en la superficie terrestre.   GEOLOGÍA

exoneración
1 Acción de liberar a una persona de una carga, obligación o responsabilidad: *consiguió la exoneración de la pena gracias a un recurso.*   *s.f.*   = dispensación, liberación
2 Acción de privar a una persona de un empleo, una dignidad o un honor: *aquel turbio asunto fue la causa de su exoneración del puesto.*   = destitución

exonerar (Derivado culto del lat. *onus,* carga.)
1 Dejar a una persona libre de una carga o una obligación: *se exoneró de su deber de hijo.*   *v.tr/prnl./*+ de   = eximir
2 Quitar a una persona del empleo, la dignidad o el honor: *le exoneraron del cargo por incapacidad.*   *v.tr.*   = deponer, destituir
3 **exonerar el vientre:** Expeler los excrementos por el ano.   = defecar

exorable Que cede con facilidad ante los ruegos y súplicas: *el rey se mostró exorable ante sus súbditos.*   *adj./literario*   = condescendiente

exorar (Del lat. *exorare,* lograr algo con súplica.) Pedir una cosa con insistencia.   *v.tr.*   literario

exorbitancia Exceso notable o desmesurado.   *s.f.*

exorbitante (Derivado de *órbita* < *orbe.*) Que excede mucho de lo considerado normal, justo o razonable: *no pienso pagar un precio exorbitante por ese piso.*   *adj.*   = desorbitado

exorbitar Hacer que una cosa parezca mucho más grande o importante de lo que es en realidad: *aunque carecía de importancia, él exorbitó el asunto.*   *v.tr.*   = exagerar

exorcismo (Del bajo lat. *exorcismus* < gr. *exorkismos* < *exorkizo,* tomar juramento en nombre de Dios < *orkos,* juramento.) Ceremonia o conjuro de invocación al demonio para expulsarlo del cuerpo de la persona por él poseída.   *s.m.*   OCULTISMO, RELIGIÓN

exorcista (Del lat. *exorcista* < gr. *exorkistes.*)
1 Persona que exorciza: *el exorcista usa fórmulas concretas para invocar al demonio.*   *s.m.f./*OCULTISMO, RELIGIÓN
2 Clérigo que ha recibido la orden del exorcistado.   *s.m./*RELIGIÓN

exorcistado Tercera de las órdenes menores, que daba facultad para practicar exorcismos.   *s.m.*   RELIGIÓN

exorcizar (Del lat. *exorcizare* < gr. *exorkizo,* tomar juramento en nombre de Dios.) Usar conjuros e invocaciones para expulsar al demonio de la persona por él poseída.   *v.tr.*   conj: *cazar*   OCULTISMO, RELIGIÓN

exordio (Del lat. *exordium* < *exordiri,* empezar a urdir una tela.) Preámbulo de un discurso y resultado de exornar o exornarse una obra literaria o conversación: *el exordio de la obra lo escribió un académico.*   *s.m.*   = introducción

exornación Acción y resultado de exornar o exornarse.   *s.f.*   = exorno

exornar
1 Adornar o embellecer una cosa: *exornaron la sala con motivo de la celebración.*   *v.tr/prnl.*

2 Amenizar el lenguaje con elementos retóricos.   *v.tr./*RETÓRICA

exorreico, a Se aplica a la región cuyas aguas corrientes desaguan en el mar.   *adj.*   GEOGRAFÍA

exorreísmo Carácter de la región cuya red hidrográfica vierte sus aguas en un mar u océano.   *s.m.*   GEOGRAFÍA

exosfera Capa atmosférica más externa de la Tierra: *la rarefacción es una característica de la exosfera.*   *s.f.*   GEOGRAFÍA

exosmosis Corriente de líquido que va desde un sistema cerrado hacia el exterior, cuando el medio externo es más concentrado.   *s.f./pl:* exosmosis   FÍSICA   tb: exósmosis

exosqueleto Cubierta endurecida y rígida que protege parcial o totalmente el cuerpo de ciertos animales: *el exosqueleto de los artrópodos está muy desarrollado.*   *s.m.*   ZOOLOGÍA   tb: exoesqueleto

exóstosis Prominencia que aparece en un hueso por un golpe, una inflamación u otro trastorno.   *s.f./pl:* exóstosis   MEDICINA

exotérico, a (Del gr. *exoterikos,* externo, extranjero < *exo,* afuera.) Se aplica a las doctrinas filosóficas o religiosas fáciles de entender y dirigidas al gran público.   *adj.*   ≠ esotérico

exotérmico, a Se refiere a la transformación que produce calor: *la condensación es un fenómeno exotérmico.*   *adj./*FÍSICA, QUÍMICA   ≠ endotérmico

exótica Bailarina de cabaret.   *s.f./Méx.*

exótico, a (Del lat. *exoticus* < gr. *exotikos,* de afuera, externo < *exo,* afuera.)
1 Que procede de un país extranjero: *en el zoológico tienen aves exóticas.*   *adj.*   = foráneo
2 Que resulta extraño por ser distinto de lo acostumbrado: *sus rasgos irregulares le daban una belleza exótica.*   = singular

exotismo (Del fr. *exotisme.*) Cualidad de exótico: *el exotismo de su acento la hace muy atractiva.*   *s.m./*= exoticidad, exotiquez

exotoxina Toxina que segrega una bacteria en el medio exterior.   *s.f.*   BIOLOGÍA

expandir (Del lat. *expandere,* extender < *pandere,* desplegar.)
1 Extender, hacer que una cosa ocupe más espacio.   *v.tr/prnl.*   = dilatar
2 Hacer que una cosa llegue a más lugares o personas: *el rumor se expandió rápidamente por toda la ciudad.*   = difundir, propagar

expansibilidad Propiedad que tienen los cuerpos gaseosos de ocupar más espacio: *la expansibilidad del gas.*   *s.f.*   FÍSICA

expansible Que se puede expandir o extender.   *adj./*FÍSICA

expansión (Del lat. *expansio.*)
1 Acción y resultado de expandir o expandirse: *el aumento de población provocó la expansión de los límites de la ciudad.*   *s.f.*   = extensión
2 Manifestación o comunicación de un estado anímico o de un pensamiento: *sus duras palabras eran la expansión del dolor.*   = desahogo
3 Distracción, diversión o recreo: *a todos nos va bien un poco de expansión.*   = entretenimiento
4 Desarrollo económico: *las nuevas inversiones son una muestra más de la expansión de la empresa.*   ECONOMÍA

expansionarse
1 Explicar una persona sentimientos o vivencias personales a otra: *se expansiona con David.*   *v.prnl.*   = desahogarse
2 Ocupar un gas o un vapor más espacio: *los fluidos se expansionan por mínimas variaciones de presión.*   FÍSICA   = dilatarse
3 Pasar una persona el tiempo alegremente: *se fue a la playa a expansionarse.*   = divertirse

expansionismo Tendencia de un país a extender su poder político y económico más allá de sus fronteras.   *s.m.*   POLÍTICA

expansionista
1 Del expansionismo: *el presidente defiende una política expansionista.*   *adj.*   POLÍTICA
2 Que es partidario del expansionismo: *los expansionistas apoyan las nuevas medidas gubernamentales.*   *adj/s.m.f.*   POLÍTICA

expansivo, a
1 Que tiende a expandirse o a ocupar más espacio: *la onda expansiva de la bomba alcanzó a muchos edificios cercanos.*   *adj.*
2 Que exterioriza sus sentimientos o pensamientos sin reserva: *es muy expansivo incluso con las personas que apenas conoce.*   = comunicativo   ≠ introvertido, retraído

expatriación Abandono forzoso o voluntario de la patria: *ante los problemas bélicos del país, optó por la expatriación.*   *s.f.*   = exilio

expatriado, a Se aplica a la persona que ha abandonado su patria: *los expatriados volvieron al país al finalizar la dictadura.*   *adj/s.*   = exiliado

expatriar
1 Expulsar a una persona de su patria: *lo expatriaron al comprobarse su participación en la conjura.*   *v.tr/conj: vaciar*   ≠ repatriar
2 Abandonar una persona su patria: *se expatrió por razones políticas.*   *v./prnl.*

expectación (Del lat. *expectatio* < *exspectare,* esperar, estar a la expectativa.) Interés o curiosidad con que   *s.f.*

se espera que suceda una cosa anunciada: *el público esperaba con expectación la llegada del famoso actor.*

expectante Que muestra expectación, mucho interés o curiosidad ante la resolución de una cosa: *estaba expectante por conocer los resultados de las elecciones.* — adj. = expectativo

expectativa
1 Esperanza o posibilidad de conseguir una cosa deseada o positiva: *tengo buenas expectativas laborales.* — s.f.
2 **estar o quedar a la expectativa:** Esperar que suceda una cosa: *está a la expectativa del negocio.*

expectoración
1 Acción y resultado de expectorar: *se levantó porque las expectoraciones le dificultaban la respiración.* — s.f. MEDICINA
2 Secreción de las vías respiratorias que se expulsa por la boca. — MEDICINA = esputo

expectorante Que facilita la expulsión de mucosidades: *tomó un jarabe expectorante.* — adj./s.m. MEDICINA

expectorar (Derivado de *pecho* < lat. *pectus*.) Arrancar y expulsar por la boca las mucosidades de las vías respiratorias. — v.tr. MEDICINA = escupir, esputar

expedición
1 Realización de un documento que ha sido solicitado por otra persona: *se dedica a la expedición de partidas de nacimiento.* — s.f.
2 Envío de alguna comunicación o mercancía.
3 Viaje organizado con personas cualificadas con fines militares, científicos, deportivos o de otra índole: *se organizó una expedición arqueológica.*
4 Grupo de personas que realizan un viaje organizado con fines militares, científicos, deportivos o de otra índole: *la expedición decidió descansar antes de seguir la búsqueda.*
5 Mercancía enviada por un medio de transporte: *la expedición de alimentos a Bosnia llegó en el momento previsto.*
6 Acción de embarcar las mercancías en un medio de transporte. — ECONOMÍA
7 Bula, despacho u otro documento que procede de la curia romana. — RELIGIÓN

expedicionario, a Que realiza una expedición o viaje organizado: *la tropa expedicionaria avisó de la existencia de un campamento enemigo.* — adj/s.

expedicionero El que gestiona el despacho de las expediciones o bulas que se solicitan en la curia romana. — s.m. RELIGIÓN

expedidor, a Se aplica a la persona que expide: *tiene que figurar el nombre del expedidor en el paquete.* — adj/s. = remitente

expedientar Formar un expediente a una persona: *le expedientaron por ausentarse del trabajo sin justificación.* — v.tr.

expediente
1 Conjunto de todos los documentos relativos a un asunto o negocio: *los expedientes están archivados en carpetas.* — s.m.
2 Procedimiento administrativo en el que se enjuicia la actuación de un funcionario, empleado o estudiante: *le abrieron expediente por incumplimiento de sus obligaciones.*
3 Historial de un alumno o un trabajador: *tus notas constan en el expediente.*
4 Asunto que se sigue sin juicio contradictorio en los tribunales. — DERECHO
5 Facilidad o prontitud para manejar negocios o realizar otras actividades.
6 **expediente académico:** Relación de todas las calificaciones académicas obtenidas en una carrera o en un período de estudios: *le eligieron porque su expediente académico era el más brillante de los presentados.*
7 **expediente de crisis:** Sistema al que puede acogerse legalmente una empresa para reducir personal en caso de sufrir dificultades económicas. — ECONOMÍA
8 **dar expediente:** Dar solución rápida a un asunto o negocio: *vamos a dar expediente a este asunto para ocuparnos de otras urgencias.* — coloquial
9 **instruir un expediente:** Reunir todos los documentos para dar salida a un asunto o negocio: *aún no pueden instruir el expediente porque faltan documentos.* — DERECHO

expedienteo
1 Tramitación de los expedientes: *lleva un mes con el expedienteo de la solicitud de beca.* — s.m./despectivo = papeleo
2 Tendencia exagerada a formar expedientes o a complicar o prolongar su instrucción. — despectivo

expedir (Del lat. *expedire,* desentorpecer, despachar.)
1 Enviar una cosa a un lugar: *debemos expedir este pedido a Bilbao.* — v.tr./conj: pedir = remitir
2 Extender una certificación u otro documento semejante a la persona que lo ha solicitado: *fue a comisaría para que le expidieran el pasaporte.*
3 Pronunciar un auto, un decreto o una resolución. — DERECHO
4 Manejarse, desenvolverse en asuntos o actividades. — v.prnl./Chile, Urug.

expeditivo, a
1 Se aplica a la persona que resuelve con rapidez un asunto sin detenerse ante inconvenientes u obstáculos. — adj. = diligente

2 Que sirve para resolver con rapidez un asunto: *sus procedimientos siempre son expeditivos.* — = eficaz ≠ ineficaz
3 Que se comporta con contundencia: *es muy expeditivo, toma una decisión y la lleva a cabo.* — = enérgico

expedito, a
1 Que no tiene trabas ni obstáculos: *la caravana encontró el camino expedito.* — adj./= despejado, libre, practicable
2 Se aplica a la persona que es ágil y activa en sus acciones. — = eficaz, raudo

expeler (Del lat. *expellere.*) Expulsar, hacer una cosa que otra salga con fuerza de su interior: *el volcán expele lava.* — v.tr. part.tb: expulso

expendedor, a
1 Que expende o vende al por menor: *compró tabaco en una máquina expendedora.* — adj/s. COMERCIO
2 Persona que expende o vende tabaco, billetes de lotería u otros efectos de propiedad ajena: *el expendedor del estanco me enseñó preciosos encendedores.* — s. COMERCIO
3 **expendedor de moneda falsa:** Persona que se encarga de ponerla en circulación. — DERECHO

expendeduría Tienda donde se vende al por menor tabaco u otros productos monopolizados. — s.f. COMERCIO

expender
1 Vender cosas al por menor: *en el estanco expenden tabaco.* — v.tr. COMERCIO
2 Vender cosas ajenas por encargo de su dueño. — COMERCIO
3 Vender billetes de transporte o entradas para espectáculos: *en estos almacenes expenden entradas para el concierto.* — COMERCIO
4 Gastar dinero: *expendió la herencia en pocos meses.* — = derrochar
5 Poner moneda falsa en circulación. — DERECHO

expendio
1 Derroche, despilfarro: *el convite fue un expendio innecesario y excesivo.* — s.m. = dispendio
2 Expendeduría, tienda. — Méx./COMERCIO
3 Venta al por menor. — Méx., Amér. Merid.

expensar Costear los gastos de alguna gestión o negocio. — v.tr. Chile

expensas (Del lat. *expensus,* part. de *expendere.*)
1 Gastos, costas: *el abogado envió la factura de sus expensas.* — s.f.pl.
2 **a expensas de:** A costa de: *vive a expensas de sus abuelos.* — loc.prep.

experiencia (Del lat. *experientia* < *experiri,* intentar, ensayar.)
1 Conocimiento de las cosas adquirido con la práctica: *su primer trabajo le proporcionó experiencia laboral; tiene mucha experiencia en tareas directivas.* — s.f. = destreza, pericia
2 Suceso o situación vivida que puede afectar positiva o negativamente: *su noviazgo fue una mala experiencia.* — = vivencia
3 Experimento, producción de un fenómeno para observarlo y estudiarlo: *la experiencia con las cobayas no dio los resultados esperados.* — = prueba

experimentación
1 Acción y resultado de experimentar: *ahora está en la edad de experimentación sexual.* — s.f.
2 Método científico de indagación, fundado en la observación de fenómenos provocados para su estudio: *en el laboratorio se realizan experimentaciones con productos químicos.*

experimentado, a Que tiene amplia experiencia en una actividad y la realiza con eficacia: *es un médico experimentado.* — adj. = ducho, experto ≠ inexperto

experimentador, a Que experimenta. — adj/s.

experimental
1 Que se basa en la experiencia o la experimentación: *la física es una ciencia experimental.* — adj. = empírico
2 Que sirve de experimento con vistas a posibles perfeccionamientos, aplicaciones y difusión: *los medicamentos son sometidos a pruebas experimentales.*

experimentar
1 Hacer experimentos o pruebas con una cosa: *en el laboratorio experimenta con ratas blancas.* — v.tr/intr. = ensayar
2 Darse cuenta de una cosa por propia experiencia: *ya ha experimentado lo que es la cárcel.* — v.tr. = advertir, notar
3 Sentir un cambio o modificación orgánica o afectiva: *con este jarabe ha experimentado una mejoría.*

experimento (Del lat. *experimentum,* ensayo, prueba por la experiencia.)
1 Acción y resultado de experimentar. — s.m.
2 Operación que consiste en provocar cierto fenómeno para observarlo y estudiarlo, como medio de investigación científica: *el experimento dio nuevas luces a la teoría.* — = ensayo, prueba

experto, a (Del lat. *expertus,* que tiene experiencia, part. de *experiri.*) Que es hábil y entendido en una actividad: *me operó un experto cirujano.* — adj/s. = avezado, experimentado, versado

expiación Acción y resultado de expiar: *se retiró a un convento para expiación de sus pecados.* — s.f.

expiar (Del lat. *expiare*.)
1 Pagar las culpas mediante un sacrificio o una penitencia: *los católicos expían sus pecados.* — v.tr. / conj. *vaciar*
2 Padecer una persona las consecuencias de un error o una falta: *expió su mal comportamiento.* — = pagar, purgar
3 Purificar una cosa profanada: *el sacerdote expió el templo.* — RELIGIÓN

expiatorio, a Que sirve para expiar: *algunas tribus ofrecen animales a sus dioses como víctimas expiatorias.* — adj. / = expiativo

expillo Matricaria, planta olorosa que se usa como antiespasmódico. — s.m. BOTÁNICA

expiración Acción y resultado de expirar: *sus hijos le acompañaron hasta la expiración.* — s.f.

expirar
1 Dejar de vivir una persona: *expiró tras una larga agonía.* — v.intr. / = morir
2 Acabar un período de tiempo establecido para la realización de una cosa: *el plazo de presentación de solicitudes expiró ayer.* — = vencer, extinguirse
3 Llegar una cosa a su fin.

explanación
1 Acción y resultado de allanar un terreno: *la apisonadora inició la explanación de sus tierras.* — s.f.
2 Explicación de un texto, un pensamiento o una materia de sentido o significado oscuro o difícil.

explanada (Del ital. *spianata*.)
1 Terreno allanado y amplio: *montamos las tiendas de campaña en una explanada.* — s.f. / = descampado
2 Parte más elevada de la muralla donde se levantan las almenas. — CONSTRUCCIÓN

explanar (Derivado de *llano* < lat. *planus*.)
1 Poner un terreno llano: *explanaron el camino para facilitar el acceso al templo.* — v.tr. / = allanar
2 Explicar una cosa detalladamente: *me explanó sus intenciones para conseguir ese trabajo.* — = declarar, detallar
3 Dar a un terreno la inclinación o el nivel que se precisa o desea.

explayar
1 Extender, ensanchar: *el paisaje se explaya hasta el pueblo más cercano.* — v.tr/prnl. / = ampliar, expandir
2 Pasar una persona el tiempo agradablemente con una cosa: *nos explayamos jugando a la oca.* — v.prnl. / = esparcirse
3 Extenderse una persona cuando habla de una cosa: *el conferenciante se explayó demasiado.* — = alargarse, dilatarse / ≠ ceñirse
4 Explicar una persona cosas íntimas a otra para desahogarse: *mi mejor amigo se explayó ayer conmigo.* — = confiarse, expansionarse

expletivo, a (Del lat. *expletivus* < *explere*, llenar del todo.) Se aplica a la palabra o expresión que se utilizan para hacer más expresivo o armonioso un enunciado, aunque no sean necesarias para el sentido. — adj. GRAMÁTICA

explicable Que puede ser explicado: *sus palabras son explicables conociendo la situación en la que se encuentra.* — adj. / ≠ inexplicable

explicación
1 Exposición clara de una cosa para que sea conocida o comprendida: *la explicación del profesor resultó comprensible.* — s.f. / = aclaración
2 Palabras con que se quiere demostrar a otro que no ha habido ofensa o mala intención en determinada conducta: *no hace falta que me des explicaciones.* — = disculpa, excusa
3 Hecho o dato aducido como causa, motivo o justificación de una cosa determinada: *el derroche con el que vivía es la explicación de su ruina.*

explicaderas Capacidad y manera de explicarse que tiene una persona: *le entenderás porque tiene buenas explicaderas.* — s.f.pl. coloquial

explicar (Del lat. *explicare*, desplegar, explicar.)
1 Expresar una persona lo que piensa o siente: *explícame tus intenciones.* — v.tr/prnl. / conj. *sacar*
2 Exponer claramente una cosa para hacerla comprender o conocer a una persona: *explícale al niño qué es la biología.* — v.tr. / = aclarar
3 Ser una persona profesor de una materia en un centro de enseñanza: *explica filosofía en un instituto.* — = enseñar, impartir
4 Dar razones para disculpar palabras o acciones declarando que no hubo en ellas intención de agravio: *explicó su conducta para evitar falsas acusaciones.* — = disculpar, justificar
5 Ser la causa o el motivo de una cosa: *los celos pueden explicar un asesinato pasional.*
6 Llegar a comprender los motivos o el proceso de una cosa: *no me explico cómo lo has hecho.* — v.prnl. / = concebir

explicativo, a
1 Que explica o expone con claridad una cosa: *es un folleto explicativo sobre el cáncer y sus síntomas.* — adj.
2 Se aplica al adjetivo o a la oración que añade un matiz, sin modificar el significado del sustantivo al que acompaña. — GRAMÁTICA

éxplicit (Del lat *explicit*.) Término que en las descripciones bibliográficas designa las últimas palabras que aparecen en un manuscrito o en un impreso antiguo. — s.m. / pl: *éxplicit*

explicitar Expresar una cosa con claridad: *explicitó sus razones para dimitir en una carta.* — v.tr.

explícito, a (Del lat. *explicitus*.) Que está dicho o expresado con claridad: *ésta era una condición explícita.* — adj./= expreso / ≠ implícito

explicotear Explicar una persona una cosa con claridad y desenfado: *me explicoteó todo su viaje; la pequeña se explicotea como una persona adulta.* — v.tr/prnl. coloquial

explicoteo
1 Acción y resultado de explicotear o explicotearse. — s.m./coloquial
2 Explicación confusa y apresurada: *lo único que comprendí de su explicoteo es que le había golpeado.* — coloquial

explorable Que puede ser explorado: *esta zona de la selva es todavía explorable.* — adj. / ≠ inexplorable

exploración
1 Acción y resultado de explorar: *Livingstone descubrió las cataratas Victoria en una de sus exploraciones.* — s.f.
2 Investigación del estado de algún órgano interno del cuerpo: *le realizaron una exploración pulmonar.* — MEDICINA
3 Operación bélica que consiste en informarse sobre la posición o las fuerzas del ejército enemigo: *el general envió una tropa de exploración.* — MILITAR

explorador, a
1 Que explora: *los exploradores se internaron en una zona montañosa.* — adj/s.
2 Miembro de una asociación educativa y deportiva, que practica el escultismo. — s.
3 Soldado que descubre y reconoce el campo del ejército enemigo. — s.m. MILITAR

explorar (Del lat. *explorare*, observar, examinar.)
1 Examinar una cosa o un lugar detenidamente para ver qué hay o cuál es su estado: *nadie ha explorado esta cueva.* — v.tr. / = inspeccionar
2 Examinar una parte interna del organismo o una herida detenidamente: *aunque no le duela nada es necesario explorarle después de tan grave caída.* — MEDICINA / = reconocer
3 Intentar saber la situación o las circunstancias que rodean a una persona o una cosa antes de hacer algo con ella: *los posibles nuevos socios exploran la contabilidad de la empresa.* — = analizar

exploratorio, a
1 Que sirve para explorar. — adj.
2 Se aplica al instrumento o medio que se utiliza para explorar cavidades, órganos o heridas: *las radiografías son medios exploratorios.* — adj/s.m. MEDICINA

explosibilidad Propiedad para explotar: *el grisú mezclado con el aire y en contacto con una llama es de una gran explosibilidad.* — s.f.

explosión (Del lat. *explosio*, abucheo, acción de expulsar ruidosamente < *explodere*, expulsar ruidosamente < *plaudere*, aplaudir.)
1 Rotura brusca y repentina de una cosa debida al aumento de la presión interior, lanzando violentamente sus fragmentos y produciendo un gran estruendo: *me asusté con la explosión del globo.* — s.f. / = estallido
2 Fenómeno producido por la dilatación repentina del gas contenido o producido en un dispositivo mecánico que sirve para obtener un movimiento: *motores de explosión.* — MECÁNICA
3 Combustión rápida de un cuerpo con producción de luz, calor o gases: *la policía evitó la explosión de la bomba.* — QUÍMICA
4 Manifestación repentina e intensa del estado de ánimo: *su abrazo fue una explosión de cariño.* — = arrebato, estallido
5 Desarrollo repentino y considerable de una cosa: *el país ha experimentado una explosión demográfica.*
6 Expulsión repentina del aire al pronunciar las consonantes explosivas. — LINGÜÍSTICA

explosionar
1 Hacer una cosa explosión: *la rueda explosionó debido a su mal estado.* — v.intr. / = estallar, explotar
2 Provocar una persona o una cosa la explosión de una cosa: *el barrenero explosionó las cargas.* — v.tr.

explosivo, a
1 Que explosiona o puede explosionar: *la pólvora es una sustancia explosiva.* — adj/s.m.
2 Se aplica a la consonante que se pronuncia con una salida brusca y momentánea del aire. — adj/s.f. LINGÜÍSTICA

explotación
1 Acción y resultado de explotar: *la explotación del filón aurífero agotó las reservas; le denunciaron por explotación de sus empleados.* — s.f.
2 Instalación o conjunto de elementos dedicados a la extracción de un producto natural, o aprovechamiento industrial, agrícola o ganadero: *son propietarios de una explotación agrícola.*
3 Conjunto de actividades propias de una empresa determinada. — ECONOMÍA

explotador, a Que explota una cosa o a otra persona: *trabaja en una sociedad explotadora de terrenos; no soporto a los jefes explotadores.* — adj/s.

explotar
1 (Del fr. *exploiter*, sacar partido.)

1 Extraer de las minas sus riquezas. — *v.tr.*
2 Obtener beneficio de una cosa, trabajando en ella: *explota el negocio familiar desde muy joven.*
3 Hacer que una persona trabaje de forma abusiva para obtener provecho de ello: *explota a sus trabajadores.*
II (De origen incierto.)
1 Hacer una cosa explosión: *la bomba explotó en plena calle.* — *v.intr./= estallar, explosionar*
2 Manifestar o manifestarse una persona o una cosa con violencia: *explotó en llanto; la ira de la multitud explotó.* — *= estallar*

expoliación Acción y resultado de expoliar: *el ejército protagonizó expoliaciones en las localidades invadidas.* — *s.f./= expolio tb: espoliación*

expoliador, a Que expolia o favorece la expoliación. — *adj/s.*

expoliar (Del lat. *exspoliare < spoliare*.) Quitar una cosa a una persona injustamente: *me expoliarán todos mis terrenos.* — *v.tr. tb: espoliar*

expolición (Derivado de *pulir < lat. polire*, alisar.) Figura que consiste en repetir la misma idea o el mismo pensamiento de distintas formas para reforzar lo que se quiere expresar. — *s.f. RETÓRICA = conmoración*

expolio
1 Acción y resultado de expoliar: *unas bandas de delincuentes realizaron el expolio de las fábricas.* — *s.m./tb: espolio = expoliación*
2 Conjunto de los bienes del enemigo de los cuales se apodera el vencedor en una contienda. — *= botín*
3 Bienes que, al haber sido adquiridos con rentas eclesiásticas, quedan en propiedad de la Iglesia al morir el testar el clérigo que los poseía.
4 Ruido producido por un grupo numeroso de gente inquieta: *un grupo de jóvenes formó un buen expolio en la plaza.* — *coloquial = alboroto*

exponencial — *adj./MATEMÁTICAS*
1 Del exponente. — *MATEMÁTICAS*
2 Que tiene un exponente variable, desconocido o indeterminado.

exponente
1 Que expone: *ella será una de las exponentes en el congreso.* — *adj/s.m.f.*
2 Número o expresión algebraica que, colocado a la derecha y en la parte superior de otro, indica la potencia a la que se eleva una cantidad. — *s.m. MATEMÁTICAS*
3 Persona o cosa representativa de un colectivo: *es el máximo exponente de la vanguardia artística.* — *s.m.f.*
4 Índice que sirve para poder juzgar o medir el grado de una cosa: *las estafas son el exponente de la corrupción del país.* — *s.m.*

exponer (Del lat. *exponere*.)
1 Poner una cosa de manera que sea vista: *la biblioteca expone los manuscritos en una vitrina.* — *v.tr./conj: poner = exhibir, mostrar*
2 Mostrar un artista sus obras o un fabricante sus productos: *este artista hace mucho que no expone ningún cuadro; nuestra empresa expone en la feria de muestras.* — *v.tr/intr.*
3 Poner una cosa de manera que reciba la acción de un agente: *expone sus plantas al Sol.* — *v.tr.*
4 Explicar el sentido de una palabra, una doctrina o un texto o dar a conocer una cosa: *expone con claridad sus condiciones.* — *= desarrollar, manifestar*
5 Poner a una persona o una cosa en situación de peligro: *se expuso a la muerte.* — *v.tr/prnl. = arriesgar*
6 Abandonar a un bebé en un lugar visible para que alguien lo recoja. — *v.tr.*

exportación
1 Acción y resultado de exportar: *la exportación beneficia al país que la realiza.* — *s.f./ECONOMÍA ≠ importación*
2 Conjunto de mercancías exportadas: *la exportación ha aumentado.* — *ECONOMÍA*

exportador, a Que exporta: *trabaja en una compañía exportadora de fruta.* — *adj/s. ECONOMÍA*

exportar (Del lat. *exportare*, sacar afuera.) Enviar una cosa del propio país a otro: *el país exporta cítricos.* — *v.tr./ECONOMÍA ≠ importar*

exposición
1 Acción y resultado de exponer o exponerse: *la exposición prolongada al Sol es perjudicial para la piel.* — *s.f.*
2 Exhibición pública de obras de arte, o de otros artículos, para darlos a conocer o para fomentar la producción o el comercio: *en la exposición de calzado vimos modelos muy originales.* — *= muestra, presentación*
3 Acción de someter una placa o película fotográfica a la acción de la luz, durante un período de tiempo determinado, para que se impresione y este período de tiempo. — *FOTOGRAFÍA*
4 Escrito o discurso en el que se da a conocer un asunto o se solicita una cosa a una autoridad: *presentó una exposición de sus quejas al director.* — *= declaración*
5 Conjunto de datos que el escritor ofrece sobre las causas o antecedentes de la narración. — *LITERATURA*
6 Parte inicial de ciertas composiciones musicales, en la que se presenta el tema o los temas que después se repetirán o desarrollarán. — *MÚSICA*

7 Acción de poner en peligro a una persona o cosa: *es una exposición innecesaria para la empresa.* — *= riesgo, temeridad*
8 Situación de un objeto con relación a los puntos cardinales.

exposímetro Instrumento para determinar la intensidad de la luz que ilumina un objeto fotografiado, y el tiempo necesario de exposición de las diferentes películas fotográficas. — *s.m. FOTOGRAFÍA*

expositivo, a Que expone o interpreta: *dio una explicación expositiva del caso.* — *adj.*

expósito, a Se aplica al niño que ha sido abandonado al nacer. — *adj/s.*

expositor, a
1 Que expone o interpreta una teoría, un texto u otra cosa semejante: *el expositor de la conferencia desarrolló su discurso con gran claridad.* — *adj/s.*
2 Que expone o muestra; en especial un artista sus obras o una empresa sus productos: *este año ha habido muchos expositores en la feria.* — *adj/s.*
3 Mueble o espacio que se utiliza para exponer al público productos comerciales: *he visto en el expositor un modelo en color negro que me gusta.* — *s.m.*
4 Se aplica a la persona que explica las Sagradas Escrituras o un texto jurídico. — *adj/s.*

expremijo Mesa para hacer el queso, de tablero algo inclinado, enmarcado con listones y con ranuras para que escurra el suero. — *s.m. = entremiso*

exprés Que es rápido o se hace con rapidez: *café exprés; olla exprés.* — *adj/s.m/f. pl: exprés*

expresamente
1 De manera clara o explícita: *te dije expresamente que te dieras prisa.* — *adv.*
2 Con la única intención que se indica: *he venido expresamente para verte.* — *= expreso, ex profeso*

expresar (Derivado culto de *expreso*.)
1 Manifestar lo que una persona piensa o siente: *se expresa con mucha fluidez; sus ojos expresaban una profunda tristeza.* — *v.tr/prnl. = comunicar, hablar part.tb: expreso*
2 Manifestar el artista sus intenciones con claridad en su obra: *sus novelas expresan su interés filantrópico.*
3 Darse a entender: *aún no sabe hablar pero con sus gestos se expresa de maravilla.* — *v.prnl.*

expresión (Del lat. *expressio*.)
1 Acción y resultado de expresar o expresarse: *su expresión es fluida.* — *s.f. = discurso LINGÜÍSTICA*
2 Palabra o secuencia de palabras propia de una determinada manera de formular las ideas, emociones o sentimientos: *ésta es una expresión muy coloquial.*
3 Gesto o rasgo del rostro de una persona por el que se manifiesta cierta manera de ser o sentimiento: *la expresión de su cara era irónica.*
4 Escritura formada por operadores, operandos y paréntesis organizados según unas reglas y que proporcionan un resultado único: *les han enseñado a resolver expresiones algebraicas.* — *MATEMÁTICAS*
5 Significante oral o escrito en un signo o enunciado lingüístico. — *LINGÜÍSTICA*
6 Conjunto de los cambios de entonación lingüísticos que ponen de manifiesto el estado de ánimo del hablante o sus sentimientos. — *LINGÜÍSTICA*
7 Viveza y exactitud con que se manifiestan los efectos en un arte imitativo: *los cuadros de este pintor tienen una expresión alegre.* — *ARTE*
8 Acción de exprimir. — *FARMACIA*
9 Sustancia exprimida. — *FARMACIA*
10 Saludos o recuerdos: *dale mis expresiones a tu familia.* — *s.f.pl./formal*
11 **expresión algebraica**: Conjunto de letras y números unidos entre sí por signos de operaciones. — *MATEMÁTICAS*
12 **expresión analítica**: Conjunto de números y símbolos ligados entre sí por los signos de las operaciones del álgebra. — *MATEMÁTICAS*
13 **expresión calificativa**: La que lleva preposición y hace la función de un adjetivo con respecto a un sustantivo. — *LINGÜÍSTICA*
14 **reducir algo a la mínima expresión**: Disminuir todo lo posible una cosa: *redujo su discurso a la mínima expresión por cuestiones de tiempo.*

expresionismo Tendencia artística y literaria en que se intensifica la expresión, incluso a costa del equilibrio formal. — *s.m./ARTE, CINE, LITERATURA, MÚSICA*

expresionista
1 Del expresionismo: *la película "Metrópolis" es una obra expresionista; impresiona el dramatismo expresionista de sus óleos.* — *adj./ARTE, CINE, LITERATURA, MÚSICA*
2 Que sigue en sus obras las líneas del expresionismo: *Kandinsky es un pintor expresionista; cine alemán expresionista.* — *adj/s.m.f./ARTE, CINE, LITERATURA, MÚSICA*

expresividad Cualidad de expresivo: *la expresividad de su mirada hace innecesarias las palabras.* — *s.f. = viveza*

expresivo, a
1 Que expresa con viveza lo que siente o piensa: *zanjó el tema con un expresivo gesto.* — *adj.*

2 Se aplica a la manifestación artística que muestra los sentimientos del autor. — **ARTE**

3 Que es característico o típico: *su respuesta es expresiva de su carácter.* — **= significativo**

4 Que es un indicio de algo: *la liquidación de productos suele ser expresiva del mal momento económico de la tienda.* — **= indicativo**

5 Que es cariñoso y afectuoso: *es muy expresivo con los niños.*

6 De la expresión lingüística. — **LINGÜÍSTICA**

expreso, a (Del lat. *expressus,* declarado, destacado, part. de *exprimere.*)
1 Que se manifiesta con claridad: *es una condición expresa en el contrato.* — **adj. = explícito, patente**
2 Se aplica al tren de viajeros muy rápido. — **adj/s.m.**
3 Correo extraordinario, despachado con una noticia o aviso determinado. — **s.m.**
4 Con intención: *sé que lo hizo expreso para molestarme.* — **adv. = ex profeso**

exprimidor Utensilio o aparato electrodoméstico para exprimir frutas y obtener su zumo: *el exprimidor eléctrico es más cómodo que el manual.* — **s.m. = exprimidera, exprimidero**

exprimir (Del lat. *exprimere,* exprimir, estrujar < *premere,* apretar.)
1 Apretar y retorcer una cosa para extraer el líquido que ésta contiene: *exprime dos limones.* — **v.tr. = estrujar**
2 Sacar el máximo provecho de una cosa o una persona: *exprimió su coche viejo todo lo que pudo.* — **= explotar**
3 Agotar una cosa: *exprimió sus ahorros antes de encontrar un nuevo empleo.*

ex profeso A propósito, con intención: *he venido ex profeso para saludarte.* — **loc.adv. = expreso**

expropiación
1 Acción y resultado de expropiar: *el gobierno recurrió a la expropiación de sus bienes.* — **s.f. DERECHO**
2 Cosa que ha sido expropiada. — **DERECHO**

expropiador, a Que expropia. — **adj/s.**

expropiar Quitar una cosa a una persona legalmente pagándole una indemnización. — **v.tr. DERECHO**

expuesto, a Que es peligroso: *me parece un viaje muy expuesto.* — **adj. = arriesgado**

expugnación Acción y resultado de expugnar. — **s.f./MILITAR**

expugnador, a Que expugna. — **adj/s.**

expugnar (Del lat. *expugnare.*) Tomar por las armas una ciudad o una fortaleza. — **v.tr. MILITAR**

expulsable
1 Que se puede expulsar. — **adj. AERONÁUTICA**
2 Se aplica a un asiento o especie de sillín que, en los aviones de gran velocidad, permite salir del aparato a cada tripulante en caso de emergencia.

expulsar (Del lat. *expulsare.*) Echar o sacar a una persona o una cosa de un lugar: *si no te comportas, te expulsarán del aula; la chimenea expulsa el humo.* — **v.tr. = arrojar, excluir**

expulsión
1 Acción y resultado de expulsar o expeler: *la expulsión del jugador perjudicó al equipo.* — **s.f./= eliminación, exclusión**
2 Golpe que en esgrima se da con la espada a la del contrario para desarmarlo. — **DEPORTES**

expulsivo, a Se aplica a la sustancia que se utiliza para expeler: *tomo un medicamento expulsivo.* — **adj/s.m. FARMACIA**

expulsor, a
1 Que expulsa: *se ha estropeado el mecanismo expulsor de la máquina.* — **adj/s.**
2 Mecanismo de algunas armas de fuego que expulsa los cartuchos vacíos. — **s.m. = eyector**

expurgación Acción y resultado de expurgar: *es necesaria una expurgación a fondo para eliminar los gérmenes.* — **s.f. = expurgo**

expurgar (Del lat. *expurgare.*)
1 Limpiar una cosa de lo nocivo e inútil: *el operario vino para expurgar las cañerías.* — **v.tr./conj. pagar = purgar, purificar**
2 Quitar a una obra literaria lo considerado inaceptable de una publicación: *el tribunal expurgó las obras de los dos poetas.* — **= censurar**

expurgatorio, a Que sirve para expurgar: *algunas sustancias expurgatorias son tóxicas.* — **adj.**

exquisitez
1 Cualidad de exquisito: *los pasteles de esa tienda son de una exquisitez irresistible.* — **s.f. pl: exquisiteces**
2 Actitud delicada y fina: *sorprende la exquisitez de sus modales en un hombre tan joven.*
3 Acciones que revelan una actitud en exceso delicada: *déjate de exquisiteces conmigo, que somos de confianza.* — **s.f.pl.**

exquisito, a (Del lat. *exquisitus < exquirere,* rebuscar.)
1 Que es singular y extraordinario: *tiene un sentido exquisito del color.* — **adj. = refinado, selecto**
2 De gran finura y delicadeza: *sus gustos son propios de una persona exquisita.* — **= delicado**
3 Se aplica al sabor, comida o bebida muy agradables: *hizo un plato exquisito.* — **= delicioso**

extasiarse Sentir una persona un gran placer, quedarse absorta: *se extasió viendo el ballet ruso; se extasiaba en sus pensamientos.* — **v.prnl./conj: vaciar = arrobarse, embelesarse**

éxtasis (Del bajo lat. *ecstasis* < gr. *ekstasis,* desviación, arrobamiento < *existamai,* desviar, apartar.)
1 Estado del alma en la unión mística con Dios, caracterizado por el sentimiento de amor y de gozo sumo y por la disminución o suspensión del ejercicio de los sentidos: *los poetas místicos hablan de sus éxtasis en sus obras.* — **s.m. pl: éxtasis RELIGIÓN th: éxtasi**
2 Estado de la persona enteramente dominada por un sentimiento de alegría, de admiración o de amor, de manera que se encuentra ajena a todo lo que no es objeto de estos sentimientos: *la contemplación de aquellas montañas le dejó en éxtasis.* — **= arrobamiento, embeleso**
3 Droga sintética que tiene poderes afrodisíacos y produce alucinaciones.

extático, a Que está en éxtasis. — **adj.**

extemporaneidad Calidad de extemporáneo. — **s.f.**

extemporáneo, a
1 Impropio del tiempo: *hace un calor extemporáneo.* — **adj./= extemporal**
2 Inoportuno, inconveniente: *tu respuesta fue totalmente extemporánea.* — **= intempestivo**

extender (Del lat. *extendere.*)
1 Hacer que una cosa ocupe más lugar o espacio del que antes ocupaba: *el incendio se extendió por todo el bosque; extiende bien la masa en el molde para que el pastel te salga homogéneo.* — **v.tr/prnl. conj: tender part.th: extenso = expandir**
2 Abrir o desdoblar una cosa que estaba doblada o enrollada: *extendió el mantel sobre la mesa; extiende el mapa para verlo completo.* — **= desplegar**
3 Dar a una ley, un derecho o una autoridad mayor aplicación que la que tenía: *el pago del impuesto se extendió a las personas menores de veinte años.* — **= ampliar ≠ restringir**
4 Escribir un documento: *debes extender un certificado.* — **v.tr./= despachar**
5 Ocupar un pueblo o un campo una extensión de terreno: *mi parcela se extiende hasta el río.* — **v.prnl.**
6 Ocupar una cosa cierta cantidad de tiempo: *esta moda se extendió hasta los años setenta.* — **= difundirse, durar**
7 Hablar de una cosa detenidamente: *se extendió en reflexiones poco interesantes.* — **+ con, en = explayarse**
8 Echarse una persona sobre una cosa: *extiéndete sobre la toalla.* — **= tenderse, tumbarse**
9 Propagarse una cosa: *la epidemia se extendió por toda la comarca.*
10 Alcanzar, llegar una cosa a influir en otras por su fuerza o importancia: *su fortuna se extendió a veinte millones; su maldad se extendió hasta echar de casa a sus propios hijos.* — **+ a, hasta**

extensibilidad Condición de extensible. — **s.f.**

extensible
1 Que está pensado para ser extendido: *necesitas un cable extensible.* — **adj. = alargable**
2 Que se puede extender o ampliar: *es una teoría extensible a otras ciencias.*
3 Pulsera de reloj. — **s.m.**

extensión
1 Acción y resultado de extender o extenderse. — **s.f.**
2 Propiedad que tienen los cuerpos de ocupar una parte de espacio. — **GEOMETRÍA**
3 Espacio que ocupa una cosa considerada sólo en dos dimensiones: *han comprado una finca de gran extensión.* — **= área, superficie**
4 Período de tiempo durante el que existe o tiene vigencia una cosa.
5 Movimiento en que se extienden o alargan los músculos o las extremidades flexionadas. — **≠ flexión**
6 Línea telefónica conectada a una centralita: *póngame con la extensión 270.* — **TELECOMUNICACIONES**
7 Parte del nombre de un fichero que aparece entre el propio nombre y la versión y que denota el tipo de fichero que es. — **INFORMÁTICA**
8 Conjunto de cosas o grados que puede abarcar una cosa.
9 Conjunto de individuos comprendidos en una idea. — **LÓGICA**
10 Ampliación del significado de una palabra para abarcar un concepto distinto del que expresaba originariamente pero relacionado con él. — **LINGÜÍSTICA**
11 Aparato telefónico accesorio. — **Méx.**
12 Cable que se añade a un aparato eléctrico para que pueda enchufarse desde más lejos. — **Méx.**
13 en toda la extensión de la palabra: Por completo, por entero: *es una artista en toda la extensión de la palabra.* — **loc.adj.**
14 por extensión: Se aplica a la palabra o expresión que se usa con un significado diferente al suyo propio ampliado su significado a otros conceptos con los que tiene similitud o relación. — **loc.adv.**

extensivo, a
1 Que se puede extender o ampliar: *la ley es extensiva a todos los profesionales.* — **adj.**

2 Se aplica al cultivo que ocupa grandes superficies y que generalmente tiene un débil rendimiento: *en la zona abunda el cultivo extensivo.* AGRICULTURA

extenso, a
1 Que tiene u ocupa mucho lugar en el espacio: *es un terreno extenso.* adj. = amplio, vasto
2 Que ocupa mucho tiempo: *es un cursillo de informática muy extenso.* = largo
3 por extenso: Con mucha extensión: *nos contó por extenso lo que había sucedido.* loc.adv.

extensómetro Instrumento de precisión para medir la deformación de una pieza sometida a tensiones mecánicas. s.m. FÍSICA

extensor, a
1 Que se extiende o produce extensión. adj/s.
2 Se aplica al músculo o tendón que produce el estiramiento de una extremidad. adj/s.m. ANATOMÍA
3 Aparato de gimnasia formado por cintas de caucho que se utiliza para ejercitar los músculos. s.m. DEPORTES

extenuación
1 Acción y resultado de extenuar. s.f./= agotamiento
2 Figura que consiste en no expresar todo lo que se quiere dar a entender, sin que se deje de comprender la intención del que habla. RETÓRICA

extenuante Que extenúa: *realizó un trabajo extenuante.* adj./tb: extenuativo

extenuar Cansar o debilitar mucho: *aquella larga caminata nos extenuó las fuerzas; llegó a extenuarse de tanto repetir lo mismo.* v.tr/prnl. conj: *actuar* = agotar

exterior (Del lat. *exterior*, comparativo de *exterus*, externo.)
1 Que está en la parte de fuera de una cosa: *la cocina tiene una ventana exterior.* adj./= externo ≠ interior
2 Se aplica a la vivienda o habitación que tiene ventanas que dan a la calle: *toda la casa es exterior.*
3 Que tiene relación con el extranjero: *debemos potenciar el comercio exterior.*
4 Espacio que rodea una cosa: *abrígate antes de salir al exterior de la casa.* s.m.
5 Superficie externa de una cosa o persona: *su exterior es poco atractivo pero su corazón es grandioso.* = apariencia, aspecto
6 Escenas rodadas fuera del estudio cinematográfico: *los exteriores se rodaron en diez días.* s.m.pl. CINE
7 Lugares o espacios donde se ruedan estas escenas: *viajó por todo el país hasta encontrar exteriores adecuados.* CINE

exterioridad
1 Aspecto externo de las cosas. s.f./≠ interioridad
2 Apariencia de las cosas o porte de una persona: *no te limites a analizar la exterioridad del poema, penetra en el fondo.*
3 Manifestación ostentosa y ceremoniosa que se observa en el cuidado de los detalles externos.
4 Demostración aparente de un estado de ánimo o sentimiento.

exteriorización Acción y resultado de manifestar lo que se piensa o siente: *nunca ha sido dado a la exteriorización de sus sentimientos en público.* s.f. ≠ interiorización

exteriorizar Manifestar un sentimiento o pensamiento: *su malhumor se exterioriza llorando; tiene facilidad para exteriorizar sus emociones.* v.tr/prnl/conj: *cazar* = mostrar, revelar ≠ interiorizar

exterminable Que se puede exterminar: *la plaga de mosquitos fue fácilmente exterminable.* adj. = aniquilable

exterminación Acción y resultado de acabar con una cosa, una especie, un grupo o una comunidad: *la humanidad ha contribuido a la exterminación de razas animales.* s.f. = exterminio

exterminador, a Que extermina, acaba o destruye: *el fuego exterminador arrasó una gran extensión de bosque.* adj.

exterminar (Del lat. *exterminare*.)
1 Acabar del todo con una cosa: *se debería exterminar la violencia social.* v.tr.
2 Destruir un lugar por la fuerza de las armas. = asolar, devastar

exterminio Acción y resultado de exterminar: *las ballenas están en serio peligro de exterminio.* s.m. = exterminación

externado
1 Centro docente o sección de él al que asisten alumnos externos. s.m.
2 Situación y régimen de vida del alumno externo.
3 Conjunto de alumnos externos.

externar Manifestar una idea o un sentimiento: *sólo se externa con su mejor amiga.* v.tr/prnl. = exteriorizar

externo, a (Del lat. *externus*.)
1 Que está o se manifiesta en el exterior: *no es grave, sólo una herida externa.* adj. ≠ interno
2 Se aplica al alumno que está en el colegio sólo durante las horas de clase: *los externos ya pueden irse a casa.* adj/s. ≠ interno

extinción
1 Acción y resultado de extinguir o extinguirse: *los vecinos colaboraron en la extinción del fuego; la extinción del plazo de matriculación es el miércoles.* s.f. = cese, terminación
2 Absorción de una radiación cuando atraviesa un medio. FÍSICA
3 Desaparición de una especie animal o vegetal por causas ambientales, epidemias u otras. BIOLOGÍA

extinguible Que se puede extinguir: *el alcance del incendio lo hizo difícilmente extinguible.* adj.

extinguir (Del lat. *exstinguere*, apagar.)
1 Apagar un fuego o una luz: *la hoguera se extinguió mientras nosotros dormíamos; el incendio se extinguió después de arrasar gran parte del bosque.* v.tr/prnl. conj: *distinguir* part.tb: extinto
2 Hacer que una cosa desaparezca gradualmente: *esa lenta enfermedad extinguió su vida; su belleza se extinguió con la edad.*
3 Perder validez un derecho, un plazo o una obligación: *ya se ha extinguido la validez del documento.* = prescribir
4 a extinguir: Se aplica a la plaza o empleo que no se volverá a cubrir al quedar vacante. loc.adj.

extintivo, a
1 Que extingue o hace cesar o desaparecer una cosa. adj.
2 Que hace perder validez a un derecho o deber. DERECHO

extinto, a (Part. irreg. de *extinguir*.)
1 Que se ha extinguido o apagado: *en la isla hay un volcán extinto.* adj.
2 Muerto, que ha dejado de vivir. adj/s./culto

extintor, a
1 Que extingue o sirve para extinguir. adj.
2 Aparato que se utiliza para apagar fuegos o conatos de incendio: *es obligatorio tener extintores en lugares públicos.* s.m.

extirpable Que puede ser extirpado o quitado: *se trataba de un pequeño tumor fácilmente extirpable.* adj.

extirpación Acción y resultado de extirpar: *la extirpación del quiste no me dolió en absoluto.* s.f.

extirpador, a
1 Que extirpa. adj/s.
2 Instrumento agrícola cortante que sirve para arrancar las malas hierbas y efectuar otras labores superficiales. s.m. AGRICULTURA

extirpar (Del lat. *exstirpare*, desarraigar, arrancar.)
1 Quitar un órgano enfermo o una parte del cuerpo dañada: *el cirujano le extirpó varios ganglios.* v.tr. MEDICINA
2 Arrancar una planta de raíz. BOTÁNICA
3 Acabar del todo con una cosa perjudicial: *extirpó los abusos con su modélica actuación.* = erradicar

extorno Parte de la prima de un seguro que se devuelve al asegurado al haberse modificado alguna de las condiciones de la póliza: *no tiene derecho a extorno por haber rescindido él la póliza.* s.m. COMERCIO

extorsión
1 Acción y resultado de usurpar una cosa a una persona sirviéndose de la violencia y la intimidación. s.f. DERECHO
2 Perjuicio o molestia: *no me causa ninguna extorsión tu presencia en casa.* = daño

extorsionar
1 Usurpar una cosa a una persona con violencia e intimidación. v.tr. DERECHO
2 Causar una persona o una cosa trastorno o daño a una persona: *el jaleo de la calle me extorsiona para trabajar.* = perjudicar, perturbar

extorsionista Persona que extorsiona o que perjudica a otra. s.m.f. DERECHO

extra (Voz latina.)
1 Que es mejor que otros de su clase: *póngame gasolina extra.* adj./= superior, extraordinario
2 Que se añade a lo habitual o a lo establecido: *tenemos trabajo extra; ya he cobrado la paga extra.*
3 Remuneración adicional: *este mes espero cobrar el extra prometido.* s.m. = plus
4 Gasto adicional o inesperado: *este mes he pagado varios extras.*
5 Persona que interviene en una película sin representar ningún papel: *en el rodaje participaron mil extras.* s.m.f./= comparsa, figurante/CINE
6 Se aplica a la comida o bebida que se salen de lo ordinario o habitual: *he preparado un plato extra porque tengo invitados a comer; las copas de licor y los aperitivos fueron los extras de la comida.* adj/s.m.

extra-
1 Componente de palabra procedente del lat. *extra*, que significa fuera de, más allá de: *extramuros; extraoficial.* pref.
2 Componente de palabra que significa excepcional, inmejorable: *extralimpio; extrafuerte.*

extracción
1 Acción y resultado de extraer: *trabaja en una planta de extracción petrolífera; la extracción de los números premiados se realizó ante notario.* s.f.
2 Origen, linaje: *es un joven de noble extracción.*

3 Operación quirúrgica que consiste en retirar o arrancar un cuerpo extraño, un órgano enfermo o una estructura del organismo: *me harán una extracción dental.* — MEDICINA

extracorriente Corriente que se produce en el aire al abrirse un circuito recorrido por una corriente eléctrica y que se manifiesta con un arco. — s.f. ELECTRICIDAD

extractar Hacer un resumen de un escrito: *la prueba consiste en extractar un capítulo de la obra.* — v.tr. = resumir

extracto
1 Resumen de un escrito o de un suceso, en el que se expresa lo esencial de su contenido: *hazme un extracto de lo que pasó para que me haga una idea.* — s.m. = síntesis
2 Esencia o disolución concentrada de una sustancia obtenida de otra: *añade extracto de carne al guiso.* — QUÍMICA
3 Notificación de los movimientos de una cuenta bancaria en un período de tiempo determinado. — ECONOMÍA
4 Resumen de un expediente o de un pleito contencioso administrativo. — DERECHO
5 Cada uno de los cinco números que salían a favor de los jugadores en la antigua lotería primitiva. — JUEGOS

extractor, a
1 Que extrae: *están montando una plataforma extractora de petróleo.* — adj./s.
2 Aparato o pieza de un mecanismo que se usa para extraer una cosa: *el extractor de humos de la cocina es nuevo.* — s.m. TECNOLOGÍA

extracurricular Que no pertenece a un currículo: *estudios extracurriculares.* — adj.

extradición Entrega de un delincuente refugiado en un país, hecha por el gobierno de éste a las autoridades de otro que lo reclama: *el gobierno pidió la extradición de presuntos terroristas.* — s.f. DERECHO

extraditable Se aplica a la persona acusada de delito que es susceptible de ser extraditada en virtud de convenios recíprocos entre países. — adj/s.m.f. DERECHO

extraditado, a Se dice de la persona que es objeto de una extradición. — adj/s. DERECHO

extraditar Entregar a un condenado o un inculpado refugiado en un país a las autoridades del país que lo reclama. — v.tr. DERECHO = extradir

extradós (Del fr. *extrados* < lat. *extra*, fuera + *dos*, dorso.)
1 Superficie exterior y convexa de un arco o de una bóveda: *los arcos de ese edificio presentan un extradós muy decorado.* — s.m./pl: extradós ARQUITECTURA = trasdós/≠ intradós
2 Línea formada por la parte exterior de las dovelas. — ARQUITECTURA
3 Superficie exterior del ala de un avión. — AERONÁUTICA

extraembrionario, a Que está o se produce fuera del embrión. — adj.

extraer (Del lat. *extrahere.*)
1 Sacar una cosa incrustada, hundida, sepultada o que se encuentra dentro de un lugar: *me han de extraer una muela.* — v.tr. conj: traer
2 Deducir, averiguar: *es difícil extraer conclusiones con pocos datos.*
3 Hallar la raíz de un número. — MATEMÁTICAS
4 Separar un componente de un cuerpo o una sustancia. — QUÍMICA

extraescolar Que tiene lugar o sucede fuera de la escuela o del marco de un programa escolar estricto: *también realiza actividades extraescolares.* — adj.

extrajudicial Que se hace o tramita fuera de la vía judicial. — adj. DERECHO

extralegal Que no es legal o está fuera de la ley: *cobra una parte del sueldo en nómina, y la otra de modo extralegal.* — adj.

extralimitación Acción y resultado de extralimitar o extralimitarse: *trasnochar es una extralimitación para una persona de su edad.* — s.f. = abuso, exceso

extralimitar
1 Hacer una persona más de lo que puede o debe hacer: *siempre tiende a extralimitar sus propias responsabilidades; trabaja pero no te extralimites.* — v.tr/prnl. = exceder
2 Tomarse una persona demasiadas confianzas con otra: *se extralimita con personas que casi no conoce.* — v.prnl. = abusar

extramatrimonial Que se produce fuera del matrimonio: *las relaciones extramatrimoniales del presidente son conocidas.* — adj.

extramuros Fuera del recinto de una población: *es conocido en la ciudad pero no extramuros.* — adv. pl: extramuros

extranjería
1 Situación jurídica del extranjero que reside en un país: *no podrá solucionar su extranjería mientras no encuentre trabajo.* — s.f. DERECHO
2 Conjunto de leyes y normas que regulan los derechos y los intereses de los extranjeros en un país: *la nueva ley de extranjería dificulta la entrada en el país.* — DERECHO

extranjerismo
1 Afición a lo extranjero: *su extranjerismo se demuestra en sus escritos.* — s.m.

2 Voz o locución de procedencia extranjera: *los puristas intentan evitar el uso de extranjerismos en el lenguaje.* — LINGÜÍSTICA = barbarismo

extranjerizar Introducir usos o costumbres extranjeros en un país: *aquel país se extranjerizó por su pobreza cultural.* — v.tr/prnl. conj: cazar

extranjero, a (Del fr. ant. *estrangier* < *estrange*, extraño.)
1 Que procede de otro país: *en verano las playas se llenan de extranjeros.* — adj./s.
2 Nación que no es la propia: *me voy al extranjero de vacaciones.* — s.m.

extranjía
1 Condición del extranjero que reside en otro país. — s.f.
2 de extranjía: 1. Que viene de otro país. 2. Que resulta extraño o inesperado. — loc.adj. loc.adj.

extranjis Se usa para indicar de forma ilegal, a escondidas, en la expresión **de extranjis:** *trajeron de extranjis dos o tres cafeteras de Andorra.* — loc.adv. coloquial

extraña Planta herbácea con tallo velloso, hojas alternas y aovadas y flores terminales y grandes. *(Callistephus sinensis.)* — s.f. BOTÁNICA

extrañamiento
1 Acción y resultado de extrañar o extrañarse. — s.m./= extrañación
2 Pena que consiste en la expulsión de un condenado del territorio nacional por el tiempo que dura la condena. — DERECHO

extrañar
1 Producir una cosa extrañeza a una persona: *se extrañó de mi presencia en la fiesta; no me extraña que se equivoque, está siempre distraído.* — v.tr/prnl./ + de = asombrar, sorprender
2 Echar de menos a una persona, un animal o una cosa: *cuando viajo extraño a mis amigos.* — v.tr. = añorar
3 Sentir una persona la novedad de una cosa echando de menos la que era habitual: *he dormido mal porque extraño la cama.*
4 Desterrar a una persona a un país extranjero: *se extrañó por sus ideas políticas.* — v.tr/prnl.

extrañeza
1 Hecho de producir sorpresa una cosa o persona porque se sale de lo común: *me causó extrañeza verte en la reunión.* — s.f. tb: extrañez
2 Cosa extraña, que produce sorpresa porque se sale de lo común: *sus extrañezas le hacen particular.* — = rareza

extraño, a (Del lat. *extraneus*, exterior, ajeno < *extra*, fuera.)
1 Que es raro o extravagante: *lleva un extraño peinado; es extraña tu actitud.* — adj./= singular ≠ normal
2 Que no pertenece al ámbito o grupo social que se considera: *no lo comentes ante extraños; resulta duro vivir solo en un país extraño.* — adj./s.
3 Que no participa en una acción: *permaneció extraño a sus negocios.* — + a = ajeno
4 Movimiento brusco, anormal e inesperado: *el coche hizo un extraño y se salió de la carretera.* — s.m.
5 serle a alguien extraño algo: No estar habituado a ello: *me es extraño conducir con gafas.*

extraoficial Que no está confirmado de manera oficial: *la información de su dimisión es extraoficial.* — adj. = oficioso

extraordinariamente Mucho, en extremo: *me parece extraordinariamente guapo.* — adv.

extraordinario, a
1 Que se sale de lo ordinario o normal: *un suceso extraordinario cambió mi vida; una luz extraordinaria y muy brillante me deslumbró.* — adj. = excepcional ≠ común
2 Que es muy grande o muy bueno: *estoy leyendo un libro extraordinario; es una persona extraordinaria con sus amigos.* — = excelente ≠ normal
3 Plato o manjar especial distinto de la comida habitual: *preparó un extraordinario para la comida de Navidad.* — s.m.
4 Número periódico de una publicación que se edita por algún motivo especial o con una configuración distinta a la ordinaria: *ha salido el extraordinario de Navidad con el resumen del año.* — = extra
5 Correo especial que se despacha con urgencia.

extraparlamentario, a Se aplica al grupo político que no tiene representación en el parlamento. — adj./s. POLÍTICA

extrapiramidal Que se refiere al conjunto de estructuras nerviosas que aseguran el control de la motricidad aparte del fascículo corticoespinal o piramidal. — adj. ANATOMÍA

extraplano, a Que es muy plano o delgado: *utiliza una calculadora extraplana.* — adj.

extrapolación Acción y resultado de extrapolar: *el error se debe a una extrapolación de los datos.* — s.f.

extrapolar
1 Obtener o extraer conclusiones a partir de datos parciales, reducidos o pertenecientes a un ámbito distinto de aquel al que se aplican: *no puedes extrapolar a todo el mundo lo que es un caso particular.* — v.tr. = generalizar
2 Buscar el valor de una variable en un punto, en función de otros valores de la misma. — MATEMÁTICAS

extrarradio Zona situada en las afueras de una po- **s.m.**
blación: *vive en el extrarradio porque allí el alquiler es*
más barato.

extrasensorial Que se percibe sin la intervención de **adj.**
los órganos sensoriales o que queda fuera de la esfera
de éstos.

extrasístole Contracción anormal e irregular del co- **s.f.**
razón. **MEDICINA**

extratémpora Dispensa para que un clérigo reciba **s.f.**
las órdenes mayores fuera de los tiempos señalados **RELIGIÓN**
por la Iglesia.

extraterreno, a Que está más allá de la vida del **adj.**
hombre en la Tierra. **= ultraterreno**

extraterrestre
1 Que está fuera de la Tierra: *los astronautas viajaron* **adj.**
por el espacio extraterrestre.
2 Supuesto habitante de otro planeta. **s.m.f.**

extraterritorial Que está fuera del territorio de una **adj.**
jurisdicción: *lo lamento pero su caso es extraterritorial.*

extraterritorialidad Privilegio del derecho interna- **s.f.**
cional por el que los agentes diplomáticos y barcos **DERECHO**
de guerra siguen sometidos a las leyes de su país de
origen sea cual sea el país en el que estén.

extrauterino, a Que está o sucede fuera del útero: **adj.**
corre el riesgo de tener un embarazo extrauterino. **MEDICINA**

extravagancia
1 Cualidad de extravagante o raro: *viste con una extra-* **s.f.**
vagancia graciosa. **= excentricidad**
2 Acción o palabras extravagantes o raras: *no sé por*
qué dijo aquella extravagancia.

extravagante (Part. del bajo lat. *extravagari*.) Que **adj/s.m.f.**
llama la atención porque excede o se aparta de lo **= estrafalario**
considerado normal: *vestido extravagante; persona ex-* **≠ corriente**
travagante.

extravasación Salida de un líquido del conducto o **s.f.**
vaso en que está contenido.

extravasarse Salir un líquido de su vaso o conducto: **v.prnl.**
el agua se extravasaba de los muros del pantano.

extravenar
1 Hacer que la sangre salga de las venas: *a causa del* **v.tr/prnl.**
accidente se le extravenó la sangre.
2 Hacer que una persona o una cosa se aparten de su **v.tr.**
lugar o camino: *la distracción la extravenó de la carretera.* **= desviar**

extraversión Actitud de la persona que se relaciona **s.f.**
fácilmente con los demás y tiende a manifestar sus **th: extroversión**
sentimientos: *no se sentirá desplazado por su tremenda* **≠ introversión**
extraversión.

extravertido, a Se aplica a la persona que tiene faci- **adj/s.**
lidad para relacionarse y exteriorizar sus sentimien- **th: extrovertido**
tos o estado anímico: *me encanta su carácter extraverti-* **≠ introvertido**
do y alegre.

extraviado, a
1 Se aplica al lugar que está muy apartado o poco **adj.**
transitado: *no vayas de noche por calles extraviadas.* **= retirado**
2 Que tiene costumbres desordenadas: *lleva una vida* **= descarriado**
extraviada.

extraviar
1 Hacer perder el camino a una persona: *el conductor* **v.tr/prnl/conj: vaciar**
extravió la ruta y tuvieron que volver atrás; algunos niños **= desorientar,**
se extraviaron en el bosque. **desencaminar**
2 No estar una cosa donde debiera: *he extraviado el li-* **= perder**
bro que me prestaste; durante el viaje se extraviaron los **≠ encontrar**
documentos.
3 No fijar la vista o la mirada en un objeto.
4 Dejar una persona una forma de vida y tomar otra **v.prnl.**
distinta, generalmente mala: *me parece que tu hijo se* **= descarriarse,**
ha extraviado por las malas compañías. **pervertirse**

extravío
1 Acción y resultado de extraviar o extraviarse: *han* **s.m.**
denunciado el extravío de un paquete postal. **= pérdida**
2 Desorden o desenfreno en las costumbres: *se arre-* **= descarrío**
pentirá de este extravío en su vida.
3 Trastorno o molestia causada a alguien: *mi llegada*
les produjo un gran extravío.

extrema Extremaunción, sacramento. **s.f./coloquial**

extremadamente Mucho, muy, en extremo: *hemos* **adv.**
pasado un invierno extremadamente frío.

extremadas Temporada en que los ganaderos se de- **s.f.pl.**
dican a hacer el queso.

extremado, a
1 Que alcanza el grado máximo: *me gusta su extrema-* **adj.**
da delicadeza; hace un frío extremado. **= sumo**
2 Que es exagerado o llama la atención: *siempre lleva* **= atrevido**
ropa extremada.

extremar
1 Llevar una actitud a su grado más alto o más rigu- **v.tr.**
roso: *la policía extremará las medidas de seguridad.* **= exagerar**

2 Poner una persona el mayor cuidado e interés en la **v.prnl./+ en**
realización de una cosa: *me extremo en mi trabajo.* **= esmerarse**

extremaunción Sacramento de la religión católica **s.f./RELIGIÓN**
en que el sacerdote unge con óleo sagrado a la perso-
na que está a punto de morir.

extremeño, a
1 De Extremadura, región del oeste de España. **adj.**
2 Persona natural de esta región. **s.**
3 Variedad del castellano que se habla en esta región. **s.m./LINGÜÍSTICA**

extremidad
1 Parte final de una cosa: *la extremidad de esta cuerda* **s.f.**
está deshilachada. **= extremo**
2 Grado último al que puede llegar una cosa.
3 Cabeza, pies, manos y cola de los animales, y cabe- **s.f.pl.**
za, pies y manos del hombre. **ANATOMÍA**
4 Patas de los animales o piernas y brazos del hom- **ANATOMÍA**
bre: *las extremidades inferiores tienen una función loco-*
motora.

extremismo Tendencia a adoptar posturas o ideas **s.m.**
extremas, exageradas o radicales: *a veces el extremismo*
político está reñido con la tolerancia.

extremista
1 Del extremismo: *tiene ideas extremistas sobre la go-* **adj.**
bernabilidad del país.
2 Que es partidario del extremismo: *un grupo de ex-* **adj/s.m.f.**
tremistas lanzó piedras y botellas al campo de juego.

extremo, a (Del lat. *extremus*, superlativo de *exterus*,
externo.)
1 Que está al final: *la suya es la habitación extrema del* **adj.**
pasillo. **= último**
2 Que es excesivo, muy intenso o elevado: *tiene una* **= extremado, sumo**
paciencia extrema; hace un frío extremo. **≠ moderado**
3 Que es distante o muy diferente: *viven en ciudades* **= lejano**
extremas; tienen opiniones extremas. **≠ cercano, próximo**
4 Parte primera o última de una cosa: *siéntate en el ex-* **s.m.**
tremo de la mesa. **= cabo, punta**
5 Punto culminante de una actitud, cualidad u otra **= límite**
cosa: *llegó al extremo de no comer; no creemos necesario*
llegar hasta ese extremo.
6 Jugador que cubre las bandas en el fútbol y otros **DEPORTES**
deportes de equipo: *el extremo corría hacia la línea de*
meta.
7 Punto o cuestión de un tema que se discute o estu- **= aspecto,**
dia: *dejo ese extremo para otro momento.* **problema**
8 Demostración exagerada de algún sentimiento o **s.m.pl.**
afecto: *hacía extremos de dolor.*
9 con o en extremo: Muy, mucho: *le mima en extre-* **loc.adv.**
mo; se ve que se ha esmerado con extremo. **= en grado sumo**
10 con grandes extremos: Con extraordinaria ama- **loc.adv.**
bilidad: *acogió a los invitados con grandes extremos.*
11 de extremo a extremo: 1. De una cosa a su con- **loc.adv.**
traria: *cambió de opinión de extremo a extremo.* 2. De **loc.adv.**
principio a fin: *me lo explicó de extremo a extremo.*
12 en último extremo: Si no hay otro recurso: *en úl-* **loc.adv.**
timo extremo ya iré yo.
13 ir o pasar de un extremo a otro: Cambiar de re- **coloquial**
pente de opinión o idea pasando a la opuesta: *en polí-*
tica se va de un extremo a otro.

extremosidad Calidad de extremoso: *no me gusta su* **s.f.**
extremosidad en el trato con la gente.

extremoso, a
1 Que no tiene punto medio en sus acciones o sus **adj.**
sentimientos: *es muy extremoso en sus opiniones polí-* **= radical**
ticas.
2 Que es muy expresivo en las demostraciones de **= efusivo**
cariño: *es tan extremoso que constantemente la abraza.*

extrínseco, a (Del lat. *extrinsecus* < **extrim*, extra **adj.**
+ *secus*, a lo largo de.) Que es externo a la naturaleza **≠ intrínseco**
de una cosa: *sus problemas se deben a causas extrínsecas*
al trabajo.

extrorso, a Se refiere a la antera que se abre hacia el **adj./BOTÁNICA**
exterior de la flor. **≠ introrso**

extroversión Actitud de la persona que se relaciona **s.f.**
y exterioriza sus sentimientos con facilidad. **th: extraversión**

extrovertido, a Se refiere a la persona que se rela- **adj/s.**
ciona y exterioriza sus sentimientos con facilidad. **th: extravertido**

extrudir Dar forma a una materia plástica o a un me- **v.tr.**
tal fundido haciéndolo salir por una abertura dispues- **TECNOLOGÍA**
ta para ello.

extrusión
1 Acción y resultado de extrudir. **s.f./TECNOLOGÍA**
2 Acción de aflorar el magma a la superficie terrestre. **GEOLOGÍA**

extrusivo, a Se aplica a la roca o magma que se for- **adj.**
ma por extrusión. **GEOLOGÍA**

extrusor, a Que extrude o sirve para extrudir. **adj/s.m./TECNOLOGÍA**

exuberancia (Derivado de *ubre*.) Excesiva abundan- **s.f.**
cia de alguna cosa: *la exuberancia de citas dificulta la* **= profusión**
comprensión del texto.

exuberante Que es muy abundante o está muy de **adj.**

sarrollado: *es una zona de vegetación exuberante; esa*   = **desbordante**
mujer tiene formas exuberantes.

exudación
1 Acción y resultado de exudar.   **s.f.**
2 Salida de una sustancia líquida de los vasos sanguí-   **MEDICINA**
neos o capilares a consecuencia de una inflamación.
3 Concentración anormal en la superficie de una   **METALURGIA**
aleación de uno de sus componentes.

exudado Líquido espeso salido por exudación de los   **s.m.**
vasos sanguíneos y capilares en una inflamación.   **MEDICINA**

exudar (Del lat. *exsudare*.) Salir un líquido de su reci-   **v.intr/tr.**
piente o del lugar en que estaba: *la vasija exuda vino.*

exulceración Ulceración superficial de la piel.   **s.f./MEDICINA**

exulcerar Ulcerar superficialmente la piel.   **v.tr/prnl./MEDICINA**

exultación Manifestación de gran alegría: *se besaban*   **s.f.**
con exultación al verse de nuevo.

exultar (Del lat. *exsultare*.) Mostrar una persona gran   **v.intr.**
alegría: *exultaba de gozo al ver a su nieto.*

exutorio (Derivado culto de *exuere*, desnudar, des-   **s.m.**
hacerse de algo.) Úlcera que se mantiene artificial-   **MEDICINA**
mente abierta con fines curativos.

exvoto (Del lat. *ex voto*, a consecuencia del voto.) Ob-   **s.m.**
jeto que a modo de ofrenda se dedica a Dios, la Vir-   **tb: ex voto**
gen o los santos, que por su forma recuerda una   **RELIGIÓN**
curación, un favor o un beneficio recibido y que se   = **presentalla,**
cuelga en los muros y techos de templos y capillas.   **voto**

eyaculación Acción y resultado de eyacular: *consultó*   **s.f.**
a un médico su problema de eyaculación precoz.   **FISIOLOGÍA**

eyacular (Del lat. *ejaculare*.) Expulsar con fuerza una   **v.tr.**
persona o un animal el contenido de un órgano o de-   **FISIOLOGÍA**
pósito, especialmente el semen.

eyaculatorio, a Que tiene relación con la eyacula-   **adj.**
ción.   **FISIOLOGÍA**

eyección Expulsión, evacuación de una sustancia   **s.f.**
destinada a ser eliminada.

eyectar Proyectar, lanzar al exterior, en particular   **v.tr/prnl.**
los asientos de los aviones con sus ocupantes: *el pi-*
loto se eyectó al ver que no podía apagar el fuego de la
cabina.

eyector
1 Mecanismo o pieza que sirve para evacuar un líqui-   **s.m.**
do o gas arrastrándolo con otro a gran velocidad.   **TECNOLOGÍA**
2 Dispositivo que proyecta al exterior de un arma de   = **expulsor**
fuego los cartuchos vacíos.

-ezno, a Componente de palabra que indica diminu-   **suf.**
tivo: *lobezno.*

ezpatadanza Danza de espadas de carácter solemne,   **s.f.**
popular del País Vasco.

ezquerdear Inclinarse una cosa a la izquierda: *los ár-*   **v.intr.**
boles ezquerdeaban por el viento.

-ezuelo, a Componente de palabra que indica dimi-   **suf.**
nutivo despectivo: *reyezuelo.*

F

f Sexta letra del alfabeto español y cuarta de sus consonantes. **s.f.**

fa Cuarta nota de la escala musical. **s.m./MÚSICA**

fabada (Derivado de *haba* < lat. *faba.*) Potaje de judías con tocino, chorizo y morcilla, típico de Asturias. **s.f. COCINA**

fabla
1 Imitación convencional del español antiguo hecha en algunas composiciones literarias. **s.f. LITERATURA**
2 Aragonés, variedad lingüística del antiguo navarro-aragonés. **LINGÜÍSTICA**

fabliau (Voz francesa.) Narración edificante o satírica que se cultivó en Francia en la edad media. **s.m. LITERATURA**

fabordón (Del fr. *faux-bourdon* < *faux*, falso + *bourdon*, tono bajo en ciertos instrumentos musicales.) Contrapunto usado principalmente en el canto gregoriano. **s.m. MÚSICA**

fábrica (Del lat. *fabrica*, oficio de artesano, abreviación de *ars fabrica*, arte del obrero o artesano < *faber*, artesano.)
1 Establecimiento industrial con las instalaciones adecuadas para la fabricación de un producto: *cerraron la fábrica por no cumplir con las normas ecológicas.* **s.f. INDUSTRIA = factoría**
2 Construcción u obra hecha con ladrillos o piedras unidas con cemento o argamasa: *separó las habitaciones con un tabique de fábrica.* **CONSTRUCCIÓN**
3 Acción y resultado de fabricar: *este mueble tiene un defecto de fábrica.* **= fabricación**
4 Renta o fondo de las iglesias para repararlas y costear el culto. **RELIGIÓN**
5 Invención de una historia o una mentira: *lo que me has contado es una fábrica de embustes.*

fabricación Acción y resultado de fabricar, en especial productos industriales: *el proceso de fabricación de estas piezas es muy complejo.* **s.f. = manufacturación**

fabricador, a Que fabrica o inventa cosas no materiales: *es un fabricador de mentiras.* **adj/s.**

fabricante
1 Que fabrica: *la casa fabricante de estos tresillos ha quebrado.* **adj/s.m.f.**
2 Dueño de una fábrica: *los fabricantes se quejan de los impuestos.* **s.m.f. = industrial**

fabricar (Del lat. *fabricare* o *fabricari*, componer.)
1 Producir una cosa por medios mecánicos: *fabricar coches.* **v.tr. conj: sacar**

2 Hacer una cosa de forma natural: *las hormigas fabrican sus nidos.* **= elaborar, construir**
3 Construir un edificio o una cosa análoga: *han fabricado viviendas de protección oficial.* **= edificar**
4 Producir o crear una cosa no material: *él fabricó su propia desgracia.* **= forjar**
5 Inventar historias o mentiras: *fabricó una historia increíble.* **= fraguar, tramar**

fabril (Del lat. *fabrilis*, propio del artesano.) De las fábricas o de sus operarios. **adj. = industrial**

fabriquero
1 Persona encargada en las iglesias de invertir los fondos destinados a objetos para el culto. **s.m. RELIGIÓN**
2 Persona que por oficio trabaja en el carboneo de los montes.

fábula (Del lat. *fabula*, conversación sin importancia.)
1 Composición literaria, por lo general en verso, en la que, a través de la intervención de animales, de seres inanimados o de cosas abstractas, se transmite una enseñanza moral: *estoy leyendo la fábula de la zorra y las uvas.* **s.f. LITERATURA**
2 Relato falso desprovisto de todo fundamento: *todo lo que cuenta son fábulas.* **= mentira, trola**
3 Noticia sin fundamento o confirmación que circula entre la gente: *él mismo hizo correr la fábula de su riqueza.* **= rumor, habladuría**
4 Relato mitológico: *la fábula de Polifemo y Galatea.* **LITERATURA**
5 Asunto y desarrollo del poema épico o dramático. **LITERATURA**
6 fábula milesia: Cuento o novela de contenido ligero e inmoral cuyo único fin es el de entretener al lector. **LITERATURA**
7 de fábula: Muy bien: *fuimos al circo y nos lo pasamos de fábula.* **loc.adv. coloquial**

fabulación Acción y resultado de fabular o presentar como reales hechos imaginarios: *sus fabulaciones sobre su pasado se deben a un trastorno mental.* **s.f.**

fabulador, a
1 Autor de fábulas literarias: *es sobre todo un buen fabulador y cuentista.* **s./LITERATURA = fabulista**
2 Persona que cree en proyectos fantasiosos que en realidad tienen poca base: *no seas fabulador y espera a ver los resultados.*

fabular Inventar historias o fantasías: *le gusta fabular historias que luego cuenta a sus hijos.* **v.tr. = idear**

fabulario Repertorio de fábulas literarias: *el fabulario recoge fábulas mitológicas.* — s.m. LITERATURA

fabulesco, a De la fábula, composición literaria. — adj./LITERATURA

fabulista (Del fr. *fabuliste.*)
1 Persona que escribe fábulas literarias: *Esopo fue un famoso fabulista.* — s.m.f./= fabulador LITERATURA
2 Persona que escribe acerca de la mitología.

fabulística Estudio de las fábulas y los mitos. — s.f.

fabulosamente
1 Con falsedad: *relató fabulosamente sus viajes y aventuras.* — adv. = fantásticamente
2 Mucho, en exceso: *hace un día fabulosamente bonito; tiene una tía fabulosamente rica.*
3 Muy bien: *canta fabulosamente.*

fabuloso, a
1 Que causa impresión por ser muy grande, muy bueno o numeroso: *ha tenido una idea fabulosa; ¡es fabuloso!* — adj. = extraordinario
2 Que es falso o inventado: *su versión de los hechos es fabulosa; Tolkien describe gnomos y seres fabulosos.* — = ficticio, imaginario/≠ real

faca (Probablemente del port. *faca,* cuchillo.) Cuchillo grande, puntiagudo y a veces curvo. — s.f.

facazo
1 Movimiento violento hecho con un cuchillo o faca con intención de herir. — s.m.
2 Herida o señal producida por una faca.

facción (Del lat. *factio,* manera de hacer, corporación.)
1 Bando en una guerra o enfrentamiento: *luchó en la facción republicana.* — s.f.
2 Banda, pandilla o grupo indeterminado que actúa con violencia: *una facción de extremistas apalearon a un joven.*
3 Cualquiera de las partes o líneas del rostro humano: *tiene unas bonitas facciones.* — = rasgo

faccionario, a Que es partidario de un grupo o bando. — adj/s.

faccioso, a (Del lat. *factiousus* < *factio,* manera de hacer, corporación.)
1 De una facción o bando. — adj.
2 Se aplica al rebelde armado. — adj/s.
3 Que perturba el orden público.

faceta
1 Aspecto que, junto con otros y distinto de ellos, se puede considerar en un asunto o en la vida de una persona: *nadie conocía su faceta de pintor.* — s.f.
2 Cada una de las pequeñas caras de un poliedro, especialmente de las piedas preciosas talladas.
3 Elemento de la córnea del ojo compuesto de los artrópodos. — ZOOLOGÍA

facetada Chiste sin gracia. — s.f./Méx.

facetar Tallar en facetas un diamante o una piedra preciosa. — v.tr./TECNOLOGÍA tb: facetear

faceto, a
1 Chistoso, sin gracia. — adj./Méx.
2 Presuntuoso, que se comporta con orgullo. — Méx.

facha (Del ital. *faccia,* cara.)
1 Aspecto exterior: *no me gusta la facha de esos tipos.* — s.f./coloquial
2 Mamarracho, adefesio: *llegó hecho una facha.* — coloquial
3 Actitud de fachenda, jactancia o presunción. — Chile
4 Disfraz, vestido o máscara que se utiliza en fiestas o carnavales. — s.f.pl. Méx.
5 Del fascismo o partidario de él. — adj/s.m.f./coloquial
6 **facha a facha:** Cara a cara, en presencia del otro: *tengo que hablar con él facha a facha.* — loc.adv.
7 **ponerse en facha:** 1. Ponerse en disposición conveniente para una cosa. 2. Parar la marcha de una nave haciendo obrar las velas en sentidos contrarios. — coloquial NÁUTICA

fachada (Del ital. *fasciatta.*)
1 Cara o parte exterior de los muros de un edificio: *han pintado de azul la fachada de su casa.* — s.f. CONSTRUCCIÓN
2 Apariencia, aspecto exterior: *parece buena persona pero todo es fachada.* — coloquial
3 Portada de un libro.
4 **hacer fachada:** Dar frente un edificio a otra cosa o lugar: *la iglesia hacía fachada con el ayuntamiento.* — + con

fachado, a Que tiene buena o mala facha o aspecto en las expresiones **bien o mal fachado:** *no se parece a sus padres, él es muy mal fachado.* — adj.

fachear
1 Hacer la fachada de una casa o arreglar la que tiene: *sólo les falta fachear la casa para terminarla.* — v.tr.
2 Parar la trayectoria de un barco haciendo obrar las velas en sentidos contrarios. — v.intr. NÁUTICA

fachenda (Del lat. *facienda,* cosas por hacer.)
1 Presunción, comportamiento de la persona que se muestra en exceso satisfecha de sí o de lo que posee. — s.f./coloquial = jactancia
2 Persona que adopta una actitud presuntuosa o jactanciosa. — s.m.f. coloquial

fachendear Hacer una persona ostentación vanidosa y orgullosa. — v.intr.

fachendoso, a
1 Presuntuoso, que actúa con vanidad y orgullo. — adj/s.

2 Que viste de forma inadecuada. — adj./Méx.
3 Que hace las cosas con descuido. — Méx.

fachinal Lugar anegadizo, cubierto de vegetación, como junco y paja brava. — s.m. Argent.

fachoso, a
1 Que tiene mala facha o aspecto ridículo. — adj./= fachudo
2 Presuntuoso, que actúa con presunción u orgullo. — Méx., Chile, Ecuad.
3 Que viste de forma inadecuada. — Méx.

facial (Del lat. *facialis.*) De la cara: *usa una crema facial cada día.* — adj.

facies
1 Aspecto o apariencia externa que distingue unas cosas de otras. — s.f. pl: facies
2 Aspecto que presenta el rostro de una persona.
3 Conjunto de rasgos que constituyen un aspecto particular de un período cultural. — HISTORIA
4 **facies hipocrática:** Aspecto que presenta el rostro del moribundo. — MEDICINA

fácil (Del lat. *facilis.*)
1 Que no exige esfuerzo, que cuesta poco trabajo: *es una lección fácil, acabaré pronto.* — adj/= sencillo ≠ difícil
2 Que es probable que suceda: *es fácil que llueva.*
3 Tratable, que se deja manejar o dirigir: *tiene un carácter fácil.* — = dócil, obediente
4 Se refiere a la persona que se deja seducir o conquistar fácilmente.

facilidad
1 Circunstancia de lo que es fácil, que no exige esfuerzo: *la facilidad de una transacción.* — s.f. ≠ dificultad
2 Capacidad o aptitud especial para hacer cierta cosa sin gran esfuerzo: *tiene facilidad para aprender lenguas.*
3 Condiciones o situación que hacen más fácil, accesible o favorable una cosa: *en este momento no existe facilidad para montar el negocio.* — = oportunidad
4 Actitud del que accede rápidamente y sin reparos al deseo de otro. — = ligereza
5 **dar facilidades:** Facilitar o hacer posible una cosa: *le dio muchas facilidades, por eso pudo hacerlo.*

facilitación Acción de facilitar una cosa. — s.f.

facilitar
1 Hacer fácil, sencilla o posible una cosa: *tus informes me facilitaron mucho el trabajo.* — v.tr.
2 Proporcionar o dar una cosa: *un confidente facilitó la documentación a la policía.* — = entregar

facilitón, a Que presume de presentar las cosas más fáciles de lo que son. — adj/s. coloquial

facilón, a Que es muy fácil: *aunque no es nada nuevo, es facilón y agradable.* — adj. coloquial

facineroso, a (Del lat. *facinorosus* < *facinus, -oris,* hazaña, crimen.)
1 Se refiere al que es un delincuente habitual: *aunque es un facineroso, no hay forma de que lo detenga la policía.* — adj/s. = malhechor
2 Se aplica a la persona malvada y perversa.

facistol (Del occitano ant. *faldestol* < germ. *faldistol,* sillón plegable < *faldan,* plegar + *stol,* trono.)
1 Atril grande que se colocan los libros de canto en los coros de las iglesias. — s.m.
2 Pedante, vanidoso. — Antillas, Venez.

faco- Componente de palabra procedente del gr. *phakos,* que significa de forma lenticular. — pref. tb: fac-

facómetro Instrumento usado para determinar el número de dioptrías de las lentes. — s.m. ÓPTICA

facón Cuchillo o puñal grande, recto y puntiagudo usado por el paisano. — s.m. Argent., Bol., Urug.

facsímil (Del lat. *fac simile,* haz una cosa semejante.)
1 Se aplica al escrito, dibujo o firma que es una imitación o reproducción perfecta de un original: *ha comprado un facsímil de un dibujo de Dalí.* — adj/s.m. tb: facsímile
2 Sistema de transmisión que sirve para enviar o recibir copias de documentos a distancia. — s.m. = fax, telefax

facsimilar Se refiere a aquello que está hecho en facsímil: *han acabado la edición facsimilar.* — adj.

factibilidad Condición o posibilidad de que una cosa sea realizada: *dudo de la factibilidad del proyecto.* — s.f. ≠ infactibilidad

factible Que puede ser hecho: *es una obra factible, pero difícil y costosa.* — adj. = posible, realizable

facticio, a (Derivado de *hacer.*)
1 Que está hecho de una manera artificial a imitación de la realidad natural. — adj.
2 Que es resultado de la arbitrariedad y no de la necesidad o la razón: *es facticio que yo esté en el mundo.*

fáctico, a
1 Que tiene relación con los hechos. — adj./= factual
2 Que se basa o fundamenta en los hechos: *el general disponía de poder fáctico.* — = real, verdadero ≠ teórico

factitivo, a (Derivado de *hacer.*) Se aplica al verbo o la perífrasis verbal que tiene un sujeto distinto al que ejecuta la acción. — adj. GRAMÁTICA tb: factivo

facto (Del lat. *factum*.) Indica de hecho en la expresión de facto. — loc.adv. formal

factor, a (Derivado de *hacer*.)
1 Apoderado de un comerciante para obrar por cuenta de él en las compras y ventas. — s. COMERCIO
2 Encargado de la facturación de equipajes y mercancías en las estaciones de ferrocarriles.
3 Dependiente del comisario de guerra o del asentista para la distribución de víveres a la tropa. — MILITAR
4 Causa, lo que contribuye a producir un determinado efecto o resultado: *hay que analizar los factores de la catástrofe*. — s.m.
5 Cantidad que se multiplica con otra u otras para formar un producto: *el orden de los factores no altera el producto*. — MATEMÁTICAS
6 Submúltiplo, número contenido exactamente en otro dos o más veces. — MATEMÁTICAS
7 **factores de producción**: Elementos que intervienen en la producción: *el capital es uno de los factores de producción*. — ECONOMÍA

factoraje Empleo y oficina del factor. — s.m./= factoría

factoría
1 Fábrica o complejo industrial: *debido a la crisis, están cerrando factorías en la región*. — s.f.
2 Empleo del factor o apoderado de un comerciante. — COMERCIO
3 Oficina del factor. — = factoraje
4 Establecimiento de comercio en un país colonial. — HISTORIA

factorial Producto de la multiplicación de todos los términos de una progresión aritmética. — s.f. MATEMÁTICAS

factoring (Voz inglesa.) Operación financiera que consiste en una transferencia de créditos comerciales por parte de un titular a un intermediario financiero, llamado factor, que gestiona y garantiza el cobro. — s.m. ECONOMÍA

factótum (Del lat. *fac totum*, haz todo.)
1 Encargado de desempeñar en una casa o dependencia todos los menesteres. — s.m.f. pl.tb: factótum
2 Persona que se quiere meter en todo y acostumbra a meterse donde no le llaman. — coloquial = entremetido
3 Persona de plena confianza de otra que se encarga de todo en nombre de ésta.

factual Que tiene relación con los hechos. — adj./= fáctico

factura (Derivado de *factor*.)
1 Escrito mediante el cual el vendedor da a conocer al comprador el detalle y el precio de las mercancías vendidas y, en algunos casos, las condiciones de entrega y pago: *había un error en la factura, me habían cobrado algo que no había comprado*. — s.f. COMERCIO
2 Cuenta de las mercancías compradas y de los gastos realizados, presentada a un comerciante por su factor o representante. — COMERCIO
3 Hechura o modo de estar hecha una cosa, especialmente una pintura o una escultura: *ese cuadro es de buena factura*. — ARTE = ejecución
4 Nombre que se da a diversas clases de panecillos dulces, horneados o fritos, que suelen hacerse o venderse en las panaderías. — Argent.
5 **factura pro forma**: Documento comercial en el que el vendedor notifica el importe de un pedido sin exigirle el pago. — COMERCIO
6 **pasar factura**: 1. Reclamar una compensación a quien se ha hecho un favor: *no aceptes su ayuda que luego te pasará factura*. 2. Pagar las consecuencias de algo o de sus propios actos: *si no te cuidas, el cuerpo te pasará factura*. — coloquial

facturación
1 Acción y resultado de entregar y registrar equipajes o mercancías para que sean enviados a su destino. — s.f.
2 Realización y tramitación de una factura. — COMERCIO

facturar
1 Extender o realizar la factura de una mercancía vendida. — v.tr. COMERCIO
2 Detallar los artículos que se incluyen en una factura. — COMERCIO
3 Entregar y registrar el equipaje o la mercancía en una estación de ferrocarril, en un aeropuerto o en un puerto para que sea enviada a su destino.
4 Enviar, mandar: *la facturaron a casa de sus abuelos para que pasara allí las vacaciones*. — coloquial

fácula (Derivado de *hacha* < lat. *facula*, antorcha.) Parte brillante de la superficie del Sol, asociada con manchas solares. — s.f. ASTRONOMÍA

facultad (Del lat. *facultas, -atis*.)
1 Capacidad física o espiritual para realizar una actividad: *dispone de las facultades necesarias para hacer el trabajo*. — s.f. = aptitud
2 Derecho inherente a un cargo para efectuar una cosa: *tiene plena facultad para votar*. — = poder
3 Centro o división de una universidad dedicado a la enseñanza e investigación de una disciplina.
4 Edificio universitario donde se imparten estas enseñanzas: *se encontraron en la facultad de letras*.

5 Licencia o consentimiento para realizar o decir una cosa. — = autorización, permiso
6 Fuerza o resistencia de un órgano para cumplir una función: *el estómago tiene la facultad de digerir el alimento*. — MEDICINA
7 Cédula real que permitía enajenar bienes o imponer cargas sobre ellos. — HISTORIA = facultad real
8 Conjunto de médicos cirujanos y boticarios que formaban parte de la cámara del rey. — HISTORIA
9 **facultad mayor**: Nombre que se daba a las facultades universitarias de medicina, teología y derecho.
10 **facultades mentales**: Término inespecífico que designa el conjunto de funciones síquicas de una persona. — SIQUIATRÍA

facultar Dar autoridad o facultades a una persona para realizar una cosa. — v.tr. = autorizar

facultativamente
1 De modo potestativo: *puedes, facultativamente, ejercer en un pueblo o en una ciudad*. — adv.
2 Según una facultad.

facultativo, a
1 De la facultad o poder. — adj.
2 Que no es obligatorio, que puede hacerse o no: *no tienes obligación de hacerlo, es facultativo*. — = potestativo, voluntario
3 Se refiere a la facultad o ciencia o a quien la profesa: *tiene un título facultativo*.
4 Persona que ejerce la medicina. — s./= médico

facundia (Del lat. *facundia*.) Locuacidad, facilidad o fluidez de palabra. — s.f. = labia, verbosidad

facundo, a (Del lat. *facundus*, hablador < *fari*, hablar.) Que tiene facilidad para hablar. — adj. = elocuente

fada (Derivado de *hado*.) Maga o bruja, mujer a la que se atribuían poderes sobrenaturales en los cuentos y leyendas. — s.f. tb: hada

fading (Voz inglesa.) Proceso por el que se desvanece la emisión lanzada por una emisora debido a factores meteorológicos. — s.m./pl: fadings AUDIOVISUALES tb: desvanecimiento

fado (Del lat. *fatum*, destino, fatalidad.) Canción popular portuguesa de carácter nostálgico: *le gusta mucho cantar fados*. — s.m. MÚSICA

faena (Del cat. ant. *faena*, trabajo < lat. *facienda*, cosas por hacer.)
1 Labor o trabajo físico: *no ha terminado las faenas del campo*. — s.f.
2 Tarea, labor u ocupación que ha de llevarse a cabo. — = quehacer
3 Trabajo síquico o mental.
4 Mala jugada: *le hizo una faena no asistiendo al concierto después de habérselo prometido*.
5 Trabajo o actuación que lleva a cabo el torero en la lidia de un toro. — TAUROMAQUIA
6 Trabajo que en una hacienda se hace fuera de horario. — Guat.
7 Trabajo duro de realizar. — Chile
8 Grupo de trabajadores que realizan una tarea común. — Chile

faenar
1 Matar y preparar las reses para el consumo. — v.tr.
2 Laborar, realizar un trabajo, en especial el que hacen los pescadores. — v.intr. = trabajar

faenero, a Trabajador del campo. — s./Chile

faetón (Del fr. *phaéton* < gr. *Phaethon*, hijo del Sol y conductor de su carro, en la mitología antigua.) Coche de caballos de cuatro ruedas, alto, ligero y descubierto. — s.m.

fafarachero, a Fanfarrón, que se comporta con jactancia o presunción. — adj./Amér. Central y Merid.

fagáceo, a Perteneciente a una familia de plantas angiospermas dicotiledóneas, arbóreas o arbustivas, de hojas sencillas y alternas, flores monoicas y fruto indehiscente. — adj/s.f. BOTÁNICA

fagedenismo Tendencia de algunas úlceras a extenderse por los tejidos próximos. — s.m./MEDICINA = fagedenia

-fagia Componente de palabra procedente del gr. *phagos*, que significa comer, devorar: *antropofagia*. — suf.

fago- Componente de palabra procedente del gr. *phagos*, que significa comer: *fagocito; antropófago*. — pref./suf. tb: -fago

fagocitar Destruir mediante fagocitosis. — v.tr./BIOLOGÍA

fagocitario, a De los fagocitos. — adj./BIOLOGÍA

fagocito (Del gr. *phagos*, comilón + *kytos*, célula.) Célula capaz de absorber y asimilar cuerpos extraños, especialmente microbios. — s.m. BIOLOGÍA

fagocitosis Función que realizan algunas células como los glóbulos blancos consistente en atacar y digerir microbios y otras partículas. — s.f. pl: fagocitosis BIOLOGÍA

fagot (Del fr. ant. *fagot*, haz de leña.)
1 Instrumento musical de viento formado por dos tubos de madera con agujeros y llaves, y doble lengüeta. — s.m. MÚSICA = piporro

2 Persona que toca este instrumento. **s.m.f./MÚSICA** = fagotista

faisán, a (Del lat. *phasianus* < gr. *phasianos*.)
1 Ave gallinácea, con penacho de plumas en la cabeza, cola larga y de hermosas plumas de colores muy vistosos, originaria de Eurasia e introducida en casi todo el mundo. *(Phasianus colchicus.)* **s. ZOOLOGÍA**
2 **faisán real:** Ave gallinácea de cola corta, maciza y pesada, que vive en los bosques de Asia. *(Lophophorus impeyanus.)* **ZOOLOGÍA** = lofóforo

faisanería Lugar dedicado especialmente a la cría de faisanes. **s.f.**

faisanero, a Persona que cría o vende faisanes. **s.**

faja (Del lat. *fascia* < *fascis*, haz.)
1 Tira de tela con que se rodea y ciñe el cuerpo por la cintura dándole varias vueltas: *necesitaba una faja roja para el disfraz.* **s.f.** = ceñidor
2 Prenda de vestir interior elástica que sirve para ceñir el cuerpo por la cintura: *el médico le recomendó utilizar faja en invierno.*
3 Lista, zona o porción de terreno más larga que ancha: *faja de vegetación.* **GEOGRAFÍA** = franja
4 Banda de papel u otro material que se pone a los periódicos y otros impresos para enviarlos por correo.
5 Tira de papel que mantiene cerrado un libro o que se dobla debajo de las solapas, con alguna indicación sobre su contenido: *en la faja que rodeaba el libro se indicaba el premio recibido.* **ARTES GRÁFICAS**
6 Insignia o distintivo honorífico propio de algunos cargos civiles, militares o eclesiásticos.
7 Moldura ancha y de poco vuelo. **ARQUITECTURA**
8 Moldura lisa alrededor de las ventanas y arcos de un edificio. **ARQUITECTURA**
9 Pieza de honor horizontal que ocupa la parte central del escudo de armas. **HERÁLDICA**

fajado, a
1 Se refiere a la persona que ha sido azotada. **adj.**
2 Madero empleado en las minas para hacer pisos. **s.m./MINERÍA**
3 Madero que se utiliza para entibar los pozos. **MINERÍA**

fajador Boxeador de gran resistencia que encaja bien los golpes del adversario. **s.m. DEPORTES**

fajadura
1 Acción y resultado de fajar o fajarse. **s.f./= fajamiento**
2 Tira de lona alquitranada con que se forran los cabos para resguardarlos. **NÁUTICA**

fajar
1 Envolver o ceñir con una faja o venda: *se fajó el pie para evitar una torcedura.* **v.tr/prnl.**
2 Dar un golpe a una persona, pegarle. **Amér. Central y Merid.**
3 Pedir dinero prestado. **v.tr./Dom., P. Rico**
4 Enamorar a una mujer con propósitos deshonestos. **Cuba**
5 Cobrar en exceso por una venta o un servicio. **Argent/familiar**
6 Emprender con ahínco un trabajo o estudio. **v.prnl./Amér. Central**

fajardo Pastel de hojaldre relleno de carne picada. **s.m./COCINA**

fajero, a
1 Vendedor de fajas. **s.**
2 Faja de punto que se pone a los recién nacidos. **s.m.**

fajilla Faja o tira de papel que se pone a los impresos con alguna indicación o para su envío a otro lugar. **s.f./Méx., Amér. Central**

fajín (Derivado de *faja*.) Insignia o faja de seda u otro material, de determinados colores, usada por algunos funcionarios civiles y militares. **s.m.**

fajina (Del ital. *fascina*.)
1 Montón de haces de mies que se pone en las eras. **s.f./AGRICULTURA**
2 Leña ligera para encender.
3 Haz de ramas delgadas muy apretadas que utilizaban los ingenieros militares especialmente para revestimientos. **MILITAR**
4 Haz de ramas sujeto con alambres, empleado para obras de retención de aguas, defensa de las orillas y relleno de zanjas de desagüe. **CONSTRUCCIÓN** = enfajinado
5 Comida que se hace al mediodía, en el trabajo del campo. **Méx.**
6 Toque que llama a las tropas para la comida. **MILITAR**

fajinada
1 Conjunto de fajinas para hacer revestimientos. **s.f./CONSTRUCCIÓN**
2 Obra o revestimiento hecho con ellas. **CONSTRUCCIÓN**

fajo (Derivado del lat. *fascis*, haz.)
1 Conjunto de cosas unidas y rodeadas por una atadura: *sacó un fajo de billetes del bolsillo.* **s.m.** = haz, atado
2 Conjunto de ropas con que se viste a los recién nacidos. **s.m.pl.**
3 Golpe, cintarazo. **s.m./Méx.**

fajol Alforfón, planta anual. **s.m./BOTÁNICA**

fajón
1 Recuadro ancho de yeso que se hace alrededor de las puertas y ventanas. **s.m. CONSTRUCCIÓN**
2 Se aplica al arco resaltado a manera de cincho en el intradós del cañón de una nave. **adj/s.m. ARQUITECTURA**

fakir Faquir [en todas sus acepciones]. **s.m.**

falacia Engaño, mentira o fraude con que se intenta dañar a una persona: *es indigno de ti ir contando esas falacias.* **s.f.**

falange (Del lat. *phalanx, -gis* < gr. *phalanx, -gos*.)
1 Cada uno de los huesos y segmentos de los dedos de las manos o de los pies: *se ha roto la falange del dedo meñique jugando a tenis.* **s.f. ANATOMÍA**
2 Cuerpo de infantería pesada de los ejércitos de los antiguos griegos. **HISTORIA**
3 Cuerpo numeroso de tropas. **MILITAR**
4 Grupo de personas que se unen estrechamente para un mismo fin.
5 Organización política paramilitar y generalmente de tendencias derechistas: *falange española; falange libanesa.* **POLÍTICA**

falangero Mamífero marsupial de aspecto similar a un zorro común, de hábitos nocturnos y arborícolas originario de Australia. *(Petaurus, Phalanger y Acrobates.)* **s.m. ZOOLOGÍA**

falangeta Tercera y última falange del dedo. **s.f./ANATOMÍA**

falangiano, a De la falange, hueso de los dedos: *músculo falangiano.* **adj. = falángico**

falangina Segunda falange, o falange media, del dedo. **s.f. ANATOMÍA**

falangio
1 Opilión, arácnido. **s.m./ZOOLOGÍA**
2 Planta liliácea perenne, de flores blancas y hojas dispuestas en roseta basal. *(Anthericum ramosum.)* **BOTÁNICA**

falangismo Ideología y movimiento político y social fundado en 1933 por José Antonio Primo de Rivera, que propugnaba la unidad de España, la desaparición de los partidos políticos y la protección de la tradición religiosa. **s.m. POLÍTICA**

falangista
1 Del falangismo. **adj./POLÍTICA**
2 Persona partidaria del falangismo. **s.m.f./POLÍTICA**
3 Soldado de la falange, cuerpo de infantería del ejército griego. **s.m. HISTORIA**

falansterio (Del fr. *phalanstere*.)
1 Sistema utópico de organización social propuesto por Fourier, que dividía la sociedad en falanges o grupos. **s.m. HISTORIA**
2 Edificio rodeado de granjas y plantas industriales en el que habitaban y trabajaban dichas falanges en régimen cooperativo. **HISTORIA**
3 Alojamiento colectivo para muchas personas.

falárica Arma arrojadiza antigua, semejante a la lanza: *los romanos utilizaban la falárica.* **s.f. HISTORIA**

falaz (Del lat. *fallax, -acis,* engañoso.) Que es engañoso o falso: *mostró una apariencia falaz.* **adj.**

falbalá (Del fr. *falbala*.)
1 Pieza casi cuadrada que se ponía en la faldilla del cuarto trasero de la casaca. **s.f. pl: falbalaes**
2 Volante ancho de tela cosido en un vestido o en una cortina. = faralá

falca (Del ár. hispánico *falqa*, cuña de madera.)
1 Cuña o pieza que se pone como suplemento debajo de la pata de un mueble que cojea, o debajo de otras cosas. **s.f.**
2 Defecto de una tabla o un madero que les impide ser perfectamente lisos o rectos.
3 Tabla que se coloca de canto sobre la borda de algunas embarcaciones menores para que no entre el agua. **NÁUTICA**
4 Especie de canoa de gran tamaño provista de techo. **Méx., Venez. NÁUTICA**
5 Cerco que se coloca como suplemento a las pailas. **Colomb.**

falcado, a
1 Que tiene forma de hoz. **adj.**
2 Se aplica a la pieza del escudo que tiene los extremos rematados con medias lunas, en especial la cruz. **HERÁLDICA**

falcar Colocar una o varias falcas o cuñas en un mueble u otra cosa. **v.tr. conj: sacar**

falcata Espada que usaban las tribus prerromanas del este y el sur de España. **s.f. HISTORIA**

falce (Derivado de *hoz*.) Herramienta formada por una cuchilla larga, curva y de dientes muy agudos y un mango que sirve para segar. **s.f. AGRICULTURA = hoz**

falciforme Se aplica a lo que tiene forma de hoz. **adj.**

falcirrostro, a Se aplica a las aves que tienen el pico en forma de hoz. **adj. ZOOLOGÍA**

falcón (Del bajo lat. *falco, -onis*.) Especie de cañón de la artillería antigua. **s.m. MILITAR**

falcon- Componente de palabra procedente del lat. *falco, onis*, que significa halcón: *falconiforme.* **pref. tb: falconi-**

falconete (Derivado de *falcón*.) Pieza de artillería parecida a la culebrina. **s.m. MILITAR**

falcónido, a (Derivado de *halcón.*) Perteneciente a una familia de aves rapaces de pico corto y encorvado y fuertes uñas, como el halcón. — adj/s.f. ZOOLOGÍA

falconiforme Perteneciente a un orden de aves rapaces diurnas de pico ganchudo y robusto, garras muy fuertes, plumaje apagado y visión muy desarrollada. — adj/s.m. ZOOLOGÍA = rapaz

falda (Del germ. **falda*, pliegue, seno.)
1 Prenda de vestir femenina o parte del vestido que cuelga de la cintura: *lleva una falda corta muy provocativa.* — s.f. th: jalda
2 Cada una de las partes de una prenda de vestir que cae suelta sin ceñirse al cuerpo.
3 Parte del cuerpo entre la cintura y las rodillas cuando una persona está sentada: *tenía al niño en su falda.* — = regazo
4 Cubierta o tela con que se reviste hasta el suelo una mesa camilla.
5 Carne de la res que cuelga de las agujas.
6 Parte de la armadura que colgaba desde la cintura hacia abajo. — HISTORIA
7 Pieza de la armadura que colgaba del hombro y cubría el omóplato y parte del pecho. — HISTORIA
8 Ala del sombrero, que rodea la ropa.
9 Parte más baja o inferior de la ladera de una elevación del terreno o de una montaña. — GEOGRAFÍA
10 Parte de papel que sobra después de doblar un pliego. — ARTES GRÁFICAS
11 Mujer, en oposición a hombre: *hay faldas en el asunto.* — s.f.pl. coloquial
12 **pegado a las faldas:** Se aplica al muchado muy unido a su madre y poco independiente para su edad. — loc.adj. coloquial

faldamenta Falda larga y desgarbada: *a su madre no le gusta que se ponga esa faldamenta.* — s.f./coloquial th: faldamento

faldar Parte de la armadura que caía desde el extremo inferior del peto. — s.m. HISTORIA

faldear Andar por la ladera de un monte o de cualquier otra elevación del terreno. — v.tr.

faldellín
1 Falda corta. — s.m.
2 Refajo, falda que usaban las campesinas sobre las enaguas.
3 Añadidura en forma de falda colocada en un vestido o en cualquier objeto.

faldeo Faldas de un monte. — s.m./*Argent., Chile, Cuba*

faldero, a
1 Que tiene relación con la falda. — adj.
2 Persona que se dedica a hacer faldas. — s.
3 Que gusta de estar entre mujeres: *es un chico muy faldero, todas sus amistades son femeninas.* — adj/s.

faldeta Tela o lienzo para tapar provisionalmente aquellos objetos del decorado que sólo aparecen en un momento determinado. — s.f. TEATRO

faldicorto, a Que es corto de faldas: *ha comprado un vestido faldicorto.* — adj.

faldillas
1 Partes de algunas prendas de vestir que cuelgan de la cintura. — s.f.pl.
2 Faldas de la mesa camilla.

faldinegro, a Se refiere a la res vacuna que es bermeja por encima y negra por debajo. — adj/ZOOLOGÍA th: heldinegro

faldistorio (Del lat. *faldistolium.*) Asiento bajo y sin respaldo usado por los obispos en las funciones pontificales. — s.m.

faldón
1 Falda suelta al aire, en especial la parte trasera de algunos trajes, que empieza en la cintura: *faldón de la levita.* — s.m.
2 Especie de falda larga que se pone a los bebés sobre otras prendas.
3 Parte inferior de una prenda de vestir, en especial de la camisa o de las cortinas.
4 Piedra de un molino que se coloca encima de otra para aumentar el peso y poder moler bien el grano.
5 Vertiente triangular de un tejado que cae sobre una pared principal. — CONSTRUCCIÓN
6 Conjunto de los dos lienzos y del dintel que forma la boca de la chimenea. — CONSTRUCCIÓN
7 Pieza grande de cuero unida a la armadura de la silla de montar que sirve para evitar el roce entre la pierna del jinete y el vientre del caballo. — EQUITACIÓN
8 **agarrarse a los faldones de alguien:** Acogerse a su protección. — coloquial
9 **traer el faldón levantado:** Estar en descubierto por faltas o culpas cometidas. — coloquial

faldriquera (Derivado de *falda.*) Faltriquera, bolsillo. — s.f.

faldudo, a Que tiene mucha falda. — adj.

faldulario Prenda de vestir que es desproporcionada y arrastra por el suelo. — s.m. th: fandulario

falecio (Del lat. *phaleucium.*) Se aplica al verso de la poesía latina formado por un espondeo, un dáctilo y tres troqueos. — adj. POESÍA

falena (Del gr. *phalaina.*) Nombre dado a unas mariposas nocturnas similares a las geómetras, de color ocre, que son dañinas para los cultivos y bosques. *(Phalaena.)* — s.f. ZOOLOGÍA

falencia (Derivado de *fallir.*)
1 Equivocación, idea falsa o errónea. — s.f./= error
2 Quiebra de un comerciante, en lenguaje administrativo. — *Argent.* COMERCIO
3 Carencia, defecto. — *Argent.*

falerno Vino famoso en la antigua Roma, que en la actualidad se produce en los alrededores de Nápoles. — s.m.

falibilidad (Derivado de *fallir.*) Posibilidad de fallar o equivocarse: *la falibilidad de las leyes es evidente.* — s.f. = defectibilidad

falible (Derivado de *fallir.*)
1 Que se puede equivocar o fallar. — adj./≠ infalible
2 Que puede engañar.

fálico, a Que se refiere al falo o es parecido a él: *símbolo fálico.* — adj.

falisco (Del lat. *faliscum.*) Verso de la poesía griega y latina formado por tres dáctilos y un espondeo. — s.f. POESÍA

falismo Culto al falo como símbolo de energía creadora. — s.m.

falla
I (Del lat. vulgar *falla.*)
1 Defecto material o deficiencia en el funcionamiento de una cosa. — s.f. = error, falta
2 Manto que usaban las mujeres.
3 Falta de cumplimiento de una obligación.
II (Del fr. *faille* < lat. vulgar **fallia.*) Rotura de un terreno con desplazamiento relativo, horizontal y vertical, de las partes separadas. — s.f. GEOLOGÍA
III (Derivado de *hacha*, lat. *facula*, antorcha.)
1 Figura o grupo de figuras satíricas o grotescas de material combustible, que se queman en las calles de Valencia la víspera del día de San José. — s.f.
2 Fiestas que se celebran en Valencia, en las que se queman estas figuras. — s.f.pl.

fallada Acción de fallar una baza en los juegos de cartas. — s.f. JUEGOS

fallado, a Se aplica a lo que está cortado por fallas. — adj./GEOLOGÍA

fallanca Superficie o resguardo inclinado en la parte baja de una puerta o ventana para que escurra el agua de la lluvia. — s.f. = vierteaguas

fallar
I (Del lat. *afflare*, soplar, oler la pista de algo.) Determinar el juez la sentencia de un juicio o litigio: *el juez tiene que fallar la sentencia mañana.* — v.tr. DERECHO = sentenciar
II (Derivado de *fallir.*)
1 Dejar de cumplir una cosa su función o cometido: *falla la válvula de alimentación.* — v.intr. ≠ funcionar
2 No dar o rendir el resultado esperado: *fallaron nuestros planes.* — = fracasar, frustrarse
3 Flaquear, mostrarse débil: *le fallaron las piernas y no pudo terminar el ascenso.*
4 Jugar un triunfo por no tener carta del mismo palo que se juega. — v.tr. JUEGOS

falleba (Del ár. vulgar *jalleba*, tarabilla.)
1 Varilla de metal que sirve para cerrar las ventanas y los balcones. — s.f.
2 Manivela con que se mueve la varilla.

fallecer (Derivado del lat. *fallere.*)
1 Morir, dejar de vivir una persona: *el herido falleció antes de llegar al centro hospitalario.* — v.intr. conj: carecer
2 Acabarse, terminarse o faltar una cosa. — = fallir, fenecer

fallecimiento Acción y resultado de fallecer o dejar de vivir: *no se esperaba un fallecimiento tan trágico.* — s.m. = defunción

fallero, a
I (Derivado de *falla* < lat. *facula*, antorcha.)
1 De las fallas, fiestas de Valencia. — adj.
2 Persona que interviene en la organización o construcción de las fallas de Valencia. — s.
3 Persona que participa en las fiestas de las fallas.
4 **fallera mayor:** Reina de las fiestas de las fallas.
II (Derivado de *falla* < lat. vulgar *falla.*) Se refiere a la persona que falta o se ausenta de su trabajo u ocupación. — adj/s.

fallido, a (Derivado de *fallir.*)
1 Que falla o no da el resultado esperado: *el plan ha resultado fallido.* — adj./= fracasado, frustrado
2 Se refiere a la cantidad o crédito que no se puede cobrar. — adj/s. ECONOMÍA

fallir (Del lat. *fallere*, engañar, quedar inadvertido.)
1 Acabarse, terminarse o faltar una cosa. — v.intr./conj: mullir
2 Equivocarse, cometer una falta o error.
3 Engañar o faltar una persona a su palabra.

fallo
I (Derivado de *fallar* < lat. *afflare.*)
1 Determinación o decisión que toma una persona competente sobre un asunto discutido o dudoso. — s.m.

2 Decisión del jurado que ha de conceder un premio: *mostraron su desacuerdo con el fallo del jurado.* = resolución

3 Sentencia o resolución definitiva de un juez o tribunal de la autoridad competente, y especialmente su pronunciamiento decisivo o imperativo: *el fallo fue muy beneficioso para su defendido.* DERECHO

II (Derivado de *fallar < fallir < lat. fallere.*)

1 Acción, palabras o respuesta desacertada o inadecuada: *ha sido un fallo prometerle algo que no podrás cumplir.* s.m. = equivocación

2 Circunstancia de fallar o no funcionar una cosa como debía o se esperaba: *al final detectaron el fallo en el motor.* = deficiencia, error

3 Acción y resultado de salir fallida una cosa. = fracaso

4 Falta de carta del palo que se juega en los naipes: *tengo fallo a oros.* JUEGOS

falluto, a (Del lat. vulgar **fallutus,* fallido < lat. *fallere,* engañar.) Se refiere a la persona hipócrita. adj./Argent., Urug. vulgar

falo (Del lat. *phalus < gr. phallos.*)

1 Pene, órgano sexual de copulación en el hombre y los mamíferos mayores. s.m./ANATOMÍA, ZOOLOGÍA

2 Variedad de hongo de forma fálica, color blanco y olor repelente. *(Phallus.)* MICOLOGÍA

falocracia Dominio de los hombres sobre las mujeres en la vida pública y social de una comunidad. s.f. SOCIOLOGÍA

falopa Droga, sustancia de efecto estimulante, deprimente, narcótico o alucinógeno. s.f. argot

falopero, a Que trafica con drogas. adj./argot

falsa Consonancia que resulta redundante o diminuta a causa de desajuste de un semitono. s.f. MÚSICA

falsaarmadura Contraarmadura, segunda vertiente de un tejado. s.f. CONSTRUCCIÓN

falsabraga Muro bajo levantado delante del principal, para mayor defensa de una fortificación. s.f./CONSTRUCCIÓN = antemuro

falsada Vuelo rápido del ave de rapiña. s.f./= calada

falsar

1 Verificar una proposición con los hechos para poder refutarla. v.tr.

2 Echar de salida en el juego del tresillo una carta de valor que no sea triunfo ni rey. JUEGOS th: falsear

falsario, a

1 Que falsea o falsifica. adj/s.= falseador

2 Que dice mentiras o hace falsedades. = mentiroso

falsarregla Utensilio de dibujo compuesto de dos reglas movibles que sirve para trazar ángulos de diferentes aberturas. s.f. = falsa escuadra

falseador, a Que falsea o adultera una cosa. adj/s.= falsario

falseamiento Acción y resultado de falsear, adulterar o falsificar. s.m. = falsificación

falsear

1 Adulterar, contrahacer o hacer falsa una cosa: *falseó los documentos.* v.tr. = falsificar

2 Sacar una carta que no sea triunfo ni rey para ganar o desorientar a los contrarios, en el juego del tresillo. JUEGOS th: falsar

3 Atravesar la armadura del contrario. MILITAR

4 Desviar ligeramente un corte de la dirección vertical o perpendicular. ARQUITECTURA

5 Perder una cosa su resistencia o solidez: *el suelo de -la terraza empieza a falsear.* v.intr. = flaquear

6 Sonar una de las cuerdas de un instrumento musical de manera inarmónica con las demás. MÚSICA

7 Tener una silla de montar anchura suficiente para que no lastime a la caballería. EQUITACIÓN

falsedad

1 Carácter de lo que es falso, falto de autenticidad o de conformidad. s.f. = mentira

2 Delito que consiste en ocultar o alterar la verdad: *fue acusado de un delito de falsedad en escritura pública.* DERECHO

3 Negación de una verdad. FILOSOFÍA

falseo

1 Acción y resultado de desviar ligeramente una escuadra o un corte de la dirección perpendicular para producir un determinado efecto visual. s.m. ARQUITECTURA

2 Corte oblicuo. ARQUITECTURA

falseta Floreo que se intercala en los acordes que sirven de acompañamiento a una composición, por lo general, una copla, en guitarra. s.f. MÚSICA th: falsete

falsete (Del fr. *fausset.*)

1 Corcho que se usa para tapar los toneles. s.m.

2 Puerta pequeña que comunica dos habitaciones.

3 Voz más aguda que la natural. MÚSICA

falsía Habilidad para dar a entender lo contrario a la verdad. s.f./= falsedad, hipocresía

falsificación

1 Acción o proceso de falsear o falsificar un cuadro, documento, firma, etc.: *esta respuesta no es sino una falsificación de la verdad.* s.f. = falseamiento

2 Objeto falsificado: *este cuadro es una burda falsificación.* = imitación

3 Delito de falsedad cometido en documentos públicos, comerciales o privados, en moneda o en sellos. DERECHO

falsificador, a Que falsifica. adj/s.

falsificar Hacer falsa una cosa o alterar su verdadero carácter: *falsifica muy bien las firmas de sus padres y de sus profesores.* v.tr./conj: sacar = adulterar, falsear, imitar

falsilla Hoja de papel con líneas muy marcadas que, en otra hoja superpuesta, se transparentan y facilitan una escritura uniforme. s.f. = pauta

falso, a (Del lat. *falsus < fallere,* engañar.)

1 Que se hace o se dice con engaño, que no es verdadero: *han divulgado una noticia falsa.* adj./= erróneo ≠ cierto

2 Que no corresponde a la realidad o a la verdad: *llevaba un collar de diamantes falsos.* = falsificado, postizo ≠ auténtico, verdadero

3 Se refiere a la persona que engaña o muestra sentimientos o emociones que no siente. = desleal, hipócrita,

4 Que se hace con torpeza o equivocación: *un falso movimiento le hizo caer por los suelos.* = torpe

5 Se refiere a la caballería que tiene resabios.

6 Se aplica a la pieza que sirve para completar las dimensiones o la resistencia de otra. TECNOLOGÍA

7 Relacionado con una colmena de abejas, indica que ha sido comenzada desde el centro de la caja.

8 Ruedo o bajo de un vestido: *llevas el falso descosido.* s.m.= dobladillo

9 en falso: 1. Con falsedad: *jurar en falso.* **2.** Sin seguridad ni firmeza, de forma aparente: *esta casa está construida en falso; se le cerró la herida en falso.* loc.adv.

falta (Del lat. vulgar **fallita < lat. fallere,* engañar, quedar inadvertido.)

1 Ausencia o carencia de una cosa necesaria: *la falta de agua empieza a ser grave.* s.f.

2 Incumplimiento de una obligación, del deber o de una promesa.

3 Circunstancia de no concurrir o no presentarse una persona en el sitio donde se le esperaba: *todos lamentaron su falta.* = ausencia ≠ presencia

4 Anotación de esta ausencia: *las faltas de asistencia bajarán la nota global.*

5 Ausencia de una persona por fallecimiento u otras causas. ≠ presencia

6 Defecto que posee una persona o que se le atribuye: *entre sus muchas faltas tenía la de ser desordenada.*

7 Cualidad o circunstancia que quita perfección a una cosa: *le vendió más barato el pantalón porque tenía una falta en la costura.* = imperfección

8 Carencia de la menstruación en la mujer: *tras la primera falta no pensó que pudiera estar embarazada.*

9 Fallo o error en una argumentación oral o en un escrito: *corrige las faltas de ortografía.*

10 Acción o circunstancia que contradice las reglas del juego. DEPORTES

11 Infracción intencionada de la ley penada con sanción leve. DERECHO

12 falta de delicadeza: Descortesía, de palabra o hecho. = inconveniencia

13 a falta de: 1. En carencia, ausencia o en sustitución de: *a falta de risas, llantos.* **2.** Sin tener algo: *el permiso se encuentra a falta de la firma del jefe.* loc.adv.

14 caer alguien en falta: No hacer lo que debe. coloquial

15 echar en falta: Echar de menos, experimentar pena o contrariedad por la ausencia o carencia de una persona o cosa: *cada día que pasa le echo más en falta.*

16 hacer falta: Ser muy necesario: *hace falta que vengas por aquí más a menudo.*

17 sin falta: Sin duda alguna, con seguridad: *lo harás, ¿no?, sin falta, cuento con ello; llegaba puntual todos los días sin falta.* loc.adv.

18 tirar una falta: Lanzar la pelota contra la zona defendida por el equipo contrario, cuando éste ha cometido una infracción. DEPORTES

faltar (Derivado de *falta.*)

1 No haber o no tener una cosa necesaria o útil: *faltan medicamentos.* v.intr. = carecer

2 Morir, dejar de existir una persona.

3 Estar ausente: *faltaban muchos participantes.*

4 No presentarse o no acudir una persona al lugar donde se la espera. ≠ asistir

5 No rendir lo que es necesario o no producir el efecto esperado. = fallar

6 Dejar de cumplir una promesa o un deber. = incumplir

7 Quedar un tiempo para que ocurra una cosa: *faltan dos días para que llegue.*

8 No tratar a una persona con la consideración debida: *faltó a sus superiores.* ≠ respetar

9 Estar todavía por hacer una cosa: *faltan unos retoques para terminar la obra.*

10 Ser uno de los cónyuges infiel al otro. = engañar

11 faltar poco para una cosa: Estar a punto de suceder una cosa o de acabar una acción: *le faltó poco para echarse a llorar, pero se contuvo; falta poco para que lleguen las vacaciones.*

12 lo que faltaba o lo que faltaba para el duro: Expresión de algo que viene a colmar una situación dada: *lo que faltaba, ahora se ha ido la luz.*
13 ¡no faltaba más! o ¡faltaría más!: 1. Expresión con que se rechaza una pretensión inadmisible. **2.** Expresión que se utiliza para asentir amablemente a una petición.

falto, a (Derivado de *falta*.)
1 Carente, que necesita una cosa: *es un chico falto de cariño.* — adj. + de
2 Que es escaso o insuficiente. — + de

faltón, a
1 Que falta con frecuencia a sus obligaciones o promesas: *hoy tampoco ha acudido a la cita, es un faltón.* — adj/s. coloquial
2 Que comete faltas de respeto con frecuencia: *esa forma soez de contestar demuestra que es un faltón y un irrespetuoso.* — coloquial
3 Inocente, sin culpa ni malicia. — adj./Argent.

faltriquera (Del ant. *faldiquera < falda*.)
1 Bolsillo de las prendas de vestir, en especial el que llevaban atado las mujeres a la cintura debajo del vestido o delantal. — s.f. th: faldriquera
2 Palco de los teatros antiguos. — TEATRO/= cubillo

falúa (Probablemente del ár. *faluwa*, pequeña nave de carga.)
1 Barco portuario pequeño, usado por los jefes y las autoridades de marina. — s.f. NÁUTICA
2 Cierta embarcación de vela latina. — NÁUTICA

falucho (Derivado de *falúa*.)
1 Barco costero con una vela latina. — s.m./NÁUTICA = falúa Argent.
2 Sombrero de dos picos que usaban los diplomáticos y los jefes militares en las funciones de gala y recepciones oficiales.

fama (Del lat. *fama*.)
1 Opinión o juicio que se tiene acerca de una persona o cosa: *ese hotel tiene fama de caro.* — s.f./= nombre, reputación
2 Renombre de una persona o cosa entre la gente: *es un artista de mucha fama; es un vino de fama.* — = celebridad
3 dar fama: Dar a conocer.
4 es fama: Se dice, se sabe: *es fama que mató a su amante.*

famélico, a (Del lat. *famelicus*.)
1 Que tiene mucha hambre. — adj./= hambriento
2 Que está muy delgado.

familia (Del lat. *familia*.)
1 Grupo de personas emparentadas entre sí: *se lleva muy bien con su familia.* — s.f.
2 Hijos, descendientes de una persona: *aunque es muy joven, ya tiene familia.* — = descendencia, progenie, prole
3 Estirpe u origen de una persona: *su novia es una chica de familia aristocrática.* — = linaje, origen
4 Parientes inmediatos de una persona.
5 Conjunto de personas que se consideran unidas por tener características, ideas o intereses comunes o grupo de cosas que comparten ciertas propiedades: *estudia la familia de lenguas románicas.*
6 Grupo taxonómico de animales o plantas que posee gran número de caracteres comunes y que forman una categoría o clasificación. — BIOLOGÍA, BOTÁNICA, ZOOLOGÍA
7 Cuerpo de una orden o religión, o parte considerable de ella. — RELIGIÓN
8 Enjambre de abejas. — Chile
9 familia numerosa: La que tiene tres o más hijos: *tiene derecho a beca por ser miembro de familia numerosa.*
10 de buena familia: Se refiere a las personas cuyos antecesores gozan de buen crédito y estimación social: *se nota que es de buena familia, se desenvuelve muy bien en determinados ambientes.* — loc.adj.
11 en familia: Dentro del círculo de la familia, sin gente extraña, con carácter íntimo o en un ámbito de intereses compartidos: *lo celebraron en familia; determinaron que el asunto quedase en familia.* — loc.adv.

familiar (Del lat. *familiaris*.)
1 De la familia: *hoy tienen una cena familiar.* — adj.
2 Pariente, persona que pertenece a la misma familia: *mañana voy a la boda de un familiar.* — s.m.
3 Amigo de confianza y muy querido. — = íntimo
4 Se refiere al trato o conversación que es sencilla o sin protocolo. — adj.
5 Se aplica al estilo o al lenguaje que es llano, sencillo y corriente. — LINGÜÍSTICA = conversacional
6 Que se conoce o se sabe muy bien, que se hace por costumbre: *esta canción me es muy familiar.*
7 Se aplica a ciertos objetos, productos, etc. de mayor tamaño y destinados al uso de la familia: *compraron un coche familiar.* — adj/s.m.
8 Eclesiástico o paje que vive con un obispo y le acompaña. — s.m. RELIGIÓN

9 Criado que tienen los colegios para servir a la comunidad. — = fámulo
10 Ministro de la Inquisición que asistía a las prisiones y a otros lugares donde era requerido. — HISTORIA
11 Persona que tomaba la insignia o el hábito de una religión. — RELIGIÓN

familiaridad
1 Actitud afable, franca y sencilla en el trato: *le hablaba con excesiva familiaridad.* — s.f. = confianza
2 Empleo de familiar de la Inquisición. — = familiatura
3 Empleo de familiar o criado en un colegio. — = familiatura

familiarizar
1 Acostumbrar, hacer que una cosa sea familiar o común o que se use con naturalidad: *se familiarizaron rápidamente con su nuevo trabajo; en la mina se ha familiarizado con el peligro.* — v.tr/prnl. conj: cazar + con = adaptarse
2 Acomodarse al trato familiar con una persona: *se familiarizó con sus nuevos amigos en pocos días.* — v.prnl. + con

familiatura
1 Empleo o título de familiar que se tenía en la Inquisición. — s.f. HISTORIA
2 Empleo de familiar, en los antiguos colegios. — = familiaridad
3 Hermandad que uno tenía con algunas órdenes religiosas. — RELIGIÓN

familión (Derivado de *familiar*.) Familia muy numerosa. — s.m. coloquial

famoso, a (Del lat. *famosus*.)
1 Que tiene fama: *he conocido a un escritor famoso.* — adj/s.
2 Que es célebre o excelente. — adj.
3 Que es chocante y gracioso, que llama la atención: *tuvo una famosa ocurrencia.* — coloquial

fámula (Del lat. *famulus*.) Persona que sirve a otra: *tiene una fámula para que le ayude en las tareas domésticas.* — s.f./coloquial = criada

famulato
1 Ocupación y trabajo del criado o sirviente. — s.m./= famulicio
2 Conjunto de criados de una casa. — = servidumbre

fámulo (Del lat. *famulus*.)
1 Criado o sirviente de la comunidad de un colegio o convento. — s.m. = familiar
2 Criado, persona que sirve a otra. — coloquial

fan (Voz inglesa.) Admirador o seguidor entusiasta e incondicional de una persona o una cosa: *es fan de ese cantante.* — s.m.f. pl.th: fanes = fanático, forofo

fanal (Del ital. *fanale < gr. phanos*, antorcha, luz.)
1 Farol grande colocado en la torre de los puertos o en las costas y que sirve para que su luz guíe a los navegantes durante la noche. — s.m. = farola
2 Campana transparente, por lo común de cristal, para preservar una luz o un objeto del polvo.
3 Lámpara que llevan algunos barcos pesqueros para atraer a los peces. — PESCA

fanático, a (Del lat. *fanaticus*, exaltado, frenético.)
1 Que defiende con fanatismo, pasión o tenacidad excesiva una creencia, idea o una opinión: *los fanáticos religiosos me asustan.* — adj/s.
2 Que siente gran entusiasmo o afición por una cosa: *siempre ha sido un fanático de las motos.* — = aficionado, entusiasta

fanatismo (Del fr. *fanatisme*.) Actitud del fanático, apasionamiento excesivo por una creencia, idea, doctrina u opinión. — s.m. SOCIOLOGÍA

fanatizar (Del fr. *fanatiser*.) Provocar el fanatismo. — v.tr./conj: cazar

fandango (De origen incierto.)
1 Baile popular español, de movimientos vivos. — s.m./MÚSICA
2 Música y letra con que se acompaña este baile. — MÚSICA
3 Situación ruidosa producida por un grupo de gente que se divierte: *los vecinos organizaron un fandango impresionante.* — coloquial = bullicio, jaleo

fandanguero, a
1 Que es aficionado a asistir a fiestas. — adj/s.
2 Que es aficionado a bailar el fandango. — MÚSICA

fandanguillo Variante del fandango andaluz. — s.m./MÚSICA

fané (Voz francesa.) Que está ajado, deteriorado o estropeado. — adj.

faneca Pez teleósteo comestible de color rojizo, cuerpo alto con tres aletas dorsales y mandíbula superior prominente y mancha negra al inicio de las aletas posteriores. (*Gadus luscus*.) — s.f. ZOOLOGÍA

fanega (Del ár. *faniqa*, medida para áridos.)
1 Medida de capacidad para áridos con distinto valor según los lugares en que se usa. — s.f. th: hanega
2 Cantidad de granos, semillas o legumbres que cabe en esa medida.
3 fanega de puño: Extensión de tierra en que se puede sembrar una fanega de trigo. — AGRICULTURA
4 fanega de tierra: Medida agraria de valor variable según las regiones. — AGRICULTURA = fanegada

fanegada
1 Medida agraria de valor variable según las regiones. — s.f./AGRICULTURA th: hanegada

2 a fanegadas: Con mucha abundancia. `loc.adv./coloquial`

faner- Componente de palabra procedente del gr. *phaneros*, que significa manifiesto, visible: *fanerógamo.* `pref.` `tb: fanero-`

fanera Órgano de origen epitelial, como las uñas, los pelos, las plumas, las garras y las pezuñas. `s.f.` `ANATOMÍA`

fanerógamo, a (Del gr. *phaneros*, aparente + *gamos*, cópula.) Perteneciente a una clase de plantas con semillas que, en su mayoría, presentan flores muy visibles y cuyos órganos reproductores son fácilmente observables. `adj/s.f.` `BOTÁNICA`

fanfarrear (Derivado de *fanfarrón*.) Fanfarronear, decir o hacer fanfarronadas. `v.intr.`

fanfarria (Derivado de *fanfarrón*.)
1 Fanfarronada, acción o palabras propias de un fanfarrón: *durante la cena abundaron sobre todo las ostentaciones y fanfarrias.* `s.f./coloquial` `= baladronada, jactancia`
2 Conjunto musical ruidoso, principalmente a base de instrumentos de metal: *en las fiestas del pueblo una fanfarria nos despertaba cada mañana.* `MÚSICA` `= charanga`
3 Música ruidosa y molesta interpretada con instrumentos de metal.

fanfarrón, a (Voz de creación expresiva.) Jactancioso, que presume con ostentación o que hace alarde de lo que no es. `adj/s.` `coloquial` `= bravucón`

fanfarronada Acción o palabras propias de un fanfarrón, que se hacen o se dicen para ostentar y presumir: *no me vengas con fanfarronadas, a mí no me tienes que impresionar.* `s.f.` `= fantasmada`

fanfarronear Hacer o decir fanfarronadas. `v.intr./tb: fanfarrear`

fanfarronería Modo de ser, de hablar o de comportarse el fanfarrón. `s.f.` `= fanfarronesca`

fanfurriña Enfado leve o pasajero. `s.f./coloquial`

fangal Barrizal, lugar donde hay mucho fango o barro: *nos metimos en un fangal y nos pusimos perdidos de barro.* `s.m.` `tb: fangar` `= cenagal, lodazal`

fango (Del cat. *fang*, barro < germ. *fani*.)
1 Lodo pegajoso, especialmente el que se forma en los sitios donde hay agua estancada: *tras el chaparrón el terreno se llenó de fango.* `s.m.`
2 Vergüenza, descrédito o humillación que cae sobre una persona: *cubrió de fango a sus amigos con sus mentiras.* `= vilipendio`

fangoso, a
1 Se aplica al terreno que tiene mucho fango. `adj.`
2 Que tiene la blandura y la viscosidad del fango. `= blando, viscoso`

fangoterapia Tratamiento a base de baños de barro. `s.f./MEDICINA`

-fano Componente de palabra procedente del gr. *phanos*, que significa claro: *diáfano.* `suf.` `tb: -fanía`

fanón Prenda de vestir en forma de doble esclavina cerrada que lleva el papa sobre el alba en la misa pontifical. `s.m.`

fantaseador, a Que fantasea. `adj.`

fantasear
1 Dejar correr la fantasía o la imaginación: *se pasa el día fantaseando sobre el futuro.* `v.intr.`
2 Presumir de lo que no se es o de lo que no se tiene: *fantasea de ser un gran jugador de fútbol.* `= jactarse`
3 Imaginar una cosa imposible o fantástica. `v.tr.`

fantasía (Del lat. *phantasia* < gr. *phantasia*.)
1 Imaginación, facultad o propiedad que tiene la mente para crear o representar idealmente cosas inexistentes: *la niña tiene mucha fantasía.* `s.f.`
2 Imagen u objeto creado por la mente.
3 Pensamiento o cosa ilusoria y ficticia. `= fantasmagoría`
4 Obra de ficción literaria o cuento.
5 Orgullo y afectación: *tiene mucha fantasía, se las da de erudito.* `coloquial` `= presunción`
6 Composición musical realizada, generalmente, a partir de fragmentos de una ópera. `MÚSICA`
7 **de fantasía:** 1. Se aplica a los objetos, adornos o prendas de vestir que se salen de lo corriente o de lo que es normal: *llevaba una falda de tejido de fantasía.* 2. Se refiere a los adornos que imitan una joya preciosa: *se compró unas perlas de fantasía.* `loc.adj.`

fantasioso, a
1 Que se deja llevar por la imaginación: *es tan fantasioso como la lechera del cuento.* `adj.`
2 Presuntuoso, que aparenta tener riqueza y poder. `adj./coloquial`

fantasma (Del gr. *phantasma*.)
1 Se aplica a la persona presuntuosa y vanidosa: *yo no le creo nada porque es un fantasma.* `adj/s.m.f./coloquial` `= jactancioso`
2 Se refiere al lugar que está abandonado o deshabitado: *un pueblo fantasma.* `adj.`
3 Visión de apariencia humana que provoca temor: *vio una película de fantasmas.* `s.m.` `= espectro`
4 Imagen o apariencia ilusoria: *ve fantasmas en cualquier parte.*
5 Se aplica a cosas inexistentes o dudosas, que pare `adj/s.m.f.`

cían reales o evidentes: *aquella transacción resultó una venta fantasma.*

fantasmada Acción o palabras propias de un fantasmón. `s.f./coloquial` `= fanfarronada`

fantasmagoría (Del fr. *fantasmagorie*.)
1 Ilusión de los sentidos o creación de una fantasía desprovista de realidad. `s.f.`
2 Arte y técnica de representar figuras por medio de ilusiones ópticas.

fantasmagórico, a De la fantasmagoría. `adj.`

fantasmal Del fantasma, visión de una persona muerta que causa temor. `adj.`

fantasmear Mostrar una persona una actitud jactanciosa. `v.intr./= farandulear, farolear`

fantasmón, a
1 Se refiere a la persona que presume de sí misma, que es vanidosa y jactanciosa. `adj/s./coloquial` `= fanfarrón, fantoche`

fantásticamente
1 Muy bien, de manera excelente: *lo pasaron fantásticamente.* `adv.`
2 Fingiendo, sin que sea real: *no me gusta cuando sonríe fantásticamente.*
3 Con fantasía y engaño.

fantástico, a (Del gr. *phantastikos*.)
1 Que es producto de la fantasía o de la imaginación: *nos contó una historia fantástica.* `adj./= quimérico` `≠ real`
2 Magnífico o sensacional, que causa impresión por ser extraordinario: *es un chico fantástico.* `coloquial/= estupendo, fenomenal`
3 Se refiere a la persona que aparenta tener riqueza y poder. `adj/s./coloquial` `= fantasioso`

fantochada Acción o palabras propias de un fantoche, que se dicen o se hacen para llamar la atención. `s.f.`

fantoche (Del fr. *fantoche* < ital. *fantoccio*, muñeco.)
1 Títere, muñeco que se mueve por medio de hilos. `s.m.`
2 Persona informal o presuntuosa. `= figurón`
3 Mamarracho, persona de aspecto aniñado o ridículo. `despectivo`

fañado, a Se refiere al animal que tiene un año. `adj.`

fañar Marcar con un corte las orejas de un animal. `v.tr.`

fañoso, a Gangoso, que tiene una pronunciación muy nasal. `adj./Méx., Antillas, Venez.`

faquí Alfaquí, doctor o sabio entre los musulmanes. `s.m./pl.tb: faquíes`

faquín (Probablemente del fr. *faquin*.) Ganapán, esportillero, mozo de cuerda. `s.m.`

faquir (Del ár. *faqir*, pobre, mendigo.)
1 Santón mahometano que vive de limosna y practica actos de austeridad o mortificación física. `s.m.` `tb: fakir`
2 Asceta hindú. `tb: fakir`
3 Artista de circo que realiza ejercicios de destreza que imitan las prácticas de los faquires. `tb: fakir`

faquirismo Modo de vida del faquir. `s.m.`

fara Zarigüeya, mamífero marsupial americano de cola prensil. `s.f./Colomb.` `ZOOLOGÍA`

farabustear Quitar una cosa de poca importancia a una persona sin violencia. `v.tr./argot` `= garsinar, motar`

farad (Derivado de M. *Faraday*, físico británico.) Denominación del faradio en la nomenclatura internacional. `s.m./pl: farads` `FÍSICA`

faraday (De M. *Faraday*, físico británico.) Cantidad de electricidad, igual a 96 490 culombios, que disocia un equivalente gramo de un electrólito. `s.m.` `FÍSICA`

faradio (Derivado de M. *Faraday*, físico británico.) Unidad de capacidad eléctrica del sistema basado en el metro, el kilogramo, el segundo y el amperio. `s.m.` `FÍSICA` `tb: farad`

faradización Aplicación de corriente eléctrica inducida con fines terapéuticos. `s.f.` `MEDICINA`

faralá
1 Volante o banda de tela plisada que adorna un vestido o una cortina. `s.m./pl: faralaes` `= falbalá, farfalá`
2 Adorno vistoso, excesivo y de mal gusto. `coloquial`

farallón (Del cat. *faralló*.)
1 Roca alta y escarpada que sobresale del mar: *la barca embarrancó con un farallón.* `s.m./GEOGRAFÍA` `tb: farellón, farillón`
2 Parte de un filón o de una masa de rocas que sobresale del suelo. `GEOLOGÍA` `= crestón`

faramalla (Derivado del ant. *farmalio*, engaño < metástasis del bajo lat. *malfarium*, crimen.)
1 Charla con la que se pretende engañar. `s.f./coloquial` `= farfolla`
2 Cosa que sólo sirve para apariencia. `adj/s.m.f./coloquial`
3 Se refiere a la persona embaucadora. `s.f./Méx.` `coloquial`
4 Situación exagerada, escandalosa o aparatosa con que se pretende llamar la atención.

faramallero, a
1 Que es hablador y embustero o tramposo: *es un faramallero, siempre acaba por liarte.* `adj/s./coloquial` `= faramallón`
2 Que es bravucón o farolero. `Méx., Chile`

farándula (Probablemente del occitano *farandoulo*.)
1 Ambiente o profesión de los farsantes, comediantes o artistas de teatro. `s.f.`

2 Compañía de cómicos ambulante. **TEATRO**
3 Conversación engañosa. **coloquial**

farandulear Fanfarronear, mostrarse una persona or- **v.intr.**
gullosa o presumida, hacer ostentación. **= farolear**

farandulero, a
1 Actor o artista que se dedicaba a recitar comedias. **s./TEATRO**
2 Se refiere a la persona que es habladora o trapa- **adj/s.**
cera.

faraón
1 Soberano del antiguo Egipto. **s.m./HISTORIA**
2 Juego de cartas parecido al monte, en el que se em- **JUEGOS**
plean dos barajas.

faraónico, a
1 De los faraones. **adj./HISTORIA**
2 Que es lujoso, enorme o fastuoso: *se ha comprado
una casa faraónica.*

faraute
1 Antiguo mensajero. **s.m.**
2 Persona bulliciosa y entremetida en un asunto. **coloquial**
3 Actor o intérprete que se encargaba de recitar o re- **TEATRO**
presentar el prólogo de una comedia.
4 Rey de armas de segunda clase, que tenían los ge- **HISTORIA**
nerales y grandes señores.

farda
I (Del ár. *farda*, contribución.)
1 Impuesto u obligación que pagaban los moros y los **s.f.**
judíos en los reinos cristianos. **HISTORIA**
2 **pagar la farda:** Tener atenciones con alguna perso- **coloquial**
na por respeto, temor o interés.
II (Derivado de *fardo*.) Bulto o lío de ropa. **s.f./tb: fardo**
III (Del ár. *fard*, muesca.) Corte poco profundo hecho **s.f./CARPINTERÍA**
en un madero para encajar otro en él. **= entalladura, muesca**

fardada Presunción, acción con que una persona pre- **s.f.**
tende impresionar o darse importancia: *¡vaya fardada,* **coloquial**
tío!

fardaje Conjunto de fardos que componen una carga. **s.m./= fardería**

fardar
1 Proporcionar ropas a una persona. **v.tr./pml.**
2 Presumir, mostrarse una persona orgullosa de po- **v.intr./coloquial**
seer una cosa: *farda de coche descapotable.* **+ de/ = jactarse**

fardel (Probablemente del fr. *fardel*, fardo.)
1 Bolsa o saco usado por los pastores para guardar la **s.m.**
comida u otras cosas. **= talega**
2 Fardo, lío de ropa o paquete.
3 Persona descuidada o desaseada. **coloquial**

fardería Fardaje, conjunto de fardos. **s.f.**

fardo Ropa u otra cosa envuelta en tela para trans- **s.m./tb: farda**
portarla de un sitio a otro. **= bulto, lío**

fardón, a
1 Se refiere a la persona que presume o alardea. **adj/s.coloquial**
2 Que es bonito, vistoso o atractivo: *tu amigo lleva* **adj./coloquial**
una camisa muy fardona. **= aparente**

farellón (Del cat. *faralló*, farallón marino.) Farallón, **s.m.**
roca que sobresale en el mar. **GEOGRAFÍA**

farero, Encargado de un faro. **s./= torrero**

farfalá Faralá o volante ancho cosido a un vestido o a **s.m.**
una cortina. **= falbalá**

farfallón, a (Derivado de *farfullar*.) Chapucero, que **adj/s.**
trabaja o está hecho de prisa y mal. **coloquial**

farfantón, a Se refiere a la persona que es fanfarro- **adj/s.coloquial**
na, que presume o hace alarde de lo que no es. **tb: farfante.**

fárfara
I (Del lat. *farfarus*.) Planta herbácea, de flores amari- **s.f.**
llas, que se usa como infusión y tiene efectos expec- **BOTÁNICA**
torantes. *(Tussiago farfara).* **= tusilago**
II (Probablemente del ár. *halhal*, claro, sutil.)
1 Telilla que reviste el interior de la cáscara de los **s.f.**
huevos de ave. **ZOOLOGÍA**
2 **en fárfara:** A medio hacer. **loc.adv.**

farfolla
1 Envoltura de las espigas de maíz, mijo o panizo. **s.f./= espata**
2 Cosa de mucho bulto o apariencia y poca sustan- **= faramalla**
cia.
3 Persona que fanfarronea diciendo tonterías o cosas **s.m.f.**
sin sentido. **pl: farfollas**

farfulla
1 Habla atropellada y confusa. **s.f./coloquial**
2 Se refiere a la persona que habla de prisa, de mane- **adj/s.m.f.**
ra atropellada y confusa. **coloquial**

farfulladamente Con prisa, sin claridad ni preci- **adv.**
sión: *se expresaba farfulladamente.*

farfullar (Voz onomatopéyica.)
1 Hablar de prisa, confusa y atropelladamente: *llegó* **v.tr.**
lleno de pánico y farfulló cuatro palabras.
2 Hacer una cosa de manera imperfecta y atropella- **coloquial**
damente: *farfulló sus deberes para poder salir pronto a* **= chapucear**
jugar.

farfullero, a
1 Se refiere a la persona que habla de prisa y confu- **adj/s.coloquial**
samente. **= farfullador**
2 Que es chapucero. **coloquial**

fargallón, a (Alteración de *farfallón*.)
1 Que actúa con atropello y descuido. **adj/s.coloquial**
2 Que va desaliñado y es descuidado en el aseo.

faria (De *Farias*, marca registrada.) Cigarro puro: *siem-* **s.m.f.**
pre acaba las comidas con un café y un faria.

farillón Farallón, roca que sobresale en el mar. **s.m./tb: farellón**

farináceo, a (Derivado del lat. *farina*, harina.) Que **adj.**
tiene alguna propiedad de la harina.

faring- Componente de palabra procedente del gr. **pref.**
pharynx, yngos, que significa faringe: *faringitis.*

faringe (Del gr. *pharynx, -yngos.*) Parte del aparato di- **s.f.**
gestivo situada en el fondo de la boca y unida al esó- **ANATOMÍA**
fago.

faríngeo, a De la faringe. **adj./ANATOMÍA**

faringitis Inflamación de la faringe: *tiene una faringitis* **s.f./pl: faringitis**
crónica que se le manifiesta todos los inviernos. **MEDICINA**

fariña Harina gruesa de mandioca. **s.f./Amér. Merid.**

fario Buena o mala suerte: *este equipo de fútbol estuvo a* **s.m.**
punto de caer en picado, aunando a su tradicional mal fa-
rio la incompetencia del colegiado.

farisaico, a
1 De los fariseos. **adj./HISTORIA**
2 Que finge cualidades o sentimientos que no tiene **= falso,**
en absoluto. **hipócrita**

fariseísmo
1 Secta o conjunto de los fariseos, de sus creencias, **s.f.**
de sus características y costumbres. **tb: farisaísmo**
2 Acción de fingir cualidades, actitudes o sentimien- **= hipocresía**
tos que no se tienen o son contrarios a los verdade-
ros.

fariseo
1 Miembro de la principal secta político-religiosa ju- **s.m.**
día del tiempo de Jesucristo. **HISTORIA**
2 Persona hipócrita.
3 Persona sospechosa o de mala catadura. **coloquial**

farmac- Componente de palabra procedente del gr. **pref.**
pharmakon, que significa medicamento: *farmacia, far-* **tb: farmaco-**
macología.

farmacéutico, a (Del gr. *pharmakeutikos < pharma-*
keus, el que prepara los medicamentos.)
1 De la farmacia. **adj./FARMACIA**
2 Persona que ejerce la farmacia o que está al frente **s./FARMACIA**
de un establecimiento de esta clase: *el farmacéutico le* **= boticario**
pidió la receta médica para darle el medicamento.

farmacia (Del gr. *pharmakeia < pharmakon,* medicamento.)
1 Establecimiento donde se preparan y venden medi- **s.f./FARMACIA**
cinas: *en su pueblo sólo hay una farmacia.* **= botica**
2 Ciencia que estudia la preparación y aplicación de **FARMACIA**
los medicamentos y de las sustancias que los com- **= farmacología**
ponen.
3 Profesión que ejercen los licenciados en la ciencia **FARMACIA**
farmacéutica.

fármaco (De gr. *pharmakon,* medicamento.) Sustancia **s.m.**
orgánica o inorgánica, natural o sintética, capaz de **FARMACIA**
producir en un organismo vivo modificaciones anató- **= medicamento**
micas o funcionales.

farmacodependencia Estado de la persona que ex- **s.f.**
perimenta una necesidad absoluta de ingerir a inter- **MEDICINA**
valos regulares una sustancia medicamentosa.

farmacodinamia Acción de los medicamentos en el **s.f./MEDICINA**
organismo. **= farmacodinámica**

farmacología (Del gr. *pharmakon,* medicamento + *lo-* **s.f.**
gia, ciencia.) Ciencia que estudia los fármacos o me- **FARMACIA**
dicamentos y sus usos y aplicaciones.

farmacológico, a De la farmacología o de los medi- **adj.**
camentos. **FARMACIA**

farmacólogo, a Persona dedicada al estudio de los **s.**
medicamentos. **FARMACIA**

farmacopea (Del gr. *pharmakopoiia < pharmakon,* medicamento + *poieo,* hacer.)
1 Conjunto de procedimientos para preparar fárma- **s.f.**
cos o medicamentos. **FARMACIA**
2 Libro oficial que publica cada país periódicamente **s.f.**
y que sirve de norma legal en la identificación, pre- **FARMACIA**
paración, ensayo y dispensación de los medicamen-
tos.

farmacopólico, a De la farmacia o de los medica- **adj.**
mentos. **FARMACIA**

faro (Del lat. *pharus < gr. pharos.*)
1 Torre situada en los espigones costeros con una luz **s.m.**
en la parte superior que sirve de guía o aviso a los
navegantes: *la luz del faro se reflejaba en el mar.*
2 Farol o luz potente.

3 Foco que llevan los automóviles y otros vehículos en la parte delantera.

4 Aquello que sirve para orientar o guiar un asunto o una conducta.

5 faro piloto: El que llevan los automóviles en la parte trasera para marcar su posición.

farol (Del gr. bizantino *pharos*.)

1 Caja de cristal u otro material transparente que contiene una luz.   s.m.

2 Luz que ilumina las calles.   = farola

3 Acto o dicho presuntuoso que carece de fundamento: *no nos cuenta más que faroles*.   coloquial
= mentira

4 Jugada falsa hecha para engañar al contrario.   JUEGOS

5 Lance en que el matador, tras echarle la capa al toro, la pasa girando sobre su propia cabeza.   TAUROMAQUIA

6 adelante con los faroles: Expresión con la que se manifiesta el decidido propósito de iniciar o continuar algo, generalmente dificultoso.   coloquial

7 marcarse un farol: Hacer una persona algo para deslumbrar a los demás o salir airosa al realizarlo.   coloquial

farola (Derivado de *faro*.)

1 Farol grande, que puede tener varios brazos, usado para alumbrar la vía pública: *en el nuevo barrio han puesto unas farolas de diseño*.   s.f.

2 Farol grande colocado en la torre de los puertos para que su luz sirva de señal nocturna.   = fanal

farolazo Trago de licor: *tomaron unos cuantos farolazos y acabaron mareados*.   s.m./Méx., Amér. Central

farolear Mostrar una persona una cosa con orgullo, hacer ostentación vanidosa.   v.intr./coloquial
= fachendear

faroleo Fanfarronada o presunción.   s.m.

farolería

1 Acciones o palabras propias de una persona que dice mentiras para lucirse.   s.f./coloquial
= farol

2 Tienda o lugar donde se hacen o venden faroles.

farolero, a (Derivado de *faro*.)

1 Que se comporta con vanidad y ostentación.   adj/s./coloquial

2 Persona que por oficio hace o vende faroles.   s.

3 Encargado de los faroles del alumbrado.

4 meterse a farolero: Meterse una persona donde no la llaman.   coloquial

farolillo

1 Adorno de fiestas y verbenas hecho con papeles, celofán o plásticos de colores y que en ocasiones lleva luz en el interior.   s.m.

2 Planta herbácea, de tallos vellosos, hojas lanceoladas, dentadas, y flores grandes, acampanadas, de color violeta, azul o blanco. (*Campanula medium*.)   BOTÁNICA

3 farolillo rojo: 1. Persona que ocupa el último lugar en una clasificación deportiva. 2. El jugador de mayor puntuación entre los últimos cuatro, en una competición de bridge.   DEPORTES
JUEGOS

farolón, a Que gusta de llamar la atención.   adj/s.

farota Mujer descarada y sin juicio.   s.f./despectivo

farotón, a Que es descarado o alocado.   adj/s./coloquial

farpa (Derivado de *arpa*.) Cada punta que resulta al escotar en el borde de una cosa, particularmente en banderas y estandartes.   s.f.

farra

I (Probablemente de origen onomatopéyico.)

1 Juerga, jarana o fiesta.   s.f.

2 Burla o broma.   Argent., Urug.

3 tomar a alguien para la farra: Burlarse de él, tomarle el pelo.   Argent., Par., Urug.

II (De origen incierto.) Pez de los lagos alpinos, parecido al salmón. (*Coregonus lavarettus*.)   s.f.
ZOOLOGÍA

fárrago (Del lat. *farrago, -onis*.) Aglomeración desordenada y confusa de cosas o ideas.   s.m.

farragoso, a Que tiene cosas innecesarias que lo hacen confuso y pesado: *el libro me pareció poco claro y bastante farragoso*.   adj.
= desordenado

farraguista Persona que tiene las ideas confusas.   s.m.f.

farrear Andar de farra o jarana, divertirse: *farrearon toda la noche*.   v.intr./coloquial
Amér. Merid.

farrista Que es aficionado a la farra o a la juerga.   adj/s.m.f.

farro (Del lat. *far, farris*.)

1 Cebada a medio moler, remojada y mondada.   s.m.

2 Semilla semejante a la escanda.   AGRICULTURA

farruca

1 Variedad de cante flamenco.   s.f./MÚSICA

2 Baile con que se acompaña este cante flamenco.

farruco, a

1 Se refiere al gallego o asturiano que ha salido de su tierra.   adj/s.

2 Que es valiente y desafiante.   adj/s./coloquial

3 Que es obstinado y terco.   coloquial

farruto, a Se aplica a la persona enteca o enfermiza.   adj/Bol., Chile

farsa (Del fr. ant. *farse*, pieza cómica breve < *farcir*, rellenar.)

1 Enredo con que se pretende aparentar o engañar.   s.f.

2 Pieza teatral breve de contenido cómico.   TEATRO

3 Compañía de cómicos que representaba farsas.   TEATRO

4 Obra teatral de poca calidad.   TEATRO

farsante, a (Del ital. *farsante*.)

1 Que finge sentimientos u opiniones: *no seas farsante y cuéntame lo que realmente piensas*.   adj/s.
coloquial

2 Persona que se dedicaba a representar farsas.   s./TEATRO

farsantería Actitud farsante o del que pretende pasar por lo que no es.   s.f.

farsista Autor de farsas.   s.m.f./TEATRO

fas (Del lat. *fas atque nefas*, lo lícito y lo ilícito.) Se usa para indicar por una u otra cosa, en la expresión **por fas o por nefas.**   loc.adv.
coloquial

fasces (Del lat. *fascis*, haz.) Insignia del cónsul romano, formada por un hacha y un haz de varas.   s.f.pl.
HISTORIA

fascia Membrana de tejido conjuntivo fibroso que envuelve los músculos.   s.f./ANATOMÍA
= aponeurosis

fasciculado, a Se aplica a la estructura que se dispone en forma de fascículos: *tiene los estambres fasciculados*.   adj.

fascicular Del fascículo.   adj.

fascículo (Del lat. *fasciculus*, hacecillo.)

1 Cada una de las partes que se van publicando sucesivamente de una obra: *se está comprando un manual de fotografía por fascículos*.   s.m.
= entrega

2 Haz de fibras musculares.   ANATOMÍA

3 Conjunto de fibras conductoras.   BOTÁNICA

fascinación Atracción irresistible que ejerce o que siente una persona hacia una cosa u otra persona: *siente fascinación por el mar*.   s.f.

fascinante Que fascina, que atrae irresistiblemente: *asistimos a un espectáculo fascinante*.   adj.
= fascinador

fascinar (Del lat. *fascinare*, embrujar < *fascinum*, embrujo.)

1 Ejercer un dominio irresistible sobre una persona o un animal con la mirada.   v.tr.

2 Cautivar, atraer irresistiblemente la atención de una persona: *me fascinan sus ojos*.   = conquistar, deslumbrar

3 Hacer mal de ojo a un persona.   = aojar

fascismo (Derivado del ital. *fascio*, haz < lat. *fascis*, haz.)

1 Movimiento político y social fundado por Mussolini, de carácter totalitario, nacionalista, antiliberal y antimarxista, implantado en Italia después de la primera guerra mundial.   s.m.
POLÍTICA,
HISTORIA

2 Doctrina del partido italiano fundado por Mussolini y de los similares en otros países.   POLÍTICA,
HISTORIA

3 Régimen dictatorial.   POLÍTICA

fascista

1 Del fascismo: *métodos fascistas*.   adj./POLÍTICA

2 Que es partidario del fascismo.   adj/s.m.f.

3 Que es muy autoritario: *ese chico es un fascista, sólo sabe mandar*.

fase (Del gr. *phasis*, aparición de una estrella < *phaino*, yo aparezco.)

1 Cada uno de los diversos estados, cambios o aspectos sucesivos de un fenómeno natural, de una idea o una cosa: *quiero resaltar las cuatro fases principales del proyecto*.   s.f.

2 Cada uno de los varios aspectos que presentan algunos planetas o satélites, según los ilumina el Sol.   ASTRONOMÍA

3 Cada una de las partes homogéneas físicamente separables en un sistema formado por uno o varios componentes.   FÍSICA,
QUÍMICA

4 Parte de un programa a efectos de su carga en la memoria principal.   INFORMÁTICA

5 Valor de la fuerza electromotriz o la intensidad de una corriente eléctrica alterna en un momento dado.   ELECTRICIDAD

6 contraste de fase: Método de observación de las variaciones de fase introducidas por ciertos objetos que no presentan variación de absorción y que se utiliza en la observación a través de algunos microscopios.   ÓPTICA

-fasia Componente de palabra procedente del gr. *phasis*, que significa palabra: *afasia*.   suf.

fasiánido, a Perteneciente a una familia de aves gallináceas de mediano tamaño, pico fuerte y mejillas desnudas y verrugosas, a la que pertenecen los faisanes, las codornices, los gallos y las perdices, entre otros.   adj/s.m.
ZOOLOGÍA

fastidiar

1 Causar fastidio, molestias o disgustos a una persona: *me fastidia saber que hoy no me llamarás*.   v.tr./= disgustar, molestar

2 Causar daño físico o moral: *el niño fastidió el equipo de música*.   coloquial

3 Soportar o sufrir un contratiempo, un daño o una molestia inevitable o imprevista: *si no te gusta la col, te fastidias, no hay nada más*.   v.prnl.
= aguantarse

4 estar fastidiado: Encontrarse mal de salud.

5 ¡no te fastidia!: Frase exclamativa que denota enfado o molestia.   coloquial

fastidio (Del lat. *fastidium*.)
1 Sensación de molestia o enfado causado por una persona, una cosa o algún contratiempo de poca importancia: *es un fastidio tener que repetirlo*. — s.m. = disgusto, molestia
2 Cosa que resulta pesada, aburrida o fastidiosa: *esta película es un fastidio*. — = latazo

fastidioso, a Que causa fastidio: *le encargaron un trabajo fastidioso*. — adj.

fastigio (Del lat. *fastigium*.)
1 Lo más alto de una cosa que remata en punta, como una pirámide. — s.m.
2 Apogeo, momento culminante. — = cumbre
3 Frontón, remate triangular de una fachada. — ARQUITECTURA

fasto, a (Del lat. *fastus*.)
1 Se aplica al día o año que es afortunado o venturoso. — adj. ≠ nefasto
2 Magnificencia, lujo extraordinario. — s.m./= fausto
3 Calendario romano en el que se anotaban las fechas lúdicas, ceremoniales o memorables. — s.m.pl. HISTORIA
4 Lista cronológica de sucesos. — = efemérides

fastuosidad Derroche de lujo y riqueza: *no sé a qué viene tanta fastuosidad, ¿no lo podías haber hecho de un modo más sencillo?* — s.f. = ostentación

fastuoso, a (Del lat. *fastuosus*.) Que se hace con derroche de lujo y riqueza o que gusta del lujo y la ostentación. — adj. tb: faustoso = ostentoso

fatal (Derivado del lat. *fatum*, destino, fatalidad.)
1 Que es absolutamente inevitable, que debe suceder: *llegó el momento fatal*. — adj./= ineludible ≠ evitable
2 Que ha sido determinado por el hado o destino.
3 Que es desgraciado, funesto o infeliz: *un accidente de fatales consecuencias*. — = desdichado ≠ dichoso
4 Que causa la muerte: *padece una enfermedad fatal*. — = mortal
5 Que es muy malo o lamentable: *nos sirvieron una comida fatal*. — ≠ horrible, pésimo ≠ excelente
6 Se aplica al plazo que no se puede prorrogar. — DERECHO
7 Muy mal: *está fatal desde entonces*. — adv.

fatalidad
1 Cualidad de fatal. — s.f.
2 Fuerza sobrenatural que inexorablemente influye y decide sobre las personas y las cosas. — = hado, sino
3 Suceso o acontecimiento desgraciado o de malas consecuencias: *tuve la fatalidad de perderlo todo*. — = desgracia

fatalismo Doctrina metafísica que afirma que todo fenómeno está predeterminado desde el principio por algún agente externo y superior. — s.m. FILOSOFÍA

fatalista
1 Del fatalismo. — adj./FILOSOFÍA
2 Persona que profesa el fatalismo. — s.m.f.
3 Que acepta los acontecimientos con resignación, sin intentar influir en ellos. — adj/s.m.f.

fatalmente
1 De manera inevitable, forzosamente: *todos, fatalmente, hemos de morir*. — adv.
2 Por desgracia: *ocurrió, fatalmente, lo esperado*.
3 Muy mal: *conduce fatalmente*.

fatídico, a (Del lat. *fatidicus*.)
1 Que anuncia el porvenir. — adj./= agorero
2 Que presagia acontecimientos nefastos: *ha sido un día fatídico para tus aspiraciones*. — = aciago, funesto

fatiga
1 Estado corporal caracterizado por la falta o sensación de falta de fuerzas después de una actividad o un trabajo intensos. — s.f. = cansancio
2 Molestia producida por la respiración frecuente o difícil. — = ahogo, asma
3 Náusea, ansia de vomitar.
4 Molestia, penalidad o sufrimiento: *nos contó las fatigas de la gira musical; pasó grandes fatigas a lo largo de su vida*. — = dificultad ≠ facilidad
5 Deterioro de un material por estar sometido a repetidos esfuerzos.
6 darle a alguien fatiga: Sentir reparo o escrúpulos en hacer o decir una cosa: *me dio fatiga decirle la verdad y me callé*. — coloquial

fatigador, a Que fatiga: *tiene un trabajo fatigador*. — adj./= fatigante

fatigar (Del lat. *fatigare*, agotar, extenuar < *fati*, con exceso + *agere*, hacer.)
1 Causar un trabajo o un esfuerzo fatiga a una persona o un animal: *se fatiga cada vez que sale de excursión*. — v.tr/prnl./conj.: pagar = cansar
2 Causar una cosa asma a una persona: *se fatiga a causa del tabaco*. — coloquial
3 Fastidiar, molestar inoportuna e insistentemente. — v.tr./= importunar

fatigoso, a
1 Que causa fatiga: *le encargaron los trabajos más fatigosos*. — adj.
2 Que muestra fatiga o está agitado: *desde la puerta oyó la respiración fatigosa del enfermo*.

fatimí Se refiere a los descendientes de Fátima, la hija de Mahoma: *la dinastía fatimí reinó en Egipto*. — adj/s./pl.tb: fatimíes = fatimita

fato
1 Olfato, sentido con el que se perciben los olores. — s.m.
2 Mal olor.

fatuidad
1 Falta de razón o de entendimiento. — s.f./= necedad
2 Modo de ser o comportarse la persona fatua, vanidosa o engreída. — = engreimiento, presunción

fatuo, a (Del lat. *fatuus*.)
1 Se refiere al que está falto de razón o juicio. — adj/s.= necio, tonto
2 Que es ridículo y presuntuoso. — = vanidoso

faucal De las fauces. — adj.

fauces (Del lat. *faux, -cis*, garganta.) Parte posterior de la boca de los mamíferos, que va desde el velo del paladar hasta el principio del esófago. — s.f.pl. ANATOMÍA

fauna (Del lat. moderno *fauna*.)
1 Conjunto de los animales de un país o región. — s.f./ZOOLOGÍA
2 Obra que los enumera y describe.
3 Conjunto de personas con características distintivas de grupo: *a esa discoteca asiste una fauna nocturna muy especial*. — coloquial despectivo

faunesco, a Del fauno: *relieve con figuras faunescas*. — adj.

faunístico, a De la fauna. — adj./= fáunico

fauno (Del lat. *faunus*.) Semidiós o divinidad romana de los campos y selvas. — s.m. MITOLOGÍA

fáustico, a (Derivado de *Fausto*, personaje creado por el poeta Goethe.) Que tiene características de dicho personaje literario. — adj. LITERATURA = faustiano

fausto, a
I (Del lat. *faustus*, favorable, auspicioso.) Que causa alegría o felicidad: *con ocasión de la boda real, dieron una gran fiesta para celebrar tan fausto acontecimiento*. — adj. ≠ aciago
II (Alteración del lat. *fastus*, orgullo, soberbia.) Demostración de gran lujo, riqueza e importancia al celebrar ciertos actos y ceremonias: *se comportó con gran fausto*. — s.m. tb: fasto = magnificencia

fautor, a (Del lat. *fautor, -oris*.) Persona que favorece o ayuda a otra, en especial en un acto censurable. — s. despectivo

fautoría (Derivado de *fautor*.) Ayuda que se ofrece a una persona o complicidad con otra en una acción. — s.f./formal = favor

fauvismo Movimiento pictórico francés surgido en París a principios del siglo XX como reacción al análisis impresionista, caracterizado por una combinación de colores puros para expresar los sentimientos del artista ante la naturaleza. — s.m. ARTE

fauvista
1 Del fauvismo. — adj./ARTE
2 Que es seguidor de este movimiento. — adj/s.m.f./ARTE

favela (Voz brasileña.) Barraca o tugurio de las grandes ciudades de Brasil, habitados por población marginada. — s.f.

favila (Del lat. *favilla*.) Pavesa o ceniza del fuego. — s.f./literario

favo (Del lat. *favus*.) Dermatosis parecida a la tiña debida a un hongo microscópico. — s.m. MEDICINA

favonio (Del lat. *favonius*.) Céfiro, viento suave y apacible. — s.m. literario

favor (Del lat. *favor, -oris*.)
1 Ayuda o servicio que se solicita o se presta gratuitamente a una persona: *nunca te he pedido un favor*. — s.m.
2 Confianza o protección que una persona deposita en otra: *goza del favor del presidente*. — = crédito, privanza
3 Beneficio que una persona con poder o influencia concede a otra. — = gracia
4 Modo de comportarse con una persona o de tratarla con amabilidad o cortesía.
5 Consentimiento en una relación amorosa.
6 Lazo de cinta, moño. — Colomb.
7 a favor o a mi, tu, su... favor: Se aplica a lo que es favorable o propicio: *viento a favor; tenía todo el pueblo a su favor*. — loc.adj.
8 a favor de: 1. En beneficio o provecho de: *páguese a favor de la empresa*. 2. En el mismo sentido; en virtud de: *avanzaron a favor de la corriente*. 3. En apoyo o partidario de una persona o una cosa: *todos estaban a favor del equipo local*. — loc.prep. loc.adv. loc.adv.
9 de favor: Se refiere a objetos o cosas que se obtienen de forma gratuita. — loc.adj.
10 en favor de: En beneficio o utilidad de: *testó en favor de su sobrino*. — loc.prep.
11 estar alguien para hacerle un favor: Despertar atracción o deseo sexual. — coloquial
12 hacer el favor: Expresión de cortesía que se usa para pedir un favor: *¿me haces el favor de cerrar la puerta?* — formal
13 por favor: Frase que se emplea para pedir algo con cortesía o como súplica: *me pasas el pan, por favor*. — formal
14 ¡por favor!: Frase con que se expresa sorpresa, enfado o con la que se pide algo de forma enérgica: — interj.

ya está bien, ¡por favor!; ¿cómo puedes creer todo esto? ¡por favor!

favorable (Del lat. *favorabilis.*) Que es beneficioso o conveniente: *es un momento favorable para la inversión en bolsa.* — adj. = propicio ≠ desfavorable

favorecedor, a Que favorece o embellece: *es un traje muy favorecedor.* — adj/s. = favoreciente

favorecer
1 Ayudar o tratar con favor a una persona: *favorece a los pobres.* — v.tr./conj: carecer = auxiliar, socorrer
2 Prestar apoyo a una persona, una empresa o una opinión: *favorece al candidato.* — = apoyar, respaldar
3 Dar o hacer un favor.
4 Mejorar el aspecto o la apariencia de una persona o una cosa: *la nueva chaqueta te favorece mucho.* — = agraciar, embellecer
5 Valerse o servirse de la ayuda de una persona o una cosa. — v.prnl. + de

favoritismo (Derivado de *favorito.*) Modo de actuar del que favorece o beneficia a unos en perjuicio de otros, por atender exclusivamente a sus preferencias: *sus favoritismos decidieron el reparto de cargos en la empresa.* — s.m.

favorito, a (Del fr. *favori, -ite* < ital. *favorito, -a.*)
1 Que se quiere con predilección y preferencia: *no oculta quién es su sobrino favorito.* — adj. = preferido
2 Que se supone ganador en una competición: *el equipo sale como favorito.* — adj/s.
3 Persona que tiene el favor de un personaje importante y ejerce influencia sobre él: *era el favorito del rey.* — s. = privado, valido

fax (Derivado de *telefax.*)
1 Sistema de transmisión de originales de textos, dibujos o fotografías a distancia a través del teléfono: *te lo enviaré por fax.* — s.m./TELECOMUNI-CACIONES = telefax
2 Documento enviado por este sistema: *ha recibido un fax del ministro.* — TELECOMUNICA-CIONES

faya Tejido grueso de seda que forma canutillo. — s.f./TEXTIL

fayuca Contrabando o estraperlo. — s.f./Méx.

fayuquero, a Que hace o se dedica al contrabando o comercio ilegal. — adj/s. Méx.

faz (Del lat. *facies.*)
1 Rostro o cara. — s.f./pl: faces
2 Parte superior de una cosa: *de repente, desapareció de la faz de la tierra.* — = superficie
3 Anverso de las monedas y medallas.
4 Cara o lado principal de una cosa. — th: haz/≠ envés
5 **faz sacra o santa**: Imagen del rostro de Jesús. — RELIGIÓN

fbi (Acrónimo del inglés *[F]ederal [B]ureau of [I]nvestigation.*) Servicio del departamento de investigación policial de los Estados Unidos de América. — s.m.

fe (Del lat. *fides.*)
1 Virtud teologal que consiste en creer en Dios y lo que la Iglesia católica enseña sin poderlo garantizar empíricamente ni con procedimientos racionales. — s.f. TEOLOGÍA
2 Creencias o conjunto de dogmas que constituyen una religión: *propaga la fe cristiana por donde va.* — RELIGIÓN
3 Creencia en una cosa que no está confirmada por la propia experiencia.
4 Confianza en la bondad, el valor y la eficacia de una persona o cosa: *tiene fe en ese abogado.*
5 Promesa solemne que se hace a una persona.
6 Convencimiento de que una cosa es cierta.
7 Documento que asegura la veracidad de una cosa: *necesita una copia de la fe de bautismo.*
8 Fidelidad en cumplir los compromisos. — = lealtad
9 **buena fe**: Honradez, rectitud o ingenuidad: *es una persona muy querida por su buena fe.*
10 **fe de erratas**: Lista de las erratas que hay en un libro y sus correciones correspondientes: *el libro incluía una larguísima fe de erratas.* — ARTES GRÁFICAS
11 **fe de vida**: Certificación de que una persona vive.
12 **fe pública**: Autoridad de los notarios u otros funcionarios para certificar la verdad o autenticidad de actos o documentos. — DERECHO
13 **mala fe**: Malicia, alevosía o mala intención: *su mala fe hace que sea despreciado por todos.*
14 **a buena fe**: Con toda seguridad, sin duda alguna. — loc.adv.
15 **a fe, a fe mía o por mi fe**: Se usa con valor aseverativo para dar solemnidad a la propia afirmación: *a fe mía que no he querido ofenderte.*
16 **dar fe**: 1. Certificar una cosa con autorización oficial. 2. Atestiguar sobre aquello que se ha visto: *doy fe de que sucedió así.* — DERECHO
17 **de buena fe**: Con sinceridad y con buena intención: *yo creo que actúa de buena fe, y que podemos confiar en él y en su gestión.* — loc.adv.
18 **de mala fe**: Con malicia o engaño: *no se puede ir de mala fe por la vida.* — loc.adv.
19 **hacer fe**: Garantizar lo que se dice sin pruebas.
20 **prestar fe**: Creer lo que se dice: *no hay que prestar fe a lo que se murmura por ahí.*

fealdad (Derivado de *feo.*)
1 Cualidad de feo, que resulta desagradable a la vista: *la fealdad de estas imágenes es evidente.* — s.f.

2 Acción o palabras desagradables o que parecen mal por indignas, inmorales o cualquier otra circunstancia: *ha sido una fealdad por tu parte decirle eso.* — = desacierto, torpeza

febeo De Febo, sobrenombre del Sol — adj./literario

feblaje Disminución en el peso de una moneda por defecto de los aparatos de acuñación. — s.m.

feble (Del ant. *feble,* débil < cat. *feble,* débil < lat. *flebilis,* lamentable.)
1 Que es débil: *su aspecto era el de una persona feble y enfermiza.* — adj./culto = endeble, flaco
2 Se aplica a la moneda o aleación de metal que tiene menos peso o valor. — adj/s.

febrera Canal de riego. — s.f.

febrero (Del lat. *februarius.*) Segundo mes del año en el calendario occidental, entre enero y marzo, que consta de veintiocho días y de veintinueve los años bisiestos. — s.m.

febricitante Se aplica al que tiene fiebre: *estaban heridos y febricitantes.* — adj./MEDICINA = febril

febrícula Fiebre ligera, reiterada, generalmente de larga duración. — s.f. MEDICINA

febrífugo, a Antipirético, que hace bajar la fiebre: *tomó un preparado febrífugo.* — adj/s.m./FARMACIA = antitérmico

febril
1 De la fiebre. — adj.
2 Que tiene fiebre: *fue a trabajar en estado febril.* — = calenturiento
3 Se refiere a la actividad, movimiento o estado que es muy intenso o vehemente: *está pasando por una etapa de pasión febril.* — = vivo

fecal (Derivado del lat. *fex, fecis,* heces, impurezas.) De las heces o los excrementos: *por esta zona hay aguas fecales.* — adj. = excrementicio

fecaloma Concreción de materias fecales que obstruyen el recto y el colon. — s.m. MEDICINA

fecha (Del lat. *facta* < *factus,* hecho.)
1 Indicación escrita del día y el lugar en que se hace y ocurre una cosa: *se te ha olvidado poner la fecha en tu carta.* — s.f. = data
2 Tiempo determinado en que ocurre o se hace una cosa: *una fecha señalada.* — = data
3 Cada tiempo transcurrido desde uno determinado: *el envío ha tardado tres fechas en llegar.* — = día
4 Tiempo o momento actual: *hasta la fecha no ha habido cambios.*
5 **fecha ut retro**: Expresión que se usa para referirse a la fecha aparecida anteriormente en un escrito, sin repetirla.
6 **fecha ut supra**: Expresión que se usa para referirse a la fecha del encabezamiento de un escrito, sin repetirla.

fechador
1 Sello que sirve para estampar la fecha. — s.m.
2 Matasellos de correos. — Méx., Chile, Perú

fechar
1 Poner fecha a un escrito: *fechó el documento en Madrid a 20 de julio de 1995.* — v.tr. = datar
2 Determinar la fecha de un documento, una obra de arte o en la que ocurrió un acontecimiento o suceso. — = datar

fechoría (Derivado de *fechor.*)
1 Acción realizada con maldad, en general constitutiva de delito. — s.f.
2 Acción que se realiza sin malicia para divertirse o burlarse de alguien y con la que se transgrede lo permitido o se hace algo peligroso o que causa un trastorno. — = trastada, travesura

fécula (Del lat. *faecula,* tártaro del vino.) Hidrato de carbono que se encuentra en semillas, tubérculos y raíces de plantas. — s.f. BOTÁNICA

feculencia
1 Estado de las sustancias que contienen féculas: *la feculencia de las lentejas.* — s.f.
2 Estado de los líquidos que depositan sedimentos.

feculento, a
1 Que contiene fécula: *las judías son feculentas.* — adj.
2 Que tiene heces o sedimentos.

fecundable Que puede ser fecundado. — adj.

fecundación
1 Acción y resultado de fecundar. — s.f.
2 Unión de dos células sexuales, masculina y femenina, de la que se origina el huevo o cigoto cuyo desarrollo da lugar a un nuevo ser. — BIOLOGÍA
3 **fecundación artificial**: Inseminación artificial, introducción de esperma en las vías genitales femeninas mediante un procedimiento artificial. — BIOLOGÍA, MEDICINA
4 **fecundación in vitro**: Fecundación del óvulo fuera del organismo, en un medio de cultivo apropiado, seguida de la implantación del huevo en el útero. — BIOLOGÍA, MEDICINA

fecundador, a Que fecunda. — adj./= fecundante

fecundar (Del lat. *fecundare.*)
1 Fertilizar, hacer fecunda o productiva una cosa: *fe-*   v.tr.
cunda los campos con abono.   = fecundizar
2 Unirse los elementos reproductivos masculino y fe-   BIOLOGÍA
menino para procrear de modo natural o artificial.

fecundidad
1 Cualidad y facultad de fecundar: *realizan pruebas de*   s.f./= fertilidad
fecundidad.   ≠ esterilidad
2 Abundancia en la producción: *la fecundidad de este*   = fertilidad,
novelista es admirable.   productividad

fecundización Proceso de fecundizar la tierra con   s.f./AGRICULTURA
abonos.   = fecundidad

fecundizador, a Que fecundiza: *un producto fecundi-*   adj.
zador del terreno.

fecundizar (Derivado de *fecundar.*) Fertilizar, hacer   v.tr.
fecunda o productiva una cosa.   conj: *cazar*

fecundo, a (Del lat. *fecundus.*)
1 Que se reproduce por medios naturales.   adj./≠ estéril
2 Que es productivo o fértil: *es una tierra muy fecunda*   = abundante,
que produce buenas cosechas.   copioso
3 Que es prolífico o produce muchas obras o resulta-   = productivo
dos: *fue un escritor muy fecundo; las historias que cuenta*   ≠ improductivo
son producto de su fecunda imaginación.

fedatario (Derivado de *fe.*) Denominación genérica   s.m.
del notario y de otros funcionarios que gozan de la fe   DERECHO
pública.

federación (Del lat. *foederatio*, alianza.)
1 Organismo que agrupa diversas asociaciones o en-   s.f.
tidades deportivas, sindicales, etc.
2 Confederación, unión de estados o alianza entre   POLÍTICA
pueblos que se someten a un gobierno: *los Estados*
Unidos de América son una federación.
3 Poder central de este gobierno.   POLÍTICA

federado, a
1 Que forma parte de una federación: *países federa-*   adj.
dos; equipos de fútbol federados.
2 Miembro de una federación.   s.

federal (Del lat. *federar.*)
1 De la federación: *vive en un estado federal.*   adj./= federativo
2 Que es partidario del federalismo.   adj./s.m.f./POLÍTICA
3 Partidario de los estados nordistas durante la gue-   s.m.
rra de secesión de los Estados Unidos.   HISTORIA

federalismo Sistema y doctrina política que propug-   s.m.
na la organización asociativa de corporaciones o   POLÍTICA
estados.

federalista
1 Del federalismo.   adj./POLÍTICA
2 Que es partidario de este sistema.   adj./s.m.f./POLÍTICA

federalización Proceso de transformación de un sis-   s.f.
tema político en federalista.   POLÍTICA

federar (Del lat. *foederare*, unir por medio de una
alianza < *foedus, -eris*, pacto.)
1 Unir o unirse naciones, estados u otros organismos   v.tr/prnl.
en federación: *la nueva ordenación del estado federó los*   = federalizar
sindicatos; varios estados decidieron federarse.
2 Inscribirse una persona en una federación.   v.prnl.

federativo, a (Derivado de *federar.*) De la federación.   adj./= federal

feed-back (Voz inglesa.)
1 Retroacción, regresión o retroceso de una señal   s.m./TELECOMUNI-
modificada hacia su emisor.   CACIONES
2 Capacidad del emisor, en un sistema de comunica-   TELECOMUNICA-
ción, para recoger las reacciones de los receptores y   CIONES
modificar su mensaje, de acuerdo con la actitud de
dichos receptores.

feeling (Voz inglesa.)
1 Sensibilidad y emoción con que se interpreta una   s.m.
música.   MÚSICA
2 Estado afectivo del ánimo, parte afectiva de las per-   = sentimiento
sonas.
3 Relación especial que se establece entre dos o más   = sentimiento
personas sin que se explique de forma explícita lo
que les une.

fefaút Indicación del tono que empieza en el cuarto   s.m.
lugar de la escala diatónica de do y se desarrolla se-   MÚSICA
gún los preceptos del canto llano y del figurado.

féferes Bártulos, trastos, chismes, especialmente si   s.m.pl./Colomb.,
están viejos o estropeados.   Méx., Amér. Central

fehaciente (Derivado de *fe.*) Se aplica al testimonio,   adj.
prueba o documento que prueba de forma indudable   = fidedigno
o da fe.

feísmo Tendencia artística o literaria que valora esté-   s.m./ARTE,
ticamente lo feo: *es un gran admirador del feísmo.*   LITERATURA

felación Excitación bucal del sexo del hombre.   s.f./tb: fellatio

felandrio Planta acuática, de hojas muy divididas,   s.m./BOTÁNICA
flores blancas agrupadas en umbelas y fruto narcóti-   = enante,
co redondeado. *(Oenanthe aquatica.)*   felandrio acuático

feldespático, a Del feldespato o que lo contiene.   adj./MINERALOGÍA

feldespato (Del alem. *feldspat* < *feld*, campo + *spat*,   s.m.

espato.) Cada uno de los minerales compuestos de si-   MINERALOGÍA
licato de aluminio y uno o más metales alcalinos, que
forman parte de muchas rocas.

feldespatoide Silicato de composición parecida al   s.m.
feldespato que se forma en lugar de éste en ciertas   MINERALOGÍA
rocas ricas en álcalis y pobres en sílice.

felibre (Del occitano *felibre.*) Poeta o escritor en len-   s.m.f.
gua provenzal moderna.   LITERATURA

felibrismo Movimiento literario surgido en Provenza   s.m.
a mediados del siglo XIX, que defendía la restauración   LITERATURA
y depuración de la lengua provenzal y de los dialectos occitanos, y el renacimiento de sus literaturas.

felicidad (Del lat. *felicitas, -atis.*)
1 Estado de ánimo de quien recibe de la vida lo que   s.f.
espera o desea: *es difícil alcanzar la felicidad.*   = bienaventuranza
2 Sentimiento de satisfacción y alegría experimenta-   = contento, dicha,
do ante la consecución de un bien o un deseo: *cuando*   ≠ infelicidad
aprobó las oposiciones, todos sentimos mucha felicidad.
3 Falta de sucesos desagradables en una acción, buena suerte: *el viaje ha transcurrido con toda felicidad.*

felicitación
1 Acción de desear felicidad a una persona: *le emocio-*   s.f.
nó tu felicitación.
2 Escrito en el que se felicita a una persona, en fechas señaladas o por algún motivo determinado: *he*
recibido muchas tarjetas de felicitación.

felicitar (Del lat. *felicitare*, hacer feliz.)
1 Expresar complacencia a una persona por algún su-   v.tr/prnl.
ceso favorable que a ésta le ha ocurrido, dar la en-   = congratular
horabuena: *me felicitó por mi nuevo empleo.*
2 Expresar el deseo de que una persona sea feliz: *feli-*   v.tr.
citar las Navidades.
3 Alabar a una persona por alguna cualidad o actuación: *te felicito por tu buen gusto.*

félido, a (Derivado de *felino.*) Perteneciente a una fa-   adj/s.
milia de mamíferos carnívoros, con garras retráctiles   ZOOLOGÍA
y caninos muy desarrollados, como el león y el gato.

feligrés, a (Del lat. vulgar hispánico *fili eclesiae*, hijo   s./RELIGIÓN
de la iglesia.) Persona que pertenece a una parroquia.   = parroquiano

feligresía
1 Conjunto de feligreses de una parroquia: *toda la fe-*   s.f.
ligresía va a misa los domingos.   RELIGIÓN
2 Parroquia rural: *ahora es cura de una pequeña feligre-*   RELIGIÓN
sía de montaña.
3 Territorio bajo la jurisdicción de un párroco.   RELIGIÓN/= parroquia

felino, a (Del lat. *felinus* < *feles*, gato.)
1 Del gato.   adj.
2 Que tiene alguna propiedad de gato: *me sedujo su*
mirada felina; sus saltos eran felinos.
3 Se refiere al animal que pertenece a la familia de   adj/s.
los félidos.   ZOOLOGÍA

feliz (Del lat. *felix, -icis.*)
1 Que tiene o siente felicidad: *era un matrimonio feliz.*   adj./= dichoso
2 Que causa felicidad: *pasaron días felices en aquella*   = afortunado,
casa; aquel drama tuvo un desenlace feliz.   venturoso
3 Que es oportuno o eficaz: *se le ocurrió una idea feliz*   = acertado
para resolver el problema; tiene una memoria feliz.
4 **no hacer feliz**: Desagradar, no ser conveniente una   coloquial
cosa para una persona: *esta mezcla de colores no me*
hace feliz.

felizmente
1 Con felicidad, sin contratiempos: *llegaron felizmente*   adv.
a puerto.
2 Por fortuna, por suerte: *felizmente llegué a casa antes*
de que empezara a llover.

fellatio Excitación bucal del sexo del hombre.   s.f./tb: felación

felógeno Se refiere al tejido embrionario secundario   adj/s.m.
del cilindro cortical que genera el tejido suberoso que   BOTÁNICA
protege a la planta.

felón, a (Del fr. *felon.*) Que es falso o traidor.   adj/s./= desleal

felonía Deslealtad, acción propia de un traidor: *nunca*   s.f.
le perdonarán su felonía.   = traición

felpa (Del alem. *felbel*, terciopelo.)
1 Tela aterciopelada de algodón, seda, lana u otra fi-   s.f.
bra, que tiene pelo o pelusilla por una cara.   TEXTIL
2 Tunda o zurra de golpes.   coloquial/= paliza
3 Represión áspera y severa.   coloquial

felpar
1 Cubrir con felpa.   v.tr./tb: afelpar
2 Cubrir una cosa con vello u otra materia semejante   v.tr/prnl.
a la felpa: *el césped felpó la tierra; el campo se felpó de*   literario
plantas en la primavera.
3 Morirse, dejar de vivir, perder la vida.   v.intr./Méx.
  coloquial
4 Acabarse alguna cosa por completo: *felpó el vino de*   v.tr.
la botella.   Méx.

felpeada (Derivado de *felpa.*) Felpa, represión áspe-   s.f./Argent., Urug.
ra y severa.   coloquial

felpear Reprender o regañar ásperamente a una per-   v.tr./Argent., Urug.
sona.   coloquial

felpilla Cordón de seda afelpada que se usa para bordar. s.f. TEXTIL

felpo (Derivado de *felpa.*) Felpudo, esterilla afelpada. s.m./= ruedo

felpudo, a (Derivado de *felpa.*)
1 Parecido a la felpa. adj./= afelpado
2 Alfombrilla o estera gruesa y afelpada que suele colocarse a la entrada de las casas para limpiarse la suela de los zapatos: *te he dicho mil veces que te limpies los zapatos en el felpudo antes de entrar en casa.* s.m. = limpiabarros

femenil (Del bajo lat. *feminilis.*) De la mujer o que tiene alguna de sus características. adj. = femíneo

femenino, a (Del lat. *femininus.*)
1 De la mujer o que es propio de ella: *le ha dado un toque femenino.* adj./= femíneo ≠ masculino
2 Se aplica al ser que posee órganos para ser fecundado: *hay flores femeninas.* BIOLOGÍA = hembra
3 Se refiere al género gramatical de los nombres de personas y seres que poseen órganos para ser fecundados y a los de las cosas a las que se da este género: *dame una lista de los morfemas femeninos del español.* adj/s. GRAMÁTICA

fementido, a (Derivado de *fe.*)
1 Que no tiene fe ni palabra. adj./culto
2 Se refiere a las cosas que son engañosas o falsas. culto/≠ verdadero

fémina (Del lat. *femina.*) Persona del sexo femenino. s.f./= mujer

femineidad (Derivado de *femíneo.*)
1 Feminidad o característica de la mujer. s.f.
2 Cualidad que tienen ciertos bienes por ser pertenecientes a la mujer. DERECHO

feminela (Del ital. *femminella.*) Trozo de zalea o piel de oveja que cubre el zoquete de la lanada que sirve para limpiar y refrescar las piezas de artillería. s.f. MILITAR

femíneo, a (Del lat. *femineus.*) Que es femenino o propio de las mujeres. adj. = femenil

feminidad (Derivado de *femíneo.*)
1 Característica de la mujer o de las cosas que son propias de ella: *la feminidad es un valor en alza.* s.f.
2 Estado o aspecto femenino del varón. tb: femineidad

feminismo (Derivado del lat. *femina,* hembra.) Movimiento y doctrina social que defiende la igualdad absoluta de derechos entre hombres y mujeres: *el feminismo ha reivindicado los derechos fundamentales de la mujer.* s.m. SOCIOLOGÍA

feminista
1 Del feminismo: *defiende las ideas feministas.* adj./≠ machista
2 Que es partidario del feminismo: *su marido dice que es feminista pero habría que ver cómo actúa.* adj/s.m.f. ≠ machista

feminización
1 Adquisición y desarrollo de los rasgos y de los caracteres sexuales femeninos. s.f./BIOLOGÍA, FISIOLOGÍA
2 Acción de dar forma o género femenino a un nombre originariamente masculino o neutro. GRAMÁTICA
3 Acción y resultado de introducir en la sociedad valores y cualidades más propios de la mujer.

feminizar
1 Dar características femeninas a un hombre. v.tr./conj.: *cazar*
2 Introducir e implantar en la sociedad valores y cualidades más características de la mujer.

feminoide Se refiere al varón que tiene rasgos femeninos. adj. formal

femoral Del fémur. adj./ANATOMÍA

fémur (Del lat. *femur, -oris,* muslo.)
1 Hueso del muslo entre la rodilla y la ingle, que es el más largo y grueso del cuerpo: *recibió un fuerte golpe en el muslo y creyó que le habían roto el fémur.* s.m. ANATOMÍA
2 Artejo de las patas de los insectos, situado entre el trocánter y la tibia. ZOOLOGÍA

fenaquistiscopio Instrumento antiguo de física recreativa que producía la sensación de movimiento de una sucesión de figuras, gracias a la persistencia de las imágenes en la retina. s.m. FÍSICA

fenda (Derivado de *hender.*) Raja o hendidura abierta en la madera. s.f.

fenec (Del ár. *fanak.*) Mamífero carnívoro de pequeño tamaño, hocico puntiagudo y orejas muy grandes, que vive en el norte de África. (*Fennecus zerda*). s.m./ZOOLOGÍA = zorro del desierto

fenecer (Derivado del ant. *fenir, finir < fin.*)
1 Concluir, finalizar o tener fin una cosa: *el proyecto feneció sin haberse puesto en marcha.* v.intr. conj.: *carecer*
2 Fallecer, dejar de vivir. culto/= morir

fenecimiento Acción y resultado de fenecer. s.m.

fenianismo Doctrina y partido político irlandés que se opone a la dominación inglesa. s.m. POLÍTICA

feniano, a Del fenianismo o partidario de esta doctrina y partido. adj/s. POLÍTICA

fenicado, a Que contiene ácido fénico. adj./QUÍMICA

fenicar Echar ácido fénico a una cosa. v.tr./conj.: *sacar*

fenicio, a
1 De Fenicia, país del Asia antigua. adj./HISTORIA
2 Persona natural de este país: *los fenicios eran comerciantes.* s. HISTORIA

fénico (Derivado de *fenol.*) Se refiere al ácido cáustico, de olor fuerte, compuesto de carbono, hidrógeno y oxígeno, que se usa como desinfectante. adj. QUÍMICA = carbónico, fenol

fenilo Radical químico que proviene del benceno. s.m./QUÍMICA

fénix (Del lat. *phoenix, -icis < gr. phoinix, -ikos.*)
1 Ave fantástica que tiene la facultad de renacer de sus cenizas. s.m.f./pl: fénix MITOLOGÍA
2 Persona, animal o cosa que se consideran únicos en su especie. = literario

fenobarbital Medicamento barbitúrico, sedante. s.m./FARMACIA

fenocristal Cristal de gran tamaño producido como consecuencia de un enfriamiento lento del magma. s.m. GEOLOGÍA

fenol (Del gr. *phaino,* brillo.) Sustancia sólida obtenida por destilación de los aceites del alquitrán, usado en medicina como desinfectante. s.m. QUÍMICA = carbol

fenolftaleína Sustancia derivada del fenol, usada como indicador de color. s.f. QUÍMICA

fenólico, a Del fenol o de sus derivados. adj./QUÍMICA

fenología Estudio de los cambios o las variaciones atmosféricas en relación con la vida de los animales y plantas. s.f. ECOLOGÍA

fenológico, a De la fenología. adj./ECOLOGÍA

fenomenal
1 Del fenómeno o de la apariencia. adj./= fenoménico
2 Que es muy bueno, maravilloso o sensacional: *es un chico fenomenal.* = colosal, estupendo
3 Que es muy grande o extraordinario: *el director le echó una bronca fenomenal.* coloquial = enorme
4 Muy bien, estupendamente: *se ha portado fenomenal con todos.* adv. = fenómeno

fenomenalismo Doctrina filosófica que mantiene que la realidad sólo existe como fenómeno situado en el espacio y en el tiempo. s.m. FILOSOFÍA

fenoménico, a Del fenómeno o de la apariencia. adj./= fenomenal

fenómeno (Del bajo lat. *phaenomenon < gr. phainomenon.*)
1 Manifestación de una actividad producida en la naturaleza o de tipo espiritual: *estudia los fenómenos atmosféricos.* s.m.
2 Persona o cosa que se considera extraordinaria, sorprendente o notable por sus cualidades: *es un fenómeno en matemáticas.* coloquial
3 Que es muy bueno, magnífico o sensacional: *este reportaje es fenómeno.* adj./coloquial = estupendo
4 Monstruo, ser que resulta diferente de los demás de su especie por una anormalidad. s.m. coloquial
5 Estupendamente, muy bien, sensacional: *todo el mundo lo pasó fenómeno en tu boda.* adv./coloquial = fenomenal

fenomenología
1 Teoría filosófica que estudia los fenómenos físicos o síquicos, en su origen y en sus manifestaciones en el tiempo y en el espacio. s.f. FILOSOFÍA
2 Corriente o método filosófico propugnado por Husserl, que busca el conocimiento de las esencias de las cosas a partir del esfuerzo de la conciencia, prescindiendo de las condiciones de tiempo y espacio. FILOSOFÍA
3 Descripción dialéctica, propugnada por Hegel, de los distintos estadios de la conciencia natural hasta el saber absoluto. FILOSOFÍA

fenomenológico, a Que tiene relación con la fenomenología. adj. FILOSOFÍA

fenomenólogo, a Persona que utiliza el método fenomenológico. s. FILOSOFÍA

fenoplástico Masa plástica prensada hecha con resina artificial compuesta por fenol y formaldehído. s.m. QUÍMICA

fenotípico, a Que tiene relación con el fenotipo. adj./BIOLOGÍA

fenotipo (Del gr. *phaino,* aparecer + *typos,* tipo.) Conjunto de caracteres externos de un organismo que son la manifestación externa del genotipo o conjunto de genes en un determinado ambiente. s.m. BIOLOGÍA

feo, a (Del lat. *foedus.*)
1 Carente de belleza o hermosura: *es fea pero tiene un buen corazón.* adj./≠ bello, bonito
2 Repulsivo, que causa aversión: *este pescado tiene un color muy feo, creo que está pasado.*
3 Que tiene mal aspecto o hace prever algo desagradable: *se trataba de un asunto feo.* = malo
4 Se refiere a las cartas de la baraja que no dan buen juego. JUEGOS
5 Grosería o desaire manifiestos: *le hizo un feo muy grande al no presentarse.* s.m./+ hacer coloquial
6 **dejar feo o en feo a alguien**: Desairarle o avergonzarle, causarle bochorno. coloquial

7 hacerle el feo a una persona o cosa: Despreciarla o rechazarla. — *Méx.*

8 más feo que un dolor o un pecado o más feo que pegarle a un padre: Se dice de la persona que lo es en grado sumo. — *coloquial despectivo*

feófito, a Perteneciente a una clase de algas marinas coloniales e inmóviles, de color pardo, que son muy ricas en yodo. — *adj/s.m. BOTÁNICA = feofíceo*

feracidad Capacidad que tiene la tierra para producir frutos en abundancia. — *s.f./= fertilidad, fecundidad*

feral Que es cruel o sangriento. — *adj.*

feraz (Del lat. *ferax, -acis*, fértil.) Que es muy fértil: *las tierras de esta comarca son muy feraces.* — *adj./pl: feraces = ubérrimo*

ferecracio Se refiere al verso de tres pies, el primero y el tercero espondeos, y el segundo dáctilo. — *adj. POESÍA*

féretro (Del lat. *feretrum*, instrumento para llevar.) Caja en que se deposita el cuerpo de un muerto para enterrarlo: *el féretro fue trasladado hacia el cementerio.* — *s.m. = ataúd*

feria (Del lat. *feria*, día de fiesta.)
1 Instalación temporal, en un recinto cerrado o al aire libre, de ganado, mercancías, u otros objetos de comercio, para su exhibición y venta: *hoy empieza la feria del ganado.* — *s.f. = mercado, muestra*
2 Lugar público en el que se instalan y exponen mercancías para su venta. — *= ferial*
3 Afluencia de gente en estas instalaciones.
4 Conjunto de atracciones, casetas de espectáculos, tómbolas y tenderetes que se instalan durante determinadas fiestas en una localidad: *pasaron la tarde divirtiéndose en la feria.*
5 Trato o convenio entre personas.
6 Descanso y suspensión del trabajo.
7 Cualquier día de la semana, excepto sábado y domingo, en lenguaje eclesiástico. — *RELIGIÓN*
8 Moneda fraccionaria, cambio. — *Méx.*
9 Propina, pequeña gratificación. — *C. Rica*
10 feria de muestras: Instalación, donde, con determinada periodicidad, se exponen máquinas, herramientas, vehículos, aparatos y otros productos industriales o comerciales, para su venta y promoción. — *COMERCIO, INDUSTRIA*
11 ferias mayores: Las de semana santa. — *RELIGIÓN*
12 irle a alguien como en feria: Irle muy mal: *en el examen le fue como en feria.* — *Méx.*
13 revolver la feria: Causar disturbios, alborotar. — *coloquial*

feriado, a Se refiere al día en que están cerrados los tribunales y se suspenden los negocios de justicia, excepto en el juzgado de guardia. — *adj.*

ferial
1 De las ferias o días de la semana. — *adj.*
2 Se aplica al lugar o recinto que acoge una feria: *trabaja como azafata en el recinto ferial.* — *= feria*
3 Feria o mercado público.

feriante Se refiere a la persona que participa o concurre a las ferias para comprar o vender: *los feriantes montan sus stands.* — *adj/s.m.f.*

feriar
1 Comprar o vender en la feria: *feria maquinaria industrial.* — *v.tr.*
2 Vender, comprar o cambiar una cosa por otra.
3 Regalar, comprar algo para una persona: *mira qué pendientes me he feriado.* — *v.tr/prml. coloquial*

ferino, a De las fieras. — *adj.*

fermata (Del ital. *fermata*, detención.)
1 Floreo que se ejecuta durante la suspensión momentánea del compás. — *s.f. MÚSICA*
2 Signo que representa dicha suspensión del compás. — *MÚSICA*

fermentable Que puede fermentar. — *adj.*

fermentación Cambio químico que sufre una sustancia por acción de un fermento: *con la fermentación del vino se obtiene el vinagre.* — *s.f. BIOQUÍMICA*

fermentador, a Que fermenta. — *adj.*

fermentar
1 Experimentar una sustancia fermentación. — *v.intr./BIOQUÍMICA*
2 Realizar o producir la fermentación de una sustancia. — *v.tr. BIOQUÍMICA*
3 Causar un estado de ánimo malestar o excitación a una persona: *el odio fermentó en su corazón.* — *v.intr.*

fermentativo, a Que posee la propiedad de hacer fermentar. — *adj. BIOQUÍMICA*

fermento (Del lat. *fermentum*.)
1 Sustancia o agente orgánico, que produce la fermentación de una sustancia al entrar en contacto con ella. — *s.m. BIOQUÍMICA*
2 Motivo de agitación de los ánimos.

fermi (De E. *Fermi*, físico italiano.) Unidad de medida de longitud usada en mecánica cuántica, que vale 10^{-15} m. — *s.m. FÍSICA*

fermio (De E. *Fermi*, físico italiano.) Elemento radiactivo artificial, que pertenece a la serie de los actínidos. — *s.m. QUÍMICA*

fernandina (Del fr. *ferrandine*.) Tela de hilo. — *s.f./TEXTIL*

fernandino, a
1 Relacionado con cualquier monarca de nombre Fernando, un especial el rey español Fernando VII. — *adj. HISTORIA*
2 Que era partidario de este rey. — *adj/s./HISTORIA*

-fero Componente de palabra procedente del lat. *ferre*, que significa llevar, producir o contener: *salutífero; somnífero.* — *suf.*

ferocidad
1 Modo de ser y de comportarse de los animales que atacan con fiereza para comer o para defenderse: *es difícil domar a un león por su ferocidad.* — *s.f. = fiereza*
2 Actitud y comportamiento de las personas que atacan con ensañamiento a las demás, física o verbalmente: *se sintió atacado y respondió con ferocidad.* — *= crueldad, impiedad*
3 Dicho o hecho feroz, que causa terror o daño. — *= atrocidad, crueldad*

ferodo (Marca registrada.) Material formado de amianto e hilos metálicos. — *s.m. TECNOLOGÍA*

feromona Sustancia secretada por un animal, que actúa sobre el comportamiento de los animales de la misma especie. — *s.f. BIOLOGÍA*

feroz (Del lat. *ferox, -ocis*.)
1 Que se comporta con crueldad y ferocidad: *el tigre es muy feroz y ataca a otros animales.* — *adj. = fiero*
2 Que causa terror o daño o que es muy molesto: *el sufrimiento era feroz.* — *= implacable, cruel*
3 Que es intenso o enorme: *tengo un hambre feroz.* — *= bestial*

ferrada Maza guarnecida de hierro. — *s.f.*

ferrado, a De hierro. — *adj.*

ferralita Suelo rojizo, caracterizado por la presencia de alúmina libre y de óxidos de hierro, que es propio de las regiones tropicales húmedas. — *s.f. GEOLOGÍA*

ferralítico, a Se aplica al suelo que es muy rico en óxidos e hidróxidos de hierro. — *adj. GEOLOGÍA*

ferrallista Encargado de doblar y colocar de manera apropiada las varillas de hierro para formar el esqueleto de una obra de hormigón armado. — *s.m.f. CONSTRUCCIÓN*

ferrar Adornar o cubrir una cosa con hierro: *el herrero ferró la verja.* — *v.tr./conj.: pensar = ferretear*

ferreña Se refiere a la nuez desmedrada y muy dura. — *adj.*

férreo, a (Del lat. *ferreus*.)
1 De hierro: *este escultor suele hacer obras férreas.* — *adj./= ferrado = duro, firme*
2 Que es tenaz o constante: *posee una voluntad férrea.*

ferrería Establecimiento industrial donde se beneficia el mineral de hierro, reduciéndolo a metal. — *s.f. METALURGIA*

ferreruelo (Del ant. *ferrehuelo* < ár. vulgar *feriyul*, especie de capa.) Herreruelo, capa corta de vestir. — *s.m.*

ferrete
I (Del fr. *ferret*.) Utensilio metálico, semejante a un punzón, que se usa para marcar o poner una señal a las cosas. — *s.m.*
II (Del mozárabe *ferret*.) Sulfato de cobre usado en tintorería. — *s.m. QUÍMICA*

ferretear Cubrir o trabajar una cosa con hierro: *ferreteaba la reja de la ventana.* — *v.tr. = ferrar*

ferretería
1 Tienda o establecimiento donde se venden diversos objetos de metal y de otras materias, como herramientas, cerraduras, clavos y otras cosas: *fui a la ferretería a comprar tornillos.* — *s.f. COMERCIO*
2 Conjunto de objetos que se venden en estos comercios.

ferretero, a (Del cat. *ferreter* < *ferro*, hierro.) Propietario, encargado o dependiente de una ferretería: *el ferretero me dijo que éstos eran los clavos apropiados.* — *s.*

ferri- Componente de palabra procedente del lat *ferrum*, que significa hierro: *ferrificarse; ferromagnetismo.* — *pref. tb: ferro-*

férrico, a Se aplica al compuesto que se obtiene por la combinación del hierro con otro elemento en su máxima proporción. — *adj. QUÍMICA*

ferrificarse Formar hierro al juntarse las partes ferruginosas de una sustancia o adquirir la consistencia del hierro. — *v.prml. conj: sacar MINERALOGÍA*

ferrita
1 Disolución sólida del carbono en el hierro alfa. — *s.f./METALURGIA ELECTRICIDAD*
2 Material mal conductor compuesto de conglomeración de partículas de óxido de hierro, usado como material magnético en muy altas frecuencias.

ferrizo, a (Del cat. *ferrís*.) De hierro. — *adj.*

ferro (Del lat. *ferrum*, hierro.) Ancla de una embarcación. — *s.m. NÁUTICA*

ferroaleación Denominación genérica de las aleaciones que contienen hierro. — *s.f. QUÍMICA*

ferrobús Tren ligero con motor de tipo diesel y tracción en ambos extremos para evitar maniobras. — *s.m. pl: ferrobuses*

ferrocarril (Del lat. *ferrum*, hierro + *carril*.)
1 Sistema de transporte que consiste en una serie de vagones arrastrados por una locomotora que circula — *s.m. = tren*

sobre carriles de hierro: *a ese pueblo sólo se llega con el ferrocarril.*
2 Camino hecho con dos vías o rieles paralelos de hierro sobre los que circulan los trenes: *el ferrocarril es paralelo a la carretera.* = ferrovía, vía férrea
3 Empresa que se dedica al transporte por tren.
4 **ferrocarril funicular:** El que sube grandes pendientes y que funciona con cables o cadenas.
5 **ferrocarril suburbano:** El que pone en comunicación el centro de las grandes ciudades con los núcleos populares o industriales de las afueras.

ferrocarrilero, a De los ferrocarriles o de su explotación comercial o industrial. adj./Amér. coloquial

ferrocerio Aleación de hierro y cerio. s.m./METALURGIA

ferrocianhídrico, a Se aplica al ácido que se obtiene por la combinación de una molécula de cianuro ferroso con cuatro de ácido cianhídrico. adj. QUÍMICA

ferrocianuro Sal derivada del ácido ferrocianhídrico. s.m./QUÍMICA

ferrocino Rama o sarmiento bastardo. s.m./AGRICULTURA

ferrocromo Aleación de hierro y cromo, usada para la fabricación de aceros inoxidables especiales. s.m. METALURGIA

ferroelectricidad Propiedad de determinados cristales, por la que poseen una polarización eléctrica espontánea, permanente y reversible bajo la acción de un campo eléctrico exterior. s.f. ELECTRICIDAD

ferroeléctrico, a De la ferroelectricidad. adj./ELECTRICIDAD

ferrolano, a
1 De Ferrol, población de La Coruña. adj.
2 Persona natural de esta población. s.

ferromagnético, a Se aplica al material o sustancia que tiene alta permeabilidad magnética. adj. FÍSICA

ferromagnetismo Propiedad por la que ciertos materiales presentan una gran permeabilidad magnética. s.m. FÍSICA

ferromanganeso Aleación de hierro y manganeso. s.m./METALURGIA

ferrón Persona que trabaja en una ferrería. s.

ferroníquel Aleación de hierro y níquel. s.m./METALURGIA

ferroprusiato
1 Ferrocianuro, sustancia química. s.m./QUÍMICA
2 Copia fotográfica obtenida en papel sensibilizado con ferroprusiato de potasa. FOTOGRAFÍA

ferroso, a Se aplica al compuesto que se obtiene mediante la combinación del hierro con otro elemento en la proporción mínima posible. adj. QUÍMICA

ferrovía (Del lat. *ferrum*, hierro + *via*, camino.) Vía férrea, camino formado por rieles paralelos por donde circulan los trenes. s.f.

ferrovial De las vías férreas o del ferrocarril. adj.

ferroviario, a (Del ital. *ferroviario*.)
1 Que tiene relación con el ferrocarril: *trabaja en la industria ferroviaria.* adj. = ferrovial
2 Persona que trabaja en el ferrocarril: *un grupo de ferroviarios arreglaba la vía.* s.

ferruco, a Persona joven. s./Méx.

ferrugiento, a De hierro o que tiene alguna de sus propiedades. adj.

ferruginoso, a Se refiere al mineral o al agua que contienen hierro. adj.

ferry (Voz inglesa.) Transbordador, barco para transporte de viajeros, vehículos y mercancías para cortos trayectos: *para cruzar el canal tomaremos el ferry.* s.m. pl: ferrys NÁUTICA

fértil (Del lat. *fertilis*.)
1 Se refiere al animal o a la persona que se puede reproducir: *las perras son fértiles desde su primer año de vida.* adj. ≠ estéril
2 Que produce abundantes frutos: *es propietario de una gran extensión de tierra fértil.* + en, de = abundante, fecundo = fecundo
3 Que produce mucho: *es un escritor muy fértil.*

fertilidad Cualidad de fértil. s.f./= fecundidad

fertilizable Que puede ser fertilizado: *los terrenos que compramos son fertilizables.* adj. = abonable

fertilización Acción y resultado de fertilizar o abonar. s.f.

fertilizador, a Que fertiliza. adj/s.

fertilizante
1 Que fertiliza o sirve para fertilizar. adj.
2 Abono, productos o sustancias químicas que se utilizan para fertilizar: *es recomendable usar fertilizantes en invierno.* s.m. AGRICULTURA

fertilizar Abonar la tierra con la aplicación de ciertas sustancias para que produzca mejores cosechas. v.tr./conj: cazar AGRICULTURA

férula (Del lat. *ferula*.)
1 Cañaheja, planta umbelífera. s.f./BOTÁNICA
2 Estructura rígida o flexible utilizada para inmovilizar una parte del cuerpo. MEDICINA

3 Dominio, autoridad despótica: *hasta la mayoría de edad estuvo bajo la férula de su madre.*

feruláceo, a Que tiene alguna propiedad de la férula o cañaheja. adj. BOTÁNICA

férvido, a
1 Que hierve. adj./= ferviente literario
2 Que es ardiente o produce ardor o entusiasmo.

ferviente
1 Que hierve. adj.
2 Que muestra fervor, devoción o entusiasmo: *siento por él una ferviente admiración.* = entusiasta, fervoroso

fervor (Del lat. *fervor, -oris*.)
1 Calor intenso. s.m.
2 Entusiasmo o afán con que se realiza una cosa: *el público manifestaba su fervor aplaudiendo.* = ardor
3 Dedicación hacia las cosas religiosas o piadosas: *su fervor le hizo ir a la romería.* = devoción

fervorín Jaculatoria u exhortación breve. s.m.

fervoroso, a Que tiene o actúa con fervor, entusiasmo o devoción piadosa: *en el aeropuerto lo esperaba un fervoroso grupo de admiradores.* adj. = ferviente

festejador, a (Derivado de *festejar*.) Que festeja, agasaja u obsequia. adj/s. = festejante

festejar (Del cat. *festejar*.)
1 Celebrar un acontecimiento con fiestas: *festejamos su ascenso con una suculenta cena.* v.tr. = conmemorar
2 Obsequiar, agasajar o hacer cosas en honor de una persona: *festeja a su jefe para conseguir un aumento.* = halagar
3 Cortejar, intentar enamorar a una mujer: *festeja a la panadera pero ella no le hace ni caso.* = galantear, rondar
4 Recrearse, sentir una persona placer con una actividad. v.prnl. = divertirse
5 Golpear, zurrar a una persona. v.tr./Méx.

festejo (Derivado de *festejar*.)
1 Acción y resultado de festejar. s.m./= fiesta
2 Acción de galantear o cortejar a una mujer. = galanteo
3 Cada uno de los actos o diversiones que se organizan en las fiestas populares: *los festejos acaban con un baile.* s.m.pl. = regocijos

festero, a
1 Que es aficionado o asiduo a las fiestas: *cómo le gusta bailar, es muy festero.* adj/s. tb: fiestero
2 Persona que, en las capillas de música, se encarga de organizar las fiestas. s. MÚSICA

festín (Del fr. *festin* < ital. *festino*.)
1 Banquete o comida espléndida: *el congreso finalizó con un copioso festín.* s.m. = convite
2 Fiesta particular, con banquete, música, baile y otras diversiones: *organizaremos un festín en mi casa para tu cumpleaños.*

festinación Trastorno nervioso que se manifiesta en un andar rápido y de forma involuntaria. s.f. MEDICINA

festival (Del ingl. *festival*.)
1 Fiesta, generalmente musical y a veces de carácter competitivo: *ganó el festival con una canción muy romántica.* s.m.
2 Conjunto de actividades musicales, teatrales, deportivas o artísticas: *asistió al festival de teatro.*

festividad
1 Día de fiesta en que se conmemora una cosa: *mañana en la festividad de la Constitución.* s.f.
2 Día en que la Iglesia celebra un acontecimiento religioso o un santo: *nació el día de la festividad de la Concepción.* RELIGIÓN

festivo, a
1 De fiesta: *se respira un ambiente festivo.* adj.
2 Que es gracioso o hace reír: *tu sobrino nos divirtió con sus festivas ocurrencias.* = agudo, chistoso

festón (Del ital. *festone* < *festa*, fiesta.)
1 Adorno de flores, frutas y hojas que los romanos y otros pueblos colocaban en las puertas de los templos en que se celebraba una fiesta, o en las cabezas de las víctimas en los sacrificios. s.m. HISTORIA
2 Adorno semejante a una guirnalda tallado en las puertas de algunos templos antiguos. ARQUITECTURA
3 Adorno o remate en forma de ondas o puntas hecho en el borde de una cosa: *adornaron la tribuna con un festón de terciopelo negro.*
4 Bordado cuyas puntadas están terminadas por un nudo producido para poder cortar la tela a ras del bordado sin que éste se deshaga. TEXTIL

festoneado, a Que tiene el borde en forma de festón: *la falda del traje regional es festoneada.* adj.

festonear Adornar una cosa con festón: *festoneó el borde de las mangas de la blusa.* v.tr. tb: festonar

feta Lonja de fiambre. s.f./Argent.

fetación Gestación, desarrollo del feto. s.f./FISIOLOGÍA

fetal Del feto: *un primer examen fetal reveló la malformación genética.* adj. FISIOLOGÍA

fetén
1 Que es auténtico, sincero, verdadero: *puedes confiar* — adj. / coloquial
en él, porque es una persona fetén.
2 Que es estupendo o formidable: *resultó un viaje fe-* — coloquial
tén; esa chica está fetén.
3 **la fetén:** La verdad. — coloquial

fetiche (Del fr. *fétiche*.)
1 Ídolo u objeto de culto. — s.m./RELIGIÓN OCULTISMO
2 Objeto al que se atribuye el poder de traer buena
suerte o de producir satisfacción.

fetichismo
1 Culto a los fetiches. — s.m./OCULTISMO
2 Admiración exagerada a una persona o una cosa.
3 Comportamiento sexual que busca la satisfacción — SICOLOGÍA
de la libido a través del contacto o la visión de determinados objetos.

fetichista
1 Del fetichismo. — adj.
2 Practicante del fetichismo religioso o erótico. — s.m.f.

feticida Que causa la muerte del feto. — adj/s.m.f.

feticidio Acción y resultado de matar a un feto. — s.m.

fetidez Olor muy desagradable y penetrante: *no pudi-* — s.f./pl: fetideces
mos soportar la fetidez de aquella habitación repleta de — = hediondez, hedor
basura.

fétido, a (Del lat. *foetidus*.) Que huele muy mal: *los* — adj.
huevos podridos tienen un olor fétido. — = hediondo

feto (Del lat. *fetus*.)
1 Producto de la concepción de los animales vivípa- — s.m.
ros desde el período embrionario hasta que nace: *el* — BIOLOGÍA
ginecólogo no sabe todavía el sexo del feto.
2 Producto de la concepción nacido antes de tiempo. — = aborto
3 Persona muy fea. — coloquial/despectivo

fetua Decisión jurídica o sentencia de un juez musul- — s.f.
mán. — DERECHO

feudal Del feudo o del feudalismo: *los señores feudales* — adj.
poseían el derecho de pernada. — HISTORIA

feudalidad Carácter de las cosas o asuntos feudales — s.f.
o del feudo. — HISTORIA

feudalismo Régimen y organización político y social — s.m.
basados en la constitución del feudo y del señorío, — HISTORIA
que estuvo vigente en la edad media.

feudar Dar el vasallo los impuestos o tributos debi- — v.tr.
dos al señor o al feudatario al estado. — HISTORIA

feudatario, a Sujeto a pagar feudo o poseedor de un — adj/s.
feudo. — HISTORIA

feudista
1 Del feudo. — adj./HISTORIA
2 Persona que escribe sobre feudos. — s.m.f.

feudo (Del bajo lat. *feudum*.)
1 Contrato por el que el señor o el soberano cedía a — s.m.
una persona tierras o rentas en usufructo y ésta y sus — HISTORIA
descendientes se comprometían a prestarle vasallaje.
2 Tierra o renta que se concedía en estas condiciones — HISTORIA
contractuales.
3 Reconocimiento o tributo con cuya condición se — HISTORIA
concedía el feudo.
4 Vasallaje, respeto debido al señor feudal. — HISTORIA
5 Posesión o bien exclusivo.
6 Lugar en el que se ejerce gran influencia: *el equipo*
español perdió en su feudo.
7 **feudo de cámara:** El constituido bajo la condición — HISTORIA
de que el vasallo depositaba una cantidad anual de
dinero sobre la hacienda del señor.
8 **feudo franco:** El que se concedía libre de servicio — HISTORIA
personal al señor.
9 **feudo impropio:** El que, en su constitución, le fal- — HISTORIA
taba alguna de las condiciones del feudo riguroso.
10 **feudo legio:** Aquel en el que al feudatario se le — HISTORIA
prohibía expresamente rendir vasallaje a otro señor.
11 **feudo propio:** El que en su constitución tenía — HISTORIA
todas las circunstancias para hacerlo riguroso.
12 **feudo recto:** El que implicaba obligación de obse- — HISTORIA
quio y servicio personal al señor.

fez (Del topónimo *Fez*, ciudad de Marruecos.) Gorro — s.f.
de color generalmente rojo, usado por los moros y
los turcos.

fi Denominación de la letra del alfabeto griego que se — s.f.
translitera por la *f* en el latino. — tb: phi

fiabilidad
1 Probabilidad de que una cosa funcione perfecta- — s.f.
mente: *me garantizó la fiabilidad del electrodoméstico.*
2 Confianza que una cosa o una persona nos ofrece: — = confiabilidad
sus palabras son de poca fiabilidad.

fiable Que es digno de confianza: *puedes negociar con* — adj.
él, es una persona fiable.

fiaca Pereza, flojedad y falta de interés al hacer las — s.f./Argent., Méx.,
cosas. — Chile, Urug.

fiado, a
1 Crédulo, que confía o cree con facilidad en una cosa. — adj.
2 **al fiado:** A crédito, sin pagar o cobrar en el acto. — loc.adv.
3 **en fiado:** Bajo fianza, en especial al salir de la cár- — loc.adv.
cel mediante fianza.

fiador, a
1 Persona que fía a otra o responde por ella: *necesito* — s.
un fiador para que me concedan el crédito.
2 Cordón, dispositivo o pieza que llevan algunos ob- — s.m.
jetos para impedir que se caigan, rompan o muevan.
3 Pasador de hierro usado para afianzar las puertas
por el lado de adentro.
4 Ganchos o garfios que sostienen por debajo los ca- — CONSTRUCCIÓN
nalones de cinc de los tejados.
5 Correa que lleva la caballería de mano o de contra- — EQUITACIÓN
guía a la parte de afuera, desde la guarnición a la cama
del freno.
6 Cuerda larga con la que se suelta al halcón cuando — CAZA
empieza a volar, y se le hace llegar al señuelo.
7 Cinta que sujeta el sombrero por debajo de la barba. — Chile, Ecuad.
8 **fiador carcelero:** El que responde de que una per- — DERECHO
sona puesta en libertad provisional comparecerá ante
la justicia cuando corresponda o se le cite.
9 **fiador lego, llano y abonado:** El que por no gozar — DERECHO
de fuero particular ha de responder ante el juez ordinario de aquello a que se obliga.
10 **dar fiador:** Presentar ante el juez persona o bie- — DERECHO
nes que queden obligados a la paga en caso de faltar
el principal a su obligación.

fiambrar Preparar los alimentos para comerlos fiam- — v.tr.
bres. — COCINA

fiambre
1 Se refiere a la carne, el pescado u otros alimentos — adj/s.m.
que después de cocidos o asados se comen fríos: *ter-* — COCINA
nera fiambre.
2 Que está fuera del tiempo adecuado, que no es ac- — adj./coloquial
tual: *una noticia fiambre.* — ≠ actual
3 Cadáver, cuerpo muerto: *cuando llegó la policía en-* — s.m.
contró el fiambre en la misma puerta de la casa. — coloquial
4 Ensalada de lechuga, pies de cerdo, cebolla, agua- — Méx.
cate y chiles verdes. — COCINA
5 Plato nacional hecho con toda clase de carnes y — Guat.
conservas que se come frío el día de Todos los San- — COCINA
tos.

fiambrera
1 Recipiente de plástico, mimbre o metal, con tapa — s.f.
hermética, usado para guardar o llevar comida: *lleva-* — = portaviandas,
ba la mochila repleta de fiambreras. — táper, tartera
2 Fresquera, alambrera para conservar los alimentos — Argent., Urug.
frescos.

fiambrería Tienda en la que se venden o preparan — s.f./Argent.,
fiambres: *entra en la fiambrería que está a dos cuadras* — Chile, Urug.
de aquí y compra algo para la cena. — COMERCIO

fianza
1 Obligación que uno contrae de hacer lo que otro se — s.f.
ha obligado, en caso de que éste no lo cumpla. — DERECHO
2 Prenda, garantía o dinero que se da como seguri- — DERECHO
dad del buen cumplimiento de una obligación o compromiso.
3 Persona que fía a otra o responde de ella para la se- — = fiador
guridad de una obligación.
4 **fianza carcelera:** La que se da como garantía de — DERECHO
que un preso al que se permite salir se presentará
siempre que se le pida.
5 **fianza de arraigo:** La que se da hipotecando u — DERECHO
obligando bienes raíces.
6 **fianza a estar a derecho:** La que presta un terce- — DERECHO
ro de que el demandado se presentará al llamamiento
del juez siempre que éste lo ordene.
7 **fianza de la haz:** La que se hace de estar por el reo — DERECHO
a todas las obligaciones reales y personales.
8 **dar fianza:** Presentar ante el juez persona o bienes — DERECHO
que quedan obligados a la paga en caso de faltar el
principal a su obligación.
9 **poner en fianza:** Poner las extremidades de la — VETERINARIA
caballería en estiércol humedecido para facilitar su
herraje.

fiar (Del lat. vulgar *fidare* < lat. *fidere*.)
1 Dar una cosa garantías con su propia responsa- — v.tr.
bilidad de que otra hará lo que promete. — conj: *vaciar*
2 Vender a crédito una cosa, sin cobrar su precio en
ese momento: *me fiaron los zapatos porque no llevaba*
dinero.
3 Tener confianza, esperar o desear una cosa con fir- — v.intr./+ en
meza: *puedes fiar en mí para lo que desees.* — = confiar
4 Dar o comunicar una cosa a una persona en con- — v.tr/prnl./+ de
fianza: *nunca se fiaron de ella.* — = confiar
5 **muy largo me lo fías o fiáis:** Indica desconfianza
en algo que se anuncia o promete con mucha antelación.
6 **ser de fiar:** Merecer por sus cualidades que se confíe en una persona o cosa: *¿crees que Pepe es de fiar?;*
no te sientes en esta silla tan vieja, no es de fiar.

fiasco (Del ital. *fiasco*.) Fracaso, chasco o mal resulta- — s.m.

do, en especial el producido por un suceso inesperado o adverso: *empezó a llover y la verbena fue un fiasco.*

fiat (Del lat. *fiat*, hágase < *facere*, hacer.) Consentimiento o mandato para que una declaración tenga efecto.   s.m. = venia

fibra (Del lat. *fibra*, filamento de las plantas.)
1 Cada uno de los filamentos que componen ciertos tejidos orgánicos o que presentan en su textura algunos vegetales o minerales: *la fibra de amianto.*   s.f.
2 Cada una de las estructuras anatómicas pequeñas entre las que no existe otra relación que su aspecto filamentoso: *las fibras conjuntivas.*   ANATOMÍA
3 Filamento obtenido por procedimiento químico muy usado en la industria textil.   TEXTIL
4 Cada una de las raíces pequeñas y delicadas de las plantas.   BOTÁNICA
5 Carácter o energía de una persona para llevar adelante sus propósitos.   = vigor
6 Aspecto del carácter de una persona: *se desmoralizó porque le tocaste la fibra sentimental.*
7 **fibra de vidrio:** Filamento de vidrio empleado como aislante térmico, acústico o eléctrico y para otros usos.   TECNOLOGÍA
8 **fibra muscular:** Cada una de las células, provista de uno o varios núcleos, contráctiles, que constituyen la parte principal de los músculos.   ANATOMÍA
9 **fibra nerviosa:** Cuerpo filiforme cilíndrico, formado por una neurita y la envoltura que le rodea.   ANATOMÍA
10 **fibra óptica:** Fibra de vidrio extremadamente delgada, que puede servir de canal de transmisión de las señales electromagnéticas.   TECNOLOGÍA
11 **fibra sintética:** Aquella cuyo origen es únicamente químico o artificial.   TEXTIL

fibrana Fibra textil artificial a base de celulosa regenerada.   s.f. TEXTIL

fibrilación Contracción espontánea de las fibras de un músculo, en especial el cardíaco.   s.f. MEDICINA

fibrilar
1 De las fibrillas o elementos donde reside la contractilidad de los músculos.   adj. ANATOMÍA
2 Contraerse de forma espontánea las fibras de un músculo, en especial el cardíaco.   v.intr. MEDICINA

fibrilla Elemento alargado, liso o estriado de las fibras musculares, sede de la contractilidad.   s.f. ANATOMÍA

fibrina Sustancia albuminoidea que se halla disuelta en ciertos líquidos orgánicos, como la sangre o la linfa.   s.f. BIOQUÍMICA

fibrinógeno Sustancia albuminoidea soluble existente en algunos líquidos orgánicos como la sangre, que por acción de un fermento se descompone, dando origen a la fibrina.   s.m. BIOQUÍMICA

fibrinólisis Disgregación de la fibrina por acción de las enzimas.   s.f./BIOQUÍMICA pl: fibrinólisis

fibro- Componente de palabra procedente del lat. *fibra*, que significa fibra: *fibrocartílago.*   pref.

fibroblasto Célula del tejido conjuntivo, abundante en los tejidos fibrosos.   s.m./ANATOMÍA = fibrocito

fibrocartílago (Del lat. *fibra* + *cartilago*, *-aginis*.) Tejido anatómico fibroso que entre sus fibras contiene materia cartilaginosa.   s.m. ANATOMÍA

fibrocemento Material compuesto de amianto y cemento usado en las construcciones.   s.m. CONSTRUCCIÓN

fibroína Sustancia albuminoidea transparente, que entra en la constitución de la seda.   s.f. QUÍMICA

fibroma Tumor formado por tejido fibroso.   s.m./MEDICINA

fibromatosis Aumento circunscrito de tejido conjuntivo rico en fibras.   s.f./pl: fibromatosis MEDICINA

fibromioma Tumor benigno formado por nódulos fibrosos, que invade un músculo liso.   s.m. MEDICINA

fibrosis Proceso de formación de tejido fibroso: *fibrosis pulmonar; fibrosis quística del páncreas.*   s.f./pl: fibrosis MEDICINA

fibroso, a Que tiene muchas fibras: *esta carne de ternera es muy fibrosa.*   adj.

fíbula (Del lat. *fibula*.)
1 Hebilla que usaban griegos y romanos y otros pueblos antiguos.   s.f. HISTORIA
2 Peroné, hueso de la pierna.   ANATOMÍA

-ficar Componente de palabra procedente del lat. *facere*, que significa realizar, hacer o convertir en: *solidificar, sacrificar.*   suf.

ficción (Del lat. *fictio*.)
1 Fingimiento o disimulo con que se realiza una cosa.   s.f.
2 Invención, creación de la imaginación.
3 **ficción de derecho o legal:** La que introduce o autoriza la ley o la jurisprudencia en favor de una persona.   DERECHO

fice Pez marino, alargado, de color verde metálico manchado, que vive cerca de la costa. (*Phycis.*)   s.m./ZOOLOGÍA = brótola

ficha (Del fr. *fiche*.)
1 Piezas de distintas formas y materiales usadas para   s.f.

jugar o señalar los tantos: *repartir las fichas del dominó.*   JUEGOS
2 Pieza pequeña y de diversas formas y materiales que se introduce por un ranura para establecer una comunicación telefónica o para poner en marcha ciertos aparatos o mecanismos automáticos: *necesito una ficha para el teléfono.*
3 Pieza de valor convenido que se usa como moneda en establecimientos de juego.   JUEGOS
4 Pieza que se usa como contraseña en guardarropas, aparcamientos y algunos establecimientos públicos: *no pierdas la ficha o no podremos recoger los abrigos.*
5 Hoja o tarjeta de cartulina, plástico o papel fuerte en la que se anotan datos y que puede ser archivada junto a otras: *ordena las fichas bibliográficas.*
6 Documento o contrato que indica la pertenencia de un jugador o un técnico a un club deportivo y la cantidad de dinero que perciben: *cobra una ficha muy elevada.*   DEPORTES = fichaje
7 Persona peligrosa.   coloquial
8 **ficha antropométrica:** Cédula en la que se consignan medidas corporales y señales individuales que permitan identificar a una persona.
9 **ficha artística:** Disposición en los títulos de una película de los componentes del equipo artístico que intervienen en ella.   CINE
10 **ficha técnica:** Lista en la que se enumeran los componentes del equipo técnico que han intervenido en la realización de una película.   CINE

fichaje
1 Acción y resultado de fichar.   s.m.
2 Contratación de los servicios de una persona, en especial un jugador, atleta, deportista o técnico deportivo: *el entrenador no hablará de los nuevos fichajes.*
3 Cantidad de dinero pagada por este contrato: *han pagado por él un buen fichaje.*   DEPORTES

fichar
1 Anotar o rellenar una ficha con los datos que interesan.   v.tr.
2 Mostrar desconfianza o recelos hacia una persona: *a causa de su mala fama le ficharon desde el primer día.*   coloquial
3 Marcar y controlar en un reloj especial la hora de entrada y salida de los trabajadores del centro de trabajo: *ficha a las siete de la mañana.*   v.tr/intr.
4 Contar el género que se sirve en un bar o una cafetería con fichas.   v.tr.
5 Contratar a una persona, en especial un equipo o una entidad deportiva a un jugador, atleta o técnico deportivo: *y eso que estabas a punto de fichar por una multinacional; el club fichó a varios jugadores extranjeros.*
6 Entrar un jugador a formar parte de un equipo o entidad deportiva: *el ciclista ha fichado por este club.*   v.intr. DEPORTES

fichera Mujer que, en ciertos locales nocturnos, baila con los clientes o los acompaña a cambio del pago con fichas que se adquieren en el mismo local.   s.f. Méx.

fichero
1 Mueble o caja que sirve para guardar y archivar fichas o documentos clasificados: *han desaparecido documentos secretos del fichero.*   s.m.
2 Conjunto de fichas registradas y clasificadas: *he hecho un fichero de todos los libros que tengo.*
3 Serie organizada de datos o informaciones homogéneas, que pueden procesarse de modo unitario y suelen estar organizadas en registros sucesivos.   INFORMÁTICA

fico-
1 Componente de palabra procedente del gr. *phykos*, que significa alga: *ficología.*   pref/suf. tb: ficeo-
2 Componente de palabra procedente del lat. *facere*, que significa hacer: *benéfico; maléfico.*   suf. tb: -fica

ficoeritrina Pigmento de color rojo, de naturaleza proteica, presente en las algas rodofíceas.   s.f. BOTÁNICA

ficología Parte de la botánica que estudia las algas.   s.f./BOTÁNICA

ficomicete Perteneciente a una clase de hongos cuyo talo en las formas inferiores es unicelular y en las superiores es pluricelular, que la mayoría carecen de tabiques transversales y su multiplicación puede ser asexual o sexual.   adj/s.m. MICOLOGÍA

ficticio, a
1 Que es fingido o simulado: *su llanto es ficticio; nos recibió con una ficticia amabilidad.*   adj./= aparente, falso
2 Que es inventado o imaginario: *la novela relata hechos ficticios.*   = irreal ≠ verdadero

ficus Planta arbórea o arbustiva de cuyo látex se obtiene un caucho de gran interés y que se cultiva como planta ornamental. (*Ficus elastica.*)   s.m./pl: ficus BOTÁNICA

fidedigno, a (Del lat. *fide dignus*, digno de fe.) Que es digno de crédito: *noticia de fuentes fidedignas.*   adj.

fideero, a Persona que fabrica fideos u otras pastas semejantes.   s.

fideicomisario, a
1 Que recibe un fideicomiso.   adj/s./DERECHO

2 Del fideicomiso. ·DERECHO

fideicomiso (Del lat. *fidei commissum*, confiado a la ·s.m.
fe.) Disposición testamentaria por la que una persona ·DERECHO
encomienda su herencia a otra, para que, en el tiem- ·tb: fideicomiso
po determinado, esta última la transmita o invierta
del modo señalado.

fideicomitente Persona que encarga u ordena un fi- ·s.m.f.
deicomiso. ·DERECHO

fideísmo Doctrina filosófica que defiende que el co- ·s.m.
nocimiento de las verdades fundamentales sólo pue- ·FILOSOFÍA
de alcanzarse mediante la fe, y no por la razón.

fidelidad
1 Actitud de la persona que no traiciona la confianza ·s.f.
puesta en ella: *mi marido siempre me guardó fidelidad*. ·= lealtad
2 Exactitud en la ejecución o realización de una cosa. ·= puntualidad
3 alta fidelidad: Cualidad de los aparatos que repro- ·AUDIOVISUALES,
ducen el sonido con un mínimo de distorsión respec- ·TECNOLOGÍA
to al sonido original.

fideo (Del ár. *fad*, imperativo de *fid*, crecer.)
1 Pasta alimenticia de harina con forma de hilos ·s.m.
finos, que normalmente se toma con caldo en una ·COCINA
sopa: *quiero más caldo y menos fideos*.
2 Persona de extrema delgadez: *su hijo es un fideo* ·coloquial,
muy alto. ·despectivo

fiducia Operación jurídica consistente en la transfe- ·s.f.
rencia de un bien a una persona, a condición de que ·DERECHO
lo devuelva después de un tiempo convenido y en
unas condiciones determinadas.

fiduciario, a
1 Se refiere al heredero o legatario que recibe la en- ·adj/s.
comienda de conservar y transmitir un fideicomiso. ·DERECHO
2 Que depende del crédito o confianza que merezca. ·adj.

fiebre (Del lat. *febris*.)
1 Elevación de la temperatura normal del cuerpo ge- ·s.f.
neralmente acompañada de aceleración del pulso y ·MEDICINA
de la respiración, debida a causas patológicas. ·= calentura
2 Aumento de la actividad en torno a un ideal, sentimiento o pasión: *se empieza a notar la fiebre electoral*.
3 fiebre aftosa: La que padece el ganado debido a la ·VETERINARIA
inflamación de la mucosa de la boca.
4 fiebre amarilla: Enfermedad aguda, con fiebre alta ·MEDICINA
y maligna, producida por un virus transmitido por
mosquitos que se caracteriza por vómitos.
5 fiebre de la leche o láctea: Ligera elevación térmi- ·MEDICINA
ca observada en las parturientas en el momento de
iniciarse la secreción de la leche.
6 fiebre de Malta o mediterránea: La muy intensa, ·MEDICINA
con temperatura irregular y sudores abundantes, que
es de larga duración y tiene frecuentes recaídas.
7 fiebre del heno: Estado alérgico, propio de la pri- ·MEDICINA
mavera o verano, producido por la inhalación del polen o de otros alergenos.
8 fiebre eruptiva: La que se acompaña de erupción ·MEDICINA
cutánea.
9 fiebre intermitente: La que aparece y desaparece ·MEDICINA
por intervalos más o menos largos.
10 fiebre palúdica: Enfermedad producida por la pi- ·MEDICINA
cadura de un mosquito que abunda en los terrenos ·= paludismo
pantanosos.
11 fiebre puerperal: La que puede producirse a con- ·MEDICINA
secuencia del parto.
12 fiebre recurrente: Accesos de fiebre separados ·MEDICINA
por períodos sin fiebre.
13 fiebre remitente: La que durante su curso pre- ·MEDICINA
senta fases de aumento y disminución en su intensidad.
14 fiebre sincopal: La que se junta con el síncope. ·MEDICINA
15 fiebre sínoca o sinocal: La continua sin remisio- ·MEDICINA
nes bien definidas y que no es, por lo general, grave.
16 fiebre sintomática: La ocasionada por cualquier ·MEDICINA
enfermedad localizada en un órgano.
17 fiebre subintrante: La que sobreviene antes de ·MEDICINA
haber remitido la anterior.
18 fiebre térmica: La producida por la exposición ·MEDICINA
del cuerpo al sol o a una temperatura exterior demasiado alta.
19 fiebre tifoidea: Infección del intestino contagiosa ·MEDICINA
y caracterizada por la inflamación del bazo, las mucosas intestinales y los ganglios mesentéricos.
20 declinar la fiebre: Bajar, disminuir la misma. ·MEDICINA
21 limpiarse alguien de fiebre: Desaparecer la tem- ·coloquial
peratura elevada del cuerpo.

fiel
I (Del lat. *fidelis*.)
1 Que se comporta con fidelidad, que cumple sus ·adj.
compromisos u obligaciones: *es un hombre fiel a la em-* ·+ a, con
presa. ·= leal
2 Que es exacto o conforme a la verdad: *nos hizo un* ·= exacto, verídico
fiel relato de lo sucedido. ·≠ falso
3 Que cumple los requisitos esperados.
4 Se refiere a la persona que profesa o es partidaria ·adj/s.m.f.
de una religión. ·RELIGIÓN

5 Persona encargada de que se hagan con legalidad y ·s.m.f.
exactitud ciertas cosas.
II (Del lat. *fillum*, hilo.)
1 Aguja de la balanza que al estar vertical indica que ·s.m.
los pesos de los platillos son iguales. ·tb: fil
2 Cada una de las dos piezas de acero de la ballesta.
3 Clavo que asegura las hojas de las tijeras.
4 en fiel: Con igualdad, perfectamente equilibrada ·loc.adv.
una báscula o balanza.

fielato Oficina a la entrada de las poblaciones, en la ·s.m.
que se pagan los derechos de consumo. ·COMERCIO

fieltrar
1 Dar la consistencia del fieltro a la lana. ·v.tr./TEXTIL
2 Adornar una cosa con fieltro.

fieltro (Del germ. *filt*.)
1 Tela gruesa y rígida hecha prensando lana o pelo. ·s.m./TEXTIL
2 Sombrero, alfombra u otra prenda hecha con esta
tela.

fiemo Estiércol animal convertido en abono, muy rico ·s.m.
en nitrógeno. ·tb: fimo

fiera
1 Animal salvaje, en especial los mamíferos carnívo- ·s.f.
ros más grandes.
2 Persona violenta o cruel: *sólo una fiera ha podido co-*
meter el asesinato.
3 Persona muy dedicada o muy hábil en algún tema ·coloquial
o profesión: *es una fiera en cálculo matemático*. ·+ en
4 fiera corrupia: 1. Denominación que reciben ciertas figuras animales de aspecto grotesco, deforme o ·coloquial
peligroso que se presentan en fiestas populares. 2.
Persona agresiva o cruel.
5 hecho o hecha una fiera: Persona muy irritada: *se* ·coloquial
pone hecho una fiera por cualquier cosa. ·+ estar, ponerse

fierabrás (Del gigante sarraceno *Fierabrás*, héroe de ·s.m.f.
un cantar de gesta francés.) Persona rebelde, mala o ·coloquial
traviesa.

fiereza
1 Característica de las fieras: *es difícil domar un tigre* ·s.f.
por su fiereza.
2 Actitud cruel e inhumana de las personas. ·= crueldad

fiero, a (Del lat. *ferus*.)
1 De las fieras. ·adj.
2 Que vive en estado salvaje. ·= feroz
3 Que se comporta con crueldad y agresividad. ·= feroz, intratable
4 Que resulta desagradable a los sentidos, especial- ·= feo
mente a la vista.
5 Que es muy grande o excesivo: *llegamos con un* ·= enorme,
hambre fiera. ·feroz
6 Que produce horror: *el monstruo de la película tiene* ·= espantoso,
un aspecto fiero. ·horrible

fierro
1 Hierro, metal. ·s.m./*Amér.*
2 Hierro, marca para el ganado. ·*Amér.*
3 Puñal, arma blanca. ·*Amér. Merid./vulgar*
4 Acelerador de un vehículo. ·*Méx.*
5 Dinero, moneda corriente. ·s.m.pl.

fiesta (Del bajo lat. *festa*.)
1 Reunión de gente con intención de divertirse o ce- ·s.f.
lebrar alguna cosa: *le preparamos una fiesta sorpresa*.
2 Acto o actos extraordinarios con que se celebra
una solemnidad religiosa o civil u otra cosa: *se cono-*
cieron en la fiesta de la vendimia.
3 Día no laborable por celebrarse una conmemoración civil o religiosa: *mañana es fiesta y no trabajamos*.
4 Modo de tratar a una persona o animal mostrándo- ·= carantoña,
le cariño o afecto: *hacerle fiestas al niño*. ·caricia
5 Celebraciones que se guardan en el día de la Pas- ·s.f.pl.
cua y otros solemnes: *pasa las fiestas con su familia*.
6 fiesta de armas: Combate público en que antigua- ·HISTORIA,
mente se enfrentaban unos caballeros con otros para ·MILITAR
mostrar su valor y destreza.
7 fiesta de consejo: Día de trabajo que es de vaca- ·DERECHO
ción para los tribunales.
8 fiesta de guardar o de precepto: Día en que hay ·RELIGIÓN
obligación de oír misa.
9 fiesta doble: 1. La que la Iglesia celebra con rito ·RELIGIÓN
doble. 2. Función de gran convite, bailes o regocijo. ·coloquial
10 fiesta fija o inmoble: La que la Iglesia celebra ·RELIGIÓN
todos los años en el mismo día.
11 fiesta movible o móvil: La que la Iglesia no cele- ·RELIGIÓN
bra todos los años en el mismo día.
12 fiesta nacional: 1. La que está establecida de forma oficial. 2. Corrida de toros. ·TAUROMAQUIA
13 fiesta semidoble: La que la Iglesia celebra con ·RELIGIÓN
rito semidoble.
14 fiesta simple: La que la Iglesia celebra con rito ·RELIGIÓN
simple.
15 fiestas reales: Festejos hechos en obsequio de
una persona real, con esplendor y ciertas solemnidades.
16 aguar o aguarse la fiesta: Estropear o frustrarse ·coloquial
un negocio, una diversión, etc.

17 arder en fiestas: Estar un lugar muy animado por la celebración de muchos, concurridos y vistosos festejos: *la ciudad ardía en fiestas durante el verano.* `coloquial`

18 celebrar las fiestas: Guardarlas y ocuparlas como manda la Iglesia católica. `RELIGIÓN`

19 coronar la fiesta: Completarla con un hecho notable. `coloquial`

20 echar las fiestas: 1. Publicar el párroco en la misa del domingo los demás días solemnes que ocurren en la semana. 2. Prevenir una persona los festejos o diversiones que espera tener. `RELIGIÓN`

21 estar de fiesta: 1. Celebrarla y librar del trabajo. 2. Estar contento, alegre y de broma. `coloquial`

22 guardar las fiestas: Cumplir los preceptos de la Iglesia católica para los días festivos, absteniéndose de trabajar y oyendo misa. `RELIGIÓN` `= santificar las fiestas`

23 hacer fiesta: Dejar la labor o el trabajo un día, u otro período de tiempo, como si fuera festivo.

24 no estar para fiestas: Estar de mal humor o enfadado: *déjame tranquilo que no estoy para fiestas.* `coloquial`

25 santificar las fiestas: Ocuparlas en cosas de Dios, cesando en la actividad laboral. `RELIGIÓN`

26 se acabó la fiesta: Frase con la que se corta un asunto manifestando fastidio. `coloquial`

27 tengamos la fiesta en paz: Expresa el deseo y ruego de que no se produzcan altercados, disturbios o conflictos. `coloquial`

fiestero, a Que es aficionado a asistir a fiestas. `adj/s./tb: festero`

fifí Que es afeminado o cursi. `adj/s.m.f./pl: fifís`

fifiriche Que es o está flaco. `adj./C. Rica`

fígaro
1 Persona que tiene como profesión el cuidado y aseo de la barba y cabello masculinos. `s.m.` `= barbero`
2 Chaqueta corta y ceñida. `= torera`

figle (Del fr. *bugle*, cruzado con *ophicleide*, figle.)
1 Instrumento musical de viento formado por un tubo cónico y largo de metal, con agujeros, llaves y embocadura abierta y de sonoridad grave. `s.m.` `MÚSICA`
2 Músico que toca este instrumento. `MÚSICA`

figón Establecimiento donde se sirven comidas baratas. `s.m.` `= bodegón`

figonero, a Dueño o encargado de un figón. `s.`

figueral Plantación de higueras. `s.m./tb: higueral`

figulina Estatuilla de barro cocido. `s.f.`

figulino, a Que está hecho de barro cocido. `adj.`

figura (Del lat. *figura*.)
1 Forma o aspecto externo de un cuerpo material: *le regalaron un joyero en figura de corazón.* `s.f.` `= forma`
2 Silueta o línea del contorno del cuerpo: *por su figura me pareció que era un hombre.* `= tipo`
3 Estatua, dibujo o pintura que representa un cuerpo humano o animal. `ARTE`
4 Cara o parte anterior de la cabeza: *la sonrisa le iluminó la figura.* `= rostro, semblante`
5 Cosa que representa, simboliza o significa otra: *la paloma es la figura de la paz.* `= símbolo`
6 Persona de fama y renombre en determinada actividad pública: *es una gran figura del mundo del toreo.* `= estrella`
7 Personaje principal de una obra de teatro y actor que lo representa. `TEATRO`
8 Postura o movimiento en la danza o variación en la colocación de los bailarines.
9 Naipe de la baraja que representa un personaje: *la sota, el caballo y el rey son figuras.* `JUEGOS`
10 Signo de la notación musical. `MÚSICA/= nota`
11 Ilustración, estampa de un libro: *el niño sólo miraba las figuras del cuento.*
12 Espacio limitado por líneas o superficies. `GEOMETRÍA`
13 Mueca o ademán afectado. `= figurería, gesto`
14 Representación gráfica para la demostración de un teorema o un problema. `GEOMETRÍA`
15 Lenguaje figurado o manera de hablar que busca aumentar o matizar la expresividad. `RETÓRICA`
16 **buena o mala figura:** La de partes armónicas y bien proporcionadas o al contrario.
17 **figura celeste:** Representación del orden de los astros en un momento determinado, en astrología. `OCULTISMO`
18 **figura de construcción:** Construcción gramatical que se aparta de la norma establecida. `GRAMÁTICA`
19 **figura decorativa:** Persona que ocupa un puesto sin ejercer las funciones esenciales del mismo, o asiste a un acto solemne sin tomar en él parte activa.
20 **figura de delito:** Cada una de las formas de delito legalmente definidas. `DERECHO` `= figura penal`
21 **figura de dicción:** Alteración de una palabra por adición, supresión o cambio de sonidos. `GRAMÁTICA` `= metaplasmo`
22 **figura del donaire:** Gracioso de las comedias. `TEATRO`
23 **figura del silogismo:** Forma de un silogismo según la posición del término medio en las premisas. `LÓGICA`
24 **figura moral:** La que en las pinturas, representaciones dramáticas o alegorías significa algo no material, como la inocencia, el tiempo, la muerte. `ARTE, TEATRO`

25 figura penal: Figura de delito, definición legal de cada delito. `DERECHO`
26 alzar o levantar figura: Formar plantilla, tema o diseño en los que se delinean las casas celestes y los lugares de los planetas, y lo demás que lleva a establecer el horóscopo o pronóstico de lo que sucederá de una persona. `OCULTISMO`
27 hacer figuras: Hacer movimientos o ademanes ridículos.
28 tomar figura de: Remedar a una persona.

figurable Que puede ser figurado o imaginado. `adj.`

figuración
1 Acción y resultado de figurar o imaginar una cosa. `s.f.`
2 Conjunto de extras de una película. `CINE`
3 **nueva figuración:** Conjunto de corrientes del arte figurativo contemporáneo desarrolladas a partir de la década de los años sesenta. `ARTE`

figurado, a
1 Se refiere al lenguaje, voz o estilo que tiene sentido metafórico. `adj.` `≠ literal`
2 Se aplica al lenguaje o estilo que usa figuras retóricas. `RETÓRICA`
3 Relacionado con el canto o la música, indica que se compone de notas con diferente valor según la figura, lo que lo diferencia del canto llano. `MÚSICA`

figurante, a
1 Miembro del acompañamiento en las representaciones teatrales, de ópera, de danza o en el rodaje de películas. `s.` `CINE, TEATRO` `= comparsa`
2 Persona que desempeña una función de poca importancia en un asunto o ambiente. `despectivo`

figurar (Del lat. *figurare*, dar forma, representar.)
1 Trazar la figura de una persona o una cosa. `v.tr./= delinear`
2 Simular o fingir una cosa: *figuraron que no la oían.*
3 Estar una persona o una cosa junto a otras, formar parte de ellas: *figuro en la lista de candidatos.* `v.intr.`
4 Tener una persona superioridad o ventaja sobre otras en una actividad. `= destacar`
5 Imaginar, creer una cosa sin tener la seguridad de ello: *me figuro que su retraso es voluntario.* `v.prnl.` `= suponer`

figurativo, a
1 Que representa o figura una cosa. `adj.`
2 Se refiere al arte o al artista que representa figuras de realidades concretas en oposición a las abstractas. `ARTE` `≠ abstracto`

figurería
1 Modo de gesticular ridículo y afectado. `s.f.`
2 Ademán, gesto o mueca afectado y ridículo. `= figura`

figurero, a
1 Que suele hacer figurerías o muecas: *es muy expresivo y figurero al hablar.* `adj/s.` `coloquial`
2 Persona que por oficio hace o vende figuras de barro o yeso.

figurilla Estatuilla de terracota, bronce u otro material. `s.f.`

figurín (Del ital. *figurino*.)
1 Dibujo usado como modelo para hacer trajes y adornos de moda: *la modista me enseñó el figurín del vestido de novia.* `s.m.` `= diseño`
2 Revista de modas.
3 Persona que se arregla mucho y viste con afectación: *siempre va hecho un figurín.* `= lechuguino, modelo`

figurinista Persona que dibuja y crea figurines, esbozos de indumentaria y de moda: *figurinista teatral.* `s.m.f.`

figurita Estampa o cromo con que juegan los niños. `s.f./Argent.`

figurón, a Persona presumida, que aparenta más de lo que es. `s.`

fija
1 Paleta larga y estrecha usada en albañilería. `s.f./CONSTRUCCIÓN`
2 Competidor al que se le adjudican un triunfo seguro, en las carreras hípicas. `Argent.` `EQUITACIÓN`
3 Información pretendidamente cierta respecto de un asunto controvertido. `Argent.`

fijación
1 Acción y resultado de fijar. `s.f.`
2 Mecanismo que sujeta el pie al esquí: *se cayó cuando se le rompieron las fijaciones del pie derecho.* `s.f.pl.` `DEPORTES`
3 Estado de reposo de una sustancia después de ser agitada y movida por una operación química. `s.f.` `QUÍMICA`
4 Inmovilización de una zona fracturada hasta su curación. `MEDICINA`
5 Relación patológica entre la libido de una persona y algunos objetos. `SIQUIATRÍA`
6 **fijación de un texto:** Determinación de la forma original de un escrito del que existen varios manuscritos o copias impresas.

fijado, a
1 Se aplica a la pieza que, por abajo, acaba en punta. `adj./HERÁLDICA`
2 Acción y resultado de fijar las fotografías mediante una sustancia fijadora. `s.m./FOTOGRAFÍA` `= fijación`

fijador, a
1 Que fija o sujeta una cosa.   adj.
2 Cosmético que fija el cabello: *la peluquera me puso fijador en el flequillo.*   s.m.
= fijapelo
FOTOGRAFÍA
3 Líquido que se usa para fijar o dar consistencia permanente a fotografías, dibujos, pinturas, etc.

fijapelo Sustancia gelatinosa usada para fijar el cabello: *lleva fijapelo en el tupé.*   s.m./= fijador, gomina, laca

fijar
1 Sujetar o poner una cosa fija, de manera segura o estable en un lugar: *fijar los armarios de la cocina.*   v.tr./part.tb: fijo
= asegurar
2 Hacer fija o estable una cosa en un estado determinado: *se fijaron algunos cuerpos volátiles.*   v.tr/prnl.
3 Llegar a un acuerdo sobre una fecha, una cantidad u otra cosa: *fijar una hora para la reunión.*   v.tr./= determinar, precisar
4 Dirigir la mirada o la atención a una cosa.
5 Afirmarse una persona en una resolución: *se fijó en su opinión y no pudimos hacerlo cambiar de parecer.*   v.prnl.
6 Darse cuenta de una cosa, prestar atención: *se fijó en el coche cuando apareó delante de la oficina; fíjate bien dónde pisas.*   + en
= atender, reparar
7 Poner las bisagras y asegurar y ajustar las hojas de puertas y ventanas a los cercos de las mismas.   v.tr.
CARPINTERÍA
8 Introducir el mortero en las juntas de las piedras cuando están calzadas.   CONSTRUCCIÓN
9 Dar un estado o una forma permanente a una fotografía, una pintura o un dibujo.   ARTE, FOTOGRAFÍA

fijativo Sustancia líquida usada para fijar fotografías, pinturas y dibujos.   s.m./FOTOGRAFÍA, ARTE/= fijador

fijeza
1 Carácter de las cosas fijas.   s.f.
2 Firmeza, seguridad de opinión: *no lo sé con fijeza, pero creo que dice la verdad.*
3 Continuidad o persistencia con que se dice o se hace alguna cosa: *la miraba con fijeza, sin apartar la vista de ella.*

fijo, a (Del lat. *fixus* < *figere*, clavar.)
1 Que está firme, sujeto y no puede moverse.   adj./= asegurado
2 Que no cambia: *tiene residencia fija en Bilbao.*   = invariable
3 Que es seguro o definitivo: *ha encontrado un acompañante fijo; las normas sociales no son fijas.*
4 de fijo: Seguramente, sin duda.   loc.adv.

fijón, a
1 Se aplica a la persona que se fija continuamente en los defectos de los demás y le gusta criticar.   adj.
Méx.
2 no haber fijón: No haber problema o inconveniente.   Méx.

fila (Del fr. *file*.)
1 Conjunto de personas o cosas colocadas una tras otra o una detrás de otra: *se formó una fila delante de la ventanilla de reclamaciones; fila de butacas.*   s.f.
= hilera
2 Formación de soldados en la que se colocan unos al lado de otros.   MILITAR
3 Línea formada por letras o signos colocados uno al lado de otros.   MATEMÁTICAS
4 Antipatía hacia una persona: *no podía disimular que le tenía mucha fila.*   coloquial
= odio, tirria
5 Agrupación política, partido, bando o fuerza militar: *pertenece a las filas socialistas.*   s.f.pl.
6 Fuerzas militares: *combatió en las filas enemigas.*   MILITAR
7 en fila india o en fila: La formada por varias personas que van una detrás de otra.   loc.adv.
coloquial
8 en filas: En servicio militar activo.   MILITAR
9 cerrar filas: 1. Agruparse una unidad militar. 2. Estrechar la unión de varias personas para lograr un fin o hacer frente a una amenaza: *todos los compañeros cerraron filas ante las exigencias del jefe.*   MILITAR
10 llamar a filas: Convocar a los soldados para que se incorporen al ejército.   MILITAR
11 romper filas: Deshacer una formación.   MILITAR

filacteria (Del gr. *phylakterion*.)
1 Cada una de las dos pequeñas envolturas de cuero que contienen tiras de pergamino con pasajes de la Biblia y que llevan los judíos durante ciertos rezos.   s.f.
RELIGIÓN
2 Cinta con inscripciones o leyendas que se pone en dibujos, cuadros, esculturas o epitafios.
3 Amuleto o talismán que usaban los antiguos.   HISTORIA

filadiz Seda sacada del capullo roto.   s.m./TEXTIL

filamento
1 Cuerpo filiforme, rígido o flexible.   s.m.
2 Porción basilar alargada del estambre de una flor.   BOTÁNICA

filamentoso, a Que tiene filamentos.   adj.

filandria (Del fr. *filandre* < *filer* < lat. *filare*, hilar.)
Lombriz parásita del intestino de algunas aves, especialmente de las rapaces.   s.f.
ZOOLOGÍA

filandro Mamífero marsupial sudamericano, de color gris con manchas oscuras en la frente y cola larga. (*Philander.*)   s.m.
ZOOLOGÍA

filantropía (Del gr. *philanthropia* < *phileo*, yo amo + *anthropos*, hombre.) Sentimiento de amor o de preocupación por la humanidad o por todo lo que afecta a ella: *su filantropía lo lleva a participar desinteresadamente en actos benéficos.*   s.f.
= filantropismo

filantrópico, a De la filantropía.   adj.

filántropo, a Persona que siente amor hacia sus semejantes y obra desinteresadamente en bien de la comunidad o de la humanidad: *sus numerosas donaciones demuestran que es un filántropo.*   s.
= altruista
≠ misántropo

filar
1 Soltar un cable o un cabo lentamente.   v.tr./NÁUTICA
MÚSICA
2 Sostener un sonido sin alterar ni el timbre ni la intensidad, especialmente aplicado al canto y a la ejecución en los instrumentos de arco.

filaria Gusano parásito del hombre y de otros vertebrados, que se transmite a través de insectos chupadores de sangre, que puede causar enfermedades graves, como la filariosis y la elefantiasis.   s.f.
ZOOLOGÍA

filariosis Enfermedad producida por la presencia en el cuerpo de la filaria.   s.f./pl: filariosis
MEDICINA

filarmonía Afición a la música.   s.f./MÚSICA

filarmónica Se aplica a la entidad o sociedad que está constituida por un grupo de músicos o de amantes de la música: *forman una orquesta filarmónica.*   s.f.
MÚSICA

filarmónico, a (Del gr. *phileo*, yo amo + *armonia*, armonía.) Se refiere a la persona que gusta de la música.   adj/s.
MÚSICA

filástica Hilo o cuerda que sirve para formar los cabos y las jarcias de una embarcación.   s.f.
NÁUTICA

filatelia (Del gr. *phileo*, yo amo + *ateles*, gratuito.) Afición a coleccionar sellos, especialmente de correos y su estudio y conocimiento.   s.f.

filatélico, a
1 De la filatelia: *asiste a un congreso filatélico.*   adj.
2 Coleccionista de sellos.   s.

filatelista Se refiere a la persona que se dedica al estudio o la colección de sellos de correos.   adj/s.m.f.
= filatélico

filatería
1 Locuacidad o palabrería de que se sirve un embaucador para convencer y engañar: *no te lo creas, todo lo que dice es pura filatería.*   s.f.
2 Exceso de palabras para explicar o dar a entender una cosa.

filatero, a Se refiere a la persona que se expresa con filaterías o locuacidad.   adj/s.
= embaucador

filatura (Del fr. *filer*, hilar.)
1 Hilandería, fábrica de hilados.   s.f./TEXTIL
2 Hilandería, arte de hilar.   TEXTIL

filderretor Tela de lana semejante a la lanilla usada para la confección de hábitos de sacerdotes.   s.m.
TEXTIL

fileno, a (Del gr. *Philainos* < *Phyllis*, nombre de mujer.) Que es afeminado o delicado.   adj.
literario

filera Instrumento de pesca formado por varias filas de redes que llevan en los extremos unas pequeñas nasas.   s.f.
PESCA

filete
I (Del ital. *filetto*.)
1 Franja lisa y más estrecha de una moldura que suele separar otras dos más anchas.   s.m./ARQUITECTURA
= cinta
2 Raya usada en diseño gráfico y en dibujo para separar o enmarcar áreas o como adorno.   ARTES GRÁFICAS
3 Moldura metálica con que se graban los filetes durante el proceso de impresión.   ARTES GRÁFICAS
4 Remate de hilo enlazado puesto en los cuellos y puños de las camisas y en los cantos de otras prendas, para reforzarlas.   TEXTIL
5 Espiral saliente de un tornillo o de una tuerca.
6 Embocadura de freno pequeña, usada para acostumbrar al potro a recibir el bocado.   EQUITACIÓN
7 Banda, orla o faja muy estrecha.   HERÁLDICA
II (Del fr. *filet*.)
1 Trozo de carne destinada al consumo, que se encuentra entre las costillas y el lomo del animal, que es muy tierna y apreciada: *sólo come filete de ternera.*   s.m.
= solomillo
2 Loncha de carne magra o de pescado limpio de espinas: *comimos filetes de merluza.*   = bistec
3 Asador pequeño.
4 darse el filete: Besarse y toquetearse una pareja, o realizar el acto sexual.   vulgar

fileteado
1 Ornamentación artesanal de filetes sobre la carrocería o caja de un vehículo.   s.m.
Argent.
2 Técnica de esta artesanía.   Argent.

fileteador, a Artesano que se dedica al fileteado o pintura de filetes.   s.
Argent.

filetear Adornar una cosa con filetes.   v.tr.

filético, a Del filum zoológico o botánico.   adj./BIOLOGÍA

filetón Entorchado grueso para bordados.   s.m./TEXTIL

filfa Cosa engañosa, noticia falsa o mentira: *tu amigo siempre cuenta filfas.*   s.f./= bulo
coloquial

-filia Componente de palabra procedente del gr. *philos*, que significa amor, tendencia o simpatía: *anglofilia*. `suf.`

filiación
1 Lazo de parentesco que se establece entre padres e hijos. `s.f.`
2 Dependencia o enlace de una persona o cosa de otra principal.
3 Datos personales de una persona: *la policía me pidió mi filiación*.
4 Resultado de estar afiliado a un partido o agrupación: *es de filiación derechista*.
5 Registro militar de un nuevo soldado. `MILITAR`

filial (Del lat. *filius*, hijo.)
1 Se refiere al vínculo del hijo con el padre o la madre: *siente por él amor filial*. `adj.`
2 Se aplica a la iglesia, organismo o establecimiento que depende de otro: *juega en el equipo filial*. `adj./s.m.f.`

filialmente Como un hijo. `adv.`

filiar (Del lat. *filius*, hijo.)
1 Tomar los datos personales a una persona: *el servicio de seguridad filiaba a los asistentes al acto*. `v.tr.` `tb: afiliar`
2 Alistarse o inscribirse en el ejército: *se filió para defender su patria*. `v.prnl.` `tb: afiliar`
3 Entrar a formar parte de una asociación o un partido político: *se filió a un partido de derechas*. `tb: afiliarse`

filibusterismo
1 Movimiento y partido político que propugnaba la emancipación de las antiguas colonias españolas de ultramar. `s.m.` `HISTORIA`
2 Táctica de obstrucción parlamentaria que se basa en el uso abusivo del reglamento. `POLÍTICA`
3 Pillaje en el mar. `= piratería`

filibustero (Del fr. *filibustier*.) Pirata que durante el siglo XVII navegaba en el mar de las Antillas. `s.m.` `HISTORIA`

filicida Se refiere a la persona que mata a su hijo. `adj./s.m.f.`

filicidio Muerte violenta dada por el padre o la madre a un hijo. `s.m.`

filicíneo, a Perteneciente a una familia de plantas herbáceas o leñosas, de tallo subterráneo horizontal, de donde nacen raíces y hojas. `adj./s.f.` `BOTÁNICA` `= filical`

filiera (Del fr. *filière*.) Bordura de menor ancho que la normal que rodea el escudo por el interior. `s.f.` `HERÁLDICA`

filiforme Que tiene forma de hilo. `adj.`

filigrana (Del ital. *filigrana* < lat. *filum*, hilo + ital. *grano*, pequeña partícula de metal.)
1 Trabajo de orfebrería muy delicado, hecho con hilos de oro y plata. `s.f.` `ARTE`
2 Cosa hecha con finura, delicadeza y habilidad: *hace filigranas con el barro*. `= virguería, exquisitez`
3 Marca transparente hecha en el papel al fabricarlo: *en los billetes se ve al trasluz una filigrana con el rostro de un personaje*.

filigranista Persona que hace filigranas en oro y plata. `s.m.f.`

fililí (Alteración de *fileli* < ár. *fileli*, de la ciudad donde se fabricaba este fino tejido.) Sutileza y primor con que está hecha o trabajada una cosa. `s.m.` `pl.tb: filílíes`

filipéndula (Del lat. *filum*, hilo + *pendulus*, que cuelga.) Planta rosácea vivaz, con raíces tuberculosas, hojas divididas y numerosas flores dispuestas en panículas, de color blanco a rosado. *(Filipendula vulgaris.)* `s.f.` `BOTÁNICA`

filipense
1 De Filipos, antigua ciudad de Macedonia. `adj./HISTORIA`
2 Persona natural de esta antigua ciudad. `s.m.f.`
3 Se aplica a la persona que es miembro de la congregación de San Felipe Neri. `adj./s.` `RELIGIÓN`

filípica (Del lat. *philippica* [*oratio*], discurso relativo a Filipo.) Discurso que contiene una censura severa y violenta contra una persona: *¡vaya filípica nos echó en los postres!* `s.f.` `= diatriba, invectiva`

filipichín
1 Tejido de lana estampado. `s.m./TEXTIL`
2 Persona afeminada o que se compone mucho en el vestir.

filipinismo
1 Expresión o construcción características de la variedad del español hablado en Filipinas. `s.m.` `LINGÜÍSTICA`
2 Inclinación por Filipinas y lo filipino.

filipinista Persona dedicada al estudio de las lenguas, historia y cultura de Filipinas. `s.m.f.`

filipino, a
1 De Filipinas, país insular del sudeste de Asia. `adj.`
2 Persona natural de este país. `s.`

filis (Del nombre de mujer *Filis* < gr. *Phyllis*, gracia al decir las cosas.)
1 Gracia y delicadeza en la manera de hacer y decir las cosas. `s.f./pl: filis` `literario`

2 Figurilla pequeña de barro que solían llevar las mujeres atada con una cinta en el brazo como adorno o amuleto.

filisteísmo Denominación con que se designa la cerrazón de espíritu con respecto a las artes, letras, novedades etcétera. `s.m.`

filisteo, a
1 De un pueblo enemigo de los israelitas que habitaba en el norte de Egipto. `adj/s.` `HISTORIA`
2 Persona que pertenecía a este pueblo. `s./HISTORIA`
3 Persona de espíritu vulgar, escasos conocimientos y poca sensibilidad artística. `despectivo`
4 Hombre muy alto y corpulento. `s.m.`

filler (Voz inglesa.) Materia mineral molida finamente, que se utiliza como aglomerante. `s.m.` `CONSTRUCCIÓN`

filloa Torta muy fina hecha de harina, huevo y leche o caldo que se cuaja en la sartén. `s.f./COCINA` `tb: filló`

film (Voz inglesa.) Filme, película cinematográfica: *vimos un film neorrealista en el cine club*. `s.m./pl: films` `CINE`

filmación
1 Acción y resultado de filmar. `s.f./CINE`
2 Película filmada. `CINE`
3 Rodaje de una película. `CINE`

filmador, a Que filma. `adj.`

filmadora Máquina para filmar: *nos llevaremos la filmadora en vacaciones*. `s.f.` `CINE`

filmar Tomar una escena con una cámara cinematográfica: *ya han terminado de filmar la película*. `v.tr./CINE` `= cinematografiar`

filme (Del ingl. *film*, película.) Película cinematográfica: *está dirigiendo un nuevo filme*. `s.m./CINE` `tb: film`

fílmico, a Del filme. `adj./CINE`

filmina Fotografía positiva en soporte transparente para su proyección: *vimos unas filminas sobre el arte románico*. `s.f.` `= diapositiva`

filmlet (Voz inglesa.) Proyección cinematográfica breve, generalmente usada en publicidad. `s.m./CINE, PUBLICIDAD`

filmografía
1 Conjunto de películas de un director, de un actor, de un tema, de una época o de un país: *estudia la filmografía de España de posguerra*. `s.f.` `CINE`
2 Conjunto de conocimientos o estudios sobre películas cinematográficas. `CINE`

filmógrafo, a Persona conocedora o especialista en el cine y su historia. `s.` `CINE`

filmología Disciplina que estudia la influencia del cine y su estética en la sociedad y en cada individuo. `s.f.` `CINE, SOCIOLOGÍA`

filmoteca (Del ingl. *film*, película + gr. *teke*, estante, cajón.)
1 Lugar donde se guardan, conservan y, en algunos casos, proyectan películas y otros materiales audiovisuales para su estudio o exhibición. `s.f.` `CINE` `= cinemateca`
2 Conjunto o colección de películas: *tiene una interesante colección de cine negro*. `CINE`
3 Sesión cinematográfica en que se proyectan y comentan películas antiguas o no comerciales: *cada semana hay un pase de filmoteca*. `CINE` `= cine club`

filo (Del lat. *filum*.)
1 Borde agudo y cortante de un objeto: *no cojas el cuchillo por el filo, que te cortarás*. `s.m.` `= corte`
2 **filo trucho o yuto:** Pasaporte falso. `argot`
3 **al filo:** 1. Con puntualidad y exactitud. 2. Muy cerca de hacer o suceder una cosa: *cuando se fugó su socio, él estuvo al filo del fracaso*. `loc.adv.`
4 **al filo de:** Muy poco antes o después de: *llegaron al filo de la medianoche*. `loc.prep.`
5 **de doble filo o de dos filos:** 1. Que produce un resultado contrario al esperado: *tu propuesta es un arma de doble filo*. 2. Que tiene doble intención: *tiene una lengua de doble filo*. `loc.adj.`

filo-
1 Componente de palabra procedente del gr. *philos*, que significa amigo: *filosoviético; germanófila*. `pref/suf.` `tb: -fila`
2 Componente de palabra procedente del gr. *phyllon*, que significa hoja, lámina: *filoxera; clorofila*. `pref/suf.` `tb: -fila`
3 Componente de palabra procedente del gr. *phylon*, que significa raza: *filogenia*. `pref.` `tb: fil-`

filodendro Planta ornamental de flores olorosas y hojas digitadas. *(Philodendron.)* `s.m.` `BOTÁNICA`

filodio (Del gr. *phyllodes*, análogo a una hoja.) Pedúnculo muy ancho que parece una hoja. `s.m.` `BOTÁNICA`

filófago, a Se aplica al animal que se alimenta de hojas. `adj/s.` `ZOOLOGÍA`

filogenético, a De la filogenia o filogénesis: *árbol filogenético*. `adj./BIOLOGÍA` `= filogénico`

filogenia Origen, formación, desarrollo y evolución general de una especie. `s.f./BIOLOGÍA` `tb: filogénesis`

filogenista
1 De la filogenia: *en la universidad han realizado un estudio filogenista*. `adj.` `BIOLOGÍA`

2 Se aplica a la persona especializada en filogenia. — adj/s.m.f./BIOLOGÍA

filología Ciencia que estudia la estructura y la evolución de las lenguas y su legado literario. — s.f./LINGÜÍSTICA, LITERATURA

filológico, a De la filología: *el examen consistió en un comentario filológico de la lengua española.* — adj/LINGÜÍSTICA, LITERATURA

filólogo, a (Del lat. *philologus* < gr. *philologos*, aficionado a las letras o a la erudición.) Persona especializada en filología. — s./LINGÜÍSTICA, LITERATURA

filomanía Gran exceso de hojas de un vegetal producido por causas ambientales o parasitarias. — s.f. BOTÁNICA

filomena (Del gr. *Psilomela*, nombre de la hermana de Procne que fue convertida en ruiseñor.) Ruiseñor, ave cantora. — s.f./literario tb: filomela ZOOLOGÍA

filón (Del fr. *filon.*)
1 Masa de mineral que rellena una antigua grieta de las rocas de un terreno: *encontraron un filón de oro.* — s.m./MINERÍA = vena, veta
2 Negocio, materia o recurso del que se espera sacar mucho provecho: *esa tienda es un filón.* — = chollo, mina

filonio (Del lat. *philonium*, derivado del nombre de su inventor, Philon.) Medicamento compuesto de varios ingredientes con efectos calmantes y aromáticos. — s.m. FARMACIA

filosa Planta parásita de las cistáceas, con las hojas carnosas y naranjas o rojas y flores de color amarillo vivo formando una espiga densa. *(Cytinus hypocistis.)* — s.f. BOTÁNICA = granadilla

filoseda Tela de seda y algodón o lana. — s.f./TEXTIL

filosilicato Silicato fácilmente exfoliable. — s.m./MINERALOGÍA

filoso, a
1 Que tiene filo o borde cortante. — adj/= afilado
2 Se aplica a la persona dispuesta o preparada para hacer una cosa. — Méx.

filosofar (Del lat. *philosophari* < gr. *philospheo.*)
1 Hacer consideraciones o razonamientos filosóficos sobre un asunto: *sé práctico y deja de filosofar.* — v.intr.
2 Hablar sin tener un oyente. — coloquial

filosofastro, a Filósofo falso o de poca categoría. — s./despectivo

filosofía (Del lat. *philosophia* < gr. *philosophia.*)
1 Conjunto de razonamientos y reflexiones encaminados a explicar las causas, relaciones y finalidades últimas del hombre y el universo. — s.f. FILOSOFÍA
2 Doctrina de un pensador, una escuela, un movimiento o una época: *era un seguidor de la filosofía existencialista.* — FILOSOFÍA
3 Conjunto de conceptos generales que delimitan los principios de una disciplina: *filosofía de la historia; filosofía de la ciencia o epistemología.*
4 Conjunto de ideas y principios de actuación de un individuo, sociedad o institución: *su filosofía es muy simple: comer y dormir.* — = ideología
5 Fortaleza de ánimo o tranquilidad para afrontar los contratiempos de la vida: *se tomó el despido con mucha filosofía.* — = resignación, serenidad
6 filosofía moral: La que trata de la bondad o malicia de las acciones humanas. — FILOSOFÍA
7 filosofía natural: La que investiga las leyes de la naturaleza. — FILOSOFÍA

filosófico, a Que tiene relación con la filosofía: *sus razonamientos son demasiado filosóficos para ti.* — adj. FILOSOFÍA

filosofismo
1 Falsa filosofía. — s.m. FILOSOFÍA
2 Abuso indiscriminado de la filosofía.

filósofo, a (Del lat. *philosophus* < gr. *philosophos*, intelectual < *phileo*, amar + *sophos*, sabio.)
1 Persona especialista en filosofía. — s./FILOSOFÍA
2 Persona serena y resignada ante las adversidades.
3 Que imita o pretende imitar a los filósofos. — adj/s/= afilosofado

filosoviético, a Que es partidario o simpatizante de lo soviético. — adj.

filotaxis Disposición de las hojas sobre el tallo de las plantas. — s.f./pl: filotaxis BOTÁNICA

filotráquea Órgano respiratorio de los escorpiones y arañas formado por una bolsa con repliegues laminares donde entra el aire. — s.f. ZOOLOGÍA

filoxera (Del gr. *phyllon*, hoja + *xeros*, seco.)
1 Insecto del orden de los hemípteros que ataca las hojas y raíces de la vid, ocasionando grandes pérdidas. — s.f. ZOOLOGÍA
2 Enfermedad de la vid, causada por este insecto. — AGRICULTURA

filoxérico, a De la filoxera o causado por ella: *brote filoxérico.* — adj.

filtiré Tipo de bordado que consiste en sacar hilos de una tela blanca de lienzo de manera que los que quedan forman un calado. — s.m. TEXTIL = deshilado

filtración
1 Acción y resultado de filtrar o filtrarse. — s.f.
2 Información sobre un asunto confidencial que se hace pública o se comunica sin el consentimiento de los interesados.

filtrador, a
1 Que filtra. — adj.
2 Materia porosa por donde se hace pasar un líquido para clarificarlo. — s.m. = filtro

filtrante Que sirve de filtro. — adj.

filtrar (Derivado de *filtro* < bajo lat. *filtrum.*)
1 Hacer pasar una sustancia fluida por un filtro para retener parte de sus componentes: *como el aceite está sucio puedes filtrarlo.* — v.tr. = colar, destilar
2 Pasar un fluido a través de un cuerpo sólido: *la lluvia se filtró por el toldo; la luz se filtraba por la cortina.* — v.tr./intr/prnl. = calar, rezumar
3 Transmitir informaciones o asuntos confidenciales sin el debido consentimiento: *se filtraban muchos datos mientras él dirigía la sección de política.* — v.tr/prnl. = difundir
4 Desaparecer dinero u otros bienes inadvertida o irregularmente: *se filtraron dos millones sin que nadie se enterara.* — v.prnl.
5 Extenderse una cosa o una noticia en un medio: *la idea de la huelga filtró muy rápidamente.* — v.intr. = penetrar, difundir

filtro
I (Del bajo lat. *filtrum*, fieltro.)
1 Material poroso o dispositivo a través del cual se hace pasar un líquido u otro fluido para depurarlo: *el mecánico ha cambiado el filtro de aire del motor.* — s.m. = tamiz
2 Pantalla que se interpone al paso de la luz para privarla de ciertas radiaciones: *puso un filtro polarizado en el objetivo de la cámara.* — FOTOGRAFÍA, ÓPTICA
3 Dispositivo usado para eliminar determinadas frecuencias de la corriente eléctrica. — ELECTRICIDAD
II (Del gr. *philtron*, brebaje amoroso < *phileo*, amar.) Bebida a la que se atribuye el poder de captar el amor de una persona u otros poderes mágicos: *le dieron un filtro amoroso y se rindió a sus encantos.* — s.m. = bebedizo

filudo, a Que tiene mucho filo. — adj./Amér.

filum Serie evolutiva de formas animales o vegetales. — s.m./BIOLOGÍA

filván Rebaba muy fina que queda en el corte de una herramienta recién afilada. — s.m.

fimbria
1 Borde inferior de una vestidura talar. — s.f./culto
2 Adorno en el borde de una tela o vestido. — = franja, orla

fimo Abono consistente en excrementos de animales y restos vegetales. — s.m./AGRICULTURA = estiércol

fimosis (Del gr. *phimosis* < *phimoo*, amordazar con bozal < *phimos*, bozal.) Estrechez de la abertura del prepucio, que impide descubrir el glande. — s.f. pl: fimosis MEDICINA

fin (Del lat. *finis*, límite, fin.)
1 Punto o momento en que termina una cosa: *la obra llega a su fin.* — s.m. = final, término
2 Objetivo que se pretende conseguir: *su fin es obtener la matrícula de honor.* — = finalidad, intención
3 fin de año: Último día del año, especialmente la noche: *estamos preparando la fiesta de fin de año.*
4 fin de fiesta: 1. Actuación con que termina un espectáculo. **2.** Expresión con la que se indica que el final de una situación ha sido inesperado y, generalmente, desagradable: *terminó insultándole, eso para fin de fiesta.* — coloquial
5 fin de semana: 1. Período de descanso semanal que va del viernes por la noche hasta el domingo. **2.** Maleta pequeña en la que cabe lo imprescindible para un viaje de corta duración.
6 fin del mundo: Lugar muy apartado o alejado.
7 fin último: Aquel a cuya consecución se dirigen la intención y los medios del que obra.
8 a fin o a fines de: En los últimos días del período de tiempo expresado: *suele viajar a Berlín a fines de mes.* — loc.prep.
9 a fin de o a fin de que: Con objeto de, para: *se casa con él a fin de conseguir su dinero; me marcho a fin de que puedas estudiar.* — loc.conj.
10 a fin de cuentas: Expresión con la que se apoya o reafirma una idea que se expresa: *a fin de cuentas, tú eres el responsable.* — loc.adv. = al fin y al cabo
11 al fin, al fin y a la postre o al fin y al cabo: Por último, después de vencidos todos los obstáculos: *perdimos el avión, nos robaron en el tren pero al fin llegamos a tu casa.* — loc.adv.
12 al fin de la jornada: Al cabo de tiempo. — loc.adv.
13 dar fin: 1. Acabarse una cosa. **2.** Morir, acabar la vida.
14 dar o poner fin a una cosa: Acabarla, terminarla, o interrumpirla definitivamente.
15 dar fin de algo: Destruirlo, consumirlo por completo.
16 en fin: 1. Expresión con la que se concluye o se da por terminada una conversación, una explicación, etc.: *en fin ¿qué se le va a hacer?* **2.** En suma, en pocas palabras: *nunca saluda, en fin, es un antipático.* — loc.adv.
17 en fin de cuentas: En resumen, en definitiva. — loc.adv.
18 ¡por fin!: Expresa satisfacción porque aquello que se esperaba vivamente se ha producido: *¡hombre, por fin has llegado!* — loc.adv.

19 sin fin: 1. Sin número, innumerables. **2.** Se aplica a correas, cadenas, cintas, etc., que forman figura cerrada y que pueden girar continuamente para transmitir fuerzas o movimientos.   loc.adj.

finado, a Persona que ha muerto: *el notario se dispuso a leer el testamento del finado.*   s./culto = cadáver, difunto

final
1 Que pone fin o es la última parte: *me encantó la escena final de la película.*   adj./= postrero ≠ inicial
2 Punto o momento en que termina o finaliza una cosa: *la firma del tratado supuso el final de la guerra.*   s.m. = fin, término
3 Se aplica a la oración subordinada que denota el objetivo de lo expresado por la oración principal, así como a la conjunción que la introduce.   adj. GRAMÁTICA
4 Última prueba de una competición o concurso: *el equipo llegó a la final.*   s.f./DEPORTES, JUEGOS

finalidad Motivo o intención con que se hace una cosa.   s.f./= fin, objetivo, propósito

finalísima Última fase de una competición eliminatoria deportiva.   s.f./DEPORTES = final

finalismo Doctrina que explica la existencia del mundo, la actuación humana y su devenir histórico como orientados a un fin determinado.   s.m. FILOSOFÍA

finalista
1 Que llega a la última prueba de una competición o campeonato: *los finalistas del concurso literario iniciaron el último ejercicio.*   adj./s.m.f.
2 Persona partidaria de la doctrina de las causas finales.   s.m.f. FILOSOFÍA

finalizar Dar fin o concluir una cosa: *ya ha finalizado el tiempo del examen.*   v.tr./intr. conj: cazar

financiación Donación o préstamo del dinero necesario para la creación de una empresa, la adquisición de un bien o cualquier otra actividad comercial: *me han hecho una financiación a un interés bajo.*   s.f. ECONOMÍA = financiamiento

financiar Dar el dinero necesario para la creación de una empresa, la adquisición de un bien u otra actividad comercial.   v.tr. ECONOMÍA

financiero, a
1 De las finanzas.   adj./ECONOMÍA
2 Se aplica a la entidad que financia: *en la financiera me explicaron las condiciones de pago.*   adj/s.f. ECONOMÍA
3 Persona experta en la teoría y práctica de la hacienda pública, de la banca o de los grandes negocios mercantiles.   s. ECONOMÍA

financista Se dice de la persona que financia.   adj/s.m.f./Amér.

finanzas (Del fr. *finance*, hacienda < ant. *finer*, pagar, finiquitar.) Conjunto de actividades relacionadas con la inversión de dinero u otras gestiones económicas.   s.f.pl. ECONOMÍA

finar
1 Morir una persona.   v.intr./culto
2 Desear mucho una cosa: *se finaba por las antigüedades.*   v.prnl. + por

finca Propiedad inmueble rústica o urbana de extensión variable: *toda finca está gravada con impuestos.*   s.f.

fincar (Del lat. *figicare*, fijar.)
1 Comprar fincas, por lo general para establecerse en un lugar.   v.intr/prnl. conj: sacar
2 Construir una casa.   Méx.

finés, a
1 De un antiguo pueblo que se extendió por el norte de Europa y dio nombre a Finlandia.   adj/s. HISTORIA
2 De Finlandia, país del norte de Europa.   adj./= finlandés
3 Persona natural de este país.   s./= finlandés
4 Lengua baltofinesa del grupo ugrofinés, de la familia urálica, que se habla en Finlandia y zonas del norte de Rusia.   s.m./LINGÜÍSTICA = finlandés

fineta Tela de algodón de tejido diagonal usada principalmente para hacer forros.   s.f. TEXTIL

fineza
1 Cualidad de la persona delicada y atenta.   s.f./= finura
2 Delicadeza, suavidad de una cosa o en la manera de ejecutarla: *la fineza de esta seda es admirable.*   = finura
3 Acción, palabra o cualquier otra muestra de atención y cariño hacia una persona.
4 Regalo u obsequio delicado.

fingido, a Que es falso: *se nota que su alegría por verte es fingida.*   adj. = simulado

fingimiento Actitud con la que se pretende hacer creer a los demás una cosa que no es verdad.   s.m. = simulación

fingir (Del lat. *fingere*, representar, inventar.)
1 Hacer creer con palabras, gestos o acciones una cosa que no es verdad: *fingió dolor de estómago para no ir a trabajar; se fingió amigo para que le invitara.*   v.tr/prnl/conj: surgir = aparentar, simular
2 Representar una cosa de modo que parezca real.   v.tr.

finible Que se puede acabar.   adj./= terminable

finiquitar (Del ant. *finer*, finiquitar < *fin*.)
1 Pagar la deuda de una cuenta: *ya ha finiquitado la cuenta con el banco.*   v.tr. = liquidar, saldar
2 Dejar una cosa completamente hecha: *finiquitó la tarea antes de irse.*   coloquial = concluir, terminar
3 Realizar las gestiones y pagos necesarios para dar por finalizada la relación laboral entre empresa y trabajador.

finiquito (De *fin* + *quito*, en el sentido de libre de deuda.)
1 Pago de una cuenta y documento que certifica que está saldada y satisfecha.   s.m.
2 Conjunto de gestiones y pagos con los que se da por finalizada una relación laboral entre la empresa y el trabajador.
3 dar finiquito: Acabar con una cosa.   coloquial

finisecular Del fin de un siglo.   adj.

finito, a Que tiene fin.   adj./= limitado

finitud Cualidad de finito, que tiene fin o límite.   s.f.

fin-keel (Expresión inglesa.) Quilla fija lastrada en su parte inferior, que se encaja en el casco de un velero.   NÁUTICA

finlandés, a
1 De Finlandia, país del norte de Europa.   adj./= finés
2 Persona natural de Finlandia.   s./= finés
3 Lengua baltofinesa del grupo ugrofinés, de la familia urálica, que se habla en Finlandia y zonas del norte de Rusia.   s.m./LINGÜÍSTICA

finn Embarcación a vela de una sola plaza usada en competiciones deportivas, que corta el agua con facilidad.   s.m. DEPORTES

fino, a
1 Que tiene poco grosor o espesor: *este papel es tan fino que traspasa la tinta.*   adj./= delgado ≠ grueso
2 Que no tiene asperezas o rugosidades: *la madera de teca es fina al tacto.*   = liso ≠ áspero
3 Que es delicado o selecto: *el ajuar de la novia era de lencería fina.*   = exquisito ≠ corriente
4 Que es amable y distinguido: *es muy fino en el trato, sobre todo con las damas.*   = cortés, educado ≠ ordinario
5 Que es esbelto y de facciones delicadas: *su rostro era alargado y de rasgos finos.*   = grácil ≠ basto, tosco
6 Se aplica al sentido que tiene una gran capacidad de percepción: *tengo un oído muy fino.*   = agudo, sutil
7 Se aplica al metal que tiene mucha pureza.   = depurado
8 Que se comporta con astucia para obtener algún provecho: *¡qué fino eres!*   = sagaz ≠ incauto
9 Vino de Jerez muy seco.   s.m.
10 Polvo de carbón mineral que es arrastrado por las aguas durante el lavado.   s.m.pl. MINERÍA

finolis Que simula finura y delicadeza: *la muy finolis no quiso subir a las atracciones porque llevaba zapatos nuevos.*   adj/s.m.f./pl: finolis coloquial = finodo, ñoño

finta
I (Probablemente del port. *finto*, por *findo*, acabado < lat. *finitus*, pagado.) Tributo que, en caso de grave necesidad, se pagaba al príncipe de los frutos de la hacienda de cada súbdito.   s.f. HISTORIA
II (Del ital. *finta*, amago de un golpe < *fingere*, fingir.)
1 Ademán o amago que se hace con intención de engañar a alguien.   s.f.
2 Regate que se hace con el cuerpo para confundir al adversario y neutralizar su acometividad.   DEPORTES = quiebro
3 irse una persona con la finta: Actuar dejándose llevar por las apariencias o por alguna situación engañosa.   Méx.

fintar Hacer una finta al jugador contrario.   v.tr/DEPORTES

finura
1 Calidad de fino.   s.f./= fineza
2 Cortesía, urbanidad, buenos modales: *su buena educación se aprecia en la finura con que se dirige a sus superiores.*

fiordo (Del noruego *fjord.*) Entrante del mar en la costa, largo, estrecho y situado entre montañas de laderas abruptas, típico de los países nórdicos.   s.m. GEOGRAFÍA tb: fiord

fique Fibra de la pita o agave con la que se hacen cuerdas.   s.m./Colomb., Méx., Venez.

firma (Derivado de *firme*.)
1 Nombre y apellido de una persona, que ésta pone al pie de un escrito para darle autenticidad o para comprometerse a cumplir lo que en él se expresa: *esta firma está falsificada.*   s.f. = signatura
2 Acción y resultado de firmar: *el notario estuvo presente en la firma del contrato.*
3 Conjunto de documentos que se presentan a un superior para que los firme.
4 Empresa o casa comercial: *trabaja en una firma de alta costura.*
5 Estilo característico y peculiar de una persona: *su discurso llevaba su inconfundible firma.*
6 Personalidad de un campo específico: *en la revista colaboran importantes firmas.*

7 firma en blanco: Firma que se hace en un papel en blanco y que expresa la conformidad anticipada a lo que otro escriba en él.

8 buena o mala firma: Persona que en el comercio tiene crédito o carece de él. — COMERCIO

9 media firma: Aquella en que, en los documentos oficiales, se omite el nombre de pila.

10 dar firma en blanco a alguien: Darle facultades para que obre con toda libertad en un negocio.

11 dar la firma a alguien: Confiarle la representación y la dirección de su casa o de una dependencia. — COMERCIO

12 echar una firma: Remover las ascuas del brasero para quitarles de encima la ceniza. — coloquial

13 llevar la firma de alguien: Tener la representación y dirección de la casa de otra persona o de una dependencia. — coloquial

firmal Joya en forma de broche. — s.m.

firmamento (Del lat. *firmamentum*, fundamento, apoyo < gr. bíblico *stereoma*, construcción sólida < hebreo *raquia*, extensión.) La bóveda celeste, especialmente por la noche cuando se ven los astros. — s.m. ASTRONOMÍA = cielo, espacio

firmante Que firma: *los abajo firmantes corroboran su decisión.* — adj/s.m.f. = signatario

firmar
1 Poner la firma en un escrito, una obra, una carta o un documento: *el director debe firmar el despido.* — v.tr/intr.
2 firmar por: 1. Comprometerse a realizar un trabajo o actividad: *firmó como colaborador por un año.* 2. Desear que se cumpla una ilusión o deseo: *firmaría ahora mismo por irme a Escocia.* — coloquial

firme (Del lat. vulgar *firmis* < lat. *firmus*.)
1 Que está bien sujeto, tenso y no se mueve ni vacila: *comprueba que la escalera está bien firme.* — adj./= estable, fijo, seguro
2 Que no cambia de actitud, ideas o propósitos: *es un hombre de firmes convicciones.* — = inquebrantable, seguro/≠ voluble
3 Que no disminuye de fuerza o intensidad: *mantienen una firme relación.* — = estable
4 Capa sólida de terreno sobre la que se puede levantar una construcción. — s.m. CONSTRUCCIÓN
5 Capa de guijo o piedra machacada que sirve para consolidar el piso de una carretera: *el firme está deteriorado en algunos tramos.* — CONSTRUCCIÓN = pavimento, revestimiento
6 Con firmeza: *le pega firme a los estudios.* — adv./= duro
7 Posición en la que permanecen los soldados al cuadrarse. — s.m.pl. MILITAR
8 de firme: Con constancia o con fuerza: *trabaja de firme en el nuevo proyecto; el golpe le dio de firme en la cabeza.* — loc.adv.
9 en firme: Con carácter definitivo: *el compromiso de compra es en firme.* — loc.adv.
10 estar alguien en lo firme: Estar acertado en una afirmación o creencia. — coloquial
11 ¡firmes!: Voz de mando militar para que se cuadren los soldados. — interj. MILITAR
12 llevar o poner firme a una persona: Dirigirla o manejarla con severidad y disciplina.

firmeza
1 Estado de lo que no vacila o se dobla por falta de apoyo, de dureza o de consistencia: *los años le hicieron perder la firmeza de la piel.* — s.f. = estabilidad, solidez
2 Actitud de la persona que se mantiene en sus creencias, sentimientos y propósitos: *defiende su postura con firmeza.* — = constancia, decisión, tesón
3 Actitud del que cumple o hace cumplir puntualmente una regla, orden o disciplina: *la profesora destacaba por su firmeza y rectitud.* — = entereza, severidad
4 Baile tradicional de galanteo, de ritmo vivaz, en el que las parejas ejecutan la pantomima de lo expresado en el estribillo. — Argent.

firmón, a Que firma escritos o trabajos ajenos de manera interesada. — adj/s.

firmware (Voz inglesa.) Rutinas o pequeños procedimientos escritos en lenguaje máquina que están almacenados en la memoria ROM o inalterable. — s.m. INFORMÁTICA

firulete Adorno superfluo y de mal gusto. — s.m./Amér. Merid.

fiscal (Del lat. *fiscalis*, referente al fisco.)
1 Del fisco o hacienda pública: *debemos pagar los impuestos fiscales.* — adj. ECONOMÍA
2 Que pertenece al oficio de fiscal. — DERECHO
3 Persona que se encarga de promover los intereses del fisco. — s.m.f. ECONOMÍA
4 Persona que ejerce el ministerio público en los tribunales. — DERECHO
5 Seglar que cuida de una capilla rural, dirige las funciones del culto y auxilia al párroco. — Bol., Chile
6 fiscal civil: Magistrado que, representando el interés público, intervenía cuando era necesario en los negocios civiles. — DERECHO
7 fiscal criminal: Ministro que promovía la observancia de las leyes que tratan de delitos y penas. — DERECHO
8 fiscal de vara: Alguacil eclesiástico.

9 fiscal general del estado: Órgano jerárquico superior del ministerio público. — DERECHO

10 fiscal togado: Funcionario del cuerpo jurídico militar que representa al ministerio público ante los tribunales superiores militares. — DERECHO

fiscalía
1 Oficina o despacho del fiscal. — s.f./DERECHO
2 Profesión y cargo de fiscal. — DERECHO

fiscalizable Que puede o debe ser fiscalizado. — adj.

fiscalización Acción y resultado de fiscalizar. — s.f.

fiscalizador, a Que fiscaliza. — adj/s.

fiscalizar
1 Someter a una persona o un organismo a inspección para comprobar si paga los impuestos que le corresponden. — v.tr. conj: *cazar* ECONOMÍA
2 Observar los actos de una persona para descubrir las faltas o los errores que haya en ellos: *su madre fiscaliza todas sus compras.* — = vigilar

fisco (Del lat. *fiscus*, tesoro público.)
1 Hacienda pública que recauda los impuestos de los contribuyentes. — s.m./ECONOMÍA = hacienda
2 Tesoro o erario público. — ECONOMÍA

fiscorno Instrumento musical de viento, de metal, con un tubo largo y pistones, usado en la cobla catalana. — s.m. MÚSICA

fisga
1 Arpón de tres o más puntas para pescar grandes peces. — s.f. PESCA
2 Burla que se hace de una persona. — = mofa
3 Banderilla que clava el torero en el lomo del toro, durante la lidia. — Méx., Guat. TAUROMAQUIA

fisgador, a Que fisga. — adj/s.

fisgar (Del lat. vulgar *fixicare* < *fixus*, fijo, part. de *figere*, clavar.)
1 Intentar o procurar enterarse de los asuntos ajenos y revolver en las cosas de otras personas: *deja de fisgar en los cajones.* — v.tr./conj: *pagar* despectivo/= curiosear, fisgonear
2 Pescar grandes piezas con una fisga o un arpón. — PESCA
3 Aplicar el sentido del olfato a una cosa. — = olfatear
4 Hacer burla de una persona disimuladamente: *se fisga de todos y nadie se entera.* — v.intr/prnl. = burlarse, mofarse

fisgón, a
1 Que intenta enterarse de los asuntos ajenos: *no seas tan fisgona y preocúpate más de tu vida.* — adj/s. = curioso, fisgador
2 Que se burla disimuladamente de los demás. — = burlón

fisgonear Intentar enterarse de las costumbres y asuntos ajenos. — v.tr. = fisgar, curiosear

fisgoneo Acción y resultado de fisgonear o intentar enterarse de los asuntos ajenos. — s.m.

fisiatra Especialista en el tratamiento de las enfermedades por medios naturales. — s.m.f. = naturalista

fisiatría Tratamiento y curación de las enfermedades con procedimientos y medios naturales. — s.f. = naturismo

fisible Se aplica al elemento químico cuyo núcleo puede ser fisionado. — adj. FÍSICA NUCLEAR

física Ciencia que estudia las propiedades, leyes y fenómenos de la materia y la energía. — s.f. FÍSICA

físico, a (Del lat. *physicus* < gr. *physicos*, de la naturaleza < *physis*, naturaleza < *phyo*, nacer, crecer.)
1 Que tiene relación con la física: *está especializado en ciencias físicas.* — adj. FÍSICA
2 Que tiene relación con la naturaleza y el cuerpo: *cada día hace ejercicio físico.* — = corporal ≠ espiritual, moral
3 Persona dedicada al estudio de la física. — s./FÍSICA
4 Aspecto exterior de una persona: *tiene un físico muy atractivo.* — s.m.
5 Se aplica a la persona pedante y melindrosa. — adj./Méx., Cuba

fisicomatemático, a De la física y las matemáticas. — adj/s.

fisicoquímica Ciencia que estudia los fenómenos comunes a la física y a la química. — s.f. FÍSICA, QUÍMICA

fisicoquímico, a
1 De la fisicoquímica. — adj.
2 Persona especialista en fisicoquímica.

fisio- Componente de palabra procedente del gr. *physis*, que significa naturaleza: *fisiología, fisiocracia.* — pref./tb: -fisia, -fisis

fisiocracia (Del gr. *physis*, naturaleza + *krateo*, dominar.) Doctrina económica que atribuía el origen de la riqueza exclusivamente a la agricultura. — s.f. ECONOMÍA

fisiócrata Partidario de la fisiocracia. — s.m.f.

fisiocrático, a De la fisiocracia. — adj.

fisiognomía Disciplina que estudia el carácter de la persona mediante los rasgos y facciones de su cara. — s.f./SICOLOGÍA tb: fisiognómica

fisiografía Ciencia que estudia y describe los aspectos y fenómenos físicos de la Tierra. — s.f./GEOGRAFÍA = geografía física

fisiográfico, a Que tiene relación con la fisiografía. — adj./GEOGRAFÍA

fisiología (Del gr. *physiologia*, estudio de la naturale- — s.f.

za.) Ciencia que estudia las funciones y los órganos de los seres vivos, así como los mecanismos que los regulan.

fisiológico, a De la fisiología: *la digestión es una función fisiológica del ser vivo.* — adj. FISIOLOGÍA

fisiólogo, a Persona dedicada al estudio de las funciones de los seres vivos. — s. FISIOLOGÍA

fisión (Del lat. *fissus.*) Escisión del núcleo del átomo producida por un bombardeo de neutrones, en la que se libera gran cantidad de energía. — s.f. FÍSICA NUCLEAR

fisionar Producir una fisión en un átomo o sufrirla por alguna causa. — v.tr./prnl. FÍSICA NUCLEAR

fisionomía Aspecto exterior de las cosas, especialmente del rostro. — s.f. tb: fisonomía

fisiopatología Disciplina que estudia las alteraciones del funcionamiento del organismo o de alguna de sus partes. — s.f. MEDICINA

fisiopatológico, a De la fisiopatología. — adj./MEDICINA

fisioterapeuta Persona especializada en fisioterapia. — s.m.f./MEDICINA

fisioterapia (Del gr. *physis*, naturaleza + *therapeia*, curación.) Tratamiento y curación de las enfermedades por medio de agentes naturales, tales como luz, calor, masaje y otros. — s.f. MEDICINA

fisioterápico, a De la fisioterapia. — adj./MEDICINA

fisiparidad Forma de reproducción asexual en la que el organismo se divide en dos partes. — s.f. BIOLOGÍA

fisíparo, a Se aplica a los seres que se multiplican por fisiparidad. — adj. BIOLOGÍA

fisípedo, a Que tiene las pezuñas partidas. — adj/s./= bisulco

fisirrostro, a Perteneciente a un suborden de aves de pico corto y aplastado, y boca rasgada hacia atrás, como la golondrina y el vencejo. — adj/s.m. ZOOLOGÍA

fisonomía
1 Aspecto que resulta del conjunto de rasgos particulares del rostro de una persona: *por su fisonomía he sabido que era de tu familia.* — s.f. tb: fisonomia
2 Aspecto externo de las cosas: *la fisonomía de la ciudad ha cambiado mucho.* — = apariencia

fisonómico, a Que tiene relación con la fisonomía: *sus rasgos fisonómicos revelan un carácter apacible.* — adj.

fisonomista
1 Que se dedica al estudio de los rasgos del rostro de las personas. — adj/s.m.f. tb: fisionomista
2 Que tiene facilidad natural para reconocer a las personas por su fisonomía: *es muy fisonomista y nunca olvida una cara.*

fisóstomo, a Se aplica a los peces teleósteos de aletas con radios blandos y flexibles y cuya vejiga natatoria está unida al esófago por un conducto neumático, como las carpas. — adj/s. ZOOLOGÍA

fistra Ameos, planta umbelífera. — s.f./BOTÁNICA

fístula (Del lat. *fistula*, caño de agua, flauta.)
1 Conducto anormal que se abre en la piel o en las membranas mucosas, y que pone en comunicación un órgano con otro con el que normalmente no la tiene, o bien con el exterior: *fístula anal; fístula lagrimal; fístula urinaria.* — s.f. MEDICINA
2 Tubo o cañería para conducir agua u otros líquidos.
3 Instrumento de viento similar a una flauta. — MÚSICA

fistular Que se refiere a la fístula: *en el examen médico le apreciaron un orificio fistular.* — adj. MEDICINA

fistularse Convertirse una llaga en fístula. — v.prnl./= afistularse

fistulización Formación patológica de fístulas. — s.f./MEDICINA

fistuloso, a
1 Se aplica a la llaga o úlcera en la que se forma una fístula. — adj. MEDICINA
2 Que tiene forma de fístula o tubo.
3 Se refiere al tallo que está hueco. — BOTÁNICA

fisura (Del lat. *fissura* < *findere*, rajar.)
1 Grieta longitudinal que se produce en un hueso o un órgano: *el golpe le causó una fisura en la tibia.* — s.f. MEDICINA
2 Hendidura o grieta producidas en un objeto. — = raja
3 Hendidura en una masa mineral. — MINERÍA
4 Fallo o punto débil en algo aparentemente fuerte, sólido u homogéneo: *un razonamiento sin fisuras.*

fito- Componente de palabra procedente del gr. *phyton*, que significa vegetal, planta: *fitogeografía; fitofármaco.* — pref.

fitobiología Ciencia que estudia los vegetales desde un punto de vista no sistemático. — s.f. BOTÁNICA

fitófago, a (Del gr. *phyton*, vegetal + *ephagon*, comer.) Se aplica al animal que se alimenta de sustancias vegetales. — adj/s. ZOOLOGÍA

fitofarmacia Estudio y preparación de los productos que se usan para el tratamiento de las enfermedades de las plantas. — s.f. BOTÁNICA, FARMACIA

fitofármaco Producto usado para combatir las enfermedades de las plantas. — s.m./BOTÁNICA, FARMACIA

fitoftirio, a (Del gr. *phyton*, vegetal + *phthora*, degradación, corrupción.) Perteneciente a un suborden de insectos heterópteros, pequeños, con cuatro alas membranosas y parásito de los vegetales, como la filoxera. — adj/s.m. ZOOLOGÍA

fitogeografía Disciplina que estudia la distribución geográfica de los vegetales. — s.f. BOTÁNICA

fitografía Disciplina que estudia la descripción de las plantas. — s.f. BOTÁNICA

fitohormona Hormona que actúa sobre el crecimiento de las plantas. — s.f. BOTÁNICA

fitolacáceo, a (Del lat. *phyttolacca* < gr. *phyton*, vegetal + *lacca*, laca.) Perteneciente a una familia de plantas angiospermas dicotiledóneas, herbáceas o arbóreas, de hojas alternas, flores en racimo y fruto en baya. — adj/s.f. BOTÁNICA

fitología Ciencia que estudia los vegetales. — s.f./BOTÁNICA

fitopatología Disciplina que estudia las enfermedades de los vegetales. — s.f. BOTÁNICA

fitoplancton Conjunto de algas y otros vegetales microscópicos que se encuentran en la superficie de las aguas marinas y lacustres. — s.m. BIOLOGÍA

fitosanitario, a Se refiere a los cuidados que deben dedicarse a los vegetales. — adj. AGRICULTURA

fitosociología Disciplina que estudia las asociaciones vegetales y su relación con el medio en que se forman. — s.f. BOTÁNICA

fitotomía Disciplina que estudia la anatomía de las plantas. — s.f. BOTÁNICA

fitotrón Laboratorio destinado a estudiar la influencia de las condiciones climáticas en el desarrollo de las plantas. — s.m. ECOLOGÍA

fixing (Voz inglesa.) Cotización del lingote de oro en el mercado de Londres. — s.m. ECONOMÍA

fjeld (Voz noruega.) Llanura o plataforma ondulada, generalmente rocosa, modelada por un glaciar continental. — s.m. GEOGRAFÍA tb: fjell

flabeli- Componente de palabra procedente del lat. *flabellum*, que significa abanico: *flabeliforme, flabelífero.* — pref.

flabelicornio, a (Del lat. *flabellum*, abanico + *cornu*, cuerno.) Se aplica al insecto que tiene las antenas en forma de abanico. — adj. ZOOLOGÍA

flabelífero, a Que está encargado de mover un abanico o flabelo en algunas ceremonias de culto o de la corte. — adj.

flabeliforme Que tiene forma de abanico. — adj./= flabelado

flabelo (Del lat. *flabellum*, abanico < *flare*, soplar.) Abanico grande con mango largo, que se agita delante de algún personaje en ceremonias de culto. — s.m.

flacidez Cualidad de lo que está flojo y sin consistencia. — s.f./pl: flacideces tb: flaccidez

flácido, a (Del lat. *flaccidus.*) Que no tiene consistencia o está flojo. — adj./tb: fláccido

flaco, a (Del lat. *flaccus*, flojo, fláccido.)
1 Que está muy delgado: *está tan flaco que se le notan todos los huesos.* — adj./= delgado, seco/≠ gordo
2 Que tiene poca fuerza o consistencia: *se olvida de todo porque su memoria es flaca.* — = débil, enteble ≠ fuerte, sólido
3 Defecto o afición muy marcados de una persona: *su flaco son las golosinas y dulces.* — s.m. = debilidad

flacucho, a Que está algo delgado. — adj./coloquial

flacura Condición de flaco, débil o con muy poca carne o grasa en el cuerpo: *su excesiva flacura preocupa a los médicos.* — s.f. = debilidad, delgadez

flag (Voz inglesa.) Indicador, bit que sirve para indicar una determinada condición en un proceso. — s.m./pl: flags INFORMÁTICA

flagelación Acción y resultado de flagelar o flagelarse: *la flagelación de Cristo es un tema iconográfico.* — s.f. = azote

flagelado, a
1 Que tiene flagelos, filamentos de los organismos unicelulares. — adj.
2 Perteneciente a una clase de protozoos que comprende organismos unicelulares microscópicos provistos de uno o más flagelos locomotores. — adj/s.m. BIOLOGÍA

flagelante
1 Que flagela, que sirve para golpear en el cuerpo o para hacer reproches a otra persona o contra algo. — adj.
2 Penitente que se flagela en público: *se colocaron en la procesión detrás de un grupo de flagelantes.* — s.m.f. = disciplinante
3 Miembro de cofradías y sectas religiosas medievales que se azotaban en público para obtener el perdón de los pecados. — HISTORIA, RELIGIÓN

flagelar (Del lat. *flagellare*, azotar.)
1 Golpear el cuerpo de una persona con un flagelo: *según el evangelio, flagelaron a Jesucristo antes de crucificarlo; el monje se flagelaba como penitencia.* — v.tr./prnl. = azotar

2 Dirigir duros reproches a una persona o contra algo: *flagela el teatro porque a ella, por lo general, le aburre.* — v.tr. = fustigar, vituperar

flageliforme Que tiene forma de flagelo. — adj.

flagelo (Del lat. *flagellum*, látigo, azote.)
1 Instrumento que sirve para azotar: *algunos sacerdotes usaban el flagelo para mortificarse.* — s.m./= azote, disciplina
2 Suceso desgraciado: *la comarca sufrió el flagelo de la epidemia.* — = calamidad, desgracia
3 Extremidad alargada que poseen algunas bacterias, espermatozoides, esporas y protozoos como órgano de locomoción. — BIOLOGÍA

flagrancia Cualidad de flagrante: *el juez resaltó la flagrancia del crimen.* — s.f.

flagrante (De la locución lat. *inflagranti crimene*, part. de *flagrare*, arder.)
1 Que se está realizando en el momento de que se habla: *lo cogieron en flagrante delito.* — adj. + en
2 Que es evidente, que no necesita pruebas: *caer en una contradicción flagrante.*
3 Que despide luz. — literario

flagrar (Del lat. *flagrare*, arder.) Despedir una cosa mucha luz. — v.intr. literario

flama (Del lat. *flamma*, llama.)
1 Resplandor de un fuego o de un objeto luminoso: *a lo lejos se veían las flamas del complejo petrolífero.* — s.f./culto = llama, reverberación
2 Oleada de calor asfixiante. — = bochorno

flamante (Del ital. *fiammante*, por alusión al brillo de las cosas nuevas.)
1 Que tiene aspecto vistoso y lucido: *se presentó con un vestido flamante.* — adj./= deslumbrante, espléndido
2 Que parece nuevo o recién estrenado: *se paseaba orgulloso con el flamante coche deportivo que acababa de comprar.*
3 Se aplica a la persona que es nueva en una situación o cargo a la que ha accedido de manera brillante: *el flamante campeón subió al podium.* — coloquial

flambear Quemar el licor con que se ha rociado un alimento, para darle un gusto específico: *el camarero flambeó los plátanos antes de servirlos.* — v.tr. COCINA tb: flamear

flamboyán Árbol de la familia de las leguminosas, oriundo de México, de tronco ramificado y flores abundantes y muy vistosas, de color rojo encendido. — s.m. BOTÁNICA tb: framboyan

flamear (Del cat. *flamejar*.)
1 Despedir una cosa llamas. — v.intr./= llamear
2 Formar ondas una vela o una bandera al ser movida por el viento: *la bandera flamea en el edificio; los pañuelos blancos flamearon en el estadio.* — = ondear, ondular
3 Destruir con la llama los gérmenes nocivos que puede haber en un objeto: *el ayudante de enfermería procedió a flamear el instrumental quirúrgico.* — = esterilizar
4 Quemar el licor con que se ha rociado un alimento: *flamear el coñac en la salsa.* — v.tr./COCINA tb: flambear

flamen
1 Sacerdote romano dedicado al culto de una divinidad determinada. — s.m./pl: flámines HISTORIA
2 **flamen dial:** El que estaba dedicado a Júpiter. — HISTORIA

flamenco, a
1 De Flandes, región de Bélgica: *ese museo tiene un fondo importante de pintura flamenca.* — adj.
2 Persona natural de esta región. — s.
3 Se aplica al conjunto de cantes y bailes formados por la fusión de elementos gitanos, andaluces y orientales. — adj/s.m. MÚSICA
4 Que tiene aspecto y modales de chulo. — adj/s./despectivo
5 Que tiene un aspecto robusto y sano: *es una mujer flamenca y de rostro sonrosado.* — coloquial = lozano, fresco
6 Se aplica a la persona obstinada e insolente: *no te pongas flamenco porque tienes todas las de perder.* — = farruco, terco coloquial
7 Variedad lingüística del neerlandés que se habla en Flandes, y es lengua oficial junto al francés en Bélgica. — s.m. LINGÜÍSTICA
8 Ave palmípeda de gran tamaño con pico, patas y cuello largos y plumaje de color blanco, rosado o rojo. *(Phoenicopterus.)* — ZOOLOGÍA

flamencología Conjunto de conocimientos sobre el cante y el baile flamencos. — s.f. MÚSICA

flamencólogo, a Que está especializado en el cante y baile flamencos. — adj/s. MÚSICA

flamenquería Cualidad de flamenco o chulo: *me molesta su flamenquería porque no tiene en cuenta a los demás.* — s.f. = chulería

flamenquilla
1 Plato redondo u ovalado de tamaño mediano. — s.f.
2 Maravilla, planta trepadora. — BOTÁNICA

flamenquín Loncha enrollada de jamón cocido, rellena de queso, rebozada en harina y frito. — s.m. COCINA

flamenquismo Afición y tendencia hacia lo flamenco o achulado. — s.m.

flameo
1 Acción y resultado de flamear. — s.m.

2 Longitud de una bandera.

flámeo, a
1 Que se parece a la llama del fuego o tiene alguna propiedad de ella. — adj.
2 Velo de color de fuego que se ponía en la antigüedad romana a las desposadas. — s.m. HISTORIA

flamero Candelabro con un combustible que produce una gran llama. — s.m.

flamígero, a (Del lat. *flamma*, llama + *gerere*, producir.)
1 Que arroja llamas de fuego o tiene su forma. — adj.
2 Se aplica al último período del gótico, el más recargado y complejo de este estilo. — ARTE

flámula Bandera de adorno, triangular y de pequeño tamaño. — s.f. = banderín

flan (Del fr. *flan* < fr. ant. *flaon* < germ. *flado*, pastel.)
1 Dulce de leche, yemas batidas y azúcar, cuajado al baño maría en un molde cubierto con caramelo. — s.m. COCINA
2 Cualquier alimento o comida presentados en forma de este dulce: *la carne iba acompañada con un flan de arroz.* — COCINA
3 Disco metálico sin labrar preparado para hacer la acuñación de monedas. — = cospel, tejo
4 **hecho o hecha un flan o como un flan:** Muy nervioso o excitado: *se puso como un flan cuando le tocó el turno de hablar.* — loc.adj./coloquial + estar, ponerse

flanco (Del fr. *flanc*, costado < germ. **hlanka*, cadera, articulación.)
1 Parte lateral de un cuerpo considerado de frente o por detrás, especialmente de una embarcación o de una formación militar. — s.m./MILITAR NÁUTICA = costado, lado
2 Pared plana de una roca. — GEOLOGÍA
3 Cada uno de los muros que une las caras del baluarte a la fortificación. — MILITAR
4 **flanco del escudo:** Banda a cada lado del escudo que ocupa un tercio de su anchura. — HERÁLDICA
5 **flanco retirado:** El del bastión o baluarte cuando está cubierto con el orejón. — MILITAR

flanero, a Molde para cuajar un flan: *desmoldaré el flan cuando se enfríe la flanera.* — s. COCINA

flanqueado, a
1 Que tiene los flancos o lados protegidos, acompañados o complementados: *se introdujo en un coche flanqueado por policías.* — adj.
2 Se aplica a la figura que parte del escudo del lado de los flancos, por medios óvalos o medios rombos. — HERÁLDICA

flanqueador, a Que flanquea. — adj/s.

flanquear
1 Estar situado al lado de una cosa o persona para acompañarla, protegerla, etc.: *los guardaespaldas flanqueaban al presidente.* — v.tr. = escoltar
2 Tener una posición enemiga dominada por el flanco. — MILITAR

flap (Voz inglesa.) Alerón de los aviones que, al abatirse, aumenta la estabilidad del aparato. — s.m. AERONÁUTICA

flaquear
1 Perder la fuerza o la resistencia física o moral una persona o cosa: *su ánimo flaqueó al fallecer su amigo.* — v.intr. = debilitarse
2 Tener menos preparación o ser menos eficaz en unas actividades que en otras: *flaquea en ortografía.* — = cojear, flojear

flaqueza
1 Falta de ánimo y fuerzas: *le ayudaron a llegar a casa, al ver la flaqueza del anciano.* — s.f. = debilidad
2 Cualidad de delgado. — = delgadez
3 Punto débil, vicio o afición muy marcados: *su hija pequeña es su flaqueza; siempre perdonaba las flaquezas ajenas.* — = flaco, debilidad

flash (Voz inglesa.)
1 Lámpara de destello breve e intenso usada en fotografía cuando la luz es insuficiente: *si no usas el flash la foto saldrá muy oscura.* — s.m. pl: flashes FOTOGRAFÍA
2 Noticia periodística muy breve o de última hora.
3 Euforia súbita producida por la ingestión de estimulantes. — argot
4 Impresión muy grande o sorprendente. — coloquial
5 Plano cinematográfico de mínima duración. — CINE

flashback (Voz inglesa.) Intercalación de imágenes o sucesos retrospectivos en la acción de una película o en la narración de una obra literaria. — s.m. CINE, LITERATURA

flashing (Voz inglesa.) Procedimiento que consiste en iluminar muy débilmente y de manera uniforme la película antes, durante o después de la exposición de la cinta en la cámara o en la tiradora. — s.m. CINE

flato (Del lat. *flatus*, viento, soplo < *flare*, soplar.)
1 Acumulación anormal de gases en el estómago o los intestinos. — s.m./MEDICINA = flatosidad
2 Melancolía, tristeza en el ánimo o en el espíritu de las personas. — Colomb., Méx., Amér. Central, Venez.

flatulencia Distensión en el aparato digestivo, causada por acumulación de gases. — s.f./MEDICINA = meteorismo

flatulento, a
1 Que causa flatos. adj.
2 Que padece flatos. adj/s./= flatoso

flauta (Probablemente del occitano ant. *flauta* < probablemente del bajo lat. *flatare* + occitano *flaujar*.)
1 Instrumento de viento formado por un tubo alargado de madera o metal con agujeros o con llaves. s.f. MÚSICA
2 Persona que toca la flauta. s.m.f./= flautista
3 Bocadillo muy grande: *menuda flauta se ha comido para merendar*. s.f.
4 **flauta de Pan:** Instrumento formado por cañas o tubos de longitud desigual unidos entre sí. MÚSICA = siringa
5 **flauta dulce:** La que se toca verticalmente y tiene la embocadura en el extremo del primer tubo y en forma de boquilla. MÚSICA
6 **flauta travesera:** La metálica con la boquilla ovalada que se toca colocándola horizontalmente de izquierda a derecha. MÚSICA
7 **sonar la flauta o sonar la flauta por casualidad:** Indica que lo que se expresa ha sucedido por azar: *sonó la flauta por casualidad y aprobó el examen.* coloquial

flautado, a
1 Que es parecido a la flauta. adj.
2 Registro del órgano cuyo sonido imita el de las flautas. s.m. MÚSICA

flauteado, a Que tiene un sonido semejante al de la flauta: *su voz es dulce y flauteada.* adj./MÚSICA = aflautado

flautear Tocar una persona la flauta. v.intr./MÚSICA

flautero, a Persona que hace o vende flautas. s./MÚSICA

flautillo Caramillo de sonido muy agudo. s.m./MÚSICA

flautín
1 Instrumento de viento parecido a la flauta, de menor tamaño y sonido más agudo. s.m. MÚSICA
2 Persona que toca este instrumento. s.m.f./MÚSICA

flautista Persona que toca la flauta: *se presentó a un concurso para flautista de la orquesta municipal.* s.m.f./MÚSICA = flauta

flavina Molécula orgánica perteneciente a un grupo que comprende la vitamina B$_2$, los pigmentos amarillos de muchos animales y los enzimas respiratorios. s.f. BIOLOGÍA

flavo, a (Del lat. *flavus*, amarillo.) De color amarillo rojizo. adj. culto

fleb- Componente de palabra procedente del gr. *phleps*, que significa vena. pref. tb: flebo-

flebectomía Operación quirúrgica que consiste en extirpar de manera total o parcial una vena. s.f. MEDICINA

flébil (Del cat. *fleble* < *flebilis*, afligido.)
1 Que es digno de ser llorado. adj./culto literario
2 Que es triste y lacrimoso.

flebitis (Derivado culto del gr. *phleps*, inflamación de las venas.) Inflamación de las venas, que puede provocar la formación de coágulos. s.f. pl: flebitis MEDICINA

flebotomía (Del gr. *phleps*, vena + *temno*, cortar.) Incisión de una vena para que salga determinada cantidad de sangre. s.f. MEDICINA = sangría

flebotomiano, a Persona que practica flebotomías. s./MEDICINA

flecha (Del fr. *flèche*, de origen incierto.)
1 Arma arrojadiza que consiste en una varilla con una punta afilada y triangular, que se lanza normalmente con arco. = dardo, saeta
2 Cualquier objeto o dibujo que tiene una forma semejante a esta arma: *las flechas indican el camino.* = indicador
3 Distancia vertical desde el centro de un arco o de una bóveda hasta la línea de su arranque. ARQUITECTURA
4 Remate que corona una torre, campanario u otra construcción. ARQUITECTURA = aguja
5 Perpendicular trazada desde el punto medio de un arco hasta la cuerda que sostiene este arco. GEOMETRÍA = sagita
6 Parte frontal del tajamar que sobresale de la línea de flotación de un barco. NÁUTICA
7 **como una flecha:** Con mucha rapidez: *salió como una flecha de la reunión.* loc.adj.

flechador, a Persona que dispara flechas. s.

flechadura Conjunto de flechastes o cordeles de una tabla de jarcia. s.f. NÁUTICA

flechar
1 Colocar la flecha en el arco. v.tr.
2 Matar o herir con flecha.
3 Inspirar amor a otra persona de un modo repentino e intenso: *su belleza le flechó al instante de verlo.* = cautivar, enamorar
4 Tener un arco preparado para arrojar la flecha. v.intr.

flechaste (Probablemente del cat. *fletxats*, part. de *fletxar*, flechar.) Cada uno de los cordeles atados horizontalmente a los palos a modo de escalera, por donde los marineros suben a lo alto de éstos. s.m. NÁUTICA

flechazo
1 Disparo de una flecha: *el flechazo dio en el centro de la diana.* s.m.
2 Herida o señal producida por una flecha: *uno de los heridos tenía un flechazo en el brazo.*
3 Amor repentino e intenso hacia una persona a la que se ve por primera vez: *fue un flechazo como el de las películas.* coloquial = enamoramiento

flechería
1 Conjunto de muchas flechas disparadas. s.f.
2 Provisión de flechas.

flechero, a Persona que hace flechas o las dispara. s.

flechilla Denominación genérica de varias especies de plantas de la familia de las gramíneas, cuyos frutos son punzantes y perjudiciales para el ganado. s.f. Argent. BOTÁNICA

fleco (Del ant. *flueco* < lat. *floccus*, pelo del paño.)
1 Adorno compuesto por una serie de hilos o cordones colgantes de una tela o cinta: *la camisa está adornada con flecos.* s.m. = cairel
2 Borde deshilachado de una tela: *a ver si cortas los flecos del bajo del pantalón.*
3 Cabello que cae sobre la frente: *no creo que veas nada con ese fleco tan largo.* = flequillo
4 Detalle o elemento de menor importancia que queda por solucionar en un asunto: *faltaba consensuar varios flecos para cerrar el acuerdo.* coloquial

fleje (Del cat. *fleix*, fresno < cruce de *freixe*, fresno < lat. *fraxinus* con *flixar*, doblar < lat. *flexare*.)
1 Tira de hierro usada para hacer los aros de las cubas o para sujetar las balas o fardos. s.m.
2 Pieza de acero curva usada para muelles o resortes.

flema (Del lat. *phlegma*, *-atis*, mucosidad < gr. *phlegma* < *phlego*, inflamar.)
1 Mucosidad desprendida de las vías respiratorias que se expulsa por la boca. s.f./FISIOLOGÍA tb: flegma/= esputo
2 Lentitud en la manera de actuar o tranquilidad ante las cosas: *trabaja con una flema que me pone muy nervioso.* = calma, pachorra
3 Producto acuoso obtenido por destilación de sustancias orgánicas. QUÍMICA
4 Uno de los cuatro humores que se distinguían antiguamente en el cuerpo humano. MEDICINA
5 Aguardiente obtenido de la destilación del orujo de uva.
6 **gastar flema:** 1. Actuar con lentitud: *mira que gasta flema arreglándose.* 2. No alterarse con facilidad: *ve al niño a punto de caerse y no se levanta, ¡gasta una flema!* coloquial coloquial

flemático, a (Del lat. *phlegmaticus*.)
1 Que se comporta con excesiva lentitud o parsimonia: *es flemático en todos sus trabajos.* adj./= tranquilo, calmoso, flemudo
2 Que no pierde la calma o la serenidad: *es un tipo flemático e impasible.* = sereno
3 De la flema. adj.

fleme (Del occitano ant. *flecme* < lat. vulgar *fleutomus*, alteración de *phlebotomus* < gr. *phlebotomos* < *phleps*, vena + *temno*, cortar.) Instrumento puntiagudo y cortante que se usa para sangrar a los animales, en especial a las caballerías. s.m. VETERINARIA

flemón (Del lat. *phlegmone* < gr. *phlegmone* < *phlego*, inflamar.) Inflamación del tejido conjuntivo, especialmente de la encía. s.m. MEDICINA

flemoso, a Que tiene relación con la flema. adj.

flemudo, a Que es flemático, calmoso o tranquilo: *el muy flemudo ni se levanta a saludarnos.* adj/s.

fleo (Del gr. *phleos*, especie de junco acuático.) Planta gramínea forrajera, con hojas ásperas de color verde claro, que crece en prados, campos y caminos. (*Phleum.*) s.m. BOTÁNICA

flequillo Porción de cabello que cae sobre la frente cubriéndola: *deberías ir al peluquero para que te corte el flequillo.* s.m. = fleco

fletador, a
1 Que fleta. adj/s.
2 Persona que entrega la carga que ha de transportarse en un contrato de fletamento. s. COMERCIO

fletamiento
1 Embarque, alquiler o adquisición de un barco u otro medio de transporte. s.m. = fletamento
2 Contrato mercantil en el que se estipula el precio del alquiler de una embarcación o de su uso para transportar mercancías. COMERCIO

fletán Halibut, pez pleuronéctido de los mares fríos, plano y de carne apreciada. s.m./ZOOLOGÍA tb: fletán negro

fletante
1 Que fleta. adj.
2 Persona que da en alquiler una embarcación o una bestia de carga para transporte. s.m.f. Chile, Ecuad.

fletar
1 Tomar en alquiler o adquirir un vehículo para transportar personas o mercancías. v.tr. COMERCIO
2 Embarcar personas o mercancías en un vehículo para su transporte: *los pasajeros ya se han fletado.* v.tr/prnl.
3 Alquilar un vehículo o una bestia de carga para transporte. v.tr. Amér.

4 Despedir a una persona de un trabajo. — *Amér. Merid.*
5 Enviar a una persona a un lugar en contra de su voluntad. — *Argent., Chile, Urug.*
6 Decir palabras agresivas o inconvenientes. — *Chile, Perú*
7 Largarse, marcharse de pronto. — *v.prnl./Cuba*
8 Encargarse a disgusto de un trabajo pesado. — *Méx.*
9 Inclinarse o desviarse de una determinada dirección. — *Méx.*

flete (Del fr. *fret* < neerlandés *vraecht*, pago, salario.)
1 Precio que se paga por el alquiler de un vehículo o por el transporte de mercancías en él. — *s.m.* COMERCIO
2 Carga o mercancía que se transporta en un vehículo terrestre, marítimo o aéreo. — COMERCIO
3 Precio del alquiler de un medio de transporte. — *Amér.*
4 Vehículo que hace transporte de mercancías por alquiler. — *Argent.*
5 Transporte de mercancías. — *Argent.*
6 Caballo ligero. — *Argent., Urug.*
7 Cliente de una fletera o prostituta. — *Cuba*

fletera Prostituta que trabaja en la calle — *s.f./Cuba*

fletero, a
1 Se aplica al vehículo que se alquila para transporte. — *adj./Amér.*
2 Que tiene por oficio hacer transportes. — *adj/s./Amér.*
3 Persona que cobra el precio del transporte. — *s./Amér.*

flexibilidad
1 Cualidad de flexible, que se dobla con facilidad: *eligieron ese material por su gran flexibilidad.* — *s.f.* ≠ inflexibilidad
2 Disposición de ánimo de las personas que se adaptan con facilidad al modo de pensar de otros o a sus circunstancias: *sorprende la flexibilidad y tolerancia que tiene con las opiniones contrarias a la suya.* — = adaptabilidad ≠ inflexibilidad
3 Liberalización de las condiciones que rigen una relación comercial o laboral: *la flexibilidad horaria en el trabajo me resulta muy cómoda.* — COMERCIO, ECONOMÍA

flexibilizar Hacer flexible o dúctil a una persona o cosa: *tienes que flexibilizar tu carácter.* — *v.tr/prnl.* conj: *cazar*

flexible (Del lat. *flexibilis* < *flectere*, doblar.)
1 Que se dobla con facilidad sin llegar a romperse: *la cuerda está hecha con material flexible.* — *adj./* = elástico ≠ rígido
2 Que se acomoda con facilidad a las circunstancias: *en la empresa tienen un horario flexible; me encanta su carácter flexible.* — = acomodaticio, amoldable
3 Cable formado por finos hilos de cobre recubiertos por un aislante, que se usa en las instalaciones eléctricas. — *s.m.* ELECTRICIDAD

flexión (Del lat. *flexio, -onis.*)
1 Acción y resultado de doblar o doblarse un cuerpo: *he hecho muchas flexiones y tengo agujetas.* — *s.f.* ≠ extensión
2 Cambio de forma que sufren algunas palabras para expresar sus accidentes gramaticales: *los adjetivos tienen flexión de género y de número.* — GRAMÁTICA
3 Ejercicio gimnástico que consiste en levantar el cuerpo estando tendido en el suelo con las palmas de las manos y la fuerza de los brazos.

flexionar Doblar el cuerpo o una parte de él: *el dolor le impedía flexionar las rodillas.* — *v.tr.* = doblar, arquear

flexivo, a Que tiene flexión gramatical: *el español es una lengua flexiva.* — *adj./*GRAMÁTICA = flexional

flexo Lámpara de mesa con brazo flexible o articulado que permite acercar o alejar el foco de luz: *colocó el flexo de forma que pudiera ver bien el dibujo.* — *s.m.*

flexografía Procedimiento de impresión con formas en relieve, constituidas por planchas de caucho o de materia plástica. — *s.f.* ARTES GRÁFICAS, TECNOLOGÍA

flexor, a Que flexiona o produce flexión: *el brazo tiene músculos flexores; el golpe que se dio en la mano le lesionó el flexor largo del dedo pulgar.* — *adj/s.m.* ≠ extensor

flexuoso, a
1 Que forma ondas. — *adj.*
2 Que es blando.

flictena (Del gr. *phlyctaina*, pústula < *phlyzo*, brotar, manar.) Pequeña ampolla que se levanta en el piel y que contiene suero. — *s.f.* MEDICINA

flintglas (Del ingl. *flint*, sílice + *glass* cristal.) Cristal a base de plomo, refringente, que se utiliza en óptica. — *s./pl:* flintglas tb: flint-glass

flipado, a
1 Se aplica a la persona que está bajo los efectos de una droga. — *adj.* argot
2 Que está exaltado, o muy contento por algo: *levantó la vista un poco flipado ante la buena noticia.* — coloquial

flipar
1 Gustar mucho una cosa: *le flipa ir a la discoteca con sus amigos todos los fines de semana.* — *v.tr./coloquial* = entusiasmar
2 Exaltarse, ponerse muy contento: *se flipó al saber la noticia de su ascenso.* — *v.intr/prnl.* coloquial
3 Estar una persona bajo los efectos de una droga: *necesitaba flipar y esnifó marihuana.* — *v.intr.* argot
4 Someterse a la acción de una droga: *se flipó porque estaba con el síndrome de abstinencia.* — *v.prnl/argot* = drogarse

flipe
1 Impresión causada por una cosa sorprendente: *esa atracción es un flipe.* — *s.m/coloquial* = alucine, pasmo
2 Estado provocado al ingerir o inyectarse droga. — argot/= alucinación

flirt (Voz inglesa.)
1 Acción y resultado de coquetear o de entablar una relación con intenciones amorosas: *durante las vacaciones tuvo un flirt con una rubia extranjera.* — *s.m.* = coqueteo, flirteo, ligue
2 Persona con la que se flirtea: *ha venido acompañada de su nuevo flirt.* — = ligue

flirtear Intentar atraer a otra persona para iniciar una relación o por coqueteo: *no le gusta que flirteen con ella.* — *v.intr.* = coquetear, ligar

flirteo Juego o coqueteo amoroso intrascendente: *se dedica al flirteo con todos sus compañeros.* — *s.m.* = coqueteo, flirt

flocadura Adorno hecho de flecos. — *s.f.*

floculación Propiedad de una sustancia para formar partículas de mayor tamaño por sedimentación, procesos químicos o de forma espontánea. — *s.f.* QUÍMICA

flocular Experimentar una sustancia floculación. — *v.intr./*QUÍMICA

flog- Componente de palabra procedente del gr. *phlox, phlogos*, que significa llama: *flogístico; flogosis.* — *pref.* tb: flogo-

flogístico, a
1 Del flogisto. — *adj./*QUÍMICA
2 De la fiebre o de las inflamaciones. — MEDICINA

flogisto (Del gr. *phlogistos*, inflamable.) Fluido imaginado por los antiguos químicos, que se suponía capaz de producir la combustión independientemente del cuerpo. — *s.m.* QUÍMICA

flogosis (Del gr. *phlogosis*.) Alteración patológica en una parte cualquiera del organismo, caracterizada normalmente por aumento de calor, dolor, enrojecimiento e hinchazón. — *s.f.* MEDICINA pl: flogosis = inflamación

flojear Perder fuerza, intensidad, interés o importancia: *le flojean las piernas a causa de la fiebre; la memoria le flojeaba con los años; el trabajo floja mucho últimamente; este alumno floja en matemáticas.* — *v.intr.* = aflojar, decaer, flaquear

flojedad
1 Debilidad o falta de fuerzas: *siento flojedad en las piernas.* — *s.f.* = flojera, flojura
2 Pereza y falta de interés al hacer las cosas: *su depresión se nota en la flojedad con que trabaja.* — = descuido, negligencia

flojel (Del cat. *fluixell*, diminutivo de *fluix*, flojo.)
1 Pelusa que suelta un paño. — *s.m.*
2 Especie de pelillo o plumón de las aves. — ZOOLOGÍA

flojo, a (Del lat. *fluxus*, suelto, débil < *fluere*, manar.)
1 Que no está bien ajustado o apretado: *llevas el nudo de la corbata flojo.* — *adj.* = inseguro, suelto
2 Que tiene poca fuerza o intensidad: *la cosecha ha sido floja.* — = débil, escaso
3 Que es perezoso y poco activo: *es flojo para los trabajos duros.* — *adj/s./*= inactivo, negligente

floppy (Voz inglesa.) Disco magnético de material flexible, contenido en una envolvente de papel o de plástico que tiene capacidad para varios megabytes y se utiliza sobre todo en los ordenadores. — *s.m.* INFORMÁTICA tb: floppy disk = disquete

floqueado, a Que está adornado con flecos: *las cortinas están floqueadas en la parte inferior.* — *adj.*

flor (Del lat. *flos, floris.*)
1 Órgano reproductor de las plantas fanerógamas, compuesto generalmente de corola, cáliz, estambres y pistilos. — *s.f.* BOTÁNICA
2 La parte mejor o más selecta de una cosa: *está en la flor de la juventud; a la fiesta asistió la flor de la sociedad.* — = crema
3 Expresión lisonjera o aduladora: *aquel caballero llenó de cumplimientos y echó miles de flores a la joven.* — = piropo, requiebro
4 Capa o polvillo que empaña el brillo de algunas frutas, como las ciruelas o las uvas.
5 Película que se forma en algunos líquidos, como el vino o el vinagre, con las sustancias que están en suspensión y suben a la superficie.
6 Capa de óxido de algunos minerales. — MINERALOGÍA
7 Polvo blanco que le sale por fuera a los embutidos y jamones cuando se están curando.
8 Parte exterior de las pieles curtidas que se puede pulimentar.
9 Estado de la mujer que se mantiene virgen. — = virginidad
10 Trampa hecha en el juego. — JUEGOS
11 Mancha pequeña y blanca que sale en las uñas. — *Chile*
12 Pieza agujereada de la ducha por donde sale el agua. — *Argent.* = alcachofa
13 **flor completa**: La que tiene cáliz, corola, estambres y pistilos. — BOTÁNICA
14 **flor compuesta**: Inflorescencia formada por muchas florecillas monopétalas en un mismo receptáculo. — BOTÁNICA
15 **flor de estufa o de invernadero**: Persona excesivamente mimada o delicada. — coloquial
16 **flor de la edad o de la vida**: Juventud o el mejor momento de la vida de una persona. — coloquial

17 flor de la maravilla: Planta iridácea de México, con flores púrpuras con manchas como las de la piel de tigre, que se marchitan a las pocas horas de abrirse. `BOTÁNICA`

18 flor de la Pasión: Pasionaria, planta cuya flor semeja los atributos de la pasión de Cristo. `BOTÁNICA = pasiflora`

19 flor de la sal: Espuma rojiza que produce la sal y se usa en medicina. `FARMACIA`

20 flor de lis: 1. Forma de la flor del lirio estilizado. 2. Planta americana con un escapo alto de donde nace una flor grande, roja y aterciopelada. `HERÁLDICA BOTÁNICA`

21 flor de nieve: Planta herbácea cuyas hojas presentan una notable lanosidad, que crece en las altas cumbres. `BOTÁNICA = edelweis`

22 flor de santa Lucía: Planta bromeliácea de flores azules o blancas. `BOTÁNICA`

23 flor de viento: 1. Una de las especies de anémona, venenosa y de color violado. 2. Primeros soplos de viento cuando cambia el rumbo o después de una calma. `BOTÁNICA NÁUTICA`

24 flor desnuda: La que no tiene ni cáliz ni corola. `BOTÁNICA`

25 flor incompleta: Aquella que carece de alguna de sus partes. `BOTÁNICA`

26 flor natural: Premio adjudicado en los juegos florales.

27 flor unisexual: La que no tiene estambres o pistilos. `BOTÁNICA`

28 flores conglomeradas: Las que brotan en gran número de un pedúnculo ramoso. `BOTÁNICA`

29 flores cordiales: Mezcla de ciertas flores que se da a los enfermos en infusión como sudorífico. `MEDICINA`

30 flores de cantueso: Cosa de poca importancia. `coloquial`

31 flores de cinc: Copos de óxido de este metal. `QUÍMICA`

32 flores de maíz: Granos de maíz que calentados revientan y se transforman en una masa blanca y esponjosa comestible. `= palomitas, rosetas de maíz`

33 flores de mano: Las que se hacen imitando las naturales.

34 flores de mayo: Culto que se tributa a la Virgen durante este mes. `RELIGIÓN`

35 flores solitarias: Las que nacen aisladas unas de otras en una planta. `BOTÁNICA`

36 a flor de: En contacto con una superficie o sobresaliendo un poco de ella: *las margaritas crecían a flor de tierra; las gaviotas volaban a flor de agua.* `loc.adv.`

37 a flor de piel: Muy sensible, pronto a manifestarse: *tiene los nervios a flor de piel.* `loc.adj.`

38 dar en la flor: Tener la costumbre de hacer o decir una cosa.

39 en flor: 1. Con flores: *el almendro ya está en flor.* 2. En el momento de mayor pujanza o belleza. `loc.adj./BOTÁNICA`

40 flor de alguna cosa: Abundancia o exceso de lo expresado anteriormente por un sustantivo. `Amér. Merid.`

41 ir de flor en flor: Ser inconstante, cambiar a menudo de ocupación u objetivo.

42 flor y nata o la flor de la canela: Lo más selecto entre otros de su clase o especie: *se codea con la flor y nata de los intelectuales.*

43 ser la flor de la maravilla: Cambiar de forma brusca y sin motivo aparente: *los niños son como la flor de la maravilla, se curan enseguida.*

flora (Del nombre *Flora*, diosa latina de las flores.)
1 Conjunto de las especies vegetales que crecen en una determinada región, zona o medio: *está especializado en la flora mediterránea.* `s.f. BOTÁNICA`
2 Obra que trata de las especies vegetales de un país o región y que las enumera, las describe y clasifica. `BOTÁNICA`
3 Conjunto de microorganismos, que se desarrollan en un órgano, o en parte del mismo, como el intestino o la boca, y que resultan indispensables para determinadas funciones vitales: *flora intestinal; flora vaginal.* `FISIOLOGÍA`

floración
1 Acción de florecer las plantas: *la primavera es la época de floración de muchas plantas.* `s.f./BOTÁNICA`
2 Tiempo que permanecen abiertas las flores. `BOTÁNICA`

floral
1 De la flor: *el cáliz y la corola forman parte del verticilo floral.* `adj. BOTÁNICA`
2 Se aplica a las fiestas o juegos que se celebraban en honor de la diosa Flora y a los certámenes literarios celebrados en Provenza y otros lugares. `HISTORIA LITERATURA`

florar Dar flores las plantas. `v.intr./BOTÁNICA`

flordelisar Adornar una cosa con flores de lis. `v.tr./HERÁLDICA`

floreado, a
1 Que tiene flores estampadas: *ha puesto un papel floreado en el dormitorio.* `adj. = floreteado`
2 Con mucho adorno: *me aburren sus floreados discursos.* `= recargado`

floreal Octavo mes del calendario republicano francés, comprendido entre el 20 o 21 de abril y el 20 o 21 de mayo. `s.m. HISTORIA`

florear
1 Adornar con flores: *floreó la sala de su casa para la fiesta.* `v.tr./= enflorar, floretear`

2 Tocar dos o tres cuerdas de la guitarra con tres dedos sucesivamente y sin parar para producir un sonido continuo. `v.intr. MÚSICA`
3 Echar piropos a una persona: *le gustaba florear a todas las jovencitas.* `v.tr. = piropear`
4 Hacer que vibre la punta de la espada.
5 Hacer figuras y suertes con el lazo de los charros mexicanos. `Méx.`

florecedor, a Que florece: *parece un negocio florecedor pero ya veremos.* `adj.`

florecer (Del lat. *florescere*, empezar a florecer.)
1 Dar flores las plantas: *en febrero ya empiezan a florecer los almendros.* `v.intr./conj: carecer BOTÁNICA/= florar`
2 Experimentar una mejora: *el negocio floreció al finalizar la crisis.* `= progresar, prosperar`
3 Existir una persona o una cosa en una época: *el teatro de Lope de Vega floreció en el Siglo de Oro.* `= desarrollarse`
4 Ponerse una cosa mohosa: *la fruta se ha florecido en la nevera.* `v.prnl. = enmohecerse`

florecido, a Que está mohoso: *tira ese queso florecido y coge el otro.* `adj. = enmohecido`

floreciente
1 Que florece. `adj.`
2 Que está creciendo, en desarrollo o prosperando: *el agroturismo es un negocio floreciente en zonas de montaña.* `= próspero`

florecimiento
1 Acción y resultado de florecer o florecerse. `s.m.`
2 Apogeo de alguna cosa o actividad: *el florecimiento de las artes plásticas.* `= crecimiento, prosperidad`

florentino, a
1 De Florencia, ciudad de Italia. `adj./tb: florentín`
2 Persona natural de esta ciudad. `s.`

floreo
1 Vibración o movimiento de la punta de la espada, en esgrima. `s.m./DEPORTES`
2 Conversación o dichos superfluos, que sirven de pasatiempo o en que se hace alarde de ingenio: *vamos a dejarnos de floreos dialécticos y manos a la obra.*
3 Movimiento de un pie en el aire apoyándose en el otro, en la danza.
4 Trémolo de las cuerdas de la guitarra. `MÚSICA`

florería Tienda donde se venden flores o arreglos florales. `s.f./Méx. COMERCIO`

florero, a
1 Persona que vende flores: *el florero preparó un ramo precioso.* `s. = florista`
2 Recipiente en el que se ponen flores con fines decorativos: *pon los tulipanes en el florero de cristal.* `s.m. = jarrón`
3 Tiesto o maceta con flores: *tiene geranios en los floreros de la terraza.*
4 Cuadro en el que sólo se representan flores. `ARTE`
5 Que suele utilizar expresiones superfluas. `adj/s.`

florescencia
1 Acción de florecer las plantas: *la florescencia de la amapola se produce en verano.* `s.f./BOTÁNICA = floración`
2 Época del año en que florecen las plantas. `= floración`
3 Erupción aguda o crónica, de color rojo fuerte, que se presenta en varias regiones del cuerpo. `MEDICINA = eflorescencia`

floresta (Del fr. *forest*, selva.)
1 Bosque frondoso. `s.f.`
2 Terreno que resulta agradable por la abundancia de plantas y flores. `= fronda`
3 Reunión de cosas agradables y de buen gusto.

florete (Del fr. *fleuret* < ital. *fioretto*.)
1 Espada de cuatro aristas usada en una modalidad de esgrima. `s.m./DEPORTES = espadín`
2 Modalidad de esgrima que se practica con esta espada. `DEPORTES`
3 Tela entrefina de algodón. `TEXTIL`

floretear
1 Adornar con flores: *ha floreteado las paredes con un papel pintado espantoso.* `v.tr. = florear`
2 Usar el florete. `v.intr./DEPORTES`

floreteo Acción de floretear, adornar con flores. `s.m.`

floretista Persona experta en el manejo del florete. `s.m.f./DEPORTES`

flori- Componente de palabra procedente del lat. *flos*, que significa flor: *floricultura.* `pref.`

florícola Se aplica al animal o al organismo que vive en las flores: *la mayoría de las mariposas son florícolas.* `adj. ECOLOGÍA`

floricultor, a Persona que se dedica al cultivo de flores: *el floricultor cuida los invernaderos de los tulipanes.* `s. AGRICULTURA`

floricultura (Del lat. *flos*, flor + *colere*, cultivar.) Arte y técnica de cultivar flores. `s.f. AGRICULTURA`

floridamente Con gracia y adorno: *se expresaba floridamente en su idioma.* `adv.`

floridano, a
1 De Florida, uno de los Estados Unidos de América. `adj.`

2 Persona natural de este estado.   s.

floridez
1 Abundancia de flores: *le gusta la primavera por la floridez de los campos.*   s.f. pl: florideces
2 Lenguaje o estilo florido o recargado: *no es necesaria tanta floridez para contarme lo sucedido.*

florido, a
1 Que tiene muchas flores: *el jardín está por completo florido.*   adj. = floreado
2 Se aplica al lenguaje o al estilo que está muy adornado con figuras retóricas.   = floreado, recargado
3 Que es muy selecto o escogido: *se codea con el personal más florido de la ciudad.*

florífero, a Que tiene o produce flores.   adj./tb: florigero

florilegio (Del lat. *flos*, flor + *legere*, coger.) Selección de textos literarios: *este florilegio te servirá para hacerte una idea de su obra lírica.*   s.m. LITERATURA = antología

florín (Del ital. *fiorino*, moneda florentina.)
1 Unidad monetaria de los Países Bajos, Hungría y Surinam.   ECONOMÍA
2 Antigua moneda de oro de Florencia que fue adoptada por otros países.   HISTORIA

floripondio (Del lat. *flos*, flor + probablemente quechua *ainapuni*, la flor por excelencia.) Flor grande natural o artificial, o cualquier tipo de adorno exagerado y de mal gusto: *llevaba un sombrero de paja con un floripondio rojo en el ala.*   s.m. despectivo

florista Persona que hace y vende ramos y otros ornamentos con flores: *la florista le aconsejó enviar rosas blancas.*   s.m.f.

floristería Tienda donde se venden flores y plantas de adorno: *compró macetas y tierra en la floristería para plantar semillas.*   s.f. COMERCIO

floritura
1 Adorno accesorio y recargado que se hace para embellecer o adornar una cosa: *me mandó una carta llena de florituras; le encanta hacer florituras con la pelota.*   s.f. = floreo
2 Adorno en el canto o en otras actividades artísticas.

florón (Del ital. *fiorone*.)
1 Adorno con forma de flor muy grande usado en arquitectura y pintura con el que se decora una superficie.   s.m. ARTE
2 Adorno con forma de flor que se pone en el círculo de algunas coronas.   HERÁLDICA
3 Hecho, mérito o título que da fama u honra: *su proyecto arquitectónico fue el florón de su carrera.*   culto

flósculo (Del lat. *flosculus*, diminutivo de *flos*, flor.) Cada una de las flores que forman una cabezuela o flor compuesta.   s.m. BOTÁNICA

flota (Del fr. *flotte* < escandinavo *floti*, escuadra, flota.)
1 Conjunto de barcos mercantes, de guerra o de pesca, de un país, compañía de navegación o línea marítima: *la flota está formada por cincuenta buques.*   s.f./NÁUTICA = escuadra
2 Conjunto de barcos o aviones que marchan u operan juntos.   MILITAR
3 Conjunto de vehículos de una empresa: *han aumentado la flota de autobuses.*
4 Autobús de servicio intermunicipal o interdepartamental.   Colomb.
5 Multitud de personas   Chile, Ecuad.
6 Fanfarronada, dicho o hecho de un fanfarrón o de una persona que presume, sobre todo de valiente.   Colomb.

flotabilidad Capacidad para flotar o mantenerse en la superficie de un líquido: *la flotabilidad es una de las características del corcho.*   s.f.

flotable
1 Que puede flotar o mantenerse en la superficie de un líquido.   adj.
2 Se aplica al río que es apto para conducir maderas a flote aunque no sea navegable.

flotación
1 Acción y resultado de flotar o mantenerse en la superficie de un líquido.   s.f./= flote, flotadura
2 Situación de la moneda cuyo cambio está sujeto únicamente a las variaciones del mercado, y no a la intervención de las autoridades.   ECONOMÍA
3 Proceso para concentrar y separar sólidos de granulometría fina que presentan distintas propiedades superficiales.   METALURGIA

flotador, a
1 Que flota en un líquido.   adj./s.
2 Objeto que se usa para mantener a flote en el agua a las personas que no saben nadar: *ya se mete en el agua sin flotador.*   = salvavidas
3 Cuerpo ligero que flota sobre un líquido: *el flotador de un sedal de pesca.*
4 Dispositivo usado para determinar el nivel de un líquido en un depósito y, en algunos, para regular su salida: *el problema de la cisterna es el flotador.*   TECNOLOGÍA
5 Corcho u otro cuerpo ligero que se echa en una co-

rriente de agua para observar la velocidad y el volumen de la misma.
6 Órgano que permite a un hidroavión posarse sobre el agua.   AERONÁUTICA

flotante
1 Que flota: *la madera es un material flotante.*   adj.
2 Que está sometido a cambios: *el número de población flotante ha aumentado.*   = fluctuante

flotar (Del fr. *flotter* < germ. *flotan*.)
1 Mantenerse un cuerpo en la superficie de un líquido sin hundirse: *las boyas flotan en el mar.*   v.intr. + en
2 Mantenerse un cuerpo en suspensión en un líquido o un gas: *en el aire flotan partículas de polvo.*   + en
3 Moverse una tela, papel, u otra cosa, en el aire formando ondas: *las banderas flotaban por el aire.*   = agitarse, ondear
4 Notarse una sensación en el ambiente: *la tensión flotaba en el ambiente.*   = percibirse, sentirse

flote (Del fr. *flot*.)
1 Acción y resultado de flotar.   s.m.
2 **a flote**: Manteniéndose sobre el agua.   loc.adv.
3 **salir, sacar o poner a flote**: Conseguir superar un peligro, apuro o crisis: *al fin sacó a flote la empresa.*

flotilla Flota formada por buques pequeños.   s.f./NÁUTICA

flou (Voz francesa.) Manipulación del objetivo de una cámara con un filtro para obtener una imagen difuminada.   s.m. CINE, FOTOGRAFÍA

fluctuación
1 Acción y resultado de fluctuar: *el país sufre fuertes fluctuaciones en su economía.*   s.f./= oscilación, variación
2 Variación que experimenta una magnitud física respecto a su valor medio.   FÍSICA
3 Situación de duda o indecisión: *cambia de opinión por sus terribles dudas y fluctuaciones.*   = vacilación, titubeo

fluctuante Que experimenta fluctuaciones: *los valores de la bolsa son fluctuantes; su mente fluctuante le impedía decidirse por una de las opciones.*   adj.

fluctuar (Del lat. *fluctuari*, agitarse el mar < *fluctus*, ola < *fluere*, manar.)
1 Moverse un cuerpo por el impulso de un líquido: *el barco fluctuaba por el oleaje.*   v.intr. conj: actuar
2 Estar una cosa en peligro: *la economía fluctúa de forma peligrosa.*   = peligrar, vacilar
3 Dudar en la decisión de un asunto: *deja de fluctuar y decídete.*   = titubear, vacilar
4 Crecer y disminuir una cosa de forma alternativa: *el valor de la moneda fluctúa.*   = oscilar

fluencia
1 Acción y resultado de fluir.   s.f.
2 Deformación que va experimentando un material sometido a una carga permanente.   FÍSICA

fluente
1 Que fluye.   adj./= fluyente
2 Se aplica a las lesiones o a los órganos que supuran o fluyen.   MEDICINA

fluidez
1 Cualidad de fluido: *tiene gran fluidez de palabra.*   s.f./pl: fluideces
2 Facilidad de movimientos y operaciones mercantiles.   ECONOMÍA

fluidificación Acción y resultado de fluidificar.   s.f.

fluidificante Se aplica a los medicamentos que convierten en más fluidas las secreciones bronquiales.   adj/s.m. FARMACIA

fluidificar Hacer una cosa fluida o más fluida.   v.tr/conj: sacar

fluido, a (Del lat. *fluidus*.)
1 Se aplica a los cuerpos gaseosos o líquidos que, al tener poca o ninguna coherencia molecular, toman la forma del recipiente donde están contenidos.   adj/s.m. FÍSICA
2 Se refiere al lenguaje o al estilo que fluye de manera natural y fácil: *su fluido discurso agradó al público.*   adj.
3 Que se desarrolla sin interrupciones: *la circulación es fluida en toda la ciudad.*   = ágil, ligero
4 Se aplica al factor económico que se mueve o actúa con facilidad.   ECONOMÍA
5 Corriente eléctrica: *han cortado el fluido por la tormenta.*   s.m. ELECTRICIDAD
6 Agente hipotético de ciertos fenómenos: *fluido magnético; fluido nervioso.*
7 **fluidos elásticos**: Cuerpos gaseosos.

fluir (Del lat. *fluere*, manar.)
1 Salir un líquido o un gas por un lugar: *de aquella fuente fluye agua ferrosa.*   v.intr/conj: huir = manar
2 Surgir palabras o ideas de la boca o de la mente de una persona con facilidad y frecuencia: *las ideas fluían de su mente con rapidez.*   = brotar, discurrir
3 Marchar o discurrir una cosa con rapidez: *la cola del cine fluía sin problemas.*   = avanzar

flujo (Del lat. *fluxus*, acción de manar un líquido.)
1 Acción y resultado de fluir.   s.m.
2 Movimiento de ascenso de la marea.   ≠ reflujo
3 Sustancia usada en los laboratorios para fundir minerales y aislar metales.   QUÍMICA = fundente

4 Gran cantidad de una cosa: *no salgas ahora porque hay mucho flujo de gente.*   = caudal

5 Secreción y salida del cuerpo de un líquido normal o patológico: *han analizado el flujo vaginal.*   FISIOLOGÍA, MEDICINA

6 flujo blanco: Secreción anormal de las vías genitales femeninas.   MEDICINA = leucorrea

7 flujo de reír: Hábito de reír mucho.

8 flujo de risa: Carcajada ruidosa y prolongada.

9 flujo de vientre: Evacuación de vientre frecuente y anormal.   MEDICINA = diarrea

10 flujo luminoso: Energía que emite un foco luminoso en el interior de un ángulo sólido por segundo.   FÍSICA

11 flujo magnético: Cada una de las líneas de fuerza que atraviesan la superficie de un cuerpo sometido a un campo magnético.   FÍSICA

flúor (Del lat. *fluor, -oris,* flujo.)
1 Elemento gaseoso, de olor sofocante y desagradable, de color amarillo verdoso, que ataca a casi todos los metales y es irrespirable y tóxico.   s.m. QUÍMICA
2 Sustancia usada para fundir minerales y aislar metales.   METALURGIA

fluorescencia Propiedad de algunos cuerpos de emitir luz cuando están expuestos a ciertos rayos del espectro.   s.f. FÍSICA

fluorescente
1 Se aplica a la sustancia que tiene fluorescencia.   adj./FÍSICA
2 Se refiere a la luz que procede de la fluorescencia.   FÍSICA
3 Tubo de cristal que, revestido de una sustancia con fluorescencia, emite este tipo de luz.   ELECTRICIDAD

fluorhídrico Se aplica al ácido compuesto de flúor e hidrógeno, de fuerte olor, usado para grabar vidrio.   adj. QUÍMICA

fluorita Mineral compuesto de flúor y calcio, de color variado y brillante, que se usa en decoración, metalurgia y para grabar vidrio.   s.f. MINERALOGÍA tb: fluorina

fluorografía Procedimiento de grabado sobre vidrio, en el que el dibujo se obtiene fotográficamente.   s.f.

fluoruro
1 Compuesto de flúor.   s.m./QUÍMICA
2 Sal del ácido fluorhídrico.   QUÍMICA

flus Traje completo de hombre.   s.m./Colomb., Venez.

fluvial (Del lat. *fluvialis < fluvius,* río.) De los ríos: *no es posible la navegación fluvial en ese río.*   adj. GEOGRAFÍA

fluviátil Que vive o crece en los ríos o corrientes de agua.   adj.

fluvio- Componente de palabra procedente del lat. *fluvius,* que significa río: *fluviógrafo.*   pref.

fluvioglaciar Se aplica al fenómeno geológico que se produce por cursos de agua procedentes de la fusión del hielo de un glaciar.   adj. GEOLOGÍA

fluviógrafo Aparato que registra las variaciones del nivel de agua de un río, canal o embalse.   s.m./TECNOLOGÍA = fluviómetro

fluviométrico, a Que se refiere a la medición del nivel y del caudal de los ríos.   adj. TECNOLOGÍA

fluviómetro Aparato para medir el nivel del agua de los ríos, canales o embalses.   s.m./TECNOLOGÍA = fluviógrafo

flux (Del cat. *fluix,* flojo, o del fr. *flux,* ambos <lat. *fluxus,* acto de manar un líquido.)
1 Circunstancia que se produce en algunos juegos de cartas cuando todos los naipes de un jugador son del mismo palo.   s.m. pl: flux JUEGOS
2 hacer flux: Consumir el caudal propio o ajeno, quedándose sin pagar a nadie.   coloquial

fluxión (Del lat. *fluxio, -onis,* acción de correr un líquido.)
1 Acumulación de líquidos en un órgano.   s.f./MEDICINA
2 Constipado o estado inflamatorio de la mucosa nasal, acompañado de abundante secreción.   MEDICINA = catarro

fluxómetro Aparato semejante a un galvanómetro, usado para medir las variaciones del flujo magnético.   s.m. FÍSICA

fluyente Que fluye: *las aguas fluyentes de ese manantial son medicinales.*   adj. = fluente

fob (Acrónimo de *[f]ree [o]n [b]oard,* franco a bordo.) Se aplica a la transacción comercial marítima en la que, en el precio convenido, están incluidos todos los gastos de transporte.   adj. pl: fobs COMERCIO

fobia (Del gr. *phobeomai,* temer.)
1 Sentimiento de odio o rechazo: *tiene fobia a las aglomeraciones.*   s.f. = aversión
2 Perturbación angustiosa del ánimo por una sensación de amenaza real o imaginaria.   SICOLOGÍA, SIQUIATRÍA

-fobia Componente de palabra procedente del gr. *phobeo,* que significa temor, aversión: *claustrofobia, hidrofobia.*   suf.

fóbico, a
1 Que tiene las características de la fobia.   adj.
2 Que padece neurosis fóbica.   adj/s./SIQUIATRÍA

-fobo, a Componente de palabra procedente del gr. *phobeo,* que significa aversión, odio: *xenófobo; hidrófobo.*   suf.

foca (Del lat. *phoca < gr. phoke.*)
1 Mamífero carnívoro marino, del orden de los pinnípedos, de cuerpo alargado y fusiforme y extremidades cortas, en forma de aleta y adaptadas a la natación, que se alimenta de peces capturados a nado. *(Phoca vitulina.)*   s.f. ZOOLOGÍA
2 Piel de este animal: *lleva un chaquetón con cuello de foca.*
3 Persona obesa: *desde que no hace deporte se ha puesto hecha una foca.*   coloquial, despectivo

focal Del foco: *mide primero la distancia focal.*   adj.

focalizar
1 Hacer converger en un punto una radiación luminosa.   v.tr./conj: cazar FÍSICA
2 Dirigir una conversación, una discusión o un debate hacia un tema concreto: *focalizó su discurso en los problemas raciales.*   = centrar, concentrar

focense
1 De Fócida, país de la antigua Grecia o de Focea, antigua ciudad de Asia Menor.   adj./HISTORIA = foceo, focidio
2 Persona natural de esta antigua región griega o de esta antigua ciudad.   s.m.f.

focha Ave zancuda acuática, con plumaje de color gris negruzco, pico blanco y dedos lobulados que le permiten nadar y caminar, y que tiene hábitos gregarios. *(Fulica atra.)*   s.f. ZOOLOGÍA = foja

focino Aguijada de punta curva con que se guía a los elefantes.   s.m.

foco (Derivado culto del lat. *focus,* hogar.)
1 Punto donde se juntan los rayos de luz o de calor reflejados por un espejo o refractados por una lente.   s.m. FÍSICA
2 Aparato del que parte un haz de rayos luminosos o caloríferos: *la bombilla es el único foco de luz de la sala.*   = lámpara
3 Lugar donde se origina o se concentra una cosa con toda su fuerza y eficacia y desde el cual se propaga o ejerce influencia: *Grecia fue un foco de cultura; le han detectado un foco de infección en las encías.*   = centro, núcleo
4 Lámpara que emite una luz potente: *los focos del escenario me deslumbraban.*   ELECTRICIDAD
5 Punto cuya distancia a cualquiera de los de una curva se puede expresar en función racional y entera de las coordenadas de dichos puntos.   GEOMETRÍA
6 Vela mayor de las balandras.   NÁUTICA Amér.
7 Bombilla eléctrica.
8 foco acústico: Punto donde se concentran las ondas sonoras emitidas dentro de una superficie cóncava al ser reflejadas por ésta.   FÍSICA
9 foco real: Foco de un espejo o una lente.   FÍSICA, ÓPTICA
10 foco virtual: Punto en que concurren las prolongaciones de los rayos luminosos reflejados por un espejo convexo o refractados por una lente cóncava.   FÍSICA

focomelia Malformación congénita que se caracteriza por el acortamiento o la ausencia de brazos o piernas, de modo que las manos o los pies se insertan directamente en el tronco.   s.f. MEDICINA

focomelo, a Se aplica a la persona afecta de focomelia.   adj/s. MEDICINA

fóculo
1 Hogar pequeño.   s.m./literario
2 Cavidad del altar de los templos paganos donde se encendía fuego.   HISTORIA

fodongo, a Se aplica a la persona perezosa y descuidada en su apariencia o en el arreglo y aseo de su casa.   adj. Méx.

foete Látigo, vara para azotar.   s.m./Amér.

fofo, a Que es esponjoso, blando y de poca consistencia: *tiene las carnes fofas porque no hace ejercicio.*   adj. = flácido

fofoque Vela triangular que algunas embarcaciones despliegan junto al foque.   s.m. NÁUTICA

fogaje Tributo que pagaban los habitantes de casas.   s.m./HISTORIA

fogarada Llama grande que brota y se apaga con rapidez: *a la explosión siguió una enorme fogarada.*   s.f. = llamarada

fogarizar Hacer hogueras con ramas u otras cosas.   v.tr./conj: cazar

fogata
1 Fuego que levanta llama: *hicimos una fogata para asar las chuletas.*   s.f. = fogarata
2 Hornillo superficial o pequeña cavidad cargada con escasa cantidad de pólvora, usado para vencer obstáculos de poca resistencia en la nivelación de terrenos.   CONSTRUCCIÓN

fogón (Del cat. *fogó.*)
1 Lugar adecuado en las cocinas para hacer fuego y guisar: *la olla está en el fogón calentando el guiso.*   s.m. = hogar
2 Utensilio que sirve para hacer fuego y cocinar, y que puede funcionar con varios combustibles: *fogón de gas; fogón de petróleo.*
3 Lugar destinado al combustible en las calderas, hornos y máquinas de vapor.   TECNOLOGÍA
4 Fuego de leña u otro combustible hecho en el suelo.   Argent.
5 Lugar en ranchos y estancias donde se hace el fuego para cocinar.   Argent.

fogonadura
1 Agujero de la cubierta de una embarcación para que encajen los palos. **s.f.** **NÁUTICA**
2 Abertura que se hace en un piso de madera para encajar en ella un poste o un pie de madera. **CARPINTERÍA**

fogonazo Llama o fuego momentáneo que sigue a un disparo o a la explosión de una sustancia inflamable: *el fogonazo de la pólvora le cegó.* **s.m.** **= llamarada**

fogonero, a Persona encargada de cuidar del fogón, en especial en las máquinas de vapor. **s.**

fogosidad Estado de ánimo de la persona o animal que se encuentra exaltado: *arremete las tareas con la misma fogosidad a cualquier hora del día; la fogosidad del caballo hizo que ganara la carrera.* **s.f.** **= apasionamiento, ímpetu**

fogoso, a (Probablemente del fr. *fougueux* < *fougue*, fogosidad < ital. *fóga*, impetuosidad < lat. *fuga*, huida.) Que pone entusiasmo, ímpetu o pasión: *tiene un carácter fogoso; es un enamorado ardiente y fogoso.* **adj.** **= ardiente, apasionado, impetuoso**

foguear
1 Disparar un arma con poca pólvora para limpiarla. **v.tr.**
2 Hacer que una persona o un animal se acostumbre al fuego del combate. **MILITAR**
3 Hacer que una persona adquiera experiencia en una situación o en un empleo: *los años del trabajo como peón lo foguearon mucho.* **v.tr./prnl.** **= acostumbrar, avezar, habituar**
4 Clavar al toro banderillas de fuego. **TAUROMAQUIA**
5 Curar una herida o una enfermedad a un animal con el cauterio. **VETERINARIA**

fogueo
1 Acción y resultado de foguear. **s.m.**
2 **de fogueo:** Se aplica a la munición que no tiene bala y que se emplea para salvas o ejercicios. **loc.adj.** **MILITAR**

foie-gras (Voz francesa.) Pasta alimenticia elaborada con hígado de cerdo, liebre, ganso o alguna otra ave. **s.m./pl: foie-gras** **COCINA**

foja (Del cat. *fotja* < lat. *fulix, -icis*.)
1 Focha, ave zancuda. **s.f./ZOOLOGÍA**
2 Hoja de papel de un documento legal. **DERECHO**

folclor (Del ingl. *folk-lore* < *folk*, gente + *lore*, erudición.)
1 Conjunto de tradiciones populares y costumbres de un pueblo, país o región. **s.m.** **tb: folclore, folklore**
2 Estudio científico de estas tradiciones. **SOCIOLOGÍA**

folclórico, a
1 Del folclor: *es un entusiasta de las costumbres folclóricas de su región.* **adj.** **tb: folklórico**
2 Se aplica a lo que tiene carácter tradicional: *le gusta la música folclórica.*
3 Se refiere al cantante o bailarín que practica un arte tradicional. **adj/s.** **MÚSICA**
4 Persona que se dedica al cante aflamencado: *en el festival participaron famosas folclóricas.* **s.**

folclorista Persona dedicada al estudio del folclor. **s.m.f./tb: folklorista**

folgo Prenda en forma de bolsa forrada de pieles, usada para abrigarse los pies el que está sentado. **s.m.**

foli- Componente de palabra procedente del lat. *folium*, que significa hoja: *foliáceo, folíolo.* **pref.** **tb: folio-**

folía (Del occitano ant. *folia*, locura < *fol*, loco < lat. *follis*, cabeza vacía.)
1 Canto y danza popular de las islas Canarias. **s.f./MÚSICA**
2 Danza de origen portugués que se ejecutaba entre muchas personas.
3 Música ligera de gusto popular. **MÚSICA**
4 Movimiento y tañido del baile español que solía bailar una persona sola con castañuelas. **MÚSICA**

foliáceo, a
1 De la naturaleza de las hojas de las plantas. **adj./BOTÁNICA**
2 Que tiene aspecto o estructura laminar.

foliación
1 Acción y resultado de echar yemas y brotes las plantas: *las plantas están en plena foliación.* **s.f.** **BOTÁNICA**
2 Época en que se produce el brote de las plantas. **BOTÁNICA**
3 Acción y resultado de numerar las páginas de un libro. **= foliatura, numeración**
4 Estructura en láminas propias de las rocas metamórficas. **GEOLOGÍA**

foliado, a Se aplica al vegetal que tiene hojas. **adj./BOTÁNICA**

foliador, a Se aplica al instrumento o máquina que sirve para numerar los folios. **adj/s.**

foliar
1 De las hojas. **adj./BOTÁNICA**
2 Numerar los folios u hojas de un libro, manuscrito o registro. **v.tr.**

foliatura Acción de foliar. **s.f.**

fólico Se aplica al ácido que constituye una de las vitaminas del grupo B. **adj. QUÍMICA**

folicular Que se refiere a un folículo o tiene forma de folículo. **adj.**

foliculario (Del fr. *folliculaire*, periodista despreciable.) Escritor de folletos o periódicos. **s.m.**

foliculina Hormona sexual segregada por el folículo ovárico de la mujer y de las hembras de los mamíferos. **s.f. BIOQUÍMICA = estrona**

foliculitis Inflamación de un folículo piloso, lesión elemental del acné. **s.f./pl: foliculitis MEDICINA**

folículo (Derivado culto de *folliculus*, saquito.)
1 Fruto seco que se abre a lo largo por un solo lado, y que contiene un receptáculo que encierra varias semillas. **s.m. BOTÁNICA**
2 Pequeña glándula en forma de saco que está situada en la piel o en las mucosas: *folículo ovárico; folículo piloso.* **ANATOMÍA**

folio (Derivado culto del lat. *folium*, hoja.)
1 Cada hoja de una publicación: *los artículos presentados no pueden superar los diez folios.* **s.m.**
2 Tamaño de papel igual a la mitad de un pliego. **ARTES GRÁFICAS**
3 Número o encabezamiento de cada página de una publicación.
4 Planta herbácea de la familia de las euforbiáceas, con hojas aovadas, flores juntas formando montón, tallo algo leñoso y semillas redondeadas. **BOTÁNICA**
5 **folio atlántico:** Papel de grandes dimensiones, que no se dobla por la mitad, sino que forma una hoja cada pliego. **ARTES GRÁFICAS**
6 **folio de Descartes:** Curva de tercer grado con dos ramas infinitas, que tienen una asíntota común y se cortan formando un lazo. **GEOMETRÍA**
7 **folio índico:** Hoja del árbol de la canela. **BOTÁNICA**
8 **folio recto:** Primera página de un folio, cuando solo ella está numerada. **ARTES GRÁFICAS**
9 **folio verso o vuelto:** Revés de una hoja que sólo está numerada en la primera parte. **ARTES GRÁFICAS**
10 **al primer folio:** Indica que una cosa se conoce con facilidad. **loc.adv. coloquial**
11 **de a folio:** Muy grande: *aquel proyecto era un disparate de a folio.* **loc.adj. coloquial**
12 **en folio:** Se aplica al libro, folleto u otra publicación de papel de tina. **loc.adj. ARTES GRÁFICAS**

folíolo Cada una de las hojuelas o divisiones del limbo de una hoja compuesta. **s.m./BOTÁNICA tb: foliolo**

folk (Voz inglesa.)
1 Que tiene rasgos propios de las manifestaciones artísticas tradicionales: *le gusta la música folk.* **adj.**
2 Estilo de música nacido en Estados Unidos caracterizado por la sencillez formal y por las letras con temática social. **s.m. MÚSICA = folk song**

folklore (Del ingl. *folk-lore* < *folk*, gente + *lore*, erudición.) Conjunto de leyendas, tradiciones y costumbres de un pueblo. **s.m. tb: folclor, folclore**

folklórico, a Del folklore. **adj./tb: folclórico**

folklorista Folclorista, especialista en el folclor o tradición de un pueblo. **s.m.f.**

folla (Del lat. vulgar *fullare* con mantenimiento de la 'f'.)
1 Parte de los torneos medievales en la que se batallaba de forma desordenada. **s.f. HISTORIA**
2 Pieza teatral de divertimiento con varios pasos mezclados de música y de comedia. **TEATRO**
3 Mezcla de objetos diversos: *menuda folla de trastos tiene en su habitación.* **coloquial = revoltijo**
4 **mala folla o folló:** Poca gracia o mala índole. **vulgar/+ ser, tener**

follador, a
1 Persona que afuella en una fragua. **s.**
2 Que realiza el acto sexual con mucha frecuencia. **adj/s./vulgar**

follaje (Del cat. *fullatge* < *fulla*, hoja.)
1 Conjunto de hojas de árboles y plantas: *el frondoso follaje impedía el paso.* **s.m. BOTÁNICA**
2 Adorno realizado con elementos vegetales enroscados unos con otros. **ARTE**
3 Adorno complicado y de mal gusto.
4 Exceso de palabras superfluas, palabrería: *sus discursos tienen mucho follaje y poco interés.* **= hojarasca, paja**

follar
I (Derivado de *fuelle* < lat. *follis*.)
1 Soplar con el fuelle. **v.tr./conj: contar**
2 Expeler una ventosidad sin ruido. **v.prnl./vulgar**
II (Derivado de *hoja* < lat. *folia*.) Hacer o preparar una cosa en hojas. **v.tr.**
III (De origen incierto.) Realizar el acto sexual. **v.tr/intr./vulgar**

follero, a Persona que fabrica o vende fuelles. **s./tb: folletero**

folletín
1 Escrito, literario o de otra clase, publicado por entregas en un periódico. **s.m. = folletón**
2 Novela, obra cinematográfica o de teatro muy dramática, poco verosímil y de escasa calidad artística: *se traga todos los folletines que emiten en televisión.* **= melodrama**
3 Situación insólita que, por su irrealidad o excesos, parece propia de una obra folletinesca: *le pasa cada folletín que no te lo crees si no lo ves.* **= dramón coloquial**

folletinesco, a Que es propio o característico de los relatos o dramas de folletín: *no me creo esa historia folletinesca que me cuentas.* — adj.

folletinista Persona que escribe folletines. — s.m.f.

folletista Persona que escribe folletos. — s.m.f.

folleto (Del ital. *foglietto.*)
1 Publicación no periódica y de corta extensión: *el ministerio editó un folleto sobre prevención de accidentes.* — s.m. = opúsculo
2 Publicación de propaganda: *está explicado en el folleto turístico.*
3 Impreso con las instrucciones de uso o manejo de una cosa. — = prospecto

folletón Folletín publicado en un periódico. — s.m.

follisca Riña, pendencia o discusión entre varias personas. — s.f./Colomb., Amér. Central, Antillas, Venez.

follón, a
I (Del ant. *fellón* < cat. *felló* < probablemente del germ. *fillo, -ons,* verdugo < *filljan,* desollar.) Que se comporta con falsedad y cobardía. — adj./s. = cobarde, falso, fanfarrón
II (Derivado de *fuelle.*)
1 Cohete que se dispara sin trueno. — s.m.
2 Ventosidad sin ruido.
III (Derivado de *hollar.*)
1 Jaleo, discusión con gritos: *se armó un follón por causa del fútbol.* — s.m. = alboroto, riña
2 Confusión o desorden de personas o cosas: *con tanto follón de papeles en la mesa no encuentro lo que busco.* — = lío

follonero, a Que provoca y forma parte de riñas y discusiones: *no seas follonero y déjale que aparque donde quiera.* — adj./s.

follosas Vestiduras femeninas que caen desde la cintura, como faldas y enaguas. — s.f.pl. Ecuad.

fome
1 Que es soso, sin sabor o sin gracia. — adj./Chile
2 Que es aburrido, que aburre o causa hastío. — Chile
3 Que está pasado de moda. — Chile

fomentación Aplicación de paños o compresas a una parte del cuerpo enferma. — s.f./MEDICINA = fomento

fomentar (Del bajo lat. *fomentare.*)
1 Hacer que una cosa aumente su intensidad o su actividad: *fomentó la poesía modernista en ese país.* — v.tr./= impulsar, promover
2 Aplicar fomentos a un tumor o una herida. — MEDICINA
3 Dar calor natural o templado a una cosa para que la vivifique o anime: *las aves fomentan los huevos para que nazcan los polluelos.*

fomento (Del lat. *fomentum,* bálsamo, calmante < *fovere,* abrigar, calentar.)
1 Aumento de la actividad y desarrollo de una cosa: *el fomento del empleo es un asunto prioritario para el nuevo gobierno.* — s.m. = estímulo, impulso, promoción
2 Paño caliente empapado en agua o en un medicamento usado, por lo general, para acelerar la formación de pus. — MEDICINA = cataplasma

fon Denominación del fonio en la nomenclatura internacional. — s.m. FÍSICA

fonación (Del gr. *phone,* voz.) Emisión de los sonidos articulados del lenguaje. — s.f. LINGÜÍSTICA

fonador, a Se aplica al órgano que interviene en la fonación de la voz. — adj. LINGÜÍSTICA

fonda (Probablemente del fr. *fonde* < ár. *fundaq,* hospedería.)
1 Establecimiento económico donde se admiten huéspedes para dormir y comer: *la fonda está en un encantador pueblecito.* — s.f. = pensión
2 Servicio y conjunto de cámara, comedor y cocina de un buque. — NÁUTICA
3 Puesto o cantina en que se despachan comidas o bebidas. — Argent.

fondable Se aplica al lugar que puede ser fondeado por una embarcación. — adj. NÁUTICA

fondant (Voz francesa.)
1 Jarabe espeso para recubrir pasteles. — s.m./COCINA
2 Bombón que suele contener licor o una pasta azucarada. — COCINA

fondeadero Lugar donde pueden fondear las embarcaciones: *esta cala nos servirá de fondeadero.* — s.m./NÁUTICA = ancladero

fondeado, a
1 Se aplica al buque anclado. — adj./NÁUTICA
2 Que está escondido o aislado. — Chile

fondear
1 Fijar una embarcación u otro objeto flotante con anclas o pesos: *el buque echó anclas para fondear.* — v.intr./NÁUTICA = anclar
2 Llegar una embarcación a un puerto y detenerse en él: *el buque no pudo fondear en un mes.* — NÁUTICA = atracar
3 Examinar el fondo del mar: *los buceadores fondeaban la zona buscando restos del barco.* — v.tr. = sondear
4 Registrar una embarcación para ver si lleva contrabando.

5 Examinar a una persona o una cosa muy cuidadosamente: *le fondeó durante un rato para comprobar su eficacia.* — = analizar, sondear
6 Quitar carga de una embarcación para examinar su fondo. — NÁUTICA
7 Aislar, esconder alguna cosa. — v.tr/prnl./Chile

fondeo
1 Fijación y aseguramiento de una embarcación en un lugar por medio de anclas: *es un buen paraje para un fondeo de la lancha.* — s.m. NÁUTICA = anclaje
2 Reconocimiento del fondo del mar: *tras horas de fondeo, no encontraron el cuerpo.* — = sondeo
3 Cambio de lugar de la carga de un barco para reconocer el fondo. — NÁUTICA
4 Registro de un barco en busca de contrabando.

fondero, a Persona que regenta una fonda. — s./Amér./despectivo

fondillón
1 Asiento y madre que resulta de llenar la cuba cuando está por la mitad. — s.m.
2 Vino elaborado en Alicante.

fondillos Parte trasera de los pantalones: *tienes los fondillos gastados de tanto estar sentado.* — s.m.pl. tb: hondillos

fondista
1 Persona que regenta una fonda. — s.m.f.
2 Corredor especializado en carreras de fondo: *el famoso fondista consiguió el oro olímpico.* — DEPORTES

fondo (Del lat. *fondus.*)
1 Parte inferior de un objeto hueco: *el cubo no llega al fondo del pozo.* — = base
2 Parte opuesta a la entrada: *el baño está al fondo del pasillo.* — = final
3 Profundidad de una cosa: *es un lago de poco fondo.* — = hondura
4 Superficie sobre la que está el agua del mar, de un río o de un estanque: *los submarinos encontraron un barco en el fondo.* — = lecho
5 Superficie en la que resalta un dibujo, forma o adorno: *la tela tiene el fondo verde y flores rojas.* — = base
6 Lo más importante de un asunto: *hay que hablar del fondo de la cuestión.* — = esencia, núcleo
7 Conjunto de circunstancias que rodean un asunto imprimiéndole un determinado carácter o efecto: *la película tiene un fondo social.* — = atmósfera, entorno
8 Carácter de una persona: *es un hombre de buen fondo y gran corazón.*
9 Conjunto de obras que posee una biblioteca o museo, o que ha publicado una editorial: *el fondo del Museo de Arte Moderno es muy importante.*
10 Parte más alejada de una pintura o fotografía: *en el fondo se ve un bosque.* — ARTE, FOTOGRAFÍA
11 Resistencia física de un deportista: *los corredores de maratón tienen mucho fondo.* — DEPORTES
12 Caldera usada en los ingenios azucareros. — Cuba
13 Saya blanca que llevan las mujeres bajo las enaguas. — Méx.
14 Patio o parte posterior de una edificación. — Argent.
15 Caldo aromatizado que se utiliza para hacer salsas o bañar un guiso o asado. — COCINA
16 Cantidad de dinero que posee una persona, comunidad o empresa. — s.m.pl. = efectivo, liquidez
17 Parte sumergida de una embarcación. — NÁUTICA
18 **fondo mental:** Capital intelectual y cultural adquirido por un sujeto durante su desarrollo sicológico, educativo y profesional. — SIQUIATRÍA
19 **fondo muerto, perdido o vitalicio:** Capital que se impone a rédito con la condición de que muriendo la persona o personas sobre cuyas vidas se impone, quede a beneficio del que recibió el capital. — COMERCIO
20 **fondos de amortización:** Los destinados a extinguir una deuda. — COMERCIO
21 **fondos reservados o secretos:** Créditos autorizados por el presupuesto para gastos de seguridad interior y exterior del estado. — ECONOMÍA
22 **a fondo:** En profundidad, por completo: *nos explicó la cuestión a fondo.* — loc.adv.
23 **bajos fondos:** Se aplica a los barrios o sectores más marginales o peligrosos de una gran ciudad: *frecuentaba los bajos fondos.*
24 **dar fondo:** 1. Anclar la nave. 2. Terminarse una cosa: *dio fondo a las existencias de la nevera.* — coloquial
25 **en el fondo:** En lo más íntimo, en último término: *se pelean mucho pero en el fondo se quieren.* — loc.adv.
26 **estar en fondos:** Tener dinero disponible. — COMERCIO
27 **irse a fondo:** 1. Hundirse una embarcación o cualquier cosa que estuviera en el agua. 2. Arruinarse, o fracasar en una empresa.
28 **sin fondos:** Sin dinero efectivo o disponible. — loc.adv.
29 **tocar fondo:** Llegar al límite o al momento final: *el período de inestabilidad política ha tocado fondo; cuando mi paciencia toque fondo, le castigaré.* — coloquial

fondón, a
1 Que ha perdido agilidad por haber engordado: *come mucho y se ha puesto fondón.* — adj. coloquial
2 Asiento y madre del vino de la cuba. — s.m./= fondillón
3 Fondo de los brocados.

fonducho Fonda de muy poca categoría, mala y pobre. — s.m./= figon despectivo

fondue (Voz francesa.)
1 Plato de origen suizo que consiste en queso fundido en vino blanco en el que se sumergen trozos de pan. — s.f. COCINA
2 Utensilio con el que se prepara este plato, consistente en un trípode, o plataforma similar, con un hornillo sobre el que descansa una cazuela. — COCINA

fonébol (Del cat. fonévol < lat. fundibulum, fundíbulo.) Máquina de guerra antigua que lanzaba piedras muy pesadas. — s.m./HISTORIA, MILITAR = fundíbulo

fonema (Del gr. phone, sonido.)
1 Elemento sonoro de la lengua. — s.m./LINGÜÍSTICA LINGÜÍSTICA
2 Cada una de las unidades fonológicas mínimas que en el sistema de una lengua pueden oponerse a otras en contraste significativo.

fonemática Parte de la fonología que estudia los fonemas. — s.f. LINGÜÍSTICA

fonemático, a Que se refiere a los fonemas. — adj./LINGÜÍSTICA

fonendoscopio (Del gr. phone, voz + endon, adentro + skopeo, examinar.) Instrumento usado para auscultar o escuchar los sonidos que se producen en alguna parte del organismo, en especial en la cavidad torácica, formado por dos tubos de goma que enlazan la boquilla que se aplica al organismo y dos auriculares para los oídos. — s.m. MEDICINA

fonética
1 Parte de la lingüística que estudia los sonidos del lenguaje hablado distinguiendo sus características articulatorias o acústicas. — s.f. LINGÜÍSTICA
2 Conjunto de los sonidos de un idioma. — LINGÜÍSTICA
3 **fonética combinatoria:** Estudio de las variaciones experimentadas por los fonemas en función del contexto, durante su inserción en la cadena hablada. — LINGÜÍSTICA

fonético, a (Del gr. phonetikos, relativo al sonido < phoneo, hablar < phone, voz.)
1 Que tiene relación con los sonidos del lenguaje. — adj./LINGÜÍSTICA LINGÜÍSTICA
2 Se aplica al alfabeto o escritura cuyos signos representan sonidos y no conceptos.
3 Se refiere a la ortografía que representa con bastante exactitud los sonidos. — LINGÜÍSTICA

fonetismo
1 Conjunto de caracteres fonéticos de un idioma. — s.m./LINGÜÍSTICA LINGÜÍSTICA
2 Adaptación de la escritura a la pronunciación.

fonetista Persona dedicada al estudio de la fonética o especialista en esta disciplina. — s.m.f. LINGÜÍSTICA

foníatra Persona especialista en las enfermedades o problemas de los órganos de fonación. — s.m.f./MEDICINA th: foniatra

foniatría Parte de la medicina que estudia los órganos que intervienen en la producción de la voz humana y sus enfermedades. — s.f. MEDICINA

fónico, a Que tiene relación con la voz o con el sonido: signo fónico. — adj./FÍSICA, LINGÜÍSTICA

fonil Embudo para envasar líquidos en las pipas. — s.m.

fonio Unidad acústica para medir la diferencia entre las sensaciones sonoras producidas por dos intensidades distintas. — s.m. FÍSICA

fono Auricular del teléfono. — s.m./Argent., Bol., Chile

fono- Componente de palabra procedente del gr. phone, que significa sonido, voz: fonología; megáfono; telefonía. — pref/suf. th: -fonía

fonocaptor Aparato formado por un brazo articulado con una aguja en un extremo, que reproduce eléctricamente las vibraciones inscritas en un disco de gramófono. — s.m. TECNOLOGÍA

fonocardiografía Representación gráfica de los latidos del corazón. — s.f. MEDICINA

fonografía Técnica de grabación de sonidos para reproducirlos por medio del fonógrafo. — s.f. AUDIOVISUALES

fonográfico, a Que tiene relación con la fonografía o con el fonógrafo. — adj.

fonógrafo (Del gr. phone, voz + grapho, escribir.) Aparato que reproduce las vibraciones de un sonido mediante la aplicación de una aguja en un surco. — s.m. AUDIOVISUALES

fonograma Símbolo gráfico con el que se representa un sonido o un grupo de sonidos. — s.m./LINGÜÍSTICA = grafema, letra

fonolita (Del gr. phone, voz + lithos, piedra.) Roca eruptiva de color grisáceo y textura compacta, compuesta de feldespato y de silicato de alúmina. — s.f. GEOLOGÍA

fonología Parte de la lingüística que estudia los sonidos como elementos funcionales dentro de cada lengua. — s.f. LINGÜÍSTICA

fonológico, a De la fonología o de los fonemas. — adj./LINGÜÍSTICA

fonólogo, a Persona dedicada al estudio de la fonología o especialista en esta disciplina. — s. LINGÜÍSTICA

fonometría Estudio y medida de la intensidad de los sonidos. — s.f. FÍSICA

fonómetro Aparato para medir el sonido. — s.m./FÍSICA

fonón Cuanto de energía acústica que es para las ondas acústicas lo que el fotón para las ondas electromagnéticas. — s.m. FÍSICA

fonoteca Colección o archivo de documentos sonoros y lugar donde se conservan. — s.f. AUDIOVISUALES

fonotecnia Técnica que estudia la obtención, transmisión, registro y reproducción del sonido. — s.f. AUDIOVISUALES

fonotécnico, a
1 De la fonotecnia. — adj./AUDIOVISUALES
2 Persona especializada en fonotecnia. — s./AUDIOVISUALES

fonovisión Proceso de transmisión del sonido y de la imagen. — s.f. AUDIOVISUALES

fonsadera
1 Servicio personal que se prestaba en la guerra. — s.f./HISTORIA
2 Tributo que se pagaba para sostener los gastos de guerra. — HISTORIA

fontal De la fuente, manantial de agua. — adj./culto

fontana (Del lat. vulgar fontana < lat. fontana aqua, agua de fuente.) Fuente, manantial de agua. — s.f. culto, literario

fontanal
1 De la fuente, manantial de agua. — adj. = fontal
2 Sitio donde hay muchos manantiales. — s.m.
3 Manantial, lugar de donde sale agua o se origina una cosa. — th: fontanar, hontanar

fontanela (Del fr. fontanelle, diminutivo de fontaine, fuente.)
1 Cada uno de los espacios membranosos que hay en el cráneo humano y de algunos animales antes de su completa osificación. — s.f. ANATOMÍA
2 Instrumento que usaban los cirujanos para abrir fuentes en el cuerpo humano. — MEDICINA

fontanería
1 Técnica de la instalación, mantenimiento y reparación de conductos o tuberías por donde se dirige y distribuye el agua. — s.f.
2 Conjunto de instalaciones para la conducción y distribución de aguas en un edificio. — CONSTRUCCIÓN
3 Establecimiento o taller donde se fabrican y venden aparatos y utensilios destinados a la conducción y uso de las aguas. — COMERCIO
4 Oficio de fontanero.

fontanero, a Persona que se dedica a la instalación y reparación de las conducciones de agua de un edificio. — s.

fontegí Variedad de trigo de mala calidad. — s.m./pl.th: fontegies

fontículo Espacio membranoso, no osificado, que separa los diversos huesos del cráneo en el recién nacido y el lactante. — s.m. ANATOMÍA = fontanela

football (Voz inglesa.) Fútbol, deporte de equipo: es un gran aficionado al football. — s.m. DEPORTES

footing (Voz inglesa.) Ejercicio que consiste en correr a ritmo moderado: sale cada mañana a hacer footing por el parque. — s.m. DEPORTES th: jogging

foque (Del neerlandés fok < fokken, izar la vela.)
1 Vela triangular de una embarcación, en especial la vela mayor. — s.m. NÁUTICA
2 Cuello de camisa almidonado y con las puntas muy tiesas.

forado Agujero hecho en la pared. — s.m./Amér. Merid.

forajido, a (De la contracción de fuera exido, salido afuera, part. de exis, salir < lat. exire.) Se aplica al delincuente que huye de la justicia: los forajidos se internaron en el bosque para despistar a los guardias. — adj/s.

foral
1 Del fuero, ley especial: guardia foral. — adj./DERECHO
2 **bienes forales:** Los que concede el dueño a otra persona mediante el pago de un reconocimiento o pensión anual. — DERECHO

foralismo Tendencia a privilegiar los fueros en los territorios tradicionalmente forales. — s.m. POLÍTICA

foramen (Derivado culto del lat. foramen, agujero.) Agujero o taladro. — s.m. = orificio

foraminífero, a Perteneciente a una clase de rizópodos generalmente marinos, recubiertos de una concha con pequeños orificios, como la numulita. — adj/s.m. ZOOLOGÍA

foráneo, a (Del bajo lat. foraneus.) Que es forastero o extraño: prefiere la música foránea por su exotismo. — adj. = extranjero

forastero, a (Del cat. foraster < occitano ant. forest, caserío fuera de la población < foras.)
1 Que procede de otro lugar distinto a aquel en el que se encuentra: la ciudad se llena de forasteros en verano. — adj/s.
2 Que es extraño o ajeno: me resulta forastero ese lugar; se sentía forastero en aquella reunión. — = extranjero

forcejear (Del cat. *forcejar*.)
1 Hacer fuerza para vencer una resistencia: *los pasajeros forcejeaban para entrar en el vagón.* — v.intr. / tb: forcejar
2 Oponer o contradecir ideas u opiniones: *forcejeaban por tener la razón.* — = debatir, luchar

forcejeo Acción y resultado de forcejear: *resultó herido en el forcejeo.* — s.m. / tb: forcejo

fórceps (Del lat. *forceps, -ipis,* tenazas.)
1 Instrumento usado para facilitar la salida de la criatura en los partos difíciles. — s.m./pl: fórceps / MEDICINA
2 Tenazas usadas por los dentistas en las extracciones de piezas dentarias. — MEDICINA

forchina Arma de hierro semejante a la horquilla. — s.f./HISTORIA

forcipresión Aplicación de una pinza sobre un vaso sanguíneo para detener la circulación. — s.f. / MEDICINA

forcípula Instrumento semejante a un calibrador de grandes dimensiones, usado para medir el diámetro del tronco de un árbol. — s.f.

forense
1 Del foro o lugar donde los tribunales oyen las causas. — adj./DERECHO / = judicial
2 Se aplica al médico que asiste al juez en asuntos médicos relacionados con la justicia. — adj/s.m.f. / DERECHO

forero, a
1 Del fuero o que se hace conforme a él. — adj./DERECHO
2 Persona que es dueña de una finca dada a foro. — s.m./DERECHO
3 Persona que paga foro. — DERECHO

forestación Repoblación de los bosques. — s.f./ECOLOGÍA

forestal (Del bajo lat. *forestalis* < fr. ant. *forest,* selva.) De los bosques: *los incendios han destruido muchas explotaciones forestales.* — adj. / BOTÁNICA

forestar Repoblar un terreno con plantas forestales y árboles: *forestaron la zona quemada.* — v.tr. / ECOLOGÍA

forfait (Voz francesa.)
1 Acuerdo que se ajusta de antemano respecto al precio de una cosa. — s.m./pl: forfaits / COMERCIO
2 Viaje organizado por una agencia con un precio fijo que incluye todos los gastos.
3 Abono que se adquiere para un uso determinado de unas instalaciones deportivas: *tengo un forfait para las pistas de esquí.* — DEPORTES

forfícula Tijereta, insecto dermáptero. — s.f./ZOOLOGÍA

forillo Telón pequeño colocado detrás del telón de foro en que hay una puerta u otra abertura. — s.m. / TEATRO

forja (Del fr. *forge* < lat. *fabrica,* fábrica.)
1 Acción y resultado de forjar o forjarse. — s.f./= forjado
2 Lugar donde se forjan metales. — METALURGIA
3 Material de construcción compuesto de cal, arena y agua. — CONSTRUCCIÓN / = argamasa

forjado
1 Acción y resultado de forjar o trabajar los metales. — s.m./= forjadura
2 Armazón de las paredes y separaciones entre pisos de un edificio. — CONSTRUCCIÓN / = entramado

forjador, a
1 Que forja. — adj.
2 Se aplica a la persona que trabaja en la forja de metales. — adj./s. / METALURGIA

forjadura Acción y resultado de forjar. — s.f.

forjar (Del fr. *forger* < lat. *fabricari,* modelar.)
1 Dar forma al hierro o a otro metal golpeándolo en caliente sin fundirlo. — v.tr./METALURGIA / = fraguar
2 Crear en la mente ilusiones, mentiras, fantasías, etc.: *se ha forjado muchas ilusiones con ese viaje.* — v.tr/prnl. / = idear, imaginar
3 Crear una cosa con mucho trabajo y esfuerzo: *se ha forjado una buena posición.* — = construir, labrar
4 Hacer una obra de albañilería. — v.tr./CONSTRUCCIÓN
5 Poner una pared blanca con yeso o mortero. — CONSTRUCCIÓN
6 Llenar el espacio entre una viga y otra con bovedillas o tableros de rasilla. — CONSTRUCCIÓN

forlón Antiguo coche de caballos de cuatro asientos y con la caja dispuesta entre dos varas de madera. — s.m. / tb: furlón

forma (Del lat. *forma,* figura, imagen.)
1 Aspecto externo de los cuerpos: *la mesa tiene forma ovalada.* — s.f. / = apariencia, figura
2 Modo de obrar y hacer las cosas: *tiene una forma de andar muy graciosa.* — = estilo, manera
3 Conjunto de rasgos estéticos y externos que expresan las ideas contenidas en una obra artística: *cuida más la forma que el contenido.* — = estilo
4 Objeto o pieza hueca que se rellena con un material para que éste tome su figura. — = horma, molde
5 Condición física o estado anímico de una persona: *tras la depresión, ya ha recuperado la forma.*
6 Aspecto morfológico o sintáctico de una unidad lingüística. — LINGÜÍSTICA
7 Posibilidad de conseguir una cosa: *no hay forma de localizarla.* — = modo, ocasión
8 Molde con que se imprime una cara de un pliego. — ARTES GRÁFICAS
9 Requisitos externos o aspectos de expresión en los actos jurídicos. — DERECHO
10 Cuestiones procesales en contraposición al fondo del pleito. — DERECHO
11 Configuración especial de la letra de una persona o la de una época o país: *la letra gótica tiene una forma muy característica.*
12 Pan ázimo cortado en figura circular que se sirve para la comunión de la misa. — RELIGIÓN / = hostia
13 Palabras rituales que forman la esencia de cada sacramento. — RELIGIÓN
14 Cada uno de los arcos en los que descansa la bóveda vaída. — ARQUITECTURA / = arco formero
15 Principio activo que constituye la esencia de los cuerpos. — FILOSOFÍA
16 Figura que tiene el cuerpo de una persona, especialmente referido al busto y caderas femeninas. — s.f.pl. / = curvas
17 Modales adecuados en el comportamiento social: *sus formas son poco educadas.* — = maneras
18 **sagrada forma:** Hostia consagrada para la comunión. — RELIGIÓN
19 **dar forma:** 1. Formular con exactitud o dar expresión adecuada a algo. 2. Planear un asunto con precisión y exactitud: *ya ha dado forma a su proyecto de tesis.*
20 **de cualquier forma o de todas formas:** Indica que lo que se ha expresado con anterioridad, no impide la realización de lo que se dice después: *ya sé que no quieres ir, pero de todas formas irás.* — loc.adv.
21 **de forma que:** Indica consecuencia o resultado: *nos lo explicó de forma que lo entendimos.* — loc.conj.
22 **en forma o en debida forma:** 1. Con formalidad, como es debido. 2. En perfectas condiciones físicas, anímicas o mentales para realizar una actividad. — loc.adv.
23 **guardar las formas:** Comportarse según las normas sociales establecidas: *no sabe guardar las formas.*

formable Que se puede formar. — adj.

formación
1 Acción y resultado de formar o formarse: *la geología estudia la formación de las capas terrestres.* — s.f./= creación, constitución
2 Educación y preparación en determinada materia: *tiene buena formación literaria.*
3 Disposición o reunión ordenada y en fila de tropas o vehículos militares. — MILITAR
4 Relación de los jugadores de un equipo con especificación del puesto que ocupa cada uno en un partido determinado: *el entrenador aún no ha decidido la formación para el partido.* — DEPORTES / = alineación
5 Forma y aspecto que ofrece alguna cosa: *es un animal de formación robusta.* — = constitución, figura
6 Conjunto de rocas o masas minerales que presentan características geológicas y paleontológicas comunes. — GEOLOGÍA

formador, a Que forma o educa. — adj/s.f./tb: formatriz

formaje Molde de madera, barro u otro material usado para formar los quesos y darles forma. — s.m. / = encella

formal (Del lat. *formalis,* referente a la forma.)
1 De la forma o aspecto exterior de las cosas: *ha hecho un estudio de los aspectos formales de la obra.* — adj. / ≠ esencial
2 Que cumple con los requisitos, formalidades o con las obligaciones contraídas: *es un compromiso formal de compra.* — = oficial
3 Que se comporta con educación y formalidad: *¡qué niño tan formal!* — = responsable, serio

formaldehído Gas incoloro, de olor picante y soluble en agua. — s.m./QUÍMICA / = aldehído fórmico

formaleta Armazón que sostiene el peso de un arco o una construcción mientras no está acabada. — s.f. / CONSTRUCCIÓN

formalete (Del cat. *formaret.*) Arco de medio punto. — s.m./ARQUITECTURA

formalidad
1 Actitud y comportamiento serio, cuidadoso y cumplidor al realizar una acción: *cumplió con toda formalidad su compromiso.* — s.f. / = seriedad, responsabilidad
2 Conjunto de normas, requisitos y reglas que hay que cumplir para realizar, conseguir o tramitar una cosa: *ya ha terminado con las formalidades del banco.*
3 Seriedad y compostura en algún acto: *la ceremonia se realizó con las formalidades protocolarias.*

formalina Denominación comercial del formol, solución acuosa del formaldehído. — s.f. / QUÍMICA

formalismo
1 Tendencia a exigir o cumplir con las formalidades de un modo excesivo. — s.m. / = legalismo
2 Tendencia artística o científica que se centra en la forma del objeto de estudio y no en el contenido.

formalista
1 Que hace las cosas cumpliendo todas las formalidades establecidas. — adj/s.m.f. / = legalista
2 Del formalismo o partidario de él.

formalización Acción y resultado de dar forma legal o reglamentar: *ayer tuvo lugar la formalización del contrato.* — s.f.

formalizar
1 Dar carácter de seriedad y compromiso a lo que no lo tenía: *formalizó su relación con la chica.*
2 Dar forma legal o reglamentaria a una cosa: *aún no han formalizado los estatutos.*
3 Determinar o precisar la forma final de una cosa.
4 Hacerse una persona seria y responsable: *desde que se casó se ha formalizado.*
5 Ponerse una persona seria u ofenderse por una cosa que se le hace o dice en broma.

v.tr./conj: *cazar*
= oficializar
= legalizar, reglamentar

v.prnl.
= responsabilizarse

formalmente
1 Con seriedad, con formalidad: *viste formalmente para las grandes ocasiones.*
2 En su forma, según su forma: *formalmente hablando, es un trapecio.*

adv.

formante Fenómeno vibratorio que acompaña la emisión de un fonema.

s.m.
LINGÜÍSTICA

formar (Del lat. *formare.*)
1 Hacer una cosa dándole una determinada figura: *ha formado un castillo con los naipes.*
2 Dar una educación o conocimientos a una persona: *se ha formado a sí mismo con la lectura de buenos libros.*
3 Crear o constituir una cosa que no existía: *se ha formado una junta para llevar las cuentas de la empresa; formó un equipo multidisciplinar.*
4 Reunir a varias personas para que hagan una asociación o un equipo: *después de mucho entrenamiento se formó un buen equipo.*
5 Poner las tropas en filas ordenadas.
6 Estar una persona en una clase o un grupo: *forma en el grupo de los novatos.*
7 Desarrollarse una persona física, intelectual, profesional o moralmente: *se formó en la filosofía de Kant.*

v.tr.

v.tr/intr/prnl.
= educar, instruir
v.tr/prnl.
= establecer, organizar
= alinear

v.tr./MILITAR
v.intr./= encontrarse, figurar
v.prnl.

formateado Operación consistente en la organización de un disco en sectores y pistas, para así poder almacenar información en él.

s.m.
INFORMÁTICA

formatear Dar un formato o estructura a un disco para que se pueda trabajar con él en el ordenador.

v.tr.
INFORMÁTICA

formativo, a Que da forma o educa: *es un libro entretenido y a la vez formativo.*

adj./= educativo, didáctico

formato
1 Forma y tamaño de un libro, fotografía o cualquier objeto: *prefiere el formato mayor.*
2 Disposición en que se presentan los datos.

s.m.

INFORMÁTICA

formatriz Que forma o educa.

adj.

-forme Componente de palabra procedente del lat. *forma,* que significa forma: *filiforme.*

suf.

formero, a Se aplica al arco en que se apoya la bóveda vaída.

adj/s.m.
ARQUITECTURA

formiato Sal derivada del ácido fórmico con una base.

s.m.
QUÍMICA

formica (Marca registrada.) Sustancia plástica laminada usada para forrar o proteger algunas maderas.

s.f.
INDUSTRIA

formicante
1 De la hormiga, insecto himenóptero.
2 Que es lento o débil: *pulso formicante.*

adj.
MEDICINA

formícido, a Perteneciente a una familia de insectos himenópteros que viven en colonias numerosas como la hormiga.

adj/s.m.
ZOOLOGÍA

fórmico, a (Derivado culto del lat. *formica,* hormiga.) Se aplica al ácido líquido de olor picante que segregan las hormigas o que se obtiene de diversas sustancias.

adj.
QUÍMICA

formidable (Del lat. *formidabilis,* temible < *formidare,* temer.)
1 Que es muy bueno o agradable: *siempre me ha parecido una chica formidable.*
2 Que es muy grande o muy intenso: *se ha llevado una formidable reprimenda.*
3 Que causa miedo o asombro: *aquella formidable aparición nos dejó boquiabiertos.*

adj./= estupendo, magnífico

= enorme

= tremendo, atroz

formol Sustancia líquida de formaldehído al 40 por ciento, incolora, de olor fuerte y desagradable, usada como desinfectante y como conservante de órganos y cuerpos de animales.

s.m.
QUÍMICA

formón
1 Herramienta de carpintería con un filo muy cortante, semejante al escoplo aunque más ancha y plana.
2 Sacabocados para cortar las hostias y otras cosas con figura circular.
3 **formón de punta corriente:** El que acaba en corte oblicuo.

s.m.
CARPINTERÍA

CARPINTERÍA

fórmula (Del lat. *formula,* marco, regla.)
1 Regla establecida de antemano para decir o hacer una cosa: *terminó la carta con una fórmula de despedida.*
2 Expresión simplificada de un cálculo matemático o físico que sirve de regla para la resolución de casos análogos: *he aprendido la fórmula para hallar la velocidad.*

s.f.
= norma, pauta
FÍSICA
MATEMÁTICAS

3 Representación simbólica de la composición química de una sustancia o cuerpo: *la fórmula del agua es H_2O.*

QUÍMICA

4 Nota en la que se especifican los componentes y el modo de preparar un medicamento u otra cosa.

FARMACIA
= receta

5 Modo de conseguir una cosa o solucionar un problema o una desavenencia: *me gustaría tener la fórmula para hacerme rico.*

6 Expresión concreta de un pacto o acuerdo entre distintos pareceres: *se ha llegado a una fórmula para compaginar los horarios.*

= solución

7 Categoría o clase, según su peso, motor y cilindrada, pertenece un automóvil monoplaza de competición en circuito o recorrido cerrado: *hoy se celebra el campeonato de fórmula 1.*

DEPORTES

8 Automóvil que participa en este tipo de competiciones.

s.m.
DEPORTES

9 **fórmula de cortesía:** Expresión con la que se manifiesta atención o respeto hacia otra persona.

10 **fórmula dentaria:** Representación simbólica de la dentición de un mamífero.

ZOOLOGÍA

11 **fórmula leucocitaria:** Proporción de los diversos tipos de leucocitos en la sangre circulante.

MEDICINA

12 **fórmula magistral:** Receta médica en la que se especifica el modo de preparar un medicamento que se elabora en la farmacia.

FARMACIA
≠ específico

13 **de fórmula:** Que se hace o dice por seguir la costumbre o la etiqueta: *le recibió con una sonrisa de fórmula.*

loc.adj.

14 **por fórmula o por pura fórmula:** Para cubrir apariencias o por cumplir con la costumbre.

loc.adv.

formulación Acción y resultado de formular: *procedió a la formulación del teorema.*

s.f.

formular
1 Que pertenece o se refiere a la fórmula: *es una visita formular.*
2 Expresar una cosa con una fórmula: *no veo el modo de formular el problema matemático.*
3 Expresar una cosa con términos claros y precisos: *formula un deseo antes de soplar las velas.*
4 Mandar o indicar un medicamento para paliar una enfermedad.

adj.
= formulario
v.tr./FÍSICA, MATEMÁTICAS
= enunciar, manifestar
= prescribir, recetar

formulario, a (Del lat. *formularius,* referente a las fórmulas jurídicas.)
1 Que tiene relación con la fórmula o el formulismo: *aún faltan algunos trámites formularios.*
2 Que se hace por cortesía o educación: *le haremos una visita formularia.*
3 Listado o recopilación de fórmulas: *lo encontrarás en el formulario de química.*
4 Hoja o folleto que presenta espacios en blanco para contestar las cuestiones que plantea: *tendrá que rellenar un formulario para pedir el pasaporte.*

adj.

= formal, ritual
s.m.

= impreso

formulismo Tendencia a dar excesiva importancia a las fórmulas y maneras establecidas para la ejecución o resolución de un asunto o en la vida social.

s.m.
= formalismo, legalismo

formulista Se comporta haciendo un uso excesivo de las fórmulas para la resolución o tramitación de asuntos oficiales o en la vida social.

adj/s.m.f.
= formalista, legalista

fornáceo, a Del horno.

adj./literario

fornelo Braserillo manual de hierro.

s.m.

fornicación Acción y resultado de fornicar: *la fornicación es un pecado para algunas religiones.*

s.f.
= fornicio

fornicador, a Que fornica.

adj/s.

fornicar (Del lat. *fornicare,* comercio carnal < *fornix, -icis,* lupanar.) Realizar el acto sexual fuera del matrimonio, en la religión católica.

v.intr/tr.
conj: *sacar*

fornido, a (Del ant. *fornir,* abastecer < cat. *fornir* < probablemente del germ. *frumjan.*) Que es robusto y corpulento: *es fornido y con una salud de hierro.*

adj.
= musculado

fornitura (Del fr. *fourniture* < *fournir* < probablemente del germ. *frumjan.*)
1 Conjunto de accesorios que se usan en la confección de prendas de vestir: *se dedican a la venta de todo tipo de fornituras.*
2 Correaje y cartuchera del soldado.
3 Piezas de repuesto de un reloj o de otro mecanismo de precisión.
4 Porción de letra que se funde para completar una fundición.

s.f.
= guarnición

MILITAR

ARTES GRÁFICAS

foro
1 Plaza de las ciudades romanas donde se desarrollaba la actividad política, judicial, económica y comercial.
2 Lugar en el que los tribunales oyen las causas.
3 Ejercicio de la abogacía y todo aquello que concierne a los tribunales.
4 Reunión en la que se discuten temas de actualidad.
5 Parte del escenario contrario a la embocadura.
6 Contrato por el que se cede el dominio útil de una cosa mediante el pago de un canon.

s.m.
HISTORIA

DERECHO
DERECHO
= curia

TEATRO
DERECHO

7 desaparecer, irse o hacer mutis por el foro: Marcharse de un lugar o reunión sin que se note. — *coloquial*

-foro, a Componente de palabra procedente del gr. *phero*, que significa que lleva: *electróforo*. — *suf.*

forofo, a Seguidor entusiasta e incondicional de una persona o una cosa, en especial de un equipo deportivo: *los forofos del equipo abucheaban al árbitro; no se puede discutir con él porque es un forofo radical.* — *s. = fan coloquial*

forración Procedimiento para reforzar y hacer flexibles las pinturas sobre lienzo. — *s.f. ARTE*

forraje (Del fr. *fourrage*, hierba usada como pienso < fr. ant. *fuerre* < germ. *fodar*, alimento.)
1 Pasto verde o seco que se da como alimento al ganado. — *s.m.*
2 Acción y resultado de cortar y recoger el pasto.
3 Abundancia y mezcla de muchas cosas sin importancia. — *coloquial*

forrajeador Soldado que recoge el pasto para los caballos. — *s.m. MILITAR*

forrajear
1 Cortar y recoger el pasto para el ganado. — *v.intr./AGRICULTURA*
2 Salir los soldados a recoger el pasto para los caballos. — *MILITAR*

forrajera
1 Cuerda o red que los jinetes forrajeadores llevaban enrollada a la cintura. — *s.f. MILITAR*
2 Cinturón o faja que usan algunos regimientos montados en el uniforme de gala. — *MILITAR*

forrajero, a Se aplica a la planta que sirve para pasto del ganado. — *adj./s.f. BOTÁNICA*

forrar (Del cat. *folrar* o del fr. *forrer* < ambos del gótico *fodr*, vaina.)
1 Poner un forro a una cosa para protegerla, conservarla, etc.: *forró la pared de corcho; sólo falta forrar la falda.* — *v.tr. = recubrir, revestir, tapar*
2 Atiborrarse, especialmente de comida o bebida: *se forraron de pan con jamón.* — *v.prnl./coloquial = hartarse*
3 Hacerse rica una persona: *con el negocio que ha montado se está forrando.* — *coloquial = enriquecerse*

forro
1 Cubierta con que se reviste una cosa por la parte exterior o interior para protegerla, resguardarla, etc.: *se ha roto el forro del libro; cuando vienen invitados quita el forro del sofá.* — *s.m. = defensa, funda, resguardo*
2 Tela que se pone por la parte interior de las prendas de vestir o de otras cosas: *el forro de este abrigo es de seda; lleva un bolso con un forro a cuadros.* — *TEXTIL*
3 Conjunto de tablones o planchas que constituyen el armazón de los barcos. — *NÁUTICA*
4 Refuerzo de una vela. — *NÁUTICA*
5 Persona muy bella, guapa: *tu hermana es un forro.* — *Méx/coloquial*
6 **ni por el forro:** En absoluto, ni lo más mínimo: *este asunto no me gusta ni por el forro; el tema no lo conoce ni por el forro.* — *loc.adv. coloquial*
7 **pasarse una cosa por el forro o por el forro de los cojones:** No darle la menor importancia o no hacer caso de lo que se dice. — *vulgar*

fortachón, a Que es fuerte y robusto: *ya han llegado los fortachones de tus hijos.* — *adj./s. familiar*

fortalecedor, a Que da fuerza o vigor: *el ejercicio es una actividad fortalecedora.* — *adj.*

fortalecer
1 Poner fuerte o más fuerte física o anímicamente: *le recetaron una tanda de vitaminas para fortalecerla; las palabras del sacerdote lo fortalecieron.* — *v.tr/prnl. conj: carecer = reforzar*
2 Confirmar o apoyar una cosa: *los últimos datos recogidos fortalecen tus argumentos.* — *= corroborar, ratificar*

fortalecimiento
1 Acción y resultado de fortalecer o fortalecerse: *el fortalecimiento del paciente es ya evidente.* — *s.m.*
2 Obras, como muros o murallas, que hacen fuerte un sitio o población. — *CONSTRUCCIÓN = fortificación*

fortaleza (Del occitano ant. *fortalessa* < lat. *fortis*, fuerte.)
1 Fuerza o capacidad de resistencia física: *ha superado la enfermedad porque es una mujer de gran fortaleza.* — *s.f. = vigor*
2 Capacidad para sobrellevar situaciones o hechos adversos: *necesitaría mucha fortaleza para enfrentarse a la desgracia.* — *= entereza*
3 Virtud cardinal que consiste en vencer el temor y huir de la temeridad. — *RELIGIÓN*
4 Lugar o recinto fortificado: *los cruzados construyeron grandes fortalezas en oriente.* — *ARQUITECTURA = fortificación*

forte (Voz italiana.) Indica que se ha de reforzar el sonido. — *adv/s.m. MÚSICA*

fortepiano (Del ital. *forte*, fuerte + *piano*, suave, por las posibilidades de intensidad de este instrumento.) Expresa un sonido fuerte seguido de otro de débil intensidad. — *adv/s.m. MÚSICA tb: forte-piano*

fortificación
1 Acción y resultado de fortificar un lugar para protegerlo de los ataques enemigos. — *s.f. MILITAR*
2 Construcción con que se fortifica un lugar: *aún se mantiene la estructura de la fortificación.* — *= fortaleza, fuerte*
3 Arte de construir obras de defensa militar: *emplearon la piedra y la madera en la fortificación.* — *ARQUITECTURA, MILITAR*
4 **fortificación de campaña:** Construcción que sirve para defender por tiempo limitado un campo u otra posición militar. — *MILITAR*
5 **fortificación permanente:** La construida para servir de defensa por tiempo ilimitado. — *MILITAR*

fortificado, a Que tiene fortificaciones: *un castillo fortificado.* — *adj.*

fortificador, a Que fortifica o da fuerzas físicas o morales: *sus amables palabras fueron fortificadoras para la viuda.* — *adj. = fortificante*

fortificar (Del lat. *fortificare* < *fortis*, fuerte + *facere*, hacer.)
1 Dar fuerza física o moral a una persona: *tu compañía fortificó su ánimo; el ejercicio diario y el aire puro de la montaña fortificaron su quebrantada salud.* — *v.tr/prnl. conj: sacar = fortalecer*
2 Construir obras de defensa en un lugar para que resista los ataques del enemigo: *al ver que el enemigo avanzaba se fortificaron en la plaza.* — *MILITAR = amurallar, guarnecer*

fortín Pequeña construcción de defensa de un ejército atrincherado. — *s.m. MILITAR*

fortissimo (Voz italiana.) Indica una ejecución tan fuerte como sea posible. — *adv/s.m. MÚSICA*

fortran (Acrónimo de [*For*]mula [*Tran*]slator, traductor de fórmulas.) Lenguaje de programación de alto nivel, modular, y usado principalmente en aplicaciones científicas y matemáticas. — *s.m. INFORMÁTICA*

fortuito, a (Del lat. *fortuitus* < *fors*, fuerte.) Que sucede por casualidad: *nuestro encuentro en la calle fue de modo fortuito.* — *adj. = accidental, imprevisto*

fortuna (Del lat. *fortuna*, suerte, azar < *fors*, *fortis*, fuerte.)
1 Causa a la que se le atribuyen sucesos buenos o malos: *la fortuna nos ha acompañado.* — *s.f.= destino, hado, suerte*
2 Bienes o propiedades: *heredó una gran fortuna de un pariente lejano.* — *= hacienda, patrimonio*
3 Acogida o éxito de una persona o cosa: *su propuesta tuvo mucha fortuna.* — *= aceptación*
4 Gran cantidad de dinero: *cobra una fortuna cada mes.* — *= dineral*
5 Borrasca o tempestad en mar o en tierra.
6 Divinidad mitológica que presidía los sucesos de la vida. — *MITOLOGÍA*
7 **correr fortuna:** 1. Sufrir una embarcación una tormenta. 2. Probar suerte, procurar enriquecerse. — *NÁUTICA*
8 **hacer fortuna:** 1. Enriquecerse, conseguir bienes y propiedades. 2. Tener algo mucha aceptación: *la moda del sombrero hizo fortuna en su época.*
9 **por fortuna:** 1. Por suerte o por circunstancia favorable: *por fortuna, fue un accidente sin graves consecuencias.* 2. De manera casual: *¿por fortuna no tendrá vuestra merced un caballo de refresco?* — *loc.adv.*
10 **probar fortuna:** Intentar una empresa cuyo resultado es difícil de prever: *su abuelo se fue a América a probar fortuna.*

forúnculo Infección en la piel que causa una inflamación dolorosa y con pus. — *s.m./MEDICINA tb: furúnculo*

forunculoso, a Del forúnculo: *esa hinchazón tiene aspecto forunculoso.* — *adj.*

forzado, a (Derivado de *fuerza* < bajo lat. *fortia*.)
1 Que se hace con esfuerzo e incomodidad: *aquella postura forzada le produjo dolor de espalda.* — *adj. = obligado*
2 Que no es espontáneo o natural: *su risa me parece forzada.* — *= afectado, fingido*
3 Galeote condenado a servir al remo en las galeras. — *s.m./HISTORIA*

forzador El que hace fuerza o violencia a otro, en especial a una mujer. — *s.m.*

forzal Parte del peine de la que arrancan las púas. — *s.m.*

forzamiento Acción realizada con el uso de la fuerza. — *s.m.*

forzar (Derivado de *fuerza* < bajo lat. *fortia*.)
1 Obligar a una persona, mediante la fuerza o la violencia, a que haga una cosa: *les forzó a trabajar; tuvo que forzarse para no gritar de dolor.* — *v.tr/prnl. = violentar, coaccionar*
2 Aplicar la fuerza o la violencia a una cosa para conseguir un fin: *forzó la cerradura de la puerta para entrar en el piso.* — *v.tr.*
3 Intentar que las cosas ocurran más rápido o de manera diferente: *no fuerces la situación.*
4 Entrar en una plaza fortificada por la fuerza de las armas. — *MILITAR*
5 Obligar a una persona a tener relaciones sexuales. — *= violar*
6 Navegar una embarcación con mucho aparejo. — *v.intr./NÁUTICA*
CONJ.: IND.: PRES.: *fuerzo, fuerzas, fuerza, forzamos, forzáis, fuerzan.* PRET. INDEF.: *forcé, forzaste, forzó, forza-*

mos, forzasteis, forzaron. SUBJ.: PRES.: *fuerce, fuerces, fuerce, forcemos, forcéis, fuercen.* IMP.: *fuerza, fuerce, forcemos, forzad, fuercen.*

forzosa
1 Modo de jugar a las damas que consiste en obligarse a ganar en doce jugadas. — s.f. JUEGOS
2 **la forzosa:** Necesidad ineludible de hacer una cosa en contra de la voluntad de quien ha de realizarla. — coloquial
3 **hacer la forzosa a una persona:** Obligarle a hacer algo que no quiere, disponiendo las cosas para que no pueda excusarse. — coloquial

forzoso, a Que es obligatorio: *la asistencia regular al curso es forzosa si quieres aprobar.* — adj./= necesario ≠ voluntario

forzudo, a Que tiene mucha fuerza física: *ese chico tan forzudo os ayudará.* — adj/s. = fuerte

fosa (Del lat. *fossa,* excavación, fosa < *fodere,* cavar.)
1 Cavidad abierta en la tierra para enterrar cadáveres. — s.f. = sepultura
2 Cavidad o hueco del organismo: *le han operado de las fosas nasales.* — ANATOMÍA
3 Depresión alargada en la corteza terrestre o en el fondo marino. — GEOLOGÍA
4 **fosa común:** Cavidad donde se entierran los restos mortales de varias personas.
5 **fosa navicular:** Dilatación que hay en el extremo de la uretra del hombre. — ANATOMÍA
6 **fosa séptica:** Cavidad para recoger las aguas residuales.
7 **fosa tectónica:** Parte de la corteza terrestre hundida entre fallas normales a ambos lados. — GEOLOGÍA

fosal Lugar donde se entierra a los cadáveres. — s.m./= cementerio

fosar Hacer un foso alrededor de una cosa. — v.tr.

fosca Oscuridad en la atmósfera. — s.f./= bruma

fosco, a
1 Que es o está oscuro: *el cielo está fosco.* — adj.
2 Que es arisco y poco sociable. — = hosco
3 Se aplica al pelo que está alborotado o ahuecado. — ≠ lacio

fosfatado, a
1 Que tiene algún fosfato: *alimento fosfatado.* — adj.
2 Que está en estado de fosfato o sal de fósforo: *cal fosfatada.* — QUÍMICA
3 Operación de fertilizar con fosfatos las tierras de labranza. — s.m. AGRICULTURA

fosfatar
1 Combinar una sustancia con fosfato. — v.tr./QUÍMICA
2 Poner abono en las tierras empobrecidas. — AGRICULTURA

fosfático, a Del fosfato. — adj./QUÍMICA

fosfatina Se usa para indicar que se está muy cansado o enfermo, en la expresión **estar hecho fosfatina:** *después de la fiesta de anoche, estoy hecho fosfatina.* — coloquial

fosfato
1 Sal formada al combinar ácido fosfórico con una base. — s.m. QUÍMICA
2 Abono compuesto de distintas clases de fosfatos solubles. — AGRICULTURA

fosfaturia Eliminación excesiva de fosfatos por la orina. — s.f. MEDICINA

fosfeno (Del gr. *phos,* luz + *phaino,* aparecer.) Sensación visual producida por un cambio brusco e intenso de luz, por presión del globo ocular u otras causas. — s.m. MEDICINA

fosfina Compuesto orgánico derivado del fosfuro de hidrógeno. — s.f. QUÍMICA

fosfito Sal de ácido fosforoso. — s.m./QUÍMICA

fosfo- Componente de palabra procedente del gr. *phosphoros,* que significa fósforo: *fosforescencia.* — pref.

fosforado, a Que contiene fósforo. — adj./QUÍMICA

fosforar Combinar o mezclar una sustancia con fósforo. — v.tr. QUÍMICA

fosforecer Emitir luz o resplandor en la oscuridad: *las luciérnagas fosforecían junto a la tapia del jardín.* — v.intr/conj: carecer tb: fosforescer

fosforera Estuche para guardar fósforos o cerillas.

fosforescencia Propiedad de algunos cuerpos o sustancias de emitir luz en la oscuridad: *ciertos minerales emiten fosforescencia.* — s.f. FÍSICA

fosforescente Que fosforece o está dotado de fosforescencia: *algunas señales de tráfico están hechas con pintura fosforescente.* — adj.

fosfórico, a
1 Del fósforo: — adj./QUÍMICA
2 Que contiene fósforo: *ácido fosfórico.* — QUÍMICA

fosforismo Intoxicación por fósforo. — s.m./MEDICINA

fosforita Mineral de color blanco amarillento de aspecto terroso y compacto, que se utiliza como abono en agricultura. — s.f. MINERALOGÍA

fósforo (Del gr. *phos, phoros,* que da luz < *phos,* luz + *phero,* llevar.)
1 Elemento químico sólido, de color amarillo, muy — s.m. venenoso, inflamable y fosforescente, que se encuentra en algunos minerales y en los animales. — QUÍMICA
2 Trozo de cera, madera o papel que en un extremo tiene este elemento químico y que se inflama por rozamiento. — = cerilla, mixto
3 Rapidez o facilidad para entender o razonar: *este chico tiene mucho fósforo.* — = ingenio, meollo coloquial
4 **fósforo blanco:** Forma en que se presenta el fósforo muy venenosa e inflamable. — QUÍMICA
5 **fósforo rojo:** Forma del fósforo, menos inflamable y venenosa. — QUÍMICA

fosforoscopio Instrumento para determinar la fosforescencia de un cuerpo. — s.m. FÍSICA

fosforoso, a Se aplica al compuesto que se obtiene por la combustión lenta del fósforo: *ácido fosforoso.* — adj. QUÍMICA

fosfuro Combinación de fósforo con otro elemento. — s.m./QUÍMICA

fosgeno Gas muy tóxico, persistente e irritante, altamente letal, obtenido de la combinación de cloro y óxido de carbono. — s.m. QUÍMICA

fósil (Del lat. *fossilis,* que se saca cavando la tierra < *fodere,* cavar.)
1 Se aplica a la sustancia de origen orgánico o a la huella que se ha petrificado, por haber permanecido enterrada largo tiempo: *los fósiles se conservan en ambientes especiales.* — adj/s.m. GEOLOGÍA
2 Que es viejo o anticuado: *está hecho un fósil ese hombre.* — coloquial

fosilífero, a Se aplica al terreno que contiene fósiles. — adj./GEOLOGÍA

fosilización Proceso de conversión de un cuerpo orgánico en fósil: *la materia orgánica se petrifica en el proceso de fosilización.* — s.f. GEOLOGÍA = petrificación

fosilizarse
1 Convertirse un cuerpo orgánico en fósil: *en general, sólo se fosilizan las partes o zonas duras del cuerpo.* — v.prnl. conj: cazar
2 Quedarse una persona o una cosa estancada, sin evolucionar: *sus teorías se han ido fosilizando.* — = estancarse ≠ progresar

foso (Del ital. *fosso.*)
1 Hueco grande en el terreno: *tendrán que tapar ese foso para evitar accidentes.* — s.m./= hoyo, excavación
2 Espacio que hay en los teatros debajo del escenario. — TEATRO
3 Excavación en el suelo de un garaje o taller mecánico para arreglar las partes bajas de los vehículos.
4 Excavación profunda que hay alrededor de algunos castillos o fortalezas: *un puente levadizo permite cruzar el foso.* — CONSTRUCCIÓN = cava, fosa
5 Cavidad alargada llena de arena en que caen los atletas en los saltos de longitud. — DEPORTES

fosor Se aplica al animal que vive en galerías que excava en la tierra: *algunos gusanos son animales fosores.* — adj. ZOOLOGÍA

fosquera Suciedad de las colmenas de las abejas. — s.f.

foto (Apócope de *fotografía.*) Fotografía [en todas sus acepciones]. — s.f./FOTOGRAFÍA coloquial

foto- Componente de palabra procedente del gr. *phos, photos,* que significa luz: *fotosensibilidad.* — pref.

fotoalergia Reacción cutánea anormal a la luz, especialmente la provocada por la exposición al sol. — s.f. MEDICINA

fotoalérgico, a De la fotoalergia o que la padece. — adj/s./MEDICINA

fotobiología Parte de la biología que estudia los efectos de la luz sobre los seres vivos. — s.f. BIOLOGÍA

fotocátodo Superficie de una célula fotoeléctrica sobre la que se proyecta una imagen. — s.m. TECNOLOGÍA

fotocélula Dispositivo eléctrico que reacciona frente a la luz: *la puerta se abre sola porque tiene una fotocélula.* — s.f./TECNOLOGÍA = célula fotoeléctrica

fotocinesis Movimiento de algunos organismos como reacción frente a estímulos luminosos. — adj./pl: fotocinesis BIOLOGÍA

fotocomponedor, a Persona especializada en la fotocomposición. — s. ARTES GRÁFICAS

fotocomponedora Aparato para realizar la composición de un texto sobre una película fotográfica para su impresión. — s.f. ARTES GRÁFICAS

fotocomponer Preparar un texto que se va a imprimir directamente sobre películas listas para el montaje. — v.tr. conj: poner ARTES GRÁFICAS

fotocomposición Procedimiento y técnica de preparar textos directamente en películas fotográficas para su impresión. — s.f. ARTES GRÁFICAS

fotoconductividad Propiedad de algunos cuerpos que varían su resistencia eléctrica en función de la radiación luminosa recibida. — s.f. FÍSICA

fotoconductor, a Que varía la resistencia eléctrica según la intensidad de luz. — adj/s.m. FÍSICA

fotocopia
1 Procedimiento de reproducción rápida de un documento mediante el revelado instantáneo de un negativo fotográfico: *si quieres un duplicado del texto puedes obtenerlo por fotocopia.* — s.f. ARTES GRÁFICAS

2 Fotografía que se obtiene por este procedimiento: *no es necesario enviar el original, puedes mandar una fotocopia del mismo.* · ARTES GRÁFICAS

fotocopiadora Máquina para fotocopiar u obtener la reproducción rápida de un documento mediante revelado instantáneo. · s.f. ARTES GRÁFICAS

fotocopiar Hacer una reproducción instantánea de un escrito o un dibujo: *fotocopiaré la circular para repartirla entre mis conocidos.* · v.tr.

fotodermatosis Inflamación de la piel, provocada por una exposición prolongada a los rayos ultravioletas. · s.f. pl: fotodermatosis MEDICINA

fotodiodo Diodo semiconductor en el que inciden rayos luminosos provocando variaciones de la corriente eléctrica. · s.m. ELECTRICIDAD

fotoelasticidad · Propiedad de algunas sustancias que, presentando iguales propiedades en todas direcciones, adquieren doble refracción si son sometidas a una deformación elástica. · s.f. FÍSICA

fotoelasticimetría Técnica óptica que permite estudiar la distribución de las tensiones y de las deformaciones de un cuerpo sólido sometido a determinadas acciones. · s.f. FÍSICA

fotoelectricidad Electricidad producida por el desprendimiento de electrones bajo la acción de la luz. · s.f. FÍSICA

fotoeléctrico, a
1 Que se produce por la intervención de radiaciones luminosas. · adj. FÍSICA
2 Se refiere al aparato que utiliza dicho fenómeno. · FÍSICA

fotoemisor, a Que emite electrones por la acción de la luz. · adj. FÍSICA

foto-fija
1 Fotografía que se hace de las escenas, durante su rodaje cinematográfico, para uso publicitario. · s.f./CINE, PUBLICIDAD
2 Persona que realiza este tipo de fotos. · s.m.f./CINE

fotofobia (Del gr. *phos, photos,* luz + *phobeomai,* temor.) Intolerancia a la luz debido a una afección ocular o neurológica: *lleva gafas oscuras porque padece fotofobia.* · s.f. MEDICINA, SICOLOGÍA

fotófobo, a Que padece fotofobia. · adj/s.

fotófono Aparato para transmitir el sonido por medio de ondas luminosas. · s.m. FÍSICA

fotóforo Órgano luminoso que poseen algunos grupos de animales, entre ellos muchos peces abisales. · s.m. ZOOLOGÍA

fotogénesis Producción de luz por organismos animales dotados de órganos luminosos. · s.f./pl: fotogénesis BIOLOGÍA

fotogenia
1 Cualidad natural de algunas personas por la que resultan muy favorecidas al ser fotografiadas o filmadas: *algunos actores de cine han destacado en especial por su fotogenia.* · s.f.
2 Capacidad de favorecer los efectos químicos de la luz sobre ciertos cuerpos. · FÍSICA

fotogénico, a (Del ingl. *photogenic.*)
1 Que tiene buenas cualidades para ser fotografiado o filmado: *trabaja como modelo porque es muy fotogénico; tiene unas facciones fotogénicas.* · adj.
2 Que se refiere a los efectos químicos de la luz sobre ciertos cuerpos. · FÍSICA

fotógeno, a Que produce luz o fosforescencia: *algunos animales de las profundidades abisales poseen un órgano fotógeno.* · adj. BIOLOGÍA

fotograbado
1 Técnica para grabar planchas de cinc o de cobre mediante métodos fotográficos, electrónicos o químicos. · s.m. ARTES GRÁFICAS
2 Lámina grabada o estampada mediante alguna de estas técnicas. · ARTES GRÁFICAS
3 Plancha de impresión metálica en relieve. · ARTES GRÁFICAS

fotograbador, a Persona especializada en fotograbado. · s.

fotograbar Grabar mediante la técnica del fotograbado. · v.tr. ARTES GRÁFICAS

fotografía
1 Arte y técnica de fijar imágenes sobre superficies sensibles a la acción química de la luz. · s.f./FOTOGRAFÍA tb: foto
2 Imagen obtenida por medio de esta técnica: *presentó sus fotografías a un concurso.* · tb: foto = instantánea
3 Descripción o explicación detallada y precisa: *sus relatos son fotografías de los lugares que visita.* · tb: foto = retrato

fotografiar
1 Reproducir la imagen de una cosa o una persona por medio de la fotografía: *nunca le ha gustado que le fotografíen.* · v.tr./conj: vaciar FOTOGRAFÍA = retratar
2 Describir con precisión: *fotografió al desaparecido con profusión de detalles.*

fotográfico, a
1 De la fotografía: *le regalé una cámara fotográfica.* · adj./FOTOGRAFÍA

2 Que se obtiene mediante la fotografía: *hacer una copia fotográfica.* · FOTOGRAFÍA
3 Se aplica a la memoria que reproduce las cosas con exactitud: *le basta con leer los apuntes porque tiene memoria fotográfica.*

fotógrafo, a Persona que se dedica a hacer fotografías como profesional o por afición: *trabaja como fotógrafo de prensa.* · s. FOTOGRAFÍA

fotograma
1 Cada una de las imágenes que componen una película cinematográfica: *en una película se suceden veinticuatro fotogramas por segundo.* · s.m. CINE
2 Imagen fotográfica obtenida sin cámara, exponiendo un objeto directamente sobre una emulsión sensible a la luz. · FOTOGRAFÍA

fotogrametría Técnica para obtener planos de grandes extensiones de terreno mediante fotografías aéreas. · s.f. FOTOGRAFÍA

fotólisis Descomposición química de una sustancia provocada por la luz y en especial por los rayos ultravioletas. · s.f. pl: fotólisis FÍSICA

fotolito Cliché fotográfico que reproduce el original sobre una película o soporte transparente y se usa en el huecograbado y otras formas de impresión. · s.m. ARTES GRÁFICAS

fotolitografía
1 Técnica de reproducir y fijar dibujos sobre piedra litográfica, mediante la acción química de la luz. · s.f. ARTES GRÁFICAS
2 Estampa obtenida mediante esta técnica. · ARTES GRÁFICAS

fotolitografiar Reproducir la imagen de una cosa por medio de la litofotografía. · v.tr./conj: vaciar ARTES GRÁFICAS

fotoluminiscencia Fenómeno que consiste en la emisión de luz como consecuencia de la absorción previa de una radiación. · s.f. FÍSICA

fotomatón
1 Mecanismo automático que realiza en muy pocos minutos todo el proceso fotográfico, desde la toma de la fotografía hasta la entrega de las copias. · s.m. FOTOGRAFÍA
2 Cabina donde se obtienen fotografías mediante este sistema. · FOTOGRAFÍA

fotomecánica Técnica para copiar escritos e imágenes mediante máquinas con dispositivo fotográfico. · s.f. ARTES GRÁFICAS

fotomecánico, a Que se refiere a la fotomecánica. · adj./ÓPTICA

fotometría Parte de la óptica que estudia la medición de las magnitudes de la luz. · s.f. ÓPTICA

fotométrico, a De la fotometría o del fotómetro. · adj./ÓPTICA

fotómetro Instrumento para medir la intensidad de la luz: *el fotómetro te indicará qué abertura de diafragma precisas.* · s.m. FÍSICA, ÓPTICA

fotomontaje Imagen que resulta de la composición o superposición de varias fotografías con fines artísticos o publicitarios. · s.m./ARTE, FOTOGRAFÍA, PUBLICIDAD

fotomultiplicador, a Se aplica al instrumento o a la célula fotoeléctrica de multiplicación de electrones. · adj/s.m. FÍSICA

fotón Cada una de las partículas que componen la luz y que se propagan en forma de ondas electromagnéticas. · s.m. FÍSICA

fotonovela Relato, por lo general de carácter sentimental o amoroso, ilustrado con fotografías que van acompañadas por un breve texto explicativo o por bocadillos con diálogos. · s.f. = fotorromance

fotoperíodo Respuesta biológica del organismo a la duración relativa del día y de la noche. · s.m./BIOLOGÍA tb: fotoperíodo

fotopila Dispositivo que utiliza el efecto fotovoltaico y convierte en electricidad una parte de la energía de radiación solar o de otra fuente de luz. · s.f. FÍSICA = célula solar

fotoquímica Parte de la química que estudia las reacciones químicas producidas por la luz. · s.f. QUÍMICA

fotorreportaje Reportaje constituido esencialmente por documentos fotográficos. · s.m.

fotorrobot Retrato de una persona realizado a partir de los detalles fisonómicos y las descripciones hechas por otras personas. · s.f. tb: foto-robot

fotosensibilidad Sensibilidad que tienen los organismos a la luz o a las radiaciones infrarrojas y ultravioletas. · s.f. BIOLOGÍA, MEDICINA

fotosensibilización Acción anormal de la luz sobre la piel debida a la administración externa o interna de determinadas sustancias. · s.f. MEDICINA

fotosensible Que es sensible a la luz: *las sales de plata se usan en fotografía por sus propiedades fotosensibles.* · adj. FÍSICA

fotosfera (Del gr. *phos,* luz + *sphaira,* esfera.) Capa gaseosa visible y luminosa que delimita el contorno del Sol y de las estrellas. · s.f. ASTRONOMÍA

fotosíntesis Conjunto de procesos químicos, producidos por los vegetales que tienen clorofila, por lo que la energía de la luz se transforma en energía bioquímica: *la transformación del anhídrido carbónico en hidratos de carbono forma parte de la fotosíntesis.* · s.f. pl: fotosíntesis BOTÁNICA

fotosintético, a De la fotosíntesis. · adj./BOTÁNICA

fototactismo Movimiento de reacción de los seres unicelulares cuando se produce una brusca iluminación. · s.m. BIOLOGÍA = fototaxis

fototeca
1 Archivo fotográfico. · s.f./FOTOGRAFÍA
2 Conjunto o colección de fotografías. · FOTOGRAFÍA

fototerapia Tratamiento de las enfermedades por la acción de la luz. · s.f. MEDICINA

fototipia (Del gr. *phos, photos*, luz + *typos*, molde.)
1 Técnica y procedimiento de reproducir clichés fotográficos sobre una capa de gelatina con bicromato extendida sobre cristal o cobre. · s.f. ARTES GRÁFICAS = fototipografía
2 Lámina obtenida mediante técnica fototipográfica.

fototípico, a De la fototipia o reproducción de clichés fotográficos sobre gelatina. · adj. ARTES GRÁFICAS

fototipo Imagen fotográfica que se obtiene mediante la exposición y tratamiento de una capa sensible. · adj./FOTOGRAFÍA = cliché fotográfico

fototransistor Transistor que utiliza el efecto fotoeléctrico para ampliar corrientes eléctricas. · s.m. TECNOLOGÍA

fototropismo Movimiento de crecimiento de los tallos y las raíces, debido a la influencia de la luz. · s.m. BOTÁNICA

fotovoltaico, a Se aplica al dispositivo capaz de transformar la energía luminosa en electricidad. · adj. FÍSICA

foulard (Voz francesa.) Pañuelo en forma de tira, de tela fina, que se pone por lo general alrededor del cuello. · s.m. tb: fular

fóvea
1 Pequeña depresión de la retina que constituye el punto de máxima nitidez visual. · s.f. ANATOMÍA
2 Estructura anatómica que adopta la forma de fosa o depresión. · ANATOMÍA

foxterrier (Voz inglesa.) Se aplica a una raza de perros ingleses de caza, en general pequeños y de pelo duro y rizado, o bien de pelo liso. · adj/s.m./ZOOLOGÍA pl: foxterriers tb: fox-terrier

foxtrot (Voz inglesa.) Baile de dos tiempos y ritmo sincopado, de origen anglosajón, que se popularizó a partir de la primera década del siglo XX. · s.m. pl: foxtrots tb: fox-trot

foyer (Voz francesa.) Sala de esparcimiento y espera en los entreactos, que hay en los teatros. · s.m. TEATRO

frac (Del fr. *frac* < probablemente del ingl. *frock*, hábito de fraile < fr. *froc* < germ. *hrokk*, chaqueta.) Chaqueta masculina de etiqueta que llega por delante hasta la cintura y por detrás tiene dos faldones. · s.m. pl: fracs tb: fraque

fracasado, a Que ha fallado o no ha alcanzado su objetivo: *después de varios intentos fracasados, consiguió por fin su título; en aquel tugurio se reunían artistas fracasados; se consideraba un fracasado en sus aspiraciones.* · adj/s. = frustrado

fracasar (Del ital. *fracasare*, destrozar < *cassare*, romper < lat. *quassare*.)
1 No dar una cosa el resultado esperado: *aquel negocio fracasó.* · v.intr. = malograrse
2 No tener una persona éxito en una actividad: *teme fracasar en su profesión.*
3 No conseguir una persona la situación vital deseada: *ha fracasado en su matrimonio.* · = frustrarse
4 Romperse una cosa en pedazos, en especial una embarcación.

fracaso Resultado negativo o adverso al que se llega en una empresa o acción cualquiera, al no conseguir los objetivos deseados: *la fiesta resultó un fracaso; nunca superó su fracaso sentimental; los fracasos escolares pueden implicar terribles consecuencias.* · s.m. = desastre, fallo

fracción (Del bajo lat. *fractio-, onis* < lat. *frangere*, romper.)
1 División de una cosa en partes o porciones: *todos recibieron su fracción de la herencia.* · s.f. = partición
2 Cada una de las partes iguales de un todo con relación a él: *la diferencia entre los atletas era de fracciones de segundo.* · = fragmento, parte
3 Expresión matemática que representa una división o cierto número de partes iguales de una unidad. · MATEMÁTICAS = quebrado
4 Grupo de un partido u organización que difiere del resto y puede llegar a independizarse: *se ha pasado a la fracción radical del partido.* · = bando, sector
5 Cada una de las partes en que se separa una sustancia al ser destilada o depurada. · FÍSICA, QUÍMICA
6 **fracción continua:** La que tiene por numerador la unidad y por denominador un número mixto, cuya fracción tiene por numerador la unidad y por denominador otro número mixto de igual clase y así sucesivamente. · MATEMÁTICAS
7 **fracción decimal:** Aquella cuyo denominador es una potencia de diez. · MATEMÁTICAS
8 **fracción impropia:** Aquella cuyo numerador es mayor que el denominador y por consiguiente mayor que la unidad. · MATEMÁTICAS
9 **fracción propia:** La que tiene el numerador menor · MATEMÁTICAS

que el denominador y por consiguiente vale menos que la unidad.

fraccionable Que puede ser fraccionado o dividido. · adj.

fraccional Que tiende a la desunión, al fraccionamiento de un partido: *la exclusión de varios militantes se debió a su actividad fraccional.* · adj. POLÍTICA

fraccionamiento
1 División en fracciones o partes. · s.m.
2 Terreno muy grande, urbanizado y dividido en lotes para la construcción de casas.
3 Zona residencial construida en un terreno de este tipo: *viven en un fraccionamiento en las afueras de la ciudad.*

fraccionar Dividir una cosa en fracciones: *prefiero fraccionar los pagos; el partido se fraccionó en dos tendencias bien definidas.* · v.tr/prnl./= dividir, fragmentar, partir, separar

fraccionario, a
1 De la fracción o parte de un todo. · adj.
2 Se aplica al número que no es entero. · MATEMÁTICAS

fractal Se refiere a los objetos matemáticos creados a partir de reglas irregulares o de la fragmentación por un ordenador, según ecuaciones en las que el azar y la dinámica dan lugar a modelos de gran complejidad. · adj. GEOMETRÍA, MATEMÁTICAS

fractografía Técnica de lectura e interpretación de la rotura natural o provocada de algún material, en particular de los metales. · s.f. TECNOLOGÍA

fractura (Del lat. *fractura* < *frangere*, romper.)
1 Acción y resultado de romper o romperse un cosa violentamente: *se llevó un disgusto al ver que la fractura del jarrón no tenía arreglo.* · s.f. = rotura
2 Rotura de huesos producida por un traumatismo externo, generalmente violento: *la fractura del fémur se solucionará con yeso.* · MEDICINA
3 Lugar por donde se rompe un cuerpo y señal que deja: *la fractura de la tubería es visible.*
4 Aspecto de las superficies de los minerales y rocas al romperse por golpe o percusión. · GEOLOGÍA, MINERALOGÍA
5 Discontinuidad o rotura en un terreno que puede provocar un desplazamiento del mismo. · GEOLOGÍA = falla
6 **fractura abierta o compuesta:** Rotura de huesos en que los tejidos están tan lesionados que hay comunicación entre la rotura y el exterior. · MEDICINA
7 **fractura conminuta:** Aquella en que el hueso queda reducido a fragmentos menudos. · MEDICINA
8 **fractura simple:** Rotura de huesos en que no hay comunicación entre ésta y el exterior. · MEDICINA

fracturar Romper una cosa con esfuerzo: *los ladrones fracturaron la cerradura para entrar en el piso; se fracturó una pierna.* · v.tr/prnl. = partir, quebrar

fraga
I (Del lat. *fraga*, fresa.) Frambuesa, planta y fruto. · s.f./BOTÁNICA
II (Del lat. *fraga*, forma plural de *fragum*, lugar peñascoso.)
1 Terreno que tiene muchas grietas, peñas y maleza. · s.f./= breñal
2 Madera de desecho que se quita de las piezas para desbastarlas. · CARPINTERÍA

fragancia Olor suave y agradable: *disfruta aspirando la fragancia del campo al amanecer.* · s.f. = aroma

fragante
I (Del lat. *fragrans, -tis*, oloroso < *fragrare*, despedir olor.) Que despide fragancia: *las rosas son flores muy fragantes.* · adj. = oloroso
II (De la locución lat. *in flagranti crimine* < lat. *flagrare*, arder.) Que resplandece o es evidente. · adj. tb: flagrante

fragata (Del ital. *fregata*.)
1 Barco de guerra menor que el destructor, con misiones de escolta y patrulla. · s.f./MILITAR, NÁUTICA
2 Barco de guerra antiguo más pesado que la corbeta. · HISTORIA

frágil (Del lat. *fragilis*.)
1 Que se rompe con facilidad por golpe o presión: *estos vasos son de un cristal demasiado frágil para usarlos a diario.* · adj. = quebradizo ≠ resistente
2 Que tiene una salud o un carácter vulnerable o delicado: *no tardó en cambiar de opinión porque es una persona frágil; su salud es frágil, por lo que está enferma con mucha frecuencia.* · = endeble
3 Que dura poco o se estropea con facilidad: *la fresa es una fruta muy frágil.* · = caduco, perecedero

fragilidad
1 Condición de lo que puede romperse con facilidad: *limpió con mucho cuidado el material de laboratorio debido a su fragilidad.* · s.f. ≠ resistencia
2 Cualidad de la persona de carácter débil y aspecto delicado: *le preocupa la fragilidad de su hija.*
3 Condición de caduco o perecedero: *la fragilidad de la vida.*

fragmentación
1 Acción y resultado de fragmentar o fragmentarse. · s.f.

2 Conjunto de procesos mecánicos que actúan sobre las rocas rompiéndolas, sin alterar su composición química. — GEOLOGÍA

3 fragmentación nuclear: Rotura de un núcleo atómico en varios fragmentos. — FÍSICA NUCLEAR

fragmentar Dividir una cosa en fragmentos o trozos: *fue una isla que se fragmentó en dos hace siglos.* — v.tr/prnl. = trocear

fragmentario, a
1 Que está formado por fragmentos: *realizó un cuadro fragmentario, con vidrios, cartón, papel y plástico.* — adj.
2 Que no está completo: *sólo hizo un análisis fragmentario del problema.* — ≠ completo, total

fragmento (Del lat. *fragmentum.*)
1 Parte o trozo que resulta al fragmentarse o romperse un cuerpo sólido: *tras el accidente, la carretera quedó llena de fragmentos de cristal.* — s.m. = pedazo
2 Parte conservada de una obra artística desaparecida: *sólo quedan fragmentos de un foro romano.* — ARTE, HISTORIA
3 Trozo o parte de un escrito, una obra literaria o musical: *nos leyó un fragmento de su novela.* — LITERATURA, MÚSICA

fragor (Del lat. *fragor.*) Ruido fuerte, estruendo: *el fragor de los truenos le asustaba.* — s.m. = estrépito

fragoroso, a Que produce estrépito o ruido: *una fragorosa multitud se manifestó contra el paro.* — adj. = ruidoso

fragosidad
1 Abundancia de vegetación en los montes: *le impresionó la fragosidad de los montes vascos.* — s.f.
2 Terreno lleno de asperezas y maleza.

fragoso, a (Del lat. *fragosus*, áspero, rocoso.)
1 Lugar que está lleno de peñascos y maleza: *terreno fragoso; zona fragosa.* — adj. = abrupto, áspero
2 Que produce mucho ruido: *mantuvieron una fragosa pelea que despertó a todos los vecinos.* — = ruidoso, estrepitoso

fragua (Del lat. *fabrica*, arte del herrero.)
1 Fogón en donde los herreros calientan los metales para forjarlos. — s.f.
2 Taller donde está instalado este fogón.

fraguado
1 Acción y resultado de fraguar un metal. — s.m./METALURGIA
2 Espesamiento y endurecimiento de la cal, el yeso u otras masas en la obra fabricada con ellas. — CONSTRUCCIÓN

fraguador, a Se aplica a la persona que fragua o planea líos o mentiras. — adj/s.

fraguar (Del lat. *fabricare*, modelar.)
1 Trabajar un metal con calor. — v.tr./conj: *aguar*
2 Hacer planes para llevar a cabo una cosa en que suele haber mala intención: *los disidentes fraguaron un golpe de estado.* — = maquinar, idear, discurrir
3 Tener éxito o triunfar una idea o un proyecto: *su proposición fraguó a pesar de la oposición de algunos.* — v.intr.
4 Endurecerse o secarse el cemento, la cal o sustancias similares después de aplicarlas: *el cemento rápido tarda poco en fraguar.* — CONSTRUCCIÓN

fraile (Del occitano *fraire* < lat. *frater*, hermano.)
1 Miembro de ciertas órdenes religiosas: *su tío es fraile franciscano.* — s.m./RELIGIÓN = monje
2 Doblez semejante a una capucha que queda en el borde de algunas prendas.
3 Rebajo o ranura triangular que se hace en la pared de las chimeneas de campana para que el humo suba con más facilidad.
4 Pequeña montaña de forma cilíndrica y cabeza redondeada.
5 Parte del papel donde no se ha señalado el molde al hacer la impresión. — ARTES GRÁFICAS
6 fraile de misa y olla: El que está destinado para asistir al coro y servicio del altar, y no sigue la carrera eclesiástica. — RELIGIÓN
7 aunque se lo digan o prediquen frailes descalzos: Se usa para ponderar la obcecación de una persona, o la dificultad de ser creída una cosa: *no cambiará de opinión aunque se lo digan frailes descalzos.* — coloquial

frailecillo Ave palmípeda de los mares árticos, de pico redondeado azul y rojo y plumaje negro y blanco. *(Fratercula arctica.)* — s.m. ZOOLOGÍA

frailejón Planta herbácea de la familia de las compuestas, flores de color amarillo oro, que crece en los páramos andinos. *(Espeletia grandiflora.)* — s.m. BOTÁNICA

frailero, a
1 De los frailes. — adj.
2 Que simpatiza con los frailes. — coloquial
3 Se refiere a la ventana que lleva un postigo o tablero sujeto en el mismo cristal y no en el cerco. — CARPINTERÍA

frailesco, a De los frailes o que tiene alguna de sus propiedades. — adj. tb: fraileño

frailía Estado del clérigo regular. — s.f./RELIGIÓN

frailuno, a Que es propio de un fraile. — adj./despectivo

frambuesa (Del fr. *framboise* < germ. **brâmbasi*, zarzamora.) Fruto comestible del frambueso, de forma semejante a la zarzamora, de color rojo y sabor agri- — s.f. BOTÁNICA

dulce muy agradable: *de postre comimos tarta de frambuesas y fresas.*

frambueso Planta rosácea subarbustiva parecida a la zarza, que se cultiva por su fruto. *(Rubus idaeus.)* — s.m. BOTÁNICA

frámea (Del lat. *framea.*) Arma semejante a la lanza, usada por los antiguos germanos. — s.f. HISTORIA

francachela Reunión de personas para comer, beber y divertirse: *organizó una francachela con los que habían sido sus compañeros de curso.* — s.f./coloquial = juerga, jarana

francalete (Del cat. *francalet.*) Correa con una hebilla en un extremo para oprimir o asegurar alguna cosa, como el yugo o el estribo. — s.m.

francamente
1 Con sinceridad o franqueza: *te lo digo francamente, yo creo que no tendrás ningún problema.* — adv.
2 Sin ninguna duda, claramente: *el traje le sentaba francamente mal.*
3 Con franquicia o exención.

francés, a
1 De Francia, país del oeste europeo. — adj.
2 Persona natural de este país. — s.
3 Lengua románica de la familia indoeuropea hablada en Francia, Luxemburgo, Mónaco, una parte de Bélgica y Suiza, y en algunas de las antiguas colonias francesas y belgas. — s.m. LINGÜÍSTICA
4 Excitación de los órganos sexuales masculinos con la boca. — argot = felación
5 a la francesa: 1. Al uso de Francia: *nos prepararon una comida a la francesa.* **2.** Sin decir ni una palabra de despedida: *lo trasladaron a otra sucursal y se fue de aquí despidiéndose a la francesa.* — loc.adv. loc.adv.

francesada Dicho o hecho propio de franceses. — s.f.

francesilla
1 Planta ranunculácea de jardín, con flores terminales, grandes y de color variado. *(Ranunculus asiaticus.)* — s.f. BOTÁNICA
2 Variedad de ciruela procedente de Francia.
3 Panecillo esponjoso, de forma alargada.

francesismo Vocablo, giro o modo de hablar propio de la lengua francesa, que se emplea en otra: *si combates los anglicismos deberías hacer lo mismo con los francesismos.* — s.m. LINGÜÍSTICA = galicismo

franchipaniero Planta arbórea o arbustiva que se cultiva por sus flores y es originaria de América. *(Plumeria alba.)* — s.m. BOTÁNICA

franchute, a Francés, natural de Francia: *en verano esto se llena de franchutes.* — s./despectivo tb: franchote

fráncico Lengua de los antiguos francos, que forma parte del germánico occidental. — s.m. LINGÜÍSTICA

francio Elemento químico radiactivo que posee las propiedades de los metales alcalinos. — s.m. QUÍMICA

franciscano, a
1 Que es miembro de la orden de san Francisco. — adj/s./RELIGIÓN
2 De san Francisco o de su orden. — adj./RELIGIÓN

francmasón, a (Del fr. *francmaçon* < ingl. *free mason*, albañil libre.) Miembro de la francmasonería. — s./= masón

francmasonería Asociación secreta de carácter internacional, cuyos miembros se organizan y se reúnen en grupos llamados logias. — s.f. = masonería

francmasónico, a De la francmasonería. — adj./= masónico

franco, a (Del germ. *frank.*)
I
1 Que es sincero y leal: *les une una franca amistad; si quieres que sea franco, te diré que no me gusta nada tu actuación.* — adj.
2 Que es simpático y espontáneo: *a pesar de su alto cargo, es muy franco.* — = llano, sencillo
3 Que es claro y manifiesto, que no da lugar a dudas: *el enfermo ha experimentado una franca mejoría.* — = evidente, patente
4 Que no está obstruido u obstaculizado: *cuando llegó vio que tenía el paso franco; entrada franca.* — = libre
5 Que está exento de derechos y obligaciones: *mercancía franca de aranceles; puerto franco.*
6 De los pueblos germánicos que ocuparon la Galia. — adj/s./HISTORIA
7 franco de servicio: Que está libre de una obligación, por lo general militar. — loc.adj.
II (Del fr. *franc.*) Unidad monetaria de Francia, Bélgica, Suiza y otros países, así como de los departamentos y territorios de ultramar franceses. — s.m. ECONOMÍA

francobordo Distancia vertical entre la línea de máxima carga y la cubierta principal de un barco, medida en la mitad de su eslora. — s.m. NÁUTICA

francocanadiense Canadiense de ascendencia y lengua francesas. — adj/s.m.f.

francocantábrico, a Se aplica al arte que se desarrolló durante el paleolítico superior en el sur europeo. — adj. ARTE

francófilo, a Que simpatiza con Francia o con los franceses. — adj/s.

francófobo, a Que siente aversión por lo francés o los franceses. — adj/s.

francófono, a Se refiere a la persona, país o pueblo de habla francesa. — adj/s.

francolín Ave gallinácea parecida a la perdiz, con plumaje negro en la cabeza y gris con pintas blancas en la espalda. (*Francolinus francolinus.*) — s.m. ZOOLOGÍA

francote, a Se dice de la persona de carácter abierto, sincera y llana. — adj. coloquial

francotirador, a
1 Combatiente que no pertenece al ejército regular y que lucha aisladamente. — s.
2 Persona que dispara contra otras desde un lugar protegido o privilegiado: *el asesinato fue cometido por un francotirador que disparó desde una azotea cercana.*
3 Persona que lleva una acción independiente, de manera personal y al margen de cualquier grupo o corriente: *su obra es la de un francotirador ajeno a modas y críticas.*

franela (Del fr. *flanelle* < ingl. *flannel*.) Tela de lana o algodón con pelo por una de sus caras: *siempre lleva pantalones de franela.* — s.f. TEXTIL

frange (Voz francesa.) División del escudo de armas, por medio de dos diagonales que se cortan en el centro. — s.m. HERÁLDICA

frangente
1 Que frange o divide en pedazos. — adj.
2 Acontecimiento imprevisto, fortuito y desgraciado. — s.m.

frangir (Del lat. *frangere*, romper, quebrar.) Partir una cosa en pedazos. — v.tr. conj: *surgir*

frangollar
1 Romper el grano de los cereales o las legumbres. — v.tr.
2 Hacer mal y deprisa alguna cosa. — = chapucear

frangollo
1 Pienso para el ganado, compuesto de legumbres y granos triturados. — s.m.
2 Cosa hecha deprisa y mal. — = chapuza
3 Alimento hecho con carne, maíz, cebolla, perejil y sal. — Argent. COCINA
4 Dulce seco hecho de plátano y azúcar. — Cuba/COCINA

franja (Del fr. *frange* < lat. *fimbria*.)
1 Cosa o parte de una cosa relativamente alargada y estrecha: *franja de tela; franja de adorno; franja de tierra.* — s.f./= banda, faja, tira
2 Guarnición de pasamanería que se pone como adorno en los vestidos. — = cenefa
3 Conjunto de cosas que se consideran incluidas dentro de unos límites determinados: *franja de edad.*

franjar Adornar una cosa con franjas. — v.tr./tb: franjear

frankfurt (De *Frankfurt*, ciudad alemana.)
1 Salchicha de carne de cerdo con especias. — s.m./pl: frankfurts
2 Bocadillo caliente con esta salchicha que se suele tomar con mostaza o salsa de tomate. — COCINA
3 Bar donde se sirve este tipo de bocadillo. — COMERCIO

franqueable Que puede ser franqueado o salvado: *por esa parte el río es fácilmente franqueable; es un obstáculo difícil de salvar pero franqueable.* — adj. ≠ infranqueable

franquear
1 Dejar una cosa libre para poder pasar por ella: *franquearon la entrada para que los visitantes pudieran admirar el palacio por dentro.* — v.tr.
2 Pasar de un lado a otro venciendo alguna dificultad o impedimento: *consiguieron franquear la línea de fuego a pesar de la violencia de la batalla.* — = traspasar
3 Liberar de un pago o un tributo.
4 Poner sellos en una carta o paquete que se envía por correo: *¿ya has franqueado la postal?* — = timbrar
5 Dar una cosa con generosidad.
6 Dar la libertad a un esclavo. — = manumitir
7 Dejar conocer los pensamientos y sentimientos íntimos a una persona: *se franqueó con su mejor amigo.* — v.prnl.

franqueniáceo, a Perteneciente a una familia de plantas angiospermas dicotiledóneas, herbáceas o arbustivas, de hojas opuestas, flores sentadas y fruto en cápsula. — adj/s.f. BOTÁNICA

franqueo
1 Acción y resultado de dejar libre al tránsito un paso o camino. — s.m. = franqueamiento
2 Paso de un lado a otro venciendo algún obstáculo: *hoy continúa el franqueo de turistas por la frontera.*
3 Acción de poner los sellos correspondientes a una carta, o a cualquier paquete o documento que se quiere enviar por correo. — = timbrado
4 Cantidad que se paga en sellos: *no sé a cuánto podrá ascender el franqueo de esta carta.*
5 Liberación de un esclavo.

franqueza
1 Actitud de la persona que dice la verdad obrando con buena intención: *no dudo de tu franqueza, pero me resulta difícil creer lo que me estás diciendo.* — s.f.
2 Situación de libre o exento de una carga u obligación. — tb: franquicia

3 Inclinación de una persona a dar a los demás lo que tiene. — = generosidad
4 Familiaridad en el trato entre personas. — = confianza

franquía
1 Situación en la cual un buque tiene paso libre para hacerse a la mar o tomar determinado rumbo. — s.f. NÁUTICA
2 **en franquía:** En disposición de poder hacer lo que se quiera, liberándose de algún compromiso. — loc.adv.

franquicia
1 Exención del pago de ciertos derechos o de ciertos servicios públicos. — s.f. tb: franqueza
2 Contrato de cesión de una marca y otros derechos para la distribución de productos o prestación de servicios bajo un nombre, imagen y condiciones comunes: *le concedieron una franquicia de heladería.* — DERECHO

franquismo (De *Franco*, general español.) Régimen político totalitario implantado en España por este general desde 1939 hasta 1975. — s.m. POLÍTICA

franquista
1 Del franquismo. — adj./POLÍTICA
2 Que es partidario del franquismo. — adj/s.m.f./POLÍTICA

fraque Frac, chaqueta de hombre que tiene dos faldones por detrás. — s.m.

frasca
1 Conjunto de hojas y ramas pequeñas. — s.f.
2 Vasija de vidrio usada para el vino.
3 Fiesta, bulla o algaraza. — Méx.

frasco
1 Recipiente de vidrio, semejante a una botella, usado para guardar líquidos o sustancias en polvo: *frasco de colonia; frasco de las sales.* — s.m.
2 Contenido de este recipiente: *ya se ha acabado el frasco de mermelada.*

frascuelina (Der. de *Frascuelo*, matador de toros.) Estocada entera, hasta el puño. — s.f. TAUROMAQUIA

frase (Del lat. *phrasis* < gr. *phrasis* < *phradso*, explicar, hacer comprender.)
1 Unidad lingüística, formada por una o más palabras, que presenta un enunciado completo, que se basta así mismo. — s.f./LINGÜÍSTICA = cláusula
2 Locución o expresión que sintetiza con agudeza una idea. — = sentencia, máxima
3 Modo particular en que ordena la dicción y expresa sus sentimientos cada escritor u orador: *la frase de Azorín es de las más ricas de la literatura española.*
4 Fragmento breve de una composición, con sentido propio y que termina en una pausa. — MÚSICA
5 **frase hecha:** La que tiene una forma inalterable. — LINGÜÍSTICA
6 **frase proverbial:** La que expresa una sentencia a modo de proverbio. — LINGÜÍSTICA
7 **gastar frases:** Hablar mucho y con rodeos. — coloquial

frasear
1 Formar o enunciar frases. — v.intr/tr.
2 Cantar o ejecutar una pieza musical, interpretando bien las frases. — MÚSICA

fraseo Arte y técnica de matizar y de hacer inteligible el discurso musical mediante la correcta puntuación y graduación de sus divisiones y silencios. — s.m. MÚSICA

fraseología
1 Modo de hacer las frases de un escritor o un idioma: *la fraseología del novelista creó escuela.* — s.f.
2 Conjunto de expresiones insustanciales, intrincadas o falsas: *déjate de fraseología y dime lo que piensas de verdad.* — = palabrería
3 Conjunto de frases, locuciones y giros existentes en una lengua, en el uso individual o en el de algún grupo: *la fraseología juvenil se ha empobrecido.* — LINGÜÍSTICA

fraseológico, a De la frase o de la fraseología. — adj.

frasquera Caja con varios apartados que se usa para guardar frascos. — s.f.

frasqueta Cuadro ligero que, en las prensas de mano, sirve para sujetar al tímpano el papel que se va a imprimir. — s.f. ARTES GRÁFICAS

fratás Herramienta de albañilería compuesta de una tabla con un palo en medio, que se usa para alisar el enlucido de las paredes. — s.m./pl: fratás CONSTRUCCIÓN

fratasado Operación que consiste en hacer áspera una pared para que agarre bien el enyesado. — s.m. CONSTRUCCIÓN

fratasar Igualar con el fratás la superficie de un muro eliminando hoyos y asperezas. — v.tr. CONSTRUCCIÓN

fraternal Que es propio de hermanos o tiene relación con ellos: *aunque no son familiares, mantienen una relación fraternal.* — adj. = fraterno

fraternidad (Del lat. *fraternitas, -atis.*) Relación de amor o solidaridad entre hermanos o entre quienes se tratan como tales. — s.f. = hermandad

fraternizar Tratarse con gran amistad y compañerismo o como hermanos: *nunca ha habido problemas entre ellos, desde el principio fraternizaron.* — v.intr/conj: cazar = confraternar, confraternizar

fraterno, a (Del lat. *fraternus*.) De los hermanos o relativo a ellos: *entre los dos hay un amor fraterno.* — adj. = fraternal

fratría (Del gr. *phratria* < *phrator*, miembro de la misma confraternidad.)
1 Grupo de familias o subdivisión de una tribu que, entre los antiguos griegos, se apoyaba en una base religiosa, social y política. — s.f. HISTORIA
2 Grupo que, en una sociedad no industrial, reúne dos o más clanes de una tribu.
3 Conjunto de hijos e hijas de una misma pareja de progenitores. — ESTADÍSTICA

fratricida (Del lat. *fratricida* < *frater*, hermano + *caedere*, matar.)
1 Del fratricidio: *crimen fratricida.* — adj./DERECHO
2 Persona que mata a su hermano: *todavía no han podido detener al fratricida.* — s.m.f./DERECHO
3 Se aplica a lo que opone a personas que deberían ser solidarias: *luchas fratricidas.*

fratricidio Crimen que comete la persona que mata a su propio hermano. — s.m. DERECHO

fraude (Del lat. *fraus, -dis*.) Engaño cometido de forma consciente, buscando el beneficio propio, aun perjudicando a los demás: *fue despedido por cometer un fraude en la empresa.* — s.m.

fraudulencia
1 Acción de engañar en provecho propio y con detrimento de otros. — s.f. = fraude
2 Cualidad de fraudulento o engañoso: *la fraudulencia de una venta.*

fraudulento, a Que contiene fraude: *no me gusta nada ese asunto, creo que es fraudulento.* — adj.

fray (Apócope de *fraile*.) Fraile, religioso de ciertas órdenes: *fray Íñigo.* — s.m.

frazada (Del cat. *flassada*.) Manta de cama con mucho pelo y gruesa. — s.f.

freak (Voz inglesa que significa *extraño, anormal, monstruo*.) Se dice de las personas que no aceptan las normas sociales. — adj/s.m.f. pl: freaks

freático, a Se aplica al manto o capa de agua subterránea formada por la filtración de las aguas de lluvia, que alimenta los manantiales. — adj. GEOLOGÍA

frecuencia (Del lat. *frecuentia*.)
1 Repetición más o menos periódica de una cosa: *le hacen revisiones médicas con frecuencia; la frecuencia de sus visitas demuestra su interés por ti.* — s.f.
2 Número de veces que ocurre un hecho en un intervalo de tiempo: *la frecuencia media del pulso de un adulto es de ochenta pulsaciones por minuto; este tren pasa con una frecuencia de dos horas.*
3 Número de vibraciones, ondas o ciclos por segundo de un fenómeno periódico: *el sonido será más agudo cuanto más elevada sea la frecuencia de vibraciones por unidad de tiempo.* — FÍSICA
4 Índice de aparición de una palabra en los textos tomados como muestra, en análisis estadísticos de vocabulario. — ESTADÍSTICA
5 **frecuencia modulada:** Variedad instantánea de la amplitud de una onda portadora en una cantidad proporcional a la de su amplitud. — TELECOMUNICACIONES

frecuencímetro Aparato usado para medir la frecuencia de una corriente alterna. — s.m. ELECTRICIDAD

frecuentación Acción de visitar un lugar o hacer algo con asiduidad y frecuencia. — s.f.

frecuentador, a Que frecuenta. — adj/s.

frecuentar (Del lat. *frequentare*.)
1 Ir o acudir a menudo a un lugar: *frecuenta mucho este bar.* — v.tr.
2 Tratar mucho a una persona: *fuera del trabajo no frecuenta a sus compañeros.*
3 Hacer una cosa a menudo: *frecuenta la gimnasia para mantenerse en forma.*

frecuente (Del lat. *frecuens, -entis*, numeroso, asiduo.)
1 Que se repite a menudo: *últimamente sus errores son frecuentes.* — adj.
2 Que es habitual o usual: *entre los jóvenes es frecuente salir de noche.*

free jazz (Expresión inglesa.) Estilo de jazz que apareció en Estados Unidos a principios de los años sesenta, caracterizado por la improvisación íntegramente libre y el rechazo de las normas tradicionales, sin la obligación de interpretar la melodía. — s.m. MÚSICA

freelance (Voz inglesa.)
1 Se aplica al trabajo de un periodista, escritor o un redactor, que consiste en hacer colaboraciones para una o varias empresas, sin que exista vinculación laboral por contrato. — adj.
2 Se dice de la persona que realiza este tipo de trabajo: *colabora como freelance en varios periódicos.* — adj/s.m.f.

fregadazo Golpe fuerte: *se dio un fregadazo en la cabeza al pasar por la puerta.* — s.m./Méx. vulgar

fregadera
1 Dispositivo con recipientes para fregar los utensilios de cocina. — s.f. tb: fregadero
2 Cosa o situación sumamente molesta o perjudicial. — Méx./vulgar

fregadero Dispositivo con recipientes para fregar los utensilios de cocina y otros cacharros. — s.m. tb: fregadera, fregador

fregado, a
1 Acción y resultado de fregar. — s.m./= fregadura
2 Asunto complicado y lleno de dificultades: *en menudo fregado me he metido aceptando el maldito encargo.* — coloquial = lío
3 Situación en la que dos o más personas riñen o se pelean, pudiendo llegar a golpearse: *unos pendencieros provocaron todo el fregado.* — = escándalo, discusión, riña
4 Se refiere a la persona majadera que resulta fastidiosa. — adj./Amér.
5 Se aplica a la persona tenaz o terca. — Colomb., Ecuad., Perú
6 Se refiere a la persona perversa. — Méx., C. Rica, Ecuad.
7 Que es exigente o severo. — C. Rica, Ecuad., Pan.
8 Que está arruinado o en muy mal estado físico o moral, en pésimas condiciones: *quedó muy fregada después del divorcio.* — Méx. vulgar

fregador, a
1 Que friega. — adj.
2 Dispositivo con recipientes para fregar los utensilios de cocina. — s.m. tb: fregadero
3 Estropajo para fregar.

fregajo Trozo de esparto machacado u otro material que sirve para arrancar y arrastrar la suciedad al fregar. — s.m. = estropajo

fregar (Del lat. *fricare*, frotar.)
1 Limpiar una cosa frotándola con estropajo, cepillo u otro objeto empapados en agua y jabón u otro líquido adecuado: *no le gusta fregar los platos; se le cayó un poco de café y tuvo que volver a fregar el suelo.* — v.tr. conj: regar
2 Restregar con fuerza una cosa con otra: *se friega las rodillas con un guante de crin para suavizarlas.* — v.tr/prnl. = frotar
3 Fastidiar, molestar. — Amér.
4 Estropear, echar a perder alguna cosa. — v.tr./Méx./vulgar
5 Provocar un daño o perjuicio muy grande a una persona. — Méx./vulgar

fregón, a
1 Se dice de la persona muy hábil en alguna actividad: *es un fregón para los negocios.* — adj/s. Méx.
2 Que le gusta molestar a los demás, que es muy impertinente. — Méx. vulgar

fregona
1 Mujer que se dedica a fregar y hacer la limpieza: *su madre trabajó como fregona en un hotel.* — s.f./= criada despectivo
2 Utensilio doméstico compuesto por un mango largo y tiras de material absorbente en su extremo inferior, que sirve para fregar los suelos sin necesidad de arrodillarse o agacharse. — = mocho
3 Mujer desarreglada, desaliñada o mal vestida. — despectivo

fregotear Fregar deprisa y de forma descuidada: *no he podido ni fregotear un poco la cocina.* — v.tr/coloquial

fregoteo Acción y resultado de fregotear: *limpió un poco el despacho con un rápido fregoteo.* — s.m. coloquial

freidora Aparato que sirve para freír alimentos: *suele freír las patatas en la freidora porque se hacen mejor que en la sartén.* — s.f. COCINA tb: freidera

freidura Acción y resultado de freír. — s.f.

freiduría Establecimiento público donde se fríe pescado u otros alimentos para servirlo a los clientes o para venderlo. — s.f. COMERCIO

freile, a Religioso de una orden militar. — s./tb: freire

freír (Del lat. *frigere*.)
1 Preparar una comida poniéndola al fuego en una sartén con aceite o grasa hirviendo: *voy a freír la carne; fue poniendo la mesa mientras se freían las patatas.* — v.tr/prnl. part.tb: frito COCINA
2 Molestar mucho y de modo insistente a una persona: *cuando salió del coche oficial, los periodistas lo frieron a preguntas.* — v.tr. = importunar
3 Matar o asesinar a tiros. — coloquial
4 Tener una persona mucho calor: *me frío en esta sala con las ventanas cerradas.* — v.prnl. coloquial
5 **freírsela a alguien:** Engañar a una persona con premeditación: *era tan inocente que se la frieron bien.* — coloquial
CONJ.: IND.: PRES.: frío, fríes, fríe, freímos freís, fríen. PRET. INDEF.: freí, freíste, frió, freímos, freísteis, frieron. SUBJ.: PRES.: fría, frías, fría, friamos, friáis, frían. PRET. IMPERF.: friera o friese, frieras o frieses, friera o friese, friéramos o friésemos, frierais o frieseis, frieran o friesen. FUTUR. IMPERF.: friere, frieres, friere, friéremos, friereis, frieren. IMP.: fríe, fría, friamos, freíd, frían.

fréjol (Del lat. *faseolus* < gr. *phaselos*.)
1 Judía, planta herbácea anual de fruto comestible muy rico en fécula. — s.m./tb: frijol, frijol BOTÁNICA
2 Fruto y semilla de esta planta. — BOTÁNICA

frémito (Del lat. *fremitus* < *fremere*, emitir un ruido sordo.)
1 Bramido, grito. — s.m.

2 Sensación de estremecimiento o vibración de órganos, perceptible en especial por palpación. — MEDICINA

frenada
1 Acción y resultado de frenar súbita y violentamente, frenazo. — s.f./Argent., Méx., Bol., Chile, Salv.
2 Reprimenda, llamada de atención. — Argent., Chile

frenado Acción y resultado de frenar. — s.m.

frenador, a Que tiene una acción inhibidora de la actividad de determinados órganos: *nervio frenador*. — adj. FISIOLOGÍA

frenar (Del lat. *frenare*.)
1 Disminuir o parar el movimiento de una máquina o un vehículo con el freno: *tuvo que frenar bruscamente el coche*. — v.tr. MECÁNICA
2 Contener o parar el desarrollo o la intensidad de una cosa: *la empresa ha frenado la huelga de los trabajadores; aunque es irascible, sabe frenar su genio a tiempo; los consejos de su médico le frenaron en la bebida*. — = reprimir, refrenar
3 Poner el freno a una caballería. — = enfrenar

frenazo Acción y resultado de frenar un vehículo de forma brusca: *en la carretera quedó la huella del frenazo*. — s.m.

frenectomía Operación quirúrgica consistente en extirpar o seccionar el nervio frénico para conseguir una parálisis de la mitad del diafragma. — s.f. MEDICINA

frenero, a
1 Persona que hace o vende frenos para las caballerías. — s.
2 Persona encargada del manejo de los frenos de un tren. — = guardafrenos

frenesí (Del lat. *phrenesis* < gr. *phrenesis* < *phren*, entrañas.)
1 Excitación extrema, delirio furioso: *está enajenado y, en su frenesí, se imagina que quieren matarlo*. — s.m./= locura pl.tb: frenesíes
2 Violenta exaltación del ánimo: *la pasión le lleva a expresar sus sentimientos con frenesí*. — = furia

frenético, a (Del lat. *phreneticus*.)
1 Que está dominado por el frenesí: *en su estado frenético, se puso a golpear la puerta con pies y manos; a veces se entrega a una actividad frenética*. — adj/s. = agitado, delirante
2 Que está exaltado o furioso: *sus tonterías me ponen frenética*. — adj. = colérico

frenetizar Enfadar o encolerizar a una persona: *le frenetiza verme fumar; se frenetizó al recibir el cese*. — v.tr/prnl. conj: cazar

frénico, a Que se refiere al diafragma. — adj./ANATOMÍA

frenillo
1 Membrana que sujeta la lengua por la línea media a la parte inferior de la boca, cuyo desarrollo excesivo puede estorbar para hablar y a los niños de pecho para mamar. — s.m. ANATOMÍA
2 Ligamento que une el prepucio a la extremidad del pene. — ANATOMÍA
3 Correa o cuerda que se pone alrededor del hocico de algunos animales para que no muerdan.
4 Cabo o rebenque para diversos usos. — NÁUTICA
5 no tener una persona frenillo: Decir sin reparo lo que piensa o siente, o hablar con demasiada libertad. — coloquial

freno (Del lat. *frenum*.)
1 Mecanismo que sirve para disminuir la velocidad o detener un sistema mecánico dotado de movimiento: *hay que revisar los frenos del coche antes de salir de viaje*. — s.m. MECÁNICA
2 Pedal o palanca que sirve para accionar dicho mecanismo: *hay que pisar el freno suavemente*. — MECÁNICA
3 Instrumento de hierro que se coloca en la boca de las caballerías para dirigirlas o sujetarlas, y en el que se atan las riendas.
4 Sujeción que modera, aminora o detiene, en especial los actos de una persona: *hay que tomar medidas para poner freno a tanto libertinaje; su deseo de poder no tiene freno*. — = contención
5 correr una persona sin freno: Entregarse al vicio con desenfreno.
6 meter a una persona en freno: Contenerla, moderarla, ponerla en sus justos límites.
7 tirar del freno a una persona: Reprimirla en sus acciones.

frenología Teoría sicológica según la cual el cerebro es un conjunto de órganos, a cada uno de los cuales corresponde una facultad intelectual, un instinto o un afecto. — s.f. SICOLOGÍA

frenológico, a Que tiene relación con la frenología. — adj./SICOLOGÍA

frenólogo, a Persona dedicada al estudio de la relación entre la anatomía del cerebro y los caracteres síquicos del individuo. — s. SICOLOGÍA

frenópata Médico especializado en enfermedades mentales. — s.m.f. = freniatra, siquiatra

frenopatía
1 Parte de la medicina que estudia y trata las enfermedades mentales. — s.f./SIQUIATRÍA = siquiatría
2 Denominación genérica que se aplica a cualquier enfermedad mental. — SIQUIATRÍA

frenopático, a
1 De la frenopatía. — adj./= siquiátrico
2 Hospital o sección hospitalaria que se dedica al tratamiento de enfermedades mentales que exigen el ingreso de los pacientes. — s.m. SIQUIATRÍA = manicomio

frental De la frente. — adj./tb: frontal

frente (Del ant. *fruente* < lat. *frons, -tis*.)
1 Parte superior de la cara, comprendida entre una y otra sien y entre las cejas y el borde del cuero cabelludo: *en su familia todos tienen la frente muy ancha*. — s.f. ANATOMÍA
2 Parte delantera de una cosa: *están remozando el frente del edificio*. — s.m.
3 Zona donde se combate en una guerra: *se ha conseguido romper la resistencia que el enemigo mantenía en el sector este del frente*. — MILITAR
4 Línea exterior que presenta una tropa en orden de batalla. — MILITAR
5 Organización política que agrupa a varios partidos en torno a un programa para un fin común: *el frente popular se hizo con el poder durante la república*. — POLÍTICA
6 Superficie que marca el contacto de dos masas de aire convergentes, diferenciadas por su temperatura y por su grado de humedad, en meteorología: *se acerca un frente frío que, a su paso, provocará fuertes lluvias*.
7 Cara de una moneda o primera página de un libro. — = anverso
8 Semblante, cara de una persona: *su frente refleja cansancio*. — s.f.
9 frente calzada: La que es estrecha por nacer el pelo próximo a las cejas.
10 frente de batalla: Extensión que ocupa un ejército formado en batalla. — MILITAR
11 frente único: Coalición de fuerzas distintas con una dirección común para fines sociales o políticos. — POLÍTICA
12 al frente: Hacia delante: *todos dieron dos pasos al frente*. — loc.adv.
13 al frente de: Dirigiendo, ostentando el mando: *lleva diez años al frente de la empresa*. — loc.prep.
14 arrugar o fruncir la frente: Poner gesto de disgusto, sorpresa, enfado o miedo.
15 con la frente alta, bien alta o levantada: Sin avergonzarse: *ella puede ir con la frente alta porque ha hecho todo lo que ha podido*.
16 de frente: **1**. Uno frente a otro: *se encontraron de frente y tuvieron que saludarse*. **2**. Con decisión y sin rodeos: *acomete sus deberes de frente*. — loc.adv.
17 en frente: Enfrente, en el lado opuesto: *vive en frente del cine*. — loc.adv.
18 frente a: **1**. Enfrente de, delante de una persona, animal o cosa: *su casa está frente a la mía*. **2**. En contra de, en oposición a lo que se expresa: *no supo qué responder frente a una acusación tan injusta*. — loc.prep. loc.adv.
19 frente a frente: **1**. Cara a cara, en presencia física y sin poder eludirse: *ya tengo ganas de verlo frente a frente para decirle un par de cosas*. **2**. En abierta oposición, rivalidad o lucha. — loc.adv.
20 frente por frente: Exactamente delante o enfrente de una persona, animal o cosa. — loc.adv.
21 hacer frente: **1**. Oponerse al enemigo, resistir: *la policía hizo frente a los manifestantes con todos sus medios*. **2**. Enfrentarse con valor, soportar con fortaleza de ánimo: *sabe hacer frente a las adversidades con serenidad; no pudo hacer frente a tanta responsabilidad*.
22 ponerse al frente de algo o alguien: Tomar la dirección de las cosas o personas de que se trata o ponerse delante de ellas para guiarlas: *tras la muerte de su padre se puso al frente del negocio familiar*.
23 traerlo o llevarlo escrito en la frente: No poder disimular su condición personal o lo que le está sucediendo: *no hace falta que diga de qué partido es, lo trae escrito en la frente*.

frentero Almohadilla de protección que se ponía a los niños en la frente. — s.m.

frentón, a Que tiene mucha frente. — adj./= frontudo

freo Canal estrecho entre dos islas o entre una isla y tierra firme. — s.m. GEOGRAFÍA

freón (Marca registrada.) Denominación de diversos derivados del metano o del etano que se utilizan como agentes frigoríficos. — s.m. QUÍMICA

fresa
I (Del fr. *fraise* < lat. *fraga*.)
1 Planta herbácea rastrera que se propaga por estolones o vástagos rastreros, de flores blancas o amarillentas y fruto comestible. *(Fragaria.)* — s.f./BOTÁNICA = fresera
2 Fruto de esta planta, globular, rojo, con numerosas semillas en su superficie, que es suculento y fragante. — BOTÁNICA
3 Se aplica al color que es rojo, como el de esta fruta: *el fresa no me gusta para la decoración*. — adj/s.m.
II (Derivado de *fresar*.)
1 Herramienta giratoria que sirve para agujerear o para labrar metales, formada por una serie de buriles o cuchillas que rotan de forma continua alrededor de un eje. — s.f. MECÁNICA

2 Instrumento montado en el torno, que se utiliza en el tratamiento de las lesiones dentales y para las intervenciones en los tejidos duros de los dientes. `MEDICINA`

fresado Operación de perforar un material con la fresa. `s.m.`

fresador, a Persona encargada de manejar las diferentes herramientas de fresar, agujerear o labrar metales. `s.`

fresadora Máquina para fresar o labrar metales. `s.f.`

fresal Tierra sembrada de fresas. `s.m.`

fresar (Del fr. *fraiser*.) Trabajar un material con una fresa. `v.tr.`

fresca
1 Frío moderado y agradable, es especial el de las primeras horas de la mañana y las últimas de la tarde cuando el resto del día es caluroso: *en verano madruga sólo por disfrutar de la fresca de la mañana.* `s.f.` `tb: fresco`
2 Palabras o expresión molestas u ofensivas que se dicen a una persona con claridad o descaro: *¿cómo te has atrevido a contestarle esa fresca?* `coloquial` `= frescura`

frescachón, a Que tiene un aspecto sano y robusto: *es una mujer mayor, pero todavía activa y frescachona.* `adj.` `coloquial`

frescal Que ha sido conservado con un poco de sal: *siempre tiene anchoas frescales en la despensa.* `adj.`

frescales Persona desaprensiva y despreocupada: *nunca se ocupa de nada ni ayuda a nadie, es un caradura y un frescales.* `s.m.f.` `pl: frescales` `coloquial`

fresco, a (Del germ. *frisk*, nuevo, joven.)
1 Moderadamente frío: *hace un aire fresco.* `adj.`
2 Reciente, acabado de hacer, coger o suceder: *queso fresco; tomate fresco; noticia fresca.*
3 Se aplica al alimento que no ha sufrido un proceso de conservación como salazón o congelación: *pescado fresco.*
4 Que está o tiene un aspecto sano y descansado: *se le ve una tez fresca y rosada.* `= lozano`
5 Que es espontáneo y natural: *lenguaje fresco.*
6 Se aplica a la persona que se comporta con despreocupación y descaro: *cuidado con ése, que es un fresco.* `adj./s.= caradura, desvergonzado`
7 Se aplica a la tela que es fina y ligera. `adj.`
8 Frío moderado: *me gusta tomar el fresco de las noches de verano.* `s.m./tb: fresca` `= frescor, frescura`
9 Pintura que está hecha sobre una pared o un techo con revoque de cal húmeda y con los colores diluidos en agua de cal: *los frescos del Vaticano.* `ARTE` `= mural`
10 Refresco, bebida fría.
11 al fresco: 1. A la intemperie: *le sorprendió la noche en el bosque y tuvo que dormir al fresco.* 2. Se aplica a la pintura realizada sobre una superficie húmeda con colores diluidos en agua: *bóveda decorada al fresco.* `Amér.` `loc.adv.` `loc.adj.`
12 dejar fresco: Dejar burlado o chasqueado.
13 estar o quedar fresco: Estar o quedar una persona frustrada en sus pretensiones: *estás fresco si piensas que voy a consentir tus abusos.* `coloquial`
14 quedarse tan fresco: Permanecer indiferente, no sentir o manifestar vergüenza, emoción u otro sentimiento: *suspendió todo el curso y se quedó tan fresco.* `coloquial`
15 traer al fresco: No importar nada: *me trae al fresco lo que digan, yo lo hago convencido.* `coloquial`

frescor
1 Sensación de fresco o frío moderado: *resultaba agradable el frescor de la brisa.* `s.m.` `= fresco, frescura`
2 Color o tono rosado de la piel que da sensación de lozanía, en pintura. `ARTE`

frescote, a Que está robusto, sano y de buen aspecto: *se le ve tan frescote que nadie diría la edad que tiene.* `adj.` `coloquial`

frescura
1 Cualidad o estado de lo que está fresco: *es estupenda la frescura del agua que mana de esta fuente; conviene reconocer la frescura de un pescado antes de comprarlo.* `s.f.`
2 Modo de comportarse y actuar desenfadada o descarada: *es una frescura que te vayas dejando todo el trabajo por hacer.*
3 Falta de respeto y consideración hacia los demás: *habla con frescura de temas escabrosos delante de los pequeños.*
4 Respuesta impertinente o fuera de lugar: *me contestó una frescura.* `= fresca`
5 Poca atención o negligencia con que se ejecuta alguna cosa: *actúa con frescura e irresponsabilidad.*

fresnal Del fresno. `adj.`

fresneda Terreno poblado de fresnos. `s.f./tb: fresnedo`

fresnillo Díctamo blanco, planta rutácea que da un aceite usado en perfumería y medicina. `s.m.` `BOTÁNICA`

fresno (Del lat. *fraxinus*.)
1 Árbol de la familia de las oleáceas que crece en los bosques templados, de madera clara, flexible y resistente. *(Fraxinus.)* `s.m.` `BOTÁNICA`
2 Madera de este árbol, fácil de trabajar y muy apreciada en ebanistería.

fresón Variedad de fresa, de mayor tamaño que ésta, color rojo menos intenso y sabor algo más ácido. `s.m.` `BOTÁNICA`

fresquedal Terreno que se mantiene húmedo y con la hierba fresca todo el año. `s.m.`

fresquera Armario pequeño, generalmente de tela metálica, que se coloca en un sitio ventilado para proteger y mantener aireados y frescos los alimentos: *en casa de su abuela sólo tenían una fresquera para guardar los quesos.* `s.f.`

fresquería Establecimiento donde se hacen y venden bebidas frías y helados. `s.f./Amér. Central, Ecuad., Perú, Venez.`

fresquilla Especie de melocotón. `s.f.`

fresquista
1 Del fresco, técnica pictórica. `adj./ARTE`
2 Pintor que practica la pintura al fresco. `s.m/f.`

fretar Frotar una cosa con otra con fuerza. `v.tr.`

frete Enrejado de bandas y barras muy estrechas. `s.m./HERÁLDICA`

freudiano, a (De S. *Freud*, médico y sicoanalista austríaco.)
1 De las ideas o doctrinas de Freud, en especial del sicoanálisis. `adj.` `SICOLOGÍA`
2 Se dice de la persona partidaria de estas ideas o doctrinas. `adj/s.` `SICOLOGÍA`

freudismo (De S. *Freud*, médico y sicoanalista austríaco.) Teoría del funcionamiento síquico normal y patológico desarrollada por Freud. `s.m.` `SICOLOGÍA`

freudomarxismo Doctrina que consiste en una conjunción o combinación teórica del pensamiento freudiano y del marxismo. `s.m.` `SICOLOGÍA`

freudomarxista
1 Del freudomarxismo. `adj./SICOLOGÍA`
2 Que es partidario de esta doctrina. `adj/s.m.f.`

frey (Apócope de *freile*.) Fraile o monje, entre religiosos de las órdenes militares. `s.m.` `RELIGIÓN`

freza
1 Excremento o estiércol de algunos animales. `s.f./= frez`
2 Puesta de huevos de algunos animales, en especial los peces, y tiempo en que se verifica. `ZOOLOGÍA` `= desove`
3 Huevos de los peces y las crías recién nacidas de ellos. `ZOOLOGÍA`
4 Surco que dejan ciertos peces cuando se restriegan contra la tierra del fondo para desovar. `ZOOLOGÍA`
5 Hoyo que hace un animal escarbando.
6 Tiempo en que, durante cada una de las mudas, come el gusano de seda. `ZOOLOGÍA`

frezadero Lugar donde los peces van a desovar. `s.m./ZOOLOGÍA`

frezar (Del lat. vulgar *frictiare*, rozar, frotar.)
1 Expeler un animal los excrementos. `v.intr./conj: cazar`
2 Echar una colmena su inmundicia.
3 Expeler sus huevos las hembras de los peces y de los anfibios. `ZOOLOGÍA` `= desovar`
4 Pasar el pez sobre el fondo rozándolo con fuerza para desovar. `ZOOLOGÍA`
5 Hacer un animal frezas u hoyos. `= hozar`
6 Comer el gusano de seda hojas. `ZOOLOGÍA`
7 Limpiar las colmenas. `v.tr.`

friabilidad Capacidad para disgregarse, desmenuzarse o romperse una cosa con facilidad un material o estructura: *la friabilidad del yeso.* `s.f.`

friable Que se desmenuza o se rompe con facilidad. `adj./= disgregable`

frialdad
1 Sensación de frío: *la frialdad de sus manos se debe a una mala circulación de la sangre.* `s.f.`
2 Actitud de indiferencia y falta de interés: *nos recibió con frialdad; la frialdad de su carácter es desagradable.* `= desapego`
3 Ausencia anormal de deseo sexual. `= frigidez`
4 Actitud serena, dominio de los nervios: *en los momentos difíciles hay que pensar con frialdad.*

friático, a
1 Que es muy sensible al frío. `adj./= friolero`
2 Que no tiene gracia. `= soso, necio`

fricación
1 Acción que se realiza al frotar o frotar una cosa con otra y resultado de esta acción. `s.f.` `= fregamiento`
2 Pronunciación de un sonido consonántico expulsando el aire de forma que se produzca un rozamiento entre éste y las paredes de la cavidad bucal. `LINGÜÍSTICA`

fricandó (Del fr. *fricandeau*.)
1 Guiso hecho con ternera troceada, ajos, cebolla y tomate, muy típico de la cocina catalana. `s.m.` `COCINA`
2 Guiso de carne y setas, típico de la cocina francesa. `COCINA`

fricar Frotar una cosa con otra con fuerza. `v.tr./conj: sacar`

fricasé (Del fr. *fricassée*.) Guisado de carne picada con una salsa de huevos batidos, originario de la cocina francesa. `s.m.` `COCINA` `pl: fricasé`

fricativo, a Se aplica al sonido consonántico que se produce por una salida continuada del aire a través del estrecho canal que dejan los órganos articulatorios: *la f y la z son consonantes fricativas.* `adj/s.f.` `LINGÜÍSTICA`

fricción
1 Frotación con algún linimento o en seco, aplicada a una parte del cuerpo: *el masajista le hizo una fricción en la parte dolorida de la espalda.* — s.f. = friega, masaje
2 Rozamiento de dos cuerpos en contacto: *las cerillas se encienden por fricción.*
3 Desacuerdo, desavenencia o roce entre personas: *las fricciones pasaron a disputas y acabaron divorciándose.*

friccionar Dar fricciones sobre una cosa: *debes friccionar el cuero cabelludo con este líquido; se friccionó el tobillo con alcohol.* — v.tr/prnl. = frotar

friedelita (De G. *Friedel*, químico y minerólogo francés.) Mineral de color rosado y con forma de masas compactas o cristales tabulares aislados, que es mena secundaria de manganeso. — s.f. MINERALOGÍA

friega
1 Masaje o frotamiento sobre alguna parte del cuerpo con fines curativos: *le dio una friega en el hombro.* — s.f. = fricción
2 Castigo de azotes y golpes: *su padre le dio una buena friega por haberle desobedecido.* — = tunda, paliza, zurra
3 Sensación de molestia o fastidio. — Amér.

friegaplatos
1 Aparato electrodoméstico que sirve para fregar platos, cubiertos y otros utensilios de cocina: *se ha averiado el friegaplatos.* — s.m./pl: friegaplatos = lavaplatos, lavavajillas
2 Persona que en un restaurante o establecimiento se encarga de fregar la vajilla y los utensilios de cocina. — s.m.f. = lavaplatos

friera Hinchazón y enrojecimiento de la piel, especialmente de las manos, los pies y las orejas, causada por el frío. — s.f. = sabañón

frigidarium (Voz latina.) Aposento de las termas destinado al baño frío. — s.m. HISTORIA

frigider Nevera o frigorífico, aparato electrodoméstico para conservar los alimentos. — s.m./Chile tb: friyider

frigidez
1 Falta de deseo y de placer sexual en la mujer: *fue al médico para tratar su frigidez.* — s.f. pl: frigideces
2 Falta de calor o sensación de frío. — = frialdad

frígida Se aplica a la mujer que padece falta de deseo y de placer sexual. — adj/s.f.

frígido, a Frío, que carece de calor. — adj./literario

frigio, a De Frigia, antigua región de Asia Menor. — adj/s./HISTORIA

frigoría Unidad de medida de absorción de calor que corresponde a la absorción de una kilocaloría. — s.f. FÍSICA

frigorífico, a
1 Que produce o mantiene el frío de manera artificial: *transportan los alimentos en camiones frigoríficos.* — adj.
2 Cámara, mueble o aparato electrodoméstico o que conserva los alimentos u otras sustancias a baja temperatura: *tiene el frigorífico lleno de comida.* — s.m. = nevera

frigorígeno, a Que produce o engendra frío: *el amoníaco es un fluido frigorígeno.* — adj/s.m.

frigoterapia Tratamiento terapéutico mediante el uso del frío, aplicado de forma local o con disminución de la temperatura total del organismo. — s.f. MEDICINA

frijol (Del lat. *faseolus* < gr. *phaselos*.) Judía, planta, fruto y semilla. — s.m/BOTÁNICA tb: fréjol, frijol

frijolar Terreno sembrado de frijoles.

frijolillo Denominación de diversas plantas leguminosas con el fruto en legumbre. — s.m./Amér. BOTÁNICA

frimario (Del fr. *frimaire*.) Tercer mes del calendario republicano francés, que empieza el 21, 22 o 23 de noviembre. — s.m. HISTORIA

fringilago Carbonero común, ave paseriforme. — s.m/ZOOLOGÍA

fringílido, a Perteneciente a una familia de aves paseriformes de pequeño tamaño y con plumaje de vivos colores, como el gorrión. — adj/s.m. ZOOLOGÍA

frío, a (Del lat. *frigidus*.)
1 Que tiene una temperatura inferior a la normal, a la conveniente o a la deseada: *me noto los pies fríos; esta sopa está fría; había nevado y el día era frío.* — adj. ≠ caliente
2 Que se comporta con indiferencia, falta de afecto o de sensibilidad: *es una persona fría y materialista hasta con sus hijos.* — = insensible
3 Que se comporta de manera serena y calculadora: *su carácter frío le ayuda a solventar las dificultades con tranquilidad.* — = sereno, tranquilo
4 Que es poco sensible o indiferente al placer sexual.
5 Que es poco acogedor: *la decoración de esta sala resulta fría.*
6 Se aplica al color que produce efectos sedantes, como el azul o el verde.
7 Sensación que se experimenta en un ambiente de baja temperatura o por causas fisiológicas o de enfermedad: *si no te abrigas pasarás frío; debo tener fiebre, pues no es normal que sienta tanto frío.* — s.m. ≠ calor
8 Temperatura baja: *no salimos de paseo porque hacía demasiado frío.* — ≠ calor

9 **coger frío:** Enfriarse o acatarrarse: *con esta refrigeración tan fuerte he cogido frío.*
10 **dejar o quedarse frío:** 1. No causar ninguna impresión, dejar o quedarse indiferente: *como yo lo sabía, el comentario le dejó frío.* 2. Dejar o quedarse una persona atónita: *me quedé frío ante su inesperada visita.*
11 **en frío:** 1. Sin haberlo preparado: *pues mira, así, en frío, no sé qué decirte.* 2. Sin estar bajo la impresión inmediata de las circunstancias del caso: *ahora no busques explicaciones, mañana, en frío, lo analizarás mejor.* — loc.adv. loc.adv.
12 **¡frío!:** Advierte a alguien que está lejos de alcanzar lo que se propone. — interj. ≠ ¡caliente!
13 **no darle a una persona una cosa ni frío ni calor o no entrarle frío ni calor:** Tomarse una cuestión o asunto con indiferencia: *los debates sobre política no le dan ni frío ni calor.*

friolera
1 Gran cantidad de alguna cosa, en especial dinero: *le han tocado la friolera de veinte millones.* — s.f. coloquial
2 Cosa de poca importancia: *cualquier regalo le hará ilusión, aunque sea sólo una friolera.* — coloquial = frusleria

friolero, a Se aplica a la persona que es muy sensible al frío: *siempre va muy abrigado porque es friolero.* — adj. tb: friolento

frisa
1 Tela basta de lana usada para forros. — s.f./TEXTIL
2 Tira de cuero, goma u otro material, usada para ajustar dos piezas. — NÁUTICA
3 Estacada oblicua que se ponía en la berma, espacio entre la muralla y el declive del foso, en una fortificación. — CONSTRUCCIÓN
4 Pelo de algunas telas, como el de la felpa. — Argent., Chile

frisado
1 Operación de levantar y rizar el pelo de un tejido. — s.m./TEXTIL
2 Tela de seda cuyo pelo se rizaba formando borlas. — TEXTIL

frisador, a Persona encargada de frisar el paño u otra tela. — s. TEXTIL

frisadura Acción y resultado de frisar. — s.f.

frisar
1 Levantar y rizar el pelo de un tejido. — v.tr./TEXTIL
2 Poner frisas para hacer perfecto el ajuste de dos piezas. — NÁUTICA
3 Llevarse bien dos o más personas. — v.intr.
4 Aproximarse o acercarse: *su madre frisa ya los cincuenta.* — v.intr/tr. = rondar, rozar
5 Pasar un objeto áspero por una cosa con fuerza. — v.tr/= refregar

friso (Del bajo lat. *frisium* o *frisum*, franja de adorno.)
1 Parte del cornisamento, o conjunto de molduras que coronan un edificio, situada entre el arquitrabe y la cornisa. — s.m. ARQUITECTURA
2 Zócalo, parte inferior de las paredes pintada o adornada con azulejos u otros materiales. — CONSTRUCCIÓN

frisón, a
1 De Frisia, región de Alemania y de Países Bajos, o de su lengua. — adj. = frisio
2 Persona natural de esta región. — s.
3 Lengua del grupo germánico, de la familia indoeuropea, hablada principalmente en Países Bajos. — s.m. LINGÜÍSTICA
4 Se refiere al caballo originario de Frisia que se caracteriza por tener los pies y las patas muy fuertes y anchos. — adj/s. ZOOLOGÍA

frisuelo Fruta de sartén, especie de buñuelo. — s.m./ COCINA

frita (Del fr. *fritte*.) Mezcla de arena silícica y de sosa, que entra en la composición de ciertos productos cerámicos y del vidrio. — s.f.

fritada Conjunto de alimentos fritos: *comimos una estupenda fritada de pescado.* — s.f./COCINA = fritura

fritanga Conjunto de alimentos fritos, en especial cuando se hace con abundante grasa: *no creo que esa fritanga sea muy buena para la salud.* — s.f. despectivo = fritada

fritar Freír, preparar un alimento cocinándolo en una sartén con aceite u otra grasa. — v.tr./Argent., Colomb., Urug.

frito, a (Part. pas. irreg. de *freír*.)
1 Que se ha freído: *le gustan mucho las patatas fritas; hoy he comido pescadito frito.* — adj.
2 Se dice de la persona que está harta o exasperada: *estoy frita con tantas interrupciones, así no se puede trabajar bien.* — coloquial
3 Cualquier alimento frito. — s.m./= fritada
4 Muerto, sin vida: *el pájaro cayó frito de una certera pedrada.* — adj./coloquial
5 **estar una persona frita:** 1. Hallarse en una situación difícil o sin salida. 2. Estar muy cansada físicamente. — Argent., Chile, Perú Argent.
6 **quedarse frito:** Quedarse dormido: *se quedó frito delante de la tele.* — coloquial
7 **tener o traer frita a una persona:** Importunarla, causarle molestias: *este niño tan revoltoso me trae frita.* — coloquial

fritura
1 Conjunto de cosas fritas. — s.f./= fritada
2 Ruido producido en los discos fonográficos mal conservados: *la fritura de los discos antiguos.*

frivolidad
1 Actitud ligera e inclinada a divertirse y tomar las cosas con poca seriedad. **s.f.** ≠ **gravedad**
2 Acto o dicho frívolo, superficial o poco serio: *eso que dices es una frivolidad.*

frivolité (Voz francesa.) Encaje tejido a mano con lanzadera. **s.f. TEXTIL**

frivolizar Tomar con frivolidad o ligereza una cosa. **v.tr./conj:** *cazar*

frívolo, a (Del lat. *frívolus*, fútil, insignificante.)
1 Ligero o insustancial: *tu actitud frívola te está creando mala fama.* **adj.**
2 Se aplica a la publicación o espectáculo que trata de temas poco serios o sensuales.
3 Se refiere a la persona a la que le gusta coquetear o que es poco seria.

friz Flor del haya, árbol. **s.f./ BOTÁNICA**

froga Obra hecha con ladrillos. **s.f./CONSTRUCCIÓN**

frogar
1 Fraguar, endurecerse el yeso o el cemento una vez aplicado sobre la obra. **v.intr./conj:** *pagar* **CONSTRUCCIÓN**
2 Construir una pared con ladrillos. **v.tr./CONSTRUCCIÓN**

fronda
I (Del lat. *frons, -dis*, follaje.)
1 Hoja de la planta, en especial la de los helechos. **s.f./BOTÁNICA**
2 Conjunto de hojas y ramas de las plantas que forman espesura. **s.f.pl. = follaje**
II (Del fr. *fronde*, honda.) Vendaje de lienzo de cuatro cabos y forma de honda, que se utiliza en fracturas o heridas. **s.f. MEDICINA**

fronde
1 Fronda, cada una de las hojas de los helechos. **s.m./= fronda**
2 Talo de las algas y líquenes cuando tienen aspecto de hoja o laminar. **BOTÁNICA**

frondío, a Que está sucio o desaseado. **adj./Colomb., Méx.**

frondosidad Cualidad de frondoso. **s.f.**

frondoso, a (Del lat. *frondosus*.)
1 Se aplica a la planta o árbol que tiene muchas hojas o ramas: *es un árbol de tronco grueso y copa frondosa.* **adj.**
2 Se refiere al lugar que tiene mucha vegetación: *la senda estaba en un paraje muy frondoso.*

frontal
1 De la frente: *músculo frontal.* **adj./tb: frental**
2 Que está o se produce en la parte delantera: *la lavadora es de carga frontal; ha puesto un anuncio en el frontal del camión.* **adj/s.m.**
3 Se aplica al hueso de la parte superior del cráneo que forma la frente. **ANATOMÍA**
4 Se refiere a la lucha o enfrentamiento entre personas que es directa y total: *su plan chocó con la oposición frontal de toda la familia.* **adj.**
5 Adorno o paramento con que se decora la parte delantera de la mesa del altar. **s.m./ARTE = antipendio**
6 Madero o viga horizontal dispuestos a lo largo de un muro. **CONSTRUCCIÓN = carrera**

frontalera
1 Correa o cuerda que ciñe la frente de las caballerías y sujeta las carrilleras. **s.f.**
2 Fajar y adornos del frontal del altar y lugar donde se guardan.
3 Pieza acolchada que se pone a los bueyes entre la frente y la coyunda o correa que les une al yugo para que ésta no les dañe. **= frontil**

frontenis Juego de pelota que se juega en frontón con raquetas y pelotas de tenis. **s.m./pl:frontenis DEPORTES**

frontera (Derivado del ant. *fruente*, frente.)
1 Límite o confín de un estado: *los emigrantes ilegales fueron retenidos en la frontera.* **s.f.**
2 Límite de cualquier cosa: *su ambición no tiene fronteras; alcanzó el éxito ya en la frontera de la madurez.*
3 Fachada, pared exterior de un edificio. **ARQUITECTURA**
4 Tablero con barrotes empleado en la construcción de tapiales. **CONSTRUCCIÓN**

fronterizo, a
1 Que está en la frontera: *les detuvieron en el paso fronterizo.* **adj.**
2 Se aplica al país que tiene frontera con otro: *Portugal es un país fronterizo con España.*
3 Que está enfrente de otra cosa.

frontero, a
1 Que está situado enfrente: *vive en una casa frontera de la mía.* **adj.**
2 Almohadilla de protección que se pone a los niños en la frente. **s.m. = frentero**
3 Jefe militar que mandaba la frontera. **MILITAR**

frontil Pieza acolchada de materia basta que se pone a los bueyes entre la frente y la coyunda, o correa con que se les ata al yugo, para que ésta no les dañe. **s.m. = frontalera**

frontino, a Se aplica al animal que tiene alguna señal en la frente. **adj.**

frontis
1 Fachada o frontispicio de un edificio o de otra cosa. **s.m./pl: frontis**
2 Muro contra el que se lanza la pelota en el frontón. **DEPORTES**

frontispicio (Del bajo lat. *frontispícium*.)
1 Fachada o parte delantera de un edificio monumental. **s.m. ARQUITECTURA**
2 Dorso de la primera hoja de un libro, anterior a la portada, que suele llevar un grabado o el retrato del autor. **ARTES GRÁFICAS**
3 Remate superior triangular o semicircular de la fachada de un edificio. **ARQUITECTURA = frontón**

frontón
1 Pared principal contra la cual se lanza la pelota en el juego de pelota vasca y, en general, lugar donde se juega. **s.m. DEPORTES**
2 Juego de pelota vasca. **DEPORTES**
3 Parte escarpada de la costa.
4 Parte del muro de una veta donde trabajan los mineros para adelantar horizontalmente la excavación de una mina. **MINERÍA**
5 Remate superior triangular, o semicircular, de un pórtico, fachada o ventana. **ARQUITECTURA**

frontudo, a Que tiene mucha frente. **adj./= frentón**

frotación Acción y resultado de frotar o frotarse: *la frotación de las manos hace entrar en calor.* **s.f./=frote, frotamiento**

frotador, a Que frota: *un cepillo frotador.* **adj/s.**

frotamiento Acción y resultado de frotar o frotarse: *el frotamiento de un pedernal con un eslabón produce chispas.* **s.m. = frotación, frote**

frotar (Del fr. *frotter*.) Pasar una cosa sobre otra con fuerza y repetidamente: *debes frotar más el cuello de la camisa; se frotaba la mano para quitarse el picor.* **v.tr/prnl. = restregar, friccionar**

frote Frotamiento, acción y resultado de frotar o frotarse. **s.m. = frotación**

frotis Método de exploración microscópica de una secreción o un fragmento de tejido, que consiste en extenderlo entre dos cristales y examinarlo al microscopio: *el ginecólogo aconsejó que se le hiciera un frotis vaginal.* **s.m. pl: frotis MEDICINA**

fructífero, a
1 Que produce fruto: *los abonos hacen más fructífera la tierra de cultivo.* **adj. = fructificante**
2 Que produce provecho o utilidad: *en la reunión llegaron a un acuerdo fructífero.*

fructificable Que puede fructificar: *este peral todavía es fructificable; espero que nuestros esfuerzos resulten fructificables.* **adj. = fecundo, fértil**

fructificación Acción y resultado de fructificar. **s.f.**

fructificador, a Que produce fruto o provecho: *fue una asamblea fructificadora.* **adj. = fructuoso**

fructificar
1 Dar fruto una planta: *este año todavía no ha fructificado el níspero.* **v.intr. conj:** *sacar*
2 Producir rendimiento una cosa: *sus teorías fructificaron en el proyecto.*

fructosa Tipo de azúcar que, junto con la glucosa y la sacarosa, se encuentra en la fruta y en la miel. **s.f. QUÍMICA**

fructuario, a
1 Se refiere a la persona que posee y disfruta una cosa. **adj. = usufructuario**
2 Que consiste en frutos o beneficios: *pensión fructuaria.*

fructuoso, a Que produce fruto o buen resultado: *el plan ha resultado fructuoso.* **adj. = fructífero**

frufrú (Voz onomatopéyica.) Denominación con que se designa el ruido que producen ciertas telas al rozarse. **s.m.**

frugal (Del lat. *frugalis*, sobrio.)
1 Que come y bebe con moderación. **adj./= parco**
2 Se aplica a la comida sencilla y poco abundante: *suelo tomar una cena frugal.*

frugalidad Moderación en la comida y la bebida: *la frugalidad es conveniente para la línea y para la salud.* **s.f.**

frugi- Componente de palabra procedente del lat. *frux, frugis*, que significa fruto de la tierra: *frugívoro.* **pref.**

frugífero, a Que lleva fruto. **adj./literario**

frugívoro, a (Del lat. *frux*, fruto + *vorare*, comer.) Se aplica al animal que se alimenta de frutos. **adj. ZOOLOGÍA**

frui Hayuco, fruto del haya. **s.f./BOTÁNICA**

fruición (Del lat. *fruitio, -onis*.) Placer intenso o complacencia: *come con fruición.* **s.f.**

fruir Sentir placer con una cosa deseada. **v.intr./conj:** *huir*

frumentario, a
1 Del trigo y otros cereales. **adj./tb: frumenticio**
2 Persona que se encargaba de abastecer de trigo al ejército romano. **s.m. HISTORIA**

frunce Pliegue o serie de pliegues que se hacen en una tela, un papel o cosa semejante: *es difícil planchar los frunces de esta falda.*
s.m. = fruncido

fruncimiento
1 Acción y resultado de fruncir.
s.m./= frunce
2 Mentira que se quiere hacer creer o verdad que se pretende ocultar fingiendo una cosa: *menos fruncimientos y a trabajar, que sé que no te duele nada.*
= embuste, fingimiento

fruncir
1 Arrugar la piel de algunas partes de la cara en señal de enfado, mal humor o extrañeza: *cuando no consigue lo que quiere, frunce el ceño.*
v.tr. conj: zurcir
2 Doblar una tela, un papel u otra cosa haciendo arrugas pequeñas y paralelas: *frunciré más la falda para que tenga más vuelo.*
3 Reducir una cosa a menor extensión estrechándola o encogiéndola.
4 Simular una persona modestia y timidez: *se frunce para que no le riñan.*
v.prnl.

fruslera (Del lat. *fusilaria < fusilis*, fusible, fundido.) Conjunto de raeduras o raspas que salen de las piezas de latón cuando se pulen en el torno.
s.f.

fruslería
1 Cosa de poco valor: *se alegrará con cualquier fruslería que le regales.*
s.f./= bagatela, chuchería
2 Acción o palabras de poca importancia o entidad: *sólo cuenta fruslerías que no interesan a nadie.*

fruslero, a
1 Que es frívolo o fútil.
adj.
2 Utensilio de cocina en forma de cilindro que se usa para extender la masa.
s.m./COCINA = rodillo

frustración Sentimiento de insatisfacción o de fracaso experimentado por la persona que no alcanza sus aspiraciones: *para él ha sido una frustración no conseguir el empleo.*
s.f. SICOLOGÍA = frustre

frustrante Que frustra: *es frustrante poner todo el empeño en conseguir algo y no lograrlo.*
adj. = decepcionante

frustrar (Del lat. *frustrari*, engañar.)
1 No dar un trabajo o un esfuerzo el resultado esperado: *nuestros proyectos se frustraron.*
v.tr./prnl. = fracasar, fallar
2 Dejar un propósito sin efecto: *el delito se frustró gracias a la labor de la policía.*
= malograr
3 Dejar a una persona sin una cosa que esperaba: *frustró las esperanzas que sus padres habían puesto en él.*
v.tr. = defraudar

fruta (Del lat. *fructa*.)
1 Fruto comestible que dan ciertas plantas, como manzanas, ciruelas o melones: *suele comer fruta de postre.*
s.f. BOTÁNICA
2 Producto o consecuencia de una cosa.
= fruto
3 **fruta confitada:** Trozos de algún fruto comestible cocidos en almíbar y dejados secar.
COCINA
4 **fruta de sartén:** Cualquier clase de dulce hecho de masa de harina troceada y frita.
COCINA
5 **fruta del país:** La que se produce en el lugar en que se comercializa y consume, no importada.
6 **fruta del tiempo: 1.** Aquella que se come en la misma estación en que madura y se coge. **2.** Cosa que sucede con frecuencia en un tiempo determinado.
coloquial
7 **fruta escarchada:** La seca recubierta de almíbar seco que forma sobre ella cristales como de escarcha.
COCINA
8 **fruta pasa:** La desecada como las pasas o las ciruelas secas.
9 **fruta prohibida:** Expresión que se aplica a lo que no está permitido o no se puede alcanzar: *esos lujos son, para mí, fruta prohibida.*
= fruto prohibido
10 **fruta seca:** La que por la condición de su cáscara o por haber sido sometida a desecación se conserva comestible todo el año.

frutaje Pintura de frutas o flores.
s.m./ARTE

frutal Se aplica al árbol o a la planta que produce fruta.
adj/s.m.

frutar Dar fruto una planta.
v.intr./= fructificar

frutecer Empezar a dar fruto una planta.
v.intr./conj: carecer

frutería
1 Tienda o puesto donde se vende fruta: *véte a la frutería y compra dos kilos de manzanas, por favor.*
s.f. COMERCIO
2 Oficio que había en la casa real para cuidar de la provisión de la fruta y sitio donde ésta se guardaba.
HISTORIA

frutero, a
1 Que sirve para llevar o para contener fruta: *buque frutero.*
adj.
2 Persona que por oficio vende fruta: *mi frutero no tenía frambuesas.*
s. COMERCIO
3 Plato o recipiente en el que se sirve la fruta: *queda poca fruta en el frutero.*
s.m.
4 Lienzo con que se cubre la fruta en la mesa.
5 Cuadro o pintura que representa diversos frutos.
ARTE

frutescente Se aplica a las plantas herbáceas que tienen el tallo leñoso.
adj. BOTÁNICA

frutícola De la fruticultura.
adj.

fruticultura
1 Cultivo de las plantas que producen fruta: *el suelo de la región es muy apto para la fruticultura.*
s.f. AGRICULTURA
2 Técnica del cultivo de este tipo de plantas.
AGRICULTURA

frutilla Fresa, fruto de esta planta.
s.f./Amér. Merid.

frutillar Lugar donde se cultivan las frutillas.
s.m./Amér.

fruto (Del lat. *fructus*, usufructo, producto.)
1 Parte de la planta que, después de la fecundación, se transforma el ovario de la flor, que contiene las semillas, y que sirve de alimento.
s.m. BOTÁNICA
2 Cualquier producto de la tierra: *el huerto ya está dando frutos.*
3 Provecho o utilidad que se desprende de algo: *su posición social es fruto de su trabajo.*
= producto, resultado
4 Hijo que se está formando en el seno de la mujer.
5 **fruto seco:** El que tiene la cáscara dura y no tiene jugo o que se seca para que se conserve.
6 **dar fruto:** Producirlo la tierra o un árbol.
7 **sacar fruto:** Conseguir efecto favorable de lo que se hace.

ftálico Se aplica a un ácido orgánico que se utiliza en la obtención de colorantes y resinas.
adj. QUÍMICA

ftanita Roca sedimentaria silícea y arcillosa, formada esencialmente por pequeños cristales de cuarzo con algunas zonas de ópalo, que se explota por su dureza.
s.f. GEOLOGÍA

ftiriasis Enfermedad de la piel producida por los piojos, cuya picadura produce pequeñas pápulas que causan prurito o picor.
s.f./pl: ftiriasis = pediculosis MEDICINA

fu (Voz onomatopéyica.)
1 Bufido del gato.
s.m.
2 **hacer fu como el gato:** Salir huyendo.
coloquial
3 **ni fu ni fa:** Indica que una cosa es indiferente, ni buena ni mala.
coloquial

fucal Perteneciente a un orden de algas pardas cuyos talos pueden alcanzar gran complicación.
adj/s.m. BOTÁNICA

fúcar (Del nombre de la familia alemana *Fugger*.) Persona muy rica y hacendada.
s.m.f.

¡fuchi! Denota asco, repugnancia.
interj./Amér.

fucilar
1 Producirse fucilazos o relámpagos en el horizonte.
v.intr.
2 Despedir destellos una cosa.
= fulgurar

fucilazo Relámpago sin ruido que ilumina la atmósfera por la noche.

fuco Alga de color pardo oscuro, con talos acintados, que se fija a las rocas por medio de discos adhesivos y crece en la orilla del mar. (*Fucus.*)
s.m. BOTÁNICA

fucsia (De L. *Fuchs*, botánico alemán.)
1 Arbusto originario de América que se cultiva con frecuencia por sus flores decorativas de color rojo o rosa oscuro. (*Fuchsia.*)
s.f./BOTÁNICA = chilco
2 Se aplica al color de las flores de este arbusto.
adj/s.m.

fucsina Colorante sólido que se disuelve en agua dando un color rojo oscuro y que se utiliza para teñir telas, colorear vinos y en otras aplicaciones.
s.f. QUÍMICA

fudre Recipiente grande con forma de cuba para guardar el vino.
s.m.

fuego (Del lat. *focus*, hogar, hoguera.)
1 Combustión de una materia que produce desprendimiento de luz y calor.
s.m.
2 Conjunto de materias que arden con o sin llama: *los excursionistas hicieron un fuego para asar las costillas.*
hoguera, lumbre
3 Cada uno de los quemadores de una cocina: *su cocina tiene cuatro fuegos.*
4 Combustión destructora: *una colilla provocó el fuego que asoló el bosque.*
= incendio
5 Materia encendida u objeto adecuado para encender lo que se va a fumar: *¿tenéis fuego?*
= lumbre
6 Efecto de disparar armas determinadas.
7 Ardor corporal con erupciones y picores.
8 Ardor producido por apasionamiento del ánimo: *Juan pone mucho fuego en las discusiones.*
= fogosidad
9 Hogar o casa: *en la aldea sólo quedan diez fuegos.*
10 Medio con que se quema o destruye un tejido animal como procedimiento curativo o como preocupación para evitar una infección, provocando la formación de una costra.
= cauterio
11 **fuego de san Telmo o Santelmo:** Copete luminoso que aparece en las extremidades de los mástiles de los barcos o en los filamentos de las sogas, debido a la electricidad atmosférica.
NÁUTICA
12 **fuego fatuo:** Llama pequeña que se mueve a poca distancia del suelo, procedente de la combustión de materias desprendidas de sustancias orgánicas en descomposición.
13 **fuego graneado:** El que hacen los soldados sin interrupción y con la mayor rapidez posible.
MILITAR
14 **fuegos artificiales o de artificio:** Dispositivos en los que se emplea la pólvora para producir luces de colores y estampidos, como espectáculo y diversión.
15 **a fuego lento:** Indica el daño o perjuicio que se va haciendo poco a poco y sin ruido.
loc.adv.

16 abrir, hacer o romper fuego: 1. Empezar a disparar. 2. Iniciar una cosa. — MILITAR / coloquial
17 atizar el fuego: Fomentar una discordia.
18 dar fuego: Proporcionar lumbre a una persona con un mechero, cerillas, u otro medio, para que encienda lo que va a fumar: *¿me da fuego?*
19 entre dos fuegos: 1. Atacado por los lados. 2. Entre dos alternativas, sin saber cuál elegir. — loc.adv. / coloquial
20 ¡fuego!: 1. Se usa para avisar y pedir ayuda en un incendio. 2. Voz con que se ordena disparar a las tropas. — interj. / MILITAR
21 jugar con fuego: Empeñarse imprudentemente en hacer una cosa que puede crear problemas.
22 pegar fuego: Incendiar, causar incendio.

fueguino, a
1 Que es del archipiélago de la Tierra del Fuego, situado en la parte más meridional de América. — adj/s.
2 Persona natural de este archipiélago. — s.

fuel (Voz inglesa.) Residuo combustible del petróleo natural, obtenido por refinación y destilación, que se utiliza en calefacción. — s.m. / tb: fuel-oil

fuelle (Del lat. *follis.*)
1 Utensilio para recoger aire e impulsarlo en una dirección determinada por un tubo en el extremo de una caja de lados flexibles en la que el aire entra por una válvula y sale al ser comprimido: *avivó el fuego con el fuelle.* — s.m. / = aventador
2 Bolsa de cuero de la gaita gallega. — MÚSICA
3 Capota plegable de algunos vehículos.
4 Arruga de un vestido.
5 Pieza plegable, de piel u otro material, en los lados de las carteras o bolsos, para regular su capacidad.
6 Conjunto de nubes que se toma como señal de viento inminente.
7 Capacidad respiratoria y resistencia física en general de una persona: *ya no tiene el fuelle que tenía cuando era joven.* — coloquial
8 Persona soplona o chivata. — = delator

fuentada Cantidad de comida que cabe en una fuente o plato de servicio: *nos comimos una fuentada entera de patatas fritas.* — s.f. / COCINA

fuente (Del lat. *fons, -tis.*)
1 Lugar donde brota agua procedente de una corriente subterránea. — s.f. / = manantial
2 Construcción situada en jardines, casas, calles o plazas con caños por los que sale el agua que ha sido conducida desde manantiales o depósitos: *tienen una fuente de mármol en el jardín.*
3 Plato grande para servir la comida: *se le ha roto la fuente que le regaló su abuela.* — COCINA
4 Cantidad de comida que cabe en este plato: *se comió una fuente de jamón.*
5 Principio o causa de una cosa: *la falta de higiene es fuente de infecciones.* — = origen
6 Autor, obra o material que sirven de información o inspiración a otros autores u obras: *la Biblia es la fuente de muchas obras medievales.*
7 Sitio de donde fluye con abundancia un líquido: *la nariz del boxeador era una fuente de sangre.*
8 Pila bautismal.
9 Herida abierta para que supure. — RELIGIÓN / MEDICINA
10 Cuerpo, sistema o dispositivo que emite alguna radiación o vibración. — FÍSICA
11 Vacío o hueco que tienen las caballerías junto al corvejón. — s.f.pl. / VETERINARIA
12 fuente de soda: Bar, cafetería. — Méx., Chile, Venez.
13 fuente luminosa: 1. Aquella que está provista de juegos de luz y agua, y que sirve de adorno en las ciudades. 2. Sistema que emite o permite emitir una radiación luminosa. — ÓPTICA / = fuente de luz
14 beber en buenas fuentes: Recibir información fidedigna.

fuer Se usa para indicar en razón de, en virtud de, a modo de, en la expresión **a fuer de**. — loc.adv.

fuera (Del ant. *fueras* < lat. *foras*, afuera.)
1 En o a la parte exterior de cualquier espacio, real o imaginario. — adv.
2 ¡fuera!: Se emplea para echar a una persona de un lugar: *¡fuera!, no te quiero ver por aquí.* — interj. / = ¡afuera!
3 de fuera: De otro lugar: *no es de aquí, es de fuera.* — loc.adj/adv.
4 fuera de: 1. Excepto, a excepción de: *no creo en nada, fuera de lo que pueda experimentar con los sentidos.* 2. En el exterior de: *estaba fuera de su casa todo el año.* — loc.prep. / loc.adv.
5 fuera de serie: Excelente, muy bueno: *es un deportista fuera de serie.* — loc.adj.
6 fuera de sí: Sin control, sin raciocinio. — loc.adv.

fueraborda
1 Motor para barcos instalado en la parte exterior del casco. — s.m./ NÁUTICA / tb: fuera borda
2 Cualquier barco movido por este tipo de motor. — s.m.f./NÁUTICA

fuereño, a Se dice de la persona que procede de una región, ciudad o país distinto del lugar en que se encuentra. — adj/s. / Méx.

fuerismo Doctrina política que defiende la restauración de los antiguos fueros locales. — s.m. / POLÍTICA

fuerista
1 Persona experta en los fueros de las provincias privilegiadas o con derechos particulares. — s.m/f.
2 Persona defensora de los fueros o derechos especiales.
3 De los fueros. — adj./= foral

fuero (Del lat. *forum*, los tribunales de justicia.)
1 Ley o leyes especiales que se daban a un municipio en la edad media. — s.m./DERECHO, HISTORIA
2 Denominación que se daba a algunas compilaciones de leyes: *fuero juzgo.* — DERECHO, HISTORIA
3 Competencia a la que legalmente están sometidas las partes de una causa o proceso. — DERECHO
4 Jurisdicción o poder sobre alguna cosa.
5 Privilegios o exenciones que se concedían a una persona, municipio o región: *los fueros de Aragón.* — s.m.pl.
6 Privilegios, prerrogativas o derechos morales que se reconocen a algunas actividades, artes, disciplinas o virtudes: *es necesario defender los fueros de la poesía.*
7 Presunción o altivez de ánimo, que se manifiesta en el modo de comportarse: *no deberías tener tantos fueros.*
8 fuero activo: Privilegio del que gozan algunas personas de llevar sus causas a un tribunal determinado. — DERECHO
9 fuero de atracción: Conocimiento por parte de un tribunal de cuestiones diferentes, aunque conexas, respecto de aquellas que estrictamente le competen. — DERECHO
10 fuero mixto: Jurisdicción eclesiástica y secular al mismo tiempo. — DERECHO
11 en el fuero interno: En la intimidad de la conciencia: *en mi fuero interior, reconozco que no he obrado honestamente.* — loc.adv.
12 reconvenir en su fuero: Citar a una persona para que comparezca en juicio ante el tribunal competente. — DERECHO
13 sentir el fuero: Quedar sujeto a la jurisdicción de un tribunal o juez determinados. — DERECHO
14 volver por los fueros de una cosa: Defenderla de atropellos o ataques injustos.
15 volver una persona por sus fueros: Exhibir o mostrar uno sus cualidades.

fuerte (Del lat. *fortis.*)
1 Que no se rompe o no se desgasta con facilidad: *ponte los zapatos fuertes para ir de excursión; el mantel del comedor es de tela fuerte.* — adj. / = resistente, duradero
2 Que tiene fuerza muscular: *desde que frecuenta el gimnasio está cada vez más fuerte.* — = forzudo, vigoroso
3 Que afronta con entereza situaciones adversas: *mujer fuerte; fuerte carácter.* — = entero
4 Que tiene firmeza, dominio o influencia: *trabaja en una empresa fuerte; moneda fuerte; equipo fuerte; fuertes razones.* — = estable, poderoso / ≠ débil
5 Que está firme, de manera que no se puede mover o caer: *poste fuerte; clavo fuerte.* — = sujeto
6 Que es animoso o valiente: *él saldrá adelante porque es muy fuerte.* — ≠ pusilánime
7 Que es muy grande, persistente o intenso: *aquel agosto hizo un fuerte calor; fuerte dolor de cabeza.* — = violento, vivo / ≠ ligero
8 Que causa una impresión intensa, en especial de asombro o sorpresa: *¡qué fuerte!, perdió a toda su familia en el accidente.* — = duro
9 Que describe o refleja de manera realista situaciones violentas o inmorales: *la película tiene una escena muy fuerte.* — = crudo
10 Que tiene buena salud o que puede hacer ejercicios violentos o persistentes sin cansarse. — = resistente, robusto, vigoroso
11 Que sabe mucho de una materia: *está fuerte en matemáticas.* — + en / = ducho, versado
12 Que se irrita con facilidad: *nadie le aguanta por su genio fuerte; carácter fuerte.* — = temperamental
13 Que es riguroso o terrible: *tarea fuerte; terreno fuerte.* — = árido, duro
14 Que está fortificado: *plaza fuerte.*
15 Se aplica a la palabra o dicho grosero o malsonante.
16 Se aplica al lazo o nudo que está muy apretado. — ≠ flojo
17 Se refiere a la luz o color que es intenso o vivo: *rojo fuerte.* — ≠ pálido
18 Se aplica al medicamento o tratamiento que tiene eficacia y puede ir acompañado de efectos secundarios. — = enérgico
19 Se aplica a la comida o alimento muy abundante o especiado y difícil de digerir: *con un desayuno fuerte puede pasar sin comer a mediodía; ese caldo es demasiado fuerte para un enfermo.* — = pesado
20 Se refiere a la bebida que tiene una elevada graduación alcohólica.
21 Se refiere al material que es difícil de trabajar: *el diamante y el acero son fuertes.* — = duro
22 Lugar resguardado con obras de defensa capaz de resistir los ataques del enemigo. — s.m. / MILITAR
23 Actividad en la que sobresale una persona: *el canto es su fuerte.*

24 Aumento de la intensidad de la voz o de un instrumento en una nota o pasaje. — MÚSICA
25 Con fuerza: *chuta fuerte.* — adv.
26 Mucho, en abundancia: *comió y cenó fuerte.* — adv.
27 hacerse fuerte: 1. Resistir en una posición al enemigo. **2.** Defender algo sin estar dispuesto a ceder. — MILITAR coloquial

fuertemente Con vehemencia: *discutimos fuertemente a causa del trabajo.* — adv.

fuerza (Del lat. vulgar *fortia.*)
1 Vigor y capacidad para mover una cosa que tenga peso o haga resistencia: *su hermano tiene mucha fuerza; la fuerza del agua arrastró varios coches.* — s.f. = energía, potencia
2 Aplicación o utilización del poder físico o moral: *lanzó la pelota con fuerza.*
3 Capacidad para soportar un peso o resistir un empuje: *el arquitecto comprobará la fuerza de las columnas.* — = resistencia
4 Estado o momento más vigoroso de una cosa: *la fuerza de la juventud.*
5 Autoridad o poder de una cosa: *la fuerza de la ley; la fuerza de la Iglesia.*
6 Violencia física: *al final la policía tuvo que emplear la fuerza.*
7 Causa que lleva u obliga a algo: *fue la fuerza de la rutina lo que condujo a esa situación.* — = influjo
8 Electricidad aplicada a usos industriales o domésticos: *no podemos ver la tele porque no hay fuerza.* — ELECTRICIDAD
9 Cualquier causa capaz de deformar un cuerpo o de modificar su movimiento, su dirección o su velocidad: *fuerza centrífuga; fuerza centrípeta.* — FÍSICA
10 Resistencia que se opone al movimiento. — MECÁNICA
11 Número de soldados de un ejército y armas con que se combate. — s.f.pl. MILITAR
12 fuerza bruta: La física, en oposición a la que da el derecho o la razón.
13 fuerza de intervención: Unidades y medios militares que se organizan para entrar en acción en caso de agresión o de amenaza del territorio nacional o de territorio extranjero. — MILITAR
14 fuerza de ley: Carácter obligatorio similar al de la ley. — DERECHO
15 fuerza de voluntad: Capacidad de una persona para superar los obstáculos o las dificultades o para cumplir con sus obligaciones: *aunque es difícil, lo hará porque tiene mucha fuerza de voluntad.* — SICOLOGÍA
16 fuerza magnetomotriz: La que produce los campos magnéticos creados por las corrientes eléctricas. — FÍSICA
17 fuerza mayor: Circunstancia imprevisible e inevitable que impide hacer algo.
18 fuerzas armadas: Ejército de un país. — MILITAR
19 fuerzas de orden público: Conjunto de cuerpos de seguridad del estado, encargados de mantener el orden público.
20 fuerzas vivas: Conjunto de las personas que impulsan y controlan la actividad y la prosperidad de un país. — ECONOMÍA, SOCIOLOGÍA
21 a fuerza de: Seguido de un sustantivo o de un verbo, expresa el modo de obrar empleando con intensidad el objeto designado por el sustantivo o la acción designada por el verbo: *a fuerza de clases, aprendió; a fuerza de insistir, lo consiguió.* — loc.prep.
22 a la fuerza o por fuerza: 1. Por necesidad: *estando tan cerca, nos habrán oído a la fuerza.* **2.** Contra la propia voluntad: *le obligaron a hacerlo por fuerza.* — loc.adv. loc.adv.
23 cobrar, recobrar o recuperar las fuerzas: Convalecer, restablecerse después de una enfermedad: *está tomando vitaminas para recobrar las fuerzas.*
24 sacar fuerzas de flaqueza: Hacer un esfuerzo suplementario cuando parece que ya no quedan fuerzas, ni físicas ni morales, para lograr lo que se pretende.

fuet (Voz catalana.) Embutido similar al salchichón pero más delgado. — s.m. COCINA

fuetazo Golpe dado con el látigo o fuete. — s.m./Amér.

fuete Látigo, azote delgado y flexible. — s.m./Amér.

fufar Dar el gato fufos. — v.intr.

fufo Fu, bufido del gato. — s.m.

fufú
1 Comida o guiso hecho de plátano, ñame o calabaza. — s.m./COCINA Colomb., Cuba, P. Rico
2 Hechizo, mal de ojo. — P. Rico

fuga (Del lat. *fuga.*)
1 Huida apresurada de un lugar: *el delincuente protagonizó varios intentos de fuga.* — s.f. = evasión
2 Huida o abandono del domicilio familiar o del ambiente habitual.
3 Salida de gas o líquido por un orificio o abertura producido accidentalmente: *hay una fuga en el baño.* — = escape
4 Composición que gira sobre un tema y su contrapunto repetidos por diferentes tonos. — MÚSICA
5 fuga de cerebros: Emigración de muchas personas, destacadas en algún campo científico, cultural o técnico, al extranjero.
6 poner en fuga: Hacer huir: *los gritos de la víctima pusieron en fuga al atracador.*

fugacidad Cualidad de lo fugaz o efímero. — s.f.

fugado, a
1 Se aplica a la composición o estilo musical que tiene relación con la fuga. — adj. MÚSICA
2 Pasaje escrito en estilo fugado sin estar sujeto a la forma de la fuga. — s.m. MÚSICA

fugarse Escaparse, huir: *se fugó con la recaudación.* — v.prnl./conj: pagar

fugaz (Del lat. *fugax, -acis.*) Que desaparece con rapidez, de corta duración: *tuvo fugaces amores; una sonrisa fugaz iluminó su rostro.* — adj./pl: fugaces = efímero, huidizo, pasajero

fugitivo, a (Del lat. *fugitivus.*)
1 Que huye o se esconde: *la policía registró la casa buscando al fugitivo.* — adj/s. = evadido, prófugo
2 Que pasa muy deprisa: *días fugitivos.* — adj.
3 Que tiene corta duración. — = caduco

-fugo, a Componente de palabra procedente del lat. *fugere,* que significa huir, rechazar: *centrífugo; vermífugo.* — suf.

fuguillas Persona impaciente y que se enfada fácilmente. — s.m/f./pl: fuguillas coloquial

fuina Garduña, mamífero carnicero. — s.f./ ZOOLOGÍA

ful Que es falso o fallido: *una moneda ful; este bolígrafo me ha salido ful.* — adj. vulgar

fulana Prostituta, mujer que se dedica a la prostitución. — s.f.

fulano, a (Del ár. *fulan,* tal.)
1 Voz con la que se sustituye el nombre de una persona cuando se ignora o no se quiere nombrar. — s.
2 Persona indeterminada: *echa de aquí a esos fulanos tan maleducados.* — despectivo

fular (Del fr. *foulard.*) Pañuelo largo para el cuello hecho de seda o cualquier tela fina. — s.m.

fulastre Chapucero, hecho con prisa. — adj./ coloquial

fulcro (Del lat. *fulcrum,* sostén, puntal.) Punto de apoyo de la palanca. — s.m. MECÁNICA

fulero, a
1 Que es chapucero o poco útil. — adj./ coloquial
2 Se refiere a la persona que es embustera, falsa o hace trampas. — = fullero

fulgente Que fulge o resplandece. — adj./= fúlgido

fulgir Despedir una cosa mucho brillo: *el brillante fulgía con intensidad.* — v.intr./conj: surgir = resplandecer

fulgor (Del lat. *fulgor, -oris,* relámpago, brillantez.) Resplandor o brillo intenso. — s.m.

fulguración
1 Acción y resultado de fulgurar. — s.f.
2 Fulminación, accidente causado por un rayo.

fulgurante
1 Que fulgura o brilla. — adj.
2 Que es espectacular por su éxito o su rapidez: *lleva una fulgurante carrera.* — = deslumbrante

fulgurar (Del lat. *fulgurare < fulgur,* relámpago.)
1 Despedir una cosa un brillo muy intenso. — v.intr.
2 Matar el rayo a una persona o animal. — v.tr./= fulminar

fulgúreo, a Que es fulgurante o resplandeciente. — adj./ literario

fulgurita Vitrificación que produce el rayo al penetrar en la tierra y atravesar rocas silíceas. — s.f. GEOLOGÍA

fulguroso, a Que fulgura o despide brillo. — adj./tb: fulgoroso

fúlica Focha, ave nadadora. — s.f./ZOOLOGÍA

fuliginosidad Cualidad de fuliginoso o ennegrecido. — s.f.

fuliginoso, a
1 Que tiene un aspecto parecido al del hollín. — adj.
2 Que se ha puesto negro. — = ennegrecido

fuligo (Del lat. *fuligo,* hollín.)
1 Humo y hollín que resultan de una combustión continuada. — s.m.
2 Suciedad de la lengua. — = sarro

full (Voz inglesa.) Jugada que consiste en formar un trío y una pareja, en el póquer. — s.m. JUEGOS

fulleresco, a Que es propio de fulleros. — adj.

fullería
1 Trampa cometida en el juego: *ganaba gracias a sus fullerías.* — s.f.
2 Engaño presentado con agudeza.

fullero, a Que hace fullerías o trampas: *no te fíes de él, es un fullero.* — adj/s.

fulltime (Voz inglesa.) Con dedicación plena o exclusiva a una actividad: *trabaja fulltime en la escuela.* — adv.

fulmar Ave procelariforme marina, de tamaño mediano, cabeza grande, dorso gris y vientre blanco que vive en grandes colonias en costas rocosas y acantilados. (*Fulmarus glacialis.*) — s.m. ZOOLOGÍA

fulmicotón Algodón pólvora.   s.m./QUÍMICA

fulminación Acción de fulminar.   s.f.

fulminador, a Que fulmina.   adj/s.

fulminante
1 Que fulmina.   adj.
2 Que es repentino y de efecto inmediato: *orden fulminante; enfermedad fulminante.*
3 Se refiere a las materias capaces de hacer estallar   adj/s.m. cargas explosivas.

fulminar (Del lat. *fulminare*, lanzar el rayo.)
1 Herir o matar un rayo o un arma a una persona o   v.tr. animal: *murió fulminado por un rayo; lo fulminó de un tiro certero.*
2 Estropear o dañar el rayo los terrenos o los edificios.
3 Lanzar proyectiles contra una persona o una cosa.
4 Fundir los metales con el fuego o la electricidad.
5 Dañar la luz excesiva a una persona o una cosa.
6 Causar una enfermedad la muerte de una persona repentinamente: *el cáncer lo fulminó en pocas semanas.*
7 Dirigir insultos a una persona violentamente.   = insultar
8 Dejar a una persona muy impresionada con una mirada de ira: *le fulminó con la mirada al enterarse de que había sido él.*
9 Acusar y condenar a una persona.
10 Dirigir amenazas contra una persona: *le fulminó*   = amenazar *con despedirle de inmediato.*

fulminato
1 Cada una de las sales derivadas del ácido fulmínico   s.m. con las bases de plata, mercurio, cinc o cadmio, que   QUÍMICA se utilizan como explosivo.
2 Materia explosiva.

fulminatriz Que fulmina.   adj/s.f. = fulminadora

fulmíneo, a Que tiene alguna propiedad del rayo.   adj.

fulmínico, a Se aplica a un ácido, líquido volátil e   adj, inestable compuesto de carbono, nitrógeno, hidróge-   QUÍMICA no y oxígeno, que forma sales explosivas y es venenoso.

fulminoso, a Que tiene un aspecto o un efecto pare-   adj. cidos a los del rayo.   = fulmíneo

fumable Que puede ser fumado.   adj.

fumada Cantidad de humo tomado de una vez al fu-   s.f. mar un cigarro: *consumía un puro tras otro con profun-*   = bocanada *das fumadas.*

fumadero Sala donde se reúnen los fumadores: *en su*   s.m. *viaje a China visitó un fumadero de opio.*

fumador, a
1 Que fuma la costumbre de fumar: *desde jo-*   adj/s. *ven ha sido un fumador empedernido.*
2 **fumador pasivo:** Persona que no fuma pero que inhala el humo producido por los fumadores de su entorno.

fumar (Del fr. *fumer.*)
1 Aspirar y expeler el humo de un cigarrillo, un ciga-   v.tr/intr/prnl. rro, una pipa o de algunas drogas, como la marihua- na y el opio: *fuma diez cigarros al día; se fuma un puro después de comer; prohibido fumar.*
2 Gastar una cosa de modo poco razonable: *se fuma*   v.prnl./coloquial *la mensualidad en pocos días.*   = malgastar
3 Descuidar una obligación, dejar de cumplirla: *los*   coloquial/= saltarse, *alumnos se fuman muchas clases.*   escaquearse
4 Dominar a una persona, chafarle o impedir que haga   v.tr./Méx., Cuba, su voluntad.   P. Rico
5 **Fumar a una persona:** Hacerle caso.   Méx.

fumarada
1 Cantidad de humo que sale de una vez de un sitio   s.f. o un objeto: *de la chimenea salió una fumarada de humo*   = humareda *negro y pestilente.*
2 Cantidad de tabaco que cabe en la pipa.

fumarel Ave palmípeda marina, de tamaño mediano   s.m. y cuerpo y cabeza negros en verano que nidifica en-   ZOOLOGÍA tre la vegetación de las aguas someras *(Chlidonias.)*

fumaria (Del lat. *fumaria.*) Planta herbácea de la fami-   s.f. lia de las papaveráceas, de tallo hueco y ramoso, ho-   BOTÁNICA jas de color verde amarillento y flores pequeñas de color purpúreo. *(Fumaria officinalis.)*

fumariáceo, a Perteneciente a una familia de plantas   adj/s.f. con el fruto en cápsula o en aquenio, a la que perte-   BOTÁNICA nece la amapola.   = papaveráceo

fumarola (Del ital. *fumaruola.*)
1 Emisión de gases y vapores procedentes de un vol-   s.f. cán o de un flujo de lava.   GEOLOGÍA
2 Abertura de las regiones volcánicas por donde sa-   GEOLOGÍA len gases sulfurosos, vapor de agua y otras sustancias.

fumata
I (Voz italiana.) Columna de humo que sale de una   s.f. chimenea, instalada en la capilla Sixtina y que cuando   RELIGIÓN es blanca indica que ha sido elegido un nuevo papa.

II (Derivado de *fumar.*) Reunión donde se fuman po-   s.f./argot rros.

fumeta Fumador asiduo de porros.   s.m/f./argot

fumetti (Voz italiana.)
1 Formas gráficas que encierran las palabras o pensa-   s.m.pl. mientos de los personajes en los cómics.
2 Cómics, relatos ilustrados con dibujos y divididos en viñetas.

fumífero, a Que echa humo.   adj./literario

fumífugo, a Que extingue o dispersa el humo.   adj.

fumigación Operación de fumigar: *la fumigación de la*   s.f. *sala se hizo con fines desinfectantes; tuvieron que proceder a la fumigación de la huerta.*

fumigador, a
1 Se aplica a lo que fumiga: *compró un producto fumi-*   adj/s. *gador muy efectivo.*   = fumigante
2 Persona que fumiga.   s.
3 Aparato para fumigar.   s.m.

fumigante
1 Que fumiga o sirve para fumigar.   adj.
2 Sustancia usada para fumigar y que actúa como   s.m. desinfectante.

fumigar (Del lat. *fumigare.*)
1 Destruir los gérmenes nocivos mediante humo, ga-   v.tr. ses o polvos en suspensión: *se colocaron caretas para*   conj: pagar *fumigar el edificio.*
2 Combatir por estos medios las plagas de insectos o de otros organismos nocivos: *fumigaron los campos para destruir la plaga.*

fumigatorio, a
1 De la fumigación.   adj.
2 Utensilio donde se queman perfumes.   s.m.

fumígeno, a Que produce humo.   adj.

fumista
I (Del fr. *fumiste.*) Persona que hace, vende o arregla   s.m/f. cocinas, chimeneas o estufas.
II (De origen incierto.) Que es burlón o bromista.   adj/s.m.f.

fumistería Tienda y taller de cocinas, estufas y chi-   s.f. meneas.

fumívoro, a Se aplica a los hornos y chimeneas que   adj. están preparados para evitar el humo.

fumosidad Materia del humo.   s.f./tb: humosidad

fumoso, a Que hecha humo: *esa fumosa chimenea des-*   adj. *luce el bello paisaje.*   tb: humoso

funambulesco, a
1 Del funámbulo.   adj.
2 Que es grotesco y extravagante.

funámbulo, a (Del lat. *funambulus < funis*, cuerda +   s. *ambulare*, andar.) Persona que hace ejercicios de equi-   = equilibrista librio en la cuerda o el alambre: *el funámbulo hacía arriesgadas piruetas sobre el alambre.*

funche Especie de gachas que se preparan con harina   s.m./COCINA de maíz.   Colomb., Méx., Antillas

función (Del lat. *functio, -onis.*)
1 Actividad o capacidad de acción específica de un   s.f. ser vivo y de sus órganos: *la función del riñón; la fun-*   BIOLOGÍA *ción clorofílica.*
2 Desempeño de un cargo u oficio: *el vicepresidente*   = atribución, *desempeña las funciones del presidente en su ausencia.*   cometido
3 Acción o finalidad que corresponde o se atribuye a   = papel una persona o una cosa: *la función de estas columnas es sólo decorativa.*
4 Acto solemne, en especial los religiosos o de con-   = ceremonia memoración o un hecho histórico.
5 Representación de un espectáculo público: *función*   = sesión *teatral; función de circo.*
6 Escándalo o alboroto que se produce en una re-   coloquial unión o grupo de personas: *dieron una función en plena*   = espectáculo *calle discutiendo a gritos.*
7 Relación entre dos magnitudes, de modo que a   MATEMÁTICAS cada valor de una de ellas le corresponde determina- do valor de la otra.
8 Papel que desempeñan los elementos de una es-   GRAMÁTICA tructura gramatical: *función de sujeto.*
9 Parte de una instrucción de ordenador que especifi-   INFORMÁTICA ca la operación a realizar.
10 Carácter químico de un cuerpo, según su capaci-   QUÍMICA dad de reacción.
11 **en función de:** 1. En ejercicio propio de su cargo: loc.prep. *habló en función de alcalde.* 2. Dependiendo de, de acuerdo con: *cobra un sueldo en función de su tarea.*
12 **en funciones:** En sustitución del titular de un cargo.   loc.adj/adv.

funcional
1 De las funciones.   adj.
2 Se aplica a aquello que se realiza de acuerdo con la   = práctico, facilidad, utilidad y comodidad de su empleo o a lo   utilitario que es adecuado a sus fines: *arquitectura funcional; mueble funcional; técnica funcional.*

3 Se refiere al trastorno o síntoma que manifiesta el funcionamiento anormal de un órgano aunque no va acompañado de lesiones visibles. **MEDICINA**

4 Se aplica al elemento relacional que conecta o enlaza partes de la oración. **LINGÜÍSTICA**

5 Se refiere a la escuela lingüística que estudia la estructura del lenguaje atendiendo a la función que desempeñan los elementos idiomáticos. **LINGÜÍSTICA**

funcionalidad
1 Adecuación de la forma externa y de la estética de una cosa, en especial de muebles, edificios, automóviles y cualquier otra cosa de la que se sirve el hombre, a la función que debe desempeñar: *siempre escoge muebles de gran funcionalidad.* **s.f.**
2 Ausencia de elementos ornamentales y decorativos: *la funcionalidad y la sencillez caracterizan el estilo del nuevo templo.*

funcionalismo Corriente de pensamiento que se caracteriza por la comprensión o explicación de los diversos hechos o estados como realidades constituidas por elementos interrelacionados e interdependientes y que hay que estudiar en relación con otros factores circunstanciales. **s.m. LINGÜÍSTICA, SICOLOGÍA, SOCIOLOGÍA**

funcionalista Que es partidario del funcionalismo o especialista en esta interpretación del lenguaje. **adj/s.m.f.**

funcionamiento Acción y resultado de funcionar: *el funcionamiento del aparato es correcto.* **s.m.**

funcionar
1 Realizar una persona o una cosa la función que le es propia. **v.intr.**
2 Tener una persona o una cosa el fin o efecto deseado: *nuestro nuevo entrenador funciona; los negocios funcionan.* **≠ fracasar**

funcionariado Clase de los funcionarios. **s.m.**

funcionarial Del funcionario. **adj.**

funcionario, a Persona que tiene un empleo o cargo público: *aprobó unas oposiciones para funcionario de la administración.* **s.**

funcionarismo Conjunto de trámites destinados a la ejecución de una decisión administrativa. **s.m. = burocracia**

funda (Del bajo lat. *funda*, bolsa.) Cubierta o bolsa de tela, plástico u otra materia, de formas y tamaños diferentes, usada para envolver y proteger una cosa: *guarda las gafas en una funda de piel.* **s.f.**

fundación
1 Acción y resultado de fundar: *en la ceremonia se celebró la fundación de la ciudad.* **s.f.**
2 Institución dedicada a la beneficencia, ciencia, enseñanza o piedad, que continúa y cumple la voluntad del fundador: *dejó sus bienes a una fundación de ayuda a los drogadictos.*
3 Principio, establecimiento y origen de una cosa.

fundacional
1 Que funda: *congreso fundacional.* **adj./= inaugural**
2 De la fundación.

fundador, a Que funda: *los socios fundadores de la empresa celebraron la reunión anual; su padre fue el fundador de la sociedad.* **adj/s.**

fundamental
1 Que sirve de fundamento o es lo más importante de una cosa o un asunto: *el tema fundamental es la venta de acciones.* **adj. = básico, esencial**
2 Se aplica a la línea que, dividida en varias partes iguales, sirve de base para dividir las otras líneas de la pantómetra. **GEOMETRÍA**

fundamentalismo Movimiento religioso o político que aplica sus dogmas de manera estricta y literal. **s.m. POLÍTICA, RELIGIÓN**

fundamentalista Que es partidario o seguidor del fundamentalismo religioso o político. **adj/s.m.f. POLÍTICA, RELIGIÓN**

fundamentalmente
1 En esencia, en lo principal: *era, fundamentalmente, un buen amigo.* **adv.**
2 Casi por completo: *cambió fundamentalmente su modo de vivir.*

fundamentar
1 Poner los cimientos de una construcción: *han empezado a fundamentar la casa.* **v.tr. CONSTRUCCIÓN**
2 Dar las razones de una cosa: *fundamentó su teoría en pruebas poco fiables.* **= basar**
3 Dar firmeza y solidez a una cosa: *el nuevo acuerdo fundamenta la cooperación.* **= afianzar, consolidar**

fundamento
1 Cimiento, suelo u obra hecha bajo un terreno para servir de soporte firme a una construcción. **s.m. CONSTRUCCIÓN**
2 Base o soporte, material o inmaterial, en que se funda o sostiene una cosa: *su argumentación no tiene fundamento válido.* **= razón**

3 Conjunto de elementos básicos de un arte o ciencia: *en su curso explica los fundamentos de la física.* **s.m.pl.**
4 Seriedad o formalidad de una persona: *esta chica tiene mucho fundamento.* **s.m.**
5 Fondo o trama de los tejidos. **TEXTIL**
6 **con fundamento**: Que es sustancioso o alimenticio: *preparó un guiso con fundamento.* **loc.adj.**

fundar (Del lat. *fundare*, poner los fundamentos.)
1 Construir una ciudad o un edificio: *fundaron una nueva sucursal en el centro de la ciudad.* **v.tr. = erigir**
2 Poner una cosa sobre otra que la sostiene o aguanta: *la escultura se funda sobre dos grandes pilares.* **v.tr/prnl. + en, sobre**
3 Crear una cosa: *va a fundar un nuevo partido político para reforzar la oposición al gobierno.* **v.tr/= instituir, constituir**
4 Usar como base de un dicho o un escrito una serie de razones: *sus palabras se fundan en lo dicho por la autoridad; fundó sus explicaciones en hechos demostrados.* **v.tr/prnl. = basar, apoyar**

fundente
1 Que favorece la fundición. **adj./QUÍMICA**
2 Sustancia que facilita la fusión de otra. **s.m./QUÍMICA**
3 Sustancia a la que se consideraba capaz de hacer desaparecer los tumores. **MEDICINA**

fundible Que se puede fundir: *es un metal fundible a altas temperaturas.* **adj.**

fundíbulo Máquina de guerra antigua que lanzaba piedras muy pesadas. **s.m./HISTORIA = fonébol**

fundición
1 Acción y resultado de fundir o fundirse: *en la edad del bronce ya conocían la fundición de metales.* **s.f. = fusión**
2 Fábrica donde se funden metales. **METALURGIA**
3 Conjunto de moldes para imprimir. **ARTES GRÁFICAS**
4 Aleación de hierro y carbono y, a veces, otros elementos. **METALURGIA = hierro colado**

fundido, a
1 Transición gradual de una imagen o un sonido a otro durante su proyección en la pantalla. **s.m. AUDIOVISUALES**
2 Que está muy cansado o abatido. **adj./Argent.**

fundidor, a
1 Persona que funde metales. **s./METALURGIA**
2 Persona que dirige o efectúa las operaciones de fusión y colada en una fundición. **METALURGIA**

fundir (Del lat. *fundere*, derretir.)
1 Convertir una cosa sólida en líquido por medio del calor: *el fuego funde la cera; con el sol se fundió el hielo; el platino funde a más alta temperatura que el oro.* **v.tr/intr/prnl. = derretir**
2 Dar forma en moldes al metal fundido. **v.tr/METALURGIA**
3 Dejar de funcionar un aparato eléctrico por haberse soltado o quemado el hilo de resistencia: *la bombilla del recibidor se ha fundido.* **v.tr/prnl.**
4 Unir dos o más cosas diferentes en una sola: *ambas empresas fundieron sus acciones.* **= fusionar**
5 Unir conceptos, intereses, ideas o partidos: *se fundió el odio con la violencia.*
6 Gastar el dinero: *en un año se fundió la herencia.* **= dilapidar**
7 Mezclar los últimos momentos de una imagen o de un sonido con los primeros de otra imagen o de otro sonido. **v.tr. AUDIOVISUALES**
8 Arruinar a una persona o cosa, hundirla. **v.tr/prnl./Amér.**

fundo
1 Explotación agrícola de superficie más pequeña que la de la hacienda y mayor que la de la charca. **s.m./AGRICULTURA Chile, Ecuad.**
2 Finca, superficie delimitada de terreno. **Chile, Perú**

fundus Región del estómago que comprende la parte vertical y una porción de la parte horizontal de este órgano. **s.m. ANATOMÍA**

fúnebre (Del lat. *funebris*.)
1 De los difuntos: *el cortejo fúnebre se despidió en la iglesia; el ataúd fue trasladado en el coche fúnebre.* **adj.**
2 Que es muy triste, funesto y sombrío: *el aposento era fúnebre, oscuro y frío; no estés tan fúnebre, al fin y al cabo no ha pasado nada.* **= lúgubre**

funeral (Del lat. *funeralem*.)
1 Del entierro o de las exequias: *la familia del difunto encabezaba la comitiva funeral.* **adj. = funerario**
2 Oficio religioso o ceremonia solemne que se hace por los difuntos: *el funeral se celebró en la más estricta intimidad.* **s.m. = exequias**
3 Pompa o solemnidad con que se hace un entierro o exequias.

funerala
1 Se utiliza en la expresión **a la funerala** para indicar que se llevan las armas boca abajo en señal de duelo. **loc.adv.**
2 Se usa en la expresión **a la funerala** para expresar que un ojo está amoratado o con hematomas a consecuencia de un golpe: *llevaba un ojo a la funerala por una pelea con el matón del barrio.* **loc.adj.**

funeraria Empresa que se encarga de todo lo relacionado con un entierro. **s.f.**

funerario, a
1 Que tiene relación con los entierros o exequias: *todos sus amigos asistieron a las ceremonias funerarias.* **adj. = fúnebre**

2 Que tiene relación con la sepultura: *los faraones se enterraban con un rico ajuar funerario.*
3 Que es lúgubre, triste y sombrío. = fúnebre

funéreo, a De los difuntos. adj./literario

funesto, a Que es causa de tristeza y desgracia: *ha sido una funesta coincidencia; no olvidaré el día funesto en que sucedió el accidente.* adj./= desdichado, nefasto

fungi- Componente de palabra procedente del lat. *fungus,* que significa hongo: *fungicida.* pref.

fungibilidad Característica o cualidad de las cosas que se consumen o gastan con el uso: *la fungibilidad del organismo humano.* s.

fungible
1 Que se gasta con el uso: *los vehículos son máquinas fungibles.* adj./= consumible, extinguible
2 Se aplica a los bienes muebles de los que no puede hacerse un uso adecuado sin consumirlos. DERECHO

fungicida Se aplica a la sustancia que destruye los hongos microscópicos: *los productos fungicidas se utilizan mucho en agricultura; roció las plantas con un eficaz fungicida.* adj./s.m. QUIMICA, FARMACIA

fúngico, a Que se refiere a los hongos: *vegetación fúngica.* adj./MICOLOGÍA = fungino

fungiforme Que tiene forma de hongo. adj./ BIOLOGÍA

fungir Desempeñar un cargo o un empleo. v.intr./conj: surgir

fungosidad Abultamiento de la carne producido por hongos patógenos. s.f./ MEDICINA = fungo

fungoso, a
1 De los hongos. adj./MICOLOGÍA
2 Esponjoso, ahuecado o fofo.

funicular
1 Se aplica a todo vehículo usado para subir y bajar pendientes, movido a tracción por cuerdas, cables o cadenas: *subió al monasterio de la montaña en funicular.* adj/s.m.
2 Se aplica al cordón espermático o a los cordones de sustancia blanca de la médula espinal. adj./ANATOMÍA, ZOOLOGÍA

funiculitis Inflamación del conducto espermático o de un cordón de la médula. s.f./pl: funiculitis MEDICINA

funículo (Del lat. *funiculus,* cordón.)
1 Cordón fino que une el óvulo a la placenta, en las plantas con semillas. s.m. BOTÁNICA
2 Moldura alargada y retorcida en forma de cable o maroma, propia de la arquitectura medieval. ARQUITECTURA

funk (Voz inglesa.) Estilo de rock afroamericano, basado en un ritmo duro y agresivo. s.m. MÚSICA

funk art (Expresión inglesa.) Tendencia de arte contemporáneo, caracterizada por la utilización de materiales de desecho. s.m. ARTE

fuñar (Del cat. *fonyar* < lat. vulgar *fundiare,* hurgar, revolver.) Provocar una persona riñas o disturbios. v.intr.

fuñicar Hacer un labor con torpeza y ñoñería. v.intr./conj: sacar

fuñique
1 Que hace las cosas con torpeza y encogimiento. adj/s.m.f.
2 Que es meticuloso.

furcia Prostituta, mujer que se dedica a la prostitución. s.f. despectivo

fúrcula Hueso de las aves con aspecto de horquilla, formado por la soldadura de ambas clavículas. s.f. ZOOLOGÍA

furente (Del lat. *furens, -entis* < *furere,* delirar.) Que está poseído por la furia. adj. literario

fúrfura Conjunto de escamas que se forman en la piel, en algunas enfermedades dérmicas. s.f. MEDICINA

furfuráceo, a
1 Que tiene alguna propiedad del salvado. adj.
2 Se aplica a la descamación seca y de pequeño tamaño que se produce en algunas enfermedades de la piel. MEDICINA
3 Se refiere a las plantas que están cubiertas de escamas. BOTÁNICA

furgón (Del fr. *fourgon.*)
1 Vagón de ferrocarril destinado a equipajes y mercancías: *antes de anunciar la salida, cargaron el furgón con la correspondencia.* s.m.
2 Vehículo largo y cubierto usado para el transporte de mercancías: *alquilaron un furgón para trasladar los muebles a la nueva vivienda.*
3 Carruaje de cuatro ruedas, cerrado y con pescante cubierto, tirado por caballerías, que se usaba para transporte. HISTORIA
4 furgón de cola: El que cierra la composición de un tren.
5 ser una persona el furgón de cola: Ser el último en una actividad: *no puedo ayudarte a entrar en la empresa porque soy el furgón de cola del departamento.* coloquial

furgoneta (Del fr. *fourgonnette.*) Vehículo automóvil cubierto, utilizado para pequeños transportes: *ya ha llegado la furgoneta que trae los diarios.* s.f.

furia (Del lat. *furia,* delirio furioso.)
1 Enfado violento que se manifiesta con gritos y ademanes desaforados: *golpeó la mesa mostrando su furia.* s.f. = cólera, furor, ira
2 Violencia o fuerza con que se manifiestan las cosas materiales: *la barca no podía aguantar la furia del mar; la furia del viento arrancó varios árboles.* = furor
3 Ímpetu con que se hace una cosa: *frotó la mancha con tanta furia que rompió la tela.* = vehemencia
4 Persona colérica y muy irritada: *cuando le contradicen ,se pone hecho una furia.*
5 Momento de mayor intensidad de una cosa: *la furia del calor en verano; la furia de la moda del pelo corto.*
6 Diligencia y prontitud con que se realiza una cosa: *nadaba con furia para conseguir una buena clasificación.*
7 Diosa romana de la venganza, que habitaba en el mundo subterráneo. MITOLOGÍA
8 a toda furia: Con la mayor eficacia. loc.adv.

furibundo, a
1 Que se enfurece con facilidad: *es conocido entre sus compañeros por su furibundo carácter.* adj.
2 Que expresa o se hace con furor: *le dirigió una furibunda mirada.* = furioso, enojado

fúrico, a Que está furioso, muy enojado: *se puso fúrico con la noticia de su cesión.* adj. Méx.

furierismo (De Charles *Fourier,* filósofo y economista francés.) Sistema de organización social ideado por este filósofo y economista francés, que consiste en la agrupación de las personas en comunidades autónomas de producción y consumo y que excluye la propiedad y la familia. s.m. SOCIOLOGÍA

furierista
1 Del furierismo. adj./SOCIOLOGÍA
2 Que es partidario del furierismo y su sistema de organización social. adj/s.m.f. SOCIOLOGÍA

furioso, a
I (Del lat. *furiosus.*)
1 Que se comporta con furia: *está furioso por lo que le has hecho.* adj. = enojado, irritado
2 Que está loco y es violento. = enajenado
3 Se aplica a lo que es violento, grande o excesivo: *tiene unos celos furiosos; dolor furioso.* = terrible, tremendo
II (Voz italiana.) Que tiene un carácter violento: *allegro furioso.* adj. MÚSICA

furlón Especie de coche antiguo de caballos. s.m./= forlón

furnia Bodega bajo tierra. s.f./Amér.

furo Orificio que tienen en el fondo las hormas cónicas en que se vacían los panes de azúcar. s.m.

furor (Del lat. *furor.*)
1 Cólera, exaltación desmedida: *discutieron con furor; en un momento de furor es capaz de hacer una barbaridad.* s.m. = furia, ira
2 Entusiasmo o vehemencia de una persona: *se dirigió a los asistentes para defender con furor sus teorías.* = ímpetu, frenesí
3 Auge o momento cumbre de una cosa: *están en el furor de la juventud.* = apogeo
4 Violencia de las cosas: *el furor del mar embravecido causaba miedo.* = furia
5 Afición desmedida por algo: *siente furor por la música country.* = pasión
6 Agitación violenta con signos exteriores de cólera en la demencia y otros delirios. SIQUIATRÍA
7 furor uterino: Deseo sexual exagerado e insaciable en la mujer. SIQUIATRÍA = ninfomanía
8 hacer furor: Ponerse o estar muy de moda: *el nuevo refresco ha hecho furor entre los jóvenes.* coloquial

furriel (Del fr. *fourrier,* oficial encargado de la distribución de forraje.)
1 Persona encargada de la administración de una compañía militar. s.m.f./MILITAR tb: furrier
2 Cabo que tiene a su cargo distribuir el pan, el correo, el material, y nombrar el servicio de la tropa en una compañía, batería o escuadrón. MILITAR
3 Oficial que cuidaba de las cobranzas en las caballerizas reales. s.m. HISTORIA

furruco Zambomba muy popular en Venezuela. s.m.

furtivo, a (Del lat. *furtivus.*)
1 Que se hace a escondidas: *le dirigió una mirada furtiva como muestra de complicidad.* adj. = disimulado
2 Que actúa a escondidas: *le multaron por ser un cazador furtivo.* adj/s.

furúnculo (Del lat. *furunculus.*) Tumor inflamatorio, pequeño y doloroso, que se forma en el espesor de la dermis. s.m/MEDICINA tb: forúnculo = divieso

fusa (Voz italiana.) Signo musical que denota la duración de una nota como media semicorchea. s.f. MÚSICA

fusado, a Se aplica al escudo o pieza que está cargado de husos. adj. HERÁLDICA

fusariosis Enfermedad de las plantas causada por un hongo parásito. s.f./pl: fusariosis BOTÁNICA

fusca Pistola, arma de fuego. s.f./Méx.

fusco, a (Del lat. *fuscus,* pardo oscuro.) Que es oscuro, tirando a negro. — adj.

fuselaje (Del fr. *fuselage,* cuerpo del avión.) Estructura central o cuerpo del avión, donde van los pasajeros y la carga: *viajamos en un avión de gran fuselaje.* — s.m. AERONÁUTICA

fusi- Componente de palabra procedente del lat. *fusum,* que significa huso: *fusiforme.* — pref.

fusibilidad Capacidad para fundirse con facilidad: *el plomo tiene gran fusibilidad.* — s.f.

fusible
1 Que se puede fundir: *el estaño es bastante fusible.* — adj./= fúsil
2 Dispositivo que consiste en un hilo o chapa metálica que se funde con facilidad, para que se interrumpa la corriente eléctrica de un circuito cuando hay una sobrecarga. — s.m. ELECTRICIDAD

fusiforme Que tiene forma de huso. — adj./= ahusado

fusil (Del fr. *fusil* < lat. vulgar *focile,* pedernal.)
1 Arma de fuego que usan los soldados de infantería, con un solo cañón, semejante a la escopeta: *los soldados cargaron los fusiles a la orden del sargento.* — s.m. MILITAR
2 **fusil ametrallador:** Nombre que se daba a las ametralladoras ligeras, portátiles y sin soporte. — MILITAR
3 **fusil automático:** El que se dispara y recarga por sí solo con ayuda de la fuerza originada por el disparo previo. — MILITAR
4 **fusil de chispa:** El de llave con pie de gato provisto de un pedernal, que, chocando contra el rastrillo acerado, encendía el cebo. — MILITAR
5 **fusil de pistón:** El que se ceba colocando sobre su chimenea una cápsula cilíndrica que contiene el fulminante. — MILITAR
6 **fusil de repetición:** El que utiliza un cargador con varios cartuchos que se disparan sucesivamente. — MILITAR
7 **fusil submarino o de pesca submarina:** El que lanza arpones a gran velocidad, unidos al arma por un hilo. — DEPORTES, PESCA

fúsil (Del lat. *fusilis.*) Que puede fundirse. — adj./= fusible

fusilamiento
1 Acción y resultado de fusilar: *condujeron al preso al paredón para proceder a su fusilamiento.* — s.m.
2 Copia, mala imitación de una cosa: *su obra era un burdo fusilamiento de un best-seller.* — = plagio

fusilar
1 Matar a una persona con una descarga de fusilería: *fusilaron a los presos de guerra.* — v.tr. = ejecutar
2 Imitar o plagiar una obra original o fragmentos de ella sin citar a su autor: *en ese libro han fusilado varios poemas de Quevedo.* — = copiar

fusilazo
1 Disparo de fusil. — s.m.
2 Ruido producido por el disparo de un fusil.
3 Herida o daño producidos por disparo de fusil.
4 Relámpago que ilumina el cielo por la noche. — = fucilazo

fusilería
1 Conjunto de fusiles. — s.f.
2 Conjunto de soldados de infantería armados con fusiles. — MILITAR
3 Fuego de fusiles.

fusilero, a
1 Del fusil. — adj.
2 Se aplica al soldado de infantería que va armado con fusil. — adj/s.m. MILITAR

fusión (Del lat. *fusio, -onis.*)
1 Acción y resultado de fundir o fundirse los metales: *la temperatura de fusión del hierro es muy alta.* — s.f. METALURGIA
2 Paso de un cuerpo del estado sólido al líquido por la acción del calor. — FÍSICA
3 Unión de partidos, intereses o ideas que antes estaban en pugna: *la fusión de los partidos de izquierda ha reforzado su poder.*
4 **fusión nuclear:** Reacción nuclear producida por la unión de dos núcleos ligeros, que da lugar a un núcleo más pesado, con gran desprendimiento de energía. — FÍSICA NUCLEAR

fusionar
1 Producir una fusión: *la bomba de hidrógeno se obtiene fusionando hidrógeno con litio.*
2 Unir dos o más ideas o cosas inmateriales: *nuestros proyectos se fusionaron; han fusionado las dos empresas para rentabilizarlas.* — v.tr/prnl.

fusionismo Tendencia a fusionarse: *el fusionismo con otros partidos será su solución a la crisis.* — s.m.

fusionista Que es partidario de la fusión de ideas, intereses o partidos. — adj/s.m.f.

fuslina Lugar donde se funden minerales. — s.f.

fusor Recipiente o instrumento para fundir. — s.m.

fusta
1 Instrumento consistente en una vara flexible o un látigo con una trencilla de correa en la punta, que se usa para estimular a los caballos. — s.f. EQUITACIÓN
2 Conjunto de ramas o leña delgada, como el formado al podar los árboles.
3 Tela de lana. — TEXTIL
4 Barco antiguo de exploración de uno o dos palos, ligero y movido a remos. — NÁUTICA

fustado, a Se aplica al árbol o la figura que no es del mismo color en su totalidad. — adj. HERÁLDICA

fustal Tela gruesa de algodón con pelo por una de sus caras. — s.m./TEXTIL tb: fustán/ fustaño

fustán Enagua ancha de algodón. — s.m./Amér. Merid.

fuste (Del lat. *fustis,* bastón, garrote.)
1 Madera de los árboles. — s.m.
2 Palo largo y delgado. — = vara
3 Palo de la lanza donde va fijo el hierro.
4 Pieza de madera que tiene delante y detrás la silla de montar. — EQUITACIÓN
5 Silla de caballo.
6 Fundamento de una cosa no material: *el fuste de un discurso.* — literario
7 Consideración, importancia o categoría de una persona o cosa: *es un hombre de fuste; la suya es una empresa de poco fuste.* — = valor
8 Parte vertical y alargada de la columna, entre el capitel y la basa. — ARQUITECTURA = caña
9 Vástago de una planta, conjunto de tallo y hojas. — BOTÁNICA

fustero, a Del fuste. — adj.

fustete Arbusto cultivado en los parques por sus copas plumosas, con flores verdosas en panojas pendientes, con semillas redondas y duras y con hojas de olor aromático. *(Rhus cotinus.)* — s.m. = árbol de las pelucas

fustigación
1 Castigo aplicado con azotes. — s.f.
2 Acción de censurar con dureza a una persona: *ya ha recibido su merecido, tanta fustigación es innecesaria.*

fustigador, a Que fustiga. — adj/s.

fustigar (Del bajo lat. *fustigare,* azotar con bastón.)
1 Dar azotes a una persona o a un animal: *fustigaba al caballo para llevarlo al galope.* — v.tr/conj: *pagar* = azotar, hostigar
2 Censurar duramente a una persona: *le fustigó con insultos y amenazas.* — = flagelar

futbito Variedad de fútbol sala.

fútbol (Del ingl. *football.*)
1 Deporte que se practica entre dos equipos de once jugadores, y que consiste en introducir un balón en la portería contraria, impulsándolo con el cuerpo excepto brazos y manos. — DEPORTES s.m. tb: futbol = balompié
2 **fútbol americano:** Deporte más parecido al rugby que al fútbol, que se practica esencialmente en Estados Unidos. — DEPORTES
3 **fútbol sala:** Variante del fútbol que se juega en un campo más pequeño y entre dos equipos de cinco jugadores. — DEPORTES

futbolero, a
1 Del fútbol: *es un periodista muy conocido en los medios futbolísticos.* — adj. DEPORTES
2 Se aplica a la persona que es aficionada o practica el fútbol: *no se pierde un partido en la tele porque es muy futbolero.* — adj/s. coloquial DEPORTES

futbolín (Marca registrada.)
1 Juego que se practica en una mesa con bordes altos, que representa un campo de fútbol, con figuras ensartadas en barras transversales provistas de un mango con el que cada jugador las hace girar para golpear una bola que hay que introducir en la portería del equipo contrario. — s.m. JUEGOS
2 Mesa en la que se practica este juego. — JUEGOS

futbolista Jugador de fútbol: *todos los diarios comentan el fichaje del futbolista.* — s.m.f. DEPORTES

futbolístico, a Del fútbol: *desde niño mostró sus dotes futbolísticas.* — adj. DEPORTES

futesa (Del fr. *foutaise.*) Dicho o hecho de poco valor o sustancia: *discuten por futesas.* — s.f. = fruslería, nadería

fútil (Del lat. *futilis,* frívolo.) Que tiene o es de poco aprecio o importancia: *se pelearon por una cuestión fútil; nadie atendió a sus fútiles objeciones.* — adj. = baladí, trivial

futilidad
1 Falta de importancia o de fundamento en lo que se dice o hace: *la futilidad de sus razonamientos me exaspera.* — s.f. = trivialidad
2 Cosa que se considera inútil o de poca importancia: *pierde el tiempo en futilidades.*

futraque Casaca, vestido ceñido al cuerpo y con faldones. — s.m.

futre
1 Persona bien vestida. — s.m./Chile
2 Patrón, en zonas rurales. — Chile

futura Derecho de sucesión en un puesto de trabajo antes de que el puesto esté vacante. — s.f.

futurario, a Se refiere a aquello que tiene futura sucesión: *renta futuraria.* — adj.

futurible
1 Que puede suceder en el futuro si se dan ciertas condiciones: *hecho futurible.*
adj.
= posible, factible
2 Probable, que no sucederá con seguridad: *ministro futurible.*
adj/s.m.f.

futurición Proyección de las cosas y de los asuntos hacia el futuro.
s.f.

futuridad Carácter de lo que está por venir, de lo futuro.
s.f.

futurismo
1 Actitud ideológica, artística, científica o técnica orientada hacia el futuro.
s.m.
2 Movimiento literario y artístico creado en la primera década del siglo XX, que propugna la ruptura con el pasado mediante la revolución en las ideas, las costumbres, el arte y el lenguaje.
ARTE,
LITERATURA

futurista
1 Del futurismo: *los fabricantes de automóviles han ideado prototipos de línea muy futurista.*
adj.
2 Que es partidario del futurismo.
adj/s.m.f.

futuro, a (Del lat. *futurus.*)
1 Que está por suceder o por venir: *se preocupa por las generaciones futuras.*
adj.
= venidero

2 Tiempo que todavía no ha llegado: *no le importa el futuro.*
s.m.
= porvenir
3 Perspectiva favorable para una cosa: *es una relación con futuro.*
4 Persona que tiene un compromiso formal de casamiento con otra: *su futura se reunió con varios amigos para celebrar la despedida de soltera.*
s.
= prometido
5 Se refiere al tiempo verbal que denota una acción que no ha sucedido todavía.
adj/s.m.
GRAMÁTICA
6 futuro contingente: Lo que puede suceder o no.
FILOSOFÍA
7 futuro imperfecto: Tiempo verbal que expresa una acción que ha de suceder con posterioridad al momento en que se habla y que también puede indicar posibilidad en el tiempo presente: *mañana llegaré a las diez; no ha venido, ¿estará enfermo?*
GRAMÁTICA
8 futuro perfecto: El que denota acción, proceso o estado aún por suceder respecto al momento en que se habla, pero pasado con respecto a una acción, proceso o estado posterior a dicho momento: *cuando llegues, habré terminado de comer.*
GRAMÁTICA

futurología Conjunto de estudios que intentan predecir el futuro del hombre.
s.f.
OCULTISMO

futurólogo, a Persona dedicada a la predicción del futuro.
s.
OCULTISMO

G

g Séptima letra del alfabeto español y la quinta de las consonantes. *s.f.*

gabachada Acción propia de un gabacho. *s.f.*

gabacho, a (Del occitano *gavach*, montañés grosero.)
1 De algunos pueblos de las faldas de los Pirineos. *adj.*
2 Persona natural de estos pueblos. *s.*
3 Se aplica al palomo o a la paloma de casta grande y calzado de plumas. *adj.* ZOOLOGÍA
4 De Francia, francés. *adj/s./despectivo*
5 Lenguaje español plagado de galicismos. *s.m./despectivo*
6 De Estados Unidos, estadounidense. *adj/s./Méx.*

gabán
1 Abrigo, prenda de vestir: *salió envuelto en un amplio gabán de lana.* *s.m.*
2 Capote de paño fuerte, con mangas y a veces con capucha.

gabardina (De *gabán* + *tabardina*, diminutivo de *tabardo*.)
1 Prenda de vestir de tela impermeable que se pone sobre el traje: *a pesar de llevar la gabardina, llegué empapado.* *s.f.*
2 Tela impermeable: *la funda que cubre el coche es de gabardina.* TEXTIL
3 Envoltura, como la de harina o pan rallado, con que se rebozan algunos pescados: *les sirvieron gambas con gabardina.* COCINA

gabarra (Del vasco *gabarra* < lat. *carabus* < gr. *karabos*, bote de mimbres.)
1 Barco pequeño destinado a la carga y descarga en los puertos. *s.f.* NÁUTICA
2 Barco de transporte costero, mayor que la lancha. NÁUTICA

gabarrero, a
1 Persona que conduce o que carga y descarga una gabarra. *s.* NÁUTICA
2 Persona que saca leña del monte y la transporta para venderla.

gabarro
1 Nódulo de composición distinta de la masa de la piedra en que se encuentra encerrado. *s.m.* MINERALOGÍA
2 Defecto de las telas o tejidos. TEXTIL
3 Betún que se aplica para llenar las faltas de los sillares. CONSTRUCCIÓN
4 Tumor de las caballerías en la parte lateral y superior del casco. VETERINARIA

gábata Plato en que se servía la comida a los soldados o galeotes. *s.m.* HISTORIA

gabejo Haz pequeño de paja o de leña. *s.m.*

gabela (Del ár. *qabala*, contribución, impuesto.)
1 Impuesto o contribución que se paga al estado. *s.f.* = gravamen
2 Carga u obligación que pesa sobre una persona. Colomb., Dom., Ecuad., P. Rico, Venez.
3 Provecho, ventaja que se saca de una persona o de una situación.

gabinete (Del fr. ant. *gabinet*.)
1 Habitación destinada al estudio o a recibir personas de confianza. *s.m.*
2 Conjunto de muebles de esta habitación: *el gabinete es de madera de roble.*
3 Local dotado de los medios necesarios para realizar algún trabajo profesional: *gabinete de física; gabinete de abogado.*
4 Conjunto de ministros: *el rey recibió en audiencia al nuevo gabinete ministerial.* POLÍTICA
5 Habitación o parte de ella que servía de tocador.
6 Balcón cubierto. Colomb.
7 de gabinete: Se aplica a la persona que trata o escribe sobre una materia de la que sólo conoce la teoría pero no la práctica. loc.adj.

gablete (Del fr. *gablet*, pequeño remate triangular.) Frontón o remate triangular que corona algunos elementos del edificio, propio del estilo gótico. *s.m.* ARQUITECTURA, ARTE

gabonés, a
1 De Gabón, país de África ecuatorial. *adj.*
2 Persona natural de este país. *s.*

gabrieles Garbanzos del cocido. *s.m.pl./coloquial*

gabro Roca magmática, de grano grueso y coloración verdinegra, compuesta sobre todo por plagioclasa cálcica y piroxeno. *s.m.* GEOLOGÍA

gacela (Del ár. *gazala*.) Pequeño mamífero rumiante del grupo de los antílopes, muy estilizado y de cuello largo, pelo corto de color canela, orejas largas, muy veloz, que habita en las estepas africanas y asiáticas. (*Gazella.*) *s.f.* ZOOLOGÍA

gaceta
I (Del ital. *gazzetta*, periódico.)
1 Periódico en el que se dan noticias de alguna materia, como literatura, política, arte, deportes u otras. *s.f.*
2 Persona que lleva y trae chismes: *no sé para qué se lo explicas si sabes que es la gaceta del barrio.* coloquial = correveidile
3 mentir más que la gaceta: Mentir mucho. coloquial

II (De origen incierto.) Caja refractaria donde se ponen los baldosines para cocerse en el horno. — s.f. TECNOLOGÍA

gacetero, a Persona que escribe para las gacetas o las vende. — s.

gacetilla
1 Parte de un periódico destinada a publicar noticias cortas. — s.f.
2 Cada una de estas noticias: *han publicado tan sólo una gacetilla sobre ese escandaloso asunto.*
3 Persona que, por hábito o inclinación, lleva y trae noticias de una parte a otra. — coloquial

gacetillero, a Redactor de gacetillas. — s.

gacetista
1 Persona aficionada a leer gacetas. — s.m/f.
2 Persona que suele hablar de novedades.

gacha
1 Masa muy blanda y casi líquida. — s.f.
2 Cuenco de loza o barro. — Colomb., Venez.
3 Comida compuesta de harina cocida con agua y sal, y condimentada con otros ingredientes. — s.f.pl. COCINA
4 Lodo, barro muy blando. — coloquial

gacheta
I (Del fr. *gachette*.)
1 Pieza de la cerradura que sujeta el pestillo y lo detiene en un punto por medio de dientes y muescas. — s.f. tb: cacheta
2 Cada una de estos dientes del pestillo.
II (Derivado de *gacha*.) Masa de harina o almidón que se cuece en agua, y sirve para pegar cosas ligeras. — s.f. = engrudo, maseta

gachí (Voz gitana.) Mujer, muchacha: *lo he visto con una gachí imponente.* — s.f./pl: gachís vulgar

gacho, a
1 Que está inclinado o doblado hacia abajo: *el perro se acercó con las orejas gachas; iba con la cabeza gacha y no me vio.* — adj.
2 Se aplica a la res que tiene uno de los cuernos o ambos inclinados hacia abajo. — TAUROMAQUIA = cornigacho
3 Se refiere a la caballería que tiene el hocico inclinado hacia el pecho.
4 Que es desagradable, feo, malo o molesto: *está muy gacho este vestido; no seas gacha, ayúdame en mi trabajo.* — Méx. coloquial
5 a gachas: Apoyando las manos y las rodillas en el suelo: *el niño recorría la casa a gachas.* — loc.adv. = a gatas

gachó (Voz gitana.) Hombre, en especial el amante de una mujer: *lo es con un gachó del barrio.* — s.m. vulgar

gachón, a Que tiene gracia, atractivo y dulzura: *tan gachona que da gloria verla.* — coloquial

gachonería Gracia, atractivo, donaire: *todo el mundo admira su gachonería y garbo.* — s.f./coloquial = gachonada

gachumbo Cubierta leñosa y dura de varios frutos, con la cual se hacen vasijas, tazas y otros utensilios. — s.m. Colomb., Ecuad.

gachupín, a Nombre que se da a los españoles que se establecen en América. — s/despectivo = cachupín

gádido, a Perteneciente a una familia de peces marinos y de agua dulce, a la que pertenecen la merluza, la pescadilla, el bacalao y otros. — adj/s.m. ZOOLOGÍA

gaditano, a
1 De Cádiz, provincia y ciudad españolas. — adj.
2 Persona natural de dicha provincia o ciudad.

gadolinio Elemento metálico de color blanco, maleable y dúctil, del grupo de las tierras raras, de sales incoloras. — s.m. QUÍMICA

gaélico, a Se aplica al grupo de dialectos célticos que se hablan en Irlanda, Escocia y la isla de Man. — adj/s.m. LINGÜÍSTICA

gafa (Del cat. *gafa*, gancho, corchete.)
1 Instrumento óptico compuesto de dos lentes y de una montura que se apoya en las orejas y en el tabique nasal: *lleva gafas porque tiene miopía.* — s.f.pl. = anteojos, lentes ÓPTICA
2 Esta misma montura.
3 Pieza de metal con las puntas dobladas que sirve para sujetar dos o más cosas. — s.f. = grapar
4 Especie de clavo en forma de ele, que se usa para suspender objetos en una pared. — = gancho
5 Tablilla que cuelga de la barandilla de la mesa de billar mediante dos ganchos, que sirve para apoyar la mano izquierda a fin de jugar la bola. — s.f.pl. JUEGOS
6 Cada uno de los dos ganchos que cuelgan de una cuerda, usados para subir y bajar materiales en las obras. — CONSTRUCCIÓN

gafar
I (Derivado de *gafa*.)
1 Quitar o arrebatar una cosa a una persona con violencia, valiéndose de las uñas o de un instrumento corvo: *un ladrón le gafó el bolso.* — v.tr.
2 Arreglar una cosa rota con grapar. — = grapar
II (Derivado de *gafe*.) Transmitir una persona o una cosa mala suerte a otra: *deja de hablar del tema, no vayas a gafarlo.* — v.tr. coloquial

gafe Que trae mala suerte o desgracia con su presencia: *no le invitaron a la fiesta porque tenía fama de persona gafe.* — adj/s.m.f. = cenizo

gafedad
1 Contracción permanente de los dedos de las manos o de los pies. — s.f. MEDICINA
2 Lepra en la que los dedos se encorvan. — MEDICINA

gafete Especie de broche metálico, compuesto de macho y hembra, que sirve para abrochar o sujetar una cosa: *la camisa se abrocha con gafetes.* — s.m. = corchete

gafetí (Del ár. *gafit*.) Especie de agrimonia, planta perenne de la familia de las rosáceas. — s.m./pl.tb: gafetíes BOTÁNICA

gafo, a
1 Que tiene los dedos de las manos o de los pies encorvados y sin movimiento. — adj/s. MEDICINA
2 Que padece un tipo de lepra que encorva los dedos. — MEDICINA

gafotas Que usa gafas: *no quería ponerse la gafas porque los niños le llamaban gafotas.* — adj/s.m.f. pl: gafotas/despectivo

gag (Voz inglesa.) Episodio sorprendente y en general cómico, que recrea una situación ridícula: *se tronchaban de risa viendo los gags de los cómicos.* — s.m. pl: gags

gagá Se refiere a la persona que está achacosa o que chochea: *el profesor está ya un poco gagá.* — adj. coloquial

gago, a Que tartamudea al hablar. — adj/s./= tartamudo

gaguear Hablar de forma entrecortada y repitiendo las palabras, sílabas o sonidos. — v.intr. = tartamudear

gaiac Madera fina y muy dura, de color marrón verdoso o pardo grisáceo, considerada la más dura y pesada del mundo, originaria de las Antillas, Guayana francesa y Venezuela.

gaicano Rémora, pez teleósteo marino. — s.m./ZOOLOGÍA

gaita
1 Instrumento musical de viento formado por una bolsa de cuero y varios tubos con agujeros y lengüetas, por uno de los cuales se sopla mientras por los otros se expulsa el aire contenido en la bolsa, y que es muy popular en Escocia, Galicia y Asturias. — s.f. MÚSICA = cornamusa
2 Instrumento musical de viento parecido a una flauta o chirimía. — MÚSICA
3 Pescuezo, parte del cuerpo del animal desde la nuca hasta el tronco. — coloquial
4 Cualquier situación o cosa desagradable o fastidiosa: *es una gaita pero tendré que hacerlo.* — coloquial = lata, engorro
5 gaita zamorana: Instrumento musical formado por una caja de madera alargada y cuerdas, que suenan dando vueltas a un manubrio y accionando un teclado. — MÚSICA
6 estar alguien de galta o de buena gaita: Estar contento o de buen humor: *aprovecha para decírselo, que hoy está de gaita.* — coloquial
7 estar alguien de mala gaita: Estar irritado: *algo le ha pasado, porque está de mala gaita.* — coloquial
8 templar gaitas: Tener miramientos y contemplaciones para satisfacer a los demás o concertar voluntades: *a ver si tú templas gaitas y consigues que dejen de pelearse estos dos.* — coloquial

gaiteo Acción de aprovechar el toro la flexibilidad de su cuello para embestir con más peligrosidad. — s.m. TAUROMAQUIA

gaitero, a
1 Persona que toca la gaita. — s./MÚSICA
2 Se aplica a la persona que es alegre o cómica de manera ridícula. — adj/s.
3 Se refiere al vestido o adorno que tiene colores muy llamativos o extravagantes. — adj.

gaje (Del fr. *gage*, prenda, sueldo < germ. *waddi*, prenda.)
1 Salario que corresponde a un destino o empleo. — s.m.
2 gajes del oficio: Perjuicios inherentes a un empleo u ocupación: *te toca asistir a pesadas reuniones, pero son gajes del oficio.* — coloquial

gajo (Del lat. vulgar *galleus*, comparable a una agalla de roble o encina.)
1 Cada una de las partes en que están divididas algunas frutas en su interior, como la naranja, el limón, la granada y otras: *dame un gajo de mandarina para probarla.* — s.m.
2 Rama desprendida de un árbol.
3 Cada uno de los grupos de uvas en que se divide el racimo.
4 Racimo apiñado de cualquier fruta: *en el frutero quedaban varios gajos de cerezas.*
5 Punta de una horca, bieldo u otro utensilio agrícola parecido. — AGRICULTURA
6 Ramal de una cordillera.
7 Tallo que se emplea para reproducir ciertas plantas en un medio apropiado. — Argent. = esqueje

gajoso, a Que tiene gajos: *la naranja es una fruta gajosa.* — adj.

gal Unidad de medida de aceleración, que se utiliza en geodesia y geofísica para expresar la aceleración debida a la gravedad. — s.m. GEOLOGÍA

gala (Del fr. ant. *gale* < germ. *wallan*, bullir, agitarse.)
1 Vestido o adorno de lujo: *los invitados acuden con sus mejores galas.* — s.f.

2 Fiesta en la que se exige este tipo de vestido: *se dio una gala en el palacio real.*
3 Actuación artística: *acudieron a una gala benéfica.*
4 Gracia y gentileza de cuerpo al moverse.
5 Cosa selecta que añade esplendor o belleza a otra: *la plaza es la gala del pueblo.*
6 Regalos que se hacen a los que van a contraer matrimonio. **s.f.pl.**
7 Regalo, premio o propina. **s.f./Méx., Antillas**
8 **cantar la gala:** Alabar o glorificar a una persona: *se pasó la tarde cantando la gala de esa chica.* **coloquial**
9 **de gala:** 1. Se aplica al traje o uniforme de mayor lujo, en contraposición del que se usa para diario. 2. Se aplica a la ceremonia o espectáculo en que se exige vestido de lujo: *función de gala.* **loc.adj.**
10 **de media gala:** Se aplica al uniforme o traje que por sus características se diferencia del ordinario sin llegar a ser de lujo. **loc.adj.**
11 **hacer gala de algo:** 1. Preciarse y jactarse de ello: *siempre ha hecho gala de la nobleza de su linaje.* 2. Mostrar o exhibir una cosa: *hizo gala de su mal gusto al decorar la casa.*
12 **hacer gala del sambenito:** Preciarse de una acción mala: *solía hacer gala del sambenito de patoso que tenía.* **coloquial**
13 **llevar o llevarse alguien la gala:** Merecer aplauso y estimación. **coloquial**
14 **tener a gala:** Estar orgulloso o presumir de una cosa. **coloquial**

galabardera
1 Escaramujo, rosal silvestre. **s.f./BOTÁNICA**
2 Fruto del rosal silvestre. **BOTÁNICA**

galact- Componente de palabra procedente del gr. *gala, galaktos,* que significa leche: *galactocele; galactóforo.* **pref. tb: galacto-**

galáctico, a De las galaxias. **adj./ASTRONOMÍA**

galactita Arcilla jabonosa que se deshace en el agua, dándole el color de la leche. **s.f./MINERALOGÍA = galactites, greda**

galactocele Quiste en una glándula mamaria que contiene leche. **s.f. MEDICINA**

galactófago, a Se aplica al animal que se alimenta de leche. **adj/s. ZOOLOGÍA**

galactóforo, a Se aplica a los conductos que transportan la leche desde las glándulas mamarias hasta el pezón. **adj. ANATOMÍA**

galactógeno, a Se refiere a la sustancia que favorece la secreción de la leche. **adj. FISIOLOGÍA**

galactómetro Instrumento para medir la densidad de la leche. **s.m. = lactómetro**

galactorrea Secreción espontánea de leche por el pezón, independiente de la succión. **s.f./MEDICINA = poligalia**

galactosa Azúcar obtenido mediante hidrólisis de la lactosa. **s.f. QUÍMICA**

galaico, a De Galicia: *es un experto y un apasionado de la literatura galaica.* **adj/s. = gallego**

galaicoportugués, a
1 Se refiere a una antigua lengua romance propia de los antiguos reinos de Galicia y Portugal, de la cual derivan el gallego y el portugués modernos: *cancioneros galaicoportugueses.* **adj/s.m. LINGÜÍSTICA = gallegoportugués**
2 Se aplica a una escuela lírica medieval que es la expresión artística de esta lengua. **adj. LITERATURA**

galalita Sustancia plástica no termoestable formada por caseína endurecida, usada en la industria. **s.f.**

galamero, a Que es goloso: *no le des todos los caramelos porque es muy galamero.* **adj.**

galán (Del fr. *galant,* que se divierte, atrevido.)
1 Apócope de galano. **adj.**
2 Hombre que tiene buena presencia y semblante: *se casó con un galán, culto y adinerado.* **s.m.**
3 Hombre que galantea a una mujer: *rechazó a todos sus galanes hasta que conoció al que hoy es su marido.*
4 Actor que representa un papel protagonista en una obra o en una película. **CINE, TEATRO**
5 Mueble en forma de percha con pie para colgar la ropa: *dispuso la ropa que pensaba ponerse al día siguiente sobre el galán.* **= galán de noche**
6 **galán de día:** Arbusto propio del trópico americano, de hojas apuntadas y flores blancas en figura de clavo *(Cestrum diurnum.)* **BOTÁNICA**
7 **galán de noche:** 1. Arbusto ramoso propio del trópico americano, con hojas alternas en la parte superior de un olor muy fuerte y flores blancuzcas y muy olorosas por la noche. *(Cestrum nocturnum.)* 2. Galán, mueble en forma de percha. **BOTÁNICA**

galancete Actor que representa papeles de protagonista joven. **s.m. TEATRO**

galanga
1 Planta exótica de hojas radicales, enteras y envainadoras con el nervio medio prominente, con flores **s.f. BOTÁNICA**

blanquecinas en espiga sobre un bohordo central. *(Alpinia officinarum.)*
2 Rizoma de esta planta, nudoso y de unos dos centímetros de diámetro, aromático y amargo. **BOTÁNICA**

galanía Galanura [en todas sus acepciones]. **s.f.**

galano, a
1 Que está bien adornado. **adj./m.tb: galán**
2 Que es apuesto y elegante: *caminaba muy galano; era una moza galana.* **= gallardo**
3 Que tiene ingenio y belleza: *la obra está escrita en galano estilo; me lo dijo con galanas palabras.* **= elegante, primoroso,**

galante (Del fr. *galant.*)
1 Se aplica al hombre que es atento y cortés, en especial con las mujeres: *un galante joven me cedió el asiento.* **adj.**
2 Se refiere a la mujer que gusta de galanteos.
3 Se aplica a la historia o novela que trata con picardía un asunto o tema amoroso.
4 Se aplica al estilo musical de carácter ligero y profano que se desarrolló en el siglo XVIII. **MÚSICA**

galanteador, a Que galantea: *tenía una merecida fama de galanteador.* **adj/s.**

galantear
1 Intentar enamorar a una mujer: *galanteaba a unas y a otras intentando no comprometerse con ninguna.* **v.tr. = cortejar, rondar**
2 Mostrarse amable con una persona para conseguir una cosa: *galantea siempre a sus profesores.* **coloquial**

galanteo Conjunto de los actos y expresiones con que se quiere enamorar a una persona o atraerse su voluntad: *consiguió enamorarla con su galanteo.* **s.m. = cortejo**

galantería
1 Amabilidad y buena educación, en especial en el trato con las mujeres. **s.f. = cortesía**
2 Acción o expresión obsequiosa o cortés: *desdeñaba las galanterías que le dirigían sus compañeros.*
3 Actitud del que se muestra generoso con los demás. **= generosidad**

galantina (Del fr. *galantine.*) Comida que se prepara con carne cocida con gelatina. **s.f. COCINA**

galanura
1 Cualidad de galano: *en la forma de andar se aprecia su galanura.* **s.f./= donosura, galanía**
2 Elegancia, agilidad y gracia en el modo de expresarse: *es admirable la galanura de sus conceptos.* **= galanía**
3 Adorno vistoso: *le gusta pintarse y lucir galanuras.* **= galanía**

galapagar Lugar donde hay muchos galápagos. **s.m.**

galápago
1 Reptil quelonio, parecido a la tortuga, con dedos unidos por membranas y de vida acuática. *(Emys y Chlemys.)* **s.m. ZOOLOGÍA**
2 Tipo de lingote metálico, en especial de plomo, estaño o cobre, tal como sale del molde de fundición. **METALURGIA**
3 Dental o palo donde encaja la reja del arado. **AGRICULTURA**
4 Herramienta para sujetar la pieza que se está trabajando. **TECNOLOGÍA**
5 Polea chata por un lado para poderla fijar a un madero. **CARPINTERÍA**
6 Pieza de madera asegurada a uno y otro lado de la cruz de una verga en los barcos. **NÁUTICA**
7 Molde para fabricar tejas. **CONSTRUCCIÓN**
8 Revestimiento con el que se refuerzan los lugares subterráneos de terreno poco macizo para contener el empuje de las tierras. **CONSTRUCCIÓN**
9 Armazón de pequeño tamaño sobre el que se construye un arco o una bóveda. **CONSTRUCCIÓN**
10 Tortada o capa de yeso que se echa en los ángulos salientes de un tejado. **CONSTRUCCIÓN**
11 Trozo cuadrado de gasa que se corta diagonalmente desde las cuatro esquinas sin llegar al centro, a fin de poder acomodarlo para vendar. **MEDICINA**
12 Silla de montar ligera. **EQUITACIÓN**
13 Enfermedad de los cascos del asno y del caballo. **VETERINARIA**

galapaguera Estanque donde se conservan los galápagos vivos. **s.f.**

galapo Pieza esférica de madera donde se ponen los hilos o cordones para torcerlos juntos y formar otros más gruesos o maromas. **s.m. TECNOLOGÍA**

galardón (Del ant. *gualardon.*) Premio honorífico o recompensa que se recibe por algún mérito: *ha obtenido un importante galardón literario.* **s.m. = distinción**

galardonar Premiar a una persona por un mérito o por un servicio prestado: *le galardonaron como reconocimiento a su extensa obra.* **v.tr.**

gálata
1 De Galacia, antiguo país de Asia Menor. **adj./HISTORIA**
2 Persona natural de dicho país. **s.m.f./HISTORIA**
3 Se aplica a un pueblo celta que emigró de la Galia y se estableció en Asia Menor. **HISTORIA**

galatites Greda, arcilla jabonosa que se deshace en el agua. **s.f./MINERALOGÍA = galactita, galaxia**

galaxia (Del gr. *galaxias*, relativo a la leche < *gala, -ktos*, leche.)
1 Conjunto de miles de millones de estrellas, polvo interestelar, gas y partículas. — *s.f.* ASTRONOMÍA
2 Greda, arcilla jabonosa que al deshacerse en el agua toma un color lechoso. — MINERALOGÍA = galactita
3 Conjunto de personas y elementos que están en torno a una actividad.

galayo Peñasco prominente en un monte. — *s.m.*

galbana Inclinación a no trabajar, no hacer nada o no moverse: *cuando llega el calor le entra la galbana.* — *s.f.* = desgana, pereza

galbanado, a De color gris amarillento, como el del gálbano. — *adj.*

galbanear Intentar no trabajar o no hacer una cosa. — *v.tr./=* holgazanear

gálbano (Del lat. *galbanum.*)
1 Planta arbustiva umbelífera originaria de Siria que produce una resina aromática *(Ferula.)* — *s.m.* BOTÁNICA FARMACIA
2 Resina gomosa de color gris amarillento y aromático, obtenida de esta planta, usada en medicina como bálsamo y expectorante.

galbanoso, a Que tiene inclinación a no hacer nada o no moverse: *últimamente está muy galbanoso y estudia muy poco.* — *adj.* = perezoso

gálbula (Del lat. *galbulus* < *galbus*, verde pálido.) Fruto redondeado, carnoso e indehiscente, que encierra algunas semillas, que es característico de los enebros, sabinas y otras plantas semejantes. — BOTÁNICA = gálbulo

galdón Alcaudón, ave de plumaje ceniciento, pico robusto y ganchudo que fue usada en cetrería. — *s.m.* ZOOLOGÍA

galdosiano, a (De B. Pérez *Galdós*, escritor español.) De este autor o de su obra. — *adj.*

gálea Casco que usaban los soldados romanos. — *s.f./*HISTORIA

galeato Se aplica al prólogo o proemio con el que se defiende una obra de posibles objeciones. — *adj.*

galeaza (Del ital. *galeazza.*) Navío antiguo de gran tamaño, con remos y velas, más fuerte y pesado que la galera. — *s.f.* NÁUTICA

galega (Del gr. *gala*, leche + *aix, aigos*, cabra.) Planta herbácea de hojas alternas y flores blancas o azules en panojas axilares pendientes de un largo pecíolo y fruto en vaina. *(Galega officinalis.)* — *s.f.* BOTÁNICA

galena (Del lat. *galena.*) Mineral compuesto de azufre y plomo de brillo metálico y color gris plomo que constituye la mena de plomo más importante. — *s.f.* MINERALOGÍA

galénico, a (De *Galeno*, médico griego de la antigüedad.) De dicho médico o de sus doctrinas. — *adj.* MEDICINA

galenismo (De *Galeno*, médico griego de la antigüedad.) Doctrina médica fundada por dicho médico que explica los estados de salud y enfermedad como dependientes de la alteración de los humores. — *s.m.f./*MEDICINA

galenista Que es partidario del galenismo, antigua doctrina médica. — *adj/s.m.f.* MEDICINA

galeno (De *Galeno*, médico griego de la antigüedad.) Persona autorizada para ejercer la medicina. — *s.m.f./*MEDICINA = médico

galeno, a (Del gr. *galenos*, tranquilo.) Se aplica al viento o brisa que es suave. — *adj.* NÁUTICA

gáleo (Del gr. *galeos*.) Cazón, pez escualiforme, de unos dos metros de largo, cuerpo esbelto y dientes agudos y cortantes. — *s.m.* ZOOLOGÍA

galeón (Derivado del ant. *galea.*)
1 Barco velero antiguo, grande y semejante a la galera con tres o cuatro palos. — *s.m.* NÁUTICA
2 Barco español que antiguamente hacía el comercio con América. — NÁUTICA

galeota Galera pequeña, de dos palos, provista de cañones. — *s.f.* NÁUTICA

galeote El que remaba forzado en las galeras. — *s.m./*HISTORIA

galeoto Persona que actúa de mediadora en relaciones amorosas sexuales irregulares. — *s.m.* = alcahuete

galera (Del gr. bizantino *galea.*)
1 Embarcación antigua de vela y remo. — *s.f./*NÁUTICA
2 Carro grande que servía para transportar personas, en general con cubierta.
3 Fila de camas adicional en los hospitales. — MEDICINA
4 Crustáceo comestible de cuerpo alargado y caparazón muy corto. *(Squilla mantis.)* — ZOOLOGÍA
5 Garlopa o cepillo grande. — CARPINTERÍA
6 Separación que se hace al escribir los términos de una división. — MATEMÁTICAS
7 Tabla, con listones en tres de sus lados, en la que se van colocando las líneas de letras para formar una galerada. — ARTES GRÁFICAS
8 Fila de hornos en que se colocan varias retortas que se calientan en el mismo fuego. — MINERÍA
9 Sombrero de copa redondeada, o alta y cilíndrica, y alas abarquilladas. — *Argent., Chile, Urug.*

10 Galerada, prueba tipográfica para corregir errores antes de la impresión definitiva. — *Méx.* ARTES GRÁFICAS
11 Castigo que se imponía a ciertos delincuentes, consistente en remar en las galeras reales. — *s.f.pl.* HISTORIA
12 **galera acelerada:** Carro de transporte terrestre muy rápido.
13 **galera bastarda:** La que es más fuerte que la ordinaria. — NÁUTICA
14 **galera gruesa:** La que tiene mayor porte. — NÁUTICA
15 **galera sutil:** La que es más pequeña. — NÁUTICA
16 **sacar algo de la galera:** Sorprender a otro con un hecho inesperado. — *Argent.*

galerada
1 Prueba de una composición tipográfica, o uno de sus trozos, sacada para corregirla. — *s.f.* ARTES GRÁFICAS
2 Trozo de composición que se coloca en una galera o en un galerín. — ARTES GRÁFICAS
3 Carga que cabía en una galera o carro grande.

galerero Persona que conduce o es dueña de una galera o carro grande. — *s.m.*

galería (Del bajo lat. *galilaea.*)
1 Pieza de un edificio larga y espaciosa que tiene muchas ventanas o está sostenida por columnas o pilares: *este palacio tiene una galería impresionante.* — *s.f.* ARQUITECTURA
2 Pasillo con columnas, y en ocasiones con vidrieras, que corre a lo largo de una fachada o alrededor de un patio. — ARQUITECTURA = corredor
3 Pasillo subterráneo excavado para diversos fines: *se ha derrumbado una galería en la mina; se ha descubierto una galería secreta en el castillo.* — CONSTRUCCIÓN = pasaje, túnel
4 Local para exposición y venta de obras de arte: *expuso sus óleos en una importante galería de la capital.* — ARTE = sala de arte
5 Conjunto de establecimientos comerciales reunidos en una pasaje o en un edificio: *han inaugurado unas galerías con firmas de moda francesas e italianas.* — *s.f.pl.* = centro comercial
6 Bastidor del que se cuelgan las cortinas. — *s.f.*
7 Estudio de un fotógrafo profesional. — FOTOGRAFÍA
8 Adorno con columnas y arcos que está en la parte superior de un mueble.
9 Parte más alta de un teatro donde son más baratas las entradas. — TEATRO = gallinero, paraíso
10 Público que ocupa esta parte del teatro o público en general: *actuó para la galería.*
11 Balcón de popa de un barco. — NÁUTICA
12 Espacio de popa a proa en medio de la cubierta de una embarcación. — NÁUTICA = crujía
13 Camino cerrado con tablones laterales y techado que se construía para acercarse sin peligro a una muralla. — MILITAR
14 **galería cubierta:** Construcción prehistórica en forma de corredor de piedras usada como enterramiento. — HISTORIA = dolmen de corredor
15 **hacer algo para la galería:** Hacerlo buscando el lucimiento personal más que la eficacia o verdad: *su discurso fue para la galería.*

galerín Tabla o plancha de metal, con listones en dos lados, en que el cajista deposita las líneas de composición para formar una galerada. — *s.m.* ARTES GRÁFICAS

galerista Persona que regenta una galería de arte. — *s.m.f./*ARTE

galerita Cogujada, ave semejante a la alondra pero con un moño puntiagudo en la cabeza. — *s.f.* ZOOLOGÍA

galerna (Del fr. *galerne.*) Viento fuerte del noroeste en la costa septentrional de España. — *s.f.* tb: galerno

galerón
1 Romance vulgar que se canta en una especie de recitado. — *s.m.* *Amér. Merid.*
2 Aire popular al son del cual se baila y se cantan cuartetas y seguidillas. — *Colomb., Venez.* MÚSICA
3 Cobertizo, lugar cubierto. — *C. Rica, Salv.*
4 Construcción muy grande y de espacios amplios. — *Méx.*

galés, a
1 De Gales, país del Reino Unido. — *adj.*
2 Persona natural de este país. — *s.*
3 Lengua céltica de la familia indoeuropea hablada en Gales. — *s.m.* LINGÜÍSTICA

galfarro Hombre ocioso, perdido. — *s.m.*

galga
I (Derivado de *galgo.*)
1 Piedra desprendida de lo alto de una pendiente y que baja rodando y dando saltos por ella. — *s.f.*
2 Piedra que gira alrededor del árbol del alfarje en los molinos de aceite.
3 Instrumento para medir ángulos y longitudes en el interior de una pieza. — TECNOLOGÍA = calibre
4 Erupción cutánea que puede formarse en el cuello por falta de aseo. — MEDICINA
II (De origen incierto.)
1 Palo atado por sus extremos a la caja del carro, que sirve de freno. — *s.f.*
2 Féretro o andas en que se llevaba a enterrar a los pobres.

3 Cada una de las cintas con que se sujeta a la pierna el calzado femenino.

4 Anclote u orinque con que se refuerza el ancla fondeada. — NÁUTICA

5 Los dos maderos inclinados que apoyan la cara lateral de una excavación y sirven para sostener el huso o cilindro de un torno de mano. — s.f.pl. MINERÍA

galgo, a (Del lat. vulgar *gallicus < canis gallicus*.)
1 Se aplica al perro de figura esbelta y musculatura potente, de color leonado claro, de cabeza pequeña y hocico alargado, que se utiliza en caza y competiciones deportivas. — adj./s. ZOOLOGÍA
2 Que es muy goloso.
3 ¡échale un galgo!: Indica que existe alguna dificultad para alcanzar a una persona o una cosa, o para comprender u obtener algo: *se le cayó el anillo en la arena y ahora échale un galgo para encontrarlo*. — coloquial

galgueño, a El galgo o que tiene relación con él. — adj./= galguesco

galguería Alimento poco sustancioso pero muy apetecible. — s.f./= golosina, chuchería

galguero, a
I (Derivado de *galgo*.)
1 Persona encargada de cuidar los galgos. — s.
2 Que tiene alguna propiedad del galgo. — adj./= galgueño
II (De origen incierto.) Cuerda con que se templa la galga o freno del carro. — s.m.

gálgulo Rabilargo, ave de plumaje negro en la cabeza y azul claro en las alas y cola, que abunda en los encinares. — s.m. ZOOLOGÍA

galiana (Del bajo lat. *via Galliana < Gallia*, Francia.) Cañada o vía para el ganado. — s.f.

galianos Comida que hacen los pastores con torta cocida a las brasas y guisada después con aceite y caldo. — s.m.pl. COCINA

galibar Trazar el contorno de las piezas de una embarcación con los gálibos. — v.tr. NÁUTICA

gálibo
1 Plantilla para trazar o comprobar un perfil.
2 Arco de hierro en forma de U invertida, para comprobar si los vagones del tren pueden pasar con su carga máxima por los túneles y los pasos superiores. — s.m.
3 Dimensiones máximas fijadas para los vagones de ferrocarril y algunos vehículos teniendo en cuenta la de los túneles.
4 Cualidad de lo que tiene gracia y nobleza. — literario/= elegancia NÁUTICA
5 Figura que se da al contorno de la ligazón o piezas de unión de un barco e incluso su forma después de construido.
6 Plantilla para hacer las cuadernas y otras piezas de los barcos. — NÁUTICA
7 Aspecto de una columna que tiene una acertada proporción de sus dimensiones. — ARQUITECTURA

galicado, a Se aplica al estilo o expresión que tiene influencia de la lengua francesa. — adj. = galicano

galicanismo Doctrina político-religiosa mantenida por miembros de la iglesia francesa en el siglo XVII, que consistía en pretender una disminución del poder del papa sobre las jerarquías francesas. — s.m. POLÍTICA, RELIGIÓN

galicano, a
1 De la Galia. — adj.
2 Se refiere a la expresión o estilo que está influido por la lengua francesa. — LINGÜÍSTICA

galiciano, a De Galicia. — adj./= gallego

galicismo Palabra, expresión o construcción propias de la lengua francesa usadas en otra lengua. — s.m. LINGÜÍSTICA

galicista Persona que suele emplear galicismos hablando o escribiendo. — s.m.f. = galiparlista

gálico, a (Del lat. *gallicus*.)
1 De la Galia. — adj.
2 Sífilis, enfermedad venérea infecciosa. — s.m./MEDICINA

galicursi
1 Se aplica al lenguaje que abusa con afectación de los galicismos. — adj. coloquial
2 Se refiere a la persona que utiliza este lenguaje. — adj./s.

galilea
I (Del bajo lat. *galilea*.)
1 Pórtico o atrio de las iglesias. — s.f./ARQUITECTURA
2 Pieza cubierta, fuera del templo, que servía de cementerio. — ARQUITECTURA
II (De origen incierto.) Tiempo que media desde la resurrección hasta la ascensión de Jesucristo, en la iglesia griega. — s.f. RELIGIÓN

galileano, a De Galileo, astrónomo y físico italiano del siglo XVI, o de su teoría científica. — adj.

galileo, a
1 De Galilea, antigua región de Palestina. — adj./HISTORIA
2 Persona natural de dicha antigua región. — s./HISTORIA
3 Denominación que se ha dado a Jesucristo y a sus discípulos. — s.m. RELIGIÓN

galillo
1 Pequeña masa carnosa o campanilla, situada en el velo del paladar. — s.m./ANATOMÍA tb: gallillo

2 Gaznate, parte superior de la tráquea. — coloquial

galimatías (Del fr. *galimatias*.)
1 Lenguaje oscuro o incomprensible por la impropiedad de las palabras o la confusión de las ideas: *este discurso es un galimatías*. — s.m. pl: galimatías
2 Falta de orden en ideas, cosas o personas: *su despacho era un galimatías de papeles*. — = confusión, desorden

galio
I (Del gr. *galion*.) Hierba rubiácea con tallos erguidos, delgados y ramosos con flores amarillas que se encuentra en los prados *(Gallium)*. — s.m. BOTÁNICA
II (Del lat. *gallus*.) Metal blanco, duro y maleable, semejante al aluminio. — s.m. QUÍMICA

galipandria Resfriado, enfermedad que afecta a las vías respiratorias: *menuda galipandria tienes, llevas todo el día tosiendo y estornudando*. — s.f. coloquial

galiparla Manera de hablar o escribir español en la que se usan excesivos galicismos. — s.f. coloquial

galiparlista Persona que suele emplear galicismos al hablar o al escribir. — s.m.f./= galicista coloquial

galipote (Del fr. *galipot*.) Mezcla de alquitrán o brea, resina de pino marino, aceite u otra sustancia que sirve para calafatear, cerrar o tapar las junturas de las embarcaciones. — s.m. NÁUTICA = galipodio

galizabra Antiguo barco de vela latina de porte de unas cien toneladas. — s.f. NÁUTICA

galla
1 Remolino de pelo que tienen algunos caballos en los lados del pecho, junto a la cinchera. — s.f.
2 Agalla o excrecencia del roble. — BOTÁNICA
3 Agalla o branquia del pez. — ZOOLOGÍA

galladura Pinta o pequeño coágulo de sangre que hay en la yema del huevo de gallina fecundado. — s.f. tb: engalladura

gallano Pez de la familia de los lábridos, de cuerpo oblongo y recio y coloración variada, según el sexo. *(Labrus binaculatus.)* — s.m. ZOOLOGÍA = gallito de rey

gallar Cubrir el gallo a las gallinas. — v.tr./= gallear

gallarda
1 Danza antigua española, de movimiento vivo. — s.f.
2 Música que acompañaba esta danza. — MÚSICA
3 Carácter de letra menor que el breviario y mayor que la glosilla. — ARTES GRÁFICAS

gallardear Hacer ostentación de gallardía y aplomo: *aunque se gallardea mucho, sabemos que sufre; gallardeaba de sus actos*. — v.intr/prnl. + de

gallardete Bandera pequeña y alargada que termina en punta y que se usa en los barcos y en algunos edificios como insignia, adorno o señal: *en el mástil ondeaba un gallardete militar*. — s.m.

gallardetón Gallardete corto y ancho que termina en dos puntas. — s.m.

gallardía
1 Característica o cualidad de la persona gallarda, de buen aspecto, ágil en sus movimientos y esbelta: *la miraban al pasar por la gallardía de sus andares*. — s.f. = donaire, gracia
2 Actitud valiente y noble en la manera de enfrentarse a personas o situaciones: *se enfrentó con gallardía a sus detractores; ten la gallardía de reconocer tus errores*. — = osadía, valentía

gallardo, a (Del fr. *gaillard*.)
1 Que tiene buen aspecto o presencia y que se mueve con elegancia: *su gallarda figura causaba admiración*. — adj. = bizarro, galán
2 Que es valiente: *fue galardonado por su comportamiento gallardo*. — = atrevido, osado
3 Que es muy bueno en su línea: *gallardo poeta*. — = excelente

gallareta Ave acuática de pico grueso y abultado que vive en lagunas y ríos densos de vegetación *(Fulica.)* — s.f. ZOOLOGÍA

gallarón Sisón, ave zancuda de plumaje leonado y blanco en el vientre y cola, que se alimenta de insectos y cuya carne es comestible. — s.m. ZOOLOGÍA

galluza Capote con capucha usado por los montañeses. — s.f.

gallear
1 Cubrir el gallo a las gallinas. — v.tr./= gallar
2 Hablar y actuar con presunción y arrogancia: *desde que es el presidente gallea*. — v.intr.
3 Pretender sobresalir entre los demás con jactancia y presunción.
4 Hacer gallos el torero. — TAUROMAQUIA
5 Formarse desigualdades en la superficie de algunos metales al enfriarse muy deprisa después de ser fundidos. — METALURGIA

gallegada
1 Acción o palabra propia de los gallegos. — s.f.
2 Modalidad de baile folclórico típico gallego.
3 Música y cantos que acompañan a este baile. — MÚSICA
4 Conjunto numeroso de gallegos.

gallego, a
1 De Galicia, región española. — adj.

2 Persona natural de esta región. — s.

3 Lengua románica de origen indoeuropeo que se habla en Galicia. — s.m. LINGÜÍSTICA

4 Se aplica al inmigrante español que vive en América. — adj/s./Amér. despectivo

gallegoportugués Se refiere a la lengua gallega en su fase medieval. — adj/s.m. LINGÜÍSTICA

galleguismo
1 Expresión o construcción propias del gallego que se usan en otra lengua. — s.m. LINGÜÍSTICA
2 Afecto por Galicia y lo gallego: *el galleguismo de la escritora se refleja en sus obras.*
3 Tendencia política que propugna una forma de autogobierno para Galicia y defiende sus valores históricos y culturales. — POLÍTICA

galleguista
1 Del galleguismo, tendencia política. — adj./POLÍTICA
2 Que es partidario de esta tendencia. — adj/s.m.f./POLÍTICA

galleo
1 Lance del toreo que se hace con el capote al final de un quite. — s.m. TAUROMAQUIA
2 Desigualdad que se produce en la superficie de algunos metales después de fundidos. — METALURGIA

gallera
1 Gallinero donde se crían gallos de pelea. — s.f.
2 Edificio destinado a las peleas de gallos.
3 Jaula para transportar gallos de pelea.

gallero, a
1 Se refiere a la persona que se dedica a criar y entrenar gallos de pelea. — adj/s. Amér.
2 Se dice de la persona aficionada a las riñas de gallos. — Amér.

galleta
I (Del fr. *galette*.)
1 Pasta de harina, azúcar, huevo y otras sustancias, cocida al horno, y dividida en trozos pequeños de numerosas formas y tamaños: *preparó unas galletas con esencia de naranja.* — s.f. COCINA
2 Pan sin levadura que se toma de alimento en los barcos. — COCINA, NÁUTICA
3 Golpe dado en la cara con la mano abierta: *le puso tan nervioso que acabó dándole una galleta.* — coloquial = bofetada, cachete
4 Carbón mineral semejante a la antracita. — MINERALOGÍA
5 Disco de borde redondeado que remata el palo y el asta de una bandera.
6 Escudo de la gorra de los marinos. — NÁUTICA
7 Distintivo de identificación de un uniforme militar. — MILITAR
8 Pan moreno que se amasa para los trabajadores del campo. — Argent., Chile
9 Fuerza física, energía o vigor: *jugaron con mucha galleta los futbolistas.* — Méx. coloquial
II (Del lat. *galletam*, vasija.)
1 Recipiente pequeño con un caño torcido, usado para contener y verter un licor. — s.f.
2 Vasija hecha de calabaza, chata, redonda y sin asa, que se usa para tomar mate. — R. de la Plata
3 colgar la galleta: Abandonar o desairar a una persona. — Argent. coloquial

gallete
1 Garganta o campanilla del paladar. — s.m.
2 beber a gallete: Beber echando el chorro que sale de un botijo, porrón o bota en la garganta.

galletera Máquina de moldear o cortar ladrillos. — s.f.

galletero, a
1 De las galletas. — adj.
2 Persona que hace galletas. — s.
3 Recipiente en que se conservan y sirven las galletas. — s.m.

galliforme
1 Que tiene forma de gallo, ave. — adj.
2 Perteneciente a un orden de aves omnívoras de vuelo pesado, con patas robustas, alas cortas para el vuelo y con las carúnculas faciales coloreadas, como el faisán. — adj/s.m.f. ZOOLOGÍA

gallillo Galillo, campanilla del paladar. — s.m./ANATOMÍA

gallina (Del lat. *gallina*.)
1 Hembra del gallo que se distingue del macho por ser de menor tamaño, tener la cresta más corta y carecer de espolones. — s.f. ZOOLOGÍA
2 Persona cobarde y tímida: *su primo es un gallina que nunca osa contradecirle.* — s.m.f. coloquial
3 gallina armada: Guiso de este ave, con tocino y yema de huevo. — COCINA
4 gallina ciega: Juego en el que uno de los participantes se tapa los ojos y trata de agarrar a otro y adivinar quién es. — JUEGOS
5 gallina de agua o de río: Focha, ave nadadora de plumaje negro con el pico y la frente blancos. — ZOOLOGÍA
6 gallina de Guinea: Ave galliforme africana, de plumaje negro moteado, mejilla y garganta sin plumas, cresta marrón y pico rojo. (*Numida meleagris.*) — ZOOLOGÍA = pintada

7 gallina de mar: Pez teleósteo marino, de color rojo, cuerpo comprimido y radios de la aleta dorsal en forma de espinas. (*Sebastes marinus.*) — ZOOLOGÍA = pez rata
8 gallina sorda: Perdiz, ave galliforme. — ZOOLOGÍA
9 la gallina de los huevos de oro: Fuente de riqueza: *su invento resultó la gallina de los huevos de oro.* — coloquial
10 acostarse con las gallinas: Acostarse muy temprano: *entra a trabajar de madrugada, así que se acuesta con las gallinas.* — coloquial
11 cantar la gallina: 1. Cacarear el gallo en actitud sumisa cuando pierde una pelea. 2. Confesar una falta o error por obligación. — coloquial
12 como gallina en corral ajeno: Se aplica a una persona azorada o confusa por estar entre gente desconocida: *se sentirá como gallina en corral ajeno si le llevas a la fiesta de tu trabajo.* — coloquial
13 cuando meen las gallinas: Expresión que alude a la imposibilidad de un determinado suceso. — coloquial
14 matar la gallina de los huevos de oro: Destruir una fuente de riqueza por ser demasiado avaricioso, aludiendo a una conocida fábula. — coloquial

gallináceo, a
1 De las gallinas. — adj.
2 Parecido o semejante a la gallina.
3 Perteneciente a una antigua familia de aves que corresponden al actual orden de las galliformes. — adj/s.f. ZOOLOGÍA

gallinaza Excremento de gallina que se utiliza como abono. — s.f.

gallinazo, a
1 Aura, ave rapaz de plumaje negro con visos verdes, que vive en bandadas y se alimenta de carroña. — s. ZOOLOGÍA
2 Especie de buitre, ave rapaz de plumaje totalmente negro. — Amér. Merid. ZOOLOGÍA

gallinería
1 Local o puesto donde se venden gallinas. — s.f./COMERCIO
2 Conjunto de gallinas.
3 Manera de ser o comportarse el que carece de ánimo o valor: *no se enfrenta a él por gallinería.* — coloquial = cobardía

gallinero, a
1 Lugar donde se crían y guardan las aves de corral: *voy al gallinero a echar de comer a las gallinas.* — s.m.
2 Conjunto de gallinas que se crían en una granja: *tiene un gallinero de cientos de aves.*
3 Persona que se dedica a la cría de gallinas y comercia con ellas. — s.
4 Parte más alta de un teatro o de un cine, cuyas entradas son más baratas: *desde el gallinero se veía fatal el espectáculo.* — s.m. CINE, TEATRO = paraíso
5 Lugar donde hay mucho jaleo o griterío: *al irse el profesor, el aula se convirtió en un gallinero.* — coloquial

gallineta
1 Ave gruiforme rállida de alas cortas y patas largas. (*Pardirallus y Rallus.*) — s.f. ZOOLOGÍA
2 Becada, ave caradriforme. — ZOOLOGÍA
3 Pez marino, de color rojo amarillento, jaspeado con manchas blancas. (*Helicolenus dactylopterus.*) — ZOOLOGÍA

gallipato Batracio de cuerpo grande y oscuro que vive en los estanques cenagosos y en las fuentes. (*Pleurodeles waltlii.*) — s.m. ZOOLOGÍA

gallipava Variedad de gallina mayor que la común. — s.f./ZOOLOGÍA

gallipavo
1 Pavo, ave galliforme de plumaje pardo verdoso con manchas blanquecinas en las alas y en la cola. — s.m. ZOOLOGÍA
2 Nota falsa o quiebro de la voz. — = gallo

gallístico, a De los gallos o de las peleas de gallos: *tiene costumbre de ver combates gallísticos.* — adj.

gallito
1 Se aplica a la persona que sobresale entre los demás o se impone a ellas: *no te pelees con él, es un gallito; es el gallito de la pandilla.* — s.m. coloquial
2 Denominación de diversas especies de pájaros caracterizados por tener el copete de plumas lanceoladas, las alas cortas y cóncavas, la cola larga, el pico corto y cónico y el plumaje suave. — Argent., Colomb., Chile, Venez. ZOOLOGÍA
3 Volante con el que se juega al badminton, consistente en un corcho o media esfera de plástico con plumas. — Méx. JUEGOS
4 gallito de rey: Gallano, pez lábrido. — ZOOLOGÍA

gallización Procedimiento que tiene por objeto reducir la acidez de los mostos y aumentar su contenido en azúcar. — s.f.

gallo (Del lat. *gallus*.)
1 Ave galliforme doméstica, de pico corto y grueso, carúnculas a ambos lados de la cara, cresta encarnada, cola larga y tarsos armados con fuertes espolones. (*Gallus gallus.*) — s.m. ZOOLOGÍA
2 Pez marino comestible, de cuerpo comprimido, boca prominente y aletas pequeñas que vive entre algas y rocas hasta los doscientos metros de profundidad. (*Zeus faber.*) — ZOOLOGÍA = pez de san Pedro
3 Hombre jactancioso que trata de imponerse y mandar a los demás: *le temen porque es el gallo de la banda.* — coloquial = gallito

4 Hombre valiente y arrogante: *es un gallo cuando se trata de defender a sus amigos.* = fanfarrón
5 Nota falsa o desafinada que emite el que canta o habla: *el público abucheó al cantante por sus gallos.* = gallipavo
6 Esputo, secreción de las vías respiratorias que se escupe. coloquial = gargajo
7 Categoría de boxeo y de otros deportes en función del peso del deportista. DEPORTES = peso gallo
8 Madero del lomo de la armadura del tejado que afianza el conjunto. ARQUITECTURA = parhilera
9 Grupo de dos cartas sacadas en segundo lugar por el banquero en el juego del monte. JUEGOS
10 Rehilete, volante para jugar al deporte del badminton. Colomb.
11 Serenata que se da para festejar a una persona. Méx.
12 Orinal de cama especial para hombres. Perú
13 gallo de roca: Pájaro sudamericano de color naranja el macho y pardo la hembra con una cresta de plumas muy vistosa en la cabeza. *(Rupícola.)* ZOOLOGÍA
14 gallo silvestre: Urogallo, ave galliforme. ZOOLOGÍA
15 al primer gallo: A medianoche: *saldremos al primer gallo.* loc.adv.
16 alzar o levantar el gallo: Manifestar soberbia o arrogancia frente a alguien: *le amonestaron por alzar el gallo a sus superiores.* coloquial
17 andar alguien de gallo: Pasar la noche de juerga: *menuda cara, has andado de gallo anoche, ¿eh?* coloquial
18 bajar el gallo: Deponer la altanería con que se trata a una persona. coloquial
19 como el gallo de Morón, sin plumas y cacareando: Se aplica al que mantiene el orgullo a pesar de haber sido vencido. coloquial
20 correr gallos: Juegos de carnaval que consisten en enterrar a este animal hasta el pescuezo y darle muerte con una espada y los ojos vendados o bien correr tras el gallo hasta cansarle dándole muerte después. JUEGOS
21 correr gallos a caballo: Juego que consiste en perseguir a un gallo y herir al jinete desde la montura. JUEGOS
22 en menos que canta un gallo: En un instante, con gran rapidez: *en menos que canta un gallo tendré lista la cena.* loc.adv. coloquial
23 otro gallo me (...) cantara: Indica que, de haber sucedido lo que se expresa, las cosas hubieran ido mejor: *si te hubieras levantado temprano otro gallo te cantara.* coloquial
24 pelar el gallo: Huir o morirse una persona. Méx./coloquial
gallocresta (Del lat. *gallicrista.*)
1 Planta medicinal, labiada, olorosa, de hojas con lóbulos anchos, que recuerdan la cresta de un gallo, con flores encarnadas o rosadas. *(Salvia verbenaca.)* s.f./BOTÁNICA = cresta de gallo, yerbenaca
2 Planta herbácea, de hojas alargadas y flores amarillentas. *(Rhinanters minor.)* BOTÁNICA
gallofa
1 Comida que se daba como limosna a los peregrinos del camino de Santiago procedentes de Francia. s.f. HISTORIA
2 Cualquier verdura u hortaliza comestible.
3 Noticia o rumor que se cuenta por placer o para criticar. = chisme, habladuría
4 Calendario que señala el rezo y el oficio divino para todo un año. RELIGIÓN = añalejo
gallofear Vivir una persona vagando y mendigando. v.intr/tb: gallofar
gallofero, a Persona que vive sin domicilio fijo y mendigando. adj/s.tb: gallofo = vagabundo
gallón
I (De origen incierto.) Tepe, pedazo de tierra muy trabado por las raíces del césped. s.m.
II (Derivado de *agalla*, excrecencia que se forma en el roble < lat. *galla*.)
1 Adorno en forma de gajo rodeado por dos hojas cuyas puntas se juntan por debajo de él, usado en algunos órdenes arquitectónicos para decorar los boceles y en orfebrería. s.m. ARQUITECTURA, ARTE
2 Segmento cóncavo de algunas bóvedas rematado en redondo en la parte más ancha. ARQUITECTURA
3 Última cuaderna de proa. NÁUTICA
gallonada Tapia hecha con trozos de tierra trabada con raíces de césped. s.f. CONSTRUCCIÓN
gallonado, a Que tiene gallones. adj.
galludo Pez marino, similar a la mielga pero con el hocico obtuso y provisto de una fuerte espina delante de las aletas dorsales. *(Squalus fernandinus.)* s.m. ZOOLOGÍA
galo, a (Del lat. *gallus*.)
1 Que pertenece a uno de los pueblos celtas que habitaban en la Galia, antigua región europea que comprendía la actual Francia y se extendía hasta el Rin y los Alpes. adj./HISTORIA = gálico
2 Francés, que tiene relación con Francia. coloquial
3 Persona natural de la Galia, antigua región europea. s/ HISTORIA
4 Lengua céltica de la familia indoeuropea, que se hablaba en la Galia. s.m.

galocha (Del occitano ant. *galocha* o del fr. *galoche*.) Calzado de madera o hierro usado para andar por la nieve, el agua o el lodo. s.f.
galocho, a
1 Que es vago y vicioso: *no te cases con él, es un hombre galocho.* adj.
2 Que tiene un aspecto descuidado o desaseado. = dejado
galón
I (Del fr. *galon* < fr. ant. *galonner*, adornar la cabeza con cintas.)
1 Cinta fuerte y estrecha de seda o hilo dorado o plateado usada como adorno. s.m.
2 Distintivo que llevan en el brazo o en la bocamanga las jerarquías del ejército o de cualquier otra fuerza militar organizada. MILITAR
3 Listón de madera que guarnece el costado exterior de la embarcación por la parte superior. NÁUTICA
II (Del ingl. *gallon* < fr. ant. *galon* o *jalon*.) Medida de capacidad para líquidos, equivalente a 4,5 litros. s.m.
galonear Adornar una cosa con galones. v.tr.
galonista Alumno distinguido de un colegio o de una academia militar a quien por premio se le conceden insignias de cabo o sargento. s.m. MILITAR
galop (Del fr. *galop*.)
1 Danza húngara de ritmo muy vivo. s.m./tb: galopa
2 Música que acompaña este baile. MÚSICA
galopada Carrera al galope: *los caballos quedaron agotados tras la larga galopada.* s.f. EQUITACIÓN
galopante
1 Que galopa: *no pudieron detener la galopante yegua.* adj.
2 Se aplica a la enfermedad que es muy grave y repentina: *sufre una tisis galopante.* MEDICINA
3 Que se desarrolla con gran fuerza y rapidez: *costará detener la inflación galopante.* coloquial
galopar
1 Ir un caballo a galope: *los caballos salvajes galopan por la pradera.* v.intr. tb: galopear
2 Cabalgar una persona sobre un caballo que va a galope. EQUITACIÓN
galope (Del fr. *galop*.)
1 Marcha más veloz de los caballos. s.m./EQUITACIÓN
2 galope sostenido: El acompasado, que no alcanza gran velocidad. EQUITACIÓN
3 galope tendido: Aquel, en que el caballo va a gran velocidad y estira las patas hasta ponerlas casi horizontales. EQUITACIÓN
4 a, al o de galope: A gran velocidad o de forma muy acelerada: *estoy haciendo este trabajo a galope.* loc.adv. coloquial
galopillo Muchacho que trabaja en la cocina haciendo las tareas más sencillas. s.m. = pinche
galopín (Del fr. *galopin*.)
1 Muchacho de aspecto sucio y mal vestido. s.m. tb: galopo
2 Persona desvergonzada que se gana la vida haciendo pequeñas tretas y engaños: *me ha vuelto a robar el mismo galopín de siempre.* = bribón, pícaro
3 Aprendiz de marinero. NÁUTICA/= grumete
galorrománico, a Se aplica a la variedad lingüística del latín vulgar hablado en la Galia. adj./HISTORIA LINGÜÍSTICA
galorromano, a De la provincia romana de la Galia. adj/s./HISTORIA
galpito Pollo débil y enfermizo. s.m.
galpón (Del náhuatl *calpulli*.)
1 Cobertizo grande que se destinaba a vivienda de los esclavos en las haciendas de América. s.m. HISTORIA
2 Barracón o cobertizo que sirve de almacén. Amér. Merid., Nicar.
galucha Galope, forma de correr el caballo con movimientos rápidos y homogéneos. s.f./Colomb., Cuba, P. Rico, Venez.
galuchar Galopar, correr el caballo con movimientos rápidos y homogéneos. v.intr/Colomb., Cuba, P. Rico, Venez.
galvánico, a Del galvanismo. adj./FÍSICA
galvanismo (De *Galvani*, físico italiano.)
1 Electricidad desarrollada por el contacto de dos metales diferentes con la interposición de un líquido. s.m. FÍSICA
2 Producción de una corriente eléctrica por la cual se excitan movimientos en los nervios y músculos y puede generar ulceración, en especial en la cavidad bucal. MEDICINA
galvanización
1 Acción y resultado de galvanizar. s.f./=galvanizado
2 Utilización de la electricidad galvánica para el diagnóstico y tratamiento de enfermedades. MEDICINA
galvanizador, a
1 Que galvaniza. adj.
2 Persona que regula las etapas de un proceso de galvanizado. s/METALURGIA, TECNOLOGÍA
galvanizar
1 Cubrir un metal con una capa ligera de cinc para preservarlo de la oxidación. v.tr./conj: cazar METALURGIA
2 Someter un animal vivo o muerto a la acción de una corriente eléctrica continua. MEDICINA

3 Electrizar por medio de una pila. **TECNOLOGÍA**

4 Aplicar la corriente galvánica con fines terapéuti- **MEDICINA**
cos.

5 Dar vida a una persona o una cosa de forma momentánea: *galvanizó con su actuación el club.*

6 Reactivar la energía o el entusiasmo que se había
perdido: *la vuelta a su país natal galvanizó su ánimo.*

galvano Reproducción de un cliché tipográfico que se **s.m./tb: gálvano**
obtiene por galvanoplastia. **ARTES GRÁFICAS**

galvanocauterio Instrumento para cauterizar tejidos **s.m.**
formado por un hilo de platino que se pone candente **MEDICINA**
al recibir la acción de una corriente eléctrica.

galvanometría Conjunto de procedimientos usados **s.f.**
para medir la intensidad de las corrientes galvánicas. **ELECTRICIDAD**

galvanométrico De la galvanometría del galvanó- **adj.**
metro. **ELECTRICIDAD**

galvanómetro Instrumento que sirve para medir la **s.m.**
intensidad de una corriente eléctrica mediante la des- **ELECTRICIDAD**
viación que ésta produce en una aguja magnética.

galvanoplasta Persona que hace trabajos de galva- **s.m.f.**
noplastia. **TECNOLOGÍA**

galvanoplastia Reproducción de objetos por electró- **s.f./TECNOLOGÍA**
lisis. **tb: galvanoplástica**

galvanoplástico, a De la galvanoplastia. **adj./TECNOLOGÍA**

galvanoscopio Instrumento que señala o detecta el **s.m.**
paso de una corriente eléctrica sin medir su intensidad. **ELECTRICIDAD**

galvanostega Persona que hace trabajos de galva- **s.m.f.**
nostegia. **TECNOLOGÍA**

galvanostegia Conjunto de procedimientos electro- **s.f.**
químicos para realizar el cromado, plateado, etc., de **TECNOLOGÍA**
un objeto.

galvanotecnia Técnica química e industrial para ob- **s.f.**
tener recubrimientos metálicos sobre objetos, me- **TECNOLOGÍA**
diante la electrólisis.

galvanotipia Procedimiento galvanoplástico utiliza- **s.f.**
do para la obtención de clichés tipográficos y tipos **ARTES GRÁFICAS**
de imprenta.

galvanotipo Cliché tipográfico que se obtiene por **s.m.**
galvanoplastia. **ARTES GRÁFICAS**

gama (De la letra griega *gamma*, con la cual se daba
principio a la serie de los sonidos musicales.)

1 Serie graduada de cosas, en especial de colores: *ese* **s.f.**
coche se vende en una extensa gama de colores. **= repertorio**

2 Sucesión de sonidos o notas ordenados en series **MÚSICA**
regulares.

3 Tabla o escala con que se enseña la entonación de **MÚSICA**
las notas musicales.

4 Conjunto de frecuencias comprendidas en un de- **TELECOMUNICA-**
terminado intervalo y destinadas a una misma utili- **CIONES**
zación.

gamada Se aplica a la cruz que tiene los cuatro bra- **adj.**
zos iguales y acodados.

gamarra (Del lat. *camus*, cabezada para atar los animales.)

1 Correa del caballo que parte de la cincha, pasa por **s.f.**
entre los brazos y se afianza en la muserola o correa
del bocado.

2 **media gamarra:** Correa del caballo que va de la
muserola al pretal de la silla.

gamarza Alharma, planta de hojas laciniadas, flores **s.f.**
blancas muy olorosas y cuya semilla se usa como **BOTÁNICA**
condimento.

gamba

I (Del cat. *gamba* < lat. vulgar *cambarus* o *gambarus.*)

1 Crustáceo decápodo marino, de cuerpo traslúcido, **s.f.**
rojizo, alargado y cubierto con un caparazón y apre- **ZOOLOGÍA**
ciado como alimento. *(Parapennaeus longirostris.)*

2 Cien pesetas. **Argent., Chile/vulgar**

II (Del ital. *gamba* < lat. vulgar *camba.*)

1 Pierna, extremidad inferior del cuerpo humano. **s.f./coloquial**

2 **meter la gamba:** Meter la pata, equivocarse. **coloquial**

gambaj (Del fr. ant. *gambais.*) Jubón acolchado que se **s.m./HISTORIA**
ponía debajo de la coraza para amortiguar los golpes. **tb: gambax**

gambalúa Hombre alto, desgarbado, descuidado y **s.m./coloquial**
perezoso. **= galvarado**

gámbaro (Del lat. *cammarus* < gr. *kammaros.*) Cama- **s.m.**
rón, crustáceo decápodo. **ZOOLOGÍA**

gamberrada Acción propia de gamberros: *le expulsa-* **s.f.**
ron del centro por sus continuas gamberradas.

gamberrear Hacer una persona el gamberro: *ese es* **v.intr.**
uno de los chicos que gamberrean por el barrio.

gamberrismo Modo de comportarse propio de un **s.m.**
gamberro: *no consentiré gamberrismos en mi clase.*

gamberro, a

1 Que alborota, provoca escándalos o comete actos **adj./s.**
incívicos en sitios públicos: *unos gamberros han destro-* **= alborotador**
zado varias cabinas telefónicas.

2 Que molesta a otras personas por su grosería o falta de oportunidad.

gambesón (Del fr. ant. *gambeison.*) Saco acolchado **s.m.**
que se ponía debajo de la armadura. **= gambesina**

gambeta (Del ital. *gambetta.*)

1 Movimiento de danza que consiste en cruzar las **s.f.**
piernas en el aire.

2 Movimiento del caballo que consiste en caminar **EQUITACIÓN**
sobre las patas traseras, manteniendo las delanteras **= corveta**
en el aire.

gambetear

1 Danzar cruzando las piernas en el aire. **v.intr.**

2 Caminar un caballo manteniendo las patas delante- **EQUITACIÓN**
ras en el aire. **= corvetear**

gambeto (Del cat. *gambeto.*)

1 Prenda de abrigo que cubre todo el cuerpo. **s.m.**

2 Capote que llegaba hasta media pierna.

3 Gorro que se ponía a los niños para mantenerles **= cambuj**
derecha la cabeza.

gambito (Del ital. *gambetto,* zancadilla < *gamba,* pier- **s.m.**
na.) Jugada inicial de ajedrez que consiste en sacrifi- **JUEGOS**
car algún peón u otra pieza para lograr una posición
favorable.

gamboa Variedad de membrillo injerto, más blanco y **s.f.**
jugoso que el común. **BOTÁNICA**

gamboíno, a (De *Gamboa,* nombre de un linaje ala- **s.**
vés.) Miembro de un bando que perturbó con sus **HISTORIA**
pugnas la vida del País Vasco durante la baja edad
media.

gamboso, a Que es patoso. **adj.**

gambota Madero curvo que, apoyado en el yugo **s.f.**
principal y dirigido hacia arriba, forma la bovedilla. **NÁUTICA**

gambusino

1 Catador, minero encargado de buscar yacimientos **s.m./Méx.**
minerales. **MINERÍA**

2 Buscador de fortuna, aventurero. **Méx.**

gambuza Despensa o depósito de víveres en un bar- **s.f.**
co mercante. **NÁUTICA**

game (Voz inglesa.) Juego, división de un set en el te- **s.m.**
nis. **DEPORTES**

gamella

I (De origen incierto.) Camelote, tela fuerte e imper- **s.f.**
meable.

II (Del lat. *camella,* escudilla < *camelus,* camello.)

1 Artesa usada en general para dar de comer y beber **s.f.**
a los animales.

2 Arco que hay a cada lado del yugo de los bueyes. **= camella**

gamellón Pila donde se pisan las uvas para hacer **s.m.**
vino. **tb: gamillón**

gameto Célula reproductora, cuyo núcleo sólo con- **s.m.**
tiene un cromosoma de cada par, que cuando se une **BIOLOGÍA**
con otra de su misma especie y sexo distinto origina
un nuevo organismo.

gametófito Orgánulo vegetal procedente de la ger- **s.m./BOTÁNICA**
minación de una espora y que desarrolla los gametos. **tb: gametofito**

gametogénesis Proceso de formación de los game- **s.f./pl: gametogénesis**
tos, a partir de las células germinativas. **BIOLOGÍA**

gamezno Gamo joven. **s.m./ZOOLOGÍA**

-gamia Componente de palabra procedente del gr. **suf.**
gamos, que significa unión: *poligamia.*

gamillón Pila donde se pisan las uvas para hacer **s.m.**
vino. **tb: gamellón**

gamitadera Utensilio hecho con una caña abierta **s.f.**
por el nudo, con el que los cazadores imitan la voz **CAZA**
del gamo. **= balitadera**

gamitar Emitir el gamo su voz. **v.intr.**

gamitido Balido del gamo. **s.m.**

gamma

1 Tercera letra del alfabeto griego equivalente a la *g* **s.f.**
en el alfabeto español.

2 Unidad de peso que equivale a la millonésima parte de un gramo.

gammaglobulina Sustancia proteica del plasma san- **s.f.**
guíneo, que tiene la propiedad de oponerse a la ac- **BIOQUÍMICA**
ción biológica de los anticuerpos.

gammagrafía Radiografía que utiliza la radiación **s.f.**
gamma emitida por una fuente radiactiva y que per- **MEDICINA**
mite estudiar y analizar los cuerpos opacos.

gammaterapia Aplicación de radiaciones gamma **s.f.**
con fines terapéuticos. **MEDICINA**

gamo- Componente de palabra procedente del gr. *ga-* **pref/suf.**
mos, que significa unión: *gamopétalo, fanerógamo.* **tb: -gamo**

gamo (Del lat. vulgar *gammus.*) Mamífero rumiante, **s.m.**
grande, de pelaje rojizo moteado de blanco, cabeza **ZOOLOGÍA**
erguida y cuernos con forma de pala, que vive en
bosques de Europa. *(Dama dama.)*

gamón Planta herbácea, con raíces tuberosas, flores numerosas blancas o rosadas en espiga, que se ha usado para combatir enfermedades cutáneas. *(Asphodelus y Asphodeline.)*
s.m.
BOTÁNICA
= gamonita

gamonal
1 Terreno donde abundan los gamones.
2 Cacique de pueblo.
s.m.
Amér. Central y Merid.

gamonalismo Caciquismo, sistema político en el que el dominio está en manos de los caciques locales.
s.m.
Am. Central y Merid.

gamonito Retoño o brote de algunos árboles y plantas que crece poco.
s.m.
BOTÁNICA

gamopétalo, a Se aplica a la flor o a la corola que tiene los pétalos soldados.
adj./BOTÁNICA
≠ dialipétalo

gamosépalo, a Se aplica a la flor y al cáliz que tiene los sépalos soldados entre sí.
adj./BOTÁNICA
= monosépalo

gamusino Animal imaginario, del que se habla para hacer bromas a los cazadores novatos.
s.m.
coloquial

gamuza (Del bajo lat. *camox, -ocis.*)
1 Rumiante del tamaño de una cabra grande, que tiene los cuernos negros y recurvados en anzuelo y vive en las montañas altas y escarpadas de Europa. *(Rupicapra rupicapra.)*
2 Piel de este animal, adobada, muy flexible y de color amarillo.
3 Piel de cualquier animal hecha a imitación de la de este animal.
4 Tejido que imita la piel de este animal.
5 Paño usado para la limpieza: *quito el polvo con una gamuza.*
s.f.
ZOOLOGÍA
= rebeco

TEXTIL

gamuzado, a De color amarillo pálido, como el de la piel de la gamuza.
adj.
tb: agamuzado

gana
1 Deseo, disposición o inclinación para hacer una cosa: *estoy cansado y tengo ganas de dormir; ahora no tengo ganas de hablar.*
2 Hambre o apetito que siente una persona: *está apática y ha perdido la gana; la gana es síntoma de que uno se encuentra bien.*
3 **abrir o abrírsele a una persona la gana o las ganas de comer:** Estimular el apetito: *hay que darle al niño unas vitaminas para abrirle las ganas de comer.*
4 **con ganas:** 1. Con agrado o empeño: *para quitar esta mancha hay que frotar con ganas.* 2. En grado extremo, mucho: *es feo con ganas.*
5 **darle a una persona la gana o la real gana:** Querer hacer algo porque así lo ha decidido: *te voy a ayudar porque me da la gana; volveré cuando me dé la real gana.*
6 **de buena gana:** Con gusto: *de buena gana me quedaría charlando, pero tengo trabajo.*
7 **de mala gana:** A disgusto: *obedece, pero siempre de mala gana.*
8 **hacer una persona lo que le da la gana o lo que le viene en gana:** Hacer lo que desea sin consultación a otros o sin escuchar consejos de nadie: *ni caso de lo que le dices, hace lo que le da la gana.*
9 **tener gana de fiesta:** 1. Tener deseo de riña o de pelea. 2. Desear mantener relaciones sexuales.
10 **tenerle ganas a una persona:** Desear pelearse o reñir con ella: *hacía tiempo que le tenía ganas y acabó dándole una buena bronca.*
s.f.
= apetencia, voluntad

coloquial

loc.adv.
coloquial

coloquial

loc. adv.
coloquial

loc.adv.
coloquial

coloquial

coloquial
coloquial

coloquial

ganadería
1 Crianza y comercio de ganado: *se dedica a la ganadería de ovino.*
2 Conjunto de ganado de un país, región u otro lugar: *en esta zona abunda la ganadería vacuna.*
3 Raza o clase especial de ganado que a veces lleva el nombre del propietario.
s.f.

= ganado

ganadero, a
1 Del ganado: *aquella es una buena región ganadera.*
2 Persona que tiene ganado, lo cuida o comercia con él: *el ganadero compró vacas en el mercado.*
adj./=pecuario
s.

ganado
1 Conjunto de animales que se llevan juntos a pastar y son criados para su explotación: *comercia con ganado vacuno.*
2 Conjunto de abejas de una colmena.
3 Conjunto de personas: *había tanto ganado en la discoteca que no pudimos entrar.*
4 **ganado bravo:** El que no está domesticado, en especial las ganaderías de toros para la lidia.
5 **ganado de cerda:** Los cerdos.
6 **ganado de pata o de pezuña hendida:** Bueyes, vacas, carneros, ovejas, cabras y cerdos.
7 **ganado en vena:** El no castrado.
8 **ganado mayor:** El que se compone de reses mayores, como caballos, bueyes, vacas o mulas.
9 **ganado menor:** El que se compone de reses menores, como ovejas o cabras.
s.m.

coloquial
despectivo

ganador, a Que gana: *el equipo ganador recogió el trofeo; los ganadores celebraron el triunfo.*
adj/s.
= vencedor

ganancia
1 Acción y resultado de ganar.
2 Beneficio o utilidad que se obtiene de un trato, comercio u otra situación: *su último negocio le produce considerables ganancias.*
3 Magnitud que caracteriza la amplificación en potencia, intensidad o tensión que da un dispositivo ante una determinada señal.
4 Propina, cantidad que se añade a un pago en metálico.
5 **no arrendarle a alguien la ganancia:** Considerar que lo que otra persona va a hacer tendrá un mal resultado o le ocasionará problemas.
s.f.

TECNOLOGÍA

Méx., Chile, Guat.

coloquial

ganancial
1 Que tiene relación con la ganancia.
2 Se aplica a los bienes que han sido adquiridos durante el matrimonio y que pertenecen por igual a los dos cónyuges.
adj.
adj/s.m.
DERECHO

ganancioso, a
1 Que produce ganancia: *resultó un negocio ganancioso.*
2 Que obtiene ganancias en un asunto: *ha salido ganancioso del trueque.*
adj.
adj/s.

ganapán
1 Hombre rudo y tosco: *era un ganapán pero al casarse se refinó.*
2 Persona sin trabajo fijo, que vive de pequeñas tareas que le encargan: *un ganapán nos ayudó con las maletas.*
s.m.
despectivo

coloquial

ganapierde
1 Variante del juego de damas, en que gana el que pierde todas las piezas.
2 Cualquier juego en que se establece que el ganador es el que pierde.
s.m.f.
pl: ganapierde
JUEGOS
JUEGOS

ganar
1 Conseguir dinero u otro beneficio: *con la tienda gana una fortuna.*
2 Tener una persona un sueldo por su trabajo: *gana mucho más en la nueva empresa.*
3 Conseguir una persona fama o renombre: *se ganó a pulso su buena reputación.*
4 Conseguir una cosa con trabajo o esfuerzo: *te has ganado el sobresaliente.*
5 Captar la simpatía de una persona: *la profesora se gana a todos los niños.*
6 Obtener una persona una cosa disputada por otras en un concurso, un juego o una competición: *ganó el trofeo.*
7 Conquistar un lugar por las armas.
8 Ser una persona o una cosa superior a otra: *gana a su amiga en osadía; espera ganar el pleito.*
9 Adelantar o avanzar en el espacio o en el tiempo: *por el atajo ganas un buen rato.*
10 Llegar una persona a un lugar al que se dirigía con esfuerzo: *el fugitivo ganó la frontera.*
11 Eliminar espacios en blanco o texto.
12 Mejorar una cosa o una persona en un aspecto: *este actor gana con los años; la sala gana en espacio al pintarla de blanco.*
13 **llevar o tener las de ganar:** Disponer de los medios más adecuados para conseguir una cosa.
v.tr.
≠ perder
= cobrar

v.tr/prnl.
= alcanzar
= merecer

v.tr.

= tomar
= aventajar, superar

= alcanzar

ARTES GRÁFICAS
v.intr.

ganchete
1 Indica a medio hacer en la expresión **a medio ganchete:** *tiene las tareas a medio ganchete.*
2 Indica de forma imperfecta o chapucera, y postura del que se sienta sin ocupar todo el asiento en la expresión **de medio ganchete:** *hizo sus tareas de medio ganchete y las suspendió; tuvieron que viajar sentados de medio ganchete para caber en el coche.*
loc.adv.

loc.adv.

ganchillo
1 Aguja que termina en forma de gancho y se usa en labores de punto.
2 Labor que se hace con esta aguja: *tejió una colcha a ganchillo.*
s.m.
= aguja de gancho
TEXTIL

gancho
1 Varilla o barra curva y puntiaguda, usada para colgar o agarrar una cosa: *no cuelgues la camisa del gancho porque la deformará.*
2 Atractivo y gracia de una persona: *no es ninguna belleza pero tiene gancho.*
3 Cómplice de un estafador o de un vendedor público, que se mezcla entre los curiosos para animar con su ejemplo a los compradores: *los ganchos incitaban a los curiosos apostando altas cantidades.*
4 Aguja que termina en forma curva y se usa en labores de punto.
5 Golpe corto que el boxeador lanza de abajo arriba, con el brazo y el antebrazo arqueados.
6 Lanzamiento del balón, en baloncesto, realizado arqueando el brazo sobre la cabeza en el momento del salto.
7 Palo o bastón curvo en la parte superior.
s.m.

coloquial

coloquial

TEXTIL
= ganchillo
DEPORTES

DEPORTES

8 Pedazo de rama que queda en el árbol cuando ésta se rompe. = garrancho, garrón
9 Rasgo irregular hecho con un lápiz o una pluma. = garabato
10 Horquilla para sujetar el pelo. Amér.
11 Silla para montar de lado. Ecuad.
12 de gancho: Del brazo. loc.adv.
13 echar el gancho a alguien: Atraerle o atraparle: *desde que le vio por primera vez, le echó el gancho para que se enamorara de ella.* coloquial
14 tener gancho: Tener cualidades o habilidad en alguna actividad: *tiene gancho como relaciones públicas.* coloquial

ganchoso, a Con gancho o de forma de gancho. adj.

ganchudo, a Que tiene forma de gancho: *tenía la nariz ganchuda y decidió operársela.* adj.

gandalla Que se aprovecha de los demás, que es malo y abusivo. adj/s.m.f. Méx./coloquial

gándara Terreno bajo, sin cultivos y lleno de maleza. s.f./= granda

gandaya
I (Del cat. *gandalla*.) Redecilla o tejido de malla. s.f.
II (De origen incierto.) Vida holgazana. s.f.

gandido, a Se aplica a la persona que come con exceso, avidez y glotonería. adj/Colomb., C. Rica, Cuba, Dom., Venez.

gandinga
1 Mineral menudo y lavado. s.f.
2 Chanfaina, fritada de verduras y hortalizas con salsa espesa. Cuba, P. Rico COCINA
3 buscar la gandinga: Ganarse la vida. coloquial

gandola Planta comestible, semejante a la espinaca, que crece en los países tropicales. *(Basella rubra.)* s.m. BOTÁNICA

gandujado Adorno de los vestidos que formaba fuelles o pliegues. s.m.

gandujar Doblar o fruncir una cosa. v.tr.

gandul, a (Del ár. *gandur*, joven de clase modesta.) Que es holgazán, perezoso o vago: *obtiene malas notas porque es un alumno gandul; el gandul de tu hermano no se ha levantado todavía.* adj/s. = haragán

gandulear Vivir o comportarse una persona como un gandul: *deja de gandulear y haz algo de provecho.* v.intr. = holgazanear

gandulería Actitud perezosa, inclinada a gandulear u holgazanear: *no fue a la reunión por gandulería.* s.f. = pereza

gandulitis Gandulería, pereza, actitud de la persona que no quiere trabajar. s.f. coloquial

gandumbas Se aplica a la persona holgazana y perezosa: *no hay manera de que el gandumbas de mi hijo se busque un trabajo.* adj/s.m.f./coloquial pl: gandumbas

ganeta Jineta, mamífero carnívoro de cuerpo alargado y pelaje de color pardo amarillento. s.f. ZOOLOGÍA

ganforro, a Que es un bribón o una persona de mal vivir. adj/s. coloquial

gang (Voz inglesa.) Banda organizada de malhechores. s.m.

ganga
I (Del fr. *gangue* < alem. *gang*, filón metálico.)
1 Materia inservible que se extrae de una mina junto con los minerales útiles. s.f. MINERÍA
2 Cosa que se adquiere por menos precio o esfuerzo del que le corresponde: *durante las rebajas puedes encontrar auténticas gangas.*
II (Voz imitativa del grito del ave.) Ave de cola larga, vientre verdoso y tonos verdosos y marrones en dorso y cabeza, que vive en zonas áridas de la región mediterránea y en los desiertos africanos y asiáticos. *(Pterocles alchata.)* s.f. ZOOLOGÍA

gangarilla Compañía de cómicos, compuesta de tres o cuatro hombres y un joven que representaba los papeles femeninos. s.f. TEATRO

gangético, a Del Ganges, río de India. adj.

ganglio (Del bajo lat. *ganglion* < gr. *ganglion*.)
1 Abultamiento pequeño que se encuentra a lo largo de un nervio y que contiene los cuerpos celulares de una neurona. ANATOMÍA
2 ganglio linfático: Cualquiera de los órganos de forma arriñonada, esférica u ovoidea que están intercalados en el trayecto de los vasos linfáticos y en cuyo interior se forman los linfocitos. ANATOMÍA
3 ganglio nervioso: Nudo o abultamiento en el trayecto de los nervios formado en general por la acumulación de células nerviosas. ANATOMÍA

ganglionar
1 De los ganglios. adj./ANATOMÍA
2 Que está compuesto de ganglios: *sistema ganglionar.* ANATOMÍA

gangocho Guangoche, especie de arpillera utilizada para embalajes y cubiertas. s.m./Amér. Central, Chile, Ecuad.

gangosidad Condición del que habla con resonancia nasal por tener algún defecto en los conductos de la nariz. s.f.

gangoso, a
1 Que habla con resonancia nasal al tener algún defecto en los conductos de la nariz. adj/s.
2 Se aplica a la manera de hablar que tiene resonancias nasales. adj.

gangrena (Del lat. *gangraena* < gr. *gangraina*.) Destrucción y muerte de las células de los tejidos orgánicos, por infección, falta de riego sanguíneo u otra causa. s.f. MEDICINA tb: cangrena = necrosis

gangrenarse Padecer gangrena un ser vivo o una parte de su cuerpo: *la pierna se le gangrenó.* v.prnl./MEDICINA tb: cangrenarse

gangrenoso, a Que tiene gangrena: *tiene una llaga gangrenosa.* adj. MEDICINA

gángster
1 Miembro de una banda que practica negocios clandestinos o crímenes, en especial norteamericano. s.m.f./pl: gángsters tb: gánster
2 Persona que utiliza medios poco escrupulosos para obtener dinero u otras ventajas. s.m.

gangsterismo Conjunto de acciones y forma de actuar de los gángsters. s.m. tb: gansterismo

ganguear Hablar con resonancia nasal al tener algún defecto en los conductos de la nariz. v.intr.

gangueo Acción de hablar con anormales resonancias nasales. s.m.

ganguero, a Persona que busca gangas o las encuentra con facilidad. adj/s. = ganguista

gánguil
1 Embarcación pesquera con dos proas y una vela latina en el palo central. NÁUTICA
2 Barco que transporta y vierte en alta mar la arena, piedra o fango que extrae la draga. NÁUTICA
3 Arte de arrastre de malla muy estrecha. PESCA

ganoideo, a Perteneciente a una subclase de peces de agua dulce, de esqueleto cartilaginoso y cola de lóbulos desiguales, como el esturión. adj/s.m. ZOOLOGÍA

ganón, a Se dice de la persona que resulta beneficiada en una situación determinada. adj/s. Méx.

ganoso, a Que tiene gana o deseo de una cosa: *está ganoso de afecto.* adj/.+ de = deseoso

gansada Acción o palabras torpes, o cosa que se dice o se hace para hacer reír: *dijo una de sus habituales gansadas y todos nos echamos a reír.* s.f. coloquial = patochada

gansarón
1 Ánsar, ave palmípeda con plumaje agrisado, pico cónico y anaranjado y pies rojizos. s.m./ZOOLOGÍA = ansarón
2 Hombre alto, flaco y desvaído. coloquial

gansear Hacer o decir una persona gansadas: *no creo que sea un momento oportuno para gansear.* v.intr. coloquial

ganso, a (Del gótico *gans*.)
1 Ave palmípeda de la que hay especies salvajes y una doméstica que es de color blanco o gris, con el cuerpo rechoncho y el pico aplanado, muy apreciada por su carne, hígado y plumón. *(Anser, Branta, Dendrocygna y Alopochen.)* ZOOLOGÍA = ánsar
2 Se aplica a la persona que pretende ser graciosa pero resulta sosa e inoportuna. adj/s. = patoso
3 Se refiere a la persona que es lenta, torpe y perezosa: *siempre llega tarde porque es muy ganso.* = gandul
4 ganso bravo: El que se cría sin ser domesticado.
5 hacer el ganso: Hacer o decir tonterías para hacer reír: *hacía el ganso para que el niño dejara de llorar.* coloquial = gansear

gánster Gángster, miembro de una banda delictiva. s.m.f./pl: gánsters

gante (De *Gante*, ciudad de Bélgica, de donde se importaba.) Lienzo crudo. s.m. TEXTIL

gantés, a De Gante, ciudad de Bélgica. adj.

ganzúa (Del vasco *gantzua*.)
1 Varilla de alambre con una punta doblada o torcida que sirve para abrir una cerradura de la que no se tiene la llave: *en los bolsillos del ladrón encontraron un juego de ganzúas.* s.f. = garfio
2 Ladrón que roba con maña. coloquial
3 Persona que sonsaca secretos con habilidad. coloquial

ganzuar
1 Abrir una cosa con una ganzúa. v.tr.
2 Sacar un secreto a una persona con maña: *ganzúa a su hermana todo lo que sabe.* coloquial = sonsacar

gañafón Cornada brusca y violenta del toro. s.m./TAUROMAQUIA

gañán
1 Hombre fuerte y rudo. s.m.
2 Mozo de labranza. = bracero, jornalero

gañanía
1 Conjunto de gañanes o jornaleros de una hacienda. s.f.
2 Casa de labranza donde viven los gañanes.

gañido Quejido del perro o de otros animales. s.m.

gañil
1 Parte cartilaginosa de la garganta del animal. s.m./ZOOLOGÍA
2 Agalla de los peces, en especial la del atún. ZOOLOGÍA

gañir (Del lat. *gannire*.)
1 Aullar el perro u otros animales al ser maltratados: *el perro atropellado no dejaba de gañir.*   v.intr.   conj: *mullir*
2 Dar las aves graznidos.   = graznar
3 Respirar una persona haciendo ruido: *gañía del cansancio cuando terminó de subir la escalera.*   coloquial   = resollar

gañote (Del ant. *gañón* < *cañón* < *caña*, tráquea.)
1 Interior de la garganta.   s.m./= gañón
2 de gañote: Gratis, de gorra: *no sé cómo lo hace pero siempre va de gañote a los conciertos.*   loc.adv.

gara Pequeño cerro del Sahara, de flancos escarpados y cumbre plana.   s.f.   GEOGRAFÍA

garabatada Acción y resultado de coger una cosa con un garabato o gancho.   s.f.

garabatal Sitio poblado de garabatos, arbustos ramosos.   s.m./*Argent.*

garabatear
1 Hacer garabatos o trazos irregulares sobre una cosa: *el niño garabateó las páginas del diccionario.*   v.intr/tr.   = garrapatear
2 Echar los garabatos o ganchos para coger una cosa.   v.intr.
3 Hablar u obrar una persona con rodeos: *el profesor garabateaba a la hora de comentar notas.*   coloquial

garabateo Acción de trazar garabatos, trazos, dibujos o escritura confusa o mal hecha.   s.m.   = garrapateo

garabatero, a Se aplica a la persona que tiene la costumbre de proferir insultos o garabatos.   adj/s.   *Chile*

garabato
1 Rasgo irregular hecho con rapidez: *quería hacer un rombo pero, con las prisas, me ha salido un garabato.*   s.m.
2 Escritura o dibujo mal trazados o poco comprensibles: *esto no hay quien lo lea, son sólo garabatos; los niños hacían garabatos con lápices de colores.*   s.m.pl.
3 Gancho de hierro para colgar o agarrar cosas.   s.m./= garabito
4 Garfio de hierro que, sujeto al extremo de una cuerda, se usa para sacar objetos caídos en un pozo.
5 Palo de madera dura con un extremo en forma de gancho.
6 Azada pequeña usada para trasplantar flores y arbustos.   AGRICULTURA   = almocafre
7 Denominación de diversos arbustos ramosos de la familia de las leguminosas que se caracterizan por sus espinas en forma de garfio.   *Argent.*   BOTÁNICA
8 Insulto, expresión ofensiva.   *Chile*

garabatoso, a Se aplica a la escritura que tiene garabatos o rasgos irregulares: *entregó una redacción garabatosa e impresentable.*   adj.   = garrapatosa

garabito
1 Gancho de hierro que se usa para colgar o agarrar cosas.   s.m.   = garabato
2 Asiento en alto y casilla de madera que usaban algunos vendedores en el mercado.   s.m.   = taburete

garage Garaje, local donde se guardan o se reparan vehículos.   s.m.   *Méx.*

garaje (Del fr. *garage*.)
1 Local donde se guardan automóviles, camiones, motocicletas y otros vehículos: *se hizo una casa con garaje para no tener que dejar el coche en la calle.*   s.m.   = cochera, parking
2 Taller donde se realizan las operaciones de mantenimiento y reparación de vehículos.

garambaina
1 Adorno de mal gusto o innecesario.   s.f.
2 Acciones o palabras faltas de lógica, sentido o seriedad: *no sé a qué vienen esas garambainas.*   s.f.pl.   coloquial
3 Rasgos o letras que no se pueden leer por estar mal escritos.   coloquial

garandumba
1 Barcaza grande para conducir carga, siguiendo la corriente del río.   s.f./*Amér. Merid.*   NÁUTICA
2 Mujer gorda y grande.   *Méx.*

garante (Del fr. *garant*.) Se aplica a la persona que da garantía o se hace responsable de otra: *necesitó un garante para que le concedieran el préstamo.*   adj/s.m.f.   = fiador

garantía
1 Acción y resultado de asegurar por algún medio el cumplimiento de lo que se ha convenido entre dos o más personas, o de una cosa sucederá como se ha previsto: *firmaron un documento como garantía del pacto acordado.*   s.f.   = fiabilidad, seguridad
2 Cosa que ofrece a una persona la seguridad de que lo previsto o convenido sucederá: *dejó como garantía su reloj.*   = depósito, fianza, prenda
3 Documento en que consta la obligación que contrae un vendedor con un comprador para compensarlo si el producto adquirido resulta defectuoso en un período de tiempo determinado: *el dependiente selló la garantía del televisor.*   COMERCIO
4 Tranquilidad que inspira una persona o cosa: *es un profesional de garantía.*   = confianza, seguridad
5 garantía crediticia: Seguro contra la falta de pago.   COMERCIO

6 garantías constitucionales: Derechos que la constitución de un estado reconoce y asegura a todos los ciudadanos.   POLÍTICA

garantir (Del fr. *garantir*.) Garantizar [en todas sus acepciones].   v.tr.defectivo   conj: *abolir*

garantizar
1 Dar u ofrecer garantía de una cosa a una persona: *le ha garantizado la más absoluta discreción.*   v.tr./conj: *cazar*
2 Asumir una obligación de garantía de un producto.   COMERCIO
3 Afianzar el cumplimiento de lo estipulado o la observancia de una obligación o promesa: *te garantizo que cumpliré tu encargo.*   = asegurar
4 Responder de la calidad de un objeto: *este documento garantiza el televisor durante dos años.*   COMERCIO

garañón (Del germ. *wranjo*, caballo padre, semental.) Asno, caballo, camello u otro animal utilizado para la reproducción.   s.m.   = semental

garapa Planta arbórea cuyo follaje aparece después de la floración, de fruto en legumbre. (*Apuleia precox.*)   s.f.   BOTÁNICA

garapacho
1 Caparazón o cubierta dura del cuerpo de las tortugas y cangrejos.   s.m.   tb: carapacho
2 Especie de cazuela de madera de forma parecida a la concha superior de la tortuga.   COCINA

garapiña
1 Estado del líquido que se solidifica en grumos.   s.f./tb: garrapiña
2 Galón adornado en uno de sus bordes con ondas de realce.   TEXTIL

garapiñar (Del lat. vulgar *carpiniare*, arrancar, arañar, desgarrar < *carpere*.)
1 Poner un líquido en estado de garapiña solidificándolo: *garapiñó el azúcar después de hacerlo líquido.*   v.tr.   tb: garrapiñar
2 Cubrir golosinas con almíbar garapiñado: *garapiñó las almendras.*   COCINA

garapiñera Utensilio para hacer helados o garapiñar líquidos.   s.f.   COCINA

garapita Red de malla muy fina para coger peces muy pequeños.   s.f.   PESCA

garapito Insecto hemíptero que vive sobre las aguas estancadas, en las que nada de espaldas y tiene el último par de patas desarrolladas a modo de remos y mucho más largas. (*Notonecta.*)   s.m.   ZOOLOGÍA

garapullo
1 Rehilete, flecha pequeña arrojadiza que se usa para tirar al blanco.   s.m.
2 Banderilla que se clava al toro.   TAUROMAQUIA

garatura Herramienta cortante, curva y con dos manijas, usada por los curtidores para desprender la lana de las pieles.   s.f.

garatusa
1 Caricia o halago con el que se pretende ganar el favor de una persona: *no me vengas con garatusas, no me convencerás.*   s.f.   coloquial
2 Descarte de nueve naipes, en el juego del chilindrón, que hace el jugador que es mano.   JUEGOS
3 Treta de esgrima que consiste en realizar nueve movimientos para herir de estocada en el rostro o en el pecho.   DEPORTES

garbancera Planta papilionácea de hojas sentadas, con folíolos oblongos y aserrados, y con el fruto en legumbre. (*Ononis fruticosa.*)   s.f.   BOTÁNICA

garbancero, a
1 Del garbanzo, planta y semilla: *es una buena tierra garbancera.*   adj.
2 Que es ordinario o descortés.   despectivo
3 Persona que por oficio vende garbanzos o torrados.   s./COMERCIO
4 Criado joven del servicio doméstico.   *Méx.*

garbanza Garbanzo más grande, más blanco y de mejor calidad que el corriente.   s.f.   AGRICULTURA

garbanzal Tierra sembrada de garbanzos.   s.m./AGRICULTURA

garbanzo
1 Planta herbácea, de hojas compuestas, flores blancas y fruto en legumbre. (*Cicer arietinum.*)   s.m.   BOTÁNICA
2 Semilla comestible de esta planta.   BOTÁNICA
3 Tumor superficial, que se forma en la cabeza o en otra parte del cuerpo.   *Chile*/coloquial   = lobanillo
4 Piedra preciosa muy grande, por lo general montada en un anillo.   coloquial
5 garbanzo de pega: Pequeña bola con carga explosiva que estalla al chocar contra el suelo y se usa como artículo de broma.
6 garbanzo mulato: El más pequeño y de color más oscuro que el normal.   AGRICULTURA
7 garbanzo negro: Persona cuyo comportamiento no coincide con las normas de conducta asumidas por el grupo a que pertenece: *es el garbanzo negro de la familia.*   coloquial
8 echar garbanzos a una persona: Incitarla a que diga alguna cosa, de otro modo, callaría.   coloquial
9 tropezar una persona en un garbanzo: Encontrar dificultades en todo o enfadarse por cualquier causa: coloquial

no esperes que termine el trabajo a tiempo, siempre tropieza en un garbanzo.

garbanzuelo Tumor que se forma en la parte inferior interna del corvejón de las caballerías, que si se endurece les produce una cojera incurable. — s.m. VETERINARIA = esparaván

garbear
I (Derivado de *garbo.*)
1 Hacer una persona ostentación de garbo y valor. — v.intr.
2 Moverse o pasear una persona: *garbea siempre por la escollera.* — coloquial
II (Derivado de *garabato.*)
1 Quitar una cosa a su propietario: *me han garbeado el billetero del bolso.* — v.tr./coloquial = robar
2 Vivir una persona con dificultades económicas o con muchas deudas. — v.intr. = trampear

garbeo Acción de dar un corto paseo: *aprovechando que hace un buen día, me voy a dar un garbeo.* — s.m. coloquial

garbias Comida elaborada con borrajas, bledos, harina, queso fresco, yemas de huevos duros, manteca de cerdo y especias, guisado todo y después hecho tortilla y frito. — s.m.pl. COCINA

garbillador, a Que garbilla. — adj/s.

garbillar
1 Limpiar el grano de tierra, polvo u otras impurezas con el garbillo. — v.tr./AGRICULTURA = cribar
2 Limpiar minerales con el garbillo. — MINERÍA

garbillo (Del cat. *garbell*, criba.)
1 Zaranda o cedazo de esparto usada para limpiar o cribar el grano. — s.m. AGRICULTURA
2 Criba con fondo de tela metálica que sirve para separar de un mineral la tierra y la materia inútil. — MINERÍA
3 Mineral limpiado con este utensilio. — MINERÍA
4 Residuos de grano en una fábrica de harina que sirven de alimento para el ganado.

garbino (Del ár. *garbi*, occidental, viento oeste < *garb*, lugar remoto, occidente.) Viento que sopla del suroeste. — s.m.

garbo
1 Gracia que tiene una persona en la manera de actuar y en los movimientos, en especial en la forma de andar: *las modelos desfilaban con garbo por la pasarela.* — s.m. = desenvoltura
2 Soltura y perfección de una cosa, en especial del estilo de un artista o un escritor: *sus artículos tienen garbo y amenidad.* — = agilidad
3 Generosidad o desinterés hacia las personas.

garbón Perdiz macho. — s.m./ZOOLOGÍA

garboso, a
1 Que tiene garbo: *sus garbosos andares provocan las miradas de quienes la ven.* — adj. = airoso, gracioso
2 Que es generoso o desinteresado. — = desprendido

garbullo (Del ital. *garbuglio.*) Alboroto o barullo de muchas personas en desorden: *los chicos están montando un gran garbullo.* — s.m. = barahúnda

garceta
1 Ave zancuda, parecida a la garza, de tamaño mediano, color blanco, pico y patas negras, cuyas plumas se utilizan como adorno. (*Egretta garcetta.*) — s.f. ZOOLOGÍA
2 Pelo de la sien que cae sobre la mejilla.
3 Cada una de las puntas inferiores de las astas del venado. — CAZA

garcilla Ave zancuda, de la familia de los ardeidos, de tamaño mediano y alas bastante robustas. (*Ardeola* y *Bubulcus.*) — s.f. ZOOLOGÍA

garçon (Voz francesa.)
1 Muchacho, joven adolescente. — s.m.
2 a lo garçon: Se refiere a un tipo de peinado femenino de cabellos muy cortos. — loc.adj.

gardenia (De *Garden*, médico escocés.)
1 Arbusto de tallos espinosos, hojas lisas, brillantes y verde oscuro, flores blancas olorosas, que se cultivan como ornamentales. (*Gardenia jasminoides.*) — s.f. BOTÁNICA
2 Flor de esta planta. — BOTÁNICA

garden-party (Voz inglesa.) Fiesta que se celebra en un jardín o parque. — s.m.

gardón Pez de agua dulce, con aletas rojizas, vientre plateado y dorso gris azulado o verdoso. (*Leuciscus rutilus.*) — s.m. ZOOLOGÍA

garduña (Del beréber *agarda*, ratón campestre.) Mamífero carnicero de la familia de los mustélidos, de unos cincuenta centímetros, de color marrón grisáceo, con la garganta blanca, patas cortas, cola larga y andar onduleante. (*Martes foina.*) — s.f. ZOOLOGÍA = fuina

garduño, a Ratero que hurta con maña y disimulo. — s./coloquial

garete
1 Indica que una embarcación es arrastrada por el viento o por la corriente y que se encuentra sin gobierno en la expresión **ir o irse al garete.** — s.m. NÁUTICA
2 Indica que una persona o una actividad va sin dirección o sin propósito fijo en la expresión **ir o irse** — coloquial

al garete: *la empresa iba al garete sin que nadie la reactivara.*
3 Indica que una persona, empresa o actividad ha fracasado en la expresión **ir o irse al garete:** *su noviazgo se fue al garete.* — coloquial

garfa
1 Cada una de las uñas de las patas en los animales que las tienen curvas. — s.f. = garra
2 Pieza que sostiene colgados los cables conductores de la corriente de los tranvías y otros ferrocarriles eléctricos. — MECÁNICA
3 echar la garfa: Procurar agarrar y coger una cosa con las uñas. — coloquial

garfada Movimiento brusco, propio de algunos animales, hecho con intención de agarrar con las uñas: *cazó al ratón de una garfada.* — s.f. tb: garfiada

garfear Echar garfios para sujetar o coger una cosa. — v.intr./= engarfiar

garfio (Del lat. *graphium* < gr. *grapheion*.)
1 Gancho metálico corvo y puntiagudo, que sirve para coger o sujetar objetos: *las piezas de carne están colgadas en garfios.* — s.m.
2 Instrumento para pescar o recoger almejas, formado por una especie de rastrillo y una red. — PESCA

gargajear Escupir una persona gargajos. — v.intr./coloquial

gargajeo Acción de arrojar gargajos. — s.m./coloquial

gargajo (De la raíz onomatopéyica garg-.) Flema, saliva o mucosidad que se escupe. — s.m./coloquial = esputo

gargajoso, a Que gargajea o escupe mucosidades con frecuencia. — adj/s./coloquial = gargajiento

garganchón Garganta o parte superior de la tráquea: *se obstruyó el garganchón con una corteza de pan.* — s.m./vulgar = garguero

garganta (De la raíz onomatopéyica garg-.)
1 Parte anterior del cuello: *un precioso collar adornaba su garganta.* — s.f. ANATOMÍA
2 Espacio interno comprendido entre el velo del paladar y la entrada del esófago y la laringe: *me noto la garganta un poco irritada.* — ANATOMÍA
3 Voz del cantante: *nos admiramos de la potente garganta de la soprano.*
4 Paso estrecho entre montañas, que forma un valle encajado. — GEOGRAFÍA = desfiladero
5 Valle estrecho de pendientes abruptas. — GEOGRAFÍA/= hoz
6 Parte más estrecha y delgada de una cosa: *coge la botella por la garganta.* — = cuello
7 Parte superior del pie por donde está unido a la pierna.
8 Hendidura de algunas cosas: *la cuerda de la polea pasa por la garganta.*
9 Abertura hecha en las fortificaciones para el uso de la artillería. — CONSTRUCCIÓN
10 Parte más estrecha de las columnas, balaustres y otras piezas: *la columna tiene la garganta acanalada.* — ARQUITECTURA
11 Zona más estrecha de un canal, puerto o paso en general. — NÁUTICA
12 tener a una persona atravesada en la garganta: Sentir antipatía por ella: *le tiene atravesado en la garganta porque opina que es un pedante.* — coloquial
13 tener una buena garganta: Tener una voz muy potente para cantar.

gargantada Porción de vómito que se arroja de una vez por la garganta. — s.f.

gargantear
1 Cantar una persona haciendo quiebros de voz con la garganta. — v.intr. MÚSICA
2 Ligar la gaza de un cuadernal o motón. — NÁUTICA

garganteo Acción de cantar haciendo gorgoritos. — s.m./= quiebro

gargantil Escotadura de la bacía del barbero, para ajustarla al cuello del que se afeitaba. — s.m.

gargantilla Collar corto que rodea el cuello: *ha heredado una gargantilla de su abuela.* — s.f.

gargantillo, a Se aplica a la res de cuello oscuro, con una mancha blanca o clara en forma de collarín. — adj. TAUROMAQUIA

gárgara
1 Acción de mantener un líquido en la garganta, con la boca hacia arriba, sin tragarlo y expulsando el aire: *hizo gárgaras con un elixir después de lavarse los dientes.* — s.f. = gargarismo
2 Gargarismo, medicamento líquido que se usa para las afecciones bucales y que se aplica haciendo gárgaras. — s.f.pl./Colomb., Méx., Chile, P. Rico
3 mandar a hacer gárgaras: Echar a una persona o desentenderse de una cosa en señal de reprobación o desprecio: *no paraba de molestar y le mandó a hacer gárgaras.* — coloquial

gargarismo (Del gr. *gargarismos.*)
1 Acción de hacer gárgaras. — s.m.
2 Medicamento líquido usado para hacer gárgaras. — = colutorio

gargarizar (Del lat. *gargarizare* < gr. *gargarizo.*) Hacer una persona gárgaras. — v.intr. conj: cazar

gárgaro Juego del escondite. — s.m./Venez.

gargavero
1 Garguero, parte superior de la tráquea o toda la tráquea. — *s.m.*
2 Instrumento musical de viento antiguo, compuesto por dos flautas dulces unidas con una sola embocadura. — *MÚSICA*

gárgol
I (Del ár. *gargal*.) Se aplica al huevo que ha sido incubado pero no ha producido cría. — *adj. = huero*
II (Derivado de *gárgola*, conducto.) Ranura que se hace en una pieza de madera para que encaje en el canto de otra. — *s.m. CARPINTERÍA*

gárgola (Del fr. *gargouiller*, producir un ruido semejante al de un líquido en un tubo.)
1 Conducto por donde se vierte el agua de los tejados o de las fuentes, esculpido por lo general en forma de figura humana o de animal. — *s.f. ARQUITECTURA*
2 Figura que adorna la desembocadura de este conducto: *unas fantásticas gárgolas sobresalen en la fachada de la catedral.* — *ARTE*
3 Cápsula que contiene la linaza o semillas del lino. — *BOTÁNICA*

garguero (Del lat. vulgar *gurgurium*.) Parte superior de la tráquea o toda ella hasta el pulmón. — *s.m./vulgar = gargüero*

garibaldina (De G. *Garibaldi*, militar y político italiano.) Especie de blusa roja al estilo de la que usaban este militar y sus voluntarios. — *s.f.*

garifo, a Que es vistoso o está muy adornado. — *adj./tb: jarifo*

garigoleado, a Que está adornado con exceso: *un vestido garigoleado.* — *adj. Méx.*

gariofilea Clavel silvestre. — *s.f./BOTÁNICA*

garita (Del fr. ant. *garite*, refugio.)
1 Cuarto pequeño para abrigo de vigilantes o porteros de una fábrica, paso a nivel o finca. — *s.f. = caseta*
2 Construcción en forma de pequeña torre que, situada en los puntos salientes de una fortificación o cuartel, sirve de abrigo y protección de los centinelas. — *ARQUITECTURA, MILITAR*
3 Excusado, habitación destinada para evacuar las necesidades. — *= retrete*

garitero, a
1 Propietario de un garito o casa de juego. — *s.*
2 Persona que va a jugar a los garitos. — *= tablajero*

garito
1 Casa de juego: *dilapidó buena parte de su fortuna en garitos.* — *s.m. = tablaje*
2 Local de mala reputación o de aspecto lúgubre: *frecuenta unos garitos poco recomendables.* — *= antro*

garla Charla, conversación entre dos o más personas: *lleva una hora de garla por teléfono.* — *s.f./coloquial*

garlador, a Que garla o habla mucho: *no le cuentes secretos, que es muy garlador.* — *adj/s./coloquial = hablador*

garlar (Del bajo lat. *garrulare*, parlotear < *garrulus*, parlanchín < *garrire*, gorjear.) Hablar una persona mucho y de manera indiscreta. — *v.intr. coloquial*

garlicina Principio activo del ajo, que posee propiedades antibióticas. — *s.f. FARMACIA*

garlito
1 Red de pesca, semejante a la nasa, con una malla en la parte más estrecha que impide la salida del pez que ha entrado en ella. — *s.f. PESCA*
2 Engaño o artificio que se hace para dañar a una persona o molestarla. — *coloquial = trampa*
3 caer una persona en el garlito: Caer en la trampa: *es tan inocente que cayó en el garlito que le tendieron.* — *coloquial*
4 coger a una persona en el garlito: Sorprenderla haciendo una cosa que quería ocultar: *lo cogieron en el garlito mientras intentaba fugarse.* — *coloquial*

garlocha Vara con un arponcillo en el extremo para que sirva de agarre. — *s.f. = garrocha*

garlopa (Del occitano *garlopo* < fr. dialectal *warlope*.) Cepillo largo y con puño que usan los carpinteros para igualar la superficie de la madera. — *s.f. CARPINTERÍA*

garnacha
I (Del provenzal *ganacha*.)
1 Vestidura que llega hasta los talones, con un sobrecuello grande que cae sobre los hombros y espalda, usada por magistrados y jueces. — *s.f.*
2 Persona que lleva esta vestidura. — *s.m/f.*
3 Compañía de cómicos compuesta de cinco o seis hombres, una mujer que hacía de primera dama y un joven que hacía de segunda. — *TEATRO*
II (Del ital. *vernaccia*.)
1 Variedad de uva rojiza que tira a morada, muy dulce, delicada y de buen gusto, de la que se hace un vino especial. — *s.f. AGRICULTURA*
2 Vino obtenido de esta variedad de uva roja.
3 Bebida o refresco cuyo principal componente es el vino. — *= carraspada*

garniel (Del occitano ant. *carnier*, morral de cazador < *carn*, carne.) Bolsa de cuero con divisiones, que se llevaba sujeta al cinturón. — *s.m. tb: guarniel*

garnierita Silicato natural de níquel y magnesio que constituye un mineral de níquel. — *s.f. MINERALOGÍA*

garo Condimento muy estimado por los romanos que se hacía poniendo en salmuera las vísceras de ciertos pescados. — *s.m./HISTORIA tb: garum*

garpa Gajo de uvas. — *s.f./= carpa*

garra
1 Mano o pie de un animal provisto de uñas corvas, fuertes y agudas: *el león despedazó su presa con las garras.* — *s.f./ZOOLOGÍA = zarpa*
2 Uña corva, fuerte y afilada de algunos animales, que sirve para apresar y desgarrar: *las garras del águila.* — *ZOOLOGÍA*
3 Mano de una persona: *si me pones las garras encima, gritaré.* — *coloquial*
4 Atractivo y fuerza de convicción o persuasión de una persona o cosa: *es una chica vital y con mucha garra; encandiló a la audiencia con la garra de sus palabras.* — *coloquial = gancho*
5 Poder de una cosa o persona que puede producirle daño a otra: *quedó atrapado en las garras de la heroína.* — *= red*
6 Gancho del arpeo que une dos embarcaciones. — *NÁUTICA*
7 Parte menos apreciada de las pieles usadas en peletería, que corresponde a la pata: *es un abrigo de garras de astracán.* — *s.f.pl.*
8 caer en las garras de una persona: Caer en manos de quien se teme o espera gran daño: *la protagonista cayó en las garras del asesino.* — *coloquial*
9 echar a una persona la garra: Cogerla o prenderla: *la policía ya le ha echado la garra al ladrón.* — *coloquial*
10 sacar a una persona de las garras de otra: Liberarla de su poder.
11 tener garra: Ejercer una persona o cosa un fuerte poder de atracción, convicción o persuasión: *su última película tiene garra.* — *coloquial*

garrafa
1 Recipiente para líquidos, ancho y redondo, de cuello largo y estrecho, en general hecho de vidrio y protegido de un revestimiento de mimbre, plástico u otro material: *compró garrafas de agua de diez litros.* — *s.f. = garratón*
2 Bombona, envase metálico para gases. — *Argent., Urug.*
3 garrafa corchera: Utensilio de cocina para fabricar helados. — *COCINA*
4 de garrafa: Se aplica a las bebidas alcohólicas que son de mala calidad: *me sirvió un whisky de garrafa.* — *loc.adj. coloquial*

garrafal
1 Se aplica a la acción o a la falta que es muy grave: *en el examen cometí un error garrafal.* — *adj. = colosal*
2 Se refiere a la especie de guindas o cerezas que son más grandes y duras que las comunes. — *BOTÁNICA*
3 Se aplica al árbol que produce esta fruta. — *BOTÁNICA*

garrafina Variante del juego del dominó, en la que participan cuatro jugadores y las pérdidas están limitadas. — *s.f. JUEGOS*

garrafiñar Quitar o robar una cosa agarrándola con las manos. — *v.tr./coloquial tb: garafiñar*

garrafón Vasija grande y con forma ovalada: *compramos un garrafón de vino.* — *s.m. = garrafa*

garrama Robo, hurto o estafa. — *s.f./coloquial*

garramar Quitar una cosa a una persona con astucia y engaño: *el ladrón le garramó la cartera.* — *v.tr. coloquial*

garrancha
1 Espada, arma blanca de hoja larga. — *s.f./coloquial*
2 Envoltura de flores y frutos de ciertas plantas, como la cebolla o el maíz. — *BOTÁNICA = espata*

garranchazo Enganchón o herida hecho con un garrancho o gancho. — *s.m. = garranchada*

garrancho (Del céltico *garra*, pantorrilla.)
1 Parte dura y puntiaguda del tronco o rama de una planta. — *s.m. BOTÁNICA*
2 Resto de una rama cortada o tronchada que queda en un árbol. — *= gancho*
3 Enganchón o herida producida con un gancho.

garranchuelo Planta gramínea anual con muchos tallos ascendentes, hojas vellosas y espigas largas y violáceas. (*Digitaria sanguinalis.*) — *s.m. BOTÁNICA tb: garrachuelo*

garrapata (De *gaparrata* < *caparra*.)
1 Ácaro parásito con forma ovalada, ocho patas y un aparato bucal perforador que utiliza para chupar la sangre de su huésped, y que puede transmitir enfermedades. (*Argas* e *Ixodes*.) — *s.f. ZOOLOGÍA = arañuelo, caparra*
2 Caballo inútil en los regimientos de caballería. — *MILITAR*
3 Tropa que cuidaba y conducía estos caballos inútiles. — *MILITAR*

garrapatea Figura musical cuyo valor es la mitad de la semifusa. — *s.f. MÚSICA*

garrapatear
1 Hacer garabatos o letras irregulares sobre una cosa: *el alumno garrapatea un dibujo.* — *v.intr/tr. = garabatear*
2 Mover los dedos con rapidez, en especial al tocar la guitarra. — *v.intr.*
3 Escribir, trazar letras o componer un texto: *garrapáteale una nota para que recuerde lo que tiene que hacer.* — *v.tr./despectivo = garabatear*

garrapato
1 Garabato, escritura irregular o poco clara: *tu cuaderno está lleno de garrapatos.* — s.m. = garambaina
2 Fruto espinoso de la planta del cadillo que se adhiere a la ropa. — BOTÁNICA

garrapatón Disparate que se comete al hablar o al escribir. — s.m. = dislate

garrapiña Estado del líquido que se solidifica en grumos. — s.f. tb: garapiña

garrapiñado, a Se aplica a la almendra o a una fruta que está cubierta de almíbar en grumos. — adj./COCINA tb: garapiñado

garrapiñar Garapiñar, solidificar un líquido en grumos. — v.tr. COCINA

garrapiñera Utensilio que sirve para hacer helados o garapiñar líquidos. — s.f./COCINA tb: garapiñera

garrar Ir una embarcación hacia atrás arrastrando el ancla por no estar bien sujeta. — v.intr./NÁUTICA tb: garrear

garrido, a Que es apuesto, gentil y de buena figura: *se casó con un mozo garrido.* — adj. = galán

garriga Formación vegetal secundaria, propia de las zonas mediterráneas, constituida por encinas entremezcladas con matorrales y plantas herbáceas. — s.f. BOTÁNICA

garrir Emitir el loro su voz. — v.intr.

garroba Algarroba, fruto del algarrobo. — s.f./BOTÁNICA

garrobal Terreno poblado de algarrobos. — s.m.

garrobilla Astillas de algarrobo usadas, con otros ingredientes, para curtir y colorar los cueros. — s.f.

garrobo Reptil saurio de fuerte piel escamosa, que abunda en las tierras cálidas de las costas centroamericanas. *(Iguana rhinolophus.)* — s.m. ZOOLOGÍA

garrocha (Del céltico *garra*, pantorrilla.)
1 Vara larga terminada en punta, que se usa en el acoso y derribo de reses bravas, y en otros trabajos de conducción y apartado de ganado vacuno. — s.f. = sacaliña
2 Pica, vara larga usada para picar al toro durante la lidia. — TAUROMAQUIA
3 Pértiga usada por el torero para saltar de frente sobre el toro. — TAUROMAQUIA

garrochar Picar al toro con la garrocha, procurando detenerlo cuando acomete al caballo. — v.tr./TAUROMAQUIA tb: agarrochar

garrochazo
1 Pinchazo dado con la garrocha. — s.m.
2 Herida o señal producida por la garrocha. — = puyazo

garrochear Garrochar, herir al toro con la garrocha. — v.tr./= agarrochar

garrochero, a
1 Torero montado a caballo que pica al toro con la garrocha. — s./TAUROMAQUIA = picador
2 Persona que conduce las reses bravas o las derriba. — = garrochista

garrochista Persona que usa la garrocha con los toros o el ganado vacuno. — s.m.f./TAUROMAQUIA = agarrochador

garrochón Vara de madera con una punta de hierro ancha y corta que se usa para la lidia de toros durante el rejoneo. — s.m./TAUROMAQUIA = rejón

garrofa Algarroba, fruto del algarrobo. — s.f./tb: garroba

garrofal Terreno poblado de algarrobos. — s.m./tb: garrobal

garrón
1 Espolón del ave. — s.m./ZOOLOGÍA
2 Extremo de la pata de algunos animales, por donde se cuelgan después de muertos. — = corvejón
3 Gancho que queda al cortar o romperse la rama de un árbol. — BOTÁNICA
4 Parte posterior de la planta del pie. — = calcañar
5 **tener garrones:** Tener una persona experiencia, de modo que resulta difícil de engañar: *ya tengo garrones como para darme cuenta de que estás borracho, así que no me mientas.* — coloquial

garronear Pedir prestada una cosa con oportunismo o insistencia. — v.tr./Argent. coloquial

garronero, a Se aplica a la persona que acostumbra a vivir de prestado, gorrista. — adj. Argent.

garrota
1 Palo largo y grueso que se usa como bastón. — s.f./= garrote
2 Palo largo, grueso y curvado por la parte superior que usan los pastores. — = cayado

garrotal Tierra cultivada cercada con estacas o garrotes de olivo. — s.m. AGRICULTURA

garrotazo Golpe dado con un garrote: *el muy bruto le dio un garrotazo que casi lo descalabra.* — s.m. = leñazo

garrote
1 Palo largo y grueso que se usa como bastón o como arma: *andaba apoyándose en un garrote de roble.* — s.m. = garrota
2 Instrumento de tortura consistente en un palo con una cuerda que, al retorcerla, consigue apretar fuertemente un miembro humano.
3 Compresión fuerte de una ligadura retorciendo la cuerda con un palo. — = torniquete

4 Rama plantada para que arraigue, en especial la del olivo. — AGRICULTURA = estaca, plantón
5 Instrumento para contener una hemorragia en operaciones o heridas de las extremidades. — MEDICINA = torniquete
6 Defecto de un dibujo consistente en la falta de continuidad de una línea.
7 Combamiento o falta de rectitud de una pared, una superficie de piedra labrada, los tubos de una conducción u otra cosa. — CONSTRUCCIÓN = pandeo
8 Palanca con que se da la vuelta a la trinca de un cabo. — NÁUTICA
9 **garrote vil:** Instrumento que se usaba para ejecutar a los condenados a muerte consistente en un aro de hierro que rodeaba la garganta del reo y que tenía en la parte posterior una punzón accionado por una manivela que se introducía en el bulbo raquídeo y producía la muerte. — DERECHO, HISTORIA
10 **dar garrote:** Matar por medio del garrote: *lo condenaron a muerte y le dieron garrote.*

garrotear
1 Apalear, dar golpes con un palo a una persona o a un animal. — v.tr./Amér. Central y Merid.
2 Cobrar precios excesivos sin justificación. — Chile

garrotillo Difteria, enfermedad infecciosa. — s.m./MEDICINA

garrotín Forma tributaria del cante flamenco, procedente de influjos folclóricos asturianos. — s.m. MÚSICA

garrubia Semilla de la algarroba. — s.f./BOTÁNICA

garrucha Rueda con el canto acanalado por donde pasa una cuerda y que se usa para levantar o mover pesos. — s.f. tb: carrucha = polea

garrucho Anillo para envergar las velas de cuchillo y para otros usos. — s.f. NÁUTICA

garrudo, a
1 Forzudo, que tiene mucha fuerza. — adj./Méx. Colomb.
2 Se aplica a la res muy flaca.

garrulería Charla de la persona muy habladora. — s.f.

garrulidad Cualidad de la persona muy habladora o charlatana. — s.f.

garrulo, a Que es basto y de modales zafios: *el muy garrulo iba empujando a la gente.* — adj/s./despectivo = tosco

gárrulo, a (Del lat. *garrulus.*)
1 Se aplica al ave que canta, gorgea o chirría mucho. — adj.
2 Se refiere a la persona muy garrula o charlatana: *es tan gárrulo que cansa y marea.* — = garrulador, hablador
3 Que produce un sonido suave y continuo: *brisa gárrula; arroyo gárrulo.* — literario

garúa Llovizna, lluvia uniforme formada por gotas de agua muy pequeñas. — s.f. Amér.

garuar Lloviznar, caer lluvia fina: *no paró de garuar durante todo el día y llegó empapado a casa.* — v.intr./conj: actuar Amér.

garujo Mezcla de cal, cemento, arena y agua que se emplea en obras de albañilería. — s.m. CONSTRUCCIÓN

garulla
1 Uva desgranada y conjunto de granos desprendidos de los racimos. — s.f. = granuja
2 Conjunto desordenado de gente que se concentra en un lugar determinado. — coloquial = garullada

garza
1 Ave zancuda, de patas y cuello largos, pico fuerte y cabeza pequeña con moño largo y gris y dos o tres plumas ornamentales mayores, que se alimenta de pequeños animales acuáticos que captura usando su pico a modo de arpón, y de la que existen distintas especies. *(Ardea.)* — s.f. ZOOLOGÍA
2 Copa alta en forma de embudo, que se utiliza para beber cerveza. — Chile

garzo, a
1 Se aplica a los ojos de color azulado. — adj.
2 Hongo del tipo de las setas, del que se conocen numerosas especies. — s.m./MICOLOGÍA = agárico

garzón, a (Del fr. *garçon.*)
1 Persona joven. — s.
2 Camarero, persona que sirve a los clientes en establecimientos públicos. — s. Chile

garzota
1 Ave zancuda, de pico grande y negro, caracterizada por las tres largas plumas que caen desde la nuca hacia la cola, que vive en zonas templadas. *(Nyctanassa violacea.)* — s.f. ZOOLOGÍA
2 Plumaje usado como adorno de sombreros. — = penacho

gas (Palabra inventada por el químico flamenco Van Helmont.)
1 Estado de la materia caracterizado por no tener forma ni volumen propios y cuyas moléculas tienden a separarse unas de otras. — s.m. FÍSICA
2 Mezcla de hidrocarburos que se obtiene de la destilación del carbón de piedra y se emplea para alumbrado o calefacción y para obtener fuerza motriz. — QUÍMICA
3 Mezcla de carburante y aire que alimenta el motor de un vehículo para posibilitar su funcionamiento. — MECÁNICA

4 Servicio de fabricación y distribución del gas ciudad: *los empleados del gas.* — INDUSTRIA
5 Mezcla de aire deglutido y de vapores, que se produce en el estómago o en los intestinos. — s.m.pl./MEDICINA = meteorismo
6 gas asfixiante o de guerra: Sustancia química gaseosa o líquida, que se utiliza como arma de guerra. — MILITAR
7 gas ciudad: El que es combustible y se distribuye mediante una red de conductos para la utilización doméstica e industrial. — QUÍMICA
8 gas de los pantanos: El que se desprende en las aguas estancadas y cuyo principal componente es el metano.
9 gas hilarante: Óxido nitroso, que se utiliza para anestesias de corta duración. — MEDICINA
10 gas lacrimógeno: Bromuro de bencilo que provoca abundante secreción de lágrimas: *lanzaron granadas de gas lacrimógeno para desalojar el edificio ocupado por los terroristas.* — MILITAR
11 gas natural: El que procede de actividad volcánica o de aceites minerales. — QUÍMICA
12 gas pobre o de aire: Mezcla de gases de poco poder luminoso, que se emplea como fuerza motriz. — QUÍMICA
13 gases nobles o raros: El helio, neón, argón, criptón, xenón y radón, elementos que existen en la atmósfera en muy pequeña cantidad. — QUÍMICA
14 a todo gas: A toda velocidad: *le vi pasar a todo gas esta mañana.* — loc.adv.
15 dar gas: Acelerar el motor de un vehículo: *da gas o se parará el coche.*

gasa
1 Tela de seda o hilo muy ligera y transparente: *el vestido es de gasa azul.* — s.f. TEXTIL
2 Tela muy clara de hilo o de algodón, caracterizada por la separación relativamente grande de los hilos, que se usa para vendas, compresas y otros usos: *empapó la gasa en alcohol para curarle la herida.* — MEDICINA = apósito
3 Tela de algodón que se pone doblada a los niños pequeños para que absorba el pipí. — = compresa
4 Tira de esta tela o de paño negro usada en señal de luto. — = crespón
5 Cortinas transparentes colocadas entre la pantalla y las cortinas principales en los cines. — s.f.pl.
6 gasa hidrófila: Tela ligera y de tejido abierto, en general de hilo de algodón y con propiedades absorbentes, utilizada en los apósitos asépticos o impregnada de medicamentos. — MEDICINA

gascón, a
1 De Gascuña, antigua región de Francia. — adj./tb: gasconés
2 Persona natural de esta región. — s.
3 Dialecto de la lengua de oc hablado en algunas zonas de esta región. — s.m. LINGÜÍSTICA

gaseado, a
1 Que ha sufrido los efectos de los gases asfixiantes: *las víctimas gaseadas de la primera guerra mundial.* — adj/s.
2 Acción de pasar los hilos a través de una llama para eliminar la pelusilla. — s.m. TEXTIL

gasear
1 Hacer circular un gas a través de un líquido para que lo absorba. — v.tr.
2 Someter a una persona a la acción de un gas.
3 Quemar la pelusilla o borra de los hilos haciéndolos pasar por una llama de gas. — TEXTIL

gaseiforme Que se halla en estado de gas. — adj./FÍSICA

gasendismo (De *Gassendi*, religioso francés del siglo XVII.) Doctrina filosófica propugnada por este religioso que consistía en una visión atomista de la filosofía, opuesta a la aristotélica. — s.m. FILOSOFÍA

gasendista
1 Del gasendismo. — adj./FILOSOFÍA
2 Se aplica a la persona o al filósofo partidario del gasendismo. — adj/s.m.f. FILOSOFÍA

gaseoducto Gasoducto, canalización para la conducción de gas. — s.m. INDUSTRIA

gaseosa Bebida efervescente y refrescante que se prepara con agua, ácido carbónico y azúcar: *en verano siempre bebe vino con gaseosa.* — s.f.

gaseoso, a
1 Que se halla en estado de gas. — adj.
2 Se aplica al estado de la materia en que los cuerpos no tienen forma ni volumen propios. — FÍSICA
3 Se aplica al líquido que contiene o del que se desprenden gases.

gásfiter Fontanero o plomero, persona que se encarga de las reparaciones o del mantenimiento de las conducciones de agua. — s.m./*Chile* tb: gasfiter

gasfitería Fontanería o plomería, técnica de la construcción de conducciones de agua, su comercialización y su mantenimiento. — s.f./*Chile, Ecuad., Perú*

gasificación
1 Transformación de productos líquidos o sólidos que contienen carbono en gas combustible. — s.f./FÍSICA, QUÍMICA

2 Incorporación de gas carbónico a un líquido.

gasificar
1 Convertir un cuerpo en gas por medio del calor o de una reacción química. — v.tr./conj: *sacar* FÍSICA, QUÍMICA
2 Disolver gas carbónico en un líquido. — QUÍMICA

gasista Persona que se encargaba de colocar y arreglar los aparatos de alumbrado de gas. — s.m.f.

gasoducto (De *gas* + lat. *ductus*, conducción.) Canalización para la conducción a larga distancia de gas, desde el lugar de producción hasta los de consumo. — s.m. INDUSTRIA tb: gaseoducto

gasógeno
1 Aparato que sirve para transformar el carbón o la madera en gas combustible. — s.m. TECNOLOGÍA
2 Aparato que produce gas carburante en un automóvil.
3 Mezcla de bencina y alcohol que se utiliza como quitamanchas y para el alumbrado. — QUÍMICA = gasóleo

gas-oil (Expresión inglesa.) Gasóleo, fracción destilada del petróleo crudo. — s.m./QUÍMICA tb: gasoil

gasóleo Sustancia líquida oleosa, compuesta de hidrocarburos, obtenida por destilación fraccionada del petróleo crudo, que se utiliza como carburante y combustible. — s.m. QUÍMICA tb: gas-oil, gasoil

gasolina (De *gas* + lat. *oleum*, aceite.) Líquido muy ligero e inflamable, compuesto de hidrocarburos, obtenido por destilación del petróleo que se utiliza como carburante, como disolvente o para distintos usos industriales. — s.f. QUÍMICA tb: gasoleno = bencina

gasolinera
1 Establecimiento al aire libre donde se vende gasolina, gasóleo y otros productos para los automóviles: *pararemos a repostar en la próxima gasolinera.* — s.f. COMERCIO
2 Lancha provista de motor de gasolina. — NÁUTICA

gasometría Análisis químico que se realiza para medir el volumen de los productos gaseosos. — s.f. QUÍMICA

gasométrico, a De la gasometría. — adj./QUÍMICA

gasómetro
1 Depósito donde se almacena gas y se distribuye a una presión constante. — s.m. INDUSTRIA
2 Instrumento para medir el volumen de un gas. — TECNOLOGÍA

gasón (Del fr. *gazon*, césped < germ. *waso*.)
1 Cascote de yeso. — s.m./= yesón
2 Terrón muy grande que queda sin desgranar por el arado. — AGRICULTURA

gastable Que se puede gastar. — adj.

gastadero Situación, sitio o acción en que se gasta una cosa: *gastadero de tiempo; gastadero de paciencia.* — s.m. coloquial

gastado, a
1 Se aplica a lo que está deteriorado y viejo: *llevaba un traje gastado y los zapatos rotos.* — adj. = desgastado
2 Se aplica a una persona que está debilitada, abatida o decaída por las penalidades y los trabajos sufridos: *la enfermedad le dejó gastado.* — = envejecido
3 Se refiere al asunto o tema que ya está muy tratado: *no merece la pena volver a recordar aquel asunto tan gastado.* — = manido

gastador, a
1 Que gasta dinero de manera insensata y excesiva: *¿cómo va a ahorrar si es tan gastador?* — adj/s. = despilfarrador
2 Persona que, en los presidios, está condenada a trabajos públicos. — s.
3 Soldado que está destinado a abrir zanjas o trincheras. — MILITAR = zapador
4 Soldado de un batallón destinado a abrir el paso en las marchas y en los desfiles. — MILITAR = batidor

gastamiento Acción de gastarse o consumirse una cosa: *el rozamiento produce un gastamiento en la piedra.* — s.m. = desgaste

gastar (Del lat. *vastare*, devastar, arruinar.)
1 Utilizar una cosa que con el uso se estropea o se consume: *los zapatos se gastan de tanto andar.* — v.tr/prnl. = desgastar
2 Usar el dinero en una cosa: *le gusta gastar; gasta un dineral en ropa.* — v.tr/intr. ≠ ahorrar
3 Usar una cosa cierta cantidad de otra para su funcionamiento: *este coche gasta gasoil.* — v.tr. = consumir
4 Usar o llevar una persona cierta cosa: *gastaba corbatas de seda.* — = utilizar
5 Tener una persona de forma habitual una determinada actitud: *gasta un humor de perros.* — = mostrar
6 Hacer o decir bromas, cumplidos o cosas similares: *le gusta gastar bromas pesadas.*
7 Debilitarse una persona de forma física o moral: *se gastó mucho descargando en los muelles.* — v.tr/prnl. = agotar
8 Desgastar o destruir una cosa: *el mar gasta las rocas.* — = deteriorar
9 gastarlas: Obrar una persona de determinada manera de forma habitual: *no le hagas enfadar, ya sabes cómo las gasta.* — coloquial

gastero- Componente de palabra procedente del gr. *gaster, gastros,* que significa estómago: *gasterófilo; gastroenteritis.* — pref. tb: gastr-, gastro-

gasterófilo Mosca grande cuyas larvas viven parásitas en el tubo digestivo del caballo.
s.m.
VETERINARIA

gasteromicete Perteneciente a un orden de basidiomicetes cuyas esporas se forman en el interior de una envoltura completamente cerrada.
adj/s.m.
MICOLOGÍA

gasterópodo, a Perteneciente a una clase de moluscos terrestres o acuáticos, cuya cabeza presenta tentáculos sensoriales, con un pie ventral muy desarrollado mediante el cual se arrastran, y una concha univalva arrollada en espiral.
adj/s.m.
ZOOLOGÍA

gasto
1 Acción y resultado de gastar o gastarse una cosa: *es necesario moderar el gasto de agua.*
s.m.
= consumo
2 Cantidad de dinero que se ha gastado o se gasta: *han aumentado los gastos.*
= dispendio
3 Cantidad de un fluido que pasa por un orificio o una tubería cada unidad de tiempo.
FÍSICA
4 Dinero que se destina para cubrir las necesidades diarias de una familia: *esta semana no le alcanzó el gasto.*
Méx.
5 **gasto público:** Cantidad de dinero gastada por la administración para satisfacer las necesidades sociales y colectivas.
ECONOMÍA
6 **gastos de representación: 1.** Cantidad de dinero suplementaria que se paga a determinados cargos para un desempeño adecuado y decoroso de su función. **2.** Cantidad de dinero que se paga a determinados cargos a quienes las leyes no reconocen un sueldo.
7 **gastos de residencia:** Cantidad de dinero suplementaria que se paga a un funcionario público u otro trabajador por tener que residir en determinadas localidades.
8 **correr con los gastos:** Hacerse cargo de ellos: *tú organiza la cena, que yo correré con los gastos.*
9 **cubrir gastos:** Producir una cosa el beneficio suficiente para pagar su coste: *el comité que organizó la fiesta asegura que sólo sirvió para cubrir gastos.*
10 **hacer el gasto: 1.** Tomar uno mayor responsabilidad o dedicarle más trabajo o tiempo a un asunto, una conversación o a cualquier actividad. **2.** Gastar el dinero en alguna cosa.
coloquial

gastoso, a Se aplica a la persona que gasta mucho: *son tan gastosos que aun teniendo dos sueldos, no llegan a fin de mes.*
adj/s.
= derrochador, gastador

gastralgia Dolor de estómago que es síntoma de numerosas afecciones.
s.f.
MEDICINA

gastrectomía Extirpación total o parcial del estómago mediante intervención quirúrgica.
s.f.
MEDICINA

gástrico, a (Derivado culto del gr. *gaster*, vientre, estómago.) Del estómago: *jugo gástrico.*
adj.
FISIOLOGÍA

gastrina Hormona de la mucosa del estómago y del duodeno que estimula la secreción del jugo gástrico.
s.f.
FISIOLOGÍA

gastritis Inflamación de la mucosa del estómago: *las malas digestiones son características de la gastritis.*
s.f./pl: gastritis
MEDICINA

gastroenteritis Inflamación de las mucosas del estómago y de los intestinos: *el agua de la fuente les produjo gastroenteritis.*
s.f.
pl: gastroenteritis
MEDICINA

gastroenterología Especialidad que estudia el aparato digestivo y sus enfermedades.
s.f.
MEDICINA

gastroenterólogo, a Médico especialista del aparato digestivo.
s.
MEDICINA

gastrointestinal Del estómago y los intestinos: *sufre una infección gastrointestinal.*
adj.
MEDICINA

gastrolito Cada una de las piedras que ingieren algunos reptiles para favorecer la fragmentación de los alimentos.
s.m.
BIOLOGÍA

gastronomía (Del gr. *gastronomía*, tratado de la glotonería.) Arte de preparar una buena comida: *ha publicado obras de gastronomía.*
s.f.
COCINA

gastronómico, a De la gastronomía: *sus conocimientos gastronómicos te sorprenderán.*
adj.
COCINA

gastrónomo, a Persona entendida en gastronomía o aficionada a ella.
s.
COCINA

gastropatía Cualquier enfermedad o trastorno del estómago.
s.f.
MEDICINA

gastrorragia Hemorragia del estómago.
s.f./MEDICINA

gastroscopia Observación directa de las estructuras internas del estómago mediante un fibroscopio que se introduce por el esófago.
s.f.
MEDICINA

gastroscopio Instrumento para inspeccionar el interior del estómago.
s.m.
MEDICINA

gastrotomía Operación quirúrgica consistente en abrir las paredes del estómago para poder diagnosticar o curar la parte afectada.
s.f.
MEDICINA

gastrovascular Se aplica a la cavidad de los animales celentéreos en la que se realiza la digestión de los alimentos.
adj.
ZOOLOGÍA

gástrula Estado embrionario de los animales en el que el embrión está formado por dos capas que rodean una cavidad central.
s.f.
BIOLOGÍA

gata
1 Hembra mamífera carnívora doméstica.
s.f./ZOOLOGÍA
= minina
2 Gatuña, planta herbácea de flores rosadas.
BOTÁNICA
3 Nube pequeña o vapor que se forma en la ladera de un monte y asciende lentamente por ella.
4 Cobertizo o cubierta que sirve de protección a los soldados que minan un muro.
MILITAR
5 Pez marino de color pardo amarillo.
Amér. Central Chile
6 Gato, máquina para levantar pesos a poca altura.
7 **gata parida:** Persona flaca y extenuada.
coloquial
8 **hacer la gata, la gata ensogada o la gata muerta:** Fingir humildad o moderación: *no te hagas la gata conmigo, que sé que tienes más hambre.*
coloquial

gatada
1 Acción propia de los gatos.
s.f.
2 Acción reprobable que realiza una persona con astucia y engaño.
= añagaza
3 Parada repentina que hace la liebre cuando la persiguen los perros, con lo que consigue que éstos pasen de largo.
CAZA

gatallón, a Que engaña con astucia y habilidad en beneficio propio.
adj/s.
= granuja, pillo

gatas Indica el modo de andar o estar con las rodillas y manos en el suelo en la expresión **a gatas:** *el pequeño todavía anda a gatas; se puso a gatas para recoger lo que se había caído.*
loc.adv.
= a cuatro patas

gatazo Engaño que se hace para sacarle dinero a una persona.
s.m./coloquial
= estafa, timo

gateado, a
1 Que tiene alguna propiedad del gato: *sus ojos gateados son muy llamativos.*
adj.
2 Que tiene vetas: *mármol gateado; madera gateada.*
= veteado
3 Madera americana muy compacta y muy veteada, empleada en muebles de lujo.
CARPINTERÍA
4 Se aplica al caballo o yegua de pelaje rubio, con una línea negra en el filo del lomo y otras iguales y de través en las extremidades.
adj/s.
Argent.

gatear
1 Andar una persona poniendo las manos y las rodillas en el suelo: *el niño ya gatea.*
v.intr.
2 Trepar una persona como los gatos: *gateó por el árbol para coger la pelota.*
= encaramarse
3 Arañar el gato.
v.tr.
4 Quitar una cosa a una persona sin violencia: *sin darme cuenta me han gateado el bolso.*
= hurtar, robar

gatera
1 Agujero hecho en una puerta o pared para que puedan entrar y salir los gatos.
s.f.
2 Agujero circular en la cubierta de las embarcaciones por el que salen las cadenas y los cabos de amarre.
NÁUTICA
3 Agujero que se deja en las vertientes de los tejados para la ventilación de los mismos.
CONSTRUCCIÓN
4 Persona que hurta cosas de poco valor.
s.m.f./= ratero
5 Revendedora, en especial la verdulera.
s.f./Bol, Ecuad, Perú Chile
6 Ratonera, cueva de ratones.

gatería
1 Gran cantidad de gatos.
s.f.
2 Simulación hipócrita y falsa con la que se quiere conseguir una cosa: *le sonsacó lo que quería saber con gatería.*
= gatatumba, paripé
3 Reunión de muchachos mal criados.
coloquial

gatero, a
1 Se aplica al lugar que está habitado o frecuentado por gatos: *vivo en una calle gatera.*
adj.
2 Persona que vende, cría gatos o es aficionada a tenerlos.
s.

gatillazo
1 Golpe que da el gatillo en las armas de fuego, en especial cuando no sale el proyectil.
s.m.
2 **dar gatillazo:** Resultar incierta la esperanza o confianza que se tenía en una persona o cosa: *le dio gatillazo que salía negativa.*
coloquial

gatillero Pistolero, asesino a sueldo.
s.m./Méx.

gatillo
1 Pieza que golpea el fulminante y produce el disparo en las armas de fuego portátiles y palanca que lo acciona: *no podrás accionar el gatillo sin quitar el seguro.*
s.m.
= percutor
2 Instrumento, a modo de tenazas o alicates, usado por el dentista para extraer las muelas y dientes.
MEDICINA
3 Pieza con que se une y traba una cosa que se quiere asegurar.
= gato
4 Parte superior del cuello de algunos cuadrúpedos, que va desde cerca de la cruz hasta cerca de la nuca.
ZOOLOGÍA
5 Crines largas que se dejan a las caballerías en la cruz y las que se asen los jinetes para montar.
Chile

gatismo Incontinencia de la orina y de las materias fecales por deficiencia del control nervioso.
s.m.
MEDICINA

gato, a (Del bajo lat. *cattus.*)
1 Mamífero carnívoro doméstico, de la familia de los félidos, de cabeza redonda, cola larga, patas cortas con fuertes uñas retráctiles, pelo suave, denso y erizable y ojos cuya pupila se adapta a la visión nocturna. *(Felis catus.)* — s. ZOOLOGÍA = minino
2 Instrumento formado por un engranaje y cremallera que sirve para levantar objetos muy pesados: *necesito el gato para cambiar la rueda del coche.* — s.m. MECÁNICA
3 Instrumento de hierro o de madera compuesto de dos planchas con un tornillo que permite aproximarlas, de modo que quede sujeta con fuerza la pieza que se pone entre ambas. — CARPINTERÍA = tornillo
4 Herramienta para agarrar y transportar madera. — CARPINTERÍA
5 Trampa para cazar ratones. — = ratonera
6 Persona sagaz o astuta. — s./= zorro
7 Persona que es natural de Madrid. — = madrileño
8 Baile folclórico de movimientos rápidos, de pareja suelta, que también puede ser ejecutado por dos parejas relacionadas. — s.m. Argent.
9 Música que acompaña este baile. — Argent.
10 **gato cerval:** El que tiene la cola larga, cabeza gruesa con pelos alrededor de la cara, pelaje corto y gris y muchas manchas negras en la cola formando anillos. — ZOOLOGÍA
11 **gato con relaciones:** Baile cuya música es interrumpida por quienes bailan intercambiando coplas cargadas de intención. — Argent.
12 **gato de agua:** Especie de ratonera que se pone sobre un lebrillo de agua para que caigan los ratones.
13 **gato de algalia:** Mamífero carnívoro asiático, con una bolsa cerca del ano que segrega la algalia. — ZOOLOGÍA = civeta
14 **gato de Angora:** El de pelo muy largo, de origen asiático. — ZOOLOGÍA
15 **gato montés:** Mamífero algo mayor que el gato doméstico, con pelaje gris rojizo rayado con bandas negras y cola leonada. — ZOOLOGÍA
16 **gato romano:** El que tiene la piel manchada o listas transversales negras y pardas. — ZOOLOGÍA
17 **gato siamés o persa:** El de origen asiático, de pelo corto y color ocre amarillento o gris, con la cara, orejas y cola más oscuras. — ZOOLOGÍA
18 **gato viejo:** Persona astuta y muy experimentada: *ya es gato viejo, así que se las sabe todas.* — coloquial
19 **como gato panza arriba:** En actitud de defensa desesperada: *se defendía de sus agresores como gato panza arriba.* — loc.adv.
20 **cuatro gatos:** Muy poca gente: *no había más que cuatro gatos.* — coloquial
21 **dar gato por liebre:** Engañar haciendo pasar una cosa por mejor: *me dieron gato por liebre con el equipo que compré.* — coloquial
22 **echarle a una persona el gato a las barbas:** Atreverse con él o insultarle: *se excedió de tal modo con ella que ésta acabó echándole el gato a las barbas.* — coloquial
23 **haber gato encerrado:** Encerrar una cosa un misterio o una intención oculta: *en este tema del dinero, hay gato encerrado.* — coloquial
24 **lavarse a lo gato o como un gato:** Lavarse de forma superficial y sin apenas mojarse: *se nota que hoy te has lavado como un gato porque tienes legañas todavía.* — coloquial
25 **llevar o llevarse el gato al agua: 1.** Conseguir una persona lo que otros también intentaban: *varios la cortejaban pero él se llevó el gato al agua.* **2.** Ser una persona la única entre varias que afronta o supera una dificultad. — coloquial
26 **pobre gato:** Persona pobre en lo material o de espíritu. — Argent. coloquial

gatopardo Mamífero carnívoro, de pelaje gris con motas rojizas rodeadas de negro, que es muy apreciado en peletería. — s.m. ZOOLOGÍA = ocelote, onza

gatuno, a Del gato o que tiene relación con él: *tiene una mirada gatuna.* — adj.

gatuña Planta herbácea de flores rosadas o púrpuras, fruto en vainillas y raíces de gran longitud. *(Ononis procurrens.)* — s.f./BOTÁNICA tb: gatuna

gatuperio
1 Mezcla desagradable o perjudicial de diversas sustancias. — s.m.
2 Manejo cauteloso y astuto de un asunto para conseguir un fin. — coloquial = chanchullo

gauchada
1 Acción propia del gaucho, en especial la realizada con astucia y habilidad. — s.f./Argent., Chile, Perú, Urug.
2 Servicio ocasional o favor realizado con buena disposición. — Argent., Urug. coloquial

gauchaje Conjunto o reunión de gauchos. — s.m./Argent., Chile, Urug.

gauchear
1 Practicar las costumbres propias del gaucho o comportarse como él. — v.intr./Argent., Urug.
2 Andar errante. — Argent.

gauchesco, a De los gauchos: *literatura gauchesca.* — adj.

gaucho, a
1 Que se refiere a ciertos habitantes rurales, en los siglos XVIII y XIX, de las llanuras rioplatenses de Argentina, de Uruguay y de Brasil. — adj. HISTORIA
2 Persona que pertenece a este grupo social. — s.
3 Se aplica a la persona que es noble, valiente y generosa. — adj/s. Argent.
4 Se refiere a los animales y objetos que proporcionan satisfacción por su rendimiento. — adj./Argent. coloquial
5 Peón rural experimentado en las faenas ganaderas tradicionales. — s.m./Argent., Chile, Urug.

gaudeamus (Voz latina.) Fiesta y diversión con comida y bebida abundantes. — s.m. pl: gaudeamus

gaudiniano, a (De A. *Gaudí,* arquitecto español.)
1 De este arquitecto o de su obra: *es un experto en la obra gaudiniana.* — adj.
2 Que imita el estilo de la obra de este arquitecto: *esa casa es gaudiniana.* — adj. ARQUITECTURA

gaullismo (De Ch. de *Gaulle,* político francés.) Doctrina y movimiento políticos franceses basados en el pensamiento de este político francés. — s.m. POLÍTICA

gaullista (De Ch. de *Gaulle,* político francés.)
1 Del gobierno de este político francés. — adj./POLÍTICA
2 Que es partidario del gaullismo. — adj/s./POLÍTICA

gaur Búfalo salvaje de las montañas hindúes y malasias. *(Bos gaurus.)* — s.m. ZOOLOGÍA

gausio Unidad de inducción magnética en el sistema electromagnético cegesimal. — s.m. FÍSICA

gauss (De C. F. *Gauss,* matemático alemán.) Denominación del gausio en la nomenclatura internacional. — s.m. FÍSICA

gavanza Flor del gavanzo o escaramujo, arbusto espinoso. — s.f. BOTÁNICA

gavanzo Escaramujo, rosal silvestre. — s.m./BOTÁNICA

gave (Voz francesa.) Curso de agua torrencial en los Pirineos franceses occidentales. — s.m. GEOGRAFÍA

gaveta (Del lat. *gabata,* escudilla.)
1 Cajón corredizo de los escritorios. — s.f./= naveta
2 Mueble con uno o varios cajones de este tipo.
3 Recipiente ovalado semejante a una tina pequeña, por lo general de madera y provisto de asa, usado para servir la comida a los marineros en los barcos. — NÁUTICA = tinaco

gavia
I (Del lat. *cavea,* hoyo, jaula.)
1 Zanja hecha en la tierra como desagüe o para señalar el límite de una finca. — s.f.
2 Vela del mástil mayor de una embarcación o de los otros masteleros. — NÁUTICA
3 Cuadrilla de mineros que realizan el transporte de la carga. — MINERÍA
4 Plataforma colocada de forma horizontal en el mastelero de las galeras. — NÁUTICA
5 Jaula, en especial la de madera donde se encerraba a los locos. — HISTORIA
II (Del lat. *gavia.*) Gaviota, ave marina. — s.f./ZOOLOGÍA

gavial (Del indostaní *ghariyal.*) Cocodrilo asiático de gran tamaño, de hocico delgado y mandíbulas largas y agudas que vive en pantanos y corrientes de agua. *(Gavialis gangeticus.)* — s.m. ZOOLOGÍA

gaviero Marinero encargado de la gavia o de vigilar desde ella. — s.m. NÁUTICA

gavieta Gavia a modo de garita que se pone sobre la mesana o el bauprés de las embarcaciones de vela. — s.f. NÁUTICA

gaviete Madero que se coloca en la popa de la lancha para llevar con ella un ancla. — s.m. NÁUTICA

gavilán (Probablemente del gótico *gabila.*)
1 Ave rapaz diurna accipítrida, esbelta, con el vientre pardo rojizo el macho y gris la hembra, que se alimenta sobre todo de pajarillos que son capturados al vuelo. *(Accipiter nisus.)* — s.m. ZOOLOGÍA = espaavarán
2 Cada uno de los dos hierros que salen de la guarnición de la espada y forman la cruz. — MILITAR
3 Cualquiera de los dos lados del pico de la pluma de escribir.
4 Hierro cortante de la aguijada con que se limpia y desbroza el arado. — AGRICULTURA
5 Uñero, borde de la uña, en especial la del dedo gordo del pie que se clava en la carne. — Méx., Cuba, Chile, P. Rico

gavilancillo Pico o punta corva de la hoja de la alcachofa. — s.m.

gavilla (Probablemente del lat. *cavus,* hueco entre las manos.)
1 Conjunto de ramas, mieses o cañas mayor que el manojo y menor que el haz. — s.f. AGRICULTURA
2 Reunión de personas, en especial de baja condición social. — = pandilla

gavillar
1 Terreno cubierto de gavillas de la siega. — s.m./AGRICULTURA
2 Hacer las gavillas de la siega. — v.tr./tb: agavillar

gavillero
1 Lugar donde se amontonan las gavillas de la siega. s.m./AGRICULTURA
2 Fila de gavillas que queda en el terreno según se va AGRICULTURA
segando y atando la mies.

gavina Gaviota, ave marina. s.f./ZOOLOGÍA

gavinote Pollo de gaviota. s.m./ZOOLOGÍA

gavión (Del ital. *gabbione*.)
1 Cestón de mimbre lleno de tierra que sirve como s.m.
defensa contra los tiros enemigos a los soldados que MILITAR
abren la trinchera.
2 Cestón o jaula de tela metálica rellena de tierra o CONSTRUCCIÓN
piedras que se emplea como revestimiento o elemen-
to de contención en las obras hidráulicas.
3 Sombrero grande de copa y ala.
4 Ave caradriforme marina, semejante a la gaviota ZOOLOGÍA
pero de mayor tamaño. (*Larus marinus.*)

gaviota (Del lat. *gavia*.) Ave caradriforme marina, de s.f.
color gris en el dorso con manchas negras en las alas ZOOLOGÍA
y blanco en el vientre, alas y pico largos y patas pal- = gavina
meadas, que suele anidar en acantilados, aunque algunas especies pueden desplazarse tierra adentro. (*Larus, Rhodostethia, Rissa y Stercorarius.*)

gaviotín Ave semejante a la gaviota, pero de menor s.m.
tamaño. (*Gelochelidon y Sterna.*) ZOOLOGÍA

gay (Voz inglesa.) Se aplica a la persona que siente adj/s.m./pl: gays
atracción sexual hacia personas de su mismo sexo. = homosexual

gaya
1 Lista de diferente color que el fondo sobre el que s.f.
aparece. TEXTIL
2 Urraca, ave paseriforme. ZOOLOGÍA

gayadura Adorno de un vestido u otra prenda que s.f.
consiste en listas de distinto color al del fondo del tejido.

gayal Especie de búfalo que vive en el Sureste asiático s.m.
y la India en estado semisalvaje. (*Bobis frontalis.*) ZOOLOGÍA

gayar Adornar una cosa con listas de diferente color v.tr.
al al fondo sobre el que aparecen.

gayo, a Que es alegre y vistoso. adj./culto

gayola
1 Caja hecha con barrotes de hierro u otro material, s.f.
usada para guardar o transportar animales. = jaula
2 Cárcel de presos. = trullo
3 Parte más alta de la gradería de un teatro, audito- Méx.
rio, estadio u otro lugar. coloquial

gayomba Retama macho o de olor, planta arbus- s.f.
tiva. BOTÁNICA

gay saber Maestría o dominio del arte de la poesía, s.m./POESÍA
en especial entre los trovadores. = gaya ciencia

gayuba
1 Planta arbustiva de flores rosas, en racimos termi- s.f.
nales, y fruto farináceo en drupa roja. (*Arctostaphylos uva* BOTÁNICA
ursi.) = aguarilla
2 Fruto de esta planta. BOTÁNICA

gayumba Instrumento de percusión rudimentario, tí- s.f.
pico de algunas regiones colombianas. MÚSICA

gaza Lazo que se forma en el extremo de un cabo o ca- s.f.
ble doblándolo y uniéndolo con una costura o ligada. NÁUTICA

gazapa Expresión que contradice la verdad, dicha con s.f.
intención de que sea creída. = embuste

gazapatón (Del cat. *gasafeto* o *cacefato* < occitano
ant. *cacemphaton* < lat. *cacemphaton* < gr. *kakemphaton*,
cosa malsonante, indecente o vulgar.)
1 Disparate o error en el hablar. s.m./tb: gazafatón
2 Expresión malsonante que se usa por desconocimiento o mala pronunciación.

gazapera
1 Madriguera del conejo. s.f.
2 Reunión de maleantes en lugares escondidos.
3 Riña entre varias personas. = pendencia

gazapina
1 Grupo de truhanes o maleantes. s.f.
2 Enfrentamiento confuso y ruidoso entre varias per- = alboroto,
sonas, a veces con uso de violencia. riña

gazapo
I (De origen incierto.)
1 Cría del conejo. s.m.
2 Persona disimulada y astuta. coloquial
II (Derivado de *gazapatón*, disparate o yerro en el ha- s.m.
blar.) Error cometido en el uso del lenguaje, hablado coloquial
o escrito, ya sea por inadvertencia o por desconoci- = errata
miento: *en un discurso de una hora le pillé tres gazapos.*

gazapón Local de juego clandestino. s.m./= garito

gazmiar (Del lat. *cadmia*, residuos de óxido de cinc.)
1 Comer golosinas: *se pasa el día gazmiando chuche-* v.tr.
rías, y, claro, luego no come. = gulusmear
2 Mostrarse quejosa una persona. v.prnl.

gazmol Enfermedad de las aves rapaces, consistente en s.m.
un granillo que les sale en la lengua y en el paladar. VETERINARIA

gazmoñería Afectación de escrúpulos en cuestiones s.f.
morales y de virtudes que no se tienen. = gazmoñada

gazmoño, a Se aplica a la persona que finge tener adj/s.
devoción, escrúpulos y virtudes que no tiene: *es un* = gazmoñero,
hombre hipócrita, gazmoño y cursilón; se hacía la gazmo- mojigato
ña y decía que no le gustaba ir a bailar.

gaznápiro, a Que se queda embobado con cualquier adj/s.
cosa: *parecían dos gaznápiras en una ciudad.* = cándido, torpe

gaznar Graznar, dar gritos algunas aves. v.intr.

gaznatada Bofetada, golpe dado con la mano abier- s.f./Méx., Amér.
ta. Central, P. Rico,
Venez.

gaznatazo Golpe dado en el gaznate. s.m.

gaznate
1 Garganta o tráquea: *el licor le quemó el gaznate.* s.m./= garguero
2 Dulce de forma cilíndrica hecho de masa de harina COCINA
frita. = tb: gaznatón
3 Dulce hecho de piña o coco. Méx./COCINA

gazofia Bazofia, cosa muy mala o repugnante. s.f.

gazpacho
1 Sopa fría preparada con tomate, pimientos, cebolla, s.m.
aceite, vinagre, sal y otros ingredientes. COCINA
2 Migas de las tortas cocidas. COCINA

gazuza Sensación de hambre: *a eso de las once de la* s.f.
mañana me entra la gazuza y tengo que picar algo. coloquial

ge Nombre de la letra *g.* s.f.

gea (Del gr. *ge*, tierra.)
1 Conjunto del reino inorgánico de una región. s.f./GEOLOGÍA
2 Obra que lo describe. GEOLOGÍA

geada Fenómeno fonético frecuente en el habla popu- s.f.
lar gallega, que consiste en pronunciar la letra *g* LINGÜÍSTICA
como si fuera una *x.*

geco Lagarto de las regiones cálidas, que presenta s.m.
dedos dilatados y provistos de láminas adhesivas en ZOOLOGÍA
su parte inferior. (*Gecko, Ptyodactylus y Spherodactylus.*)

gecónido, a (Derivado culto del ingl. *gecko*, especie adj/s.m.
de salamanquesa < malayo *gekop*.) Perteneciente a ZOOLOGÍA
una familia de reptiles saurios pequeños, de cabeza
triangular y ventosas en los dedos, como la salamanquesa.

gehena Infierno, en los escritos bíblicos. s.f./RELIGIÓN

géiser Surtidor volcánico que arroja agua caliente y s.m./GEOLOGÍA
vapor de forma intermitente. tb: geiser, geyser

geisha (Voz japonesa.) Joven japonesa que ha sido s.f.
educada en la danza, la poesía y en ciertos rituales
para el cuidado y distracción de los hombres.

gel
1 Jabón gelatinoso usado para el baño: *se ha compra-* s.m.
do un gel que huele a manzana.
2 Sustancia sólida y gelatinosa obtenida al dejar en QUÍMICA
reposo una disolución coloidal.

gelatina (Del ital. *gelatina*.)
1 Sustancia sólida, incolora y transparente que proce- s.f.
de del colágeno de los tejidos animales, se obtiene QUÍMICA
por cocción en agua de huesos y cartílagos y se usa
en cocina y farmacia.
2 Jalea de frutas: *le gusta mucho la gelatina de naranja.* COCINA
3 **gelatina seca:** La destinada a la alimentación. COCINA

gelatinar Cubrir una cosa en gelatina. v.tr./conj: *cazar*

gelatinizar Convertir una sustancia en gelatina. v.tr./conj: *cazar*

gelatinobromuro Sustancia compuesta de bromuro s.m.
de plata en suspensión en gelatina, que es muy sensi- FOTOGRAFÍA
ble a la luz. = gelatinocloruro

gelatinoso, a
1 Que tiene mucha gelatina: *el pastel ha quedado exce-* adj.
sivamente gelatinoso.
2 Que tiene una consistencia parecida a la gelatina: *el* = gelatinado,
jarabe es un poco gelatinoso. viscoso

geldre Mundillo, planta arbustiva. s.m./BOTÁNICA

gélido, a (Del lat. *gelidus*.)
1 Que es muy frío: *el aire gélido me resecó los labios.* adj./= helado
2 Que es poco afectuoso: *el recibimiento fue más bien* = frío, glacial
gélido.

gelificación Formación de un gel. s.f./QUÍMICA

gelificar
1 Convertir una sustancia en gel. v.tr./conj: *sacar*
2 Sufrir una sustancia coloidal la gelificación. v.prnl./QUÍMICA

gelivación Fragmentación de las rocas a causa de las s.f./GEOLOGÍA
alternancias del hielo y el deshielo. = gelifracción

gelividad Defecto de aquellos materiales de cons- s.f.
trucción que se agrietan o se deterioran por efecto de CONSTRUCCIÓN
las heladas.

gelosa Sustancia gelatinosa de origen vegetal usada s.f.
en bacteriología, en la industria, en farmacia y para la INDUSTRIA
preparación de helados. = agar-agar

gélula Forma medicamentosa constituida por una pequeña cápsula de gelatina. — s.f. FARMACIA

gema
I (Del lat. *gemma*, botón de vegetal, piedra preciosa.)
1 Piedra preciosa que se utiliza en joyería: *le robaron una gema muy valiosa.* — s.f.
2 Yema, botón de las plantas. — BOTÁNICA
II (Derivado de *jeme*, distancia que hay entre el dedo pulgar y el índice.) Corteza u otra parte defectuosa de un madero escuadrado. — s.f. CARPINTERÍA

gemación
1 Desarrollo de una yema para la formación de una rama, hoja o flor. — s.f. BOTÁNICA
2 Modo de reproducción celular que consiste en la formación, en una parte del cuerpo de la célula, de una yema o botón que se desprende para formar una nueva célula. — BIOLOGÍA

gemebundo, a Que gime o gimotea. — adj.

gemela Planta arbustiva de hojas persistentes, flores blancas por dentro y rojas por fuera, muy olorosas. — s.f./BOTÁNICA = jazmín de Arabia

gemelar De los hijos o hermanos gemelos: *tuvo un parto gemelar.* — adj.

gemelípara Se aplica a la hembra que pare gemelos. — adj/s.f.

gemelo, a (Del lat. *gemellus*.)
1 Se aplica al hermano que ha nacido con otro u otros en un mismo parto: *Pedro y Juan son gemelos.* — adj/s. = mellizo
2 Se refiere a las cosas semejantes que suelen estar emparejadas: *dos columnas gemelas presiden la entrada de la mansión.* — adj. = idéntico
3 Instrumento óptico formado por dos anteojos idénticos, que se usa para ver a distancia. — s.m.pl. = prismáticos
4 Juego de botones iguales que se ponen en los puños de la camisa: *cuando va de traje suele ponerse gemelos en la camisa.*
5 Tercer signo del zodíaco. — OCULTISMO/= géminis
6 Se aplica al músculo doble de la pantorrilla que permite la elevación del talón y la extensión del pie al andar. — adj/s.m. ANATOMÍA
7 Madero grueso que da consistencia a otro con el que se empalma. — s.m.pl. CARPINTERÍA

gemi- Componente de palabra procedente del lat. *gemma*, que significa yema: *gemíparo.* — pref.

gemido
1 Acción y resultado de gemir. — s.m.
2 Sonido inarticulado que expresa dolor o pena. — = quejido, lamento

gemífero, a Que es portador de yemas. — adj./BIOLOGÍA

geminación
1 Acción y resultado de geminar. — s.f./BIOLOGÍA
2 Repetición de un fonema o de una sílaba. — LINGÜÍSTICA
3 Figura que consiste en la repetición inmediata de una o más palabras. — RETÓRICA

geminado, a Que está dividido o formado por dos partes o elementos iguales: *consonante geminada.* — adj.

geminar Duplicarse o disponerse por pares: *han geminado los pistilos de la flor.* — v.intr/prnl.

géminis
1 Tercer signo del zodíaco representado por unos hermanos gemelos. — s.m./pl: géminis OCULTISMO
2 Persona nacida entre el 21 de mayo y el 21 de junio. — s.m.f./adj. OCULTISMO

gemiparidad Método de reproducción de algunos organismos por medio de yemas. — s.f. BIOLOGÍA

gemíparo, a Se aplica al organismo que se reproduce por medio de yemas. — adj. BIOLOGÍA

gemiquear Gemir, expresar con sonido y voz lastimera una pena o dolor. — v.intr. Chile

gemiqueo Acción y resultado de gemiquear. — s.m./Chile

gemir (Del lat. *gemere*.)
1 Expresar una pena dolor o pena por medio de sonidos: *me lo encontré gimiendo en su habitación.* — v.intr/conj: pedir = gimotear
2 Producir un animal o una cosa inanimada un sonido semejante al gemido humano: *daba pena ver cómo gemía el perro cuando se rompió la pata; el viento gemía en las ramas.*

gemología Ciencia que estudia las gemas o piedras preciosas. — s.f. MINERALOGÍA

gemológico, a De la gemología o de las piedras preciosas. — adj. MINERALOGÍA

gemólogo, a Persona especializada en gemas o piedras preciosas. — s.

gemoso, a Se aplica a la viga o al madero que tiene gema o corteza. — adj. CARPINTERÍA

gémula Brote pequeño de una planta que origina el tallo y las hojas. — s.f. BOTÁNICA

gen Elemento de un cromosoma que determina la aparición y manifestación de un carácter hereditario determinado: *esta familia lleva la tenacidad en los genes.* — s.m. BIOQUÍMICA tb: gene

gena
1 Producto que se utiliza para adulterar el hachís. — s.f./argot

2 Henna, planta y tinte obtenido de ella. — BOTÁNICA
3 Mejilla o parte lateral de la cabeza de las aves. — ZOOLOGÍA

genciana (Del lat. *gentiana*.) Planta herbácea vivaz o anual de tallos fuertes y ascendentes, con flores aisladas o agrupadas de diferente color según la especie, de olor fuerte y amargo, que se utiliza en la preparación de licores aperitivos *(Gentiana lutea.)* — s.f. BOTÁNICA

gencianáceo, a Perteneciente a una familia de plantas herbáceas o arbustivas, de hojas opuestas grandes, solitarias o agrupadas, y fruto en cápsula, como la genciana. — adj/s.f. BOTÁNICA

gendarme (Del fr. *gendarme* < *gent d'armes*, gente de armas.) Agente de policía de Francia y de otros países. — s.m.

gendarmería
1 Cuerpo de policía formado por gendarmes. — s.f.
2 Cuartel o puesto de gendarmes.

gene Gen, elemento de un cromosoma. — s.m./BIOQUÍMICA

genealogía (Del lat. *genealogia* < gr. *genealogia* < *genea*, generación + *logos*, tratado.)
1 Conjunto de los ascendientes de una persona. — s.f.
2 Escrito o cuadro que contiene todos los ascendientes de una persona: *está haciendo su genealogía.*
3 Documento en que consta la ascendencia de un animal de raza. — = pedigrí

genealógico, a De la genealogía o de los descendientes: *mi árbol genealógico llega hasta sus tatarabuelos.* — adj.

genealogista Persona dedicada al estudio y realización de las genealogías o linajes. — s.m.f.

geneático, a Que adivina el destino de una persona por las circunstancias de su nacimiento. — adj/s. OCULTISMO

genepí Artemisa aromática, planta herbácea compuesta que se utiliza en la fabricación de licor. *(Artemisia.)* — s.m. BOTÁNICA

generable Que se puede producir por generación. — adj.

generación (Del lat. *generatio, -onis*, reproducción.)
1 Acción y resultado de generar. — s.f.
2 Conjunto de personas, nacidas en la misma época, que han recibido educación e influjos culturales y sociales semejantes: *las mujeres de mi generación se han incorporado al mundo laboral.*
3 Descendencia, sucesión de descendientes en línea recta: *en esta casa ya han vivido cuatro generaciones de mi familia.* — = filiación, progenie
4 Conjunto de personas que conviven en un mismo tiempo: *la generación actual está viviendo importantes cambios políticos.*
5 Grupo de intelectuales con edades parecidas e inquietudes semejantes: *Valle-Inclán fue un escritor de la generación del 98.* — ARTE, LITERATURA
6 Fase que marca un cambio decisivo o importante en el desarrollo de una técnica y conjunto de aparatos o máquinas que surge en cada una de estas fases: *es un ordenador de la tercera generación.* — TECNOLOGÍA
7 **generación espontánea:** Aquella que podría realizarse sin la concurrencia de un germen, según antiguas teorías biológicas. — BIOLOGÍA

generacional De una generación: *las diferencias generacionales suelen crear problemas entre padres e hijos.* — adj.

generador, a
1 Que genera o es el origen de una cosa: *su carácter es generador de discordias.* — adj/s.
2 Se aplica a la línea, figura o elemento que genera en su movimiento otra figura o un sólido geométrico. — adj./s.f./tb: generatriz GEOMETRÍA
3 Aparato que produce energía. — s.m./FÍSICA
4 Máquina, motor o aparato que transforma la energía mecánica en eléctrica. — ELECTRICIDAD, MECÁNICA

general (Del lat. *generalis*.)
1 Que es común a todos los elementos o individuos que componen un todo: *el tratado aborda un problema de interés general.* — adj. ≠ particular
2 Que está muy extendido entre las personas: *es una costumbre bastante general.* — = común, corriente ≠ insólito
3 Que se considera en sus rasgos principales, prescindiendo de detalles precisos: *tengo una visión general del problema.* — = global, vago ≠ exacto
4 Oficial que pertenece al grado más alto de la jerarquía de los ejércitos de tierra y aire. — s.m. MILITAR
5 Superior de una orden religiosa. — RELIGIÓN
6 **general en jefe:** Oficial que tiene el mando superior de un ejército. — MILITAR
7 **en o por lo general:** Prescindiendo de excepciones, sin particularizar: *en general la película me ha gustado; por lo general me levanto a las siete.* — loc.adv.

generala Toque de tambor, corneta o clarín que llama a los soldados a las armas. — s.f. MILITAR

generalato
1 Empleo o grado de general. — s.m./MILITAR
2 Conjunto de los generales de uno o varios ejércitos. — MILITAR

3 Cargo o ministerio del general de las órdenes religiosas y tiempo que éste dura.   RELIGIÓN

generalidad
1 La casi totalidad de las personas, animales o cosas que componen un todo: *la generalidad de los asistentes aprobó la propuesta.*   s.f. / = mayoría
2 Falta de precisión en la expresión de un pensamiento.   = vaguedad
3 Expresión vaga o imprecisa de un pensamiento: *no sabía qué decir y respondía con generalidades.*   = imprecisión, vaguedad
4 Conocimientos generales relativos a una ciencia.   s.f.pl.

generalísimo General que tiene el mando superior de todas las fuerzas armadas de un estado o de una coalición de estados.   s.m. MILITAR

generalista Persona profesional que trata de uno o más asuntos con una visión general de interrelación, en contraposición al enfoque parcial del especialista.   s.m.f.

generalizable Que puede ser generalizado o extendido: *una moda generalizable a toda la población.*   adj.

generalización Acción y resultado de atribuir a todas las personas, animales o cosas de un conjunto una característica o propiedad que se dice o sabe de algunos de sus individuos.   s.f.

generalizador, a Que generaliza: *han tomado varios acuerdos de carácter generalizador.*   adj.

generalizar
1 Hacer una cosa general o común: *es una opinión que ya se ha generalizado.*   v.tr/prnl./conj: cazar / = extender
2 Atribuir a todas las personas, animales o cosas de un conjunto una característica o propiedad que se dice o se sabe de algunos de sus individuos: *no se puede generalizar, que algunos conduzcan mal no quiere decir que todos los jóvenes lo hagan.*   v.tr. / = pluralizar
3 Tratar una cuestión de forma general, sin considerar sus aspectos particulares.   ≠ concretar

generar (Derivado culto del lat. *gignere*, engendrar.)
1 Producir una cosa otra: *el odio genera violencia.*   v.tr.
2 Producir un ser a otro de su misma especie.   = engendrar

generativo, a
1 Que puede engendrar o producir.   adj.
2 Se aplica a la gramática que trata de establecer un conjunto de reglas que permitan generar todas las oraciones posibles y aceptables de una lengua.   GRAMÁTICA

generatriz
1 Se aplica a la línea, figura o elemento que genera en su movimiento una superficie plana o un sólido geométricos.   adj./s.f. GEOMETRÍA / = generadora
2 Se refiere a la máquina que convierte la energía mecánica en eléctrica.   FÍSICA

genérico, a
1 Que es común a todos los elementos de un mismo conjunto o género.   adj.
2 Del género gramatical: *desinencia genérica.*   GRAMÁTICA

género (Del lat. *genus, -eris*, linaje, especie < *gignere*.)
1 Conjunto de seres o cosas con caracteres comunes.   s.m./= especie
2 Grupo al que pertenecen una persona, un animal o una cosa según sus cualidades o características: *tenemos el mismo género de dudas.*   = clase
3 Producto que es objeto de comercio: *el género está en los estantes.*   = mercancía
4 Cualquier clase de tela: *necesito tres metros de género.*   TEXTIL
5 Conjunto de especies animales o vegetales con ciertas características en común.   BIOLOGÍA
6 Categoría literaria o artística que agrupa obras semejantes en estructura, intención, índole del asunto tratado y otras características configuradas por la tradición: *cultiva el género narrativo.*   ARTE, LITERATURA
7 Accidente gramatical que indica el sexo de las personas y animales y el que desde un punto de vista gramatical se atribuye a las cosas.   GRAMÁTICA
8 **género ambiguo:** Género gramatical de algunas palabras que admiten tanto la forma masculina como la femenina sin cambio de significado: *mar tiene género ambiguo.*   GRAMÁTICA
9 **género chico:** Tipo de obras teatrales de estructura sencilla, carácter popular y con partes cantadas, en especial las de finales del siglo XIX y principios del XX.   TEATRO
10 **género de punto:** Tejidos y prendas de vestir realizados con una determinada técnica de confección.   TEXTIL
11 **género epiceno:** El de los nombres de animales cuya terminación y artículo correspondiente son los mismos para ambos sexos: *hormiga y ciervo son nombres de género epiceno.*   GRAMÁTICA
12 **género femenino:** El que desde un punto de vista gramatical se adjudica a las personas y los animales de este sexo, y el que se atribuye de forma arbitraria a las cosas que sugieren esta distinción.   GRAMÁTICA
13 **género lírico:** Aquel al que pertenecen las obras teatrales cantadas.   TEATRO

14 **género masculino:** El que desde un punto de vista gramatical se adjudica a las personas y los animales de este sexo, y el que se atribuye de forma arbitraria a las cosas que sugieren esta distinción.   GRAMÁTICA
15 **género neutro:** El que desde un punto de vista gramatical no indica ningún tipo de distinción genérica entre lo masculino y lo femenino.   GRAMÁTICA
16 **de género:** Se aplica a la obra escultórica o pictórica que representa escenas costumbristas o de la vida cotidiana.   loc. adj. ARTE

generosidad
1 Cualidad de la persona que da a los demás, de forma desinteresada, lo que tiene: *hubo gente que se aprovechó de su generosidad y casi se arruina.*   s.f. / = desprendimiento
2 Cualidad de la persona que, en su relación con los demás, antepone la dignidad y el bien de otros a su propio interés.   = altruismo / ≠ egoísmo

generoso, a (Del lat. *generosus*, linajudo, noble.)
1 Que da lo que tiene con desinterés: *siempre invita porque es muy generoso.*   adj. / = dadivoso
2 Que se sacrifica por los demás sin que haya en ello ningún interés personal.   = altruista
3 Abundante, en gran cantidad: *aquí sirven unos platos generosos.*   = copioso
4 Se aplica al vino de mayor graduación alcohólica que los corrientes, añejo y elaborado siguiendo ciertos métodos.

genesíaco, a De la génesis.   adj./tb: genesiaco
genésico, a De la generación.   adj.
génesis (Del lat. *genesis* < gr. *genesis*.)
1 Origen o creación de una cosa.   s.f./pl: génesis
2 Conjunto de fenómenos y factores que intervienen en el proceso de formación de una cosa: *los geólogos estudian la génesis de las cadenas montañosas.*
3 Primer libro de los textos bíblicos, en el que se narra la creación y los orígenes de la humanidad, según la tradición judeo-cristiana.   s.m. LITERATURA, RELIGIÓN

genética Ciencia que estudia la transmisión hereditaria de los caracteres anatómicos, citológicos y funcionales de padres a hijos.   s.f. BIOLOGÍA

genético, a
1 De la genética.   adj./BIOLOGÍA
2 De la génesis u origen.

genetismo Teoría sicológica según la cual la percepción del espacio no es innata, sino que se debe a la educación de los sentidos.   s.m. SICOLOGÍA

genetista Persona especialista en genética.   s.m.f./BIOLOGÍA

genetlíaco, a
1 Se aplica a la parte de la astrología que estudia el cielo en el momento del nacimiento de una persona.   adj./OCULTISMO tb: genetliaco
2 Se refiere al poema o composición que trata sobre el nacimiento de una persona.   LITERATURA

-genia Componente de palabra procedente del gr. *genna*, que significa producción, formación: *primigenia, fotogenia.*   suf.

genial
1 Que tiene genio creador: *Dalí fue un pintor genial.*   adj.
2 Que tiene cualidades positivas: *gusta mucho este disco, es genial.*   coloquial / = extraordinario
3 Que produce admiración por ingenioso u ocurrente: *el niño tuvo una salida genial.*   = agudo
4 Muy bien, de manera excelente: *ese peinado te sienta genial.*   adv. coloquial

genialidad
1 Manera original o extravagante de hablar o actuar una persona: *su última genialidad fue presentarse en la sala con un loro en el hombro.*   s.f. / = ocurrencia
2 Cualidad de genial.   = ingenio

génico, a De los genes.   adj./BIOLOGÍA

geniculado, a Se aplica a los órganos doblados sobre sí mismos formando un ángulo, y de los seres que poseen dichos órganos.   adj. BIOLOGÍA

geniecillo Ser fantástico de los cuentos dotado de poderes especiales que puebla la naturaleza e interviene en los asuntos humanos.   s.m. LITERATURA / = genio

genio (Del lat. *genius*, deidad < *gignere*, engendrar.)
1 Manera de ser o carácter de una persona: *es de genio amable.*   s.m. / = temperamento
2 Carácter violento de la persona que se enfada o irrita con facilidad: *es muy desagradable discutir con él, tiene mucho genio.*
3 Persona de gran inteligencia y talento, capaz de realizar cosas extraordinarias que despiertan admiración: *sólo un genio puede crear una obra así.*
4 Disposición para una cosa: *tiene genio de artista.*   = talento
5 Ser fantástico, dotado de poderes mágicos o extraordinarios: *el genio de la lámpara de Aladino.*   LITERATURA / = geniecillo
6 Conjunto de rasgos o características peculiares de una cosa, de un país o de una época: *este cuadro refleja el genio renacentista.*   = espíritu
7 **corto de genio:** Se aplica a la persona tímida y apocada.   = corto

8 genio epidémico: Conjunto de condiciones climáticas, fisiológicas y bacteriológicas que determinan las epidemias. — MEDICINA

9 pronto o vivo de genio: Se dice de la persona de fácil irascibilidad pero poco duradera.

genipa (Del fr. *génipa*.) Planta arbórea tropical de la familia de las rubiáceas, cuyo fruto, del tamaño de una naranja, está lleno de una pulpa blanquecina, agridulce, con la que se preparan bebidas refrescantes. *(Genipa.)* — s.f. BOTÁNICA

genista Retama, arbusto de flores amarillas. — s.f./BOTÁNICA

genital (Del lat. *genitalis*.)
1 Que tiene relación con el sexo y con el aparato reproductor del hombre y de los animales: *órganos genitales; aparato genital.* — adj. ANATOMÍA
2 Partes externas del aparato genital tanto masculino como femenino. — s.m.pl. ANATOMÍA
3 Cada una de las dos glándulas donde se producen los espermatozoides o células reproductoras masculinas de los animales. — s.m. ANATOMÍA = testículo

genitivo, a (Del bajo lat. *genitivus*.)
1 Que puede engendrar o producir una cosa. — adj.
2 Caso de la declinación indoeuropea y de otras familias lingüísticas que desempeña la función de complemento del nombre. — s.m. GRAMÁTICA

genito- Componente de palabra procedente del lat. *genitu*, que significa engendrado: *genitourinario; primogénito.* — pref/suf. tb: -génito

genitor, a (Del lat. *genitor*.) Que engendra. — adj/s.

genitourinario, a De los aparatos genital y urinario. — adj./ANATOMÍA

genízaro Soldado de un cuerpo de infantería, en especial otomano, reclutado entre los hijos de los pueblos sometidos. — s.m. HISTORIA tb: jenízaro

geno- Componente de palabra procedente del gr. *gennao*, que significa engendrar, producir: *gasógeno; genotipo.* — pref/suf. tb: -genia, -geno

genocidio Exterminio sistemático de un grupo social por motivos de raza, religión o política. — s.m.

genol Pieza con que se refuerzan las varengas para formar las cuadernas de un barco. — s.m. NÁUTICA

genoma Conjunto de genes que especifican todos los caracteres expresables de un organismo. — s.m. BIOLOGÍA

genotípico, a Del genotipo. — adj./BIOLOGÍA

genotipo Conjunto de factores hereditarios constitucionales de un individuo o de una especie animal o vegetal. — s.m. BIOLOGÍA ≠ fenotipo

genovés, a
1 De Génova, ciudad de Italia. — adj.
2 Persona natural de esta ciudad italiana. — s.

gens (Voz latina.) Grupo de familias patricias, entre los antiguos romanos, con un antepasado común y con el mismo apellido. — s.f. HISTORIA

gente (Del lat. *gens, gentis*, raza, familia, tribu.)
1 Conjunto de personas: *el primer día de las rebajas, había mucha gente en las tiendas.* — s.f. = multitud
2 El ser humano en general: *la gente vive a un ritmo cada vez más acelerado.*
3 Clase que se distingue en la sociedad: *es un barrio de gente obrera; su familia es gente acomodada.*
4 Familia o parentela: *dale recuerdos a tu gente.* — coloquial
5 Grupo de amigos: *hoy salgo con la gente del trabajo.* — coloquial
6 Persona, individuo de la especie humana: *este muchacho es buena gente.*
7 Tropa de soldados. — MILITAR
8 Conjunto de los soldados y marineros de una embarcación. — NÁUTICA = marinería
9 Persona o personas decentes, que tienen un comportamiento correcto. — Colomb., Chile, Perú, P. Rico
10 gente bien: Personas de clase elevada y distinguidas: *se casó con una chica de gente bien.*
11 gente de bien: La de buena intención y proceder.
12 gente de la calle: Personas corrientes, que no destacan por nada.
13 gente de pelo o de pelusa: Personas ricas y acomodadas.
14 gente de pluma: Expresión que se usa para referirse a personas que tienen por oficio escribir.
15 gente gorda: Personas influyentes: *había mucha gente gorda en la reunión.*
16 gente guapa: Personas de posición económica elevada que gozan de una cierta fama en determinados ambientes: *a la inauguración de la discoteca acudió la gente guapa de la ciudad.* — coloquial
17 gente menuda: Los niños: *el payaso hizo las delicias de la gente menuda.* — coloquial
18 hacer gente: Reunir o reclutar personas para la milicia. — MILITAR

gentecilla Gente despreciable o de baja condición. — s.f./despectivo

gentil (Del lat. *gentilis*, propio de una familia.)
1 Que es amable o atento. — adj./= cortés

2 Que es apuesto, de agradable presencia: *le acompañaba una gentil doncella.* — = bello
3 Que adora a ídolos o falsas divinidades, desde el punto de vista cristiano. — adj/s.m.f. = pagano

gentileza
1 Característica de la persona gentil: *tiene mucha gentileza con los que le piden ayuda.* — s.f./= cortesía ≠ descortesía
2 Lo que se hace por cortesía: *la última copa fue una gentileza de la casa.*

gentilhombre
1 Hombre que se enviaba al rey con algún mensaje de importancia. — s.m. pl: gentileshombres
2 Hombre que servía en la casa del rey. — HISTORIA
3 Expresión que en la antigüedad se usaba para dirigirse de forma amable a un hombre.

gentilicio, a
1 Se aplica al adjetivo que expresa origen o nacionalidad: *parisino es el gentilicio de los de París.* — adj/s.m. GRAMÁTICA
2 De las gentes o naciones. — adj.
3 Del linaje o familia.

gentilidad Conjunto de personas que en los orígenes del cristianismo profesaban una religión distinta a ésta. — s.f. RELIGIÓN = gentilismo

gentilizar
1 Poner una persona en práctica los ritos paganos. — v.intr./conj: cazar
2 Dar carácter pagano a una cosa. — v.tr.

gentío Grupo numeroso de personas que confluyen en un mismo lugar. — s.m. = muchedumbre

gentleman (Voz inglesa.) Hombre distinguido, elegante y de comportamiento noble. — s.m. pl: gentleman

gentú Ave de plumaje gris y blanco, que vive en las islas Malvinas, en algunos islotes de la Antártida y en Georgia del Sur. *(Pygoscelis papua.)* — s.m. ZOOLOGÍA

gentuza Gente que se considera despreciable y que no ofrece ningún tipo de confianza: *mientras tengas el bar lleno de gentuza no volveremos.* — s.f./despectivo = chusma, gentualla

genuflexión (Del lat. *genu flexio*, flexión de rodilla.) Inclinación hecha doblando la rodilla en señal de reverencia, sumisión o adoración. — s.f.

genuflexo, a Que está arrodillado. — adj.

genuino, a (Del lat. *genuinus*, auténtico, natural.) Que no tiene rasgos ajenos a su naturaleza: *recuerdo el genuino sabor del té inglés.* — adj. = auténtico, puro

geo- Componente de palabra procedente del gr. *ge*, que significa tierra, suelo: *geografía.* — pref.

geobiología Ciencia que estudia las relaciones entre los procesos biológicos y los geológicos. — s.f. BIOLOGÍA

geobotánica Ciencia que estudia la relación de los vegetales con el medio terrestre. — s.f. BOTÁNICA

geocéntrico, a
1 Del centro de la Tierra. — adj.
2 Se aplica a la latitud y a la longitud que tiene un planeta visto desde la Tierra. — ASTRONOMÍA
3 Se refiere al sistema astronómico que sostenía que la Tierra era el centro del universo. — ASTRONOMÍA

geocentrismo Antigua teoría astronómica que defendía que la Tierra era el centro del universo, por lo que los otros planetas giraban alrededor de ella. — s.m. ASTRONOMÍA

geocronología Ciencia que tiene por objeto fijar la edad de las rocas. — s.f. GEOLOGÍA

geoda (Del gr. *geodes*, terroso <.ge, tierra + *eidos*, figura.)
1 Cavidad de una roca cubierta en su interior de cristales minerales. — s.f. GEOLOGÍA
2 Cavidad patológica en el interior de un hueso. — MEDICINA

geodesia (Del gr. *geodaisia* < *ge*, tierra + *daio*, partir.) Ciencia cuyos objetivos son la definición de la forma de la Tierra, la descripción de su campo de gravedad y el estudio de las variaciones de éste en el tiempo. — s.f. GEOLOGÍA

geodésico, a
1 De la geodesia. — adj./GEOLOGÍA
2 Se aplica a la línea más corta que une dos puntos de una superficie. — GEOMETRÍA

geodesta Persona especialista en geodesia. — s.m.f./GEOLOGÍA

geodinámica Parte de la geología que estudia los procesos evolutivos de la tierra y analiza las fuerzas que se derivan de ellos. — s.f./GEOLOGÍA

geoestacionario, a Se aplica a un satélite artificial de la Tierra que describe una órbita directa, ecuatorial y circular, con el mismo período de revolución. — adj. ASTRONÁUTICA

geofagia Costumbre patológica de comer tierra o sustancias similares no nutricias. — s.f. SIQUIATRÍA

geófago, a Que come tierra. — adj/s./SIQUIATRÍA

geofísica Estudio, a través de la física, de la estructura de la Tierra y de los movimientos que la afectan. — s.f. GEOLOGÍA

geofísico, a
1 De la geofísica: *investigaciones geofísicas.* — adj./GEOLOGÍA

2 Persona especializada en geofísica. — s./GEOLOGÍA

geogenia Parte de la geología que estudia el origen y formación de la Tierra. — s.f./GEOLOGÍA = geogonia

geognosia (Del gr. *geo*, tierra + *gnosis*, conocimiento.) Parte de la geología que estudia la estructura, disposición y composición de los elementos que forman la Tierra. — s.f. GEOLOGÍA

geognosta Persona especialista en geognosia. — s.m.f./GEOLOGÍA

geogonia Parte de la geología que estudia el origen y formación de la Tierra. — s.f./GEOLOGÍA = geogenia

geografía (Del gr. *geographia*.)
1 Ciencia que tiene por objeto la descripción y explicación de los fenómenos físicos y humanos en la superficie de la Tierra. — s.f. GEOGRAFÍA
2 Paisaje o territorio con unas características físicas determinadas: *geografía urbana*. — = paraje
3 geografía aplicada: Estudio geográfico con el fin de facilitar el acondicionamiento del espacio. — GEOGRAFÍA
4 geografía económica: La que estudia la distribución de los recursos naturales e industriales de un territorio. — ECONOMÍA, GEOGRAFÍA
5 geografía física: La que estudia la configuración de un territorio con todos sus accidentes. — GEOGRAFÍA
6 geografía lingüística: Parte de la lingüística que estudia la distribución y características de una lengua sobre el territorio donde se habla ésta. — LINGÜÍSTICA = dialectología
7 geografía política: La que estudia la distribución administrativa y la organización de los territorios habitados por el ser humano. — GEOGRAFÍA

geográfico, a De la geografía: *mapa geográfico*. — adj./GEOGRAFÍA

geógrafo, a Persona especialista en geografía. — s./GEOGRAFÍA

geoide Forma teórica de la Tierra en la que se toma como superficie el nivel medio de los mares, y que se corresponde con la altitud cero. — s.m. GEOLOGÍA

geología Ciencia que estudia la evolución de la Tierra y de la constitución, origen y formación de los materiales que la componen. — s.f. GEOLOGÍA

geológico, a De la geología. — adj./GEOLOGÍA

geólogo, a Persona especialista en geología. — s./GEOLOGÍA

geomagnético, a Del magnetismo de la Tierra. — adj./GEOLOGÍA

geomagnetismo Magnetismo de la Tierra. — s.m./GEOLOGÍA

geomancia (Del gr. *ge*, tierra + *manteia*, adivinación.) Adivinación por medio de la interpretación de las figuras que se forman al lanzar tierra al azar sobre una superficie lisa. — s.f. OCULTISMO tb: geomancía

geomántico, a
1 De la geomancia. — adj./OCULTISMO
2 Persona que practica la geomancia. — s./OCULTISMO

geomedicina Parte de la medicina que estudia la distribución geográfica de las enfermedades y las características de sus patologías en una determinada región. — s.f. MEDICINA

geómetra (Del gr. *geometres*.) Persona especializada en geometría. — s.m.f. GEOMETRÍA

geometría (Del gr. *geometria*, agrimensura, geometría.)
1 Parte de las matemáticas que estudia el espacio y las figuras y cuerpos que en él se pueden imaginar. — s.f./GEOMETRÍA, MATEMÁTICAS
2 geometría analítica: Estudio de las figuras mediante el álgebra y el empleo de coordenadas. — GEOMETRÍA, MATEMÁTICAS
3 geometría del espacio tridimensional: Parte de la geometría que corresponde a la representación intuitiva del espacio. — GEOMETRÍA, MATEMÁTICAS
4 geometría descriptiva: Estudio de las figuras a partir de sus proyecciones ortogonales sobre dos planos perpendiculares entre sí. — GEOMETRÍA, MATEMÁTICAS
5 geometría plano bidimensional: Estudio de las figuras en un plano. — GEOMETRÍA, MATEMÁTICAS
6 geometría proyectiva: Parte de la geometría que estudia las propiedades que conservan las figuras cuando son proyectadas sobre un plano. — GEOMETRÍA, MATEMÁTICAS

geométrico, a
1 De la geometría: *el triángulo es una figura geométrica*. — adj./GEOMETRÍA
2 Que es muy exacto o riguroso: *tiene una mente geométrica*. — = matemático

geométrido, a Perteneciente a una familia de mariposas nocturnas o crepusculares, como las falenas. — adj./s.m. ZOOLOGÍA

geomorfía (Del gr. *ge*, tierra + *morfe*, forma.) Parte de la geodesia que estudia la figura del globo terráqueo y la formación de los mapas. — s.f. GEOLOGÍA

geomorfogénesis Origen y transformación de las formas del relieve de la superficie terrestre, debidas a agentes internos y externos. — s.f. pl: geomorfogénesis GEOLOGÍA

geomorfología Parte de la geografía física que estudia el relieve terrestre y su evolución. — s.f. GEOGRAFÍA

geomorfológico, a De la geomorfología. — adj./GEOGRAFÍA

geonomía Ciencia que estudia las propiedades de la tierra vegetal y sus organismos. — s.f. BIOLOGÍA

geopolítica Ciencia que estudia las relaciones entre los elementos naturales y la política de los países. — s.f. GEOGRAFÍA

geopolítico, a De la geopolítica. — adj./GEOGRAFÍA

geoponía (Del gr. *geoponia*, agricultura < *ge*, tierra + *penesthai*, trabajar.) Conjunto de conocimientos relativos al cultivo de los campos. — s.f. AGRICULTURA

geopónico, a De la geoponía. — adj./AGRICULTURA

geopono, a Persona dedicada al estudio de las técnicas del cultivo de la tierra. — s. AGRICULTURA

geoquímica Ciencia que estudia la composición química del suelo, su distribución cuantitativa en la corteza y en el interior del globo, y las leyes que rigen la asociación de estos elementos. — s.f. GEOLOGÍA, QUÍMICA

geoquímico, a De la geoquímica. — adj.

georama Globo geográfico, grande y hueco, en cuyo interior está representada la superficie de la Tierra para que el espectador se coloque dentro y tenga una visión completa de ella. — s.m.

georgiano, a
1 De Georgia, país europeo de la antigua Unión Soviética y actual república de la CEI. — adj./s.
2 Del estado de Georgia, en Estados Unidos.
3 Persona natural de Georgia, país europeo y estado norteamericano. — s.
4 Se aplica al estilo arquitectónico de origen británico que se desarrolló desde principios del siglo XVIII a principios del XIX.
5 Lengua caucásica hablada en la república de Georgia. — s.m. LINGÜÍSTICA

geórgica (Del lat. *georgica* < gr. *georgos*, agricultor < *ge*, tierra + *ergon*, obra.) Composición literaria relacionada con la agricultura. — s.f. LITERATURA

geórgico, a De la agricultura. — adj./AGRICULTURA

geosfera Parte mineral de la Tierra, que junto con la atmósfera, sirve de soporte al conjunto de los seres vivos. — s.f. GEOLOGÍA

geosinclinal Depresión estrecha, larga y profunda de la corteza terrestre que se hunde de forma paulatina por el peso de los sedimentos que se van acumulando en ella y cuyo posterior plegamiento origina una cadena montañosa. — s.f. GEOLOGÍA

geosistema Unidad funcional de base de la geografía física, por analogía con el ecosistema. — s.m./GEOGRAFÍA, BIOLOGÍA

geotaxis Movimiento de un organismo vivo en respuesta al estímulo de la gravedad. — s.f./pl: geotaxis BIOLOGÍA

geotecnia Parte de la geología que estudia la composición y propiedades de la zona más superficial de la corteza terrestre, para el asiento de construcciones y obras públicas. — s.f. GEOLOGÍA

geotectónica Parte de la geología que estudia los grandes conjuntos estructurales de la Tierra, como los continentes. — s.f. GEOLOGÍA

geotectónico, a De la forma, disposición y estructura de las rocas y estratos que constituyen la corteza terrestre. — adj. GEOLOGÍA

geotermia Estudio de los fenómenos térmicos del interior de la Tierra, en especial de los intercambios de calor. — s.f. GEOLOGÍA

geotérmico, a De la geotermia o del calor terrestre. — adj./GEOLOGÍA

geotextil Producto o artículo textil que se utiliza en ingeniería. — s.m. TEXTIL

geotropismo Orientación del crecimiento de los órganos vegetativos de las plantas que obedece a la influencia de la gravedad. — s.m. BOTÁNICA

gépido, a De una antigua nación germánica que se unió primero a los hunos y después fue absorbida por los ostrogodos. — adj./s. HISTORIA

geraniáceo, a Perteneciente a la familia de plantas dicotiledóneas con cinco carpelos, como el geranio. — adj/s.f. BOTÁNICA

geranio (Del gr. *geranion*.)
1 Planta de tallo carnoso, cultivada por sus flores ornamentales que pueden ser de diversos colores (*Pelargonium*). — s.m. BOTÁNICA
2 Flor de esta planta. — BOTÁNICA

gerbo Jerbo, mamífero roedor norteafricano. — s.m./ZOOLOGÍA

gerencia
1 Cargo y función de gerente: *es probable que el próximo año ocupe la gerencia de la empresa*. — s.f.
2 Oficina o despacho del gerente.
3 Tiempo que dura el mandato de un gerente.

gerente (Del lat. *gerens, -entis* < *gerere*, llevar a cabo.) Persona que dirige una empresa o sociedad mercantil. — s.m.f.

geriatra Médico especializado en geriatría. — s.m.f./MEDICINA

geriatría Parte de la medicina que estudia la vejez y sus enfermedades. *s.f. MEDICINA*

geriátrico, a
1 Que tiene relación con la geriatría: *he asistido a un congreso geriátrico.* *adj. MEDICINA*
2 Centro preparado y acondicionado para que vivan en él ancianos. *s.m.*

gerifalte (Del fr. ant. *girfalt* < escandinavo ant. *geirfalki* < *geiri*, estría + *falki*, halcón.)
1 Halcón grande, de color blanco con manchas negras y sombras grises, muy apreciado por los antiguos cetreros, originario del norte de Europa. *(Falco rusticolus.)* *s.m. ZOOLOGÍA tb: girifalte*
2 Persona que destaca en alguna actividad: *todos los gerifaltes de la prensa española acudieron al acto.* *s.m.f. = mandamás*
3 Antigua pieza de artillería de poco calibre, similar a la culebrina. *s.m. MILITAR*

germanesco, a De la germanía: *se expresaban con frases germanescas.* *adj.*

germanía (Del cat. *germania*, hermandad < *germa*, hermano.) Jerga o manera de hablar de los ladrones y maleantes de los siglos XVI y XVII. *s.f. LINGÜÍSTICA*

germánico, a
1 De Germania, antigua región de Europa central, o de los germanos. *adj/s. HISTORIA*
2 De Alemania o de los alemanes. *= germano*
3 Se aplica a un grupo de lenguas de tronco indoeuropeo a la que pertenecen el inglés, el alemán, el noruego y el gótico, entre otras: *estudia filología germánica.* *adj/s.m. LINGÜÍSTICA*

germanio (Derivado culto del lat. *Germania*, Alemania, donde fue descubierto.) Metal raro, de color gris, que se oxida a temperaturas elevadas, arde en el cloro, es atacado con facilidad por los ácidos y presenta analogías con el silicio y el estaño. *s.m. QUÍMICA*

germanismo Expresión o construcción que se consideran propias y características de la lengua alemana, en especial cuando es usada en otra lengua. *s.m. LINGÜÍSTICA*

germanista Persona especializada en la lengua, literatura o cultura alemanas o germánicas. *s.m.f. LINGÜÍSTICA*

germanización Proceso de difusión o adopción de la civilización o las costumbres germánicas. *s.f.*

germanizar Hacer tomar a una o varias personas el carácter germánico o una inclinación a las cosas germánicas: *desde que vive en Berlín se ha germanizado mucho.* *v.tr/prnl. conj: cazar SOCIOLOGÍA*

germano, a
1 De Germania, nombre dado por los romanos a la gran llanura de Europa central. *adj. HISTORIA*
2 Persona natural de Germania. *s./HISTORIA*
3 De los pueblos indoeuropeos que ocuparon la parte septentrional de la llanura europea e invadieron el imperio romano. *adj. HISTORIA*
4 Persona de estos pueblos indoeuropeos. *s.*
5 De Alemania o de los alemanes: *esta película es una coproducción italo-germana.* *adj.*

germanofilia Simpatía por Alemania y lo alemán. *s.f.*

germanófilo, a Que simpatiza con Alemania o con lo alemán: *es muy germanófilo, siempre que puede se va a Alemania.* *adj/s.*

germanofobia Aversión a Alemania y a todo lo alemán. *s.f.*

germanófobo, a Que siente antipatía hacia Alemania y hacia los alemanes: *no soporta el rigor alemán, en general es bastante germanófobo.* *adj/s.*

germen (Del lat. *germen.*)
1 Microorganismo, en especial el que puede provocar alguna enfermedad en el hombre: *no chupes el caramelo que se te ha caído al suelo, que puede tener gérmenes.* *s.m. BIOLOGÍA, MEDICINA*
2 Materia orgánica que si se desarrolla puede originar un individuo nuevo de la misma especie. *BIOLOGÍA = embrión*
3 Parte de la semilla de que se forma la planta. *BOTÁNICA*
4 Primer tallo que brota de la semilla. *BOTÁNICA*
5 Principio u origen de una cosa material o de un acontecimiento: *el rapto de Helena fue el germen de la guerra de Troya.* *= comienzo*

germicida Se aplica a la sustancia que mata los gérmenes. *adj/s.m.*

germinación Acción y resultado de germinar. *s.f.*

germinador, a
1 Que hace germinar. *adj.*
2 Cámara acondicionada para conseguir la germinación de las semillas en condiciones óptimas. *s.m. AGRICULTURA*

germinal
1 Del germen. *adj.*
2 Séptimo mes del calendario republicano francés, correspondiente al período comprendido entre el 21 o 22 de marzo al 18 o 19 de abril del calendario occidental. *s.m. HISTORIA*

germinar (Del lat. *germinare.*)
1 Empezar a desarrollarse las semillas o crecer una planta: *ya ha germinado el rosal.* *v.intr. BOTÁNICA*

2 Empezar a desarrollarse cosas morales o abstractas: *el odio germinó en su mente.* *= surgir*

germinativo, a Que puede germinar o producir la germinación. *adj.*

germinicida Se aplica al producto químico que combate la germinación de las semillas: *crecían tantas hierbas en el patio que tuvo que echar germinicida.* *adj/s.m.*

geromorfismo Aspecto senil que aparece de forma prematura en personas que están sometidas a trastornos nutritivos. *s.m. MEDICINA*

geróntico, a De la gerontología o de la vejez. *adj./MEDICINA*

gerontocracia Forma de gobierno en la que los más ancianos ejercen el poder. *s.f. POLÍTICA*

gerontofilia Atracción sexual hacia personas ancianas, que en algunos casos puede ser debida a un trastorno síquico. *s.f. SICOLOGÍA*

gerontología Estudio científico de la vejez y del envejecimiento en todos sus aspectos: sicológico, social, patológico y otros. *s.f. MEDICINA, SOCIOLOGÍA*

gerontólogo, a Persona especialista en gerontología. *s./MEDICINA*

gerundense
1 De Gerona o Girona, ciudad y provincia españolas. *adj.*
2 Persona que es natural de esta ciudad o de esta provincia. *s.m.f.*

gerundiada Palabra o expresión afectada, ridícula e inoportuna. *s.f. coloquial*

gerundiano, a Persona afectada y ridícula: *es un orador con estilo gerundiano.* *adj. = grandilocuente*

gerundio (Del lat. *gerundium* < *gerundus*, lo que se debe llevar a cabo < *gerere*, llevar a cabo.) Forma no personal del verbo, con terminación regular en *-ando* o *-iendo*, que expresa una acción durativa o imperfectiva y desempeña una función adverbial. *s.m. GRAMÁTICA*

gerundivo Forma verbal latina que equivale a un participio pasivo de futuro con carácter atributivo o predicativo. *s.m. LINGÜÍSTICA*

gerusia Órgano principal del gobierno de Esparta, integrado por ancianos. *s.f./HISTORIA tb: gerusía*

gesneriáceo, a Perteneciente a la familia de plantas angiospermas dicotiledóneas, herbáceas o leñosas, de flores hermafroditas y fruto en cápsula, como la gloxínea. *adj/s.f. BOTÁNICA*

gesta (Del lat. *gesta*, acontecimientos, hazañas.) Hazaña o hechos memorables de una persona o de un pueblo. *s.f. HISTORIA*

gestación (Del lat. *gestatio*, acción de llevar < *gestare*, llevar encima.)
1 Acción y resultado de gestar o gestarse. *s.f. FISIOLOGÍA*
2 Período de tiempo durante el cual el óvulo fecundado se desarrolla en el interior de la madre: *tuvo muchos problemas durante la gestación.* *= embarazo*

gestante Se aplica a la mujer o a la hembra de un animal que está embarazada. *adj/s.f. FISIOLOGÍA*

gestapo (Acrónimo de *[Ge]heime [Sta]ats [Po]lizei*, policía secreta del estado.) Cuerpo policial alemán encargado de eliminar toda oposición al régimen nacionalsocialista. *s.f. HISTORIA*

gestar (Del lat. *gestare*, llevar.)
1 Llevar y alimentar una mujer, o la hembra de un animal, en su organismo a su futuro hijo hasta el momento del parto. *v.tr. FISIOLOGÍA*
2 Desarrollarse o crecer una cosa inmaterial: *el levantamiento se gestó a espaldas del gobierno.* *v.prnl. = generar*

gestatorio, a Que debe ser llevado a brazos: *silla gestatoria.* *adj.*

gestear Hacer una persona gestos. *v.intr./= gesticular*

gestero, a Que suele hacer gestos: *es una chica muy expresiva y gestera.* *adj. = gesticulador*

gesticulación Acción y resultado de gesticular. *s.m.*

gesticulador, a Que gesticula o hace muchos gestos: *es muy gesticulador, cuando habla no para de mover las manos.* *adj. = gestero*

gesticular (Del lat. *gesticulare.*)
1 Del gesto o movimiento de una parte del cuerpo. *adj.*
2 Hacer gestos una persona. *v.intr./= gestear*

gestión (Del lat. *gestio, -onis*, acción de llevar a cabo.)
1 Cualquier acción que se realiza para conseguir una cosa: *se levantó temprano porque tenía que hacer varias gestiones en el ayuntamiento.* *s.f. = trámite*
2 Administración o dirección de un asunto, empresa o negocio.
3 Organización, utilización y aprovechamiento de determinados dispositivos y recursos de un ordenador. *INFORMÁTICA*
4 **gestión de negocios ajenos** Cuasi contrato que consiste en la intervención voluntaria de una persona en los negocios e intereses de un tercero, sin que exista oposición por parte de éste. *DERECHO*

gestionar Hacer diligencias para conseguir una cosa: *está gestionando la concesión de la exclusiva.*
v.tr.
= tramitar

gesto (Del lat. *gestus < gerere,* llevar a cabo, mostrar.)
1 Movimiento de las facciones de la cara o de las manos que ayuda en la expresión, o que expresa por sí mismo un estado de ánimo o una acción: *hace un gesto muy peculiar con la nariz; nos hizo un gesto con la mano para que paráramos.*
s.m.
= ademán, mueca

2 Acción realizada por un impulso anímico o afectivo: *ha sido un gesto muy bonito ir a visitarla.*
= detalle, rasgo

3 Cara o semblante de una persona: *llegó llorando y con el gesto descompuesto.*
= rostro

4 hacer un mal gesto: Hacer un movimiento brusco o que cause dolor.

5 torcer el gesto: Mostrar enfado o disgusto con la expresión de la cara: *cuando le dije que se levantara, torció el gesto.*
coloquial

gestor, a (Del lat. *gestor, -oris,* el que lleva algo, administrador.)
1 Que gestiona o realiza las gestiones: *el gestor lleva la contabilidad de la empresa.*
adj/s.

2 Persona que es miembro de una sociedad mercantil y participa en su administración.
s.

3 gestor administrativo: Persona que promueve y activa los asuntos particulares de sociedades en las oficinas públicas.
= administrador

4 gestor de negocios: El que sin tener mandato para ello, se encarga de bienes, negocios o intereses ajenos.
DERECHO

gestoría Oficina del gestor.
s.f.

gestosis Conjunto de enfermedades que pueden aparecer durante el embarazo.
s.f./pl: gestosis
MEDICINA

gestual
1 De los gestos o movimientos de una parte del cuerpo.
adj.

2 Que se hace con gestos: *el mimo hizo un espectáculo gestual.*
= mímico

gestudo, a Que pone mal gesto.
adj/s.

geta De un pueblo tracio que habitaba en el este de Europa.
adj/s.m.f.
HISTORIA

gétulo, a De Getulia, antiguo país africano que estaba situado al sur de Numidia.
adj/s.
HISTORIA

geyser Geiser, manantial termal de origen volcánico que fluye de forma intermitente.
s.m./pl: géyseres
GEOLOGÍA

ghanés, a
1 De Ghana, estado de África occidental.
adj.

2 Persona natural de este estado.
s.

ghetto (Voz italiana.) Gueto [en todas sus acepciones].
s.m.

giba (Del lat. *gibba.*)
1 Protuberancia anormal en el pecho o en la espalda, o en ambos, causada por deformación de la columna vertebral.
s.f.
= chepa, joroba

2 Cosa que molesta o fastidia.
coloquial

gibado, a Que tiene giba.
adj/s.= jorobado

gibar Causar molestias o perjuicios a una persona: *cada día me giba más con sus peticiones.*
v.tr./vulgar
= fastidiar, jorobar

gibelino, a
1 Que era partidario de los emperadores alemanes en la Italia medieval.
adj/s.
HISTORIA

2 De los partidarios de dichos emperadores alemanes.
adj./HISTORIA

gibelotte (Voz francesa.) Guisado de conejo con vino blanco.
s.m.
COCINA

giberelina Sustancia orgánica extraída de un hongo parásito que acelera el crecimiento y la germinación de muchas especies de plantas.
s.f.
BOTÁNICA

gibón Mono desprovisto de cola que trepa con facilidad a los árboles gracias a sus largos brazos.
s.m.
ZOOLOGÍA

gibosidad Protuberancia en forma de giba.
s.f.

giboso, a (Del lat. *gibbosus.*) Que tiene giba.
adj/s.= jorobado

gibraltareño, a
1 De Gibraltar, colonia británica.
s.

2 Persona que es natural de esta colonia.
adj.

giennense
1 De Jaén, ciudad y provincia española.
adj./tb:jiennense
= jaenés

2 Persona que es natural de esta ciudad o de esta provincia.
s.m.f.

giga (Del fr. ant. *gigue.*)
1 Antiguo baile de ritmo rápido y música que se bailaba.
s.f.
tb: jiga

2 Instrumento musical de cuerda y arco, usado en la edad media.
MÚSICA

giga- Componente de palabra procedente del lat. *gigas,* que significa mil millones: *gigabyte; gigahercio.*
pref.

giganta Girasol, planta herbácea de flores grandes y amarillas.
s.f.
BOTÁNICA

gigante, a (Del lat. *gigas, -antis < gr. gigas, -antos.*)
1 Persona que excede en su estatura a las demás.
s.

2 Personaje fabuloso de gran estatura y tamaño, que aparece en los cuentos infantiles, en fábulas y leyendas.
MITOLOGÍA
= cíclope

3 Persona que sufre gigantismo.
MEDICINA

4 Persona que sobresale en cualquier actividad: *es un gigante del piano.*
= grande, maestro

5 Figura grotesca de gran tamaño en algunas fiestas populares: *en las fiestas del pueblo hubo gigantes y cabezudos.*
s.m.
= gigantón

gigantea Girasol, planta compuesta de flores grandes y amarillas.
s.f.
BOTÁNICA

gigantesco, a (Del fr. *gigantesque < ital. gigantesco.*)
1 De los gigantes.
adj.

2 Que es muy grande: *la secuoia es un árbol gigantesco; han realizado una obra gigantesca.*
= ciclópeo, enorme

gigantez Tamaño de las personas y las cosas que exceden en mucho a lo normal.
s.f.
pl: giganteces

gigantillo, a Figura de enano con gran cabeza: *desfilaron gigantes y gigantillos.*
s.
= cabezudo

gigantismo Enfermedad caracterizada por un crecimiento o desarrollo corporal excesivo.
s.m.
MEDICINA

gigantomaquia (Del gr. *gigantomakhia.*) Combate o pelea de gigantes contra los dioses griegos antiguos.
s.f.
MITOLOGÍA

gigantón, a Figura de gran tamaño que suele llevarse en fiestas y desfiles populares.
s.m.
= gigante

gigoló (Voz francesa.) Hombre joven, amante de una mujer rica y mayor, que es mantenido por ésta.
s.m.
= prostituto

gigote (Del fr. *gigot,* muslo del carnero.)
1 Guiso hecho con carne picada o troceada rehogada en manteca.
s.m./COCINA
tb: jigote

2 Cualquier comida troceada o picada.
COCINA

gijonés, a
1 De Gijón, población de Asturias, provincia y comunidad autónoma española.
adj.

2 Persona natural de esta población.
s./= gijonense

gil, a Se aplica a la persona incauta, que tiene escaso entendimiento o a la que le falta la razón: *a este gil le toma el pelo todo el mundo.*
adj/s./coloquial
Argent., Méx., Chile, Urug.

gilbert (De W. *Gilbert,* físico inglés.) Denominación del gilbertio en la nomenclatura internacional.
s.m.
FÍSICA

gilbertio Unidad de fuerza magnetomotriz en el sistema cegesimal, equivale a 0,8 amperios vuelta.
s.m.
FÍSICA

gilí (Del gitano español *jili,* inocente < *jil,* fresco.) Que es tonto, que tiene poco seso o está loco.
adj./vulgar
tb: jili

gilipollada
1 Acción o palabras tontas, absurdas o sin sentido: *para decir gilipolladas será mejor que te calles.*
s.f.
vulgar

2 Cosa inútil y absurda: *ese cepillo para limpiar la moqueta es una gilipollada.*
vulgar
= tontería

gilipollas Que se comporta con estupidez o cobardía: *no seas gilipollas y declárate de una vez.*
adj/s.m.f.
pl: gilipollas/vulgar

gilipollez
1 Acción o palabras tontas, absurdas o sin sentido: *no digas gilipolleces, ¡cómo va a pescar un atún con esa caña!*
s.f./pl. gilipolleces
vulgar

2 Cosa inútil y absurda: *no sé por qué te gastas el dinero en estas gilipolleces.*
vulgar

gilipuertas Se aplica a la persona que tiene un comportamiento estúpido o cobarde: *aquel bar tan chic era un antro de gilipuertas.*
adj/s.m.f.
pl: gilipuertas
vulgar

gilvo, a (Del lat. *gilvus,* amarillo pálido.) De color amarillo rojizo.
adj.
= melado

gimle Paraíso en el que las almas de los justos gozan de felicidad eterna, en la mitología escandinava.
s.m.
MITOLOGÍA

gimlet Cóctel preparado con ginebra y zumo de lima.
s.m.

gimnasia (Del gr. *gymnasia.*)
1 Conjunto de ejercicios físicos, realizados a veces con la ayuda de aparatos, adecuados para fortalecer y dar agilidad al cuerpo: *hace gimnasia dos veces a la semana.*
s.f.
DEPORTES
= gimnástica

2 Práctica que adiestra en cualquier actividad: *los crucigramas son una buena gimnasia mental.*
= ejercicio

3 gimnasia correctiva: La que tiene por objeto el tratatamiento de ciertas malformaciones y anomalías musculares, así como el enderezamiento de la columna vertebral.
MEDICINA

4 gimnasia deportiva: Conjunto de ejercicios gimnásticos que se practican con fines competitivos.
DEPORTES

5 gimnasia rítmica: Disciplina de carácter gimnástico que se practica siguiendo el ritmo de una música y en la que se utilizan diversos complementos, como aros, cintas, mazas, pelotas u otros objetos.
DEPORTES

6 gimnasia sueca: La que se practica sin aparatos.
DEPORTES

gimnasio (Del lat. *gymnasium < gr. gymnasion < gymnazo,* hacer ejercicios físicos.)
1 Local acondicionado para hacer gimnasia o practicar algunos deportes: *él y su amigo han abierto un gimnasio en el pueblo.*
s.m.
DEPORTES

2 Centro oficial de enseñanza media de algunos países europeos, como Alemania o Suiza.

3 Edificio público, entre los antiguos griegos, que primero se dedicó a los ejercicios físicos y después a la vida intelectual. `HISTORIA`

gimnasta (Del gr. *gymnastes*.) Persona que practica ejercicios gimnásticos. `s.m.f.` `DEPORTES`

gimnástico, a De la gimnasia: *cuando me levanto por las mañanas suelo hacer unos cuantos ejercicios gimnásticos.* `adj.` `DEPORTES`

gímnico, a (Del gr. *gymnikos < gymnos*, desnudo.) De las luchas atléticas y de los bailes que imitaban estas luchas. `adj.` `HISTORIA`

gimno- Componente de palabra procedente del gr. *gymnos*, que significa desnudo, descubierto: *gimnosofista; gimnospermo*. `pref.`

gimnosofista Denominación con que griegos y romanos designaban a los brahmanes hindúes o a algunas de sus sectas. `s.m.f.` `HISTORIA, RELIGIÓN`

gimnospermo, a Perteneciente a una subdivisión de plantas arbóreas que llevan las semillas en un fruto abierto, como las coníferas. `adj/s.f.` `BOTÁNICA`

gimnoto Pez teleósteo de agua dulce, de cuerpo alargado, similar al de la anguila, con aletas dorsales y abdominales reducidas, que puede producir descargas eléctricas y vive en la cuenca del Amazonas. *(Gymnotus electricus.)* `s.m.` `ZOOLOGÍA`

gimoteador, a Que gimotea. `adj.`

gimotear (Derivado de *gemido*.) Expresar dolor o pena con gestos y sonido lastimero pero sin causa aparente: *gimoteaba hasta acabar con la paciencia de todos.* `v.intr.` `= lloriquear, sollozar`

gimoteo Acción y resultado de gimotear: *oyeron un gimoteo persistente.* `s.m.` `= lloriqueo`

gin (Voz inglesa.) Ginebra, bebida alcohólica. `s.f.`

ginandro, a (Del gr. *gyne*, mujer + *aner*, hombre.) Se aplica a las plantas que tienen flores hermafroditas con los estambres y el pistilo soldados. `adj/s.` `BOTÁNICA`

ginandromorfismo Presencia simultánea en un mismo individuo de caracteres sexuales masculinos y femeninos yuxtapuestos. `s.m.` `BIOLOGÍA`

ginandromorfo, a Se aplica al individuo que presenta caracteres sexuales masculinos y femeninos yuxtapuestos. `adj.` `BIOLOGÍA`

ginarquía Forma de organización social característica de algunos insectos, en la que sólo las hembras dirigen el grupo, como las hormigas. `s.f.` `ZOOLOGÍA`

gincana Competición en la que los concursantes, por lo general con vehículos de locomoción, deben salvar obstáculos y dificultades: *organizaron una gincana para recaudar fondos.* `s.f.` `tb: gymkhana`

gindama Modo de ser o de comportarse de la persona que no tiene ánimo o valor ante ciertas situaciones debido al miedo. `s.f./vulgar` `tb: jindama` `= canguelo`

ginebra
I (Del fr. *guenievre*.)
1 Instrumento musical de percusión formado por un conjunto de palos y huesos ensartados con el que se suele acompañar un canto popular. `s.f.` `MÚSICA`
2 Confusión o desorden de cosas o personas. `= desbarajuste`
3 Ruidos confusos de voces humanas. `= griterío`
4 Cierto juego de cartas. `JUEGOS`
II (Del cat. *ginebra < lat. vulgar jiniperus*, enebro.) Licor hecho con semillas y aromatizado con las bayas del enebro. `s.f.`

ginebrada Pastel de hojaldre relleno de un batido de la misma masa con leche cuajada. `s.f.` `COCINA`

ginebrino, a
1 De Ginebra, ciudad de Suiza. `adj./tb: ginebrés`
2 Persona natural de esta ciudad. `s.`

ginec- Componente de palabra procedente del gr. *gyne, gynaikos*, que significa mujer: *gineceo; ginecólogo*. `pref.` `tb: gineco-`

gineceo (Del lat. *gynaeceum < gr. gynaikeion < gyne*, mujer.)
1 Parte de la casa destinada a las habitaciones de la esposa o de las mujeres, entre los antiguos griegos. `s.m.` `HISTORIA`
2 Parte femenina de la flor, formada por los pistilos. `BOTÁNICA`

ginecocracia (Del gr. *gyne*, mujer + *krateo*, gobernar.) Forma de gobierno en la que las mujeres ejercen el poder. `s.f.` `POLÍTICA`

ginecología (Del gr. *gyne*, mujer + *logos*, estudio.) Especialidad de la medicina que estudia los órganos sexuales de la mujer, su fisiología y sus enfermedades. `s.f.` `MEDICINA`

ginecológico, a De la ginecología: *las patologías de los ovarios provocan problemas ginecológicos.* `adj.`

ginecólogo, a Médico especialista en ginecología. `s./MEDICINA`

ginecomastia Crecimiento excesivo de una o de las dos glándulas mamarias en el hombre. `s.f.` `MEDICINA`

ginecopatía Término general para referirse a cualquier enfermedad de los órganos genitales femeninos. `s.f.` `MEDICINA`

ginesta
1 Retama, arbusto con flores grandes amarillas. `s.f./BOTÁNICA` `BOTÁNICA`
2 Flor de este arbusto.

gineta Mamífero de patas cortas y cola tan grande como el resto del cuerpo, de piel muy apreciada en peletería. `s.f./ZOOLOGÍA` `tb:jineta`

gin fizz (Voz inglesa.) Cóctel compuesto de ginebra, zumo de limón y azúcar, al que se le añade agua gaseosa. `s.m.` `tb: ginfizz`

ginger-ale (Voz inglesa.) Bebida gaseosa no alcohólica de sabor amargo y picante hecha con jengibre. `s.m.`

gingidio (Del gr. *gingidion*, zanahoria silvestre.) Planta umbelífera, de tallo liso, hojas hendidas y flores pequeñas. `s.m./BOTÁNICA` `= biznaga`

gingival (Del lat. *gingiva*, encía.) De las encías. `adj.`

gingivitis Inflamación de las encías que se manifiesta por la coloración roja de la mucosa y la hinchazón de las papilas. `pl: gingivitis` `MEDICINA`

gingivorragia Hemorragia de las encías. `s.f./MEDICINA`

ginkgo Árbol caducifolio, único superviviente de la familia de las ginkgoáceas, de hojas pecioladas, con forma de abanico, que fue muy abundante durante el mesozoico. *(Ginkgo biloba.)* `s.m.` `BOTÁNICA`

-gino Componente de palabra procedente del gr. *gyne*, que significa mujer: *andrógino*. `suf.`

ginseng
1 Planta herbácea de raíz engrosada, hojas verticiladas, flores blancas y fruto en baya, que tiene efectos estimulantes. *(Panax ginseng o Aralia gingens.)* `s.m.` `tb: ginsén` `BOTÁNICA`
2 Raíz de esta planta de la que se extrae una sustancia usada como tónico. `BOTÁNICA`

gin tonic (Voz inglesa.) Bebida compuesta de ginebra y agua tónica. `s.m.` `tb: gintonic`

giobertita (De G.A. *Giobert*, químico italiano.) Silicato de magnesia hidratado. `s.f./QUÍMICA` `= magnesita`

giocoso, a (Voz italiana.) Se aplica al tiempo alegre y ligero con que se debe interpretar un determinado fragmento musical. `adj.` `MÚSICA`

gipsífero, a Que contiene yeso. `adj.`

gipsografía (Del lat. *gypsum*, yeso + gr. *grapho*, grafía.)
1 Técnica de estampación en yeso. `s.f./ARTE`
2 Estampa obtenida mediante esta técnica. `ARTE`

gira
1 Viaje por distintos lugares, con regreso al punto de partida: *harán una gira turística por Egipto.* `s.f.` `= recorrido`
2 Serie de actuaciones sucesivas que realiza una compañía de teatro, una orquesta o un artista en diferentes localidades: *la orquesta está de gira en Europa.* `= tournée`
3 a la gira: Modo de fondear un buque de manera que gire presentando siempre la proa al impulso del viento o la corriente. `loc.adv.` `NÁUTICA`

girada Movimiento de la danza española consistente en dar una vuelta sobre un pie manteniendo el otro en el aire. `s.f.`

giradiscos Parte de un tocadiscos que hace que los discos se muevan a una velocidad constante para que se reproduzca lo grabado en ellos. `s.m.` `pl: giradiscos` `= plato`

girador, a Persona o entidad que expide letras de cambios, libranzas u otras órdenes de pago. `s.` `COMERCIO`

giralda Veleta de torre con figura humana o de animal. `s.f.`

giraldete Roquete o vestidura sin mangas que llevan sobre la sotana los eclesiásticos. `s.m.` `RELIGIÓN`

girándula (Del ital. *girandola*.)
1 Rueda que al girar despide cohetes de pirotecnia. `s.f.`
2 Dispositivo giratorio que se coloca en fuentes o surtidores para arrojar el agua. `TECNOLOGÍA`
3 Candelabro con varios brazos adornado, por lo general, con colgantes de cristal.

girar (Derivado de *giro < lat. gyrus*, círculo.)
1 Moverse un cuerpo alrededor de otro o sobre sí mismo. `v.intr.` `= rotar`
2 Cambiar de dirección: *la bicicleta giró a la izquierda.* `= torcer, virar`
3 Enviar dinero a una persona por correo o telégrafo: *le giraron la cantidad solicitada.* `v.tr.`
4 Dar curso a letras u otras órdenes de pago: *giraremos una letra por el importe de la factura.* `v.intr/tr.` `COMERCIO`
5 Tratar sobre una cosa en una conversación o un negocio: *las negociaciones giraron alrededor del nuevo proyecto.* `v.intr.` `= moverse`
6 Realizar operaciones comerciales: *esta empresa gira mucho.* `COMERCIO`
7 girarla: Ocuparse de una actividad determinada, cumplir cierta función o papel: *¿de qué giras en la obra?* `Méx.`

girasol (Compuesto de *girar + sol*.)
1 Denominación común de las plantas cuyas flores giran en la misma dirección del sol. `s.m.` `BOTÁNICA`

2 Planta compuesta, de tallo herbáceo, con flores grandes y amarillas, de cuyas semillas, comestibles, se extrae un aceite. *(Helianthus annuus.)* — BOTÁNICA = giganta
3 Flor de esta planta. — BOTÁNICA
4 Variedad de ópalo lechoso y azulado. — MINERALOGÍA

giratorio, a (Derivado de *giro* < lat. *gyrus*, círculo.)
1 Que puede girar: *puerta giratoria.* — adj.
2 Mueble de despacho con estantes, cajones o departamentos, que gira alrededor de un eje. — s.m.f.

giravión Aeronave de alas giratorias, que se sustenta en el aire por la rotación de uno o varios rotores con eje de giro casi vertical. — s.m. AERONÁUTICA

girifalte Gerifalte [en todas sus acepciones]. — s.m.

girino (Del lat. *gyrinus* < gr. *gyrinus*, renacuajo.)
1 Insecto coleóptero que revolotea sobre aguas estancadas. *(Gyrinus.)* — s.m./ZOOLOGÍA = escribano de agua
2 Cría de la rana. — = renacuajo

girl (Voz inglesa.) Bailarina que forma parte de un conjunto en las revistas musicales y operetas. — s.f. = chica de conjunto

giro
I (Del lat. *gyrus* < gr. *gyros*, círculo, circunferencia.)
1 Acción y resultado de girar. — s.m.
2 Movimiento circular. — = vuelta
3 Dirección que se da o toma un asunto o una conversación: *la charla tomó un giro muy extraño.* — = cariz, curso
4 Estructura especial de una frase o manera de estar ordenadas las palabras para expresar un concepto: *siempre emplea los mismos giros cuando habla.* — GRAMÁTICA = modismo
5 Movimiento de caudales por medio de letras o libranzas. — COMERCIO
6 Conjunto de operaciones o negocios de una empresa: *los giros de la empresa han aumentado su capital.* — COMERCIO
7 giro postal: Envío de dinero por correo ordinario.
8 giro telegráfico: Envío de dinero por correo telegráfico.
9 tomar otro giro: Cambio en la dirección de una cuestión: *en cuanto intervino el presidente la discusión tomó otro giro.*
II (Voz italiana.) Competición ciclista por etapas que transcurre por tierras italianas. — s.m. DEPORTES

giro, a
1 Se aplica al gallo oscuro que tiene matices amarillos en las plumas de las alas y cuello. — adj. Amér.
2 Se dice del gallo o la gallina cuyo plumaje presenta tonos rojos, amarillos y negros entremezclados. — Argent., Colomb., Chile

girocompás Instrumento que señala el norte magnético en cualquier posición. — s.m. pl: girocompás

girodino Giravión en que el rotor, accionado por un motor, asegura los movimientos verticales y la sustentación del aparato, al tiempo que la traslación horizontal se obtiene mediante propulsores independientes. — s.m. AERONÁUTICA

girofaro Luz giratoria e intermitente que llevan algunos vehículos como ambulancias y coches de policía o de bomberos en la parte exterior del techo para indicar urgencia o alarma a los demás conductores. — s.m.

giroflé (Del fr. *girofle*.) Clavero o árbol del clavo, cuya semilla se utiliza como especia. — s.m./BOTÁNICA tb: jiroflé

girola (Del fr. ant. *charole*, danza popular.) Espacio transitable en torno a la cabecera de la nave central de algunos templos. — s.f. ARQUITECTURA = deambulatorio

giroláser Giroscopio sin piezas mecánicas, basado en las propiedades de la óptica del láser. — s.m. AERONÁUTICA

girómetro (Del lat. *gyrus*, círculo + *metrum*, medida.)
1 Aparato para medir la velocidad de rotación de ciertas máquinas. — s.m. TECNOLOGÍA
2 Indicador de los cambios de rumbo de un avión. — AERONÁUTICA

girondino, a
1 De un partido político francés en tiempos de la revolución, formado principalmente por miembros del departamento de la Gironda. — adj/s. HISTORIA
2 Miembro de este partido. — s./HISTORIA

giropiloto Compás giroscópico que acciona por relés el mecanismo de dirección de un aparato. — s.m. AERONÁUTICA

giroscópico, a Del giroscopio: *aguja giroscópica; compás giroscópico.* — adj.

giroscopio (Del lat. *gyrus*, círculo + gr. *skopeo*, mirar.)
1 Aparato con el que se demuestra de forma directa el movimiento de rotación de la Tierra. — s.m./FÍSICA = giróscopo
2 Aparato para registrar los movimientos circulares del viento. — FÍSICA = giróscopo
3 Cuerpo sólido que se mueve en rotación alrededor de su eje. — = giróstato

giróstato Cualquier cuerpo con un movimiento rápido de rotación sobre su eje, como el trompo o el globo terráqueo. — s.m. FÍSICA

giróvago, a (Del lat. *gyrovagus*.)
1 Se refiere a la persona que anda errante de un sitio a otro o que no tiene domicilio fijo. — adj/s. = vagabundo

2 Se aplica al monje que vagaba de un monasterio a otro. — RELIGIÓN

gis Pasta hecha de yeso que se utiliza para escribir en el encerado. — s.m./pl: gises = tiza

giste (Del alem. *gischt*, espuma.) Espuma de la cerveza. — s.m.

gitanada
1 Acción propia de gitanos. — s.f./despectivo = gitanería
2 Adulación o falsos halagos con que se intenta conquistar a una persona para conseguir de ella lo que se desea. — = gitanería
3 Reunión o grupo de muchos gitanos: *toda esta gitanada ha llegado para las fiestas.* — = gitanería

gitanear
1 Adular o halagar con gracia para conseguir una cosa: *como no tenía trabajo, gitaneaba constantemente.* — v.intr. = embelecar
2 Obrar con engaños en el comercio: *se ha hecho rico porque lleva años gitaneando en su tienda.* — = trapacear

gitanería
1 Halago y mimo gracioso, hecho con la intención de obtener una cosa: *era conocido en el mercado por la gitanería con que trataba a las clientas.* — s.f. = embeleco
2 Reunión o grupo de gitanos. — = gitanada
3 Acción o palabras características de los gitanos. — = gitanada

gitanesco, a Que es propio de gitanos. — adj.

gitanismo
1 Modo de vida, organización, costumbres y tradiciones propias de los gitanos: *la fuerte unión familiar es una característica del gitanismo.* — s.m. SOCIOLOGÍA
2 Palabra o expresión propia del habla de los gitanos. — LINGÜÍSTICA
3 Reunión de gitanos. — = gitanería

gitano, a
1 Se aplica al pueblo o raza procedente de la India, que se extendió por gran parte de Europa y América y que han conservado rasgos físicos y culturales propios. — adj/s.
2 Persona que pertenece a este pueblo o raza. — s.
3 De los gitanos o parecido a ellos. — adj./= calé
4 Caló, lengua de origen indoario, de la familia indoeuropea, que es hablada por las personas de este pueblo. — adj/s. LIGÜÍSTICA = romaní
5 Que tiene gracia para atraer a los demás: *la niña esta es tan gitana que no puedes negarle nada.* — = zalamero
6 Que estafa o engaña: *no volveré a esta tienda porque el dueño es un gitano.* — despectivo
7 Pez marino teleósteo de color pardo rojizo y similar al mero. *(Mycteroperca rubra.)* — s.m. ZOOLOGÍA
8 que no se lo salta un gitano: Que es muy grande o extraordinario: *se comió un bocadillo que no se lo salta un gitano.* — loc.adj. coloquial

glabela Punto del hueso frontal situado entre los dos arcos ciliares. — s.f. ANATOMÍA

glabrescente Se aplica al órgano vegetal que tiene muy poco vello o que lo pierde. — adj. BOTÁNICA

glabro, a (Del lat. *glaber*, lampiño.) Que no tiene pelo: *estructura vegetal glabra.* — adj. = calvo, lampiño

glaciación
1 Formación de hielo o de glaciares. — s.f./GEOLOGÍA
2 Período durante el cual la cantidad de hielo acumulado en la superficie terrestre abarcaba grandes extensiones. — GEOLOGÍA

glacial (Del lat. *glacialis* < *glacies*, hielo.)
1 Que es helado o muy frío: *los países nórdicos tienen un clima glacial.* — adj. = gélido
2 Que hiela: *estos días ha hecho un frío glacial.* — = helador
3 Se aplica a la persona o a la actitud que es fría o sin afecto: *tiene una sonrisa glacial; nos hizo un recibimiento glacial.* — = impávido
4 Se aplica a las tierras y mares que están en zonas heladas. — GEOGRAFÍA
5 Se aplica al período en el que los glaciares han sido muy extensos, en especial el cuaternario. — GEOLOGÍA

glacialismo Descenso general de la temperatura de una región, que comporta la formación de glaciares. — s.m. GEOLOGÍA

glaciar (Del fr. *glacier*, hielo.)
1 De los glaciares. — adj./GEOLOGÍA
2 Masa de hielo formada por acumulación de nieve en las montañas: *el glaciar erosiona la tierra en su desplazamiento.* — s.m. GEOLOGÍA

glaciarismo
1 Configuración del relieve originada por los glaciares o el glacialismo. — s.m. GEOLOGÍA
2 Época geológica determinada por la existencia de glaciares. — s.m. GEOLOGÍA

glacioeólico, a Se aplica al sedimento que tiene su origen en la acción de los glaciares y del viento. — adj. GEOLOGÍA

glaciología Ciencia que estudia la glaciación y los fenómenos relacionados con ella. — s.f. GEOLOGÍA

glaciológico, a De la glaciología o de las glaciaciones: *estudio glaciológico.* — adj. GEOLOGÍA

glaciólogo, a Persona dedicada al estudio de los glaciares y de las glaciaciones. — s. GEOLOGÍA

glacis (Del fr. *glacis*, terreno pendiente.)
1 Explanada en pendiente junto a una fortificación de carácter militar. — s.m./pl: glacis tb: glasis/MILITAR
2 Zona de influencia formada por territorios o estados dependientes de una potencia extranjera, que se usa como defensa. — POLÍTICA
3 Superficie de erosión situada al pie de zonas montañosas, de pendiente suave, que se desarrolla en regiones semiáridas. — GEOGRAFÍA, GEOLOGÍA

gladiador (Del lat. *gladiator < gladius*, espada.) Persona que luchaba a muerte con otra o con un animal en los juegos públicos romanos de la antigüedad. — s.m. HISTORIA tb: gladiator

gladiatorio, a De los gladiadores. — adj./HISTORIA

gladio Espadaña, planta herbácea con las hojas radicales y tallo largo. — s.m. BOTÁNICA

gladiolo (Del lat. *gladiolus*, espada pequeña.)
1 Planta bulbácea de hojas en forma de espada y flores que salen del tallo formando espigas. (*Gladius communis.*) — s.m./BOTÁNICA tb: gladiolo
2 Flor de esta planta. — BOTÁNICA

glagolítico, a Se aplica a una escritura utilizada por antiguos pueblos eslavos. — adj. LINGÜÍSTICA

glamour (Voz inglesa.) Atractivo sofisticado o lujoso: *esa actriz tiene mucho glamour.* — s.m.

glande (Del lat. *glans, glandis*, bellota.)
1 Parte superior del pene, órgano sexual masculino. — s.m./ANATOMÍA
2 Fruto del roble y de la encina. — BOTÁNICA

glandífero, a Se aplica al árbol que produce o tiene bellotas. — adj./literario tb: glandígero

glándula (Del lat. *glandula*, amígdala.)
1 Órgano que elabora sustancias indispensables para el funcionamiento del organismo y que segrega aquéllas inútiles. — s.f. ANATOMÍA
2 Dilatación celular de la epidermis de algunas plantas, que segrega algún líquido nocivo o inútil para ella. — BOTÁNICA
3 **glándula endocrina:** La que segrega hormonas que se incorporan a la circulación sanguínea, que influyen en el metabolismo y en otras funciones orgánicas. — ANATOMÍA
4 **glándula exocrina:** La que segrega sustancias por medio de conductos excretores que no tienen carácter hormonal. — ANATOMÍA
5 **glándula pineal:** Órgano nervioso situado en el encéfalo, de tamaño pequeño y productor de hormonas. — ANATOMÍA = epífisis
6 **glándula pituitaria:** Cuerpo glandular de secreción interna, situado en la base del cráneo y que regula la mayor parte de las funciones del organismo. — ANATOMÍA = hipófisis
7 **glándula suprarrenal:** Cada una de las dos glándulas en contacto con el riñón, que segregan adrenalina. — ANATOMÍA

glandular De las glándulas: *su obesidad se debe a un problema glandular.* — adj. ANATOMÍA

glanduloso, a Que tiene glándulas. — adj./ANATOMÍA

glasa
1 Mezcla de azúcar y almidón que se utiliza en pastelería para adornar los pasteles. — s.f./COCINA = azúcar lustre
2 Sustancia de consistencia de jarabe obtenida reduciendo por ebullición un fondo sin ligar que se solidifica al enfriarse: *glasa de carne; glasa de pescado.* — COCINA

glasé (Del fr. *glacé < glacer*, dar un barniz parecido a una capa de hielo.) Tela de seda, brillante, bastante gruesa y rígida. — s.m. TEXTIL

glaseado, a
1 Que es parecido o imita al glasé: *papel glaseado.* — adj./= satinado

glaseamiento Acción de satinar o glasear tejidos, papeles, pieles u otros materiales. — s.m. = glaseo

glasear
1 Dar brillo a una superficie como la de un papel o una tela. — v.tr.
2 Cubrir un pastel con azúcar derretido y mezclado con otros componentes como huevos o chocolate: *todavía hay que glasear el pastel.* — COCINA
3 Hacer que la carne tome brillantez mediante el calor: *glasear el asado antes de servirlo.* — COCINA

glaseo Acción de glasear o satinar papeles, tejidos u otras superficies. — s.m.

glasilla Tela de algodón que se coloca entre las telas de algunas partes de los trajes como las solapas y los cuellos dándoles consistencia. — s.f. TEXTIL

glasnost (Voz rusa.) Política de libertad de expresión, de discusión y controversia, transparencia informativa y otras actividades democráticas dentro del conjunto de reformas políticas o perestroika, iniciada en los últimos años de existencia de la Unión Soviética. — s.f. POLÍTICA

glasto (Del lat. *glastum*.) Planta herbácea crucífera, de flores amarillas, pequeñas y abundantes, y hojas grandes que proporcionan el azul de índigo. (*Isatis tinctoria.*) — s.m. BOTÁNICA = hierba pastel

glauberita Mineral de brillo vítreo, color blanco o incoloro, sabor salino amargo, poco soluble en agua y que se encuentra en los depósitos salinos. — s.f. MINERALOGÍA

glaucio (Del lat. *glaucion < gr. glaukion*.) Planta herbácea perenne de hojas grandes, lobuladas y flores amarillas y rojas o anaranjadas. (*Glaucium.*) — s.m. BOTÁNICA

glauco, a (Del lat. *glaucus < gr. glaukos*, brillante.)
1 De color verde claro: *tiene los ojos glaucos.* — adj.
2 Molusco gasterópodo sin concha, de cuerpo fusiforme de color azul con reflejos nacarados, cuatro tentáculos cortos y tres pares de branquias. (*Glaucus.*) — s.m. ZOOLOGÍA

glaucoma Enfermedad que consiste en el aumento de la presión intraocular provocada por el endurecimiento del globo y la detención del crecimiento del nervio óptico. — s.m. MEDICINA

gleba (Del lat. *gleba*.)
1 Terrón que levanta el arado. — s.f./AGRICULTURA
2 Terreno, en especial el cultivado. — AGRICULTURA
3 Tierra a la que estaban adscritos ciertos colonos y siervos durante la edad media. — HISTORIA

glena Cavidad articular donde se encaja un hueso. — s.f./ANATOMÍA

glenoideo, a De la glena: *cavidad glenoidea del omoplato.* — adj. ANATOMÍA

glera (Del lat. *glarea*, arenal.) Terreno donde hay muchos cascajos o fragmentos de piedra. — s.f. tb: llera

gley Suelo con una capa acuífera, en general en una llanura o depresión. — s.m. GEOLOGÍA

glicérido Éster de los ácidos grasos y de la glicerina. — s.m./QUÍMICA

glicerina (Del gr. *glykeros < glykys*, dulce.) Sustancia orgánica líquida, incolora, espesa y dulce, que se utiliza en farmacia, perfumería y para preparar nitroglicerina, base de la dinamita. — s.f. QUÍMICA

glicero- Componente de palabra procedente del gr. *glykeros*, que significa dulce: *glicerofosfato.* — pref.

glicerotanino Compuesto obtenido al reaccionar la glicerina sobre un tanino, usado en tintorería como mordiente. — s.m. QUÍMICA

glicina (Del fr. *glycine*.)
1 Planta trepadora papilonácea de hojas compuestas y flores malvas dispuestas en racimos colgantes, de origen chino. (*Wistaria.*) — s.f. BOTÁNICA = glicinia
2 Aminoácido componente esencial de las proteínas y que desempeña una función metabólica. — BIOQUÍMICA = glicocola
3 Ácido que se emplea como ingrediente de reveladores fotográficos. — FOTOGRAFÍA, QUÍMICA

glicocola Glicina, aminoácido rico en colágeno que forma parte de las proteínas. — s.f. BIOQUÍMICA

glicógeno Material de reserva en las células animales, en forma de glucosa. — s.m./BIOQUÍMICA = glucógeno

glicol Compuesto orgánico con dos grupos de alcoholes, que se utiliza como disolvente. — s.m. QUÍMICA

gliconio (Del gr. *Glykon*, poeta que lo inventó.) Se aplica al verso clásico compuesto de un troqueo y tres dáctilos. — adj./s.m. POESÍA

glifo
1 Adorno acanalado, en especial el que suele haber en los triglifos. — s.m. ARQUITECTURA
2 Cada uno de los signos mayas utilizados para designar los días y los años. — LINGÜÍSTICA

glioma Tumor de los órganos nerviosos y de la retina, de consistencia blanda. — s.m. MEDICINA

glíptica (Del gr. *glyptikos < glypho*, esculpir.)
1 Técnica y arte de grabar las piedras finas. — s.f./ARTE
2 Técnica y arte de grabar en acero los cuños para monedas, medallas y sellos. — ARTE

glipto- Componente de palabra procedente del gr. *glyptikos*, que significa propio para grabar: *gliptoteca.* — pref.

gliptogénesis Proceso de configuración del relieve de la superficie terrestre bajo la acción de los agentes geológicos externos. — s.f. pl: gliptogénesis GEOLOGÍA

gliptología Parte de la arqueología que estudia los grabados realizados sobre piedras. — s.f. HISTORIA

gliptoteca
1 Colección de piedras finas talladas o grabadas. — s.f./ARTE
2 Museo donde se conservan esculturas: *visitamos la gliptoteca de Munich.* — ARTE

global Que se considera en su conjunto: *hicimos una apreciación global del problema.* — adj./= total ≠ parcial

globalidad Conjunto de los factores que repercuten en un hecho, teniendo en cuenta sus relaciones: *hay que considerar la cuestión en su globalidad.* — s.f. = totalidad

globalismo Doctrina que atribuye a un conjunto de elementos propiedades que no tienen sus partes componentes. — s.m. FILOSOFÍA

globalista
1 Del globalismo. — adj./FILOSOFÍA

2 Que es partidario de esta doctrina filosófica. — adj/s.m.f.

globalización
1 Acción de considerar un asunto como una totalidad constituida por el conjunto de sus elementos, partes o aspectos: *la globalización del tema te ayudará a entenderlo.* — s.f. = generalización
2 Método didáctico que consiste en presentar una materia como una totalidad para facilitar la comprensión de los elementos o partes que la integran.

globalizante Que globaliza o tiende a globalizar: *su visión globalizante fue de gran ayuda.* — adj. = totalizante

globalizar
1 Incorporar datos, hechos u otras cosas en un planteamiento global: *la nueva teoría globaliza las anteriores interpretaciones.* — v.tr. conj: cazar
2 Considerar o juzgar un problema en su conjunto: *globalizar los hechos nos ayudará a entender las causas.* — v.tr/intr. = generalizar

globalmente En conjunto: *obtuvo un resultado globalmente satisfactorio.* — adv.

globigerina Foraminífero marino de caparazón calcáreo que se encuentra en abundancia en los fondos abisales *(Globigerina.)* — s.f. ZOOLOGÍA

globina Proteína que interviene en la composición de la hemoglobina de la sangre. — s.f. BIOQUÍMICA

globo (Del lat. *globus,* bolo, esfera.)
1 Cuerpo esférico o limitado por una superficie curva: *el globo del ojo; el globo terrestre.* — s.m. = esfera
2 Bolsa de goma o de otra materia que se llena de aire o de gas y sirve como juguete o como adorno en las fiestas: *hincharon globos para su cumpleaños.*
3 Funda hecha de látex u otro material, muy fina y elástica, que se coloca en el pene durante el coito para evitar la fecundación o el contagio de enfermedades de transmisión sexual. — coloquial = preservativo
4 Objeto hueco de cristal o de otro material con que se cubre una luz: *tiene globos de papel en vez de lámparas.*
5 Planeta Tierra: *dio la vuelta al globo en barco.* — = orbe
6 Pelota alta que trata de superar al adversario cuando está muy próximo a la red, en el tenis. — DEPORTES
7 globo aerostático: Aparato aeronáutico compuesto por una bolsa de material impermeable, llena de un gas de menor densidad que el aire atmosférico, cuya fuerza ascensional es mayor que el peso de esa bolsa más la de una barquilla con la tripulación y la carga. — AERONÁUTICA = aerostato
8 globo celeste: Esfera en cuya superficie figuran las constelaciones principales, con situación semejante a la que ocupan en el espacio. — ASTRONOMÍA
9 globo dirigible: Aquel que lleva una o varias barquillas con motores y hélice y va guiado mediante un timón. — AERONÁUTICA = zepelin
10 globo ocular: El ojo separado de todos los tejidos que lo rodean. — ANATOMÍA
11 globo sonda: El pequeño que lleva aparatos registradores de fenómenos meteorológicos. — FÍSICA
12 globo terráqueo: Esfera en cuya superficie figura una representación de los mares y continentes de la Tierra. — GEOGRAFÍA
13 en globo: 1. En conjunto, sin detalles. 2. Se aplica al asunto que se prevé que se va a malograr o a la persona que se coloca en una situación desfavorable: *si no estudias más para el examen, te veo en globo.* — loc.adv. loc.adj.

globoso, a Que tiene forma de globo o glóbulo. — adj.

globular
1 Que tiene forma de globo o glóbulo. — adj.
2 Que está compuesto de glóbulos. — = globuloso
3 De los glóbulos rojos o hematíes. — BIOLOGÍA

globulariáceo, a Perteneciente a una familia de plantas angiospermas, herbáceas o arbustivas, de hojas alternas, flores en cabezuelas y fruto en cariópside. — adj/s.f. BOTÁNICA

globuliforme Que tiene forma de glóbulo. — adj./= globular

globulina Cada una de las proteínas globulares que forman un grupo muy diverso, de las cuales las más importantes son las existentes en el plasma, la lactoglobulina y la miosina del músculo. — s.f. BIOQUÍMICA

globulinuria Enfermedad que se caracteriza por la presencia de globulina en la orina. — s.f. MEDICINA

globulización Proceso provocado por el tratamiento térmico de una aleación en la que ésta adquiere una estructura globular. — s.f. METALURGIA

glóbulo (Del lat. *globulus < globus,* bola, esfera.)
1 Cuerpo esférico pequeño. — s.m.
2 Célula suelta que se encuentra en varios líquidos del cuerpo y en especial en la sangre. — BIOLOGÍA
3 Preparado redondo de pequeño volumen utilizado en la terapéutica homeopática. — MEDICINA
4 glóbulo blanco: Célula incolora de la sangre que tiene como función la defensa del organismo frente a las infecciones. — BIOLOGÍA = leucocito

5 glóbulo rojo: Célula roja de la sangre, que tiene por función transportar el oxígeno al interior de los tejidos. — BIOLOGÍA = hematie

globuloso, a Que está compuesto de glóbulos. — adj./= globular

glomérulo
1 Masa o cúmulo de corpúsculos globulosos de una misma naturaleza orgánica. — s.m. ANATOMÍA
2 Agrupación de flores pequeñas en forma de masa redondeada. — BOTÁNICA
3 glomérulos arteriales: Grupo de vasos o glándulas del riñón. — ANATOMÍA

gloria (Del lat. *gloria.*)
1 Fama y honor que alcanzan algunas personas debido a sus obras o actos. — s.f. = celebridad
2 Las obras o los actos que dan lugar a esta fama. — = éxito
3 Persona que tiene fama o goza de celebridad: *se convirtió en una gloria nacional.* — = estrella
4 Cosa que produce un gran placer a una persona: *el vino es una gloria para el paladar.* — = delicia
5 Gusto o placer vehemente por una cosa: *da gloria verlo comer.* — = deleite
6 Representación de un cielo poblado de ángeles en una cúpula. — ARTE
7 Esplendor y magnificencia de una persona o una cosa que inspira admiración y respeto: *retrató al soberano en toda su gloria.* — = grandeza, majestad
8 Lugar donde los bienaventurados gozan de la presencia de Dios, en la religión católica. — RELIGIÓN = cielo
9 Vista y posesión de Dios en el cielo, en la doctrina cristiana. — RELIGIÓN
10 Tejido de seda, delgado y transparente, con el que se hacían mantos para las mujeres. — TEXTIL
11 Pastel abarquillado hecho con pasta de hojaldre. — COCINA
12 Cada una de las veces que se alza el telón en el teatro para que los actores saluden al público. — TEATRO
13 Cántico o rezo de la misa en latín, que comienza con esta palabra. — s.m. MÚSICA, RELIGIÓN
14 estar una persona en la gloria: Encontrarse muy a gusto en un lugar o en una situación: *cuando voy al campo, estoy en la gloria.* — coloquial
15 hacer gloria de una cosa: Preciarse de ella. — coloquial
16 que en gloria esté: Expresión de respeto que se usa al dirigirse a los difuntos: *mi esposa, que en gloria esté, era una santa.* — coloquial
17 saber una cosa a gloria a una persona: Gustarle mucho. — coloquial

gloriado Bebida parecida al ponche, hecha con aguardiente. — s.m./Amér. Central y Merid.

gloria patri Versículo latino que se reza después del padrenuestro y del avemaría y al final de los salmos e himnos del oficio divino. — s.m. RELIGIÓN tb: gloriapatri

gloriar
1 Alabar a una persona de forma exagerada: *el profesor gloriaba la obra del escritor.* — v.tr./conj: vaciar = exaltar
2 Alabar o ensalzar a Dios o a los santos mediante la oración o los actos. — RELIGIÓN
3 Hacer ostentación o presumir de una cosa: *se gloria de ser el mejor en el mus.* — v.prnl. = vanagloriarse
4 Sentirse muy satisfecho u orgulloso de una cosa: *se gloriaba de haber aprobado a la primera.* — = enorgullecerse

glorieta (Del fr. *gloriette < lat. gloriari < gloria.*)
1 Plaza en la que confluyen varias calles: *no pases por la glorieta, que hay mucho tráfico.* — s.f. = rotonda
2 Lugar en un jardín o en un parque donde suele haber un cenador: *los músicos tocaron en la glorieta del parque.* — = plazoleta
3 Espacio en un jardín delimitado por una estructura o pérgola: *suelen cenar en la glorieta del jardín.* — = cenador

glorificación
1 Alabanza de una persona o cosa digna de honor o aprecio: *sus adeptos progaparon la glorificación de sus gestas.* — s.f. = enaltecimiento
2 Estado de bienaventuranza de los santos. — RELIGIÓN

glorificador, a
1 Que glorifica: *en la historia ha habido muchas gestas glorificadoras.* — adj/s.
2 Que da la gloria o la vida eterna. — adj./RELIGIÓN

glorificar (Del bajo lat. *glorificare.*)
1 Hacer gloriosa o enaltecer a una persona o una cosa: *el pueblo le glorificó por sus hazañas.* — v.tr./conj: sacar = ensalzar
2 Alabar o reconocer la gloria de una persona. — = gloriar
3 Mostrar una cualidad o una acción con orgullo o presunción: *se glorifica de ser el primero en todo.* — v.prnl. = gloriarse

gloriosa La Virgen María: *era un devoto de la gloriosa.* — s.f./RELIGIÓN

glorioso, a
1 Que es digno de gloria, fama o alabanza: *hechos gloriosos; antepasados gloriosos.* — adj. = ilustre
2 Que goza de la visión de Dios, entre los católicos: *glorioso san Pedro.* — RELIGIÓN = bienaventurado
3 Que tiene relación con la gloria o con lo divino: *gloriosa ascensión; gloriosa resurrección.* — RELIGIÓN = majestuoso

4 Que se alaba a sí mismo: *siempre se muestra glorioso de sus actos.* = jactancioso / ≠ modesto

glos- Componente de palabra procedente del gr. *glossa,* que significa lengua, lenguaje, idioma: *glosemática.* pref. tb: glosia-, glot-

glosa (Del lat. *glossa,* palabra rara, < gr. *glossa,* lengua- je.) s.f.
1 Explicación escrita u oral, en general breve, de un texto difícil de entender por su contenido o por estar escrito en otra lengua: *el profesor les recomendó una edición con glosas.* LINGÜÍSTICA = comentario
2 Nota explicativa que se coloca en un libro de cuen- tas, en contabilidad. COMERCIO
3 Composición poética construida a partir de otro poema, llamado mote, de tal manera que cada estro- fa acaba repitiendo uno o más versos del otro de for- ma sucesiva. POESÍA
4 Variación que ejecuta el intérprete sobre un tema principal. MÚSICA
5 Anotación puesta en un documento o libro de cuenta y razón para advertir la obligación a que está afecta o hipotecada alguna cosa. COMERCIO

glosador, a Que escribe o pone glosas. adj/s.

glosar
1 Componer glosas. v.intr./POESÍA
2 Poner glosas en un texto: *encargaron a un hispanista que glosara el famoso poema.* v.tr. LINGÜÍSTICA
3 Hacer comentarios sobre un tema: *glosó su opinión sobre el tema en la reunión.* = comentar
4 Dar una interpretación malévola o suspicaz a una palabra o a un acto: *creo que has glosado mis palabras, yo no me refería a eso.* = retorcer, tergiversar

glosario (Del lat. *glossarium.*)
1 Relación de palabras y expresiones desusadas, loca- les, coloquiales o de significado extraño que a veces se incluye en obras científicas o literarias con defini- ciones o comentarios: *el manual contiene un buen glosa- rio al final.* s.m. = léxico, vocabulario
2 Relación de palabras, agrupadas por temas o cam- pos de significado, con definiciones o explicaciones: *hace glosarios para la enseñanza del inglés.* = lexicón
3 Colección de glosas. LITERATURA

glose Acción de poner notas en un texto, un docu- mento o un registro. s.m.

glosectomía Extirpación quirúrgica de la lengua o de una parte de ella. s.f. MEDICINA

glosema Forma mínima e irreductible al análisis, en glosemática. s.m. LINGÜÍSTICA

glosemática Teoría del lenguaje según algunas es- cuelas lingüísticas, que describe el conjunto de las lenguas naturales en la variedad de sus usos. s.f. LINGÜÍSTICA

glosilla Carácter de imprenta de letra menor que la de breviario. s.f. ARTES GRÁFICAS

glositis Inflamación de la lengua: *tiene una glositis que le impide hablar.* s.f./pl: glositis MEDICINA

gloso- Componente de palabra procedente del gr. *glossa,* que significa lengua: *glosopeda.* pref./suf. tb: gloto-

glosofaríngeo, a De la lengua y de la faringe. adj./ANATOMÍA

glosolalia Lenguaje propio de algunos enfermos mentales, compuesto de neologismos y con una sin- taxis desordenada pero regular. s.f. LINGÜÍSTICA, SIQUIATRÍA

glosopeda (Del gr. *glossa,* lengua + lat. *pes, pedis,* pie.) Enfermedad del ganado, caracterizada por la for- mación de ampollas en la boca y entre las pezuñas, transmisible al hombre. s.f. VETERINARIA = fiebre aftosa

glosoptosis Caída de la lengua hacia atrás sin posibi- lidad de controlarla, que puede causar la obstrucción de las vías respiratorias. s.f. pl: glosoptosis MEDICINA

glótico, a De la glotis. adj./ANATOMÍA

glotis (Del gr. *glottis,* úvula.) Abertura superior de la laringe, de forma triangular, situada entre las cuerdas vocales inferiores. s.f./pl: glotis ANATOMÍA

glotitis Inflamación de las cuerdas vocales: *está medi- cándose para curarse la glotitis.* s.f./pl: glotitis MEDICINA

gloto- Componente de palabra procedente del gr. *glossa,* que significa lengua: *glotología.* pref./suf. tb: glot-

glotocronología Parte de la lingüística que estudia los cambios y parentescos de las lenguas, y determi- na la época en que dos idiomas emparentados em- piezan a diferenciarse. s.f. LINGÜÍSTICA

glotología (Del gr. *glottis,* úvula + *logos,* palabra.) Ciencia de la investigación del lenguaje. s.f./LINGÜÍSTICA = lingüística

glotón, a (Del lat. *glutto, -onis.*)
1 Que come con voracidad más de lo necesario: *será difícil que adelgace porque es un glotón.* adj/s. = comilón
2 Mamífero carnívoro mustélido ártico, con pelaje denso y pardo, del tamaño de un zorro grande. (*Gulo gulo.*) s.m. ZOOLOGÍA

glotonear Comer en exceso y con voracidad: *no es conveniente que glotonees entre horas.* v.intr.

glotonería
1 Acción de glotonear o comer con exceso o ansia. s.f.
2 Cualidad de glotón: *su gordura se debe a su glotone- ría.* = gula

gloxínea Planta herbácea de hojas pecioladas enteras y dentadas con flores acampanadas, aterciopeladas de colores diversos, que se cultiva como ornamental. (*Gloxinia.*) s.f. BOTÁNICA tb: gloxinia

glucemia (Del gr. *glykos,* endulzado + *aima,* sangre.) Presencia de azúcar en la sangre. s.f./MEDICINA tb: glicemia

glucídico, a De los glúcidos. adj./BIOQUÍMICA

glúcido Componente de la materia orgánica formado por oxígeno, carbono e hidrógeno que desempeña funciones energéticas, entre otras, en los seres vivos: *las dietas para adelgazar suelen ser pobres en glúcidos.* s.m. BIOQUÍMICA = hidrato de carbono, sacárido

glucidolipídico, a De los glúcidos y lípidos o que está constituido por ambos. adj. BIOQUÍMICA

glucina (Del fr. *glucine* < gr. *glykys,* dulce.) Óxido de glucinio que entra en la composición del berilio y de la esmeralda. s.f. QUÍMICA

glucinio (Del fr. *glucine* < gr. *glykys,* dulce.) Metal al- calino, ligero, de color blanco y sabor dulce. s.m./QUÍMICA = berilio

gluco- Componente de palabra procedente del gr. *gly- kys,* que significa dulce: *glucógeno.* pref. tb: glico-

glucocorticoide Sustancias segregadas por la capa media de la corteza suprarrenal, que intervienen en el metabolismo de las proteínas y de los glúcidos. s.m. BIOQUÍMICA

glucogénesis Producción de azúcar por hidrólisis del glucógeno de reserva que se realiza, por lo general, en el hígado y en los músculos. s.f./pl: glucogénesis BIOQUÍMICA = glucogenia

glucógeno Hidrato de carbono ramificado que se en- cuentra por lo general en el hígado y en los músculos y que, en el momento de ser utilizado por el organis- mo, se transforma en glucosa. s.m. BIOQUÍMICA

glucólisis Destrucción de la glucosa durante los fenó- menos metabólicos. s.f./pl: glucólisis BIOQUÍMICA

glucómetro (Del gr. *glykys,* dulce + lat. *metrum,* me- dida.) Aparato que se utiliza para medir la cantidad de azúcar en un líquido. s.m. TECNOLOGÍA

gluconato Cualquier sal del ácido glucónico. s.m./QUÍMICA

glucónico Ácido obtenido a partir de la glucosa por oxidación electrolítica. s.m. BIOQUÍMICA

glucoproteína Proteína combinada con glúcidos, que se encuentra en el plasma humano. s.f. BIOQUÍMICA

glucorregulación Proceso fisiológico que permite mantener el nivel adecuado de azúcar en la sangre. s.f. FISIOLOGÍA

glucosa (Del fr. *glucose* < gr. *glykys,* dulce.) Azúcar de color blanco, cristalizable, que se encuentra en mu- chos frutos maduros como la uva, en el plasma san- guíneo y en la orina de los diabéticos. s.f. BIOQUÍMICA = dextrosa

glucosado, a Que contiene glucosa. adj./QUÍMICA

glucósido Sustancia orgánica que, por descomposi- ción hidrolítica, da glucosa y otros cuerpos. s.m./BIOQUÍMICA tb: glicósido

glucostático, a Que tiende a mantener un índice constante de glucosa. adj. BIOQUÍMICA

glucosuria (Del gr. *glykys,* dulce + *ureo,* orinar.) Pre- sencia excesiva de azúcar en la orina. s.f./MEDICINA tb: glicosuria

glucosúrico, a
1 De la glucosuria. adj./MEDICINA
2 Se aplica a las personas que muestran un exceso de azúcar en la orina. adj/s./MEDICINA = diabético

gluglú (Voz onomatopéyica.)
1 Expresión usada para imitar el ruido del agua u otro líquido al tragarlo o al sumergirse en él. s.m.
2 Expresión empleada para imitar la voz o sonido que emite el pavo. pl.tb: gluglúes

gluglutear Emitir el pavo su voz. v.intr.

gluma (Del lat. *gluma.*) Cada una de las hojas que se encuentran enfrentadas en la base de las espiguillas de las gramíneas, y que las envuelve. s.f. BOTÁNICA

glumela Cada una de las dos brácteas que envuelven las flores de las gramíneas. s.f. BOTÁNICA

glumilla Hoja pequeña interior delgada que encierra la flor de una planta graminácea. s.f. BOTÁNICA

glutamato Sal del ácido glutámico que se usa como aditivo de los alimentos para reforzar su sabor. s.m. QUÍMICA

glutámico, a Se aplica a un ácido aminado que se encuentra en el tejido nervioso que desempeña un importante papel en el metabolismo. adj. BIOQUÍMICA

gluten (Del lat. *gluten,* cola.)
1 Sustancia albuminoidea que se encuentra junto con el almidón en las semillas de las gramíneas. s.m. BOTÁNICA
2 Sustancia que sirve para pegar o adherir. = pegamento

glúteo, a (Del gr. *glytós,* nalga.)
1 De la región de las nalgas: *región glútea.* adj./ANATOMÍA

2 Se refiere a cada uno de los tres músculos situados en esta región. — *adj./s.m. ANATOMÍA*

3 Cada una de las dos partes carnosas situadas al final de la espalda, en esta región anatómica. — *s.f./ANATOMÍA = nalga*

glutinosidad Propiedad de las materias glutinosas o pegajosas. — *s.f./= pegajosidad, viscosidad*

glutinoso, a Que es pegajoso y elástico o tiene la propiedad de pegar una cosa con otra: *el engrudo es una sustancia glutinosa.* — *adj.*

gnatoplastia Operación de cirugía plástica practicada en los maxilares o en las mejillas. — *s.f. MEDICINA*

gneis (Del alem. *gneis*.) Neis, granito pizarroso de origen metamórfico. — *s.m./tb: gneiss GEOLOGÍA*

gnetáceo, a (Del lat. moderno *gnetum*.) Perteneciente a una familia de plantas gimnospermas, en especial árboles y arbustos, de hojas laminares, flores unisexuales y frutos en forma de baya. — *adj./s./BOTÁNICA = netáceo*

gnetal Perteneciente a un orden de plantas gimnospermas que se caracterizan por tener los estambres reducidos a un filamento. — *adj./s.f. BOTÁNICA*

gnomo (Del lat. moderno *gnomus* < gr. *genomas*, el que vive dentro de la tierra.) Nomo, ser fantástico con figura de enano y poderes sobrenaturales. — *s.m.*

gnomon (Del bajo lat. *gnomon* < gr. *gnonon*, escuadra.) Nomon [en todas sus acepciones]. — *s.m. pl: gnomon*

gnomónica (Del gr. *gnomikos*, sentencia.) Nomónida, técnica de construcción de relojes solares. — *s.f.*

gnoseología Noseología, teoría del conocimiento. — *s.f./= epistemología*

-gnosia Componente de palabra procedente del gr. *gnosis*, que significa conocimiento: *geognosia.* — *pref/suf. tb: gnosis*

gnosis Nosis, conocimiento absoluto e intuitivo. — *s.f./pl: gnosis*

gnosticismo Nosticismo, doctrina filosófica y religiosa de los primeros siglos del cristianismo que pretendía conocer por la razón las cosas que sólo se pueden conocer por la fe. — *s.m. FILOSOFÍA, RELIGIÓN*

gnóstico, a (Del gr. *gnostikos* < *gignosko*, conocer.) Nóstico [en todas sus acepciones]. — *adj./s.*

gnu Ñu, antílope africano de la familia de los bóvidos. — *s.m./ZOOLOGÍA*

go Juego de estrategia que se practica sobre un tablero con unos peones que deben ganar unos territorios lo más extensos posibles. — *s.m. JUEGOS*

goa (Del vasco *agoe*.) Masa de hierro tal y como sale del horno donde se funde el mineral. — *s.f. METALURGIA*

gobernable Que puede ser gobernado: *el país se encuentra en una situación difícilmente gobernable.* — *adj.*

gobernación
1 Acción y resultado de gobernar o gobernarse: *el partido en el poder ejerce las funciones de gobernación del país.* — *s.f. POLÍTICA = mandato*
2 Ejercicio del gobierno. — *POLÍTICA*
3 Territorio dependiente del gobierno nacional en algunos países. — *POLÍTICA*

gobernador, a
1 Que gobierna. — *adj./s./= dirigente*
2 Autoridad máxima de una provincia, ciudad o territorio: *gobernadora civil; gobernador militar.* — *s. POLÍTICA*
3 Persona que representa al gobierno en un organismo público: *gobernador del Banco de España.* — *POLÍTICA*
4 gobernador civil: Representante permanente del gobierno en una provincia española. — *POLÍTICA*
5 gobernador militar: Oficial general del ejército español con mando sobre una provincia, plaza o fortaleza. — *MILITAR, POLÍTICA*

gobernadora Arbusto ramoso que da unas flores pequeñas de color amarillo con cuyas hojas se prepara una infusión de propiedades diuréticas y antirreumáticas. (*Zygophyllum*) — *s.f./Méx. BOTÁNICA*

gobernalle (Del cat. *governall* < lat. *gubernaculum*.) Pieza que, articulada en posición vertical sobre goznes en el codaste de la nave, sirve para gobernarla o dirigirla. — *s.m. NÁUTICA = timón*

gobernanta
1 Mujer que en los grandes hoteles tiene a su cargo el servicio de un piso en todo lo referente a limpieza y cuidado. — *s.f. = supervisora*
2 Mujer que se encarga de la administración de una casa o institución. — *= ama, celadora*
3 Mujer a quien le gusta mandar y organizar: *su familia la teme porque es una gobernanta.* — *coloquial*

gobernante Que gobierna: *es un alto dirigente del partido gobernante.* — *adj./s.m.f. = dirigente*

gobernar (Del lat. *gubernare* < gr. *kybernao*.)
1 Administrar o dirigir un país mediante la promulgación y aplicación de normas y haciendo que se cumplan: *el presidente gobernó durante un año.* — *v.tr/intr. conj: pensar POLÍTICA/= mandar*
2 Mandar o guiar una institución, empresa o colectividad: *la obra se gobierna bajo sus decisiones.* — *v.tr/prnl. = dirigir*
3 Conducir una embarcación. — *NÁUTICA*

4 Manejar a una persona influyendo sobre ella: *lo gobernaba a su antojo.* — *v.tr. = conducir*
5 Obedecer una embarcación al timón. — *v.intr./NÁUTICA*
6 Valerse una persona por sus propios medios: *se gobierna muy bien para lo joven que es.* — *v.prnl.*
7 gobernárselas: Tener una persona sus cosas organizadas con habilidad.

gobernativo, a Gubernativo, que tiene relación con el gobierno. — *adj.*

góbido Perteneciente a una familia de peces teleósteos, de tamaño pequeño, cuerpo alargado y cabeza ancha, que vive en las aguas litorales. — *adj./s.m. ZOOLOGÍA*

gobierna Veleta que señala la dirección del viento: *la gobierna de la casa giró hacia el sur.* — *s.f.*

gobierno
1 Acción y resultado de gobernar, administrar o dirigir según unas normas a una familia, colectividad o estado: *en su familia, el gobierno de la casa es cosa de mujeres.* — *s.m. = dirección, mandato*
2 Institución política formada por un presidente y un grupo de ministros que gobierna un estado: *es posible que haya cambios en el gobierno del estado.* — *POLÍTICA*
3 Conjunto de acciones realizadas por la institución política que dirige un país: *el pueblo se manifestó en contra de la línea de gobierno en materia económica.* — *POLÍTICA = administración*
4 Cargo de gobernador. — *POLÍTICA*
5 Territorio bajo la jurisdicción del gobernador. — *POLÍTICA*
6 Edificio donde tiene su despacho el gobernador. — *POLÍTICA*
7 Período de tiempo que dura la jurisdicción de un gobernador. — *POLÍTICA*
8 Docilidad de la nave a la acción del timón. — *NÁUTICA*
9 gobierno absoluto: Aquel que reúne todos los poderes en una sola persona o cuerpo. — *POLÍTICA*
10 gobierno en la sombra: Gabinete organizado por la oposición política como alternativa al que ejerce el poder. — *POLÍTICA*
11 gobierno parlamentario: Aquel cuyos ministros necesitan de la confianza de las cámaras. — *POLÍTICA*
12 gobierno representativo: Aquel que elabora las leyes con la participación de los representantes populares. — *POLÍTICA*
13 mirar contra el gobierno: Ser bizco. — *coloquial loc.adj.*
14 para gobierno de una persona: Se aplica a aquello que sirve como orientación para que una persona ajuste sus planes o su conducta del modo conveniente: *le explicó las normas del hotel para su gobierno en él.*
15 servir de gobierno una cosa: Servir de norma o advertencia: *que te sirva su experiencia de gobierno para el futuro.*

gobio (Del lat. *gobius* < gr. *kobios*.) Pez teleósteo que habita en aguas fluviales, pequeño, con las aletas abdominales y las torácicas situadas al mismo nivel. (*Gobio*) — *s.m. ZOOLOGÍA*

goce Acción y resultado de gozar o sensación experimentada al gozar o disfrutar de una cosa: *se debe buscar el goce de la vida.* — *s.m. = disfrute, gozo, placer*

gocete (Del fr. *gousset*, bolsillo.)
1 Pieza de malla de la armadura que servía para cubrir las axilas. — *s.m. HISTORIA*
2 gocete de lanza: Rodete de cuero o hierro que se clavaba en la manija de la lanza. — *HISTORIA*

gocho, a (Voz onomatopéyica que imita el gruñido del cerdo.) Cerdo, animal doméstico similar al jabalí, que se cría para aprovechar principalmente su carne. — *s. = cochino, puerco*

godesco, a Que es alegre o placentero. — *adj/s./= godible*

godo, a
1 Se aplica a un antiguo pueblo germánico que se dividió en dos ramas, visigodos y ostrogodos, que invadieron el imperio romano y fundaron reinos en las penínsulas Ibérica e Itálica. — *adj. HISTORIA tb: gotón*
2 Persona natural de este antiguo pueblo. — *s./HISTORIA*
3 Se refiere al rico y poderoso originario de familias ibéricas que, confundido con miembros invasores de este pueblo, entró a formar parte de la nueva nobleza. — *adj/s. HISTORIA*
4 Se aplicaba a los españoles durante las guerras de independencia. — *Amér.*

goethita Óxido de hierro hidratado que puede ser de color marrón oscuro o marrón rojizo. — *s.f. MINERALOGÍA*

gofio
1 Harina tostada generalmente de maíz. — *s.m.*
2 Golosina hecha de harina gruesa de maíz, trigo o cebada tostados y azúcar. — *s.m. Amér. COCINA*

gofo, a (Del ital. *goffo*, grosero.)
1 Que es ignorante y grosero. — *adj.*
2 Se aplica a la figura que representa a un enano. — *ARTE*

gofrado Grabado permanente en un tejido, en el cuero o en el papel para encuadernar que se utiliza para completar o sustituir una impresión anterior. — *s.m. ARTES GRÁFICAS, TEXTIL*

gofrador, a Que gofra. — *adj./s.*

gofradora Máquina que se utiliza para grabar en relieve papel, tejido o cuero. — *s.f.*

gofrar
1 Grabar o estampar motivos ornamentales en relieve sobre papel, en las tapas de un libro o en un tejido para completar o sustituir una impresión anterior. — *v.tr.* ARTES GRÁFICAS, TEXTIL
2 Dar la forma correspondiente a los diversos elementos que componen una flor artificial.
3 Acanalar el papel para hacerlo ondulado. — ARTES GRÁFICAS

gofre Especie de bizcocho rectangular que se hace en un molde especial que le confiere su característico relieve cuadriculado, y que se puede comer o bien solo o bien cubierto de azúcar, mermelada, chocolate u otros productos. — *s.m.* COCINA

gogó (Del ingl. *go-go*.)
1 Chica que baila como profesional en las discotecas y salas de fiesta. — *s.f.*
2 **a gogó:** En gran cantidad: *con este trabajo ganaremos dinero a gogó.* — *loc.adv.* coloquial

gol (Del ingl. *goal*, meta.)
1 Jugada en la que entra el balón en la portería, en el fútbol y otros deportes: *marcó un gol desde medio campo pillando al portero adelantado.* — *s.m.* DEPORTES
2 Zona de gradas que queda tras la portería en un campo de fútbol: *penetraron en el estadio por las puertas que daban acceso a uno de los goles.* — DEPORTES
3 **gol average:** Relación entre los goles anotados y los encajados por un equipo en una competición deportiva. — DEPORTES
4 **gol cantado:** Lanzamiento del balón a la portería que no llega a convertirse en gol, a pesar de que parecía imposible fallarlo. — DEPORTES
5 **gol fantasma:** Jugada en que no se sabe si el balón ha entrado en la portería o no. — DEPORTES
6 **meter un gol a una persona:** Engañarla con disimulo: *le metió un gol al ganarle en las oposiciones.* — coloquial

gola (Del lat. *gula*, garganta.)
1 Parte anterior del cuello: *una fuerte irritación en la gola me hizo toser.* — *s.f./*ANATOMÍA = garganta
2 Pieza de la armadura que cubría la garganta. — HISTORIA
3 Insignia militar consistente en una media luna de metal, que se cuelga del cuello. — MILITAR
4 Adorno de tela almidonada y plegada, o de tul y encajes, que se ponía alrededor del cuello: *los trajes que lucían en la película llevaban gola.* — = gorguera
5 Entrada desde la plaza al baluarte de una fortificación militar. — CONSTRUCCIÓN
6 Línea recta, imaginaria cuando no tiene parapeto, que une los extremos de los flancos en una fortificación. — CONSTRUCCIÓN
7 Moldura que tiene el perfil en forma de *s*. — ARQUITECTURA
8 Canal por donde entran los barcos en ciertos puertos o rías. — NÁUTICA
9 **gola reversa:** Moldura con la convexidad en la parte superior y la concavidad en la parte inferior. — ARQUITECTURA

golazo Gol que se marca con un lanzamiento potente o tras una jugada espectacular: *el portero no pudo parar el golazo.* — *s.m.* DEPORTES

golden (Voz inglesa.) Manzana de piel amarilla dorada y carne perfumada de calidad variable según el lugar de origen o las técnicas usadas para su cultivo. — *s.f.* AGRICULTURA

goldre Caja en forma de tubo que se lleva colgada al hombro y sirve para guardar las flechas. — *s.m.* = aljaba, carcaj

goleada Gran cantidad de goles: *tu equipo ha ganado por goleada.* — *s.f.* DEPORTES

goleador, a Se aplica al deportista o al equipo que marca muchos goles. — *adj./s.* DEPORTES

golear Marcar muchos goles al equipo contrario: *el equipo visitante goleó al local.* — *v.tr.* DEPORTES

goles Color rojo heráldico que en pintura se expresa por el rojo vivo y en el grabado por líneas verticales muy espesas. — *s.m./pl:* goles HERÁLDICA tb: gules

goleta (Del fr. *goëlette* < *goéland* < bretón *gwelan*, gaviota de gran tamaño.) Barco velero de dos o tres palos, ligero y de borda poco elevada. — *s.f.* NÁUTICA = escuna

golf (Voz inglesa.) Deporte en que se golpea una pelota con unos palos especiales para introducirla en unos hoyos distribuidos a lo largo de un recorrido. — *s.m.* DEPORTES

golfa Mujer que comercia sexualmente con su cuerpo. — *s.f./despectivo*

golfada Acción propia de un golfo, pilluelo o vagabundo: *no es normal que a tu edad hagas todavía estas golfadas.* — *s.f.* = gamberrada, granujada

golfán (Derivado de *golfo* < lat. vulgar *colphus*.) Planta acuática de hojas redondas, que flotan en la superficie del agua, y flores blancas. — *s.m./*BOTÁNICA = nenúfar

golfante Golfo, que hace golferías. — *s.m.f.*

golfear (Derivado de *golfo*, de origen incierto.) Vivir o comportarse una persona como un golfo: *toda su vida ha estado golfeando, sin trabajar ni adquirir responsabilidades.* — *v.intr.* = encanallar

golfería
1 Conjunto de golfos: *ese chico forma parte de la golfería del barrio.* — *s.f.*
2 Acción propia de un golfo: *la policía le dio una buena reprimenda por su golfería.* — = golfada, pillería

golfín
I (Del lat. *delfin*, por influencia de *golfo*, alta mar.) Mamífero cetáceo que vive en los mares templados. — *s.m./*ZOOLOGÍA = delfín
II (De origen incierto.) Ladrón que iba con otros en cuadrilla. — *s.m.*

golfista Persona que juega al golf. — *s.m.f./*DEPORTES

golfo (Del lat. vulgar *colphus* < gr. *kolpos*, ensenada.)
1 Entrante de mar en la costa, de gran extensión y en general entre dos cabos. — GEOGRAFÍA
2 Toda la extensión del mar. — GEOGRAFÍA
3 Extensión grande del mar sin islas. — GEOGRAFÍA
4 Cierto juego de cartas de envite. — JUEGOS

golfo, a (De origen incierto.)
1 Persona de comportamiento pícaro y vagabundo: *unos golfos merodean por el barrio.* — = bribón, granuja
2 Persona de mal vivir: *es un golfo, cada noche se va de juerga.*

goliardesco, a De los goliardos: *poesía goliardesca.* — *adj.*

goliardo, a (Del fr. ant. *gouliard* < bajo lat. *gens Golieae* < lat. *Golias*, el gigante Goliat.)
1 Clérigo o estudiante vagabundo que, en la época medieval, llevaba una vida irregular. — *s.m.*
2 Que se entrega a la gula y al libertinaje. — *adj.*

golilla
1 Adorno formado por una tira estrecha de tela blanca almidonada y rizada sobre otra tira negra que llevaban en la antigüedad los hombres. — *s.f.* = gola, gorguera
2 Anillo que asegura por medio de tornillos las piezas de un cuerpo de bomba. — MILITAR
3 Conjunto de plumas que cubren el cuello de las aves gallináceas. — ZOOLOGÍA
4 Trozo de tubo corto para empalmar los caños de barro.
5 Pañuelo que usa el campesino alrededor del cuello. — Argent., Urug.
6 Chalina que usa el gaucho. — Bol.
7 Anillo de hierro en el eje del carro que se pone entre un clavo de sujeción y la rueda. — Chile
8 **ajustar o apretar a una persona la golilla:** 1. Obligarla a que actúe con corrección ante la represión o el castigo. 2. Ahorcarla o darle garrote.

golillero, a Persona que hacía y arreglaba golillas. — *s.*

gollería
1 Manjar exquisito, delicado y bien presentado: *nunca había comido semejante gollería.* — *s.f./tb:* gullería = golosina
2 Cosa muy delicada o superflua: *no puedes poner gollerías al trabajo porque hay que exponer lo esencial.* — coloquial

golletazo
1 Golpe dado en el gollete de una botella para abrirla. — *s.m.*
2 Estocada que se da en la tabla del cuello o gallete del toro. — TAUROMAQUIA = bajonazo

gollete (Del fr. *goulet* < lat. *gula*.)
1 Parte de la garganta que la une a la cabeza. — *s.m./*ANATOMÍA
2 Cuello estrecho de algunas vasijas o botellas.
3 Cuello que llevan los donados en sus hábitos. — RELIGIÓN
4 **estar una persona hasta el gollete:** 1. Estar harta de aguantar o padecer cierta cosa: *estoy hasta el gollete de sus quejas.* — coloquial 2. Tener muchas deudas: *se empeñó en comprarse un nuevo vehículo y ahora está hasta el gollete.* — coloquial 3. Haber comido mucho: *no quiero más, gracias, estoy hasta el gollete.* — coloquial

gollizno Garganta o paso entre montañas. — *s.m./tb:* gollizo

golondrina (Del lat. *hirundo, -inis*.)
1 Ave paseriforme pequeña y esbelta, de alas puntiagudas y cola ahorquillada, con dorso negro y vientre blanco, que nidifica en toda la zona europea y suele construir sus nidos bajo los aleros de los tejados. (*Hirundo rustica.*) — *s.f.* ZOOLOGÍA = andarina, andorina
2 Pez teleósteo marino de cuerpo fusiforme, dorso rojo, vientre plateado, cola ahorquillada, aletas pectorales muy desarrolladas, cabeza hundida entre los ojos y boca sin dientes. (*Trigla hirundo.*) — ZOOLOGÍA
3 Barca pequeña de motor para viajeros: *nos montamos en la golondrina para pasear por las aguas del puerto.* — NÁUTICA
4 **golondrina de mar:** Ave marina palmípeda, de color blanco, nuca negra, cuerpo esbelto y cola ahorquillada, que suele realizar grandes migraciones. (*Sterna hirundo.*) — ZOOLOGÍA

golondrinera Planta herbácea de flores amarillas, cuyo tallo contiene un jugo usado con fines medicinales. — *s.f./*BOTÁNICA = celidonia

golondrino
1 Cría de la golondrina. — *s.m./*ZOOLOGÍA
2 Persona bohemia, que viaja mucho sin fijar su residencia en ninguna parte: *es difícil mantener la amistad con un golondrino como él.* — *s.m.f.* coloquial

3 Quiste sebáceo que se desarrolla en la axila por inflamación de las glándulas sudoríparas. — s.m. / MEDICINA

4 Soldado desertor. — MILITAR

5 voló el golondrino: Indica que una cosa que se creía que se iba a conseguir, se ha escapado de las manos: *se equivocó en una gestión y voló el golondrino del aumento.* — coloquial

golondro Antojo y deseo de alguna cosa. — s.m.

golosina
1 Comestible de sabor dulce muy agradable al paladar pero poco nutritivo. — s.f. / = chuchería
2 Cualquier cosa apetecible: *no queríamos comer, pero nos ofrecieron tales golosinas que cedimos.* — = delicia
3 Deseo de algo: *el dinero había despertado en él la golosina del poder.* — = ansia
4 amargar a una persona la golosina: Salirle caro el disfrute de un placer. — coloquial

golosinear Comer golosinas: *no vas a comer después de tanto golosinear.* — v.intr./tb: golosinar, golosear

golosmear
1 Comer golosinas: *deja ya de golosmear, que vamos a comer dentro de media hora.* — v.intr. / tb: gulusmear
2 Intentar averiguar lo que hacen o dicen otras personas: *se acercó a la puerta para golosmear lo que hacíamos.* — v.tr. / = curiosear

goloso, a
1 Se refiere a la persona a la que le gustan los alimentos dulces: *le encantan los bombones de toda clase porque es muy goloso.* — adj/s.
2 Que es muy deseado o codiciado: *me han ofrecido un empleo muy goloso.* — adj./= atractivo, deseable
3 Que tiene mucho deseo de una cosa: *está goloso de vacaciones.* — = ávido, deseoso
4 tener una cosa muchos golosos: Ser muy codiciado: *ese cargo tiene muchos golosos.* — coloquial

golpazo Golpe violento o ruidoso: *resbaló y se dio un golpazo; hacía viento y la puerta se cerró de un golpazo.* — s.m. / = porrazo

golpe (Del lat. vulgar *colupus* < lat. *colaphus* < gr. *kolaphos*, bofetón.)
1 Acción y resultado de golpear: *se dio un fuerte golpe en la cabeza.* — s.m.
2 Ruido producido al golpear: *se oyeron unos golpes en el piso de arriba.*
3 Suceso inesperado y adverso: *la enfermedad de su amigo fue un duro golpe para él.*
4 Asalto que se realiza con el fin de robar: *consideraron el robo del banco como el golpe del siglo.* — = atraco
5 Admiración o sorpresa que ocasiona una persona o cosa: *su gesto despectivo fue un golpe entre los presentes en el acto.*
6 Dicho o acción sorprendente, graciosa y oportuna: *me perdí los mejores golpes de la película por llegar tarde.* — = ocurrencia, salida
7 Abundancia de personas, animales o cosas: *alrededor de la bombilla había un golpe de mosquitos; ante el cine había un golpe de gente.* — + de / = tropel
8 Cada uno de los movimientos alternativos de dilatación y contracción del corazón. — = latido
9 Pestillo dispuesto de modo que se encaja al cerrar la puerta con fuerza. — = resbalón
10 Puerta provista de este tipo de pestillo.
11 Lance en que se hace alguna carambola, en el juego del billar. — JUEGOS
12 Apuesta en cualquier juego: *fueron demasiados golpes para no conseguir nada.* — JUEGOS
13 Trozo de tela que se coloca sobre la abertura de un bolsillo de algunas prendas de vestir. — TEXTIL / = tapa
14 Adorno de pasamanería sobrepuesto en una prenda de vestir. — TEXTIL
15 Hoyo en que se pone la semilla o la planta. — AGRICULTURA / Méx.
16 Instrumento de hierro parecido a un mazo.
17 golpe bajo: 1. Acción indigna con la que se pretende perjudicar a una persona: *su contrato con otra empresa ha sido un golpe bajo.* **2.** Falta cometida en boxeo al golpear por debajo de la cintura. — = mala pasada, jugarreta / DEPORTES
18 golpe de castigo: Penalización que consiste en tirar a portería con el pie, de modo que el balón, previamente colocado en el suelo, pase por encima del travesaño de la portería, en el rugby. — DEPORTES
19 golpe de estado: Usurpación violenta del gobierno de un país, que lleva a cabo uno de los poderes del estado. — POLÍTICA
20 golpe de fortuna: Suceso favorable o desgraciado, que sobreviene de forma repentina e inesperada.
21 golpe de gracia: 1. El que se da para rematar al que está herido de gravedad: *con su pistola dio el golpe de gracia al fusilado.* **2.** Agravio con que se consuma el descrédito, la desgracia o la ruina de una persona: *la muerte del padre fue el golpe de gracia para la familia.* — coloquial
22 golpe de mano: Acción planeada en secreto y ejecutada por sorpresa: *se apoderaron de la ciudad en un golpe de mano.* — coloquial
23 golpe de mar: Ola fuerte que rompe sobre la costa o sobre una embarcación.

24 golpe de pecho: El que se da con la mano o puño en el pecho como signo de dolor y arrepentimiento.
25 golpe de suerte: Suceso favorable que cambia la situación de las personas: *el encontrar trabajo supuso un golpe de suerte para su economía.* — coloquial
26 golpe de tos: Acceso en las vías respiratorias.
27 golpe de viento: Chaparrón acompañado de viento.
28 golpe de vista: Percepción o apreciación rápida y certera de alguna cosa: *se dio cuenta del problema en un golpe de vista.* — coloquial
29 golpe en falso: Acción que no da el resultado pretendido. — = fracaso
30 golpe franco: Penalización con que se sanciona cualquier infracción del reglamento de fútbol que obstruya la realización de una jugada decisiva en el desarrollo del juego, en la zona próxima del área de penalty. — DEPORTES
31 a golpe: Manera de sembrar semillas o plantas por hoyos. — loc.adv. / AGRICULTURA
32 a golpe de calcetín: Andando, a pie o caminando. — Méx./coloquial
33 a golpe seguro: Con seguridad: *es reponsable y le gusta actuar a golpe seguro.* — loc.adv. / coloquial
34 a golpes: 1. A porrazos: *se abrió paso a golpes.* **2.** Con intermitencias: *el motor del coche está frío, por eso avanza a golpes.* **3.** Distribuido con discontinuidad, en grupos no homogéneos: *el campesino iba sembrando a golpes.* — loc.adv. / loc.adv. / loc.adv.
35 acusar el golpe: Haber sufrido un daño por una cosa que ha ocurrido o que le han hecho a alguien: *las ventas de electrodomésticos acusaron el golpe del aumento de precio de las materias primas; con la faena que le hicieron, acusó el golpe.* — coloquial
36 al primer golpe de vista: En la primera impresión: *al primer golpe de vista me pareció tu amigo.* — loc.adv.
37 caer de golpe: Acordarse de repente de una cosa: *caí de golpe en que tenía una cita.* — coloquial
38 dar el golpe: Causar sorpresa o admiración: *con ese vestido tan original darás el golpe.*
39 dar el gran golpe: Sorprender y llevarse la palma en alguna actividad.
40 darle el golpe al cigarro: Aspirar el humo del cigarrillo o el puro. — Méx.
41 de golpe: Con rapidez, de repente, con brusquedad: *cerró la ventana de golpe.* — loc.adv.
42 de golpe y porrazo: Con precipitación, sin haberlo meditado ni reflexionado: *de golpe y porrazo se marchó sin decir palabra.* — loc.adv.
43 de un golpe: De una vez, en una sola acción: *de un golpe partió el tronco.* — loc.adv.
44 no dar o pegar golpe o ni golpe: No trabajar en nada o no realizar el trabajo que se tiene obligación de hacer: *desde que heredó tantos millones no pega golpe; no ha dado ni golpe en toda la mañana.* — coloquial
45 parar el golpe: Evitar un contratiempo o fracaso que amenazaba: *el préstamo que consiguió paró el golpe de la mala situación del negocio.*
46 sin dar golpe: 1. Sin hacer nada de provecho. **2.** Sin ningún esfuerzo, con facilidad. — loc.adv. / loc.adv.

golpeadero
1 Parte en la que se golpea mucho. — s.m.
2 Sitio donde choca el agua al despeñarse o caer desde una altura: *el agua de la cascada hizo una cavidad en la roca en el golpeadero.*
3 Ruido continuo de golpes. — = aporreo

golpear Dar uno o repetidos golpes a una persona, animal o cosa: *golpeó la puerta hasta derribarla; el boxeador golpeaba con fuerza.* — v.tr/intr/prnl. / = pegar

golpeo Acción y resultado de golpear. — s.m.

golpetazo Golpe fuerte, choque violento: *perdió el control del coche y se dio un golpetazo contra un muro.* — s.m. / = golpazo

golpete Pieza metálica que sirve para mantener abierta una hoja de puerta o ventana. — s.m.

golpetear Golpear a una persona o una cosa una y otra vez: *el granizo golpeteaba en los cristales.* — v.tr/intr. / = aporrear

golpeteo Acción y resultado de golpetear: *le despertó el golpeteo de la lluvia en el tejado.* — s.m.

golpismo
1 Actitud favorable al golpe de estado. — s.m./POLÍTICA
2 Actividad de quien prepara o comete golpes de estado. — POLÍTICA

golpista
1 Del golpe de estado: *en el país hay un clima golpista.* — adj./POLÍTICA
2 Que participa en un golpe de estado o lo apoya: *los golpistas fueron encarcelados.* — adj/s.m.f. / POLÍTICA

golpiza Paliza, zurra de golpes. — s.f./Amér.

goma (Del lat. vulgar *gumma*.)
1 Sustancia viscosa no cristalizable que fluye de diversas plantas y que disuelta en agua se usa como pegamento. — s.f. / BOTÁNICA

2 Sustancia elástica elaborada de forma industrial con jugos de plantas tropicales u otro material semejante: *nos recomendó que lleváramos zapatos con suela de goma en el barco.* — INDUSTRIA = caucho

3 Trozo de material elástico en forma de cinta o hilo que se usa para sujetar cosas: *llevaba el pelo recogido con una goma.* — = elástico

4 Funda fina y elástica para cubrir el pene durante el coito: *se recomienda usar gomas higiénicas como prevención contra el sida.* — = condón, preservativo

5 Tumor esférico o globuloso, por lo común de origen sifilítico, que se desarrolla en la piel y en distintos órganos. — MEDICINA

6 Malestar que se siente al día siguiente de haber bebido mucho. — Amér. Central = resaca

7 Neumático, llanta de caucho. — Amér.

8 Afición o manía hacia personas, animales o cosas. — Colomb.

9 goma adragante: Sustancia glutinosa que fluye del arbusto llamado tragacanto. — BOTÁNICA, FARMACIA

10 goma arábiga: La amarillenta y casi transparente, obtenida de ciertas acacias muy abundantes en Sudán y Senegal, usada para pegar y en medicina. — BOTÁNICA, FARMACIA, QUÍMICA

11 goma ceresina: La obtenida del cerezo, el almendro y el ciruelo. — BOTÁNICA

12 goma de borrar: Trozo de caucho u otro material elástico, usado para borrar lo escrito o dibujado.

13 goma de mascar: Resina obtenida de un árbol sudamericano o de forma artificial que se mastica como golosina: *usaba goma de mascar para ayudarse a dejar de fumar.* — = chicle

14 goma-2: Explosivo plástico impermeable e insensible al fuego y a los golpes. — QUÍMICA

15 goma elástica: Látex producido por varias plantas tropicales. — QUÍMICA

16 goma laca: Sustancia resinosa usada para fabricar barniz y discos de gramófono. — TECNOLOGÍA = laca

17 goma quino: Zumo astringente de determinadas plantas. — BOTÁNICA

18 mandar a una persona a la goma: Mandarla a paseo. — Méx. coloquial

gomaespuma Caucho sintético o natural. — s.f.

gombo Planta tropical de flores amarillas, cuyo fruto tiene forma piramidal y se consume como verdura o condimento. *(Hibiscus esculentus.)* — s.m. BOTÁNICA

gomecillo, a Animal o persona que guía a otra que lo necesita, en general a un ciego. — s. = lazarillo

gomel
1 De una tribu beréber que habita en la zona costera del norte marroquí. — adj. tb: gomer
2 Persona que pertenece a esta tribu berberisca. — s.m.f.

gomera Horquilla con gomas para tirar piedras pequeñas. — s.f. Argent.

gomería Lugar de venta o reparación de neumáticos de automóvil. — s.f./Argent. COMERCIO

gomero, a
I (Derivado de *goma*.)
1 De la goma. — adj.
2 Se aplica de forma general a los árboles que producen goma. — adj/s.m. Amér. Merid.
3 Se refiere a la persona que explota la industria de la goma. — adj/s. Argent.
4 Árbol ornamental de la familia de las moráceas, de copa ancha y hojas de color verde oscuro. — s.m. Amér. Merid.
II (Derivado de *Gomera*, una de las islas Canarias.)
1 Que es de esta isla del archipiélago canario. — adj.
2 Persona natural de esta isla. — s.

gomia (Del bajo lat. *gumia*, comilón.)
1 Tarasca, figura de serpiente monstruosa. — s.f./MITOLOGÍA
2 Persona que come mucho y con voracidad. — = glotón
3 Ser imaginario que se menciona para asustar a los niños: *si no comes vendrá la gomia y se te llevará.* — = coco
4 Cosa que poco a poco consume o destruye algo.

gomina Sustancia que se usa como fijador del cabello: *ni con gomina conseguía domar su rebelde pelo.* — s.f. = fijador

gomista Persona que comercia con objetos de goma.

gomorresina (Del lat. vulgar *qumma* < lat. *cummi* o *gummi* + lat. *resina*.) Sustancia lechosa obtenida de algunas plantas, compuesta de una resina mezclada con una materia gomosa y un aceite volátil que se solidifica al aire. — s.f. BOTÁNICA, QUÍMICA

gomosería Actitud presumida y preocupada en exceso por el arreglo personal. — s.f. = afectación

gomosidad Cualidad de gomoso: *la gomosidad del preparado me daba grima.* — s.f.

gomosis Enfermedad de las plantas caracterizada por una abundante producción de goma. — s.f./pl: gomosis BOTÁNICA

gomoso, a
1 Que tiene goma o se parece a ella. — adj/s.
2 Que padece goma o tumor sifilítico. — MEDICINA
3 Se refiere al hombre que cuida mucho su aspecto físico. — adj/s.m/= lechuguino, petimetre

gónada Glándula sexual que elabora las células reproductoras y secreta hormonas. — s.f. BIOLOGÍA

gonadal De las gónadas o glándulas sexuales. — adj./BIOLOGÍA

gonce (Del fr. ant. *gonz* < bajo lat. *gomphus*, clavija.)
1 Gozne, bisagra metálica. — s.m.
2 Articulación de los huesos. — ANATOMÍA

goncear Mover una articulación. — v.tr.

gonchu Sedimento turbio de los líquidos. — s.m./= hez

góndola (Del ital. *góndola* < bajo gr. *kondura*, pequeña embarcación de transporte.)
1 Barca de recreo, movida con una pértiga, usada en los canales venecianos. — s.f. NÁUTICA
2 Parte de un avión donde está colocado el reactor. — AERONÁUTICA
3 Estantería con bandejas superpuestas en la que se presentan los productos en algunos comercios.
4 Dispositivo en forma de casco carenado colgado de cables o fijado en el extremo de un brazo accionado por circuitos hidráulicos, desde el que se pueden realizar trabajos de reparación o mantenimiento. — TECNOLOGÍA

gondolero, a Remero que guía una góndola. — s.

gonela (Del occitano ant. *gonela* < bajo lat. *gunna*, chaqueta de piel.) Túnica antigua de piel o de seda. — s.f. HISTORIA

gonfalón Confalón, bandera o estandarte. — s.m.

gonfalonero Confaloniero, persona que lleva el confalón o estandarte. — s.m. tb: gonfalonier

gong (Voz inglesa.)
1 Instrumento de percusión de origen oriental que está formado por un disco de bronce colgado de un soporte y que vibra al golpearlo con una maza recubierta de fieltro o de tela de seda. — s.m. tb: gongo = batintín
2 Campana grande que se usaba en los barcos. — NÁUTICA
3 gong sónico: Alteración acústica producida por un avión en el momento de sobrepasar la velocidad del sonido. — AERONÁUTICA

gongorino, a (De Luis de *Góngora*, poeta español.)
1 De este poeta barroco español o de su obra poética. — adj./LITERATURA = gongorista
2 Que imita o sigue el estilo de este poeta: *poeta gongorino.* — adj/s./LITERATURA = culterano

gongorismo (De Luis de *Góngora*, poeta español.)
1 Estilo literario propio de dicho autor y de sus numerosos seguidores, caracterizado por la complejidad en la forma. — s.m./LITERATURA = culteranismo
2 Imitación de dicho estilo literario. — LITERATURA

gongorista (De Luis de *Góngora*, poeta español.)
1 De este poeta o del gongorismo. — adj./= gongorino
2 Que está especializado en este poeta y en su obra. — adj/s./LITERATURA

gongorizar Hablar o escribir en estilo gongorino o de forma afectada. — v.intr. conj: cazar

gonia (Derivado del gr. *gonos*, germen.) Célula que origina los elementos sexuales de los animales. — s.f./BIOLOGÍA tb: gonio

gonio- Componente de palabra procedente del gr. *gonia*, que significa ángulo: *goniómetro; pentágono.* — pref/suf.

goniógrafo Dispositivo para representar los ángulos en un gráfico, sin indicar su abertura en grados. — s.m. GEOMETRÍA

goniometría
1 Parte de la geometría que estudia la medición de los ángulos. — s.f. GEOMETRÍA
2 Sistema radiotécnico de localización de receptores clandestinos de radio y de televisión. — TELECOMUNICACIONES

goniómetro (Del lat. *gonia*, ángulo + lat. *metrum*, medida.) Instrumento topográfico para medir ángulos, usado también en cristalografía, radiodifusión, y otras actividades. — s.m. TECNOLOGÍA

gono- Componente de palabra procedente del gr. *gonos*, que significa semilla: *gonorrea.* — pref.

gonocito Célula embrionaria de los animales que, según el sexo, producirá cuatro espermatozoides o un solo óvulo. — s.m./BIOLOGÍA tb: gonócito

gonococia Infección genital venérea, producida por gonococos. — s.f./MEDICINA = gonorrea

gonocócico, a De la gonococia. — adj./MEDICINA

gonococo (Del gr. *gonos*, esperma + *kokkos*, granito.) Bacteria ovoide que aparece asociada en parejas o en grupos de cuatro, que se encuentra libre en el pus o dentro de los leucocitos, y es la causante de la blenorragia. *(Neisseria gonorrhoeae.)* — s.m. BIOLOGÍA

gonocorismo Carácter de las especies animales en que los gametos machos y hembras son producidos por individuos distintos. — s.m. BIOLOGÍA

gonopodio Órgano copulador masculino de los peces. — s.m. ZOOLOGÍA

gonorrea (Del gr. *gonos*, semilla + *rheo*, fluir.) Infección genital venérea. — s.f./MEDICINA = gonococia

gopura Pabellón de acceso en forma de torre piramidal de los templos drávidas, en el sur de la India. — s.m. ARQUITECTURA

goral Mamífero rumiante parecido a la cabra, ágil, esbelto y robusto. *(Naemorhedus goral.)* — s.m. ZOOLOGÍA

gorbión Gurbión, cierto tipo de tela de seda. — *s.m./TEXTIL*

gorda
1 Mujer embarazada. — *s.f./Chile/vulgar Méx.*
2 Tortilla de maíz, más gruesa que la común. — *Méx.*
3 **armarse la gorda:** Sobrevenir una discusión ruidosa, pendencia o trastorno. — *coloquial*
4 **ni gorda:** 1. Nada en absoluto o muy poco: *en este rincón no se ve ni gorda.* 2. Ningún o muy poco dinero: *¿cómo voy a comprarte un regalo si no tengo ni gorda?* — *loc.adv. coloquial*
5 **sin gorda:** Sin dinero: *después de ir al mercado me he quedado sin gorda.* — *loc.adv. coloquial*

gordal Que es más gordo de lo normal en su especie: *dedo gordal.* — *adj.*

gordana Grasa de res. — *s.f./= sebo*

gordinflón, a Se aplica a la persona que está gorda y fofa: *se puso gordinflón por no hacer ejercicio.* — *adj./tb: gordiflón coloquial*

gordo, a (Del lat. *gordus*, obtuso.)
1 Que tiene muchas carnes o grasa: *desde que dejó de controlarse en la comida y la bebida se ha vuelto a poner muy gordo.* — *adj/s. = grueso, obeso ≠ delgado, flaco*
2 Que es más grueso o tiene más volumen de lo normal: *para coser el saco necesitas un hilo gordo.* — *adj./= basto ≠ delgado, fino*
3 Se aplica a la acción o situación que se sale de lo corriente por su intensidad, gravedad, violencia u otra característica: *se ha metido en un lío gordo; ayer cayó una nevada de las gordas.* — *= enorme ≠ tenue*
4 Se aplica a la carne de consumo que tiene mucho sebo o grasa. — *= craso, mantecoso*
5 Sebo o manteca de la carne del animal. — *s.m.*
6 Premio mayor de la lotería. — *JUEGOS*
7 Apelativo cariñoso que se utiliza para dirigirse a los seres queridos. — *s./Argent., Méx., Chile*
8 **caer gordo:** Resultar antipático o desagradable: *nos cae gordo porque es un pedante; este trabajo me cae gordo.* — *coloquial*

gordolobo (Del lat. *cauda lupi*, cola de lobo.) Planta herbácea de flores amarillas en espiga, tallo cubierto de borra, hojas vellosas, y fruto capsular, empleada con fines medicinales. (*Verbascum.*) — *BOTÁNICA = verbasco*

gordura
1 Tejido adiposo que hay entre los órganos y que se deposita alrededor de las vísceras. — *s.f. ANATOMÍA*
2 Carne o grasa excesiva: *tu gordura no te será beneficiosa cuando te operen.* — *= crasitud, obesidad*

gorfe (Del lat. vulgar *colfus*, golfo.) Remanso en un río. — *s.m.*

gorgojarse Agorgojarse, criar gorgojo las semillas de las plantas. — *v.prnl. AGRICULTURA*

gorgojo (Del lat. vulgar *gurgulio* > lat. *curculio*, gusano del trigo.)
1 Insecto coleóptero con cabeza en forma de pico, que es perjudicial para los cereales porque sus larvas se alimentan de semillas. — *s.m. ZOOLOGÍA*
2 Persona de baja estatura. — *coloquial*

gorgojoso, a Se aplica a la fruta o la semilla que está dañada por los gorgojos. — *adj. AGRICULTURA*

gorgonario, a Perteneciente a un orden de la clase antozoos, que comprende animales marinos fijos en fondos rocosos. — *adj/s.m. ZOOLOGÍA*

gorgonia Cnidario antozoo colonial, ramificado en un solo plano, de color variable que vive en el sustrato rocoso de las aguas mediterráneas. — *s.f. ZOOLOGÍA*

gorgonzola (Voz italiana.) Queso italiano picante, de color azul y pasta blanda, preparado con leche de vaca. — *s.m.*

gorgor (Voz onomatopéyica.) Gorgoteo, acción y resultado de gorgotear. — *s.m.*

gorgorán (Del ingl. *grogoram* < fr. *grosgrain*, grano grueso.) Tela de seda que forma cordoncillo. — *s.m. TEXTIL*

gorgorita Burbuja pequeña. — *s.f.*

gorgoritear Hacer una persona gorgoritos: *la cantante gorgoriteaba preparando su actuación.* — *v.intr. = gorgorizar*

gorgorito Emisión de la voz caracterizada por subidas y bajadas de intensidad en un tono agudo: *oía los gorgoritos del tenor desde mi casa.* — *s.m.*

gorgorotada Cantidad de líquido que se bebe de una vez. — *s.f.*

gorgotear
1 Producir ruido un líquido o un gas al moverse: *el agua gorgoteaba en las cañerías.* — *v.intr.*
2 Producir un líquido burbujas grandes al hervir o al salir de un lugar. — *= borbotear, burbujear*

gorgoteo Sonido que produce un líquido al moverse: *le adormecía el gorgoteo de la fuente.* — *s.m. = gorgor*

gorguera
1 Adorno que se ponía alrededor del cuello consistente en una tira de tela ancha y almidonada con pliegues sujetos por el centro. — *s.f. HISTORIA = gola*
2 Pieza de la armadura que cubría el cuello. — *= gorjal*

3 Involucro o verticilo de las flores. — *BOTÁNICA ARQUITECTURA = collarino*
4 Moldura entre el fuste y el capitel de algunas columnas. — *ARQUITECTURA*
5 Moldura de perfil cóncavo usada en el estilo gótico.

gorguz
1 Arma arrojadiza semejante al dardo o a una lanza corta. — *s.m./pl: gorguces MILITAR*
2 Vara larga con ganchos en uno de sus extremos que sirve para coger las piñas de los pinos.

gorigori
1 Canto fúnebre de los entierros. — *s.m./coloquial*
2 Ruido que producen varias personas al hablar a la vez: *el gorigori de los vecinos duró hasta altas horas de la madrugada.* — *= follón, guirigay*

gorila (Del gr. *gorilla.*)
1 Mono antropoide africano, de pelo largo, ojos oscuros, hombros anchos, piernas cortas, brazos largos y tórax inmenso, que vive en zonas boscosas húmedas de la zona ecuatorial del continente africano. (*Gorilla gorilla.*) — *s.m.f. ZOOLOGÍA*
2 Persona que acompaña a otra para protegerla: *varios gorilas rodeaban a la actriz e impedían que nos acercáramos.* — *coloquial = guardaespaldas*

gorja (Del fr. *gorge* < lat. vulgar *gurga* < lat. *gurges*, lugar profundo en un río.)
1 Parte anterior del cuello. — *s.f./= garganta*
2 Moldura de curva compuesta, cuya sección es por arriba cóncava y luego convexa. — *CONSTRUCCIÓN*
3 **estar una persona de gorja:** Estar alegre y de fiesta: *anoche estuvo de gorja con unos amigos.* — *coloquial*

gorjal
1 Parte de la vestidura del sacerdote que rodea el cuello. — *s.m. = colla*
2 Pieza de la armadura que cubría el cuello para su defensa. — *HISTORIA = gorguera*

gorjeador, a Que gorjea: *el trino de las gorjeadoras aves le adormeció.* — *adj. = gorjeante*

gorjear
1 Hacer gorgoritos los pájaros: *en el silencio de la siesta sólo se oía gorjear a las golondrinas.* — *v.intr. = trinar*
2 Producir una persona un sonido parecido al gorgorito de los pájaros.
3 Empezar a hablar un niño: *empezó a gorjear sus primeras palabras a los nueve meses.* — *v.tr/intr. = grajear*

gorjeo
1 Canto de algunos pájaros adornado de gorgoritos. — *s.m./= trino*
2 Quiebro de la voz en la garganta. — *= gallo*
3 Articulaciones imperfectas de la voz de los niños.

gormar Expeler con violencia el contenido del estómago. — *v.tr. = vomitar*

gorra (Del fr. *gorre*, elegancia.)
1 Prenda de vestir que cubre la cabeza, sin copa ni alas y en general sin visera: *aunque llevaba la gorra puesta el sol le quemó la frente.* — *s.f. = gorro*
2 Gorro de los niños.
3 Prenda de vestir de diferentes formas que cubre la cabeza: *en invierno usa una gorra de lana azul.* — *= cubrecabeza*
4 Persona que abusa de otras haciéndose invitar o no pagando las cosas que utiliza: *el muy gorra se presentó sin dinero.* — *s.m. = gorrón coloquial*
5 **gorra de plato:** La de visera que tiene una parte cilíndrica de poca altura y sobre ella una cubierta más ancha y plana. — *MILITAR*
6 **de gorra:** Gratis, a costa ajena: *va a su casa a comer de gorra; vive de gorra a costa de sus padres.* — *loc.adv. coloquial*
7 **duro de gorra:** Se dice del que aguarda que otro le haga primero la cortesía.
8 **hablarse de gorra:** Hacerse cortesía quitándose la gorra sin hablarse.
9 **hacer gorra:** Hacer novillos.
10 **pegar la gorra:** Hacerse invitar para comer a costa ajena.

gorrada Saludo cortés hecho quitándose la gorra ante otras personas. — *s.f. = gorretada*

gorrear
1 Vivir a costa de otros: *para qué va a molestarse en buscar trabajo si gorrea a su familia.* — *v.tr/intr. coloquial*
2 Pedir una cosa de poco valor y consumo rápido a una persona: *le estuvo gorreando tabaco toda la noche.* — *v.tr/coloquial = gorronear*

gorrería Taller donde se hacen gorras o tienda en la que se venden. — *s.f. COMERCIO*

gorrero, a
1 Persona que hace o vende gorras o gorros.
2 Persona que vive a costa ajena: *me molesta más el morro que tiene por el hecho en sí de que sea un gorrero.* — *= gorrón*

gorretada Gorrada, saludo cortés. — *s.f.*

gorrín (De la voz onomatopéyica *guarr-* que imita el gruñido del cerdo.) Cerdo, pequeño de menos de cuatro meses — *s.m./= gorrino, lechón*

gorrinada
1 Acción o palabras propias de una persona gorrina o — *s.f./coloquial*

sucia: *presentó el trabajo hecho una gorrinada y lo tuvo que repetir.* — = gorrinería, guarrería

2 Acción grosera o indecente: *ha sido una gorrinada no decirle nada de la reunión; aquella película era una gorrinada.* — coloquial / groseria / = cochinada,

gorrinera Establo para cerdos o gorrinos. — s.f./= pocilga

gorrinería
1 Porquería o conjunto de cosas sucias: *dejó la cocina hecha una gorrinería.* — s.f./vulgar / = gorrinada
2 Acción sucia o indecente: *no aguantaré otra gorrinería como ésta.* — vulgar / = guarrada

gorrino, a (De la voz onomatopéyica guarr- que imita el gruñido del cerdo.)
1 Cerdo de menos de cuatro meses. — s.m./= lechón
2 Persona sucia y desaseada: *no seas gorrino y dúchate más a menudo.* — = marrano / despectivo

gorrión, a
1 Ave paseriforme de pequeño tamaño, color pardo con la garganta negra y pico cónico y fuerte, que es muy abundante en toda la península Ibérica. *(Passer domesticus.)* — s. / ZOOLOGÍA / = pardal
2 Colibrí, pájaro insectívoro de tamaño muy pequeño. — s.m./Amér. Merid. / ZOOLOGÍA
3 Persona de mal vivir que, en general, se dedica a la delincuencia. — = maleante, / pájaro

gorrionera Lugar donde se ocultan maleantes: *aquel bar se convirtió en una gorrionera de ladrones.* — s.f. / = guarida

gorrista Que vive de gorra o a costa de otras personas. — adj./s.m.f. / = gorrón

gorro (Derivado de *gorra*.)
1 Prenda de vestir sin copa ni alas que cubre y abriga la cabeza. — s.m. / = cubrecabeza
2 Prenda de vestir que se pone en la cabeza a los niños muy pequeños. — = gorra
3 Objeto que cubre la punta o extremo de una cosa: *ponle el gorro a la pluma.* — = capuchón
4 gorro catalán: El de lana en forma de manga cerrado por un extremo. — = barretina
5 gorro frigio: El que es semejante al que usaban los frigios, adoptado por los revolucionarios franceses como emblema de la libertad.
6 apretarse el gorro: Prepararse a huir. — coloquial
7 estar hasta el gorro: 1. Estar harto, no aguantar más, perder la paciencia: *estoy hasta el gorro de oír tus lamentos.* 2. Estar muy borracho. — coloquial / coloquial / Méx.
8 llenársele a una persona el gorro: Impacientarse, perder la paciencia. — coloquial
9 poner el gorro a una persona: Ser infiel uno de los cónyuges al otro. — Argent., Chile
10 poner o hacer un gorro: Impedir que la pelota se dirija a la cesta cuando el jugador atacante la ha lanzado, en baloncesto. — DEPORTES
11 valerle a una persona el gorro: No importarle nada. — Méx. / coloquial

gorrón
I (De origen incierto.)
1 Guijarro o piedra pequeña y redonda. — s.m./= canto
2 Chicharrón de la grasa de cerdo. — = chicharro
3 Gusano de seda enfermo que no termina de hacer su capullo.
4 Espiga o saliente cilíndrico en que termina un eje o árbol giratorio de maquinaria y que entra en un cojinete. — MECÁNICA
II (Derivado de *gorra*.)
1 Que abusa de otros haciéndose invitar o no pagando lo que utiliza: *si ya sabes que es un gorrón, ¿para qué le dices que vaya?* — adj/s. / = gorrero
2 Hombre que comercia con prostitutas y se aprovecha de ellas. — s.m. / = chulo

gorrona Mujer que comercia sexualmente con su cuerpo. — s.f. / = ramera

gorronal (Derivado de *gorrón*, guijarro.) Lugar donde hay muchos guijarros o cantos rodados. — s.m. / = guijarral

gorronear
1 Vivir una persona a costa de otras. — v.intr./= gorrear
2 Pedir o reiteración una cosa de poco valor a una persona: *siempre me gorronea cuando salimos de copas.* — v.tr/intr. / coloquial

gorronería
1 Cualidad o acción propia del gorrón o del que vive o se divierte a costa ajena: *su gorronería llegó al grado máximo cuando me insinuó que se quedaría una temporada en mi casa.* — s.f.
2 Actitud egoísta o avariciosa.

gorullo (Del lat. vulgar *voluclum* < lat. *involucrum*, envoltorio.) Grumo o apelotonamiento de masa, lana u otra cosa: *hay que barrer, hay gorullos de pelos por el suelo.* — s.m. / = burujo

gosipino, a (Del lat. *gossypinum*, árbol de algodón.) Que tiene algodón o es parecido a él. — adj.

goslarita Mineral de color blanco o amarillento, de brillo vítreo, con forma de estalactitas, costras, agregados fibrosos o cristales aciculares, compuesto de sulfato hidratado de cinc. — s.f. / MINERALOGÍA

gospel Música relacionada con el espiritual de los negros americanos. — s.m. / MÚSICA

gota (Del lat. *gutta*.)
1 Pequeña cantidad de un líquido que al caer adopta una forma esferoidal: *está empezando a llover porque me han caído gotas.* — s.f.
2 Pequeña cantidad de cualquier cosa: *no tenemos ni gota de sal.* — = pizca
3 Medicamento u otra sustancia cuya dosis se administra con cuentagotas: *le han recetado unas gotas para el catarro.* — s.f.pl.
4 Enfermedad causada por el exceso de ácido úrico en la sangre y que se caracteriza por la hinchazón y el dolor de las articulaciones, en especial el dedo gordo del pie. — s.f. / MEDICINA
5 Remate inferior de los triglifos de forma piramidal que decoran el friso en los edificios clásicos. — ARQUITECTURA
6 Enfermedad de ciertas plantas, como la papa, causada por un hongo. — Colomb. / BOTÁNICA
7 gota aguda: Aquella en la que se producen signos inflamatorios de las articulaciones, con acompañamiento de fiebre. — MEDICINA
8 gota artética: La que afecta a las articulaciones de los dedos. — MEDICINA
9 gota caduca o coral: Epilepsia, enfermedad caracterizada por accesos repentinos, con pérdida de conocimiento y convulsiones. — MEDICINA
10 gota fría: Masa de aire frío en las capas medias de la atmósfera, que se ha separado de otra más caliente situada a mayor altitud y que puede causar fuertes lluvias.
11 gota serena: Enfermedad que se caracteriza por pérdida de la visión. — MEDICINA
12 cuatro gotas: Lluvia breve y escasa: *cayeron cuatro gotas y luego volvió a salir el sol.* — coloquial
13 gota a gota: 1. De forma lenta y espaciada: *el pedido llegó gota a gota.* 2. Método de administración, por vía intravenosa, de un medicamento, suero o plasma sanguíneo. 3. Aparato con el que se aplica este método: *todavía está con el gota a gota puesto.* — loc.adv. / s.m. / MEDICINA / MEDICINA / = gotero / coloquial
14 la gota que colma el vaso: Se refiere a la acción que acaba con la paciencia de una persona: *este desplante es la gota que colma el vaso.* — coloquial
15 ni gota: Nada en absoluto: *no tengo ni gota de sueño; este asunto no me gusta ni gota.* — loc.adv. / coloquial
16 no quedar a una persona gota de sangre en el cuerpo o en las venas: Estar espantado o atemorizado: *no le quedó gota de sangre en las venas cuando sintió que le apuntaban con una pistola.* — coloquial
17 no ver gota: No ver nada: *enciende la luz que no veo gota.* — coloquial
18 ser una cosa la última gota: Ser la causa que colma y agota la paciencia, el sufrimiento u otro sentimiento: *este suspenso es la última gota, te quedaste sin vacaciones.* — coloquial
19 sudar una persona la gota gorda: Esforzarse mucho por conseguir lo que se intenta: *sudó la gota gorda para obtener el puesto.* — coloquial

goteado, a
1 Que está manchado de gotas. — adj.
2 Bebida preparada con pisco, jugo de limón, hielo y una porción pequeña de güisqui. — s.m. / Chile

gotear
1 Caer o dejar caer un líquido gota a gota: *cierra bien el grifo porque lo oigo gotear.* — v.intr.
2 Empezar a llover a gotas espaciadas: *no cogí el paraguas porque sólo goteaba cuando salí.* — = llovizna
3 Dar o recibir una cosa en pequeñas cantidades y con intervalos: *el dinero goteaba a los trabajadores.* — v.tr.

goteo Acción y resultado de gotear: *estaba resfriado y el goteo de la nariz era continuo.* — s.m.

gotera
1 Escape de agua en un techo, tejado o pared que, en ocasiones, va acompañada de goteo. — s.f. / = filtración
2 Grieta o sitio de un techo, tejado o pared por el que se filtra agua: *arregló la gotera del techo para luego pintarlo.*
3 Señal de un techo, tejado o pared formada por una gotera.
4 Sitio en que cae el agua que escurre de un tejado.
5 Enfermedad de los árboles causada por filtración de agua en el interior del tronco, que se manifiesta por manchas blancas, rojas o negras. — BOTÁNICA / = griseta
6 Adorno de tela que cuelga alrededor del dosel de una cama.
7 Achaque propio de la vejez: *siempre ha sido muy activo pero ahora ya está lleno de goteras.* — s.f.pl.

gotero
1 Bolsa o recipiente que suministra gota a gota una medicina líquida por vía intravenosa. — s.m. MEDICINA
2 Cuentagotas, pequeño aparato que permite verter gota a gota un líquido. — Amér.

goterón
1 Gota muy grande de agua de lluvia: *me cayó un goterón en la cara y, casi de inmediato, empezó a diluviar*. — s.m.
2 Canal que se hace en la cara inferior de la cornisa de los edificios. — ARQUITECTURA

gótico, a
1 De los godos. — adj./HISTORIA
2 Se aplica a un tipo de letra de forma rectilínea y angulosa usada en la edad media. — adj/s.f.
3 Se refiere al estilo artístico que se desarrolló en Europa desde el siglo XII hasta el Renacimiento. — adj/s.m. ARTE
4 Se aplica a un género narrativo de los siglos XVIII y XIX, de origen inglés, que reacciona contra el predominio de la razón y se caracteriza por subrayar lo misterioso de la existencia poniendo especial énfasis en el terror. — adj. LITERATURA
5 Lengua germánica que hablaron los godos. — s.m./LINGÜÍSTICA
6 **gótico flamígero o florido**: El de la última época, que se caracteriza por la ornamentación exuberante. — ARTE

gotón, a Godo, de un antiguo pueblo germánico. — adj./HISTORIA

gotoso, a
1 Se aplica a la persona que padece gota. — adj./s./MEDICINA
2 Se aplica al ave de rapiña que tiene las patas torpes por alguna enfermedad. — adj. ZOOLOGÍA

gouache (Voz francesa.) Pintura al agua, opaca, hecha con pigmento molido menos fino que el empleado para las acuarelas transparentes. — s.m. ARTE tb: guache

gouda Queso holandés de forma cilíndrica elaborado con leche de vaca. — s.m.

gourami Pez de acuario originario de Sumatra y Tailandia, que vive en aguas que se encuentran a una temperatura entre los veinte y los treinta grados. *(Trichogaster.)* — s.m. ZOOLOGÍA tb: gurami

gourmet (Voz francesa.) Que es aficionado a la buena comida: *es un gourmet, conoce todos los restaurantes de la ciudad*. — adj. = gastrónomo

goyesco, a (De *Goya*, pintor español del s. XVIII.) De dicho pintor o de su obra. — adj. ARTE

gozada
1 Cualquier cosa o situación que produzca gran satisfacción: *ha sido una gozada volverte a ver*. — s.f. coloquial
2 **¡qué gozada!**: Se usa para expresar una sensación placentera. — interj. coloquial

gozar
1 Sentir gozo o placer por una acción propia o ajena: *goza jugando con sus hijos*. — v.intr./conj: *cazar* = disfrutar
2 Sentir alegría por una cosa: *se gozaba en los problemas de su rival*. — v.tr/prnl. = regocijar
3 Tener una cosa útil o beneficiosa: *goza de una buena biblioteca*. — v.tr/intr./+ de = poseer
4 Tener una condición física o moral buena: *goza de buena salud*. — v.intr. + de
5 Tener una persona relación sexual con otra. — v.tr.
6 **gozarla**: Pasarlo bien con una persona o una cosa. — coloquial

gozne (Del fr. ant. *gonz*.) Pieza, en general metálica, formada por dos elementos que giran sobre un eje común y que sirve para permitir el movimiento de uno o los dos objetos unidos por esta pieza. — s.m. tb: gonce = bisagra, charnela

gozo (Del lat. *gaudium*.)
1 Sentimiento de alegría o placer intenso ante una cosa que impresiona los sentidos o la sensibilidad artística o afectiva: *daba gozo verles tan unidos*. — s.m. = deleite
2 Llamarada que levanta la leña pequeña y seca cuando se quema.
3 Composición poética que se escribe en honor de la Virgen o de algún santo y en la que se repite un mismo estribillo al final de cada copla. — s.m.pl. POESÍA
4 **mi gozo en un pozo**: Se usa para expresar la desilusión que se produce cuando se malogra una cosa que se esperaba con alegría. — coloquial
5 **no caber en sí de gozo**: Estar muy satisfecho: *no cabía en sí de gozo cuando acompañaba a su hija al altar*. — coloquial
6 **saltar una persona de gozo**: Sentir mucha alegría: *saltaba de gozo cuando le dieron la plaza que quería*.

gozoso, a
1 Que siente gozo: *está muy gozoso por haber aprobado ese examen*. — adj. = alegre
2 Que causa gozo: *le dieron una noticia gozosa*. — ≠ triste

gozque (De la voz popular *kus(k)* usada para llamar o para acuciar al perro.) Se refiere al perro pequeño y que ladra mucho. — adj/s.m.

grabación
1 Operación y resultado de grabar los sonidos, las imágenes o los datos informáticos mediante diversas técnicas: *la grabación de su último disco se hizo en un estudio inglés*. — s.f. TECNOLOGÍA
2 Disco u otro soporte que contiene dicha operación: *me han regalado la última grabación de mi grupo preferido*. — TECNOLOGÍA

grabado
1 Técnica y arte de grabar. — s.m./ARTE ARTE
2 Imagen obtenida mediante la impresión de una lámina grabada en una plancha: *los grabados de un libro sobre Dalí*. — ARTE
3 **grabado al agua fuerte**: Técnica de grabar mediante el uso de ácido nítrico sobre una lámina. — ARTE = aguafuerte
4 **grabado al agua tinta**: Técnica de grabar mediante el uso de polvo de resina sobre una lámina. — ARTE = aguatinta
5 **grabado al humo**: El que se hace sobre una lámina graneada, rascando, puliendo o aplanando los huecos que quedan con tinta. — ARTE
6 **grabado a puntos o punteado**: El que se hace dibujando los objetos con puntos hechos a buril. — ARTE
7 **grabado de estampas o en dulce**: El que se hace sobre planchas de cualquier material que se marca con el buril con facilidad. — ARTE
8 **grabado en fondo o en hueco**: El que se hace con troqueles de metal para acuñar medallas, formar sellos u otros objetos. — ARTE
9 **grabado rupestre**: El prehistórico realizado sobre roca por medio de un instrumento cortante de piedra o de metal. — ARTE, HISTORIA

grabador, a
1 Que graba: *instrumento grabador*. — adj./ARTE
2 Que tiene relación con el arte del grabado: *industrias grabadoras*. — ARTE
3 Persona que se dedica al grabado. — s./ARTE

grabadora Aparato que puede registrar en una cinta magnetofónica cualquier clase de sonidos mediante impulsos electromagnéticos y también reproducir el sonido ya grabado. — s.f. = magnetófono AUDIOVISUALES

grabar (Del fr. *graver*.)
1 Dibujar una cosa sobre una superficie mediante incisiones: *grabó una inscripción sobre la madera*. — v.tr/ARTE = tallar
2 Registrar sonidos, imágenes o datos para que se reproduzcan en un disco, una cinta magnetofónica u otro soporte. — AUDIOVISUALES
3 Dejar un recuerdo, una idea o un sentimiento en el ánimo de una persona: *se le grabó el recuerdo de tu sonrisa*. — v.tr/prnl. = fijar, memorizar

grabazón Adorno sobrepuesto formado por piezas grabadas. — s.f. ARTE

graben (Voz alemana.) Fosa tectónica. — s.m./GEOLOGÍA

gracejada Payasada, en general de mal gusto o poco elegante. — s.f./Mex., Amér. Central

gracejar (Derivado de *grado* < lat. *gratum*, agradecido.)
1 Hablar y escribir con gracia y soltura. — v.intr.
2 Contar chistes.

gracejo Gracia en el hablar o en el escribir: *nos explicó con mucho gracejo lo que les había ocurrido*. — s.m./= donaire, sal, salero

gracia (Del lat. *gratia*.)
1 Cualidad o capacidad de las personas o las cosas para divertir o hacer reír: *ese chiste tiene mucha gracia; el chico tiene gracia, pero él nunca se divierte*. — s.f. = gracejo, ingenio
2 Chiste o dicho agudo: *no paró de soltar gracias en toda la noche*. — = agudeza, ocurrencia
3 Cosa que molesta o irrita: *vaya gracia tener que salir a estas horas*. — = gaita, incordio
4 Cierto atractivo de las personas, que es independiente de la belleza: *no es guapa, pero tiene gracia*. — = encanto, simpatía
5 Habilidad y garbo en la ejecución de una cosa: *hace su trabajo con gracia*. — = donaire, soltura
6 Benevolencia y amistad: *cuenta con la gracia del profesor*. — = favor, simpatía
7 Lo más interesante o atractivo de una cosa: *en la salsa está la gracia del guiso*. — = quid
8 Nombre de una persona: *como no sabía cuál era su gracia, no le llamaba por el nombre*.
9 Perdón o indulto de pena que concede el jefe del estado o el poder público competente. — DERECHO
10 Don gratuito de la divinidad que eleva de forma sobrenatural al hombre a la bienaventuranza eterna. — TEOLOGÍA
11 Tres divinidades mitológicas que personificaban la belleza y la armonía. — s.f.pl. MITOLOGÍA
12 **gracia de Dios**: Los dones naturales beneficiosos para la vida, en especial el sol y el aire: *abrió la ventana para que entrara la gracia de Dios*.
13 **gracia de niño**: Dicho o hecho de un niño que parece propio de una persona adulta o de mayor edad que la suya.
14 **gracia habitual**: Calidad estable sobrenatural infundida de forma divina en el espíritu. — TEOLOGÍA
15 **aquí gracia y después gloria**: Expresión que se emplea para indicar que se da por terminado el asunto de que se trata. — coloquial
16 **caer en gracia**: Complacer o agradar: *su comentario no cayó en gracia*. — coloquial
17 **dar las gracias**: Manifestar el agradecimiento: *me dio las gracias por tu regalo*.

18 de gracia: 1. De forma gratuita. 2. Se aplica al tiro o golpe con que se remata a una persona o animal. `loc.adv.`

19 en gracia a: En consideración a una persona o a un servicio: *me envió un regalo en gracia al favor que le hice.* `loc.prep.`

20 estar en gracia: 1. Estar una persona junto a Dios por la santidad de sus costumbres o actos. 2. Tener suerte. `RELIGIÓN` `coloquial`

21 ¡gracias! Expresión elíptica para manifestar el agradecimiento. `interj.`

22 gracias a: Por causa de una persona o una cosa que produce un bien o evita un mal: *gracias a su actuación, el accidente no tuvo mayor trascendencia.* `loc.prep.`

23 hacer gracia: Agradar o gustar: *no me hace gracia que vayas solo; me hace gracia lo bien que se toma las cosas.*

24 hacer gracia de una cosa a una persona: Evitarle algo que puede ser molesto: *te hago gracia de los detalles para no aburrirte con mi explicación.*

25 no estar de gracia o para gracias: Estar una persona disgustada o de mal humor: *se ha ido dando un portazo, señal de que no está para gracias.* `coloquial`

26 por la gracia de Dios: Fórmula que acompaña al título de rey o a otros semejantes.

27 ¡qué gracia!: Se usa para demostrar sorpresa, fastidio o disgusto: *¡qué gracia!, ahora dice que no viene.* `coloquial`

28 reírle a una persona las gracias: Aplaudirle con entusiasmo algún dicho o hecho censurable: *no sigas riéndoles las gracias, no quiero que digan palabrotas.*

29 tener gracia una persona o cosa: 1. Ser agradable o divertido: *tiene gracia contando chistes.* 2. Ser chocante o extraño: *tiene gracia, creía que no quería volver a verte y ahora está aquí.* `coloquial` `coloquial`

30 y gracias: Indica que algo es suficiente o incluso excesivo: *se cree una belleza pero es monilla, y gracias.* `loc.adv.`

grácil (Del lat. *gracilis*, delgado.) Que es sutil, delicado, delgado o menudo: *la bailarina tenía una cintura grácil.* `adj.`

gracilidad Cualidad de grácil. `s.f.`

graciola Planta herbácea, perenne, con numerosas hojas opuestas lanceoladas, flores blanquecinas y fruto capsular usado en medicina que vive en zonas pantanosas y emite mal olor. *(Gratiola officinalis.)* `s.f./BOTÁNICA` `= hierba del pobre,` `hierba de las` `calenturas`

graciosamente
1 Con gracia: *se movía graciosamente al ritmo de la música.* `adv.`
2 Sin merecimiento: *le dieron graciosamente el premio.*
3 Sin esperar recompensa, gratis: *trabajó graciosamente en la organización toda su vida.*

graciosidad Cualidad de gracioso o hermoso. `s.f.`

gracioso, a
1 Que es atractivo o agradable: *gesto gracioso; está gracioso con su lazo.* `adj.` `≠ desagradable`
2 Que es chistoso o agudo: *contó un chiste muy gracioso; ¡qué gracioso es!* `= cómico` `≠ serio`
3 Que se concede como gracia o favor: *fue una concesión graciosa.* `= gratuito` `≠ oneroso`
4 Actor dramático que interpreta papeles festivos y chistosos. `s.` `TEATRO`

grada
I (Derivado de *grado* < lat. *gradus*.)
1 Asiento colectivo y sin respaldo: *la grada que rodea la plaza estaba llena de gente.* `s.f.`
2 Conjunto de estos asientos en un teatro, plaza de toros o estadio: *el público llenó las gradas.* `= gradería,` `graderío`
3 Parte de la escalera en la que se apoya el pie al subir o bajar por ella. `= peldaño`
4 Tarima al pie de un altar o de un trono. `= pedestal`
5 Plano inclinado hecho de cantería a orillas del mar o de un río donde se construyen o carenan embarcaciones. `NÁUTICA`
6 Escalinata, escalera monumental de acceso a un edificio. `s.f.pl.` `CONSTRUCCIÓN`
II (Del lat. *cratis*, enrejado.)
1 Habitación de un convento de monjas destinada para poder hablar con los visitantes. `s.f./RELIGIÓN` `= locutorio`
2 Instrumento agrícola para allanar la tierra después de arada. `AGRICULTURA`
3 **grada de cota:** Aquella que tiene unas ramas que dejan lisa la tierra. `AGRICULTURA`
4 **grada de dientes:** La que está provista de púas de palo o hierro. `AGRICULTURA`
5 **grada de discos:** Aquella que tiene discos de acero giratorios que desmenuzan la tierra. `AGRICULTURA`

gradación (Derivado de *grado* < lat. *gradus*.)
1 Serie de cosas ordenadas por grados: *habría que establecer una gradación de los problemas que hay que solucionar.* `s.f.` `= escala`
2 Aumento o disminución progresiva de los períodos armónicos relacionados entre sí. `MÚSICA`
3 Figura que consiste en juntar palabras o expresiones cuyo significado vaya ascendiendo o descendiendo de forma gradual con respecto a la palabra anterior. `RETÓRICA`

4 Cantidad de alcohol que contienen las bebidas alcohólicas: *este vino es de baja gradación.* `= graduación`
5 Cambio gradual de una tonalidad a otra. `ARTE`

gradado, a (Derivado de *grado* < lat. *gradus*.) Que tiene gradas. `adj.`

gradar (Derivado de *grada* < lat. *cratis*.) Pasar la grada o rastrillo por un lugar para allanarlo después de arado. `v.tr.` `AGRICULTURA` `= rastrillar`

gradecilla (Derivado de *grada* < lat. *cratis*.) Pequeña moldura en forma de anillo que, en algunos órdenes arquitectónicos, rodea la parte superior del fuste de una columna. `s.f.` `ARQUITECTURA` `= collarino`

gradeo (Derivado de *grada* < lat. *cratis*.) Labor agrícola de gradar un terreno. `s.m./AGRICULTURA` `= rastrillado`

gradería (Derivado de *grado* < lat. *gradus*.)
1 Conjunto de gradas o asientos: *gradería de un estadio; gradería de un altar.* `s.f.` `tb: graderío`
2 Público que ocupa esos lugares: *cuando salió al escenario, toda la gradería se puso a aplaudir.*
3 **cultivo en gradería:** Los que se realizan en terrenos escalonados o terrazas. `AGRICULTURA`

gradiente (Del lat. *gradiens, -ntis*, el que anda.)
1 Relación de diferencia de temperatura y presión barométrica entre dos puntos. `s.m.` `FÍSICA`
2 Pendiente, declive o repecho de un terreno: *cayó por una gradiente de la montaña.* `s.f./Chile, Ecuad.,` `Nicar., Perú`
3 **gradiente geotérmico:** Profundidad necesaria para que la temperatura de la corteza terrestre aumente un grado. `GEOLOGÍA`

gradilla
I (Derivado de *grado* < lat. *gradus*.)
1 Escalera pequeña portátil. `s.f.`
2 Soporte usado en los laboratorios para colocar los tubos de ensayo.
II (Derivado de *grada* < lat. *cratis*.) Molde que se usaba para fabricar ladrillos. `s.f.` `CONSTRUCCIÓN`

gradíolo Planta bulbosa de hojas alargadas y flores de colores variados. `s.m./BOTÁNICA` `tb: gladiolo`

grado
I (Del lat. *gradus*, graduación.)
1 Situación, valor, calidad o medida de una cosa: *todavía no sabemos cuál es el grado de complejidad de este asunto.* `s.m.` `= nivel`
2 Cada una de las partes de la escalera en la que se apoya el pie. `tb: grada` `= peldaño`
3 Relación de parentesco entre dos personas: *es mi tío en segundo grado.* `= vínculo`
4 Sección de alumnos, agrupados por la edad o nivel educativo: *todavía está en tercer grado porque tuvo que repetir curso.* `= curso`
5 Denominación de los títulos de algunos estudios: *ha obtenido el grado de doctor.* `= titulación`
6 Categoría en la escala jerárquica de un cuerpo o una institución, en especial la militar. `MILITAR` `= jerarquía`
7 Unidad de medida de algunos valores físicos, como la temperatura y la densidad. `FÍSICA`
8 Parte que resulta de dividir la circunferencia en 360 partes iguales y que sirve para medir los arcos, los ángulos y la longitud y latitud geográficas: *ángulo de 90 grados.* `GEOMETRÍA`
9 Intensidad de significación de un adjetivo: *positivo, comparativo y superlativo son los grados del adjetivo.* `GRAMÁTICA`
10 Número del exponente más alto que tiene la variable de una ecuación o polinomio: *ecuación de segundo grado.* `MATEMÁTICAS`
11 Número de orden que expresa el de factores de la misma especie que entran en un término o en una parte de él. `MATEMÁTICAS`
12 Trámites o instancias que puede tener un pleito o proceso judicial. `DERECHO`
13 Derecho a usar las insignias de una graduación superior a la que les corresponde, que se concedía a algunos militares. `MILITAR`
14 Órdenes sagradas que van recibiendo los futuros sacerdotes. `s.m.pl.` `RELIGIÓN`
15 **grado Celsius o centígrado:** Unidad de temperatura en una escala que va del 0 al 100. `FÍSICA`
16 **grado de una curva:** El de la ecuación que la representa. `MATEMÁTICAS`
17 **grado Farenheit:** Unidad de temperatura en una escala que va del 32 al 212. `FÍSICA`
18 **grado geotérmico:** Proporción en que aumenta la temperatura de la corteza terrestre con la profundidad. `GEOLOGÍA`
19 **grado hidrotimétrico:** Medida de la dureza del agua. `FÍSICA`
20 **grado Kelvin:** Unidad de medida de la temperatura en la que se fija la de fusión del hielo en 273 y la de ebullición del agua en 373. `FÍSICA`
21 **de grado en grado:** Por partes, de modo sucesivo. `loc.adv.`

22 en grado sumo o en sumo grado o en grado superlativo: 1. En el mayor grado posible: *le amaba en grado sumo.* 2. Mucho o muy: *le obsequió en sumo grado.* `loc.adv.` `loc.adv.`
II (Del bajo lat. *gratum* < lat. *gratus*, agradable.)
1 Gusto o voluntad. `s.m.`
2 de buen grado: De forma voluntaria o con gusto: *lo acepté de buen grado.* `loc.adv.`
3 de mal grado: A disgusto: *realizó el trabajo de mal grado y se notó en el resultado.* `loc.adv.`
4 mal de su grado: Expresión que indica que una cosa se hace en contra de la voluntad de una persona, a la cual se hace referencia mediante un posesivo: *tuve que aceptar mal de mi grado.*

-grado Componente de palabra procedente del lat. *gradi*, que significa andar: *plantígrado.* `suf.`

graduable Que puede graduarse: *ha puesto persianas graduables en el balcón del despacho.* `adj.`

graduación
1 Acción y resultado de graduar. `s.f.`
2 Número de grados o proporción que hay en una cosa de cierta cualidad, en especial el alcohol que contienen las bebidas espirituosas: *el vodka es una bebida de mucha graduación.* `QUÍMICA` `= gradación`
3 Obtención o concesión de un grado o título: *obtuvo la graduación con gran esfuerzo.* `= titulación`
4 Categoría de un militar en su carrera: *tiene la graduación de sargento.* `MILITAR` `=grado`

graduado, a
1 Se aplica a la persona que ha obtenido un grado universitario: *el rector felicitó a los nuevos graduados.* `adj./s.` `= titulado`
2 graduado escolar: Título que acredita haber realizado de forma satisfactoria la enseñanza general básica española: *no podrás hacer el bachillerato sin el graduado escolar.*

graduador Instrumento para graduar la cantidad o la calidad de una cosa. `s.m.`

gradual
1 Que se produce o se desarrolla en grados o de manera continua, sin saltos bruscos: *se observa un gradual empobrecimiento de la población.* `adj.` `= progresivo` `≠ brusco`
2 Parte de la misa que se reza entre la epístola y el evangelio. `RELIGIÓN`

graduando, a Estudiante que va a recibir el grado de licenciado. `s.`

graduar (Derivado de *grado* < lat. *gradus*.)
1 Dar el grado o la intensidad conveniente a una cosa: *hay que graduar bien el aire acondicionado para no pasar frío.* `v.tr.` `conj: actuar`
2 Determinar los grados o la medida de una cosa: *el oftalmólogo me graduó la vista.*
3 Señalar una cosa con los grados en que se divide: *el termómetro está mal graduado.* `= regular`
4 Dividir una cosa en grados: *graduaron el trayecto en pequeñas etapas.*
5 Dar un grado académico o militar a una persona: *se graduó el año pasado en la universidad.* `v.tr/prnl.`

grafema Unidad mínima de un sistema de representación gráfica de una lengua que, en el sistema alfabético, se corresponde con las letras del alfabeto. `s.m.` `LINGÜÍSTICA`

grafía (Del gr. *grapho*, dibujar, escribir.) Signo o conjunto de signos con que se representa un sonido o una palabra. `s.f.` `LINGÜÍSTICA`

-grafía Componente de palabra procedente del gr. *grapho*, que significa escribir: *ortografía; cosmografía.* `suf.`

gráfica
1 Dibujo representativo de un conjunto de datos estadísticos, de descripciones o demostraciones mediante figuras o signos. `s.f.` `tb: gráfico`
2 Arte y técnica del dibujo, de confeccionar y disponer las imágenes. `ARTE`

gráfico, a (Del lat. *graphicus* < gr. *graphikos*, referente a la escritura o al dibujo.)
1 Que está relacionado con la escritura o con la imprenta: *artes gráficas.* `adj.`
2 Que se expresa utilizando dibujos o signos no lingüísticos: *explicación gráfica; diccionario gráfico.*
3 Que expone un concepto o idea con claridad: *autor gráfico; una frase muy gráfica.* `= claro, expresivo`
4 Representación de datos mediante una construcción que utiliza las propiedades de la percepción visual y que aplica las leyes de la gráfica. `s.m.` `tb: gráfica`

grafila Orlita o franja de líneas o puntos que tienen las monedas. `s.f.` `tb: gráfila`

grafio (Del lat. *graphium* < gr. *grapheion*, punzón de escribir.) Instrumento usado para dibujar sobre las pinturas esgrafiadas o estofadas. `s.m.` `ARTE`

grafioles Especie de melindre hecho con masa de bizcocho y manteca de vaca, que tiene forma de s. `s.m.pl.` `COCINA`

grafiosis Enfermedad de los olmos causada por un hongo parásito que vive en los vasos y dificulta la circulación de la savia. `s.f.` `pl: grafiosis` `BOTÁNICA`

grafismo
1 Particularidad de la letra y de la forma de escribir de una persona. `s.m.` `= grafía`
2 Arte de disponer con estética las imágenes y las letras en libros, carteles o anuncios: *lo mejor del libro es el grafismo.* `= diseño gráfico`

grafista Persona especializada en grafismo o diseño gráfico. `s.m.f.` `ARTE`

grafiti (Del ital. *graffiti*.) Inscripción, pintura o dibujo realizado en paredes u otras superficies. `s.m./tb: graffiti` `= pintada`

grafítico, a Que contiene grafito. `adj./MINERALOGÍA`

grafitización
1 Proceso de conversión del carbono de una fundición en grafito, por descomposición del carburo de hierro en la reacción. `s.f.` `METALURGIA`
2 Proceso de tratamiento térmico que consiste en recocidos prolongados y graduales de la fundición. `METALURGIA`

grafito (Del gr. *grapho*, dibujar, escribir.) Carbono puro, de color negro con un brillo metálico, graso y blando al tacto y buen conductor del calor y la electricidad. `s.m.` `QUÍMICA`

grafo Representación de los elementos de un sistema por medio de esquemas gráficos: *está leyendo un libro sobre grafos conceptuales.* `s.m.`

grafo- Componente de palabra procedente del gr. *grapho* que significa escribir: *grafología; polígrafo.* `pref/suf.` `tb: -grafia, -grafo`

grafología (Del gr. *grapho*, escribir + *logos*, palabra.) Estudio de la letra de las personas, para conocer su carácter o su estado anímico a través de los trazos. `s.f.`

grafológico, a De la grafología o del grafismo: *está especializado en estudios grafológicos.* `adj.`

grafólogo, a Persona que estudia los caracteres de la escritura como medio de conocimiento sicológico. `s.`

grafomanía Afición desmedida a la escritura que se observa en algunos delirios crónicos. `s.f.` `SIQUIATRÍA`

grafómano, a (Del gr. *grapho*, escribir + *mania*, locura.) Que padece grafomanía. `adj/s.` `SIQUIATRÍA`

grafómetro (Del gr. *grapho*, escribir + lat. *metrum*, medida.) Semicírculo graduado, con dos anteojos, uno fijo y otro móvil, que sirve para medir ángulos en operaciones topográficas. `s.m.` `TECNOLOGÍA`

grafoscopio Lupa de gran diámetro para examinar documentos. `s.m.` `ÓPTICA`

grafoterapia Reeducación cuya finalidad es modificar el funcionamiento afectivo de la persona a través de una modificación de su escritura. `s.f.` `SICOLOGÍA`

gragea (Del fr. *dragée*, grana de varias plantas leguminosas mezcladas.)
1 Confite pequeño. `s.f.`
2 Producto farmacéutico de forma pequeña y redondeada que contiene una porción de sustancia medicamentosa: *puedes tomarte el antibiótico en grageas o en jarabe.* `FARMACIA` `= píldora`

graja Ave paseriforme de la familia de los córvidos, de color negro y espíritu gregario que vive en los terrenos recién roturados y en los campos. (*Corvus frugileus.*) `s.f.` `ZOOLOGÍA` `tb: grajo`

grajear
1 Emitir los córvidos su voz. `v.intr./= graznar`
2 Emitir sonidos guturales un niño que todavía no sabe hablar.

grajero, a Lugar que está habitado o frecuentado por grajos. `adj/s.`

grajilla Ave paseriforme de la familia de los córvidos, de mediano tamaño, color negro, cogote y auriculares grises, que suele vivir en grupos más o menos numerosos. (*Corvus monedula.*) `s.f.` `ZOOLOGÍA`

grajo (Del lat. *gragulus*, corneja.)
1 Ave paseriforme de la familia de los córvidos de tamaño mediano, color negro con iridiscencias azuladas y pico y pies rojos. `s.m./ZOOLOGÍA` `tb: graja` `= chova`
2 Persona que habla demasiado.
3 Olor desagradable que se desprende del sudor de las personas. `Colomb., Antillas, Ecuad., Perú`
4 Planta mirtácea de olor fétido. `Cuba`

grajuno, a Del grajo o que tiene relación con él. `adj.`

gram Técnica de tinción que consiste en una solución de yodo y yoduro de potasio con violeta de genciana, empleada para colorear y diferenciar los microbios. `s.m.` `BIOLOGÍA`

grama (Del lat. *gramina*, hierbas.)
1 Planta gramínea medicinal, de hojas cortas y agudas y tallo cilíndrico del que salen flores agrupadas en espigas filiformes. (*Cynodon dactylon.*) `s.f.` `BOTÁNICA`
2 grama del norte: Planta gramínea de hojas planas, lineares y lanceoladas, y flores en espiga alargada, que se utiliza con fines medicinales. (*Agropirum repens.*) `BOTÁNICA` `= cerrillo`

3 grama de olor: Planta forrajera muy olorosa de la familia de las gramíneas. *(Antoxanthum odoratum.)* — BOTÁNICA

grama- Componente de palabra procedente del gr. *gramma,* que significa letra, escritura: *gramática; telegrama.* — pref/suf. th: gramo-

gramaje Peso en gramos por metro cuadrado de un papel, usado como criterio para apreciar el cuerpo del mismo. — s.m. ARTES GRÁFICAS

gramal Terreno donde abunda la grama. — s.m.

gramalla (Del cat. *gramalla.*) Cota de malla. — s.f./MILITAR

gramalote Hierba forrajera de la familia de las gramíneas. *(Paricum maximum.)* — s.m. Colomb., Ecuad., Perú

gramática (Del lat. *grammaticus* < gr. *grammatikos,* crítico literario.)
1 Estudio y descripción que tiene como objeto establecer los elementos que componen las lenguas y las reglas que rigen su comportamiento. — s.f. GRAMÁTICA, LINGÜÍSTICA
2 Libro en el que se recoge dicho conocimiento. — GRAMÁTICA
3 gramática comparada: La que estudia las relaciones que pueden establecerse entre dos o más lenguas. — GRAMÁTICA, LINGÜÍSTICA
4 gramática descriptiva: Aquella que estudia una lengua desde un punto de vista sincrónico. — GRAMÁTICA, LINGÜÍSTICA
5 gramática especulativa: Modalidad de gramática desarrollada por la filosofía escolástica, que pretendía explicar los fenómenos lingüísticos mediante principios universales y constantes. — GRAMÁTICA, LINGÜÍSTICA
6 gramática estructural: Aquella que estudia una lengua partiendo de que todos sus elementos mantienen relaciones sistemáticas. — GRAMÁTICA, LINGÜÍSTICA
7 gramática general: Aquella que pretende establecer los principios comunes a todas las lenguas. — GRAMÁTICA, LINGÜÍSTICA
8 gramática generativa: Aquella que trata de formular una serie de reglas capaces de generar todas las oraciones posibles y aceptables de una lengua. — GRAMÁTICA, LINGÜÍSTICA
9 gramática histórica: Aquella que estudia los cambios de una lengua a lo largo del tiempo. — GRAMÁTICA, LINGÜÍSTICA
10 gramática normativa: La que establece los usos correctos de una lengua mediante preceptos. — GRAMÁTICA, LINGÜÍSTICA
11 gramática parda: Habilidad y astucia para desenvolverse en una situación determinada. — coloquial
12 gramática tradicional: Conjunto de ideas sobre el lenguaje aportadas por los filósofos griegos y desarrolladas hasta la aparición de la gramática estructural. — GRAMÁTICA, LINGÜÍSTICA
13 gramática transformacional: La generativa que considera que a partir de unos esquemas oracionales internos y universales se pasa a otro u otros externos o superficiales mediante la aplicación de ciertas reglas de transformación. — GRAMÁTICA, LINGÜÍSTICA

gramatical
1 De la gramática: *análisis gramatical.* — adj./GRAMÁTICA
2 Que se ajusta a las reglas de la gramática: *frase gramatical.* — GRAMÁTICA = gramático
3 Se aplica a aquellos elementos de la lengua carentes de contenido léxico: *las preposiciones tienen un significado gramatical.* — GRAMÁTICA, LINGÜÍSTICA

gramaticalidad Adecuación de una construcción sintáctica a las reglas gramaticales. — s.f. LINGÜÍSTICA

gramaticalización Proceso por el que una palabra pierde su contenido léxico original: *el verbo "haber" ha sufrido un proceso de gramaticalización y ha perdido el sentido original de "tener".* — s.f. LINGÜÍSTICA

gramaticalizarse Adquirir un elemento léxico una función gramatical. — v.prnl./conj: cazar LINGÜÍSTICA

gramático, a (Del lat. *grammaticus* < gr. *grammatikos.*)
1 De la gramática, gramatical. — adj./GRAMÁTICA
2 Persona especializada en gramática. — s./GRAMÁTICA

gramatiquear Tratar de materias gramaticales. — v.intr./despectivo

gramatiquería Complicación gramatical que, por difícil e innecesaria en la comunicación coloquial, resulta cursi e inadecuada. — s.f. despectivo

gramil Instrumento usado por los carpinteros para trazar líneas paralelas en la madera. — s.m. CARPINTERÍA

gramilla
1 Tabla vertical, con pie, donde se colocan los manojos de lino o cáñamo para agramarlos o golpearlos. — s.f.
2 Diversas gramíneas que se utilizan para pasto. *(Paspalum.)* — BOTÁNICA Amér. Merid.

gramíneo, a (Del lat. *gramineus* < *gramen,* hierba.) Perteneciente a una familia de plantas angiospermas monocotiledóneas, de tallo cilíndrico y hueco, hojas alternas y flores en espiga o panoja poco vistosas, y frutos harinosos, como el trigo. — adj./s.f. BOTÁNICA = gramináceo

graminícola Que vive entre los cereales. — adj/s./BIOLOGÍA

graminívoro, a Que se alimenta de semillas de plantas gramíneas. — adj/s. ZOOLOGÍA

gramnegativo, a Se refiere a la bacteria que toma una coloración rosada al ser sometida a la técnica de coloración de los elementos microbianos. — adj. BIOLOGÍA

gramo (Del fr. *gramme* < gr. *gramma,* peso equivalente a 1/24 de onza.)
1 Unidad de masa del sistema métrico decimal, equivalente a la de un centímetro cúbico de agua destilada. — s.m. FÍSICA
2 Pesa equivalente a esta masa.
3 Cantidad de alguna materia que pesa un gramo.
4 Unidad de fuerza o peso, equivalente a la ejercida por la acción de la gravedad, sobre esta misma unidad de masa en condiciones determinadas. — FÍSICA

gramofónico, a Del gramófono: *piezas gramofónicas.* — adj.

gramófono (Del gr. *gramma,* escrito + *phone,* voz.) Aparato más evolucionado que el fonógrafo, que reproducía los sonidos grabados en un disco. — adj. MÚSICA

gramola
1 Gramófono acondicionado en un pequeño armario que oculta su mecanismo y hace de caja acústica. — s.f./MÚSICA = radiogramola
2 Modalidad de gramófono sin bocina exterior. — MÚSICA
3 Denominación que se da a las primeras máquinas que, mediante la introducción de una moneda, hacían sonar un disco preseleccionado. — MÚSICA

gramómetro Instrumento de imprenta que sirve para ordenar los caracteres sobre las líneas durante la composición. — s.m. ARTES GRÁFICAS

gramoso, a
1 Se aplica al terreno que tiene mucha grama. — adj./BOTÁNICA
2 De la grama. — BOTÁNICA

grampositivo, a Se refiere a la bacteria que conserva el color violeta sin decolorarse al ser sometida a la técnica de coloración de los elementos microbianos. — adj. BIOLOGÍA

gran (Del lat. *grandis,* grandioso.)
1 Grande, usado en singular y antepuesto al sustantivo: *es un gran perro.* — adj.
2 Que es importante o excelente, usado en singular y antepuesto al sustantivo: *ha demostrado ser un gran actor dramático.*

grana (Del lat. *grana,* pl. de *granum.*)
1 Acción y resultado de granar y época en que se realiza esta actividad. — s.f./AGRICULTURA = granazón
2 Semilla menuda de ciertos vegetales. — BOTÁNICA
3 Quermes, insecto hemíptero que vive en la coscoja. — ZOOLOGÍA
4 Excrecencia producida por este insecto sobre la coscoja y que exprimida produce color rojo. — ZOOLOGÍA
5 Tinte rojo extraído de la excrecencia de este insecto en la coscoja.
6 Color rojo oscuro.
7 Tejido fino utilizado para trajes de fiesta. — = granate TEXTIL
8 Persona, por lo general un niño, que comete pequeños engaños en provecho propio. — = granuja, pillete
9 **grana del paraíso:** Planta medicinal parecida al amomo pero con el fruto triangular y las semillas aromáticas y de sabor picante. — BOTÁNICA
10 **dar en grana:** Crecer tanto una planta que sólo es aprovechable para semillas. — AGRICULTURA

granada
1 Fruto del granado, de corteza de color amarillento rojizo, cuyo interior contiene granos rojos o rosados. — s.f. BOTÁNICA
2 Proyectil hueco de metal, que contiene un explosivo y se dispara con un obús u otra pieza de artillería. — MILITAR
3 Globo lleno de pólvora con una mezcla inflamable, que los granaderos arrojaban encendido a sus enemigos. — MILITAR
4 **granada de mano:** La que se arroja con la mano y que, provista de una espoleta especial, explota en el momento del impacto. — MILITAR
5 **granada real:** La que se dispara con mortero, por ser poco menor que la bomba. — MILITAR
6 **granada rompedora:** Proyectil que causa la destrucción por su fragmentación. — MILITAR
7 **granada submarina:** La que sirve para atacar submarinos sumergidos. — MILITAR
8 **granada zafarí:** Variedad de esta fruta con granos cuadrados. — BOTÁNICA

granadal Tierra plantada de granados. — s.m./BOTÁNICA

granadera
1 Bolsa o saco para guardar y llevar las granadas de mano. — s.f. MILITAR
2 Marcha especial del tambor. — MILITAR

granadero
1 Soldado de infantería armado con granadas de mano. — s.m. MILITAR
2 Soldado de elevada estatura cuya compañía formaba a la cabeza del regimiento. — HISTORIA, MILITAR
3 Hombre muy alto. — = gigantón

granadilla Flor y fruto de la pasionaria. — s.f./BOTÁNICA

granadillo Planta arbórea leguminosa, de copa mediana, ramas rectas con espinas, hojas ovaladas, flores blancas y madera dura, de grano fino y color rojo y amarillo, apreciada en ebanistería. *(Caesalpina melanocarpa.)* — s.m. BOTÁNICA

granadina
1 Tela calada hecha con seda retorcida. — s.f./TEXTIL
2 Variedad de cante andaluz, en especial de Granada. — MÚSICA

3 Jarabe hecho con zumo de granada.

granadino, a
I (De la ciudad de Granada.)
1 De esta ciudad o de su provincia. adj.
2 Persona natural de esta ciudad o provincia. s.
II (Derivado de *granada*, fruto.)
1 Que tiene relación con el granado o la granada. adj./BOTÁNICA
2 Flor del granado. s.m./BOTÁNICA

granado, a
1 Se refiere a la persona que es espigada y crecida. adj.
2 Que es maduro y se comporta con sensatez y aplomo.
3 Que es ilustre, notable o principal: *a la ceremonia* = escogido
asistió lo más granado de la ciudad.
4 Árbol frutal puniáceo, de tronco liso, ramas delga- s.m.
das, hojas opuestas y flores rojas, cuyo fruto es la BOTÁNICA
granada. *(Punica grantum.)*

granalla (Del fr. *grenaille*.) Metal reducido a granos s.f.
muy pequeños para facilitar su fundición. METALURGIA

granallar Reducir un metal a granalla: *granallar plomo.* v.tr./METALURGIA

granar Formarse y crecer el grano de los frutos: *la ce-* v.intr.
bada ya ha granado. BOTÁNICA

granate (Del occitano ant. *granat.*)
1 Mineral de silicato compuesto de un metal triva- s.m.
lente y otro bivalente, en general de color rojo, que MINERALOGÍA
se utiliza como piedra semipreciosa: *me he comprado*
una pulsera de granates.
2 De color rojo oscuro: *se compró un pantalón granate.* adj/s.m.
3 **granate almandino:** Mineral de color rojo oscuro, MINERALOGÍA
transparente en los granates preciosos, castaño traslúcido en los más comunes.

granatita Roca metamórfica de color rojo compuesta s.f.
por un alto porcentaje de granates. GEOLOGÍA

granazón Acción y resultado de granar: *el trigo ya* s.f.
está en granazón.

grancé Se aplica al color rojo que se da a ciertas telas adj.
con tinte de rubia o granza. TEXTIL

grancero Sitio donde se guardan los restos del trigo s.m.
u otros cereales después de ser cribados. AGRICULTURA

grancilla Carbón mineral lavado, cuyos trozos son de s.f.
un tamaño reglamentario comprendido entre doce y MINERÍA
quince milímetros.

grancolombiano, a
1 De la república de la Gran Colombia que compren- adj.
día las actuales de Colombia, Ecuador y Venezuela. HISTORIA
2 Persona natural de esta república. s./HISTORIA

granda Gándara, tierra no cultivada y llena de maleza. s.f.

grande (Del lat. *grandis*, grandioso.)
1 Que ocupa mucho espacio o mucha superficie: *los* adj.
pisos antiguos suelen ser grandes. = vasto
2 Que tiene más tamaño del necesario o normal: *esta* = enorme
camisa te queda grande.
3 Que es fuerte e intenso: *nos dio una alegría muy* = mayúsculo
grande.
4 Que tiene una edad avanzada: *su abuelo es ya muy* = mayor
grande.
5 Que es muy importante, singular o famoso: *traigo*
grandes noticias; en la cena estaban los grandes directivos.
6 Noble o de alta categoría social: *es uno de los gran-* s.m.
des del país. = principal
7 Que es ilógico o absurdo: *es grande que pague la*
cena el más pobre.
8 **grande de España:** Título nobiliario que confiere
ciertos privilegios.
9 **a lo grande:** Con mucho lujo: *siempre les ha gustado* loc.adv.
vivir a lo grande.
10 **en grande:** 1. Muy bien, estupendo: *lo he pasado* loc.adv.
en grande en tu fiesta. 2. En cantidad importante: *se de-* loc.adv.
dica al comercio en grande.
11 **venir grande una cosa a una persona:** Ser demasiado importante o bueno para él: *ese cargo directivo le*
viene grande porque no sabe tomar decisiones.

grandemente En extremo: *resulta grandemente signifi-* adv.
cativo este silencio.

grandevo, a (Del lat. *grandis*, grandioso + *aevum*, adj.
edad.) Se refiere a la persona de edad avanzada. = anciano

grandeza
1 Tamaño excesivo de una cosa respecto a otra del s.f.
mismo género: *escogió la casa por su grandeza y lumi-* ≠ pequeñez
nosidad.
2 Hecho de ser una persona o una cosa de mucha en- = nobleza
tidad o trascendencia.
3 Dignidad de grande de España.
4 Conjunto o concurrencia de los grandes de España:
la grandeza asistió a los funerales del conde.
5 Excelencia moral: *la grandeza de su sacrificio es digna* = magnanimidad
de admiración.
6 **grandeza de alma:** Elevación del ánimo.
7 **grandeza de ánimo:** Serenidad ante situaciones
adversas o peligrosas.

grandillón, a Que excede del tamaño normal. adj./tb: grandullón

grandilocuencia (Del lat. *grandis*, grandioso + *loqui*,
hablar.)
1 Elocuencia abundante y elevada: *es un profesor cono-* s.f.
cido por su grandilocuencia en el aula. = altisonancia
2 Estilo exagerado o afectado en un discurso: *se diri-* = pomposidad
gió al público con mucha solemnidad y grandilocuencia.

grandilocuente (Del lat. *grandis*, grandioso + *loqui*, adj.
hablar.) Que se expresa con grandilocuencia: *su estilo* = altilocuente,
grandilocuente resultaba ridículo en aquel ámbito. grandílocuo

grandiosidad Carácter de lo que es grandioso: *lo que* s.f.
más me impresionó fue la grandiosidad del monumento. = grandeza

grandioso, a Que causa impresión por su magnifi- adj.
cencia o belleza: *el castillo de fuegos artificiales fue un* = imponente
espectáculo grandioso.

grandisonar (Del lat. *grandis*, grandioso + *sonare*, so- v.intr.
nar.) Sonar una cosa con fuerza. literario

grandísono, a Que resuena con fuerza: *el grandísono* adj./literario
tronar de los dioses. = altisonante

grandor Volumen, tamaño o dimensión de una cosa: s.m.
prefiero no comprar el armario hasta que no sepa el gran-
dor de la sala.

grandote Que es muy grande. adj./coloquial

grandulón, a Grandullón, en especial el que se com- adj./Argent., Méx.
porta como un niño.

grandullón, a
1 Se aplica al muchacho que se comporta como un adj/s.
niño: *tan grandullón y jugando con un chiquillo.* tb: grandillón
2 Que está muy crecido para su edad: *¡si estás hecho* = mozallón
un grandullón!
3 Que es corpulento, desgarbado y perezoso. = desgalichado

graneado, a
1 Que está reducido a granos: *pólvora graneada.* adj.
2 Que está moteado o salpicado de pintas: *la tela es* = picado,
azul graneada de blanco. pintado

graneador
1 Criba que se utiliza para refinar la pólvora. s.m.
2 Lugar donde se criba la pólvora en la fábricas. INDUSTRIA
3 Herramienta de acero usada por los grabadores = buril
para preparar las planchas.

granear
1 Echar la semilla sobre un terreno. v.tr./AGRICULTURA
2 Convertir la masa de pólvora en grano. = granar
3 Preparar una plancha para grabarla al humo. ARTES GRÁFICAS
4 Sacar grano a la superficie de una piedra litográfica ARTES GRÁFICAS
para dibujar en ella.

granel (Del cat. *granell*, grano.) Se usa para indicar a loc.adv.
peso, sin envase ni etiqueta en la expresión: **a gra-**
nel: *siempre compro el arroz a granel en la cooperativa.*

granelero Se aplica a la embarcación que transporta adj/s.m.
carga a granel. NÁUTICA

granero (Del lat. *granarium*, granero.)
1 Sitio en donde se recoge y guarda el grano: *el trigo* s.m.
está almacenado en el granero. AGRICULTURA
2 Territorio muy abundante en grano y que provee
de él a otros lugares: *la zona castellana está considerada*
como el granero español.

granévano Planta arbustiva papilionácea de ramas s.m.
abundantes, hojas compuestas y flores blancas cuyo BOTÁNICA
tronco produce una sustancia gomosa empleada en tb: granébano
farmacia y en la industria. *(Astragalus granatensis.)* = tragacanto

granguardia Tropa de caballería de un ejército acam- s.f.
pado, apostada a mucha distancia para guardar las MILITAR
avenidas y dar avisos.

graniento, a Que está lleno de granos. adj./Méx.

granífugo, a Se refiere al medio o dispositivo que se adj.
utiliza para esparcir las nubes tormentosas y evitar TECNOLOGÍA
las granizadas: *cañón granífugo.*

granilla
1 Granillo que tiene el paño por el revés. s.f./TEXTIL
2 Tejido de lana o algodón de grano grueso. TEXTIL

granillo
1 Grano pequeño: *tiene unos granillos en la muñeca por-* s.m.
que se le ha irritado con el sudor.
2 Utilidad y provecho de una cosa. coloquial
3 Pequeño tumor que nace encima de la rabadilla de VETERINARIA
los canarios y jilgueros. = culero

granítico, a De granito, que tiene relación con él o adj.
alguna de sus propiedades: *en esta zona abundan las* GEOLOGÍA
rocas graníticas.

granitización Transformación de una roca en granito. s.f./GEOLOGÍA

granito (Del ital. *granito* < *granire*, granar.) Roca plu- s.m.
tónica de textura granuda, compuesta de cuarzo, fel- GEOLOGÍA
despato y mica, de color blanco, gris claro o rosado,
que se usa como piedra de cantería y constituye la
parte esencial de la corteza continental.

granitoide Que tiene la apariencia del granito. adj./GEOLOGÍA

granívoro, a (Del lat. *granivorus* < *granum* + *vorare*, comer.) Se aplica al animal que se alimenta de grano: *los gorriones son aves granívoras.* — adj/s.m. ZOOLOGÍA

granizada
1 Granizo que cae de una vez: *la granizada causó importantes destrozos.* — s.f.
2 Gran cantidad de cosas que caen o se manifiestan a la vez: *despidieron al árbitro con una granizada de insultos.* — = aluvión
3 Granizado, bebida refrescante. — Chile

granizado Bebida hecha con hielo machacado y esencias diversas o jugo de fruta: *para beber quiero un granizado de café.* — s.m.

granizar
1 Caer granizo de las nubes: *granizó sin parar durante toda la tarde.* — v.impers. conj: cazar
2 Lanzar una cosa en abundancia y con fuerza: *granizaron los insultos sobre el diputado.* — v.intr. = llover
3 Preparar una bebida con hielo machacado y jugo de frutas: *granizó la limonada.* — v.tr.

granizo
1 Fenómeno atmosférico que ocurre cuando el agua de lluvia se congela en las alturas formándose pequeños trozos de hielo: *el granizo estropeó la cosecha.* — s.m. = pedrisco, piedra
2 Precipitación en forma de pequeños trozos de agua helada. — = granizada
3 Especie de nube que se forma en el ojo entre la úvea y la córnea. — MEDICINA

granja (Del fr. *grange*, granero < lat. vulgar *gran* < *granum*, grano.)
1 Finca rústica con huertas y edificaciones para la gente y el ganado: *buena parte de los productos de la granja se venden en el mercado.* — s.f. AGRICULTURA
2 Instalaciones destinadas a la cría de aves y otros animales de corral: *tienen una granja acondicionada para la cría de pollos.*
3 Establecimiento donde se venden o sirven productos lácteos: *va a merendar chocolate a una granja.* — COMERCIO

granjeable Que puede ser granjeado: *un producto granjeable.* — adj.

granjear
1 Conseguir una cosa material o inmaterial: *se granjeó la amistad de todos.* — v.tr/prnl. = captar, ganar
2 Ganar una embarcación distancia hacia barlovento. — v.intr./NÁUTICA
3 Obtener provecho trabajando una cosa o comerciando con ella. — v.tr. = adquirir

granjeo Acción y resultado de obtener una cosa material o inmaterial. — s.m.

granjería
1 Beneficio que se obtiene de las explotaciones de animales o de una granja: *la prohibición de venta de leche perjudicó su granjería.* — s.f. COMERCIO
2 Ganancia y utilidad que se obtiene con negocios. — COMERCIO

granjero, a
1 Persona que cuida o es propietaria de una granja: *el granjero dio de comer a los animales.* — s. AGRICULTURA
2 Persona que se dedica a comerciar para obtener ganancias. — COMERCIO

grano (Del lat. *granum*.)
1 Semilla o simiente del trigo, de la cebada y, por extensión, la de otras gramíneas. — s.m. BOTÁNICA
2 Semilla redondeada de ciertas plantas, sin cáscara o despojada de ella, algunas de las cuales se emplean como especias: *grano de café; grano de mostaza.* — BOTÁNICA
3 Semilla o fruto que, junto a otros iguales, forma un grupo: *grano de uva.* — BOTÁNICA
4 Porción pequeña y redondeada de cualquier cosa: *echa sólo unos granos de sal.*
5 Bulto pequeño que surge en la piel del cuerpo, caracterizado por la existencia de un punto central de pus rodeado de un halo inflamado: *el acné le llenó la cara de granos.* — MEDICINA
6 Estructura que se puede apreciar con claridad en determinados materiales o cuerpos no homogéneos: *eliminó el grano de la madera puliéndola.* — = granulación
7 Conjunto de partículas de sales de plata que forman la imagen fotográfica: *el grano fino de la fotografía permite una mayor nitidez de imagen.* — FOTOGRAFÍA
8 Medida usada en farmacia, equivalente a unos cinco centigramos. — FARMACIA
9 Cuarta parte de un quilate.
10 Flor o cara pulida de las pieles curtidas.
11 Conjunto de las semillas de las plantas gramíneas: *la producción de granos ha sido excelente.* — s.m.pl. = cereales
12 **grano de arena:** Pequeña ayuda con la que se contribuye a la realización de una obra: *el pequeño también aportó su grano de arena en la tarea.* — coloquial
13 **grano de polen:** Cada una de las microsporas que constituyen el polen. — BOTÁNICA
14 **¡al grano!:** Se usa para incitar a una persona que divaga a que se centre en lo fundamental: *¡al grano!, ¿qué fue lo que pasó?* — coloquial

15 **apartar el grano de la paja:** Distinguir lo que es importante y fundamental de un asunto: *si apartas el grano de la paja te darás cuenta de que no es tan difícil.* — coloquial
16 **ir al grano:** Atender o referirse a lo importante o fundamental de un asunto, rechazando lo superfluo o accesorio: *vayamos al grano del problema.* — coloquial
17 **no ser una cosa grano de anís:** Se emplea para expresar que un asunto no es despreciable, que también tiene su importancia: *su preocupación es comprensible porque el asunto no es grano de anís.* — coloquial
18 **sacar grano de una cosa:** Obtener un provecho de ella: *también sacó grano de aquella terrible situación.* — coloquial

granoso, a
1 Que tiene o forma granos: *piel granosa.* — adj.
2 Se aplica al tejido basto, de trama desigual. — TEXTIL

granudo, a Que se compone de pequeños granos o gránulos: *rocas granudas.* — adj.

granuja
1 Niño con picardía o malicia infantil: *eres un granuja, quieres engañarme.* — s.m.f. = bribón, pillo
2 Persona que engaña con habilidad y en provecho propio: *se asoció con un granuja que lo arruinó.* — = sinvergüenza
3 Uva separada del racimo. — AGRICULTURA
4 Granillo interior de la uva y de otras frutas. — BOTÁNICA

granujada Acción propia de un granuja: *eso de coger las frutas de los árboles sin permiso ha sido una granujada.* — s.f. = granujería

granujería
1 Conjunto de granujas. — s.f.
2 Acción propia de un granuja: *sospeché que había sido él porque acostumbra a hacer granujerías.* — = granujada

granujiento, a
1 Que tiene muchos granos: *tiene la piel granujienta.* — adj./= granular
2 Que es áspero al tacto: *la piedra de la columna es granujienta.* — = granuloso

granujo Tumor pequeño que se infecta bajo la piel. — s.m./= grano

granujoso, a Se aplica al cuerpo o a la superficie que tiene granos: *tenía la cara granujosa.* — adj. = granujiento

granulación
1 Acción y resultado de granular o granularse. — s.f.
2 Gránulo susceptible de ser teñido que se encuentra en el interior del protoplasma celular. — BIOLOGÍA
3 Proceso de formación de pequeñas masas de tejido carnoso en la superficie de las úlceras y heridas. — MEDICINA
4 Proceso de formación de materias patológicas de diversa índole en la superficie cutánea o en las mucosas del organismo. — MEDICINA = absceso
5 Fragmentación en pequeñas partículas de un producto fundido, por la acción de un chorro de agua. — TECNOLOGÍA
6 **granulación solar:** Red que forman el conjunto de gránulos de las zonas tranquilas de la fotosfera solar. — ASTRONOMÍA

granulado, a
1 Que está formado por granos: *compró azúcar granulado.* — adj. = granuloso
2 Preparado farmacéutico presentado en forma de gránulos. — s.m. FARMACIA

granulador, a Máquina que tritura materiales gruesos y los reduce a granos. — s.

granular
1 Se aplica a los cuerpos cuya superficie tiene granos: *tapizó el sofá con un cuero granular.* — adj.
2 Que está formado por granos o porciones menudas: *me recetaron un preparado granular.*
3 Reducir una masa a granos: *consiguió granular el hielo golpeándolo.* — v.tr. = triturar
4 Dar una textura granulosa a una superficie.
5 Cubrirse una parte del cuerpo de pequeños granos. — v.prnl./MEDICINA

granulia Forma de tuberculosis caracterizada por la diseminación de pequeñas granulaciones en el órgano afectado. — s.f./MEDICINA = tuberculosis miliar

granulita Roca metamórfica de grano fino, coloración clara, que está formada principalmente por cuarzo y feldespato y un gran número de diminutos granates. — s.f. GEOLOGÍA

gránulo
1 Bola que contiene una pequeña dosis de algún medicamento. — s.m. FARMACIA
2 Pequeña masa que se forma en células o tejidos orgánicos a causa de una enfermedad o de forma natural. — MEDICINA
3 Partícula dispersa en una suspensión. — QUÍMICA
4 Elemento brillante y móvil que se observa en las imágenes de la fotosfera solar tomadas con luz blanca. — ASTRONOMÍA

granulocito Leucocito polinuclear de la sangre. — s.m./ANATOMÍA

granuloma Pequeño tumor conjuntivo, benigno y de forma redondeada. — s.m. MEDICINA

granulometría
1 Disciplina que estudia la medida del tamaño de las partículas, granos y rocas de los suelos. — s.f. GEOLOGÍA
2 Clasificación de los granos o partículas de una sustancia granulosa según los diversos tamaños.

granulosidad Condición de granuloso: *la granulosidad es una característica de algunas enfermedades cutáneas.* — s.f.

granulosis
1 Proceso de formación de gránulos en las células en degeneración. — s.f./pl: granulosis — BIOLOGÍA
2 Conjuntivitis granulosa y contagiosa que puede causar la ceguera. — MEDICINA — = tracoma

granuloso, a Se refiere a la sustancia cuya masa forma gránulos. — adj.

granza
I (Del fr. *garance* < germ. *wocrantia* < bajo lat. *brattea*.) Rubia, planta trepadora rubiácea. — s.f. — BOTÁNICA
II (Del bajo lat. *grandia*, harina gruesa.)
1 Carbón mineral lavado y clasificado cuyos trozos tienen un tamaño comprendido entre los 15 y 25 milímetros. — s.f. — MINERÍA
2 Residuos de paja larga, espiga, grano u otras semillas que quedan cuando se criban y se las expone al viento. — s.f.pl. — AGRICULTURA
3 Desechos del yeso. — CONSTRUCCIÓN
4 Restos de cualquier metal. — METALURGIA
5 Ladrillo triturado que suele recubrir los senderos de plazas y parques. — s.f. — Argent.

granzón
1 Trozo de mineral que no pasa por la criba. — s.m./MINERÍA
2 Nudos de paja que quedan al cribar y que el ganado suele dejar en el pesebre. — s.m.pl. — AGRICULTURA

grañón
1 Grano de trigo cocido. — s.m./COCINA
2 Sémola hecha con esos granos. — COCINA

grañuela Brazado de mies que se sujeta o deposita en el suelo. — s.f./AGRICULTURA — tb: garañuela

grao (Del cat. *grau*.) Playa que sirve de desembarcadero. — s.m. — = puerto

grapa (Del cat. *grapa*, garra < germ. *krappa*, gancho.)
1 Pieza de metal, pequeña y delgada, que doblada por sus extremos se clava y une papeles u otros materiales. — s.f. — = gafa
2 Aguardiente obtenido del orujo de la uva. — Amér. Merid.
3 Gancho de metal que une dos bases de piedra o los paneles de una fachada a la mampostería. — ARQUITECTURA
4 Argolla de hierro que se usa para sujetar un postigo o una puerta a su parte superior. — ARQUITECTURA
5 Ornamento en forma de mascarón que sujeta las molduras al paramento exterior de la clave de una arcada de puerta o de ventana. — ARQUITECTURA
6 Tira metálica con los extremos curvados que se usa para unir los bordes de una herida superficial. — MEDICINA
7 Llaga que se forma en el pliegue del corvejón de las rodillas de los caballos. — VETERINARIA
8 Cada una de las verrugas que se forman en el menudillo y la cuartilla de las caballerías. — VETERINARIA
9 Raspa que queda del racimo después de quitarle las uvas. — AGRICULTURA — = escobajo

grapadora (Derivado de *grapa*.) Utensilio para grapar papeles: *sujeta los papeles con la grapadora.* — s.f.

grapar Sujetar o unir una o varias cosas con una grapa de metal: *se hizo una pequeña herida al grapar las facturas.* — v.tr. — = engrapar

grapón Grapa o escarpia que se clava en el marco de una puerta o ventana para asegurar la hoja al marco. — s.m. — CARPINTERÍA

graptolite Perteneciente a un grupo de organismos fósiles marinos de la era paleozoica, que vivían en colonias. — adj/s.m. — ZOOLOGÍA

grasa
1 Sustancia orgánica untuosa formada por la combinación de los ácidos grasos con la glicerina. — s.f./QUÍMICA — = lípido
2 Sebo de un animal: *suele cocinar con grasa de cerdo.* — = manteca, tocino
3 Suciedad grasienta de la ropa: *ese detergente es especial para eliminar la grasa.* — = mugre, pringue
4 Sustancia usada como lubricante: *la cadena de la bici necesita grasa.* — = aceite
5 Goma del enebro. — BOTÁNICA
6 Polvo de sandáraca usado para secar la tinta de la escritura. — = grasilla
7 Escorias que produce la limpia de un baño metálico antes de hacer la colada. — s.f.pl. — METALURGIA

grasera Recipiente donde se deposita el aceite sobrante después de un uso, en especial el de cocinar: *puedes usar el aceite de la grasera para las patatas.* — s.f.

grasero Lugar donde se echan las escorias o escombros de las industrias metalúrgicas. — s.m. — METALURGIA

grasiento, a
1 Que tiene grasa o exceso de ella: *ese jabón deja la piel grasienta.* — adj./tb: crasiento — = grasoso
2 Que está sucio de grasa: *llegó con las manos grasientas del motor del coche.* — = graso

grasilla Polvo de sandáraca utilizada para que la tinta no se corra en el papel cuando se escribe sobre raspado. — s.f. — = grasa

graso, a (Del lat. *crassus*, gordo.)
1 Que tiene grasa: *tienes el cabello graso.* — adj./= grasoso
2 Que está gordo. — = obeso
3 Se aplica a la planta que tiene las hojas carnosas o con mucho jugo. — BOTÁNICA — = crasa
4 Se refiere al mineral que tiene un aspecto untuoso. — MINERALOGÍA

grasones Guisado con harina o trigo machacado al que después de cocido se añade leche de almendras o de cabra, grañones, azúcar y canela. — s.m.pl. — COCINA

grasoso, a Que tiene grasa o está sucio de ella: *lávate esas grasosas manos que traes.* — adj. — = grasiento

graspo Especie de brezo, arbusto. — s.m./BOTÁNICA

grata Escobilla de metal usada en algunos oficios para raspar, limpiar o bruñir una pieza. — s.f.

gratar (Del fr. *gratter*, rascar < germ. *kratton*.) Limpiar o bruñir una cosa con la grata. — v.tr.

gratel Trenza de cáñamo hecha a mano. — s.m./NÁUTICA

gratén
1 Salsa de queso y besamel con que se cubren algunos alimentos antes de dorarlos en el horno. — s.m. — COCINA
2 Costra que se forma sobre estos alimentos. — COCINA
3 **al gratén**: Se aplica al alimento que ha sido cocinado con esta salsa y puesto al horno para que se dore: *hoy ha comido coliflor al gratén.* — loc.adj. — COCINA

gratificación
1 Recompensa pecuniaria por un servicio eventual o especial: *han prometido una gratificación a quien encuentre el perro.* — s.f. — = premio, retribución
2 Remuneración fija por un servicio o cargo que se añade al sueldo. — = retribución, sobresueldo

gratificador, a Que gratifica: *es muy gratificador ver crecer a los niños.* — adj/s. — = compensador

gratificante Que recompensa moralmente o produce una sensación grata: *el reconocimiento laboral es muy gratificante.* — adj. — = reconfortante

gratificar (Del lat. *gratificari*, mostrarse agradable.)
1 Dar una bonificación económica: *gratificó a los niños por devolverle el bolso.* — v.tr./conj: sacar — = recompensar
2 Proporcionar alegría o satisfacción: *me gratifica saber que eres feliz.* — = complacer, gustar

grátil
1 Orilla o borde de la vela por donde ésta queda unida y sujeta al palo. — adj./NÁUTICA — tb: gratil
2 Parte central de la verga donde se ata la vela. — NÁUTICA

gratinado Acción y resultado de dorar un alimento con el horno: *cinco minutos más de gratinado y la comida estará lista.* — s.m. — COCINA

gratinador Parte superior del horno preparada para dorar los alimentos. — s.m. — COCINA

gratinar Dorar a fuego fuerte con el horno la capa superior de una comida: *por último, hay que gratinar el salmón antes de servirlo.* — v.tr. — COCINA

gratis (Del lat. *gratis*.)
1 Sin que cueste dinero o esfuerzo: *nos han dejado entrar gratis al museo.* — adv. — = gratuitamente
2 Sin fundamento: *es gratis que digas una cosa así.* — = infundadamente

gratitud Sentimiento de la persona que agradece un favor recibido: *no sé cómo mostrarte mi gratitud.* — s.f. — = agradecimiento

grato, a (Del lat. *gratus*.)
1 Que es agradable: *esa música es muy grata al oído.* — adj./= placentero
2 Que está agradecido u obligado hacia otra persona: *le estoy grato.* — Bol., Chile — formal

gratonada (Del fr. *creton*, pedazo de tocino.) Guiso de pollo. — s.f. — COCINA

gratuidad
1 Circunstancia de ser gratuita o de balde una cosa: *esa invitación implica la gratuidad de la entrada pero no la de la consumición.* — s.f.
2 Falta total de razón, motivo o fundamento en una opinión, decisión, acción o actitud: *la gratuidad de sus quejas me molestó muchísimo.*

gratuitamente
1 Sin pago, de balde: *entraron gratuitamente porque tenían invitaciones.* — adv.
2 Sin razón, sin fundamento: *expresaste gratuitamente tu opinión.*

gratuito, a
1 Que se hace o se recibe sin cobrar o pagar por ello: *este servicio es gratuito.* — adj. — = regalado
2 Que es arbitrario o sin fundamento: *me parece una acusación gratuita.* — = arbitrario, caprichoso

gratulación Acción y resultado de felicitar a otra persona. — s.f. — literario

gratular (Del lat. *gratus*.)
1 Desear felicidad a una persona. — v.tr./literario
2 Sentir una persona alegría por una cosa: *te gratulaste de sus éxitos.* — v.prnl./literario — = congratularse

gratulatorio, a Que congratula o felicita: *recibió una carta gratulatoria de la casa real por el premio recibido.* — adj. — literario

grauvaca Roca sedimentaria, de colores gris o pardo oscuro, dura y resistente, formada por la consolidación de los minerales resultantes de la descomposición del granito. *s.f. GEOLOGÍA tb: grauwaka*

grava (Del cat. *grava*, arena gruesa.)
1 Conjunto de guijarros o piedras pulidas procedentes de la erosión de las rocas. *s.f. GEOLOGÍA*
2 Piedra machacada con que se cubre y allana el piso de los caminos: *la grava provocó que la rueda de la moto resbalara.* *= balasto, gravilla*
3 Mezcla de guijas, arena y, a veces, arcilla que se encuentra en yacimientos. *MINERÍA*

gravamen Impuesto u obligación fiscal que pesa sobre una persona o una cosa: *debes pagar el gravamen de la finca.* *s.m./ECONOMÍA = carga, tributo*

gravar (Del lat. *gravare*, gravar.)
1 Pesar un pago, una contribución o una carga sobre una persona o una cosa: *sobre el inmueble grava el impuesto catastral.* *v.tr. ECONOMÍA = cargar*
2 Imponer un pago o una obligación. *ECONOMÍA*

grave (Del lat. *gravis*, pesado, grave.)
1 Que es peligroso o puede tener malas consecuencias: *padece una enfermedad grave.* *adj. = alarmante*
2 Que es de mucha importancia o trascendencia: *has cometido un error muy grave.* *= importante*
3 Que está muy enfermo: *el paciente ingresó en la clínica muy grave.* *MEDICINA*
4 Se aplica al sonido que tiene pocas vibraciones por segundo. *adj/s.m./= bajo ≠ agudo*
5 Se refiere a la palabra que lleva el acento en la penúltima sílaba. *adj/GRAMÁTICA = llana*
6 Que es serio y respetable: *tiene un carácter grave y, a veces, temible.* *= severo, solemne ≠ frívolo*
7 Se aplica al estilo que es elevado y solemne. *RETÓRICA*
8 Que tiene peso. *adj/s.m./FÍSICA*

gravedad
1 Fuerza por la que se atraen los cuerpos con masa y que es la responsable del movimiento ordenado de los cuerpos celestes y de la caída libre de los cuerpos físicos. *s.f. FÍSICA*
2 Actitud de quien se muestra serio y reservado con los demás. *= circunspección, solemnidad*
3 Importancia o grandeza de una cosa: *toda la prensa comenta la gravedad del escándalo.* *= trascendencia*
4 Carácter de los sonidos musicales graves. *MÚSICA*

gravedoso, a Que es muy serio o reservado con afectación y con exceso. *adj. = circunspecto*

gravera Lugar de donde se extrae grava. *s.f.*

gravi- Componente de palabra procedente del lat. *gravis*, que significa pesado: *gravimetría.* *pref.*

gravidez Estado de la hembra preñada o de la mujer embarazada: *es aconsejable que las mujeres no fumen durante la gravidez.* *s.f./pl: gravideces FISIOLOGÍA = preñez*

gravídico, a Que es propio del embarazo o está relacionado con él. *adj. FISIOLOGÍA*

grávido, a (Del lat. *gravidus*.)
1 Que está muy lleno o cargado: *tiene la mente grávida de ideas; llevaba una bolsa grávida de monedas.* *adj./literario = henchido*
2 Se aplica a la hembra preñada o a la mujer embarazada: *la mujer grávida sufre importantes cambios fisiológicos.* *FISIOLOGÍA = embarazada*

gravilla Piedra o roca machacada o triturada, cuyos elementos tienen un grosor de unos diez milímetros: *asfaltaron la calle con gravilla.* *s.f. = grava*

gravimetría
1 Parte de la física que estudia la medición de la gravedad terrestre. *s.f. FÍSICA*
2 Análisis cuantitativo de una sustancia mediante la medición de su peso. *QUÍMICA*
3 Operación mecánica de separación y selección de minerales basada en las diferencias de densidad. *FÍSICA*

gravimétrico, a De la gravimetría o del gravímetro. *adj./FÍSICA*

gravímetro Instrumento para determinar el peso específico de los cuerpos sólidos y de los líquidos. *s.m. FÍSICA*

gravisfera Región situada en torno a un astro en la que la fuerza de atracción de éste es superior a la de los astros próximos. *s.f. ASTRONOMÍA*

gravitación
1 Acción y resultado de gravitar. *s.f.*
2 Propiedad por la que todos los cuerpos se atraen mutuamente: *Newton enunció la teoría de la gravitación universal.* *FÍSICA*

gravitacional Que tiene relación con la gravitación. *adj./FÍSICA*

gravitar
1 Moverse un cuerpo alrededor de otro por la atracción gravitatoria: *la Tierra gravita alrededor del Sol.* *v.intr. FÍSICA*
2 Descansar un cuerpo sobre otro: *la bóveda gravita sobre varias columnas.* *= apoyarse, sustentarse*

3 Ser una obligación o una carga moral o física para una persona: *toda la responsabilidad gravita sobre el director.* *= pesar, recaer*

gravitatorio, a Que tiene relación con la gravitación: *la masa gravitatoria es una magnitud física.* *adj. FÍSICA*

gravoso, a
1 Que es pesado o molesto: *me han adjudicado una tarea muy gravosa.* *adj. = fastidioso*
2 Que produce gasto: *mantener dos vehículos es gravoso para mi economía familiar.* *= costoso*

gray Unidad de dosis absorbida durante una irradiación de rayos ionizantes. *s.m. MEDICINA*

graznar (Del lat. hispánico *gracinare*.) Dar graznidos algunas aves: *el cuervo y el grajo graznan.* *v.intr. tb: gaznar*

graznido
1 Voz del cuervo, grajo, pato y otras aves que emiten un sonido semejante. *s.m.*
2 Canto desentonado o manera de hablar desagradable al oído: *los graznidos de la vecina que cantaba le despertaron temprano.* *despectivo*

greba (Del fr. ant. *greve* < *graver* < germ. *graban*, cavar.) Pieza de la armadura que cubría la pierna desde la rodilla hasta el pie. *s.f. HISTORIA*

greca
1 Adorno geométrico en forma de banda en el que se repite un mismo motivo decorativo. *s.f. = cenefa, orla*
2 Aparato para preparar café, en especial en lugares públicos. *Amér.*

grecismo Voz o giro propios de la lengua griega antigua o moderna. *s.m./LINGÜÍSTICA = helenismo*

grecizar
1 Dar forma griega a una voz o a una expresión de otro idioma. *v.tr./conj: cazar LINGÜÍSTICA*
2 Usar palabras o expresiones griegas de un modo afectado. *v.intr.*

greco- Componente de palabra que significa griego: *grecolatino.* *pref.*

greco, a (Der. del lat. *graecus*.) Griego, de Grecia. *adj/s./literario*

grecolatino, a De los griegos y los latinos. *adj.*

grecorromano, a De los griegos y los romanos o con sus características y elementos propios: *es un especialista en arte grecorromano.* *adj.*

greda (Del lat. *creta*, greda.) Arcilla arenosa de color blanco azulado, usada para absorber la grasa y quitar manchas. *s.f. = tierra de Batán*

gredal Se aplica al terreno donde abunda la greda. *adj/s.m.*

gredoso, a Que se refiere a la greda o que tiene sus cualidades: *la mancha desapareció con la ayuda de un producto gredoso.* *adj.*

green (Voz inglesa.) Zona de un campo de golf que rodea cada uno de los hoyos, en la que la hierba es uniforme y sin obstáculos para facilitar el recorrido de la pelota. *s.m. DEPORTES*

gregal
I (Derivado de *griego*.) Viento que sopla del noreste en las regiones mediterráneas. *s.m. tb: grecal*
II (Derivado de *grey*.) Que vive en grupos: *el lobo y el delfín son mamíferos gregales.* *adj. = gregario*

gregario
1 Que forma parte de un grupo o de una manada en el caso de los animales: *los mamíferos suelen ser animales gregarios.* *adj. BIOLOGÍA*
2 Que no tiene iniciativa propia y hace lo que hacen los demás: *toda su vida ha sido un gregario.* *adj/s.*
3 Ciclista que tiene la misión de ayudar al líder de su equipo. *s.m. DEPORTES*

gregarismo
1 Cualidad de gregario. *s.m.*
2 Tendencia de algunos animales a vivir en grupo. *ZOOLOGÍA*

gregoriano, a
1 Se aplica a alguno de los papas llamados Gregorio o a otros personajes del mismo nombre: *la reforma gregoriana eclesiástica de Gregorio VII.* *adj.*
2 Se aplica al canto religioso monódico que la iglesia romana adoptó como oficial entre los siglos VII y XI. *adj/s.m. MÚSICA*
3 Se aplica al año, calendario y cómputo que se sigue en la actualidad en los países occidentales desde el siglo XVI. *adj.*

greguería
1 Género literario inventado por el escritor español Ramón Gómez de la Serna que consiste en la asociación sorprendente de imágenes o de pensamientos con aspectos de la realidad, expresada de forma breve y con tono, por lo general, humorístico. *s.f. LITERATURA*
2 Griterío confuso, vocerío: *desde las casas cercanas se oía la greguería de los niños en el recreo.* *= algarabía*

gregüescos Calzón muy ancho usado en los siglos XVI y XVII. *s.m.pl. HISTORIA*

grelo (Voz gallega.) Brotes tiernos de la planta del nabo, que se comen como verdura. *s.m. COCINA*

gremial
1 Del gremio: *las asociaciones gremiales tuvieron gran auge en los siglos XVI y XVII.* — adj. SOCIOLOGÍA
2 Paño cuadrado que usan los obispos sobre las ropas pontificales. — s.m. RELIGIÓN
3 Paño rectangular que se coloca en la mesa del altar. — RELIGIÓN

gremialismo Tendencia política favorable a organizar la sociedad en gremios de productores. — s.m. POLÍTICA

gremialista
1 Que es partidario del gremialismo. — adj/s.m.f.
2 Persona que pertenece a un gremio. — s.m.f.
3 Dirigente de un gremio. — Argent., Chile, Ecuad., Venez.

gremio (Del lat. *gremium*, regazo.)
1 Agrupación formada por los artesanos de un mismo oficio o una profesión, que tiene su origen en las corporaciones medievales. — SOCIOLOGÍA
2 Conjunto de personas que tienen un mismo ejercicio, profesión o clase social: *el gremio del metal se reunió para tratar los problemas con la directiva.* — SOCIOLOGÍA
3 Conjunto de personas que comparten gustos, aficiones o una situación determinada: *a medida que se hace mayor va entrando en el gremio de los calvos.* — coloquial
4 Unión de los fieles con sus legítimos pastores, en especial con el papa. — RELIGIÓN .

grenchudo, a Que tiene crenchas o greñas, en especial un animal. — adj. = greñudo

greña (Del fr. *greñ-*, pelo en la cara.)
1 Cabellera revuelta y despeinada: *a ver si voy a la peluquería a arreglarme estas greñas.* — s.f.
2 Cosa que está muy enredada: *a ver si arreglas la greña de ropa del armario.* — = maraña
3 **andar a la greña:** Reñir, armar discusión o conflicto: *no sé qué les pasa a los chicos que andan todo el día a la greña.* — coloquial
4 **en greña:** En rama, sin purificar. — loc.adv./Méx.

greñudo, a
1 Que tiene greñas: *el grupo estaba compuesto por varios jóvenes greñudos.* — adj. = melenudo
2 Caballo o yegua que recela en las paradas. — s./EQUITACIÓN

gres (Del fr. *grès*, tierra arenosa de alfarero.)
1 Pasta cerámica compuesta de arcilla fina y arena cuarzosa, cocida a temperaturas elevadas, usada para hacer objetos resistentes al fuego y a los ácidos y también para realizar cerámica artística. — s.m. pl: greses
2 Arenisca, roca sedimentaria. — GEOLOGÍA/= asperón
3 Sustancia que secreta el gusano de seda para unir los dos filamentos que forman el capullo. — ZOOLOGÍA = sericina

gresca (Del lat. *graescicus*, griego.)
1 Pelea, riña entre varias personas: *se enzarzó en una gresca con unos chicos.* — s.f. = pendencia
2 Ruido producido por un grupo numeroso de gente que grita y se divierte: *¡menuda gresca montamos ayer en tu casa!* — = alboroto, bulla, jaleo

grévol Ave gallinácea de plumaje rojizo, que vive en los bosques montañosos. *(Tetrastes bonasia.)* — s.m. ZOOLOGÍA

grey (Del lat. *grex, gregis*, rebaño.)
1 Conjunto de cabezas de ganado, tanto menor como mayor. — s.f./pl: greyes = rebaño
2 Conjunto de individuos que tienen algún carácter común, como el país de procedencia o la clase social. — = grupo
3 Congregación de los fieles de la iglesia cristiana. — RELIGIÓN

grial Recipiente utilizado por Jesucristo en la última cena, según la leyenda medieval. — s.m./=graal HISTORIA

griego, a (Del lat. *graecus*.)
1 De Grecia, país del sureste europeo. — adj.
2 Persona natural de dicho país. — s.
3 Lengua indoeuropea hablada por los griegos. — s.m./LINGÜÍSTICA
4 Lenguaje ininteligible e incomprensible: *parece que hable en griego.* — = chino
5 Cópula anal. — argot

grieta (Del ant. *crieta* < lat. vulgar *crepta*.)
1 Abertura alargada, estrecha y no uniforme producida en una superficie o en cualquier cuerpo sólido: *aparecieron grietas de asentamiento en las paredes del edificio.* — s.f. = hendidura, resquebrajadura
2 Abertura o hendidura superficial producida en la piel, los labios, o cualquier tejido orgánico: *se le hicieron grietas en las manos de lavar los platos.* — MEDICINA = fisura
3 Dificultad que surge en un asunto amenazando la resolución del mismo: *el proyecto tiene grietas.* — = problema

grietado, a Que presenta grietas. — adj./tb: agrietado

grietarse Formarse grietas en una superficie. — v.prnl./tb: agrietarse

grifa Polvo elaborado con hojas de cáñamo índico, que se fuma como droga mezclado con tabaco. — s.f. = kif

grifarse Engrifarse, fumar grifa. — v.prnl./argot

grifería
1 Conjunto de grifos: *toda la grifería de la casa es de acero inoxidable.* — s.f.
2 Establecimiento donde venden grifos. — COMERCIO

grifero, a Empleado de una gasolinera. — s./Perú

grifo, a (Del bajo lat. *gryphus* < gr. *gryps*, grifo, animal fabuloso.)
1 Se aplica al cabello que es crespo y enmarañado. — adj.
2 Se aplica a la persona intoxicada con grifa o marihuana. — adj/s. Méx.
3 Se refiere a la persona presuntuosa. — Colomb.
4 Animal fabuloso que tiene medio cuerpo de águila y medio de león. — s.m. MITOLOGÍA
5 Dispositivo de una cañería o de algunos depósitos que abre, cierra o regula el paso de un fluido: *el grifo tenía un escape y se inundó el cuarto de baño.* — = llave, válvula
6 Palanca con que se acciona dicho dispositivo. — = llave
7 Gasolinera, establecimiento donde se vende gasolina. — Perú

grifón Tipo de perro de pelo largo y áspero. — s.m.

grifota Persona que fuma grifa con asiduidad. — s.m.f./argot

grill (Voz inglesa.)
1 Rejilla de hierro con mango y patas en la que se asa un alimento. — s.m./COCINA = parrilla
2 Restaurante en el que se sirven de manera especial comidas preparadas en esta rejilla. — COCINA = parrilla
3 Fuego superior de un horno que sirve para gratinar o dorar. — COCINA = gratinador
4 **al grill:** Manera de preparar los alimentos asados en una rejilla o gratinados. — loc.adj. COCINA

grilla
1 Hembra del grillo. — s.f.
2 Actividad política, en especial la que implica deshonestidad para favorecer los intereses de un grupo. — Méx. POLÍTICA
3 Mujer que se dedica a esta actividad política. — POLÍTICA

grillado, a
1 Que tiene grillos o brotes tiernos: *la semilla está grillada.* — adj. AGRICULTURA
2 Que se comporta de manera alocada. — coloquial

grillar Intrigar con fines políticos. — v.intr./Méx.

grillarse
1 Echar grillos o brotes tiernos al germinar una planta. — v.prnl.
2 Volverse loco. — coloquial

grillera
1 Pequeña madriguera del grillo. — s.f./ZOOLOGÍA
2 Jaula en la que se encierra a los grillos. — ZOOLOGÍA
3 Lugar donde hay mucha confusión y bullicio. — coloquial

grillero, a Persona que se encarga de poner y quitar los grillos a los presos. — s.

grilleta Rejilla de la celada de las armaduras antiguas. — s.f./HISTORIA

grillete
1 Arco de hierro, semicircular, con dos agujeros, por los cuales se pasa una pieza alargada con la que se asegura una cadena y que sirve para inmovilizar a una persona, una embarcación u otra cosa. — s.m. = herropea
2 Cada uno de los trozos de cadena que, unidos unos con otros, forman la del ancla. — NÁUTICA = eslabón

grillo
I (Del lat. *gryllus*.)
1 Insecto ortóptero saltador, de color negro, élitros duros y ornamentados, con los que el macho produce un sonido característico al rozarlos, cabeza redonda y patas traseras muy desarrolladas. *(Gryllus.)* — s.m. ZOOLOGÍA
2 Conjunto de dos anillas de hierro unidas por una cadena que se ponen en los pies a los presos para que no puedan andar. — s.m.pl.
3 Cosa que obstaculiza o detiene el movimiento. — = cepo
4 **grillo real:** Insecto ortóptero, con las patas anteriores en forma de pala y adaptadas a excavar galerías en el suelo, y cuerpo compacto, que es nocivo para la agricultura. *(Gryllotalpa gryllotalpa.)* — ZOOLOGÍA = grillotalpa, grielo, topo
II (De origen incierto.) Tallo o brote tierno que echan los bulbos, tubérculos y semillas germinados. — s.m./AGRICULTURA, BOTÁNICA
III (De origen incierto.) Hombre que se dedica a la política, en especial de forma deshonesta. — s.m./Méx. POLÍTICA

grilos Bolsillos del pantalón. — s.m.pl./coloquial

grima (Del germ. *grimmis*, horrible.)
1 Sensación física desagradable que experimentan algunas personas al producirse el contacto entre determinadas cosas: *el ruido de la tiza en la pizarra me da grima.* — s.f. = dentera
2 Sensación de desazón, disgusto o pena que causa una persona, animal o cosa: *causaba grima verlo así, tan desastrado.* — = pesadumbre

grimillón Muchedumbre, multitud de personas. — s.m./Chile

grimoso, a Que da grima o resulta horroroso. — adj.

grímpola (Del fr. ant. *quimple* < germ. *wimpl*, velo.)
1 Pequeña enseña o bandera de forma triangular. — s.f.
2 Insignia que llevaban los antiguos caballeros andantes. — HISTORIA

gringo, a
1 Extranjero, en especial el de origen norteamericano o anglosajón. — adj/s. Amér. Central y Merid.
2 Norteamericano, de Estados Unidos. — Méx./despectivo

3 Se aplica a la lengua que es extranjera. — adj/s.m. *Amér. Central y Merid.*

griñón
I (Derivado de *greña*.) Toca ajustada al rostro usada por las monjas. — s.m. RELIGIÓN
II (Derivado de *bruno* < lat. *prunum*, ciruela.) Variedad de melocotón pequeño y sabroso, de piel lisa y muy colorada. — s.m. tb: briñón

griota (Del fr. *griotte*.) Variedad de mármol que presenta manchas rojas u oscuras de forma redondeada. — s.f.

grip (Voz inglesa.)
1 Posición de las manos sobre el palo, en el golf. — s.m./DEPORTES
2 Revestimiento del mango de un palo de golf o de una raqueta de tenis en el lugar por donde se coge. — DEPORTES

gripa Gripe, enfermedad. — s.f./Amér.

gripal De la gripe: *tiene síntomas gripales.* — adj./MEDICINA

gripar Hacer que dos piezas de un mecanismo o un motor que se deslizaba una sobre otra dejen de hacerlo: *el motor de mi coche se ha gripado.* — v.tr/prnl. MECÁNICA

gripe (Del fr. *grippe* < alem. *grupi* < *grupen*, temblar de frío.) Enfermedad catarral epidémica cuyos síntomas son fiebre, catarro y cansancio general. — s.f. MEDICINA

griposo, a Que padece gripe: *no podré ir a trabajar porque estoy griposo.* — adj/s. MEDICINA

gris (Del germ. *gris*.)
1 Se aplica al color que resulta de la mezcla de blanco y negro, como el de la ceniza. — adj/s.m. pl: grises
2 Que es triste o sombrío: *me gustan los días grises del otoño.* — adj. = apagado
3 Que no se destaca por ninguna razón: *resultó un concierto gris y aburrido.* — = corriente, mediocre
4 Ardilla siberiana, muy apreciada por su piel. — s.m./ZOOLOGÍA
5 Policía gubernamental español que llevaba un uniforme gris, durante el franquismo. — coloquial
6 gris marengo: Gris muy oscuro.
7 gris perla: Gris muy claro, parecido al color de la perla.
8 gris pizarra: Gris oscuro, azulado.
9 gris visón: Gris algo rojizo.

grisáceo, a De color o de tono gris: *eligió un verde grisáceo para pintar las paredes.* — adj.= gríseo, grisoso

grisalla
1 Técnica pictórica que consiste en usar sólo la gama del gris, blanco y negro, imitando el efecto del bajo relieve. — s.f. ARTE
2 Chatarra, conjunto de objetos de poco valor. — Méx.

grisear Ponerse una cosa gris: *sus cabellos comenzaron a grisear ya en su juventud.* — v.intr.

gríseo, a De color gris: *sus gríseos cabellos hablaban de su intensa vida.* — adj.

griseta
1 Tela de seda con flores u otro dibujo de labor menuda. — s.f. TEXTIL
2 Enfermedad de los árboles causada por la filtración de agua en el interior del tronco que se manifiesta por manchas blancas, rojas o negras. — BOTÁNICA

grisma Brizna, porción mínima o muy pequeña de una cosa. — s.f./Chile, Guat., Hond., Nicar.

grisón, a
1 De los Grisones, cantón del este suizo. — adj.
2 Persona natural de este cantón suizo.
3 Variante dialectal del retorrománico hablada en este cantón. — s.m. LINGÜÍSTICA

grisú (Del fr. *grisou* < valón *feu grisou* < fr. *feu grégeois*, fuego griego.) Gas compuesto de metano, dióxido de carbono y nitrógeno, que se desprende en las minas de hulla, y que forma con el aire una mezcla detonante. — s.m. pl.tb: grisúes MINERÍA, QUÍMICA

grisumetría Procedimiento para determinar el contenido de gas grisú del aire del interior de las minas para regular su ventilación. — s.f. MINERÍA

grisúmetro Aparato para medir la cantidad de grisú que hay en un sitio cerrado. — s.m. MINERÍA

grisutoso, a Que contiene o desprende grisú: *atmósfera grisutosa.* — adj. MINERÍA

grita
1 Vocerío o griterío que se forma, principalmente, como señal de protesta o desagrado: *el árbitro fue despedido con una fuerte grita.* — s.f. = pita
2 Voz que el cazador da al azor cuando sale la perdiz. — CAZA
3 dar grita: Burlarse de otra persona dando gritos y voces.

gritadera Griterío, confusión de voces altas y desentonadas. — s.f./Argent., Colomb., Chile, Venez.

gritar
1 Hablar en voz alta o elevarla: *no grites, que despertarás al niño.* — v.intr. = chillar, vocear

2 Expresar una persona su descontento, disconformidad o disgusto con gritos: *gritamos al cantante porque la actuación fue lamentable.* — v.intr/tr. = abuchear ≠ aplaudir
3 Reñir a una persona de forma violenta o destemplada: *no me grites, que la culpa no es mía.* — v.tr. = regañar

griterío Confusión de voces de personas que hablan alto o que gritan: *el griterío de la fiesta nos no dejaba dormir.* — s.m. tb: griteria = vocerío

grito
1 Sonido, palabra o expresión proferidos con fuerza y violencia: *dio un grito al quemarse.* — s.m. = voz
2 Chirrido de los hielos de los mares glaciales al quebrarse por la presión a la que están sometidos. — GEOLOGÍA
3 a grito herido, limpio o pelado: Gritando, dando voces: *la llamaba a grito pelado.* — loc.adv.
4 estar en un grito: Quejarse de dolor: *mientras le curaban, la pobre estaba en un grito.* — coloquial
5 pedir a gritos: Necesitar mucho una cosa: *la casa pide a gritos que se pinte.* — coloquial
6 poner el grito en el cielo: Mostrar indignación o enfado: *puso el grito en el cielo al ver la minifalda que llevaba.* — coloquial
7 ser una cosa el último grito: Estar muy de moda: *los zapatos con plataforma son el último grito.* — coloquial

gritón, a Que grita mucho: *es un niño llorón y gritón cuando tiene hambre.* — adj/s. = chillón

grivna Unidad monetaria de Ucrania. — s.f./ECONOMÍA

grizzly Oso gris, mamífero de gran tamaño que habita en las montañas del oeste norteamericano. — s.m. ZOOLOGÍA

gro (Del fr. *gros*.) Tela de seda sin brillo y recia. — s.m./TEXTIL

groar Emitir su voz la rana. — v.intr./tb: croar

groenlandés, a
1 De Groenlandia, isla ártica situada al noreste del continente americano, bajo dominio danés. — adj.
2 Persona natural de esta isla. — s.

groera Agujero hecho en una plancha para permitir el paso de un cabo u otro aparejo. — s.f. NÁUTICA

grog Bebida elaborada con ron, agua y azúcar que se toma caliente. — s.m.

grogui
1 Se aplica al boxeador que queda sin conocimiento durante un momento, sin quedar fuera de combate. — adj. DEPORTES
2 Que está aturdido o atontado: *llegó grogui del viaje.* — coloquial
3 Que está medio dormido: *se quedó medio grogui viendo aquella película tan soporífera en la televisión.* — coloquial = adormilado ≠ despejado

gromo Yema de los árboles. — s.m./BOTÁNICA

gropos (Del cat. *grop*, nudo en la madera.) Algodones puestos en el fondo del tintero para que la pluma no coja demasiada tinta. — s.m.pl. = cendal

grosella (Del fr. *groseille*.)
1 Fruto del grosellero, de color rojo y sabor agridulce. — s.f./BOTÁNICA
2 Se aplica al color semejante al de este fruto. — adj/s.m.

grosellero Arbusto ramoso y achaparrado, de hojas pequeñas hendidas en cinco lóbulos con los bordes aserrados, flores pequeñas verde-amarillentas, dispuestas en racimos y fruto en baya roja. (*Ribes rubrum*.) — s.m. BOTÁNICA

grosería
1 Acciones o palabras bastas o poco delicadas: *eso que has dicho es una grosería.* — s.f. = descortesía
2 Calidad de lo hecho con tosquedad o sin pulir: *la grosería del tejido es evidente con solo tocarlo.* — = ordinariez

grosero, a
1 Que se comporta de manera descortés, desconsiderada o irrespetuosa por falta de delicadeza o educación: *es un grosero, me ha visto y ni siquiera me ha saludado.* — adj/s. = desconsiderado ≠ considerado
2 Que está hecho sin cuidado o refinamiento, o con materiales de poca calidad: *las cortinas son de tela grosera.* — adj. = basto, burdo, ordinario

grosicie Sustancia grasa o mantecosa. — s.f.

grosor
1 Magnitud más pequeña de un cuerpo en tres dimensiones: *el grosor de la madera es de tres centímetros.* — s.m. = espesor
2 Diámetro de un cuerpo cilíndrico.

grosso modo (Expresión latina.) Poco más o menos, sin detallar: *grosso modo contabilizaron unas doscientas personas en la reunión.* — loc.adv. + a

grosura
1 Sustancia grasa o mantecosa: *debes colar el caldo para retirar la grosura.* — s.f. = grasura, grosidad = asadura
2 Despojo de animales.

grotesco, a
1 Que causa risa o rechazo por resultar ridículo o de mal gusto: *su vestimenta me parece grotesca.* — adj. = extravagante
2 Propio de una gruta artificial. — adj/s.m./= grutesco
3 Que es grosero o irregular. — adj./= burdo

grúa (Del lat. *grus, gruis, grúa*.)
1 Máquina para levantar y mover cargas pesadas, con un brazo giratorio articulado sobre un eje verti- — s.f.

cal y provisto de una o varias poleas: *la grúa desplazaba las vigas de un lugar a otro.*
2 Automóvil provisto de esta o cualquier otra máquina, que se utiliza para remolcar otro vehículo: *dejé el coche mal aparcado y se lo llevó la grúa municipal.*
3 Brazo articulado que sostiene y mueve una plataforma en la que se coloca un operador con una cámara cinematográfica o de televisión. — AUDIOVISUALES, CINE

gruesa Conjunto de doce docenas usado para contar pequeñas piezas de mercería y ferretería. — s.f.

gruesamente
1 A bulto, por encima: *contaron gruesamente los sacos del almacén.* — adv.
2 Con tosquedad, sin finura: *habla muy gruesamente cuando no hay mujeres cerca.*

grueso, a (Del lat. *grossus*, grueso.)
1 Que es gordo o grande: *se puso muy gruesa con el embarazo.* — adj./= corpulento ≠ delgado, esbelto
2 Que tiene un ancho superior al normal: *este hilo es muy grueso.* — = fuerte, recio
3 Magnitud más pequeña de un cuerpo en tres dimensiones: *mide el grueso de la tabla antes de comprarla.* — s.m. = grosor
4 Conjunto de cosas que forma la parte principal de otra: *el grueso del ejército participó en la contienda.* — = bloque, núcleo
5 Trazo más fuerte y ancho de la letra. — ARTES GRÁFICAS
6 en grueso: Al por mayor, en conjunto. — loc.adv.

gruir Emitir la grulla su voz. — v.intr./conj: *huir*

gruja Hormigón de piedras menudas, arena y cemento. — s.f./CONSTRUCCIÓN

grujidor (Del fr. *grugeoir* < *gruger* < neerlandés *gruizen*, aplastar.) Barra cuadrada de hierro para igualar los bordes de un vidrio después de cortarlo. — s.m.

grujir Igualar los bordes de un vidrio después de cortarlo con el diamante. — v.tr.

grulla (Del ant. *gruya* < lat. *grus, gruis*, grulla.) Ave zancuda y grande, de color gris, cuello y cabeza negros con una banda blanca y una mancha roja sobre los ojos, de patas y cuello muy largos, cabeza pequeña y amplias alas. *(Grus.)* — s.f. ZOOLOGÍA

grullero, a Se refiere al ave de rapiña que sirve para cazar grullas. — adj. CAZA

grullo, a Se aplica a la caballería de color ceniciento. — adj./Méx.

grumete Persona que ayuda a la tripulación en las labores marineras. — s.m. NÁUTICA

grumo (Del lat. *grumus*, montoncito de tierra.)
1 Masa o porción de una sustancia líquida que se ha coagulado: *tenía grumos de sangre.* — s.m. = coágulo, cuajarón
2 Porción sólida de una sustancia en polvo que ha sido diluida en un líquido: *quedaron grumos de harina en la salsa.*
3 Conjunto de cosas apiñadas y apretadas entre sí: *lo más rico de la lechuga es el grumo amarillo del centro.* — = cogollo
4 Yema o cogollo de los árboles. — BOTÁNICA
5 Extremidad del alón del ave. — ZOOLOGÍA

grumoso, a Que tiene grumos: *no me gustó el plato porque la salsa estaba grumosa.* — adj.

gruñido
1 Voz del cerdo y de otros animales que emiten un sonido semejante. — s.m.
2 Voz ronca de algunos animales cuando amenazan: *el perro dio un gruñido al oír pasos desconocidos.*
3 Sonido inarticulado y ronco emitido por una persona como señal de enfado o mal humor: *siempre que te mando algo lanzas un gruñido.* — coloquial = respingo

gruñir (Del lat. *grunnire*.)
1 Emitir el cerdo y otros animales su voz. — v.intr./conj: *mullir*
2 Expresar una persona en voz baja su enfado o su disgusto cuando se le manda hacer una cosa: *seguro que está de mal humor porque lleva gruñendo toda la mañana.* — = rezongar, refunfuñar
3 Producirse un ruido desagradable al rozar una cosa con otra. — = chirriar, rechinar
4 Emitir un animal un sonido ronco al amenazar: *el perro gruñió al hombre que se acercaba.* — v.intr/tr.

gruñón, a Que gruñe y refunfuña mucho y sin motivo aparente: *se está volviendo cada día más gruñón.* — adj/s. coloquial

grupa (Del fr. *croupe*, grupa.)
1 Parte posterior de una caballería: *cabalgó montado en la grupa.* — s.f. = ancas
2 volver grupas o la grupa: Retroceder el camino andado a caballo, volver hacia atrás.

grupada (Del cat. *gropada*.) Golpe violento e impetuoso de aire o agua. — s.f.

grupal Del grupo. — adj.

grupera (Del fr. *croupiere*, grupera.)
1 Almohadilla colocada detrás del borrén trasero en la silla de montar, para poner encima alguna carga. — s.f. EQUITACIÓN
2 Correa sujeta al fuste trasero de la silla de montar, que termina en un ojal por donde entra la cola de la caballería. — EQUITACIÓN = baticola

grupeto Adorno musical que se compone de tres o más notas que acompañan a la nota principal. — s.m. MÚSICA

grupo (Del ital. *gruppo*.)
1 Conjunto de personas, animales o cosas que forman un todo: *baila en un grupo de coros y danzas.* — s.m. = agrupación
2 Reunión o corrillo de personas: *el resto de chicos no le aceptan en su grupo.* — = pandilla
3 Conjunto de figuras que aparecen en una obra artística: *en la plaza hay un grupo escultórico.* — ARTE
4 Conjunto musical: *canta en un grupo de blues.* — = banda
5 Unidad militar compuesta por varias compañías o escuadrones, por lo general al mando de un comandante. — MILITAR = batallón
6 Columna del sistema periódico cuyos elementos tienen el mismo número de electrones en la última capa. — QUÍMICA
7 Conjunto de elementos que se relacionan entre sí cumpliendo determinadas leyes. — MATEMÁTICAS
8 Categoría de clasificación botánica y zoológica empleada cuando no se puede precisar el valor taxonómico. — BIOLOGÍA
9 Nudo al revés que se hace en los cabos gruesos cuando hay que atarlos con rapidez y deshacerlo con facilidad. — NÁUTICA
10 grupo de presión: Conjunto de personas que, en beneficio propio, influye en una organización o esfera social. — POLÍTICA, SOCIOLOGÍA
11 grupo electrógeno: Unidad formada por un motor de explosión y un generador eléctrico. — ELECTRICIDAD
12 grupo parlamentario: Formación permanente que agrupa a los miembros de un parlamento que tienen las mismas ideas políticas o intereses afines. — POLÍTICA
13 grupo sanguíneo: Cada uno de los sistemas o factores sanguíneos en que se clasifica la sangre según los antígenos presentes en los glóbulos rojos. — MEDICINA
14 en grupo: En conjunto: *hicimos una excursión en grupo.* — loc.adv.

grupúsculo Grupo político pequeño, en general de ideología radical y carácter activista. — s.m./POLÍTICA, SOCIOLOGÍA

gruta (Del siciliano *grutta* < lat. vulgar *crupta* < gr. *krypte*, bóveda subterránea, cripta.)
1 Cavidad natural entre riscos y peñas: *se ocultó en una gruta en las montañas.* — s.f. = cueva
2 Imitación de una cueva en jardines o parques.

grutesco, a
1 De las grutas. — adj.
2 Se aplica al adorno o a la decoración que consiste en figuras animales, vegetales y humanas entrelazadas. — adj/s. ARTE

gruyère (Voz francesa.) Queso suizo de leche de vaca, de color amarillo, compacto y de forma cilíndrica. — s.m. th: gruyer

gua
1 Juego de canicas en el que unas deben introducirse en un pequeño hoyo hecho en el suelo. — s.m. JUEGOS
2 Hoyito para jugar a este juego. — JUEGOS
3 ¡gua! Expresa temor, admiración o ánimo. — interj./Amér. Merid.

guabán Planta arbórea de la familia de las meliáceas, con cuya madera se fabrican herramientas y mangos. *(Trichilia spondioides.)* — s.m./Cuba BOTÁNICA

guabico Planta arbórea anonácea de madera dura y fina. — s.m./Cuba BOTÁNICA

guabina Pez de agua dulce, de carne suave y gustosa y cuerpo cilíndrico. — s.f./Colomb., Antillas, Venez.

guabirá Árbol grande, de tronco liso y blanco, hojas aovadas y fruto amarillo del tamaño de una guinda. *(Myrtus mucronata.)* — s.m./Argent., Par., Urug. BOTÁNICA

guabiyú (Voz guaraní.) Árbol con hojas carnosas de color verdinegro, futo negro, comestible y dulce, usado en medicina popular. — s.m. Argent., Par. BOTÁNICA

guaca (Del quechua *waka*, dios familiar.)
1 Sepulcro de los antiguos indios bolivianos y peruanos. — s.f. th: huaca
2 Tesoro enterrado. — Amér. Central y Merid.
3 Tumba o yacimiento arqueológico de la época prehispánica. — Amér. Central y Merid.
4 Hoyo donde se depositan las frutas verdes para que maduren. — C. Rica, Cuba
5 Hucha, alcancía para guardar el dinero. — Bol., C. Rica, Cuba

guacal
1 Planta arbórea que produce un fruto redondo del que se hacen vasijas. *(Crescentia cujete.)* — s.m. Amér. Central
2 Recipiente hecho con el fruto de este árbol. — Méx., Amér. Central
3 Cesta o jaula de varillas que se usa para transportar loza, cristal o frutas. — Colomb., Méx., Venez.

guacalote Planta trepadora de tallos gruesos y fuertes espinas. *(Caesalpinia bonduc.)* — s.m./Cuba BOTÁNICA

guacamayo (Voz araucana.) Ave sitaciforme de gran tamaño, cola con las dos timoneras muy desarrolladas, de vistoso plumaje dorado, azul, amarillo y rojo que vive en bosques tropicales sudamericanos. *(Ara.)* — s.m. ZOOLOGÍA = papagayo

guacamol Ensalada de aguacate, cebolla, tomate y chile verde: *de primero comimos guacamol y de segundo enchilada.* — s.m./*Méx., Amér. Central, Cuba* — tb: guacamole

guacamote Yuca, planta euforbiácea. — s.m./*Méx.*

guachada Acción sucia y desleal. — s.f./*Argent.*

guachafita Alboroto o gresca que se forma con el bullicio de gente. — s.f. *Colomb., Venez.*

guachaje Hato de terneros separados de sus madres. — s.m./*Chile*

guachapazo Caída violenta: *se dio un buen guachapazo con la moto.* — s.m. = costalada

guachapear
1 Golpear y mover el agua con los pies o las manos: *le gusta guachapear en los charcos.* — v.tr./intr. = chapotear
2 Hacer una cosa deprisa y sin cuidado. — v.intr./= chapucear
3 Hacer ruido una chapa de hierro por estar mal clavada. — v.intr.
4 Robar, hurtar o arrebatar bienes ajenos. — v.tr./*Chile*

guácharo, a
1 Se aplica a la persona que tiene aspecto enfermizo. — adj.
2 Ave nocturna parecida al chotacabras, de plumaje rojizo con manchas verdosas. *(Steatornis caripensis.)* — s.m. ZOOLOGÍA
3 Cría de un ave. — ZOOLOGÍA/= guacho

guacharrazo Caída violenta: *se dio un guacharrazo, bajando las escaleras, de los que hacen historia.* — s.m./tb: costalazo, trompazo

guacharro Cría de un ave. — s.m./tb: guácharo

guache
1 Técnica pictórica sobre papel o cartón, que consiste en aplicar el color diluido en goma líquida y mezclado con determinada resina. — s.m. ARTE = aguada
2 Hombre vulgar y patán. — *Colomb., Venez.*

guachimán
1 Guardia jurado o vigilante. — s.m./*Amér.*
2 Sirviente de una casa. — *Nicar.*

guachinango
1 Se aplica a la persona que se comporta y actúa con astucia y zalamería. — adj./*Méx., Cuba, P. Rico*
2 Que es burlón con los demás. — *P. Rico*
3 Pez acantopterigio semejante al pagro, de escamas grandes de color rojizo. *(Lutjanus.)* — s.m./*Méx.* ZOOLOGÍA

guacho, a
1 Cría de un animal, en especial el pollo de cualquier ave. — s.m.
2 Se aplica a la cría que ha perdido la madre. — adj./*Amér.*
3 Que está descabalado o desparejado. — *Chile*
4 Se refiere a la persona que no tiene padres por haberse quedado huérfana. — adj/s. *Argent., Chile, Perú*
5 Se aplica a la persona vil y despreciable. — adj/vulgar
6 Hijo natural de padres que no estaban casados de forma legal. — s. *Amér. Merid.*

guacia
1 Acacia, árbol mimosáceo de madera muy dura. — s.f./BOTÁNICA BOTÁNICA
2 Goma extraída de la acacia. — BOTÁNICA

guácima Planta arbórea de corteza jabonosa, que crece en zonas tropicales sudamericanas. *(Guazuma ulmifolia.)* — s.f./BOTÁNICA *Colomb., Antillas, C. Rica*

guaco, a
1 Se aplica a la persona que tiene el labio leporino. — adj/s./*Ecuad.*
2 Planta compuesta, con flores blancas en forma de campanilla, que se usa para curar llagas y picaduras venenosas. *(Aristoloquia y Mikania.)* — s.m./*Amér.* BOTÁNICA
3 Ave gallinácea casi tan grande como el pavo, cuya carne es muy apreciada. — *Amér.* ZOOLOGÍA
4 Ave falcónida con el cuerpo negro y el vientre blanco. *(Ibycter americanus.)* — *C. Rica* ZOOLOGÍA
5 Objeto de valor que se encuentra enterrado en una tumba o yacimiento precolombino. — *Amér. Central y Merid./*tb: huaco

guadafiones Trabas con que se atan las manos de un animal para que no huya. — s.m. pl: guadafiones

guadal Extensión de tierra arenosa que cuando llueve se convierte en un barrizal. — s.m. *Argent.*

guadalajareño, a
1 De Guadalajara, provincia y ciudad españolas. — adj.
2 Persona natural de esta provincia y ciudad. — s.

guadalupano, a
1 De la Virgen de Guadalupe. — adj.
2 Que es devoto de dicha Virgen. — adj/s.

guadamecí (Del ár. *gild gadamasi,* cuero de Gadamés.) Cuero adobado y adornado con dibujos de pintura o relieve. — s.m. pl.tb: guadamecíes tb: guadamecil

guadaña (Del lat. *watania* < germ. *whaithanjos,* propio de prados.)
1 Herramienta formada por una cuchilla puntiaguda y curva, y un mango largo, que se usa para segar a ras de tierra. — s.f. AGRICULTURA = dalla
2 Símbolo o atributo del tiempo y de la muerte. — literario

guadañador, a Que guadaña. — adj./AGRICULTURA

guadañadora Máquina agrícola que se usa para recolectar plantas forrajeras. — s.f. AGRICULTURA

guadañar Segar la mies o la hierba con la guadaña a ras de tierra. — v.tr./AGRICULTURA = dallar

guadañero, a Persona que siega la hierba o la mies con guadaña. — s. AGRICULTURA

guadapero
I (Del flamenco *wald-peer.*) Peral silvestre. — s.m./BOTÁNICA
II (De *guardar* + *apero.*) Mozo que llevaba la comida a los segadores. — s.m.

guadarnés, a
1 Persona que cuida de las guarniciones, sillas y demás aderezos de las caballerías. — s./pl: guadarnés EQUITACIÓN
2 Lugar donde se guardan las guarniciones de los caballos. — s.m./EQUITACIÓN = cuadra
3 Especie de museo de armas. — s.m./= armería

guadianés, a Del río Guadiana. — adj.

guadijeño, a Cuchillo con punta que tiene una horquilla en el mango para sujetarlo con el dedo pulgar. — s.m.

guadua Bambú muy grueso y alto, espinoso y lleno de agua. *(Bambusa guadua.)* — s.f./BOTÁNICA *Amér. Merid.*

guafe Pequeño muelle marítimo. — s.m./*Amér. Central*

guagua
I (Del quechua *wáwua,* niño de teta.)
1 Cosa insignificante o baladí. — s.f.
2 Bebé, niño de pecho. — *Amér. Merid.*
3 de guagua: De balde, gratis: *no me lo compré, lo conseguí de guagua.* — loc.adv.
II (De origen incierto.)
1 Autobús de transporte público. — s.f.
2 Insecto hemíptero muy pequeño de color blanco o gris, que destruye los naranjos y limoneros. *(Aonidiella y Chrisomphalus.)* — *Argent., Cuba, Dom.* ZOOLOGÍA

guagualón, a Persona que, siendo ya de edad, tiene actitudes de niño. — s./*Chile* coloquial

guaichí Marsupial con cara de color pardo negruzco y dos manchas blancas encima de los ojos. *(Metachirops opossum.)* — s.m. ZOOLOGÍA

guaicurú Planta perenne de tallo áspero y estriado, hojas vellosas, largas y con nervaduras, y flores moradas en racimo, cuya raíz se emplea en medicina popular. *(Galianthe, Plegorrhiza y Statice.)* — s.m. *Argent. Urug.* BOTÁNICA

guaimí
1 Que pertenece a un pueblo amerindio de Panamá. — adj./pl.tb: guamíes
2 Persona natural de este pueblo. — s.m.f.
3 Lengua que habla este pueblo. — s.m./LINGÜÍSTICA

guaina (Voz quechua.) Se aplica a la persona joven. — adj/s.m.f./*Chile*

guaipo Martinete, ave terrícola americana, con alas y cola cortas, parecida a la gallina. *(Rynchotus rufescens maculicollis.)* — s.m. ZOOLOGÍA

guaira (Del quechua *wairachina,* lugar o aparato para aventar.)
1 Vela triangular que se enverga al palo. — s.f./NÁUTICA
2 Hornillo de barro en el que los indios peruanos funden los minerales de plata. — *Amér.*
3 Especie de flauta de varios tubos que usan los indios centroamericanos. — *Amér. Central* MÚSICA

guairabo Ave ciconiforme nocturna de plumaje blanco, con la cabeza y el dorso negros. *(Nycticorax.)* — s.m./*Chile* ZOOLOGÍA

guairo Embarcación pequeña con dos guairas, que se usa en América para el tráfico en las bahías y costas. — s.m. NÁUTICA

guaita Soldado que estaba de centinela durante la noche. — s.m. MILITAR

guaja Persona desvergonzada, tunante y pícara. — s.m.f.

guájar Lo más escarpado de una sierra. — s.m.f./= guájara

guaje
1 Se aplica a la persona o cosa inútil, trasto o inservible. — adj/s.m.f. *Amér. Central*
2 Se refiere a la persona de poco entendimiento y boba o que le cuesta razonar. — adj/s.m. *Méx., Hond.*
3 Especie de acacia, planta arbustiva mimosácea. *(Leucaena y Acacia.)* — s.m./*Méx.* BOTÁNICA
4 Calabaza de base ancha que sirve para llevar líquidos. — *Méx., Hond.*

guajira Canto popular cubano. — s.f./MÚSICA

guajiro, a Se aplica a la persona que trabaja en las labores agrícolas. — adj/s./*Colomb., Cuba*

guajolote
1 Que es bobo o tonto. — adj./*Méx.*
2 Pavo, ave gallinácea. — s.m./*Méx.*

gualatina (Del fr. *galantine,* plato de carne que se sirve frío con jalea.) Guiso hecho con harina de arroz, manzanas, flores amarillas y especias. — s.f. COCINA

gualda (Del germ. *walda,* hierba empleada para teñir de amarillo.) Planta herbácea anual de hojas enteras lanceoladas, flores amarillas en espigas compactas y fruto capsular, que se cultiva para extraer un colorante amarillo. *(Reseda luteola.)* — s.f. BOTÁNICA = reseda

gualdera Cada uno de los tablones laterales que forman el soporte principal de algunos armazones como escaleras, cajas o carros. — s.f. / CONSTRUCCIÓN

gualdo, a Se aplica al color amarillo parecido al de la gualda: *la bandera española es roja y gualda.* — adj/s.m.

gualdrapa (Del germ. *wasdrappa* < lat. *vastrapes*, especie de pantalón.)
1 Manta que cubre las ancas de las cabalgaduras. — s.f./EQUITACIÓN = andrajo, harapo
2 Objeto o tela que está sucio o roto.

gualdrapazo Golpe dado por las velas del barco contra los palos y jarcias. — s.m. / NÁUTICA

gualdrapear
1 Poner varias cosas unas junto a otras alternando sus extremos respectivos. — v.tr.
2 Dar las velas del barco golpes contra los palos. — NÁUTICA

gualdrapero, a Persona que viste de modo andrajoso y sucio. — s. = harapiento

gualdrilla Tabla para lavar minerales. — s.f./MINERÍA

gualeta
1 Aleta de los peces y de los reptiles. — s.f./Chile/ZOOLOGÍA
2 Parte saliente y por lo general flexible de cualquier objeto. — Chile
3 Aleta para bucear. — Chile

gualicho
1 Hechizo o encantamiento. — s.m./Argent., Urug.
2 Objeto capaz de causar un hechizo, según la creencia popular. — Argent., Urug.

gualtata Planta herbácea de tallo erguido y hojas lanceoladas, que se usa como remedio cardíaco en la medicina popular. *(Rumex.)* — s.f./Chile BOTÁNICA

gualve Terreno pantanoso. — s.m./Chile

guamazo Golpe fuerte. — s.m./Méx.

guambra Niño mestizo o de raza india. — s.m.f./Ecuad.

guampa Asta o cuerno del animal vacuno. — s.f./Amér. Merid.

guampudo, a Se aplica al animal que tiene grandes astas o cuernos. — adj. Amér. Merid.

guamuchil
1 Planta arbórea espinosa, con hojas con cuatro folíolos, flores amarillas o blanco verdosas, y fruto leguminoso. *(Pithecellobium dulce.)* — s.m. Méx. BOTÁNICA
2 Fruto comestible de este árbol. — Méx/BOTÁNICA

guanábana Especie de chirimoya tropical centroamericana. — s.f./Antillas, Venez. BOTÁNICA

guanaco (Del quechua *wanaku,* guanaco.)
1 Mamífero rumiante de la familia de los camélidos, con el cuello y las patas largos y delgados, de pelo lanoso y largo, cabeza pequeña, que habita en la parte sur de las montañas andinas. *(Lama guarnicol.)* — s.m. Amér. ZOOLOGÍA
2 Tonto o bobo, persona de poco entendimiento. — Amér.
3 Campesino, persona rústica. — Amér. Central
4 Camión policial que dispara agua a gran presión. — Chile

guanaquear
1 Cazar guanacos. — v.intr./Amér./CAZA
2 Hacer el tonto. — Amér.

guanche
1 De un pueblo que vivía en el archipiélago canario en el momento de su conquista, o de su lengua. — adj. HISTORIA
2 Persona natural de este pueblo. — s.m.f./HISTORIA
3 Lengua líbico-beréber, hoy extinta, hablada por este pueblo. — s.m. LINGÜÍSTICA

guancra Sitio donde abunda el guano, excremento de aves marinas. — s.f.

guango, a Que es ancho o queda holgado. — adj./Méx.

guangoche Tela basta parecida a la arpillera, que suele usarse para embalajes o cubiertas. — s.m. Méx., Amér. Central

guangocho, a
1 Que resulta o está ancho u holgado. — adj./Méx.
2 Guangoche, tela basta. — s.m./Hond./TEXTIL Hond.
3 Saco hecho de guangoche.

guanina Base nitrogenada de tipo púrico que interviene en la formación del ADN y el ARN. — s.f. BIOQUÍMICA

guano (Del quechua *wanu,* estiércol.)
1 Sustancia compuesta de excrementos de aves marinas que se encuentra en gran cantidad en las costas y en las islas y que se usa como abono agrícola. — s.m.
2 Abono mineral fabricado a imitación del anterior. — AGRICULTURA

guantada Guantazo, golpe dado con la mano abierta: *menuda guantada ha dado al niño.* — s.f./= bofetada, manotazo

guantazo
1 Golpe dado con la mano abierta: *recibirás un guantazo si sigues molestando.* — s.m./= bofetada, guantada
2 Cualquier golpe, en especial si es aparatoso: *se dio un guantazo contra una farola.* — = tortazo

guante (Del germ. *want,* guante.)
1 Prenda de vestir de piel, punto u otro material que cubre la mano y tiene la misma forma de ésta, usada en especial para abrigar o proteger: *siempre friega los platos con guantes de goma.* — s.m.

2 **arrojar el guante:** Desafiar a otra persona o retarla a duelo. — coloquial

3 **colgar los guantes:** 1. Abandonar la práctica del boxeo. 2. Abandonar cualquier actividad: *tras el fracaso de su última película, colgó los guantes y se dedicó a la publicidad.* — DEPORTES coloquial

4 **de guante blanco:** 1. Se aplica al ladrón de mucha habilidad que no emplea la violencia en sus acciones. 2. Se refiere al enfrentamiento o actividad reprobable que se realiza sin violencia y a la persona que la lleva a cabo. — loc.adj. coloquial

5 **echar el guante a una cosa:** Alargar la mano para agarrarla: *echó el guante a la prenda más cara.* — coloquial

6 **echar el guante a una persona:** Agarrarla, cogerla o detenerla si se trata de alguien que tiene una conducta delictiva: *la policía echó el guante al jefe de la banda.* — coloquial

7 **poner a una persona como un guante, o más blando o suave que un guante:** Volverle dócil por medio de la represión u otro castigo: *el castigo que le aplicó su padre le puso más suave que un guante.* — coloquial

8 **recoger el guante:** Aceptar un desafío.

9 **sentar como un guante:** Adaptarse a la perfección una prenda al cuerpo de la persona que la lleva.

guantear Golpear con la mano abierta. — v.tr./Amér.

guantelete (Del fr. *gantelet.*)
1 Pieza de la armadura en forma de guante con láminas de hierro que cubría la mano. — s.m./HISTORIA = manopla
2 Vendaje que engloba todos los dedos de la mano. — MEDICINA

guantera Compartimento del salpicadero de los automóviles para guardar cosas: *el mapa de carreteras está en la guantera.* — s.f.

guantería
1 Establecimiento donde se hacen o venden guantes. — s.f./COMERCIO
2 Oficio del guantero.

guantero, a Persona que hace o vende guantes. — s.

guapamente Muy bien, sin recato: *vive tan guapamente sin trabajar.* — adv.

guapear
1 Ponerse una persona más guapa de lo que era: *nació feúcho pero ya está guapeando.* — v.intr.
2 Hacer ostentación de valentía y desenfado.
3 Mostrar elegancia en el vestir.
4 Fanfarronear, echar bravatas o hacer ostentación de alguna cualidad. — Argent., Chile, Urug.

guaperas Se aplica al hombre que es guapo y presume de serlo: *me cae fatal porque es un guaperas.* — adj/s.m. pl: guaperas

guapeza Característica de la persona guapa: *ese niño tiene una guapeza angelical.* — s.f. = guapura

guapo, a (Del lat. *vagga,* bribón, granuja.)
1 Se aplica a la persona que tiene un aspecto bello y agradable, en especial el rostro: *es muy guapo y además simpático.* — adj. = apuesto ≠ feo
2 Que va bien vestido: *hoy vas muy guapa.* — = arreglado
3 Que es muy bonito, interesante o divertido: *te recomiendo que veas la película, es muy guapa; mira qué zapatos tan guapos me he comprado.* — = bueno, estupendo ≠ malo coloquial
4 Hombre fanfarrón o que alardea de valentía: *ya llega el guapo de la clase a atemorizar a los demás.* — s.m./= gallito ≠ modesto
5 Galán que festeja a una mujer en la picaresca.

guapote, a Que tiene buena presencia sin ser bello: *es una mujer guapota y corpulenta.* — adj. coloquial

guapura Belleza o atractivo: *¡qué guapura de criatura!* — s.f./= guapeza

guaquero Persona que se dedica de forma ilegal a buscar tesoros en las tumbas y yacimientos arqueológicos de la época prehispánica. — s.m. Amér. Central y Merid.

guara
1 Árbol sapindáceo muy parecido al castaño. *(Cupania americana.)* — s.f./Cuba BOTÁNICA
2 Especie de gallinazo que no tiene plumas en la cabeza ni en el cuello. — Colomb. ZOOLOGÍA
3 Perifollo, adorno en el vestido. — Chile

guaraca
1 Honda de cuero trenzado. — s.f./Amér. Merid.
2 Trozo de cuerda largo y flexible como un látigo. — Amér. Merid.
3 Pene, órgano sexual masculino. — Chile/vulgar

guaracha Baile semejante al zapateado. — s.f./Cuba, Chile, P. Rico

guarache Especie de sandalia tosca de cuero. — s.m./Méx.

guarangada Acción propia de una persona grosera y maleducada. — s.f. Amér. Merid.

guarango, a Se aplica a la persona mal educada y grosera. — adj. Amér. Merid.

guaraní
1 De un pueblo amerindio que se extendía desde la zona amazónica hasta las regiones rioplantenses americanas. — adj. pl.tb: guaraníes
2 Persona de este pueblo. — s.m.f.
3 Lengua de este pueblo, que se habla en la república paraguaya junto con el español. — s.m. LINGÜÍSTICA
4 Unidad monetaria del Paraguay. — ECONOMÍA

guaranismo
1 Expresión o construcción que se usa en otra lengua y se considera propia y característica de la lengua guaraní. — *s.m.* LINGÜÍSTICA
2 Afición por el mundo y la cultura guaraníes.

guarapeta Borrachera, estado de ebriedad. — *s.f./Méx.*

guarapo Jugo extraído de la caña de azúcar. — *s.m./Amér.*

guarapón Sombrero de ala ancha. — *s.m./Chile, Perú*

guarda
1 Persona encargada de la conservación y custodia de una cosa o de un lugar: *el guarda del parque nos llamó la atención por pisar el césped.* — *s.m.f.* = vigilante
2 Acción de vigilar u ocuparse de la conservación de una cosa: *el banco se encarga de la guarda de sus joyas.* — *s.f.* = custodia
3 Cada hoja de papel blanco de la encuadernación de un libro, colocadas al principio y al final del mismo. — ARTES GRÁFICAS
4 Cada una de las varillas exteriores y de mayor tamaño del abanico. — = guía
5 Disco de hierro que impide el paso de una llave distinta de la adecuada en una cerradura. — = rodete
6 Carta de poco valor que sirve para reservar la de más valor, en algunos juegos de naipes. — JUEGOS
7 Guarnición de una espada que protege la mano. — = guardamano
8 Franja de cuero que se adornan los bordes de vestidos, cortinas y telas en general. — *Amér.*
9 **guarda forestal:** Persona encargada de la vigilancia y protección de los montes y los bosques de propiedad pública. — = guardabosque
10 **guarda jurado:** Persona nombrada por la autoridad que ha sido contratada por empresas o particulares para vigilar sus intereses.
11 **guarda mayor:** El que gobierna a las personas que guardan y protegen una cosa o un lugar.
12 **falsear las guardas:** 1. Hacerse una copia de una llave para abrir lo que está cerrado con ella. 2. Ganar con soborno o engaño los puestos de un castillo, plaza o ejército para sorprenderlos. — coloquial MILITAR

guardabanderas Marinero que cuida del armario de bitácora. — *s.m.* pl: guardabanderas

guardabarrera Persona que cuida y maneja la barrera de un paso a nivel de ferrocarril. — *s.m.f.*

guardabarros Cada una de las chapas que, en los automóviles, bicicletas y otros vehículos, cubren la parte superior de las ruedas para evitar las salpicaduras: *el golpe sólo afectó al guardabarros del coche.* — *s.m.* pl: guardabarros = aleta

guardabosque Guarda de un bosque: *el guardabosque detectó el incendio a tiempo de poder controlarlo.* — *s.m.* tb: guardabosques

guardabrazo Pieza de la armadura que cubría y protegía el brazo. — *s.m.* HISTORIA

guardabrisa Campana o farol de cristal donde se colocan las velas para que no se apaguen con el aire. — *s.f.*

guardabrisas Parabrisas del automóvil: *una piedrecilla ha hecho añicos el guardabrisas del coche.* — *s.m.* pl: guardabrisas

guardacabo Anillo de metal o madera por el que pasa un cabo quedando así protegido. — *s.m.* NÁUTICA

guardacabras Cabrero, persona que cuida de un rebaño de cabras. — *s.m.f.* pl: guardacabras

guardacalada Abertura que se hacía en los tejados para formar una ventana o un vertedero que sobresaliese del alero. — *s.f.* CONSTRUCCIÓN

guardacantón
1 Poste de piedra que protege las esquinas de los edificios de los golpes de los vehículos o del paso de éstos. — *s.m.* CONSTRUCCIÓN
2 Cada uno de los postes de los caminos que delimitan el paso de vehículos o los sirven de protección.

guardacartuchos Caja que sirve para conducir los cartuchos desde el compartimento en el que están guardadas las municiones a la pieza. — *s.m.* pl: guardacartuchos NÁUTICA

guardacoches Persona que aparca y cuida los coches de los clientes de un establecimiento público: *al salir del casino dio propina al guardacoches.* — *s.m.f.* pl: guardacoches

guardacostas Barco destinado a defender las costas o a perseguir el contrabando: *el guardacostas se acercó a la lancha sospechosa para detenerla.* — *s.m.* pl: guardacostas NÁUTICA

guardacuños Persona encargada en la casa de la moneda de guardar los cuños. — *s.m.* pl: guardacuños

guardador, a
1 Que guarda, cuida o conserva las cosas: *los miembros de la policía son los guardadores del orden.* — adj/s.
2 Que cumple con exactitud y rigidez un mandato, ley o precepto: *es muy guardador de las normas.* — = cumplidor ≠ descuidado
3 Que escatima lo que gasta o lo que da de manera exagerada. — = miserable, tacaño

guardaespaldas Persona que acompaña a otra para protegerla: *los guardaespaldas protegían a la famosa actriz de los fans.* — *s.m.f.* pl: guardaespaldas

guardafrenos Empleado del ferrocarril encargado del manejo de los frenos del tren. — *s.m.f.* pl: guardafrenos

guardafuego
1 Andamio de tablas que se cuelga por el exterior del costado de una embarcación para impedir que las llamas suban más arriba de donde conviene cuando se da fuego a los fondos. — *s.m.* NÁUTICA
2 Plancha que se coloca delante de los hornos, a modo de pantalla protectora. — METALURGIA

guardaguas Listón que, en las embarcaciones de madera, se clava en los costados sobre las ventanas para que no entre el agua. — *s.m.* pl: guardaguas NÁUTICA

guardagujas Persona encargada del manejo de las agujas, en los cambios de vía de los ferrocarriles: *el tren entró en una vía equivocada por un error del guardagujas.* — *s.m.f.* pl: guardagujas

guardahúmo Vela que se coloca por la parte de proa en la chimenea del fogón del barco para evitar que el humo vaya a popa cuando la embarcación navega con la proa al viento. — *s.m.* NÁUTICA

guardainfante
1 Pieza de alambres con cintas que llevaban las mujeres alrededor de la cintura, debajo de la falda, para ahuecarla. — *s.m.* = miriñaque
2 Conjunto de trozos de madera que se colocan sobre el cilindro de un cabestrante para aumentar su diámetro. — NÁUTICA

guardallamas Plancha metálica puesta sobre la puerta de la caldera de las locomotoras de vapor, para proteger al fogonero de las llamas. — *s.m.* pl: guardallamas

guardalmacén Persona encargada de la custodia de un almacén: *el control de entradas y salidas de material es responsabilidad del guardalmacén.* — *s.m.f.*

guardalobo Planta arbustiva perenne con hojas lineares, flores pequeñas verdosas o amarillas y fruto en drupa que tiene propiedades astringentes. *(Osyris alba.)* — *s.m.* BOTÁNICA

guardamalleta Faja horizontal de adorno que cuelga sobre las cortinas por la parte superior y permanece fija al descorrerlas. — *s.f.*

guardamangier
1 Lugar donde se guardaban los alimentos y víveres en un palacio. — *s.m./HISTORIA* = guardamangel
2 Hombre que se encargaba de las provisiones en un palacio. — HISTORIA

guardamano
1 Guarnición de la espada. — *s.m./MILITAR*
2 Pieza de acero o madera fijada a los cañones de las escopetas para proteger la mano.

guardamateriales Persona encargada de la compra de materiales para fundiciones, en las casas de moneda. — *s.m.f.* pl: guardamateriales

guardameta Jugador de fútbol y otros deportes, cuya misión es defender la portería: *el guardameta quedó lesionado del encontronazo con el delantero.* — *s.m.f./DEPORTES* = portero, cancerbero

guardamigo Utensilio que se le ponía bajo la barbilla a un reo para impedir que bajara la cabeza. — *s.m./HISTORIA* = pie de amigo

guardamonte
1 Pieza de metal semicircular que protege el disparador de las armas de fuego. — *s.m.*
2 Pieza de cuero que cuelga de la parte delantera de la montura y sirve para defender las piernas del jinete de la maleza. — *Argent., Bol.* EQUITACIÓN
3 Pedazo de piel que se pone sobre las ancas del caballo para evitar la mancha de sudor. — *Méx.* EQUITACIÓN

guardamuebles
1 Local o nave donde se guardan muebles: *en estas dos semanas de espera, antes de que le den el piso, dejará los muebles en un guardamuebles.* — *s.m.* pl: guardamuebles
2 Persona que tenía en custodia los muebles de un palacio. — HISTORIA

guardapapo Pieza de la armadura que cubría el cuello y la barba. — *s.m.* HISTORIA

guardapelo Joya en forma de cajita plana, en la que se guarda un mechón de cabello. — *s.m.*

guardapesca Barco destinado a vigilar el cumplimiento de las normas de pesca marítima: *el guardapesca advirtió la presencia de un pesquero en zona prohibida.* — *s.m.* NÁUTICA

guardapeto Pieza de refuerzo del peto de la armadura. — *s.m.* HISTORIA

guardapiés Prenda exterior de las mujeres, que llegaba hasta los pies, usado en la antigüedad. — *s.m./pl: guardapiés* = brial

guardapolvo
1 Prenda de vestir larga y de tejido ligero que se pone sobre la ropa para protegerla: *el pintor usa un guardapolvo mientras trabaja.* — *s.m.* tb: guardapolvos = bata
2 Funda que se pone encima de una cosa para protegerla del polvo: *dejó guardapolvos sobre los muebles cuando se fue de la casa.*

3 Pieza de cuero unida al botín de montar y que cae sobre el empeine del pie. **EQUITACIÓN**
4 Tapa interior de los relojes de bolsillo para resguardar la máquina.
5 Tejado voladizo construido sobre un balcón, una ventana o una puerta para desviar el agua de lluvia. **CONSTRUCCIÓN**
6 Marco que encuadra el retablo.

guardapuerta Cortina que se cuelga delante de una puerta. **s.f.** **= antepuerta**

guardapuntas Pequeño estuche que protege la punta de un lápiz. **s.m.** **pl: guardapuntas**

guardar (Del germ. *wardon < warda*, acto de buscar con la vista, guardia.)
1 Vigilar o custodiar una cosa: *guarda mis tierras cuando salgo de viaje.* **v.tr./= cuidar** **≠ descuidar**
2 Poner una cosa en lugar protegido o en el lugar que le corresponde: *guardé la vajilla después de cenar.* **= recoger**
3 Mantenerse una persona en una actitud, manera o posición: *guardaba silencio por respeto; con esa fiebre, debes guardar cama.* **= observar**
4 Tener un sentimiento hacia otra persona: *le guardo mucho rencor desde aquella noche.* **= sentir**
5 Conservar un recuerdo o sensación: *guardo buena memoria de aquel verano.* **= tener**
6 Retener o reservar una cosa para una persona: *guardo el asiento para mi amiga.* **= conservar**
7 No gastar o gastar con mezquindad: *su obsesión es guardar dinero.* **= ahorrar**
8 Obedecer o cumplir las leyes o las obligaciones contraídas: *suele guardar las normas de convivencia.* **= observar**
9 Contener un objeto riquezas u otras cosas de valor en su interior: *ese baúl guarda objetos y recuerdos muy valiosos para mí.* **= contener, esconder**
10 Mantener una persona una actitud recelosa o precavida respecto a una cosa o una persona: *me guardo de sus consejos estúpidos.* **v.prnl./+ de** **= recelar** **≠ confiar**
11 Tener una persona cuidado de no realizar una cosa: *me guardaré de preguntarle nada.* **+ de** **= evitar, eludir**
12 No dar o no comunicar una cosa a otras personas: *me guardo de opinar sobre este tema; se guardaba sus penas para sí solo.* **= abstenerse, reservar**
13 ¡guarda!: Se usa para expresar sorpresa o avisar de un peligro: *¡guarda, oigo pasos!* **interj.**
14 guardársela a una persona: No olvidar una ofensa o un daño recibido y esperar el momento oportuno para vengarse o desquitarse: *mira que no invitarme a la fiesta... ésta se la guardo.* **coloquial**

guardarriel Trozo de carril puesto en la parte exterior de una vía para reforzarla y evitar los descarrilamientos. **s.m.**

guardarropa
1 Lugar en un establecimiento público donde se dejan los abrigos u otras prendas personales: *he perdido el resguardo del guardarropa.* **s.m.** **tb: guardarropía**
2 Armario donde se guarda la ropa. **= ropero**
3 Conjunto de prendas de vestir de una persona: *tiene un guardarropa anticuado.* **= armario**
4 Persona encargada de cuidar del lugar donde se guardan ropas en un establecimiento público. **s.m.f.**

guardarropía
1 Conjunto de ropas y objetos usados para una representación escénica: *en la guardarropía del teatro tienen decenas de sombreros de todas las épocas.* **s.f.** **CINE, TEATRO**
2 Lugar o habitación donde se guardan los trajes y efectos necesarios para una representación escénica. **TEATRO**
3 Lugar donde se guardan los abrigos y otras prendas de vestir, en un lugar público. **tb: guardarropa**
4 de guardarropía: De apariencia, sin ser real: *sus joyas son de guardarropía, pura quincalla.* **loc.adj.**

guardarruedas Pieza de hierro que se ponía para proteger los quicios de las puertas de las antiguas cocheras impidiendo que ruedas del coche lleguen a ellos. **s.m.** **pl: guardarruedas** **tb: guardacantón**

guardasellos Funcionario cuya misión era custodiar el sello real. **s.m./HISTORIA** **pl: guardasellos**

guardasilla Listón de madera que se clava en la pared para protegerla de las rozaduras de las sillas. **s.f.**

guardatimón Cada uno de los cañones que se colocaban a una y otra banda del timón de un barco. **s.m.** **NÁUTICA**

guardavalla Portero, guardameta de un equipo, en algunos deportes. **s.m./Amér.** **DEPORTES**

guardavela Cabo que asegura las velas de gavia a la zona superior de los palos mayores. **s.m.** **NÁUTICA**

guardavía Persona encargada de la vigilancia de un tramo de vía férrea. **s.m.f.**

guardaviento Cilindro que se pone en lo alto de las chimeneas para desviar las corrientes de aire que podrían dificultar el tiro del interior. **s.m.** **pl: guardavientos**

guardería
1 Centro o servicio donde se tiene y se cuida durante algunas horas a niños de corta edad: *en la guardería atienden a los bebés a partir de los tres meses de edad.* **s.f.** **= jardín de infancia**
2 Ocupación y trabajo del guarda.

guardia (Del germ. *wardja*, el que monta guardia, centinela, vigía.)
1 Acción de guardar o vigilar: *nos turnamos la guardia nocturna del abuelo en el hospital.* **s.f.** **= vigilancia**
2 Conjunto de soldados o gente armada que vigila o defiende a otros o un puesto: *la guardia patrulla durante toda la noche por la calle.* **= escolta, patrulla**
3 Servicio que realiza la tropa encargada de misiones de defensa o vigilancia: *termino la guardia dentro de dos horas; estará de guardia toda la noche.* **MILITAR**
4 Servicio especial y duración del mismo, que se presta en determinadas profesiones, como la medicina o la farmacia: *le asistió el médico de guardia.*
5 Postura de defensa en algunos deportes: *descuidó la guardia y recibió un gancho con la izquierda.* **DEPORTES**
6 Cuerpos armados encargados específicamente de funciones de vigilancia o defensa pública: *hay controles de la guardia de tráfico en la carretera.*
7 Persona que forma parte de alguno de estos cuerpos: *un guardia me indicó el camino.* **s.m.f.** **= policía**
8 guardia civil: Cuerpo de seguridad del estado destinado, en general, a mantener el orden público en las zonas rurales.
9 guardia de honor: La que se asigna a algunas personas por su dignidad o cargo: *el presidente fue escoltado por guardias de honor.*
10 guardia de seguridad: El que está destinado a mantener el orden en las ciudades o en establecimientos privados.
11 guardia marina: Cadete de la guardia naval militar en sus dos últimos años. **MILITAR, NÁUTICA**
12 guardia municipal, urbana o de tráfico: La que depende de los ayuntamientos y se dedica a mantener el orden en la población.
13 bajar la guardia: Desatender o descuidar la vigilancia. **coloquial**
14 en guardia: En actitud de defensa. **loc.adv.**
15 montar guardia: Adoptar una actitud vigilante.
16 poner en guardia a una persona: Avisarle de algún peligro: *yo ya le puse en guardia sobre el riesgo de esa compra-venta.*

guardián, a (Del germ. *wardjan*.)
1 Persona encargada de guardar y cuidar una cosa: *el guardián del garaje me dijo que cerraban a las diez.* **s./= guarda, vigilante**
2 Oficial de mar o contramaestre encargado de las embarcaciones menores y de los cables o amarras. **NÁUTICA**
3 Prelado ordinario de un convento de la orden franciscana. **s.m. RELIGIÓN**
4 Cable fuerte con el cual se aseguran los barcos pequeños cuando se avecina temporal. **NÁUTICA**
5 Se aplica al perro u otro animal adiestrado para guardar o defender una cosa o un lugar. **adj.**

guardilla Sala o planta contigua al tejado, en general con el techo inclinado, que se usa como vivienda o desván. **s.f.** **= buhardilla**

guardillón Buhardilla pequeña y no habitable. **s.m.**

guardín
1 Cabo que suspende las portas de la artillería de una embarcación. **s.m. NÁUTICA**
2 Cabo o cadena que va sujeto a cada lado de la caña del timón y por medio del cual se mueve. **NÁUTICA**

guardón, a Que es tacaño y guarda las cosas para sí mismo: *le cuesta mucho desprenderse de sus cosas, es bastante guardón.* **adj/s.** **= misero**

guarecer (Derivado de *guarir < germ. warjan*, proteger.)
1 Proteger a una persona o cosa contra un daño o un peligro: *el casco guarece de los golpes en la cabeza.* **v.tr./conj: carecer** **= resguardar**
2 Guardar y apacentar una cosa.
3 Curar a una persona. **= sanar**
4 Meterse en un lugar para protegerse: *se guarecieron del frío en una cabaña.* **v.prnl.** **= refugiarse**

guarén Rata de gran tamaño, de dedos palmeados y gran nadadora, que se alimenta de ranas y pececillos. **s.m./Chile ZOOLOGÍA**

guarida
1 Cueva o abrigo donde se guarecen los animales salvajes: *el hurón encontró la guarida de conejos.* **s.f.** **= cubil, madriguera**
2 Refugio donde se encuentra protección: *su casa es una guarida de parientes gorrones.* **= asilo**
3 Sitio al que se va, o en el que se está, con frecuencia para aislarse: *no quiere que nadie entre en su guarida mientras escribe.* **= rincón**
4 Lugar en el que se reúnen malhechores. **= madriguera**

guarín (De la voz onomatopéyica *guarr-*, que imita el gruñido del cerdo.) Último lechoncillo nacido de una camada. **s.m.**

guaripola
1 Insignia que lleva el que dirige una banda militar formada por una vara de madera terminada en una punta metálica. — s.f./Chile MILITAR
2 Persona que lleva esta insignia. — s.m.f./Chile

guarisapo Renacuajo, cría de anfibio, en especial el de la rana. — s.f./Chile ZOOLOGÍA

guarismo (Del ant. *alguarismo* < ár. *Al-huwarizmi*, sobrenombre del matemático árabe *Mohammed Abenmusa*.)
1 Cada uno de los signos o cifras arábigas que expresan una cantidad: *el número diez se expresa mediante dos guarismos: el uno y el cero.* — s.m. MATEMÁTICAS
2 Cantidad expresada por medio de dos o más cifras. — MATEMÁTICAS
3 **no tener guarismo**: Ser innumerable o excesivamente abundante.

guarne Vuelta de un cabo o cable alrededor de la pieza en la que tiene que funcionar. — s.m. NÁUTICA

guarnecedor, a Que guarnece. — adj./s.

guarnecer (Del ant. *guarnir* < germ. *warnjan*, proveer.)
1 Poner accesorios o complementos en un lugar o una cosa: *guarneció las telas con pedrería; guarnecieron las calles de luces para navidad.* — v.tr./conj: carecer + con, de = adornar
2 Proporcionar una cosa necesaria a una persona o a una institución: *un benefactor anónimo guarneció de fondos al colegio.* — + de = abastecer, dotar, proveer
3 Cubrir las paredes de un edificio con un enlucido o entablado: *el baño está guarnecido con baldosas blancas.* — CONSTRUCCIÓN = revestir, revocar
4 Estar una persona de guardia en un puesto militar. — MILITAR

guarnecido Enlucido o entablado con que se revisten las paredes de un edificio: *el guarnecido del piso se ha ido deteriorando con el tiempo.* — s.m. CONSTRUCCIÓN = revoque

guarnición
1 Verdura, puré u otro alimento que acompaña un plato de carne o pescado: *de guarnición quiero patatas fritas.* — s.f. COCINA
2 Adorno que se pone en los vestidos, telas u otras prendas: *puso cortinas con guarnición de pasamanería.* — = aderezo
3 Engaste de metal en que se colocan las piedras preciosas para formar una joya. — = engarce
4 Pieza de las espadas junto al puño que sirve para proteger la mano. — = guarda, guardamano
5 Conjunto de tropas estacionadas en un lugar o plaza para defenderlo: *se reforzó la guarnición de la plaza temiendo un nuevo ataque enemigo.* — MILITAR
6 Conjunto de correajes que se pone a las caballerías para montarlas, cargarlas, tirar de carros o una función: *los caballos llevaban guarniciones de vistosos colores en la exhibición equina.* — s.f.pl. = arreos, jaeces
7 **guarnición de émbolo**: Aro de metal que se intercala entre el pistón y el cilindro de un motor de explosión para obtener una junta hermética. — MECÁNICA
8 **guarnición de embrague y de freno**: Material de fricción que asegura el buen funcionamiento de estos mecanismos. — MECÁNICA

guarnicionar Poner guarnición en una plaza: *el general decidió guarnicionar el cuartel.* — v.tr. MILITAR

guarnicionería
1 Taller donde se fabrican guarniciones para caballerías y otros artículos de cuero. — s.f.
2 Tienda donde se venden guarniciones para caballerías y, por extensión, otros objetos de cuero. — COMERCIO

guarnicionero, a
1 Persona que hace o vende guarniciones para caballerías. — s. = bastero
2 Fabricante de todo tipo de objetos de cuero. — = talabartero

guarnimiento Conjunto de varias piezas con que se asegura una vela o un cabo. — s.m. NÁUTICA

guarnir (Del germ. *warnjan*, proveer, armar.)
1 Guarnecer, adornar una cosa con accesorios y complementos que la mejoran o la embellecen. — v.tr./defectivo conj: abolir
2 Poner las poleas del aparejo de forma correcta. — NÁUTICA

guaro
1 Especie de loro pequeño, que habita en Sudamérica. *(Psittacus acamil.)* — s.m. ZOOLOGÍA
2 Aguardiente de caña. — Amér. Central
3 Loro, ave sitácida trepadora. — Venez.

guarrada
1 Suciedad o porquería de las personas o de las cosas: *la casa está hecha una guarrada.* — s.f. = guarrería
2 Acción sucia o indecente: *lo que le has hecho a tu amigo es una guarrada.* — = canallada, jugarreta

guarrazo Golpe violento que una persona se da al caer: *¡menudo guarrazo te has dado en la escalera!* — s.m./coloquial = tortazo

guarrear
1 Manchar o ensuciar: *vas a guarrearlo todo si no te lavas las manos.* — v.tr/prnl.
2 Emitir el cerdo, el jabalí y otros animales su voz. — v.intr. = berrear
3 Llorar un niño de forma ruidosa.

guarrería Guarrada, cosa o acción sucia o indecente. — s.f.

guarrido
1 Gruñido, aullido o grito de algunos animales: *se asustó al oír los guarridos procedentes del bosque.* — s.m.
2 Llanto fuerte de un niño. — = berrido

guarro, a (De la voz onomatopéyica *guarr-*, que imita el gruñido del cerdo.)
1 Que es o está muy sucio o desaliñado: *siempre va hecho un guarro; presentó un trabajo muy guarro.* — adj/s. = cochino, puerco
2 Que es muy grosero y no tiene modales: *el muy guarro siempre dice obscenidades.* — = obsceno
3 Que es ruin y despreciable con las otras personas: *se comporta como un guarro.* — = canalla
4 Cerdo, animal doméstico de granja. — s./= cochino

guarura Guardaespaldas, hombre que protege a otras personas. — s.m. Méx.

guasa (De origen incierto.)
1 Ironía o burla con que se dice una cosa: *tiene guasa que ahora quieras venir.* — s.f./= sorna ≠ seriedad
2 **estar de guasa**: Tener ganas de bromear: *no te lo tomes en serio, ¿no ves que está de guasa?* — coloquial

guasanga Bulla o algazara, griterío de una o varias personas. — s.f./Amér.

guasca
1 Ramal de cuero, cuerda o soga que sirve de látigo o rienda al jinete. — s.f./Amér. Merid., Antillas
2 Órgano sexual masculino. — Argent., Urug.

guascazo Azote dado con la guasca. — s.m./Amér. Merid.

guasearse Hacer burla de una persona o una cosa: *se guasea de todos sus compañeros.* — v.prnl. = burlarse

guasería Acción propia de una persona descortés y maleducada. — s.f. Argent., Chile

guaso, a Se aplica a la persona que es maleducada y descortés. — adj/s. Amér. Merid.

guasón, a Que tiene un carácter burlón o irónico: *no seas guasón y háblame en serio.* — adj/s.

guata
1 Lámina gruesa de algodón usada para hacer acolchados: *compra guata para rellenar el cojín, por favor.* — s.f. TEXTIL
2 Barriga o vientre de las personas. — Chile

guate Plantación de maíz destinada a servir de forraje para los animales. — s.m./Méx., Amér. Central

guateado, a Que está acolchado con guata: *el edredón está guateado.* — adj. = aguatado

guatemalteco, a
1 De Guatemala, país de América Central y ciudad del mismo nombre capital de esta república. — adj. = guatemalense
2 Persona natural de este país americano. — s.
3 Modalidad de español que se habla en este país. — s.m./LINGÜÍSTICA

guatemalteuquismo Expresión o construcción características de la variedad del español hablado en Guatemala. — s.m. LINGÜÍSTICA

guateque Fiesta particular entre jóvenes con bebidas y música: *celebró su cumpleaños dando un guateque con música de los años sesenta.* — s.m.

guatero Bolsa de agua caliente. — s.m./Chile

guatitas Trozos de estómago de animal, por lo general vacuno, que se comen guisados. — s.f.pl./Chile COCINA

guatón, a Se refiere a la persona que es panzuda y barrigona. — adj/s. Chile, Ecuad.

guau
1 Onomatopeya de la voz del perro. — s.m.
2 **¡guau!**: Se usa para expresar admiración o alegría: *¡guau, qué regalo tan estupendo!* — interj.

guau-guau Perro, animal doméstico. — s.m./familiar

guay (Del germ. *wai*.)
1 Se aplica a lo que es estupendo: *lleva un coche guay.* — adj./coloquial
2 **¡guay!**: Se usa para exteriorizar diversas emociones, como sorpresa o satisfacción. — interj.

guaya
1 Lloro o lamentación por una desgracia o contratiempo. — s.f.
2 **hacer la guaya**: Ponderar los trabajos o miserias que se padecen, o fingirlos para mover a compasión. — coloquial

guayaba
1 Fruto del guayabo. — s.f./BOTÁNICA Amér.
2 Mentira o embuste.

guayabal Terreno poblado de guayabos. — s.m./BOTÁNICA

guayabazo Elogio desmedido que se dirige a una persona con el fin de ganar su favor. — s.m. Méx.

guayabear
1 Tener una persona trato con muchachas jóvenes. — v.intr.
2 Mentir, decir embustes. — Amér.

guayabera
1 Chaquetilla corta de tela fina. — s.f.
2 Camisa larga de algodón, u otra tela ligera, con pequeños pliegues en el delantero. — Méx.

guayabo
1 Muchacha agraciada o hermosa. — s.m.

2 Planta arbórea mirtácea y leñosa, cultivada en América tropical por sus bayas azucaradas. *(Pjidium.)* — BOTÁNICA

guayaca Especie de bolsa para guardar monedas u objetos para fumar. — s.f. *Argent., Bol., Chile*

guayacán Árbol de tronco grande, corteza dura y gruesa, flores de color blanco azulado y fruto capsular y carnoso, cuya madera es muy dura y se usa en ebanistería. *(Guaiacum.)* — s.m. *Amér.* BOTÁNICA = guayaco

guayacol Sustancia medicinal extraída de la resina del guayacán. — s.m. FARMACIA

guayameño, a
1 De Guayama, ciudad de Puerto Rico. — adj.
2 Persona natural de dicha ciudad. — s.

guayanés, a
1 De la Guayana, región y país de América del Sur. — adj.
2 Persona natural de dicha región o de este país. — s.

guayaquil
1 De Guayaquil, puerto principal de la República de Ecuador. — adj.
2 Cacao originario de dicho puerto. — s.m.

guayar
1 Rallar, desmenuzar una cosa con el rallador. — v.tr./ *Dom.*
2 Embriagarse, emborracharse al ingerir alcohol en exceso. — v.prnl. *P. Rico*

guayuco Taparrabos, prenda con poca tela que cubre los genitales. — s.m. *Amér.*

guazubirá Especie de venado pequeño que habita en lugares abiertos, de color pardo o grisáceo. *(Mazama simplicicornis.)* — s.m. *Argent., Par.* ZOOLOGÍA

gubán Bote grande sin timón y de poco calado usado en Filipinas. — s.m. NÁUTICA

gubernamental (Del fr. *gouvernemental*.)
1 Del gobierno del estado: *gracias a la política económica gubernamental se frenó la crisis.* — adj./POLÍTICA = gubernativo
2 Que es partidario del principio de autoridad o gobierno. — POLÍTICA ≠ anárquico
3 Que es partidario del gobierno en caso de conflicto en el poder. — POLÍTICA

gubernativo, a Del gobierno: *el proyecto de ley seguirá la vía gubernativa.* — adj./POLÍTICA = gubernamental

gubia (Del bajo lat. *gulbia*.)
1 Herramienta parecida al formón usada por los carpinteros y otros artesanos para labrar superficies curvas. — s.f. CARPINTERÍA
2 Instrumento quirúrgico para separar o extirpar fragmentos óscos. — MEDICINA

gudari (Voz vasca.) Soldado guerrillero del gobierno de Euzkadi durante la guerra civil española. — s.m. HISTORIA

guedeja (Del lat. *viticula*, vid pequeña.)
1 Mechón de pelo: *llevaba tales guedejas que le cubrían el rostro.* — s.f. = pelambrera
2 Melena o cabellera larga: *llevaba su guedeja recogida en trenzas.*
3 Melena del león. — = vedeja
4 tener una cosa por la guedeja: No dejar escapar la ocasión de lograrla: *tenía por la guedeja un buen negocio.*

guedejado, a Que tiene forma de guedeja o melena: *el tapiz tenía adornos guedejados.* — adj.

guedejudo, a Que tiene mucha melena. — adj./= guedejón

gueez Antigua lengua camito-semítica usada en la actualidad en la liturgia de la iglesia cristiana etíope. — adj./s.m. LINGÜÍSTICA

güegüecho, a
1 Se aplica a la persona que tiene bocio o desarrollo del cuerpo tiroides. — adj./*Méx., Amér. Central Colomb.*
2 Que es tonto o tiene poco entendimiento.

gueldo Cebo preparado con pequeños crustáceos usado por los pescadores. — s.m. PESCA

güelfo, a Que era partidario de los papas en la edad media, en contra de los gibelinos. — adj/s. HISTORIA

güemul Mamífero cérvido, de formas robustas, cola muy corta, pelaje corto y áspero de color pardo, con la parte inferior de la cola blanca. *(Hippocamelus bisulcus.)* — s.m./*Argent., Chile* ZOOLOGÍA th: huemul

guepardo Mamífero carnívoro africano y asiático, de patas altas y uñas no retráctiles, con el pelaje manchado de negro sobre un fondo leonado claro y la cara rodeada de una aureola de largos pelos. *(Acinonyx jubatus.)* — s.m. ZOOLOGÍA

güermeces (Del ant. *güemezes* < lat. *vomices*.) Enfermedad que padecen las aves rapaces caracterizada por unos granos que se convierten en llagas. — s.m.pl. VETERINARIA

güero, a Que tiene el cabello rubio. — adj/s./*Méx., Venez.*

guerra (Del germ. *werra*, pelea, discordia.)
1 Lucha armada entre naciones o sociedades: *asistió a la manifestación en contra de la guerra.* — s.f./= combate, contienda
2 Acción o conjunto de acciones encaminadas a poner fin a una cosa que se considera perjudicial: *hay que poner fin a la guerra entre sexos.* — = lucha

3 guerra biológica: Aquella en la que se utiliza como arma cualquier tipo de germen o virus. — MILITAR
4 guerra civil: Contienda armada entre los habitantes de un mismo pueblo o nación. — MILITAR, SOCIOLOGÍA
5 guerra de bolas: Juego de billar en el cual entran tantas bolas como jugadores y que consiste en procurar hacer billar. — JUEGOS
6 guerra de palos: Juego de billar en el cual se efectúan los lances con cinco palitos numerados que se colocan sobre la mesa. — JUEGOS
7 guerra fría: Situación de hostilidad entre los países occidentales y comunistas originada a partir de la segunda guerra mundial. — POLÍTICA
8 guerra nuclear: Aquella en la que se utilizan armas nucleares. — MILITAR
9 guerra química: La que emplea productos químicos nocivos como gases, herbicidas u otros. — MILITAR
10 guerra santa: La que se hace por motivos religiosos, en especial la que hacen los musulmanes a los que no lo son. — RELIGIÓN
11 guerra sicológica o de nervios: Utilización sistemática de medios propagandísticos para influir en la actitud de una sociedad o de una nación con el fin de quebrantar su voluntad de resistencia. — POLÍTICA, SOCIOLOGÍA
12 guerra sin cuartel o a muerte: 1. La que se efectúa sin tregua con la intención de causar al enemigo la mayor mortandad y la peor destrucción. 2. Lucha sin intermisión para conseguir alguna cosa o para vencer una dificultad: *ganaron el partido tras una guerra sin cuartel.* — MILITAR
13 buscar, pedir o querer guerra: 1. Adoptar una actitud provocativa: *pedían guerra y terminaron a palos.* 2. Tener ganas de divertirse: *el cuerpo me está pidiendo guerra y voy a irme de marcha.* — coloquial / coloquial
14 dar guerra: Molestar, causar problemas: *la cotorra daba tanta guerra que la regalaron.* — coloquial
15 de antes de la guerra: Muy antiguo: *lleva una ropa de antes de la guerra.* — loc.adj.
16 declarar la guerra: 1. Notificar un país a otro que se le considera enemigo y que se le va a tratar como a tal. 2. Iniciar una lucha o combate contra una persona o una cosa. — POLÍTICA / coloquial
17 en buena guerra: Luchando con lealtad: *me venció en las carreras en buena guerra.* — loc.adv. = en buena lid
18 tener la guerra declarada: Contradecir o perseguir una persona a otra de forma sistemática. — coloquial

guerreador, a Que guerrea o es inclinado a la guerra: *el pueblo espartano era más guerreador que el ateniense.* — adj/s. = guerrero

guerrear
1 Hacer la guerra: *las tropas guerreaban con valentía; llevo toda la tarde guerreando con su hermano por un juguete.* — v.intr. = batallar
2 Usar argumentos para demostrar la falsedad de los aducidos por otra persona: *durante la conversación me guerreó varias veces.* — = rebatir ≠ aceptar

guerrera Chaqueta del uniforme militar, ajustada y abrochada hasta el cuello: *los militares deben llevar correctamente abrochada la guerrera.* — s.f./MILITAR = casaca

guerrero, a
1 De la guerra: *el coronel controlaba los movimientos guerreros.* — adj. = bélico
2 Que es partidario de la guerra o tiende a involucrarse en situaciones violentas y conflictivas. — = belicoso, pendenciero
3 Se aplica al niño que es travieso o revoltoso. — = enredador
4 Persona que sirve en un ejército. — s./= soldado

guerrilla
1 Grupo de combatientes no organizados en ejército, que lucha contra el enemigo con tácticas y ataques por sorpresa: *los campesinos del lugar apoyaban la guerrilla.* — s.f. = bando, facción
2 Grupo de soldados poco numeroso de un ejército que ataca al descubierto siguiendo una misión especial. — MILITAR = avanzada
3 Forma de guerra que llevan a cabo los grupos no organizados en ejército y que se caracteriza por acciones aisladas y discontinuas.
4 Escaramuza, acción bélica de poca importancia. — MILITAR

guerrillear Luchar varias personas o grupos armados usando la táctica de guerrillas. — v.intr. MILITAR

guerrillero, a Persona civil que sirve en una guerrilla o es jefe de ella: *los guerrilleros estaban organizados en las zonas boscosas.* — s. = maquis

gueto
1 Barrio en que eran obligados a vivir los judíos y otras minorías: *visitaron el gueto viejo de Venecia.* — s.m./tb: ghetto HISTORIA
2 Minoría social o ideológica que vive por lo general aislada del resto. — SOCIOLOGÍA
3 Barrio habitado o frecuentado por un grupo social minoritario.

guevón
1 Huevón, persona holgazana. — s.m./*Méx.*
2 Valiente, con ánimo para hacer cosas. — *Nicar.*

güey Que es tonto o tiene poco entendimiento. — adj/s.m.f./*Méx.*

guía
1 Persona que guía o enseña un camino a otra u otras: *el guía se desorientó en la niebla y nos perdimos.* — s.m.f. / = guiador
2 Persona que enseña o educa a otras: *necesitaba alguien que le sirviera de guía en aquel asunto.* — = maestro, mentor
3 Persona que enseña a los turistas las cosas más representativas de un lugar: *el guía explicó a los turistas la historia del monumento.* — = cicerone
4 Sargento o cabo que sirve para alinear la tropa. — MILITAR
5 Manillar de la bicicleta.
6 Cualquier cosa que dirige, orienta o encamina: *sus palabras le sirvieron de guía durante toda la vida.* — s.f./= orientación, rumbo
7 Lista o relación ordenada, en general por orden alfabético, en la que se da información y datos sobre una materia: *busca el teléfono en la guía de las páginas amarillas.* — = vademécum
8 Tratado en que se dan preceptos o normas para manejar un aparato, conducirse moralmente u otras cosas: *suele leer una guía de comportamiento social.* — = manual
9 Documento que lleva consigo el que transporta algunos géneros, para que no se los detengan. — COMERCIO
10 Sarmiento o vara que se deja en las cepas y en los árboles para dirigirlos y que crezcan rectos. — AGRICULTURA
11 Tallo principal de las coníferas y otros árboles. — BOTÁNICA
12 Pieza de un aparato o máquina que determina y dirige el movimiento obligado de otra pieza: *la cortina se ha salido de la guía.* — = carril, riel
13 Caballería que va delante de las demás tirando de un carruaje.
14 Extremo del bigote cuando está retorcido.
15 Cabo o aparejo que sirve para mantener un objeto en la situación que debe ocupar. — NÁUTICA
16 Veta pequeña de los filones que sirve para buscar la prolongación de los criaderos. — MINERÍA
17 Voz que va delante en la fuga y a la cual siguen las demás. — MÚSICA
18 Riendas usadas para gobernar los caballos que tiran del carruaje. — s.f.pl.
19 a guías: Se refiere al tiro de cuatro o más caballerías gobernado por un solo cochero con las guías o riendas. — loc.adj.
20 de guías: Se refiere a las caballerías que, en un tiro compuesto por varias, van delante de las demás. — loc.adj.
21 echarse con las guías, o con guías y todo: Atropellar a una persona, no dando lugar a que responda: *estaba tan enfadado que se echó con las guías contra todo el que se cruzaba con él.*

guiadera Cada uno de los maderos o barrotes paralelos que sirven para dirigir el movimiento rectilíneo de la viga del molino de aceite, de la jaula de un pozo de mina o de otros objetos semejantes. — s.f.

guiahílos Aparato que regula la distribución de los hilos en una máquina textil. — s.m./TEXTIL / pl: guiahílos

guiar
1 Ir delante de una o varias personas mostrando el camino: *un guardia urbano nos guió hasta la catedral.* — v.tr./conj: vaciar / = orientar
2 Conducir a una o varias personas en una actividad, enseñanza u otra acción: *guiaba a sus subordinados con bastante dureza.* — = dirigir / ≠ desorientar
3 Hacer que una pieza mecánica siga una dirección en su movimiento: *el riel guía la cortina.* — = encauzar
4 Llevar un vehículo. — = conducir
5 Poner guías para dirigir el crecimiento de las plantas. — AGRICULTURA
6 Dejarse dirigir una persona por otra o por una cosa determinada: *me guió siempre por la posición de los astros.* — v.prnl./= regirse

guiguí Mamífero roedor nocturno, muy parecido a la ardilla, con una membrana entre las patas delanteras y traseras, que le permite planear por el aire en distancias cortas. — s.m./pl.tb: guiguíes / ZOOLOGÍA / = taguán

guija (Del ant. *aguija* < lat. vulgar [*petra*] *aquilea* < *aquileus*, aguija.)
1 Piedra lisa y pequeña que está en las orillas de los ríos o arroyos. — s.f./= callao
2 Planta leguminosa anual, de flores blancas, azules o lilas y fruto con semillas comestibles. — BOTÁNICA / = almorta

güija (Del cat. *guixa*, guija.) Juego con el que se cree que los espíritus se comunican con los jugadores moviendo un vaso sobre un tablero con letras. — s.f./OCULTISMO

guijarral Lugar donde hay muchos guijarros. — s.m.

guijarreño, a
1 Se aplica al terreno que tiene muchos guijarros. — adj./= guijarroso
2 Se refiere a la persona que tiene una constitución fuerte y recia. — = corpulento

guijarro Piedra lisa y redondeada por la erosión: *en la orilla del río abundaban los guijarros.* — s.m./= canto

guijeño, a
1 De la guija o piedra pequeña y lisa. — adj.
2 Que es duro. — = pétreo

guijo Conjunto de guijas o pequeñas piedras usadas para cubrir y allanar los caminos. — s.m./= grava

guijoso, a
1 Se aplica al terreno que tiene mucho guijo: *la ribera del río es muy guijosa.* — adj./= cascajoso
2 Que tiene relación con la guija. — = guijeño

güila Mujer que ejerce la prostitución. — s.m./*Méx.*/tb: huila

guilalo Barco filipino de cabotaje. — s.m./NÁUTICA

guileña Aguileña, planta perenne ranunculácea. — s.f./BOTÁNICA

guilla (Del ár. hispánico *gilla*, cosecha.)
1 Cosecha abundante. — s.f./AGRICULTURA
2 de guilla: De manera satisfactoria, copiosa y abundante. — loc.adv.

guillado, a Que tiene trastornos mentales: *yo no le haría mucho caso, está totalmente guillado.* — adj./= chiflado, loco

guillame (Del fr. *guillaume*.) Cepillo estrecho que usan los carpinteros para rebajar la madera. — s.m./CARPINTERÍA

guillarse
1 Volverse una persona loca: *no fue capaz de asumir su situación y se guilló.* — v.prnl./= enloquecer
2 Irse una persona o un animal de un lugar con precipitación por temor. — = afufar

guillatún Ceremonia de los indios araucanos con la que hacen rogativas para que llueva o haga bonanza. — s.m./Argent., Chile

guillomo Arbusto rosáceo, de corteza rojiza, hojas ovadas dentadas, flores blancas en racimos y fruto negro azulado comestible, que crece en peñascales. (*Amelanchier* y *Cotoneacester.*) — s.m./BOTÁNICA / = cornijuelo, carrasquilla

guillote
1 Cosechero o persona que cuida y recoge la cosecha ajena. — s.m.f./AGRICULTURA
2 Se refiere a la persona ociosa y que no quiere trabajar. — adj./= holgazán
3 Se aplica a la persona que se deja engañar con facilidad por las trampas de los tahúres.

guillotina (Del fr. *guillotine*.)
1 Máquina que se usaba para decapitar a los condenados a muerte consistente en una cuchilla que se desliza por un armazón: *muchos revolucionarios murieron en la guillotina.* — s.f./HISTORIA
2 Máquina para cortar papel: *compraron una guillotina para la imprenta.* — ARTES GRÁFICAS
3 Procedimiento de algunas cámaras legislativas para desbloquear una discusión y proceder a la votación de un proyecto de ley. — POLÍTICA
4 de guillotina: Se aplica a las ventanas y vidrieras que se abren y se cierran deslizándose por unas ranuras: *puso ventanas de guillotina en toda la casa.* — loc.adj.

guillotinar
1 Matar a una persona con una guillotina: *guillotinaron a la familia real durante la revuelta.* — v.tr.
2 Cortar papel con una guillotina.

guimbalete (Cruce del fr. *brimbale* y fr. ant. *guimbelet*, taladro.) Palanca con que se da juego al émbolo de la bomba aspirante. — s.m./MECÁNICA

guimbarda (Del provenzal *guimbardo* < *guimba*, saltar.) Cepillo de cuchilla estrecha y muy saliente, usado para labrar el fondo de las cajas y ranuras. — s.f./CARPINTERÍA

güin Vástago de algunas cañas que se usa para hacer la armadura de las cometas y para jaulas. — s.m./Cuba

güincha Cinta de lana o algodón. — s.f./Chile / tb: huincha

guinchar Coger una cosa pinchándola con la punta de un palo. — v.tr./= pinchar

guincho Pincho de un palo. — s.m.

guinchón Rotura que se produce en una tela o papel al desgarrarse. — s.m./= desgarrón

guinda
I (De origen incierto.)
1 Fruto del guindo, semejante a la cereza: *el pastel estaba decorado con guindas.* — s.f./BOTÁNICA
2 Aquello que remata una actividad o cuestión: *el strip-tease fue la guinda del espectáculo.* — coloquial/= colofón, remate
3 beber con guindas: Mostrarse refinado en exceso al hacer una cosa. — coloquial
4 poner la guinda a una cosa: 1. Rematar una actividad para darla por terminada. 2. Decir la última palabra: *siempre es él quien acaba poniendo la guinda a la discusión.* — coloquial / coloquial
II (Derivado de *guindar*.) Altura total de la arboladura de una embarcación. — s.f./NÁUTICA

guindado Bebida alcohólica hecha con aguardiente y guindas cocidas. — s.m./Argent., Chile, Urug.

guindal Guindo, árbol cuyo fruto es la guinda. — s.m./BOTÁNICA

guindalera Tierra plantada de guindos. — s.f./AGRICULTURA

guindaleta
1 Cuerda gruesa de cáñamo o cuero que sirve para diferentes usos. — s.f./= bramante

2 Pie derecho donde los plateros tienen colgado el peso.

guindaleza Cabo grueso y largo, formado por tres o cuatro cordones. — s.f. NÁUTICA

guindamaina (De *guinda* + *amaina*.) Saludo que hacen las embarcaciones arriando e izando su bandera. — s.f. NÁUTICA

guindar (Del fr. *guinder* < germ. *vinda*, envolver.)
1 Subir una cosa a un lugar alto dejándola colgada. — v.tr.
2 Conseguir una cosa junto con otras personas: *guindó el puesto con ayuda de su familia.* — = lograr
3 Hurtar, quitar alguna cosa valiéndose de intrigas. — = birlar
4 Matar a una persona en la horca. — v.tr/prnl./= ahorcar
5 Dejarse caer o bajar de un lugar utilizando una cuerda: *se guindó por la pared escarpada.* — v.prnl. + de, por

guindaste
1 Armazón de tres maderos en forma de horca para colgar una cosa o faenar con los cabos. — s.m. NÁUTICA
2 Conjunto de maderos que se colocan de forma vertical al pie de los palos para amarrar los escotines de las gavias. — NÁUTICA

guindilla
1 Fruto del guindillo de Indias. — s.f./BOTÁNICA
2 Pimiento pequeño, alargado, encarnado y puntiagudo, muy picante, empleado como aperitivo o como condimento. — COCINA / = cerecilla
3 Guardia municipal o agente de policía. — despectivo

guindillo Guindillo de Indias, planta solanácea, de hojas lanceoladas, flores pequeñas, blancas y axilares y fruto redondo, parecido a una guinda y muy picante. *(Capsicum baccatum.)* — s.m. BOTÁNICA

guindo Arbusto rosáceo, de hojas más pequeñas que el cerezo, fruto redondo y de sabor agridulce, con el que se prepara el aguardiente de guindas. *(Prunus cerasus.)* — s.m. BOTÁNICA tb: guindal

guindola
1 Andamio formado por tres tablas unidas por sus extremos, que se cuelga alrededor de un palo de una embarcación para realizar en él algún trabajo. — s.f. NÁUTICA
2 Salvavidas colgado por fuera en la popa de un barco, provisto de un largo cordel cuyo extremo está sujeto a bordo. — NÁUTICA / = flotador

guinea Antigua moneda inglesa de oro cuyo valor era de veintiún chelines. — s.f.

guineano, a
1 De Guinea-Bissau o de Guinea-Conakry, países del África occidental. — adj./tb: guineo
2 Persona natural de estos países africanos. — s.

guineo, a
1 De Guinea. — adj/s./= guineano
2 Baile propio de algunas tribus africanas. — s.m.
3 Especie de plátano muy dulce y de pequeño tamaño. — BOTÁNICA

guineoecuatoriano, a
1 De Guinea Ecuatorial, país centro-occidental de África. — adj. / = guineoecuatorial
2 Persona natural de este país africano. — s.

guinga (Del port. *guingao*.) Tela antigua de algodón, hilo o seda. — s.f./tb: guingan TEXTIL

guinja Fruto del guinjo, encarnado por fuera y amarillo por dentro, comestible y de sabor dulce. — s.f./BOTÁNICA / = azufaifa, guinjol

guinjo Árbol de hojas alternas y flores amarillas y pequeñas cuyo fruto es la guinja. — s.m/BOTÁNICA / = azufaifo

guiñada
1 Acción de guiñar un ojo: *los jugadores se hacían señas con rápidas guiñadas.* — s.f. / = guiño
2 Desvío brusco de la proa del barco a un lado o a otro del rumbo a que se navega. — NÁUTICA

guiñapiento, a Que va vestido de una forma sucia y descuidada: *tenía un aspecto tan guiñapiento que daba lástima.* — adj/s. = andrajoso, guiñaposo

guiñapo (Del fr. *guenipe* < neerlandés *knippe*, recorte de tela, con influencia de *harapo*.)
1 Trapo que está roto o sucio: *ese guiñapo no sirve ni para limpiar.* — s.m. = andrajo
2 Persona sucia y andrajosa. — = piltrafa
3 Persona despreciable, vil o rastrera. — = canalla
4 Persona débil o enfermiza. — = enteco
5 **poner como un guiñapo**: Criticar a una persona, hablar mal de ella: *tu cuñada se enteró de que la estabas poniendo como un guiñapo.* — coloquial

guiñaposo, a Se aplica a la persona que viste de forma descuidada y sucia. — adj/s. = andrajoso

guiñar (De origen incierto.)
1 Cerrar y abrir un ojo con rapidez una o más veces, por lo general para hacer una seña a otra persona disimuladamente: *cuando entró el nuevo te guiñé el ojo para que te fijaras en él.* — v.tr. = cucar
2 Dar un barco guiñadas. — v.intr./NÁUTICA
3 Hacerse dos personas señas con los ojos. — v.prnl.

guiño Acción de guiñar el ojo: *se despidió de la joven con un guiño.* — s.m. = guiñada

guiñol (Del fr. *Guignol*, nombre de un teatro de títeres de Lyon.) Representación teatral de muñecos movidos con las manos. — s.m. TEATRO

guiñolesco, a Que es propio del guiñol o tiene alguna de sus características: *es aficionado al teatro guiñolesco.* — adj.

guiñote Juego de cartas, variante del tute. — s.m./JUEGOS

guión (Del fr. ant. *guion*, el que guía.)
1 Esquema en el que figuran los datos más importantes de un tema: *estudió el temario haciéndose guiones.* — s.m. = gráfico
2 Texto en el que están desarrollados y detallados todos los elementos que intervienen en la realización y puesta en escena de una película, anuncio, obra teatral, o de un programa de radio o de televisión. — AUDIOVISUALES, CINE, TEATRO = libreto
3 Signo ortográfico, consistente en una pequeña línea horizontal, que se usa cuando la última palabra de una línea queda cortada por no caber por completo, para unir los elementos de palabras compuestas, para sustituir a un paréntesis o para indicar quién habla en un diálogo. — GRAMÁTICA
4 Ave que va delante de una bandada dirigiendo al resto. — ZOOLOGÍA
5 Bandera que encabeza una cofradía y la representa en algunas procesiones. — RELIGIÓN
6 Estandarte real. — = pendón
7 Parte más delgada del remo que va desde el puño hasta la pala. — NÁUTICA
8 Nota o señal que se ponía al final de una línea para anunciar la nota que iniciaba la línea siguiente. — MÚSICA

guionista Autor de un guión cinematográfico, televisivo o radiofónico: *no solo fue el autor de la novela sino que trabajó como guionista de la película.* — s.m.f. AUDIOVISUALES, CINE

guipar (De origen incierto.) Ver una cosa. — v.tr/vulgar

güipil Huipil, camisa o saya descotada y sin mangas y con vistosos bordados de colores. — s.m./Méx./ Amér. Central

guipuzcoano, a
1 De Guipúzcoa, provincia del País Vasco. — adj.
2 Persona natural de esta provincia. — s.
3 Variante lingüística del vascuence. — s.m./LINGÜÍSTICA

güira
1 Árbol bignoniáceo de América tropical. *(Crescentia.)* — s.f./BOTÁNICA
2 Fruto de este árbol con el que se hacen recipientes. — BOTÁNICA

guiri (Del vasco *giristino* < cast. *cristino*, partidario de la reina Cristina.)
1 Extranjero, turista de otro país: *las playas ya están llenas de guiris.* — s.m.f.
2 Miembro de la guardia civil, cuerpo armado español. — despectivo
3 Denominación que los carlistas daban a los partidarios de dicha reina durante las guerras carlistas, y después a todos los liberales. — s.m. HISTORIA

guirigay (Voz onomatopéyica.)
1 Ruido producido por un grupo numeroso de gente que grita y alborota: *el guirigay de los chicos se oía desde la calle.* — s.m./pl.tb: girigáis coloquial = griterío
2 Lenguaje confuso y difícil de entender. — = galimatías

guirindola Chorrera de la camisa. — s.f.

guirlache (Del fr. ant. *grillage* < *griller* < *grille*, parrilla.) Turrón o pasta hecha con almendra tostada y caramelo. — s.m. COCINA

guirnalda
1 Adorno de flores y hojas entretejidas u otros materiales en forma de corona o de tira: *adornaron las paredes del recinto con llamativas guirnaldas de papel.* — s.f. = corona
2 Planta herbácea de tallo articulado, hojas opuestas vellosas y flores pequeñas moradas o anacaradas. *(Kerria japonica.)* — BOTÁNICA = perpetua

güiro
1 Calabaza vinatera. — s.m./Amér. Méx. Antillas
2 Instrumento musical formado por una caja hecha con este tipo de calabaza. — MÚSICA

guiropa Guiso hecho con patatas y carne. — s.f./COCINA

guisa (Del germ. *wisa*, manera.)
1 Modo o manera: *se presentó vestido de una guisa muy extravagante.* — s.f.
2 **a o en guisa de**: A modo, de tal manera: *utiliza un cubo a guisa de regadera.* — loc.adv.

guisado Alimento que se guisa o cuece con agua o salsa después de rehogar los principales ingredientes: *de segundo tomaron un guisado de ternera con patatas.* — s.m. COCINA = estofado, guiso

guisantal Tierra sembrada de guisantes. — s.m./AGRICULTURA

guisante (Del mozárabe *bissaut* < lat. *pisum*, guisante.)
1 Planta herbácea leguminosa trepadora, de hojas compuestas acabadas en zarcillos ramificados, flores blancas o púrpuras y vainas con numerosas semillas globosas que son comestibles. *(Pisum sativum.)* — s.m. BOTÁNICA = pésol

2 Semilla comestible de esta planta de color verde y redonda, muy usada en cocina como acompañamiento o aderezada: *de primero hay guisantes con jamón.* — BOTÁNICA

3 guisante de olor: Planta herbácea leguminosa anual, trepadora, de hojas alternas y compuestas, con dos folíolos apareados terminados en un zarcillo ramificado y flores olorosas, de colores variados, que se cultiva mucho en los jardines. *(Lathyrus odoratus.)* — BOTÁNICA

guisar
1 Preparar los alimentos cociéndolos en el fuego: *tu madre guisa muy bien.* — v.tr/intr./COCINA = cocinar
2 Preparar un alimento rehogándolo y cociéndolo en salsa. — COCINA
3 Poner una cosa en orden: *guisó aquel asunto con mucho tacto.* — v.tr. = organizar

guiso Alimento rehogado y cocido en salsa o agua. — s.m./COCINA

guisopillo Planta labiada de hojas estrechas, vellosas y de color verde oscuro, y flores blancas o rosadas muy olorosas. — s.m. BOTÁNICA = hisopillo

guisote Cualquier guiso mal elaborado o mal presentado. — s.m. coloquial

güisqui Whisky, bebida alcohólica que se obtiene del grano de algunos cereales. — s.m.

guita (De origen incierto.)
1 Cuerda delgada de cáñamo. — s.f./= bramante
2 Dinero que tiene una persona: *me he quedado sin guita.* — argot = pasta

guitar Coser una tela con guita. — v.tr.

guitarra (Del ár. *kitara* < gr. *kithara*, cítara.)
1 Instrumento musical de cuerda compuesto por una caja de madera de formas redondeadas, con las tapas planas paralelas, y un mástil con un clavijero donde se sujetan las cuerdas que suenan al ser pulsadas con los dedos. — s.f. MÚSICA
2 Persona que toca este instrumento musical: *es el guitarra de un grupo.* — s.m.f. = guitarrista
3 Herramienta para quebrantar y moler yeso hasta reducirlo a polvo. — s.f. INDUSTRIA
4 guitarra eléctrica: Instrumento musical en el que la vibración de las cuerdas es captada por un electroimán y amplificada por un equipo electrónico. — MÚSICA
5 estar bien o mal templada una guitarra: Encontrarse una persona de buen o mal humor. — coloquial

guitarrear Tocar la guitarra. — v.intr/MÚSICA

guitarreo Toque de guitarra repetitivo y cansado. — s.m./MÚSICA

guitarrería Taller y tienda de guitarras y otros instrumentos de cuerda. — s.f.

guitarrero, a
1 Persona que por oficio hace o vende guitarras. — s.
2 Persona que toca la guitarra: *una rondalla de guitarreros le dieron una serenata.* — MÚSICA = guitarrista

guitarresco, a De la guitarra. — adj.

guitarrillo Instrumento musical de cuatro cuerdas con forma de guitarra pequeña. — s.m. MÚSICA

guitarrista Persona que toca la guitarra: *el concierto terminó con un fantástico tema del guitarrista.* — s.m.f. MÚSICA

guitarro Guitarrillo, instrumento musical. — s.m./MÚSICA

guitarrón Hombre pícaro y astuto. — s.m.

güito
1 Hueso de fruta, por lo común de albaricoque, que usan los niños para jugar. — s.m.
2 Sombrero, prenda que cubre la cabeza.
3 Juego infantil que se practica con huesos de fruta. — s.m.pl./JUEGOS

guitonear Vivir o comportarse una persona como un pícaro o un vagabundo. — v.intr. = vagabundear

guizgar Enguizgar, animar o estimular a una persona para que haga una cosa. — v.tr./conj: pagar = engrescar

guizque
1 Palo largo con un gancho en uno de sus extremos que sirve para coger una cosa que está en alto: *necesitó el guizque para coger la caja.* — s.m.
2 Palo con un regatón en un extremo y una horquilla de hierro en el otro, que se usa para descansar las andas en las procesiones.

guja Arma antigua en forma de lanza enastada con una cuchilla ancha. — s.f./HISTORIA, MILITAR

gujarati Lengua indoaria, de la familia indoeuropea, hablada en la región hindú del Gujarat. — s.m./LINGÜÍSTICA = gujrati

gula (Del lat. *gula*.) Inclinación desmesurada a comer o beber con exceso: *come por gula, no es posible que pueda seguir teniendo hambre.* — s.f. = glotonería

gulag
1 Organismo soviético que estaba encargado de la administración de los campos de trabajo para presos. — s.m. HISTORIA
2 Sistema de campos de concentración represivos soviéticos. — HISTORIA

gulasch Estofado o guiso de carne de buey preparado al estilo húngaro. — s.m. COCINA

gules (Del fr. *gueules* < *gueule*, garganta.) Color rojo que en pintura se expresa por el rojo vivo y en el grabado por líneas verticales muy espesas. — s.m. pl: gules HERÁLDICA

gullería Golletía, manjar exquisito y delicado. — s.f.

gulloría Ave paseriforme parecida a la alondra, de alas anchas y pico grande. — s.f./ZOOLOGÍA = calandria

guloso, a Que tiene gula o vicio de comer o beber en exceso. — adj/s. = glotón

gulusmear
1 Comer una persona golosinas: *si te pasas el día gulusmeando, engordarás.* — v.intr. = golosinear
2 Oler o probar una persona lo que se está guisando: *nada de gulusmear la comida, espérate a que esté servida.* — v.tr/intr.

gum Madera procedente de distintos árboles, muy usada en carpintería por su calidad. — s.m. CARPINTERÍA

gúmena (Del cat. *gúmena*.) Maroma o cabo grueso de las embarcaciones que sirve, entre otros usos, para atar las anclas. — s.f. NÁUTICA

gumía (Del ár. *kummiya*.) Daga de hoja curvada usada por los moros. — s.f.

gunneráceo, a Perteneciente a una familia de plantas angiospermas herbáceas, con hojas de grandes pecíolos, flores hermafroditas en panoja y fruto en drupa. — adj/s.f. BOTÁNICA = haloragáceo

günz (De *Günz*, río de Alemania.) La primera de las cuatro grandes glaciaciones de la era cuaternaria. — s.m. GEOLOGÍA

guppy Pez originario de América del Sur, de coloración muy variada, que se reproduce con gran rapidez y que suele criarse en acuarios. *(Lebistes reticulatus.)* — s.m. ZOOLOGÍA

gura Ave paseriforme con un copete eréctil de plumaje azul con pecho rojo, que anida en los árboles y vive en el suelo como una gallinácea. *(Goura.)* — s.f. ZOOLOGÍA

gurbi (Voz árabe.) Cabaña de África del norte. — s.m.

gurbio, a (Del bajo lat. *gulbia* < germ. *gubia*.) Se aplica al instrumento de metal que es curvo. — adj.

gurbión
1 Gorbión, tela de seda de cordoncillo. — s.m./TEXTIL
2 Hilo de seda grueso y retorcido usado por bordadores en las guarniciones y bordados. — TEXTIL
3 Goma del euforbio. — BOTÁNICA

gurdo, a Se aplica a la persona necia, insensata o de poco entendimiento. — adj.

gurí, isa
1 Niño o niña que no ha alcanzado la adolescencia. — s./Argent., Urug.
2 Joven de origen indio o mestizo. — Urug.

guripa
1 Guardia municipal, persona que mantiene el orden. — s.m.f./despectivo
2 Soldado que sirve en la milicia. — despectivo
3 Niño o niña pícaros y vagabundos. — coloquial/= golfo

gurkha Soldado de origen nepalí que sirve en el ejército británico. — s.m. MILITAR

gurmet Gourmet, persona entendida en comida y de gustos refinados: *si vas con él, seguro que comerás bien porque es un gurmet.* — s.m.f.

gurriato Pollo de gorrión. — s.m./ZOOLOGÍA

gurripato, a Persona que se pasma o escandaliza de una cosa. — s. = pazguato

gurrufero, a Caballo o yegua feos o de malas mañas. — s.

gurrumino, a Se aplica a la persona ruin y mezquina. — adj.

gurruñar Poner arrugada o encogida una cosa: *gurruñó la ropa y la guardó en la maleta.* — v.tr/coloquial = engurruñar

gurruño Cosa arrugada o encogida: *esa camisa está hecha un gurruño.* — s.m. coloquial

gurú
1 Dirigente espiritual de grupos religiosos de inspiración oriental. — s.m./tb: guru RELIGIÓN
2 Visionario capaz de predecir el futuro. — s.m.f.
3 Persona que ejerce una gran influencia sobre otras. — s.m.

gurullo (Variante de *orujo*.) Grumo que se forma en una masa o engrudo. — s.m. = burujo

gurupa Anca de la caballería. — s.f./tb: grupa

gusanear Tener sensación de picor u hormigueo en una parte del cuerpo. — v.intr. = hormiguear

gusanera
1 Lugar donde se crían o acumulan gusanos. — s.f.
2 Zanja abierta en los gallineros donde se echan materias orgánicas que, al corromperse, facilitan la producción de gusanos para alimento de las gallinas.
3 Pasión dominante en el ánimo. — coloquial

gusanillo
1 Labor menuda que se hace en algunas telas. — s.m.
2 Hilo o alambre arrollado en espiral.
3 el gusanillo de la conciencia: Los remordimientos. — coloquial
4 matar el gusanillo: 1. Beber aguardiente en ayunas. **2.** Comer un poco para calmar el hambre: *tomaré un aperitivo para matar el gusanillo.* — coloquial coloquial coloquial

gusano
1 Cualquiera de los invertebrados de cuerpo blando, alargado o plano, sin extremidades ni cabeza diferenciada, que se dividen en tres grupos: platelmintos, anélidos y nematelmintos. — s.m. ZOOLOGÍA
2 Cualquiera de las larvas vermiformes de algunos insectos de metamorfosis compleja. — ZOOLOGÍA = oruga
3 Persona despreciable: *con sus malos tratos demuestra ser un vil gusano.* — coloquial
4 Persona insignificante, humilde o abatida: *sus insultos me hicieron sentir un gusano.* — coloquial
5 **gusano de la conciencia:** Remordimiento por haber obrado mal. — coloquial
6 **gusano de luz:** Luciérnaga, insecto coleóptero. — ZOOLOGÍA
7 **gusano de San Antón:** Cochinilla, insecto coleóptero que se forma con la humedad. — ZOOLOGÍA = mariquita
8 **gusano de seda:** Larva de la mariposa de la seda, que se alimenta de hojas de la morera y pasa las últimas fases de su desarrollo dentro de un capullo de seda que ella misma elabora. — ZOOLOGÍA
9 **gusano revoltón:** Insecto cuya oruga ataca a la vid y a otras plantas cultivadas. — ZOOLOGÍA

gusanoso, a Que tiene gusano. — adj./= gusaniento

gusarapiento, a
1 Que tiene gusarapos o está lleno de ellos: *cayó en una charca gusarapienta.* — adj.
2 Que está muy sucio y corrompido: *no pienso dormir en esta habitación gusarapienta.* — = inmundo

gusarapo, a Animalillo con forma de gusano que se cría en los líquidos: *la charca está llena de gusarapos.* — s. ZOOLOGÍA

gustación Acción y resultado de gustar, probar una comida o bebida para percibir su sabor. — s.f. = probadura

gustar (Del lat. *gustare*, catar, probar.)
1 Ser del agrado de una persona: *me gusta mucho bailar; mi hermana gusta a todo el mundo.* — v.tr/intr.
2 Desear o sentir inclinación hacia una cosa: *su hermano gusta de organizar fiestas.* — v.intr. + de
3 Resultar atractiva una persona a otra: *Antonio y Ana se gustan.* — v.intr/prnl.
4 Percibir el sabor de una cosa al probarla: *fue el primero en gustar el vino.* — v.tr. = degustar
5 Probar o experimentar una cosa: *la incomodidad le impidió gustar el placer del viaje.* — = disfrutar
6 Apetecer o aceptar una persona el ofrecimiento de otra: *¿gusta de un café?* — v.intr/Amér. Central y Merid.
7 **¿gusta? o ¿gustas?:** Fórmula de cortesía que se emplea para ofrecer a una persona de lo que se está comiendo o bebiendo.

gustativo, a Del sentido del gusto: *percibimos los sabores gracias a las papilas gustativas.* — adj. = gustatorio

gustazo Sensación de placer producida por la satisfacción de un sentimiento o un deseo muy esperado: *hoy me ha dado el gustazo de dormir hasta las once; se dio el gustazo de decírselo a la cara.* — s.m. coloquial

gustillo
1 Sabor ligero y difícil de determinar, percibido junto a otro predominante: *este té tiene un gustillo amargo.* — s.m./coloquial = dejo, regusto
2 **cogerle o tomarle gustillo o el gustillo a una persona o a una cosa:** Aficionarse a ella, sentir el placer que produce: *ya le ha cogido el gustillo al nuevo trabajo.* — coloquial

gusto (Del lat. *gustus*.)
1 Sentido con que se percibe el sabor de las cosas. — s.m.
2 Sabor que tienen las cosas en sí mismas: *esa fruta tiene un gusto muy dulce.*
3 Sensación agradable experimentada en los sentidos o en el ánimo cuando una cosa resulta placentera: *me da gusto oír esa canción.* — = deleite, placer
4 Actitud favorable con que se hace una cosa: *lo haré con gusto.* — = gana, placer ≠ desagrado
5 Capacidad para apreciar la belleza o fealdad de las cosas: *ese artista tiene mucho gusto.* — = apreciación

6 Modo peculiar de apreciar las cosas una persona, un país o una época determinada: *tienes un gusto distinto al mío; ese escritor demuestra un gusto barroco en sus novelas.* — = inclinación
7 Cualidad que hace bella o fea una cosa: *me parece un cuadro de mal gusto.*
8 Capricho o deseo vehemente de una cosa: *deja a Mateo que se compre la moto ya que tiene ese gusto.* — = antojo
9 **a gusto:** De manera que agrada o satisface: *hicimos muy a gusto el trabajo esta tarde.* — loc.adv.
10 **al gusto:** Se aplica a los alimentos que son condimentados o aliñados a voluntad del que los toma. — loc.adj.
11 **coger o tomar gusto a una cosa:** Aficionarse a ella: *le ha cogido gusto al tenis.* — coloquial
12 **con mucho gusto:** Expresión de cortesía o de complacencia: *iré con mucho gusto a visitarle.* — loc.adv.
13 **dar gusto a una persona:** Complacerla, satisfacer sus deseos: *los nietos fueron a ver a la abuela para darle gusto en el día de su cumpleaños.*
14 **de mal gusto:** Que es grosero, falto de delicadeza: *fue una broma desagradable y de mal gusto.* — loc.adj.
15 **despacharse una persona a gusto:** Desahogarse una persona diciendo o haciendo lo que desea, sin reprimirse: *se despachó a gusto explicando lo que pensaba de aquel compañero.* — coloquial
16 **tener el gusto:** Fórmula de cortesía con la que se expresa complacencia: *no tenía el gusto de conocerla.*

gustosidad Gusto, cualidad de hacer bella una cosa: *hay equilibrio, talento y gustosidad en su cocina.* — s.f.

gustoso, a
1 Que tiene buen sabor: *este guiso te ha quedado muy gustoso.* — adj. = sabroso
2 Que hace una cosa con gusto o satisfacción: *asistiré a tu fiesta muy gustoso.*
3 Que causa gusto o placer: *los masajes me resultan muy gustosos.* — = agradable

gutapercha (Del ingl. *guttapercha* < malayo *gata perça*.)
1 Goma sólida, traslúcida, flexible e insoluble en agua, que se obtiene de algunas plantas del sur y sureste asiático y que se usa para recubrir los conductores de los cables eléctricos o para fabricar telas impermeables. — s.f. BOTÁNICA, INDUSTRIA
2 Tela recubierta con esta sustancia. — TEXTIL

gutiámbar Goma de color amarillo, que se usa para iluminaciones y miniaturas. — s.f. INDUSTRIA

gutiferáceo, a Perteneciente a la familia de plantas dialipétalas perennes, con hojas simples, flores amarillas y fruto en cápsula o baya. — adj/s.f. BOTÁNICA tb: gutifero

gutiferal Perteneciente a un orden de plantas dicotiledóneas, leñosas, de hojas por lo general opuestas y flores vistosas dispuestas en cimas, que crecen en las regiones cálidas y templadas. — adj/s.f. BOTÁNICA

gutural (Del lat. *guttur, -uris*, garganta.)
1 De la garganta: *debido a la operación, ahora sólo puede emitir sonidos guturales.* — adj. ANATOMÍA
2 Se aplica al sonido consonántico que se articula tocando el dorso de la lengua con la parte posterior del velo del paladar, como la *g*, la *j* y la *k*. — adj/s.f. LINGÜÍSTICA = velar

guyot Volcán submarino del océano Pacífico, de cima aplanada. — s.m. GEOGRAFÍA

guzgo, a Glotón, que come mucho. — adj./Méx.

guzla (Del fr. *guzla* < serbocroata *guslati*, tocar un instrumento de cuerda.) Instrumento musical de una sola cuerda, propio de los pueblos eslavos balcánicos. — s.f. MÚSICA

guzmán Noble que servía en la armada real y en el ejército español como soldado distinguido. — s.m. HISTORIA, MILITAR

gym-jazz Ejercicio físico rítmico acompañado de música. — s.m. DEPORTES

gymkhana (Voz inglesa.) Competición en la que deben salvarse una serie de obstáculos y superarse varias pruebas a lo largo de un recorrido. — s.f. tb: gincana

H

h Octava letra del alfabeto español y sexta de las consonantes. *s.f.*

¡ha! Denota admiración, dolor, pena o sorpresa. *interj.*

haba (Del lat. *faba*.)
1 Planta herbácea leguminosa papilionácea, de tallo erguido, hojas compuestas, flores blancas o amarillentas y fruto leguminoso en vaina, cuyas semillas son comestibles. *(Vicia faba.)* *s.f. BOTÁNICA*
2 Fruto y semilla de esta planta, comestible cuando está verde. *BOTÁNICA*
3 Simiente de ciertos frutos como el café o el cacao. *BOTÁNICA*
4 Roncha o pequeño bulto que sale en la piel: *le picó un mosquito y le salió un haba.* *coloquial = ampolla*
5 Figurilla escondida en un roscón de Reyes o bizcocho de Pascua que da buena suerte a la persona a quien le toca el trozo que la contiene o, según otras tradiciones, deberá pagar el coste del dulce.
6 Bolita blanca o negra con que se hacen las votaciones secretas en algunas congregaciones. *RELIGIÓN*
7 Extremo superior del órgano sexual masculino. *vulgar/= glande*
8 Tumor que se forma a las caballerías en el paladar, detrás de los dientes incisivos. *VETERINARIA*
9 **haba de Egipto:** Colocasia, planta arácea. *BOTÁNICA*
10 **haba de las Indias:** Guisante de olor, planta herbácea leguminosa. *BOTÁNICA*
11 **haba del calabar:** Planta papilionácea con hojas divididas, flores violáceas dispuestas en racimos y de la cual se extrae la fisostigmina. *(Physostigma venenosum.)* *BOTÁNICA*
12 **haba marina:** Ombligo de venus, pieza calcárea de la concha de algunos moluscos. *ZOOLOGÍA*
13 **haba panosa:** Variedad de la común, pastosa, que se emplea por lo regular para alimento de las caballerías. *BOTÁNICA*
14 **ser habas contadas:** 1. Expresión que se aplica a una cosa que es cierta, clara o que no presenta dificultades. 2. Se aplica a las cosas que tienen un número fijo y por lo general escaso. *coloquial* / *coloquial*

habado, a
1 Se aplica al animal que tiene la enfermedad del haba en el paladar. *adj. VETERINARIA*
2 Se refiere a la persona que tiene manchas en la piel en forma de habas. *MEDICINA*
3 Se aplica al ave que tiene plumas de varios colores, que se entremezclan formando pintas, en especial las gallinas. *ZOOLOGÍA*

habanera Música y danza de origen marinero y quizás afrocubano, de ritmo cadencioso y compás binario. *s.f. MÚSICA*

habanero, a
1 De La Habana, capital de Cuba. *adj.*
2 Persona natural de esta ciudad. *s.*

habano, a
1 De La Habana, capital de Cuba. *adj.*
2 Del color del tabaco claro.
3 Cigarro puro elaborado en Cuba: *siempre se fuma un habano después de comer.* *s.m.*

habar Tierra sembrada de habas. *s.m./AGRICULTURA*

hábeas corpus (Expresión latina.) Recurso judicial sobre la legalidad de una detención policial, que garantiza la libertad individual y evita el peligro de arrestos arbitrarios. *s.m. pl: hábeas corpus DERECHO*

haber (Del lat. *habere*, tener, poseer.)
1 Conjunto de bienes y derechos de una persona o entidad: *los haberes del presidente han sido confiscados por los revolucionarios.* *s.m. = hacienda*
2 Parte de una cuenta bancaria en la que se anotan todos los ingresos. *COMERCIO ≠ debe*
3 Retribución periódica que percibe un trabajador. *= sueldo*
4 Cualidades positivas o méritos de una persona o cosa.
5 Se usa en la conjugación verbal para formar los tiempos compuestos: *he venido; habrá salido.* *v.aux.*
6 Indica la obligación de realizar la acción expresada por el infinitivo: *he de ir al dentista.* *v.intr./+ de + inf. = deber*
7 Indica la obligación o conveniencia de realizar la acción que se expresa en el infinitivo: *hay que respetar a las personas mayores; hay que cumplir las leyes.* *v.impers. + que + inf. = tener que*
8 Ocurrir o suceder una cosa: *habrá una gran tormenta esta noche.* *v.tr. = acontecer*
9 Estar en un lugar o en una situación: *había muchos estudiantes en la conferencia.* *= asistir ≠ faltar*
10 Existir una cosa de forma real o figurada: *todavía hay buenas personas; había rencor en su mirada.*
11 Efectuarse o verificarse un suceso: *ayer por la noche hubo reunión.* *= realizar*
12 Hacer cierto tiempo que ha sucedido una cosa: *seis años ha que lo conocí.*
13 **allá se las haya o hayan:** No querer participar en un asunto o apartarse del dictamen de otro por temor al resultado. *loc.adv.*
14 **¡bien haya!:** Expresión con que se bendice a una persona o cosa. *interj.*

15 como hay pocos: Se usa para reforzar un calificativo: *es un vendedor como hay pocos.* — loc.adj. coloquial

16 habérselas con una persona: Enfrentarse o pelearse con ella: *cuando estaba borracho, se las había con cualquiera.* — coloquial

17 lo habido y por haber: Conjunto que comprende toda clase de cosas: *cuando se casó le regalaron lo habido y por haber.*

18 no haber más que: Expresa la consecuencia de lo indicado con anterioridad: *hizo una actuación perfecta: no hay más que leer las críticas que obtuvo; se siente muy feliz, no hay más que ver la cara que pone.* — + inf.

19 no haber tal: No ser cierto lo que se dice o imputa a una persona: *no hubo tal, fue todo una patraña.*

20 no hay de qué: Fórmula de cortesía con que se responde a la persona que da las gracias. — loc.adv.

21 ¡qué hubo! o ¡qué húbole!: ¿Qué tal? ¿Cómo estás? ¿Qué hay de nuevo? — Méx.

22 ser de lo que no hay: Ser incalificable o malo: *nadie lo soporta porque es de lo que no hay.* — coloquial

23 si los o las hay o donde los o las haya: Refuerza el significado de un calificativo: *es un paisaje bucólico donde los haya.*

CONJ.: IND.: PRES.: *he, has, ha* (hay), *hemos* (habemos), *habéis, han.* PRET. INDEF.: *hube, hubiste, hubo, hubimos, hubisteis, hubieron.* FUTUR. IMPERF.: *habré, habrás, habrá, habremos, habréis, habrán.* COND.: *habría, habrías, habría, habríamos, habríais, habrían.* SUBJ.: PRES.: *haya, hayas, haya, hayamos, hayáis, hayan.* PRET. IMPERF.: *hubiera, hubieras, -eses, hubiera, -ese, hubiéramos, -ésemos, hubierais, -eseis, hubieran, -esen.* IMP.: *he, haya, hayamos, habed, hayan.*

haberío
1 Bestia de carga o de labor. — s.m.
2 Conjunto de los animales domésticos. — = ganado

habichuela (Derivado de *haba.*)
1 Planta herbácea, perteneciente a las papilionáceas, de hojas compuestas, flores blancas y fruto en vainas, que se cultiva en las huertas. — s.f. BOTÁNICA = alubia, judía
2 Fruto y semilla de esta planta. — BOTÁNICA

habiente Que se tiene: *derecho habiente.* — adj./DERECHO

hábil (Del lat. *habilis.*)
1 Que tiene habilidad para hacer una cosa: *es un hábil vendedor.* — adj./= diestro ≠ torpe
2 Que tiene capacidad legal o es apto para una cosa: *el socio es hábil para contratar.* — DERECHO

habilidad
1 Destreza para hacer una cosa: *tiene habilidad para la música.* — s.f. = maña
2 Cosa que se hace con gracia y destreza: *nos enseñaron las habilidades del niño.* — = aptitud

habilidoso, a Que es hábil, en especial en tareas manuales: *es tan habilidoso que consigue arreglar todo lo que se estropea.* — adj. = mañoso

habilitación
1 Declaración de la aptitud y capacidad de una persona para hacer una cosa. — s.f. = capacitación
2 Adaptación de un lugar o de una cosa para cumplir determinado fin: *¿ha terminado ya la habilitación de las oficinas?* — = acomodación
3 Cargo y empleo del habilitado. — ECONOMÍA, MILITAR
4 Despacho del habilitado. — ECONOMÍA, MILITAR
5 Uso de una palabra con una función gramatical distinta a la original. — GRAMÁTICA
6 **habilitación de bandera:** Concesión que se otorga a un barco extranjero para comerciar en las aguas y puertos nacionales. — COMERCIO

habilitado, a
1 Persona encargada de los intereses de una sociedad, en especial el oficial del ejército nombrado para ese fin en un cuerpo o regimiento. — s. ECONOMÍA, MILITAR
2 Auxiliar, y a veces suplente, de los secretarios judiciales. — DERECHO
3 Persona encargada de pagar los sueldos u honorarios en algunas entidades y sociedades. — ECONOMÍA

habilitar (Del bajo lat. *habilitare.*)
1 Hacer a una persona o una cosa hábil o apta para un fin: *habilitaron las naves comerciales para acoger a los refugiados.* — v.tr. = adecuar
2 Dar capacidad civil o de representación a una persona, o aptitud o posibilidad legal a una cosa. — DERECHO = autorizar
3 Dar el dinero necesario para que pueda negociar una persona por sí misma. — ECONOMÍA

habiloso, a Que tiene habilidad. — adj./Chile, Perú

habitabilidad Posibilidad de que un local, o vivienda, sea habitado: *el ayuntamiento rechaza la habitabilidad de las chabolas.* — s.f.

habitable Que reúne las condiciones necesarias para ser habitado: *la casa tiene buen precio y está habitable.* — adj. ≠ inhabitable

habitación

1 Cada una de las piezas en que está dividida una vivienda, en especial las que se destinan a dormitorio: *la casa tiene salón, cocina, baño y dos habitaciones.* — s.f. = cuarto, estancia
2 Cualquier lugar o parte de un edificio en que habitan personas o animales. — = dependencia
3 Acción y resultado de habitar.

habitáculo
1 Habitación o edificio destinado a ser habitado: *en el jardín hay un habitáculo acristalado.* — s.m.
2 Sitio con las condiciones apropiadas para que viva en él una determinada especie animal o vegetal: *los agujeros de los troncos son un buen habitáculo para las ardillas.* — BIOLOGÍA = hábitat

habitante
1 Que habita o reside en un lugar determinado: *no sé cuántos habitantes tiene Venecia.* — adj./s.m. = residente
2 Se aplica al insecto parásito, en especial al piojo. — coloquial

habitar (Derivado de *haber.*)
1 Ocupar una persona una casa o un lugar: *habitaban aquella casa desde que quedó abandonada.* — v.tr. = alojarse
2 Vivir una persona en un lugar de forma habitual: *mi familia habitó en Madrid durante tres años.* — v.intr. = residir

hábitat
1 Medio físico o geográfico en el que vive un ser vivo de forma natural. — s.m./pl: hábitats = ambiente
2 Condiciones y lugar de vida del hombre: *el hábitat urbano determina la forma de vida.*

hábito
1 Vestidura que usan los religiosos y religiosas: *algunas monjas ya no llevan hábito.* — s.m. RELIGIÓN
2 Forma de conducta adquirida por la repetición de los mismos actos: *tiene el hábito de desayunar café.* — = costumbre
3 Habilidad adquirida por la práctica constante de un mismo ejercicio. — = experiencia
4 Estado creado por el consumo repetido de drogas u otras sustancias tóxicas que da lugar a una situación de dependencia: *la cocaína crea hábito con gran rapidez.* — = habituación
5 Tolerancia a los medicamentos con disminución de sus efectos por la ingestión prolongada de los mismos. — MEDICINA
6 Insignia con que se distinguen las órdenes militares. — MILITAR
7 Orden militar distinguida con esta insignia. — MILITAR
8 **colgar o ahorcar el hábito o los hábitos:** 1. Abandonar la vida eclesiástica: *el párroco colgó los hábitos para casarse.* 2. Cambiar de profesión o de estudios. — coloquial RELIGIÓN / coloquial
9 **tomar el hábito o los hábitos:** Ingresar en una orden religiosa o militar. — MILITAR, RELIGIÓN

habituación Acción y resultado de habituar o habituarse. — s.f.

habitual
1 Que se hace con frecuencia o por costumbre: *esta caravana ya es habitual.* — adj. = corriente, usual
2 Se aplica a la persona que asiste a un lugar o realiza una actividad con frecuencia o por hábito: *es cliente habitual de la casa.* — = asiduo

habituar Hacer que una persona se acostumbre a una cosa: *no se habitúa a su nuevo empleo.* — v.tr/prnl. conj: *actuar/*+ a

habla (Del lat. *fabula.*)
1 Facultad de hablar: *la enfermedad le hizo perder el habla.* — s.f.
2 Acto de hablar y modo de hacerlo: *el orador tenía el habla fluida.*
3 Utilización individual de la lengua. — LINGÜÍSTICA
4 Manera peculiar de hablar de una persona o de alguna zona o colectividad: *el habla de los gitanos; el habla de Sevilla.* — LINGÜÍSTICA
5 **¡al habla!:** Expresión usada en la conversación telefónica para indicar que la persona llamada está escuchando. — interj.
6 **al habla:** En comunicación: *me puse al habla con el médico para saber la fecha de la intervención.* — loc.adv.
7 **dejar a una persona sin habla:** Asombrarle mucho: *cuando me lo dijo me dejó sin habla.* — coloquial
8 **quedarse sin habla:** Asustarse o asombrarse hasta el punto de no poder hablar: *fue tal la emoción al verle que se quedó sin habla.* — coloquial
9 **quitar el habla:** Causar gran admiración, sorpresa u otra emoción: *su descaro quita el habla.* — coloquial

hablada Fanfarronada, exageración o mentira. — s.f./Méx.

hablado, a Se usa en las expresiones **bien hablado** y **mal hablado** para indicar que se utiliza un lenguaje correcto o grosero, respectivamente: *eres un mal hablado además de un maleducado.* — adj.

hablador, a
1 Que habla mucho: *es tan habladora que está horas al teléfono.* — adj./s. = charlatán
2 Que cuenta con imprudencia e indiscreción cosas que debería callar: *ten cuidado con lo que le cuentas porque es muy hablador.* — = bocazas
3 Que es dado a exagerar o a mentir. — Méx., Dom.

habladuría Noticia o rumor sin fundamento que corre de boca en boca: *nunca he creído en las habladurías de la gente.* — s.f. = hablilla

hablante
1 Que tiene un determinado idioma como propio: *el español es uno de los idiomas con más hablantes.* — adj/s.m.f.
2 Se aplica a la persona que, junto con el oyente, participa en una interacción comunicativa: *estudia la relación hablante-oyente.* — LINGÜÍSTICA

hablantina Charla desordenada o insustancial. — s.f./Colomb., Venez.

hablantinoso, a Se aplica a la persona que es muy habladora. — adj/s./Colomb., Venez.

hablar (Del lat. *fabulari.*)
1 Emitir una persona sonidos que forman palabras: *el niño ya habla.* — v.intr. ≠ enmudecer
2 Comunicarse dos o más personas, especialmente por medio de palabras: *me gusta hablar contigo; nos hablamos por señas.* — = charlar, conversar
3 Pronunciar una persona un discurso o conferencia: *el famoso poeta hablará en el congreso.*
4 Tratar dos o más personas un asunto o referirse a una persona o tema: *hablaron de nuestro negocio; están hablando de ti.* — + de
5 Expresarse una persona de determinada manera: *habla afectadamente; habla de forma vulgar.*
6 Tratar de una cosa por escrito: *los periódicos no hablan de este robo.* — + de
7 Ejercer una persona su influencia con otra a favor de una tercera: *hablaron de ti al ministro.* — + de = interceder
8 Criticar, decir mal de una persona o cosa: *su excéntrico comportamiento hace que la gente hable.* — = murmurar
9 Declarar o revelar algo generalmente por la fuerza o la coacción: *le torturaron para que hablara.* — = confesar
10 Dar a entender una cosa: *estas piedras nos hablan de la grandeza de los romanos.*
11 Conocer y utilizar un idioma: *habla inglés y japonés.* — v.tr.
12 Dirigir la palabra a una persona: *no le hablo; se enfadaron pero ya se hablan.* — v.intr/prnl.
13 Dar un determinado tratamiento a una persona: *nos hablamos de tú; háblale de usted.* — + de
14 **es hablar por demás:** Que es inútil lo que una persona dice, porque no produce ningún efecto. — coloquial
15 **hablar largo y tendido:** Discutir de un asunto pormenorizando todos los detalles, en especial cuando se hace una crítica o se reprende una acción: *ven aquí, que tú y yo vamos a hablar largo y tendido de tus estudios.*
16 **hablar por hablar o por no callar:** Decir una cosa sin venir al caso: *estás hablando por hablar porque no sabes lo que ocurrió.*
17 **hablar una persona consigo:** Meditar o discurrir sin llegar a pronunciar lo que medita o discurre.
18 **hablarlo todo:** Decir una persona indiscretamente cosas que debería reservar para sí. — coloquial
19 **hablárselo alguien todo:** Anticiparse una persona a decir ella misma la respuesta a una interrogación suya o a las objeciones que se le pueden hacer. — coloquial
20 **ni hablar:** Expresión con que se rehúsa una proposición. — coloquial
21 **no se hable más:** Expresión con que se da por terminada una disputa, una enemistad o un negocio. — coloquial

hablilla Noticia no confirmada o rumor sin fundamento que corre entre la gente. — s.f. = habladuría

hablista Persona que se distingue por la corrección del lenguaje. — s.m.f.

habón Bulto pequeño que aparece en la piel en forma de roncha, que causa picor, producido por la picadura de un insecto o por urticaria. — s.m. = haba

haca (Voz aymara.) Conjunto de bienes muebles e inmuebles del indígena. — s.m. Amér.

hacecillo Inflorescencia cuyos pedúnculos están erguidos y casi paralelos. — s.m. BOTÁNICA

hacedero, a Que se puede hacer: *no creo que sea un proyecto hacedero dentro del plazo.* — adj./= factible ≠ irrealizable

hacedor, a
1 Que hace, en especial Dios: *para los cristianos, Dios es el sumo hacedor.* — adj/s.
2 Persona que administra una hacienda. — s.

hacendado, a
1 Que tiene hacienda o riquezas en bienes raíces: *su abuelo fue un rico hacendado pero lo perdió todo durante la guerra.* — adj/s. = propietario
2 Se aplica al estanciero que se dedica a la cría de ganado. — Argent., Chile

hacendar
1 Dar haciendas a una persona: *los reyes hacendaban a los conquistadores.* — v.tr. conj: pensar
2 Comprar una persona una hacienda para vivir en ella. — v.prnl.

hacendista Persona versada en hacienda pública. — s.m.f./ECONOMÍA

hacendístico, a De la hacienda pública. — adj./ECONOMÍA

hacendoso, a Que realiza el trabajo doméstico con esmero: *se nota que es muy hacendoso porque tiene un apartamento impecable.* — adj.

hacer (Del lat. *facere.*)
1 Producir de la nada: *Dios hizo al hombre a su imagen y semejanza.* — v.tr. = crear
2 Fabricar, realizar una cosa dándole determinada forma o cualidad: *esta empresa hace automóviles; le hacen los trajes a medida; hace unas tartas muy buenas.* — = elaborar, construir, confeccionar
3 Realizar una acción o una actividad: *hace un trabajo muy pesado; hicimos un viaje maravilloso; me gusta hacer crucigramas.*
4 Materializar una cosa que se tiene en la mente, realizar una creación intelectual: *desde muy joven hacía poesías.* — = componer
5 Producir un efecto o un fenómeno: *esta máquina hace demasiado ruido; sus chistes no me hacen gracia.* — = causar, ocasionar
6 Realizar un movimiento: *hizo varias flexiones para desentumecerse; hacía unos gestos muy exagerados.*
7 Efectuar las operaciones de limpieza y orden de una cosa: *hace los cristales una vez al mes; deja la cocina hecha antes de salir.*
8 Arreglar, preparar: *él mismo se hace la cama; tengo que hacer la maleta.* — v.tr/prnl.
9 Obligar a realizar o a que suceda una cosa: *el profesor hizo callar a los alumnos; la lluvia hizo que llegara tarde a la oficina.* — v.tr.
10 Interpretar un papel en el teatro, el cine u otro espectáculo: *siempre hace papeles secundarios.*
11 Representar o emitir una obra de teatro, cine u otro espectáculo: *hoy hacen una obra de Calderón; hicieron un avance de una película de suspense.*
12 Obtener o conseguir una cosa: *hizo millones con el tráfico de influencias.* — = ganar
13 Cambiar o transformar el estado o la situación de una persona o de una cosa: *los disgustos le han hecho desconfiado.* — v.tr/prnl. = convertir, volver
14 Parecer o aparentar una persona lo que no es: *le gusta hacerse el interesante; no te hagas el tonto.* — = simular
15 Suponer o imaginar que una persona, animal o cosa tiene unas determinadas características: *te hacía de viaje; no pensaba que fuera así, la hacía más simpática.* — v.tr. = creer
16 Formar un cierto número o cantidad: *dos y dos hacen cuatro; este huevo hace la docena.* — = completar, sumar
17 Ocupar una posición en una serie ordenada: *haces el quinto de la fila.*
18 Cumplir años: *su hermano hará los treinta en mayo.*
19 Reducir una cosa a lo que significa el sustantivo a que va unido: *hizo pedazos la carta; tiró el jarrón y se hizo trizas.* — v.tr/prnl.
20 Con algunos sustantivos, expresa la acción de los verbos que se forman de la raíz de dichos sustantivos: *le hizo burla; hay que hacer presión.* — v.tr.
21 Representa a un verbo anterior, evitando su repetición: *lo ha explicado como él sólo lo sabe hacer.*
22 Tener una cosa una determinada capacidad o medida: *este barril hace cien litros.*
23 Proceder de una determinada manera: *haces bien en decírselo; ha hecho mal renunciando al cargo.* — v.intr. = obrar
24 Intentar o procurar realizar una cosa: *haré por llegar a tiempo.* — + para, por
25 Acostumbrarse o habituar a una determinada situación: *pronto hizo sus manos a tan duro ejercicio; no he logrado hacerme al calor de este país.* — v.tr/prnl. = adaptar
26 Expeler del cuerpo los excrementos: *el niño se ha hecho caca; se hizo encima.*
27 Arreglar o embellecer una parte del cuerpo: *la manicura le hizo las uñas; se hace la barba cada semana.*
28 Ejercer una profesión o función determinada: *hacía de mecánico; el cable hace de antena.* — v.intr./+ de = ejercer
29 Interpretar un determinado papel en una obra teatral o en una película: *hizo de Ofelia en la obra de fin de curso.* — = actuar
30 Ser una persona o una cosa del interés o incumbencia de otra: *por lo que hace a mi dinero, no contéis con él.* — = concernir, referir
31 Armonizar una persona o una cosa con otra: *este bolso no hace con estos zapatos; este chico no hace para ti.* — = convenir, pegar
32 Haber transcurrido cierto período de tiempo: *hace un año que no la veo; el lunes hará tres años que se casaron.* — v.impers.
33 Haber cierta temperatura o condiciones atmosféricas: *anoche hacía fresco; si hace sol iremos a la playa.*
34 Cursar estudios: *quería hacer medicina pero se decidió por veterinaria.* — v.tr. = estudiar
35 Entrar a formar parte de un partido, organización, club o sociedad: *nos hemos hecho del Numancia.* — v.intr./+ de = afiliarse
36 Seguir un proceso su curso o desarrollo normal: *se está haciendo el pastel; las lechugas se hacen pronto.* — v.tr.
37 **a medio hacer:** Expresión que se utiliza para indicar que una cosa no está terminada: *dejaste el trabajo a medio hacer.* — loc.adv.

38 estar hecho: No ofrecer una cosa dificultades para su ejecución o realización. — *coloquial*

39 haberla hecho buena: Ejecutar una persona una cosa perjudicial o contraria a un fin: *la has hecho buena, ¿cómo se lo contamos ahora a tu madre?* — *coloquial*

40 ¿hace?: Se utiliza para preguntar a una persona si le apetece una cosa: *¿hace una copa?*

41 hacer a todo: Estar una persona dispuesta o ser una cosa a propósito, para servir a un fin. — *= avenirse*

42 hacer alguna: Ejecutar una persona o un animal una mala acción o una travesura. — *coloquial*

43 hacer como que: Simular una cosa: *hacía como que estudiaba pero en realidad estaba leyendo una revista.*

44 hacer de las suyas: Proceder una persona según su carácter y sus costumbres, prescindiendo del parecer ajeno. — *coloquial*

45 hacer de menos: Menospreciar a una persona o una cosa. — *coloquial*

46 hacer por hacer: Expresión que se utiliza para dar a entender que se hace una cosa sin necesidad o sin utilidad: *lo hace por hacer, aunque no tiene ninguna esperanza de que le sirva a alguien.* — *coloquial*

47 hacer saber: Poner en conocimiento: *le hago saber que han llegado los invitados.* — *= informar*

48 hacer una de las suyas: Hacer una persona una fechoría de las que frecuentemente hace: *ya está la sinvergüenza de ella haciendo una de las suyas.* — *coloquial*

49 hacer y deshacer: Dirigir una persona un asunto sin dar cuenta a otras interesadas en él: *en su casa su madre hace y deshace y su padre no se entera de nada.* — *coloquial*

50 hacerla: Realizar una mala jugada o una travesura: *él me la ha hecho pero yo se la guardo.* — *coloquial*

51 hacerlo mal y excusarlo peor: Expresión que se utiliza para indicar que algunas veces los motivos de hacer las cosas malas son peores que ellas mismas. — *coloquial*

52 hacerse a una: Procurar dos o más personas de común acuerdo la consecución de un mismo fin. — *= ir a una* / *coloquial*

53 hacerse con: 1. Obtener o apoderarse de una cosa: *se hizo con la plaza vacante.* 2. Dominar a una persona: *se hizo con su voluntad y la dominó a su antojo.* 3. Mantener trato o relación con una o varias personas: *no me hago con mis padres.* — *coloquial* / *coloquial*

54 hacerse de menos: Achicarse o humillarse una persona. — *coloquial*

55 hacerse de rogar: No acceder una persona a lo que pide otra hasta que se lo ruega con insistencia: *se hizo de rogar pero al final aceptó la invitación.*

56 hacerse suyo: Atraer una persona la voluntad de otra. — *coloquial*

57 hacérsele: Parecerle una cosa a una persona de determinada forma: *muchas promesas pero se me hace que no obtendré nada.*

58 no le hace: Expresión que se utiliza para indicar que una cosa no constituye un inconveniente u obstáculo para un fin. — *coloquial*

59 por lo que hace a: Expresión que se utiliza para iniciar la exposición de una cosa: *por lo que hace a su propuesta, permítame que le diga que no lo veo claro.* — *loc.v.* / *= respecto a*

60 ¿qué habré hecho con?: Expresión que se utiliza cuando una persona busca una cosa que ella misma ha manejado y no sabe dónde la ha dejado: *¿qué habré hecho con las llaves del coche?*

61 ¿qué le hemos de o vamos a hacer?: Expresión que se utiliza para conformarse una persona con lo que sucede, dando a entender que no está en su mano el evitarlo: *¿qué le vamos a hacer?, no todo me sale bien.*

62 ¿qué haces?: Expresión que se utiliza para avisar a la persona que va a ejecutar una cosa mala o arriesgada, para que reflexione sobre ella y la evite: *¿qué haces?, deja eso que se puede romper.*

63 ¿qué se habrá hecho de?: Expresión que se utiliza para mostrar curiosidad por el paradero de una persona o una cosa.

CONJ.: IND.: PRES.: *hago, haces, hace, hacemos, hacéis, hacen.* PRET. INDEF.: *hice, hiciste, hizo, hicimos, hiciesteis, hicieron.* FUTUR. IMPERF.: *haré, harás, hará, haremos, haréis, harán.* COND.: *haría, harías, haría, haríamos, haríais, harían.* SUBJ.: PRES.: *haga, hagas, haga, hagamos, hagáis, hagan.* PRET. IMPERF.: *hiciera, -ese, hicieras, -eses, hiciera, -ese, hiciéramos, -ésemos, hicierais, -eseis, hicieran, -esen.* IMP.: *haz, haga, hagamos, haced, hagan.* PART.: *hecho.*

hacha
I (Del lat. *facula* < *fax, facis,* antorcha.)
1 Vela de cera grande y gruesa, por lo general en forma de prisma cuadrangular. — *s.f.* / *= machón*
2 Utensilio formado por un palo o mango en cuyo extremo hay una mecha compuesta de esparto y alquitrán u otro material combustible que se enciende y sirve para alumbrar. — *= antorcha*
3 Haz de paja atado que a veces se usa para cubrir el tejado de las chozas.

II (Del fr. *hache* < germ. *happja.*)
1 Herramienta cortante formada por una cuchilla de filo curvo, fija en un mango de madera: *partió la leña con un hacha.* — *s.f.* / *= destral*
2 Arma de forma parecida a esta herramienta usada hasta la aparición de las armas de fuego y por algunos pueblos primitivos. — *HISTORIA, MILITAR*
3 **desenterrar el hacha de guerra:** Declarar las hostilidades o los enfrentamientos. — *coloquial*
4 **ser un hacha:** Ser una persona sobresaliente en una cosa: *es un hacha con los estudios.* — *coloquial*

hachar Cortar la madera o trabajarla con el hacha. — *v.tr./tb: hachear*

hachazo
1 Golpe o corte hecho con el hacha. — *s.m.*
2 Golpe que el toro da lateralmente con un cuerno, produciendo contusión pero no herida. — *TAUROMAQUIA*
3 Espanto súbito y violento del caballo. — *Colomb.*
4 Golpe violento dado de filo con arma blanca. — *Argent.*
5 Herida y cicatriz producida por un arma blanca. — *Argent.*

hache (Del fr. *hache* < bajo lat. *hacca.*)
1 Nombre de la letra *h.* — *s.f.*
2 **por hache o por be:** Por un motivo o por otro: *por hache o por be siempre llega tarde.* — *loc.adv.* / *coloquial*

hachear
1 Cortar o trabajar la madera con el hacha. — *v.tr./tb: hachar*
2 Dar golpes con el hacha. — *v.intr.*

hachemí
1 De una familia descendiente del bisabuelo de Mahoma, que destacó por varios linajes de jerifes soberanos de La Meca, y por los emires y reyes que dio en el siglo XX. — *adj./tb: hachemita* / *HISTORIA*
2 Miembro de esta familia. — *s.m.f./HISTORIA*

hachero (Derivado de *hacha* < lat. *facula.*) Candelero para poner el hacha o antorcha. — *s.m.* / *= blandón*

hachís Resina obtenida del cáñamo índico, que se consume como droga. — *s.m./pl: hachís* / *tb: haxix*

hacho
I (Derivado de *hacha* < lat. *facula.*)
1 Manojo de paja o esparto que encendido sirve para alumbrar. — *s.m.*
2 Leño resinoso o bañado en resina que se usaba para alumbrar.
3 Lugar alto en la costa desde donde se observa el mar y donde solían hacerse señales de fuego. — *GEOGRAFÍA*
II (Derivado de *hacha* < fr. *hache.*) Hacha pequeña usada para cortar. — *s.m.*

hachón
1 Vela gruesa de cera. — *s.m./tb: hacha*
2 Mecha de esparto y alquitrán que al encenderse sirve para alumbrar.
3 Brasero alto, fijo sobre un pie, en el que se quemaban algunas materias como muestra.

hachote (Derivado de *hacha* < fr. *hache.*) Vela de cera corta y gruesa que se usaba a bordo en los faroles de combate o para hacer señales. — *s.m.* / *NÁUTICA*

hacia (Del ant. *faze a,* de cara a.)
1 Indica la dirección del movimiento en relación a su término: *voy hacia mi casa; marchó hacia su país en marzo.* — *prep.*
2 Alrededor de o cerca de un lugar, tiempo o edad indeterminado: *llegó hacia media tarde; vive hacia los suburbios; se quedó calvo hacia los treinta años.*
3 Indica tendencia: *este año vamos hacia un récord de turistas.*

hacienda
1 Finca de gran extensión, dedicada a la agricultura o a la ganadería. — *s.f.*
2 Conjunto de posesiones y riquezas de una persona: *ha aumentado su hacienda.* — *= patrimonio*
3 Ministerio encargado de administrar las finanzas de un estado. — *ECONOMÍA*
4 **hacienda de beneficio:** Oficina donde se benefician los minerales de plata. — *Méx.*
5 **hacienda pública:** Conjunto de bienes y rentas del estado. — *ECONOMÍA* / *= fisco*

hacina
1 Montón de haces colocados unos sobre otros de forma apretada y ordenada. — *s.f.*
2 Conjunto desordenado de cosas.

hacinamiento
1 Acción y resultado de formar hacinas o montones de haces. — *s.m.* / *= hacinación*
2 Amontonamiento desordenado de cosas.
3 Aglomeración de un número excesivo de personas en un mismo lugar: *no soporta el hacinamiento del metro en las horas punta.*

hacinar
1 Poner los haces formando una hacina o montón. — *v.tr./tb: enhacinar*

2 Poner varias cosas juntas desordenadamente: *hacinó* — v.tr./prnl.
las viejas revistas y les prendió fuego. = apelar
3 Estar muchas personas reunidas y apretadas en un — v.prnl.
sitio: *los refugiados se hacinaban en el barco.*

hada Ser fantástico con aspecto de mujer, que aparece — s.f./LITERATURA,
en la literatura y en algunas mitologías, y al que se le — MITOLOGÍA
atribuyen poderes sobrenaturales.

hadado, a
1 Del hado. — adj.
2 Que es prodigioso o mágico.

hadal Se aplica a las profundidades oceánicas superio- — adj.
res a 6.000 metros.

hadar
1 Determinar una cosa el destino de una persona o — v.tr.
una cosa.
2 Anunciar una persona o una cosa un hecho deter- — = augurar,
minado por el destino. — vaticinar
3 Atraer a una persona con artes de magia. — = encantar

hado (Del lat. *fatum*, predicción, oráculo.)
1 Fuerza sobrenatural que influye y decide sobre los — s.m.
sucesos y las vidas de las personas: *el hado hizo que* — = destino,
nos encontráramos seis años después. — sino
2 Divinidad de la mitología romana que regía el des- — MITOLOGÍA
tino de los demás dioses, las personas y las cosas.

hadrón Partícula elemental con interacción fuerte, — s.m.
como los bariones y los mesones. — FÍSICA

hafnio Metal del grupo de las tierras raras, usado en — s.m.
aleaciones para fabricar filamentos de tungsteno. — QUÍMICA

hagio- Componente de palabra procedente del gr. *ha-* — pref.
gios, que significa santo: *hagiografía.*

hagiografía Historia de las vidas de los santos. — s.f./tb: hagiología

hagiográfico, a De la hagiografía. — adj.

hagiógrafo, a (Del bajo lat. *hagiographus.*)
1 Persona que escribe vidas de santos. — s.
2 Persona que escribió cualquiera de los libros de la
Biblia.

haitiano, a
1 De Haití, país de las Antillas, o de su variante dia- — adj.
lectal.
2 Persona natural de este país. — s.
3 Variedad lingüística del francés que se habla en — s.m.
este país. — LINGÜÍSTICA

hakim Funcionario que actuaba como adjunto del — s.m.
cadí, en la España musulmana. — HISTORIA

hakitía Modalidad de judeoespañol hablada en Ma- — s.m.
rruecos. — LINGÜÍSTICA

¡hala!
1 Voz usada para dar prisa, animar o infundir aliento: — interj./coloquial
¡hala!, termina pronto de vestirte. — tb: ¡ale!
2 Voz que se usa para manifestar sorpresa, admira- — interj.
ción o desagrado: *dice que sabe francés, ¡hala!, ¡qué* — coloquial
mentira! — tb: ¡ale!

halacabuyas Marinero principiante cuya tarea es ti- — s.m./pl: halacabuyas
rar de los cabos. — = halacuerdas

halagador, a Que halaga: *sus palabras halagadoras me* — adj.
emocionaron. — = halagüeño

halagar (Del ár. *halag*, tratar bondadosamente.)
1 Alabar a una persona por interés y con el fin de — v.tr./conj: pagar
conseguir algún beneficio: *halaga al director para con-* — = adular,
seguir un ascenso. — lisonjear
2 Causar una cosa satisfacción en el amor propio de — = enorgullecer
una persona: *me halaga que te gusten mis novelas.*
3 Dar muestras de afecto a una persona.
4 Gustar una cosa a una persona: *me halagan mucho* — = complacer,
tus opiniones. — satisfacer

halago
1 Acción y resultado de halagar. — s.m.
2 Cosa, dicho o gesto que halaga o adula: *sus constan-*
tes halagos empiezan a cansarme.

halagüeño, a
1 Que halaga: *tus frases halagüeñas te levantaron la* — adj.
moral. — = halagador
2 Que es incitante o prometedor: *las perspectivas labo-*
rales son halagüeñas; tenemos noticias halagüeñas sobre
el resultado de la operación.

halar (Del fr. *haler*, tirar de algo por medio de un — v.tr./NÁUTICA
cabo.) Tirar de un cabo, una lona o un remo.

hálara Telilla que reviste el interior de la cáscara de — s.f.
los huevos del ave. — = fárfara

halcón (Del bajo lat. *falco, -onis.*)
1 Ave rapaz diurna, de tamaño mediano, color varia- — s.m.
ble, cabeza pequeña, alas largas y curvadas y pico — ZOOLOGÍA
fuerte, que caza en picados muy rápidos aprovechando la alta velocidad de su vuelo.
2 Persona que adopta actitudes intransigentes y que — POLÍTICA
es partidaria del uso de la fuerza para solucionar un — ≠ paloma
conflicto.
3 **halcón abejero:** Ave rapaz diurna parecida a un ra- — ZOOLOGÍA
tonero, con anchas franjas negras cerca de la base y

especializada en la captura de insectos y animales pequeños. (*Pernis apivorus.*)
3 **halcón campestre:** El domesticado, criado entre — ZOOLOGÍA
otras aves domésticas.
4 **halcón común o peregrino:** El más difundido, — ZOOLOGÍA
muy robusto, con pico corto y curvado y mandíbula — = neblí
superior provista de un fuerte diente. (*Falco peregrinus.*)
5 **halcón gentil o sacre:** Especie originaria del este — ZOOLOGÍA
de Europa y África y muy utilizada en cetrería. (*Falco*
cherrug.)
6 **halcón letrado:** Variedad con mayor cantidad de — ZOOLOGÍA
manchas en el pecho y vientre.
7 **halcón marino o de Eleonor:** Especie de plumaje — ZOOLOGÍA
más oscuro que el común que vive en las islas del
Mediterráneo y es más fácil de amansar que los
otros. (*Falco eleonorae.*)
8 **halcón montano:** El de carácter huraño que había — ZOOLOGÍA
sido criado en el monte.
9 **halcón niego:** El joven recién sacado del nido. — ZOOLOGÍA
10 **halcón palumbario:** Azor, ave rapaz. — ZOOLOGÍA
11 **halcón roqueño o roqués:** Variedad negra del — ZOOLOGÍA
halcón común.
12 **halcón zorzaleño:** Variedad de halcón gentil con — ZOOLOGÍA
manchas amarillentas en el plumaje.

halconado, a Que es parecido al halcón: *una figura* — adj.
halconada presidía la sala desde el friso de la chimenea.

halconera Lugar donde se guardan los halcones. — s.f./CAZA

halconería Caza con halcones: *practica la halconería* — s.f./CAZA
en la finca de su padre. — = cetrería

halconero, a Persona que se encargaba de cuidar los — s.
halcones.

halda
1 Falda, prenda de vestir: *vestía una halda que le llega-* — s.f.
ba a los tobillos.
2 Hueco que resulta al recoger la parte delantera de
la falda y que sirve para llevar cosas.
3 Arpillera grande que se usa para envolver el algodón, la paja u otros géneros.
4 **de haldas o de mangas:** 1. De un modo u otro: *de* — loc.adv.
haldas o de mangas lo conseguirá. 2. Lícita o ilícitamen- — loc.adv.
te: *de haldas o de mangas realizará la compra del nego-*
cio de su competidor más importante.
5 **poner haldas en cinta:** 1. Remangarse la falda para
salir corriendo. 2. Prepararse para empezar a hacer — coloquial
una cosa: *dispuso todos los ingredientes antes de poner*
haldas en cinta para confeccionar la masa.

haldada Cantidad de una cosa que cabe en el hueco — s.f.
que se forma al recoger la parte delantera de la fal- — = halda
da ancha: *trajo una haldada de fresas que recogió en el*
bosque.

haldear Mover una persona las faldas al andar depri- — v.intr.
sa: *haldeaba la mozuela prado abajo.*

haldeta Pieza que en un traje cuelga un poco desde la — s.f.
cintura.

haldinegro, a Se aplica al ganado vacuno que es de — adj.
color bermejo por encima y negro por debajo. — tb: faldinegro

halduido, a Que lleva o tiene faldas muy amplias o — adj./tb: falduido
muy largas.

¡hale! Voz usada para estimular o infundir aliento y — interj./coloquial
para indicar determinación: *¡hale, venga, date prisa!* — tb: ¡hala!

haleche Pez semejante a la sardina pero con una sola — s.m./ZOOLOGÍA
aleta dorsal. — = boquerón

halibut Pez oval, plano, grisáceo, con ambos ojos en
el lado derecho, cuyo hígado es rico en vitaminas A y
D y que habita en los mares del norte (*Hippoglossus hip-*
poglossus.)

halieto Ave rapaz que vive en las costas y se alimen- — s.m./ZOOLOGÍA
ta de peces. — = águila pescadora

haligote Especie de besugo. — s.m./ZOOLOGÍA

haliótido, a Perteneciente a una familia de moluscos — adj/s.m.
gasterópodos que presentan adaptación a la vida en — ZOOLOGÍA
rocas batidas por las olas y dos riñones.

halíplido, a Perteneciente a una familia de insectos — adj/s.m.
coleópteros de pequeño tamaño, forma globulosa, — ZOOLOGÍA
que viven en agua dulce.

halita Sal gema. — s.f./QUÍMICA

hálito (Del lat. *halitus*, vapor.)
1 Aliento que sale por la boca. — s.m.
2 Vapor que arroja una cosa: *del lago ascendía un háli-*
to denso y blanco.
3 Soplo de aire suave y apacible. — literario

halitosis Mal olor del aliento: *siempre come caramelos* — s.f./pl: halitosis
de menta porque sufre halitosis. — MEDICINA

hall (Voz inglesa.) Pieza interior de una vivienda o de — s.m.
un edificio inmediata a la puerta de entrada: *el mayor-* — pl: halls
domo nos hizo esperar en el hall. — tb: vestíbulo

hallado, a Que se adapta o aviene de cierta manera a
personas o cosas: *en todas partes se encuentra bien ha-*
llado. — adj.

hallador, a
1 Que halla, encuentra o descubre algo. — adj/s.
2 Que recoge despojos de naves que han naufragado. — NÁUTICA

hallar (Del lat. *afflare*, soplar hacia algo.)
1 Encontrar, dar con una persona o una cosa que se — v.tr.
estaba buscando o de forma casual: *hallé la cueva en* — = localizar
que se escondió el fugitivo.
2 Descubrir o inventar una persona una cosa desconocida: *me gustaría hallar la fórmula del elixir de la*
vida.
3 Percibir, notar o entender una persona una cosa: — = advertir
hallé rencor en sus palabras.
4 Descubrir una persona la verdad o el sentido de
una cosa mediante reflexión: *no hallo la razón de su*
enfado.
5 Estar una persona presente en un lugar: *me hallaba* — v.prnl.
en el banco cuando sucedió el atraco. — = encontrarse
6 Estar una persona o una cosa en una situación o — = encontrarse
sentirse de una manera que se indica: *me hallaba en-*
fermo el día de las elecciones.
7 **hallarse alguien en todo:** Ser una persona muy — coloquial
entrometida o curiosa: *se halla siempre en todo, es un*
cotilla.
8 **hallarse bien con una cosa:** Estar contento con — coloquial
ella: *se halló bien con su trabajo hasta que le sustituyeron*
la secretaria.
9 **hallárselo alguien todo hecho:** Tener o conseguir — coloquial
una persona lo que desea o necesita sin esforzarse
por ello: *se lo halló todo hecho porque sus padres eran*
muy ricos.
10 **no hallarse alguien:** No estar una persona a gus- — coloquial
to en una determinada situación: *no me hallo sin tu*
compañía.

hallazgo
1 Acción y resultado de hallar. — s.m.
2 Cosa que ha sido hallada: *el hallazgo de los documen-*
tos los hizo cambiar la táctica para la absorción de la em-
presa.

hallulla (De origen incierto.)
1 Pan cocido en rescoldo o en ladrillos o piedras muy — s.f./COCINA
calientes. — tb: hallullo
2 Pan hecho con masa más fina y delgada que la del — *Chile*/COCINA
común.
3 Sombrero de paja. — *Chile*

halo (Del lat. *halos* < gr. *halos*, era de trillar.)
1 Corona luminosa de colores desvaídos que se ve, a — s.m.
veces, rodeando al Sol o a la Luna. — tb: halón
2 Círculo de luz difusa que rodea un cuerpo luminoso.
3 Círculo luminoso que suele representarse rodeando — = nimbo
la cabeza de los santos.
4 Brillo que da la fama o el prestigio, o que caracteriza a algunas cosas: *un halo de misterio envolvía la leyen-*
da de la mansión.

halo- Componente de palabra procedente del gr. *hals,* — pref.
halos, que significa sal, mar: *halógeno.*

halobacteria Microorganismo de pigmento encarna- — s.f.
do que prolifera en concentraciones saturadas de sal — BIOLOGÍA
y a una temperatura y humedad elevadas.

halobio Se aplica al conjunto de los seres que viven — adj.
en el mar.

halófilo, a (Del gr. *hals, halos,* sal + *philos,* amigo.) Se — adj./BOTÁNICA
refiere a las plantas que viven en terrenos salados.

halófito, a (Del gr. *hals, halos,* sal + *philos,* amigo.) Se — adj/s.f.
con elevadas concentraciones de sales. — BOTÁNICA

halógeno, a (Del gr. *hals, halos,* sal + *gennao,* engendrar.)
1 Se aplica al flúor, cloro, yodo, bromo y astato, ele- — adj/s.m.
mentos que pueden formar sales haloideas. — QUÍMICA
2 Se refiere a la lámpara o bombilla que contiene al- — adj/s.f.
guno de estos elementos químicos y produce una luz — ELECTRICIDAD
blanca y brillante.

haloideo, a (Del gr. *hals, halos,* sal + *eidos,* forma.) Se — adj.
aplica a la sal que se obtiene por la combinación de — QUÍMICA
un metal y un metaloide.

halón Acción y resultado de halar o tirar de alguna — s.m./*Amér. Central*
cosa: *con un fuerte halón logró desprender la rama.* — *y Merid.*

halotecnia (Del gr. *hals, halos,* sal + *tekhnikos,* relati- — s.f.
vo a un arte.) Técnica para la extracción de las sales — INDUSTRIA
industriales.

haloza Calzado de madera. — s.f.

haltera Aparato para ejercicios gimnásticos y de hal- — s.f.
terofilia, formado por dos bolas o dos o más discos — DEPORTES
de metal colocados a ambos extremos de una barra.

halterofilia Deporte que consiste en levantar pesas — s/ DEPORTES
de metal, de forma circular y montadas en los extre-
mos de un eje.

halterófilo, a
1 De la halterofilia: *competición halterófila.* — adj./DEPORTES

2 Que practica la halterofilia. — adj/s./ DEPORTES

haluro Combinación química formada por un halóge- — s.m.
no y otro elemento. — QUÍMICA

hamaca
1 Silla que consiste en un armazón plegable o de tije- — s.f.
ra, de respaldo largo, que puede adoptar varias posiciones y que está hecho de lona u otro material ligero.
2 Red o lona que se cuelga por sus extremos y sirve
de cama o columpio al aire libre o de vehículo de
transporte llevado por dos personas.
3 Mecedora, tipo de silla con balancín. — *Argent., Urug.*

hamacar
1 Hamaquear, mecer o mecerse en una hamaca: *se* — v.tr/prnl.
hamacaba tranquilamente mientras la tormenta azotaba el — *Amér. Merid., Guat.*
tejado.
2 Dar al cuerpo un movimiento de vaivén. — v.prnl./*Argent.*
3 Afrontar con esfuerzo una situación difícil. — *Argent/coloquial*

hamadríade (Del gr. *hamadryas* < *hama,* juntamente — s.f.
+ *dryas,* árbol.) Ninfa de los bosques que nacía con — MITOLOGÍA
un árbol y moría con él.

hámago (De origen incierto.)
1 Sustancia correosa y amarga elaborada por las abe- — s.m.
jas. — tb: ámago
2 Sensación de asco o náusea.

hamaquear
1 Mecer o columpiar, en especial, en la hamaca. — v.tr/prnl./*Amér.*
2 Marear o aturdir a una persona. — *Cuba*

hamaquero, a
1 Persona que por oficio hace o vende hamacas. — s.
2 Gancho sujeto a la pared que sirve para colgar la — s.m.
hamaca: *su peso arrancó el hamaquero y se desplomó*
como un fardo.

hambre (Del lat. vulgar *famis,* hambre.)
1 Sensación interna producida por la necesidad impe- — s.f.
riosa de comer o por la privación de alimento: *con* — = gazuza
tanto ejercicio se les ha entrado mucha hambre; decían que
pasaban hambres terribles.
2 Falta o escasez de alimentos: *el hambre y el cólera* — = penuria
azotaron la zona interior del continente; en aquella época
hubo hambre.
3 Deseo muy intenso de una cosa: *el pueblo tenía*
hambre y sed de justicia.
4 **hambre calagurritana:** La que se siente de manera — coloquial
muy violenta.
5 **hambre canina:** Necesidad irresistible de comer: *no* — coloquial
he comido nada en todo el día y tengo un hambre canina.
6 **hambre de tres semanas:** Se usa para reprocharle — coloquial
a una persona sus manías o reparos hacia la comida:
a ti te daba yo una buena hambre de tres semanas.
7 **hambre dolorosa:** Dolor epigástrico provocado — MEDICINA
por contracciones espasmódicas del estómago y del
duodeno.
8 **hambre estudiantina:** Buen apetito y gana de comer a cualquier hora.
9 **andar alguien muerto de hambre:** Vivir con mu- — coloquial
cha miseria.
10 **juntarse el hambre con las ganas de comer:** Se — coloquial
usa para expresar la coincidencia de dos o más personas en la manera de ser, pensar o comportarse.
11 **matar de hambre:** Dar poco de comer: *en aquella* — coloquial
casa nos mataban de hambre.
12 **matar o apagar el hambre:** Saciarla, satisfacerla: — coloquial
necesito comer algo para matar el hambre.
13 **morirse de hambre:** 1. Tener un hambre irresisti- — coloquial
ble: *desde que estoy a régimen me muero de hambre.*
2. Ser muy pobre y no tener para comer: *la población* — coloquial
se está muriendo de hambre.
14 **ser muy listo que el hambre:** Se usa para ponde- — coloquial
rar el ingenio o la astucia de una persona: *es más listo*
que el hambre, no creo que le puedas engañar.

hambrear
1 Hacer que una persona padezca hambre. — v.tr.
2 Padecer una persona hambre. — v.intr.
3 Mostrar una persona sus necesidades para conmover a los demás.

hambriento, a
1 Que tiene mucha hambre: *encontramos un perro del-* — adj/s./= famélico
gaducho y hambriento. — ≠ saciado
2 Que tiene mucha necesidad o deseo de una cosa: — + de
este niño está hambriento de cariño. — = deseoso

hambrón, a Que tiene mucho afán por comer o — adj/s.
come con avidez. — coloquial

hambruna Escasez generalizada de alimentos: *varias* — s.f.
hambrunas han azotado la región en el último cuarto de
siglo.

hamburgués, a
1 De Hamburgo, ciudad alemana. — adj.
2 Persona natural de esta ciudad. — s.

hamburguesa (Del ingl. *hamburger.*)
1 Carne picada y condimentada, de forma redonda y — s.f.
plana, que se prepara frita o a la plancha. — COCINA

2 Bocadillo preparado con esta carne y otros ingredientes: *comió una hamburguesa con queso.* — COCINA

hamburguesería Establecimiento donde se venden hamburguesas y bebidas refrescantes. — s.f. COMERCIO

hamez Especie de cortadura que se les hace en las plumas, por una mala alimentación, a las aves rapaces. — s.f./pl: hameces CAZA

hamiforme Se aplica a los órganos u organismos con forma de anzuelo. — adj. BIOLOGÍA

hamígero, a Se refiere a los órganos u organismos con pelos en forma de anzuelo. — adj. BOTÁNICA

hampa (De origen incierto.) Conjunto de personas que se dedican a negocios ilícitos o a actividades delictivas: *la policía descubrió que el banquero se relacionaba con el mundo del hampa.* — s.f.

hampesco, a Del hampa: *la acción de la novela se desarrolla en un ambiente hampesco y misterioso.* — adj.

hampo, a
1 Del hampa. — adj./= hampesco
2 Vida de pícaros y maleantes. — s.m.
3 Conjunto de pícaros y maleantes.

hampón, a
1 Que comete acciones delictivas. — adj/s./= maleante = valentón
2 Que es fanfarrón.

hámster Mamífero roedor de color variable, mayor que los ratones, que suele tenerse como animal de compañía. *(Cricetus cricetus.)* — s.m. ZOOLOGÍA

handicap (Voz inglesa.)
1 Desventaja, circunstancia desfavorable: *el handicap de vivir fuera de la ciudad es que necesitas un vehículo propio.* — s.m. pl: handicaps
2 Competición deportiva, generalmente hípica, en que se concede ventaja a algunos participantes o se impone desventaja al resto para nivelar las posibilidades. — DEPORTES

hanega Fanega, medida de capacidad de áridos. — s.f.

hanegada Fanegada, medida agraria de superficie. — s.f.

hangar Nave de un aeródromo donde se guardan y reparan los aparatos de aviación: *la avioneta está siendo revisada en el hangar.* — s.m. AERONÁUTICA

hansa Confederación de ciudades alemanas para fortalecer sus actividades comerciales y la seguridad de las mismas. — s.f. HISTORIA

hanseático, a De la hansa. — adj./HISTORIA

hápax Palabra o expresión que se ha documentado una sola vez en una lengua, en un autor o en un texto. — s.m. pl: hápax LINGÜÍSTICA

haplo- Componente de palabra procedente del gr. *haplus*, que significa sencillo: *haplología.* — pref.

haploide Se aplica al núcleo celular que posee la mitad del número de cromosomas del huevo fecundado. — adj. BIOLOGÍA

haplología (Del gr. *haplus*, sencillo + *logos*, habla.) Eliminación de una de las dos series de fonemas por ser semejante a otra contigua y dificultar la pronunciación: *un ejemplo de haplología es pronunciar «cejunto» por «cejijunto».* — s.f. LINGÜÍSTICA

happening (Voz inglesa.) Espectáculo teatral contemporáneo, sin texto previo escrito, que se basa en la improvisación de los actores y la participación del público. — s.m. TEATRO

haquitía Dialecto judeoespañol hablado en Marruecos. — s.f. LINGÜÍSTICA

haragán, a (De origen incierto.) Que evita el trabajo: *es un haragán que se pasa el día durmiendo.* — adj/s. = gandul, holgazán

haraganear Vivir o comportarse una persona como un haragán: *dejó su trabajo y su círculo de amistades y se dedicó a haraganear y viajar.* — v.intr. = gandulear, holgazanear

haraganería Ociosidad, falta de aplicación al trabajo. — s.f./= holgazanería

harakiri (Voz japonesa.) Haraquiri, suicidio ritual japonés. — s.m.

harapiento, a Que viste con harapos o de forma desaliñada: *un niño harapiento pedía limosna en la calle.* — adj. = andrajoso

harapo (Derivado del ant. *farpar* o *harpar*, desgarrar.)
1 Trozo de tela o vestido viejo, roto o sucio: *le quité los harapos que llevaba y le di ropa limpia.* — s.m. = guiñapo
2 Aguardiente de pocos grados que sale del alambique al finalizar el proceso de destilación del vino.
3 andar o estar uno hecho un harapo: Llevar muy rota la ropa o estar muy cansado.

haraposo, a Que tiene o lleva harapos o va vestido de forma desaliñada: *llevaba un traje viejo, sucio y háraposo.* — adj. = andrajoso

haraquiri (Voz japonesa.)
1 Suicidio ritual japonés, principalmente entre los samurais, que consiste en abrirse el vientre con un arma cortante. — s.m. tb: harakiri
2 hacerse el haraquiri: Autodestruirse, deshacerse: *la organización decidió hacerse el haraquiri y nadie ha vuelto a oír hablar de ella.* — coloquial

harbullar Embarullar, hacer una persona una cosa deprisa y mal. — v.tr. = farfullar

hard-core (Expresión inglesa.) Se aplica a la película pornográfica en la que no se simulan los actos sexuales. — CINE

hardware (Voz inglesa.) Conjunto de elementos materiales o físicos de un sistema informático: *la unidad central y las terminales componen el hardware de la empresa.* — s.m. INFORMÁTICA

hare krishna
1 Doctrina religiosa hinduista que considera que la salvación se obtiene por medio de la acción desinteresada y cuyos adeptos viven en comunidad. — s.m. RELIGIÓN
2 De esta doctrina o que la profesa. — adj/s.m.f.

harén (Del fr. *harem* < ár. *haram*, cosa prohibida o sagrada.)
1 Departamento de una casa musulmana donde viven las mujeres. — s.m. tb: harem
2 Conjunto de mujeres que viven bajo la dependencia de un jefe de familia, entre los musulmanes. — SOCIOLOGÍA
3 Grupo de hembras que conviven con un único macho: *en la época de celo el ciervo tiene un harén junto a él.* — ZOOLOGÍA

harija Polvillo que se levanta al aire cuando se muele el grano o se criba la harina. — s.f. AGRICULTURA

harina (Del lat. *farina*.)
1 Polvo obtenido al moler las semillas de los cereales, los tubérculos o las legumbres, en especial cuando ya ha sido depurado y se le ha eliminado el salvado o la cascarilla. — s.f. COCINA
2 Polvo que se obtiene al moler algunas materias sólidas como los metales.
3 harina de linaza: La que se extrae de la simiente del lino, usada para hacer cataplasmas y como laxante. — FARMACIA
4 harina en flor: La que ha sido tamizada y es de calidad superior. — COCINA
5 harina fósil: Roca pulverulenta formada por la aglomeración de los esqueletos de diatomeas fósiles. — GEOLOGÍA
6 harina integral: La que contiene el salvado. — COCINA
7 harina lacteada: Polvo compuesto de leche concentrada, harina tostada y azúcar. — COCINA
8 estar metido en harina: 1. Estar el pan muy poco esponjoso. 2. Tener una persona mucho peso y tener fuertes las carnes. 3. Estar muy absorbido por un negocio o asunto: *estaba muy absorbido y metido en harina por sacar adelante el proyecto.* — coloquial coloquial coloquial
9 hacer buena o mala harina: Obrar bien o mal: *hiciste buena harina asociándote a ellos.* — coloquial
10 hacer uno harina una cosa: Hacerla añicos, destrozarla: *empujó con el codo el jarrón y lo hizo harina.* — coloquial
11 ser algo harina de otro costal: Ser muy diferente de aquello con que se le compara: *esto de que me hablas es harina de otro costal.* — coloquial

harinado Harina desleída en agua. — s.m.

harinear Llover con gotas muy menudas. — v.intr.impers. Venez.

harinera Fábrica de harinas. — s.f./INDUSTRIA

harinero, a
1 De la harina: *necesito un cedazo harinero.* — adj.
2 Persona que por oficio vende harina. — s.
3 Arcón o sitio donde se guarda la harina. — s.m.

harinoso, a
1 Que tiene un aspecto o una consistencia parecidos a los de la harina: *esta manzana es muy harinosa.* — adj.
2 Que tiene mucha harina: *el bizcocho ha quedado harinoso.*

harma Alharma, planta rutácea de semillas comestibles. — s.f./BOTÁNICA

harmatán Viento seco y polvoriento del nordeste que sopla hacia las costas occidentales de África procedente del Sahara. — s.m.

harmonía Armonía [en todas sus acepciones]. — s.f.

harmónico, a De la armonía. — adj./tb: armónico

harmonio Armonio, órgano pequeño. — s.m./MÚSICA

harmonioso, a Que resulta agradable o que está hecho con armonía: *me relaja la música harmoniosa del piano.* — adj. tb: armonioso

harmonización Acción y resultado de harmonizar. — s.f./tb: armonización

harmonizar Armonizar [en todas sus acepciones]. — v.tr./conj: cazar

harnal Cajón de harina, en especial el cajón grande del molino. — s.m.

harnear Cribar, pasar por el harnero. — v.tr./Colomb., Chile

harnero (Derivado de *harina*.) Criba, utensilio para separar granos o partículas de distinto grosor. — s.m. = zaranda

harneruelo Superficie lisa que forma el centro de algunos techos de madera labrada. — s.m. CONSTRUCCIÓN

harón, a
1 Que es holgazán, lerdo o perezoso. — adj.

2 Que se resiste a trabajar.
3 sacar a una persona de harón: Avivarla, airarla, sacarla de sus casillas. — coloquial

haronear Ponerse una persona perezosa: *los calores tropicales le afectaban y haroneaba todo el día.* — v.intr. = emperezarse

haronía Modo de ser o de comportarse el harón u holgazán: *le reprendió y censuró su haronía.* — s.f./= holgazanería, vaguería

harpa
I (Del fr. *harpe* < germ. *harpa*.) Arpa, instrumento musical. — s.f. MÚSICA
II (Del gr. *harpe*.) Espada antigua de hoja curva: *en el relieve los guerreros hititas llevan el harpa al hombro.* — s.f. HISTORIA

harpía Arpía [en todas sus acepciones]. — s.f.

harpillera (De origen incierto.) Arpillera, tejido. — s.f./TEXTIL

harrado (De origen incierto.)
1 Rincón o ángulo entrante que forma la bóveda de cañón. — s.m. ARQUITECTURA
2 Superficie triangular que queda en cada uno de los cuatro rincones de una edificación de planta cuadrangular al sobreponer a ésta una cúpula o un círculo. — ARQUITECTURA = enjuta

¡harre! Voz usada para estimular a caminar a las bestias: *¡harre, burro!* — interj. tb: ¡arre!

harrear Arrear, estimular al animal. — v.tr.

harria Arria, grupo de caballerías que van juntas. — s.f.

harriería Oficio de harriero. — s.f./tb: arriería

harriero, a Persona que trajina bestias de carga. — s./tb: arriero

hartada
1 Exceso cometido al beber o comer hasta hartarse: *se ha pegado una buena hartada de chocolate.* — s.f. = hartazgo, hartón
2 Cantidad suficiente de una cosa.

hartar
1 Saciar las ganas de comer o beber incluso con exceso: *el pescado de la cena nos hartó; en el banquete los invitados se hartaron de gambas.* — v.tr./intr./prnl. part.tb: harto + de
2 Causar una cosa o una cosa fastidio o molestia: *sus tonterías hartan a cualquiera; este ruido tan insistente harta.* — v.tr./intr. = fastidiar
3 Dar mucha cantidad de una cosa a una persona: *hartaron de regalos a los niños; sus detractores le hartaron a insultos.* — v.tr. = colmar + a, de
4 Sentir una persona enfado a causa de una cosa molesta o pesada: *me harté de sus bromas pesadas.* — v.prnl.
5 Hacer una cosa mucho y a menudo: *se harta de trabajar para mantener a su familia.* — + a, de

hartazgo Ingestión excesiva de bebida o comida: *después del hartazgo que te diste ayer, no me extraña que te duela el estómago.* — s.m. = hartazón, hartera, panzada, tripada

harto, a (Del lat. *fartus*, relleno.)
1 Que está saciado: *no me ponga más carne, estoy harto.* — adj.
2 Que está cansado de hacer una cosa: *estoy harto de trabajar.* — + de
3 Bastante, sobrado: *no te quejes, que harto bien te tratan.* — adv.
4 Que tiene o hay mucho o gran cantidad de alguna cosa. — adj./Méx., Chile, Cuba
5 Muy, mucho: *por desgracia, estos sucesos son harto frecuentes.* — adv.

hartón Ingestión excesivamente abundante de comida o de bebida: *se dio un hartón de marisco y pasó una noche terrible.* — s.m. = hartazgo

hartura
1 Acción o resultado de hartar o hartarse: *parece que en sus bacanales se comía hasta la hartura.* — s.f. = hartera
2 Gran cantidad de una cosa. — = abundancia
3 Logro completo de un deseo.

hasta (Del ár. *hatta*.)
1 Indica el espacio de tiempo, término de una cosa o acción, así como el límite de una medida o cantidad: *no vendrá hasta Navidad; correré hasta tu casa; cargaba hasta cien quilos.* — prep.
2 Aun, también, incluso: *vendrán muy cargados, hasta traerán los muebles.* — adv.
3 hasta ahora, después, luego, más ver o la vista: Fórmulas con que se despide alguien de la persona a quien se espera ver en el mismo día o muy pronto: *hasta luego, nos veremos en la cena.*
4 hasta que o hasta tanto que: Hasta el momento en que: *bailaremos hasta que no podamos más; hasta tanto que no lleguen a su casa no se enterarán de lo que ha pasado.* — loc.conj.

hastial (Del ant. *hastío* < lat. *fastigium*, pendiente.)
1 Parte superior triangular de la pared de un edificio comprendida entre las dos vertientes del tejado. — s.m. ARQUITECTURA
2 Cara lateral de una excavación minera. — MINERÍA
3 Persona tosca o grosera.

hastiar Causar una persona o una cosa hastío o aburrimiento: *hastía de oír tantas tonterías en la reunión.* — v.tr./prnl. conj: vaciar/+ de

hastío (Del lat. *fastidium*, asco.)
1 Sensación de gran aburrimiento o fastidio por una cosa: *estaba sumido en un profundo hastío.* — s.m. = tedio

2 Repugnancia que experimenta quien está harto de comer o el que tiene alterado el estómago: *el olor de comida me produce hastío.* — ≠ apetencia

hastioso, a Que es fastidioso o aburrido. — adj.

hat (Voz inglesa.) Sordina que se aplica a los instrumentos de metal y que disminuye la intensidad o varía el timbre del sonido. — s.m. MÚSICA

hataca
1 Cuchara grande de palo. — s.f.
2 Rodillo usado para extender la masa con que se hace el chocolate.

hatajar Dividir el ganado en hatajos. — v.tr./= atajar

hatajo
1 Grupo pequeño de ganado. — s.m.
2 Conjunto de personas o cosas: *les considera un hatajo de inútiles; de su boca salió un hatajo de improperios.* — despectivo = hato

hatear
1 Preparar una persona lo estrictamente necesario para un viaje. — v.tr/intr.
2 Dar la provisión de ropa y víveres a los pastores. — v.tr.

hatería Provisión de ropa y víveres que llevan los pastores, jornaleros y mineros. — s.f.

hatero, a
1 Se aplica a los caballos que llevan los víveres y la ropa de los pastores. — adj.
2 Persona que lleva la provisión de víveres a los pastores. — s.
3 Persona que posee un hato o finca dedicada a la ganadería. — Cuba

hatijo (Derivado de *hato*.) Cubierta de esparto, o de otra materia semejante, usada para tapar la boca de las colmenas. — s.m.

hatillo
1 Paquete pequeño con ropa y objetos de uso personal. — s.m. = lío
2 coger o tomar alguien el o su hatillo: Marcharse, irse: *me cansé de esperarte y cogí el hatillo.* — coloquial
3 echar alguien el hatillo al mar: Enfadarse, irritarse: *no me provoques o conseguirás que eche el hatillo al mar.* — coloquial

hato (De origen incierto.)
1 Paquete de ropa y otros objetos de uso personal. — s.m.
2 Conjunto de ganado mayor o menor.
3 Grupo o conjunto grande de personas o cosas. — = hatajo
4 Sitio donde se instalan los pastores, fuera de las poblaciones, mientras están allí con el ganado.
5 Provisiones y ajuar de trabajo de pastores, jornaleros y mineros.
6 Finca o hacienda destinada a la cría de ganado, en especial el mayor. — Colomb., Cuba, Dom., Venez.
7 andar alguien con o traer uno el hato a cuestas: Vagar de un lugar a otro, sin fijar en uno el domicilio: *estuvo años por América andando con el hato a cuestas.* — coloquial
8 liar alguien el hato: Marcharse del lugar de residencia o de trabajo, generalmente por alguna causa desfavorable: *cuando me separé de mi marido, lié el hato y ahora vivo en París.* — coloquial
9 menear el hato a alguien: Zurrarle, darle golpes. — coloquial
10 perder el hato: Huir o andar con precipitación. — coloquial
11 revolver el hato: Sembrar discordias en un grupo de gente. — coloquial

haustorio Órgano suctor, propio de las plantas parásitas, que penetra en los órganos del huésped para alimentarse. — s.m. BOTÁNICA

hawaiano, a
1 Del archipiélago de las Hawai, en el océano Pacífico, que constituye un estado de Estados Unidos de América. — adj.
2 Persona natural de este archipiélago. — s.
3 Se aplica a un tipo de volcán con cono de escasa pendiente, caldera de enorme diámetro y lavas muy fluidas que se derraman por desbordamiento. — adj. GEOLOGÍA

haxix Sustancia extraída del cáñamo indio, usada como droga. — s.m. tb: hachís

haya (Del lat. *[materia] fagea* < *fagus*, haya.)
1 Árbol de la familia de las fagáceas, de tronco grueso, liso, corteza gris, copa redonda y espesa y hojas pecioladas, que crece en los bosques templados. *(Fagus.)* — s.f. BOTÁNICA
2 Madera de este árbol de color blanco rojizo, ligera, resistente. — CARPINTERÍA

hayaca Pastel de harina de maíz relleno de carne y otros ingredientes, que se hace especialmente en Navidad. — Venez. COCINA

hayal Hayedo, lugar poblado de hayas. — s.m.

hayedo Terreno poblado de hayas: *el camino bordeaba un hayedo y seguía hasta la ladera.* — s.m. tb: hayal

hayo
1 Arbusto originario de Perú, cuyas hojas se emplean en infusión como estimulante nervioso y de las que se obtiene la cocaína. — s.m. BOTÁNICA = coca

2 Hoja de este arbusto. — BOTÁNICA

3 Mezcla de hojas de coca y sales calizas que mascan los indios de Colombia.

hayuco Fruto del haya, de forma piramidal, que sirve de alimento al ganado de cerda. — s.m. / BOTÁNICA

haz

I (Del lat. *fascis*.)

1 Conjunto de cosas largas, como mies, leña o hierba, puestas paralelamente y atadas: *consiguió reunir un haz de juncos para hacer la cesta.* — s.m. / pl: haces

2 Conjunto de rayos luminosos que parten de un mismo origen y limitados por los diafragmas correspondientes: *varios haces iluminaron a los actores.*

3 Conjunto de rectas que pasan por un punto o de planos que concurren en una misma recta. — GEOMETRÍA

4 Insignia de los lictores romanos, formado por un grupo de varas en torno a un hacha. — s.m.pl./HISTORIA / = fasces

5 Conjunto de células alargadas o fibras. — s.m./ANATOMÍA

6 Corriente en una sola dirección de radiación electromagnética o de partículas. — FÍSICA

7 Emblema del fascismo. — HISTORIA

8 **haz de electrones o electrónico:** Chorro de electrones creado por el cátodo en un tubo de rayos catódicos. — FÍSICA

II (Del lat. *acies*, línea de batalla.) Tropa formada en divisiones o en filas: *en la edad media el haz era la formación militar táctica por excelencia.* — s.m. / pl: haces / MILITAR

III (Del lat. *facies*, rostro.)

1 Cara o rostro: *el color ceniciento de su haz.* — s.f./pl: haces

2 Cara de una tela u otras cosas más perfecta a la vista y al tacto que la del revés. — ≠ envés

3 Cara superior de la hoja, generalmente más brillante y lisa que la del revés. — BOTÁNICA / ≠ envés

4 **haz de la tierra:** Superficie terrestre: *la luz solar cubrió la haz de la tierra.*

5 **a dos haces:** Con segunda intención: *a dos haces le comentó su sorpresa acerca de sus calificaciones.* — loc.adv.

6 **a sobre haz:** Según como parece por fuera o por encima: *a sobre haz, yo diría que el resultado será satisfactorio.* — loc.adv.

7 **hacer haz:** Estar los paramentos de dos maderos o sillares en un mismo plano. — CARPINTERÍA

8 **ser uno de dos haces:** Decir una cosa y sentir otra diferente: *mejor que pongas en entredicho sus palabras, tiene fama de ser de dos haces.* — coloquial

haza (Derivado de *haz* < lat. *fascis*.) Porción de tierra dedicada al cultivo. — s.f. / AGRICULTURA

hazaña (De origen incierto.) Acción valerosa o heroica: *el salvamento del niño fue toda una hazaña.* — s.f. / = proeza

hazañería Aspaviento o remilgo, demostración afectada de temor, escrúpulo o admiración. — s.f. / = melindre

hazañero, a Que está relacionado con las hazañerías o que las hace. — adj.

hazañoso, a Que es valiente o valeroso. — adj.

hazmerreír Persona ridícula que sirve de diversión a los demás: *eres el hazmerreír del grupo.* — s.m. / coloquial

he (Del ár. *ha*.)

1 Partícula que sirve para señalar o mostrar una persona o cosa: *he aquí tu regalo.* — adv.

2 **¡he!:** Voz usada para llamar la atención de alguien: *¡he!, tú, el de atrás.* — interj.

heavy (Voz inglesa.)

1 Se aplica a una modalidad o estilo musical de rock que se caracteriza por un ritmo enérgico, fuerte, estentóreo y repetitivo. — adj/s.m. / MÚSICA

2 Joven seguidor de esta modalidad de rock o que usa indumentaria propia de este estilo. — s.m.f.

hebdómada (Del gr. *hebdomas, -ados*, semana.)

1 Semana, siete días. — s.f./literario

2 Período de siete años. — literario

hebdomadario, a

1 Que comprende un período de siete días. — adj./literario

2 Persona que se destina cada semana para oficiar en el coro o en el altar. — s. / RELIGIÓN

3 Periódico o revista que se publica cada semana. — s.m./= semanario

hebefrenia Forma de esquizofrenia de los adolescentes, caracterizada por depresión, ilusiones absurdas y pérdida gradual de las facultades mentales. — s.f. / SIQUIATRÍA

hebeloma Hongo basidiomiceto con el sombrero hemisférico, de color blanquecino o crema pálido, viscoso, pie cilíndrico y carne espesa que crece en bosques húmedos. — s.f. / MICOLOGÍA / = hebeloma llorón

hebén (De origen incierto.)

1 Se aplica a la uva blanca, gorda y vellosa. — adj./AGRICULTURA

2 Se refiere a la vid que produce esta variedad de uva. — AGRICULTURA

3 Que carece de gracia y seriedad o es de poca sustancia.

hebijón Clavo o púa de la hebilla: *el hebijón le saltó un punto del jersey.* — s.m.

hebilla (Del lat. vulgar *fibella* < lat. *fibula*, hebilla.)

1 Objeto, por lo general metálico, que se usa para unir el extremo de una cosa, cinturón o tira, con el extremo opuesto de la misma. — s.f.

2 **no faltar hebilla a una persona o a una cosa:** 1. Tener todo lo que se necesita para llevar algo a cabo. 2. Ser perfecto: *al cuadro no le falta hebilla, presenta todos los detalles del modelo.* — coloquial / coloquial

hebillaje Conjunto de hebillas que hay en un aderezo, vestido o adorno. — s.m.

heboidofrenia Estado patológico con comportamiento antisocial, apatía, actitudes estereotipadas y autistas. — s.f. / SIQUIATRÍA

hebra (Del lat. *fibra*.)

1 Trozo de hilo, lana, seda o de otra materia hilada que se pone en la aguja para coser: *fue incapaz de pasar la hebra por el ojo de la aguja.* — s.f.

2 Fibra vegetal o animal, especialmente la de la carne: *es una carne de mucha hebra; judías verdes con hebra.*

3 Fibra textil. — TEXTIL/= hila

4 Cada partícula del tabaco picado en filamentos: *tabaco de hebra.*

5 Hilo que forman las materias viscosas que tienen cierto grado de concentración: *debes conseguir que el almíbar quede a punto de hebra.* — QUÍMICA

6 Hilo del discurso: *he perdido la hebra.*

7 Cabello: *en su cabellera negra asomaban algunas hebras de plata.* — literario

8 Parte de la madera con consistencia y flexibilidad que puede trabajarse sin quebrarse. — CARPINTERÍA

9 Pistilo de la flor de azafrán, utilizado como especia. — BOTÁNICA

10 Depósito mineral de espesor variable y de forma estrecha y alargada que rellena una grieta de una roca. — MINERÍA / = filón, vena

11 **cortar a alguien la hebra de la vida:** Quitársela, matarlo: *el verdugo le cortó la hebra de la vida con un limpio hachazo.* — coloquial

12 **estar de buena hebra:** Estar sano, fuerte y robusto: *realmente está de buena hebra para la edad que tiene.* — coloquial

13 **pegar la hebra:** Iniciar una conversación y prolongarla más de la cuenta: *se encontraron en la calle casualmente y estuvieron dos horas pegando la hebra.* — coloquial

hebraico, a De los hebreos o del hebraísmo. — adj.

hebraísmo

1 Doctrina religiosa de los judíos instituida por Moisés y comprendida en el decálogo. — s.m. / RELIGIÓN

2 Expresión o construcción que se consideran propias y características de la lengua hebrea. — LINGÜÍSTICA

3 Afecto por el mundo y la cultura judíos.

hebraísta Persona dedicada al estudio de la lengua, literatura o cultura hebreas. — s.m.f.

hebraizante

1 Que usa o presenta hebraísmos: *prosa hebraizante; poetas hebraizantes.* — adj.

2 Hebraísta, especialista del mundo hebreo. — s.m.f.

3 Que practica la religión judía. — RELIGIÓN

hebraizar Usar una persona voces o giros propios de la lengua hebrea. — v.intr. / conj: arcaizar

hebreo, a

1 Se aplica al pueblo semítico que conquistó y habitó Palestina. — adj/s. / tb: hebraico

2 Persona de este pueblo. — adj/s.

3 Que profesa la ley de Moisés. — adj/s./RELIGIÓN

4 Lengua semítica, hablada antiguamente por este pueblo y actualmente en Israel y por las comunidades judías de la diáspora. — s.m. / LINGÜÍSTICA

5 Mercader, persona que se dedica a comerciar.

hebrero Esófago de los rumiantes. — s.m./= herbero

hebroso, a Que tiene muchas hebras: *cuesta masticar esta carne porque es muy hebrosa.* — adj. / = fibroso

hebrudo, a Que tiene muchas hebras. — adj./C. Rica

hecatombe (Del gr. *ekatombe*, sacrificio de cien bueyes u otras reses.)

1 Catástrofe que provoca gran número de víctimas: *la hecatombe asoló la costa oriental.* — s.f.

2 Suceso, hecho desgraciado o desastroso: *las pruebas nucleares de ayer fueron una hecatombe.*

3 Sacrificio ritual de cien víctimas, especialmente de cien bueyes, entre los antiguos griegos y romanos. — HISTORIA

hechicería

1 Práctica de la magia con la que se pretende sanar o dominar y controlar las fuerzas de la naturaleza y los poderes sobrenaturales. — s.f. / OCULTISMO

2 Hechizo, conjuro que hace el hechicero. — = encantamiento

hechicero, a

1 Se aplica a la persona que practica la hechicería: *los hechiceros se reunieron alrededor del dolmen.* — adj/s. / OCULTISMO

2 Que hechiza o cautiva por su hermosura: *nunca podré olvidar sus ojos hechiceros.* — adj. / = cautivador

hechizar

1 Ejercer un poder, generalmente negativo, sobre una persona con prácticas de hechicería: *la hechizó haciendo desaparecer su voluntad.* — v.tr. / conj: cazar / = embrujar

2 Causar una atracción extraordinaria sobre una persona: *desde el primer momento en que la vi me hechizó su belleza.* — = cautivar

hechizo, a (Derivado de *hacer.*)
1 Que es artificioso o ficticio. — adj.
2 Práctica mediante la que se pretende obtener resultados sobrenaturales por vías irracionales. — s.m./OCULTISMO = encantamiento
3 Objeto o sustancia que supuestamente tiene propiedades mágicas: *bebió el hechizo.* — OCULTISMO
4 Atractivo de una persona o cosa que produce fascinación y embelesamiento. — = encanto
5 Se aplica al aparato o instrumento que no es de fábrica, sino que ha sido hecho de forma rudimentaria. — adj. Méx.

hecho, a (Del lat. *factus.*)
1 Que ha alcanzado la madurez o desarrollo completo: *un árbol hecho.* — adj.
2 Con algunos nombres precedidos de artículo indeterminado, indica que tiene aspecto o semeja a lo que denota el nombre: *está hecho un tigre.*
3 Cosa hecha o producida por una persona: *los hechos de nuestros antepasados.* — s.m.
4 Lo que sucede, ocurre o acontece: *su exposición de los hechos fue sucinta y comedida.* — = acontecimiento, suceso
5 Asunto o cuestión de que se trata: *el verdadero problema que presenta el hecho no es la falta de fondos.* — = tema
6 hecho consumado: Acción que se ha llevado a cabo adelantándose a las presiones que pudieran impedir su realización: *le presentó la candidatura como un hecho consumado.*
7 hecho de armas: Hazaña, acción bélica notable. — MILITAR
8 hecho jurídico: Acción que tiene consecuencias jurídicas. — DERECHO
9 hecho probado: El que así se señala en las sentencias por los tribunales de instancia y sirve como fundamento en las apreciaciones jurídicas de los tribunales de casación. — DERECHO
10 hecho social: Fenómeno que coacciona la vida social y supera la conciencia individual. — SOCIOLOGÍA
11 a lo hecho, pecho: Expresión que recomienda decisión, una vez se ha actuado con desacierto: *a lo hecho, pecho, pensó tras comprobar que se había equivocado en sus previsiones.*
12 de hecho: En realidad o realmente: *parecía simpático, pero de hecho era un hipócrita.* — loc.adv.
13 el hecho es que: Introduce una expresión que indica contradicción con lo expresado anteriormente: *aseguró que lo tendría en cuenta, pero el hecho es que jamás volvió a pensar en ello.*
14 ¡hecho!: Exclamación que se usa como respuesta afirmativa, como aceptación de un trato o proposición: *¿hacemos el viaje juntos? ¡Hecho!* — interj.
15 hecho y derecho: Expresión enfática que subraya la propiedad que se aplica a una persona: *es una mujer hecha y derecha.*

hechor, a
1 Malhechor, persona que comete delitos. — s./Chile, Ecuad.
2 Asno, animal solípedo. — s.m./Amér. Merid.

hechura (Derivado de *hacer.*)
1 Confección de una prenda de vestir: *no me gusta la hechura del vestido.* — s.f. TEXTIL
2 Configuración o forma exterior de una persona o una cosa: *la hechura de una moldura.*
3 Manera de estar hecha una cosa: *de buena hechura.* — = factura
4 Cualquier cosa respecto a su autor: *todo el desastre es hechura tuya.*
5 Persona respecto a otra a la que le debe su posición o formación: *es hechura de su maestro.*
6 Figura hecha de madera, barro u otra materia. — = escultura
7 Dinero que se paga a una persona por realizar un trabajo. — s.f.pl.
8 no se pierde más que la hechura: Expresión irónica que se usa cuando se quiebra algo de poco valor y que no se puede componer, indicando que se ha perdido lo poco que se podía perder. — coloquial
9 no tener algo hechura: No ser factible o realizable: *lo que me propones no tiene hechura.* — coloquial

hectárea Medida de superficie equivalente a 100 áreas. — s.f.

héctico, a (Del gr. *hektikos pyretos,* fiebre constante, tisis.) Que padece tisis. — adj./MEDICINA tb: hético

hectiquez Estado patológico crónico que conlleva deterioro físico progresivo y que se caracteriza por la presencia de fiebre héctica. — s.f./MEDICINA pl: hectiqueces tb: hetiquez/= tisis

hecto- Componente de palabra procedente del gr. *ekaton,* que significa *ciento: hectómetro.* — pref.

hectogramo (Del gr. *ekaton,* ciento + *gramma,* peso equivalente a 1/24 de onza.) Medida de peso, equivalente a 100 gramos. — s.m.

hectolitro (Del gr. *ekaton,* ciento + *libra,* libra.) Medida de capacidad, equivalente a 100 litros. — s.m.

hectómetro (Del gr. *ekaton,* ciento + *metron,* medida.) Medida de longitud, equivalente a 100 metros. — s.m.

hedentina (Derivado de *hediente.*)
1 Olor malo y penetrante: *una hedentina pestilente le llegó desde la bodega.* — s.f. = hedor
2 Lugar donde huele muy mal.

heder (Del lat. *foetere.*)
1 Despedir una cosa mal olor: *aquella habitación del hospital hedía a sudores y supuraciones.* — v.intr. conj: tender
2 Enfadar o fastidiar a una persona: *me hedía que fueras explicando otra versión de los hechos.* — = molestar

hediento, a Que huele mal: *recuerdo las hedientas calles del casco viejo.* — adj. = hediondo

hediondez
1 Hedor, muy mal olor: *la hediondez de los canales venecianos oscurecía otros encantos de la ciudad flotante.* — s.f. pl: hediondeces
2 Cosa que huele muy mal.

hediondo, a (Del lat. vulgar *foetibundus.*)
1 Que huele mal: *cada verano tienen que sufrir un río hediondo cerca de su casa.* — adj./tb: hedionto = fétido
2 Que causa repugnancia. — = repugnante
3 Que es molesto o fastidioso. — = insufrible
4 Arbusto leguminoso de flores amarillas, hojas compuestas y fruto en vainillas negras, que despide un olor desagradable y crece en la península Ibérica. (*Anagyris foetida.*) — s.m. BOTÁNICA

hedónico, a
1 Del hedonismo o del hedonista. — adj./tb: hedonístico tb: hedonístico
2 Que busca el placer.

hedonismo
1 Doctrina filosófica que proclama, como fin supremo de la vida, la consecución del placer. — s.m. FILOSOFÍA
2 Búsqueda del placer como norma de vida.

hedonista
1 Del hedonismo. — adj./FILOSOFÍA
2 Que es partidario del hedonismo. — adj/s.m.f.

hedonístico, a
1 Del hedonismo o del hedonista. — adj./FILOSOFÍA
2 Que busca el placer.

hedor (Del lat. *foetor.*) Olor muy desagradable y penetrante: *el hedor de la vivienda alertó a los vecinos.* — s.m./= hedentina, hediondo

hegelianismo (De *Hegel,* filósofo alemán.) Doctrina filosófica creada por Hegel, que defendía el camino ascendente de la conciencia humana, concebida como individuo y como colectividad, desde la conciencia natural y sensible hasta el saber absoluto, de manera que conciencia y absoluto formen una unidad sobre la dualidad sujeto y objeto. — s.m. FILOSOFÍA

hegeliano, a
1 De Hegel o del hegelianismo. — adj./FILOSOFÍA
2 Que profesa el hegelianismo. — adj/s./FILOSOFÍA

hegemonía (Del gr. *hegemonia < hegemon < hegeomeo,* guiar.)
1 Supremacía que un estado ejerce sobre otros: *la hegemonía de la Grecia clásica sobre los países mediterráneos.* — s.f. POLÍTICA
2 Supremacía de una persona o una cosa sobre otra: *la hegemonía del presidente del gobierno sobre su partido.* — = superioridad

hegemónico, a De la hegemonía: *ejerció un papel hegemónico.* — adj. = dominador

hégira (Del ár. *hiyra,* emigración.) Era musulmana, contada desde el 15 de julio del 622, día en que Mahoma huyó de La Meca a Medina. — s.f./HISTORIA, RELIGIÓN tb: égira, héjira

helada
1 Congelación de los líquidos producida por un fuerte descenso de la temperatura atmosférica: *las heladas de marzo se han recrudecido.* — s.f.
2 caer una helada: Helar, congelarse las plantas, el agua y otras cosas: *cayó una helada que estropeó todos los almendros de la finca.*

heladera Cámara o aparato electrodoméstico que conserva los alimentos a baja temperatura. — s.f./= frigorífico, nevera

heladería Establecimiento donde se elaboran y se venden helados. — s.f. COMERCIO

heladero, a
1 Que es abundante en heladas: *enero heladero; región heladera.* — adj.
2 Lugar donde hace mucho frío: *ese país es un heladero.* — s.
3 Persona que hace o vende helados.

heladizo, a Que se hiela con facilidad. — adj.

helado, a
1 Que está muy frío o congelado: *el estanque está helado; el agua del arroyo está helada.* — adj.
2 Que está atónito o pasmado: *la noticia de su muerte me dejó helado.* — = patitieso
3 Sustancia elaborada con azúcar, zumos de frutas, leche, huevos u otros ingredientes, de sabor dulce que se toma congelada: *le encanta el helado de fresa.* — s.m.
4 Comida o bebida que se hiela.

helador, a Que hiela o es muy frío: *sopla un viento helador.* — adj.

heladora Aparato o máquina para hacer helados. *s.f.*

heladura Atronadura, defecto en las maderas de los *s.f.* árboles producido por el frío.

helaje Frío intenso. *s.m./Colomb.*

helar
1 Causar el frío la solidificación de un líquido: *se ha* *v.tr/intr/prnl.* *helado el lago; pon el agua a helar.* conj: *pensar*
2 Causar una cosa una fuerte impresión: *la mala noti-* ≠ *impresionar* *cia me heló completamente.*
3 Desanimar a una persona: *el suspenso le heló tanto* = *desalentar* *que dejó los estudios.* ≠ *animar*
4 Ponerse una persona o una cosa muy fría: *me he he-* *v.prnl.* *lado ahí fuera esperándote.*
5 Convertirse en sólida una cosa que se había derre- tido o disuelto.
6 Secarse las plantas a causa del frío: *se ha helado la* *hortensia.*
7 Hacer una temperatura inferior a cero grados centí- *v.impers.* grados: *esta noche ha helado.*

helear Poner amarga una cosa. *v.tr./tb: ahelear*

helechal Terreno donde abundan los helechos: *un* *s.m.* *frondoso helechal cubría la ladera.*

helecho (Del lat. *filictum* < *filix, -icis,* helecho.)
1 Planta criptógama sin flores, con frondas peciola- *s.m.* das, lanceoladas y divididas en segmentos, de rizoma **BOTÁNICA** carnoso, que crece en lugares húmedos.
2 **helecho macho:** El que tiene un rizoma desarrolla- **BOTÁNICA** do y es frecuente en los bosques silíceos. *(Driopterix fi-* *lix-mas.)*

helénico, a (Del gr. *hellenikos.*)
1 Que tiene relación con el mundo griego: *siente gran* *adj.* *admiración por la civilización helénica.*
2 De la Hélade o de los antiguos griegos. **HISTORIA**

helenio (Del lat. *helenium* < gr. *helenion.*) Planta com- *s.m.* puesta de tallo velludo, hojas radicales muy grandes, **BOTÁNICA** pecioladas, desigualmente dentadas, flores amarillas = enula, en cabezuelas terminales, fruto capsular y raíz amar- hierba del ala ga y aromática, usada en medicina. *(Inula helenium.)*

helenismo
1 Influencia ejercida por la antigua cultura y civiliza- *s.m.* ción griega en otras culturas y civilizaciones modernas. **HISTORIA**
2 Afecto por el mundo clásico, especialmente por la antigua cultura griega.
3 Período de la cultura griega posterior al reinado de **HISTORIA** Alejandro Magno.
4 Expresión o construcción propias de la lengua grie- **LINGÜÍSTICA** ga que se usan en otra lengua.

helenista
1 Persona dedicada al estudio de la lengua, literatura *s.m.f.* o cultura griegas.
2 Persona que, siendo de religión judía, hablaba el **HISTORIA** griego y seguía las costumbres griegas, en la diáspora.

helenístico, a
1 Del helenismo o de los helenistas. *adj.*
2 Se aplica al griego alejandrino, variedad de la len- **LINGÜÍSTICA** gua griega que se extendió por todo el mundo heléni- co después de Alejandro Magno.

helenización Acción y resultado de helenizar o hele- *s.f.* nizarse. **HISTORIA**

helenizante
1 Que heleniza o introduce rasgos propios del mun- *adj.* do griego.
2 Que usa helenismos: *su prosa helenizante mereció* **LINGÜÍSTICA** *todo tipo de críticas.*

helenizar
1 Introducir la cultura, costumbres, lengua y arte *v.tr.* griegos. conj: *cazar*
2 Tomar o adoptar las costumbres, la cultura y la *v.prnl.* lengua griegas como propias.

heleno, a
1 De la Grecia antigua o del actual estado europeo. *adj./= griego*
2 Persona natural de este antiguo país o del actual *s./= griego* estado.

helera Granillo, tumorcillo de algunos pájaros, espe- *s.f.* cialmente del canario o el jilguero. **VETERINARIA**

helero
1 Masa de hielo acumulada en las zonas altas de las *s.m.* cordilleras: *los calores del verano derritieron los heleros* **GEOLOGÍA** *de la sierra.*
2 Cualquier mancha de nieve en las montañas.

helgado, a Se refiere a la persona que tiene los dien- *adj.* tes separados y desiguales.

helgadura
1 Espacio que hay entre diente y diente: *los restos de* *s.f.* *comida se alojan en las helgaduras.*
2 Desigualdad en los dientes.

heliaco, a Se aplica al orto u ocaso de un astro que *adj./ASTRONOMÍA* sale o se pone una hora antes o después que el Sol. tb: heliaco

heliantina Sustancia de color anaranjado que se obtie- *s.f.* ne del alquitrán de la hulla y se usa como colorante. **QUÍMICA**

hélice (Del bajo lat. *helix, -icis* < gr. *helix,* espiral.)
1 Dispositivo propulsor, de tracción o de sustenta- *s.f.* ción de los barcos y aeronaves, de forma helicoidal. **MECÁNICA**
2 Línea curva que da indefinidas vueltas alrede- **GEOMETRÍA** dor de un punto alejándose continuamente de él. = espiral
3 Curva abierta que se desarrolla sobre la superficie **GEOMETRÍA** de un cilindro guardando los puntos que están sobre la misma generatriz a la misma distancia.
4 Parte del pabellón de la oreja que arranca del orifi- **ANATOMÍA** cio y termina en el lóbulo. = hélix
5 Molusco gasterópodo pulmonado, de concha en es- **ZOOLOGÍA** piral débil, cuerpo alargado y cuatro tentáculos en la = caracol cabeza.
6 Voluta o figura en espiral del capitel corintio. **ARQUITECTURA**
7 Cebo de forma helicoidal utilizado en la pesca al **PESCA** lanzado.

helicicultura Cría de caracoles para su propagación *s.f.* o venta.

helícido, a Perteneciente a una familia de moluscos *adj/s.m.* gasterópodos terrestres y pulmonados, con concha en **ZOOLOGÍA** forma de espiral y los ojos en los extremos de unos tentáculos.

helico- Componente de palabra procedente del gr. *pref.* *helix, -ikos,* que significa espiral: *helicoidal.*

helicoidal Que tiene forma de hélice: *esa planta tiene* *adj.* *un tallo helicoidal.* tb: helicoideo

helicoide Superficie engendrada por una recta que se *s.f.* mueve apoyándose en una hélice fija. **GEOMETRÍA**

helicoideo, a Que tiene forma de hélice. *adj.*

helicómetro Instrumento para medir la fuerza de la *s.m.* hélice de los barcos de vapor. **TECNOLOGÍA**

helicón (Del gr. *Helikon,* montaña tortuosa.) Instru- *s.m.* mento musical de viento de gran tamaño formado **MÚSICA** por un tubo circular de metal que se coloca alrededor = bombardón del cuerpo.

helicónides Musas que moraban en el monte Heli- *s.f.pl.* cón, en la mitología griega. **MITOLOGÍA**

helicóptero Aeronave movida por una hélice que le *s.m.* permite elevarse y descender verticalmente, así como **AERONÁUTICA** trasladarse y sustentarse en el aire.

helio (Del gr. *helios,* sol.) Elemento gaseoso, incoloro, *s.m.* el más ligero de los gases nobles. **QUÍMICA**

helio- Componente de palabra procedente del gr. *he-* *pref.* *lios,* que significa sol: *heliotropo.*

heliocéntrico, a
1 Se aplica a un sistema de coordenadas que han *adj.* sido calculadas tomando como centro el Sol. **ASTRONOMÍA**
2 Se refiere al lugar o a la medida astronómica que **ASTRONOMÍA** toma como referencia el centro del Sol.

heliocentrismo Sistema que considera al Sol como *s.m.* centro del universo o como el astro alrededor del **ASTRONOMÍA** cual se lleva a cabo la rotación de los planetas.

helioeléctrico, a Se aplica al proceso de conversión *adj.* de la energía solar en electricidad. **ELECTRICIDAD**

heliófilo, a Se aplica al animal o planta que necesita *adj.* una exposición directa al Sol para su desarrollo. **BIOLOGÍA**

heliofísica Estudio y tratado de la naturaleza física *s.f.* del Sol. **ASTRONOMÍA**

heliofísico, a De la heliofísica. *adj./ASTRONOMÍA*

heliófobo, a Se aplica a las plantas y animales a los *adj./ECOLOGÍA* que molesta la luz del Sol. = esciófilo, fotófobo

heliofotómetro Instrumento para medir la intensi- *s.f.* dad de luz enviada por el Sol. **TECNOLOGÍA**

heliograbado (Del gr. *helios,* sol + *grabar.*)
1 Técnica para obtener, en planchas preparadas y me- *s.m.* diante la acción de la luz solar, grabados en relieve. **ARTE**
2 Estampa que se obtiene mediante esta técnica. **ARTE**

heliografía
1 Sistema de transmisión de señales por medio de la *s.f.* reflexión de los rayos de Sol sobre una superficie uti- **TELECOMUNICA-** lizando un heliógrafo. **CIONES**
2 Estudio y descripción del Sol. **ASTRONOMÍA**
3 Fotografía de la superficie solar. **ASTRONOMÍA**
4 Grabado en relieve obtenido mediante la acción de = heliograbado la luz solar.

heliográfico, a De la heliografía o del heliógrafo. *adj.*

heliógrafo (Del gr. *helios,* sol + *grapho,* dibujar.)
1 Aparato que sirve para emitir señales telegráficas *s.m.* mediante un espejo plano en el que se reflejan los **TELECOMUNICA-** rayos solares. **CIONES**
2 Aparato destinado a la observación fotográfica o **ASTRONOMÍA** cinematográfica del Sol.
3 Instrumento que sirve para medir la intensidad del **TECNOLOGÍA** calor irradiado por el Sol.
4 Aparato para registrar la duración de la insolación. **TECNOLOGÍA**

heliograma Comunicación telegráfica transmitida por medio del heliógrafo: *los barcos transmitieron un heliograma en alta mar.* — s.m. TELECOMUNICACIONES

heliolatría Culto al Sol: *realizó un estudio comparativo de las diversas manifestaciones de la heliolatría.* — s.f. RELIGIÓN

heliometeorología Parte de la meteorología que trata de las relaciones entre la circulación atmosférica y la actividad solar. — s.f.

heliómetro Instrumento que sirve para medir las distancias angulares entre dos astros o el diámetro aparente de uno. — s.m. ASTRONOMÍA

helión Núcleo del helio o partícula alfa procedente de alguna desintegración o reacción nuclear. — s.m. FÍSICA, QUÍMICA

heliopausa Límite supuesto de la heliosfera. — s.f./ASTRONOMÍA

helioplastia Heliograbado, técnica para obtener grabados en relieve. — s.f. ARTE

helioscopio (Del gr. *helios*, sol + *skopeo*, mirar.) Telescopio que permite la observación del Sol sin que se produzcan lesiones en los ojos del observador. — s.m. ASTRONOMÍA

heliosfera Región del espacio que engloba el sistema solar, en la que la densidad de energía del viento solar es superior a la del medio interestelar. — s.f. ASTRONOMÍA

heliosis Insolación, trastorno producido por una exposición prolongada a la acción de los rayos solares. — s.f./MEDICINA pl: heliosis

heliostático, a Del helióstato. — adj./ASTRONOMÍA

helióstato Dispositivo que consiste en un espejo con movimiento rotatorio, que sirve para dirigir los rayos solares en una determinada dirección. — s.m. TECNOLOGÍA

heliotecnia Técnica para la conversión de la luz solar en energía eléctrica. — s.f. ELECTRICIDAD

heliotelegrafía (Del gr. *helios*, sol + *tele*, lejos + *grapho*, escribir.) Sistema de telegrafía por medio del heliógrafo. — s.f. TELECOMUNICACIONES

helioterapia (Del gr. *helios*, sol + *therapeuo*, cuidar.) Tratamiento terapéutico de algunas enfermedades mediante la exposición del cuerpo, o parte de él, a los rayos del Sol. — s.f. MEDICINA

heliotermia Proceso de regulación térmica que se da en reptiles y anfibios, cuyo objetivo es captar una mayor energía solar. — s.f. BIOLOGÍA

heliotropina Alcaloide obtenido de varias especies de heliotropo que presenta fotocromismo. — s.f. QUÍMICA

heliotropio (Del gr. *helios*, sol + *trepo*, doy vueltas.) Planta herbácea o subarbustiva de la familia de las borragináceas. — s.m. BOTÁNICA th: heliotropo

heliotropismo Movimiento de los organismos vegetales determinado por el Sol. — s.m. BIOLOGÍA

heliotropo (Del gr. *helios*, sol + *trepo*, doy vueltas.)
1 Calcedonia, variedad de cuarzo criptocristalino, con pequeños puntos rojos o jaspeados.
2 Planta herbácea o subarbustiva de la familia de las borragináceas, con flores blancas o violetas, que se cultiva en jardinería. — s.m. MINERALOGÍA BOTÁNICA th: heliotropio

helipuerto Pista destinada al despegue y aterrizaje de helicópteros: *el rascacielos dispone de helipuerto en la azotea.* — s.m. AERONÁUTICA

helitransportado, a Que es transportado en helicóptero: *los contenedores helitransportados llegaron a las aldeas más aisladas.* — adj.

hélix Curva que forma el pabellón de la oreja desde el orificio hasta el lóbulo. — s.m./pl: hélix ANATOMÍA

helmintiasis Enfermedad producida por los gusanos parásitos que viven en los tejidos e intestino del cuerpo humano. — s.f. pl: helmintiasis MEDICINA

helmíntico, a
1 De los helmintos o gusanos parásitos del intestino.
2 Se refiere al medicamento que combate los helmintos o gusanos intestinales. — adj./ZOOLOGÍA = antihelmíntico, vermícida

helminto (Del gr. *helmins, -inthos*, gusano.) Gusano, especialmente el que es parásito del intestino. — s.m. ZOOLOGÍA

helmintología Parte de la zoología que estudia los gusanos, especialmente los que son parásitos del ser humano y de los animales. — s.f. ZOOLOGÍA

helmintológico, a De la helmintología o los helmintos. — adj. ZOOLOGÍA

helobial Perteneciente a un orden de plantas monocotiledóneas. — adj/s.f. BOTÁNICA

helvecio, a De un pueblo céltico que ocupaba Helvecia, actual Suiza. — adj. HISTORIA

helvético, a
1 De Suiza, país centroeuropeo.
2 Persona natural de este país. — adj. s.

hemacrimo, a (Del gr. *haima*, sangre + *khrymos*, frío.) Se aplica al animal que tiene una temperatura igual a la del medio en que vive. — adj. ZOOLOGÍA ≠ hematermo

hemaglutinación Proceso por el que se aglutinan los hematíes por la acción específica de hemaglutininas. — s.f. FISIOLOGÍA

hemaglutinina Tipo de inmunoglobulina que provoca la aglutinación de los hematíes. — s.f. FISIOLOGÍA

hemangioma Tumor benigno, generalmente congénito, formado por la proliferación de vasos sanguíneos. — s.m. MEDICINA

hemartrosis Acumulación de sangre, por hemorragia, en una cavidad articular. — s.f. pl: hemartrosis

hemat- Componente de palabra procedente del gr. *haima*, que significa sangre: *hematíes; hemoglobina.* — pref./th: hema-, hemato-, hemo-

hematemesis (Del gr. *haima*, sangre + *emesis*, vómito.) Vómito de sangre procedente del aparato gastrointestinal. — s.f. pl: hematemesis

hematermo, a (Del gr. *haima*, sangre + *thermos*, caliente.) Que tiene la sangre caliente o a una temperatura constante. — adj. BIOLOGÍA ≠ hemacrimo

hemático, a De la sangre. — adj./FISIOLOGÍA

hematidrosis Sudor teñido de sangre, por presencia de hemoglobina. — s.f./pl: hematidrosis MEDICINA

hematíe Célula de la sangre, compuesta de globulina y hemoglobina, que tiene la función de hacer llegar oxígeno a los tejidos. — s.m./BIOLOGÍA = eritrocito, glóbulo rojo

hematina Pigmento rojo ferroso que se halla en la sangre, constitutivo de la hemoglobina. — s.f. BIOQUÍMICA

hematites (Del gr. *haimatites*, sanguíneo.) Mineral de aspecto terroso que se encuentra mezclado con arcillas y otras impurezas, que es una mena de hierro importante y muy extendida. — s.f. pl: hematites MINERALOGÍA

hematocele Acumulación de sangre en cualquier cavidad o conducto, especialmente en el escroto, en el cordón espermático y en la cavidad uterina. — s.m. MEDICINA

hematocolpos Acumulación de sangre menstrual en la vagina, debido a la imperforación o falta de orificio alguno en el himen. — s.m. pl: hematocolpos MEDICINA

hematocrito, a Se aplica al volumen que ocupan los glóbulos en una cantidad de sangre y que se expresa de manera porcentual. — adj/s.m. MEDICINA

hematófago, a Se aplica al animal que se alimenta de la sangre de otro animal. — adj. ZOOLOGÍA

hematología
1 Estudio morfológico, químico, fisiológico, genético, y otros, de la sangre.
2 Especialidad que se ocupa de las enfermedades de la sangre. — s.f. MEDICINA / MEDICINA

hematológico, a De la hematología: *el análisis hematológico ha dado los resultados esperados.* — adj. MEDICINA

hematólogo, a Médico especialista en el estudio de la sangre. — s. MEDICINA

hematoma Tumor formado por acumulación de sangre en la dermis o en una cavidad orgánica, como consecuencia de un golpe o una enfermedad. — s.m. MEDICINA

hematómetra Acumulación de sangre menstrual en el útero, debido a una obturación del cuello. — s.m. MEDICINA

hematomielia Hemorragia en la médula espinal. — s.f./MEDICINA

hematopatía Cualquier enfermedad de la sangre. — s.f./MEDICINA

hematopoyesis Conjunto de procesos celulares que intervienen en la formación de los hematíes o glóbulos rojos de la sangre. — s.f. pl: hematopoyesis BIOLOGÍA

hematosalpinx Acumulación de sangre en las trompas de Falopio, unida a un embarazo extrauterino. — s.m. pl: hematosalpinx

hematosis Conversión de la sangre venosa en arterial que se produce en los pulmones. — s.f./pl: hematosis = arterialización

hematoxilina (Del gr. *haima*, sangre + *xylon*, madera.) Materia colorante obtenida del palo campeche muy usada en el estudio de tejidos orgánicos. — s.f. QUÍMICA

hematozoario, a (Del gr. *haima*, sangre + *zoon*, animal.) Se aplica al animal que vive parásito en la sangre de un ser vivo. — adj/s.m. ZOOLOGÍA

hematuria (Del gr. *haima*, sangre + *ureo*, orinar.) Presencia de sangre en la orina. — s.f. MEDICINA

hematúrico, a
1 De la hematuria.
2 Que padece hematuria. — adj./MEDICINA adj/s.

hembra (Del lat. *femina*, hembra.)
1 Animal del sexo femenino: *las hembras suelen ser más pequeñas que los machos.*
2 Persona del sexo femenino: *todos sus hijos son hembras.*
3 Pie de las plantas dioicas que da fruto.
4 Pieza de algunos objetos, con un hueco o agujero por donde se introduce y encaja otra: *se ha estropeado la hembra del enchufe.*
5 Este mismo hueco o agujero.
6 Cuerpo hueco para dar forma a una materia blanda que luego se endurece.
7 Cola de caballo poco poblada. — s.f. ≠ macho = mujer ≠ varón BOTÁNICA ≠ macho = molde

hembraje
1 Conjunto de las hembras de un ganado. s.m./*Amér. Merid.*
2 Conjunto o grupo de mujeres: *entre el hembraje ha-* *Argent., Urug.*
bía rumores que soliviantaban a los esposos. *despectivo*

hembrear
1 Sentir el macho inclinación por las hembras. v.intr.
2 Parir sólo hembras o más hembras que machos.

hembrilla
1 Pieza pequeña donde se introduce o asegura otra. s.f.
2 Anilla metálica que tiene un clavo o tornillo para = armella
fijarla.

hemerálope Se aplica a la persona que padece he- adj/s.m.f.
meralopía. MEDICINA

hemeralopía Disminución de la agudeza visual con s.f./MEDICINA
luz poco intensa o crepuscular. = ceguera nocturna

hemeroteca (Del gr. *hemera*, día + *theke*, depósito.)
1 Lugar donde se guardan ordenados y clasificados s.f.
diarios y otras publicaciones periódicas.
2 Conjunto de periódicos y revistas conservados: *poco*
a poco se está haciendo con una interesante hemeroteca.

hemi- Componente de palabra procedente del gr. *he-* pref.
mi-, que significa medio: *hemisferio.* = semi

hemialgia
1 Neuralgia en la mitad, en un lado del cuerpo o de s.f.
un órgano. MEDICINA
2 Hemicránea, dolor en un lado de la cabeza. MEDICINA

hemianopsia Pérdida de la visión en la mitad del s.f.
campo visual, en uno o en los dos ojos. MEDICINA

hemiciclo (Del gr. *hemi-*, medio + *kyklos*, círculo.)
1 Cada una de las dos mitades de un círculo separa- s.m.
das por un diámetro. = semicírculo
2 Conjunto de varias cosas dispuestas en semicírculo.
3 Espacio central de la sala de un parlamento, de un
teatro, u otro lugar parecido, que está rodeado de
una gradería semicircular: *un tremendo revuelo salió del*
hemiciclo.

hemicránea Cefalea o dolor que afecta a uno de los s.f./MEDICINA
dos lados de la cabeza. = jaqueca, migraña

hemiedria Subgrupo de operaciones de simetría que s.f.
engendra formas cristalinas con la mitad de las caras MINERALOGÍA
de las formas holoédricas.

hemiédrico, a Se aplica al cristal que está sujeto a la adj.
hemiedria. MINERALOGÍA

hemiedro Cristal hemiédrico. s.m./GEOLOGÍA

hemimetábolo, a Se aplica a los insectos de meta- adj.
morfosis incompleta. ZOOLOGÍA

hemimorfita Silicato ácido de cinc. s.f./MINERALOGÍA

hemina (Del gr. *hemina.*)
1 Medida antigua de capacidad para líquidos.
2 Medida que se usaba en el cobro de tributos paga- HISTORIA
dos en granos.

hemiplejía (Del gr. *hemipleges*, medio herido.) Paráli- s.f./MEDICINA
sis de un lado del cuerpo. tb: hemiplejia

hemipléjico, a
1 De la hemiplejía. adj.
2 Que padece hemiplejía. adj/s.

hemíptero, a (Del gr. *hemi*, medio + *pteron*, ala.) Per- adj/s.m.
teneciente a un orden de insectos de metamorfosis ZOOLOGÍA
sencilla, de trompa chupadora y pico articulado.

hemisférico, a
1 Que tiene forma de hemisferio. adj.
2 Del hemisferio.

hemisferio (Del gr. *hemisphairion.*)
1 Cada mitad de la superficie de la esfera terrestre, s.m.
dividida por un círculo máximo, de preferencia el GEOGRAFÍA
ecuador o un meridiano.
2 Cada una de las dos mitades de una esfera dividida GEOMETRÍA
por un plano que pasa por su centro.
3 Cada lateral en que divide al cerebro la fisura inter- ANATOMÍA
hemisférica.
4 **hemisferio austral, sur o meridional** El que, limi- GEOGRAFÍA
tado por el ecuador, comprende el polo antártico o
austral y las regiones y océanos que lo rodean.
5 **hemisferio boreal, norte o septentrional:** El que, GEOGRAFÍA
limitado por el ecuador, comprende el polo ártico o
boreal y las regiones y océanos que lo rodean.
6 **hemisferio continental:** Aquel que encierra la ma- GEOGRAFÍA
yor parte de las tierras.
7 **hemisferio occidental:** El opuesto al oriental. GEOGRAFÍA
8 **hemisferio oceánico:** Aquel constituido principal- GEOGRAFÍA
mente por mares.
9 **hemisferio oriental:** Aquel por donde nacen o sa- GEOGRAFÍA
len el Sol y los demás astros.

hemistiquio (Del gr. *hemistikhion.*) Cada una de las s.m.
dos partes de un verso de arte mayor separadas por POESÍA
la cesura o pausa intermedia.

hemo- Componente de palabra procedente del gr. pref.
haima, que significa sangre: *hemofilia.*

hemoaglutinación Aglutinación de las células san- s.f.
guíneas. MEDICINA

hemocatéresis Proceso fisiológico mediante el cual s.f.
es posible la eliminación de las células sanguíneas pl: hemocatéresis
envejecidas. FISIOLOGÍA

hemocele Cavidad general de algunos artrópodos s.m.
formada por lagunas llenas de líquido hemático. ZOOLOGÍA

hemocianina Sustancia colorante azul que se encuen- s.f.
tra en el plasma sanguíneo de algunos crustáceos, BIOQUÍMICA
arácnidos y moluscos de función semejante a la hemoglobina.

hemocito Célula sanguínea. s.m./BIOLOGÍA

hemocitólisis Destrucción de las células hemáticas s.f./pl: hemocitólisis
de la sangre. BIOLOGÍA

hemoconcentración Disminución del volumen de s.f.
plasma sanguíneo con respecto al de glóbulos rojos. MEDICINA

hemocromatosis Alteración metabólica consistente s.f.
en la concentración excesiva de hierro en algunos te- MEDICINA
jidos y órganos, que origina diabetes y cirrosis hepá- pl: hemocromatosis
tica.

hemodiálisis Método de depuración de la sangre s.f.
aplicado a enfermos con insuficiencia renal, por me- pl: hemodiálisis
dio de un filtro y un líquido producido por un riñón MEDICINA
artificial que realiza las funciones del riñón.

hemodinámica Parte de la fisiología que estudia los s.f.
mecanismos de circulación y distribución de la san- MEDICINA
gre.

hemofilia (Del gr. *haima*, sangre + *philos*, amigo.) En- s.f.
fermedad hereditaria, transmitida por las mujeres y MEDICINA
manifestada por los hombres, que predispone a sufrir
hemorragias, debido a trastornos en la coagulación
de la sangre.

hemofílico, a
1 De la hemofilia. adj./MEDICINA
2 Que padece hemofilia: *los enfermos hemofílicos son un* adj/s.
grupo de riesgo en el contagio del sida. MEDICINA

hemoglobina (Del gr. *haima*, sangre + lat. *globus*, s.f.
globo.) Pigmento de color rojo contenido en los he- BIOQUÍMICA
matíes de todos los vertebrados y disuelto en el plasma sanguíneo de algunos invertebrados.

hemoglobinopatía Denominación genérica de las s.f.
alteraciones hereditarias de la hemoglobina. MEDICINA

hemoglobinuria Presencia anormal de hemoglobina s.f.
en la orina. MEDICINA

hemograma Descripción del número y de la forma- s.m.
ción de los elementos celulares de la sangre, cuando MEDICINA
se han inyectado hematíes de otra especie.

hemolinfa Sangre de aspecto incoloro de los inverte- s.f.
brados que contiene sólo hemocitos y sustancias nu- BIOLOGÍA
trientes.

hemolisina Sustancia producida en el organismo, ca- s.f.
paz de destruir los glóbulos rojos de la sangre, cuan- MEDICINA
do se han inyectado hematíes de otra especie.

hemólisis Destrucción de los glóbulos rojos en la s.f./pl: hemólisis
sangre o en el interior de un tejido. BIOLOGÍA

hemolítico, a De la hemólisis. adj./MEDICINA

hemopatía (Del gr. *haima*, sangre + *pathos*, enferme- s.f.
dad.) Denominación genérica de las enfermedades de MEDICINA
la sangre.

hemopoyesis Proceso fisiológico de génesis de los s.f./pl: hemopoyesis
elementos celulares de la sangre. BIOLOGÍA

hemoptísico, a Que padece hemoptisis. adj/s./MEDICINA

hemoptisis (Del gr. *haima*, sangre + *ptysis*, acción de s.f./pl: hemoptisis
escupir.) Expulsión de sangre al toser. MEDICINA

hemoptoico, a Se refiere a la persona que padece adj./MEDICINA
hemoptisis. = hemoptísico

hemorragia (Del lat. *haemorrhagia* < gr. *haimorrhagia*, s.f.
hemorragia.) Flujo de sangre que sale de cualquier MEDICINA
parte del cuerpo debido a la rotura de vasos sanguíneos.

hemorrágico, a De la hemorragia. adj./MEDICINA

hemorroidal De las hemorroides o almorranas: *tiene* adj.
pérdidas de sangre hemorroidal.

hemorroide (Del gr. *haimorrhois*, hemorroide.) Dila- s.f./tb: hemorroides
tación varicosa de las venas que se forma en el recto MEDICINA
o en el ano. = almorrana

hemorroisa Mujer que padece flujo de sangre: *la he-* s.f./MEDICINA
morroisa de la Biblia fue expulsada del templo. tb: hemorroisa

hemorroo Víbora muy venenosa con manchas de s.m.
color pardo rojizo y una especie de cuernecillos enci- ZOOLOGÍA
ma de los ojos. = ceraste

hemoscopia Exploración de la sangre por medio del s.f.
microscopio. MEDICINA

hemosiderina Proteína amarilla que contiene hierro, s.f.
se encuentra en el hígado y en el bazo y de ella de- BIOQUÍMICA
pende en gran parte el almacenamiento del hierro.

hemospermia Presencia de sangre en el semen. s.f./MEDICINA

hemostasis (Del gr. *haima*, sangre + *histemi*, detener.) Detención, esporádica o artificial, de una hemorragia: *le produjeron la hemostasis con fármacos.* — s.f. / pl: hemostasis / MEDICINA

hemostático, a Que combate la hemorragia. — adj/s.m./MEDICINA

hemotórax Derrame de sangre en la cavidad torácica, generalmente en la pleura, ocasionado por traumatismo. — s.m. / MEDICINA

henaje Desecación del forraje verde al aire libre y operaciones de transformación en heno. — s.m.

henal Lugar donde se almacena el heno. — s.m./= henil

henar Terreno donde abunda el heno. — s.m./AGRICULTURA

henchido, a Que está totalmente lleno. — adj.

henchidura Acción o resultado de henchir o henchirse. — s.f. / = henchimiento

henchimiento
1 Acción y resultado de henchir o henchirse.
2 Suelo de pilas sobre el que baten los mazos en los molinos de papel.
3 Pieza de madera para rellenar los huecos de otra pieza principal. — s.m./= henchidura / INDUSTRIA / NÁUTICA

henchir (Del lat. *implere*, llenar.)
1 Llenar una cosa totalmente: *henchir globos de aire es un ejercicio respiratorio recomendado.*
2 Llenar a una persona de atenciones o de insultos: *henchía a sus amigos de alabanzas.*
3 Ocupar dignamente un lugar o un empleo: *henchía el puesto de director.*
4 Comer o beber una persona hasta que ya no puede más: *se hinchió de frutas.* — v.tr. / conj: pedir / + de / v.prnl. / = hartarse

hendedura Hendidura, abertura o grieta en un cuerpo o en una superficie. — s.f.

hender (Del lat. *findere*.)
1 Hacer aberturas o cortes profundos en una cosa: *hendió el tablero de la mesa.*
2 Pasar una cosa a través de un fluido o un líquido: *el barco hiende las aguas.*
3 Abrirse paso a través de una multitud de personas: *la mujer se hendía entre la multitud.* — v.tr/prnl. / conj: tender / v.tr. / tb: hendir / v.prnl. / tb: hendir

hendido, a
1 Que está rajado o abierto: *hogaza hendida.*
2 Se aplica al labio o pata que tiene una abertura que no llega a dividirlo del todo.
3 Se refiere a la hoja que tiene el limbo dividido en lóbulos irregulares. — adj. / ZOOLOGÍA / BOTÁNICA

hendidura Abertura alargada y más o menos profunda de anchura uniforme, hecha en una cosa o sobre una superficie. — s.f. / tb: hendedura / = hella

hendiente Corte que se da con la espada u otra arma cortante de arriba abajo. — s.m. / = tajo

hendija Rendija, abertura larga y estrecha. — s.f.

hendimiento Acción y resultado de hender o henderse: *el terremoto creó varios hendimientos en la autopista.* — s.m. / = corte

hendir Hender [en todas sus acepciones]. — v.tr/prnl.

henear Hacer la desecación del heno al aire libre. — v.intr.

henequén Planta amarilidácea de hojas largas, estrechas y rígidas con espinas pequeñas en los bordes, de la que se extrae una fibra con la que se fabrican cuerdas y esteras. *(Agave fourcroydes.)* — s.m. / Méx. / BOTÁNICA

henequero, a
1 Del henequén o que está hecho con sus fibras.
2 Persona que se dedica a sembrar, cosechar, comerciar o industrializar henequén. — adj./Méx. / s. / Méx.

hénide Ninfa de los prados. — s.f./literario

henificación Faena agrícola de henificar el forraje. — s.f.

henificar Cortar las plantas forrajeras y secarlas al sol para obtener heno. — v.tr./conj: sacar / AGRICULTURA

henil Sitio donde se guarda el heno. — s.m./= henal

heno (Del lat. *fenum*, hierba segada y seca para alimento del ganado.)
1 Planta gramínea anual de hojas estrechas alargadas, flores agrupadas en espiga, con una arista saliente por flor y cañas delgadas. *(Airia.)*
2 Conjunto de especies vegetales de los prados destinadas a ser cortadas y secadas.
3 Hierba segada y seca para el alimento del ganado.
4 **heno blanco**: Planta gramínea perenne, de hojas planas, vellosas y flores agrupadas en una espiga blanquecina. *(Holcus lanatus.)* — s.m. / BOTÁNICA / AGRICULTURA / BOTÁNICA

henojil Liga para sujetar las medias por debajo de la rodilla: *en el baúl de la bisabuela encontró unos henojiles bordados en seda azul.* — s.m. / tb: cenojil

henoteísmo Término que designa la aceptación monoteísta nacional, sin excluir por eso la existencia de otros dioses en otros pueblos y sin hacer de su dios un dios universal y único. — s.m. / RELIGIÓN

henrio Unidad de inductancia eléctrica, equivalente a la de un circuito cerrado en el que una variación uniforme de un amperio por segundo en la intensidad eléctrica, produce una fuerza electromotriz de un voltio. — s.m. / ELECTRICIDAD

henry Denominación del henrio en la nomenclatura internacional. — s.m/pl: henrys / ELECTRICIDAD

heñir (Del lat. *fingere*, heñir.)
1 Amasar el pan con los puños.
2 **hay mucho que heñir**: Expresión con la que se indica que hay que trabajar todavía mucho en una cosa para acabarla: *hay mucho que heñir todavía hasta el día de la inauguración.* — v.tr./conj: ceñir / coloquial

heparina Hidrato de carbono anticoagulante que se encuentra en todos los tejidos. — s.f. / BIOQUÍMICA

hepat- Componente de palabra procedente del gr. *epatos*, que significa hígado: *hepatitis.* — pref.

hepatalgia Dolor en el hígado. — s.f./MEDICINA

hepática
1 Planta herbácea con hojas pecioladas partidas en tres lóbulos, de color verde por encima y pardo por el envés, flores rojizas o azuladas y fruto con muchas semillas, que se ha usado en medicina. *(Anemone hepatica.)*
2 **hepática de las fuentes**: Planta que se ha usado en la curación de afecciones del hígado.
3 **hepática estrellada o de los bosques**: Planta herbácea de talo delgado con flores blancas en corimbo terminal y frutos con espinas ganchudas. *(Asperula odorata.)* — s.f. / BOTÁNICA / BOTÁNICA / BOTÁNICA

hepático, a (Del lat. *hepaticus* < gr. *hepatikos* < *hepar*, hígado.)
1 Del hígado: *afección hepática.*
2 Se aplica a la persona que padece del hígado: *enfermo hepático.*
3 Perteneciente a un grupo de plantas briofitas, con hojas poco desarrolladas, que viven en sitios húmedos y sombríos adheridas al suelo o en los troncos de los árboles. — adj. / adj/s. MEDICINA / adj/s.f. BOTÁNICA

hepatismo Cualquier enfermedad del hígado. — s.m./MEDICINA

hepatitis (Derivado de *hepático*.) Enfermedad inflamatoria del hígado: *el enfermo de hepatitis debe guardar reposo.* — s.f. / pl: hepatitis / MEDICINA

hepatización Modificación anormal de un tejido orgánico, caracterizada porque su consistencia se vuelve más maciza, semejante a la del hígado. — s.f. / MEDICINA

hepatocele Hernia del hígado. — s.m./MEDICINA

hepatología Rama de la medicina que estudia la morfología, fisiología, funciones y enfermedades del hígado. — s.f. / MEDICINA

hepatólogo, a Médico especialista en hepatología. — s./MEDICINA

hepatomegalia Tamaño anormalmente grande del hígado. — s.f. / MEDICINA

hepatopáncreas Glándula que en los invertebrados sustituye al hígado y al páncreas. — s.m./ZOOLOGÍA / pl: hepatopáncreas

hepatopatía Cualquier enfermedad del hígado. — s.f./MEDICINA

hepta- Componente de palabra procedente del gr. *hepta*, que significa siete: *heptágono.* — pref.

heptacordo (Del gr. *hepta*, siete + *khorde*, cuerda musical hecha con tripas.)
1 Escala musical compuesta por los siete grados diatónicos contenidos en la octava.
2 Intervalo entre una nota y la nota séptima superior o inferior.
3 Instrumento parecido al bajo de viola, que constaba de siete cuerdas. — s.m. MÚSICA / MÚSICA / MÚSICA

heptaedro (Del gr. *hepta*, siete + *hedra*, base, asiento.) Figura geométrica de siete caras. — s.m. / GEOMETRÍA

heptagonal Que tiene forma de heptágono o es semejante a él. — adj. / GEOMETRÍA

heptágono, a (Del gr. *hepta*, siete + *gonia*, ángulo.) Se aplica al polígono que tiene siete lados y siete ángulos. — adj/s.m. / GEOMETRÍA

heptámetro Se refiere al verso que tiene siete pies. — adj/s.m./POESÍA

heptarquía (Del gr. *hepta*, siete + *arkho*, mandar.) País dividido en siete reinos o gobierno simultáneo de siete personas. — s.f. / POLÍTICA

heptasilábico, a (Del gr. *hepta*, siete + *sílaba*.) Del verso heptasílabo o de la palabra de siete sílabas. — adj.

heptasílabo, a Se aplica al verso o a la palabra que tiene siete sílabas. — adj/s. / tb: heptasilábico

heráldica Conjunto de conocimientos relativos a los escudos nobiliarios. — s.f. / HERÁLDICA

heráldico, a De la heráldica o de los blasones. — adj./HERÁLDICA

heraldista Persona dedicada al estudio de los escudos de armas. — s.m.f. / HERÁLDICA

heraldo (Del fr. *héraut* < germ. *heriald*, funcionario del ejército.)

1 Caballero medieval que transmitía mensajes de importancia, ordenaba las grandes ceremonias y llevaba los registros de la nobleza. **s.m. HISTORIA = rey de armas**
2 Mensajero, persona que transmite mensajes.

herbáceo, a (Del lat. *herbaceus*.)
1 Que tiene el aspecto o alguna propiedad de la hierba. **adj.**
2 Se aplica a las plantas endebles, no leñosas, cuyas partes aéreas mueren después de fructificar. **adj/s.f. BOTÁNICA**

herbada Jabonera, planta herbácea. **s.f./BOTÁNICA**

herbajar
1 Dar pasto al ganado. **v.tr./tb: herbajear**
2 Comer el ganado la hierba en un campo o un prado: *las ovejas herbajan esas plantas.* **v.intr/tr. = pastar**

herbaje
1 Conjunto de hierbas de los prados y dehesas. **s.m.**
2 Derecho que cobran los pueblos por el pasto de los ganados forasteros en sus términos concejiles y por el arrendamiento de los pastos y dehesas. **DERECHO**
3 Impuesto medieval que cobraba el rey o señor por arrendamiento de pastos. **HISTORIA**
4 Tela áspera usada sobre todo por la gente del mar. **TEXTIL**

herbajear Herbajar, dar pasto al ganado o pacer éste. **v.tr/intr.**

herbajero, a
1 Persona que toma en arrendamiento el herbaje de los prados o dehesas. **s.**
2 Persona que arrienda el herbaje de sus prados o dehesas.

herbar Curtir las pieles con hierbas. **v.tr./ conj: pensar**

herbario, a
1 Que tiene relación con las hierbas. **adj.**
2 Colección de hierbas y plantas secas ordenadas sistemáticamente para su estudio botánico. **s.m. BOTÁNICA**
3 Panza o primera cavidad del estómago de los rumiantes. **s.m./ZOOLOGÍA**

herbato Servato, planta herbácea. **s.m./BOTÁNICA**

herbazal Terreno con mucha hierba: *delante de la cabaña se extendía un gran herbazal.* **s.m. tb: hierbazal**

herbecer Empezar a brotar la hierba: *los prados herbecían por el clima primaveral.* **v.intr. conj: carecer**

herbero
1 Esófago de los rumiantes. **s.m./ZOOLOGÍA**
2 **hacer el herbero:** Atar el esófago de las reses muertas, para que al sacarles el vientre no salgan por él los excrementos.

herbicida Se aplica al producto químico que combate el desarrollo de la maleza: *la normativa sobre el uso de herbicidas es muy estricta.* **adj/s.m. tb: herboricida**

herbívoro, a Se aplica al animal que se alimenta de vegetales, en especial de hierba: *la vaca es un animal herbívoro.* **adj/s. ZOOLOGÍA**

herbolar (Derivado del lat. *herbula*, hierbezuela.)
1 Untar una cosa con veneno. **v.tr.**
2 Envenenar a una persona.

herbolario, a (Derivado del lat. *herbula*, hierbezuela.)
1 Tienda donde se venden hierbas y plantas medicinales: *en los últimos años han proliferado los herbolarios y tiendas naturistas.* **s.m. COMERCIO = herboristería**
2 Persona que comercia con estas plantas. **s.**
3 Persona dedicada a recoger hierbas o plantas medicinales para venderlas.
4 Persona alocada o poco seria. **coloquial**

herborista Herbolario, persona que regenta una herboristería o se dedica a recoger plantas medicinales. **s.m.f. = herbolario**

herboristería Tienda donde se venden plantas medicinales. **s.f. COMERCIO**

herborización Recogida de plantas silvestres para estudiarlas o coleccionarlas. **s.f.**

herborizar (Del fr. *herboriser* < *herboriste*, herbolario.) Recoger plantas silvestres para estudiarlas o coleccionarlas. **v.intr. conj: cazar**

herboso, a Se aplica al terreno donde abundan hierbas: *zona herbosa, campo herboso.* **adj.**

herciano, a De las ondas o de los fenómenos electromagnéticos. **adj./FÍSICA tb: hertziano**

herciniano, a Se aplica al movimiento orogénico de los períodos carbonífero y pérmico. **adj. GEOLOGÍA**

hercio Hertzio, unidad de frecuencia de todo movimiento vibratorio, expresada en ciclos por segundo. **s.m. FÍSICA**

hercúleo, a Del dios Hércules o que tiene alguna de sus cualidades, en especial la fuerza: *el joven tenía una complexión atlética y hercúlea.* **adj. = forzudo**

hércules (De *Hércules*, personaje mitológico.) Hombre de mucha fuerza y corpulencia. **s.m. pl: hércules**

heredad (Del lat. *hereditas, -tatis < heres, -edis*, heredero.)
1 Parte de terreno cultivado perteneciente a un mismo dueño: *en aquella heredad han conseguido una buena cosecha de uva.* **s.f. tb: heredamiento**
2 Finca rústica y bienes que contiene. **= hacienda**

heredado, a
1 Que tiene hacienda o haciendas en bienes raíces. **adj/s.**
2 Que ha recibido una herencia. **adj.**

heredamiento
1 Heredad, hacienda de campo. **s.m.**
2 Pacto, generalmente con ocasión de matrimonio, en el que se promete la herencia o se dispone la sucesión. **DERECHO**

heredar (Del bajo lat. *hereditare*.)
1 Recibir, por disposición testamentaria o legal, la propiedad de una cosa a la muerte de su poseedor: *ha heredado la casa de sus padres.* **v.tr. DERECHO**
2 Recibir los seres vivos determinados rasgos fisiológicos o carácter transmitidos genéticamente: *ha heredado el físico de su padre y el carácter de su madre.* **BIOLOGÍA**
3 Recibir en una nueva etapa alguna de las circunstancias características de una etapa anterior: *el nuevo jefe ha heredado los problemas del anterior.*
4 Recibir de una persona algo que ésta ya había usado: *en su niñez siempre heredó los vestidos de su hermana mayor.*
5 Designar una persona a otra como su heredera: *mi tío nos heredó días antes de morir.*

heredero, a
1 Que recibe o va a recibir una herencia. **adj/s.**
2 Que posee caracteres biológicos y cualidades de sus padres o antepasados. **adj.**
3 Dueño de una heredad. **s.**
4 **heredero forzoso:** Persona que por ley tiene derecho a una herencia. **DERECHO**
5 **heredero legítimo:** El que sucede al causante por mandato de la ley. **DERECHO**
6 **heredero testamentario:** El que por voluntad expresa del causante, expresada por testamento, sucede en la herencia, no siendo legítimo heredero. **DERECHO**

hereditario, a (Del lat. *hereditas, -tatis < heres, -edis*, heredero.)
1 De la herencia o que se adquiere o transmite por herencia: *bienes hereditarios; enfermedad hereditaria.* **adj.**
2 Que se mantiene de generación en generación por tradición o costumbre.

heredopatía Cualquier enfermedad o malformación hereditaria. **s.f. MEDICINA**

heredosífilis Sífilis congénita. **s.f./pl: heredosífilis**

hereje (Del occitano ant. *eretge* < bajo lat. *haereticus* < gr. *hairetikos*, partidista, sectario.)
1 Cristiano que sostiene ideas o cree en doctrinas contrarias a los dogmas de la Iglesia católica. **s.m.f. RELIGIÓN**
2 Persona desvergonzada e insolente. **= procaz**

herejía
1 Doctrina contraria a los dogmas de una religión que nace en el seno de la misma: *la Iglesia condena las herejías.* **s.f. RELIGIÓN**
2 Opinión o creencia contraria a los principios establecidos como válidos en cualquier doctrina, ciencia o arte.
3 Desacierto que se comete al realizar una acción que estropea o deteriora la belleza de una cosa: *no cometas la herejía de teñirte el pelo.* **coloquial**
4 Daño o molestia causados sin mala intención a un ser más débil: *ya vale de hacerle herejías al pobre chaval.* **coloquial**
5 Insulto, palabra injuriosa contra una persona.

herencia
1 Derecho de heredar. **s.f.**
2 Conjunto de los bienes, derechos y deberes que una persona al morir puede transmitir a sus herederos: *su herencia es muy valiosa.*
3 Rasgos morales, ideológicos o científicos que persisten en los continuadores de una persona: *este equipo cuenta con la importante herencia del maestro desaparecido.*
4 Conjunto de los rasgos fisiológicos o de carácter que se transmiten genéticamente: *la genética es la parte de la biología que estudia las leyes de la herencia.* **BIOLOGÍA**
5 Conjunto de las circunstancias que influyen en un momento histórico procedente de otro anterior: *estas reacciones políticas son herencia del pasado.*

heresiarca (Del gr. *hairesiarkhes*.) Autor o principal defensor de una herejía. **s.m.f. RELIGIÓN**

herético, a (Del occitano ant. *eretge* < bajo lat. *haereticus* < gr. *hairetikos*, partidista, sectario.) De la herejía o del hereje: *movimientos heréticos.* **adj. tb: heretical**

herida
1 Lesión causada por un golpe, una caída, un corte u otro tipo de accidente y que produce una discontinuidad de la anatomía normal: *se cayó de la bicicleta y se llenó de heridas.* **s.f. MEDICINA**
2 Ofensa o agravio que se hace a una persona: *sus críticas las recibió como una herida.*
3 Pena, dolor anímico.

4 Paraje donde se abate la caza de volatería, perseguida por un ave de rapiña, en cetrería.   CAZA

5 herida contusa: La causada por un objeto sin punta y que presenta bordes irregulares y magullados.   MEDICINA

6 herida incisa: La producida por un instrumento cortante y que presenta bordes limpios.   MEDICINA

7 herida incisocontusa: La que participa de las características de las dos anteriores.   MEDICINA

8 herida penetrante: La que llega al interior de alguna cavidad del cuerpo.   MEDICINA

9 herida punzante: Aquella que es causada por un objeto o instrumento puntiagudo o delgado y que presenta un orificio de entrada y un trayecto más o menos profundo de configuración variable.   MEDICINA

10 respirar por la herida: Dar a conocer un sentimiento que se tenía reservado.   coloquial

11 tocar, hurgar o dar a alguien en la herida: Mencionar algo que produce disgusto o enfado a una persona.   coloquial

herido, a
1 Que tiene heridas físicas, síquicas o morales.   adj./s.
2 mal herido o malherido: Que está gravemente herido.

heril (Del lat. *erilis*.) Del amo o persona que tiene autoridad sobre otra u otras.   adj.

herir (Del lat. *ferire*, golpear.)
1 Dar un golpe o hacer una herida a una persona o un animal: *se hirió en la mano con un cuchillo*.   v.tr/prnl. conj: *sentir*
2 Mostrar con palabras o actos falta de consideración o respeto hacia una persona: *lo que dijiste le hirió profundamente*.
3 Causar una cosa un sentimiento de pena o dolor: *esa escena tan dramática le hirió el corazón*.
4 Golpear una cosa a otra: *hería el suelo con el pie marcando el ritmo de la música*.
5 Hendir el aire los proyectiles o las armas blancas: *las balas herían el ambiente y rompían el silencio*.
6 Dar un rayo de luz sobre algo: *los haces herían la faz de la tierra*.
7 Impedir un exceso de luz o ruido que vea u oiga bien una persona: *el sol me hiere la vista; las campanadas herían sus tímpanos*.
8 Unirse uno o varios sonidos a otro para formar diptongo o sinalefa.   GRAMÁTICA
9 Tocar las cuerdas o las teclas de un instrumento musical: *es impresionante ver cómo hiere la guitarra*.   MÚSICA
10 Ser pronunciado el acento sobre una letra o una sílaba o sonar más la voz en una nota.   GRAMÁTICA, MÚSICA
11 Atacar una enfermedad a una persona: *el cáncer le hirió en plena juventud*.
12 Dar en el blanco o en el lugar que se desea al lanzar o disparar una cosa: *hirió el blanco a la primera*.   = atinar

herma Busto sin brazos colocado sobre un estípite o soporte en forma de pirámide truncada invertida.   s.m. ARTE

hermafrodismo Hermafroditismo, cualidad de hermafrodita.   s.m. BIOLOGÍA

hermafrodita (Del lat. *Hermaphroditus* < gr. *Hermaphróditos*, personaje mitológico hijo de Hermes y Afrodita o Venus, que participaba de los dos sexos.)
1 Se aplica al ser vivo que tiene órganos reproductores de los dos sexos.   adj/s.m.f. BIOLOGÍA
2 Se aplica a las personas que, por anomalías anatómicas, parecen reunir los dos sexos.   BIOLOGÍA = bisexuado
3 Se aplica a las plantas cuyas flores tienen estambres y pistilos de manera simultánea.   BOTÁNICA

hermafroditismo
1 Presencia normal y funcional de ambos sexos en un mismo individuo animal o vegetal, que tiene la peculiaridad de poder producir gametos masculinos y femeninos.   s.m. BIOLOGÍA = hermafrodismo
2 Estado patológico de intersexualidad caracterizado por la presencia de órganos genitales internos y externos ambiguos.   MEDICINA

hermanablemente
1 Como hermanos: *vivieron toda su vida hermanablemente unidos*.   adv. = fraternalmente
2 En consonancia, en armonía.

hermanado, a
1 Que es igual y uniforme en todo a una cosa.   adj.
2 Se aplica a las poblaciones que mantienen una estrecha relación cultural y de amistad con otras de un país extranjero.

hermanal Propio de hermanos.   adj./= fraternal

hermanamiento Acción y resultado de hermanar o hermanarse: *el hermanamiento entre las dos ciudades fue utilizado políticamente durante las elecciones*.   s.m.

hermanar
1 Hacer dos o más cosas compatibles entre sí: *¡al fin sus tesis se hermanaron!; logró hermanar los dos proyectos*.   v.tr/prnl.
2 Hacer a una persona hermana de otra en sentido espiritual: *tus amigos se hermanaron*.

hermanastro, a Hijo de uno de los dos esposos con respecto al hijo del otro.   s.

hermandad
1 Relación de parentesco entre hermanos.   s.f.
2 Amistad íntima entre personas, grupos o comunidades: *hay una gran hermandad entre estos dos pueblos*.
3 Correspondencia entre varias cosas.
4 Asociación de personas a las que unen intereses comunes de trabajo, políticos o sociales: *crearon una hermandad de cosecheros de vino*.
5 Congregación de devotos.   = cofradía
6 Privilegio que concede una comunidad religiosa a una persona para hacerla partícipe de ciertas gracias.   RELIGIÓN
7 Asociación de los vecinos de diversas poblaciones que se unían por lo general para la defensa del orden público y para hacer frente común a los abusos de poder de los nobles.   HISTORIA
8 santa hermandad: Tribunal que antiguamente perseguía y castigaba los delitos cometidos fuera del pueblo.   HISTORIA

hermanear Dar tratamiento de hermano a una persona.   v.tr/prnl.

hermanecer Tener una persona un hermano.   v.intr./conj: *carecer*

hermanito, a Denominación que reciben algunos institutos o congregaciones religiosas católicas: *hermanitas de los pobres*.   s. RELIGIÓN

hermano, a (Del lat. *germanus* < *frater germanus*, hermano de padre y madre.)
1 Persona que tiene los mismos padres con respecto a otro, o por lo menos uno de ellos: *todos los hermanos se encuentran por Navidad en la casa paterna*.   s.
2 Tratamiento que mutuamente se dan los cuñados.
3 Persona que es miembro de una comunidad religiosa: *hermano de la Doctrina Cristiana*.   RELIGIÓN
4 Persona que entra como sirviente en una comunidad religiosa.   RELIGIÓN = lego
5 Persona que es miembro de una hermandad o cofradía: *hermanos del santo entierro*.
6 Personas unidas afectiva o espiritualmente.
7 Cosas que tienen un origen común o se parecen mucho: *las portadas son hermanas; lenguas hermanas*.   = parejo
8 hermana de la caridad: Monja de la congregación fundada en el siglo XVII por san Vicente de Paúl para la asistencia a los necesitados en instituciones como hospitales o asilos.   RELIGIÓN
9 hermano bastardo: Respecto de un hijo legítimo, otro nacido fuera del matrimonio.
10 hermano carnal: Hermano que lo es de padre y madre.
11 hermano coadjutor: Coadjutor temporal de los regulares de la Compañía de Jesús.   RELIGIÓN
12 hermano consanguíneo: Hermano de padre.
13 hermano de la Doctrina Cristiana: Persona de la congregación de la doctrina cristiana.   RELIGIÓN
14 hermano de leche: Hijo de una nodriza respecto del ajeno que ésta crió y viceversa.
15 hermano de madre: El que sólo tiene común con otro la madre.   = hermano uterino
16 hermano de padre: El que sólo tiene común con otro el padre.
17 hermano gemelo: Cada uno de los hermanos nacidos en el mismo parto.
18 hermano mayor: 1. Hermano de más edad. 2. Presidente de algunas cofradías o asociaciones pías.
19 hermano mellizo: El nacido en el mismo parto que otro.
20 hermano político: Cuñado, hermano o hermana del cónyuge.
21 hermanos siameses: Los gemelos que nacen unidos por alguna parte del cuerpo.
22 medio hermano: Hermanastro, hijo de uno de los esposos con respecto al hijo del otro.

hermanuco Persona que entra como sirviente en una comunidad religiosa.   s.m./= donado despectivo

hermeneuta Persona que se dedica a la interpretación de textos o hermenéutica.   s.m.f.

hermenéutica Interpretación de los textos, en especial de los textos sagrados.   s.f.

hermenéutico, a (Del gr. *hermeneutikos* < *hermeneus*, intérprete, explicador.) De la hermenéutica.   adj.

hermeticidad (Derivado de *hermético*.) Condición de lo que está cerrado sin dejar resquicio o de quien es impenetrable: *la hermeticidad de aquella literatura le ocupó toda una vida de investigaciones*.   s.f. = hermetismo

hermético, a (Del lat. *hermeticus*.)
1 Se refiere al envase o cierre que no deja pasar ningún fluido: *recipiente hermético*.   adj. = estanco
2 Que es impenetrable o incomprensible: *razonamiento hermético; estilo hermético*.   = inescrutable = claro
3 Del hermetismo: *escritos herméticos*.   FILOSOFÍA

hermetismo
1 Cualidad o estado de hermético o impenetrable: *su hermetismo le creó una fama misteriosa y esotérica*.   s.m. = hermeticidad

2 Doctrina esotérica basada en textos de la época grecorromana, atribuidos al dios Hermes, de inspiración mística, filosófica y de ciencias ocultas. — HISTORIA, OCULTISMO

3 Tendencia literaria que desarrolla e introduce formas especiales de manera que la comprensión del texto implique un aprendizaje e iniciación. — LITERATURA

hermetizar Hacer que una cosa sea hermética: *hermetizó este asunto para que no llegara a hacerse público; este cierre se ha hermetizado.* — v.tr/prnl. conj: *cazar*

hermodátil Quitameriendas, planta liliácea. — s.m./BOTÁNICA

hermosamente Con primor y perfección: *aparecieron en escena hermosamente ataviadas.* — adv.

hermosear Poner hermosa a una persona o una cosa: *se hermoseaba con el tiempo.* — v.tr/prnl. = adornar, acicalar

hermoso, a (Del lat. *formosus < forma,* hermosura.) — adj. = bello
1 Que produce deleite al oído o a la vista: *es una mujer hermosa.*
2 Que es grande o está bien desarrollado: *el niño está muy hermoso.*
3 Se refiere a la acción que es noble y generosa: *fue un hermoso gesto el suyo.*
4 Se aplica al tiempo que es bueno y apacible: *ha salido un día muy hermoso.*

hermosura — s.f.
1 Circunstancia o cualidad de hermoso: *¡qué hermosura de película!*
2 Rasgo o cualidad agradable de una cosa: *la hermosura del rostro.* — = belleza
3 Conjunto de rasgos y cualidades bien proporcionados que hacen a alguien o algo excelente: *su hermosura no es sólo física.*

hernia (Del lat. *hernia.*) Dislocación o salida de un órgano o tejido fuera de la cavidad donde se encuentra normalmente. — s.f. MEDICINA

herniado, a Que padece hernia. — adj/s./= hernioso

herniario, a De la hernia. — adj./MEDICINA

herniarse
1 Producírsele a una persona o un animal una hernia. — v.prnl.
2 Trabajar en exceso: *se hernia y encima obtiene poco resultado.* — coloquial = cansarse

hernioso, a Que padece hernia. — adj/s./= herniado

herniotomía Operación quirúrgica que consiste en realizar una sección del saco herniario en la intervención de una hernia. — s.f. MEDICINA

hernista Médico especialista en hernias. — s.m.f./MEDICINA

herodes Se usa para indicar que se pasa de una situación no muy buena a otra pésima, en la expresión **ir o andar de Herodes a Pilatos.**

héroe (Del lat. *heros, herois < gr. heros,* semidiós.) — s.m. f: heroína
1 Hombre que ha realizado alguna hazaña valerosa: *desde que salvó a aquel niño, es un héroe en su pueblo.*
2 Hombre ilustre y célebre por sus grandes hechos.
3 Protagonista de una obra literaria o cinematográfica: *el héroe de la novela que estoy leyendo se parece a ti.* — CINE, LITERATURA
4 Hijo de un dios y un hombre, entre los antiguos: *Aquiles y Hércules eran héroes.* — MITOLOGÍA

heroicidad — s.f.
1 Modo de comportarse de las personas que son capaces de realizar una proeza: *su heroicidad no está exenta de cierta insensatez.*
2 Acción heroica: *cruzar el río a nado ha sido para ella una heroicidad.* — = hazaña, proeza

heroico, a — adj.
1 De los antiguos héroes y de los acontecimientos memorables: *tiempos heroicos, hazañas heroicas.*
2 Que implica heroísmo: *lucha heroica; la resistencia heroica de Numancia.* — = bravo, valiente
3 Que trata de los héroes y sus hazañas: *poeta heroico; comedia heroica.* — = épico

heroida Epístola, composición poética en que el autor figura ser un héroe o una heroína: *el creador de la heroida fue el poeta latino Ovidio.* — s.f. LITERATURA

heroína
1 Mujer de gran valor y que ha realizado alguna proeza o hazaña. — s.f.
2 Mujer ilustre y célebre por sus grandes hechos.
3 Mujer que es protagonista de una obra literaria o cinematográfica: *tuvo su mejor interpretación en el papel de heroína.* — CINE, LITERATURA
4 Alcaloide obtenido de la morfina usado como narcótico y estupefaciente. — QUÍMICA

heroinomanía Estado de intoxicación provocado por la heroína. — s.f. MEDICINA

heroinómano, a Que es adicto a la heroína: *el número de heroinómanos está descendiendo.* — adj/s. = toxicómano

heroísmo
1 Modo de comportarse propio de una persona que ha realizado grandes hazañas: *alabó públicamente su heroísmo.* — s.m. = valentía

2 Acción propia de este tipo de personas: *será un heroísmo si lo consigues.*

herpes (Del lat. *herpes < gr. herpes < herpo,* arrastrarse.) Afección cutánea de origen vírico caracterizada por una erupción vesicular acompañada de escozor. — s.m./f./pl: herpes MEDICINA tb: herpe

herpético, a — adj./MEDICINA
1 Del herpes: *úlcera herpética.*
2 Que padece herpes. — adj/s./MEDICINA

herpetismo Predisposición a padecer herpes o erupciones cutáneas. — s.m. MEDICINA

herpetología (Del gr. *herpeton,* reptil + *logos,* tratado.) Parte de la zoología que estudia los reptiles. — s.f. ZOOLOGÍA

herpetólogo, a Que está especializado en el estudio de los reptiles. — adj/s. ZOOLOGÍA

herpil (De origen incierto.) Saco fabricado con red de tomiza o cuerda de esparto que se utiliza para portear paja, melones y otras cosas. — s.m. AGRICULTURA

herrada
1 Cubo de madera con grandes aros de hierro o latón, más ancho por la base que por la boca. — s.f.
2 Recipiente de madera, plástico o metal, semejante a un cono invertido y provisto de un asa en el borde superior, usado para transportar líquidos o materiales o para faenas domésticas. — = cubo

herradero
1 Operación de marcar el ganado con un hierro candente: *mañana se hará el herradero de las vacas.* — s.m. = hierra, hierre
2 Lugar destinado a esta operación.
3 Tiempo en que se marca el ganado.

herrado
1 Operación de herrar o marcar con hierro candente a los animales. — s.m. = herradero
2 Operación de poner herrajes a una cosa.

herrador, a Persona cuyo oficio es herrar las caballerías. — s.

herradura
1 Pieza de hierro, de forma aproximadamente semicircular, que se clava en las pezuñas de las caballerías para que no se dañen. — s.f.
2 Cualquier objeto que tiene la forma de herradura: *llevaba en la solapa una herradura de brillantes; arco de herradura.*
3 Protección de esparto o cáñamo que se pone a los caballos cuando se deshierran.
4 herradura de buey: Chapa que sirve para reforzar las pezuñas de los bueyes.
5 herradura hechiza: La grande y de clavo embutido.
6 asentarse la herradura: Lastimarse el pie o mano del caballo por estar muy apretada la herradura. — VETERINARIA
7 mostrar las herraduras: 1. Ser falsa o tirar coces una caballería. 2. Huir, apartarse velozmente: *salió de la sala mostrando las herraduras.*

herraj Carbón vegetal que se hace con el hueso de la aceituna después de prensada en el molino. — s.m. tb: erraj

herraje
I (Derivado de *hierro.*)
1 Conjunto de piezas de hierro con que se guarnece una cosa: *el herraje de una puerta.* — s.m.
2 Conjunto de herraduras y clavos con que se asegura un objeto de hierro.
II (Derivado de *herraj.*) Carbón vegetal que se obtiene del hueso de la aceituna. — s.m. = erraj, herraj

herramental
1 Se aplica a la bolsa que sirve para guardar y llevar herramientas. — adj/s.m.
2 Conjunto de herramientas propias de un oficio: *el herramental del carpintero.* — s.m.

herramienta
1 Utensilio con que se hace algún trabajo manual, generalmente de hierro o acero: *vino cargado con sus herramientas para reforzar las ventanas.* — s.f.
2 Conjunto de estos utensilios: *trajo toda su herramienta para reparar la avería.*
3 Parte del cuerpo que desempeña una función activa en la realización de una tarea: *la mano es herramienta indispensable.*
4 Arma blanca, particularmente la navaja o el puñal. — coloquial
5 Cornamenta de algunos animales.
6 Dentadura de una persona o un animal. — coloquial
7 herramienta de corte: Instrumento cortante.
8 herramienta mecánica: Máquina que realiza un trabajo mecánico, como una cepilladora, fresadora o torno.

herrar
1 Poner y ajustar las herraduras a un animal: *llevó a herrar el caballo.* — v.tr. conj: *pensar*
2 Hacer una marca en un animal o una cosa con un hierro candente como señal de propiedad: *herró los rebaños y las caballerías de la hacienda.*

3 Poner hierro o herrajes a una cosa.

herrén (Del lat. vulgar *ferrago* < lat. *farrago*, herrén.)
1 Forraje que se da al ganado, mezcla de avena, cebada, trigo y centeno. *s.m. AGRICULTURA*
2 Terreno en que se siembra este forraje. *= herrenal*

herrenar Alimentar al ganado con un tipo de forraje llamado herrén. *v.tr.*

herrera Pez espárido con el dorso de color pardo oscuro y los flancos plateados, con franjas transversales negruzcas. *(Pagellus mormyrus.)* *s.f. ZOOLOGÍA*

herrería
1 Taller donde se trabaja el hierro: *llevó el azadón a la herrería para que lo reparasen.* *s.f. tb: ferrería*
2 Oficio de herrero.
3 Ruido acompañado de confusión y desorden, como el producido en una riña: *de la taberna salía una herrería tremebunda.*

herreriano, a
I (De F. *Herrera,* escritor español.) De este autor o de su obra: *estilística herreriana.* *adj. LITERATURA*
II (De J. de *Herrera,* arquitecto español.) Propio o característico de este arquitecto o del estilo arquitectónico por él creado. *adj. ARQUITECTURA*

herrerillo
1 Ave insectívora de pequeño tamaño y de plumaje azul, blanco, amarillo y negro. *(Parus caeruleus.)* *s.m. ZOOLOGÍA*
2 **herrerillo capuchino:** El que lleva un moño eréctil sobre la cabeza. *(Parus cristatus.)* *ZOOLOGÍA*

herrero (Del lat. *ferrarius,* herrero.)
1 Persona cuyo oficio es forjar el hierro: *tan sólo en la cerrajería se conservan herreros forjadores.* *s.m.*
2 **herrero de grueso:** Persona que trabaja exclusivamente en obras gruesas como balcones, arados u otras semejantes.

herrerón Herrero que no sabe bien su oficio. *s.m./despectivo*

herreruelo
1 Herrerillo, ave insectívora. *s.m./ZOOLOGÍA*
2 Antigua capa corta sin capilla. *= ferreruelo*
3 Ferreruelo, soldado que usaba esta capa. *MILITAR*

herrete Remate de metal u otra materia que se pone a los cordones y cintas para facilitar que entren por los ojales: *perdió el herrete de la capa.* *s.m. = cabete*

herretear Poner remates de metal a un cordón o una cinta. *v.tr.*

herrezuelo Pieza pequeña de hierro. *s.m./METALURGIA*

herrial (De origen incierto.)
1 Se aplica a la uva gruesa y tinta. *adj./AGRICULTURA*
2 Se refiere a la vid y el viñedo que la produce. *AGRICULTURA*

herrialde (Voz vasca.) Cada una de las regiones o provincias vascas.

herrín Óxido rojizo que se forma en la superficie del hierro. *s.m./QUÍMICA = herrumbre*

herriza Terreno alto y pedregoso que no se cultiva por su escasa productividad. *s.f. AGRICULTURA*

herrón
1 Antiguo juego que consistía en meter unos discos de hierro agujereados en el centro en un clavo hincado en el suelo. *s.m. JUEGOS*
2 Disco de hierro que se usaba para este juego. *JUEGOS*
3 Pieza de metal u otra materia en forma de disco perforado que se emplea para evitar el roce entre dos piezas. *= arandela*
4 Barra de hierro que se usa para plantar álamos, vides y otros árboles.
5 Hierro o púa del trompo. *Colomb.*

herronada
1 Golpe dado con un herrón, barra o disco de hierro. *s.f.*
2 Golpe violento dado por algunas aves con el pico: *de una herronada cascó la nuez.* *ZOOLOGÍA*

herropea (Del lat. vulgar *ferropedea,* herropea.) Traba usada para sujetar a las caballerías. *s.f. EQUITACIÓN*

herrumbrar Producir orín o herrumbre: *la navaja se herrumbró al cubrirse de rocío.* *v.tr./prnl. tb: aherrumbrar*

herrumbre (Del lat. vulgar *ferrumen,* soldadura.)
1 Óxido de hierro que recubre los objetos de este metal, formado por la acción del aire: *con la humedad los balcones se cubrieron de herrumbre.* *s.f. QUÍMICA = herrín*
2 Sabor de hierro que toman las cosas que están en contacto con él, por ejemplo el agua.
3 Roya, hongo parásito de algunos vegetales. *MICOLOGÍA*

herrumbroso, a
1 Que tiene herrumbre: *intentó tañer las herrumbrosas campanas de la ermita.* *adj. = oxidado*
2 De color amarillo rojizo: *vendía en el zoco unas herrumbrosas alfombras orientales.*

hertz (De H. *Hertz,* físico alemán.) Denominación del hertzio en la nomenclatura internacional. *s.m. FÍSICA*

hertziano, a Que tiene relación con las ondas y los fenómenos electromagnéticos: *onda hertziana.* *adj./FÍSICA tb: herciano*

hertzio (De H. *Hertz,* físico alemán.) Unidad de frecuencia de todo movimiento vibratorio, expresada en ciclos por segundo. *s.m. FÍSICA tb: hercio*

hervencia Tormento que consistía en introducir a los supliciados o una parte de su cuerpo en calderas y cocerlos. *s.f. HISTORIA*

herventar (Derivado de *hervir.*) Introducir una cosa en un líquido hasta que dé un hervor: *herventó los cubiertos de la criatura.* *v.tr. conj: pensar*

hervidero
1 Agitación y ruido producido al hervir un líquido: *al oír el hervidero apagó el fuego.* *s.m.*
2 Multitud de personas o animales: *vaya un hervidero de gente que hay en la puerta del cine.*
3 Ruido producido al respirar, por la presencia de humores en el pecho: *el bronquítico hace hervideros continuos.*
4 Manantial en que al brotar el agua se produce desprendimiento de burbujas gaseosas.

hervido
1 Acción y resultado de hervir. *s.m.*
2 Cocido u olla de comida. *Amér. Merid.*

hervidor Utensilio de cocina para hervir líquidos: *conectó el hervidor a la corriente para tener el té preparado.* *s.m. COCINA*

hervir (Del lat. *fervere.*)
1 Moverse un líquido agitadamente por la acción del calor o por fermentación: *el agua todavía no hierve.* *v.intr./conj: sentir = bullir*
2 Llevar un líquido a ebullición: *siempre hierve la leche, para acabar con todos los microorganismos.* *v.tr.*
3 Producir el mar mucho ruido y espuma por estar agitado: *el mar hervía durante el temporal.* *v.intr.*
4 Tener una cosa o un lugar mucha cantidad de una cosa: *el corral hervía de pulgas.* *+ de, en*
5 Tener una pasión o un afecto muy vivo o intenso: *el deseo de venganza hervía en su mente; hervía de cólera.* *+ de, en*

hervor (Del lat. *fervor.*)
1 Acción y resultado de hervir un líquido: *con un solo hervor tendrá bastante.* *s.m. = ebullición*
2 Estado de ánimo de gran excitación o grado de máxima intensidad con que se manifiesta una cosa: *el hervor con que acompañó sus palabras nos resultó inusitado.* *= agitación*
3 **hervor de la sangre:** Erupción cutánea leve y pasajera: *no es más que un hervor de la sangre, no se preocupe.*
4 **dar un hervor:** Hervir por breve tiempo: *le he dado un hervor al agua.*
5 **faltarle a alguien un hervor:** Estar algo chiflado o demostrar poco juicio. *coloquial, despectivo*

hervoroso, a
1 Que hierve o parece que hierve. *adj.*
2 Ardoroso o impetuoso: *si dejas suelta su hervorosa imaginación podrás disfrutar de sus invenciones.* *= fogoso*

hesitación Estado de quien no está seguro de una cosa o no se decide entre dos juicios u opiniones. *s.f./= duda, vacilación*

hesitar (Del lat. *haesitare.*) Mostrarse una persona indecisa ante una resolución: *hesitaba entre avisarla o esperar al resultado definitivo.* *v.intr. = dudar, vacilar*

hespéride De las Hespérides o Ninfas, hijas de Atlas, que guardaban el jardín de las manzanas de oro que Gea dio a Hera como regalo de bodas. *adj. MITOLOGÍA*

hesperidio Fruto carnoso de corteza gruesa, dividido en varias celdas, como la naranja o el limón. *s.m. BOTÁNICA*

hesperio, a
1 De Hesperia, nombre dado por los griegos a Italia y por los romanos a España. *adj./HISTORIA tb: hespérico*
2 Persona natural de Hesperia. *s./HISTORIA*

hetaira (Del lat. *hetaera* < gr. *hetaira,* cortesana.) Hetera, cortesana y prostituta, entre los antiguos griegos. *s.f. HISTORIA*

hetairismo Ejercicio de la prostitución. *s.m./culto*

hetar (Voz gitana.) Llamar en voz alta a una persona o un animal. *v.tr.*

hetera (Del lat. *hetaera* < gr. *hetaira,* cortesana.)
1 Cortesana, en la antigua Grecia. *s.f./culto*
2 Mujer que mantiene relaciones sexuales por dinero. *= prostituta*

heterandria Situación de la flor que tiene los estambres desiguales. *s.f. BOTÁNICA*

heterantia Situación de los vegetales que presentan flores de distinta morfología o colores diferentes. *s.f. BOTÁNICA*

heterecio, a Se aplica a un ciclo en cuyo ciclo biológico se presentan varios huéspedes. *adj. BIOLOGÍA*

hetería (Del gr. *hetaireia.*)
1 Asociación aristocrática de carácter político entre los antiguos griegos. *s.f. HISTORIA*
2 Hermandad en cuyo seno los ciudadanos llevaban vida comunitaria, entre los cretenses. *HISTORIA*

3 Cuerpo de la guardia imperial bizantina, compuesto por mercenarios extranjeros. **HISTORIA**

4 Sociedad literaria o política griega de la antigüedad. **HISTORIA**

heterismo Condición y costumbres de las hetairas o cortesanas griegas. **s.m. HISTORIA**

heterista Miembro de una hetería griega. **s.m.f.**

hetero- Componente de palabra procedente del gr. *heteros*, que significa otro, opuesto: *heterosexual*. **pref.** ≠ **homo-**

heterocerco, a
1 Se aplica a la aleta caudal que está formada por lóbulos disimétricos en relación con el plano horizontal. **adj. ZOOLOGÍA**
2 Se refiere al pez que tiene este tipo de aletas. **ZOOLOGÍA**

heterocíclico, a
1 Se aplica a la flor cuyos verticilos tienen número distinto de elementos. **adj. BOTÁNICA**
2 Se refiere a los cuerpos de cadena cerrada que presentan, aparte de carbono, átomos de azufre, nitrógeno y oxígeno. **QUÍMICA**

heterocisto Célula de gran tamaño de contenido amarillo, que se ubica en el filamento celular de las plantas cianofíceas. **s.m. BOTÁNICA**

heteroclamídeo, a Se aplica a la flor cuyo cáliz y corola están bien diferenciados. **adj. BOTÁNICA**

heteróclito, a (Del lat. *heteroclitus* < gr. *heteroklitos* < *heteros*, otro + *keino*, declinar.)
1 Se refiere a la voz que se declina según diferentes temas. **adj. GRAMÁTICA**
2 Que no sigue las reglas gramaticales. **GRAMÁTICA**
3 Que es poco normal o está fuera de orden. = extraño, irregular

heterocromatismo Variabilidad de la coloración de las flores de una misma especie. **s.m. BOTÁNICA**

heterocromo, a Se aplica a los capítulos de las plantas compuestas cuando el color de las flores centrales difiere del de la de la periferia. **adj. BOTÁNICA**

heterocromosoma Cromosoma del que depende el sexo del cigoto. **s.m. BIOLOGÍA**

heterodino Pequeño oscilador que, mediante la emisión de ondas de frecuencia ligeramente distinta de la de las ondas recibidas, rebaja la frecuencia de éstas y facilita su recepción. **s.m. TELECOMUNICACIONES**

heterodonto, a
1 Se aplica a los vertebrados cuya dentadura se compone de dientes de formas y funciones diferentes. **adj./ZOOLOGÍA** ≠ homodonto
2 Pertenece a un grupo de moluscos lamelibranquios con pocos dentículos y que pueden desplazarse mediante sifón. **adj/s.m. ZOOLOGÍA**

heterodoxia Cualidad de heterodoxo. **s.f.**

heterodoxo, a (Del gr. *heterodoxos*, que piensa de otro modo.)
1 Que no está de acuerdo con las ideas y principios fundamentales de cualquier doctrina, secta o sistema: *teólogo heterodoxo*. **adj/s.** = ortodoxo
2 Que no está de acuerdo con cualquier práctica o doctrina generalmente admitida o tenida por verdadera. = ortodoxo
3 Que, en sus gustos o creaciones artísticas, admite elementos dispares o propios de tendencias y corrientes distintas. = ecléctico
4 Se aplica a la obra artística que reúne elementos propios de tendencias y corrientes distintas. **adj./ARTE** = ecléctico

heterofilia Presencia de más de una clase de hojas en un mismo tallo. **s.f. BOTÁNICA**

heterogamia Modo de reproducción más frecuente en el que se produce la fusión de dos gametos diferentes. **s.f. BIOLOGÍA**

heterogeneidad Cualidad de heterogéneo o compuesto de elementos dispares. **s.f.** ≠ homogeneidad

heterogéneo, a (Del bajo lat. *heterogeneus* < gr. *heterogenes* < *heteros*, otro + *genos*, género.)
1 Que está compuesto de partes o elementos de distinta naturaleza: *un montón heterogéneo*. **adj.** ≠ homogéneo
2 Que son de distinta naturaleza: *tiene en su casa una gran cantidad de objetos heterogéneos*. = diferente, diverso

heterogénesis
1 Alternancia de generaciones, una sexuada y otra que no lo es. **s.f./pl: heterogénesis/BIOLOGÍA**
2 Mutación, transformación de un organismo. **BIOLOGÍA**

heterogenia Heterogénesis, alternancia de generaciones. **s.f. BIOLOGÍA**

heterogenita Mineral constituido esencialmente por hidróxido de cobalto, de color pardo o negro. **s.f. MINERALOGÍA**

heterogonia Fenómeno por el que se produce alternancia de generaciones partenogenéticas y sexuales. **s.f. BIOLOGÍA**

heteroinjerto Injerto realizado con material orgánico procedente de un individuo de otra especie. **s.m./BIOLOGÍA** = heteroplastia

heterointrospección Procedimiento por el que una persona analiza los fenómenos síquicos de otra. **s.f. SICOLOGÍA**

heterolecito Cigoto que presenta el vitelo en uno de los polos, mientras que el otro contiene la zona germinativa. **s.m. BIOLOGÍA**

heteromancia (Del gr. *heteros*, otro + *mantheia*, adivinación.) Adivinación por medio del vuelo de las aves. **s.f./OCULTISMO tb: heteromancia**

heterómero, a
1 Se aplica a las flores cuyo número de piezas varía de un verticilo a otro. **adj. BOTÁNICA**
2 Perteneciente a un suborden de insectos coleópteros que tienen cinco artejos en los dos primeros pares de patas y cuatro en el último. **adj/s.m. ZOOLOGÍA**

heterometábolo, a Se aplica a los insectos que experimentan una metamorfosis progresiva y que no pasan por la fase ninfal. **adj. ZOOLOGÍA**

heterómido, a Perteneciente a una familia de animales mamíferos roedores de pequeño tamaño que disponen de patas posteriores adecuadas para el salto. **adj/s.m. ZOOLOGÍA**

heteromorfismo Diferencia de forma entre dos individuos o dos órganos cuando ésta se considera excepcional. **s.m. tb: heteromorfia**

heteromorfo, a Que tiene formas distintas: *las heteromorfas representaciones del universo*. **adj.** ≠ homomorfo

heteronimia Fenómeno por el que palabras de significado muy parecido tienen forma y origen diferentes: *en la pareja caballo y yegua se cumple la heteronimia*. **s.f. LINGÜÍSTICA**

heterónimo Palabra que forma parte de una relación de heteronimia: *yerno y nuera son heterónimos*. **s.m. GRAMÁTICA**

heterónomo, a (Del gr. *heteros*, otro + *nomos*, ley.) Que está sometido a un poder externo. **adj./= dependiente** ≠ autónomo

heterópico, a Se refiere al depósito sedimentario que tiene distintas facies. **adj. GEOLOGÍA**

heteroplastia Injerto realizado con tejido de un individuo de distinta especie del que lo recibe. **s.f./BIOLOGÍA** = heteroinjerto

heterópsido, a (Del gr. *heteros*, otro + *opsis*, vista, aspecto.) Se aplica a la sustancia metálica que no tiene brillo metálico. **adj.**

heteróptero, a Perteneciente a un suborden de insectos hemípteros, cuyas alas superiores son membranosas en la segunda mitad y coriáceas en la primera, que pueden ser parásitos. **adj/s.m. ZOOLOGÍA**

heteroscio, a (Del gr. *heteros*, otro + *skia*, sombra.) Que habita en zonas templadas en las que a la hora del mediodía la sombra se dirige siempre hacia un mismo lado. **adj/s. GEOGRAFÍA**

heterosexual
1 Se refiere a la relación que se produce entre individuos de sexo diferente. **adj.** ≠ homosexual
2 Se dice de la persona que mantiene relaciones con otra de sexo diferente. **adj/s.** ≠ homosexual
3 Se aplica a las plantas con flores masculinas y femeninas. **adj. BOTÁNICA**

heterosexualidad
1 Inclinación sexual hacia personas del otro sexo. **s.f.** ≠ homosexualidad
2 Práctica de la relación heterosexual. ≠ homosexualidad

heterosita Mineral de la clase de los fosfatos que se presenta en forma de costras delgadas de color marrón oscuro. **s.f. MINERALOGÍA**

heterospórico, a Se aplica al vegetal que tiene diferentes tipos de esporas asexuales. **adj./BOTÁNICA** = heteróstopo

heterosugestión Sugestión inducida por un agente externo sobre el sujeto sugestionado. **s.f./SICOLOGÍA** = autosugestión

heterotalia Presencia en un hongo de tallos de fisiología diferente. **s.f./MICOLOGÍA** = heterotalismo

heterotermo, a Se aplica a los animales que no pueden regular su temperatura y que, por tanto, tienen la misma del medio en que viven. **adj/s.m. ZOOLOGÍA** = poiquilotermo

heterotopia Presencia de un tejido en un lugar distinto del que le corresponde. **s.f. BIOLOGÍA**

heterotrofia Fenómeno por el que un organismo que no puede producir sustancias orgánicas por sí mismo, las toma de otros. **s.f. BIOLOGÍA**

heterótrofo, a
1 Se aplica al organismo que se alimenta de sustancias orgánicas elaboradas por otro. **adj./BIOLOGÍA** = heterotrófico
2 Se refiere al modo de nutrición propio de estos organismos. **BIOLOGÍA**

hético, a (Del gr. *hektikos pyretos*, tisis.)
1 Que padece la enfermedad de la tisis que se caracteriza por una consunción gradual y lenta acompañada de fiebre y de ulceración en algún órgano. **adj/s./MEDICINA tb: héctico** = tísico
2 De la tisis. **adj.**
3 Que está flaco o débil: *después de la larga enfermedad, ha quedado hético*. **adj/s.**

hetiquez Estado patológico crónico, caracterizado por consunción y fiebres tísicas. — s.f./pl: hetiqueces MEDICINA tb: ectiquez

heurística
1 Arte de inventar. — s.f.
2 Búsqueda o investigación de documentos históricos.
heurístico, a (Derivado del gr. *heurisko*, descubrir.) adj. De la heurística.

hevea Árbol originario de América del Sur, productor del caucho. *(Hevea brasiliensis.)* — s.m. BOTÁNICA

hevicultivo Cultivo de la planta del caucho. — s.m./AGRICULTURA

hevicultor, a Se dice de la persona que cultiva el caucho. — adj/s. AGRICULTURA

hexa- Componente de palabra procedente del gr. *hex*, que significa seis: *hexágono*. — pref.

hexacoralario, a Perteneciente a una subclase de cnidarios antózoos que tienen la boca rodeada por seis tentáculos o por un número de tentáculos múltiplo de seis. — adj/s.m. ZOOLOGÍA

hexacordo (Del gr. *hex*, seis.)
1 Escala musical medieval, usada para el canto llano, compuesta por las seis primeras notas usuales. — s.m. MÚSICA
2 Intervalo entre una nota y la nota sexta superior o inferior. — MÚSICA
3 **hexacordo mayor:** Intervalo que consta de cuatro tonos y un semitono. — MÚSICA
4 **hexacordo menor:** Intervalo que consta de tres tonos y dos semitonos. — MÚSICA

hexaédrico, a Del hexaedro o que tiene la forma de esta figura geométrica. — adj.

hexaedro (Del gr. *hex*, seis + *hedra*, base.)
1 Figura geométrica de seis caras. — s.m./GEOMETRÍA
2 **hexaedro regular:** Sólido regular limitado por seis cuadrados iguales. — GEOMETRÍA = cubo

hexagonal
1 Que tiene forma de hexágono: *el patio central del edificio es de planta hexagonal.* — adj./tb: sexagonal, exagonal
2 Se aplica al sistema cristalino que tiene un eje principal senario y seis binarios equivalentes tres a tres. — MINERALOGÍA
3 Se refiere a las formas pertenecientes a este sistema. — MINERALOGÍA

hexágono, a (Del gr. *hex*, seis + *gonia*, ángulo.) Se aplica al polígono que tiene seis ángulos y seis lados. — adj/s.m./GEOMETRÍA tb: exágono

hexagrama
1 Figura geométrica plana formada por dos triángulos equiláteros iguales. — s.m. GEOMETRÍA
2 Cada una de las sesenta y cuatro combinaciones divinatorias iguales. — LINGÜÍSTICA

hexámetro, a (Del gr. *hex*, seis + *metron*, medida.) Se aplica al verso grecolatino que se compone de seis pies. — adj/s.m. POESÍA

hexángulo, a Se refiere al polígono de seis lados y seis ángulos. — adj. tb: hexágono

hexapétalo, a Que tiene seis pétalos. — adj./BOTÁNICA

hexápodo, a Se aplica a los animales que tienen seis patas, especialmente a los insectos. — adj/s.m. ZOOLOGÍA

hexasílabo, a (Del gr. *hex*, seis + *syllabe*, sílaba.) Se aplica al verso o a la palabra que tiene seis sílabas. — adj/s.

hexeno Hidrocarburo formado por una cadena de seis átomos de carbono con un doble enlace. — s.m. QUÍMICA

hexodo Lámpara de seis electrodos. — s.m./ELECTRICIDAD

hez (Del lat. *fex, fecis*.)
1 Conjunto de partículas sólidas depositadas en el fondo de un recipiente que contiene un líquido en el que esas partículas estaban en suspensión: *eliminar las heces del caldo.* — s.f. pl: heces = poso, sedimento
2 Cosa despreciable o inútil: *allí se condensaban las heces sociales.* — = escoria
3 Residuos de la comida que, después de hecha la digestión, expele el cuerpo por el ano. — s.f.pl. = excrementos

hialino, a (Del gr. *hyalinos < hyalos*, cristal.)
1 Que es transparente como el vidrio o está hecho con este material. — adj./GEOLOGÍA = hialoideo
2 Se aplica al cuarzo que es transparente o diáfano. — MINERALOGÍA

hialita Mineral del ópalo con un fino matiz azul o verde, transparente, de brillo vítreo, con forma de gotas, nódulos o agregados globulares, usado a veces como piedra fina. — s.f. MINERALOGÍA

hialografía
1 Arte y técnica de dibujar sobre vidrio. — s.f.
2 Procedimiento para transferir las imágenes fotográficas sobre el vidrio. — FOTOGRAFÍA

hialógrafo Instrumento que sirve para copiar los objetos en perspectiva, por medio de la transparencia de un vidrio. — s.m. TECNOLOGÍA

hialoideo, a Que se parece al vidrio o tiene sus propiedades. — adj. = hialino

hialoplasma Líquido del citoplasma, en el cual se hallan en suspensión el núcleo y los orgánulos. — s.m. BIOLOGÍA

hialotecnia Arte y técnica de fabricar y trabajar el vidrio. — s.f./INDUSTRIA = hialurgia

hialótero Instrumento que produce una chispa eléctrica para perforar el vidrio. — s.m. TECNOLOGÍA

hialotipia Impresión sobre una placa de cristal grabada con ácido fluorhídrico. — s.f.

hialurgia Hialotecnia, arte y técnica de fabricar y trabajar el vidrio. — s.f. INDUSTRIA

hiante Se aplica al verso en que hay hiatos. — adj./POESÍA

hiato (Del lat. *hiatus < hiare*, separarse.)
1 Agrupación de dos vocales, las dos fuertes o una fuerte y una débil acentuada, que pertenecen a sílabas diferentes. — s.m. GRAMÁTICA
2 Interrupción en el espacio o pausa en el tiempo.
3 Licencia poética que consiste en disolver una sinalefa para alargar un verso. — POESÍA

hibernación
1 Estado de letargo por el que se reducen las funciones vegetativas y en el que algunos animales pasan el invierno: *los osos permanecen varias semanas en hibernación.* — s.f. BIOLOGÍA tb: invernación
2 Cualquier sueño invernal de los animales. — ZOOLOGÍA
3 **hibernación artificial:** Estado de letargo que, con fines médicos, se provoca en las personas mediante fármacos. — MEDICINA = invernación

hibernal (Del lat. *hibernalis*.) Del invierno: *germinación hibernal.* — adj. = invernal

hibernante
1 Se aplica al animal que está en estado de hibernación: *encontraron una salamandra hibernante.* — adj. ZOOLOGÍA
2 Se refiere a la especie animal que practica periódicamente esta actividad. — ZOOLOGÍA

hibernar
1 Estar un ser vivo en estado letárgico. — v.intr.
2 Practicar anualmente un animal la hibernación: *mientras hiberna, la marmota permanece en su madriguera.* — ZOOLOGÍA

hibisco Denominación común de diversas plantas de la familia de las malváceas. *(Hibiscus.)* — s.m. BOTÁNICA

hibridación
1 Cruce entre dos variedades, dos razas de una misma especie o de especies diferentes. — s.f. BIOLOGÍA
2 Mezcla de dos magmas. — GEOLOGÍA
3 **hibridación celular:** Proceso experimental que permite la multiplicación en una misma célula de dos núcleos procedentes de distintas especies animales: *la hibridación celular demuestra que el código genético es universal.* — BIOLOGÍA

hibridar Realizar el cruce de dos variedades o de dos especies diferentes. — v.tr. BIOLOGÍA

hibridismo Condición de híbrido. — s.m./BIOLOGÍA

híbrido, a (Del fr. *hybride < lat. hybrida*, producto del cruce de dos animales diferentes.)
1 Se aplica a los vegetales o animales que son producto del cruzamiento de dos individuos de distinta raza, especie o género. — adj/s. BIOLOGÍA
2 Que tiene elementos de distinta procedencia o naturaleza: *roca híbrida.* — adj.
3 Que está compuesto con elementos de lenguas diversas: *palabra híbrida.* — LINGÜÍSTICA
4 Se aplica al ordenador compuesto por circuitos analógicos y numéricos. — INFORMÁTICA

hicadura Conjunto de hicos o cuerdas que sostienen la hamaca: *la hicadura es muy resistente, siéntate sin problemas.* — s.f. Cuba

hico
1 Cada uno de los cordeles que sostienen la hamaca: *se rompieron los hicos y cayó al suelo.* — s.m./Amér. Merid., Antillas
2 Cuerda o soga: *reforzó con hicos la estructura del techo de la cabaña.* — Amér. Merid., Antillas

hicotea Reptil quelonio de agua dulce, que es comestible. *(Emys rugosa.)* — s.f. ZOOLOGÍA

hidalgo, a (Del ant. *hi*, hijo + *algo*, riqueza, bienes.)
1 Que es noble de linaje. — adj.
2 Que es noble y generoso.
3 Persona que pertenecía por sangre a la pequeña nobleza. — s. HISTORIA
4 **hidalgo de cuatro costados:** Aquel cuyos abuelos paternos y maternos eran hidalgos. — HISTORIA
5 **hidalgo de ejecutoria:** El que no lo era por privilegio sino por haber probado su hidalguía. — HISTORIA
6 **hidalgo de privilegio:** El que lo era por compra o merced real. — HISTORIA
7 **hidalgo de solar conocido:** El que tenía casa solariega o descendía de una familia que la había tenido. — HISTORIA

hidalguía
1 Condición o cualidad de hidalgo: *la hidalguía implicaba el disfrute de los privilegios de la nobleza.* — s.f. = hidalguez

2 Generosidad, integridad y nobleza: *se hizo famosa por su hidalguía y altruismo.* **= hidalguez**

hidátide (Del gr. *hydatis, -idos,* especie de ampolla llena de agua.)
1 Larva en el hombre forma un quiste de gran tamaño. *(Echinococcus granulosus.)* **s.f. ZOOLOGÍA**
2 Quiste producido por esta larva. **MEDICINA**

hidatídico, a De la hidátide. **adj./MEDICINA**

hidatógeno, a Se aplica al mineral que se ha formado por la acción del agua. **adj. MINERALOGÍA**

hidra (Del gr. *hydra.*)
1 Serpiente acuática monstruosa con siete cabezas que renacían al ser cortadas: *el segundo de los trabajos de Hércules fue matar a la hidra.* **s.f. MITOLOGÍA**
2 Monstruo devorador. **MITOLOGÍA**
3 Celentéreo de forma de saco alargado, con un único orificio rodeado de tentáculos urticantes, que vive fijo sobre las plantas acuáticas. *(Hydra.)* **ZOOLOGÍA**
4 **hidra de los sabios:** Piedra filosofal, la que se suponía que tenía la propiedad de transformar los metales en oro o plata. **OCULTISMO**

hidrácido Cuerpo obtenido por la combinación de los ácidos formados por hidrógeno con uno o varios no metales. **s.m. QUÍMICA**

hidracina Compuesto básico utilizado como combustible propulsor en los cohetes. **s.f. QUÍMICA**

hidramnios Cantidad excesiva de líquido amniótico en el feto. **s.m./pl: hidramnios MEDICINA**

hidrargirio (Del gr. *hydra + argyros,* plata.) Antigua denominación del mercurio. **s.m./QUÍMICA tb: hidrargiro**

hidrargirismo Intoxicación crónica causada por el mercurio y que suelen padecer los obreros de las minas de este metal. **s.m. MEDICINA**

hidrartrosis Hinchazón de una articulación por acumulación de líquido acuoso no purulento. **s.f./pl: hidrartrosis MEDICINA**

hidratable Que se puede hidratar. **adj.**

hidratación Acción y resultado de hidratar. **s.f.**

hidratante
1 Que hidrata: *tratamiento hidratante.* **adj./= hidratador**
2 Producto que restablece el grado de humedad normal en la piel: *el dermatólogo me ha dicho que utilice una leche hidratante.* **adj/s.m.**

hidratar
1 Incorporar agua a un cuerpo: *para algunas funciones se hidrata la cal.* **v.tr/prnl.**
2 Restituir el agua del organismo. **MEDICINA**

hidrato
1 Combinación de un cuerpo con una o varias moléculas de agua. **s.m. QUÍMICA**
2 **hidrato de carbono:** Sustancia orgánica compuesta de carbono, hidrógeno y oxígeno que incluye los azúcares y aquellas sustancias que por hidrólisis los originan, y que, actualmente, recibe el nombre de glúcido. **QUÍMICA**

hidráulica
1 Parte de la mecánica que estudia el equilibrio y el movimiento de los fluidos. **s.f./FÍSICA, MECÁNICA**
2 Técnica industrial relativa al tratamiento de líquidos bajo presión. **INDUSTRIA, TECNOLOGÍA**

hidráulico, a (Del lat. *hydraulicus* < gr. *hydraulikos* < *hydraulis,* órgano musical movido por el agua.)
1 Que se mueve por la fuerza del agua: *turbina hidráulica.* **adj. MECÁNICA**
2 De la hidráulica. **MECÁNICA**
3 Que funciona mediante un líquido bajo presión: *el camión tiene freno hidráulico.*
4 Se aplica a la cal o al cemento que se endurece en contacto con el agua.
5 Persona dedicada a la hidráulica. **s.**

hidremia Aumento de la cantidad de agua del plasma sanguíneo en relación con las sustancias disueltas y con los glóbulos. **s.f./MEDICINA tb: hidrohemia = hemodilución**

hidria (Del gr. *hydria.*) Vasija grande para guardar agua, con una gran asa vertical y dos horizontales, usada por los griegos y romanos. **s.f. HISTORIA**

hidríada Ninfa de las fuentes. **s.f./MITOLOGÍA**

hídrico, a De agua. **adj.**

hidro- Componente de palabra procedente del gr. *hydor, hydatos,* que significa agua: *hidrofobia.* **pref.**

hidroala Hidróptero, embarcación. **s.m./NÁUTICA**

hidroavión Avión diseñado y construido para que pueda flotar, despegar desde el agua y posarse en ella después del vuelo, que, en lugar de ruedas, lleva uno o varios flotadores. **s.m. AERONÁUTICA = hidroplano**

hidrobase Base aérea para hidroaviones. **s.f./AERONÁUTICA**

hidrobiología Parte de la biología que estudia los animales y las plantas de aguas terrestres. **s.f. BIOLOGÍA**

hidrobios Conjunto de la flora y la fauna acuáticas, que se divide en halobios y limnobios. **s.m./pl: hidrobios BIOLOGÍA**

hidrobiótico, a Se aplica a los animales que viven en el agua, especialmente a los insectos. **adj. ZOOLOGÍA**

hidrobob Descenso por aguas bravas en un vehículo de forma alargada parecido a un trineo en el que pueden caber cuatro personas. **s.m. DEPORTES**

hidrocarbonado, a Se refiere a la sustancia que contiene hidrógeno y carbono. **adj/s.m. tb: hidrocarbonato**

hidrocarbonato Carbonato básico hidratado. **s.m./QUÍMICA**

hidrocarburo Compuesto orgánico cuyas moléculas están formadas por carbono e hidrógeno. **s.m. QUÍMICA**

hidrocaritáceo, a Perteneciente a una familia de plantas monocotiledóneas, que viven en aguas dulces. **adj/s.f. BOTÁNICA**

hidrocefalia Acumulación de líquido cefalorraquídeo dentro del cráneo. **s.f. MEDICINA**

hidrocéfalo, a (Del gr. *hydor,* agua + *kephale,* cabeza.) Que padece hidrocefalia. **adj. MEDICINA**

hidrocele (Del gr. *hydor,* agua + *kele,* tumor.) Acumulación de líquido en una cavidad, especialmente en la túnica vaginal del testículo. **s.f. MEDICINA**

hidrocincita Carbonato básico de cinc. **s.f./MINERALOGÍA**

hidrocistoma Protuberancia traslúcida y compacta, que contiene un líquido acuoso y tiene el tamaño de un guisante o de una cabeza de alfiler. **s.m. MEDICINA**

hidroclimatología Estudio de la acción de las aguas minerales y termales y del clima sobre el organismo. **s.f. MEDICINA**

hidrocoro, a Se aplica a las plantas que utilizan el agua como vehículo esencial para diseminar sus semillas. **adj. BOTÁNICA**

hidrocortisona Hormona corticosuprarrenal, constituida por un derivado hidrogenado de la cortisona. **s.f. BIOQUÍMICA**

hidrocución Síncope que provoca la muerte, causado por la inmersión en agua antes de que ésta sea aspirada por la víctima. **s.f. DERECHO, MEDICINA**

hidrodeslizador Embarcación sin quilla, que se propulsa mediante una hélice aérea o un motor a reacción. **s.m. NÁUTICA = hidroplano**

hidrodinámica Parte de la mecánica que estudia el movimiento de los líquidos y de los cuerpos sumergidos en ellos. **s.f. MECÁNICA**

hidrodinámico, a (Del gr. *hydor,* agua + *dynamikos,* potente.) De la hidrodinámica. **adj. MECÁNICA**

hidroelectricidad Energía eléctrica obtenida mediante el empleo de la fuerza hidráulica de los ríos y saltos de agua. **s.f. ELECTRICIDAD**

hidroeléctrico, a De la electricidad producida por la fuerza hidráulica: *en los ríos con gran caudal se han instalado centrales hidroeléctricas.* **adj. ELECTRICIDAD**

hidroextractor Máquina escurridora de uso industrial: *para la ropa utilizó un hidroextractor centrífugo.* **s.m. TECNOLOGÍA**

hidrófana (Del gr. *hydor,* agua + *phainesthai,* ser visible.) Mineral que es una variedad del ópalo mate, poroso, que se vuelve transparente al sumergirlo en el agua. **s.f. MINERALOGÍA**

hidrofilacio (Del gr. *hydor,* agua + *phylakeion,* lugar donde se guarda algo.) Cueva subterránea llena de agua de la que se suelen alimentar los manantiales. **s.m. GEOLOGÍA**

hidrófilo, a (Del gr. *hydor,* agua + *phileo,* amar.)
1 Que absorbe el agua con facilidad. **adj.**
2 Que tiende a vivir en ambientes húmedos: *organismo hidrófilo.* **BIOLOGÍA**

hidrófito Planta acuática con los órganos asimiladores sumergidos o flotantes. **s.m./BOTÁNICA = alga**

hidrofobia
1 Horror al agua. **s.f./SIQUIATRÍA**
2 Denominación incorrecta de la enfermedad de la rabia. **MEDICINA**
3 Propiedad molecular que se caracteriza por la falta de fuertes atracciones o afinidad entre la molécula y el agua. **QUÍMICA**

hidrófobo, a (Del gr. *hydor,* agua + *phobeo,* temer.)
1 Que padece hidrofobia. **adj/s.**
2 Se aplica al grupo de moléculas que no presenta afinidad o atracción con el agua. **adj. QUÍMICA**

hidrófono
1 Instrumento que sirve para transformar las ondas sonoras que transmite el agua en señales acústicas. **s.m.**
2 Instrumento empleado para detectar las fugas en las conducciones del agua.

hidróforo, a
1 Se aplica a las figuras que llevan vasos de los cuales mana agua. **adj. ARTE**
2 Se refiere a los órganos u organismos que contienen agua o la conducen. **adj/s.m. BIOLOGÍA**

hidroftalmía Aumento del tamaño del globo ocular por retención o extrema secreción de líquidos. **s.f./= glaucoma infantil**

hidrófugo, a
1 Se aplica a la sustancia que impide la humedad o las filtraciones: *masilla hidrófuga.* **adj/s.m.**

2 Se refiere al producto que obtura los poros de los hormigones y morteros mejorando su impermeabilidad. **CONSTRUCCIÓN**

hidrogel Gel en que el disolvente es el agua. **s.m./BIOQUÍMICA**

hidrogenación
1 Fijación de hidrógeno en un cuerpo simple o compuesto. **s.f. QUÍMICA**
2 **hidrogenación de carbón:** Proceso de transformación de este mineral en hidrocarburos gaseosos o líquidos. **INDUSTRIA**

hidrogenado, a Que tiene hidrógeno o se combina con él. **adj. QUÍMICA**

hidrogenante
1 Que cede fácilmente hidrógeno. **adj./QUÍMICA**
2 Que se refiere a una fijación de hidrógeno: *catálisis hidrogenante.* **QUÍMICA**

hidrogenar Combinar una sustancia con hidrógeno. **v.tr./QUÍMICA**

hidrogenesia Ciencia que trata de la búsqueda, captación y empleo de las fuentes y de los cursos de agua. **s.f.**

hidrógeno (Del gr. *hydor,* agua + *gennao,* engendrar.)
1 Elemento químico gaseoso, incoloro, inodoro e inflamable, que entra en la composición de muchas sustancias orgánicas, y combinado con el oxígeno forma el agua. **s.m. QUÍMICA**
2 **hidrógeno pesado:** Deuterio, isótopo del hidrógeno. **QUÍMICA**
3 **hidrógeno sulfurado:** Ácido sulfhídrico, gas inodoro. **QUÍMICA**

hidrogenoide Se aplica a los iones que están formados por un núcleo y un solo electrón. **adj./s.m. FÍSICA NUCLEAR**

hidrogeología Parte de la geología que estudia el curso de las aguas. **s.f. GEOLOGÍA**

hidrogeológico, a De la hidrogeología. **adj./GEOLOGÍA**

hidrogeólogo, a Especialista en hidrogeología. **s./GEOLOGÍA**

hidrognosia (Del gr. *hydor,* agua + *gnosis,* conocimiento.) Conjunto de conocimientos relativos a la historia y a la descripción de las aguas de la tierra. **s.f. GEOLOGÍA**

hidrogogía (Del gr. *hydor,* agua + *agogos,* el que conduce o guía.) Técnica para canalizar el agua. **s.f.**

hidrografía (Del gr. *hydor,* agua + *grapho,* dibujar.)
1 Parte de la geografía física que estudia la descripción de los océanos, mares, lagos, ríos y de otras corrientes de agua, mares y vientos. **s.f. GEOGRAFÍA**
2 Conjunto de los mares y de las corrientes de agua de un país o región. **GEOGRAFÍA**

hidrográfico, a De la hidrografía o de los mares y corrientes de agua de una región: *mapa hidrográfico.* **adj. GEOGRAFÍA**

hidrógrafo, a
1 Persona dedicada a la descripción de los mares y de las corrientes de agua. **s. GEOGRAFÍA**
2 Hidrómetro que registra el nivel de las corrientes de agua. **s.m. GEOGRAFÍA**

hidrohemia Enfermedad de la sangre causada por un exceso de suero. **s.f. MEDICINA**

hidrolápato Planta herbácea poligonácea. *(Rumex.)* **s.m./BOTÁNICA**

hidrolasa Cada una de las enzimas que producen la rotura de los enlaces por hidrólisis. **s.f. BIOQUÍMICA**

hidrólisis (Del gr. *hydor,* agua + *lysis,* disolución.)
1 Desdoblamiento de las moléculas de ciertos compuestos químicos por acción del agua. **s.f./pl: hidrólisis QUÍMICA**
2 Reacción en la que se da este desdoblamiento. **QUÍMICA**
3 Mecanismo de alteración y descomposición de los minerales de las rocas y los suelos bajo el efecto de los agentes químicos de las aguas superficiales. **GEOLOGÍA**

hidrolita Hidruro de calcio que, en contacto con el agua, desprende hidrógeno. **s.f. QUÍMICA**

hidrolizable Se aplica a la sustancia que se puede someter a hidrólisis. **adj.**

hidrolizar Realizar la hidrólisis en un compuesto orgánico descomponiendo sus elementos químicos mediante la acción del agua. **v.tr/prnl. conj: cazar QUÍMICA**

hidrología (Del gr. *hydor,* agua + *logos,* palabra.)
1 Conjunto de conocimientos relativos al agua como elemento de la corteza terrestre, especialmente de la continental, tanto superficial como subterránea, y de sus propiedades, distribución, movimientos y utilización. **s.f. GEOLOGÍA**
2 **hidrología fluvial:** Estudio de los caudales de los ríos y de sus variaciones. **GEOLOGÍA**
3 **hidrología marina:** Oceanografía, estudio del mar.
4 **hidrología médica:** Parte de la medicina que estudia la aplicación de las aguas al tratamiento de las enfermedades. **MEDICINA**

hidrológico, a
1 De la hidrología o del agua como elemento de la corteza terrestre: *el plan hidrológico nacional prevé un gran ahorro de agua.* **adj. GEOLOGÍA**

2 De la hidrología médica: *tratamiento hidrológico.* **MEDICINA**

hidrólogo, a
1 Persona dedicada al estudio de las aguas. **s./GEOLOGÍA**
2 Técnico en aguas de riego.

hidromancia (Del gr. *hydor,* agua + *manteia,* adivinación.) Adivinación por medio de la observación del agua. **s.f. OCULTISMO tb: hidromancia**

hidromántico, a
1 De la hidromancia o adivinación por observación del agua. **adj. OCULTISMO**
2 Persona que practica la hidromancia. **s./OCULTISMO**

hidromasaje Masaje efectuado mediante chorros de agua: *en el balneario hay todo tipo de hidromasajes.* **s.m.**

hidromecánica Hidráulica, rama de la mecánica que trata del movimiento y el equilibrio de los fluidos. **s.f./FÍSICA, MECÁNICA**

hidromecánico, a Se aplica al aparato que utiliza el agua como fuerza motriz. **adj. MECÁNICA**

hidromel (Del lat. *hydromeli* < gr. *hydromeli* < *hydor,* agua + *meli,* miel.) Bebida hecha con agua y miel. **s.m. tb: hidromiel**

hidrometalurgia
1 Parte de la metalurgia que estudia los procedimientos que usan reacciones químicas en solución acuosa para extraer metales en determinadas circunstancias. **s.f. METALURGIA**
2 Estudio de los fundamentos científicos de estos procedimientos. **METALURGIA**

hidrometeoro Meteoro o conjunto de fenómenos de la atmósfera producidos por la acción del agua en cualquiera de sus estados: *la lluvia, el rocío y la niebla son hidrometeoros.* **s.m.**

hidrómetra Especialista en la medición del caudal, velocidad y fuerza de las corrientes líquidas. **s.m.f./FÍSICA, MECÁNICA**

hidrometría (Del gr. *hydor,* agua + *metron,* medida.) Parte de la hidrodinámica que estudia la medición del caudal, la velocidad y la fuerza de las corrientes de agua. **FÍSICA, MECÁNICA**

hidrómetro
1 Instrumento que se utiliza para medir el caudal, velocidad, fuerza y otras características de un líquido en movimiento. **s.m. FÍSICA, MECÁNICA**
2 Aparato utilizado para medir la altura de los líquidos contenidos en los depósitos.
3 Aparato para medir la lluvia caída. **= pluviómetro**
4 Aparato empleado para medir la velocidad y altura de las mareas. **NÁUTICA**

hidromiel (Del lat. *hydromeli* < gr. *hydromeli* < *hydor,* agua + *meli,* miel.) Bebida hecha con agua y miel: *los pueblos escandinavos atribuían un origen divino al hidromiel.* **s.m. tb: hidromel**

hidromodelismo Técnica de la construcción de modelos reducidos de barcos, canales o presas y otras construcciones relacionadas con el mar y los ríos. **s.m.**

hidromorfo, a Se aplica a los vegetales cuya estructura es ideal para vivir en lugares húmedos. **adj. BOTÁNICA**

hidromoscovita Mineral parecido a la dorita, de color blanquecino, que tiene forma de agregados laminares, y es una alteración de la moscovita y de otras micas. **s.f. MINERALOGÍA**

hidronefrosis Dilatación de la pelvis renal causada por la retención de orina a consecuencia de un obstáculo en el uréter. **s.f. pl: hidronefrosis MEDICINA**

hidroneumático, a Se aplica a las máquinas o dispositivos que funcionan mediante el agua y el aire: *freno hidroneumático.* **adj. TECNOLOGÍA**

hidronimia Parte de la toponimia que estudia el origen y significado de los nombres de las masas y corrientes de agua. **s.f. LINGÜÍSTICA**

hidrónimo Denominación de un río, arroyo, lago u otro accidente geográfico similar. **s.m. LINGÜÍSTICA**

hidronio Protón del hidrógeno combinado con una molécula de agua. **s.m, QUÍMICA**

hidrópata Especialista en el tratamiento de las enfermedades por medio de agua. **s.m.f. MEDICINA**

hidropatía (Del gr. *hydor,* agua + *pathos,* enfermedad.)
1 Afección morbosa producida por el agua o el sudor. **s.f./MEDICINA**
2 Hidroterapia, tratamiento de las enfermedades por la acción del agua. **MEDICINA**

hidropático, a Que tiene relación con la hidropatía. **adj./MEDICINA**

hidropesía Acumulación anormal de suero en cualquier parte del cuerpo. **s.f./MEDICINA = opilación**

hidrópico, a (Del lat. *hydropicus* < gr. *hydropikos,* hidrópico.)
1 Que padece hidropesía. **adj/s./MEDICINA**
2 Insaciable, que no se puede saciar o hartar: *exigía atenciones, hidrópico de cariño.* **adj. literario**
3 Que tiene mucha sed. **= sediento**

hidroplano
1 Hidroavión, tipo de aeronave. · s.m./AERONÁUTICA
2 Hidrodeslizador, embarcación pequeña. · NÁUTICA

hidroplastia Técnica que consiste en revestir la superficie de una pieza metálica con una capa de otro metal, aplicada por simple contacto y no por medios electrolíticos. · s.f. METALURGIA

hidroponía Técnica del cultivo de plantas en soluciones acuosas, por lo general con algún soporte arenoso o de grava. · s.f.

hidropónico, a De la hidroponía: *cultivo hidropónico.* · adj/s.

hidropteríneo, a Perteneciente a una clase de plantas criptógamas acuáticas, de tallo horizontal, del cual nacen hojas y raíces. · adj/s.f. BOTÁNICA

hidróptero Embarcación rápida de motor, que posee una especie de alas por debajo del casco, las cuales le permiten navegar con el casco fuera del agua, sustrayéndose así a la resistencia hidrodinámica. · s.m. NÁUTICA

hidroquinol Sustancia química que se extrae de las hojas del madroño, utilizada en fotografía como revelador. · s.m. FOTOGRAFÍA, QUÍMICA

hidrorrea Pérdida copiosa y continua de líquido a través de los tejidos: *sufre hidrorrea por sudación profusa.* · s.f. MEDICINA

hidrorrefino Hidrotratamiento del petróleo. · s.m.

hidrosadenitis
1 Proceso inflamatorio y patológico de las glándulas sudoríparas. · s.f./MEDICINA pl: hidrosadenitis
2 **hidrosadenitis axilar:** Golondrino, inflamación de las glándulas sudoríparas axilares. · MEDICINA

hidroscopia (Del gr. *hydor*, agua + *skopeo*, examinar.) Técnica para descubrir aguas ocultas mediante el examen del terreno. · s.f. GEOLOGÍA

hidroscopio Instrumento para detectar la presencia de agua en un sitio. · s.m. GEOLOGÍA

hidrosfera (Del gr. *hydor*, agua + *sphaira*, esfera.) Conjunto de las partes líquidas de la superficie del planeta, incluidos los océanos, mares, lagos, cursos de agua y aguas subterráneas. · s.f. GEOLOGÍA

hidrosilicato Silicato hidratado. · s.m./QUÍMICA

hidrosilíceo, a Que contiene sílice y agua. · adj./MINERALOGÍA

hidrosol Solución coloidal en la que el agua actúa como medio dispersivo. · s.m. QUÍMICA

hidrosoluble Se aplica a la sustancia que se puede disolver en el agua: *vitamina hidrosoluble.* · adj.

hidrostática (Del gr. *hydor*, agua + *statikos*, relativo al equilibrio de los cuerpos.) Parte de la mecánica que estudia el equilibrio de los líquidos, en especial del agua. · s.f. FÍSICA, MECÁNICA

hidrostático, a Que tiene relación con la hidrostática: *balanza hidrostática.* · adj./FÍSICA, MECÁNICA

hidrotalcita Carbonato hidratado natural de aluminio y magnesio. · s.f. MINERALOGÍA

hidrotaquímetro Instrumento con el que se mide la velocidad de las corrientes de agua. · s.m. TECNOLOGÍA

hidrotaxia Movimiento de los organismos que se pueden trasladar y orientarse en la dirección del agua. · s.f. BIOLOGÍA tb: hidrotaxis

hidrotecnia (Del gr. *hydor*, agua + *tekhne*, arte.) Conjunto de conocimientos relativos a la construcción de máquinas y aparatos hidráulicos. · s.f./TECNOLOGÍA = ingeniería hidráulica

hidroterapeuta Persona especializada en la realización de tratamientos de hidroterapia. · s.m.f. MEDICINA

hidroterapia (Del gr. *hydor*, agua + *therapeuo*, cuidar.) Tratamiento de las enfermedades por la acción del agua. · s.f. MEDICINA = hidropatía

hidrotermal
1 Que tiene relación con las aguas minerales cálidas. · adj. GEOLOGÍA
2 Se refiere a los procesos en los que interviene el agua a una temperatura superior a la normal debido al magmatismo.

hidrotermalismo Conjunto de fenómenos relacionados con la circulación de fluidos calientes y ricos en agua. · s.m. GEOLOGÍA

hidrotimetría Medición del grado de dureza del agua mediante análisis químicos. · s.f. QUÍMICA

hidrotórax (Del gr. *hydor*, agua + *thorax*, tórax.) Acumulación de suero en la cavidad pleural sin carácter inflamatorio. · s.m. pl: hidrotórax MEDICINA

hidrotratamiento Conjunto de procesos de depuración en el refino del petróleo, con los que se eliminan las impurezas gracias a la acción del hidrógeno. · s.m. INDUSTRIA

hidrotroilita Sustancia amorfa producida por precipitación en mares interiores, albuferas o lagos salados, que se convierte en pirita o marcasita por recristalización. · s.f. MINERALOGÍA

hidrotrópico, a Se aplica a los seres biológicos que presentan ciertos comportamientos motrices provocados por el agua. · adj. BIOLOGÍA

hidrotropismo Movimiento de orientación de un organismo como respuesta al estímulo del agua: *las raíces de los vegetales presentan hidrotropismo en busca del agua.* · s.m. BIOLOGÍA

hidróxido Compuesto químico formado por un metal y uno o más grupos hidroxilos. · s.m. QUÍMICA

hidroxilo Radical compuesto de un átomo de oxígeno y otro de hidrógeno, que se encuentra por ejemplo en el agua y los alcoholes. · s.m. QUÍMICA

hidrozoo, a Perteneciente a una clase de cnidarios que se caracterizan por pasar por dos fases, pólipo y medusa, en su ciclo biológico y que suelen formar colonias. · adj/s.m. ZOOLOGÍA

hidruro Sustancia compuesta por un cuerpo, simple o compuesto, más hidrógeno. · s.m. QUÍMICA

hiedra (Del lat. *hedera*, hiedra.)
1 Planta trepadora de la familia de las araliáceas, de hojas perennes pecioladas, flores en umbelas y fruto en bayas negras, que vive adherida a las paredes o a los árboles por medio de zarcillos. *(Hedera.)* · s.f. BOTÁNICA
2 **hiedra común:** La que crece alrededor de los árboles o sobre las paredes, utilizada en jardinería, y de cuyo tronco se extrae una gomorresina usada como excitante. *(Hedera helix.)* · BOTÁNICA
3 **hiedra terrestre:** Planta labiada tendida, perenne, con hojas acorazonadas con grandes dientes redondeados en el margen, gruesas, flores axilares en grupillos separados, azules, que es usada en medicina. *(Glechoma hederacea.)* · BOTÁNICA

hiel (Del lat. *fel*.)
1 Líquido orgánico segregado por la vesícula biliar, especialmente en los animales. · s.f./FISIOLOGÍA = bilis
2 Amargura o mala intención de una persona: *cuando habla destila hiel.* · = resentimiento
3 Adversidades o sucesos desfavorables: *las hieles de la vida.* · s.f.pl./= penas, disgustos
4 **hiel de la tierra:** Centaurea menor, planta herbácea. · BOTÁNICA

hielera
1 Caja portátil de algún material térmico, que se llena de hielo para transportar y conservar fríos alimentos y bebidas. · s.f. Méx., Chile
2 Recipiente, por lo general en forma de taza grande, para contener cubos de hielo que se llevan a la mesa. · Argent.

hielo (Del lat. *gelu*, hielo.)
1 Masa de agua solidificada en forma cristalina al alcanzar una temperatura inferior a cero grados centígrados. · s.m.
2 Frialdad o indiferencia ante los sentimientos, palabras o actos de otra persona: *el hielo de sus palabras demostró su falta de interés.* · = insensibilidad ≠ afecto, calor
3 Masa o bloques de agua congelada de los ríos, la banquisa o la montaña: *el valle quedó sepultado bajo los hielos.* · s.m.pl.
4 **hielo costero:** El que cubre la zona comprendida entre el límite de las aguas altas y bajas en las mareas. · GEOGRAFÍA
5 **hielo de escollo:** Témpanos o hielos abandonados sobre altos fondos y en la orilla durante el reflujo o tras una gran tempestad. · GEOGRAFÍA
6 **hielo de fondo:** El formado en la parte inferior de las capas de agua cuando el fondo está más frío que la superficie. · GEOGRAFÍA
7 **hielo marino:** El formado por congelación del agua del mar, que se congela a temperatura inferior que el agua dulce. · GEOGRAFÍA
8 **hielo seco o carbónico:** Anhídrido carbónico sólido. · QUÍMICA = carbohielo
9 **estar alguien hecho un hielo:** Estar muy frío o sentirlo: *estaba hecha un hielo después de pasar dos horas en la esquina.* · coloquial
10 **romper el hielo:** Poner fin a cualquier situación tensa, o acabar con las reservas, frialdad o recelo en el trato personal: *siempre es él quien rompe el hielo en este tipo de situaciones.* · coloquial

hiemación Propiedad de algunas plantas de desarrollarse en invierno. · s.f. BOTÁNICA

hiemal
1 Del invierno. · adj./literario
2 Se refiere a las plantas que florecen en invierno. · BOTÁNICA

hiena (Del lat. *hyaena* < gr. *hyaina*.)
1 Mamífero carnívoro con el espinazo inclinado en posición caudal y el pelaje manchado. · s.f. ZOOLOGÍA
2 Persona que se ensaña con otras más débiles. · ZOOLOGÍA
3 **hiena manchada:** Aquella que tiene el pelaje aleonado con manchas pardas. *(Crocuta crocuta.)* · ZOOLOGÍA
4 **hiena rayada:** Aquella cuyo pelaje está atravesado por franjas de pelo más oscuro. *(Hyaena hyaena.)* · ZOOLOGÍA

hienda Estiércol, abono hecho con excrementos de animales. · s.f. AGRICULTURA

hier- Componente de palabra procedente del gr. *hieros*, que significa sagrado: *hierático*. | **pref.**

hierático, a (Del lat. *hieraticus* < gr. *hieratikus*, sacerdote.)
1 Se aplica a la expresión o gesto que no muestra los sentimientos: *su hierática mirada me confundió.* | **adj.** / **= impasible**
2 Propio de los sacerdotes o cosas sagradas. | **= sacro**
3 Se aplica a la escritura egipcia que es una forma abreviada de la jeroglífica. | **LINGÜÍSTICA**
4 Se refiere a la representación artística inexpresiva y rígida. | **ARTE**

hieratismo Falta de movimiento, característica de las obras de algunos períodos, o inexpresividad en los ademanes: *el hieratismo de la pintura egipcia me desagrada.* | **s.m.** / **ARTE**

hierba (Del lat. *herba*.)
1 Planta peqθeña de tallo tierno, que no desarrolla tejido leñoso y que perece el mismo año de dar la simiente o al año siguiente. | **s.f.** / **BOTÁNICA**
2 Conjunto de plantas de este tipo que nacen en un terreno: *se tumbó en la hierba.* | **BOTÁNICA**
3 Pastos que hay en las dehesas para el ganado. | **s.f.pl.**
4 Droga suave, especialmente marihuana. | **s.f./argot**
5 Edad de un animal que se cría en los pastos: *es una ternera de tres hierbas.*
6 Mancha de las esmeraldas, que constituye un defecto de las mismas.
7 Líquido obtenido al hacer una infusión de plantas: *se tomó las hierbas diuréticas.* | **s.f.pl.**
8 **hierba artética:** Pinillo, planta herbácea. | **BOTÁNICA**
9 **hierba bélida:** Botón de oro, planta herbácea. | **BOTÁNICA**
10 **hierba buena:** Hierbabuena, planta herbácea vivaz. | **BOTÁNICA**
11 **hierba caballar:** Planta compuesta. *(Senecio ulmifolius.)* | **BOTÁNICA**
12 **hierba cabrera:** Planta papilionácea. *(Astragalus macrorrhizus.)* | **BOTÁNICA**
13 **hierba cabruna:** Salsifí, planta compuesta bienal. *(Tragopogon.)* | **BOTÁNICA**
14 **hierba callera:** Planta crasulácea. *(Sedum telephinum.)* | **BOTÁNICA**
15 **hierba cana o de las quemaduras:** Planta herbácea con tallo ramoso, surcado y hueco, de color rojizo, hojas blandas, gruesas, jugosas y partidas en lóbulos dentados, flores amarillas tubulares y fruto seco. *(Senecio vulgaris.)* | **BOTÁNICA**
16 **hierba carmín:** Planta herbácea americana con raíz carnosa y fusiforme, tallo erguido, ramoso y asurcado, hojas aovadas alternas, flores en espiga y sin corola, cuyo fruto es una baya. *(Phytolacca decandra.)* | **BOTÁNICA**
17 **hierba centella:** Planta ranunculácea. *(Caltha palustris.)* | **BOTÁNICA**
18 **hierba cinta:** Planta ornamental de hojas anchas listadas de blanco y verde y flores en panoja de color blanco y violeta. *(Phalaris arundinacea.)* | **BOTÁNICA** / **= cinta**
19 **hierba cupido:** Planta compuesta. *(Catananche caerulea.)* | **BOTÁNICA**
20 **hierba de gatos, de los gatos o tosera:** Planta valerianácea. *(Valeriana officinalis.)* | **BOTÁNICA**
21 **hierba de Guinea:** Planta gramínea con hojas radicales, tallo central y flores hermafroditas en espiguilla, formando panoja, utilizada como pasto para el ganado. *(Panicum jumentosum.)* | **BOTÁNICA**
22 **hierba de la cucaracha:** Planta apocinácea. *(Haplophyton cimicidum.)* | **BOTÁNICA**
23 **hierba de la culebra:** Planta arácea. *(Dracunculus vulgaris.)* | **BOTÁNICA**
24 **hierba de la golondrina:** Celidonia mayor, planta papaverácea. | **BOTÁNICA**
25 **hierba de las coyunturas:** Belcho, planta arbustiva.
26 **hierba de las heridas:** Planta labiada. *(Brunella vulgaris.)*
27 **hierba de los canarios:** Pajarera, planta herbácea. | **BOTÁNICA**
28 **hierba de los canónigos:** Planta valerianácea. *(Valerianella olitoria.)* | **BOTÁNICA**
29 **hierba de los cantones o de san Alberto:** Planta crucífera. *(Sisymbrium officinale.)* | **BOTÁNICA**
30 **hierba de los corazones:** Planta papaverácea. *(Dicentra spectabilis.)* | **BOTÁNICA**
31 **hierba de los indios:** Planta compuesta. *(Solidago virga aurea.)* | **BOTÁNICA**
32 **hierba de san Antonio:** Adelfilla, planta herbácea. *(Epilobium hirsutum.)* | **BOTÁNICA**
33 **hierba de san Bonifacio:** Planta liliácea. *(Ruscus hippoglossum.)* | **BOTÁNICA**
34 **hierba de san Cristóbal:** Planta resedácea. *(Actaca spicata.)* | **BOTÁNICA**
35 **hierba de san Gerardo:** Planta umbelífera. *(Aegopodium podagraria.)* | **BOTÁNICA**
36 **hierba de san Guillermo:** Planta rosácea. *(Agrimonia eupatoria.)* | **BOTÁNICA**
37 **hierba de Santa Cruz:** Pinillo bastardo, planta labiada. · | **BOTÁNICA**
38 **hierba del ajo:** Planta crucífera. *(Alliaria officinalis.)* | **BOTÁNICA**

39 **hierba del almizcle:** Planta adoxácea. *(Adoxa moschatellina.)* | **BOTÁNICA**
40 **hierba del asno:** Planta enoterácea. *(Oenothera biennis.)* | **BOTÁNICA**
41 **hierba del clavo:** Planta rosácea. *(Geum umbrosum.)* | **BOTÁNICA**
42 **hierba del hígado:** Planta ranunculácea. *(Hepatica triloba.)* | **BOTÁNICA**
43 **hierba del maná:** Planta gramínea, de tallo largo, hojas planas y flores en panoja compuesta de espigas, utilizada como forraje. | **BOTÁNICA**
44 **hierba del Paraguay:** Yerba mate, planta arbórea americana con cuyas hojas, que contienen un alcaloide parecido al de la cafeína, se prepara una infusión. | **BOTÁNICA**
45 **hierba del Sudán:** Planta gramínea. *(Andropogon sorghum.)* | **BOTÁNICA**
46 **hierba doncella:** Planta vivaz con los tallos estériles reclinados y los floríferos erguidos, con hojas coriáceas lisas, algo vellosas en el margen, flores grandes, de corola azul, fruto capsular y semillas membranosas. *(Vinca maior.)* | **BOTÁNICA**
47 **hierba fina:** Planta de cañas delgadas y derechas, hojas estrechas, lineares y agudas, flores rojizas, dispuestas en panículas terminales muy delgadas. *(Agrostis capillaris.)* | **BOTÁNICA**
48 **hierba frailera:** Orobanca, nombre común de cierto género de plantas. | **BOTÁNICA**
49 **hierba gatera:** Planta labiada. *(Nepeta cataria.)* | **BOTÁNICA**
50 **hierba gigante, giganta o carnera:** Acanto, planta herbácea. | **BOTÁNICA**
51 **hierba gitana:** 1. Planta umbelífera. *(Bupleurum falcatum.)* 2. Planta papilionácea. *(Psoralla plumosa.)* | **BOTÁNICA**
52 **hierba hedionda:** Estramonio, planta solanácea. | **BOTÁNICA**
53 **hierba luisa:** Luisa, planta aromática de jardín. | **BOTÁNICA**
54 **hierba mate:** Yerba mate, planta arbórea americana. | **BOTÁNICA**
55 **hierba meona:** Planta herbácea de propiedades medicinales. | **BOTÁNICA** / **= milenrama**
56 **hierba pastel:** Glasto, planta herbácea crucífera. | **BOTÁNICA**
57 **hierba pejiguera:** Duraznillo, planta herbácea poligonácea. | **BOTÁNICA**
58 **hierba piojenta o piojera:** Planta herbácea de cuyas semillas se extrae un polvo o tintura insecticida. | **BOTÁNICA** / **= estafisagra**
59 **hierba tora:** Orobanca, planta parásita. | **BOTÁNICA**
60 **hierbas del señor san Juan:** Todas las que se venden el día de la festividad de san Juan Bautista, que son olorosas y medicinales. | **coloquial**
61 **hierbas finas o finas hierbas:** Mezcla de perejil, perifollo, estragón y otras que, picadas muy menudas, se usan como condimento en diversos platos y en la preparación de salsas. | **COCINA**
62 **mala hierba:** 1. Planta herbácea que crece sin haberla sembrado en los cultivos, perjudicando a las otras. 2. Persona indeseable, especialmente del mundo del hampa. | **BOTÁNICA** / **coloquial**
63 **en hierba:** Se aplica a los cereales y otras plantas cuando todavía están verdes y tiernas. | **loc.adj.**
64 **haber pisado una buena o mala hierba:** 1. Salirle a uno bien o mal las cosas. 2. Sentirse una persona de buen o mal humor. | **coloquial** / **coloquial**
65 **sentir o ver uno crecer o nacer la hierba:** Se emplea para referirse con admiración a una persona de gran perspicacia o rápida de entendimiento: *para cuando te das cuenta, él ya ha visto crecer la hierba.* | **coloquial**
66 **y otras hierbas:** Se usa para cerrar una enumeración generalmente de personas, indicando que podrían añadirse otros nombres: *estaban implicados consejeros, diputados y otras hierbas.* | **coloquial**

hierbabuena (Del lat. *herba + bonus*, bueno.)
1 Planta perenne de hojas vellosas elípticas, flores rosas en grupos y fruto seco, que desprende olor agradable y se usa como condimento. *(Mentha sativa.)* | **s.f./BOTÁNICA** / **= hierba buena,** / **menta**
2 Denominación que se da a otras plantas labiadas parecidas a la anterior, como el mastranzo, el sándalo y el poleo. | **BOTÁNICA**

hierbal Lugar en el que hay mucha hierba. | **s.m./Chile**

hierbazal Lugar poblado de hierba. | **s.m./tb: herbazal**

hierbero, a
1 Persona que vende hierbas. | **s./Méx.**
2 Curandero, persona que conoce las propiedades de las plantas medicinales. | **Méx.** / **tb: yerbero**

hiero Planta herbácea leguminosa que se cultiva para alimentar al ganado. | **s.m./BOTÁNICA** / **tb: yero**

hierocracia Forma de gobierno en la que los sacerdotes ejercen su autoridad. | **s.f.** / **POLÍTICA**

hierografía Historia de las religiones. | **s.f./HISTORIA**

hierología Bendición nupcial, entre los judíos y los cristianos griegos. | **s.f.**

hieromancia Adivinación del futuro mediante la observación de las entrañas de los animales. | **s.f./OCULTISMO** / **= aruspicina**

hieroscopia (Del gr. *hieros*, sagrado + *skopeo*, examinar.) Hieromancia, arte de adivinar por las entrañas de los animales. | **s.f.** / **OCULTISMO** / **= aruspicina**

hierosolimitano, a De Jerusalén, ciudad del estado de Israel. — adj. = jerosolimitano

hierra
1 Acción de marcar el ganado. — s.f./Amér.
2 Temporada en que se marca el ganado. — Amér.
3 Fiesta celebrada con tal motivo. — Amér.

hierro (Del lat. *ferrum*.)
1 Metal de color gris azulado, dúctil, maleable, muy tenaz, magnético y fácil de oxidar, muy usado en industria. — s.m. QUÍMICA
2 Acero de bajo contenido en carbono. — METALURGIA
3 Pieza metálica o de acero de algunas armas y herramientas, que es la que corta o hiere.
4 Marca hecha con un objeto candente que se pone al ganado para indicar su propietario o a otras cosas como garantía o contraste.
5 Instrumento de este metal con que se marca una cosa, especialmente al ganado.
6 Herramienta o arma, como la pica y la reja del arado, hecha con este metal u otro semejante.
7 Palo de golf de cabeza metálica que sirve para golpes de corta y media distancia. — DEPORTES
8 Instrumento para aprisionar, como cadenas o grillos. — s.m.pl.
9 Ornamentaciones de los libros encuadernados, hechas con hierro de dorar. — ARTES GRÁFICAS
10 **hierro albo:** El que está candente y enrojece por efecto del calor. — METALURGIA
11 **hierro batido:** El que se trabaja a golpe de martillo para formar hojas o láminas. — METALURGIA
12 **hierro cabilla:** El forjado en barras redondas más gruesas que las del hierro varilla. — CONSTRUCCIÓN
13 **hierro carbonatado o espástico:** Siderita, mineral. — MINERALOGÍA
14 **hierro carbonilo:** El obtenido a partir de compuestos carbonilados de hierro. — METALURGIA
15 **hierro carretil o de llantas:** El forjado que se destina generalmente a llantas de carros. — CONSTRUCCIÓN
16 **hierro cellar, arquero, cuchillero o planchuela:** El que se utiliza para las celadas de las ballestas y los cellos de pipa. — CONSTRUCCIÓN
17 **hierro cromado:** Cromita, mineral. — MINERALOGÍA
18 **hierro cuadradillo o cuadrado:** Barra de hierro cuya sección transversal es un cuadrado. — CONSTRUCCIÓN
19 **hierro de calafate:** Herramienta parecida al escoplo, empleada en el calafateado de las junturas de una embarcación. — NÁUTICA
20 **hierro de dorar:** Útil de cobre o acero grabado en relieve que se emplea para decorar las cubiertas de los libros encuadernados en tela o piel. — ARTES GRÁFICAS
21 **hierro de fondear:** Herramienta usada en fundición para hacer el acabado de las esquinas interiores de un molde. — METALURGIA
22 **hierro de rebordear:** Útil del herrero usado para plegar chapas de metal. — METALURGIA
23 **hierro de Suecia:** El que se obtenía por fundición de este metal con carbón de madera. — METALURGIA
24 **hierro dulce:** Acero de muy bajo contenido en carbono, que está recocido y se utiliza, especialmente, en los circuitos magnéticos. — METALURGIA
25 **hierro electrolítico:** Aquel que es muy puro por electrólisis de una sal férrica. — METALURGIA
26 **hierro limoso:** Limonita, mineral. — MINERALOGÍA
27 **hierro meteórico:** Combinación de hierro, níquel, cromo y cobalto que se encuentra en los meteoritos. — MINERALOGÍA
28 **hierro nativo:** El que se encuentra en cristales formando grandes bloques en el interior del basalto. — MINERALOGÍA
29 **hierro pirofórico:** El pulverizado que se inflama espontáneamente en contacto con el aire. — MINERALOGÍA
30 **hierro varilla:** El forjado en barras redondas de poco diámetro. — METALURGIA
31 **a hierro y fuego o a hierro y sangre:** Con mucho rigor, sin ceder en nada, destruyéndolo todo: *arrasaron el país a hierro y fuego, devastando cosechas y poblados.* — loc.adv.
32 **agarrarse a un hierro ardiendo:** Valerse de cualquier medio para salir de una dificultad: *pidiéndole su ayuda se agarró a un hierro ardiendo.* — coloquial
33 **de hierro:** De buena salud, muy resistente: *tu madre es de hierro, con todo lo que trabaja y nunca cae enferma.* — loc.adj. coloquial
34 **machacar o martillar en hierro frío:** Esforzarse en vano por educar, corregir o instruir a una persona que no ofrece ninguna facilidad para aprender. — coloquial
35 **quitar hierro:** Quitar importancia a lo que se había dicho, se creía antes: *intentó quitarle hierro a lo de su enfermedad.* — coloquial
36 **tocar el hierro:** Juntarse las hojas de las espadas, en la esgrima. — DEPORTES

hieto- Componente de palabra procedente del gr. *hyetos*, que significa lluvia: *isohieto.* — pref/suf. tb: hiet-

hifa (Del gr. *hyphe*, tejido.) Filamento formado por la unión de células en los hongos, cuya asociación forma el micelio. — s.f. MICOLOGÍA

hi-fi (Voz inglesa.) Grabación o aparato de alta fidelidad: *el nuevo equipo hi-fi suena muy bien.* — s.f. TECNOLOGÍA

higa
1 Amuleto, generalmente de azabache y con forma de puño, que se ponía a los niños y se usaba contra el influjo maléfico del mal de ojo. — s.f. OCULTISMO
2 Gesto despectivo que se hace cerrando el puño con el dedo pulgar entre el índice y el cordial.
3 **dar higa:** Hacer burla de alguien, mofarse de él. — coloquial
4 **no importar o no valer algo una higa:** No importar o valer nada en absoluto: *no le importaba una higa lo que pensasen sobre ella.* — coloquial

higadillo Hígado de los animales pequeños, en especial de las aves, que se vende para el consumo. — s.m.

hígado (Del lat. vulgar *ficatum* < lat. *jecur ficatum* < *jecur*, hígado + *ficatum*, alimentado con higos.)
1 Víscera u órgano glandular que realiza importantes funciones en el organismo, como la secreción de la bilis o la síntesis de las enzimas y proteínas. — s.m. ANATOMÍA
2 Falta de escrúpulos: *hay que tener hígados para ver esa película tan sangrienta.* — coloquial
3 Valentía, valor para hacer algo: *no tengo hígados para saltar con un paracaídas.* — = ánimo coloquial
4 **hígado blanco:** Denominación vulgar de una enfermedad del conejo, especialmente del silvestre. — VETERINARIA
5 **hígado de buey:** Hongo basidiomicete comestible que crece en los troncos de las encinas. *(Fistulina hepatica.)* — MICOLOGÍA
6 **malos hígados:** Mala voluntad, perversidad: *procura no acercarte mucho a ellos, tienen muy malos hígados.* — + tener
7 **echar uno los hígados por algo:** Solicitarlo con vehemencia: *echaba los hígados por conseguir la partida de licores a mejor precio.* — coloquial
8 **hasta los hígados:** Se usa para indicar la intensidad y vehemencia de un sentimiento: *lo tenía harto hasta los hígados; la adoraba hasta los hígados.* — coloquial
9 **moler a alguien los hígados:** Importunarle, fastidiarle: *estuvo toda la tarde moliéndole los hígados, hasta que lo despidió con cajas destempladas.* — coloquial
10 **querer una persona comer a otra los hígados:** Desear la venganza con rabia y crueldad: *después de aquella traición quería comerle los hígados y sacarle los ojos.* — coloquial
11 **ser alguien un hígado:** Ser petulante o antipático hasta lo insoportable. — coloquial Méx.

higate Guiso que se hacía con higos rehogados con tocino, cocidos con caldo de gallina y sazonados con azúcar, canela y otras especias. — s.m. COCINA

higiene (Del fr. *hygiene* < gr. *hygieinon*, salud, salubridad.)
1 Parte de la medicina que estudia la conservación y mejora de la salud, mediante la prevención de enfermedades, buscando un funcionamiento normal del organismo y armonizando su relación con el medio. — s.f. MEDICINA = profilaxis
2 Limpieza y aseo de las personas, viviendas y poblaciones: *siempre estuvo atenta a la higiene de los pacientes.* — ≠ suciedad
3 **higiene deportiva:** La que prescribe las medidas sanitarias que deben tomarse en la práctica de los deportes. — DEPORTES
4 **higiene escolar:** La que prescribe las medidas sanitarias que han de tenerse en cuenta durante la edad escolar.
5 **higiene individual:** La que atañe a la limpieza corporal, las condiciones de vivienda y vestido y la actividad física y síquica.
6 **higiene industrial:** La que se preocupa de proteger al trabajador de los accidentes o patologías propias de la actividad que desempeña, además de asesorar en la selección de los puestos de trabajo.
7 **higiene mental:** Conjunto de medidas de tipo educativo, profiláctico o sicoterapéutico destinadas a prevenir la aparición y el desarrollo de trastornos mentales. — SICOLOGÍA, SOCIOLOGÍA
8 **higiene pública:** La que indica las medidas que se han de tomar para suprimir las enfermedades infecciosas.

higiénico, a
1 De la higiene: *las normas higiénicas de los centros sanitarios son muy rigurosas.* — adj./= profiláctico ≠ antihigiénico
2 Que sirve para el aseo y limpieza: *se ha acabado el papel higiénico.*

higienista Se aplica a la persona especialista en higiene. — adj/s.m.f. MEDICINA

higienización Disposición de una cosa de acuerdo con las normas de la higiene: *el primer paso será la higienización de las salas que servirán como quirófanos provisionales.* — s.f.

higienizar Disponer una cosa o un lugar de acuerdo con las reglas de la higiene. — v.tr. / conj: cazar

higo (Del lat. *ficus*.)
1 Segundo fruto de la higuera, blando, dulce, de color rojo o blanco por dentro y verde, negro o morado por fuera, que contiene una gran cantidad de semillas muy menudas. — s.m. / BOTÁNICA
2 Cosa insignificante o de poco valor, generalmente en frases negativas: *esa casa no vale un higo*. — coloquial
3 Aspecto que presenta una cosa arrugada o estropeada: *la camisa está como un higo*.
4 Excrecencia de origen venéreo que se forma alrededor del ano con forma parecida al higo. — MEDICINA
5 **higo chumbo**: Fruto del nopal, con la corteza verde recubierta de pinchos y carne rojiza y dulce con semillas blancas. — BOTÁNICA
6 **higo fresco**: El que se consume crudo, en estado natural.
7 **higo melar**: El que es pequeño, redondo y muy dulce.
8 **higo seco**: El que se ha desecado y es mucho más dulce que el fresco.
9 **de higos a brevas**: De tarde en tarde: *sólo le veo de higos a brevas*. — loc.adv.

higro- Componente de palabra procedente del gr. *hygros*, que significa húmedo: *higrómetro*. — pref.

higrófilo, a Se aplica al organismo, especialmente al vegetal, que tiende a realizar todas sus actividades en ambientes húmedos. — adj. / BIOLOGÍA / = hidrófilo

higrófobo, a Se aplica al organismo que vive mejor en ambientes secos y sin humedad. — adj./BIOLOGÍA / ≠ higrófilo

higroma Acumulación de líquido de las bolsas serosas situadas en codos y rodillas producida por una irritación o un traumatismo. — s.m. / MEDICINA

higrometría Disciplina que mide y estudia la humedad contenida en el aire. — s.f./FÍSICA / = higroscopia

higrométrico, a
1 De la higrometría o del higrómetro. — adj./FÍSICA
2 Se aplica al cuerpo que es muy sensible a los cambios de humedad de la atmósfera. — FÍSICA

higrómetro (Del gr. *hygros*, húmedo + *metron*, medida.)
1 Instrumento que sirve para medir el grado de humedad del aire. — s.m./FÍSICA / = higroscopio
2 **higrómetro para madera**: Aparato eléctrico que sirve para medir la humedad de las maderas. — TECNOLOGÍA

higromorfo, a Se refiere al vegetal cuya estructura es idónea para vivir en el agua. — adj. / BOTÁNICA

higroscopia Parte de la física que estudia las causas de la humedad atmosférica y su medida. — s.f./FÍSICA / = higrometría

higroscopicidad Propiedad de los cuerpos orgánicos, y de algunos inorgánicos, de absorber la humedad del ambiente o de exhalarla según las circunstancias. — s.f. / FÍSICA

higroscópico, a Que tiene la propiedad de absorber o exhalar la humedad. — adj. / FÍSICA

higroscopio (Del gr. *hygros*, húmedo + *skopeo*, observar.)
1 Instrumento que sirve para medir el grado de humedad del aire. — s.m./FÍSICA / = higróscopo
2 Instrumento que consiste en una figura que, movida por una cuerda de tripa que se destuerce más o menos según la humedad del aire, indica buen o mal tiempo. — FÍSICA

higrostato Aparato que mide la humedad relativa del aire y la mantiene artificialmente. — s.m. / TECNOLOGÍA

higrotropismo Orientación del crecimiento determinada por la humedad del aire. — s.m. / BIOLOGÍA

higuana Iguana, reptil saurio americano. — s.f./ZOOLOGÍA

higüela Arma blanca usada por el podenquero con la que remata la presa conseguida por los perros. — s.f./CAZA / tb: higuela

higuera
1 Árbol frutal de la familia de las moráceas, de hojas grandes lobuladas y flores unisexuales que, al madurar, producen el higo y savia láctea. (*Ficus.*) — s.f. / BOTÁNICA
2 **higuera breval**: Árbol mayor que la higuera, de hojas más grandes y verdosas, que da brevas e higos. — BOTÁNICA
3 **higuera chumba, de Berbería, de Indias, de pala o de tuna**: Nopal, planta arbustiva. — BOTÁNICA
4 **higuera de las pagodas**: Aquella con notables raíces aéreas que se fijan al suelo y sostienen grandes ramas horizontales. (*Ficus religiosa.*) — BOTÁNICA
5 **higuera del diablo, del infierno o infernal**: Ricino, planta anual arborescente, de cuyas semillas se extrae un aceite purgante. — BOTÁNICA
6 **higuera loca**: Estramonio, planta de pequeño tamaño. — BOTÁNICA
7 **higuera moral o silvestre**: Sicómoro, planta arbórea. — BOTÁNICA
8 **higuera ordinaria**: La originaria de oriente, que se multiplica por acodo y esqueje y crece en suelos áridos y pedregosos. (*Ficus carica.*) — BOTÁNICA

9 **estar en la higuera**: Estar distraído, desorientado o ignorante de cierta cosa: *por estar en la higuera, perdió su turno y no pudo intervenir en el debate*. — coloquial

higueral Terreno poblado de higueras. — s.m./AGRICULTURA

higuereta Ricino, arbusto. — s.f./BOTÁNICA

higuerilla Ricino, arbusto. — s.f./BOTÁNICA

higüero
1 Güira, planta arbórea tropical. — s.m./BOTÁNICA
2 Fruto de este árbol. — BOTÁNICA

higuerón Planta arbórea de la familia de las moráceas que crece en América, cuya madera, muy fuerte, se emplea para construir embarcaciones. (*Ficus gigantea.*) — s.m. / BOTÁNICA / = higuerote

higueruela Planta herbácea de hojas partidas y flores azuladas en cabezuelas axilares. (*Psoralea.*) — s.f./BOTÁNICA / = angelote

hijadalgo Mujer que pertenecía por vínculos sanguíneos a la pequeña nobleza. — s.f./pl: hijasdalgo / = hidalga

hijastro, a Respecto de una persona, hijo o hija de su cónyuge, pero no de ella misma: *concedía más atenciones a sus hijastros que a su hija*. — s.

hijato Retoño o renuevo de planta: *los hijatos de las vides no soportarán estas temperaturas*. — s.m. / BOTÁNICA

hijo, a (Del lat. *filius*.)
1 Persona o animal respecto de su padre o de su madre: *ella es la hija menor de la familia*. — s.
2 Persona nacida en un lugar determinado: *él es hijo de Aragón y ella de Navarra*. — = natural
3 Obra de arte o producción que pertenece a un autor determinado: *esa novela es hija de un premio Nobel*. — = creación
4 Denominación que se suele dar al yerno y a la nuera, respecto de los suegros. — = hijo político
5 Expresión de cariño entre las personas: *¿dónde te habías metido, hijo mío?*
6 Miembro de una orden religiosa con relación al fundador de ésta y a la casa donde se nombró. — RELIGIÓN
7 Retoño o vástago de una planta. — s.m./BOTÁNICA
8 Sustancia ósea, esponjosa y blanca, que forma el interior del asta de los animales. — ZOOLOGÍA
9 Conjunto de personas que descienden de otra por generaciones sucesivas. — s.m.pl. / = descendientes
10 Segunda persona de la Santísima Trinidad, entre los cristianos. — s.m. / RELIGIÓN
11 **hijo adoptivo**: El que ha sido tomado en adopción.
12 **hijo adulterino**: El nacido de adulterio.
13 **hijo bastardo**: Hijo ilegítimo de padre conocido.
14 **hijo de algo**: Hidalgo, título nobiliario.
15 **hijo de confesión o espiritual**: Persona con respecto a su director espiritual. — RELIGIÓN
16 **hijo de Dios**: El justo o el que está en gracia de Dios.
17 **hijo de familia**: El que está bajo la autoridad paterna o tutelar, o el mayor de edad que permanece soltero viviendo en casa de sus padres. — DERECHO
18 **hijo de la cuna**: El huérfano que se ha criado en la inclusa.
19 **hijo de la luz**: El creyente, que profesa cierta fe religiosa. — RELIGIÓN
20 **hijo de la piedra**: El huérfano que vive de pedir limosna.
21 **hijo de la tierra**: El que no tiene padres ni parientes conocidos.
22 **hijo de leche**: Niño con relación al ama que lo crió.
23 **hijo de papá**: El que se aprovecha de la situación económica de sus padres sin buscar medios propios de vida. — coloquial / despectivo
24 **hijo de puta**: Insulto hacia una persona, haciendo referencia a la falsa condición de su madre. — vulgar / despectivo
25 **hijo de su madre**: Eufemismo de hijo de puta con el que se denota desprecio. — vulgar / despectivo
26 **hijo del diablo**: El que es astuto y travieso.
27 **hijo del hombre**: Título mesiánico con que Jesucristo se designa a sí mismo en algunos pasajes evangélicos. — RELIGIÓN
28 **hijo espurio**: Hijo ilegítimo de padre desconocido.
29 **hijo ilegítimo**: Hijo de padres no unidos en matrimonio.
30 **hijo legítimo**: Hijo de padres unidos en matrimonio.
31 **hijo natural**: El nacido de padres solteros que podían casarse al tiempo de tenerle.
32 **hijo político**: Denominación que se suele dar al yerno y a la nuera, respecto de los suegros.
33 **hijo reconocido**: Hijo natural al que uno o ambos padres reconocen de forma legal.
34 **hijo sacrílego**: El procreado con ruptura del voto de castidad por parte de uno de los padres o de ambos.
35 **hijo único**: El que es sostén de una familia, aunque tenga otros hermanos, y que está exento del servicio militar, o bien, que se le concede una prórroga. — MILITAR

36 ¡hijo de Dios!: Expresión de admiración y extrañeza. *interj.*

37 hijos de los hombres: Aquellos que viven fuera de la fe o no están adscritos a una doctrina teológica. *TEOLOGÍA*

38 hijos de muchas madres o tantas madres: Expresión con la que se indica la variedad de genios y costumbres entre muchos del mismo grupo o comunidad. *coloquial*

39 cada o cualquier o todo hijo de vecino: Cualquier persona: *paga la entrada como cualquier hija de vecino.* *coloquial*

40 cada uno es hijo de sus obras: Indica que por la manera de obrar se conoce mejor a una persona, que no por su fama o por razones de linaje. *coloquial*

41 todos somos hijos de Adán o de Dios: Expresión que significa que todos los hombres participamos de la misma naturaleza, aunque las condiciones de clase social y económicas sean diferentes. *coloquial*

hijodalgo Hombre que pertenecía por vínculos sanguíneos a la pequeña nobleza. *s.m./pl: hijosdalgo = hidalgo*

¡híjole! Se usa para expresar sorpresa o admiración: *¡híjole, ya es muy tarde!* *interj. Méx.*

hijuela
1 Cosa añadida o subordinada a otra principal: *añadió varias hijuelas al cortinaje para darle largura.* *s.f.*
2 Conjunto de bienes que corresponden a una persona en una partición testamentaria: *no parecía muy satisfecho con la hijuela que le tocó.* *DERECHO = herencia*
3 Documento en el que se especifican los bienes que corresponden a cada uno de los beneficiarios de una herencia. *DERECHO = testamento*
4 Camino que se separa de otro principal: *la maleza cerró la hijuelas.* *= atajo*
5 Canal o reguero que conduce el agua desde una acequia al campo que se ha de regar, y recoge el sobrante en otros canales de evacuación. *AGRICULTURA*
6 Simiente de las palmas y palmitos. *BOTÁNICA*
7 Trozo cuadrado de tela que cubre el cáliz en algunos momentos de la misa. *RELIGIÓN*
8 Colchón estrecho y delgado que se pone en la cama debajo de los otros para levantar el desnivel producido por el peso del cuerpo.
9 Tira de tela que se pone en una pieza de vestir para ensancharla.
10 Expedición postal que lleva las cartas a los pueblos que están fuera de la ruta principal.
11 Puntas de clavo que se hincan en los maderos para que se agarre mejor el yeso. *s.f.pl. CONSTRUCCIÓN*
12 Finca rústica que resulta de otra mayor al repartir una herencia. *s.f./Amér.*

hijuelar Dividir una finca grande en otras pequeñas al repartir una herencia. *v.tr. Chile*

hijuelero, a Persona que reparte el correo a pie. *s./= peatón*

hijuelo
1 Retoño de los árboles: *los hijuelos se utilizan para la reproducción de las plantas.* *s.m. BOTÁNICA*
2 Tablilla ensamblada a un tablero para suplir una parte que faltaba. *CARPINTERÍA th: hijuela*

hil- Componente de palabra procedente del gr. *hyle*, que significa materia: *hilomorfismo.* *pref. th: hilo-*

hila (Del lat. *fila*, hilera.)
1 Conjunto de personas, animales o cosas colocadas una tras otra o una junto a otra: *el camino está bordeado por una hila de álamos.* *s.f./= hilera, fila, hilada*
2 Acción de hilar las fibras textiles. *= hilanza*
3 Conjunto de hebras de un trozo de tela: *sobrehíla la tela para que no queden hilas.* *= hilacha*
4 **hila de agua:** Cantidad de agua que se toma de una acequia por un boquete de un palmo cuadrado. *AGRICULTURA*
5 **hila real de agua:** Cantidad que es el doble de la hila de agua. *AGRICULTURA*

hilacha
1 Conjunto de hebras que quedan en un trozo de tela. *s.f./tb: hilacho = hila*
2 Porción insignificante de una cosa: *sólo queda una hilacha de pastel.* *th: hilacho*
3 Residuo, restos de cosas materiales o inmateriales: *sólo quedaban las hilachas del pasado.* *= vestigio th: hilacho*
4 Ropa muy vieja y andrajosa. *Méx.*
5 **descubrir o mostrar la hilacha:** Dejar ver una persona su interioridad y las cualidades que suelen pasar desapercibidas. *coloquial*

hilachento, a
1 Que viste con ropa andrajosa. *adj.*
2 Que tiene hilachas de hilo.

hilachoso, a Que tiene muchas hilachas: *quítate ese pantalón hilachoso que llevas.* *adj. = hilachento*

hilada
1 Fila de personas, animales o cosas. *s.f./= hilera*
2 Conjunto de ladrillos o piedras colocados en la misma horizontal en una pared: *comprobaba cómo* *CONSTRUCCIÓN*

estaban dispuestas las hiladas que habían hecho los albañiles.
3 **hilada a soga:** La formada exclusivamente por ladrillos o sillares colocados horizontalmente. *CONSTRUCCIÓN*
4 **hilada a tizón:** La formada por piezas colocadas verticalmente. *CONSTRUCCIÓN*
5 **hilada de alero:** La fila más baja de tejas o pizarras de una cubierta. *CONSTRUCCIÓN*
6 **hilada volada:** Faja horizontal continua, lisa o moldeada, que sobresale de la fachada y suele indicar la separación entre pisos. *CONSTRUCCIÓN*

hiladillo
1 Hilo que sale de la maraña de seda. *s.m./TEXTIL*
2 Cinta estrecha de hilo, seda o algodón. *= rehiladillo*

hilado, a
1 Se aplica a cualquier sustancia que puede ser convertida en hilo: *compró tabaco hilado para la pipa; tiene piezas adornadas con cristal hilado.* *adj.*
2 Operación y resultado de hilar: *durante el hilado se estropeó la maquinaria.* *s.m. TEXTIL*
3 Fibra textil convertida en hilo. *= hilaza*

hilador, a Persona que se dedica a hilar, especialmente la seda: *era una hiladora que conocía bien el oficio.* *s. = hilandero*

hiladora Máquina de hilar. *s.f./TEXTIL*

hilanderas Personajes mitológicos femeninos romanos que hilaban, devanaban y cortaban el hilo de la vida de las personas. *s.f.pl. MITOLOGÍA*

hilandería
1 Fábrica o taller en el que se realiza el hilado de las fibras textiles. *s.f./TEXTIL = hilandero*
2 Arte de hilar las fibras. *TEXTIL*

hilandero, a
1 Persona que se dedica a hilar: *las hilanderas manejan la rueca con gran habilidad.* *s. = hilador*
2 Taller donde se hila. *s.m./= hilandería*

hilar (Del bajo lat. *filare*, hilar.)
1 Convertir las fibras textiles, como algodón, seda o lino, en hilo: *intentó aprender a hilar la lana como hacían en el pueblo antes de las hilaturas.* *v.tr/intr. TEXTIL*
2 Producir los insectos, las arañas y los gusanos la hebra para formar las telas o los capullos: *la araña hiló una telaraña entre las ramas.* *v.tr. ZOOLOGÍA*
3 Discurrir, deducir una cosa de otra: *hiló el argumento de la novela mientras observaba el cuadro.* *= inferir, trazar*
4 Emitir un sonido a plena voz para irlo disminuyendo progresivamente hasta llegar a un pianísimo. *MÚSICA*
5 Producir un fuerte sonido con un instrumento de arco y disminuirlo hasta llegar al pianísimo. *MÚSICA*
6 **hilar delgado o fino:** Discurrir, actuar o proceder con sumo cuidado y considerando todas las posibilidades: *no hiles tan delgado, eres demasiado meticuloso.* *coloquial*

hilaracha Hebra de hilo que cuelga de una tela: *corta esas hilarachas del pantalón.* *s.f. = hilacha*

hilarante Que mueve o causa risa: *la situación era absurda e hilarante.* *adj. = cómico*

hilaridad (Del gr. *hilarité* < lat. *hilaritas, -atis*, alegría.)
1 Expresión de alegría y satisfacción: *sus gestos mostraban hilaridad y contento.* *s.f. ≠ seriedad*
2 Risa ruidosa y prolongada que tiene lugar en una reunión: *la intervención del ministro produjo hilaridad en la oposición.* *= carcajada*

hilatura (Del cat. *filatura* < *filat*, hilado.)
1 Conjunto de operaciones y manipulaciones que tienen por objeto la transformación de la fibra textil en hilo. *s.f. = hilado TEXTIL*
2 Fabricación, industria y comercialización del hilado: *se dedica a la hilatura de lana.* *= hilandería TEXTIL*
3 Taller o fábrica donde se hilan fibras textiles. *TEXTIL*

hilaza
1 Porción de materia textil reducida a hilo: *recoge las hilazas que han quedado al cortar la tela.* *s.f./TEXTIL = hilado*
2 Hilo que sale gordo y desigual. *TEXTIL*
3 Hilo usado para tejer. *TEXTIL*
4 Conjunto de hebras que forman un tejido.
5 Conjunto de fibras extraídas de los tallos de los vegetales textiles.
6 Carácter de una persona. *= índole*
7 **mostrar o descubrir una persona la hilaza:** Dejar ver un defecto o vicio que se mantenía oculto.

hilemorfismo (Del gr. *hyle*, materia + *morphe*, forma.) Doctrina de Aristóteles según la cual los cuerpos están constituidos por materia y forma. *s.m. FILOSOFÍA tb: hilomorfismo*

hilera
1 Conjunto de personas, animales o cosas colocadas una tras otra o una junto a otra: *los policías formaron una hilera acordonando la zona siniestrada.* *s.f. = fila*
2 Instrumento formado por una lámina de acero con pequeños agujeros, que sirve para convertir los metales en alambre. *METALURGIA*
3 Hilo o hilaza fina. *TEXTIL*

4 Cada uno de los pequeños discos de hierro, vidrio o ágata a través de los cuales se hacen pasar las hebras de seda antes de cruzarlas. `TEXTIL`

5 Órgano esencial de una línea de hilado que permite obtener filamentos continuos. `TEXTIL`

6 Disposición de las columnas de un pórtico en una sola fila. `ARQUITECTURA`

7 Madero de la armadura de cubierta que forma el caballete del tejado. `CONSTRUCCIÓN` `= parhilera`

8 Formación de soldados uno detrás de otro. `MILITAR`

9 Órgano de las arañas formado por unos apéndices alrededor de su ano, con el que segregan el líquido que, al secarse, se convierte en hilo. `ZOOLOGÍA`

10 hilera recta: La de adoquines dispuesta en mitad de la calzada, a partir de la cual el pavimento se halla dispuesto en pendiente transversalmente hasta la acera. `CONSTRUCCIÓN`

hilero

1 Señal que forman las corrientes en la superficie del mar o de los ríos. `s.m.` `GEOGRAFÍA`

2 Corriente secundaria o derivación de una corriente principal dentro de una masa de agua. `GEOGRAFÍA`

hilio (Del lat. *hilum*, cosa sin valor.) Depresión en la superficie de un órgano que señala el punto de entrada o salida de los conductos secretores o de los vasos. `s.m.` `ANATOMÍA`

hilo (Del lat. *filum*.)

1 Fibra o conjunto de fibras de una materia textil, retorcida, larga y delgada, que se usa para tejer telas o coser: *compró hilo de algodón para hacer ganchillo.* `s.m.` `TEXTIL`

2 Filamento de cualquier material flexible: *el hilo telefónico está retorcido.* `= alambre, cable`

3 Fibra de la planta del lino.

4 Tela tejida con fibra de lino: *usaba siempre sábanas de hilo de color blanco.* `TEXTIL`

5 Conjunto de ropa blanca de lino o de cáñamo.

6 Filamento con el que las arañas, gusanos de seda y otros insectos forman sus telas y capullos. `ZOOLOGÍA`

7 Chorro muy delgado de un líquido: *del caño sólo sale un hilo de agua.*

8 Cantidad escasa de una cosa: *entraba un hilo de luz por el quicio de la puerta; nos dio la noticia con un hilo de voz.*

9 Continuación o desarrollo de un discurso u otra cosa: *el hilo del relato; enfrascarse en el hilo de su pensamiento.*

10 Alambre que se obtiene de un metal con la hilera: *hizo la soldadura con un hilo de estaño.* `METALURGIA` `= cable`

11 Hilero, líneas que forman las corrientes. `GEOGRAFÍA`

12 hilo bramante o de empalomar: Hilo delgado de cáñamo.

13 hilo conductor: El metálico utilizado como medio conductor de la corriente eléctrica. `ELECTRICIDAD`

14 hilo continuo: El formado por filamentos no cortados, como el de seda, de nylon o rayón. `TEXTIL`

15 hilo de camello: El fabricado con pelo de este animal mezclado con lana, muy apropiado para prendas de abrigo. `TEXTIL`

16 hilo de carda: El que se elabora con los desperdicios, ya sea de lana cardada o de grueso de algodón. `TEXTIL`

17 hilo de contacto o de trabajo: El metálico contra el que frota constantemente la cinta del pantógrafo del ferrocarril para asegurar la toma de corriente. `ELECTRICIDAD`

18 hilo de Escocia: Sedalina, tipo de fibra. `TEXTIL`

19 hilo de la muerte: Punto final de la vida. `literario`

20 hilo de la vida: Desarrollo y curso de la vida. `literario`

21 hilo de monjas: El tejido muy fino. `TEXTIL`

22 hilo de perlas: Sarta de perlas enhebradas en un hilo.

23 hilo de pita: Fibra obtenida de esta planta. `TEXTIL`

24 hilo de sutura: El empleado en cirugía para suturar heridas e incisiones. `MEDICINA`

25 hilo de tierra: Cable conductor que une un aparato eléctrico a la toma de tierra. `ELECTRICIDAD`

26 hilo de uvas: Racimo de esta fruta. `AGRICULTURA`

27 hilo de velas o volatín: El de cáñamo, más grueso que el regular, con el que se cose el velamen de una embarcación. `NÁUTICA`

28 hilo mercerizado: El tratado con lejía concentrada, que le da un brillo sedoso. `TEXTIL`

29 hilo musical: Sistema de conducción del sonido a través del cable telefónico, que permite escuchar diversos programas musicales. `AUDIOVISUALES`

30 hilo perlé: El de aspecto sedoso de alta calidad. `TEXTIL`

31 a o al hilo: 1. Siguiendo la dirección que llevan las hebras de un tejido: *debes cortar al hilo y no al sesgo.* `loc.adv.` 2. Sin interrupción: *al hilo siguió con su relato de intriga.* `loc.adv.`

32 al hilo del viento: Se aplica al vuelo de las aves que van en la misma dirección que el viento.

33 coger el hilo de algo: Enterarse del asunto del que se trata: *no acabo de coger el hilo de la conversación.* `coloquial`

34 colgar o pender de un hilo: Tener un gran riesgo de qué un asunto no llegue a buen término: *tu continuación en el cargo cuelga de un hilo.* `coloquial`

35 cortar el hilo: Interrumpir el desarrollo o curso de un asunto: *la llamada telefónica cortó el hilo del discurso.* `coloquial`

36 de hilo o de un hilo: Directamente, sin detención: *recitó el poema de hilo.* `loc.adv.`

37 en el hilo o al hilo de las tablas o de la barrera: Manera de estar el toro en posición paralela y próxima a éstas. `loc.adv.` `TAUROMAQUIA`

38 escapar con el hilo en una pata: Salir hábilmente de una situación difícil o peligrosa. `Argent.,` `P. Rico`

39 hilo a hilo o de hilo en hilo: Con lentitud y sin interrupción: *el vino caía de la bota hilo a hilo.* `loc.adv.`

40 labrar a hilo derecho: Labrar un madero al hilo de sus fibras. `CARPINTERÍA`

41 perder el hilo: Olvidar el tema del que se estaba hablando: *no sé qué te iba a decir, he perdido el hilo.* `coloquial`

42 seguir el hilo: Continuar con el asunto del que se estaba hablando o tratando: *siguiendo el hilo de la conversación, os explicaré una anécdota.* `coloquial`

43 tomar el hilo: Retomar el asunto o conversación que se mantenía: *y después de esta interrupción, vuelvo a tomar el hilo del tema.* `coloquial`

hilomorfismo Hilemorfismo, doctrina aristotélica. `s.m./FILOSOFÍA`

hilozoísmo Doctrina metafísica surgida en la escuela jónica y estoica, que defendía que la materia era un ser animado, dotado de espontaneidad y de sensibilidad. `s.m.` `FILOSOFÍA`

hilván

1 Costura de puntadas largas con que se disponen y preparan las piezas antes de coserlas definitivamente. `s.m.` `TEXTIL`

2 Cada una de las puntadas de este tipo de costura provisional. `TEXTIL` `= basta, embaste`

3 Hilo con que está hecha esta costura: *quitar los hilvanes de un vestido.* `TEXTIL`

4 Dobladillo, costura hecha para rematar el borde de una tela o prenda. `Venez.` `TEXTIL`

5 hablar de hilván: Hablar de prisa, atropelladamente: *continuamente le piden que se explique con tranquilidad y deje de hablar de hilván.* `coloquial`

hilvanado

1 Acción y resultado de coser con puntadas largas para preparar un cosido definitivo o para hacer marcas en una tela. `s.m.` `TEXTIL` `= embastado`

2 Bosquejo hecho a grandes rasgos: *me ha gustado el hilvanado de la trama de la película.*

hilvanar

1 Coser una cosa con puntadas largas provisionalmente: *hilvana las costuras y luego plánchalas.* `v.tr./= embastar` `≠ deshilvanar`

2 Poner en relación ideas o palabras al hablar o al escribir: *hilvanó todos los puntos que había enumerado para clarificar el concepto.* `= coordinar, relacionar`

3 Preparar una cosa precipitadamente: *al poco tiempo de conocerse ya hilvanaron su matrimonio.*

himation (Voz griega.) Manto suelto que los griegos solían llevar sobre el resto de la indumentaria. `s.m.` `HISTORIA`

himen (Del lat. *hymen* < gr. *hymen*, membrana.) Repliegue membranoso que normalmente recubre el orificio externo de la vagina en las mujeres vírgenes. `s.m.` `ANATOMÍA`

himeneo (Del lat. *hymenaeus* < gr. *hymenaios*, himeneo.)

1 Boda o casamiento.

2 Composición poética en que se canta al matrimonio: *Machado dedicó un himeneo a su buen amigo.* `s.m./literario` `POESÍA` `= epitalamio`

himenio Capa en que se encuentran las esporas de los hongos. `s.m.` `MICOLOGÍA`

himenóptero, a (Del gr. *hymen*, membrana + *pteron*, ala.) Perteneciente a un orden de insectos masticadores y chupadores de metamorfosis completa, con cuatro alas membranosas y transparentes y con un aparato bucal adaptado para morder, chupar o comer, como las hormigas y las abejas. `adj/s.m.` `ZOOLOGÍA`

himnario Colección de himnos. `s.m.`

himno (Del lat. *hymnus* < gr. *hymnos*, himno.)

1 Composición musical emblemática de un estado, acontecimiento o asociación: *el campeón oyó emocionado el himno nacional de su país.* `s.m.` `MÚSICA`

2 Composición poética o musical solemne, de alabanza: *leyó una obra de himnos a la Virgen.* `LITERATURA,` `MÚSICA`

3 Cualquier manifestación oral o escrita en la que se ensalza o defiende una cosa o a una persona: *su discurso fue un himno a la paz.* `= canto`

himnodia Canto usado en la liturgia para entonar los himnos. `s.f.` `MÚSICA`

himpar Manifestar una persona dolor o pena emitiendo sonidos acompañada con hipo. `v.intr.` `tb: himplar`

himplar (Variante de *hipar*.)

1 Emitir la onza o la pantera su voz. `v.intr.`

2 Gemir con hipo. `tb: himpar`

hincadura Acción y resultado de hincar. `s.f.`

hincapié

1 Afianzamiento del pie en un punto para hacer un esfuerzo o para sostenerse. `s.m.`

2 hacer hincapié: Insistencia en lo que se dice o pide: *hizo hincapié en que acabaría con la corrupción.*

hincar (Del lat. vulgar *figicare* < lat. *figere.*)
1 Introducir la punta de una cosa en un lugar: *la espina se hincó en la encía.* — v.tr/prnl./conj: *sacar* + en/= *clavar*
2 Descansar una cosa en otra con fuerza: *hinca firmemente el pie en el hueco de la roca.* — v.tr./+ en = *asentar*
3 Ponerse una persona de rodillas: *se hincó ante la imagen del santo patrón.* — v.prnl. = *arrodillarse*
4 Copular, unirse sexualmente. — v.tr./Argent.

hincha
1 Seguidor entusiasta de un equipo deportivo, de una asociación o de una persona destacada en alguna actividad: *los hinchas del equipo aplaudían a los jugadores.* — s.m.f. = *forofo* coloquial
2 Sentimiento de odio o enemistad hacia una persona: *te tiene hincha porque no compartes sus opiniones sobre política.* — s.f./≈ *antipatía* ≠ *afecto*

hinchable Que está hecho de material flexible y adquiere su verdadera forma al ser hinchado: *colchón hinchable.* — adj.

hinchada Conjunto de hinchas de un equipo deportivo o de una persona destacada en una actividad: *la hinchada gritó las consignas y tiró cohetes para celebrar la victoria.* — s.f. = *afición*

hinchadamente
1 Con grandilocuencia: *hablaba hinchadamente de los méritos propios.* — adv.
2 Con amplitud injustificada: *publicó hinchadamente sus memorias en varios tomos.*

hinchado, a
1 Que presume mucho de su aspecto: *tiene andares hinchados.* — adj./= *presuntuoso, vanidoso*
2 Se aplica al lenguaje o al estilo que es afectado o grandilocuente. — = *enfático, retórico*

hinchar (Del lat. *inflare*, hinchar.)
1 Aumentar el volumen de una cosa llenándola de un fluido: *el globo se hinchó en pocas horas.* — v.tr/prnl./= *inflar* ≠ *desinflar, vaciar*
2 Aumentar el caudal de una corriente de agua: *la temporada de lluvias hinchó todos los ríos.*
3 Presentar una información o un acontecimiento de forma exagerada: *algunos diarios hincharon la noticia del accidente.* — = *exagerar, abultar*
4 Aumentar una parte del cuerpo su volumen por razones patológicas: *con el flemón se le hinchó mucho la cara.* — v.prnl. = *inflamarse*
5 Hacer determinada actividad con exceso: *se hinchó de comer porque estaba muerto de hambre; el fin de semana se hinchó de ver televisión.* — + de = *atiborrarse, hartarse*
6 Volverse una persona vanidosa: *se hinchó cuando le concedieron el premio.* — = *envanecerse* ≠ *deshincharse*
7 Molestar a otra persona: *no sigas hinchando al chico.* — v.tr./Argent., Chile
8 Alentar a un equipo deportivo. — v.intr./Amér./+ a

hinchazón
1 Efecto de hinchar o hincharse: *el golpe me ha causado una hinchazón en la pierna.* — s.f. = *hinchamiento*
2 Forma de comportarse la persona engreída: *su hinchazón cuando habla me desagrada.* — = *vanidad* ≠ *sencillez*
3 Modo de hablar afectado y poco natural. — = *grandilocuencia*

hinco Poste o puntal clavado en la tierra. — s.m.

hincón Poste en que se asegura la maroma o el cable que atraviesa un río para servir de guía a la barca que lo cruza. — s.m. NÁUTICA

hindi Lengua indoaria derivada del sánscrito, de la familia indoeuropea, que es el idioma oficial de la Unión India. — s.m. LINGÜÍSTICA

hindú
1 De la India, país del sur de Asia. — adj./pl.tb: hindúes
2 Persona natural de este país. — s.m.f.
3 Que practica el hinduismo. — adj/s.m.f./RELIGIÓN

hinduismo Religión actual predominante en la India, que es la evolución del vedismo y brahmanismo antiguo, y establece que el hombre ha de pasar por distintas formas de vida para alcanzar la salvación. — s.m. RELIGIÓN

hinduista
1 Del hinduismo: *doctrina hinduista.* — adj./RELIGIÓN
2 Que practica el hinduismo: *comunidad hinduista.* — adj/s.m.f./RELIGIÓN

hiniesta (Del lat. *genesta.*) Arbusto de ramas flexibles y flores amarillas en racimos. — s.f./= retama BOTÁNICA

hinojal Terreno donde abundan los hinojos. — s.m.

hinojo
I (Del bajo lat. *fenuculum* < *fenum*, heno.)
1 Planta herbácea y aromática usada en medicina y como condimento, con tallos erguidos, ramosos y estriados, flores pequeñas y amarillas y fruto oblongo con numerosas semillas. *(Foeniculum vulgare.)* — s.m. BOTÁNICA
2 **hinojo caballuno:** Planta herbácea cuyas hojas tienen el involucro muy reducido o bien carecen de él. *(Seseli hyppomarathrum.)* — BOTÁNICA
3 **hinojo hediondo:** Eneldo, planta. — BOTÁNICA

4 hinojo marino: Planta umbelífera de tallos gruesos, con hojas carnosas divididas en segmentos lanceolados y flores pequeñas y verdosas. *(Crithmum maritimum.)* — BOTÁNICA
II (Del lat. vulgar *genuculum* < *genu*, rodilla.)
1 Rodilla, parte del cuerpo donde se une el muslo con la pierna. — s.m. ANATOMÍA
2 **de hinojos:** De rodillas: *se hincó de hinojos ante el altar en un arrebato de arrepentimiento.* — loc.adv.

hinque Juego infantil en que hay que hincar o clavar palos puntiagudos en la tierra. — s.m. JUEGOS

hintero Mesa para amasar el pan. — s.m.

hiogloso, a (Del gr. *hyoeides*, hioides + *glossa*, lengua.) Del hueso hioides y de la lengua. — adj. ANATOMÍA

hioideo, a Del hueso hioides. — adj./ANATOMÍA

hioides (Del gr. *hyoeides*, hioides.) Se aplica al hueso flotante situado debajo de la lengua y encima de la laringe. — adj/s.m. pl: hioides ANATOMÍA

hip- Componente de palabra procedente del gr. *hippos*, que significa caballo: *hipódromo; hípica.* — pref. tb: hipo-

hipálage Figura retórica que consiste en hacer depender un complemento de una palabra distinta de aquella a la que, por lógica, debería referirse: *la frase los invitados ocuparon las hambrientas mesas es un ejemplo de hipálage.* — s.f. RETÓRICA

hipar (Voz onomatopéyica.)
1 Tener una persona hipo: *en cuanto toma alguna bebida con gas comienza a hipar.* — v.intr.
2 Respirar los perros fuertemente cuando siguen la caza. — CAZA
3 Padecer una persona fatiga o angustia al realizar un gran esfuerzo o por el trabajo. — = *cansar, fatigar*
4 Llorar o quejarse sin causa aparente o de manera ridícula. — = *gimotear*
5 Desear mucho una cosa: *hipaba por conseguir la muñeca.* — = *anhelar*

hipear Hipar, tener hipo. — v.intr./Colomb.

híper Hipermercado, tipo de comercio: *este mes hay buenas ofertas en el híper.* — s.m. COMERCIO

hiper- Componente de palabra procedente del gr. *hyper*, que significa exceso: *hipermercado.* — pref.

hiperactividad
1 Alteración de la conducta infantil, y de algunas personas adultas, caracterizada por el exceso de movimientos del niño y la imposibilidad de quedarse quieto. — s.f. SICOLOGÍA
2 Actitud o situación de estar atareado realizando varias actividades a la vez.

hiperactivo, a
1 Se refiere a la persona que presenta hiperactividad: *pronto descubrieron que era hiperactiva por su comportamiento en la guardería.* — adj/s. SICOLOGÍA
2 Que lleva a cabo varias tareas a la vez: *nuestros jefes son hiperactivos y esto dinamiza la empresa.* — adj.

hiperalgia Sensibilidad dolorosa extrema. — s.f./MEDICINA

hipérbaton (Del gr. *hyperbaton* < *hyperbatino*, pasar por encima.) Figura de construcción que consiste en alterar el orden lógico de las palabras en la frase. — s.m. pl: hipérbatos RETÓRICA

hipérbola (Del gr. *hyperbole*, exceso.)
1 Curva simétrica y plana que se obtiene cortando una superficie cónica por un plano paralelo a su eje. — s.f. GEOMETRÍA
2 **hipérbolas conjugadas:** Las que tienen las mismas asíntotas y están colocadas dentro de los cuatro ángulos que éstas forman. — GEOMETRÍA

hipérbole (Del gr. *hyperbole*, exceso.) Figura retórica que consiste en aumentar o disminuir de forma exagerada lo que se expresa: *hace un calor que se asan los pájaros es un ejemplo de hipérbole.* — s.f. RETÓRICA

hiperbólico, a
1 De la hipérbola o que tiene su forma: *figura hiperbólica.* — adj. GEOMETRÍA
2 De la hipérbole o que tiene relación con ella: *expresión hiperbólica.* — RETÓRICA

hiperbolizar Usar una persona hipérboles: *no creas todo lo que te dice porque siempre hiperboliza.* — v.intr. conj: cazar

hiperboloide
1 Que se parece a una hipérbola: *un espejo hiperboloide.* — adj.
2 Figura geométrica cuyas secciones planas son elipses, círculos o hipérbolas y se extienden indefinidamente en dos sentidos opuestos. — s.m. GEOMETRÍA
3 Sólido comprendido en un trozo de esta superficie. — GEOMETRÍA
4 **hiperboloide de revolución:** El formado por el giro de una hipérbola alrededor de uno de sus ejes. — GEOMETRÍA

hiperbóreo, a (Derivado de *bóreas.*) De las regiones muy septentrionales o árticas: *la vegetación hiperbórea es poco abundante debido al frío.* — adj. tb: hiperboreal = ártico, polar

hipercinesia Anomalía del sistema nervioso central, caracterizada por rápidos y constantes movimientos no controlables. — s.f. MEDICINA tb: hiperquinesia

hiperclorhidria Exceso o aumento de ácido clorhídrico en el jugo gástrico que causa acidez. — s.f. MEDICINA

hiperclorhídrico, a
1 De la hiperclorhidria. — adj.
2 Que padece hiperclorhidria. — adj/s./ MEDICINA

hipercolesterolemia Exceso de colesterol en la sangre. — s.f. MEDICINA

hipercomplejo Se aplica al número formado por una serie ordenada de números reales, y que tiene, en la geometría del espacio, la misma función que los números complejos en la geometría plana. — adj/s.m. MATEMÁTICAS

hipercompresor Aparato compresor usado para someter a los gases a presiones muy altas. — s.m. TECNOLOGÍA

hipercorrección Deformación de una palabra o expresión por un deseo excesivo y equivocado de corrección, siguiendo el modelo de otras: *es una hipercorrección decir Bilbado por Bilbao.* — s.f. LINGÜÍSTICA = ultracorrección

hipercrisis Crisis violenta o más intensa que de ordinario, en el proceso de una enfermedad. — s.f./pl: hipercrisis MEDICINA

hipercrítica Crítica exagerada, minuciosa y especialmente rigurosa. — s.f.

hipercrítico, a
1 De la hipercrítica: *emitió un juicio hipercrítico.* — adj.
2 Se refiere a la persona que ejerce la crítica con mucha dureza o inflexibilidad: *el hipercrítico Catón no dejó títere con cabeza.* — adj/s.

hiperdulía Culto rendido a la Virgen. — s.f./RELIGIÓN

hiperemesis Vómitos intensos y prolongados, especialmente los que se producen durante el embarazo. — s.f./pl: hiperemesis MEDICINA

hiperemia Exceso de sangre en un órgano o en una parte del organismo. — s.f. MEDICINA

hiperespacio Espacio matemático ficticio o teórico de más de tres dimensiones. — s.m. MATEMÁTICAS

hiperestesia (Del gr. *hyper*, exceso + *aisthetikos*, que se puede percibir con los sentidos.) Exceso de sensibilidad. — s.f. MEDICINA

hiperestesiar Causar una cosa hiperestesia a una persona o un animal o padecerla. — v.tr/prnl.

hiperfocal Se aplica a la distancia mínima que debe haber entre un objeto y una máquina regulada al infinito para obtener una fotografía precisa. — adj. FOTOGRAFÍA

hiperfunción Aumento de la actividad normal de un órgano. — s.f. MEDICINA

hipergénesis Desarrollo excesivo y anormal de un órgano. — s.f./pl: hipergénesis MEDICINA

hiperglucemia Exceso de glucosa en la sangre: *el análisis de sangre mostró que tenía hiperglucemia.* — s.f./MEDICINA ≠ hipoglucemia

hiperglucistia Aumento de la cantidad de glucosa presente en los tejidos: *la hiperglucistia aparece frecuentemente en los casos de diabetes.* — s.f. MEDICINA

hipergol Propergol, sustancia que se inflama espontáneamente, utilizada como combustible de un cohete. — s.m. TECNOLOGÍA

hiperhidrosis
1 Exceso de secreción sudoral normalmente localizado en una región determinada de la piel, debida a trastornos vasomotores. — s.f./pl: hiperhidrosis MEDICINA
2 Exceso de agua en células y tejidos, que implica un aumento de volumen. — BIOLOGÍA

hipericíneo, a Perteneciente a una familia de plantas de hojas enteras y opuestas, flores normalmente amarillas, frutos capsulares o abayados, semillas sin albumen y que suelen tener jugo resinoso. — adj/s.f. BOTÁNICA = gutífero

hiperico (Del lat. *hypericon* < gr. *hypereikon*.) Corazoncillo, planta herbácea o subarbustiva. *(Hypericum perforatum.)* — s.m. BOTÁNICA

hiperinflación Subida muy rápida y continuada del nivel de precios que provoca la pérdida constante del valor del dinero, característica de los períodos de posguerra o crisis económico-políticas. — s.f. ECONOMÍA

hipermenorrea Menstruación muy abundante. — s.f./MEDICINA

hipermercado Supermercado de grandes dimensiones, con área de aparcamiento para los clientes y con precios normalmente más económicos. — s.m. COMERCIO = híper

hipermetamorfosis Metamorfosis de ciertos insectos, que pasan por un mayor número de fases que la normal en su desarrollo postembrionario. — s.f./pl: hipermetamorfosis ZOOLOGÍA

hipermetría Figura retórica, poco usada, que consiste en dividir una palabra entre el final de un verso y el principio del siguiente. — s.f. POESÍA = encabalgamiento

hipermétrope Se aplica a la persona que padece hipermetropía. — adj/s.m.f. MEDICINA

hipermetropía Defecto de la visión que consiste en que la imagen se forma más allá de la retina, debido a un defecto de la convergencia del cristalino, dificultando la visión de cerca. — s.f. MEDICINA

hipermnesia Proceso de excitación anormal e incontrolable de la memoria, en que el sujeto suele recordar simultánea e involuntariamente hechos de su vida pasada. — s.f. SIQUIATRÍA

hipernefroma Tumor maligno que suele afectar al riñón. — s.m. MEDICINA

hipernúcleo Núcleo atómico que contiene un hiperón más en sus componentes normales, que son los protones y neutrones. — s.m. FÍSICA NUCLEAR

hipernutrición Exceso de alimentación que causa trastornos en el aparato digestivo y en todo el organismo. — s.f. MEDICINA

hiperón Cualquier partícula subatómica de masa superior a la del protón. — s.m. FÍSICA NUCLEAR

hiperonimia Relación de inclusión entre unidades léxicas, que va de lo más general a lo más específico. — s.f./LINGÜÍSTICA ≠ hiponimia

hiperónimo Palabra cuyo significado está en relación de hiperonimia con otra: *flor es un hiperónimo de amapola.* — s.m. LINGÜÍSTICA ≠ hipónimo

hiperostosis Formación nueva de tejido óseo que causa el aumento del volumen de uno o de varios huesos. — pl: hiperostosis MEDICINA

hiperoxia Estado que padece un organismo al recibir un exceso de oxígeno a través de la respiración. — s.f. MEDICINA

hiperparásito Se aplica al parásito que vive a expensas de otro. — adj/s.m./BIOLOGÍA

hiperpepsia Aumento anormal de la actividad de las glándulas de la mucosa gástrica. — s.f. MEDICINA

hiperpituitarismo Actividad excesiva de la glándula pituitaria: *el hiperpituitarismo puede producir gigantismo.* — s.m. MEDICINA

hiperplasia Multiplicación excesiva de células normales en un tejido o en un órgano. — s.f. MEDICINA

hiperpnea
1 Aumento de la amplitud y velocidad de los movimientos respiratorios. — s.f. MEDICINA
2 Aumento del volumen de aire inspirado durante una inspiración forzosa. — MEDICINA

hiperquinesia
1 Aumento de la rapidez y amplitud de movimientos. — s.f./tb: hiperkinesia
2 **hiperquinesia volitiva:** Conjunto de movimientos anormales, bruscos y amplios que acompañan al movimiento voluntario, sin actividad anormal en el reposo. — MEDICINA tb: hiperkinesia

hiperrealismo Tendencia artística que se caracteriza por el tratamiento de temas inspirados en el ambiente ordinario y cotidiano, especialmente urbano, y por la reproducción fiel, casi fotográfica, de la realidad, especialmente en pintura y en escultura. — s.m. ARTE

hiperrealista Del hiperrealismo, tendencia artística. — adj./ARTE

hipersecreción Aumento de la secreción de una glándula. — s.f. MEDICINA

hipersensibilidad
1 Cualidad de quien es excesivamente sensible: *su estado de ánimo es inestable debido a su extrema hipersensibilidad.* — s.f. ≠ insensibilidad
2 Reacción defensiva de ciertas plantas que se caracteriza por la necrosis de células y la protección de los tejidos cercanos al lugar del ataque de los parásitos. — BOTÁNICA
3 Reacción inmunitaria a un contacto secundario con un antígeno, caracterizada por una respuesta amplificada del sistema inmunológico. — MEDICINA

hipersensibilización
1 Estado alérgico frente a determinadas sustancias. — s.f./MEDICINA
2 Tratamiento a que se somete una emulsión fotosensible para aumentar su sensibilidad. — FOTOGRAFÍA

hipersensible
1 Que es muy sensible: *es un niño hipersensible, así que llora enseguida.* — adj. = hiperestésico
2 Que es alérgico a determinadas sustancias: *es hipersensible al polvo.* — MEDICINA

hipersialosis Aumento anormal de la secreción de las glándulas salivales. — s.f./pl: hipersialosis MEDICINA

hipersomnia Tendencia exagerada anormal al sueño. — s.f./MEDICINA

hipersónico, a Se aplica a la velocidad superior a 5.000 kilómetros por hora, así como a la nave capaz de alcanzarla. — adj. AERONÁUTICA

hipersonido Vibración mecánica o movimiento repetido de las ondas sonoras de frecuencia superior a la supersónica. — s.m. FÍSICA

hiperstena Silicato de hierro y magnesio. — s.f./MINERALOGÍA

hiperstenita Roca eruptiva, granuda, compuesta principalmente por hiperstena. — s.f. GEOLOGÍA

hipertelia Desarrollo excesivo de un órgano, que hace que pierda su función e, incluso, que dificulte la de otros: *la hipertelia de los colmillos del mamut.* — s.f. BIOLOGÍA

hipertensión
1 Tensión o presión de la sangre superior a la normal. — s.f./MEDICINA ≠ hipotensión

2 hipertensión arterial: Presión arterial superior a la normal. — MEDICINA

3 hipertensión intracraneal: Aumento de la presión del líquido cefalorraquídeo dentro de la cavidad craneal. — MEDICINA

hipertenso, a Que padece hipertensión arterial: *come siempre sin sal porque es hipertensa*. — adj./s./MEDICINA ≠ hipotenso

hipertermia Aumento de la temperatura del cuerpo por encima de la normal. — s.f./MEDICINA ≠ hipotermia

hipertérmico, a De la hipertermia: *estado hipertérmico*. — adj./≠ hipotérmico

hipertiroideo, a
1 Del hipertiroidismo, afección de la tiroides. — adj./MEDICINA
2 Que padece esta afección. — adj./s./MEDICINA

hipertiroidismo Aumento de la secreción de la glándula tiroides, generalmente acompañado por un incremento del volumen de la misma. — s.m. MEDICINA

hipertonía
1 Aumento excesivo de la tensión o del tono, especialmente muscular. — s.f./MEDICINA ≠ hipotonía
2 Estado de una solución hipertónica o de un medio orgánico, siendo el plasma sanguíneo el de referencia. — BIOQUÍMICA

hipertónico, a Se aplica a la solución que tiene una concentración molecular mayor que otra, estando las dos a la misma temperatura. — adj. BIOQUÍMICA ≠ hipotónico

hipertricosis
1 Formación patológica de pelos, regulares y densos, formando fieltro. — s.f./pl: hipertricosis BOTÁNICA
2 Exceso de pelo o vello corporal o presencia del mismo en zonas en las que normalmente no debería aparecer. — MEDICINA = hirsutismo

hipertrofia (Del gr. *hyper-*, excesivamente + *trophos*, alimenticio.)
1 Aumento exagerado del volumen de un órgano, de un tejido o de parte de ellos, por incremento de tamaño de sus elementos constitutivos. — s.f. MEDICINA ≠ hipotrofia
2 Desarrollo excesivo de algo.
3 **hipertrofia compensadora: 1.** Desarrollo exagerado de un órgano que ha perdido su pareja: *padece de hipertrofia compensadora en el riñón*. **2.** Desarrollo anormal del fragmento restante de un órgano. — MEDICINA / MEDICINA
4 **hipertrofia muscular:** Aumento de volumen del músculo: *el culturista presenta hipertrofia muscular*. — MEDICINA

hipertrofiar
1 Producir hipertrofia: *el exceso de deporte le ha hipertrofiado la fibra muscular*. — v.tr. MEDICINA
2 Aumentar el volumen de un órgano excesivamente: *se le ha hipertrofiado la aurícula derecha*. — v.prnl. MEDICINA

hipertrófico, a
1 De la hipertrofia: *aumento hipertrófico*. — adj./MEDICINA
2 Que padece hipertrofia. — adj./s./MEDICINA

hipervitaminosis Estado patológico provocado por la administración excesiva de algunas vitaminas, en especial las liposolubles. — s.f. pl: hipervitaminosis MEDICINA

hipetro, a Se aplica al templo antiguo que tenía el centro al descubierto. — adj. ARQUITECTURA

hip-hop Estilo de música rap de discoteca. — s.m./MÚSICA

hipiatra Veterinario especialista en enfermedades de los caballos. — s.m.f./VETERINARIA = hipiatro

hipiatría Parte de la zootecnia que se ocupa del cuidado y cría de los caballos. — s.f. = hipiátrica

hipiátrico, a De la hipiatría: *métodos hipiátricos*. — adj.

hípica Deporte que se practica a caballo, bien en carrera, salto o doma. — s.f./= hipismo DEPORTES

hípico, a (Del gr. *hippikos*, del caballo < *hippos*, caballo.) De la hípica o de los caballos: *carrera hípica; estatua hípica*. — adj.

hipido Hipo o gimoteo continuado: *los hipidos de la criatura la desvelaron*. — s.m.

hipismo
1 Conjunto de conocimientos relativos a la cría y adiestramiento del caballo. — s.m.
2 Hípica, deporte practicado a caballo. — DEPORTES

hipn-
I Componente de palabra procedente del gr. *hypnos*, que significa sueño: *hipnal; hipnosis*. — pref. tb: hipno-
II Componente de palabra procedente del gr. *hypnon*, que significa musgo: *hipnobrial*. — pref. tb: hipno-

hipnal (Del gr. *hypnos*, sueño.) Serpiente que, se creía antiguamente, infundía un sueño mortal con su picadura. — s.m. MITOLOGÍA

hipnobrial Perteneciente a un orden de musgos que presentan el tallo plumoso, el peristoma doble y la cofia lisa. — adj./s.f. BOTÁNICA

hipnosis (Derivado del gr. *hypnos*, sueño.) Estado artificial provocado por la sugestión y caracterizado por una acusada susceptibilidad a la influencia del — s.f. pl: hipnosis

hipnotizador y por la disminución a la receptividad de otras influencias.

hipnoterapia Tratamiento y curación de enfermedades por medio de la hipnosis. — s.f. MEDICINA

hipnótico, a (Del lat. *hypnoticus* < gr. *hypnotikos*, soñoliento < *hypnos*, sueño.)
1 De la hipnosis o del hipnotismo: *al salir del estado hipnótico, no recordaba nada de lo que había sucedido*. — adj.
2 Se aplica al medicamento que produce sueño: *a pesar de que se pasaba las noches en blanco, se negó a que le administraran hipnóticos*. — adj./s.m./FARMACIA = anestésico, somnífero

hipnotismo Procedimiento utilizado para producir la hipnosis y fenómenos y aplicaciones relacionadas con ella. — s.m.

hipnotización Acción y resultado de hipnotizar: *se negó a someterse a la hipnotización ante las cámaras*. — s.f.

hipnotizador, a Que hipnotiza: *la hipnotizadora mirada lo trasladó a su niñez*. — adj./s. = hipnotizante

hipnotizar
1 Producir hipnosis en una persona: *pidió voluntarios entre el público para hipnotizarlos*. — v.tr. conj: cazar
2 Causar una persona o una cosa una gran impresión por su belleza o sus cualidades: *los monumentos de aquella ciudad le hipnotizaron*. — = fascinar, embrujar ≠ disgustar

hipo
1 Movimiento brusco y espasmódico del diafragma que provoca una serie de espiraciones fuertes y ruidosas, al ser expulsado el aire de los pulmones con violencia mientras la glotis está constricta. — s.m. MEDICINA
2 Ruido que se hace al intentar contener el llanto.
3 Animadversión, disposición del ánimo en contra de alguien.
4 **quitar algo o alguien el hipo a una persona:**
1. Asustarle, darle miedo: *el chillido le quitó el hipo*. — coloquial
2. Sorprenderle, desconcertarle: *sus improperios le quitaron el hipo porque no sabía por qué estaba enfadada*. — coloquial
5 **tener el hipo de algo:** Sentir un deseo imperioso respecto a una cosa: *tenía el hipo de comer chocolate*. — coloquial

hipo- Componente de palabra procedente del gr. *hypo*, que significa debajo: *hipodermis*. — pref.

hipoacusia Disminución de la agudeza auditiva. — s.f./MEDICINA

hipoalgia Estado caracterizado por la disminución de la percepción y de la capacidad de reacción al dolor. — s.f./BIOLOGÍA = hipoalgesia

hipoazoturia Disminución de la cantidad de productos nitrogenados de la orina. — s.f. BIOQUÍMICA

hipobóscido, a Perteneciente a una familia de insectos dípteros, con el cuerpo aplastado y los palpos alargados y modificados en forma de rostro, que se alimentan de la sangre de aves y mamíferos. — adj/s.m. ZOOLOGÍA

hipobranquial Se aplica a uno de los huesos que forman el arco branquial de los peces. — adj. ZOOLOGÍA

hipocalórico, a Se aplica a la dieta que contiene menos calorías de las consideradas necesarias: *las dietas hipocalóricas suelen ser ineficaces a la larga*. — adj.

hipocampo (Del gr. *hippokampos* < *hippos*, caballo + *kampe*, curvatura.)
1 Caballito de mar, pez teleósteo marino. — s.m./ZOOLOGÍA ANATOMÍA
2 Quinta circunvolución del lóbulo temporal del cerebro, que recibe informaciones ópticas, acústicas, táctiles y viscerales.
3 Caballo marino, monstruo que era mitad caballo y mitad pez. — MITOLOGÍA

hipocapnia Disminución de la concentración de dióxido de carbono en el flujo sanguíneo arterial. — s.f. MEDICINA

hipocarpo Parte de la planta sobre la que descansa el fruto. — s.m. BOTÁNICA

hipocarpogeo, a Se aplica a las plantas cuyos frutos maduran bajo tierra, como el cacahuete. — adj. BOTÁNICA

hipocastanáceo, a Perteneciente a una familia de plantas angiospermas dicotiledóneas, arbóreas o arbustivas, de hojas opuestas, compuestas y palmeadas, flores en racimo o en panoja y fruto en cápsula. — adj/s.f. tb: hipocastáneo

hipocausto (Del gr. *hypokauston* < *hypo*, debajo + *kaio*, quemar.)
1 Horno subterráneo para calentar las salas y habitaciones en las casas grecolatinas. — s.m. HISTORIA
2 Habitación abovedada donde se ubicaba este horno subterráneo. — ARQUITECTURA. HISTORIA
3 Sala de baño o habitación calentada por uno de estos hornos. — ARQUITECTURA. HISTORIA

hipocentauro Centauro, monstruo mitológico mitad hombre, mitad caballo. — s.m. MITOLOGÍA

hipocentro Supuesto punto subterráneo de donde parten las ondas sísmicas. — s.m. GEOLOGÍA

hipocicloide Línea curva descrita por un punto de una circunferencia que rueda dentro de otra fija, conservándose ambas tangentes. — s.f. GEOMETRÍA

hipoclorhidria Disminución de la acidez normal del jugo gástrico. — s.f. MEDICINA

hipoclorhídrico, a
1 De la hipoclorhidria: *descenso hipoclorhídrico.* — adj./MEDICINA
2 Que padece esta enfermedad. — adj/s./MEDICINA

hipoclorito Sal del ácido hipocloroso. — s.m./QUÍMICA

hipocloroso, a
1 Se aplica al ácido que está compuesto de oxígeno, hidrógeno y cloro. — adj. QUÍMICA
2 Se refiere al anhídrido compuesto de cloro y oxígeno. — QUÍMICA

hipocolesterolemia Disminución por debajo de los límites normales del colesterol en la sangre como consecuencia de una dieta pobre en grasas. — s.f./MEDICINA tb: hipocolesterine-mia

hipocondría Trastorno caracterizado por una ansiedad respecto a la propia salud y por la tendencia a exagerar los sufrimientos reales o imaginarios. — s.f. SIQUIATRÍA

hipocondríaco, a
1 De la hipocondría: *presenta una actitud irracional hipocondríaca.* — adj./SIQUIATRÍA = hipocóndrico
2 Que padece hipocondría. — adj/s./SIQUIATRÍA

hipocóndrico, a
1 De los hipocondrios. — adj./ANATOMÍA
2 Que padece hipocondría. — adj/s./SIQUIATRÍA

hipocondrio (Del gr. *hypokhondrion,* hipocondrio < *hypo,* debajo + *khondros,* cartílago.) Cada una de las dos partes laterales de la región epigástrica, situada debajo de las costillas falsas. — s.m. ANATOMÍA

hipocorístico, a (Del gr. *hypokoristikos,* cariñoso.) Se aplica a los diminutivos, nombres alterados o formas infantiles que se usan en el lenguaje familiar o como apelativos cariñosos: *"chicha" es la forma hipocorística de "carne".* — adj/s.m. GRAMÁTICA

hipocrás (Del gr. *hypocras* < *Hippocras,* Hipócrates.) Bebida alcohólica hecha con vino, azúcar, canela y otros ingredientes. — s.m.

hipocrateriforme Se aplica a la corola gamopétala que tiene un tubo largo y angosto que termina en un limbo patente: *el jazmín es una planta hipocrateriforme.* — adj. BOTÁNICA

hipocrático, a (De *Hipócrates,* médico griego de la antigüedad.)
1 De Hipócrates, médico griego, o de sus doctrinas médicas. — adj. MEDICINA
2 Se aplica a la calvicie masculina en la que la cúspide del cráneo está pelada, con persistencia en las regiones parietales y occipital de una corona de cabellos. — MEDICINA
3 Se aplica al dedo que presenta un alargamiento anormal de la última falange, o a la uña con una convexidad muy acentuada. — MEDICINA

hipocratismo
1 Medicina relacionada con la doctrina hipocrática. — s.m./MEDICINA
2 **hipocratismo digital:** Carácter de los dedos con la última falange alargada o de la uña muy convexa. — MEDICINA

hipocresía (Del gr. *hypokrisia.*) Actitud del que finge o aparenta lo que no es o siente: *es evidente la hipocresía de su sonrisa.* — s.f. = fingimiento ≠ sinceridad

hipócrita (Del lat. *hyprocrita* < gr. *hypokrites,* actor teatral.) Que finge o aparenta: *descubrió sus arteras manipulaciones de hipócrita.* — adj/s.m.f. = falso

hipocromatopsia Disminución de la sensibilidad visual ante los colores. — s.f. MEDICINA

hipocromía Disminución total o parcial de la pigmentación cutánea. — s.f. MEDICINA

hipodermatáceo, a Perteneciente a una familia de hongos ascomicetes que suelen formar manchas negras en los tallos de las gramíneas. — adj/s.f. MICOLOGÍA

hipodérmico, a (Del gr. *hypo-,* debajo + *derma,* piel.)
1 De la hipodermis: *tejido hipodérmico.* — adj./ANATOMÍA
2 Que está o se pone debajo de la piel: *le pusieron una inyección hipodérmica.* — ANATOMÍA = subcutáneo
3 Se aplica a la capa celular situada debajo de las células que ella segrega, en los animales artrópodos. — ZOOLOGÍA

hipodermis Capa profunda de la piel, situada bajo la dermis, con el tejido conjuntivo más laxo que el de ésta. — s.f. pl: hipodermis ANATOMÍA

hipodermosis Enfermedad que afecta principalmente al ganado bovino, caracterizada por la aparición de tumoraciones en la piel del dorso. — s.f. pl: hipodermosis VETERINARIA

hipódromo (Del gr. *hippodromos* < *hippos,* caballo + *edramon,* correr.)
1 Recinto acondicionado para que se celebren en él carreras de caballos. — s.m. DEPORTES
2 Lugar donde se celebraban carreras de caballos y carros y otros ejercicios de equitación, en el mundo grecorromano. — HISTORIA

hipoestesia Disminución inespecífica de la sensibilidad. — s.f. MEDICINA

hipofagia Costumbre de comer carne de caballo. — s.f.

hipofeta
1 Intérprete de los oráculos de los dioses o persona que los comunicaba al pueblo. — s.m./HISTORIA, OCULTISMO
2 Persona que hace de intérprete de la voluntad de otro.

hipofílico, a Se aplica al arrollamiento de las hojas que se produce combándose el limbo hacia el envés. — adj. BOTÁNICA

hipofisario, a De la hipófisis: *secreción hipofisaria.* — adj./ANATOMÍA

hipófisis (Del gr. *hypo-,* debajo + *physis,* naturaleza.)
1 Glándula u órgano de secreción interna, situada en la base del cráneo, cuya actividad regula el funcionamiento de otras glándulas, como las relacionadas con el crecimiento, el desarrollo sexual y otras funciones. — s.f./pl: hipófisis ANATOMÍA = glándula pituitaria
2 Última célula del tejido suspensor del embrión en las plantas angiospermas. — BOTÁNICA

hipofleo, a Se aplica a los líquenes que se desarrollan bajo la corteza. — adj. BOTÁNICA

hipofosfato Sal del ácido hipofosfórico. — s.m./QUÍMICA

hipofosfito Sal del ácido hipofosforoso. — s.m./QUÍMICA

hipofosfórico, a
1 Se aplica al anhídrido que se produce en la oxidación del fósforo en el aire seco. — adj. QUÍMICA
2 Se refiere al ácido que resulta de la combinación de una molécula de ácido fosfórico con una de ácido fosforoso, con eliminación de la molécula de agua. — QUÍMICA

hipofosforoso, a Se aplica al ácido poco oxigenado que se obtiene por la combinación del oxígeno con el fósforo. — adj. QUÍMICA

hipofunción Disminución de la actividad normal de un órgano. — s.f. MEDICINA

hipogalactia Disminución de la secreción láctea de las glándulas mamarias. — s.f. MEDICINA

hipogástrico, a Del hipogastrio: *arteria hipogástrica.* — adj./ANATOMÍA

hipogastrio (Del gr. *hypo-,* debajo + *gaster,* vientre.) Parte central o inferior del abdomen. — s.m. ANATOMÍA

hipógeno, a Que nace en la parte inferior de un órgano, especialmente de las hojas. — adj. BOTÁNICA

hipogeo, a (Del lat. *hypogeus* < gr. *hypo-,* debajo + *ge,* tierra.)
1 Se aplica a los cotiledones que durante la germinación están bajo tierra. — adj. BOTÁNICA
2 Se refiere a este tipo de germinación. — BOTÁNICA
3 Que está bajo tierra o proviene de ella: *abundancia de rocas hipogeas.* — GEOLOGÍA
4 Construcción arqueológica que se encuentra bajo tierra, como las criptas o los panteones funerarios: *por la difusión de ciertas religiones telúricas, la zona quedó sembrada de hipogeos.* — s.m. ARQUITECTURA, HISTORIA

hipogíneo, a Se aplica al órgano de una flor que nace debajo del ovario. — adj. BOTÁNICA

hipogloso, a (Del gr. *hypo-,* debajo + *glossa,* lengua.) Que está debajo de la lengua: *nervio hipogloso.* — adj. ANATOMÍA

hipoglucemia Disminución de la concentración normal de glucosa en la sangre: *era diabética y sufrió una hipoglucemia por la administración de insulina.* — s.f. MEDICINA ≠ hiperglucemia

hipoglucémico, a
1 De la hipoglucemia. — adj./MEDICINA
2 Que padece hipoglucemia. — adj/s./MEDICINA

hipogrifo (Del ital. *ippogrifo.*) Animal mitológico, mitad caballo y mitad grifo, que aparece en los poemas caballerescos: *el hipogrifo es símbolo del genio alado que transporta la imaginación.* — s.m. MITOLOGÍA

hipohidrosis Deficiencia de agua en los tejidos vegetales. — s.f./pl: hipohidrosis BOTÁNICA

hipoide Se aplica a las ruedas o engranajes cónicos de dentado espiral, cuyos conos primitivos no tienen vértice común: *en el puente de los automóviles, para la transmisión del movimiento a las ruedas motrices se utilizan engranajes hipoides.* — adj. MECÁNICA

hipolimnion Masa de agua de la zona profunda de los lagos, que se mantiene siempre fría y separada de la capa superior con temperatura variable. — s.m. GEOGRAFÍA ≠ epilimnion

hipología Parte de la veterinaria que se dedica al estudio de los caballos. — s.f. VETERINARIA

hipólogo, a Veterinario especialista en caballos. — s./VETERINARIA

hipomancia Técnica de adivinación de los celtas, basada en los movimientos y relinchos de los caballos. — s.f. OCULTISMO tb: hipomancía

hipómanes (Del gr. *hippomanes* < *hippos,* caballo + *mainomai,* enloquecer.) Secreción vaginal que desprende la yegua cuando está en celo. — s.m. pl: hipómanes ZOOLOGÍA

hipomanía Manía moderada. — s.f./SIQUIATRÍA

hipomenorrea Menstruación en cantidad o duración deficientes, pero a intervalos regulares. — s.f. MEDICINA

hipometría Ciencia dedicada a la clasificación de los caballos según el peso, la talla y otras dimensiones del cuerpo. — s.f. VETERINARIA

hipómetro Instrumento para medir la alzada de los caballos. — s.m. VETERINARIA

hipomoclio (Del bajo lat. *hypomochlion* < gr. *hypomokhlion*.) Fulcro, punto de apoyo de la palanca. — s.m./FÍSICA tb: hipomoclion

hipomóvil Se aplica a los vehículos que están tirados por caballos: *la calesa es un hipomóvil.* — adj/s.m. ≠ automóvil

hiponimia Relación semántica de inclusión de unidades léxicas que va de lo más específico a lo más general: *perro se encuentra en relación de hiponimia con animal.* — s.f. LINGÜÍSTICA ≠ hiperonimia

hipónimo Palabra cuyo significado está en relación de hiponimia con otra: *labrador es hipónimo de agricultura.* — s.m./LINGÜÍSTICA ≠ hiperónimo

hipopepsia Disminución de la secreción gástrica que causa una digestión deficiente de los alimentos. — s.f. MEDICINA

hipopituitarismo Insuficiencia de secreción de la glándula hipófisis. — s.m. MEDICINA

hipoplasia Desarrollo incompleto o defectuoso de un tejido o de un órgano. — s.f. MEDICINA

hipopótamo (Del gr. *hippopotamos* < *hippos*, caballo + *potamos*, río.) Mamífero africano, de gran tamaño, con la piel gruesa, orejas y ojos pequeños, el hocico grande, que vive en los ríos y se alimenta de plantas acuáticas. — s.m. ZOOLOGÍA

hipóptero Conjunto de plumas coberteras que están insertas bajo el brazo de las aves. — s.m. ZOOLOGÍA

hiporquema Canto coral consagrado a los dioses que se acompañaba con danzas ligeras y alegres, que formaba parte de la liturgia griega. — s.m. RELIGIÓN

hiposistolia Disminución de la intensidad de la contracción del músculo cardíaco. — s.f. MEDICINA

hiposo, a Que tiene hipo: *hiposa y con gimoteos se acercó a su padre suplicándole su permiso.* — adj.

hipostasiar Considerar una cosa como verdadera, distinguiéndola de lo accidental. — v.tr./FILOSOFÍA, LÓGICA

hipostasis (Del gr. *hypo-*, debajo + *stasis*, detención.) Depósito de sangre en un cadáver, en las partes declives, como consecuencia de la acción de la gravedad. — s.f./pl: hipostasis MEDICINA

hipóstasis (Del gr. *hypostasis*, sustancia.)
1 Realidad fundamental que es principio de otras realidades, en la filosofía neoplatónica. — s.f./pl: hipóstasis FILOSOFÍA
2 Aparato de las fanerógamas cuya finalidad es impedir el desarrollo del protalo femenino hacia abajo. — BOTÁNICA
3 Paso de una palabra de una categoría gramatical a otra. — LINGÜÍSTICA
4 Fenómeno por el que dos o más palabras, que suelen aparecer en el mismo sintagma, acaban formando una sola palabra. — LINGÜÍSTICA
5 Supuesto o persona, en especial en referencia a las tres personas de la Santísima Trinidad. — TEOLOGÍA

hipostenia Debilidad de fuerzas. — s.f./MEDICINA

hipóstilo, a Se aplica a la gran sala del templo egipcio cuyo techo está sostenido por columnas. — adj. ARQUITECTURA

hiposulfito Sal derivada del ácido hiposulfuroso. — s.m./QUÍMICA

hiposulfuroso, a Se aplica al ácido poco oxigenado, que se obtiene por la combinación del hidrógeno, el oxígeno y el azufre. — adj. QUÍMICA

hipotáctico, a Que presenta subordinación: *realizó un estudio de las estructuras hipotácticas de El Quijote.* — adj./LINGÜÍSTICA = subordinado

hipotalámico, a Del hipotálamo: *comparación de los núcleos hipotalámicos de mamíferos y reptiles.* — adj. ANATOMÍA

hipotálamo Región del encéfalo situada en la base del cerebro, unida a la hipófisis por una fibra nerviosa, en la que residen importantes funciones de la vida vegetativa, como el hambre o la sed. — s.m. ANATOMÍA

hipotaxis (Del gr. *hypotaxis*, dependencia.) Subordinación de elementos oracionales: *la imbricada hipotaxis de su prosa revela un profundo dominio de la lengua.* — s.f. pl: hipotaxis LINGÜÍSTICA

hipoteca (Del gr. *hypotheke*, prenda.)
1 Contrato y derecho de garantía de una obligación constituidos sobre bienes muebles, inmuebles o derechos enajenables, permaneciendo éstos en posesión del dueño, pudiendo pedir el acreedor la venta pública si no se cumple con la obligación. — s.f. DERECHO, ECONOMÍA
2 Finca con que se garantiza el pago de un crédito. — ECONOMÍA
3 ¡buena hipoteca!: Se utiliza para referirse, irónicamente, a una persona o cosa que no es digna de confianza. — interj.

hipotecar
1 Imponer una hipoteca sobre un bien: *hipotecó el piso para cubrir las deudas del negocio.* — v.tr./conj. *sacar* ECONOMÍA
2 Poner una cosa en peligro de que se pierda o dañe: *hipotecó su carrera con ese comportamiento.* — coloquial = peligrar

hipotecario, a De la hipoteca o asegurado con ella: *ha pedido un crédito hipotecario; reforma de la ley hipotecaria.* — adj. ECONOMÍA

hipotecnia Conjunto de conocimientos relativos a la crianza y adiestramiento del caballo. — s.f. EQUITACIÓN

hipotensión
1 Disminución por debajo del nivel normal de la tensión arterial. — s.f./MEDICINA ≠ hipertensión
2 **hipotensión controlada:** La provocada durante determinadas operaciones, especialmente las neuroquirúrgicas. — MEDICINA

hipotenso, a Que padece hipotensión arterial: *me han dado una dieta especial porque soy hipotensa.* — adj/s./MEDICINA ≠ hipertenso

hipotensor, a Se aplica al medicamento que disminuye la tensión arterial. — adj/s.m. FARMACIA

hipotenusa (Del lat. *hypotenusa* < gr. *hypoteinousa* < *hipoteino*, tender una cuerda.) Lado opuesto al ángulo recto de un triángulo rectángulo, y que es el mayor de los tres lados. — s.f. GEOMETRÍA

hipotermia
1 Descenso de la temperatura corporal que se presenta en exposiciones prolongadas al frío, en ciertas intoxicaciones y en algunas enfermedades infecciosas. — s.f. MEDICINA ≠ hipertermia
2 **hipotermia provocada:** Disminución de la temperatura central del cuerpo provocada en una intervención quirúrgica. — MEDICINA

hipotérmico, a De la hipotermia: *aún no ha salido del estado hipotérmico.* — adj. ≠ hipertérmico

hipótesis (Del gr. *hypothesis*, suposición.)
1 Suposición de la que se pretende sacar una consecuencia o llegar a una deducción: *la hipótesis de la que partes es falsa.* — pl: hipótesis = presunción
2 Proposición particular, implícita o incluida en la tesis, según la lógica tradicional. — LÓGICA
3 Fórmula que encabeza una deducción y que sólo tiene carácter transitorio, según la lógica moderna. — LÓGICA
4 **hipótesis alternativa:** La opuesta a la nula. — ESTADÍSTICA
5 **hipótesis de trabajo:** Suposición que sirve de guía en una investigación de carácter científico. — ESTADÍSTICA
6 **hipótesis nula:** Aquella que se hace sobre la población de la que se ha extraído la muestra o sobre la probabilidad que se considera que la representa.

hipotético, a
1 Que se basa en hipótesis o se presenta como tal: *te basas en un juicio hipotético.* — adj.
2 Que parece poco probable: *en el hipotético caso de que lo logres, no sé si te será útil.* — = incierto ≠ seguro

hipotiposis (Del gr. *hypotyposis* < *hypotypoo*, modelar.) Descripción viva, dinámica, clara y eficaz de una persona o cosa. — s.f. pl: hipotiposis RETÓRICA

hipotiroideo, a
1 Del hipotiroidismo. — adj./MEDICINA
2 Que padece hipotiroidismo. — adj./s./MEDICINA

hipotiroidismo Funcionamiento deficiente de la glándula tiroides que provoca trastornos físicos o síquicos. — s.m. MEDICINA

hipotonía
1 Disminución de la tensión o del tono muscular: *el recién nacido presentaba hipotonía por desnutrición.* — s.f./MEDICINA ≠ hipertonía
2 Estado de una solución cuya concentración molecular es inferior a la del plasma sanguíneo. — BIOQUÍMICA ≠ hipertonía

hipotónico, a De la hipotonía: *solución hipotónica; tipología de las disminuciones hipotónicas.* — adj. ≠ hipertónico

hipotrepsia Estado de debilitamiento provocado por desnutrición en el que puede desembocar un niño. — s.f./MEDICINA = atrofia infantil

hipotrofia
1 Desarrollo insuficiente de un órgano o de la totalidad del cuerpo. — s.f./MEDICINA ≠ hipertrofia
2 Tipo de alimentación de los virus, en que las unidades vivientes se multiplican gracias a la organización del hospedador. — BIOLOGÍA

hipoventilación Disminución de la entrada de aire en las vías respiratorias, ya sea provocada o patológica. — s.f. MEDICINA

hipoxia Concentración de oxígeno en los tejidos inferior a la normal, causada por un régimen respiratorio deficitario en oxígeno. — s.f. MEDICINA = hipoxemia

hippy (Voz inglesa.)
1 Se aplica al movimiento surgido en Estados Unidos en los años sesenta, basado en el rechazo a la sociedad de consumo y a las estructuras sociales establecidas. — adj/s.m.f. pl.tb: hippies SOCIOLOGÍA
2 De este movimiento: *haz el amor y no la guerra es una consigna hippy.* — adj. tb: hippie
3 Persona que pertenece a este movimiento. — s.m.f./tb: hippie

hipso- Componente de palabra procedente del gr. *hypsos*, que significa altura: *hipsometría.* — pref.

hipsodonto Se aplica a los dientes de gran longitud o altura de la corona. — adj. ZOOLOGÍA

hipsófilo, a Se refiere a las hojas superiores de los tallos, que están situadas entre las hojas normales y las florales: *las brácteas son hipsófilas.* — adj. BOTÁNICA

hipsográfico, a Que representa la repartición de altitudes: *acompañó la obra con un apéndice de planos hipsográficos.* — adj. GEOGRAFÍA

hipsometría
1 Extensión respectiva de las diferentes zonas de altitud de una región determinada. — s.f./GEOGRAFÍA = altimetría
2 Representación de las altitudes sobre un mapa. — GEOGRAFÍA

hipsométrico, a De la hipsometría o del hipsómetro: *curva hipsométrica*. — adj. = altimétrico

hipsómetro (Del gr. *hypsos*, altura + *metron*, medida.)
1 Termómetro que determina la altitud de un lugar a partir de la temperatura a la que allí hierve el agua. — s.m. FÍSICA
2 Aparato que sirve para medir los niveles de transmisión eléctrica. — ELECTRICIDAD

hipuridáceo, a Perteneciente a una familia de plantas mirtales, con flores desnudas y fruto en drupa, que suelen ser acuáticas o palustres. — adj/s.f. BOTÁNICA

hirco (Del lat. *hircus*, macho cabrío.) Cabra montés, mamífero. — s.m. ZOOLOGÍA

hircocervo (Del lat. *hircus*, macho cabrío + *cervus*, ciervo.)
1 Animal fabuloso con formas de macho cabrío y de ciervo. — s.m. MITOLOGÍA
2 Quimera, ilusión de realidad. — literario

hiriente Que hiere: *no se merecía aquellas hirientes palabras, a pesar de no haber sido muy amable con ella.* — adj. = dañino

hirmar Poner firme o sujetar una cosa. — v.tr./= afirmar

hirsutismo Síndrome caracterizado por la existencia de pilosidad en las zonas lampiñas, especialmente en la mujer. — s.m. MEDICINA = hipertricosis

hirsuto, a (Del lat. *hirsutus*.)
1 Se aplica al pelo que es grueso y rígido: *tiene el cabello hirsuto y poco domable.* — adj. = híspido
2 Que está cubierto de pelo duro o de espinas: *el higo chumbo tiene piel hirsuta.* — = espinoso
3 Se aplica a la persona que tiene un carácter huraño. — = áspero

hirto, a Se aplica a las plantas o a las hojas que tienen pelos derechos y rígidos. — adj. BOTÁNICA

hirudíneo, a (Derivado del lat. *hirudo*, -*inis*, sanguijuela.) Perteneciente a una clase de gusanos anélidos de cuerpo anillado, más o menos aplanado, que termina generalmente en una ventosa, que son casi siempre hermafroditas, acuáticos, parásitos y chupadores de sangre. — adj/s.m. ZOOLOGÍA

hirudinicultura Cría de sanguijuelas para su utilización en métodos terapéuticos. — s.f. MEDICINA

hirundinaria (Derivado del lat. *hirudo*, -*inis*, sanguijuela.) Celidonia, planta papaverácea. — s.f. BOTÁNICA

hirviente Que hierve o se mueve agitadamente por la acción del calor o la fermentación. — adj.

hisca Liga, materia viscosa para cazar pájaros. — s.f./CAZA

hiscal (De origen incierto.) Soga trenzada con tres ramales. — s.m.

hisopada Cantidad de agua que se echa con un hisopo. — s.f./= hisopadura, hisopazo

hisopar Esparcir o rociar agua con un hisopo: *el sacerdote hisopó a los fieles con agua bendita.* — v.tr. tb: hisopear

hisopazo
1 Cantidad de agua echada con el hisopo. — s.m./= hisopada
2 Golpe dado con el hisopo.

hisopear Hisopar, echar agua con el hisopo. — v.tr.

hisopillo
1 Trapo empapado en líquido con el que se refresca la boca y la garganta de los enfermos. — s.m.
2 Ajedrea, planta labiada. — BOTÁNICA

hisopo (Del lat. *hyssopum* < gr. *hyssopos*.)
1 Utensilio formado por un palo corto y un recipiente metálico y agujereado en un extremo, que se usa para esparcir el agua bendita. — s.m./RELIGIÓN = asperges, aspersorio
2 Planta aromática, con el tallo leñoso, flores azules, blancas o rosadas en espiga, que se usa en infusión como estimulante, en perfumería y en medicina. *(Hyssopus officinalis.)* — BOTÁNICA
3 Manojo de ramas pequeñas de esta planta o de otra, que se usa, de acuerdo con la liturgia, para esparcir agua bendita. — RELIGIÓN
4 Brocha de afeitar.
5 **hisopo real:** Saldorija, planta arbustiva. — Colomb., Chile BOTÁNICA

hispalense (De *Hispalis*, nombre romano de Sevilla.) De Sevilla, ciudad y provincia españolas. — adj/s.m.f. tb: hispalio

hispánico, a (Del lat. *hispanicus*.)
1 De Hispania, denominación romana de la península Ibérica, y de los pueblos que vivían en ella: *arte hispánico*. — adj/s./HISTORIA = hispano
2 De España: *las lenguas hispánicas*. — = español
3 Del conjunto de naciones americanas que hablan español. — adj. = hispanoamericano

hispanidad
1 Conjunto de naciones formado por las americanas — s.f.

de habla hispana, España, Guinea Ecuatorial y Filipinas: *el 12 de octubre se celebra la fiesta de la hispanidad.*
2 Conjunto de características, especialmente culturales, que comparten estas naciones.

hispanismo
1 Expresión o construcción propias de la lengua española que se usan en otra lengua. — s.m. LINGÜÍSTICA
2 Modo de hablar privativo y propio de la lengua española. — LINGÜÍSTICA
3 Afición e interés por el mundo y la cultura hispanas: *el hispanismo del romanticismo francés.*

hispanista Persona dedicada al estudio de las lenguas, literaturas o cultura hispánicas: *la sociedad de hispanistas ha celebrado varios congresos.* — s.m.f.

hispanización Acción y resultado de hispanizar: *la hispanización de grandes regiones americanas.* — s.f.

hispanizar Dar carácter español a una persona o una cosa: *después de vivir en el país tanto tiempo aún no se ha hispanizado.* — v.tr/prnl. conj: cazar = españolizar

hispano, a
1 De Hispania, denominación romana de la península Ibérica: *la sublevación de las tribus indígenas hispanas.* — adj/s./HISTORIA = hispánico
2 De España, país europeo.
3 De Hispanoamérica.
4 Que vive en Estados Unidos y es hispanoamericano, hispanoparlante o español: *la minoría hispana tiene un gran peso social en ciertas ciudades estadounidenses.* — = hispanoamericano

hispanoamericanismo Movimiento social que defiende la unión cultural de todos los pueblos hispanoamericanos. — s.m. SOCIOLOGÍA

hispanoamericano, a
1 Del conjunto de naciones americanas que hablan español: *el presidente se reunió con los diplomáticos hispanoamericanos.* — adj. = hispano, hispánico
2 Persona natural de cualquiera de estas naciones. — s.
3 De estas naciones y de España a la vez: *relaciones hispanoamericanas.* — adj.

hispanoárabe
1 De la España musulmana: *el arte hispanoárabe estaba ausente de iconos.* — adj. = hispanomusulmán
2 Hispanomusulmán, persona natural de la España musulmana. — s. HISTORIA

hispanófilo, a Que simpatiza o siente atracción por España o por los españoles. — adj/s. ≠ hispanófobo

hispanófobo, a Que siente aversión por España o por los españoles. — adj/s. ≠ hispanófilo

hispanófono, a Se aplica a la persona, comunidad o país de habla española. — adj/s. = hispanohablante

hispanohablante Se aplica a la persona, comunidad o país que tiene el español como lengua materna: *los hispanohablantes de la ciudad de Nueva York.* — adj/s.m.f. LINGÜÍSTICA = hispanoparlante

hispanomusulmán, a
1 Hispanoárabe, de la España musulmana: *el arte nazarí continuó la tradición hispanomusulmana.* — adj. HISTORIA
2 Persona natural de la España musulmana. — s./HISTORIA

hispanorromano, a
1 De los pueblos romanizados de la península Ibérica. — adj. HISTORIA
2 Miembro de uno de estos pueblos: *la unidad de los hispanorromanos se acentuó para diferenciarse de los visigodos.* — s. HISTORIA

híspido, a (Del lat. *hispidus*, erizado.) Se aplica al pelo grueso y recio. — adj. = hirsuto

histamina Compuesto básico derivado de la histidina, que está presente en cantidades variables en los tejidos de los mamíferos y en el cornezuelo del centeno. — s.f. BIOQUÍMICA

histamínico, a De la histamina o que tiene sus propiedades. — adj./BIOQUÍMICA = histaminérgico

histerectomía Extirpación quirúrgica del útero. — s.f./MEDICINA

histéresis Retraso del efecto de un fenómeno físico en relación a otro del cual depende. — s.f./pl: histéresis FÍSICA, BIOLOGÍA

histeria (Del gr. *hysteria*, útero.)
1 Estructura neurótica de la personalidad que se caracteriza por transformar algunas representaciones y sentimientos inconscientes en síntomas corporales, como crisis convulsivas, ataques catalépticos o parálisis, que no responden a problemas neurológicos. — s.f. SIQUIATRÍA
2 Excitación exagerada: *se desencadenó la histeria del pueblo a causa de los inesperados acontecimientos.*
3 **histeria colectiva:** Conjunto de conductas patológicas en las que predomina la agitación y pueden desembocar en tumultos: *consideraba el carnaval como un ejemplo de histeria colectiva.* — SOCIOLOGÍA
4 **histeria de angustia:** Forma clínica de la estructura histérica caracterizada por el predominio de síntomas fóbicos asociados a esta angustia y por la ausencia de procesos de conversión. — SIQUIATRÍA

5 histeria traumática: Forma de histeria caracterizada por la aparición de trastornos somáticos consecutivos a un traumatismo físico. — SIQUIATRÍA

histérico, a (Del lat. *hystericus* < gr. *hysterikos*, del útero.)
1 De la histeria: *los síntomas de los trastornos histéricos son muy variados.* — adj. SIQUIATRÍA
2 Que padece histeria. — adj/s./SIQUIATRÍA
3 Se aplica a la persona que muestra con excitación sus reacciones o actitudes afectivas: *se puso histérica al ver que nadie le prestaba la menor atención.* — = excitable, nervioso ≠ tranquilo
4 Del útero o matriz: *no pudo quedar embarazada por un problema histérico.* — adj./ANATOMÍA = uterino

histerismo Histeria, enfermedad neurótica. — s.m./SIQUIATRÍA

histerología (Del gr. *hysteros,* posterior + *logia,* palabra.) Figura retórica, variedad del hipérbaton. — s.f. RETÓRICA

histerotomía
1 Incisión quirúrgica realizada en el útero. — s.f./MEDICINA
2 Cesárea, operación quirúrgica. — MEDICINA

hístico, a Que es propio de un tejido orgánico. — adj./BIOLOGÍA

histidina Aminoácido generador de glucosa que está presente en muchas de las proteínas y enzimas y en cantidad importante en la hemoglobina. — s.f. BIOQUÍMICA

histo- Componente de palabra procedente del gr. *histos* o *histion,* que significa tejido: *histología.* — pref./tb: hist-, histio-

histograma Gráfico formado por rectángulos de igual base, y cuya altura es proporcional a la cantidad que representan, usado para la representación de distribución de frecuencias. — s.m. ESTADÍSTICA

histólisis Desintegración o destrucción no patológicas de los tejidos orgánicos en el curso de la vida de un ser vivo. — s.f. pl: histólisis BIOLOGÍA

histología Parte de la anatomía que estudia los tejidos orgánicos. — s.f./ANATOMÍA, BIOLOGÍA

histológico, a Relativo a la histología: *gracias al microscopio electrónico los estudios histológicos han avanzado mucho en lo que atañe a la estructura de los tejidos.* — adj. ANATOMÍA, BIOLOGÍA

histólogo, a Persona dedicada al estudio de los tejidos orgánicos. — s./ANATOMÍA, BIOLOGÍA

histonas Grupo de proteínas que contienen azufre y tirosina, que se suele encontrar en los leucocitos y en el esperma de ciertos peces. — s.f.pl. BIOQUÍMICA

histopatología Disciplina que estudia los tejidos enfermos. — s.f. MEDICINA

histoplasmosis
1 Enfermedades producidas por diversas especies de hongos del género *Histoplasma.* — s.f./pl: histoplasmosis/MEDICINA
2 **histoplasmosis africana:** La que se manifiesta por lesiones cutáneas como las fístulas y abscesos. — MEDICINA
3 **histoplasmosis americana:** La que provoca principalmente afecciones pulmonares que pueden confundirse con la tuberculosis. — MEDICINA

histoquimia Disciplina que estudia la constitución química y la actividad de las enzimas sobre los tejidos orgánicos. — s.f./BIOQUÍMICA tb: histoquímica

historia (Del lat. *historia* < gr. *historia,* búsqueda.)
1 Ciencia que estudia los acontecimientos del pasado relativos a la humanidad y a sus diferentes sociedades. — s.f. HISTORIA
2 Cualquier desarrollo de los sucesos pasados relacionados con un campo: *estudia la historia de la literatura.*
3 Narración ordenada cronológicamente en la que se relatan sucesos del pasado: *está leyendo la historia de España.* — = crónica, memoria
4 Conjunto de acontecimientos de la vida privada de una persona: *es un gran conocedor de la historia de Franco.* — = biografía
5 Relato de cualquier suceso o aventura: *te contaré la historia de nuestra amistad.* — = anécdota
6 Narración o fábula inventada: *estuvieron toda la noche contando historias de fantasmas.* — = cuento, leyenda
7 Relato molesto o pesado: *ya está el abuelo otra vez con sus historias.* — = monserga
8 Chisme que se cuenta de otra persona: *no me interesan las historias del vecindario.* — = cotilleo
9 Asunto o actividad problemáticos: *a mí no me metas en esa historia, que yo no sé nada.* — coloquial = problema
10 **historia clínica:** Conjunto de datos relativos a un enfermo, a sus trastornos y tratamientos que ha recibido. — MEDICINA
11 **historia de vida:** Testimonio autobiográfico obtenido por un sociólogo. — SOCIOLOGÍA
12 **historia natural:** Estudio descriptivo de los seres vivos y de su medio. — BIOLOGÍA
13 **historia oral:** Técnica y método consistente en la obtención y análisis de fuentes orales para la reconstrucción del pasado, que se utiliza en las ciencias sociales.
14 **historia sagrada:** Conjunto de narraciones extraídas del Antiguo y del Nuevo Testamento. — RELIGIÓN

15 de historia: Se aplica a la persona a quien han acaecido sucesos extraordinarios, especialmente si se trata de percances o irregularidades: *un bandolero de historia.* — loc.adj. coloquial
16 dejarse de historias: 1. Omitir los aspectos superfluos de un tema, centrándose en lo esencial: *déjate de historias y explícame sucintamente lo que sucedió.* — coloquial
2. Desentenderse de un asunto: *déjate de historias y dedícate a otra cosa.* — coloquial
17 hacer historia: Adquirir algo la fama necesaria como para ser recordado: *le pegó una bronca que hizo historia.* — coloquial
18 montarse alguien una historia: Inventarse o imaginarse una serie de hechos sin que se ajusten a la realidad: *se montó una historia para salir del apuro.* — coloquial
19 pasar a la historia: 1. Presentar algo una disminución en el interés que se le concede: *nuestras rencillas ya han pasado a la historia.* 2. Tener un asunto o una persona mucha importancia o trascendencia: *sus hazañas pasaron a la historia como ejemplo de gallardía y coraje.* — coloquial
20 ser algo la historia de siempre, la misma historia o la historia de todos los días: Expresiones con las que despectivamente se alude a algo que se hace o dice repetitivamente y que molesta: *soportar sus quejas era la historia de todos los días.* — coloquial
21 ser algo mucha historia: Ser excesivo e intolerable: *sus abusos de poder son mucha historia como para no denunciarlos.* — coloquial

historiado, a
1 Que está recargado de adornos: *el vestido de la novia llevaba un velo de encaje historiado y complejo.* — adj. = barroco
2 Se aplica a la obra artística, como miniaturas o relieves, que está decorada con motivos o escenas relativas al suceso que representa. — ARTE

historiador, a Persona que está especializada en el estudio de la historia. — s./HISTORIA = historiógrafo

historial
1 De la historia. — adj./HISTORIA
2 Documentación que recoge información sobre los antecedentes de un suceso, negocio, servicios de un empleado o de la historia clínica de un paciente: *la enfermera trajo mi historial médico; tengo que presentar un historial académico para conseguir la beca.* — s.m.

historiar
1 Explicar o escribir una historia. — v.tr.
2 Explicar un suceso o la vida de una persona ordenada y detalladamente: *nos historió las vicisitudes de su juventud y el hastío de la vejez.*
3 Ilustrar una historia con cuadros, estampas o tapices: *historiaron varias obras épicas.* — ARTE
4 Complicar o confundir un asunto. — Amér.

historicidad Calidad de histórico: *nadie duda de la historicidad del suceso.* — s.f.

historicismo Doctrina o actitud que defiende que la explicación de toda realidad humana depende exclusivamente del desarrollo histórico. — s.m. SOCIOLOGÍA tb: historismo

historicista
1 Del historicismo: *algunos consideran el marxismo como una doctrina historicista.* — adj. SOCIOLOGÍA
2 Que es partidario del historicismo. — adj/s.m.f.

histórico, a (Del lat. *historicus* < gr. *historikos,* histórico.)
1 De la historia: *el análisis de un proceso histórico ha de atender, entre otros, a las causas.* — adj. HISTORIA
2 Que se considera cierto por haber sido comprobado: *existen pruebas que demuestran que Jesucristo fue un personaje histórico.* — = real
3 Que merece constar en la historia por considerarse muy importante: *la caída del muro de Berlín es un hecho histórico.* — = importante, trascendental
4 Se aplica a la obra literaria que trata de hechos o personas que han sucedido o existido en la realidad. — LITERATURA
5 Se refiere al género cinematográfico que reconstruye episodios del pasado o alude a ellos como fondo para crear argumentos de ficción. — CINE
6 Se dice del género pictórico cuya temática versa sobre grandes hechos del pasado o crónicas de otras épocas. — ARTE

historieta (Del fr. *historiette,* historieta.)
1 Narración breve de una aventura o un suceso de poca importancia y normalmente divertido: *nos contó una historieta que le pasó escalando.* — s.f. = anécdota
2 Secuencia de viñetas o de representaciones gráficas que narran una acción: *me encantan las historietas de Mortadelo y Filemón.* — = cómic

historiografía
1 Estudio bibliográfico y crítico de los escritos sobre historia, sus fuentes y sus autores. — s.f. HISTORIA
2 Conjunto de obras e investigaciones sobre historia: *en su biblioteca tiene gran parte de la historiografía del pueblo judío.* — HISTORIA

historiográfico, a De la historiografía: *antología historiográfica del mundo clásico.* — adj. HISTORIA

historiógrafo, a
1 Persona especializada en los escritos históricos: *la comunidad de historiógrafos pidió la cesión de los documentos del archivo.* — s. HISTORIA = historiador
2 Persona que tenía como misión escribir la historia de su época o de su soberano. — HISTORIA = cronista

historiología Teoría de la historia, en especial la que estudia las circunstancias de la realidad histórica. — s.f. HISTORIA

histrión (Del lat. *histrio, -onis.*)
1 Actor, especialmente el de la comedia o tragedia antigua o del teatro clásico. — s.m. TEATRO
2 Prestidigitador o acróbata que actuaba para divertir al público: *la pareja de histriones sorprendió en el pueblo por sus malabarismos y trucos de magia.* — TEATRO = titiritero
3 Persona que 'tiende a comportarse de manera teatral o exagerada y provoca la risa en los demás.
4 Persona farsante o efectista: *algunos opinan que el candidato es un histrión político.* — despectivo = charlatán

histriónico, a
1 Del histrión: *círculos histriónicos.* — adj.
2 Que resulta falso o efectista: *me molesta su comportamiento histriónico.* — = exagerado, fingido

histrionisa Mujer que representaba o bailaba en el teatro: *las histrionisas salieron atropelladamente al escenario.* — s.f. TEATRO

histrionismo
1 Afectación, teatralidad o exageración al hablar o actuar: *su histrionismo aparatoso le hizo granjearse la enemistad de los compañeros.* — s.m. = aparatosidad
2 Oficio del histrión: *dedicarse al histrionismo.* — TEATRO
3 Conjunto de personas dedicadas al oficio teatral: *la flor y nata del histrionismo estuvo presente en la entrega de premios.* — TEATRO
4 Rasgo histérico de la persona que dirige su actividad a captar la atención de los otros. — SIQUIATRÍA

hit (Voz inglesa.)
1 Disco que resulta un éxito comercial. — s.m./MÚSICA
2 **hit parade:** Relación de discos o libros clasificados según su popularidad o índice de ventas, que se da a conocer periódicamente a través de los medios de comunicación.

hita
1 Clavo pequeño sin cabeza, que se queda metido en su totalidad en la pieza que asegura. — s.f.
2 Señal que se pone para marcar la dirección de un camino, los límites de un terreno o la distancia desde un punto de referencia. — = hito, mojón

hitación Operación y resultado de separar las tierras con hitos o postes de piedra. — s.f. = amojonamiento

hitar Separar y delimitar las tierras con mojones. — v.tr./= amojonar

hitita
1 De un antiguo pueblo de la Anatolia central, y de su lengua: *cultura hitita; reino hitita.* — adj. HISTORIA
2 Persona de este pueblo. — s.m.f./HISTORIA
3 Lengua indoeuropea hablada por este pueblo. — s.m./LINGÜÍSTICA

hito, a
I (De origen incierto.) Se aplica a la caballería que tiene el pelo negro sin manchas de otro color. — adj.
II (Del lat. vulgar *fictus* < *figere*, clavar.)
1 Señal que se pone para marcar la dirección de un camino, los límites de un terreno o la distancia desde un punto de referencia. — s.m. = mojón, poste
2 Hecho muy importante que constituye un punto de referencia: *su reinado fue un hito en la historia de la nación.* — = acontecimiento
3 Punto hacia donde se dirige un disparo. — = blanco
4 Juego que consiste en fijar un clavo en tierra y tirar a él con herrones y tejos. — JUEGOS
5 Se aplica a la calle o al edificio que son contiguos o inmediatos a otros. — adj.
6 **a hito:** Con permanencia o estabilidad. — loc.adv.
7 **dar en el hito:** Comprender o acertar en el punto o quid de una cuestión problemática o dificultosa: *al descubrir la incoherencia semántica dio en el hito de la agramaticalidad de la frase.* — coloquial
8 **mirar de hito o de hito en hito:** Fijar la vista en un objeto sin apartarla: *pidió un té y se puso a mirar la portada de la revista de hito en hito.* — coloquial

hitón Clavo grande, cuadrado y sin cabeza. — s.m.

hobachón, a Que es corpulento pero muy holgazán y tiene poca energía. — adj.

hobachonería Manera de ser o comportarse del hobachón holgazán. — s.f./= pereza, vagancia

hobby (Voz inglesa.) Distracción o entretenimiento favorito de alguien: *mi hobby es la marquetería.* — s.m. pl.th: hobbies

hocicada Golpe dado con el hocico o que se da en él. — s.f. th: hocicazo

hocicar.
1 Mover algunos animales la tierra con el hocico: *el perro hocicaba la tierra buscando un hueso.* — v.tr./conj: sacar = hozar

2 Dar besos a una persona con pesadez o impertinencia: *me irrita que me hocique.* — despectivo = besuquear
3 Caerse una persona dando con la cara contra el suelo u otra superficie. — v.intr.
4 Tropezar con un obstáculo o una dificultad insuperable: *el chico hocicó en sus estudios.* — = topar
5 Intentar enterarse una persona de las cosas ajenas: *van a descubrir que hociqueas hablando con tu hermana.* — = fisgar, fisgonear
6 Hundir o calar una embarcación la proa. — NÁUTICA/= amorrar

hocico
1 Parte saliente de forma más o menos puntiaguda de la cara de los mamíferos, donde tienen la boca y la nariz: *el cerdo sacaba el hocico entre las barandas del camión.* — s.m. ZOOLOGÍA = morro
2 Boca de una persona cuando tiene los labios muy abultados. — coloquial, despectivo/= morro
3 Cara de la persona: *le dio un cintarazo que le cruzó el hocico.* — despectivo
4 Gesto de la cara de la persona que expresa enfado o disgusto: *no se lo digas porque hoy ha venido con hocico.* — coloquial
5 **caer o dar de hocicos:** Golpearse en la cara al caer o tropezar: *pisó el cordón del zapato y cayó de hocicos en mitad del paso de cebra.* — coloquial
6 **meter el hocico en algo:** Curiosear en los asuntos o cosas de los demás: *metió el hocico en su vida personal y salió mal parada.* — coloquial
7 **poner hocicos:** Poner gesto de enfado: *no pongas hocicos porque te mereces la reprimenda.* — coloquial
8 **torcer el hocico:** Hacer una mueca de enfado o disgusto: *torcía el hocico mientras la vista enmarañando sus argumentos con inverosímiles disculpas.* — coloquial

hocicón, a
1 Se aplica a la persona fanfarrona y mentirosa. — adj./Méx.
2 Se refiere a la persona que tiene la boca saliente. — Méx.

hocicudo, a
1 Se aplica a la persona que tiene los labios de la boca muy abultados: *belfudo y hocicudo era el vivo retrato de su padre.* — adj. = morrudo
2 Se refiere al animal que tiene un hocico muy prominente. — = morrudo

hocino
I (Derivado de *hoz*, instrumento.)
1 Pequeña hoz que se utiliza para cortar leña menuda. — s.m. AGRICULTURA
2 Instrumento que se utiliza para trasplantar las plantas de huerta.
II (Derivado de *hoz* < lat. vulgar *fox*, desfiladero.)
1 Terreno que queda entre el cauce del río de un desfiladero y la montaña. — s.m. GEOGRAFÍA
2 Huerto cultivado en este terreno. — AGRICULTURA
3 Estrechamiento de un río entre montañas. — GEOGRAFÍA

hociquear Hocicar [en todas sus acepciones]. — v.tr.

hociquera Tira de tientos que rodea el hocico del caballo por los ollares y de la que pende la presilla del bayador. — s.f. Argent., Perú

hockey (Voz inglesa.)
1 Deporte que se practica entre dos equipos cuyos jugadores impulsan una pelota de caucho o un disco de metal con un bastón o stick con el fin de introducirla en la portería contraria. — s.m. DEPORTES
2 **hockey sobre hierba:** El que se practica en un campo de hierba entre dos equipos de once jugadores, impulsando una pelota con los sticks. — DEPORTES
3 **hockey sobre hielo:** El que se practica en una pista de hielo entre dos equipos de seis jugadores, que usan protecciones en todo el cuerpo y calzan unas botas con cuchillas deslizantes, e impulsan una pastilla vulcanizada con el stick. — DEPORTES
4 **hockey sobre patines:** El que se practica en una pista de cemento o de parqué entre dos equipos de cinco jugadores, que se deslizan utilizando patines de ruedas y empujando una bola con un stick de madera. — DEPORTES

hodierno, a (Del lat. *hodiernus.*)
1 Del día de hoy o del tiempo presente. — adj./literario
2 Que es moderno o actual: *criterios hodiernos.* — literario
3 Se aplica al pan tierno, del día: *junto con la hodierna hogaza dieron cuenta de un buen queso manchego.* — literario

hodómetro
1 Aparato que cuenta los pasos dados y la distancia recorrida. — s.m./TECNOLOGÍA = podómetro
2 Taxímetro o cuentavueltas. — TECNOLOGÍA

hogaño
1 En este año, en el año presente: *comienza desde hogaño a cuidar tu salud, que cuando seas vieja no podrás recuperar el tiempo malgastado.* — adv./literario ≠ antaño
2 En esta época: *lo que antaño se consideraba censurable, hogaño es aplaudido.* — literario ≠ antaño

hogar (Del lat. hispánico *focaris.*)
1 Lugar donde se hace fuego en una cocina, horno o máquina. — s.m./= chimenea, fogón, lar
2 Lugar donde vive una persona: *su hogar es humilde, pero acogedor.* — = casa, vivienda, domicilio

3 Familia con quien vive una persona: *se casaron porque querían formar un hogar.*
4 Conjunto de conocimientos y labores relativas a la casa, como la limpieza del mobiliario, la preparación de alimentos, y otros.
5 hogar automático o de carga automática: Aquel que tiene un sistema de alimentación mecánica.   TECNOLOGÍA

hogareño, a
1 Del hogar: *su filmografía estaba plagada de escenas hogareñas; envidiaba la paz y el sosiego de la vida hogareña.*   adj. = doméstico
2 Que gusta del hogar y de la vida en familia: *no suele asistir a las fiestas porque es muy hogareño.*   = casero, familiar

hogaza (Del lat. *focacia*, panecillos cocidos bajo la ceniza del hogar.)
1 Pieza de pan grande y generalmente de forma circular: *compra una hogaza de pan.*   s.f.
2 Pan de salvado o de harina mal tamizada.

hoguera
1 Fuego que se hace en el suelo y al aire libre: *se sentaron alrededor de la hoguera para entrar en calor.*   s.f. = fogata
2 Intensidad de un sentimiento apasionado o violento: *una hoguera de rabia le encendió el ánimo.*
3 Pena que el tribunal de la santa Inquisición aplicaba a los herejes.   HISTORIA

hoja (Del lat. *folia.*)
1 Órgano de la planta, normalmente de color verde, que nace del tallo y se caracteriza por realizar la fotosíntesis, por su forma aplanada, su simetría bilateral, sus dimensiones definidas y su crecimiento limitado.   s.f. BOTÁNICA
2 Conjunto de estos órganos: *en otoño se produce la caída de la hoja.*   BOTÁNICA
3 Lámina de papel cuyas dimensiones corresponden al formato de un libro, un impreso o un múltiplo de este formato.   = folio, cuartilla
4 Pieza que, junto con otras, constituye la corola de una flor.   BOTÁNICA = pétalo
5 Parte que se abre y cierra en una puerta, una ventana o un biombo: *la hoja se cerró a causa de la corriente de aire.*
6 Lámina delgada de cualquier material: *hoja de metal; hoja de madera.*   = plancha
7 Capa delgada en que se divide una masa: *cortó las hojas del hojaldre en cuadraditos.*   = lámina
8 Cada una de las piezas articuladas que forman un conjunto: *el tríptico está formado por tres hojas.*   = cara
9 Parte de un arma blanca o de una herramienta donde está el filo: *la hoja del cuchillo se rompió al golpear el suelo.*   = cuchilla
10 Lámina metálica, a manera de escama, que se levanta en los metales al batirlos.   METALURGIA
11 Cada una de las partes que resultan al doblar el papel en un pliego.   ARTES GRÁFICAS
12 Espada, arma blanca.
13 Lámina ancha y delgada usada para hacer paneles contrachapados.   CARPINTERÍA
14 Porción de tierra labrantía o dehesa en que se siembra o se pasta un año y se deja descansar el siguiente.   AGRICULTURA
15 Mitad de cada una de las partes principales de que se compone un vestido: *se quedó sin tela para hacer la hoja del delantero derecho.*
16 Lámina de metal que se coloca debajo de una piedra falsa para que ésta produzca destellos.
17 Tercera cavidad del estómago de los mamíferos rumiantes.   ZOOLOGÍA = libro
18 Pieza que, junto con otras del mismo nombre, formaba la parte de la armadura que cubría el cuerpo.   HISTORIA
19 hoja abrazadora: La sentada que se prolonga en la base abrazando el tallo.   BOTÁNICA
20 hoja acicular: La que es puntiaguda y generalmente persistente.   BOTÁNICA
21 hoja aovada: La de figura redondeada, más ancha por la base que por la punta roma: *el membrillo tiene hojas aovadas.*   BOTÁNICA
22 hoja aserrada: La que tiene el borde dentado inclinado hacia la punta.   BOTÁNICA
23 hoja berberisca: Plancha de latón muy delgada que se emplea en medicina para cubrir ciertas llagas.   MEDICINA
24 hoja carpelar: Carpelo, elemento de la flor.   BOTÁNICA
25 hoja caulinar: La que sale del tallo.   BOTÁNICA
26 hoja compuesta: La que está dividida en varias partes articuladas.   BOTÁNICA
27 hoja de afeitar: Laminilla de acero, muy delgada, con filo, que colocada en un instrumento especial sirve para rasurar el vello.
28 hoja de cálculo: Paquete de aplicaciones para ordenadores personales que permite al usuario el análisis de informaciones presentadas en forma de tablas, la modificación de filas y columnas y el desplazamiento de éstas en la pantalla.   INFORMÁTICA
29 hoja de Flandes, de lata o de Milán: Hojalata, lámina de hierro o acero cubierta de estaño.   METALURGIA

30 hoja de higuera: Conjunto de surcos profundos labrados en la cara interna del hueso temporal.   ANATOMÍA
31 hoja de laurel: Lasca prehistórica de sílex tallada y cuidadosamente retocada cuya silueta recuerda a la hoja de esta planta.   HISTORIA
32 hoja de limón: Melisa, planta labiada.   BOTÁNICA
33 hoja de parra: Cualquier artificio con que se procura ocultar algo vergonzoso: *con tamaña mentira pretendió poner una hoja de parra sobre su maldad.*   coloquial
34 hoja de ruta: Documento expedido por los jefes de estación, en el que se hacen constar las mercancías que transporta el tren, así como el destino, los consignatarios y otros datos.
35 hoja de sauce: La de piedra tallada de menor tamaño que la de laurel.   HISTORIA
36 hoja de servicios: Documento en que se hacen constar los antecedentes de un funcionario en el ejercicio de su cargo.
37 hoja de tocino: Mitad de la canal del cerdo partida longitudinalmente.
38 hoja del abanico: País o paisaje de este instrumento, pieza de tela, papel o piel que cubre el varillaje.
39 hoja dentada: Aquella que presenta los bordes semejantes al de una sierra.   BOTÁNICA
40 hoja digitada: Aquella que posee prolongaciones que arrancan todas de un mismo punto y se asemejan a un dedo.   BOTÁNICA
41 hoja discolora: Aquella cuyas caras son de diferente color.   BOTÁNICA
42 hoja embrionaria o blastodérmica: Constituyente fundamental del esbozo embrionario dispuesto en láminas u hojas.   BIOLOGÍA
43 hoja embrionaria o seminal: Cotiledón, cada una de las primeras hojas del embrión de las plantas fanerógamas.   BOTÁNICA
44 hoja entera: Aquella cuyo limbo presenta un contorno unido, sin sinuosidades ni escotaduras.   BOTÁNICA
45 hoja envainadora: Aquella que forma vaina en torno a otro órgano: *las gramíneas tienen hojas envainadoras.*   BOTÁNICA
46 hoja escotada: Aquella que presenta una muesca o entalladura poco profunda, generalmente en el ápice.   BOTÁNICA
47 hoja nerviosa: La que tiene nervios que la recorren de arriba abajo sin dividirse en otros ramillos.   BOTÁNICA
48 hoja peltada: La que tiene el peciolo fijado en el centro de la cara inferior del limbo.   BOTÁNICA
49 hoja penninervia o pinnatinervia: La que tiene nervios que arrancan de un nervio principal como las barbas de una pluma.   BOTÁNICA
50 hoja perfoliada: La que se inserta abrazando por completo la rama que la soporta.   BOTÁNICA
51 hoja primordial: La primera que ya existe en el embrión, cuya forma difiere de las que deben sucederle.   BOTÁNICA
52 hoja radical: La que nace de la raíz.   BOTÁNICA
53 hoja sentada o sésil: La que está inserta directamente en el eje y desprovista de pedúnculo.   BOTÁNICA
54 hoja suelta: Impreso que sin llegar a ser cartel o periódico tiene menos páginas que un folleto.   ARTES GRÁFICAS
55 hoja trasovada: Aquella que tiene la parte más ancha ubicada en el punto más separado de la línea media de todo el conjunto.   BOTÁNICA
56 hoja venosa: La que presenta vasos sobresalientes que se extienden con sus ramificaciones hasta los bordes.   BOTÁNICA
57 hoja volante: Impreso de extensión reducida, cuyos ejemplares se venden o distribuyen con facilidad.   ARTES GRÁFICAS
58 batir hoja: Labrar el metal reduciéndolo a hojas o planchas.   METALURGIA
59 doblar la hoja: 1. Paralizar la actividad que se está realizando para proseguirla más tarde. 2. Hacer una digresión en un discurso, pasando a hablar de temas que no están relacionados con él: *a partir de la pregunta del periodista, dobló la hoja y comenzó a disertar sobre el origen de las especies.*   coloquial coloquial
60 mudar la hoja: Desistir uno de sus intenciones: *durante muchos meses anduvo dándole vueltas al proyecto, pero finalmente mudó la hoja.*   coloquial
61 poner a alguien como hoja de perejil: Censurarlo, reñirle, cubrirlo de insultos: *a sus espaldas la puso como hoja de perejil, en venganza por su traición.*   coloquial
62 retirar la hoja: Estamparla o imprimirla por ambas caras.   ARTES GRÁFICAS
63 ser uno tentado de la hoja: Ser muy aficionado a aquello a que se refiere: *empina mucho el codo, es tentado de la hoja con el alcohol.*   coloquial
64 ser todo hoja y no tener fruto: Hablar mucho sin decir realmente gran cosa: *su verborrea es infinita, es todo hoja y no tiene fruto.*   coloquial
65 volver a hoja: 1. Cambiar de parecer o de intenciones: *volvió la hoja en el asunto de las elecciones y ahora opina que es mejor abstenerse.* 2. Faltar a un compromiso o a una promesa: *le aseguró que volvería, pero*   coloquial coloquial

volvió la hoja y no sabe nada de ella. **3.** Cambiar de conversación: *después de varias horas de hablar de las vacaciones, volvió la hoja y empezó con lo del dinero.* — coloquial

hojalata Lámina de hierro o acero cubierta de estaño por ambas caras. — s.f. METALURGIA

hojalatear Reparar las abolladuras de la carrocería de un automóvil. — v.tr./Méx. MECÁNICA

hojalatería
1 Taller donde se fabrican o venden piezas de hojalata. — s.f.
2 Taller donde se reparan carrocerías. — Méx.

hojalatero
1 Persona que tiene por oficio hacer o vender piezas de hojalata. — s.
2 Persona que hojalatea carrocerías. — Méx.

hojalde (Del bajo lat. *foliatilis*, de hojas.) Hojaldre, masa de harina y mantequilla. — s.m. COCINA

hojaldra Hojaldre, masa de harina y mantequilla. — s.f./Amér./COCINA

hojaldrado, a Se aplica al pastel que está hecho de hojaldre o es parecido a él: *le encantan los dulces hojaldrados.* — adj./s.m. COCINA

hojaldrar Dar forma de hojaldre a la masa. — v.tr/COCINA

hojaldre Masa de harina y mantequilla, trabajada de modo que al cocerse al horno forma hojas delgadas y superpuestas. — s.m. COCINA

hojaldrilla Masa de hojaldre muy fino. — s.f./COCINA

hojaranzo Planta arbórea fagácea de hojas aovadas o agudas, flores masculinas en amentos pedunculados, y amentos femeninos lacios, formando racimos. (*Carpinus betulus.*) — s.m. BOTÁNICA

hojarasca
1 Conjunto de hojas caídas de los árboles: *encontramos setas bajo la hojarasca.* — s.f.
2 Excesiva frondosidad de algunos árboles o plantas: *la hojarasca tupida del bosque no permitía el paso de la luz.* — = espesura
3 Cosas aparatosas, inútiles o insustanciales: *tus promesas son hojarasca.* — = paja

hojear
1 Pasar rápida y ligeramente las hojas de un libro: *hojeó el libro tan bruscamente que se rompió una hoja.* — v.tr. = trashojar
2 Leer un libro superficialmente pasando sus hojas con rapidez: *hojeó algunos párrafos de la novela.* — = trashojar
3 Moverse las hojas de un árbol: *con el viento del norte hojeaban las hojas y despedían tonos plateados y verdosos.* — v.intr.
4 Tener un metal hojas o láminas. — METALURGIA

hojoso, a
1 Que está formado por hojas o láminas: *la cebolla es un bulbo hojoso; rocas hojosas.* — adj. th: hojudo
2 Que tiene muchas hojas.
3 Se aplica a los árboles que tienen hojas con el limbo desarrollado, generalmente caducas, como el haya y el olmo. — BOTÁNICA

hojuela
1 Cada división del limbo de una hoja compuesta. — s.f./BOTÁNICA
2 Tira muy delgada y estrecha de cualquier metal, que sirve para recubrir el hilo con que se hacen galones, bordados y otras labores.
3 Dulce en forma de lámina hecho de masa de harina frita: *su madre prepara unas hojuelas de chuparse los dedos.* — COCINA
4 Hollejo que queda de la aceituna molida, que se vuelve a moler. — AGRICULTURA

¡hola! (Voz de creación expresiva.)
1 Expresión utilizada como saludo familiar: *¡hola, chicos!, ¿cómo estáis?* — interj.
2 Se usa para denotar extrañeza o sorpresa: *¡hola, hola!... ¿conque no has podido acabarlo?* — interj.

holanda (De *Holanda*, región de Países Bajos o los mismos Países Bajos.)
1 Lienzo de algodón muy fino usado para hacer camisas o sábanas. — s.f./TEXTIL th: holán
2 Aguardiente destilado de vinos puros, con graduación máxima de 65 grados.
3 Queso refinado de leche de vaca, de pasta prensada sin cocer y corteza lavada. — s.m.

holandés, a
1 De Holanda, región de Países Bajos, o de los mismos Países Bajos como estado. — adj.
2 Persona natural de esta región o Países Bajos. — s.
3 Lengua neerlandesa. — s.m./LINGÜÍSTICA
4 Se aplica a la batista lisa y tupida, más fuerte y resistente que la ordinaria y de aspecto parecido a la holanda. — adj. TEXTIL
5 Se refiere a varias razas de animales domésticos originarias de Holanda: *vacas holandesas.* — ZOOLOGÍA

holandesa
1 Hoja de papel de 22 × 28 cm. — s.f.

2 a la holandesa: 1. Al uso de Holanda. 2. Se aplica a la encuadernación en que el lomo del tomo está forrado de piel y la cubierta con tela o cartón. — loc./adj.

holandilla
1 Cierto tipo de tela que se usa generalmente para hacer forros de vestidos. — s.f./TEXTIL = holandeta
2 Tabaco flojo y poco aromático que se cría y elabora en Holanda: *parsimonioso y taciturno se liaba cigarrillos de holandilla con papel de color.* — = tabaco holandés

holco (Del lat. *holcus*, cebada silvestre.) Heno blanco, planta gramínea perenne. — s.m. BOTÁNICA

holding (Voz inglesa.) Forma de organización de empresas según la cual una compañía posee la mayoría de las acciones de otras empresas y, a su vez, éstas reciben acciones de la primera. — s.m. ECONOMÍA

holear Usar la interjección "¡hola!" repetidamente. — v.intr.

holgachón, a Se aplica a la persona aficionada a divertirse y que trabaja poco. — adj.

holgado, a
1 Que es o queda ancho o más grande de lo necesario: *el pantalón es holgado para ti.* — adj./= grande ≠ ceñido, estrecho
2 Se aplica a la situación de la persona que vive con holgura o bienestar: *lleva una vida holgada.*

holganza
1 Estado del que se encuentra ocioso: *con tan larga holganza perdió el sentido del tiempo.* — s.f. = ociosidad
2 Diversión y placer. — = recreo

holgar (Del bajo lat. *follicare*, jadear.)
1 Entregarse al ocio o estar ocioso. — v.intr./conj: rogar
2 Hacer una persona una pausa en una actividad para descansar: *ya está bien de holgar, es hora de trabajar.* — = descansar
3 Sobrar una cosa, estar de más: *huelga decir que copiar será castigado; huelgan los comentarios.*
4 Mostrar alegría por una cosa. — v.intr/prnl.
5 Pasar una persona el tiempo alegremente. — v.prnl./= divertirse

holgazán, a (Del ant. *holgazar*, pasarlo bien.) Que no quiere trabajar o trabaja muy poco: *no seas holgazán y ayúdame a recoger.* — adj/s. = gandul, vago

holgazanear Vivir o comportarse una persona como un holgazán: *al ver que sólo holgazaneaba le retiró la asignación.* — v.intr. = gandulear, vaguear

holgazanería Modo de ser o comportarse del holgazán: *su holgazanería nos exasperaba; el calor tropical me producía sopor y holgazanería.* — s.f. = pereza, vaguería

holgón, a Que gusta del ocio y de la diversión. — adj/s.

holgorio Jolgorio o diversión. — s.m.

holgueta (Derivado de *holgar*.) Juerga, diversión o jolgorio. — s.f. coloquial

holgura
1 Anchura o amplitud mayor de lo necesario: *hay demasiada holgura en la falda.* — s.f. ≠ estrechez
2 Espacio vacío que queda entre dos cosas que han de encajar una en otra o que han de ir unidas. — = huelgo
3 Desahogo o bienestar económico: *en esta casa siempre hemos vivido con holgura.* — ≠ apuro

holismo
1 Doctrina epistemológica que propugna que, para la comprensión de las totalidades o realidades complejas, hay que recurrir a leyes específicas que no se reducen a las leyes que afectan a sus elementos. — s.m. FILOSOFÍA
2 Tendencia del universo a construir unidades de creciente complejidad. — BIOLOGÍA

holladura Acción y resultado de hollar, pisar, estropear o humillar: *su comportamiento estaba marcado por las holladuras de que fue objeto en su niñez.* — s.f. = maltrato

hollar (Del lat. vulgar *fullare*, hollar.)
1 Apretar una cosa con los pies: *los pisadores huellan las uvas para obtener el mosto.* — v.tr./conj: contar = pisar
2 Hacer sentir a una persona su inferioridad: *holló su altivez con un gesto.* — = humillar

hollejo (Del lat. *folliculus*, hollejo.) Pellejo o piel fina que cubre algunas frutas y legumbres: *siempre les quito el hollejo a las uvas.* — s.m.

hollejudo, a Que tiene el hollejo duro o áspero: *esa clase de judías secas es hollejuda y harinosa.* — adj.

hollín (Del lat. vulgar *fulligo, -inis.*) Sustancia negra y grasa que es producida por el humo y que se adhiere a las paredes y objetos: *las paredes de la chimenea están llenas de hollín.* — s.m. = tizne

holliniento, a Que tiene hollín: *la chimenea está hollinienta.* — adj. literario

holmio Metal del grupo de las tierras raras. — s.m/QUÍMICA

holo- Componente de palabra procedente del gr. *holos*, que significa entero, todo: *holocausto; holografía.* — pref.

holobionte Se aplica al organismo que tiene un círculo vital que se desenvuelve por completo en un mismo ambiente. — adj/s.m. BIOLOGÍA

holocausto (Del bajo lat. *holocaustum* < gr. *holokaus-tos*, en que se abrasa la víctima por entero.)
1 Gran matanza de personas, particularmente la que tuvo lugar durante la segunda guerra mundial contra los judíos. — **s.m.** **= genocidio**
2 Sacrificio religioso, especialmente el que realizaban los judíos cuando incineraban un animal. — **RELIGIÓN**

holoceno, a
1 Se aplica al período geológico superior de la era cuaternaria, que se inicia con la revolución neolítica y el fin de la última glaciación. — **adj/s.m.** **GEOLOGÍA**
2 De este período. — **adj./GEOLOGÍA**

holodonto, a Se refiere al animal que presenta completa la dentición característica del grupo taxonómico a que pertenece. — **adj.** **ZOOLOGÍA**

hologamia Fecundación que consiste en la conjugación de dos individuos enteros que actúan como gametos. — **s.f.** **BIOLOGÍA**

holografía
1 Técnica fotográfica que utiliza el rayo láser para producir imágenes con efectos tridimensionales del objeto iluminado. — **s.f.** **FOTOGRAFÍA** **tb: holograma**
2 Imagen fotográfica obtenida con esta técnica. — **FOTOGRAFÍA**

holográfico, a De la holografía. — **adj./FOTOGRAFÍA**

hológrafo, a (Del bajo lat. *holographus* < gr. *holos-*, entero + *grapho*, escribir.) Se aplica al testamento que ha sido escrito de puño y letra por el propio testador. — **adj/s.m.** **DERECHO** **tb: ológrafo**

holograma Imagen óptica obtenida por medio de la técnica holográfica. — **s.m.** **FOTOGRAFÍA**

holometábolo, a Se aplica al insecto que tiene metamorfosis completa, con un estadio pupal. — **adj.** **ZOOLOGÍA**

holómetro (Del gr. *holos-*, entero + *metron*, medida.) Instrumento para medir la altura angular de un punto sobre el horizonte. — **s.m.** **TECNOLOGÍA**

holoparásito, a Se refiere al parásito vegetal que no puede prescindir del huésped por no tener clorofila. — **adj/s.** **BOTÁNICA**

holostérico, a Se aplica al barómetro que mide las variaciones de la presión atmosférica mediante las deformaciones que experimenta una pequeña caja metálica de tapa flexible, en cuyo interior se ha hecho el vacío. — **adj.** **TECNOLOGÍA**

holotipo Ejemplar tipo a partir del que se determina la descripción de una nueva especie. — **s.m.** **BIOLOGÍA**

holoturia (< gr. *holothuria* < gr. *holothurion*, holoturia.) Equinodermo que puede medir hasta 25 centímetros de longitud, de cuerpo blando y alargado, que vive en los fondos marinos. — **s.f.** **ZOOLOGÍA**

holotúrido, a Perteneciente a una clase de equinodermos de cuerpo alargado y blando y con tentáculos retráctiles alrededor de la boca. — **adj/s.m.** **ZOOLOGÍA** **tb: holoturoideo**

hombracho Hombre corpulento: *llegó al mesón acompañado por un hombracho de nariz aguileña.* — **s.m.** **coloquial**

hombrada Acción propia de una persona fuerte, valiente o con mucho carácter. — **s.f.**

hombradía Hombría, condición de hombre. — **s.f.**

hombre (Del lat. *homo, -inis.*)
1 Denominación genérica y arbitraria, sin distinción de sexo, de cada uno de los individuos de la especie humana, clasificados como mamíferos primates, que se caracterizan por estar dotados de lenguaje articulado, cuerpo erguido y manos prensiles con los dedos pulgar e índice oponibles. (*Homo sapiens.*) — **s.m.** **ZOOLOGÍA**
2 Individuo de sexo masculino de la especie humana: *según las estadísticas nacen más mujeres que hombres.* — **= varón** **≠ mujer**
3 Macho adulto de la especie humana: *tu hijo ya es un hombre.* — **≠ niño**
4 Marido o pareja estable de una mujer: *he visto a tu hombre con otra.* — **coloquial**
5 Persona de sexo masculino que tiene un comportamiento o cualidades tradicionalmente establecidas: *no seas quejica y pórtate como un hombre.*
6 Juego de cartas entre varias personas en el que se elige un palo como triunfo. — **JUEGOS**
7 Persona que en algunos juegos de cartas entra a jugar contra los demás. — **JUEGOS**
8 **buen hombre:** El que no tiene maldad ni malicia: *no es que sea muy avispado, pero es un buen hombre.* — **coloquial**
9 **hombre bueno:** 1. El que pertenecía al estado llano. 2. El que actuaba como mediador en los actos de conciliación. — **HISTORIA**
10 **hombre de armas:** El que iba a la guerra a caballo y con todas las armas: *una horda de hombres de armas se adentró en la espesura.* — **HISTORIA**
11 **hombre de bien, de pro o de provecho:** El justo y honrado: *el alcalde del pueblo era un hombre de bien que jamás estafó a sus vecinos; serán los hombres de pro quienes dirijan la difícil situación.*
12 **hombre de bigotes:** El que es severo y que tiene entereza. — **coloquial**
13 **hombre de buena capa:** El que es elegante, el que tiene buen porte. — **coloquial**
14 **hombre de ciencia:** Científico u hombre que tiene conocimientos bastante profundos sobre disciplinas científicas: *en ciertas épocas de la historia, el hombre de ciencia tuvo que investigar sin dar a luz sus descubrimientos.*
15 **hombre de corazón:** El generoso y de buenos sentimientos: *era un hombre de corazón que se desvivió por sus hijos.*
16 **hombre de dos caras:** El que cambia de opinión y de forma de actuar dependiendo de la circunstancia o de las personas con quien se encuentre: *no te fíes nunca de él, es hombre de dos caras.*
17 **hombre de la calle:** La gente en general, ajena al asunto de que se esté tratando: *para el hombre de la calle, las operaciones de bolsa son un misterio.* — **coloquial**
18 **hombre de letras:** 1. El que tiene conocimientos bastante profundos sobre las disciplinas llamadas humanidades, se dedique o no a ellas profesionalmente. 2. Escritor, literato: *es un hombre de letras comprometido con la situación política.*
19 **hombre de manga o de iglesia:** Clérigo, eclesiástico: *los hombres de manga se arremolinaron alrededor del cardenal.* — **RELIGIÓN** **coloquial**
20 **hombre de mundo:** El que tiene experiencia en el trato con todo tipo de personas, especialmente con las de posición social elevada: *para este puesto necesito a un hombre de mundo con conocimientos sobre derecho internacional.*
21 **hombre de palabra o de hecho:** El que cumple lo que promete: *es un hombre de palabra, puedes confiar en él.*
22 **hombre de pelo en pecho:** Hombre fuerte y atrevido: *fuerte y aguerrido, era un hombre de pelo en pecho.* — **coloquial**
23 **hombre del saco:** Personaje fantástico con el que se asusta y se amenaza a los niños para conseguir que hagan caso: *¡Si no te comes la carne, vendrá el hombre del saco!* — **familiar** **= el coco**
24 **hombre hecho y derecho:** Hombre ya adulto, que debe comportarse como una persona madura y ser considerado así por los demás: *tu hijo ya es un hombre hecho y derecho.* — **coloquial**
25 **hombre orquesta:** Persona que toca varios instrumentos a la vez: *un hombre orquesta actuaba delante del teatro esperando unas monedas.*
26 **hombre público:** El que se dedica activamente a la política: *como hombre público que era no podía perder los estribos.*
27 **hombre rana:** Persona que practica el submarinismo: *varios hombres rana bajaron al fondo del lago para buscar los cuerpos.* — **DEPORTES**
28 **pobre hombre:** Hombre insignificante a los ojos de los demás, bien por su falta de carácter, bien por su escasa relevancia social: *su jefe era un pobre hombre taciturno que no estaba hecho para tomar decisiones.*
29 **como un solo hombre:** Expresión que indica unanimidad entre muchas personas sin acuerdo previo: *respondieron a su llamada como un solo hombre.*
30 **hacer un hombre a alguien:** Protegerle y ayudarle eficazmente a situarse en la vida: *su abuelo lo hizo un hombre.*
31 **¡hombre al agua!:** Expresión que se utiliza para avisar que una persona ha caído al mar.
32 **ser hombre al agua:** Expresión que indica que alguien se encuentra perdido, se siente impotente ante determinada circunstancia o en determinada situación: *si no me prolongan el plazo, soy hombre al agua.* — **coloquial**
33 **ser mucho hombre:** Ser hombre con muchas facultades, o de mucho carácter. — **coloquial**
34 **ser otro hombre:** Haber cambiado mucho, bien en el físico, bien en la manera de pensar y actuar: *desde que se ha casado es otro hombre, no lo conocerías.* — **coloquial**
35 **ser poco hombre:** 1. Carecer del arrojo y facultades necesarias para determinadas ocupaciones: *es poco hombre para tanto negocio.* 2. Carecer de las cualidades que tradicional y supuestamente caracterizan al sexo masculino frente al femenino: *se ha ofendido porque le he dicho que su novio es poco hombre.* — **coloquial** **coloquial**
36 **ser o no ser hombre para cierta cosa:** Ser o no capaz de realizarla, o cumplir o no las condiciones y requisitos para llevarla a cabo: *es hombre para eso y para mucho más; no es hombre para enfrentarse al director.* — **coloquial**
37 **¡hombre!:** Exclamación que indica sorpresa o que, situada en primer o último término de una frase, enfatiza el significado de la misma, normalmente dubitativa: *¡hombre, tú por aquí!* — **interj.**

hombrear
I (Derivado de *hombre*.)
1 Imitar el adolescente el comportamiento del adulto: *el hermano pequeño siempre hombreaba haciendo alarde de conquistador.* — **v.intr.**
2 Desear igualarse con otras personas en su saber o valía: *se hombrea con sus amigos pero lo consideran un patán.* — **v.intr/prnl.**

II (Derivado de *hombro*.) Hacer una persona fuerza con los hombros: *hombreó con furia, pero no consiguió levantar el mueble.* `v.intr.`

hombrecillo Lúpulo, planta. `s.m./BOTÁNICA`

hombrera
1 Almohadilla que se pone en la parte de los hombros de algunas prendas de vestir para realzarlos: *no te pongas hombreras, tienes el cuello corto y no te sientan bien.* `s.f.`
2 Pieza usada en algunos deportes para proteger los hombros: *los jugadores de rugby usan hombreras.* `DEPORTES`
3 Pieza colocada en los hombros del uniforme militar que sirve para sujetar las correas y cordones y a veces como distintivo o insignia. `MILITAR`

hombría
1 Condición de hombre. `s.f.`
2 Entereza, valor y otras cualidades de un hombre que lo hacen merecedor de respeto y estimación: *alabó su arrojo y hombría.*

hombrillo
1 Pieza de tela, seda u otro material, puesta en los hombros de los vestidos como adorno. `s.m.`
2 Tira de tela para reforzar el hombro de la camisa.

hombro (Del lat. *humerus*.)
1 Parte superior y lateral del tronco de los primates y del hombre, de donde salen los brazos. `s.m. ANATOMÍA`
2 Parte de las prendas de vestir que cubre esta zona del cuerpo.
3 Parte de la letra desde el remate del árbol hasta la base del ojo. `ARTES GRÁFICAS`
4 Espacio lateral del escenario de teatro, que el público no puede ver y está contiguo a la escena visible. `TEATRO`
5 **a o en hombros:** Sobre los hombros: *le llevaron a hombros en señal de triunfo.* `loc.adv.`
6 **al hombro:** Sobre el hombro o colgado del hombro: *llevaba el rifle al hombro.* `loc.adv.`
7 **arrimar el hombro:** Cooperar, ayudar en un trabajo sin escatimar esfuerzo: *si arrimas el hombro acabaremos mucho antes.* `coloquial`
8 **cargado de hombros:** Cargado de espaldas, con los hombros hacia delante: *jorobado y cargado de hombros ya no se parecía al mozo de la foto.* `loc.adj.`
9 **echarse alguien algo al hombro:** Asumir una obligación, hacerse responsable de ella: *se echó al hombro lo del despido e intentó disfrutar de su nueva vida.* `coloquial`
10 **encoger alguien los hombros:** Llevar con paciencia y resignación una cosa desagradable: *no me queda más que encoger los hombros y continuar mi vida.* `coloquial`
11 **encogerse de hombros:** 1. Realizar este gesto para expresar inhibición o ignorancia: *se encoge de hombros ante cualquier manifestación política.* 2. Realizar este gesto al no saber o no querer responder a lo que se le pregunta: *no pudo hacer más que encogerse de hombros ante sus inquisiciones.* `coloquial`
12 **hombro con hombro:** En unión con otra u otras personas: *Juan y María afrontaron el problema hombro con hombro.* `coloquial`
13 **mirar a alguien por encima del hombro o sobre el hombro:** Despreciarle, humillarle: *entró en la sala de juntas y miró a sus socios por encima del hombro.* `coloquial`
14 **poner a alguien hombro a hombro con otro:** Elevarle hasta la condición o categoría de éste. `coloquial`
15 **sacar alguien a hombros a otro:** Librarle de un riesgo o apuro, ponerle a salvo: *consiguió sacarle a hombros del juicio.* `coloquial`

hombruno, a Del hombre o que tiene sus características: *es una mujer rolliza que tira algo a hombruna; ese muchacho ya tiene un cuerpo hombruno.* `adj.`

homeless (Voz inglesa.) Persona que no tiene vivienda, vagabundo. `s.m.f. pl: homeless`

homenaje (Del occitano ant. *omenatge* < *ome*, hombre, vasallo.)
1 Acto público en honor de una persona o de un acontecimiento: *hay que organizar un banquete de homenaje a tan insigne político.* `s.m. + rendir`
2 Juramento de fidelidad que se hacía a un rey o señor y por el que se establecía entre ellos una relación feudal. `HISTORIA = vasallaje`
3 Actitud de respeto hacia una persona.

homenajear Rendir homenaje a una persona: *homenajearon a los veteranos con una recepción oficial.* `v.tr.`

homeo- Componente de palabra procedente del gr. *homoios*, que significa semejante: *homeópata.* `pref.`

homeomorfismo Propiedad de algunos cristales consistente en presentar formas análogas, pese a ser de naturaleza diferente. `s.m. MINERALOGÍA = isomorfismo`

homeópata Se aplica al médico que practica la homeopatía. `adj./s.m.f. MEDICINA`

homeopatía (Del gr. *homoios*, semejante + *pathos*, enfermedad.) Procedimiento curativo que consiste en aplicar al enfermo, en pequeñas cantidades, las mismas sustancias que, aplicadas en mayor cantidad a `s.f. MEDICINA`

un hombre sano, le producirían la enfermedad que se trata de curar.

homeopático, a
1 De la homeopatía: *sigue un tratamiento homeopático para eliminar toxinas.* `adj. MEDICINA`
2 Se refiere a la dosis en que el producto activo interviene en proporción muy reducida. `FARMACIA`

homeostasis Principio general de regulación de los organismos vivos por el que tienden a estabilizar sus diversas constantes fisiológicas. `s.f./pl: homeostasis FISIOLOGÍA tb: homeóstasis`

homeostático, a De la homeostasis. `adj./FISIOLOGÍA`

homeostato Aparato que estudia cómo un sistema de una cierta complejidad es capaz de alcanzar por sí solo un estado de equilibrio previamente fijado. `s.m. TECNOLOGÍA`

homeotermia Capacidad de regulación metabólica para mantener la temperatura del cuerpo constante e independiente de la ambiental. `s.f. FISIOLOGÍA`

homeotérmico, a De la homeotermia. `adj./FISIOLOGÍA`

homeotermo, a Se aplica al animal cuya temperatura central es constante. `adj/s./FISIOLOGÍA = hematermo`

homérico, a (De *Homero*, poeta griego.)
1 De este poeta o de su obra. `adj./LITERATURA literario`
2 Que es extraordinario por lo espectacular, ruidoso o aparatoso: *soltó una sonora carcajada homérica.*

homicida (Del lat. *homicida*.) Que causa la muerte de una persona: *han encontrado el arma homicida en un descampado; el homicida fue detenido por la policía.* `adj/s.m.f. DERECHO`

homicidio (Del lat. *homicidium*.) Acto y crimen del que mata voluntariamente a otra persona: *está acusado de homicidio en primer grado.* `s.m. DERECHO = muerte`

homicillo Multa que se imponía a quien, habiendo herido o dado muerte a una persona, no comparecía a juicio, haciendo que su causa fuese sentenciada en rebeldía. `s.m. HISTORIA`

homilía (Del gr. *homilia*, reunión.) Discurso que el sacerdote católico dirige a los fieles para explicar algún punto de la doctrina o interpretar los textos bíblicos. `s.f. RELIGIÓN = sermón`

homiliario Libro que contiene homilías. `s.m./RELIGIÓN`

hominal Se aplica a la clasificación zoológica que distingue a la familia del hombre de los otros animales. `adj/s.m. ZOOLOGÍA`

hominicaco Hombre pusilánime y de mal aspecto: *un hominicaco nauseabundo regentaba la pensión.* `s.m. coloquial`

homínido, a Perteneciente a un suborden de mamíferos primates actuales y fósiles, en el que se incluye el hombre. `adj/s.m. ZOOLOGÍA tb: hominiano`

hominización Proceso evolutivo que condujo desde una determinada especie animal al primer hombre, que se caracteriza por la aparición de la capacidad de razonamiento, la palabra, posición erecta, y otras características. `s.f. ZOOLOGÍA`

homo Género de mamíferos antropoides de la familia homínidos, que incluye al hombre y otros primates fósiles cercanos con capacidad craneal superior a los 750 cc. (*Homo*.) `s.m. ZOOLOGÍA`

homo- Componente de palabra procedente del gr. *homos*, que significa igual: *homosexual; homónimo.* `pref.`

homocéntrico, a
1 Se aplica al haz luminoso cuyos rayos pasan todos por el mismo punto. `adj. FÍSICA`
2 Que tiene el mismo centro que otra cosa o elemento que sirve de referencia. `MATEMÁTICAS`

homocentro Centro común a varias circunferencias. `s.m./GEOMETRÍA`

homocerco, a Se aplica a la aleta caudal de los peces que tiene sus dos lóbulos iguales. `adj. ZOOLOGÍA`

homocigoto, a Se refiere al organismo cuyos genes alelomorfos para un mismo carácter son iguales. `adj. BIOLOGÍA`

homocinético, a
1 Se aplica a las partículas que se mueven a la misma velocidad. `adj. FÍSICA`
2 Se refiere a la conexión entre dos ejes que asegura la transmisión regular de las velocidades. `MECÁNICA`

homocromía Propiedad de algunos reptiles, peces e insectos que armoniza su color con el de los objetos que les rodean. `s.f. BIOLOGÍA`

homodonto, a Se aplica al animal que tiene un solo tipo de dientes. `adj. ≠ heterodonto`

homofonía
1 Identidad tónica entre dos o más palabras: *existe homofonía entre las palabras basto y vasto.* `s.f. LINGÜÍSTICA`
2 Conjunto de voces o sonidos al unísono. `MÚSICA`

homófono, a (Del gr. *homos*, igual + *phone*, voz.)
1 Se aplica a la palabra que se pronuncia igual que otra pero se escribe de manera diferente: *baya, vaya y valla son palabras homófonas.* `adj/s.m. LINGÜÍSTICA`
2 Se refiere al canto o música en que todas las voces tienen el mismo sonido. `adj. MÚSICA`

homogeneidad Ausencia de diferencias o partes distinguibles en la materia o en un grupo de elementos: *la homogeneidad del grupo es necesaria para que el resultado de la investigación sea valorable.* s.f. = uniformidad ≠ heterogeneidad

homogeneización Uniformización de la composición y la estructura de los elementos de un compuesto, obtenida mediante procedimientos físicos o químicos. s.f.

homogeneizar Uniformizar la composición y estructura de los elementos de un compuesto mediante procedimientos físicos o químicos. v.tr. conj: *arcaizar*

homogéneo, a (Del lat. *homogeneus* < gr. *homogenes*.)
1 Que está compuesto por elementos de la misma naturaleza o semejantes: *los alumnos del primer curso forman un conjunto homogéneo.* adj. = uniforme ≠ heterogéneo
2 Se aplica a la sustancia o mezcla de sustancias de composición y estructura uniformes: *has de conseguir una masa homogénea.*

homografía
1 Identidad ortográfica entre palabras de distinto significado: *existe homografía entre hombrear derivado de hombre y hombrear derivado de hombro.* s.f. LINGÜÍSTICA
2 Transformación en la que toda recta tiene por imagen otra recta. GEOMETRÍA

homógrafo, a Se aplica a la palabra que se escribe igual que otra pero tiene un significado diferente. adj./s.m. LINGÜÍSTICA

homologable Que puede ser homologado: *recibió una titulación homologable en los países de la Unión europea.* adj.

homologación Acción y resultado de homologar. s.f.

homologar
1 Hacer que dos o más cosas sean iguales o equivalentes: *hemos de homologar nuestros precios con los de la competencia.* v.tr. conj: *pagar* = equiparar
2 Hacer pruebas para comprobar si un producto se ajusta a unas normas determinadas.
3 Dar un organismo autorizado validez al resultado de una prueba deportiva. DEPORTES
4 Dar validez las partes al fallo de los árbitros al no impugnarlo dentro del plazo legal para hacerlo. DERECHO
5 Declarar un juez la validez de los actos y convenios de las partes para darles mayor firmeza. DERECHO

homólogo, a (Del gr. *homologos*.)
1 Se refiere a la persona que ejerce la misma actividad o tiene la misma posición social: *el presidente francés se reunió con su homólogo alemán.* adj./s.
2 Se aplica a la parte del cuerpo u órgano que es semejante a otro por su origen en el embrión, por sus relaciones con otros órganos y por su posición en el cuerpo, aunque su aspecto y función pueden ser diferentes: *las alas de las aves y las extremidades anteriores de los mamíferos son homólogas.* adj. BIOLOGÍA, ANATOMÍA
3 Se refiere al elemento que está colocado en el mismo orden que otro u otros en una o más figuras semejantes. GEOMETRÍA

homonimia Igualdad entre dos vocablos desde el punto de vista fonológico u ortográfico, pero no semántico. s.f. LINGÜÍSTICA

homónimo, a (Del lat. *homonymus* < gr. *homonymos*, que lleva el mismo nombre.)
1 Se aplica a la palabra que se escribe o pronuncia igual que otra pero tiene un significado diferente. adj./s. LINGÜÍSTICA
2 Se refiere a la persona o población que tiene el mismo nombre que otra.

homopétalo, a Se refiere a la flor que tiene todos los pétalos iguales. adj. BOTÁNICA

homoplastia Implantación de injertos para restaurar partes enfermas o lesionadas de un organismo por otras de un individuo de la misma especie. s.f. MEDICINA

homopolar Se aplica a la molécula que tiene los átomos con enlace de covalencia. adj. QUÍMICA

homóptero, a Perteneciente a un orden de insectos chupadores de metamorfosis incompleta, alas membranosas, las anteriores algo más fuertes, como la cigarra y el pulgón. adj. ZOOLOGÍA

homosexual
1 Se aplica a la atracción y relación sexual entre personas del mismo sexo. adj. ≠ heterosexual
2 Se refiere a la persona que siente atracción o tiene relaciones sexuales con otra persona de su mismo sexo. adj./s.m.f. ≠ heterosexual

homosexualidad
1 Atracción sexual hacia personas del mismo sexo o inclinación a tener con ellas relaciones sexuales. s.f. ≠ heterosexualidad
2 Práctica de la relación sexual con personas del mismo sexo. ≠ heterosexualidad

homosfera Capa inferior de la atmósfera que se caracteriza por la constancia de su composición química. s.f. GEOGRAFÍA

homotecia Transformación en la que la imagen de un punto se halla sobre la recta que le une a un punto fijo, y en la que la distancia disminuye o aumenta en una relación constante. s.f. GEOMETRÍA

homotermia Capacidad de un cuerpo o un organismo para mantener una temperatura constante y uniforme. s.f. BIOLOGÍA

homotérmico, a Que presenta homotermia. adj./BIOLOGÍA

homotético, a Que presenta homotecia. adj./GEOMETRÍA

homúnculo Pequeño ser sin cuerpo y sin sexo, dotado de un poder sobrenatural, que los brujos pretendían poder crear. s.m. OCULTISMO

honcejo Instrumento formado por un trozo de hierro acerado, largo y afilado y un mango, que se usa para cortar leña o trasplantar. s.m. AGRICULTURA = hocino

honda (Del lat. *funda*.)
1 Tira de material flexible usada para lanzar piedras. s.f./= hondijo
2 Cuerda usada para ceñir una cosa y suspenderla en el aire. = braga

hondable Se aplica al lugar en que una embarcación puede fondear: *el barco llegó a una ensenada hondable.* adj./NÁUTICA = fondable

hondamente Mucho, profundamente: *se le veía hondamente preocupado.* adv.

hondazo
1 Tiro hecho con una honda: *rompió el cristal de la ventana de un hondazo.* s.m. = hondada
2 Golpe, daño o herida producida por el tiro de una honda. = hondada

hondear
I (Derivado de *hondo*.)
1 Conocer la profundidad del agua y las características del subsuelo mediante la sonda. v.tr. = sondar, sondear
2 Sacar carga de una embarcación. NÁUTICA
II (Derivado de *honda*.) Lanzar una persona una cosa con la honda. v.intr.

hondijo Honda para tirar piedras. s.m.

hondillos Entrepiernas de los calzones. s.m.pl./tb: fondillos

hondo, a (Del ant. *fondo* < *prefondo* < lat. *profundus*.)
1 Que tiene profundidad: *este agujero es muy hondo.* adj.
2 Que está mucho más abajo que la superficie circundante: *un hondo valle atraviesa la zona.*
3 Se aplica al sentimiento que es muy intenso o verdadero: *le invadió una honda melancolía y lloró.* = profundo ≠ superficial
4 Se aplica a un tipo de canto popular andaluz de carácter melancólico. MÚSICA tb: jondo

hondón
1 Suelo interior de una cosa hueca. s.m./= fondo
2 Lugar rodeado de terrenos más altos: *viven en un hondón bastante sombrío.* = hondonada
3 Ojo o agujero de la aguja para enhebrarla: *tiene mucha facilidad para hacer pasar el hilo por el hondón.*
4 Parte del estribo donde se apoya el pie. EQUITACIÓN

hondonada Parte del terreno que está más honda que la que le rodea. s.f. = hondón, hoyada

hondura
1 Cualidad de hondo: *la hondura de un pozo; la hondura de la piscina es de tres metros en este extremo.* s.f. = profundidad
2 **meterse alguien en honduras:** Tratar de cosas profundas y dificultosas sin bastante conocimiento de ellas: *habla de lo que sepas y no te metas en honduras.* coloquial

hondureñismo
1 Expresión o vocablo característicos de la variedad lingüística del español hablado en Honduras. s.m. LINGÜÍSTICA
2 Afecto por Honduras y lo hondureño.

hondureño, a
1 De Honduras, país centroamericano. adj.
2 Persona natural de este país. s.
3 Modalidad lingüística adoptada por el español en Honduras. s.m. LINGÜÍSTICA

honestamente Con sinceridad, de corazón: *honestamente, no puedo aprobar tu conducta.* adv. = sinceramente

honestar
1 Mostrar una persona gran respeto por otra. v.tr./= honrar
2 Dar apariencia de justa o razonable a una acción o conducta que no lo es. = cohonestar

honestidad
1 Actitud del que no engaña o defrauda a nadie ni se apropia de lo que es de otros: *pudo cometer un fraude pero su honestidad se lo impidió.* s.f. = honradez
2 Actitud del que cumple escrupulosamente con su deber o con su función: *es una trabajadora que siempre ha hecho gala de una sincera honestidad.* = honradez
3 Actitud del que respeta y cumple las normas de comportamiento social y moral reinantes en una comunidad. = decoro, urbanidad
4 Templanza en las personas, las palabras y las acciones. = moderación
5 Actitud de quien siente vergüenza de exhibir o mostrar sus defectos físicos o sus partes íntimas, o de ser alabado en su presencia. = pudor

6 Actitud del que evita en público cualquier manifestación que pueda ser relacionada con el sexo. = **pudor**

honesto, a (Del lat. *honestus*, honorable.)
1 Que es incapaz de engañar, defraudar o apropiarse de lo que no es suyo: *demostró ser honesto al decirme que le había pagado más dinero de la cuenta.* **adj.** = **íntegro, probo** ≠ **deshonesto**
2 Que cumple escrupulosamente con su deber: *es un trabajador honesto.* ≠ **deshonesto**
3 Que respeta y cumple las normas de comportamiento social y moral: *nunca ha dado que hablar, es muy honesta.* = **decente** ≠ **deshonesto**

hongarina Gabán rústico usado cuando llueve. **s.f./tb: anguarina**

hongo (Del lat. *fungus*.)
1 Vegetal sin flores y sin clorofila, que crece en lugares húmedos, ricos en materia orgánica y poco iluminados. **s.m.** **MICOLOGÍA**
2 Sombrero de copa baja, rígida y redondeada, con ala estrecha. = **bombín**
3 hongo marino: Anémona de mar, pólipo del género actinia. **ZOOLOGÍA**

hongoso, a Esponjoso o fofo como un hongo. **adj.**

honor (Del lat. *honor, -oris*.)
1 Conjunto de los valores morales de una persona que determinan su forma de actuar. **s.m.**
2 Concepto o consideración social que se tiene de una persona: *con el escándalo su honor se pone en tela de juicio.* = **reputación**
3 Demostración de alabanza o gran cortesía hacia una persona: *han hecho un monumento en su honor.* = **respeto**
4 Satisfacción que produce una cosa: *es un honor para mí estar aquí.* = **honra, orgullo**
5 Tratamiento que se da o se recibe y que no corresponde al cargo que uno tiene: *se le recibió con honores de capitán general.*
6 Dignidad que ostenta una persona: *aspira a los más altos honores.*
7 Virginidad de la mujer. = **honra**
8 honor calderoniano: El que se basa en un elevado y estricto concepto de la honra y cuya transgresión exige reparación o venganza.
9 con honores de: Con consideración equiparada a lo que se expresa: *le recibieron con honores de jefe de estado.*
10 en honor a la verdad: Indica que una persona se atiene a la verdad de los hechos: *en honor a la verdad, debo decir que desconocía ese informe.* **loc.adv.**
11 en honor de: En homenaje a una persona: *se celebran las fiestas en honor de la Virgen del Pilar.* **loc.adv.**
12 hacer los honores: 1. Atender el anfitrión de una fiesta o reunión a sus invitados. 2. Elogiar el invitado la calidad de la bebida o comida. **loc.prep.**

honorabilidad Modo de ser o de comportarse de la persona honorable o digna de ser honrada. **s.f.**

honorable Que merece ser honrado: *su conducta siempre ha sido honorable.* **adj.** = **digno**

honorario, a
1 Que tiene los honores de un cargo sin ejercerlo realmente: *por su demostrado interés, le han hecho socio honorario.* **adj.** = **honorífico**
2 Que sirve para honrar a una persona: *le han concedido un título honorario.* = **honorífico**
3 Paga o sueldo que recibe un profesional liberal por sus servicios: *los honorarios de este abogado son bastante elevados.* **s.m.pl.**

honoríficamente Con carácter honorario: *fue nombrado, honoríficamente, cónsul de su país.* **adv.**

honorífico, a (Del lat. *honorificus*.)
1 Que da honor. **adj.**
2 Se aplica al cargo o título que da honor pero no está retribuido ni conlleva ejercicio efectivo alguno. = **honorario**

honoris causa (Expresión latina.) Se aplica a los grados universitarios que se conceden a una persona por sus méritos, sin pasar para obtenerlos por las pruebas ordinarias y sin ejercer las funciones correspondientes: *la han nombrado doctora honoris causa en humanidades.* **loc.adj.**

honra (Derivado de *honor*.)
1 Respeto o consideración social que tiene una persona. **s.f.** = **fama, reputación**
2 Satisfacción que produce una cosa: *es una honra para mí que hayas acudido a esta cita.* = **honor, orgullo**
3 Virginidad de la mujer. = **honor**
4 honras fúnebres: Misa que se hace por un difunto después del entierro.
5 a mucha honra: Con mucho orgullo: *soy idealista y defensor de la igualdad, a mucha honra.* **loc.adv.**

honradez Modo de comportarse del que cumple con su deber respetando la ley, sin beneficiarse ni beneficiar a otros irregularmente. **s.f.** pl: **honradeces** = **probidad**

honrado, a
1 Que se comporta con honradez: *no dudo de él porque es un hombre honrado.* **adj.** = **honesto**

2 Que se hace con honradez: *ha ganado mucho dinero con un negocio honrado.*
3 Que se comporta con decencia: *una joven honrada.* = **honesto**

honrador, a Que honra: *fue un hermoso homenaje honrador de su memoria.* **adj/s.** = **honroso**

honramiento Muestra de respeto o enaltecimiento, que se da a una persona. **s.m.**

honrar (Del lat. *honorare*.)
1 Sentir y mostrar respeto por una persona: *debemos honrar a las personas mayores.* **v.tr.** = **respetar**
2 Premiar el mérito de una persona con honores: *han honrado al investigador con una serie de actos y conferencias.*
3 Considerar un orgullo o satisfacción la asistencia o la adhesión de una persona a un acto: *el alcalde nos honró ayer con su presencia.*
4 Estar una persona orgullosa de ser o hacer una cosa: *me honro en ser su amigo.* **v.prnl.** + **de, con, en**

honroso, a
1 Que da honra: *condecoraron al soldado por su acción honrosa.* **adj.**
2 Que es decente o decoroso: *su comportamiento siempre ha sido honroso.*

hontanal
1 Se aplica a las fiestas que dedicaban los paganos a las fuentes. **adj/s.f.**
2 Sitio donde nacen fuentes o manantiales. **s.m./tb: hontanar**

hooligan (Voz inglesa.) Joven de comportamiento vandálico y ruidoso que suele ir en grupo, especialmente hincha exaltado del fútbol británico. **s.m.**

hopa (De origen incierto.)
1 Vestidura larga y cerrada semejante a la sotana. **s.f./= hopalanda**
2 Vestidura que llegaba hasta los talones y se ponía a los que iban a ser ajusticiados.

hopalanda Vestidura larga, grande y pomposa, en especial la que vestían los estudiantes. **s.f./= hopa, sopalanda**

hoparse Irse, escaparse de un lugar. **v.prnl./tb: joparse**

hopear (Derivado de *hopo*.)
1 Mover un animal la cola, en especial la zorra cuando es perseguida. **v.intr.** **tb: jopear**
2 Ir una o varias personas de calle en calle o de casa en casa: *la tuna hopea cuando sale a cantar.*

hopeo (Derivado de *hopo*.)
1. Meneo de la cola de los animales. **s.m.**
2 Acción de ir una o varias personas de casa en casa o callejeando.

hoploteca Museo de armas antiguas. **s.f./tb: oploteca**

hopo (Del fr. ant. *hope* < *hoppe, houppe* < lat. *upupa*, abubilla.)
1 Mechón de pelo. **s.m.**
2 Rabo o cola que tiene mucho pelo o lana, como el de la oveja o el del zorro.
3 ¡hopo!: Voz usada para auyentar a una persona o animal que estorba o molesta. **interj.**

hoque (Del ár. *haqq*, derecho.) Regalo que se hace a los que intervienen en una venta. **s.m.** = **alboroque**

hora (Del lat. *hora* < gr. *hora*, espacio de tiempo.)
1 Cada una de las veinticuatro partes en que se divide el día solar. **s.f.**
2 Momento determinado del día, especialmente aquel en que sucede una cosa o es el más apropiado para que suceda: *es hora de irnos; ¿éstas son horas de llamar?*
3 Cita fijada para un día y momento determinados: *tengo hora en el médico.*
4 Últimos instantes de la vida: *nadie sabe cuándo le llegará su hora.*
5 Cada una de las veinticuatro partes iguales, de quince grados, en que se considera dividida la línea equinoccial. **ASTRONOMÍA**
6 Oficio de Nuestra Señora, en la religión católica. **s.f.pl./RELIGIÓN**
7 hora civil: La de un determinado meridiano, establecida como la oficial para una extensa zona.
8 hora de Greenwich: La del meridiano que pasa por el observatorio homónimo ubicado en la aglomeración londinense, tomada como origen del huso horario.
9 hora extraordinaria: La de trabajo que se realiza fuera de la jornada legal laboral: *en este mes ha hecho muchas horas extraordinarias.* **DERECHO**
10 hora local: Hora del meridiano del lugar de que se trata: *el ataque militar se iniciará a las ocho de la hora local.*
11 hora muerta: Tiempo en que no se tiene nada que hacer: *le queda una hora muerta entre clase y clase.*
12 hora punta: 1. Aquella en que se produce mayor aglomeración de gente en los transportes públicos, calles o carreteras, por coincidir con la entrada o salida del trabajo: *en la ciudad la circulación de coches es muy densa en las horas punta.* 2. Parte del día en que el consumo de agua y electricidad es mayor.

13 hora sidérea: Tiempo equivalente a la veinticuatroava parte del día sidéreo. ASTRONOMÍA

14 hora solar: Hora determinada por la posición del Sol respecto al meridiano del lugar. ASTRONOMÍA

15 hora tonta: Momento en que, por debilidad, se comete algún error o se accede a lo que no se haría normalmente: *le dijo que sí en una hora tonta, y luego se arrepintió.* coloquial

16 horas canónicas: Las diferentes partes del oficio divino o rezos establecidos por la Iglesia católica a los eclesiásticos para las distintas horas del día. RELIGIÓN

17 horas menores: Las cuatro intermedias de las canónicas, es decir, prima, tercia, sexta y nona. RELIGIÓN

18 horas muertas: Muchas horas: *pasaba las horas muertas esperando la llamada.* + pasar, estar

19 la hora de la verdad: Momento decisivo en un proceso cualquiera.

20 a buena hora o a buenas horas: Se usa cuando llega o sucede lo que se esperaba, pero ya tarde para lo que era necesario: *¡a buena hora llegó el médico!, el bebé ya había nacido.* loc.adv.

21 a la hora: En el momento preciso: *es muy puntual, siempre llega a la hora.* loc.adv.

22 a todas horas: En todo momento, siempre: *a todas horas está hablando de él.* loc.adv.

23 a última hora: 1. Al final del día o de la parte del día que se expresa: *llámame a última hora; llegó a última hora de la tarde.* 2. En el último momento: *se arrepintió a última hora.* loc.adv. loc.adv.

24 dar hora: Citar a una persona para un día y espacio de tiempo determinados: *me han dado hora para la semana que viene.*

25 dar la hora: 1. Sonar en el reloj las campanadas que la indican: *cuando llegamos a casa el carillón daba la hora.* 2. Anunciar que ha llegado el momento de iniciar o cesar una acción: *al dar la hora, los trabajadores se fueron a comer.* 3. Decir a pregunta de alguien qué momento marca el reloj.

26 de hora en hora: 1. Con intervalos de sesenta minutos: *el médico viene a mi habitación de hora en hora.* 2. De forma paulatina: *notó su mejoría de hora en hora.* loc.adv.

27 en mala hora: En un momento en que se decidió o se hizo una cosa que ha resultado negativa o perjudicial: *en mala hora se me ocurrió invertir en ese negocio.* loc.adv.

28 entre horas: En cualquier momento, no en los determinados para alguno de los actos diarios habituales, como comer o dormir: *he adelgazado porque ya no como entre horas.* loc.adv.

29 ganar horas: Aprovechar el tiempo, acelerando las acciones para el logro de una cosa: *intentó ganar horas para terminar el trabajo.* coloquial

30 hacer hora: Ocuparse en una cosa mientras llega el momento señalado para hacer otra: *estoy haciendo hora hasta que llegue Félix a buscarme.* coloquial

31 hacer horas: 1. Realizar un trabajo por encima de las estipuladas en la jornada laboral. 2. Efectuar un trabajo sin horario fijo. 3. Haber sucedido algo varias horas o un tiempo indeterminado antes: *no me lo repitas otra vez, hace horas que lo he entendido.*

32 hacerse la hora de: Llegar el momento oportuno o señalado para realizar una cosa: *ya se ha hecho la hora de irnos a dormir.* coloquial

33 llegar la hora: Cumplirse el plazo señalado o el tiempo determinado y oportuno para una cosa: *ha llegado la hora de separarnos.*

34 llegarle la hora a alguien: Morir, fallecer: *a todos nos llegará la hora.* coloquial

35 no ver aguan la hora de algo: Estar ansioso o impaciente para que una cosa se realice: *no ven la hora de cambiarse de casa.* coloquial

36 pedir hora: Solicitar una persona una cita: *tengo que pedir hora para ir al oculista.*

37 pedir la hora: Preguntar a una persona el momento que señala el reloj: *tenía la costumbre de pedir la hora por la calle.*

38 poner en hora: Sincronizar un reloj con otro u otros que se toman como patrón: *pusieron en hora sus relojes antes de cometer el atraco.*

39 por horas: Se aplica a la manera de cobrar un trabajo o servicio, recibiendo una determinada cantidad de dinero tomando como unidad la hora: *el servicio doméstico se suele pagar por horas.* loc.adv.

40 tener alguien las horas contadas: Estar próximo a la muerte: *el médico les comunicó que el accidentado tenía las horas contadas.* coloquial

horadación Acción y resultado de horadar. s.f.

horadado Capullo del gusano de seda agujereado por los dos extremos. s.m. ZOOLOGÍA

horadador, a Que horada. adj/s./tb: horadante

horadar (Del ant. *horado* < bajo lat. *foratus* < *forare*.) Hacer un agujero de forma que atraviese una cosa de parte a parte: *horadó el tabique con un taladro eléctrico de bricolaje.* v.tr.

horado
1 Agujero que atraviesa una cosa de una parte a otra. s.m.
2 Cueva o concavidad subterránea.

horambre (Del lat. *foramen*, agujero.) Agujero que tienen en medio las guiaderas de los molinos de aceite. s.m.

horario, a
1 De las horas: *los cambios horarios provocan alteraciones físicas.* adj.
2 Conjunto de horas durante las cuales se realiza una actividad o se desarrolla una acción: *tengo un horario de trabajo insufrible, casi no disfruto de tiempo de ocio.* s.m.
3 Distribución y cuadro indicador de las horas en que deben ejecutarse determinados actos: *consulta el horario de clases.*
4 Manecilla del reloj que señala las horas.
5 **horario flexible:** El que permite al empleado de una empresa cierta elección en las horas de entrada y salida.

horca (Del lat. *furca*.)
1 Instrumento de ejecución formado por un madero horizontal sostenido por otros verticales y del que cuelga una soga, que sirve para ahorcar a los condenados a esta pena. s.f. = cadalso, patíbulo
2 Utensilio en forma de tenedor, generalmente de madera, usado para realizar faenas agrícolas: *aireó el heno aún verde con la horca.* AGRICULTURA = bieldo
3 Palo con dos puntas, usado para sostener las ramas de los árboles: *colocó varias horcas en los cerezos.* = horqueta, horquilla
4 Conjunto de tres palos dispuestos de forma semejante a un collar, usado para sujetar por el pescuezo a los cerdos y a los perros.
5 **horca de ajos o de cebollas:** Conjunto de dos ristras de ajos o cebollas atadas por un extremo.
6 **dejar horca y pendón:** Dejar dos ramas principales que salen del tronco, al podar los árboles. AGRICULTURA

horcado, a Que tiene forma de horca. adj.

horcadura
1 Parte del tronco del árbol donde nacen las ramas: *puso una escalera de mano para llegar a la horcadura.* s.f.
2 Ángulo que forman las ramas que salen del mismo punto.

horcajadas Indica con las piernas abiertas, una a cada lado, en la expresión **a horcajadas**: *se sentó a horcajadas en la barandilla.* loc.adv.

horcajadura Ángulo que forman los dos muslos o piernas en su nacimiento. s.f.

horcajo
1 Horca de madera que se ponía al pescuezo de algunos animales para trabajar. s.m.
2 Confluencia de dos ríos o arroyos: *en el horcajo de las corrientes saltaban las truchas.*
3 Punto en que se unen dos montañas o cerros: *en el horcajo de los montes se erigía una cruz de piedra.*
4 Horquilla que forma la viga del molino de aceite en el extremo en que se cuelga el peso.

horcate (Del cat. *forcat*.) Arreo en forma de herradura que se coloca sobre el cuello de las caballerías y al que se sujetan las correas de tiro. s.m. EQUITACIÓN

horchata (Del lat. *hordeata*, hecha con cebada.)
1 Bebida hecha con chufas machacadas y mezcladas con agua y azúcar. s.f.
2 Bebida que se prepara con harina de arroz, agua, azúcar y canela. Méx.

horchatería Establecimiento donde se hace, vende o consume horchata. s.f. COMERCIO

horchatero, a Persona que elabora o vende horchata. s.

horcón
1 Horca grande usada por los agricultores: *amontonó la paja en el establo con un horcón.* s.m. AGRICULTURA
2 Cuaderna final del casco de un barco. NÁUTICA

horconada
1 Movimiento hecho con el horcón para recoger la paja, amontonarla o realizar otra tarea agrícola. s.f. AGRICULTURA
2 Cantidad que se recoge de una sola vez con el horcón. AGRICULTURA

horda (Del tártaro *urdu*, campamento.)
1 Grupo de gente armada que no pertenece a un ejército regular: *una horda de cosacos arrasó los poblados y asedió la ciudad.* s.f.
2 Grupo de delincuentes o gamberros: *la manifestación en contra del código fue asaltada por varias hordas de incontrolados.*
3 Conjunto de familias que forman una comunidad nómada unida por vínculos sociales y espirituales muy rudimentarios. SOCIOLOGÍA

hordiate (Derivado de *horchata*.)
1 Bebida hecha con cebada cocida. s.m.
2 Cebada cocida.

horizontal
1 Que tiene todos sus puntos a la misma altura: *pon las piernas en posición horizontal.* adj. ≠ vertical

2 Se aplica a la línea que va de derecha a izquierda o viceversa en un plano. — *adj/s.f.* ≠ vertical

3 Se aplica a la propiedad que recae sobre uno o varios pisos, viviendas o locales de un edificio, adquiridos separadamente por diversos propietarios, con ciertos derechos y obligaciones comunes. — *adj.*

horizontalidad Situación de lo que es o está horizontal: *el profesor censuró la pródiga horizontalidad de su diseño.* — *s.f.* ≠ verticalidad

horizonte (Del lat. *horizon, -ontis* < gr. *horizon, -ontos*.)
1 Línea que limita la visión de un punto cualquiera, en el que parece que se junta el cielo con la tierra. — *s.m.*
2 Campo a que son capaces de extenderse los pensamientos o inquietudes de una persona: *es un hombre simple y de estrechos horizontes.* — + ser de
3 Conjunto de posibilidades o perspectivas de una actividad: *con éste proyecto parece que nuestro horizonte es más prometedor.*
4 horizonte artificial: Dispositivo que se usa en observaciones astronómicas y para la orientación de un avión respecto al horizonte verdadero. — ASTRONOMÍA, AERONÁUTICA
5 horizonte astronómico o celeste: Prolongación del horizonte hasta la bóveda del cielo. — ASTRONOMÍA
6 horizonte de la mar: Superficie cónica formada por las tangentes a la superficie terrestre, que parten del ojo del observador. — NÁUTICA
7 horizonte estratigráfico: Superficie que indica una posición concreta en una sucesión de estratos. — GEOLOGÍA
8 horizonte natural, terrestre o visible: Línea que limita la zona de la esfera terrestre visible desde un lugar determinado. — GEOGRAFÍA
9 horizonte racional: Círculo máximo de la esfera celeste. — GEOGRAFÍA
10 horizonte sensible: Espacio circular de la superficie del globo terrestre. — GEOGRAFÍA

horma
I (Del lat. *forma*.)
1 Molde con que se fabrica o forma una cosa, especialmente los zapatos y los sombreros. — *s.f.*
2 Vasija o molde, por lo general de barro, usado para elaborar los panes de azúcar. — Colomb., Cuba, Perú, Venez.
3 encontrar o hallar una persona la horma de su zapato: Encontrar una cosa o persona que resulta adecuada para lo o que puede competir con ella. — coloquial
II (Derivado de *hormazo*.) Pared de piedra en seco. — s.f./CONSTRUCCIÓN

hormadoras Enaguas, prenda interior femenina. — s.f.pl./Colomb.

hormazo (Del lat. *formaceus*.) Montón de piedras sueltas. — *s.m.*

hormero, a Persona que hace o vende hormas, moldes. — s.

hormiga (Del lat. *formica*.)
1 Insecto himenóptero que vive en colonias donde se encuentran reinas y obreras, y que abre galerías bajo tierra y en el tronco de los árboles. *(Formica.)* — *s.f.* ZOOLOGÍA
2 hormiga argentina: La de pequeño tamaño, originaria de Sudamérica, de color pardo. *(Iridomyrmex humilis.)* — ZOOLOGÍA
3 hormiga blanca: Termes, insecto. — ZOOLOGÍA
4 hormiga carpintera: La que ataca la madera de los árboles construyendo sus nidos bajo la corteza. *(Camponatus herculaneus.)* — ZOOLOGÍA
5 hormiga león: Insecto grande, de cuerpo largo y estrecho que recuerda a una libélula, cuya larva es carnívora y captura hormigas y otros insectos mediante una trampa en forma de cráter que excava en terrenos arenosos. *(Myrmeleon formicarius.)* — ZOOLOGÍA
6 hormiga melera, de miel, busilera o mochilera: La de pequeño tamaño, que almacena miel para su alimento en nidos subterráneos. *(Myrmecystus mexicanus.)* — ZOOLOGÍA
7 hormiga parasol: La que corta trozos de hojas y los lleva sujetos con las mandíbulas. *(Atta.)* — ZOOLOGÍA
8 hormiga roja: Especie de hormiga europea muy común que forma grandes hormigueros de paja, ramitas y hojas, y se alimenta de insectos a los que mata con el ácido químico que segrega el abdomen. *(Formica rufa.)* — ZOOLOGÍA
9 ser una hormiga o una hormiguita: Ser una persona laboriosa y ahorradora: *siempre la alabaron por ser una hormiga en el trabajo.* — coloquial
10 trabajar como una hormiga o una hormiguita: Hacer las tareas asignadas con minuciosidad y constancia. — coloquial

hormigo
1 Gachas de harina de maíz. — s.m./COCINA
2 Plato dulce compuesto de pan rallado, almendras o avellanas molidas y miel. — s.m.pl. COCINA
3 Partes más gruesas que quedan en la criba al cerner la sémola o el trigo quebrantado. — AGRICULTURA

hormigón
I (De origen incierto.)
1 Material de construcción obtenido al mezclar arena, grava, cemento y agua que, al fraguar y endurecerse, adquiere una notable resistencia. — *s.m.* CONSTRUCCIÓN
2 hormigón aéreo: Aquel cuyos componentes, durante el fraguado, liberan gases, reduciendo su densidad y mejorando sus propiedades aislantes. — CONSTRUCCIÓN
3 hormigón armado: El reforzado por armaduras metálicas que absorben las fuerzas de tracción que este material por sí solo no resistiría. — CONSTRUCCIÓN
4 hormigón celular o alveolar: El que es ligero y está constituido por una mezcla de ligantes hidráulicos y de agregados finos que han sufrido un tratamiento. — CONSTRUCCIÓN
5 hormigón hidráulico: Hormigón hecho con cal hidráulica. — CONSTRUCCIÓN
6 hormigón inyectado: El que se fabrica llenando de mortero los huecos que deja la grava, previamente colocada en los encofrados. — CONSTRUCCIÓN
II (Derivado de *hormiga*.)
1 Enfermedad del ganado vacuno. — s.m./VETERINARIA
2 Enfermedad de algunas plantas, causada por un insecto que les roe las raíces y los tallos. — BOTÁNICA

hormigonera Máquina para mezclar los componentes del hormigón. — *s.f.* CONSTRUCCIÓN

hormigoso, a
1 De las hormigas: *es un terreno muy hormigoso.* — *adj.*
2 Que está dañado por las hormigas: *debemos fumigar los árboles hormigosos.*

hormigueante Que produce hormigueo: *sintió un picor hormigueante por la pierna inmovilizada.* — *adj.* tb: hormigante

hormiguear
1 Experimentar una parte del cuerpo una sensación de picor o cosquilleo: *desde que padeció la lesión medular le hormiguean las piernas.* — *v.intr.*
2 Moverse muchas personas, animales o cosas desordenadamente.

hormigueo
1 Sensación molesta semejante al cosquilleo, experimentada en alguna parte del cuerpo: *la mala circulación produce hormigueo en las extremidades.* — *s.m.* = hormiguilla, hormiguillo
2 Estado de inquietud o desasosiego por cualquier cosa. — = desazón
3 Movimiento desordenado de muchas personas, animales o cosas: *un hormigueo de paseantes llenaba los bulevares.*

hormiguero, a
1 De la hormiga: *hemos estudiado el funcionamiento de las colonias hormigueras.* — adj./ZOOLOGÍA = hormiguesco
2 Galería excavada bajo tierra, en los árboles y otros lugares por las hormigas, donde viven y se reproducen. — *s.m.* ZOOLOGÍA
3 Conjunto de hormigas que viven en un mismo nido: *una actividad febril invadía el hormiguero.* — ZOOLOGÍA
4 Lugar en el que hay una aglomeración de personas o de cosas en movimiento: *a la salida del concierto se formó un hormiguero de gente.* — coloquial
5 Pequeño montón de hierbas o paja que se cubre de tierra, se quema y se esparce para que sirva de abono. — AGRICULTURA
6 Torcecuello, ave pícida. — ZOOLOGÍA

hormiguilla Sensación molesta semejante al cosquilleo, experimentada en alguna parte del cuerpo. — *s.f.* = hormigueo

hormiguillo
1 Enfermedad que padecen las caballerías en los cascos, que poco a poco desgaste de éstos. — *s.m.* VETERINARIA
2 Línea de personas que se forma para pasarse de mano en mano los materiales de obra, u otras cosas.
3 Cosquilleo o picazón en alguna parte del cuerpo: *siento un hormiguillo en los pies.* — = hormigueo

hormona (Del gr. *hormon* < *horman*, excitar.) Sustancia segregada por las células glandulares endocrinas, que se difunde por el medio interno y actúa sobre otras células originando cambios metabólicos. — *s.f.* BIOLOGÍA tb: hormón

hormonal Que tiene relación con las hormonas: *sufre un desarreglo hormonal.* — *adj.* BIOLOGÍA

hormonoterapia Tratamiento por hormonas. — s.f./MEDICINA

horn (Del alem. *Horn*.) Restos de una montaña rodeada de circos glaciares. — *s.m.* GEOLOGÍA

hornabeque Fortificación exterior formada por dos medios baluartes trabados con una cortina o lienzo de muralla. — *s.m.* CONSTRUCCIÓN

hornablenda Mineral de color verdinegro o negruzco, de brillo vítreo y compuesto por un silicato de calcio, magnesio y hierro. — *s.f.* MINERALOGÍA

hornacero Oficial encargado de asistir y cuidar la hornaza. — *s.m.* METALURGIA

hornacho (Del mozárabe *furnac*.) Agujero o concavidad hecho en las montañas o terrenos de donde se extraen minerales. — *s.m.* MINERÍA

hornachuela Especie de choza: *se resguardaron del aguacero en una hornachuela que había en los sembrados.* — *s.f.* = covacha

hornacina (Del lat. *fornicina*.) Hueco hecho en un muro para colocar una imagen o un adorno. — *s.f.* ARQUITECTURA

hornada
1 Cantidad de cosas que se cuecen de una vez en el horno: *en esta hornada han cabido cinco piezas más de cerámica.* — s.f.
2 Conjunto de personas que acaban al mismo tiempo una carrera, o reciben a la vez el nombramiento para un cargo: *en la última hornada de médicos había más mujeres que en las anteriores.* — coloquial = promoción

hornaguear
1 Hacer hoyos en la tierra o minarla para extraer carbón de piedra. — v.tr. MINERÍA
2 Moverse un cuerpo de un lado a otro. — v.prnl./*Chile*

hornaguera Carbón de piedra. — s.f./MINERALOGÍA

hornaguero, a (Del lat. *fornacarius*, perteneciente a la hornaza.)
1 Se aplica al terreno rico en carbón de piedra. — adj.
2 Que es espacioso y holgado. — = flojo

hornaza (Del lat. *fornax, -acis*.)
1 Horno pequeño usado por plateros y fundidores de metales. — s.f. METALURGIA
2 Color amarillo claro usado por los alfareros para vidriar. — ARTE

hornazo (Derivado de *horno*.)
1 Torta o rosca guarnecida de huevos y cocida en el horno. — s.m. COCINA
2 Olor fuerte y penetrante, particularmente el que despide la marihuana. — *Méx.*

hornear
1 Introducir una cosa en el horno para cocerla o asarla: *todavía he de hornear todos los bollos.* — v.tr. = enhornar
2 Trabajar una persona como hornero. — v.intr.

hornecino, a Se aplica al hijo que es fruto de una relación adúltera. — adj. tb: fornecino

hornera Suelo del horno. — s.f.

hornería Oficio de hornero. — s.f.

hornero, a
1 Persona que trabaja cociendo pan en el horno. — s.
2 Pájaro que vive en América Central y Meridional, de color pardo acanelado, salvo el pecho que es blanco y la cola de tono herrumbroso vivo, que construye con barro y paja un voluminoso nido en forma de horno. (*Furnarius.*) — s.m. ZOOLOGÍA

hornija (Derivado de *horno*.) Leña menuda para el horno. — s.f.

hornijero, a Persona que acarrea la leña menuda para el horno. — s.

hornilla
1 Recipiente o hueco en el hogar, donde se hacía el fuego para guisar. — s.f. = hornillo
2 Hueco hecho en la pared del palomar para que aniden las palomas. — = nicho
3 Hornillo de la cocina o estufa. — *Méx.*

hornillo
1 Utensilio portátil que se emplea en laboratorios, cocinas y usos industriales para calentar y fundir, y que funciona con electricidad o combustible. — s.m.
2 Concavidad que se hace en la mina para introducir un explosivo. — MINERÍA

horno (Del lat. *furnus*.)
1 Dispositivo o compartimento en el que se libera calor y se transmite a una masa sólida o fluida con el fin de transformarla física o químicamente: *el horno de mi cocina funciona con gas.* — s.m.
2 Obra de fábrica provista de chimenea y una o varias bocas por donde se introduce lo que se quiere someter a la acción del fuego. — INDUSTRIA
3 Panadería, establecimiento donde se cuece y vende pan. — COMERCIO = tahona
4 Lugar que es o está muy caliente: *esta casa es un horno.* — coloquial
5 Montón de piedra, leña o ladrillo, destinado para ser calcinado o cocido.
6 Sitio fuera de la colmena en que crían las abejas.
7 Agujero en que se mete un vaso que se ajusta con yeso y cal en el paredón del colmenar.
8 Vaso que se mete en los agujeros del paredón del colmenar.
9 **alto horno:** Horno metalúrgico calentado por coque, en que se reducen y se funden los minerales de hierro. — METALURGIA
10 **horno catalítico:** El autolimpiador eléctrico o de gas, en el que las grasas se oxidan en contacto con el esmalte de las paredes del mismo.
11 **horno celular:** Horno rectangular que sólo contiene un crisol y se utiliza cuando el material que se introduce en él exige un régimen especial. — TECNOLOGÍA
12 **horno crematorio:** Horno en que se incineran cadáveres.
13 **horno de reverbero:** Horno cubierto por una bóveda que refleja el calor producido en un hogar separado de ella.
14 **horno de solera:** Horno en el que el calorífero está separado de la zona en que se utiliza el calor.
15 **horno eléctrico:** Aquel cuya fuente de alimentación es la electricidad.
16 **horno solar:** Espejo cóncavo de gran diámetro, que concentra los rayos solares en su centro, produciendo una temperatura muy elevada. — INDUSTRIA
17 **no estar el horno para bollos:** No existir una buena disposición para aguantar una broma o para cualquier otra cosa: *no se lo digas hoy, que no está el horno para bollos.* — coloquial

horópter (Del gr. *horos*, límite + *opter*, el que mira.) Línea recta que pasa por la intersección de los dos ejes ópticos, paralelamente a la que une los centros de los dos ojos del observador. — s.m. ÓPTICA tb: horóptero

horoptérico, a
1 Del horópter. — adj./ÓPTICA
2 Se aplica al plano que pasa por el horópter y es perpendicular al eje óptico. — ÓPTICA

horóscopo (Del lat. *horoscopus* < gr. *horoskopos*.)
1 Pronóstico que se hace del futuro de una persona de acuerdo con la posición de los astros o con su signo del zodíaco. — s.m. OCULTISMO
2 Signo del zodíaco. — OCULTISMO

horqueta (Derivado de *horca*.)
1 Rama o palo bifurcado en un extremo usado para sostener las ramas de los árboles. — s.f. AGRICULTURA
2 Parte de un árbol en que una rama gruesa forma ángulo con el tronco.
3 Parte donde el curso de un río o arroyo forma ángulo agudo, y terreno que este comprende. — *Argent., Chile*
4 Lugar donde se bifurca un camino. — *Argent.*

horquilla (Derivado de *horca*.)
1 Pieza de alambre, caucho u otro material, doblada por la mitad que se usa para sujetar el pelo. — s.f.
2 Rama o palo bifurcado en un extremo para sostener las ramas de los árboles. — AGRICULTURA
3 Pieza del cuadro de una bicicleta o de una motocicleta, que va desde la rueda delantera hasta el manillar. — MECÁNICA

horrar Morirse, enfermar o malograrse la cría de una yegua o una vaca. — v.intr/prnl./*Colomb., Amér. Central*

horrendo, a (Del lat. *horrendus*, que hace erizar los cabellos.)
1 Que causa horror: *la prensa habla del horrendo asesinato de anoche.* — adj./=horroroso, = horrible, hórrido
2 Muy feo o muy malo: *lleva un vestido horrendo; esta comida es horrenda.* — coloquial = horroroso
3 Muy intenso o fuerte: *tengo una sed horrenda; tiene unas ganas horrendas de casarse.* — coloquial = enorme

hórreo (Del lat. *horreum*, granero.) Granero, en especial el de madera o piedra construido sobre cuatro o más pilares que lo aíslan de la humedad, y que es propio del noroeste de la península Ibérica. — s.m. AGRICULTURA

horrero, a Persona que cuida los graneros de trigo y distribuye y reparte el grano. — s. AGRICULTURA

horribilidad Condición de las personas o las cosas que causan horror. — s.f.

horrible
1 Que causa horror: *tengo que darte una noticia horrible; la escena del suicidio es horrible.* — adj. = horroroso
2 Que es muy feo o muy malo: *ha pintado la habitación de un color verde horrible; este vino es horrible.* — coloquial = horroroso
3 Muy intenso o fuerte: *me voy a dar un baño en el mar porque hace un calor horrible.* — coloquial = enorme

horridez Hecho de ser una persona o una cosa horrible. — s.f. pl: horrideces

hórrido, a Que causa horror. — adj./= horrífico

horripilación
1 Acción y resultado de causar horror o terror. — s.f.
2 Erizamiento del pelo causado por el horror.
3 Estremecimiento de frío producido por la fiebre. — MEDICINA

horripilador, a Se aplica al músculo que está en el interior de la piel al lado del pelo y causa horripilación. — adj. ANATOMÍA

horripilante Que aterroriza u horripila: *en esta película de miedo hay varias escenas horripilantes.* — adj./=espantoso, espeluznante

horripilar (Del lat. *horripilare*.)
1 Hacer el miedo o el terror que se erice el vello de una persona: *se horripilaron al ver aquella desfiguración.* — v.tr/prnl.
2 Hacer una cosa que una persona sienta miedo o terror: *la inminencia de la guerra les horripila.* — = horrorizar ≠ tranquilizar

horrísono, a Que causa horror o molestia por su sonido: *no soporto este griterío horrísono.* — adj.

horro, a (Del ár. *hurr*, libre.)
1 Se aplica al esclavo que ha conseguido la libertad. — adj./HISTORIA
2 Que está libre o exento de una cosa.
3 Se refiere a la hembra que no queda preñada.

horror (Del lat. *horror*, erizamiento.)
1 Sentimiento de repulsión causado por un hecho catastrófico, sangriento o cruel: *nunca olvidó el horror de los campos de concentración.* — s.m.

2 Miedo muy intenso: *me daba horror pasar por esas calles oscuras.* = terror
3 Cosa horrible: *su última película es un horror.* coloquial
4 Cantidad enorme de cierta cosa: *tiene un horror de libros; esta pintura debe valer un horror.* coloquial
5 Dicho o hecho exagerado o repulsivo: *dice horrores de sus padres; cometió toda clase de horrores.* s.m.pl.

horrorizar Causar una persona o una cosa horror a otra persona: *se horrorizó al ver su cara desfigurada.* v.tr/prnl. conj: cazar

horroroso, a
1 Que causa horror: *cualquier catástrofe tiene consecuencias horrorosas.* adj. = aterrador
2 Que es muy feo: *tiene un cuadro horroroso en su salón.* coloquial = espantoso
3 Que es muy malo: *su interpretación del personaje fue realmente horrorosa.* coloquial ≠ estupendo
4 Muy intenso o grande: *tengo un frío horroroso.* coloquial

horrura
1 Suciedad, secreción viscosa y repugnante que sale de una cosa. s.f.
2 Cosa vil y despreciable.
3 Escorias que se obtienen en la primera fundición y que pueden producir beneficio. s.f.pl. METALURGIA

horst (Voz alemana.) Compartimento o bloque elevado entre fallas, de modo que sobresale por encima de los terrenos circundantes. s.m. pl: horst GEOLOGÍA

hortaliza Verduras y demás plantas comestibles que se cultivan en las huertas: *plantó calabacines y pepinos para aumentar la variedad de hortalizas.* s.f. AGRICULTURA

hortelano, a (Del lat. *hortulanus.*)
1 De la huerta: *el agua de las acequias se derramaba entre los bancales hortelanos.* adj./AGRICULTURA tb: hortolano
2 Persona que por oficio cuida y cultiva huertas. s.
3 Pájaro de color gris verdoso, que es común en España. s.m. ZOOLOGÍA
4 a la hortelana: Se aplica al plato que ha sido preparado con hortalizas: *he hecho tortilla a la hortelana.* loc.adj. COCINA

hortense De la huerta: *es necesario comer productos hortenses.* adj.

hortensia (De Hortense *Lapaute, dama francesa.*)
1 Arbusto de hojas elípticas, agudas, verde brillantes, grandes grupos de flores blancas, moradas, azules, rosas o rojas, que es originaria de Japón y cultivada como ornamental. *(Hydrangea hortensia.)* s.f. BOTÁNICA
2 Flor de esta planta. BOTÁNICA

hortera (De origen incierto.)
1 Que es vulgar y de mal gusto: *lleva una ropa muy hortera.* adj/s.m.f. coloquial
2 Dependiente de comercio. s.m.
3 Cazuela de madera. s.f./= escudilla

horterada Acción o cosa de mal gusto, propia de una persona vulgar: *su casa es una horterada.* s.f. coloquial

hortícola De la horticultura: *cultivo hortícola.* adj./= hortelano

horticultor, a (Del lat. *hortus,* huerto + *colere,* cultivar.) Persona que se dedica a cultivar un huerto. s. AGRICULTURA

horticultura
1 Cultivo de los huertos. s.f./AGRICULTURA
2 Parte de la agricultura que estudia este cultivo. AGRICULTURA

hosanna (Voz hebrea.)
1 Exclamación de júbilo en la liturgia católica. s.m./RELIGIÓN
2 Himno que se canta el domingo de ramos. RELIGIÓN

hosco, a (Del lat. *fuscus,* pardo oscuro.)
1 Que es antipático o intratable: *tiene pocos amigos por su hosco carácter.* adj. = huraño
2 Que es poco agradable o acogedor. = desapacible
3 Se aplica al color que es tan oscuro que parece negro.

hoscoso, a
1 Que es erizado y áspero. adj.
2 Se aplica a la res vacuna que tiene el pelo rubio o rojizo.

hospedaje
1 Alojamiento dado a una persona en un lugar como invitado o mediante pago: *dieron hospedaje al peregrino.* s.m. tb: hospedamiento
2 Cantidad pagada por estar hospedado.
3 Lugar donde se está hospedado.

hospedante
1 Que hospeda. adj.
2 Se refiere al vegetal o animal que sirve de sustento a un parásito. BIOLOGÍA

hospedar (Del lat. *hospitari.*) Dar alojamiento a una persona: *se hospedó en esa vieja fonda.* v.tr/prnl. = albergar

hospedería Habitación o casa destinada al alojamiento de visitantes o transeúntes, en especial las que tenían las comunidades religiosas para alojar a los huéspedes. = albergue

hospedero, a Persona que admite huéspedes. s.

hospiciano, a Se aplica a la persona que vive en un hospicio o al niño que se ha criado en él. adj/s.

hospicio (Del lat. *hospitium,* alojamiento.)
1 Asilo para niños huérfanos, abandonados o pobres. s.m.
2 Casa que servía de albergue a los peregrinos.
3 Hospedería de las comunidades religiosas.
4 Asilo para menesterosos. Argent., Chile, Perú
5 Asilo para personas con problemas síquicos y siquiátricos, y ancianos. Argent., Chile, Ecuad.

hospital (Derivado de *huésped.*)
1 Establecimiento donde se asiste a los enfermos: *es el mejor hospital en traumatología.* s.m./MEDICINA = clínica
2 Antigua hospedería para peregrinos enfermos. HISTORIA
3 hospital de día: Servicio hospitalario que alberga a los pacientes durante el día para que reciban los cuidados necesarios, sin pernoctar en él. MEDICINA
4 hospital de noche: Servicio hospitalario en que los enfermos son tratados por la noche, pudiendo continuar con su actividad profesional durante el día. MEDICINA
5 hospital de sangre o de la primera sangre: Formación sanitaria que, en campaña, proporciona las primeras atenciones de urgencia a los heridos. MEDICINA, MILITAR
6 hospital militar: Establecimiento sanitario donde se asiste a militares y familiares de éstos. MEDICINA, MILITAR
7 parecer o estar hecho un hospital: 1. Padecer una persona muchas enfermedades. 2. Juntarse muchos pacientes o enfermos en un lugar. coloquial coloquial

hospitalario, a
1 Del hospital: *trabaja como auxiliar en un centro hospitalario.* adj.
2 Que acoge con agrado y amabilidad a personas en su casa: *debes ser más hospitalario con tus invitados.*
3 Se aplica al lugar acogedor.
4 Se refiere a las órdenes religiosas que daban hospedaje a los peregrinos. RELIGIÓN

hospitalicio, a De la hospitalidad. adj.

hospitalidad
1 Disposición y actitud amable del que acoge, ayuda y da cobijo a extranjeros y visitantes: *en sus cartas no cesaba de alabar la hospitalidad de los irlandeses.* s.f.
2 Generosidad al acoger y prestar ayuda a los necesitados: *la beneficencia ha de saber explotar no sólo la caridad, sino también la hospitalidad.*
3 Estancia de los enfermos en el hospital.

hospitalización Acción y resultado de hospitalizar: *el médico ha ordenado la hospitalización del enfermo.* s.f.

hospitalizar Ingresar a una persona en un hospital o una clínica: *tuvieron que hospitalizarle urgentemente.* v.tr. conj: cazar

hosquedad Actitud hosca, malhumorada y reacia al trato con los demás: *su hosquedad con los compañeros no le granjeó amistades.* s.f.

hostal (Del occitano ant. *ostal* < lat. *hospitale,* habitación para huésped.) Establecimiento de menor categoría que el hotel: *encontró un modesto hostal en el barrio viejo que se ajustaba a sus posibilidades.* s.m.

hostelería
1 Industria que engloba los servicios orientados a satisfacer las necesidades de alojamiento y alimentación de viajeros y huéspedes. s.f. tb: hotelería
2 Profesión de las personas que trabajan en esta industria.

hostelero, a
1 De la hostelería. adj.
2 Persona que regenta una hostería. s.

hostería (Derivado de *huésped.*)
1 Establecimiento donde se da alojamiento y comida. s.f./tb: hostal
2 Hotel, restaurante turístico. Argent., Chile

hostia (Del lat. *hostia,* víctima de un sacrificio religioso.)
1 Oblea de pan ázimo que el sacerdote católico ofrece en el sacrificio de la misa y da a los fieles en la comunión. s.f. RELIGIÓN = sagrada forma
2 Golpe fuerte o bofetada: *se pegó una hostia con el coche; te daré una hostia si no te callas.* vulgar
3 a toda hostia: Muy deprisa, a gran velocidad: *bajó las escaleras a toda hostia.* loc. adv. vulgar
4 estar de mala hostia: Estar de mal humor: *no le digas nada, está de mala hostia.* vulgar
5 ¡hostia!: Exclamación de sorpresa, dolor, admiración, etc.: *¡hostia, qué fallo!; ¡hostia, me he olvidado las llaves!* interj. vulgar
6 ser la hostia: Ser el colmo, sorprendente, intolerable: *este chico es la hostia, ha vuelto a perder las llaves.* vulgar
7 tener mala hostia: Tener mal carácter: *no se puede tratar con ella, tiene muy mala hostia.* vulgar

hostiar Abofetear a una persona. v.tr/vulgar

hostiario
1 Caja para guardar las hostias no consagradas. s.m./tb: hostiero

2 Molde para hacer hostias.

hostiero, a
1 Persona que elabora hostias. **s.**
2 Hostiario, caja para guardar las hostias. **s.m./RELIGIÓN**

hostigador, a Que hostiga. **adj/s./tb: hostigante**

hostigamiento Acción y resultado de hostigar o per- **s.m.**
seguir a alguien o algo: *no pudo soportar por más tiem-*
po el hostigamiento de que fue víctima.

hostigar (Del bajo lat. *fustigare*, azotar con bastón.)
1 Incitar o presionar a una persona a hacer una cosa: **v.tr.**
la hostigaba para que robara. **conj: pagar**
2 Causar una persona molestias a otra persiguiéndola **= acosar**
o burlándose de ella.
3 Dar golpes a una caballería con un látigo.
4 Entorpecer al ejército enemigo con ataques de poca **MILITAR**
importancia.
5 Hartar el sabor de un alimento o bebida después de **Méx., Amér.**
algunos bocados o tragos. **Merid., Nicar.**
6 Molestar, empalagar una persona. **Colomb., Perú**

hostigo (Derivado de *hostigar*.)
1 Golpe de látigo o de palo. **s.m.**
2 Parte de una pared o muro que, a causa de su
orientación, está expuesta a las acometidas del viento
y la lluvia.
3 Golpe continuo de viento o de lluvia, que daña la
pared.

hostigoso, a Se aplica a la persona que es de trato **adj.**
empalagoso y fastidioso. **Chile, Guat., Perú**

hostil
1 Que es contrario o no favorable a una persona o a **adj.**
una determinada acción: *el hombre urbano vive en un*
medio hostil.
2 Que muestra enemistad o antipatía: *su recibimiento*
fue bastante hostil.

hostilidad
1 Actitud de enemistad o antipatía hacia una o más **s.f.**
personas.
2 Característica de lo que resulta contrario o difícil: *la*
hostilidad del clima empeoró su salud.
3 Acción hostil o agresiva contra alguien.
4 Agresión armada de una comunidad contra otra, **MILITAR**
con la que se inicia de hecho la guerra entre ambas.
5 **romper las hostilidades**: Iniciar la guerra atacando **MILITAR**
al enemigo o comenzar cualquier tipo de conflicto.

hostilizar
1 Hacer daño al enemigo en la guerra. **v.tr/conj: cazar**
2 Causar molestias a una persona insistentemente.

hot (Voz inglesa.) Estilo de jazz que se caracteriza por **adj.**
el predominio de la improvisación, y que tuvo su **MÚSICA**
auge en los años veinte.

hot cake (Expresión inglesa.) Pan delgado y de forma **s.m./pl: hot cakes**
circular que se come con mantequilla y miel. **Méx./COCINA**

hot dog (Expresión inglesa.) Bocadillo caliente hecho **s.m./pl: hot dogs**
con salchichas de frankfurt. **COCINA/= frankfurt,**
perrito caliente

hotel (Del fr. *hôtel* < lat. *hospitalis*, habitación para
huésped.)
1 Establecimiento donde se alojan personas que, ge- **s.m./= parador,**
neralmente, están de paso. **hospedaje**
2 Casa con jardín, aislada total o parcialmente de las **= chalé, villa**
que la rodean y que sirve de vivienda para una única
familia.

hotelería Sector industrial que suministra material a **s.f.**
los hoteles.

hotelero, a
1 Del hotel: *trabaja en la industria hotelera.* **adj.**
2 Persona que tiene o dirige un hotel. **s.**

hotentote, a
1 De un pueblo que habita en el suroeste africano. **adj.**
2 Miembro de este pueblo. **s.**
3 Lengua hablada principalmente en Namibia. **s.m./LINGÜÍSTICA**

hovercraft (Voz inglesa.) Vehículo capaz de despla- **s.m.**
zarse sobre el agua, sostenido por una capa de aire a **pl: hovercrafts**
presión. **NÁUTICA**

hovero, a Overo, del color del melocotón. **adj./literario**

hoy (Del lat. *hodie*.)
1 En este día, en el día presente: *hoy empieza el curso.* **adv.**
2 En la actualidad, ahora: *hoy ya no existe la cortesía.*
3 **de hoy en adelante**: A partir de ahora: *de hoy en* **loc.adv.**
adelante intentaré madrugar.
4 **de hoy para mañana**: En un breve período de **loc.adv.**
tiempo: *le pidió el informe de hoy para mañana.*
5 **hoy en día**: Actualmente: *hoy en día las cosas han* **loc.adv.**
cambiado mucho.
6 **hoy por hoy**: Por ahora: *lo siento, pero, hoy por hoy,* **loc.adv.**
no puedo hacer otra cosa.

hoya (Del lat. *fovea*, hoyo.)
1 Hondura o concavidad grande en el terreno. **s.f.**
2 Hoyo para enterrar un cadáver. **= sepultura**

3 Terreno llano rodeado de montañas. **= depresión**

hoyada Terreno bajo que no se ve hasta estar cerca **s.f.**
de él.

hoyanca Fosa común que hay en los cementerios **s.f.**
para el enterramiento de los cadáveres de quienes no **coloquial**
pudieron pagar una sepultura particular.

hoyar Abrir hoyos para hacer ciertos plantíos, como **v.intr.**
el del cafeto. **Méx., Cuba, Guat.**

hoyo
1 Concavidad o hueco en el terreno: *cavó un hoyo* **s.m.**
para plantar el árbol.
2 Agujero que se hace en ciertas superficies: *la viruela*
le dejó varios hoyos que le afeaban el rostro.
3 Agujero del campo de golf: *metió la pelota en el hoyo* **DEPORTES**
después de varios golpes.
4 Cada una de las partes del recorrido, en el golf: **DEPORTES**
hacer todos los hoyos.
5 Sepultura en la que se entierra un cadáver. **= huesa, hoya**

hoyoso, a Se aplica a la superficie o terreno que tie- **adj.**
ne hoyos.

hoyuela Hoyo que tienen las personas en la parte in- **s.f.**
ferior del cuello, donde comienza la garganta. **= hoyo**

hoyuelo
1 Hoyo pequeño que algunas personas tienen en la **s.m.**
barbilla o que se les forma en las mejillas al reírse.
2 Juego que consiste en meter monedas o bolitas en **JUEGOS**
un hoyo pequeño, tirándolas desde cierta distancia.
3 Hoyo que tienen las personas en la parte inferior **= hoyuela**
del cuello, donde comienza la garganta.

hoz
I (Del lat. *falx, -cis*, hoz.)
1 Herramienta formada por una cuchilla afilada larga, **s.f.**
curva, de dientes muy agudos, y un mango de made- **pl: hoces**
ra, que se usa para segar. **= segadera**
2 **de hoz y de coz**: De lleno, sin reservas: *se metió en* **loc.adv.**
el negocio de hoz y de coz.
II (Del lat. vulgar *fox, focis*.) Paso estrecho y profundo **s.f.**
entre dos montañas o garganta que forma un río que **= desfiladero**
corre entre dos sierras.

hozada
1 Movimiento hecho con la hoz para cortar. **s.f.**
2 Cantidad que se coge o siega de una vez con la
hoz.

hozadero Sitio adonde suelen ir a escarbar con el ho- **s.m.**
cico cerdos o jabalíes.

hozadura Hoyo o huella dejado por un animal al es- **s.f.**
carbar la tierra con el hocico.

hozar (Del lat. vulgar *fodiare* < lat. *fodere*, cavar.) Mo- **v.tr/intr.**
ver o escarbar la tierra el puerco o el jabalí con el ho- **conj: cazar**
cico.

huacal
1 Guacal, árbol bignoniáceo. **s.m./BOTÁNICA**
2 Caja hecha con varas o tablas delgadas, usada prin- **Méx.**
cipalmente para transportar frutas y verduras.
3 **salirse alguien del huacal**: Salirse de ciertas nor- **Méx.**
mas o quedar fuera del control de una persona: *a esa* **coloquial**
edad los adolescentes se salen del huacal.

huacalón, a Que es grueso o está obeso. **adj./Méx.**

huachafería Cursilería, actitud pretenciosa y vani- **s.f.**
dosa. **Perú**

huachafo, a Que es cursi, pretencioso o vanidoso: **adj/s.**
pretendiendo pasar por cosmopolita, resultaba huachafa. **Perú**

huachafoso, a Que es cursi o pretencioso. **adj./Perú**

huachar Arar, hacer surcos. **v.tr./Ecuad.**

huacho Surco, hendidura hecha con el arado. **s.m./Ecuad.**

huaco Guaco, planta compuesta. **s.m./BOTÁNICA**

huaico Riada de agua, barro y piedras. **s.m./Perú**

huaquero, a Guaquero, expoliador de tumbas prehis- **s./Amér. Central y**
pánicas. **Merid.**

huarache Calzado, por lo general tosco, consistente **s.m.**
en una suela de cuero o hule que se sujeta al pie me- **Méx.**
diante tiras de cuero u otro material.

huasca Guasca, cinta de cuero. **s.f./Amér. Merid.**

huáscar Camión policial que dispara agua y dobla en **s.m./Chile**
tamaño y en potencia al guanaco. **coloquial**

huasipungo Terreno que el hacendado proporciona a **s.m.**
sus peones para que siembren sus propios alimentos. **Bol., Ecuad., Perú**

huaso Hombre rudo de campo. **s.m./Bol., Chile**

huauzontle Planta herbácea que alcanza hasta dos **s.m./Méx.**
metros de altura, sus inflorescencias son comestibles **BOTÁNICA**
y se emplean para preparar diversos guisos.

huayno Baile colectivo cuya música es muy semejan- **s.m.**
te a la del carnavalito, en el que los participantes for- **Argent., Bol.,**
man una ronda y realizan figuras de gran elegancia. **Chile, Perú**

hucha (Del fr. *huche* < romance primitivo *hutica*, cofre
para guardar harina.)
1 Recipiente con una ranura estrecha por donde se **s.f.**
echa dinero para guardarlo.

2 Dinero ahorrado: *con todo lo que me has ido dando ya he recogido una buena hucha.*
3 Cofre grande que los labradores usan para guardar cosas.

huchear (Del grito de caza ¡hucho! < *huchar* < fr. ant. *hucher*, llamar a voces o con silbidos.)
1 Llamar una persona a otra a gritos.   v.intr./tr.
2 Lanzar una persona los perros a la caza dando   v.intr.
voces.   CAZA

¡hucho! (Del hoy dialectal *huchar* < fr. ant. *hucher*, lla-   interj.
mar a voces o con silbidos.) Voz usada en cetrería   CAZA
para llamar a las aves.   tb: ¡huchochó!

huebra (Del lat. *opera*, trabajo.)
1 Extensión de tierra que se ara en un día.   s.f./AGRICULTURA
2 Tierra de cultivo que no se siembra, aunque se are.   AGRICULTURA
3 Pareja de mulas y mozo que se alquilan para traba-   AGRICULTURA
jar un día entero.

huebrero
1 Mozo que trabaja en la huebra.   s.m./AGRICULTURA
2 Persona que alquila mulas y mozos para que traba-   AGRICULTURA
jen durante una jornada.

hueca Muesca espiral que se hace al huso en la punta   s.f.
delgada para trabar la hebra que se va hilando.   TEXTIL

hueco, a (Derivado de *ocar* < lat. *occare*, rastrillar la
tierra para que quede mullida.)
1 Que está vacío por dentro: *este candelabro no pesa*   adj.
porque está hueco.
2 Que es esponjoso: *lana hueca.*   = mullido
3 Que no tiene en su interior lo que le corresponde   = vacío
tener: *esta nuez está hueca.*
4 Se refiere a las palabras, al lenguaje o al estilo que   = fútil
es muy ostentoso pero vacío de contenido: *su discurso*
era hueco y artificioso.
5 Que es presumido o vanidoso.   = presuntuoso
6 Que tiene un sonido profundo y retumbante: *re-*
cuerdo su voz hueca.
7 Espacio vacío dentro de un cuerpo o un objeto: *hay*   s.m.
un hueco en la pared.   = cavidad
8 Puerta, ventana u otra abertura en un muro.   = vano
9 Lugar que está vacío o no ocupado: *no había ni un*
hueco en el cine.
10 Espacio de tiempo libre o disponible: *a ver si tengo*
un hueco y te busco lo que pides.
11 hueco de la escalera: Espacio alrededor del cual
se desarrolla ésta: *las vecinas hablaban por el hueco de*
la escalera.
12 llenar o no llenar el hueco que deja alguien o
algo: Ocupar o no una persona o cosa el lugar o la
función de otro: *Pepe no consiguió llenar el hueco que*
dejó su primer novio.

huecograbado
1 Técnica de impresión en la que se usan planchas o   s.m.
cilindros grabados en hueco.   ARTES GRÁFICAS
2 Lámina que se obtiene mediante esta técnica.   ARTES GRÁFICAS

huecú Terreno empantanado con arenas movedizas.   s.m./Chile

huélfago Enfermedad de los animales, caracterizada   s.m./VETERINARIA
por una respiración fatigosa.   tb: huérfago

huelga
1 Suspensión colectiva del trabajo, acordada por los   s.f.
trabajadores de una empresa o un sector, como medi-
da de presión para conseguir determinados objetivos.
2 Tiempo que está la tierra en barbecho, sin labrarla.   AGRICULTURA
3 huelga de brazos caídos: Protesta laboral, durante
la cual los trabajadores permanecen en sus puestos
habituales, pero sin realizar su trabajo.
4 huelga de celo: Forma de protesta laboral que consiste en aplicar los trabajadores las disposiciones reglamentarias con suma lentitud e interpretándolas literalmente, para que descienda el rendimiento y se
retrasen los servicios.
5 huelga de hambre: Abstinencia total de alimentos
que se impone de forma voluntaria una persona y
con la que manifiesta su decisión de morirse si no
consigue lo que pretende.
6 huelga general: Paro simultáneo de todas las actividades laborales de un país: *la huelga general tuvo un*
seguimiento masivo.
7 huelga revolucionaria: La que responde a propósitos de carácter político, más que a reivindicaciones
de carácter económico o social.
8 huelga salvaje: La que se realiza sin seguir los trámites reglamentarios.

huelgo
1 Aire que se expulsa en la espiración.   s.m./= aliento
2 Espacio vacío que queda entre dos cosas que han   = holgura
de encajar una en otra.

huelguista Persona que toma parte en una huelga: s.m.f.
los huelguistas permanecieron en silencio cinco minutos en
recuerdo de los compañeros fallecidos.

huelguístico, a De la huelga.   adj.

huella (Derivado de hollar.)
1 Señal que deja impresa una persona, un animal o   s.f.
una cosa en el suelo del terreno por donde pasa: *en el*   = rastro
camino se veían las huellas de las ruedas de un jeep.
2 Señal que queda por efecto de una acción o un su-   = indicio,
ceso: *no se ven en su rostro huellas de su enfermedad.*   vestigio
3 Impresión anímica profunda y duradera: *en su obra*
se apreciaban las huellas de su triste pasado.
4 Plano horizontal del escalón o peldaño donde se   CONSTRUCCIÓN
asienta el pie.
5 Señal que deja una lámina o forma de imprenta en   ARTES GRÁFICAS
el lugar donde se estampa.
6 Camino hecho por el paso, más o menos frecuente,   Amér. Merid.
de personas, animales o vehículos.
7 Baile popular de pareja suelta, paso suave caden-   Argent., Urug.
cioso, que se acompaña con zapateo.
8 huella dactilar o digital: Señal que deja la yema
del dedo al tocar un objeto, o la que se consigue im-
pregnándola en materia colorante.
9 huella némica: Aquello que subsiste en la memo-   SICOLOGÍA
ria de un suceso pasado.
10 dejar huella: Dejar la impronta personal o dejar   coloquial
un recuerdo en una persona: *la educación de los jesui-*
tas le dejó huella; hay amigos que dejan huella.
11 ir tras las huellas de alguien: Buscarlo, seguirle   coloquial
los pasos para dar con su paradero: *el detective fue tras*
las huellas del sospechoso.
12 seguir las huellas de alguien: Imitarle, seguir sus   coloquial
pasos o continuar sus proyectos: *siguieron las huellas*
del padre en los asuntos de la empresa.

huello
1 Terreno que se pisa.   s.m.
2 Pisada de un caballo.
3 Parte inferior del casco del caballo.

huelveño, a
1 De Huelva, ciudad y provincia españolas.   adj./= onubense
2 Persona natural de esta ciudad o provincia.   s./= onubense

huemul Cérvido sudamericano de formas robustas,   s.m.
cola muy corta y orejas bastante desarrolladas, pelaje   ZOOLOGÍA
corto y áspero de color pardo intenso, con la parte   tb: güemul
inferior de la cola blanca, que habita estepas y bos-   = cervero, gamul
ques abiertos de los Andes australes. *(Hippocamelus bisul-*
cus.)

huérfago Huélfago, enfermedad de los animales.   s.m./VETERINARIA

huérfano, a (Del bajo lat. *orphanus* < gr. *orphanos*.)
1 Se aplica a la persona, en especial al menor de   adj./s.
edad, que ha perdido el padre, la madre o ambos.
2 Que carece de una cosa, en especial de amparo o   adj.
protección: *se nota que está huérfano de afecto.*   = falto
3 Que ha perdido a sus hijos.   literario

huero, a (Derivado de gorar.)
1 Que está vacío en su interior: *una nuez huera.*   adj./≠ lleno
2 Que es vano, vacío o sin sustancia: *sus hueras obser-*   = fútil, vacío
vaciones no son tomadas en cuenta.   ≠ sustancial
3 Se refiere al huevo que por no estar fecundado o
por otra causa, se pierde en la incubación.

huerta
1 Huerto grande en el que se cultivan legumbres,   s.f.
verduras y árboles frutales.   AGRICULTURA
2 Gran extensión de terreno de regadío, generalmen-   AGRICULTURA
te en el valle de un río.

huertano, a Se aplica a la persona que vive en algu-   adj./s.
nas comarcas de regadío.

huertero, a Hortelano, persona que cultiva una   s./Argent., Nicar.,
huerta.   Perú

huerto (Del lat. *hortus*.)
1 Pequeña extensión de terreno en que se cultivan   s.m.
verduras, legumbres y otras plantas de regadío o ár-   AGRICULTURA
boles frutales.
2 llevar a alguien al huerto: Conseguir una persona   coloquial
de otra lo que se propone: *con astucia la llevó al*
huerto y consiguió que le prestase un millón.

huesera Lugar en que se guardan los huesos de los   s.f.
muertos.   Chile

huesillo Durazno secado al sol, orejón.   s.m./Amér. Merid.

hueso (Del lat. vulgar *ossum* < lat. *os, ossis*.)
1 Cada una de las piezas duras y resistentes que for-   s.m.
man el esqueleto de los animales vertebrados.   ANATOMÍA
2 Materia de la que están constituidas estas piezas:
lleva unos pendientes de hueso.
3 Pieza dura está en el interior de algunas frutas   BOTÁNICA
y que contiene la semilla.
4 Persona que tiene un carácter o un trato severo y   coloquial
exigente: *el jefe es un hueso, nadie se atreve a decirle*
nada.
5 Profesor que tiende a suspender a muchos alum-   coloquial
nos.
6 Asignatura o tarea difícil: *para mí la física es un*   coloquial
hueso.
7 Parte de la piedra de cal que no se ha cocido.

8 Cargo o puesto oficial de cierta importancia que *Méx.*
una persona consigue por influencias: *le dieron un
hueso en la oficina del ministro.*
9 Se aplica al color blanco amarillento: *lleva un vestido* adj/s.m.
de color hueso.
10 Restos de una persona muerta. s.m.pl.
11 **hueso cuadrado:** Uno del carpo que forma parte ANATOMÍA
de la segunda fila.
12 **hueso cuboides:** Hueso del tarso que está situado ANATOMÍA
en el borde externo del pie.
13 **hueso cuneiforme:** El de forma prismática que, ANATOMÍA
junto con otros dos, se halla colocado en la parte
anterior de la segunda fila del tarso.
14 **hueso de santo:** Dulce en forma ·de rodillo, he- COCINA
cho con pasta de almendra y relleno de cabello de
ángel, que suele comerse por la festividad de todos
los santos.
15 **hueso dulce o palomo:** El que es propio de los ANATOMÍA
vertebrados que no tienen cola, formado por la fusión de cuatro vértebras rudimentarias que rematan
por abajo la columna vertebral.
16 **hueso escafoides o navicular:** 1. Uno de los del ANATOMÍA
carpo de los mamíferos. 2. El del pie situado delante ANATOMÍA
del astrágalo.
17 **hueso esfenoides:** El de la base del cráneo que ANATOMÍA
forma las cavidades nasales y las órbitas.
18 **hueso etmoides:** El de forma cúbica que forma la ANATOMÍA
base del cráneo, las cavidades nasales y las órbitas.
19 **hueso frontal:** El que forma la parte anterior y ANATOMÍA
superior del cráneo.
20 **hueso hioides:** El que está situado debajo de la ANATOMÍA
lengua y encima de la laringe.
21 **hueso innominado:** El que está situado en la ca- ANATOMÍA
dera, junto con el sacro y el cóccix, forma la pelvis.
22 **hueso intermaxilar:** El que está situado en la par- ANATOMÍA,
te anterior, media e interna de la mandíbula de los ZOOLOGÍA
animales y en el ser humano está soldado a los maxilares superiores.
23 **hueso malar:** El de forma cuadrada que está si- ANATOMÍA
tuado en la parte lateral y superior de la cara.
24 **hueso maxilar:** Uno de los que, junto con otros ANATOMÍA
dos, forma la mandíbula.
25 **hueso occipital:** El que está situado en la parte ANATOMÍA
posterior del cráneo y corresponde al occipucio.
26 **hueso orbital:** El que forma la órbita del ojo. ANATOMÍA
27 **hueso parietal:** El que está en las partes media y ANATOMÍA
lateral de la cabeza y es el mayor entre los que forman el cráneo.
28 **hueso piramidal:** Hueso de forma de pirámide si- ANATOMÍA
tuado en el carpo.
29 **hueso pisiforme:** Uno de los huesos del carpo. ANATOMÍA
30 **hueso plano:** El que tiene una longitud y anchura ANATOMÍA
mayores que su grosor.
31 **hueso sacro:** Hueso que está situado en la parte ANATOMÍA
inferior de la columna vertebral y que, articulado con
los huesos innominados, forma la pelvis.
32 **hueso temporal:** Hueso que forma parte del crá- ANATOMÍA
neo y corresponde a las sienes.
33 **a hueso:** Se aplica a la forma de colocar las baldo- loc.adv.
sas o los ladrillos perfectamente unidos y sin mortero CONSTRUCCIÓN
entre las juntas.
34 **calado o empapado hasta los huesos:** Muy moja- loc.adj.
do, en especial a causa de la lluvia: *llegó a casa calada* coloquial
hasta los huesos y al cabo de tres días amaneció tosiendo.
35 **dar a alguien un hueso que roer:** Dar a una per- coloquial
sona un empleo o un trabajo difícil o poco útil: *no se
siente muy agradecida, le había dado un hueso que roer.*
36 **dar alguien con sus huesos en un lugar:** Ir una coloquial
persona a un sitio de forma voluntaria u obligada: *dio
con sus huesos en la cárcel.*
37 **dar con los huesos en tierra:** Caerse una per- coloquial
sona.
38 **dar o tropezar en hueso:** Encontrar dificultades coloquial
u obstáculos al hacer una cosa.
39 **estar en los huesos:** Estar muy flaco: *llegó al po-* coloquial
blado montado en una yegua que estaba en los huesos.
40 **la sin hueso:** La lengua: *cuando empezó a hablar, le* coloquial
pidió que frenase la sin hueso.
41 **moler los huesos:** Dar una paliza a una persona coloquial
o a un animal: *el pastor le molió los huesos a palos.*
42 **no poder alguien con sus huesos:** Estar muy coloquial
cansada una persona: *ha vuelto tan agotada que no puede con sus huesos.*
43 **pinchar en hueso o en hueso duro:** Encontrarse coloquial
con un problema de difícil solución en el desarrollo
de una actividad.
44 **podérsele contar a alguien los huesos:** Estar coloquial
muy flaco: *se adelgazó tanto que se le pueden contar los
huesos.*
45 **ponerse o quedarse alguien en los huesos:** coloquial
Llegar a estar muy flaca una persona: *a pesar de que
seguía comiendo igual que antes, se estaba quedando en
los huesos.*

46 **roerle a alguien los huesos:** Expresar una crítica o coloquial
un juicio desfavorable acerca de una persona: *el comentarista le royó los huesos al presidente del club de fútbol.*
47 **róete ese hueso:** Expresión que indica que a una coloquial
persona se le da un trabajo duro e inútil.
48 **romperle a alguien un hueso o los huesos:** Dar coloquial
una paliza a una persona: *les rompieron los huesos a
bastonazos.*
49 **ser algo un hueso duro de roer:** Ser una cosa coloquial
muy difícil de resolver: *el problema que me planteas es
un hueso duro de roer.*
50 **ser alguien un hueso duro de roer:** Ser una per- coloquial
sona dura y exigente.
51 **soltar la sin hueso:** Hablar demasiado una perso- coloquial
na: *cuando soltó la sin hueso todos empezamos a temer
por quienes serían víctimas de sus críticas.*
52 **tener alguien molidos los huesos:** Estar muy coloquial
cansada una persona.
huesoso, a
1 Que tiene relación con los huesos. adj.
2 Que tiene muchos huesos o huesos muy grandes.
huésped, a (Del lat. *hospes, -itis,* hospedador, hospedado.)
1 Persona que está alojada en casa de otra o en un s.
hotel o fonda: *los huéspedes protestaron por la mala ca- th: huéspede
lidad de la comida.*
2 Persona que hospeda a otra en su casa: *el huésped* = anfitrión
acompañó al salón a sus invitados.
3 Vegetal o animal en cuyo cuerpo se aloja un parási- BIOLOGÍA
to que vive a costa de él.
hueste (Del lat. *hostis,* enemigo.)
1 Ejército movilizado y armado. s.f./MILITAR
2 Conjunto de partidarios de una persona o de una
causa: *sus huestes le vitorearon.*
huesudo, a Que tiene o muestra mucho hueso: *sus* adj.
manos huesudas y fuertes parecían garras. = osudo
hueva (Del lat. *ova,* huevos.) Masa que forman los s.f.
huevecillos de ciertos pescados, encerrada en una ZOOLOGÍA
bolsa oval.
huevada Tontería o estupidez que dice o hace una s.f./Argent., Bol.,
persona: *no me vengas con estas huevadas.* Chile/vulgar
huevamen Testículos, órgano reproductor masculino. s.m./vulgar
huevar Empezar las aves a poner huevos. v.intr./ZOOLOGÍA
huevazos Hombre apocado que se deja dominar por s.m./pl: huevazos
otra persona, en especial por su esposa: *ella es una* coloquial
marimandona y su marido un huevazos. = calzonazos
huevear
1 Hacer el tonto. v.intr./Chile/vulgar
2 Molestar, importunar. Argent., Chile/vulgar
huevera
1 Recipiente metálico, de cartón o de plástico que s.f.
sirve para guardar o transportar huevos.
2 Utensilio para servir en la mesa los huevos pasados th: huevero
por agua.
3 Conducto membranoso que tienen las aves desde ZOOLOGÍA
el ovario hasta cerca del ano, y en el cual se forma la
clara y la cáscara de los huevos.
huevería Tienda donde se venden huevos. s.f./COMERCIO
huevero, a
1 Persona que comercia con huevos. s.
2 Utensilio para servir en la mesa los huevos pasados s.m.
por agua. th: huevera
huevil Planta de olor fétido que se emplea contra la s.m./Chile
disentería. BOTÁNICA
huevo (Del lat. *ovum.*)
1 Cuerpo orgánico en cuyo interior se desarrolla un s.m.
embrión, puesto por las hembras de algunos anima- ZOOLOGÍA
les y protegido por una cáscara calcárea porosa.
2 El de la gallina, que es el más usual como alimento
humano.
3 Óvulo, célula sexual femenina. BIOLOGÍA
4 Célula resultante de la fusión de los gametos mas- BIOLOGÍA
culino y femenino. = cigoto
5 Pieza de madera con forma ovoide que se utiliza
para zurcir calcetines.
6 Testículo, órgano reproductor masculino. vulgar
7 Pedazo de madera fuerte con un hueco en el medio
donde los zapateros amoldan la suela del calzado.
8 **huevo a la copa:** Huevo pasado por agua. Chile
9 **huevo a la plancha:** Huevo frito. Chile
10 **huevo amniótico:** El de grandes dimensiones que BIOLOGÍA
ponen aves y reptiles y recubierto por una cáscara
calcárea.
11 **huevo de Colón:** Problema muy difícil, en apa- coloquial
riencia, pero que tiene una solución sorprendentemente fácil.
12 **huevo de faltriquera:** Dulce seco compuesto de COCINA
azúcar y yema de huevo.
13 **huevo de pulpo:** Liebre de mar, molusco. ZOOLOGÍA
14 **huevo duro:** El que se cuece en agua hirviendo COCINA
con su cáscara y después se refresca en agua fría.

15 huevo escalfado: Huevo sin batir que se deja cuajar dentro de un guiso. — COCINA

16 huevo estrellado: Huevo que se fríe sin tostarlo por encima. — COCINA

17 huevo fecundado: Cigoto, célula que resulta de la unión de dos gametos. — BIOLOGÍA

18 huevo frito: El que se casca en una sartén con aceite o manteca y cuaja al instante. — COCINA

19 huevo hilado: El escalfado en forma de filamento que se utiliza como guarnición en sopas y consomés. — COCINA

20 huevo huero: El que no ha sido fecundado por el esperma del macho y se pierde en la incubación. — ZOOLOGÍA

21 huevo partenogenético: El que se desarrolla a partir del gameto femenino exclusivamente. — BIOLOGÍA

22 huevo pasado por agua: Huevo cocido ligeramente en agua hirviendo. — COCINA

23 huevo tibio: El pasado por agua. — Amér./COCINA

24 huevo virgen: Célula femenina fecundada. — BIOLOGÍA

25 huevos al plato: Huevos cuajados a fuego lento generalmente con tomate y otros ingredientes. — COCINA

26 huevos dobles: Dulce que se hace con yemas de huevo y azúcar clarificado. — COCINA

27 huevos moles: Yemas de huevo batidas con azúcar. — COCINA

28 huevos pericos: Huevos revueltos. — Colomb./COCINA

29 huevos revueltos: Huevos que son removidos mientras se cuajan. — COCINA

30 a huevo: Con facilidad: *si preparas bien el examen, aprobarás a huevo*. — loc.adv. coloquial

31 al freír de los huevos: Expresa el tiempo que es necesario para ver si una cosa llegará a tener efecto. — loc.adv. coloquial

32 costar un huevo: Ser muy caro o difícil: *le costó un huevo encontrar trabajo; ese reloj le ha costado un huevo*. — vulgar

33 hasta los huevos: Muy harto de una persona o cosa: *estoy hasta los huevos de sus impertinencias*. — vulgar

34 importar un huevo: No importar nada en absoluto, ser indiferente: *me importa un huevo si vienes o no, haz lo que te plazca*. — vulgar

35 parecerse como un huevo a otro: Ser casi idénticos: *padre e hijo se parecen como un huevo a otro*. — coloquial

36 parecerse como un huevo a una castaña: Ser muy diferentes: *la ópera y el rock se parecen como un huevo a una castaña*. — coloquial

37 pisando huevos: 1. Con mucho cuidado, lentamente: *entró en casa con sigilo y atravesó el pasillo pisando huevos*. 2. Con torpeza, de forma poco hábil: *desde que se operó de los juanetes parece que va pisando huevos*. — loc.adv. loc.adv.

38 ponerlo a huevo: Ponerlo fácil o asequible de lograr o de conseguir: *molesta criticar a bienintencionadas exposiciones institucionales, pero esta vez lo han puesto a huevo*. — coloquial

39 valer un huevo: Valer mucho o costar muy caro: *tiene un collar que vale un huevo*. — vulgar

40 ¡y un huevo!: Expresa la renuncia, el rechazo o la negación a una cosa. — vulgar

huevón, a
1 Que es lento o tardo en su manera de actuar. — adj/s./Amér./vulgar
2 Se aplica a la persona que es estúpida o se comporta como un imbécil. — Méx., Amér. Merid./vulgar
3 Que es holgazán o vago. — adj./Méx./vulgar
4 Valiente, animoso. — Méx., Nicar.

huevonear Flojear, haraganear. — v.intr./Méx/vulgar

huevudo, a Que es muy bueno o excelente: *trajo unas notas huevudas a final de trimestre*. — adj./vulgar = magnífico

hugonote, a (Del fr. *huguenot* < alem. *Eidgenosse*, confederado.) Que profesaba la doctrina protestante de Calvino en Francia. — adj/s. RELIGIÓN

¡huichi pirichi! Se usa para burlarse de una persona. — interj./Chile

huida
1 Acción y resultado de huir: *los funcionarios de la prisión abortaron el intento de huida de los reclusos*. — s.f. = fuga, evasión
2 Espacio, hueco u holgura dejada en los agujeros donde hay que meter maderos para poder sacarlos y meterlos con facilidad. — CONSTRUCCIÓN
3 Apartamiento brusco del caballo de la dirección en que lo lleva el jinete. — EQUITACIÓN

huidero, a
1 Que huye o se espanta con facilidad. — adj./= huidizo
2 Persona encargada en las minas de azogue de abrir huidas o agujeros en que se introducen y afirman los maderos para apuntalar la mina. — s.m. MINERÍA
3 Sitio a donde huye la caza. — CAZA

huidizo, a Que huye o se espanta con facilidad: *los conejos son animales huidizos*. — adj. = huidero

huincha Cinta de lana o de algodón. — s.f./Bol., Chile, Perú

huipil
1 Camisa o túnica amplia de algodón o manta, adornada con bordados típicos, que usan principalmente las mujeres indígenas de algunas regiones de América. — s.m. Méx., Guat.
2 Camisa de mujer, sin mangas. — Méx./Hond.

huir (Del lat. *fugere*.)
1 Irse una persona o un animal de un lugar precipitadamente: *el ladrón huyó de la cárcel*. — v.intr/prnl./+ de ≠ permanecer
2 Evitar a una persona o una cosa. *huyó de la multitud*. — v.intr/tr./+ de
3 Pasar el tiempo rápidamente: *los años huyen sin que nos demos cuenta*. — v.intr. = transcurrir
CONJ.: IND.: PRES.: huyo, huyes, huye, huimos, huís, huyen. PRET. INDEF.: huí, huiste, huyó, huimos, huisteis, huyeron. SUBJ.: PRES.: huya, huyas, huya, huyamos, huyáis, huyan. PRET. IMPERF.: huyera, -ese, huyeras, -eses, huyera, -ese, huyéramos, -ésemos, huyerais, -eseis, huyeran, -esen. IMP.: huye, huya, huyamos, huid, huyan. GERUND.: huyendo.

huira Corteza del maqui que, sola o en forma de soga, sirve para atar. — s.f. Chile

huiro
1 Tallo de maíz verde. — s.m./Bol., Perú
2 Alga marina. — Chile/BOTÁNICA

huisquil Fruto del huisquilar, con la cáscara llena de espinas blandas y cortas, que se usa como verdura en el cocido. — s.m./Méx., Amér. Central BOTÁNICA

huisquilar
1 Planta trepadora espinosa. — s.m./Amér. Central Guat.
2 Terreno cultivado con esta planta.

huitlacoche Hongo que parasita las mazorcas tiernas del maíz, de color blanco y negro cuando se cuece; es comestible y guisado se utiliza para preparar gran variedad de platos. — s.m./Méx. MICOLOGÍA

huitrín Colgajo de choclos o mazorcas de maíz. — s.m./Chile

huizache Árbol de la familia de las leguminosas, de ramas espinosas y corteza delgada, que da unas vainas largas de color morado negruzco, de las que se extrae una sustancia que se emplea para hacer tinta negra. — s.m. Méx. BOTÁNICA

hujier Ujier [en todas sus acepciones]. — s.m.

hula-hop Juego consistente en hacer girar alrededor de la cintura un aro mediante unos movimientos apropiados. — s.m. JUEGOS

hule
I (Del náhuatl *ulli*.)
1 Sustancia elástica elaborada industrialmente con jugos de plantas tropicales. — s.m. = caucho, goma
2 Árbol de la familia de las moráceas, con las hojas alargadas y ásperas, que se cultiva en regiones de clima cálido y húmedo y del que se extrae el caucho. — Méx. BOTÁNICA
II (De origen incierto.)
1 Tela pintada al óleo o barnizada, recubierta por uno de sus lados con una capa impermeable. — s.m.
2 Cama de la enfermería de una plaza de toros. — TAUROMAQUIA

hulero, a Trabajador que recoge el hule o goma elástica. — s. Amér.

hulla (Del fr. *houille* < germ. *hukila*, terrón.)
1 Combustible mineral fósil sólido, que procede de vegetales que han sufrido una transformación que les confiere un gran potencial calorífico. — s.f.
2 **hulla blanca:** Energía obtenida a partir de los saltos de agua, utilizada como fuerza motriz en las centrales hidráulicas. — ELECTRICIDAD

hullero, a De la hulla o que tiene hulla: *encontraron una mina hullera*. — adj.

hullificación Proceso de transformación de restos vegetales en hulla. — s.f. INDUSTRIA

humada Fogata u hoguera con mucho humo, especialmente la que se hace para avisar. — s.f.

humanar
1 Hacer que una persona sea más humana: *el chaval se humanó con el trato de sus tíos*. — v.tr/prnl. = humanizar
2 Convertirse Dios en hombre. — v.prnl./TEOLOGÍA

humanidad (Del lat. *humanitas, -atis*.)
1 Conjunto de todos los hombres: *una guerra nuclear supondría el fin de la humanidad*. — s.f.
2 Condición propia del ser humano.
3 Sentimiento de lástima hacia los que sufren: *ayudarles es una simple cuestión de humanidad*. — = compasión
4 Cuerpo de una persona gorda y corpulenta. — coloquial
5 Área del saber que abarca los conocimientos de historia, arte, literatura, lengua y filosofía. — s.f.pl. = letras

humanismo
1 Conocimiento y cultivo de las humanidades. — s.m.
2 Movimiento cultural europeo de los siglos XIV y XV, que defendía el redescubrimiento del hombre mediante un sentido racional de la vida y tomaba como maestros a los clásicos griegos y romanos.

humanista (Del ital. *umanista*.)
1 Persona instruida en humanidades. — s.m.f.
2 Seguidor del humanismo.

humanístico, a Del humanismo o de las humanidades. — adj.

humanitario, a (Del fr. *humanitaire*.)
1 Que es solidario y benévolo con los demás: *los países desarrollados deberían adoptar una política más humanitaria.* | adj.
2 Que es caritativo o benéfico: *es una tómbola humanitaria.*

humanitarismo Actitud de la persona humanitaria: *el humanitarismo es la base de toda organización de ayuda.* | s.m. = humanidad

humanizar Hacer a una persona o una cosa más humana, menos cruel o menos dura: *es necesario humanizar las condiciones de trabajo en las fábricas; con los años se ha ido humanizando.* | v.tr./prnl. conj: *cazar* = humanar

humano, a (Del lat. *humanus*.)
1 Que tiene relación con la persona o con la humanidad: *los seres humanos.* | adj.
2 Que es solidario y benévolo con los demás.
3 Persona, ser racional: *nunca un humano ha pisado Mercurio.* | s.m.

humanoide
1 Que presenta características propias de los seres humanos: *disposición anatómica humanoide.* | adj.
2 Robot que tiene rasgos humanos, en la ciencia ficción y en robótica. | s.m.f.

humar Echar una cosa humo. | v.intr./tb: humear

humarada Abundancia de humo: *no podíamos respirar por la humarada del incendio.* | s.f. tb: humareda

humarazo Humo denso y espeso. | s.m./tb: humazo

humareda Abundancia de humo: *la humareda alertó a los guardabosques.* | s.f. tb: humarada

humazga (Derivado de *humo*.) Tributo que se pagaba a algunos señores feudales por cada hogar o chimenea. | s.f. HISTORIA

humazo
1 Humo denso y espeso: *el plástico al quemarse produce un humazo negro muy desagradable.* | s.m. = humarazo
2 Humo que se hace a la entrada de las madrigueras para hacer salir a los animales. | CAZA

humeante Que humea: *la sopa está humeante.* | adj.

humear (Del lat. *fumigare*, humear.)
1 Echar una cosa humo: *la hoguera todavía humea.* | v.intr/prnl.
2 Despedir una cosa vapor: *el agua del baño humea.* | v.intr.
3 Fumigar, esparcir un producto para desinfectar o desparasitar una cosa. | v.tr. Amér.

humectación Acción y resultado de humedecer. | s.f.

humectante Que disminuye la tendencia de una superficie a repeler el líquido que la cubre, favoreciendo la impregnación. | adj/s.m.

humectar (Del lat. *umectare*, humectar.) Mojar una cosa ligeramente. | v.tr. = humedecer

humedad (Del lat. *umiditas, -atis*.)
1 Condición de lo que está ligeramente mojado. | s.f.
2 Agua o líquido que impregna un cuerpo.
3 Cantidad de vapor de agua presente en la atmósfera: *no soporta la humedad que se cierne sobre la ciudad.*
4 **humedad absoluta**: Cantidad de vapor de agua que contiene el aire por unidad de volumen.
5 **humedad relativa**: Relación entre la presión efectiva del vapor de agua y la presión máxima.

humedal Terreno que conserva la humedad: *aprovechó los humedales de la heredad para plantar especies nuevas.* | s.m.

humedecer Mojar una cosa ligeramente: *la tierra se ha humedecido con la lluvia.* | v.tr/prnl. conj: *carecer*

húmedo, a (Del lat. *umidus*.)
1 Que está ligeramente mojado: *la ropa está todavía algo húmeda.* | adj. tb: húmido
2 Se aplica a la atmósfera que está cargada de vapor de agua.
3 Se refiere a la región, país o clima que tiene mucha humedad o en que llueve mucho. | GEOGRAFÍA
4 De agua o que participa de su naturaleza. | = ácueo

humera (Derivado de *humo*.) Borrachera, estado de embriaguez. | s.f.

humeral (Del bajo lat. *umerale*, capa.)
1 Del húmero: *arteria humeral.* | adj./ANATOMÍA
2 Paño blanco que se pone el sacerdote sobre los hombros para coger la custodia o el copón. | s.m. RELIGIÓN

humero (Derivado de *humo*.) Cañón de la chimenea por donde sale el humo. | s.m.

húmero (Del lat. *umerus*, hombro.) Hueso del brazo situado entre el hombro y el codo. | s.m. ANATOMÍA

humidificación Aumento de la humedad del aire por contacto con agua a temperatura suficientemente elevada. | s.f.

humidificador, a
1 Que humidifica. | adj.
2 Aparato que aumenta el grado de humedad del aire de un lugar cerrado. | s.m. TECNOLOGÍA

humidificar Aumentar el grado de humedad de un lugar. | v.tr. conj: *sacar*

húmido, a Que está mojado. | adj./literario

humificación Conjunto de transformaciones químicas y biológicas de la materia orgánica en contacto con el suelo en forma de lechos vegetales. | s.f.

humildad (Del lat. *humilitas, -atis*.)
1 Condición de la persona que actúa sin orgullo, sin presumir de sus méritos y reconociendo sus defectos o sus errores. | s.f./= modestia, sencillez ≠ vanidad
2 Característica de la clase social que vive pobre, pero no miserablemente. | ≠ nobleza
3 **humildad de garabato**: Humildad falsa y simulada. | coloquial

humilde (Del ant. *humil* < lat. *humilis* < *humus*, suelo.)
1 Que se comporta con sencillez y modestia: *nunca presume de sus cualidades, es muy humilde.* | adj./= modesto ≠ soberbio
2 Que es pobre o de una clase social poco elevada: *vive en una casa humilde; viene de una familia humilde.* | = modesto ≠ noble

humillación Acción y efecto de humillar: *fue una humillación para mí que me gritara delante de todos.* | s.f.

humilladero Lugar devoto en el que hay una cruz a la entrada de algunas poblaciones y junto a los caminos. | s.m. = calvario

humillante Que humilla: *en el último partido sufrimos una derrota humillante.* | adj. = humillador

humillar (Del bajo lat. *humiliare*.)
1 Hacer que una persona se sienta inferior: *no para de reprenderlo y humillarlo.* | v.tr. ≠ ensalzar
2 Bajar o inclinar una parte del cuerpo en señal de sumisión o de acatamiento: *humilló la cabeza ante su jefe.*
3 Bajar el toro la cabeza. | TAUROMAQUIA
4 Adoptar una persona una actitud de inferioridad o perder su dignidad con alguna acción: *se humilló para conseguir ese puesto de trabajo.* | v.prnl.

humillo Modo de ser o de comportarse de la persona que muestra un alto concepto de sí misma y tiene aires de superioridad. | s.m. = vanidad ≠ humildad

humita
1 Comida hecha de maíz rallado y hervido en agua con sal, al que se agrega una salsa de guindilla, tomate y cebolla frita y suele envolverse en hojas de maíz. | s.f. Amér. Merid. COCINA
2 Cierto guisado hecho con maíz tierno. | Amér. Merid.

humitero, a Persona que hace y vende humitas. | s./Amér. Merid.

humo (Del lat. *fumus*.)
1 Producto que en forma gaseosa se desprende de una combustión incompleta de la materia orgánica, compuesto de pequeñas partículas de carbón, vapor de agua y ácido carbónico. | s.m.
2 Vapor desprendido al hervir un líquido o al fermentar una cosa.
3 Altivez de ánimo o enfado, soberbia: *¡vaya humos que gasta!* | s.m.pl. = vanidad
4 **a humo de pajas**: Sin reflexionar: *tienes problemas porque decides las cosas a humo de pajas.* | loc.adv. coloquial
5 **bajar los humos a alguien**: Humillarle, herir su vanidad: *es tan soberbia que alguien debería bajarle los humos.* | coloquial
6 **convertirse en humo una cosa**: Desaparecer, desvanecerse: *su fortuna se convirtió en humo al cabo de poco tiempo.*
7 **echar humo alguien**: Estar muy enfadado o furioso: *no hables con él que hoy echa humo.* | coloquial
8 **hacerse humo una persona o cosa**: Desaparecer, perderse de la vista de alguien: *en cuanto pudo, el guía se hizo humo.*
9 **subírsele el humo o los humos, o los humos a la cabeza a una persona**: Engreírse, envanecerse: *desde que concede entrevistas se le han subido los humos.* | coloquial
10 **subírsele el humo a las narices a una persona**: Enfadarse, irritarse. | coloquial

humor (Del lat. *umor*, líquido.)
1 Estado de ánimo: *su humor depende de muchas cosas.* | s.m./= genio
2 Disposición del ánimo: *no voy a la fiesta porque no estoy de humor.*
3 Facultad de descubrir y manifestar lo cómico o divertido: *tiene un gran sentido del humor, se ríe hasta de sí mismo.*
4 Cualquiera de los líquidos que segrega el cuerpo.
5 **buen humor**: Propensión a mostrarse alegre y complaciente.
6 **humor ácueo o acuoso**: Líquido que en el globo del ojo de los vertebrados y cefalópodos está entre la córnea y el cristalino. | ANATOMÍA
7 **humor de perros o de mil diablos o de todos los diablos**: Mal humor, con enfado e irritación: *mejor que no le lleves la contraria, hoy está de un humor de perros.* | coloquial
8 **humor negro**: El que consigue o busca provocar la risa a partir de situaciones trágicas o dramáticas.

9 humor vítreo: Masa de aspecto gelatinoso que en el globo del ojo de los vertebrados y cefalópodos está detrás del cristalino. `ANATOMÍA`
10 mal humor: Aversión a todo acto de alegría y de atención.

humorada
1 Acción o dicho festivo y gracioso con que alguien se sale de la rutina y la seriedad: *con sus humoradas nos alegró el día.* `s.f.`
2 Breve composición poética que encierra una advertencia moral o un pensamiento filosófico, tratado de forma humorística. `LITERATURA`

humorado, a Que muestra una disposición de ánimo contenta y amable o, por el contrario, agria y desagradable: *hoy está bien humorado.* `adj.`

humoral De los humores. `adj./ANATOMÍA`

humorismo.
1 Gracia, sentido del humor. `s.m.`
2 Actividad profesional dentro del mundo del espectáculo cuya finalidad es divertir y hacer reír al público.

humorista (Del ingl. *humorist.*) Que se expresa o actúa con humor, en especial el profesional del humorismo: *este humorista cuenta unos chistes geniales.* `adj./s.m.f.`

humorístico, a Que está hecho con humor: *una escena humorística del primer acto provocó la hilaridad del público.* `adj.`

humorosidad Abundancia de líquido orgánico. `s.f.`

humoroso, a Que tiene humor o líquido orgánico. `adj.`

humosidad Materia del humo. `s.f./tb: fumosidad`

humoso, a
1 Que tiene humo: *no puedo respirar en una sala tan humosa.* `adj`
2 Que echa humo o vapor.

humus (Del lat. *humus*, tierra.) Componente orgánico del suelo, que se forma por la descomposición de restos animales y vegetales y se usa para mejorar los suelos. `s.m.` `pl: humus` `BIOLOGÍA`

hunche
1 Hollejo del maíz y de otros cereales. `s.m./Colomb.`
2 Zumo de fique. `Colomb.`

hunco Poncho de lana que no tiene flecos. `s.m./Bol.`

hundido, a
1 Que está afligido o abatido: *está hundida desde que supo las consecuencias de su lesión.* `adj.` `= deprimido`
2 **dejar hundido:** Dejar a una persona en una situación de abatimiento: *la has dejado hundida con ese comentario socarrón.* `coloquial`

hundimiento
1 Acción y resultado de hundir o hundirse una cosa. `s.m.`
2 Depresión del terreno.
3 Fractura de un hueso que queda completamente separado del resto. `MEDICINA`

hundir (Del lat. *fundere*, derramar.)
1 Hacer que una cosa se vaya al fondo: *nuestros barcos hundieron un portaaviones enemigo; el Titanic se hundió.* `v.tr/prnl.` `≠ emerger`
2 Abatir profundamente, deprimir a una persona: *la muerte de su amigo le hundió.* `≠ animar`
3 Hacer fracasar o las intenciones de una persona: *el nuevo director ha hundido la empresa.* `= arruinar`
4 Deformar una superficie: *la chapa del coche se hundió al chocar contra el árbol.* `= abollar`
5 Derrumbar una construcción: *con el terremoto se hundieron varias casas.* `≠ construir`
6 Haber mucho ruido o alboroto en algún lugar: *el campo de fútbol se hundía con los aplausos de los aficionados.* `v.prnl.`

húngaro, a
1 De Hungría, país europeo. `adj.`
2 Persona natural de este país. `s.`
3 Lengua ugrofinesa, de la familia urálica, hablada principalmente en Hungría. `s.m./LINGÜÍSTICA` `= magiar`

huno, a
1 De un pueblo bárbaro asiático que en el s. v atravesó el Danubio y asoló Europa. `adj.` `HISTORIA`
2 Miembro de este pueblo. `s./HISTORIA`

hupe (Del fr. *huppe.*) Sustancia blanda y esponjosa que se obtiene de la descomposición de algunas maderas y se usa como yesca una vez seca. `s.f.`

hura Agujero pequeño, en la tierra o en la roca, que sirve como madriguera. `s.f.` `= hurera`

huracán (Del taíno *hurakan.*)
1 Viento muy fuerte que sopla a gran velocidad en forma de círculos y es característico del mar caribeño: *los huracanes devastaron la costa y las comarcas limítrofes.* `s.m.` `= ciclón, tifón`
2 Viento que sopla con fuerza. `= vendaval`
3 Persona muy impetuosa. `coloquial`
4 Cosa que destruye o trastorna lo que encuentra a su paso: *el huracán de la crisis afectó a todas las clases sociales.*

huracanado, a Que es muy violento o fuerte, como el huracán: *un viento huracanado azotó la isla y produjo graves averías en las conducciones de gas.* `adj.`

huracanarse Hacerse el viento muy fuerte. `v.prnl.`

huraco Agujero, abertura practicada sobre una superficie. `s.m./Colomb.`

huranía Manera de ser o comportarse la persona huraña. `s.f.`

huraño, a (Del lat. *foraneus*, forastero, extraño < *foras*, afuera.) Que es antipático y poco sociable: *no le gusta estar con la gente porque es muy huraño y solitario.* `adj.` `= arisco` `≠ sociable`

hure Olla grande de barro cocido para guardar líquidos como agua o chicha. `s.m./Colomb.` `= tinaja`

hurera Agujero pequeño que sirve como madriguera. `s.f./= hura`

hurgador, a
1 Que hurga. `adj.`
2 Instrumento que sirve para atizar el fuego: *el arma del crimen resultó ser un hurgador de bronce.* `s.m./= atizador, hurgón`

hurgamiento Acción y resultado de hurgar. `s.m.`

hurgar (De origen incierto, probablemente del lat. vulgar **furicare* < lat. *fur*, ladrón.)
1 Remover una cosa con las manos, los dedos o con un instrumento, en especial en un hueco o cavidad: *siempre se hurga la nariz; hurgó en el cajón de la mesilla de noche hasta que encontró el anillo.* `v.tr/intr/prnl.` `conj: pagar`
2 Curiosear, fisgonear: *no hurgues en mis cosas o me enfadaré.* `v.tr/intr.`
3 Inquietar algún recuerdo, pensamiento, idea: *le hurgaba en la cabeza desde hacía tiempo la idea fija de la muerte.*

hurgón, a
1 Que hurga. `adj.`
2 Instrumento que sirve para atizar el fuego: *el detective supone que el hurgón es el arma del crimen.* `s.m.` `= hurgador`

hurgonada Acción y resultado de hurgonear. `s.f.`

hurgonazo Golpe dado con un hurgón. `s.m.`

hurgonear
1 Mover el rescoldo con el hurgón o atizador para avivar el fuego: *después de cenar se sentó ante la lumbre y se entretuvo hurgoneando las brasas.* `v.tr.` `= atizar`
2 Dar estocadas contra una persona. `coloquial`

hurgonero Utensilio usado para avivar el fuego. `s.m./= hurgón`

hurguete Persona que averigua lo escondido y secreto. `s.m.` `Argent., Chile`

hurguetear Hurgar, escudriñar en algún lugar o en los actos de las personas. `v.tr./Amér. Central y Merid.`

hurguillas (Derivado de *hurgar.*) Persona inquieta y apremiante. `s.m.f.` `pl: hurguillas`

hurí (Del fr. *houri* < persa *huri* < ár. *hur.*) Mujer bellísima que, según la tradición musulmana, acompaña a aquellos que alcanzan el cielo. `s.f.` `pl.tb: huríes`

hurmiento Levadura, fermento. `s.m.`

hurón (Del bajo lat. *furo*, *-onis*, hurón.)
1 Carnívoro de pequeño tamaño, variedad albina del turón, que se emplea para la caza del conejo. *(Mustela furo.)* `s.m.` `ZOOLOGÍA`
2 Persona hábil para averiguar, investigar y descubrir cosas secretas o escondidas: *lo contrató como hurón de las investigaciones emprendidas.* `coloquial`
3 Persona huraña e insociable: *era tan hurón y oscuro que apenas saludaba a los vecinos.* `coloquial`

huronear
1 Cazar utilizando un hurón para que persiga a los conejos. `v.intr.` `CAZA`
2 Intentar enterarse una persona de las cosas ajenas: *su defecto es que huronea mucho y se mete donde no le llaman.* `= curiosear, fisgonear`

huroneo Acción de curiosear o escudriñar: *en este barrio hay demasiado huroneo.* `s.m.` `= curioseo`

huronera
1 Especie de caja o jaula donde se encierra al hurón: *abrieron las huroneras para iniciar la caza de conejos.* `s.f.`
2 Escondrijo, lugar donde uno se esconde: *salió de su huronera para rectificar las declaraciones.*

huronero, a Cazador que suelta el hurón para que persiga a los conejos. `s.` `CAZA`

¡hurra! (Del ingl. *hurrah.*) Expresión de júbilo usada para exteriorizar alegría o entusiasmo: *¡hurra!, ha ganado la carrera.* `interj.`

hurraco Adorno que las mujeres se ponían en la cabeza. `s.m.`

hurta Pez de la familia espáridos, muy parecido al pargo, con unas bandas rojas intensas que cruzan sus flancos verticalmente y que presenta inversión sexual. *(Sparus caeruleostictus.)* `s.f.` `ZOOLOGÍA`

hurtadillas Indica furtivamente, con ocultación y disimulo en la expresión **a hurtadillas**: *entramos a hur-* `loc.adv.` `= sigilosamente` *tadillas en el jardín de los marqueses para robar los peces del estanque.*

hurtador, a Que hurta. *adj/s.*

hurtagua Regadera con los agujeros en la base. *s.f.*

hurtar
1 Robar dinero u otros bienes ajenos sin intimidación ni violencia: *hurtó varias cajas de tabaco del almacén.* *v.tr.* = sustraer
2 Usar dichos o escritos ajenos presentándolos como propios: *me ha hurtado el primer capítulo de mi novela.* = plagiar
3 Llevarse el mar o un río tierra de las orillas: *el Mediterráneo hurta las costas que baña; la crecida del río ha hurtado las fincas vecinas.*
4 Escatimar el peso o la medida de lo que se vende: *el tendero me hurtó varios gramos de harina.*
5 Evitar una persona ser vista por otras: *se hurtó de su jefe; me hurté a sus ojos.* *v.prnl.* = esconderse
6 Desviar, apartar: *hurtó el cuerpo para no ser atropellado; me ha hurtado de su conversación con Javier.* *v.tr.*

hurto (Del lat. *furtum,* robo.)
1 Robo de poca importancia, realizado sin violencia: *no quiso denunciar el hurto del monedero a la policía.* *s.m.* = ratería, sisa
2 Cosa hurtada: *al vender el hurto consiguió el dinero suficiente para comprar el billete de tren.*

húsar (Del fr. *hussard* < húngaro *huszar,* vigésimo.) Soldado de un cuerpo de caballería ligera que vestía un uniforme copiado del ejército húngaro. *s.m.* HISTORIA, MILITAR

husera Bonetero, planta arbustiva. *s.f./BOTÁNICA*

husero
1 Cuerna recta que tiene el gamo de un año. *s.m./ZOOLOGÍA*
2 Ciervo de un año. CAZA/= estaquero

husillo
1 Tornillo con que se sube o baja la pieza que comprime en las prensas. *s.m.* MECÁNICA
2 Conducto de desagüe. CONSTRUCCIÓN
3 Ajonjera juncal, planta compuesta. BOTÁNICA
4 **husillo de trabajo:** Eje de una máquina-herramienta, como una taladradora o un torno. MECÁNICA
5 **husillo patrón o de roscar:** El de paso muy preciso que, en ciertas operaciones realizadas con tornos de roscar, asegura el movimiento de traslación del carro y de la herramienta con relación al de rotación de la pieza que se trabaja. MECÁNICA

husma
1 Acción y resultado de husmear: *dedica tantas energías a la husma de asuntos ajenos, que se queda sin ánimos para trabajar.* *s.f.* = husmeo
2 **andar a la husma:** Tratar de averiguar cosas ocultas o de conseguir una cosa que interesa: *siempre anda a la husma de nuevos negocios.* coloquial

husmeador, a Se aplica al animal o persona que husmea: *el perro husmeador dio con la presa abatida; contrataron a vecinos husmeadores de los malos olores que provenían del río.* *adj/s.*

husmear (Del gr. *osmaomai,* oler.)
1 Buscar una cosa con el olfato: *el perro husmeaba el rastro del delincuente.* *v.tr/intr.* = rastrear
2 Intentar enterarse una persona de los asuntos ajenos: *le encanta husmear en la vida de los vecinos.* tb: husmar = fisgonear
3 Empezar a oler mal una cosa: *en la despensa hay algo que empieza a husmear, no sé si será el queso.* *v.intr.* = heder

husmeo
1 Rastreo que se hace valiéndose del olfato: *varios perros realizaban el husmeo del terreno.* *s.m.* = husma
2 Indagación de los asuntos ajenos. = fisgoneo

husmo
1 Olor de la carne que empieza a pasarse. *s.m.*
2 **andarse o venirse una persona al husmo:** Rastrear con el olfato o estar tras el rastro de una cosa o asunto: *el cazador se andaba al husmo tras el conejo.* coloquial
3 **estar una persona al husmo:** Esperar la ocasión para aprovecharla: *estaba al husmo para ocupar su lugar en el consejo directivo.* coloquial

huso (Del lat. *fusus.*)
1 Utensilio de madera o hierro, redondo y que va adelgazando desde el centro hasta los extremos, en el que se devana y tuerce la hebra. *s.m.* TEXTIL
2 Cualquier objeto que tiene una figura parecida a este instrumento: *la bóveda está rematada por una aguja en forma de huso.*
3 Cilindro de un torno. MINERÍA
4 Especie de esturión de gran tamaño, de cuyas huevas se prepara el caviar. *(Huso huso.)* ZOOLOGÍA
5 **huso cilíndrico o cónico:** Parte de la superficie lateral de un cilindro o de un cono recto de base circular, comprendida entre dos generatrices. GEOMETRÍA
6 **huso cromático:** Haz de filamentos que une los centrosomas de la célula en el proceso de la mitosis. BIOLOGÍA
7 **huso esférico:** Porción de superficie comprendida entre dos semicírculos máximos. GEOMETRÍA
8 **huso horario:** Cada uno de los veinticuatro meridianos en que se divide la esfera terrestre, dentro de los cuales rige la misma hora.
9 **ser más derecho que un huso:** Ser una persona o cosa muy derecha o recta: *el respaldo de esa silla es más derecho que un huso.* coloquial

huta (Del fr. *hutte* < germ. *hutte.*) Choza en donde se esconden los monteros con los perros para aguardar la caza. *s.f.* CAZA

hutía Mamífero roedor americano, de pelaje espeso, con el tronco robusto, cabeza maciza de hocico aplastado y cola cubierta de cerdas y escamas. *(Capromys pilorides.)* *s.f.* ZOOLOGÍA

¡huy! Expresión con la que se denota dolor físico, advertencia, sorpresa o extrañeza: *¡huy!, ojalá no nos toque a nosotros cuidar de ella, es una hipocondríaca.* *interj.*

I

i
1 Novena letra del alfabeto español y tercera de sus vocales. **s.f.**
2 Representa, escrita en mayúscula, a la unidad en el sistema de numeración romano.
3 **i griega:** Denominación de la vigésima sexta letra del alfabeto español.

-í Componente de palabra que forma adjetivos y significa natural de: *paquistaní.* **suf.**

-ía
1 Componente de palabra que forma sustantivos y que indica situación, estado de ánimo o condición: *cercanía; villanía.* **suf.**
2 Componente de sustantivos que indica actitud o acto propio de: *majadería; zalamería.*
3 Componente de sustantivos que expresa dignidad, jurisdicción, oficio o lugar donde éste se ejerce: *librería; abogacía.*

-iatra Componente de palabra procedente del gr. *iatros,* que significa médico especialista: *pediatra; siquiatra.* **suf.**

-iatría Componente de palabra procedente del gr. *iatreia,* que significa curación, especialidad médica: *pediatría; foniatría.* **suf.**

iatro- Componente de palabra procedente del gr. *iatros,* que significa médico: *iatrogenia.* **pref.**

iatrogenia Producción de efectos nocivos derivados de la actuación médica. **s.f.** **MEDICINA**

iatrogénico, a De la iatrogenia. **adj.**

ibérico, a
1 De Iberia, nombre antiguo de la actual península Ibérica o de la zona ocupada por las tribus iberas. **adj.** **HISTORIA**
2 De la península Ibérica o de España: *clima ibérico.* **adj.**
3 Ibero, lengua preindoeuropea. **s.m./LINGÜÍSTICA**

iberio, a De Iberia. **adj.**

iberismo
1 Estudio de la antropología, la lengua, la historia y el arte de los iberos. **s.m.** **HISTORIA**
2 Expresión o construcción propias de cualquiera de las antiguas lenguas iberas que se usan en otras. **LINGÜÍSTICA**
3 Conjunto de caracteres socioculturales propios de los antiguos iberos. **HISTORIA**
4 Doctrina que propugna la unión política o el mayor **POLÍTICA**
acercamiento social, económico y cultural entre España y Portugal.

ibero, a
1 De las tribus que habitaban, en época prerromana, la costa mediterránea y la zona meridional de la península Ibérica. **adj/s.** **HISTORIA** **tb: ibérico, iberio**
2 Miembro de estas tribus. **s./HISTORIA**
3 Lengua preindoeuropea hablada por estas tribus. **s.m./LINGÜÍSTICA**

iberoamericano, a
1 De España, Portugal y los estados americanos colonizados por estos países. **adj.**
2 De los pueblos americanos que formaron parte de los reinos de España y Portugal.
3 Persona natural de cualquiera de estos estados. **s.**

iberorrománico, a Se aplica a las lenguas derivadas del latín hablado en la antigua Iberia. **adj.** **LINGÜÍSTICA**

iberorromano, a Se refiere a las obras producidas por los artistas de la antigua Iberia bajo la romanización. **adj.** **ARTE**

íbice (Del lat. *ibex, -icis,* cabra montés.) Rumiante parecido a la cabra, que tiene el pelo lustroso y corto a excepción del cuello y el dorso, y que vive en los altos parajes alpinos. *(Capra ibex.)* **s.m.** **ZOOLOGÍA** **tb: íbex, íbix**

ibicenco, a
1 De Ibiza, ciudad e isla de las Baleares. **adj.**
2 Persona natural de esta ciudad o de esta isla. **s.**
3 Subdialecto balear de la lengua catalana. **s.m./LINGÜÍSTICA**

ibídem (Del lat. *ibidem.*) En el mismo lugar o de allí mismo. **adv.** **tb: ibidem**

ibirapitá Planta arbórea cuya madera es muy apreciada en tornería y carpintería. **s.f./Amér.** **BOTÁNICA**

ibis (Del lat. *ibis* < gr. *ibis.*)
1 Ave ciconiforme de tamaño mediano, con los cuatro dedos en un mismo plano, el pico largo, delgado y curvado. **s.m.** **pl: ibis** **ZOOLOGÍA**
2 **ibis moñudo:** El de mayor tamaño que el sagrado y de plumaje negro. *(Comatibis eremita.)* **ZOOLOGÍA**
3 **ibis rojo:** El de plumaje de este color que habita en América. *(Guara guara.)* **ZOOLOGÍA**
4 **ibis sagrado:** El que presenta la piel de color negro en cuello y cabeza, desprovistos de plumaje, y el resto del cuerpo cubierto de pluma blanca, y que vive en el norte de África. *(Threskiornis aethiopicus.)* **ZOOLOGÍA**

icario, a (De Ícaro, personaje mitológico.) De este personaje de la mitología griega. **adj.** **tb: icáreo**

ícaro Especie de ñame. — s.m./Amér.

icástico, a (Del gr. *eikastikos*, referente a la representación de los objetos.) Que no está disfrazado ni adornado: *nos ofreció la interpretación icástica de los hechos.* — adj. culto = natural

iceberg (Voz inglesa.) Bloque de hielo que flota y sobresale en las aguas del mar, procedente de la fragmentación de un glaciar o de las lenguas glaciares, que es arrastrado por las corrientes. — s.m. pl: icebergs GEOGRAFÍA

icneumón (Del lat. *ichneumon* < gr. *ikhneumon*, especie de rata de Egipto que persigue al cocodrilo.) Mamífero carnívoro de la familia de las mangostas. — s.m./ZOOLOGÍA = herpestino, mangosta

icno- Componente de palabra procedente del gr. *ikhnos*, que significa traza, huella: *icnografía.* — pref.

icnografía Delineación de la planta de un edificio. — s.f./ARQUITECTURA

-ico, a
1 Componente de palabra que forma adjetivos e indica relación: *periodístico; histórica.* — suf.
2 Componente de palabra que, en química, significa ácido, elemento de un compuesto o se refiere al grado de oxidación de un ácido: *clorhídrico; cúprico; sulfúrico.* — QUÍMICA

icónico, a
1 Del icono: *pintura icónica.* — adj./ARTE
2 De la imagen: *recibió un mensaje icónico que no supo descifrar.*
3 Se aplica al signo que mantiene relación con el significado: *la cruz es una señal icónica del cristianismo.* — LINGÜÍSTICA

icono (Del gr. *eikon*, imagen.)
1 Pintura religiosa realizada sobre tabla, por oposición al fresco mural, en las iglesias de oriente: *el icono fundamental es el propio rostro de Jesucristo.* — s.m. ARTE
2 Símbolo no arbitrario que mantiene una relación de semejanza con los objetos a los que representa: *el dibujo de un coche es un icono respecto a él.* — LINGÜÍSTICA
3 Símbolo mostrado al usuario por un programa o un sistema operativo con el fin de representar un acontecimiento u objeto que exigiría una extensa explicación textual. — INFORMÁTICA

icono- Componente de palabra procedente del gr. *eikon, -onos*, que significa imagen: *iconografía.* — pref.

iconoclasia (Del gr. *eikon, -onos*, imagen + *klasis*, acción de romper.) Doctrina religiosa surgida en el Imperio bizantino en los siglos VIII y IX que prohibía las representaciones en imágenes y la veneración a Cristo, la Virgen y los santos, aun reconociéndolos como verdaderos. — s.f. RELIGIÓN, HISTORIA

iconoclasta (Del gr. *eikon*, imagen + *klazo*, romper.)
1 De la iconoclasia: *doctrina iconoclasta.* — adj./≠ iconólatra
2 Persona que practica o es partidaria de la iconoclasia: *los iconoclastas destruían las imágenes.* — s.m.f./RELIGIÓN = iconómaco
3 Que rechaza la autoridad y el prestigio de los maestros, de los valores tradicionales establecidos o de los signos o emblemas religiosos, políticos, etc.: *su discurso iconoclasta no dejaba títere con cabeza.* — adj/s.m.f.

iconografía (Del gr. *eikon*, imagen + *grapho*, escribir.)
1 Descripción y explicación de las diversas imágenes, retratos o esculturas que tratan el mismo tema, forman parte de la misma obra o son de una determinada época: *la iconografía de la guerra civil.* — s.f.
2 Conjunto de estas representaciones: *estudio sobre la iconografía inglesa decimonónica.*
3 Conjunto de ilustraciones de una publicación o un libro: *la iconografía de un diccionario enciclopédico.*

iconográfico, a De la iconografía: *realizó un tratado iconográfico de las ilustraciones de la edición de El Quijote.* — adj.

iconólatra Que adora iconos o imágenes: *los católicos fueron acusados de iconólatras por otros cristianos.* — adj/s. ≠ iconoclasta

iconolatría Adoración a las imágenes: *en aquel tiempo se castigó la iconolatría.* — s.f.

iconología (Del gr. *eikon*, imagen + *logos*, palabra, tratado.) Estudio de la formación, transmisión y contenido de las imágenes, es decir, de las representaciones figuradas. — s.f. ARTE

iconológico, a De la iconología: *su tratado iconológico tenía por objeto proporcionar a los artistas un repertorio de figuras alegóricas.* — adj. ARTE

iconomanía Pasión exagerada por las esculturas y pinturas. — s.f.

iconoscopio Aparato que transforma las imágenes televisivas en señales eléctricas para transmitirlas. — s.m. AUDIOVISUALES

iconostasio (Del gr. *eikon*, imagen + *stasis*, acción de poner.) Especie de retablo o mampara de los templos de rito ortodoxo, con imágenes sagradas pintadas, que consta de una puerta grande y a su lado dos más pequeñas que aíslan al sacerdote mientras celebra la consagración. — s.m. RELIGIÓN

iconóstrofo Instrumento que presenta las imágenes inversas de los objetos, utilizado por los grabadores para hacer la copia de los modelos. — s.m. TECNOLOGÍA

iconoteca Lugar u organismo en el que se conservan y clasifican los soportes de los medios audiovisuales, como microfilmes, fotografías o carteles, para su posterior utilización o estudio. — s.f. INFORMÁTICA

iconótipo Planta cuyas características concuerdan con las de la especie tipo, aunque no procede de su ubicación clásica. — s.m. BOTÁNICA

icor (Del gr. *ikhor*, parte serosa de la sangre.) Denominación que se aplicaba antiguamente a la sustancia segregada por las úlceras con composición distinta a la del pus. — s.m. MEDICINA = sanie

icoremia (Del gr. *ikhor*, parte serosa de la sangre + *haima*, sangre.) Intoxicación sanguínea por derivados de la supuración. — s.f. MEDICINA

icosa- Componente de palabra procedente del gr. *eikosi*, que significa veinte: *icosaedro.* — pref. tb: icosi-

icosaedro (Del gr. *eikosi*, veinte + *hedra*, costado.)
1 Figura geométrica de veinte caras. — s.m./GEOMETRÍA
2 **icosaedro regular:** Aquel cuyas caras son triángulos equiláteros iguales. — GEOMETRÍA

icoságono, a
1 Que tiene veinte ángulos: *figura icoságona.* — adj./GEOMETRÍA
2 Polígono que tiene veinte ángulos y veinte lados. — s.m./GEOMETRÍA

icter- Componente de palabra procedente del gr. *ikteros*, que significa amarillo: *ictericia.* — pref. tb: ictero-

ictericia Coloración amarilla de la piel, de los tejidos y de los líquidos del organismo al impregnarse de bilirrubina. — s.f./MEDICINA tb: tiricia = morbo regio

ictérico, a (Del lat. *ictericus* < gr. *ikterikos*, ictérico.)
1 De la ictericia: *presenta una coloración ictérica.* — adj./MEDICINA
2 Que padece ictericia. — adj/s./MEDICINA
3 Se aplica a las plantas que amarillean debido a las bajas temperaturas, la excesiva humedad, u otras causas. — adj. BOTÁNICA

ictérido, a Perteneciente a una familia de aves de longitud variable, plumaje de colores, pico cónico y patas robustas, que habita en América. — adj/s.m. ZOOLOGÍA

icterígeno, a Que puede determinar la aparición de ictericia: *la insuficiencia hepática es icterígena en los recién nacidos.* — adj. MEDICINA

ictíneo, a Que tiene forma de pez. — adj.

ictio- Componente de palabra procedente del gr. *ikhthys*, que significa pez: *ictiología.* — pref. tb: icti-

ictiofagia Hábito alimenticio en el que se consume principal o exclusivamente pescado. — s.f.

ictiófago, a (Del gr. *ikhthys*, pez + *ephagon*, comer.) Se aplica al animal que se alimenta de peces: *el martín pescador es un ave ictiófaga.* — adj/s. ZOOLOGÍA = piscívoro

ictiografía (Del gr. *ikhthys*, pez + *grapho*, escribir.) Parte de la zoología que estudia la descripción de los peces. — s.f. ZOOLOGÍA

ictiol Sustancia aceitosa obtenida de una roca que contiene fósiles, usada en dermatología, especialmente en el tratamiento de eccemas. — s.m. FARMACIA

ictiología (Del gr. *ikhthys*, pez + *logos*, razón.) Parte de la zoología que estudia los peces. — s.f. ZOOLOGÍA

ictiólogo, a Persona dedicada al estudio de los peces o especialista en ellos: *es un ictiólogo conocido mundialmente.* — s.

ictiosaurio, a (Del gr. *ikhthys*, pez + *sauros*, lagarto.) Perteneciente a un orden de reptiles adaptados a la vida marina, que habitaban las aguas alejadas de las costas, presentaban cuerpo fisiforme, carente de cuello y extremidades transformadas en aletas. — adj/s.m. ZOOLOGÍA

ictiosis
1 Enfermedad cutánea que altera la capa córnea y da lugar a una intensa descamación. — s.f./pl: ictiosis MEDICINA
2 Denominación genérica de diversas enfermedades de las plantas que se caracterizan por la descamación. — BOTÁNICA

ictus (Del lat. *ictus*, golpe.)
1 Acento métrico de un verso, destacado sobre una sílaba larga o sobre una acentuada. — s.m./pl: ictus POESÍA
2 Cualquier manifestación morbosa repentina y brusca: *ictus apoplético.* — MEDICINA

ida
1 Acción de ir o de irse: *su ida nos entristeció a todos; antes de su ida dejó sus asuntos bajo su control para que todo siguiera su curso normal.* — s.f. = marcha, partida ≠ regreso, vuelta
2 Arrebato, acción brusca realizada sin pensar: *asusta a toda la familia con sus idas repentinas.* — = arranque, pronto ≠ sosiego
3 Acometida que hace uno de los esgrimistas al otro después de presentar la espada. — DEPORTES
4 Señal o rastro dejado en el suelo por los animales de caza: *el podenco siguió las idas del venado.* — CAZA
5 **de ida y vuelta:** Se aplica al billete de un transporte con el que se puede recorrer la misma distancia en un sentido y en el otro: *el billete de ida y vuelta es más económico.* — loc.adj.

6 en dos idas y venidas: Con rapidez: *solucionó el problema en dos idas y venidas.* `loc.adv.` `= brevemente`

idalio, a Se aplica a aquello que se refiere a Afrodita, divinidad griega. `adj./MITOLOGÍA` `culto`

idea (Del gr. *idéa*, imagen ideal de un objeto.)
1 Representación mental sobre alguien o algo real o imaginario: *con esto ya me hago una idea, gracias.* `s.f.`
2 Conocimiento o concepto que se tiene de una cosa: *la idea que tengo sobre este tema es buena; tiene bastante idea de lo que dice.* `= criterio`
3 Plan o propósito para hacer una cosa: *lo del crucero fue una excelente idea; tienen idea de casarse este año.* `= intención`
4 Creencias o manera de pensar: *sus ideas políticas no me convencen.* `s.f.pl.` `= opinión`
5 Juicio y opinión sobre una persona o cosa: *aquí se tiene una buena idea de él.* `s.f.`
6 Pensamiento o asunto principal de un texto, discurso, obra literaria u otra cosa: *la idea principal del texto es la siguiente: el intervencionismo estatal.* `= tema`
7 Ingenio para disponer, inventar y trazar una cosa: *tiene mucha idea con el bricolaje.* `= aptitud, maña`
8 Manía u ocurrencia extravagante: *ahora le ha dado la idea de no comer y no come.*
9 idea fija: 1. La que se impone con tenacidad a la conciencia y que el sujeto no la concibe como patológica, ya que es conforme a sus preocupaciones habituales. **2.** Opinión o actitud permanente que manifiesta una persona. `SIQUIATRÍA` `coloquial`
10 idea general: Representación mental global: *intenta hacerte una idea general del problema, antes de idear estrategias concretas.*
11 idea preconcebida: Prejuicio que uno se forma antes de conocer la situación, el problema o el asunto en cuestión: *si vas a la reunión con ideas preconcebidas te costará escuchar y valorar sus argumentos.*
12 idea universal: Concepto abstracto que representa a una única realidad común a todos los seres.
13 apartar a alguien de una idea: Hacerle desistir de ella: *suerte tuvo que su hermana la apartó de la idea de casarse.*
14 con idea o mala idea: Con mala intención o con propósitos malévolos u oscuros: *lo ha hecho así con mala idea, para vengarse; lo incluyó en la carta con idea.* `loc.adv.`
15 dar idea o una idea de cierta cosa: 1. Servir para dar a conocer o hacer comprender el asunto de que se trata: *esto te dará idea de lo importante que es para mí solucionar esta cuestión.* **2.** Exponer una cosa a la ligera: *su resumen nos dará una idea de las causas del conflicto bélico.*
16 darle a alguien una idea: Ocurrírsele de pronto hacer una determinada cosa: *les dio la idea de dejar todo lo que tenían aquí e irse a vivir a un pueblo abandonado.*
17 formarse idea de algo: 1. Entender la cuestión de que se trata: *se formó idea de lo que pretendía explicar.* **2.** Imaginar, representarse en la mente la imagen de algo que no existe: *se formó idea del tipo de vida de los atlantes.*
18 formarse o hacerse una idea: Concebir sin precisión un concepto: *con lo que me explicó me formé una idea equivocada de ellos.*
19 hacer o hacerse idea o la idea de una cosa: Hacerse ilusiones o formar el propósito que se expresa: *se ha hecho la idea de acompañarla mañana al médico.*
20 hacerse a la idea de una cosa: Aceptar o familiarizarse con cierta idea: *ya me he hecho a la idea de no tener vacaciones este año.*
21 llevar o tener idea de hacer cierta cosa: Tener el propósito de hacerla: *llevan idea de trasladarse a la capital en cuestión de un par de años.*
22 no tener idea de: No tener la intención de hacer una cosa o no haberla previsto: *no tenía idea de ir hoy, pero, si quieres, me acerco.*
23 no tener ni idea o ni la más remota idea o ni pastelera idea de algo: No tener conocimiento sobre un asunto o tema, o bien ser éste muy vago: *pregúntale a él, porque yo no tengo ni la más remota idea.*
24 perseguir a alguien con una idea: Obsesionarle con ella: *estuvo todo el año persiguiéndoles con la idea de la moto.*
25 ser una cosa una idea de bombero: Ser disparatada o absurda: *sus propuestas son, a veces, ideas de bombero.*
26 tener alguien ideas de bombero: Tener ocurrencias descabelladas o insensatas.
27 tener mala idea: Tener malas intenciones: *si realmente pretende vengarse de ti es que tiene muy mala idea.*
28 tener una ligera idea: Tener un conocimiento impreciso sobre cierto asunto: *tengo una ligera idea de lo que intentas decirme, pero aún no acierto a verlo claro.*

ideación
1 Proceso de creación y formación de ideas. `s.f.`

2 Conjunto de fenómenos sicológicos complejos resultantes de la elaboración de las ideas. `SICOLOGÍA`

ideal
1 De la idea: *se forjó una imagen ideal que luego no se correspondía con lo que vio.* `adj.` `= mental`
2 Que responde a una idea de perfección: *la casa ideal, para mí, debe tener mucha luz natural.*
3 Que existe sólo como idea y no tiene realidad física: *los meridianos y los paralelos son líneas ideales que dividen la tierra.* `= imaginario, ficticio` `≠ real`
4 Que es estupendo o magnífico: *estuvieron en un lugar ideal para pasar las vacaciones.* `= óptimo, perfecto` `≠ pésimo`
5 Que se ajusta a un concepto teórico o a un conjunto de propiedades preestablecidas. `FÍSICA`
6 Prototipo o modelo de perfección: *el ideal de belleza cambia según las épocas; ser el ideal de compañero.* `s.m.` `= canon`
7 Aspiración de conseguir un objetivo: *su ideal ahora es comprarse una casa.* `= deseo, objetivo`
8 Conjunto de creencias políticas, religiosas o de otro tipo: *es un hombre que lucha por sus ideales.* `s.m.pl.`

idealidad Característica de lo que no tiene existencia material, sino que está en la fantasía. `s.f.` `≠ realidad`

idealismo
1 Doctrina filosófica que considera la idea como principio del ser y del conocer, y que el mundo es, en cierto modo, una creación mental. `s.m.` `FILOSOFÍA`
2 Tendencia a idealizar la realidad: *la solución del problema no es fácil, creer lo contrario es puro idealismo.* `≠ realismo`
3 Modo de pensar y de obrar de la persona que da prioridad a sus convicciones religiosas, políticas o sociales: *su discurso está cargado de idealismo, pero carece de aplicación en la práctica.* `≠ pragmatismo`

idealista
1 Del idealismo. `adj.`
2 Que es partidario del idealismo como doctrina filosófica. `adj./s.m.f.` `FILOSOFÍA`
3 Que idealiza las cosas y a veces pierde la visión de la realidad: *no es capaz de calibrar los problemas reales porque es una idealista incorregible.* `= idealizador` `≠ realista`
4 idealista apasionado: Sujeto paranoico que orienta toda su actividad hacia la realización de un ideal. `SIQUIATRÍA`

idealización Acción y resultado de presentar o representarse las cosas mejores de lo que son en realidad: *la idealización que se había creado le impedía comunicarse con ella.* `s.f.`

idealizar Presentar una cosa como perfecta o mejor de lo que es en realidad: *idealizó tanto a aquella mujer que su traición representó para él un golpe tremendo.* `v.tr.` `conj: cazar`

idealmente
1 En su mejor posibilidad, como ideal: *idealmente, esta obra debe interpretarla una actriz trágica.* `adv.`
2 Muy bien, perfectamente: *aquella noche tocó idealmente el piano.*
3 Según su idea, pensamiento, concepción: *idealmente, el cristianismo se basa en el amor al prójimo.*

idear
1 Crear una cosa nueva en el pensamiento: *ideó un mecanismo muy interesante.* `v.tr.` `= inventar`
2 Formar un pensamiento o un conjunto de pensamientos sobre una cosa: *idearon proponérselo primero a ella.* `= discurrir, pensar`

ideario Conjunto de las ideas que caracterizan el modo de pensar de una persona, partido político, escuela o colectividad: *es un fiel seguidor del ideario marxista.* `s.m.` `= credo, ideología`

ideático, a
1 Que es maniático, caprichoso o extravagante. `adj./Amér.`
2 Que tiene mucho ingenio. `Hond.`

ídem (Del lat. *idem*.)
1 Indica lo mismo, y en ocasiones sirve para no repetir las citas de un autor o las cuentas o listas, al anotar partidas del mismo tipo: *María se va a la cama, y tú, ídem.* `adv.`
2 ídem de ídem: Lo mismo que ya se ha dicho: *él no puede ir, y tú, ídem de ídem.* `loc.adv.`

idéntico, a
1 Que es exactamente igual que otra cosa: *la composición del producto nuevo es idéntica a la del anterior.* `adj./= igual` `≠ diferente`
2 Que es muy parecido a otra cosa o persona: *padre e hijo son idénticos tanto en el aspecto físico como en la manera de tratar a los clientes; los gemelos son idénticos, excepto en el carácter.* `= semejante, similar` `≠ distinto`

identidad (Del bajo lat. *identitas*.)
1 Circunstancia de ser una cosa o persona muy parecida o igual a otra con la que se compara. `s.f.` `= semejanza`
2 Hecho de ser una persona o cosa la misma que se supone o busca, o la que ella afirma ser: *presentó documentos que demostraban su identidad.*
3 Igualdad de una cosa con ella misma. `FILOSOFÍA`

4 Proposición lógica en la que los contenidos representativos del sujeto y del predicado son idénticos o iguales. — LÓGICA

5 Igualdad entre dos expresiones algebraicas que se mantiene siempre, sea cual sea el valor de sus variables. — MATEMÁTICAS

6 identidad social: Conciencia que tiene un individuo de su pertenencia a uno o varios grupos sociales o a un territorio y significado emocional que resulta de ella. — SICOLOGÍA, SOCIOLOGÍA

identificación
1 Acción o resultado de identificar: *la identificación de las huellas ha permitido capturar al ladrón.* — s.f.
2 Proceso por el que una persona se apropia de algunas características o físicas o síquicas de otra persona con la que se identifica emocionalmente. — SICOLOGÍA
3 Etiqueta que consta de un nombre codificado destinado a identificar una unidad de datos: *han cambiado el código de identificación de archivos.* — INFORMÁTICA
4 Reconocimiento de un ser vivo o de un cadáver basado en el examen de ciertas características que permitan asignarlas a un único sujeto: *identificación por las fotografías y las placas dentales.* — MEDICINA
5 Operación que consiste en determinar la naturaleza de un elemento detectado: *la sonda no pudo confirmar la identificación de la aeronave.* — MILITAR

identificador, a
1 Que identifica: *tarjeta identificadora.* — adj.
2 Carácter o conjunto de ellos que se utilizan en los lenguajes de programación para nombrar a cualquier elemento del programa, como una variable, función o instrucción. — s.m. INFORMÁTICA

identificar
1 Establecer una asociación entre dos cosas distintas: *el color verde se identifica con la esperanza; su inconfundible voz nos permitió identificarle sin problema alguno.* — v.tr/prnl. conj: sacar = asociar, vincular
2 Comprobar si una persona o una cosa es la misma que se supone o busca: *los testigos identificaron al atracador.* — v.tr. = reconocer
3 Mostrarse una persona conforme con la actitud o las ideas de otra o con lo que representa una cosa: *se identificó con las ideas de su amigo; se identifica con el ideario progresista.* — v.prnl. + con = solidarizarse
4 Reducirse varias cosas que la razón entiende como diferentes a una sola. — FILOSOFÍA

ideo- Componente de palabra procedente del gr. *idea*, que significa apariencia, imagen ideal de un objeto: *ideológico; ideografía.* — pref. tb: ide-

ideografía Representación de ideas o palabras por medio de imágenes o de símbolos: *como occidental, me resulta difícil comprender la ideografía de la escritura china.* — s.f.

ideográfico, a (Del gr. *idea*, apariencia, imagen ideal de un objeto + *grapho*, escribir.) De la ideografía: *la escritura china es ideográfica.* — adj. = pictográfico

ideograma
1 Representación mediante símbolos o imágenes de un concepto: *la paloma blanca es el ideograma de la paz.* — s.m.
2 Cada uno de los elementos de la escritura ideográfica. — LINGÜÍSTICA

ideología (Del gr. *idea*, apariencia, imagen ideal de un objeto + *logos*, palabra.)
1 Conjunto de ideas que caracterizan el pensamiento de una persona, de un colectivo, de una época o de un movimiento: *su ideología política es de derechas; sus propuestas eran contrarias a la ideología dominante.* — s.f. = ideario
2 Disciplina filosófica que estudia las ideas, sus características y, especialmente, sus orígenes. — FILOSOFÍA
3 ideología dominante: Ideario de la clase que detenta el poder y que se caracteriza por la cosificación, que permite a este grupo social sostener la dominación económica sobre el resto. — POLÍTICA, SOCIOLOGÍA

ideológico, a
1 De la ideología: *es una película con un fondo ideológico muy interesante.* — adj.
2 Se aplica al diccionario que clasifica y agrupa las palabras por conceptos. — LINGÜÍSTICA

ideólogo, a
1 Persona que organiza y elabora una doctrina, especialmente política o religiosa. — s. = pensador
2 Persona que se entrega a las ideas abstractas y no atiende a la realidad.

ideoplastia Estado de pasividad mental de un hipnotizado en el que éste se convierte en receptor de las sugestiones del hipnotizador. — s.f. SICOLOGÍA

ideoso, a Que tiene muchas ideas, que es ingenioso. — adj./Guat.

idílico, a
1 De la composición poética llamada idilio: *es un lector habitual de poesía idílica.* — adj./POESÍA = bucólico, pastoril
2 De las relaciones amorosas: *vivieron una historia idílica.*
3 Muy agradable o apacible: *es un lugar idílico para acampar.* — = maravilloso

idilio (Del lat. *idyllium* < gr. *eidyllion*, diminutivo de *eidos*, obra.)
1 Poema pastoril de asunto amoroso: *Virgilio escribió famosos idilios.* — s.m. POESÍA
2 Relación amorosa: *mantuvieron un idilio durante varios años.* — = aventura

idio- Componente de palabra procedente del gr. *idios*, que significa personal, peculiar: *idiosincrasia.* — pref.

idioblasto Célula discordante en un tejido cualquiera, ya sea por su forma, tamaño o función. — s.m. BOTÁNICA

idiocia Déficit intelectual muy profundo. — s.f./SIQUIATRÍA

idiocromatina Cromatina de las células que interviene en las funciones de división. — s.f. BIOLOGÍA

idioeléctrico, a Se aplicaba a los cuerpos aislantes, es decir, a aquellos que se electrificaban por frotación, en la física antigua. — adj. FÍSICA

idiófono Cualquier instrumento que no tiene cuerdas o membranas, en el que el cuerpo sólido basta para producir sonido: *las castañuelas y el xilófono son idiófonos.* — s.m. MÚSICA

idiólatra Que se rinde culto a sí mismo: *son muchas las voces que designan a los artistas con el adjetivo idiólatras.* — adj.

idiolecto (Del ingl. *idiolect*.) Forma particular que tiene cada individuo de hablar una lengua: *el idiolecto es, en principio, la única realidad de estudio para el dialectólogo.* — s.m. LINGÜÍSTICA

idiología Modo peculiar de hablar. — s.f.

idioma (Del bajo lat. *idioma*, carácter propio de alguien.)
1 Lengua de un país o de una región: *habla correctamente cinco idiomas.* — s.m. LINGÜÍSTICA
2 Modo particular de hablar de algunas personas en algunas ocasiones o en algunos lugares determinados: *el idioma de palacio.*
3 idioma diplomático: El adoptado para redactar las actas exigidas por las relaciones internacionales: *antiguamente el idioma diplomático era el latín.*

idiomático, a Que es propio de una lengua determinada: *expresión idiomática.* — adj. LINGÜÍSTICA

idiomatismo Rasgo lingüístico peculiar y característico de un idioma determinado: *su tesis versa sobre los idiomatismos del español y la concepción del mundo que de ellos se deriva.* — s.m. LINGÜÍSTICA

idiomorfo, a Se aplica a los cristales que, en una masa rocosa, tienen todas las caras desarrolladas y poseen forma propia. — adj. MINERALOGÍA

idiopatía Enfermedad que no se deriva de otra o que posee un origen desconocido. — s.f. MEDICINA

idioplasma Protoplasma en el que se suponía que estaban localizadas las propiedades hereditarias de los seres vivos. — s.m. BIOLOGÍA

idiosincrasia (Del gr. *idios*, peculiar, personal + *synkrasis*, temperamento.)
1 Modo de ser de una persona, de un pueblo o de una colectividad: *la idiosincrasia de los pueblos nórdicos es distinta a la de los mediterráneos.* — s.f. = personalidad, singularidad
2 Susceptibilidad a una droga, un alimento u otra sustancia. — MEDICINA

idiosincrásico, a De la idiosincrasia. — adj.

idiota (Del gr. *idiotes*, profano, que no es técnico en una profesión.)
1 Que es poco inteligente: *el idiota no captó la segunda intención de sus palabras; trató de idiota a su amiga y se enemistaron para siempre.* — adj/s.m.f. despectivo = tonto, imbécil
2 Que se muestra engreído o pretencioso.
3 Que padece idiocia, deficiencia mental. — SIQUIATRÍA

idiotez
1 Trastorno caracterizado por una gran deficiencia de las facultades mentales, idiocia. — s.f./pl: idioteces SIQUIATRÍA
2 Acción o palabras que demuestran poca inteligencia: *no digas idioteces, no estoy para perder el tiempo.*

idiotismo (Del lat. *idiotismus*, locución propia de una lengua.)
1 Falta de conocimiento e instrucción: *la situación de la enseñanza favorecía el idiotismo generalizado.* — s.m. = ignorancia
2 Expresión de una lengua con un significado determinado que no se entiende por análisis de sus elementos: *no dar pie con bola es un idiotismo propio del español.* — LINGÜÍSTICA

idiotizar
1 Hacer a una persona torpe o imbécil: *se idiotiza a causa de las malas compañías.* — v.tr/prnl. conj: cazar
2 Quedar embelesado ante una cosa o persona. — v.tr.

ido, a
1 Que está distraído: *no entiendes lo que te digo porque estás ido.* — adj. = despistado

2 Que tiene las facultades mentales perturbadas o poco desarrolladas: *enajenado e ido fue internado en el frenopático.* = chiflado, loco ≠ cuerdo

-ido Componente de palabra procedente del gr. *eidos,* que significa forma, apariencia, aspecto: *bóvido, mórbido.* suf.

idólatra (Del gr. *eidolatres.*)
1 Que adora la imagen de una deidad: *los pueblos prehistóricos eran idólatras.* adj/s.m.f.
2 Que admira o ama a una persona o cosa exageradamente: *sus idólatras seguidores le rendían un culto exagerado.*

idolatrar
1 Dar culto a la representación de una deidad: *idolatraban una imagen que encarnaba la fertilidad.* v.tr.
2 Amar o admirar a una persona, animal o cosa ciegamente: *idolatra a su marido.* = adorar

idolatría
1 Culto dado a un ídolo: *colecciona con idolatría y devoción todas las fotos de su cantante preferido.* s.f.
2 Amor o admiración desmedida que se siente por una persona o cosa: *le tenía una idolatría casi rayana en la obsesión.* ≠ odio

idolátrico, a De la idolatría: *culto idolátrico.* adj.

ídolo (Del lat. *idolum,* imagen.)
1 Figura de una deidad que es objeto de adoración: *el tótem era un ídolo para la tribu.* s.m.
2 Personaje público que suscita gran admiración entre la gente: *ese cantante es el ídolo de las quinceañeras.*

idología Conjunto de conocimientos relativos al estudio de los ídolos. s.f.

idolopeya Figura retórica que consiste en poner una afirmación en boca de un difunto. s.f. RETÓRICA

idoneidad Situación o característica de la persona o cosa que reúne o cumple las condiciones necesarias para cierta función o servicio: *no parece clara la idoneidad de ese candidato para el puesto.* s.f. = competencia ≠ incompetencia

idóneo, a (Del lat. *idoneus,* adecuado, propio.)
1 Que reúne todas las condiciones necesarias para un servicio o función: *es idóneo para este cargo; una mesa idónea para el ordenador.* adj./+ para = apropiado ≠ incompetente
2 Que es o resulta conveniente o adecuado para una cosa: *el sol es idóneo para algunas afecciones dermatológicas.* = apropiado ≠ inadecuado

idus (Voz latina.)
1 Día quince de marzo, mayo, julio y octubre, y el trece en los demás meses y que dividía el mes más o menos por la mitad, en el calendario romano. s.m.pl. HISTORIA
2 **los idus de marzo**: Época en que César fue asesinado y, por extensión, cualquier período que presenta peligro. HISTORIA

-iego, a Componente de palabra que significa relativo, perteneciente a: *veraniego.* suf.

iglesia (Del lat. vulgar *ecclesia* < gr. *ekklesia,* asamblea.)
1 Conjunto de las personas que profesan el catolicismo: *el concilio afectó a toda la Iglesia.* s.f. RELIGIÓN
2 Conjunto de las creencias y los fieles de la religión cristiana o de cada una de sus comunidades. RELIGIÓN
3 Conjunto de las personas de un lugar determinado que profesan el cristianismo: *iglesia ortodoxa.* RELIGIÓN
4 Estado eclesiástico que comprende a todos los ordenados. RELIGIÓN
5 Gobierno eclesiástico general del Sumo Pontífice, concilios y prelados. RELIGIÓN
6 Diócesis o territorio de la jurisdicción de un obispo. RELIGIÓN
7 Conjunto de los súbditos de un obispo: *congregó a su iglesia para dirigirles una pastoral.* RELIGIÓN
8 Templo cristiano: *el recogimiento que se muestra en las iglesias me emociona.* ARQUITECTURA, RELIGIÓN
9 **iglesia catedral**: La que es sede de un obispo o arzobispo: *las iglesias catedrales son las principales de las diócesis.* RELIGIÓN
10 **iglesia católica**: Comunidad formada por los cristianos que reconocen la autoridad del papa como vicario de Cristo en la tierra. RELIGIÓN
11 **iglesia colegial**: Iglesia que no es sede obispal pero que tiene abad y canónigos seculares y en ella se celebran los oficios divinos como en las catedrales. RELIGIÓN
12 **iglesia conventual**: La de un convento: *la región estaba llena de monasterios e iglesias conventuales.* RELIGIÓN
13 **iglesia en cruz griega**: La que tiene dos naves de la misma longitud que se cruzan perpendicularmente en su parte media. ARQUITECTURA
14 **iglesia en cruz latina**: La que tiene dos naves, una más larga que otra, que se cruzan a escuadra. ARQUITECTURA
15 **iglesia griega**: Iglesia ortodoxa griega. RELIGIÓN
16 **iglesia juradera**: La que estaba destinada a recibir en ella los juramentos decisorios. RELIGIÓN
17 **iglesia latina**: 1. La que sigue el rito latino, dependiente del papa. 2. Iglesia católica, en general. RELIGIÓN RELIGIÓN

18 **iglesia mayor**: Iglesia principal de un pueblo: *la procesión salía de la iglesia mayor de la villa.* RELIGIÓN
19 **iglesia metropolitana**: Iglesia que es la sede de un arzobispo. RELIGIÓN
20 **iglesia militante**: La formada por los fieles vivos de la Iglesia católica: *la iglesia militante hizo llegar sus propuestas al concilio provincial.* RELIGIÓN
21 **iglesia oriental**: La que sigue el rito griego. RELIGIÓN
22 **iglesia ortodoxa griega**: Comunidad cristiana que se separó de la obediencia del papa, como consecuencia del cisma de Oriente. RELIGIÓN
23 **iglesia papal**: Aquella en la que el obispo provee todas las prebendas. RELIGIÓN
24 **iglesia parroquial**: La de una parroquia o feligresía: *la ceremonia del funeral se celebró en la iglesia parroquial.* RELIGIÓN
25 **iglesia patriarcal**: La que es sede de un patriarca. RELIGIÓN
26 **iglesia primada**: Aquella que es sede de un primado. RELIGIÓN
27 **iglesia purgante**: Congregación de los fieles que están en el purgatorio. RELIGIÓN
28 **iglesia triunfante**: Congregación de los fieles que están en el cielo. RELIGIÓN
29 **acogerse a la iglesia**: Entrar en religión, hacerse eclesiástico: *se acogió a la iglesia en su madurez.* RELIGIÓN
30 **casarse por detrás de la iglesia**: Convivir una pareja sin haberse casado.
31 **casarse por la iglesia**: Contraer matrimonio canónico: *se casaron por la iglesia por influencia de sus padres.*
32 **con la iglesia hemos topado**: Expresión que indica los problemas o los impedimentos que se presentan para una determinada acción.
33 **cumplir con la iglesia o con la parroquia**: Cumplir con el precepto de comulgar por pascua. RELIGIÓN
34 **entrar uno en la iglesia**: Hacerse eclesiástico: *entró en la iglesia después de un largo período de reflexión.* RELIGIÓN
35 **llevar a la iglesia a una mujer**: Casarse con ella: *la llevó a la iglesia sin la aprobación de la familia.* RELIGIÓN
36 **reconciliarse con la iglesia**: Volver a ella el hereje al abandonar su situación.
37 **tomar iglesia**: Acogerse a ella para asilarse.

iglú Casa de los esquimales construida con bloques de hielo. s.m. pl.tb: iglúes

ignaciano, a
1 De san Ignacio de Loyola o de su doctrina. adj.
2 Que es miembro de alguna de las instituciones fundadas por san Ignacio de Loyola. adj/s.

ignaro, a (Del lat. *ignarus.*) Que tiene poca o ninguna instrucción. adj. culto

ignavia Falta de ánimo para hacer cosas: *las altas temperaturas le produjeron una pesada ignavia.* s.f. = pereza

ignavo, a (Del lat. *ignavus.*) Que es perezoso o indolente. adj. culto

ígneo, a (Del lat. *igneus* < *ignis,* fuego.)
1 Del fuego o que tiene alguna de sus características: *el cielo tenía un color ígneo.* adj./culto = ardiente
2 Se aplica a las rocas volcánicas que proceden de la masa en fusión del interior de la Tierra. GEOLOGÍA

igni- Componente de palabra procedente del lat. *ignis,* que significa fuego: *ignición.* pref.

ignición (Derivado de *ígneo.*)
1 Acción que provoca una combustión: *hubo chispazo con ignición.* s.f./FÍSICA = combustión
2 Estado en que un cuerpo que está ardiendo o incandescente: *metal en ignición.*
3 Operación de encendido de los propulsores de un cohete: *la ignición de los propulsores de la nave espacial se desarrolló con toda normalidad.* ASTRONÁUTICA

ignícola Que adora el fuego: *etapa ignícola de una civilización primitiva.* adj/s.m.f.

ignífero, a Que contiene, produce o arroja fuego: *el ignífero dragón asaltó el castillo.* adj./literario ≠ ignífugo

ignífugo, a
1 Se aplica al material o sustancia que protege contra el fuego: *los bomberos llevan prendas ignífugas.* adj. ≠ ignífero
2 Se refiere al tratamiento o sustancia que se usa para hacer inflamables las sustancias combustibles: *las paredes están cubiertas con una pintura ignífuga.* adj/s.m.

ignito, .. Que tiene fuego o está encendido. adj.

ignívomo, a Que vomita fuego: *el cráter ignívomo del volcán dominaba el horizonte.* adj. literario

ignografía Delineación de la planta de un edificio. s.f./= icnografía

ignominia (Del lat. *ignominia.*) Deshonra u ofensa que una persona recibe públicamente: *salió cabizbajo de la sala por la ignominia de que fue víctima.* s.f. = deshonor, oprobio

ignominioso, a Que causa ignominia o que ofende: *nunca podré perdonarle sus ignominiosas palabras.* adj./= deshonroso, infame/≠ digno

ignorancia
1 Estado del que desconoce una cosa o tiene poca cultura: *creo que debes disculpar su ignorancia sobre este tema.* — s.f. = desconocimiento ≠ sabiduría
2 ignorancia de derecho: Desconocimiento de la ley, que no excusa su cumplimiento. — DERECHO
3 ignorancia de hecho: Desconocimiento que se tiene de un hecho, y puede ser tenido en cuenta en las relaciones jurídicas. — DERECHO
4 ignorancia invencible: La que tiene una persona de alguna cosa por no alcanzar motivo o razón que le haga dudar de ella.
5 ignorancia supina: Falta absoluta de conocimiento de lo que debería conocerse: *sus errores son de una ignorancia supina, no tiene idea de qué tiene que hacer.*
6 pecar o no de ignorancia: Hacer o dejar de hacer una cosa teniendo conocimiento o no de que no se debe hacer.

ignorante
1 Que no tiene instrucción: *aunque no tiene estudios, no es ningún ignorante.* — adj./s.m.f. = inculto
2 Que ignora cierta cosa: *estuvo ignorante de lo que realmente sucedía en su casa.*

ignorantismo Movimiento sociocultural que rechaza la instrucción y formación cultural por considerarla peligrosa y nociva para la sociedad. — s.m. SOCIOLOGÍA

ignorantista Partidario de las ideas del ignorantismo. — adj./s.m.f.

ignorar (Del lat. *ignorare,* no saber.) No saber una persona una cosa: *ignoro cuándo volverá.* — v.tr./= desconocer ≠ conocer, saber

ignoto, a (Del lat. *ignotus,* no conocido.) Que es desconocido o no ha sido descubierto: *se adentraron en unas tierras todavía ignotas.* — adj. = inexplorado ≠ conocido

igual (Del lat. *aequalis,* del mismo tamaño o edad.)
1 Que tiene la misma naturaleza, forma, calidad o aspecto que otra cosa: *ambos motores tienen igual potencia; los contrincantes son iguales en fuerza.* — adj. = idéntico ≠ distinto
2 Que es muy parecido o semejante: *todos sus hijos son iguales a ella.* — = calcado, similar ≠ diferente
3 Que no presenta desniveles ni irregularidades: *la construcción no presentó problemas ya que era un terreno igual; en esta zona el clima es igual.* — = liso, llano, regular ≠ desigual
4 Que tiene una relación de proporción o correspondencia con otra cosa: *su atrevimiento es igual que su ignorancia.* — = parejo, semejante
5 Se aplica a la figura que se puede superponer de manera que se confunda en su totalidad. — GEOMETRÍA
6 Signo de la igualdad, formado por dos rayas horizontales y paralelas. — s.m. MATEMÁTICAS
7 Se aplica a la persona que pertenece a la misma clase o categoría social que otra: *se encontraba entre sus iguales.* — adj/s.m.f.
8 Billetes de lotería de la Organización Nacional de Ciegos de España: *compró unos iguales para el viernes.* — s.m.pl. = cupón
9 De la misma manera: *este trabajo se tiene que hacer igual que el anterior.* — adv.
10 Con posibilidad, como un supuesto: *dijeron que el tiempo empeoraría, o sea que igual llueve.* — = probablemente, quizá
11 Así y todo. — *Argent., Chile, Urug.*
12 A pesar de todo. — *Argent., Chile, Urug.*
13 dar igual algo a alguien: Ser indiferente, no importar: *me da igual ir o no.*
14 hablar o tratar de igual a igual: Dirigirse a una persona considerando que tiene los mismos conocimientos y posición que uno mismo: *el rey les trató de igual a igual.*
15 por igual: De la misma manera: *intento extender la pintura por igual.* — loc.adv.
16 sin igual: Insuperable, sin parangón: *la actuación del equipo fue sin igual.* — loc.adv. = inmejorable

iguala
1 Acción y resultado de igualar o igualarse. — s.f./= igualación
2 Cantidad fija que se paga por servicios médicos, farmacéuticos o de otra clase establecidos por ajuste o contrato. — = conducta, igualación

igualación
1 Acción de igualar dos o más cosas: *la igualación de los elementos te permitirá crear otra unidad.* — s.f./= iguala, igualamiento
2 Iguala, cantidad fija. — = conducta

igualado, a
1 Que está en situación semejante a una persona o a una cosa: *los dos corredores van muy igualados.* — adj. = parejo
2 Se aplica al ave que ha cambiado el plumón y tiene igual la pluma. — ZOOLOGÍA
3 Persona que paga una iguala para recibir ciertos servicios. — s.
4 Se aplica a la persona que quiere igualarse con otras de clase superior. — adj. *Méx., Guat.*
5 Que es maleducado o grosero. — *Méx.*

igualador, a
1 Que iguala: *procedimiento igualador.* — adj.
2 Dispositivo utilizado para obtener las respuestas en una frecuencia determinada, y que por lo general da a la señal una intensidad igual en todas las frecuencias. — s.m. ELECTRICIDAD

igualamiento Acción y resultado de igualar o igualarse. — s.m. = igualación

igualar
1 Poner a una persona, animal o cosa al mismo nivel o en la misma condición que otra: *se igualaron los resultados del marcador; los dos partidos mayoritarios igualaron el número de votos.* — v.tr/prnl. = nivelar
2 Ser una persona o cosa igual o muy parecida a otra: *se iguala en simpatía con su madre.* — v.intr/prnl.
3 Atribuir a una persona la misma cualidad que a otra: *igualó siempre a todos su hijos.* — v.tr.
4 Quitar las irregularidades del borde de una cosa o allanar una superficie: *todavía tienen que igualar el terreno.* — = alisar ≠ desnivelar
5 Ajustar, contratar un servicio, especialmente médico. — v.tr/prnl. = convenir
6 Empatar, obtener el mismo número de tantos, puntos o goles en una competición. — v.tr/intr. DEPORTES
7 Hacer que el toro se ponga con sus cuatro extremidades perpendiculares y paralelas entre sí: *el toro igualó en el centro de la plaza.* — TAUROMAQUIA

igualatorio, a
1 Que tiende a igualar: *aplicó un sistema igualatorio para las diferentes calificaciones.* — adj.
2 Sociedad de asistencia sanitaria que facilita los servicios médicos y farmacéuticos mediante una iguala o cuota periódica. — s.m.
3 Local donde se atiende a los clientes de este tipo de sociedad.

igualdad (Del lat. *aequalitas, -atis.*)
1 Carácter de lo que es igual: *nos pusimos de acuerdo porque teníamos igualdad de pareceres.* — s.f. = coincidencia
2 Expresión de la equivalencia de dos cantidades. — MATEMÁTICAS
3 Correspondencia y proporción que resulta de las partes que uniformemente componen un todo.
4 Resultado de colocarse el toro con sus cuatro extremidades perpendiculares y paralelas entre sí. — TAUROMAQUIA
5 igualdad ante la ley: Principio según el cual todas las personas tienen los mismos derechos, y por tanto han de ser tratadas de la misma manera. — DERECHO
6 igualdad de oportunidades: Situación en que todos los individuos tienen, no sólo legalmente sino de hecho, las mismas posibilidades: *el sistema presenta igualdad de oportunidades para los diferentes aspirantes.*

igualitario, a Que implica igualdad o tiende a ella: *se ha hecho un reparto igualitario del trabajo.* — adj.

igualitarismo Aspiración o tendencia a la igualdad política o social entre los hombres. — s.m./POLÍTICA, SOCIOLOGÍA

igualmente
1 También, de la misma manera: *resulta igualmente peligroso hacerlo de esta forma.* — adv.
2 Lo mismo digo: *gracias, igualmente.* — formal

igualón, a Se aplica a la cría de la perdiz que tiene un tamaño parecido al de sus padres. — adj. ZOOLOGÍA

iguana
1 Reptil saurio americano, ovíparo y vegetariano, que se distingue por tener una cresta espinosa dorsal, una papada dentada debajo de la garganta, párpados móviles y la lengua gruesa adherida al paladar. — s.f. tb: higuana ZOOLOGÍA
2 Instrumento musical parecido a la guitarra, que consta de cinco cuerdas dobles. — *Méx.* MÚSICA

iguánido, a Perteneciente a una familia de reptiles saurios de gran tamaño y con aspecto de lagarto, a la que pertenece la iguana. — adj/s.m. ZOOLOGÍA

iguanodonte (De *iguana* + *mastodonte.*) Reptil fósil del orden de los saurios, que vivió en los períodos triásico y jurásico, herbívoro, de gran tamaño, cola larga y extremidades anteriores mucho más cortas que las posteriores. — s.m. ZOOLOGÍA

igüedo Cabra macho de unos dos años. — s.m./ZOOLOGÍA

ijada (Derivado del lat. *ilia,* bajo vientre.)
1 Cada uno de los dos espacios situados entre las falsas costillas y los huesos de la cadera, en particular, en los animales. — s.f. ANATOMÍA = ijar
2 Dolor o mal que se padece en esa parte.
3 Parte anterior inferior del cuerpo de los peces. — ZOOLOGÍA
4 tener una cosa su ijada: Presentar alguna imperfección: *el asunto tenía su ijada aunque estaba bien planteado.* — coloquial

ijadear Mover una persona mucho y deprisa las ijadas al jadear por el cansancio: *aún ijadeando y sudando entró por la puerta intentando explicarnos lo sucedido.* — v.intr.

ijar (Derivado del lat. *ilia,* bajo vientre.) Ijada, espacio entre las costillas y la cadera. — s.m. ANATOMÍA

-ijo, a Componente de palabra que forma sustantivos y adjetivos diminutivos o despectivos: *lagartija; botijo.* — suf.

ikastola (Voz vasca.) Escuela vasca donde se imparte la enseñanza en euskera: *las ikastolas experimentaron un gran resurgimiento a partir de la década de los sesenta.* — s.f.

ikurriña (Voz vasca.) Bandera oficial del País Vasco.   s.f.

-il Componente de palabra procedente del lat. *ilis*, que significa condición, aspecto o relativo a: *monjil; pastoril; estudiantil*.   suf.

ilación
1 Acción y resultado de deducir o inferir una cosa de otra.   s.f. = conexión
2 Relación entre ideas que se deducen unas de otras en un discurso o razonamiento.   LÓGICA
3 Nexo gramatical establecido por las conjunciones ilativas.   GRAMÁTICA

ilapso (Del lat. *illapsus*.) Estado de la persona enteramente dominada por un sentimiento de alegría, de admiración o de amor, de manera que se encuentra ajena a todo lo que no es objeto de estos sentimientos.   s.m. SICOLOGÍA = éxtasis

ilativo, a (Del lat. *illativus*.)
1 Que establece ilación o relación entre ideas que se deducen una de otra: *función ilativa de la conjunción*.   adj.
2 Se aplica a la conjunción y a la oración consecutivas.   GRAMÁTICA
3 Caso de la declinación de algunas lenguas ugrofinesas.   s.m. LINGÜÍSTICA

ilécebra (Del lat. *illecebra*, encanto.) Halago engañoso: *con sus infantiles ilécebras conseguía el beneplácito del padre*.   s.f. culto = zalamería

ilegal Que va contra la ley: *apropiarse de los bienes ajenos es ilegal*.   adj./= ilícito, prohibido/≠ legal

ilegalidad
1 Falta de legalidad: *la ilegalidad del contrato fue el arma que utilizó para llevar a la empresa ante los tribunales*.   s.f.
2 Acción ilegal: *fue denunciado por incurrir en numerosas y continuas ilegalidades*.

ilegibilidad Imposibilidad de que un escrito sea leído: *la ilegibilidad del manuscrito imposibilita su fechado*.   s.f. ≠ legibilidad

ilegible
1 Que es difícil de leer porque no se distinguen bien las letras: *tiene una escritura absolutamente ilegible*.   adj./= borroso, incomprensible
2 Que no merece ser leído por considerarse de mala calidad desde el punto de vista literario: *la nueva novela de este autor es ilegible*.

ilegislable Que no puede ser legislado.   adj./DERECHO

ilegi:imar Quitar la legitimidad a una persona o cosa: *las reglas internacionales ilegitimaron su nomenclatura*.   v.tr.

ilegitimidad Falta de legitimidad: *recurrir a un tribunal superior por la ilegitimidad de una detención*.   s.f. ≠ legitimidad

ilegítimo, a (Del bajo lat. *illegitimus*.)
1 Que es falso: *crítica ilegítima*.   adj.
2 Que no se ajusta a las leyes: *la contratación ilegítima está penada por el código*.   = ilícito

íleo (Del lat. *ileus* < gr. *eileo*, retorcer.) Obstrucción de los intestinos.   s.m. MEDICINA

ileocecal (Del lat. *ileus*, íleo + *caecus*, ciego.) De los intestinos íleon y ciego.   adj. MEDICINA

íleon (Del lat. *ileus* < gr. *eileo*, retorcer.)
1 Tercera porción del intestino delgado de los mamíferos.   s.m. ANATOMÍA
2 Ilion, hueso de la cadera.   ANATOMÍA

ileostomía Operación quirúrgica que consiste en hacer desembocar el íleon a nivel de la pared intestinal para crear un ano contra natura.   s.f. MEDICINA

ilercavón, a
1 De un pueblo de la península Ibérica que, en la época de la conquista romana, ocupaba parte del valle bajo del Ebro.   adj. HISTORIA
2 Miembro de este pueblo.   s./HISTORIA

ilerdense
1 De Ilerda o la actual Lérida.   adj.
2 Persona natural de estas ciudades.   s.m.f.

ilergete
1 De un pueblo ibérico que, en tiempos de la conquista romana, ocupaba el valle central del Ebro.   adj. HISTORIA
2 Miembro de este pueblo.   s.m.f./HISTORIA

ileso, a Que no ha sufrido lesión o daño: *el conductor del autocar resultó ileso del accidente*.   adj./= indemne ≠ lesionado

iletrado, a Que no tiene cultura: *los iletrados reclamaron del estado facilidades para acceder a la instrucción*.   adj./s.

ilíaco, a
I (De *Ilión*, nombre de la ciudad de Troya.)
1 De esta antigua ciudad de Asia Menor.   adj./HISTORIA
2 Persona natural de esta población.   s./HISTORIA
II (Derivado de *íleon*.)
1 Se refiere a una parte del intestino delgado: *vena ilíaca*.   adj. ANATOMÍA
2 Se aplica al hueso llamado ilion.   ANATOMÍA

iliberal Que no es liberal.   adj.

ilicíneo, a (Del lat. vulgar *ilicina*, encina.) Perteneciente a una familia de árboles y arbustos dicotiledóneos, con hojas siempre verdes, flores axilares y blancas y con frutos en drupa.   adj/s.f. BOTÁNICA = aquifoliáceo

ilicitano, a
1 De Elche, población de la provincia española de Alicante.   adj.
2 Persona natural de esta población.   s.

ilícito, a Que no está permitido porque es ilegal o inmoral: *la prensa condenó las ilícitas contrataciones de obras; relaciones ilícitas*.   adj.

ilicitud Falta de legalidad o de moralidad de un hecho: *la ilicitud del acuerdo fue censurada por la ONU*.   s.f.

iliense De Ilión, nombre griego de la ciudad de Troya.   adj/s.m.f.

ilimitable Que no puede ser limitado: *las dimensiones del universo son ilimitables*.   adj./= indefinido ≠ limitable

ilimitación Falta de límites determinados: *la ilimitación del problema nos creará dificultades a la hora de buscar soluciones*.   s.f.

ilimitado, a Que no tiene límites: *tiene una ambición ilimitada*.   adj.

ilion (Del fr. *ilion* < lat. *ilio*, bajo vientre.) Hueso que junto con el isquion y el pubis forman el hueso innominado.   s.m. ANATOMÍA tb: íleon

ilíquido, a Se aplica a la cuenta o a la deuda que está sin liquidar.   adj. ECONOMÍA

iliterario, a Se aplica a la lengua que no tiene literatura escrita.   adj. ≠ literario

iliterato, a Que no tiene cultura: *es iliterato porque jamás ha recibido instrucción*.   adj./= ignorante, iletrado/≠ culto

-illo, a Componente de palabra que forma sustantivos y adjetivos diminutivos: *perrillo, chiquilla*.   suf.

ilmenita Óxido natural de hierro y titanio que se encuentra en determinados esquistos cristalinos.   s.f. MINERALOGÍA

ilmenorrutilo Variedad negra del rutilo, formada por óxido de titanio, hierro y tántalo.   s.m. MINERALOGÍA

-ilo Componente de palabra que significa radical químico: *acetilo*.   suf. QUÍMICA

ilógico, a Que no se presenta como consecuencia lógica de unos antecedentes o circunstancias: *tiene un comportamiento ilógico*.   adj./= incoherente, absurdo ≠ coherente

ilota (Del gr. *heilos, -otos*.)
1 Esclavo en la antigua Esparta: *los ilotas eran propiedad del estado y éste los concedía a los particulares*.   s.m.f./HISTORIA tb: hilota
2 Persona desposeída de sus derechos como ciudadano.   tb: hilota

iludir (Del lat. *illudere*, burlarse de alguien.) Hacer que una persona crea una mentira.   v.tr./= burlar, engañar

iluminación
1 Acción y resultado de iluminar.   s.f.
2 Conjunto de luces que iluminan un lugar: *la iluminación de la autopista es insuficiente*.   = alumbrado
3 Cantidad de luz que hay o entra en un lugar.
4 Técnica de disponer las luces de un espectáculo para crear un clima determinado.   CINE, FOTOGRAFÍA, TEATRO
5 Especie de pintura al temple sobre vitela o papel terso.   ARTE
6 Cantidad de luz que incide sobre la unidad de superficie en la unidad de tiempo.   FÍSICA
7 Conocimiento intuitivo de una cosa por intervención divina.   FILOSOFÍA, RELIGIÓN
8 Denominación antigua del sacramento del bautismo.   RELIGIÓN
9 Decoración de manuscritos con iniciales, motivos ornamentales, miniaturas e ilustraciones.   ARTE

iluminado, a
1 Se aplica a la persona que pertenecía a cualquiera de las sectas de los siglos XVII y XVIII que, sin recurrir a los sacramentos, recibían visiones directamente de Dios.   adj/s. HISTORIA, RELIGIÓN = iluminista
2 Persona que se cree inspirada por un poder sobrenatural para realizar una acción o predecir un acontecimiento.   s. = visionario
3 Miembro de las antiguas sociedades masónicas.   HISTORIA

iluminador, a
1 Se aplica a la persona que ilumina: *el iluminador del escenario nos llamó para que le ayudáramos*.   adj/s.
2 Persona que tenía por oficio iluminar manuscritos o que adorna e ilustra libros.   s. ARTE
3 Se aplica al radar cuya radiación se envía contra un blanco que la refleja formando un eco, y que es recibida por un misil.   adj. AERONÁUTICA, MILITAR
4 **iluminador láser**: Sistema utilizado para dirigir un avión de ataque o un misil mediante un fino haz de luz infrarroja.   s.m. AERONÁUTICA, MILITAR

iluminar (Del lat. *illuminare*.)
1 Dar luz sobre una cosa o un lugar: *es mejor que ilumines la mesa de izquierda a derecha; esta lámpara ilumina poco*.   v.tr./intr. = alumbrar

2 Adornar una cosa con luces: *ya han iluminado las calles para Navidad.*
3 Dar color a las figuras de un dibujo o un grabado. = colorear
4 Aclarar, orientar, dar cultura a una persona: *su maestro le iluminó desde su niñez.* = instruir
5 Dar Dios la visión de la verdad a una persona. RELIGIÓN

iluminaria Luz que se coloca en un lugar como señal de fiesta: *la iluminaria de la avenida les alegró las caras.* s.f. = luminaria

iluminativo, a Que tiene la propiedad de iluminar. adj.

iluminismo Doctrina y secta religiosas que se basan en la creencia en una iluminación interior inspirada directamente en Dios. s.m. RELIGIÓN

iluminista
1 Del iluminismo. adj./RELIGIÓN
2 Que profesa el iluminismo. adj/s.m.f./RELIGIÓN

ilusión (Del lat. *illusio, -onis,* engaño.)
1 Estado de ánimo de la persona que espera o desea que suceda una cosa: *lo vi con tanta ilusión que no quise defraudarla; no tiene ilusión por nada.* s.f. = esperanza, deseo
2 Cosa que se percibe como real siendo imaginaria: *me pareció que abrían la puerta pero fue sólo una ilusión.* = alucinación, visión
3 Alegría o entusiasmo: *trabaja con mucha ilusión; me ha hecho mucha ilusión verte de nuevo.* = satisfacción
4 Esperanza sin fundamento real.
5 ilusión óptica: Percepción visual errónea de las dimensiones, forma o color de los objetos. ÓPTICA
6 hacerse ilusiones: Crearse planes o deseos sin que existan fundamentos para que se realicen: *no te hagas ilusiones, no vendrá.*

ilusionar
1 Hacer que una persona se forje ilusiones: *consiguió ilusionarla con sus promesas y regalos.* v.tr. ≠ desilusionar
2 Causar una persona o una cosa ilusión o satisfacción a una persona: *me ilusionó mucho la noticia.* = alegrar
3 Crearse una persona ilusiones: *se ilusionó con el viaje y al final no se hizo.* v.prnl. = esperanzarse

ilusionismo Arte y técnica de producir efectos aparentemente extraordinarios mediante juegos de manos, artificios y trucos. s.m. = prestidigitación

ilusionista Artista que produce efectos ilusorios mediante juegos de manos, artificios o trucos. s.m.f. = prestidigitador

ilusivo, a Que es falso o engañoso. adj.

iluso, a
1 Que se engaña fácilmente: *es tan iluso que se creyó la historia de la herencia.* adj/s./= ingenuo ≠ avispado
2 Que se ilusiona con facilidad: *no seas iluso, aún no sabes si podrás ir o no.* = optimista, soñador ≠ realista

ilusorio, a Que es producto de una ilusión: *no te asustes, ha sido una visión ilusoria.* adj./= imaginario ≠ real

ilustración
1 Operación de ilustrar un libro o un escrito: *ya han empezado la ilustración del texto.* s.f.
2 Estampa, grabado o dibujo que aparece en un libro o texto ilustrado: *es muy bueno haciendo ilustraciones infantiles.*
3 Conjunto de conocimientos adquiridos. = instrucción
4 Movimiento cultural y filosófico del siglo XVIII caracterizado por el predominio de la razón y la confianza en el hombre. HISTORIA

ilustrado, a
1 De la Ilustración, movimiento intelectual del siglo XVIII: *Voltaire es un representante del pensamiento ilustrado.* adj. HISTORIA
2 Que era partidario de este movimiento. adj/s./HISTORIA
3 Que tiene conocimientos e instrucción: *es un hombre muy ilustrado.*
4 Que contiene grabados o ilustraciones: *es una enciclopedia ilustrada a todo color.* adj.

ilustrador, a
1 Se aplica a la persona que ilustra. adj/s.
2 Persona que hace las ilustraciones de un libro, periódico u otra publicación. s.

ilustrar (Del lat. *illustrare.*)
1 Dar cultura a una persona: *se ilustró con lecturas de todas las materias; los profesores ilustran a los alumnos.* v.tr/prnl. = educar, formar
2 Proporcionar datos sobre un asunto a una persona para aclararlo: *nos puso un ejemplo para ilustrar la explicación.* v.tr. = explicar, esclarecer
3 Poner, incluir en un libro o publicación láminas o dibujos relacionados con el texto: *le han contratado para ilustrar la revista.*
4 Hacer a una persona ilustre: *ilustró a su familia al ser elegido para el cargo.* v.tr/prnl.
5 Proporcionar Dios el conocimiento de la verdad a una persona. v.tr. RELIGIÓN

ilustrativo, a Que ilustra: *es un artículo ilustrativo de su teoría.* adj. = ejemplificador

ilustre (Del lat. *illustris.*)
1 Que es distinguido o de noble familia: *nació en una casa ilustre.* adj. = egregio

2 Que es célebre o destaca en alguna actividad: *el ilustre novelista participó como jurado.* = eminente, prestigioso/≠ mediocre
3 Se aplica a nombres como tratamiento honorífico: *el ilustre gobernador inauguró el hospital.* formal

ilustrísimo, a Tratamiento honorífico que se da a ciertas personas, como los obispos. s. formal

ilutación Aplicación del barro o lodo sobre el cuerpo como método terapéutico. s.f. MEDICINA

iluviación Proceso de acumulación, a poca profundidad, de material de suelo en un horizonte diferente, y que incluye por lavado sales y partículas minerales. s.f. GEOLOGÍA

iluvial Relativo a la iluviación. adj./GEOLOGÍA

imada Explanada de madera que está puesta a uno u otro lado de la cuna y que sustituye a los picaderos para la botadura y sobre la que resbalan las anguilas de la cuna que conduce la embarcación al agua. s.f. NÁUTICA

imagen (Del lat. *imago, -inis.*)
1 Idea o representación mental de lo que se percibe por los sentidos: *se le quedó grabada la imagen del accidente.* s.f.
2 Concepto, impresión o grado de aceptación de una persona o grupo entre los demás, por su aspecto físico, su comportamiento o sus modales: *en la entrevista debes procurar dar una buena imagen.* = aspecto
3 Reproducción de la figura de un objeto, en el ojo o en una superficie cualquiera, por la combinación de los rayos de luz: *el espejo devuelve la imagen.* FÍSICA, ÓPTICA
4 Representación artística de un objeto o de una figura, en particular de los seres que reciben culto o veneración: *vimos pasar la imagen de la Macarena.* ARTE = icono
5 Figura, grabado o ilustración: *recopilación de las imágenes sobre el tema de la guerra.*
6 Figura estilística en la que se emplea un término o expresión que sugiere un sentido distinto al que tiene propiamente: *el poema está lleno de imágenes surrealistas.* RETÓRICA = metáfora, tropo
7 imagen accidental: La que persiste en el ojo después de la contemplación intensa de un objeto. MEDICINA
8 imagen aérea: Fotografía tomada desde un avión que abarca una gran extensión de terreno. FOTOGRAFÍA
9 imagen real: Imagen visible directamente sobre una pantalla. ÓPTICA
10 imagen virtual: La que sólo puede verse mediante un aparato óptico. FÍSICA, ÓPTICA
11 a su imagen y semejanza: Frase que indica la voluntad de hacer algo, a partir de un modelo ideal que se pretende imitar: *lo hizo a su imagen y semejanza.* loc.adv.
12 congelar la imagen: Utilizar una velocidad de obturación superior a la del objeto en movimiento. FOTOGRAFÍA
13 quedar para vestir imágenes: Quedarse una persona soltera.
14 ser la viva imagen de una persona: Se usa para ponderar la gran semejanza física o moral entre dos personas: *es la viva imagen de su abuelo.*

imaginable Que puede ser imaginado: *fue un final imaginable por todos.* adj./= previsible ≠ inimaginable

imaginación (Del lat. *imaginatio, -onis.*)
1 Facultad para representar en la mente imágenes de cosas reales o ideales y para evocar en el presente experiencias anteriores. s.f.
2 Facultad para crear o inventar: *en las novelas de ciencia-ficción hizo gala de una fecunda imaginación.* = fantasía, invención
3 Capacidad para idear soluciones a problemas teóricos o prácticos: *dio pruebas de una hábil imaginación ante una situación tan extrema.*
4 Memoria, recuerdo y evocación: *su presencia se mantenía viva en su imaginación.*
5 Idea falsa o sin fundamento: *nadie te sigue, es una imaginación tuya.* = sospecha
6 Imagen formada en la mente con apariencia real.
7 ni por imaginación: No estar dispuesto a hacer o decir una cosa: *ni por imaginación consintió que se quedase a vivir en casa.* loc.adv.
8 pasar algo por la imaginación: Venir una idea a la cabeza, ocurrírsele algo a una persona: *se le pasó por la imaginación romper con todo y cambiar de vida.*

imaginar (Del lat. *imaginari.*)
1 Representarse la imagen de una cosa en la mente: *se imaginó la cara de sorpresa de su padre.* v.tr/prnl. = soñar
2 Inventarse, crear algo: *imaginó la casa que se adaptaba a sus necesidades.*
3 Creer, suponer: *imagino que vendrá al acabar el trabajo.*
4 ¡ni imaginarlo!: Expresión con la que se niega la existencia o la posibilidad de una cosa: *ni te lo imagines, no te dejaré ir.*

imaginaria
1 Vigilancia nocturna que se hace en los cuarteles. s.f./MILITAR
2 Soldado que hace esta guardia. s.m/MILITAR

imaginario, a (Del lat. *imaginarius.*)
1 Que existe en la imaginación o fantasía y no en la realidad: *el eje de la Tierra es una línea imaginaria.* adj. = ficticio

2 Se aplica a la persona que pinta o esculpe imágenes. — adj/s./ARTE = imaginero

3 Concepción popular y colectiva que se tiene de la realidad cultural, social y política de una comunidad, que puede tener fundamento real o no. — s.m.

imaginativa
1 Facultad de imaginar cosas. — s.f./FILOSOFÍA
2 Sentido común.

imaginativo, a Que tiene mucha imaginación: *es un alumno muy imaginativo y lo demuestra al componer redacciones.* — adj.

imaginería
1 Pintura o escultura de imágenes sagradas. — s.f./ARTE
2 Conjunto de imágenes literarias usadas por un autor, escuela o época. — LITERATURA
3 Bordado que imita a la pintura. — TEXTIL
4 Arte de este tipo de bordado. — TEXTIL

imaginero, a Persona que esculpe o pinta imágenes religiosas. — s. ARTE

imaginología Estudio de las imágenes producidas por sistemas de rayos X. — s.f. MEDICINA

imago (Del lat. *imago,* imagen.) Insecto adulto que ha completado su metamorfosis. — s.m. ZOOLOGÍA

imam (Del ár. *imam,* jefe.)
1 Persona que preside la oración canónica musulmana. — s.m./RELIGIÓN tb: imán
2 Persona que es jefe, guía o modelo de una sociedad musulmana. — RELIGIÓN

imán (Del fr. ant. *aimant* < lat. vulgar *adimas* < lat. *adamas,* diamante.)
1 Mineral de hierro, de color negro, muy duro y pesado, que tiene la propiedad de atraer al hierro y otros metales. — s.m./MINERALOGÍA = calamita, magnetita
2 Atractivo que ejerce una persona o cosa: *su inteligencia era un imán para los demás.*
3 Imam [en todas sus acepciones].
4 imán artificial: Metal que atrae al hierro.

imanación Acción y resultado de imanar o imanarse. — s.f./tb: imantación

imanado, a Se refiere al metal que atrae a otros, como el imán: *acero imanado.* — adj. = imantado

imanar Dar propiedades magnéticas al hierro o al acero: *la barra se ha imanado.* — v.tr/prnl. tb: imantar

imantación Acción y resultado de imantar o imantarse un cuerpo. — s.f. tb: imanación

imantar Dar propiedades magnéticas al hierro o acero: *el arrollamiento de la bobina se imantó debido a una corriente eléctrica.* — v.tr/prnl. tb: imanar

imbatibilidad Imposibilidad de que una cosa o una persona sea abatida o derribada. — s.f.

imbatible Que es difícil de vencer: *el, hasta ahora, imbatible corredor, participará en las olimpiadas.* — adj./= invencible ≠ batible

imbatido, a
1 Que no ha sido vencido: *ejército imbatido.* — adj./= invicto
2 Se aplica al equipo o portero al que no se ha encajado ningún punto: *el equipo de baloncesto, hasta ahora imbatido, se enfrentaba a un duro contrincante.* — DEPORTES

imbebible Que no puede ser bebido porque tiene mal sabor: *ese jarabe es imbebible.* — adj/coloquial ≠ bebible

imbécil (Del lat. *imbecillis,* débil en grado sumo.)
1 Se aplica a la persona que demuestra poca inteligencia: *si eres tan imbécil como para creerlo, no vale la pena que te explique nada más.* — adj/s.m.f. despectivo = tonto, bobo
2 Que es molesto o insufrible: *sus imbéciles comentarios me estropearon la velada.* — coloquial
3 Que padece un déficit intelectual profundo. — SIQUIATRÍA

imbecilidad
1 Modo de ser o comportarse de la persona con poco entendimiento o molesta: *su imbecilidad es insufrible.* — s.f./= tontería, estupidez
2 Déficit intelectual profundo. — SIQUIATRÍA

imbele (Del lat. *imbelle.*) Que no tiene fuerza ni resistencia para participar en la guerra. — adj. literario

imberbe (Del lat. *imberbis.*)
1 Se aplica al hombre joven que todavía no tiene barba o tiene muy poca. — adj/= barbilampiño ≠ barbudo
2 Que no tiene la madurez o la experiencia propias de la edad adulta. — = inexperto ≠ experto

imbibición Acción de embeber o empapar: *ciertos cuerpos porosos realizan una rápida imbibición.* — s.f. = absorción

imbornal (Del cat. *embornal* < gr. *ombrina tremata,* agujero para la lluvia.)
1 Agujero de las terrazas para el desagüe del agua de lluvia. — s.m. CONSTRUCCIÓN
2 Agujero para desalojar el agua que se acumula en la cubierta de los barcos. — NÁUTICA

imborrable
1 Que no puede ser borrado: *algunas frutas dejan manchas imborrables en el mantel.* — adj. = permanente
2 Se aplica al recuerdo que no puede ser olvidado por haber causado mucha impresión o por ser muy

estimado: *guardo en la mente imágenes imborrables de aquel encuentro.*

imbricación
1 Acción y efecto de imbricar. — s.f.
2 Adorno arquitectónico que imita las escamas de un pez. — ARQUITECTURA
3 Disposición de las tejas, láminas u otros objetos sobrepuestos de modo que cada uno cubre parcialmente a los otros. — ARQUITECTURA

imbricado, a (Del lat. *imbricatus,* dispuesto a manera de tejas.)
1 Se aplica a las hojas, semillas o escamas que se superponen parcialmente, como las tejas de un tejado. — adj. BIOLOGÍA
2 Se aplica a las conchas que tienen la superficie ondulada. — ZOOLOGÍA

imbricar Poner una serie de cosas iguales de manera que se superpongan parcialmente: *los papeles se imbricaron.* — v.tr/prnl. conj: sacar = superponer

imbuir (Del lat. *imbuere.*) Grabar una idea o sentimiento en una persona: *sus padres le imbuyeron la idea de la honestidad desde niña.* — v.tr/prnl. conj: huir = inculcar, infundir

imbunchar
1 Hechizar, embrujar. — v.tr./Chile
2 Estafar con habilidad y misterio. — Chile

imbunche
1 Ser deforme y maléfico, que lleva la cara vuelta a la espalda y anda sobre una pierna por tener la otra pegada a la nuca. — s.m. Chile
2 Brujo que hace un maleficio con este muñeco a los niños. — Chile
3 Niño feo y rechoncho. — Chile
4 Maleficio, hechicería. — Chile

imela Fenómeno fonético de algunos dialectos árabes que consiste en la pronunciación de la vocal «a» como *e* o *i*. — s.f. LINGÜÍSTICA

imilla
1 Criada india. — s.f./Bol., Perú
2 Joven o muchacha. — Argent., Bol.

imitable
1 Que puede ser imitado: *su gestualidad es tan característica que es fácilmente imitable.* — adj.
2 Que merece ser imitado por considerarse muy bueno: *su conducta es imitable por recta.*

imitación
1 Acción y resultado de imitar: *la película es una imitación de un clásico.* — s.f.
2 Cosa hecha a semejanza de otra: *he comprado una imitación de un Renoir.* — = copia + de
3 Producto fabricado para sustituir a otro en ciertos usos, procurando que se parezca lo más posible a éste: *el pantalón está hecho con imitación de cuero.* — + de
4 de imitación: Se aplica al producto que imita a otro comercializado con una marca determinada: *se ha comprado un reloj de imitación.* — loc.adj.

imitamonas Persona que imita todo lo que otra hace o dice, en especial los niños. — s.m.f./familiar pl: imitamonas

imitar (Del lat. *imitari,* reproducir.)
1 Hacer o tratar de hacer algo de la misma manera como lo ha hecho otra persona: *siempre intentaba imitar la forma de hablar de sus ídolos.* — v.tr. = copiar
2 Reproducir o intentar reproducir alguna cosa que otro ya ha hecho: *imitaba en papel los óleos de la época azul de Picasso.* — = remedar
3 Crear la misma sensación que produce otra cosa: *este baile imita en algo a la jota.* — = parecer, semejar

imitativo, a De la imitación. — adj.

-imo, a Componente de palabra que indica número ordinal: *vigésimo; séptima.* — suf.

imoscapo (Del lat. *imus,* el inferior + *scapus,* tronco.) Parte curva de una columna con la que empieza el fuste. — s.m. ARQUITECTURA

impaciencia Falta de paciencia: *tu impaciencia no servirá para adelantar los acontecimientos.* — s.f. ≠ paciencia

impacientar
1 Hacer que una persona pierda la paciencia: *su tardanza me está impacientando.* — v.tr. = inquietar
2 Perder una persona la paciencia: *se impacienta sin razón aparente y llega hasta el enfado.* — v.prnl.

impaciente
1 Que no tiene paciencia: *miraba impaciente por la ventana para ver si llegaba.* — adj. ≠ paciente
2 Que está intranquilo por no saber una cosa importante: *está impaciente por saber si será niño o niña.* — + por = inquieto

impactar
1 Causar una cosa un choque: *la bala impactó en el vehículo del presidente.* — v.intr/= chocar, colisionar
2 Causar una persona o una cosa una impresión, un efecto o una sorpresa muy grande: *me impactó oírle hablar de esa manera.* — = impresionar

impacto (Del bajo lat. *impactus,* acción de chocar.) — s.m. = colisión
1 Choque de un proyectil, u otra cosa en movimiento, contra una superficie: *a pesar del fuerte impacto, todos resultaron ilesos.*
2 Huella o señal dejada por el choque de un proyectil, un automóvil, u otro cuerpo en movimiento, contra otra cosa: *aún pueden verse los impactos de bala en la pared del edificio.*
3 Impresión o efecto intenso producido en una persona por una acción o suceso: *se notó en su rendimiento el impacto de la muerte de su padre.* — = conmoción ≠ indiferencia

impagable Que no puede ser pagado por ser muy valioso o apreciado: *tu ayuda en estos difíciles momentos es impagable.* — adj. = inestimable

impagado, a Que no ha sido pagado, especialmente se aplica a la letra o recibo cuyo importe no ha sido abonado. — adj/s.m. ECONOMÍA

impago Omisión del pago de una deuda o recibo en el plazo convenido: *el impago de la letra está sancionado.* — s.m. ECONOMÍA

impala Mamífero herbívoro del grupo de los antílopes, de color rojizo, con el vientre blanco, y cuernos finos anillados en el macho, ágil y esbelto, que vive en las sabanas africanas. *(Aepyceros melampus.)* — s.m. ZOOLOGÍA

impalpable
1 Que no puede ser percibido por el tacto: *los gases son sustancias impalpables.* — adj/= sutil, intangible
2 Que es difícil de percibir por el tacto por ser muy fino o poco denso: *tiene una rugosidad prácticamente impalpable.* — ≠ denso

impanación Doctrina de los luteranos que defiende que la sustancia del pan no se destruye en el sacramento de la eucaristía. — s.f. TEOLOGÍA

impar
1 Que no es múltiplo de dos: *el siete es un número impar.* — adj/= non ≠ par
2 Que no tiene igual: *para mí, es un novelista impar aunque a muchos no les guste.* — = único, inigualable ≠ corriente

imparable
1 Que no puede ser parado o detenido: *el vehículo descendía a una velocidad imparable.* — adj.
2 Que obtiene éxitos sucesivos en poco tiempo: *lleva una carrera artística imparable.* — = exitoso

imparcial
1 Que juzga o procede con imparcialidad: *el juez tiene la obligación de ser imparcial en sus juicios.* — adj/s.m.f.
2 Que no pertenece a ningún partido o parcialidad: *leo este periódico porque es imparcial en sus comentarios.* — ≠ partidista

imparcialidad Falta de inclinación en favor o en contra de personas o cosas. — s.f. = parcialidad

imparidígito Se aplica a los mamíferos con pezuñas que tienen un número impar de dedos en cada pata. — adj/s.m. ZOOLOGÍA ≠ paridígito

imparipinnado, a Se aplica a las hojas pinnadas, terminadas en un folíolo impar, como las del rosal. — adj/s.f./BOTÁNICA ≠ paripinnado

imparisílabo, a
1 Se aplica al nombre latino o griego que tiene menos sílabas en el nominativo que en los demás casos oblicuos del singular. — adj. GRAMÁTICA ≠ parisílabo
2 Que tiene un número de sílabas impar: *los endecasílabos son versos imparisílabos; cantaré es una palabra imparisílaba.*

impartición Acción y resultado de comunicar o repartir: *se dedica a la impartición de clases de inglés.* — s.f.

impartir (Del lat. *impartiri,* repartir.)
1 Comunicar o repartir lo que se posee: *hace años que imparte la asignatura de latín; el obispo impartió la bendición a los fieles.* — v.tr. = distribuir
2 **impartir el auxilio:** Prestar una autoridad o jurisdicción a otra su colaboración. — DERECHO

impasibilidad
1 Capacidad de la persona que no se altera ni muestra emoción o turbación ante las cosas: *recibió la noticia de su despido con absoluta impasibilidad.* — s.f. = imperturbabilidad
2 Atributo de los cuerpos gloriosos que consiste en no padecer. — TEOLOGÍA

impasible
1 Que no se perturba ni altera: *su rostro permaneció impasible ante la crudeza de los ataques a la población civil.* — adj. = impertérrito
2 Que no padece: *el hipnotizador consiguió dejarle impasible y no percibió los pinchazos.*

impasse (Voz francesa.) Situación o momento en el que se detiene un asunto por no encontrarle salida: *la resolución está aún en impasse.* — s.m. = callejón sin salida, estancamiento

impavidez Actitud del que mantiene la calma y fuerza de ánimo ante los peligros: *envidiaba la impavidez de que hizo gala durante el secuestro.* — s.f./pl: impavideces = aplomo, entereza

impávido, a
1 Que no muestra pavor o temor ante un peligro: *el impávido coronel asumió la derrota sin inmutarse.* — adj/= impasible, impertérrito
2 Que no siente ni padece. — = impasible
3 Que es fresco o actúa con descaro. — *Amér.*

impecabilidad Cualidad de lo que es intachable o está sin defecto ni mancha: *la impecabilidad de su discurso fue alabada por el público asistente.* — s.f.

impecable
1 Que no tiene defectos o manchas: *presentó un trabajo impecable.* — adj. = intachable ≠ virtuoso
2 Que no es capaz de pecar.

impedancia (Del ingl. *impedance* < lat. *impedire,* estorbar.) Resistencia de un circuito al flujo de la corriente alterna, que es equivalente a la resistencia ofrecida a la corriente continua. — s.f. ELECTRICIDAD tb: impediencia

impedido, a Que no puede usar sus miembros o alguno de ellos por incapacidad física: *un fatal accidente le dejó impedido para realizar las tareas propias de su cargo.* — adj/s. = tullido, inválido

impediente Se aplica al impedimento que hace ilícito el matrimonio celebrado bajo su concurrencia, pero que no llega a invalidarlo. — adj.

impedimenta (Voz latina.) Carga o bagaje que dificulta los movimientos o la marcha de una persona o de un ejército. — s.f.

impedimento (Del lat. *impedimentum.*)
1 Obstáculo que impide o dificulta la realización de una cosa: *el mal tiempo no es un impedimento para el viaje.* — s.m. = dificultad, estorbo
2 Circunstancia que constituye un obstáculo a la constitución del matrimonio. — DERECHO
3 **impedimento dirimente:** Circunstancia que impide el matrimonio entre determinadas personas, o que lo hace nulo en caso de contraerse. — DERECHO
4 **impedimento impediente:** Circunstancia que impide el matrimonio entre determinadas personas, pero, en caso de contraerse, no lo anula. — DERECHO

impedir (Del lat. *impedire.*) Hacer que una cosa no se realice o ejecute o que sea difícil hacerlo: *las vallas impiden el paso al recinto; no pudo impedir que se sintiera abandonada.* — v.tr./conj: pedir = imposibilitar, dificultar ≠ facilitar, permitir

impeditivo, a Que constituye un impedimento o un obstáculo: *circunstancias impeditivas.* — adj. formal

impelente
1 Que impele o empuja: *fuerza impelente.* — adj.
2 Se aplica a la bomba que eleva el agua por la presión ejercida por el líquido. — TECNOLOGÍA

impeler (Del lat. *impellere,* empujar.)
1 Hacer fuerza contra una cosa para que se mueva: *el motor impele el coche.* — v.tr. = empujar
2 Incitar a una persona a hacer una cosa: *él ha impelido a su hermano a trabajar.* — = estimular ≠ desanimar

impender (Del lat. *impendere.*) Gastar o invertir dinero. — v.tr. ECONOMÍA

impenetrabilidad
1 Actitud de quien no deja traslucir lo que sabe o siente: *la impenetrabilidad del jefe me desconcierta.* — s.f. ≠ penetrabilidad
2 Propiedad de los cuerpos que impide que uno ocupe el espacio que está ocupando otro: *los antiguos postularon la impenetrabilidad de la materia.* — FÍSICA

impenetrable
1 Que no se puede ser penetrado o atravesado: *se adentraron en un territorio impenetrable.* — adj/= inaccesible ≠ accesible
2 Que es difícil de conocer o descubrir: *las teorías que expone no obra me resultan impenetrables.* — = incomprensible ≠ inteligible
3 Se aplica a la persona que no deja traslucir sus pensamientos o sentimientos: *no sé qué decirte de él porque es un hombre impenetrable para mí.* — = hermético ≠ accesible

impenitencia
1 Actitud del individuo que se obstina en el pecado. — s.f./TEOLOGÍA
2 **impenitencia final:** La que se mantiene hasta la muerte. — TEOLOGÍA

impenitente
1 Que se comporta con impenitencia: *recordó en sus versos a los que mueren impenitentes.* — adj/s.m.f. ≠ penitente
2 Se aplica a la persona que no corrige cierta conducta o sus hábitos: *es un fumador impenitente.* — = empedernido, incorregible

impensable
1 Que se cree que no puede suceder: *aquel triunfo era impensable para él.* — adj/= increíble, inimaginable
2 Que es absurdo o que racionalmente no tiene sentido: *tu propuesta es impensable, así que no la acepto.* — = inconcebible, ilógico

impensado, a Que ocurre sin ser esperado o sin haber pensado en ello: *dio una respuesta impensada que le costó el puesto.* — adj/= espontáneo, imprevisto ≠ previsto

impensas Gastos que se hacen en un bien del que se tiene la posesión, pero no la propiedad: *fueron necesarias las impensas para conservar la casa en condiciones.* — s.f.pl. DERECHO

impepinable Que no puede ser discutido por ser muy claro o evidente: *que el tabaco es perjudicial, es una verdad impepinable.*
adj./coloquial = indiscutible, innegable

imperante
1 Que impera: *la situación imperante no parece la mejor solución a la crisis.*
adj. = reinante
2 Se aplica al signo astrológico que domina durante un año por estar en casa superior.
OCULTISMO

imperar (Del lat. *imperare.*)
1 Mandar una persona como emperador: *el acueducto fue levantado durante los años en que imperó Trajano.*
v.intr. = reinar
2 Predominar en un lugar o dominar sobre una persona o cosa: *su opinión siempre impera sobre las del resto.*
= dominar
3 Existir una costumbre o una actitud en un lugar: *el compañerismo impera en la empresa.*

imperatividad Característica del derecho por la que toda norma jurídica contiene un mandato e impone una determinada conducta, bajo sanción.
s.f. DERECHO

imperativo, a
1 Que impera o manda: *en un tono imperativo me reclamó que le devolviese el favor que me había hecho.*
adj./s.m. = imperioso
2 Se aplica al modo verbal que expresa mandato, orden o ruego.
GRAMÁTICA

imperator (Voz latina.) Título del general victorioso en tiempos de la república romana.
s.m. HISTORIA

imperatoria Planta herbácea con tallo hueco, hojas inferiores grandes y flores blancas en umbela. *(Peucedanum ostruthium.)*
s.f. BOTÁNICA

imperatorio, a Del emperador o del poder imperial: *muchos de baja estirpe han accedido a la dignidad imperatoria.*
adj. culto

imperceptibilidad Imposibilidad de que una cosa pueda percibirse, en especial por los sentidos: *la imperceptibilidad de un aroma.*
s.f. ≠ perceptibilidad

imperceptible Que no puede ser percibido o es difícil de percibir con los sentidos: *era un sonido tan leve que resultaba imperceptible durante el día.*
adj. = intangible ≠ perceptible

imperdible
1 Que es difícil de perder o perderse.
adj.
2 Alfiler con punta que atraviesa lo que se quiere prender, y con una dobladura en el extremo opuesto, en la que la punta queda sujeta y oculta: *tuvo que sujetarse la túnica del disfraz con imperdibles porque no encontró fíbulas.*
s.m.

imperdonable Que no puede ser perdonado por considerarse muy grave: *tu actitud es absolutamente imperdonable.*
adj. = intolerable

imperecedero, a
1 Que no perece o es inmortal: *existe entre ellos una amistad imperecedera; las conservas, aunque duraderas, no son imperecederas.*
adj. ≠ efímero, perecedero
2 Que es muy duradero: *la fama del pintor es imperecedera.*

imperfección
1 Falta de perfección: *la imperfección de sus teorías no le desalentó en absoluto, sino que le llevó a investigar más.*
s.f.
2 Pequeño fallo de una cosa o persona: *lo venden barato porque tiene alguna imperfección.*
= defecto, tara

imperfectivo, a Se refiere al verbo o a la forma verbal que expresa la acción como no terminada.
adj. GRAMÁTICA

imperfecto, a (Del lat. *imperfectus.*)
1 Que no es perfecto: *por su imperfecta dicción reconocieron su origen extranjero.*
adj.
2 Se aplica al tiempo verbal que expresa que la acción presentada no está acabada.
adj./s.m. GRAMÁTICA

imperforación Cerrazón congénita de un orificio o conducto orgánico.
s.f. MEDICINA

imperial (Del lat. *imperialis.*)
1 Del imperio o del emperador: *la familia imperial pasó en Capri la época más calurosa.*
adj.
2 Tejadillo de las carrozas.
s.f.
3 Espacio con asientos que algunos carruajes, tranvías y autobuses tienen encima de la cubierta.
4 Cúpula en forma de cima puesta del revés.
CONSTRUCCIÓN
5 Conjunto formado por el as, el rey, la dama y el valet de un mismo palo.
JUEGOS

imperialismo (Del ingl. *imperialism.*) Sistema político y económico que pretende la extensión, dominación y preponderancia de un estado sobre otro u otros mediante el uso de la fuerza o por influencia económica y política.
s.m. POLÍTICA

imperialista (Del ingl. *imperialist.*)
1 Del imperialismo: *sistema imperialista.*
adj.
2 Que es partidario o practica el imperialismo como doctrina política.
adj/s.m.f. POLÍTICA

impericia (Del lat. *imperitia.*) Falta de pericia o habilidad para hacer una cosa: *la caracterización de personajes puede resultar afectada si el intérprete se deja llevar por la impericia.*
s.f. = incompetencia ≠ pericia

imperio (Del lat. *imperium,* orden.)
1 Organización política en que varios países o territorios están gobernados por un emperador.
s.m. POLÍTICA
2 Conjunto de los países y territorios gobernados por un emperador y tiempo que dura este gobierno: *en tiempos del imperio la inversión extranjera fue mínima.*
3 Estado o país que tiene una influencia decisiva sobre otros debido a su potencia económica, militar o cultural: *parece que Japón se impone como imperio económico.*
4 Importancia de una cosa o persona: *vivimos el imperio de la informática y la comunicación.*
= predominio
5 Acción de mandar o gobernar con autoridad: *gobernó al país con imperio templado e impávido.*
= mando
6 Antigua dignidad de emperador.
7 Se aplica al estilo que predominó en las artes, especialmente en las decorativas, durante el período en que Napoleón Bonaparte fue emperador.
adj/s.m. ARTE
8 mero imperio: Facultad de algunos magistrados para imponer penas a un delincuente con conocimiento de causa.
DERECHO
9 mixto imperio: Facultad de los jueces para dictar sentencias en las causas civiles y para hacerlas cumplir.
DERECHO
10 valer un imperio: Ser una persona muy valiosa: *esa chica vale un imperio.*

imperioso, a
1 Que ordena o habla con dureza o severidad: *es lacónico e imperioso con sus subordinados.*
adj. = autoritario
2 Se aplica a la manera de hablar, al gesto o a la inflexión de voz que son altaneros o autoritarios: *se lo repitió con un tono aún más imperioso.*
3 Que es urgente e ineludible: *tomar una decisión empieza a ser imperioso.*
= vital, indispensable

imperito, a (Del lat. *imperitus.*) Que no tiene pericia: *hay que evitar el riesgo de que los tribunales estén presididos por magistrados imperitos.*
adj. ≠ perito

impermeabilidad Propiedad de los cuerpos de no dejar pasar líquidos a su través: *la impermeabilidad de la tienda de campaña nos resguardó del calabobos.*
s.f. ≠ permeabilidad

impermeabilización Operación de hacer una cosa impermeable: *consiguió la impermeabilización del tejido aplicándole una película plástica.*
s.f.

impermeabilizar Hacer una cosa impermeable: *impermeabilizó el toldo aplicándole una sustancia parecida a la parafina.*
v.tr. conj: cazar

impermeable (Del lat. *impermeabilis.*)
1 Que no puede ser penetrado por el agua u otros líquidos: *la capa es de tejido impermeable.*
adj.
2 Que se muestra indiferente a los sentimientos o ideas de otros: *es impermeable a todo lamento, aunque éste sea de su mejor amigo.*
= insensible
3 Prenda de vestir fabricada con tela que no deja traspasar un líquido.
s.m. = chubasquero

impermutabilidad Imposibilidad de que una cosa sea permutada, cambiada.
s.f. ≠ inconmutabilidad

impermutable Que no puede ser permutado o cambiado: *el valor de los elementos es impermutable.*
adj. ≠ permutable

impersonal
1 Que no tiene personalidad propia o es poco original: *me hizo unos comentarios muy impersonales.*
adj./≠ personal, original
2 Que no se refiere a nadie en concreto: *no me dio nombres sino que habló de forma impersonal.*
= inconcreto
3 Se aplica al verbo que sólo se usa en infinitivo y en la tercera persona del singular, como los que tratan de fenómenos atmosféricos.
GRAMÁTICA
4 Se refiere a la oración en la que no se determina el sujeto que realiza la acción: *se come bien aquí es una oración impersonal.*
GRAMÁTICA
5 Se aplica al tratamiento de respeto en el que se usa la tercera persona para referirse a la persona con la que se habla.
formal

impersonalidad
1 Cualidad de la persona que no tiene personalidad propia.
s.f.
2 Calidad de lo que es frío o que no es original: *la impersonalidad de su trato las dejó sorprendidas.*

impersonalizar Usar un verbo que es personal como impersonal.
v.tr./conj: cazar GRAMÁTICA

impersuasible Que es difícil de persuadir: *intenta convencerla si quieres, aunque te aviso que es impersuasible.*
adj. = obstinado

impertérrito, a (Del lat. *imperterritus.*) Que no se altera por nada: *se quedó impertérrito delante de la fiera.*
adj./= impasible, imperturbable

impertinencia
1 Acción o palabra inoportuna, indiscreta o que molesta por alguna razón: *no consiento que me digas esas impertinencias.*
s.f. = indiscreción ≠ delicadeza
2 Calidad de impertinente: *la impertinencia de ese chico es inaguantable.*
= desvergüenza

impertinente
1 Que es inoportuno o indiscreto: *me hizo una pregunta impertinente a la que no supe responder.* — adj. = inconveniente ≠ pertinente
2 Que no tiene consideración o respeto: *usó un tono impertinente con su padre.* — adj./s.m.f. = insolente = molesto, pesado
3 Que es exigente y poco oportuno en sus peticiones: *tiene un jefe impertinente; cuando enferma se pone muy impertinente.*
4 Que es afectado o pedante: *es una chica cursi e impertinente.*
5 Que se molesta por cualquier cosa. — = melindroso
6 Anteojos con mango que se colocan delante de los ojos. — s.m.pl.

imperturbabilidad Capacidad de no alterarse y no mostrar las emociones y sentimientos: *la imperturbabilidad de su rostro me desconcierta.* — s.f. = impasibilidad

imperturbable (Del lat. *imperturbabilis.*) Que no se perturba o altera: *tiene un carácter imperturbable.* — adj. = impertérrito

impétigo Enfermedad infecciosa de la piel, caracterizada por la aparición de ampollas aisladas o agrupadas, y que forma costras amarillentas que al secarse caen sin dejar cicatriz. — s.m. MEDICINA

impetra
1 Permiso que se concede para hacer una cosa. — s.f./= licencia RELIGIÓN
2 Bula en que se concede un beneficio dudoso, con obligación de aclararlo de su cuenta y riesgo el que lo consigue.

impetrar (Del lat. *impetrare,* lograr.)
1 Pedir una cosa vehementemente: *impetró su presencia en el consejo para proseguir con la negociación.* — v.tr. = rogar
2 Llegar a tener una persona una gracia que solicitaba con vehemencia.

impetratorio, a Que se utiliza para impetrar: *presentó un documento impetratorio ante la autoridad competente.* — adj.

ímpetu (Del lat. *impetus,* acción de dirigirse hacia algo.)
1 Violencia y rapidez con que se realiza un movimiento: *el toro salió al ruedo con mucho ímpetu.* — s.m. = furia
2 Energía o fuerza con las que una persona emprende una cosa: *empezó la tarea con mucho ímpetu.* — = brío, impulso
3 Vector que resulta de la multiplicación de la masa de un móvil por su velocidad. — MATEMÁTICAS

impetuosidad Falta de reflexión con que se hace una cosa: *cometes errores porque haces las cosas con demasiada impetuosidad.* — s.f. = irreflexión

impetuoso, a
1 Que tiene ímpetu o actúa con energía: *tiene un carácter impetuoso que casi asusta; los impetuosos embates de las olas.* — adj. = violento
2 Que se comporta de manera impulsiva o irreflexiva: *es muy impetuoso y no piensa en las consecuencias.* — = imprudente ≠ prudente

impiedad
1 Falta de piedad o de fe religiosa: *denunció la impiedad de muchos de los feligreses.* — s.f./RELIGIÓN ≠ piedad
2 Acto carente de piedad o compasión: *la impiedad del enemigo les exasperaba.*

impiedoso, a Que no tiene piedad o compasión. — adj./= impío

impío, a (Del lat. *impius.*)
1 Que no tiene piedad: *les aplicó un castigo impío para enmendar su irreverencia.* — adj./s. ≠ piadoso
2 Que no tiene fe religiosa: *los impíos eran castigados por el tribunal de la Inquisición.* — = irreligioso ≠ creyente
3 Que es irrespetuoso con las cosas sagradas. — adj./= irreverente

implacabilidad
1 Imposibilidad de que una cosa se pueda aplacar o suavizar: *la implacabilidad del huracán.* — s.f.
2 Modo de ser de las personas implacables, que no ceden en su severidad: *su implacabilidad con el condenado le valió las peores críticas.*

implacable (Del lat. *implacabilis.*)
1 Que no se puede aplacar o suavizar: *la fuerza del mar es implacable.* — adj.
2 Que no cede en su rigor: *se mostró implacable a las súplicas de perdón.* — = riguroso ≠ indulgente

implantación
1 Establecimiento y puesta en práctica de una norma, institución o costumbre: *la implantación de la informática en la mayor parte de los ámbitos del trabajo es un hecho.* — s.f.
2 Fijación, inserción o injerto de un tejido u órgano en otro, mediante operación quirúrgica. — BIOLOGÍA, MEDICINA
3 Introducción de una sustancia medicamentosa en el tejido celular subcutáneo para que se vaya absorbiendo lentamente. — MEDICINA
4 Anidamiento del huevo fecundado en la mucosa uterina. — BIOLOGÍA
5 Zona que delimita el área capilar. — ANATOMÍA
6 Disposición de los circuitos integrados en una placa de circuito impreso. — ELECTRICIDAD

implantar (Del fr. *implanter.*)
1 Establecer y dar vigencia a una institución, una ley o una costumbre: *han implantado un nuevo horario en la oficina.* — v.tr. = instaurar ≠ abolir

2 Fijar un órgano, una parte de él o un tejido en otro, a través de una intervención quirúrgica. — MEDICINA
3 Fijarse una estructura como los dientes, el pelo o la placenta en el lugar que ha de recibirla. — v.prnl. BIOLOGÍA

implar Llenar una cosa de aire o de gas, de modo que se pone abultada y tensa. — v.tr. = inflar

implaticable Que no puede ser tratado o discutido: *se convirtió en un asunto implaticable en el seno de la familia.* — adj.

implementación Instalación y puesta en marcha de un sistema o conjunto de programas de utilidad para el usuario: *no pudo acabar la implementación del paquete por falta de espacio en memoria.* — s.f. INFORMÁTICA

implemento (Del ingl. *implement.*)
1 Utensilio o conjunto de ellos que se usan en una actividad: *cogió los implementos mecánicos.* — s.m. = herramienta
2 Término con el que algunos lingüistas designan al complemento directo. — GRAMÁTICA

implicación (Del lat. *implicatio, -onis.*)
1 Acción y efecto de implicar: *la nueva norma no tiene implicaciones políticas.* — s.f.
2 Participación en un delito: *el fiscal demostró su implicación en el atraco al furgón.* — DERECHO
3 Relación entre dos cosas o hechos por la que uno se deriva del primero. — LÓGICA

implicancia
1 Contradicción de términos entre sí. — s.f.
2 Incompatibilidad o impedimento moral. — Argent., Chile, Urug.
3 Consecuencia, secuela que deja la acción de una persona o una cosa. — Amér.

implicar (Del lat. *implicare,* envolver en pliegues.)
1 Comprometer a una persona en un asunto: *a causa de su ignorancia se implicó en muchos delitos; los implicó en el asunto de la compraventa de pisos.* — v.tr./prnl. conj: sacar = involucrar
2 Derivarse una cosa de otra: *este cargo implica una gran responsabilidad.* — v.tr. = entrañar
3 Ser un inconveniente o impedimento una cosa para otra: *esto no implica para que sea un buen médico.* — v.intr. = impedir, obstar

implícito, a (Del lat. *implicitus,* implicado.) Que se entiende como incluido en una cosa aunque no se exprese abiertamente: *su asistencia representa una aceptación implícita.* — adj. = callado, tácito ≠ explícito

imploración Súplica insistente acompañada de llanto: *la imploración a su misericordia no ablandó en absoluto su semblante.* — s.f.

implorante Que implora: *su súplica implorante y su llanto convulsivo le sirvió para hacerlo cambiar de parecer.* — adj.

implorar (Del lat. *implorare.*) Pedir una cosa con llantos o patéticamente: *imploraba de rodillas el perdón de su padre.* — v.tr. = suplicar

implosivo, a
1 Se aplica a la consonante o sonido oclusivo que, por estar al final de sílaba, termina sin la completa abertura propia de las consonantes explosivas. — adj./s.f. LINGÜÍSTICA
2 Se refiere a cualquier consonante en posición final de sílaba y a esta posición. — adj. LINGÜÍSTICA

implume (Del lat. *implumis.*) Que no tiene plumas. — adj./≠ plumoso

impluvio (Del lat. *impluvium.*) Espacio descubierto en el atrio de las casas de la antigua Roma para recoger el agua de lluvia en un pequeño depósito con el mismo nombre. — s.m. ARQUITECTURA, HISTORIA tb: impluvium

impolarizable Que no se puede polarizar: *pilas impolarizables.* — adj. ≠ polarizable

impolítica Falta de política o cortesía. — s.f./= descortesía

impolítico, a Que no tiene tacto, cortesía o prudencia: *su conducta impolítica nos indignó.* — adj.

impoluto, a (Del lat. *impollutus.*) Que es limpio y puro: *llegó con un traje blanco impoluto.* — adj./= inmaculado ≠ sucio

imponderabilidad Imposibilidad de que una cosa sea ponderada, medida o alabada, porque excede a toda medida y alabanza posible: *la imponderabilidad de su sencillez y recato le llevó a idealizarla en sus obras.* — s.f. = inconmensurabilidad ≠ ponderabilidad

imponderable
1 Que no puede ser pesado o precisado: *con la tecnología actual se pueden medir ciertas partículas imponderables hasta ahora.* — adj. ≠ ponderable
2 Que no puede ser explicado por ser extraordinario: *el cariño que siente hacia él es imponderable.* — = inestimable
3 Circunstancia que no se puede prever y de la que no se puede precisar la importancia que pueda tener. — s.m.

imponencia Cualidad de imponente, grandeza, majestad. — s.f. Colomb., Chile

imponente
1 Que impresiona vivamente a causa de su gran tamaño, apariencia, intensidad, o cualquier otra característica: *tiene un coche imponente; hoy hace un calor imponente.* — adj./= colosal, impresionante ≠ normal, ridículo
2 Persona que ingresa dinero en una entidad bancaria. — s.m.f. = impositor

imponer (Del lat. *imponere*.)
1 Poner una carga o una obligación a una persona: *le han impuesto una tarea muy difícil.*
2 Causar una persona o una cosa miedo, admiración o respeto a una persona: *su padre impone cuando se enfada porque su voz cavernosa es aterradora.*
3 Poner dinero a rédito o en depósito en una entidad bancaria o en bolsa.
4 Enseñar, informar de algo a una persona: *este profesor impone matemáticas; le impuso sobre las nuevas tendencias del arte.*
5 Poner un nombre a una persona: *le han impuesto el nombre de María.*
6 Manifestar una persona su autoridad para que la obedezcan o respeten.
7 Predominar una cosa sobre otra: *se ha impuesto de nuevo la moda de los años 60.*
8 Quedar manifiesta la superioridad de uno sobre los otros: *se impuso en la primera vuelta de la carrera.*
9 Acostumbrarse a una cosa.
10 Poner las manos sobre la cabeza de una persona o sobre una cosa en señal de bendición, en ciertas ceremonias: *el sacerdote impuso las manos a los contrayentes.*

v.tr./conj: *poner*
= obligar, cargar
v.tr/intr.
= infundir, impresionar
v.tr.
COMERCIO
v.tr/intr.

v.tr.

v.prnl.
= mandar
= imperar

= aventajar

Méx.
v.tr.

imponible Que puede ser gravado con impuesto o tributo: *hay que declarar la base imponible.*
adj.
ECONOMÍA

impopular Que desagrada a la mayoría de personas o miembros de una comunidad: *la nueva ley es absolutamente impopular.*
adj.
= desacreditado

impopularidad Falta de popularidad: *ella misma se forjó su propia impopularidad.*
s.f.

importación
1 Acción de importar géneros o costumbres de otro país: *gracias a la importación pudieron abastecer los mercados.*
2 Conjunto de cosas importadas: *la importación ha aumentado el último año.*
ECONOMÍA
≠ exportación
≠ exportación

importador, a Se aplica a la persona o empresa que importa productos extranjeros: *las firmas importadoras han encontrado beneficiosa la eliminación de aranceles.*
adj/s.
ECONOMÍA

importancia
1 Valor o interés que para una persona presenta una situación, una cosa u otra persona: *creo que se trata de un cambio de importancia.*
2 Hecho de convenir o interesar algo para un fin: *la importancia de su colaboración radica en los frutos que sacaremos de ella.*
3 Cualidad de una persona o cosa de tener mucha entidad o trascendencia: *la encuesta sobre la intención de voto tuvo gran importancia para los partidos.*
4 Circunstancia de lo que es grave, preocupante o digno de tenerse en consideración: *dada la importancia de la epidemia intervendrán los organismos internacionales.*
5 Grado de influencia de una cosa: *su pérdida tuvo mucha importancia para mí.*
6 Circunstancia de la persona que goza de prestigio, poder o influencia social: *es un hombre de importancia en el mundo de la economía.*
7 **darse importancia:** Presumir de tener autoridad o influencia: *no hace otra cosa que presumir y darse importancia.*
s.f.
= alcance, envergadura

coloquial

importante
1 Que tiene importancia, que es de interés o valor: *su trabajo es muy importante para él; noticia importante.*
2 Que tiene prestigio, poder o influencia: *es una ejecutiva muy importante en su empresa.*
3 Que es de mucha trascendencia o entidad: *una importante producción de cítricos.*
adj.
= fundamental
= poderoso

importar (Del lat. *importare*, introducir, llevar adentro.)
1 Tener una cosa o persona interés para otra: *no importa si me lo das ahora o después; es un asunto que no te importa.*
2 Introducir en un país géneros o costumbres de otro: *se dedica a importar productos agrícolas.*
3 Llegar una cosa a valer la cantidad que se expresa: *todo el lote importa mil pesetas.*
4 Llevar una cosa consigo a otra: *tu renuncia al cargo importa serios problemas.*
v.intr.
= afectar, convenir
v.tr./ECONOMÍA
≠ exportar
= costar
= conllevar

importe Precio o valor en dinero de un crédito, deuda, producto, etc.: *el importe total de la operación es de diez millones.*
s.m.
= coste, cuantía

importunación
1 Acción de hacer algo inadecuado o inconveniente.
2 Insistencia molesta y porfiada: *después de tantas importunaciones consiguió de ellos el beneplácito.*
s.f.

importunar Molestar o incomodar a una persona con cuestiones fuera de lugar: *no me importunes ahora con ese tema.*
v.tr.
= fastidiar

importunidad
1 Acción o palabras inoportunas y molestas: *tus importunidades las tendrás que pagar caras.*
s.f.
tb: inoportunidad

2 Molestia que causa una persona, una acción o una expresión inoportunas: *la importunidad de su cese obstaculizó la aplicación de las nuevas medidas.*
= inoportunidad

importuno a (Del lat. *importunus*.)
1 Que sucede fuera de tiempo o de lugar: *fue una llamada muy importuna.*
2 Que molesta o disgusta.
adj/s.= inoportuno, inconveniente
= molesto

imposibilidad
1 Falta de posibilidad para que una cosa exista o pueda hacerse: *al fin se dio cuenta de la imposibilidad de adquirir una segunda vivienda.*
2 **imposibilidad del pago:** Denominación del caso en que la prestación obligatoria se vuelve física o legalmente imposible de cumplir, sin que haya responsabilidad por parte del deudor.
3 **imposibilidad física:** Enfermedad o incapacidad para hacer una actividad, trabajo, etc.: *debido a su imposibilidad física no podrá ejercer de vocal de mesa.*
4 **imposibilidad metafísica:** La que se produce cuando hay contradicción lógica o racional.
5 **imposibilidad moral:** La que se produce cuando hay contradicción con las normas morales o de conciencia.
s.f.
≠ inviabilidad
≠ posibilidad
DERECHO

DERECHO

FILOSOFÍA

SICOLOGÍA

imposibilitado, a Que tiene alguna enfermedad o defecto físico que le impide hacer determinada actividad: *después del accidente quedó imposibilitada para seguir en el cargo.*
adj.
= tullido

imposibilitar
1 Impedir que ocurra una cosa: *las nuevas normas imposibilitan el fraude.*
2 Quedarse una persona incapacitada físicamente: *se imposibilitó, pero no perdió su buen humor.*
v.tr.
≠ posibilitar
v.prnl.
= incapacitar

imposible (Del lat. *impossibilis*.)
1 Que no puede ser, suceder o realizarse: *es imposible que venga; esa tarea es imposible de hacer en tan poco tiempo.*
2 Que es difícil de tratar o aguantar: *es un niño imposible, no para quieto; el jefe se puso imposible al no encontrarte en tu puesto de trabajo.*
3 Cosa de muy difícil realización: *pides siempre imposibles, pero no escarmientas al ver que no se cumplen tus deseos.*
4 Figura que consiste en afirmar que para que suceda o se cumpla cierta cosa, tiene que suceder o cumplirse antes otra que no está dentro de lo posible.
5 Se aplica a la persona que es desaseada o muy sucia.
6 **hacer lo imposible:** Hacer cuanto se puede para conseguir o realizar alguna cosa: *haré lo imposible por ir, pero no te lo aseguro.*
adj./= irrealizable, inalcanzable
≠ factible
= insufrible, intratable
≠ amable
s.m.

RETÓRICA
= adínaton

adj.
Chile

imposición
1 Obligación impuesta a una persona de hacer o soportar alguna cosa.
2 Cantidad que se ingresa en una cuenta o depósito bancarios: *hizo una imposición de varios millones en la cuenta de su hija.*
3 Carga, obligación o gravamen que se impone: *las imposiciones del estado son muy fuertes.*
4 Acción de imputar o atribuir falsamente a una persona una cosa.
5 Composición y arreglo de las planas para que, al ser impresas, aparezcan los márgenes correspondientes.
6 **imposición de manos:** Gesto del oficiante de extender las manos sobre una persona o cosa para bendecirlas o conferirles carácter sagrado, en la liturgia católica.
s.f.
= coerción
ECONOMÍA
= ingreso
= tributo
= impostura
ARTES GRÁFICAS

RELIGIÓN

impositivo, a
1 Que se impone: *carga impositiva.*
2 Que tiene relación con los impuestos: *pronto se inicia el período impositivo anual.*
adj./COMERCIO
ECONOMÍA

impositor, a
1 Que ingresa dinero en una institución bancaria: *el último trimestre descendió el número de impositores.*
2 Operario que prepara las páginas de composición.
adj/s./ECONOMÍA
= imponente
s/ARTES GRÁFICAS

imposta
1 Serie horizontal de sillares, algo voladiza, sobre la que se asienta un arco o una bóveda.
2 Faja que recorre horizontalmente la fachada de un edificio marcando una división entre los diversos pisos.
3 Tablero fijo de una puerta o de una ventana sobre el que se cierra la hoja.
s.f.
ARQUITECTURA
ARQUITECTURA

CARPINTERÍA

impostación Equilibrio que llega a alcanzar la voz humana en su registro normal, por medio de un entrenamiento adecuado.
s.f.
MÚSICA

impostar Fijar la voz en las cuerdas vocales para emitir el sonido sin temblor.
v.tr.
MÚSICA

impostor, a (Del lat. *impostor* < *imponere*, engañar.)
1 Que engaña con apariencia de verdad: *era un impostor, su fama se basaba en el plagio.*
adj.

2 Se aplica a la persona que aparenta lo que no es o se hace pasar por quien no es: *le acusaron de impostor al descubrir que llevaba una documentación falsa.* — adj/s. = suplantador

3 Que calumnia o atribuye falsamente cosas a una persona: *se había ganado la fama de impostor por sus chismes y maledicencias.* — = calumniador

impostura
1 Acusación maliciosa: *para urdir el escarnio cómico se valía de imposturas, gestos y otros ardides.* — s.f.
2 Acción o dicho al que se le da una apariencia de verdad. — = calumnia

impotable Que no puede ser bebido por ser dañino para el organismo. — adj. ≠ potable

impotencia
1 Falta de poder para hacer una cosa: *siente una gran impotencia ante las injusticias.* — s.f.
2 Incapacidad en el hombre para realizar el acto sexual completo. — MEDICINA
3 Disminución del grado normal de actividad de ciertos órganos o estructuras. — MEDICINA
4 Esterilidad, incapacidad para concebir o engendrar. — MEDICINA

impotente
1 Que no tiene potencia, fuerza o poder para hacer o resistir una cosa: *me siento impotente para solucionar el problema; impotente ante la adversidad.* — adj/+ para, contra = débil, inútil ≠ poderoso
2 Se aplica al hombre que padece impotencia sexual: *aun sabiendo que era impotente, decidió casarse con él.* — adj/s.m. MEDICINA

impracticabilidad
1 Imposibilidad de realizar una cosa: *cuando descubrimos la impracticabilidad del proyecto, era demasiado tarde.* — s.f.
2 Dificultad que ofrece un lugar para pasar por él: *la impracticabilidad de una ladera.* — = intransitabilidad

impracticable
1 Que no puede ser practicado o realizado: *su aventura parecía impracticable, pero lo consiguió al fin.* — adj./= imposible, irrealizable
2 Que no puede ser transitado: *al llegar al camino intransible tuvieron que dar la vuelta.* — = intransitable ≠ transitable
3 Se aplica a la ventana o puerta que está pensada de modo que no se pueda abrir.

imprecación
1 Acción y resultado de imprecar. — s.f.
2 Expresión con que se evidencia que se desea que ocurra algo malo o que alguien reciba un daño: *alzó la voz para que se sintiesen sus imprecaciones e insultos.* — = maldición, execración
3 Figura retórica que consiste en exclamar el deseo de que ocurra algo malo a otro. — RETÓRICA

imprecar (Del lat. *imprecari*, desear.) Pronunciar palabras con las que se pide un daño o desgracia para una o varias personas: *la muchedumbre imprecaba al jurado.* — v.tr. conj: sacar

imprecatorio, a Que implica un deseo de dañar a alguien: *le lanzó una expresión imprecatoria.* — adj.

imprecisión Vaguedad, falta de precisión: *han detectado importantes imprecisiones en las mediciones.* — s.f. ≠ precisión

impreciso, a Que es vago, indefinido o no tiene precisión: *me presentó unos informes imprecisos.* — adj./= confuso ≠ claro

impredecible Que no puede ser predicho: *el volumen de circulación en estos días festivos es impredecible.* — adj. = impronosticable

impregnable Que se puede impregnar de otra sustancia. — adj.

impregnación
1 Acción y resultado de impregnar o impregnarse. — s.f.
2 Proceso de aprendizaje de los animales jóvenes. — BIOLOGÍA
3 Operación que consiste en saturar la madera que ha de estar expuesta a la intemperie: *someter a impregnación los postes de telégrafo.* — CONSTRUCCIÓN
4 Saturación e impermeabilización de un terreno mediante un aglomerante. — CONSTRUCCIÓN

impregnar (Derivado del lat. *praegnatus*.)
1 Introducir las moléculas de un cuerpo en las de otro sin que se mezclen. — v.tr. FÍSICA, QUÍMICA
2 Mojar una cosa en un líquido: *impregnó la toalla con loción.* — v.tr/prnl. = empapar
3 Adquirir conocimientos o costumbres por contacto con otra persona o cultura: *se impregnó del escepticismo de su padre.* — v.prnl. + de = imbuirse

impremeditación Falta de premeditación y reflexión: *la impremeditación de su decisión le valió una cuantiosa pérdida.* — s.f. ≠ irreflexión

impremeditado, a Que se hace sin premeditación: *acción impremeditada.* — adj. = irreflexivo

imprenta (Del cat. *empremta*, impresión, huella.)
1 Técnica de reproducir caracteres, letras y figuras en papel mediante planchas, tipos u otros procedimientos. — s.f. ARTES GRÁFICAS
2 Taller donde se imprime. — ARTES GRÁFICAS
3 Impresión, forma de letra en que está impresa una obra. — ARTES GRÁFICAS
4 Lo que se publica impreso.

imprentar
1 Planchar los cuellos y solapas, o las perneras de los pantalones para darles la debida forma. — v.tr. Chile
2 Coser una tira circular en la parte inferior de las perneras de los pantalones. — Chile

imprescindible Que no puede prescindirse de él o de ello: *su participación en la investigación es imprescindible.* — adj./= indispensable, esencial ≠ prescindible

imprescriptible Que no puede ser prescrito. — adj.

impresentable Que no es digno de ser presentado por no tener la apariencia debida: *viste de un modo impresentable.* — adj/s.m.f. ≠ presentable

impresión
1 Reproducción, sobre papel u otra materia, mediante máquinas y aparatos adecuados, de un texto, un dibujo o una fotografía. — s.f. ARTES GRÁFICAS
2 Efecto producido en los sentidos o en el ánimo por las cosas, personas, fenómenos o sucesos: *la guerra les causó mucha impresión.* — = emoción, sensación
3 Opinión que se tiene de una cosa o persona: *mi impresión es que se burla de ti.*
4 Marca o señal que una cosa deja en otra al ser apretada contra ella: *el impacto de bala dejó una evidente impresión en la pared.* — = huella, rastro
5 Obra impresa.
6 Calidad o características de una obra impresa: *este texto tiene una impresión muy oscura.* — ARTES GRÁFICAS
7 impresión de circuitos: Procedimiento por el que se imprime o fotografía un esquema del circuito en una placa de metal conductor sobre una lámina aislante de baquelita o resina. — ELECTRICIDAD
8 impresión en idéntico: La que se hace del recto de una hoja o pliego, reproducida por el calco en el dorso. — ARTES GRÁFICAS
9 impresiones dactilares o digitales: Huellas de los dedos: *recogió las muestras de las impresiones dactilares y comprobó a quién pertenecían.* — MEDICINA, DERECHO
10 cambiar impresiones: Comunicarse dos o más personas la opinión que tienen de un mismo asunto.
11 de impresión: Que causa asombro: *tiene una moto de impresión.* — loc.adj. = impresionante

impresionabilidad Cualidad de quien tiene facilidad para impresionarse. — s.f.

impresionable Que se impresiona con facilidad: *no puede ver ciertas películas porque es muy impresionable.* — adj.

impresionante
1 Que produce una fuerte impresión, asombro o admiración: *conduce un coche impresionante.* — adj. = fascinante
2 Que es muy importante, grande o influyente: *se concentró un impresionante número de huelguistas.*

impresionar
1 Causar una persona, un animal o una cosa una sensación física o moral a alguien: *me impresiono al ver a los niños mendigando.* — v.tr/prnl. = conmover, asombrar
2 Fijar una imagen en una placa fotográfica o un sonido en una cinta magnetofónica. — v.tr.

impresionismo Escuela y estilo pictórico surgido en Francia a fines del siglo XIX que se caracteriza por reproducir la impresión que produce la naturaleza o cualquier objeto en el artista, desatendiendo la realidad objetiva. — s.m. ARTE

impresionista
1 Del impresionismo: *asistió a la inauguración de la exposición de pintura impresionista.* — adj. ARTE
2 Que practica el impresionismo o es partidario de él: *los impresionistas daban preferencia a la representación de fenómenos fugaces como la niebla.* — adj/s.m.f. ARTE

impreso (Del lat. *impressus*.)
1 Formulario con espacios en blanco para rellenar a mano o a máquina: *tengo que rellenar el impreso de solicitud.* — s.m.
2 Cualquier publicación u obra impresa. — = folleto, libro ARTES GRÁFICAS
3 impreso en continuo: Conjunto de impresos sencillos o en rollos que están enlazados para suprimir los tiempos muertos de impresión.

impresor, a
1 Persona que hace trabajos de imprenta. — s./ARTES GRÁFICAS
2 Persona que dirige o es dueña de una imprenta.

impresora
1 Aparato para imprimir la información que le proporciona el ordenador electrónico al que está conectado: *tiene una impresora láser muy buena.* — s.f. INFORMÁTICA
2 Máquina para imprimir textos, gráficos, imágenes o publicaciones. — ARTES GRÁFICAS

imprestable Que no puede ser prestado: *lo siento, pero éste es un libro imprestable.* — adj. ≠ prestable

imprevisible Que no puede ser previsto: *es imprevisible la hora en que terminará.* — adj./= imprevisto ≠ previsible

imprevisión Falta de previsión: *puede surgirte cualquier imprevisión, así que llévate el teléfono.* — s.f. ≠ previsión

imprevisor, a Que no prevé lo que puede suceder: *si hubieras sido menos imprevisora no te hubieras encontrado en ese aprieto.* — adj. ≠ previsor

imprevisto, a
1 Que no ha sido previsto: *me surgió una reunión imprevista y no llegué a tiempo.* — adj/s.m. = repentino
2 Gastos inesperados para los que no hay previsión de fondos: *con tantos imprevistos no llegaré a final de mes.* — s.m.pl.

imprimación
1 Preparación que se da a una superficie antes de pintarla o teñirla: *dio una capa de imprimación a los techos y paredes; imprimación del lienzo.* — s.f. TECNOLOGÍA
2 Conjunto de ingredientes con que se imprima una superficie.
3 Recubrimiento de un objeto metálico con pintura anticorrosiva. — METALURGIA

imprimadera Utensilio de hierro o de madera, en forma de cuchilla o de media luna, usado para imprimar una superficie antes de pintarla. — s.f.

imprimador, a Persona que imprima y prepara, con los ingredientes necesarios, las cosas que se han de pintar o teñir. — s.

imprimar (Del fr. *imprimer*, imprimir.)
1 Preparar una cosa para pintarla o teñirla. — v.tr.
2 Cubrir la superficie no pavimentada de una carretera con un material asfáltico, para protegerla del polvo y la erosión. — Colomb., Perú

imprimátur (Del lat. *imprimatur*, que sea impreso.) Licencia o permiso que daba la autoridad eclesiástica para imprimir un escrito. — s.m. pl: imprimátur RELIGIÓN

imprimir (Del lat. *imprimere*, hacer presión, marcar una huella.)
1 Reproducir una serie de letras, figuras u otros caracteres en un papel. — v.tr./part.th: impreso ARTES GRÁFICAS
2 Dejar la huella de un sello u otra cosa en una superficie ejerciendo presión: *le gusta imprimir sus manos en la arena.* — = grabar, marcar
3 Dejar una idea o un sentimiento en la mente o el ánimo de una persona: *imprimió en todos sus compañeros la idea de la huelga.* — = grabar
4 Dar un carácter o una orientación a una cosa: *imprimió a su novela un sentido de protesta.* — = conferir
5 Dar movimiento o velocidad a una cosa: *el motor imprime el movimiento a la máquina.*

improbabilidad Falta de probabilidad: *la improbabilidad de que vaya es muy grande.* — s.f. ≠ probabilidad

improbable (Del lat. *improbabilis*.) Que es poco seguro o probable: *es improbable que salga pronto de trabajar; parece improbable erradicar el hambre en el continente.* — adj. = dudoso, inseguro ≠ probable

improbar No aceptar una cosa o considerar que no es correcta: *improbar su actitud; improbar una propuesta.* — v.tr./conj: contar = desaprobar

improbidad Falta de probidad u honradez: *la improbidad de su actuación provocó el descontento popular.* — s.f. ≠ probidad

ímprobo, a (Del lat. *improbus*, malvado, muy fuerte.)
1 Que no tiene probidad u honradez: *su ímprobo comportamiento disgustó a su familia.* — adj. = malo, perverso
2 Se aplica al esfuerzo o al trabajo que es excesivo, ingrato y persistente: *era tan improba la tarea que le habían encomendado, que estaba a punto de sufrir un ataque de nervios.* — = agotador, fatigoso

improcedencia Falta de oportunidad y de acierto en las acciones y en las palabras. — = inconveniencia

improcedente
1 Que es inoportuno o poco acertado: *tus quejas son por completo improcedentes.* — adj. = inapropiado
2 Que no es conforme a las leyes o normas: *denunciaron a la empresa por despido improcedente.* — DERECHO

improductividad Incapacidad para producir ganancias o resultados útiles: *abandonaron las tierras por su improductividad.* — s.f. ≠ rentabilidad

improductivo, a Que no produce ganancias o frutos: *cerraron la empresa porque era improductiva.* — adj. ≠ productivo

improlongable Que no se puede prolongar: *el plazo de matriculación es improlongable.* — adj. ≠ prolongable

impromptu (Del lat. *in promptu*.) Género musical que aparece en el repertorio pianístico de la época romántica, que se basa en la improvisación. — s.m. MÚSICA

impronta (Del ital. *impronta*.)
1 Carácter o estilo peculiar de una persona o cosa, que influye y deja huella en otras: *su música nos dejó una impronta inolvidable.* — s.f. = sello
2 Reproducción de imágenes en hueco o en relieve sobre una materia blanda o dúctil: *la impronta de las monedas.*
3 Proceso de aprendizaje que tiene lugar en los animales jóvenes y del que resulta una forma estereotipada de reacción frente al modelo del cual han aprendido. — BIOLOGÍA

impronunciable
1 Se aplica a la serie de sonidos que no puede ser pronunciada o resulta muy difícil hacerlo: *tiene un nombre impronunciable.* — adj. ≠ pronunciable
2 Que no debe ser dicho o expresado por ser ofensivo o inmoral. — = inefable, indecible

improperar Decir improperios a una persona: *improperó injurias terribles contra los miembros más recalcitrantes de la sociedad.* — v.tr. = insultar

improperio (Del lat. *improperium*.)
1 Insulto grave, injuria: *escuchó sus bravatas e improperios sin rechistar.* — s.m.
2 Versículos que se cantan en el oficio de viernes santo, durante la adoración de la cruz. — s.m.pl. RELIGIÓN
3 **llenar o cubrir de improperios:** Decir insultos a una persona: *la cubrió públicamente de improperios para vengarse de su traición.*

impropiedad
1 Calidad de lo que no reúne las cualidades adecuadas: *la impropiedad de su denuncia dio cuenta de sus obsesiones.* — s.f.
2 Empleo de una palabra cuyo significado no corresponde exactamente al concepto que se quiere expresar: *es una impropiedad utilizar perjuicio por prejuicio.*

impropio, a (Del lat. *improprius*.)
1 Que no reúne las cualidades apropiadas para determinada circunstancia: *lleva un traje impropio para una celebración de boda.* — adj./= inadecuado ≠ propio, adecuado
2 Que es poco habitual o ajeno a una persona o cosa: *tiene un comportamiento impropio en un chico de su edad; parece impropio de su condición.* — = improcedente

improporción Falta de la proporción debida: *existe improporción entre los elementos que componen el cuadro.* — s.f. = desproporción

improrrogable Que no puede ser aplazado o prorrogado: *el plazo de admisión de solicitudes es improrrogable.* — adj. ≠ prorrogable

improsulto, a
1 Que es malo o inútil. — adj./Hond.
2 Que es un sinvergüenza o un descarado. — Chile

imprevidamente Sin previsión: *imprevidamente se lanzó en el negocio de los granos.* — adv.

imprevido, a Que no ha sido advertido o preparado para algo: *imprevida y despreocupada llegó a la oficina sin intuir lo que le esperaba.* — adj. = desprevenido, desapercibido

improvisación
1 Realización de una actividad que no se ha preparado con antelación: *en una intervención educativa hay que dejar un mínimo de factores a la improvisación.* — s.f.
2 Actividad, obra o composición que se realiza sin haberla preparado con antelación: *no lo hicieron como debían, fue una simple improvisación.*
3 Interpretación vocal o con instrumentos de una pieza no escrita, en la que un tema que se da como punto de partida y que se asocia sobre todo a la música de órgano y a la música no clásica. — MÚSICA

improvisador, a Que improvisa, en especial el que de forma espontánea compone versos. — adj/s. = repentista

improvisar (Del fr. *improviser*.)
1 Hacer una cosa sin haberla preparado, en especial pronunciar un discurso, recitar un poema o interpretar una composición musical. — v.tr. ≠ planear, planificar
2 Elaborar una cosa con pocos medios o con los que se dispone: *improvisó una mesa con una tabla y unas latas.*

improviso, a (Del lat. *improvisus*.)
1 Que no ha sido previsto: *quedaron gratamente sorprendidos por las improvisas ovaciones del público asistente.* — adj. = imprevisto, inesperado
2 **al o de improviso:** De repente o inesperadamente: *entró de improviso en la sala y se puso a gritar.* — loc.adv.

improvisto, a
1 Que ocurre sin ser previsto: *las visitas de los inspectores siempre son improvistas.* — adj. = imprevisto
2 **a la improvista:** Improvisadamente, sin prevención: *la proposición me cogió a la improvista.* — loc.adv.

imprudencia
1 Falta de prudencia o moderación. — s.f./≠ prudencia = temeridad
2 Acción o palabras realizadas sin tener en cuenta los riesgos y peligros que conlleva: *es una imprudencia conducir a tanta velocidad.*
3 **imprudencia laboral:** La que comete un trabajador en la prestación de sus servicios y que puede ocasionar un accidente. — DERECHO
4 **imprudencia temeraria:** Actitud o acción muy imprudente que, pudiendo dar lugar a una desgracia, constituye un delito. — DERECHO

imprudente
1 Se aplica a la persona que no tiene prudencia: *es una conductora imprudente que aprieta el acelerador sin comedimiento alguno.* — adj. = insensato, temerario

2 Que ha sido dicho o ejecutado sin cautela ni moderación: *una palabra imprudente puede echar todo el plan a rodar.* = ligero, precipitado

3 Que es irrespetuoso o irreverente: *su gesto ante la autoridad fue impertinente y grosero.* = atrevido, descarado

4 Que es indiscreto o descubre noticias que han de permanecer en secreto. = incauto

impúber (Del lat. *impubes, -eris.*) Que aún no ha llegado a la pubertad: *aún era impúber, pero ya tenía una sombra de vello oscuro en el mentón.* adj./s.m.f.

impubertad Estado de la persona que aún no ha alcanzado la pubertad. s.f.

impudencia Actitud descarada y carente de vergüenza: *la impudencia es impropia de su naturaleza comedida, debe de estar enajenada.* s.f. = impudor, descaro

impudente Impúdico, sin pudor: *impudente y descarado se enfrentó al superior delante de la junta.* adj. = desvergonzado

impudicia Falta de pudor y de honestidad: *su impudicia y su exhibicionismo les parecieron muy groseros.* s.f. tb: impudencia

impúdico, a
1 Que no tiene pudor ni honestidad: *su impúdico comentario nos dejó sorprendidos.* adj. ≠ púdico
2 Que no siente vergüenza al llevar a cabo acciones viles y abyectas: *el impúdico asesino confesó su crimen ante las cámaras de televisión.*

impudor
1 Falta de pudor y de honestidad: *le confió con impudor sus secretos más íntimos.* s.m. = desvergüenza
2 Cinismo en defender o cometer acciones vergonzosas.

impuesto
1 Cantidad de dinero que están obligados a pagar los habitantes de un país para contribuir a los gastos públicos. s.m. ECONOMÍA = tributo
2 impuesto directo: El que grava las fuentes de capacidad económica, como la renta y el patrimonio. ECONOMÍA
3 impuesto indirecto: El que grava el consumo o el gasto: *el IVA es un impuesto indirecto.* ECONOMÍA
4 impuesto revolucionario: Pago que algunas organizaciones terroristas exigen mediante chantaje. POLÍTICA

impugnable
1 Que puede ser impugnado o rebatido: *estoy convencida de que su argumentación es impugnable.* adj. = refutable
2 Que no puede ser conquistado: *el ejército debía enfrentarse a una fortaleza impugnable.* = inexpugnable

impugnación
1 Acción y resultado de impugnar o rebatir: *estaba en contra de la impugnación que habían presentado ante el claustro.* s.f.
2 Utilización de los cauces previstos por el ordenamiento jurídico para atacar la validez o eficacia de algo, un documento, resolución o acuerdo. DERECHO

impugnador, a Que impugna o se opone a algo: *la parte impugnadora no se presentó en el auto.* adj./s.

impugnar (Del lat. *impugnare,* atacar.) Oponerse o no aceptar una cosa por considerarla falsa o ilegal: *algunos de los participantes impugnaron el fallo del jurado.* v.tr.

impugnativo, a Que impugna o sirve para impugnar: *documento impugnativo.* adj.

impulsar (Del lat. *impulsare.*)
1 Mover una cosa empujándola o haciendo fuerza sobre ella: *impulsó el péndulo del reloj.* v.tr. = impeler
2 Hacer que una acción o un proyecto se active: *el estado no impulsa determinadas iniciativas.* = potenciar ≠ dificultar

impulsión (Del lat. *impulsio, -onis.*) Acción de impeler o impulsar. s.f. = impulso

impulsivamente Sin reflexión, espontáneamente: *rompió a llorar e impulsivamente le relató el suceso.* adv.

impulsividad
1 Actitud irreflexiva, impetuosa y carente de prudencia al hablar y obrar: *su impulsividad le valió más de un enfrentamiento con sus compañeros.* s.f. = irrespetuosidad
2 Propensión a hablar y obrar de forma impetuosa, irreflexiva y carente de prudencia: *tendrás que refrenar tu innata impulsividad.*
3 Condición de impulsivo, que incita o da impulso para provocar un movimiento.

impulsivo, a
1 Que obra sin reflexionar, dejándose llevar por sus impulsos: *siempre comete errores por ser demasiado impulsivo.* adj./s. = irreflexivo
2 Que favorece el movimiento de una cosa. adj.

impulso (Del lat. *impulsus.*)
1 Empujón dado a una cosa para que se mueva: *le di impulso al columpio del niño.* s.m. = impulsión
2 Fuerza que tiene una cosa al moverse o desarrollarse: *la pelota llevaba tanto impulso que salió del campo.*
3 Desarrollo o fomento de una actividad: *el impulso del nuevo equipo directivo ha aumentado las ventas.*

4 Deseo repentino e incontrolable de hacer una cosa: *reflexiona y no te dejes llevar por los impulsos.* = arrebato
5 Fuerza o estímulo para hacer una cosa: *él está dispuesto, pero le falta impulso para lanzarse.*
6 a impulsos de: Impelido o empujado por la cosa que se expresa: *a impulsos de su honestidad, le confesó su engaño.* loc.adv.
7 al primer impulso: Con el esfuerzo al iniciar la acción de que se trata: *al primer impulso ganó el primer lugar de la carrera.* loc.adv.
8 tomar o coger impulso: Correr para llevar fuerza para efectuar un salto o un lanzamiento: *tomó impulso para saltar la valla.*

impulsor, a Que impulsa o impele: *el movimiento impulsor del tren les cogió desprevenidos.* adj./s.

impune (Del lat. *impunis,* sin castigo.) Que no recibe castigo: *este crimen no puede quedar impune.* adj. = indemne

impunidad Falta de punición o castigo: *la prensa escrita denunció la impunidad del cuerpo político.* s.f.

impuntual Que no es puntual: *siempre llega tarde, es muy impuntual.* adj. ≠ puntual

impuntualidad Falta de puntualidad: *su impuntualidad le acarrea problemas con sus superiores.* s.f. ≠ puntualidad

impureza
1 Condición de impuro, que tiene mezcla de otra cosa o contiene alguna sustancia que lo deteriora o hace perjudicial. s.f. = impuridad ≠ pureza
2 Sustancia extraña que deteriora o hace perjudicial a la que la contiene: *eliminó las impurezas decantando el líquido con sumo cuidado.*
3 Falta de pureza o castidad. ≠ decencia
4 impureza de sangre: Hecho de tener una familia algún antepasado de otra raza que se consideraba indigna o inferior. HISTORIA

impurificación Acción y resultado de hacer que una cosa o persona sea impura. s.f.

impurificar Hacer a una persona o una cosa impura: *con sus tretas impurificó sus ideales, en un afán de vengarse de ellos.* v.tr. conj: sacar ≠ purificar

impuro, a
1 Que no es puro: *el aire de la ciudad es impuro y está cargado de emanaciones industriales.* adj./= adulterado, contaminado
2 Que es deshonesto o indecente.

imputabilidad Acción de atribuir un hecho a una persona o cosa: *no está clara la imputabilidad del delito.* s.f.

imputable Que puede ser imputado o atribuido: *es un delito imputable a la autoridad competente.* adj. = achacable

imputación
1 Acción y resultado de imputar o de atribuir una cosa a una persona: *el texto deja clara la imputación de la falta.* s.f.
2 Cosa que se imputa: *rechazó la imputación por inverosímil.*

imputador, a Que imputa. adj./s.

imputar (Del lat. *imputare,* atribuir.)
1 Atribuir una falta o un delito a una persona: *le imputaron la participación en el atentado.* v.tr. = inculpar
2 Pensar que una cosa es la causa de una desgracia o un contratiempo: *imputó el fracaso del negocio a la falta de interés de los inversores.*
3 Dar un destino a una cantidad de dinero al entregarla o consignarla.

imputrescible Que no se pudre con facilidad. adj./culto

in (Voz inglesa.) Que es moderno y actual: *vive en el barrio más in de París.* adj. ≠ out

-ín, a Componente de palabra que combinado con adjetivos y sustantivos expresa diminutivo o gentilicio: *cafetín; mallorquín; chiquitina; menorquina.* suf.

in-
I Componente de palabra procedente del lat. *in,* que significa hacia dentro: *insuflar; incluir.* pref. tb: im-, i-
II Componente de palabra procedente del lat. *in,* que indica negación o carencia: *invalidez; incomodidad.* pref. tb: im-, i-

-ina
1 Componente de palabra que indica acción súbita o violenta: *escabechina; regañina.* suf.
2 Significa relacionado con: *rutina; marina.*
3 Indica serie de: *cachetina.*
4 Se utiliza para formar nombres de árboles, plantas o frutos: *ambarina; acebuchina.*
5 Indica sustancia relacionada con el elemento principal de la voz, en la química: *cocaína; cafeína; morfina.*

inabarcable Que no puede ser abarcado: *cantidad ingente e inabarcable de nuevos conceptos.* adj.

inabordable Que es difícil de abordar: *te resultará difícil hablar con él porque es una persona inabordable.* adj./= inaccesible ≠ abordable

inacabable Que no se acaba nunca o que dura mucho: *su homilía nos pareció inacabable; recibió una inacabable sarta de injurias.* adj. = interminable

inacabado, a Que no está acabado o terminado: *una obra inacabada.* — adj. ≠ acabado

inaccesibilidad Imposibilidad de acceder a una cosa o a una persona: *su inaccesibilidad la convirtió en un personaje mítico del mundo de la farándula.* — s.f. ≠ accesibilidad

inaccesible
1 Que no tiene fácil acceso: *los alpinistas superaron el pico inaccesible.* — adj./= abrupto, impracticable
2 Que no puede ser alcanzado o conseguido: *tus propósitos son ambiciosos e inaccesibles.* — = imposible

inacción Inercia, ociosidad o falta de acción: *la máquina se estropeó por inacción.* — s.f. = inactividad

inacentuado, a Se aplica a la vocal, sílaba o palabra que se pronuncia sin acento prosódico: *la primera sílaba de cordón es inacentuada.* — adj. LINGÜÍSTICA = átono

inaceptable
1 Que no puede ser aceptado: *tus condiciones son inaceptables por poco flexibles.* — adj. = inadmisible
2 Que no puede creerse: *le resultó inaceptable que consiguiera traspasar las líneas enemigas sin ser detectado.*

inactínico, a Se aplica a la luz que no produce acción química. — adj./QUÍMICA ≠ actínico

inactivación
1 Acción y resultado de inactivar o inactivarse: *el sistema de inactivación se disparará cuando se produzca un cortocircuito.* — s.f.
2 Destrucción del poder tóxico o patógeno de una sustancia o de un microorganismo. — BIOLOGÍA

inactivar
1 Hacer que una persona o una cosa pierda la actividad: *la empresa se ha inactivado por la mala gestión.* — v.tr/prnl. ≠ activar
2 Perder una sustancia su actividad total o temporalmente. — v.prnl. BIOLOGÍA

inactividad Falta de actividad o de movimiento: *el médico le ha recomendado inactividad y reposo.* — s.f. = inacción

inactivo, a
1 Que no se mueve o no trabaja: *ya lleva tres meses inactiva y está muy desesperada buscando ocupación.* — adj. ≠ activo
2 Se aplica al volcán extinguido o al activo en período de reposo. — GEOLOGÍA

inadaptabilidad Incapacidad para adaptarse una persona a una situación o una cosa a otra: *su inadaptabilidad a las normas del colegio se refleja en sus notas.* — s.f. ≠ adaptabilidad

inadaptable Que no se puede adaptar: *este tejido es inadaptable para tapicería.* — adj.

inadaptación Falta de adaptación: *los adolescentes suelen sentir la inadaptación a la sociedad.* — s.f. ≠ adaptación

inadaptado, a Se refiere a la persona que no se adapta a ciertas condiciones o circunstancias o a la sociedad en que vive: *no encaja en ningún ambiente, es un inadaptado.* — adj/s. ≠ adaptado

inadecuación Falta de adecuación: *la inadecuación de los métodos pedagógicos es una de las causas del fracaso escolar.* — s.f. ≠ adecuación

inadecuado, a Que no es adecuado: *le han hecho un peinado inadecuado para ella.* — adj./= desacertado ≠ idóneo

inadmisible
1 Que no puede ser considerado válido o verdadero: *comportamiento inadmisible; razones inadmisibles.* — adj.
2 Que no puede ser tolerado por considerarse muy grave: *la reforma del código penal es inadmisible, vulnera los derechos fundamentales del ciudadano.* — = intolerable
3 Que no puede ser creído: *no pretenderás que lo crea, es una mentira inadmisible.*

inadvertencia Circunstancia de no notar o descuidar una cosa por falta de atención o de preparación para notarlo o percibirlo: *por inadvertencia se saltó un semáforo en rojo; su inadvertencia en el gasto produjo la quiebra.* — s.f. = distracción, ignorancia, imprevisión

inadvertido, a
1 Que no es advertido o notado: *se disfrazó para pasar inadvertido.* — adj. = desapercibido
2 Que no atiende a lo que hace o no pone cuidado en ello. — = distraído, descuidado

in aeternum (Expresión latina.) Para toda la eternidad, para siempre: *el bien y el mal convivirán in aeternum.* — loc.adv. culto

inafectado, a Que no está afectado: *la infección se ha extendido pero el hígado permanece inafectado.* — adj. ≠ afectado

inagotable Que no se agota: *la fantasía del escritor es inagotable.* — adj. = inextinguible

inaguantable
1 Que es difícil de aguantar o soportar: *la fractura de la clavícula produce un dolor inaguantable.* — adj. = intenso
2 Que causa molestia o disgusto: *los niños maleducados son inaguantables.* — = pesado

inalámbrico, a Se refiere al sistema de comunicación eléctrico que no tiene hilos conductores: *usa un micrófono inalámbrico; tiene un teléfono inalámbrico.* — adj. TELECOMUNICA- CIONES

in albis (Expresión latina.)
1 Sin entender nada: *yo, con este conferenciante, me he quedado in albis.* — loc.adv.
2 Sin conseguir lo que se esperaba: *negocié con el director pero me quedé in albis.* — loc.adv.

inalcanzable Que no puede ser alcanzado o conseguido: *es un objetivo incalcanzable para sus posibilidades.* — adj. = inasequible

inalienabilidad Hecho de ser inalienable, irrenunciable: *defendió ante la asamblea la inalienabilidad de ciertos privilegios.* — s.f.

inalienable
1 Que no puede ser negado o quitado: *defenderme de la acusación es un derecho inalienable.* — adj. ≠ alienable
2 Que no puede ser vendido o cedido legalmente: *estas tierras son inalienables.*

inalterabilidad Imposibilidad de que una cosa o una persona se altere: *su inalterabilidad ante las sorpresas era criticada por sus adversarios.* — s.f. ≠ alterabilidad

inalterable
1 Que no sufre alteración: *diseñó un detergente que mantenía inalterables los colores.* — adj.
2 Se aplica a la persona que no pierde la serenidad y no muestra ninguna alteración ni en gestos ni palabras: *escuchó la sentencia con rostro inalterable.* — = inmutable

inalterado, a Que no sufre alteración o cambio: *pese a los ataques verbales, el político permaneció inalterado; el marcador permaneció inalterado durante la primera parte del partido.* — adj. ≠ alterado

inameno, a Que no tiene amenidad o no es grato ni placentero. — adj./= aburrido ≠ ameno

inamisible Que no puede perderse. — adj./= imperdible

inamovible
1 Que no puede ser movido o cambiado: *es una piedra inamovible; he tomado una decisión y es inamovible.* — adj. = fijo
2 Se aplica a ciertos cargos en los que las personas que los ocupan no pueden ser trasladadas o separadas de ellos fuera de los casos previstos por la ley. — DERECHO

inamovilidad
1 Imposibilidad de ser movido: *no intentes discutir la inamovilidad de la estatua, han ordenado que permanezca en esta sala.* — s.f. th: inmovilidad
2 Situación laboral de quien no puede ser separado de su empleo: *defender la inamovilidad del cargo.* — ≠ amovilidad

inanalizable Que no puede ser analizado: *cuerpos inanalizables.* — adj. ≠ analizable

inane (Del lat. *inanis*, vacío.)
1 Que es vano, insustancial o inútil: *su retraso fue justificado con inanes razones.* — adj. = fútil
2 Que sufre inanición. — MEDICINA

inanición Debilidad y agotamiento extremos por falta de alimentación o dificultades en su asimilación: *no murieron a consecuencia del accidente, sino por inanición.* — s.f. MEDICINA

inanidad
1 Cualidad de lo inútil o insustancial: *la inanidad de la defensa favoreció a la fiscal.* — s.f. = vacuidad
2 Cosa o expresión inane o insustancial: *su discurso está lleno de inanidades.* — = futilidad

inanimado, a
1 Que no tiene vida: *los vegetales son seres animados y las piedras inanimadas.* — adj. ≠ animado
2 Que no da señales de vida. — = muerto

in anima vil (Expresión latina.) Se usa para indicar que los experimentos o pruebas deben hacerse en animales antes que en el hombre. — loc.adv. MEDICINA

inánime (Del lat. *inanimis*.) Que no tiene vida o no da señales de ella: *se lo encontró inánime y caído en el suelo.* — adj.

inapagable Que no se puede apagar: *llamas inapagables; sus inapagables deseos de libertad.* — adj. = inextinguible

inapeable
1 Se aplica a la persona que es difícil de disuadir o convencer. — adj. = terco, firme
2 Que no puede ser apeado.
3 Que es difícil de comprender. — = incomprensible
4 Que no puede ser transitado. — = intransitable

inapelable
1 Se aplica a la sentencia que no puede ser apelada. — adj./DERECHO
2 Que no puede ser remediado o evitado: *la inapelable destrucción de la vida animal en algunos ríos.* — = inevitable

inapetencia Falta de apetito o de ganas de comer: *su inapetencia preocupa a los médicos.* — s.f./= desgana, anorexia

inapetente Que no tiene apetito o ganas de comer: *se manifestaba hosco e inapetente.* — adj.

inaplazable Que no puede ser aplazado: *la fecha de publicación es inaplazable.* — adj./= apremiante ≠ aplazable

inaplicable Que no puede ser aplicado: *su teoría es brillante, pero inaplicable.* — adj. ≠ aplicable

inaplicación Falta de aplicación: *fue sancionado por su inaplicación en el trabajo.* — s.f.

inaplicado, a Que no se aplica en su trabajo o en sus estudios. — adj. ≠ aplicado

inapreciable
1 Que no puede ser apreciado o distinguido: *sólo un inapreciable matiz los diferencia.* — adj.
2 Imponderable, que no puede ser apreciado por su gran valía o mérito: *nos prestaron un servicio inapreciable.* — = inestimable

inaprensible
1 Que no puede ser cogido o asido: *la resbaladiza piel de la serpiente la hacía inaprensible.* — adj. / = escurridizo
2 Que no puede ser comprendido o captado por ser demasiado sutil: *su discurso estaba plagado de ironías inaprensibles.* — = críptico

inaprensivo, a Que no tiene aprensión, escrúpulos o desconfianza. — adj. / = desaprensivo

inapropiable Que no puede ser objeto de apropiación. — adj.

inapropiado, a Que no se adapta al fin al que se destina: *el traje que llevas es inapropiado para montar a caballo.* — adj. / = inadecuado

inaprovechado, a Que no está aprovechado: *se hizo eco de sus inaprovechadas virtudes como gerente.* — adj. / = desperdiciado

inarmónico, a Que no tiene armonía: *los colores de este cuadro son inarmónicos.* — adj. / = desequilibrado

inarrugable Que no se arruga: *gracias a un nuevo tratamiento se logró que la tela fuera inarrugable.* — adj.

inarticulable Que no puede ser articulado: *es un muñeco rígido e inarticulable; sonidos inarticulables.* — adj. / ≠ articulable

inarticulado, a
1 Que no tiene articulación. — adj.
2 Se aplica al sonido de la voz con el que no se forman palabras: *los gritos son sonidos inarticulados.* — LINGÜÍSTICA / ≠ articulado

in artículo mortis (Expresión latina.) En el último momento de la vida, próximo a la muerte: *matrimonio in articulo mortis; testó in articulo mortis.* — loc.adv. / DERECHO

inartificioso, a Que está hecho sin arte ni artificio: *su inartificiosa danza sorprendió por su energía.* — adj./= natural, sencillo/≠ falso

inasequible Que es difícil de alcanzar o conseguir: *ese viaje es para mí un lujo inasequible; inasequible al desaliento.* — adj. / = inalcanzable ≠ asequible

inasible
1 Que no puede ser asido o cogido. — adj./= inaprensible
2 Que no puede ser comprendido por ser demasiado sutil: *su crítica me resultó inasible por críptica.* — = incomprensible

inasistencia Falta de asistencia. — s.f./≠ asistencia

inasistente Que no asiste: *los asociados inasistentes recibirán las actas de la reunión.* — adj/s.m.f.

inastillable Se aplica al vidrio que no se astilla al romperse. — adj. / ≠ astillable

inatacable
1 Que no puede ser atacado: *es un material inatacable por este ácido.* — adj.
2 Que no puede ser impugnado o contradicho por ser muy evidente. — = auténtico ≠ criticable

inatención Falta de atención: *el paciente se quejó de la inatención de las enfermeras.* — s.f./= desatención ≠ atención

inatento, a Que no presta atención. — adj./= desatento

inaudible Que no puede ser oído: *el volumen está bajo y la música es inaudible.* — adj. / = imperceptible

inaudito, a Que sorprende por considerarse atrevido o escandaloso: *en todos los periódicos se puede leer esta noticia tan inaudita.* — adj. / = asombroso, inconcebible

inauguración
1 Acción y resultado de inaugurar. — s.f.
2 Ceremonia con que se da principio a un acto: *voy a la inauguración de una discoteca.* — = apertura

inaugurador, a Que inaugura: *muchos famosos asistieron a la ceremonia inauguradora.* — adj.

inaugural Que tiene relación con la inauguración: *el discurso inaugural constará en las actas.* — adj.

inaugurar (Del lat. *inaugurare,* observar los agüeros.)
1 Dar principio a una cosa con cierta solemnidad: *mañana inaugura la exposición.* — v.tr.
2 Abrir un establecimiento público con alguna celebración: *ayer inauguramos la tienda.*
3 Anunciar o adivinar una cosa a través del canto, movimiento o vuelo de las aves. — OCULTISMO

inaveriguable Que no puede ser averiguado. — adj.

inca (Voz quechua.)
1 Del pueblo amerindio que en la época prehispana creó un vasto imperio que se extendía desde el norte de Ecuador hasta el centro de Chile: *imperio inca.* — adj. / HISTORIA = incaico
2 Miembro de este pueblo: *los incas se organizaban en clanes.* — s.m.f. / HISTORIA
3 Soberano de este pueblo amerindio. — s.m./HISTORIA
4 Moneda de oro del Perú.

incaico, a De los incas: *dominación incaica; cultura incaica.* — adj. / HISTORIA

incalculable
1 Que no puede ser calculado: *cantidad incalculable con los medios tecnológicos actuales.* — adj. / = incontable
2 Que no puede valorarse por demasiado grande o numeroso: *el incendio tendrá consecuencias incalculables.*

incalificable
1 Que no puede ser calificado: *un extraño edificio de estilo incalificable.* — adj.
2 Que puede ser censurado por considerarse grave o indigno: *sus actos son incalificables.* — = inaudito, vituperable

incalmable Que no se puede calmar. — adj.

incalumniable Que no puede ser calumniado: *su incalumniable gestión fue objeto de halagos por parte de todos.* — adj.

incandescencia Estado de un cuerpo que emite luz por elevación de su temperatura. — s.f. / FÍSICA

incandescente Se aplica al cuerpo que se enrojece o blanquea por la acción del calor: *el hierro está incandescente.* — adj. / FÍSICA

incansable Que no se cansa o que tiene mucha resistencia física: *es una luchadora incansable.* — adj. / = infatigable

incapacidad
1 Falta de cabida, de espacio disponible en el interior de un local, recipiente o cualquier otra cosa: *la incapacidad hotelera.* — s.f.
2 Falta de las aptitudes o capacidades para determinada cosa: *recibe una pensión por incapacidad laboral.* — = ineptitud
3 Falta de inteligencia o de entendimiento.
4 Falta de aptitud legal que impide ejercer válidamente un cargo o realizar otras gestiones: *incapacidad para testar.* — DERECHO

incapacitación
1 Acción y resultado de incapacitar. — s.f.
2 Estado civil de la persona física que se declara judicialmente cuando en ella concurren las causas tipificadas legalmente, y que tiene como efecto principal la limitación de su capacidad de obrar. — DERECHO

incapacitado, a
1 Se aplica a la persona que cumple pena de interdicción o de privación de derechos civiles. — adj/s. / DERECHO
2 Que padece alguna disfunción orgánica. — adj.

incapacitante Se aplica al arma que sirve para restar capacidad al enemigo. — adj. / MILITAR

incapacitar
1 Hacer que una persona sea incapaz para hacer una cosa: *las lesiones lo incapacitan para entrenar con sus compañeros.* — v.tr. / = inhabilitar
2 Declarar la falta de capacidad civil de una persona mayor de edad. — DERECHO
3 Declarar oficialmente a una persona incapaz para ejercer un cargo o un derecho. — = inhabilitar

incapaz
1 Que no tiene las condiciones necesarias o el atrevimiento para hacer una cosa: *sé que es inocente porque él es incapaz de hacer daño a nadie.* — adj. / pl: incapaces
2 Que no tiene capacidad o aptitud para una cosa: *están convencidas de que es incapaz para el cargo.* — = inepto
3 Que no tiene inteligencia ni talento: *no hay nada que hacer: es muy tonto e incapaz.* — = necio
4 Que no tiene capacidad legal. — DERECHO

incardinación
1 Acción y resultado de incardinar. — s.f./RELIGIÓN
2 Acción de incluir una competencia o una limitación en un texto legal.

incardinar (Del bajo lat. *incardinare,* considerar jefe de una circunscripción religiosa.) Tomar un obispo como súbdito propio a un eclesiástico de otra diócesis. — v.tr/prnl. / RELIGIÓN

incario
1 Período de tiempo que duró el imperio de los incas. — s.m./HISTORIA
2 Estructura política y social del imperio incaico. — HISTORIA

incasable
1 Que no se puede casar. — adj.
2 Se aplica a la persona que por sus cualidades se cree que es difícil que se case.

incasto, a Que no tiene continencia o castidad. — adj./= deshonesto

incautación Embargo o confiscación de bienes o propiedades: *procedieron a la incautación del alijo.* — s.f.

incautarse (Del bajo lat. *incautare,* fijar una pena pecuniaria.)
1 Tomar una autoridad posesión de los bienes o el dinero de una persona como precaución en situaciones excepcionales: *el tribunal se incautó de su finca.* — v.prnl. / + de
2 Tomar posesión de una cosa arbitrariamente. — = usurpar

incauto, a
1 Que no tiene cautela: *si no hubieras sido tan incauta ahora no tendrías que denunciar el robo.* — adj.
2 Que no tiene malicia y es engañado con facilidad: *te han timado porque eres un incauto.* — adj/s. / = ingenuo

incendaja Materia combustible o leña menuda que se usa para encender el fuego.   *s.f.*

incendiar Provocar un incendio en un lugar: *el bosque se incendió por una imprudencia.*   *v.tr/prnl.*

incendiario, a
1 Que provoca incendios intencionadamente: *tiene tendencias incendiarias.*   *adj/s.*
= *pirómano*
2 Que sirve para incendiar: *bomba incendiaria.*   *adj.*
3 Que ataca violentamente el orden establecido: *pronunció un discurso apasionado e incendiario.*   *adj.*
= *subversivo*

incendio (Del lat. *incendium.*)
1 Fuego de grandes dimensiones que destruye lo que no está destinado a arder, como edificios, cosas almacenadas o parajes naturales: *el incendio del bosque fue intencionado.*   *s.m.*
2 Sentimiento o pasión muy intensos: *a menudo padecía de incendios amorosos.*   = *arrebato*

incensación
1 Acción y resultado de echar incienso.   *s.f.*
2 Adulación o lisonja hacia una persona.

incensar
1 Dirigir el humo del incienso hacia una persona o una cosa con el incensario.   *v.tr.*
conj: *pensar*
2 Alabar a una persona para conseguir una cosa de ella: *le incensó insistentemente hasta lograr el aumento.*

incensario
1 Brasero que pende de una o varias cadenas, en el que se quema el incienso cuyo olor se esparce mediante movimientos pendulares, usado en templos y ceremonias religiosas.   *s.m.*
= *turíbulo*
2 Listón de madera con un pequeño agujero en el que se coloca la barra de incienso que se va a quemar.

incensurable Que no debe ser censurado: *la actuación del político es incensurable.*   *adj.*
= *irreprochable*

incentivar
1 Motivar a alguien con algún estímulo para que haga algo o lo mejore: *incentivó a los trabajadores con una paga extra.*   *v.tr.*
= *estimular*
2 Reactivar alguna cosa para aumentar su producción, rentabilidad o calidad: *las medidas del gobierno incentivarán las inversiones.*   = *fomentar, promover*

incentivador, a Que incentiva: *suspendió porque la asignatura no resulta lo suficientemente incentivadora.*   *adj.*

incentivo, a (Del lat. *incentivum.*)
1 Que estimula a realizar un esfuerzo o trabajo.   *adj/s.m./= acicate*
2 Prima que se paga a los trabajadores para mejorar su rendimiento.   *s.m.*

incertidumbre Falta de certidumbre o certeza: *el mensaje le creó incertidumbre y salió a buscar a alguien que le ayudase a aclarar sus dudas.*   *s.f.*
= *incertinidad*

incesable Que no cesa: *el incesable viento azotó la costa días y días.*   *adj.*

incesante
1 Que no cesa: *el ruido de la lluvia era incesante.*   *adj./= constante*
2 Que se repite con frecuencia: *son incesantes sus visitas al médico.*   = *frecuente*

incesto (Del lat. *incestus.*) Relación sexual entre parientes a los que legalmente no les está permitido el matrimonio.   *s.m.*

incestuoso, a
1 Que tiene relación con el incesto: *delito incestuoso; relaciones incestuosas.*   *adj.*
2 Que comete incesto: *en su novela, el protagonista era un hermano incestuoso.*   *adj/s.*

incidencia (Del ingl. *incidence.*)
1 Acción y resultado de incidir o repercutir.   *s.f.*
2 Cosa que sucede en el desarrollo de una acción o asunto con o que tiene relación, pero sin ser parte esencial: *aunque el partido se desarrolló con normalidad hubo incidencias en las gradas.*   = *incidente*
3 Caída de una línea, plano o rayo de luz, sobre otro.   GEOMETRÍA
4 Determinación de la persona o del grupo social que soporta final y realmente el impuesto.   ECONOMÍA
5 **por incidencia:** De manera accidental o circunstancial: *por incidencia, coincidieron en el tema en sus comunicaciones.*   *loc.adv.*

incidental
1 Que sucede en relación con algún asunto, pero sin ser fundamental: *la avería fue un hecho incidental porque el concierto se desarrolló sin problemas.*   *adj.*
2 Se aplica a la música instrumental o vocal que ha sido compuesta para acompañar una película u obra de teatro, en las que la música no es parte integral.   MÚSICA

incidente
1 Que incide o repercute: *rayo incidente.*   *adj.*
2 Cosa que sucede en el desarrollo de una acción o asunto, pero sin ser parte esencial: *la reunión se celebró con toda normalidad, sin que hubiera incidentes dignos de mención.*   *s.m.*
3 Cosa que sucede en el desarrollo de una acción o

asunto, interrumpiéndolo u obstaculizándolo: *una serie de incidentes impidió que el juicio se iniciara a la hora prevista.*
4 Pelea o enfrentamiento entre varias personas: *un grupo de extremistas provocó incidentes con las manifestantes.*   = *disputa*
5 Asunto distinto a la cuestión principal de un juicio, que surge en el desarrollo de un proceso judicial, y que guarda relación ya con el objeto del propio proceso, ya con la validez del procedimiento.   DERECHO

incidir
I (Del lat. *incidere < cadere,* caer.)
1 Causar una cosa un efecto en otra: *la inflación incide en el nivel de empleo.*   *v.intr./+ en*
= *repercutir*
2 Tocar una cosa la superficie de otra: *los rayos de luz inciden en el espejo.*   + *en*
3 Cometer una persona una falta o un error.
II (Del lat. *incidere < caedere,* cortar.)
1 Cortar una cosa clavando en ella un instrumento afilado, en especial un bisturí en la carne.   *v.tr.*
2 Grabar una cosa en otra.
3 Hacer un corte en el cuerpo.

incienso (Del lat. *incensum.*)
1 Resina gomosa que produce un olor agradable al quemarse y se suele utilizar en ceremonias religiosas.   *s.m.*
BOTÁNICA
2 Mezcla de sustancias resinosas que al arder producen un olor agradable.
3 Cosa que se dice o hace para alabar a una persona: *los inciensos que le prodigaban eran hipócritas y falsos.*   = *alabanza, halago*
4 Denominación común de varios árboles que producen resinas o aceites aromáticos, especialmente la planta burserácea de cuyo látex se extrae el incienso.   BOTÁNICA
5 **incienso hembra:** El que por incisión se le hace destilar al árbol.   BOTÁNICA
6 **incienso macho:** El que naturalmente destila el árbol.   BOTÁNICA

incierto, a
1 Que no es cierto: *es totalmente incierto lo que dices.*   *adj./= falso*
2 Que es dudoso o desconocido: *el banquero se encuentra en paradero incierto.*   = *inseguro*
3 Que es impreciso o borroso: *desde el valle contemplamos el incierto perfil de las montañas.*   = *vago*
≠ *preciso*

incinerable
1 Que puede ser incinerado.   *adj.*
2 Se aplica al billete de banco que se retira de la circulación para ser quemado.   ECONOMÍA

incineración
1 Acción y resultado de reducir a cenizas mediante el fuego: *incineración de desechos.*   *s.f.*
tb: *cineración*
2 Cremación de un cadáver.

incinerador, a Se aplica a la instalación o aparato que sirve para incinerar: *este humo procede de la planta incineradora de basuras.*   *adj/s.*

incinerar (Del lat. *incinerare,* volver ceniza.) Reducir a cenizas, especialmente un cadáver: *incineraron al famoso poeta y lanzaron sus cenizas al mar.*   *v.tr.*

incipiente (Del lat. *incipiens, -tis.*) Que está empezando a desarrollarse: *todavía no se afeita porque tiene una barba incipiente.*   *adj.*

íncipit (Del lat. *incipit.*) Expresión que se usa en las descripciones bibliográficas para hacer referencia a las primeras palabras que aparecen en un manuscrito o en un impreso antiguo.   *s.m.*
pl: *incipit*
tb: *incipit*

incircunciso, a Que no ha sido circuncidado: *reconocieron que no era judío porque era incircunciso.*   *adj.*

incircunscripto, a Que no está comprendido dentro de determinados límites.   *adj.*

incisión (Del lat. *incisio, -onis.*)
1 Acción y resultado de incidir o cortar: *la incisión en el tórax les costó mucho esfuerzo.*   *s.f.*
2 Hendidura poco profunda hecha con un instrumento cortante: *el cadáver presenta varias incisiones realizadas con bisturí.*   = *cisura, cisión, corte, cortadura*
3 Cesura en el verso.   POESÍA

incisivo, a
1 Que sirve para abrir o cortar: *el bisturí es un instrumento incisivo.*   *adj.*
2 Que es agudo o mordaz: *tiene un humor incisivo.*
3 Se aplica al diente que está situado en la parte anterior de la mandíbula y sirve para cortar los alimentos.   *adj/s.m.*
ANATOMÍA

inciso, a (Del lat. *incisus.*)
1 Que lleva incisiones o hendiduras: *cerámica incisa.*   *adj.*
2 Se aplica al estilo del escritor que se articula con cláusulas breves y sueltas o inconexas.   LITERATURA
3 Relato o comentario que se intercala en un discurso o en una conversación para explicar una cosa que está poco relacionada con el tema principal.   *s.m.*
= *digresión*
4 Miembro de un período gramatical que encierra un sentido parcial y que suele separarse de la oración principal por medio de comas, guiones o paréntesis.   GRAMÁTICA

incisorio, a Que corta o puede cortar: *utilizó las mejores cuchillas incisorias.* — adj.

incisura Término general de la nomenclatura anatómica para designar una indentación o depresión, situada principalmente sobre el borde del hueso o sobre otra estructura. — s.f. ANATOMÍA = cisura, escotadura

incitación
1 Acción y resultado de inducir o estimular a una persona a hacer una cosa. — s.f. = incitamiento
2 **incitación al delito:** Provocación a contravenir la ley. — DERECHO

incitador, a Que incita o estimula. — adj/s./= incitante

incitamiento Acción de inducir a una persona para que haga una cosa. — s.m.

incitante
1 Que incita o estimula. — adj.
2 Que provoca el deseo sexual: *con contoneos incitantes se alejó por el pasillo.* — = provocativo

incitar (Del lat. *incitare.*)
1 Estimular a una persona o a un animal para que haga una cosa: *incitó al perro para que atacara; les incitó a tomar las armas y rebelarse contra el gobierno.* — v.tr. = instigar
2 Excitar sexualmente: *con sus movimientos la bailarina incitaba a los hombres.*

incitativo, a Que incita o tiene la facultad de estimular. — adj/s.m. = incentivo

incívico, a Que está falto de cultura o educación. — adj.

incivil (Del lat. *incivilis.*)
1 Que no tiene civilidad o civismo. — adj./= incívico
2 Que es mal educado o descortés. — = grosero

incivilidad Falta de civilidad, civismo o educación. — s.f./≠ civismo

incivilizado, a
1 Falto de civilización: *las tribus incivilizadas poseen ritos ancestrales.* — adj.
2 Que es mal educado o descortés.

inclasificable Que no puede ser clasificado: *es un diseñador tan original que resulta inclasificable.* — adj. ≠ clasificable

inclaustración Ingreso en una orden monástica. — s.f./RELIGIÓN

inclemencia
1 Falta de clemencia y condescendencia: *es un juez severo y famoso por su inclemencia.* — s.f. ≠ clemencia
2 Dureza de algunos fenómenos atmosféricos que pueden ser destructores, especialmente en el invierno: *con esta capa de barniz las ventanas soportarán las inclemencias.*
3 **a la inclemencia:** Al aire libre: *pasó la noche a la inclemencia.* — loc.adv.

inclemente Que no tiene clemencia, en especial el tiempo: *este invierno ha sido inclemente.* — adj./= severo ≠ clemente

inclinación
1 Acción y resultado de inclinar o inclinarse. — s.f.
2 Desviación de un cuerpo respecto a la línea horizontal o vertical. — = ladeamiento
3 Afición a una cosa: *desde pequeño manifestó su inclinación por la pintura.* — = gusto
4 Tendencia o propensión a una cosa: *tiene inclinación a andar curvado.*
5 Sentimiento de cariño o amor por una persona o cosa: *siente una inclinación especial hacia uno de sus hijos.*
6 Movimiento hecho con la cabeza o el cuerpo hacia abajo en señal de reverencia o saludo.
7 **inclinación magnética:** Ángulo que forma con el plano horizontal una aguja imantada suspendida libremente por su centro de gravedad. — FÍSICA

inclinado, a Se aplica al plano cuando se refiere a la superficie plana y resistente, que forma ángulo agudo con el horizonte, y por medio de la cual se facilita la elevación o el descenso de pesos y otras cosas. — adj. MECÁNICA

inclinar (Del lat. *inclinare.*)
1 Poner una cosa torcida o separada de su posición vertical u horizontal: *inclinó el último libro para que sirviera de apoyo a los demás.* — v.tr./prnl. = ladear, torcer ≠ enderezar
2 Poner una parte del cuerpo más baja o hacia abajo: *se inclinó ante el monarca.* — v.tr./= predisponer ≠ resistir
3 Conseguir que una persona actúe de determinada manera: *le inclinó hacia unas opiniones más radicales.* — v.prnl./+ a = tender
4 Mostrar tendencia a hacer o pensar una cosa: *me inclino a pensar lo contrario.* — v.intr/prnl./+ a = parecerse
5 Ser una persona o una cosa parecida a otra: *se inclina a su madre por el color de los ojos.*

inclinativo, a Que inclina o puede inclinar. — adj.

inclinómetro Aparato que sirve para medir la inclinación de un vehículo con respecto al plano horizontal: *los vehículos todo-terreno suelen llevar el inclinómetro incorporado.* — s.m. TECNOLOGÍA

ínclito, a (Del lat. *inclitus.*) Que es ilustre y famoso. — adj./culto

incluir (Del lat. *includere.*)
1 Poner una cosa dentro de otra: *incluyo una carta en el paquete.* — v.tr./conj: huir part.tb: incluso

2 Llevar una cosa en sí a otra: *el menú incluye pan, vino y postre; en el catálogo se incluyen las biografías de los autores.* — + en, entre
3 Hacer que una persona forme parte de un conjunto o colectivo: *me incluyes en el grupo que hace la obra de teatro.* — = incorporar

inclusa (De *La Inclusa*, nombre de la casa de expósitos de Madrid.) Institución benéfica que acoge a los niños abandonados. — s.f. = orfanato

inclusero, a Que se cría o se ha criado en una inclusa u orfanato: *ocultaba su origen inclusero.* — adj/s. = expósito

inclusión
1 Acción y resultado de incluir: *su inclusión en nómina le sorprendió por lo inesperada.* — s.f.
2 Cosa que se incluye dentro de otra: *las inclusiones del relato no aportan nada nuevo.*
3 Partícula que altera las propiedades de un metal, aleación o medio cristalino. — MINERALOGÍA
4 Propiedad de un conjunto por la que todos sus elementos forman parte de otro conjunto. — MATEMÁTICAS

inclusive (Del bajo lat. *inclusive.*) Con inclusión, incluido: *el local permanecerá cerrado del 1 al 31 de enero, ambos inclusive.* — adv. ≠ exclusive

inclusivo, a Que incluye o puede incluir algo. — adj./≠ exclusivo

incluso, a (Part. irreg. de *incluir.*)
1 Que está incluido en otra cosa: *los párrafos inclusos son de carácter explicativo.* — adj.
2 Con inclusión de: *es buena, incluso mejor que la otra.* — adv.
3 También, además: *puedes llevártelo todo, e incluso el coche si quieres.*
4 Hasta, también: *me gustas tú y me gusta incluso tu madre; incluso tú puedes hacerlo.* — prep.

incoación Comienzo o apertura de un sumario, proceso o alguna otra actuación oficial. — s.f. DERECHO

incoar (Del lat. *inchoare.*) Hacer la primera gestión o trámite en un proceso, pleito o expediente. — v.tr/DERECHO = abrir

incoativo, a
1 Que indica el comienzo o principio de una cosa o acción. — GRAMÁTICA
2 Se aplica al verbo que denota el principio de una acción o el paso a un estado determinado. — GRAMÁTICA

incobrable Que no puede ser cobrado o recuperado: *este talón es incobrable, no tiene firma.* — adj. = irrecuperable

incoercible Que no puede ser reprimido o refrenado: *hemorragia incoercible.* — adj. ≠ coercible

incógnita
1 Causa o razón oculta de un hecho que se examina, teniendo curiosidad por saberla: *el autor del crimen es todavía una incógnita.* — s.f. = misterio
2 Cantidad desconocida que es preciso determinar para la resolución de un problema, en especial de una ecuación. — MATEMÁTICAS

incógnito, a (Del lat. *incognitus.*)
1 Que no se conoce: *el fugitivo se encuentra en un lugar incógnito.* — adj. = desconocido
2 Situación de ocultar a una persona su identidad: *firmó con un seudónimo porque quería mantener el incógnito.* — s.m. = anonimato
3 **de incógnito:** Sin ser reconocido, ocultando su identidad: *el famoso actor viaja de incógnito.* — loc.adv.

incognoscible (Del lat. *incognoscibilis.*) Que no se puede conocer: *cree que el origen del universo es incognoscible.* — adj. culto ≠ cognoscible

incoherencia
1 Acción o palabra que contradice a otra o no guarda con ella una relación lógica: *su discurso era un conjunto de incoherencias que no aclaraban en absoluto el tema.* — s.f. = incongruencia
2 Falta de coherencia y congruencia: *su actitud y sus convicciones están en franca incoherencia.* — ≠ coherencia

incoherente (Del lat. *incoherens, -ntis.*)
1 Que carece de coherencia y trabazón: *sus afirmaciones de ayer son incoherentes con sus postulados de hoy.* — adj./= inconexo ≠ coherente = incongruente
2 Se aplica a las frases o palabras que no presentan una relación lógica: *durante el delirio formulaba expresiones incoherentes.*
3 Se refiere a la persona y al comportamiento de la misma que no parecen normales o razonables.

íncola (Del lat. *incola.*) Habitante de un pueblo o lugar. — s.m. literario

incoloro, a Que no tiene color: *el agua es incolora, insípida e inodora.* — adj. = transparente

incólume (Del lat. *incolumis.*) Que no ha sido dañada o lesionado: *salió incólume del accidente.* — adj./culto = indemne

incolumidad Estado de la persona o cosa que no ha resultado dañada. — s.f.

incombustibilidad Propiedad que tienen algunos materiales y sustancias de ser resistentes al fuego. — s.f. ≠ combustibilidad

incombustible
1 Que no se puede quemar: *es un traje elaborado con un material incombustible.* — adj. = calorífugo
2 Que no se enamora con facilidad. — = desapasionado

3 Que no sufre el desgaste de un puesto o cargo: *es un político incombustible.*

incomerciable Que no puede ser objeto de comercio. — adj. ≠ comerciable

incomestible
1 Que no puede ser comido por causar daño al organismo: *algunas bayas son incomestibles.* — adj. ≠ comestible
2 Que no puede ser comido porque tiene mal sabor: *nos presentaron a la mesa unos platos muy bien presentados pero incomestibles.* — = incomible

incomible Que no puede ser comido, especialmente por tener mal sabor o estar mal preparado: *el guiso de cordero nos resultó incomible.* — adj. ≠ comible

incomodado, a Que está disgustado o molesto: *su demanda la sorprendió y la dejó incomodada.* — adj.

incomodar (Del lat. *incommodare.*)
1 Causar una cosa incomodidad o molestias a una persona: *se incomoda al ir de visita; la incomodan las obligaciones sociales.* — v.tr./prnl. = fastidiar
2 Hacer que una persona se enfade: *se incomodó por lo que le dijiste; cualquier pequeñez los incomodaba, y luego costaba serenarlos.* — = disgustar, enfadar

incomodidad
1 Falta de comodidad: *prefiero pagar un hotel a soportar la incomodidad de una tienda de campaña.* — s.f./= incomodo ≠ comodidad
2 Molestia física: *las azafatas se disculparon por las incomodidades del vuelo.* — = inconveniente

incomodo Molestia, fastidio: *no es para mí ningún incomodo llevarle las maletas.* — s.m. = incomodidad

incómodo, a
1 Que no es confortable o cómodo: *es un sofá original pero incómodo.* — adj. ≠ cómodo
2 Que molesta o disgusta: *siempre me encuentro en situaciones incómodas.* — = molesto

incomparable
1 Que no permite comparación: *sus éxitos son incomparables con sus fracasos.* — adj. ≠ incomparado
2 Que no puede ser comparado por ser muy excepcional o muy diferente: *paisajes de belleza incomparable.* — = incontrastable, inigualable

incomparablemente Sin comparación, mucho: *resulta incomparablemente mejor.* — adv.

incomparecencia Falta de asistencia a un acto o a un lugar al que hay obligación de presentarse: *su incomparecencia retrasará el proceso.* — s.f.

incompartible Que no puede ser compartido. — adj.

incompasivo, a Que no tiene compasión: *nada conmovía al incompasivo capitán.* — adj. = incompasible

incompatibilidad
1 Falta de armonía o imposibilidad de coexistencia entre cosas o personas: *el crítico de arte mencionó la incompatibilidad de los materiales usados en la obra.* — s.f. ≠ compatibilidad
2 Imposibilidad legal para ejercer determinada función o para ocupar dos o más puestos a la vez. — DERECHO
3 Imposibilidad de que un sistema de ecuaciones pueda ser verificado por un mismo sistema de valores de las incógnitas. — MATEMÁTICAS
4 Circunstancia de que una materia de estudio no pueda ser aprobada sin antes haber aprobado otra determinada.
5 Falta de acomodación de un sistema informático a otro. — INFORMÁTICA
6 **incompatibilidad de caracteres:** Oposición de carácter que dificulta la convivencia entre los cónyuges y que constituye un motivo legal para el divorcio. — DERECHO

incompatible
1 Que no es compatible: *tu carácter y el mío son incompatibles.* — adj.
2 Se aplica al sistema de ecuaciones que no pueden ser verificadas por el mismo sistema de valores de las incógnitas. — MATEMÁTICAS
3 Se refiere al sistema informático que no se acomoda con otro. — INFORMÁTICA

incompensable Que no puede ser compensado: *su pérdida a tan tierna edad era incompensable.* — adj.

incompetencia
1 Falta de competencia o de autoridad para resolver un asunto: *pregonaba sus habilidades para ocultar su incompetencia y su falta de seguridad en sí misma.* — s.f. ≠ eficacia, competencia
2 Ineptitud o torpeza en el desempeño de un cargo o en la realización de un trabajo. — = incapacidad ≠ aptitud

incompetente
1 Que no tiene competencia: *es un organismo incompetente para tomar esa decisión.* — adj. ≠ competente
2 Que no tiene capacidad o aptitud para realizar una cosa: *es incompetente para el trabajo.* — adj/s.m.f. = incapaz

incomplejo, a Que no tiene trabazón ni coherencia: *la eliminación de aquellos elementos hizo que el texto quedase incomplejo.* — adj. tb: incomplexo

incompleto, a
1 Que no está completo o terminado: *al morir dejó su obra incompleta.* — adj. = inacabado
2 Se refiere a la flor que carece de algún verticilo floral. — BOTÁNICA

incomplexo, a (Del lat. *incomplexus.*) Que está desunido y sin trabazón ni coherencia. — adj. tb: incomplejo

incomponible Que no puede ser conciliado o concordado. — adj. tb: incomposible

incomportable Que no puede ser tolerado por ser muy grave: *le despidió por provocar una situación incomportable.* — adj. = insoportable

incomposibilidad Imposibilidad o dificultad de reconciliar o de armonizar a dos personas o dos cosas entre sí. — s.f. = incompatibilidad

incomposible Que no puede ser conciliado o concordado. — adj. tb: incomponible

incomposición Falta de armonía entre las partes que componen una cosa. — s.f.

incomprehensibilidad Imposibilidad de que una cosa sea entendida o comprendida. — s.f./tb: incomprensibilidad

incomprehensible Que no puede ser comprendido o entendido. — adj. tb: incomprensible

incomprendido, a
1 Que no se comprende o entiende. — adj.
2 Se aplica a la persona cuyos méritos no han sido debidamente apreciados. — adj/s.

incomprensibilidad Imposibilidad de que una cosa sea entendida o comprendida: *la incomprensibilidad de su discurso se debió más a la ignorancia de los oyentes que a la trabazón del mismo.* — s.f. tb: incomprehensibilidad = ininteligibilidad

incomprensible Que no puede ser comprendido o entendido: *su perorata fue incomprensible para los asistentes.* — adj./tb: incomprehensible + a, para

incomprensión Falta de comprensión: *la incomprensión del artista se refleja en su obra.* — s.f. ≠ comprensión

incomprensivo, a Que no quiere comprender por ser poco tolerante: *es muy incomprensivo con su hermano.* — adj. ≠ comprensivo

incompresibilidad Imposibilidad de que una cosa sea comprimida o reducida a menor volumen. — s.f. ≠ compresibilidad

incompresible Que no puede ser comprimido o reducido a menor volumen. — adj.

incomunicabilidad Imposibilidad de que una cosa sea comunicada. — s.f. ≠ comunicabilidad

incomunicable Que no puede ser comunicado. — adj.

incomunicación
1 Acción y resultado de incomunicar o incomunicarse. — s.f.
2 Falta de comunicación o de diálogo: *la incomunicación entre los cónyuges fue la raíz del divorcio.*
3 Aislamiento temporal de procesados o testigos, acordado por los jueces. — DERECHO

incomunicado, a
1 Que está aislado o sin comunicación: *vive en un lugar totalmente incomunicado.* — adj.
2 Se refiere al preso que está encarcelado y sometido al régimen de aislamiento total. — adj/s. DERECHO

incomunicar
1 Privar de comunicación a personas o cosas: *incomunicaron al detenido y le prohibieron las visitas.* — v.tr. conj: sacar
2 Separarse una persona del trato y comunicación con otras: *el pintor se incomunica para crear sus obras.* — v.prnl. ≠ relacionarse

inconcebible Que no puede ser concebido o comprendido: *es para mí inconcebible que no censures su actitud y que, por el contrario, la aplaudas.* — adj. = incomprensible

inconciliable Que no puede ser conciliado: *sus posturas son inconciliables, a pesar de que el fin que persiguen sea el mismo.* — adj. = incompatible

inconcino, a (Del lat. *inconcinnus.*) Que está desordenado o desarreglado. — adj. literario

inconcluso, a Que no ha sido acabado: *con los incidentes el acto quedó inconcluso.* — adj. = inacabado

inconcreto, a Que no es concreto: *no puedes escribir una noticia basándote en inconcretos rumores.* — adj./= vago, impreciso

inconcusamente Con seguridad, sin oposición ni disputa. — adv.

inconcuso, a (Del lat. *inconcussus,* firme, inatacable.) Que no admite duda ni contradicción: *nadie puede negar la verdad inconcusa.* — adj. = cierto, evidente

incondicional
1 Que no implica condiciones o restricciones: *se le exige al enemigo una rendición incondicional.* — adj.
2 Que es totalmente partidario de una persona o una idea: *soy un admirador incondicional de este cantante.* — adj/s.m.f.

inconducente Que no conduce a ningún fin: *no comprendo por qué defiendes esta estrategia, es inconducente a todas luces.* — adj.

inconexión Falta de conexión: *la inconexión de ideas hará fracasar su argumentación.* — s.f.

inconexo, a Que no tiene conexión o relación: *no es más que una serie de frases inconexas.* — adj. / ≠ conexo

inconfesable Que no se confiesa por temor a ser censurado: *escribo mis deseos y pensamientos más inconfesables.* — adj. / ≠ confesable

inconfeso, a Se aplica al reo que no ha confesado el delito que se le imputa. — adj. / DERECHO

inconfidente Que no es fiel, seguro o de confianza: *durante años estuvo convencida de que abandonaría su inconfidente actitud.* — adj. / = sospechoso / ≠ confidente

inconforme Que no está de acuerdo con lo decidido o establecido: *el contrato está inconforme con la normativa vigente.* — adj/s.m.f. / = disconforme / ≠ conforme

inconformidad Falta de conformidad: *alabó la inconformidad del intelectual ante la situación.* — s.f.

inconformismo Falta de conformidad o de adaptación a los valores sociales, morales o políticos establecidos: *es proverbial el inconformismo de los jóvenes.* — s.m. / ≠ conformismo

inconformista Que no está de acuerdo con los valores establecidos o no se adapta a ellos: *les han salido unos hijos muy inconformistas.* — adj/s.m.f. / ≠ conformista

inconfortabilidad Falta de comodidad que ofrece aquello que no proporciona confort: *el mayor defecto de este coche es su alto grado de inconfortabilidad.* — s.f. / ≠ confortabilidad

inconfortable Que no proporciona confort: *el nuevo sofá es feo e inconfortable.* — adj./= incómodo / ≠ confortable

inconfundible Que no puede ser confundido por ser completamente diferente a las demás cosas de su género: *el estilo del escritor es inconfundible.* — adj. / = propio, distinto / ≠ confundible

incongruencia 1 Falta de congruencia o de relación lógica entre dos cosas: *la incongruencia de su hipótesis desconcertó al auditorio.* 2 Acciones o palabras incongruentes respecto a otras: *basaba su estilo narrativo en las incongruencias de la mente delirante.* — s.f. / ≠ congruidad

incongruente 1 Se aplica a la obra o acción que no tiene correspondencia o congruencia entre las partes que la componen o con otra cosa distinta: *sus conclusiones son incongruentes con sus tesis.* 2 Que se comporta de modo que sus actos no se corresponden o relacionan unos con otros: *un político incongruente; ¡qué incongruente eres!* — adj. / = incoherente, inconexo / ≠ coherente / = incoherente

incongruidad Falta de congruencia o de relación lógica entre dos cosas. — s.f. / ≠ congruencia

incongruo, a Se refiere a las partes que no guardan conformidad con el todo o entre ellas. — adj. / = incongruente

inconmensurabilidad Imposibilidad de que una cosa sea medida: *la inconmensurabilidad de su amor.* — s.f. / ≠ mensurabilidad

inconmensurable (Del lat. *incommensurabilis*.) Que no puede ser mensurado o medido por ser excepcional: *una inconmensurable bandada de pájaros cayó sobre la isla.* — adj.

inconmovible Que no se conmueve o altera: *su rostro permaneció inconmovible ante las malas noticias.* — adj. / = imperturbable

inconmutabilidad Imposibilidad de ser conmutada o cambiada una cosa por otra: *existía una cierta inconmutabilidad en los cargos.* — s.f. / = impermutabilidad

inconmutable (Del lat. *incommutabilis*.) Que no puede ser conmutado o cambiado. — adj.

inconocible Se aplica a la persona desconocida por haber sufrido un cambio en su manera de ser. — adj./Amér. Central y Merid.

inconquistable 1 Que no puede ser conquistado: *el ejército se enfrentaba a un territorio inconquistable.* 2 Que no cede ante ruegos o adulaciones. — adj. / = inexpugnable / = firme

inconsciencia Falta de conciencia, conocimiento o prudencia: *en estado de inconsciencia; por su inconsciencia acabó en comisaría.* — s.f. / ≠ conciencia

inconsciente 1 Que se hace sin auténtico dominio de la voluntad: *apartar la mano del fuego al sentir el calor es un acto inconsciente.* 2 Que se comporta sin conocimiento de lo que hace y de sus posibles resultados: *sólo un inconsciente puede conducir a esas velocidades.* 3 Que ha perdido el conocimiento: *recibió un fuerte golpe en la cabeza y se quedó inconsciente durante un rato.* 4 Conjunto de fenómenos síquicos de los que ser el individuo no tiene conciencia. — adj. / = reflejo / ≠ deliberado / adj/s.m.f. / ≠ irreflexivo / ≠ consciente / adj. / ≠ consciente / s.m. / SICOLOGÍA

inconsecuencia 1 Actitud del inconsecuente: *la inconsecuencia de sus actos hará que le pierdan el respeto.* 2 Acciones o palabras incoherentes propias de un inconsecuente: *tamaña inconsecuencia no es propia de una persona responsable.* — s.f.

inconsecuente 1 Se aplica a la conducta o enunciado que no se deduce, por lógica, de otro u otros: *una afirmación inconsecuente con sus convicciones; una conducta inconsecuente para sus amigos.* 2 Que no actúa conforme a sus principios o ideas: *no pienso votar a un partido político inconsecuente.* — adj. / + en, con, para / = ilógico / adj/s.m.f. / = incoherente

inconsideración Falta de consideración o respeto: *es maleducado y trata a sus padres con inconsideración.* — s.f. / = desconsideración

inconsiderado, a 1 Que no ha sido considerado o meditado: *han adoptado una medida inconsiderada que traerá consecuencias.* 2 Que se comporta con desconsideración o descortesía: *no seas tan inconsiderado y compórtate más amablemente.* — adj. / ≠ irreflexivo / adj/s. / ≠ considerado

inconsistencia 1 Falta de consistencia: *el muro se derrumbó por la inconsistencia de los materiales usados.* 2 Falta de fundamento: *no pudo defender su teoría porque se basa en argumentos de gran inconsistencia.* — s.f. / ≠ consistencia

inconsistente 1 Que no tiene consistencia o solidez: *es un tejido inconsistente que se rasga con facilidad.* 2 Que no tiene fundamento o seriedad: *el abogado presentó pruebas inconsistentes que no demostraban nada.* — adj. / = frágil / = fútil

inconsolable (Del lat. *inconsolabilis*.) Que no puede consolarse o es difícil de consolar: *tras la muerte de sus padres estaba depresivo e inconsolable.* — adj. / = afligido, triste

inconstancia Falta de constancia: *nunca adelgazarás si sigues los regímenes con inconstancia.* — s.f. / ≠ constancia

inconstante Que no es constante: *es inconstante en sus ideas, cada vez vota a un partido distinto.* — adj./= mudable, variable

inconstitucional Que no se ajusta a lo establecido en la constitución. — adj. / = anticonstitucional

inconstitucionalidad Carácter de lo que no se ajusta a lo establecido en la constitución: *apeló al tribunal por la inconstitucionalidad de la resolución.* — s.f. / = anticonstitucionalidad

inconsútil Que no tiene costura, en especial la túnica de Jesucristo. — adj. / culto

incontable 1 Que no puede ser contado por ser muy numeroso: *es incontable el número de coches que salen de la ciudad cada fin de semana.* 2 Que no puede ser referido por considerarse grave o inconveniente. — adj. / = innumerable

incontaminado, a Que no tiene contaminación: *aspiraban a vivir en una ciudad limpia e incontaminada.* — adj. / = puro

incontenible Que no puede ser contenido o reprimido: *tengo una sed incontenible.* — adj. / = irreprimible

incontestabilidad Imposibilidad de que una cosa sea replicada o discutida: *me preocupaba la incontestabilidad de sus rigurosas propuestas.* — s.f. / = indiscutibilidad

incontestable Que no puede ser contestado o rebatido: *sus argumentos son sólidos e incontestables.* — adj. / = irrefutable

incontinencia 1 Inclinación irrefrenable a la satisfacción de los deseos, vicios o placeres: *su incontinencia en el beber le provoca problemas de salud.* 2 Incapacidad para retener la orina o los excrementos. — s.f. / ≠ continencia / MEDICINA

incontinente I (Del lat. *in continenti*, en continuo.) Pronto, al instante. II (Derivado de *contener*.) 1 Que no es capaz de contener sus deseos o pasiones: *estaba impaciente por verla y demostrarle su amor incontinente.* 2 Que padece incontinencia y es incapaz de controlar la expulsión de la orina y de los excrementos. — adv. / = incontinenti / adj. / = lujurioso / ≠ continente / adj/s.m.f. / MEDICINA

incontinenti (Del lat. *in continenti*, en continuo.) Al instante, pronto: *le dio resolución incontinenti.* — adv. / culto

incontinuo, a Que está interrumpido y no tiene continuidad. — adj. / ≠ continuo

incontrastable 1 Que no puede ser contrastado o discutido: *se basa en una verdad incontrastable.* 2 Que no puede ser vencido o conquistado. 3 Que no se deja convencer: *mantuvo un incontrastable optimismo ante tan extrema situación.* — adj. / = indiscutible / = imbatible / = obstinado

incontrito, a Que no está arrepentido. — adj./= impenitente

incontrolable Que no se puede controlar: *su hambre voraz es incontrolable.* — adj. / ≠ controlable

incontrolado, a Que no actúa con control, orden o sujeción: *las masas incontroladas; máquina incontrolada; unos incontrolados rompieron escaparates.* — adj. / = descontrolado

incontrovertible Que no puede ser controvertido o negado por ser muy evidente: *sus respuestas eran incontrovertibles.* — adj. / = indiscutible

inconvencible Que no puede ser convencido con facilidad.
adj.
≠ convencible

inconveniencia
1 Carácter de aquellas cosas que no convienen o no interesan, por cualquier razón: *hablamos de la conveniencia o inconveniencia de hacerlo.*
s.f.
≠ conveniencia

2 Acciones o palabras inoportunas, indiscretas o molestas: *hablarle de su hijo recién fallecido ha sido una inconveniencia.*
= impertinencia

3 Disconformidad o desacuerdo con alguna cosa: *mostró algunas inconveniencias para la realización del proyecto.*

inconveniente
1 Que es desacertado o inoportuno: *no vengas a la recepción vestido de forma inconveniente.*
adj.

2 Obstáculo que dificulta la realización de una cosa: *solicité el pago aplazado y no me pusieron inconvenientes.*
s.m.
= impedimento

3 Aspecto desfavorable de la realización de una cosa: *vivir lejos de la ciudad tiene sus ventajas y sus inconvenientes.*
= desventaja
≠ ventaja

inconversable Que es intratable e insociable.
adj.

inconvertible Que no se puede transformar.
adj./≠ convertible

incoordinación Falta de la coordinación normal de dos o más funciones o de los movimientos musculares.
s.f.
MEDICINA

incordia Aversión o antipatía hacia las personas o las cosas.
s.f./*Colomb.*

incordiar Causar una persona o una cosa molestias o fastidio: *este niño me incordia; los ruidos incordian.*
v.tr/intr.

incordio (Del bajo lat. *antecordium*, delante del corazón.)
1 Persona o cosa molesta o desagradable: *tu hijo es un incordio; es un incordio que ahora llueva.*
s.m./coloquial, despectivo

2 Buba, tumor blando.
MEDICINA

incorporación
1 Acción y resultado de incorporar o incorporarse.
s.f.
2 Unión de dos o más cosas en un todo homogéneo.
= agregamiento
3 Destinación de un funcionario.

incorporar (Del lat. *incorporare*.)
1 Unir una cosa a otra o varias cosas entre sí de modo que formen un todo homogéneo: *incorporó la sal en el guiso.*
v.tr.
= añadir
≠ separar

2 Levantar la mitad superior del cuerpo de una persona tumbada para quedar sentado o reclinado: *se incorporó al oír el grito.*
v.tr/prnl.
≠ recostar

3 Determinar el cuerpo o unidad en que debe prestar servicio un funcionario: *me incorporaron a hacienda.*
= integrar

4 Entrar a formar parte de una asociación o un grupo o participar en una actividad: *se incorporó a la huelga.*
v.prnl.
= integrárse

incorporeidad Condición de incorpóreo, que no tiene cuerpo: *la incorporeidad del alma.*
s.f.

incorpóreo, a Que no tiene cuerpo: *los espíritus son seres incorpóreos.*
adj.
= inmaterial

incorrección
1 Falta de corrección en la conducta, las acciones o las palabras: *la incorrección de la frase es de tipo semántico.*
s.f.

2 Acción o palabras poco educadas o groseras: *le espetó una incorrección por respuesta.*

incorrecto, a
1 Que no se ajusta a la norma o al modelo: *has construido una frase incorrecta; sus apreciaciones suelen ser incorrectas.*
adj.
= erróneo
≠ correcto

2 Que no se ajusta a las normas sociales: *tu comportamiento en la mesa ha sido completamente incorrecto.*
= descortés
≠ cortés

incorregibilidad
1 Imposibilidad de que una cosa que está mal hecha o que tiene un defecto sea corregida.
s.f.
≠ corregibilidad

2 Imposibilidad de disuadir a una persona de sus costumbres o inclinaciones: *el tutor destacó la incorregibilidad de la conducta de aquel niño tan rebelde.*
≠ corregibilidad

incorregible
1 Que no puede ser corregido: *la miopía es incorregible.*
adj.
2 Se aplica a la persona que es difícil de corregir o disuadir: *es una tardona incorregible.*
= recalcitrante

incorrupción
1 Estado de una cosa que no se corrompe: *las leyendas hablan de la incorrupción del cuerpo del héroe.*
s.f.

2 Estado de quien no ha sido corrompido o sobornado: *pongo en duda la incorrupción de los políticos.*

incorruptibilidad
1 Propiedad de un organismo que impide que se corrompa: *entendían como milagro la incorruptibilidad de las reliquias.*
s.f.
≠ corruptibilidad

2 Capacidad de una persona para no dejarse sobornar o corromper moralmente: *no dudo de la incorruptibilidad de este juez.*
≠ corruptibilidad

incorruptible
1 Que no se puede corromper: *el cuerpo humano no es incorruptible.*
adj.
= inalterable

2 Que no puede ser corrompido o pervertido: *es un juez justo e incorruptible.*
= íntegro, honesto

incorrupto, a (Del lat. *incorruptus*.)
1 Que no se ha corrompido: *la leyenda asegura que hallaron el cuerpo incorrupto del santo.*
adj.

2 Que no ha sido corrompido o sobornado: *funcionario incorrupto.*

increado, a Que no ha sido creado, especialmente aplicado a Dios y sus atributos.
adj.

incredibilidad Imposibilidad de que una cosa o una persona sea creída: *puso de relieve la incredibilidad de una noticia.*
s.f.
≠ credibilidad

incredulidad
1 Dificultad en creer una cosa: *leo las predicciones del futuro con una cierta incredulidad.*
s.f.
= escepticismo

2 Falta de creencia o fe religiosa.

incrédulo, a (Del lat. *incredulus*.)
1 Que no se cree las cosas con facilidad: *no seas incrédulo, te ha tocado la lotería, te lo juro; era una persona desconfiada e incrédula.*
adj/s.
= desconfiado
≠ crédulo

2 Que no tiene fe religiosa.
≠ creyente

increíble
1 Que no puede ser creído: *sus constantes excusas ya resultan increíbles para sus superiores.*
adj./+ a, para
≠ creíble

2 Que es extraordinario o poco corriente: *es increíble la cantidad de dinero que gana al mes.*
= impresionante

increíblemente Mucho, en gran medida: *tu hermana es increíblemente guapa.*
adv.

incrementar Hacer una cosa más grande o importante: *la venta se ha incrementado últimamente gracias a los cambios del mercado.*
v.tr/prnl.
= aumentar

incremento (Del lat. *incrementum*.)
1 Acción y resultado de incrementar o incrementarse.
s.m.

2 Aumento, parte incrementada: *ha habido un incremento de capital de cien millones.*

3 Se aplica al morfema que se añade a la base o raíz de una palabra.
GRAMÁTICA

increpación Reprimenda severa o llamada de atención dirigida a una persona en público: *se quedó en albis y no supo responder a su increpación.*
s.f.

increpador, a Que increpa: *le dirigió una mirada increpadora que la dejó helada.*
adj/s.

increpar (Del lat. *increpare*.)
1 Reñir a una persona duramente: *nos increpó severamente por haber reaccionado así.*
v.tr.

2 Dirigir insultos a una persona.

incriminación Acción y resultado de incriminar o atribuir a alguien un delito o culpa: *las investigaciones demostraron la falsedad de la incriminación.*
s.f.

incriminar
1 Atribuir un delito o una falta graves a una persona: *le incriminaron del homicidio.*
v.tr.

2 Presentar la culpa de una persona exageradamente: *incriminó el insulto y le llamó injuria.*
= acriminar

incruento, a (Del lat. *incruentus*.) Que se produce sin derramamiento de sangre: *los revolucionarios defienden el ataque sorpresa e incruento.*
adj.
≠ cruento

incrustación
1 Acción y resultado de incrustar.
s.f.

2 Cosa incrustada: *el marco de madera lleva incrustaciones de ébano y marfil.*

3 Procedimiento decorativo que consiste en engastar en una materia otra distinta, generalmente más preciosa o de más valor.

4 Tipo de bordado en el que se recorta la tela que queda por debajo del motivo aplicado.
TEXTIL

5 Depósito de sustancias sólidas que deja el agua cargada de sales calcáreas.
s.f.pl.
GEOLOGÍA

incrustante Que incrusta: *aguas incrustantes.*
adj.

incrustar (Del lat. *incrustare*.)
1 Introducir una cosa en una superficie lisa y dura, formando dibujos para que sirvan de adorno: *incrustaba las piedras preciosas en el cofre.*
v.tr.
= engastar

2 Cubrir la superficie de una cosa con una costra dura.

3 Poner un encaje o una tela en otra.
TEXTIL

4 Fijar una idea en la mente de una persona: *le incrustó la nueva doctrina; se incrustó esta idea en su cabeza.*
v.tr/prnl.
= grabar

5 Quedar una cosa fuertemente adherida a otra: *la hiedra se incrusta en los huecos de la pared.*
v.prnl.

6 Entrar una cosa en otra con violencia sin que lleguen a mezclarse: *la bala se incrustó en la puerta.*
= empotrarse

incubación
1 Acción y resultado de incubar.
s.f.

2 Proceso de desarrollo de una enfermedad desde que un agente infeccioso se introduce en el organismo hasta que se manifiestan los primeros síntomas: *la incubación ha resultado mucho más larga de lo que se esperaba.*
MEDICINA

3 Período de tiempo durante el cual el embrión se desarrolla dentro del huevo.
BIOLOGÍA

4 incubación artificial: Procedimiento para comunicar calor a los huevos, para facilitar su desarrollo, sin intervención de las aves. — BIOLOGÍA

incubadora
1 Urna de cristal acondicionada donde los niños nacidos antes de tiempo o en circunstancias anormales permanecen para facilitar el desarrollo de sus funciones orgánicas: *nació a los siete meses y pasó varias semanas en la incubadora.* — s.f. MEDICINA
2 Aparato o local que sirve para la incubación artificial: *en la incubadora han logrado aumentar la producción de polluelos.* — BIOLOGÍA

incubar (Del lat. *incubare*, empollar.)
1 Ponerse el ave sobre los huevos para darles calor y asegurar su desarrollo: *la hembra incuba los huevos mientras el macho consigue el alimento.* — v.tr. ZOOLOGÍA tb: encobar
2 Dar calor artificial a los huevos para acelerar su desarrollo.
3 Preparar un asunto secretamente: *los conjurados incubaban su complot con mucho cuidado.*
4 Desarrollarse una enfermedad hasta que empiezan a manifestarse sus efectos: *incubó el cólera mientras recorrían el país; el virus del sida se incuba durante varios años.* — v.tr/prnl. MEDICINA
5 Prepararse o iniciarse el desarrollo de una tendencia ideológica o religiosa: *el surrealismo se incubó bajo la renovación de diversos campos científicos.* — v.prnl.

íncubo (Del lat. *incubus*, el que se echa sobre alguien.) Se aplica al demonio que tiene, bajo apariencia de hombre, trato carnal con una mujer. — adj/s.m. OCULTISMO

incuestionable Que no puede ser cuestionado por ser muy claro o evidente: *su ineptitud en el trabajo es incuestionable.* — adj. = innegable

inculcación
1 Acción de fijar firmemente en alguien unas ideas o unos sentimientos determinados: *la inculcación de los valores se da en las primeras décadas de la vida.* — s.f.
2 Acción de apretar o apretarse una cosa contra otra.
3 Aproximación excesiva de unas letras con otras. — ARTES GRÁFICAS

inculcar (Del lat. *inculcare*, hacer penetrar.)
1 Grabar una idea o un sentimiento en la mente de una persona: *le inculcaba sus ideas políticas.* — v.tr. conj: *sacar*
2 Apretar una cosa contra otra: *todas las piezas se inculcan bien.* — v.tr/prnl.
3 Poner unas letras demasiado juntas con otras. — ARTES GRÁFICAS
4 Tener empeño en conseguir una cosa: *se inculcó en su propósito de hacer ese viaje.* — v.prnl. + en/se obstinarse

inculpación Atribución a una persona de una culpa, delito o falta: *la opinión pública consideraba injusta la inculpación.* — s.f. = acusación

inculpado, a Que está acusado de una culpa, delito o falta: *el inculpado entró en la sala ante la expectación general.* — adj. ≠ exculpado

inculpar (Del lat. *inculpare*.) Atribuir una culpa o delito a una persona: *el acusado inculpó a dos personas más en el secuestro.* — v.tr. ≠ exculpar

incultivable Se aplica al terreno que no reúne las condiciones necesarias para ser cultivado. — adj./AGRICULTURA ≠ cultivable

inculto, a (Del lat. *incultus*.)
1 Que no tiene cultura: *aunque sea inculto no me dejo tomar el pelo.* — adj. ≠ culto
2 Se aplica al estilo de hablar o escribir que es grosero y vulgar: *su prosa inculta pretende reflejar el habla del campo.* — = tosco
3 Se refiere al terreno que no se ha cultivado: *había grandes extensiones incultas por toda la región.* — = yermo ≠ cultivado

incultura
1 Falta de cultura: *la incultura y la ignorancia son osadas.* — s.f.
2 Falta de cultivo.

incumbencia Circunstancia de corresponder a una persona una acción, función o responsabilidad: *este asunto no es de tu incumbencia.* — s.f.

incumbir (Del lat. *incumbere*, dedicarse a algo.) Ser una cosa obligación o responsabilidad de una persona: *esta tarea ya no me incumbe a mí.* — v.intr. = competer

incumplido, a
1 Que no se ha cumplido: *pacto imcumplido.* — adj./= desacatado
2 Que no cumple o que no paga. — ≠ cumplido
3 Que no cumple con sus compromisos. — = informal

incumplimiento Falta de cumplimiento de una obligación: *ha sido castigado por incumplimiento de las normas.* — s.m.

incumplir Dejar de cumplir una cosa: *ha incumplido su palabra.* — v.tr. ≠ cumplir

incunable (Del fr. *incunable* < lat. *incunabula*, el origen de la imprenta.) Se aplica a las ediciones de libros hechas desde la invención de la imprenta hasta el año 1500. — adj/s.m.

incurable
1 Que no se puede curar: *enfermo incurable; el sida es actualmente una enfermedad incurable.* — adj./= insanable, terminal/≠ curable
2 Que es difícil de corregir o enmendar: *es una mentirosa incurable, pero ya verás cómo le ponemos remedio.* — = incorregible
3 Que es difícil de curar: *enfermedad incurable.* — ≠ curable
4 Que no tiene remedio: *tiene un incurable afán de poder.* — = irremediable
5 Que no tiene enmienda: *jugador incurable.* — = empedernido

incuria (Del lat. *incuria*.) Dejadez, falta de cuidado, atención o limpieza en sí mismo o en sus actos: *hace su trabajo mal y con incuria.* — s.f. = desidia

incurioso, a Que es descuidado o negligente. — adj/s.

incurrimiento Acción de incurrir, caer en una falta por culpa o error. — s.m.

incurrir (Del lat. *incurrere*, correr hacia, meterse en.)
1 Cometer una acción merecedora de castigo o corrección: *incurrió en error al afirmar que Juan estuvo aquel día en su casa.* — v.intr. part.tb: incurso + en
2 Hacer una persona una cosa que provoca o por la que merece el castigo, la ira o el desprecio de otra: *con su conducta incurrió en el desprecio de sus amigos.* — + en
3 Entrometerse en un asunto: *le molestaba que Pedro incurriese siempre en su trabajo.* — + en
4 Cometer una persona una falta sancionada por un texto legal: *incurrió en el artículo doce del código penal.* — + en

incursión
1 Penetración de un grupo armado en un territorio ajeno, quebrantando la paz: *varios comandos subversivos hicieron una incursión en la finca del gran hacendado.* — s.f. MILITAR = correría
2 Acción de incurrir.

incusar (Del lat. *incusare*.) Atribuir un delito a una persona. — v.tr. = acusar

incuso, a (Del lat. *incusus*.) Se aplica a la moneda o medalla que tiene en la cara el hueco y en el reverso el relieve de un mismo cuño. — adj.

indagación Acción y resultado de indagar: *el detective seguía con sus indagaciones.* — s.f. = averiguación

indagador, a Que indaga. — adj/s.

indagar (Del lat. *indagare*, investigar.) Hacer todo lo necesario para saber una cosa: *indagan las causas del asesinato.* — v.tr. conj: *pagar*

indagatoria Declaración que se toma al presunto acusado de haber cometido un delito sin que éste preste juramento. — s.f. DERECHO

indagatorio, a Que se utiliza para indagar. — adj.

indantreno Sustancia química en forma de polvo azul que se utiliza para blanquear el algodón. — s.m. QUÍMICA

indar Azada, herramienta agrícola. — s.m./AGRICULTURA

indebidamente
1 Sin que se deba hacer: *jugó indebidamente en otro equipo; hace las cosas indebidamente y luego se queja.* — adv.
2 Mal, sin razón ni justicia: *un ejercicio indebidamente corregido.*

indebido, a
1 Que no se puede hacer por ser injusto o injustificado: *hacía un uso indebido de su poder.* — adj. = ilícito
2 Que no es debido o apropiado: *consideró el pago como indebido.*

indecencia
1 Falta de decencia: *la criticaban por la indecencia de su conducta; su falta de decoro e indecencia no me sorprenden.* — s.f. ≠ decencia
2 Acción o palabra indecente o indecorosa: *estos hechos son una indecencia.* — = indecentada

indecente
1 Que se comporta con indecencia, sin seguir la moral establecida o las buenas costumbres: *lo echaron de la sala por haber gestos indecentes y vulgares.* — adj. = indecoroso ≠ decente
2 Que está muy sucio y desordenado: *tenía la casa indecente.* — ≠ limpio
3 Que es vil o despreciable: *me parece indecente que todavía haya hambre en el mundo.*

indecible
1 Que no puede ser dicho o pronunciado: *esta serie de consonantes seguidas son indecibles para mí.* — adj./= inexpresable ≠ decible
2 Que no es apto para decirse o explicarse: *son indecibles las confesiones que me hizo.* — = inexplicable
3 Que no puede ser expresado por su magnitud o intensidad. — = extraordinario
4 **lo indecible:** Muchísimo: *sufrió lo indecible con él hasta que murió.* — loc.adv.

indecisión Falta de decisión: *necesita la ayuda de sus amigos para salir de su indecisión.* — s.f. = duda

indeciso, a (Derivado del lat. *decisus*, part. de *decidere*.)
1 Que duda o está inseguro: *está indeciso sobre qué estudios seguir; parece indecisa en resolver el conflicto.* — adj/s./+ en = dudoso
2 Que no ha sido decidido o resuelto: *la aceptación del presupuesto todavía sigue indecisa.* — adj. ≠ determinado

indeclinable
1 Que se debe cumplir: *obligación indeclinable; responsabilidad indeclinable.* — adj. = ineludible
2 Se aplica a la jurisdicción que no se puede declinar. — DERECHO
3 Se refiere a la palabra que no tiene declinación gramatical: *los adverbios, preposiciones y conjunciones son indeclinables.* — GRAMÁTICA

indecoro Falta de decoro. — s.m./≠ decoro

indecoroso, a Que no tiene decoro: *acudió a la fiesta con un traje indecoroso.* — adj./= grosero, indecente

indefectibilidad Imposibilidad de que una cosa falte, falle o deje de ocurrir. — s.f. = infalibilidad

indefectible Que no puede faltar o dejar de suceder: *es indefectible que recurra al insulto; lucía las indefectibles insignias.* — adj. = inevitable

indefendible Que no puede ser defendido o justificado: *los actos vandálicos son indefendibles.* — adj./tb: indefensible ≠ defendible

indefensable Que no se puede defender o justificar: *posición indefensable; argumentos indefensables.* — adj. tb: indefensible

indefensión
1 Estado del que está indefenso: *en su texto destacó la indefensión de los civiles ante los bombardeos.* — s.f.
2 Situación en que queda la parte litigante cuando se le niegan o limitan contra ley sus medios de defensa. — DERECHO

indefenso, a (Del lat. *indefensus.*) Que no tiene medios de defensa: *el ciudadano está indefenso ante la agresión.* — adj. = desprotegido

indeficiente Que no puede faltar. — adj.

indefinible Que no puede definirse por ser vago o impreciso: *una indefinible sensación de temor la invadió.* — adj. = confuso

indefinición Falta de definición: *la indefinición de sus argumentos da lugar a la duda.* — s.f. = imprecisión

indefinido, a
1 Que no está definido ni precisado: *desde el pueblo contemplamos los contornos indefinidos de la sierra.* — adj./= desdibujado ≠ definido
2 Que no tiene límite o plazo conocido o señalado: *le han hecho un contrato por tiempo indefinido.* — = ilimitado ≠ definido
3 Se aplica a la proposición que no tiene signos que la determinen. — LÓGICA
4 Se refiere al adjetivo que determina el nombre de modo impreciso o general. — GRAMÁTICA
5 Se aplica al pronombre con referencia significativa imprecisa. — GRAMÁTICA
6 Se refiere al pretérito perfecto simple, tiempo verbal que expresa acción perfectiva anterior al momento en que se hace la enunciación. — GRAMÁTICA
7 Se dice de las piezas florales cuyo número es indeterminado y no es fijo. — BOTÁNICA
8 Se aplica a las inflorescencias sin flor terminal y cuyo eje podría crecer sin parar: *el racimo de uva es una inflorescencia indefinida.* — BOTÁNICA

indeformable Que no se puede deformar: *es una botella de plástico indeformable.* — adj. ≠ deformable

indehiscencia Estado del órgano vegetal que no se abre de manera espontánea. — s.f. BOTÁNICA

indehiscente Se aplica al órgano vegetal que no se abre espontáneamente. — adj./BOTÁNICA ≠ dehiscente

indeleble (Del lat. *indelebilis.*)
1 Que no se puede borrar: *escribió el documento con tinta indeleble.* — = imborrable
2 Se aplica al carácter que algunos sacramentos imprimen a quien los recibe. — RELIGIÓN

indelegable Se refiere al cargo o al oficio que no puede ser delegado a otra persona. — adj.

indeliberación Falta de deliberación o reflexión. — s.f.

indeliberado, a Que se hace sin deliberación ni reflexión: *un gesto indeliberado mostró su cansancio.* — adj./= irreflexivo ≠ deliberado

indelicadeza
1 Falta de delicadeza o cortesía: *su indelicadeza molestó a los presentes.* — s.f. ≠ delicadeza
2 Acción o palabras propias de una persona no delicada: *eso que has hecho me parece una indelicadeza por tu parte.* — s.f. ≠ delicadeza

indelicado, a Que no tiene delicadeza: *irse sin avisar fue muy indelicado por tu parte.* — adj.

indemne (Del lat. *indemnis.*) Que no ha sufrido daño: *el accidente fue muy grave pero ella salió indemne.* — adj. = ileso, intacto

indemnidad Estado de lo que está indemne o exento de daño: *la indemnidad del edificio tras el terremoto nos ha sorprendido.* — s.f.

indemnización
1 Acción y resultado de indemnizar a una persona o entidad por un daño o perjuicio que se le ha causado. — s.f.
2 Cantidad de dinero u otra cosa con que se indemniza a una persona o entidad: *ni tan siquiera pudieron cobrar la indemnización tras el despido.*

indemnizar (Del fr. *indemniser.*) Pagar una cantidad de dinero o dar otra cosa a una persona o entidad por un daño que se le ha causado: *te indemnizaron los* — v.tr/prnl. conj: *cazar* + de, por

cristales rotos; les indemnizó por las pérdidas de la inversión.

indemorable Que no puede ser demorado: *mi viaje a Japón es indemorable.* — adj. = inaplazable

indemostrable (Del lat. *indemonstrabilis.*) Que no puede ser demostrado: *los fenómenos parasicológicos son indemostrables.* — adj. = inexplicable

independencia
1 Falta de dependencia: *vive solo y goza de una total independencia.* — s.f. ≠ dependencia
2 Situación del estado o el individuo que goza de libertad y autonomía: *fueron encarcelados por luchar por la independencia de su país.*

independentismo Movimiento político o militar que propugna la independencia de un territorio. — s.m. POLÍTICA

independentista
1 Del independentismo: *un joven leyó el manifiesto independentista.* — adj. POLÍTICA
2 Que es partidario del independentismo. — adj/s.m.f./POLÍTICA

independiente
1 Que tiene independencia: *es un organismo independiente del gobierno; es independiente en sus acciones y opiniones.* — adj. = libre
2 Que se comporta con independencia.
3 Que sostiene sus derechos y opiniones sin pertenecer a ningún partido o ideología: *entró en el gobierno como independiente.* — = autónomo ≠ dependiente
4 Se refiere al trabajador que ejerce una actividad que organiza libremente. — = autónomo
5 Se aplica a las variables en las que la probabilidad de que una de ellas ocurra es la misma, tanto si las demás ocurren como si no. — ESTADÍSTICA
6 Con independencia: *desde los veinte años vive independiente.* — adv.

independizar Hacer a una persona, un territorio o una cosa independiente: *algunos territorios jamás se independizarán; se ha independizado de su familia.* — v.tr/prnl. conj: *cazar* = emancipar

inderogabilidad Imposibilidad de que una cosa sea derogada o abolida. — s.f. ≠ derogabilidad

inderogable Que no puede ser derogado: *orden inderogable.* — adj./= irrevocable ≠ derogable

indescifrable Que no puede o es difícil de ser descifrado: *se ha encontrado una inscripción indescifrable.* — adj. = incomprensible

indescriptible Que no se puede describir por grande o impresionante: *los reporteros de guerra viven situaciones indescriptibles.* — adj. = inexpresable ≠ descriptible

indesdoblable Que no se puede desdoblar. — adj.

indeseable (Del ingl. *undesirable*, indeseable.)
1 Se aplica a la persona cuyo trato o presencia no son deseados por sus cualidades negativas: *su tío era un indeseable metido en contrabando y trapicheos.* — adj/s.m.f. = despreciable
2 Se refiere al extranjero cuya permanencia en un país no es deseada por las autoridades de éste.

indeseado, a Que por su condición no es deseado, ni digno de trato: *a veces nos toca vivir situaciones indeseadas.* — adj. ≠ deseado

indesignable Que es imposible o difícil de señalar: *la cantidad de estrellas hace que el avión sea indesignable en el cielo.* — adj. = innombrable ≠ designable

indesmallable Se refiere al tejido que no forma carreras al soltarse los puntos de su trama. — adj. TEXTIL

indestructibilidad Imposibilidad de que una cosa sea destruida: *la indestructibilidad de la materia.* — s.f. ≠ destructibilidad

indestructible Que no puede ser destruido: *se enfrentaban a un ejército indestructible.* — adj. = firme, invencible

indeterminable Que no se puede determinar: *las consecuencias del terremoto son todavía indeterminables.* — adj. ≠ determinable

indeterminación
1 Falta de determinación o decisión sobre una cosa: *no hay nada peor que la indeterminación a la hora de resolver un problema.* — s.f. ≠ determinación
2 Carácter de un fenómeno que no depende de otro. — FILOSOFÍA

indeterminado, a
1 Que no está determinado, definido o precisado: *un indeterminado número de agentes vigilaban la entrada al congreso.* — adj. = incierto, impreciso
2 Que se comporta con indecisión. — = indeciso
3 Que no implica determinación.
4 Se aplica al término que expresa una noción que no está en relación con circunstancias definidas. — LINGÜÍSTICA
5 Se aplica a un sistema de ecuaciones en el que el número de variables es superior al de ecuaciones independientes y que, por lo tanto, admite infinitas soluciones. — MATEMÁTICAS

indeterminismo Doctrina filosófica que introduce el azar en la explicación de los hechos y defiende que todo acto de la voluntad es totalmente espontáneo y libre sin que esté determinado necesariamente. — s.m. FILOSOFÍA ≠ determinismo

indeterminista
1 Del indeterminismo. — adj./FILOSOFÍA
2 Que es partidario del indeterminismo. — adj/s./FILOSOFÍA

indevoción Falta de devoción. — s.f./≠ devoción

indevoto, a
1 Que no tiene devoción. — adj./≠ devoto
2 Que no siente afecto o simpatía por una persona o — ≠ devoto
una cosa: *indevoto del presidente.*

indexación
1 Recopilación y ordenamiento de datos e informa- — s.f.
ciones para elaborar índices con ellos. — ESTADÍSTICA
2 Procedimiento de ajuste mediante el cual una va- — ESTADÍSTICA
riable es modificada automáticamente en función de
un índice determinado.

indexar
1 Poner el índice en una publicación. — v.tr./= indizar
2 Realizar una indexación de variables. — ESTADÍSTICA

india Se usa en la expresión **estar en la India** para in- — s.f.
dicar la abundancia y las riquezas que parece presen-
tar una situación.

indiada
1 Grupo numeroso de indios. — s.f.
2 Acción propia de indios.
3 Salvajada o atrocidad realizada por una o varias — Amér.
personas. — despectivo

indiana Tela de lino o algodón estampada por un — s.f.
solo lado: *las indianas antiguas se pintaban a mano.* — TEXTIL

indianismo
1 Estudio de las lenguas, literatura y cultura del sub- — s.m.
continente indio.
2 Expresión o construcción propias de cualquiera de — LINGÜÍSTICA
las lenguas habladas en la India que se usan en otra
lengua.
3 Movimiento político e ideológico de los indios lati- — POLÍTICA
noamericanos, que surgió por oposición al indigenismo integrador y que reivindica la identidad de los
pueblos amerindios.

indianista Persona dedicada al estudio de las len- — s.m.f.
guas, literatura y cultura del subcontinente indio.

indiano, a
1 Del continente americano. — adj/s.
2 Se aplica al emigrante que volvía rico de América:
los indianos fueron envidiados por todo el país.

indicación
1 Señal o información que sirve para indicar una cosa: — s.f.
debes respetar las indicaciones de las señales de tráfico.
2 Acción y resultado de indicar.
3 Observación hecha para corregir o aconsejar a una
persona: *me dio algunas indicaciones para mi trabajo.*
4 Propuesta o consulta que se hace acerca de una — Chile
cosa.
5 **indicación de procedencia**: Forma de propiedad
industrial como derecho privativo de alguna localidad o comarca, cuyos productos son famosos por sus
características peculiares.

indicado, a Que es apropiado o conveniente: *tenemos* — adj.
que encontrar una música indicada para esta obra de tea- — = adecuado
tro.

indicador, a
1 Que indica: *chocó contra un poste indicador.* — adj/s.m.
2 Dispositivo que sirve para indicar: *el indica-* — s.m.
dor de velocidad señalaba los 200 km/h.
3 Sustancia que revela por cambios de color carac- — QUÍMICA
terísticos, el grado de acidez o basicidad de las soluciones.
4 **indicador económico**: Cifra representativa de la — ECONOMÍA
situación económica para un período determinado.

indicar (Del lat. *indicare.*)
1 Dar a entender una cosa con indicios y señales: *esta* — v.tr.
luz indica que le falta agua al coche. — conj: *sacar*
2 Dar consejo sobre una cosa o una persona: *me indi-*
có que fuera vestido de etiqueta.
3 Informar a una persona el camino o dirección que
debe tomar para ir a un determinado lugar: *el guardia*
me indicó que debía ir a la derecha.
4 Señalar un determinado medicamento para el trata- — MEDICINA
miento eficaz de una enfermedad.

indicativo, a
1 Que indica o sirve para indicar: *la señal indicativa* — adj/s.m.
nos informó del camino.
2 Se aplica al modo verbal característico de las ora- — GRAMÁTICA
ciones enunciativas en las que se transmite básicamente información objetiva, sin aportar ningún tipo
de matices.

índice (Del lat. *index, -icis*, indicador, lista.)
1 Indicio o señal de alguna cosa. — s.m.
2 Lista de las materias y capítulos en un libro.
3 Relación de los libros que hay en una biblioteca. — = catálogo

4 Manecilla de un reloj o de otro instrumento graduado, como un barómetro o termómetro.
5 Indicador de las horas en un reloj de sol. — = gnomon
6 Número o letra que indica el grado de una raíz. — MATEMÁTICAS
7 Magnitud de una determinada variable medida en — ESTADÍSTICA
términos cuantitativos: *ha aumentado el índice del coste*
de la vida.
8 Número que indica la proporción de una sustancia.
9 Catálogo de los libros que la Iglesia católica prohí- — RELIGIÓN
be o manda corregir.
10 Se aplica al dedo segundo de la mano, entre el — adj/s.m.
pulgar y el corazón. — ANATOMÍA
11 **índice cefálico**: Relación entre la anchura y la — ANATOMÍA
longitud máxima del cráneo.
12 **índice de cotizaciones**: El que muestra el precio — ECONOMÍA
de una serie seleccionada de acciones.
13 **índice de precios al consumo**: Valor que expresa — ECONOMÍA
las variaciones del precio de bienes y servicios durante un período de tiempo respecto de otros anteriores.
14 **índice de refracción**: Número que representa la — ÓPTICA
relación constante entre los senos de los ángulos de
incidencia y refracción.

indiciado, a Que es sospechoso de haber cometido — adj/s.
un delito.

indiciador, a Que indicia. — adj/s.

indiciar
1 Ser una cosa indicio de otra. — v.tr.
2 Sospechar una persona una cosa por indicios o
señales.
3 Dar a entender una cosa a una persona.

indiciario, a De los indicios o que se deriva de indi- — adj.
cios.

indicio (Del lat. *indicium*, indicación.)
1 Suceso o cosa que permite conocer o deducir la — s.m.
existencia de otra: *no hay indicios de asesinato, parece* — = prueba,
un suicidio. — señal
2 Primera manifestación de un suceso o pequeña — = asomo
cantidad de una cosa: *los altercados fueron los indicios*
de la posterior revolución.
3 **indicios vehementes**: Indicios que equivalen a — DERECHO
prueba semiplena, dada su consistencia o significación.

indicioso, a Que sospecha. — adj.

índico, a (Del lat. *indicus.*)
1 De las Indias orientales. — adj.
2 Del océano Índico. — GEOGRAFÍA
3 Se aplica a una región biogeográfica que abarca — ECOLOGÍA
parte de Asia, al sur del Himalaya, y una porción del
archipiélago malayo.

indiferencia
1 Actitud del que no siente inclinación ni rechazo — s.f.
respecto de una persona o una cosa: *manifestó su indi-* — ≠ interés,
ferencia hacia las dos opciones. — preferencia
2 Fríaldad, desapego en el trato con las personas y en — = desdén
la relación con las cosas: *me trata con indiferencia.*

indiferenciado, a
1 Que no se diferencia o que no tiene caracteres dife- — adj.
renciados. — = igual
2 Se aplica a la célula o tejido que conserva los carac- — BIOLOGÍA
teres embrionarios y no manifiesta diferenciación.

indiferente (Del lat. *indifferens, -ntis.*)
1 Que no muestra preferencia por una cosa u otra. — adj.
2 Que no resulta de especial interés para una persona — = indistinto
y que puede elegirse el modo de hacerlo: *es indiferente* — ≠ preferible
hacerlo a mano o a máquina.
3 Que no despierta deseo, afecto o interés en otra
persona: *él y su compañero me son indiferentes.*
4 Que no se emociona, apasiona o conmueve: *es indi-* — = egoísta, frío
ferente a la miseria. — ≠ sensible
5 Que no cambia: *la sangre de algunos animales es indi-*
ferente al cambio de temperatura.

indiferentismo Indiferencia, especialmente en asun- — s.m.
tos de religión o de política.

indígena (Del lat. *indigena < inde*, allí + *genitus*, en- — adj/s.m.f.
gendrado.) Que es originario de un determinado pue- — = aborigen,
blo o país; en especial las tribus consideradas primi- — nativo
tivas.

indigencia Pobreza, falta de medios para vivir: *aban-* — s.f./= miseria
donada por todos se hallaba en la indigencia absoluta. — ≠ abundancia

indigenismo
1 Estudio de la cultura de los pueblos indígenas ame- — s.m.
ricanos. — SOCIOLOGÍA
2 Doctrina social y movimiento que defiende reivin- — POLÍTICA,
dicaciones políticas, sociales y económicas para las — SOCIOLOGÍA
clases trabajadoras de indios y mestizos de los países
hispanoamericanos.
3 Expresión o construcción propia de la lengua indí- — LINGÜÍSTICA
gena que se usa en la lengua invasora.

indigenista
1 Del indigenismo. — adj.
2 Que es partidario del indigenismo. — adj/s.m.f.

indigente (Del lat. *indigens, -ntis*, necesitado.) Que no tiene lo necesario para vivir. — adj/s.m.f. = pobre

indigestarse
1 No sentar bien una comida, producir indigestión: *se me indigestó el pimiento.* — v.prnl.
2 No ser una persona o una cosa del agrado de una persona: *Juan se me ha indigestado.*
3 Hacerse una materia de estudio o un trabajo difícil para una persona.

indigestible Que es difícil de digerir. — adj.

indigestión Malestar producido por una dificultosa digestión de los alimentos: *después del régimen se dio un atracón de dulces y estuvo postrado en cama con indigestión.* — s.f. MEDICINA

indigesto, a
1 Que es difícil de digerir: *ha preparado una comida muy indigesta.* — adj.
2 Que no se ha digerido.
3 Que es antipático o intratable.
4 Que es confuso y desordenado.

indigete De un pueblo ibérico de la Hispania prerromana que habitaba en la parte este de Gerona. — adj/s.m.f. HISTORIA

indignación Enfado violento con una persona o cosa: *sólo pensar lo que ha sucedido me produce indignación; no pudo reprimir su indignación ante la evidente incompetencia del jurado.* — s.f. ≠ aprobación

indignante Que indigna. — adj.

indignar (Del lat. *indignari*.) Enfadar mucho a una persona: *me indignan las injusticias; se indignó con sus tonterías; nos indignamos contra el comité organizador; no niegues que te indignaste por el trato que nos dieron.* — v.tr/prnl. tb: indinar + contra, de, por

indignidad
1 Calidad de lo que es indigno: *la indignidad de la miseria absoluta.* — s.f.
2 Acción indigna o despreciable que se comete en perjuicio de alguien. — = canallada

indigno, a
1 Que no es digno o apropiado: *es un sueldo indigno para ese trabajo.* — adj/tb: indino = inadecuado
2 Que no es merecedor de una cosa: *es indigno de ese tratamiento honorífico.* — ≠ digno
3 Que es despreciable: *con sus actos demuestra ser una persona indigna.* — = vil, ruin

índigo (Del lat. *indicus*, de la India.)
1 Añil, arbusto leguminoso. — s.m./BOTÁNICA
2 Sustancia colorante azul, que se extrae de los tallos y las hojas de este arbusto.

indiligencia Falta de diligencia y de cuidado. — s.f./≠ diligencia

indino, a
1 Que no es digno. — adj.
2 Que es travieso y descarado.

indio, a
I (Derivado de *India*.)
1 De la India, país del sur de Asia. — adj./tb: indo
2 Persona natural de la India. — s.
3 Se refiere a los pobladores autóctonos de América.
4 Se aplica al gallo de pelea que tiene la pechuga negra y el plumaje colorado. — adj. Cuba
5 **hacer el indio** Hacer tonterías: *harto de esperar, el niño no dejaba de hacer el indio.* — coloquial
II (Derivado de *índigo*.)
1 De color azul. — adj.
2 Metal parecido al estaño, más fusible y volátil, de color blanco brillante, blando y maleable. — s.m. QUÍMICA

indiófilo, a Que simpatiza con la historia, cultura y costumbres de los pueblos americanos indígenas. — adj/s. SOCIOLOGÍA

indirecta Cosa que se dice o se hace sin mostrar claramente su significado, pero dándolo a entender: *le lanzó una indirecta pero ella no lo entendió.* — s.f. = insinuación

indirecto, a (Del lat. *indirectus*.)
1 Que se dirige a un fin dando un rodeo. — adj./≠ directo
2 Se aplica al objeto o complemento gramatical en que recae indirectamente la acción verbal o directamente el significado conjunto del verbo y el complemento directo. — GRAMÁTICA

indiscernible Que no puede ser discernido o distinguido. — adj.

indisciplina Falta de disciplina o de obediencia: *fue castigado por su indisciplina.* — s.f. ≠ disciplina

indisciplinable Que es difícil de someter a disciplina: *le internaron en un colegio porque era un niño indisciplinable.* — adj.

indisciplinado, a Que se comporta con indisciplina: *aprendieron el oficio por su cuenta, eran unos trabajadores indisciplinados.* — adj. ≠ disciplinado

indisciplinar
1 Hacer que una persona se niegue a obedecer a un superior o a sujetarse a la disciplina establecida: *el impago de los sueldos indisciplinó a los trabajadores.* — v.tr. ≠ disciplinar

2 Negarse a obedecer una persona a otra o romper la disciplina establecida. — v.prnl. ≠ someterse

indiscreción
1 Falta de discreción: *demostró su indiscreción al contarle mis secretos.* — s.f. ≠ discreción
2 Acción o palabras propias de quien es indiscreto.

indiscreto, a
1 Que no tiene discreción: *no le cuentes nada porque es muy indiscreto.* — adj/s. ≠ discreto
2 Que se hace sin discreción: *no pienso responder las preguntas indiscretas.* — adj. = inoportuno

indiscriminado, a Que se hace sin selección o distinción: *los ataques indiscriminados han provocado víctimas entre la población civil.* — adj. = indistinto

indisculpable Que no puede ser disculpado por considerarse muy grave: *no te perdonaré porque tus actos son indisculpables.* — adj. = inexcusable ≠ disculpable

indiscutible Que no puede ser discutido por ser muy evidente: *es una verdad indiscutible.* — adj. ≠ discutible

indisociable Que no se puede disociar: *el derecho y el deber son conceptos indisociables.* — adj./= inseparable ≠ disociable

indisolubilidad Cualidad de indisoluble: *la indisolubilidad de ciertas sustancias en el agua; la indisolubilidad del matrimonio.* — s.f. ≠ solubilidad

indisoluble (Del lat. *indisolubilis*.)
1 Que no se puede disolver. — adj./≠ disoluble
2 Que no puede ser desunido o separado: *el matrimonio católico es indisoluble.*

indispensabilidad Imposibilidad de poder prescindir de la cosa de que se trate: *no discutas la indispensabilidad de reformar el proyecto.* — s.f.

indispensable
1 Que es imprescindible o necesario: *tu presencia en el acto es indispensable.* — adj.
2 Que no puede ser dispensado o excusado. — = inexcusable

indisponer
1 Hacer que una persona se lleve mal o se enemiste con otra: *se indispone con todo el mundo porque tiene muy mal carácter.* — v.tr/prnl. conj: poner + contra, con
2 No dejar que una cosa se realice como está prevista: *nuestra boda se indispuso.*
3 Padecer una persona una indisposición. — v.prnl.

indisposición
1 Enfermedad leve y pasajera. — s.f.
2 Falta de disposición y de preparación para una cosa. — ≠ disposición

indispuesto, a
1 Que tiene una alteración leve de la salud: *se sintió indispuesto y se fue a su casa.* — adj.
2 Que está enemistado con una persona: *está indispuesto con una persona.* — = enfadado

indisputable Que no puede ser disputado o discutido por considerarse claro o evidente. — adj. = indiscutible

indistinción Imposibilidad de ser distinto o distinguible: *la indistinción de los colores en la oscuridad.* — s.f. ≠ distinción

indistinguible
1 Que no puede ser distinguido: *los indistinguibles sonidos del murciélago.* — adj. ≠ claro
2 Que es difícil de distinguir: *los indistinguibles matices de la composición.* — ≠ perceptible

indistinto, a (Del lat. *indistinctus*.)
1 Que no se distingue de otra cosa. — adj.
2 Que resulta indiferente: *es indistinto ir a tu casa o a la mía.*
3 Que no se percibe con claridad. — = impreciso
4 Se aplica a la cuenta corriente de dos o más personas, a la que puede tener acceso cualquiera de ellas.

individual
1 Del individuo: *derechos y deberes individuales.* — adj./≠ colectivo
2 Que está destinado a una sola persona: *he reservado una habitación individual.*

individualidad
1 Circunstancia de constituir un ser completo y separado de una especie o género. — s.f.
2 Rasgo o característica particular de una persona o cosa que la distingue de las demás. — = particularidad

individualismo
1 Tendencia a pensar y actuar con independencia de los demás, sin sujetarse a ninguna norma: *su individualismo difícilmente le ayudará a ser un buen trabajador en equipo.* — s.m. SICOLOGÍA, SOCIOLOGÍA
2 Sistema filosófico que considera al individuo como el fundamento y el fin de todas las leyes y relaciones morales y políticas. — FILOSOFÍA
3 Doctrina política que defiende la libertad de acción del individuo, sin la intervención del estado. — POLÍTICA

individualista
1 Del individualismo. — adj.
2 Que es partidario del individualismo. — adj/s.m.f.

3 Que se comporta con individualismo: *la rechazó por individualista.*

individualizar
1 Atribuir a un ser características que lo distinguen de los demás de su especie. — v.tr./conj: cazar = individuar ≠ generalizar
2 Concretar en un solo individuo una cosa que es común o afecta a varios: *no individualices, todos somos responsables de lo que ha pasado.*

individuar
1 Tratar de una cosa con particularidad respecto de otras. — v.tr. conj: actuar
2 Determinar los individuos comprendidos en una especie que es peculiaridades.

individuo, a (Derivado del lat. *dividuus*, divisible.)
1 Persona cuyo nombre y condición se ignoran o no se quieren decir: *un individuo sospechoso pasea por la calle.* — s. despectivo = tipo
2 Cada uno de los seres, animal o vegetal, respecto de la especie a la que pertenece. — s.m. = espécimen
3 Que no se puede dividir. — adj./= indivisible
4 Que afecta o está dispuesto para un solo individuo. — = individual

indivisibilidad Calidad de lo que no puede ser dividido: *la supuesta indivisibilidad de la materia.* — s.f. ≠ divisibilidad

indivisible
1 Que no se puede dividir: *bienes indivisibles.* — adj.
2 Se aplica al número que no puede ser dividido exactamente por otro. — MATEMÁTICAS

indivisión
1 Estado de lo que no ha sido dividido. — s.f.
2 Régimen de posesión en común de ciertos bienes. — DERECHO

indiviso, a Que no está dividido en partes: *la herencia permanece indivisa.* — adj.

indización
1 Elaboración de un índice. — s.f.
2 Recopilación y ordenamiento de datos e informaciones para elaborar índices con ellos. — = indexación

indizar
1 Hacer una relación de las materias contenidas en un libro. — v.tr./conj: cazar = indexar
2 Inscribir o anotar datos e informaciones ordenadamente para elaborar un índice con ellos.

indo- Componente de palabra procedente del lat. *indus* y que significa indio: *indoario; indoeuropeo.* — pref.

indo, a De la India. — adj./s.

indoario, a Se aplica a las lenguas indoeuropeas actualmente habladas en la India. — adj./s.m. LINGÜÍSTICA

indochino, a
1 De la península de Indochina, en el sudeste asiático. — adj.
2 Persona natural de esta península. — s.

indócil (Del lat. *indocilis.*) Que no tiene docilidad: *es un niño indócil y rebelde.* — adj. = desobediente

indocilidad Falta de docilidad: *su indocilidad dificulta su educación.* — s.f. ≠ docilidad

indocto, a Que no tiene instrucción o educación: *indoctas como eran y nos intentaron desbaratar el razonamiento.* — adj. = inculto

indocumentado, a
1 Que no tiene o no lleva documentos para identificarse: *llevaron el cadáver indocumentado al depósito.* — adj./s.
2 Se aplica a la persona que no tiene cultura o carece de conocimientos básicos. — = ignorante
3 Que no está recogido o mencionado en ningún documento. — adj.

indoeuropeo, a
1 Se aplica a la familia de lenguas que se extiende por casi toda Europa, desde donde se ha propagado a otros continentes. — adj./s.m. LINGÜÍSTICA
2 Lengua hipotética que constituiría el tronco común de esta familia lingüística. — s.m. LINGÜÍSTICA
3 Se refiere a un conjunto de sociedades que ocuparon el sudeste europeo desde las estepas asiáticas. — adj. HISTORIA
4 Persona perteneciente a una de estas sociedades. — s./HISTORIA

indogermánico Indoeuropeo, lengua hipotética. — s.m./LINGÜÍSTICA

indoiranio, a Se aplica a la familia de lenguas indoeuropeas que está compuesta por las lenguas indias e iránicas. — adj. LINGÜÍSTICA

índole (Del lat. *indoles.*)
1 Modo de ser y de comportarse propio y natural de una persona. — s.f.
2 Naturaleza y calidad de una cosa: *nuestro problema es de índole económica; se trata de una cuestión de índole delicada.*

indolencia
1 Actitud impasible, que no se afecta o conmueve: *su economía de gestos es muestra de su indolencia.* — s.f.
2 Actitud indolente, negligente o perezosa: *es de una indolencia muy mediterránea.* — ≠ vivacidad
3 Ausencia de dolor.

indolente (Del lat. *indolens, -tis*, que no siente dolor.)
1 Que no se conmueve o afecta. — adj.

2 Que no hace cosas por pereza: *cada día se muestra más indolente y pasivo.* — = perezoso
3 Que no duele.

indoloro, a Que no produce dolor: *es una intervención sencilla, rápida e indolora.* — adj. ≠ doloroso

indomabilidad
1 Imposibilidad de ser domado o hacerse dócil: *la indomabilidad de ciertas fieras.* — s.f.
2 Carácter o modo de ser de las personas indomables o que no se someten fácilmente.
3 Imposibilidad o dificultad de ser moldeado o trabajado.

indomable
1 Se aplica a los animales que no se pueden domar. — adj./≠ domable
2 Que es difícil de someter o dominar: *es un chaval indomable; siempre fue rebelde e indomable.* — = rebelde
3 Que resulta difícil de trabajar o moldear: *este barro es duro e indomable.* — ≠ manejable

indomado, a Que no está domado. — adj.

indomesticable
1 Que no puede ser domesticado: *hay infinidad de animales indomesticables.* — adj. = salvaje
2 Se aplica a la persona que es difícil de dominar o someter. — = rebelde

indomesticado, a Que no está domesticado o vive en estado salvaje. — adj. ≠ domesticado

indoméstico, a Que está sin domesticar: *animal indoméstico.* — adj. ≠ domesticado

indómito, a (Del lat. *indomitus.*)
1 Que no está o no puede ser domado o domesticado. — adj.
2 Que es difícil de someter o reprimir. — adj./s.

indonésico, a
1 De Indonesia, país del sudeste asiático. — adj./= indonesio
2 Persona natural de este país. — s./= indonesio

indonesio, a
1 De Indonesia, estado insular de Asia. — adj./= indonésico
2 Persona natural de Indonesia. — s./= indonésico
3 Se aplica a la familia de lenguas que pertenece al tronco malayopolinésico y se habla principalmente en las islas del sudeste asiático. — adj./s.m. LINGÜÍSTICA

indormía Maña o arbitrio para hacer una cosa. — s.f./Colomb., Venez.

indostanés, a
1 Del Indostán, región de la India. — adj./tb: indostano
2 Persona natural de esta región. — s.

indostaní
1 Del Indostán, región de la India donde la lengua hindi es la más usual. — adj./s.m.f. pl.tb: indostaníes
2 Lengua indoaria hablada en la India y Pakistán. — s.m./LINGÜÍSTICA

indotación Falta de dotación o de asignación de cosas o personas. — s.f. ≠ dotación

indotado, a (Del lat. *indotatus.*) Que no está dotado o no tiene una cosa: *está indotado de sensibilidad.* — adj. ≠ dotado

indubitable Indudable, que no merece duda. — adj./culto

indubitado, a (Del lat. *indubitatus.*) Que no admite duda: *documento indubitado.* — adj. = indudable

inducción (Del lat. *inductio, -onis.*)
1 Incitación dirigida a alguien para que haga una cosa determinada, especialmente para que cometa un delito, un error o un acto censurable. — s.f. = influjo, instigación
2 Razonamiento por el cual se obtienen leyes generales a partir de la observación de casos particulares. — LÓGICA
3 Primer período del efecto de la anestesia. — MEDICINA
4 **inducción electromagnética:** Producción de una carga o una corriente eléctrica por la variación de una corriente próxima o mediante un imán. — ELECTRICIDAD

inducido, a
1 Que se produce por inducción: *ha sido un parto inducido.* — adj. = provocado
2 Circuito que gira en el campo magnético de una dínamo en el cual se origina una corriente por efecto de su rotación. — s.m. ELECTRICIDAD

inducir (Del lat. *inducere.*)
1 Provocar, persuadir o mover a una persona a hacer o creer una cosa: *le indujo a robar; sus palabras inducen a error.* — v.tr. conj: conducir + a
2 Pensar de modo que a partir de la observación de los casos particulares se llega a la formulación de una ley.
3 Producir un cuerpo electrizado fenómenos eléctricos en otro situado a cierta distancia. — ELECTRICIDAD

inductancia Oposición que presenta al paso de la corriente eléctrica alterna un conductor. — s.f. ELECTRICIDAD

inductividad Capacidad de las corrientes de intensidad variable para crear corrientes inducidas. — s.f. ELECTRICIDAD

inductivo, a (Del lat. *inductivus*, inductivo.)
1 Que procede por inducción: *método inductivo.* — adj.
2 De la inducción.

inductor, a
1 Que induce a otro a hacer algo, en especial el que induce a cometer un delito: *se ha descubierto quién fue el inductor del crimen.* — adj/s.
2 Circuito que produce la inducción magnética. — s.m.

indudable (Del lat. *indubitabilis.*) Que no admite duda: *lo que dices es indudable, no tienes que demostrármelo.* — adj. = evidente, seguro

indulgencia (Del lat. *indulgentia,* miramiento.)
1 Actitud dispuesta a perdonar o disculpar los errores ajenos: *le perdonó su olvido con la indulgencia acostumbrada.* — s.f. ≠ severidad
2 Perdón de los pecados o de la pena temporal debida por ellos, en la Iglesia católica. — RELIGIÓN
3 **indulgencia parcial:** La que perdona una parte de la pena. — RELIGIÓN
4 **indulgencia perpetua:** La que se concede para siempre. — RELIGIÓN
5 **indulgencia plenaria:** Aquella que perdona la pena en su totalidad: *el papa de Roma concede indulgencias plenarias.* — RELIGIÓN
6 **indulgencia temporal:** La que se concede por un plazo de tiempo determinado. — RELIGIÓN

indulgenciar Dar o conceder la Iglesia una indulgencia a una persona. — v.tr.

indulgente (Del lat. *indulgens, -entis.*) Que tiene una predisposición a perdonar o disculpar las penas o los errores: *es un juez indulgente en sus sentencias; fue indulgente con los errores ajenos.* — adj. + con, para, en

indultar
1 Perdonar a una persona toda o parte de la pena impuesta: *indultaron al reo de la pena de muerte.* — v.tr./+ de ≠ inculpar
2 Dejar a una persona libre de una obligación: *indultaron al secretario de la asistencia al acto.* — + de = eximir
3 Entrometerse en algún asunto. — v.prnl./Bol. Cuba
4 Salir de una situación difícil o comprometida.

indultario Persona que, por indulto o gracia pontificia, podía conceder beneficios eclesiásticos. — s.m. RELIGIÓN

indulto (Del bajo lat. *indultus,* perdón, concesión.) Perdón total o parcial de una pena o sanción por parte de la autoridad competente. — s.m. DERECHO

indumentaria
1 Conjunto de prendas que forman un traje o vestido: *se presentó con una indumentaria muy extraña.* — s.f.
2 Conjunto de conocimientos relativos a la historia del vestido.

indumento (Del lat. *indumentum,* vestido.)
1 Prenda de vestir. — s.m.
2 Cubierta pelosa de cualquier parte de la planta. — BOTÁNICA

induración Endurecimiento, tejido duro o endurecido. — s.f. MEDICINA

indurar Poner dura una cosa. — v.tr.

industria (Del lat. *industria,* actividad.)
1 Conjunto de las actividades económicas desarrolladas para la obtención de un producto a partir de materias primas. — s.f. ECONOMÍA, INDUSTRIA
2 Conjunto de empresas o entidades que se ocupan de la producción de uno o varios géneros: *la industria del automóvil; la industria española.* — ECONOMÍA, INDUSTRIA
3 Instalación destinada a la obtención, transformación o transporte de uno o varios productos: *esta zona del pueblo no es muy bonita porque hay muchas industrias.* — INDUSTRIA = fábrica
4 Habilidad para hacer una cosa: *tiene mucha industria para la organización.*
5 **de industria:** A propósito, intencionadamente: *lo comentó en público de industria.* — loc.adv.
6 **industria pesada:** La que se dedica a la construcción de maquinaria y armamento pesado. — ECONOMÍA, INDUSTRIA

industrial
1 De la industria: *productos sometidos a proceso industrial.* — adj./INDUSTRIA
2 Persona que es dueña de una industria: *es un conocido industrial.* — s.m.f. = empresario

industrialismo
1 Tendencia a atribuir gran importancia a los intereses industriales. — s.m. ECONOMÍA
2 Atención primordial a los intereses mercantiles. — = mercantilismo

industrialista
1 Del industrialismo. — adj.
2 Que es partidario del industrialismo. — adj/s.m.f.

industrialización
1 Desarrollo de la industria en un país, una región o una población. — s.f. ECONOMÍA
2 Aplicación de procedimientos industriales a una actividad. — ECONOMÍA, INDUSTRIA
3 Preponderancia creciente que adquiere el sector industrial en la economía de un país. — ECONOMÍA

industrializar
1 Organizar la fabricación de una cosa por medios industriales. — v.tr./conj: cazar INDUSTRIA
2 Aplicar los métodos de la industria a una actividad económica: *industrializó todo el proceso de producción.* — ECONOMÍA, INDUSTRIA
3 Dar predominio a las industrias en la economía de un país. — ECONOMÍA

industriar
1 Proporcionar conocimientos a una persona. — v.tr./= instruir
2 Buscar la manera de hacer o conseguir una cosa hábilmente: *me industrio para jugar en el primer equipo.* — v.prnl.

industrioso, a
1 Que se dedica con ahínco y diligencia a algo: *las hormigas son muy industriosas.* — adj.
2 Se refiere al trabajo que se hace con destreza y habilidad.

inecuación Desigualdad entre dos expresiones algebraicas de una o varias variables, que sólo se verifica para ciertos valores de estas variables. — s.f. MATEMÁTICAS

inedia (Del lat. *inedia.*)
1 Falta de la alimentación necesaria para la vida. — s.f./BIOLOGÍA
2 Estado de debilidad provocado por esta falta de alimentación. — MEDICINA

inédito, a (Del lat. *ineditus.*)
1 Se aplica al escrito que no ha sido editado o publicado: *se ha descubierto una novela inédita del escritor fallecido.* — adj.
2 Que es desconocido: *escritor inédito; producto inédito.*

ineducación Falta de educación o instrucción. — s.f.

ineducado, a Que no tiene educación o buenos modales, por ignorancia o por tendencia natural. — adj/s./= descortés, grosero

inefabilidad Imposibilidad de que una cosa sea expresada con palabras: *la inefabilidad de la experiencia mística.* — s.f. ≠ efabilidad

inefable (Del lat. *ineffabilis.*) Que no puede ser expresado con palabras por ser extraordinario: *hay experiencias que son inefables.* — adj.

inefectivo, a
1 Que no es o no parece real: *vigilia poblada de visiones inefectivas y esperpénticas.* — adj. = falso, irreal
2 Que no tiene efecto: *los inefectivos esfuerzos del gobierno para paliar la crisis ministerial.* — Amér. ≠ efectivo

ineficacia Falta de eficacia: *está demostrada la ineficacia de esta medicina.* — s.f./= inutilidad, infructuosidad

ineficaz (Del lat. *inefficax, -cis.*) Que no tiene eficacia: *es un vendedor bastante ineficaz.* — adj./pl: ineficaces = inútil

ineficiencia Falta de eficacia. — s.f./= ineficacia

ineficiente Que no tiene eficacia o utilidad. — adj./= inefectivo, ineficaz

inejecución Falta de ejecución. — s.f.

inelegancia Falta de elegancia: *detesta la inelegancia de sus modales.* — s.f. ≠ elegancia

inelegante Que no tiene elegancia, en especial de gestos y actitudes: *no suele adoptar posturas inelegantes.* — adj./= grosero ≠ elegante

inelegibilidad
1 Carácter del que no puede ser elegible. — s.f.
2 Imposibilidad de ser elegido: *una ley orgánica que propugna la inelegibilidad de ciertos diputados.* — DERECHO

inelegible Que no reúne las condiciones necesarias para ser elegido: *de las tres propuestas una es inelegible porque presenta defectos de forma.* — adj.

ineluctable (Del lat. *ineluctabilis.*) Que no puede ser eludido o evitado: *aborrece su ineluctable presencia.* — adj./culto = ineludible

ineludible Que no puede ser eludido o evitado: *tiene un compromiso ineludible.* — adj. = insoslayable

inembargable Que no puede ser embargado: *los derechos de uso y habitación son inembargables.* — adj. ≠ embargable

inenarrable (Derivado del lat. *enarrare,* explicar.) Que no puede ser descrito por su magnitud o importancia: *fue recibida con un entusiasmo inenarrable.* — adj. = indescriptible, tremendo

-íneo, a Componente de palabra que significa condición o carácter de, forma de: *rectilíneo; sanguíneo.* — suf.

inepcia
1 Inutilidad, cualidad de inepto: *su inepcia nos sacaba de quicio.* — s.f. = ineptitud
2 Acción o palabras necias. — = necedad

ineptitud Falta de aptitud o de habilidad: *su ineptitud para la toma de decisiones le impidió ascender.* — s.f. ≠ aptitud

inepto, a (Del lat. *ineptus.*)
1 Que no es apto para una cosa: *esa secretaria es una inepta.* — adj/s.
2 Se aplica a la persona incapaz o necia.

inequívoco, a Que no admite duda o equivocación: *aquella fue una inequívoca muestra de desdén e indiferencia.* — adj. ≠ equívoco

inercia
1 Fuerza que obliga a un cuerpo a mantenerse en el estado en que se encuentra y sin posibilidad de modificarlo sin una ayuda externa. — s.f. FÍSICA
2 Falta de energía para hacer una cosa: *cuando está desanimado se deja llevar por la inercia.* — = apatía, pereza
3 **por inercia:** Por costumbre o sin pararse a reflexionar: *por inercia continuó en aquella empresa, aunque no le satisfacía el sueldo.* — loc.adv.

inercial Que tiene relación con la inercia. — adj./FÍSICA

inerme (Del lat. *inermis.*)
1 Que no tiene armas: *el soldado estaba inerme ante el ataque enemigo.* — adj. = desarmado
2 Que no se puede defender: *se vio inerme contra la falsedad.* — = indefenso
3 Se aplica a las plantas que no tienen espinas o púas. — BOTÁNICA

inerrable (Del lat. *inerrabilis.*) Que no puede ser errado o fallado: *el disparo ha de ser inerrable, podrías herir a un inocente.* — adj.

inerrancia (Del bajo lat. *inerrantia.*) Cualidad de estar libre de error. — s.f.

inerrante (Del lat. *inerrante.*)
1 Que está libre de error: *no creas que alguien puede ser inerrante.* — adj
2 Que está fijo y sin movimiento: *estrella inerrante.* — ASTRONOMÍA

inerte (Del lat. *iners, -ertis,* sin capacidad.)
1 Que no tiene vida: *encontraron un pájaro inerte en el jardín; materia inerte.* — adj. = muerto
2 Que tiene inercia. — FÍSICA
3 Que está falto de vigor o energía. — = apático, flojo
4 Que no es capaz de reaccionar químicamente: *cuerpos inertes.* — QUÍMICA

inerudición Falta de conocimientos eruditos. — s.f./culto

inerudito, a Que no tiene erudición. — adj.

inervación Fenómeno producido al excitarse el sistema nervioso en las funciones de los demás órganos del cuerpo animal. — s.f. ZOOLOGÍA tb: innervación

inervador, a Que produce la inervación: *nervios inervadores.* — adj. ZOOLOGÍA

inervar Transmitir los estímulos de origen nervioso a una parte determinada del cuerpo. — v.tr. ZOOLOGÍA

inescación (Derivado del lat. *inescare,* hacer tragar.) Práctica de hechicería con que se pretende curar a un enfermo haciendo tragar a un animal una reproducción de la parte enferma. — s.f. OCULTISMO

inescrupuloso, a
1 Que no tiene escrúpulos: *pasó a la historia criminal como el asesino más inescrupuloso del condado.* — adj.
2 Que está hecho sin escrúpulos.

inescrutable Que no puede ser escrutado o averiguado: *los caminos del Señor son inescrutables.* — adj. = secreto

inescudriñable Que es difícil de escudriñar o investigar: *el inescudriñable futuro.* — adj./= inescrutable, secreto

inesperable Que no se espera: *una inesperable muchedumbre llenó la plaza.* — adj.

inesperado, a Que ocurre sin ser esperado o previsto: *tuvo un suspenso inesperado.* — adj. = impensado

inestabilidad
1 Falta de estabilidad. — s.f.
2 **inestabilidad atmosférica:** La que afecta al tiempo caracterizado por nubes y lluvia.

inestable Que no es estable. — adj./tb: instable

inestimabilidad Imposibilidad de que una cosa sea suficientemente estimada: *la inestimabilidad de vuestra ayuda.* — s.f./= imponderabilidad, inapreciabilidad

inestimable (Del lat. *inaestimabilis.*) Que no puede ser estimado o calculado por su gran valor: *tu participación en este caso es inestimable.* — adj. = valioso

inestimado, a
1 Que no está valorado o tasado: *el precio de la tiara es inestimado, esperemos que venga el tasador.* — adj.
2 Que no se estima o valora lo suficiente.

inevitable Que no puede ser evitado: *su presencia en el acto es inevitable.* — adj./= ineludible, indefectible

inexactitud
1 Falta de exactitud: *la inexactitud del plano se hizo evidente en el cotejo.* — s.f.
2 Error, palabra o hecho desacertado: *es posible encontrar en este artículo ciertas inexactitudes.*

inexacto, a Que no tiene exactitud: *datos inexactos; es inexacto que estuviera en la cafetería.* — adj./= erróneo, incorrecto

inexcogitable Que no puede ser excogitado o comprendido. — adj. culto

inexcusable
1 Que no puede ser evitado o eludido con pretextos o excusas: *su participación en el proyecto es inexcusable, es el que mejor conoce el tema.* — adj. = indisculpable, indispensable

2 Que no puede ser excusado o disculpado por considerarse falso o muy grave: *lo siento, ha sido un error inexcusable.* — ≠ excusable

inexequible Que no puede ser realizado. — adj./culto

inexhaustible Que no se agota o acaba: *hizo gala de sus inexhaustibles energías.* — adj./culto = inagotable

inexhausto, a (Del lat. *inexhaustus.*) Que no se agota ni se acaba: *su inexhausta caridad para con el necesitado.* — adj./culto ≠ exhausto

inexistencia Falta de existencia: *la inexistencia de otras opciones les llevó a escoger entre dos.* — s.f. ≠ existencia

inexistente
1 Que no existe: *su inexistente interés se hizo evidente en el transcurso de la mañana.* — adj. = irreal
2 Que se considera nulo, aun existiendo.

inexorabilidad Imposibilidad de que varíe una decisión: *la inexorabilidad de los designios de Dios.* — s.f. = implacabilidad

inexorable (Del lat. *inexorabilis.*)
1 Que no cede ante los ruegos: *sentencia inexorable; no cambiarás su inexorable decisión.* — adj./= inflexible, imperturbable
2 Que no se puede evitar: *destino inexorable; la situación implicará la inexorable pérdida de miles de puestos de trabajo.* — = inevitable, ineluctable

inexperiencia Falta de experiencia: *el desastre fue provocado por su inexperiencia.* — s.f. ≠ experiencia

inexperto, a Que no tiene experiencia: *aunque es inexperto, aprende rápido.* — adj./s.= neófito, principiante

inexpiable (Del lat. *inexpiabilis.*) Que no puede ser expiado o perdonado: *delito inexpiable.* — adj. ≠ expiable

inexplicable Que no puede ser explicado o comprendido: *suceso inexplicable.* — adj. = incomprensible

inexplicado, a Que no está explicado o lo está de manera insuficiente: *en ese plan hay algún aspecto inexplicado.* — adj./= oscuro, enigmático ≠ explicado

inexplorado, a Que no está explorado: *no se atrevieron a meterse por ese lugar inexplorado de la selva.* — adj./= desconocido, ignoto

inexplosible Que no puede explosionar. — adj.

inexplotable Que no puede ser explotado: *ese yacimiento es inexplotable.* — adj./= inutilizable, inaprovechable

inexpresable Que no puede ser expresado por su magnitud o importancia: *le embargaba un sentimiento de gozo inexpresable.* — adj. = indescriptible, inexplicable

inexpresivo, a
1 Que no tiene expresión o que es poco expresivo: *la recibió con un rostro inexpresivo.* — adj./= enigmático, adusto
2 Que se muestra frío e impasible: *estuvo inexpresiva, como si no le importase que ellas estuvieran presentes.* — = indiferente

inexpugnable
1 Que no puede ser tomado o conquistado: *fortaleza inexpugnable.* — adj./= invencible, invulnerable
2 Que no se deja vencer ni persuadir: *su inexpugnable obstinación congeló el proceso.* — = irreductible, obstinado
3 Que es de difícil acceso: *tiene una casa inexpugnable.*

in extenso (Expresión latina.) Con todo detalle, por extenso: *le relató el suceso in extenso.* — loc.adv.

inextenso Que no tiene extensión: *el punto ideal es inextenso.* — adj./= ceñido ≠ extenso

inextinguible
1 Que no se puede extinguir: *el fuego alcanzó tales proporciones que parecía inextinguible y las llamas irreductibles.* — adj./= ilimitado, inagotable ≠ extinguible
2 Que dura mucho tiempo: *el sonido de esa alarma es inextinguible; sed inextinguible.* — = inacabable ≠ extinguible

inextirpable Que no puede ser extirpado: *tumor inextirpable.* — adj. ≠ extirpable

in extremis (Expresión latina.) En el último momento: *se casó in extremis minutos antes de morir.* — loc.adv.

inextricable (Derivado del lat. *extricare,* desenmarañar.) Que es difícil de desenredar o aclarar: *presentó una teoría inextricable.* — adj./= intrincado, confuso ≠ claro

infacundo, a Que no tiene facilidad de palabra. — adj./≠ facundo

infalibilidad
1 Imposibilidad de que una cosa o una persona se equivoque: *la infalibilidad de su juicio.* — s.f. = indefectibilidad
2 **infalibilidad pontificia:** Atributo que la Iglesia católica reconoce al papa cuando éste se dirige a toda la Iglesia para definir verdades de fe o de costumbres. — RELIGIÓN

infalible
1 Que no puede fallar o equivocarse: *te ha dado un remedio infalible.* — adj. = indefectible
2 Que puede ser asegurado sin ninguna duda: *se trata de una afirmación infalible.* — = cierto, seguro

infalsificable Que no permite falsificación: *la moneda es infalsificable, a pesar de que haya buenas copias.* — adj. ≠ falsificable

infamación Acción o resultado de infamar o injuriar a una persona: *la infamación de que fue víctima es injusta.* — s.f.

infamador, a Que infama: *persiguió a sus infamadores y les pagó con la misma moneda.* — adj./s. = difamador

infamante Que infama, en especial una pena o castigo: *recibió una infamante tunda de palos.*
`adj.`

infamar (Del lat. *infamare.*) Hacer o decir cosas que perjudican la buena fama, crédito u honra de una persona.
`v.tr/prnl.` `= difamar`

infamatorio, a Que infama: *tus palabras fueron infamatorias.*
`adj.` `= difamatorio`

infame (Del lat. *infamis.*)
1 Se refiere a la persona o a la acción que son despreciables: *lo que hizo es infame.*
`adj/s.` `= perverso`
2 Que no tiene honra o crédito: *sus infames acciones se hicieron famosas en otros círculos.*
`adj.` `= innoble`
3 Que es muy malo: *ese día hizo un tiempo infame.*
`= horrible`

infamia (Del lat. *infamia.*)
1 Acción infame y ruin cometida contra una persona: *estaba enojado por las infamias y acusaciones de que fue objeto.*
`s.f.` `= abyección`
2 Situación del que ha perdido la reputación y el honor: *sin esperarlo cayó en infamia.*
`= deshonor`

infancia (Del lat. *infantia.*)
1 Período de la vida del niño desde que nace hasta los comienzos de la pubertad: *durante su infancia, su familia cambió tres veces de domicilio.*
`s.f.`
2 Conjunto de todos los niños.
3 Primera etapa de una institución u otra cosa: *la infancia del mundo del cinematográfico.*

infando, a (Del lat. *infandus.*) Que es torpe o indigno que se hable de ello: *dejar aparte estos infandos asuntos.*
`adj.` `culto`

infanta
1 Título que recibe cualquiera de las hijas legítimas del rey, nacidas después del príncipe o de la princesa.
`s.f.`
2 Niña que aún no ha llegado a los siete años de edad.
3 Familiar del rey que por gracia real obtiene este título.

infantazgo
1 Territorio de un infante real.
`s.m./= infantado`
2 Dignidad o título de infante.
`= infantado`

infante (Del lat. *infans, -tis.*)
1 Hijo legítimo del rey que no es heredero al trono.
`s.m.`
2 Pariente del rey que por gracia real obtiene ese título.
3 Niño que tiene pocos años: *todavía eran pequeños infantes cuando se quedaron huérfanos.*
4 Soldado de infantería.
`s.m./MILITAR`
5 **infante de coro:** Monaguillo de algunas catedrales.
`RELIGIÓN`
6 **infante de marina:** Soldado de la infantería de marina.
`MILITAR`

infantería (Derivado del lat. *infans, -tis,* niño.)
1 Tropa o conjunto de tropas que combaten o sirven a pie en la milicia.
`s.f.` `MILITAR`
2 **infantería de marina:** La que se destina a dar guarnición a los buques de guerra, arsenales y departamentos marítimos.
`MILITAR` `NÁUTICA`

infanticida (Del lat. *infans, -tis,* niño + *caedere,* matar.) Que mata a un niño: *el infanticida fue castigado a varios años de prisión.*
`adj/s.m.f.` `DERECHO`

infanticidio Acto criminal del que mata a un niño, y en especial la muerte dada por la madre al recién nacido para ocultar que lo ha tenido.
`s.m.` `DERECHO`

infantil (Del lat. *infantilis.*)
1 Que tiene relación con la infancia o los niños: *tiene una cara infantil.*
`adj.` `= infantino`
2 Que es inocente, pueril o ingenuo.

infantilidad Carácter y modo de ser propio de la infancia: *la infantilidad de sus razonamientos le hace poco creíble.*
`s.f.`

infantilismo
1 Actitud inmadura, ingenua o caprichosa, propia de quien se comporta como un niño sin serlo: *su infantilismo le dificulta las relaciones con los demás.*
`s.m.` `SICOLOGÍA`
2 Estado de quien en su edad adulta conserva caracteres físicos y mentales propios de la infancia.
`MEDICINA,` `SIQUIATRÍA`
3 Atrofia de ciertos órganos del cuerpo humano que no alcanzan su desarrollo natural: *padecer infantilismo uterino.*
`MEDICINA`

infantilizar Hacer que una persona adulta tenga una mentalidad infantil.
`v.tr.` `conj: cazar`

infantiloide Se refiere a la persona que se comporta como un niño: *tiene una actitud infantiloide; su aspecto es infantiloide.*
`adj.` `despectivo`

infanzón, a (Del lat. vulgar *infantio, -onis,* joven noble.) Hidalgo que en sus heredamientos tenía potestad y señorío limitados: *los infanzones se vinculaban al rey o a hombres ricos.*
`s.` `HISTORIA`

infanzonado, a Propio o perteneciente al infanzón: *obligaciones infanzonadas.*
`adj.` `HISTORIA`

infanzonazgo Territorio sobre el que ejercía su señorío un infanzón.
`s.m.` `HISTORIA`

infanzonía
1 Clase social a la que pertenecían los infanzones.
`s.f./HISTORIA`
2 Infanzonazgo, tierras e inmuebles, pertenecientes a un infanzón.
`HISTORIA`

infartar Producir o causar un infarto: *a causa de su mala circulación se le ha infartado la pierna varias veces.*
`v.tr/prnl.` `MEDICINA`

infarto (Del lat. *infartus,* lleno.)
1 Lesión consistente en la necrosis del tejido de un órgano corporal por la falta de oxigenación debida a la interrupción súbita de la circulación sanguínea: *infarto de miocardio.*
`s.m.` `MEDICINA`
2 **infarto blanco:** Aquel en que el tejido necrosado queda exangüe por quedar suprimida toda aportación de sangre.
`MEDICINA`
3 **infarto cerebral:** Reblandecimiento cerebral, necrosis de los tejidos del cerebro.
`MEDICINA`
4 **infarto óseo:** Lesión provocada por un derrame sanguíneo que se infiltra en el tejido óseo.
`MEDICINA`
5 **infarto rojo:** Aquel en que la lesión está infiltrada de sangre por la permeabilidad de los tejidos circundantes.
`MEDICINA`

infatigable
1 Que no se fatiga o cansa: *forman un equipo infatigable en el trabajo.*
`adj./+ en, para` `= incansable`
2 Que no se desanima: *se hizo famosa por ser una infatigable defensora de la verdad.*
`= inagotable`

infatigablemente Con perseverancia y constancia, sin necesitar descanso: *trabajaron infatigablemente.*
`adv.`

infatuación Acción y resultado de infatuar o engreírse: *su infatuación iba en aumento.*
`s.f.`

infatuar (Del lat. *infatuare.*) Hacer o volver a uno fatuo, orgulloso o engreído: *se infatuó mucho cuando le dieron el premio.*
`v.tr/prnl.` `conj: actuar` `= envanecerse`

infaustamente Por desgracia: *lo infaustamente sucedido no tiene arreglo.*
`adv.`

infausto, a (Del lat. *infaustus.*) Que es desgraciado o infeliz: *día infausto; un suceso de infausta memoria.*
`adj./= aciago,` `infeliz`

infebril Que no tiene fiebre.
`adj./≠ febril`

infección (Del lat. *infectio, -onis.*)
1 Penetración y desarrollo de microbios patógenos en un ser vivo, que invaden el organismo por vía sanguínea o que permanecen localizados, vertiendo sus toxinas en la sangre.
`s.f.` `MEDICINA`
2 Conjunto de manifestaciones o síntomas que de ello se derivan.
`MEDICINA`

infeccionar Causar una infección o una enfermedad en un organismo: *la herida se le infeccionó en contacto con el agua estancada.*
`v.tr/prnl.` `= inficionar` `MEDICINA`

infeccioso, a
1 Que produce infección: *germen infeccioso.*
`adj./MEDICINA`
2 Que va acompañado de infección o tiene infección: *proceso infeccioso; hospital de infecciosos.*
`adj/s.`

infectado, a Que tiene o padece una infección: *parece que su organismo está infectado.*
`adj./= infecto,` `inficionado`

infectar (Del lat. *infectare.*)
1 Transmitir los gérmenes de una enfermedad a un ser vivo: *el mosquito le infectó el paludismo; se infectó de sida por sus hábitos de riesgo.*
`v.tr/prnl.` `MEDICINA` `= contagiar`
2 Contaminarse una lesión con gérmenes: *se le infectó la herida del brazo.*
`v.prnl.` `MEDICINA`
3 Corromper o hacer moralmente mala a una persona: *sus amigos le infectaron con su conducta licenciosa; se infectó al tratar con ese tipo de gente.*
`v.tr/prnl.` `= emponzoñar`

infectivo, a Que infecta una enfermedad o corrompe a una persona sus costumbres.
`adj.` `= infeccioso`

infecto, a (Del lat. *infectus.*)
1 Que ha sufrido un contagio o infección.
`adj./= contaminado`
2 Que es maloliente o tiene un aspecto sucio y repugnante: *en verano el río suele estar infecto.*
`= asqueroso,` `nauseabundo`
3 Que es muy malo o fastidioso: *vimos una película infecta.*

infecundidad Característica de las personas o cosas infecundas: *la infecundidad artística de esta década; la repudió por su infecundidad.*
`s.f.` `≠ fecundidad`

infecundo, a Que no es productivo: *el infecundo panorama ideológico.*
`adj./= estéril,` `infructuoso`

infelice Que no es feliz o no siente felicidad: *¡cuán infelice, cuán desgraciado!*
`adj./tb:infeliz` `literario`

infelicidad Falta de felicidad: *la infelicidad de su vejez le llevó a la desesperación y el suicidio.*
`s.f./= desgracia` `≠ felicidad`

infeliz (Del lat. *infelix.*)
1 Que no siente felicidad: *es muy infeliz porque está lejos de los suyos.*
`adj/s.m.f.` `pl: infelices`
2 Que causa infelicidad, adversidades o desgracias: *todo empezó el infeliz día en que se me ocurrió comprar aquella ruina de casa.*
`= aciago`
3 Que se comporta con demasiada ingenuidad y sin malicia: *el muy infeliz va y te lo cuenta.*
`= inocente`
4 Se refiere a la persona de poco carácter o poca ambición: *es un infeliz, siempre será un don nadie.*
`= apocado`

infelizote, a Se aplica a la persona sencilla, ingenua y bonachona.
`adj/s.` `coloquial`

inferencia
1 Acción y resultado de inferir. — s.f.
2 Enlace o relación entre ideas que se deducen unas — = ilación, deducción
de otras en un discurso o razonamiento.
3 **inferencia estadística:** Conjunto de métodos que — ESTADÍSTICA
permiten formular un juicio sobre una población en
términos de probabilidades, a partir de los resultados
de una muestra al azar de la misma.

inferior (Del lat. *inferior.*)
1 Que está más abajo respecto a otros seres o cosas — adj.
dentro de una serie o respecto al punto desde donde — ≠ superior
se considera: *lo vi bajar a la planta inferior.*
2 Que es menor en cantidad, calidad o rango que — ≠ superior
otra persona o cosa: *chocolate de inferior calidad; éra-*
mos inferiores en número; nuestro equipo es inferior al
vuestro.
3 Se aplica a la persona que está a las órdenes de — adj./s.m.f.
otra: *vigilaba constantemente a sus inferiores.* — = subordinado
4 Se aplica a la persona, etnia o grupo social que se — despectivo
menosprecia por ser considerada de menor valor, categoría o peores cualidades: *los nazis creían en razas*
inferiores.
5 Se aplica al lugar o país que está situado en la parte — adj.
baja de la cuenca de los ríos o con respecto a otro lu- — GEOGRAFÍA
gar: *Guinea inferior.*

inferioridad Situación de la cosa o persona que está — s.f.
por debajo de otra, bien por su calidad, su ubicación — ≠ superioridad
o dependencia: *estoy en inferioridad de condiciones res-*
pecto a vosotros.

inferir (Del lat. *inferre,* llevar a una parte, formular un
razonamiento.)
1 Deducir una cosa a partir de otra: *de lo que ha dicho* — v.tr/prnl.
se puede inferir que no vendrá. — conj: sentir
2 Ocasionar, implicar, llevar consigo: *el bilingüismo in-* — = causar
fiere ciertos conflictos lingüísticos.
3 Causar un daño o un agravio a una persona: *le infi-* — v.tr.
rió una herida con el cuchillo.

infermentescible Que no puede fermentar: *sustan-* — adj.
cias infermentescibles. — BIOQUÍMICA

infernáculo Juego infantil en que se golpea con el — s.m.
pie, a la pata coja, una piedra plana para sacarla de — JUEGOS
unas casillas trazadas en el suelo. — = reina mora

infernal (Del bajo lat. *infernalis.*)
1 Del infierno: *los tormentos infernales.* — adj.
2 Que es muy malo o desagradable: *en ese restaurante* — = pésimo
la comida es infernal.
3 Que es insoportable: *esa sirena tiene un ruido infer-* — = insufrible
nal; hace un calor infernal.

infernar
1 Ser una cosa la causa de la condenación de una — v.tr/prnl.
persona: *al asesinar a sus padres ese chico infernó su* — conj: pensar
alma. — literario
2 Causar molestia o irritación a una persona: *las pro-*
testas de los empleados infernaron al encargado.

infernillo Infiernillo, hornillo portátil. — s.m.

inferno, a (Del lat. *infernum.*) Del infierno: *condena-* — adj.
ción inferna. — literario

ínfero, a (Del lat. *inferus,* de abajo.) Se refiere al ova- — adj./BOTÁNICA
rio que se desarrolla por debajo del cáliz de la flor. — ≠ súpero

infértil Que no es fértil, infecundo. — adj./= estéril

infertilidad Calidad de no fértil: *les han hecho varias* — s.f.
pruebas para comprobar el grado de su infertilidad. — ≠ fertilidad

infestación Proceso de infestar o infestarse. — s.f.

infestar (Del lat. *infestare.*)
1 Invadir un lugar una epidemia o plaga: *la gripe in-* — v.tr/prnl.
festó la ciudad; los campos de cultivo se infestaron de lan- — + de
gosta. — = apestar
2 Abundar los animales o las plantas perjudiciales en
un lugar: *las ortigas infestaban los prados.*
3 Contaminar o corromper a una persona o una co- — v.tr.
lectividad: *las doctrinas heréticas infestaron al pueblo.* — despectivo
4 Llenar muchas personas, animales o cosas un lugar: — despectivo
el grupo de la prensa del corazón infestó el salón.
5 Infectar o entrar un parásito en un organismo. — BIOLOGÍA

infesto, a (Del lat. *infestus,* hostil.) Que causa daño o — adj.
perjuicio: *su infesta influencia; el infesto dominio de las* — literario
bajas pasiones.

infeudar Dar en feudo un territorio. — v.tr./= enfeudar

infibulación Operación que consiste en colocar un — s.f.
anillo u otro impedimento en las partes genitales de
una persona o de un animal para impedir el coito.

infibular Poner un anillo u otro obstáculo en los ór- — v.tr.
ganos genitales de una persona o un animal para impedir el coito.

inficionar
1 Causar una infección en un organismo: *durante el* — v.tr/prnl./= contagiar, infeccionar
viaje se inficionó a causa de un virus.
2 Poner veneno en una cosa: *inficionaron los alimentos* — + con
con arsénico. — = envenenar

3 Corromper a una persona con malas costumbres o — = corromper
ejemplos: *este libro inficiona a los lectores; se inficionó*
con el juego hasta que se arruinó.

infidelidad (Del lat. *infidelitas, -atis.*)
1 Falta de fidelidad, en especial dentro del matrimo- — s.f./≠ infidencia
nio: *infidelidad conyugal.* — ≠ fidelidad
2 Acto propio de un infiel o del que no tiene fe: *la in-* — = infidencia
fidelidad de los paganos.

infidente Que no guarda fidelidad hacia una persona: — adj/s.m.f.
nunca ha sido infidente a sus amigos. — = infiel

infiel (Del lat. *infidelis.*)
1 Que no tiene fidelidad o lealtad: *le confesó que le* — adj/s.m.f.
había sido infiel; no parece que sea infiel a sus propias — = desleal
creencias. — ≠ fiel
2 Que falta a la verdad o a la exactitud: *esto lo ha teni-* — = falso,
do que hacer un traductor infiel. — inexacto
3 Que no profesa la religión considerada como la — adj/s.m./RELIGIÓN
verdadera: *pueblos infieles.* — = impío

infiernillo
1 Hornillo portátil para calentar agua o cocer alimen- — s.m.
tos: *cuando van de camping, hacen la comida en el infier-* — tb: infernillo
nillo.
2 Cualquier utensilio o aparato usado para calentar
una sustancia.

infierno (Del lat. *infernum.*)
1 Lugar donde sufren castigo los condenados por la — s.m.
justicia divina, según algunas religiones: *según los cris-* — RELIGIÓN
tianos, al infierno van los que han decidido separarse de — = averno
Dios. — ≠ cielo
2 Lugar donde creían los paganos que iban las almas — s.m.pl./RELIGIÓN
después de la muerte. — = hades
3 Lugar donde las almas esperan la redención de los — s.m.
seres humanos, según el cristianismo. — RELIGIÓN
4 Refectorio especial donde se come carne, en algu- — RELIGIÓN
nas órdenes religiosas.
5 Lugar donde hay mucho alboroto o discordia: *con* — ≠ paraíso
tanto chiquillo y tanto ruido, esta casa es un infierno para
trabajar.
6 Conjunto de circunstancias que provocan en una — ≠ paraíso
persona mucho malestar, disgusto o infelicidad: *nues-*
tra relación tiene que acabar porque es un infierno.
7 Pilón donde se recogen las aguas empleadas en escaldar la pasta de la aceituna para extraer de ellas el
aceite que les resta, en los molinos de aceite.
8 Hoyo debajo de tierra en que se asienta el mecanismo que mueve la tahona o molino de harina.
9 División o espacio final trazado en el suelo, en el — JUEGOS
juego del infernáculo. — = cielo
10 **el infierno de Dante:** Alusión literaria que se usa — culto
para expresar un gran dolor o tortura.
11 **¡al infierno!:** Expresión con la que una persona se — coloquial
dirige a otra para resultarle muy molesta o inoportu-
na: *¡al infierno! ¿no ves que no es momento de caprichos?*
12 **en el quinto o en los quintos infiernos:** Que — loc.adv.
está lejano, profundo o es de difícil acceso: *este pueblo* — coloquial
está en los quintos infiernos.

infigurable Que no tiene figura corporal ni se puede — adj.
representar con ella: *el alma es infigurable.* — = incorpóreo

infijación Introducción de un infijo en una palabra. — s.f./LINGÜÍSTICA

infijo (Del lat. *infixus,* intercalado.) Elemento que se — s.m.
intercala en el interior de una palabra para modificar — LINGÜÍSTICA
su sentido o categoría gramatical.

infiltración
1 Paso gradual de un líquido a través de los intersti- — s.f.
cios de un cuerpo.
2 Transmisión o penetración lenta de un sentimiento
o una idea en una persona o una institución: *infiltra-*
ción de tendencias mafiosas.
3 Modo de penetración encubierta en territorio ene- — MILITAR
migo.
4 Inyección de un medicamento en una región del — MEDICINA
organismo: *le hacen infiltraciones en la pierna.*

infiltrado, a
1 Persona que se introduce clandestinamente en una — s.
organización para conocer sus actividades y denun-
ciarlas o comunicarlas a aquellos para quienes trabaja: *la organización terrorista descubrió a un infiltrado de*
los servicios secretos.
2 Producto de una reacción inflamatoria, que se acu- — s.m.
mula en el intersticio de los tejidos. — MEDICINA
3 **infiltrado precoz:** Lesión tuberculosa pulmonar en — MEDICINA
su período inicial.

infiltrar
1 Introducir gradualmente un líquido en los poros de — v.tr/prnl.
una cosa: *se infiltró agua por el tejado.*
2 Transmitir un sentimiento o una idea a una persona: *le infiltró sus deseos de venganza; le infiltraste en el*
cristianismo.
3 Introducirse en un partido o una corporación con — v.prnl.
propósito de espionaje, propaganda o sabotaje: *se in-*
filtró en el partido para descubrir sus planes.

4 Entrar de modo encubierto en territorio enemigo: *los enemigos se infiltraron en el país vecino.* — MILITAR

ínfimo, a (Del lat. *infimus*, lo que está más abajo de todo.)
1 Que es el más bajo o el último en una clase o gradación: *la oferta del queso estaba a un precio ínfimo.* — adj. = inferior
2 Que es muy malo o despreciable: *se relaciona con personas de ínfima calaña.* — = miserable

infinible Que no se puede acabar. — adj./≠ finible

infinidad
1 Calidad de infinito. — s.f.
2 Número abundante de personas o cosas: *hay una infinidad de gente que no se lo cree.* — = multitud, sinnúmero

infinitamente
1 Sin límites: *el espacio es infinitamente grande.* — adv.
2 Mucho, en intensidad o cantidad extrema: *lamentamos infinitamente su pérdida; agradece infinitamente las atenciones de alguien.*

infinitesimal Se aplica a la magnitud considerada como suma de sus crecimientos sucesivos infinitamente pequeños. — adj. MATEMÁTICAS

infinitésimo Función matemática que tiende a cero, en determinadas condiciones. — s.m. MATEMÁTICAS

infinitivo, a Se refiere a la forma nominal del verbo que expresa la acción o un estado, pero no la persona o el número. — adj./s.m. GRAMÁTICA

infinito, a (Del lat. *infinitus*.)
1 Que no tiene fin: *la capacidad de la imaginación humana es infinita; el universo es infinito.* — adj./= interminable ≠ finito
2 Que es muy grande o numeroso: *su sabiduría es infinita; se equivocó infinitas veces en sus pronósticos.* — = incontable, inmenso
3 Lugar del espacio que se pierde en la lejanía: *estaba absorto mirando hacia el infinito.* — s.m.
4 Cantidad variable que, en valor absoluto, llega a ser mayor que toda otra cantidad fijada arbitrariamente. — MATEMÁTICAS
5 Signo que expresa esta cantidad. — MATEMÁTICAS
6 Mucho, en exceso: *gustaba infinito de oír sus interesantes historias.* — adv.

infinitud
1 Propiedad de las cosas que son infinitas: *la infinitud del tiempo.* — s.f.
2 Gran cantidad de una cosa: *tenía una infinitud de problemas.*
3 Espacio infinito, muy grande o extenso: *la infinitud del desierto.*

infirmar Invalidar, dejar una cosa nula o sin aplicación. — v.tr. DERECHO

inflación
1 Acción y resultado de inflar. — s.f.
2 Incremento o aumento excesivo: *ahora hay inflación de funcionarios.*
3 Desequilibrio económico caracterizado por un exceso de dinero en circulación, que da lugar a una subida persistente y generalizada de los precios: *la inflación persistente ha provocado una disminución del poder adquisitivo.* — ECONOMÍA
4 Propagación excesiva de un fenómeno.
5 Engreimiento y vanagloria: *tanta inflación por tu parte acabará con mis nervios.* — = vanidad
6 inflación residual: Tendencia del nivel de los precios a largo plazo, inherente a la existencia de cierta estructura económica y no relacionada con factores externos. — ECONOMÍA

inflacionario, a Inflacionista, de la inflación: *consecuencias inflacionarias.* — adj. ECONOMÍA

inflacionismo Política o situación económica que produce inflación. — s.m./ECONOMÍA, POLÍTICA

inflacionista
1 De la inflación: *tendencia inflacionista.* — adj./ECONOMÍA
2 Que es causa o señal de inflación: *ley inflacionista; medidas inflacionistas.* — ECONOMÍA

inflador Instrumento usado para inflar ruedas: *ha perdido el inflador de la bicicleta.* — s.m.

inflagaitas Persona estúpida o majadera: *es un inflagaitas, no hay quien lo aguante.* — s.m.f. pl: inflagaitas

inflamabilidad Propiedad de las sustancias y materiales que se encienden o arden al aplicarles calor o fuego: *la inflamabilidad de un gas.* — s.f. ≠ ininflamabilidad

inflamable
1 Que se puede inflamar con facilidad: *el alcohol es un líquido inflamable.* — adj.
2 Que se altera o irrita con facilidad: *tiene un carácter inflamable.* — = irritable

inflamación
1 Acción y resultado de inflamar o inflamarse. — s.f.
2 Alteración patológica de una parte cualquiera del organismo, provocada por múltiples causas y caracte- — MEDICINA

rizada normalmente por aumento de calor, dolor, enrojecimiento e hinchazón: *padece una inflamación de amígdalas.*

inflamador, a
1 Que inflama o hace arder: *dispositivo inflamador; palabras inflamadoras.* — adj.
2 Detonador de un torpedo. — s.m.
3 inflamador eléctrico: Artificio que inflama un detonador por acción de la corriente eléctrica. — TECNOLOGÍA

inflamar (Del lat. *inflammare*.)
1 Hacer arder una cosa que desprende llama inmediatamente: *inflamó una tea para encender la hoguera; la gasolina se inflama con mucha facilidad.* — v.tr/prnl. = encender
2 Despertar entusiasmo o pasión por algo en una persona: *sus discursos inflamaban a la multitud; se inflamó de amor.*
3 Irritarse un tejido o una parte del cuerpo de una persona o un animal, poniéndose enrojecido, caliente, dolorido e hinchado: *se le inflamó la herida a causa de la infección.* — v.prnl. MEDICINA

inflamatorio, a Que produce inflamación: *sufrió un proceso inflamatorio de causas desconocidas.* — adj.

inflamiento Acción de inflar con aire o gas: *estuvo presente durante el inflamiento del globo aerostático.* — s.m. = inflación

inflar (Del lat. *inflare*, hinchar.)
1 Llenar una cosa flexible con aire o con gas de manera que aumente su volumen: *infló tanto el globo del niño que explotó.* — v.tr/prnl. = hinchar
2 Presentar una cosa como más grande o de más importancia de lo que es en realidad: *Luis inflaba de manera desmesurada su valentía en la guerra.* — v.tr. = exagerar
3 Volverse una persona engreída o vanidosa: *se infló al sacar tan buenas notas.* — v.prnl. = ensoberbecerse
4 Maltratar, golpear con dureza a una persona: *lo inflaron a bofetadas.* — v.tr. coloquial
5 Beber alcohol. — v.intr./Méx.

inflexibilidad
1 Incapacidad para doblarse sin romperse: *no sirve para hacer embellecedores por la inflexibilidad del material.* — s.f. ≠ flexibilidad
2 Incapacidad de las personas para doblegarse o apartarse de su parecer: *su inflexibilidad le conduce a perder oportunidades laborales.* — ≠ adaptabilidad

inflexible
1 Que no puede ser torcido o doblado: *este bastón de ébano es inflexible.* — adj. = rígido
2 Que sigue sus creencias o propósitos de una manera firme y rigurosa: *es inflexible a tus ruegos; juez inflexible en sus dictámenes.* — + a, en

inflexión (Del lat. *inflexio, -onis*.)
1 Acción y resultado de doblarse una cosa lineal en un punto. — s.f. = flexión
2 Elevación o atenuación hecha con la voz: *por su profesión tiene que saber controlar las inflexiones para pasar de un tono a otro.*
3 Cambio de sentido de la curvatura de una curva plana. — GEOMETRÍA
4 Morfema que se añade a la raíz para constituir la palabra. — LINGÜÍSTICA
5 Desinencia, elemento gramatical en la terminología de Andrés Bello. — GRAMÁTICA

inflexivo, a Que tiene inflexión o flexión: *está estudiando las formas inflexivas del español.* — adj. = flexivo

inflexo, a Que está encorvado o doblado hacia abajo o hacia arriba. — adj. BOTÁNICA

infligir (Del lat. *infligere*.) Imponer o causar un castigo o un agravio a una persona: *le infligieron una severa reprimenda.* — v.tr. conj: surgir tb: inflingir

inflorescencia
1 Orden o forma en que aparecen colocadas las flores sobre una rama sencilla o ramificada. — s.f. BOTÁNICA
2 inflorescencia compuesta: Aquella cuyo eje se ramifica dando lugar a inflorescencias idénticas a la principal. — BOTÁNICA
3 inflorescencia definida: Aquella cuyo eje principal crece hasta un determinado punto. — BOTÁNICA
4 inflorescencia sencilla indefinida: Aquella cuyo eje puede aumentar continuamente, como la espiga. — BOTÁNICA

influencia
1 Acción y resultado de influir: *la influencia de la luz sobre el crecimiento de las plantas.* — s.f. = influjo
2 Poder o autoridad que tiene una persona sobre otra: *ejerce una gran influencia sobre su marido.*
3 Relaciones, contactos, amistades que tiene una persona y que le suponen cierto poder o autoridad: *tiene ese puesto por influencias.* — s.f.pl.
4 Cada uno de los diferentes móviles que actúan sobre el sujeto de un relato para que haga o no una determinada acción. — s.f. LITERATURA
5 Gracia e inspiración que Dios envía a las almas. — TEOLOGÍA

6 influencia social: La de un grupo mayoritario sobre un subgrupo o sobre un individuo y viceversa: *la normativización es un tipo de influencia social.* — SOCIOLOGÍA

7 ejercer una buena o mala influencia sobre alguien: Orientar sus acciones, su comportamiento o ideas de manera negativa o positiva: *sus hermanos han ejercido sobre ella una buena influencia.*

influenciable Que se deja influir con facilidad: *ten cuidado con tus peroratas, porque es muy influenciable y crédula.* — adj.

influenciar Causar cierto efecto: *los consejos de su padre le han influenciado.* — v.tr. = influir

influenza (Voz italiana.) Gripe o trancazo. — s.f.

influir (Del lat. *influere.*) — v.intr. conj: *huir* + en, sobre, para
1 Causar una persona o una cosa cierto efecto sobre otra: *su inteligencia influyó sobre la opinión de la mayoría; su interpretación ha influido en el gobernador.*
2 Ejercer una persona o una cosa predominio o fuerza moral en otra: *su carrera influye en su vida; el viaje influyó en su vitalidad.*
3 Ayudar una persona o una cosa en el éxito de un negocio o empresa: *con su poder influirá en el auge del deporte; él influyó en los beneficios de la editorial.*
4 Transmitir Dios un don de su gracia a una persona: *la gracia divina influye su bondad.* — v.tr. TEOLOGÍA

influjo (Del lat. *influxus.*) — s.m./= influencia
1 Acción y resultado de influir.
2 Movimiento de subida o flujo de la marea.

influyente
1 Que influye: *fue el más influyente filósofo de la escuela existencialista.* — adj. th: influente
2 Se aplica a la persona que tiene influencias o poder: *todo el mundo le respeta, es muy influyente.*

infografía Técnica de creación de imágenes de síntesis y de representación gráfica mediante utilización directa del ordenador. — s.f. INFORMÁTICA

infolio Libro de tamaño o formato folio. — s.m.

información
1 Acción y resultado de informar o informarse. — s.f. = noticia
2 Todo hecho, suceso, idea o similar, puestos en conocimiento del público por medio de textos en publicaciones, a través de la radiodifusión o en forma de imágenes.
3 Conjunto de noticias o informes: *las informaciones de las revistas especializadas desmienten lo que él dijo.*
4 Oficina o lugar donde se informa de alguna cosa: *información está en la segunda planta.*
5 Averiguación jurídica y legal de un hecho o un delito. — DERECHO
6 Elemento de conocimiento susceptible de ser representado mediante signos convencionales o símbolos, y conservado, tratado o comunicado por medios informáticos. — INFORMÁTICA
7 Medida de la diversidad de opciones que ofrece un conjunto de mensajes posibles. — INFORMÁTICA
8 Conjunto de equipos o soportes que permiten la grabación, memorización, transmisión o definición de cualquier tipo de mensaje compuesto por imágenes, palabras o sonidos. — SOCIOLOGÍA
9 Conocimiento de todos los factores que constituyen el elemento indispensable para que el mando adopte una decisión. — MILITAR
10 información de dominio: Medio supletorio para inscribir en el registro la propiedad de los bienes cuando se carece de título escrito. — DERECHO
11 información de pobre o de pobreza: La que se hace ante los jueces y tribunales para obtener los beneficios de la defensa gratuita. — DERECHO
12 información genética: Conjunto de datos contenidos en un genoma o patrimonio genético y que se transmite de padres a hijos. — BIOLOGÍA
13 información parlamentaria: Averiguación que se hace sobre algún asunto y que lleva a cabo una comisión especial. — POLÍTICA
14 información posesoria: Medio supletorio para inscribir en el registro de la propiedad el derecho de posesión. — DERECHO

informador, a
1 Que informa o proporciona información: *mi informadora asegura que sus pruebas son falsas.* — adj/s. = informante
2 Informante en un estudio lingüístico. — s./LINGÜÍSTICA

informal
1 Que no tiene seriedad o solemnidad: *lenguaje informal; cena informal; reunión informal.* — adj. ≠ formal
2 Se refiere a la persona que no cumple con los compromisos que ha contraído: *este chico me preocupa, es muy informal.* — adj/s.m.f.
3 Que no es oficial o no sigue normas estrictas: *realizó la prueba mediante un procedimiento informal.* — adj. = extraoficial

informalidad
1 Cualidad de informal: *la informalidad del acto no requería traje de etiqueta.*
2 Actitud de quien es poco serio e irresponsable: *faltar a clase sin motivo es una informalidad.* — s.f.
3 Acción o palabras informales.

informalismo Tendencia artística, especialmente pictórica, que tuvo su auge a mediados del siglo XX y que tiende a representar lo real fuera del orden lógico de espacio y composición. — s.m. ARTE

informalista
1 Del informalismo. — adj./ARTE
2 Partidario de esta tendencia. — s.m.f./ARTE

informante
1 Que informa. — adj./s.m.f.
2 Persona que proporciona información sobre su lengua a un lingüista. — s.m.f./LINGÜÍSTICA = informador
3 Miembro de un grupo social al que el antropólogo elige como mediador para su aproximación científica al grupo. — SOCIOLOGÍA

informar (Del lat. *informare,* dar forma.)
1 Dar noticias o datos de una cosa a una persona: *le informó de todo; informar a los concejales sobre el plan urbanístico.* — v.tr. + a, de, sobre
2 Imprimir determinadas características una cosa a otra: *la miseria informa toda su obra.*
3 Dar una persona o un organismo un informe de su competencia: *les informaron de las actividades económicas de la empresa.* — v.intr.
4 Aprender algo sobre un tema: *solicitó los documentos para informarse.* — v.prnl.
5 Hablar el abogado o el fiscal ante el tribunal en un juicio o una causa. — v.intr. DERECHO

informática
1 Conjunto de conocimientos científicos y técnicas que hacen posible el tratamiento automático de la información mediante dispositivos electrónicos o el uso de ordenadores. — s.f. INFORMÁTICA
2 informática musical: Conjunto de aplicaciones electrónicas o de ordenador para la creación y práctica musicales. — MÚSICA

informático, a
1 De la informática o de los ordenadores: *tecnología informática; cálculo informático.* — adj. INFORMÁTICA
2 Persona que investiga o trabaja en informática: *su padre es informático.* — s. INFORMÁTICA

informativo, a
1 Que informa o sirve para informar: *han pasado una circular informativa a los trabajadores.* — adj.
2 Que tiene carácter consultivo: *junta informativa, comisión informativa.*
3 Programa que difunde las noticias en la radio o la televisión: *siempre escucha el informativo de la noche.* — s.m. AUDIOVISUALES

informatización Aplicación de los medios y técnicas de la informática en una actividad: *ha aumentado la inversión en informatización dentro de la administración.* — s.f.

informatizar Aplicar la informática en un negocio, servicio, organismo, etc.: *la matriculación se ha informatizado en la universidad.* — v.tr. conj: *cazar*

informe
I (Derivado de *informar.*)
1 Acción y resultado de informar. — s.m./= información = crónica, dossier
2 Noticia o conjunto de datos ordenados que se presentan sobre un suceso, persona o cosa: *espero que elabores un informe completo sobre este asunto.*
3 Exposición oral hecha por el letrado o el fiscal ante el tribunal. — DERECHO
4 informe pericial: Acto mediante el cual el perito, designado por el juez o por las partes, informa de los resultados de la investigación realizada. — DERECHO
II (Del lat. *informis.*)
1 Que no tiene la forma, figura o perfección que le corresponde: *descubrieron dentro de la urna dos cadáveres informes.* — adj. = deforme
2 Que tiene forma vaga e indeterminada: *encontró el legajo en un informe montón de papeles.*

informidad
1 Estado de lo que no tiene la forma, figura o perfección que le corresponde: *retrató la informidad de los cuerpos mutilados.* — s.f.
2 Condición de lo que tiene forma vaga e indeterminada: *sólo pudo apreciar la informidad de unas sombras.*

informulable Que no puede ser expresado con claridad: *su proposición era informulable en el ámbito académico.* — adj. = inexpresable ≠ formulable

infortificable Que no puede ser fortificado: *defendieron la población con sus cuerpos y armas porque el lugar era infortificable.* — adj. ≠ fortificable

infortuna Influjo adverso de los astros. — s.f./OCULTISMO

infortunado, a
1 Que no tiene fortuna o buena suerte: *era bastante infortunado en los juegos.* — adj/s. = desafortunado

2 Que es víctima de una desgracia: *pudieron rescatar a los infortunados náufragos.* = desgraciado

3 Que es inoportuno o desacertado: *su intervención ha sido infortunada.* adj.

infortunio (Del lat. *infortunium*.)
1 Fortuna adversa: *me persigue el infortunio, todo lo que emprendo acaba en desastre.* s.f.

2 Estado de desgracia o adversidad en que se encuentra una persona: *prometió estar con él también en el infortunio.* = desdicha

3 Suceso desafortunado, desgraciado: *tuvo el infortunio de perder muy pronto a sus padres.* = adversidad, fatalidad

infosura (Del bajo lat. *infusura*, alimento ingerido.) Enfermedad de las caballerías que se presenta con dolores en los extremos y en todas las extremidades. s.f. VETERINARIA

infra (Voz latina.) Palabra que se emplea en un texto para hacer un envío a un párrafo posterior. adv.

infra- Componente de palabra procedente del lat. *infra*, que significa debajo o inferior: *infraestructura; infrarrojo.* pref.

infracción Transgresión de una ley, de un código o de una norma moral, doctrinal o lógica: *han disminuido las infracciones de tráfico.* s.f. = quebrantamiento

infraccionar Poner multas. v.tr./Méx.

infractor, a Que infringe una norma, una ley o una disposición: *los infractores de estas normas serán multados.* adj./s. = transgresor

infraespinoso, a Que está situado por debajo de la espina del omóplato. adj. ANATOMÍA

infraestructura
1 Parte de una construcción que está bajo el nivel del suelo para darle sostén y firmeza: *infraestructura de un edificio.* s.f. CONSTRUCCIÓN

2 Conjunto de medios o servicios necesarios para la creación y funcionamiento de una organización o una actividad: *tienen problemas de infraestructura para organizar el congreso.*

3 Estructura subyacente de una organización: *la infraestructura del partido se estaba desmoronando.*

4 Base física sobre la que se asienta la economía de un país: *la extensión superficial, la situación geográfica y el clima son algunos de los elementos que conforman la infraestructura de un estado.* ECONOMÍA

5 Conjunto de servicios considerados como necesarios y básicos en la creación de una economía moderna: *la educación, los servicios sanitarios y la vivienda conforman la infraestructura de un territorio.* ECONOMÍA

in fraganti (Expresión latina.) En el mismo momento de cometer la acción delictiva o censurable: *lo pescaron in fraganti abriendo la caja fuerte.* loc.adv. tb: infraganti

infraglotal Se refiere al sonido consonántico que se articula con el aire procedente de los pulmones. adj./s.f. ≠ eyectivo

infrahumano, a Que tiene unas condiciones que son impropias de los seres humanos por injustas o humillantes: *trabajo infrahumano; el trato que dieron a los refugiados era infrahumano.* adj.

infrangible (Del lat. *infrangibilis*.) Que no se puede romper o quebrantar. adj.

infranqueable
1 Que no puede ser franqueado, vencido o atravesado: *una puerta es infranqueable.* adj. ≠ franqueable

2 Que no puede ser conciliado o concertado: *tienen diferencias infranqueables.*

infraoctava Período que abarca seis días entre el primero y el último de la octava de una festividad de la Iglesia católica. s.f. RELIGIÓN

infraorbitario, a Que está en la parte inferior de la órbita del ojo: *nervio infraorbitario; arteria infraorbitaria.* adj. ANATOMÍA

infrarrojo, a
1 Se refiere a las radiaciones electromagnéticas, no visibles para el ojo humano, situadas por debajo del rojo en el espectro: *rayos infrarrojos.* adj./s.m. FÍSICA = ultrarrojo

2 Se aplica al aparato que produce dichas radiaciones. FÍSICA

infrascrito, a (Del lat. *infra*, abajo + *escrito*.)
1 Que firma al final de un escrito: *el infrascrito le comunica que deja su puesto.* adj./s./formal tb: infrascripto

2 Que se pone al final de un escrito. adj./formal

infrasonido Vibración de la misma naturaleza que el sonido, pero con frecuencia inferior a la audible por el oído humano. s.m. FÍSICA

infrasonoro, a De los infrasonidos: *ondas infrasonoras.* adj. FÍSICA

infrautilizar Utilizar una cosa por debajo de sus posibilidades: *infrautilizan los medios de que disponen.* v.tr. conj: cazar

infravalorar Dar menos importancia a una persona o una cosa de la que realmente tiene: *no infravalores la peligrosidad de ese producto.* v.tr.

infrecuencia Falta de frecuencia: *la infrecuencia de sus alabanzas las hacía más valiosas.* s.f. = rareza

infrecuente
1 Que es poco habitual o poco corriente: *en la actualidad es infrecuente el uso de sombrero.* adj. = inusual ≠ frecuente

2 Que se da muy de vez en cuando: *hizo una de sus infrecuentes salidas al escenario.*

infringir (Del lat. *infringere*.) Quebrantar una ley, norma o pacto, o hacer algo en contra de ellos: *me multaron por haber infringido una norma de circulación.* v.tr. conj: surgir = transgredir

infructífero, a
1 Que no produce fruto: *las infructíferas laderas de la serranía daban al paisaje un aire desolador.* adj./= estéril, infrugífero

2 Que no produce utilidad ni provecho: *esfuerzo infructífero; trabajo infructífero.* = improductivo, inútil

infructuosidad Incapacidad para producir frutos o resultados: *quedó desmoralizado por la infructuosidad de su esfuerzo.* s.f. = ineficacia, improductividad

infructuoso, a Que no produce fruto o buen resultado: *las largas conversaciones resultaron infructuosas.* adj./= improductivo, inútil

infrutescencia Estructura vegetal formada por un conjunto de pequeños frutos procedentes de las flores de una inflorescencia: *las moras y los higos se presentan en infrutescencias.* s.f. BOTÁNICA

ínfula (Del lat. *infula*.)
1 Adorno consistente en una venda de lana blanca con dos tiras caídas a los lados, que se ponían en la cabeza los sacerdotes de los gentiles, los suplicantes y las víctimas. s.f. HISTORIA

2 Actitud del que actúa con exigencia creyéndose superior a los demás: *viene con unas ínfulas insoportables.* s.f.pl. = presunción

3 Cada una de las dos cintas anchas que penden por la parte posterior de la mitra episcopal. s.f. RELIGIÓN

infumable
1 Se aplica al tabaco que no se puede fumar por ser de mala calidad. adj. ≠ fumable

2 Que no puede ser aceptado o aprovechado por ser de mala calidad: *esta traducción es infumable, se tendría que repetir.* = malo

infundado, a Que no tiene fundamento real ni racional: *tus temores son infundados.* adj.

infundibuliforme Que tiene forma de embudo: *corola infundibuliforme.* adj. BOTÁNICA

infundíbulo (Del lat. *infundibulum*, embudo.) Cada una de las cavidades del organismo que tienen forma de embudo. s.m. ANATOMÍA

infundio Mentira divulgada con ánimo tendencioso: *esa acusación es un infundio.* s.m. = calumnia

infundioso, a
1 Que es falso o infundado: *un rumor infundioso puso en entredicho su reputación.* adj.

2 Que tiende a propalar infundios: *la rechazaban por chismosa e infundiosa.* adj./s. = mentiroso

infundir (Del lat. *infundire*.)
1 Provocar una persona o una cosa un sentimiento o un estado de ánimo determinado: *los niños le infunden ternura.* v.tr. part.tb: infuso = inspirar

2 Comunicar Dios al alma un don o una gracia: *le infundió bondad y caridad.* TEOLOGÍA

infurción (Del ant. *efurción* < bajo lat. *offertio, -onis*.) Tributo que, en dinero o especie, pagaban durante la edad media los siervos, hombres de behetría o caballeros villanos al señor o al rey. s.f. HISTORIA tb: enfurción

infurcioniego, a Que estaba sujeto al tributo de infurción. adj. HISTORIA

infusibilidad Propiedad de lo que no puede fundirse o derretirse. s.f. ≠ fusibilidad

infusible Que no se puede fundir o derretir: *sustancia infusible.* adj. ≠ fusible

infusión (Del lat. *infusio, -onis*.)
1 Acción y resultado de infundir. s.f.

2 Bebida obtenida hirviendo en agua una sustancia vegetal como las flores de azahar, el café, la manzanilla, el té, o el poleo. = tisana

3 Operación de extraer de una sustancia orgánica las partes solubles, sumergiéndola en agua caliente que no llegue a hervir. FARMACIA

4 Disolución obtenida mediante esta operación. FARMACIA

5 Comunicación de ciertas gracias o privilegios. TEOLOGÍA

infuso, a
1 Se refiere a los conocimientos que, según la teología católica, se reciben directamente de Dios. adj. TEOLOGÍA

2 Se aplica a lo que se posee o se cree poseer de manera natural.

infusorio Microorganismo que vive en medios líquidos y tiene cilios para la locomoción. s.m./ZOOLOGÍA = ciliado

ingá Árbol leguminoso de flores blanquecinas dispuestas en espigas. s.m./Amér. BOTÁNICA

ingeniar
1 Crear una cosa utilizando el ingenio: *ha ingeniado un aparato que, según él, ahorra gasolina; se ingenia para vivir sin trabajar.* `v.tr/prnl.`
2 ingeniárselas: Pensar la manera de hacer o conseguir una cosa con ingenio o salir de una dificultad: *no te preocupes por él, ya se las ingeniará para terminar el trabajo a tiempo.*

ingeniatura Habilidad e ingenio para lograr un propósito. `s.f.`

ingeniería
1 Conjunto de conocimientos y técnicas relativos a la aplicación, perfeccionamiento y utilización de los descubrimientos científicos y los recursos naturales, a la industria y a la mejora de la calidad de vida de los seres humanos. `s.f.`
2 Profesión del ingeniero.
3 ingeniería alimentaria: Disciplina científica que estudia las condiciones de producción de la industria alimentaria. `INDUSTRIA`
4 ingeniería de procesos: Extensión de la ingeniería química a ámbitos diferentes a ésta: *aplicación de la ingeniería de procesos a la industria metalúrgica.* `QUÍMICA`
5 ingeniería de sistemas: Concepción y realización de sistemas informáticos que responden a necesidades específicas. `INFORMÁTICA`
6 ingeniería genética: Conjunto de técnicas que permiten la recombinación fuera de un organismo de cromosomas pertenecientes a organismos diferentes. `BIOLOGÍA`
7 ingeniería química: Conjunto de conocimientos científicos y técnicos cuya finalidad es concebir, calcular, diseñar y poner en marcha el sistema para efectuar reacciones químicas. `QUÍMICA`

ingeniero, a
1 Persona que tiene como profesión la ingeniería o tiene un título que le permite ejercerla. `s.`
2 ingeniero aeronáutico: El especializado en técnicas aplicadas al transporte aéreo. `AERONÁUTICA`
3 ingeniero agrónomo: El especializado en las explotaciones agrícolas y en las construcciones necesarias para su rendimiento. `AGRICULTURA`
4 ingeniero civil: Aquel que pertenece a cualquiera de los cuerpos facultativos no militares dedicados a trabajos y obras públicas. `CONSTRUCCIÓN`
5 ingeniero de caminos, canales y puertos: El especializado en la traza, ejecución y conservación de vías de comunicación, obras hidráulicas y puertos. `CONSTRUCCIÓN`
6 ingeniero de minas: El que está especializado en rentabilidad, explotación y construcción de minas. `MINERÍA`
7 ingeniero de montes: El especializado en el aprovechamiento de los montes.
8 ingeniero de sistemas: Técnico especializado en el diseño, producción, utilización y mantenimiento de sistemas informáticos. `INFORMÁTICA`
9 ingeniero de telecomunicaciones: El especializado en materias de electrónica y comunicación. `TELECOMUNICACIONES`
10 ingeniero general: Jefe superior del cuerpo de ingenieros militares, denominado después director o inspector general de ingenieros. `MILITAR`
11 ingeniero geógrafo: El que ejerce su cargo en la corporación oficial encargada de formar la estadística y el mapa general de un estado o región. `GEOGRAFÍA`
12 ingeniero industrial: El especializado en cuestiones fabriles y mecánicas. `INDUSTRIA`
13 ingeniero mecánico: El especializado en trazar y construir todo tipo de maquinaria industrial. `MECÁNICA`
14 ingeniero militar: El que pertenece al cuerpo de ingenieros del ejército especializado en la construcción de obras militares. `MILITAR`
15 ingeniero naval: El especializado en proyectar, hacer y conservar toda clase de construcciones navales. `NÁUTICA`
16 ingeniero químico: El que está especializado en la confección de productos químicos y en dirigir las industrias relacionadas con la química. `QUÍMICA`
17 ingeniero técnico: Técnico de grado medio de ingeniería.
18 ingeniero textil: El especializado en la fabricación de tejidos. `TEXTIL`

ingenio (Del lat. *ingenium*, cualidades innatas de alguien.)
1 Facultad para discurrir e inventar con facilidad: *tenía un extraordinario ingenio para crear aparatos de aplicación doméstica.* `s.m.` `= inventiva`
2 Persona que tiene esta facultad. `= genio`
3 Habilidad para inventar o contar cosas ocurrentes: *se hizo famosa por su ingenio para relatar historias cómicas.* `= agudeza`
4 Capacidad poética y creadora: *poseía un ingenio notable para componer versos.*
5 Habilidad, maña para conseguir una cosa: *le convenció gracias a su ingenio.* `= artificio`
6 Máquina o aparato de cualquier tipo, en particular los de guerra: *ingenios blindados; ingenios espaciales; ingenios nucleares.* `= artilugio`

7 Instrumento de encuadernación usado para cortar los cantos de los libros. `ARTES GRÁFICAS`
8 Conjunto de aparatos para moler la caña y obtener el azúcar. `tb: ingenio azucarero = molino`
9 Explotación agrícola de caña de azúcar. `Cuba, Dom.`
10 afilar o aguzar el ingenio: Aplicar la inteligencia para salir de una dificultad: *aguzó el ingenio para librarse de aquel personaje tan controvertido.* `coloquial`

ingeniosidad
1 Capacidad de invención, imaginación y creatividad para explicar historias y anécdotas, resolver dificultades o idear mecanismos y dispositivos útiles: *se le reconocía su ingeniosidad en la conversación.* `s.f.`
2 Idea u objeto artificioso y sutil, que pretende sorprender y convencer.
3 Hecho, palabra o expresión aguda y original o que pretende serlo.

ingenioso, a
1 Que tiene o revela ingenio: *persona ingeniosa; máquina ingeniosa.* `adj.`
2 Que se hace o dice con ingenio: *pronunció un discurso muy ingenioso.*

ingénito, a (Del lat. *ingenitus.*)
1 Que no ha sido engendrado. `adj.`
2 Que es innato o connatural a alguien: *tiene una ingénita tristeza.*

ingente (Del lat. *ingens, -entis.*) Que es muy grande: *había una cantidad ingente de personas.* `adj./= enorme, inmenso`

ingenua Papel de muchacha joven, inocente y sencilla. `s.f. TEATRO`

ingenuidad
1 Actitud de la persona que piensa u obra con sinceridad y buena intención. `s.f.`
2 Acción propia de una persona ingenua y sincera.
3 Condición personal del que nacía en libertad, en contraposición a la del esclavo o liberto, en el derecho romano. `DERECHO, HISTORIA`

ingenuo, a (Del lat. *ingenuus*, noble, generoso.)
1 Que actúa sin malicia o que no tiene picardía para percibir segundas intenciones. `adj. = cándido, inocente`
2 El que nacía libre y no perdía su libertad, en la antigua Roma. `DERECHO, HISTORIA`

ingerir Introducir en el organismo a través de la boca comida, bebida, medicamentos, etc.: *ha ingerido una gran cantidad de pastillas.* `v.tr. conj: sentir = engullir`

ingesta (Del lat. *ingesta*, cosas introducidas.) Conjunto de materias que por vía bucal entran en el organismo con fines alimenticios. `s.f. MEDICINA`

ingestión (Del lat. *ingestio, -onis.*) Acción y resultado de ingerir sólidos y líquidos: *la extracción de las muelas le dificulta la ingestión de alimentos.* `s.f.`

ingle (Del lat. *inguen.*) Parte del cuerpo donde se junta el muslo con la parte inferior del abdomen. `s.f. ANATOMÍA`

inglés, a
1 Que es de Inglaterra, región británica, o de su lengua. `adj/s.`
2 Persona originaria de esta región: *ha venido a visitarme un inglés del condado de Kent.* `s.`
3 Lengua germánica de la familia indoeuropea que se habla en Gran Bretaña, Estados Unidos y en los países de influencia británica. `s.m. LINGÜÍSTICA`
4 Cierta tela usada antiguamente. `s.f.`
5 Acreedor, persona que pide el pago de una deuda. `s./coloquial`
6 a la inglesa: Al uso de Inglaterra, especialmente la encuadernación con tapas flexibles y puntas redondeadas. `loc.adj.`

inglete (Del fr. *anglet*, ángulo recto en arquitectura.)
1 Ángulo de cuarenta y cinco grados que con cada uno de los catetos forma la hipotenusa del cartabón. `s.m.`
2 Unión de dos piezas de una moldura que acaban en ángulo de cuarenta y cinco grados y forman uno recto. `CARPINTERÍA`

ingletear Formar ingletes con las molduras. `v.tr./CARPINTERÍA`

inglosable Que no puede ser glosado o resumido. `adj.`

ingobernable Que no puede ser gobernado o dirigido: *la embarcación se volvió ingobernable.* `adj. ≠ gobernable`

ingratitud Falta de valoración o desprecio de los beneficios recibidos. `s.f. = desagradecimiento`

ingrato, a
1 Que olvida o desprecia los beneficios recibidos: *ha sido muy ingrato con su amigo.* `adj. = desagradecido`
2 Que es desagradable o áspero: *qué día tan ingrato, no para de llover.* `= desabrido`
3 Que no compensa el esfuerzo: *tiene un trabajo muy ingrato.* `= insatisfactorio`

ingravidez
1 Condición de ingrávido, que no pesa o pesa muy poco. `s.f. pl: ingravideces`

2 Estado en el que se anulan los efectos de la gravedad: *en el vuelo orbital, la ingravidez produce diferentes efectos fisiológicos.* — FÍSICA

ingrávido, a
1 Que no pesa o pesa muy poco: *la ingrávida cortina del ventanal se movía con la corriente de aire.* — adj. = leve, ligero
2 Se aplica a la persona que se mueve como si apenas pesase: *ingrávida, con ligeros pasos, trazó, danzando, un círculo a su alrededor.*
3 Se refiere a los cuerpos que no están sometidos a la gravedad. — FÍSICA

ingrediente (Del lat. *ingrediens, -entis.*)
1 Aquello que, junto a otros elementos, entra en la composición de una medicina, una bebida, un guiso o cualquier otro compuesto: *fue a comprar los ingredientes para hacer un pastel.* — s.m.
2 Elemento que contribuye a definir una situación o hecho determinado: *hay que analizar todos los ingredientes del asunto.*

ingresar
1 Entrar a formar parte de una institución, corporación, sociedad u otro tipo de asociación: *ingresó en los jesuitas; ha ingresado en la academia de Jurisprudencia.* — v.intr. + en
2 Entrar en un hospital para recibir tratamiento: *ingresó en la clínica con fuertes dolores.*
3 Aprobar el examen de ingreso: *ingresó en la universidad.*
4 Imponer dinero en una entidad bancaria o comercial: *ingresó en la cuenta todo el dinero que tenía.* — v.tr. COMERCIO
5 Percibir regularmente cierta cantidad de dinero: *ingresa un buen sueldo mensual.*

ingresivo, a
1 Se aplica al aspecto verbal que designa el comienzo de la acción. — adj/s.m.GRAMÁTICA = incoativo
2 Se aplica a la consonante que se produce con una corta succión. — adj/s.f.GRAMÁTICA ≠ egresiva

ingreso (De lat. *ingresus,* entrada.)
1 Acción de entrar en un sitio donde se va a permanecer cierto tiempo. — s.m.
2 Acción de ingresar en una institución, corporación, sociedad u otro tipo de asociación: *criticaron su ingreso en el partido conservador.*
3 Ceremonia con que se celebra la entrada de un nuevo miembro en una asociación.
4 Acción de ingresar como enfermo en un hospital: *facilitaron los ingresos en urgencias.*
5 Examen por el que hay que pasar para realizar determinados estudios: *aprobó el examen de ingreso.*
6 Espacio por donde se entra: *el ingreso al parque está en una esquina.* — = entrada
7 Operación de ingresar dinero en un banco o en otra entidad financiera: *hizo el ingreso en efectivo.* — COMERCIO
8 Sueldo, rentas o ganancias: *tiene, desde hace tiempo, unos ingresos muy bajos.* — s.m.pl.

íngrimo, a Que está aislado o solitario: *un cerro íngrimo.* — adj./Amér. Central y Merid.

inguinal De la ingle: *hernia inguinal; conducto inguinal; ligamento inguinal.* — adj/ANATOMÍA = inguinario

inguinaria Cebadilla, nombre de diversas plantas liliáceas herbáceas o subfruticosas. *(Odontospermum spinosus.)* — s.f. BOTÁNICA

inguinario, a De la ingle: *ligamento inguinario.* — adj/ANATOMÍA

ingurgitación Acción y resultado de ingurgitar: *ingurgitación de la comida.* — s.f.

ingurgitar
1 Tomar la comida rápidamente y sin masticarla bien. — v.tr. = engullir
2 Aumentar de tamaño un órgano al rellenarse: *ingurgitar la yugular por una insuficiencia cardíaca.* — v.tr/prnl. MEDICINA

inhábil
1 Que no tiene habilidad o talento: *es bastante inhábil para hacer trabajos manuales.* — adj./+ para = inepto, torpe
2 Que está incapacitado para desempeñar un cargo, empleo, o para ejercer determinados derechos: *es inhábil para el puesto que quiere ocupar.* — = incapaz, incompetente
3 Se refiere al día o la hora que no es hábil para despachar asuntos o atender al público. — DERECHO ≠ hábil

inhabilidad
1 Falta de habilidad. — s.f./≠ habilidad
2 Estado de la persona que no tiene capacidad legal para hacer algo. — DERECHO

inhabilitación
1 Acción y resultado de inhabilitar. — s.f.
2 Sanción por la que se priva a alguien de algún derecho o se le incapacita para ejercer un cargo o profesión: *la inhabilitación es absoluta cuando afecta a todas las funciones públicas.* — DERECHO

inhabilitar
1 Impedir o imposibilitar que una persona pueda realizar una cosa: *la caída le inhabilitó para el ciclismo.* — v.tr/prnl./+ para = incapacitar
2 Declarar a una persona incapaz para ejercer un cargo o un derecho: *lo inhabilitaron por incapacidad mental.* — v.tr/+ para DERECHO = incapacitar

inhabitable Que no reúne las condiciones necesarias para ser habitado: *su apartamento era inhabitable por su estrechez y oscuridad.* — adj. ≠ habitable

inhabitado, a Que no está habitado: *recalaron en un islote desierto e inhabitado del Caribe.* — adj.

inhabitual Que es poco frecuente: *saludó con una inhabitual amabilidad.* — adj./= extraordinario/≠ habitual

inhacedero, a Que no se puede hacer o es difícil de realizar. — adj./= irrealizable ≠ factible

inhalación
1 Acción y resultado de inhalar: *murieron por inhalaciones de gas tóxico.* — s.f.
2 Procedimiento para administrar por vía respiratoria vapores de agua caliente con principios activos, que actúan como medicamento. — MEDICINA

inhalador Aparato que sirve para hacer inhalaciones: *es asmática y siempre lleva su inhalador en el bolso.* — s.m.

inhalar
1 Aspirar gases, vapores o líquidos muy pulverizados. — v.tr.
2 Aspirar ciertas sustancias por la nariz con fines terapéuticos: *inhala vapores de eucalipto para el resfriado.* — MEDICINA
3 Despedir o soplar aire trazando una cruz sobre los santos óleos al consagrarlos. — v.intr. RELIGIÓN

inhallable Que es difícil de hallar o no puede ser hallado: *incógnita inhallable.* — adj/= inaveriguable ≠ hallable

inhamui Madera comercial americana producida por algunas lauráceas, cuyo color varía del amarillo grisáceo al pardo. — s.m. CARPINTERÍA

inhereditable Que no se puede heredar: *ciertas peculiaridades del ser humano son inhereditables, dependen de cada individuo.* — adj.

inherencia
1 Cualidad de inherente, que no se puede separar. — s.f.
2 Relación que existe entre los elementos que son inseparables por su naturaleza, y que sólo se pueden aislar por abstracción o de manera mental. — FILOSOFÍA

inherente (Del lat. *inhaerens, -entis.*)
1 Que es esencialmente inseparable de aquello a lo que está unido: *la inquietud es inherente al amor; ese derecho es inherente a su condición de funcionario.* — adj./+ a = intrínseco, propio
2 Se aplica a la propiedad que pertenece a una unidad gramatical, ya sea sintáctica, semántica o fonológica, con independencia de las relaciones que ésta pueda establecer en la oración, según la gramática generativa y transformacional. — GRAMÁTICA
3 Se aplica a la determinación que se afirma de un sujeto y sólo por él tiene existencia. — FILOSOFÍA
4 Se refiere a la determinación que constituye un modo de ser intrínseco del sujeto y no una relación con otra cosa. — FILOSOFÍA

inhibición
1 Acción y resultado de inhibir o inhibirse: *hubo una cierta inhibición en los votantes; ella se mantuvo en una total inhibición.* — s.f. ≠ desinhibición
2 Acción de impedir a un juez que prosiga en el entendimiento de una causa. — DERECHO
3 Suspensión transitoria de la actividad de un órgano o del organismo mediante la acción de un estímulo. — BIOLOGÍA
4 Paralización o debilitamiento, consciente o inconsciente, de un proceso mental o un comportamiento, especialmente referido a deseos o impulsos. — SICOLOGÍA
5 Fenómeno por el cual ciertas sustancias pueden reducir la velocidad de ciertas reacciones: *los antioxidantes y antidetonantes actúan por inhibición.* — QUÍMICA = catálasis negativa
6 **inhibición de contacto:** La que se produce en las células de cultivo que dejan de dividirse al ponerse en contacto sus membranas y que, al desaparecer totalmente, constituye una característica de los tejidos cancerosos. — BIOLOGÍA
7 **inhibición de interrupción:** Sistema por el que se enmascaran las interrupciones para poder continuar con la ejecución del programa. — INFORMÁTICA
8 **inhibición intelectual:** Déficit de la eficiencia de los procesos intelectuales, relacionado con la neurosis o las fobias. — SIQUIATRÍA
9 **inhibición sicomotora:** Lentitud y pobreza de gestos, de desplazamientos y de la actividad imaginativa e intelectual. — SIQUIATRÍA

inhibidor, a
1 Que inhibe. — adj./≠ desinhibidor
2 Sustancia de débil concentración, que bloquea o retrasa una reacción química, un sistema o una función biológica. — s.m. QUÍMICA ≠ activador
3 Sustancia u órgano que impide la germinación de una semilla, el desarrollo de una yema o el ejercicio de cualquier función de la planta. — BOTÁNICA
4 Revestimiento aplicado a la pared de un propulsor o a un combustible sólido para proteger el sistema y asegurar que funcione. — AERONÁUTICA

5 inhibidor de corrosión: Sustancia química que se agrega en pequeñas dosis a un corrosivo, para disminuir o detener su acción destructiva sobre un metal. — METALURGIA

6 inhibidor de la ovulación: Medicamento anticonceptivo que deja en suspenso la periodicidad de la ovulación. — FARMACIA

7 inhibidor enzimático: Sustancia que se opone a la acción de determinado enzima. — BIOQUÍMICA

inhibir (Del lat. *inhibere*.)
1 Impedir o reprimir el ejercicio de facultades o hábitos. — v.tr. ≠ desinhibir
2 Interrumpir una función o actividad del organismo temporalmente mediante la acción de un estímulo adecuado: *se inhibió la segregación de una glándula mediante un fármaco*. — v.tr/prnl. MEDICINA
3 Dejar de intervenir o interesarse por un asunto: *se inhibió de su problema*. — v.prnl. + de, en
4 No dejar que un juez prosiga en el conocimiento de una causa. — DERECHO

inhibitoria Cuestión de competencia que promueve de oficio un órgano jurisdiccional o el ministerio fiscal o los interesados ante un tribunal que consideren competente. — s.f. DERECHO

inhibitorio, a Se aplica al despacho o al decreto que inhibe al juez. — adj. DERECHO

inhiesto, a Que está enhiesto o derecho. — adj.

inhonestable Que es deshonesto. — adj./= inhonesto

inhonestidad Falta de honestidad: *la inhonestidad de una acción hipócrita*. — s.f. ≠ honestidad

inhonesto, a (Del lat. *inhonestus*.)
1 Que no tiene honestidad. — adj./= inhonestable
2 Que es indecente e indecoroso. — ≠ honesto

inhospitalario, a
1 Que ofrece condiciones difíciles o desagradables para ser habitado: *clima inhospitalario; vivía en una casa inhospitalaria*. — adj. = inhospedable, inhospital
2 Que no es hospitalario o acogedor: *parece una persona inhospitalaria*.
3 Que no ofrece seguridad o abrigo: *el lugar era muy inhospitalario*. — = inhóspito

inhospitalidad Falta de hospitalidad. — s.f./≠ hospitalidad

inhóspito, a (Del lat. *inhospitus*.)
1 Se refiere al lugar que es incómodo y poco agradable: *vivía en un caserón inhóspito*. — adj. = inhospitalario
2 Que no ofrece seguridad o abrigo: *era un paraje inhóspito*.

inhumación Acción y resultado de inhumar un cadáver: *antes de la inhumación rezaron un responso*. — s.f.

inhumanidad Falta de humanidad: *los médicos se escandalizaron al comprobar la inhumanidad con que habían sido tratados los prisioneros*. — s.f. ≠ humanidad

inhumanitario, a Que no se preocupa por el bien de la humanidad, que no es benévolo ni caritativo. — adj. ≠ humanitario

inhumano, a
1 Que es insensible o cruel: *padecieron un trato inhumano en la cárcel*. — adj. ≠ humano
2 Se aplica a la pena o dolor que es difícil de soportar por ser muy intenso.

inhumar (Del lat. *inhumare*.) Dar sepultura a un cadáver: *han inhumado los cuerpos en una fosa común*. — v.tr. ≠ exhumar

iniciación
1 Acción y resultado de iniciar o iniciarse. — s.f./= inicio
2 Ceremonia en la que un individuo accede a un grupo y a su saber común: *los ritos de iniciación*. — SOCIOLOGÍA

iniciado, a
1 Se refiere a la persona que tiene conocimientos sobre una materia, tema o asunto. — adj/s.
2 Se aplica a la persona que comparte algún secreto con otras.
3 Miembro de una secta o grupo secreto. — s.
4 Persona que ya ha pasado por el ritual de iniciación. — SOCIOLOGÍA

iniciador, a Que inicia alguna cosa. — adj/s.

inicial
1 Que está o corresponde al origen o principio: *velocidad inicial; simpatía inicial*. — adj. ≠ final
2 Se aplica a la primera letra de una palabra o un capítulo: *lleva las iniciales bordadas en el pañuelo*. — adj/s.f.

inicialización
1 Operación preliminar a la que se ve sometido un proceso informático o un dispositivo de hardware para poner a punto sus datos. — s.f. INFORMÁTICA
2 Atribución de un valor inicial a una variable. — INFORMÁTICA

inicializar Llevar a cabo un proceso de inicialización: *inicializar las variables*. — v.tr. INFORMÁTICA

iniciar (Del lat. *initiare*, empezar.)
1 Empezar una acción o una actividad: *ha iniciado un proyecto muy prometedor; conectaron con cabo Cañaveral al iniciarse la cuenta atrás*. — v.tr/prnl. = comenzar

2 Instruir o proporcionar un conocimiento a una persona: *se inició en el campo de la medicina natural*. — = enseñar
3 Ser el primero en hacer una cosa determinada: *ella fue quien inició en la familia la costumbre de reunirse una vez al mes*. — v.tr.
4 Admitir a una persona en las prácticas de una religión, secta o asociación secreta: *me inició en el hinduismo*.
5 Recibir una persona las órdenes sacerdotales menores. — v.prnl. RELIGIÓN

iniciático, a Que está relacionado con la iniciación a una práctica o a una sociedad secreta: *ritos iniciáticos*. — adj.

iniciativa
1 Idea o acción a la que después se suman otras ajenas, favorables o contrarias, para decidir o hacer una cosa. — s.f.
2 Cualidad de la persona capaz de idear o emprender cosas: *tiene mucha iniciativa*.
3 Derecho de hacer una propuesta en una asamblea. — DERECHO
4 **iniciativa legislativa:** Derecho de someter a discusión y a voto el texto de una proposición de ley o de un proyecto de ley en las asambleas parlamentarias. — DERECHO, POLÍTICA
5 **iniciativa popular:** Procedimiento establecido en algunas constituciones políticas y por el que los ciudadanos intervienen directamente en la proposición de proyectos de ley a las cámaras legislativas. — DERECHO, POLÍTICA
6 **tomar la iniciativa:** Adelantarse a los demás en la propuesta o la realización de una cosa: *la izquierda tomó la iniciativa en el tema del aborto*.

iniciativo, a Que inicia o comienza. — adj./= iniciador

inicio (Del lat. *initium*.) Punto o momento en que empieza o tiene origen una cosa: *en el inicio del poema se describe a los protagonistas*. — s.m. = principio, comienzo

inicuo, a (Del lat. *iniquus*, injusto.)
1 Que es cruel o perverso: *es un ser inicuo capaz de las mayores atrocidades*. — adj. = infame, vil
2 Que no es justo o equitativo: *su acción fue abominable e inicua con los desposeídos*. — = injusto

inigualable Que es extraordinario o muy difícil de igualar o superar: *tenía unas dotes inigualables para la pintura y otras artes plásticas*. — adj. = único, inimitable

inigualado, a Que no tiene igual: *demostró un valor inigualado*. — adj.

in illo tempore (Expresión latina.) En un tiempo remoto: *eso sucedió in illo tempore*. — loc.adv.

inimaginable Que no puede ser imaginado o concebido por su magnitud o intensidad: *ganó la carrera en un tiempo inimaginable*. — adj. = irrepresentable ≠ imaginable

inimicísimo, a (Del lat. *inimicissimus*.) Que es el mayor de los enemigos. — adj.

inimitable Que no puede ser imitado por considerarse único o singular: *tiene una gracia inimitable*. — adj./= inigualable ≠ imitable

inimputabilidad Imposibilidad de atribuir a una persona o a una cosa el ser la causa de cierto hecho ilegal o poco afortunado. — s.f. DERECHO ≠ imputabilidad

inimputable
1 Que no puede ser imputado: *gastos inimputables*. — adj./≠ imputable
2 Se aplica a la persona a la que no se le puede imputar un delito, por estar incapacitada para reconocer la criminalidad de tal acto. — DERECHO

ininflamable Que no se puede inflamar: *el bombero llevaba un traje de un tejido ininflamable*. — adj. ≠ inflamable

ininteligibilidad Imposibilidad de que algo sea comprendido o descifrado: *la ininteligibilidad de un manuscrito*. — s.f. = incomprensibilidad

ininteligible Que no puede ser entendido: *tiene un modo de expresarse ininteligible*. — adj. = incomprensible

ininterrumpido, a Que no tiene interrupción: *la próxima semana hay tres días de fiesta ininterrumpidos*. — adj. = continuo

iniquidad
1 Depravación, acción cruel e inhumana: *durante el secuestro fue víctima de iniquidades y trato vejatorio*. — s.f. = crueldad
2 Injusticia muy grave: *en los foros internacionales se condenaban las iniquidades de los regímenes dictatoriales*. — ≠ equidad

iniquísimo, a
1 Que es cruel o perverso en grado sumo: *los iniquísimos carceleros lo sometían a terribles vejaciones*. — adj.
2 Que no atiende en ninguna medida a la justicia: *la iniquísima resolución del consejo*.

injerencia
1 Acción y resultado de injerirse o entrometerse en asuntos ajenos: *están hartos de sus injerencias en la empresa subsidiaria*. — s.f. tb: ingerencia = intromisión
2 Intervención de un estado en la política interna de otro: *la injerencia de la administración estadounidense en los países vecinos*. — POLÍTICA

injeridor Instrumento que se utiliza para hacer injertos en las plantas. — s.m. AGRICULTURA

injeridura Parte por donde se ha injertado un árbol: *las injeriduras se realizan con un cuchillo de hoja muy cortante.* — s.f. AGRICULTURA

injerir
I (Del lat. *inserere*.)
1 Introducir una cosa en otra, en especial introducir en una planta una rama o esqueje de otra para que crezca. — v.tr. conj: *sentir* = injertar
2 Introducir una palabra o una nota en un escrito. = insertar
II (Del lat. *ingerere*, llevar algo a alguna parte, introducir.) Meterse una persona en problemas o asuntos ajenos: *los políticos suelen injerirse en asuntos económicos.* — v.prnl. = entrometerse

injerta Acción de injertar una rama o esqueje, o un trozo de tejido vivo. — s.f. = injerto

injertable Que puede ser injertado: *seleccionó las plantas injertables; tejidos injertables.* — adj.

injertado Operación que consiste en fijar en un polímero unos injertos. — s.m. QUÍMICA

injertador, a
1 Se aplica al utensilio que se utiliza para injertar. — adj./s.m.
2 Persona que injerta. — s.

injertar
1 Poner en una planta una rama o esqueje con yema de otra planta: *injertó los rosales para mejorar las flores.* — v.tr. part.tb: injerto
2 Implantar una porción de tejido vivo en una parte del cuerpo enferma o lesionada: *le injertaron la piel de la mano.* — MEDICINA
3 Introducir en una organización un elemento que la reactive: *injertaron gente joven y la oficina comenzó a funcionar.*

injertera Vivero de árboles recién sacados del semillero. — s.f. AGRICULTURA

injerto (Part. irreg. de *injertar*.)
1 Operación que permite la multiplicación asexuada de árboles, mediante la inserción en una planta de una parte de otra planta cuyos caracteres se quieren desarrollar. — s.m. AGRICULTURA = injertación
2 Planta, brote, rama o yema que se inserta en otra planta. — AGRICULTURA
3 Operación quirúrgica que consiste en transferir a una persona o un animal tejido procedente de él mismo, de un individuo de la misma especie o de otro de otra especie para reparar una zona dañada: *injerto de cabello.* — MEDICINA
4 Trozo de piel u otro tejido para implantar. — MEDICINA
5 Cadena lateral que se fija en la cadena principal de un polímero. — QUÍMICA
6 injerto de cañutillo: El que se hace adaptando un trozo tubular de la corteza con una o más yemas de la planta nueva al tallo del patrón. — AGRICULTURA
7 injerto de coronilla: El que se hace metiendo una púa de la planta nueva entre la corteza y la albura del patrón o planta en la que ésta se inserta. — AGRICULTURA
8 injerto de lengüeta: El que consiste en insertar una rama joven con varias yemas en una incisión vertical realizada en el tallo del patrón. — AGRICULTURA
9 injerto por escudete: El que se hace metiendo debajo de la corteza del patrón, un trozo de corteza de la planta nueva. — AGRICULTURA

injuria (Del lat. *injuria*, injusticia.)
1 Ofensa o insulto, realizados con palabras o hechos: *allí mismo le lanzó una serie de injurias que asustaban.* — s.f. = infamia, ultraje
2 Daño o molestia que causa esa ofensa o insulto.

injuriado Tabaco en rama, de clase inferior. — s.m./*Cuba*

injuriador, a Que injuria: *le han sancionado por sus frases injuriadoras; cursó una denuncia contra los injuriadores de su cliente.* — adj./s. = injuriante, injurioso

injuriar
1 Hacer o decir cosas para ofender, desacreditar o menospreciar a una persona. — v.tr. = ultrajar
2 Dañar o producir un daño material: *las piedras del camino injuriaron las pezuñas de la caballería.* — culto

injurioso, a Que injuria: *su enfado creció al oír aquellas injuriosas palabras.* — adj./= injuriante, injuriador

injusticia (Del lat. *iniustitia*.)
1 Acto contrario a la justicia: *el profesor cometió una injusticia con el castigo.* — s.f.
2 Cualidad de injusto: *la injusticia de una ofensa.*

injustificable
1 Que no puede ser justificado ni probado: *no existe razón alguna que dé sentido a su injustificable rebeldía.* — adj.
2 Que no debe ser justificado ni disculpado. — = imperdonable

injustificado, a Que no tiene justificación: *realizó un acto de provocación injustificado.* — adj.

injusto, a (Del lat. *iniustus*.) Que no es justo: *la sentencia ha sido injusta; no seas injusto conmigo.* — adj./s. = arbitrario

inlandsis (Voz escandinava.) Tipo de glaciar en forma de casquete que oculta el relieve subyacente. — s.m./pl: inlandsis GEOGRAFÍA

inllevable
1 Que no se puede llevar: *es un vestido inllevable.* — adj.
2 Que es difícil de soportar o tolerar: *tu actitud comienza a ser inllevable.* — = insufrible
3 Que es difícil de educar, dominar o conducir a buen término. — = ingobernable

inmaculado, a (Del lat. *macula*, mancha.) Que no tiene mancha: *lleva siempre el coche inmaculado; honor inmaculado.* — adj.

inmaduración Trastorno del proceso de maduración que se traduce en desórdenes intelectivos, afectivos, emocionales o sicomotores. — s.f. SIQUIATRÍA

inmadurez
1 Falta de madurez: *su inmadurez le impide mantener el control de sus reacciones.* — s.f./pl: inmadureces ≠ madurez
2 inmadurez afectiva: Retraso en el desarrollo de la capacidad afectiva: *el deseo de protección es un síntoma de inmadurez afectiva.* — SIQUIATRÍA

inmaduro, a
1 Que todavía no está maduro: *esos plátanos están inmaduros para el consumo.* — adj./= verde ≠ maduro
2 Se aplica a la persona que, habiendo llegado a la edad madura, no tiene la personalidad formada y estable: *tiene un novio muy inmaduro.* — ≠ maduro

inmanejable
1 Que no puede ser manejado: *estas máquinas modernas a veces son inmanejables.* — adj. ≠ manejable
2 Que es difícil de manejar o educar: *es un chico inmanejable.* — = díscolo

inmanencia
1 Cualidad de inmanente. — s.f. FILOSOFÍA
2 Aquello que permanece dentro de sí, sin ir más allá de sí mismo. — ≠ trascendencia

inmanente (Del lat. *inmanens, -tis*.)
1 Que es inherente a un ser o a una experiencia. — adj./FILOSOFÍA
2 Se refiere al estudio lingüístico que no utiliza cuestiones extralingüísticas para dar explicación de fenómenos del lenguaje. — LINGÜÍSTICA

inmanentismo Doctrina filosófica que se basa en la noción de inmanencia. — s.m. FILOSOFÍA

inmarchitable
1 Que no se marchita o no se puede marchitar: *planta inmarchitable.* — adj. = inmarcesible
2 Se aplica al sentimiento que no pierde su fuerza o intensidad: *tiene una ilusión inmarchitable.* — = imperecedero

inmaterial
1 Que no tiene materia: *escribió su relato sobre seres inmateriales.* — adj. = incorpóreo
2 Que es sutil, leve o impalpable.

inmaterialidad Propiedad de los cuerpos no materiales o tangibles: *la inmaterialidad del alma.* — s.f.

inmaterialismo Sistema filosófico que niega la existencia de la materia. — s.m. FILOSOFÍA

inmaterializar Hacer una cosa inmaterial: *en la película de ficción, el cuerpo del actor se inmaterializa.* — v.tr/prnl. conj: cazar

inmatriculación Acción y resultado de inscribir algo en un registro. — s.f. DERECHO

inmaturo, a (Del lat. *inmaturus*.) Inmaduro, que no ha madurado. — adj. culto

inmediación
1 Cualidad de inmediato. — s.f.
2 Territorio que rodea un lugar: *en las inmediaciones de Madrid hay instalaciones industriales.* — s.f.pl.
3 Conjunto de derechos atribuidos al sucesor inmediato en una vinculación. — s.f. DERECHO
4 Principio que establece la relación directa entre el juez y las partes en un proceso. — DERECHO

inmediatamente
1 Sin demora, al instante: *ven inmediatamente.* — adv./= ahora
2 Con contigüidad en el tiempo o en el espacio: *le sigue inmediatamente otra actuación.*

inmediatez Circunstancia de estar dos cosas contiguas en el espacio o en el tiempo: *no pudo reaccionar por la inmediatez del suceso.* — s.f. pl: inmediateces

inmediato, a (Derivado de *medir*.)
1 Se aplica al lugar que es contiguo o muy cercano a otro: *está en la habitación inmediata a la tuya.* — adj. + a
2 Que sucede sin intervalo ni tardanza: *medicina de efecto inmediato.*
3 la inmediata: Consecuencia o acción que se produce inmediatamente después de su causa: *después de su contestación, la inmediata fue recriminarlo.*
4 de inmediato: Sin demora, sin tardar: *deberías acabarlo de inmediato.* — loc.adv.

inmedicable Que no puede ser curado con medicinas: *su enfermedad es inmedicable.* — adj./MEDICINA ≠ medicable

inmejorable Que es difícil de mejorar o superar: *se trata de un tejido de inmejorable calidad.* — adj. = excelente

inmemorial (Del lat. *immemorialis.*) Que es tan antiguo que no se puede precisar la antigüedad o el origen: *esa tradición data de tiempos inmemoriales.* — adj.; tb: inmemorable

in memóriam (Expresión latina.) Como recuerdo, en recuerdo de: *erigieron un monumento in memóriam de tan ilustre estadista.* — loc.adv. formal

inmensidad
1 Cualidad de inmenso o muy grande: *le abrumaba la inmensidad del océano.*
2 Muchedumbre, multitud de personas o cosas. — s.f.

inmenso, a (Del lat. *immensus.*)
1 Que no puede ser medido o contado por ser muy grande o intenso: *sentía un inmenso dolor.* — adj.
2 Que es muy grande: *aquella ciudad era inmensa.* — = enorme
3 Que es muy acertado u oportuno: *has estado inmenso en tu intervención.* — = genial

inmensurable
1 Que no se puede o es difícil de medir por su gran extensión o tamaño: *abismos inmensurables.* — adj.
2 Se refiere al sentimiento que es muy grande o intenso: *un inmenso temor la sobrecogió de repente.*

inmerecido, a Que no se merece: *el resultado conseguido ha sido inmerecido.* — adj./= inmérito; ≠ merecido

inmeritorio, a Que no merece premio o alabanza: *su gestión fue inmeritoria por estar guiada por el interés personal.* — adj.; ≠ meritorio

inmersión (Derivado del lat. *immergere*, meter en el agua.)
1 Introducción de una persona, animal o cosa en agua u otro líquido: *en la doctrina baptista, se practica el bautismo por inmersión.* — s.f.; = sumersión
2 Entrada de un astro en el cono de sombra que proyecta otro. — ASTRONOMÍA
3 **inmersión lingüística**: Proceso de aprendizaje de una lengua conviviendo con los hablantes de la misma y disfrutando así de múltiples oportunidades para usarla en todas las situaciones y registros posibles. — LINGÜÍSTICA

inmerso, a (Del lat. *immersus.*) Que está sumergido: *inmerso en agua salada; inmersos en su discusión no atendieron al timbre.* — adj.

inmigración
1 Migración desde el punto de vista del lugar de destino de los individuos que se desplazan: *en la península ha crecido la inmigración de magrebíes.* — s.f.
2 **inmigración neta**: Exceso de individuos desplazados a un país, respecto a los que lo abandonan, durante un período y en territorio determinados.

inmigrante Se aplica a la persona que ha abandonado su zona de origen para instalarse en otra: *la llegada de inmigrantes ayudó a levantar la economía.* — adj./s.m.f.

inmigrar (Del lat. *immigrare*, introducirse.)
1 Llegar una persona a un país distinto del suyo para establecerse en él: *muchas personas de la zona sur de Europa inmigraron a países como Alemania, Suiza o Francia.* — v.intr.
2 Llegar un animal a un territorio e instalarse en él. — ZOOLOGÍA

inmigratorio, a Que tiene relación con la inmigración: *movimientos inmigratorios.* — adj.

inminencia Circunstancia de ser una cosa, especialmente un riesgo, inminente, de estar a punto de ocurrir: *ante la inminencia de la derrota, mandó evacuar la ciudad.* — s.f.

inminente (Del lat. *eminens, -entis*, elevado.) Que amenaza o está para suceder muy pronto: *peligro inminente.* — adj.

inmisario Curso de agua que aporta su caudal a un lago. — s.m. GEOGRAFÍA

inmiscible Que no puede ser mezclado: *el agua y el aceite son inmiscibles.* — adj.; = inmezclable

inmiscuir (Del bajo lat. *immiscuere.*)
1 Mezclar una cosa con otra: *inmiscuyó las dos sustancias en una probeta.* — v.tr.; conj: huir
2 Tomar una persona parte en los asuntos de otra sin que su participación sea solicitada: *se inmiscuyó en mi vida privada.* — v.prnl.; + en; = entremeterse

inmisericorde Se aplica a la persona que no se compadece de nadie. — adj.

inmobiliaria Empresa o sociedad que se dedica a construir, arrendar, vender y administrar edificios: *encargó la venta del piso a una inmobiliaria.* — s.f.

inmobiliario, a Que tiene relación con las cosas inmuebles: *inscribió su casa en el registro de la propiedad inmobiliaria.* — adj.

inmoble (Del lat. *immobilis.*)
1 Que no puede moverse o ser movido. — adj./culto
2 Que no se conmueve. — culto = firme

inmoderación Falta de moderación: *su inmoderación con la bebida le causa problemas.* — s.f.; ≠ moderación

inmoderado, a Que no tiene moderación: *tienes que controlar los gastos inmoderados.* — adj.; = excesivo

inmodestia Falta de modestia: *su inmodestia le hacía parecer pedante.* — s.f.; ≠ modestia

inmodesto, a
1 Que no tiene modestia ni pudor: *actitud inmodesta.* — adj.
2 Que no tiene discreción: *siempre peca de inmodesto.*

inmódico, a Que no es módico: *cantidad inmódica de dinero; realizar un inmódico esfuerzo.* — adj./= excesivo, inmoderado

inmodificable Que no se puede modificar: *la resolución de la junta es inmodificable.* — adj.; = estable

inmolación
1 Sacrificio de significado religioso. — s.f./RELIGIÓN
2 Acción de dar la vida u otra cosa en beneficio de una persona o de un ideal.

inmolador, a Que inmola o sacrifica. — adj./s.

inmolar (Del lat. *immolare.*)
1 Ofrecer una víctima como ofrenda a los dioses: *los pueblos antiguos inmolaban animales.* — v.tr.; = sacrificar
2 Renunciar una persona a una cosa por un ideal o por el bien ajeno: *se inmoló en aras de la libertad.* — v.prnl.

inmoral
1 Que es contrario a la moral: *mandó quemar todo libro considerado inmoral.* — adj.; = indecente
2 Que se comporta sin moralidad: *su comportamiento es inmoral y perjudicial para sus pupilos.* — adj./s.; ≠ moral

inmoralidad
1 Falta de moralidad: *la inmoralidad y abuso de sus actos fueron condenados por todos.* — s.f.; ≠ moralidad
2 Acción propia de la persona inmoral: *maltratar a un niño es una inmoralidad.*

inmortal (Del lat. *immortalis.*)
1 Que no muere o no puede morir: *alma inmortal; dioses inmortales.* — adj./= eterno, imperecedero
2 Que siempre será recordado y valorado: *fama inmortal; obra inmortal.*
3 Siempreviva, planta herbácea compuesta, de flores ornamentales. — s.m./Ecuad., P. Rico BOTÁNICA

inmortalidad
1 Duración eterna de una cosa: *no cree en la inmortalidad del ser.* — s.f.
2 Duración indefinida de la fama o memoria de una persona debida a sus méritos: *Cervantes consiguió con el Quijote la inmortalidad.*

inmortalizar Hacer que una persona o una cosa sea recordada indefinidamente: *este poema lo inmortalizó.* — v.tr/prnl.; conj: cazar

inmortificación Falta de mortificación o aflicción. — s.f./≠ mortificación

inmortificado, a Que no está mortificado ni afligido: *inmortificados, aun habiendo cometido las mayores atrocidades, se presentaron ante la asamblea.* — adj.; ≠ mortificado

inmotivado, a
1 Que no tiene motivo o justificación: *su rebeldía es realmente inmotivada.* — adj.; = injustificado
2 Falto de interés, de motivación: *estos alumnos están inmotivados y se muestran pasivos.* — ≠ motivado

inmoto, a (Del lat. *inmotus.*) Que no se mueve. — adj./culto

inmovible Que no se mueve o no puede ser movido. — adj./= inmoble

inmóvil Que no se puede mover: *permaneció inmóvil, como petrificado, ante la serpiente.* — adj.; ≠ móvil

inmovilidad
1 Incapacidad para moverse o ser movido: *renegó mientras comprobaba la inmovilidad del armatoste.* — s.f.; = inamovilidad
2 Situación de lo que no puede moverse: *el traumatólogo prescribió la inmovilidad de la articulación.* — ≠ movilidad

inmovilismo Tendencia a mantener sin cambios una situación política, económica, ideológica o religiosa establecida: *el inmovilismo de ciertos sectores frenó las reformas agrarias.* — s.m.; = conservadurismo

inmovilista
1 Que tiene relación con el inmovilismo: *el gobierno ha adoptado una política inmovilista.* — adj.
2 Que es partidario del inmovilismo: *los inmovilistas fueron apartados del poder; las fuerzas inmovilistas mostraron su descontento.* — adj/s.m.f.; = conservador

inmovilización Acción y resultado de inmovilizar o inmovilizarse. — s.f.

inmovilizado, a
1 Se aplica a la pieza que, en el juego del ajedrez, no puede ser cambiada de lugar sin que se produzca jaque contra su propio rey. — adj. JUEGOS
2 Conjunto de bienes patrimoniales de carácter permanente y gastos amortizables de una empresa. — s.m. ECONOMÍA

inmovilizar
1 Hacer que una persona o una cosa permanezca inmóvil: *le inmovilizaron el brazo a causa del accidente.* — v.tr.; conj: cazar
2 Invertir una cantidad de dinero en valores de realización lenta o difícil. — ECONOMÍA
3 No permitir que se vendan o transmitan unos bienes. — DERECHO

4 Quedarse una persona o una cosa inmóvil.　v.prnl.

inmudable Inmutable, que no se puede cambiar.　adj./literario

inmueble
1 Se aplica al bien que es susceptible de ser apropia-　adj.
do y que no puede ser transportado: *una casa es un*
bien inmueble.
2 Casa o edificio: *convirtieron el viejo inmueble en un*　s.m.
hotel para ejecutivos.
3 Cuenta del activo que representa el valor de los so-　s.m.pl.
lares, locales y edificios que posee una empresa.　ECONOMÍA

inmundicia (Del lat. *immundìtia*.)
1 Cosa que ensucia o que se desecha: *al volver a casa,*　s.f.
encontró el jardín lleno de inmundicias y desperdicios.
2 Asunto o ambiente inmoral.

inmundo, a (Del lat. *inmundus*, impuro.)
1 Que es sucio y repugnante: *lugar inmundo; persona*　adj./= asqueroso,
inmunda.　nauseabundo
2 Que no es puro.　= poluto
3 Que estaba prohibido por la ley de los judíos.　RELIGIÓN

inmune (Del lat. *immunis*, exento de ciertas cargas y
males.)
1 Que no puede ser atacado por ciertas enfermeda-　adj.
des: *con esta vacuna, el cuerpo queda inmune al virus de*　+ a, contra
la gripe.
2 Que no puede ser afectado por nada: *permanece in-*　+ a, contra
mune contra las críticas.
3 Que está libre de una obligación o un servicio.
4 Suero que contiene anticuerpos específicos.　s.m./FARMACIA

inmunidad
1 Situación del que está libre de padecer daño.　s.f./= indemnidad
2 Resistencia natural o adquirida de un organismo　BIOLOGÍA
vivo a un agente infeccioso o tóxico.
3 Privilegio, derecho a beneficiarse de la derogación　DERECHO
personal o estamental de una ley.
4 inmunidad diplomática: Privilegio de los diplomá-　DERECHO
ticos extranjeros, en virtud del cual no pueden ser
juzgados en el estado en que prestan sus servicios.
5 inmunidad parlamentaria: Privilegio de los dipu-　DERECHO
tados a cortes y senadores, según el cual no pueden　= inviolabilidad
ser detenidos ni procesados sin autorización de su　parlamentaria
cámara.

inmunitario, a Que tiene relación con la inmunidad:　adj.
sistema inmunitario.

inmunización Acción y resultado de inmunizar: *in-*　s.f.
vestigan un nuevo fármaco para la inmunización de la po-
blación; su inmunización contra las difamaciones es sor-
prendente.

inmunizante Que inmuniza o provoca inmunidad: *el*　adj.
organismo produce sustancias inmunizantes.

inmunizar Hacer o hacerse inmune: *le inmunizaron*　v.tr/prnl.
contra ciertas enfermedades; después de tantos fracasos, se　conj: *cazar*
ha inmunizado contra la vanidad.

inmunocomplejo, a Se refiere al conjunto formado　adj.
por el enlace específico de un anticuerpo con el antí-　BIOLOGÍA
geno correspondiente.

inmunodeficiencia Estado que se caracteriza por la　s.f.
disminución de las defensas inmunitarias del organismo.　MEDICINA

inmunodepresor, a Se aplica a la sustancia atenua-　adj./s.m.
dora o anuladora de las reacciones inmunológicas,　FARMACIA
usada para evitar el rechazo de los trasplantes y en
ciertos tipos de cáncer.

inmunogenético, a Se refiere a la sustancia capaz　adj.
de estimular la producción de anticuerpos.　BIOLOGÍA

inmunógeno, a Que produce inmunidad.　adj./BIOLOGÍA

inmunoglobulina Proteína presente en la sangre y　s.f.
secreciones, que se puede combinar con el antígeno　BIOQUÍMICA
que es origen de la producción.

inmunología Conjunto de conocimientos y prácticas　s.f./BIOLOGÍA,
relativas a la inmunidad a las enfermedades.　MEDICINA

inmunológico, a De la inmunología: *el VIH provoca*　adj./BIOLOGÍA,
un déficit en el sistema inmunológico.　MEDICINA

inmunólogo, a Persona dedicada al estudio del fe-　s./BIOLOGÍA,
nómeno de la inmunidad.　MEDICINA

inmunoterapia Tratamiento que consiste en provo-　s.f.
car o en aumentar la inmunidad del organismo.　MEDICINA

inmunotoxina Anticuerpos inducidos por toxinas,　s.f.
utilizados en ocasiones como vacunas.　BIOQUÍMICA

inmunotransfusión Transfusión efectuada a una　s.f.
persona que tiene una enfermedad infecciosa, con　MEDICINA
sangre de otra persona inmunizada contra dicha enfermedad.

inmutabilidad
1 Cualidad de lo que es inmutable.　s.f.
2 Imposibilidad de que una cosa cambie o sea cam-　= inalterabilidad
biada: *la inmutabilidad de la divina providencia.*　≠ mutabilidad
3 Cualidad de quien permanece imperturbable ante　= imperturba-
determinados sucesos: *la inmutabilidad de un carácter.*　bilidad

inmutable
1 Que no cambia ni puede ser cambiado: *su opinión*　adj.
sobre el tema es inmutable.　tb: inmudable
2 Que no se muestra impresionado o alterado: *a*　= impasible,
pesar del jaleo, él se mostró inmutable.　imperterrito

inmutación Acción y resultado de inmutar o inmu-　s.f.
tarse.

inmutar (Del lat. *immutare*.)
1 Mudar o cambiar una cosa.　v.tr.
2 Alterarse el ánimo de una persona fuertemente: *se*　v.tr/prnl.
inmutó visiblemente al leer la noticia.　= demudarse

inmutativo, a Que inmuta o puede inmutar.　adj.

innatismo
1 Cualidad de lo que es innato e inherente.　s.m.
2 Sistema filosófico que defiende que las ideas son　FILOSOFÍA
connaturales a la razón.
3 Teoría sicolingüística que propugna que los conoci-　LINGÜÍSTICA
mientos para dominar una lengua no se adquieren,
sino que constituyen una estructura cognoscitiva de
la especie humana.

innato, a (Del lat. *innatus*, que ya estaba al nacer.)　adj.
Que no ha sido aprendido o adquirido después del
nacimiento, sino que ha nacido con el ser: *tiene una*
elegancia innata; sus dotes para la música son innatas.

innatural Que no es natural.　adj.

innavegable
1 Que no puede ser navegado.　adj.
2 Se refiere a la embarcación que no reúne las condi-　NÁUTICA
ciones necesarias para navegar.

innecesario, a Que no es necesario: *el ataque fue in-*　adj./= prescin-
necesario, puesto que habían decidido rendirse.　dible, superfluo

innegable Que no puede ser negado: *eso que dices es*　adj.
una verdad innegable.　= evidente, claro

innegociable Que no reúne las condiciones necesa-　adj.
rias para ser negociado: *la reivindicación que plantea-*　= intratable
ban era innegociable por disparatada.　≠ negociable

innivación Período durante el cual el suelo está cu-　s.f.
bierto de nieve.

innoble
1 Que no es noble: *es una acción innoble por su bajeza*　adj./= indigno
y falsedad.　≠ noble
2 Que es despreciable y vil: *es una persona innoble ca-*　= mezquino,
paz de las más tremebundas fechorías.　rastrero

innocuidad Inocuidad, cualidad de inocuo.　s.f.

innocuo, a (Del lat. *innocuus*.) Que no hace daño: *esto*　adj.
que tomas para la tos es innocuo.　tb: inocuo

innombrable Que no se puede nombrar porque cau-　adj.
sa horror o resulta inconveniente: *sus canalladas son*　= innominable
innombrables, aparte de innumerables.

innominado, a Que no tiene nombre.　adj./s.

innovación
1 Acción y resultado de innovar.　s.f.
2 Novedad o transformación que se introduce en una
cosa: *aprobó las innovaciones que propuso la comisión.*

innovador, a Que innova: *su arte es innovador porque*　adj./s.
rompe con todos los esquemas anteriores.

innovar Introducir novedades en una cosa.　v.tr.

innumerabilidad Muchedumbre, número ilimitado:　s.f.
una innumerabilidad de milanos copaba los árboles del
parque.

innumerable
1 Que no se puede contar o reducir a número: *las es-*　adj.
trategias, a priori, son innumerables.　= incontable
2 Que es copioso, muy abundante: *una innumerable*　= incalculable
cantidad de cacharros; un ejército innumerable.

-ino, a
1 Componente de palabra que, unido a sustantivos,　suf.
indica parecido a: *ambarino; cristalina.*
2 Componente de palabra que forma parte de sustantivos con el significado de origen o pertenencia:
cervantino; alicantina; campesino.
3 Componente de palabra que, unido a sustantivos,
puede tener valor diminutivo: *cebollina; palomino.*

inobediencia Falta de obediencia o cumplimiento de　s.f.
la voluntad de quien manda.　= desobediencia

inobediente Que no obedece.　adj./= desobediente

inobservable Que no puede ser observado o cumpli-　adj.
do: *sus preceptos eran inobservables para nosotros.*　≠ observable

inobservancia
1 Falta de observancia u obediencia a las leyes o las　s.f.
normas: *la inobservancia de esa norma te puede acarrear*　= incumplimiento
graves problemas.
2 Incumplimiento de los compromisos contraídos.　DERECHO

inobservante Que no observa o no cumple lo dis-　adj.
puesto en leyes o normas.　≠ observante

inocencia
1 Exención de culpa en un delito: *finalmente fue pro-*　s.f.
bada la inocencia del acusado.　DERECHO

2 Estado y actitud del que no tiene mala intención, malicia o picardía: *hay mucha gente que se aprovecha de su inocencia.* = candor, ingenuidad

3 Estado de las personas antes del pecado original, que se hallan libres de culpa o pecado, en el cristianismo. TEOLOGÍA

inocentada
1 Broma, en especial la que se hace el día veintiocho de diciembre, festividad de los santos inocentes: *todos los años hacen la misma inocentada.* s.f.
2 Engaño que se sufre por descuido o inexperiencia: *he pagado la inocentada de hacer el viaje en balde.*
3 Lo que se hace o se dice con ingenuidad: *¡cómo puedes decir semejante inocentada delante de tus superiores!*

inocente (Del lat. *innocens, -entis*, el que no perjudica.)
1 Se aplica a la persona que no tiene culpa: *le declararon inocente de todos los cargos de los que le acusaban.* adj/s.m.f. = exculpado
2 Se refiere a la persona, acción o pensamiento que no tiene malicia: *le gastaron una broma inocente; se lo cree todo porque es un inocente.* = cándido, ingenuo
3 Se aplica a lo que no daña, en especial bebidas o comidas: *lo puedes beber tranquilo, es un vino inocente.* adj./= inofensivo ≠ nocivo
4 Se refiere al niño que aún no distingue el mal. adj/s.m.f.
5 Que está libre de pecado.

inocentón, a Que es muy ingenuo o simple: *¡qué inocentón eres!, ya te enseñará la vida a ser más desconfiado.* adj/s.

inocuidad Incapacidad para causar daño: *han demostrado la inocuidad del producto.* s.f. tb: innocuidad

inoculable Que puede ser inoculado o contagiado: *enfermedad inoculable.* adj.

inoculación Operación de inocular o transmitir a una persona los gérmenes de una enfermedad. s.f. MEDICINA

inoculador, a Que inocula o transmite una enfermedad. adj/s. = inoculante

inocular (Del lat. *inoculare*, injertar.)
1 Transmitir accidental o voluntariamente en el organismo agentes patógenos o toxinas, con fines terapéuticos o experimentales: *se le inoculó la hepatitis.* v.tr/prnl.
2 Dar un mal ejemplo a una persona.

inocultable Que no puede ser ocultado o escondido. adj.

inocuo, a
1 Que no es nocivo o perjudicial: *este insecticida es completamente inocuo para las personas.* adj./tb: innocuo = inofensivo
2 Que no despierta interés: *espectáculo inocuo; conversación inocua.* = insulso

inodoro, a (Del lat. *inodorus.*)
1 Que no tiene olor: *el agua es inodora, insípida e incolora.* adj.
2 Se aplica al recipiente o aparato para orinar o defecar en su interior, y que generalmente se instala en el cuarto de baño: *es muy escrupulosa en la limpieza del inodoro.* adj/s.m. = retrete, váter, water

inofensivo, a Que no debe temerse porque no hace daño: *animal inofensivo; en pequeñas dosis, esta sustancia es inofensiva.* adj. = inocente, inocuo

inoficioso, a (Del lat. *inofficiosus.*)
1 Se aplica a los actos de última voluntad que no respetan los derechos de herencia forzosa: *testamento inoficioso; donación inoficiosa.* adj. DERECHO
2 Que es ocioso, innecesario o inútil. Amér.

inolvidable Que no puede ser olvidado por haber causado mucha impresión o por ser muy estimado: *guarda un recuerdo inolvidable del viaje.* adj.

inope (Del lat. *inops, inopis*, menesteroso.) Que es pobre o indigente. adj. culto

inoperable Se refiere al enfermo que no puede ser intervenido quirúrgicamente o a la enfermedad que no se puede operar. adj. MEDICINA

inoperante Que no opera o no produce el efecto deseado: *esta ley ha resultado inoperante.* adj. = ineficaz

inoperatividad Ineficacia en el cometido: *la inoperatividad de la corporación para atajar el problema ha causado malestar.* s.f.

inopia (Del lat. *inopia*, indigencia, escasez.)
1 Pobreza, falta de medios para vivir: *esos mendigos viven en la más absoluta inopia.* s.f. = miseria
2 estar en la inopia: Estar distraído, o no estar enterado de lo que pasa: *no se enteró de nada porque estaba en la inopia.* coloquial

inopinable Que no puede ser sometido a discusión. adj.

inopinado, a (Del lat. *inopinatus.*) Que ocurre sin ser esperado: *le asustó aquel hecho inopinado.* adj.

inoportunidad Falta de oportunidad o conveniencia de algo: *me sorprendió la inoportunidad de su comentario.* s.f.

inoportuno, a Que está fuera de tiempo o de propósito: *tu intervención en la asamblea fue muy inoportuna.* adj.

inordenado, a (Del lat. *inordinatus.*) Que no tiene orden, correcta disposición o regularidad. adj. = desordenado

inorgánico, a
1 Se aplica a los cuerpos que no presentan procesos metabólicos vitales y que no crecen si no es por yuxtaposición: *los minerales son seres inorgánicos.* adj. ≠ orgánico
2 Que no tiene orden o sistematización. = desorganizado
3 Se refiere a los compuestos químicos, excepto a los del carbono. QUÍMICA

inotrópico, a Que tiene relación con la fuerza de contracción de las masas musculares. adj. FISIOLOGÍA

inoxidable Que no se puede oxidar o transformar por la acción de un oxidante: *esos cubiertos son de acero inoxidable.*

in partibus (Del lat. *in partibus [infidelium]*, en lugares [de infieles].)
1 Se refiere a la antigua sede episcopal situada en un país que pasó a estar bajo dominio musulmán. loc.adj. RELIGIÓN
2 Se aplica al obispo de estas diócesis. RELIGIÓN

in pectore (Expresión latina.)
1 Expresa que se ha tomado una resolución, pero que todavía se guarda en secreto. loc.adj.
2 Se refiere a un cardenal cuya designación tiene hecha el papa, pero cuya proclamación se reserva RELIGIÓN loc.adv.

in perpetuum (Expresión latina.) Perpetuamente, para siempre. loc.adv.

in promptu (Expresión latina.) De improviso, al presente: *tomar partido in promptu sobre una cuestión.* loc.adv.

in púribus (Del lat. *in puris naturalibus*, en estado puramente natural.) Desnudo, en cueros. loc.adv.

input (Voz inglesa.)
1 Elemento que interviene en el proceso productivo de un bien. s.m./ECONOMÍA ≠ output
2 Todo lo que el mundo exterior proporciona a un sistema, en particular a un ordenador, que puede consistir en señales, datos o programas. TELECOMUNICACIONES, INFORMÁTICA

inquebrantable
1 Que permanece sin quebrantarse o romperse: *los inquebrantables diamantes.* adj. = infrangible
2 Que no cambia ni se debilita: *mantienen una amistad inquebrantable.*

inquietante Que inquieta o preocupa: *la situación política empezaba a ser inquietante.* adj. = preocupante

inquietar (Del lat. *inquietare*.)
1 Poner inquieta o desasosegada a una persona: *el alumno se inquietaba por el resultado de las notas; los rumores de crisis económica han inquietado a los financieros.* v.tr/prnl. + a, con, por
2 Intentar despojar de una cosa a una persona o amenazarla con hacerlo. v.tr. DERECHO

inquieto, a (Del lat. *inquietus.*)
1 Que se mueve mucho, que no puede estar quieto: *tienen un niño muy inquieto.* adj. = bullicioso
2 Que está nervioso o agitado a causa de un malestar físico o moral: *los problemas en el trabajo le hacen estar inquieto.* = desasosegado
3 Que se hace o sucede con inquietud: *sueño inquieto; noche inquieta.*
4 Se refiere a la persona que es muy activa y emprendedora: *es muy inquieto, hace poco ha creado otra empresa.*
5 Que es propenso o se inclina por algo. Hond.

inquietud
1 Falta de sosiego y tranquilidad: *al ver que tardaba, se dejó vencer por la inquietud.* s.f. ≠ despreocupación
2 Inclinación hacia algo, especialmente en el campo no material: *es una persona con inquietudes de aprender.* s.f.pl.

inquilinaje
1 Inquilinato, arrendamiento de una vivienda. s.m./Chile
2 Conjunto de inquilinos. Chile

inquilinato
1 Contrato de arrendamiento de una casa o parte de ella. s.m. DERECHO
2 Derecho que adquiere el inquilino en la casa arrendada. DERECHO
3 Impuesto establecido de acuerdo con alquileres. DERECHO
4 Casa de vecindad. Argent., Colomb., Urug.
5 Sistema de explotación de fincas agrícolas por medio de inquilinos. Chile

inquilinismo Asociación entre seres vivos en la que uno de los participantes utiliza al otro como mero refugio. s.m. BIOLOGÍA

inquilino, a (Del lat. *inquilinus.*)
1 Persona que ha alquilado una casa o parte de ella para habitarla: *se ha hecho muy amigo de sus inquilinos.* s.
2 Arrendatario, especialmente de finca urbana.

3 Persona que trabaja y habita en una finca rústica en beneficio de su propietario. *Chile*
4 Ser vivo que practica el inquilinismo. s.m./BIOLOGÍA

inquina Sentimiento de odio o gran antipatía hacia una persona: *no disimulaban su inquina hacia los ultraderechistas.* s.f. = animadversión

inquinamento Acción y resultado de inquinar o inquinarse. s.m. = mancha, contagio

inquinar (Del lat. *inquinare*, infectar.)
1 Manchar una cosa: *se inquinó el vestido.* v.tr/prnl.
2 Transmitir a un organismo los gérmenes de una enfermedad. = contagiar

inquiridor, a Que inquiere o pregunta. adj./s.= inquisitivo

inquirir (Del lat. *inquirere*.) Indagar, hacer gestiones o preguntas para conseguir cierta información: *estuvieron inquiriendo al detenido, pero no consiguieron que dijera nada.* v.tr. conj: adquirir = averiguar

inquirrido, a Se refiere a la persona muy enamoradiza o alegre. adj. Hond.

inquisición
1 Acción y resultado de inquirir. s.f.
2 Tribunal eclesiástico que castigaba los delitos contra la fe: *la inquisición española se creó a instancias de los Reyes católicos.* HISTORIA, RELIGIÓN = Santo oficio
3 Casa donde se reunían los miembros de este tribunal eclesiástico. HISTORIA, RELIGIÓN
4 Cárcel destinada para los reos y condenados de este tribunal. HISTORIA, RELIGIÓN
5 hacer inquisición: Revisar los papeles para quemar los inútiles: *hizo inquisición de los legajos del abuelo.*

inquisidor, a
1 Que inquiere o indaga: *nos invitó a café y nos sometió a un inquisidor interrogatorio.* adj/s. = inquisitivo
2 Persona que intenta averiguar la realidad y circunstancias de un hecho. s.m. = pesquisidor
3 Juez eclesiástico del tribunal de la inquisición. HISTORIA
4 inquisidor general: Juez supremo del tribunal de la inquisición. HISTORIA, RELIGIÓN
5 inquisidor ordinario: Eclesiástico del tribunal de la inquisición que sentenciaba las causas de los reos. HISTORIA, RELIGIÓN

inquisitiva, a De la indagación o averiguación: *sus inquisitivas miradas me abrumaban.* adj. = inquisitorio

inquisitorial
1 De la inquisición o del inquisidor. adj.
2 Se aplica a la persona o al procedimiento que es muy severo: *juez inquisitorial.*

inquisitorio, a
1 Que tiene capacidad para inquirir. adj.
2 Perteneciente a la inquisición. HISTORIA, RELIGIÓN

inri (Acrónimo del lat. *[I]esus [N]azarenus [R]ex [I]udaeorum*, Jesús Nazareno, rey de los judíos.)
1 Palabra o rótulo que suele aparecer en la santa cruz sobre la cabeza de Jesucristo. s.m.
2 Nota indicativa de burla o afrenta: *está siempre colocando el inri a todo el mundo.*
3 para más inri: Indica que algo viene a empeorar una situación que ya es mala: *le dio un golpe al coche y para más inri se quedó sin gasolina.* loc.adv.

insabible Que no puede ser sabido o averiguado. adj./= inaveriguable

insaciabilidad Imposibilidad de saciar o saciarse: *parece infinita su insaciabilidad por aprender.* s.f.

insaciable Que no se puede saciar o hartar: *insaciable de riqueza; insaciable en sus apetitos; insaciable de dinero.* adj. + de, en

insaculación Acción y resultado de insacular. s.f.

insaculador, a Persona que mete en un saco o en un recipiente boletos con números o con nombres de personas para sacar alguno a suerte. s.

insacular (Del lat. *insaculare*.)
1 Introducir boletos o papeletas en un saco u otro recipiente para sacar uno o varios a suerte. v.tr. culto
2 Introducir votos secretos en una bolsa para proceder después al escrutinio. culto

insalificable Que no puede producir una sal: *base insalificable.* adj. QUÍMICA

insalivación Acción y resultado de mezclar los alimentos con saliva: *le cuesta la insalivación porque tiene la boca seca.* s.f.

insalivar Mezclar los alimentos con la saliva. v.tr.

insalubre (Del lat. *insalubris*.) Que perjudica la salud: *tanta suciedad tiene que ser insalubre.* adj./= malsano ≠ saludable

insalubridad Falta de salubridad o sanidad: *las autoridades cerraron el bar alegando insalubridad.* s.f. ≠ salubridad

insalud (Acrónimo del *[I]nstituto [N]acional de la [Salud]*.) Organismo encargado de la administración y gestión de los servicios sanitarios de la seguridad social española. s.m.

insalvable Que no se puede salvar o sortear: *el camino estaba lleno de obstáculos insalvables.* adj. ≠ salvable

insanable Que no puede sanar o recobrar la salud. adj./= incurable

insania (Del lat. *insania*.) Locura, privación del juicio. s.f.

insano, a (Del lat. *insanus*.)
1 Que es perjudicial para la salud: *el trabajo que tiene en la mina es bastante insano.* adj. = insalubre
2 Que ha perdido la razón. = loco

insatisfacción
1 Falta de satisfacción o complacencia: *le consume la insatisfacción, cree haber malgastado su vida en nimiedades.* s.f. ≠ satisfacción
2 Sentimiento de inquietud causado por una contrariedad o accidente: *ante los hechos, mostró su más profunda insatisfacción.* = disgusto

insatisfactorio, a Que no produce satisfacción: *el relato de los hechos resultó insatisfactorio para el fiscal.* adj.

insatisfecho, a Que no está satisfecho o complacido: *todo este embrollo le ha dejado muy insatisfecho.* adj./= descontento ≠ satisfecho

insaturable Que no se puede saturar o colmar: *compuesto orgánico insaturable.* adj. ≠ saturable

insaturado, a Se aplica a la estructura química que tiene uno o varios enlaces múltiples covalentes. adj. QUÍMICA

inscribible Que puede ser inscrito: *polígono inscribible en una circunferencia.* adj.

inscribir (Del lat. *inscribere*.)
1 Grabar una cosa para que quede constancia duradera: *inscribió su nombre en la roca.* v.tr. part: inscrito
2 Anotar el nombre de una persona en una lista o un registro: *me inscribí en un curso de inglés.* v.tr/prnl.
3 Tomar razón de documentos o declaraciones en un registro. v.tr. DERECHO
4 Trazar una figura dentro de otra de modo que tenga todos sus vértices en ésta: *inscribió la circunferencia en un cuadrilátero.* GEOMETRÍA

inscripción
1 Acción y resultado de inscribir o inscribirse: *ha finalizado el período de inscripción en las listas.* s.f.
2 Escrito breve grabado en piedra, metal u otra materia para conservar la memoria de una persona o de un suceso: *leyó su nombre en la inscripción de la lápida.* = epígrafe, epitafio, letrero
3 Letrero rectilíneo en las monedas y medallas.
4 Anotación hecha en el registro de la deuda pública, en que el estado reconoce la obligación de satisfacer una renta correspondiente a un capital recibido. DERECHO
5 Documento o título expedido por el estado para acreditar esta obligación. DERECHO

inscrito, a (Part. irreg. de *inscribir*.)
1 Que ha sido grabado o anotado: *deletreó las palabras inscritas en la placa.* adj.
2 Se aplica a la figura que se traza dentro de otra. GEOMETRÍA

insculpir (Del lat. *insculpere*.) Esculpir, labrar algo en piedra, madera o metal. v.tr. culto

inscultura Grabado rupestre realizado con un piqueteado continuo, que proporciona incisiones anchas y profundas. s.f. HISTORIA

insecable
I (Derivado de *secar*.) Que no se puede secar o es muy difícil de extraer su humedad. adj.
II (Del lat. *insecabilis*.) Que no se puede cortar o dividir. adj.

insectario Instalación en la que se conservan y crían insectos. s.m.

insecticida (Del lat. *insectus* + *caedere*, matar.) Se aplica a la sustancia o producto que combate los insectos: *si no fuera por el insecticida las moscas nos invadirían.* adj/s.m.

insectil De los insectos. adj.

insectívoro, a (Del lat. *insectus* + *vorare*, comer.)
1 Se refiere al animal que se alimenta de insectos: *el topo y la araña son animales insectívoros.* adj./≠ carnívoro ZOOLOGÍA
2 Se aplica a las plantas que capturan pequeños animales, en especial insectos, a través de sus hojas y los digieran. BOTÁNICA
3 Perteneciente a un orden de animales mamíferos de pequeño tamaño, unguiculados y plantígrados, provistos de numerosos dientes agudos. adj/s.m. ZOOLOGÍA

insecto (Del bajo lat. *insectus*.)
1 Perteneciente a una clase de animales invertebrados artrópodos de respiración traqueal, cuyo cuerpo está cubierto por una cutícula quitinosa y dividido en una cabeza con dos antenas, dos ojos compuestos y seis piezas bucales, un tórax con tres pares de patas y, a menudo, dos alas, y un abdomen anillado y provisto de estigmas. adj/s.m. ZOOLOGÍA = hexápodo
2 insecto hoja: El que, por su particular morfología y coloración, se confunde con las hojas de las plantas en las que se encuentra. ZOOLOGÍA
3 insecto palo: El que presenta un cuerpo largo y fino, con aspecto de tallo o pecíolo de la planta sobre la que se encuentra. ZOOLOGÍA

4 insecto social: El que vive en comunidades de numerosos individuos organizados jerárquicamente y con cometidos específicos, como la abeja y la hormiga.. — ZOOLOGÍA

in sécula seculorum (Del lat. *in saecula saeculorum*, por los siglos de los siglos.) Para siempre jamás. — loc.adv./culto = in sécula

inseguridad Falta de seguridad o confianza: *cada vez hay más inseguridad en las ciudades*. — s.f. ≠ seguridad

inseguro, a
1 Que no tiene seguridad: *persona insegura; posición insegura*.
2 Que no puede ser asegurado o afirmado: *noticia insegura; opinión insegura*. — adj./= inestable = seguro = incierto, dudoso ≠ seguro

inselberg (Voz alemana.) Relieve aislado residual de paredes abruptas en medio de superficies llanas. — s.m./GEOLOGÍA = monte isla

inseminación
1 Fecundación del óvulo por parte del semen: *la inseminación es el principio de la vida, según algunas teorías*.
2 **inseminación artificial**: Fecundación del óvulo haciéndole llegar el semen por medios artificiales, que se utiliza en veterinaria y, en casos de esterilidad, en medicina. — s.f. BIOLOGÍA MEDICINA, VETERINARIA

inseminador, a
1 Que tiene relación con la inseminación.
2 Que practica una inseminación. — adj./BIOLOGÍA adj/s./BIOLOGÍA

inseminar Hacer llegar el semen al óvulo femenino. — v.tr./BIOLOGÍA

insenescencia (Del lat. *insenescentia*.) Propiedad de no envejecer: *la insenescencia se convirtió en su eterna búsqueda*. — s.f. ≠ senescencia

insenescente Que no envejece y permanece siempre joven. — adj. ≠ senescente

insensatez
1 Modo de ser o de comportarse del insensato o necio: *no querer hacer el trabajo es una insensatez*.
2 Dicho o palabras propias de un insensato: *no digas esas insensateces que pueden creer que eres tonto*. — s.f. pl: insensateces

insensato, a Que no tiene sensatez, tonto: *tu idea es insensata y no creo que dé resultado; es un insensato, pero no malvado*. — adj/s. = irreflexivo, necio

insensibilidad Falta de sensibilidad: *su insensibilidad al dolor ajeno denota su egoísmo*. — s.f. ≠ sensibilidad

insensibilización
1 Acción y resultado de hacer insensible algo o a alguien: *el fisioterapeuta procedió a la insensibilización de las células nerviosas del brazo*.
2 Pérdida pasajera de la sensibilidad frente a toxinas, bacterias y otros antígenos, debida a la administración repetida de éstos a dosis pequeñas y crecientes. — s.f. MEDICINA

insensibilizador, a Que insensibiliza o anestesia: *fármaco insensibilizador*. — adj. ≠ sensibilizador

insensibilizar
1 Hacer insensible física o afectivamente a una persona: *el ataque sufrido le ha insensibilizado una parte del cuerpo; no sabemos por qué se insensibilizó ante tal barbarie*.
2 Aplicar la anestesia a una persona o un animal: *insensibilizaron la pierna para la operación*. — v.tr/prnl. conj: cazar v.tr. = anestesiar

insensible
1 Que no tiene facultad sensitiva: *tiene insensible la mejilla por la anestesia que le ha puesto el odontólogo*.
2 Que no tiene la capacidad de sentir emociones o afectos: *es insensible a las penas*.
3 Que no se puede sentir o percibir por ser muy lento o débil: *hay un error en la grabación, pero es tan pequeño que prácticamente es insensible*. — adj. = acorchado = imperceptible

inseparabilidad Imposibilidad de que una cosa o persona sea separada de otra: *la inseparabilidad de dos buenos amigos*. — s.f. ≠ separabilidad

inseparable
1 Que es difícil de separar o no puede ser separado: *la vanidad es inseparable de la necedad*.
2 Se refiere a las personas que están muy unidas por la amistad o por el amor: *Pedro y María son inseparables*. — adj. = inherente adj/s.m.f.

insepulto, a Se aplica al cadáver que aún no ha sido sepultado: *encontraron en el camino varios cuerpos insepultos*. — adj.

inserción
1 Acción y resultado de insertar o insertarse: *te recomiendo la inserción de este capítulo en la primera parte*.
2 Punto donde una cosa se inserta o se introduce en otra: *hay que limar las inserciones de las placas metálicas*.
3 Zona en que una estructura anatómica se inserta en otra: *se lastimó en la inserción de los dos huesos*. — s.f. = unión ANATOMÍA

inserir (Del lat. *inserere*.)
1 Introducir una cosa en otra: *las notas las puedes inserir a pie de página; se le ha inserido una espina de pescado en la encía*. — v.tr./part.tb: inserto conj: sentir = insertar

---

2 Injerir, hacer mención de algo incluyéndolo en otra cosa.
3 Injertar, implantar.

inserso (Acrónimo de *[I]nstituto [N]acional de [Ser]vicios [So]ciales*.) Entidad gestora de la seguridad social española, cuya función es gestionar los servicios sociales de la tercera edad y de los disminuidos físicos y síquicos. — s.m.

insertar (Del bajo lat. *insertare*.)
1 Meter una cosa en otra: *ha insertado varias citas famosas en su texto*.
2 Hacer público un texto en un periódico: *insertaron la noticia en las páginas de ocio*.
3 Introducirse un órgano en otro o adherirse a su superficie. — v.tr. part.tb: inserto v.prnl. BIOLOGÍA

inserto, a (Part. irreg. de *inserir* y de *insertar*.)
1 Que está incluido en algo.
2 Rótulo que aparece entre dos encuadres o superpuesto a otro, que explica al espectador algún detalle de localización de la escena. — adj. s.m. AUDIOVISUALES

inservible Que no sirve para el fin al que estaba destinado, ni para nada: *tras el accidente la moto quedó inservible*. — adj. = inútil

insidia (Del lat. *insidiae*, emboscada.)
1 Acción malintencionada o engaño cometido para hacer daño a otra persona: *le apartó de sus amistades con insidias*.
2 Mala intención en lo que se dice o hace. — s.f. = asechanza, maquinación

insidiar Poner trampas para atraer a una persona a una situación desfavorable. — v.tr./= asechar, trasechar

insidioso, a
1 Que se comporta con insidia o se vale de insidias y maquinaciones.
2 Que se hace con insidia o engaño: *utiliza a menudo asechanzas insidiosas*.
3 Que es malicioso y dañino, pero tiene una apariencia inofensiva.
4 Se aplica a la enfermedad que es muy grave, pero tiene una apariencia benigna. — adj/s. adj. MEDICINA

insigne (Del lat. *insignis*, señalado.) Que sobresale mucho en alguna actividad y es muy estimado: *asistió a una charla del insigne poeta*. — adj. = eminente

insignia (Derivado del lat. *insignis*, señalado.)
1 Señal, distintivo o divisa: *le dieron la insignia de oro y brillantes del club*.
2 Pendón, imagen o medalla de una hermandad o cofradía.
3 Letrero de un establecimiento.
4 Bandera que indica el grado del jefe que manda un barco.
5 Bandera o estandarte de una legión romana. — s.f. = rótulo MILITAR HISTORIA

insignificancia
1 Falta de relevancia, bien sea por el tamaño, la cantidad, la utilidad, o el valor de alguna cosa: *la insignificancia de su capital para el banco es evidente*.
2 Cosa sin importancia o de poco tamaño, valor y utilidad: *siempre regala insignificancias*. — s.f. ≠ importancia = futilidad, menudencia

insignificante
1 Que no merece ser tenido en cuenta por su poca importancia o valor: *cometió un error insignificante*.
2 Que es muy pequeño: *había un pajarito insignificante en el jardín*. — adj. = fútil, inapreciable = exiguo

insinceridad
1 Falta de sinceridad o veracidad: *lo que más me molesta de él es su insinceridad*.
2 Acción o palabra propia de una persona insincera. — s.f./≠ franqueza, sinceridad

insincero, a Que no es sincero o franco: *no seas insincero y haz el favor de decir la verdad*. — adj./= falso, hipócrita

insinuación
1 Acción y resultado de insinuar o insinuarse.
2 Expresión o palabras con que se da a entender algo sin expresarlo abiertamente: *su insinuación me dejó perplejo*.
3 Presentación de un documento público al juez para que lo autorice, en especial una donación.
4 Preámbulo o introducción en que el orador intenta captar la benevolencia de los oyentes. — s.f. DERECHO RETÓRICA

insinuador, a Que insinúa o sugiere algo de manera implícita: *miradas insinuadoras*. — adj/s. = insinuante

insinuante
1 Que insinúa o se insinúa: *adoptó una postura insinuante ante las cámaras*.
2 Que se muestra muy dispuesto a mantener una relación amorosa. — adj. = provocativo

insinuar (Del lat. *insinuare*, introducir en el interior.)
1 Dar a entender una cosa indicándola ligeramente, pero sin expresarla con claridad: *por teléfono insinuó que no le iba bien la hora de la cita*.
2 Conseguir el afecto o la amistad de una persona de forma hábil o con astucia: *se insinuó con su jefe para conseguir el cargo*. — v.tr. conj: actuar v.prnl.

3 Introducirse un sentimiento o un vicio en una persona: *en aquel hombre se ha insinuado la afición por el alcohol.*
4 Empezar a existir una cosa de modo casi imperceptible: *el día se insinuaba por detrás de la sierra.*
5 Mostrar una actitud interesada o provocativa hacia una persona de otro sexo: *el que hoy es su novio se le insinuó en una fiesta.*
6 Presentar un documento público o una donación ante un juez para que lo autorice. — v.tr. DERECHO

insinuativo, a Que tiene la propiedad de insinuar o insinuarse: *miradas insinuativas.* — adj. = insinuante

insipidez Falta de sabor: *disimuló la insipidez del guiso añadiendo muchas especias.* — s.f./pl: insipideces ≠ sapidez

insípido, a (Del lat. *insipidus.*)
1 Que no tiene ni tiene poco sabor: *hoy has hecho el café insípido.* — adj.
2 Que no tiene gracia o interés: *la comedia me pareció bastante insípida.*

insipiencia (Del lat. *insipientia.*) Ignorancia, falta de conocimientos. — s.f./culto ≠ sapiencia

insipiente (Del lat. *insipiens, -entis.*)
1 Que adolece de falta de conocimientos: *es un comentario insustancial de un crítico insipiente.* — adj/s./culto = ignorante
2 Que no tiene juicio. = insensato

insistencia Perseverancia u obstinación en una cosa: *pudieron salvarle la vida gracias a su insistencia en que fuera al hospital.* — s.f.

insistente Que insiste o persevera: *el ataque a la ciudad fue insistente.* — adj. = persistente

insistir (Del lat. *insistere.*)
1 Mantenerse una persona firme en una cosa: *insistió en su decisión de cantar ópera; insistir sobre un tema.* — v.intr. + en, sobre
2 Hacer varias veces una cosa para asegurar el resultado: *Luisa insistía en llamar por teléfono a su amiga.* — + en

ínsito, a (Del lat. *insitus,* plantado, sembrado.) Que es propio y connatural a algo: *ínsita bondad.* — adj./culto = innata

in situ (Expresión latina.) En el mismo lugar: *inició la investigación del crimen in situ.* — loc.adv.

insobornable Que no puede ser sobornado o no se deja corromper con dinero o dádivas: *es un juez insobornable.* — adj. = íntegro ≠ sobornable

insociabilidad Falta de sociabilidad o inclinación al trato y relación con las personas. — s.f. ≠ sociabilidad

insociable Que es huraño o intratable: *si eres tan insociable nunca tendrás amigos.* — adj. = insocial

insolación
1 Acción y resultado de insolar o insolarse. — s.f.
2 Malestar o trastornos producidos por haberse expuesto alguien al sol durante demasiado tiempo: *le puso un gorrito para evitar una insolación.* — MEDICINA
3 Número de horas en que el Sol luce sin nubes durante un día, un mes, o un año determinado.
4 Cantidad de energía solar que recibe una superficie.

insoladora Máquina que se usa en las imprentas para insolar emulsiones. — s.f. ARTES GRÁFICAS

insolar
1 Poner una cosa al sol para que fermente o para que se seque. — v.tr.
2 Padecer una insolación. — v.prnl.
3 Someter a la acción de luz artificial intensa una emulsión sensible para reproducir en una plancha textos, dibujos o ilustraciones. — v.tr. ARTES GRÁFICAS
4 Exponer a la luz una preparación sensible. — FOTOGRAFÍA

insoldable Que no se puede soldar o unir: *piezas insoldables.* — adj. ≠ soldable

insolencia
1 Modo de ser y de comportarse de las personas poco respetuosas o de actitud desafiante y despectiva: *su insolencia es inaguantable.* — s.f. ≠ humildad
2 Acción o palabras despectivas y ofensivas, faltas del debido respeto, o excesivamente atrevidas: *lo que le dijo a su padre fue una insolencia.*
3 Acción temeraria y desafiante.

insolentar Hacer que una persona se vuelva o se muestre insolente o desafiante: *se insolentó al oír los comentarios de sus compañeros.* — v.tr/prnl.

insolente (Del lat. *insolens, -entis,* desacostumbrado.)
1 Que es irrespetuoso o grosero o se comporta con insolencia: *aunque es educado, tiene fama de insolente.* — adj/s.m.f. = descarado
2 Se refiere a la persona que se cree superior y menosprecia a otros. — adj. = arrogante
3 Que demuestra insolencia: *palabras insolentes; comportamiento insolente.*

in solidum (Expresión latina.) Por entero, del todo, especialmente aplicado a la facultad u obligación que — loc.adv. DERECHO

es común a varias personas y puede ser ejercida o cumplida por entero por cada una de ellas.

insólito, a
1 Que ocurre rara vez: *en ella el desánimo es algo insólito; temperaturas insólitas para esta época del año.* — adj.
2 Que es más grande o intenso de lo normal: *la escena era de una insólita belleza.* — = extraordinario

insolubilidad
1 Incapacidad para disolverse: *la insolubilidad del producto dificultó el experimento.* — s.f. = indisolubilidad
2 Imposibilidad de que una cosa sea solucionada: *puso de relieve la insolubilidad del problema.* — tb: insolucionabilidad

insolubilización Acción y resultado de insolubilizar una sustancia. — s.f. QUÍMICA

insolubilizar Hacer una cosa insoluble, que no se puede disolver ni diluir. — v.tr/conj: *cazar* QUÍMICA

insoluble (Del lat. *insolubilis.*)
1 Se aplica a la sustancia que no se puede disolver ni diluir. — adj./QUÍMICA ≠ soluble
2 Que no puede ser resuelto o solucionado: *el dilema es insoluble.* — = irresoluble

insoluto, a (Del lat. *insolutus.*) Que no ha sido pagado, tratándose de deudas. — adj./culto = impagado

insolvencia Falta de solvencia o incapacidad para pagar una deuda: *la insolvencia de la empresa la llevó a la quiebra.* — s.f. DERECHO ≠ solvencia

insolvente
1 Que no es capaz o no está en situación económica de pagar sus deudas o de cumplir compromisos u obligaciones. — adj/s.m.f. DERECHO ≠ solvente
2 Que no ofrece garantías para confiarle un cargo, función o misión: *es insolvente para una responsabilidad como ésta.* — adj. ≠ solvente

insomne (Del lat. *insomnis.*)
1 Que padece insomnio: *como es insomne, se pasa las noches leyendo.* — adj.
2 Que está desvelado y le cuesta conciliar el sueño: *se despertó por el ruido y permaneció insomne hasta el amanecer.*

insomnio Falta o ausencia de sueño: *en los primeros meses de embarazo tuvo insomnio.* — s.m. = desvelo, vigilia

insondable
1 Que no puede ser sondeado o alcanzado su fondo: *los abismos insondables del océano.* — adj.
2 Que es difícil de conocer, comprender o averiguar: *un pensamiento insondable.* — = enigmático

insonoridad Cualidad de insonoro: *las reformas mejoraron la insonoridad del estudio de grabación.* — s.f. ≠ sonoridad

insonorización Acondicionamiento en un lugar o recinto para aislarlo de los ruidos del exterior, o de una máquina, motor, u otro aparato, para que funcione en el menor ruido posible: *la insonorización de su casa les permite vivir sin estridencias.* — s.f.

insonorizar
1 Acondicionar un lugar para aislarlo acústicamente: *han insonorizado la habitación.* — v.tr. conj: *cazar*
2 Hacer funcionar una máquina o un motor con el menor ruido posible: *insonorizar las cámaras de filmación para que no perturben los micrófonos.*

insonoro, a Que no produce sonido o ruido: *mecanismo insonoro.* — adj.

insoportable
1 Que es difícil de soportar por la intensidad de sus características: *en verano hizo un calor insoportable; tenía un dolor insoportable.* — adj. = inaguantable
2 Que causa molestia o fastidio: *es un tío chulo e insoportable.* — = irritante

insoria Pizca, insignificancia, cosa de poca importancia o que se presenta en poca cantidad. — s.f. *Venez.*

insoslayable Que no puede ser soslayado o eludido: *tiene un compromiso insoslayable esta tarde.* — adj. = inevitable

insospechable Que no puede ser sospechado o imaginado: *mantenía unas relaciones insospechables con los bajos fondos.* — adj. = imprevisto, sorprendente

insospechado, a Que ocurre sin ser sospechado o esperado: *los insospechados efectos de la reforma.* — adj./= sorprendente ≠ sospechado

insostenible
1 Que no se puede sostener o aguantar: *ese tren de vida es insostenible.* — adj.
2 Que no puede ser defendido con razones: *tu argumentación es insostenible.* — = arbitrario, infundado

inspección (Del lat. *inspectio, -onis.*)
1 Acción y resultado de inspeccionar. — s.f.
2 Examen o reconocimiento para comprobar el estado de algo: *inspección del fondo bibliográfico.*
3 Oficina del inspector.
4 inspección de hacienda: Órgano del ministerio de Hacienda que examina los libros, documentos y explotaciones de los contribuyentes para verificar el cumplimiento de las obligaciones tributarias. — DERECHO

5 inspección de trabajo: Órgano de la administración pública que vela por el cumplimiento de la legislación en materia laboral. — DERECHO

6 inspección ocular: Examen hecho por un juez, o a través de peritos, de un lugar o de una cosa para hacer constar en acta los resultados de sus observaciones. — DERECHO

inspeccionar Examinar una cosa atentamente: *inspeccionaron el lugar donde apareció el cadáver.* — v.tr.

inspector, a (Del lat. *inspector*.)
1 Que inspecciona. — adj/s.
2 Persona encargada de la inspección y vigilancia de alguna actividad, y del cumplimiento de leyes y reglamentos. — s.
3 inspector de policía: Funcionario civil encargado del seguimiento y resolución de delitos.

inspectoría
1 Casa, oficina o despacho del inspector. — s.f.
2 Cuerpo de policía que está bajo el mando de un inspector. — Chile
3 Territorio al que se extiende la vigilancia de dicho cuerpo. — Chile

inspiración
1 Acción de introducir aire u otra mezcla gaseosa en los pulmones al respirar: *la sonda le dificulta la inspiración.* — s.f. / ≠ espiración
2 Estado propicio para cualquier creación del espíritu, en especial aquel en que el artista produce su obra sin esfuerzo aparente y con fluidez: *últimamente le falla la inspiración y no puede escribir.* — = estro, numen
3 Característica de una obra que la hace semejante a otra: *el edificio es de inspiración renacentista.* — = influencia
4 Idea sugerida por algo de la que no se conoce lo que la ha producido.
5 Cualidad de la obra de arte de perfección inusual, que no se limita a una correcta aplicación de los preceptos vigentes en su época. — ARTE
6 Acción de comunicar Dios a alguien un estado de ánimo, un conocimiento o un impulso sobrenaturales: *el Señor inspiró sus obras.* — TEOLOGÍA

inspirador, a
1 Que inspira: *determinados hechos históricos fueron los inspiradores de su pintura.* — adj/s.
2 Se aplica al músculo que hace posible la inspiración. — ANATOMÍA
3 Aparato que facilita la inspiración. — s.m./MEDICINA

inspirar (Del lat. *inspirare*.)
1 Tomar una persona aire u otra mezcla gaseosa para introducirlo en los pulmones: *empezó a toser por haber inspirado durante tanto rato los gases del coche.* — v.tr.
2 Causar o producir un determinado sentimiento: *esta persona me inspira mucha simpatía.*
3 Concebir ideas para la creación de una obra artística: *el paisaje le inspiró aquel poema.*
4 Tomar una persona inspiración en una cosa: *se inspiró en un cuento para pintar el cuadro.* — v.prnl.
5 Iluminar Dios la conciencia o el entendimiento de una persona: *dicen que Dios le inspiró para entrar en el convento.* — v.tr. TEOLOGÍA

inspirativo, a Que tiene la propiedad de inspirar. — adj.

inspiratorio, a
1 Que tiene relación con la inspiración respiratoria: *capacidad inspiratoria.* — adj.
2 Se aplica al fonema que está acompañado por una introducción de aire en un resonador fónico: *algunas lenguas africanas presentan sonidos inspiratorios.* — LINGÜÍSTICA

instable Que no es estable. — adj./= precario

instalación
1 Acción y resultado de instalar o instalarse: *tardaron varios días en terminar la instalación del campo de refugiados.* — s.f. / = emplazamiento
2 Cosa o conjunto de cosas, edificaciones instaladas para cumplir una función o servicio: *están renovando la instalación del gas; instalaciones deportivas.*
3 instalación eléctrica: Conjunto de materiales y circuitos destinados a la producción, conversión, transporte y utilización de la energía eléctrica. — ELECTRICIDAD

instalador, a Que instala. — adj/s.

instalar (Del fr. *installer* < bajo lat. *installare*, poner en posesión de un beneficio eclesiástico.)
1 Poner una cosa en el lugar y en la forma que corresponde a su función: *instaló el televisor en el salón.* — v.tr.
2 Preparar en un lugar con todo lo necesario para un servicio determinado: *quiere instalar una tienda de ropa en el centro comercial.*
3 Poner o situar en un lugar: *los alumnos se instalaron en sus pupitres.* — v.tr/prnl. = acomodar
4 Colocar a una persona en posesión de un empleo o beneficio: *se instaló en la cátedra después de la oposición.*
5 Establecerse o fijar la residencia en un lugar: *se instalaron en el centro de la ciudad.* — v.prnl.

instancia (Derivado de *instar*.)
1 Acción y resultado de instar: *a pesar de nuestras reiteradas instancias no se quedó.* — s.f.
2 Impreso o escrito en que se hace una solicitud a una autoridad: *tienes que presentar una instancia al rector de la universidad.*
3 Institución o grupo de poder: *se mueve entre las altas instancias del partido.*
4 Cada uno de los grados jurisdiccionales que la ley establece para la administración de la justicia. — DERECHO
5 de primera instancia: 1. De un golpe. 2. En primer lugar, por primera vez: *de primera instancia no me pareció buena idea, pero luego le encontré sentido.* — loc.adv.
6 en última instancia: Como último recurso: *en última instancia acudiré a los tribunales.* — loc.adv.

instantánea Imagen fotográfica obtenida en un instante o fracción de un segundo: *usa una película especial para instantáneas.* — s.f. FOTOGRAFÍA

instantaneidad Carácter de lo que es instantáneo. — s.f.

instantáneo, a
1 Que dura o se produce en un instante o fracción muy breve de tiempo: *sufrió un mareo instantáneo.* — adj.
2 Se aplica a los productos alimenticios deshidratados que se pueden consumir tan sólo añadiéndoles agua: *se alimenta a base de sopas instantáneas.* — COCINA

instante (Del lat. *instans, -tis.*)
1 Porción muy breve de tiempo: *dame un instante y te lo acabaré.* — s.m.
2 Momento sin extensión determinada que une dos espacios de tiempo: *contaba los instantes que faltaban para su vuelta.*
3 a cada instante: Con frecuencia o de manera repetida: *este niño llora a cada instante.* — loc.adv.
4 al instante: En seguida, sin dilación: *estaba lloviendo y al instante paró.* — loc.adv.
5 en este instante o en este mismo instante: Ahora, en este momento: *en este mismo instante estaba pensando en ti.* — loc.adv.
6 en un instante: Deprisa, en muy poco tiempo: *en un instante me peiné.* — loc.adv.
7 por instantes: 1. Sin cesar, continuamente: *le crece el pelo por instantes.* 2. De un momento a otro. — loc.adv. loc.adv.

instar (Del lat. *instare*, estar encima.)
1 Volver a expresar una petición o una súplica o insistir en ella: *le instaron que volviera otro día.* — v.tr. = rogar
2 Urgir la ejecución de una cosa: *insta que presentes la documentación en el consulado.* — v.intr.

in statu quo (Expresión latina.) En la misma situación que antes. — loc.adv.

instauración Acción y resultado de instaurar: *la instauración del antiguo régimen.* — s.f.

instaurador, a Que instaura: *acudilló a los instauradores de la monarquía.* — adj/s.

instaurar (Del lat. *instaurare.*) Establecer una institución, una ley o una costumbre: *tras la caída del muro de Berlín se instauró un nuevo orden mundial.* — v.tr.

instaurativo, a Que tiene la propiedad de instaurar: *doctrinas instaurativas de nuevas costumbres.* — adj.

instigación Acción de incitar o provocar a una persona para que haga una cosa, especialmente un acto censurable: *le acusaron de instigación al delito.* — s.f. = inducción

instigador, a Que instiga o provoca: *la historia la presenta como instigadora de la rebelión.* — adj/s. = inductor

instigar (Del lat. *instigare.*) Incitar o provocar a una persona para que realice una acción: *ellos la instigaron para que abandonase a la familia.* — v.tr. conj: pagar = inducir

instilación Acción y resultado de instilar: *perdió el aparato para la instilación del fármaco.* — s.f.

instilar (Del lat. *instillare.*)
1 Echar un líquido en una cosa muy lentamente, gota a gota. — v.tr.
2 Transmitir un sentimiento o una idea a una persona insensiblemente: *su abuelo le instiló el amor por la libertad y la honradez.* — = insuflar

instintivo, a Que es efecto o resultado del instinto: *acto instintivo; respuesta instintiva.* — adj./= inconsciente ≠ deliberado

instinto (Del lat. *instinctus*, impulso, instigación.)
1 Facultad de los seres vivos que se manifiesta de forma espontánea y que impulsa a actuar de una forma determinada, sin que se tenga conciencia de ello: *posee un instinto criminal acentuado.* — s.m. BIOLOGÍA, SICOLOGÍA
2 Facultad o capacidad natural para valorar o apreciar ciertas cosas: *tiene instinto artístico.*
3 por instinto: De manera no deliberada: *por instinto apartó la mano de las llamas.* — loc.adv.

institor (Del lat. *institor.*) Factor o apoderado mercantil en una empresa por cuenta de otra persona. — s.m. COMERCIO

institución
1 Acción y resultado de instituir: *defendió la institución*   **s.f.**
de un nuevo sistema de adjudicación de obras.
2 Organismo instituido para desempeñar funciones   **SOCIOLOGÍA**
de interés social, particularmente, de enseñanza, sanidad o beneficencia.
3 Organismo instituido para gobernar o desempeñar   **POLÍTICA**
una función fundamental en un estado, nación o sociedad: *institución de la monarquía; recuperar instituciones democráticas.*
4 Conjunto de principios o elementos de una ciencia   **s.f.pl.**
o arte.
5 **institución canónica**: Acción de conferir canónica-   **DERECHO**
mente un beneficio.
6 **institución corporal**: Acción de poner a uno en   **DERECHO**
posesión de un beneficio.
7 **institución de heredero**: Nombramiento hecho en   **DERECHO**
el testamento de la persona que ha de heredar.
8 **institución política**: Órgano constitucional del po-   **POLÍTICA**
der soberano o gobierno de un estado.
9 **ser alguien una institución**: Ser persona de gran
prestigio e importancia en una agrupación o sociedad:
su abuelo era una institución en el gremio de hostelería.
institucional De las instituciones, especialmente las   **adj.**
instituciones políticas: *con el nuevo gobierno se han producido algunos cambios institucionales.*
institucionalidad Carácter de las cosas relativas a   **s.f.**
las instituciones, en especial las políticas.
institucionalismo Corriente del pensamiento políti-   **s.m.**
co y económico que propugna el análisis empírico de   **ECONOMÍA,**
las instituciones del sistema capitalista.   **POLÍTICA**
institucionalización
1 Acción y resultado de institucionalizar: *están en*   **s.f.**
contra de la institucionalización del movimiento solidario.
2 Legalización, acción de dar carácter legal a algo.
institucionalizar
1 Hacer institucional una cosa: *con este acuerdo con la*   **v.tr/prnl.**
diputación, mi proyecto se institucionaliza.   **conj**: *cazar*
2 Dar carácter de institución a una cosa: *hay un local
social que se ha institucionalizado.*
3 Reconocer la existencia legal de una cosa: *algunos
ciudadanos quieren que el consumo de drogas se institucio-
nalice.*
4 Dar vigor al funcionamiento de un organismo, una
asociación o una entidad: *muchas organizaciones no gubernamentales se han institucionalizado.*
institucionista Relativo a la Institución libre de en-   **adj.**
señanza, instituto pedagógico español, al margen de
la organización educativa estatal.
instituidor, a Que instituye.   **adj/s./= instituidor**
instituir (Del lat. *instituere*.)
1 Crear o establecer algo: *han instituido un nuevo pre-*   **v.tr.**
mio literario.   **conj**: *huir*
2 Establecer un derecho o una obligación.
3 Fundar un organismo de interés público: *instituir un
albergue de indigentes.*
4 Designar a la persona que ha de recibir una renta:
instituyó como herederas a sus sobrinas.
5 Establecer que una renta sea pagada a una persona
periódicamente: *instituir una beca.*
instituta (Voz latina.) Compendio metódico de dere-   **s.f./DERECHO,**
cho romano.   **HISTORIA**
instituto (Del lat. *institutum*.)
1 Corporación científica, literaria o artística.   **s.m.**
2 Centro establecido para impartir enseñanza, desarrollar investigaciones científicas y otras actividades
culturales.
3 Edificio donde desarrollan su actividad estos centros o corporaciones.
4 **instituto armado**: Cuerpo militar destinado a la de-   **MILITAR**
fensa del país o al mantenimiento del orden público.
5 **instituto de bachillerato**: Centro docente público
que imparte las enseñanzas del bachillerato unificado
y polivalente y el curso de orientación universitaria
en España.
6 **instituto de belleza**: Centro donde se proporcionan cuidados para el embellecimiento de los clientes.
7 **instituto politécnico**: Centro docente de formación profesional.
8 **instituto universitario**: Centro de investigación y
especialización integrado en una universidad.
institutor, a
1 Que instituye.   **adj/s./= instituidor**
2 Profesor, maestro, persona que enseña.   **s.m./Colomb.**
institutriz (Del fr. *institutrice*, maestra de primeras le-   **s.f.**
tras.) Mujer encargada de la educación o instrucción   **pl**: **institutrices**
de uno o varios niños de una familia.
instituyente Que instituye.   **adj./= instituente**
instrucción
1 Acción de adquirir conocimientos mediante el estu-   **s.f.**
dio, o de proporcionarlos a otros.   **= educación**
2 Conjunto de los conocimientos de una persona, ad-

quiridos mediante el estudio: *es una persona de buena
instrucción.*
3 Mandato u orden que se da a un ordenador para   **INFORMÁTICA**
que realice una operación determinada.
4 Etapa de acopio de pruebas para la celebración del   **DERECHO**
juicio en la que el juez investiga el caso e instruye al
inculpado sobre sus derechos y garantías.
5 Conjunto de las reglas o recomendaciones que se   **s.f.pl.**
dan para algún fin: *adjuntó un dossier con las instrucciones para poner en marcha el programa.*
6 Conjunto de las órdenes que se dan a los diplomá-   **DERECHO**
ticos o a los jefes de fuerzas navales.
7 Reglamento que contiene las disposiciones técnicas   **DERECHO**
o explicativas para el cumplimiento de un servicio
administrativo.
8 Realización de las gestiones y actuaciones estable-   **DERECHO**
cidas para la formación de un expediente o un proce-   **= tramitación**
so legal.
9 **instrucción del sumario**: Actividad investigadora   **DERECHO**
del juez instructor, preparatoria del juicio penal, y
adopción de las medidas necesarias para garantizar el
cumplimiento de la sentencia que se dicte.
10 **instrucción militar**: Adiestramiento de los solda-   **MILITAR**
dos en sus obligaciones militares.
11 **instrucción primaria**: Primera enseñanza.
12 **instrucción pública**: Enseñanza impartida en un
centro docente que depende del estado.
instructivo, a Que instruye o sirve para instruir: *un
cursillo muy instructivo para dominar el sistema.*
instructor, a
1 Que instruye.   **adj/s.**
2 Persona encargada de hacer la instrucción militar o   **s./DEPORTES,**
gimnástica.   **MILITAR**
instruido, a Que ha adquirido un buen caudal de co-   **adj.**
nocimientos: *el colectivo de personas instruidas en este*   **= docto,**
tema supera todas las expectativas.   **enseñado**
instruir (Del lat. *instruere*, enseñar.)
1 Proporcionar conocimientos: *su madre la ha` instrui-*   **v.tr/prnl.**
do en el arte culinario; se instruyó cuando estuvo en el in-   **conj**: *huir*
ternado.
2 Comunicar sistemáticamente conocimientos o doctrinas: *se instruyó en la fe budista.*
3 Informar o dar noticia sobre un asunto: *nos instruyó*   **v.tr.**
sobre el desenlace de la reunión.   **+ de, sobre**
4 Realizar los trámites establecidos en un expediente   **DERECHO**
o un proceso: *el abogado instruye varios expedientes al
mismo tiempo.*
instrumentación
1 Acción y resultado de instrumentar.   **s.f.**
2 Adaptación de una partitura a un determinado ins-   **MÚSICA**
trumento: *le encargaron la instrumentación de la sonata.*
instrumental
1 Que tiene relación o se refiere a los instrumentos.   **adj.**
2 Que se utiliza como instrumento o medio: *agente
instrumental; causa instrumental.*
3 Relativo a los instrumentos musicales, o a la músi-   **MÚSICA**
ca, concierto, pieza en que sólo intervienen los instrumentos: *en sus ratos libres toca en un conjunto instrumental; el pasaje instrumental de una obra.*
4 Conjunto de instrumentos necesarios para una acti-   **s.m.**
vidad: *instrumental médico y quirúrgico.*   **= útiles**
5 Conjunto de instrumentos de una orquesta o ban-   **MÚSICA**
da de música.
6 Se aplica al caso de la declinación que indica la re-   **adj/s.m.**
lación de medio, instrumento o compañía.   **GRAMÁTICA**
instrumentalismo Doctrina filosófica según la cual   **s.m.**
la validez de las ideas y las teorías reside en su rela-   **FILOSOFÍA**
ción con la acción.
instrumentalizar Utilizar a una persona o una cosa   **v.tr.**
para conseguir un fin: *instrumentalizó al pueblo para*   **conj**: *cazar*
vencer en las urnas.   **= manipular**
instrumentar
1 Arreglar una composición musical de acuerdo con   **v.tr.**
los distintos instrumentos que intervienen en su eje-   **MÚSICA**
cución: *instrumentar el primer movimiento.*
2 Organizar una acción en la que intervienen diferentes elementos que hay que coordinar: *instrumentar
una protesta.*
3 Ejecutar las suertes o partes en que se considera di-   **TAUROMAQUIA**
vidida la lidia de un toro.
instrumentista
1 Persona que toca un instrumento musical: *los ins-*   **s.m.f.**
trumentistas de la orquesta rindieron un homenaje a su di-   **MÚSICA**
rector.
2 Fabricante de instrumentos musicales, quirúrgicos
o de cualquier otro tipo.
3 Persona que cuida el instrumento médico y se lo   **MEDICINA**
facilita al cirujano durante una operación quirúrgica.
instrumento (Del lat. *instrumentum*.)
1 Objeto simple o formado por varias piezas, que se   **s.m.**
usa con las manos para realizar diversos trabajos: *el
bisturí es un instrumento quirúrgico.*

2 Aparato o máquina que se utiliza para diversos usos.

3 Cualquier medio, cosa o persona, de que alguien se sirve para un fin: *el dinero es sólo uno de los instrumentos para conseguir el bienestar.*

4 Aparato para producir sonidos musicales. — MÚSICA

5 Documento con que se justifica o prueba una cosa. — DERECHO

6 **instrumento de cuerda:** El que produce sonidos musicales al ser pulsadas con los dedos, golpeadas con macillos o rozadas con un arco sus cuerdas de tripa o metal: *la guitarra y el violín son instrumentos de cuerda.* — MÚSICA

7 **instrumento de madera:** El de viento cuya caja de resonancia es de madera. — MÚSICA

8 **instrumento de metal:** El de viento que comprende a los trombones, trompetas, saxófonos y otros parecidos. — MÚSICA

9 **instrumento de percusión:** El que produce sonidos musicales al ser golpeado con badajos, baquetas o varillas. — MÚSICA

10 **instrumento de viento:** El que produce sonidos musicales al impelerse aire en su interior haciendo vibrar sus paredes. — MÚSICA

11 **instrumento electrónico:** Aparato que utiliza la generación de oscilaciones eléctricas para la creación de sonidos musicales, que se difunden por medio de altavoces. — MÚSICA

12 **instrumentos de delito:** Elementos materiales de que se valen los autores para preparar, encubrir o ejecutar un delito. — DERECHO

insuave Que es áspero y desagradable. — adj./= suave

insuavidad Ausencia de suavidad o tersura. — s.f./≠ aspereza

insubordinación
1 Falta de sometimiento a la autoridad o disciplina establecidas: *la insubordinación suele castigarse con severidad.* — s.f. = desobediencia ≠ subordinación
2 Acto propio de un insubordinado: *se han registrado algunas insubordinaciones en la empresa.*
3 Delito constituido por insulto a un superior o por desobediencia. — MILITAR

insubordinado, a Que se insubordina o rechaza la subordinación: *los reclutas insubordinados fueron sometidos a juicio; algunos insubordinados provocaron disturbios.* — adj./s. = sublevado

insubordinar
1 Incitar a una persona a desobedecer a la autoridad: *las severas medidas adoptadas han insubordinado a los empleados.* — v.tr.
2 Negarse una persona a obedecer a la autoridad o a someterse a una disciplina o norma: *los reclusos se insubordinaron y organizaron un motín.* — v.prnl.

insubsanable Que no puede ser subsanado o corregido: *cometió un error insubsanable.* — adj./≠ incorregible ≠ subsanable

insubsistencia Falta de subsistencia o permanencia. — s.f./≠ subsistencia

insubsistente
1 Que no subsiste o existe.
2 Que no tiene fundamento o razón: *pretendió convencernos con una insubsistente y deslavazada argumentación.* — adj./≠ subsistente

insubstancial Insustancial, sin sustancia. — adj.

insubstancialidad Insustancialidad, cualidad de insustancial. — s.f.

insubstituible Insustituible, que no se puede sustituir. — adj.

insudar Poner mucho cuidado e interés al realizar un trabajo. — v.intr.

insuficiencia
1 Cualidad o circunstancia de insuficiente: *la insuficiencia de medios hace que el trabajo se retrase.* — s.f. ≠ suficiencia
2 Falta de suficiencia o inteligencia.
3 Disminución cualitativa o cuantitativa del funcionamiento de un órgano: *tiene una grave insuficiencia hepática.* — MEDICINA

insuficiente Que no es bastante o suficiente: *alimentación insuficiente.* — adj./= deficiente, escaso

insuflación Acción de insuflar o introducir un gas o vapor en una cavidad corporal. — s.f. MEDICINA

insuflador Tubo para insuflar. — s.m./MEDICINA

insuflar (Del lat. *insuflare*, soplar adentro.)
1 Introducir un gas o vapor dentro de una cavidad del cuerpo. — v.tr. MEDICINA
2 Comunicar ideas o sentimientos: *le insuflaron un temor irracional a los aviones.* — = infundir

insufrible
1 Que no se puede sufrir por ser muy penoso o doloroso: *dolor insufrible.* — adj. = insoportable
2 Que no puede ser soportado o tolerado por ser molesto o abusivo: *carácter insufrible.* — = imposible ≠ agradable

ínsula (Del lat. *insula*.)
1 Isla, porción de tierra rodeada de agua. — s.f.
2 Cualquier lugar pequeño o gobierno de poca entidad.

insulano, a Que vive o es natural de una isla. — adj./= isleño

insular
1 De la isla: *consejo insular; provincias insulares.* — adj./= isleño
2 Que es natural de una isla. — adj/s./= isleño

insularidad
1 Carácter de un país constituido por una o varias islas: *la insularidad de Islandia respecto al continente europeo es remarcable.* — s.f.
2 Conjunto de los fenómenos geográficos propios de las islas. — GEOGRAFÍA

insulina (Del ingl. *insuline*.) Hormona que segrega el páncreas y regula la cantidad de glucosa o azúcar de la sangre. — s.f. BIOQUÍMICA

insulinasa Enzima que cataliza la hidrólisis de la insulina, que está presente en el hígado, el riñón y los músculos. — s.f. BIOQUÍMICA

insulinoterapia Método terapéutico basado en el uso de la insulina. — s.f. MEDICINA

insulsez
1 Falta de sabor: *he corregido con sal y pimienta la insulsez de la salsa.* — s.f./pl: insulseces = insustancialidad
2 Falta de gracia o de interés: *su belleza no llama la atención por su insulsez.* — = sosería
3 Cosa o dicho sin gracia ni interés: *corrigió las insulseces del relato; aquella obra era una insulsez.* — = ñoñez, sosería

insulso, a (Del lat. *insulsus*.)
1 Se refiere a la comida o alimento que no tiene sabor: *los tomates parecían de buena calidad, pero el sofrito te salió insulso.* — adj. = insípido
2 Que no tiene gracia o interés: *es un chico muy insulso y aburrido.* — = soso

insultada Serie de insultos. — s.f./Amér.

insultador, a
1 Que insulta. — adj/s.
2 Esclavo romano que acompañaba a un vencedor y al que profería insultos para recordarle que no estaba libre de las críticas y censura públicas. — s.m. HISTORIA

insultante Que insulta: *palabras insultantes; superioridad insultante.* — adj.

insultar (Del lat. *insultare*, saltar contra alguno.) Dirigir insultos o expresiones ofensivas a una persona: *fue un momento muy violento cuando le insultó delante de todos.* — v.tr. = denostar, sosañar

insulto (Del lat. *insultus*.) Palabra, expresión o acción con que se ofende o humilla a una persona: *nada más llegar le cayó una lluvia de insultos; no tomes su ofrecimiento como un insulto.* — s.m. = injuria, ultraje

insumable
1 Que es excesivo o desmesurado. — adj./= exorbitante ≠ sumable
2 Que no puede sumarse o es difícil de sumar: *el ordenador solucionará lo que parecían cantidades insumables.*

insume (Derivado del lat. *insumere*, gastar.) Que cuesta mucho. — adj. culto

insumergible Que no se puede sumergir: *la placa de corcho resultaba insumergible.* — adj. ≠ sumergible

insumir (Del lat. *insumere*.) Invertir dinero u otros bienes. — v.tr. ECONOMÍA

insumisión
1 Falta de sumisión u obediencia: *la insumisión a las normas del centro provocó su expulsión.* — s.f. = sumisión
2 Actitud de la persona que se niega a cumplir el servicio militar: *cada vez hay más insumisión entre los jóvenes.* — SOCIOLOGÍA

insumiso, a
1 Que no está sometido o que se halla en rebeldía: *tropas leales han conseguido reducir a los batallones insumisos.* — adj/s./= rebelde, desobediente ≠ sumiso
2 Se aplica a la persona que se niega a cumplir el servicio militar: *los insumisos se manifestaron ante las instalaciones del cuartel.* — adj/s.m. SOCIOLOGÍA

insumo Dinero y bienes empleados en la producción de otros bienes. — s.m. ECONOMÍA

insuperable
1 Que no puede ser superado o es difícil de superar por su gran calidad: *un fármaco de propiedades insuperables.* — adj. = excelente, inmejorable
2 Que no puede ser superado o vencido: *en el camino tropezaron con obstáculos insuperables.* — = invencible ≠ superable

insurgente (Derivado del lat. *insurgere*, levantarse contra alguno.) Que se subleva contra la autoridad: *el ejército aplastó a los comandos insurgentes.* — adj/s. = insurrecto, sublevado

insurrección (Del lat. *insurrectio, -onis.*) Sublevación, levantamiento o rebelión de un pueblo o nación, o de cualquier colectivo humano: *la insurrección de las provincias del norte originó una guerra civil.* — s.f.

insurreccional De la insurrección: *promover movimientos insurreccionales.* — adj.

insurreccionar
1 Incitar a la gente a rebelarse contra la autoridad: *insurreccionaron a la población contra el dictador.* — v.tr./= amotinar, sublevar

2 Declararse la gente en rebeldía contra la autoridad: *los campesinos se insurreccionaron contra el gobierno.* — v.prnl./= amotinarse, sublevarse

insurrecto, a (Del lat. *insurrectus*.) Que se rebela contra la autoridad: *encarceló a todos los insurrectos y sus cómplices.* — adj/s./= insurgente, rebelde ≠ sumiso

insustancial
1 Que no tiene sustancia o sabor: *hoy ha quedado la paella muy insustancial.* — adj./= desabrido tb: insubstancial
2 Que tiene poco o ningún interés: *me pareció una conversación insustancial; persona insustancial.* — = superficial ≠ interesante

insustancialidad
1 Falta de sustancia o de sabor: *la insustancialidad de este caldo lo hace imbebible.* — s.f./= insulsez tb: insubstancialidad
2 Falta de interés o de gracia: *criticó la insustancialidad de la película.* — = insulsez
3 Cosa, acción o dicho con poco o ningún interés: *corrigió las insustancialidades de los diálogos.* — = insulsez

insustituible Que no puede ser sustituido o cambiado: *es una persona valiosa e insustituible en su puesto.* — adj./tb: insubstituible = irremplazable

intachable Que no admite tacha o no merece desaprobación: *su actuación en ese caso fue intachable; ha demostrado una conducta intachable.* — adj. = limpio, perfecto

intacto, a (Del lat. *intactus*.)
1 Que no ha sido tocado: *no pudo con el postre y lo dejó intacto.* — adj.
2 Que no se ha alterado ni deteriorado: *su reputación salió intacta de aquel escándalo.*
3 Que no ha sido tratado: *el tema na quedado intacto.*

intangibilidad Propiedad de los cuerpos de naturaleza abstracta o que no pueden tocarse: *la intangibilidad de los números.* — s.f. ≠ tangibilidad

intangible Que no puede ser tocado: *las ideas son intangibles, sólo sus aplicaciones prácticas son palpables.* — adj. = impalpable

integrable
1 Que se puede integrar o unir: *este módulo es integrable en el sistema.* — adj.
2 Se aplica a la función que admite una integral. — MATEMÁTICAS

integración
1 Acción y resultado de integrar o integrarse. — s.f.
2 Coordinación de las actividades de varios órganos realizada por diversos centros nerviosos. — BIOLOGÍA
3 Operación matemática para hallar la integral de una diferencial o de una ecuación diferencial. — MATEMÁTICAS
4 integración cultural: Adaptación de un individuo a una cultura: *las asociaciones de inmigrantes abogan por la integración cultural, pero rechazan la asimilación total.* — SOCIOLOGÍA
5 integración racial: Tendencia que propugna la igualdad de derechos para los individuos de orígenes, razas, etnias o religiones distintas que viven en una misma región. — SOCIOLOGÍA

integracionista Que es partidario de la integración de comunidades, especialmente la integración racial. — adj/s.m.f. SOCIOLOGÍA

integrado, a
1 Se refiere al aparato que está constituido por otros que podrían funcionar de manera independiente: *cadena estéreo integrada.* — adj.
2 Se aplica a la empresa que abarca varios campos de producción de un producto o de un servicio. — ECONOMÍA

integrador, a
1 Que integra: *proceso integrador.* — adj.
2 Aparato que totaliza indicaciones continuas. — s.m.
3 Máquina de cálculo científico que resuelve integrales y que sirve para medir momentos de inercia, entre otras aplicaciones. — TECNOLOGÍA
4 Aparato que indica o fija de manera automática la exposición de una superficie sensible. — FOTOGRAFÍA

integral (Del lat. *integralis*.)
1 Que es global o total: *han hecho una reforma integral.* — adj./= completo
2 Relativo a las integrales. — MATEMÁTICAS
3 Se aplica a las partes no esenciales que entran en la composición de un todo. — FILOSOFÍA = integrante
4 Se dice de la harina y del pan que contienen salvado y todos los componentes del trigo. — COCINA
5 Función solución de una diferencial o de una ecuación diferencial. — s.f. MATEMÁTICAS

integrante
1 Que integra. — adj.
2 Que forma parte de un todo: *los integrantes del equipo nacional fueron recibidos como héroes.* — adj/s.m.f.

integrar (Del lat. *integrare*.)
1 Hacer un todo o conjunto con partes diversas: *intentó integrar las condiciones de todos en una propuesta conjunta.* — v.tr. + en
2 Incorporar una cosa en otra más amplia: *integraron su estado en la confederación.* — + en
3 Pagar o devolver una cantidad. — = reintegrar
4 Entrar a formar parte de una asociación o un grupo o a tomar parte en una actividad: *se integró en el equipo de la facultad.* — v.prnl. + en
5 Determinar por el cálculo una cantidad de la que sólo se conoce la expresión diferencial. — v.tr. MATEMÁTICAS

integridad
1 Condición de íntegro, entero o completo: *diseñó un programa para comprobar la integridad del sistema.* — s.f.
2 Actitud íntegra, honrada y digna de respeto: *confían en él por haberles dado muestras de su integridad y rectitud.* — = honradez
3 Estado de la persona que no ha consumado el acto sexual. — = pureza, virginidad

integrismo Actitud de ciertos grupos sociales, religiosos o políticos que defienden el mantenimiento de las normas, los dogmas o la tradición: *integrismo islámico; integrismo católico.* — s.m. POLÍTICA, RELIGIÓN, SOCIOLOGÍA

integrista
1 Que tiene relación con el integrismo: *hubo un nuevo ataque integrista en la ciudad.* — adj.
2 Que es partidario del integrismo: *al parecer, la influencia de los integristas va en aumento.* — adj/s.m.f.

íntegro, a (Del lat. *integer*.)
1 Que está entero: *no ha podido cobrar su sueldo íntegro; se trata de una copia íntegra del argumento de su guión.* — adj.
2 Que se comporta con rectitud y coherencia: *es un señor íntegro.* — = intachable

integrómetro Instrumento usado para hallar el área de superficies planas y el volumen de sus giros. — s.m. GEOMETRÍA

integumento
1 Capa exterior que envuelve o cubre una cosa. — s.m./= envoltura
2 Disfraz, ficción o fábula.

intelección (Del lat. *intellectio, -onis*.) Acción y resultado de entender o comprender un asunto. — s.f.

intelectiva Facultad para entender las cosas: *tiene una intelectiva admirable, es un cerebro.* — s.f.

intelectivo, a (Del lat. *intellectivus*.) Que puede entender: *nació con un innato apetito intelectivo, con una profunda necesidad de saber.* — adj.

intelecto (Del lat. *intellectus*.) Inteligencia o facultad intelectiva: *la realidad puede ser captada por el intelecto o los sentidos.* — s.m. = entendimiento

intelectual
1 Que tiene relación con la inteligencia: *actividades intelectuales; proceso intelectual.* — adj.
2 Que se dedica a un trabajo o actividad, relacionadas con el espíritu, que requieren especialmente el empleo de la inteligencia. — adj/s.m.f. = teórico
3 Que tiene influencia en la sociedad por el prestigio de su inteligencia, por su capacidad crítica y por su poder de razonamiento.
4 Se aplica a la obra artística que exige del destinatario un esfuerzo reflexivo o a aquella que hace referencia a cuestiones del espíritu. — adj. ARTE, LITERATURA

intelectualidad
1 Entendimiento, facultad del ser humano. — s.f./= inteligencia
2 Conjunto de los intelectuales de un lugar: *ese periódico acoge a toda la intelectualidad madrileña.*

intelectualismo
1 Doctrina filosófica que defiende la supremacía de los fenómenos intelectuales sobre los afectivos y los volitivos. — s.m. FILOSOFÍA
2 Carácter de un obra en la que predomina el elemento intelectual.

intelectualista
1 Del intelectualismo: *doctrinas intelectualistas.* — adj.
2 Que es partidario del intelectualismo: *consiguieron reunir a los intelectualistas más destacados del país.* — adj/s.m.f. FILOSOFÍA

intelectualizar
1 Dar carácter intelectual o racional a facultades síquicas o valores morales. — v.tr. conj: cazar
2 Estudiar o analizar una cosa con el intelecto.

intelectualoide Se aplica a la persona que pretende parecer intelectual o muestra rasgos de parecer de intelectual sin serlo. — adj/s.m.f. despectivo

inteligencia (Del lat. *intelligentia*.)
1 Facultad para comprender o entender las cosas. — s.f.
2 Cualidad de inteligible: *su último libro es de difícil inteligencia.* — = inteligibilidad
3 Habilidad o acierto: *duda de su inteligencia para ocupar este cargo de tanta responsabilidad.*
4 Acuerdo o entente entre dos o más personas: *entre ellos no hay una buena inteligencia.* — = entendimiento
5 inteligencia artificial: Capacidad de un ordenador o de un programa de simular comportamientos humanos, tales como el reconocimiento de la situación en la que se encuentra al operar y la mejora de las decisiones por lo aprendido. — INFORMÁTICA
6 en o en la inteligencia de que: En el concepto o en el supuesto de que: *en la inteligencia de que gane las elecciones tendrá que asumir el problema del paro.* — loc.conj.

inteligenciado, a Que está instruido en algo. — adj./literario

inteligente (Del lat. *intelligens, -entis*, el que entiende.)

1 Que tiene inteligencia o es capaz de comprender: *es muy inteligente, pero vago.* — adj.

2 Que implica inteligencia: *adoptó una estrategia muy inteligente; sus palabras fueron inteligentes.*

3 Se aplica a la persona que tiene una gran inteligencia: *es un alumno inteligente.* — adj./s. = listo

4 Se refiere a las máquinas, sistemas o edificios que mediante control de ordenador y redes de conexión pueden actuar automáticamente adaptando los mecanismos para prestar el servicio adecuado a cada situación. — adj. INFORMÁTICA, TECNOLOGÍA

inteligibilidad Posibilidad de que una cosa sea entendida o comprendida: *se sorprendió ante la inteligibilidad del manuscrito.* — s.f. = comprensibilidad ≠ ininteligibilidad

inteligible (Del lat. *intelligibilis*.)
1 Que puede ser entendido o comprendido: *discurso inteligible; palabras inteligibles.* — adj./= claro, comprensible
2 Que puede ser oído con claridad: *murmullo inteligible; ruido inteligible.* — = claro ≠ confuso
3 Que sólo es captado por el entendimiento: *mundo inteligible o de las ideas.* — FILOSOFÍA ≠ sensible

intelligentsia (Voz rusa.)
1 Conjunto de los intelectuales partidarios de reformas en la Rusia zarista. — s.f. HISTORIA
2 Conjunto de los intelectuales de un país o de un área cultural.

intemperado, a Que no tiene templanza, ni moderación: *es de un espíritu intemperado.* — adj. = excesivo

intemperancia Falta de temperancia, templanza o moderación: *no confían en él por la intemperancia de sus acciones.* — s.f. ≠ temperancia

intemperante (Derivado del lat. *intemperare*, no templar.) Que se comporta sin templanza. — adj.

intemperie (Del lat. *intemperies*.)
1 Destemplanza o desigualdad del tiempo: *resguardar las plantas exóticas de la intemperie.* — s.f.
2 a la intemperie: Al aire libre, sin techo: *los mendigos suelen vivir a la intemperie.* — loc.adv.

intempestivo, a (Del lat. *intempestivus*.) Que no es oportuno o adecuado: *siempre llama a horas intempestivas.* — adj.

intempesto, a Se refiere a la noche que está ya muy entrada. — adj. literario

intemporal
1 Que sucede fuera del curso del tiempo. — adj.
2 Se aplica a la forma verbal que no expresa un tiempo. — GRAMÁTICA

intemporalidad Condición de lo que es intemporal o independiente del curso del tiempo: *símbolos intemporales.* — s.f.

intención (Del lat. *intentio, -onis*.)
1 Propósito de hacer una cosa o de conseguir un objetivo: *tengo intención de ir, pero un poco más tarde.* — s.f./+ de = finalidad
2 Fin u objetivo por el que se celebra una misa u otro acto de culto por encargo de una persona. — RELIGIÓN
3 Instinto dañino de algunos animales que los diferencia de los de su especie: *toro de intención; caballo de intención.*
4 mala intención: Actitud de quien hace algo con mala idea, buscando el daño o el perjuicio de los demás: *es un indeseable, tiene muy malas intenciones.*
5 segunda intención: Aquella que se oculta tras una apariencia de sinceridad, en un acto o dicho cualquiera: *su segunda intención era persuadirnos de nuestros propósitos.*
6 con intención: Expresión con la que se indica que una persona hace algo de manera consciente, conociendo el alcance de sus consecuencias: *rompió la ventana con intención, se trataba de distraer la atención de los de la casa.* — loc.adv.
7 de primera intención: En el primer momento y sin reflexionar: *de primera intención me pareció bien.* — loc.adv.

intencionado, a
1 Que se hace de manera deliberada: *su error fue intencionado; un accidente intencionado.* — adj./= deliberado, premeditado
2 Que se hace con una intención oculta o encubierta: *sonrisas intencionadas.*

intencional
1 De la intención: *el cambio contenía un sentido intencional que nada tenía que ver con lo arbitrario.* — adj./= deliberado ≠ involuntario
2 Que es deliberado o está hecho con intención: *aunque vergonzoso, su acto es intencional.* — = voluntario ≠ involuntario

intencionalidad
1 Condición de intencional o deliberado: *habría que analizar la intencionalidad de su obra; la intencionalidad pedagógica de un sistema de enseñanza.* — s.f.
2 Acto del entendimiento por el que éste se dirige al conocimiento de un objeto. — FILOSOFÍA

intendencia
1 Administración o dirección de una cosa: *se encargaba de la intendencia del campamento.* — s.f.

2 Casa u oficina del intendente.
3 Empleo del intendente.
4 Distrito bajo la jurisdicción de un intendente.
5 Conjunto de oficiales y tropa destinado al abastecimiento de las fuerzas militares y a la distribución de los campamentos o edificios en que se alojan. — MILITAR

intendente, a (Del fr. *intendant*.)
1 Jefe superior de servicios económicos o empresas estatales. — s. ECONOMÍA
2 Jefe supremo de la administración militar y cuya categoría jerárquica puede ser equivalente a la de general de división o de brigada. — s.m. MILITAR

intensar Hacer más intensa una cosa: *el ruido se intensaba a medida que la máquina se acercaba.* — v.tr/prnl. = intensificar

intensidad
1 Grado de energía o magnitud de una fuerza física o anímica: *la intensidad del frío; la intensidad de la fiebre del paciente no ha remitido.* — s.f. = intensión
2 Pasión, fuerza y entusiasmo en la manera de sentir y en los estados de ánimo: *expresó su amor con intensidad y exaltación.* — = vehemencia
3 Fuerza de un sismo: *por los desperfectos se diría que la intensidad del terremoto fue muy elevada.* — GEOLOGÍA
4 Sensación de fuerza producida por un sonido: *la intensidad de sus agudos.* — MÚSICA
5 Potencia sonora de emisión de una unidad fónica: *el acento de intensidad de esta frase es descendente.* — LINGÜÍSTICA
6 intensidad del sonido: Cualidad del sonido por la que se distingue un sonido fuerte de otro débil, y que depende de la mayor o menor amplitud de las vibraciones sonoras. — FÍSICA
7 intensidad luminosa: Flujo de luz emitido por una fuente luminosa en un ángulo sólido unitario. — FÍSICA

intensificación Acción de intensificar o intensificarse: *la impasibilidad internacional contribuyó a la intensificación del conflicto.* — s.f.

intensificar Hacer o volverse más intenso o activo: *el frío se ha intensificado últimamente.* — v.tr/prnl. conj: sacar

intensímetro Aparato con el que se comprueba el estado de las líneas telegráficas. — s.m. TECNOLOGÍA

intensión Intensidad [en todas sus acepciones]. — s.f.

intensivista Médico que está especializado en cuidados intensivos. — s.m.f. MEDICINA

intensivo, a (Del lat. *intensivus*.)
1 Que se hace de manera intensa, activa o concentrada: *se ha matriculado en un curso intensivo de inglés.* — adj.
2 Se aplica a ciertas palabras que expresan un grado fuerte del significado de la raíz: *"ultrarrápido" es una voz intensiva.* — LINGÜÍSTICA

intenso, a (Del lat. *intensus*.)
1 Se aplica a los fenómenos o efectos que comportan mucha intensidad, fuerza o energía: *frío intenso; intenso trabajo.* — adj. = agudo, fuerte
2 Se refiere a lo que da lugar a un gran efecto o a uno muy perceptible: *un color de intensa luminosidad.* — ≠ apagado
3 Se aplica a la sensación, sentimiento o estado de ánimo muy vehementes o vivos: *se encuentra alienada con tan intenso enamoramiento.* — = hondo, fuerte ≠ débil

intentar (Del lat. *intentare*.)
1 Tener intención o voluntad de hacer una cosa: *intento olvidar todos mis problemas.* — v.tr.
2 Preparar o iniciar una cosa.
3 Procurar o pretender una cosa: *intentará escalar la pared norte de la montaña.*

intento (Del lat. *intentus*, acción de tender hacia.)
1 Acción y resultado de intentar: *lo logró en el tercer intento.* — s.m. = tentativa
2 Propósito o designio: *quiso llevar a cabo el intento.*
3 Tentativa frustrada de ascensión, entre los alpinistas. — DEPORTES
4 de intento: Con toda la intención, de forma deliberada. — loc.adv.

intentona Intento temerario y con frecuencia violento que no llega a realizar su objetivo: *la intentona golpista todavía atenaza a la población.* — s.f.

inter- Componente de palabra procedente del lat. *inter*, que significa entre, en medio de: *intercalar; interandino.* — pref.

ínter
1 Ínterin, entretanto. — adv.
2 Sacerdote que ayuda al párroco. — s.m./*Argent., Perú*

interacción (Del lat. *inter*, entre + *actio, -onis*, acción.)
1 Acción de influencia recíproca entre dos o más cuerpos, personas, fenómenos, factores o sistemas: *la interacción entre el medio y el individuo.* — s.f.
2 interacción hombre-máquina: Conjunto de teorías y técnicas relativas al diálogo entre la persona y el ordenador. — INFORMÁTICA

interaccionar Ejercer una acción de manera recíproca: *este mecanismo interacciona el dispositivo.* — v.intr/tr.

interactividad Calidad y rapidez de los intercambios entre el usuario y el sistema informático. *s.f.* INFORMÁTICA

interactivo, a (Del lat. *inter*, entre + *activus*, activo.)
1 Que procede por interacción. *adj.*
2 Se aplica al programa que permite una interacción o diálogo entre el computador y el usuario: *el vídeo interactivo tiene excelentes aplicaciones en la enseñanza.* AUDIOVISUALES, INFORMÁTICA

interaliado, a De los aliados de una coalición: *el mando interaliado.* *adj.*

interamericano, a Relativo a diversos países americanos a la vez: *acuerdo interamericano.* *adj.*

interandino, a Que está situado o sucede entre diversos países andinos. *adj.*

interarticular (Del lat. *inter*, entre + *articulare*, articular.) Que está en las articulaciones. *adj.*

interastral Que está entre los astros. *adj./ASTRONOMÍA*

interatómico, a Que está entre los átomos o en su interior. *adj. QUÍMICA*

interatracción Tendencia permanente o temporal a agruparse, que se observa en individuos de ciertas especies: *la interatracción en las comunidades de abejas.* *s.f. ZOOLOGÍA*

interbancario Que se da entre diferentes bancos: *mercado interbancario.* *adj./COMERCIO, ECONOMÍA*

intercadencia
1 Desigualdad o inconstancia en la conducta o en los afectos. *s.f.*
2 Irregularidad o discontinuidad en el lenguaje o en el estilo. LITERATURA
3 Presencia de una pulsación anormal entre dos pulsaciones arteriales. MEDICINA

intercadente
1 Que tiene discontinuidades, irregularidades o intercadencias: *fenómeno intercadente.* *adj./= arrítmico, intermitente*
2 Que padece intercadencia. MEDICINA

intercalación
1 Acción y resultado de intercalar: *en la segunda edición aparecen nuevas intercalaciones.* *s.f. = intercaladura*
2 Fusión de dos o más ficheros que contienen registros del mismo tipo, para obtener uno único. INFORMÁTICA = merge

intercalado, a Que está entre dos elementos: *entre página y página hay un dibujo intercalado.* *adj./= inserto, interpuesto*

intercalador, a Que intercala o sirve para intercalar. *adj.*

intercaladura
1 Intercalación, acción y resultado de intercalar. *s.f.*
2 Cita que hace un autor de palabras de otro que suele componerse diferente: *las intercaladuras aparecen entre comillas o en párrafo aparte.* ARTES GRÁFICAS = intercalo

intercalar
I (Del lat. *intercalaris*.)
1 Que está intercalado: *página intercalar.* *adj.*
2 Se aplica al crecimiento que no es apical, sino que se da en los nudos ya formados. BOTÁNICA
3 Se refiere al día que se añade al mes de febrero en los años bisiestos.
II (Del lat. *intercalare*.) Poner una cosa entre otras: *intercaló un párrafo explicativo; ha aparecido la ficha que se había intercalado entre las demás.* *v.tr./prnl.*

intercambiabilidad Propiedad de aquellas cosas que se pueden intercambiar: *la intercambiabilidad de las piezas de repuesto.* *s.f.*

intercambiable Que puede ser intercambiado: *el taladro venía acompañado por brocas intercambiables para diferentes funciones.* *adj.*

intercambiar (Del lat. *inter*, entre + bajo lat. *cambiare*, trocar.) Realizar un intercambio: *hoy han intercambiado a los presos de guerra; se intercambiaron los banderines de sus equipos; intercambiar opiniones.* *v.tr./prnl. = trocar*

intercambio Cambio recíproco de personas, cosas, grupos, servicios o ideas: *el intercambio comercial entre los países industrializados y los que están en vías de desarrollo es desigual.* *s.m. = trueque*

interceder (Del lat. *inter*, entre + *cedere*, retirarse.) Hablar o intervenir en favor de una persona: *intercederán por los condenados a muerte; intercedí para que no lo expulsaran.* *v.intr. + para, por = abogar, mediar*

intercelular Que está entre las células: *sustancia intercelular.* *adj. BIOLOGÍA*

interceptación
1 Acción y resultado de interceptar: *usaba un sofisticado aparato para la interceptación de ondas de radio.* *s.f.*
2 Intervención de un jugador que se apropia del balón que iba dirigido a un jugador del otro equipo. DEPORTES
3 Acción de parar o detener aparatos o misiles enemigos, tras haberlos detectado e identificado, para destruirlos. MILITAR

interceptado, a Se aplica a la porción de línea que está comprendida entre otras dos que se cortan: *arco interceptado; recta interceptada.* *adj. MATEMÁTICAS*

interceptar (Derivado del lat. *interceptus < intercipere*, interceptar.)
1 Coger o apoderarse de una cosa antes de que llegue a su destino: *interceptaron el paquete.* *v.tr.*
2 Parar o detener una cosa en movimiento: *interceptó el balón con las dos manos.*
3 Interrumpir una vía de comunicación: *una grúa interceptaba la calle.* = obstruir
4 Realizar una interceptación. MILITAR

interceptor, a
1 Que intercepta: *obstáculo interceptor del movimiento.* *adj.*
2 Se aplica al avión o misil que intercepta los del enemigo: *el interceptor es una aeronave de gran velocidad ascensional.* *adj/s.m. MILITAR*

intercesión Acción y resultado de interceder o abogar por algo o por alguien: *gracias a su intercesión liberaron a los rehenes.* *s.f. = mediación*

intercesor, a Que intercede o media: *actuó de entidad intercesora entre las partes contendientes.* *adj/s. = intermediario*

intercolumnio Espacio que hay entre dos columnas contiguas: *acristalaron el intercolumnio del claustro.* *s.m./ARQUITECTU-RA/= intercolunio*

intercomunicación
1 Comunicación recíproca. *s.f.*
2 Sistema de comunicación telefónica entre las distintas dependencias de un edificio o recinto. TELECOMUNICA-CIONES

intercomunicador Aparato destinado a la intercomunicación: *la secretaria su puso en contacto con ella por el intercomunicador.* *s.m. TELECOMUNICA-CIONES*

intercomunión Unión o relación entre varias iglesias, que se da de forma oficial. *s.f. RELIGIÓN*

interconectar (Del lat. *inter*, entre + *connectere*, conectar.)
1 Hacer que dos o más cosas tengan relación entre sí: *a primera vista, nuestras ideas se interconectan.* *v.tr/prnl.*
2 Unir centros de producción o redes de distribución de electricidad. *v.tr. ELECTRICIDAD*

interconexión (Del lat. *inter*, entre + *connexio, -onis*, conexión.)
1 Conexión de aspectos, elementos o ideas que originariamente eran individuales. *s.f.*
2 Conexión entre dos o más sistemas de producción y distribución de energía eléctrica para el intercambio de corriente. ELECTRICIDAD

intercontinental
1 Que pone en relación dos o más continentes: *línea aérea intercontinental.* *adj.*
2 Que se produce entre dos o más continentes: *competición intercontinental.*

intercostal (Del lat. *inter*, entre + *costalis*, relativo a las costillas.) Que está entre las costillas: *tiene una lesión en el músculo intercostal.* *adj. ANATOMÍA*

intercotidal Del espacio costero comprendido entre los límites extremos alcanzados por la marea. *adj. GEOGRAFÍA*

intercultural Que se produce entre diferentes culturas: *el fin del festival era un intercambio intercultural.* *adj.*

intercurrente (Del lat. *intercurrens, -ntis*.) Se aplica a la enfermedad que se desarrolla durante el proceso de otra: *tuvo una gripe intercurrente.* *adj. MEDICINA*

intercutáneo, a Que está entre la piel y la carne: *tiene un quiste intercutáneo.* *adj. ANATOMÍA*

interdecir (Del lat. *inter*, entre + *dicere*, decir.) No dejar o prohibir que una persona haga una cosa: *las autoridades interdijeron la manifestación convocada por los extremistas.* *v.tr. conj: bendecir*

interdental Se aplica al sonido consonántico que se articula con la punta de la lengua entre los bordes de los incisivos: *la "z" española es una consonante interdental.* *adj/s.f. LINGÜÍSTICA*

interdependencia Dependencia recíproca: *los regímenes totalitarios niegan la interdependencia entre los países.* *s.f.*

interdependiente Se aplica a las cosas que dependen unas de otras: *se trata de organismos interdependientes.* *adj.*

interdicción (Del lat. *inter*, entre + *dictio, -onis*, discurso.)
1 Prohibición legal. *s.f.*
2 **interdicción civil**: Privación legal de derechos civiles, que constituye una pena. DERECHO

interdicto, a (Del lat. *inter*, entre + *dictus*, dicho.)
1 Se aplica a la persona sujeta a interdicción. *adj.*
2 Juicio de tramitación abreviada cuyo fin es adquirir, retener o recobrar la posesión, impedir una obra nueva o impedir que cause daño una obra ruinosa. *s.m. DERECHO*

interdigital (Del lat. *inter*, entre + *digitalis*, relativo a los dedos.) Que está entre los dedos: *membrana interdigital.* *adj. ANATOMÍA*

interdisciplinar Que establece relaciones entre varias disciplinas: *el nuevo sistema de enseñanza es interdisciplinar.* *adj. = pluridisciplinar*

interdisciplinaridad Propiedad de aquello que mantiene relaciones con diferentes disciplinas: *la interdisciplinaridad pedagógica se opone al conocimiento fragmentado.* — s.f. = pluridisciplinaridad

interdisciplinario, a Que tiene o establece relaciones con varias disciplinas: *realiza estudios interdisciplinarios en una universidad francesa.* — adj. tb: interdisciplinar = pluridisciplinar

interdunal (Del lat. *inter*, entre + neerlandés *duin*, médano.) Que está en las depresiones existentes entre las dunas: *lagunas interdunales.* — adj. GEOGRAFÍA, GEOLOGÍA

interés (Derivado del lat. *interesse*, interesar.) — s.m.
1 Valor o importancia que tiene una persona, animal o cosa para alguien: *la nueva película de Woody Allen tiene mucho interés para tu investigación.* — pl: intereses
2 Inclinación o disposición hacia una persona o cosa: *pone el máximo interés en el estudio.* — + en, por
3 Conjunto de todos los derechos, bienes o necesidades de una persona o grupo: *ha perdido algunos de sus intereses en aquel país.* — s.m.pl.
4 Beneficio que produce el capital o precio que hay que pagar por un préstamo: *el interés de su préstamo hipotecario es muy alto.* — s.m. ECONOMÍA
5 interés acumulado: El que se ha devengado, pero no ha sido pagado ni recibido. — ECONOMÍA
6 interés compuesto: El de un capital al que se van agregando los réditos vencidos. — ECONOMÍA
7 interés legal: El que señala la ley que debe ser cumplido por las entidades bancarias y de ahorro. — ECONOMÍA
8 interés simple: El de un capital al que no se agregan los réditos vencidos. — ECONOMÍA
9 intereses creados: Ventajas que disfrutan varios individuos por su vinculación a una persona o a un grupo social poderoso, al cual apoyan para no perderlas.
10 en interés o por interés: En beneficio de una cosa o persona: *las reformas son en interés de la comunidad.* — loc.adv.

interesable Que es interesado o codicioso. — adj./= interesal

interesado, a
1 Que tiene interés en algo: *está interesado en la nueva novela de tu amigo.* — adj./s. + en, por
2 Que actúa principalmente en beneficio propio: *es muy interesado, no le hables de solidaridad.*

interesante
1 Que interesa o es digno de interés: *su última novela es muy interesante; resulta un chico muy interesante.* — adj./s.m.f.
2 hacerse el interesante: Adoptar ciertas actitudes poco sinceras para hacerse notar: *se hizo el interesante con las chicas para ligárselas.* — coloquial

interesar
1 Tener una persona, animal o cosa interés para una persona: *le interesa mucho la poesía del siglo pasado.* — v.tr.
2 Atraer la atención o el interés de una persona con lo que se dice o escribe: *con su discurso consiguió interesarlo en el arte.*
3 Provocar interés o afecto a una persona.
4 Invertir una cantidad en un negocio de interés: *me abstengo de interesar mi capital en esa loca empresa.* — COMERCIO
5 Hacer participar a una persona en un negocio: *sus suegros le interesaron en el negocio familiar.* — COMERCIO
6 Causar una cosa impresión a una persona.
7 Producir alteración o daño en un órgano del cuerpo: *el impacto le interesó la región abdominal.* — = afectar
8 Tener una persona interés por una cosa: *me intereso principalmente por la arqueología.* — v.prnl. + por
9 Preguntar por una persona, animal o cosa o por su estado: *todos nos interesamos por la salud de tu hijo.* — + por = preocuparse

interescapular Se aplica al espacio situado entre los dos omóplatos. — adj. ANATOMÍA

interestatal Se aplica a las relaciones que se producen entre estados: *han firmado un acuerdo interestatal.* — adj. POLÍTICA

interestelar (Del lat. *inter*, entre + *stella*, estrella.) Se aplica a lo que está entre dos o más astros: *espacio interestelar; polvo interestelar.* — adj. ASTRONOMÍA

interfase (Del ingl. *interface*.) — s.f.
1 Intervalo entre dos fases.
2 Período que separa las divisiones sucesivas de una célula. — BIOLOGÍA
3 Dispositivo hardware o software que permite el enlace y la comunicación correcta entre dos sistemas, unidades o dispositivos. — INFORMÁTICA = interfaz
4 Zona de comunicación o acción de un sistema sobre otro. — ELECTRICIDAD
5 Instrumento que se usa para conectar dos aparatos o circuitos. — ELECTRICIDAD
6 interfase gráfica: Sistema de interacción, en la edición asistida por ordenador, en que se utiliza el ratón para escoger las opciones del menú, activando los iconos que aparecen en pantalla. — INFORMÁTICA

interfecto, a (Del lat. *interfectus* < *interficere*, matar.)
1 Se refiere a la persona que ha muerto de manera violenta: *es necesario realizar la autopsia al interfecto.* — adj./s. DERECHO

2 Se aplica a la persona de la cual se está hablando: *se aproxima al interfecto, así que mejor callar.* — coloquial

interferencia (Del ingl. *interference*, entrometerse.) — s.f.
1 Acción y resultado de interferir: *tu interferencia en el asunto ha sido un error.* — = intromisión
2 Mezcla de las señales de dos emisoras próximas que interfiere el sonido o la imagen de los receptores: *por la noche suele haber interferencias en esa emisora.* — TELECOMUNICACIONES
3 Cruce de ondas que provoca el aumento, disminución o neutralización del movimiento ondulatorio. — FÍSICA

interferencial Que tiene relación con la interferencia: *el aparato de radioaficionado provoca ruidos interferenciales en mi televisor.* — adj. FÍSICA

interferente Que produce interferencia. — adj./FÍSICA

interferir
1 Mezclarse o interponerse una acción o un movimiento en otro: *se interfirió en la gestión; su entrada interfirió el hilo de la conversación; no interfieras en mi vida.* — v.tr/intr/prnl. conj: sentir + en
2 Pasar dos o más ondas por el mismo camino en distinta dirección: *las ondas radiofónicas interfieren.* — v.tr/intr. FÍSICA

interferometría Técnica de medición de las interferencias. — s.f. FÍSICA

interferómetro Aparato para medir la distancia mediante las interferencias luminosas. — s.m. FÍSICA

interferón Sustancia proteica que impide la entrada y multiplicación del virus que la sintetiza. — s.m. BIOQUÍMICA

interficie (Del ingl. *interface*.) Características y elementos que un programa de ordenador presenta en pantalla para facilitar la interacción entre el usuario y aquel. — s.f. INFORMÁTICA = interfaz

interfijo, a (Del lat. *inter*, entre + *fixus*, clavado.) Infijo, afijo que se introduce en el interior de una palabra o una raíz. — s.m. LINGÜÍSTICA

interfluvio Terreno extenso situado entre dos cauces fluviales. — s.m. GEOGRAFÍA

interfoliación Intercalación de hojas en blanco entre las páginas impresas de un libro: *con la interfoliación indican en el libro que existe una lámina ilustrativa.* — s.f. ARTES GRÁFICAS

interfoliar Interpaginar o poner hojas en blanco entre las hojas impresas de un libro. — v.tr. ARTES GRÁFICAS

interfono (Del lat. *inter*, entre + gr. *phone*, sonido, voz.)
1 Red telefónica para comunicar entre sí distintas dependencias de un mismo local: *han instalado un interfono en la oficina.* — s.m. TELECOMUNICACIONES
2 Sistema telefónico de comunicación entre la puerta principal de un edificio o un recinto y las viviendas o dependencias del mismo, provisto de un mecanismo eléctrico de apertura de esa puerta: *no oigo al que me habla desde la puerta, se habrá estropeado el interfono.* — TELECOMUNICACIONES

intergaláctico, a Se aplica a lo que está situado o se produce entre las galaxias: *polvo intergaláctico.* — adj. ASTRONOMÍA

interglaciación Período comprendido entre dos glaciaciones. — s.f. GEOLOGÍA

interglacial Se aplica al período de la interglaciación. — adj/s.m./GEOLOGÍA

interglaciar (Del lat. *inter*, entre + fr. *glacier*, glaciar.) Se refiere a cualquier formación cuya edad está comprendida entre dos glaciaciones consecutivas del período cuaternario. — adj. GEOLOGÍA

intergubernamental (Del lat. *inter*, entre + fr. *gouvernemental*, gubernamental.) Que afecta a diferentes gobiernos: *han convocado una reunión intergubernamental.* — adj. POLÍTICA

interhalógeno, a Se aplica al compuesto químico que resulta de la combinación de dos halógenos distintos. — adj./s.m. QUÍMICA

interhumano, a (Del lat. *inter*, entre + *humanus*, humano.) Que se produce entre humanos: *las relaciones interhumanas son muy complicadas.* — adj.

ínterin (Del lat. *interim*, mientras tanto.)
1 Intervalo, espacio de tiempo entre dos acciones: *hubo un ínterin republicano entre los dos reinados.* — s.m. pl: interines
2 Tiempo que dura el desempeño interino de un cargo u empleo. — = interinidad

interina Asistenta, criada que no duerme en la casa en que realiza las tareas domésticas y por las que recibe una remuneración. — s.f.

interinar Ejercer un cargo de forma interina o provisional. — v.tr.

interinato
1 Interinidad, tiempo que dura el desempeño interino de un cargo. — s.m./Argent., Méx., Perú, Urug.
2 Cargo interino o empleo que se ejerce de forma provisional. — Amér. Central y Merid.

interindividual Se aplica a lo que concierne a la relación que se produce entre individuos: *la amistad es una relación interindividual y no social.* — adj. SICOLOGÍA

interinidad
1 Situación laboral de quien ocupa un puesto de forma provisional, mientras está ausente la persona que lo tiene en propiedad. *s.f.*
2 Período de duración de un contrato interino: *mi interinidad termina mañana.* = interin

interino, a Que está desempeñando una función de forma provisional: *tiene trabajo como interino en un instituto.* *adj/s.*

interinsular Que se produce entre dos o más islas: *hay que controlar el tráfico interinsular.* *adj.*

interior (Del lat. *interior.*)
1 Que está, ocurre, se hace o se lleva dentro: *el forro interior del bolso es de cuadros; venden rebajada la ropa interior.* *adj.* ≠ exterior
2 Del espíritu o del alma: *vida interior; pena interior.*
3 Se aplica a la vivienda o habitación que no tiene vistas a la calle: *el piso tiene un cuarto interior; vive en un interior.* *adj/s.m.*
4 Que concierne a un país o territorio: *comercio interior; deuda interior; política interior.* *adj./POLÍTICA* ≠ exterior
5 Parte que está dentro de una cosa o alejada de los límites o la superficie: *el interior del coche; el interior del país; el interior del bosque.* *s.m.*
6 Pensamientos y sentimientos más íntimos: *mi interior se conmueve ante tales desgracias.* = intimidad
7 Miembro de un equipo deportivo que se sitúa entre el extremo y el delantero centro y realiza funciones de centrocampista. *DEPORTES*
8 Conjunto de los órganos contenidos en las cavidades del pecho y del vientre del cuerpo humano o de un animal. *s.m.pl.* = entrañas, vísceras
9 Filmación cinematográfica que se realiza en un estudio con luz artificial: *ya ha concluido el rodaje de interiores.* *CINE*
10 Provincia, división territorial. *s.m./Méx.*

interioridad
1 Mundo interior de una persona o asuntos privativos y secretos de una colectividad: *en su interioridad guarda recuerdos agradables; no me interesan las interioridades de tu empresa.* *s.f.* = intimidad
2 Situación de lo que está o se desarrolla en el interior de algún lugar o cosa: *la interioridad del comercio.*
3 Cosas privativas, por lo general secretas, de las personas, familias o corporaciones: *hay que soslayar esas interioridades familiares.* *s.f.pl.*
4 **meterse en interioridades**: Ocuparse de lo que ocurre en el interior de alguna cosa o entrometerse en asuntos ajenos: *te recomendé que no te metieras en las interioridades de los demás.* *coloquial*

interiorismo Arte de acondicionar y decorar los espacios interiores de la arquitectura, o el interior de los edificios y viviendas: *su especialidad y su gran pasión es el interiorismo.* *s.m.* *ARTE*

interiorista Del interiorismo: *su tío es arquitecto interiorista.* *adj/s.m.f.*

interiorización
1 Acción y resultado de interiorizar: *la interiorización de la cólera; la interiorización del personaje.* *s.f.*
2 Proceso que consiste en convertir en internos los conflictos y prohibiciones a los que el sujeto se enfrenta en el mundo exterior. *SICOLOGÍA*

interiorizar
1 Guardar o retener para uno mismo: *ha interiorizado sus sufrimientos.* *v.tr.* conj: *cazar*
2 Hacer propias las opiniones o normas de conducta de otros: *interiorizó las costumbres inglesas.*
3 Hacer íntima o más profunda una cosa: *el primer actor interioriza mucho su papel.*

interiormente Por dentro, en el interior: *me siento interiormente culpable.* *adv.*

interjección (Del lat. *interiectio, -onis*, intercalación.) Voz que expresa una impresión súbita o un sentimiento profundo de asombro, sorpresa, alegría, enfado, dolor, molestia, u otras sensaciones. *s.f.* *GRAMÁTICA*

interjectivo, a De la interjección: *escrito con enunciado interjectivo.* *adj.* *GRAMÁTICA*

interlínea (Del lat. *inter*, entre + *linea*, raya.)
1 Espacio entre dos líneas en un escrito: *al modificar la interlínea, el texto ocupará más espacio.* *s.f.* *ARTES GRÁFICAS*
2 Plancha de metal que sirve para regletear una composición. = regleta *ARTES GRÁFICAS*

interlineación Acción y resultado de interlinear: *presentó el trabajo con una interlineación de dos espacios.* *s.f.*

interlineado
1 Conjunto de espacios blancos que hay entre las líneas de un texto manuscrito o impreso: *imprime el documento en borrador con el interlineado mínimo.* *s.m.*
2 Escritura entre líneas: *no hagas anotaciones en interlineado porque no las entiendo.*

interlineal
1 Que está escrito o impreso entre dos líneas. *adj.*
2 Se refiere a la traducción que está interpolada en el texto original y se corresponde línea a línea.

interlinear
1 Escribir un texto entre las líneas de otro. *v.tr./= entrelinear*
2 Separar los renglones de una composición tipográfica mediante regletas. *ARTES GRÁFICAS*

interlock (Voz inglesa.)
1 Telar o tricotosa circular usada para fabricar prendas de punto. *s.m.* *TEXTIL*
2 Tejido o género elaborado con esta máquina. *TEXTIL*

interlocución (Del lat. *inter*, entre + *loqui*, hablar.) Conversación entre dos o más personas: *el periodista grabó la interlocución que mantuvo con el político.* *s.f.* = diálogo

interlocutor, a (Del lat. moderno *interlocutor* < bajo lat. *interloqui* < *inter*, entre + *loqui*, hablar.)
1 Cada una de las personas que participan en un diálogo o en una conversación: *las intervenciones de los interlocutores superan el tiempo concedido por el moderador.* *s.*
2 Persona perteneciente a un partido, empresa, grupo o familia, con la que se puede llevar a cabo un pacto, acuerdo o discusión: *no pudimos cerrar el negocio por falta de interlocutor válido.*

interlocutorio, a Se aplica al auto o sentencia que se da antes de la definitiva. *adj/s.m.* *DERECHO*

intérlope (Del fr. *interlope* < ingl. *interloper*, comerciante que trafica sin autorización.) Se aplica al comercio fraudulento que realiza una nación en las colonias de otra y a los barcos dedicados a este tráfico: *la policía detectó la presencia de un buque intérlope en aguas jurisdiccionales.* *adj.*

interludio (Del lat. *inter*, entre + *ludus*, juego.)
1 Fragmento musical que sirve de transición entre dos actos o escenas de una obra teatral: *la orquesta interpretó una pieza romántica en el interludio de la obra.* *s.m.* MÚSICA, TEATRO
2 Breve improvisación que se ejecuta como intermedio en la música instrumental. *MÚSICA*

interlunio Período de tiempo de la conjunción en que no se ve la Luna. *s.m.* *ASTRONOMÍA*

intermareal
1 Se refiere al espacio costero comprendido entre los límites extremos a los que llega la marea. *adj.* *GEOGRAFÍA*
2 Se aplica al sedimento que se va depositando en esta zona. *GEOLOGÍA*

intermaxilar Que está entre los huesos maxilares: *tiene molestias en la parte intermaxilar.* *adj.* *ANATOMÍA*

intermediar
1 Estar o existir una cosa en medio de otras: *entre una y otra población intermedian varios kilómetros.* *v.intr.* = mediar
2 Hacer de intermediario: *ha intermediado en las negociaciones.*

intermediario, a
1 Que actúa como mediador: *actuó como agente intermediario entre el sindicato y la patronal.* *adj/s.* = mediador
2 Que trabaja o ejerce algún cargo en los circuitos comerciales entre el productor y el consumidor: *comerciante intermediario; los mayoristas y comisionistas son intermediarios.* *COMERCIO*

intermedio, a
1 Que está situado entre los puntos extremos de un lugar o tiempo: *posición intermedia; espacio intermedio.* *adj.*
2 Que está entre los puntos extremos de una escala o gradación: *color intermedio; calidad intermedia.*
3 Espacio entre dos tiempos o dos acciones: *haremos un intermedio en la profunda para relajarnos un poco.* *s.m.*
4 Espacio de tiempo entre dos actos de una representación de teatro, ópera o cualquier otro espectáculo.
5 Tiempo de interrupción de un programa o transmisión audiovisuales en el que se emite publicidad: *me preparé un bocadillo en el intermedio del programa.* *AUDIOVISUALES*
6 Baile o sainete entre dos actos de una representación teatral. *TEATRO*

intermezzo (Voz italiana.)
1 Composición tocada o cantada entre secciones de otra más larga. *s.m.* *MÚSICA*
2 Pequeña ópera cómica interpretada entre los actos de una seria. *MÚSICA*
3 Pasaje orquestal de una ópera. *MÚSICA*

interminable Que no acaba nunca o dura mucho: *la clase fue interminable.* *adj.* = eterno

interminación (Del lat. *interminatio, -onis.*) Amenaza o conminación. *s.f.*

interministerial Que relaciona varios ministerios: *el presidente insistió en que las relaciones interministeriales son cada vez más necesarias.* *adj.*

intermisión (Del lat. *inter*, entre + *mittere*, enviar.)Interrupción de una acción o de una cosa por algún tiempo: *la intermisión del programa se debe a un fallo técnico.* *s.f.*

intermiso, a (Part. irreg. de *intermitir.*) Que queda in- adj.
terrumpido o suspendido.

intermitencia
1 Circunstancia de ser una cosa intermitente o dis- s.f.
continua: *la lluvia caía con una intermitencia casi moles-* = discontinuidad
ta; trabajaba con muchas intermitencias.
2 Acción de manifestarse y desaparecer de forma in- MEDICINA
termitente la fiebre y otros síntomas en un enfermo.
3 Comportamiento irregular, que interrumpe tempo- FÍSICA
ralmente la evolución regular de un sistema dinámico.

intermitente (Del lat. *intermittere,* interrumpir.)
1 Que se produce con intermitencias o intervalos: adj.
anoche nevó, aunque de modo intermitente. = discontinuo
2 Señal luminosa de un automóvil que se enciende y s.m.
apaga en intervalos constantes y sirve para indicar si
se hace un giro a la derecha o a la izquierda.

intermitir Interrumpir una cosa de forma temporal. v.tr.

intermolecular Que está entre las moléculas o en su adj.
interior. FÍSICA

intermuscular Que está entre los músculos. adj./ANATOMÍA

internación Acción y resultado de internar o inter- s.f.
narse: *no es aconsejable la internación en este bosque vir-*
gen.

internacional
1 Que tiene relación con varias naciones o con el adj.
conjunto de todas ellas: *congreso internacional; conflicto* = mundial,
internacional; competición internacional. universal
2 Se aplica al deportista que pertenece a la selección adj/s.m.f.
de su país y participa en competiciones internaciona- DEPORTES
les: *es un futbolista internacional.*
3 Cada una de las organizacines supraestatales en la s.f.
que se agrupan los partidos comunistas, trotskistas, POLÍTICA
socialistas y socialdemócratas y los sindicatos de distintos países del mundo, y que en la actualidad se ha
hecho extensible a partidos de ideologías liberales y
conservadoras.
4 Himno revolucionario internacional de los partidos POLÍTICA
socialistas y comunistas.

internacionalidad Extensión o validez internacional s.f.
de alguna cosa: *la internacionalidad del pacto es un he-*
cho indiscutible.

internacionalismo
1 Doctrina social, económica y política que propugna s.m./ECONOMÍA,
la consideración o estima de lo internacional sobre lo POLÍTICA,
puramente nacional. SOCIOLOGÍA
2 Doctrina política socialista que preconiza la asocia- POLÍTICA
ción internacional de los trabajadores para obtener
reivindicaciones, en especial la toma del poder en
nombre de los principios comunistas.

internacionalista
1 Del internacionalismo: *la práctica de una política in-* adj.
ternacionalista se está extendiendo en todo el mundo. POLÍTICA
2 Que es partidario del internacionalismo. adj/s.m.f./POLÍTICA
3 Se refiere al abogado que está especializado en de- DERECHO
recho internacional.

internacionalización
1 Sometimiento a la autoridad conjunta de varias na- s.f.
ciones de un territorio o un asunto que dependía de POLÍTICA
una nación.
2 Extensión de un asunto o un conflicto nacional a POLÍTICA
varias naciones: *las Naciones Unidas tratan de evitar la*
internacionalización del conflicto.
3 Intervención de una organización internacional en POLÍTICA
los asuntos internos de un estado, por incidir éstos
en el ámbito internacional.

internacionalizar Hacer que una cosa se extienda a v.tr.
otras naciones o que dependa de la autoridad de más conj: *cazar*
de una: *internacionalizar un conflicto.* POLÍTICA

internada Avance rápido de un jugador hasta el área s.f.
defensiva contraria, en algunos deportes de pelota. DEPORTES

internado, a
1 Estado y régimen del alumno interno: *en su época* s.m.
de estudiante estuvo de internado en los maristas.
2 Conjunto de alumnos internos.
3 Establecimiento donde viven personas internas,
principalmente alumnos en régimen escolar: *el inter-*
nado dispone de modernas instalaciones deportivas.
4 Estado y régimen de las personas que viven internas en establecimientos sanitarios, benéficos o peni-
tenciarios: *el abuelo optó por un régimen de internado en*
la residencia para mayor tranquilidad de sus hijos.

internalizar Asimilar ideas, emociones, u otros sen- v.tr.
timientos que provienen del exterior, de forma que SICOLOGÍA
no se distinguen como adquiridos.

internamiento
1 Acción y resultado de internar o internarse. s.m.
2 Ingreso de una persona en un centro o institución,
como un hospital o una prisión.

internar
1 Llevar o hacer llevar a una persona o una cosa tie- v.tr.
rra adentro: *han internado a los soldados en la selva.* = adentrar

2 Entrar una persona, un animal o una cosa en el in- v.intr/prnl.
terior de un espacio: *se internó en el bosque; dejaron la* = introducir,
carretera general y se internaron en un camino. penetrar
3 Llevar o instalar a un enfermo en un centro hospi- v.tr.
talario: *al ver que no mejoraba en casa tuvieron que inter-* = ingresar
nar al abuelo.
4 Hacer que una persona resida en una institución o = recluir
local con determinada finalidad: *han internado a su*
hijo en un colegio religioso.
5 Introducirse en los asuntos o secretos de una per- v.prnl.
sona: *se internó en los quehaceres de su compañero de es-* + en
tudios.
6 Profundizar en una materia: *se internó en el estudio* + en
de los anfibios.

internauta Persona que utiliza la red informática de s.m.f./TELECOMUNICA-
internet. CIONES

internet Red informática que permite compartir ser- s.m.
vicios y comunicación directa entre todo tipo de or- TELECOMUNICA-
denadores. CIONES

internista Se aplica al médico que está especializado adj/s.m.f.
en medicina interna. MEDICINA

interno, a (Del lat. *internus.*)
1 Que es interior o que está dentro: *la organización in-* adj.
terna de una asociación.
2 Se refiere al alumno que vive en un centro de ense- adj/s.
ñanza: *está interno en un colegio suizo; los internos cele-*
braron el santo del director.
3 Se aplica a la parte de la medicina que trata de en- adj.
fermedades generales que no precisan intervención MEDICINA
quirúrgica: *está especializado en medicina interna.*
4 Se dice del médico o estudiante de medicina que MEDICINA
realiza sus prácticas en un hospital y tiene su residencia más o menos fija en el mismo.
5 Persona que sufre prisión en un establecimiento s.
penitenciario.

internodio (Del lat. *inter,* entre + *nodus,* nudo.) Dis- s.m.
tancia existente entre dos nudos: *ten la precaución de* BOTÁNICA
cortar la rama por el internodio para que sirva de esqueje.

inter nos (Expresión latina.) Entre nosotros, en priva- loc.adv.
do: *te diré, inter nos, que todo lo que ha dicho es mentira.* culto

internunciatura
1 Empleo de internuncio. s.f./RELIGIÓN
2 Residencia u oficina del internuncio. RELIGIÓN

internuncio (Del lat. *inter,* entre + *nuntius,* emisario.)
1 Persona que habla por otra: *nombró a un abogado* s.m.
para que fuera su internuncio en el acuerdo.
2 Ministro pontificio representante del papa en un RELIGIÓN
estado no católico.
3 Persona que participa en un diálogo o en una con- = interlocutor
versación.

interoceánico, a Que pone en comunicación dos adj.
océanos: *canal interoceánico.*

interocepción Parte de la sensibilidad del sistema s.f.
nervioso, relacionada con la percepción de las modi- MEDICINA
ficaciones o señales procedentes del medio interior. = interoceptividad

interoceptivo, a Se refiere a la sensibilidad que se adj.
origina en los órganos internos y que es el punto de MEDICINA
partida de los reflejos vegetativos.

interóseo, a (Del lat. *inter,* entre + lat. vulgar *ossum,* adj.
hueso.) Que está entre los huesos. ANATOMÍA

interpaginar Interfoliar o poner hojas en blanco en- v.tr.
tre las hojas impresas de un libro. ARTES GRÁFICAS

interparietal (Del lat. *inter,* entre + *paries, -etis,* pa- adj.
red.) Que está entre los parietales. ANATOMÍA

interparlamentario, a Se aplica a las comunicacio- adj.
nes y organizaciones que enlazan la actividad inter- POLÍTICA
nacional entre las representaciones legislativas de diferentes países o regímenes políticos.

interpelación
1 Acción y resultado de interpelar. s.f.
2 **interpelación parlamentaria:** Mecanismo o dispo- POLÍTICA
sición de los parlamentarios para ejercer su función
de control político del gobierno, que versa sobre
cuestiones de política general o interés general y se
plantea en el pleno de la cámara.

interpelante Que interpela. adj/s.m.f.

interpelar (Del lat. *interpellare.*)
1 Pedir explicaciones a una persona sobre una cosa: v.tr.
la interpeló para que diese cuenta de su actuación.
2 Hablar un representante político en el parlamento POLÍTICA
para promover un debate ajeno a la discusión de proyectos o proposiciones de ley.
3 Requerir a una persona para que haga o diga algu- DERECHO
na cosa: *el juez interpeló al testigo para que declarara.* = intimar
4 Pedir auxilio o protección a una persona.

interpenetrarse Imbricarse una cosa con otra. v.prnl.

interplanetario, a Que está o sucede entre dos o adj.
más planetas: *espacio interplanetario.* ASTRONOMÍA

interpolación
1 Acción y resultado de interpolar o intercalar palabras o frases en un texto: *el doctor hizo algunas interpolaciones críticas en la obra.* — **s.f.**
2 Determinación de una función que se verifica para unos valores dados de antemano. — **MATEMÁTICAS**

interpolador, a Que interpola palabras o frases en un texto. — **adj/s.**

interpolar (Del lat. *interpolare*, cambiar.)
1 Se aplica a lo que está situado entre dos polos o bornes de un circuito eléctrico. — **adj. ELECTRICIDAD**
2 Poner una cosa entre otras: *interpoló el libro entre los demás de la estantería.* — **v.tr./+ entre = intercalar**
3 Introducir palabras o frases en un texto: *interpolaba el texto entre las páginas de la novela.* — **+ entre = insertir**
4 Interrumpir la continuidad de una cosa o asunto de forma temporal para proseguir después con ello.
5 Hallar el valor de una magnitud en un intervalo cuando se conocen algunos valores de los dos lados del intervalo. — **FÍSICA**
6 Señalar para una cantidad un valor intermedio entre dos valores directamente calculados u observados. — **MATEMÁTICAS**

interponer (Del lat. *interponere*.)
1 Poner una cosa entre otras: *interpuso la mano entre sus ojos y el reflejo del espejo.* — **v.tr./conj: poner part: interpuesto**
2 Poner a una persona de mediadora: *interpuso a su hermano entre los contendientes; se ha interpuesto en la pelea.* — **v.tr./prnl. + en, entre**
3 Dar inicio a un recurso legal: *los damnificados van a interponer un recurso a la compañía responsable.* — **v.tr. DERECHO**
4 Ponerse una cosa en el camino de otra impidiéndole el paso: *su coche se interpuso en el carril central de la autopista.* — **v.prnl. + en**
5 Ser una persona o una cosa la causa de que se interrumpa o no se haga una cosa: *la enfermedad se interpuso en su carrera; no pudo impedir que un hombre se interpusiera en su trabajo.* — **+ en**

interposición
1 Acción y resultado de interponer o interponerse: *su interposición en la pelea evitó una desgracia.* — **s.f.**
2 Acción y resultado de interponerse u obstaculizar el paso o el curso normal de algo: *la interposición de vallas en las calles impedía a los aficionados acercarse a los corredores.*

interposita persona (Expresión latina.) Actuando por encargo de otros. — **loc.adv. DERECHO**

interprender (Del lat. *inter*, entre + *prehendere*, coger.) Tomar u ocupar una cosa por sorpresa. — **v.tr.**

interpresa (Del lat. *inter*, entre + cat. *presa* < lat. *praeda*, presa.)
1 Acción de interprender. — **s.f.**
2 Operación militar imprevista y súbita para sorprender al enemigo. — **MILITAR**

interpretable Que puede ser interpretado: *es un texto difícilmente interpretable para unos alumnos muy jóvenes; sus palabras son interpretables de diversas formas.* — **adj. = descifrable ≠ indescifrable**

interpretación
1 Explicación del sentido o el significado de una cosa o de una acción: *en general, no comparto tu interpretación de los hechos.* — **s.f.**
2 Representación que hace un actor de su papel en una obra teatral o cinematográfica: *le dieron un premio por su interpretación en la película.* — **CINE, TEATRO**
3 Ejecución o reproducción de una obra musical o una danza: *me gustó mucho la interpretación de la sonata.* — **MÚSICA**
4 Significado que se atribuye a un suceso o acción: *la interpretación que da del asunto es muy aguda, aunque errónea.* — **= comentario, explicación**
5 Visión o forma personal de entender la realidad: *su interpretación del mundo está muy politizada.*
6 Traducción de una lengua a otra.
7 Traducción de un programa escrito a un lenguaje máquina y ejecución inmediata, sin haber sido compilado. — **INFORMÁTICA**
8 Investigación dirigida a aprehender el sentido y alcance de una norma jurídica. — **DERECHO**
9 **interpretación auténtica:** Aquella que el propio legislador hace de una ley. — **DERECHO**
10 **interpretación de lenguas:** Secretaría en la que se traducen al español textos de otras lenguas.
11 **interpretación doctrinal:** La que se basa en las opiniones de los juristas. — **DERECHO**
12 **interpretación usual:** La autorizada por la jurisprudencia de los tribunales. — **DERECHO**

interpretador, a
1 Que interpreta: *es un gran interpretador de papeles cómicos.* — **adj/s.**
2 Programa de traducción de un lenguaje evolucionado, que analiza y ejecuta las instrucciones del programa a medida que procede a su lectura. — **s.m. INFORMÁTICA**

interpretadora Máquina que traduce el código de perforación de una tarjeta a caracteres legibles y los imprime en su parte superior. — **s.f. INFORMÁTICA**

interpretar (Del lat. *interpretare*.)
1 Explicar el sentido de una cosa: *el ejercicio consiste en interpretar este fragmento del poema.* — **v.tr. = descifrar**
2 Traducir un texto de una lengua a otra: *interpretar una novela inglesa al español no es tan fácil.*
3 Atribuir un significado a una acción o un suceso: *no sé cómo interpretar su negativa.* — **= comprender, entender**
4 Representar un actor un papel de una obra teatral o cinematográfica: *le ofrecieron interpretar a un anciano, pero no se veía capaz.* — **CINE, TEATRO**
5 Ejecutar o reproducir una composición musical o una canción: *esta noche la orquesta interpreta piezas de Bach.* — **MÚSICA**
6 Ejecutar un baile con coreografía.
7 Expresar el artista la realidad de un modo personal: *su obra interpreta un mundo caótico y desconcertante.* — **ARTE**

interpretativo, a
1 De la interpretación: *asiste a una escuela interpretativa para prepararse a fondo.* — **adj.**
2 Que sirve para interpretar una cosa: *las notas interpretativas facilitan la comprensión del texto.*

intérprete (Del lat. *interpres, -etis*, mediador.)
1 Persona que interpreta una obra teatral, cinematográfica o musical: *el intérprete masculino se merece el primer premio del certamen.* — **s.m.f.**
2 Persona encargada de traducir en una lengua lo dicho o escrito en otra: *el guía hacía de intérprete durante el viaje; trabajaba de intérprete en un ministerio.*
3 Persona que da forma o realiza lo que está en el ánimo de otra: *hacerse intérprete del sentir general.*
4 Programa que es capaz no sólo de traducir las expresiones de un lenguaje fuente, sino de ejecutarlas. — **s.m. INFORMÁTICA**

interpuesto, a (Part. irreg. de *interponer*.)
1 Que está colocado entre otros elementos. — **adj.**
2 Se aplica a la persona que presta su nombre a otra para facilitarle ventajas que esta última no obtendría de manera directa. — **DERECHO**

interraíl Billete de tren individual que permite a las personas menores de veintiséis años viajar libremente por la red ferroviaria europea. — **s.m.**

interregno (Del lat. *inter*, entre + *regnum*, reino.)
1 Período de tiempo en que un estado no tiene soberano y quedan suspendidas las funciones del gobierno. — **s.m.**
2 Espacio de tiempo en que están suspendidas las funciones gubernamentales. — **POLÍTICA**
3 **interregno parlamentario:** Intervalo desde que se interrumpen hasta que se reanudan las sesiones de un parlamento. — **POLÍTICA**

interrelación (Del lat. *inter*, entre + *relatio, -onis*, relación.) Relación de correspondencia mutua entre fenómenos, cosas o personas: *esta técnica pedagógica sirve para fomentar la interrelación entre los miembros jóvenes del grupo.* — **s.f.**

interrogación (Del lat. *interrogatio, -onis*.)
1 Expresión verbal de lo que se desea saber sobre algo: *no sé la respuesta a tu interrogación; procedieron a la interrogación del detenido.* — **s.f. = pregunta**
2 Signo ortográfico que se pone al principio y al final de una palabra o frase con que se pregunta algo. — **GRAMÁTICA**
3 Figura que consiste en hacer una pregunta no para que sea respondida, sino para dar más realce a lo que se dice. — **RETÓRICA**

interrogador, a Que interroga: *no tengo por qué contestar a tus interrogadoras frases; su actitud desespera a los interrogadores.* — **adj/s. = inquisidor**

interrogante
1 Que interroga: *no entendí su interrogante mirada.* — **adj.**
2 Pregunta o demanda: *ordenó de mayor a menor los interrogantes del examen.* — **s.m.f. = interrogación**
3 Incógnita, problema o cuestión dudosa o no aclarada: *quedan todavía muchos interrogantes que aclarar en ese asunto.*

interrogar (Del lat. *interrogare*.) Hacer preguntas a una persona: *la policía interrogó a los testigos del accidente.* — **v.tr. conj: pagar = preguntar**

interrogativo, a Que implica interrogación: *hizo un gesto interrogativo con el rostro y con las manos.* — **adj.**

interrogatorio
1 Serie de preguntas dirigidas a una persona: *no soporto que al llegar a casa me vengas con interrogatorios.* — **s.m.**
2 Acto de interrogar a una persona: *el interrogatorio fue muy aburrido.*
3 Cuestionario, papel o documento que contiene una lista de preguntas: *el interrogatorio está formado por treinta cuestiones.*

interrumpir (Del lat. *interrumpere*.)
1 Cortar la continuidad de una acción en el lugar o en el tiempo: *interrumpir una lectura; interrumpir un baile.* — **v.tr.**

2 No dejar que una persona continúe hablando: *me interrumpía constantemente durante la conversación.*
3 Impedir el paso: *un coche en medio de la calzada interrumpía la circulación.* = obstaculizar

interrupción
1 Suspensión de alguna actividad, un proceso o un estado: *vamos a hacer una pequeña interrupción para descansar; la interrupción del programa fue para dar la noticia.* s.f.
2 Parada en la ejecución de un programa, producida por un problema de hardware o del sistema operativo o de un periférico y que requiere que el control se transfiera a otro programa o rutina. INFORMÁTICA

interruptivo, a Que interrumpe un acto procesal o que perturba una posesión. adj. DERECHO

interruptor, a
1 Se refiere a aquello que interrumpe. adj./s.
2 Mecanismo que se utiliza para establecer un circuito eléctrico: *interruptor del televisor.* s.m. ELECTRICIDAD

intersecarse Tener dos líneas un punto común o cruzarse dos superficies con una línea común. v.prnl./conj: sacar GEOMETRÍA

intersección (Del lat. *inter*, entre + *sectio, -onis*, cortadura.)
1 Lugar donde se cruzan varias vías o caminos: *el accidente ocurrió en la intersección de las dos carreteras.* s.f. = cruce
2 Punto común a dos líneas o dos superficies que se cortan de forma recíproca. GEOMETRÍA
3 Conjunto integrado por los elementos comunes a varios conjuntos. MATEMÁTICAS

intersexual (Del lat. *inter*, entre + *sexualis*, femenino.) De la intersexualidad. adj. BIOLOGÍA

intersexualidad Presencia en un mismo individuo de caracteres sexuales masculinos y femeninos. s.f. BIOLOGÍA

intersideral (Del lat. *inter*, entre + *sideralis*, sideral.) Que está entre los astros: *espacio intersideral.* adj./ASTRONOMÍA = interastral

intersindical Que ocurre o se establece entre diversos sindicatos: *reunión intersindical.* adj.

intersticial Que ocupa los intersticios de un cuerpo o los que están entre dos o más cuerpos. adj.

intersticio (Del lat. *interstitium*, intervalo.)
1 Hendidura o distancia pequeña que hay entre dos cuerpos o entre dos partes de un mismo cuerpo: *había mucha suciedad en los intersticios de las baldosas.* s.m.
2 Intervalo de espacio o de tiempo.
3 Período de tiempo que, según las leyes eclesiásticas, debe mediar entre la recepción de dos órdenes sagradas. RELIGIÓN
4 Pequeño espacio o hendidura en un tejido orgánico. ANATOMÍA

intertidal (Del lat. *inter*, entre + ingl. *tide*, marea.) Se aplica a la zona comprendida entre los niveles de las mareas altas y los de las bajas. adj. = intercotidal

intertónico, a Se aplica a la vocal que está en posición protónica no inicial. adj./s.f. LINGÜÍSTICA

intertrigo (Del lat. *inter*, entre + *triticum*, trigo.) Inflamación de la piel, con picor y sudores, producida por el roce de dos superficies cutáneas: *tenía intertrigo en las ingles.* s.m. MEDICINA

intertropical Que está situado entre los trópicos: *vive en un país intertropical.* adj. GEOGRAFÍA

interurbano, a Se aplica a las comunicaciones o servicios que relacionan dos o más núcleos de población distintos: *la tarifa telefónica interurbana es muy cara.* adj.

interusorio Interés correspondiente a cierto plazo. s.m./DERECHO

intervalo (Del lat. *intervallum*.)
1 Distancia que hay de un tiempo a otro o de un lugar a otro: *no se vieron en un intervalo de diez años; las repisas están colocadas a intervalos regulares.* s.m.
2 Conjunto de valores que toma una magnitud entre dos límites dados: *intervalo de temperatura; intervalo de energías.* MEDICINA
3 Diferencia de altura entre dos notas musicales. MÚSICA
4 intervalo claro o lúcido: Período de tiempo en que la persona que ha perdido el juicio da muestras de cordura. SIQUIATRÍA

intervención
1 Acción y resultado de intervenir en un asunto, acción o actividad: *su intervención en el conflicto logró solucionarlo.* s.f. = participación
2 Cargo y oficina del interventor.
3 Operación quirúrgica: *los médicos aconsejaron una intervención urgente.* MEDICINA
4 Cuerpo de oficiales que tienen por misión inspeccionar la administración de los ejércitos y la de sus principales dependencias. MILITAR
5 Operación con la que se limita la baja de las cotizaciones en caso de excedente de producción. ECONOMÍA
6 Modalidad de expresión artística que toma como material el entorno sociológico y como lugar el espacio público. ARTE

7 Acción de un estado u organización internacional que interviene por la fuerza o con amenaza de injerir en los asuntos internos de otro estado: *defienden el principio de no intervención.* DERECHO, POLÍTICA

intervencionismo
1 Ejercicio reiterado de la intervención política o militar en los asuntos de otro estado. s.m. POLÍTICA
2 Tendencia política que preconiza la intervención del estado en la economía y actividades dejadas en otros casos a la iniciativa privada. POLÍTICA

intervencionista
1 Relativo al intervencionismo: *algunos organismos practican una política intervencionista.* adj./POLÍTICA
2 Que es partidario del intervencionismo. adj./s.m.f./POLÍTICA

intervenir (Del lat. *intervenire*.)
1 Tomar parte en un asunto o actividad: *intervino en el negocio para beneficiarse; no intervengas mientras están hablando ellos.* v.intr. conj: venir tb: entrevenir
2 Usar una persona su autoridad o poder en un asunto: *el juez intervino en las decisiones tomadas.*
3 Hablar o actuar en favor de una persona: *intervino por ella ante el jefe.* + en, por = mediar, interceder
4 Intentar resolver una riña entre dos o más personas: *intervino en la disputa para separarlos.*
5 Hacer una operación quirúrgica a una persona: *es preciso intervenir la pierna del herido de inmediato.* v.tr./intr. MEDICINA
6 Hacer la autoridad la inspección de las cuentas o la administración de una cosa. v.tr. DERECHO
7 Ofrecerse una tercera persona para aceptar o pagar una letra de cambio. COMERCIO
8 Dirigir o limitar la autoridad el libre ejercicio de una actividad: *algunos pedían que el gobierno interviniera la programación televisiva.*
9 Vigilar o espiar la comunicación privada de una persona: *al parecer habían intervenido su teléfono.*
10 Someter a inspección la administración de las aduanas.
11 Ejercer un gobierno las funciones propias de otro en los países de régimen federal. POLÍTICA
12 No dejar que la autoridad que una persona utilice sus bienes con libertad. POLÍTICA
13 Ocurrir una cosa de forma inesperada. v.intr./= acontecer

interventor, a
1 Que interviene en alguna cuestión. adj/s.
2 Persona que autoriza y fiscaliza ciertas operaciones, a fin de que se hagan con legalidad: *el interventor del banco autorizó la operación.* s. DERECHO
3 Elector que se designa para vigilar la regularidad de la votación y autorizar el resultado en las elecciones: *el interventor de la mesa dio cuenta de varias irregularidades en el recuento de los votos.* DERECHO, POLÍTICA

interversión
1 Permutación de la colocación de dos fonemas contiguos: *se da interversión al pronunciar «areonave» por «aeronave».* s.f. GRAMÁTICA
2 interversión de géneros: Paso de una palabra de un género a otro. GRAMÁTICA

intervertebral Que está entre dos vértebras: *padece una inflamación en las articulaciones intervertebrales.* adj.

interviú (Del ingl. *interview*.) Entrevista hecha a una persona para preguntarle sobre su vida, sus ideas, opiniones o proyectos, con el fin de publicar su contenido o de utilizarlo con fines analíticos: *también habló de sus nuevos proyectos en la interviú.* s.f. pl: interviús

inter vivos (Expresión latina.) Entre vivos, aplicado a los actos jurídicos cuyos efectos deben producirse sin supeditarlos a la muerte del otorgante. loc.adv. DERECHO

intervocálico, a Que está entre vocales: *sonido consonántico intervocálico.* adj. LINGÜÍSTICA

interyacente (Del lat. *inter*, entre + *jacens, -entis*, yacente.) Que está entre dos cosas yacentes. adj.

intestado, a (Derivado de *testar*.)
1 Que muere sin haber hecho testamento válido. adj/s./DERECHO
2 Caudal sucesorio acerca del cual no existen o no rigen disposiciones testamentarias. s.m. DERECHO

intestar
1 Encajar una cosa en otra. v.tr./intr.
2 Estar lindando una cosa con otra. = entestar

intestinal Que tiene relación con el intestino: *la infección está localizada en la pared intestinal.* adj. ANATOMÍA

intestino, a (Del lat. *intestinus*.)
1 Que es interno: *lucha intestina en el país.* adj./= interior
2 Porción tubular del aparato digestivo que va desde el estómago hasta el ano. s.m. ANATOMÍA
3 intestino ciego: Ciego, parte del intestino grueso situada entre el intestino delgado y el colon. ANATOMÍA
4 intestino delgado: Parte primera y más delgada del intestino que comprende el duodeno, el yeyuno y el íleon. ANATOMÍA
5 intestino grueso: Parte más gruesa del intestino, situada a continuación del intestino delgado, que está dividida en ciego, colon y recto. ANATOMÍA

íntima Capa más interna de las paredes de los vasos sanguíneos. — *s.f.* ANATOMÍA

intimación
1 Acción y resultado de trabar amistad íntima con una persona: *no me gustan estas intimaciones que tiene contigo.* — *s.f.*
2 Orden o requerimiento que conlleva una amenaza en caso de incumplimiento. — DERECHO = conminación

intimar (Del lat. *intimare*, llevar adentro de algo.)
1 Entablar una estrecha amistad con una persona: *hace poco que se conocen, pero ya han intimado; al mudarse a ese piso, intimó con su vecino.* — *v.intr/prnl.* = congeniar
2 Requerir o exigir el cumplimiento de algo, especialmente si se tiene autoridad para obligar a ello. — *v.tr.* DERECHO
3 Introducirse una cosa por las porosidades de otra. — *v.prnl.*

intimatorio, a Que se utiliza para intimar o requerir: *ha recibido un despacho intimatorio del tribunal.* — *adj.* DERECHO

intimidación Acción y resultado de imponer o inspirar temor a alguien, impidiéndole actuar con naturalidad: *fue objeto de intimidación para que no les delatara.* — *s.f.*

intimidad
1 Amistad y confianza profundas entre personas: *nos vemos de vez en cuando y no tengo intimidad con él.* — *s.f.*
2 Conjunto de pensamientos, sentimientos, sensaciones o hábitos propios de una persona, familia o grupo: *eso forma parte de mi intimidad y no voy a contarlo.*
3 Espacio doméstico y familiar en que se desenvuelve una persona o grupo: *añoro mucho la intimidad del hogar cuando estoy fuera.*
4 Grupo de personas que comparten una relación de parentesco o gran amistad: *la boda se celebró en la intimidad de la familia.*
5 Partes sexuales del hombre o de la mujer: *al final del programa, una chica exhibe sus intimidades.* — *s.f.pl.*

intimidar
1 Causar, producir o sentir temor: *me intimida salir sola por las noches.* — *v.tr/prnl.* = atemorizar
2 Decir a una persona sin violencia, pero conminatoriamente, que haga una cosa: *no le intimides ni amenaces porque puede demandarte.* — *v.tr.* = coaccionar

intimidatorio, a Que intimida: *realizó dos disparos intimidatorios al aire.* — *adj.*

intimismo
1 Actitud del que expresa o se inspira en sentimientos íntimos: *su intimismo es un rasgo de su carácter desde la niñez.* — *s.m.*
2 Tendencia artística o literaria que se interesa especialmente por asuntos íntimos o familiares. — ARTE, LITERATURA
3 Carácter de las obras de los pintores y escritores intimistas: *su tesis doctoral versa sobre el intimismo de la obra machadiana.* — ARTE, LITERATURA

intimista
1 Del intimismo. — *adj.*
2 Se aplica a los pintores que se inspiran en la vida íntima o familiar. — ARTE
3 Se refiere a los escritores que expresan rasgos o situaciones de la vida íntima o familiar. — *adj/s.m.f.* LITERATURA

íntimo, a (Del lat. *intimus*, de más adentro de todo.)
1 De la intimidad: *mi vida íntima me pertenece, así que no acepto sus preguntas.* — *adj.*
2 Que es muy interno o reservado: *en lo más íntimo de su alma sabía que había obrado bien.* — = interior, profundo
3 Que se hace en la intimidad de la familia o amigos más próximos: *lo celebraron con una fiesta íntima.*
4 Se aplica a la amistad muy estrecha entre dos o más personas: *mantienen una relación íntima hace años.*
5 Se refiere a la persona con la que se mantiene una amistad fuerte y estrecha: *invité a mis amigos íntimos a mi boda; el cese de su cargo sólo lo saben sus íntimos.* — *adj/s.*

intina Envoltura interna, celulósica, de los granos de polen y las esporas. — *s.f.* BOTÁNICA

intitular (Del lat. *intitulare*.)
1 Poner título a una cosa: *le costó mucho intitular su última novela.* — *v.tr.* = titular
2 Dar un título particular a una persona o una cosa. — *v.tr/prnl.*
3 Tener una cosa un título. — *v.prnl./= titularse*

intocable
1 Que no se puede tocar: *su amistad con él es algo intocable para ella.* — *adj.*
2 Miembro de uno de los grupos sociales considerados impuros o sin casta, en la India: *los intocables eran objeto de una auténtica segregación.* — *s.m.f.*

intolerabilidad Situación, acción o forma de ser intolerables: *la intolerabilidad de tu comportamiento me obliga a recriminarte.* — *s.f.* ≠ tolerabilidad

intolerable Que no puede ser tolerado o soportado: *es intolerable que te hayan hablado así; resulta intolerable este escándalo a estas horas.* — *adj./= inaguantable* ≠ soportable, tolerable

intolerancia
1 Falta de tolerancia: *tu intolerancia con tus hijos te llevará a perderlos.* — *s.f.* ≠ tolerancia

2 Incapacidad del organismo para asimilar ciertas sustancias que, aunque no resulten tóxicas, producen una reacción alérgica. — MEDICINA ≠ tolerancia

intolerante Que no tiene tolerancia: *es muy intolerante con las opiniones de los demás.* — *adj/s.m.f./+ con, en* = intransigente

intonso, a
1 Que no tiene cortado el pelo. — *adj.*
2 Se aplica al libro que no tiene cortadas las barbas de los pliegos. — ARTES GRÁFICAS
3 Que es ignorante o inculto. — *adj/s.*

intoxicación Fenómeno producido al intoxicar o intoxicarse una persona, animal o cualquier organismo: *intoxicación etílica.* — *s.f.*

intoxicar
1 Envenenar o causar una sustancia tóxica un trastorno grave a una persona: *se intoxicó con marisco.* — *v.tr/prnl.* conj: *sacar*
2 Dar información excesiva o errónea para confundir a una persona o a un colectivo: *están intoxicando al país con tanta noticia falsa.* — *v.tr.*

intra- Componente de palabra procedente del lat. *intra*, que significa dentro de: *intramuscular; intramuros.* — *pref.*

intraatómico, a Que está en el interior del átomo. — *adj./FÍSICA*

intracardíaco, a (Del lat. *intra*, dentro de + *cardiacus* < gr. *kardiakos*, cardíaco.) Que está en el interior del corazón. — *adj./ANATOMÍA* tb: *intracardiaco*

intracelular Que está o se produce dentro de una célula: *combustión intracelular.* — *adj.* BIOLOGÍA

intracerebral Que tiene relación con las zonas interiores del cerebro: *hemorragia intracerebral.* — *adj.* ANATOMÍA

intradérmico, a (Del lat. *intra*, dentro de + gr. *derma, -atos*, piel.) Que está situado en la dermis. — *adj.* ANATOMÍA

intradós (Del lat. *intra*, dentro de + *dorsum*, espalda.)
1 Superficie interior o cóncava de un arco o de una bóveda: *el intradós está decorado con pinturas románicas.* — *s.m./pl: intradoses* ARQUITECTURA
2 Cara de una dovela que corresponde a esta superficie. — ARQUITECTURA

intraducibilidad Imposibilidad de traducir una cosa: *la intraducibilidad del texto se debe a la mala redacción del mismo.* — *s.f.* ≠ traducibilidad

intraducible Que no puede ser traducido: *su forma de hablar me parece intraducible.* — *adj.* ≠ traducible

intraglaciar Que se encuentra en la masa de un glaciar. — *adj.* GEOLOGÍA

intrahistoria (Del lat. *intra*, dentro de + *historia* < gr. *historia*, búsqueda.) Vida tradicional y doméstica que sirve de fondo permanente a la historia cambiante y visible. — *s.f.*

intrahistórico, a De la intrahistoria. — *adj.*

intramedular Que está situado en el interior de la médula ósea. — *adj.* ANATOMÍA

intramolecular Del interior de las moléculas. — *adj./FÍSICA*

intramontano, a Se aplica a lo que está situado en el interior de un macizo montañoso o de una cordillera: *cuenca intramontana.* — *adj.* GEOLOGÍA

intramuros (Del lat. *intra*, dentro de + *murus*, muralla, pared.) Dentro de una ciudad o un lugar: *la contienda se desarrolló intramuros de la villa.* — *adv.*

intramuscular (Del lat. *intra*, dentro de + *musculus*, músculo.)
1 Que está dentro de un músculo. — *adj./ANATOMÍA* MEDICINA
2 Que se pone dentro de un músculo: *inyección intramuscular.*

intranquilidad Falta de tranquilidad: *tiene una intranquilidad y un nerviosismo poco habituales en él.* — *s.f./= zozobra* ≠ tranquilidad

intranquilizador, a Que intranquiliza: *al oír tus intranquilizadoras palabras, se desmayó.* — *adj.* ≠ tranquilizador

intranquilizar Poner a una persona intranquila: *se intranquiliza por su retraso.* — *v.tr/prnl.* conj: *cazar*

intranquilo, a Que no tiene tranquilidad: *es un niño muy intranquilo; estoy intranquila porque no me llama.* — *adj./= inquieto, nervioso*

intransigencia Actitud del que no consiente o admite ideas o costumbres distintas a las suyas: *demostró su intransigencia al no permitirle la entrada en su casa.* — *s.f.* ≠ transigencia

intransigente
1 Que no transige o tolera. — *adj.*
2 Que no admite ninguna concesión: *es intransigente en el cumplimiento del deber.*

intransitable Se aplica al lugar o camino que no puede ser transitado: *la pista de montaña quedó intransitable tras los desprendimientos.* — *adj.* ≠ transitable

intransitividad Calidad de intransitivo. — *s.f./GRAMÁTICA*

intransitivo, a
1 Se refiere al verbo que se supone que no puede llevar complemento directo. — *adj/s.m./GRAMÁTICA* ≠ transitivo
2 Que es propio de los verbos que carecen de complemento directo: *el verbo dormir se suele utilizar de forma intransitiva.* — *adj.* GRAMÁTICA

intransportable Que no puede ser transportado o es difícil de transportar: *es un mueble intransportable sin la ayuda de un gran camión.* — adj. ≠ transportable

intranuclear Que está en el interior del núcleo. — adj.

intraocular (Del lat. *intra*, dentro de + *oculus*, ojo.) Que está o se pone dentro del ojo: *lesión intraocular; lente intraocular.* — adj.

intrarraquídeo, a Que está en el interior del conducto vertebral o raquídeo: *punción intrarraquídea.* — adj. ANATOMÍA

intrascendencia Propiedad de lo que es intrascendente: *no comprendo por qué dieron fama a un discurso lleno de intrascendencias.* — s.f. tb:intrascendencia

intrascendental Que es intrascendente, trivial o frívolo: *pronunció un discurso intrascendental.* — adj. tb: intranscendental

intrascendente Que no tiene trascendencia: *el líder jugó un partido intrascendente.* — adj. tb: intranscendente

intrasferible Que no se puede transferir: *su responsabilidad es intrasferible a otros cargos; el carnet de identidad es un documento personal e intrasferible.* — adj. tb: intransferible ≠ transferible

intrasmisible Que no se puede trasmitir: *es un virus intrasmisible por otra vía que la sanguínea.* — adj. tb:intransmisible

intrasmutabilidad Propiedad de las cosas que no pueden cambiar o mudarse por otras. — s.f. tb: intransmutabilidad

intrasmutable Que no puede cambiar o convertirse en otra cosa. — adj. tb: intransmutable

intrasubregional Que se da en la zona formada por varios países latinoamericanos del pacto andino, como Colombia, Ecuador, Perú, Bolivia y Venezuela: *el turismo intrasubregional.* — adj. Amér.

intratabilidad Modo de ser o de comportarse de las personas intratables o de mal carácter. — s.f.

intratable (Del lat. *intratabilis*.)
1 Que no puede ser tratado o manejado: *ese plástico es intratable porque está demasiado duro.* — adj. ≠ tratable
2 Que es difícil de tratar porque tiene mal carácter: *últimamente, tu hermano está intratable.* — = desagradable, insociable

intrauterino, a Que está o sucede dentro del útero: *el desarrollo intrauterino del embrión es el correcto.* — adj. ANATOMÍA

intravenoso, a
1 Del interior de una vena. — adj./MEDICINA
2 Que se pone dentro de una vena: *le administraron una inyección intravenosa.* — MEDICINA

intrepidez
1 Actitud intrépida y muy valiente ante un peligro: *se lanzó a salvarlo con una intrepidez sorprendente.* — s.f. pl: intrepideces
2 Acción poco reflexiva u osada.

intrépido, a
1 Que emprende o se enfrenta con valor a situaciones peligrosas: *el intrépido escalador alcanzó la cima.* — adj./= arrojado, valiente
2 Que actúa o habla sin reflexión: *tus intrépidos actos nos acarrearán problemas.* — = irreflexivo

intricar (Del lat. *intricare*, enredar.) Hacer una cosa o un asunto confuso o enredado. — v.tr./conj: sacar = intrincar

intriga
1 Acción cautelosa y astuta para conseguir un fin: *participó en varias intrigas políticas.* — s.f. = enredo, lío
2 Curiosidad que despierta una cosa: *tengo ganas de acabar el libro y descubrir la intriga.*

intrigante Que intriga o suele intrigar: *como es un intrigante nos llamó para contarme lo que habías dicho.* — adj/s.m.f.

intrigar (Del ital. *intrigare* < lat. *intricare*, enredar.)
1 Usar una persona intrigas para conseguir una cosa o para perjudicar a una persona: *suele intrigar entre sus compañeros, así que ándate con ojo.* — v.intr. conj: pagar
2 Provocar una cosa mucho interés o curiosidad en una persona: *me intriga lo que estará pensando.* — v.tr.

intrincable Que se puede intrincar o complicar. — adj.

intrincación Acción y resultado de intrincar: *tú has favorecido esta intrincación del asunto y tú debes desenredarlo.* — s.f. tb: intrincamiento

intrincado, a Que es complicado, confuso o difícil: *no comprendo esta intrincada trama; nos adentramos por un intrincado sendero.* — adj. = enredado, enrevesado

intrincar (Del lat. *intricare*, enredar.)
1 Hacer una cosa o un asunto confuso o enredado: *te has explicado tan mal que has intrincado lo que estaba claro.* — v.tr/prnl. conj: sacar = enrevesar, enredar
2 Hacer una idea, un concepto o un asunto confuso o difícil: *las palabras del acusado intrincaron el juicio.* — v.tr./= confundir, dificultar

intríngulis (Del ital. *intingoli*, pócimas.)
1 Intención solapada, razón oculta que se supone en alguna acción: *no acabo de ver el intríngulis de sus actos.* — s.m. pl: intríngulis
2 Dificultad o complicación que tiene una cosa: *la situación parece sencilla, pero tiene su intríngulis.*

intrínsecamente En esencia: *era un hombre intrínsecamente bueno.* — adv.

intrínseco, a (Del lat. *intrinsecus*.) Que es inherente a la naturaleza de una cosa: *esa joya tiene un valor intrínseco incalculable; es un problema intrínseco a las desacertadas gestiones llevadas a cabo.* — adj. = absoluto, esencial

intro- Componente de palabra procedente del lat. *intro*, que significa hacia dentro: *introspección.* — pref.

introducción
1 Acción y resultado de introducir o introducirse: *los niños procedieron a la introducción de las bolas en el bombo.* — s.f.
2 Preámbulo o prólogo de una obra literaria, científica o de otro tipo, o bien de un discurso: *el autor explica en la introducción los motivos que le llevaron a escribir la obra.*
3 Entrada y difusión de nuevas costumbres o productos en un país.
4 Admisión de una persona en una sociedad o un ambiente determinados.
5 Lo que sirve de preparación para la adquisición de determinados conocimientos teóricos o prácticos: *introducción a la lingüística.*
6 Breve fragmento musical, por lo general moderado o lento, que precede al alegro inicial de una sinfonía o comienzo de una obertura. — MÚSICA
7 Pieza musical que precede a algunas obras de teatro. — MÚSICA, TEATRO

introducir (Del lat. *introducere*.)
1 Entrar o hacer entrar una persona en un lugar: *introdujo a los visitantes en la sala de espera.* — v.tr/prnl./+ en conj: conducir
2 Meter o penetrar una cosa en el interior de otra u otras: *introdujo los libros en una gran caja.*
3 Hacer que una persona sea admitida o entre en una situación o un ambiente: *ha introducido a toda sus amistades en el club privado; se introdujo con buen pie en su nuevo trabajo.*
4 Entrar en un país mercancías o costumbres propias de otro: *los conquistadores introdujeron la patata en la península Ibérica.* — v.tr.
5 Hacer figurar un personaje en una obra: *el autor introduce dos protagonistas principales en su guión.*
6 Hacer aparecer un estado o una situación en un lugar: *introducía la alegría en el grupo con su buen carácter; se ha introducido el miedo en el barrio.* — v.tr/prnl.
7 Entremeterse una persona en lo que no le corresponde o atañe: *tiene la mala costumbre de introducirse en los quehaceres ajenos.* — v.prnl.

introductor, a
1 Que introduce: *inició la conferencia con unas palabras introductoras para los profanos en la materia; el introductor acompañó al vicepresidente hasta el salón donde estaba el rey.* — adj/s.
2 Que es el primero en introducir una idea, costumbre u otra cosa: *ella fue la introductora de la minifalda en su pueblo.*
3 **introductor de embajadores**: Funcionario cuya misión es acompañar a los embajadores y ministros extranjeros en ciertas ceremonias.

introito (Del lat. *introitus*, entrada.)
1 Introducción de un escrito u oración. — s.m. RELIGIÓN
2 Primera oración que recita el sacerdote en el altar al empezar la misa, en la religión católica.
3 Prólogo para explicar el argumento de la obra o pedir indulgencia al público, en el teatro antiguo. — TEATRO

intromisión (Del lat. *intro*, hacia dentro + *missio*, *-onis*, acción de enviar.) Intervención ilegal, no solicitada o inoportuna en asuntos ajenos: *la intromisión de extraños en el local hizo que todos nos calláramos.* — s.f.

introspección (Del lat. *introspectio, -onis*.)
1 Observación interna que uno hace de sí mismo o de sus actos. — s.f.
2 Tendencia a realizar una observación subjetiva del estado de ánimo o comportamiento de uno mismo. — SICOLOGÍA

introspectivo, a
1 Que tiene relación con la introspección: *ensimismamiento introspectivo.* — adj.
2 Que implica introspección: *método introspectivo.*

introversión Rasgo de la personalidad que consiste en una tendencia a olvidar el mundo exterior concentrándose en los propios pensamientos. — s.f. SICOLOGÍA ≠ extraversión

introverso, a Se refiere al espíritu que se abstrae de los sentidos y penetra en sí para contemplarse. — adj. SICOLOGÍA

introvertido, a (Del ingl. *introverted*.)
1 Se aplica a la persona que dirige su interés, atención y actividad anímica hacia sus propios pensamientos, y a su carácter. — adj/s. ≠ extravertido, extrovertido
2 Se refiere a la persona que tiene dificultad para relacionarse y no exterioriza sus sentimientos o estado anímico: *como es tan introvertido no comunicó su grave situación hasta pasados unos días.* — = tímido ≠ extravertido

introyección Proceso por el cual el sujeto se hace suyo todo lo que le satisface del mundo exterior. — s.f. SICOLOGÍA

intrusarse Tomar una persona para sí un cargo o una autoridad de forma ilegal. — *v.prnl.*

intrusión
1 Acción de introducirse de forma indebida o ilegal en una propiedad, lugar, oficio o asunto: *lamento la intrusión, no sabía que estaban reunidos.* — *s.f.*
2 Introducción y solidificación de una masa magmática entre las rocas de la corteza terrestre. — GEOLOGÍA

intrusismo Ejercicio de una actividad profesional sin título oficial o autorización legal para ello. — *s.m.* DERECHO

intrusivo, a Se aplica a las rocas formadas por intrusión y que, a su vez, penetran en formaciones ya constituidas. — *adj.* GEOLOGÍA

intruso, a (Del lat. *intrusus,* introducido.)
1 Que se ha introducido sin derecho en un lugar prohibido, conversación ajena, u otra cosa: *alcancé a ver cómo unos intrusos saltaban la valla de mi propiedad.* — *adj./s.*
2 Que ocupa un cargo o una profesión que no le corresponde.
3 Que alterna con personas de condición superior.

intubación
1 Operación y resultado de introducir tubos en el organismo con fines terapéuticos. — *s.f.* MEDICINA
2 **intubación gástrica:** Técnica que consiste en colocar en el estómago o en el duodeno una sonda, que se ha introducido por la nariz, la garganta y el esófago. — MEDICINA

intubador Instrumento para intubar. — *s.m./*MEDICINA

intubar Introducir un tubo o cánula en el interior de un órgano de una persona con fines terapéuticos, quirúrgicos o de diagnóstico. — *v.tr.* MEDICINA

intuición (Del lat. *intuitio, -onis,* imagen, mirada.)
1 Facultad para comprender las cosas de forma inmediata, sin precisar razonamiento: *siempre he tenido la intuición de que acarrearía problemas.* — *s.f.*
2 Percepción de las ideas o verdades como si se estuvieran viendo. — FILOSOFÍA
3 Visión beatífica. — RELIGIÓN

intuicionismo
1 Doctrina que defiende la prioridad de la intuición sobre otras formas de conocimiento racional. — *s.m.* FILOSOFÍA
2 Teoría lógica que defiende que sólo deben considerarse las entidades matemáticas que se pueden construir según la intuición. — LÓGICA, MATEMÁTICAS

intuicionista
1 Del intuicionismo. — *adj.*
2 Que es partidario del intuicionismo. — *adj/s.m.f.*

intuir Percibir o darse cuenta de una cosa rápidamente sin necesidad de razonarla: *el policía intuyó que aquel joven era un terrorista; intuyo que oculta algo bajo su sonrisa.* — *v.tr.* conj: *huir*

intuitivo, a
1 De la intuición: *conocimiento intuitivo.* — *adj.*
2 Se aplica a la persona en la que sobresale la intuición en vez del razonamiento: *por su manera de actuar diría que es más intuitiva que racional.*

intuito
1 Vista o mirada. — *s.m./= ojeada*
2 **por intuito:** En atención a, en consideración a. — *loc.adv.*

intumescencia (Derivado del lat. *intumescere,* hincharse.) Aumento del volumen de un cuerpo. — *s.f.* = hinchazón

intumescente Que se está hinchando. — *adj.*

intususcepción (Del lat. *intus,* dentro + *susceptio, -onis,* acción de recibir.) Crecimiento de los seres orgánicos que se produce al asimilar interiormente los elementos que ingieren o toman. — *s.f.* BIOLOGÍA

inuit Nombre con que los esquimales se designan a sí mismos. — *s.m.f.*

inulina Sustancia de reserva semejante al almidón y soluble en agua, que se encuentra en el rizoma de algunas plantas compuestas. — *s.f.* QUÍMICA

inulto, a (Del lat. *inultus.*) Que no ha sido castigado o vengado: *no permitiré que esta deshonra quede inulta.* — *adj./literario* ≠ vengado

inundación
1 Anegamiento de un terreno o lugar debido a una gran precipitación de lluvia, al desbordamiento de un río o del mar, o a un escape incontrolado de agua: *las últimas inundaciones han causado numerosas pérdidas en el sector agrícola.* — *s.f.* = riada
2 Abundancia o multitud excesiva de cosas o personas: *en las calles había una inundación de paseantes.* — = avalancha

inundado Acción y resultado de inundar un tanque, compartimento o embarcación. — *s.m.* NÁUTICA

inundar (Del lat. *inundare.*)
1 Cubrir el agua u otro líquido una cosa: *el sótano se inundó con la lluvia; vas a inundar el cuarto de baño si no cierras el grifo de la bañera.* — *v.tr/prnl.* = anegar
2 Llenar por completo un lugar: *los aficionados inundaron el teatro; han inundado las calles con propaganda electoral; hacía calor y la playa se inundó de gente.* — = atestar

3 Llenar de agua un tanque, compartimento o buque. — NÁUTICA

inurbanidad Falta de urbanidad o cortesía: *aquella fiesta se convirtió en un acto de inurbanidad y de falta de respeto.* — *s.f.* ≠ urbanidad

inurbano, a Que no tiene urbanidad. — *adj.*

inusitado, a (Derivado del lat. *usitare,* emplear con frecuencia.) Que no es habitual o resulta extraño: *hoy tiene un humor inusitado en él.* — *adj.* = insólito, inusual

inusual Que no se usa o practica con frecuencia: *llegar tarde es algo inusual en ella, por lo que supongo que le habrá ocurrido algo.* — *adj.* = inusitado, raro/≠ usual

inútil
1 Que no sirve o no es apto para una función determinada: *tenemos que tirar esos trastos inútiles; es inútil que vengas porque ya hemos terminado; es un remedio inútil para tu mal.* — *adj.* = ineficaz ≠ útil
2 Que tiene algún impedimento físico que le impide valerse por sí mismo: *quedó inútil del brazo derecho tras el accidente.* — *adj/s.m.f.* = impedido, inválido
3 Que es muy torpe: *es un auténtico inútil en la cocina.* — = inepto

inutilidad Circunstancia de que una cosa o una persona sea inútil o no sirva para nada: *alegó inutilidad física para no hacer el servicio militar.* — *s.f.* ≠ utilidad

inutilización Acción y resultado de no utilizar una cosa: *la inutilización prolongada de un vehículo puede estropearlo.* — *s.f.* ≠ utilización

inutilizar Hacer que una cosa sea o quede inútil o inservible: *tenían la misión de inutilizar las emisoras del enemigo; se inutilizaron los mandos del coche de no usarlo.* — *v.tr/prnl.* conj: *cazar*

invadeable Que no puede ser vadeado: *el río es invadeable en esta zona.* — *adj.* ≠ vadeable

invadir (Del lat. *invadere,* penetrar violentamente.)
1 Entrar en un lugar violentamente o por la fuerza: *las tropas invadieron el país vecino.* — *v.tr.* = ocupar
2 Llenar o ocupar personas o cosas por completo un lugar: *los turistas invadieron el museo; los libros invaden la mesa.* — = saturar
3 Entrar una cosa perjudicial o molesta en un lugar: *una plaga de langostas invadió los campos.* — = irrumpir
4 Ejercer una persona una función o un derecho que corresponde a otra: *invadir el espacio de responsabilidad de un compañero.*
5 Apoderarse de una persona un estado físico o moral: *tras la cena le invadió el sueño; la pena invadió su ánimo y las lágrimas arrasaron sus ojos.* — = dominar

invaginación
1 Introducción anormal de una parte del intestino o membrana en otra. — *s.f.* MEDICINA
2 Operación quirúrgica que consiste en introducir uno de los extremos del intestino en el otro para restablecer la continuidad del tubo intestinal. — MEDICINA

invaginar Doblar los bordes o extremos de un conducto o de la boca de un tubo hacia dentro. — *v.tr.* MEDICINA

invalidación Acción o resultado de invalidar: *si vemos a alguien copiando, procederemos a la invalidación de la prueba.* — *s.f.*

invalidar Hacer o declarar nula una cosa: *han invalidado los resultados de las oposiciones.* — *v.tr.*

invalidez
1 Cualidad de inválido, o de la persona que tiene ciertas deficiencias físicas o mentales que le impiden alguna actividad. — *s.f.* pl: invalideces
2 Condición de lo que no es válido para cierta función: *puso de relieve la invalidez de la argumentación.* — ≠ validez
3 Calidad de aquello que no tiene valor por no reunir las condiciones necesarias: *la invalidez de un contrato.* — DERECHO
4 Incapacidad total de una persona para desempeñar las tareas habituales o incapacidad absoluta para realizar cualquier trabajo. — DERECHO

inválido, a
1 Se aplica a la persona que por tener algunas deficiencias físicas o mentales no puede andar o moverse o realizar alguna actividad: *el accidente le dejó inválido.* — *adj/s.* = impedido
2 Que no tiene valor por no reunir las condiciones que exigen las leyes: *decreto inválido.* — *adj/.= nulo* ≠ válido
3 Que no tiene fuerza ni vigor: *me dio un razonamiento inválido.* — = inconsistente ≠ apto

invaluable Que no puede ser valuado o valorado: *las pérdidas materiales son todavía invaluables.* — *adj.* = inestimable

invar (Marca registrada.) Aleación de hierro y níquel con un coeficiente de dilatación muy pequeño, que se usa para fabricar instrumentos de precisión y medida. — *s.m.* METALURGIA

invariabilidad Imposibilidad de que una cosa varíe: *la invariabilidad de las conjunciones en español.* — *s.f.* ≠ variabilidad

invariable
1 Que no puede variar o permanece del mismo modo: *el movimiento de rotación y traslación de la Tierra es invariable.* — *adj.* = constante ≠ variable

2 Se aplica a la palabra que no sufre ninguna modificación de género o número en su forma: *los adverbios son palabras invariables.* — GRAMÁTICA ≠ variable

invariación Falta de variación. — s.f./≠ variación

invariado, a Que no ha variado. — adj./≠ variado

invariancia Propiedad de algunas magnitudes físicas o matemáticas por la que no varían ante transformaciones u operaciones. — s.f. FÍSICA, MATEMÁTICAS

invariante
1 Se aplica a lo que permanece constante e idéntico a sí mismo. — adj. ≠ variable
2 Magnitud, relación o propiedad que permanece invariable en una transformación física o matemática. — s.f./FÍSICA, MATEMÁTICAS

invasión
1 Acción y resultado de invadir u ocupar un lugar: *la invasión de los marines se llevó a cabo al amanecer; hay una invasión de mosquitos en la zona.* — s.f. = ocupación
2 Acción de ejercer o entrometerse una persona en las funciones de otra: *eso representa una invasión de mi terreno laboral.*
3 Penetración masiva de gérmenes patógenos en el organismo. — MEDICINA
4 Período de tiempo entre la aparición de síntomas y el desarrollo de una enfermedad. — MEDICINA

invasor, a Que invade: *el ejército invasor fue repelido por las fuerzas gubernamentales.* — adj./s.

invectiva (Del lat. *oratio invectiva,* catilinaria.) Discurso o escrito duro y violento contra personas o cosas: *lanzó una invectiva contra aquella injusticia.* — s.f. culto = diatriba

invencibilidad Imposibilidad de que una cosa o una persona sea vencida o superada: *el equipo demostró su invencibilidad a lo largo de la liga; la invencibilidad de aquel dolor hizo que se desmayara.* — s.f. ≠ vencibilidad

invencible
1 Que es difícil o imposible de vencer o de derrotar: *las crónicas del reino le presentaban como un ejército invencible.* — adj. = inexpugnable
2 Que no se puede superar: *logró resolver bien los obstáculos que en un principio le parecieron invencibles.* — = insuperable

invención (Del lat. *inventio, -onis.*)
1 Acción y resultado de idear una cosa nueva o una manera nueva de hacer una cosa: *no existen precedentes de esta táctica porque es fruto de su invención.* — s.f.
2 Cosa o procedimiento nuevo que una persona ha ideado o descubierto: *ha presentado su invención con el propósito de que la patenten.* — = invento
3 Relato ficticio que se cuenta como verdadero: *estaban acostumbrados a explicar invenciones en sus tertulias.*
4 Elección y estructuración del contenido de un discurso o de una obra literaria. — RETÓRICA
5 Descubrimiento de reliquias y festividad que se celebra en memoria de este hallazgo: *la invención de la Santa Cruz.* — RELIGIÓN

invencionero, a Que inventa. — adj./s.

invendible Que no puede ser vendido: *la casa está tan vieja que es invendible.* — adj. ≠ vendible

inventar (Derivado del lat. *inventum,* invención.)
1 Crear una cosa que no existía o pensar una nueva manera de hacer una cosa: *Edison inventó la bombilla.* — v.tr. = descubrir
2 Explicar como verdaderas cosas que no lo son: *creyó que me inventaba lo del descubrimiento de la cueva.* — v.tr/prnl.
3 Crear una obra literaria, una narración, poema: *se ha inventado un cuento; inventó una leyenda alrededor de su figura.* — = idear, imaginar
4 Añadir algo que es falso a lo que se está diciendo: *en seguida noté que se había inventado la mitad de la historia.*

inventariar Hacer el inventario de una serie de cosas: *a finales de año hay que inventariar todo el género que hay en la tienda.* — v.tr. conj: *vaciar* = listar

inventario (Del lat. *inventarium,* lista de lo hallado.)
1 Lista o relación ordenada de los bienes y pertenencias de una persona o comunidad: *en el inventario del piso consta que había dos teléfonos.* — s.m.
2 Documento que contiene la lista de las cosas valorables que pertenecen a una persona, entidad u organismo.
3 Valoración que se hace de una serie de cosas o sucesos: *hizo un inventario de su vida.*

inventiva Facultad o habilidad para inventar: *su inventiva no tiene límites a la hora de contar historias.* — s.f./= fantasía, ingenio

inventivo, a Que tiene capacidad y disposición para inventar: *es famoso como fabulador inventivo.* — adj.

invento (Del lat. *inventum.*)
1 Aparato, máquina o dispositivo nuevo ideado por una persona: *salió a probar su invento pirotécnico.* — s.m. = invención
2 Cualquier cosa nueva que alguien crea o pone de moda: *el cóctel que tomamos es un invento del barman.* — coloquial

inventor, a Persona que inventa, crea una cosa que no existía o idea una nueva manera de hacerla: *el inventor de la máquina de vapor fue James Watt.* — adj./s. = inventador

inverecundia Desvergüenza, falta de vergüenza: *le sorprendió la inverecundia de aquella descarada muchacha.* — s.f. = descaro, desfachatez

inverecundo, a Que no tiene vergüenza: *impuso una férrea disciplina a los inverecundos y desaforados internos.* — adj/s. = desvergonzado

inverna Invernada del ganado. — s.f./Perú

invernáculo (Del lat. *hibernaculum.*) Invernadero para las plantas, árboles frutales o legumbres: *estas fresas son de invernáculo y por eso no huelen.* — s.m. = estufa

invernada
1 Acción de invernar. — s.f.
2 Transcurso del invierno, estación del año: *en la invernada estuvieron aislados del valle por las nieves.*
3 Invernadero para el ganado. — Amér. Merid.

invernadero
1 Lugar o espacio acondicionado para proteger a las plantas del frío y cultivar fuera de temporada hortalizas, legumbres, frutas y flores: *es posible cultivar rosas en invernaderos todo el año.* — s.m. = estufa, invernáculo
2 Paraje o lugar apropiado para pasar el invierno.
3 Sitio reservado para que paste el ganado durante el invierno.
4 efecto invernadero: Retención de la energía de calor, emitida por el Sol hacia la corteza terrestre, por medio de la absorción selectiva de la atmósfera.

invernal
1 Del invierno: *la época invernal es muy dura en la alta montaña.* — adj. = hibernal
2 Establo en el que se recoge el ganado en los invernaderos. — s.m.
3 Travesía o escalada que se realiza durante el invierno, entre los alpinistas. — s.f. DEPORTES

invernar (Del lat. *hibernare.*)
1 Estar en un lugar durante el invierno: *suelen invernar en algún pueblo de la costa mediterránea.* — v.intr. conj: *pensar*
2 Pasar algunos animales el invierno en estado de letargo. — ZOOLOGÍA tb: hibernar
3 Pastar el ganado en los invernaderos. — Amér. Merid.

invernazo
1 Período de lluvias de julio a septiembre. — s.m./Dom., P. Rico, P. Rico
2 Período de inactividad en los ingenios de azúcar.

invernizo, a Del invierno: *las brumas invernizas cubrían la corona de la colina.* — adj.

inverosímil Que no tiene apariencia de verdad: *parece inverosímil que nadie se percatara de lo sucedido; nadie creyó el inverosímil relato de sus aventuras.* — adj./tb: inverisímil = increíble, raro

inverosimilitud Cualidad de inverosímil: *la inverosimilitud de una narración fantástica.* — s.f./tb: inverisimilitud ≠ verosimilitud

inversamente Al contrario, a la inversa: *todo sucedió inversamente a lo proyectado.* — adv.

inversible Se aplica a la emulsión sensible, o película que da directamente imágenes positivas por inversión. — adj. FOTOGRAFÍA

inversión (Del lat. *inversio, -onis.*)
1 Acción y resultado de invertir la posición, el sentido, la dirección o el orden de una cosa: *la inversión de la avioneta es una acrobacia espectacular.* — s.f.
2 Cantidad de capital que se emplea en negocios o en la adquisición de bienes de distinto tipo con el fin de obtener beneficios. — ECONOMÍA
3 Atracción y relación sexual entre personas del mismo sexo. — = homosexualidad
4 Operación de invertir el orden de los dos términos que forman una razón matemática. — MATEMÁTICAS
5 Procedimiento de revelado fotográfico que permite la obtención directa de un positivo sobre la placa o película expuesta. — FOTOGRAFÍA
6 Cambio de sentido de la corriente eléctrica. — ELECTRICIDAD
7 Desviación de un órgano de su posición natural. — ANATOMÍA
8 Colocación de las notas en dirección contraria a la disposición primitiva. — MÚSICA
9 Proceso de transformación de la sacarosa en glucosa y levulosa por hidrólisis. — QUÍMICA
10 inversión meteorológica, de temperatura o térmica: Incremento de la temperatura atmosférica en la altitud respecto a la del suelo, debido a la presencia de una capa de aire anormalmente caliente.

inversionista Que invierte o dispone de dinero para invertir: *las medidas del gobierno intentaban estimular a los inversionistas extranjeros.* — adj/s.m.f. ECONOMÍA

inverso, a
1 Que discurre o va en dirección contraria: *el choque se produjo porque un automóvil circulaba en sentido inverso.* — adj. + a, de
2 Se aplica al plano de un pliegue inclinado en el que las capas antiguas se encuentran por encima de las nuevas. — GEOLOGÍA
3 a la inversa: Al contrario, al revés, de forma opuesta: *mejor será hacerlo a la inversa, tú vas a buscarla y yo me quedo aquí.* — loc.adv.

inversor, a
1 Que invierte capital en un negocio para obtener beneficios: *los inversores institucionales compraron obligaciones para regularizar la bolsa.* — adj/s. ECONOMÍA
2 Se aplica a la capa o zona media de la envoltura gaseosa del Sol, en la que se supone que se originan las líneas de absorción del espectro. — ASTRONOMÍA
3 Aparato o dispositivo que se usa para convertir la corriente continua en corriente alterna. — s.m. ELECTRICIDAD
4 Mecanismo que cambia el sentido de un eje. — MECÁNICA
5 **inversor de fase:** Circuito que cambia la fase de una señal eléctrica en 180 grados. — ELECTRICIDAD
6 **inversor de ruidos:** Dispositivo de los aparatos de televisión que invierte la polaridad de los parásitos en la señal a que van superpuestos. — AUDIOVISUALES

invertasa Enzima de la levadura de cerveza y del jugo intestinal, que desdobla la sacarosa en glucosa y fructosa. — s.f. BIOQUÍMICA = invertina

invertebración Falta de cohesión entre varias cosas: *su discurso falló por la invertebración en la exposición.* — s.f. ≠ vertebración

invertebrado, a
1 Perteneciente a un grupo de animales que no tienen columna vertebral, como los protozoos y metazoos. — adj/s.m. ZOOLOGÍA ≠ vertebrado
2 Que no tiene estructura interna o cohesión: *le presentó un trabajo confuso e invertebrado.* — adj./= desestructurado, desorganizado

invertible Que se puede invertir: *los fragmentos invertibles de una melodía.* — adj.

invertido, a
1 Que tiene la posición, el sentido, la dirección o el orden de manera contraria a la inicial o normal: *le sorprendió encontrar en el camino una cruz invertida.* — adj.
2 Que siente atracción sexual por otra persona de su mismo sexo. — adj/s. = homosexual

invertir (Del lat. *invertere.*)
1 Cambiar la posición, el sentido, la dirección o el orden de una cosa: *en ese tramo está prohibido invertir el sentido de la marcha.* — v.tr. conj: *sentir* part.tb: inverso
2 Usar el capital en una empresa o negocio para obtener beneficios: *invirtió su dinero en una inmobiliaria.* — ECONOMÍA
3 Usar una cantidad determinada de una cosa en una actividad: *invirtió muchos esfuerzos en el proyecto.* — = dedicar, destinar
4 Ocupar el tiempo en hacer algo: *he invertido dos horas en traducir el texto.*

investidura
1 Acto de investir a una persona con un cargo o título honorífico: *el rey asistió a la ceremonia de investidura del presidente.* — s.f.
2 Carácter que se adquiere con la toma de posesión de un cargo o dignidad: *le han vuelto a otorgar la investidura parlamentaria.*
3 Votación parlamentaria por la que se elige al jefe del gobierno o ratificación de su designación por el jefe del estado. — POLÍTICA

investigable Que puede ser investigado: *es un hecho investigable por las circunstancias que lo rodean.* — adj. = indagable

investigación
1 Acción y resultado de investigar: *aún no han dado por concluida la investigación preliminar de los hechos.* — s.f. = indagación
2 Actividad cuyo objeto es el descubrimiento de nuevos conocimientos científicos: *los laboratorios han invertido una fuerte suma en investigación.*
3 **investigación privada:** Conjunto de gestiones e indagaciones realizadas por detectives privados para descubrir hechos no delictivos o que, siéndolo, sólo pueden ser perseguidos en instancia de parte.

investigador, a
1 Que investiga: *la comisión investigadora ha examinado ya las pruebas.* — adj/s.
2 **investigador privado:** Detective, persona que se dedica a realizar investigaciones privadas: *el periodista se hizo pasar por investigador privado para acceder a la familia de la víctima.*

investigar (Del lat. *investigare,* seguir la pista.)
1 Intentar conocer unos hechos u otra cosa, examinando los indicios o haciendo las gestiones para aclararlos: *la brigada investigaba el asesinato en serie.* — v.tr. conj: *pagar* = buscar, indagar
2 Estudiar un tema o una disciplina en profundidad: *se dedicaba a investigar las causas económicas de la crisis de gobierno.*

investir (Del lat. *investire,* revestir.) Conferir una dignidad o un cargo honorífico a una persona: *le investieron doctor honoris causa.* — v.tr. conj: *pedir* + con, de

inveterado, a (Del lat. *inveteratus.*) Que es antiguo o arraigado: *aún conserva su inveterada pasión por el teatro.* — adj. = enraizado

inveterarse (Derivado culto del lat. *vetus,* viejo.) Hacerse una persona o una cosa vieja o anticuada. — v.prnl. = envejecer

inviabilidad Calidad de inviable: *este suceso confirma la inviabilidad del acuerdo.* — s.f.

inviable Que no puede ser llevado a cabo: *tu propuesta me parece inviable.* — adj.

invicto, a (Del lat. *invictus.*) Que nunca ha sido vencido: *las tropas invictas entraron desfilando en la ciudad; los invictos fueron agasajados por el rey.* — adj/s./= victorioso, triunfador ≠ vencido

invidencia Falta del sentido de la vista. — s.f./= ceguera

invidente Se aplica a la persona que está privada del sentido de la vista: *ese sonido del semáforo indica a los invidentes que los peatones pueden cruzar la calle.* — adj/s.m.f. = ciego ≠ vidente

invierno (Del lat. *hibernum.*)
1 Estación del año comprendida entre el otoño y la primavera, que, astronómicamente, da comienzo en el solsticio del mismo nombre y termina en el equinoccio de primavera. — s.m. tb: hibierno
2 Época más fría del año que, en el hemisferio septentrional, corresponde a los meses de diciembre, enero y febrero, y en el austral a junio, julio y agosto.
3 Temporada de lluvias en las regiones tropicales que dura de tres a seis meses.

invigilar (Del lat. *invigilare.*) Cuidar una cosa con solicitud. — v.tr. = vigilar

inviolabilidad
1 Propiedad o prerrogativa de una cosa o un lugar que impide que sea violado: *la inviolabilidad de una confesión; la inviolabilidad de las embajadas.* — s.f.
2 Privilegio de ciertas personas, como el rey o los parlamentarios, que les exime de la responsabilidad legal por los actos realizados en ejercicio de sus funciones. — DERECHO = inmunidad
3 Protección especial que se concede a determinadas personas, como diplomáticos o representantes extranjeros, y a ciertos bienes, como embajadas, valijas, u otras cosas. — DERECHO
4 **inviolabilidad de la correspondencia:** Garantía de la libertad de comunicación por lo que no puede abrirse un sobre cerrado. — DERECHO
5 **inviolabilidad del domicilio:** Protección de la residencia personal contra todo allanamiento. — DERECHO

inviolable (Del lat. *inviolabilis.*)
1 Que no debe o no puede ser violado o profanado: *me hizo una inviolable promesa.* — adj. = sagrado
2 Que tiene el privilegio de inviolabilidad: *los parlamentarios son inviolables.*

inviolado, a (Del lat. *inviolatus.*) Que se conserva en toda su integridad y pureza: *es una amistad inviolada.* — adj. = intacto

invisibilidad Imposibilidad de que una cosa se vea: *la invisibilidad atmosférica provocó varios accidentes.* — s.f. ≠ visibilidad

invisible (Del lat. *invisibilis.*)
1 Que no puede ser percibido por el sentido de la vista: *gracias al camuflaje los tanques resultaron invisibles a la aviación enemiga.* — adj. ≠ visible
2 Que es extremadamente pequeño: *unos invisibles cristales le hirieron el rostro.* — = insignificante
3 Horquilla con la que mantienen en correcta posición ciertos peinados. — s.m. *Argent.*
4 **en un invisible:** En un momento: *en un invisible la plaza se abarrotó de gente.* — loc.adv. coloquial

invitación (Del lat. *invitatio, -onis.*)
1 Acción y resultado de invitar: *no pudo rechazar su invitación a cenar.* — s.f. = convite
2 Tarjeta con la que se invita a una persona a una celebración o acontecimiento: *envió invitaciones a todos los amigos.*

invitado, a Persona que ha recibido una invitación: *los invitados ya pueden pasar al comedor.* — s.

invita minerva (Expresión latina que significa contra la voluntad de la diosa Minerva o de las musas.) Sin gusto ni talento. — loc.adv. culto

invitar (Del lat. *invitare.*)
1 Ofrecer a una persona una cosa que se supone grata para ella: *me invitó a dar un paseo en su coche nuevo.* — v.tr. + a/= convidar
2 Comunicar a una persona que se desea que asista a una celebración o acontecimiento: *no me invitó a su boda.* — + a
3 Obsequiar a una persona pagándole algo, en especial comida o bebida: *la ha invitado a comer en un buen restaurante*
4 Ofrecer un lugar, una cosa o una circunstancia, la oportunidad de hacer una cosa: *el mal tiempo invitaba a quedarse en casa.* — + a = convidar, incitar
5 Indicar por cortesía a que una persona haga algo: *el guía invitó al grupo a que le siguieran.*
6 Intimar a una persona con autoridad o poder: *me invitó a callar con un gesto dictatorial.* — + a

invitatorio Se aplica a la antífona que se canta al comienzo de los maitines para invitar al pueblo a participar en el oficio. — adj/s.m. RELIGIÓN

in vitro (Expresión latina que significa *en el vidrio.*) Se aplica a la técnica que mantiene vivos fuera del organismo bacterias, células, fragmentos de tejidos u distintos órganos: *fecundación in vitro.* — loc.adj/adv. BIOLOGÍA

invivible Se aplica a la casa inhabitable o a la ciudad donde se han deteriorado las condiciones de vida. — adj. *Colomb.*

in vivo (Expresión latina que significa *en el ser vivo*.) Se aplica a la técnica de cultivo, especialmente de los virus y de ciertas células cancerosas, que se efectúa en tejidos vivos. — *loc.adj/adv.* BIOLOGÍA

invocación (Del lat. *invocatio, -onis*.)
1 Súplica o apelación.
2 Parte del poema en que el poeta invoca a un ser divino o sobrenatural para pedirle inspiración. — *s.f.* LITERATURA

invocador, a Que invoca o apela: *pronunció la plegaria con un tono invocador.* — *adj/s.*

invocar (Del lat. *invocare*, llamar a un lugar.)
1 Pedir ayuda o protección a una persona o divinidad: *invocó la protección divina.*
2 Acogerse a un ley, una costumbre o un hecho para justificar una acción o una petición: *el abogado invocó el código civil.*
3 Citar a una persona o una cosa para conmover a otra persona: *invocó al abuelo para salirse con la suya.* — *v.tr/conj: sacar* = implorar = apelar = recurrir

invocatorio, a Que se utiliza para invocar: *el médium pronunció unas palabras invocatorias.* — *adj.*

involución
1 Fase regresiva de un proceso biológico o de atrofia de un órgano: *en la menopausia se produce una involución del ovario.*
2 Retroceso de una evolución social, política, económica o de otra índole: *las reivindicaciones sindicales han sufrido una involución.*
3 **involución senil:** Conjunto de fenómenos de esclerosis y atrofia característicos de la vejez.
4 **involución uterina:** Retorno del útero al estado de reposo después del parto. — *s.f.* BIOLOGÍA / MEDICINA / MEDICINA

involucionar Volver atrás un proceso biológico, político o de otra índole. — *v.intr.* = retroceder

involucionista
1 De la involución.
2 Que es partidario de un retroceso de una evolución política, económica, social o cultural: *un sector involucionista se manifestó contra la tecnología.* — *adj./= involutivo* *adj/s.m.f.*

involucración
1 Acción de atribuir a una persona una responsabilidad en un asunto censurable: *su involucración en el desfalco es un hecho probado.*
2 Inclusión, en un discurso o escrito, de cuestiones ajenas a la materia de que se trata: *cíñete al tema y no caigas en involucraciones.* — *s.f.* = implicación

involucrado, a Se refiere a la planta o a la flor que posee involucros. — *adj.* BOTÁNICA

involucrar
1 Comprometer a una persona en un asunto ajeno a ella: *se involucró en negocios de drogas.*
2 Mezclar o incluir en un escrito o discurso materias ajenas a ellos: *has involucrado cuestiones no pertinentes.*
3 Enredar o confundir unas cosas con otras: *en la conversación llegaron a involucrar el concepto de amistad con el de atracción sexual.* — *v.tr/prnl.* = implicar *v.tr.*

involucro (Del lat. *involucrum*, envoltura.) Conjunto de brácteas u órganos foliáceos situado en la base de una flor o de una inflorescencia. — *s.m.* BOTÁNICA

involuntariedad Calidad o condición de involuntario: *la involuntariedad de un acto reflejo.* — *s.f.*

involuntario, a
1 Que no se hace por propia voluntad: *lo siento, ha sido un retraso involuntario.*
2 Que se produce de forma inconsciente: *el parpadeo es un movimiento involuntario.* — *adj.* ≠ intencionado = instintivo ≠ consciente

involutivo, a De la involución: *la empresa se vio inmersa en un proceso involutivo.* — *adj.* = involucionista

involuto, a (Del lat. *involutus*.) Se aplica al órgano arrollado hacia dentro: *hojas involutas.* — *adj.* BOTÁNICA

invulnerabilidad Imposibilidad de que una cosa o una persona sea vulnerada o sufra daño alguno: *censuró la invulnerabilidad del terrorismo de estado.* — *s.f.* = inexpugnabilidad ≠ vulnerabilidad

invulnerable
1 Que no puede ser herido con facilidad: *aunque lleve guardaespaldas no es invulnerable.*
2 Que no puede ser afectado por nada: *parece invulnerable a la desgracia.* — *adj.* ≠ vulnerable + a

inyección (Del lat. *injectio, -onis*.)
1 Acción y resultado de inyectar un fluido: *la inyección de sulfato de cobre en las traviesas del ferrocarril aumenta su duración.*
2 Sustancia inyectada en forma de fluido: *la inyección de penicilina le mejorará.*
3 Aportación de dinero u otra cosa que resulta decisiva para lograr un fin: *sus palabras fueron una inyección de moral para todos los presentes.*
4 Aportación de energía o fuerza producida por la introducción a presión de combustible en un motor de explosión. — *s.f.* / MECÁNICA

5 Procedimiento de moldeo consistente en la mezcla previa de cierto material y su posterior introducción en un molde: *inyección de cemento.* — TECNOLOGÍA
6 **inyección intramuscular:** Aquella en que la masa líquida que se inyecta se sitúa en el espesor de la masa muscular. — MEDICINA
7 **inyección intravenosa o endovenosa:** Aquella en que la sustancia inyectada se introduce directamente en el torrente circulatorio. — MEDICINA
8 **inyección subcutánea o hipodérmica:** Aquella en que el medicamento se inyecta en la parte profunda de la dermis. — MEDICINA

inyectable Se aplica a la sustancia farmacéutica que puede o está destinada a ser inyectada. — *adj/s.m.* FARMACIA

inyectado, a Que está enrojecido por la afluencia de sangre: *sus ojos inyectados en sangre mostraban el grado de su ira.* — *adj.* = sanguinolento

inyectar (Del lat. *injectare*.) Introducir un líquido o un gas a presión en un cuerpo o en una cavidad: *le inyectaron un narcótico.* — *v.tr/prnl.* = insuflar

inyectivo, a Se refiere, en la teoría de conjuntos, a la aplicación en la que un elemento del segundo conjunto tiene como máximo un antecedente. — *adj.* MATEMÁTICAS

inyector Aparato para introducir a presión agua u otro fluido en un mecanismo u organismo. — *s.m.*

iñiguista Se aplica al religioso jesuita. — *adj/s.m/*RELIGIÓN

-ío, a
1 Componente de palabra que, unido a adjetivos, indica relación con el sector ganadero o con las labores agrícolas: *plantío, calorío.*
2 Componente de palabra que, unido a sustantivos, señala un valor colectivo o intensivo: *gentío; poderío.* — *suf.*

iodo Yodo, elemento químico: *el agua del mar es rica en iodo.* — *s.m.* QUÍMICA

ion (Del gr. *ion*.) Átomo o agrupación de átomos que han perdido o ganado electrones. — *s.m/*FÍSICA, QUÍMICA/tb: ión

-iondo, a Componente de palabra que, unido a adjetivos, les da un sentido despectivo: *sabiondo; seriondo.* — *suf.*

iónico, a De los iones: *disociación iónica; corriente iónica; reacción iónica.* — *adj.* FÍSICA, QUÍMICA

ionización
1 Proceso de formación de iones en una sustancia: *cuando los gases han sufrido una ionización total se denominan plasma.*
2 Procedimiento de conservación de los alimentos que consiste en someterlos a radiaciones cuyos efectos destruyen los microorganismos parásitos.
3 **ionización atmosférica:** Estado de ciertas regiones de la atmósfera transformadas en conductoras de la electricidad, debido a la presencia de gran cantidad de iones. — *s.f.* FÍSICA, QUÍMICA

ionizante Que ioniza o produce iones: *agente ionizante; radiaciones ionizantes.* — *adj.* FÍSICA, QUÍMICA

ionizar Separar una molécula en iones, o convertir un átomo o una molécula en ion: *esta molécula se ha ionizado al entrar en contacto con el agua.* — *v.tr/prnl.* conj: *cazar* FÍSICA, QUÍMICA

ionograma Fórmula que representa las concentraciones de los diferentes iones contenidos en un líquido orgánico. — *s.m.* QUÍMICA

ionoma Sustancia química que se utiliza en perfumería. — *s.f.* QUÍMICA

ionosfera Capa de la atmósfera, entre los 60 y 600 km, con el aire muy ionizado, por lo que es conductor de electricidad. — *s.f.*

ionosférico, a De la ionosfera: *estratos ionosféricos; capas ionosféricas.* — *adj.*

iontoforesis Introducción en la piel de diversas sustancias por medio de una corriente eléctrica, con fines terapéuticos. — *s.f.* pl: iontoforesis MEDICINA

iota Nombre de la letra del alfabeto griego que se corresponde con la *i* del latino. — *s.f.*

iotización Transformación de una *e* átona en una *i* semiconsonante o semivocal al agruparse en la misma sílaba con otra vocal de la que antes estaba separada por un hiato. — *s.f.* LINGÜÍSTICA

ipc (Acrónimo de *[I]ndice de [P]recios al [C]onsumo.*) Valor que expresa las variaciones del precio de los bienes y servicios, durante un período respecto de los anteriores. — *s.m.* ECONOMÍA

ipecacuana (Del port. *ipecacuanha*.) Planta leñosa tropical con hojas elípticas, flores pequeñas y blancas en ramillete, fruto en baya con dos semillas gibosas, cuya raíz se utiliza para obtener expectorantes. (*Uragoga ipecacuanha*.) — *s.m.* BOTÁNICA

ipegüe Lo que se da por añadidura a quien realiza una compra. — *s.m.* Nicar., Salv.

iperita (De *Ypres*, ciudad belga.) Gas que se utilizó como arma química en la primera guerra mundial. — *s.f/*QUÍMICA = gas mostaza

ipil Árbol de Filipinas, de madera muy apreciada, con hojas opuestas y aladas, flores en panoja, cáliz tubular con diez estambres y corola de un solo pétalo. *(Eperua decandra.)* — s.m. BOTÁNICA

ípsilon Nombre de la letra del alfabeto griego que se corresponde con la letra *u* o *y* en el latino. — s.f.

ipso facto (Expresión latina que significa por el mismo hecho.) De forma inmediata, en el acto: *es muy eficiente, cumple mis órdenes ipso facto.* — loc.adv.

ipso jure (Expresión latina.) Por ministerio de la ley. — loc.adv./DERECHO

ir (Del lat. *ire*.)
1 Moverse en el espacio hacia el lugar que se expresa: *voy hacia tu casa; se fue a la calle; vamos hasta la orilla; ir para adelante.* — v.intr/prnl. + a, hacia, hasta, para
2 Moverse hacia un lugar del modo que se expresa: *de Madrid a Sevilla iremos en tren; iba andando por la montaña; ir sobre patines; ir deprisa; se fue cantando.* — v.intr./+ en, entre, por, sobre
3 Asistir a un lugar o a un acontecimiento: *ir a una boda; mañana iremos al teatro.* — + a = acudir
4 Asistir a un centro, escuela, colegio, u otro lugar parecido, para recibir enseñanza: *todavía va a la facultad, es muy joven.* — + a
5 Estar algo dispuesto entre dos puntos o momentos, o en una determinada dirección: *el tramo en obras va desde mi casa hasta el cruce; la crisis económica va desde el inicio de la guerra hasta la caída del régimen; este tren va a París.*
6 Abarcar una cosa desde un punto a otro: *la zona inundada va desde la carretera hasta la presa; el tema de esta sesión va desde el principio del capítulo hasta la página 112.* — coloquial = extenderse
7 Funcionar una cosa, un proceso, un mecanismo, una actividad o una persona de determinada manera: *el coche nuevo va muy bien.* — = marchar
8 Andar por un lugar determinado: *ve por la vereda.* — + por
9 Traer o buscar una cosa: *voy por mi diccionario.* — + por
10 Actuar de cierta manera o con cierta intención: *le recomendó ir con cautela en el asunto.* — + con
11 Tener una cosa un determinado carácter: *sus palabras van en broma.* — + en, de
12 Existir mucha o poca diferencia de una persona o cosa a otra: *pues no creo que vaya tanto como dices de un coche a otro.*
13 Cambiar o evolucionar: *el turismo va en aumento; su dolencia va a peor cada día que pasa.* — + a, en
14 Ser una cosa adecuada para una persona o para otra cosa: *esos zapatos van muy bien con el bolso; ese peinado no te va nada.* — = convenir
15 Haber llegado a un punto en un trabajo o una acción: *vamos por la mitad de la comida.* — + por
16 Tener tendencia hacia una profesión determinada: *tu hijo va para ingeniero.* — + para
17 Ser una cosa justa correspondencia de otra: *vaya esta jugarreta por la que tú me hiciste.* — + por
18 Hacer referencia o dedicar una cosa a una persona o una cosa: *esto va por tu hermano, no por ti; el brindis va por los novios.* — + por
19 Ser una persona partidaria de otra: *tu amigo va con el líder del partido ecologista.* — + con
20 Explicar o decir cosas a otros: *no vayas con el chisme a tu padre.* — + con
21 Tratar una cosa de un tema: *el libro va de la problemática de la creación artística.* — + de
22 Estar la suerte o la existencia de una cosa condicionada a otra: *mi vida va en este trance; el éxito de la operación irá en como gestiones los recursos.* — + en
23 Tener una cosa como consecuencia el beneficio o el perjuicio de una persona o una cosa: *las rebajas van en detrimento de la calidad.* — + en = influir, repercutir
24 Ser una cosa cuestión de otra: *eso va en gustos, no intentes imponer tus preferencias.* — + en
25 Perseguir a una persona: *la policía iba sobre el delincuente.* — + sobre
26 Pensar u obrar de modo contrario al nombre que se indica: *va contra el radicalismo; iba en contra de tu equipo.* — + contra, en contra
27 Creer u opinar que algo va a ocurrir o suceder de cierta forma: *vas a fatigarte mucho; va a llover poco.*
28 Sentir temor por algo que se cree que va a ocurrir: *¿no irán a tirar la bomba?*
29 Expresar disconformidad, burla o extrañeza con un matiz jocoso o chistoso: *¿no irás a decirme que lo hiciste por puro altruismo?* — + decir
30 Decidirse a realizar la acción que expresa el infinitivo: *vamos a cambiar la pieza defectuosa; voy a salir esta tarde.* — + a
31 Realizar una acción de manera habitual: *va a clases de inglés; voy al gimnasio tres veces por semana.*
32 Estar realizándose la acción que expresa el gerundio: *ya va cambiando la estructura económica del país.*
33 Vestir una persona de determinada manera: *siempre va de uniforme al colegio.*
34 Estar una persona en el estado o la situación que expresa el participio: *va agobiado en este negocio.*
35 Jugarse una cosa o una cantidad de dinero: *van mil duros a que te gano.* — = apostar
36 Ser una palabra declinable o conjugable según un determinado modelo: *este verbo va por la primera conjugación.* — GRAMÁTICA + por
37 Tomar una persona parte en un juego: *no voy esta partida.* — JUEGOS
38 Dejar un jugador una o varias cartas de la baraja y sustituirlas por otras: *se fue de los ases.* — v.prnl./JUEGOS + de
39 Dejar de vivir una persona: *se fue después de mucho sufrimiento.* — = morir
40 Salirse un líquido o un gas del recipiente que lo contiene: *se fue la leche por no vigilar mientras hervía.*
41 Perder el equilibrio una persona, animal o cosa: *se me fue el pie y me caí.*
42 Gastarse una cosa: *se le va el sueldo en tonterías.*
43 Romperse o desgastarse una tela.
44 Expeler una persona los excrementos o ventosear involuntariamente. — vulgar
45 Eyacular, expulsar el semen. — vulgar
46 **a eso voy:** Expresión con que una persona muestra la intención de hablar de una cosa que otra persona le insinúa suponiendo que la ha olvidado.
47 **allá se van:** Ser iguales o muy semejantes dos cosas en cantidad o calidad: *no creas que haya mucha diferencia entre ellas, allá se van.*
48 **¡allá va!:** 1. Indica asombro o incredulidad: *¡allá va, qué alto es!* 2. Expresión que se emplea al arrojar una cosa que puede caer sobre quien está debajo o cerca: *¡cuidado allí abajo, allá va el agua!* 3. Se usa cuando, repentinamente, se le dice a una persona una cosa que va a dolerle o disgustarle: *bueno, allá va la noticia: han suspendido.*
49 **¡cuánto va que!:** Expresión que se utiliza para indicar la sospecha o el recelo de que ocurra o se realice una cosa y forma de apostar que se verifique: *¡cuánto va que llega tarde!*
50 **¿dónde vas con...?:** Expresión que se utiliza para dar a entender que una cosa que una persona hace sobra o es exagerada, innecesaria o inadecuada: *¿dónde vas con ese sombrero?; ¿dónde vas con tanto dinero encima?*
51 **ir adelante:** Desenvolverse bien en la vida: *tu hermano va adelante sin ninguna ayuda.*
52 **ir a lo suyo:** Dedicarse una persona a sus cosas sin ocuparse de las de los demás.
53 **ir a parar:** Acabar una persona o una cosa en un lugar: *fuimos a parar a su casa.*
54 **ir a dar algo a una persona:** Expresión que indica que alguien sufrirá un ataque si tiene que seguir aguantando una situación o una cosa: *le va a dar algo si sigues comiéndole el coco.* — coloquial
55 **ir a una:** Intentar dos o más personas la consecución de un mismo fin de común acuerdo.
56 **ir bien o mal las cosas a alguien:** Serle una situación favorable o no: *nos fueron muy mal las cosas y tuvimos que cerrar el negocio.*
57 **ir demasiado lejos:** 1. Pasarse una persona en una suposición o un plan: *vas demasiado lejos en tus intenciones.* 2. Ver o suponer una persona en lo que otra dice más de lo que quiere decir: *vas demasiado lejos pensando que se ha enamorado de ti.*
58 **ir dado, apañado, aviado o bien servido:** Estar una persona en una situación que no augura nada bueno.
59 **ir detrás de algo o alguien:** Desear una cosa y procurar conseguirla o intentar encontrar o hablar con una persona: *va detrás de la moto hace años; va detrás del director para pedirle un aumento.* — coloquial
60 **ir que arde, chuta o mata:** Expresión con que se indica a una persona que ya tiene bastante y puede darse por satisfecha con lo que se le ha dado o ha recibido: *toma mil pesetas y vas que chutas.* — coloquial
61 **irse abajo una cosa:** Hundirse o no llegar una cosa al término que se espera o desea: *el plan para las vacaciones se fue abajo.*
62 **ir y:** Expresión que se utiliza para empezar a exponer lo que ha hecho una persona en un relato: *total que fue y le pegó un tortazo.* — coloquial
63 **ir y venir:** Moverse de un lado para otro: *estuvo toda la tarde yendo y viniendo por la habitación.*
64 **ni me, te o le va ni me, te o le viene:** Indica que una cosa no incumbe a una persona: *es un asunto que ni te va ni te viene.* — coloquial
65 **no vaya a ser que:** Expresión que se utiliza para explicar la razón por la que se hace una cosa en previsión de algún contratiempo: *coge el paraguas no vaya a ser que llueva.*
66 **¡qué le vamos a hacer!:** Expresión que se utiliza para indicar resignación ante algo inevitable: *su muerte era irremediable ¡qué le vamos a hacer!*

67 que si fue que si vino: Expresión que se utiliza para aludir a distintas cosas dichas por una persona: *mucho que si fue y que si vino, pero no me explicó lo que había pasado.*

68 ¡qué va!: Expresión usada enfáticamente como respuesta negativa: *¡Qué va! no lo hará.* = ¡quiá! coloquial

69 ser una cosa o una persona el no va más: Ser lo máximo o insuperable.

70 sin ir más lejos: 1. Aquí cerca: *lo encontrarás a la vuelta de la esquina, sin ir más lejos.* 2. Sin necesidad de pruebas ni argumentaciones, o siendo éstas muy asequibles: *él lo sabe seguro, sin ir más lejos.* loc.adv. loc.adv.

71 sobre si fue o vino: Expresión con la que se expresa la contrariedad de opiniones o pareceres en una discusión que es fútil o banal: *discutieron por una nimiedad, sobre si fue o vino.*

72 ¡vamos! o ¡vamos ya!: Exclamación de sorpresa o de protesta: *¡vamos, que se necesita morro para hacer tanta tontería!*

73 vamos claros: Se usa para manifestar el deseo de que lo que se está explicando quede claro o se exprese de manera sencilla. coloquial

74 ¡vamos o vayamos despacio!: Se utiliza para moderar a alguien o para salir al paso de lo que está diciendo y que no parece ser verdadero o adecuado. coloquial

75 ¡vaya!: Expresión que indica desagrado, disgusto, desengaño o protesta: *¡vaya! ya estás otra vez con la misma monserga.*

76 vete a saber o vete tú a saber: Expresión con que se manifiesta duda o incertidumbre ante una cosa: *vete tú a saber si el niño aprobará los exámenes.*

CONJ.: IND.: PRES.: *voy, vas, va, vamos, vais, van.* PRET. IMPERF.: *iba, ibas, iba, íbamos, ibais, iban.* PRET. INDEF.: *fui, fuiste, fue, fuimos, fuisteis, fueron.* SUBJ.: PRES.: *vaya, vayas, vaya, vayamos, vayáis, vayan.* PRET. IMPERF.: *fuera, -ese, fueras, -eses, fuera, -ese, fuéramos, -ésemos, fuerais, -eseis, fueran, -esen.* IMP.: *ve, vaya, vayamos, id, vayan.* GERUND.: *yendo.*

ira (Del lat. *ira*, cólera.)
1 Estado de ánimo de enfado muy violento en el que se pierde el control sobre sí mismo: *se dejó llevar por la ira y golpeó la mesa.* s.f. = cólera ≠ calma
2 Furia de los elementos de la naturaleza: *el cielo desató su ira, anegando los campos y ciudades.* = furor
3 **descargar la ira contra alguien:** Desfogarla contra una persona: *descargó su ira contra sus subordinados.*
4 **llenarse alguien de ira:** Enfadarse una persona mucho: *se llenó de ira al comprobar los errores que habían cometido sus alumnos.*

iraca Palma utilizada para tejer sombreros. s.f./Colomb.

iracundia
1 Propensión a la ira: *debes reprimir tu iracundia innata.* s.f.
2 Manifestación violenta de enfado: *su iracundia nos asustó a todos.* = cólera

iracundo, a (Del lat. *iracundus.*) Que tiende a sentir ira: *ten cuidado con él, es un hombre iracundo.* adj/s. = irascible

iraní
1 De Irán, país de Oriente medio. adj./pl.tb: iraníes
2 Persona natural de este país. s.m.f.

iranio, a
1 De un pueblo indoeuropeo que habitaba en la meseta de Irán, parte oriental de Asia Menor e Iraq y que se extendía hasta Asia central. adj.
2 Persona natural de este pueblo. s.
3 Se aplica al conjunto de lenguas indoeuropeas habladas en la meseta de Irán y regiones vecinas. adj/s.m. LINGÜÍSTICA

iraquí
1 De Iraq, país de Oriente medio. adj./pl.tb: iraquíes
2 Persona natural de este país. s.m.f.

irascibilidad Propensión a enojarse o a irritarse con facilidad: *la irascibilidad de su carácter es inaguantable.* s.f.

irascible Que se irrita con facilidad: *es poco paciente y, además, irascible.* adj./= iracundo, irritable

irbis Mamífero carnívoro parecido a la pantera y al leopardo, de piel espesa, blanda y lanosa, de color grisáceo con manchas negras. *(Panthera uncia.)* s.m. ZOOLOGÍA

irénico, a (Del gr. *eirenikos*, pacífico.) Que tiene relación con el irenismo. adj. RELIGIÓN

irenismo Actitud pacificadora de los cristianos de confesiones diferentes que apoyan el ecumenismo. s.m. RELIGIÓN

iribú Zopilote, ave falconiforme americana. s.m./ZOOLOGÍA

iridáceo, a Perteneciente a una familia de plantas angiospermas monocotiledóneas, herbáceas, de raíces tuberculosas o bulbosas, hojas estrechas y enteras y fruto en cápsula, como el lirio y el azafrán. adj/s.f. BOTÁNICA = irídeo

íride Lirio hediondo, planta. s.f./BOTÁNICA

iridectomía Operación quirúrgica que consiste en realizar una incisión en una parte del iris. s.f. MEDICINA

iridiado, a Se aplica al metal que está mezclado con iridio: *platino iridiado.* adj. QUÍMICA

irídico, a Que tiene relación con el iris: *pigmentación irídica.* adj./ANATOMÍA = iridiano

iridio Metal gris, quebradizo, resistente a los agentes químicos, muy difícil de fundir y algo más pesado que el oro. s.m. QUÍMICA

iridiscencia Propiedad de los cuerpos que reflejan los colores del iris. s.f.

iridiscente
1 Que muestra o refleja los colores del iris: *algunos aceites son iridiscentes al recibir la luz.* adj.
2 Que brilla o produce destellos: *su vestido estaba cubierto de iridiscentes lentejuelas.*

irire Calabaza ovoide de la que se toma chicha. s.m./Bol.

irirear Tomar chicha en el irire. v.intr./Bol.

iris (Del lat. *iris* < gr. *iris*, arco iris.)
1 Arco formado por bandas con los colores del espectro solar, que aparece por la refracción y reflexión del sol en las gotas de agua: *llovía y hacía sol y pudimos ver el iris.* s.m. pl: iris = arco iris
2 Disco de distintos colores, entre la córnea y el cristalino, en cuyo centro está la pupila del ojo: *sufre una lesión ocular en el iris.* ANATOMÍA
3 Ópalo noble, mineral. MINERALOGÍA
4 Mosca artificial que sirve de cebo para pescar. PESCA
5 **iris de la paz:** 1. Persona que logra calmar discordias. 2. Acontecimiento que influye para la terminación de algún disturbio.

irisación
1 Acción y resultado de irisar. s.f.
2 Vislumbre que se produce en las láminas metálicas cuando se pasan candentes por el agua. s.f.pl.
3 Efecto de impresión obtenido con tintas de diversos colores que se mezclan en los rodillos: *la irisación se utiliza para imprimir carteles.* s.f. ARTES GRÁFICAS

irisado, a Que tiene reflejos o brillos de distintos colores, como el arco iris: *la tela tiene tonos irisados.* adj.

irisar
1 Despedir un cuerpo reflejos de luz con los colores del arco iris: *el cristal irisa al recibir la luz.* v.intr.
2 Hacer que una cosa tenga un aspecto semejante al del arco iris por sus reflejos y colores: *el sol irisa las hojas de los álamos.* v.tr.

iritis (Del lat. *iris* + gr. *itis*, inflamación.) Inflamación del iris del ojo. s.f./pl: iritis MEDICINA

irlanda
1 Tela de lana y algodón. s.f./TEXTIL
2 Tela fina de lino o de algodón. TEXTIL

irlandés, a
1 De Irlanda, una de las islas británicas. adj.
2 Persona de esta isla. s.
3 Variedad lingüística del grupo céltico insular, de la familia indoeuropea, hablada en Irlanda. s.m. LINGÜÍSTICA
4 Se aplica al café caliente con whisky y crema de leche o nata. adj/s.m.

ironía (Del lat. *ironia* < gr. *eironeia*, disimulo.)
1 Modo de expresión en el que se utiliza un tono burlón: *no me vengas con ironías, sabes que tengo razón.* s.f. = guasa
2 Figura retórica que consiste en dar a entender algo distinto de lo que se dice. RETÓRICA
3 Paradoja, contraste entre las cosas de modo que parece una broma pesada: *una con tanta suerte y el otro con tan poca, éstas son las ironías de la vida.*

irónico, a Que se expresa o se comporta con ironía: *es muy dado a críticas mordaces y a insinuaciones irónicas.* adj/s.

ironista Persona que se expresa con ironía. s.m.f.

ironizar Hablar de una persona o una cosa con ironía: *no entiendo cómo puedes ironizar sobre él estando tan enfermo.* v.tr. conj: cazar = ridiculizar

iroqués, a
1 De un pueblo amerindio de la zona de los Grandes Lagos en América del Norte. adj.
2 Persona natural de este pueblo. s.
3 Familia de lenguas amerindias habladas en el valle de San Lorenzo y en la región de los Grandes Lagos. s.m. LINGÜÍSTICA

irpf (Acrónimo de *[I]mpuesto sobre la [R]enta de las [P]ersonas [F]ísicas.*) Tipo de gravamen que ha de pagar cada año a la hacienda pública una persona por el conjunto de sus ingresos. s.m. ECONOMÍA

irracional
1 Que no tiene capacidad para razonar: *los animales son seres irracionales.* adj/s. ≠ racional
2 Que es contrario a las normas de la razón o de la lógica: *siento una aversión irracional hacia ese hombre.* = ilógico, insensato ≠ lógico
3 Se aplica a la cantidad o número entero que no pueden ser expresados como cociente de dos números enteros. MATEMÁTICAS = racional

irracionalidad
1 Falta de racionalidad o incapacidad para razonar: *la irracionalidad animal.* s.f.

2 Acción o expresión disparatada o insensata: *limitar los poderes públicos en materia social ha sido una irracionalidad.*
3 Característica de los números que no son enteros ni se pueden expresar por un coeficiente de números enteros. · MATEMÁTICAS

irracionalismo
1 Intento de mermar la influencia de la razón en cualquier ámbito. · s.m.
2 Doctrina filosófica que atribuye a la razón un papel secundario en el conocimiento. · FILOSOFÍA

irracionalista
1 Del irracionalimo. · adj./≠ racionalista
2 Que es partidario de esta doctrina filosófica. · adj/s.m.f.

irradiación
1 Emisión de rayos o radiaciones. · s.f./FÍSICA
2 Exposición de una cosa a la acción de ciertos rayos: *el radiólogo se protege de la irradiación de los rayos X.*
3 Fenómeno por el cual el ojo aprecia un diámetro de los objetos iluminados mayor que el real. · ÓPTICA
4 Propagación de una sensación dolorosa a otras partes del cuerpo distintas a aquella en la que se origina: *tiene una lesión en la columna vertebral, pero por irradiación le duelen las piernas.* · MEDICINA

irradiador, a Que irradia. · adj.

irradiar
1 Despedir una cosa radiaciones luminosas, térmicas, radiactivas o magnéticas: *el Sol irradia luz y calor.* · v.tr. FÍSICA
2 Someter un cuerpo a la acción de una radiación: *no es bueno irradiar a menudo con rayos X.*
3 Transmitir un sentimiento, un estado de ánimo o propagar una acción, efecto o influencia en un lugar o un ambiente determinado: *irradió su simpatía en la fiesta; la miseria se irradió por el barrio.* · v.tr/prnl. = emanar, extender

irrazonable Se aplica a la persona, actitud o idea que no es lógica o sensata: *tu irrazonable propuesta no fue ni considerada.* · adj./= absurdo, insensato ≠ razonable

irreal
1 Que es producto de la fantasía o de la imaginación: *es una historia irreal, así que no debes creértela.* · adj./= fantástico, ilusorio/≠ real
2 Que no refleja la realidad: *creo que tienes una visión irreal de la situación económica.* · = falso, ficticio ≠ realista

irrealidad Cualidad y condición de lo que no es real: *algunos enfermos mentales viven en la irrealidad.* · s.f. ≠ realidad

irrealismo Tendencia en el arte a expresarse sin referirse a la realidad. · s.m. ARTE

irrealizable Que no puede ser realizado: *es una idea muy buena, pero irrealizable.* · adj./= imposible, ≠ realizable

irrebatible Que no puede ser rebatido por ser muy claro o evidente: *me dio unos argumentos irrebatibles, ante los que no pude poner objeción.* · adj./= evidente, irrebatable ≠ rebatible

irreconciliable
1 Que no se quiere reconciliar: *su enemistad es tan antigua que ya son adversarios irreconciliables.* · adj. = inconciliable
2 Que no puede ser conciliado o armonizado con otra cosa por ser opuestas: *nuestras ideas políticas son absolutamente irreconciliables.* · ≠ conciliable

irreconocible Que no puede ser reconocido: *has adelgazado tanto que estás irreconocible.* · adj. ≠ reconocible

irrecordable Que no puede ser recordado. · adj.

irrecuperable Que no se puede recuperar: *el anillo se me cayó por la borda, así que es irrecuperable.* · adj. ≠ recuperable

irrecusable Que no puede ser recusado o rechazado por ser evidente: *presentó unas pruebas irrecusables ante el tribunal.* · adj. = indiscutible ≠ recusable

irredentismo (Voz italiana.) Teoría y movimiento políticos que defienden la anexión de un territorio irredento. · s.m. POLÍTICA

irredentista
1 Del irredentismo. · adj./POLÍTICA
2 Que es partidario del irredentismo. · adj/s.m.f./POLÍTICA

irredento, a (Del ital. *irredento*.)
1 Que no está redimido. · adj.
2 Se aplica al territorio que es reclamado por una nación por motivos culturales, históricos, o de otra índole, aunque está separado de ella. · POLÍTICA

irredimible Que no puede ser redimido. · adj.

irreducible
1 Que no se puede reducir. · adj./tb: irreducible
2 Que no puede someterse o conquistarse: *el ejército se enfrentaba a una plaza irreducible.* · tb: irreducible
3 Se aplica a la fracción cuyo numerador y denominador son números primos entre sí. · MATEMÁTICAS

irreductibilidad
1 Imposibilidad de que una cosa o una persona sea reducida: *les puso como ejemplo la irreductibilidad de los numantinos.* · s.f. = irreducibilidad
2 Imposibilidad de sintetizarse, coordinarse o fundirse: *la irreductibilidad de dos tendencias políticas.*

irreductible
1 Que no se puede reducir: *este dibujo tan pequeño y detallado es irreductible.* · adj./tb:irreducible
2 Que no se puede someter o conquistar: *la irreductible guerrilla se ocultaba en las montañas.* · tb:irreducible
3 Que no puede ser conciliado: *las posturas de las dos facciones son irreductibles, no habrá unanimidad.*

irreflexión Falta de reflexión: *actuó con irreflexión, provocando una situación de riesgo para todos.* · s.f./= inconsciencia ≠ reflexión

irreflexivo, a
1 Que no reflexiona: *era un joven irreflexivo que actuaba sólo guiado por el instinto.* · adj/s. = insensato
2 Que se dice o hace sin reflexión: *discúlpame, ha sido un comentario irreflexivo.* · ≠ reflexivo

irreformable Que no se puede reformar. · adj.

irrefragable Que no se puede contrarrestar. · adj.

irrefrenable Que no puede ser frenado o reprimido: *su carrera lleva una trayectoria irrefrenable.* · adj. = incontenible

irrefutabilidad Calidad de irrefutable. · s.f./≠ refutabilidad

irrefutable Que no puede ser refutado: *sus razones son irrefutables, no permiten ninguna réplica.* · adj./= irrebatible ≠ refutable

irreglamentable Que no puede ser reglamentado: *por vacío institucional, este sector continúa siendo irreglamentable.* · adj. ≠ reglamentable

irregular
1 Que no tiene regularidad o uniformidad en su forma, movimiento o funcionamiento: *el camino tenía un pavimento muy irregular.* · adj./= desigual, anómalo ≠ uniforme
2 Que no se ajusta a las normas: *se han detectado pagos irregulares en la empresa; le denunciaron debido a su irregular conducta.* · = inmoral, desarreglado ≠ regular
3 Se aplica a la figura geométrica que no tiene iguales los lados o caras y los ángulos. · GEOMETRÍA ≠ regular
4 Que no se ajusta a las normas generales de construcción o formación de una lengua: *plural irregular; verbo irregular.* · GRAMÁTICA ≠ regular
5 Que ha incurrido en una irregularidad canónica y no puede acceder a determinados cargos eclesiásticos. · RELIGIÓN

irregularidad
1 Falta de regularidad o uniformidad en alguna cosa: *ya han reparado las irregularidades del asfalto.* · s.f. ≠ anomalía ≠ regularidad
2 Cosa irregular: *el proyecto presenta algunas irregularidades.*
3 Delito en la gestión o administración pública: *fue denunciado por irregularidades en la adjudicación de obras.* · DERECHO
4 Impedimento canónico para recibir o ejercer las órdenes sagradas. · RELIGIÓN

irreivindicable Que no puede ser reivindicado: *el sindicato sabe que esas cuestiones son irreivindicables.* · adj.

irrelevancia Cualidad de irrelevante o insignificante. · s.f./≠ relevancia

irrelevante Que carece de importancia: *se enfadaron por una cuestión irrelevante.* · adj. ≠ importante

irreligión Falta de religión. · s.f.

irreligiosidad Falta de religiosidad. · s.f.

irreligioso, a
1 Que no profesa ninguna religión: *quiere llevar a su hijo a un colegio irreligioso.* · adj/s. ≠ religioso
2 Que no respeta o se opone al espíritu de la religión: *a pesar de tu ateísmo, no seas irreligioso en el templo y compórtate.* · adj. ≠ religioso

irremediable Que no se puede remediar o solucionar: *lo que ha sucedido parece irremediable.* · adj./= inevitable, irreparable

irremisible Que no puede perdonarse por ser muy grave: *tu falta es grave y la considero irremisible.* · adj.

irremplazable Que no puede ser remplazado o sustituido: *hace tan bien su trabajo que es irremplazable.* · adj./= insustituible ≠ reemplazable

irremunerado, a Que no es remunerado o pagado: *las prácticas suelen ser un trabajo irremunerado.* · adj. ≠ remunerado

irrenunciable Que no puede ser renunciado: *tiene unas obligaciones irrenunciables.* · adj. ≠ renunciable

irreparable Que no puede ser reparado ni compensado: *su muerte ha sido una pérdida irreparable.* · adj. = irremediable

irrepetible Que no puede ser repetido: *sus hazañas deportivas son irrepetibles.* · adj./= inimitable ≠ repetible

irreprensible Que no puede ser reprendido o reprochado por considerarse correcto: *su conducta en el colegio es irreprensible.* · adj. = irreprochable ≠ reprensible

irrepresentable Que no puede ser representado: *su obra permaneció irrepresentable hasta que los avances técnicos del siglo xx permitieron su puesta en escena.* · adj. ≠ representable

irreprimible Que no puede reprimirse o refrenado: *las pasiones humanas son, a veces, irreprimibles.* · adj. = irrefrenable

irreprochabilidad Cualidad de irreprochable. · s.f.

irreprochable Que no puede ser reprochado por considerarse correcto: *su comportamiento ha sido irreprochable.* · adj. = irreprensible ≠ censurable

irresarcible Que no puede ser resarcido o compensa- adj.
do por ser muy grave: *la muerte de la madre en la in-* ≠ resarcible
fancia constituye una falta irresarcible.

irrescindible Que no puede ser rescindido o anula- adj.
do: *una cláusula del contrato específica que es irrescindi-* ≠ rescindible
ble.

irresistible adj.
1 Que no puede ser resistido o reprimido: *tengo un* = incontenible
sueño irresistible.
2 Que tiene mucho atractivo o simpatía: *ese actor me* = atractivo
parece un hombre irresistible.
3 Que es difícil de resistir por ser intolerable, muy = insoportable,
molesto o doloroso: *hace un frío irresistible.* inaguantable

irresoluble Que no puede ser resuelto: *el conflicto en-* adj.
tre etnias es cuestión casi irresoluble. ≠ resoluble

irresolución Falta de decisión: *el juez se mantuvo en* s.f./= indecisión
su irresolución y retrasó el proceso. ≠ resolución

irresoluto, a adj/s./= indeciso
1 Que tiene dificultad para tomar decisiones: *no sé si* ≠ decidido
se decidirá porque es muy irresoluto.
2 Que no ha sido resuelto: *los archivos están llenos de* adj.
casos irresolutos.

irrespetuosidad s.f.
1 Cualidad de irrespetuoso.
2 Falta de respeto: *fue una irrespetuosidad decirle que*
era muy fea y vieja.

irrespetuoso, a Que no se comporta con respeto ni adj.
educación: *no se puede tolerar que sea irrespetuoso con* = desconsiderado
sus subordinados. ≠ respetuoso

irrespirable adj.
1 Que no puede ser respirado por ser molesto o cau- ≠ respirable
sar daño al organismo: *hay días que la mina emana un*
gas irrespirable.
2 Que causa molestia, enfado o tensión: *la reunión se* ≠ agradable
desarrolló en un clima irrespirable.

irresponsabilidad s.f.
1 Actitud de la persona que pone poco cuidado en lo ≠ responsabilidad
que hace o dice.
2 Acción realizada con falta de responsabilidad: *su*
irresponsabilidad ante el volante fue castigada con una
fuerte multa.
3 Circunstancia de no poder exigir a una persona responsabilidad sobre una cosa por su edad u otras razones: *apeló a la irresponsabilidad del niño para mitigar*
la incriminación.
4 Impunidad que resulta de no pedir cuentas a los DERECHO
que son responsables.

irresponsable adj.
1 Que no es consciente y cumplidor de sus obligacio- = informal
nes: *le echaron del trabajo porque es muy irresponsable.*
2 Que toma decisiones importantes sin haberlas me- = inconsciente,
ditado antes: *me parece una decisión irresponsable que* imprudente
os queráis emancipar sin tener un sueldo fijo. ≠ responsable

irrestañable adj.
1 Que no se puede bañar o cubrir con estaño.
2 Se aplica al fluido que no puede ser encauzado o
detenido.

irrestricto, a Que se hace sin condiciones o se impo- adj.
ne sin admitirlas: *nunca entendió la causa de su irrestric-* Amér.
to apoyo a la institución.

irretractable Que no se puede retractar o desdecir: adj.
tu decisión ya es irretractable. ≠ retractable

irretroactividad Principio jurídico que rechaza el adj.
efecto retroactivo de las leyes, excepto cuando éstas DERECHO
son expresamente favorables al reo. ≠ retroactividad

irreverencia s.f./≠ reverencia
1 Cualidad de irreverente.
2 Dicho o hecho irreverente o falto de respeto: *fue*
una irreverencia reírse en la iglesia.

irreverenciar Tratar a una persona o una cosa sin v.tr.
respeto: *no irreverencies las imágenes sagradas.*

irreverente Que muestra falta de respeto, particular- adj/s.m.f.
mente hacia las cosas sagradas o muy respetables: *se* = irrespetuoso
dirigió al rey de un modo irreverente. ≠ reverente

irreversibilidad Imposibilidad de que una cosa sea s.f.
reversible o vuelva a su condición anterior. ≠ reversibilidad

irreversible adj.
1 Que no puede volver a su estado anterior: *el oftal-* ≠ reversible
mólogo les advirtió que su ceguera era irreversible.
2 Que funciona en un solo sentido.

irrevocabilidad Imposibilidad de que una cosa sea s.f.
revocada o anulada: *la irrevocabilidad de una sentencia.* ≠ revocabilidad

irrevocable Que no puede ser revocado o anulado: adj./= definitivo
la decisión que he tomado es irrevocable. ≠ revocable

irrigable Que puede ser irrigado o regado. adj./= regable

irrigación s.f.
1 Riego de un terreno: *están estudiando las distintas* AGRICULTURA
técnicas de irrigación.

2 Acción de irrigar un órgano o tejido con fines cura- MEDICINA
tivos: *la irrigación de una herida.*
3 Aporte de sangre procedente del sistema vascular a FISIOLOGÍA
los tejidos del organismo.

irrigador, a
1 Que irriga. adj.
2 Instrumento para irrigar o rociar con un líquido s.m.
una parte del cuerpo, en especial el intestino grueso MEDICINA
por dentro.

irrigar (Del lat. *irrigare.*) v.tr./conj: *pagar*
1 Esparcir líquido sobre una superficie o cavidad del MEDICINA
organismo.
2 Regar un terreno. AGRICULTURA
3 Llevar sangre a los tejidos mediante los vasos san- FISIOLOGÍA
guíneos: *padece arteriosclerosis en los vasos que irrigan*
las extremidades inferiores.

irrisible Que puede ser tomado a risa por ser gracio- adj.
so o ridículo: *dijo tantas sandeces que su intervención re-* = risible
sultó irrisible.

irrisión (Del lat. *irrisio, -onis.*) s.f.
1 Burla con la que se intenta provocar la risa a costa = mofa
de una persona o cosa: *fue víctima de una inocente irri-*
sión por parte de sus alumnos.
2 Persona o cosa objeto o motivo de burla: *el profesor* coloquial
es la irrisión de los alumnos.

irrisorio, a adj.
1 Que provoca risa o burla: *los argumentos que das so-*
bre tu retraso resultan francamente irrisorios.
2 Que es muy pequeño o de poca estimación: *compré* = insignificante
un vestido por un precio irrisorio.

irritabilidad s.f.
1 Tendencia a enfadarse o irritarse con facilidad: *su*
inestabilidad afectiva le provoca irritabilidad y nerviosis-
mo.
2 Capacidad que tiene un organismo vivo para reac- BIOLOGÍA
cionar ante los estímulos externos.

irritable
1 Que se irrita con facilidad: *debe de tener algún pro-* adj./= irascible
blema porque está muy irritable. ≠ paciente
2 Se aplica al organismo con capacidad para reaccio- BIOLOGÍA
nar ante los estímulos externos.

irritación
I (Derivado de *irritar* < lat. *irritare.*)
1 Estado de enfado o ira: *sus constantes impuntualida-* s.f./= airamiento,
des me hacen sentir una irritación enorme. irritamiento
2 Enrojecimiento y escozor de una parte del cuerpo:
algunos productos químicos producen irritación en la piel.
II (Derivado de *irritar* < lat. *irritus.*) Anulación o inva- s.f.
lidación de una cosa. DERECHO

irritador, a Que irrita o excita una pasión o un esta- adj/s.
do de ánimo. = irritante

irritante
I (Derivado de *irritar* < lat. *irritare.*)
1 Que causa enfado o ira: *durante toda su vida soportó* adj.
sus irritantes celos. = indignante
2 Que provoca enrojecimiento o escozor en una par- adj.
te del cuerpo: *sustancias irritantes.*
II (Derivado de *irritar* < lat. *irritus.*) Que anula o inva- adj.
lida: *cláusula irritante; decreto irritante.* DERECHO

irritar
I (Del lat. *irritare.*)
1 Hacer sentir ira a una persona: *tus insultos la irrita-* v.tr/prnl.
ron; mi profesor se irrita con frecuencia. = enojar, enfurecer
2 Causar una cosa escozor y enrojecimiento en una = escocer
parte del cuerpo: *la ortiga irrita la piel; el cuello se me*
irrita si llevo bufandas gruesas.
3 Avivar un estado de ánimo o un sentimiento: *sus* = excitar, enarde-
celos se irritan cuando le ve con otra mujer. cer/≠ apagar
II (Derivado del lat. *irritus,* no válido.) Dejar una cosa v.tr.
nula o sin validez. DERECHO

irritativo, a Que produce irritación. adj.

írrito, a (Del lat. *irritus.*) Que no es válido: *matrimonio* adj./DERECHO
írrito por falta de consentimiento. = nulo

irrogación Acción y resultado de irrogar o causar un s.f.
perjuicio a una persona.

irrogar (Del lat. *irrogare,* imponer, infligir.) Causar un v.tr/prnl.
perjuicio o un daño a una persona: *tu indiferencia me* conj: *pagar*
ha irrogado muchos perjuicios.

irrompible Que no se rompe: *está hecho de un mate-* adj.
rial irrompible. ≠ rompible

irruir Invadir un lugar violentamente o por la fuerza: v.tr.
la policía irruyó el zulo. conj: *huir*

irrumpir (Del lat. *irrumpere.*)
1 Entrar violentamente en un lugar: *irrumpió en la* v.intr.
sala gritando desaforadamente. + en
2 Aparecer o mostrarse súbitamente una cosa: *el in-*
vierno irrumpió antes de lo habitual.

irrupción
1 Entrada violenta en un sitio: *disculpen la irrupción,* s.f.
pero el tema es urgente. = intrusión

2 Ataque brusco y violento: *una irrupción de cólera.* — = invasión

irruptor, a Que irrumpe. — adj.

irunés, a
1 De Irún, población de Guipúzcoa. — adj.
2 Persona natural de esta población. — s.

isa Cante y baile típicos de las islas Canarias. — s.f./MÚSICA

isabelino, a
1 Que pertenece a cualquiera de las reinas de España o del Reino Unido llamadas Isabel. — adj.
2 Que era partidario de la reina Isabel II de España. — adj/s./HISTORIA
3 Se aplica a la moneda que lleva el busto de Isabel II de España. — adj/s.f.
4 Se aplica a la persona que se inscribía en algún movimiento artístico desarrollado en tiempos de las reinas británicas o españolas que llevaron el nombre de Isabel. — adj/s. ARTE
5 Del estilo artístico imperante en la época de la reina Isabel I de Inglaterra: *pintura isabelina; teatro isabelino.* — adj. ARTE
6 Del estilo artístico imperante en la época de la reina Isabel II de España: *mobiliario isabelino.* — ARTE
7 Se aplica al caballo que es de color perla entre blanco y amarillo. — EQUITACIÓN = isabela

isagoge (Del gr. *eisagoge,* introducción.) Introducción o comentario que encabeza una obra literaria o un discurso. — s.f./= exordio, preámbulo

isagógico, a De la isagoge o la introducción: *el público aplaudió su intervención isagógica.* — adj. = introductorio

isalóbara Línea que representa, en una mapa sinóptico, los puntos de la Tierra en los que la variación de la presión atmosférica ha sido la misma durante un período de tiempo determinado. — s.f. GEOGRAFÍA

isaloterma Línea que representa, en un mapa sinóptico, los puntos de la Tierra en los que se ha producido una variación de temperatura del mismo valor durante un período de tiempo determinado. — s.f. GEOGRAFÍA

isanémona Línea que une en un mapa los puntos de la esfera terrestre en que el viento alcanza igual velocidad media. — s.f. GEOGRAFÍA

isangas
1 Espuertas usadas para transportar mercancías a lomo de las bestias. — s.f.pl. Argent.
2 Especie de nasas para pescar camarones. — Perú/PESCA

isanómala Línea que une en un mapa los puntos del globo terráqueo que presentan la misma anomalía de un elemento meteorológico, en relación con la media calculada sobre un círculo de latitud. — s.f. GEOGRAFÍA

isatis Zorra ártica, mamífero cánido, carnívoro. (*Alopex lagopus.*) — s.m./pl: isatis ZOOLOGÍA

isba (Del ruso *izbá.*) Casa labriega entre los eslavos, especialmente la choza forestal rusa. — s.f. tb: izbá

isbn (Acrónimo de *[I]nternational [S]tandard [B]ook [N]umber,* número estándar internacional del libro.) Sistema internacional de numeración de libros para su fácil y correcta identificación. — s.m.

isc- Componente de palabra procedente del gr. *iskho,* que significa detener: *isquemia.* — pref. tb: isco-, isqu-

isíaco, a
1 De la diosa Isis o de su culto. — adj./tb: isiaco
2 Del templo de Isis. — MITOLOGÍA

isidia Excrecencia de la superficie de un liquen que contiene el alga y el hongo y que forma el esqueje para su propagación. — s.f. BOTÁNICA

isla (Del lat. *insula.*)
1 Porción de tierra rodeada de agua por todas partes: *la mayoría de las actuales islas formaron parte, en tiempos lejanos, de continentes.* — s.f. GEOGRAFÍA
2 Zona claramente diferenciada del espacio que la rodea: *la zona de recreo es una isla en la urbanización.*
3 Conjunto de árboles o matas en medio de un terreno despoblado.
4 Manzana de casas: *vive en la siguiente isla.* — = cuadra
5 Terreno próximo a un río que ha estado o está a veces cubierto por las aguas. — Chile
6 Grupo etnolingüístico aislado del resto de la comunidad o vestigio de una comunidad ya desaparecida. — LINGÜÍSTICA
7 isla de hielo: Iceberg de grandes dimensiones, de superficie ondulada. — GEOGRAFÍA
8 isla de peatones: Zona que, en medio de una calle ancha, se reserva a los peatones para que puedan cruzar con más facilidad.
9 isla de perforación: Plataforma de grandes dimensiones que descansa en el fondo marino y que sirve para realizar investigaciones petroleras en el mar. — INDUSTRIA
10 islas adyacentes: Las que forman parte de un territorio nacional más amplio, aunque estén alejadas de éste. — GEOGRAFÍA
11 en isla: De forma aislada. — loc.adv.

islam
1 Conjunto de dogmas y preceptos de la religión de los musulmanes: *el islam prohíbe comer carne de cerdo.* — s.m./RELIGIÓN = islamismo
2 Conjunto de las personas y los pueblos que profesan esta religión.

islámico, a Del islam o del islamismo: *sigue los preceptos islámicos.* — adj. RELIGIÓN

islamismo
1 Conjunto de dogmas y preceptos morales y religiosos que constituyen la religión de los musulmanes: *luchan por defender el islamismo.* — s.m. RELIGIÓN = islam
2 Movimiento político-religioso que aspira a hacer del islam una ideología política. — POLÍTICA, RELIGIÓN

islamita Que profesa el islamismo: *los islamitas deben viajar por lo menos una vez en su vida a La Meca.* — adj/s.m.f. = mahometano

islamización Difusión o adopción de la cultura, las costumbres o la religión del islam. — s.f.

islamizar
1 Extender la religión, prácticas y costumbres islámicas en un lugar: *quieren islamizar el territorio ocupado.* — v.tr/prnl. conj: cazar
2 Tomar un pueblo o un lugar características de la civilización islámica como propias. — v.intr/prnl.

islandés, a
1 De Islandia, isla y estado del noroeste europeo. — adj./= islándico
2 Persona natural de este estado. — s.
3 Lengua germánica del grupo nórdico occidental hablada en Islandia. — s.m. LINGÜÍSTICA

islario
1 Descripción de las islas de un mar, continente o nación: *el geógrafo ha elaborado un excelente islario.* — s.m. GEOGRAFÍA
2 Mapa en que están representadas las islas de un mar, continente o nación: *el capitán del buque consultó el islario.* — GEOGRAFÍA

isleño, a
1 Que tiene relación con una isla: *clima isleño; los isleños siempre se sintieron olvidados por la metrópoli.* — adj/s. = insular
2 De las islas Canarias. — = canario

isleo (Del fr. ant. *isleau.*)
1 Islote situado junto a otra isla mayor: *llegamos al isleo con una pequeña barca motora.* — s.m. GEOGRAFÍA
2 Terreno rodeado por otros distintos o por algún accidente geográfico. — GEOGRAFÍA

isleta
1 Espacio delimitado en una calle, plaza, u otro lugar, para facilitar el paso de los peatones entre los vehículos. — s.f.
2 Grupo de árboles aislados en medio de una llanura. — Argent.

islilla (Del lat. *ala,* ala + *asilla.*)
1 Axila del cuerpo humano. — s.f./ANATOMÍA
2 Clavícula del cuerpo humano. — ANATOMÍA

islote
1 Isla muy pequeña. — s.m./GEOGRAFÍA
2 Peñasco en medio del mar: *fuimos hasta el islote para coger mejillones.* — GEOGRAFÍA

ismaelita
1 Que desciende de Ismael, hijo de Abraham. — adj/s.m.f./HISTORIA
2 De una de las sectas chiitas de los musulmanes. — RELIGIÓN

ismailí De una de las sectas chiitas que acepta como último el séptimo imán Isma'il. — adj/s.m.f. RELIGIÓN

ismo Tendencia de orientación innovadora, especialmente en las artes: *dio una conferencia sobre los actuales ismos en la literatura.* — s.m. ARTE

-ismo Componente de palabra que, unido a sustantivos, significa doctrina, partido, sistema: *dadaísmo; socialismo; anarquismo.* — suf.

iso- Componente de palabra procedente del gr. *isos,* que significa igual: *isomorfo; isótopo.* — pref.

isobara Línea que une en un mapa los puntos de la Tierra cuya presión, reducida al nivel del mar, es la misma en un momento determinado. — s.f. GEOGRAFÍA

isobárico, a
1 Que tienen la misma presión atmosférica: *zonas isobáricas.* — adj./tb: isobaro FÍSICA
2 Se aplica al fenómeno que se produce a presión constante: *dilatación isobárica.* — FÍSICA

isobaro, a (Del gr. *isos,* igual + *baros,* pesadez.)
1 De igual presión atmosférica. — adj./FÍSICA
2 Se aplica al elemento que tiene el mismo número de nucleones que otro pero distinto número atómico. — QUÍMICA

isobático, a Que tiene la misma profundidad. — adj./tb: isabato

isobato, a Se aplica a la curva que representa geográficamente los puntos de igual profundidad del subsuelo o fondos marinos. — adj/s.f. GEOGRAFÍA

isoca
1 Denominación genérica dado a las larvas de varias familias de mariposas, muy perjudiciales para la agricultura. — s.f. Argent., Par. ZOOLOGÍA
2 Cualquier larva de cuerpo blando y patas cortas. — Argent.

isocalórico, a
1 De igual contenido calórico: *alimentos isocalóricos.* **adj.**
2 Se aplica a la reacción química que mantiene la misma temperatura. **QUÍMICA**

isoclino, a Se refiere a la línea que, en una representación cartográfica, une los puntos de la Tierra con igual inclinación magnética. **adj/s.f. GEOGRAFÍA**

isocoro, a Se refiere a la transformación en la que el volumen permanece constante. **adj. FÍSICA**

isocromático, a (Del gr. *isos,* igual + *khromatikos,* cromático.)
1 De igual color: *orlaba sus textos con líneas isocromáticas.* **adj.**
2 Se aplica a la emulsión fotográfica que es sensible a todos los colores del espectro. **FOTOGRAFÍA**

isocronismo Igualdad de duración de los movimientos de un cuerpo: *el isocronismo de un péndulo.* **s.m. FÍSICA**

isócrono, a (Del gr. *isos,* igual + *khronos,* tiempo.)
1 Se aplica al movimiento que tiene la misma duración que otro. **adj. = sincrónico**
2 Se refiere a la línea que, en un mapa, une los puntos del globo terráqueo que se pueden alcanzar en un mismo período de tiempo, a partir de un punto y con un determinado medio de transporte. **adj/s.f. FÍSICA**

isodáctilo, a (Del gr. *isos,* igual + *daktylos,* dedo.) Se aplica al animal que tiene todos los dedos de la misma longitud. **adj. ZOOLOGÍA**

isodinamia Equivalencia entre los alimentos, atendiendo a la energía que aportan. **s.f.**

isodinámico, a
1 Que tiene la misma fuerza o intensidad. **adj./FÍSICA**
2 Se aplica a los alimentos de igual poder energético.

isodontia Igualdad de los dientes en tamaño y forma: *los reptiles y peces presentan isodontia.* **s.f. ZOOLOGÍA**

isoédrico, a (Del gr. *isos,* igual + *hedra,* superficie.) Se refiere al cristal que tiene todas las caras iguales. **adj. MINERALOGÍA**

isoeléctrico, a
1 De igual potencial eléctrico. **adj.**
2 Que tiene igual número de cargas positivas que negativas, es decir, que es neutro. **FÍSICA**

isoentrópico, a Se refiere a la transformación en cuyo curso la entropía permanece constante. **adj. FÍSICA**

isoetáceo, a Perteneciente a la familia de plantas teridofitas de tallo corto y grueso, de hojas liguladas y crecimiento en espesor. **adj/s.f. BOTÁNICA**

isofilia Igualdad foliar que se manifiesta en las hojas de una misma rama. **s.f. BOTÁNICA**

isofonía Igualdad de sonoridad. **s.f.**

isofónico, a Se aplica a los sonidos que tienen la misma sonoridad. **adj.**

isófono, a (Del gr. *isos,* igual + *phone,* voz.) Que tiene el mismo sonido. **adj.**

isogamia Tipo de reproducción sexual en que los dos gametos son iguales aunque fisiológicamente distintos, como la de las algas o los protozoos. **s.f. BIOLOGÍA**

isogeotermo, a Se refiere a los puntos de la corteza terrestre que están a una misma temperatura. **adj. GEOLOGÍA**

isoglosa (Del gr. *isos,* igual + *glossa,* lenguaje.) Línea imaginaria en un atlas lingüístico que pasa por todos los puntos en que se produce un mismo fenómeno. **adj. LINGÜÍSTICA = isófona**

isógono, a (Del gr. *isos,* igual + *gonia,* ángulo.)
1 Se aplica a los cuerpos cristalizados de ángulos iguales. **adj. FÍSICA**
2 Se refiere a la línea imaginaria que une todos los puntos de la tierra con la misma declinación magnética. **adj. GEOLOGÍA**

isohipso, a Se aplica a la línea imaginaria que pasa por todos los puntos de una superficie situados a la misma altura y con la misma presión atmosférica. **adj/s.f. GEOGRAFÍA**

isoiónico, a Se refiere a los sistemas que contienen la misma cantidad de iones. **adj./FÍSICA, QUÍMICA**

isomerasa Enzima que produce isomerizaciones. **s.f./BIOQUÍMICA**

isomería Propiedad de los cuerpos que tienen igual composición química, pero distintas propiedades físicas. **s.f. QUÍMICA**

isomérico, a De la isomería o de los cuerpos isómeros. **adj. QUÍMICA**

isomerización Transformación en un cuerpo isómero. **s.f. QUÍMICA**

isomerizar Transformar un cuerpo en isómero. **v.tr/conj: cazar**

isómero, a (Del gr. *isos,* igual + *meros,* parte.) Se aplica al cuerpo que tiene la misma composición química que otro y diferentes propiedades físicas. **adj/s.m. QUÍMICA**

isometría Transformación geométrica en la que se conservan las distancias existentes entre rectas, longitudes y ángulos. **s.f. GEOMETRÍA**

isométrico, a
1 Se aplica a los cuerpos que tienen dimensiones iguales. **adj.**
2 Se refiere a las proyecciones en que se representa un edificio como si se hubiera dibujado desde abajo. **ARQUITECTURA**

isomorfismo
1 Propiedad de los cuerpos isomorfos. **s.m./QUÍMICA**
2 Propiedad que presentan dos lenguas o dos estructuras diferentes cuando ambas presentan el mismo tipo de relaciones combinatorias. **LINGÜÍSTICA**

isomorfo, a (Del gr. *isos,* igual + *morphe,* forma.) Se aplica a los minerales o cuerpos con igual forma cristalina y diferente composición química. **adj. MINERALOGÍA, QUÍMICA**

isonefo, a Se aplica a la línea que une, en una representación cartográfica, los puntos de igual nubosidad media durante un determinado período de tiempo. **adj/s.f. GEOGRAFÍA**

isoperímetro, a (Del gr. *isos,* igual + *perimetros,* contorno.) Se aplica a la figura que es diferente de otra, pero tiene el mismo perímetro. **adj. GEOMETRÍA**

isópodo, a (Del gr. *isos,* igual + *pous, podos,* pie.)
1 Se aplica al animal que tiene las patas o pies iguales. **adj. ZOOLOGÍA**
2 Perteneciente a un orden de crustáceos acuáticos o terrestres, pequeños y de cuerpo ancho, como la cochinilla. **adj/s.m. ZOOLOGÍA**

isopreno Hidrocarburo dietilénico que se obtiene del caucho. **s.m. QUÍMICA**

isóptero, a Perteneciente a un orden de insectos de metamorfosis sencilla, boca masticadora y dos alas membranosas sencillas. **adj/s.m. ZOOLOGÍA**

isoquímeno, a (Del gr. *isos,* igual + *kheimaineo,* hacer tiempo invernal.) Se aplica a la línea imaginaria que pasa por todos los puntos de la Tierra y que tienen la misma temperatura media en invierno. **adj/s.f. GEOGRAFÍA**

isósceles (Del gr. *isos,* igual + *skelos,* pierna.)
1 Se aplica al triángulo que tiene dos lados de igual longitud. **adj. GEOMETRÍA**
2 Se refiere al trapecio cuyos dos lados no paralelos tienen la misma longitud. **GEOMETRÍA**

isosilábico, a Se aplica al verso, composición, sistema de versificación o palabra que tienen el mismo número de sílabas. **adj. POESÍA**

isosilabismo
1 Cualidad de isosilábico. **s.m.**
2 Sistema isosilábico de versificación. **POESÍA**

isospín Número cuántico indicador del estado de carga de una partícula elemental. **s.m. FÍSICA NUCLEAR**

isostasia Teoría geológica que defiende el equilibrio dinámico de la corteza terrestre, considerando su formación en dos capas de distinta densidad, de modo que la menos densa flota sobre la más densa. **s.f. GEOLOGÍA**

isoterapia Procedimiento terapéutico basado en la utilización de medicamentos obtenidos a partir de sustancias producidas por el mismo enfermo. **s.f. FARMACIA**

isotermia Homotermia, capacidad de regulación de la temperatura. **s.f. FISIOLOGÍA**

isotérmico, a Se aplica al proceso en que la temperatura permanece constante. **adj./FÍSICA = homodérmico**

isotermo, a (Del gr. *isos,* igual + *thermos,* caliente.)
1 Que tiene la misma temperatura. **adj./FÍSICA**
2 Se aplica a la transformación termodinámica que se produce a temperatura constante. **FÍSICA**
3 Se refiere a la línea imaginaria que pasa por todos los puntos de la Tierra con la misma temperatura media. **adj/s.f. GEOGRAFÍA**
4 Compartimiento que está aislado térmicamente. **s.m.**

isotero, a (Del gr. *isos,* igual + *theros,* verano.) Se aplica a la línea imaginaria que une todos los puntos de la Tierra con la misma temperatura media en verano. **adj/s.f. GEOGRAFÍA**

isotonía Equilibrio molecular de dos soluciones separadas por una membrana orgánica y que tienen el mismo poder osmótico. **s.f. QUÍMICA**

isotónico, a Se refiere a las soluciones que tienen la misma presión osmótica estando a la misma temperatura. **adj. QUÍMICA**

isótono, a Se refiere al átomo que tiene el mismo número de neutrones que otro, pero diferente número de protones. **adj. FÍSICA NUCLEAR**

isotopía Circunstancia de ser un núcleo o un cuerpo isótopo respecto a otro. **s.f. FÍSICA NUCLEAR**

isotópico, a De los isótopos: *el deuterio es isotópico del hidrógeno.* **adj. QUÍMICA**

isótopo (Del gr. *isos,* igual + *topos,* lugar.)
1 Cuerpo que, en el sistema periódico, tiene el mismo número atómico que otro y por tanto pertenece al mismo elemento químico. **s.m. QUÍMICA**
2 **isótopo radiactivo:** Aquel cuyos núcleos sufren transformaciones emitiendo rayos tipo alfa, beta o **FÍSICA NUCLEAR, MEDICINA**

gamma, que se emplea para el diagnóstico y tratamiento de algunas enfermedades.

isotropía Propiedad de los cuerpos o los medios isó- s.f.
tropos.

isótropo, a (Del gr. *isos*, igual + *tropas*, manera.) Se adj.
aplica al cuerpo o medio que transmite la acción reci- FÍSICA
bida en cualquier punto de su masa.

isovolumétrico, a Que no va acompañado de cam- adj.
bios de volumen: *contracción isovolumétrica del corazón*.

isoyeto, a Se aplica a la línea que une en un mapa adj/s.f.
los puntos de la Tierra que tienen el mismo índice de GEOGRAFÍA
pluviosidad media anual.   tb: isohieto

isquemia (Del gr. *isco*, detener + *haima*, sangre.) De- s.f.
tención de la circulación sanguínea en alguna zona MEDICINA
de las arterias.

isquemiar Producir una cosa isquemia en un tejido v.tr/prnl.
del organismo: *la pierna del futbolista se isquemió*. MEDICINA

isquémico, a De la isquemia. adj./MEDICINA

isqui- Componente de palabra procedente del gr. *is-* pref.
khion, que significa cadera: *isquiático*. tb: isquio-

isquiático, a Del isquión o hueso de la cadera: *sufre* adj.
una malformación isquiática; arteria isquiática. ANATOMÍA

isquión (Del gr. *iskhion*, cadera.) Hueso inferior de los s.m.
tres que forman la pelvis de los mamíferos superio- ANATOMÍA
res.

israelí
1 De Israel, país de Oriente Próximo. adj./pl.tb: israelíes
2 Persona natural de este país. s.m.f.

israelita
1 Hebreo, que pertenece al pueblo bíblico de Israel. adj./= judío
2 Miembro de este pueblo. s.m.f.
3 Que profesa la ley de Moisés o judaica. adj/s.m.f./= hebreo

israelítico, a Que tiene relación con Israel. adj.

issn (Acrónimo de *[I]nternational [S]tandard [S]erial* s.m.
[N]umber, número de identificación internacional
asignado a las publicaciones periódicas.) Sistema de
catalogación y numeración de revistas, periódicos y
otras publicaciones similares.

-ista Componente de palabra que, unido a nombres suf.
de profesión o doctrina, indica que la persona trabaja
en ella o es partidario de la misma: *ebanista; socialista*.

istapacle Planta de la familia de las apocináceas usa- s.m./Méx.
da como purgante. BOTÁNICA

istmeño, a
1 Que tiene relación con un istmo. adj.
2 Que procede de un istmo. adj/s.

ístmico, a Del istmo. adj.

istmo (Del lat. *isthmus* < gr. *isthmos*.)
1 Lengua de tierra que une dos continentes o una pe- s.m.
nínsula con un continente: *el istmo de Corinto*. GEOGRAFÍA
2 **istmo de las fauces:** Abertura limitada por el velo ANATOMÍA
del paladar entre la boca y la faringe.
3 **istmo del encéfalo:** Parte inferior y media del en- ANATOMÍA
céfalo, en que se unen el cerebro y el cerebelo.

ita Se aplica a un indígena de las montañas de Filipi- adj/s.m.f.
nas, de pequeña estatura y tez oscura. = aeta

-ita Componente de palabra que indica natural de: *is-* suf.
raelita; moscovita.

itacate Provisión de alimentos que se lleva para un s.m.
viaje. Méx.

italianismo
1 Expresión o construcción propias de la lengua ita- s.m.
liana que se usan en otra lengua. LINGÜÍSTICA
2 Giro o modo de hablar propio de la lengua italiana. LINGÜÍSTICA
3 Interés y afición por Italia y lo italiano.

italianista Persona dedicada al estudio de la lengua, s.m.f.
literatura o cultura italianas.

italianizante
1 Que italianiza. adj.
2 Se aplica al léxico, sintaxis o gramática que están LINGÜÍSTICA
influidos por el italiano.

italianizar Hacer que una persona o una cosa tome v.tr/prnl.
carácter italiano o inclinación a las cosas italianas: conj: cazar
esta palabra se ha italianizado.

italiano, a
1 De Italia, país de la Europa mediterránea. adj.
2 Persona natural de este país. s.
3 Lengua románica hablada en este país. s.m./LINGÜÍSTICA

italianófilo, a Que simpatiza con Italia o con los ita- adj/s.
lianos.

italicense
1 De Itálica, antigua ciudad de la Bética. adj./HISTORIA
2 Persona natural de esta antigua ciudad. s.m.f./HISTORIA

itálico, a
1 Que tiene relación con los antiguos pueblos que adj.
poblaban la actual Italia. HISTORIA
2 Miembro de estos pueblos. s./HISTORIA

3 De Itálica. adj/s./HISTORIA

ítalo, a Italiano, de Italia. adj./literario

ítem (Del lat. *item*.)
1 Se usa para distinguir las distintas partes o divisio- adv.
nes de un escrito.
2 Cada una de estas divisiones. s.m./pl: ítem
3 Cosa que se añade a otra. = añadidura
4 Cada uno de los caracteres que pertenecen al mis- INFORMÁTICA
mo idioma.
5 Cada uno de los elementos que se califican en un ESTADÍSTICA
test.

iterable Que se puede repetir: *la población teme que los* adj.
combates sean iterables.

iteración Acción o resultado de iterar o repetir. s.f./= repetición

iterar (Del lat. *iterare*.) Volver a hacer o decir una mis- v.tr/culto
ma cosa hecha o dicha por uno mismo o por otro. = repetir

iterativo, a
1 Que tiene la propiedad de repetirse o reiterarse. adj.
2 Se aplica al verbo que denota una repetición de la LINGÜÍSTICA
acción: *"canturrear" es un verbo iterativo*.

iterbio Metal del grupo de las tierras raras que da sa- s.m.
les de color anaranjado o verdoso. QUÍMICA

itinerante Que va de un lugar a otro: *se trata de una* adj./= ambulante
exposición itinerante. ≠ permanente

itinerario, a (Del lat. *itinerarium*.)
1 De los caminos: *medida itineraria*. adj.
2 Ruta que se sigue en un viaje: *aún no hemos decidido* s.m.
qué itinerario haremos.
3 Descripción de un recorrido en la que se expresan = circuito
los lugares, paradas, u otras cosas, que se prevén según el itinerario; *pararemos en Burgos*.
4 Tropa que se adelanta y prepara alojamiento a la MILITAR
que va de marcha.

-itis Componente de palabra procedente del griego suf.
itis, que significa inflamación: *otitis; amigdalitis*.

-ito, a Componente de palabra que indica un valor suf.
diminutivo o afectivo: *patito; pequeñita; prontito*.

itria Óxido de itrio, sustancia blanca, terrosa, insolu- s.f.
ble en el agua, extraída de minerales poco comunes. QUÍMICA

itrialita Silicato de itrio o torio, que se presenta en s.f.
masas de color amarillo o verdoso. MINERALOGÍA

itrio Metal de color grisáceo que forma un polvo bri- s.m.
llante y negruzco. QUÍMICA

itzá Denominación que recibe un pueblo amerindio s.m.f.
del grupo maya que habita la región norte de Guatemala y Belice.

iva
I (De origen incierto.) Planta herbácea labiada que s.f.
crece en los barbechos y lugares incultos, secos y pe- BOTÁNICA
dregosos de las regiones templadas, que exhala un
olor aromático y resinoso. *(Ajuga iva.)*
II (Acrónimo de *[I]mpuesto sobre el [V]alor [A]ñadido*.) s.m.
Impuesto indirecto que incide sobre el consumo y se ECONOMÍA
exige en las transacciones comerciales, entrega de
bienes, prestaciones de servicios e importaciones.

-ivo, a Componente de palabra que unido a adjetivos suf.
y sustantivos indica condición o carácter: *curativo; de-*
portiva.

ixil Denominación de un pueblo amerindio mam, de s.m.f.
la familia maya-quiché, que habita en el centro de
Guatemala.

ixtle Especie de agave, planta crasa, y fibra textil que s.m.f./Méx.
proporciona. BOTÁNICA

izada Acción y resultado de izar o subir una cosa me- s.f.
diante una cuerda: *el soldado procedió a la izada de la* tb: izado
bandera. = izamiento

izaga (Del vasco *izaga*.) Terreno poblado de juncos: s.m./= juncar,
los patos se internaron en la izaga. junqueral

izamiento Acción y resultado de izar o subir una s.m.
cosa: *observó con detenimiento el izamiento de los náufra-* = izada
gos. ≠ arriamiento

izapí Árbol de Argentina que durante la estación de s.m.
calor despide abundante rocío de sus hojas. BOTÁNICA

izar (Del fr. *hisser*, azuzar.) Hacer subir una cosa tiran- v.tr.
do de la cuerda de la que está colgada: *los soldados* conj: cazar
izaron la bandera.

-izo, a
1 Componente de palabra que significa susceptible suf.
de ser realizado: *arrastradizo; levadizo*.
2 Componente de palabra que significa parecido a:
plomizo; rojiza.

izote Planta liliácea, especie de palma de flores blan- s.m./Amér. Central
cas muy olorosas. *(Yucca.)* BOTÁNICA

izquierda
1 Extremidad del cuerpo situada en el lado del cora- s.f./ANATOMÍA
zón: *sabe escribir con la izquierda y con la derecha*. ≠ derecha

2 Tendencia política orientada a conseguir mejoras sociales para las clases populares, de ideología socialista, marxista o progresista: *acudieron los diferentes líderes de la izquierda española.* `POLÍTICA`

3 Conjunto de personas u organizaciones partidarias de esta tendencia: *toda la izquierda participó en la manifestación.* `POLÍTICA`

4 extrema izquierda: Conjunto de grupos políticos situados a la izquierda de los partidos socialistas y comunistas, que rechazan el sistema de democracia parlamentaria liberal y propugnan un sistema revolucionario en el que impere la dictadura del proletariado. `POLÍTICA`

5 a izquierdas: Se refiere a las formas y movimientos helicoidales que avanzan en sentido contrario a las manecillas del reloj. `loc.adv.` `MECÁNICA`

6 a la izquierda: En el lado izquierdo: *siempre se sienta a la izquierda de su padre.* `loc.adv.`

7 de izquierdas: Se aplica a la persona que es partidaria de transformaciones sociales que favorezcan a las clases populares, generalmente de carácter socialista, marxista o progresista: *no milita, pero siempre se ha sentido un pensador de izquierdas.* `loc.adj.` `POLÍTICA` `SOCIOLOGÍA`

izquierdear (Derivado de *izquierdo*.) Obrar una persona de manera poco razonable o juiciosa. `v.intr.` `despectivo`

izquierdismo

1 Doctrina o actitud política que potencia el protagonismo de las masas y el voluntarismo como motores de los procesos revolucionarios, fuera del ámbito de los partidos de izquierda. `s.m.` `POLÍTICA`

2 Corriente política, dentro de un partido de izquierdas, que defiende posturas más radicales. `POLÍTICA`

izquierdista

1 De la izquierda política: *los partidos izquierdistas del Parlamento europeo.* `adj./POLÍTICA` `= izquierdoso`

2 Se aplica a la persona que es partidaria de las ideas políticas de izquierda: *siempre ha tenido tendencias izquierdistas.* `adj/s.m.f.` `POLÍTICA` `= izquierdoso`

3 Que tiene relación con el izquierdismo. `POLÍTICA`

izquierdo, a

1 Se aplica al miembro que está en el lado del corazón: *sólo tengo miopía en el ojo izquierdo.* `adj.` `≠ derecho`

2 Que está situado hacia este lado respecto a un observador: *golpearon el lado izquierdo del coche.*

3 Que está orientado al oeste, si el objeto mira al norte: *el ala izquierda del edificio.*

4 Que utiliza la izquierda para hacer lo que generalmente se hace con la derecha.

5 Que no está recto. `= torcido`

izquierdoso, a Que es partidario de la tendencia política de izquierdas. `adj/s.` `despectivo`

J

j Décima letra del abecedario español y séptima consonante, cuyo nombre es *jota*. — **s.f.**

¡ja!
1 Expresión onomatopéyica usada, normalmente repetida, para imitar la risa y para designarla. — **interj.**
2 Expresión que indica incredulidad: *¡ja!, no lo conseguirás ni en broma.*

jaba
1 Especie de cesta hecha de tejido de junco o yagua. — **s.f./Cuba**
2 Bolsa de plástico u otro material para llevar a mano. — **Cuba**
3 Especie de cajón enrejado en que se transportan útiles domésticos. — **Amér.**
4 Cajón lleno de piedras que se pone en la ribera de los ríos para impedir su desborde. — **Chile**
5 Boca, parte del rostro. — **Chile/despectivo**

jabado, a Se refiere al toro que tiene la piel de varios colores. — **adj. TAUROMAQUIA**

jabalcón (Del ár. *gemalun*, bóveda ojival + *balcón*.) Madero ensamblado en uno vertical para servir de apoyo a otro horizontal o inclinado. — **s.m./tb: jabalón CONSTRUCCIÓN**

jabalconar
1 Formar la armadura de un tejado con jabalcones. — **v.tr./tb: jabalonar CONSTRUCCIÓN**
2 Sostener con jabalcones un vano o voladizo: *jabalconamos la cornisa para que no se derrumbara.*

jabalí (Del ár. *gabali*, cerdo montés.)
1 Mamífero artiodáctilo paquidermo, variedad salvaje del cerdo, aunque con la cabeza más aguda, orejas siempre tiesas, pelaje gris y colmillos grandes, salientes y crecientes. (*Sus, Phacochoerus, Potaochoerus.*) — **s.m. ZOOLOGÍA**
2 **jabalí albar:** El que tiene la cabeza proporcionada al cuerpo y los colmillos de regular tamaño. — **ZOOLOGÍA**
3 **jabalí alunado:** Aquél que tiene los colmillos en forma de media luna, por ser ya muy viejo. — **ZOOLOGÍA**
4 **jabalí arocho:** El que tiene una cabeza muy grande respecto al cuerpo, y colmillos desarrollados y agudos. — **ZOOLOGÍA**

jabalina
I (Del ár. *gabali*, cerdo montés.) Hembra del jabalí. — **s.f./ZOOLOGÍA**
II (Del fr. *javeline*.)
1 Arma arrojadiza semejante a la lanza. — **s.f.**
2 Modalidad deportiva del atletismo, en la que se lanza una vara semejante a este arma arrojadiza. — **DEPORTES**

jabalón (Del ár. *gamalun*, bóveda ojival) Jabalcón, madero de apoyo. — **s.m. CONSTRUCCIÓN**

jabalonar Jabalconar un tejado o voladizo. — **v.tr.**

jabardear Producir una colmena pequeños enjambres. — **v.intr. = pavordear**

jabardillo
1 Enjambre, conjunto apiñado de insectos o aves que se mueven desordenadamente. — **s.m.**
2 Grupo desordenado de gente: *un jabardillo de turistas invadía la plaza de toros.* — **coloquial = gentío, jabardo**

jabardo (De origen incierto.)
1 Enjambre pequeño producido por una colmena como segunda cría del año o como primera y única si está débil. — **s.m.**
2 Grupo desordenado de gente: *el guía no podía controlar al jabardo de visitantes.* — **coloquial = jabardillo, gentío**

jabato, a (Derivado de *jabalí.*)
1 Que se comporta con audacia y valentía: *a pesar de su edad, está hecho un jabato.* — **adj/s. = audaz**
2 Cachorro del jabalí, con el pelaje rojizo y rayado. — **s./ZOOLOGÍA**
3 Que es grosero y tosco. — **adj/s./Cuba**

jabear Robar o hurtar. — **v.tr./Guat.**

jábega (Del ár. *sabaka*, red.)
1 Red de pesca muy larga, que se maneja desde tierra. — **s.f./PESCA tb: jábeca**
2 Barco pesquero semejante al jabeque, pero más pequeño. — **NÁUTICA, PESCA**

jabegote Pescador que tira de alguno de los cabos de la jábega. — **s.m. PESCA**

jabeguero, a
1 De la jábega. — **adj./PESCA**
2 Pescador que pesca con jábega. — **s./PESCA**

jabeque (Del ár. *sabaka*, red.) Barco costero de tres palos y velas latinas. — **s.m. NÁUTICA**

jabera Canto popular andaluz, de compás tres por ocho, variante de la malagueña. — **s.f. MÚSICA**

jabí
1 Especie de manzana que se cría espontáneamente, sin cultivo. — **s.f. BOTÁNICA**
2 Uva pequeña que se cría en Granada. — **AGRICULTURA**

jabilla Planta trepadora de fruto globoso del que se obtiene un aceite lubrificante y medicinal. (*Fevillea cordifolia.*) — **s.f. BOTÁNICA**

jabillo Árbol tropical de América, muy ramoso, con hojas pecioladas, que contiene un jugo lechoso y cuya madera se usa para hacer canoas. *(Hura crepitans).* — s.m. BOTÁNICA

jabino Variedad enana del enebro. — s.m./BOTÁNICA

jable (Del fr. *jable.*) Ranura donde se encajan las tablas de las tapas de toneles y cubas. — s.m.

jabolí Tortuga terrestre de carne comestible. *(Testudo tabulata.)* — s.m./Amér. ZOOLOGÍA

jabón (Del bajo lat. *sapo, -onis,* jabón.)
1 Producto detergente que se obtiene por la acción química de un álcali sobre un cuerpo graso y que se usa para limpiar y desinfectar: *se me ha acabado el jabón para las manos.* — s.m.
2 Sustancia medicinal obtenida por la acción de un álcali, o de un óxido metálico sobre una grasa o resina. — FARMACIA
3 Miedo o susto. — Argent., Méx., Urug.
4 **jabón animal:** El que se obtiene por saponificación de grasas animales, mediante lejía de sosa.
5 **jabón antiséptico:** El que posee propiedades germicidas y antisépticas, al haberle añadido sustancias bactericidas.
6 **jabón blando:** Aquel cuyo álcali es la potasa y se distingue por su color oscuro o por su consistencia de ungüento. — FARMACIA
7 **jabón de Castilla:** El de primera calidad elaborado con aceite de oliva y lejía de carbonato de sosa o de sosa cáustica.
8 **jabón de montaña:** Oropión, mineral. — MINERALOGÍA
9 **jabón de sastre:** 1. Pastilla, azul o blanca, de esteatita usada por modistas y sastres para señalar la tela por donde tienen que coser o cortar. 2. Talco, mineral. — MINERALOGÍA / MINERALOGÍA
10 **jabón de tocador o de olor:** Pastilla de jabón aromatizada.
11 **jabón de vidrieros:** Pirolusita, mineral. — MINERALOGÍA
12 **jabón duro o de piedra:** Jabón fabricado con sosa, que se distingue por su dureza.
13 **jabón líquido:** Solución acuosa que contiene jabón potásico de aceite de coco.
14 **dar jabón a alguien:** Adularle interesadamente: *le daba jabón al jefe para conseguir un aumento de sueldo.* — coloquial
15 **dar un jabón a alguien:** Castigar a una persona de forma áspera: *su padre le dio un jabón por llegar tarde a casa.* — coloquial

jabonada Acción o resultado de jabonar: *dale primero una jabonada y luego lo aclaras.* — s.f./=enjabonado, jabonadura

jabonado
1 Acción o resultado de jabonar: *este programa de la lavadora hace un jabonado corto.* — s.m./= jabonadura, enjabonado
2 Conjunto de ropa blanca lavada o para lavar.
3 Reprimenda o regañina. — Chile

jabonador, a Que jabona. — adj/s.

jabonadora Mujer que tiene por oficio lavar la ropa. — s.f./Colomb.

jabonadura
1 Acción y resultado de jabonar. — s.f./= jabonada
2 Agua que queda mezclada con el jabón y que hace espuma. — s.f.pl.
3 Espuma que se forma al jabonar.
4 **dar una jabonadura a alguien:** Castigarle o reprenderle severamente. — coloquial

jabonar
1 Dar jabón a la ropa u otra cosa para lavarla: *primero se jabonó el pelo y luego el cuerpo.* — v.tr/prnl.
2 Mojar la barba con agua y jabón para afeitarse: *se jabonó a conciencia antes de pasarse la maquinilla.* — = enjabonar
3 Reñir a una persona: *le jabonó enfadada por haber llegado borracho.* — v.tr. coloquial

jaboncillo
1 Pastilla de jabón aromatizada: *puso jaboncillos nuevos en los armarios.* — s.m. / = jabonete
2 Jabón medicinal. — FARMACIA
3 Pastilla azul o blanca usada por los sastres para marcar la ropa por donde se debe coser o cortar. — = jabón de sastre

jabonera
1 Recipiente para depositar o guardar la pastilla de jabón: *tiene una jabonera de porcelana.* — s.f.
2 Planta herbácea, de tallos erguidos, hojas lanceoladas y flores de color blanco rosado, de la que se obtiene la saponina, de propiedades sudoríficas y depurativas. — BOTÁNICA / = hierba jabonera

jabonería
1 Fábrica donde se elaboran jabones. — s.f./INDUSTRIA
2 Tienda donde se vende jabón. — COMERCIO

jabonero, a
1 Del jabón: *tiene un olor jabonero.* — adj.
2 Se aplica al toro que es de color blanco amarillento. — TAUROMAQUIA
3 Persona que por oficio hace o vende jabón. — s.

jabonete Pastilla de jabón aromatizado: *he puesto jabonetes entre las toallas.* — s.m. / = jaboncillo

jabonoso Que es parecido al jabón en su suavidad: *la bañaron un líquido jabonoso.* — adj. / = suave

2 Que contiene jabón: *agua jabonosa.*

jaca (Del fr. ant. *haque.*)
1 Caballo cuya alzada es menor de metro y medio, aproximadamente. — s.f. EQUITACIÓN
2 Hembra del caballo. — = yegua
3 Gallo inglés de pelea al que se le dejan crecer los espolones. — Amér.
4 Mujer de formas generosas y sensiblemente atractiva. — Amér./= jamona

jacal Choza o casa humilde. — s.m./Méx., Venez.

jacalón Cobertizo, tinglado. — s.m./Méx.

jacamar Ave de colores brillantes y pico negro, que vive en bosques umbrosos, cerca de zonas acuáticas, y que se alimenta de insectos. *(Galbula ruficauda.)* — s.m. ZOOLOGÍA / = jacamara

jacapa Ave paseriforme que vive en los bosques del sur de América. *(Tachyphorus loricatus.)* — s.m. ZOOLOGÍA

jacapucayo Planta arbórea que produce un fruto grande, del tamaño de una pelota, del que se extraen las semillas, que son gruesas, oleaginosas y comestibles. *(Lecythis ollaria.)* — s.m. BOTÁNICA

jácara
1 Composición poética, por lo general romances o entremeses, desenfadada y satírica en la que se narran sucesos de villanos y rufianes y que a veces puede escenificarse. — s.f. LITERATURA
2 Música y danza popular, para cantar y bailar. — MÚSICA
3 Reunión de gente que alborota por la noche gritando o cantando.
4 Molestia provocada por los alborotadores nocturnos: *armaron tal jácara que nadie podía dormir.* — = alboroto
5 Cosa falsa que se afirma para engañar a una persona: *le convencieron con patrañas y jácaras.* — = embuste, patraña
6 Discurso largo, aburrido y molesto: *intenté soportar la jácara parlamentaria, pero me quedé dormida.* — = parrafada

jacarandá Planta arbustiva bignoniácea de flores azules y madera muy apreciada en ebanistería. — s.m./Amér. BOTÁNICA

jacarando, a
1 De la jácara. — adj.
2 Se aplica a la persona que presume de atractiva o valiente. — adj/s. / = jácaro

jacarandoso, a Que tiene garbo y desenvoltura: *salió de la sala con andares jacarandosos.* — adj. / = airoso

jacarear
1 Cantar jácaras: *para la fiesta mayor iban en grupo jacareando.* — v.intr. MÚSICA
2 Ir una persona o un grupo armando bulla por la calle o cantando.
3 Causar molestias a una persona con impertinencias: *los bromistas de clase acostumbran a jacarear a Luis.* — v.tr. / = molestar

jacarero, a
1 Persona que iba por las calles cantando jácaras. — adj./tb: jacarista
2 Persona alegre e ingeniosa, a quien gustan las fiestas y bromas.

jacarista
1 Autor de jácaras. — s.m.f./LITERATURA
2 Jacarero, el que va por las calles cantando jácaras.

jácaro, a
1 Se refiere a los actos y palabras de fanfarrón y baladrón: *sus jácaros ademanes le valieron la fama de matasiete.* — adj.
2 Persona que se comporta con fanfarronería. — s./= bravucón
3 **a lo jácaro:** Con valentía y afectación. — loc.adv.

jácena (Del cat. *jasseno,* viga.) Viga maestra que sostiene otros maderos horizontales. — s.f. CONSTRUCCIÓN

jacerina (Del ár. *yazairi,* argelino.) Cota de malla que se usaba en la edad media. — s.f./HISTORIA / = jazarán

jachado, a Se aplica a la persona que tiene una cicatriz producida por una herida de arma blanca. — adj. Hond.

jachalí Planta arbórea de fruto aromático y sabroso, y de madera dura, muy apreciada en ebanistería. — s.m./Amér. Central BOTÁNICA

jacilla Señal que deja en la tierra lo que ha estado sobre ella algún tiempo. — s.f.

jacintino, a Que es de color violeta. — adj./literario

jacinto (Del lat. *hyacinthus* < gr. *hyakinthos.*)
1 Planta bulbosa originaria de Asia, con hojas acanaladas y flores olorosas en espiga azules, blancas, rosadas o amarillentas. *(Hyacinthus y Muscari.)* — s.m. BOTÁNICA
2 Flor de esta planta. — BOTÁNICA
3 Color azul violáceo.
4 Variedad noble del circón de color rojo-amarillento, piedra preciosa muy estimada. — MINERALOGÍA / = jacinto de Ceilán
5 **jacinto de Compostela:** Cuarzo cristalizado de color rojo oscuro. — MINERALOGÍA
6 **jacinto de penacho:** El que presenta hojas anchas acanaladas. *(Muscari comosum.)* — BOTÁNICA
7 **jacinto racimoso silvestre:** El que posee las hojas casi tan largas como la escapa y las flores grandes. *(Muscari neglectum.)* — BOTÁNICA

jack (Voz inglesa.) Dispositivo de conexión o conmutación usado para enlazar el cableado de un circuito. — s.m. ELECTRICIDAD

jaco
1 Caballo pequeño y de mal aspecto. — s.m.
2 Heroína, droga. — argot

jacobeo, a Del apóstol Santiago: *fiesta jacobea; peregrinación jacobea.* — adj.
RELIGIÓN

jacobinismo
1 Doctrina política de los jacobinos. — s.m./POLÍTICA
2 Tendencia política radical que hace una defensa a — POLÍTICA
ultranza de la democracia formal utópica encarnada
en la soberanía nacional.

jacobino, a
1 De una asociación política del período revoluciona- — adj.
rio francés, de carácter anticlerical y antimilitarista, — HISTORIA,
que defendía las libertades democráticas. — POLÍTICA
2 Miembro de esta asociación. — s./POLÍTICA
3 Se aplica a la persona que defiende a ultranza la — adj/s.
democracia política formal. — POLÍTICA
4 Se refiere al partidario de la revolución violenta di- — POLÍTICA
rigida por un organismo centralizador.
5 Religioso y religiosa dominicos, entre los franceses. — s./RELIGIÓN

jacquard (De J. M. *Jacquard*, mecánico francés.)
1 Máquina de tejer que permite reproducir líneas y — s.m.
figuras de todas clases y de distintos colores. — TEXTIL
2 Tejido de dibujos variados realizado con este arti- — TEXTIL
lugio.
3 Labor de punto que presenta bandas de dibujos — TEXTIL
geométricos sobre un fondo de otro color.

jactabundo, a Que es jactancioso o arrogante. — adj.

jactancia
1 Cualidad del que presume o se alaba a sí mismo. — s.f./= vanidad
2 Acción presuntuosa y arrogante: *fue odiado por sus* — = vanidad
compañeros por sus jactancias y vanaglorias.

jactancioso, a Que alaba o se alaba de manera pre- — adj/s.
suntuosa: *es tan jactancioso que se cree superior a los de-* — = arrogante
más.

jactarse (Del lat. *jactare*, alabar.) Mostrarse orgulloso — v.prnl./+ de
de poseer cierta cualidad, valor, etc.; *se jactaba de su* — = vanagloriarse,
valentía en cualquier ocasión. — ufanarse

jacú
1 Conjunto de alimentos que sirven de acompaña- — s.m.
miento. — Bol.
2 Especie de mandioca con que se hace pan. — Bol.

jaculatoria (Derivado del lat. *jaculari*, arrojar.)
1 Oración breve y fervorosa. — s.f./RELIGIÓN
2 Composición de carácter religioso de corta dura- — MÚSICA
ción, escrita para voces e instrumentos.

jaculatorio (Del lat. *jaculatorium < jaculari*, arrojar.) — adj.
Que se realiza de forma breve y fervorosa. — culto

jáculo (Del lat. *jaculum*, venablo.) Dardo, flecha pe- — s.m.
queña arrojadiza.

jacuzzi (Marca registrada.) Gran bañera, equipada — s.m.
con un sistema de aire impulsado que produce chorros de agua a presión y burbujas relajantes, y que
sirve como masaje.

jade (Del fr. *jade*.) Piedra de color negro, blanquecino — s.m.
o verdoso con manchas rojizas o moradas, dura y de — MINERALOGÍA
aspecto jabonoso, usada en joyería. — = piedra nefrítica

jadeante Que jadea: *llegó jadeante después de la larga* — adj.
carrera.

jadear (Derivado de *ijada*.) Respirar una persona o un — v.intr.
animal con fatiga a causa del cansancio: *llegaron ja-* — = resollar
deando a causa de la subida y del peso que llevaban.

jadeíta Silicato de color verde blanquecino, traslúci- — s.f.
da, que funde con facilidad. — MINERALOGÍA

jadeo Respiración entrecortada y rítmica que está — s.m.
provocada por el cansancio o por trastornos circula- — = acezo
torios o respiratorios.

jaén Se aplica a la vid o viñedo que produce una uva — adj.
blanca y de hollejo duro.

jaenés, a
1 De Jaén, ciudad y provincia españolas. — adj./= jiennense
2 Persona natural de Jaén. — s./= jiennense

jaez (Del ár. *yehez*, arnés.)
1 Cualquier adorno que se pone a las caballerías, es- — s.m.
pecialmente el que está hecho de cintas entrelazadas — pl: jaeces
que se ponen en las crines. — EQUITACIÓN
2 Clase o condición de una cosa o persona: *no me* — despectivo
gusta que vayas con gente de ese jaez. — = calaña, ralea

jaezar Enjaezar, poner jaeces a las caballerías. — v.tr./conj: cazar

jafético, a Que desciende o tiene relación con Jafet, — adj/s.
tercer hijo de Noé: *pueblo jafético.* — HISTORIA

jago Palmera americana de interés alimenticio. *(Acroco-* — s.m.
mia vinifera.) — BOTÁNICA

jagua (Voz araucana.)
1 Planta arbórea rubiácea de hojas opuestas, flores — s.f.
axilares y fruto en drupa. *(Genipa americana.)* — BOTÁNICA
2 Fruto de esta planta, de pulpa agridulce.

3 Arenilla ferruginosa que se deposita en el fondo de — Colomb.
la batea al lavar el oro. — MINERÍA
4 Variedad de frijol. — Colomb./BOTÁNICA

jaguar (Del tupí-guaraní *yaguará*.) Mamífero felino de — s.m.
gran tamaño, de color pardo con manchas negras, pa- — ZOOLOGÍA
recido al leopardo, que vive en América. *(Panthera onca.)* — tb: yaguar

jaguareté Jaguar, mamífero felino. — s.m./Argent., Par.,
Urug.

jaguarzo Arbusto con hojas oscuras y blanquecinas — s.m.
por el envés, de flores blancas y fruto capsular. *(Cistus* — BOTÁNICA
clusii.)

jaguay Planta arbórea de madera amarilla usada en — s.m./Cuba
ebanistería. *(Pithecolobium dulce.)* — BOTÁNICA

jagüey
1 Planta sarmentosa o bejuco de la familia de las mo- — s.m./Cuba
ráceas que crece enlazándose a otro árbol, al cual — BOTÁNICA
mata.
2 Bala o zanja llena de agua. — Amér. Central y
Merid.

jaharí (Del ár. *saari*.) Se aplica a una especie de higo — adj/s.
que se cría en Andalucía. — pl.tb: jaharíes

jaharrar (Del ár. *gayyar*, encalar.) Cubrir una pared — v.tr.
con una capa de yeso o mortero. — CONSTRUCCIÓN

jaharro Acción y resultado de jaharrar o enjabelgar — s.m.
una obra de albañilería. — CONSTRUCCIÓN

jai (Voz gitana.) Mujer, muchacha. — s.f./argot

jaiba
1 Que es astuto y taimado. — adj/s.m.f./Amér.
2 Que le cuesta trabajar o le da pereza hacerlo. — Cuba
3 Cangrejo de río. — s.f./Amér.
4 Cámbaro, crustáceo marino. — Chile/ZOOLOGÍA

jailoso, a Se aplica a la persona aristócrata o que pre- — adj.
tende serlo. — Colomb.

jaimiquí Planta arbórea cuyo fruto se usa como ali- — s.m.
mentación del ganado bovino y de cerda y cuya ma- — BOTÁNICA
dera es muy apreciada en ebanistería. *(Mimusops jaimi-*
qui.)

jainí
1 Del jainismo: *la reforma jainista.* — adj./RELIGIÓN
2 Persona que profesa esta religión. — s.m.f./RELIGIÓN

jainismo Religión de la India caracterizada por aspi- — s.m.
rar a llevar el alma hacia la liberación de la transmi- — RELIGIÓN
gración o nirvana.

jaique (Del ár. *haik*, manto largo de lana.) Prenda de — s.m.
vestir con la que se cubren las mujeres musulmanas,
semejante a una capa sin costuras.

jájara Fárfara o cubierta del huevo. — s.f.

¡jajay! Expresión usada para indicar burla o ironía. — interj.

jal Piedra pómez que contiene fragmentos de minera- — s.m./Méx.
les o metales preciosos. — MINERALOGÍA

jala Borrachera, estado de embriaguez. — s.f./Amér.

jalada
1 Exageración o exceso en alguna cosa. — s.f./Méx.
2 Calada que se da al cigarrillo. — Méx.

jalado, a
1 Que está borracho o ebrio. — adj./Amér.
2 Que está pálido y ojeroso. — Amér.

jalador, a Se aplica a la persona que se suma con en- — adj/s.
tusiasmo a una empresa común. — Méx.

jalancia Comida, alimentos listos para comer. — s.f./coloquial

jalapa Raíz de una planta convolvulácea americana, — s.f.
parecida a la enredadera de campanillas, que se usa — BOTÁNICA
en farmacia como purgante. *(Ipomaea purga.)*

jalapeño Variedad de chile, pimiento. — s.m./Méx.

jalar
I (Del sánscrito *kha-*, comer, por influjo de la onoma- — v.tr/intr.
topeya *¡ham!*.) Comer una persona con mucho apeti- — vulgar
to: *este chico no para, se pasa el día jalando.* — = zampar
II (Del fr. *haler*.)
1 Tirar de una cosa para atraerla o arrastrarla, espe- — v.tr.
cialmente de un cabo o cuerda. — tb:halar
2 Atraer hacia sí. — coloquial
3 Irse de un lugar muy deprisa: *los avisó para que jala-* — v.intr.
sen de la iglesia. — Amér.
4 Mantener relaciones amorosas. — v.tr/Amér. Central
5 Emborracharse, embriagarse. — v.prnl./Amér.

jalbegador, a Que jalbega o blanquea con cal las pa- — adj/s.
redes.

jalbegar (Del lat. vulgar **exalbicare*.)
1 Poner las paredes blancas con cal: *en el sur tienen* — v.tr.
costumbre de jalbegar las fachadas. — conj: pagar
2 Arreglar la cara de una persona con cosméticos: — v.tr/prnl.
esta mujer se jalbega con mucha elegancia.

jalbegue
1 Blanqueo de las paredes con cal o arcilla blanca. — s.m./= jabielgo
2 Lechada de cal para enjalbegar.
3 Cosmético usado para blanquearse el rostro.

jalca Cumbre elevada de una cordillera. — s.f./Perú

jalda
1 Falda, prenda de vestir femenina. — s.f.
2 Falda de un monte. — P. Rico

jalde (Del fr. ant. *jalne*, amarillo.) De color amarillo fuerte. — adj. / tb: jaldado, jaldo

jalea (Del fr. *gelée*, helada.)
1 Conserva dulce de aspecto gelatinoso y transparente, elaborada con el zumo de algunas frutas. — COCINA
2 Cualquier medicamento azucarado de consistencia gelatinosa. — FARMACIA
3 **jalea real**: Sustancia segregada por las glándulas de las abejas, que se usa como aporte vitamínico.

jaleador, a Que jalea: *voces jaleadoras*. — adj./s.

jalear (Derivado de ¡*hala*!)
1 Dar ánimo a una persona que baila, canta o participa en una competición con palmadas o gritos: *los asistentes a la fiesta se jaleaban unos a otros*. — v.tr./prnl. = aplaudir
2 Llamar a los perros para que sigan la caza. — v.tr./CAZA
3 Alabar a una persona exageradamente. — = adular
4 Dar el público ánimo al torero. — TAUROMAQUIA

jaleo
1 Situación o asunto en que hay mucho movimiento, ruido o desorden: *no encuentro el documento entre tanto jaleo de papeles; en la fiesta se formó un jaleo tremendo*. — s.m. = enredo, tumulto ≠ calma
2 Acción y resultado de jalear.
3 Baile y música populares andaluces. — MÚSICA

jaleoso, a Que es ruidoso o bullicioso. — adj/s.

jaletina (Del ital. *gelatina*.) Gelatina hecha a base de fruta o cociendo partes gelatinosas de los animales. — s.f. COCINA

jalifa (Del ár. *halifa*, sucesor de Mahoma.) Autoridad suprema del antiguo protectorado español de Marruecos que desempeñaba las funciones de sultán. — s.m. HISTORIA

jalifato Antiguo cargo y territorio del jalifa. — s.m./HISTORIA

jalifiano, a Que tiene relación con la autoridad del jalifa o depende de ella. — adj. HISTORIA

jalma (Del lat. vulgar *salma*.) Especie de aparejo de animal de carga. — s.f. = enjalma

jalón
I (Del fr. *jalon*.)
1 Palo con punta metálica en uno de sus extremos que se clava en tierra para determinar puntos fijos cuando se levanta el plano de un terreno. — s.m.
2 Hecho importante que constituye un punto de referencia en la vida de una persona o en el desarrollo de una cosa: *la concesión del premio fue un jalón más en su carrera de escritora*. — = hito
3 Inicio y final de cada una de las etapas o fases que forman una acción u obra.
II (Derivado de *jalar*.)
1 Trago de bebida alcohólica. — s.m./Méx. Bol., Chile
2 Trecho largo.
3 Novio, pretendiente de una muchacha. — Nicar.
4 Tirón, acción y resultado de tirar de algo con violencia. — Amér.
5 Calada que se le da a un cigarrillo. — Méx.
6 **de un jalón**: De principio a fin, sin interrupción: *leí la novela de un jalón*. — loc.adv. Méx.

jalonamiento Colocación de jalones en un lugar para señalar puntos fijos. — s.m.

jalonar
1 Señalar una cosa con jalones: *jalonaron el terreno para hacer el plano*. — v.tr.
2 Ser una cosa un hecho importante o un punto de referencia en la vida de una persona o en un período de tiempo: *la muerte del monarca jalonó esa etapa de la historia del país*. — = marcar

jalonear Dar tirones. — v.tr./Méx.

jaloque (Del cat. *xaloc*.) Viento que sopla del sudeste. — s.m.

jama Iguana, reptil saurio, de menor tamaño que la común. — s.f./Hond. ZOOLOGÍA

jamacuco Dolor o enfermedad repentina: *le dio un jamacuco y se lo han llevado al hospital*. — s.m. coloquial

jamaica
1 Planta malvácea de propiedades diuréticas. (*Hibiscus sabdariffa*.) — s.f./Méx., Cuba BOTÁNICA
2 Tómbola o feria con fines benéficos. — Méx.

jamaicano, a
1 De Jamaica, país de las Antillas. — adj.
2 Persona natural de este estado. — s.

jamancia
1 Comida, alimento: *no encontró jamancia ni en la nevera ni en los armarios*. — s.f. argot
2 Hambre, ganas de comer: ¡*tengo una jamancia*! — argot

...r Tomar alimento: *coge un trozo que si no él se ja... da la tarta*. — v.tr/prnl./argot = comer

...el occitano ant. *jamais* < lat. *iam magis*, ya

1 Nunca, en ningún momento: *prometió que jamás volvería a fumar, pero a los pocos días ya compró cigarrillos*. — adv. ≠ siempre
2 **jamás de los jamases o nunca jamás**: Nunca, con un sentido enfático: *no quiero volver a verlo jamás de los jamases*. — loc.adv.
3 **para o por siempre jamás**: Siempre, en cualquier momento: *estaré en deuda contigo para siempre jamás*.

jamba (Del fr. ant. *jambe*.) Cada una de las piezas verticales que sirven para sostener el arco o el dintel de una puerta o una ventana. — s.f. ARQUITECTURA

jambado, a Se aplica a la persona comilona o tragona. — adj./Méx.

jambaje
1 Conjunto de las dos jambas y el dintel que forma el marco de una puerta o de una ventana. — s.m. ARQUITECTURA
2 Ornamentación de este conjunto arquitectónico.

jámbico, a Del pie de la poesía griega y latina llamado yambo. — adj./POESÍA tb: yámbico

jamelgo (Del lat. *famelicus*, hambriento.) Caballo flaco y de apariencia desgarbada, por tener las patas poco proporcionadas con el resto del cuerpo. — s.m. = rocín

jamerdana Vertedero de vísceras en los mataderos. — s.f.

jamerdar (Del lat. vulgar *exemerdare*, quitar la inmundicia.)
1 Limpiar el vientre de las reses. — v.tr./conj:pensar
2 Lavar una comida mal y deprisa.

jamete (Del gr. *examitoz*, de seis hilos.) Tela de seda entretejida a veces con oro. — s.m. TEXTIL

jámila (Del ár. *gamil*, grasa derretida.) Alpechín, líquido oscuro que sale de las aceitunas. — s.f.

jamón (Del fr. *jambon*.)
1 Pierna entera de cerdo salada y curada. — s.m.
2 Carne de esta pierna.
3 Parte superior de la pierna de una persona. — coloquial
4 **jamón ahumado**: El secado al calor de la lumbre o en cámaras especiales.
5 **jamón cocido o en dulce o de York**: El que se obtiene por cocción, que generalmente está deshuesado y moldeado.
6 **jamón serrano**: El de calidad superior, que se seca en climas de montaña muy secos.
7 **estar jamón**: Ser una persona muy atractiva: *tu hermana está jamón*. — coloquial
8 ¡**y un jamón**! o ¡**y un jamón con chorreras**!: Expresión que se usa para rechazar o despreciar una pretensión o una afirmación de otra persona. — coloquial

jamona
1 Se aplica a la mujer de formas generosas y sensualmente. — adj/s.f.
2 Se refiere a la mujer que ha dejado de ser joven y está algo gruesa. — despectivo

jamoncillo Dulce de leche. — s.m./Méx.

jam-session (Expresión inglesa.) Reunión de músicos de jazz en la que improvisan diversos temas para su propio entretenimiento. — s.f. MÚSICA

jamuga (Del lat. *sambuca*, máquina de guerra en forma de puente levadizo.) Silla de tijera, con respaldo y brazos de cuero, que se coloca sobre el aparejo de las caballerías para montar a mujeriegas. — s.f. EQUITACIÓN = samuga

jamurar (Del cat. *eixamorar* < lat. *exhumorare*, secar.) Sacar el agua encharcada o acumulada en un lugar. — v.tr.

janano, a Se aplica a la persona que tiene el labio parecido al de la liebre. — adj./Guat., Nicar., Salv.

jándalo, a
1 Se aplica a la pronunciación gutural andaluza y a la persona que habla así. — adj/s.
2 Se refiere a la persona que ha estado en Andalucía y ha adoptado costumbres y pronunciación propias del andaluz.

jangada (Del port. *jangada*.)
1 Balsa, plataforma hecha con maderos unidos. — s.f.
2 Impertinencia, salida necia e inoportuna. — = majadería
3 Trastada, mala pasada. — coloquial

jangua Barco pequeño armado, parecido a la jangada y usado en los mares de Oriente. — s.f. NÁUTICA

jansenismo (De Cornelius *Jansen*, obispo flamenco.) Doctrina religiosa fundada en el siglo XVII, que defendía la salvación de la persona sólo mediante la gracia divina, en detrimento de la libertad humana. — s.m. RELIGIÓN

jansenista
1 Del jansenismo. — adj./RELIGIÓN
2 Que profesaba esta doctrina religiosa. — adj/s.m.f./RELIGIÓN

japo De Japón, estado insular del Asia oriental, en especial el soldado que combatió durante la segunda guerra mundial. — adj./s.m.f.

japonés, a
1 De Japón, país insular de Asia oriental, o de su lengua. — adj./= japón, japonense, nipón

2 Persona natural de este país.   **s.**
3 Lengua hablada en este país.   **s.m./LINGÜÍSTICA**

japonesismo Influencia del arte japonés en diversas tendencias artísticas europeas de la segunda mitad del siglo XIX: *el japonesismo del impresionismo.*   **s.m. ARTE**

japuta (Del ár. *sabbuta*.) Castañola, pez teleósteo marino.   **s.f. ZOOLOGÍA**

jaque (Del ár. *sah*, rey en el juego del ajedrez.)
1 Jugada del ajedrez en que se amenaza directamente al rey o reina contrarios, mediante otra pieza.   **s.m. JUEGOS**
2 Persona valentona y bravucona.   **= chulo**
3 **jaque mate:** Jugada del ajedrez en la que el rey no puede salvarse, con lo que el contrario gana la partida.   **JUEGOS**
4 **¡jaque!:** 1. Expresión con que se avisa de la situación de amenaza que sufre el rey contrario. 2. Expresión con que se echa a alguien de un lugar.   **interj./JUEGOS coloquial**
5 **tener, traer o poner a alguien en jaque:** Tenerle en vilo o pendiente de algún asunto: *me tuvo en jaque toda la semana con sus misteriosas llamadas.*   **coloquial**

jaqué Chaqué, prenda masculina de gala.   **s.m./Méx.**

jaquear
1 Dar jaque o jaques en el ajedrez.   **v.tr./JUEGOS**
2 Realizar actos de hostilidad contra el enemigo: *las tropas jaquearon la ciudad.*

jaqueca (Del ár. *saqiqa*, lado de la cabeza.)
1 Dolor intermitente que afecta a la mitad de la cabeza y que puede acompañarse de vómitos y trastornos de la visión.   **s.f. MEDICINA = migraña**
2 **dar a alguien jaqueca:** Molestarle o fastidiarle por insistir en una petición o en una censura: *estoy harto de que me des jaqueca con eso del préstamo.*   **coloquial**

jaquecoso, a Que es fastidioso y molesto: *me perseguía con una jaquecosa insistencia.*   **adj. = cargante**

jaquel Cada uno de los cuadros en que se divide el escudo de armas.   **s.m./HERÁLDICA = escaque**

jaquelado, a
1 Que está dividido en jaqueles.   **adj./HERÁLDICA**
2 Se aplica a la piedra preciosa que está labrada con facetas doradas.

jaquero Peine muy pequeño que usaban las mujeres para hacerse un peinado muy liso.   **s.m.**

jaqués, a
1 De Jaca, ciudad de Huesca.   **adj.**
2 Persona natural de Jaca.   **s.**

jaquetón Pez del grupo de los tiburones, muy grande y de poderosa dentadura, bastante común en casi todos los mares y considerado un animal muy peligroso. *(Carcharodon carcharias.)*   **s.m. ZOOLOGÍA**

jáquima (Del ár. *sakima*, cabestro.)
1 Cabezada de cordel que hace las veces de cabestro y sirve para atar las bestias.   **s.f.**
2 Borrachera o embriaguez.   **Amér. Central**

jaquimazo (Del ár. *sakima*, cabestro.)
1 Golpe que se da con una jáquima.   **s.m.**
2 Burla pesada o broma que resulta molesta.   **coloquial**

jaquimero, a Persona que hacía o vendía jáquimas o cabezadas de cordel.   **s.**

jara (Del ár. *sara*, matorral.)
1 Planta arbustiva cistácea, con ramas y hojas viscosas en cápsula, flores grandes blancas con una mancha rojiza en la base, cáliz con tres sépalos y fruto velloso. *(Cistus y Halimium.)*   **s.f. BOTÁNICA = jarra común**
2 Palo de punta aguzada y endurecida al fuego que se emplea como arma arrojadiza.
3 Descenso o alto en una marcha campestre por lo común para pernoctar.   **Bol.**
4 **jara blanca:** Estepa blanca, planta.   **BOTÁNICA**
5 **jara cervuna, cerval, jarguna o macho:** La que presenta grandes hojas triangulares con base acorazonada y flores blancas con el centro amarillo. *(Cistus populifolius.)*   **BOTÁNICA**
6 **jara negra:** La que es muy ramosa, de color verde oscuro y flores involucradas por las hojas superiores. *(Cistus salviaefolius.)*   **BOTÁNICA**

jaraba Planta herbácea umbelífera, de hojas coriáceas con bordes aserrados e inflorescencias en umbela. *(Carum falcaria.)*   **s.f. BOTÁNICA**

jarabe (Del ár. *sarab*, poción.)
1 Bebida medicamentosa.   **s.m./FARMACIA**
2 Bebida no alcohólica de sabor dulce, hecha cociendo agua con azúcar y añadiendo zumos refrescantes o sustancias artificiales: *pon jarabe de fresa sobre el helado.*
3 Bebida muy dulce.   **= jarope**
4 Baile regional.   **Méx.**
5 **jarabe de palo:** Paliza que se da como castigo o medio de disuasión: *como no estés quieto te daré jarabe de palo.*   **coloquial**
6 **jarabe de pico:** Palabrería, conjunto de palabras o promesas.   **coloquial**

jarabear
1 Dar o recetar un médico jarabe a una persona.   **v.tr./coloquial**
2 Tomar una persona un jarabe para purgarse.   **v.prnl.**

jaracalla Ave similar a una alondra.   **s.f./ZOOLOGÍA**

jaracatal Multitud, abundancia de personas o de cosas.   **s.m. Guat.**

jaraíz Lagar, recipiente donde se prensa la aceituna y la uva.   **s.m. pl: jaraíces**

jaral
1 Terreno poblado de jaras.   **s.m.**
2 Asunto enredado o muy complicado.   **= berenjenal**

jaramago (Del ár. *sarmaq*, armuelle, planta.)
1 Planta crucífera que suele crecer entre los escombros, de tallo erecto y ramoso, hojas partidas y dentadas, flores amarillas y pequeñas y fruto en silícula. *(Diplotaxis virgata.)*   **s.m. BOTÁNICA = balsamita, raqueta**
2 Planta crucífera lampiña, glaucescente, de flores amarillas agrupadas en racimos. *(Eurucastrum boeticum.)*   **BOTÁNICA**

jarameño, a
1 Del río Jarama: *la ribera jarameña.*   **adj.**
2 Se aplica al toro que se cría en las riberas del río Jarama.   **TAUROMAQUIA**
3 Se refiere al toro bravo y ligero.   **TAUROMAQUIA**

jaramugo Alevín o pececillo joven de cualquier especie.   **s.m. ZOOLOGÍA**

jarana
1 Diversión bulliciosa: *anduvieron de jarana por la playa hasta que amaneció.*   **s.f./coloquial = juerga**
2 Ruido producido por un grupo numeroso de gente que grita y se divierte: *vaya jarana que armaron los vecinos.*   **coloquial = jaleo**
3 Engaño, burla o trampa.   **coloquial**
4 Guitarra pequeña de cuatro cuerdas que se usa en la costa de Veracruz.   **Méx. MÚSICA**

jaranear
1 Ir una persona de jarana: *se pasa el día jaraneando con sus amigos.*   **v.intr. coloquial**
2 Chancear, burlarse de una persona.   **Cuba**

jaranero, a
1 Que es aficionado a ir de jarana: *es muy jaranero y sale cada noche.*   **adj/s. coloquial**
2 Persona que toca la jarana.   **-./Méx/MÚSICA**

jaranista Que es aficionado a ir de jarana.   **adj./Perú**

jarano, a Se aplica al sombrero de fieltro blanco, ala ancha y bajo de copa.   **adj/s.m.**

jarapa Tejido grueso de tiras de tela de distintos colores, usado para confeccionar alfombras, mantas, colchas, cortinas u otras prendas.   **s.f.**

jarazo Herida o señal producida por la jara, arma.   **s.m.**

jarbar
1 Tomar un enjambre de una colmena que está muy poblada.   **v.tr.**
2 Estar una colmena demasiado llena de abejas.   **v.intr.**

jarcha (Del ár. *harya*.) Versos finales, escritos en lengua mozárabe, de la composición poética escrita en árabe culto o en hebreo, llamada moaxaja.   **s.f. LITERATURA**

jarcia (Del gr. *exartia*, aparejos de un buque.)
1 Conjunto de instrumentos y redes para pescar.   **s.f./PESCA**
2 Conjunto de aparejos y cabos de una embarcación.   **NÁUTICA**
3 Mezcla desordenada de cosas: *al abrir el baúl encontró una jarcia de recuerdos de sus viajes.*
4 **jarcia de labor:** La que es movible y sirve para formar los aparejos.   **NÁUTICA**
5 **jarcia muerta o firme:** La que está siempre fija y sirve para la sujeción de los palos.   **NÁUTICA**

jarciar Enjarciar, poner la jarcia a una embarcación.   **v.tr./NÁUTICA**

jarciería Conjunto de objetos de uso doméstico elaborados con fibras.   **s.f. Méx.**

jarciero, a Persona que vende o fabrica jarciería.   **s./Méx.**

jardín (Del fr. *jardin*.)
1 Terreno donde se cultivan plantas y flores ornamentales.   **s.m.**
2 Lado del escenario que queda a la izquierda del espectador.   **TEATRO ≠ patio**
3 Mancha defectuosa en la esmeralda.
4 **jardín botánico:** Terreno donde se cultivan plantas curiosas o exóticas para la investigación científica y con fines docentes.
5 **jardín de infancia:** Escuela a la que asisten niños entre dos y cuatro años.   **= parvulario**
6 **jardín de infantes:** Parvulario, escuela de niños en edad preescolar.   **Argent., Par., Urug.**
7 **jardín hormiguero:** Nido de determinadas especies de hormigas amazónicas.   **ZOOLOGÍA**
8 **jardín zoológico:** Parque en el que se exponen al público animales salvajes.   **= zoo**

jardinera
1 Mueble, caja o recipiente en que se colocan macetas con plantas de adorno, o plantas naturales.   **s.f. = macetero**

2 Coche de caballos, de cuatro ruedas, descubierto y ligero, y cuya caja solía ir pintada imitando un enrejado de mimbre.

3 Tranvía abierto que se usa en verano en algunas poblaciones.

4 Marquesina, cubierta de un andén o de la entrada a un edificio. *Chile* ARQUITECTURA

5 Saco, jubón, prenda de vestir. *Colomb.*

6 a la jardinera: Se refiere a los alimentos guisados con verduras variadas: *chuletas de cerdo a la jardinera.* loc.adj. COCINA

jardinería Arte y técnica de cultivar los jardines. s.f.

jardinero, a Persona encargada de cuidar y cultivar un jardín. s.

jareta (Del ár. vulgar *sarita*, cuerda.)
1 Dobladillo que se hace en una prenda de vestir como adorno o para pasar por él una goma, cinta o cordón que lo encoja y ajuste al cuerpo. s.f. TEXTIL

2 Lorza de adorno en la ropa.

3 Cabo que se pasa por las argollas de la parte inferior de la red y que sirve para cerrarla por debajo y formar un bolso. PESCA

4 Cabo que se tiende de obenque a obenque y sirve para asegurar los palos que han quedado flojos después de un temporal. NÁUTICA

5 Bragueta, abertura de los pantalones. *C. Rica*

jaretera Jarretera, liga de la pierna. s.f.

jaretón Dobladillo muy ancho. s.m.

jargón Variedad del circón de color amarillo palizo. s.m./MINERALOGÍA

jari Lío, pelea entre dos o más personas. s.m./argot

jarico Jicotea, reptil quelonio emídido de agua dulce, que vive en Norteamérica. s.m./*Cuba* ZOOLOGÍA

jarifo, a (Del ár. *sarif*, ilustre.) Que es vistoso o está bien arreglado o adornado. adj. tb: garifo

jarilla
1 Planta vivaz compuesta, de hojas opuestas, que se usaba contra la sífilis. *(Ichtyothere curvifolia.)* s.f. BOTÁNICA

2 Denominación de diversas plantas arbustivas ramificadas y resinosas con flores amarillas de pequeño tamaño. BOTÁNICA/*Argent., Chile, Urug.*

jarillal Lugar poblado de jarillas. s.m./*Argent., Chile*

jarillero, a Persona que recoge y vende jarilla. s./*Argent., Chile*

jarillo Aro, planta arácea. s.m./BOTÁNICA

jaripeo
1 Fiesta charra. s.m./*Méx.*
2 Suerte que los charros hacen con lazo. *Méx.*

jaro (De origen incierto)
1 Se aplica al animal que tiene el pelo rojizo, en especial el cerdo o el jabalí. adj/s.
2 Aro, planta arácea. s.m./BOTÁNICA
3 Mancha espesa de monte bajo.

jarocho, a (Del ár. *harut*, mujer mala.)
1 Que es tosco e insolente. adj.
2 De la costa del estado de Veracruz. *Méx.*
3 Persona natural de la ciudad de Veracruz. s./*Méx.*

jaropar Dar mucho jarabe u otra medicina a una persona. v.tr. tb: jaropear

jarope (Del ár. *sarab*, poción.)
1 Agua espesada con azúcar. s.m./= jarabe
2 Bebida amarga o desagradable.
3 Jarabe medicinal.

jaropear Dar mucho jarabe u otra medicina a una persona. v.tr./coloquial tb: jaropar

jaropeo Abuso en el consumo de jarabes. s.m./coloquial

jaroso, a Se aplica al terreno que tiene muchas jaras. adj.

jarra (Del ár. *yarra*.)
1 Recipiente de barro, vidrio, plástico o metal, alargado, con boca y cuello anchos y una o más asas, que suele tener un pequeño pico en el borde por donde se vierte el líquido contenido. s.f. tb: jarro
2 Cantidad de líquido que cabe en una jarra: *se ha bebido una jarra de cerveza.*
3 en o de jarras: Con las manos en la cintura y los brazos arqueados: *se puso en jarras, en actitud desafiante.* loc.adv. coloquial

jarrar Jaharrar, cubrir una pared con una capa de yeso o mortero. v.tr. CONSTRUCCIÓN

jarrazo Golpe dado con un jarro o una jarra. s.m.

jarrear
I (Derivado de *jarra*.)
1 Sacar repetidamente líquido de un lugar con una jarra. v.intr.
2 Sacar agua de un pozo con frecuencia para que no se cieguen los veneros.
3 Llover mucho: *la noche anterior jarreó.*
II (De origen incierto.) Jarrar, cubrir una pared con una capa de yeso o mortero. v.tr. CONSTRUCCIÓN

jarrero, a Persona que hace o vende jarros. s.

jarretar
1 Cortar la pierna a una persona o a un animal por el jarrete. v.tr.
2 Quitar las fuerzas o el ánimo. v.tr/prnl.

jarrete (Del fr. *jarret*, corva.)
1 Parte alta y carnosa de la pantorrilla cerca de la corva de la pantorrilla. s.m.
2 Corva, parte de la pierna, opuesta a la rodilla, por donde se dobla.
3 Corvejón, articulación entre la parte inferior de la pierna y superior de la caña de los cuadrúpedos. ZOOLOGÍA

jarretera Liga con hebilla que se usaba para sujetar la media o el calzón. s.f. tb: jaretera

jarro
1 Recipiente para líquidos, semejante a una jarra y con una sola asa. s.m. tb: jarra
2 Cantidad de líquido que cabe en un jarro: *les invitó a varios jarros de vino.* tb: jarra
3 a jarros: A cántaros, en abundancia: *llover a jarros.* loc.adv.
4 echar a alguien un jarro de agua fría: desilusionarle, desanimarle: *intentó echarle un jarro de agua fría para quitarle de la cabeza esas ideas.* coloquial

jarrón
1 Recipiente semejante a una jarra usado para adornar o contener flores cortadas con agua: *colocó el ramo en un jarrón de cristal tallado.* s.m. = florero
2 Pieza ornamental, semejante a una jarra, que se coloca sobre un pedestal o como motivo de remate en interiores y exteriores de edificios y en espacios abiertos.

jarropo, a Se refiere a la res cabría que tiene el pelo castaño. adj.

jasa Sajadura, corte hecho en la carne. s.f./= jasadura

jasador, a Sangrador o sajador, persona que corta carne. s.

jasar (Del fr. ant. *jarser*.) Sajar, hacer un corte en la carne. v.tr.

jaspe (Del lat. *iaspis* < gr. *iaspis*, piedra preciosa semejante al ágata.)
1 Calcedonia opaca de diversos colores, que suele tener vetas de color rojo. MINERALOGÍA
2 jaspe ópalo: Variedad roja u oscura del ópalo. MINERALOGÍA

jaspeado, a
1 Que tiene vetas o listas irregulares y de formas caprichosas, como las del jaspe: *llevaba una chaqueta de punto jaspeada en tonos azules.* adj.
2 Operación de jaspear. s.m.
3 Proyección de pequeñas gotas de color sobre los cortes o cantos de un libro. ARTES GRÁFICAS

jaspear
1 Pintar una cosa imitando las vetas y salpicaduras del jaspe. v.tr.
2 Proyectar pequeñas gotas coloreadas sobre los cantos o cortes de un libro. ARTES GRÁFICAS

jaspón Mármol de grano grueso, de color blanco o con manchas rojas o amarillas. s.m. MINERALOGÍA

jatibí Se refiere a una variedad de la uva de hollejo duro. adj. AGRICULTURA

jato, a Ternero, cría de la vaca. s.

¡jau! Voz usada para incitar a ciertos animales, especialmente a los toros, a caminar o embestir. interj.

jauja Lugar o situación en que las necesidades o deseos se satisfacen sin esfuerzo: *aquí has de trabajar, que no vives en jauja.* s.f. coloquial

jaula (Del fr. ant. *jaole*.)
1 Caja hecha con barras, listones, alambres u otros materiales, que se utiliza para encerrar o transportar animales: *colocó la jaula del loro en un rincón de la sala.* s.f.
2 Embalaje de madera hecho con tablas o listones colocados a cierta distancia unos de otros.
3 Armazón de hierro que sirve para transportar a los mineros y los materiales que se usan en las minas. MINERÍA
4 Toril, chiquero, lugar donde se encierran a los toros que se han de lidiar. TAUROMAQUIA
5 Cárcel o prisión para delincuentes: *le han metido en la jaula para el resto de su vida.* argot = chirona

jauría Conjunto de perros que cazan dirigidos por un mismo podenquero: *la jauría se dispersó por el prado tras las liebres.* s.f. CAZA = muta

javanés, a
1 De Java, una de las islas de Indonesia. adj./= javo
2 Persona natural de esta isla. s.
3 Lengua del grupo indonesio hablada en la mayor parte de esta isla. s.m./LINGÜÍSTICA = javo

javelización Esterilización del agua potable mediante el uso de agua clorada o una solución de hipoclorito de sodio. s.f. TECNOLOGÍA

javera Jabera, cante popular andaluz. s.f./MÚSICA

jayán, a (Del fr. ant. *jayant*.) Persona robusta y de mucha fuerza: *era un jayán de noble corazón.* s.

jayao Pez marino hemúlido, de carne muy apreciada. s.m./*Cuba*
(*Haemulon album.*) ZOOLOGÍA

jazarán (Del ár. *yazairi*, argelino.) Jacerina, cota de s.m.
malla. HISTORIA

jazmín (Del ár. *yasamin*.)
1 Planta oleácea, con tallos trepadores, hojas com- s.m.
puestas y flores blancas olorosas, que se cultiva en BOTÁNICA
los jardines y se usa en perfumería. (*Jasminum*.) = jazmín común
2 Flor de esta planta. BOTÁNICA
3 **jazmín amarillo**: El que presenta hojas alternas, BOTÁNICA
flores muy olorosas y fruto en baya globosa, muy
usado en perfumería. (*Jasminum fruticans.*)
4 **jazmín de España, real o español**: El que es trepa- BOTÁNICA
dor y presenta flores de corola rojiza por fuera y muy
olorosas, con tubo más largo que el cáliz y lóbulos
obtusos. (*Jasminum grandiflorum.*)
5 **jazmín de invierno**: El que presenta ramas angulo- BOTÁNICA
sas y flores amarillas e inodoras, de floración precoz.
(*Jasminum nudiflorum.*)
6 **jazmín del Cabo o de la India**: Gardenia, planta BOTÁNICA
rubiácea, y su flor.
7 **jazmín del monte**: Muermera, planta arbustiva. BOTÁNICA

jazz (Voz norteamericana.) Música de origen afronor- s.m.
teamericano creada por la comunidad negra y criolla MÚSICA
de color a principios del siglo XX, que se caracteriza tb: yaz
por su improvisación y en el énfasis del ritmo.

jazz band (Expresión inglesa.) Conjunto de música s.m.
jazz que está compuesto generalmente por una bate- MÚSICA
ría, uno o varios banjos, uno o dos pianos y varios
saxófonos e instrumentos de metal.

jazzman (Voz norteamericana.) Músico de jazz. s.m./pl: jazzmen

jazz rock Música de jazz compuesta por distintos s.m.
elementos propios del rock. MÚSICA

¡je! Expresión onomatopéyica con la que se expresa la interj.
risa, por lo general irónica.

jeans (Voz inglesa.) Pantalones vaqueros o tejanos: *los* s.m.pl.
jeans son los pantalones más vendidos del mercado mun- = tejano,
dial. vaquero

jebe
1 Sulfato de alúmina y potasa, usado en medicina y s.m.
en tintorería. = alumbre
2 Goma elástica, caucho. *Amér. Central*
y Merid.
3 Planta euforbiácea de la que se extrae el caucho. BOTÁNICA
(*Hevea brasiliensis.*)

jedrea Ajedrea, planta labiada. s.f./BOTÁNICA

jeep (Voz inglesa.) Vehículo ligero que puede marchar s.m./pl: jeeps
por terrenos desiguales: *atravesaron el desierto y las* = vehículo todo
montañas con un jeep del ejército. terreno

jefatura
1 Dignidad y cargo de jefe. s.f.
2 **jefatura del estado**: Función del jefe del estado. DERECHO, POLÍTICA
3 Oficina de ciertos organismos oficiales: *jefatura de*
tráfico; jefatura de policía.

jefe, a (Del fr. *chef*, jefe < lat. *caput*, cabeza.)
1 Persona que ocupa el cargo superior de un cuerpo s./= director,
u oficio: *es el jefe del equipo de arquitectos.* dirigente
2 Líder o persona que encabeza un colectivo: *es la* = cabecilla,
jefa del grupo; el jefe de la banda. guía
3 Tratamiento que a veces denota respeto y, a veces,
confianza.
4 Cada uno de los militares de grado inmediatamen- s.m.
te superior al de capitán e inmediatamente inferior al MILITAR
de general de brigada.
5 Cabeza o parte alta del escudo de armas. HERÁLDICA
6 **jefe de administración**: Funcionario de categoría
administrativa civil, inmediatamente superior a la de
jefe de negociado.
7 **jefe de estación**: Empleado de ferrocarriles que tiene la máxima autoridad en una estación.
8 **jefe de familia**: Miembro del núcleo familiar que
tiene la máxima autoridad: *reclamó la presencia del jefe*
de familia.
9 **jefe de negociado**: Funcionario de categoría administrativa civil, inmediatamente superior a la de oficial.
10 **jefe del estado**: Autoridad suprema de un estado: POLÍTICA
su nombramiento requiere la ratificación por parte del jefe
del estado.
11 **jefe del gobierno**: Cargo del presidente del con- POLÍTICA
sejo de ministros de un estado.
12 **en jefe**: En calidad de cabeza principal: *comandan-* loc.adj.
te en jefe.

jefería Forma de organización político-social por la s.f.
que un individuo tiene autoridad política en un grupo.

jegüite Maleza, espesura de vegetación. s.m./*Méx.*

jeito (Del gallego o asturleonés *xeito* < *xeitar*, echar.) s.m.
Red para pescar boquerones y sardinas. PESCA

jején Insecto díptero más pequeño que el mosquito y s.m./*Amér. Central*
de picadura más irritante. *y Merid.*

jemal Que tiene un jeme de longitud o de distancia: adj.
clavo jemal.

jeme (Del lat. *semis*, medida de medio pie.)
1 Medida de longitud equivalente a la distancia que s.m.
hay desde la extremidad del dedo pulgar a la del
dedo índice, separando el uno del otro todo lo posible.
2 Cara de mujer. coloquial

jemesía Enrejado construido con ladrillos, madera u s.f.
otro material que permite la entrada de la luz y favo- CONSTRUCCIÓN
rece la ventilación. = celosía

jenabe (Del lat. *sinapi* < gr. *sinapi*.)
1 Mostaza, planta herbácea. s.m./BOTÁNICA
2 Semilla de esta planta. tb: jenable

jenchicero Pozo o fuente de donde se saca agua. s.m./*P. Rico*

jengibre (Del lat. *zingiber* < gr. *zingiberis*.) Planta de s.m.
hojas lanceoladas, flores en espiga de corola púrpura, BOTÁNICA
fruto capsular bastante pulposo y rizoma aromático, tb: ajengibre,
que se usa en medicina y como especia. (*Zingiber offici-* jenjibre
nale.) = cojatillo

jeniquén Heneguén, planta amarilidácea, especie de s.m./*Colomb., Cuba,*
pita. *P. Rico* /BOTÁNICA

jenízaro, a
1 Soldado de infantería, en especial de la guardia del s.m./HISTORIA
emperador de los turcos, reclutado entre los hijos de tb: genízaro
los pueblos sometidos.
2 Individuo del cuerpo de policía. s./*Méx.*

jeque (Del ár. *seih*, caudillo local, anciano.) Trata- s.m.
miento de respeto que se da, entre los musulmanes,
a los sabios, religiosos y personas respetables por su
edad.

jera
1 Comida o bebida exquisitas. s.f.
2 Vida de comodidades y placeres. = comodidad

jerapellina Vestido viejo o andrajoso: *se apostó a la* s.f.
puerta de la catedral cubierto con una jerapellina.

jerarca
1 Superior en la jerarquía eclesiástica. s.m.
2 Persona que tiene una elevada categoría en una or- s.m.f.
ganización. = jerifalte

jerarquía (Del bajo lat. *hierarchia* < gr. *hieros*, sagrado
+ *arkhomai*, mandar.)
1 Sistema de clasificación de las cosas o de las perso- s.f.
nas, sus estados y funciones, según niveles subordi- = escala
nados entre sí, por orden de importancia: *jerarquía de*
prioridades.
2 Cada uno de estos niveles o grados: *el capitán gene-*
ral es la más alta jerarquía del ejército.
3 Persona o grupo de personas que dirigen una organización, empresa, institución: *la jerarquía académica*
se reúne hoy.
4 Orden escalonado de los diversos coros angélicos. RELIGIÓN

jerárquico, a De la jerarquía: *las sectas tienen una es-* adj.
tructura jerárquica.

jerarquizar Organizar de forma jerárquica un colec- v.tr.
tivo o grupo. conj: cazar

jerbo (Del fr. *gerbo* < ár. *yarbu*.) Mamífero roedor afri- s.m.
cano, de color rojizo por el lomo y claro por el vien- ZOOLOGÍA
tre, patas delanteras cortas y traseras muy largas, tb: gerbo
cola larga, que es capaz de dar grandes saltos y vive
en el desierto. (*Jaculus jaculus.*)

jeremía Pepita del pimiento. s.f.

jeremíaco, a Que gime o se lamenta mucho o en ex- adj/s.
ceso. tb: jeremiaco

jeremiada Lamentación exagerada o ridícula. s.f./coloquial

jeremías (De *Jeremías*, profeta bíblico.) Persona que s.m.f.
se lamenta continuamente: *es un jeremías, se queja de* pl: jeremías
todo. coloquial

jeremiquear Rogar con insistencia, lloriqueando o v.intr./*Amér.*
gimoteando para conseguir un propósito. *Central y Merid.*

jeremiqueo Acción y resultado de jeremiquear: *estoy* s.m.
harta de sus jeremiqueos y lamentos.

jerez (De *Jerez*, comarca vitivinícola española.) Vino s.m.
blanco, seco y de alta graduación, que se elabora en pl: jereces
las provincias de Cádiz y Sevilla.

jerezano, a
1 De Jerez de la Frontera, ciudad de la provincia de adj.
Cádiz, o de Jerez de los Caballeros, ciudad de la provincia de Badajoz.
2 Persona natural de estas ciudades. s.

jerga
1 (De origen incierto.)
1 Tela de lana o estambre, gruesa y tosca: *el pastor se* s.f./TEXTIL
cubría con una manta de jerga. = sarga
2 Colchón hecho de paja o hierba. = jergón

3 Trapo que se usa para trapear y limpiar. *Méx.*

II (Del occitano ant. *gergon* < fr. ant. *jargon*.)
1 Lenguaje específico de una profesión o de un grupo humano determinado: *la jerga de los médicos.* — s.f. / LINGÜÍSTICA
2 Lenguaje muy difícil de entender: *habla en una jerga que no hay quien le entienda.* = jerigonza

jergal De la jerga o lenguaje específico de una profesión o de un grupo social determinado. — adj. / LINGÜÍSTICA

jergón
1 Colchón con relleno de paja, esparto o hierba y envoltura sin bastas: *pasaron la noche en un jergón del desván.* — s.m. / = jerga
2 Vestido mal hecho y que no se ciñe al cuerpo.
3 Persona gruesa, tosca y perezosa. — coloquial

jergueta Tela gruesa y tosca. — s.f./= jerga

jerguilla
1 Tela delgada de lana, seda o mezcla de ambas, semejante a la jerga. — s.f. / TEXTIL
2 Pedazo de carne de la res vacuna que va desde el cogote hasta las manos. — *Chile*
3 Pez teleósteo de cuerpo oblongo y comprimido, de tono oliváceo con pintas negras y con una sola aleta dorsal. *(Aplodactylus punctatus.)* — *Chile* ZOOLOGÍA

jeribeque Gesto, visaje o contorsión: *habla con remilgos y jeribeques amanerados.* — s.m.

jericoplear Molestar o fastidiar a una persona. — v.tr./*Guat., Hond.*

jerife (Del ár. *sarif*.)
1 Descendiente de Mahoma, por línea de su hija Fátima. — s.m. / tb: jarife
2 Individuo de la dinastía reinante en Marruecos.
3 Jefe superior de la ciudad de La Meca, antes de la conquista de esta ciudad por Ben Seud. — HISTORIA

jerifiano, a Que tiene relación con el jerife. — adj./tb: jarifiano

jerigonza
1 Lenguaje especial de algunos gremios o grupos sociales: *le inició en la jerigonza campesina.* — s.f. / = jerga
2 Lenguaje extraño, complicado y difícil de entender: *se explica en una absurda jerigonza.* — = galimatías
3 Acción extraña y ridícula: *una gitana le soltó una maldición mientras gesticulaba con jerigonzas.*

jeringa (Del lat. *syringa* < gr. *syrinx*, caña, tubo.)
1 Instrumento para inyectar, aspirar o expulsar líquidos o materias blandas, que consiste en un tubo hueco, de tamaño variable según su uso, en el que se mueve un émbolo. — s.f.
2 Molestia, fastidio: *es una jeringa salir lloviendo.* — coloquial

jeringador, a Que jeringa o molesta. — adj./s.

jeringar
1 Inyectar un líquido o una materia blanda con la ayuda de una jeringa. — v.tr/prnl. / conj: pagar
2 Causar molestias, fastidio o perjuicio a una persona: *jeringó a su hermana sin proponérselo; me jeringa que me despierten a media noche.* — coloquial / = fastidiar

jeringazo
1 Acción de jeringar o inyectar. — s.m.
2 Chorro de líquido arrojado de una vez con la jeringa.

jeringuear Jeringar, fastidiar, molestar: *no paró de jeringuearlas en toda la tarde.* — v.tr/*Argent., Colomb., Méx., Chile*

jeringuilla Jeringa pequeña con una aguja hueca usada para inyectar medicamentos líquidos dentro del cuerpo. — s.f.

jeroglífico, a (Del lat. *hieroglyphicus* < gr. *hieroglyphikos*.)
1 Se aplica a la escritura que representa los significados de las palabras con figuras o símbolos: *la escritura egipcia antigua es jeroglífica.* — adj/s.m. / LINGÜÍSTICA
2 Cada una de estas figuras o símbolos. — s.m./LINGÜÍSTICA
3 Pasatiempo o juego de ingenio que consiste en descifrar una palabra, frase, etc., que está expresada por medio de símbolos o figuras: *no consigo resolver el jeroglífico.* — = acertijo
4 Situación o problema de difícil interpretación o solución.

jeronimiano, a (De san *Jerónimo*, doctor de la Iglesia.) De este padre de la Iglesia: *iconografía jeronimiana.* — adj.

jerónimo, a (De san *Jerónimo*, doctor de la Iglesia.)
1 Que tiene relación con alguna de las órdenes religiosas llamadas ermitaños de san Jerónimo. — adj. / RELIGIÓN
2 Miembro de cualquiera de estas órdenes. — s./RELIGIÓN

jerosolimitano, a
1 De Jerusalén, ciudad de Israel. — adj.
2 Natural de esta ciudad.

jerpa (Del lat. vulgar *serpa* < *serpere*, rampar, arrastrarse.) Tallo delgado y estéril que echan las vides por la parte inferior de la cepa. — s.f. / AGRICULTURA / tb: serpa

jerricote (Del ingl. *Harry Cook*, nombre de Enrique el Cocinero.) Guisado o potaje hecho con almendras, azúcar, salvia, jengibre y caldo de gallina. — s.m. / COCINA

jersey (Voz inglesa.) Prenda de vestir cerrada, de punto, con mangas, que cubre la parte superior del cuerpo. — s.m/pl: jerseys / tb: jersei

jeruga Vaina que contiene las semillas de algunas plantas. — s.f. / BOTÁNICA

jeruva Ave de vistosa coloración verde a excepción del copete, pecho castaño y cola larga. *(Baryphthengus ruficapillus.)* — s.f. / ZOOLOGÍA

jeruza Cárcel, calabozo. — s.f./*Guat., Hond.*

¡Jesucristo! Exclamación con que se manifiesta admiración y extrañeza. — interj.

jesuita
1 Que es miembro de la Compañía de Jesús, orden religiosa fundada por san Ignacio de Loyola. — adj/s.m. / RELIGIÓN
2 Que se comporta con hipocresía y astucia: *no seas jesuita y díselo a la cara.* — adj/s.m.f. / coloquial

jesuítico, a
1 De la Compañía de Jesús o de los jesuitas. — adj./RELIGIÓN
2 Que se comporta con disimulo o hipocresía. — despectivo

jesuitina Se aplica a la religiosa que pertenece a la congregación inspirada en la espiritualidad ignaciana. — adj/s.f. / RELIGIÓN

jesuitismo
1 Doctrina religiosa y social de los jesuitas. — s.m./RELIGIÓN
2 Conducta cautelosa e hipócrita basada en ciertas dobleces mentales. — despectivo / = hipocresía

Jesús
1 **¡Jesús!** o **¡Jesús, María y José!** o **¡Jesús, mil veces!**: Exclamaciones con que se manifiesta admiración, sorpresa, susto, dolor, queja, lástima y, a veces, alivio. — interj. / coloquial
2 **en un decir Jesús** o **en un Jesús** o **sin decir Jesús**: En un instante, muy deprisa: *en un decir Jesús se presentó en mi casa para contarme lo sucedido.* — loc.adv. / coloquial

jesusear
1 Decir una persona el nombre de Jesús muchas veces. — v.intr. / coloquial
2 Atribuir falsamente un hecho a una persona, calumniar. — *Guat.* / coloquial

jet (Voz inglesa.) Reactor o avión a reacción: *viaja en su jet privado.* — s.m/pl: jets / AERONÁUTICA

jeta
1 Cara de una persona. — s.f./coloquial
2 Desfachatez, descaro, desvergüenza en la forma de actuar: *me dijo que no con toda la jeta; tiene mucha jeta.* — coloquial
3 Se dice de la persona fresca y desvergonzada: *se toma muchas confianzas porque es muy jeta.* — adj/s.m.f. / coloquial
4 Boca saliente por tener labios muy abultados. — s.f.
5 Hocico del cerdo.
6 Grifo de una cañería o de una caldera.
7 Gesto de enojo en el rostro. — *Méx.*
8 **echarse una jeta**: Dormir una siesta. — *Méx.*
9 **por la jeta**: Con atrevimiento o descaro: *se introdujo en la fiesta por la jeta.* — loc.adv. / *Méx.*

jeté (Voz francesa.) Paso de danza que consiste en saltar sobre una pierna y caer con la otra. — s.m.

jetearse Quedarse dormido. — v.prnl./*Méx.*

jetón, a
1 Que tiene mucha jeta. — adj.
2 Que está malhumorado o enfadado. — *Méx.*
3 Que está dormido. — *Méx.*

jet-set (Voz inglesa.) Conjunto de personas, por lo general adineradas, del mundo de los negocios, de la política o de los espectáculos que destacan por su proyección pública. — s.f. / = jet / tb: jetset

jetudo, a Que tiene jeta. — adj.

ji (Del gr. *khi*.) Letra del alfabeto griego que equivale a la *j* en el español. — s.f.

¡ji! Expresión onomatopéyica con que se expresa la risa. — interj.

jíbaro, a
1 De un pueblo amerindio que habita en la zona amazónica de Ecuador y Perú. — adj. / tb: jivaro
2 Persona que es miembro de este pueblo. — s./tb: jivaro
3 Se aplica a la gente rústica y a sus costumbres, o a todo lo relativo a ella. — adj/s.
4 Se refiere a los animales indómitos. — adj./*Amér.*
5 Se aplica al campesino blanco. — *P. Rico*
6 Hombre vigoroso y alto. — s.m./*Amér.*

jibe Criba usada principalmente por los obreros de la construcción. — s.f. / *Cuba, Dom.*

jibia (Del mozárabe *xibia* < lat. *sepia* < gr. *sepia*.)
1 Molusco cefalópodo, oval, de diez tentáculos y un sifón ventral, hábitos depredadores, común en los mares europeos y de carne muy apreciada. *(Sepia officinalis.)* — s.f. / ZOOLOGÍA / = sepia
2 Concha calcárea que forma el esqueleto interno de este molusco. — tb: jibión

jibión Pluma o pieza caliza de la jibia que tiene diversos usos industriales. — s.m. / tb: jibia

jibraltareño, a De Gibraltar. — adj/tb: gibraltareño

jícama Denominación de varios tubérculos comestibles o medicinales, sobre todo de uno parecido a la — s.f. / *Méx.*

cebolla, aunque más grande, duro, quebradizo, blanco y jugoso, que se come aderezado con sal y limón.

jicaque Que es inculto, necio o cerril. — adj./Guat., Hond.

jícara (Del náhuatl *sikalli*, vasija de calabaza.)
1 Taza pequeña para beber chocolate. — s.f.
2 Vasija pequeña, hecha de la corteza del fruto de la güira. — Amer. Central y Merid.

jicarazo
1 Golpe dado con una jícara. — s.m.
2 Envenenamiento alevoso.
3 **dar un jicarazo:** Terminar lo que se estaba haciendo de forma rápida y descuidada: *dio un jicarazo al texto y lo llevó a la rotativa.* — coloquial

jico
1 Ramal de muchos cordones con que se rematan los dos extremos de una hamaca. — s.m. Cuba
2 Cabestro, ronzal de la caballería. — Colomb.
3 Cuerda para enlazar. — Colomb.

jicote
1 Avispa centroamericana de cuerpo negro y vientre amarillo, cuya picadura produce una herida muy dolorosa. *(Bombus.)* — s.m./Méx., Amér. Central ZOOLOGÍA
2 Panal de esta avispa. — Hond., Nicar.

jicotea Reptil quelonio. — s.f./Méx., Cuba, P. Rico

jicotera Nido de avispas o jicotes. — s.f./Amér.

jiennense
1 De Jaén, ciudad y provincia española. — adj.
2 Persona natural de Jaén. — s.

jifa (Del ár. *yifa*, cadáver.) Desperdicio que se tira en el matadero al descuartizar las reses. — s.f.

jiferada Movimiento violento hecho con el jifero o cuchillo, con intención de herir. — s.f.

jifería Operación de matar y desollar reses. — s.f.

jifero, a
1 Del matadero: *la podredumbre jifera.* — adj.
2 Que es sucio y soez. — coloquial
3 Cuchillo con que se matan y descuartizan las reses. — s.m.
4 Persona que mata y descuartiza las reses. — s.

jifia Pez espada. — s.f./ZOOLOGÍA

jiga Giga, antiguo baile. — s.f.

jigote Gigote, guiso. — s.m./COCINA

jiguillo Arbusto de la familia de las piperáceas, de corteza y hojas aromáticas. — s.m./P. Rico BOTÁNICA

jijallar Terreno donde abundan los jijallos. — s.m.

jijallo Caramillo, planta. — s.m./BOTÁNICA

jijo, a Hijo o hija, descendiente directo de una persona. — s./Méx./vulgar, despectivo

jijona (De *Jijona*, ciudad alicantina.) Turrón elaborado en dicha ciudad, de apariencia granulosa, o fina, y grasienta y color ocre. — s.m. COCINA

jijonenco, a
1 De Jijona, ciudad alicantina. — adj.
2 Persona natural de esta ciudad. — s.

jilguero (Del ant. *sirguero* < *sirgo*, paño de seda.) Pájaro fringílido, con la cara de color rojo, plumaje amarillo, blanco y negro en cabeza, alas y cola, y de canto muy melodioso. *(Carduelis carduelis.)* — s.m. ZOOLOGÍA = colorín

jilí Se aplica a la persona de poco entendimiento. — adj/s.m.f./coloquial

jilibioso, a
1 Se aplica a la persona que se queja o llora sin motivo. — adj. Chile
2 Se refiere al caballo que, por molestia o desasosiego, está siempre moviendo alguna parte de su cuerpo. — Chile
3 Que es melindroso o exageradamente delicado. — Chile

jilipollada Gilipollada, tontería o estupidez. — s.f./vulgar

jilipollas Que es tonto o estúpido: *no le hagas caso, es un jilipollas.* — adj/s.m.f. pl: jilipollas/vulgar

jilipollear Comportarse una persona como un necio o un estúpido. — v.intr./vulgar tb: gilipollear

jilipollez Tontería, estupidez: *me parece una jilipollez hablar de ese asunto sin tener ni idea de qué se trata.* — s.f./tb: gilipollez vulgar

jilmaestre (Del alem. *schirrmeister*.) Teniente mayoral que gobierna las caballerías de transporte. — s.m. MILITAR

jilote Mazorca de maíz, cuando sus granos aún no han cuajado. — s.m./Méx., Amér. Central

jilotear Empezar a cuajar el grano de maíz en la mazorca. — v.intr./Méx., Amér. Central

jimelga Refuerzo de madera, con forma de teja, que se coloca en distintos palos de la arboladura. — s.f. NÁUTICA

jimio, a (Del lat. *simius*.) Mono, simio, animal mamífero. — s.

jimplar
1 Rugir la onza o la pantera. — v.intr.
2 Gemir con hipo. — = hipar

jinestada Salsa hecha con leche, harina de arroz, dátiles y otros ingredientes. — s.f. COCINA

jineta
1 Mamífero carnívoro del tamaño de un gato, de color claro manchado, cuerpo esbelto, patas cortas y cola larga, que vive en las regiones templadas europeas y cuyo pelaje es muy apreciado en peletería. *(Genetta.)* — s.f. ZOOLOGÍA tb: gineta
2 Lanza corta que antiguamente era insignia de los capitanes de infantería. — HISTORIA
3 Divisa de seda que usaban los sargentos para mostrar su grado. — MILITAR
4 Mujer que monta a caballo. — Amér. Central y Merid.
5 **montar a jineta:** Montar a caballo llevando los estribos cortos y las piernas dobladas. — EQUITACIÓN

jinete (Del ár. vulgar *zeneti*, individuo de una tribu beréber llamada Zeneta.)
1 Persona que monta a caballo: *hicieron desmontar a los jinetes y retrasaron la hora de salida.* — s.m.
2 Persona que es diestra en la equitación: *a pesar de su empeño, jamás consiguió ser un buen jinete.* — EQUITACIÓN
3 Caballo de pura sangre. — EQUITACIÓN
4 Caballo adecuado para ser montado a la jineta. — EQUITACIÓN
5 **los jinetes del Apocalipsis:** Ángeles que eran ejecutores de la venganza divina, según san Juan. — RELIGIÓN

jineteada
1 Acción y resultado de jinetear. — s.f./Argent.
2 Fiesta de campo donde los jinetes exhiben su destreza.

jinetear
1 Ir una persona a caballo presumiendo. — v.intr.
2 Domar caballos cerriles. — v.tr./Amér.
3 Montar potros luciendo el jinete su habilidad y destreza. — Argent. EQUITACIÓN
4 Tardar en pagar un dinero con el fin de sacar ganancias. — Méx.
5 Montarse y asegurarse en la silla del caballo antes de cabalgar. — v.prnl. Colomb., Méx.

jinetera Mujer que se dedica a la prostitución. — s.f./Cuba

jinglar (Del fr. ant. *jangler*, burlarse.) Moverse de un lado a otro lo que está colgado. — v.intr. = balancearse

jingoísmo (Del ingl. *jingoism*, patrioterismo agresivo.) Actitud patriótica exaltada y agresiva de los británicos. — s.m.

jingoísta
1 Del jingoísmo. — adj.
2 Que es partidario de este patriotismo exaltado. — adj/s.m.f.

jínjol (Del cat. *girjol*.) Azufaifa, fruta del jinjolero. — s.m.

jinjolero Azufaifo, planta arbustiva. — s.m./BOTÁNICA

jiña
1 Excremento humano. — s.f.
2 Menudencia, cosa pequeña e insignificante. — Chile

jiñar Expulsar una persona o un animal los excrementos. — v.intr/prnl./vulgar = cagar

jiote Erupción cutánea acompañada de escozor. — s.m./Méx.

jipa Sombrero de ala ancha tejido con paja muy fina. — s.f./Colomb.

jipato, a
1 Se aplica a la persona que tiene la tez pálida y amarillenta. — adj. Amér.
2 Se refiere a la fruta que ha perdido su sustancia natural. — Cuba

jipi Sombrero hecho con jipijapa. — s.m.

jipiar
1 Manifestar una persona dolor o pena emitiendo ciertos sonidos acompañados de llanto. — v.intr. conj: vaciar
2 Cantar una persona con voz semejante a un gemido: *se puso a jipiar como si fuera un cantaor flamenco.*

jipido Acción y resultado de jipiar: *intercaló algunos jipidos en su copla.* — s.m. = jipío

jipijapa (De *Jipijapa*, cantón de Ecuador.)
1 Tira fina, flexible y resistente, que se saca de las hojas de una planta de América y se usa para hacer sombreros, petacas y otros objetos. — s.f.
2 Sombrero hecho con este material. — = jipi

jiquera Saco de cabuya, fibra de la pita. — s.f./Colomb.

jira
I (Del fr. ant. *chiere*, comida de calidad.) Comida o merienda campestre con mucho bullicio. — s.f.
II (Derivado de *jirón*.) Pedazo que se rasga de una tela. — s.f./= jirón

jirafa (Del ár. *zarafa*.)
1 Mamífero rumiante africano, de gran tamaño, color gris con manchas leonadas poligonales, cuello muy largo y patas traseras más cortas que las delanteras. *(Giraffa camelopardalis.)* — s.f. ZOOLOGÍA
2 Brazo articulado móvil y elevable que sostiene un micrófono. — CINE, AUDIOVISUALES

jiráfido, a Perteneciente a una familia de animales rumiantes, con extremidades anteriores más largas que las posteriores y mandíbula superior sin caninos e incisivos. *adj/s.m. ZOOLOGÍA*

jirafista Persona encargada de manejar la jirafa, brazo articulado. *s.m.f./CINE, AUDIOVISUALES*

jirapliega (Del gr. *hiera pikra*, amarga santa.) Preparación farmacéutica compuesta de acíbar, miel clarificada y otros ingredientes. *s.f. FARMACIA*

jirasal Guanábana, fruto de la yaca, parecido a la chirimoya y cubierto de púas blancas. *s.f. BOTÁNICA*

jirel (Del ár. *gilal.*) Cobertura de tela con que se adornaba a los caballos y que colgaba casi hasta el suelo. *s.m. = gualdrapa*

jíride (Del lat. *xyris, -idis.*) Lirio hediondo, planta. *s.f./BOTÁNICA*

jirofina Salsa hecha con el jugo del bazo del carnero, pan tostado y otros ingredientes. *s.f. COCINA*

jiroflé (Del fr. *giroflée.*) Giroflé, árbol. *s.m./BOTÁNICA*

jirón (Del fr. ant. *giron*, pedazo de un vestido cortado en punta.)
1 Pedazo desgarrado de la ropa: *se hizo un jirón en la camisa al engancharse con el clavo.* *s.m. = desgarrón*
2 Parte pequeña de un todo. *= pizca*
3 Faja que se echaba en el ruedo del sayo o saya.
4 Pendón o bandera que termina en punta.
5 Figura triangular apoyándose en el borde del escudo llega hasta el centro de éste. *HERÁLDICA*
6 Vía urbana compuesta de varias calles o tramos entre esquinas. *Perú*

jironado, a
1 Que está roto, hecho jirones. *adj.*
2 Que está adornado con jirones.
3 Se aplica al escudo que está dividido en los ocho triángulos o jirones que resultan de la combinación de las armas partidas, cortadas, rajadas y tronchadas. *HERÁLDICA*

jirpear Hacer un hoyo alrededor de las viñas para recoger el agua del riego y de la lluvia. *v.tr. AGRICULTURA*

jisca (Del celta *sesca*, jisca.) Carrizo, planta. *s.f./BOTÁNICA*

jitanjáfora Texto lírico o narrativo cuyo sentido reposa en el significante, que se construye en base a valores puramente sonoros. *s.f. LITERATURA, RETÓRICA*

jitazo Buen resultado, éxito. *s.m./Méx.*

jitomate Variedad del tomate carnosa y grande. *s.m./Méx.*

jiu-jitsu (Del japonés *jujitsu*, arte de la agilidad.) Arte marcial en la que se utilizan manos, pies y codos para dar golpes y efectuar presas. *s.m.*

¡jo! Expresión eufemística equivalente a *¡joder!*: *¡jo, vaya rollo de película!* *interj.*

job
I (De *Job*, personaje bíblico.)
1 Hombre con mucha paciencia. *s.m.*
2 **tener más paciencia que el santo Job o que Job:** Se utiliza para señalar que una persona es muy paciente. *coloquial*
II (Del ingl. *job*, empleo.) Conjunto de programas que producen un trabajo útil al usuario y que son procesados uno a continuación de otro. *s.m. INFORMÁTICA*

¡jobar! Expresión eufemística equivalente a *¡joder!* *interj./coloquial*

jobillo
1 Jobo, planta anacardiácea. *s.m./BOTÁNICA*
2 **irse de jobillos:** Dejar de asistir a algún lugar, en contra de lo que es usual o debido. *P. Rico*

jobo
1 Planta anacardiácea. *(Spondias.)* *s.m./BOTÁNICA*
2 Fruto de esta planta.
3 **comer jobos:** Dejar de asistir a algún lugar, en contra de lo que es usual o debido. *P. Rico coloquial*

jocha Regalo que se le entrega al que organiza una fiesta. *s.f. Ecuad.*

jochear Torear, azuzar a una persona. *v.tr./Bol.*

jockey (Voz inglesa.) Jinete profesional de caballos de carreras. *s.m.f. pl: jockeys*

jocoque Preparación alimenticia a base de leche agriada, semejante al yogur. *s.m./Méx. COCINA*

jocoserio, a Que es jocoso y serio al mismo tiempo: *ha escrito una obra jocoseria.* *adj. = tragicómico*

jocosidad
1 Gracia y humor con que se dicen las cosas o se realizan las acciones. *s.f.*
2 Situación jocosa, humorística.
3 Chiste, broma o dicho gracioso.

jocoso, a (Derivado del lat. *jocus*, broma.) Que es gracioso o chistoso: *el público aplaudió y rió su jocosa intervención.* *adj. = humorístico*

jocotal Variedad de jobo cuyo fruto es el jocote. *s.m./Guat.*

jocote (Voz náhuatl.) Fruta parecida a la ciruela, de color rojo o amarillo, con una película delgada que cubre la carne y un cuesco muy pequeño. *s.m. Méx., C. Rica, Guat.*

jocotear
1 Salir al campo a cortar o comer jocotes. *v.intr./C. Rica, Guat.*
2 Molestar mucho, hacer daño. *v.intr/tr/prnl. C. Rica, Guat.*

jocundidad Estado de ánimo de quien está alegre. *s.f./= alegría*

jocundo, a (Del bajo lat. *jocundus.*) Que está alegre y agradable. *adj.*

joda
1 Molestia o incomodidad debida principalmente al exceso de trabajo: *es una joda tener que trabajar en domingo.* *s.f. Méx. coloquial*
2 Acción de fastidiar o molestar: *no voy a aguantar por más tiempo sus jodas.* *Méx., Amér. Merid. vulgar*
3 Situación difícil o comprometida, problema. *Argent/vulgar*

joder (Del lat. *futuere*, practicar el coito.)
1 Realizar el acto sexual. *v.tr/intr./vulgar*
2 Molestar, fastidiar o perjudicar: *es vengativo y sólo piensa en joder al prójimo.* *v.tr/prnl./vulgar = gibar, jorobar*
3 Hacer daño a una persona o estropear una cosa: *me jodieron la rodilla en el partido de fútbol; ya has vuelto a joder el vídeo.* *vulgar = dañar, destrozar*
4 Quitar una cosa a una persona: *me han jodido cien mil pesetas.* *v.tr./vulgar = robar, hurtar*
5 Declarar a una persona no apta en una asignatura: *jodieron a Luis en matemáticas.* *vulgar = suspender*
6 No tener una persona más remedio que conformarse con lo que se hace o tiene: *¡jódete con tu trabajo!* *v.prnl. vulgar*
7 No tener una cosa el fin o el efecto deseado: *su proyecto se jodió.* *vulgar = malograrse*
8 **¡joder!:** Expresión con que se expresa enfado, molestia o asombro. *interj. vulgar*
9 **joderla:** Cometer una persona un error o equivocación: *la jodí en el test de la autoescuela.* *vulgar*

jodido, a
1 Que es desfavorable, desagradable o perjudicial: *jodida suerte hemos tenido.* *adj./vulgar*
2 Que fastidia o molesta: *estoy harta de este jodido tiempo.* *vulgar/= fastidioso*
3 Que es difícil de conseguir, hacer o entender: *estamos ante un problema jodido.* *vulgar = arduo*
4 Que está estropeado o deteriorado: *tengo el coche jodido.* *vulgar*
5 Que está enfermo o en mal estado: *estoy un poco jodida por la gripe; lo he visto con ojeras y bastante jodido.* *vulgar = indispuesto*

jodienda
1 Realización del acto sexual. *s.f./vulgar*
2 Molestia o complicación producida por un suceso o acción inesperado: *fue una jodienda tener que ir al aeropuerto a buscarla a las tres de la mañana.* *vulgar = fastidio, faena*

¡jodo! Expresión eufemística equivalente a *¡joder!*: *¡jodo, qué frío hace!* *interj. coloquial*

jodón, a Se aplica a la persona que molesta mucho. *adj./Méx/familiar*

jofaina (Del ár. *yufaina*, fuente honda.) Recipiente ancho y poco profundo usado especialmente para lavarse las manos y la cara. *s.f. tb: aljofaina = palangana*

jofor (Del ár. *gufur.*) Pronóstico de un hecho entre los moriscos. *s.m.*

jogging (Voz inglesa.) Ejercicio físico que consiste en correr durante un espacio de tiempo a un ritmo sistemático y moderado. *s.m. DEPORTES*

jojana Modo burlesco de decir las cosas. *s.f./Venez.*

jojoba Planta dicotiledónea euforbiácea. *(Simondsia californica.)* *s.f./Amér. BOTÁNICA*

jojoto, a
1 Se aplica al fruto verde, que no está en sazón. *adj./Venez.*
2 Maíz cuando aún está tierno. *Venez.*

jóker Naipe de la baraja francesa que tiene el valor que su poseedor quiere darle. *s.m./pl: jókers = comodín*

joleika Caramillo rústico, muy antiguo, de lengüeta sencilla, originario de Rusia y Bielorrusia. *s.f. MÚSICA*

jolgorio Juerga, diversión: *menudo jolgorio tienen montado los vecinos.* *s.m. tb: holgorio*

¡jolín! Expresión eufemística, equivalente a *¡joder!*: *¡jolines con el chico ese!; ¡jolín, qué tonto eres!; ¡baja el volumen, jolín!* *interj./coloquial tb: ¡jolines!*

jolito Calma o quietud. *s.m.*

jollín Jolgorio o juerga. *s.m.*

jolote
1 Pavo, ave gallinácea de corral, originaria de América del Norte. *s.m./Méx., Guat., Hond.*
2 Pez común de río. *Méx.*

jondo, a Se aplica al cante flamenco. *adj./MÚSICA*

jónico, a
1 De Jonia, nombre de diferentes regiones de Grecia y Asia antiguas. *adj. tb: jonio*
2 Persona natural de estas regiones. *s./tb: jonio*
3 Variante lingüística del griego antiguo que hablaban los habitantes de Jonia. *s.m. LINGÜÍSTICA*

4 Se refiere a uno de los órdenes arquitectónicos clásicos griegos que está adornado con grandes volutas. adj. ARQUITECTURA
5 Se aplica a la columna o al capitel que está adornado con grandes volutas. ARQUITECTURA
6 Pie de la poesía clásica que está compuesto de dos sílabas largas y dos breves o bien, de dos breves y dos largas. s.m. POESÍA

jonja Burla, broma. s.f./*Chile*

jonjabar (Del gitano *hohavar*, engañar < sánscrito *k(h)akhati*, reír.) Alabar a una persona para conseguir algo de ella. v.tr. = engatusar

jonjear Hacer burla. v.tr./*Chile*

jonjolí Ajonjolí, planta herbácea. s.m./BOTÁNICA

joparse Irse de un lugar de manera precipitada por temor: *el perro se jopó al verle entrar en la casa.* v.prnl./tb: hoparse = huir, escapar

¡jope! Expresión eufemística equivalente a ¡*joder!* interj./coloquial

jopear
1 Menear la cola, especialmente la zorra. v.intr./tb: hopear
2 Andar de calle en calle. = callejear

jopo (Del fr. ant. *hope*, mechón o tupé.)
1 Cola de mucho pelo. s.m./tb: hopo
2 Alfiler grande que se usa para sujetar el pelo. *Argent., Bol.*

jora Maíz germinado y preparado para hacer chicha. s.f./*Amér. Merid.*

jordán (De *Jordán*, río de Asia Menor.) Cosa que rejuvenece o situación en la que se pretende mejorar o curarse de una culpa o pesar. s.m.

jordano, a
1 De Jordania, país del Próximo oriente. adj.
2 Persona natural de este país. s.

jorfe (Del ár. *gurf*, peñasco.)
1 Muro de contención de tierras, que se hace superponiendo piedras, sin usar argamasa. s.m. CONSTRUCCIÓN
2 Peñasco que forma un despeñadero: *la oveja se despeñó jorfe abajo.*

jorge Abejorro, insecto himenóptero. s.m./ZOOLOGÍA

jorguín, a Persona que hace hechicerías. s./OCULTISMO

jorguinería Brujería, arte de la hechicería. s.f./OCULTISMO

jornada (Del occitano *jornada*.)
1 Duración del trabajo diario: *han conseguido que la jornada laboral sea de siete horas.* s.f.
2 Día, período de veinticuatro horas: *en portada, las noticias más importantes de la jornada.*
3 Camino recorrido en un día o de una vez: *ayer hizo una jornada de doscientos kilómetros.*
4 Conjunto de días que se dedican a diferentes actos, como asambleas o reuniones de debate sobre un tema central, convocados por una asociación, organismo o federación: *jornadas sobre la libertad de expresión.* s.f.pl.
5 Hecho memorable: *la jornada de Lepanto.*
6 Expedición militar. MILITAR
7 Viaje y estancia que hacía la familia real en algún sitio de recreo. HISTORIA
8 Época en que el cuerpo diplomático, el gobierno o parte de él se trasladaba a la residencia que poseía fuera de la capital. HISTORIA
9 Duración de la vida de un hombre.
10 Paso de esta vida a otra sobrenatural en algunas religiones o creencias. RELIGIÓN
11 Acto de una obra escénica en el teatro clásico. TEATRO
12 Tirada de 1.500 pliegos aproximadamente, que antiguamente se hacía en un día. ARTES GRÁFICAS
13 jornada intensiva: Horario especial de trabajo, establecido especialmente en verano, que se realiza sin interrupción, sólo con un breve intervalo de descanso.
14 a grandes o largas jornadas: Con intensidad, para hacer rápidamente una cosa: *a grandes jornadas logró acabar el ensayo.* loc.adv.
15 caminar por jornadas: Proceder con tiempo y prudencia en un negocio.

jornal (Del occitano ant. *jornal*.)
1 Salario que se paga por cada día de trabajo: *con su jornal no podía cubrir los gastos diarios de la familia.* s.m.
2 Trabajo diario.
3 Medida de superficie, con distinto valor según el lugar en que se usa.
4 a jornal: Cobrando una cantidad de dinero fijo por cada día trabajado: *los braceros trabajaban a jornal.* loc.adv. ≠ a destajo

jornalar Contratar a una persona para que trabaje a jornal, cobrando una cantidad fija por día trabajado. v.tr. tb: ajornalar

jornalear Trabajar una persona a jornal. v.intr.

jornalero, a Persona que cobra un dinero fijo por cada día de trabajo, en especial en el campo: *van a la vendimia francesa como jornaleros.* = bracero

joroba (Del ár. *huduba*.)
1 Protuberancia anormal en el pecho o la espalda, o en ambas partes, causada por deformación de la columna vertebral. s.f. = giba, chepa ANATOMÍA

2 Cosa que molesta o fastidia: *¡qué joroba tener que hacer el turno de noche!* coloquial = fastidio
3 Protuberancia o abultamiento que presenta un objeto: *ese jarrón tiene la joroba adornada con diversos motivos.* = jiba

jorobado, a
1 Se aplica a la persona que tiene joroba. adj./s./= cheposo
2 Que molesta, fastidia o resulta difícil: *tengo un trabajo muy jorobado.* adj. coloquial

jorobadura Acción y resultado de causar una molestia o un perjuicio a una persona. s.f.

jorobar
1 Molestar o perjudicar a una persona mucho: *¡no me jorobes con tus impertinencias!* v.tr/prnl./coloquial = gibar, joder
2 Causar una persona o una cosa daño a otra: *mi hermano jorobó la televisión; la máquina de escribir se jorobó.* coloquial = dañar, estropear
3 No tener una persona más remedio que conformarse con lo que hace o tiene: *si no te gusta, te jorobas.* v.prnl./coloquial = conformarse
4 No tener una cosa el fin o el efecto deseado: *se han jorobado todos nuestros proyectos.* coloquial = malograrse

jorobeta Jorobado, que tiene joroba. s.m./coloquial

jorongo
1 Poncho con que se cubre la gente del campo. s.m./*Méx.*
2 Colcha, frazada de lana. *Méx.*

jorrar
1 Mover una embarcación tirando de ella con una cuerda. v.tr. = remolcar, toar
2 Tirar de una red o arrastrarla. PESCA

josa Tierra sin cercar, plantada de vides y árboles frutales. s.f. AGRICULTURA

josefino, a
I (De *San José*, ciudad, cantón y provincia costarricense.)
1 De esta ciudad, cantón o provincia. adj.
2 Persona natural de estas demarcaciones. s.
II (De san *José*, personaje bíblico.) Que es miembro de alguna congregación devota de este santo. adj./s. RELIGIÓN
III (De *José* Bonaparte.) Que era partidario de este personaje histórico. adj./s./HISTORIA = afrancesado

jostrado, a Se aplica a la flecha o virote que está guarnecido con un cerco de hierro. adj.

jota
I (Del ár. vulgar *satha*, baile.)
1 Baile popular de Aragón y otras regiones españolas: *la jota extremeña, la jota valenciana.* s.f.
2 Música que acompaña a este baile. MÚSICA
3 Canto que se interpreta con esta música y baile. MÚSICA
4 Especie de sandalia, ojota. *Amér. Merid.*
II (Del lat. *iota*.)
1 Nombre de la letra *j*.
2 ni jota: Ni lo más mínimo, nada: *no he entendido ni jota.* coloquial

jote
1 Especie de buitre sudamericano, de plumaje negro, con cabeza negra, roja o amarilla. s.m./*Amér. Merid.* ZOOLOGÍA
2 Denominación que se da a los clérigos que visten de negro. *Chile*
3 Cometa grande de forma cuadrangular. *Chile*

jotero, a Persona que canta, baila o compone jotas. s./MÚSICA

joto
1 Bulto o paquete pequeño, hatillo. s.m./*Colomb.*
2 Hombre que es afeminado u homosexual. *Méx./despectivo*

joule (Del ingl. *joule*.) Denominación del julio en la nomenclatura internacional. s.m. FÍSICA

joven (Del lat. *juvenis*.)
1 Se aplica a la persona que está en la juventud: *es una chica joven, pero ya sabe mucho de la vida; ese joven tiene problemas con sus padres.* adj./s.m.f. = adolescente
2 Que no data de mucho tiempo: *estamos en un año que acaba de empezar y que, por tanto, es todavía joven.* adj.
3 Que conserva características de la juventud: *hace gimnasia para mantener el cuerpo joven y sano.*

jovenado
1 Tiempo que están los religiosos después de la profesión bajo la dirección de un maestro en algunas órdenes religiosas. s.m. RELIGIÓN
2 Casa o cuarto en que habitan los religiosos recién profesados durante este tiempo. RELIGIÓN

jovenzuelo, a Se aplica a la persona joven: *grupos de jovenzuelos recorrían el pueblo profiriendo gritos.* adj./s. = jovenete

jovial (Del lat. *iovialis*, perteneciente a Júpiter.)
1 Que está normalmente contento y lo exterioriza: *tiene un carácter muy jovial.* adj. = alegre
2 Se aplica al tono, actitud, aspecto alegre y risueño.
3 De Júpiter, dios romano de la luz, los fenómenos celestes y la agricultura. MITOLOGÍA

jovialidad Estado de ánimo de quien se encuentra contento y dispuesto a gastar bromas: *a pesar de la enfermedad su jovialidad parece no tener límite.* s.f. = alegría

joya (Del fr. ant. *joie*.)
1 Objeto de adorno o de uso hecho de metal precioso, guarnecido a veces con perlas o piedras finas: *lucía sus mejores joyas.* — s.f. = alhaja
2 Persona o cosa que tiene excelentes cualidades: *este chico es una joya.* — coloquial
3 Ornamento en forma de cordón que rodea la columna por debajo del capitel. — ARQUITECTURA = astrágalo
4 Adorno consistente en un cordón que rodea la boca de los cañones antiguos. — = astrágalo
5 Conjunto de alhajas y ropas que lleva una mujer al casarse. — s.f.pl.
6 llevarse alguien la joya: Llevarse lo mejor: *casándose con ella, se llevó la joya de la casa.* — coloquial

joyel Joya pequeña: *heredó los joyeles y chucherías de la abuela.* — s.m.

joyería
1 Tienda donde se hacen o venden joyas. — s.f./COMERCIO
2 Actividad de quien se dedica a comerciar con joyas o a hacerlas: *se dedica a la joyería.*

joyero, a
1 Persona que hace o vende joyas. — s.
2 Estuche o mueble para guardar joyas: *guardó el anillo en el joyero de ébano.* — s.m.

joyo (Del lat. *lolium*.) Cizaña, planta gramínea. — s.m./BOTÁNICA

joyolina Prisión, cárcel para presos. — s.f./Guat.

joystick (Voz inglesa.) Palanca de pequeñas dimensiones que permite desplazar manualmente, y con gran rapidez, el cursor en una pantalla de ordenador o videojuego. — s.m. INFORMÁTICA

juagar Enjuagar, aclarar con agua lo que estaba enjabonado. — v.tr./conj: *pegar* Colomb.

juagarzo Jaguarzo, planta arbustiva. — s.m./BOTÁNICA

juagaza Meloja de los ingenios azucareros. — s.f./Colomb.

juan
1 En la expresión **don juan**, se usa para designar al hombre audaz y mujeriego. — s.m./coloquial = tenorio
2 Se utiliza para señalar a un hombre de poco carácter, que se deja conducir por otros, especialmente, por su mujer en la expresión **Juan lanas**. — coloquial
3 Se usa para indicar a la persona que actúa por su cuenta y sin valerse de nadie en la expresión **Juan Palomo, yo me lo guiso, yo me lo como**. — coloquial
4 Se utiliza para señalar que un hombre es sencillo y fácil de engañar, en la expresión **ser buen Juan o ser Juan de buen alma**. — coloquial

juanas Palillos que usan los guanteros para ensanchar los guantes. — s.f.pl.

juanete
1 Abultamiento óseo del borde interno del pie, a la altura de la primera falange del dedo gordo. — s.m. MEDICINA
2 Pómulo muy o que sobresale mucho.
3 Sobrehueso que se forma en la cara inferior del hueso que tienen dentro del casco las caballerías. — VETERINARIA
4 Cada una de las vergas que en los barcos se cruzan sobre las gavias, y las velas que en aquéllas se envergan. — NÁUTICA
5 Caderas, parte de la pelvis. — s.m.pl./Hond.
6 Nalgas o asentaderas. — Colomb.

juanetero Marinero encargado de manejar los juanetes o vergas del barco. — s.m. NÁUTICA

juanetudo, a Que tiene juanetes: *pie juanetudo.* — adj.

juarda Suciedad de la lana, del paño o la tela de seda que no han sido bien lavados en su fabricación. — s.f./TEXTIL tb: suarda

juardoso, a Que tiene suciedad o juarda: *esta tela ha quedado juardosa.* — adj.

juay Cuchillo, instrumento cortante. — s.m./Méx.

juba (Del ár. *yubba*, gabán con mangas.) Aljuba, vestido morisco. — s.f.

jubete (Derivado de *jubón*.) Vestidura cubierta de malla de hierro, que usaron los soldados españoles. — s.m. HISTORIA

jubetería
1 Tienda donde se vendían jubetes y jubones. — s.f./COMERCIO
2 Antiguo oficio de jubetero.

jubetero, a Persona que hacía jubetes y jubones. — s.

jubilación
1 Acción de jubilar o jubilarse una persona de su empleo o trabajo por haber llegado a la edad fijada o por enfermedad: *el año que viene deberá tramitar su jubilación.* — s.f.
2 Situación o condición del jubilado, de la persona ya retirada de su trabajo.
3 Pensión que cobra la persona que está jubilada: *cada día las jubilaciones son menores.*

jubilado, a Que ha dejado de trabajar y cobra la pensión de jubilación: *los jubilados tienen descuento en los transportes públicos.* — adj/s.

jubilar (Derivado del lat. *iubilare*, lanzar gritos de júbilo.)
1 Del jubileo. — adj.
2 Declarar que una persona cesa en el servicio activo de su profesión o actividad, por haber llegado a la edad fijada o por enfermedad, concediéndole una pensión: *se jubiló antes de tiempo por motivos de salud.* — v.tr/prnl. = retirar
3 Poner una cosa que ya está vieja fuera de uso: *a ver cuándo jubilas las botas que te compré hace diez años.* — coloquial
4 Ponerse una persona contenta o alegre: *todos se jubilaron al saber que irían de excursión.* — v.intr/prnl. = alegrarse
5 Obtener una persona la jubilación. — v.prnl.
6 Dejar de asistir a un lugar al que hay que ir por obligación. — Guat., Venez.
7 Volverse loco. — Colomb.

jubileo (Del lat. *jubilaeus*, solemnidad judía celebrada cada cincuenta años.)
1 Indulgencia plenaria, solemne y universal concedida por el papa en ciertos tiempos y ocasiones. — s.m. RELIGIÓN
2 Fiesta judía que se celebraba cada cincuenta años. — RELIGIÓN
3 Afluencia de gente a un lugar: *el día de la boda, su casa parecía un jubileo.* — coloquial
4 ganar el jubileo: Cumplir los requisitos establecidos por la Iglesia católica para obtener el jubileo. — RELIGIÓN

júbilo (Del bajo.lat. *jubilum*.) Sentimiento de alegría intenso, que se manifiesta con signos exteriores: *mostraron su júbilo tras ganar el premio.* — s.m. = alborozo, regocijo

jubiloso, a Que siente júbilo: *tenía un aspecto jubiloso con el recién nacido entre sus brazos.* — adj. = alegre, feliz

jubo Pequeña culebra cubana. — s.m./ZOOLOGÍA

jubón
1 Prenda de vestir ajustada que cubre la parte superior del cuerpo. — s.m.
2 jubón de azotes: Pena de azotes en la espalda.
3 jubón de nudillos: Especie de cota.
4 jubón ojeteado: Jubete, tipo de vestidura militar. — HISTORIA

júcaro Planta arbórea de flores sin corola, fruto parecido a la aceituna y madera muy dura. *(Terminalia hilariana.)* — s.m. BOTÁNICA

judaica Púa fósil de un erizo marino, muy usada como amuleto. — s.f.

judaico, a (Del lat. *judaeus*, judío.) De los judíos: *religión judaica.* — adj.

judaísmo Religión de los judíos, de carácter monoteísta, basada en las doctrinas del Antiguo Testamento y la esperanza en la venida del mesías. — s.m. RELIGIÓN = hebraísmo

judaización Difusión o adopción de la cultura, las costumbres o la religión judías. — s.f.

judaizante Se refiere a los judíos que continuaban con los ritos de la fe judía aún después de ser bautizados. — adj/s.m.f. HISTORIA

judaizar
1 Seguir una persona las doctrinas de la religión judía. — v.intr. conj: *arcaizar*
2 Poner una persona en práctica ritos y ceremonias de la religión judía. — RELIGIÓN

judas (De *Judas* Iscariote, personaje del Evangelio.)
1 Persona alevosa, que comete traición: *no te fíes de él, es un judas.* — s.m. pl: judas
2 Muñeco de paja que durante la semana santa se pone en la calle y se quema después.
3 Gusano de seda que muere, colgado del embojo, antes de hacer su capullo. — ZOOLOGÍA
4 Figura hecha con papel que se quema el sábado de gloria. — Méx. RELIGIÓN
5 estar hecho o parecer alguien un judas: Se usa para aludir a la persona que viste con desaliño y tiene un aspecto sucio y desaseado. — coloquial

judea Bálsamo o betún de Judea. — s.f.

judeoalemán, a
1 Se aplica a los descendientes de los judíos expulsados de Alemania en el siglo XIV. — adj/s. HISTORIA
2 Lengua germánica mezclada con el hebreo y léxico de lenguas eslavas, hablada por estos judíos. — s.m./LINGÜÍSTICA = yiddish

judeoárabe Se refiere a la lengua hablada por los judíos de los países donde se habla árabe. — adj/s.m. LINGÜÍSTICA

judeoespañol
1 De las comunidades sefardíes. — adj./s./= sefardí LINGÜÍSTICA
2 De la variedad del español hablada por los sefardíes: *dicción judeoespañola.* — = sefardí, sefardita
3 Variedad del español hablada, aún en la actualidad, por los sefardíes. — s.m./= ladino LINGÜÍSTICA

judería
1 Barrio judío: *la judería se convirtió en el centro económico de la ciudad.* — s.f.
2 Contribución especial que pagaban los judíos. — HISTORIA

judía
1 Planta herbácea, de tallo delgado y rizado, flores blancas o amarillas, hojas compuestas y fruto en vaina. *(Phaseolus vulgaris.)* — s.f. BOTÁNICA = alubia, habichuela
2 Fruto y semilla comestibles de esta planta. — BOTÁNICA
3 Cualquier naipe de figura en el juego de cartas del monte. — JUEGOS

4 judía de careta: Planta leguminosa, originaria de China, parecida a la judía común, pero con las vainas estrechas y largas, semillas pequeñas, blancas, con una mancha negra y redonda en uno de sus extremos, y fruto y semilla comestibles. *(Dolichos melanophthalmus.)* — BOTÁNICA

5 judía pinta o escarlata: Planta leguminosa papilionácea, parecida a la judía común, que presenta flores rojas, a veces con las alas y la quilla blancas, en racimos axilares, que se cultiva en las huertas. *(Phaseolus coccineus.)* — BOTÁNICA

judiada Acción injusta, mal intencionada y a veces cruel, que se realiza contra una persona o un animal: *siempre le hace judiadas al perro.* — s.f. coloquial despectivo

judiar Tierra sembrada de judías. — s.m./AGRICULTURA

judicatura
1 Oficio o cargo de juez: *lleva diez años ocupando una judicatura.* — s.f. DERECHO
2 Ejercicio de este empleo. — DERECHO
3 Tiempo que un juez ejerce su cargo: *a lo largo de su judicatura mantuvo posturas inflexibles.* — DERECHO
4 Cuerpo constituido por los jueces de un estado: *no hay indicios de corrupción en la judicatura.* — DERECHO

judicial (Del lat. *judex, -icis,* juez.) Que tiene relación con el juez, con el juicio o con la judicatura: *poder judicial; procedimiento judicial.* — adj. DERECHO

judicialización Excesivo protagonismo del estamento judicial en la vida pública. — s.f.

judicialmente Según procedimiento judicial: *es un problema que habrá que resolver judicialmente.* — adv.

judiego, a Se aplica a un tipo de aceituna que es buena para hacer aceite, pero no para comer. — adj.

judío, a (Del lat. *judaeus.*)
1 Que profesa el judaísmo o religión judía. — adj/s./RELIGIÓN
2 De Judea, antigua región de Asia. — adj./HISTORIA
3 Persona natural de esta antigua región. — s./HISTORIA
4 De una comunidad étnica, cultural e histórica que procede de la antigua Palestina y que está dispersa por todo el mundo. — adj.
5 Persona que pertenece a esta comunidad. — s.
6 Se refiere a la persona que presta dinero u otra cosa de valor con usura o interés excesivo, o a cambio de una recompensa que le es claramente favorable. — adj/s. = usurero despectivo
7 Se aplica a la persona que da o gasta en la menor cantidad posible por no disminuir sus posesiones, como algunos consideran que hacen los judíos. — adj. = avaro despectivo
8 judío de señal: Aquel a quien se le permitía vivir entre los cristianos y se le hacía llevar una señal en el vestido para que fuera reconocido. — HISTORIA

judión Variedad de judía, de vainas anchas. — s.m./AGRICULTURA

judo (Del japonés *judo.*) Yudo, arte marcial. — s.m./DEPORTES

judogi (Voz japonesa.) Vestimenta que se utiliza para practicar el judo o yudo, que se compone de un quimono y un pantalón. — s.m. DEPORTES

judoka Yudoka, persona que practica el judo. — s.m.f./DEPORTES

juego (Del lat. *jocus,* diversión.)
1 Acción y resultado de jugar. — s.m.
2 Ejercicio recreativo sometido a reglas, en el cual se gana o se pierde: *juego de la oca; juego de billar.* — JUEGOS
3 Ejercicio recreativo basado en el azar y en el que se apuesta dinero. — JUEGOS
4 Articulación o unión de dos cosas o miembros que sin separarse pueden tener movimiento: *del golpe sufre una lesión en el juego de la muñeca.* — = coyuntura
5 Movimiento resultante de esta articulación: *el juego de la rodilla me produce dolor.*
6 Conjunto de reflejos y cambiantes que resultan de la mezcla o disposición particular de algunas cosas: *en un musical es importante el juego de luces.*
7 Plan o maquinación hecho para conseguir una cosa: *me costó, pero descubrí su juego.* — = treta
8 Actividad que no se toma en serio o no se le da la importancia que requiere: *para ella estudiar es como un juego.*
9 Conjunto de cosas similares o que cumplen el mismo fin o tienen el mismo uso: *juego de té; juego de destornilladores; juego de cama.*
10 Grupo de cartas que se reparten a cada jugador. — JUEGOS
11 Cada una de las divisiones de un set en tenis, voleibol y otros deportes. — DEPORTES
12 Fiestas que se organizaban en la antigüedad clásica. — s.m.pl.
13 juego a largo: Juego de pelota vasca que se practica de persona a persona. — DEPORTES
14 juego carteado: El que se juega con cartas y no presenta envite. — JUEGOS
15 juego de alfileres: El jugado por niños, en que cada jugador empuja un alfiler para hacer cruz con otro alfiler, y en el que gana el que logra formarla. — JUEGOS
16 juego de azar: Aquel en que se hacen apuestas y que depende de la suerte. — JUEGOS

17 juego de compadres: Confabulación de varias personas que fingen estar en desacuerdo.
18 juego de damas: El que se ejecuta sobre un tablero de 64 escaques. — JUEGOS
19 juego de envite: Aquel en que se apuesta dinero. — JUEGOS
20 juego de ingenio: Pasatiempo en que hay que ejercitar la inteligencia. — JUEGOS
21 juego de la campana: Aquel en que dos niños, dándose la espalda y enlazándose por los brazos, se suspenden alternativamente. — JUEGOS
22 juego de manos: Ejercicio de prestidigitación. — JUEGOS
23 juego de niños: Actividad o asunto que no ofrece ninguna dificultad: *no te preocupes, no nos llevará mucho tiempo, es un juego de niños.* — coloquial
24 juego de palabras o de voces: Efecto que se logra por la doble acepción de una palabra o por la semejanza de dos palabras: *a menudo los chistes se basan en juegos de palabras.*
25 juego de pasa pasa: Juego de prestidigitación que se hace con las manos. — JUEGOS
26 juego de pelota: El que se practica entre dos o más personas con una pelota que se lanzan entre sí o contra una pared de frontón. — JUEGOS
27 juego de prendas: Aquel que consiste en decir o hacer los participantes una cosa, pagando prenda quien no lo hace bien. — JUEGOS
28 juego de tira y afloja: Juego de prendas que consiste en agarrar cada participante la punta de una cinta o pañuelo, que sostiene por el otro extremo quien dirige en tirar o aflojar cuando éste lo ordena y paga quien se equivoca. — JUEGOS
29 juego de trucos: El de destreza y habilidad que se practica sobre una mesa. — JUEGOS
30 juego limpio: Forma de jugar o de actuar siguiendo las normas que se han establecido.
31 juego sucio: Forma de jugar o de actuar violenta y sin respetar las normas establecidas.
32 juegos florales: Competición poética. — LITERATURA
33 juegos malabares: Juego de habilidad y equilibrio en que se lanzan objetos a lo alto. — JUEGOS
34 Juegos olímpicos o deportivos: Conjunto de competiciones deportivas que se organizan cada cuatro años en distintas ciudades del mundo y que tienen su origen en las que los antiguos griegos celebraban en Olimpia. — DEPORTES
35 Juegos paralímpicos: Competición de deportes atléticos reservada a minusválidos, que se celebra cada cuatro años. — DEPORTES
36 cerrar el juego: Hacer una jugada en el juego del dominó que impida continuarlo. — JUEGOS
37 conocerle a alguien el juego: Descubrir la intención que persigue una persona con determinada acción: *a ése se le conoce el juego tan sólo con observarlo.* — coloquial
38 crear juego: Proporcionar un jugador de fútbol o de otro juego oportunidades de atacar y conseguir tantos a sus compañeros. — DEPORTES
39 dar juego algo: Tener un asunto o suceso más efecto del que se cree: *esta operación dará juego para otras posteriores.* — coloquial
40 entrar en juego: Empezar a hacer una cosa o iniciar una actividad.
41 fuera de juego: Posición antirreglamentaria de un jugador de fútbol o de otros juegos que se sanciona con una falta. — DEPORTES
42 hacer juego: Armonizar o formar conjunto una cosa con otra: *los zapatos hacen juego con el bolso.*
43 hacer o seguir el juego a alguien: Ayudar o secundar a una persona en determinado asunto: *no estoy dispuesta a hacer el juego a ese farsante.* — coloquial
44 ¡hagan juego!: Expresión con que se invita a los jugadores a hacer apuestas, en algunos juegos de azar, como la ruleta. — JUEGOS
45 mostrar o descubrir el juego: Descubrir las intenciones de una persona: *le prometí guardarle el secreto, pero tuve que descubrir su juego.* — coloquial
46 poner o estar en juego algo: Utilizar o arriesgar una cosa con una finalidad: *puso en juego toda su influencia.* — coloquial

juerga (Variante andaluza de *huelga.*)
1 Diversión bulliciosa: *acabamos montando una juerga en el despacho.* — s.f. = jarana, jolgorio
2 correr o correrse una juerga: Tomar parte en una fiesta, un alboroto festivo o una jarana: *es amigo de correrse una buena juerga el fin de semana.* — coloquial
3 tomarse algo a juerga: Entenderlo como una broma y actuar en consecuencia: *se toma a juerga los suspensos, ya se dará cuenta de la realidad.* — coloquial

juerguearse Ir o estar una persona de juerga. — v.prnl.

juerguista Que es aficionado a la juerga: *es un juerguista, se apunta a todas las fiestas.* — adj/s.m.f.

jueves (Del lat. *[dies] Jovis,* día de Júpiter.)
1 Día de la semana, entre el miércoles y el viernes. — s.m./pl: jueves

2 jueves de comadres: El penúltimo antes del carnaval.
3 jueves de compadres: El anterior al de comadres.
4 jueves lardero: El inmediatamente anterior al carnaval.
5 jueves santo: El de semana santa, en que los católicos celebran la institución de la eucaristía. RELIGIÓN
6 la semana de los tres jueves: Se usa para indicar un plazo que no se cumplirá nunca. coloquial
7 no ser cosa del otro jueves: No ser extraordinario o digno de llamar la atención: *el coche que se ha comprado no es cosa del otro jueves.* coloquial

juey
1 Cangrejo de tierra. s.m./P. Rico
2 Persona codiciosa y avara. P. Rico
3 hacerse el juey dormido: Hacerse el mosquita muerta. P. Rico / coloquial

juez, a (Del lat. *judex, -icis.*)
1 Persona que tiene autoridad y potestad para juzgar y sentenciar en los tribunales de justicia: *la sentencia del juez les es muy favorable.* s. / pl: jueces / DERECHO
2 Persona encargada de que se cumpla el reglamento en una competición deportiva, o las reglas señaladas en un concurso, así como de distribuir los premios, o bien valorar los méritos de los que se presentan a examen: *le han pedido que sea juez de un concurso literario.* = árbitro
3 Persona nombrada para resolver una duda.
4 Magistrado supremo del pueblo de Israel, desde que éste se estableció en Palestina hasta la fundación de la monarquía. s.m. / HISTORIA
5 juez ad quem: Aquel ante quien se interpone la apelación de otro inferior. DERECHO
6 juez árbitro o arbitrador: 1. Letrado, pero no juez oficial, designado por las partes litigantes para fallar un pleito conforme a derecho. 2. Juez en quien las partes se comprometen a que juzgue y arregle sus diferencias. DERECHO
7 juez de hecho: El que sólo falla sobre la certeza del hecho y su calificación. DERECHO
8 juez delegado: Aquel que, por comisión de otro que tiene jurisdicción ordinaria, conoce las causas que se le cometen, según la forma y orden contenidos en la delegación. DERECHO
9 juez de línea: Árbitro auxiliar, que desde las líneas de banda ayuda al árbitro en el fútbol y otros deportes. DEPORTES
10 juez de palo: El que es torpe e ignorante. coloquial
11 juez de paz: El que desempeñaba las funciones que hoy corresponden a los jueces municipales. DERECHO
12 juez de primera instancia y de instrucción: Aquel que conoce, en primera instancia, de los asuntos civiles no sometidos por la ley a los jueces municipales, y, en materia criminal, dirige la instrucción de sumarios. DERECHO
13 juez de raya: Encargado de fallar sobre el orden de llegada de los competidores en las carreras cuadreras. DEPORTES / Argent.
14 juez in curia: Nombre aplicado a los seis protonotarios españoles a quien el nuncio sometía las causas que venían en apelación a su tribunal y que él no podía conocer por sí, antes de que estas causas pasaran a ser conocidas por la Rota. HISTORIA, RELIGIÓN
15 juez municipal: Persona que, sin carrera especial, ejerce en un municipio jurisdicción penal sobre faltas y jurisdicción civil en los asuntos de menor cuantía y en los actos de conciliación y dirige el registro civil. DERECHO
16 juez ordinario: Aquel que, en primera instancia, conoce las causas y los pleitos. DERECHO
17 juez pedáneo: 1. Magistrado inferior entre los romanos que sólo conocía las causas leves y no tenía tribunal. 2. Alcalde de aldeas o poblaciones muy dispersas. HISTORIA / DERECHO
18 juez supremo: Dios, ser supremo de las religiones monoteístas. RELIGIÓN
19 juez tutelar: El que tenía el cargo de dar tutela al menor que no la tuviese. DERECHO
20 ser juez y parte: Estar una persona metida en un asunto y no poder ser neutral: *tú no debes de opinar porque eres juez y parte.*

jugada
1 Cada una de las intervenciones que un jugador tiene en el juego: *en la última jugada perdió su dinero.* s.f. / DEPORTES, JUEGOS
2 Lance del juego originado por cada una de estas intervenciones: *es una jugada preparada.* DEPORTES, JUEGOS
3 Engaño, treta o mala pasada hecha a una persona. = jugarreta
4 Operación, en un negocio, hábil y oportuna que reporta beneficios o favorece la posición de quien la realiza: *con una simple jugada se hizo con las acciones necesarias para controlar la empresa.*

jugador, a
1 Que participa en un juego: *me gusta jugar al parchís con más de dos jugadores.* adj/s. / JUEGOS

2 Que forma parte de un equipo: *los jugadores del equipo de fútbol de su ciudad estaban molestos con el entrenador.* DEPORTES
3 Que juega con frecuencia a juegos de azar: *es un jugador empedernido.* JUEGOS
4 Que es hábil en el juego: *fue un gran jugador de ajedrez.* JUEGOS, JUEGOS
5 jugador de manos: Persona que se dedica a hacer juegos de manos. = prestidigitador

jugar (Del lat. *jocari*, bromear.)
1 Hacer una persona cosas con la finalidad de divertirse o entretenerse: *juega con las piedras.* v.intr. / JUEGOS, DEPORTES
2 Tomar parte en un juego sometido a reglas para entretenerse: *jugó a tenis con su hermana; jugó dos partidas de ajedrez con el campeón.* v.intr/tr. / JUEGOS
3 Tomar una persona parte en un juego con el fin de ganar dinero: *juega a la lotería todas las semanas.* v.intr. / JUEGOS
4 Llevar a cabo el jugador un acto propio del juego: *no has jugado bien.* JUEGOS, DEPORTES
5 Hacer un jugador una apuesta contra los demás jugadores. JUEGOS / = apostar
6 Tratar a una persona o una cosa sin darle la importancia que merece: *juega con todos sus compañeros para quedar bien con el jefe.* + con
7 Intervenir una persona en una cosa de manera activa, a pesar de existir en ella un riesgo: *ha jugado y ha perdido, no puede quejarse por ello.*
8 Estar una cosa en armonía con otra: *esta pintura juega con el color de los muebles.* + con
9 Tomar una persona parte en un asunto: *Pedro juega en un negocio poco claro.* + en / = intervenir
10 Ponerse en movimiento una cosa que consta de varias piezas: *los empleados jugaron el mecanismo antes de comenzar el trabajo.* v.intr/tr.
11 Llevar a cabo una parte de un juego. v.tr.
12 Hacer uso de una carta, una ficha o una pieza en un juego: *juego el rey.* JUEGOS
13 Exponer una cantidad de dinero a otra cosa en un juego de azar, una rifa o un sorteo: *se jugó todo el dinero que tenía en la ruleta.* v.tr/prnl. / JUEGOS
14 Usar o manejar una cosa con un fin o para la función a que está destinada. v.tr.
15 Usar un miembro corporal dándole el movimiento que le es natural.
16 Torear un toro. TAUROMAQUIA
17 Poner una persona una cosa en peligro de perderse o destruirse: *se jugó la vida en aquella escaramuza.* v.tr/prnl. / = arriesgar
18 Sortearse una lotería, premio, u otra cosa parecida: *hoy se juega el gordo.* v.prnl.
19 jugar al alza: Jugar en la bolsa contando con el alza de valores. ECONOMÍA
20 jugar a la baja: Jugar en la bolsa contando con la baja de valores. ECONOMÍA
21 jugar a las bonicas: Echar la pelota una persona a otra sin que toque en el suelo. JUEGOS
22 jugar fuerte: 1. Jugar una persona grandes cantidades de dinero. 2. Arriesgar una persona mucho en un asunto o negocio.
23 jugar limpio: 1. Jugar sin hacer trampas: *tu amigo juega siempre limpio a las cartas.* 2. Obrar con claridad y nobleza en un asunto: *debes jugar limpio con todos tus socios.* ≠ jugar sucio ≠ jugar sucio
24 jugársela: 1. Realizar una acción con la que se perjudica a una persona: *se la jugó a su primo al abandonarle en aquel trance.* 2. Arriesgarse mucho en la consecución de alguna cosa. coloquial
25 jugar sucio: 1. Jugar sin cumplir las normas y haciendo trampas. 2. Obrar con mala intención en un asunto. ≠ jugar limpio ≠ jugar limpio
CONJ.: IND.: PRES.: *juego, juegas, juega, jugamos, jugáis, juegan.* PRET. INDEF.: *jugué, jugaste, jugó, jugamos, jugasteis, jugaron.* SUBJ.: PRES.: *juegue, juegues, juegue, juguemos, juguéis, jueguen.* IMP.: *juega, juegue, juguemos, jugad, jueguen.*

jugarreta
1 Engaño, mala pasada: *nunca te perdonaré la jugarreta que me hiciste.* s.f. / coloquial
2 Jugada mal hecha y sin conocimiento del juego.

juglandáceo, a Perteneciente a una familia de plantas angiospermas dicotiledóneas, arbóreas, de hojas compuestas, flores unisexuales y fruto en drupa. adj/s.f. / BOTÁNICA / th: juglándeo

juglar (Del lat. *jocularis*, gracioso.)
1 Que tiene chiste o gracia. adj./= picaresco
2 Del juglar, artista que recitaba o de la juglaría.
3 Persona que por dinero cantaba, bailaba o recitaba por los pueblos. s.m.
4 Artista que en la edad media recitaba o cantaba cantares de gesta, romances y poesías ante los reyes o magnates como diversión. HISTORIA, LITERATURA

juglaresa Mujer que en la edad media tenía como profesión entretener al público de pueblos y castillos cantando, bailando, recitando o haciendo juegos de manos o contorsiones. s.f. / HISTORIA, LITERATURA

juglaresco, a Del juglar o la juglaría: *poesía juglaresca.* adj.

juglaría Oficio y arte de los antiguos juglares: *el mester de juglaría.* s.f.

jugo (Del lat. *sucus,* jugo o savia de los vegetales.)
1 Parte líquida que se obtiene de una sustancia animal o vegetal: *le he añadido el jugo de cuatro naranjas y un limón a la macedonia.* s.m. = zumo
2 Sustancia líquida que acompaña a un alimento tras ser cocinado, formada en parte por el propio líquido soltado por dicho alimento. = salsa
3 Líquido orgánico segregado por algunas glándulas: *jugo intestinal.*
4 Contenido o interés de una cosa: *pronunció un discurso con mucho jugo.* = meollo
5 **jugo gástrico:** Sustancia que segregan las glándulas del estómago. FISIOLOGÍA
6 **jugo pancreático:** Sustancia que segrega el páncreas y actúa sobre los alimentos digeridos. FISIOLOGÍA
7 **sacar el jugo:** Obtener todo el provecho posible de una persona: *explota a sus obreros e intenta sacarles el jugo.* coloquial
8 **sacar jugo:** Obtener provecho o utilidad de una cosa: *con su carácter le saca jugo a todo, por aburrido que sea.* coloquial

jugosidad
1 Cualidad de lo que contiene jugo: *la jugosidad de los cítricos.* s.f.
2 Contenido que en una cosa constituye lo más importante y esencial: *la jugosidad del comentario no tiene desperdicio.* = sustancia

jugoso, a
1 Que tiene jugo: *las naranjas son jugosas.* adj.
2 Se aplica a la comida sustanciosa: *te ha quedado una carne muy jugosa.* COCINA
3 Se refiere al colorido exento de sequedad y al dibujo exento de rigidez y dureza. ARTE

juguete (Del occitano ant. *joguet.*)
1 Objeto hecho para que los niños jueguen con él: *el niño tiene su habitación llena de juguetes.* s.m.
2 Persona o cosa dominada por una fuerza que condiciona su actitud o su movimiento: *Otelo fue juguete de los celos que sentía.* = títere
3 Obra musical o teatral breve y ligera, pero compuesta con cierta brillantez técnica, para provocar la admiración del público: *cantó admirablemente un juguete lírico.* MÚSICA, TEATRO
4 **por juguete:** Se usa para indicar que una cosa se ha hecho por broma o burla: *por juguete les representó una comedia sobre la malcasada.* loc.adv. coloquial

juguetear Pasar el tiempo jugando o entretenerse agradablemente: *su hijo juguetea con las piezas del rompecabezas.* v.intr. + con

jugueteo Acción de juguetear: *se entregaba con pasión a sus jugueteos.* s.m.

juguetería
1 Tienda donde venden juguetes: *en esa juguetería no tenían la muñeca.* s.f. COMERCIO
2 Comercio y fabricación de juguetes: *su familia se ha dedicado siempre a la juguetería.*

juguetero, a
1 Persona que fabrica o vende juguetes. s.
2 Mueble para guardar juguetes. s.m.
3 Rinconera o mesa pequeña donde se colocan figuras de porcelana y otros objetos de adorno.

juguetillo Canción popular andaluza, de métrica y melodía variables, con algunas influencias flamencas. s.m. MÚSICA

juguetón, a Que le gusta jugar o hacer travesuras: *un perrito juguetón; una niña juguetona que siempre anda enredando.* adj.

juicio (Del lat. *judicium.*)
1 Facultad para distinguir lo verdadero de lo falso y el bien del mal: *gracias a su buen juicio pudo salvar la situación.* s.m. = criterio
2 Concepto o parecer que se tiene sobre una cosa: *a mi juicio eso no sería correcto.* = opinión
3 Facultad para obrar con sensatez y prudencia: *actuar con juicio.* = cabeza
4 Estado síquico normal y sano: *si se encontrase en su juicio no diría tamañas tonterías.* SICOLOGÍA ≠ locura
5 Conocimiento de una causa o un pleito ante un tribunal o un juez: *el juicio duró varios meses.* DERECHO
6 Sentencia del juez: *el juez emitirá mañana el juicio sobre el accidente.* DERECHO
7 Pronóstico que hacen los astrólogos de las cosas que van a ocurrir en el año. OCULTISMO
8 Proceso mental que consiste en comparar dos ideas para conocer sus relaciones. LÓGICA
9 **juicio apodíctico:** El que contiene una verdad necesaria en la enunciación misma del sujeto. LÓGICA
10 **juicio asertorio:** Aquel en el que el sujeto y el predicado convienen de forma real. LÓGICA
11 **juicio contencioso:** El que se hace ante el juez sobre alguna cosa en litigio. DERECHO
12 **juicio contradictorio:** Proceso en el que se determina si una persona merece una determinada recompensa. DERECHO
13 **juicio convenido:** Aquel en el que están de acuerdo el acreedor y el deudor y sólo se busca el reconocimiento de la deuda. DERECHO
14 **juicio de desahucio:** El que trata del lanzamiento de una persona que, como arrendatario, posee cosas ajenas sin ningún título. DERECHO
15 **juicio de faltas:** El que trata sobre leves transgresiones del código penal o infracciones de bandos. DERECHO
16 **juicio de mayor cuantía:** El declarativo que trata de derechos que no pueden evaluarse pecuniariamente o de cosas con valor superior al límite fijado por la ley. DERECHO
17 **juicio de menor cuantía:** El declarativo intermedio entre el de mayor cuantía y el verbal. DERECHO
18 **juicio de valor:** Valoración que se hace de forma subjetiva.
19 **juicio declarativo:** El que, en materia civil, termina por sentencia que causa ejecutoria. DERECHO
20 **juicio divino:** El que hace Dios al alma al separarse del cuerpo. TEOLOGÍA
21 **juicio ejecutivo:** Vía ejecutiva, procedimiento de cobro de una deuda. DERECHO
22 **juicio extraordinario:** 1. Aquel en el que se procedía de oficio por el juez. 2. Aquel en el que no se seguía el orden ni las reglas que establecía el derecho. DERECHO
23 **juicio final:** El que Jesucristo celebrará después del fin del mundo para premiar o castigar a cada hombre, entre los católicos. RELIGIÓN
24 **juicio oral:** Parte del proceso penal en la que se proponen las pruebas y alegaciones ante el tribunal. DERECHO
25 **juicio petitorio:** El que trataba sobre la propiedad de una cosa. DERECHO
26 **juicio plenario:** El posesorio en el que se trata con amplitud del derecho de las partes. DERECHO
27 **juicio posesorio:** El que trata sobre la posesión de una cosa. DERECHO
28 **juicio problemático:** Aquel en el que el sujeto y el predicado convienen de forma posible. LÓGICA
29 **juicio temerario:** Opinión errónea que se forma sin razones suficientes.
30 **juicio universal:** Aquel que trata de la repartición de una herencia o del caudal de un quebrado o concursado. DERECHO
31 **juicio verbal:** El declarativo de grado interior que se sigue en la justicia municipal. DERECHO
32 **abrir el juicio:** Instaurar un juicio ya ejecutado para que las partes deduzcan de nuevo sus derechos. DERECHO
33 **amontonarse el juicio:** Ofuscarse la razón al sentir una enojo: *al oír semejantes mentiras se le amontonó el juicio.* coloquial
34 **asentársele a alguien el juicio:** Empezar a tener cordura para distinguir el bien del mal, lo acertado de lo erróneo: *a tu edad ya era hora de que se te asentase el juicio.* coloquial
35 **cargar el juicio en alguna cosa:** Tenerla en consideración o prestarle atención: *después del rapapolvo, cargamos el juicio sobre las circunstancias de nuestra tardanza.*
36 **contender alguien en juicio:** Sostener un pleito o litigio contra alguna persona.
37 **echar juicio o un juicio a montón:** Juzgar algo o a alguien de manera temeraria e imprudente: *antes de atender a mis razones, ya había echado juicio a montón.*
38 **entrar a juicio con alguien:** Pedirle cuentas a alguien sobre una obligación, para saber si la ha cumplido.
39 **estar a juicio:** Acatar lo que se decida tras un pleito.
40 **estar alguien en su juicio o muy en juicio:** Estar cuerdo, tener completas sus facultades mentales. coloquial
41 **estar falto de juicio:** Encontrarse en un estado de enajenación mental, por algún arrebato o pasión: *por sus locuras, concluyeron que estaba falta de juicio.*
42 **estar alguien fuera de su juicio:** Estar loco, tener perturbadas sus facultades mentales. coloquial
43 **hacer perder o trastornar o volverle el juicio a alguien:** Volver loca a una persona. coloquial
44 **llevar a juicio a alguien:** Hacer una demanda judicial contra una persona: *han llevado a juicio al estafador.* DERECHO
45 **parecer una persona en juicio:** Deducir ante el juez la acción o derecho que tiene, o bien, las excepciones que excluyen la acción contraria. DERECHO
46 **pedir una persona en juicio:** Comparecer ante el juez para proponerle sus acciones y derechos. DERECHO
47 **perder, beberse o privarse uno del juicio:** 1. Volverse loca: *tras la muerte de su marido perdió el juicio.* 2. Obrar con insensatez: *has perdido el juicio si pretendes casarte con ese sinvergüenza.* coloquial

48 poner en juicio o en tela de juicio: Dudar sobre una cosa o persona: *puso en juicio su versión de los hechos.* — *coloquial*

49 quitar alguna cosa el juicio: Causar una gran sorpresa o admiración: *aquella acrobacia del trapecista les quitó el juicio.* — *coloquial*

50 sacar de juicio a alguien: Hacer que una persona pierda el control en una situación. — *coloquial*

51 tener uno el juicio en los calcañares o en los talones: Comportarse con poca cordura o reflexión: *tiene el juicio en los talones, mira que echar agua al aceite hirviendo.* — *coloquial*

52 tener uno sorbido, trastornado o vuelto el juicio: Estar incapacitado o limitado para actuar de manera sensata. — *coloquial*

juicioso, a
1 Que tiene buen juicio y procede con cordura: *es todavía un niño para ser tan juicioso.* — *adj/s. = sensato*
2 Que está hecho con juicio: *acto juicioso; opinión juiciosa.* — *adj. = prudente*

juico, a Que no oye, sordo. — *adj./Hond.*

¡jujú! Expresión usada para indicar júbilo o entusiasmo. — *interj.*

julai
1 Se aplica a la persona inocente o inexperta. — *adj./argot*
2 Se refiere a la persona de la que uno no se puede fiar. — *argot*

julepe (Del ár. *gullab*.)
1 Juego de cartas en que se pone un fondo que van reponiendo los jugadores que pierden bazas. — *s.m. JUEGOS*
2 Esfuerzo o trabajo excesivo: *poner en orden los armarios fue un gran julepe.* — *coloquial*
3 Desgaste o uso excesivo de una cosa: *¡vaya julepe les dio a las llantas de la bici!* — *coloquial*
4 Golpe o paliza: *amenazó con darles un julepe con el palo que jamás olvidarían.* — *coloquial*
5 Reprimenda o castigo. — *coloquial*
6 Medicamento líquido compuesto de agua destilada, jarabes y otras sustancias medicinales. — *FARMACIA*
7 Susto, miedo. — *Amér. Merid.*
8 Lío o desorden. — *P. Rico*

julepear
1 Jugar una persona al julepe. — *v.intr./JUEGOS*
2 Infundir miedo a una persona con amenazas de obra o de palabra. — *v.tr/prnl./Argent., Par., Urug.*
3 Insistir en un tema o en hacer una cosa. — *v.tr./Colomb.*
4 Molestar o fastidiar a una persona. — *Colomb., P. Rico*

julia
1 Pez marino lábrido, pequeño y alargado, de color azul con una banda ondulada naranja y con la aleta dorsal continua, con una mancha negra detrás de la aleta pectoral, que vive entre algas y rocas en aguas poco profundas. (*Coris julis.*) — *s.f. ZOOLOGÍA*
2 Vehículo policial en que se conduce a los detenidos. — *Méx. coloquial*

juliana Planta crucífera de flores blancas, purpúreas o multicolores, cultivada como ornamental. (*Hesperis matronalis.*) — *s.f. BOTÁNICA = matronal*

juliano, a Relativo a Julio César, emperador romano: *calendario juliano.* — *adj.*

julio
I (Del lat. *julius*.) Séptimo mes del año en el calendario occidental, entre junio y agosto: *nació el 24 de julio de 1975.* — *s.m.*
II (Del ingl. *joule*.) Unidad de trabajo y de energía que equivale al trabajo producido por una fuerza de un newton cuyo punto de aplicación se desplaza un metro. — *s.m. FÍSICA*

julo Res o caballería colocada a la cabeza de un rebaño o recua. — *s.m.*

juma Jumera, borrachera de alcohol. — *s.f./Colomb.*

jumarse Ponerse ebria una persona por haber ingerido demasiadas bebidas alcohólicas. — *v.prnl. Colomb., Cuba*

jumbo (Voz inglesa.) Avión comercial de pasajeros, de gran capacidad. — *s.m./ AERONÁUTICA*

jumental Del jumento o burro. — *adj./tb: jumentil*

jumentizar Volver bruta a una persona. — *v.tr/prnl./Colomb.*

jumento, a (Del lat. *jumentum*, bestia de carga.) Pollino, asno o burro. — *s.*

jumera Borrachera o embriaguez a causa del alcohol. — *s.f./coloquial*

jumil Insecto comestible que se adereza con sal y limón, y que se cree que es afrodisíaco. — *s.m./Méx. tb: xumil*

jumilla Vino seco y dulce de color tinto o rosado, de alta graduación y que no lleva ningún aditamento. — *s.m.*

jumping (Voz inglesa.) Competición hípica de saltos de obstáculos que se celebra en un espacio abierto. — *s.m. EQUITACIÓN*

junador Que hace chantaje. — *s.m./Argent.*

junar Mirar, observar. — *v.tr./Argent.*

juncáceo, a Perteneciente a una familia de plantas angiospermas monocotiledóneas, herbáceas, con tallo filiforme o cilíndrico, hojas alternas envainadoras y fruto en cápsula, como el junco. — *adj/s.f. BOTÁNICA = junceo*

juncada
1 Fruta de sartén alargada y cilíndrica. — *s.f./COCINA*
2 Terreno poblado de juncos: *recorrió las juncadas que delimitaban la ribera del río.* — *= juncal, juncar*
3 Medicamento usado por los veterinarios antiguamente, elaborado con jugo de adormideras, manteca de vaca y miel, que se aplicaba a la parte enferma con un manojillo de juncos. — *VETERINARIA*

juncal
1 Relativo o perteneciente al junco. — *adj./tb: juncar*
2 Terreno poblado de juncos. — *s.m./tb: juncar*
3 Que es esbelto, de movimientos airosos y gallardo: *presume de guapo y juncal.*

juncia (Del lat. *juncea*, semejante al junco.)
1 Planta herbácea de la familia ciperáceas, de rizoma ramificado, tónico y estomacal. (*Cyperus longus.*) — *s.f. BOTÁNICA*
2 **juncia avellanada:** La que posee flores parduzcas y tubérculos subterráneos, redondeados, denominados chufas y que son comestibles. (*Cyperus esculentus.*) — *BOTÁNICA*

juncial Terreno donde abundan las juncias. — *s.m.*

junciana Jactancia que carece de fundamento. — *s.f./= presunción*

junciera Recipiente de barro con la tapa agujereada, en cuyo interior se ponen hierbas o plantas aromáticas, que se usaba antiguamente para perfumar. — *s.f.*

juncino, a (Derivado del lat. *juncus*, junco.) De los juncos. — *adj.*

junción Juntura, parte por la que se unen dos o más piezas: *la junción de las maderas de la techumbre.* — *s.f.*

junco
I (Del lat. *juncus*.)
1 Planta herbácea, de tallo recto y flexible, que crece dentro del agua o en lugares húmedos, donde forma matas compactas. — *s.m. BOTÁNICA*
2 Cada tallo de esta planta. — *BOTÁNICA*
3 Junquillo, planta herbácea. — *BOTÁNICA*
4 Bastón delgado y flexible.
5 **junco de Indias:** Rota, planta palmácea. — *BOTÁNICA*
6 **junco florido:** Planta monocotiledónea de flores rosadas, que crece al borde de las aguas. — *BOTÁNICA*
II (Del port. *junco*.) Barco de vela que se utiliza en Extremo oriente para transportar mercancías y para la pesca. — *s.m. NÁUTICA*

juncoso, a
1 Que tiene un aspecto parecido al del junco: *esta planta tiene el tallo juncoso.* — *adj.*
2 Se aplica al terreno en que crecen juncos.

jungla
1 Selva tropical de vegetación abundante: *se internaron en la jungla bajo el azote del monzón.* — *s.f. GEOGRAFÍA*
2 Lugar caótico y hostil: *tuvimos que atravesar la jungla de la línea de juego.* — *coloquial*
3 **jungla de asfalto:** La gran ciudad: *prefiero vivir en un pueblo pequeño que en la jungla de asfalto.*

junglada Lebrada, guiso de liebre. — *s.f./COCINA*

junio (Del lat. *junius*.) Sexto mes del año en el calendario occidental, entre mayo y julio. — *s.m.*

júnior (Del lat. *junior*.)
1 Se aplica al nombre del hijo cuando se llama igual que el padre, para diferenciarlos. — *adj. ≠ sénior*
2 Se refiere a la categoría y al deportista cuya edad está comprendida entre los dieciséis y los diecinueve años, pero que puede variar según los deportes. — *adj/s.m.f. DEPORTES*
3 Religioso joven que después de haber profesado está todavía sujeto a la enseñanza y obediencia del maestro de novicios. — *RELIGIÓN*

junípero (Del lat. *juniperus*.)
1 Enebro, planta arbustiva. — *s.m./BOTÁNICA*
2 Hombre necio y zopenco, mamarracho. — *Colomb.*

junquera
1 Junco, planta herbácea que crece en lugares húmedos. — *s.f. BOTÁNICA*
2 Mata de juncos: *las junqueras ocultaban la superficie pantanosa.*

junqueral Terreno donde abundan los juncos: *cerca del lago hay un pequeño junqueral.* — *s.m. = juncal, juncar*

junquillo
1 Planta herbácea, parecida al junco, con flores amarillas y olorosas, utilizada en perfumería. — *s.m. BOTÁNICA*
2 Bastón delgado.
3 Moldura o listón estrecho y delgado. — *ARQUITECTURA*

junta (Del lat. *juncta*.)
1 Reunión de personas para tratar un asunto de su incumbencia, sobre el que tienen capacidad de decisión o que afecta a la entidad u organismo al que — *s.f.*

pertenecen: *se convoca una junta de accionistas para la próxima semana.*
2 Conjunto de las personas que tienen a su cargo la administración o gobierno de una entidad, organismo o colectividad: *lo decidieron los miembros de la junta militar.*
3 Sesión en que se celebra una reunión: *durante las juntas está prohibido pasar llamadas.*
4 Conjunto formado por varias cosas unidas o agregadas unas a otras.
5 Lugar en que se juntan dos o más cosas o por donde se cierra una cosa al unir dos de sus lados: *la pérdida de agua se produce por la junta del grifo.* = juntura
6 Pieza de material compresible, normalmente cáñamo o caucho, que se coloca en la unión de dos tubos u otras partes de un aparato o máquina para impedir el escape del cuerpo fluido que contienen.
7 Espacio que queda entre las superficies de las piedras o ladrillos contiguos de una pared y que suele rellenarse con mezcla de yeso. CONSTRUCCIÓN
8 Empalme o costura en alguna parte o útil de una embarcación. NÁUTICA
9 junta administrativa: Junta que rige los intereses peculiares de un pueblo que forma en unión de otros un municipio.
10 junta arbitral: Tribunal administrativo que entiende en defraudaciones o faltas de contrabando. DERECHO
11 junta municipal: Reunión de concejales con un número igual de vocales asociados para la aprobación de presupuestos y otros asuntos importantes. POLÍTICA
juntamente A la vez: *juntamente con los documentos que se me habían pedido presentaron otros.* adv.

juntar
1 Poner en contacto unas cosas con otras de manera que se toquen: *juntó las manos y se puso a rezar; han juntado las dos camas para dormir mejor.* v.tr. part.tb: junto
2 Poner personas, animales o cosas en un mismo lugar: *han juntado a los más pequeños en una mesa aparte; se juntaron toda clase de regalos bajo el árbol.* v.tr/prnl. = agrupar
3 Reunir o guardar una cosa: *en dos años he juntado cien peonzas en mi colección.* v.tr.
4 Cerrar las hojas de una puerta o una ventana incompletamente: *juntó las contraventanas para que no entrase mucha luz y entrase un poco de aire.* = entornar
5 Acercarse una persona a otro mucho: *no te me juntes tanto.* v.prnl.
6 Ir una persona con otra: *se junta con una buena pandilla.* + con
7 Hacer una pareja vida matrimonial sin estar casados: *se juntaron hace tres años a pesar de la oposición de sus padres.* = amancebarse

juntera Herramienta semejante a la garlopa usada por los carpinteros para cepillar el canto de las maderas. s.f. CARPINTERÍA
junterilla Juntera pequeña para empezar los rebajos. s.f./CARPINTERÍA
juntero, a Persona que es miembro de una junta. s.
junto, a (Del lat. *junctus.*)
1 Que está reunido: *le dio toda la ropa junta.* adj.
2 Que está unido o cercano en el tiempo o en el espacio: *los meses de enero y febrero están juntos; estamos juntos en el colegio.*
3 En compañía: *son amigos inseparables que van juntos a todas partes.*
4 en junto: En total, juntándolo o contándolo todo: *en junto, creo que tengo dos sobresalientes y siete notables.* loc.adv. coloquial
5 junto a: Cerca o al lado de: *la silla está junto a la pared.* loc.prep.
6 junto con: En compañía de, con: *llegaron a casa junto con los invitados.* loc.prep.
7 pagarlas todas juntas: Sufrir las consecuencias de un error, un abuso o de una acción reprobable: *me las pagarás todas juntas por delatarme.* coloquial
8 por junto o de por junto: Se utiliza para hablar del acopio o acumulación de víveres o artículos de primera necesidad que se hace en una casa: *tener por junto las legumbres y los cereales.* loc.adv.
9 todo junto: A la vez, a un mismo tiempo: *comía, hablaba y bebía, todo junto.* loc.adv.
juntura (Del lat. *junctura.*)
1 Punto en que se juntan dos cosas: *reparar las junturas de las vigas para impedir un desplome.* s.f. = junta
2 juntura clavil: Unión de dos huesos en la que uno entra en el otro a modo de clavo. ANATOMÍA
3 juntura nodátil: Unión de dos huesos cuando la cabeza de uno entra en la cavidad de otro y sirve para moverse. ANATOMÍA
4 juntura serrátil: Unión de dos huesos con bordes aserrados, cuyos dientes encajan unos en los del otro. ANATOMÍA

jupa
1 Calabaza redonda. s.f./C. Rica Hond.
2 Cabeza, parte superior del cuerpo.

jupiarse Emborracharse, perder el control por haber ingerido muchas bebidas alcohólicas. v.prnl. Amér. Central
júpiter (De *Júpiter*, dios romano.) Estaño, metal, entre los alquimistas. s.m.
jupón, a Que es terco o cabezón. adj/s./Amér. Central

jura
1 Acto solemne de jurar obediencia y fidelidad al soberano, a la constitución, a las leyes de un país o a los preceptos y obligaciones de un cargo. s.f.
2 Afirmación o negación solemne que hace una persona para asegurar la veracidad de una cosa. DERECHO = juramento
3 jura de bandera o de la bandera: Acto solemne en que los nuevos soldados juran obediencia y fidelidad en el servicio a la patria. MILITAR

juraco Agujero, abertura realizada o existente en una cosa o en un lugar. s.m./Amér. Central y Merid.
jurado, a
1 Que se realiza bajo juramento: *hacer una declaración jurada.* adj.
2 Que se ha sometido a juramento para poder desempeñar un oficio o función: *intérprete jurado.*
3 Grupo de personas a quienes se constituye en tribunal examinador y calificador en concursos, exposiciones o exámenes: *impugnar el fallo del jurado.* s.m.
4 Tribunal formado por sorteo entre los ciudadanos, cuya misión consiste en determinar si ha habido delito y si el procesado es o no culpable. DERECHO
5 Se aplica a la persona que ha hecho una promesa ante Dios, la Virgen María o algún santo, de no beber alcohol durante un tiempo determinado. adj. Méx.

jurador, a
1 Que tiene la costumbre de jurar o blasfemar cuando habla: *ese hombre es mal educado y muy jurador.* adj/s.
2 Que declara en juicio con juramento. DERECHO
juraduría Función de jurado. s.f./DERECHO
juramentar
1 Tomar juramento a una persona. v.tr.
2 Obligarse mediante juramento a realizar una acción. v.prnl.

juramento
1 Afirmación o negación solemne que hace una persona para asegurar la veracidad de una cosa. s.m./DERECHO = jura
2 Blasfemia o maldición: *prorrumpió en una sarta de juramentos al saber la noticia.* = reniego, voto
3 juramento asertorio: Aquel con que se afirma la verdad de una cosa. DERECHO
4 juramento de calumnia: El que hacían las partes de un pleito, testificando que no procedían con malicia. DERECHO
5 juramento decisorio: Aquel con que una parte pide a otra, en juicio o fuera de él, obligándose a aceptar lo jurado. DERECHO
6 juramento execratorio: Maldición que una persona se echa a sí misma, en caso de que no sea verdad lo que asegura.
7 juramento hipocrático: El que hacen los médicos para prometer fidelidad a los principios éticos a lo largo de su práctica profesional. MEDICINA
8 juramento indecisorio: Aquel cuyas afirmaciones sólo son aceptadas como decisivas en cuanto perjudican al que jura. DERECHO
9 juramento judicial: El que el juez toma de oficio o a petición de la parte. DERECHO
10 juramento supletorio: Aquel que se exige a la parte a falta de otras pruebas. DERECHO

jurar (Del lat. *jurare.*)
1 Afirmar una cosa de manera solemne y con juramento: *ha jurado que es inocente de las acusaciones que le imputan.* v.tr. DERECHO
2 Afirmar o prometer una cosa con seguridad y, a veces, tomando por testigo a una persona o cosa que se considera sagrada: *te juro que no fui porque estaba enfermo; juró por su honor que no diría nada a nadie.*
3 Declarar que se considera legítima la soberanía de un monarca o de una institución de gobierno, con solemnidad y juramento de fidelidad.
4 Pronunciar una persona exclamaciones ofensivas hacia las cosas sagradas o hacia una persona, con ira: *cuando le dije que tenía que trabajar el fin de semana empezó a jurar.* v.intr. = blasfemar, renegar
5 jurársela, jurárselas o tenersela jurada a alguien: Asegurar una persona a otra que se va a vengar de ella: *se las juré, no voy a pasar por alto esa infamia.* coloquial

jurásico, a (Del fr. *jurassique.*) Se aplica al período geológico de la era secundaria que sigue al triásico, que se caracteriza por la sedimentación de gruesas capas calcáreas. adj/s.m. GEOLOGÍA
jurco Surco de tierra que hace el arado: *en los jurcos empiezan a brotar las semillas.* s.m. AGRICULTURA
jurdía Red de pesca. s.f./PESCA

jurel (Del lat. *saurus* < gr. *sauros*.) Pez teleósteo de la familia carángidos, de color gris verdoso, que a veces se prepara en conserva como si fueran sardinas, de las que se diferencia por lo estrecho de la raíz de su cola y por los escudetes de la línea lateral. *(Trachurus trachurus.)* — s.m. ZOOLOGÍA = chicharro

jurero, a Persona que por pago presta falso testimonio. — s. Chile, Ecuad.

juridicidad Tendencia a solucionar cualquier asunto político o social con arreglo al estricto derecho o a lo contemplado por la ley. — s.f. DERECHO

jurídico, a (Del lat. *juridicus*.)
1 Del derecho o de las leyes: *es un gran estudioso del lenguaje jurídico.* — adj. DERECHO
2 Se aplica al acto que se deriva del derecho establecido por la ley. — DERECHO

jurificar Convertir en ley lo que antes era una norma de conducta. — v.intr. DERECHO

jurisconsulto, a (Del lat. *jurisconsultus*.)
1 Persona que profesa la ciencia del derecho, dedicándose más particularmente a escribir sobre él y a resolver consultas legales. — s. DERECHO
2 Intérprete del derecho civil, en el imperio romano, cuya respuesta tenía fuerza de ley. — s.m. HISTORIA
3 Jurisperito, conocedor de la ciencia del derecho. — s./DERECHO

jurisdicción (Del lat. *juris dictio*, acto de decir el derecho.)
1 Potestad y autoridad de una persona para gobernar y para poner en ejecución las leyes. — s.f. DERECHO
2 Territorio en el que un juez ejerce como tal: *este asunto no atañe a su jurisdicción.* — DERECHO
3 Autoridad o dominio de una persona sobre otra. — = ascendencia
4 Territorio perteneciente a un país, región, provincia o término municipal: *estas islas están fuera de la jurisdicción del estado francés.*
5 **jurisdicción acumulativa:** La que un juez puede conocer a prevención de las mismas causas que otro. — DERECHO
6 **jurisdicción contenciosa:** La que se ejerce en forma de juicio sobre pretensiones o derechos contrapuestos de las partes litigantes. — DERECHO
7 **jurisdicción contencioso-administrativa:** 1. La que trata los recursos contra las decisiones definitivas de la administración. — DERECHO 2. Aquella que, aunque correspondía a los jueces y a los tribunales, se ejercía en nombre del rey. — DERECHO
8 **jurisdicción delegada:** Aquella que ejerce una persona en lugar de otra por comisión que se le otorga para un asunto y en un tiempo determinados. — DERECHO
9 **jurisdicción exenta:** La que no depende de la ordinaria, en derecho canónico. — DERECHO
10 **jurisdicción forzosa:** Aquella a la que no se puede renunciar. — DERECHO
11 **jurisdicción ordinaria:** Aquella que se extiende a todos los ciudadanos y a todos los asuntos. — DERECHO
12 **jurisdicción retenida:** Aquella que estaba confiada a tribunales o a consejos, pero que dependía en última instancia del rey o del gobierno. — DERECHO
13 **jurisdicción voluntaria:** Aquella en la que, sin juicio contradictorio, un juez o tribunal dan solemnidad a algunos actos jurídicos o dictan resoluciones rectificables. — DERECHO
14 **atribuir jurisdicción:** Asignarla a la ley o someterse las partes a un juez que, en principio y por ley, carecería de competencia. — DERECHO
15 **caer bajo la jurisdicción de alguien:** Someterse al poder de una persona.
16 **declinar la jurisdicción:** Pedir a un juez que se reconozca incompetente en un pleito o en una causa y que se inhiba de su seguimiento. — DERECHO
17 **prorrogar la jurisdicción:** Extenderla a casos y a personas que anteriormente no comprendía.
18 **reasumir la jurisdicción:** Suspender un superior la que otra persona tenía para ejercerla él mismo. — DERECHO
19 **refundir o refundirse la jurisdicción:** Quedar sometidos a un solo juez o tribunal asuntos de los que previamente se ocupaban dos o más. — DERECHO
20 **tener alguien jurisdicción sobre algo:** Tener competencia sobre un asunto: *tiene jurisdicción sobre este conflicto.*

jurisdiccional Que tiene relación con la jurisdicción: *territorio jurisdiccional.* — adj. DERECHO

jurispericia (Derivado de jurisperito.) Ciencia del derecho. — s.f./DERECHO = jurisprudencia

jurisperito, a (Del lat. *juris peritus*, perito en derecho.) Persona dedicada al estudio del derecho. — s./DERECHO = jurisprudente

jurisprudencia
1 Conjunto de las sentencias de los tribunales y doctrina que contienen: *el abogado se ha estudiado toda la jurisprudencia sobre el tema para poder hacer una buena defensa.* — s.f. DERECHO
2 Ciencia del derecho. — DERECHO
3 Norma de juicio que suple omisiones de la ley, basada en casos iguales o análogos anteriores. — DERECHO

jurisprudente (Del lat. *juris prudens*, enterado en derecho.) Persona dedicada al estudio del derecho y las leyes. — s.m.f. DERECHO = jurisperito

jurista (Derivado del lat. *jus, juris*, derecho.)
1 Persona que se dedica al estudio del derecho y a la interpretación de las leyes: *han creado un nuevo departamento de juristas en la empresa donde trabaja.* — s.m.f. DERECHO
2 Persona que posee o tiene derecho a una cosa.

juro
1 Derecho perpetuo de propiedad. — s.m./DERECHO
2 Pensión perpetua que se concedía sobre las rentas públicas. — HISTORIA
3 **de juro:** Por fuerza, sin remedio. — loc.adv.

jusbarba (Del lat. *Jovis barba*, barba de Júpiter.) Brusco, planta liliácea. — s.f. BOTÁNICA

jusello (Del cat. *jusell*.) Sopa con queso, huevos, caldo de carne y perejil. — s.m. COCINA

justa
1 Combate a caballo y con lanza que protagonizaban los antiguos caballeros: *el rey presenció la justa.* — s.f. HISTORIA
2 Ejercicio en que los caballeros demostraban su destreza en el manejo de las armas montados a caballo. — = torneo
3 Concurso o competición literaria.

justador, a Persona que justa o participa en un torneo. — s.

justamente
1 Con exactitud, precisamente: *esto es justamente lo que esperaba.* — adv.
2 En el mismo tiempo o lugar: *estaba justamente donde ocurrió el accidente.*
3 Con justicia: *castigó justamente a los alumnos.*
4 Con igual medida: *la mesa cabe justamente entre los dos muebles.*

justar (Del lat. vulgar *justare*, juntar.) Luchar dos o más personas entre sí en un torneo. — v.intr.

justero, a Se refiere al perro que ha sido adiestrado para la caza del zorro. — adj/s. CAZA

justeza Carácter de lo que es justo: *alabó la justeza de su sentencia.* — s.f. th: justedad

justicia (Del lat. *justitia*.)
1 Virtud que consiste en actuar de manera justa, dando a cada persona lo que le pertenece o corresponde. — s.f. = equidad
2 Ejercicio del derecho y aplicación de las leyes por parte de tribunales, magistrados o conjunto de personas competentes. — DERECHO
3 Conjunto de los organismos encargados de aplicar las leyes: *la justicia resolverá el caso.* — DERECHO
4 Magistrado o tribunal que se encarga de aplicar las leyes. — DERECHO
5 Castigo, en especial la pena de muerte.
6 Virtud cardinal que consiste en someterse a la voluntad y supremo juicio de Dios. — RELIGIÓN
7 Atributo de Dios por el que juzga a los hombres. — RELIGIÓN
8 **justicia conmutativa:** La que se ocupa de la igualdad que tiene que haber en las cosas que se cambian. — DERECHO
9 **justicia distributiva:** La que se ocupa de la distribución de los castigos y las recompensas. — DERECHO
10 **justicia ordinaria:** Jurisdicción común, en oposición a las especiales como la militar. — DERECHO
11 **justicia original:** Inocencia en la que Dios creó a los primeros padres. — RELIGIÓN
12 **administrar justicia:** Aplicar las leyes en los juicios civiles o criminales y hacer cumplir las sentencias. — DERECHO
13 **de justicia, en justicia o según justicia:** Según las leyes o según lo que es justo: *obró en justicia al arbitrar el conflicto.* — loc.adv.
14 **hacer justicia:** Dar a uno aquello que se merece: *al otorgarle el premio honoris causa han hecho justicia con él.*
15 **ir por justicia:** Recurrir a la vía judicial.
16 **pedir en justicia:** Interponer una demanda ante el juez competente. — DERECHO
17 **poner por justicia a una persona:** Demandarle ante el juez competente. — DERECHO
18 **ser de justicia:** Ser justo y razonable: *es de justicia que cumplas con tus compromisos.*
19 **tenerse uno a la justicia:** Aceptar la resolución que por ley se da a un asunto.

justiciable Que puede o debe ser sometido a los tribunales de justicia. — adj.

justicialismo Programa político, económico y social desarrollado por el presidente Perón en Argentina y movimiento que lo encarna. — s.m. POLÍTICA = peronismo

justicialista
1 Del justicialismo. — adj./POLÍTICA
2 Que es partidario del justicialismo. — adj/s.m.f./= peronista

justiciar Declarar culpable o imponer una pena a una persona. — v.tr. = condenar

justiciero, a
1 Que sigue la justicia en sus actos o hace que los actos de los demás sean justos. **adj.** **= ecuánime**
2 Que aplica la justicia de manera rigurosa al castigar los delitos.

justificable Que puede ser justificado: *ningún acto racista es justificable.* **adj.** **≠ injustificable**

justificación
1 Causa, motivo o explicación con que se quiere probar que una cosa es justa o razonable: *una actitud tan negativa no tiene ninguna justificación.* **s.f.**
2 Demostración de la inocencia o racionalidad de una persona, acto o cosa.
3 Prueba convincente de la verdad de lo que se dice: *presentó ante el tribunal todas las justificaciones necesarias para probar el plagio.*
4 Acción de la gracia divina que santifica y hace justa a una persona. **RELIGIÓN**
5 Medida justa de la longitud de los renglones que se ponen en el componedor. **ARTES GRÁFICAS**

justificado, a
1 Que tiene una razón o explicación que prueba que es justo o razonable: *ausencia justificada; despido justificado; comportamiento justificado.* **adj.**
2 Que actúa según justicia y razón.
3 Que está ajustado o alineado: *texto justificado; párrafo justificado; columna justificada.* **ARTES GRÁFICAS**

justificador, a
1 Que justifica. **adj.**
2 Que santifica. **adj/s./RELIGIÓN**

justificante Que justifica o acredita una cosa: *debo presentar un justificante al director para ausentarme del trabajo.* **adj/s.m.** **= comprobante**

justificar (Del lat. *justificare.*)
1 Ser una cosa la causa o la explicación de otra que, en apariencia, es inoportuna o censurable: *su rencor justifica el mal trato que te da.* **v.tr.** **conj: sacar** **= explicar**
2 Probar una cosa con razones, testigos o documentos: *justificó los gastos de comida con las notas del restaurante.*
3 Mostrar una persona o una cosa la inocencia de una persona.
4 Explicar una persona las razones de un acto suyo considerado como falta: *se justificó ante la directiva por su omisión.* **v.prnl.** **+ de, por**
5 Poner una cosa como motivo o excusa del comportamiento de alguien: *cuando llega tarde se justifica con el cuento del aparcamiento.*
6 Hacer una cosa más justa o perfecta. **v.tr.**
7 Arreglar o corregir una cosa con exactitud.
8 Hacer un ajuste en la altura o la longitud de las líneas de un texto. **ARTES GRÁFICAS**
9 Hacer Dios justa a una persona mediante la gracia. **RELIGIÓN**

justificativo, a Que sirve para justificar: *redactó un documento justificativo de la ausencia.* **adj.**

justillo Prenda de vestir interior, ceñida y sin mangas, que cubre hasta la cintura. **s.m.**

justipreciación Acción de asignar el valor que le corresponde a una cosa: *los peritos no se ponen de acuerdo en la justipreciación del terreno.* **s.f.** **= tasación**

justipreciar Atribuir el valor que le corresponde a una cosa: *antes de concederte la hipoteca se debe justipreciar el piso.* **v.tr.** **= tasar**

justiprecio Tasación de una cosa. **s.m.**

justo, a (Del lat. *justus.*)
1 Que actúa con justicia, siguiendo la ley o la moral: *no aceptará un soborno porque es un hombre justo.* **adj.** **= ecuánime**
2 Que se hace con justicia, conforme a la ley o la moral: *el juez dictó una sentencia justa.* **= equitativo**
3 Se aplica a la medida, cantidad o peso que está ajustado, de manera que no sobra ni falta nada: *me ha puesto el peso justo.*
4 Que queda bien apretado o encajado: *es un vestido justo para tu talla.*

5 Que resulta insuficiente: *estos macarrones serán justos para tantos comensales.*
6 Que es como tiene que ser: *es justo que se enfade si le hablas con tanto desprecio.* **= lícito**
7 Que es preciso o adecuado: *has puesto la música justa para este momento.*
8 Que vive según la ley de Dios. **adj/s./RELIGIÓN**
9 En el mismo momento: *le vi justo cuando entraba en el banco.* **adv.**

juta Variedad de ganso doméstico criado en Ecuador y Perú. **s.f.** **ZOOLOGÍA**

juvenal De la juventud. **adj./culto**

juvenil
1 Que tiene relación con la juventud: *a pesar de sus cincuenta años, tiene un aspecto muy juvenil.* **adj.**
2 Se aplica a la categoría que abarca a los deportistas de edad entre los quince y dieciocho años. **adj/s.m.f.** **DEPORTES**
3 Se refiere al deportista que está comprendido dentro de esta categoría. **DEPORTES**

juventud (Del lat. *juventus, -utis.*)
1 Edad o etapa de la vida entre la pubertad y la madurez: *el organismo termina de desarrollarse durante la juventud.* **s.f.** **= adolescencia**
2 Estado o condición de la persona joven: *a una modelo se le exige belleza, elegancia y juventud.*
3 Conjunto de jóvenes, o la totalidad de los jóvenes: *la juventud actual tiene problemas para encontrar trabajo; ¡cuánta juventud por aquí!*
4 Período anterior a la edad adulta en los animales y a la producción de los primeros frutos en los vegetales. **BIOLOGÍA**
5 Primera etapa del proceso o desarrollo de una cosa: *la juventud de un astro; la juventud de un siglo.*
6 Vitalidad, energía física o anímica: *me asombra la juventud de tu abuela.* **= lozanía, vigor**

juvia
1 Planta arbórea mirtácea americana. *(Bertholletia excelsa.)* **s.f./BOTÁNICA**
2 Fruto de esta planta, de gran tamaño, que contiene semillas comestibles, de las cuales se extrae aceite. **BOTÁNICA**

juzgado
1 Órgano judicial integrado por un juez, un secretario y personal auxiliar. **s.m.** **DERECHO**
2 Edificio donde reside el órgano de administración de justicia: *han construido un nuevo juzgado en el centro de la ciudad.* **DERECHO** **= audiencia**
3 Lugar donde se juzga: *el juzgado está en el primer piso.* **DERECHO**
4 Junta de jueces que concurren a dar sentencia. **DERECHO**
5 Territorio bajo la jurisdicción de un juez. **DERECHO**
6 Judicatura, dignidad y cargo de juez. **DERECHO**
7 **juzgado de Indias:** Organismo dependiente de la casa de contratación de Sevilla, que se fundó en Cádiz en 1545. **HISTORIA**

juzgador, a Que juzga. **adj/s.**

juzgamundos Persona murmuradora: *es un barrio pequeño, lleno de juzgamundos.* **s.m.f.** **pl: juzgamundos**

juzgar (Del lat. *judicare.*)
1 Formar una persona juicio u opinión sobre una cosa o persona: *no puedes juzgar a las personas sin conocerlas bien.* **v.tr.** **conj: pagar** **= opinar**
2 Ejercer un juez o un tribunal sus funciones, tomando una decisión o dictando una sentencia: *le juzgan dentro de un mes.* **DERECHO**
3 Opinar o considerar alguna cosa: *dada la situación, juzgo que debemos informar al director.* **= creer**
4 Establecer las relaciones entre dos o más conceptos mentalmente. **FILOSOFÍA**
5 **a juzgar por, por o como:** Expresión que introduce la exposición de una cosa y que señala la apariencia de algo: *a juzgar por sus ojeras ha dormido muy poco esta noche; a juzgar por como va vestida, yo diría que viene de la playa.*

K

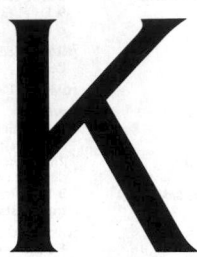

k Undécima letra y octava consonante del alfabeto español, cuyo nombre es *ka*. `s.f.`

ka Nombre de la letra *k* del alfabeto español. `s.f.`

kabuki (Voz japonesa.) Género teatral japonés en el que el diálogo se alterna con pasajes cantados o salmodiados y con partes de ballet. `s.m. TEATRO`

kafkiano, a (De Franz *Kafka*, escritor checo.)
1 De este escritor o su obra. `adj./LITERATURA`
2 Se aplica a lo que es trágico, inquietante o absurdo: *nunca podré olvidar la estampa kafkiana de aquel terrible accidente; el enfado del profesor provocó una situación kafkiana.*

kagú Ave de pico largo y robusto, alas pequeñas y con poca fuerza, y plumaje suave de color gris que forma un largo copete eréctil en la cabeza, que vive en Nueva Caledonia. *(Rhynochetus jubatus.)* `s.m. ZOOLOGÍA`

kainita Sal formada por sulfato de magnesio y cloruro de potasio. `s.f. MINERALOGÍA`

káiser (Del alem. *kaiser*, emperador.) Título de algunos emperadores alemanes. `s.m. HISTORIA`

kakemono (Voz japonesa.) Pintura o escritura japonesa o china, realizada sobre tela, seda o papel, que se cuelga en la pared de forma vertical y puede enrollarse en torno a un bastón. `s.m. ARTE`

kaki Caqui, árbol y fruto. `s.m./BOTÁNICA`

kala-azar (Expresión indostaní.) Enfermedad infecciosa crónica, endémica en África y Asia, caracterizada por fiebre irregular con aumento del tamaño del bazo, del hígado y de los ganglios. `s.m. MEDICINA`

kaladana Planta herbácea convolvulácea que crece en América. *(Pharbitis nil.)* `s.f. BOTÁNICA`

kaliemia Concentración de iones de potasio en el plasma sanguíneo. `s.f./tb: caliemia BIOQUÍMICA`

kalium Antiguo nombre del potasio, elemento químico. `s.m./QUÍMICA`

kamikaze (Voz japonesa que significa tempestad providencial.)
1 Piloto suicida cuya misión es estrellar un avión de guerra cargado de explosivos contra un objetivo enemigo. `s.m. MILITAR`
2 Avión que lleva este piloto. `MILITAR`
3 Persona temeraria que arriesga conscientemente su vida: *no seas kamikaze y conduce con prudencia.* `adj./s.m.f.`

kan
1 Príncipe o jefe turco. `s.m./tb: khan, jan`

2 Príncipe de inferior categoría al anterior, en la época mongol `HISTORIA`
3 Gobernador persa de una provincia. `HISTORIA`

kana Signo de la escritura japonesa que representa una sílaba. `s.m. LINGÜÍSTICA`

kanato
1 Cargo, función o jurisdicción de un kan. `s.m.`
2 Territorio gobernado por un kan.

kantiano, a
1 De Kant o del kantismo: *pensamiento kantiano.* `adj./FILOSOFÍA`
2 Partidario de esta doctrina filosófica. `s./FILOSOFÍA`

kantismo (De I. *Kant*, filósofo alemán.) Doctrina filosófica de este pensador y sus continuadores, basada en la crítica del conocimiento y la sensibilidad. `s.m. FILOSOFÍA`

kaón Partícula elemental neutra o cargada de electricidad positiva o negativamente. `s.m. FÍSICA`

kapo Prisionero de los campos de concentración nazis, que se encargaba de mandar a sus compañeros en los trabajos del propio campo o del exterior `s.m. HISTORIA`

kappa Décima letra del alfabeto griego que equivale a la *k* del alfabeto latino. `s.f. tb: cappa`

karaoke (Voz japonesa.)
1 Establecimiento público en el que los clientes pueden cantar la letra de canciones populares y conocidas que han sido pregrabadas y preparadas para ello. `s.m.`
2 Aparato amplificador que se usa para este tipo de interpretaciones. `AUDIOVISUALES`

kárate Arte de defensa personal, modalidad de lucha japonesa, que consiste en derribar al contrario mediante golpes secos con el filo de la mano, los codos o los pies. `s.m. DEPORTES tb: karate`

karateka Persona que practica el kárate. `s.m.f./DEPORTES`

karma (Voz sánscrita.) Mecanismo de retribución de los actos del individuo, que condiciona las vidas posteriores, puesto que existe la reencarnación. `s.f./RELIGIÓN, FILOSOFÍA tb: karman`

karst (Del alem. *kast.*) Región en la que las rocas calcáreas forman gruesas capas. `s.m./GEOLOGÍA = carso`

kárstico, a
1 Del karst: *roca kárstica.* `adj./tb: cársico GEOLOGÍA`
2 Se aplica al relieve en que las rocas calcáreas forman gruesas capas, resultante de la acción de aguas que disuelven el carbonato de calcio.

kart (Voz inglesa.) Pequeño automóvil de competición, con embrague automático y sin caja de velocidades, suspensión ni carrocería. *s.m. pl: karts DEPORTES*

karting (Voz inglesa.) Deporte que consiste en correr carreras con kart. *s.m./pl: kartings DEPORTES*

kashmiri Se aplica a la lengua indoaria, de la familia indoeuropea, hablada en Cachemira. *adj./s.m. LINGÜÍSTICA*

kata Conjunto de llaves codificadas para realizar una demostración técnica, en judo. *s.m. DEPORTES*

katabático, a Se refiere a los vientos descendentes que soplan desde el centro de los inlandsis hacia la periferia. *adj.*

katiusca Bota de goma impermeable usada para protegerse del agua. *s.f.*

kayak
1 Canoa de pesca usada por los esquimales y hecha con pieles de foca extendidas sobre un armazón de madera. *s.m. pl: kayaks*
2 Canoa para paseo o competiciones deportivas, hecha con tela engrasada o embreada sobre un armazón.

kea Papagayo de gran tamaño, de color verde oliva, azul y rojo. *s.m. ZOOLOGÍA*

kéfir Sustancia semejante al yogur hecha con leche de vaca, cabra u oveja, fermentada artificialmente. *s.m.*

keli Casa o domicilio: *me piro a mi keli*. *s.f./argot/tb: queli*

kelvin Unidad de medida de temperatura termodinámica en la nomenclatura internacional. *s.m. FÍSICA*

kendo Arte marcial de origen japonés, parecido a la esgrima, en el que los luchadores utilizan un sable de bambú y se protegen con una armadura. *s.m. DEPORTES*

keniata
1 De Kenya, país de África ecuatorial. *adj.*
2 Persona natural de este país africano. *s.*

kenotrón Aparato electrónico usado para modificar las corrientes alternas de baja intensidad y de alta o muy alta tensión. *s.m. ELECTRICIDAD*

kerigma (Del gr. *kerygma*, anuncio, proclamación.)
1 Primer anuncio que en el cristianismo se hace de Jesús a los que no creen en él. *s.m./RELIGIÓN tb: kerygma*
2 Contenido sustancial de la muerte y resurrección de Cristo, que son el fundamento de la fe cristiana. *RELIGIÓN*

kermes Insecto hemíptero parecido al chinche, que vive en la coscoja, donde produce unas agallas de las que se extrae la grana. *s.m. ZOOLOGÍA = quermes*

kermés (Del fr. *kermesse*.)
1 Fiesta con bailes, rifas y concursos celebrada al aire libre con fines benéficos. *s.f./pl: kermeses tb: kermese*
2 Lugar al aire libre donde se celebra esta fiesta.
3 Pintura o tapiz flamenco, generalmente del s. XVI, que representa estas fiestas. *ARTE*

kerosén Queroseno, combustible derivado del petróleo. *s.m. Amér. Merid.*

ketch Velero con dos mástiles, de igual figura por la proa que por la popa. *s.m. NÁUTICA*

ketchup (Voz inglesa.) Salsa hecha con jugo de tomate y especias. *s.m. pl: ketchups*

kewlar Fibra de excelentes propiedades mecánicas, con gran resistencia al calor, ligera y robusta: *los nuevos neumáticos incorporan el kewlar en sus estructuras para hacerlos más resistentes al pinchazo*. *s.m. INDUSTRIA*

keynesianismo (De John M. *Keynes*, economista británico.) Doctrina económica propugnada por este economista, que defendía que el capitalismo podría evitar la crisis y alcanzar el pleno empleo mediante la intervención del estado. *s.m. ECONOMÍA*

keynesiano, a
1 De las teorías económicas de Keynes o del keynesianismo. *adj./ECONOMÍA*
2 Persona partidaria del keynesianismo. *s./ECONOMÍA*

khmer
1 De un pueblo del oriente asiático. *adj.*
2 Miembro de este pueblo. *s.m.f.*
3 Lengua hablada por este pueblo. *s.m./LINGÜÍSTICA*

kibbutz (Voz hebrea.) Explotación comunitaria, generalmente agrícola, de Israel. *s.m. pl: kibbutz*

kieserita Sulfato hidratado natural de magnesio. *s.f./MINERALOGÍA*

kif Hachís, sustancia estupefaciente. *s.m./tb: quif*

kiliárea Medida de superficie, equivalente a 1000 áreas o a diez hectáreas. *s.f. tb: quiliárea*

kilim (Voz turca.) Alfombra oriental de lana que se realiza en un telar de bajo lizo. *s.m. pl: kilims*

kilo
I (Abreviación de *kilogramo*.)
1 Kilogramo, unidad de masa y peso. *s.m./tb: quilo*
2 Un millón de pesetas.
3 **un kilo**: En abundancia, en gran medida o cantidad: *esta película me gustó un kilo*. *loc.adv./coloquial = mucho*

II (Voz lunfarda.) Persona o cosa de importancia, de calidad: *este tipo es un kilo*. *s.m. Amér.*

kilo- Componente de palabra procedente del gr. *khilion*, que significa mil: *kilómetro*. *pref. = quilo-*

kilobyte Unidad de medida de una memoria, un disco, o un fichero que equivale a 1024 bytes. *s.m. INFORMÁTICA*

kilocaloría Unidad de energía térmica, equivalente a 1000 calorías. *s.f. FÍSICA*

kilociclo (Del gr. *khilion*, mil + lat. *cyclus* < gr. *kyklos*, círculo.) Unidad de frecuencia equivalente a mil oscilaciones por segundo. *s.m. FÍSICA*

kilográmetro Unidad de trabajo o energía, equivalente al trabajo necesario para levantar un kilogramo a un metro de altura. *s.m. FÍSICA tb: quilográmetro*

kilogramo
1 Medida de masa y peso equivalente a mil gramos. *s.m./tb: quilogramo*
2 Cantidad de alguna materia que pesa mil gramos: *diez kilogramos de plomo*.
3 Pieza equivalente al peso de mil gramos.

kilohercio Mil hercios. *s.m./FÍSICA*

kilojulio (Del gr. *khilion*, mil + ingl. *joule*, nombre del físico J. P. *Joule*.) Unidad de trabajo equivalente a mil julios. *s.m. FÍSICA*

kilolitro Medida de capacidad equivalente a mil litros o a un metro cúbico. *s.m. tb: quilolitro*

kilometraje
1 Acción de kilometrar o señalar las distancias medidas en kilómetros. *s.m. tb: quilometraje*
2 Cantidad de kilómetros recorridos o existentes de un punto a otro: *la empresa le paga el kilometraje del viaje*.

kilometrar Medir una distancia en kilómetros. *v.tr.*

kilométrico, a
1 Del kilómetro. *adj.*
2 Que es muy largo: *había una cola kilométrica*.
3 Que está expresado en kilómetros: *compró un billete kilométrico*.
4 Se aplica a la señal que sirve para indicar los kilómetros en una carretera o una vía de ferrocarril.

kilómetro
1 Medida de longitud, equivalente a mil metros. *s.m./tb: quilómetro*
2 **kilómetro cuadrado**: Medida de superficie, que es un cuadrado de un kilómetro de lado. *tb: quilómetro cuadrado*

kilopondio Unidad de fuerza que equivale a la fuerza con que la Tierra atrae una masa de un kilogramo. *s.m. FÍSICA*

kilotex Medida de masa, especialmente de mechas y cordelería, equivalente a mil tex. *s.m. pl: kilotex*

kilotón Unidad para medir la potencia explosiva de una bomba o de un proyectil nuclear, comparando la energía producida por sus explosiones con la energía producida por la explosión de mil toneladas de trinitrotolueno. *s.m. FÍSICA*

kilovatio (Del gr. *khilion*, mil + *Watt*, físico escocés.)
1 Medida de potencia eléctrica, equivalente a mil vatios. *s.m./ELECTRICIDAD tb: quilovatio*
2 **kilovatio hora**: Unidad de trabajo o energía equivalente a la producida por un kilovatio durante una hora. *ELECTRICIDAD*

kilovoltio (Del gr. *khilion*, mil + *Volta*, físico italiano.) Unidad de tensión eléctrica, equivalente a mil voltios. *s.m. ELECTRICIDAD*

kilt Falda corta, de lana y a cuadros, usada por los escoceses como componente de su indumentaria tradicional. *s.m. pl: kilts*

kimberlita Roca ultrabásica que rellena las chimeneas volcánicas y en la que pueden encontrarse diamantes. *s.f. GEOLOGÍA*

kimono Quimono, túnica y tela japonesas. *s.m.*

kindergarten (Voz alemana.) Escuela de párvulos. *s.m./Méx., Chile*

kines- Componente de palabra procedente del gr. *kinesis*, que significa movimiento: *kinesiología; kinesiterapia*. *pref. tb: cinesi- = cinesi-, cineto-*

kinescopado, a Que ha sido grabado mediante quinescopio. *adj. tb: quinescopado*

kinesiología (Del gr. *kinesis*, movimiento + *logos*, ciencia.) Disciplina y procedimientos terapéuticos sobre la actividad muscular y los movimientos del cuerpo humano. *s.f. MEDICINA tb: quinesiología*

kinesiólogo, a (Del gr. *kinesis*, movimiento + *logos*, ciencia.) Médico especialista en quinesiología. *s. tb: quinesiólogo*

kinesiterapia (Del gr. *kinesis*, movimiento + *therapeia*, curación.) Método terapéutico. *s.f./MEDICINA tb: quinesioterapia*

kinesiterápico, a De la kinesiterapia o de la kinesiología. *adj. tb: quinesiterápico*

kinetoscopio Aparato que produce la sensación de que las imágenes que pasan por él se mueven. *s.m./TECNOLOGÍA tb: cinetoscopio*

kiosco
1 Especie de caseta situada en un lugar público y destinada a la venta de ciertos artículos: *kiosco de periódicos; kiosco de refrescos.* — s.m. / tb: quiosco
2 Templete de estilo oriental que se construye en jardines, patios, etc. — tb: quiosco

kioscquero, a Propietario de un kiosco o persona que trabaja en él. — s. / tb: quioscquero

kirial Conjunto de las diferentes melodías de los kiries y de los demás cantos que componen el ordinario de la misa. — s.m. / MÚSICA, RELIGIÓN

kirie
1 Invocación de súplica que se hace al Señor al principio de la misa, después del introito. — s.m./tb: kyrie / RELIGIÓN
2 **llorar los kiries:** Llorar mucho: *se pasó la tarde llorando los kiries por su despedida.* — coloquial

kirieleisón (Del gr. *kyrie, eleeson,* Señor, apiádate.)
1 Kirie, invocación de súplica de la misa. — s.m./RELIGIÓN
2 Canto de los entierros y de los oficios de difuntos. — RELIGIÓN
3 **cantar el kirieleisón:** Suplicar misericordia.

kirsch (Del alem. *kirsch,* cereza.) Aguardiente que se extrae de las cerezas fermentadas. — s.m.

kit (Voz inglesa.) Conjunto de piezas separadas que conforman un todo, que se comercializa con un adjunto plan de montaje: *compró un kit de estanterías y se las montó su hermano.* — s.m.

kitsch (Voz alemana.)
1 Que es hortera o de mal gusto. — adj./pl: kitsch
2 Estética artística de mal gusto que lleva a imitar cosas pasadas de moda. — s.m. / ARTE

kiwi
1 Ave de Nueva Zelanda, de pico largo y delgado y alas casi inexistentes, cuyas plumas parduscas y lacias tienen las barbas desordenadas, a modo de pelos. *(Apteryx.)* — s.m. / ZOOLOGÍA / tb: kivi
2 Arbusto trepador originario del sudeste asiático, de hojas alternas y redondeadas y flores blancas o amarillas, que produce frutos comestibles. *(Actinidia diasinensis.)* — BOTÁNICA
3 Fruto de este árbol. — BOTÁNICA

klaxon (Marca registrada.) Claxon, bocina de un automóvil. — s.m.

kleenex (Marca registrada.) Pañuelo desechable de papel. — s.m. / pl: kleenex

klippe (Del alem. *klippe,* peñasco.) Masa de roca dura que forma cierto relieve en medio de una zona de terreno blando. — s.m. / GEOLOGÍA

klistrón Generador de microondas, usado para producir oscilaciones de electrones a muy altas frecuencias. — s.m. / FÍSICA / tb: clistrón

knock-down (Voz inglesa.) Caída de un boxeador por un intervalo de tiempo inferior a 10 segundos. — s.m. / DEPORTES

knock-out (Voz inglesa.)
1 Caída de un boxeador por un intervalo de tiempo superior a 10 segundos que le deja fuera de combate. — s.m. / DEPORTES/tb: k.o.
2 **knock-out técnico:** Derrota declarada por el árbitro por considerar que existe inferioridad manifiesta entre los púgiles. — DEPORTES

know-how (Voz inglesa.) Conjunto de conocimientos técnicos y administrativos que son imprescindibles para llevar a cabo un proceso comercial y que no están protegidos por una patente. — s.m. / ECONOMÍA

knut (Voz rusa.)
1 Látigo hecho de tiras de cuero rematadas con bolas de metal que se usaba en Rusia para azotar. — s.m.
2 Castigo aplicado con este látigo.

k.o. (Abreviación de *knock-out.*) Indica que alguien ha sido puesto fuera de combate en la expresión **dejar k. o.** — s.m.

koala Mamífero marsupial australiano de patas prensiles, uñas afiladas, pelaje gris rojizo y cola rudimentaria, que es arborícola y vive sobre distintas especies de eucaliptos. *(Phascolarctos cinereus.)* — s.m. / ZOOLOGÍA / tb: coala

koiné (Del gr. *koine[dialektos],* dialecto común.)
1 Lengua griega común, usada durante el período grecorromano. — s.f. / LINGÜÍSTICA
2 Lengua común que sustituye a los dialectos y lenguas de una zona geográfica determinada. — LINGÜÍSTICA

koljós (Del ruso *kollectívnoye Joziaistvo.*) Cooperativa de producción agrícola propia del antiguo sistema soviético, en la que los medios de producción son de propiedad colectiva. — s.m. / tb: koljóz

koljosiano, a
1 Del koljós: *organización koljosiana.* — adj./tb: koljoziano
2 Miembro de este tipo de cooperativa. — s./tb: koljoziano

krausismo (Del pensador alemán *Krause.*) Sistema filosófico fundado por este pensador, que defendía la conciliación entre el teísmo y el panteísmo, mediante el panenteísmo. — s.m. / FILOSOFÍA

krausista
1 De Krause o del krausismo. — adj.
2 Persona que profesa el krausismo. — s.m.f./FILOSOFÍA

krill Conjunto de crustáceos marinos, pequeños y pelágicos, que forman parte del plancton animal. — s.m./ZOOLOGÍA / tb: kril

kriptón (Del gr. *kryptos,* escondido.) Gas incoloro e inodoro, que se obtiene por destilación del aire líquido. — s.m. / QUÍMICA

kuchen Tipo de tarta. — s.m./Chile

kulak Campesino rico de la U.R.S.S., antes de la colectivización de las tierras. — s.m. / HISTORIA

kung-fu (Voz china.) Arte marcial chino, similar al kárate, pero con más juego de piernas. — s.m. / DEPORTES

kurdo, a
1 Del Kurdistán, región de Oriente medio que comprende partes de Turquía, Iraq, Irán y Siria. — adj. / tb: curdo
2 Persona natural de esta región. — s.
3 Lengua del grupo iranio, de la familia indoeuropea, hablada en esta región. — s.m. / LINGÜÍSTICA

kuwaití
1 De Kuwayt, país de Oriente medio y capital de este país. — adj. / pl.tb: kuwaities
2 Persona natural de este país o de esta ciudad. — s.m.f.

L

l Duodécima letra del alfabeto español y novena consonante. _s.f._

la
I (Del lat. _illa_, aquella.)
1 Indica el género femenino y el número singular de la palabra a la que acompaña: _pon la leche en el frigorífico y saca la mantequilla._ _art._ **GRAMÁTICA**
2 Ella, a ella: _la iré a ver el lunes; cómprala en la tienda de la esquina._ _pron.pers._ **GRAMÁTICA**
3 Aquella o esa cosa: _me la pagarás._ **GRAMÁTICA**
II (De origen incierto.) Sexta nota de la escala musical. _s.m._ **MÚSICA**

lábaro (Del lat. _labarum._)
1 Estandarte que usaban los emperadores romanos, que desde el mandato de Constantino llevó bordadas la cruz y las dos primeras letras del nombre de Jesucristo en griego. _s.m._ **HISTORIA**
2 Signo formado por las dos primeras letras del nombre de Cristo en griego y por la cruz, o sólo por la cruz. **RELIGIÓN**

labelo
1 Pétalo superior de las orquídeas. _s.m./_**BOTÁNICA**
2 Pieza impar expansionada en el labium de ciertos insectos. **ZOOLOGÍA**

laberíntico, a
1 Relativo o perteneciente al laberinto. _adj._
2 Que está enredado o confuso: _nos perdimos por las calles laberínticas del barrio antiguo._ = **intrincado** ≠ **sencillo**

laberinto (Del lat. _labyrinthus_ < gr. _labyrinthos._)
1 Lugar artificial con caminos entrecruzados en el que es difícil orientarse y salir: _en el parque de atracciones hay un laberinto con paredes de espejo._ _s.m._ = **dédalo**
2 Asunto muy confuso y complicado de resolver: _la compra del solar se convirtió en un laberinto._ = **enredo, lío**
3 Parte del oído interno de los vertebrados. **ANATOMÍA**
4 Composición poética formada por versos que pueden leerse en varias direcciones sin perder su estructura, cadencia y sentido. **LITERATURA**

labia (Del lat. _labia_, labios.) Facilidad de palabra y gracia para expresarse y convencer: _tiene tanta labia que siempre acaba convenciendo al cliente._ _s.f._ = **verbosidad**

labiado, a
1 Se aplica a la corola que está dividida en dos lóbulos desiguales opuestos entre sí, en forma de labios. _adj._ **BOTÁNICA**

2 Perteneciente a una familia de plantas dicotiledóneas de hojas opuestas, cáliz persistente y flores de corola dividida en dos, generalmente perfumadas, como la menta o el tomillo. _adj/s.f._ **BOTÁNICA**

labial
1 De los labios: _uso un protector labial cuando voy a esquiar._ _adj._
2 Se aplica al sonido consonántico que se articula con el contacto total o parcial de los labios: _la "b" y la "p" son consonantes labiales._ _adj/s.f._ **LINGÜÍSTICA**

labialización
1 Pronunciación de un sonido usando los dos labios o uno de ellos como punto de articulación. _s.f._ **LINGÜÍSTICA**
2 Asimilación de un sonido a un elemento labial, que le propaga esta característica. **LINGÜÍSTICA**

labializar Dar carácter labial a un sonido. _v.tr/conj: cazar_

labiérnago Planta arbustiva oleácea de largas ramas delgadas de color gris claro, hojas perennes lanceoladas con borde entero, flores olorosas, verdosas o amarillas, y fruto en drupa globosa y pequeña de color negro azulado. _(Phyllirea angustifolia)._ _s.m._ **BOTÁNICA** = **sao**

labihendido, a (Del bajo lat. _labium_, labio + _findere_, hender.) Se aplica a la persona que tiene el labio superior hendido o partido. _adj._

lábil (Del lat. _labilis._)
1 Que resbala o se desliza con facilidad. _adj._
2 Que es poco estable o seguro. = **frágil**
3 Se aplica al compuesto que se transforma con facilidad en otro más estable. **QUÍMICA**

labilidad
1 Cualidad de lo que es o está resbaladizo y deslizante. _s.f._
2 Falta de estabilidad o de firmeza.
3 Propensión de algunos compuestos químicos a transformarse en otros más estables. **QUÍMICA**

labio (Del bajo lat. _labium._)
1 Cada uno de los dos bordes carnosos que forman la abertura de la boca: _se pinta los labios con carmín._ _s.m./_**ANATOMÍA** tb: labrio
2 Borde de ciertas cosas: _labios de una herida; labios de una flor._
3 Cada uno de los bordes de la vulva. **ANATOMÍA** = **boca**
4 Órgano del habla: _de mis labios no ha salido tal cosa._
5 labio leporino: El que está partido en el centro por malformación congénita. **MEDICINA**
6 estar pendiente de los labios de otro: Escucharle con mucha atención: _el público estaba pendiente de los labios del orador._ _coloquial_

7 morderse alguien los labios: Hacer un esfuerzo para no reírse o callar una cosa: *me mordí los labios para no decirle lo que pensaba.* `coloquial`

8 no despegar los labios: Mantenerse callado: *no despegó los labios durante toda la tarde.* `coloquial`

labiodental Se aplica al sonido consonántico que se articula con el labio inferior contra los incisivos superiores: *la "f" es una consonante labiodental.* `adj/s.f.` `LINGÜÍSTICA` `= dentolabial`

labioso, a Que halaga con exceso o por interés. `adj./Ecuad.`

labium Borde inferior de la boca de los insectos. `s.m./ZOOLOGÍA`

labor (Del lat. *labor,* trabajo.)
1 Acción y resultado de trabajar: *labores agrícolas; labores domésticas.* `s.f.` `= trabajo`
2 Cualquier trabajo de los que se hacen con hilo, a mano o a máquina, como bordar, coser o tejer: *mi abuela me enseñó a hacer ganchillo y otras labores.* `TEXTIL`
3 Pieza o adorno bordado o cosido hecho a mano o a máquina.
4 Grupo de productos hechos en una fábrica de tabacos. `INDUSTRIA`
5 Cada acción de remover la tierra con la azada o el arado. `AGRICULTURA` `= arada, cavada`
6 Cualquier operación agrícola. `AGRICULTURA`
7 Conjunto de un millar de tejas o de ladrillos. `CONSTRUCCIÓN`
8 **labor blanca:** La de cosido o bordado realizada en ropa blanca.
9 **labor de zapa:** Acto o acciones que se hacen solapadamente para lograr algún fin: *ahora empieza a recoger el fruto de su labor de zapa de años.* `= trabajo de zapa`
10 **de labor:** Se aplica a los animales y cosas que se utilizan en las tareas agrícolas: *casa de labor.* `loc.adj.` `AGRICULTURA`
11 **meter en labor la tierra:** Labrar la tierra. `AGRICULTURA`
12 **sus labores:** Expresión anticuada que se usaba para referirse a la situación laboral de las mujeres que no realizan un trabajo remunerado y se dedican a las tareas domésticas.

laborable
1 Que puede ser laborado o labrado: *es una tierra laborable y fértil.* `adj.`
2 Se refiere al día en que se trabaja: *el horario de autobuses es distinto los días laborables a los festivos.* `≠ festivo`

laboral Del trabajo en sus aspectos económico, jurídico y social: *las condiciones laborales han cambiado mucho a lo largo de la historia.* `adj.`

laboralista Se aplica al abogado especializado en derecho laboral: *los trabajadores contrataron a una laboralista para que los defendiera.* `adj/s.m.f.` `DERECHO`

laborante
1 Que labora: *las abejas obreras son las más laborantes de la colmena.* `adj.`
2 Se dice de la persona conspiradora que persigue algún objetivo político. `adj/s.m.f.`

laborar (Del lat. *laborare.*)
1 Trabajar una persona mucho para conseguir una cosa: *dedicó toda su vida a laborar por la empresa.* `v.intr.` `literario`
2 Labrar la tierra: *los agricultores salieron a laborar el campo de madrugada.* `v.tr/AGRICULTURA` `literario`

laboratorio
1 Local acondicionado para realizar experimentos o investigaciones científicas o técnicas: *llevó el agua al laboratorio para analizarla.* `s.m.`
2 **laboratorio de análisis clínicos:** Local en donde se realizan análisis biológicos.
3 **laboratorio de idiomas:** Local provisto de los medios técnicos adecuados para ser utilizado en una clase de idiomas o para realizar investigaciones lingüísticas. `LINGÜÍSTICA`
4 **laboratorio farmacéutico:** Local donde se elaboran los medicamentos. `FARMACIA`
5 **laboratorio fotográfico:** Local acondicionado para revelar fotografías. `FOTOGRAFÍA`

laborear
1 Trabajar la tierra: *los agricultores laborean de sol a sol en duras condiciones.* `v.tr./literario` `= labrar`
2 Hacer excavaciones en una mina. `MINERÍA`
3 Pasar y hacer correr un cabo por la rueda de una polea. `v.intr.` `NÁUTICA`

laboreo
1 Trabajo o cultivo del campo: *la mayoría de inmigrantes trabajan en el laboreo por una remuneración muy baja.* `s.m./AGRICULTURA` `= labranza`
2 Conjunto de labores o excavaciones para la explotación de las minas. `MINERÍA`
3 Disposición de los cabos de labor en un barco. `NÁUTICA`

laborero, a
1 Se aplica a la persona que es muy diestra con las manos. `adj.`
2 Persona que dirige el trabajo en una mina. `s./Chile/MINERÍA`

laborío Trabajo o labor: *está haciendo un tapiz de mucho laborío.* `s.m.`

laboriosidad
1 Carácter de lo que es difícil o trabajoso: *el sueldo es elevado dada la laboriosidad del trabajo.* `s.f.` `= dificultad`
2 Buena disposición para el trabajo: *se aplicaba a sus tareas con laboriosidad.* `= diligencia`

laborioso, a (Del lat. *laboriosus.*)
1 Que es difícil o trabajoso: *la construcción de maquetas es un trabajo laborioso.* `adj.` `= complicado`
2 Que es aplicado y trabajador: *es un obrero cumplidor y laborioso.* `= diligente`

laborismo Movimiento y doctrina política de los socialistas británicos. `s.m.` `POLÍTICA`

laborista
1 Del laborismo: *partido laborista.* `adj./POLÍTICA`
2 Que es partidario del laborismo. `adj/s.m.f./POLÍTICA`

labortano Variedad lingüística del vasco que se habla en el sur de Francia. `s.m.` `LINGÜÍSTICA`

laborterapia Tratamiento de las enfermedades mentales o síquicas mediante el trabajo. `s.f.` `MEDICINA`

labra
1 Operación de labrar piedra, madera, cuero u otro material: *la labra es un trabajo que requiere minuciosidad y precisión.* `s.f.` `= labrado, talla`
2 Labor o adorno realizado en piedra, madera, cuero u otro material: *el bolso de cuero tiene una preciosa labra con motivos arabescos.* `= labrado`

labrada Tierra arada y dispuesta para sembrarla al año siguiente: *las labradas se alternaban con cultivos.* `s.f.` `AGRICULTURA`

labradero, a Que puede ser labrado: *ha comprado un terreno labradero.* `adj./AGRICULTURA`

labradío, a Se aplica al campo que se labra o es laborable. `adj/s.m.` `= labrantío`

labrado, a
1 Se aplica a la tela que tiene aplicaciones o dibujos en relieve: *lucía un vestido de terciopelo labrado.* `adj.` `TEXTIL`
2 Acción y resultado de labrar: *hizo un precioso labrado en estaño.* `s.m.`
3 Campo que ha sido cultivado. `AGRICULTURA`

labrador, a
1 Que labra la tierra. `adj/s.`
2 Se aplica a la persona que posee una extensión de tierra y la cultiva por su cuenta. `AGRICULTURA` `= campesino`
3 Se aplica al perro originario de Terranova: *el perro labrador es inteligente y de fácil domesticación.* `adj/s.m.`
4 Aluminosilicato de calcio y sodio. `s.m/MINERALOGÍA`
5 Persona que labra la madera descortezando el tronco, para convertirla en rollizos. `s./Cuba, Dom., Par.`

labradoresco, a Del labrador o propio de él. `adj./literario`

labradorita Feldespato laminar de color gris y translúcido, que entra en la composición de diferentes rocas. `s.f.` `MINERALOGÍA` `= labrador`

labrandera Mujer que sabe realizar bordados y otras labores de costura. `s.f.`

labrantín Labrador pobre. `s.m./literario`

labrantío, a Se aplica al campo o tierra que es laborable: *ese terreno es rico en pastos y labrantío; ha heredado un labrantío muy extenso.* `adj/s.m.` `AGRICULTURA` `tb: labradio`

labranza
1 Cultivo de los campos: *se dedica a la labranza desde que compró todas esas tierras.* `s.f./AGRICULTURA` `= laboreo`
2 Tierras de labor: *posee extensas labranzas.*
3 Tierra o campo sembrado. `AGRICULTURA`
4 Trabajo de cualquier oficio.

labrapuntas Máquina o aparato para sacar punta a los lápices. `s.m/pl: labrapuntas` `Colomb.`

labrar (Del lat. *laborare,* trabajar.)
1 Trabajar y cultivar la tierra: *come de lo que producen sus campos que él mismo labra.* `v.tr./= laborear` `AGRICULTURA`
2 Trabajar un material, dándole la forma o estado necesario para usarlo: *el orfebre labra la plata.* `= modelar`
3 Hacer surcos en un terreno para cultivarlo después: *labró la tierra para echar luego la simiente.* `AGRICULTURA` `= arar`
4 Hacer adornos en relieve en una cosa: *labrar una lámina de estaño con un buril; labrar un escudo en piedra.*
5 Trabajar una persona en un oficio determinado.
6 Trabajar un terreno en arrendamiento. `AGRICULTURA`
7 Construir un edificio. `CONSTRUCCIÓN`
8 Hacer labores o trabajos de bordado o costura: *lleva años labrando una gran mantelería a punto de cruz.*
9 Procurar conseguir una cosa con esfuerzo: *labraba su futuro estudiando por las noches; se labró un gran porvenir trabajando en un banco.* `v.tr/prnl.` `= forjar`
10 Causar una cosa una fuerte impresión a una persona: *aquel accidente labró hondo en él.* `v.intr.` `= impresionar`

labrero, a Se aplica a la red que se usa para pescar cazones. `adj.` `PESCA`

labriego, a Labrador rústico: *los labriegos venden su cosecha en el mercado semanal.* `s./= agricultor, campesino`

labro (Del lat. *labrum,* labio.) Labio superior de la boca de los insectos. `s.m.` `ZOOLOGÍA`

labrusca (Del lat. *labrusca.*) Vid silvestre. `s.f./BOTÁNICA`

laburar Trabajar, ocuparse en una actividad. `v.intr./Argent., Urug.`

laburo Trabajo, ocupación retribuida. `s.m./Argent., Urug.`

laca (Del ár. *lakk.*)
1 Resina producida con la exudación que producen las picaduras de los insectos en las ramas de algunos árboles de la India. — s.f. BOTÁNICA = gomorresina
2 Barniz duro y brillante hecho con esta resina o con otra sustancia: *dio varias capas de laca a la madera.*
3 Objeto cubierto con este barniz: *los jarrones del salón son lacas chinas.*
4 Sustancia albuminosa coloreada usada en pintura: *en sus cuadros abundan las lacas rojizas.*
5 Sustancia incolora que se aplica al cabello como fijador: *salió de la peluquería muy repeinada porque se le había puesto laca.*
6 Color rojo obtenido de la cochinilla, de la raíz de la rubia o del palo de Pernambuco.
7 **laca de uñas:** Sustancia que sirve para pintarse esta parte córnea de los dedos, que puede ser transparente o coloreada.

lacado, a Que está cubierto de laca o barniz: *sus muebles son lacados.* — adj. = barnizado

lacandón, a
1 De una comunidad indígena que habita en Chiapas, estado mexicano, y Guatemala. — adj.
2 Persona natural del pueblo que habita estas zonas. — s.
3 Lengua de la familia maya que hablan los miembros de esta comunidad indígena. — s.m. LINGÜÍSTICA

lacar Cubrir con laca una superficie: *lacar los barrotes de la cuna.* — v.tr. tb: laquear

lacayo, a
1 Persona aduladora y servil: *se comporta con su jefe como si fuera un lacayo.* — s. despectivo
2 Soldado a pie que solía acompañar a los caballeros en la guerra. — s.m. HISTORIA
3 Criado que acompaña a su amo a pie, a caballo o en coche. — = sirviente
4 Lazo de cintas que usaban las mujeres como adorno de los puños de la camisa.

lacayuno, a Que es propio de lacayos: *servilismo lacayuno.* — adj. = lacayesco

laceador, a Persona encargada de echar el lazo a las reses. — s./Amér. Central y Merid.

lacear
1 Adornar una cosa con lazos: *lacearon las puertas del coche de los novios.* — v.tr.
2 Atar una cosa con lazos.
3 Preparar la caza para que vaya al tiro, situándose los cazadores de modo que el aire no vaya de ellos a la presa. — CAZA
4 Coger la caza menor con lazos. — CAZA

lacedemonio, a
1 De Lacedemonia o Esparta, región de la antigua Grecia, en la península del Peloponeso. — adj./HISTORIA tb: lacedemón
2 Persona natural de esta antigua región. — s./HISTORIA

laceración
1 Acción y resultado de lacerar. — s.f.
2 Herida con desgarro: *la laceración del muslo le tardó en curar por su profundidad.*

lacerado, a Que es infeliz o desdichado: *desde que se quedó viudo se le ve lacerado y lívido.* — adj.

lacerante
1 Que causa un daño, físico o moral, muy fuerte y agudo: *una herida lacerante le dificultaba la respiración.* — adj.
2 Que desacredita o perjudica la reputación de una persona: *demandó al periodista por las lacerantes palabras que había dicho en contra de él.*

lacerar (Del lat. *lacerare*, desgarrar.)
1 Herir a una persona o un animal: *se laceró los dedos con el martillo; el arma ha lacerado el brazo del policía.* — v.tr./prnl. = lastimar, magullar
2 Causar un perjuicio moral o desacreditar a una persona: *aquellos comentarios laceraron su reputación.* — v.tr. = desprestigiar
3 Causar un dolor o una pena a una persona: *sus mentiras me laceran el corazón.* — = destrozar, lastimar

lacería
1 Conjunto de lazos: *las cortinas están adornadas con una lacería de seda.* — s.f.
2 Ornamentación que imita el lazo de cintas, de líneas y de estilizaciones vegetales que se enlazan y combinan formando figuras geométricas repetidas. — ARTE

lacero, a
1 Persona diestra en manejar el lazo para apresar toros, caballos y otros animales: *los laceros exhibieron sus habilidades en el rodeo.* — s.
2 Cazador, por lo general furtivo, que utiliza lazos para la caza menor. — CAZA
3 Empleado municipal encargado de recoger perros vagabundos. — = perrero

lacertilio, a Perteneciente a un suborden de reptiles escamosos, de dos o cuatro patas, con párpados móviles, esternón y cintura escapular. — adj/s.m. ZOOLOGÍA

lacetano, a
1 De Lacetania, antigua región de la Hispania prerromana, situada en lo que hoy es provincia de Barcelona, en las cuencas de los ríos Llobregat y Cardoner. — adj. HISTORIA
2 Persona natural de esta antigua región. — s./HISTORIA

lacha
I (De origen incierto.) Pez teleósteo de tamaño pequeño, parecido a la sardina, con el que se preparan las anchoas. — s.f. ZOOLOGÍA = boquerón, haleche
II (Del gitano *lacha* < sánscrito *lajja*, vergüenza.) Vergüenza, pundonor. — s.f.

lachear Galantear, decir zalamerías a una mujer. — v.tr./Chile

lacho Se aplica al hombre enamoradizo o que acostumbra a galantear a las mujeres. — adj/s.m. Chile, Perú

lacinia Cada una de las tiras estrechas en que se dividen las hojas o pétalos de algunas plantas. — s.f. BOTÁNICA

laciniado, a Que está dividido en lacinias. — adj./BOTÁNICA

lacio, a (Del lat. *flaccidus*, lánguido.)
1 Se refiere al cabello completamente liso: *tiene el pelo lacio y por eso se ha hecho una permanente.* — adj.
2 Que está marchito o ajado: *estas rosas se han puesto lacias.*
3 Que no tiene vigor, flojo: *quiero hacer gimnasia porque tengo los músculos lacios.*

laco- Componente de palabra procedente del gr. *lakkos*, que significa fosa: *lacolito.* — pref.

lacolito Relieve abultado de origen volcánico, provocado por lava ascendente que no brota a la superficie. — s.m. GEOLOGÍA

lacón, a
I (Derivado de *lacónico*.) De Laconia, región de la antigua Grecia. — adj/s.HISTORIA = laconio
II (Del lat. *lacca*, tumor en las piernas de las caballerías.) Pata delantera de cerdo salada y curada.

lacónico, a (Del lat. *laconicus*.) Que es breve y conciso: *me explicó muy poca cosa porque es una persona lacónica; dejó una lacónica nota diciendo sólo que se iba de viaje.* — adj. = escueto

laconio, a
1 De Laconia, región de la antigua Grecia. — adj./= lacón s./HISTORIA
2 Persona natural de esta antigua región griega.

laconismo Brevedad y precisión extremas al hablar o escribir: *me desagrada su laconismo cuando contesta.* — s.m. = concisión

lacra (De origen incierto.)
1 Señal o huella de un daño físico o de una enfermedad: *todavía se notan en su rostro las lacras del accidente de tráfico que sufrió.* — s.f. = secuela
2 Defecto o vicio, físico o moral: *la adicción a las drogas es una de las lacras de la sociedad.* — = tara
3 Úlcera, llaga. — Venez.

lacrado Operación y resultado de lacrar. — s.m.

lacrar
I (Derivado de *lacra*.)
1 Causar daño en el estado físico o la salud de una persona: *se lacra al beber tanto coñac; el tabaco lacra la salud.* — v.tr./prnl. = dañar
2 Causar una cosa un perjuicio a una persona: *aquella discusión lacró la amistad que había entre ellos.* — v.tr.
II (Derivado de *lacre*.) Cerrar una cosa con lacre: *el notario lacró el sobre que contenía el testamento.* — v.tr.

lacre Pasta sólida de color rojo, compuesta de goma laca y trementina que se derrite con facilidad y se utiliza para cerrar y sellar cartas, paquetes, etc. — s.m.

lacrimal De las lágrimas: *conducto lacrimal.* — adj./tb: lagrimal

lacrimatorio, a Se aplica al vaso que se encontró en los sepulcros antiguos y que se creía destinado a guardar las lágrimas vertidas por los familiares y amigos del difunto. — adj/s.

lacrimógeno, a
1 Que produce lagrimeo, en especial los gases. — adj.
2 Que hace llorar por ser muy triste y emocionante. — = lacrimoso

lacrimoso, a
1 Que tiene o segrega lágrimas: *no me digas que no has llorado, porque tienes los ojos lacrimosos.* — adj.
2 Que hace llorar: *le gustan las películas sensibleras y lacrimosas.* — = lacrimógeno
3 Que se lamenta o queja con frecuencia: *no pienso acceder a tus lacrimosas peticiones.* — = quejica

lact- Componente de palabra procedente del lat. *lac*, *lactis*, que significa leche: *láctico.* — pref. tb: lacto-

lactación Acción de lactar, amamantar o mamar: *durante la lactación la madre debe cuidar mucho su alimentación.* — s.f. = amamantamiento

lactalbúmina Proteína de la leche, que se coagula con el calor. — s.f. BIOQUÍMICA

lactancia
1 Etapa de la vida en que los bebés y las crías de los mamíferos se alimentan sólo de leche: *el período de lactancia de los niños es de unos cinco meses.* — s.f.
2 Sistema de alimentación del lactante: *algunos especialistas aconsejan la lactancia materna por considerarla mejor que la artificial.*

lactante
1 Que lacta, en especial el recién nacido que se alimenta sólo de leche: *su hijo es aún lactante.* — adj/s.m.f. = bebé

2 Se aplica a la mujer que da de mamar: *las madres lactantes deben de tener un cuidado especial en su alimentación.* · adj/s.f.

lactar
1 Dar de mamar a un niño o cría de mamífero: *la leona lactaba a sus cinco cachorros.* · v.tr. = amamantar
2 Criar a un niño o un cachorro con leche: *lacté a mi perro con leche especial.*
3 Tomar un niño o un cachorro de mamífero la leche de las mamas de la madre. · v.intr. = mamar

lactario, a Se aplica a la planta o al fruto que contiene un líquido de aspecto parecido al de la leche. · adj. BOTÁNICA

lactasa Enzima que transforma la lactosa en glucosa y galactosa. · s.f. BIOQUÍMICA

lactato Sal derivada del ácido láctico al combinarse éste con un radical simple o compuesto. · s.m. QUÍMICA

lacteado, a Que está mezclado con leche: *harina lacteada.* · adj.

láctea, a (Del lat. *lacteus*.)
1 De la leche o que tiene relación con ella: *los niños deben tomar productos lácteos.* · adj. = láctico
2 Que tiene alguna propiedad de la leche: *tiene la piel clara, de un tono lácteo.* · = lechoso

lactescencia Cualidad de lo que tiene aspecto de leche. · s.f.

lactescente Que tiene el aspecto de la leche: *se tomó un preparado farmacéutico lactescente.* · adj. tb: latescente

lacticíneo, a De la leche o que tiene relación con ella. · adj. culto

lacticinio (Del lat. *lacticinium*.)
1 Leche, sustancia líquida y blanca. · s.m.
2 Alimento que contiene leche.
3 Pasta vítrea de color blanco lechoso usada para decorar ciertos vidrios. · ARTE

lacticinoso, a Que contiene o tiene el aspecto de la leche. · adj.

láctico, a
1 De la leche: *trabaja en la industria láctica.* · adj./= lácteo
2 Se aplica al ácido alcohol que resulta de la fermentación de las bacterias lácticas y de la descomposición del glucógeno durante la contracción muscular. · QUÍMICA

lactífero, a Se aplica al conducto que lleva la leche hasta el pezón de la mama. · adj. ANATOMÍA

lactina Lactosa, azúcar contenido en la leche. · s.f./QUÍMICA

lactívoro, a (Del lat. *lac, lactis*, leche + *vorare*, comer.) Se aplica al animal que se alimenta exclusivamente de leche. · adj./s. BIOLOGÍA

lactodensímetro Lactómetro, instrumento para medir la densidad de la leche. · s.m. = galactómetro

lactoflavina Materia colorante amarilla, aislada de la leche. · s.f. BIOQUÍMICA

lactómetro (Del lat. *lac, lactis*, leche + *metrum* < gr. *metron*, medida.) Instrumento que sirve para medir la densidad de la leche. · s.m. = galactómetro, lactodensímetro

lactosa Azúcar contenido en la leche, que se desdobla en glucosa y galactosa. · s.f./QUÍMICA = lactina

lactoserum Líquido que resulta de la coagulación de la leche, que tiene propiedades diuréticas y antisépticas. · s.m. BIOQUÍMICA

lactucario Jarabe obtenido a partir de la lechuga espigada, que se usa como calmante e hipnótico. · s.m. FARMACIA

lactumen Erupción en forma de pequeñas llagas y costras en la cabeza y el cuerpo, que afecta a los niños que maman. · s.m. MEDICINA

lacunario (Del lat. *lacunarium*.) Hueco que queda entre los maderos de un techo artesonado. · s.m./ARQUITECTURA = lagunar

lacustre (Derivado del lat. *lacus*.)
1 De los lagos: *vive en una región lacustre.* · adj.
2 Que vive en las aguas de los lagos o cerca de ellos: *el junco y el nenúfar son plantas lacustres.* · BIOLOGÍA

lada Jara, planta arbustiva. · s.f./BOTÁNICA

ládano (Del lat. *ladanum*.) Resina que fluye de las hojas y ramas de la jara. · s.m. BOTÁNICA

ladeado, a
1 Que está descentrado o torcido hacia un lado: *el cuadro de la sala de espera estaba un poco ladeado.* · adj. = inclinado
2 Se refiere a los órganos vegetales que están desviados de la vertical. · BOTÁNICA
3 Se aplica a la estocada que penetra a un lado de la cruz del toro. · TAUROMAQUIA

ladear
1 Inclinar o torcer una cosa hacia un lado: *como no oye bien, cuando escucha ladea la cabeza; el árbol ladea; el poste se ladeó por el viento.* · v.tr/intr/prnl. = sesgar ≠ enderezar
2 Andar por la ladera de una montaña. · v.intr.
3 Desviarse una persona del camino derecho: *tu hermano ladea a menudo.*

4 Sentir una persona afición o inclinación hacia una cosa: *se ladea a leer novelas eróticas.* · v.prnl. + a
5 Empezar a enemistarse con una persona: *se ladeó con sus vecinos.* · + con
6 Andar o ponerse al lado de una persona: *se ladea siempre con su hija.* · + con
7 Prendarse de una persona, enamorarse. · Chile/coloquial

ladeo Acción y resultado de ladear o ladearse: *el peso de las hojas causó el ladeo de la rama.* · s.m. = inclinación

ladera Declive de una montaña: *la ladera tiene una gran inclinación.* · s.f. GEOGRAFÍA

ladería Llanura pequeña en la ladera de un monte: *montamos la tienda de campaña en la ladería de la colina.* · s.f. = sillada

ladero, a
1 Del lado. · adj.
2 Caballo de tiro que, en los vehículos de varas, se ata al lado del varero y, en los de lanza, junto a cualquiera de los del tronco. · s.m. Argent.
3 Persona que secunda a otra, en especial a un caudillo político. · s. Argent.

ladierno (Del lat. *alaternus*.) Aladierno, planta arbustiva. · s.m. BOTÁNICA

ladilla (Derivado del lat. *latus*, ancho.)
1 Insecto anopluro de color amarillento, pequeño, redondo y aplastado, que vive en las partes vellosas del cuerpo humano y cuya picadura es irritante y molesta. *(Hordeum distichum).* · s.f. ZOOLOGÍA
2 Persona molesta e impertinente. · Méx./coloquial
3 pegarse alguien como una ladilla: Arrimarse a otra persona molestándola de continuo: *se pega a su hermano como una ladilla y no le deja estudiar.* · coloquial

ladillo
1 Parte de la caja de los carruajes que está a cada uno de los lados de las puertecillas y cubre el brazo de las personas que van dentro. · s.m.
2 Composición breve colocada en el margen de la plana, para indicar el contenido del texto. · ARTES GRÁFICAS

ladino, a (Del lat. *latinus*.)
1 Que es astuto o sagaz: *es tan ladino que se sirve de todas las artimañas para conseguir lo que desea.* · adj. = taimado
2 Retorrománico, lengua hablada en Retia, antigua demarcación romana. · s.m. LINGÜÍSTICA
3 Lengua religiosa de los sefardíes. · LINGÜÍSTICA
4 Dialecto judeoespañol oriental. · LINGÜÍSTICA
5 Persona aborigen que se considera distinta de los indios. · s./Méx., Amér. Central

lado (Del lat. *latus*.)
1 Parte en un todo que se contrapone a la otra: *siéntate en el lado derecho del sofá.* · s.m.
2 Costado o mitad del cuerpo del animal desde la cabeza hasta el pie: *échate sobre el lado izquierdo.*
3 Costado o parte del cuerpo situada desde debajo de cada brazo hasta la cadera: *siento un fuerte dolor en el lado derecho.*
4 Cada sector de espacio que rodea a un objeto o punto y que se puede diferenciar por alguna circunstancia: *la ciudad se extiende por el lado del río.* · = borde ≠ centro
5 Cada una de las dos superficies de una medalla, moneda, tela, u otras cosas: *en un lado de la medalla está el rey y en el otro la flor de lis.* · = cara
6 Cada uno de los aspectos que se pueden considerar en una cosa, en un asunto o en una persona: *no te lo tomes por el lado trágico.* · = faceta
7 Espacio ocupado o que puede ser ocupado por un cuerpo: *hazme un lado que no quepo.* · = lugar
8 Inclinación o partido que se toma a favor de una persona o cosa: *no entiendo por qué te opones si estás de nuestro lado.* · = bando
9 Modo, medio o camino que se toma para una cosa: *si así no te hace caso, prueba por otro lado.*
10 Cada una de las dos líneas que forman un ángulo. · GEOMETRÍA
11 Cada una de las líneas que forman o limitan un polígono. · GEOMETRÍA
12 Arista de un poliedro. · GEOMETRÍA
13 Generatriz de una superficie cónica o cilíndrica. · GEOMETRÍA
14 Estera que se pone a los costados de los carros para evitar que se salga la carga por entre los barrotes.
15 a ambos lados o a un lado y otro o a uno y otro lado: Forma de advertir a una persona o a varias que se aparten y dejen el paso libre: *la gente se concentró a un lado y otro de la calle para ver pasar la comitiva.* · loc.adv.
16 a un lado: Forma de advertir a una persona o a varias que se aparten y dejen el paso libre: *retírense a un lado para que pase el coche.* · loc.adv.
17 al lado: Muy cerca: *trabajo aquí al lado.* · loc.adv.
18 cada cosa por su lado: Todas las cosas de que se trata, separadas y en desorden: *tiene la casa hecha un desastre, cada cosa por su lado.* · coloquial
19 comerle un lado a alguien: Hacerle un gasto continuo, viviendo y comiendo a su costa. · coloquial
20 dar de lado a alguien: Abandonar su trato y compañía, apartarse de él con disimulo: *le dan de lado porque es un pelmazo.* · coloquial
21 dar de lado una cosa: Desecharla, no utilizarla: *le costó dar de lado su jersey favorito.*

22 darle a alguien por su lado: Fingir estar de acuerdo con él sólo por complacerlo, por no discutir, o por otras razones. · *Méx.* *coloquial*

23 de lado: Torcido o inclinado: *llevaba el sombrero de lado.* · *loc.adv.*

24 de lado a lado: De un lado al opuesto. · *loc.adv.*

25 de medio lado: Que está torcido hacia un costado: *dejó el coche aparcado de medio lado.* · *loc.adv.*

26 de un lado a otro: Atravesado por completo: *una franja cubre el cuadro de un lado a otro.* · *loc.adv.*

27 de un lado para otro: Forma de expresar agitación, movimiento o hacer muchas gestiones: *va todo el día de un lado para otro.* · *loc.adv.*

28 dejar a un lado algo: Omitirlo en la conversación: *dejemos a un lado los detalles.* · *coloquial*

29 del lado de: Ser partidario de cierta persona o cosa o apoyarla: *se puso del lado del director.* · *loc.prep.*

30 del otro lado: Del partido contrario o partidario de lo contrario de lo que se considera: *no asistió al mitin porque es del otro lado.* · *loc.adv.*

31 echar algo a un lado: Concluir un negocio o diligencia. · *coloquial*

32 echarse o hacerse a un lado: 1. Ladearse, apartarse para dejar paso o sitio libre o para eludir una cosa: *se echó a un lado para dejar pasar a una señora mayor.* 2. Apartarse o inhibirse en algún asunto: *empezó animado, pero al final se echó a un lado y abandonó el negocio.* · *coloquial*

33 estar o ponerse del lado de: Ser partidario de una persona o bando: *siempre está del lado de los vencedores.* · *coloquial*

34 estar del otro lado: Ser del partido opuesto o partidario de las ideas contrarias a las que se consideran. · *coloquial*

35 hacer ir de un lado para otro a alguien: Zarandearle o entretenerle con pretextos sin darle o hacerle lo que pide: *ese funcionario me hizo ir de un lado para otro buscando al encargado.* · *coloquial*

36 inclinarse del lado de: Estar a favor de una persona o cosa: *siempre se inclina del lado de los más desfavorecidos.* · *coloquial*

37 ir cada uno por su lado: 1. Seguir distintos caminos: *al llegar a París iremos cada uno por su lado.* 2. Seguir comportamientos distintos: *son gemelos, pero cada uno va por su lado.* 3. Estar en desacuerdo: *si cada uno va por su lado las cosas nunca funcionarán.* · *coloquial* *coloquial* *coloquial*

38 ir lado a lado: Forma de expresar la igualdad de dos o más personas cuando se pasean juntas. · *coloquial*

39 juntar de lado o de medio lado: Mirar con desprecio a alguien o algo. · *coloquial*

40 mirar a otro lado: Mirar a un sitio distinto de aquel en que está aquella persona o cosa que se quiere simular que no se ve o la persona a la que no se quiere saludar. · *coloquial*

41 mirar de lado a alguien: Mirarle con desprecio o con orgullo: *el muy orgulloso te mira de lado.* · *coloquial*

42 mirar de lado o de medio lado: Mirar con disimulo: *un joven te está mirando de medio lado.* · *coloquial*

43 por cualquier lado que se mire: Forma de expresar la evidencia de una cosa: *por cualquier lado que se mire, el problema no tiene solución.* · *loc.adv.*

44 por mi, tu, su lado: Por lo que respecta a la persona que habla: *por mi lado no pienso seguir acudiendo a las reuniones.* · *loc.adv.*

45 por otro lado: Además, incluso: *no puedo y, por otro lado, no me apetece.* · *loc.adv.*

46 por todos lados: 1. Por todas partes: *hay gente por todos lados.* 2. En todos los aspectos: *por todos lados salen problemas inesperados.* · *loc.adv.* *loc.adv.*

47 ser alguien del otro lado: Ser homosexual. · *Méx.*

ladón Jara, planta arbustiva. · *s.m./BOTÁNICA*

ladra
1 Acción de ladrar: *la ladra de los perros de la perrera municipal es insoportable.* · *s.f.* *= ladradura*
2 Conjunto de ladridos que se oyen cada vez que los perros se encuentran con una res.

ladrador, a Se aplica al perro que ladra mucho: *los pastores escoceses son perros muy ladradores.* · *adj.*

ladrar (Del lat. *latrare.*)
1 Dar ladridos el perro: *cuando alguien se acerca a la verja del jardín, el mastín empieza a ladrar.* · *v.intr.*
2 Dirigir o dedicar insultos o críticas ásperas a una persona: *harto de tanta presión, ladró al director del periódico; cuando se enfurece, me ladra toda clase de improperios.* · *v.tr/intr.* *coloquial*

ladrear Ladrar un perro de forma continua: *el perro encontró un conejo y no dejó de ladrear hasta que me acerqué.* · *v.intr.*

ladrería Enfermedad infecciosa de los cerdos, que puede contagiarse a las personas y que se caracteriza por el desarrollo de larvas en el tejido celular. · *s.f.* *VETERINARIA* *= cisticercosis*

ladrido
1 Voz que emite el perro: *el fuerte ladrido del perro me asustó.* · *s.m.*
2 Insulto, censura o calumnia: *le miraban mal a causa de los ladridos de su vecina.* · *coloquial*

ladrillado Pavimento o suelo hecho de ladrillos: *el ladrillado de la escalera está muy deteriorado.* · *s.m.* *CONSTRUCCIÓN*

ladrillador, a Enladrillador, persona que pone ladrillos. · *s.* *CONSTRUCCIÓN*

ladrillar
1 Fábrica de ladrillos. · *s.m./INDUSTRIA*
2 Enladrillar, poner ladrillos: *sólo falta enladrillar la buhardilla.* · *v.tr.* *CONSTRUCCIÓN*

ladrillazo Golpe dado con un ladrillo: *rompió el cristal de un ladrillazo.* · *s.m.*

ladrillejo Broma que consistía en golpear una puerta con un ladrillo colgando para que los habitantes de la casa creyeran que estaban llamando. · *s.m.*

ladrillera Molde para hacer ladrillos. · *s.f./CONSTRUCCIÓN*

ladrillero, a
1 Del ladrillo: *industria ladrillera.* · *adj.*
2 Persona que hace o vende ladrillos. · *s.*

ladrillo (Del lat. *later, lateris.*)
1 Masa de arcilla cocida en forma de paralelepípedo rectangular, que sirve para construir paredes o pavimentar: *alineó los ladrillos para ponerles cemento.* · *CONSTRUCCIÓN*
2 Elemento de forma prismática hecho de diversas materias, usado en construcción. · *CONSTRUCCIÓN*
3 Libro o discurso que resulta muy pesado y aburrido: *sólo un mal escritor puede ser el autor de este ladrillo.* · *coloquial*
4 **ladrillo de chocolate:** Tableta de este alimento formada por varias porciones. · *COCINA*

ladrilloso, a
1 Que está hecho de ladrillo. · *adj.*
2 Que tiene forma u otra característica del ladrillo.

ladrón, a (Del lat. *latro, -onis,* bandido.)
1 Que roba: *la policía encontró al ladrón justo cuando salía de su guarida.* · *adj/s.* *= caco*
2 Enchufe que multiplica las tomas de electricidad: *necesito un ladrón para enchufar la televisión, la plancha y la radio en el mismo enchufe.* · *s.m.* *ELECTRICIDAD*
3 Enchufe que se adapta al casquillo de la lámpara. · *ELECTRICIDAD*
4 Abertura que se hace en un río o acequia para desviar o quitar parte de su caudal. · *= ladronera, portillo*
5 Pavesa encendida que se desprende del pabilo y se pega a la vela.
6 **ladrón cuatrero:** El que roba ganado.
7 **el buen ladrón:** Uno de los ladrones crucificados con Jesucristo que se arrepintió y alcanzó la gloria. · *RELIGIÓN*
8 **el mal ladrón:** El que murió crucificado junto a Jesucristo sin arrepentirse. · *RELIGIÓN*
9 **hacerse el ladrón:** 1. Fiarse de alguien por necesidad, no porque se confíe en su honradez. 2. Mostrarse honrado y sencillo para inspirar confianza. · *coloquial* *coloquial*

ladronamente A escondidas, con disimulo: *metió la dronamente la mano en el bolso y me quitó la cartera.* · *adv.*

ladronear Vivir una persona del robo: *empezó a ladronear desde muy joven, al juntarse con malas compañías.* · *v.intr.*

ladronera
1 Lugar que sirve de guarida a los ladrones: *encontraron armas y objetos robados en la ladronera.* · *s.f.*
2 Abertura hecha en un río o acequia para desviar o sustraer parte de su caudal. · *= ladrón*
3 Robo o fraude. · *= latrocinio*
4 Hucha de barro: *guarda su dinero en una ladronera.* · *= alcancía*
5 Obra voladiza con un parapeto en lo alto de un muro, torre, u otra construcción. · *CONSTRUCCIÓN* *= garita*

ladronería Acción o costumbre de robar: *lo han detenido varias veces por ladronería.* · *s.f./= latrocinio, robo*

ladronesca Conjunto de ladrones: *la ladronesca del barrio se reúne en ese garito.* · *s.f.* *coloquial*

ladronesco, a Que es propio de ladrones. · *adj.*

ladronzuelo, a Persona que roba cosas por lo general de poca importancia: *el tendero atrapó al ladronzuelo que le robaba la fruta.* · *s.* *= ratero*

lady (Voz inglesa) Título británico de honor que se da a las señoras de la nobleza. · *s.f./pl: ladys* *tb: ladi*

lagaña Secreción de las glándulas de los párpados que se acumula y se seca en la comisura de los ojos. · *s.f.* *tb: legaña*

lagañoso, a Que tiene lagañas en los ojos: *por las mañanas me levanto lagañoso.* · *adj/s.* *tb: legañoso*

lagar
1 Recipiente donde se pisa la uva, se prensa la aceituna o se machaca la manzana, para obtener el mosto, el aceite o la sidra. · *s.m.* *= jaraíz*
2 Local donde está instalado este recipiente. · *= jaraíz*
3 Pequeña extensión de tierra, plantada de olivar, en la que hay un local y artefactos para extraer el aceite.
4 Depósito para conservar el pescado en salmuera en las fábricas de salazón.

lagarero, a Persona que trabaja en un lagar. · *s.*

lagareta Charco de agua o de otro líquido. · *s.f.*

lagarta
1 Hembra del lagarto. · *s.f./ZOOLOGÍA*

2 Insecto lepidóptero nocturno, de color gris pardo y antenas plumosas en el macho, que es muy abundante en los bosques mediterráneos puesto que su oruga se alimenta de las hojas de los árboles. (*Lymantria dispar.*) — ZOOLOGÍA

3 Mujer astuta y taimada: *la muy lagarta nos ha engañado para conseguir sus propósitos.* — coloquial

lagartado, a Que se asemeja en el color a la piel del lagarto. — adj. / tb: alagartado

lagartear
1 Coger por la parte musculosa de los brazos a una persona y apretársela para inmovilizarla, con el fin de atormentarla o vencerla en una lucha. — v.tr. / Chile
2 Importunar, solicitar con insistencia. — Colomb.

lagarteo Acción y resultado de lagartear. — s.m./Chile

lagartera Madriguera del lagarto. — s.f.

lagarterano, a
1 De Lagartera, población de Toledo. — adj.
2 Persona natural de esta población. — s.
3 vestir de lagarterano: Tomar una actitud de indiferencia ante la realidad. — coloquial

lagartero, a Se aplica al animal que caza lagartos. — adj./ZOOLOGÍA

lagartija
1 Especie de lagarto, de menor tamaño que éste, que vive en muros y huecos expuestos al sol y se alimenta de insectos. — s.f. / ZOOLOGÍA
2 Ejercicio gimnástico que se practica boca abajo con el cuerpo estirado, y que consiste en subir y bajar varias veces estirando los brazos sosteniéndose únicamente con las manos y las puntas de los pies. — Méx. / DEPORTES

lagartijero, a Se refiere al animal que caza y come lagartijas. — adj. / ZOOLOGÍA

lagarto (Del lat. *lacertus.*)
1 Reptil terrestre, de color verdoso, que suele vivir entre las piedras de los muros, en los bosques y los prados de las regiones cálidas y templadas. — s.m. / ZOOLOGÍA
2 Músculo del brazo, entre el hombro y el codo. — = biceps
3 Hombre astuto y taimado. — coloquial
4 Espada roja, insignia de la orden de caballería de Santiago.
5 Caimán, reptil. — Méx. / ZOOLOGÍA
6 lagarto de Indias: Caimán, reptil.
7 ¡lagarto!: Expresión que usan las personas supersticiosas, por lo general diciéndola dos veces seguidas, cuando se nombra la culebra o para ahuyentar la mala suerte. — interj. / coloquial

lagartón, a Se aplica a la persona que se comporta con astucia y mezquindad: *a ese lagartón hay que darle un buen escarmiento.* — adj/s. / coloquial

lago (Del lat. *lacus.*)
1 Masa de agua, dulce o salada, acumulada de forma natural en el interior de los continentes, con comunicación al mar o sin ella. — s.m. / GEOGRAFÍA
2 lago de leones: Cueva o lugar subterráneo en que los encerraban: *los rugidos del lago de leones eran aterradores.*
3 lago de montaña: El que está formado con aguas del deshielo. — GEOGRAFÍA

lagomorfo, a (Del lat. *lacus*, lago + gr. *morphe*, forma.) Perteneciente a un suborden de mamíferos roedores, herbívoros y con dos pares de incisivos superiores, como la liebre. — adj/s.m. / ZOOLOGÍA

lagón Extensión de agua encerrada en un arrecife coralino y barrera que lo delimita. — s.m./GEOGRAFÍA / = laguna de atolón

lagópodo Ave galliforme de plumaje estacional que tiene tonalidad parda, con partes blancas en verano y prácticamente blanco en invierno. — s.m. / ZOOLOGÍA

lagotear Hacer halagos a una persona para conseguir de ella una cosa: *lagotea a su hermano mayor para que le deje la moto.* — v.intr/tr. / coloquial / = engatusar

lagotería Acto o dicho hecho con el fin de conseguir una cosa: *llenó de lagoterías a su abuelo para que le comprara unos patines.* — s.f. / coloquial / = zalamería

lagotero, a (Del cat. *llagoter*, adulador.) Que lagotea o hace halagos o zalamerías para conseguir una cosa: *el muy lagotero supo camelarse a su padre para que le dejara salir por las noches.* — adj/s. / coloquial / = zalamero

lágrima (Del lat. *lacrima.*)
1 Gota del líquido segregado por la glándula lagrimal, que se vierte de los ojos por irritación de éstos, causas emocionales o dolor: *las lágrimas resbalaban por sus mejillas sin poder contener el llanto.* — s.f. / FISIOLOGÍA
2 Gota de líquido que destilan algunos árboles y arbustos después de la poda. — BOTÁNICA
3 Porción muy pequeña de cualquier licor.
4 Adversidades y disgustos en lo físico y en lo moral: *su éxito como empresario le costó muchas lágrimas.* — s.f.pl.
5 Cualquier objeto en forma de gota: *las lágrimas de la lámpara tintineaban.* — s.f.
6 lágrima de Batavia o de Holanda: Gota de cristal coloreado que procede de la volatilización de los álcalis de la pasta de vidrio.

7 lágrima de la virgen: Planta herbácea liliácea perenne de lugares húmedos, con flores blancas acampanadas. (*Allium triquetrum.*) — BOTÁNICA
8 lágrima volcánica: Materia que proyectan los volcanes, de dimensiones diminutas y en forma de gota. — GEOLOGÍA
9 lágrimas de amor: Pequeño arbusto de hojas pequeñas, opuestas y escasas, y flores numerosas, rojas, colgantes, en forma de tubo, que es originario de México y se cultiva como ornamental. (*Russelia juncea.*) — BOTÁNICA
10 lágrimas de cocodrilo: Arrepentimiento o pena fingidos: *descubrió que tus lágrimas de cocodrilo eran una simulación.* — coloquial
11 lágrimas de David: Planta liliácea, con el tallo anguloso, hojas elípticas y anchas, flores con las piezas periánticas indiferenciadas, unidas formando un tubo de color blanco y con el ápice verdoso. (*Polygonatum odoratum.*) — BOTÁNICA
12 deshacerse en lágrimas: Llorar sin consuelo: *estaba tan afectado que se deshacía en lágrimas.* — coloquial
13 estar con la lágrima en el ojo: Frase con la que se alude a la tendencia de algunas personas a emocionarse con facilidad: *es muy llorona, siempre está con la lágrima en el ojo.* — coloquial
14 llorar a lágrima viva: Llorar mucho y de manera ostensible: *lloró a lágrima viva al perder a su perro.* — coloquial
15 llorar con lágrimas de sangre: Llorar amargamente: *era tanto su dolor que lloraba con lágrimas de sangre.* — coloquial
16 saltarle o saltársele a alguien las lágrimas: Enternecerse y llorar por estar afectado: *al recibir la noticia se le saltaron las lágrimas de emoción.* — coloquial

lagrimal
1 De las lágrimas: *el oculista me ha puesto unas gotas lagrimales.* — adj. / tb: lacrimal
2 Se refiere al órgano que segrega y excreta lágrimas. — ANATOMÍA
3 Región del ojo próxima a la nariz. — s.m./ANATOMÍA
4 Úlcera que suele formarse en la axila de las ramas cuando se desgajan ligeramente del tronco. — BOTÁNICA

lagrimar Derramar una persona lágrimas: *lagrimaba y suspiraba con tristeza.* — v.intr/= llorar, lagrimear

lagrimear
1 Llorar una persona con frecuencia y facilidad: *siempre lagrimea cuando ve seriales de televisión.* — v.intr. / = lagrimar
2 Segregar lágrimas los ojos: *el exceso de luz me hace lagrimear.* — = lagrimar

lagrimeo
1 Acción de lagrimear el ojo. — s.m.
2 Secreción continua e intensa de lágrimas, independiente de toda emoción: *la gripe me produce un constante lagrimeo.* — MEDICINA

lagrimón Lágrima grande y aparatosa: *le corrían lagrimones por las mejillas.* — s.m. / coloquial

lagrimoso, a
1 Se dice de la persona que padece lagrimeo. — adj/s./MEDICINA
2 Se aplica al ojo que está humedecido a causa del llanto o por otra razón. — adj. / = lloroso
3 Que hace llorar: *hacía tiempo que no había visto una película tan triste y lagrimosa.* — tb: lacrimoso
4 Se aplica a la planta que destila lágrimas. — BOTÁNICA

lagua Especie de gachas que se preparan con fécula de patata o de chuño. — s.f. / Bol., Perú

laguna (Del lat. *lacuna*, agujero.)
1 Acumulación natural de agua estancada, dulce o salada, menor y menos profunda que un lago. — s.f. / GEOGRAFÍA
2 Falta o ausencia de elementos en una serie, un texto u otra cosa: *tiene muchas lagunas sobre la literatura del siglo XVIII; en su tesis hay algunas lagunas.* — = omisión, fallo, hueco
3 Deficiencia, falta o imperfección: *a veces su memoria tiene lagunas.*
4 Ignorancia o insuficiencia en el conocimiento: *tengo muchas lagunas en ciencias físicas.*
5 Parte de un texto que se omite o ha desaparecido: *la primera parte del manuscrito está llena de lagunas.*

lagunajo Charco que queda en un campo después de haber llovido o de haberse inundado: *después del aguacero, los lagunajos se poblaron de aves.* — s.m. / tb: lagunazo

lagunar Hueco que queda entre los maderos de un techo artesonado. — s.m. / ARQUITECTURA

lagunero, a Que tiene relación con las lagunas: *flora lagunera.* — adj. / = lagunés

lagunolacustre Se refiere a la formación que se ha originado a orillas del mar, ya sea en aguas salobres o dulces. — adj. / GEOLOGÍA

lagunoso, a Se aplica al lugar que tiene muchas lagunas: *vive en una zona lagunosa.* — adj.

lai (Voz celta.) Breve poema propio de la edad media, de versos cortos, casi siempre de ocho sílabas, que relata una leyenda o una historia amorosa o cortés. — s.m. / POESÍA / tb: lay

laicado
1 Conjunto de los fieles laicos de la Iglesia: *el clero mantuvo al laicado al margen de las discusiones conciliares.* — s.m. / RELIGIÓN
2 Cualidad común de los fieles laicos de una iglesia. — RELIGIÓN

laical De los laicos o legos.   adj./RELIGIÓN

laicidad
1 Calidad de laico: *la laicidad de la enseñanza se está imponiendo cada vez más.*   s.f.
2 Sistema que excluye a la Iglesia del ejercicio del poder político o administrativo y de la organización de la enseñanza pública.

laicismo Doctrina o tendencia que defiende la independencia del hombre, de la sociedad o del estado de toda influencia religiosa.   s.m. SOCIOLOGÍA

laicista
1 Que tiene relación con el laicismo o la laicidad.   adj.
2 Seguidor de las ideas del laicismo.   s.m.f./SOCIOLOGÍA

laicización Proceso por el que una cosa pierde su carácter eclesiástico: *defienden la laicización del sistema educativo.*   s.f. = secularización

laicizar Hacer que una cosa sea laica o independiente de toda influencia religiosa: *laicizar una institución.*   v.tr./conj: cazar = secularizar

laico, a (Del lat. *laicus* < gr. *laikos*, perteneciente al pueblo, profano.)
1 Que no es religioso ni eclesiástico: *está en la India como misionero laico; los laicos van teniendo mayor participación en la liturgia.*   adj/s. = lego
2 Que es independiente de los organismos religiosos: *estudia en un colegio laico; traje laico.*   adj.

lairén (Del hispanoárabe *lairani*.)
1 Se aplica a la uva de grano crecido y hollejo duro.   adj./AGRICULTURA
2 Se refiere a la cepa que produce esta variedad de uva.   AGRICULTURA

laísmo Uso del pronombre *la* o *las* en función de objeto indirecto de persona en lugar de *le* o *les*: *es un laísmo decir "la pegó un bofetón" por "le pegó un bofetón"*   s.m. GRAMÁTICA

laísta Que usa el laísmo lingüístico.   adj/s.m.f.

laja (Del port. *lage* o *laja*.)
1 Piedra lisa y de poco grosor que se encuentra así en origen.   s.f. = lancha, losa
2 Bajo marino de piedra, que constituye por lo general una meseta llana.   GEOLOGÍA

lakista Se refiere a los poetas británicos de fines del siglo XVIII y principios del XIX que pertenecían a la primera generación del romanticismo.   adj/s.m.f. LITERATURA

-lalia Componente de palabra procedente del gr. *lalo*, que significa hablar: *ecolalia; glosolalia.*   suf.

lalo- Componente de palabra procedente del gr. *lalo*, que significa hablar: *lalopatía.*   pref. tb: lali-

lalopatía Denominación que se da de forma genérica a todos los trastornos del lenguaje.   s.f. MEDICINA

lama
I (Del lat. *lama*.)
1 Lodo blando depositado en el fondo del mar y de los ríos, y en otros lugares que están cubiertos de agua.   s.f.
2 Terreno llano de cierta extensión, en que se cría hierba cultivada o espontánea, para pasto de los ganados.   = pradería, prado
3 Ova, alga de los lodazales o charcas.   BOTÁNICA
4 Conjunto de residuos estériles procedentes del lavado de los minerales.   MINERÍA
5 Capa de plantas criptógamas que se cría en las aguas dulces.   Colomb., Chile, Hond./BOTÁNICA
6 Musgo, planta briofita compuesta de cortos tallos foliáceos y apretados.   Colomb., Méx., Chile, Hond.
7 Moho o cardenillo, hongo.   Colomb., Méx., Bol.
II (Del lat. *lamina*.)
1 Lámina, plancha de metal u otro material.   s.f.
2 Tela tejida con hilos de metal que brillan sólo por el tejido.   TEXTIL = lamé, tisú.
3 Tejido de lana con flecos en los bordes.   Chile/TEXTIL
III (Voz tibetana que significa *superior* o *maestro venerable*.) Sacerdote budista en el Tibet y en Mongolia.   s.m. RELIGIÓN

lamaísmo Forma del budismo en el Tibet y en Asia central, de carácter sacerdotal.   s.m. RELIGIÓN

lamaísta
1 Que tiene relación con el lamaísmo: *organización lamaísta.*   adj. RELIGIÓN
2 Partidario de esta forma del budismo.   s.m.f./RELIGIÓN

lamarquismo (De J. B. de Monet, caballero de *Lamarck*, naturalista francés.) Teoría que explica la evolución de los seres vivos a partir de la influencia del medio sobre el comportamiento y sobre la morfología de los organismos.   s.m. BIOLOGÍA tb: lamarckismo

lamarquista
1 Que tiene relación con el lamarquismo: *teoría lamarquista.*   adj./BIOLOGÍA tb: lamarckista
2 Partidario de esta teoría biológica.   s.m.f./BIOLOGÍA

lamasería Convento de lamas tibetanos.   s.m./RELIGIÓN

lambada Música y baile concebidos a partir de elementos folklóricos de América Central, con un acentuado carácter erótico.   s.f. MÚSICA

lambarero, a Se aplica a la persona ociosa, errante o vagabunda.   adj. Cuba

lambda Undécima letra del alfabeto griego, correspondiente a la *l* del alfabeto latino.   s.f.

lambel (Voz francesa.) Pieza del escudo de armas que consiste en una faja con tres caídas, de ordinario horizontalmente en la parte superior del escudo a cuyos lados no llega, para señalar que son las armas del hijo segundo y no del heredero.   s.m. HERÁLDICA tb: lambeo

lamber (Del lat. *lambere*.) Lamer [en todas sus acepciones].   v.tr.

lambetazo Lengüetazo, acción de lamer.   s.m./= lenguarada

lambiche Se aplica a la persona que es propensa a adular a otros.   adj. Méx.

lambiscar Lamer una cosa de forma rápida y ansiosa: *el niño lambiscaba el helado antes de que se deshiciera.*   v.tr./conj: sacar tb: lamiscar

lambiscón, a Que es servil o adulador.   adj./Méx.

lambisquear Buscar un niño golosinas o migajas de cualquier cosa para comérselas.   v.tr.

lambón, a
1 Que es adulador.   adj./Colomb., Méx. Colomb.
2 Que dice lo que no debe, soplón.

lambrequín (Del fr. *lambrequin*.) Adorno, en general en forma de hojas de acanto, que baja de la parte superior del casco y rodea el escudo.   s.m. HERÁLDICA

lambrija Lombriz de tierra.   s.f./ZOOLOGÍA

lambrijo, a Se refiere a la persona que está muy delgada.   adj/s.

lambrucear Acabar lo que queda en un plato o una vasija: *estaba tan bueno el guiso que lambruceaba el plato con pan.*   v.tr. = arrebañar

lambrucio, a Que es goloso o glotón.   adj./coloquial

lambucear Lamer con glotonería los restos de comida que quedan en un plato o vasija.   v.tr. = lamer

lambucero, a Que es glotón o goloso: *está gordo porque es muy lambucero.*   adj/s.

lamburda Ramo grueso que termina en un botón que da fruto.   s.f. AGRICULTURA

lamé (Voz francesa.) Tela brillante hecha con hilos de oro y plata: *se presentó a la fiesta con un suntuoso vestido de lamé dorado.*   s.m. TEXTIL

lameculos Se aplica a la persona que, por conseguir el favor de otra, trata de adularla con frecuencia: *no te fíes de él, es un indecente lameculos.*   adj/s.m.f. pl: lameculos vulgar

lamedal Sitio o terreno con mucha lama o barro: *el coche quedó atrapado en un lamedal de la pista forestal.*   s.m. = cenagal

lamedor
1 Que lame.   adj/s.
2 Agua espesada con azúcar.   s.m/= jarabe
3 Adulación fingida con que se pretende suavizar una mala noticia o disgusto.

lamedura Acción y resultado de lamer: *el niño se acabó el helado con cuatro lameduras.*   s.f. = lengüetada

lameli- Componente de palabra procedente del lat. *lamella*, que significa laminilla: *lamelibranquio.*   pref. tb: lamel-

lamelibranquio, a (Del lat. *lamella*, laminilla + *branquia*.) Perteneciente a una clase de moluscos marinos o de agua dulce, de cabeza rudimentaria, con concha bivalva, como la almeja y el mejillón.   adj/s.m. ZOOLOGÍA = bivalvo

lamelicornio, a Perteneciente a un grupo de insectos coleópteros, con antenas divididas formadas por laminillas que se pueden separar como un abanico.   adj/s.m. ZOOLOGÍA

lamelirrostro, a (Del lat. *lamella*, laminilla + *rostrum*, hocico, pico.) Se aplica al ave que tiene el pico provisto de laminillas transversales en sus bordes.   adj/s.m. ZOOLOGÍA

lamentable
1 Que produce lástima: *se presentó en un estado lamentable; es lamentable que perdiera a toda su familia en el accidente.*   adj. = lastimoso
2 Que tiene mala presencia o produce mala impresión: *esa casa, por fuera, ofrece un aspecto lamentable.*
3 Que produce tristeza o terror.

lamentación (Del lat. *lamentatio, -onis*.)
1 Acción de expresar dolor, tristeza o contrariedad: *déjate de lamentaciones y busca una solución.*   s.f. = lamento
2 Palabra o expresión con que alguien se lamenta.

lamentador, a Que lamenta o se lamenta: *su lamentadora voz me conmovió.*   adj/s. = lamentoso

lamentar (Del lat. *lamentari*, gemir.)
1 Sentir una persona una cosa con pena o dolor: *es de lamentar ese triste percance; el niño se lamenta poco; nunca se lamentó de sus sufrimientos.*   v.tr/intr/prnl. + de, por ≠ celebrar
2 Manifestar una persona contrariedad, disgusto o pena por una cosa: *lamento que no haya venido; se lamentaba de la ineptitud de su hijo.*   v.tr/prnl. + de, por = quejarse

lamento (Del lat. *lamentum*, gemido.)
1 Manifestación de un dolor físico o moral: *durante su terrible enfermedad no se le oyó ni un solo lamento.*   s.m./= lamentación, quejido
2 Canto triste, que suele aparecer en las óperas.   MÚSICA

lamentoso, a
1 Que muestra lamento o queja: *nos hablaba llorando y con un tono lamentoso.* — adj. = lamentador
2 Lamentable [en todas sus acepciones].

lameplatos (Del lat. *lambere*, lamer + lat. vulgar *plattus* < gr. *platys*, plano.)
1 Persona que carece de lo necesario para vivir. — s.m.f./pl: lameplatos
2 Persona golosa.

lamer (Del lat. *lambere*.)
1 Pasar la lengua por un lugar de forma repetida: *el perro lamía la mano de su amo; un felino se estaba lamiendo la pata herida.* — v.tr/prnl. = chupar
2 Tocar una cosa con suavidad: *las olas lamían la parda arena de la playa.* — v.tr./literario = rozar
3 **dejar a alguien qué lamer:** Causar a una persona un daño difícil de remediar: *con lo de la pelea a ése le dejaron qué lamer.* — coloquial
4 **llevar o tener alguien qué lamer:** Haber recibido una persona un daño difícil de remediar: *después de la quiebra, el pobre tuvo qué lamer.* — coloquial

lamerón, a
1 Que tiene afición a comer dulces: *es tan lamerón que se pasaría el día comiendo chocolate y golosinas.* — adj. = goloso
2 Que adula a otro con la intención de beneficiarse de algo. — = adulador

lametón Cada movimiento de la boca al lamer, en especial si es con avidez: *daba lametones al helado con ansia.* — s.m. = lametada, lametazo

lamia (Del lat. *lamia*.)
1 Especie de tiburón que alcanza los cuatro metros de longitud y vive en el Mediterráneo. — s.m. ZOOLOGÍA
2 Ser fantástico con cabeza de dragón y cuerpo de mujer. — MITOLOGÍA

lamido, a
1 Que está muy delgado: *tras el régimen para adelgazar, se ha quedado lamida.* — adj. = flaco
2 Que queda muy ajustado: *ese vestido de punto te queda lamido.* — = ceñido
3 Que va muy arreglado y limpio: *se puso tan lamido que daba gusto verlo.* — = pulcro
4 Se aplica a la obra pictórica que tiene poca viveza por haber sido retocada en exceso. — ARTE

lamiente Que lame. — adj.

lámina (Del lat. *lamina*.)
1 Trozo delgado y plano de un metal o de otro material: *cubrimos las paredes con unas láminas de madera.* — s.f. = hoja, plancha
2 Plancha de metal en la que está grabado un dibujo para estamparlo.
3 Figura estampada e impresa: *enmarcó unas preciosas láminas marinas.* — ARTES GRÁFICAS = estampa
4 Porción de cualquier materia de muy poco grosor: *frió las patatas cortadas en láminas.*
5 Pintura hecha en cobre. — ARTE
6 Parte ensanchada de las hojas, pétalos y sépalos. — BOTÁNICA
7 Parte ancha y plana de huesos, cartílagos, tejidos y membranas del organismo. — ANATOMÍA
8 Cristal delgado que posee propiedades interferenciales o polarizantes.

laminable Que puede ser convertido o reducido a láminas: *metal laminable.* — adj.

laminación Acción y resultado de laminar. — s.f.

laminado, a
1 Que está cubierto de láminas o planchas de metal: *esa hornacina tiene la parte delantera laminada en oro.* — adj.
2 Operación de laminar. — s.m.

laminador, a
1 Que lamina: *cilindro laminador.* — adj.
2 Persona que en la industria siderúrgica hace láminas de metal. — s. METALURGIA
3 Máquina formada por dos cilindros que giran en sentido contrario para laminar metales maleables. — s.m./METALURGIA tb: laminadora
4 Máquina compuesta de cilindros lisos, que se emplea para el satinado del papel.

laminar
1 Que tiene forma de lámina: *recubrimiento laminar.* — adj.
2 Se aplica a la estructura de un cuerpo cuando sus láminas u hojas están sobrepuestas y colocadas en paralelo: *algunos minerales tienen estructura laminar.* — = laminoso
3 Convertir un metal en láminas o barras. — v.tr./METALURGIA
4 Cubrir una cosa con láminas.
5 Actuar con intención de desgastar o deteriorar la imagen de una persona, institución o colectivo.

laminaria Compuesto de reserva de las algas pardas, constituido por polímeros de glucosa. — s.f. BIOLOGÍA

laminectomía Resección quirúrgica de las láminas vertebrales para poder acceder al canal raquídeo. — s.f. MEDICINA

laminero, a
I (Derivado de *lámina*.)
1 Que hace láminas. — adj/s.
2 Que adorna relicarios de metal.
II (Del aragonés *laminar*, golosinear.) Que es aficionado a comer alimentos dulces: *no le des todos los caramelos que es muy laminero.* — adj/s. = goloso, lamerón

laminoso, a Se aplica al cuerpo que tiene una textura en forma de láminas: *algunas células están formadas por tejido laminoso.* — adj. = laminar

lamiscar Pasar la lengua por una cosa de forma rápida y con ansia: *lamiscaba el pirulí como si alguien se lo fuera a quitar.* — v.tr. conj: sacar tb: lambiscar

lamoso, a Que tiene barro o lama: *el circuito pasa por terrenos lamosos.* — adj. = lodoso

lampa (Voz quechua.) Azada, herramienta agrícola. — s.f./Amér. Merid.

lampacear Secar las cubiertas y los costados de una embarcación con el lampazo. — v.tr. NÁUTICA

lampaceo Operación de limpiar y secar un barco con el lampazo. — s.m. NÁUTICA

lampadario (Del bajo lat. *lampadarium*.) Candelabro de pie, con brazos en su parte superior: *colocó velas en cada uno de los brazos del lampadario.* — s.m.

lampalagua
1 Serpiente de la misma familia que las boas, de unos dos metros de largo, coloración amarronada con manchas amarillentas, que se alimenta de aves y mamíferos pequeños a los que mata por constricción. — s.f. Argent. ZOOLOGÍA
2 Monstruo fabuloso que se bebe el agua de los ríos y los deja secos. — s.m./Chile MITOLOGÍA

lampallo, a Que tiene mucha hambre. — adj./Chile

lampante Se aplica al aceite o petróleo cuya mezcla de hidrocarburos se ha obtenido por destilación del petróleo puro. — adj.

lampar (Del gr. *lampas, -ados*, antorcha.)
1 Causar una sustancia una sensación de ardor o picor en la boca. — v.intr/tr. tb: alampar
2 Desear una persona mucho una cosa: *se lampaba por tener coche.* — v.prnl.

lámpara (Del lat. *lampada* < gr. *lampas* < *lampo*, resplandecer.)
1 Aparato o utensilio empleado para producir luz artificial con fines de alumbrado: *tiene una lámpara de cristal en el techo.* — s.f. ELECTRICIDAD
2 Bombilla eléctrica: *se ha fundido la lámpara del salón.* — ELECTRICIDAD
3 Dispositivo formado por varios electrodos, en el interior de un recipiente cerrado, entre los que circulan cargas eléctricas, usado en algunos aparatos para generar señales eléctricas, amplificarlas, detectarlas o modularlas. — ELECTRICIDAD = válvula
4 Mancha sobre la ropa, en especial de grasa: *¡menuda lámpara llevas en la camisa!* — coloquial = lamparón
5 **lámpara de cuarzo:** Tubo de cuarzo transparente en el que, después de hecho el vacío, se ha introducido una pequeñísima cantidad de mercurio cuyo vapor se ilumina al paso de la corriente eléctrica. — ELECTRICIDAD
6 **lámpara de destello:** La de incandescencia que produce un destello instantáneo cuando se aplica corriente eléctrica. — ELECTRICIDAD
7 **lámpara de esmaltador:** La usada en trabajos de joyería, que tiene una llama activada por un soplete que funde los metales.
8 **lámpara de mineros o de seguridad:** Aquella cuya llama va protegida por una malla muy fina, para evitar la inflamación del grisú. — MINERÍA
9 **lámpara de soldar:** La que produce un calor de forma local.
10 **lámpara votiva:** La que arde permanentemente delante de una imagen religiosa, ofrecida como voto. — RELIGIÓN

lamparazo Porción de líquido que se bebe de un trago. — s.m./Colomb.

lamparería
1 Taller en que se hacen lámparas. — s.f.
2 Tienda donde se venden lámparas. — COMERCIO
3 Almacén donde se guardan y arreglan lámparas.

lamparero, a
1 Persona que por oficio hace o vende lámparas: *el lamparero me recomendó una muy práctica por su movilidad.* — s. tb: lamparista
2 Persona que está al cuidado de las lámparas de una iglesia. — RELIGIÓN tb: lamparista

lamparilla
I (Derivado de *lámpara*.)
1 Candela pequeña que se enciende en un recipiente con aceite. — s.f. = mariposa
2 Recipiente en el que se coloca esta pequeña candela.
3 Mechero de alcohol.
4 Álamo temblón, planta arbórea. — BOTÁNICA
II (Del fr. *nompareille*.)
1 Tela de lana ligera que se usaba para confeccionar capas de verano. — s.f. TEXTIL
2 **lamparilla momperada:** Tela más fina que la común, prensada y lustrosa. — TEXTIL

lamparín
1 Cerco o banda metálica en que se ponen las lamparillas o candelas pequeñas en las iglesias. — s.m.
2 Candil, utensilio para alumbrar. — Chile

lámparo, a Se refiere a la persona que se ha quedado sin dinero. — adj. Colomb.

lamparón
1 Mancha muy evidente en la ropa, en especial la de grasa: *tengo que quitar este lamparón con un buen quita-manchas.* — s.m. = lámpara
2 Erupción de tumores escrofulosos que les sale a las caballerías en el cuello. — VETERINARIA
3 Enfermedad de la piel de las caballerías, caracterizada por tumores linfáticos. — VETERINARIA
4 Planta compuesta espinosa, que se usa para el tratamiento de enfermedades cutáneas. *(Xanthium strumarium.)* — s.m.pl. BOTÁNICA

lampazo (Del lat. *lappaceum*.)
1 Planta compuesta, de tallos rojizos, hojas ovales, y flores purpúreas. *(Arctium lappa.)* — s.m./BOTÁNICA = bardana, lapa
2 Filamentos de cáñamo empleado para enjugar las cubiertas y costados de los buques. — NÁUTICA
3 Escobón hecho con ramas verdes, que, mojado en agua, sirve para refrescar las paredes y dirigir de forma conveniente la llama en los hornos de fundición de plomo. — METALURGIA

lampear
1 Remover la tierra con lampa. — v.tr./Chile, Perú
2 Encuadrar una cosa. — Chile
3 Devastar, asolar un lugar. — Perú

lampeón Farol para alumbrar. — s.m./tb: lampión

lampeza (Derivado del fr. *lampas*.) Tejido de tapicería con fondo de raso y dibujos policromos. — s.f. TEXTIL

lampiño, a
1 Se aplica al hombre que no tiene barba: *a pesar de tener pelo en el pecho, es lampiño.* — adj./= barbilampiño ≠ barbudo
2 Que tiene poco pelo o vello. — ≠ peludo
3 Se refiere al órgano vegetal que no tiene pelo: *tallo lampiño.* — BOTÁNICA

lampista
1 Persona que se dedica a la instalación, conservación y arreglo de conducciones y cañerías de agua, especialmente en Cataluña. — s.m.f. = fontanero
2 Persona que por oficio hace o vende lámparas.
3 Persona que está al cuidado de las lámparas de una iglesia. — RELIGIÓN
4 Persona que hace o vende piezas de hojalata. — = hojalatero

lampistería
1 Taller en que se hacen lámparas. — s.f.
2 Tienda donde se venden lámparas. — COMERCIO
3 Almacén donde se guardan y arreglan lámparas.

lampistero, a
1 Persona que hace o vende lámparas. — s.
2 Persona que está al cuidado de las lámparas.

lampo Resplandor fugaz y muy intenso, semejante al de un relámpago. — s.m. literario

lampote Tela de algodón fabricada en Filipinas. — s.m./TEXTIL

lamprea (Del bajo lat. *lampreda* < lat. *naupreda*.) Vertebrado acuático sin mandíbulas y de forma cilíndrica y alargada. *(Lampetra y Petromyzon.)* — s.f. ZOOLOGÍA

lamprear Preparar un alimento cociéndolo, después de haberlo frito, en vino o agua con especias finas y sirviéndolo con un condimento ácido. — v.tr. COCINA

lampreazo Golpe dado con un látigo u otra cosa semejante: *consiguió meter las cabras en el redil a base de lampreazos.* — s.m. = latigazo

lampreílla Pez de río parecido a la lamprea, que mide de diez a doce centímetros de longitud y es comestible. — s.f. = lamprehuela ZOOLOGÍA

lampro- Componente de palabra procedente del gr. *lampros*, que significa brillante: *lamprófido.* — pref.

lamprófido Roca filoniana, caracterizada por una gran riqueza de minerales coloreados, hidratados o anhidros y por la ausencia de feldespatos. — s.m. GEOLOGÍA

lampsana Planta compuesta de flores amarillas y agrupadas en ramilletes, que se ha usado para curar las grietas de los pechos. *(Lapsana.)* — s.f. BOTÁNICA

lampuga Pez teleósteo marino, grande, de cuerpo comprimido y color azul con manchas en el dorso y plateado en el vientre, aleta dorsal muy larga y la caudal muy escotada. *(Coriphaena hippurus.)* — s.f. ZOOLOGÍA

lampuguera Instrumento de pesca formado por una red de cerco y varias nasas. — s.f. PESCA

lampuso, a Que es atrevido o desvergonzado. — adj./Cuba

lana (Del lat. *lana*.)
1 Pelo de las ovejas y carneros, usado como material textil: *el corderillo tenía la lana blanca como la nieve.* — s.f.
2 Tejido hecho de borra de este pelo: *compró una pieza de lana teñida.* — TEXTIL
3 Hilo hecho con este pelo y usado para tejer: *tejía la lana para hacer una bufanda.* — TEXTIL
4 Tela hecha con este hilo y ropa que se confecciona con ella: *es un jersey de lana de angora.* — TEXTIL
5 Pelo de otros animales parecido al de las ovejas y carneros.
6 Persona de clase social muy baja. — s.m.f./Guat., Hond.
7 Dinero, en papel o moneda, del que dispone una persona. — s.m. Méx., Chile, Perú
8 **lana de caídas:** La que tiene el ganado en las patas.
9 **lana de vidrio:** Vidrio en forma de hebras muy finas, que se usa como aislante. — = fibra de vidrio
10 **lana en barro:** La más pura que sale en el peine antes de hilarse, en las fábricas de paños. — TEXTIL
11 **lana regenerada:** Borra de lana usada para hacer tejidos, principalmente mantas, de menor calidad. — TEXTIL
12 **lana virgen:** La de esquileo que se usa por primera vez en alguna confección textil. — TEXTIL
13 **batir la lana:** Esquilar el ganado lanar.
14 **cardarle a alguien la lana:** 1. Reñirle mucho y de forma severa: *te voy a cardar la lana si vuelves a suspender.* 2. Ganarle mucho dinero en el juego. — coloquial coloquial
15 **ir por lana y salir trasquilado:** 1. Expresión que se usa cuando alguien lleva intención de obtener provecho en un asunto y sale perdiendo. 2. Expresión que se usa cuando alguien intenta molestar o perjudicar a otro, y es el que sale perjudicado. — coloquial coloquial
16 **lavar la lana a alguien:** Indagar y examinar las acciones de una persona sospechosa hasta descubrir la verdad. — coloquial
17 **varear la lana:** Sacudirla con varas para que se ahueque, antes de hacer los colchones.

lanada Instrumento para limpiar el hueco del cañón en las piezas de artillería, después de haberlas disparado. — s.f. MILITAR

lanado, a (Del lat. *lanatus*.) Que tiene pelusa o vello: *es un tejido de algodón lanado.* — adj. = lanuginoso

lanar Se aplica al ganado o a la res que tiene lana. — adj.

lanaria Jabonera, planta. — s.f./BOTÁNICA

lance
1 Acción y resultado de lanzar o arrojar una cosa: *al segundo lanzar, la piedra llegó más lejos.* — s.m.
2 Situación o circunstancia real o ficticia: *fui a ver una comedia costumbrista llena de lances cómicos; nunca antes me había visto en un lance como este.* — = acontecimiento, episodio, trance
3 Hecho o circunstancia notable que se produce en el juego, especialmente en el de cartas. — JUEGOS
4 Riña o encuentro violento. — = desafío
5 Acción de echar la red para pescar. — PESCA
6 Cantidad de pesca que se saca de una vez. — PESCA
7 Suerte de capa. — TAUROMAQUIA
8 Esguince, marro o regate. — Chile
9 **lance afarolado:** Aquel en que el diestro se pasa la muleta o engaño por encima de la cabeza. — TAUROMAQUIA
10 **lance de amor:** Aventura amorosa.
11 **lance de honor:** Desafío o duelo.
12 **a pocos lances:** 1. En breve tiempo: *a pocos lances nos pondremos en Madrid.* 2. Sin dificultades ni tropiezos. — loc.adv.
13 **de lance:** A muy buen precio o más barato: *encontré en el mercadillo unos cuantos libros de lance; venden la mercancía de lance porque cierran la empresa.* — loc.adv.
14 **de lance en lance:** De una acción o situación a otra. — loc.adv.
15 **echar alguien buen o mal lance:** Conseguir un propósito o no: *echó un buen lance obteniendo el puesto.* — coloquial
16 **jugar alguien el lance:** Manejar un asunto que requiere habilidad y destreza. — coloquial
17 **tener algo pocos lances:** Ser poco agradable, interesante o divertido: *la película tiene pocos lances.* — coloquial

lancear (Del lat. *lanceare*, lanzar.)
1 Herir con la lanza: *lanceó al enemigo y lo pudo reducir.* — v.tr. tb: alancear
2 Dar lances con la capa el torero durante una corrida de toros. — v.intr. TAUROMAQUIA

lancéola Llantén menor, planta. — s.f./BOTÁNICA

lanceolado, a Se refiere a la hoja, pétalo u otro órgano laminar que tienen forma de punta de lanza. — adj./BOTÁNICA tb: lanceado

lancera Armero para colocar las lanzas. — s.f./tb: lancero

lancería
1 Conjunto de lanzas: *visitamos la sala de lancería del museo de armas.* — s.f.
2 Tropa de lanceros: *la lancería atacó por el flanco izquierdo.* — MILITAR

lancero (Del lat. *lancearius*.)
1 Soldado que iba armado con lanza. — s.m./HISTORIA
2 Soldado que pertenecía al cuerpo de este nombre. — HISTORIA
3 Persona que por oficio hace o labra lanzas.
4 Armero para colocar las lanzas. — tb: lancera
5 Torero montado a caballo que pica al toro con la garrocha. — TAUROMAQUIA = picador
6 Baile de figuras, semejante al rigodón. — s.m.pl.
7 Música que acompaña a este baile. — MÚSICA

lanceta
1 Instrumento formado por una hoja de acero con corte por ambos lados y una punta muy aguda, que se usa para sangrar, abrir tumores y otras operaciones. — s.f. MEDICINA = bisturí
2 Cuernos del toro: *el toro embistió al diestro y le clavó las lancetas en el costado.* — s.f.pl. TAUROMAQUIA

lancetada Acción y resultado de abrir la carne con la lanceta. — s.f.

lancetero Estuche donde se ponen las lancetas. — s.m.

lancha
I (De origen incierto.) Piedra plana, lisa y de poco grosor que se encuentra así en origen: *estuvo buscando lanchas por la orilla del mar.* — s.f. · tb: lancho
II (Del port. *lanchara* < malayo *lancar*, rápido.)
1 Barca pequeña sin cubierta. — s.f./NÁUTICA
2 Barca grande usada para servicio auxiliar de los barcos en los puertos y para el transporte entre puertos de la misma costa. — NÁUTICA
3 La mayor de las barcas que llevan a bordo los grandes buques. — NÁUTICA
4 Trampa para coger perdices. — CAZA
5 Helada, escarcha. — *Ecuad.*
6 **lancha bombardera o cañonera u obusera:** La que iba provista de bombas, cañones u obuses y se utilizaba para batir objetivos situados en la costa. — MILITAR, NÁUTICA
7 **lancha de desembarco:** Embarcación de fondo plano y poco calado, con la proa abatible en forma de rampa, utilizada para facilitar el desembarco de tropas y vehículos. — MILITAR, NÁUTICA
8 **lancha de salvamento:** La que va provista de un motor y se usa para socorrer a los náufragos en el mar.
9 **lancha motora:** La provista de motor. — = motora
10 **lancha rápida:** Embarcación ligera capaz de alcanzar gran velocidad, utilizada para el servicio de buques de guerra o para vigilar la costa. — NÁUTICA

lanchada Carga transportada de una vez por una lancha: *ésta es la última lanchada que llegó a puerto.* — s.f.

lanchaje
1 Transporte de mercancías en lanchas u otras embarcaciones menores. — s.m.
2 Precio que se paga por el transporte de mercancías en lanchas u otras embarcaciones menores. — = flete

lanchar
1 Cantera de lanchas o piedras planas. — s.m.
2 Terreno donde hay muchas piedras de este tipo.

lanchazo Golpe dado de plano con una lancha de piedra: *el lanchazo le hirió la frente.* — s.m.

lanchero, a Conductor o patrón de una lancha: *el lanchero nos pidió que nos estuviéramos quietos.* — s. · NÁUTICA

lanchón Lancha de grandes dimensiones: *utilizan un lanchón para algunos transportes.* — s.m. · NÁUTICA

lancinante Se aplica al dolor que es desgarrador o agudo, como una herida de lanza: *sintió un lancinante pinchazo en la espalda.* — adj. · = doloroso

lancinar (Del lat. *lancinare*, punzar.) Herir la carne de una persona o un animal con un pinchazo o una desgarradura: *se lancinó con el alambre.* — v.tr/prnl. · = dilacerar

lanco Planta herbácea que se usa como expectorante. (*Bromus stamineus.*) — s.m. · BOTÁNICA

lancurdia Trucha pequeña. — s.f./ZOOLOGÍA

land Región federada de Alemania. — s.m.

landa (Del fr. *lande* < germ. *landa*, lugar llano y despejado.) Llanura extensa de tierra donde sólo se crían plantas silvestres: *las landas no son aptas para el cultivo.* — s.f.

landgrave (Del alem. *Landgraf* < *land*, país + *Graf*, conde.)
1 Título de honor de algunos príncipes soberanos alemanes. — s.m. · HISTORIA
2 Magistrado que administraba justicia en nombre del emperador germánico. — s.m. · HISTORIA

landgraviato Dignidad y territorio gobernado por el landgrave. — s.m. · HISTORIA

landó (Del fr. *landau*.) Coche de caballos descapotable y con dos asientos en su interior, uno frente al otro. — s.m.

landre (Del lat. vulgar *glando, -dinis* < lat. *glans*, bellota.)
1 Pequeño tumor que se forma en las partes glandulosas del cuerpo, como el cuello, las axilas y las ingles. — s.f. · MEDICINA
2 Bolsa escondida que se hace en la ropa para guardar el dinero: *los bandoleros les hicieron entregar hasta sus landres.*

landrecilla Pequeño bulto o pedazo de carne redondo que se halla en algunas partes del cuerpo. — s.f. · MEDICINA

landrilla
1 Larva de algunos insectos dípteros que se fija debajo de la lengua y en las fosas nasales de algunos mamíferos. — s.f. · ZOOLOGÍA
2 Cada uno de los granos que produce la picadura de esta larva.

lanería Establecimiento donde se vende lana. — s.f./COMERCIO

lanero, a
I (Derivado de *lana*.)
1 De la lana: *la reforma del sector aumentará la producción lanera.* — adj.
2 Persona que trata o comercia con lanas. — s.
3 Almacén donde se guarda lana. — s.m.
II (Del fr. *lanier*.) Se aplica a una variedad de halcón de color blanquecino. — adj/s.m. · ZOOLOGÍA

langa (Del fr. *lingue* < ingl. *ling*.) Bacalao curado. — s.f.

langaro, a
1 Larguirucho, que es muy alto, desgarbado y delgado. — adj./*Argent.* · *C. Rica*
2 Vagabundo, que anda o va errante.

langarucho, a Que es muy alto, desgarbado y delgado. — adj/*Méx., Hond.*

langaruto, a Que está desproporcionado por ser muy largo: *tiene unas piernas langarutas y un buche prominente.* — adj. · = larguirucho

langosta (Del lat. *locusta*, saltamontes.)
1 Insecto herbívoro de gran tamaño que se desplaza saltando y volando y que puede agruparse con otros individuos formando plagas. — s.f. · ZOOLOGÍA
2 Crustáceo decápodo marino, grande, con antenas pero sin pinzas, de color pardo o rojizo, que vive entre rocas y grietas en aguas poco profundas y es muy apreciado como comestible. (*Palinurus.*) — ZOOLOGÍA

langostera Arte de pesca formado por tres redes de hilo grueso, que se cala a mayor profundidad que los corrientes y se usa para la pesca de langostas y bogavantes. — s.f. · PESCA

langostero, a Se aplica a las personas que se dedican a la pesca de la langosta y a las embarcaciones y utensilios usados con el mismo fin. — adj. · PESCA

langostino Crustáceo decápodo marino de tamaño mediano, cuerpo transparente y comprimido y cola prolongada, que vive entre las rocas y la arena de las aguas poco profundas, cuya carne es muy apreciada. (*Penaeus.*) — s.m. · ZOOLOGÍA · tb: langostín

langostón Insecto ortóptero de color verde esmeralda y antenas largas, parecido a la langosta, pero de mayor tamaño. — s.m. · ZOOLOGÍA

languedociano, a
1 Del Languedoc, antigua región francesa. — adj/s.
2 Variante dialectal del occitano hablado en algunos departamentos franceses. — s.m. · LINGÜÍSTICA

languidecer Padecer una persona languidez o pérdida del ánimo: *languideció al saber la mala noticia.* — v.intr. · conj: carecer

languidez Falta de espíritu, valor o energía: *su desánimo y constante languidez preocupaban a sus familiares.* — s.f./tb: languideza · pl: languideces · ≠ excitación

lánguido, a (Del lat. *languidus*, debilitado.)
1 Que no tiene fuerza o energía: *comía poco y cada vez estaba más lánguido.* — adj. · = débil, fatigado
2 Que tiene languidez o falta de ánimo: *estaba triste, callada y lánguida.* — = desalentado

languor (Del lat. *languor*, lánguido.) Falta de ánimo, valor o energía. — s.m./literario · = languidez

langur Primate de pelo abundante y fino, orificios nasales muy próximos y abazones pequeños. — s.m. · ZOOLOGÍA

lanífero, a Que lleva o tiene lana: *el carnero es un animal lanífero.* — adj./literario · tb: lanígero

lanificio (Del lat. *lanificius*.)
1 Arte y técnica de trabajar la lana. — s.m./= lanificación
2 Obra hecha de lana.

lanígero, a Se refiere a los organismos o a los órganos cubiertos por una capa de pelusa. — adj. · BIOLOGÍA

lanilla
1 Pelillo que tiene el paño en su cara anterior. — s.f./TEXTIL
2 Tejido de lana fina: *la manta es de una suave lanilla estampada.* — TEXTIL

lanolina Sustancia grasa que se obtiene de lana del cordero y se usa en perfumería y farmacia: *la crema facial contiene lanolina.* — s.f.

lanosidad Vello o pelusa que cubre algunas plantas, frutas y otras cosas. — s.f.

lanoso, a
1 Que tiene mucha lana o vello: *se dedica a la cría de razas ovinas muy lanosas.* — adj.
2 Que tiene la textura o el aspecto parecido al de la lana: *tiene un pelo suave y lanoso.*

lantana Viburno, planta arbustiva de hojas ovales lanuginosas por el envés y flores pequeñas agrupadas. — s.f. · BOTÁNICA

lantánido Denominación genérica de los metales de las tierras raras, cuyo primer elemento es el lantano. — s.m. · QUÍMICA

lantano (Del gr. *lanthano*, estar oculto.) Metal del grupo de las tierras raras, de color plomizo y que arde con vivo resplandor. — s.m. · QUÍMICA

lantejuela Lentejuela, adorno metálico o plástico. — s.f.

lanudo, a
1 Que tiene mucha lana o vello: *se trata de una especie de cabra muy lanuda.* — adj. · = lanoso
2 Que es grosero o de comportamiento rústico. — *Venez.*

lanuginoso, a Que tiene pelusa o vello. — adj./= lanado

lanugo (Voz latina.) Vello muy fino que cubre la piel del feto. — s.m. ANATOMÍA

lanza (Del lat. *lancea*.)
1 Arma formada por un hierro puntiagudo y cortante fijo en una vara larga o asta. — s.f. / = asta
2 Soldado que peleaba con lanza. — HISTORIA/= lancero
3 Vara de madera que se une por uno de sus extremos al juego delantero de un carruaje para darle dirección.
4 Tubo de metal con que terminan las mangas de las bombas de agua y sirve para dirigir bien el chorro: *la lanza de la manguera dispone de varias posiciones de aspersión.*
5 Pica que usa el picador. — TAUROMAQUIA
6 **lanza castellana:** Hombre de armas. — HISTORIA
7 **lanza jineta:** La que es corta.
8 **lanza porquera o media lanza:** Lanza corta parecida a un chuzo.
9 **a punta de lanza:** Con mucha severidad: *lleva a sus subordinados a punta de lanza.* — loc.adv.
10 **correr lanzas:** Combatir y correr en los torneos de caballeros con lanzas. — HISTORIA
11 **estar con la lanza en ristre:** Estar dispuesto y preparado para cualquier situación: *está con la lanza en ristre esperando su oportunidad.* — coloquial
12 **hincar o meter la lanza hasta el regatón:** Apretarle para hacerle todo el daño posible. — coloquial
13 **no haber o no quedar lanza enhiesta:** Haber derrotado por completo al enemigo: *después de la ofensiva no quedó lanza enhiesta.* — coloquial
14 **no romper lanzas con nadie:** No discutir o reñir con otra persona: *por mucho que lo molestes, no rompe lanzas con nadie.* — coloquial
15 **quebrar lanzas:** Reñir o enemistarse dos o más personas: *quebraron lanzas con aquellos amigos por una tontería.* — coloquial
16 **romper lanzas:** Eliminar las dificultades o estorbos que impiden hacer una cosa: *rompió lanzas, continuando así con su empresa.* — coloquial
17 **romper lanzas por alguien:** Salir en su defensa: *rompió lanzas por su amigo en la reunión.* — coloquial

lanzabombas Aparato que lanza bombas: *fueron atacados con lanzabombas.* — s.m. / pl: lanzabombas

lanzacabos Aparato que se usa para lanzar el extremo de un cabo o cable que sirve para izar un cabo grueso o fin de hacer una amarra resistente. — s.m. / pl: lanzacabos NÁUTICA

lanzacohetes Aparato que lanza cohetes: *los soldados orientaban el lanzacohetes hacia el objetivo.* — s.m. / pl: lanzacohetes

lanzada
1 Movimiento violento hecho con una lanza: *cortó todas las hojas de una lanzada.* — s.f. / = lanzazo
2 Herida, señal o golpe producidos por una lanza. — = lanzazo
3 Movimiento enseñado al caballo que consiste en saltar con las patas traseras mientras mantiene las delanteras en el aire. — EQUITACIÓN
4 Unidad adoptada para la venta de adobes, consistente en 220 de éstos.
5 **lanzada de a pie:** Suerte antigua que consistía en esperar al toro con una rodilla en tierra y una lanza. — TAUROMAQUIA
6 **lanzada a moro muerto:** Ataque u ofensa contra enemigos o situaciones inexistentes: *se pasó la vida tirando lanzadas a moro muerto.* — coloquial

lanzadera
1 Vehículo que puede transportar al espacio un misil, un satélite u otro objeto y que se puede utilizar varias veces, por ser recuperable, después de haber desalojado su carga. — s.f. ASTRONÁUTICA
2 Pieza móvil de las máquinas de coser que guía el hilo inferior. — TEXTIL
3 Utensilio en forma de figura de barquichuelo, con una canilla dentro, que usaban los tejedores para tramar los hilos y la urdimbre. — TECNOLOGÍA, TEXTIL
4 Sortija con un adorno en forma de este utensilio.
5 Embarcación pequeña que alcanza una gran velocidad: *los contrabandistas de tabaco usan lanzaderas.* — NÁUTICA
6 **lanzadera o transbordador espacial:** Vehículo espacial recuperable, concebido para efectuar viajes entre la Tierra y una órbita terrestre. — ASTRONÁUTICA

lanzado, a
1 Que es muy veloz: *tiene muchos caballos y por ello es un vehículo muy lanzado.* — adj.
2 Que es muy decidido, fogoso o impetuoso: *suele conseguir sus propósitos porque es muy lanzado.* — = impetuoso, impulsivo
3 Método para hincar un pilote en un terreno mediante la inyección a su alrededor y en la punta de aire comprimido o de agua a presión. — s.m. TECNOLOGÍA
4 Sistema de pesca con cañas en el que se proyecta el cebo a distancia. — PESCA

lanzador, a Que lanza: *lanzador de jabalina.* — adj/s.

lanzafuego Varilla para prender fuego a las piezas de artillería. — s.m./MILITAR / = botafuego

lanzagranadas Aparato que lanza granadas: *el cuartel fue atacado por un lanzagranadas.* — s.m./pl: lanzagranadas/MILITAR

lanzallamas (Traducción del alem. *Flammenwerfer*.) Arma de guerra que lanza un chorro de líquido inflamado. — s.m. / pl: lanzallamas MILITAR

lanzamiento
1 Acción de lanzar una cosa: *el submarino se preparaba para el lanzamiento de las cargas de profundidad.* — s.m. / = tiro
2 Acción de lanzar la pelota un equipo para castigar la falta cometida por el equipo contrario, en juegos de balón y pelota. — DEPORTES
3 Conjunto de operaciones que acompañan al disparo de una nave, cohete o satélite: *todo el planeta permaneció atento al lanzamiento del Apolo.* — ASTRONÁUTICA
4 Ejercicio de atletismo que consiste en lanzar la jabalina, pesa, disco o martillo, según la modalidad que se practique. — DEPORTES
5 Ángulo formado por la roda o el codaste con la proyección de la quilla. — NÁUTICA

lanzaminas Barco de guerra que lanza minas: *un lanzaminas recorría la costa enemiga.* — s.m./pl: lanzaminas MILITAR

lanzamisiles Aparato que lanza misiles: *un lanzamisiles destruyó la catedral.* — s.m./pl: lanzamisiles MILITAR

lanzaplatos Aparato para lanzar platos o palomas de barro en el deporte del tiro. — s.m./pl: lanzaplatos DEPORTES

lanzar (Del bajo lat. *lanceare*, manejar la lanza.)
1 Arrojar a una persona o cosa: *lanzó la piedra al agua; se lanzó de cabeza a la piscina; lanzar un ladrillo contra el cristal.* — v.tr/prnl. conj: cazar + contra, a, de
2 Dar un grito, una queja o suspiro en voz alta: *lanzó un gemido y se desmayó.* — v.tr.
3 Decir cosas de forma violenta o espontánea: *lanzar una maldición.* — = proferir, soltar
4 Hacer pública a una persona o cosa, en especial si es nueva o desconocida: *los franceses suelen lanzar las tendencias de la moda, han lanzado a un nuevo grupo de rock.* — = divulgar, promocionar
5 Editar una obra impresa, disco musical, u otra cosa comercializable, especialmente por primera vez y con gran difusión: *han lanzado un nuevo disco; lanzará su próxima novela en verano.*
6 Soltar o dejar libre, en especial un ave.
7 Echar las plantas sus hojas, tallos o flores. — = brotar
8 Dirigirse hacia un lugar o una persona de forma rápida y violenta: *la gente se lanzó a la taquilla; las fans se lanzaron sobre el cantante.* — v.prnl. + a, sobre = abalanzarse
9 Empezar una acción con decisión, valentía o irreflexión: *se lanzó a invertir en bolsa.*
10 Decidirse a hacer una cosa: *después de meses, se lanzó y la invitó a cenar.* — coloquial = atreverse

lanzatorpedos Aparato militar utilizado para lanzar torpedos. — s.m. pl: lanzatorpedos

lanzón Lanza corta y gruesa que usaban los guardas de las viñas. — s.m.

laña
I (Derivado del lat. *lamina*.) Grapa usada para sujetar o unir algunas cosas, en especial las piezas de un objeto de barro, porcelana o loza. — s.f.
II (De origen incierto.) Coco verde. — s.f.

lañador, a Persona que por medio de lañas o grapas componía objetos rotos, en especial de barro o loza. — s.

lañar Unir una cosa con lañas. — v.tr.

laosiano, a
1 De Laos, país asiático de la península de Indochina. — adj.
2 Persona natural de este país. — s.

lapa
I (Voz onomatopéyica que imita el ruido que se produce al chapotear por el fango.) Capa fina formada en la superficie de algunos líquidos por plantas criptógamas. — s.f. BIOLOGÍA
II (De origen incierto.)
1 Molusco gasterópodo marino de concha cónica, adornada con estrías o lisa, que vive adherido a las rocas a flor de agua. — s.f. ZOOLOGÍA tb: lápade
2 Persona pegajosa y molesta: *qué tío más lapa, no deja de llamarme.* — coloquial
III (Del lat. *lappa*.)
1 Lampazo, planta compuesta. — s.f./BOTÁNICA
2 Almorejo, planta. — BOTÁNICA

lapachar Terreno cenagoso o muy húmedo. — s.m./= cenagal

lapacho Planta arbórea bignonácea maderable que crece en las zonas meridionales de América. (*Tecoma lapache*.) — s.m. BOTÁNICA

lapalapa Llovizna, lluvia menuda. — s.f./Méx.

laparo- Componente de palabra procedente del gr. *lapara*, que significa flanco: *laparoscopia*. — pref.

laparoscopia Técnica de exploración interna directa de la cavidad abdominal. — s.f. MEDICINA

laparoscopio (Del gr. *lapara*, flanco + *skopeo*, mirar.) Instrumento de exploración de la cavidad abdominal que se introduce por medio de una punción en la pared del abdomen. — s.m. MEDICINA

laparotomía (Del gr. *lapara*, flanco + *temno*, cortar.) Operación quirúrgica que consiste en abrir la pared abdominal. — s.f. MEDICINA

lape
1 Se aplica a la lana o al hilo que está apelmazado o enredado. — *adj./Chile* *TEXTIL*
2 Se refiere a las fiestas muy alegres y animadas. — *Chile*

lapeado Operación de acabado de superficies metálicas, en la que se utilizan fragmentos sueltos de abrasivo y pulimento. — *s.m.* *METALURGIA*

lapiaz Conjunto de estrías y cavidades irregulares superficiales que están separadas por crestas agudas producidas por la arroyada en las rocas calcáreas. — *s.m./pl: lapiaces* *GEOLOGÍA* *= lenar*

lapicera Pluma estilográfica. — *s.f./Amér. Merid.*

lapicero
1 Barra de grafito rodeada de un cilindro o prisma delgado de madera, que se usa para escribir o dibujar: *haz punta al lapicero con la afiladora.* — *s.m.* *= lápiz*
2 Recipiente en que se colocan los lápices para tenerlos a mano cuando se necesite.

lápida (Del lat. *lapis, -idis*, piedra.) Losa con una inscripción en la que se conmemora o se recuerda a una persona: *dejé unas flores sobre la lápida de su tumba.* — *s.f.*

lapidación Acción de lapidar o apedrear a una persona hasta causarle la muerte. — *s.f.*

lapidar (Del lat. *lapidare*.)
1 Matar a una persona a pedradas: *antiguamente lapidaban a las mujeres que habían sido adúlteras.* — *v.tr.* *= apedrear*
2 Labrar piedras preciosas. — *Colomb.*

lapidario, a (Del lat. *lapidarius*.)
1 Se aplica a la frase o estilo que es digno de ser recordado por su solemnidad o concisión: *el político acabó su discurso con una frase lapidaria.* — *adj.*
2 Que tiene relación con las piedras preciosas.
3 Que tiene relación con la lápida.
4 Persona que labra piedras preciosas o comercia con ellas. — *s.*
5 Persona que realiza inscripciones en las lápidas. — *= marmolista*
6 Especie de trípode con un tablero circular, que se usa para bruñir y pulimentar cristales, piedras preciosas, metales y otros materiales. — *s.m.* *TECNOLOGÍA*
7 Instrumento o máquina que sirve para bruñir. — *= bruñidor*
8 Máquina que sirve para rebajar o alisar los bloques de mármol que han de labrarse. — *MECÁNICA*

lapídeo, a (Del lat. *lapideus*.) De piedra o que tiene relación con ella: *una estatua lapídea se alza en el parque.* — *adj.*

lapidificación Conversión de una cosa en piedra: *el carbón vegetal pasa por una fase de lapidificación.* — *s.f.* *GEOLOGÍA*

lapidificar Convertir una cosa en piedra o adquirir una sustancia la dureza de una piedra: *se lapidificó la materia del experimento.* — *v.tr./prnl.* *conj: sacar* *GEOLOGÍA*

lapidífico, a Que lapidifica o convierte una cosa en piedra: *proceso lapidífico.* — *adj.* *QUÍMICA*

lapidoso, a De piedra o que tiene relación con ella. — *adj./= lapídeo*

lapilla (Del lat. *lappella*.) Planta herbácea borraginácea de hojas largas lanceoladas y flores violáceas que despide mal olor. — *s.f.* *BOTÁNICA* *= cinoglosa*

lapilli (Voz italiana.) Pequeños trozos de lava cuyo tamaño varía entre 4 y 32 milímetros de diámetro, que son proyectados en una erupción volcánica. — *s.m.* *GEOLOGÍA*

lapislázuli (Del ital. *lapislazzuli*.) Mineral formado por silicato de aluminio y de sodio con azufre, de color azul intenso, de brillo graso, semiduro, usado en joyería y para hacer objetos de arte. — *s.m.* *MINERALOGÍA* *= lazurita*

lápiz (Del ital. *lapis* < lat. *lapis*, piedra.)
1 Utensilio usado para escribir o dibujar, formado por una barra de grafito rodeada de un cilindro o prisma delgado de madera: *el dibujo está hecho con lápices de colores.* — *s.m.* *pl: lápices* *= lapicero*
2 Grafito u otra sustancia mineral suave y crasa que se utiliza para dibujar. — *ARTE*
3 Barrita de cualquier sustancia usada para el maquillaje: *perfílate los labios con el lápiz rojo.*
4 **lápiz de color**: Pasta hecha con varios colores usada para pintar al pastel. — *ARTE*
5 **lápiz de plomo**: Grafito, mineral. — *MINERALOGÍA*
6 **lápiz electrónico**: Dispositivo en forma de lápiz que permite al usuario de un ordenador darle instrucciones punteando sobre la pantalla. — *INFORMÁTICA*
7 **lápiz óptico**: Dispositivo en forma de lápiz capaz de leer o captar una señal y transmitirla a un ordenador, vídeo, etc. — *INFORMÁTICA*
8 **lápiz rojo**: Óxido rojo de hierro. — *QUÍMICA*
9 **lápiz tinta**: El que contiene una mina, cuyo trazo, al mojarse, toma los caracteres de la tinta.
10 **a lápiz**: Técnica de dibujo en que se emplea dicha barrita: *le hizo un retrato a lápiz.* — *loc.adj./adv.* *ARTE*

lapizar
1 Mina o cantera de grafito. — *s.m./MINERÍA*
2 Dibujar o rayar una cosa con lápiz: *el niño lapizó todas las paredes de la casa.* — *v.tr.* *conj: cazar*

lapo
I (Del lat. *alapa*.)
1 Golpe dado con un palo, látigo u otro objeto semejante: *la goma, al romperse, le dio un buen lapo en la cara.* — *s.m.*
2 Trago de bebida: *se bebió un lapo de aguardiente y entró en calor.*
II (De origen incierto.) Saliva o flema escupida por la boca. — *s.m./vulgar* *= escupitajo*

lapolapo Árbol de Filipinas cuya madera se utiliza para hacer rodelas. — *s.m.* *BOTÁNICA*

lapón, a
1 De Laponia, región septentrional de Europa, administrativamente dividida entre Noruega, Suecia, Finlandia y Rusia. — *adj.*
2 Persona natural de esta región europea. — *s.*
3 Lengua ugrofinesa, de la familia urálica, hablada en esta región. — *s.m.* *LINGÜÍSTICA*

lapso (Del lat. *lapsus*, caída.)
1 Paso de cierta cantidad de tiempo: *en el lapso de una semana cambiará el clima.* — *s.m./= curso, transcurso*
2 Error o falta: *lo siento, pero sufrí un lapso y me equivoqué.* — *tb: lapsus*

lapsus (Voz latina.)
1 Equivocación u omisión que se cometen por descuido: *tiene lapsus porque no se fija en lo que está haciendo.* — *s.m.* *pl: lapsus* *tb: lapso*
2 **lapsus calami**: Error que se comete al escribir. — *culto*
3 **lapsus linguae**: Error que se produce al hablar, consistente en sustituir una palabra por otra diferente a la que se quería decir. — *culto*

laque Boleadoras, instrumento de caza. — *s.m./Chile*

laqueado, a
1 Que está cubierto o barnizado de laca: *me gustan los muebles orientales laqueados.* — *adj.* *= lacado*
2 Acción de laquear, recubrir la laca.

laqueador, a Se aplica a la persona que cubre con laca una superficie. — *adj/s.* *= lacador*

laquear
1 Cubrir una superficie con laca. — *v.tr./= lacar*
2 Coger o derribar un animal valiéndose del laque. — *Chile/CAZA*

laquista Persona que por oficio aplica esmalte o laca a objetos de otro material. — *s.m.f.*

lar (Del lat. *lar*.)
1 Parte de la cocina donde se hace el fuego: *nos refugiamos en el cortijo al calor del lar.* — *s.m./= fogón, hogar*
2 Casa propia donde se vive: *la Navidad suele pasarse en los lares.* — *s.m.pl.* *= hogar*
3 Dios protector del hogar doméstico. — *s.m./MITOLOGÍA*

larario (Del lat. *lararium*.) Parte de las casas de la antigua Roma en que se colocaba el altar para adorar a los lares o dioses domésticos. — *s.m.* *HISTORIA*

lardáceo, a Que es semejante al lardo a sebo: *aplicaron una sustancia lardácea.* — *adj.*

lardear
1 Untar un alimento con lardo o grasa para asarlo: *se debe lardear el pollo antes de meterlo en el horno.* — *v.tr./= enlardar* *tb: lardar*
2 Echar aceite hirviendo a una persona como castigo. — *= pringar*

lardero, a (Del lat. *lardum*.) Se aplica al jueves anterior al inicio del carnaval. — *adj.*

lardo (Del lat. *lardum*.) Tocino, sebo o grasa. — *s.m.*

lardón
1 Trozo de papel que se interpone entre el pliego y la forma durante la tirada y es causa de que quede algún blanco en la impresión. — *s.m.* *ARTES GRÁFICAS* *= ladrón*
2 Adición que se hace al margen del original o de las pruebas. — *ARTES GRÁFICAS*

lardoso, a Que es o está grasiento y pringoso: *será difícil dejar limpia esta bandeja tan lardosa.* — *adj.*

larga
1 Pedazo de suela o fieltro que ponen los zapateros en la parte posterior de la horma para que salga más largo el zapato. — *s.f.*
2 Taco más largo en el juego de billar. — *JUEGOS*
3 Lance que consiste en sacar al toro de la suerte de varas, haciéndole seguir el movimiento del capote hasta el remate. — *TAUROMAQUIA*
4 Se aplica a la posición de las luces de un vehículo que alumbran a mayor distancia y a dichas luces. — *adj/s.f.pl.*
5 **a la larga**: Con el paso del tiempo y después de ocurrir lo que tiene que ocurrir: *a la larga verás que lo hago por tu bien.* — *loc.adv.*
6 **dar largas**: Retrasar deliberadamente con pretextos o excusas la realización de una cosa: *me va dando largas porque todavía no ha tomado una decisión.* — *coloquial*
7 **saberlas largas**: Ser muy astuto: *es todavía un niño, pero ya se las sabe largas.*

largamente
1 Por mucho tiempo: *charlamos largamente en su despacho.* — *adv.*

2 Sin estrecheces, de forma holgada: *con su sueldo tiene para pasar largamente el mes.*

largar
1 Soltar una cosa poco a poco: *el marinero iba largando los cabos.*   v.tr.
conj: *pagar*
2 Dar una cosa molesta a una persona: *le largó el paquete más pesado.*   coloquial
= endosar
3 Decir una cosa desagradable o inoportuna a una persona: *le largó una sarta de insultos y se fue.*   coloquial
4 Dar un golpe a una persona: *le largó una bofetada que la hizo caer al suelo.*   coloquial
= propinar
5 Extender una bandera o una vela.   = desplegar
6 Decir una cosa que debería permanecer en secreto: *ha largado nuestro proyecto a la competencia.*   coloquial
= contar
7 Hablar mucho: *mis vecinas se pasan el día largando y criticando a la gente.*   v.intr./coloquial
= charlar
8 Irse una persona de un lugar: *un día me largaré y nadie sabrá dónde estoy; se largó en el primer descuido.*   v.prnl./coloquial
= marcharse
9 Hacerse la nave a la mar o apartarse de tierra o de otra embarcación.   NÁUTICA

larghetto (Voz italiana.)
1 Fragmento que se interpreta en un tiempo menos lento que el largo.   s.m.
MÚSICA
2 Segundo movimiento de una sonata o de un concierto.   MÚSICA

largo, a (Del lat. *largus*, abundante.)
1 Que tiene mucha longitud: *este año se llevan las faldas largas; escogió el camino más largo.*   adj.
≠ corto
2 Que tiene una longitud excesiva: *esta cama es larga para este rincón.*   ≠ corto
3 Se aplica a la cifra o cantidad que es un poco mayor de lo que indica: *este cable mide dos metros largos; compra tres kilos largos de manzanas.*   ≠ escaso
4 Se refiere al período de tiempo que se prolonga mucho: *duró largos años; vino después de largo tiempo.*
5 Que dura mucho tiempo o que resulta muy extenso por la impaciencia o el aburrimiento: *la intervención del diputado fue muy larga.*   ≠ breve
6 Se aplica a la vocal o sílaba cuya pronunciación dura más que las de las vocales o sílabas breves.   LINGÜÍSTICA
≠ breve
7 Que tiene mucha astucia o perspicacia: *no creas que no se entera de las cosas, porque es más largo de lo que parece.*
8 Se aplica a la persona dadivosa: *Juan es largo en promesas; su tía era larga haciendo regalos.*   + en/= generoso, pródigo
9 Se aplica a la persona que es alta y delgada: *para su edad es un chaval muy largo.*   adj/s.
10 Se aplica al vestido de ceremonia o fiesta que llega hasta el suelo.
11 Se refiere al movimiento musical que tiene un ritmo lento y grave.   MÚSICA
12 Que tiene abundancia de una cosa: *desde que trabaja va largo de dinero.*   + de
13 Que está arriado o suelto: *ese cabo está largo.*   NÁUTICA
14 Fragmento musical compuesto en ritmo lento.   s.m./MÚSICA
15 Dimensión mayor de una cosa o figura plana, en oposición a la latitud: *la modista me va a medir el largo de la falda.*   = longitud
16 Trozo de una longitud determinada que se toma para hacer una cosa: *para este vestido, se necesitan tres largos.*
17 Distancia más grande en una piscina: *cada día hago cinco largos nadando de espaldas.*   DEPORTES
18 Película cinematográfica de animación superior a un hora, generalmente noventa minutos.   CINE
= largometraje
19 Forma holgada: *tú y yo tenemos que hablar largo sobre este proyecto.*   adv.
20 a lo largo: **1.** Sentido de la longitud de una cosa: *pon el mantel a lo largo.* **2.** Siguiendo una cosa en dirección longitudinal: *caminó a lo largo de la orilla del río.* **3.** Durante un proceso o acción: *a lo largo del discurso lo repitió tres veces.*   loc.adv.

loc.prep.
21 a lo largo y a lo ancho: En toda su extensión: *es un actor conocido a lo largo y a lo ancho del país.*   loc.adv.
22 a todo lo largo: En toda la longitud: *pusieron luces a todo lo largo de la calle.*   loc.prep.
23 de largo: Desde hace mucho tiempo: *este problema viene de largo.*
24 hilar largo: Expresión que denota que tardará mucho tiempo en suceder aquello de lo que se habla.   coloquial
25 ir para largo: Durar o faltar mucho tiempo: *la toma de la decisión va para largo.*   coloquial
26 ¡largo! o ¡largo de aquí!: Expresión que se usa para expulsar a una persona o animal de un lugar.   interj.
27 largo y tendido: Mucho, en abundancia: *hacía años que no nos veíamos y hablamos largo y tendido.*   loc.adv.
28 pasar de largo: Pasar por un sitio o por donde está una persona sin entrar o sin detenerse: *el taxista me vio, pero pasó de largo.*
29 tirar de largo: Gastar el dinero u otra cosa sin miramiento: *si tiras de largo, no llegarás a final de mes.*   coloquial
30 tirar largo: Calcular una cosa más bien en exceso: *compra cinco metros, que siempre es mejor tirar largo.*
31 todo lo largo que: Con todo el cuerpo tocando el suelo, u otro sitio horizontal: *se cayó al suelo todo lo largo que era.*   loc.adv.

32 vestirse o ponerse de largo: Vestir por primera vez una joven un vestido propio de mujer y celebrar una fiesta que representa la entrada de ésta en la vida de sociedad: *se suelen vestir de largo las jóvenes de la alta sociedad.*

largometraje Película cinematográfica de larga duración, en general alrededor de noventa minutos.   s.m.
CINE
largomira Anteojo de larga vista.   s.m./= catalejo
largor Longitud mayor de las superficies planas: *mide el ancho y el largor de la mesa.*   s.m.
= largura
largueado, a Que está adornado con listas o rayas de color: *los jugadores del equipo visitante visten camisetas largueadas verdes y negras.*   adj.
= listado
larguero, a
1 Palo horizontal que une los dos postes de una portería por su parte superior: *el disparo del centrocampista fue a dar en el larguero.*   s.m.
DEPORTES
= travesaño
2 Almohada que ocupa toda la cabecera de la cama.   = cabezal
3 Palo o barrote que, con otro igual, se pone a lo largo de obras de carpintería como puertas, ventanas, camas, bastidores.   CARPINTERÍA
4 Que es liberal o dadivoso.   adj./Chile
5 Que es largo, abundante o copioso.   Chile
largueto, a
1 Se aplica al tiempo musical que es más lento que el largo.   adj/s.m.
MÚSICA
2 Música interpretada a este tiempo.   s.m./MÚSICA
largueza
1 Longitud mayor de las superficies planas: *la gracia del vestido es la largueza de la falda.*   s.f.
2 Disposición y actitud de la persona que da algo con abundancia y sin esperar nada a cambio: *le aprecian por su altruismo y largueza.*   = generosidad, liberalidad
3 Acción de dar de manera generosa: *me ha devuelto el favor con largueza.*   = generosidad, liberalidad
larguirucho, a Se aplica a la persona que es muy alta, delgada y desgarbada: *de joven era flaco y larguirucho.*   adj.
= larguruto, largoruto
largura Dimensión mayor de una cosa o figura plana, en oposición a la latitud: *sé el ancho de la tela, pero no la largura.*   s.f.
= longitud
lárice (Del lat. *larix*, *-icis*.) Alerce, planta arbórea.   s.m./BOTÁNICA
laricino, a Del lárice o alerce.   adj./BOTÁNICA
larigot
1 Pequeña flauta pastoril.   s.m./MÚSICA
2 Juego del órgano que suena una octava por encima del nasardo.   MÚSICA
larije (Del ár. *aris*, pérgola.) Se aplica a la variedad de uva de color rojo que producen ciertas cepas altas y de sarmientos duros.   adj.
AGRICULTURA
laring- Componente de palabra procedente del gr. *larynx*, *-yngos*, que significa parte superior de la tráquea: *laringitis.*   pref.
tb: laringo-
laringe (Del gr. *larynx*, *-yngos*, parte superior de la tráquea.) Órgano tubular del aparato respiratorio que comunica con la faringe y con la tráquea y en el que se forman los sonidos.   s.f.
ANATOMÍA
laringectomía Ablación o extirpación quirúrgica de la laringe.   s.f.
MEDICINA
laríngeo, a De la laringe: *producir un sonido laríngeo; sufrir una afección laríngea.*   adj.
ANATOMÍA
laringismo Espasmo de los músculos de la laringe, que produce oclusión de la glotis y asfixia consecutiva.   s.m.
MEDICINA
laringitis Inflamación de la laringe: *no puede hablar más alto porque tiene laringitis.*   s.f./pl: laringitis
MEDICINA
laringología (Del gr. *larynx*, *-yngos*, parte superior de la tráquea + *logos*, ciencia.) Parte de la patología que estudia las enfermedades de la laringe.   s.f.
MEDICINA
laringólogo, a Médico especialista de la laringe.   s./MEDICINA
laringoscopia Exploración de la laringe y de las zonas próximas a ella.   s.f.
MEDICINA
laringoscopio (Del gr. *larynx*, *-yngos*, parte superior de la tráquea + *skopeo*, mirar.) Instrumento médico para examinar la laringe.   s.m.
MEDICINA
laringotomía Operación quirúrgica que consiste en abrir la laringe.   s.f.
MEDICINA
laro, a Perteneciente a un suborden de aves caradriformes, de alas alargadas y puntiagudas y plumaje abundante, de colores suaves y mortecinos.   adj/s.m.
ZOOLOGÍA
larva (Del lat. *larva*, espectro.)
1 Fase en el desarrollo de algunos animales, como insectos, gusanos, anfibios, etc., anterior al estado adulto, al que llegarán tras sufrir un período de metamorfosis.   s.f.
ZOOLOGÍA
2 Espectro o fantasma que los romanos suponían que erraba sobre la tierra para atormentar a los vivos.   MITOLOGÍA

larvado, a
1 Se aplica a la enfermedad que se presenta con síntomas que ocultan su verdadera naturaleza. *adj. MEDICINA*
2 Que está latente: *problema larvado; peligro larvado.*

larval De la larva: *algunos peces pasan por una fase larval durante su desarrollo.* *adj. ZOOLOGÍA*

larvario, a De las larvas de los animales y las fases de su desarrollo: *estado larvario.* *adj. ZOOLOGÍA*

larvi- Componente de palabra procedente del lat. *larva*, que significa larva: *larvicida.* *pref. th: larvi-*

larvicida (Del lat. *larva* + *caedere*, matar.) Se aplica al producto que destruye las larvas, en especial las de los parásitos. *adj/s.m.*

lasaña (Del ital. *lasagna.*)
1 Plato de origen italiano, elaborado con unas piezas de pasta entre las que se intercalan capas de carne picada, que se recubren con bechamel y queso rallado y se gratinan al horno. *s.f. COCINA tb: lasagna*
2 Oreja de abad, fruta de sartén en forma de hoja. *COCINA*

lasca Trozo pequeño y delgado desprendido de una piedra: *al chocar la piedra con el suelo saltaron algunas lascas.* *s.f. = laja*

lascar (Del fr. dialectal *lasker* < lat. *laxicare.*) Aflojar o destensar un cabo con lentitud. *v.tr./conj. sacar NÁUTICA*

lascivia Inclinación desmesurada a los placeres sexuales: *la miraba con lascivia.* *s.f./= lujuria, concupiscencia*

lascivo, a (Del lat. *lascivus*, juguetón.)
1 De la lascivia: *sus lascivas palabras no agradaron al público.* *adj. = lujurioso*
2 Que muestra una exagerada inclinación a los placeres sexuales. *adj/s. = lujurioso*
3 Que es vigoroso y alegre.

láser (Acrónimo de *[L]ight [A]mplification by [S]timulated [E]mission of [R]adiation.*)
1 Dispositivo electrónico que amplifica de manera extraordinaria un haz de luz monocromático y coherente y se usa en telecomunicaciones, medicina, industria bélica, y en diversas aplicaciones. *s.m. pl: láser tb: laser*
2 **láser de gas:** El que permite iluminar un objetivo para que pueda ser localizado por las cabezas buscadoras de las bombas y misiles. *MILITAR*
3 **láser sólido:** El que se utiliza en telemetría, para el tiro de aviación o de artillería, en el guiado de determinados misiles antitanques y en telecomunicaciones. *MILITAR*

laserdisc (Voz inglesa.) Disco videográfico digital de larga duración, cuya grabación se reproduce por medio del láser. *s.m. TECNOLOGÍA*

laserpicio
1 Planta vivaz, con el tallo estriado, hojas divididas en lóbulos, flores blancas, semillas pareadas y raíz gruesa y fibrosa. *(Laserpitium siler.)* *s.m. BOTÁNICA*
2 Semilla de esta planta. *BOTÁNICA*

laserterapia Tratamiento mediante el uso del láser, especialmente en microcirugía, dermatología y oftalmología. *s.f. MEDICINA*

lasitud (Del lat. *lassitudo, -inis.*) Estado de debilidad o desfallecimiento, por cansancio: *toma vitaminas para vencer la lasitud.* *s.f. ≠ vigor*

laso, a (Del lat. *lassus*, cansado.)
1 Que está desfallecido o falto de fuerzas: *después de tantos días de duro trabajo, se quedó laso.* *adj./= débil, abatido ≠ vigoroso*
2 Se refiere al pelo liso, sin rizar: *lucía una larga y lasa melena morena.* *= lacio*
3 Se aplica al hilo de lino, cáñamo o seda que no está torcido. *TEXTIL*

lastar (Del germ. *laistjan*, seguir los pasos de alguien.)
1 Pagar una persona una cantidad que debería pagar otra: *lastó las deudas de su socio.* *v.tr.*
2 Expiar una culpa propia o ajena: *está dispuesta a lastar el atraco que cometió su hijo.*

lástima
1 Sentimiento de pena o tristeza experimentado ante la desgracia ajena: *siento lástima cuando veo a esos niños pidiendo limosna.* *s.f. = compasión ≠ indiferencia*
2 Cosa que produce compasión: *no sabe contar más que lástimas.*
3 Cosa lamentable: *¡qué lástima que se quemara el guiso!; es una lástima que no hayan podido venir.*
4 **dar o tener lástima:** Producir compasión, pena o tristeza: *da lástima ver como derriban la casa en la que nací.*
5 **estar hecho una lástima:** Estar en estado lamentable: *este mueble está hecho una lástima; hoy estás hecho una lástima.* *coloquial*

lastimador, a Se aplica a lo que lastima o hace daño: *nunca olvidaré sus lastimadoras palabras.* *adj.*

lastimadura Acción y resultado de lastimar: *la caballería aún mostraba las lastimaduras del arnés.* *s.f.*

lastimar (Del lat. vulgar *blastemare* < lat. *blasphemare* < gr. *blastemeo*, decir blasfemias.)

1 Herir ligeramente o hacer daño en alguna parte del cuerpo: *la rozadura del zapato me ha lastimado el pie; se lastimó al caerse por la escalera.* *v.tr/prnl. = lesionar*
2 Ofender a una persona: *sus palabras de desprecio le lastimaron profundamente.* *v.tr. = lacerar*
3 Manifestar dolor o sentimiento por una cosa: *se lastima de su fracaso.* *v.prnl. + de*
4 Sentir una persona pena por el sufrimiento de otra. *= compadecerse*

lastimero, a
1 Que causa lástima o compasión: *habla con voz lastimera para que le hagas caso.* *adj. = quejumbroso*
2 Que lastima o hiere.

lastimoso, a Que produce compasión o lástima: *necesita ayuda porque está en una situación lastimosa.* *adj. = penoso*

lasto Recibo que se da a la persona que lasta o paga por otra. *s.m.*

lastón (Del vasco *lasto*, paga.) Planta perenne vivaz, con tallo rígido, denso de nudos, hojas largas y estrechas y espigas erectas, dispuestas en una panoja larga y poco densa. *(Brachypodium pinnatum.)* *s.m. BOTÁNICA = rompebarrigas*

lastra Piedra plana, lisa y de poco grosor que se encuentra así en origen: *en la arena de la playa había muchas lastras.* *s.f. = lancha*

lastraje Acción y resultado de lastrar. *s.m.*

lastrar (Voz lunfarda.)
1 Poner el lastre a una embarcación. *v.tr./NÁUTICA*
2 Poner un peso a una cosa para que se mantenga firme o sujeta: *lastró los papeles para que no volaran con el aire.* *v.tr/prnl.*

lastre
I (Derivado de *lastra.*) Piedra de mala calidad o laja resquebrajada que se encuentra en la superficie de la cantera y sólo sirve para las obras de mampostería. *s.m.*
II (Del germ. *last*, peso.)
1 Peso que se pone en el fondo de una embarcación para que ésta entre en el agua hasta la profundidad adecuada y se mantenga estable. *s.m. NÁUTICA*
2 Peso que llevan los globos aerostáticos y que, al arrojarlo, permite ganar altura o reducir la velocidad de descenso. *AERONÁUTICA*
3 Impedimento en el funcionamiento o desarrollo normal de una cosa: *la falta de dinero es un lastre para el negocio; es tan inútil que representaría un lastre en ese trabajo.* *= obstáculo ≠ ventaja*
4 Madurez, equilibrio o aplomo en el carácter de una persona.

lasún (Del vasco *lasun*, mújol.) Locha, pez lágido. *s.m./ZOOLOGÍA*

lata (Del bajo lat. *latta.*)
1 Envase de formas y tamaños diversos fabricado con hojalata, usado principalmente para guardar y conservar herméticamente alimentos: *lata de conservas; lata de cerveza.* *s.f.*
2 Cualquier asunto o conversación que produce disgusto o aburrimiento: *¡menuda lata de conferencia!* *coloquial = latazo*
3 Tabla delgada sobre la que se aseguran las tejas. *CONSTRUCCIÓN*
4 Madero más pequeño que el cuartón. *CONSTRUCCIÓN*
5 **dar la lata:** Fastidiar o molestar: *no me des más la lata, te he dicho que hoy no vas al cine.* *coloquial*
6 **ser una lata:** Ser aburrido, molesto o pesado: *tiene buenos sentimientos, pero es una lata cuando habla; es una lata tener que hacer caravana.* *coloquial*

latae sententiae (Expresión latina.) Se aplica a la excomunión en que se incurre en el momento de cometer la falta previamente condenada por la Iglesia, sin necesidad de imposición personal expresa. *loc.adj. RELIGIÓN*

latamente
1 De forma extensa o difusa. *adv./culto*
2 En sentido lato o figurado.

latania Palmera con hojas en forma de abanico, de color verde claro y de metro y medio de largo, que se cultiva en Europa en invernaderos y se usa como planta ornamental. *(Latania.)* *s.f. BOTÁNICA*

latastro Plinto, basamento cuadrado que tiene poca altura. *s.m. ARQUITECTURA*

lataz (Del gr. *latax*, nutria.) Mamífero carnívoro marino del grupo de las nutrias que vive en el océano Pacífico. *(Enhydris maritima.)* *s.f. pl: lataces ZOOLOGÍA*

latazo Cosa que resulta pesada y fastidiosa: *fue un latazo tener que aguantar el discurso del director.* *s.m./coloquial = fastidio, tostón*

latear Malestar con una conversación o un discurso fastidiosos. *v.tr. Amér.*

latebra Escondrijo, refugio o madriguera: *encontramos la latebra del fugitivo.* *s.f. literario*

latebroso, a Que se esconde y no se deja conocer. *adj.*

latencia
1 Condición de lo que está latente, que no se manifiesta o exterioriza: *el período de latencia de la enfermedad es de dos meses.* *s.f.*
2 Estado de aparente inactividad metabólica por el que pasan ciertas plantas y animales. *BIOLOGÍA*

latente (Del lat. *latens, -entis*, estar escondido.)
1 Que existe aunque sin manifestarse o exteriorizarse: *sus palabras mostraban un rencor latente hacia su compañero.* — adj. = oculto, escondido
2 Se aplica al calor que, sin aumentar la temperatura del cuerpo que lo recibe, se invierte en cambios de estado. — FÍSICA
3 Que perdura, que se mantiene aún con fuerza: *mi recuerdo latente.* — Méx.

lateral (Del lat. *lateralis*.)
1 Que está en un lado: *tenemos tres localidades en el palco lateral izquierdo.* — adj. ≠ central
2 Que no viene por vía directa: *es heredero de todas las tierras por sucesión lateral.* — = indirecto ≠ directo
3 Se aplica al fonema que se articula dejando pasar el aire por los lados de la boca y no por el centro: *la l es una consonante lateral.* — adj/s.f. LINGÜÍSTICA
4 Parte de un objeto, lugar o cosa que no está en el centro sino cercana a los extremos: *ahora estaba circular por el lateral; el coche chocó con el lateral de un camión.* — s.m.
5 Jugador que, en el fútbol y otros deportes de equipo, ataca o defiende por las bandas del terreno de juego. — s.m.f. DEPORTES

lateralidad Preferencia sistemática a utilizar ciertos órganos dispuestos en pares, como las manos o los pies, ya sea a derecha o a izquierda. — s.f. SICOLOGÍA

lateralización
1 Pronunciación de un sonido expulsando el aire por las partes laterales de la boca. — s.f. LINGÜÍSTICA
2 Transformación en lateral de un sonido que previamente no lo era. — LINGÜÍSTICA

lateralizar Convertir en lateral una consonante que no lo es. — v.tr./conj. *cazar* LINGÜÍSTICA

lateralmente
1 De lado, en un lado: *el camión volcó lateralmente.* — adv.
2 De uno y otro lado: *el levante soplaba lateralmente; el jardín se adorna lateralmente con dos hileras de árboles.*

lateri- Componente de palabra procedente del lat. *latus, -eris*, que significa lado. — pref. tb: latero-

latería
1 Conjunto de latas de conserva: *en su despensa hay una gran latería de legumbres.* — s.f.
2 Hojalatería, taller y tienda. — Amér.

laterita Suelo de las regiones tropicales húmedas, caracterizado por la presencia de alúmina libre y de óxidos de hierro. — s.f. GEOLOGÍA

laterítico, a Que tiene relación con la laterita. — adj./GEOLOGÍA

lateritización Transformación de un suelo en laterita, por migración del sílice. — s.f. GEOLOGÍA

latero, a Que es fastidioso, molesto o pesado: *es un trabajo latero porque es muy minucioso.* — adj. = latoso

látex (Del lat. *latex*, líquido.) Jugo que circula por los vasos de algunos vegetales, que se coagula en contacto con el aire y del que, en determinados casos, pueden obtenerse sustancias de aplicación industrial, como caucho, gomas o gutapercha. — pl: látex BOTÁNICA

lati- Componente de palabra procedente del lat. *latus*, que significa ancho: *latifundio.* — pref.

laticífero, a Se aplica a los vasos de los vegetales que conducen el látex. — adj. BOTÁNICA

latido
1 Movimiento alternativo de contracción y dilatación producido por el corazón o las arterias al latir: *estuvo consciente hasta el último latido.* — s.m. FISIOLOGÍA
2 Golpe producido por este movimiento: *puedo notar los latidos del corazón en tus muñecas.* — = palpitación, pulso
3 Ladrido entrecortado que da el perro cuando ve o sigue la caza o cuando de repente sufre algún dolor: *el perro lanzó un angustioso latido al ser atropellado.*
4 Sensación dolorosa que se siente en ciertas partes inflamadas muy sensibles, a consecuencia del movimiento de diástole de las arterias que las riegan. — MEDICINA
5 latido capilar: El de algunos vasos capilares, en determinadas dolencias. — MEDICINA
6 latido cardíaco: Cada una de las contracciones del corazón en el sístole. — MEDICINA
7 latido venoso: El de algunas venas, en casos patológicos. — MEDICINA

latifolio, a Se aplica a la planta que tiene las hojas anchas. — adj. BOTÁNICA

latifundio (Del lat. *latifundium*.) Finca rústica de gran extensión perteneciente a un solo dueño: *es el único heredero del latifundio.* — s.m.

latifundismo
1 Distribución de la propiedad de la tierra caracterizada por la abundancia de latifundios. — s.m.
2 Teoría de política agraria que es partidaria de la distribución de fincas rústicas de grandes dimensiones. — POLÍTICA

latifundista
1 Del latifundismo. — adj.

2 Se aplica a la persona que posee uno o varios latifundios: *la reforma agraria perjudicaba la situación de los latifundistas.* — adj/s.m.f.

latigazo
1 Golpe dado con un látigo u otra cosa semejante: *castigaron al ladrón con una serie de latigazos.* — s.m./= lampreazo, trallazo
2 Chasquido que produce el látigo al ser golpeado.
3 Dolor repentino, breve y agudo: *debo tener otitis porque el oído me da latigazos.* — = punzada
4 Daño involuntario que se produce a una persona.
5 Trago de bebida alcohólica: *con un par de latigazos de ron se emborrachó.*
6 Represión áspera e inesperada.

látigo (Probablemente del germ. *laittug*, correa para conducir.)
1 Tira de cuero u otro material flexible, fina, alargada y con mango, usada para avivar, azotar o castigar, principalmente a las caballerías y a otros animales: *el domador golpeaba el suelo con el látigo para adiestrar a los tigres.* — s.m. = tralla, zurriago
2 Atracción de feria que consiste en unas vagonetas que, unidas a una cinta, recorren un circuito elíptico y aumentan su velocidad al llegar a las curvas.
3 Cordel con que se sujeta al peso lo que se quiere pesar.
4 Cuerda o correa con que se asegura y aprieta la cincha de la caballería. — EQUITACIÓN
5 Pluma larga que se ponía en el sombrero para adornarlo, rodeándolo por entero.

latigudo, a Que es correoso, flexible y elástico. — adj./Chile

latiguear Dar una persona chasquidos con el látigo. — v.intr.

latigueo Acción de latiguear: *aún resonaban en sus oídos los latigueos del jinete.* — s.m.

latiguillo
1 Frase, palabra o expresión que se repite en exceso al hablar o escribir: *si suprimieras algunos latiguillos, te quedaría un discurso redondo.* — s.m. coloquial = muletilla
2 Manera de hablar con expresiones exageradas y frases altisonantes o ya hechas, para lograr la admiración de los demás.
3 Estolón, tallo rastrero. — BOTÁNICA

latín
1 Lengua indoeuropea hablada en la antigua Roma, de la que se derivan las lenguas romances. — s.m. LINGÜÍSTICA
2 Voz o frase latina usada en una conversación o escrito en otra lengua: *se cree más culto si suelta algún que otro latín.* — despectivo
3 bajo latín: El hablado y escrito después de la caída del imperio romano y durante la edad media. — LINGÜÍSTICA
4 latín clásico: El considerado como el más depurado y que fue cultivado, en especial, en el siglo de oro de la literatura latina. — LINGÜÍSTICA
5 latín moderno: El empleado por los escritores de la edad moderna. — LINGÜÍSTICA
6 latín rústico o vulgar: El hablado por la gente del pueblo, y del que se derivaron las lenguas romances. — HISTORIA, LINGÜÍSTICA
7 coger a uno en mal latín: Cogerle o atraparle cometiendo una falta o delito o descubrirle una culpa.
8 decirle o echarle a uno los latines: 1. Casarle, hacerle contraer matrimonio. 2. Bendecir a una persona o invocar la bendición divina en favor de algo o alguien: *antes de partir les dijo los latines.* — coloquial coloquial
9 saber latín o mucho latín: Ser muy vivo o astuto: *no lograrás enredarlo porque sabe latín.* — coloquial

latinado, a Que hablaba o escribía en lengua romance bajo la dominación árabe en España. — adj. HISTORIA

latinajo
1 Palabra, frase o cita en latín, introducida en un texto o discurso en castellano: *ese profesor siempre suelta latinajos.* — s.m. despectivo
2 Latín mal compuesto, deformado o macarrónico: *con cuatro latinajos creía mejorar el texto.* — despectivo coloquial

latinear
1 Hablar o escribir una persona en latín: *latinea en sus cartas al obispo.* — v.intr. tb: latinar
2 Usar una persona voces o expresiones latinas con frecuencia: *se cree que latineando ante sus contertulios parecerá más culto.* — = latinizar

latinidad
1 Cultura latina: *la latinidad influyó mucho en los pueblos occidentales.* — s.f.
2 Conjunto de pueblos de origen latino: *la crisis del sistema esclavista afectó a toda la latinidad.*
3 baja latinidad: Latín escrito después de la caída del imperio romano y durante la edad media. — LINGÜÍSTICA, = bajo latín

latiniparla Lenguaje de los que usan voces latinas, con afectación, aunque españolizadas, hablando o escribiendo en español o en otra lengua que no sea el latín. — s.f.

latinismo
1 Expresión o construcción que se consideran propias y características de la lengua latina. — s.m. LINGÜÍSTICA
2 Expresión o construcción propias de la lengua latina que se usan en otra lengua. — LINGÜÍSTICA
3 Afecto por el mundo y la cultura latinas.

latinista Persona dedicada al estudio de la lengua, literatura o cultura latinas. *s.m.f.*

latinización
1 Proceso de difusión o adopción de la lengua y la cultura latinas: *la latinización de la cuenca mediterránea.* *s.f.*
2 Acción de dar forma latina a palabras de otra lengua. *LINGÜÍSTICA*

latinizador, a Que latiniza. *adj./s.*

latinizante
1 Que latiniza: *la tendencia latinizante de una escuela literaria.* *adj./s.m.f.*
2 Se aplica al léxico, sintaxis o gramática que están latinizados. *adj. LINGÜÍSTICA*

latinizar
1 Introducir la lengua y la cultura latinas en un país: *los romanos latinizaron la península Ibérica.* *v.tr. conj: cazar*
2 Dar forma latina a una palabra de otra lengua. *LINGÜÍSTICA*
3 Usar una persona expresiones latinas frecuentemente. *v.intr. = latinear*

latino, a
1 Del Lacio, antigua región de Italia, y de los pueblos dominados por Roma. *adj. HISTORIA*
2 Persona natural de esta antigua región o de estos pueblos. *s. HISTORIA*
3 Del latín: *se sabe todas las declinaciones latinas.* *adj./LINGÜÍSTICA*
4 Que sabe latín o escribe en esta lengua: *algunos sacerdotes son latinos.* *adj./s.*
5 De los pueblos que hablan lenguas derivadas del latín: *la comunidad latina de Estados Unidos.*
6 Se aplica a la iglesia que sigue el rito de Roma. *adj./RELIGIÓN*
7 Se refiere a la embarcación que tiene vela o velas de forma triangular. *adj./s.f. NÁUTICA*
8 Se aplica a la vela en forma de triángulo. *NÁUTICA*
9 Se refiere a la cruz cuyo travesaño divide el palo en partes desiguales. *NÁUTICA*

latinoamericano, a
1 De Latinoamérica. *adj.*
2 Persona natural de Latinoamérica. *s.*

latir (Del lat. *glattire*, lanzar ladridos agudos.)
1 Dar el corazón o las arterias, y en algunos casos los capilares, latidos o palpitaciones: *después de una carrera el corazón late más deprisa.* *v.intr. FISIOLOGÍA = palpitar*
2 Dar una herida o un tumor punzadas por los latidos del corazón o las arterias: *la herida sangraba y latía.*
3 Estar latente una cosa: *bajo sus palabras latía un rencor amargo.*
4 Dar el perro ladridos: *el perro latía al menor ruido.* *= ladrar*
5 Ladrar el perro de forma entrecortada al seguir la caza o al sufrir repentinamente un dolor: *el perro corría latiendo tras la liebre.*
6 **latirle algo a alguien:** 1. Tener una corazonada, presentir alguna cosa: *me late que no va a venir.* 2. Gustarle o agradarle. *Méx. Méx. coloquial*

latirismo Intoxicación producida por alimentos que contienen harina de altramuz y que se manifiesta por parálisis en las piernas. *s.m. MEDICINA*

latitud (Del lat. *latitudo.*)
1 Distancia que hay desde un punto de la superficie terrestre al ecuador, contada por los grados de su meridiano: *el capitán del barco comunicó su posición dando la latitud en que se encontraba.* *s.f. GEOGRAFÍA*
2 Dimensión menor de un cuerpo o de una figura plana en oposición a la longitud. *= anchura*
3 Extensión total de un territorio.
4 Distancia que hay desde la eclíptica a cualquier punto considerado en la esfera celeste hacia uno de los polos. *ASTRONOMÍA*
5 Lugar o sitio: *¿qué haces tú por estas latitudes?* *coloquial*

latitudinal Que se extiende a lo ancho: *medir la dimensión latitudinal de un polígono.* *adj. ≠ longitudinal*

latitudinario, a Que profesa el latitudinarismo. *adj./s./TEOLOGÍA*

latitudinarismo Doctrina de una secta inglesa del siglo XVII que defendía la posibilidad de salvación fuera de la Iglesia católica. *s.m. TEOLOGÍA*

lato, a (Del lat. *latus*, ancho.)
1 Que está dilatado o extendido, extenso: *nos ha dado una explicación lata del arte abstracto.* *adj.*
2 Se aplica al significado figurado o que por extensión se da a las palabras: *en sentido lato, una doncella es una joven soltera.* *≠ literal, recto*

latón (Del ár. *latum.*) Aleación de cobre y cinc, de color amarillo pálido, que es dúctil y maleable: *adornaban las paredes unas viejas arandelas de latón.* *s.m.*

latonería
1 Taller donde se fabrican objetos de latón. *s.f.*
2 Tienda donde se venden estos objetos. *COMERCIO*

latonero, a
1 Persona que hace o vende objetos de latón. *s.*
2 Hojalatero, persona que hace o vende piezas de hojalata. *Colomb.*

latoso, a Que es fastidioso, molesto o pesado: *me fui del cine porque la película era muy latosa.* *adj. = latero*

latréutico, a (Del gr. *latreutikos.*) De la latría o reverencia, culto y adoración a Dios. *adj. RELIGIÓN*

latría (Del lat. *latria < gr. latreia*, culto.) Reverencia, culto y adoración a Dios. *s.f. RELIGIÓN*

-latría Componente de palabra procedente del gr. *latreia*, que significa adoración: *idolatría; egolatría.* *suf. tb: latra*

latrocinante Que latrocina, o constituye un latrocinio. *adj.*

latrocinar Dedicarse una persona al robo o al fraude: *fue detenido por latrocinar.* *v.intr. = robar, defraudar*

latrocinio (Del lat. *latrocinium.*) Acción o costumbre de robar o de cometer un fraude: *le acusan de latrocinio.* *s.m. = robo*

latvio, a
1 De Letonia, estado europeo. *adj./= latón*
2 Persona natural de este estado. *s.*

lauca Calva, especialmente de forma circular. *s.f./Chile*

laucha
1 Ratón de pequeño tamaño. *s.f./Amér. Merid.*
2 Persona lista y pícara. *Argent., Chile*
3 Se aplica a la persona de constitución delgada y cara alargada. *adj. Argent., Chile*

laúd (Del ár. *al'ud*, madera.)
1 Instrumento musical de cuerdas pulsadas, con mástil, de grandes dimensiones, con la tapa de forma oval, el reverso abombado y el clavijero doblado hacia atrás. *s.m. MÚSICA*
2 Tortuga marina con siete líneas salientes a lo largo del caparazón, semejantes a las cuerdas de este instrumento musical. *(Dermochelys coriacea.)* *ZOOLOGÍA*
3 Embarcación pequeña de vela latina. *NÁUTICA*

laudable (Del lat. *laudare*, laudar.) Que es digno de alabanza por sus positivas cualidades. *adj./literario = loable*

láudano (Alteración del gr. *ladanon*, goma de la jara.)
1 Extracto de opio. *s.m./QUÍMICA*
2 Compuesto farmacéutico elaborado con opio macerado en alcohol, azafrán, vino blanco y varias esencias. *FARMACIA*

laudar (Del lat. *laudare.*) Dictar sentencia un juez, un árbitro o un amigable componedor. *v.tr. DERECHO*

laudatoria Oración o escrito en el que se alaba a una persona, una acción, u otra cosa: *pronunció una laudatoria en honor a los voluntarios.* *s.f. = panegírico*

laudatorio, a Que alaba o contiene una alabanza. *adj.*

laude (Del lat. *laus, -dis*, alabanza.)
1 Lápida de una sepultura. *s.m.*
2 Parte del oficio divino que se dice después de maitines. *s.f.pl. RELIGIÓN*

laudemio (Del bajo lat. *laudamentum.*) Derecho que se paga al señor del dominio directo cuando se enajenan las tierras y posesiones que se dan a enfiteusis. *s.m. DERECHO*

laudo Sentencia o fallo que dictan los jueces árbitros o los amigables componedores. *s.m. DERECHO*

launa
1 Lámina o plancha de metal. *s.f.*
2 Lámina o plancha de metal que se ponía en las armaduras para facilitar el juego de las articulaciones.

lauráceo, a (Derivado del lat. *laurus*, laurel.) Perteneciente a una familia de plantas, dicotiledóneas y dialipétalas, que comprende árboles y arbustos ricos en esencias propios de las regiones tropicales, como el canelo y el laurel. *adj/s. BOTÁNICA tb: lauríneo*

laureado, a (Del lat. *laureatus*, coronado de laurel.)
1 Que ha obtenido un premio o una condecoración. *adj/s.*
2 Se refiere a la cruz de san Fernando. *adj/s.f.*
3 Se aplica al militar que ha obtenido esta cruz. *adj/s./MILITAR*

laureando, a Persona que está a punto de graduarse en la universidad. *s. = graduando*

laurear
1 Poner una corona de laurel a una persona que ha triunfado: *laurearon al jinete que ganó la carrera.* *v.tr.*
2 Conceder un premio o una condecoración a una persona: *han laureado a un escritor argentino.* *= premiar*

lauredal Terreno poblado de laureles. *s.m./= lloredo*

laurel (Del occitano ant. *laurier < laur < lat. laurus.*)
1 Planta arbustiva o arbórea de la región mediterránea, de flores blancoamarillentas, fruto negro y carnoso, cuyas hojas se usan como condimento culinario. *(Laurus nobilis.)* *s.m. BOTÁNICA*
2 Gloria o fama que se consiguen por una acción heroica o por sobresalir en una actividad considerada noble: *te costó esfuerzo y trabajo, pero te ganaste los laureles.* *= triunfo*
3 **laurel alejandrino:** Arbusto de hojas lanceoladas de color verde claro que se cultiva en los jardines. *BOTÁNICA*
4 **laurel cerezo o real:** Lauroceraso, planta arbórea. *BOTÁNICA*
5 **laurel rosa:** Adelfa, planta arbustiva. *BOTÁNICA*

6 dormirse alguien en los laureles: Confiarse una persona en los éxitos obtenidos, abandonándose y no perseverando en su actividad: *si te duermes en los laureles alguien ocupará tu puesto.* — *coloquial*

láureo, a Del laurel o de las hojas de laurel: *los láureos aromas de los guisos le recordaban su niñez.* — adj./literario = *laurino*

laureola
1 Corona de laurel que servía de premio a los héroes o para coronar a los sacerdotes de los gentiles. — s.f. tb: laureóla
2 Resplandor o círculo luminoso que suele aparecer detrás de la cabeza de las imágenes santas. — RELIGIÓN = aureola
3 **laureola hembra:** Mata timelácea de flores rosadas en hacecillos y bayas rojas, cuya corteza se ha empleado en medicina, pero su uso es peligroso porque puede producir intoxicación. — BOTÁNICA
4 **laureola macho:** Adelfilla, planta cuyas hojas y frutos tienen una acción más suave que las de la laureola hembra. *(Daphne laureola.)* — BOTÁNICA

laurífero, a (Del lat. *laurus,* laurel + *ferre,* llevar.) Que produce o lleva laurel. — adj. literario

lauríneo, a Lauráceo, de una familia de plantas: *el aguacate es una planta laurínea.* — adj/s.f. BOTÁNICA

laurino, a Del laurel. — adj./culto

lauro (Del lat. *laurus.*)
1 Laurel, planta arbórea. — s.m./BOTÁNICA
2 Gloria que se consigue por una acción heroica o sobresaliente en una actividad considerada noble. — = premio, triunfo, laurel

lauroceraso (Del lat. *laurus,* laurel + *cerasus,* cerezo.) Planta arbórea rosácea, exótica, de flores blancas y fruto parecido a la cereza, de cuyas hojas se obtiene, por destilación, un agua muy venenosa que se usa en medicina y perfumería. *(Prunus laurocerasus.)* — s.m. BOTÁNICA = laurel-cerezo, laurel real

laus deo (Expresión latina.) Se emplea al terminar una obra y significa gloria a Dios o alabado sea Dios. — loc.adv. culto

lautista Músico que toca el laúd. — s.m.f./MÚSICA

lava
I (Del napolitano *lave* < lat. *labes,* caída.) Materia en fusión que es expulsada por los volcanes en erupción y que, al enfriarse, se solidifica y forma rocas: *la lava forma auténticos ríos incandescentes.* — s.f. GEOLOGÍA
II (Derivado de *lavar.*) Lavado de los metales para eliminar impurezas. — s.f./MINERÍA = lave, lavado

lavable
1 Que puede ser lavado sin que sufra deterioro alguno: *la mayoría de los tejidos son lavables.* — adj.
2 Que está pensado para ser lavado: *la pintura plástica es lavable.*

lavabo (Del lat. *lavabo,* lavaré.)
1 Pila provista de grifos y desagüe, usada para el aseo personal: *hay tres lavabos en el cuarto de baño.* — s.m.
2 Cuarto de aseo o de baño: *no oí el timbre porque estaba en el lavabo.*
3 Retrete o servicios en un local público, avión, etc.: *los lavabos de señoras están al fondo a la derecha.* — = váter, water
4 Mueble o armazón en que se coloca o encaja una palangana para lavarse. — = lavatorio
5 Fragmento que el sacerdote recitaba mientras se lavaba las manos. — RELIGIÓN
6 Fuente en el claustro de los monasterios usada por los monjes para lavarse las manos después de la comida. — ARQUITECTURA

lavacaras Persona aduladora: *nunca confíes en él, es un lavacaras.* — s.m.f. pl: lavacaras

lavacoches Persona encargada de limpiar los coches, en los garajes y estaciones de servicio. — s.m.f. pl: lavacoches

lavacristales Persona que lava cristales: *han proliferado los lavacristales callejeros de coches.* — s.m.f. pl: lavacristales

lavada
1 Lavado, acción y resultado de lavar o lavarse: *dale una lavada a las sábanas.* — s.f.
2 Aguada, color diluido en agua. — ARTE/tb: lavado

lavadero
1 Recinto, que suele estar cubierto, donde se han construido unas pilas para lavar la ropa: *en el camping había tres lavaderos.* — s.m.
2 Lugar utilizado habitualmente para lavar la ropa.
3 Pila donde se lava la ropa: *ha dejado el jersey en remojo en el lavadero.*

lavado
1 Acción y resultado de lavar o lavarse: *el lavado de las cortinas no ha quedado bien; las enfermeras prepararon al paciente para el lavado.* — s.m. tb: lavada = lavamiento
2 Pintura a la aguada hecha con un solo color. — ARTE/tb: lavada
3 **lavado a la piedra:** Procedimiento que permite degradar el color de las prendas tejanas. — TEXTIL
4 **lavado de cerebro:** Acción ejercida sobre una persona, con técnicas sicológicamente estudiadas, para cambiar su modo de pensar y, generalmente, hacerla partícipe de una creencia o ideología. — SICOLOGÍA
5 **lavado de estómago:** Operación que consiste en introducir en el estómago una gran cantidad de líquido que se elimina mediante una sonda. — MEDICINA
6 **lavado de minerales:** Proceso de separación de la vena de un mineral por medios físico-químicos. — MINERÍA
7 **lavado intestinal:** Lavativa, operación que consiste en limpiar los intestinos introduciendo en ellos un líquido. — MEDICINA

lavador, a
1 Que lava o limpia con líquido. — adj/s.
2 Varilla de hierro que sirve para limpiar las armas de fuego. — s.m.
3 Recipiente de metal para lavar las placas fotográficas. — FOTOGRAFÍA

lavadora Aparato electrodoméstico que sirve para lavar la ropa: *hace muchos años que se popularizaron las lavadoras automáticas.* — s.f.

lavadura
1 Acción y resultado de lavar o lavarse. — s.f./= lavado
2 Agua mezclada con la suciedad de lo que se ha lavado en ella. — = lavazas
3 Mezcla batida de agua, aceite y huevo con que se suaviza la piel con la que se hacen los guantes.

lavafaros Mecanismo que sirve para lavar los faros de un automóvil. — s.m. pl: lavafaros

lavafrutas Recipiente con agua usado para lavar la fruta que se sirve en las comidas: *en la mesa había tres lavafrutas.* — s.f. pl: lavafrutas

lavaje Lavado de las lanas. — s.m./TEXTIL

lavajo (Del ant. *navajo* < *nava,* lugar pantanoso.) Charco de agua de lluvia, que rara vez se seca: *esta calle está llena de lavajos.* — s.m. tb: navajo

lavamanos
1 Pequeño lavabo para lavarse las manos: *en el patio hay un lavamanos.* — s.m. pl: lavamanos
2 Palangana dispuesta sobre un armazón de madera o metal que se utilizaba para lavarse las manos.
3 Recipiente pequeño con agua que se pone en la mesa para lavarse los dedos después de comer.

lavamiento
1 Acción y resultado de lavar o lavarse. — s.m.
2 Líquido inyectado en el recto con fines terapéuticos o de diagnóstico. — MEDICINA = lavativa

lavanco (Del ant. *navanco* < *nava,* lugar pantanoso en despoblado.) Pato salvaje. — s.m./ZOOLOGÍA tb: alavanco

lavanda (Del ital. *lavanda.*)
1 Espliego, planta arbustiva. — s.f./BOTÁNICA
2 Perfume que se obtiene a partir de esencia de esta planta: *usa un ambientador de lavanda.*

lavandera Ave de color variable, entre el blanco o gris y el verde o amarillo, de finas formas y una cola larga que mueve constantemente. — s.f./ZOOLOGÍA = aguanieves, aguzanieves

lavandería
1 Establecimiento comercial donde se lava ropa: *he llevado el traje de la boda a la lavandería.* — s.f. COMERCIO
2 Sección de un colegio, un hospital u otro establecimiento público donde se lava la ropa: *bajamos todas las sábanas sucias a la lavandería de la clínica.*

lavandero, a Persona que tiene como profesión lavar la ropa. — s.

lavandina Líquido clorado que se usa para aclarar y desinfectar ropa blanca, vajilla, suelos, revestimientos, etc. — s.f. *Argent., Par.* = lejía

lavándula (Del lat. *lavandula.*) Espliego, planta arbustiva. — s.f. BOTÁNICA

lavaojos Recipiente en forma de copa pequeña, de plástico o cristal y con un borde que se adapta a la órbita del ojo y se usa para aplicar en éste un líquido medicinal. — s.m. pl: lavaojos MEDICINA

lavaplatos
1 Aparato electrodoméstico que sirve para lavar platos, cubiertos y otros utensilios de cocina: *los nuevos lavaplatos son muy silenciosos.* — s.m. pl: lavaplatos = lavavajillas
2 Persona que tiene por oficio lavar platos: *trabajó como lavaplatos en un restaurante.* — s.m.f.
3 Fregadero, pila dispuesta para fregar la vajilla. — Colomb., Chile

lavar (Del lat. *lavare.*)
1 Limpiar a una persona, un animal o una cosa con agua u otro líquido: *lava al perro que se ha ensuciado; se lava las manos con aguarrás para quitarse la pintura.* — v.tr/prnl. ≠ ensuciar
2 Hacer desaparecer una falta, culpa u ofensa: *aceptó el duelo con tal de lavar su honor.* — v.tr.
3 Ser un tejido más o menos fácil de limpiar: *los tejidos sintéticos se lavan bien.* — v.intr.
4 Dar un albañil la última mano al blanqueo de una pared, bruñéndola con un paño mojado. — v.tr. CONSTRUCCIÓN
5 Dar color a un dibujo con aguadas. — ARTE
6 Limpiar y separar un mineral con agua. — MINERÍA

lavaseco Tintorería, establecimiento donde se lava y tiñe la ropa. — s.m. *Chile*

lavativa
1 Líquido que se introduce en los intestinos, a través del ano, para lavarlos o vaciarlos. — s.f./MEDICINA = enema
2 Operación de introducir este líquido en los intestinos.

3 Instrumento manual que se utiliza para inyectar este líquido. = jeringa, pera

4 Molestia o incomodidad. coloquial

lavatorio (Del lat. *lavatorium*.)
1 Acción de lavar o lavarse. s.m./= lavado
2 Ceremonia que hace el sacerdote en la misa, consistente en lavarse los dedos después de haber preparado el cáliz. RELIGIÓN
3 Ceremonia del jueves santo en que se lavan los pies a algunas personas. RELIGIÓN
4 Lavabo, recipiente para lavarse las manos. = lavamanos
5 Lavabo, pieza de la casa dispuesta y acondicionada para el aseo personal. Amér. Central y Merid.
6 Lavabo, mueble especial donde se pone la palangana del agua. Amér. Central y Merid.
7 Jofaina, recipiente de diferentes tamaños usado para lavarse. Amér. Central y Merid.

lavavajillas
1 Aparato electrodoméstico que sirve para lavar la vajilla, la cubertería y otros utensilios de cocina: *me compraré un lavavajillas porque detesto lavar los platos.* s.m. pl: lavavajillas = lavaplatos
2 Detergente especial para lavar a mano o a máquina los platos y otros utensilios de cocina: *ese lavavajillas deja las manos muy suaves.*

lavazas Agua sucia mezclada con las impurezas de lo que se lavó en ella. s.f.pl.

lave Lava, lavado de los metales para eliminar impurezas. s.m. MINERÍA

lavotear Lavar mucho, deprisa y mal: *durante la semana se limita a lavotear la cocina; se lavoteó y se fue corriendo.* v.tr/prnl.

lavoteo Lavado hecho a la ligera o con mucha rapidez: *se levantó tan tarde que solo se dio un lavoteo.* s.m.

lawn-tennis (Voz inglesa.) Tenis, deporte de origen inglés. s.m./pl: lawn-tennis DEPORTES

lawrencio (De E. O. *Lawrence*, físico norteamericano.) Elemento químico transuránico, que se obtiene bombardeando átomos de californio con núcleos de boro. s.m. QUÍMICA

laxación
1 Acción de disminuir o relajar la tensión de una cosa. s.f.
2 Acción de producir evacuaciones intestinales.

laxamiento
1 Disminución de la tensión de una cosa. s.m./= laxación
2 Producción de evacuaciones intestinales. = laxación
3 Calidad de laxo. = laxitud

laxante
1 Que laxa: *cierta música tiene un poder laxante para los nervios.* adj.
2 Se aplica al medicamento que facilita la evacuación intestinal: *toma unas hierbas laxantes.* adj/s.m./FARMACIA = laxativo, purgante

laxar (Del lat. *laxare*.)
1 Hacer expeler los excrementos a una persona por medio de un medicamento que lo facilita. v.tr. = purgar
2 Hacer que disminuya la tensión de una cosa: *la cuerda se laxó con el calor.* v.tr/prnl. ≠ tensar

laxativo, a Se refiere al medicamento que facilita la evacuación intestinal. adj/s.m. FARMACIA

laxidad Laxitud, calidad de laxo. s.f.

laxismo Doctrina y actitud morales que defienden una conciencia relajada y permisiva ante lo prohibido: *algunos padres educan a sus hijos con laxismo.* s.m.

laxista Persona que profesa la doctrina del laxismo. s.m.f.

laxitud
1 Calidad de laxo. s.f.
2 Incapacidad de los músculos para mantenerse tensos. = flaccidez ≠ erectilidad

laxo, a (Del lat. *laxus*.)
1 Que está flojo o poco tenso: *el cable no aguantará porque está laxo.* adj. ≠ tirante
2 Se aplica a la moral, conducta o sentimiento que no tiene firmeza o rectitud. ≠ severo

lay Lai, composición poética de la edad media, de versos cortos, escritos en francés o provenzal, que narra una leyenda o historia amorosa. s.m. pl: layes LITERATURA

laya
I (Del vasco *laia*.) Pala fuerte de hierro, con mango de madera y que puede tener dos o más puntas, y sirve para labrar y remover la tierra. s.f. AGRICULTURA
II (Del port. *laia*.)
1 Clase, tipo o género al que pertenece una persona o cosa. s.f.
2 Tipo o clase despreciable de personas. = calaña

layador, a Persona que laya o labra la tierra. s./AGRICULTURA

layar Trabajar la tierra con la laya. v.tr/AGRICULTURA

layetano, a
1 De Layetania, antigua región de la Hispania tarraconense. adj. HISTORIA
2 Persona natural de esta antigua región. s./HISTORIA

lazada Nudo o atadura que se hace con hilo, cinta o cosa semejante y que se desata fácilmente tirando de s.f. = lazo

uno de sus cabos: *el vestido de la novia llevaba una gran lazada en la cintura.*

lazar Coger o sujetar una cosa con lazo: *hizo un paquete con los libros y lo lazó.* v.tr. conj: cazar

lazareto (Del ital. *lazzaretto*.)
1 Hospital que había fuera de las poblaciones para mantener en cuarentena o los viajeros sospechosos de tener una enfermedad contagiosa. s.m. MEDICINA
2 Hospital de leprosos. = leprosería

lazarillo (Del *Lazarillo* de Tormes, personaje literario.) Se aplica a la persona o al perro que guía o acompaña a una persona ciega o que sufre otra incapacidad: *iba acompañada de un perro lazarillo.* adj/s.m.

lazarino, a Que padece elefantiasis. adj/s/MEDICINA

lazarista (Derivado de *Lázaro*, personaje del Evangelio.)
1 Persona que pertenece a la orden hospitalaria de San Lázaro, dedicada a asistir a los leprosos. s.m. RELIGIÓN
2 Que pertenece a la congregación de La Misión, fundada en el siglo XVII por san Vicente de Paúl para difundir el cristianismo y asistir a los enfermos. adj/s.m, RELIGIÓN = paúles

lázaro (De *Lázaro*, personaje del Evangelio.)
1 Hombre muy pobre y vestido de andrajos. s.m.
2 estar hecho un lázaro: Estar cubierto de llagas: *sacaron el perro del pozo y vieron que estaba hecho un lázaro.* coloquial

lazaroso, a Que padece el mal de san Lázaro o lepra. adj./= leproso

lazo (Del lat. *laqueus*.)
1 Nudo o atadura hecha con cintas, cordones o cosa semejante que sirve para adornar o para sujetar una cosa: *se me ha deshecho el lazo de las zapatillas.* s.m. = lazada
2 Cinta que se emplea para sujetar y adornar el pelo: *se recogió la melena con un lazo de raso.*
3 Corbata que se ata con dos lazadas en el cierre del cuello.
4 Adorno de metal, que imita el lazo de la cinta y que suele llevar pedrería.
5 Unión, relación de cosas o personas: *les unen lejanos lazos de parentesco.* = vínculo
6 Artimaña engañosa: *le tendió un lazo para conseguir su propósito.* = trampa
7 Cuerda con un nudo corredizo en uno de los extremos que sirve para cazar o sujetar animales, o para otro usos: *con el lazo el cowboy atrapó al caballo salvaje.*
8 Cuerda con un nudo o lazada corrediza que sirve para coger conejos, cuando está hecha de hilos de alambre retorcido, o para cazar ciertas aves, cuando está hecha de hilos de cerda. CAZA
9 Rodeo que se hace con los caballos a la res para darle alcance engañándola. CAZA
10 Cordel que sirve para asegurar una carga.
11 Adorno de líneas y florones enlazados que decora frisos, molduras y otros elementos arquitectónicos. ARQUITECTURA
12 Dibujo o composición que se hace en los jardines utilizando algunas plantas y arbustos.
13 Cruce o enlace de pies que se efectúa en algunas danzas.
14 Movimiento que realiza un avión alrededor de un eje vertical que pasa por el centro de gravedad del aparato. AERONÁUTICA
15 Cuerda, conjunto de hilos de cáñamo que sirve para atar o suspender pesos. Méx., Hond.
16 Emblema que tiene una cinta atada con una lazada: *lazo de la orden de Isabel la católica.*
17 lazo ciego: Cordel que se usa en la ballestería para cazar las reses sin verlas. CAZA
18 caer en el lazo: Caer en la trampa: *cayó en el lazo sin percatarse de ello.* coloquial
19 echar el lazo a alguien: Ganarse la voluntad de una persona, conquistarla. coloquial
20 tirarle un lazo a alguien: Hacerle caso, prestarle atención: *le prometió que le tiraría un lazo cuando ella faltara.* Méx. coloquial

lazulita Fosfato de aluminio, hierro y magnesio, de color azul celeste y brillo vítreo. s.f./MINERALOGÍA = espato azul

lazurita Lapislázuli, mineral de color azul intenso. s.f./MINERALOGÍA

lazzi (Voz italiana.) Intermedio cómico representado por mimos, que se intercalaba entre los diálogos de la antigua comedia italiana. s.m. TEATRO

le A o para él o ella: *le compré un piso a mi madre; le esperaba a usted.* pron.pers.

lead (Voz inglesa.) Variante de titular periodístico, constituida por un largo subtítulo que resume el contenido global de la información del artículo. s.m.

leal (Del lat. *legalis*.)
1 Que se comporta con lealtad o fidelidad, sin engañar ni traicionar: *siempre ha sido mi amiga más leal; es leal a sus principios.* adj/s.m.f. ≠ desleal
2 Que se dice o hace con lealtad o fidelidad. adj.
3 Se aplica al animal que muestra fidelidad hacia su amo: *el perro es muy leal.*
4 Que es legal y cumplidor en el trato o en el desempeño de un cargo o un oficio: *el jefe de personal es un trabajador leal.*

5 Se refiere a la caballería que no tiene resabios y es fácil de dominar. — EQUITACIÓN

lealtad
1 Actitud de quien no engaña, traiciona o abandona a sus amigos y superiores, o de quien se mantiene firme en sus ideales y convicciones: *lo más importante en la amistad es la lealtad.* — s.f.
2 Afecto, apego y gratitud que muestran a sus dueños algunos animales.

leasing (Voz inglesa.) Arrendamiento con opción a compra. — s.m. ECONOMÍA

lebaniego, a
1 De La Liébana, comarca de Cantabria. — adj.
2 Persona natural de esta comarca española. — s.

lebeche (Del hispanoárabe *labaĝ* < gr. *libici*, procedente de Libia.)' Viento que sopla del sudoeste en el litoral mediterráneo. — s.m.

lebení Bebida árabe elaborada con leche agria. — s.m.

leberquisa (Del alem. *leberkies.*) Pirita magnética, mineral. — s.f. MINERALOGÍA

lebrada Guiso de liebre. — s.f./COCINA

lebrancho Lisa, pez de cabeza grande y labios gruesos, muy apreciado por su carne. — s.m./*Antillas* ZOOLOGÍA

lebrastón Liebre recién nacida o joven. — s.m./= lebrato

lebrato Cría de liebre o liebre muy joven. — s.m./= lebrastón

lebratón Lebrato grande: *en el lazo cayó un hermoso lebratón.* — s.m. tb: liebrastón

lebrel, a (Del cat. *llebrer.*) Se aplica a los perros de talla alta, aspecto esbelto, hocico recio y puntiagudo, pecho estrecho y profundo y orejas caídas, que poseen grandes cualidades para la caza. — adj/s.m.

lebrero, a
1 Que es aficionado a la caza o a las carreras de liebres. — adj. CAZA
2 Se aplica al perro que sirve para cazar liebres. — adj/s.m.

lebrillo Recipiente de barro vidriado o metal, semejante a un barreño pequeño, usado para fregar o lavarse. — s.m.

lebrón Hombre tímido y cobarde. — s.m.

lebroncillo Liebre recién nacida o muy joven. — s.m./= lebrato

lebruno, a De liebre o que tiene relación con ella. — adj.

lecanomancia (Del gr. *lekanomanteia.*) Adivinación por medio del sonido que producen las piedras preciosas u otros objetos al caer en una palangana. — s.f. OCULTISMO tb: lecanomancia

lección (Del lat. *lectio, -onis,* acción de leer.)
1 Explicación o exposición que una persona hace de una materia para enseñarla a otras. — s.f.
2 Cada sesión en que un profesor enseña a sus alumnos: *mañana tendremos la primera lección de física.* — = clase
3 Cada una de las divisiones de la materia de un libro destinado a la enseñanza. — = tema
4 Parte de una materia que se estudia o enseña: *estudia que luego te preguntaré la lección.*
5 Enseñanza que se obtiene de un acontecimiento o experiencia: *por lo general, todo lo que nos pasa en la vida contiene una lección.*
6 Cosa que alecciona o enseña: *su fracaso debemos verlo como una lección para todos.*
7 Ejercicio de oposiciones a cátedra que consiste en explicar un tema para cuya preparación se da un cierto tiempo.
8 lección magistral: 1. La que da el profesor sin que haya participación de los alumnos. 2. La que se da como acto solemne a causa de algún acontecimiento importante.
9 dar la lección: Decirla el alumno al maestro: *me darás la lección antes de salir al patio.*
10 dar lección: Explicar el maestro un tema de una determinada materia.
11 darle a alguien una lección: 1. Dar un escarmiento a una persona: *este gamberro se merece que alguien le dé una lección.* 2. Hacerle una cosa a una persona para que le sirva de enseñanza o de ejemplo. — coloquial

leccionario Libro de coro que contiene las lecciones de maitines. — s.m. RELIGIÓN

leccionista Profesor que da lecciones en casas particulares. — s.m.f.

lecha
1 Líquido seminal de los peces. — s.f./= lechaza
2 Cada una de las dos bolsas que lo contienen. — = lechaza

lechada
1 Masa muy clara de cal, yeso o cemento mezclados con agua, a la que a veces se le añade también arena o tierra, que se usa como argamasa y para blanquear paredes. — s.f. CONSTRUCCIÓN
2 Sustancia líquida que contiene en disolución cuerpos insolubles muy divididos. — = emulsión
3 Masa a la que se reducen los trapos molidos para hacer papel. — INDUSTRIA

lechal
1 Se aplica al animal de cría que mama, en especial al cordero: *cerdo lechal.* — adj/s.m. tb: lechar
2 Se refiere a la planta y al fruto que tienen un zumo lechoso. — adj./BOTÁNICA tb: lechar
3 Zumo blanco parecido a la leche que contienen algunas plantas y frutos. — s.m. BOTÁNICA

lechar
1 Se refiere al animal que mama. — adj./tb: lechal
2 Se aplica a la planta que contiene un zumo blanco parecido a la leche. — BOTÁNICA tb: lechal
3 Se refiere a la hembra de los mamíferos que tiene leche en las mamas. — ZOOLOGÍA
4 Que cría o tiene virtud para criar leche: *es una buena vaca lechar.*
5 Se aplica al cardo de tallo derecho, hojas grandes, dentadas y espinosas, flores de color amarillento rojizo, que está cubierto de un jugo viscoso y blanquecino. — BOTÁNICA

lechaza Lecha, líquido seminal de los peces y bolsa que lo contiene. — s.f. ZOOLOGÍA

lechazo Cordero lechal. — s.m.

leche (Del lat. *lac, lactis.*)
1 Líquido blanco producido y segregado por los pechos de las hembras de los mamíferos para alimentar a sus crías, que se emplea también como alimento corriente. — s.f. FISIOLOGÍA
2 Líquido de aspecto parecido al de la leche, segregado por algunas plantas: *la leche de la higuera.* — BOTÁNICA
3 Cierto jugo de las semillas de algunas plantas herbáceas que se ha usado en farmacia. — FARMACIA = látex
4 Jugo blanco que se extrae de algunas semillas machacándolas: *siempre toma leche de almendras.*
5 Golpe fuerte o puñetazo: *tropezó y se pegó una buena leche.* — coloquial
6 Cosmético en forma de crema líquida: *leche limpiadora; leche hidratante.*
7 Líquido seminal, semen. — vulgar
8 Humor, carácter de una persona: *a ver de qué leche está hoy.* — coloquial
9 Cosa molesta o fastidiosa: *ir andando es una leche.* — coloquial
10 leche condensada o concentrada azucarada: Aquella a la que se le ha evaporado el agua en un elevado tanto por ciento y que se le añade una proporción importante de azúcar. — COCINA
11 leche de canela: Aceite de canela disuelto en vino.
12 leche de gallina: Planta liliácea bulbosa, con las hojas con una banda central blanca en toda su longitud, flores blancas por dentro y con una banda verde por fuera. (*Ornithogalum umbellatum.*) — BOTÁNICA = leche de pájaro
13 leche de los viejos: Vino, bebida alcohólica que se obtiene del zumo de uva. — coloquial
14 leche descremada o desnatada: Aquella a la que se le ha quitado la nata o la grasa: *toma leche desnatada porque no quiere engordar.*
15 leche en polvo: La que ha sido deshidratada y se consume añadiéndole, posteriormente, agua.
16 leche entera: La que tiene toda su grasa.
17 leche frita: Dulce hecho con leche y harina, rebozado y frito. — COCINA
18 leche liofilizada: La que ha sido sometida a un proceso de liofilización.
19 leche merengada: Bebida preparada con leche, claras de huevo, azúcar y canela.
20 leche pasteurizada: La que ha sido esterilizada a elevadas temperaturas.
21 leche semidesnatada: Aquella a la que se le ha quitado una parte de su nata o grasa.
22 leche virginal: Líquido blanco usado para maquillar y limpiar la cara, compuesto, entre otras cosas, por benjuí y agua.
23 mala leche: 1. Mal humor: *hoy está de mala leche, mejor será que no hables con él.* 2. Mala intención: *me ha quitado la silla con mala leche.* — coloquial / coloquial
24 a toda leche o echando leches: Muy rápido: *he venido a toda leche.* — loc.adv. coloquial
25 de leche: 1. Se aplica a las hembras de los animales destinadas a producir leche para el consumo: *vaca de leche.* 2. Se aplica a los animales que todavía maman. 3. Se refiere a la leche de la primera dentición. 4. Por azar: *consiguió meter el gol de leche.* — loc.adj. / loc.adj. / loc.adj. / loc.adv.
26 ser la leche: Ser el colmo: *es la leche que rechaces su invitación y aún te sientas marginado.* — coloquial
27 tener leche: Tener buena suerte. — coloquial

lechecillas
1 Mollejas de cabrito, cordero, ternera, u otro animal. — s.f.pl.
2 Entrañas del animal. — = asadura

lechera
1 Vasija para transportar o contener leche. — s.f.
2 lechera amarga: Polígola, planta. — BOTÁNICA

lechería
1 Establecimiento donde se vende leche. — s.f./COMERCIO
2 Vaquería, lugar donde hay vacas. — *Chile*

lechero, a
1 De la leche: *trabaja en la industria lechera.* `adj.`
2 Se aplica a la hembra animal que se cría para aprovechar su leche: *vaca lechera.*
3 Que contiene leche o tiene alguna de sus propiedades: *en este terreno crece el cardo lechero.*
4 Persona que vende leche. `s.`
5 Que es usurero o cicatero. `coloquial`

lechetrezna Planta herbácea, de tallo erguido, hojas `s.f.` obtusas y serradas, semillas negras, cuyo jugo lechoso se ha usado en medicina. *(Euphorbia helioscopia.)* `BOTÁNICA`

lechigada
1 Conjunto de animales nacidos del mismo parto y `s.f.` que se crían juntos: *en este establo está toda la lechi-* `= camada` *gada.*
2 Conjunto o cuadrilla de gente de la misma clase o género de vida, en particular gente maleante.

lechiguana
1 Avispa pequeña y negra del orden de los himenópteros. `s.f./Argent.` `ZOOLOGÍA`
2 Nido colgante de esta avispa y miel que produce. `Argent.`

lechín Se aplica a una especie de olivo que produce `adj/s.m.` mucha aceituna y que da abundante aceite. `BOTÁNICA`

lechino (Del lat. *licinium*, compresa.)
1 Compresa o gasa que se introduce en las úlceras y `s.m.` heridas, para facilitar la supuración. `MEDICINA`
2 Grano que les sale a las caballerías en la piel. `VETERINARIA`

lecho (Del lat. *lectus*.)
1 Mueble formado por un armazón y un somier que `s.m.` sostienen un colchón y la ropa utilizada para abrigar- `= cama` se, en el que las personas se acuestan para dormir o descansar: *se tumbó en el lecho porque estaba cansada.*
2 Fondo del mar, de un lago, de un río, u otro cauce `GEOGRAFÍA` de agua: *contemplan el lecho marino a través de los bajos acristalados del catamarán.*
3 Cauce de un río o canal. `GEOGRAFÍA`
4 Cama para el ganado o para otro animal: *las ovejas dormían en un lecho de paja.*
5 Capa de alguna materia extendida horizontalmente sobre una cosa: *un lecho de paja protegía la delicada vajilla de porcelana.*
6 Diván que usaban los romanos y los orientales `HISTORIA` para comer reclinados sobre él. `= triclinio`
7 Estrato de los terrenos sedimentarios. `GEOLOGÍA`
8 Superficie de una piedra sobre la que se ha de `ARQUITECTURA` asentar otra.
9 Suelo de los carros o carretas. `= cama`
10 Andas que se usaban para llevar a enterrar los cadáveres.

lechón, a
1 Cerdo que todavía mama: *tenemos tres lechones de la* `s.` *última camada.*
2 Cerdo macho: *han matado al mejor lechón.* `s.m.`
3 Que va sucio y desaseado: *entró en el bar un tipo que* `adj/s.m.` *iba hecho un lechón.*

lechosa Papaya, fruta. `s.f./Dom., Venez.`

lechoso, a
1 Que tiene el color, el aspecto u otra cualidad semejante a la de la leche: *tomo un jarabe lechoso.* `adj.`
2 Se aplica a la planta o al fruto que tiene leche o látex. `BOTÁNICA` `= lactario`
3 Papayo, planta arbórea. `s.m./BOTÁNICA`

lechucear
1 Presagiar infortunios o desgracias. `v.tr./Argent.`
2 Curiosear, intentar enterarse de algo. `Argent.`

lechuga (Del lat. *lactuca*.)
1 Planta herbácea compuesta de hojas grandes que se `s.f.` comen en ensalada: *me gustan la lechuga y el tomate.* `BOTÁNICA` *(Lactuca sativa.)*
2 Tipo de punta de camisa almidonado y moldeado `= lechuguilla` con forma parecida a la de las hojas de esta planta, muy usado en el siglo XVI.
3 Cada uno de los fuelles formados en la tela, a semejanza de las hojas de esta planta.
4 **lechuga de asno**: Planta compuesta, con las hojas `BOTÁNICA` inferiores divididas, con segmentos lanceolados y dentados y las superiores enteras, capítulos amarillos, numerosos y agrupados en panículas ramificadas. *(Lactuca viminea.)*
5 **lechuga de cerdos**: Hierba de halcón, planta com- `BOTÁNICA` puesta. *(Hypochoeris radicata.)*
6 **lechuga de mar**: Halga marina clorofícea, comesti- `BOTÁNICA` ble, de tallo ondulado y translúcido. *(Ulva lactuca.)*
7 **lechuga romana**: Variedad de la cultivada. `AGRICULTURA`
8 **lechuga silvestre**: Planta compuesta, de tallo ro- `BOTÁNICA` busto, con látex amargo y de olor desagradable, de `= serrallón` hojas oblongas, dentadas o lobuladas y con espinas en el nervio central y flores amarillas en panículas piramidales. *(Lactuca virosa.)*
9 **estar alguien como una lechuga**: Una persona `coloquial` fresca y lozana: *para ti no pasan los años, estás fresca como una lechuga.*

10 **ser más fresco que una lechuga**: Ser una perso- `coloquial` na descarada, despreocupada o desvergonzada: *¡qué mal educada, es más fresco que una lechuga!*

lechugado, a Que tiene forma de hoja de lechuga. `adj./tb: alechugado`

lechuguero, a Persona que por oficio vende lechu- `s.` gas.

lechuguilla
1 Lechuga silvestre o serrallón. `s.f./BOTÁNICA`
2 Cuello rizado y almidonado.
3 Tipo de puño de camisa almidonado y moldeado en forma de hojas de lechuga que se usó en el siglo XVI.

lechuguino, a
1 Lechuga pequeña antes de ser trasplantada. `s.m./AGRICULTURA`
2 Conjunto o plantel de estas lechugas pequeñas. `AGRICULTURA`
3 Se aplica al muchacho imberbe que galantea imi- `adj/s.m.` tando a un hombre adulto: *la corteja un ridículo le-* `coloquial` *chuguino.*
4 Petimetre, persona joven preocupada en exceso por `coloquial` su imagen y la moda.

lechuza (Del lat. *noctua*.)
1 Ave rapaz nocturna de color marrón dorado por el `s.f.` dorso y claro por debajo, con la cara blanca y los ojos `ZOOLOGÍA` negros que vive en zonas abiertas, construcciones y edificios viejos. *(Asio, Aegolius, Surnia y Tyto.)*
2 Mujer que se parece a este ave en el aspecto. `adj/s.f.`
3 Persona trasnochadora. `s.f.`
4 **lechuza campestre**: Ave rapaz nocturna, de alas `ZOOLOGÍA` largas, cuerpo rechoncho y cabeza pequeña que vive en campo abierto, páramos y laderas no siendo raro verla durante el día. *(Asio flammeus.)*
5 **lechuza gavilana**: Ave rapaz de cola larga y alas `ZOOLOGÍA` puntiagudas más bien cortas, cara blancuzca y bordeada de plumaje negro. *(Surnia ulula.)*

lechuzo, a
I (Derivado de *lechuza*.)
1 Se aplica a la persona que se asemeja a la lechuza `adj/s.` en alguna de sus propiedades. `coloquial`
2 Se refiere a la persona tonta: *no aprende nada, es un* `coloquial` *lechuzo.*
3 Persona encargada de ejecutar los apremios y comi- `s.m.` siones semejantes. `coloquial`
II (Derivado de *leche*.) Se aplica a la mula que no tie- `adj/s.` ne un año.

lechuzón Lechuza campestre de gran tamaño, ave `s.m./Argent.` rapaz. `ZOOLOGÍA`

lecit- Componente de palabra procedente del gr. *leki-* `pref/suf.` *thos*, que significa yema de huevo: *lecitina; alecita.* `tb: lecito-`

lecitina Fosfolípido presente en la yema del huevo, `s.f.` en la leche y en el tejido nervioso. `BIOQUÍMICA`

lecito (Del gr. *lekithos*, yema de huevo.) Parte de la `s.m.` sustancia nutritiva que se encuentra en el óvulo y `BIOLOGÍA` que sirve para el desarrollo del embrión en sus primeras fases.

lectisternio Ceremonia de los romanos, celebrada en `s.m.` un templo, en la que ponían manjares sobre una mesa `HISTORIA` y colocaban en torno a ella las estatuas de sus dioses.

lectivo, a Se aplica a los días y al tiempo en que se `adj.` imparten clases en los centros docentes: *calendario lectivo.*

lectoescritura Proceso de aprendizaje en el que si- `s.f.` multáneamente se trabaja la capacidad de leer y escribir.

lector, a (Del lat. *lector, -oris.*)
1 Que suele leer, en especial respecto a un escritor, `adj/s.` periódico o tema determinado: *su afición lectora se inclina hacia las novelas de intriga; agradecemos a nuestros lectores su colaboración.*
2 Profesor auxiliar de nacionalidad extranjera que en- `s.` seña su lengua nativa en la universidad: *trabaja como lector de español en la Sorbona.*
3 Persona que en una editorial lee los originales enviados a un editor.
4 Persona que en una editorial lee los originales enviados a un editor.
5 Aparato que transforma en impulsos eléctricos los `TECNOLOGÍA` datos registrados en un disco, cinta magnética, u otro soporte.
6 Dispositivo que permite la introducción de datos `INFORMÁTICA` en un ordenador a partir de una tarjeta perforada, banda magnética u otro soporte.
7 Seglar que predica la religión católica. `RELIGIÓN`
8 Persona que en las comunidades religiosas enseña `s.m.` filosofía, teología o moral. `RELIGIÓN`
9 Clérigo que enseñaba la religión católica a catecú- `RELIGIÓN` menos y neófitos.

lectorado
1 Empleo de lector de idiomas, profesor que enseña `s.m.` su lengua en una universidad extranjera.
2 El primero de los dos ministerios establecidos por `RELIGIÓN` la Iglesia católica para el culto litúrgico.
3 Segunda de las órdenes menores del sacerdocio. `RELIGIÓN`

lectoral
1 Se aplica al canónigo que es el teólogo del cabildo `adj.` y está licenciado o es doctor en teología. `RELIGIÓN`
2 Se refiere a la canonjía de este canónigo. `RELIGIÓN`

lectoralía Prebenda del canónigo lectoral. — s.f./RELIGIÓN

lectoría Puesto y empleo de lector en las comunidades religiosas. — s.f. RELIGIÓN

lectura
1 Acción y resultado de leer: *es un gran aficionado a la lectura.* — s.f.
2 Libro, artículo, u otro escrito que se lee.
3 Interpretación del sentido de un texto u obra literaria: *le damos distintas lecturas a esta novela.* — = versión
4 Interpretación o sentido que se le puede dar a un hecho o situación: *su fuga tenía varias lecturas.*
5 Cultura o conocimientos de una persona: *es un hombre de gran lectura.* — = instrucción
6 Disertación, exposición o discurso sobre un tema sorteado en oposiciones o fijado previamente. — = lección
7 Materia que se explica en la universidad.
8 Letra de imprenta de 12 puntos. — ARTES GRÁFICAS
9 Operación de acceso para extraer información de la memoria de un ordenador electrónico y transmitirla a un registro fijo exterior a la memoria. — INFORMÁTICA
10 Magnitud o datos indicados en un instrumento: *la lectura del contador.*
11 **lectura de memoria:** Extracción de la información registrada anteriormente en una memoria electrónica. — INFORMÁTICA
12 **lectura óptica:** Reconocimiento por medio de un procedimiento óptico de los caracteres impresos por un dispositivo automático. — TECNOLOGÍA

ledamente Con alegría o placidez. — adv./literario

ledo, a (Del lat. *laetus*.) Que es alegre o plácido. — adj./literario

leedor, a Que lee: *ya de niño era muy leedor.* — adj/s.

leer (Del lat. *legere*.)
1 Dar una interpretación a los caracteres de un texto escrito, pronunciándose o no las palabras representadas por estos caracteres: *mi hijo lee muy bien; leo el periódico cada día.* — v.tr/intr.
2 Entender e interpretar un texto de un determinado modo. — v.tr.
3 Ser capaz de leer y entender un idioma extranjero: *leo el inglés, pero no lo hablo.*
4 Pasar la vista por el papel en que está representada la música, interpretando el valor de las notas o ejecutándolas con un instrumento: *desde aquí no leo la partitura.* — MÚSICA
5 Realizar la lectura en unas oposiciones o defender una tesis doctoral.
6 Percibir alguna cosa a partir de un indicio u otra cosa: *leo el futuro en tus manos; leo la preocupación en tus ojos.*
CONJ.: PRES. IND.: PRET. INDEF.: leí, leíste, leyó, leímos, leísteis, leyeron. SUBJ.: IMP.: leyera, -ese, leyeras, -eses, leyera, -ese, leyéramos, -ésemos, leyerais, -eseis, leyeran, -esen.

lega Religiosa encargada de las faenas caseras de un convento. — s.f./RELIGIÓN = motilona

legacía
1 Cargo de legado. — s.f.
2 Asunto que se encarga a un legado.
3 Territorio donde ejerce sus funciones un legado.
4 Tiempo que dura el cargo de un legado.

legación (Del lat. *legatio, -onis*.)
1 Legacía [en todas sus acepciones]. — s.f.
2 Cargo diplomático que da un gobierno a un individuo para que le represente cerca de otro gobierno extranjero, ya sea como embajador, plenipotenciario o encargado de negocios. — POLÍTICA
3 Personal que el legado tiene a sus órdenes y otras personas de su comitiva oficial.
4 Oficina o edificio del legado.

legado (Del lat. *legatus*.)
1 Disposición que el testador deja en su testamento o codicilo en beneficio de una o varias personas. — s.m. DERECHO
2 Lo que se deja o transmite a los sucesores: *como legado me dejó un montón de deudas.* — = herencia
3 Persona que la autoridad suprema de un país envía a otro para tratar un asunto. — POLÍTICA
4 Eclesiástico que representa al papa en un concilio o en un país. — RELIGIÓN
5 Jefe de la legión romana. — HISTORIA
6 Presidente de cada una de las provincias inmediatamente sujetas a los emperadores romanos. — HISTORIA
7 Ciudadano romano, generalmente senador, que era enviado a los territorios recién conquistados para arreglar su gobierno. — HISTORIA
8 **legado a látere:** Cardenal enviado extraordinariamente por el papa con amplísimas facultades, para que le represente en algún asunto. — RELIGIÓN

legador, a (Derivado del ant. *legar*, ligar.) Persona que ata de pies y manos a las reses para que las esquilen.

legadura (Derivado del ant. *legar*, ligar.) Cuerda, cinta o cualquier otra cosa que sirva para liar o atar. — s.f.

legajo (Derivado del ant. *legar*, ligar.) Conjunto de papeles, especialmente los que están atados y tratan de un mismo tema. — s.m.

legal (Del lat. *legalis*.)
1 Que está regulado por la ley y se realiza conforme a ella: *en nuestra empresa todo es legal.* — adj. = lícito
2 De la ley o del derecho: *medicina legal.* — = judicial
3 Que actúa con rectitud, fidelidad y coherencia en el cumplimiento de su cargo: *el administrador es un hombre extremadamente legal.*
4 Que se comporta de manera que inspira confianza: *Pepe es un tío muy legal.* — coloquial

legalidad
1 Carácter de lo que es legal: *se sospecha de la legalidad de sus negocios.* — s.f.
2 Situación que está dentro de las leyes establecidas: *no tendrás problemas si te mantienes en la legalidad.*
3 Régimen político establecido por la ley fundamental del estado. — POLÍTICA

legalismo Interés o tendencia a cumplir con minuciosidad las leyes y sus formalidades. — s.m.

legalista Que es partidario de la aplicación literal de las leyes: *en este caso no puedes ser tan legalista.* — adj.

legalizable Que puede ser legalizado. — adj.

legalización
1 Acción y resultado de legalizar: *no se pusieron de acuerdo sobre la legalización del aborto.* — s.f.
2 Certificado o nota con firma y sello, que acredita la autenticidad de un documento o de una firma: *el notario procedió a la legalización de la firma del empresario.*

legalizar
1 Dar carácter legal a una cosa: *decidieron casarse para legalizar su situación.* — v.tr. conj: cazar
2 Dar garantías de la autenticidad de un documento o una firma: *tengo que ir a la notaría para que me legalicen unos poderes bancarios.*

legalmente
1 Según la ley o el derecho: *legalmente podrías recibir una fuerte sanción.* — adv. DERECHO
2 Con lealtad.
3 Bien, de manera acertada: *se porta legalmente.* — coloquial

legamente Con ignorancia, sin conocimiento. — adv.

légamo
1 Lodo o barro pegajoso: *tras la inundación, los campos quedaron cubiertos de légamo.* — s.m./tb: légano = limo
2 Parte arcillosa de las tierras de labor. — AGRICULTURA

legamoso, a Se aplica al terreno que tiene mucho légamo. — adj. tb: leganoso

leganal Charca llena de légamo. — s.m.

légano Légamo, lodo. — s.m.

leganoso, a Se refiere al terreno que tiene mucho légamo. — adj. tb: legamoso

legaña Secreción de las glándulas de los párpados que se acumula y se seca en la comisura de los ojos: *cuando estoy acatarrado se me forman legañas.* — s.f./FISIOLOGÍA tb: lagaña = pitarra

legañoso, a Que tiene legañas en los ojos: *un niño sucio y legañoso pedía limosna.* — adj/s. tb: lagañoso

legar
I (Del lat. *legare*.)
1 Dejar una cosa en testamento a una persona: *me legó sus acciones y la casa de Venecia.* — v.tr/conj: pagar DERECHO
2 Enviar a una persona como legado o con una legacía.
3 Dejar tradiciones o ideas a las generaciones posteriores: *los filósofos griegos nos han legado ideas importantes.*
II (Del lat. *ligare*, atar.) Poner dos o más cosas juntas. — v.tr./= juntar

legatario, a Persona a quien se lega una cosa en testamento: *el notario citó a los legatarios para repartir la herencia.* — s.m/f. DERECHO

legato (Voz italiana.) Término de la notación musical que indica que los sonidos han de sucederse sin interrupción entre ellos. — s.m. MÚSICA

legenda (Del lat. *legenda*, cosas que se han de leer.) Historia o actos de la vida de un santo. — s.f. RELIGIÓN

legendario, a
1 Que tiene relación con una leyenda: *circulan narraciones legendarias sobre los duendes del bosque.* — adj. tb: leyendario
2 Que tiene mucha fama o prestigio: *su buena voluntad es legendaria.* — = famoso
3 Libro de vidas de santos: *sé anécdotas de la vida de san Juan porque estoy leyendo un legendario.* — s.m. RELIGIÓN
4 Colección o libro de leyendas: *se interesa por los legendarios mitológicos.* — LITERATURA

legible Que puede ser leído porque se distinguen bien las letras: *sólo corregiré los exámenes que sean legibles.* — adj. tb: leíble

legión (Del lat. *legio, -onis*.)
1 Cuerpo de tropa de la antigua Roma compuesto de infantería y caballería. — s.f. HISTORIA MILITAR
2 Cuerpos militares de algunos estados con una formación, administración y misión especiales. — MILITAR

3 Conjunto indeterminado y numeroso de personas o de seres vivos: *una legión de termitas agujereó nuestros muebles; tenía una legión de amigos.* — coloquial

legionario, a
1 De la legión. — adj.
2 Soldado que servía en una legión romana. — s.m./HISTORIA MILITAR
3 Soldado de algún cuerpo de la legión en los ejércitos modernos.

legionelosis Conjunto de manifestaciones patológicas vinculadas a un infección por una bacteria del género *Legionella*. — s.f. pl: legionelosis MEDICINA

legionense
1 De León, ciudad y provincia españolas. — adj./= leonés
2 Persona natural de esta ciudad o provincia. — s.m.f.

legislable Que puede o debe ser legislado: *el tráfico de drogas es legislable.* — adj. DERECHO

legislación
1 Conjunto de leyes de un país o sobre una materia determinada: *consultó la legislación vigente.* — s.f. DERECHO
2 Ciencia de las leyes. — DERECHO

legislador, a (Del lat. *legislator*.) Que legisla, hace, dicta o establece leyes: *órgano legislador.* — adj./s.

legislar Hacer, dictar o establecer leyes. — v.intr./DERECHO

legislativo, a
1 Se aplica al poder que tiene la facultad de hacer leyes y de reformarlas: *asamblea legislativa.* — adj/s.m. POLÍTICA
2 Que tiene por misión hacer leyes. — adj.
3 Del legislador o de la legislación.
4 Que está autorizado por una ley: *crédito legislativo.*

legislatura
1 Tiempo que permanecen en funcionamiento los órganos legislativos: *su legislatura es de cuatro años.* — s.f. POLÍTICA
2 Período de sesiones de Cortes durante el cual subsisten la mesa y las comisiones permanentes elegidas en cada cuerpo colegislador. — POLÍTICA

legista
1 Persona versada en leyes o en jurisprudencia. — s.m.f./DERECHO
2 Persona que estudia leyes o jurisprudencia. — DERECHO

legítima
1 Parte de la herencia de la que el testador no puede disponer libremente por haber sido asignada por la ley a determinados herederos. — s.f. DERECHO
2 legítima estricta: Parte de la herencia que debe dividirse con igualdad absoluta entre los herederos forzosos. — DERECHO

legitimación
1 Acción de garantizar un funcionario la autenticidad de un documento. — s.f.
2 Acción de dar carácter legal o lícito a un hecho, situación, u otra cosa. — DERECHO
3 Acto jurídico por el que un hijo natural es reconocido como legítimo. — DERECHO
4 Habilitación de una persona para ejercer un cargo o empleo.

legitimador, a Que legitima: *el notario intervino en las negociaciones como legitimador de los documentos.* — adj. = legitimante

legitimar
1 Dar autenticidad a un documento o una firma: *el notario legitimó la firma del apoderado.* — v.tr. = reconocer
2 Dar carácter legal o lícito a un hecho, situación, u otra cosa. — = legalizar
3 Hacer legítimo al hijo que no lo era. — = reconocer
4 Declarar a una persona hábil o apta para un oficio o un empleo. — = habilitar
5 Conceder o adquirir legitimidad un poder político. — POLÍTICA

legitimario, a
1 Que tiene relación con la legítima o herencia. — adj./DERECHO
2 Que tiene derecho a la legítima o herencia. — adj/s./DERECHO

legitimidad
1 Carácter de lo que es conforme a las leyes o al derecho. — s.f.
2 Cualidad de un poder político que mantiene las creencias dominantes en una sociedad. — POLÍTICA

legitimismo Doctrina política que defendía la perpetuidad de la dinastía hereditaria por derecho divino o por ser la única que se ajustaba a la ley. — s.m. POLÍTICA

legitimista
1 Del legitimismo. — adj./POLÍTICA
2 Que es partidario del legitimismo. — adj/s.m.f./POLÍTICA

legítimo, a (Del lat. *legitimus*.)
1 Que está hecho según la ley o está de acuerdo con ella: *mi matrimonio es legítimo.* — adj./DERECHO = legal
2 Que es razonable o lícito, que no debe ser censurado: *es legítimo que exijas garantías.* — = justo
3 Auténtico, genuino o verdadero: *lucía un collar de legítimos diamantes.* — ≠ falso
4 Se aplica al hijo que ha nacido de un matrimonio legal.

lego, a (Del lat. *laicus* < gr. *laikos*, perteneciente al pueblo.)
1 Que no tiene órdenes clericales: *los legos no pueden acceder a esta parte del monasterio.* — adj/s. RELIGIÓN

2 Que no ha recibido educación cultural. — adj.
3 Que no entiende de determinada materia: *soy lego en historia de este país.* — adj/s. + en
4 Religioso que no tiene opción a las sagradas órdenes. — s.m. RELIGIÓN

legón (Del lat. *ligo, -onis*.) Herramienta semejante a la azada. — s.m. AGRICULTURA

legra (Del lat. *ligula*, cuchara, lengüeta.)
1 Instrumento quirúrgico para legrar o raspar. — s.f./MEDICINA
2 Herramienta cortante usada para hacer almadreñas o zuecos.

legración Acción de legrar o raspar: *el ginecólogo le realizó una legración.* — s.f./MEDICINA = legrado

legrado Operación quirúrgica que consiste en raspar la superficie de un hueso o la mucosa del útero. — s.m./MEDICINA = legración

legradura Acción de legrar o raspar la superficie de un hueso o la mucosa del útero. — s.f./MEDICINA tb: alegradura

legrar Raspar la superficie de un hueso o la mucosa de la matriz. — v.tr. MEDICINA

legrón Legra grande usada por los veterinarios. — s.m./VETERINARIA

legua (Del bajo lat. *leuga*.)
1 Medida de longitud con distinto valor según se aplique a distancias marinas o terrestres o según los lugares en que se usa. — s.f.
2 legua cuadrada: Medida de superficie que es un cuadrado de una legua de lado.
3 legua de posta: Legua de cuatro kilómetros.
4 legua de veinte al grado o marina o marítima: Legua que se divide en tres millas y equivale a 5.555 metros y 55 centímetros.
5 a la legua, a legua, a leguas o a cien leguas o a mil leguas: De manera clara o evidente: *se ve a la legua que no ha manejado en tu vida una escopeta.* — loc.adv. coloquial
6 de muchas leguas o desde media legua: Desde muy lejos, a gran distancia: *desde media legua se le verán las manchas.* — loc.adv.

leguario, a Que tiene relación con la legua: *poste leguario.* — adj.

legui Polaina de cuero o de tela y de una sola pieza. — s.m.

leguleyo, a (Del lat. *legulejus*.)
1 Persona que trata de leyes sin conocerlas suficientemente. — s. despectivo
2 Abogado que no conoce bien su oficio: *perdí el caso porque fui a dar con un leguleyo.* — despectivo

legumbre (Del lat. *legumen*.)
1 Fruto seco y dehiscente, constituido por un solo carpelo, que se abre por una sutura ventral y otra dorsal. — s.f. BOTÁNICA
2 Todo fruto o semilla que se desarrolla en vainas: *hizo un potaje con varios tipos de legumbres.* — BOTÁNICA
3 Verdura o cualquier planta que se cultiva en huertas. — = hortaliza

legumbrera Recipiente hondo usado para servir o guardar las legumbres. — s.f.

legúmina Sustancia proteica obtenida de las semillas de ciertas leguminosas: *el guisante y la judía contienen legúmina.* — s.f. BIOQUÍMICA

leguminoso, a (Derivado del lat. *legumen*, legumbre.) Perteneciente a un orden de plantas dicotiledóneas, cuyo fruto es una vaina o legumbre, como la lenteja. — adj/s.f. BOTÁNICA

lehendakari (Voz vasca.) Presidente del gobierno de la Comunidad autónoma vasca. — s.m./POLÍTICA tb: lendakari

leíble Que se puede leer o que es ameno: *es una novela leíble.* — adj. tb: legible

leída Acción de leer: *le daré una leída a tu artículo.* — s.f.

leído, a
1 Que ha leído mucho y es erudito: *su forma de hablar demuestra que es un hombre muy leído.* — adj. = docto
2 leído y escribido: Se aplica a la persona que presume de instrucción y buena cultura. — coloquial

leila (Del ár. *laila*, noche.) Antigua fiesta o baile nocturno que celebraban los moriscos. — s.f.

leima Uno de los semitonos usado en la música griega antigua. — s.m. MÚSICA

leísmo Uso indebido del pronombre *le, les,* en función de objeto directo, en lugar de *lo, la.* — s.m. GRAMÁTICA

leísta Que incurre en leísmo lingüístico. — adj/s.m.f.

leitmotiv (Del alem. *Leitmotiv*.)
1 Motivo o ideas fundamentales de una obra, que se repite, generalmente, con ligeras variaciones: *las escenas de la vida cotidiana son el leitmotiv de su pintura.* — s.m. pl: leitmotivs
2 Tema o fragmento musical dominante en una composición. — MÚSICA

lejanía
1 Parte alejada o distante de un lugar, de un paisaje o de una vista panorámica: *en la lejanía se veía un viejo castillo.* — s.f.
2 Calidad de lejano: *a pesar de la lejanía, nunca me olvidé de tus ojos.*

lejano, a Que está lejos en el espacio o en el tiempo: *bosque lejano; épocas lejanas.* — adj.

lejía (Del lat. *[agua] lixiva,* [agua de] lejía.)
1 Agua que lleva disueltos álcalis o sales alcalinas y que se usa para blanquear la ropa y como desinfectante: *friego el suelo con agua y lejía.*
2 Represión fuerte o satírica. — s.f. / coloquial/= bronca

lejiado Lavado de los trapos en el proceso de fabricación de la pasta de papel. — s.m. TECNOLOGÍA

lejío (Del cat. *lleixiu.*) Lejía usada por los tintoreros. — s.m.

lejos (Del lat. *laxius,* más ampliamente.)
1 En lugar distante: *vive lejos; me iré más lejos; hablamos desde lejos.* — adv.
2 Separado en el tiempo: *queda ya muy lejos el día que te conocí.* — ≠ cerca
3 **a lo lejos:** En la distancia: *se ve a lo lejos una enorme polvareda.* — loc.adv.
4 **de lejos:** Desde bastante o mucha distancia: *de lejos parece grande.* — loc.adv.
5 **lejos de:** 1. En vez de: *lejos de asustarme me daba ánimos.* 2. Alejado de: *está lejos de su casa.* — loc.prep. loc.adj/adv.
6 **sin ir más lejos:** Indica que lo que se dice es suficiente para confirmar una cosa que se ha afirmado: *basta con tu palabra, sin ir más lejos.*

lejura Parte muy lejana, lejanía. — s.f./*Colomb., Ecuad.*

lelo, a Que es bobo y está como ausente o distraído: *desde que está enamorado parece un lelo.* — adj/s. = alelado, pasmado

lema (Del lat. *lemma.*)
1 Frase que expresa un pensamiento que sirve de regla de conducta: *mi lema es: haz bien y no mires a quién.* — s.m.
2 Leyenda que aparece en los escudos, estandartes o emblemas.
3 Encabezamiento que precede a ciertas composiciones literarias para indicar el asunto de la obra. — LITERATURA
4 Voz que encabeza cada uno de los artículos de un diccionario y que es el término que se define. — LINGÜÍSTICA
5 Contraseña, palabra o frase que sustituye al nombre del autor de un escrito presentado a un concurso o a unas oposiciones y que no son desveladas hasta que el jurado ha dado su fallo.
6 Proposición preliminar cuya demostración facilita la de un teorema subsiguiente. — MATEMÁTICAS

lemanita (Derivado culto de *Lemannus,* lago en cuyas proximidades se encontró este mineral.) Jade, mineral. — s.f. MINERALOGÍA

lemario Conjunto de voces de entrada de un diccionario. — s.m. LINGÜÍSTICA

lembario Soldado que combatía a bordo de los barcos de guerra. — s.m. MILITAR

lemming Mamífero roedor que vive en madrigueras y que desde Escandinavia realiza masivas migraciones hacia el sur. — s.m. pl: lemmings ZOOLOGÍA

lemnáceo, a (Derivado culto del gr. *lemna,* lenteja de agua.) Perteneciente a una familia de plantas monocotiledóneas acuáticas. — adj/s.f. BOTÁNICA

lemnícola De Lemnos — adj./= lemnio

lemnio, a
1 De Lemnos, isla del mar Egeo. — adj./= lemnícola
2 Persona natural de esta isla. — s./= lemnícola

lemniscata Curva plana que tiene una forma semejante a un ocho. — s.f. GEOMETRÍA

lemnisco (Del lat. *lemniscus* < gr. *lemniskos.*) Cinta que se añadía a las coronas de los atletas vencedores, en señal de recompensa honorífica. — s.m. HISTORIA

lemosín, a
1 De Limoges, ciudad de Francia o del Lemosín, antigua región de Francia. — adj.
2 Persona natural de esta ciudad o región. — s.
3 Dialecto del provenzal hablado en la región de Limoges. — s.m. LINGÜÍSTICA
4 Se aplica a las razas bovinas, ovinas y porcinas originarias de esta región. — adj.

lempira Unidad monetaria de Honduras. — s.m./ECONOMÍA

lémur Mamífero de Madagascar, con manos y pies prensiles, pelo largo y brillante, orejas puntiagudas y ojos negros que vive en los árboles de bosques y selvas. *(Lemur.)* — s.m. ZOOLOGÍA

lémures (Del lat. *lemures,* espectros.)
1 Genios maléficos de la mitología etrusca y romana. — s.m.pl./MITOLOGÍA
2 Fantasmas, imágenes o duendes.

lemurias Fiestas nocturnas romanas que se celebraban en mayo en honor de los lémures o genios maléficos. — s.f.pl.

lemuroideo, a Perteneciente a un suborden de mamíferos primates con lóbulos olfativos muy desarrollados. — adj/s.m. ZOOLOGÍA

len Se aplica al hilo o seda que tiene las hebras blandas y poco torcidas. — adj. TEXTIL

lena Vigor o fuerza del organismo: *llegó cansado y sin lena.* — s.m. = aliento

lenar Conjunto de estrías y cavidades irregulares y superficiales, producidas por la arroyada en las rocas calcáreas. — s.m. GEOLOGÍA = lapiaz

lencería
1 Ropa interior de mujer, de cama, baño y mesa: *el blanco es el color que más me gusta para la lencería.* — s.f.
2 Tienda, o departamento de una tienda, donde se vende esta clase de ropa: *he visto unas toallas preciosas en una lencería; lencería está en el cuarto piso.* — COMERCIO
3 Conjunto de lienzos o telas de distintos géneros.
4 Tienda donde se venden telas. — COMERCIO
5 Comercio de lienzos o telas.
6 Barrio o parte de una población donde hay varias tiendas en las que se venden telas y esta clase de ropa.
7 Lugar de algunos establecimientos, como hospitales o colegios, donde se guarda la ropa blanca: *fui a la lencería del hotel a buscar las sábanas limpias.*

lencero, a
1 Persona que comercia con telas o lienzos o los vende. — s.
2 Persona que confecciona ropa interior, de cama, de baño y de mesa.
3 Persona que, en un buque mercante, está encargada de la ropa blanca. — NÁUTICA

lenco, a Que habla de forma entrecortada o tartamudeando. — adj/s. Hond.

lendel Huella circular que deja en el suelo la caballería que gira alrededor de una noria u otra máquina semejante. — s.m.

lendrera Peine de púas finas y espesas. — s.f./= caspera

lendrero Sitio donde hay muchas liendres. — s.m.

lendroso, a Que tiene muchas liendres. — adj./= piojoso

lene (Del lat. *lenis.*)
1 Que es suave o blando al tacto. — adj.
2 Que es agradable o dulce.
3 Que es leve o ligero.

leneas Fiestas atenienses que se celebraban en honor de Baco y en las que se realizaban certámenes dramáticos. — s.f.pl. HISTORIA

lengón, a Persona que suele decir mentiras. — s./Colomb.

lengua (Del lat. *lingua.*)
1 Órgano muscular movible situado en la cavidad de la boca y que sirve para percibir los sabores, deglutir y articular sonidos: *me quemé toda la lengua al comer la sopa.* — s.f. ANATOMÍA
2 Cosa que tiene forma alargada y estrecha, similar a la de este órgano: *lengua de fuego; lengua del glaciar.*
3 Sistema de comunicación y expresión verbal propio de un país, nación o comunidad lingüística. — LINGÜÍSTICA
4 Conjunto de elementos significativos que, combinados según unas reglas, permite expresar pensamientos, emociones y deseos. — LINGÜÍSTICA
5 Conjunto de oraciones formadas a partir de un lexicón y de unas reglas constitutivas. — LINGÜÍSTICA
6 Manera característica de hablar o escribir de una época, de un autor o de una profesión: *la lengua de Quevedo; la lengua de los médicos.*
7 Manera peculiar de hablar una persona, en especial cuando se considera que lo hace mal o con desprecio: *¡vaya lengua la suya!*
8 Tira dorsal de la larda o gordura de una ballena.
9 Badajo de la campana.
10 Noticia que se desea o procura para un fin.
11 Fiel de la balanza. — = lengüeta
12 Divisiones territoriales de la jurisdicción de la orden de San Juan.
13 **lengua afilada:** Mala lengua de la persona maldiciente. — coloquial
14 **lengua aglutinante:** Idioma en que predomina la aglutinación. — LINGÜÍSTICA
15 **lengua artificial:** Lenguaje creado para cubrir unas necesidades comunicativas específicas: *las señales de tráfico son una lengua artificial.* — LINGÜÍSTICA
16 **lengua azul:** Enfermedad contagiosa del ganado ovino, y a veces del bovino, producida por un virus específico y caracterizada por cianosis de la lengua, úlceras en la boca y cojera. — VETERINARIA
17 **lengua canina:** Cinoglosa, planta borraginácea. — BOTÁNICA
18 **lengua cerval:** Helecho de la familia de las papilionáceas, de frondas de treinta o cuarenta centímetros de largas, escotadas en la base. — BOTÁNICA
19 **lengua coloquial:** Modalidad de lengua de uso espontáneo y propio de la gran mayoría de hablantes de una comunidad. — LINGÜÍSTICA
20 **lengua de buey:** Planta borraginácea, de flores azules en panoja, de forma de embudo, y cubierta toda ella de vello. — BOTÁNICA
21 **lengua de ciervo:** Helecho de hojas largas que se encuentra en lugares sombríos y bosques. *(Scolopendrium officinale.)* — BOTÁNICA

22 lengua de estropajo: Persona que balbucea al hablar o pronuncia mal. *coloquial*

23 lengua de fuego: 1. Se llama así a las llamas que el día de pentecostés se posaron sobre las cabezas de los apóstoles. 2. Cada una de las llamas que se levantan en un hoguera o incendio: *unas enormes lenguas de fuego atravesaron la pista forestal.* *RELIGIÓN*

24 lengua de gato: 1. Planta rubiácea cuyas raíces se usan en tintorería. 2. Bizcocho o chocolate muy delgado y alargado. *BOTÁNICA COCINA*

25 lengua de oc: Occitano, la que antiguamente se hablaba en el mediodía de Francia y cultivaron los trovadores. *LINGÜÍSTICA = provenzal*

26 lengua de oil: Lengua hablada antiguamente en Francia, al norte del Loira. *LINGÜÍSTICA*

27 lengua de sierpe: Obra exterior que había a veces delante de los ángulos salientes del camino cubierto de una fortaleza. *CONSTRUCCIÓN*

28 lengua de tierra: Pedazo de tierra largo y estrecho que entra en el mar. *GEOGRAFÍA*

29 lengua de trapo o estropajosa: 1. Forma de hablar torpe y confusa, en particular la de los niños. 2. Persona que habla balbuceando. *coloquial*

30 lengua de víbora: Diente fósil de tiburón, de forma plana, triangular y de contorno dentado.

31 lengua de víbora, viperina, de escorpión, de hacha, de serpiente o de sierpe: Persona maldiciente, murmuradora y mordaz: *es un lengua viperina capaz de soltar los mayores exabruptos.* *coloquial*

32 lengua del agua: 1. Orilla de tierra que toca el agua del mar o de un río. 2. Línea horizontal adonde llega el agua de un cuerpo que está sumergido en ella. *GEOGRAFÍA*

33 lengua escrita: Modalidad de lengua que no se limita a ser una mera réplica gráfica de los enunciados orales, sino que tiende a adquirir unas características propias. *LINGÜÍSTICA*

34 lengua estándar: Variedad lingüística que sirve de vehículo comunicativo para cubrir todas las necesidades sociales e individuales de los miembros de una comunidad. *LINGÜÍSTICA*

35 lengua franca: La que se mezcla de dos o más y con ella se entienden los naturales de pueblos distintos. *LINGÜÍSTICA*

36 lengua fuente: Lengua en que está escrito el texto a traducir. *LINGÜÍSTICA*

37 lengua glaciar: Parte alargada de un glaciar, a partir del punto en que el hielo forma un río. *GEOLOGÍA*

38 lengua hablada: Modalidad de la lengua natural en su manifestación más genuina y espontánea. *LINGÜÍSTICA*

39 lengua larga: Se aplica a la persona mentirosa que exagera al hablar. *Méx. coloquial*

40 lengua madre: Aquella de la que han nacido o se han derivado otras. *LINGÜÍSTICA*

41 lengua materna: La que un hablante adquiere en su primera infancia o la que más frecuentemente emplee. *LINGÜÍSTICA*

42 lengua muerta: La que antiguamente se habló y ya no se habla como propia de una nación: *el latín es una lengua muerta.* *LINGÜÍSTICA*

43 lengua natural o popular: La de un país respecto de los naturales de él. *LINGÜÍSTICA*

44 lengua objeto: Conjunto de actividades semióticas sometido a observación y descripción en virtud de una hipótesis. *LINGÜÍSTICA*

45 lengua paterna: La que una persona ha aprendido de su padre, por ser la propia de éste. *LINGÜÍSTICA*

46 lengua patrón o pivote: La teórica, en traducción automática, formada exclusivamente por universales lingüísticos. *LINGÜÍSTICA*

47 lengua sabia: Cualquiera de las lenguas antiguas que ha producido una literatura importante. *LINGÜÍSTICA*

48 lengua sintética: La que hace un uso amplio de la aglutinación y la flexión. *LINGÜÍSTICA*

49 lengua viva: Cualquiera de las lenguas que se hablan en la actualidad. *LINGÜÍSTICA*

50 lengua vulgar: Cualquiera de las lenguas romances, por oposición al latín. *LINGÜÍSTICA*

51 largo de lengua: 1. Maldiciente o imprudente en lo que dice. 2. Descarado o insolente: *es un niño maleducado y largo de lengua.* *loc.adj. coloquial coloquial*

52 ligero de lengua: Propenso a hablar más de lo debido o a decir cosas inconvenientes, desconsideradas o irrespetuosas. *coloquial*

53 mala lengua o lengua larga: Persona murmuradora y maldiciente. *coloquial*

54 media lengua: 1. Forma de hablar imperfecta propia de los niños pequeños: *lo contó con su graciosa media lengua.* 2. Forma de hablar de una persona que tiene algún impedimento para pronunciar con claridad. *coloquial coloquial*

55 lenguas en contacto: Aquellas que concurren en el mismo territorio. *LINGÜÍSTICA*

56 lenguas hermanas: Las que se derivan de una misma lengua madre: *el español y el italiano son lenguas hermanas.* *LINGÜÍSTICA*

57 malas lenguas: Conjunto anónimo de personas murmuradoras y calumniadoras: *las malas lenguas dicen que se han separado.* *coloquial*

58 andar en lenguas: Dar que hablar, ser objeto de las murmuraciones de la gente: *anda en lenguas porque lleva una vida muy desordenada.* *coloquial*

59 atar la lengua: Impedir que se diga una cosa o hacer callar a una persona: *si no le atas la lengua, contará tus secretos.* *coloquial*

60 buscar la lengua a alguien: Incitarle a que se enfade o a discutir. *coloquial*

61 calentársele a alguien la lengua: Hablar con extensión o explayarse en algún tema: *se le calentaba la lengua cuando le tocábamos lo de sus hijos.* *coloquial*

62 con la lengua de un palmo: Con gran anhelo o cansancio: *vino corriendo y llegó con la lengua de un palmo.* *loc.adv.*

63 con la lengua fuera: Con mucho agotamiento por haberse apresurado en exceso o por haber hecho muchas cosas: *va con la lengua fuera.* *loc.adv. coloquial*

64 darle a la lengua: Hablar mucho: *le da a la lengua sin parar.* *coloquial*

65 de lengua en lengua: De unos en otros, de boca en boca: *las noticias corren de lengua en lengua.* *loc.adv. coloquial*

66 destrabar la lengua: Quitar el impedimento que una persona tenía para hablar. *coloquial*

67 echar la lengua: Estar muy cansado. *coloquial*

68 hablar con lengua de plata: Pretender o solicitar una cosa por medio de dinero o regalos. *coloquial*

69 hacerse lenguas de algo o alguien: Alabarlo mucho: *se hacía lenguas de la remodelación.* *coloquial*

70 irse o soltarse de la lengua: Hablar más de lo debido: *se fue de la lengua y le contó el proyecto.* *coloquial*

71 irse o írsele a alguien la lengua o echar la lengua al aire: Decir sin consideración lo que no quería o debía manifestar: *se le fue la lengua y le acabó contando nuestro secreto.* *coloquial*

72 llevar la lengua fuera: Trabajar, correr o andar, estando ya muy cansado: *llevo toda la semana la lengua fuera.* *coloquial*

73 morderse alguien la lengua: Reprimirse con esfuerzo para no decir una cosa que se tiene tentación de decir: *me mordí la lengua porque si no, nos hubiéramos peleado.* *coloquial*

74 no morderse la lengua: No contenerse de decir lo que una persona cree que debe decir o tiene ganas de decir: *no se mordió la lengua cuando le dio su opinión.* *coloquial*

75 pegársele a alguien la lengua al paladar: No poder hablar por turbación o asombro: *se le pegó la lengua al paladar al oírle decir aquellas barbaridades.* *coloquial*

76 poner lengua o lenguas a alguien: Hablar mal de él: *me ponía lengua para vengarse de mí.* *coloquial*

77 sacar la lengua a alguien: 1. Hacer este gesto como señal de burla: *el niño se enfadó con su amigo y le sacó la lengua.* 2. Burlarse de una persona desatendiendo sus órdenes o consejos. *coloquial*

78 tener algo en la lengua o en la punta de la lengua: 1. Estar a punto de decirlo: *tengo su nombre en la lengua, pero esperaré a que me lo pregunte.* 2. Querer acordarse de algo: *lo tenía en la lengua, pero no logró recordarlo a tiempo.* *coloquial coloquial*

79 tener alguien la lengua gorda: Estar borracho. *coloquial*

80 tener alguien mala lengua o la lengua muy larga: Ser jurador, blasfemo, maldiciente, o murmurador: *tiene mucha lengua, es un latazo viajar con ella.* *coloquial*

81 tener alguien mucha lengua: Ser muy hablador: *tiene mucha lengua, es un latazo viajar con ella.* *coloquial*

82 tirar a alguien de la lengua: 1. Sonsacarle, tratar de hacerle decir una cosa que sabe: *el director intentó tirarle de la lengua, pero no consiguió sacarle la información.* 2. Incitarle buscando disentir con él o para que se enfade. *coloquial coloquial*

83 tomar lengua o lenguas: Informarse de una cosa. *coloquial*

84 trabarse o trastabarse la lengua a alguien: Hablar con dificultad por defecto físico o por nervios o miedo. *coloquial*

85 traer en lenguas a alguien: Murmurar frecuentemente de una persona: *se la traen en lenguas, pero ella pasa de los chismes.* *coloquial*

86 venírsele a alguien algo a la lengua: Ocurrírsele una cosa: *se le vino a la lengua el número de teléfono del ministerio.* *coloquial*

lenguadeta Lenguado pequeño. *s.f./ZOOLOGÍA*

lenguado Pez de cuerpo aplanado y asimétrico, boca lateral y ojos a un mismo lado del cuerpo, muy apreciado por su carne. *(Solea solea.)* *s.m. ZOOLOGÍA*

lenguaje

1 Conjunto de sonidos articulados con que el hombre manifiesta lo que piensa o siente. *s.m. LINGÜÍSTICA*

2 Sistema de comunicación y expresión verbal propio de un pueblo o nación, o común a varios. *LINGÜÍSTICA = lengua*

3 Modo o manera de expresarse: *se expresa con un lenguaje muy culto.*

4 Uso del habla o facultad de hablar: *su dominio del lenguaje es deficiente para su edad.* *LINGÜÍSTICA*

5 Conjunto de señales que dan a entender una cosa: *el lenguaje de los ojos; el lenguaje de las flores.*

6 Medio de comunicación de los animales: *el lenguaje de las abejas; el lenguaje de los delfines.*

7 Conjunto de caracteres, símbolos y reglas que se utilizan para escribir las instrucciones u órdenes dadas a un ordenador. — INFORMÁTICA

8 lenguaje articulado: El formado por sonidos distintos y reconocibles. — LINGÜÍSTICA

9 lenguaje artificial o formal: Tipo de lengua especialmente diseñado por el hombre para cubrir unas necesidades comunicativas específicas: *la notación musical es un lenguaje artificial.* — LINGÜÍSTICA

10 lenguaje corporal: Modo de comunicación a través de manifestaciones físicas, como movimientos, gestos, etc.

11 lenguaje de alto nivel: El simbólico utilizado para describir algoritmos que deberán ser ejecutados por el ordenador. — INFORMÁTICA

12 lenguaje de bajo nivel: El de programación que trata las informaciones y las operaciones elementales directamente al nivel de detalle con el que son gestionadas por el ordenador. — INFORMÁTICA

13 lenguaje de control: El especial que describe informaciones, operaciones y comandos del sistema operativo y constituye el medio de comunicación entre el operador y el ordenador. — INFORMÁTICA

14 lenguaje de transferencia entre registros: El similar al de programación, que se utiliza para describir el funcionamiento de un sistema digital. — INFORMÁTICA

15 lenguaje fuente: El de programación mediante el que se elaboran los programas que serán compilados o interpretados. — INFORMÁTICA

16 lenguaje máquina: El de programación que expresa instrucciones en código binario, directamente comprensibles y ejecutables por un ordenador. — INFORMÁTICA

17 lenguaje natural: Tipo de lengua cultural e históricamente heredada en el seno de una comunidad como medio espontáneo de comunicación social. — LINGÜÍSTICA

18 lenguaje objeto: El de programación en el que están descritos los programas objeto por haber sido traducidos por un compilador. — INFORMÁTICA

19 lenguaje primario: Aquel con que se alude de forma referencial a las entidades de un mundo exterior a él. — LINGÜÍSTICA ≠ metalenguaje

20 lenguaje vulgar: El de mal gusto o muy bajo, a diferencia del coloquial, técnico, formal, culto, literario y otros. — LINGÜÍSTICA

lenguarada Lengüetada, lametazo: *le dio una lenguarada al helado.* — s.f. = lengüetazo

lenguaraz
1 Que habla con atrevimiento y sin respeto: *es un chico maleducado y lenguaraz.* — adj./= descarado, lengudo
2 Que habla dos o más lenguas: *una buena secretaria debe saber hoy en día informática y ser lenguaraz.* — adj/s.m.f./coloquial = políglota pl: lenguaraces

lenguaz Que habla mucho, de forma impertinente y sin discreción. — adj./pl: lenguaces = lenguaraz

lenguaza Buglosa, planta. — s.f./BOTÁNICA

lengüeta
1 Epiglotis, lámina cartilaginosa que tapa el orificio de la laringe. — ANATOMÍA
2 Laminilla de metal vibratoria instalada en la boquilla de algunos instrumentos músicos de viento. — MÚSICA
3 Tira que suelen tener los zapatos u otro tipo de calzado en la parte del cierre por debajo de los cordones: *la lengüeta del botín me molesta.*
4 Fiel de la balanza, especialmente de la romana.
5 Cuchilla que forma parte de la máquina usada por un encuadernador. — ARTES GRÁFICAS
6 Hierro en forma de anzuelo que tienen las garrochas, banderillas y otros utensilios. — TAUROMAQUIA
7 Horquilla que mantiene abierto el cepo o la trampa de coger pájaros. — CAZA
8 Moldura o adorno de forma parecida a una lengua.
9 Barrena que se usa para agrandar los agujeros empezados con el berbiquí. — CARPINTERÍA
10 Espiga que se labra a lo largo del canto de una tabla para encajarla en una ranura de otra pieza. — CARPINTERÍA
11 Tabique pequeño con que se separan los distintos cañones de una chimenea o con que se refuerzan las embocaduras de las bóvedas. — ARQUITECTURA
12 Especie de compresa larga y estrecha que se aplica en las fracturas, amputaciones u otras lesiones. — MEDICINA
13 Paleta de albañil pequeña y triangular. — CONSTRUCCIÓN
14 Especie de uña que sujeta el papel al cilindro mientras éste gira sobre el molde. — ARTES GRÁFICAS

lengüetada Movimiento hecho con la lengua para lamer o para coger una cosa: *el perro se terminó la comida en cuatro lengüetadas.* — s.f. = lenguarada, lengüetazo

lengüetear
1 Sacar una persona la lengua varias veces con movimientos rápidos. — v.intr.
2 Pasar la lengua por una cosa repetidas veces: *el gato se paseó por la mesa puesta y lengüeteó todos los platos.* — v.tr./= lamer, lametear

lengüetería Conjunto de los registros del órgano que tienen lengüeta. — s.f. MÚSICA

lengüicorto, a Que es tímido o reservado al hablar: *no sé si te dirá algo porque es muy lengüicorto.* — adj. coloquial

lengüilargo, a Que habla con atrevimiento y sin respeto. — adj./coloquial = lenguaraz

lenidad (Del lat. *lenitas, -atis.*) Actitud de quien es en exceso blando o condescendiente al exigir deberes o castigar faltas: *trataba a sus alumnos con lenidad.* — s.f. = indulgencia ≠ severidad

lenificación Acción y resultado de lenificar. — s.f.

lenificar
1 Calmar la irritación de un tejido orgánico: *esta pomada te lenificará la lesión.* — v.tr. conj: sacar
2 Poner una cosa blanda o suave.
3 Disminuir o aliviar un dolor físico o moral: *su visita lenificó la pena que sentía su madre.* — = mitigar

lenificativo, a Que tiene la propiedad de ablandar o suavizar. — adj. = lenitivo

leninismo (De *Lenin*, revolucionario y estadista ruso.) Doctrina política de este revolucionario, considerada como desarrollo del marxismo y que constituye el marxismo-leninismo. — s.m. POLÍTICA

leninista
1 De Lenin o del leninismo: *es un especialista en las concepciones leninistas.* — adj. POLÍTICA
2 Que es partidario del leninismo: *los leninistas se manifestaron por Moscú.* — adj/s.m.f. POLÍTICA

lenitivo, a (Derivado del lat. *lenire*, suavizar.)
1 Que tiene la propiedad de ablandar o suavizar. — adj./= lenificativo
2 Medicamento que ablanda un tumor y relaja o calma la irritación de un tejido orgánico. — s.m. MEDICINA
3 Lo que mitiga o alivia un padecimiento físico o moral: *tus palabras fueron un lenitivo para la viuda.* — = consuelo

lenocinio (Del lat. *lenocinium.*) Acción de hacer de intermediario en las relaciones sexuales entre un hombre y una mujer. — s.m. = alcahuetería

lente (Del lat. *lens, lentis*, lenteja.)
1 Cristal con caras cóncavas o convexas que se usa en varios instrumentos ópticos. — s.f. ÓPTICA
2 Instrumento óptico compuesto de dos lentes y de una armadura que se apoya en las orejas y en el tabique nasal, usado para corregir un defecto de la visión: *lleva lentes desde que era pequeño.* — s.m.pl. ÓPTICA = gafas
3 Cristal cóncavo o convexo con una armadura que permitía acercárselo al ojo. — s.f./ÓPTICA = monóculo
4 lente acromática: La obtenida de la combinación de una convexa y otra cóncava, de distinto poder dispersivo, que reduce la aberración cromática. — ÓPTICA
5 lente bifocal: La que tiene una parte adecuada para ver a corta distancia y otra para ver de lejos. — ÓPTICA
6 lente convergente: La convexa que aproxima el punto de convergencia de los rayos que pasan a través de ella y que sirve para corregir la miopía. — ÓPTICA
7 lente de contacto: Prótesis óptica transparente, con forma de disco, que se coloca sobre la córnea del ojo y permite corregir algunos de los defectos de la visión. — ÓPTICA = lentilla
8 lente divergente: La cóncava que aleja el punto de convergencia de los rayos que pasan a través de ella y sirve para corregir la hipermetropía. — ÓPTICA
9 lente electrónica: Dispositivo que desempeña el mismo papel con respecto a los electrones que una lente óptica con respecto a la luz. — FÍSICA
10 mirar con lentes de aumento: Exagerar en la apreciación o consideración de una cosa: *siempre mira con lentes de aumento los logros de sus hijos.* — coloquial

lentecer Ponerse una cosa blanda: *esta clase de garbanzos lentece rápido; el asfalto se ha lentecido por el excesivo calor.* — v.intr/prnl. conj: carecer = relentecer

lenteja (Del lat. *lenticula < lens, lentis.*)
1 Planta herbácea papilionácea anual, de hojas alternas, flores blancas, cuyo fruto es una vaina pequeña, que contiene varias semillas pardas, con forma de lente biconvexa o disco, muy nutritivas y alimenticias. (Lens esculenta.) — s.f. BOTÁNICA
2 Semilla de esta planta.
3 Objeto cuya forma es parecida a la de esta semilla. — BOTÁNICA
4 falsa lenteja: Semilla de una especie de almorta. — BOTÁNICA
5 lenteja de agua: Nombre que se da a diversas plantas lemnáceas. — BOTÁNICA

lentejar Tierra sembrada de lentejas. — s.m./AGRICULTURA

lentejuela Pequeño disco de metal o de un material brillante del tamaño aproximado de una lenteja que se aplica como adorno en los vestidos de fiesta: *la bailarina lucía un vestido con lentejuelas plateadas.* — s.f. tb: lantejuela

lenti- Componente de palabra procedente del lat. *lens, lentis*, que significa lenteja: *lenticular.* — pref.

lentibularia Planta acuática, sumergida, con hojas divididas en gajos que llevan pequeñas vejigas redondeadas que atrapan diminutos animales. — s.f. BOTÁNICA

lenticela Poro que atraviesa la corteza de los árboles jóvenes, permite la respiración de los tejidos y el intercambio de gases.
s.f.
BOTÁNICA
tb: lenticula

lenticular
1 Que tiene forma parecida a la de la semilla de la lenteja.
adj.

2 Se aplica al más pequeño de los huesos del oído medio, situado entre el yunque y el estribo.
adj/s.m.
ANATOMÍA

3 Se refiere a un tipo de rueda especial para pruebas ciclistas de velocidad, como las contrarrelojes, en la que los radios son sustituidos por un disco sólido.
adj/s.f.
DEPORTES

lentificar Hacer más lento un proceso o una operación.
v.tr.
conj: sacar

lentigo (Voz latina.)
1 Presencia en la piel de pequeñas manchas.
s.m./MEDICINA
2 Cada una de estas manchas.
= efélide, peca

lentilla Lente muy pequeña de vidrio o material flexible, que se adapta por contacto a la córnea del ojo y permite la corrección de algunos defectos de la visión.
s.f.
ÓPTICA
= lente de contacto

lentiscal Terreno poblado de lentiscos.
s.m.

lentisco (Del lat. *lentiscus*.) Mata o arbusto propio de la región mediterránea que produce una gomorresina usada como masticatorio *(Pistacia lentiscus.)*
s.m./BOTÁNICA
= almácigo, charneca

lentisquina Fruto del lentisco.
s.f./BOTÁNICA

lentitud Modo de hacer o de desarrollarse una cosa despacio o invirtiendo mucho tiempo en ello: *la tortuga anda con mucha lentitud.*
s.f.
≠ rapidez

lento (Voz italiana.)
1 Término musical que indica que un fragmento se ha de interpretar de forma pausada, entre el largo y el adagio.
adv.
MÚSICA

2 Fragmento musical que se ejecuta de este modo.
s.m./MÚSICA

lento, a (Del lat. *lentus*.)
1 Se aplica a la persona que necesita mucho tiempo para realizar una acción: *me exaspera lo lenta que es para comer.*
adj.
= tardo, tranquilo

2 Que necesita mucho tiempo para ser realizado: *el lento descenso de la cima; tarea lenta.*

3 Que crea la sensación de lentitud: *aunque la fotografía es preciosa, la película es lenta en exceso.*

4 Se aplica a la pieza musical de ritmo pausado.
adj/s.m./MÚSICA

5 Baile que se acompaña con este tipo de música: *bailaron juntos varios lentos; la invitó a bailar un lento.*

lentor Viscosidad que cubre los dientes y la parte interior de los labios en los enfermos de tifus.
s.m./MEDICINA
= fuliginosidad

lenzuelo Pieza de lienzo fuerte usada en algunas faenas agrícolas.
s.m.
AGRICULTURA

leña (Del lat. *ligna*, maderos.)
1 Parte de los árboles y matas que, cortada y hecha trozos, se usa para hacer fuego: *fueron a buscar leña para la hoguera.*
s.f.

2 Paliza o castigo que da una persona a otra durante una riña o pelea: *al finalizar el partido hubo leña en las graderías.*
coloquial

3 **leña de oreja o de vaca:** Estiércol seco que se emplea para hacer fuego.
Argent., Urug.

4 **leña muerta o rodada:** La seca y caída de los árboles.

5 **leña rocera:** La que se hace al limpiar las tierras de matas y hierbas.

6 **leña viva:** La cortada del árbol.

7 **cargar de leña a alguien:** Pegarle, golpearle.
coloquial

8 **echar o añadir o poner leña al fuego:** 1. Contribuir de cualquier forma a que aumente el enfado de una persona o se agrave una discordia: *tú no sigas echando leña al fuego entre ellos; su comentario añadió leña al fuego.* 2. Estimular un afecto, inclinación o vicio: *seguía bebiendo porque sus muchos problemas echaban leña al fuego.*
coloquial

coloquial

9 **hacer leña:** Cortarla o recogerla en el monte o en el bosque.

10 **hacer leña del árbol caído:** Aprovechar para los propios fines la situación de indefensión de otra persona.
coloquial

11 **hecho leña:** Se aplica a la persona cansada, agotada y sin fuerzas: *después del largo viaje llegó hecho leña.*
coloquial

12 **llevar leña al monte:** Dar una cosa a quien tiene mucho de ella y no la necesita.
coloquial

leñador, a
1 Persona que se dedica a cortar leña: *los leñadores usan sierras mecánicas muy potentes.*
s.
= leñatero

2 Vendedor de leña.

leñame (Del cat. *llenyam*.)
1 Madera, parte sólida de los árboles.
2 Provisión de leña: *debemos aumentar el leñame para cuando vengan los fuertes fríos.*

leñatero, a
1 Persona que se dedica a cortar leña.
s./= leñador

2 Planta trepadora de fruto capsular, que crece en las zonas tropicales del continente americano. *(Govania minguensis.)*
BOTÁNICA
= bejuco leñatero

leñazo
1 Golpe fuerte: *resbaló en el suelo mojado y del leñazo se partió la nariz.*
s.m./coloquial
= trompazo,

2 Golpe dado con un palo: *el ladrón le propinó un leñazo en la cabeza.*
= garrotazo, porrazo

3 **darse o pegarse un leñazo:** Caerse o sufrir un fuerte golpe: *tropezó y se pegó un leñazo contra el cristal.*
coloquial

¡leñe! Voz que expresa disgusto, molestia, fastidio o sorpresa: *¡leñe, déjame en paz!; ¡leñe!, ¿ya estás aquí?*
interj.
coloquial

leñera Parte de la casa, recinto o lugar donde se guarda o amontona la leña: *la parte baja de la escalera era la leñera de la casa.*
s.f.
= leñero

leñero, a
1 Persona que por oficio vende leña: *el leñero me ayudó a cargar la leña en el coche.*
s.

2 Persona encargada de comprar leña para una casa o comunidad.

3 Parte de la casa o lugar destinado a guardar la leña: *en el leñero no queda ni un tronco.*
s.m.
= leñera

4 Se aplica al jugador que realiza un juego duro, en el fútbol.
adj/s.
DEPORTES

leño (Del lat. *lignum*, madero.)
1 Tronco o rama gruesa de un árbol, cortado y limpio de ramaje: *echa un leño al fuego.*
s.m.

2 Madera de árbol.

3 Se aplica a la persona que tiene poco talento, o que es torpe o simple: *le cuesta entender las cosas porque es un poco leño.*
adj/s.m.
coloquial
= tarugo

4 Tejido vegetal encargado de conducir la savia bruta desde la raíz a las hojas.
BOTÁNICA

5 Barco, embarcación.
literario

6 Barco medieval, de vela y remo, que se usó en aguas mediterráneas.
NÁUTICA

7 **leño hediondo:** Hediondo, arbusto leguminoso que despide un olor desagradable.
BOTÁNICA

8 **dormir como un leño:** Dormir profundamente: *estaba tan cansada que dormí como un leño.*
coloquial

leñoso, a Se aplica a la planta o al órgano vegetal que es duro y consistente como la madera.
adj.
BOTÁNICA

leo
1 Quinto signo del zodíaco, representado por un león.
s.m.
OCULTISMO

2 Se aplica a la persona nacida entre el 23 de julio y el 23 de agosto.
adj/s.m.f.
tb: león

león, a (Del lat. *leo, -onis*.)
1 Mamífero carnicero de la familia félidos, de pelaje ocre, cabeza grande, con larga melena en el macho, y dientes y uñas muy fuertes. *(Planthera leo.)*
s.
ZOOLOGÍA

2 Persona decidida y valiente.

3 Puma, mamífero carnívoro de color rojizo o apizarrado.
s.m./Amér. Merid.
ZOOLOGÍA

4 Juego entre dos muchachos, parecido al del asalto.
JUEGOS/Chile
ZOOLOGÍA

5 **león marino:** Mamífero carnívoro, grande, con los miembros posteriores transformados en aletas, las orejas pequeñas, la piel gruesa y que vive en las costas de los océanos Pacífico y Antártico. *(Eumetopias, Otaria y Zalophus.)*

6 **león nuqueio:** Hurón mayor, mamífero carnívoro.
ZOOLOGÍA
QUÍMICA

7 **león rojo:** Minio, óxido de plomo, entre los alquimistas.

8 **león verde:** Sulfato ferroso, entre los alquimistas.
QUÍMICA

9 **no ser tan fiero el león como lo pintan:** Indica que una persona o cosa no son tan difíciles de tratar o manejar como se cree.
coloquial

leonado, a
1 De color castaño claro, como el del pelo del león: *tiene el cabello de color leonado.*
adj.
= aleonado

2 Se aplica al leopardo en posición rampante.
HERÁLDICA

leonera
1 Lugar o jaula donde se tienen encerrados los leones.
s.f.

2 Habitación que está muy desordenada: *el cuarto de los niños es una leonera.*
coloquial

3 Casa de juego.
coloquial/= garito

4 Reunión de personas de poco seso o de mala vida.
Colomb.

leonería Bizarría, fanfarronada.
s.f./= bravata

leonero, a
1 Persona encargada de cuidar los leones.
s.

2 Persona encargada de una casa de juego.
= gariteto

leonés, a
1 De León, provincia y capital castellanas, o de cualquier ciudad americana homónima.
adj.

2 Del antiguo reino de León.
HISTORIA

3 Persona natural de este reino, esta provincia o estas ciudades.
s.

4 Dialecto de origen latino que se hablaba en el antiguo reino asturleonés y que, en la actualidad, se habla en algunas provincias noroccidentales españolas.
s.m.
LINGÜÍSTICA
= asturleonés

5 Variedad del español hablada en la región que corresponde al antiguo reino de León.
LINGÜÍSTICA

leonesismo
1 Expresión o construcción características de la variedad lingüística del español hablado en la región que corresponde al antiguo reino de León.
s.m.
LINGÜÍSTICA

2 Voz o expresión procedente del dialecto leonés que se usa en otra lengua. — LINGÜÍSTICA
3 Afecto por León y lo leonés.

leónico, a Se aplica a la vena que se halla situada en la cara inferior de la lengua. — adj./s.f. ANATOMÍA/= ranina

leonina Lepra que da a la piel del enfermo el aspecto de la de un león. — s.f. MEDICINA

leonino, a
I (Derivado de *león*.)
1 Del león: *la fuerza es una característica leonina.* — adj.
2 Se aplica al contrato que es ventajoso sólo para una de las partes. — DERECHO = injusto
II (De *León*, nombre de algunos pontífices.) Que se refiere a dichos pontífices. — adj. RELIGIÓN
III (Del fr. *léonin*.)
1 Se aplica al verso latino usado en la época medieval cuyas sílabas finales forman consonancia con las últimas de su primer hemistiquio. — adj. POESÍA
2 Se refiere a la rima propia de este verso. — POESÍA

leont- Componente de palabra procedente del gr. *leon, -ontos,* que significa león: *leontina.* — pref. tb: leonto-

leontina (Del fr. *léontine.*) Cadena del reloj de bolsillo. — s.f. = leopoldina

leopardo (Del lat. *leopardus.*)
1 Mamífero carnívoro félido, con el pelaje manchado, vientre blanco y cola larga, que vive en zonas arboladas de Asia y África, cazando al acecho desde ramas y árboles. *(Panthera pardus.)* — s.m. ZOOLOGÍA
2 leopardo de mar: Foca leopardo, mamífero marino. — ZOOLOGÍA

leopoldina
1 Tipo de gorro militar que es como un ros bajo sin orejeras. — s.f. MILITAR
2 Cadenilla de la que pende un reloj de bolsillo. — = leontina

leotardo
1 Traje sin mangas y ajustado al cuerpo que cubre hasta los pies y usan los gimnastas y trapecistas. — s.m.
2 Prenda de vestir ceñida, semejante a un par de medias, que cubre desde los pies hasta la cintura: *hace tanto frío que me pondré leotardos.* — s.m.pl.

lepe Se usa en la expresión **saber más que Lepe** para indicar que una persona sabe mucho: *este niño sabe más que Lepe, en cuanto se va su madre se pone a llorar.* — coloquial

leperada
1 Acción o dicho de lépero. — s.f./Méx., Amér. Central
2 Dicho o expresión grosera. — Méx., Amér. Central

lépero, a
1 Grosero, ordinario: *sus bromas y burlas eran crueles y léperas.* — adj/s./Méx., Amér. Central
2 Astuto, perspicaz. — Cuba
3 Se aplica a la persona muy pobre y sin recursos. — Ecuad./coloquial

lepidio (Del lat. *lepidium* < gr. *lepidion,* cáscara de nuez.) Planta crucífera de inflorescencias en racimo y hojas anchas. *(Lepidium latifolium.)* — s.m. BOTÁNICA

lepido- Componente de palabra procedente del gr. *lepis, lepidos,* que significa escama: *lepidóptero.* — pref.

lepidolita Mica de la que se extrae el litio. — s.f./MINERALOGÍA

lepidóptero, a (Del gr. *lepis, -idos,* escama + *pteron,* ala.) Perteneciente a un orden de insectos chupadores, de metamorfosis completa, con cuatro alas membranosas cubiertas de diminutas escamas coloreadas. — adj/s.m. ZOOLOGÍA

lepórido, a Perteneciente a una familia de mamíferos roedores lagomorfos, como las liebres. — adj/s.m. ZOOLOGÍA

leporino, a (Derivado del lat. *lepus, -oris,* liebre.)
1 De la liebre. — adj./= lebruno
2 Se aplica al labio superior del hombre cuando, por algún defecto congénito, está hendido de modo semejante al de la liebre. — MEDICINA

lepra (Del lat. *lepra* < gr. *lepra.*)
1 Enfermedad infecciosa y crónica, caracterizada por lesiones en la piel, nervios, huesos y vísceras y que provoca insensibilidad en la zona afectada e incluso pérdida de miembros. — s.f. MEDICINA = enfermedad de Hansen, malatía
2 Enfermedad que padecen en especial los cerdos, producida por la larva de la tenia común, y que se manifiesta en forma de pequeños puntos blancos en los músculos. — VETERINARIA
3 Enfermedad de la corteza de los árboles, que les da aspecto escamoso. — BOTÁNICA

lepro- Componente de palabra procedente del gr. *lepros,* que significa escamoso: *leproso.* — pref.

leprosería Hospital para leprosos. — s.f./= lazareto

leproso, a Que padece lepra. — adj/s./MEDICINA

lepto- Componente de palabra procedente del gr. *leptos,* que significa delgado: *leptorrino.* — pref. tb: lept-

leptocéfalo Estado larvario de la anguila y otros peces ápodos, transparente y en forma de hoja. — s.m. ZOOLOGÍA

leptorrino, a (Del gr. *leptos,* pequeño + *ris, rinos,* nariz.)
1 Que tiene la nariz larga y delgada. — adj.
2 Se aplica al animal que tiene el pico o el hocico muy delgado y prominente. — adj/s. ZOOLOGÍA

leptospirosis Enfermedad infecciosa que se caracteriza por fiebre elevada, hepatitis con ictericia y hemorragias. — s.f. pl: leptospirosis MEDICINA

lequito (Del gr. *lekythos.*) Vaso cilíndrico, de boca estrecha, con asa y pie, destinado a contener perfume y que tuvo aplicación funeraria. — s.m./ARTE, HISTORIA tb: lecito, lekito

lera Pequeño tumor o granito. — s.f.

lercha Junco con que se ensartan las aves o peces capturados para transportarlos. — s.f.

lerda Lerdón, tumor de las caballerías. — s.f./VETERINARIA

lerdear
1 Moverse con pesadez o torpeza, hacer las cosas con lentitud. — v.intr./Argent., Amér. Central
2 Demorarse o llegar tarde. — Argent., Amér. Central

lerdo, a
1 Que hace o comprende las cosas con dificultad y lentitud: *está lerdo desde que tuvo el accidente.* — adj/s. = lelo, obtuso
2 Que es lento o torpe de movimientos, en especial un animal: *un rocín lerdo.* — adj.

lerdón Tumor que las caballerías sufren cerca de las rodillas. — s.m./VETERINARIA tb: lerda

lerense
1 De Pontevedra, capital de la provincia gallega homónima. — adj. = pontevedrés
2 Persona natural de esta población. — s.m.f./= pontevedrés
3 Del río gallego Lérez. — adj.

leridano, a
1 De Lérida, provincia y ciudad catalanas. — adj.
2 Persona natural de esta provincia o ciudad. — s.

lerrouxismo (De A. *Lerroux,* político español.) Doctrina y actitud de este político. — s.m. POLÍTICA

lerrouxista
1 Del lerrouxismo. — adj./POLÍTICA
2 Persona partidaria de esta doctrina. — s.m.f./POLÍTICA

lesbianismo Amor y deseo sexual de la mujer hacia otras mujeres. — s.m.

lesviana Mujer homosexual. — s.f.

lésbico, a
1 De Lesbos, isla griega. — adj/s.
2 Se aplica al amor homosexual entre mujeres. — tb: lesbio/= lesbiano

lesear Tontear, hacer o decir leseras o tonterías. — v.intr./Chile

lesera Tontería o estupidez. — s.f./Bol., Chile, Perú

lesión (Del lat. *laesio, -onis.*)
1 Daño producido en el cuerpo por cualquier herida, golpe o enfermedad: *el portero sufrió una lesión en el hombro al finalizar el partido.* — s.f. = daño, herida
2 Cualquier daño, perjuicio o detrimento: *las falsas noticias son una lesión para su fama.* — = agravio ≠ beneficio
3 Perjuicio económico que sufre una de las partes de un contrato o reparto. — DERECHO
4 Delito o falta que se derivan de los daños ocasionados en una persona sin que existiera la intención de matarla. — DERECHO
5 lesión grave: Daño que provoca a quien lo padece la pérdida o inutilidad de un miembro, o lo incapacita para el trabajo por más de treinta días. — DERECHO
6 lesión menos grave: La que dura de quince a treinta días. — DERECHO

lesionador, a Que lesiona. — adj.

lesionar
1 Causar un daño físico a una persona: *se lesionó jugando al fútbol.* — v.tr/prnl. = dañar
2 Causar un perjuicio en los intereses o los derechos de una persona: *aquellos rumores lesionaron su buen nombre.* — v.tr. = perjudicar

lesivo, a Que produce lesión o perjuicio: *ha sido un comentario lesivo para su honra.* — adj./= dañino, perjudicial

lesna
1 Cuchilla romboidal muy cortante con mango de madera. — s.f. = lezna
2 Instrumento usado por zapateros y otros artesanos, para agujerear, coser y pespuntar el cuero.

lesnordeste
1 Punto situado entre el este y el nordeste. — s.m.
2 Viento que sopla de un punto medio entre el este y el nordeste.

leso, a (Del lat. *laesus,* herido, ofendido.)
1 Que ha recibido daño u ofensa: *cometió un crimen de lesa majestad.* — adj./= dañado, agraviado
2 Se aplica a la persona, juicio o entendimiento que está turbado o trastornado. — = perturbado
3 Tonto, torpe. — Argent., Bol., Chile

leste Oriente, punto cardinal. — s.m./= este

lesueste
1 Punto situado entre el este y el sudeste. — s.m./tb: lessueste
2 Viento que sopla de un punto medio entre el este y el sudeste.

let (Voz inglesa.) Servicio nulo, en tenis y en ping pong al golpear la pelota en la red o al entrar en la zona de saque del jugador contrario. — s.m. pl: lets DEPORTES/= net

letal (Del lat. *letalis*.) Que produce la muerte: *gas letal; mordedura letal; sueño letal.* — adj./= mortal, mortífero, letífero

letalidad Cualidad de lo que es letal o mortífero. — s.f.

letanía (Del lat. *litania* < gr. *litaneia*, súplica.)
1 Oración de súplica a Dios, la Virgen y los santos, formada por una serie de invocaciones que son recitadas por una persona y contestadas o repetidas por las demás. — s.f. RELIGIÓN
2 Procesión en la que se cantan letanías. — RELIGIÓN
3 Enumeración o lista larga y aburrida de nombres, locuciones o comentarios: *me tuvo varias horas con la letanía de sus parientes.* — = retahíla

letargia Letargo [en todas sus acepciones].

letárgico, a
1 Del letargo: *algunos animales pasan en estado letárgico todo el invierno.* — adj.
2 Que produce somnolencia. — = aletargado
3 Que padece letargo patológico. — MEDICINA / adj/s./MEDICINA

letargo (Del gr. *lethargos* < *lethe*, olvido + *argos*, inactivo.)
1 Estado en que viven algunos animales durante ciertas épocas, caracterizado por la disminución de la actividad del metabolismo y el reposo del animal. — s.m. ZOOLOGÍA
2 Sueño prolongado producido por algunas enfermedades infecciosas, nerviosas o tóxicas. — MEDICINA / = sopor
3 Sueño profundo y prolongado. — = modorra
4 Período de inactividad: *muchas industrias ya salen de su letargo tras la crisis.*

leteo, a
1 Del río Leteo, río del olvido entre los griegos. — adj./MITOLOGÍA / literario
2 Que produce el olvido como las aguas de ese río.

letificar (Del lat. *laetificare*.) Causar una cosa alegría o placer a una persona: *la aceptación de la dama letificó al caballero.* — v.tr. conj: *sacar* literario

letífico, a (Del lat. *laetificus*.) Que alegra, anima o estimula. — adj. literario

letón, a
1 De Letonia, país europeo. — adj./= latvio
2 Persona natural de este país. — s.
3 Lengua del grupo báltico, de la familia indoeuropea, hablada en este país. — s.m. LINGÜÍSTICA

letra (Del lat. *littera*.)
1 Cada uno de los signos o elementos gráficos con que se representan los sonidos del habla. — s.f./LINGÜÍSTICA / = carácter
2 Sonido representado por ese signo. — LINGÜÍSTICA/= fonema
3 Forma de trazar estos signos característica de la escritura de una persona, de una época o de un país determinado: *no puedo leer tu examen porque no entiendo tu letra.* — = caligrafía, escritura
4 Sentido exacto de las palabras de un escrito: *debes atenerte a la letra del texto sin pretender interpretarla.* — = literalidad
5 Texto de una canción: *compone letras muy bonitas para sus canciones.*
6 Pieza de metal plana y rectangular, con un signo gráfico en relieve para estampar o imprimirlo. — ARTES GRÁFICAS
7 Conjunto de piezas con signos en relieve usadas en imprenta. — ARTES GRÁFICAS
8 Romance corto, cuyos primeros versos se glosan o explican. — POESÍA
9 Conjunto de las ramas del conocimiento, en especial los humanísticos en oposición a los científicos: *se le dan mejor las letras que las ciencias.* — s.f.pl.
10 Carta o escrito breve: *le mandé unas letras pero aún no he recibido respuesta.*
11 Actividad de la persona que se dedica a escribir literatura: *desde joven se dedica a las letras, pero éste es su primer premio literario.* — LITERATURA
12 Documento eclesiástico que contiene una orden o una comunicación oficial: *letras pontificias.* — RELIGIÓN
13 **letra a la vista**: Letra de cambio que se paga al ser presentada. — COMERCIO
14 **letra abierta**: Documento por el que se concede crédito sin límite de cantidad a una persona. — COMERCIO
15 **letra bastarda**: Tipo de escritura manuscrita inclinada a la derecha y de curvas acusadas, de origen italiano.
16 **letra bastardilla**: La de imprenta que se parece a la bastarda. — ARTES GRÁFICAS
17 **letra corrida**: 1. Serie de signos escritos a mano con rapidez, sin poner cuidado especial en el trazo de los mismos. 2. La que por error se ha cambiado y puesto en el lugar de otra. — ARTES GRÁFICAS
18 **letra cursiva**: Aquella que se inclina hacia la derecha: *pon los ejemplos en letra cursiva.* — ARTES GRÁFICAS
19 **letra de caja alta**: La mayúscula, en imprenta. — ARTES GRÁFICAS
20 **letra de caja baja**: La minúscula, en imprenta. — ARTES GRÁFICAS
21 **letra de cambio**: Documento de crédito por el que un acreedor ordena a su deudor el pago de una cantidad determinada, a él mismo o a la persona o entidad en cuyo poder está la letra. — COMERCIO
22 **letra de imprenta**: 1. Cualquiera de las que se uti- — ARTES GRÁFICAS

lizan en la imprenta. 2. La manuscrita que se parece a la impresa, sobre todo en mayúsculas.
23 **letra de mano**: La que se hace al escribir a mano, por contraposición a la de máquina o de imprenta.
24 **letra de molde**: La impresa: *se emocionó al ver su poema en letras de molde.*
25 **letra doble**: La que representa un sonido consonántico mediante dos signos gráficos: *la erre es una letra doble.* — LINGÜÍSTICA
26 **letra florida o historiada**: La mayúscula con adornos.
27 **letra gótica**: Tipo de escritura antigua, de formas rectilíneas y angulosas.
28 **letra inglesa**: La manuscrita muy inclinada hacia la derecha y con perfiles hechos mediante la presión mayor o menor de la pluma.
29 **letra itálica**: La cursiva, inclinada y puntiaguda. — ARTES GRÁFICAS
30 **letra mayúscula o capital o versal**: La que es de mayor tamaño que la minúscula y se emplea como inicial de los nombres propios, en principio de párrafo, después de punto y en otros casos.
31 **letra menuda o pequeña**: Astucia o sagacidad de una persona: *disimula su letra menuda, pero ten cuidado con ella.* — coloquial
32 **letra metida**: Conjunto de letras de muy poca anchura y poco separadas unas de otras.
33 **letra minúscula**: La que es menor que la mayúscula y se emplea en la escritura corriente excepto en los casos en que hay que usar la mayúscula.
34 **letra muda**: La que no se pronuncia: *la hache de hombre y la u de que son letras mudas.* — LINGÜÍSTICA
35 **letra muerta**: Escrito que contiene una disposición que carece de eficacia: *esa ley es letra muerta desde que se rechazó.*
36 **letra negrilla o negrita**: La de trazo más grueso que el normal. — ARTES GRÁFICAS
37 **letra redonda o redondilla**: Tipo de escritura manuscrita o de imprenta de trazos verticales y circulares. — ARTES GRÁFICAS
38 **letra versalita**: Letra mayúscula del mismo tamaño que las minúsculas. — ARTES GRÁFICAS
39 **letras divinas o sagradas**: Las sagradas escrituras, en el cristianismo.
40 **letras gordas**: Poca instrucción o poco talento o inteligencia: *criticó las letras gordas de cierto personaje público en su columna diaria.* — coloquial
41 **dos o cuatro letras**: Escrito breve y conciso: *me mandó cuatro letras en tres meses que estuvo fuera.* — coloquial
42 **letra por letra**: Con todos los detalles: *cuéntame letra por letra lo que te dijo.* — coloquial
43 **primeras letras**: Conocimientos más elementales, como leer y escribir: *fue mi maestro de primeras letras.*
44 **a la letra o al pie de la letra**: 1. De forma literal, con precisión: *repitió el poema al pie de la letra.* 2. Según lo indicado: *cumplió tus órdenes al pie de la letra.* — loc.adv. / loc.adv.
45 **atarse o atenerse a la letra**: Ceñirse al sentido literal del texto: *defendía que al leer el evangelio no había que atarse a la letra, sino adaptar su significado a nuestros días.* — coloquial
46 **levantar letra**: Componer o formar el texto juntando los caracteres. — ARTES GRÁFICAS
47 **protestar una letra**: Requerir ante notario al que no la ha pagado para poder recobrar su importe. — COMERCIO
48 **seguir alguien las letras**: Dedicarse al estudio: *fue el único de sus hermanos que siguió las letras.* — coloquial

letrado, a
1 Se aplica a la persona culta y con instrucción: *es muy letrado en historia.* — adj/s./= docto, sabio ≠ iletrado
2 Persona titulada en derecho: *el juez pidió a los letrados que se acercaran a su mesa.* — s./DERECHO / = abogado

letrero Escrito que sirve para indicar una cosa: *el letrero indicaba que por aquí se va a Burgos.* — s.m. / = cartel

letrilla
1 Composición poética de versos cortos a la que se suele poner música. — s.f. POESÍA
2 Composición poética dividida en estrofas, con un estribillo breve que recoge el pensamiento general de la composición, y que se repite después de cada estrofa. — POESÍA

letrina (Del lat. *latrina*, baño.)
1 Retrete o depósito construido para recoger los excrementos y las aguas residuales. — s.f.
2 Lugar o asunto sucio. — = cloaca

letrista Autor de letras para canciones. — s.m.f./MÚSICA

leucemia (Del gr. *leukos*, blanco + *haima*, sangre.) Enfermedad que se caracteriza por un exceso de glóbulos blancos en la sangre cuyos síntomas son anemia, hemorragias y postración. — s.f. MEDICINA / = leucosis

leucémico, a
1 De la leucemia. — adj./MEDICINA
2 Que padece leucemia. — adj/s./MEDICINA

leucita Mineral de color blanco o gris, traslúcido, de brillo vítreo, que se encuentra en las rocas volcánicas. — s.f. MINERALOGÍA

leuco- Componente de palabra procedente del gr. *leukos*, que significa blanco, incoloro: *leucocito.* — pref. tb: leuc-

leucocitario, a De los leucocitos: *volumen leucocitario.* adj./BIOLOGÍA

leucocitemia Leucocitosis, aumento de los leucocitos en la sangre. s.f. MEDICINA

leucocito (Del gr. *leukos*, blanco + *kytos*, célula.) Célula esferoide e incolora que se encuentra en la sangre y en la linfa, dotada de movilidad, cuya función es de defensa frente a las infecciones. s.m. BIOLOGÍA = glóbulo blanco

leucocitoma (De *leucocito* + gr. *oma*, tumor.) Tumor formado por el acúmulo de leucocitos. s.m. MEDICINA

leucocitosis (De *leucocito* + gr. *osis*, enfermedad no inflamatoria o crónica.) Aumento pasajero del número de leucocitos en la sangre, que se produce de modo fisiológico con la digestión de los alimentos y el embarazo, o patológico a causa de algunas enfermedades de carácter infeccioso. s.f. pl: leucocitosis MEDICINA

leucoma (Del gr. *leukos*, blanco + *oma*, tumor.) Capa blanca opaca de la córnea, consecutiva a una úlcera o a una herida. s.m. MEDICINA

leucopenia (Del gr. *leukos*, blanco + *penia*, falta.) Disminución del número normal de glóbulos blancos en la sangre. s.f. MEDICINA

leucoplasia (Del gr. *leukos*, blanco + *plasis*, formar.) Aparición de manchas blancas en las mucosas. s.f./MEDICINA = leucoplaquia

leucopoyesis (Del gr. *leukos*, blanco + *poieo*, hacer.) Proceso de formación de glóbulos blancos en la sangre. pl: leucopoyesis FISIOLOGÍA

leucorrea (Del gr. *leukos*, blanco + *rheo*, fluir.) Líquido blanquecino que fluye de las vías genitales femeninas. s.f. MEDICINA

leudar
1 Poner levadura en la masa. v.tr./tb: lleudar
2 Fermentar la masa por efecto de la levadura. v.prnl.

leudo, a Se aplica a la masa o al pan que fermenta con la levadura. adj.

lev Unidad monetaria principal de Bulgaria. s.m./ECONOMÍA

leva
1 Acción de reclutar o movilizar a gente para que realice un servicio, en especial para el ejército. s.f./MILITAR = quinta, reclutamiento
2 Partida de las embarcaciones del puerto o lugar donde están fondeadas. NÁUTICA
3 Palanca recta de madera que usaban los artilleros para levantar los pesos. MECÁNICA = espeque
4 Mecanismo que transforma el movimiento mediante un sistema más o menos complicado y gracias a curvas o perfiles calculados de manera adecuada. MECÁNICA
5 Americana, prenda de vestir. *Cuba*
6 **leva de capital:** Imposición sobre el capital, que se adopta en casos excepcionales, como períodos de posguerra, para cubrir gastos extraordinarios del sector público. ECONOMÍA

levada
1 Grupo de gusanos de seda que se alza y muda de una parte a otra. s.f. ZOOLOGÍA
2 Movimiento circular que se hace en esgrima con la espada u otra arma antes de ponerse en guardia. DEPORTES = molinete
3 Ida o venida, o lance que de una vez y sin interrupción juegan los dos esgrimistas. DEPORTES

levadizo, a Que está pensado para que pueda ser levantado y bajado. En especial se aplica al puente así construido: *estuvimos parados mientras los barcos pasaban bajo la pasarela levadiza.* adj.

levador, a
1 Persona que leva. s.
2 Álabe o diente de una rueda o de otro mecanismo semejante. s.m. MECÁNICA
3 Operario que recibe y apila los pliegos en una fábrica de papel, para que luego sean prensados. s.

levadura
1 Hongo unicelular de forma ovoidea, que produce enzimas capaces de descomponer ciertos cuerpos orgánicos y de provocar la fermentación alcohólica de los hidratos de carbono. s.f. MICOLOGÍA
2 Cualquier sustancia constituida por estos microorganismos o por compuestos químicos que produce fermentación: *puso un poco de levadura en la masa para hacer el pastel.*
3 Tabla que se corta de un madero para que éste tenga las dimensiones que debe tener. CARPINTERÍA

levantada Acción de levantarse o abandonar la cama. s.f.

levantado, a
1 Se aplica al estilo, ánimo u otra cosa que es elevado o sublime. adj. = soberbio
2 Se aplica al toro que sale a la plaza con la cabeza erguida, mirando a todos lados y avanzando por la plaza con rapidez. adj./s.m. TAUROMAQUIA

levantador, a
1 Persona que levanta. adj./s.
2 Que incita al motín: *los levantadores de la revuelta fueron detenidos.* = agitador, amotinador

levantamiento
1 Acción y resultado de levantar o levantarse: *el levantamiento de la barrera se produce un poco después de pasar el tren.* s.m./= alzamiento, elevación, subida ≠ bajada
2 Suspensión o desaparición de una pena o prohibición: *pronto será el levantamiento de la veda.*
3 Sublevación, rebelión o motín popular: *el ejército no pudo controlar el levantamiento de los descontentos.* = alzamiento
4 Parte o zona de la superficie terrestre que queda levantada. GEOLOGÍA
5 **levantamiento de cadáver:** Diligencia llevada a cabo por un médico forense acompañado de un juez, en la que se reconoce un cadáver y se da orden de traslado. DERECHO
6 **levantamiento topográfico:** Conjunto de operaciones necesarias para realizar un plano topográfico.

levantar (Del lat. *levantare* < *lavare*, alzar.)
1 Elevar: *levantó al niño sobre los hombros para que viera bien el espectáculo; en el ejercicio, se levantan los brazos y las piernas.* v.tr/prnl. = alzar, subir ≠ bajar
2 Poner una cosa en un lugar más alto: *levantó el estante para conseguir más espacio.* = elevar
3 Poner de pie o en posición vertical lo que está inclinado o tendido: *el niño se levantó para probarse el traje.* = enderezar, erguir
4 Separar una cosa de otra sobre la cual descansa o a la que está adherida: *levantó el papel de la cartulina; el sello se levantó del sobre.* = retirar
5 Dirigir la mirada, los ojos hacia arriba: *levantar la vista hacia el cielo.* v.tr.
6 Separar o desmontar las piezas de una cosa instalada en un lugar: *levantó la tienda de campaña en pocos minutos.* = recoger
7 Construir una obra de albañilería o erigir un monumento: *han levantado el nuevo teatro y el auditorio en una zona muy céntrica.* = edificar ≠ demoler
8 Hacer que una cosa se forme un bulto: *el golpe me levantó un chichón en la frente.*
9 Quitar una cosa que está cubriendo a otra para dejar ésta al descubierto: *levantó la colcha y me enseñó las sábanas nuevas.* = descubrir ≠ cubrir, tapar
10 Crear un establecimiento o una institución: *el banco levantó una fundación para promover el arte.* = fundar, instituir
11 Subir el tono: *el cantante levantó la voz para adaptarse a la partitura; no levantes la voz a tu padre.*
12 Dejar sin efecto una carga o una prohibición: *tus padres te levantaron por fin el castigo de no salir.* = perdonar ≠ imponer
13 Hacer que mejore un asunto que no marchaba bien: *gracias a su brillante idea, consiguieron levantar la empresa.* = mejorar ≠ hundir
14 Hacer planos o mapas.
15 Causar, producir o suscitar un alboroto: *los agricultores se levantaron ante la bajada de los precios de sus productos y la subida de los abonos.* v.tr/prnl. = amotinar, rebelarse
16 Dar ánimos o valor a una persona: *levantó la moral a su amiga.* = alentar ≠ desanimar
17 Ser una cosa causa de otra: *la rueda de prensa levantó grandes protestas.* = provocar, suscitar
18 Atribuir una cosa falsa a una persona: *levantó falsos testimonios contra su amigo.*
19 Buscar o reunir personas para el ejército: *este año han levantado todos los muchachos de veinte años.* MILITAR = reclutar
20 Abandonar un asedio. MILITAR
21 Hacer que salte la caza del lugar en que estaba: *las perdices se levantaron al oír el griterío.* v.tr/prnl. CAZA
22 Dividir o cortar la baraja, en los juegos de naipes. v.tr./JUEGOS
23 Echar una carta superior a la que va jugada. JUEGOS
24 Llevar el caballo al galope. EQUITACIÓN
25 Hacer que el caballo ande sobre las patas traseras y erguido. EQUITACIÓN
26 Recoger la cosecha. AGRICULTURA
27 Estar o presentarse una cosa alta ante la vista: *una hermosa colina se levanta tras el pueblo.* v.prnl.
28 Dejar la cama una persona que ha estado enferma o después de haber dormido: *todavía no puede levantarse pero ya está mejor de la gripe; son las doce, y mañana tengo que levantarme pronto.* ≠ acostarse
29 Empezar a alterarse el viento o el mar: *se levantó una fuerte tormenta mientras navegábamos.* ≠ serenarse
30 Tomar una cosa de forma indebida y marcharse con ella: *mientras paseaba unos motoristas le levantaron el bolso.* v.tr. = hurtar, robar

levante
I (Derivado de *levar*.)
1 Punto cardinal por donde sale el Sol: *el barco navegaba hacia levante.* s.m./= oriente ≠ occidente, poniente
2 Viento que sopla de la parte oriental: *se levantó el levante y nos fuimos de la playa.*
II (Derivado de *levantar*.)
1 Acción y resultado de levantar. s.m./= levantamiento
2 Derecho que paga el que corta madera de un terreno, al dueño de éste. *Chile*
3 Edad de un bovino comprendida entre el destete y el principio de la ceba. *Colomb.*
4 Actividad pecuaria que produce esa categoría de bovinos. *Colomb.*
5 Difamación o calumnia. *Hond.*

6 de levante: Trasladándose de casa o de población, *loc.adv.*
o haciendo los preparativos para hacerlo.

levantino, a
1 De Levante, región mediterránea española. *adj.*
2 Persona natural de esta región. *s.*

levantisco
I (Derivado de *Levante*.) Que es de esta región espa- *adj./s.*
ñola.
II (Derivado de *levantar*.) Que es inquieto o rebelde: *adj./= rebelde*
tiene un carácter levantisco. *≠ sumiso*

levar (Del lat. *levare*.)
1 Levantar el ancla fondeada: *los altavoces anunciaron* *v.tr.*
que el buque levaría anclas de inmediato. *NÁUTICA*
2 Marcharse un barco del puerto: *desde el muelle vi-* *v.intr./NÁUTICA*
mos cómo el barco levaba con lentitud. *= zarpar*
3 Moverse una persona de un lugar a otro. *v.prnl.*

leve (Del lat. *levis*.)
1 Que es ligero o tiene poco peso: *coge tú esta caja* *adj./= ligero,*
que es más leve que las otras. *liviano/≠ pesado*
2 Que tiene poca importancia o trascendencia: *no te* *≠ grave*
tolero el más leve error; varios transeúntes sufrieron heri-
das leves a causa del atentado.
3 Que es muy fino y sutil: *compró una gasa muy leve* *= tenue*
para hacerse un vestido; oyó un leve ruido en la cocina.
4 Que resulta fácil de soportar: *la espera me fue leve.* *= llevadero*

levedad
1 Condición de ligero, poco pesado, tenue o delgado: *s.f.*
me gusta ese perfume por su levedad. *= ligereza*
2 Situación de poca gravedad: *la levedad de sus trau-*
matismos le permitió volver a casa en su coche.

levemente Un poco, algo: *estoy levemente resfriada.* *adv.*

leviatán
1 Monstruo de la mitología fenicia, que aparece en la *s.m./MITOLOGÍA*
biblia y que los católicos interpretan como el demo- *= diablo*
nio.
2 Monstruo marino fabuloso. *MITOLOGÍA*

levigación Acción de desleír una sustancia en polvo *s.f.*
con agua para separar las partes más finas de las más *QUÍMICA*
gruesas.

levigar (Del lat. *levigare*, alisar.) Mezclar una sustancia *v.tr.*
en polvo con agua para separar la parte más ligera de *conj. pagar*
la más pesada, que se deposita al fondo de la vasija. *QUÍMICA*

levirato (Derivado del lat. *levir*, hermano del marido.) *s.m.*
Práctica vigente en algunas sociedades por la cual un *SOCIOLOGÍA*
individuo está obligado a contraer matrimonio con la
viuda de su hermano.

levita
I (Del bajo lat. *levita* < hebreo *lewi*, israelita de la tri- *s.m.f.*
bu de Leví.) Israelita de dicha tribu, dedicado al servi- *HISTORIA*
cio del templo.
II (Del fr. *lévite*.)
1 Prenda de vestir masculina consistente en un cuer- *s.f.*
po ajustado hasta la cintura y faldones con el borde
delantero recto hasta la rodilla.
2 **tirar de la levita a alguien:** Adularle para intentar *coloquial*
obtener un beneficio.

levitación
1 Movimiento de elevación de un cuerpo sin que in- *s.f.*
tervenga ninguna fuerza ni apoyo físico.
2 Sensación de mantenerse en el aire sin ningún apo- *SIQUIATRÍA*
yo, de carácter alucinatorio.

levitar Levantarse una persona, un animal o una cosa *v.intr.*
en el espacio sin intervención de agentes físicos conocidos.

levítico, a
1 Que tiene relación con los levitas. *adj./HISTORIA*
2 Que está muy influido por la iglesia o por el clero. *despectivo*

levitón Levita larga y holgada hecha de paño grueso. *s.m.*

levo- Componente de palabra procedente del lat. *lae-* *pref.*
vus, que significa izquierdo: *levógiro.*

levógiro, a (Del lat. *laevus*, izquierda + *gyrare*, girar.) *adj.*
Se aplica al compuesto que desvía a la izquierda de la *QUÍMICA*
luz polarizada. *≠ dextrógiro*

levulosa Azúcar presente en la fruta, que combinado *s.f.*
con la glucosa, forma la sacarosa. *QUÍMICA*

lex- Componente de palabra procedente del gr. *lexis*, *pref/suf.*
que significa palabra: *léxico; lexicógrafo; díslexia.* *tb: lexic-, lexico-,*
-lexia

lexema Unidad mínima de una palabra que se carac- *s.m.*
teriza por aportar significado léxico frente al morfe- *LINGÜÍSTICA*
ma que aporta significado gramatical: *el lexema de*
"casa" es "cas-", y "-a" es el morfema.

lexicalización Acción y efecto de lexicalizar: *en la* *s.f.*
lengua se producen lexicalizaciones de sintagmas. *LINGÜÍSTICA*

lexicalizar
1 Convertir un sintagma en una unidad léxica, que *v.tr/prnl.*
no se puede dividir y que funciona como una única *conj. cazar*
palabra: *algunos sintagmas adverbiales se lexicalizan.* *LINGÜÍSTICA*
2 Dar un uso general al uso figurado de una palabra: *LINGÜÍSTICA*
muchos puristas rechazan que se lexicalicen usos del argot.

léxico, a (Del gr. *lexikon*.)
1 Del vocabulario de una lengua o región o de los lé- *adj./LINGÜÍSTICA*
xemas: *se están haciendo estudios léxicos del vasco.* *= lexicográfico*

2 Conjunto de las palabras y expresiones de una len- *s.m.*
gua, un grupo o una persona: *el léxico periodístico; léxi-* *LINGÜÍSTICA*
co americano. *= vocabulario*
3 Diccionario o vocabulario en el que se recogen las *LINGÜÍSTICA*
voces y giros de una lengua, materia, colectividad, etc. *= glosario, lexicón*

lexicografía (Del gr. *lexikon*, léxico + *grapho*, escribir.)
1 Disciplina que se ocupa de crear o elaborar léxicos *s.f.*
o diccionarios. *LINGÜÍSTICA*
2 Parte de la lingüística que estudia los principios *LINGÜÍSTICA*
teóricos de la composición de léxicos o diccionarios.

lexicográfico, a De la lexicografía o de los dicciona- *adj./LINGÜÍSTICA*
rios: *ensayo lexicográfico.* *= léxico*

lexicógrafo, a
1 Persona especialista en lexicografía. *s./LINGÜÍSTICA*
2 Persona que redacta diccionarios o vocabularios. *= diccionarista*

lexicología (Del gr. *lexikon*, léxico + *logos*, ciencia.) *s.f.*
Estudio de las unidades léxicas de una lengua, así *LINGÜÍSTICA*
como de las relaciones que se establecen entre ellas.

lexicológico, a De la lexicología o de las unidades *adj.*
léxicas. *LINGÜÍSTICA*

lexicólogo, a Persona especialista en lexicología. *s./LINGÜÍSTICA*

lexicón (Del gr. *lexikon*.) Conjunto de las palabras o *s.m./LINGÜÍSTICA*
giros de una lengua. *= diccionario, léxico*

ley
I (Del lat. *lex, legis*.)
1 Regla natural, constante e invariable a la que están *s.f.*
sometidos los fenómenos de la naturaleza: *la ley de la* *FÍSICA*
gravitación universal fue enunciada por Newton.
2 Disposición dictada por una autoridad en la que se
manda o se prohíbe una cosa: *el director me ha comuni-*
cado la ley horaria.
3 Disposición aprobada por el poder legislativo de un *DERECHO*
estado y por la autoridad suprema del mismo cuyo
incumplimiento es sancionado: *la nueva ley de arren-*
damiento es, todavía, poco conocida.
4 Conjunto de las leyes del derecho civil establecido *DERECHO*
por el poder legislativo de un estado: *es un gran cono-*
cedor de la ley.
5 Conjunto de condiciones que se establecen para *= norma*
realizar un acto determinado: *antes de empezar la par-*
tida dictaron las leyes del juego.
6 Situación de justicia e igualdad en un asunto: *no es de* *= equidad*
ley que uno de los corredores salga antes que los demás. *≠ injusticia*
7 Conjunto de normas de conducta, éticas, de convi- *= regla*
vencia, etc., por las que se rige una persona o colectivo: *las leyes de la casa prohíben fumar en las salas de*
juntas.
8 Sentimiento de amor, amistad o simpatía hacia una *+ tener,*
persona: *tomó ley a la persona que tanto le ayudó.* *tomar*
9 Conjunto de creencias o dogmas sobre una divini- *RELIGIÓN*
dad: *la ley de los mahometanos.*
10 Calidad, peso o medida legal que debe tener una
mercancía.
11 Relación que existe entre las diversas magnitudes *FÍSICA*
de un fenómeno.
12 Formulación de un proceso regular que puede *LINGÜÍSTICA*
aparecer en cualquier aspecto de una lengua: *ley de*
formación de palabras.
13 Cada división de los códigos antiguos equivalente *DERECHO*
a los artículos actuales.
14 **ley autonómica:** La dictada por las asambleas le- *DERECHO*
gislativas de las comunidades autónomas.
15 **ley de armonización:** La dictada por las leyes ge- *DERECHO*
nerales para armonizar las disposiciones de las diferentes comunidades autónomas.
16 **ley de bases:** Conjunto de normas generales sobre una materia.
17 **ley de excepción:** La que tiene carácter transito- *DERECHO*
rio y es dictada en situaciones de emergencia que
afectan al orden público.
18 **ley de la trampa:** Embuste o engaño: *intentará* *coloquial*
conseguir sus propósitos usando la ley de la trampa.
19 **ley de la ventaja:** La que consiste en no sancio- *DEPORTES*
nar una falta a un jugador si el árbitro estima que se
le ha hecho falta, pero que aún sigue en posesión del
balón y así facilita que continúe su iniciativa.
20 **ley del embudo:** Norma u orden que se aplica de *coloquial*
una manera injusta, muy restrictiva para unas personas y más amplia para otras.
21 **ley fundamental:** La que establece los principios *DERECHO*
por los que debe regirse la legislación de un país.
22 **ley marcial:** 1. La de orden público que se aplica *MILITAR*
en estado de guerra. 2. Bando de carácter penal o militar aplicado en estado de guerra.
23 **ley natural:** La basada en la razón que prescribe
lo que se debe o no se debe hacer.
24 **ley ordinaria:** La que requiere la aprobación por *DERECHO*
mayoría simple de la cámara.
25 **ley orgánica:** La que se deriva de la constitución *DERECHO*
de un estado y que constituye un complemento de la
misma.
26 **ley retroactiva:** La que regula situaciones jurídi- *DERECHO*
cas anteriores a que ésta sea promulgada.
27 **ley sálica:** La que excluía del trono a las mujeres. *HISTORIA*

28 ley seca: La que prohíbe el tráfico y consumo de bebidas alcohólicas.

29 ley universal: La que es válida para todo cuerpo, de cualquier naturaleza, a que se aplique.

30 a la ley: Con rigor y esmero.   loc.adv.

31 a ley de caballero o de cristiano: Expresión con que se asegura la verdad de lo que se dice.   loc.adv.

32 a toda ley: Con estricta sujeción a una ley o una regla.   loc.adv.

33 con todas las de la ley: Con todos los requisitos necesarios para que se cumpla una cosa: *consiguió el trabajo con todas las de la ley.*   loc.adv.

34 dar la ley: 1. Servir de modelo para una cosa. 2. Obligar a una persona a que haga lo que otra quiere.   coloquial

35 de buena ley: Con buenas condiciones o cualidades morales o materiales: *confía en él porque es un hombre de buena ley.*   loc.adj.

36 de ley: 1. Se aplica a la persona que se comporta con bondad u honestidad: *sus actos demuestran que es una persona de ley.* 2. Que es digno de confianza.   loc.adj.

37 de mala ley: De malas condiciones morales o materiales.   loc.adj.

38 echar la ley, o toda la ley a alguien: Condenar con rigor a una persona.

39 la ley del más fuerte: Autoridad o poder que ejerce una persona sobre otra u otras basándose sólo en su superioridad.   coloquial

40 venir contra una ley: Quebrantar una ley.

II (Del fr. ant. *alei*, calidad de los metales una vez hecha la aleación.)

1 Proporción de oro o plata que contiene un objeto fabricado con una aleación de estos metales.   s.m.

2 Cantidad de metal útil que contiene una mena.   METALURGIA

3 bajo de ley: Que tiene menos cantidad de oro o plata de la que debería tener.   loc.adj.

4 de ley: Que tiene oro o plata en la proporción necesaria.   loc.adj.

leyenda (Del lat. *legenda*, cosas que se leen.)

1 Relación de sucesos fabulosos, transmitidos por tradición: *mi abuela me explicó la leyenda de las ánimas de la cueva.*   s.f.

2 Composición literaria en que se narra un hecho fantástico: *he leído una obra sobre la leyenda del rey Arturo.*   LITERATURA

3 Letrero o inscripción en monedas, medallas, grabados o emblemas.   = divisa, lema

4 Conjunto de notas explicativas de un mapa, plano o gráfico, en las que se indican los símbolos usados y su interpretación.

5 Texto explicativo que se pone por lo general debajo de una ilustración.   = pie

6 Relación de la vida de uno o más santos.   RELIGIÓN

7 leyenda negra: Conjunto de creencias negativas que se tienen acerca de una persona, grupo o cosa: *la leyenda negra le persigue y por eso no le publican nada.*

leyendario De la leyenda.   adj./= legendario

lezda Impuesto o tributo que se pagaba por las mercancías.   s.f. HISTORIA

lezna (Del ant. *alesna* < germ. *alisna*.)

1 Cuchilla de acero en forma de rombo con mango de madera.   s.f. tb: lesna

2 Herramienta de los zapateros y otros artesanos para agujerear y coser.

lezne Que se deshace o disgrega con facilidad, o que es poco consistente.   adj. = deleznable

lía

I (Derivado de *liar*.) Soga de esparto que está tejida como una trenza, para atar y asegurar fardos, cargas u otras cosas.   s.f.

II (De origen incierto.) Poso que deja un líquido, en especial el vino.   s.f. = hez

liado, a

1 Se aplica al asunto o persona que están confusos: *tengo un día muy liado, así que no iré a verte.*   adj. = enredado

2 Se refiere a la persona que se lía o tiene relaciones amorosas con otra sin estar casados: *éste es uno de los liados en el triángulo amoroso.*   adj/s.

3 Se aplica a la figura que está rodeada de una cinta o lazo.   adj. HERÁLDICA

liaison (Voz francesa.) Enlace, modo de pronunciación.   s.f./pl: liaisons LINGÜÍSTICA

liana (Del fr. *liane*.)

1 Nombre de diversas especies de plantas tropicales, de largos tallos sarmentosos que suelen encaramarse a los árboles, en busca de la luz, hasta alcanzar la copa, donde extienden sus hojas y abren sus flores.   s.f. BOTÁNICA

2 Enredadera o planta trepadora, en general.   BOTÁNICA

liar (Del fr. *lier*.)

1 Atar un fardo o un paquete con cuerdas u otros objetos: *coge una goma para liar las velas.*   v.tr./conj: vaciar

2 Cubrir una cosa envolviéndola con papel, tela u otro material: *lió el paquete con papel de regalo.*   = empaquetar, envolver

3 Enredar un asunto haciéndolo más complicado o confuso: *su declaración no hizo más que liar el tema.*   v.tr./prnl. = embrollar

4 Formar un rollo o un ovillo con alambre, hilo u otra cosa semejante: *lió la lana que había desenrollado el gato.*   v.tr. = enrollar

5 Formar un cigarrillo envolviendo la picadura en el papel de fumar.

6 Meter a una persona en un asunto o actividad poco clara o en un compromiso engañándola: *sé que algún día me liará para sacarme dinero; se lió con aquel delincuente para atracar un banco.*   v.tr/prnl. = implicar, involucrar

7 Ponerse a hacer lo que indica el infinitivo: *se lió a cantar para animar la fiesta; se lió a fregar los cristales.*   v.prnl./+ a = meterse

8 Darse dos o más personas golpes: *se liaron a bofetadas al acabar el partido.*   + a

9 Mantener relaciones sexuales o amorosas con una persona, en especial fuera de la pareja: *se lió con un amigo de su novio.*

10 Equivocarse al hacer una cosa: *se lió con las carreteras y se perdió.*

11 Dar explicaciones o detalles poco importantes: *no te líes más y explícame de una vez lo que pasó.*   = embarullar

12 liarla: 1. Meter la pata, equivocarse: *como no sabe guardar un secreto, la lió y se lo contó todo.* 2. Organizar un desbarajuste: *estábamos tan tranquilos y llegaste tú a liarla.*   coloquial / coloquial

liásico, a (Del ingl. *lias* < fr. *liais*, especie de piedra caliza.)

1 Se aplica al período geológico que sigue a continuación del triásico.   adj/s.m./= lías GEOLOGÍA

2 Se refiere al terreno o fósil del período que sigue al triásico.   adj. GEOLOGÍA

liatón Soga pequeña de esparto.   s.m.

libación (Del lat. *libatio, -onis.*)

1 Acción de chupar un jugo, en especial los insectos el néctar de las flores.   s.f.

2 Acción de probar una bebida, sobre todo si es alcohólica.

3 Ceremonia religiosa de los antiguos paganos que consistía en derramar un vaso de licor, después de probarlo.   HISTORIA, RELIGIÓN

libamen Ofrenda en el sacrificio.   s.m./RELIGIÓN

libamiento Materia o especies que se ofrecían y libaban en los sacrificios.   s.m. RELIGIÓN

libán (Del cat. *llibant.*) Soga de esparto.   s.m.

libanés, a

1 Del Líbano, país de Oriente próximo.   adj.

2 Persona natural de este país.   s.

libar (Del lat. *libare*, probar.)

1 Chupar los insectos el néctar de las flores: *en la primavera, este rosal se llena de abejas que liban.*   v.tr/intr. ZOOLOGÍA

2 Chupar el jugo de una cosa con suavidad.   v.tr.

3 Tomar una pequeña cantidad de un licor para probarlo: *nos dieron unos vasitos para libar el nuevo ron.*   = catar

4 Hacer una libación en los sacrificios religiosos.   v.intr./RELIGIÓN

libatorio Vaso usado por los antiguos romanos para hacer las libaciones.   s.m. HISTORIA

libelar Presentar un escrito ante el juez, en el que se hace una petición.   v.tr. DERECHO

libelista Persona que escribe libelos.   s.m.f.

libelo (Del lat. *libellus*, librito.)

1 Escrito en que se desacredita a personas o cosas: *puso en circulación un libelo sobre supuestos actos delictivos perpetrados por el empresario.*   s.m.

2 Expresión de un ruego, una demanda o una reclamación.   DERECHO = petición

3 libelo de repudio: Documento con el que el marido repudiaba a la mujer y disolvía el matrimonio.   HISTORIA

4 dar libelo de repudio a algo: Renunciar a ello: *dio libelo de repudio a sus ambiciones.*

libélula (Del lat. *libellula* < *libella*, balanza.) Insecto de cuerpo esbelto, dos pares de alas iguales, ojos compuestos y grandes y antenas diminutas, que vive en ríos y zonas húmedas.   s.f. ZOOLOGÍA = caballito del diablo

líber (Del lat. *liber*, parte interior de la corteza de las plantas.) Conjunto de capas o tejidos que forman el cilindro central de las plantas angiospermas dicotiledóneas y gimnospermas, encargados de transportar la savia.   s.m. BOTÁNICA

liberación

1 Acción y resultado de liberar algo o a alguien: *se ha convocado una manifestación pidiendo la liberación de la joven secuestrada.*   s.f.

2 Documento en el que se indica que se ha pagado lo que se debía.   DERECHO

3 Cancelación de la carga o gravamen sobre un bien inmueble.   DERECHO

liberado, a

1 Se aplica a la persona que ha quedado libre de un compromiso, trabajo o castigo: *es un joven liberado de responsabilidades.*   adj.

2 Que no actúa de acuerdo con las imposiciones sociales o morales: *al separarse de aquel hombre, es al fin una mujer liberada.*

3 Se aplica a la persona que está afiliada a un partido político o a una organización sindical y que está remunerada por su dedicación exclusiva a ellos: *un miembro liberado del sindicato.* — adj./s. POLÍTICA

4 Se refiere a la acción que no tiene el valor satisfecho en dinero porque está cubierto por cosas aportadas o servicios hechos a la sociedad. — adj. COMERCIO

liberador, a Se aplica a la persona que libera o liberta: *fue su liberador al sacarla de aquella casa de locos.* — adj./s. = libertador

liberal (Del lat. *liberalis*, propio de quien es libre.)
1 Del liberalismo: *el gobierno está haciendo una política económica liberal.* — adj. POLÍTICA
2 Que es partidario del liberalismo: *se autodefine como liberal, no como conservador.* — adj./s.m.f. POLÍTICA
3 Que es indulgente o tolerante: *siempre ha sido muy liberal con sus hijos y su educación.* — adj. ≠ intolerante
4 Que se comporta con libertad, en especial en el terreno sexual. — ≠ reprimido
5 Que es generoso o dadivoso. — = desprendido
6 Se aplica a la profesión o actividad que se ejerce por cuenta propia, de la que se obtiene una retribución de los particulares que requieren sus servicios y en la que se realiza un trabajo intelectual que supone unos conocimientos.
7 Que ejerce una profesión liberal.

liberalesco, a Que es propio de la persona que tiene ideas políticas liberales. — adj. despectivo

liberalidad
1 Disposición y actitud de la persona que da algo bueno con abundancia y sin esperar nada a cambio: *tanta liberalidad con el dinero te llevará a la ruina.* — s.f. = desprendimiento, generosidad
2 Acción de disponer bienes a favor de una persona sin imponerle contraprestación alguna. — DERECHO

liberalismo
1 Doctrina que defiende la primacía de la libertad del individuo en cualquiera de las actividades políticas, económicas o sociales del ser humano y la nula o escasa intervención del estado en ellas. — s.m. POLÍTICA
2 Amplitud de ideas: *su padre siempre la ha tratado con mucho liberalismo.* — = tolerancia ≠ intolerancia

liberalización
1 Adopción y aplicación de las teorías políticas y económicas del liberalismo. — s.f. POLÍTICA
2 Proceso por el que en una comunidad se adopta y difunde una actitud permisiva y tolerante respecto de las costumbres y formas de pensar propias y ajenas: *la nueva campaña antirracista ayudará a la liberalización de la sociedad.*
3 **liberalización de los intercambios:** Proceso tendente a establecer el mayor grado posible de libertad en los intercambios comerciales internacionales. — ECONOMÍA

liberalizar
1 Hacer más libre, en especial un sistema político. — v.tr./prnl./conj: cazar
2 Hacer el tráfico comercial menos restrictivo, en especial en lo que se refiere a cuota y tasas de importación. — v.tr. ECONOMÍA

liberar
1 Dejar en libertad a la persona, comunidad o animal que estaba privado de ella: *el ladrón se liberó cortando las rejas de la celda.* — v.tr./prnl. = libertar ≠ apresar
2 Dejar a una persona libre de una obligación, carga o compromiso: *al ponerse enferma se liberó del examen; se liberará de sus deudas cuando reciba el dinero.* — + de = librar, eximir
3 Adquirir acciones la propia sociedad que las emite. — v.tr./ECONOMÍA
4 Desprenderse de las imposiciones morales o sociales: *desde su divorcio, se ha liberado mucho.* — v.prnl. ≠ reprimirse
5 Echar de sí o desprender: *la piel libera el sudor segregado por las glándulas sudoríparas.* — v.tr./prnl. = despedir, emitir

liberatorio, a Que sirve o tiene capacidad para liberar o redimir. — adj.

liberiano, a
1 De Liberia, país de África occidental. — adj.
2 Persona natural de este país. — s.
3 Del líber de las plantas. — adj./BOTÁNICA

líbero (Del ital. *libero*, libre.) Jugador de fútbol que juega en la defensa y no tiene asignado el marcaje de ningún contrario. — s.m.f. DEPORTES

libertad (Del lat. *libertas, -atis.*)
1 Facultad humana de obrar y expresarse según la propia voluntad y bajo la responsabilidad de uno mismo: *tienes plena libertad para decidir a qué partido político votarás.* — s.f.
2 Estado del que no está preso, esclavo o sometido a la voluntad de otra persona: *los secuestradores privan de la libertad a los secuestrados.* — ≠ esclavitud
3 Circunstancia de no estar sujeto a una obligación, deber o disciplina: *en la empresa, tengo libertad de horarios.* — = independencia
4 Falta de prohibición, impedimento o coacción para hacer una cosa: *puede entrar en mi casa con toda libertad puesto que tiene las llaves.*
5 Derecho de los ciudadanos en un país a hacer y decir todo aquello que no vaya en contra de las leyes establecidas: *existe libertad de asociación política.* — DERECHO

6 Actitud carente de formalismos, ceremonias o etiquetas permitida en ciertos lugares: *no debes tener ciertas libertades en los recintos religiosos.* — = permisividad ≠ rigidez
7 Actitud franca, natural y desenvuelta al obrar y expresarse: *en cuanto nos conocimos, nos tratamos con absoluta libertad y franqueza.* — = naturalidad
8 Facultad de obrar o hacer ciertas cosas con rapidez y sin esfuerzo aparente, en especial referida a pintores y otros artistas: *dibuja con mucha libertad.* — = soltura
9 Actitud exagerada atrevida o familiar en el trato con otras personas: *creo que te has tomado demasiadas libertades con el director.* — = licencia, familiaridad
10 Actitud de quien actúa de una manera desenfrenada contra las leyes y las costumbres.
11 **libertad condicional:** La que se concede al preso que ha cumplido con buena conducta la mayor parte de su condena, bajo la condición de presentarse de manera periódica ante la autoridad. — DERECHO
12 **libertad de comercio:** La que permite comerciar sin intervención del estado. — ECONOMÍA
13 **libertad de conciencia:** Derecho de los ciudadanos de un país a profesar cualquier creencia. — DERECHO
14 **libertad de cultos:** Derecho de profesar cualquier religión. — DERECHO
15 **libertad de expresión o de pensamiento o de opinión:** Derecho a expresar en público sus propias ideas y a criticar las contrarias: *la organización denunció las violaciones de la libertad de expresión.* — DERECHO
16 **libertad de imprenta:** Derecho a escribir y publicar, dentro del límite que marcan las leyes civiles, cualquier información u opinión sin censura previa del estado. — DERECHO
17 **libertad del espíritu:** Actitud del que mantiene el dominio de sí mismo.
18 **libertad provisional:** La que se concede a un acusado o procesado, a veces bajo pago de una fianza, hasta el momento en que el juez dicte la sentencia. — DERECHO
19 **con libertad:** Con confianza o con naturalidad: *me habló con libertad de su vida.* — loc.adv.
20 **en libertad:** 1. Libre, liberado o fuera de la cárcel: *dejó a los pájaros en libertad.* 2. Libre para hacer una cosa.

libertado, a
1 Que ha sido puesto en libertad: *los rehenes libertados fueron atendidos por personal sanitario.* — adj. = liberado
2 Que es osado o atrevido. — = insolente

libertador, a Que liberta: *el revolucionario fue considerado el libertador del pueblo.* — adj./s.

libertar
1 Devolver la libertad a quien había sido privado de ella: *le convencí para que libertara a los animales que tenía atados.* — v.tr. = liberar, librar ≠ encerrar, apresar
2 Dejar a una persona libre de una carga o una obligación: *al salir del país se libertó de pagar los impuestos; su enfermedad le libertó del servicio militar.* — v.tr./prnl. + de = descargar, librar

libertario, a Que es partidario del anarquismo político: *coincido con algunas de sus ideas libertarias; colectivo libertario.* — adj./s. = anarquista

libertarismo Doctrina política que defiende una sociedad sin estado y sin poder establecido. — s.m./POLÍTICA = anarquismo

liberticida (De *libertad* + lat. *caedere*, matar.) Que destruye la libertad. — adj./s.m.f.

libertinaje
1 Actitud de quien obra con desenfreno y sin el debido respeto a los demás: *no hay que confundir libertad con libertinaje.* — s.m.
2 Actitud de la persona que actúa de un modo irregular y cercano a lo que se considera licencioso.
3 Falta de respeto a la religión o a las leyes.

libertino, a
1 Que se comporta con libertinaje o lo implica: *le tacharon de libertino por frecuentar playas nudistas.* — adj./s. = crápula, depravado
2 Hijo de liberto o el mismo liberto. — s./HISTORIA

liberto, a (Del lat. *libertus.*) Esclavo a quien se había dado la libertad. — s. HISTORIA

libidinal De la libido. — adj./SICOLOGÍA

libídine (Del lat. *libido, -inis.*) Lujuria, deseo o actividad sexual desmedida. — s.f./= concupiscencia, lascivia

libidinoso, a (Del lat. *libidinosus.*) Que se comporta con lujuria o la implica: *huyó asustado ante la libidinosa mirada de aquel hombre.* — adj. = lascivo, lujurioso

libido (Del lat. *libido, -inis,* deseo.)
1 Deseo sexual o tendencia al placer. — s.f. SICOLOGÍA
2 Lujuria, deseo o actividad sexual intensos.

libio, a
1 De Libia, país del norte de África. — adj./s./tb: líbico
2 Persona natural de este país. — s.

libra
I (Del lat. *libra,* libra de peso.)
1 Antiguo peso equivalente a unos 460 gramos. — s.f.
2 Medida de capacidad equivalente a lo que ocuparía el anterior en líquido.

3 Moneda de cien pesetas: *sólo tengo tres libras, así que no puedo invitarte.* — coloquial

4 Hoja de tabaco de calidad superior. — *Cuba*

5 libra carnicera: La equivalente a 36 onzas que se usaba en varias provincias para pesar carne y pescado.

6 libra de chocolate: Conjunto de dos tabletas de chocolate divididas en 8 porciones.

7 libra esterlina: Unidad monetaria del Reino Unido, y de muchas de sus antiguas colonias. — ECONOMÍA

II (Del lat. *libra*, balanza.)

1 Séptimo signo del zodíaco representado por una balanza. — s.f.

2 Se aplica a la persona nacida entre el 23 de setiembre y el 21 de octubre. — adj/s.m.f.

libración Movimiento de oscilación que efectúa un cuerpo, desviándose de su punto de equilibrio, hasta que lo va recuperando poco a poco. — s.f.

libraco Libro grande y pesado: *tenemos que leernos un libraco y hacer un resumen.* — s.m. despectivo

librado, a
1 Persona contra la que se gira o expide una letra de cambio. — s. COMERCIO

2 salir bien o mal librado: Salir beneficiado o perjudicado de un asunto: *tuvo suerte y salió bien librado de aquel sucio asunto.*

librador, a
1 Que libra o libera. — adj/s.
2 Persona que expide una letra de cambio. — s./COMERCIO
3 Utensilio usado en las tiendas para poner las mercancías en el peso. — s.m. = cogedor

libramiento
1 Acción y resultado de librar a una persona de una obligación o carga. — s.m.
2 Orden dada por escrito para que se pague cierta cantidad a determinada persona. — COMERCIO = libranza
3 Acción de hacer el quite. — TAUROMAQUIA

librancista Persona que tiene una o más libranzas a su favor. — s.m.f. COMERCIO

libranza Orden de pago que se da contra una persona que tiene fondos disponibles y que no precisa aceptación. — s.f. = libramiento

librar (Del lat. *liberare*.)
1 Dejar a una persona libre de una obligación, un peligro o una molestia: *se libró del servicio militar por tener los pies planos; aquel tratamiento le libró de la muerte.* — v.tr/prnl. + de = liberar
2 Extender un documento o una comunicación oficial a una persona. — v.tr = expedir
3 Extender una orden de pago, un cheque u otros documentos mercantiles a una persona. — COMERCIO
4 Sostener una lucha, batalla o un enfrentamiento: *el ejército libró una violenta contienda.* — = entablar
5 Poner la confianza o la esperanza en una persona o una cosa: *libró su confianza en quien más tarde la traicionó.* — = depositar
6 Interrumpir una persona su trabajo durante el día o tiempo que le corresponde: *esta semana libro el miércoles y el sábado.* — v.intr.
7 Dar a luz. — = parir
8 Expulsar la placenta la mujer que está de parto.
9 Lograr pasar por un lugar estrecho o conseguir esquivar un obstáculo pasando muy cerca de él: *el conductor apenas pudo librar el poste para no chocar.* — v.tr. *Méx.*
10 a bien o a buen librar: Con menor perjuicio de lo que se esperaba en un asunto. — loc.adv.
11 librar bien o mal: Salir beneficiada o perjudicada una persona o una cosa en un asunto.

libratorio Locutorio con reja de los conventos y cárceles. — s.m.

librazo Golpe dado con un libro. — s.m.

libre (Del lat. *liber*.)
1 Que puede decidir lo que hace y el modo de hacerlo: *es libre de no venir si no quiere.* — adj. + de, para
2 Que no está preso ni retenido en contra de su voluntad: *abrió la jaula y dejó libre al pájaro.* — ≠ cautivo
3 Que no está sujeto a ninguna autoridad o poder: *al vivir solo, ya está libre de su familia.* — = autónomo, independiente
4 Que no está sometido a reglas, obligaciones o deberes: *el juez decretó que estaba libre de culpa; compró artículos libres de impuestos en el aeropuerto.* — + de ≠ exento
5 Que no está ocupado: *han quedado plazas libres en el instituto; en su tiempo libre, escribe cuentos infantiles.* — = desocupado, vacante
6 Que está soltero y sin compromiso: *todos sus compañeros están libres menos él, que está ya casado.* — ≠ comprometido
7 Se aplica al trayecto, camino u otra vía que no presenta obstáculos: *ya tienes vía libre para continuar.* — = transitable ≠ cerrado
8 Se aplica a la traducción o interpretación que no se ciñe palabra por palabra al original pero recoge su sentido: *hizo una libre interpretación de sus palabras.* — ≠ literal
9 Se refiere al verso que no rima con ningún otro. — POESÍA/≠ rimado
10 Que se comporta o actúa de forma deshinibida o licenciosa: *tuvo unos modales muy libres durante la ceremonia.*
11 Que no está ceñido ni sujeto: *la tela caía libre sobre el sofá.* — = suelto

12 Se aplica al alumno que no está obligado a asistir a clase, pero sí a examinarse.
13 Taxi, vehículo de pasajeros. — s.m./*Méx.*
14 por libre: Sin someterse a costumbres o sin depender de nada ni nadie: *declaró que actuó por libre en el desfalco.* — loc.adv.

librea (Del fr. *livree* < *livrer*, entregar.)
1 Traje usado como uniforme de gala por algunos criados y empleados: *se vistieron con la librea para recibir al monarca.* — s.f.
2 Persona que lleva este traje de uniforme: *dos libreas guardaban la puerta del palacio.*
3 Pelaje de los venados y otras reses o plumaje de ciertas aves. — ZOOLOGÍA
4 Traje que usaban las cuadrillas de caballeros en las fiestas públicas. — HISTORIA

librear
I (Derivado de *libra*.) Vender una cosa por libras. — v.tr.
II (Derivado de *librea*.) Adornar a una persona o una cosa con lujo y cuidado. — v.tr/prnl. = emperejilar

librecambio
1 Sistema económico que facilita el comercio internacional eliminando o reduciendo las tasas, aduanas o trabas en general. — s.m. ECONOMÍA
2 Régimen aduanero apoyado en este sistema económico. — ECONOMÍA

librecambismo Doctrina económica y política que defiende la libertad de comercio internacional mediante la supresión de aranceles. — s.m./ECONOMÍA, POLÍTICA ≠ proteccionismo

librecambista
1 Del librecambio o del librecambismo: *la conferencia mundial económica busca fórmulas librecambistas.* — adj./ECONOMÍA, POLÍTICA
2 Que es partidario del librecambismo: *fue un personaje ultraliberal y librecambista.* — adj/s.m.f. ECONOMÍA

librepensador, a Que es partidario de la razón y contrario a los dogmas. — adj./FILOSOFÍA ≠ dogmático

librepensamiento Doctrina que defiende la independencia absoluta de la razón respecto de cualquier dogma, especialmente religioso. — FILOSOFÍA

librera Mueble con estantes para colocar libros u otros objetos. — s.f. *Guat., Pan.*

librería
1 Tienda donde se venden libros: *se pasa horas en las librerías de libros antiguos.* — s.f. COMERCIO
2 Mueble con estantes para colocar libros: *encontrarás ese libro en la tercera repisa de la librería.* — = estantería
3 Profesión de la persona que vende libros.
4 Colección de libros o conjunto de ellos. *tiene una fantástica librería de textos medievales.* — = biblioteca
5 Comercio donde se venden cuadernos, lápices y otros artículos de escritorio. — *Argent.* COMERCIO
6 Conjunto de subprogramas que independientemente realizan un cometido determinado, pero que se agrupan en un archivo o fichero, porque todos ellos se refieren a un mismo tema. — INFORMÁTICA

libreril Del comercio de libros. — adj./COMERCIO

librero, a
1 Persona que vende libros. — s./COMERCIO
2 Mueble para colocar libros. — s.m./*Méx.*

libresco, a
1 De los libros. — adj.
2 Se aplica al escritor o al autor que se inspira en la lectura de libros y no en la realidad. — adj/s. despectivo

libreta
I (Derivado de *libro*.)
1 Conjunto de pliegos de papel, por lo general, blanco unidos en forma de libro para hacer anotaciones o cuentas: *prefiero las libretas con anillas.* — s.f. = cuaderno
2 libreta cívica: Documento oficial con el que la mujer acredita su identidad. — *Argent., Urug.*
3 libreta de ahorros: Cartilla que expide una caja de ahorros o banca y donde constan los ingresos o el haber del titular: *introdujo la libreta de ahorros en el cajero automático para actualizarla.*
4 libreta de enrolamiento: Documento oficial con el que el varón acredita su identidad. — *Argent., Urug.*
II (Derivado de *libra*.) Pieza de pan candeal redondo de medio kilo aproximadamente. — s.f.

librete Brasero pequeño que se usaba para calentarse los pies. — s.m. = maridillo, rejuela

libretista Persona que escribe libretos para las obras teatrales musicales. — s.m.f. TEATRO, MÚSICA

libreto (Del ital. *libretto*.)
1 Texto de una obra teatral pensada para ser musicada, total o parcialmente: *el libreto de la ópera "El Trovador".* — s.m. TEATRO, MÚSICA
2 Guión de radio, cine o televisión. — AUDIOVISUALES

librillo
I (De origen incierto.) Recipiente de barro vidriado o de metal, semejante a un barreño pequeño, usado para fregar o para lavarse. — s.m. tb: lebrillo
II (Derivado de *libro*.)

1 Cuadernillo de papel de fumar: *sacó el librillo para liarse un cigarrillo*. — *s.m.*
2 Una de las cuatro cavidades del estómago de los rumiantes. — ZOOLOGÍA = libro
3 Bisagra diminuta para las cajas muy pequeñas.
4 librillo de cera: Trozo de vela plegada.
5 librillo de oro o de plata: El formado por panes de oro o de plata entre hojas de papel espolvoreadas con minio.

libro (Del lat. *liber, -bri*.)
1 Conjunto de hojas escritas, unidas o cosidas por uno de sus lados y cubiertas por tapas de cartón u otro material. — *s.m.* ARTES GRÁFICAS = volumen
2 Obra científica o literaria impresa, de bastante extensión para formar un volumen independiente: *acaba de aparecer un nuevo libro del nobel*.
3 Cada una de las partes en que se divide una obra científica o literaria o los códigos muy extensos: *esa ley está en el libro segundo, tercer párrafo*. — = tomo
4 Obra impresa no periódica de cuarenta y nueve páginas o más: *no es un libro sino un fascículo*. — ARTES GRÁFICAS
5 Tercera de las cuatro cavidades en que se divide el estómago de los rumiantes. — ZOOLOGÍA = librillo
6 Cada uno de los textos que forman el antiguo testamento: *me leyó un párrafo del libro del Génesis*. — RELIGIÓN
7 Libreto de una obra teatral para ser musicada. — TEATRO, MÚSICA
8 libro acéfalo: El que carece de cubiertas. — ARTES GRÁFICAS
9 libro antifonal o antifonario: El que contiene las antífonas de todo el año. — RELIGIÓN
10 libro blanco: Conjunto de documentos que tratan sobre un tema de actualidad y que se presentan de manera objetiva: *libro blanco de las telecomunicaciones*.
11 libro canónico: Cada uno de los incluidos en el canon o catálogo de los libros de la biblia admitidos como auténticos por la iglesia católica. — RELIGIÓN
12 libro de o del acuerdo: Aquel en el que se hacen constar las resoluciones que adopta un tribunal sobre los objetos de aplicación general y otros que no sean la vista y fallo de los pleitos y causas. — DERECHO
13 libro de asiento o de memoria: El que se usa para anotar lo que hay que tener presente o recordar: *anota todos sus compromisos en un libro de asiento*.
14 libro de bolsillo: El que tiene un coste reducido y está impreso en un formato pequeño y manejable. — ARTES GRÁFICAS
15 libro de caballería o caballerías: Obra literaria que relata hazañas fantásticas realizadas por caballeros andantes o aventureros. — LITERATURA
16 libro de cabecera: El que tiene una significación especial para una persona y suele leerse con cierta frecuencia.
17 libro de caja: Aquel en que se anotan las entradas y salidas de dinero en un establecimiento comercial. — COMERCIO
18 libro de cocina: El que contiene recetas culinarias. — COCINA
19 libro de coro: Aquel en que están escritas las letras y la música de las piezas que se cantan en el coro de la iglesia. — RELIGIÓN
20 libro de escolaridad o escolar: El que recoge las calificaciones de todas las asignaturas que curse un alumno al cabo de los años.
21 libro de familia: Cartilla en la que quedan registrados los datos sobre un matrimonio y los hijos tenidos en éste. — DERECHO
22 libro de fondo: El que tiene un librero en almacén por haberlo editado él o haberlo adquirido en propiedad.
23 libro de horas: El que contiene los rezos litúrgicos de las distintas horas del día. — RELIGIÓN
24 libro de inventarios: Aquel en el que se anotan todos los bienes y derechos del activo, así como todas las deudas y obligaciones del pasivo de cada comerciante o persona natural o jurídica. — COMERCIO
25 libro de la vida: Conocimiento de Dios relativo a los predestinados a la gloria. — TEOLOGÍA
26 libro de mano: El que está escrito a mano.
27 libro de misa: El que usan los fieles para seguir el texto y orden de la misa. — RELIGIÓN
28 libro de música: El que contiene anotaciones musicales. — MÚSICA
29 libro de oro: Cuaderno que contiene las firmas de las personalidades que han visitado una entidad, población, etc.: *el rey firmó el libro de oro del museo*.
30 libro de surtido: Cada uno de los libros que reciben los libreros para venderlos por comisión.
31 libro de texto: El que se ajusta al programa oficial de determinada asignatura de un curso y está destinado a los alumnos de un centro de enseñanza.
32 libro diario: El comercial en que se anotan las operaciones de cada día. — COMERCIO
33 libro entonatorio: El que se usa para cantar en el coro de las iglesias.
34 libro maestro: 1. Aquel en que se anotan las noticias referentes al gobierno económico de una casa. **2.** El que recoge las filiaciones y partidas que recibe el soldado para confrontarlas con las libretas. — MILITAR

35 libro mayor: El comercial donde se llevan todas las cuentas corrientes de cada persona o asunto por riguroso orden de fechas. — COMERCIO
36 libro procesionario: El que se lleva en las procesiones con los rezos o cantos que se dicen. — RELIGIÓN
37 libro ritual: El que contiene el orden de las ceremonias sagradas. — RELIGIÓN
38 libro sagrado: Cada uno de los de la biblia. — RELIGIÓN
39 libro sapiencial o moral: Cada uno de los cinco libros bíblicos que contienen, sobre todo, máximas morales. — RELIGIÓN
40 libro verde: 1. Libro o cuaderno donde se escribían curiosidades de personas y países y en particular lo bueno y malo de los distintos lugares. **2.** Persona que escribe esos libros o averigua esas cosas.
41 libro-talonario: El que contiene recibos o facturas que se rellenan y se arrancan quedando en el libro un justificante de ellos. — ECONOMÍA
42 ahorcar o colgar los libros: Dejar los estudios que se estaban cursando: *colgó los libros en el segundo curso de la carrera*. — coloquial
43 hablar o explicarse como un libro abierto: Hablar de forma clara y comprensible. — coloquial
44 hablar o explicarse como un libro cerrado: Expresarse de forma confusa y poco comprensible, o bien omitiendo datos importantes: *a ver, vuelve a empezar porque te explicas como un libro cerrado*. — coloquial
45 llevar los libros: Encargarse de la contabilidad de un negocio. — COMERCIO
46 meterse alguien en libros de caballerías: Mezclarse en un asunto que no le afecta y que puede traerle disgustos.
47 no estar en los libros: Ser extraño un asunto o una materia, o pensar de distinta manera que otro. — coloquial
48 quemar alguien sus libros: Reforzar la opinión propia a contrariar la ajena. — coloquial
49 ser alguien un libro abierto: Ser y comportarse una persona de forma natural y sincera: *sé que estás enfadado porque eres un libro abierto*. — coloquial

lic- Componente de palabra procedente del gr. *lykos*, que significa lobo: *licántropo*. — *pref.* tb: lico-

licantropía (Del gr. *lykos*, lobo + *anthropos*, hombre.)
1 Perturbación mental en la que el enfermo se cree convertido en lobo e imita su comportamiento. — *s.f.* SIQUIATRÍA
2 Conversión, según la tradición popular, de un hombre en lobo.

licántropo, a (Del gr. *lykos*, lobo + *anthropos*, hombre.) Se aplica a la persona a quien se le atribuye la capacidad de transformarse en lobo, según la creencia popular. — *adj/s.*

liceísta Socio de un liceo. — *s.m.f.*

licencia (Del lat. *licentia*, facultad.)
1 Permiso o autorización, por escrito o de palabra, para hacer una cosa: *el director le dio plena licencia para encargarse de ese asunto*. — *s.f.*
2 Documento escrito que autoriza legalmente un acto: *no tiene licencia para trabajar como médico*.
3 Permiso para ausentarse de un empleo o de una actividad militar: *algunos soldados tuvieron licencia el fin de semana*.
4 Excesiva libertad al hacer o decir una cosa: *se dirige a sus superiores con demasiada licencia*. — = confianza
5 Permiso concedido a los eclesiásticos para celebrar misa o predicar. — *s.f.pl.* RELIGIÓN
6 licencia poética: Incorrección en el uso del lenguaje o en el estilo, que se tolera en poesía. — LITERATURA
7 permitirse o tomarse la licencia de: Hacer una cosa sin contar con el permiso o aprobación de una persona: *me he tomado la licencia de venir sin avisar*.

licenciado, a
1 Se aplica al soldado que ha recibido la cartilla absoluta o de licenciamiento. — *adj/s.m.* MILITAR
2 Que ha sido declarado libre o exento de cierto servicio. — *adj.* = excluido
3 Persona que ha concluido una carrera universitaria y ha obtenido el grado de licenciatura. — *s.* = titulado
4 Tratamiento que se da a los abogados y farmacéuticos.
5 Que ha sido despedido o expulsado de un lugar o de su trabajo. — *adj.* coloquial
6 licenciado vidriera: Persona muy delicada y tímida.

licenciador, a Que autoriza o permite la utilización de una patente. — *adj/s.*

licenciamiento
1 Acción y resultado de licenciar a los soldados: *sus amigos han preparado una fiesta para celebrar su licenciamiento*. — *s.m.*
2 Acto de recibir el grado de licenciado: *mis padres acudieron a la universidad para asistir a mi licenciamiento*. — = licenciatura

licenciar
1 Dar por finalizado el servicio militar de un soldado. — *v.tr./MILITAR*
2 Dar el grado de licenciado a una persona. — = graduar

3 Obtener una persona el grado de licenciado: *se licenció en historia el año pasado.*   v.prnl. = graduarse

4 Dar licencia o permiso a una persona para que haga una cosa: *licenció al comercial para que iniciara la campaña.*   v.tr. = autorizar, permitir

5 Echar a una persona de un lugar: *le licenciaron del club por no pagar las cuotas.*   + de = despedir, expulsar

6 Dar el titular de una patente el derecho de usarla con fines industriales o comerciales a una persona o entidad.

licenciatura
1 Titulación o grado que acredita que una persona ha concluido estudios universitarios superiores.   s.f.

2 Estudios necesarios para obtener este título: *la licenciatura de sociología son cinco cursos.*

3 Acto de recibir este título: *cuando todos habían recogido su licenciatura, lanzaron sus birretes al aire.*   = licenciamiento

licencioso, a Que es muy atrevido o vicioso: *su familia desaprobó su conducta licenciosa.*   adj/s. = disoluto, libertino

licénido, a Perteneciente a una familia de mariposas de colores vivos, que viven por todo el globo.   adj/s.m. ZOOLOGÍA

liceo (Del lat. *Lyceum* < gr. *Lykeion*, escuela donde enseñaba Aristóteles.)
1 Asociación o institución con fines literarios y recreativos: *en el liceo hacen una obra de teatro.*   s.m.

2 Instituto de enseñanza media, en algunos países: *cursó sus estudios en el liceo francés.*   = instituto

3 Uno de los tres antiguos centros de enseñanza de Atenas, donde enseñó Aristóteles.   HISTORIA, FILOSOFÍA

4 Escuela filosófica fundada por Aristóteles.

licitación Acción y resultado de ofrecer un precio por lo que se está subastando.   s.f. = puja

licitador, a Persona que ofrece un precio por una cosa en una subasta: *dos licitadores querían conseguir el jarrón chino.*   s. = licitante

licitar (Del lat. *licitari*, ofrecer en almoneda.) Tomar parte en una subasta ofreciendo cierto precio por una cosa: *licitaba por el cofre de oro.*   v.tr. = pujar

lícito, a (Del lat. *licitus*, permitido.)
1 Que está permitido por la ley o por la moral: *no es lícito apropiarse de los bienes ajenos.*   adj./= legal ≠ ilegal, ilícito

2 Que se hace de acuerdo con la justicia o la razón: *es lícito que le cobres por este trabajo, aunque sea tu amiga.*   = justo, razonable

licitud Carácter de lo que es lícito.   s.f.

licnobio, a (Del gr. *lykhnos*, lámpara + *bios*, vida.) Que realiza sus actividades durante la noche y duerme durante el día.   adj/s./BIOLOGÍA = noctámbulo, nocherniego

licopeno Sustancia semejante a la carotina de color rojo presente en frutos como los tomates y los pimientos.   s.m. BIOQUÍMICA

licopodiáceo, a Perteneciente a una familia de plantas criptógamas, con hojas pequeñas y sencillas, y con los tallos y raíces divididos en dos.   adj/s.f. BOTÁNICA

licopodial Perteneciente a un orden de plantas trepadoras con hojas pequeñas y escamosas, y tallos y raíces dicótomas.   adj/s.f. BOTÁNICA

licopodíneo, a Perteneciente a una clase de plantas del orden de las licopodiales, de hojas pequeñas y sencillas con ramificación dicótoma de su tallo y raíz.   adj/s.f. BOTÁNICA

licopodio (Del gr. *lykos*, lobo + *pous, podos*, pie.) Planta criptógama, rastrera, con esporas que forman un polvo amarillento usado en farmacia, que crece en lugares húmedos y sombríos. *(Lycopodium.)*   s.m. BOTÁNICA

licor (Del lat. *liquor*, líquido.)
1 Bebida alcohólica obtenida por destilación de alcoholes a la que se añaden sustancias aromáticas: *toma un licor digestivo después de comer.*   s.m.

2 Cualquier sustancia líquida.   = líquido

licorera
1 Botella para licores: *le regalé una bonita licorera de cristal tallado.*   s.f.

2 Juego de vasos y botella y bandeja para servir licores.

3 Soporte o parte de un mueble en el que se colocan botellas de licor: *el anís está en un estante de la licorera.*

licorería
1 Fábrica de licores: *visitamos una licorería y vimos el proceso de destilación del alcohol.*   s.f. INDUSTRIA

2 Establecimiento donde se venden licores: *este coñac lo compro en una licorería cercana.*   COMERCIO

licorista Persona que elabora o vende licores.   s.m.f.

licoroso, a Se aplica al vino que tiene aroma y mucho alcohol.   adj.

licuable Que se puede convertir en líquido.   adj.

licuación Acción y resultado de hacerse líquida una sustancia sólida o gaseosa.   s.f. = licuefacción

licuadora Aparato eléctrico para extraer el zumo de las frutas y otros alimentos: *preparar un batido de frutas con la licuadora es muy fácil.*   s.f. COCINA

licuar (Del lat. *liquare*.)
1 Hacer líquida una cosa sólida o gaseosa: *el oxígeno se licúa a bajas temperaturas; con el calor se licuó el helado.*   v.tr/prnl. conj: *actuar* = licuefacer

2 Convertir un metal en líquido sin que se derritan los otros materiales con los que está combinado: *licuaron el hierro para depurarlo.*   METALURGIA

licuefacción Acción y resultado de licuar o licuefacer una sustancia.   s.f. = licuación

licuefacer (Del lat. *liquor*, líquido + *facere*, hacer.) Licuar, hacer líquida una sustancia sólida o gaseosa.   v.tr/prnl./conj: *hacer* part: licuefacto

licuefactivo, a Que tiene la propiedad de licuar una sustancia sólida o gaseosa.   adj.

lid (Del lat. *lis, litis*, disputa.)
1 Enfrentamiento violento entre personas o animales: *los soldados sostuvieron una sangrienta lid.*   s.f./literario = lucha, pelea

2 Discusión razonada y argumentada: *se enzarzaron en una lid filosófica.*   = debate

3 Actividad o situación: *es experta en lides de este carácter; ser ducho en ciertas lides.*

4 en buena lid: De forma legal y correcta.   loc.adv.

líder (Del ingl. *leader*.)
1 Persona que dirige, en especial un partido político o una asociación: *la líder de la oposición asistió al pleno del ayuntamiento.*   s.m.f. = dirigente, guía

2 Persona o equipo que ha conseguido el primer puesto en una competición deportiva o clasificación: *el líder de la etapa lucía el maillot amarillo.*   DEPORTES

3 Empresa o producto que destaca entre los de su mismo sector o mercado: *dirige un programa líder en audiencia.*

liderar
1 Ejercer una persona las funciones de líder en una colectividad: *el candidato a la presidencia lidera el partido; liderar un banda musical.*   v.tr. = dirigir, guiar

2 Ser una persona o equipo el primero en una competición o una actividad: *la empresa lidera las ventas en el sector.*   = encabezar

3 Dominar un ámbito económico: *el sector de transportes lidera en la bolsa.*   v.intr. ECONOMÍA

liderato
1 Circunstancia de ser líder en una actividad: *el liderato del equipo es, hoy por hoy, indiscutible.*   s.m. = liderazgo

2 Tiempo durante el cual una persona o grupo de personas son líderes: *su liderato concluyó cuando la competencia lanzó un nuevo producto.*

3 Influencia que ejerce un líder: *estuvieron bajo el liderato de Moisés.*

liderazgo Condición de líder: *el liderazgo de ese fabricante está tocando a su fin.*   s.m. = liderato

lidia
1 Acción y resultado de lidiar un toro: *el torero realizó una fantástica lidia.*   s.f. TAUROMAQUIA

2 Trato con personas que causan molestia y con las que se requiere habilidad y paciencia: *la lidia con chiquillos agota sicológicamente.*   = ajetreo, brega

lidiable Se aplica al ganado que es apto para ser lidiado.   adj./= lidiadero TAUROMAQUIA

lidiador, a Persona que lidia toros: *el lidiador salió a la plaza y dedicó la corrida al público.*   s/TAUROMAQUIA = torero

lidiar (Del lat. *litigare*, disputar.)
1 Usar la fuerza, armas u otros recursos contra una persona o una cosa: *todos lidiamos con los problemas cotidianos.*   v.intr. + con, contra, por = luchar, batallar

2 Tratar con personas que pueden causar molestias o enfado: *yo no me veo capaz de lidiar con jóvenes en un aula.*   = bregar

3 Provocar, esperar y esquivar la acometida de un toro con arte: *lidió los toros de la tarde con destreza y categoría.*   v.tr. TAUROMAQUIA = torear

lidita (De *Lydd*, localidad británica.) Sustancia explosiva muy poderosa, a base de ácido pícrico, empleada para la carga de granadas.   s.f. QUÍMICA

lido (Voz italiana.) Banda de arena que cierra una bahía y que puede aislar una albufera.   s.m. GEOGRAFÍA

liebre (Del lat. *lepus, -oris*.)
1 Mamífero lagomorfo de tamaño mediano, color pardo, orejas grandes con el extremo negro, cola blanca y negra y patas traseras muy largas adaptadas para el salto, vive en zonas despejadas, praderas y cultivos de cereales y es muy veloz. *(Lepus.)*   s.f. ZOOLOGÍA

2 Corredor que, en las carreras atléticas de fondo, marca un ritmo fuerte para acelerar la carrera y evitar el excesivo desgaste del que va en cabeza.   DEPORTES

3 Persona tímida y cobarde.   coloquial

4 Autobús pequeño de transporte urbano.   *Chile*

5 liebre marina o de mar: Molusco gasterópodo, con el cuerpo desnudo y una concha oculta bajo el manto, con cuatro tentáculos cefálicos, dos de ellos parecidos a las orejas de un mamífero y cuello alargado. *(Aplysia.)*   ZOOLOGÍA

6 coger una liebre: Resbalar o caerse al suelo sin hacerse daño.   coloquial

7 comer liebre: Ser cobarde.   coloquial

8 levantar la liebre: Hacer que se conozca un asunto que se quería mantener oculto: *alguien del departamento levantó la liebre del tema de los recibos.* — coloquial
9 saltar la liebre: Producirse un suceso de modo rápido e inesperado. — coloquial
10 seguir la liebre: Seguirle la pista a una cosa. — coloquial

lied (Del alem. *Lied,* canción.)
1 Breve composición vocal a una o varias voces, con o sin acompañamiento instrumental. — s.m./pl: lieder / MÚSICA
2 Forma musical instrumental. — MÚSICA

liego, a Se aplica a la tierra que no sirve para sembrar. — adj/s. / = lleco

liencillo Tela burda de algodón. — s.m./Amér. Merid.

liendre (Del lat. *lendis, -inis.*)
1 Huevo del piojo que queda pegado al pelo de los mamíferos: *el perro tenía liendres en la zona de las orejas.* — TEXTIL / s.f.
2 cascarle ·o machacarle a alguien las liendres:
1. Propinarle una paliza, aporrearle. 2. Reprenderle con severidad y rigor: *le machacó las liendres por haberle mentido.* — coloquial

lientería (Del gr. *leienteria.*) Diarrea en la que aparecen trozos de alimentos que no han sido digeridos. — s.f./MEDICINA / tb: lientera

lientérico, a
1 De la lientería. — adj./MEDICINA
2 Que padece este tipo de diarrea. — adj/s./MEDICINA

liento, a (Del lat. *lentus.*) Que está un poco mojado. — adj./= húmedo

lienza Tira estrecha de tela. — s.f./TEXTIL

lienzo (Del lat. *linteum.*)
1 Tela de lino, cáñamo o algodón, generalmente fuerte y recia. — s.m. / TEXTIL
2 Tela preparada para pintar sobre ella: *colocó el lienzo sobre el caballete.* — ARTE / = tela
3 Pintura hecha sobre lienzo: *éste es uno de los lienzos más famosos de Goya.* — = cuadro
4 Cualquier fachada o pared que se extiende de forma continua y recta, especialmente la de un edificio. — CONSTRUCCIÓN

liftar (Del ingl. *life,* levantar.) Golpear un tenista la bola controlándola mediante un golpe plano de arriba abajo de modo que el contacto de la raqueta con la pelota sea un roce más que un golpe. — v.tr. / DEPORTES

lifting (Voz inglesa.) Intervención de cirugía estética que consiste en el estiramiento de la piel, por lo general de la cara, para eliminar las arrugas. — s.m./pl: liftings / MEDICINA / = ridectomía

liga (Derivado de *ligar.*)
1 Tira de tela elástica usada para sujetar las medias o los calcetines. — s.f.
2 Agrupación de personas o entidades con un fin común: *pertenece a una liga de lucha contra el sida.* — = asociación, confederación
3 Confederación de varios estados. — = alianza, coalición
4 Unión homogénea que resulta de mezclar dos o más sustancias: *hay que mezclar los ingredientes hasta que la liga quede espesa.* — = mezcla
5 Competición deportiva en que se enfrentan entre sí todos los equipos de una misma categoría: *nuevamente tu equipo ha sido el campeón de la liga.* — DEPORTES
6 Mezcla homogénea que resulta de alear dos o más metales. — = aleación
7 Cantidad de cobre que se mezcla con oro o plata para hacer monedas o alhajas. — METALURGIA
8 Tira de gasa o lienzo usada para cubrir una parte del cuerpo herida o dañada: *una liga cubría el brazo malherido.* — = venda
9 Materia viscosa que envuelve las semillas del muérdago y otras plantas, con la que se untan mimbres y juncos para hacer trampas para pájaros. — CAZA
10 Muérdago, planta que vive parásita en los troncos y ramas de los árboles. — BOTÁNICA
11 Banda elástica circular u oval para sujetar cosas. — Méx.
12 hacer una persona buena o mala liga con otra: Coincidir o estar en desacuerdo en las opiniones, los gustos o en el carácter. — coloquial

ligación Acción y resultado de ligar o unir cosas: *la ligación de los ingredientes ha quedado grumosa.* — s.f./= ligadura, mezcla

ligada
1 Conjunto de vueltas, dadas generalmente con piola, que se hacen para unir cuerdas u otros objetos. — s.f. / NÁUTICA
2 Carácter tipográfico que une varias letras en un solo signo. — ARTES GRÁFICAS

ligado
1 Unión o enlace de las letras en la escritura. — s.m.
2 Unión de dos notas musicales en las que se sostiene su valor y se nombra sólo la primera. — MÚSICA
3 Ejecución de una serie de notas diferentes sin hacer ninguna interrupción entre unas y otras. — MÚSICA / ≠ picado

ligadura
1 Vuelta que se da al apretar una cosa con alguna cosa que sirve para atar: *haz otra ligadura al paquete en sentido transversal.* — s.f. / = atadura
2 Venda, cinta, cuerda o cualquier otro material para atar o unir cosas: *se ha roto la ligadura de la caja.* — = lazo
3 Sujeción con que una cosa está unida a otra.

4 Obligación moral o impedimento que dificulta actuar con plena libertad: *sus ligaduras familiares le impiden disponer de su tiempo.* — = atadura, traba
5 Operación quirúrgica que consiste en unir un vaso o cualquier órgano hueco: *ligadura de trompas.* — MEDICINA
6 Signo musical que consiste en una línea curva y que indica el enlace de una nota musical con la siguiente, sin interrupción del sonido. — MÚSICA

ligamaza Sustancia pegajosa que exudan las hojas o envuelve las semillas de algunas plantas. — s.f. / BOTÁNICA

ligamen (Voz latina.)
1 Atadura o lazo. — s.m.
2 Vínculo establecido por un matrimonio válido. — DERECHO
3 Impedimento por el que un matrimonio no puede celebrarse sin estar disuelto legalmente el anterior. — DERECHO
4 Maleficio con el que se creía que se provocaba la incapacidad de engendrar. — OCULTISMO

ligamento
1 Acción y resultado de ligar o ligarse. — s.m./= ligación
2 Cordón fibroso muy homogéneo y de gran resistencia que liga los huesos de las articulaciones: *lleva escayola porque se ha roto los ligamentos del tobillo.* — ANATOMÍA
3 Pliegue membranoso que mantiene y sostiene cualquier órgano en la posición adecuada. — ANATOMÍA
4 Manera de cruzar los hilos o urdimbre con las pasadas. — TEXTIL

ligamentoso, a
1 De los ligamentos anatómicos. — adj./ANATOMÍA
2 Que tiene ligamentos.

ligamiento
1 Acción y resultado de ligar o atar. — s.m./tb: ligamento
2 Unión o conformidad en las voluntades.

ligar (Del lat. *ligare,* atar.)
1 Unir dos o más cosas con cuerdas u otro material: *ligó todas sus cartas con una cinta de tela.* — v.tr./conj: pagar / = atar, amarrar
2 Establecer una relación amorosa, normalmente pasajera y superficial: *siempre va a las discotecas a ligar; se ligó a una chica guapísima.* — v.tr/intr/prnl. / coloquial
3 Estar una cosa en relación con otra: *el comentario liga con la conversación que mantuvimos ayer; el matrimonio la ligó de nuevo a su familia.* — v.tr. / = conectar, enlazar
4 Hacer que una sustancia quede mezclada de forma homogénea: *no se ligar la mayonesa a mano.*
5 Conseguir que una persona haga una cosa: *ligó a su hermano para que le arreglara la máquina; no quiso ligarse a participar en la competición.* — v.tr/prnl. / + a / = obligar
6 Unir una nota musical con la siguiente para que no exista interrupción entre ellas. — MÚSICA
7 Sorprender a una persona haciendo una cosa reprensible: *le ligaron saltando la valla del estadio.* — coloquial / = pillar
8 Conseguir una cosa: *ha ligado uno de los discos que buscaba.* — coloquial / = agenciar
9 Ir juntando las cartas adecuadas para una jugada: *no he podido ligar ni una carta.* — JUEGOS
10 Unir dos o más metales fundiéndolos. — METALURGIA/= alear
11 Realizar una operación quirúrgica para unir vasos u otros órganos. — MEDICINA
12 Hacer el torero una faena inmediatamente después de otra. — TAUROMAQUIA
13 Hacer a una persona impotente para la procreación con un maleficio. — OCULTISMO
14 Unirse dos o más personas para un fin: *se ligó a otros aficionados para hacer teatro.* — v.prnl. / = aliar, coligar

ligasa Enzima que cataliza la unión de dos moléculas. — s.f./= sintetasa

ligazón
1 Unión o enlace de una cosa con otra: *el tiempo rompió la estrecha ligazón que había existido entre ellos.* — s.f. / = conexión
2 Cada una de las piezas curvadas de madera que, unidas, forman las cuadernas del barco. — NÁUTICA

ligeramente
1 Un poco, no mucho: *explícamelo en otro momento porque me duele ligeramente la cabeza.* — adv. / = levemente
2 Sin reflexión: *actuó ligeramente y el resultado fue desastroso.* — = irreflexivamente

ligerear Andar de prisa o despachar un asunto con ligereza. — v.intr. / Chile

ligereza
1 Condición de ligero, poco pesado, tenue o delgado: *eligió ese tejido por su ligereza.* — s.f. / = levedad
2 Agilidad y prontitud en la realización de una cosa: *llegó al lugar de los hechos con gran ligereza.* — = rapidez, presteza
3 Actitud inconstante y falta de interés al hacer las cosas: *no puedes tomarte tu trabajo con tanta ligereza porque lo perderás.* — = frivolidad / ≠ seriedad
4 Acción o palabra irreflexiva o poco meditada: *fue una ligereza preguntarle por ese asunto tan personal.* — = insensatez / ≠ acierto, discreción

ligero, a (Del fr. *léger.*)
1 Que pesa poco, que es tenue o delgado: *es mejor que lleves prendas ligeras porque suele hacer calor; toda la carga es ligera, así que podré llevarla yo sola.* — adj. / = leve, ingrávido / ≠ pesado, grueso
2 Que es ágil y veloz: *se compró un vehículo muy ligero; vamos a paso ligero porque no llegaremos a tiempo.* — = rápido / ≠ lento, torpe

3 Que es leve, insignificante o de poca importancia: *tengo un ligero dolor de cabeza; ha sido un ligero error, no te preocupes.* — = superficial, flojo ≠ grave, espeso

4 Que se comporta con irreflexión y falta de seriedad: *no debes ser tan ligera sacando conclusiones de asuntos que desconoces.* — = informal, insensato ≠ sensato, discreto

5 Se aplica al sueño que se interrumpe con facilidad por cualquier ruido. — ≠ pesado

6 Se refiere al alimento que es fácil de digerir: *prefiero tomar una cena ligera.* — ≠ pesado

7 Se aplica al alimento o bebida al que se han reducido las grasas y calorías: *la leche desnatada es más ligera que la entera.* — tb: light

8 Que cambia de opinión con facilidad: *es muy ligero en sus decisiones.* — = inconstante, voluble

9 Que se comporta con frivolidad en asuntos amorosos: *es muy ligera con los hombres.* — despectivo

10 Se aplica a la fracción que se produce en una destilación en primer lugar. — QUÍMICA

11 Se refiere a la categoría de boxeo en la que el peso de los púgiles va de los 58 a los 61 kilos. — adj/s.m. DEPORTES

12 Pronto, sin tardanza: *le suplicó que regresara ligero.* — adv.

13 Con rapidez, de prisa: *andar ligero.* — adv.

14 a la ligera: 1. Sin pensar o reflexionar en lo que se hace o dice: *actuó a la ligera en la negociación; no se lo tengas en cuenta, lo dijo a la ligera.* **2.** De prisa, por encima: *lo leí a la ligera, así que no estoy seguro.* — loc.adv. / loc.adv.

light (Voz inglesa.)
1 Que tiene disminuidas las sustancias que lo caracterizan por considerarlas perjudiciales para la salud: *es preferible que fumes cigarrillos lights ya que no dejas el tabaco.* — adj. pl: lights

2 Se aplica al alimento o bebida al que se han eliminado las sustancias grasas y las calorías: *toma yogures lights para no engordar.* — = ligero

3 Que ha sido desvirtuado en sus rasgos más característicos: *ese director cada vez hace cine más light y comercial.*

ligio, a (Del alem. *ledig*, libre.) Se decía del vasallo, durante el régimen feudal, que estaba estrechamente obligado a su soberano, y del homenaje que le debía. — adj. HISTORIA

lign- Componente de palabra procedente del lat. *lignum*, que significa madera: *lignario; lignificar.* — pref. tb: ligni-, ligno-

lignario, a (Derivado del lat. *ligna*, madera.) De la madera. — adj.

lignícola (Del lat. *ligna*, madera + *colere*, habitar.)
1 Que vive en la madera o en los árboles. — adj/ZOOLOGÍA
2 Se aplica al animal que se alimenta de madera: *la carcoma es un animal lignícola.* — ZOOLOGÍA = lignívoro

lignificación Acción y resultado de lignificar o lignificarse. — s.f.

lignificar (Derivado del lat. *ligna*, madera.)
1 Dar contextura de madera a una cosa. — v.tr./conj: sacar
2 Tomar una planta la consistencia de la madera. — v.prnl./BOTÁNICA

ligniforme Semejante a la leña. — adj.

lignina Sustancia asociada a la celulosa, que forma parte de los elementos fibrovasculares de la madera y les da consistencia. — s.f. BOTÁNICA

lignito (Derivado del lat. *ligna*, madera.) Carbón mineral fósil, que es poco bituminoso y un combustible de mediana calidad. — s.m. MINERALOGÍA = madera fósil

lignívoro, a Se aplica al animal que se alimenta de madera: *insectos lignívoros como las termitas.* — adj/ZOOLOGÍA = lignícola, xilófago

ligón, a
I (Derivado de *ligar*.) Se aplica a la persona que intenta entablar relaciones amorosas pasajeras con frecuencia: *ten cuidado con él, es muy ligón.* — s.m. = conquistador
II (Del lat. *ligo, -onis*.) Herramienta parecida a una azada, con mango encorvado y hueco en el que entra el astil.

ligoteo Acción y resultado de ligar o establecer relaciones amorosas superficiales con una persona: *cada fin de semana sale de ligoteo con sus amigas.* — s.m. coloquial

liguano, a
1 Se aplica a una raza americana de carneros, de lana gruesa y larga. — adj. Chile
2 Se refiere al tipo de lana producida por este tipo de carneros, y a lo que con ella se confecciona. — Chile TEXTIL

ligue
1 Relación amorosa pasajera: *tiene un ligue con un chico de su clase.* — s.m./coloquial = flirteo, rollo
2 Persona con quien se mantiene un ligue: *me ha dicho que vendrá con su nuevo ligue.* — coloquial

liguero, a
1 De la liga deportiva: *han hecho un reportaje de los goles ligueros más espectaculares.* — adj. DEPORTES
2 Prenda interior femenina que consiste en una cinta a modo de faja, sujeta a la cintura y provista de ganchos o broches que sirve para sostener las medias. — s.m.

liguilla
1 Liga o venda estrecha: *le vendaron la muñeca con una liguilla.* — s.f.
2 Liga deportiva en la que participan pocos equipos: *participaremos en una liguilla de colegios de la comarca.* — DEPORTES

lígula (Del lat. *ligola*.)
1 Especie de apéndice que hay en la unión del pecíolo y el limbo de los cereales. — s.f. BOTÁNICA
2 Lámina cartilaginosa unida a la parte posterior de la lengua, que cierra la glotis al tragar. — ANATOMÍA = epiglotis
3 Parte de la corola de una flor que tiene forma de lengüeta. — BOTÁNICA

ligulado, a Que tiene lígula o forma de ella: *flor ligulada.* — adj/BOTÁNICA = liguliforme

ligulifloro, a (Del lat. *ligula*, lígula + *flos, floris*, flor.) Se aplica a la planta que tiene flores liguladas y a este tipo de flor. — adj. BOTÁNICA

ligur
1 De Liguria, antigua región mediterránea que ocupaba la zona del golfo de Génova. — adj/HISTORIA = ligurino
2 Persona originaria de este antiguo pueblo. — s.m.f/HISTORIA
3 De Liguria, región italiana. — adj/= ligurino
4 Persona natural de esta región. — s.m.f/= ligurino
5 Variedad lingüística del italiano que se habla en esta región. — s.m. LINGÜÍSTICA

ligustre Flor blanca, pequeña y olorosa del ligustro. — s.m/BOTÁNICA

ligustro Alheña, arbusto de cuyas hojas se obtiene un polvo que sirve para teñir. — s.m. BOTÁNICA

lija
1 Pintarroja, pez marino. — s.f./ZOOLOGÍA
2 Piel áspera de este pez que se utiliza para pulir y limpiar metales y madera. — TECNOLOGÍA = zapa
3 Papel con polvos de vidrio o esmeril adheridos que sirve para pulir metales y maderas: *pulí la tabla con la lija.*
4 dar lija: Adular a una persona. — Cuba, Dom.

lijado Operación de lijar o pulir maderas o metales: *ya sólo falta el lijado del tubo.* — s.m.

lijadora Máquina provista de un papel de lija u otro material abrasivo, usada para lijar o alisar una superficie. — s.f. TECNOLOGÍA

lijar Frotar una superficie con lija u otro material para suavizarla o desgastarla: *lijó los marcos de las ventanas antes de pintarlos.* — v.tr.

lijoso, a Se aplica a la persona vanidosa. — adj./Cuba

lila
I (Del fr. *lilas* < ant. *lilac* < persa *lilak*, azulado.)
1 Arbusto originario de Persia, con flores pequeñas de color morado claro o blanquecinas y muy olorosas. *(Syringa.)* — s.f. BOTÁNICA = lilo
2 Flor de este arbusto de la que se extrae un aceite usado en perfumería. — adj/s.m.
3 Se aplica al color morado claro, que resulta de la mezcla de azul y rojo.
II (Variante onomatopéyica de *lelo*.)
1 Que es tonto: *¡será lila el tío, está abriendo la puerta hacia el lado contrario!* — adj/s.m.f. coloquial
2 Que cae con facilidad en una estafa o engaño: *eligió a un lila para hacerle el timo de la estampita.* — = primo

lilaila Astucia o treta para engañar a una persona. — s.f.

lilailos Adornos superfluos. — s.m.pl.

lile Que está débil o decaído. — adj./Chile

lilequear Temblar, tiritar. — v.intr/Chile

liliáceo, a Perteneciente a una familia de plantas generalmente herbáceas, con tubérculos o bulbos enterrados, de hojas opuestas, alternas o verticiladas, flores hermafroditas terminales y fruto en cápsula, como la cebolla y el tulipán. — adj/s.f. BOTÁNICA

lilial
1 Que es muy blanco. — adj./literario
2 Que se parece al lirio.

liliputiense (De *Liliput*, país imaginario.) Se aplica a la persona que es muy pequeña. — adj/s.m.f. = enano

lilo Lila, planta arbustiva. — s.m/BOTÁNICA

lima
I (Del ár. *lima*.)
1 Fruto del limero con la forma de una naranja aplanada, de corteza lisa y amarilla y pulpa verdosa, dividida en gajos, muy jugosa y agridulce. — s.f. BOTÁNICA
2 Árbol que da esta fruta y que es originario de Asia. — BOTÁNICA/= limero
3 Bebida que se obtiene del jugo de esta fruta.
II (Del lat. *lima*.)
1 Herramienta alargada y con estrías o relieves, hecha de diferentes materiales como acero o cartón lija, que sirve para desgastar o alisar metales u otras superficies duras: *usó la lima de uñas.* — s.f.
2 Acción de limar: *mientras tú haces la lima yo preparo el barniz.* — = limado, limadura
3 Corrección y enmienda de una obra, en especial las intelectuales.
4 Aquello que va consumiendo algo de manera casi imperceptible.
5 lima muza: La que tiene un grano muy fino.
6 lima sorda: La que está embotada con plomo y que apenas hace ruido al limar.

7 comer como o más que una lima: Comer mucho y con apetito: *¡sigue con los macarrones, este chico come como un lima!*
III (De origen incierto.)
1 Ángulo formado en la confluencia de dos vertientes o faldones de un tejado. — s.f. ARQUITECTURA
2 Madero que se coloca en el ángulo diedro formado por las dos vertientes de un tejado. — ARQUITECTURA
3 lima hoya: Ángulo entrante en la unión de dos vertientes. — ARQUITECTURA
4 lima tesa: Ángulo saliente en la unión de dos vertientes. — ARQUITECTURA

limaciforme Que es parecido a una babosa. — adj.

limaco (Del lat. *limax, limacis.*) Babosa, molusco de cuerpo alargado, viscoso y sin concha. — s.m./ZOOLOGÍA = limaza

limado Acción y resultado de limar. — s.m./= limadura

limador, a
1 Que sirve para limar: *usa una herramienta limadora.* — adj.
2 Se aplica a la persona que lima. — adj/s.

limadora Máquina cepilladora usada para obtener molduras y perfiles. — s.f. TECNOLOGÍA

limadura
1 Operación y resultado de limar. — s.f./= limado
2 Partículas desprendidas al limar un metal. — s.f.pl.

limalla (Del cat. *llimalla.*) Conjunto de limaduras. — s.f.

limán (Del gr. *leimon*, terreno húmedo.) Laguna formada por un cordón litoral que cierra un estuario. — s.m. GEOGRAFÍA

limar (Del lat. *limare.*)
1 Poner la superficie de la madera, del metal, de las uñas, u otra cosa lisa y sin asperezas con la lima: *lima el estante antes de barnizarlo.* — v.tr./ = desgastar, pulir
2 Dar mayor perfección a una obra: *limó el cuadro antes de darlo por terminado.* — = pulir, retocar
3 Hacer más débil una cosa: *la enfermedad ha limado sus fuerzas.* — = debilitar
4 Poner paz en una discusión o una riña entre dos o más personas: *su intervención limó la disputa de los niños.* — = templar

limatón (Del cat. *llimetó.*) Lima redonda, áspera y gruesa: *afiló los dientes de la sierra con un limatón.* — s.m. TECNOLOGÍA

limaza (Del lat. *limax, limacis.*) Babosa, molusco alargado y sin concha. — s.f./ZOOLOGÍA = limaco

limazo Viscosidad o hilo de baba que deja un animal: *el caracol dejó su limazo sobre el suelo.* — s.m. = babaza

limba Madera de excelente calidad, de África tropical, que es susceptible de los más variados empleos. — s.f.

limbo (Del lat. *limbus*, extremidad de un vestido.)
1 Lugar, según la religión católica, adonde van las almas de los niños que mueren antes de ser bautizados y antes de tener uso de razón. — s.m. RELIGIÓN
2 Lugar donde las almas de los santos y patriarcas esperaban la redención de la humanidad, según el Antiguo testamento. — RELIGIÓN
3 Borde de cualquier cosa, en especial lista de adorno en la orilla de una prenda de vestir: *la falda del traje regional lleva un limbo de terciopelo en el bajo.* — = orla, fimbria
4 Contorno luminoso del disco de un astro. — ASTRONOMÍA BOTÁNICA
5 Lámina ancha de las hojas, sépalos o pétalos.
6 Placa o corona de los instrumentos de medida, en la que está grabada una escala con la que se miden los ángulos.
7 estar en el limbo: Estar distraído, casi atontado: *¿no me oyes?, estás en el limbo.* — coloquial

limen (Del lat. *limen.*)
1 Umbral de una puerta. — s.m./literario
2 Iniciación en el conocimiento de una materia. — culto

limeño, a
1 De Lima, capital y departamento de Perú. — adj.
2 Persona natural de esta ciudad o departamento. — s.

limera (Del ant. *lemera.*) Abertura en la bovedilla de popa por la que pasa el eje o mecha del timón. — s.f. NÁUTICA

limero, a
1 Vendedor de limas, fruto. — s.
2 Árbol originario de Asia, de hojas alternas, aovadas, con el borde finamente aserrado, flores blancas y olorosas y cuyo fruto es la lima. (*Citrus limetta.*) — s.m. BOTÁNICA = lima

limeta (Del lat. *nimbus*, frasco para vino.) Botella de vientre ancho y corto y cuello alargado. — s.f.

limícola (Del lat. *limicola.*) Que vive en el cieno del fondo del mar o de los lagos: *aves limícolas.* — adj. BIOLOGÍA

liminal Liminar, del vestíbulo. — adj./literario

liminar (Del lat. *liminaris*, umbral.)
1 Que está al principio o sirve de prólogo. — adj./= preliminar tb: liminal
2 Del umbral o de la entrada.

limitable Que puede ser limitado. — adj.

limitación
1 Acción y resultado de limitar o limitarse: *no tiene ninguna limitación en su trabajo.* — s.f. = delimitación
2 Especificación o factor que determina y limita: *es obligatorio respetar las limitaciones de velocidad.*
3 Término de un territorio. — = demarcación

limitado, a
1 Que está acotado: *el número de admisiones es limitado, espabílate a presentar la pre-inscripción.* — adj./= restringido ≠ ilimitado
2 Que tiene poco entendimiento o es poco inteligente. — despectivo/= corto
3 Se aplica a la sociedad mercantil en la que cada accionista o socio tiene una responsabilidad ceñida al capital escriturado. — COMERCIO

limitador, a
1 Que limita o pone límites. — adj.
2 Dispositivo que se emplea para suprimir los valores extremos de una magnitud. — s.m.

limitáneo, a De los límites territoriales de un país, comarca u otro lugar. — adj.

limitar (Del lat. *limitare*, rodear de fronteras.)
1 Señalar los límites de una cosa: *limitó el jardín con una valla.* — v.tr./= acotar, delimitar
2 Reducir o acortar una cosa: *han limitado las subvenciones; las becas se han limitado mucho este año.* — v.tr/prnl. = restringir
3 Determinar los límites de atribuciones, derechos o jurisdicción: *el gobierno limitó las competencias de las comunidades; el director limitó sus funciones administrativas.* — v.tr.
4 Tener un lugar límite común con otro: *Portugal limita con España al oeste.* — v.intr./+ con = lindar
5 Ceñirse a hacer lo que se expresa: *se limitó a explicarme cuatro cosas.* — v.prnl. = atenerse

limitativo, a
1 Que limita o restringe: *la selectividad es una prueba limitativa para el acceso a la universidad.* — adj. = restrictivo
2 Se aplica a los derechos reales que limitan la plenitud del dominio: *el censo es un derecho limitativo.* — DERECHO

límite (Del lat. *limes, -itis.*)
1 Línea o punto, real o no, que marca la separación entre dos cosas, en especial entre territorios: *el límite norte del país son los Pirineos.* — s.m. = confín, frontera, linde
2 Grado máximo, punto o momento en que termina una cosa: *el plazo de presentación de solicitudes ha llegado al límite.* — = fin, término ≠ inicio
3 Nivel o punto que indica hasta dónde llega una cosa sin que se sobrepase: *el límite es de dos invitaciones por persona.*
4 Valor al que se aproxima infinitamente una cantidad sin igualarlo. — MATEMÁTICAS

limítrofe (Del bajo lat. *limitrophus.*) Se refiere al país o territorio que limita con otro: *España y Francia son limítrofes.* — adj. = aledaño, fronterizo, lindante

limívoro, a Que se alimenta de residuos orgánicos contenidos en el cieno del fondo de las aguas. — adj. BIOLOGÍA

limn- Componente de palabra procedente del gr. *limne*, que significa lago, pantano: *limnología.* — pref. tb: limno-

limneo, a Se aplica a la vegetación sumergida, arraigada en el suelo subacuático. — adj. ECOLOGÍA

limnología Ciencia que estudia todo lo relativo a los lagos y las lagunas. — s.f.

limo (Del lat. *limus.*) Barro que se forma en un terreno: *con la lluvia el camino quedó cubierto de limo.* — s.m. = légamo, lodo

limón
I (Del ár. *laimun* < persa *limun.*)
1 Fruto del limonero, de forma ovoide, corteza amarilla o verde y pulpa dividida en gajos, muy jugosa y ácida. — s.m. BOTÁNICA
2 Árbol que da este fruto. — s.m. BOTÁNICA = limonero
3 Se aplica al color amarillo como el de este fruto. — adj/s.m.
4 Refresco hecho con el zumo de esta fruta: *quiero un limón bien frío.* — = limonada
II (Del fr. *limon.*)
1 Cada una de las dos varas de un carruaje. — s.m./= limonera
2 Viga inclinada que sirve para apoyar los peldaños de una escalera. — CONSTRUCCIÓN = zanca

limonada
1 Bebida preparada con agua, zumo de limón y azúcar: *preparó una limonada para los pequeños y café para los adultos.* — s.f. = limón
2 limonada de vino: Sangría, bebida hecha con vino, limón y trozos de fruta.
3 limonada purgante: Compuesto de citrato de magnesio disuelto en agua con azúcar, que facilita la expulsión de las heces. — FARMACIA
4 limonada seca: Polvos de ácido cítrico, que disueltos en agua con azúcar, se asemejan a una limonada natural.

limonado, a Que tiene el color parecido al del limón: *ese vestido de color limonado le sienta muy bien.* — adj.

limonar
1 Terreno plantado de limoneros. — s.m./AGRICULTURA
2 Limonero, árbol frutal. — Guat./BOTÁNICA

limoncillo
1 Malagueta, planta herbácea y su fruto. — s.m./BOTÁNICA
2 Planta rutácea maderable. (*Fagara pterota.*) — BOTÁNICA

limoneno Carburo de hidrógeno de la clase de los terpenos. — s.m. QUÍMICA

limonera
1 Cada una de las dos varas de un coche de caballos. — s.f./= limón

2 Conjunto de ambas varas.
3 Zanca, viga inclinada.   CONSTRUCCIÓN

limonero, a
I (Derivado de *limón* < ár. *laimun*.)
1 Persona que vende limones.   s./COMERCIO
2 Árbol perenne, de flores rosadas y olorosas, hojas   s.m.
ovales y dentadas, cuyo fruto es el limón. *(Citrus limo-*   BOTÁNICA
num.)
3 Madera de este árbol.
II (Derivado de *limón* < fr. *limon*.) Se aplica a la caba-   adj/s.
llería que va entre las varas del carro.

limonita Mineral de hierro oxidado, de aspecto terro-   s.f.
so, color pardo amarillo, opaco y brillo mate, que se   MINERALOGÍA
usa como pigmento.

limosidad
1 Calidad de limoso.   s.f.
2 Sarro o sustancia amarillenta que se adhiere al es-   MEDICINA
malte de los dientes.

limosna (Del lat. *eleemosyna* < gr. *eleemosyne*, piedad.)   s.f.
Donativo que se da para socorrer a una persona necesitada: *siempre doy limosna a los pobres.*

limosnear Pedir una persona limosna: *unos niños li-*   v.intr./= mendigar,
mosneaban en la puerta de la iglesia.   pordiosear

limosnera
1 Bolsa que se llevaba colgada de la cintura y se utili-   s.f.
zaba como monedero.   = escarcela
2 Bolsa pequeña que llevan las niñas cuando van vestidas con el traje de primera comunión.

limosnero, a
1 Se aplica a la persona que suele dar limosna.   adj./= caritativo
2 Se refiere a la persona que pide limosna por necesi-   adj/s.
dad.   = mendigo
3 Persona encargada de recoger y distribuir limosnas   s.
en las iglesias.   RELIGIÓN

limoso, a Que está lleno de limo o lodo: *se quedaron*   adj.
encallados en un terreno limoso.   = cenagoso

limousine (Voz francesa.) Limusina, automóvil gran-   s.f.
de y lujoso.

limpia
1 Acción y resultado de limpiar o limpiarse: *hoy toca*   s.f.
limpia de cristales; ha hecho una limpia de papeles para   = limpieza
ordenar su escritorio.
2 Persona que limpia zapatos.   s.m.f./= limpiabotas
3 Cura de carácter supersticioso que consiste en fro-   Méx.
tar a una persona con ciertas hierbas para liberarla de   OCULTISMO
la mala suerte o de algún hechizo.

limpiabarros Alfombrilla o estera gruesa y afelpada   s.m.
que se pone en la entrada de las casas para limpiarse   pl: limpiabarros
la suela de los zapatos.   = felpudo

limpiabotas Persona que limpia y lustra botas y za-   s.m.f.
patos: *el limpiabotas llamaba a los transeúntes ofrecién-*   pl: limpiabotas
doles sus servicios.   = limpia

limpiachimeneas Persona que quita el hollín de las   s.m.f.
chimeneas.   pl: limpiachimeneas

limpiada Acción y resultado de limpiar.   s.f./= limpieza

limpiadera
1 Cepillo de carpintero.   s.f./CARPINTERÍA
2 Vara larga con una especie de paleta en un extremo   AGRICULTURA
que se usa para limpiar la tierra que queda en el arado.   = aguijada

limpiadientes Palito rematado en punta que sirve   s.m.
para limpiar los restos de comida que quedan entre   pl: limpiadientes
los dientes: *los limpiadientes están dentro de una funda*   = mondadientes,
de papel por motivos higiénicos.   palillo

limpiador, a
1 Que limpia: *lavó el coche con espuma limpiadora.*   adj/s.
2 Persona que realiza la limpieza del servicio de má-   s.
quinas y otros servicios auxiliares subalternos en los   NÁUTICA
barcos mercantes.
3 Se aplica al animal que se alimenta de los parásitos   adj.
de otro individuo.   ZOOLOGÍA
4 Limpiaparabrisas de un automóvil.   s.m./Méx.

limpiadura
1 Acción y resultado de limpiar o limpiarse: *hoy toca*   s.f.
hacer la limpiadura del almacén.   = limpieza
2 Desperdicios o basura que queda de un objeto que   s.f.pl.
se ha limpiado: *barrió las limpiaduras que habían caído*
al suelo.

limpiamente
1 Con habilidad y destreza: *el cirujano hizo un corte*   adv.
limpiamente.
2 Sin trampas: *gané limpiamente al mus.*
3 Con sinceridad, sin mentiras ni tapujos: *te lo digo*   = honestamente
limpiamente.

limpiaparabrisas Varilla articulada de los automóvi-   s.m.
les, que se desplaza por el parabrisas con un movi-   pl: limpiaparabrisas
miento automático, para retirar la lluvia o nieve que
cae sobre él y dificulta la visión: *ahora que ya no llue-*
ve, no puedo parar el limpiaparabrisas.

limpiapeines Utensilio para limpiar las púas de los   s.m.
peines.   pl: limpiapeines

limpiaplumas Cepillo pequeño o trozo de tela que   s.m.
se usaba para limpiar las plumas de escribir.   pl: limpiaplumas

limpiar (Del lat. *limpidare*.)
1 Quitar la suciedad de una cosa: *se limpió los zapatos*   v.tr/prnl.
antes de salir; le limpió la herida con alcohol.   = asear, lavar
2 Quitar lo perjudicial o lo que estorba o sobra: *lim-*   v.tr.
pió el distrito de barreras arquitectónicas.   + de
3 Remediar una ofensa o daño sufridos: *limpió el buen*   = reparar,
nombre de su familia.   lavar
4 Echar a una persona que estorba de un lugar: *lim-*   + de
piaron el barrio de delincuentes.
5 Quitar una cosa a una persona: *me limpiaron el reloj*   coloquial
en el metro.   = hurtar, robar
6 Ganar una cantidad de dinero a una persona en el   JUEGOS
juego: *le limpié cinco mil pesetas en un par de jugadas.*
7 Quitar los brotes o tallos inútiles de las plantas:
limpiaré los rosales para que crezcan fuertes.
8 Quitar defectos o imperfecciones a una persona o   + de
una cosa: *le limpió de su egoísmo enseñándole a ser gene-*   = purificar,
roso.   depurar

limpiaúñas Instrumento que se usa para limpiar la   s.m.
suciedad de las uñas, que suele tener forma de cepi-   pl: limpiaúñas
llo.

limpidez Cualidad de lo que está sin nubes, man-   s.f./literario
chas o impurezas: *la limpidez del cielo; la limpidez*   pl: limpideces
del cristal.   = nitidez

límpido, a (Del lat. *limpidus*.) Que es totalmente   adj./literario
transparente o no tiene manchas: *las limpidas y man-*   = inmaculado,
sas aguas reflejaban las nubes; un límpido cielo les recibió   nítido
al despertar.

limpieza
1 Estado de la persona o cosa que no tiene manchas   s.f./= aseo,
o suciedad: *me sorprendió la limpieza que se observaba*   pulcritud
en las calles de la ciudad.   ≠ suciedad
2 Acción y resultado de limpiar o limpiarse: *los sába-*   = limpia,
dos se dedica a la limpieza de la casa.   limpiamiento
3 Actitud íntegra y desinteresada de quien no enga-   = honestidad,
ña, falsea o se apropia de lo ajeno en sus trabajos y   honradez
negocios: *en su vida actúa con limpieza.*
4 Precisión y habilidad al realizar un cosa: *la flecha se*   = exactitud
clavó en la diana con limpieza.
5 Respeto y cumplimiento de las reglas del juego: *los*   JUEGOS,
buenos deportistas juegan con limpieza.   DEPORTES
6 Acción de eliminar o apartar a toda persona o cosa
que sea considerada perjudicial o problemática para
un grupo, para la buena marcha o funcionamiento de
una cosa, etc.: *el ayuntamiento ha iniciado la limpieza de*
los árboles; el partido hizo una limpieza de los militantes
más violentos.
7 **limpieza de bolsa:** Hecho de no tener alguien di-   coloquial
nero.
8 **limpieza de corazón:** Actitud recta y bienintencio-   coloquial
nada.
9 **limpieza de manos:** Actitud íntegra en los nego-   coloquial
cios.
10 **limpieza de sangre:** 1. Condición de la persona   HISTORIA
que no tenía antepasados judíos, árabes o castigados
por la inquisición. 2. Hecho de no tener una familia
antepasados que puedan ser considerados deshonro-
sos para ella.
11 **limpieza en seco:** Procedimiento para limpiar tejidos que no pueden mojarse con agua, consistente
en una mezcla de hidrocarburos que disuelven la grasa: *en la etiqueta del fabricante se especifica si la prenda*
precisa limpieza en seco.

limpio, a (Del lat. *limpidus*.)
1 Que no tiene manchas o suciedad: *la casa aún no*   adj./= aseado, pulcro
está limpia.   ≠ sucio
2 Que es aseado, cuidadoso y pulcro con sus cosas y
con su persona: *a pesar de ser muy pequeño, es muy*
limpio en sus tareas.
3 Que no tiene desperdicios ni cosas superfluas: *el*   = pelado
jardinero dejó el árbol limpio de ramas secas.
4 Que es nítido y claro: *el cielo estaba limpio y luce el Sol.*   = diáfano
5 Que es honrado u honesto: *es un jugador limpio;*   = íntegro
hizo un negocio limpio y rápido.   ≠ deshonesto
6 Se aplica al golpe, disparo, etc., con que se mantiene una lucha o disputa, para enfatizar su sentido: *se*
liaron a bofetada limpia en plena calle.
7 Que ha perdido todo su dinero o se lo han quitado: = pelado
he tenido tantos gastos que me he quedado limpio.   = forrado
8 Se aplica a la cantidad de dinero que queda una   = neto
vez se han deducido todos los gastos: *su sueldo limpio*
es más bajo de lo que crees.
9 Que está mal preparado en una materia: *se presentó*   coloquial
limpio al examen de historia y suspendió.   ≠ empapado
10 Con limpieza, sin trampas o sin engaños: *juega*   adv.
limpio conmigo o te arrepentirás.   = limpiamente
11 **limpio de corazón:** Que no tiene sentimientos
innobles: *es un hombre limpio de corazón que jamás te*
engañaría.
12 **limpio de polvo y paja:** Libre de cualquier cosa   coloquial
no aprovechable o perjudicial.
13 **en limpio:** 1. Después de quitar lo que sobra: *el*   loc.adv.
total, en limpio, es de siete millones. 2. Sin tachones ni   loc.adj/adv.
correciones: *puso en limpio todos los apuntes de la ca-*
rrera.

14 pasar a limpio: Redactar sin tachones ni correcciones las notas que se han tomado: *al pasar a limpio los apuntes, se asimilan mejor los datos.*
15 quedar limpio: Quedar libre de culpa.
16 sacar en limpio: Obtener un provecho o idea de una cosa: *pero, con todo lo que te he contado, ¿qué sacas en limpio?; no sacó nada en limpio de aquel negocio.* — coloquial

limpión
1 Limpieza ligera y superficial: *voy a darle un limpión a los zapatos y nos vamos.* — s.m.
2 **date un limpión:** Expresión con la que se advierte al interlocutor que no conseguirá lo que pretende.

limusina (Del fr. *limousine*.)
1 Automóvil grande y lujoso, de carrocería cerrada y, por lo general, con un cristal que separa a los pasajeros del conductor: *una limusina esperaba en la puerta del hotel al famoso actor.* — s.f.
2 Coche de caballos antiguo, cubierto sobre el asiento posterior y descubierto sobre el delantero.

lina Hebra de lana gruesa y basta. — s.f./Chile

lináceo, a Perteneciente a una familia de plantas angiospermas dicotiledóneas, herbáceas o arbustivas, de hojas alternas, flores regulares y fruto en cápsula o en drupa. — adj/s.f. BOTÁNICA = líneo

linaje (Del cat. *llinatge*.)
1 Ascendencia o descendencia de cualquier familia, en especial si se trata de las que tienen título nobiliario: *mandó hacer el árbol genealógico de sus apellidos para averiguar su linaje.* — s.m. = estirpe
2 Clase, naturaleza o condición de una cosa. — = índole, ralea
3 Personas de la nobleza. — s.m.pl./HISTORIA
4 **linaje humano:** La humanidad, conjunto de los seres humanos.

linajista Persona que tiene conocimientos sobre linajes o escribe sobre ellos. — s.m.f.

linajudo, a Que pertenece a una familia de gran linaje o presume de ello. — adj.

lináloe (Del lat. *ligna*, leña + *aloes*, áloe.) Áloe, planta arbustiva. — s.m. BOTÁNICA

linar Tierra sembrada de lino. — s.m./AGRICULTURA

linaria Planta herbácea escrofulariácea, de hojas alternas y forma acorazonada, flores solitarias, axilares y violáceas, que crece sobre muros y rocas en ambientes húmedos y se ha usado en medicina como depurativo y purgante. *(Linaria cimbalaria.)* — s.f. BOTÁNICA

linaza Simiente del lino que, una vez molida, se emplea para obtener un aceite que se usa en la fabricación de pinturas. — s.f. BOTÁNICA

lince (Del lat. *lynx, lyncis* < gr. *lynx, lynkos*.)
1 Mamífero carnívoro del grupo de los felinos, de tamaño mediano, pelo manchado, orejas empenachadas y patillas largas, que vive en zonas de bosque o matorral muy densas. *(Lynx.)* — s.m. ZOOLOGÍA
2 Se aplica a la persona de vista muy aguda: *eres un lince, no sé cómo te he reconocido desde tan lejos.* — s.m.f./adj.
3 Se refiere a la persona astuta y sagaz: *se ha hecho millonario porque es un lince como vendedor.* — = listo, perspicaz

lincear Percibir una cosa muy difícil de ver o de ser descubierta. — v.tr. = descubrir

linceo, a
1 Del lince. — adj.
2 Que tiene vista de lince: *ojos linceos; vista lincea; mirada lincea.* — literario

linchador, a Que lincha. — adj/s.

linchamiento Acción de linchar: *le acusaron del linchamiento de un árbitro.* — s.m.

linchar (De [ley de] *Lynch*, juez norteamericano.) Ejecutar una muchedumbre exaltada e incontrolada a una persona sin que haya sido juzgada: *lo encerró en el calabozo para impedir que lo lincharan.* — v.tr.

lincurio (Del lat. *lynx, lyncis*, lince + gr. *ouron*, orina.) Piedra que antiguamente se suponía que era la orina del lince petrificada y actualmente se cree que se trataba de la belemnita o de la turmalina. — s.m.

lindamente
1 Con habilidad y desfachatez: *le robaron lindamente todo lo que llevaba encima.* — adv. = fácilmente
2 Muy bien, con gracia y perfección: *hace lindamente todo tipo de manualidades.* — = primorosamente

lindante Que linda: *su terreno está lindante con un campo abierto.* — adj./= limítrofe, lindero

lindar (Derivado de *linde*.)
1 Tener un terreno o un edificio límites o una pared en común con otro: *mi casa linda con el huerto de tu padre.* — v.intr. + con = colindar
2 Estar una cosa muy próxima a lo que se indica: *su actuación linda con el escándalo; sus palabras lindaban con la grosería.* — + con = rayar

lindazo Linde, especialmente si está señalada con mojones o constituida por un ribazo. — s.m.

linde (Del lat. *limes, -itis*.)
1 Límite entre tierras, fincas o divisiones administrativas de poca extensión: *una cerca marcaba las lindes de los terrenos.* — s.m/f.
2 Fin o límite de una cosa: *en la linde del camino se hallaba un bonito pueblecito.*

lindel Dintel de una puerta o ventana. — s.m./tb: lintel

lindera Conjunto de los límites de un terreno: *todas las linderas de la finca estaban valladas.* — s.f. tb: lindería

lindero, a
1 Que linda o limita con una cosa: *la pared derecha es lindera con otro edificio.* — adj. = lindante
2 Parte de un terreno que limita con otro: *plantó setos en el lindero del huerto.* — s.m. = linde, límite

lindeza
1 Característica de las personas o cosas lindas: *sus ojos son de una lindeza casi sobrenatural.* — s.f. = lindura
2 Acción o palabras ingeniosas o graciosas: *siempre que me ve me dice lindezas para hacerme sonreír.* — = piropo
3 Acción o palabras que resultan ofensivas o humillantes, en sentido irónico: *como me siga molestando le digo unas cuantas lindezas.* — = improperio, insulto

lindo, a (Del lat. *legitimus*, legítimo.)
1 Que es bonito y agradable a los sentidos: *¡qué canción tan linda!* — adj. = hermoso
2 Que es muy bueno o exquisito: *hacen una comida linda de verdad aquí.* — = estupendo ≠ pésimo
3 Hombre afeminado, que presume de sí mismo y se cuida demasiado de su compostura y aseo. — s.m. coloquial
4 **de lo lindo:** Mucho, en gran cantidad, en exceso: *ha llovido de lo lindo esta noche.* — loc.adv. = abundantemente

lindón Caballete usado en las huertas para sostener esparragueras y otras plantas. — s.m. AGRICULTURA

lindura
1 Lindeza o característica de las personas o cosas lindas: *la lindura de su rostro.* — s.f.
2 Cosa o persona linda, bonita o agradable: *es una lindura de niño, se ha portado estupendamente.*

línea (Del lat. *linea*.)
1 Extensión continua de puntos considerada sólo en su longitud. — s.f. GEOMETRÍA
2 Trazo continuo o extensión considerada sólo en su longitud: *en la línea del horizonte se veían grandes buques.* — = raya
3 Serie de personas o cosas situadas una detrás de otra o una al lado de la otra: *la carretera está bordeada por una línea de sauces.* — = hilera, fila
4 Servicio regular de vehículos que recorren un itinerario determinado: *la línea nueva de metro me irá muy bien para ir al trabajo.*
5 Vía terrestre, marítima o aérea: *línea de Madrid a New York.*
6 Figura armoniosa y delgada de una persona: *hago dieta porque debo guardar la línea.* — = figura, silueta
7 Estilo de una cosa, especialmente aplicado a la moda: *me gustan esos muebles por su línea sencilla pero moderna.* — = contorno, diseño, perfil
8 Cable o conjunto de hilos que conducen la corriente eléctrica: *hizo un empalme en la línea para poner un enchufe.* — ELECTRICIDAD
9 Comunicación telefónica: *no tengo línea en el teléfono, así que no esperes que te llame.* — TELECOMUNICACIONES
10 Conducta o comportamiento que se sigue o debe seguirse: *el gobierno optó por la línea del diálogo; sigue la misma línea ideológica que su padre.* — = tendencia, directriz
11 Orden de valor de un conjunto de personas o cosas que tienen características semejantes. — = categoría, clase, tipo
12 Serie de productos destinados a una misma categoría de usuarios: *se ha puesto a la venta una nueva línea de cosméticos.* — = gama
13 Serie de miembros de una familia: *el color de los ojos le viene por línea materna.* — = filiación, generación
14 Cada fila de letras de un texto: *hay un error ortográfico en la tercera línea.* — = renglón
15 Término o frontera de un territorio: *la población está justo en la línea de Portugal.* — = linde
16 Zona donde se combate en una guerra: *la línea de combate ha avanzado.* — MILITAR = frente
17 Conjunto de jugadores de un equipo que ocupan una determinada zona del terreno de juego y desempeñan una misión concreta. — DEPORTES
18 Raya que delimita el terreno de juego o determinadas zonas de él: *línea de banda; anularon el gol por pisar la línea de seis metros.* — DEPORTES
19 Serie de puntos elementales alineados en que se descompone una imagen para su exploración. — TELEVISIÓN
20 Formación de tropas en orden de batalla. — MILITAR
21 Dosis de cocaína o de otra droga en polvo, en el lenguaje de la droga. — argot = raya
22 Medida de longitud compuesta de doce puntos y equivalente a cerca de dos milímetros.
23 Posición que toma el arma de un esgrimista respecto a la del otro. — DEPORTES

24 línea colateral: La de parientes no nacidos unos de otros, sino enlazados por descender de un ascendiente común.

25 línea curva: Aquella cuyos elementos sucesivos cambian continuamente de dirección sin formar ángulo. GEOMETRÍA

26 línea de columnas: Formación de soldados o de unidades en que unos quedan al costado de los otros. MILITAR

27 línea de doble curvatura: Aquella cuya representación en un plano es imposible, como la de una hélice. GEOMETRÍA

28 línea de flotación: La que separa la superficie sumergida de un cuerpo de la que no está sumergida. NÁUTICA

29 línea de los ábsides: Eje mayor de la órbita de un astro. ASTRONOMÍA

30 línea de los nodos: La que une cada uno de los dos puntos opuestos en que la órbita de un astro corta la eclíptica. ASTRONOMÍA

31 línea de meta: Lugar señalado como punto de llegada de una carrera: *atravesó la línea de meta dos milésimas de segundo antes que su contrincante.* DEPORTES

32 línea de viento: La de la dirección que éste toma: *el barco navegaba en la línea de viento.* NÁUTICA

33 línea defensiva o de defensa: La formada por los jugadores que tienen como misión neutralizar los ataques del equipo contrario. DEPORTES

34 línea delantera: La formada por los jugadores cuya misión principal es atacar. DEPORTES

35 línea de tiro: Prolongación del eje del arma cuando se está dispuesto para disparar.

36 línea de puntos: Signo ortográfico que consiste en una serie de tres puntos horizontales. = puntos suspensivos

37 línea directa: La de descendencia que va de padre a hijo.

38 línea equinoccial: Ecuador terrestre. GEOGRAFÍA

39 línea maestra: Aspecto sustancial de una cuestión: *en líneas maestras, el proyecto ya está definido.*

40 línea media: La formada por los jugadores que actúan entre la defensa y la delantera, y son los que organizan el juego. DEPORTES

41 línea mixta: La formada por una alteración de segmentos rectos y curvos. GEOMETRÍA

42 línea quebrada: La formada por una sucesión de rectas que forman ángulo cada una con la siguiente. GEOMETRÍA

43 línea recta: Distancia más corta existente entre dos puntos. GEOMETRÍA

44 línea telefónica: Conjunto de los aparatos e hilos conductores del teléfono. TELECOMUNICACIONES

45 línea telegráfica: Conjunto de los aparatos e hilos conductores del telégrafo. TELECOMUNICACIONES

46 línea trigonométrica: Cualquiera de las rectas que se consideran en el círculo y que se utilizan en trigonometría. GEOMETRÍA

47 líneas aéreas: Conjunto de compañías aéreas de un país y cada una de estas compañías.

48 a línea tirada: Se aplica a la composición de un texto que ocupa todo el ancho de la página. loc.adj. ARTES GRÁFICAS

49 dar línea: Permitir la comunicación telefónica: *mañana ya nos darán línea.*

50 de primera línea: De categoría o que se encuentra entre los mejores: *es un atleta de primera línea.* loc.adj.

51 en la línea de: Dentro de un grupo, clase, etc.: *es un autor en la línea de los clásicos.*

52 echar o tirar líneas: Procurar conseguir los medios para llevar algo a cabo.

53 en línea: 1. En fila, uno al lado del otro: *los motoristas su pusieron en línea en la parrilla de salida.* **2.** Se aplica al sistema que funciona en relación directa con otro. loc.adv. INFORMÁTICA

54 en líneas generales: Sin tener en cuenta los detalles. loc.adv.

55 en su línea: Entre los de su misma clase: *ha sido seleccionado como el mejor vehículo en su línea.* loc.adj.

56 en toda la línea: Por completo: *el equipo fue derrotado en toda la línea.* loc.adv.

57 escribir o enviar unas líneas: Escribir o enviar una carta: *estoy escribiendo unas líneas a mi hermana de México.*

58 leer entre líneas: Percibir o captar aquello que no es evidente o que se pretende ocultar: *leyendo entre líneas, te darás cuenta de su verdadero carácter.*

lineal
1 De la línea: *los trazos lineales representan las calles; tiene una asignatura de dibujo lineal.* adj.
2 Que tiene forma larga y estrecha: *los pinos tienen hojas lineales.* BOTÁNICA, ZOOLOGÍA
3 Que es proporcional: *se ha producido un aumento lineal de la industria.* = gradual ≠ discontinuo
4 Se aplica al fenómeno que se desarrolla sin retrocesos ni desviaciones, en una única dirección: *el argumento de la película es muy lineal.*

linealidad
1 Condición de lineal: *me aburrió el libro por su linealidad.* s.f.
2 Característica de las lenguas naturales según la cual los elementos que componen el enunciado tienden a sucederse en el tiempo o en el espacio. LINGÜÍSTICA

lineamiento Delineación de la forma de un cuerpo que lo distingue del resto. s.m. tb: lineamento

linear (Del lat. *lineare.*)
1 Se aplica al organismo vegetal o animal con forma larga y estrecha: *hoja linear.* adj./BOTÁNICA, ZOOLOGÍA
2 Trazar líneas: *el pasatiempo consiste en linear los puntos numerados para formar una figura.* v.tr.
3 Hacer un dibujo o una pintura sin definir los contornos con precisión: *tan solo lineó unos trazos del bodegón.* = bosquejar

líneo, a (Del lat. *lineus.*) Perteneciente a una familia de plantas angiospermas. adj/s.f./BOTÁNICA = lináceo

lineómetro Regla graduada que se utiliza en tipografía para contar las líneas de composición. s.m. ARTES GRÁFICAS

linero, a Del lino. adj.

linf- Componente de palabra procedente del lat. *lympha*, que significa agua: *linfático; linfocito.* pref. tb: linfo-

linfa (Del lat. *lympha* < gr. *nymphe*, divinidad de las fuentes.)
1 Líquido coagulable y claro, casi transparente, y con una composición semejante a la del plasma sanguíneo, que circula desde los vasos capilares a los tejidos para recoger sustancias grasas segregadas por las células y volver a través de los vasos linfáticos a la sangre de las venas. s.f. FISIOLOGÍA
2 Virus preparado de modo conveniente para ser inoculado como vacuna. MEDICINA = vacuna
3 Agua limpia y cristalina. literario

linfangioma (Del lat. *lympha*, agua + gr. *oma*, tumor.) Tumor o angioma formado en los vasos linfáticos. s.m./MEDICINA = angioma linfático

linfangitis (Del lat. *lympha*, agua + gr. *itis*, inflamación.) Inflamación de los vasos linfáticos, tanto de los capilares como de los de un tronco. s.f. pl: linfangitis MEDICINA

linfático, a
1 De la linfa: *los componentes linfáticos son, entre otros, proteínas, lípidos y linfocitos.* adj. FISIOLOGÍA
2 Se aplica al aparato circulatorio y a los órganos que tienen linfa. MEDICINA
3 Que padece linfatismo. adj/s./MEDICINA
4 Que no tiene energía o entusiasmo: *tiene un carácter linfático.* = pasivo ≠ activo, enérgico

linfatismo Estado de deficiencia orgánica que provoca un aumento del volumen de los ganglios y de la tendencia tuberculosa. s.m. MEDICINA

linfoblasto Célula joven del tejido linfoide cuya evolución da origen a los linfocitos. s.m. ANATOMÍA

linfocitario, a De los linfocitos: *una de las funciones linfocitarias es el control del sistema inmunológico.* adj. ANATOMÍA

linfocito (Del lat. *lympha*, agua + gr. *kytos*, célula.) Célula linfática originada en el tejido linfoide o la médula ósea, formada por un núcleo grande y con poco citoplasma, que es responsable del sistema inmunológico. s.m. ANATOMÍA

linfocitosis (De *linfocito* + gr. *osis*, enfermedad crónica.) Aumento del número de linfocitos, especialmente de los de la sangre. s.f. pl: linfocitosis MEDICINA

linfogranuloma Nombre genérico que incluye distintas afecciones del sistema linfático, formadas por tejido de granulación. s.m. MEDICINA

linfoide (Del lat. *lympha* < gr. *nymphe*, divinidad de las fuentes + gr. *lidos*, forma.) De los linfocitos o el tejido linfoide. adj. ANATOMÍA

linfoma Tumor generalmente maligno de los ganglios linfáticos o del bazo. s.m. MEDICINA

linfopoyesis Proceso de formación de los linfocitos. s.f./pl: linfopoyesis FISIOLOGÍA

lingotazo Trago de bebida alcohólica: *se tomó varios lingotazos de ginebra.* s.m. coloquial

lingote (Del fr. *lingot.*)
1 Trozo o barra de metal en bruto y sin pulir: *robaron varios lingotes de oro del banco.* = riel, tocho
2 Cada una de las barras de metal que, en las embarcaciones pequeñas, se usan para equilibrar la carga. NÁUTICA

lingotera Molde metálico o de arena refractaria donde se vierte el metal fundido para obtener lingotes una vez que se enfría. s.f. METALURGIA

lingu- Componente de palabra procedente del lat. *lingua*, que significa lengua: *lingüística.* pref/suf. tb: lingua-

lingual
1 De la lengua: *nervio lingual; vaso lingual.* adj./ANATOMÍA
2 Se refiere al sonido consonántico que se pronuncia con el ápice de la lengua: *la l es una consonante lingual.* adj/s.f./= apical LINGÜÍSTICA

lingue
1 Árbol de la familia de las lauráceas, alto, frondoso y de corteza dura y cenicienta. *(Notaphoebe lingue.)* s.m./Argent., Chile BOTÁNICA
2 Corteza y madera de este árbol, flexible y duradera que se usa en vigas, yugos y muebles. Argent., Chile

linguete (Del fr. *linguet.*) Palanca pequeña de metal encajada en un hueco por uno de sus extremos, que impide que otra pieza retroceda en su giro. s.m. NÁUTICA

lingüista Persona especialista en lingüística.   s.m.f.

lingüística
1 Ciencia que estudia el lenguaje y las lenguas.   s.f./LINGÜÍSTICA
2 **lingüística aplicada:** Parte de los estudios lingüísticos que se ocupa de los problemas del lenguaje como medio de relación social, sobre todo en lo que se refiere a la enseñanza de idiomas.   LINGÜÍSTICA
3 **lingüística computacional:** Técnica que utiliza el ordenador para el procesamiento informático del lenguaje natural o artificial, con el fin de verificar, corregir o simular las reglas, propiedades y descripción de las lenguas.   LINGÜÍSTICA
4 **lingüística diacrónica:** La que estudia los cambios de las lenguas en el transcurso del tiempo.   LINGÜÍSTICA
5 **lingüística general:** Estudio teórico del lenguaje que se ocupa de las leyes lingüísticas comunes a varias lenguas.   LINGÜÍSTICA
6 **lingüística sincrónica:** La que describe el funcionamiento de una lengua en un momento determinado de su historia.   LINGÜÍSTICA
7 **lingüística teórica:** La que trata de elaborar principios universales y generales sobre el lenguaje.   LINGÜÍSTICA

lingüístico, a De la lingüística o del lenguaje: *la diglosia es un fenómeno lingüístico muy interesante.*   adj. LINGÜÍSTICA

linier (Voz inglesa.) Árbitro auxiliar de un partido de fútbol que, desde las líneas de banda, ayuda al árbitro principal: *el linier indicó el fuera de juego.*   s.m./DEPORTES pl: liniers tb: juez de línea

linimento (Del lat. *linimentum,* acto de embadurnar.) Líquido medicinal, preparado con aceite o bálsamos, que se aplica a las zonas lesionadas del cuerpo por medio de fricciones: *un masaje con linimento te calmará el dolor.*   s.m. FARMACIA tb: linimiento

linio Línea o serie de árboles u otras plantas.   s.m./tb: liño

linker (Voz inglesa.) Compilador, programa informático.   s.m./INFORMÁTICA pl: linkers

links (Voz inglesa.) Recorrido de un campo de golf.   s.m.pl.

lino (Del lat. *linum.*)
1 Planta herbácea de hojas lanceoladas y alternas, de tallo grueso y recto, flores grandes de color azul con cinco pétalos, y fruto en cápsula. *(Linum usitatissimum.)*   s.m. BOTÁNICA
2 Materia textil que se obtiene de los tallos de esta planta.   TEXTIL
3 Tela hecha con esta fibra textil: *plancha bien el lino antes de cortarlo.*   TEXTIL
4 Vela o velamen de un barco.   literario

linografía (Del lat. *linum,* lino + gr. *grapho,* escribir.) Técnica de estampado de textos, fotografías, u otras cosas, sobre tela.   s.f.

linóleo (Del ingl. *linoleum* < lat. *linum,* lino + *oleum,* aceite.)
1 Tela de yute impregnada con aceite de linaza y resinas, y cubierta con una capa de corcho, usada para recubrir suelos ya que es resistente e impermeable.   s.m. tb: linóleum
2 Cualquier tela impregnada de material plástico usada en revestimiento de suelos.

linón
1 Tela de hilo ligera, clara y engomada, muy utilizada en lencería.   s.m. TEXTIL
2 **linón de algodón:** Tela de algodón semejante a la anterior, pero algo más basta.   TEXTIL

linotipia (Del ingl. *linotype.*)
1 Máquina de componer caracteres usada en las imprentas en la mayor parte de la línea en una sola pieza.   s.f./ARTES GRÁFICAS = linotipo
2 Arte y técnica de componer con este procedimiento.   ARTES GRÁFICAS

linotipista Persona que maneja la linotipia en una imprenta.   s.m.f. ARTES GRÁFICAS

linotipo Linotipia, máquina de componer textos por líneas enteras.   s.m. ARTES GRÁFICAS

lintel (Del fr. *lintel.*) Dintel de puertas o ventanas.   s.m./tb: lindel

linterna (Del lat. *lanterna.*)
1 Lámpara portátil con pilas y bombilla usada para proyectar luz: *cogió la linterna para pasear por el bosque de noche.*   s.f.
2 Farol portátil con una cara de vidrio y un asa en la otra.
3 Faro de costa.   NÁUTICA
4 Torrecilla con aberturas o ventanas que se pone como remate en algunas construcciones: *la catedral está rematada por una linterna.*   ARQUITECTURA
5 Rueda de engranaje formada por dos discos paralelos fijos en el mismo eje y unidos en la circunferencia con barrotes cilíndricos, en donde engranan los dientes de otra rueda.   MECÁNICA
6 **linterna mágica o de proyección:** Aparato óptico que se usaba para proyectar en una pantalla figuras fijas pintadas en tiras de vidrio al ser intensamente iluminadas.   ÓPTICA = proyector
7 **linterna sorda:** La que está provista de un mecanismo para ocultar su luz.

linternazo Golpe dado con una linterna o con cualquier otro instrumento: *le dio un linternazo en plena cocorota.*   s.m. coloquial

linternón
1 Farol de popa de los barcos.   s.m./NÁUTICA
2 Zona vidriada que remata una cúpula para proporcionar luz y ventilación al edificio.   ARQUITECTURA

linuezo Linaza, semilla del lino.   s.m.

linyera (Del ital. *lingera.*)
1 Atado o fardo en que se guarda ropa y otros efectos personales.   s.f. Argent., Urug.
2 Persona vagabunda, abandonada y ociosa que vive de variados recursos.   s.m.f. Argent., Urug.

liño Línea o serie de árboles u otras plantas.   s.m./tb: linio

liñuelo Cada uno de los cabos que forman una cuerda o una trenza.   s.m. = ramal

lio- Componente de palabra procedente del gr. *lyo,* que significa disolver: *liofilizar.*   pref.

lío
1 Situación o cuestión difícil de comprender o resolver, confusa y poco clara: *no sé explicarte cómo puedes llegar porque ese barrio es un lío de calles.*   s.m. = embrollo, enredo
2 Barullo, desorden: *las correas de los perros se enredaron y se formó un lío de ladridos.*   = follón, jaleo
3 Bulto de ropa o de otras cosas atadas: *hizo un lío con sus cosas y se largó de casa.*   = fardo, hato
4 Chisme o intriga sobre terceras personas: *no me expliques los líos del vecindario que no me interesan.*   = cotilleo, habladuría
5 Relación amorosa fuera de la pareja: *se enteró de que su novio tenía un lío con otra chica.*
6 **armar un lío:** 1. Embrollar, armar jaleo: *se pusieron a discutir y acabaron armando un buen lío en la calle.* 2. Complicar o enredar las cosas haciéndolas confusas: *me armó un buen lío en los papeles.*   coloquial coloquial
7 **buscarse un lío:** Provocar una situación que puede tener consecuencias negativas: *si no quieres buscarte un lío, no te metas.*   coloquial
8 **hacerse un lío:** Equivocarse, confundir las cosas: *se hizo un lío con el plano y se perdió.*   coloquial
9 **meterse en un lío:** Involucrarse en una situación de la que no se sabe cómo salir, o bien que es poco legal: *se metió en un lío de drogas; con tantas mentiras acabarás metiéndote en un lío.*   coloquial

liofilización Proceso de deshidratación de una sustancia para facilitar su conservación: *someter la leche a liofilización.*   s.f.

liofilizador, a Que liofiliza.   adj/s.

liofilizar Hacer que los productos orgánicos se deshidraten mediante congelación para asegurar su conservación.   v.tr. conj: cazar

lionés, a
1 De Lyon, ciudad de Francia.   adj.
2 Persona natural de esta ciudad.   s.

lionesa Pastel pequeño, redondo y partido por la mitad, hecho de pasta de harina y relleno de nata, trufa o crema.   s.f. COCINA = profiterole

lioso, a
1 Que suele contar chismes o armar líos: *como es muy lioso, enemistó a unos y a otros.*   adj./= chismoso, embrollador
2 Que está confuso o enredado: *nos dio una explicación tan liosa que no entendimos nada.*   = complicado, liado ≠ claro

lip-
I Componente de palabra procedente del gr. *lipos,* que significa grasa: *liposucción; lípidos.*   pref. tb: lipo-
II Componente de palabra procedente del gr. *leipo,* que significa faltar, abandonar: *lipotimia.*   pref. tb: lipo-

lipasa Enzima contenida en el jugo gástrico, que actúa separando las grasas en ácidos grasos y glicerina.   s.f. BIOQUÍMICA

lipectomía Intervención quirúrgica en que se extirpa tejido adiposo, como tratamiento de la obesidad.   s.f. MEDICINA

lipemanía (Del gr. *lype,* tristeza + *manía,* locura.) Trastorno síquico de carácter depresivo.   s.f./SIQUIATRÍA = melancolía

lipemaníaco, a Que padece lipemanía.   adj/s./SIQUIATRÍA

lipemia (Del gr. *lipos,* grasa + *haima,* sangre.) Presencia de grasas o lípidos en la sangre.   s.f. MEDICINA

lipendi Que actúa de forma inmoral o viciosa.   adj./vulgar

lipes Sulfato azul de cobre.   s.m./pl: lipes

lipidia
1 Indigencia, miseria, pobreza.   s.f./Amér. Central Méx., Cuba
2 Impertinencia, majadería.

lipidiar Fastidiar, importunar.   v.tr./Méx., Cuba, P. Rico

lipídico, a De los lípidos.   adj./BIOQUÍMICA

lípido (Del gr. *lipos,* grasa.) Sustancia orgánica indisoluble en agua y soluble en bencina y éter, formada por ácidos grasos de cadena larga.   s.m./BIOQUÍMICA = grasa

lipiria (Del gr. *lipyria.*) Fiebre continua e intermitente, en la que se siente calor por dentro y frío por fuera, principalmente en las extremidades.   s.f. MEDICINA

lipis Lipes, sulfato azul de cobre.   s.f./pl: lipis

lipocito Célula específica del tejido adiposo.   s.m./BIOLOGÍA

lipocromo (Del gr. *lipos*, grasa + *khroma*, color.) Pigmento de origen vegetal o animal, que proporciona un color amarillento a las grasas.   s.m. BIOQUÍMICA

lipodistrofia Trastorno en el metabolismo de las grasas.   s.f. MEDICINA

lipodistrófico, a De la lipodistrofia.   adj./MEDICINA

lipoide (Del gr. *lipos*, grasa + *eidos*, aspecto exterior.)
1 Sustancia semejante a las grasas.   s.m./BIOQUÍMICA
2 Lípido complejo cuya molécula contiene fósforo y nitrógeno.   BIOQUÍMICA

lipoideo, a Que tiene alguna propiedad de la grasa o su aspecto.   adj. = adiposo

lipólisis (Del gr. *lipos*, grasa + *lysis*, disolución.) Descomposición o destrucción de las grasas en el organismo: *las cremas actúan disolviendo y estimulando el proceso de lipólisis.*   s.f. pl: lipólisis BIOQUÍMICA

lipoma (Del gr. *lipos*, grasa + *oma*, tumor.) Tumor benigno formado por la acumulación de tejido adiposo.   s.m. MEDICINA

liposoluble Se aplica a la sustancia que se puede disolver en grasas o aceites: *el alcohol es una sustancia liposoluble.*   adj. QUÍMICA

liposoma (Del gr. *lipos*, grasa + *soma*, cuerpo.) Acumulación de lípidos en el citoplasma de algunas células, que constituye una reserva de alimentos para la célula.   s.m. BIOLOGÍA

liposucción (Del gr. *lipos*, grasa + *succión*.) Técnica médica para succionar la grasa subcutánea: *consiguió eliminar la celulitis gracias a la liposucción.*   s.f. MEDICINA

lipotimia (Del gr. *leipo*, faltar + *thymos*, aliento.) Pérdida repentina y pasajera del sentido y del movimiento. *la lipotimia se debe a una falta de oxigenación del cerebro.*   s.f. MEDICINA = desmayo

liquen (Del lat. *lichen* < gr. *leikhen*, lepra.)
1 Organismo vegetal que resulta de la asociación simbiótica de un hongo filamentoso con un alga, que se presenta en forma de costra gris, parda, roja o de otros colores, y que crece en lugares húmedos.   s.m. BOTÁNICA
2 Enfermedad de la piel caracterizada por la presencia de pápulas o erupciones cutáneas pequeñas y rojizas.   MEDICINA

liquidable Que puede ser liquidado: *el crédito es liquidable en cualquier momento; este trabajo es liquidable en 5 o 6 horas.*   adj.

liquidación
1 Acción y resultado de liquidar o liquidarse: *ya no trabaja para aún le tengo que llevar a cobrar la liquidación.*   = finiquito
2 Venta de mercancías con rebaja de precios que se hace para agotar las existencias por cese, traspaso o reforma del negocio, por fin de temporada o por cualquier otro motivo: *encontró varios chollos en una tienda en liquidación.*   COMERCIO = saldo
3 Cierre periódico de las operaciones bursátiles para entregar los títulos comprados o pagar las diferencias pendientes.   ECONOMÍA
4 Ajuste formal de las cuentas o realización de las operaciones necesarias para dar término a una empresa, un establecimiento u otro asunto: *la liquidación de la herencia se hizo ante notario.*   DERECHO

liquidador, a Que liquida una cuenta o un negocio.   adj./s.

liquidámbar (Del lat. *liquor*, licor + *ámbar*.) Bálsamo de sabor acre, obtenido del ocozol, árbol norteamericano, que se usa para limpiar y ablandar los tumores.   s.m. FARMACIA

liquidar (Del lat. *liquidare*.)
1 Pagar una cuenta totalmente: *al fin podré liquidar la deuda con mis padres.*   v.tr. = saldar
2 Poner fin a una situación: *liquidó su relación con la empresa por cuestiones personales.*   = finalizar, terminar ≠ iniciar
3 Hacer ajuste final de cuentas en un negocio y cesar la actividad comercial: *decidieron liquidar la empresa antes de que la situación empeorara.*   COMERCIO
4 Poner a la venta productos con rebaja de precio: *están liquidando el género tarado.*   = abaratar
5 Gastar o consumir una cosa en poco tiempo: *liquidaba su sueldo en una semana.*   = fundir, malgastar
6 Matar a una persona: *pagó a unos matones para que lo liquidaran.*   coloquial = eliminar
7 Hacer cálculos para determinar lo que ha de pagarse por una deuda o una cuenta: *liquidó sus créditos para estabilizar su situación.*   COMERCIO
8 Hacer líquido un cuerpo sólido o gaseoso: *el hielo se liquidó con el calor del Sol.*   v.tr/prnl. = licuar
9 Pagar a un empleado la cantidad que le corresponda por ley, cuando es despedido de su empleo.   v.tr. Méx.

liquidez
1 Estado de líquido: *la salsa tiene que tener liquidez.*   s.f./pl: liquideces
2 Cantidad de dinero disponible de una cuenta bancaria: *la liquidez de su cuenta le permite muchos gastos; la empresa no tenía liquidez para asumir un préstamo.*   COMERCIO = saldo
3 Posibilidad que tiene el activo de un banco o de otra entidad financiera para transformarse en dinero efectivo.   ECONOMÍA

4 Relación entre el conjunto de dinero en caja y de bienes convertibles en dinero, y el total del activo de un banco u otra entidad.   COMERCIO

líquido, a (Del lat. *liquidus*.)
1 Se aplica al estado de la materia o a los cuerpos en los que las moléculas tienen poca cohesión, de modo que se adaptan a la forma de la cavidad que los contiene, y tienden a ponerse a nivel horizontalmente: *el agua es un elemento líquido.*   adj/s.m. FÍSICA
2 Que se bebe o puede ser bebido: *es bueno tomar líquidos para limpiar el riñón.*
3 Se refiere a la cantidad de capital del que se dispone: *tiene un saldo líquido muy elevado.*   COMERCIO = efectivo
4 Se aplica a la cantidad que resulta después de descontar tributos, impuestos y otros pagos: *le retienen tantos impuestos que su sueldo líquido queda muy reducido.*   adj/s.m. = neto ≠ bruto
5 Se refiere a la consonante que presenta características vocálicas y consonánticas, de modo que puede aparecer junto a otra consonante en posición semiconsonántica: *la l es una consonante líquida.*   adj/s.f. LINGÜÍSTICA
6 Solo, único o exacto, mero, sin mezcla.   adj./Amér.
7 líquido amniótico: El que se encuentra en el saco que envuelve el embrión de mamíferos, reptiles y aves.   BIOLOGÍA
8 líquido imponible: Cuantía de los ingresos de un contribuyente que determina la cuota tributaria que le corresponde pagar.   ECONOMÍA

lira
I (Del lat. *lyra* < gr. *lyra*, lira.)
1 Antiguo instrumento de cuerda compuesto por un marco en forma de cornamenta donde se sostienen tensadas las cuerdas: *el poeta acompañaba sus versos con el melodioso son de la lira.*   s.f. MÚSICA = nabla
2 Combinación métrica de cinco versos, heptasílabos el primero, tercero y cuarto, y endecasílabos los otros.   POESÍA
3 Inspiración de un poeta.   = musa, numen
II (Del ital. *lira*.)
1. Unidad monetaria de Italia, San Marino y Ciudad del Vaticano.   s.f. ECONOMÍA
2. lira turca: Unidad monetaria de Turquía.   ECONOMÍA

lirado, a Se aplica a la hoja que tiene los lóbulos pequeños en la parte inferior y uno más redondeado en la superior, con una forma similar a la del instrumento musical.   adj. BOTÁNICA

lírica
1 Género poético en el que predomina la expresión de los sentimientos íntimos del autor con el fin de suscitarlos también en el lector.   s.f. LITERATURA
2 Conjunto de las composiciones poéticas del género lírico de un país, de un autor o de un período de tiempo determinado: *la lírica española; la lírica del siglo XV; la lírica de Pedro Salinas.*   LITERATURA

liricidad Carácter lírico de una obra.   s.f.

lírico, a (Del gr. *lyrikos*, relativo a la lira.)
1 Se aplica al género poético que expresa sentimientos íntimos: *Quevedo escribió composiciones líricas.*   adj. LITERATURA
2 De la estrofa llamada lira.   POESÍA
3 Se refiere al poeta que compone obras en las que expresa sus sentimientos: *Bécquer ha sido considerado principalmente un autor lírico.*   adj/s. LITERATURA
4 Que provoca en el ánimo un sentimiento intenso: *la película tiene una escena muy lírica.*   adj./= poético ≠ prosaico
5 Se aplica a la obra teatral que está compuesta para ser musicada y representada: *la ópera y la zarzuela son composiciones líricas.*   MÚSICA
6 Se refiere a la persona que interpreta obras teatrales musicadas: *es una gran cantante lírica.*   adj/s. MÚSICA
7 Se aplica a la persona que ha aprendido un oficio, profesión o arte sin haberlo estudiado: *músico lírico.*   adj. Méx.

lirio (Del lat. *lilium*.)
1 Planta herbácea iridácea, con hojas erguidas y largas, tallo central ramoso, flores terminales grandes de seis pétalos azules, morados o blancos y fruto capsular. *(Iris).*   s.m. BOTÁNICA
2 lirio blanco: Azucena, planta herbácea.   BOTÁNICA
3 lirio de agua: Cala, planta cultivada con fines ornamentales.   BOTÁNICA
4 lirio hediondo: Planta semejante al lirio pero con flores que despiden mal olor y con tres pétalos azules y otros tres amarillos. *(Iris foetidissima.)*   BOTÁNICA

lirismo
1 Actitud lírica, inclinada a expresar de manera artística afectos y sentimientos íntimos.   s.m.
2 Circunstancia de ser lírica una obra artística.   LITERATURA
3 Abuso de recursos líricos en una obra artística.   RETÓRICA
4 Intimidad y subjetividad en la expresión literaria.   LITERATURA

liróforo (Del lat. *lyra* < gr. *lyra*, lira + gr. *phoros*, que lleva.) Autor de poesías.   s.m./literario = poeta

lirón
I (Del lat. *glis*, *-iris*.)
1 Mamífero roedor, arborícola, de pequeño tamaño, parecido al ratón, cola empenachada y hábitos nocturnos, de carácter tímido y color ocre, que pasa la estación fría hibernando. *(Eliomys, Glis y Muscardinus.)*   s.m. ZOOLOGÍA

2 Persona que duerme mucho: *me cuesta horas desper-* = dormilón,
tarle porque es un lirón. marmota
3 lirón gris: Lirón algo mayor, de color gris, con ZOOLOGÍA
manchas negras y con la cola muy empenachada.
(Glis glis.)
4 dormir como un lirón: Dormir mucho o de continuo: *duerme como un lirón: si no está al menos diez horas*
durmiendo, no funciona; esta noche he conseguido dormir
como un lirón y me siento descansado.
II (Del lat. *lyron.*) Alisma, planta perenne con flores s.m.
blanquecinas. BOTÁNICA
III (De origen incierto.)
1 Almez, árbol ulmáceo. s.m./BOTÁNICA
2 Fruto del almez. = almeza

lis (Del gr. *lys.*)
1 Lirio, planta iridácea. s.m.f./BOTÁNICA
2 Flor de lis, forma heráldica de lirio. HERÁLDICA

lisa Mújol, pez teleósteo. s.f./ZOOLOGÍA

lisboeta
1 De Lisboa, capital de Portugal: *llegaron al aeropuerto* adj./= lisbonense,
lisboeta. lisbonés
2 Persona natural de Lisboa. s.m.f.

lisérgico, a Se aplica al ácido orgánico presente en adj.
un alcaloide del cornezuelo, hongo parásito del cen- QUÍMICA
teno, y que posee propiedades alucinógenas. = lsd

lisiado, a Que tiene una lesión permanente o está adj./s.
privado del uso de algún miembro del cuerpo, espe- = inválido
cialmente de alguna de las extremidades.

lisiadura Lesión permanente en alguna parte del s.f.
cuerpo.

lisiar (Del ant. *lisión* < lat. *laesio, -onis*, lesión.) Produ- v.tr./prnl.
cir una lesión permanente a una persona: *se lisió una* = lesionar
pierna en el accidente.

lisimaquia (Del gr. *lyo*, soltar + *makhe*, lucha.) Planta s.f.
herbácea con tallos erguidos y cuadrangulares, hojas BOTÁNICA
lanceoladas y amarillentas y flores agrupadas en inflorescencias terminales. *(Lysimachia vulgaris.)*

lisina Anticuerpo o sustancia con capacidad para di- s.f.
solver o destruir las células orgánicas o las bacterias, BIOQUÍMICA
que es indispensable para el crecimiento.

lisis (Del gr. *lysis*, disolución.)
1 Acción de algunos enzimas que consiste en la frag- s.f.
mentación de las grandes moléculas de algunos com- pl. lisis
puestos en moléculas más pequeñas. BIOQUÍMICA
2 Destrucción o desintegración de un elemento orgá- BIOLOGÍA
nico como células o bacterias.
3 Desaparición lenta y progresiva de una enferme- MEDICINA
dad.

-lisis Componente de palabra procedente del gr. *lysis*, suf.
que significa disolución: *diálisis; catálisis.* tb: -lisia

liso, a (Del lat. *lisus*, pulimentado.)
1 Se aplica a la superficie que no tiene arrugas o des- adj./= llano, suave
niveles: *lijó la madera para dejarla bien lisa.* ≠ rugoso
2 Se refiere al cabello que no tiene rizos: *consiguió te-* = lacio
ner el pelo liso con un moldeado especial.
3 Que es sencillo y sin adornos: *la decoración de la* = simple
casa es lisa pero muy acogedora.
4 Se aplica a la tela que es de un solo color: *prefiero* ≠ estampado
un tejido liso para la camisa.
5 Que no presenta dificultad: *era una tarea lisa que* = sencillo,
podía hacer cualquiera. simple
6 Superficie plana y extensa de una roca. s.m/MINERÍA
7 lisa y llanamente: Sin rodeos, sin ambages: *lisa y* loc.adv.
llanamente le comunicó su despedían.

lisógeno, a Se aplica a la sustancia que provoca la adj./s.m.
formación de lisinas. BIOLOGÍA

lisol (Derivado del gr. *lyo*, soltar.) Líquido rojo, que se s.m.
puede mezclar con agua y alcohol usado como desin- QUÍMICA
fectante e insecticida.

lisonja
I (Del occitano *lauzenja* < bajo lat. *laudemia*, alaban- s.f.
za.) Halago o alabanza con que se intenta ganar la = adulación
voluntad de una persona: *consigue lo que quiere de sus*
padres con lisonjas.
II (Del ár. *lauzinag*.) Figura de rombo colocado de s.f.
manera que uno de los ángulos queda por pie y su HERÁLDICA
opuesto por cabeza. = losange

lisonjeador, a Se aplica a la persona que lisonjea o adj./s.
que acostumbra a hacerlo: *es tan lisonjeador con el jefe* = adulador,
como con sus companeros. lisonjero

lisonjear
1 Dirigir lisonjas a una persona para obtener un be- v.tr.
neficio: *intentó conseguir el aumento lisonjeando al jefe.* = adular, halagar
2 Causar una cosa deleite o agrado a una persona: *se* v.tr/prnl.
lisonjea viendo viejas películas.
3 Sentir una persona alegría por un suceso agradable v.prnl./= alegrarse,
propio o ajeno: *me lisonjeo sinceramente de tu éxito.* congratularse

lisonjero, a
1 Que lisonjea o halaga: *tus lisonjeras palabras no le* adj./s.
harán ceder. = adulador
2 Que gusta o deleita: *tiene una voz dulce y lisonjera.* = agradable

3 Que promete o abre buenas perspectivas de futuro: = halagüeño,
los resultados de las ventas son lisonjeros. prometedor

lisosoma Orgánulo celular esferoidal separado del ci- s.m.
toplasma por una membrana y que contiene enzimas BIOQUÍMICA
que actúan en la digestión intracelular.

lisp (Acrónimo del ingl. *[LIS]t [P]rocessing*, proceso de s.m.
lista.) Lenguaje de programación utilizado en inteli- INFORMÁTICA
gencia artificial, que trata la información en forma de
listas y permite utilizar recursividad.

lista (Del germ. *lista*, tira, franja.)
1 Trozo largo, estrecho y delgado de cualquier mate- s.f.
rial: *hizo unas guirnaldas con listas de papel.* = tira
2 Raya de un color distinto del fondo: *la camisa tiene* = banda,
listas verdes y blancas. franja
3 Enumeración de personas, cantidades, etc., dis- = relación
puesta en columnas: *tu nombre no figura en la lista de*
aceptados.
4 Estructura de datos constituida por elementos re- INFORMÁTICA
gistrados de forma desordenada en un soporte, pero
que siguen un orden lógico, gracias a los enlaces asociados a los elementos.
5 lista civil: Dotación asignada al jefe del estado en DERECHO
los presupuestos.
6 lista de boda: Relación de objetos de un establecimiento, elegidos por los novios, que pueden ser comprados por los invitados.
7 lista de correos: Oficina de correos a la que se dirigen cartas y paquetes que han de ser recogidos allí
por sus destinatarios.
8 lista de espera: Aquella en la que se anotan las
personas o asuntos que no pueden ser tratados en el
momento: *no se pre-inscribió a tiempo y está en lista de*
espera.
9 lista grande: Relación completa de los números
premiados en cada sorteo de la lotería.
10 lista negra: Relación secreta en la que figuran los
nombres de las personas o entidades que se consideran sospechosas o indeseables: *no conseguirás nada, te*
tienen en la lista negra.
11 pasar lista: Decir los nombres de las personas
que aparecen en una relación para que éstas contesten confirmando así su presencia.

listado, a
1 Que tiene listas o rayas de color: *el ágata es un mi-* adj.
neral listado.
2 Relación escrita de datos, especialmente cuando ha s.m.
sido sacada de un ordenador: *los listados de notas ya* = lista
están en el tablón.
3 Pez marino sin escamas, de color azul en el dorso y ZOOLOGÍA
blanco con rayas longitudinales en el vientre, que
vive a cierta distancia de la costa. *(Euthynnus pelamys.)*

listar
1 Poner a una persona en una lista: *listó a los chicos en* v.tr.
un instituto cercano. tb: alistar
2 Ordenar los datos informáticos en forma de lista INFORMÁTICA
para visualizarlos en pantalla o imprimirlos: *listó los*
nombres y teléfonos de todos los clientes.

listel (Del fr. ant. *listel.*)
1 Filete o faja lisa, larga y estrecha que constituye un s.m.
elemento de la moldura. ARQUITECTURA
2 Faja que separa dos molduras. ARQUITECTURA
3 Parte superior de una cornisa. ARQUITECTURA
4 Filete situado bajo el equino del capitel de estilo ARQUITECTURA
dórico. = listón

listero, a
1 Persona encargada de hacer la lista de los asistentes s.
a una reunión de trabajo o de los que realizan una
actividad en común.
2 Persona encargada de pasar lista en una obra para
confirmar la presencia de los trabajadores.

listeza
1 Cualidad del que comprende las cosas con rapidez s.f.
y facilidad: *su listeza le hace ser el primero de la clase.* = listura
2 Cualidad de la persona que obra con rapidez y seguridad: *reacciona pronto ante los hechos por su gran lis-*
teza.

listín
1 Agenda en la que se anotan direcciones y teléfo- s.m.
nos: *el teléfono que buscas está en el listín del comedor.*
2 Lista pequeña o extracto de otra más extensa.
3 listín telefónico: Publicación en la que aparece una
relación con todos los números telefónicos, nombre
y dirección de los abonados.

listo, a (Del lat. vulgar *lexitus* < *legere*, escoger.)
1 Que comprende las cosas rápidamente: *desde pe-* adj/s./= inteligente
queño se veía que era listo. ≠ tonto
2 Que está dispuesto o preparado para hacer una cosa: adj.
ya estoy lista, podemos salir. = presto
3 Que hace las cosas con rapidez y seguridad. = activo, ligero
4 Que es astuto y sabe lo que le conviene: *éste es un* adj/s./= avispado
listo: aprovechó la ocasión para irse con el dinero. ≠ lelo, primo
5 estar o ir listo: Tener la seguridad de que las cosas coloquial
no van a salir bien: *si cree que me va a engañar con sus*
lamentos, va listo.

6 ¡listo! o ¡listos!: Preparado, terminado o dispuesto: *¡listo!, ya está el trabajo.* — interj.

7 pasarse de listo: Actuar creyéndose que uno sabe más que los demás o es más inteligente y estar equivocado: *te estás pasando de listo acusándome porque yo no estuve allí.*

listón, a
1 Se aplica a la res que tiene a lo largo de la columna vertebral una lista de color más claro que el resto del cuerpo. — adj. TAUROMAQUIA
2 Tabla larga y estrecha: *aprovechó unos listones para hacer un marco.* — s.m. CARPINTERÍA
3 Moldura de sección cuadrada y poco saliente. — CARPINTERÍA
4 Cinta de seda.
5 Elemento de una moldura en forma de cinta larga y estrecha. — ARQUITECTURA = listel
6 Medida o nivel que establece la calidad o efectividad de una cosa: *su trabajo era tan bueno que el listón estaba altísimo para el resto de compañeros.*
7 Barra colocada horizontalmente en un soporte que indica la altura sobre la que debe pasar el atleta. — DEPORTES
8 Cinta de tela. — Méx.

listonado Obra hecha con listones. — s.m./CARPINTERÍA

listonar Hacer un entablado con listones: *listonó el techo de la buhardilla.* — v.tr./CARPINTERÍA = enlistonar

listonería Conjunto de listones. — s.f./CARPINTERÍA

listonero, a Persona que se dedica a hacer listones. — s./CARPINTERÍA

listura Facultad de comprender con facilidad las cosas y de actuar con rapidez y diligencia. — s.f. = listeza

lisura
1 Condición de lo que es liso, que no tiene asperezas: *dada la lisura de la madera, no es preciso lijarla.* — s.f. ≠ rugosidad
2 Franqueza e ingenuidad en acciones y palabras: *a pesar de su alcurnia, habla con mucha lisura.* — = llaneza, sinceridad
3 Palabra o acción grosera e irrespetuosa. — Guat., Pan., Perú
4 Atrevimiento, desparpajo. — Pan., Perú
5 Gracia y donaire. — Perú

lita (Del lat. *lytta* < gr. *lytta*, rabia.) Ladilla, en especial la del perro. — s.f. VETERINARIA

litación Sacrificio hecho a la divinidad. — s.f./RELIGIÓN

litar (Del lat. *litare.*) Hacer un sacrificio grato a una divinidad. — v.tr. RELIGIÓN

litargirio (Del lat. *lithargyrum* < gr. *lithargyros.*)
1 Monóxido de plomo de color amarillo casi rojizo, que es ligeramente soluble en agua, que se oxida al ponerlo al rojo y se convierte en minio. — s.m. MINERALOGÍA = litarge, almártaga
2 **litargirio de oro:** El que tiene color y brillo similares a los del oro. — MINERALOGÍA
3 **litargirio de plata:** El compuesto de bastante plata. — MINERALOGÍA

lite (Del lat. *lis, litis.*) Pleito, litigio judicial. — s.f./DERECHO

litera (Del cat. *llitera.*)
1 Armazón o estructura formadas por cuatro barras verticales y otras horizontales en número par, que sirven de soporte al somier y colchón: *se golpeó la cabeza con el techo porque dormía en la litera de arriba.* — s.f.
2 Cada una de las camas estrechas usadas en barcos, trenes, etc., que están una encima de otra: *en el camarote hay cuatro literas.*
3 Antiguo vehículo semejante a la caja de un coche, sostenido por dos barras laterales para ser llevado por dos personas o dos caballerías: *los monarcas se desplazaban frecuentemente en literas.*

literal (Del lat. *littera*, letra.)
1 Que expresa el sentido recto y exacto de las palabras: *el sentido literal del poema es el amor.* — adj. = textual
2 Se aplica a la traducción en la que se conserva, en la medida de lo posible, el orden, construcción y estilo propio del original: *algunas construcciones no quedan claras porque ha hecho una traducción literal del alemán.* — = fiel
3 Que reproduce exactamente lo que se ha dicho o se ha escrito: *sus palabras literales fueron "llegué a las siete y no la vi".*
4 Se refiere a los conceptos y magnitudes que se expresan con letras. — LÓGICA, MATEMÁTICAS

literalidad Exactitud en la interpretación o traducción de un texto: *censurar la literalidad de una traducción.* — s.f.

literalmente
1 En su exacto sentido: *estoy literalmente agotada.* — adv.
2 Al pie de la letra, palabra por palabra: *ha traducido literalmente del francés.*

literario, a (Del lat. *litterarium.*) Que tiene relación con la literatura: *se presentó a un concurso literario.* — adj. LITERATURA

literato, a (Del lat. *litteratus.*)
1 Se aplica a la persona que se dedica a la literatura o es versado en ella. — adj./s. LITERATURA
2 Persona que se dedica a escribir. — s./= escritor

literatura
1 Arte que utiliza la palabra como medio de expresión, ajustándose a códigos estéticos que varían en — s.f. LITERATURA los distintos períodos históricos, movimientos artísticos o autores individuales: *Cervantes es uno de los grandes genios de la literatura española.*
2 Teoría y estudio de la composición literaria. — LITERATURA
3 Conjunto de las producciones literarias de un país, de un autor, de una época o de un género: *literatura medieval; literatura de aventuras.* — LITERATURA
4 Conjunto de obras que tratan sobre una ciencia, una técnica o un tema concreto: *tiene una interesante colección de literatura médica.* — = bibliografía
5 **literatura comparada:** Rama de la historia de la literatura que estudia las relaciones entre las producciones literarias de diferentes países. — LITERATURA
6 **literatura de cordel:** Conjunto de obras literarias que se difundían en pliegos sueltos. — LITERATURA

litiásico, a De la litiasis. — adj./MEDICINA

litiasis (Derivado del gr. *lithos*, piedra.) Formación y presencia de cálculos en algún órgano, especialmente en las vías biliares y urinarias. — s.f./pl: litiasis MEDICINA = mal de piedra

lítico, a (Derivado del gr. *lithos*, piedra.)
1 De la piedra: *se han encontrado herramientas líticas en la zona.* — adj.
2 De la lisis.

litificación Lapidificación, conversión de algo en piedra. — s.f. GEOLOGÍA

litigación (Del lat. *litigatio, -onis.*) Acción y resultado de litigar: *no fue posible evitar el llegar a la litigación.* — s.f./DERECHO = litigio

litigante Que litiga. — adj/s.m.f./DERECHO

litigar (Del lat. *litigare*, pelearse con palabras.)
1 Llevar una cosa a juicio: *decidió litigar el contrato por el incumplimiento del constructor.* — v.tr./conj: pagar DERECHO/= pleitear
2 Reñir o discutir dos o más personas entre sí: *litigaron durante toda la cena hasta que yo puse paz.* — v.intr. = disputar

litigio (Del lat. *litigium.*)
1 Pleito, altercado judicial: *el abogado creía que tenían posibilidades de ganar el litigio.* — s.m. DERECHO
2 Discusión o pelea. — = riña

litigioso, a
1 Que está sometido a pleito o disputa. — adj./DERECHO
2 Que es propenso a discutir: *no te metas con él porque es muy litigioso.* — = litigante

litina (Derivado del gr. *lithos*, piedra.) Hidróxido de litio. — s.f. QUÍMICA

litínico, a Que contiene litina: *aguas litínicas.* — adj./QUÍMICA

litio (Del gr. *lithos*, piedra.) Metal alcalino, blanco, blando y muy ligero, con bajo punto de fusión y poco denso. — s.m. QUÍMICA

litis (Del lat. *lis, litis.*) Lite, pleito o proceso judicial. — s.f./pl: litis DERECHO

litisconsorcio Situación en la que diversos litigantes aparecen unidos en el mismo proceso judicial por tener unos intereses comunes. — s.m. DERECHO

litisconsorte Persona que litiga en una sola parte por la misma causa que otra. — s.m.f. DERECHO

litiscontestación Interrupción de un proceso judicial, por medio de la contestación a la demanda. — s.f. DERECHO

litisexpensas
1 Conjunto de gastos o costas de un pleito. — s.f.pl/DERECHO
2 Conjunto de fondos que se asignan a personas que no disponen libremente de sus bienes para que paguen las costas de un pleito. — DERECHO

litispendencia
1 Estado de un pleito antes de que haya finalizado. — s.f./DERECHO
2 Tiempo que va desde la contestación a la demanda hasta la sentencia. — DERECHO

lito- Componente de palabra procedente del gr. *lithos*, que significa piedra: *litocromía, litografía.* — pref/suf. tb: lit-, -lito

litocálamo (Del gr. *lithos*, piedra + *khalamos*, caña.) Caña fosilizada. — s.m.

litoclasa (Del gr. *lithos*, piedra + *khlasis*, rotura.) Grieta de una roca con o sin desplazamiento relativo de las partes. — s.f. GEOLOGÍA

litófago, a (Del gr. *lithos*, piedra + *fago*, comer.)
1 Se aplica al alga que corroe las rocas calcáreas. — adj./BOTÁNICA
2 Se refiere al animal que taladra las rocas para alojarse en las galerías que forma en ellas y que, en apariencia, se alimenta de éstas. — ZOOLOGÍA

litofanía Arte y técnica de obtener imágenes por transparencia en porcelana o en cristal opaco. — s.f.

litofotografía Técnica y arte de reproducir y fijar dibujos sobre planchas de cinc o de aluminio, mediante la acción química de la luz. — s.f. FOTOGRAFÍA = fotolitografía

litofotografiar Reproducir dibujos sobre planchas de cinc mediante la acción de la luz. — v.tr./conj: vaciar FOTOGRAFÍA

litogénesis (Del gr. *lithos*, piedra + *genesis*, creación.) Conjunto de procesos que dan lugar a la formación de una roca. — s.f./pl: litogénesis GEOLOGÍA tb: litogenesia

litografía (Del gr. *lithos*, piedra + *grapho*, escribir.)
1 Arte y técnica de reproducir imágenes o escritos grabándolos sobre una piedra preparada para tal fin. — s.f. ARTES GRÁFICAS

2 Estampa obtenida mediante este procedimiento. · ARTES GRÁFICAS
3 Taller en el que se utiliza este modo de imprimir. · ARTES GRÁFICAS

litografiar Reproducir una cosa por medio de la litografía. · v.tr./conj: *vaciar* · ARTES GRÁFICAS

litográfico, a
1 De la litografía: *lápiz litográfico; piedra litográfica; tinta litográfica.* · adj. · ARTES GRÁFICAS
2 Que se obtiene mediante la litografía. · ARTES GRÁFICAS

litógrafo, a Persona que se dedica a la litografía. · s./ARTES GRÁFICAS

litología (Del gr. *lithos,* piedra + *logos,* ciencia.) Parte de la geología que estudia las rocas y, en especial, las sedimentarias. · s.f. · GEOLOGÍA · = petrografía

litológico, a De la litología o de las rocas. · adj./GEOLOGÍA

litólogo, a Persona dedicada al estudio de las rocas o especialista en ellas. · s./GEOLOGÍA · = geólogo

litopón Pigmento blanco formado por una mezcla de sulfato de bario y sulfuro de cinc, que se usa en la composición de la pintura. · s.m. · QUÍMICA

litoral (Del lat. *litoralis.*)
1 De la costa: *el número de residentes en las poblaciones litorales aumenta en verano.* · adj. · = costero
2 Costa de un mar, un país o un territorio: *los vientos serán fuertes en el litoral cantábrico.* · s.m. · GEOGRAFÍA
3 Orilla o franja de tierra al lado de los ríos. · *Argent., Par., Urug.*

litosfera (Del gr. *lithos,* piedra + *sphaira,* esfera.) Capa externa de la Tierra que comprende la corteza y la capa del manto superior, que es rígida, resistente, no deformable, y se puede romper en placas. · s.f. · GEOLOGÍA

lítote (Del lat. *litotes* < gr. *litotes.*) Figura que consiste en atenuar las cualidades de un objeto o una idea por el procedimiento de negar lo contrario de lo que se quiere afirmar como las expresiones *no estás en lo cierto* o *no era poco lo que pedía.* · s.f. · RETÓRICA · th: lítote, lítotes · = atenuación

litotipografía Arte de reproducir en litografía una plancha impresa en caracteres tipográficos corrientes. · s.f. · ARTES GRÁFICAS

litotomía (Del gr. *lithos,* piedra + *tomos,* división.) Operación quirúrgica que consiste en extraer un cálculo o piedra del organismo. · s.f. · MEDICINA

litotricia (Del gr. *lithos,* piedra + lat. *tritum,* triturado.) Pulverización o fragmentación de los cálculos que haya en las vías urinarias, riñón o vejiga para que puedan ser expulsados por la uretra. · s.f. · MEDICINA · th: litotripsia

litráceo, a Perteneciente a una familia de plantas angiospermas dicotiledóneas, herbáceas o arbustivas, de hojas enteras, generalmente opuestas, flores solitarias o en espiga y fruto en cápsula, como la salicaria. · adj/s.f. · BOTÁNICA

litre
1 Árbol de madera durísima, flores amarillas en panoja y frutos pequeños y dulces con los que se hace la chicha, y cuyas ramas producen un sarpullido. (*Lithraea caustica.*) · s.m. · *Chile* · BOTÁNICA
2 Enfermedad que produce este árbol. · *Chile*/MEDICINA

litri Que presume de elegante o inteligente y resulta ridículo. · adj./coloquial · = cursi

litro (Del fr. *litre.*)
1 Unidad de capacidad para líquidos o sustancias áridas, equivalente a un decímetro cúbico. · s.m.
2 Cantidad de líquido que cabe en esta medida: *bebe dos litros de agua diarios.*

litrona Botella que contiene un litro de cerveza: *los tres amigos estaban en la calle compartiendo una litrona.* · s.f. · coloquial

lituano, a
1 De Lituania, estado de Europa nororiental y de su lengua. · adj.
2 Persona natural de este estado europeo. · adj/s.
3 Lengua del grupo báltico, de la familia indoeuropea, hablada en Lituania. · s.m. · LINGÜÍSTICA

lituo
1 Báculo que usaban los augures como signo de dignidad. · s.m. · HISTORIA
2 Instrumento musical que usaban los romanos de forma similar a la de la trompeta pero de un metro aproximadamente de largo, con tubo recto y sonido agudo. · HISTORIA, MÚSICA

liturgia (Del bajo lat. *liturgia* < gr. *leiturgia,* función pública.)
1 Conjunto de prácticas y ritos aprobados por la iglesia para rendir culto a Dios: *la liturgia romana y la ortodoxa tienen algunas diferencias.* · s.f. · RELIGIÓN
2 Culto público y oficial de cualquier religión. · RELIGIÓN

litúrgico, a De la liturgia: *canto litúrgico; materia litúrgica.* · adj. · RELIGIÓN

liturgista
1 Persona dedicada al estudio o enseñanza de la liturgia. · s.f. · RELIGIÓN
2 Partidario de seguir la liturgia de manera estricta. · RELIGIÓN

live (Voz inglesa.)
1 Se aplica a la actuación o espectáculo que se efectúa en directo. · adj/s.m.
2 Se aplica al disco, emisión u otra cosa semejante, grabados en directo.

liviandad
1 Ligereza, poco peso o importancia de una cosa. · s.f.
2 Acción frívola y de poca importancia.

liviano, a (Del lat. vulgar *levianus.*)
1 Que tiene poco peso: *prefiero llevar esta chaqueta porque es más liviana.* · adj. · = ligero
2 Que tiene poca importancia: *se preocupa por cosas livianas y no atiende a lo importante.* · = frívolo
3 Que es poco fiel, en especial en las relaciones amorosas.
4 Se aplica a la persona que es lasciva u obscena. · = incontinente
5 Que cambia con frecuencia de ideas o forma de ser: *su conducta liviana no le favorece.* · = inconstante
6 Asadura de las reses destinadas al consumo. · s.m.
7 Asno que guía a la recua.

lividecer Ponerse una persona lívida: *al ver sangre, lividació y se desmayó.* · v.intr/conj: *carecer* · = palidecer

lividez
1 Cualidad de lívido: *la lividez de su cara refleja su poca salud.* · s.f. · pl: livideces
2 **lividez cadavérica:** Conjunto de manchas de color azul violáceo que aparecen en el cadáver. · MEDICINA

lívido, a (Del lat. *lividus,* azulado negruzco.)
1 Que está intensamente pálido: *creí que se desmayaría ya que tenía el rostro lívido.* · adj. · = blanco
2 Que está sorprendido y sin capacidad de reaccionar: *la vio y se quedó lívido.* · = estupefacto
3 Se aplica a la piel, herida o cielo de color tirando a morado. · = cárdeno, amoratado

living (Voz inglesa.) Cuarto de estar: *comieron en el salón y tomaron el café en el living.* · s.m. · pl: livings

livor (Del lat. *livor.*)
1 Color morado. · adj/s.m./= cárdeno
2 Envidia u odio hacia una persona o cosa. · = malignidad
3 Lividez o tono amoratado del rostro.

lixiviación
1 Tratamiento de una sustancia con un disolvente para obtener su parte soluble. · s.f. · QUÍMICA
2 Proceso de arrastre por el agua de lluvia de sustancias solubles de un suelo hacia capas más profundas del mismo. · GEOLOGÍA

lixiviar (Derivado del lat. *lixivia,* lejía.) Tratar una sustancia con el disolvente adecuado para obtener su parte soluble. · v.tr · QUÍMICA

liza
I (Del cat. *liça.*) Mújol, pez teleósteo. · s.f./ZOOLOGÍA
II (Del fr. *lice.*)
1 Campo preparado para que los caballeros disputaran torneos. · s.m. · = palenque
2 Enfrentamiento violento entre personas o animales: *no sólo no llegaron a un acuerdo sino que la discusión inicial acabó en una dura liza.* · = lid, lucha
3 **entrar en liza:** Intervenir en un asunto: *en un buen debate entran en liza opiniones contrarias.*

lizo (Del lat. *licium.*)
1 Dispositivo de telar que hace bajar y subir los hilos de la urdimbre para que entre ellos pase la trama. · s.m. · TEXTIL
2 Conjunto de hilos de la urdimbre que se usan para fabricar una cinta. · TEXTIL
3 Alambre o cordón de hilo que lleva un mallón por el que pasa el hilo de la urdimbre. · TEXTIL

ll Grafía que representa el sonido consonántico de la consonante lateral palatal. · s.f. · GRAMÁTICA

llaca Especie de zarigüeya de pelaje ceniciento, con una mancha negra sobre cada ojo. (*Marmosa elegans.*) · s.f./*Chile* · ZOOLOGÍA

llaga (Del lat. *plaga.*)
1 Úlcera o herida abierta, especialmente la que se padece en una parte externa del cuerpo: *los zapatos le han hecho una llaga en el talón.* · s.f. · MEDICINA · = laceración
2 Pena que causa una cosa: *su desprecio me produce una profunda llaga.* · = pesadumbre, tristeza
3 Junta entre dos ladrillos de una misma hilada. · CONSTRUCCIÓN

llagar (Del bajo lat. *plagare,* golpear.) Producir una cosa llagas en una parte del cuerpo: *se le llagó la mitad del cuerpo por haber permanecido postrada tanto tiempo.* · v.tr./prnl. · conj: *pagar* · = herir, ulcerar

llague
1 Planta solanácea. · s.m./*Chile*/BOTÁNICA
2 Planta poligonácea. · *Perú*/BOTÁNICA

llaguear Igualar las llagas o junturas de los ladrillos de una construcción. · v.tr. · CONSTRUCCIÓN

llaguero Herramienta usada para llaguear las junturas de los ladrillos. · s.m. · CONSTRUCCIÓN

llallí (Voz araucana.)
1 Palomita o roseta de maíz. · s.f./*Chile*
2 **hacer llallí algo:** Destrozarlo, romperlo. · *Chile*

llama
I (Del lat. *flamma.*)
1 Masa gaseosa en combustión que despide luz y calor y se manifiesta sobre un cuerpo que arde: *la llama del encendedor está muy alta.* · s.f./FÍSICA · = flama
2 Fuerza o violencia de una pasión o deseo: *nada podrá apagar la llama de su amor.* · = ardor

II (Del quechua *lama*.) Mamífero rumiante sudamericano, de la familia de los camélidos, con el pelo marrón claro que constituye la forma dosmesticada del guanaco y se utiliza como bestia de carga. *(Lama glama.)*   **s.f.** ZOOLOGÍA
III (Del lat. *lama*, lodo.) Llamazar, terreno pantanoso.   **s.f.**

llamada
1 Acción y resultado de llamar: *los bomberos acudieron de inmediato a la llamada de socorro.*   **s.f.** = llamamiento
2 Palabra, voz, sonido o señal con que se llama: *esa bocina es la llamada para ir a comer.*
3 Atracción ejercida por una cosa: *la llamada de la selva; la llamada de la sangre.*
4 Señal puesta en un escrito para dirigir al lector a una nota o advertencia que se halla en otro lugar: *en un apéndice final se recogen las llamadas de la obra.*
5 Gesto, ademán o movimiento hecho para llamar la atención de alguien con el fin de engañarle o distraerle.
6 Toque hecho para que la tropa tome las armas y entre en formación o para entablar una negociación de un campo a otro.   MILITAR
7 Término que indica el orden de ruptura en la ejecución secuencial de las instrucciones de un programa para bifurcarse hacia otra secuencia autónoma de instrucciones.   INFORMÁTICA

llamadera Vara que usa el boyero para picar a las bestias.   **s.f.** = aguijada

llamado Llamada, acción y resultado de llamar: *el presidente hizo un llamado a la calma.*   **s.m./Méx.** = llamamiento

llamador, a
1 Persona que llama.   **s./= llamante**
2 Avisador, persona que lleva avisos.
3 Utensilio para llamar a una puerta golpeándola: *el llamador de la puerta tiene forma de nariz.*   **s.m.**
4 Botón del timbre: *apretó tan fuerte el llamador que quemó el circuito.*   ELECTRICIDAD
5 Aparato que en una estación telegráfica intermedia avisa de las llamadas de otra.   TELECOMUNICACIONES

llamamiento
1 Apelación, exhortación o petición hecha de forma solemne, extrema o patética para que se haga una cosa: *el presidente hizo un llamamiento a la calma.*   **s.m.** = requerimiento
2 Acción de convocar a filas a los mozos para cumplir el servicio militar.   MILITAR
3 Designación legal de la persona o personas que han de recibir una herencia o un cargo.   DERECHO
4 Inspiración de origen divino hacia una determinada misión.   RELIGIÓN = vocación

llamar (Del lat. *clamare*.)
1 Decir el nombre de una persona en voz alta para que venga o para advertirle de alguna cosa: *llama al niño para que venga a cenar ya.*   **v.tr.** = avisar
2 Hacer que una o varias personas acudan a un lugar: *le llamaron del ministerio para que se personara.*   = citar, convocar
3 Aplicar un nombre a una persona, un animal o una cosa: *llamaron al bebé como al abuelo.*   = nombrar, denominar
4 Aplicar un calificativo a una persona, un animal o una cosa: *me llamó zopenco delante de todo el mundo.*   = calificar
5 Hablar con una persona por teléfono: *no me gusta que me llames a la oficina.*   = telefonear
6 Tener una persona, un animal o una cosa un nombre o un apellido: *mi sobrina mayor se llama Olalla.*   **v.prnl.**
7 Hacer sonar un timbre una campanilla o golpear una puerta para que alguien acuda a ese lugar o pedir permiso para entrar: *llama a la puerta si necesitas algo; por favor, llama antes de entrar en mi cuarto.*   **v.intr.**
8 Atraer una cosa a una persona: *la televisión no me llama en absoluto; le llaman mucho los deportes de riesgo.*   **v.tr.** = apetecer, tirar
9 Pedir auxilio a una persona verbal o mentalmente: *en aquel trágico momento llamó a la virgen para que la ayudara.*   = invocar, apelar
10 Despertar una comida picante o salada la sed: *estos pimientos llaman a la sed.*   + a
11 Hacer la designación de la persona que ha de recibir una herencia o cargo.   DERECHO
12 Cambiar el viento de dirección hacia una parte.   **v.intr./NÁUTICA**

llamarada
1 Llama que se eleva del fuego y se extingue rápidamente: *de la sartén salió una llamarada al salpicar aceite.*   **s.f.** = fogarada
2 Rubor repentino y pasajero del rostro: *no sé si la llamarada de su cara era producto del calor o de su timidez.*
3 Estado de ánimo repentino y de poca duración: *sintió una llamarada de odio al oír sus insultantes palabras.*   = arrebato
4 **llamarada de petate:** Cosa o persona que, después de haber despertado grandes expectativas, resulta un fracaso.   Méx.

llamarón Llamarada de fuego: *desde lejos se veía el llamarón.*   **s.m./Colomb., Chile, Ecuad.**

llamativo, a
1 Que llama mucho la atención: *su llamativo vestido despertaba las miradas por la calle.*   **adj./= chillón** ≠ discreto
2 Se aplica al alimento o comida que excita la sed.

llamazar (Derivado de *llama* < lat. *lama*.) Terreno pantanoso.   **s.m.**

llame (Voz araucana.) Trampa utilizada para cazar pájaros.   **s.m.** Chile

llameante Que llamea: *sus llameantes ojos reflejaban la felicidad que sentía.*   **adj.** = ardiente

llamear Despedir llamas una cosa: *el motor del coche comenzó a llamear al estrellarse.*   **v.intr.** = flamear

llampo Resto de polvo y parte menuda de mineral que queda al separar la parte más gruesa.   **s.m.** Chile

llampuga Lampuga, pez teleósteo.   **s.f./ZOOLOGÍA**

llana
1 Herramienta de albañilería que consiste en una plancha con un asa en el centro de su parte posterior y sirve para extender y allanar materiales blandos que recubren superficies: *el yeso y el cemento se extienden con la llana.*   **s.f.** CONSTRUCCIÓN = plana, trulla
2 Cada una de las caras de una hoja de papel: *los artículos que se presenten no pueden ocupar más de diez llanas.*   = plana, página
3 Campo llano.   = llanura

llanada Llanura, terreno sin desniveles.   **s.f.**

llanamente Con naturalidad y sencillez: *te diré llanamente lo que pienso.*   **adv.**

llanarca Nombre que se da a diferentes aves nocturnas similares al chotacabras europeo.   **s.m./Argent.** ZOOLOGÍA

llanca
1 Cualquier mineral de cobre que presenta color verde azulado.   **s.f./Chile** MINERALOGÍA
2 Piedra de este mineral que usan los araucanos para hacer collares y adornar sus trajes.   Chile

llande Bellota, fruto de la encina.   **s.f./tb: lande**

llaneador, a Que llanea: *ese ciclista es un gran llaneador pero no vale para la montaña.*   **adj/s.**

llanear Andar una persona por lugares llanos.   **v.intr.**

llanero, a Habitante de las llanuras.   **s.**

llaneza
1 Actitud sencilla o natural en el trato con los demás, sin ceremonias ni cumplimientos: *es muy estimado públicamente por su llaneza.*   **s.f.** = familiaridad, sencillez
2 Actitud familiar, de igual a igual, en el trato de unos con otros.
3 Sencillez en el estilo: *viste con mucha llaneza.*

llanisto, a De las tierras bajas de los llanos de la provincia de la Rioja.   **adj/s.** Argent.

llanito, a Se aplica a la persona que es natural de Gibraltar.   **adj/s./coloquial** = gibraltareño

llano, a (Del lat. *planus*.)
1 Que no tiene desniveles ni irregularidades: *la excavadora dejó el terreno llano.*   **adj.** = plano, liso
2 Que es sencillo y natural: *todos le aprecian porque tiene un trato llano; se expresa en un lenguaje llano y comprensible para los profanos.*   = sencillo, claro ≠ ceremonioso, solemne
3 Se aplica a la palabra que tiene el acento prosódico en la penúltima sílaba: *las palabras llanas se acentúan cuando no acaban ni en vocal ni en n o s.*   GRAMÁTICA = grave
4 Que no es noble ni privilegiado: *clase llana.*   = plebeyo
5 Se aplica a la prenda de vestir que es lisa o sencilla.
6 Que está conforme con una cosa.
7 Terreno o campo llano o igualado: *encontramos un llano fantástico para acampar.*   **s.m.** = llanura
8 Puntos de media, en que no se crece, ni se mengua.   **s.m.pl.**
9 Se aplica al plato poco hondo: *sirve el lenguado en los platos llanos.*   **adj/s.m.** ≠ hondo
10 **a la llana:** Con naturalidad y sencillez: *se comporta tan a la llana que no se parece a su encopetada familia.*   **loc.adv.**
11 **de llano:** De manera clara y sin rodeos: *me lo dijo tan de llano que aún no lo he asumido.*   **loc.adv.** = de plano

llanque Sandalia rústica.   **s.m./Perú**

llanta
I (Del lat. *planta*.)
1 Planta, especialmente la de semillero o plantel.   **s.f./BOTÁNICA** AGRICULTURA
2 Variedad de berza de hojas grandes que se van recolectando a medida que crece la planta y no se le deja formar repollo.
II (Del fr. *jante*, pina de rueda.)
1 Cerco metálico de las ruedas de los automóviles y otros vehículos.   **s.f.**
2 Pieza de hierro mucho más ancha que gruesa.
3 Neumático, cubierta de caucho de una rueda.   Amér.
4 Pliegue que se forma alrededor del cuerpo por la acumulación excesiva de grasa.   Méx. = michelin
5 **llanta de goma:** Cerco de goma que cubre las ruedas de los coches para suavizar el movimiento.

llantén (Del lat. *plantago, -onis*.)
1 Planta herbácea con hojas gruesas, anchas y ovaladas, flores en espiga larga y apretada pequeñas y verdosas, que crece en lugares húmedos y se usa en infusión en medicina. *(Plantago maior.)*   **s.m.** BOTÁNICA = arta
2 **llantén alesnado:** Hierba cespitosa, cuyo fruto es una cápsula con celdas. *(Plantago subulata.)*   BOTÁNICA
3 **llantén blanquecino:** El que tiene hojas trinervias y de color blanco verdoso. *(Plantago albicans.)*   BOTÁNICA

4 llantén de agua: Alisma, planta alismatácea. — BOTÁNICA

5 llantén mediano: El de hojas elípticas y corola con lóbulos obtusos, que se usa como astringente y contra las afecciones oculares. *(Plantago media.)* — BOTÁNICA

6 llantén menor: El de hojas muy anchas y brácteas escariosas. *(Plantago lanceolata.)* — BOTÁNICA = arta, llantecillo

llantera Lloro fuerte y continuado: *no sé a qué ha venido esa llantera.* — s.f./= llorera, llantina

llanterío Llanto ruidoso y continuado de varias personas: *el llanterío de las plañideras.* — s.m.

llantina Llanto fuerte y prolongado: *nadie consiguió calmarle la llantina en toda la tarde.* — s.f. = llorera, llantera

llanto (Del lat. *planctus*, lamentación.)
1 Acción de llorar acompañada en general de lamentos, sollozos u otras expresiones de dolor: *prorrumpió en llanto; dar rienda suelta al llanto.* — s.m. = lloro
2 anegarse o deshacerse en llanto: Llorar mucho y con gran tristeza.

llanura
1 Igualdad de la superficie de una cosa: *le impresionó la llanura del mar.* — s.f.
2 Terreno o campo igualado o con pocos desniveles: *suele cabalgar en una llanura que hay cerca de su casa.* — = llanada, llano

llapa Yapa, añadidura. — s.f./Amér. Merid.

llapar Yapar, poner la yapa en una cosa. — v.tr./Amér. Merid.

llapingacho Tortilla de patatas con queso. — s.m./Ecuad.

llar (Del lat. *lar*, hogar.) Cadena con uno o varios ganchos que pendía del cañón de la chimenea, para colgar de ella la caldera: *cedió la llar y el caldero cayó sobre el fuego.*

llareta Planta herbácea de hojas alternas y tallo que destila una resina balsámica, de uso medicinal, estimulante y estomacal. *(Laretia acaulis.)* — s.f. Chile BOTÁNICA

llaullau Hongo comestible que se cría en los árboles y se emplea en la fabricación de una especie de chicha. — s.m. Chile MICOLOGÍA

llauquearse Venirse abajo, desmoronarse. — v.prnl./Chile

llave (Del lat. *clavis*.)
1 Instrumento metálico usado para abrir o cerrar una cerradura: *hizo otra copia de la llave por si la perdía.* — s.f.
2 Herramienta para apretar y aflojar tuercas: *llave de tuerca; llave inglesa.*
3 Interruptor o dispositivo que permite el paso de un fluido: *llave de la luz; llave del agua.*
4 Modo de descubrir una cosa oculta o desconocida: *la llave para resolver el misterio está en las palabras del jardinero.* — = clave
5 Pieza metálica para dar cuerda a ciertos relojes.
6 Modo de inmovilizar o vencer al adversario agarrando su cuerpo o alguna de sus extremidades: *llave de judo.* — DEPORTES
7 Pieza de metal de un instrumento de viento que, movida por los dedos, produce diferentes sonidos al abrir o cerrar el paso del aire. — MÚSICA
8 Clave del pentagrama. — MÚSICA
9 Signo gráfico que engloba una o más palabras o renglones en un texto y que indica que éstas forman una unidad: { }.
10 Lo que sirve de defensa o resguardo: *las murallas son la llave de la ciudad.* — = amparo
11 Cuña encajada entre dos piezas de hierro o de madera, para ajustarlas.
12 Instrumento que usan los dentistas para extraer muelas.
13 Mecanismo de las armas de fuego portátiles que sirve para dispararlas.
14 Trozo de roca o mineral tallado en forma de arco que se usa para apuntalar el techo de una mina. — MINERALOGÍA
15 llave de contacto: La que pone en marcha el motor de un vehículo.
16 llave de oro: La que se entrega a una personalidad como agradecimiento por su paso o permanencia en una localidad: *el alcalde entregó la llave de oro de la ciudad al escritor.*
17 llave de paso: Pieza para abrir o cerrar el paso de un fluido por un conducto: *cuando se va de vacaciones, siempre tiene la precaución de cerrar las llaves de paso.*
18 llave del reino: Plaza fuerte fronteriza. — MILITAR
19 llave de tuerca: Herramienta en forma de horquilla para apretar o aflojar tuercas.
20 llave falsa: Copia de una llave hecha sin permiso de su propietario.
21 llave inglesa: 1. Herramienta metálica, similar a un martillo, para apretar tuercas, que tiene graduable la parte que encaja en ellas. **2.** Arma de hierro con agujeros para meter cuatro dedos, usada para golpear con el puño cerrado.
22 llave maestra: La que abre todas las cerraduras de una casa o edificio.
23 bajo llave o bajo siete llaves: Guardado con recelo: *mantener un secreto bajo llave.* — loc.adv.
24 echar la llave: Darle varias vueltas en la cerradu-

ra dificultando así el que sea abierta por otros métodos: *echó la llave al armario para que el servicio no pudiera husmear en él.*

llavear Cerrar con llave. — v.tr./Argent., Par.

llavero, a
1 Utensilio usado para llevar y recoger las llaves: *perdió el llavero y no podía abrir la puerta.* — s.m.
2 Persona encargada de la custodia de las llaves de una iglesia, una cárcel o de otro sitio: *la iglesia estaba cerrada pero el llavero nos la abrió y pudimos visitarla.* — s.

llavín Llave pequeña de una cerradura: *he perdido el llavín del joyero.* — s.m.

lleco, a Se aplica a la tierra que nunca se ha labrado ni sembrado. — adj/s./AGRICULTURA = liego

llegada
1 Acción y resultado de llegar: *hicimos una fiesta para celebrar su llegada.* — s.f.
2 Línea de meta de una competición deportiva: *los aficionados se concentraron en la llegada.* — DEPORTES

llegar (Del lat. vulgar *plicare*, plegar.)
1 Alcanzar un lugar al que se va desde otro: *el tren llega a las siete de la tarde; siempre llega tarde.* — v.intr./conj: pagar = arribar
2 Poder tocar o coger una cosa: *ya llega al último botón del ascensor; cógeme el libro que yo no llego a la repisa.* — = a = alcanzar
3 Ocurrir un suceso, un estado o una circunstancia: *ya ha llegado la primavera; llegó a la vejez con muy buena salud.* — = producirse, suceder
4 Conseguir un cargo, grado o categoría: *llegaron a presidentes por sus méritos.* — = a
5 Tener una cosa suficiente altura, tamaño o cantidad para cumplir una función: *el mantel llega hasta el suelo; el cable no llega al enchufe; la comida no llega para todos.* — = a, hasta
6 Tener una cosa una medida o ascender a una cantidad: *los invitados llegaron al centenar; la cuenta llegó al medio millón de pesetas.* — = importar, ascender
7 Conseguir hacer una cosa con esfuerzo o dificultad: *llegó a comprender el problema tras muchas explicaciones.*
8 Existir una cosa hasta un momento determinado: *la invitación llega hasta mañana.* — + hasta = durar
9 Alcanzar un deportista o equipo la línea de meta o un puesto en una clasificación: *¡ha llegado el primero!; el equipo llegó a la final.* — DEPORTES
10 Ser una cosa suficiente: *cien pesetas no llegan para comprarlo.* — = bastar ≠ faltar
11 Alcanzar o producirse la acción que expresa el infinitivo: *llegó a gritarme en la sala de juntas; llegó a recaudar cinco millones.* — + a
12 Causar una cosa una impresión o sentimiento en una persona: *esas palabras me llegaron al corazón.* — + a = impresionar
13 Poner varias cosas juntas o cerca unas de otras: *llega la silla al sofá.* — v.tr.
14 Ir a un lugar próximo: *se llegó al bar antes de cenar.* — v.prnl./= acercarse
15 Unirse varias personas o cosas. — = adherirse, sumarse
16 estar al llegar: Faltar poco para que una persona se presente en un sitio o para que suceda una cosa: *por la hora que es, ya está al llegar; está al llegar el plazo de la declaración.*
17 ¡hasta ahí podíamos llegar!: Indica indignación ante una situación que se considera abusiva: *¡hasta ahí podíamos llegar!, te prohíbo que insultes a tu padre.*
18 llegar y besar o besar el santo: Indica la brevedad con que se ha logrado una cosa: *no había nadie en la consulta, así que llegué y besé.*
19 no llegar una persona o cosa a otra: No tener una persona o una cosa la cualidad, habilidad, etc., que posee otra con la que se compara: *la mayor no llega a su hermana en simpatía.*

llena Crecida de las aguas que provoca el desbordamiento de un río o un arroyo. — s.f./= desbordamiento, riada

llenador, a Se aplica al alimento que produce saciedad muy rápidamente. — adj. Chile

llenar
1 Ocupar un espacio vacío: *la piscina se llenó de agua en cinco horas; el público llenaba el teatro.* — v.tr/prnl. = saturar
2 Ocupar un lugar con muchas cosas: *llenó la casa de cuadros y fotografías.*
3 Cumplir un acuerdo o desempeñar un cargo. — v.tr.
4 Ser una cosa suficiente para satisfacer las aspiraciones o los deseos de una persona: *tus explicaciones llenan mi curiosidad.* — = satisfacer
5 Dar o dirigir mucho de lo que se expresa a una persona: *le llenó de insultos y se marchó; me llena de regalos.* — = colmar
6 Emplear el tiempo u otra cosa en una actividad: *llena las tardes paseando por el bosque.* — = ocupar
7 Escribir en un impreso los datos necesarios en los espacios indicados. — = rellenar
8 Fecundar el macho a la hembra: *a esta vaca la han llenado varios toros y no queda preñada.*
9 Llegar la Luna al plenilunio. — v.intr.
10 Comer o beber una persona hasta que no puede más: *cada vez que viene a visitarme se llena de pasteles; te has llenado de golosinas y ahora no tienes apetito.* — v.tr/prnl. = hartarse, atiborrarse

11 Enfadarse o enojarse después de haber aguantado una molestia por algún tiempo: *he soportado tus mentiras durante años pero ya me he llenado.* — v.prnl. = hincharse, cansarse

12 Mancharse una persona una parte del cuerpo o una prenda de vestir con una cosa: *se llenó la cara de chocolate.* — = ensuciarse + de

llenazo Gran concurrencia de gente en un espectáculo, reunión o acto público: *la representación consiguió un gran llenazo.* — s.m. coloquial

llenito, a Se aplica a la persona que está un poco gruesa: *hace régimen porque está un poco llenita.* — adj. coloquial

lleno, a (Del lat. *plenus.*)
1 Que contiene todo lo que su capacidad permite: *el recinto está lleno.* — adj. = colmado

2 Que tiene una cosa en gran número o cantidad: *lleva el vestido lleno de manchas.* — = plagado, repleto

3 Que ha comido mucho: *no quiero postre, gracias, estoy lleno.* — = saciado

4 Que está un poco gordo: *aún está llena pero va adelgazando.*

5 Se aplica a la Luna cuando se la ve iluminada por completo desde la Tierra.

6 Público que ocupa todas las localidades de un cine, un teatro o un acto público: *ayer hubo un lleno en el teatro.* — s.m.

7 Se aplica al casco de un barco que tiene mucha capacidad. — adj. NÁUTICA

8 Parte del casco comprendida entre los raceles o delgados. — s.m.pl. NÁUTICA

9 Se refiere al escudo que tiene un esmalte distinto del de su campo, en dos tercios de su anchura. — adj. HERÁLDICA

10 de lleno: Por completo, del todo: *el balón le dio de lleno en la cara.* — loc.adv.

llenura Abundancia grande. — s.f./= plenitud

llera (Del lat. *glarea.*) Terreno con mucho cascojo o fragmentos de piedra. — s.f./= glera

lleta Tallo recién nacido de la semilla o del bulbo de una planta. — s.f./BOTÁNICA = aguijón, hitón

lleudar Fermentar una masa con levadura. — v.tr./= leudar

lleva Transporte, acción de transportar una cosa de un sitio a otro. — s.f. = llevada

llevable
1 Susceptible de ser llevado: *una chaqueta muy llevable.* — adj.

2 Llevadero, que puede ser soportado: *un dolor llevable.* — = tolerable

llevadero, a Que puede ser soportado o tolerado: *molestia llevadera; carga llevadera.* — adj. = soportable

llevador, a Que lleva. — adj/s.

llevanza Cultivo que se hace de una tierra mediante el pago de un alquiler a su dueño. — s.f. AGRICULTURA

llevar (Del lat. *levare,* aliviar.)
1 Tomar una persona una cosa consigo y hacerla llegar a un destino: *yo te llevaré los papeles a la oficina.* — v.tr. = transportar

2 Conducir una montura o un vehículo: *yo llevo el coche a la ida y tú a la vuelta.* — = guiar

3 Acompañar a una persona o servirle de guía para ir a un determinado lugar: *me llevé a todos los chicos al parque de atracciones.* — = encaminar

4 Tener una persona un nombre, apellido, etc.: *lleva el apellido de soltera.*

5 Ir un camino a un lugar: *todos los caminos llevan a Roma; supongo que el desvío nos llevará a la población.* — v.intr./+ a = conducir

6 Quitar una cosa a una persona, generalmente con violencia: *se llevaron todos los objetos de valor que tenían en la casa.* — v.tr. = robar

7 Separar una cosa de otra violentamente: *la sierra le llevó un dedo.* — = cortar, amputar

8 Encargarse una persona de un negocio, un asunto o una actividad: *entre los tres llevan la empresa; llevo la contabilidad.* — = dirigir, administrar

9 Tener puesto un vestido u otra cosa de uso personal o usarlos habitualmente: *llevas un bolso muy bonito; ha llevado el pelo de color zanahoria.* — = vestir, lucir

10 Hacer pagar una cosa una cantidad: *el sastre me ha llevado mil pesetas por el traje.* — = cobrar

11 Contener una cosa lo que se expresa: *¿llevas dinero en el monedero?; el camión lleva ganado.* — = traer

12 Estar de moda: *se llevan los colores terrosos y los rojizos.*

13 Ser una persona o una cosa la causa de una situación o estado: *la inundación ha llevado a muchas familias a la ruina; su vocación le llevó a hacerse misionero.* — = causar, provocar

14 Soportar una persona una molestia o una carga de una determinada manera: *lleva muy mal la muerte de su abuelo.* — = tolerar, sufrir

15 Haber pasado una persona un tiempo en una situación o lugar: *lleva seis años en la empresa; llevo horas esperándote.*

16 Haber realizado o experimentado lo que indica el participio: *lleva resueltos más de cien casos.*

17 Estar haciendo una cosa de cierta manera: *lleva el ritmo con las manos; es preferible que lleves siempre el mismo paso.* — = seguir

18 Experimentar una sensación o impresión: *se llevó una alegría al vernos después de tantos años.* — v.tr/prnl. = recibir

19 Mantener una relación con otra persona del modo que se indica: *se llevan muy mal pero tienen que aguantarse.* — v.prnl. = tratarse

20 Haber entre dos personas o cosas diferencia en la edad o en otro aspecto: *se llevan pocos centímetros de alto.*

21 Obtener o conseguir algo: *se ha llevado una estupenda gratificación.* — v.tr/prnl.

22 Producir un terreno o una planta fruto. — AGRICULTURA

23 Cultivar una finca en arrendamiento. — AGRICULTURA

24 Guardar en una operación parcial aritmética las unidades de orden superior que han de ser adicionadas a la nueva operación parcial: *nueve y tres son doce y me llevo una.* — MATEMÁTICAS

25 llevar a mal: Sentirse una persona ofendida por una cosa: *no le digas eso, es tan susceptible que lo llevará a mal.*

26 llevar adelante: Hacer prosperar una cosa: *es ella quien lleva adelante a toda la familia.*

27 llevar consigo: 1. Hacerse acompañar por una o varias personas: *cada vez que viaja, se lleva consigo a toda la familia.* **2.** Ser una cosa consecuencia de otra: *el matrimonio lleva consigo una serie de responsabilidades.*

28 llevar encima: Traer consigo una persona dinero o cosas de valor: *no sé cómo te atreves a llevar encima tantos dólares.*

29 llevar una cosa envuelta a otra: Estar una cosa comprendida en otra, sin necesidad de especificarlo: *el retraso lleva envuelta la sanción.*

30 llevar las de ganar o las de perder: Estar una persona en ventaja o en desventaja respecto a otra o a una situación: *no te comprometas mucho con él, llevas las de perder.*

31 llevar por delante: Tener una cosa presente al hacer otra: *tu jefe lleva por delante su ascenso en estas negociaciones.* — coloquial

32 llevar y traer: Andar contando chismes y cuentos de terceras personas: *no hace sino llevar y traer todos los chismorreos del barrio.*

33 llevarla hecha: Tener previsto de antemano lo que se va a hacer. — coloquial

34 llevarse bien o mal: Tener dos o más personas buena o mala relación: *afortunadamente se llevan bien los dos.*

35 llevarse por delante: Destruir o hacer desaparecer lo que se interpone en el camino: *el coche se llevó por delante la farola.*

36 no llevar a ninguna parte: No tener una cosa ninguna utilidad o no contribuir a lo que interesa: *esta discusión no lleva a ninguna parte.*

37 no llevarlas todas consigo: No estar una persona muy segura o tranquila acerca de una cosa: *he estudiado mucho pero no las llevo todas conmigo.* — coloquial

lliclla Manteleta vistosa, de color distinto del de la falda, con que las indias se cubren los hombros y la espalda. — s.f. Bol., Ecuad., Perú

llicta Masa hecha a base de patatas hervidas, de sabor salado y color gris debido a la ceniza de algunas plantas que intervienen en la mezcla. — s.f. Argent., Bol. COCINA

lligues Habas pintadas que se utilizan como fichas en algunos juegos. — s.m.pl./Chile JUEGOS

lloclla Avenida anegada de agua a causa de las lluvias torrenciales. — s.f. Perú

llocura Estado de la gallina u otra ave que está clueca. — s.f.

llorador, a Que llora mucho: *¡mira qué es llorador de bebé!* — adj/s. = llorante

lloraduelos Persona propensa a lamentarse: *no seas lloraduelos, que las cosas no son tan graves.* — s.m.f./coloquial pl: lloraduelos

llorar (Del lat. *plorare.*)
1 Derramar lágrimas: *es demasiado sensible, le afecta todo y se pone a llorar por cualquier cosa; lloraba de rabia.* — v.intr./tr. + con, de, por = lagrimar, plañir

2 Caer un líquido gota a gota: *en primavera lloran las vides.*

3 Sentir una persona una cosa vivamente: *aún llora la muerte de su amigo.* — v.tr. = lamentar

4 Expresar una persona sus quejas y lamentos con insistencia y, normalmente, de forma interesada: *me estuvo llorando hasta que le di el permiso.* — v.intr. coloquial

lloredo Terreno poblado de laureles. — s.m./= lauredal

llorera Llanto fuerte y prolongado: *la tensión había sido tan grande que acabó dándole la llorera.* — s.f./= lloradera, llantera, llantina

llorica Persona que llora sin motivo y con frecuencia: *no seas llorica, que no te has hecho daño.* — s.m.f. = llorón

llorido Gemido, llanto. — s.m./Méx.

lloriquear Llorar una persona sin fuerza ni motivo aparente: *no te creas que por lloriquear vas a conseguir lo que quieres.* — v.intr. = gimotear

lloriqueo Acción de lloriquear: *¡ya está bien de lloriqueos!* — s.m. = gimoteo

lloro Acción de llorar: *siempre acaba recurriendo al lloro cuando quiere conseguir sus atenciones.* — s.m. = llanto

llorón, a
1 Que llora mucho y sin motivo aparente: *el mayor fue un niño llorón.* — adj./s. = llorica
2 Que se queja o se lamenta mucho: *no seas llorón, que menuda suerte tienes.* — = quejica
3 Que produce llanto o tristeza: *ha tenido una borrachera llorona.*
4 Penacho de plumas largas y flexibles, que adorna los sombreros. — s.m.

llorona
1 Mujer a quien se pagaba para que llorase en los entierros. — s.f. = plañidera
2 Espuelas grandes, nazarenas. — s.f.pl./*Argent., Urug.*

lloroso, a
1 Que tiene aspecto de haber llorado o de estar a punto de llorar: *cuando la vi, tenía los ojos llorosos.* — adj. = lagrimoso
2 Que causa llanto o tristeza. — = lacrimoso

llovedizo, a Se aplica al techo o cubierta que deja pasar el agua por tener muchas goteras u otro defecto. — adj.

llover (Del lat. *pluere.*)
1 Caer agua de las nubes: *la otra tarde llovía con mucha fuerza.* — v.impers. conj. mover
2 Ocurrir varias cosas simultáneamente o en abundancia: *las quejas llovían constantemente; aquel año llovieron los problemas en mi casa; le han llovido las ofertas de trabajo.* — = abundar, caer
3 Mojarse los tejados o los techos con la lluvia. — v.prnl.

llovido, a Polizón de una embarcación. — s.

llovizna Lluvia menuda que cae débilmente: *sólo fue una llovizna, pero llegué empapado.* — s.f./= mollizna, calabobos

llovizar Llover ligeramente: *puedes ir en la moto porque sólo llovizna.* — v.impers./tb: lloviznear = mollinear, chispear

llubina (Del lat. *lupus*, róbalo.) Lubina, pez teleósteo marino. — s.f./ZOOLOGÍA = róbalo

llueca
1 Se aplica al ave que está a punto para empollar. — adj/s.f./= clueca
2 **echar una llueca**: Preparar el nido a la gallina clueca y ponerla sobre los huevos.

lluqui Que utiliza principalmente la mano izquierda. — adj./*Ecuad.* = zurdo

lluvia (Del lat. *pluvia.*)
1 Fenómeno atmosférico que consiste en la caída de agua en forma de gotas, proveniente de las nubes: *le gusta más la lluvia que el Sol.* — s.f.
2 Abundancia de cosas en muy poco tiempo: *lluvia de preguntas; lluvia de ideas.*
3 Agua que cae de la ducha. — *Argent., Chile, Nicar.*
4 Dispositivo que regula la caída del chorro de la ducha. — *Argent., Chile, Nicar.*
5 **lluvia ácida**: La que contiene ácido sulfúrico procedente de productos químicos en suspensión, por lo que resulta muy perjudicial para la vegetación y los cultivos. — ECOLOGÍA
6 **lluvia atómica**: La que contiene residuos radiactivos que se depositan en la tierra después de una explosión atómica.
7 **lluvia de estrellas**: Abundancia de estrellas fugaces en una región o zona del cielo. — ASTRONOMÍA
8 **lluvia meona**: Calabobos, lluvia muy fina.

lluvioso, a Que tiene lluvias frecuentes: *la zona cantábrica es muy lluviosa.* — adj.

lo
I (Del lat. *illum*, aquello.)
1 Indica el género neutro de la palabra que acompaña: *vivir es lo importante; enséñame lo guapo que estás de uniforme.* — art.
2 Acusativo del pronombre personal de tercera persona, en masculino y singular: *yo lo compré; míralo y déjalo; díselo.* — pron.pers.
II (De origen incierto.) Relinga de caída en las velas redondas. — s.m. NÁUTICA

loa
1 Acción y resultado de loar. — s.f.
2 Poema dramático y breve en el que se homenajea a una persona célebre o un acontecimiento. — LITERATURA = elogio
3 Pieza muy breve que introducía las obras de teatro antiguas, por lo general escrita en verso, en la que se homenajeaba a una persona o con la que se celebraba un acontecimiento muy importante: *las loas sacramentales de Calderón.* — TEATRO

loable Que merece ser loado o alabado: *su sincera actitud me parece muy loable.* — adj./= laudable ≠ censurable

loador, a Que loa. — adj/s.

loanda Especie de escorbuto, enfermedad caracterizada por la escasez o ausencia de principios vitamínicos en la alimentación. — s.f. MEDICINA = berbén

loar (Del lat. *laudare.*) Celebrar o elogiar las cualidades de una persona o de una cosa: *en el poema se loan sus grandes hazañas.* — v.tr/prnl. culto, literario = alabar

lob (Voz inglesa.) Jugada del tenis que consiste en pasar la pelota, generalmente desde el fondo de la pista, por encima de la cabeza del contrario, cuando éste está en la red. — s.m. DEPORTES

loba
I (Derivado de *lobo.*) Lomo de tierra entre surco y surco que no se remueve con el arado. — s.f. AGRICULTURA
II (Del gr. *lope*, manto de piel.) Sotana, vestidura de los curas. — s.f. RELIGIÓN

lobado Tumor carbuncoso del ganado. — s.m./VETERINARIA

lobado, a Que tiene lóbulos. — adj./= lobulado

lobagante (Del lat. vulgar *lucopante.*) Bogavante, crustáceo marino. — s.m. ZOOLOGÍA

lobanillo
1 Tumor generalmente no doloroso, en forma de quiste, que se desarrolla debajo de la piel, especialmente en la cabeza. — s.m. MEDICINA = lupia
2 Excrecencia que se forma en el tronco o ramas de los árboles debajo de la corteza. — BOTÁNICA

lobato Lobezno, cachorro de lobo. — s.m./ZOOLOGÍA

lobby (Voz inglesa.) Grupo de presión, especialmente política, formado por personas influyentes. — s.m./POLÍTICA, SOCIOLOGÍA

lobear
1 Observar y perseguir una presa como lo hacen los lobos: *los perros lobean en las monterías.* — v.intr.
2 Cazar lobos marinos. — *Argent.*

lobectomía (Del gr. *lobos*, lóbulo + *ektome*, ablación.) Operación quirúrgica que consiste en extirpar un lóbulo de un órgano, como el encéfalo o el pulmón. — s.f. MEDICINA

lobeliáceo, a Perteneciente a una subfamilia de plantas angiospermas dicotiledóneas, herbáceas, de hojas alternas sin estípulas, flores solitarias o en racimo, y fruto seco, en cápsula o baya, como el guibey. — adj/s.f. BOTÁNICA

lobera
1 Madriguera del lobo. — s.f./ZOOLOGÍA
2 Monte espeso en el que hacen su guarida los lobos.

lobería
1 Gran cantidad de lobos. — s.f.
2 Cacería organizada para matar lobos. — CAZA
3 Paraje de la costa donde los lobos marinos hacen su vida terrestre. — *Argent., Perú* ZOOLOGÍA

lobero, a
1 Del lobo: *la piel lobera es muy apreciada en peletería.* — adj.
2 Persona que caza lobos a cambio de una remuneración. — s. CAZA
3 Cazador de lobos marinos. — *Argent/CAZA*

lobezno (Del bajo lat. *lupicinus.*) Lobo pequeño, cría de lobo. — s.m./ZOOLOGÍA = lobato

lobina (Del lat. *lupus*, lobo.) Róbalo, pez teleósteo marino. — s.f. ZOOLOGÍA

lobisón
1 Hombre, generalmente el séptimo hijo varón, a quien la tradición popular atribuye la facultad de transformarse en bestia en las noches de Luna llena. — s.m. *Argent., Par., Urug.*
2 Persona intratable. — *Argent., Par., Urug.*

lobito de río Nutria que vive en los grandes ríos de la región subtropical de Argentina y Brasil. — s.m./*Amér. Merid.* ZOOLOGÍA

lobo, a
I (Del lat. *lupus.*)
1 Mamífero carnívoro del grupo de los cánidos, grande, de color gris, cabeza aguzada, orejas cortas y erectas y cola densa y colgante, que vive en grupos familiares en zonas arboladas y caza en manada. *(Canis lupus.)* — s. ZOOLOGÍA
2 Pez teleósteo de cuerpo casi cilíndrico y aplastado en la cola, de color negruzco y listas amarillas, de piel viscosa, que se cría en lagos y ríos de aguas frías. *(Chondrostoma, Cobitis y Misgurnus.)* — ZOOLOGÍA
3 Garfio de hierro que utilizaban como arma los sitiados, desde lo alto de la muralla para defenderse de los sitiadores. — HISTORIA
4 Máquina que consiste en un tambor cónico que gira dentro de una caja, utilizada en la industria textil para limpiar y desenredar el algodón. — TEXTIL
5 **lobo cerval**: Lince, mamífero carnicero. — ZOOLOGÍA
6 **lobo de mar**: Marinero veterano y con mucha experiencia.
7 **lobo marino**: Mamífero carnívoro marino de gran tamaño, que vive principalmente en el mar y se alimenta de peces y moluscos. *(Arctocephalus y Otaria.)* — ZOOLOGÍA
8 **coger o pillar un lobo**: Emborracharse, ponerse ebrio. — coloquial
9 **desollar o dormir el lobo**: Dormir la borrachera. — coloquial
10 **lobos de la misma camada**: Expresión con la cual se manifiesta que varias personas o grupos tienen los mismos intereses. — despectivo
11 **¡menos lobos!**: Se usa para indicar que una persona está exagerando: *¡menos lobos, que tú no bebes tanto!* — coloquial
12 **tener un lobo por las orejas**: Estar muy perplejo.
II (Del gr. *lobos*, lóbulo.)
1 Lóbulo, perilla de la oreja. — s.m./ANATOMÍA BIOLOGÍA
2 Parte redondeada y saliente de un órgano.

loboso, a Se aplica al terreno que está habitado por muchos lobos. — *adj.*

lóbrego, a (Del lat. *lubricus*, resbaladizo.)
1 Que es oscuro y tenebroso: *me da miedo dormir en este lóbrego castillo.* — *adj.* / = sombrío
2 Que inspira temor o tristeza: *su vida es lóbrega y monótona.* — = melancólico

lobreguecer
1 Hacer lóbrega una cosa. — *v.tr./conj: carecer*
2 Hacerse de noche: *en invierno lobreguece tan pronto que apetece llegar a casa antes.* — *v.intr.* / = anochecer

lobulado, a
1 Que tiene el perfil con lóbulos, en especial las hojas de las plantas. — *adj.* / BIOLOGÍA
2 Que tiene lóbulos. — BIOLOGÍA

lobular
1 Del lóbulo. — *adj./= lobar*
2 Que tiene lóbulos. — = lobulado

lóbulo (Del gr. *lobos*.)
1 Cada una de las ondas o partes redondeadas que sobresalen en el borde de una cosa: *algunas plantas tienen hojas con lóbulos.* — *s.m.*
2 Parte inferior y carnosa de la oreja: *lleva dos pendientes en el lóbulo izquierdo.* — ANATOMÍA
3 Parte redondeada y saliente de un órgano cualquiera: *lóbulo del pulmón; lóbulo del hígado; lóbulo del cerebro.* — ANATOMÍA

lobuno, a
1 Del lobo o que tiene relación o semejanza con él. — *adj.*
2 Se aplica al caballo cuyo pelaje es grisáceo en el lomo, más claro en las verijas y en el hocico, y negro en cara, crines, cola y remos. — *Argent.*

loca Homosexual afeminado que exterioriza su homosexualidad de forma exagerada. — *s.f.* / coloquial

locación (Derivado del lat. *locus*, lugar.) Arrendamiento, acción y resultado de arrendar. — *s.f.* / DERECHO

local (Del lat. *localis*.)
1 Del lugar: *el equipo de fútbol local ha ascendido a segunda.* — *adj.* / ≠ oráneo
2 De un municipio o población: *el periódico local recoge la noticia del incendio.* — = municipal, provincial
3 Que afecta a una parte concreta y no a todo un conjunto: *la operación se realizó con anestesia local.* — ≠ general
4 Lugar cerrado y cubierto: *ensayan música en un local cedido por el ayuntamiento.* — *s.m.*
5 **local público:** El que es utilizado por la gente, sobre todo como lugar de reunión: *controlar los horarios de apertura de los locales públicos.*

localidad
1 Pueblo o ciudad: *vive en una localidad cercana a la capital.* — *s.f.* / = población
2 Cada uno de los lugares de un recinto en el que se ofrecen espectáculos, destinado a un espectador: *el nuevo estadio ampliará sus localidades.* — = plaza, asiento
3 Billete de entrada para un espectáculo: *se han terminado las localidades para el partido.* — = entrada, boleto
4 Imposibilidad de que una cosa esté en dos lugares al mismo tiempo. — ≠ ubicuidad

localismo
1 Palabra o expresión propia de determinada localidad o de un área restringida y que no tiene uso fuera de ella: *no consigo entenderle porque usa muchos localismos.* — *s.m.* / LINGÜÍSTICA / = dialectalismo
2 Excesivo apego y preferencia por una localidad, generalmente aquella en la que se ha nacido.
3 Cualidad de lo que pertenece a un lugar en concreto.

localista
1 Del localismo. — *adj.*
2 Que se interesa por temas locales: *su poesía es muy localista.* — *adj/s.m.f.*

localización Acción y resultado de localizar o localizarse: *la policía procedió a la localización de las llamadas telefónicas; la localización de un zulo arrojó nuevas pistas.* — *s.f.* / = ubicación, emplazamiento

localizador, a Que localiza o sirve para localizar. — *adj/s.*

localizar
1 Indicar o averiguar el lugar en que se halla una persona o una cosa: *todavía no han localizado el nuevo paradero; no localizo la calle donde vives.* — *v.tr.* / conj: cazar / = situar, emplazar
2 No dejar que una cosa se extienda fuera de unos límites señalados: *esta epidemia se localizó en Andalucía.* — *v.tr/prnl.* / = limitar

locamente Sin medida ni razón, de manera pasional o exagerada: *estoy locamente enamorada de ti.* — *adv.*

locatario, a (Derivado del lat. *locare*, alquilar.) Arrendatario, persona que toma una propiedad en arriendo. — *s.* / DERECHO

locatis Se aplica a la persona chiflada o alocada: *esa locatis se puso a bailar en la calle.* — *adj/s.m.f./pl: locatis* / coloquial

locativo, a (Derivado del lat. *locus*, lugar.)
1 Del contrato de locación o arrendamiento. — *adj./DERECHO*
2 Caso de la declinación de algunas lenguas que expresa el lugar en donde se desarrolla la acción. — *s.m/adj.* / GRAMÁTICA

locería Fábrica de loza. — *s.f./Amér.*

locha (Del fr. *loche*.)
1 Brótola, pez teleósteo. — *s.f./ZOOLOGÍA*
2 Pez teleósteo de color amarillento con una incisión en la aleta caudal que vive en los ríos. *(Cobitis barbatula.)* — ZOOLOGÍA / = lobo

loche
1 Locha, brótola, pez teleósteo. — *s.m./ZOOLOGÍA*
2 Mamífero rumiante similar al ciervo, de pelo muy lustroso. — *Colomb.* / ZOOLOGÍA

loción (Del lat. *lotio, -onis*, acción de lavar.)
1 Sustancia líquida usada como cosmético o medicamento: *usa una loción para después del afeitado.* — *s.f.*
2 Aplicación o masaje en alguna parte del cuerpo con una sustancia líquida, para limpiarla o curarla: *me dio una loción en la espalda con aceites medicinales.* — = friega, lavadura

lock-out (Expresión inglesa.) Cierre de una empresa llevado a cabo por la patronal para presionar a los trabajadores. — *s.m.* / DERECHO / pl: lock-outs

loco, a
1 Que tiene las facultades mentales perturbadas: *tuvo que ser internado en un centro especial porque se volvió loco.* — *adj/s./= enajenado, desquiciado* / ≠ cuerdo
2 Que es disparatado o imprudente: *tu loca conducción te llevará a tener un accidente; eres un loco, ¿cómo se te ocurre hacer esto?* — = insensato
3 Que excede de lo normal: *tuvo una suerte loca al encontrar el anillo en la playa.* — *adj./= excepcional, extraordinario*
4 Que experimenta intensamente el sentimiento o sensación que se expresa: *está loco de alegría con su coche nuevo.* — + de
5 Que tiene prisa o ansia por que suceda lo que expresa el infinitivo: *está loco por salir a la playa; está loco por irse de vacaciones.* — + por / = ansioso, deseoso
6 Que siente afición a lo que se expresa: *está loco por el teatro; está loco por esa chica.* — + por / = apasionado
7 Se aplica a la máquina o al aparato que no funciona de manera normal o regular: *tira esa brújula loca porque nunca indica el norte.*
8 Que resulta muy ajetreado o movido: *hoy he tenido un día loco, así que prefiero descansar.*
9 Se aplica a la planta o ramaje que es muy frondoso: *higuera loca; pimienta loca.* — BOTÁNICA / = pujante
10 Molusco de carne sabrosa, pero dura, que se come guisado. — *s.m/Chile* / ZOOLOGÍA
11 **a lo loco:** Que se realiza sin reflexión: *vive a lo loco y sin horarios.* — *loc.adv.* / = irreflexivamente
12 **cada loco con su tema:** Se usa para indicar que una persona insiste reiteradamente en un mismo tema: *él sigue con su rollo, aquí cada loco con su tema.* — coloquial
13 **estar loco de contento:** Sentirse muy feliz por alguna causa: *está loca de contenta con el cachorro.* — coloquial
14 **estar loco de remate:** Estar completamente loco. — coloquial
15 **estar loco por algo o alguien:** Desear una cosa intensamente o sentirse muy enamorado de una persona: *está loco por volver a su país; estoy loca por ese hombre.* — coloquial
16 **hacerse el loco:** Disimular para eludir un asunto: *se hizo el loco y no me contestó a la pregunta.* — coloquial
17 **volver loco a alguien:** 1. Molestar o aturdirlo: *ese ruido continuo me vuelve loco.* 2. Gustarle una cosa mucho: *me vuelve loco el fútbol.* 3. Enamorarle perdidamente: *tu hermana me vuelve loco.* — = enloquecer
18 **volverse loco por algo o alguien:** Desearlo o agradarle intensamente lo que se expresa: *se vuelve loco por las motos; se volvió loco por aquella mujer.* — coloquial

loco- Componente de palabra procedente del lat. *locus*, que significa lugar: *locomotora.* — *pref.*

loco citato (Expresión latina.) En lugar citado con anterioridad. — *loc.adv.*

locomoción Acción de trasladar de un punto a otro: *medios de locomoción terrestre.* — *s.f.* / = desplazamiento

locomotor, a
1 Se aplica al mecanismo o aparato que produce un movimiento: *las alas son los órganos locomotores de las aves.* — *adj.* / f.tb: locomotriz / = locomotivo
2 De la locomoción: *la combustión proporciona la fuerza locomotora a los vehículos con motor.* — tb: locomotriz

locomotora (Del ingl. *locomotive*.) Máquina impulsada por un motor que arrastra los vagones de un tren. — *s.f.*

locomotriz De la locomoción: *fuerza locomotriz.* — *adj/pl: locomotrices*

locomóvil
1 Que puede ser trasladado o moverse de un lugar a otro. — *adj.* / = locomovible
2 Se aplica a la máquina de vapor que se puede desplazar por estar montada sobre ruedas. — *adj/s.f.*

locrio Arroz cocido con carne y sin otros ingredientes. — *s.m/Dom.* / COCINA

locro (Voz quechua.) Guiso hecho con maíz blanco pisado, patatas, carne, especias y otros ingredientes. — *s.m/Amér. Merid.* / COCINA

locuacidad (Del lat. *loquacitas, -atis*.) Tendencia de algunas personas a hablar mucho o demasiado: *la locuacidad de tu hija agota al más pintado.* — *s.f.* / = charlatanería, verborrea

locuaz (Del lat. *loquax, -acis,* hablador.) Que habla sin contención ni discreción: *es un joven locuaz, pero muy agradable.*
adj.
pl: locuaces
= charlatán

locución (Derivado del lat. *loqui,* hablar.)
1 Expresión compuesta por varias palabras, con forma fija y sentido unitario, que no es la suma de los elementos que la componen, y que funciona como oración o elemento oracional.
s.f.
GRAMÁTICA
2 Modo de hablar o de expresarse: *su locución es clara y muy precisa.*
3 **locución adjetiva:** La que funciona como un adjetivo, complementando a un sustantivo: *de tomo y lomo, de pacotilla y de rompe y rasga son locuciones adjetivas.*
GRAMÁTICA
4 **locución adverbial:** La que funciona como un adverbio: *de antemano y de repente son locuciones adverbiales.*
GRAMÁTICA
5 **locución conjuntiva:** Aquella que funciona como una conjunción: *por consiguiente, con tal que y a pesar de son locuciones conjuntivas.*
GRAMÁTICA
6 **locución interjectiva:** La que funciona como una interjección: *¡ay de mí! y ¡válgame Dios! son locuciones interjectivas.*
GRAMÁTICA
7 **locución prepositiva o preposicional:** La que funciona como una preposición: *en pos de, para con y en torno a son locuciones prepositivas.*
GRAMÁTICA

locuelo, a Se aplica al joven que es informal y atolondrado: *es un locuelo que aún no ha renunciado a la infancia.*
adj./s.
coloquial
= irreflexivo

locura
1 Estado de la persona que tiene trastornadas las facultades mentales.
s.f./SIQUIATRÍA
= demencia
2 Acción imprudente o insensata: *ha sido una locura conducir durante veinte horas seguidas.*
= insensatez, disparate
3 Cariño o afición exagerada por una persona o cosa: *lo suyo por los zapatos es una locura, los tiene a decenas.*
= pasión
4 **con locura:** Con mucha intensidad: *quiere a su marido con locura.*
loc.adv.
= extremadamente
5 **de locura:** Fuera de lo común: *en la carretera había una caravana de locura; las rebajas de esa tienda son de locura.*
loc.adj.
= extraordinario

locus (Voz latina.)
1 Posición ocupada por un gen relativo a los caracteres hereditarios, en un cromosoma.
s.m./pl: locus
BIOLOGÍA
2 Lugar donde se encuentra una especie.
BIOLOGÍA

locutor, a (Derivado del lat. *loqui,* hablar.) Persona encargada de dar origen, noticias y comunicaciones a la audiencia de radio o televisión: *es el locutor y director del noticiario.*
s.
AUDIOVISUALES

locutorio (Derivado del lat. *loqui,* hablar.)
1 Habitación o espacio, normalmente separado por una reja, desde donde los visitantes de religiosos de clausura o de presos pueden comunicarse con éstos.
s.m.
= libratorio, parlatorio
2 Establecimiento donde hay varias cabinas de teléfono para uso público.
= centralita
3 Cabina o departamento donde hay un teléfono público: *el locutorio está junto al baño.*
4 Local acondicionado convenientemente para realizar emisiones radiofónicas: *la luz roja del locutorio indica que estamos en el aire.*
AUDIOVISUALES

lodazal
1 Sitio lleno de lodo: *el coche se metió en un lodazal y luego no podíamos sacarlo.*
s.m.
tb: lodachar
2 Situación de miseria y ruina moral extremas: *se arrastró durante años por el lodazal.*

loden (Voz alemana.)
1 Tela gruesa de lana, semejante al fieltro: *el traje escocés está confeccionado en loden.*
TEXTIL
2 Abrigo o cualquier prenda confeccionada con este tipo de tejido.

lodo (Del lat. *lutum.*)
1 Mezcla de tierra y agua, especialmente la que forma la lluvia en el suelo: *por el lodo de las botas dedujeron que había salido de la casa.*
s.m.
= barro, fango, limo
2 Deshonra o descrédito: *llenó de lodo el buen nombre de sus antepasados.*
3 **poner, llenar o cubrir de lodo a alguien:** Ofenderlo, desacreditarlo: *me han cubierto de lodo por todas partes y estoy hundido.*

lodón (Del lat. *latus.*) Almez, planta arbórea.
s.m./BOTÁNICA

lodoñero Guayacán, planta arbórea tropical.
s.m./BOTÁNICA

lodoso, a Que está lleno de lodo.
adj.= cenagoso

lodra Nutria, mamífero acuático.
s.f./ZOOLOGÍA

loes (De *Loss,* localidad alemana.) Limo muy fino, deleznable y calcáreo, de color amarillento, que es transportado por el viento.
s.m./pl: loes
GEOLOGÍA
tb: loess

lofo- Componente de palabra procedente del gr. *lophos,* que significa penacho: *lofobranquio.*
pref.
tb: lof-

lofobranquio, a (Del gr. *lophos,* penacho + *branchion,* branquia.) Se aplica a los peces teleósteos que tienen las branquias en forma de penacho.
adj.
ZOOLOGÍA

lofóforo Faisán real, ave gallinácea.
s.m./ZOOLOGÍA

loganiáceo, a (De J. *Logan,* botánico norteamericano.) Perteneciente a una familia de plantas herbáceas, arbustivas o arbóreas, de hojas opuestas y carpelo cerrado, como el maracure.
adj/s.f.
BOTÁNICA

logarítmico, a De los logaritmos: *cálculo logarítmico.*
adj./MATEMÁTICAS

logaritmo (Del gr. *logos,* razón + *arithmos,* número.)
1 Exponente al que es necesario elevar una cantidad positiva para que resulte un número determinado.
s.m.
MATEMÁTICAS
2 **logaritmo común o decimal:** El que tiene por base el número 10.
MATEMÁTICAS
3 **logaritmo neperiano:** El que tiene por base el número *e,* equivalente a 2,71.
MATEMÁTICAS

logia (Del ital. *loggia.*)
1 Local en el que se reúnen los masones.
s.f./= masonería
2 Asamblea de masones: *la logia tomó importantes decisiones.*
3 Conjunto de personas que constituyen una de estas asambleas.
4 Galería exterior, techada y abierta por delante formada por columnas que soportan arquitrabes o arcadas: *las logias pintadas por Rafael.*
ARQUITECTURA

-logía Componente de palabra procedente del gr. *logos* que significa ciencia, doctrina: *genealogía.*
suf.

lógica (Del lat. *logica* < gr. *logike.*)
1 Ciencia que expone las leyes, argumentaciones y formas que dan validez y consistencia al conocimiento científico.
s.f.
LÓGICA
2 Capacidad para actuar y tomar decisiones de forma acertada: *si piensas con lógica, descubrirás la solución al problema.*
= sentido común, razón
3 **lógica formal:** Conjunto de las leyes y las reglas relativas al razonamiento deductivo.
4 **lógica matemática:** Teoría científica del razonamiento, que se divide en cálculo de enunciados y cálculo de predicados.
5 **lógica natural:** Capacidad natural para discurrir con acierto sin ayuda de la ciencia.

lógicamente
1 Según la lógica.
adv.
2 Como era de suponer, como es natural: *lógicamente, no has traído paraguas.*

logicismo
1 Teoría filosófica que defiende que el fundamento de las matemáticas es totalmente reducible a la lógica.
s.m.
LÓGICA
2 Actitud filosófica que concede más importancia a la lógica de los razonamientos que a su aspecto sicológico.
FILOSOFÍA

logicista
1 Del logicismo.
adj.
2 Que es partidario del logicismo.
adj/s.m.f.

lógico, a (Del bajo lat. *logicus.*)
1 De la lógica: *precepto lógico, las leyes lógicas.*
adj.
2 Que sigue las leyes del pensamiento racional: *realizó una exposición lógica de sus argumentos.*
= racional, coherente ≠ ilógico
3 Que aparece o sucede como consecuencia normal de unos antecedentes o circunstancias: *es lógico que tras su enfermedad se encuentre débil.*
= normal, natural ≠ anormal, absurdo
4 Persona que se dedica al estudio de la lógica o es experto en ella.
s.
LÓGICA

logística
1 Parte del arte militar que se ocupa del movimiento de las tropas y de su transporte y abastecimiento: *general es experto en logística.*
s.f.
MILITAR
2 Disciplina de la lógica que emplea el método y los signos de las matemáticas.
LÓGICA
3 Modo y método para organizar una cosa: *nadie se ocupó de la logística del congreso.*
= organización

logístico, a
1 De la logística militar: *apoyo logístico.*
adj./MILITAR
2 De la lógica matemática.
LÓGICA

-logo, a Componente de palabra procedente del gr. *logos,* que significa estudioso, especialista en: *sicólogo; zoólogo.*
suf.

logo- Componente de palabra procedente del gr. *logos,* que significa palabra: *logopeda; logogrifo.*
pref.
tb: log-

logógrafo, a
1 Autor de un glosario.
s.
2 Retórico que en la antigua Grecia componía discursos o defensas por encargo de otra persona.
s.m.
HISTORIA
3 Escritor que, en la antigua Grecia, narraba sus viajes y la historia de los lugares visitados.
HISTORIA

logograma
1 Letra, dibujo o fonograma que por razón de brevedad corresponde a una noción o a una secuencia fónica.
s.m.
LINGÜÍSTICA
2 Logogrifo, pasatiempo.

logogrífico, a
1 Del logogrifo.
adj.
2 Que es difícil de entender o de descifrar: *les puso un acertijo logogrífico.*
= oscuro

lugarteniente (Del bajo lat. *locum tenens*.) Persona que tiene autoridad y poder para sustituir a otra en sus funciones. — s.m.

luge
1 Trineo pequeño utilizado para deslizarse sobre la nieve. — s.m.
2 Deporte practicado con dicho trineo. — DEPORTES

lugre (Del ingl. *lugger*.) Barco pequeño de tres palos muy parecido al quechemarín. — s.m. NÁUTICA

lúgubre (Del lat. *lugubris*.) Que produce temor o tristeza: *la película reflejaba un ambiente muy lúgubre*. — adj. = lóbrego

lugués, a
1 De Lugo, ciudad y provincia de Galicia. — adj./= lucense
2 Persona natural de esta ciudad o provincia. — s.

luición Operación de liberar a una propiedad de un censo u obligación económica mediante el pago de la cantidad correspondiente. — s.f. DERECHO

luir
I (Del lat. *luere*, desatar.) Quitar censos u obligaciones económicas a una propiedad. — v.tr. conj: huir
II (Derivado de *ludir* < lat. *ludere*, jugar.) Frotar o rozar una cosa con otra. — v.tr. conj: huir

luis (De *Luis* XIII, rey francés.) Moneda francesa de oro usada en el siglo XVII. — s.m. HISTORIA

luisa (De la reina *María Luisa*, esposa de Carlos IV.) Planta aromática de jardín de la familia de las verbenáceas, cuyas hojas se emplean para hacer infusiones. — s.f. BOTÁNICA = hierba luisa, reina luisa

lujar Alisar y sacar brillo a la suela del calzado y sus bordes. — v.tr.

lujo (Del lat. *luxus*.)
1 Manifestación de riqueza o de gran refinamiento en las formas: *llevan una vida de lujo; tienen un piso de lujo*. — s.m. = fastuosidad
2 Cosa que es costosa y suntuosa: *ofrecieron una fiesta de gran lujo a sus invitados*.
3 Acción que supone en quien la lleva a cabo abundancia de dinero, de tiempo, de libertad, u otra cosa: *no puedo permitirme el lujo de dormir hasta las 10 todos los días*.
4 Abundancia de cosas no estrictamente necesarias: *lo explicó con todo lujo de detalles*.
5 **lujo asiático**: El que es extremado: *la grifería bañada en oro del yate es un lujo asiático*.
6 **permitirse el lujo**: Poder hacer y decir una persona lo que se le antoja.

lujoso, a Que tiene lujo: *conduce un coche lujoso; me invitó a un restaurante lujoso*. — adj.

lujuria (Del lat. *luxuria*, vida voluptuosa.)
1 Gusto desmesurado por los placeres carnales o sexuales: *las orgías romanas eran la demostración de la lujuria humana*. — s.f. = lascivia, concupiscencia
2 Cantidad desmesurada o excesiva de algunas cosas, en especial de vegetación.

lujuriante Que es lozano y muy abundante: *es un jardín en el que hay una vegetación lujuriante*. — adj. = exuberante

lujuriar
1 Cometer pecado de lujuria, entre los cristianos: *confesó al sacerdote que había lujuriado*. — v.intr. RELIGIÓN
2 Hacer los animales el acto sexual.

lujurioso, a
1 Que es dado a la lujuria: *es una chica lujuriosa y poco decente*. — adj/s.
2 Que tiene lujuria: *le dirigió una mirada lujuriosa*. — adj.

luliano, a (De Ramon *Llull*, escritor mallorquín.) De dicho autor o de su obra. — adj.

lulismo Doctrina filosófica de Ramon Llull y sus seguidores, inspirada en el platonismo cristiano y en el pensamiento oriental. — s.m. FILOSOFÍA

lulista Se aplica al filósofo que es partidario del lulismo. — adj/s.m.f. FILOSOFÍA

lulo
1 Envoltorio, lío o paquete de forma cilíndrica. — s.m./Chile
2 Persona alta y delgada, en particular refiriéndose a adolescentes. — Chile

lulú Raza de perros que tienen el hocico puntiagudo y el pelaje largo y abundante. — s.m. pl: lulús

luma
1 Planta arbórea mirtácea, cuya madera es dura, pesada y resistente. (*Myrtus luma*.) — s.f./Chile BOTÁNICA
2 Madera de este árbol. — CARPINTERÍA
3 Bastón que usan los carabineros. — Chile

lumaquela (Del ital. *lumachella*, caracol pequeño.) Roca sedimentaria formada esencialmente por conchas de moluscos. — s.f. GEOLOGÍA

lumbago (Del bajo lat. *lumbago*.) Afección dolorosa de la región lumbar, de origen reumático o traumático. — s.m. MEDICINA

lumbalgia (De *lumbar* + gr. *algos*, dolor.) Dolor en la parte inferior de la columna vertebral producido por un estiramiento muscular: *está en condiciones de jugar pese a su lumbalgia; sufría de lumbalgia crónica*. — s.f. MEDICINA

lumbar De la zona situada en el dorso, entre en el borde de las últimas costillas y la cresta ilíaca: *región lumbar; musculatura lumbar*. — adj. ANATOMÍA

lumbrada Lumbre grande e intensa. — s.f./= lumbrerada

lumbral (Del lat. *liminaris*, umbral.) Escalón de la puerta de entrada de una casa. — s.m.

lumbrarada Lumbre grande con llamas. — s.f.

lumbre (Del lat. *lumen*, *-inis*, cuerpo que despide luz.)
1 Cualquier materia combustible encendida para usos domésticos o prácticos: *la lumbre del fogón; pedir lumbre para un cigarrillo*. — s.f. = fuego
2 Espacio de una puerta, ventana u otro vano que permite la entrada de luz.
3 Luz muy clara que despide un cuerpo: *la lumbre de sus ojos*. — = brillo, claridad
4 Parte del rastrillo que golpea el pedernal en las armas de fuego de chispa.
5 Parte anterior de la herradura.
6 Conjunto de eslabón, yesca y pedernal que se usa para encender fuego.
7 **a lumbre de pajas**: Expresa la brevedad de una cosa. — loc.adv.
8 **a lumbre mansa**: A fuego lento: *se ha de cocer a lumbre mansa*. — loc.adv.
9 **lumbre del agua**: Superficie del agua.
10 **dar lumbre**: 1. Arrojar chispas el pedernal herido por el rastrillo o eslabón. 2. Conseguir el fin que se intentaba con algún disimulo. 3. Prestar un encendedor o cerillas a un fumador, para que pueda encender un cigarrillo.
11 **echar lumbre**: Estar muy enfadado. — coloquial
12 **ni por lumbre**: De ningún modo: *ni por lumbre es presto el coche, eres un temerario*. — loc.adv.
13 **ser alguien o algo la lumbre de los ojos**: Ser muy estimado o amado por una persona: *su hija pequeña es la lumbre de sus ojos*.

lumbrera
1 Cuerpo luminoso. — s.f.
2 Ventana abierta en el techo, tejado o parte alta de la pared: *se subió a una escalera para limpiar la lumbrera*. — = claraboya, tragaluz
3 Persona insigne y sabia: *da gusto trabajar con ella, es una lumbrera*.
4 Abertura del cepillo de carpintero por donde salen las virutas. — CARPINTERÍA
5 Escotilla vidriada situada en la cubierta superior o principal de la embarcación que sirve para dar paso a la luz y ventilar las partes interiores. — NÁUTICA
6 Orificio de admisión, de escape o de paso, abierto en las paredes del cilindro de un motor de dos tiempos. — MECÁNICA
7 Los ojos: *sus lumbreras brillaban en la oscuridad*. — s.f.pl./literario

lumbrerada Lumbrada, lumbre grande. — s.f.

lumbrical (Derivado del lat. *lumbricus*, lombriz.) Se aplica a cada uno de los cuatro músculos de forma de lombriz, que en la mano y en el pie sirven para el movimiento de todos sus dedos, menos el pulgar. — adj. ANATOMÍA

lumbroso, a Que despide luz. — adj.

lumen (Del lat. *lumen*, *-inis*, cuerpo que despide luz.) Unidad de flujo luminoso, equivalente al emitido en el vértice de un ángulo sólido de un estereorradián. — s.m. pl: lúmenes FÍSICA

lumia Mujer que se dedica a la prostitución. — s.f./= prostituta

lumin- Componente de palabra procedente del lat. *lumen*, *-inis*, que significa luz: *luminiscencia, luminotecnia*. — pref. tb: lumino-

luminancia
1 Unidad de medida de la intensidad de la luz que consiste en el cociente de la intensidad luminosa de una superficie y el área aparente de dicha superficie. — s.f. FÍSICA
2 Señal de televisión que transmite el brillo de cada uno de los puntos que forman la imagen. — AUDIOVISUALES

luminar Cualquier astro que despide luz. — s.m.

luminaria
1 Luz que se pone en ventanas, calles, torres y otros lugares en señal de fiesta pública: *la luminaria de las calles asombraba a los turistas*. — s.f. tb: iluminaria
2 Luz que arde de modo permanente delante del Santísimo Sacramento, en las iglesias católicas. — RELIGIÓN
3 Los ojos.
4 Actor o actriz muy famosos: *las luminarias del cine nacional*. — Méx.

lumínico, a De la luz o perteneciente a ella. — adj.

luminiscencia Propiedad de algunos cuerpos de emitir luz visible sólo en la oscuridad y sin elevación de temperatura. — s.f. FÍSICA

luminiscente Que emite rayos luminosos por luminiscencia: *cuerpo luminiscente*. — adj.

luminismo Técnica pictórica, fotográfica y cinematográfica que trata de captar el efecto de la luz sobre los objetos para resaltarlos y darles mayor valor cromático y simbólico. — s.m. ARTE, CINE, FOTOGRAFÍA

2 Persona que habla sin parar: *no se puede hablar con ella, es un loro.* — coloquial

3 Mujer poco agraciada, en especial la que no es joven y va muy pintarrajeada. — coloquial

4 Aparato radiorreceptor o magnetófono portátil con auriculares. — coloquial

5 Orinal de cristal para los enfermos que no pueden levantarse de la cama. — *Chile*

6 Persona enviada para que averigüe ciertas cosas con disimulo. — *Chile*

7 estar al loro: Estar bien informado, al corriente o al tanto de lo que ocurre: *el niño está al loro de lo que dicen los mayores.* — coloquial

II (Del lat. *laurus*, laurel.) De color amulatado o moreno oscuro. — adj.

lorquiano, a (De F. G. *Lorca*, escritor español.)
1 De dicho escritor español o de su obra: *la poética lorquiana.* — adj. LITERATURA
2 Se refiere a la obra o al autor influidos por el estilo de dicho escritor. — LITERATURA

lorza Pliegue que lleva una costura paralela al doblez. — s.f.

losa (Del prerromano *lausa*.)
1 Piedra plana y de poco grosor usada para revestir suelos o muros: *un camino de losas lleva a la puerta de la mansión.* — s.f. CONSTRUCCIÓN
2 Piedra que cubre una tumba: *depositamos flores sobre la losa.* — = lápida
3 Trampa hecha con piedras pequeñas para cazar aves o ratones. — CAZA
4 Lo que causa molestia o pesadumbre: *la enfermedad de su amiga es una losa para él.* — = peso
5 echar o poner una losa encima: Asegurar que se guardará en secreto la noticia que se le ha confiado a una persona. — coloquial

losado Enlosado, pavimento hecho con losas o baldosas: *con el leve terremoto se agrietó el losado.* — s.m. CONSTRUCCIÓN

losange
1 Figura de rombo colocado de manera que uno de los ángulos quede por pie y su opuesto por cabeza. — s.m.
2 Escudo o pieza heráldica en forma de rombo que simboliza la punta de la lanza. — HERÁLDICA = lisonja

losar Enlosar, cubrir el suelo con losas: *sólo falta losar la terraza para terminar las obras.* — v.tr. CONSTRUCCIÓN

loseta
1 Baldosa o losa pequeña empleada para revestimiento de paredes y suelos: *cubriremos las paredes de la piscina con losetas azules.* — s.f. CONSTRUCCIÓN
2 Trampa hecha con losas pequeñas. — CAZA

losilla Trampa hecha con una losa pequeña. — s.f./CAZA

lota Pez de agua dulce de la familia de los gádidos, que tiene la segunda aleta dorsal muy larga y cuya carne es muy estimada. (*Lota lota.*) — s.f. ZOOLOGÍA

lote (Del fr. *lot.*)
1 Cada una de las partes en que se divide un todo para su distribución: *dividió todas sus propiedades en lotes de forma equitativa.* — s.m.
2 Conjunto de cosas similares que se agrupan para un fin determinado: *compró un lote de revistas antiguas.*
3 Cada premio de la lotería u otros juegos semejantes.
4 Grupo pequeño de caballos, mulos u otros animales con caracteres comunes que se presentan en ferias o exposiciones de ganado.
5 Cada una de las parcelas en que se divide un terreno destinado a la edificación.
6 Dote, número de tantos que se reparte al empezar un juego. — JUEGOS
7 darse o pegarse el lote: Manosearse y besarse una pareja: *allí continuaron dándose el lote.* — coloquial

lotear Dividir un terreno en lotes para poder venderlos por separado. — v.tr.

lotería
1 Juego de azar, administrado por el estado, en que se sortean premios en metálico para los poseedores de los billetes numerados agraciados: *juega a la lotería de navidad.* — s.f. JUEGOS = rifa
2 Establecimiento donde se venden billetes y décimos de estos sorteos: *compro los décimos en la lotería de la plaza.* — JUEGOS
3 Juego de sobremesa en que por sorteo se extraen unos números que los jugadores van señalando en cartones con casillas numeradas, y en el que gana el jugador que antes completa su cartón. — JUEGOS = bingo
4 Cosa incierta, que depende de la suerte: *el éxito es una lotería.* — coloquial
5 Cualquier sorteo en que se conceden premios mediante el azar. — JUEGOS
6 lotería primitiva: Juego de azar que organiza el estado en que se premian los boletos que contienen las combinaciones de seis números sacados a la suerte entre cuarenta y nueve. — JUEGOS

looping (Voz inglesa.) Acrobacia aérea que consiste en describir una circunferencia en un plano vertical. — s.m./pl: loopings AERONÁUTICA

loor Manifestación de aprecio y reconocimiento de los méritos o cualidades de una persona. — s.m. = alabanza

lopesco, a (De *Lope de Vega*, escritor español.)
1 De dicho autor o de su obra. — adj.
2 Se aplica a la obra o al autor que está influido por este escritor español. — = lopista

lopigia Alopecia, caída del cabello. — s.f./tb: lupicia

loquear
1 Hacer o decir locuras: *tuvieron que ingresarlo porque loqueaba.* — v.intr.
2 Divertirse o mostrar alegría con ruido y alboroto: *loquean en las verbenas.*

loquera
1 Hospital para locos. — s.f./tb: loquero Amér.
2 Locura o desatino. — Amér.

loquero, a
1 Enfermero que atiende y cuida a los locos: *el loquero le puso la camisa de fuerza.* — s. coloquial
2 Hospital para locos: *está como para que lo encierren en el loquero.* — s.m.f./coloqui = manicomio
3 Algazara o barullo ruidoso: *no puedo estudiar con tanto loquero.*
4 Siquiatra, médico especializado en enfermedades mentales. — s./Méx. coloquial

loquesco, a
1 Que parece o tiene cosas de loco: *sus actos loquescos preocupan a la familia.* — adj. = alocado
2 Que es chistoso o gracioso: *me río mucho con él porque es muy loquesco.*

loquilíber
1 Poeta o poetisa que profesa el futurismo. — adj/s./LIT
2 Texto redactado sin tener en cuenta la lógica del discurso, propio del futurismo. — s.m. LITERAT

loquinario, a Que es irreflexivo o alocado. — adj/s.

loquios (Del gr. *lokhios*, referente al parto.) Pérdida de líquido de origen uterino, que se prolonga durante las primeras semanas después del parto. — s.m.pl. MEDICI

lora
1 Mujer charlatana. — s.f./Am
2 Loro o papagayo, ave trepadora de la familia de los sitácidos. — Amér. C ZOOLO
3 Ave sitácida trepadora hembra. — Chile/2

loran (Acrónimo del ingl. *[LO]ng [R]anfe [A]id to [N]a-vigation*, ayuda de navegación a larga distancia.) Procedimiento de radionavegación que se usa para determinar la posición de un barco o de un avión, comparando los impulsos rítmicos emitidos por tres estaciones. — s.m. pl: lora AERO NÁUT

lorantáceo, a (Del lat. *lorum*, correa + gr. *anthos*, flor.) Perteneciente a la familia de plantas parasitarias o semiparasitarias, de hojas enteras y opuestas, flores masculinas y femeninas separadas y fruto en drupa, como el muérdago. — adj/s. BOTA

lorcha (Del port. *lorcha*.) Barca de cabotaje, ligera y rápida, usada en China. — s.f. NÁU

lord (Voz inglesa.) Título de honor que se da en el Reino Unido a los pares del reino y a los miembros de la cámara alta. — s.m. pl: l

lordosis (Del gr. *lordosis*.) Curvatura de la columna vertebral con convexidad hacia delante. — s.f./ ME

lordótico, a De la lordosis. — adj

lorenés, a
1 De Lorena, región de Francia. — ad
2 Persona natural de esta región. — s.

lorenzana (De *Lorenzana*, pueblo de Galicia.) Lienzo grueso fabricado en este pueblo. — s.f Tl

lorenzo, a
1 Se aplica a la persona palurda y grosera. — a
2 Sol, estrella del sistema solar: *cuidado, que hoy el lorenzo calienta mucho.* — s. c

lórica
1 Coraza o cubierta externa, formada por escamas endurecidas, de origen pericárpico, que aparece en el fruto de algunas plantas palmáceas.
2 Caparazón o cubierta resistente de las algas.

loriga (Del lat. *lorica*.)
1 Armadura para el cuerpo hecha de escamas de acero sobrepuestas.
2 Armadura para caballos que se usaba en la guerra.
3 Pieza circular de hierro con que se reforzaban los bujes de las ruedas de los carruajes.

lorigado, a Se aplica al soldado que iba armado con loriga.

lorigón Loriga o armadura grande con mangas hasta el codo.

loriguero, a De la loriga.

loriguillo Mezereón, planta herbácea.

loro
I (Del caribe *roro*.)
1 Papagayo, ave trepadora.

luminista Que practica el luminismo. — adj./s.m.f.

luminóforo, a (Del lat. *lumen, -inis*, cuerpo que despide luz + gr. *phoros*, que lleva.) Se aplica a la sustancia o la materia que emite luz a temperatura normal. — adj, QUÍMICA

luminosidad
1 Cualidad de luminoso: *la luminosidad de una respuesta; la luminosidad de la Luna.* — s.f.
2 Abundancia de luz: *le encanta la luminosidad de los países mediterráneos.* — = claridad

luminoso, a
1 Que produce luz: *las estrellas son cuerpos luminosos.* — adj.
2 Que es muy claro o acertado: *al fin tuvieron una idea luminosa.* — = ingenioso

luminotecnia (Del lat. *lumen, -inis*, cuerpo que despide luz + gr. *tekne*, técnica.)
1 Arte y técnica de la iluminación con luz artificial para fines artísticos o industriales: *el teatro cuenta con un especialista en luminotecnia.* — s.f.
2 Estudio de la iluminación y combinación de luces de un espectáculo: *no me ha gustado la luminotecnia de este espectáculo.*

luminotécnico, a
1 De la luminotecnia: *el director potencia los efectos luminotécnicos.* — adj.
2 Persona que es especialista en iluminación y luminotecnia. — s.

lumitipia (Del lat. *lumen, -inis*, cuerpo que despide luz + gr. *typos*, señal.) Máquina usada para la composición fotográfica. — s.f. ARTES GRÁFICAS

luna (Del lat. *luna*.)
1 Satélite de la Tierra visible por la noche debido a la luz que recibe del Sol. — s.f. ASTRONOMÍA
2 Luz nocturna que este satélite nos refleja de la que recibe del Sol: *le gusta admirar cómo vibra la Luna sobre el mar.*
3 Satélite natural de cualquier planeta: *con el telescopio contemplamos las lunas de Júpiter.* — ASTRONOMÍA
4 Cada una de las fases que recorre el satélite de la Tierra desde una conjunción con el Sol hasta la siguiente. — ASTRONOMÍA = lunación
5 Lámina grande de cristal que se utiliza para espejos, escaparates, y otros usos: *los ladrones rompieron la luna para entrar en la tienda.*
6 Cristal de los anteojos.
7 Efecto que se atribuye a este astro en los enfermos mentales: *¡vaya luna tiene hoy!, no para de decir disparates.* — coloquial
8 Manía pasajera: *ahora tiene la luna de vestir de rojo.*
9 **luna creciente:** Cuarto creciente, este astro en su fase desde la luna nueva a la media luna. — ASTRONOMÍA
10 **luna de miel:** Primer período de tiempo que sigue a la boda: *están preparando su viaje de luna de miel.*
11 **luna llena:** Plenilunio, este astro en su fase de oposición al Sol, visible desde la Tierra con todo su disco iluminado. — ASTRONOMÍA
12 **luna menguante:** Cuarto menguante, este astro en su fase desde la luna llena hasta la media luna. — ASTRONOMÍA
13 **luna nueva:** Novilunio, este astro en su fase de conjunción con el Sol, no presentando ninguna parte iluminada a la Tierra por lo que no es visible. — ASTRONOMÍA
14 **media luna: 1.** Figura que presenta este astro al final del cuarto menguante o al principio del cuarto creciente. **2.** Cualquier objeto, en especial adornos o joyas, que tenga esta forma: *con el café se pidió una media luna con crema.* **3.** Conjunto de países musulmanes, en especial el imperio turco. **4.** Obra de defensa que se construye delante de los baluartes. — CONSTRUCCIÓN
15 **a la luna:** A la luz de este astro: *a la luna el lago parece un espejo.* — loc.adv.
16 **dejar o quedarse a la luna o a la luna de Valencia:** Frase que se usa para indicar que las esperanzas que tenía una persona no se han visto cumplidas: *nadie me regaló nada y me quedé a la luna de Valencia.* — coloquial
17 **estar en la luna:** Estar distraído, o fuera de la realidad: *no me hace ni caso, está en la luna.* — coloquial
18 **ladrar a la luna:** Insultar o enfadarse vanamente con una persona a la que no le pueden ofender los insultos: *no insistas, estás ladrando a la luna.* — coloquial
19 **pedir la luna:** Pedir una cosa muy difícil o imposible de conseguir: *no te pido la luna, sólo quiero que vengas conmigo.*

lunación Período de tiempo entre dos conjunciones consecutivas de la Luna con el Sol. — s.f. ASTRONOMÍA

lunada Fiesta o reunión nocturna al aire libre que se realiza cuando hay luna llena. — s.f. Méx.

lunado, a Que tiene forma o figura de media luna. — adj.

lunanco, a (Derivado del lat. *clunis*, nalga.) Se aplica a los cuadrúpedos que tienen un anca más alta que la otra. — adj. ZOOLOGÍA

lunar
1 De la Luna: *vimos los cráteres lunares con un telescopio.* — adj. ASTRONOMÍA
2 Pequeña mancha natural de la piel: *tiene un lunar en la cara.* — s.m. = lentigo
3 Dibujo de forma redondeada que se distingue de la superficie que lo rodea por el color: *tiene un vestido de lunares.*
4 Deshonra que se sigue de una mala acción. — = mancha
5 Defecto sin importancia.

lunarejo, a
1 Se refiere a la persona que tiene muchos lunares en la cara. — adj/s. Colomb., Perú
2 Se aplica a los animales que tienen lunares en el pelo. — adj. Amér.

lunario, a
1 Que tiene relación con las lunaciones. — adj./ASTRONOMÍA
2 Registro o catálogo que comprende todos los días del año, distribuidos por meses, así como datos astronómicos, de festividades o de otras cosas. — s.m. = almanaque, calendario

lunático, a
1 Que padece locura temporal: *necesita tratamiento porque es un lunático.* — adj/s.
2 Que se comporta de una manera cambiante y desconcertante: *es difícil vivir con él porque es muy lunático.* — = caprichoso, maniático

lunatismo Circunstancia de padecer una persona alteraciones bruscas de ánimo a consecuencia de los cambios lunares, según la medicina antigua. — s.m.

lunch (Voz inglesa.) Comida ligera, aperitivo o refrigerio: *después de la conferencia habrá un lunch para los asistentes.* — s.m.

lundu Canción y danza brasileña, de origen africano. — s.m./MÚSICA

lunecilla Adorno en forma de media luna. — s.f./= lunilla

lunel (Del fr. *lunel*.) Figura del escudo de armas con forma de flor, compuesta por cuatro medias lunas unidas por las puntas. — s.m. HERÁLDICA

lunes (Del lat. *dies lunae*, día de la luna.)
1 Día de la semana, entre el domingo y el martes. — s.m./pl: lunes
2 **cada lunes y cada martes:** Con frecuencia, a cada momento, todos los días: *cada lunes y cada martes me pide que le compre un perro.* — loc.adv. coloquial

luneta
1 Ventana semicircular hecha sobre una puerta: *por la luneta vi que no había nadie en la sala.* — s.f.
2 Cristal trasero de un automóvil.
3 Cristal de las gafas, anteojos o lentes.
4 Bocateja o primera teja junto al alero.
5 Bóveda pequeña en forma de media luna para dar luz a la bóveda principal. — CONSTRUCCIÓN ARQUITECTURA tb: luneto
6 Baluarte pequeño, por lo general aislado. — CONSTRUCCIÓN
7 Soporte intermedio que se coloca entre las puntas del torno para trabajar piezas largas y delgadas.
8 Cada asiento con respaldo y brazos colocado frente al escenario en la planta inferior de los antiguos teatros. — TEATRO
9 Sitio del teatro donde estaban colocados estos asientos a diferencia del patio. — TEATRO
10 Adorno en forma de media luna que se ponían las mujeres en la cabeza y los niños en los zapatos.
11 Círculo de oro o metal dorado donde se expone la sagrada hostia a los fieles. — RELIGIÓN
12 **luneta térmica:** Cristal trasero del automóvil provisto de hilos eléctricos que al calentar el cristal lo desempañan. — TECNOLOGÍA

luneto Luneta, abertura en la bóveda o cúpula para iluminar el interior. — s.m. ARQUITECTURA

lunfa
1 Ratero o rufián. — s.m./Argent.
2 Lunfardo, jerga de la delincuencia porteña de la ciudad de Buenos Aires. — Argent. LINGÜÍSTICA

lunfardismo
1 Expresión o construcción características de la jerga lunfarda. — LINGÜÍSTICA
2 Palabra o giro lunfardos empleados en otra lengua. — LINGÜÍSTICA

lunfardo Jerga de la gente maleante de la ciudad de Buenos Aires y sus alrededores, parte de cuyo vocabulario se difundió posteriormente en la lengua popular y en el resto del país. — s.m. LINGÜÍSTICA

lunilla Adorno o joya en forma de media luna. — s.f./= lunecilla

lúnula
1 Parte blanquecina de forma semicircular situada en la base de las uñas del ser humano. — s.f. ANATOMÍA
2 Caja de cristal que encierra la forma consagrada o que guarda reliquias, en la religión católica. — RELIGIÓN = viril
3 Figura formada por dos arcos que tienen los extremos comunes y el centro del mismo lado. — GEOMETRÍA

lupa (Del fr. *loupe*.) Lente de aumento, por lo general provista de un mango: *miraba los sellos con una lupa.* — s.f. ÓPTICA

lupanar (Del lat. *lupanar*.) Prostíbulo, casa de prostitución. — s.m.

lupanario, a Que tiene relación con el lupanar. — adj.

lupercales Fiestas romanas que se celebraban en febrero, en honor del dios Pan. — s.f.pl. HISTORIA

lupia (Del lat. vulgar *lupea*.)
1 Quiste sebáceo. — s.f./= lobanillo
2 Pequeño tumor de las patas de las caballerías. — VETERINARIA
3 Pequeña cantidad de dinero. — Colomb.

lupicia (Variante de *alopecia*.) Caída o pérdida del cabello. — s.f./tb: alopecia, lopigia

lupino, a
1 Del lobo. — adj.
2 Altramuz, planta papilionácea. — s.m./BOTÁNICA
3 Fruto de esta planta. — BOTÁNICA

lupulino Polvo resinoso de los frutos del lúpulo, que contiene resinas amargas que aromatizan la cerveza. — s.m.

lúpulo (Del bajo lat. *lupulus*.) Planta herbácea trepadora que se cultiva por sus inflorescencias femeninas, empleadas para aromatizar la cerveza. *(Humulus lupulus.)* — s.m. BOTÁNICA

lupus (Del lat. *lupus*, lobo.) Enfermedad tuberculosa que afecta a la piel de la cara. — s.m./pl: lupus MEDICINA

luquete
I (Del ár. *al-wuqaid*, cerilla.)
1 Especie de cerilla grande de azufre: *azufró las cubas con los luquetes.* — s.m. tb: aluquete
2 Rodaja de limón o naranja que se echa en una bebida para darle sabor.
II (Del ital. *lucchetto* < fr. *loquet*, pestillo.) Casquete esférico con que se cierran algunas bóvedas. — s.m. ARQUITECTURA

lusitánico, a De Lusitania o de los lusitanos. — adj.

lusitanismo
1 Expresión o construcción que se consideran propias y características de la lengua portuguesa. — s.m./LINGÜÍSTICA = portuguesismo
2 Expresión o construcción propias de la lengua portuguesa que se usan en otra lengua. — LINGÜÍSTICA

lusitanista Persona versada en la lengua y cultura portuguesas. — s.m.f. = portuguesista

lusitano, a
1 De Lusitania, antigua región que abarcaba casi todo Portugal y parte de Extremadura. — adj./HISTORIA = luso
2 Persona natural de esta antigua región. — s./HISTORIA
3 De Portugal, país europeo. — adj./= portugués
4 Persona natural de este país europeo. — s./= portugués

luso, a De Lusitania o de Portugal. — adj./s.

lustrabotas Persona que tiene por oficio lustrar o limpiar en la vía pública el calzado de los clientes. — s.m.f./pl: lustrabotas Amér. Merid.

lustración (Del lat. *lustratio, -onis*.)
1 Rito de purificación de una persona o lugar profano por medio de sacrificios, entre los antiguos romanos. — s.f. HISTORIA
2 Rito de purificación, en la religión católica. — RELIGIÓN

lustrado Acción y resultado de lustrar o dar lustre: *estos zapatos necesitan un buen lustrado.* — s.m.

lustrador, a
1 Limpiabotas, persona que por oficio limpia el calzado. — s. Argent., Nicar.
2 Persona que tiene por oficio lustrar muebles. — Amér. Merid.
3 Especie de reglita usada para abrillantar cristales. — s.m.
4 Gamuza usada con el mismo fin.

lustral (Del lat. *lustralis*.)
1 Que tiene relación con la lustración ritual: *fuego lustral; procesión lustral.* — adj./RELIGIÓN = lústrico
2 Del lustro o quinquenio.

lustrar (Del lat. *lustrare*, purificar.)
1 Dar brillo a una cosa: *lustraron los muebles, y los dejaron como nuevos.* — v.tr. = alustrar
2 Purificar cosas impuras con sacrificios o ritos religiosos. — RELIGIÓN

lustre (Del ital. *lustro*, esplendor.)
1 Brillo de una cosa tersa o pulida: *le gusta dar lustre a sus zapatos.* — s.m.
2 Circunstancia de ser noble o distinguida una persona, una generación o una época. — = prestigio

lustrear Lustrar, dar brillo o lustre. — v.tr./Chile

lústrico, a
1 De la lustración ritual. — adj./= lustral literario
2 Del lustro.

lustrín Limpiabotas, persona que se dedica profesionalmente a limpiar o lustrar el calzado. — s.m. Chile

lustrina
1 Tela de seda con hilos de oro y plata usada para ornamentos litúrgicos. — s.f.
2 Tela brillante por un lado y mate por el otro. — = percalina Chile
3 Betún para el calzado.

lustro (Del lat. *lustrum*, sacrificio expiatorio.) Período de cinco años: *van a planificar la actividad del próximo lustro.* — s.m.

lustroso, a
1 Que tiene lustre: *ha dejado las baldosas de la cocina lustrosas.* — adj. = brillante
2 Que tiene un aspecto sano por el buen color y tersura de la piel: *se nota que está recuperado porque está lustroso.*
3 Se aplica al animal que tiene un aspecto sano por su gordura y el brillo del pelo.

lútea (Del lat. *luteus*, amarillo.) Oropéndola, ave paseriforme de plumaje amarillo. — s.f. ZOOLOGÍA

lutecio Metal del grupo de las tierras raras, que entra en la formación de diferentes sales insolubles y se usa en la industria metalúrgica. — s.m, QUÍMICA

luteína
1 Sustancia colorante de color amarillo, presente en las hojas de los vegetales y en la yema de huevo. — s.f. BIOQUÍMICA
2 Hormona del ovario. — = progesterona

lúteo, a (Del lat. *luteus*.) De lodo. — adj./literario

luteranismo (De *Lutero*, reformador alemán.) Doctrina predicada por este reformador alemán que defiende, entre otros principios, que la fe sola justifica al hombre, siendo su única fuente la Biblia interpretada por la razón individual. — s.m. RELIGIÓN

luterano, a (De *Lutero*, reformador alemán.)
1 De dicho reformador alemán o del luteranismo. — adj./RELIGIÓN
2 Que profesa el luteranismo. — adj/s.RELIGIÓN

luto (Del lat. *luctus*.)
1 Signo exterior, público o individual, que refleja el dolor por la muerte de una persona: *el ayuntamiento decretó tres días de luto.* — s.m. = duelo
2 Vestido negro que se usa por la muerte de una persona: *todavía no se ha quitado el luto por su marido.*
3 Filete que imprime una línea negra y maciza de espesor superior a dos puntos de cícero. — ARTES GRÁFICAS
4 **alivio de luto o medio luto:** El que ya no es riguroso.
5 **luto riguroso:** Período que sigue a la muerte de una persona y en el que se observa el luto totalmente: *viste de luto riguroso por su abuelo.*

lutocar Carro pequeño de mano para recoger basura. — s.m./Chile

lutoso, a Que es luctuoso, fúnebre o digno de llanto. — adj.

lutria Nutria, mamífero carnívoro nadador. — s.f./ZOOLOGÍA

lux Unidad de iluminación, equivalente a la iluminación de una superficie que recibe un flujo luminoso de un lumen por metro cuadrado. — s.m. FÍSICA

luxación (Del lat. *luxatio, -onis*.) Desplazamiento de un hueso fuera de su lugar: *sufre una luxación de la clavícula.* — s.f. MEDICINA = dislocación

luxar (Del lat. *luxare*.) Provocar o sufrir una dislocación en un hueso: *se ha luxado el hombro.* — v.tr/prnl. MEDICINA

luxemburgués, a
1 De Luxemburgo, país y ciudad europeos. — adj.
2 Persona natural de este país o ciudad. — s.

luxmetro Aparato que sirve para medir las iluminaciones. — s.m. FÍSICA

luz
I (Del lat. *lux, lucis*.)
1 Radiación que emitida por un cuerpo incide en la retina provocando la sensación de visión. — s.f./pl: luces FÍSICA
2 Utensilio o aparato que se usa para alumbrar, como candelero, lámpara, vela u otro: *tráeme una luz.*
3 Estado de ilustración o cultura: *el siglo de las luces; hombre de muchas luces.*
4 Corriente eléctrica: *hoy hemos recibido el recibo de la luz.* — coloquial
5 Modelo que ilustra o guía.
6 Tiempo que dura la claridad del Sol. — = día
7 Distancia horizontal entre puntos de apoyo de un elemento arquitectónico. — ARQUITECTURA
8 Dimensión horizontal interior de un vano de un arco o de una habitación. — ARQUITECTURA
9 Ventana o tronera por donde entra la claridad a un edificio. — ARQUITECTURA
10 Área interior de la sección transversal de un tubo. — = calibre
11 Parte clara o más iluminada de un cuadro, grabado o dibujo. — ARTE
12 Dinero o riqueza de una persona. — Méx.
13 **luz artificial:** La que produce el hombre para alumbrarse en sustitución de la luz.
14 **luz cenicienta:** Claridad que ilumina la parte oscura del disco lunar antes y después del novilunio, y se debe a la luz reflejada por la Tierra. — ASTRONOMÍA
15 **luz cenital:** La que se recibe desde arriba. — ARQUITECTURA
16 **luz corta o de cruce:** La del vehículo, que ha de iluminar la zona comprendida en los cuarenta metros que preceden al mismo.
17 **luz de Bengala:** Fuego artificial compuesto de varios ingredientes y que despide claridad muy viva de diversos colores. — = bengala
18 **luz de la razón:** Conocimiento que tenemos de las cosas por el natural discurso que no distingue de los animales irracionales.
19 **luz de luz o segunda luz:** La que recibe una habitación, no de forma directa, sino a través de otra. — ARQUITECTURA
20 **luz eléctrica:** La que se produce por medio de la electricidad: *aún existe alguna población que no disfruta de la luz eléctrica.* — ELECTRICIDAD
21 **luz infrarroja:** Aquella que no es percibida por el ojo humano por medios naturales por tener cierta longitud de onda. — FÍSICA

22 luz larga o de carretera: La del vehículo, que ha de iluminar una zona de cien metros por delante del mismo.

23 luz mala: Fuego fatuo que en el campo producen de noche los huesos en descomposición y que la superstición atribuye a las almas de los muertos que no han sido sepultados. *Argent., Urug.*

24 luz natural: La que no es artificial, como la del Sol o la de un relámpago.

25 luz negra: La ultravioleta invisible, que se hace perceptible cuando incide sobre sustancias fosforescentes o fluorescentes. *FÍSICA*

26 luz primaria: La que procede directamente del cuerpo luminoso. *ARTE*

27 luz ultravioleta: Aquella que no puede ser percibida por el ojo humano por medios naturales por tener cierta longitud de onda. *FÍSICA*

28 luz verde: Camino o procedimiento abierto y dispuesto para la consecución de un asunto o empresa. *coloquial*

29 media luz: La que es escasa o no se comunica entera y directamente.

30 a buena luz: Con reflexión, de forma atenta. *loc.adv.*

31 a la luz de: 1. En vista de: *decidí irme a la luz de los hechos.* **2.** Con la que produce algún objeto al uso: *a la luz de las velas.* *loc.prep.* *loc.adv.*

32 a primera luz: Al amanecer, al rayar el día: *los campesinos se levantan a primera luz.* *loc.adv.*

33 a todas luces: 1. De todos modos. **2.** De forma evidente, sin duda: *el conflicto es, a todas luces, irresoluble.* *loc.adv.*

34 dar a la luz: Difundir una noticia o publicar un libro.

35 dar a luz: Parir la mujer: *no tuvo ningún problema para dar a luz en ese hospital.*

36 dar luz verde: Autorizar a que se haga una cosa: *el director ha dado luz verde al proyecto que le presenté.*

37 echar o arrojar luz sobre algo: Aclararlo o ayudar a que se comprenda: *su intervención echó luz sobre el tema de los fraudes.*

38 entre dos luces: Al amanecer o al anochecer. *loc.adv.*

39 hacer dos luces: Alumbrar a dos partes a un tiempo.

40 rayar la luz de la razón: Empezar a abrirse el entendimiento al conocimiento de las cosas.

41 sacar a la luz: 1. Publicar una obra: *sacó a la luz su primer libro de poemas.* **2.** Descubrir o hacer patente lo que estaba oculto: *sacar a la luz las relaciones entre la banda y las escuchas telefónicas.*

42 salir a la luz: 1. Ser producida una cosa. **2.** Imprimirse, publicarse una cosa: *saldrá a luz el suplemento en primavera.* **3.** Descubrirse lo oculto: *al salir a la luz su romance, tuvo que dimitir.*

43 ver la luz: 1. Nacer, venir al mundo: *su primer hijo vio la luz en Londres.* **2.** Descubrir alguna cosa que hasta el momento permanecía oculta al entendimiento.

II (Del lat. *lucius*, lucio.) Merluza, pez. *s.f./ZOOLOGÍA s.f.*

lycra (Marca registrada.) Tejido sintético que, por su elasticidad, se utiliza para la fabricación de medias o bañadores entre otras prendas: *llevaba un ajustado vestido de lycra.* *TEXTIL*

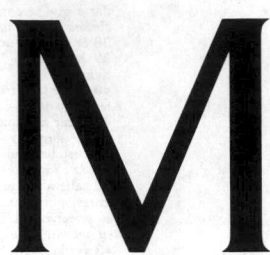

M

m Decimotercera letra del alfabeto español y décima de las consonantes. *s.f.*

mabita
1 Mal de ojo. *s.f./Venez.*
2 Persona que tiene o trae mala suerte. *s.m.f./Venez.*

maca
1 Señal en una fruta por algún golpe o roce: *vendió los melocotones con macas a un precio más barato.* *s.f.* = magulladura
2 Defecto o imperfección en algunas cosas: *el jarrón de porcelana tiene una maca.*
3 Disimulo o fraude en el comportamiento de una persona.

macá Denominación de diversas aves zambullidoras que habitan en aguas dulces. *s.m./Argent.* ZOOLOGÍA

macabeo Cepa blanca y uva que se cultiva en las regiones vitícolas catalanas, con la que se hace un vino blanco y licoroso del mismo nombre. *s.m.* AGRICULTURA

macabro, a (Del fr. *macabre* < *danse macabre*, danza de la muerte.)
1 Que tiene alguna de las características negativas de la muerte: *el antiguo cementerio tenía un aspecto macabro.* *adj.* = tétrico
2 Que causa temor o repulsión: *macabras escenas de la guerra.*

macachín Pequeña planta oxalidácea de flores amarillas o violadas, hojas parecidas a las del trébol y tubérculo comestible. Sus hojas y flores se utilizan con fines medicinales. *(Oxalis.)* *s.m.* Argent., Urug. BOTÁNICA

macacinas Especie de calzado tosco, usado en el campo. *s.f.pl. Amér. Central*

macaco (Del port. *macaco.*) Mono catarrino semejante a los cercopitecos, de cola corta y hocico largo que vive en bosques y selvas. *(Macaca.)* *s.m.* ZOOLOGÍA

macaco, a Se aplica a la persona fea y deforme. *adj/s./Amér.*

macacoa
1 Mala suerte. *s.f./P. Rico*
2 Murria o tristeza. *Colomb. Venez.*

macadamizar Cubrir un suelo con macadán: *han macadamizado la calle.* *v.tr./conj: cazar* CONSTRUCCIÓN

macadán (Voz inglesa.)
1 Pavimento de una calzada formado por piedra machacada y arena, que se aglomera con rodillos o rulos compresores. *s.m.* CONSTRUCCIÓN tb: macadam
2 macadán asfáltico: Pavimento a base de grava, ripio y betún o asfalto. CONSTRUCCIÓN

macagua
1 Ave rapaz diurna, de plumaje amarillo pardusco por el dorso y blanco por el pecho y el vientre, que habita en los linderos de los bosques. *(Herpetotheres cachinnans.)* *s.f. Amér. Merid.* ZOOLOGÍA
2 Serpiente venenosa que vive en las regiones cálidas, especialmente a orillas del mar. *Venez.* ZOOLOGÍA
3 Planta arbórea morácea, de flores blancas y fruto similar a la bellota pero sin cáscara. *(Exostemma caribaeum.)* *Cuba* BOTÁNICA

macagüita
1 Palmera espinosa que crece en Venezuela, cuyo fruto es un coco pequeño, casi negro. *(Aeria attenuata.)* *s.f.* BOTÁNICA
2 Fruto de esta planta.

macana (Del náhuatl *macuahuitl*, madera de mano.)
1 Arma que usaban los indios americanos, parecida a un hacha de madera dura con el filo de pedernal. *s.f.* HISTORIA
2 Especie de chal, casi siempre de fibra de algodón, que usan las mestizas. *Amér. Merid.*
3 Garrote grueso de madera dura y pesada. *Amér.*
4 Desatino o embuste. *Urug.*
5 Regalo de poco valor o importancia. *Argent.*
6 ¡qué macana!: Exclamación con la que se expresa contrariedad. *interj. Argent.*

macanazo Golpe dado con una macana. *s.m.*

macaneador, a Que macanea, embustero. *s./Argent.*

macanear
1 Golpear con una macana o garrote grueso de madera. *v.tr./Méx., Cuba, Dom., P. Rico*
2 Desbrozar, quitar a la broza o la maleza acumulada en algún lugar. *Colomb., Nicar., Venez.*
3 Dirigir bien un negocio. *Colomb.*
4 Trabajar con asiduidad y poniendo mucho empeño en la labor. *v.intr. Colomb., Hond.*
5 Decir desatinos o embustes. *Amér. Merid.*

macanudo, a Que es bueno, estupendo o magnífico: *nos divertimos mucho, porque fue una fiesta macanuda.* *adj./Amér. coloquial*

macaón Mariposa diurna, grande, con las alas amarillas y negras, las posteriores prolongadas en sendos apéndices, que ha sido muy perseguida por su belleza y cuya larva vive sobre distintas plantas umbelíferas. *(Papilio machaon.)* *s.m.* ZOOLOGÍA

macarela Caballa, pez escómbrido marino de carne muy apreciada. *s.f./Venez.* ZOOLOGÍA

macarelo, a (Del fr. *maquereau*, alcahuete.) Persona bravucona y camorrista. *s.*

macareo Oleada grande, veloz y estrepitosa de agua marina que sube río arriba desde la desembocadura durante las mareas vivas. *s.m.* = pororoca

macarra
1 Persona que recibe parte de las ganancias de una prostituta, a la que controla: *el macarra vive a costa de la prostituta.* *adj./s.m.* coloquial = macarrón, chulo
2 Que gusta de provocar riñas y pendencias: *es tan macarra que siempre acaba pegándose con alguien.* coloquial = pendenciero
3 Que es vulgar o de mal gusto. adj./coloquial

macarro
1 Pan de forma alargada, cuyo peso aproximado es de medio kilo. *s.m.* COCINA
2 Bollo de pan de aceite, estrecho y alargado. COCINA

macarrón (Del ital. *maccherone*.)
1 Pasta de harina con forma de pequeños tubos: *este niño sólo come macarrones al gratén.* *s.m.* COCINA
2 Tubo delgado y resistente, de material plástico, usado para el tapizado de sillas, para recubrir alambres y otros usos.
3 Tubo de plástico o de material aislante, que se emplea en los montajes eléctricos para recubrir los conductos desnudos. ELECTRICIDAD
4 Pasta dulce de almendras molidas y otras especias. COCINA
5 Extremo de las cuadernas del barco que sobresale por las bordas. NÁUTICA
6 Vena, conducto por donde la sangre vuelve al corazón: *ya te has castigado bastante el macarrón, deja de chutarte caballo.* argot

macarronea (Del ital. *maccheronea*.) Composición burlesca, por lo general en verso, en la que se mezclaban palabras latinas mal construidas con otras de la propia lengua de autor. *s.f.* LITERATURA

macarrónico, a (Del ital. *maccheronico < ital. dialectal maccaron*, error garrafal.)
1 Se refiere al lenguaje o estilo que es vulgar e incorrecto: *tiene un inglés macarrónico.* adj.
2 De la macarronea. LITERATURA
3 Que es muy viejo o anticuado: *no sé cómo aún te pones ese traje macarrónico.* = desfasado

macarse Empezar a pudrirse la fruta a causa de los golpes recibidos: *con el granizo las manzanas se macaron.* v.prnl. conj: *sacar*

macasar
1 Cubierta de tela que recubre el respaldo de los sillones, mecedoras o butacas *s.m.*
2 Aceite que se usaba como cosmético para el cabello.

maceador, a Persona que golpea con el mazo. *s.*

macear
1 Golpear una cosa con el mazo. v.tr.
2 Mostrar una persona especial interés en una cosa: *cuando quiere una cosa macea hasta conseguirla.* v.intr. = machacar

macedonia
1 Postre preparado a base de trozos de diversas frutas, aderezados con azúcar, zumo o licor. *s.f./COCINA* = ensalada de frutas
2 Guiso que se prepara con legumbres variadas y troceadas. COCINA

macedonio, a
1 De Macedonia, estado europeo. adj.
2 Persona natural de este estado. s.
3 Lengua del grupo eslavo, de la familia indoeuropea, hablada en este estado. *s.m.* LINGÜÍSTICA
4 De Macedonia, antigua región de Grecia: *tribus macedonias; independencia macedonia.* adj./HISTORIA = macedónico
5 Persona natural de esta antigua región: *Alejandro Magno era macedonio.* s./HISTORIA = macedónico

macegual Indio libre que formaba la mayor parte de la población autóctona de México. *s.m.* HISTORIA

macelo (Del lat. *macellum*.) Matadero, lugar donde se matan los animales para el consumo. *s.m.*

maceo Acción de golpear con un mazo. *s.m.*

maceración
1 Ablandamiento de la carne u otra materia con golpes, presiones o mediante la inmersión en un líquido: *debes dejar la carne en maceración durante una hora.* *s.f.* = maceramiento
2 Mortificación física hecha como penitencia. coloquial
3 Antiguo procedimiento de blanqueo de las telas de lino y cáñamo. TEXTIL

macerador, a Que sirve para hacer macerar una sustancia: *cuba maceradora; proceso macerador.* adj./s.

macerar (Del lat. *macerare*.)
1 Poner una cosa blanda apretándola, golpeándola o sumergiéndola en un líquido: *hay que macerar la carne antes de guisarla.* v.tr.
2 Sumergir una sustancia en un líquido para extraer sus partes solubles. FARMACIA
3 Dar tormento al cuerpo de una persona con penitencias: *maceraba su cuerpo con golpes de correa; se maceraba con un fuerte ayuno.* v.tr./prnl.

macerina Plato con una abrazadera circular en el centro donde se coloca y sujeta la jícara a la taza para beber chocolate. *s.f.* tb: mancerina = marcelina

macero El que, en ciertas corporaciones, asiste a actos solemnes o precede a algún personaje llevando la maza o bastón. *s.m.*

maceta
I (Derivado de *maza*.)
1 Mango de algunas herramientas. *s.f.*
2 Martillo corto que usan los canteros para golpear el cincel.
II (Del ital. *mazzetto*, ramillete de flores.)
1 Recipiente de barro, plástico u otro material, que lleno de tierra se usa para criar plantas: *ha puesto macetas con geranios en el balcón.* *s.f.* = tiesto
2 Pie de plata u otro metal, o de madera pintada, para los ramos de flores artificiales con que se adornan altares y otros lugares.
3 Inflorescencia en que los pedúnculos nacen en distintos puntos. BOTÁNICA = corimbo

macetero Soporte de hierro o madera para colocar macetas: *tiene unos maceteros en la ventana.* *s.m.*

macfarlán Abrigo masculino sin mangas y con esclavina. *s.m.* tb: macferlán

mach (De E. *Mach*, físico austríaco.) Denominación internacional de una unidad de velocidad aplicada especialmente a los aviones, y equivalente a la del sonido. *s.m.* pl: mach AERONÁUTICA

macha Molusco lamelibranquio telínido, propio de los mares de Chile, cuya carne es comestible. (*Mesodesma donacia.*) *s.f.* ZOOLOGÍA

machaca
1 Utensilio para machacar. *s.f./= machacadera*
2 Persona pesada e inoportuna: *no la soporto, es una machaca.* *s.m.f./coloquial* = machacón
3 Persona con gran resistencia para los trabajos duros y de larga duración: *trabaja como un burro, es un machaca.* coloquial
4 Carne seca y deshebrada que se puede comer acompañada de otros alimentos: *machaca con huevo.* *s.f./Méx.* COCINA

machacadera Utensilio para machacar. *s.f./= machaca*

machacador, a Que machaca. adj./s.

machacadora Trituradora, máquina que se utiliza para triturar o reducir materiales a pequeños fragmentos. *s.f.* CONSTRUCCIÓN

machacadura Acción y resultado de machacar o triturar. *s.f.* = machacamiento

machacante
1 Soldado destinado a servir a los sargentos de una unidad. *s.m.* MILITAR
2 Moneda de cinco pesetas. coloquial/= duro

machacar (Del ant. *machucar*.)
1 Golpear una cosa hasta romperla o deformarla: *machacó muy bien las almendras en el mortero.* v.tr./conj: *sacar* = mazar
2 Insistir en una cosa de forma pesada y obstinada: *machacó hasta lograr el permiso de sus padres.* v.intr.
3 Estudiar con afán una materia: *machacó las matemáticas hasta aprobarlas.* v.tr./coloquial = empollar
4 Destruir una cosa por completo: *machacó el coche al chocar contra una pared.*
5 Vencer a una persona en una pelea, en una competición o en una discusión: *el líder de la oposición machacó al presidente en el debate.* coloquial = derrotar
6 Cansar mucho, fatigar: *leer esta letra tan pequeña machaca la vista; esta subida machaca.* v.tr/intr./coloquial = agotar
7 Hacer mucho daño: *este dolor me está machacando.* v.tr./coloquial

machacón, a Que machaca o repite las cosas con insistencia y pesadez: *es un niño tan machacón que resulta insoportable.* adj./s.

machaconería Modo de ser o comportarse el machacón, el que insiste o repite las cosas: *su machaconería aburre a cualquiera.* *s.f.* tb: machaquería = pesadez

machada
1 Rebaño de machos cabríos. *s.f.*
2 Acción en que se manifiestan actitudes consideradas típicamente masculinas, como la virilidad, la fuerza o el valor: *ha sido una machada lo de salvar al niño del incendio.* = hombrada
3 Acción o palabras en que se ven rasgos negativos considerados típicamente masculinos por ser ostentosos, absurdos, inútiles o exagerados: *eso de que se con tres chicas a la vez es una machada.* = necedad

machadiano, a (De A. *Machado*, escritor español del siglo XX.)
1 De dicho autor o de su obra. adj./LITERATURA
2 Se aplica al autor o a la obra que está influido por el estilo de dicho escritor. LITERATURA

machado Hacha que sirve para cortar madera: *cogió el machado y se adentró en el bosque.* *s.m.*

machaje Conjunto de animales machos. *s.m./Chile*

machamartillo Se usa para indicar de forma intensa, *s.m.* firme o sólida, en la expresión **a machamartillo**: *defendía a machamartillo su absurda propuesta.*

machaqueo
1 Trituración, deformación o aplastamiento de una *s.m.* cosa mediante golpes.
2 Insistencia o repetición: *su machaqueo en los estudios* **coloquial** *compensa sus pocas luces.*

machaquería Machaconería, modo de ser o de com- *s.f.* portarse del que repite mucho las cosas. **= pesadez**

machar
1 Golpear una cosa hasta triturarla: *machó los granos* *v.tr.* *de pimienta en el mortero.* **= machacar**
2 Emborracharse, embriagarse con bebidas alcohó- *v.prnl.* licas. **Argent., Bol.**

machear
1 Fecundar el macho a la hembra. *v.tr.*
2 Fecundar las palmeras mediante el sacudimiento de las inflorescencias masculinas sobre los pies femeninos.
3 Parir un animal más machos que hembras: *en su se-* *v.intr.* *gundo parto la perra macheó.*
4 Hacerse un hombre el macho: *Pepe machea cuando está en la discoteca.*

macheta Cuchilla de hoja muy fuerte y ancha usada, *s.f.* en especial, para picar carne.

machetazo
1 Movimiento violento hecho con el machete con in- *s.m.* tención de herir.
2 Herida o señal producida por un machete.

machete
1 Cuchillo grande y pesado, de hoja ancha y un solo *s.m.* filo: *cortaba las ramas con un machete.*
2 Chuleta, papel con apuntes que los estudiantes lle- **Argent.** van oculto para usar de forma disimulada en los exámenes.

machetear
1 Dar golpes a una cosa con un machete. *v.tr.*
2 Clavar estacas en un lugar.
3 Hacer cornear a un toro sobre un engaño que se le **TAUROMAQUIA** presenta, para debilitarlo.
4 Reducir el texto de un examen a machete. *v.tr/prnl./Argent.*
5 Valerse el estudiante de machetes durante el exa- **Argent.** men.
6 Trabajar con ahínco hasta alcanzar algún propósi- *v.intr/prnl.* to: *tienes que machetearte si quieres terminar tus estudios.* **Méx.**

machetero, a
1 Se refiere al estudiante que se dedica con esmero a *adj/s.* sus labores escolares. **Méx.**
2 Se aplica al estudiante que usa machetes. **Argent.**
3 Persona que abre con machete los pasos obstaculi- *s.* zados por arbustos y matorrales.
4 Persona que corta las cañas de azúcar.

machi Curandero, persona que sana enfermos utili- *s.m.f./Argent., Chile* zando la magia o la medicina popular. **tb: machí**

máchica Harina de maíz tostado, mezclada con azú- *s.f./Perú* car y canela. **COCINA**

machiega Se aplica a la abeja productora de cera y *adj./ZOOLOGÍA* miel, pero incapaz de procrear. **= abeja obrera**

machigua Agua con residuos de maíz. *s.f./Amér.*

machihembrado Ensamblaje de piezas mediante *s.m.* entalladuras. **CARPINTERÍA**

machihembradora Se aplica a la máquina con que *adj./s.f.* se efectúa el machihembrado. **CARPINTERÍA**

machihembrar Unir dos piezas de madera a caja *v.tr.* y espiga o a ranura y lengüeta. **CARPINTERÍA**

machín Mono, mico, animal del suborden de los si- *s.m./Colomb.,* mios. **Ecuad., Venez.**

machina (Del lat. *machina* < gr. *makhana*, invención ingeniosa.)
1 Grúa de grandes dimensiones que se usa en los *s.f.* puertos.
2 Mazo para clavar estacas. **= martinete**
3 **machina de arbolar:** Grúa fija o flotante que se utiliza para los trabajos de arbolar y desarbolar los buques.

machincuepa Voltereta que se da poniendo la cabe- *s.f.* za en el suelo y dejándose caer sobre la espalda. **Méx.**

machío, a Se aplica a la planta que no da fruto. *adj./BOTÁNICA*

machismo Actitud del que considera el sexo mascu- *s.m.* lino superior al femenino: *el machismo todavía impera* **≠ feminismo** *en la sociedad.*

machista
1 Del machismo: *tiene una ideología machista.* *adj.*
2 Que es partidario del machismo o se comporta *adj./s.m.f.* como tal: *tu amigo es un machista descarado.*

máchmetro Instrumento para medir el número de *s.m.* mach, o el número de veces que sobrepasa la veloci- **AERONÁUTICA** dad del sonido, a bordo de un avión.

macho
I (Del lat. *masculus*, del sexo masculino.)
1 Animal de sexo masculino: *el macho es mayor que la* *s.m.* *hembra.*
2 Hombre en el que se destacan las cualidades tradi-

cionalmente consideradas masculinas, como la fuer- za, la virilidad o el vigor.
3 Pieza que entra dentro de otra: *se ha roto el macho del enchufe.*
4 Tratamiento amistoso: *macho, no sabes lo que me* **coloquial** *han contado.*
5 Estrofa final que suele rematar algunos cantes fla- **MÚSICA** mencos.
6 Planta cuyo polen fecunda a otra de su especie. **BOTÁNICA**
7 Borla pendiente en los trajes de luces que visten los **TAUROMAQUIA** toreros.
8 Pilar que sirve para sostener un techo o arco o para **ARQUITECTURA** fortalecer un muro. **tb: machón**
9 **macho cabrío:** Cabrón, macho de la cabra. **ZOOLOGÍA**
10 **macho de aterrajar:** Tornillo de acero para labrar la rosca de las tuercas.
11 **macho del timón:** Cada uno de los pinzotes fijos **NÁUTICA** en la madre del timón, que encajan en las hembras que hay en el canto exterior del codaste.
12 **atar o apretar los machos:** Obligar a una perso- **coloquial** na a realizar un trabajo.
II (De origen incierto.)
1 Mazo grande usado por los herreros para forjar el *s.m.* hierro. **METALURGIA**
2 Yunque cuadrado que se usa para trabajar a marti- **METALURGIA** llo los metales.
3 Banco en que los herreros colocan el yunque pe- **METALURGIA** queño.
III (Del port. *macho*, mulo.) Mulo, híbrido de yegua y *s.m.* burro o de caballo y burra.

machorra
1 Mujer estéril. *s.f./despectivo*
2 Se aplica a la mujer que tiene aspecto de hombre. *adj/s.f./despectivo*

machorro, a Que es estéril o infructífero. *adj.*

machota
I (Derivado de *machote*.) Herramienta semejante al *s.f.* mazo.
II (Derivado de *macho* < lat. *masculus*.) Mujer de as- *s.f.* pecto varonil: *es una machota muy basta.* **= marimacho**

machote
I (Derivado de *macho*, mazo.)
1 Especie de mazo. *s.m./tb: machota*
2 **a machote:** A golpe de mazo: *trituró los bloques de* **loc.adv.** *piedra a machote.*
II (Derivado de *macho* < lat. *masculus*, del sexo mascu- *s.m.* lino.) Hombre al que se le atribuyen ciertas carac- **coloquial** terísticas consideradas propias del sexo masculino, como la fuerza o la vigorosidad: *demostró ser un macho cargando los pesados bidones.*
III (De origen incierto.)
1 Formulario con espacios en blanco para rellenar. *s.m./Méx.*
2 Señal que se pone para medir los destajos en las **Méx.** minas. **MINERÍA**
3 Borrador, dechado, modelo. *C. Rica, Hond., Nicar.*
4 Se aplica al animal macho que es estéril. *adj./Chile*

machucador, a Que machuca. *adj.*

machucadura Acción y resultado de machucar o *s.f.* destrozar una cosa. **= machucamiento**

machucante Individuo, tipo. *s.m./Colomb.*

machucar
1 Estropear una cosa apretándola o golpeándola: *has* *v.tr/conj: sacar* *machucado las fresas por ponerla debajo de las naranjas.* **= machacar**
2 Herir a una persona o un animal a golpes: *machucó* **= magullar** *al perro a patadas.*

machucho, a (Del ár. *mayuy*, gente del Norte.)
1 Que ya no es joven: *debes cuidar tu salud porque ya* *adj.* *estás algo machucho.* **= viejo**
2 Que es sensato o juicioso. **= prudente**

machuelo Germen o semilla de un ser orgánico. *s.m./coloquial*

macia Macis, corteza aromática de la nuez moscada. *s.f./BOTÁNICA*

macicez Cualidad de macizo. *s.f./pl: maciceces*

maciega
1 Hierba silvestre o conjunto de ellas que son perju- *s.f./Amér. Central* diciales para las plantas cultivadas. *y Merid.*
2 Terreno cubierto de hierbas o malezas. **Argent.**

macilento, a (Del lat. *macilentus*.) Que está pálido, *adj.* delgado y tiene mal aspecto: *su rostro macilento indica-* **= demacrado** *ba su mala salud.*

macillo
1 Pieza en forma de mazo, que golpea las cuerdas del *s.m./MÚSICA* piano. **= martinete**
2 Palillo usado para tocar un instrumento de percu- **MÚSICA** sión.

macis (Del bajo lat. *macis*.) Corteza aromática, de co- *s.f./pl: macis* lor rojo o rosado, en forma de red, que cubre la nuez **BOTÁNICA** moscada. **tb: macia**

macizar
1 Tapar o rellenar los huecos de una cosa con mate- *v.tr.* rial bien apretado. **conj: cazar**
2 Arrojar un macizo o cebo de baja calidad al agua *v.intr.* para atraer la pesca. **PESCA**

macizo, a
1 Que no tiene huecos ni vanos en su interior: *le regaló un anillo de oro macizo.* — adj. ≠ hueco
2 Se aplica a la persona que tiene la carne apretada y consistente: *está macizo porque hace mucho deporte.* — = robusto ≠ fofo
3 Que tiene forma recogida, sin cortes ni salientes.
4 Conjunto de montañas que forma una unidad: *desde su casa se puede ver un macizo montañoso impresionante.* — s.m. GEOGRAFÍA
5 Conjunto de plantas que decora los jardines o parques: *en el jardín hay macizos de petunias.* — = parterre
6 Pared o parte de ella entre dos vanos. — ARQUITECTURA CONSTRUCCIÓN
7 Conjunto de construcciones agrupadas o cercanas entre sí.
8 Cebo de baja calidad hecho de residuos de pescados triturados o, por lo común, salvado o avena. — PESCA

macla Asociación de dos o más cristales de la misma naturaleza orientados simétricamente respecto a un eje o plano. — s.f. MINERALOGÍA

maclado, a
1 Que forma macla. — adj./MINERALOGÍA
2 Proceso que agrupa dos o más cristales, formando una macla. — s.m. MINERALOGÍA

macolla Conjunto de tallos, flores o espigas que nacen del mismo pie de una planta. — s.f. BOTÁNICA

macollar Formar macolla las plantas, en especial en las gramíneas. — v.intr/prnl. BOTÁNICA

macón, a
1 Que es muy grande o enorme. — adj./Colomb.
2 Panal sin miel, reseco y de color oscuro. — s.m.

macona Cesto grande. — s.f.

macondo Planta arbórea bombácea que alcanza de treinta a cuarenta metros de altura. — s.m./Colomb. BOTÁNICA

macqui Planta de la familia de las eleocarpáceas. (*Aristotelia macqui.*) — s.m./Chile BOTÁNICA

macramé
1 Tejido hecho de nudos con un hilo muy grueso, que tiene una estructura parecida a la del encaje de bolillos: *le hizo un macetero de macramé.* — s.m.
2 Hilo con que se confecciona este tipo de tejido: *necesito dos ovillos de macramé.* — TEXTIL

macro
1 Abreviatura de macroinstrucción. — s.f./INFORMÁTICA INFORMÁTICA
2 Pre-procesador de un compilador que resuelve los problemas de más alto nivel.
3 Objetivo fotográfico que permite fotografiar objetos pequeños o de muy cerca. — FOTOGRAFÍA

macró Persona que recibe parte de las ganancias de una prostituta a la que controla. — s.m./argot = proxeneta

macro- Componente de palabra procedente del gr. *makros*, que significa grande, largo: *macromolécula.* — pref.

macrobio, a Se aplica a la persona o al organismo que viven mucho tiempo. — adj/s. = longevo

macrobiótica (Del gr. *makros*, grande, largo + *bios*, vida.) Sistema de vida cuya principal característica es una alimentación sana compuesta principalmente por cereales integrales, legumbres, hortalizas y algas marinas, que no hayan sido sometidos a ningún tratamiento químico. — s.f.

macrobiótico, a De la macrobiótica. — adj.

macrocefalia (Del gr. *makros*, grande, largo + *kephale*, cabeza.) Cabeza desproporcionada y grande, a menudo como consecuencia de una hidrocefalia. — s.f. MEDICINA = megalocefalia

macrocéfalo, a Que padece macrocefalia. — adj/s./MEDICINA

macrocósmico, a Del macrocosmos. — adj.

macrocosmos (Del gr. *makros*, grande, largo + *kosmos*, mundo.) Universo, considerado como un organismo vivo, en consonancia con el ser humano o microcosmos. — s.m. pl: macrocosmos FILOSOFÍA

macroeconomía Disciplina que estudia los sistemas económicos en un territorio, tomándolo en conjunto y empleando magnitudes globales o colectivas. — s.f. ECONOMÍA ≠ microeconomía

macroeconómico, a De la macroeconomía. — adj./ECONOMÍA

macroestructura
1 Conjunto de los elementos o estructuras esenciales de un organismo, una sociedad o un colectivo. — s.f. METALURGIA
2 Estructura general de una aleación, tal como aparece a simple vista.

macrófago, a (Del gr. *makros*, grande, largo + *phagomai*, comer.) Se aplica a la célula del tejido conectivo con capacidad fagocitaria de partículas grandes: *los macrófagos son las células que actúan como los basureros de nuestro cuerpo.* — adj/s. BIOLOGÍA

macrofotografía Fotografía de objetos pequeños, directamente ampliada por el objetivo de la cámara. — s.f. FOTOGRAFÍA

macroftalmia (Del gr. *makros*, grande, largo + *oftalmia*, del ojo.) Tamaño excesivo del globo ocular. — s.f./MEDICINA tb: macroftalmía

macrografía (Del gr. *makros*, grande, largo + *grapho*, escribir.) Técnica de análisis de la textura de los metales y aleaciones, después de haber sido tratados con ácidos u otros reactivos. — s.f. METALURGIA

macroinstrucción Instrucción en lenguaje simbólico que genera varias instrucciones formuladas en lenguaje ensamblador. — s.f. INFORMÁTICA = macro

macromolécula Molécula de gran tamaño, de peso molecular, en general, superior a varios millones de átomos. — s.f. QUÍMICA

macromolecular De las macromoléculas: *sustancia macromolecular.* — adj. QUÍMICA

macroscópico, a (Del gr. *makros*, grande, largo + *skopeo*, observar.)
1 Se aplica al organismo que es visible sin necesidad del microscopio. — adj./BIOLOGÍA ≠ microscópico
2 Que se ve a simple vista. — ≠ microscópico

macroseísmo Terremoto de gran intensidad, perceptible por el hombre, al menos hasta una determinada distancia de su foco. — s.m. GEOLOGÍA tb: macrosismo

macrostomía Deformidad de la hendidura bucal cuando ésta supera las medidas consideradas normales. — s.f. MEDICINA

macrozoom Zoom con un alcance focal para distancias muy variables. — s.m. FOTOGRAFÍA

macruro, a (Del gr. *makros*, grande, largo + *oura*, cola.) Perteneciente a un grupo de crustáceos decápodos de abdomen muy desarrollado, como la quisquilla, el bogavante y la langosta. — adj/s.m. ZOOLOGÍA

macsura Recinto reservado para el califa, para el imán o para sepulcro de un santón, en una mezquita. — s.f./RELIGIÓN tb: maqsura

macubá (Del fr. *macouba.*)
1 Tabaco aromático que se cultiva en esta isla.
2 Insecto coleóptero de color verde brillante que tiene un olor parecido al de este tabaco. (*Aromia moschata.*) — s.f. ZOOLOGÍA

macuca Planta de flores blancas, muy pequeñas, y fruto parecido al del anís. — s.f. BOTÁNICA

macuco, a
1 Que es astuto, cuco o taimado. — adj./Chile
2 Muchacho grandullón o corpulento. — s.m./Colomb., Perú

mácula (Del lat. *macula.*)
1 Mancha de suciedad. — s.f.
2 Lo que infama o deshonra: *su hijo es la mácula de la familia.* — = deshonra
3 Acto con que se engaña o burla a una persona. — = burla, trampa
4 Parte oscura que se observa en el disco del Sol o de la Luna. — ASTRONOMÍA
5 Mancha roja de la piel, debida a una dilatación de los capilares sanguíneos. — MEDICINA
6 **mácula lútea:** Parte de la retina en el polo posterior del ojo donde la visión es más clara. — ANATOMÍA

macular (Del lat. *maculare*, manchar.)
1 Ensuciar una cosa. — v.tr./= manchar
2 Quitar el prestigio o la buena fama de una persona: *el fraude que cometió maculó a toda la familia.* — = desprestigiar

maculatura
1 Pliego impreso que se desecha por estar defectuoso o manchado. — s.f. ARTES GRÁFICAS
2 Conjunto de máculas o manchas.
3 **maculatura de embalaje:** Hoja de papel grueso y fuerte que sirve para embalar.

maculís Planta arbórea bignoniácea de la que se obtiene una madera de gran calidad, el roble americano. (*Tabebuia pentaphylla.*) — s.m. BOTÁNICA

macundales Trastos, cacharros y cosas que no tienen ninguna utilidad. — s.m.pl. Colomb., Venez.

macuquero, a Persona que extrae de forma clandestina metales de las minas abandonadas. — s. MINERÍA

macuquino, a Se aplica a determinadas monedas que fueron acuñadas en el Perú colonial. — adj. HISTORIA

macurise Planta arbórea sapindácea, muy apreciada por su madera, dura, olorosa y de color amarillo. (*Cupania oppositifolia.*) — s.m. BOTÁNICA

macuto
1 Mochila usada por los soldados: *los soldados cargaban sus pesados macutos.* — s.m.
2 Cualquier mochila o bolso de lona parecidos a los que usan los soldados.

madama (Del fr. *dame*, señora.)
1 Tratamiento afectado dado a las señoras. — s.f.
2 Mujer que regenta un prostíbulo. — R. de la Plata

madapolán Tela blanca de algodón de buena calidad. — s.m. TEXTIL

madefacción (Derivado del lat. *madefacere*, humedecer.) Operación de humedecer una sustancia para preparar con ella un medicamento. — s.f. FARMACIA

made in (Voz inglesa.) Hecho o fabricado en. — loc.adj.

madeira Vino que se obtiene en la isla de Madeira. — s.m./tb: madera

madeja (Del lat. *mataxa*, hilo.)
1 Conjunto de vueltas de hilo, lana, seda u otro material semejante sin ningún soporte: *necesitarás más madejas de lana para terminar la bufanda.* — **s.f.** / **= ovillo**
2 Mata de pelo: *¡qué preciosa madeja de cabello blanco!*
3 Hombre perezoso o dejado. — **s.m./coloquial**
4 **madeja sin cuenta:** 1. Cualquier cosa que está enredada o desordenada. 2. Persona que acumula ideas sin coordinación o que tiene sus cosas en desorden. — **coloquial** / **coloquial**
5 **enredar o enredarse la madeja:** Complicar o complicarse un asunto: *lo único que has conseguido ha sido enredar la madeja.* — **coloquial**
6 **hacer madeja:** Formar hilos o hebras los líquidos densos o viscosos cuando están muy coagulados.

madera
I (Del lat. *materia*.)
1 Parte sólida de los árboles situada debajo de la corteza: *la madera del roble se usa en carpintería.* — **s.f.**
2 Talento o disposición natural de las personas para una actividad: *tiene madera de artista; este chico es de buena madera.* — **coloquial** / **= pasta**
3 Buena o mala disposición natural de una persona para trabajar, recibir educación, etc.: *tiene buena madera y se puede sacar partido de él.*
4 Pieza hecha de esta parte del árbol, preparada y labrada que sirve para cualquier obra de carpintería. — **CARPINTERÍA**
5 Materia que compone el casco de las caballerías. — **VETERINARIA**
6 Término genérico que designa una de las dos subfamilias en que se dividen los instrumentos de viento. — **MÚSICA**
7 **madera alburente:** La que es fofa y de mala calidad. — **CARPINTERÍA**
8 **madera anegadiza:** La que no flota. — **CARPINTERÍA**
9 **madera borne:** La que es poco elástica, quebradiza y difícil de labrar, de color blanco sucio o pardusco que procede de árboles viejos o secos. — **CARPINTERÍA**
10 **madera brava:** Aquella que es dura y quebradiza. — **CARPINTERÍA**
11 **madera cañiza:** La que tiene la veta a lo largo. — **CARPINTERÍA**
12 **madera de hilo:** La que se labra a cuatro caras. — **CARPINTERÍA**
13 **madera de raja:** La que se obtiene desgajando las fibras a lo largo. — **CARPINTERÍA**
14 **madera de sierra:** La serrada en tablas. — **CARPINTERÍA**
15 **madera en limpio:** La labrada sin pintura ni barniz. — **CARPINTERÍA**
16 **madera en rollo:** La formada por troncos aún sin descortezar la que no está labrada ni preparada. — **CARPINTERÍA**
17 **madera enteriza:** La tabla mayor que puede sacarse del tronco de un árbol. — **CARPINTERÍA**
18 **madera fósil:** Lignito, carbón fósil en el que aún se distingue la textura de la madera. — **MINERALOGÍA**
19 **madera pasmada:** La que tine atronadura. — **CARPINTERÍA**
20 **a media madera:** Forma de ensambladura de piezas de madera o metal donde se corta a cada pieza la mitad de su grosor. — **loc.adv.** / **CARPINTERÍA**
21 **aguar la madera:** Echarla al río para que sea transportada por la corriente.
22 **descubrir alguien la madera:** Hacer patente el vicio o defecto que tenía y que se ignoraba. — **coloquial**
23 **no holgar la madera:** Trabajar sin cesar, sin parar. — **coloquial**
24 **saber alguien a la madera:** Parecerse a los padres. — **coloquial**
25 **sangrar la madera:** Hacer cortes en los árboles resinosos para que salga por ellos la resina. — **coloquial**
26 **ser de la misma madera:** Ser de la misma índole y condición: *se llevan tan bien porque son de la misma madera.* — **coloquial**
27 **ser o tener alguien mala madera:** Ser perezoso, escapar del trabajo. — **coloquial**
28 **tocar madera:** Hacerlo así para deshacer un supuesto maleficio, o cuando se menciona una cosa que trae mala suerte. — **coloquial**
II (De la isla de *Madeira*.) Vino de esta isla. — **s.m./tb: madeira**
maderable Se aplica al árbol o al bosque que da madera útil. — **adj.**

maderada
1 Conjunto de maderos que se transporta por un río o por un lago. — **s.f.**
2 Conjunto de maderos o policías: *la maderada rodeó a los manifestantes.* — **argot**

maderamen Conjunto de piezas de madera que se utilizan para una construcción: *los obreros apilaron el maderamen para el nuevo tejado.* — **s.m.** / **CONSTRUCCIÓN** / **= maderaje**

maderería Sitio donde se almacena madera para venderla. — **s.f.**

maderero, a
1 De la madera: *industria maderera.* — **adj.**
2 Se aplica al buque destinado al transporte de madera. — **adj/s.m.** / **NÁUTICA**
3 Persona que trata en maderas. — **s.**
4 Persona que conduce la maderada o la armadía por los ríos.

madero (Del lat. vulgar *materium*.)
1 Trozo o pieza grande y alargada de madera, trabajada de forma que sus caras sean paralelas. — **s.m.**
2 Persona necia, torpe o insensible: *no entiendes nada, eres un madero.* — **coloquial**
3 Agente de policía: *la calle se llenó de maderos a la hora de la manifestación.* — **argot**

4 Barco o embarcación.
5 Pieza de madera que se labra a cuatro caras. — **CONSTRUCCIÓN**
6 **madero barcal:** El que tiene doce o más pulgadas de diámetro.
7 **madero de cuenta:** Cada una de las piezas básicas del casco de un barco, como la quilla o el codaste. — **NÁUTICA**
8 **madero de suelo:** Viga o vigueta.

madi Planta herbácea de flores amarillas y hojas hediondas, de cuyas semillas se extrae un aceite comestible. (*Madia sativa*.) — **s.m.** / **Chile** / **= madia, melosa**

madona (Del ital. *Madonna*.)
1 Denominación que se da a la Virgen María. — **s.f./RELIGIÓN**
2 Cuadro, figura o imagen que representa a la Virgen María. — **ARTE**

mador (Del lat. *mador, -oris*, humedad.) Sudor ligero que cubre el cuerpo, sin llegar a formar gotas. — **s.m.** / **FISIOLOGÍA**

madoroso, a Que tiene mador o sudor ligero. — **adj.**

madrás (De *Madrás*, ciudad hindú.) Tela fina de algodón y seda usada para hacer camisas y trajes de mujer. — **s.m.** / **TEXTIL**

madrasa (Del ár. *madrasa*, escuela.) Escuela musulmana donde se cursan estudios religiosos. — **s.f.**

madrastra
1 Mujer del padre respecto de los hijos llevados por éste al matrimonio, y habidos en otro anterior: *no se lleva nada bien con su madrastra.* — **s.f.**
2 Madre que trata mal a sus hijos: *es una madrastra con ellos.* — **despectivo**

madraza (Derivado de *madre*.) Madre que mima mucho a sus hijos: *no quería tener niños y ahora es una madraza.* — **s.f.** / **coloquial**

madrazo Golpe muy fuerte. — **s.m./Méx.**

madre (Del lat. *mater, matris*.)
1 Mujer o hembra que ha parido: *la madre descansa tras el parto; la gata ha sido madre de cinco gatitos.* — **s.f.**
2 Mujer o hembra respecto de su hijo o hijos: *los dos adoran a su madre.*
3 Título que se da a ciertas religiosas. — **RELIGIÓN**
4 Mujer anciana de un pueblo. — **coloquial**
5 Matriz en que se desarrolla el feto. — **ANATOMÍA**
6 Causa u origen de una cosa: *los celos son la madre de todas sus peleas.* — **= motivo**
7 Aquello en que figuradamente concurren algunas circunstancias propias de la maternidad: *la madre patria.*
8 Cauce de las aguas de un río o arroyo: *con las lluvias el río se salió de su madre.*
9 Acequia de la que parten las hijuelas o acequias secundarias. — **AGRICULTURA**
10 Alcantarilla o cloaca maestra.
11 Materia espesa o heces del mosto, vino o vinagre, que se sientan en el fondo del recipiente. — **= madrona**
12 Pieza principal que sirve de sujeción y apoyo a otras partes de ciertos armazones, máquinas o aparatos o hace las veces de eje: *madre del timón; madre del cabestrante.* — **CONSTRUCCIÓN**
13 **la madre del cordero:** Razón o causa de algún hecho o suceso. — **coloquial**
14 **madre de clavo:** Mujer casada o viuda que es cabeza de familia. — **Méx.** / **vulgar**
15 **madre de leche:** Nodriza, mujer que cuida de los niños de una casa.
16 **madre de niños:** Enfermedad semejante a la alferecía o a la gota coral. — **MEDICINA**
17 **madre donante:** Mujer cuyo óvulo fecundado *in vitro* ha sido implantado en el útero de otra mujer. — **MEDICINA**
18 **madre política:** Suegra, madre del cónyuge de una persona.
19 **madre portadora o de alquiler:** Mujer que lleva en su útero hasta el nacimiento del bebé el óvulo fecundado de otra mujer.
20 **a toda madre:** Estupendo, muy bueno. — **loc.adj./Méx.**
21 **ciento y la madre:** Expresión que se aplica a un grupo amplio de personas, cuyo número, generalmente, se considera excesivo: *no hubo comida para todos porque éramos ciento y la madre.* — **loc.adj.** / **coloquial**
22 **darle o algo o a alguien en la madre:** Dañarlo, herirlo seriamente. — **Méx.**
23 **estar alguien hasta la madre:** Estar harto o estar completamente borracho o drogado. — **Méx.**
24 **no importarle o valerle a alguien madre o madres:** No importarle nada.
25 **¡la madre que te, lo, os o los parió!:** Expresión que indica gran enfado. — **vulgar**
26 **mentarle a alguien la madre:** Insultarlo, injuriando a su madre.
27 **¡mi, tu, su madre! o ¡madre mía!:** Expresión que indica admiración o sorpresa. — **coloquial**
28 **sacar de madre a alguien:** Hacer que una persona pierda la paciencia: *si sigues insistiendo lo sacarás de madre.* — **coloquial**

29 sacar de madre una cosa: Pasarse de sus límites acostumbrados o llevar una discusión fuera de los cauces razonables.
30 salir o salirse de madre: 1. Exceder o excederse mucho de lo acostumbrado o tenido por normal. 2. Desbordarse un río o causar las aguas una inundación. — coloquial

madrear
1 Tener una persona parecido con su madre: *tu hermano pequeño madrea más que tú.* — v.intr.
2 Ahilarse la levadura, el vino, etc. — v.prnl.
3 Golpear a una persona con fuerza, por lo general dejándola mal herida. — v.tr./vulgar Méx.
4 Arruinar alguna cosa a golpes. — Méx.

madrecilla Huevera de las aves. — s.f./ZOOLOGÍA

madreclavo Clavo de especia que ha estado dos años en el árbol. — s.m. BOTÁNICA

madrejón Cauce seco de un río. — s.m./Argent.

madreña Zueco, zapato de madera de una pieza. — s.f./tb: almadreña

madreperla Molusco lamelibranquio de concha casi circular, que vive en el fondo de los mares tropicales, donde se pesca para recoger las perlas que suele contener. — s.f. ZOOLOGÍA

madrépora (Del ital. *madrepora*.) Celentéreo que vive en los mares intertropicales y que desempeña un papel determinante en la formación de los arrecifes coralinos. — s.f. ZOOLOGÍA

madrepórico, a De la madrépora. — adj./ZOOLOGÍA

madreporita Coral fósil. — s.f./ZOOLOGÍA

madrero, a Se aplica a la persona que está muy encariñada con su madre: *su hijo pequeño es un niño madrero y nunca se separa de ella.* — adj. coloquial = enmadrado

madreselva
1 Planta arbustiva sarmentosa, de flores olorosas, perteneciente a la familia de las caprifoliáceas, que crece en los bosques del sur en Europa y en las montañas andinas. *(Lonicera.)* — s.f. BOTÁNICA
2 Flor de esta planta. — BOTÁNICA

madrigal (Del ital. *madrigale*.)
1 Composición poética de origen italiano, del género lírico, breve y de tema normalmente amoroso con expresión de sentimientos delicados. — s.m. POESÍA
2 Composición musical para varias voces de contenido amoroso, satírico o alegórico. — MÚSICA

madrigalesco, a
1 Del madrigal: *sus poemas tienen una clara inspiración madrigalesca.* — adj. MÚSICA, POESÍA
2 Que expresa sus sentimientos o afectos con delicadeza y elegancia.

madrigalista Persona que compone o canta madrigales. — s.m.f. MÚSICA, POESÍA

madrigalizar
1 Componer madrigales: *admira a los poetas que madrigalizan.* — v.intr./conj: *cazar* MÚSICA, POESÍA
2 Alabar la belleza de una mujer. — v.tr.

madriguera (Del lat. *matricaria*.)
1 Guarida pequeña o cuevecilla en que habitan algunos animales: *los conejos se escondieron en su madriguera.* — s.f. = cubil
2 Sitio oculto donde se refugian maleantes: *la policía descubrió la madriguera de la banda.* — = escondrijo
3 Lugar donde se refugia una persona: *pasó las navidades sola en su madriguera.*

madrileñismo
1 Modo de ser y de comportarse del castizo madrileño. — s.m.
2 Expresión o giro propio del habla de Madrid. — LINGÜÍSTICA

madrileñista Que siente atracción por Madrid o lo madrileño. — adj/s.m.f.

madrileño, a
1 De Madrid, ciudad y comunidad autónoma española. — adj. = matritense
2 Persona natural de esta ciudad y comunidad. — s./= matritense

madrina
1 Mujer que presenta o asiste a una persona en ciertos sacramentos, adquiriendo ciertas obligaciones espirituales y materiales con el apadrinado. — s.f. RELIGIÓN
2 Mujer que acompaña a otra persona que recibe algún honor o título.
3 Mujer que favorece o protege a otra persona en sus pretensiones o designios.
4 Mujer que promueve o preside ciertos actos públicos: *la madrina de las fiestas patronales.*
5 Mujer que rompe una botella contra el casco de una embarcación en el acto de su botadura: *la reina fue la madrina del submarino.*
6 Madero que sostiene de modo provisional una pared u otra cosa que amenaza ruina. — CARPINTERÍA = poste, puntal
7 Correa con que se enlazan los bocados de las dos caballerías que forman pareja en un tiro.
8 Yegua que sirve de guía a una manada de ganado caballar.
9 Pieza de madera con que se refuerza o amadrina otra. — NÁUTICA

10 madrina de guerra: Mujer que asiste y protege al soldado que está en campaña, sin existir relación previa con él. — MILITAR

madrinazgo
1 Acto de asistir como madrina a una persona. — s.m.
2 Cargo de madrina: *renunció al madrinazgo de su sobrino.*

madriza Paliza, serie de golpes. — s.f./Méx./vulgar

madrona
1 Conducto de desagüe principal de una obra de alcantarillado. — s.f. CONSTRUCCIÓN
2 Madre muy condescendiente: *aquella madrona mimaba en exceso a sus hijos.* — = madraza

madroncillo Fresa, fruto rojo comestible. — s.m.

madroñal Terreno poblado de madroños. — s.m./= madroñera

madroñera
1 Madroñal, lugar o terreno poblado de madroños. — s.f.
2 Madroño, planta arbustiva. — BOTÁNICA

madroño
1 Planta arbustiva de hojas alternas, lanceoladas y persistentes cuyo fruto es comestible. *(Arbutus unedo.)* — s.m./BOTÁNICA = aborio, madroñera
2 Fruto arbusto. — BOTÁNICA
3 Borla redonda, de forma semejante al fruto de esta planta arbustiva, utilizada como adorno en la montera de los toreros, en la mantilla española y en otras indumentarias.

madrugada
1 Primeras horas de la mañana: *la luz de la madrugada le sorprendió a medio camino.* — s.f. = alba, amanecer
2 Espacio de tiempo entre la medianoche y el amanecer: *volvió a casa a altas horas de la madrugada.*
3 Acción de madrugar o levantarse muy temprano. — = madrugón
4 de madrugada: Al amanecer: *se levanta todos los días de madrugada.*

madrugador, a
1 Que madruga o acostumbra a hacerlo: *su hermano es muy madrugador.* — adj/s. = mañanero
2 Que es vivo o astuto: *nadie le toma el pelo porque es muy madrugador.* — = espabilado

madrugar (Del lat. vulgar *maturicare < maturare*, acelerar, hacer madurar.)
1 Levantarse una persona muy temprano por la mañana: *mañana tendrás que madrugar para coger el avión.* — v.intr./conj: *pagar* = mañanear
2 Ponerse una persona a hacer una cosa sin perder tiempo o anticipándose a otras: *si madrugas en el trabajo, podrás hacer fiesta el viernes por la tarde.*

madrugón, a
1 Que madruga mucho: *su hijo es muy madrugón y siempre llega el primero al colegio.* — adj/s. = madrugador
2 Acción de levantarse muy temprano: *está harto de madrugones.* — s.m. coloquial

maduración Acción y resultado de madurar o madurarse. — s.f.

maduradero Sitio donde se guardan las frutas para que acaben de madurar. — s.m.

madurador, a Que hace madurar. — adj.

madurar (Del lat. *maturare*.)
1 Dar sazón a la fruta: *el sol madurará esas manzanas.* — v.tr.
2 Ponerse madura la fruta. — v.intr/prnl.
3 Pensar un plan o un proyecto con detenimiento para hacerlo viable: *están madurando un nuevo proyecto de investigación.* — = desarrollar
4 Crecer física y moralmente una persona: *a pesar de su edad todavía no ha madurado.* — v.intr/prnl.
5 Transformarse el ovario en fruto. — BOTÁNICA
6 Activar la supuración de un tumor. — v.tr./MEDICINA

madurativo, a
1 Que tiene la propiedad de madurar. — adj/s.m.
2 Recurso que se usa para persuadir a alguien sobre alguna cosa o para subyugar su voluntad. — s.m.

madurez
1 Estado de los frutos cuando están listos para ser recolectados y comidos. — s.f./pl: madureces tb: madureza
2 Característica de la persona que actúa y piensa con prudencia y sensatez: *demuestra madurez en sus decisiones.* — ≠ inmadurez
3 Edad adulta: *conoció a su actual esposa en la madurez.*
4 Estado de un asunto, plan o acción preparado para llevarse a cabo.

maduro, a (Del lat. *maturus*.)
1 Que está en sazón: *la fruta madura es más dulce.* — adj./≠ verde
2 Que se comporta con juicio y prudencia: *aunque es joven, es muy maduro.* — ≠ inmaduro
3 Que ya ha pasado la juventud y aún no se le considera viejo: *su madre es una señora madura.* — = adulto
4 Se refiere al tumor, furúnculo o grano que se encuentra a punto de abrirse.

maese (Del lat. *magister*.)
1 Tratamiento antepuesto al nombre que se daba antiguamente a los maestros o se anteponía a los nombres propios: *este retablo es de maese Pablo.* — s.m.

2 maese coral: Juego de manos de los prestidigitadores. = **maestre coral**

maesil Celdilla del panal de miel, en la cual la larva se transforma en abeja maestra. **s.m.** tb: **maestril**

maesilla Cordel que sube y baja los lizos de los bolillos de pasamanería. **s.m.**

maestá (Voz italiana.) Cuadro que representa a la Virgen sentada en un trono con el niño en brazos. **s.f. ARTE**

maestoso (Voz italiana.) Tiempo lento, solemne y majestuoso de una pieza musical. **s.m. MÚSICA**

maestra
1 Cosa que instruye o enseña: *la experiencia es la maestra de todas las cosas*. **s.f.**
2 Listón de madera que se coloca a plomo para que sirva de guía al construir una pared. **CONSTRUCCIÓN**
3 Hilera de piedras o baldosas que señalan la superficie que ha de llenar el empedrado o el solado. **CONSTRUCCIÓN**

maestral (Del cat. ant. *maestral*.)
1 Del maestro o al maestrazgo. **adj.**
2 Magistral [en todas sus acepciones].
3 Celda del panal en que se transforma la larva de la abeja maestra. **s.m.** = **maestril**

maestralizar Inclinarse la brújula hacia la parte de donde viene el viento maestral, en el Mediterráneo. **v.intr./conj:** *cazar* **NÁUTICA**

maestrante Cada uno de los caballeros de que se compone una maestranza. **s.m.**

maestranza
1 Agrupación nobiliaria cuyos miembros se adiestraban en el manejo de las armas y en la equitación, que asumió algunos de los cometidos militares de las antiguas órdenes de caballería. **s.f.**
2 Conjunto de talleres donde se construye y repara armamento y material de guerra. **MILITAR**
3 Edificio ocupado por estos talleres. **MILITAR**
4 Conjunto de personas que trabajan en estos talleres o en los de un arsenal. **MILITAR**
5 **maestranza de la armada:** Cuerpo de la marina de guerra integrado por personal no militar que presta servicios en los arsenales o establecimientos navales y, eventualmente, a bordo de los buques. **MILITAR**

maestrazgo
1 Dignidad de maestre de una orden militar. **s.m./MILITAR**
2 Dominio territorial o señorío del maestre de una orden militar. **MILITAR**

maestre (Del cat. ant. *maestre*.)
1 Superior de una orden militar. **s.m./MILITAR**
2 Antiguo título equivalente a maestro o doctor.
3 Persona que tenía el mando después del capitán en las naves mercantes. **NÁUTICA**
4 **gran maestre:** Título de jefe de la Gran logia masónica.
5 **maestre coral:** Juego de manos de los prestidigitadores. = **maese coral**
6 **maestre de campo:** Antigua denominación de oficial de grado superior en la milicia. **MILITAR**
7 **maestre de campo general:** Oficial superior en la milicia que, antiguamente, tenía el mando de los ejércitos. **MILITAR**
8 **maestre de jarcia:** Marinero encargado de la jarcia y cabos en un buque. **NÁUTICA**
9 **maestre de raciones o de víveres:** Persona encargada de la provisión y distribución de los víveres para la marinería y tropa de los buques. **MILITAR, NÁUTICA**

maestrear
1 Intervenir como maestro en una operación, junto con otras personas. **v.tr.**
2 Hacer las vigas maestras en una pared. **CONSTRUCCIÓN**
3 Hacer ostentación de maestro: *cuando empieza a maestrear resulta pedante*. **v.intr.**
4 Podar una vid parcialmente dejando un palmo de sarmiento para protegerla de las heladas. **v.tr. AGRICULTURA**

maestresala
1 Jefe de camareros que dirige el servicio de las mesas en los comedores de hoteles y restaurantes: *el maestresala dio las últimas indicaciones a los camareros antes de que entraran los invitados*. **s.m.** = **maître**
2 Criado principal que asistía a la mesa de un señor y distribuía en ella la comida. **HISTORIA**

maestrescolía Antiguo cargo de maestrescuela. **s.f.**

maestrescuela
1 Clérigo que, en el cabildo catedralicio, enseñaba a los demás clérigos lo necesario para ejercer sus funciones eclesiásticas. **s.m.** tb: **maestrescuela** **RELIGIÓN**
2 Persona que tenía autoridad para dar los grados en algunas universidades antiguas. = **cancelario**

maestría
1 Destreza y habilidad para ejecutar o para enseñar una cosa: *tiene mucha maestría en el arte de la persuasión*. **s.f.** = **maña, pericia**
2 Dignidad de maestro de las órdenes religiosas. **RELIGIÓN**
3 Título o grado de maestro de cualquier clase.

maestril Celdilla del panal de miel donde la larva de la abeja maesa se transforma en insecto perfecto. **s.m./tb:** **maesil** = **maestral**

maestro, a (Del lat. *magister, -tri*.)
1 Que tiene mucho mérito o valor entre los de su clase: *es una obra maestra*. **adj.** = **magistral**
2 Que es principal: *viga maestra; pared maestra*.
3 Persona que enseña una ciencia, arte u oficio: *es maestro en una escuela de niños deficientes*. **= profesor**
4 Persona experta en una materia: *es un maestro de la cocina francesa*.
5 Persona que ejerce su oficio de forma independiente y enseña a aprendices: *maestro albañil*.
6 Aquello que instruye, enseña o alecciona.
7 Propietario o jefe de un taller.
8 Tratamiento de respeto: *¡buenas tardes, maestro!*
9 Persona que ha alcanzado la máxima graduación en su profesión u oficio.
10 Título que se da en las órdenes regulares a los religiosos encargados de enseñar, y otras veces, como título honorífico. **s.m. RELIGIÓN**
11 Compositor de música o director de alguna agrupación musical. **s. MÚSICA**
12 Se aplica al palo mayor de una embarcación. **adj/s.m./NÁUTICA**
13 Matador de toros, especialmente llamado así por los subalternos de la cuadrilla. **s.m. TAUROMAQUIA**
14 Denominación que se da a los artistas anónimos. **ARTE**
15 **maestro aguañón o de ribera:** Constructor de obras hidráulicas. **CONSTRUCCIÓN**
16 **maestro concertador:** Director de un coro. **MÚSICA**
17 **maestro de armas o de esgrima:** Profesor que inicia a los alumnos en este deporte. **DEPORTES**
18 **maestro de balanza:** Persona que, en las casas de moneda, pesa los metales antes y después de amonedarlos. = **balanzario**
19 **maestro de caballería o de los caballeros:** Jefe principal de los soldados de a caballo. **MILITAR**
20 **maestro de capilla:** Profesor que compone y dirige la música que se canta en los templos. **MÚSICA**
21 **maestro de ceremonias:** Persona encargada de dirigir el ceremonial que debe observarse en un acto.
22 **maestro de coches:** Constructor de coches.
23 **maestro de cocina:** Cocinero mayor. **COCINA**
24 **maestro de hacha:** Carpintero que trabaja en obras navales. **CARPINTERÍA, NÁUTICA**
25 **maestro de novicios:** Religioso que en las comunidades dirige y enseña a éstos. **RELIGIÓN**
26 **maestro de obras:** Persona que se encarga de la construcción material de un edificio, según los planos del arquitecto. **CONSTRUCCIÓN**
27 **maestro de primera enseñanza:** Persona con título oficial para enseñar en las escuelas de primera enseñanza españolas.
28 **maestro del sacro palacio:** Empleado del palacio pontificio que se encarga de la censura de los libros. **RELIGIÓN**
29 **maestro en artes:** Persona que tenía el grado mayor en filosofía.
30 **maestro mayor:** Persona que tenía la dirección en las obras públicas de un pueblo.
31 **al maestro, cuchillada:** Se usa cuando se corrige al que debe entender una cosa o presume saberla. **coloquial**
32 **el maestro ciruela, que no sabe leer y pone escuela:** Se usa para censurar al que habla en tono magistral de lo que no entiende. **coloquial**

mafé Guiso de carne o de pescado cocidos en salsa de cacahuete. **s.m. COCINA**

mafia (Voz italiana.)
1 Organización clandestina de criminales sicilianos que se toma la justicia por su mano mediante chantajes y violencia. **s.f.**
2 Agrupación de personas que utiliza métodos ilícitos para conseguir sus fines: *la mafia de los estafadores ataca de nuevo*.

mafioso, a (Voz italiana.) Que tiene relación con la mafia: *unos mafiosos asesinaron al juez*. **adj/s.**

magallánico, a Del estrecho de Magallanes. **adj.**

maganzón, a Se aplica a la persona holgazana que no quiere trabajar o trabaja poco. **adj/s. Colomb., C. Rica**

magaña (Del ital. *magagna*, defecto.)
1 Engaño, astucia. **s.f./= ardid**
2 Defecto de fundición en el alma de un cañón de artillería.

magarza (Variante de *alharma* < ár. *harmal*, ruda silvestre.) Manzanilla común, planta herbácea. **s.f. BOTÁNICA**

magaya Colilla del cigarro que ya no se fuma. **s.f./Amér. Central**

magazine (Voz inglesa.)
1 Revista ilustrada con artículos de diversos autores, dirigida al público en general. **s.m./tb:** **magazín**
2 Programa de radio o televisión, de contenido variado: *su hermana va a presentar un magazine en una cadena privada*. **AUDIOVISUALES**

magdalena (De María *Magdalena*, personaje del evangelio.)

1 Bollo o bizcocho pequeño hecho de harina, huevos, leche, azúcar y aceite, que se cuece en moldes de diversos tipos: *merienda magdalenas con chocolate.* — s.f. COCINA

2 Persona muy arrepentida de sus malas acciones.

3 estar hecho una magdalena: Estar muy desconsolado y lloroso: *el pobre está hecho una magdalena y no consigo consolarlo.* — coloquial

4 llorar como una magdalena: Llorar con mucha aflicción: *al saber que había suspendido se puso a llorar como una magdalena.* — coloquial

5 no estar la magdalena para tafetanes: Se usa para indicar que una persona no está en disposición para aguantar bromas o para que se le pida una cosa: *no le provoques, que no está la magdalena para tafetanes.* — coloquial / = no estar el horno para bollos

magdaleniense (De *La Madeleine*, yacimiento prehistórico.) Se refiere al período prehistórico que corresponde al final del paleolítico superior y que tuvo su centro en la zona cantábrica de España. — adj/s.m. HISTORIA

magdaleón (Del gr. *magdalia*, masa de pasta.) Rollo largo y delgado que se hace con emplasto o pomada. — s.m. FARMACIA

magenta
1 Color que se obtiene de la mezcla de carmín y azul. — s.m.
2 De este color. — adj.
3 Colorante que produce este color. — s.m.

magia (Del lat. *magia* < gr. *mageia*.)
1 Conjunto de prácticas y procedimientos para producir efectos que supuestamente no se atienen a las leyes naturales: *asegura que es bruja y practica la magia.* — s.f. OCULTISMO
2 Espectáculo que consiste en realizar juegos de manos con cartas y otros utensilios para crear efectos en apariencia extraordinarios: *el número de magia consistía en hacer desaparecer un elefante.* — = ilusionismo, prestidigitación
3 Encanto o atractivo de una cosa que hace olvidar la realidad: *me sedujo la magia de su mirada.* — = fascinación, seducción
4 magia blanca o natural: Aquella cuyo objetivo es alejar los malos espíritus, curar a los hechizados o conjurar la mala suerte. — OCULTISMO
5 magia negra: La que, supuestamente, produce efectos extraordinarios con ayuda del demonio y cuyo objetivo es perjudicar a alguien. — OCULTISMO / = nigromancia

magiar
1 De un pueblo ugrofinés que constituye la base étnica de la población húngara. — adj. HISTORIA
2 Persona natural de este pueblo. — s.m.f./HISTORIA
3 De Hungría, país europeo. — adj./= húngaro
4 Persona natural de este país europeo. — s.m.f./= húngaro
5 Variedad lingüística del grupo finohungrio. — s.m./LINGÜÍSTICA

mágica Magia, hechicería. — s.f./OCULTISMO

mágico, a (Del lat. *magicus* < gr. *magikos*.)
1 Que tiene relación con la magia: *ritual mágico.* — adj.
2 Que es maravilloso o extraordinario: *posee una mágica belleza.* — = encantador, hechicero
3 Que practica la magia: *un mágico le ha preparado un filtro de amor.* — adj/s. = mago

magín Imaginación o fantasía: *tener un magín inagotable y desbordante.* — s.m.

magiscopio Técnica de filmación en decorados de pequeñas dimensiones e instrumento empleado para ello. — s.m. CINE

magíster Maestro, grado inmediatamente inferior al de doctor en enseñanza. — s.m. Colomb., Chile

magisterial Del magisterio. — adj.

magisterio (Del lat. *magisterium*, jefatura.)
1 Cargo o profesión de maestro. — s.m.
2 Actividad de las personas que tienen como profesión la enseñanza: *se dedica al magisterio en una escuela rural.*
3 Título o grado de maestro que se concede en una falcultad: *obtuvo el magisterio hace tres años.*
4 Conjunto de los maestros de una provincia, región o nación: *el magisterio andaluz celebra estos días un congreso.* — = profesorado
5 Enseñanza o guía que algunas personas, destacadas por su capacidad, sabiduría o carisma, dan a sus discípulos o seguidores: *todos sus conocimientos sobre el tema se los debe al magisterio de aquel profesor.*
6 Gravedad afectada y presunción al hablar o hacer una cosa: *el conferenciante se dirigió a los oyentes con magisterio.*
7 Autoridad que en materia de dogma y moral ejercen, en la religión católica, el papa y las dignidades eclesiásticas. — RELIGIÓN

magistrado, a (Del lat. *magistratus*, funcionario público.)
1 Juez u otro funcionario superior de justicia: *el magistrado ordenó que pasara el acusado.* — s. DERECHO
2 Cargo o empleo de juez o ministro superior. — DERECHO
3 Miembro de una sala de audiencia territorial o provincial o del tribunal supremo de justicia. — DERECHO
4 primer magistrado: Máxima autoridad en el campo civil que puede ser o el presidente de la república o el monarca. — POLÍTICA

magistral (Del lat. *magistralis*.)
1 Del ejercicio del magisterio. — adj.

2 Que se hace con maestría: *tuvo una actuación magistral en su primera película.* — = genial, perfecto
3 Se aplica a los actos externos afectados o pedantes.
4 Se aplica a ciertos instrumentos que por su perfección y exactitud sirven de referencia para los ordinarios de su especie o clase.
5 Se refiere al canónigo que tiene por oficio predicar. — adj/s.m./RELIGIÓN
6 Medicamento que se prepara en la farmacia según receta médica. — s.m. FARMACIA

magistralmente Con maestría, como maestro, muy bien: *este actor interpreta magistralmente su papel.* — adv.

magistratura
1 Profesión o cargo de magistrado. — s.f./DERECHO
2 Tiempo que dura el cargo o ejercicio de un magistrado: *su magistratura finaliza este año.* — DERECHO
3 Conjunto o grupo de los magistrados. — DERECHO
4 magistratura de trabajo: Órgano de la administración de justicia española, con jurisdicción autónoma para entender de los conflictos laborales. — DERECHO

magma
1 Mezcla espesa y viscosa de sustancias minerales u orgánicas. — s.m. GEOLOGÍA
2 Masa ígnea móvil del interior de la Tierra, manto superior o corteza del que derivan las rocas ígneas o magmáticas. — GEOLOGÍA
3 magma eruptivo: El que sale a la superficie terrestre y forma la lava y las rocas efusivas. — GEOLOGÍA

magmático, a Del magma: *estudiaremos la composición de las rocas magmáticas.* — adj. GEOLOGÍA

magmatismo Conjunto de fenómenos relacionados con la formación, la cristalización, el movimiento del magma y de las rocas ígneas en la corteza de la tierra. — s.m. GEOLOGÍA

magnanimidad Generosidad y grandeza de espíritu: *todos le admiran por su magnanimidad.* — s.f.

magnánimo, a (Del lat. *magnanimus* < *magnus*, grande + *animus*, ánimo.)
1 Que es generoso o desinteresado: *un magnánimo donante costeó las obras de la iglesia.* — adj./= bondadoso, benévolo
2 Que perdona las ofensas sin buscar castigo o venganza: *ha sido muy magnánimo con los que lo injuriaron.* — = bueno, noble ≠ vengativo

magnascopio (Del lat. *magnus*, grande + gr. *skopeo*, observar.) Instrumento que se usa para variar el tamaño de las imágenes al ser proyectadas en la pantalla. — s.m. AUDIOVISUALES, CINE

magnate (Del bajo lat. *magnates*.)
1 Persona que ocupa una posición destacada por su riqueza, influencia y poder: *conoce a los magnates del mundo del cine.* — = potentado
2 Denominación que en la edad media se daba a los miembros de la alta nobleza o a los dignatarios del reino. — HISTORIA

magnesia Óxido de magnesio, sustancia terrosa, blanca e infusible, usada en medicina como antiácido o purgante. — s.f. QUÍMICA

magnesiano, a Que contiene magnesio o magnesia. — adj./= magnesífero

magnésico, a Del magnesio. — adj./QUÍMICA

magnesio Metal ligero, maleable y de color y brillo similares a los de la plata. — s.m. QUÍMICA

magnesiotermia Técnica de obtención de metales, especialmente uranio, mediante la reducción de un compuesto, generalmente un fluoruro, con magnesio y consiguiente elevación de temperatura. — s.f. METALURGIA

magnesita Carbonato natural de magnesio, usado como material refractario. — s.f. QUÍMICA

magnético, a (Del lat. *magneticus* < gr. *magnetikos*.)
1 Del imán: *fuerza magnética.* — adj./FÍSICA
2 Que tiene las propiedades del imán. — FÍSICA
3 Del magnetismo. — FÍSICA
4 Que tiene un atractivo o una influencia misteriosa: *tiene una mirada magnética.* — = cautivante, fascinante

magnetismo
1 Fuerza de atracción o repulsión producida por un imán o una corriente eléctrica: *los imanes se juntan por su magnetismo.* — s.m. FÍSICA
2 Disciplina que estudia los efectos producidos por los imanes o corrientes eléctricas. — FÍSICA
3 Atracción que ejerce una persona sobre otra: *ese chico tiene un magnetismo que lo hace irresistible.* — = hechizo, fascinación
4 magnetismo animal: Acción que una persona ejerce sobre otra, en determinadas condiciones, y que produce fenómenos de sugestión y de hipnotismo. — OCULTISMO
5 magnetismo terrestre: Campo magnético bastante regular a nivel de la superficie terrestre, cuyo polo magnético norte varía lentamente de posición de año en año. — FÍSICA

magnetita Mineral de color negro, opaco, de brillo metálico, de la clase de los óxidos, que tiene la propiedad de atraer al hierro, del que es una excelente mena. — s.f. MINERALOGÍA = calamita, piedra imán

magnetizable Que se puede magnetizar. — adj.

magnetización Acción y resultado de magnetizar. — s.f.

magnetizador, a Persona o cosa que magnetiza: *la joya lucía con brillo magnetizador en su estuche.* · s.

magnetizar
1 Dar o proporcionar propiedades magnéticas a un cuerpo. · v.tr.
2 Provocar de forma intencionada el sueño hipnótico en una persona. · conj: *cazar* / = hipnotizar
3 Ejercer un dominio irresistible sobre una persona: *podía magnetizarme con su mirada.* · = atraer
4 Provocar una persona o una cosa el entusiasmo de otra: *el discurso del presidente magnetizó a la gente.* · = fascinar

magneto (Abreviatura de *magnetogeneratriz.*) Generador de corriente eléctrica en que la inducción es producida por un campo magnético creado por un imán permanente, usado para el encendido de los motores de explosión de los automóviles, y hoy sustituido por la batería. · s.m/f. ELECTRICIDAD

magneto- Componente de palabra procedente del gr. *magnes, -etos,* que significa imán: *magnetotecnia.* · pref.

magnetoeléctrico, a (Del gr. *magnes, -etos,* imán + eléctrico.) Que tiene magnetismo y electricidad: *fenómeno magnetoeléctrico.* · adj. FÍSICA

magnetofonía Método de grabación de sonidos mediante el magnetófono. · s.f.

magnetofónico, a Relativo al magnetófono: *grabación magnetofónica.* · adj.

magnetófono Aparato capaz de grabar sonidos sobre una cinta cubierta de óxido magnético, y de reproducirlos. · s.m. AUDIOVISUALES tb: magnetofón

magnetohidrodinámica Parte de la mecánica que estudia el movimiento de los plasmas o fluidos conductores sometidos a la acción conjunta de campos eléctricos y magnéticos. · s.f. FÍSICA

magnetometría Técnica de prospección geofísica que se basa en la medición de la componente vertical del campo magnético terrestre. · s.f. GEOGRAFÍA, FÍSICA

magnetómetro (Del gr. *magnes, -etos,* imán + *metron,* medida.) Aparato para comparar la intensidad de los campos y de los momentos magnéticos. · s.m. FÍSICA

magnetón Unidad usada en física nuclear para medir el momento magnético de las partículas cargadas de electricidad. · s.m. FÍSICA NUCLEAR

magnetoóptica Estudio de las propiedades ópticas de las sustancias sometidas a campos magnéticos. · s.f. ÓPTICA

magnetopausa Región del espacio en la que deja de notarse el campo magnético de un astro, y en la que acaba la magnetosfera. · s.f. GEOGRAFÍA, FÍSICA

magnetoquímica Estudio de las relaciones que existen entre el magnetismo de los compuestos químicos y su estructura microscópica, así como de sus aplicaciones. · s.f. QUÍMICA

magnetoscopio (Del gr. *magnes, -etos,* imán + *skopeo,* observar.) Aparato para grabar y reproducir imágenes y sonidos. · s.m. AUDIOVISUALES

magnetosfera (Del gr. *magnes, -etos,* imán + *sphaira,* globo.) Parte exterior de la atmósfera terrestre. · s.f./GEOGRAFÍA, FÍSICA

magnetostática Estudio de los fenómenos magnéticos independientes del tiempo. · s.f. FÍSICA

magnetoterapia Método terapéutico basado en el uso del magnetismo. · s.f. MEDICINA

magnetrón Tubo de alto vacío, generador o amplificador de frecuencias ultraelevadas. · s.m. FÍSICA

magnicida (Del lat. *magnus,* magno + *caedere,* matar.) Persona que mata a una persona importante por su cargo o relevancia política: *los magnicidas suelen buscar la notoriedad.* · s.m.f.

magnicidio (Del lat. *magnus,* magno + *caedere,* matar.)
1 Asesinato de una persona importante por su cargo, por su poder o por su importancia política: *uno de los más famosos magnicidios fue el de J. F. Kennedy.* · s.m.
2 Asesinato de gran número de personas: *un perturbado es el autor del magnicidio que acabó con la vida de treinta personas.*

magnificador, a Que magnifica: *le dirigió palabras magnificadoras al concederle el premio.* · adj.

magníficamente Muy bien, con perfección: *se portaron magníficamente en tu ausencia.* · adv. = estupendamente

magnificar (Del lat. *magnificare.*)
1 Presentar una cosa como más grande o más importante de lo que es en realidad: *Julio magnificaba los detalles de su accidente.* · v.tr./conj: *sacar* / = agrandar, exagerar
2 Alabar en exceso a una persona: *se magnificó erróneamente el contenido de su discurso.* · v.tr./prnl. = ensalzar

magníficat Cántico que pronunció la Virgen María cuando visitó a su prima santa Isabel después de la anunciación y que se canta todos los días en las vísperas. · s.m. pl: magníficat RELIGIÓN

magnificencia (Del lat. *manificentia.*)
1 Generosidad o desprendimiento para efectuar grandes gastos: *demostró su magnificencia con los donativos.* · s.f. = esplendidez
2 Disposición para realizar grandes empresas.
3 Ostentación, muestra presuntuosa de las riquezas y cualidades que una persona posee o del lujo con que vive: *contrasta la magnificencia de la zona alta de la ciudad con la miseria de los barrios bajos.* · = grandeza

magnificente Que causa admiración por ser muy bello o suntuoso: *admiré con asombro el magnificente templo budista.* · adj. tb: magnificiente = magnífico

magnífico, a (Del lat. *magnificus.*)
1 Que produce admiración por ser muy bello o suntuoso: *vive en una magnífica casa; admiramos un paisaje magnífico.* · adj. = espléndido, maravilloso
2 Que tiene unas cualidades excelentes: *es un cocinero magnífico; nos hizo un tiempo magnífico.* · = admirable ≠ pésimo
3 Que actúa con generosidad: *es magnífico con sus amigos, siempre dispuesto a ayudar.* · = generoso
4 Tratamiento honorífico que se da a un rector de universidad. · s.m.

magnitud (Del lat. *magnitudo.*)
1 Tamaño o grandeza de una cosa. · s.f.
2 Importancia de una cosa por sus consecuencias: *todavía no se conoce la magnitud de los daños.* · = dimensión
3 Aspecto de una cosa que puede expresarse de forma cuantitativa.
4 Tamaño aparente de las estrellas que depende de la intensidad de su brillo. · ASTRONOMÍA
5 Propiedad física o matemática que puede ser medida: *la temperatura, la luminosidad, el peso y la superficie son magnitudes.* · FÍSICA, MATEMÁTICAS

magno, a (Del lat. *magnus.*)
1 Que es grande e importante: *la inauguración oficial se celebra en el aula magna.* · adj.
2 Se aplica a personas ilustres para señalar su grandeza: *Alejandro magno.*

magnolia (Del lat. *magnolia.*)
1 Planta arbórea o arbustiva originaria de Asia y de América, de porte elegante, hojas alternas, lustrosas, flores blancas de gran tamaño de olor muy intenso y agradable, que es muy cultivada como ornamental. *(Magnolia.)* · s.f. BOTÁNICA tb: magnolio
2 Flor y fruto de esta planta. · BOTÁNICA

magnoliáceo, a Perteneciente a una familia de plantas angiospermas dicotiledóneas, arbóreas o arbustivas, de hojas alternas, flores axilares o terminales grandes y olorosas, y fruto en cápsula, como la magnolia y el badián. · adj/s.f. BOTÁNICA

magnolial Perteneciente a un orden de plantas con flores, con caracteres morfológicos arcaicos al que pertenecen el tulipero, la magnolia y el badián. · adj/s.f. BOTÁNICA

magnolio Magnolia, planta arbórea. · s.m./BOTÁNICA

mago, a (Del lat. *magus < gr. magos.*)
1 Se aplica a la persona que practica la magia como espectáculo: *en la fiesta de cumpleaños de su hijo hubo payasos y magos.* · adj/s.
2 Se refiere a la persona versada en ciencias ocultas: *un mago le adivinó el futuro.* · OCULTISMO
3 Persona especialmente capacitada para el éxito en una actividad determinada: *es un mago de la publicidad.* · s.
4 Se aplica al astrólogo sacerdote de la religión de Zoroastro, entre los medos y los persas. · adj/s. RELIGIÓN
5 Se refiere a los tres reyes que fueron a adorar a Jesús recién nacido. · RELIGIÓN

magostar
1 Asar castañas en el magosto. · v.tr.
2 Celebrar una fiesta o una reunión para hacer un magosto: *en otoño suelen magostar casi todos los domingos.* · v.intr.

magosto
1 Hoguera para asar castañas en el campo, especialmente en la época de recolección de este fruto. · s.m.
2 Castañas asadas en esta hoguera.

magra Loncha de jamón: *me preparó un bocadillo con dos magras fritas.* · s.f.

magrear Sobar o manosear a una persona con lascivia: *fue acusado de intentar magrear a su secretaria.* · v.tr. vulgar

magrebí
1 Del Magreb, región del noroeste de África, que comprende zonas de Marruecos, Argelia y Tunicia, y de la variante dialectal del árabe que hablan sus habitantes. · adj./s.m.f. pl: magrebíes tb: mogrebí
2 Persona natural de esta región. · s.m.f.
3 Variante dialectal del árabe hablada por estas personas. · s.m. LINGÜÍSTICA

magreo Acción de magrear una persona a otra: *los pillaron en pleno magreo.* · s.m./vulgar = sobo

magrez Estado de magro. · s.f./pl: magreces

magro, a (Del lat. *nacer, -cra, -crum,* delgado.)
1 Se aplica a la carne que no tiene grasa: *sólo come las partes magras del bistec.* · adj.
2 Se refiere a la persona que es delgada: *la enfermedad le dejó magro y huesudo.* · ≠ gordo

3 Se aplica a la tierra que es pobre y árida.

4 carne magra: Carne del cerdo próxima al lomo.

magua Chasco, decepción o impresión desagradable que experimenta una persona. *s.f./Cuba, P. Rico, Venez.*

maguarse
1 Llevarse un chasco una persona al no suceder lo que se esperaba. *v.prnl./Cuba, P. Rico, Venez.*
2 Aguarse la fiesta. *Cuba*

magrura Magrez, cualidad de magro. *s.f.*

magüeto, a Novillo, res vacuna de dos o tres años. *s.*

maguey (Del taíno de las Grandes Antillas.) Planta crasa de gran tamaño, con hojas grandes acabadas en punta y con flores amarillentas, que tiene un tallo que puede alcanzar los 10 metros; de sus hojas se extrae una fibra que se utiliza para tejidos y cuerdas. *s.m. = agave Amér. BOTÁNICA*

maguilla Fruto del maguillo. *s.f./BOTÁNICA*

maguillo Manzano silvestre, cuyo fruto es más pequeño y menos sabroso que el común y que se emplea para injertos. *(Malus acerba.)* *s.m./BOTÁNICA = manzanera*

magujo (Del ital. *maguglio* < ital. dialectal *maguggiu*.) Instrumento que sirve para sacar la estopa vieja de las junturas de las maderas de una embarcación. *s.m. NÁUTICA = descalcador*

magulladura
1 Acción y resultado de magullar o magullarse: *sufrió una magulladura al caerse por la escalera.* *s.f. = magullamiento*
2 Contusión que se caracteriza por la aparición de una mancha azulada: *tengo una magulladura en la cadera.*

magullamiento Acción y resultado de magullar o magullarse. *s.m. = magulladura*

magullar (Del lat. *maculare*, marcar la piel con manchas, corromper.)
1 Causar una contusión a un cuerpo sin que se produzcan heridas: *sin querer le magulló el brazo; se magulló la espalda al caer.* *v.tr/prnl. = contusionar, lastimar*
2 Dañar la fruta: *los golpes magullaron las peras; las manzanas se han magullado a causa del granizo.* *= macar*

magyar Magiar o húngaro. *adj/s.m.f.*

maharajá (Voz sánscrita.) Título que significa gran rey y se aplica a casi todos los príncipes de la India. *s.m. pl: maharajás*

mahatma (Voz sánscrita.) Asceta o jefe espiritual, en la India. *s.m.*

maherir (Del ant. *manferir* < lat. *manu ferire*.) Señalar una cosa para que se advierta o para recordarla. *v.tr. conj: sentir*

maho Denominación de varios árboles de América del Sur, pertenecientes a diversas familias, como las malváceas, las anonáceas, y otras. *s.m. BOTÁNICA*

mahometano (De *Mahoma*, profeta.) Musulmán [en todas sus acepciones]. *adj./s./RELIGIÓN = mahomético*

mahometismo Islamismo, religión fundada por Mahoma. *s.m. RELIGIÓN*

mahometista
1 Que profesa la religión islámica. *adj/s.m.f/= musulmán*
2 Se refiere al mahometano que ha sido bautizado y vuelve a su antigua religión. *adj/s.m.f. RELIGIÓN*

mahometizar Islamizar, convertir al islam. *v.intr/conj: cazar*

mahón
1 Tela fuerte de algodón con ligamento de sarga y efecto de urdimbre. *s.m. TEXTIL*
2 Queso elaborado en Menorca con leche de vaca, salado y prensado.

mahonés, a
1 De Mahón, población de la isla de Menorca. *adj.*
2 Persona natural de esta población. *s.*

mahonesa Se aplica a la salsa espesa que se prepara ligando huevo y aceite y se emplea para aderezar ensaladas y otras comidas: *come la verdura hervida con mahonesa.* *adj/s.f. COCINA tb: mayonesa*

mahrätta Lengua indoaria de la familia indoeuropea, hablada en el estado hindú de Mahārāshtra. *s.m. LINGÜÍSTICA*

maicena (De *Maizena*, marca registrada.) Harina fina de maíz. *s.f.*

maicero, a Persona que se dedica a la venta de maíz. *s.*

maicillo Arena gruesa y amarillenta con que se cubre el pavimento de jardines y patios. *s.m./Chile CONSTRUCCIÓN*

maído Acción de mayar o maullar el gato: *los gatos en celo emiten fuertes maídos.* *s.m. = maullido*

mailing (Voz inglesa.) Sistema de venta por correspondencia en la que se envía a la dirección del destinatario, posible comprador, una oferta comercial en forma de carta personal. *s.m.*

maílla Fruto del maíllo o manzano silvestre. *s.f./BOTÁNICA*

maillechort Aleación de níquel, cobre y cinc, a veces con plomo, hierro o manganeso, que imita la plata. *s.m. METALURGIA*

maíllo Maguillo, manzano silvestre. *s.m./BOTÁNICA*

maillot (Voz francesa.)
1 Traje de baño femenino de una sola pieza: *este verano se llevan los maillots de flores.* *s.m. pl: maillots*
2 Jersey de ciclista: *el ganador del tour lucía el maillot amarillo.* *DEPORTES*

maimón (Del ár. *maimun*, feliz, mono.)
1 Mono de cola larga. *s.m./ZOOLOGÍA*
2 Especie de sopa con aceite, propia de la cocina andaluza. *COCINA*

maimonismo (De *Maimónides*, filósofo andalusí de origen judío.) Sistema filosófico propugnado por este filósofo y sus discípulos en la edad media. *s.m. FILOSOFÍA*

maimonista
1 De Maimónides o del maimonismo. *adj.*
2 Que profesa el maimonismo. *adj/s./FILOSOFÍA*

mainel Elemento arquitectónico que divide en dos partes iguales un hueco o vano, característico del estilo gótico. *s.m. ARQUITECTURA = parteluz*

maitén Planta arbórea celastrácea, de hojas dentadas, muy apreciadas por el ganado vacuno, de flores púrpuras en forma de campanilla y madera dura de color anaranjado. *(Maytenus chilensis.)* *Argent., Chile BOTÁNICA*

maitencito Juego infantil muy parecido al de la gallina ciega. *s.m./Chile JUEGOS*

maitinante Clérigo que tiene la obligación de asistir a maitines, en las catedrales. *s.m. RELIGIÓN*

maitines Primera de las horas canónicas del oficio divino, en el catolicismo. *s.m.pl. RELIGIÓN*

maître (Voz francesa.) Jefe de comedor en restaurantes y hoteles: *el maître nos acompañó hasta nuestra mesa.* *s.m.*

maíz (Del taíno *mahís*.)
1 Planta gramínea, de tallos altos y rectos, hojas grandes lanceoladas, y fruto en mazorca. *(Zea mays.)* *s.m./pl: maices BOTÁNICA*
2 Grano de esta planta.
3 maíz de Guinea o morocho: 1. Zahína, planta gramínea con cuyas simientes se preparan diversos alimentos y bebidas. 2. Semilla de esta planta. *BOTÁNICA BOTÁNICA*
4 maíz negro: Panizo de daimiel, planta. *BOTÁNICA*

maizal Tierra sembrada de maíz: *esta zona es rica en maizales.* *s.m.*

maja Mano del almirez o mortero: *machacó los granos con la maja hasta reducirlos a harina.* *s.f.*

majá
1 Culebra de color amarillento con manchas de color pardo rojizo, simétricamente dispuestas, que crece hasta los cuatro metros de longitud y no es venenosa. *(Epicrates angulifer.)* *s.m. Cuba ZOOLOGÍA*
2 Persona holgazana. *Cuba*

majada (Del lat. vulgar *maculata* < lat. *macula*, tejido de mallas.)
1 Lugar donde se recoge el ganado por la noche en el campo. *s.f. = cubil*
2 Estiércol de los animales.
3 Manada o hato de ganado lanar. *Argent., Chile, Urug.*

majadal
1 Terreno de pasto para ovejas y ganado menor. *s.m./AGRICULTURA*
2 Terreno beneficiado con estiércol por haber servido de majada o aprisco. *AGRICULTURA*

majadear
1 Estar o permanecer el ganado en la majada. *v.intr.*
2 Abonar la tierra con estiércol. *AGRICULTURA*

majaderear
1 Molestar o incomodar con insistencia a una o varias personas. *v.tr/intr./Amér. Central y Merid.*
2 Insistir con terquedad importuna en una pretensión o negativa. *Amér. Central y Merid.*

majadería
1 Modo de ser y comportarse propio de una persona majadera o poco sensata: *su majadería me irrita y estoy harto de advertirle de sus consecuencias.* *s.f. = insensatez*
2 Acción o palabras impertinentes, imprudentes o molestas: *su respuesta ha sido una majadería.* *= estupidez, tontería*

majaderillo Cada uno de los bolillos para hacer encaje y pasamanería. *s.m./tb: majaderico, majaderito*

majadero, a
1 Que se comporta con necedad y falta de sensatez: *es un majadero, siempre te fastidia todo.* *adj/s./= insensato, mentecato*
2 Objeto, por lo general alargado y cilíndrico, que sirve para triturar especias, semillas u otras cosas en el almirez o mortero. *s.m.*
3 Bolillo usado para hacer encaje o pasamanería. *= majaderillo*

majado
1 Cualquier alimento, sustancia o materia triturada. *s.m.*
2 Caldo de trigo o maíz triturado al que, en ocasiones, se añade carne machacada. *Argent., Chile COCINA*
3 Se aplica al postre o guiso hecho con este trigo. *adj./Argent., Chile*

majador, a Que maja o machaca. *adj/s.*

majadura Acción y resultado de majar o machacar. *s.f./= majamiento*

majagranzas (De *majar* + *granzas*.) Hombre pesado y tonto: *es un majagranzas insoportable.* *s.m. pl: majagranzas*

majagua Planta arbórea malvácea que crece hasta doce metros de altura, con tronco recto y grueso, copa poblada, flores purpúreas y fruto amarillo. *(Hibiscus tiliaceus.)* — *s.f. Colomb., Méx., Amér. Central, Ecuad. BOTÁNICA*

majal (Del occitano *manjar*, comer.) Grupo numeroso de peces que van juntos. — *s.m. = banco*

majamama Enredo, engaño solapado, especialmente en cuentas y negocios. — *s.f. Chile*

majano
1 Montón de cantos sueltos que se forma en las tierras cultivadas como división de términos o en las encrucijadas y división de caminos. — *s.m. = morcuero*
2 Hombre torpe.

majar (Del ant. *majo* < lat. *malleus*, mazo.)
1 Reducir una cosa a trozos pequeños golpeándola: *después hay que majar el ajo y el perejil.* — *v.tr. = machacar*
2 Molestar a una persona con insistencia: *majó a su primo a preguntas.* — *coloquial = fastidiar*
3 Golpear en la era el trigo, lino, y otras plantas para separar el grano de la paja, usando el mayal. — *AGRICULTURA*

majareta Que se comporta de manera poco juiciosa o extravagante: *sólo a un majareta se le puede ocurrir este disparate.* — *adj/s.m.f. = chiflado*

majarete Desorden, barullo o confusión. — *s.m./P. Rico*

maje Se aplica a la persona tonta o boba. — *adj/s.m.f./Méx.*

majear Preparar un alimento para cocerlo. — *v.tr./COCINA*

majería Conjunto de majos. — *s.f.*

majestad (Del lat. *majestas, -atis*, majestad.)
1 Seriedad, entereza y severidad en el semblante y en las acciones: *fue impresionante la majestad con la que apareció en público en un momento tan delicado.* — *s.f.*
2 Grandeza, superioridad y autoridad sobre otras personas.
3 Título o tratamiento que se da a Dios, emperadores y reyes.
4 Imagen de Cristo crucificado, vestido con túnica y coronado, característica de la escultura bizantina y de la románica. — *ARTE*
5 **su divina majestad**: Dios, ser supremo.

majestuosidad Calidad de majestuoso. — *s.f.*

majestuoso, a Imponente, que tiene majestad: *el rey caminaba con paso majestuoso.* — *adj./tb: majestoso, mayestático*

majeza
1 Atractivo y simpatía que despierta una persona por sus cualidades físicas o morales o por su manera de tratar con los demás: *esa chica gusta a todos por su majeza.* — *s.f. coloquial*
2 Actitud del chulo o pendenciero: *su majeza suele causarle problemas con los desconocidos.* — *coloquial = chulería*

majo, a
1 Que es guapo o bonito: *tiene una casa muy maja; ¡qué niño tan majo!* — *adj. coloquial*
2 Que es agradable en el trato: *es un jefe muy majo a pesar de su severidad.* — *coloquial = simpático*
3 Que está hecho con lujo y elegancia. — *coloquial*
4 Se aplica al madrileño del siglo XIX que llevaba un traje vistoso y tenía un habla castiza y una actitud arrogante. — *adj/s. = cañí, manolo*

majolar Terreno donde abundan los majuelos. — *s.m./conj: contar*

majoleta Fruto del majuelo. — *s.f./tb: marjoleta*

majoleto Majuelo, planta arbustiva. — *s.m./BOTÁNICA*

majorca Mazorca de maíz. — *s.f.*

majorero, a
1 De Fuerteventura, una de las islas Canarias. — *adj.*
2 Persona natural de esta isla. — *s.*

majorette (Voz francesa.) Muchacha que desfila en determinados festejos vestida con uniforme de fantasía: *las majorettes desfilaron antes del partido.* — *s.f.*

majuela
1 Fruto del majuelo. — *s.f./= majoleta*
2 Correa de cuero para atar los zapatos. — *tb: majuelo*

majuelo Espino blanco, planta arbustiva. — *s.m./BOTÁNICA*

makemono (Voz japonesa.) Pintura japonesa o china realizada en un rollo horizontal. — *s.m. ARTE*

maketo, a Que ha emigrado al País Vasco procedente de otra región española. — *adj/s. despectivo*

makí Mamífero primate, de hocico alargado y cola larga, abundante en Madagascar. *(Lemur.)* — *s.m. ZOOLOGÍA*

mal
I (Apócope de *malo*.)
1 Se usa sólo ante sustantivo masculino: *mal tiempo; mal humor.* — *adj.*
2 Cosa que es contraria a la norma moral, a la virtud o al bien: *árbol del bien y del mal.* — *s.m. ≠ bien*
3 Daño físico u ofensa moral que sufre una persona: *tus duras palabras le hicieron mal; no soporto más este mal.* — *≠ bien*
4 Alteración del funcionamiento normal del cuerpo de los animales o de los organismos de los vegetales: *mal de Parkinson; padecía un mal incurable.* — *= dolencia, enfermedad*

5 Hecho desgraciado: *el país vive una época difícil y repleta de males.*
6 **mal caduco o de corazón**: Epilepsia, enfermedad del sistema nervioso. — *MEDICINA*
7 **mal de Bright**: Inflamación del riñón que progresa lentamente hacia la esclerosis y reducción progresiva de la función renal. — *MEDICINA*
8 **mal de Chagas**: Enfermedad infecciosa febril transmitida por la vinchuca, endémica en algunas regiones americanas. — *Argent. MEDICINA*
9 **mal de la tierra**: Añoranza o nostalgia de la patria o de los suyos: *ha vuelto de Italia porque no podía soportar el mal de la tierra.*
10 **mal de las alturas o de montaña**: Malestar que se siente en las grandes alturas por disminución de la presión atmosférica y se manifiesta por dificultades respiratorias y circulatorias, vómitos y dolor de cabeza. — *MEDICINA = soroche*
11 **mal de ojo**: Influjo maléfico que, según la superstición, ejerce una persona sobre otra a través de la mirada: *creía que todas sus desgracias se debían a un mal de ojo.* — *OCULTISMO*
12 **mal de piedra**: Enfermedad que consiste en la formación de cálculos en las vías urinarias. — *MEDICINA*
13 **mal de San Lázaro**: Elefantiasis, síndrome caracterizado por el aumento enorme de algunas partes del cuerpo. — *MEDICINA*
14 **mal francés**: Sífilis, enfermedad infecciosa. — *MEDICINA*
15 **decir mal**: Maldecir, denigrar.
16 **del mal, el menos**: 1. Se usa para aconsejar que entre dos cosas negativas o perjudiciales se elija la que lo sea menos. 2. Se emplea para manifestar conformidad, cuando la desgracia que ocurre no es tan grande como se temía que fuese o hubiera podido ser. — *coloquial coloquial*
17 **de mal a mal o mal a mal**: Por fuerza, contra la propia voluntad. — *loc.adv.*
18 **echar a mal**: 1. Desestimar o despreciar una cosa. 2. Desperdiciar, malgastar o no emplear una cosa de la forma adecuada. — *coloquial coloquial*
19 **estar alguien tocado del mal de la rabia**: Estar dominado por una pasión. — *coloquial*
20 **hacer mal a alguien**: Perseguir, injuriar o procurar daño o molestia a una persona.
21 **hacer mal algo**: Ser una cosa nociva.
22 **llevar alguien a mal algo**: Resentirse de ello, soportarlo con enfado.
23 **¡mal haya!**: Exclamación con que se desea el mal a una persona. — *interj. tb: ¡malhaya!*
24 **¡menos mal!**: Indica alivio porque no ocurre o no ha ocurrido lo malo que se temía, o porque ocurre o ha ocurrido una cosa buena con la que apenas se contaba. — *interj.*
25 **no hacer alguien mal a un gato**: Ser pacífico, benigno y bienintencionado. — *coloquial*
26 **parar en mal**: Tener un fin desgraciado.
27 **ponerse a mal con alguien**: Enemistarse, romper las buenas relaciones con una persona.
28 **tomar o llevar alguien a mal algo**: Interpretar torcidamente lo que se dice o hace e indisponerse por ello.
II (Del lat. *male*.)
1 De modo desacertado o equivocado: *lo entendimos mal.* — *adv. ≠ bien*
2 De forma insuficiente: *desde aquí se oye mal; la habitación está mal iluminada.* — *≠ bien*
3 Inadecuada, contraria o infelizmente: *la estratagema salió mal, de forma contraria a lo correcto o a lo esperado.* — *≠ bien*
4 Con dificultad: *mal podrá resolverse este negocio en tan poco tiempo.* — *≠ bien*
5 **de mal en peor**: Cada vez de modo más desacertado: *esta empresa va de mal en peor.* — *loc.adv.*
6 **mal que**: Aunque, a pesar de que: *mal que te pese, lo seguiré diciendo.* — *loc.conj.*
7 **mal que bien**: De una manera u otra, con dificultad: *yo, mal que bien, voy tirando.* — *coloquial*

mal- Componente de palabra procedente de la voz *mal*, apócope de *malo*: *malhumor, malvivir.* — *pref. tb: mala-*

mala Malilla, carta de la baraja. — *s.f./JUEGOS*

malabar (De *Malabar*, región del suroeste de la India, por la habilidad de sus habitantes.)
1 De Malabar, región del Indostán. — *adj.*
2 Persona originaria de esta región. — *s.m.f.*
3 Lengua dravídica hablada en esta región. — *s.m/LINGÜÍSTICA*
4 Se aplica a los juegos de destreza que consisten en lanzar objetos al aire y recogerlos con rapidez o sostenerlos en equilibrio. — *adj/s.m.pl. JUEGOS*

malabarismo
1 Ejercicios de agilidad y destreza que se realizan como espectáculo: *en el circo había tres personas que se dedicaban al malabarismo.* — *s.m.*
2 **hacer malabarismos**: Superar o sortear con habilidad ciertas actividades o asuntos comprometidos: *hace malabarismos para llegar a fin de mes con su escaso sueldo.* — *coloquial*

malabarista
1 Experto en hacer juegos malabares: *trabaja como* — s.m.f.
malabarista en un circo.
2 Persona que roba o quita una cosa con astucia. — Chile

malacara Caballo que tiene blanca la mayor parte de — s.m.
la cara. — Argent.

malacate (Del azteca *malacatl*, huso.)
1 Máquina semejante a un cabestrante, movida por — s.m.
una caballería y usada en las minas para sacar mine- — MINERÍA
rales y agua.
2 Huso, instrumento para hilar. — Hond., Nicar.
3 Cabestrante para elevar objetos pesados. — Méx.

malacia (Del gr. *malakia*, blandura.) Alteración del — s.f.
gusto consistente en un deseo morboso de comer — MEDICINA
materias extrañas e impropias para la nutrición,
como yeso, arena, tierra, cal u otras cosas.

malacitano, a De Málaga. — adj/s./= malagueño

malaco- Componente de palabra procedente del gr. — pref.
malakos, que significa blando.

malacología (Del gr. *malakos*, blando + *logos*, cien- — s.f.
cia.) Disciplina que estudia los moluscos. — ZOOLOGÍA

malacológico, a De la malacología o de los molus- — adj.
cos. — ZOOLOGÍA

malacólogo, a Persona dedicada al estudio de los — s.
moluscos. — ZOOLOGÍA

malaconsejado, a Que actúa de manera desacerta- — adj/s.
da por seguir malos consejos.

malacopterigio, a (Del gr. *malakos*, blando + *ptery-*
gion, aleta.)
1 Perteneciente a un grupo de peces óseos de aletas — adj/s.m.
blandas o flexibles, como el salmón, la carpa o el ba- — ZOOLOGÍA
calao.
2 **malacopterigio abdominal:** Se aplica al pez que — ZOOLOGÍA
tiene dos aletas tras el abdomen, como el salmón.
3 **malacopterigio ápodo:** Se aplica al pez que no tie- — ZOOLOGÍA
ne aletas abdominales, como el congrio.
4 **malacopterigio subranquial:** Se refiere al pez que — ZOOLOGÍA
tiene las aletas abdominales bajo las branquias, como
el bacalao.

malacostráceo, a Perteneciente a una subclase de — adj/s.m.
crustáceos, generalmente de gran tamaño y muy evo- — ZOOLOGÍA
lucionados que tienen ocho segmentos torácicos y
seis abdominales, como los cangrejos, bogavantes y
langostas.

malacostumbrado, a
1 Que está muy mimado o consentido: *lo mimaron* — adj.
tanto que ahora es un niño malacostumbrado. — = malcriado
2 Que tiene malos hábitos y costumbres: *desde que* — = viciado
sale con esa gente malacostumbrada, bebe demasiado.

malacostumbrar
1 Tratar a una persona con excesiva condescenden- — v.tr.
cia: *mima tanto a su hija que la malacostumbra.* — = malcriar
2 Hacer que una persona adquiera un vicio o un mal — = viciar
hábito.

malacrianza Malos modales o mala educación: *me* — s.f.
dejó en ridículo con su malacrianza.

malacuenda
1 Tejido basto de estopa usado para proteger las co- — s.f.
sas del polvo y el agua. — = arpillera
2 Hilo de estopa.

malafa Vestidura moruna que cubría el cuerpo desde — s.f.
los hombros hasta los pies. — = almalafa

málaga (De *Málaga*, provincia andaluza.) Vino dulce — s.m.
que se elabora con la uva de las tierras de esta provincia.

malagana Malestar físico o desfallecimiento: *este ca-* — s.f.
lor me da mucha malagana. — coloquial

malagradecido, a Que no muestra agradecimiento: — adj.
no te ayudaré más, eres muy malagradecido. — = desagradecido

malagueña
1 Canto popular de la provincia de Málaga, formado — s.f.
por coplas de cuatro versos octosílabos, que pertene- — MÚSICA
ce a la familia del fandango.
2 Baile que acompaña a este canto.

malagueño, a
1 De Málaga, ciudad y provincia españolas. — adj/s./= malacitano
2 Persona natural de esta ciudad o provincia. — s.

malagueta Planta herbácea de semillas parecidas a la — s.f./BOTÁNICA
pimienta. *(Amomum malagueta.)* — = limoncillo

malaleche
1 Persona de mala intención o de carácter agrio: *es un* — s.m.f./pl: malaleche
malaleche, siempre anda refunfuñando. — vulgar
2 Carácter agrio y mal intencionado: *no hay quien so-* — s.f.
porte su malaleche. — vulgar

malambo Danza popular en compás de seis por ocho — s.m.
que bailan solos los hombres y consiste básicamente — Amér. Merid.
en un ritmo con zapateado y figuras improvisadas y
lleva acompañamiento de guitarra.

malamente Mal, de mala manera: *si sigues así termi-* — adv.
narás malamente; se cubría con unos trapos malamente
cosidos.

malamistado, a Amancebado, que mantiene rela- — Chile
ciones sexuales ilícitas.

malamujer Planta espinosa de distintas especies que — s.f./Méx.
produce irritación en la piel. — BOTÁNICA

malandante Que padece o causa desgracias: *le pasa* — adj.
de todo, es muy malandante. — = desgraciado

malandanza Desgracia o revés que sufre una perso- — s.f.
na: *en su libro cuenta todas las malandanzas de sus viajes* — = desventura
por Europa. — ≠ fortuna

malandar Cerdo que no se destina para reunirse en — s.m.
montanera con otros cerdos bajo un solo vareador de
la bellota.

malandrín, a (Del ital. *malandrino* < lat. *malandria* < — adj/s.
gr. *melandryon*, corazón del roble.) Que se comporta — = perverso,
de una manera falsa y malintencionada: *antes de cono-* — vil
cerlo ya sabía que era un malandrín.

malangay Planta arácea, de hojas acorazonadas y — s.m.
rizomas comestibles, barbados y anillados. *(Xanthosoma* — Colomb.
sagittifolium.) — BOTÁNICA

malapata Persona torpe o sin gracia. — s.m.f./= patoso

malaquita (Del gr. *malakhe*, malva.) Carbonato natu- — s.f.
ral de cobre, de color verde, susceptible de ser tallado — MINERALOGÍA
y pulido para usos de joyería y de marquetería.

malar (Del lat. *malaris*.)
1 De la mejilla: *región malar.* — adj./ANATOMÍA
2 Parte de la cara correspondiente a la prominencia — s.m./ANATOMÍA
del hueso, y hueso de cada mejilla. — = pómulo

malaria Paludismo, enfermedad febril transmitida al — s.f./MEDICINA
hombre por la picadura de mosquitos anofeles. — = fiebre palúdica

malasangre Que tiene o se comporta con mala in- — adj/s.m.f.
tención.

malasombra Persona molesta y falta de gracia: *esta* — s.m.f.
broma pesada sólo la puede haber pensado un malasom-
bra.

malatería Edificio destinado en otro tiempo a hospi- — s.f.
tal de leprosos.

malatía Lepra, enfermedad infecciosa crónica. — s.f./MEDICINA

malato, a (Del ital. *malato*, enfermo.) Que padece la — adj/s.
enfermedad de la lepra. — MEDICINA

malatoba Gallo de color rojo claro, con las alas más — s.m./Amér.
oscuras y con plumas negras en la pechuga. — tb: malatobo

malaúva
1 Mala intención o picardía: *no te perdono porque lo* — s.f.
has hecho con malaúva. — coloquial
2 Persona de malas intenciones: *no te fíes de él, es un* — s.m.f.
malaúva. — coloquial

malavenido, a (De *mal* + *avenir*.) Que tiende a estar — adj.
descontento.

malaventura Situación o suceso que causa una ad- — s.f.
versidad o un sufrimiento en lo moral, en lo físico o — = desventura
en lo material. — ≠ fortuna

malaventurado, a Que tiene malaventura o desgra- — adj.
cia. — = desventurado

malaventuranza Estado de malaventura, infortunio — s.f.
o desdicha. — ≠ bienaventuranza

malaxación Acción y resultado de malaxar o amasar — s.f.
una sustancia.

malaxador, a Que malaxa o amasa. — adj/s.

malaxar Amasar una sustancia para darle homoge- — v.tr.
neidad o para reblandecerla: *malaxar la masa de pas-*
tel.

malaya Corte de carne de vacuno correspondiente a — s.f.
la parte superior de los costillares. — Chile, Perú

malayo, a
1 De la península de Malaca y de Malaysia, país asiá- — adj/s.
tico, o de su lengua.
2 De un conjunto de pueblos establecidos en zonas
de la península de Malaca, las islas de la Sonda y sobre todo en Oceanía occidental.
3 Persona natural de estos pueblos. — s.
4 Lengua indonesia hablada en la península de Mala- — s.m.
ca y en las costas de las islas indonésicas, convertida — LINGÜÍSTICA
en lengua oficial de Indonesia.

malbaratador, a Que malbarata. — adj/s.

malbaratar (De la frase *baratar mal*.)
1 Vender una cosa a bajo precio: *han malbaratado las* — v.tr.
existencias. — = malvender
2 Gastar el dinero o los bienes imprudentemente: — = despilfarrar
malbarató la herencia de su padres.

malbaratillo Baratillo, tienda en la que se venden — s.m.
cosas de poco precio. — COMERCIO

malbarato
1 Acción de malbaratar. — s.m.
2 Gasto excesivo o innecesario: *comprar este coche me* — = despilfarro,
parece un malbarato. — derroche

malcarado, a
1 Que tiene un aspecto repulsivo. adj.
2 Que pone cara de enfado o malhumor. = malhumorado

malcasado, a
1 Que falta a los deberes que impone el matrimonio. adj/s.
2 Que está separado o divorciado.
3 Que no vive en armonía con su cónyuge.

malcasar (De *mal* + *casar* < lat. *casa.*) Casar a una v.tr/prnl. persona sin acierto: *se malcasó cuando era demasiado joven.*

malcomer Comer una persona con escasez o con poco v.intr. gusto: *desde que está enamorada malcome.*

malcomido, a Que está poco y mal alimentado: adj. *siempre está enfermo porque es un niño malcomido.*

malconsiderado, a Que está falto de consideración adj. o respeto: *tiene sus compañeros está malconsiderado.* = desconsiderado

malcontentadizo, a Que tiende a sentirse descon- adj. tento: *nada te gusta, eres muy malcontentadiza.* = descontentadizo

malcontento, a
1 Que está descontento o disgustado: *no quiere verte* adj. *porque está malcontento por lo que le dijiste.* ≠ contento
2 Que perturba el orden público.
3 Juego de naipes en el que los jugadores intercam- s.m. bian las cartas con que las están descontentos y pier- JUEGOS de el que se queda con la más baja.

malcoraje (Del cat. *malcoratge* < lat. *mercuriago* < s.m. *Mercurius,* Mercurio.) Mercurial, planta herbácea BOTÁNICA anual, cuyo zumo se ha empleado como purgante.

malcorte Aprovechamiento ilegal de la madera o leña s.m. de un monte alto.

malcriadez Cualidad de malcriado, grosería, inde- s.f./pl: malcriadeces cencia. Amér. Central y Merid.

malcriado, a Que tiene mala educación o está muy adj. mimado: *con ese niño malcriado no se puede ir a ningún* = maleducado sitio.

malcriar (De *mal* + lat. *creare,* crear.) Educar mal a los v.tr. hijos por exceso de transigencia: *malcría a la niña* conj: vaciar *comprándole todo lo que pide.* = consentir

maldad
1 Cualidad de malo: *te pinchó todas las ruedas del coche* s.f./= malicia *por pura maldad.* ≠ bondad
2 Acción o expresión propia de una persona mala: *no* = iniquidad *dice más que maldades para ofendernos.*

maldadoso, a
1 Que se comporta con maldad. adj/s.
2 Que se hace con maldad. adj.

maldecido, a Se aplica a la persona que tiene malas adj/s. intenciones y actúa con malicia. = maldito

maldecidor, a Que maldice o denigra. adj/s.

maldecir (Del lat. *maldicere.*)
1 Sentir o expresar irritación o enfado contra una v.tr. cosa, una situación o una persona: *maldigo la hora en* conj: bendecir *que lo decidí.* part.tb: maldito
2 Quejarse de una cosa o criticarla: *maldicen de sus* v.intr. *problemas.* + de
3 Decir faltas o defectos de una o más personas: *mal-* + contra, de *dice de sus vecinas por todo el barrio.* = difamar

maldiciente Que maldice de manera habitual. adj/s.

maldición
1 Acción de maldecir. s.f.
2 Expresión dirigida contra una persona o cosa, con- = imprecación denándola o deseándole algún mal o desgracia: *una gitana le lanzó una maldición.*
3 **caer la maldición a alguien o sobre alguien o** coloquial **algo:** Ocurrirle sucesivas desgracias: *todo le sale mal, le ha caído la maldición.*

maldispuesto, a
1 Que está algo enfermo o indispuesto: *me sentí mal-* adj. *dispuesto y abandoné la reunión.*
2 Que no tiene la buena disposición o el humor ne- ≠ predispuesto *cesario para hacer una cosa: hoy estoy maldispuesto para jugar contigo.*

maldita
1 Lengua humana: *la sopa está tan caliente que me he* s.f. *quemado la maldita.* coloquial
2 **soltar alguien la maldita:** Decir con desenvoltura coloquial o descaro lo que se siente: *si me toca la lotería soltaré la maldita delante del jefe.*

malditamente Muy mal, de forma pésima. adv.

maldito, a (Part. irreg. de *maldecir.*)
1 Que es perverso o tiene malas intenciones. adj.
2 Que está tratado injustamente o es ignorado: *es un cineasta maldito.*
3 Que causa indignación o malestar: *el maldito catarro* = condenado *me impidió ir a la fiesta; no sabía qué hacer para que el maldito niño callara.*
4 Aplicado a un sustantivo con artículo, equivale a ninguno, ni una sola cosa, nada: *no entiende maldita la cosa; no tiene un maldito duro.*
5 Que está condenado por la justicia divina. adj/s.

6 **¡maldita sea!** Expresión que indica disgusto o fasti- interj. do: *¡maldita sea, estoy cansada de tanto problema!*

maldivo, a
1 De las islas Maldivas, estado insular del océano Ín- adj. dico, al sudoeste de la India, o de su lengua.
2 Persona natural de este estado asiático. s.
3 Lengua indoaria, de la familia indoeuropea, varian- s.m. te dialectal del cingalés, hablada en estas islas. LINGÜÍSTICA

maldoso, a Que le gusta hacer maldades o travesu- adj. ras. Méx.

maleabilidad Cualidad de lo que puede ser maleable s.f. o modificado en cualquier aspecto. = ductilidad

maleabilización Método que se usa para hacer ma- s.f. leable la fundición blanca. METALURGIA

maleabilizar Hacer que un metal pueda batirse y ex- v.tr/prnl. tenderse en planchas o láminas: *el estaño se maleabi-* conj: cazar *liza con facilidad.* METALURGIA

maleable (Del lat. *malleus,* mazo de hierro.)
1 Se aplica al metal que puede batirse y extenderse adj. en planchas o láminas. METALURGIA
2 Que se puede trabajar o moldear con facilidad: *al-gunas pastas son más maleables que otras.*
3 Que puede ser educado o influenciado por otras = dócil, sumiso personas con facilidad: *tiene el carácter maleable y se deja llevar por sus amigos.*

maleador, a Que malea o daña. adj/s.

maleante
1 Que vive al margen de la ley o que tiene antece- adj/s.m.f. dentes penales: *es un barrio peligroso porque suele haber* = delincuente *maleantes.*
2 Que es maligno o burlón. adj.

malear
1 Dañar o estropear una cosa: *el vino se ha maleado.* v.tr/prnl.
2 Pervertir a una persona: *maleamos a Pedro; Juan se* = viciar *malea yendo con nosotras.*

malecón
1 Muralla o terraplén para defensa de las aguas. s.m./CONSTRUCCIÓN
2 Rompeolas adaptado para que atraquen las embar- CONSTRUCCIÓN caciones: *con el fuerte oleaje las barcas chocaban contra el malecón.*
3 Terraplén para elevar la vía del tren. CONSTRUCCIÓN

maledicencia (Del lat. *maledicentia.*) Acción de difa- s.f. mar, murmurar o calumniar: *su bohemia vida le hace objeto de la maledicencia de las vecinas.*

maleducado, a Que no tiene educación o dice gro- adj/s. serías: *no quiero tratos contigo porque eres un maleduca-* = irrespetuoso *do; el muy maleducado se pasaba el día insultando a la* ≠ educado *gente.*

maleducar Dar a un niño o a un joven una mala v.tr. educación con mimos excesivos: *la maleducaron conce-* conj: sacar *diéndole todos sus caprichos.* = malcriar

maleficiencia Conducta del que hace daño o mal a s.f. otra persona.

maleficiar
1 Causar daño a una persona o una cosa. v.tr.
2 Causar un daño a una persona mediante prácticas OCULTISMO de hechicería. = hechizar

maleficio (Del lat. *maleficium.*) Influjo negativo pro- s.m. ducido a través de la hechicería: *cree que sus males se* OCULTISMO *deben a un maleficio.*

maléfico, a (Del lat. *maleficus.*)
1 Que perjudica a otro con maleficios: *la bruja lanzó* adj/s. *un conjuro maléfico.*
2 Que influye de manera perjudicial sobre una perso- = dañino na o una cosa: *su compañera ejerce una influencia malé-* ≠ benéfico *fica sobre él.*
3 Persona que practica la hechicería o ejerce malefi- s./OCULTISMO cios: *contrató los servicios de un maléfico para conseguir* = hechicero *un filtro de amor.*

malemplear Malgastar, desperdiciar: *malempleó su* v.tr/prnl. *fortuna en los casinos.*

malencarado, a Que está mal educado. adj.

malentender Percibir una persona el sentido de una v.tr. cosa de forma equivocada: *creo que ha malentendido* conj: tender *tus palabras.*

malentendido Situación de confusión o desacuerdo s.m. producido por una interpretación errónea o equivo- = equivocación, cada de una cosa: *se pelearon por un absurdo malenten-* error *dido.*

malentrada Tributo que pagaba el que entraba preso s.f./HISTORIA en la cárcel.

maleolar De los maléolos. adj./ANATOMÍA

maléolo (Del lat. *malleolus,* martillito.) Cada uno de s.m. los abultamientos o bultos de la región de la tibia y ANATOMÍA el peroné, que forman el tobillo.

malestar Sensación de incomodidad experimentada s.m. por el que se encuentra mal física o anímicamente: ≠ bienestar *estar en medio de aquella pelea me producía un gran ma-lestar.*

maleta
I (Del fr. ant. *malete* < *malle* < germ. *malha*, saco de viaje.)
1 Caja de piel, lona, plástico u otro material, generalmente de forma cuadrada o rectangular, que se usa para transportar ropa y otros enseres cuando se viaja: *el botones se hizo cargo de mis maletas.* — s.f.
2 Lío de ropa.
3 Alforja, especie de talega. — *Amér. Chile, Guat.*
4 **hacer la maleta:** 1. Llenar de ropa y de los utensilios necesarios para ir de viaje: *el avión sale a las ocho y yo todavía no he hecho la maleta.* 2. Disponer lo necesario para irse de alguna parte o para dejar un empleo o cargo: *días antes de presentar su dimisión ya había hecho la maleta.* — *coloquial*
5 **largar o soltar una maleta:** Morir, fallecer. — *Chile*
II (Derivado de *mal.*)
1 Se aplica a quien es muy torpe o inútil en la actividad que realiza: *son unos maletas los jugadores de ese equipo.* — adj./s.m.f. *Méx.*
2 Se aplica a la persona que es mala, o que actúa con perversidad. — adj./Méx., Amér. Central
3 Torero que no sabe bien su oficio o que tiene una mala tarde en la plaza. — s.m. TAUROMAQUIA

maletero, a
1 Persona que por oficio hace o vende maletas. — s.
2 Persona encargada de llevar maletas o equipajes: *el maletero del hotel me acompañó hasta el taxi.*
3 Compartimiento de un vehículo donde se llevan las maletas y el resto del equipaje. — s.m.
4 Armario o lugar de una vivienda donde se guardan las maletas: *destinó el sótano a maletero.*
5 Ladrón, ratero. — *Chile*

maletilla Persona joven que, sin medios y sin ayuda, intenta abrirse camino en el mundo del toreo participando en tientas y capeas. — s.m. TAUROMAQUIA

maletín
1 Maleta pequeña, por lo general rectangular, para guardar o transportar papeles, documentos u otros útiles de uso profesional: *el dossier está en mi maletín.* — s.m.
2 **maletín de grupa:** El usado por los soldados y oficiales de caballería. — MILITAR

maletudo, a Se aplica a la persona que tiene una giba o chepa. — adj./s./Colomb., Cuba, Ecuad.

malevaje Grupo constituido por malevos o maleantes. — s.m. Argent.

malevo, a
1 Se aplica al delincuente o malhechor que comete delitos con asiduidad. — adj./s./Argent., Bol.
2 Se refiere al hombre pendenciero y matón que vivía en los alrededores de Buenos Aires. — Argent.

malevolencia
1 Mala voluntad o intención. — s.f.
2 Cualidad del que actúa con malicia o mala intención: *cada vez que la mira le sonríe con malevolencia.*

malevolente Que tiene mala voluntad hacia otro: *es muy celoso y malevolente con su hermano pequeño.* — adj. ≠ benevolente

malévolo, a (Del lat. *malevolus.*) Que es malicioso o malintencionado: *me lanzó una mirada malévola como respuesta a mi acusación.* — adj./s.= malo ≠ benévolo

maleza
1 Abundancia de hierbas perjudiciales en los sembrados: *unos jornaleros quitaban la maleza.* — s.f.
2 Espesura de arbustos silvestres, como zarzales o jarales: *el conejo herido quedó atrapado en la maleza y no podía salir.*
3 Achaque, enfermedad. — Dom., Nicar.

malformación Deformidad o defecto congénito de alguna parte del organismo: *sufre una malformación en la cadera que le hace cojear.* — s.f. MEDICINA

malgache
1 De Madagascar, isla del océano Índico, o de su lengua. — adj.
2 Persona natural de esta isla. — s.m.f.
3 Lengua indonesia hablada por los habitantes de esta isla. — s.m. LINGÜÍSTICA

malgastador, a Que malgasta: *nunca tiene dinero porque es muy malgastador.* — adj/s.= derrochador, despilfarrador

malgastar Gastar una cosa con imprudencia: *malgasta el dinero en tonterías.* — v.tr./= derrochar, dilapidar

malgeniudo, a Que tiene mal genio y suele estar enfadado y ser áspero en el trato. — adj/s./Méx. = malgenioso

malhablado, a Que utiliza expresiones soeces o malsonantes: *¡no digas palabrotas!, ¡no seas malhablado!* — adj/s.

malhadado, a (De *mal* + *hado.*) Que sufre una desgracia o tiene mala suerte. — adj. = desventurado

¡malhaya! Exclamación imprecatoria: *¡malhaya el ladrón que me robó el bolso!* — interj. tb: ¡malhayas!

malhecho, a
1 Se refiere a la persona que tiene el cuerpo mal formado o contrahecho. — adj.
2 Acción mala. — s.m.

malhechor, a Que comete delitos habitualmente: *por fin pudieron detener a los malhechores.* — adj/s. = delincuente

malherir Herir de gravedad a una persona o un animal: *el toro malhirió al diestro.* — v.tr. conj: sentir

malhojo (De *mal* + *hoja.*) Conjunto de hojas inútiles que se quitan de las plantas y se aprovechan como pienso para el ganado. — s.m. tb: marojo, marhojo

malhora Amigo de hacer maldades o travesuras. — s.m.f./Méx.

malhumor Mal humor, estado de ánimo negativo: *no se lo digas, hoy está de malhumor.* — s.m.

malhumorado, a Que tiene mal humor: *siempre llega malhumorado del trabajo.* — adj./= enfadado ≠ contento

malhumorar Poner de mal humor a una persona: *al quedarse sin gasolina a medio camino se malhumoró; me malhumoró su tardanza.* — v.tr/prnl. = disgustar, ≠ alegrar

malicia (Del lat. *malitia.*)
1 Maldad, cualidad de malo: *actúa con mucha malicia porque le encanta vernos sufrir.* — s.f./= malignidad ≠ bondad
2 Perspicacia o viveza de ingenio para prevenir las cosas: *si hubieras tenido más malicia, habrías visto sus intenciones.*
3 Cualidad del que actúa de manera encubierta, ocultando la intención con que se procede: *eso está escrito con malicia.* — = astucia, doblez, picardía
4 Inclinación a interpretar las cosas con una segunda intención: *no debes ver en esos chistes ninguna malicia.*
5 Conocimiento que los niños tienen de cosas impropias de su edad, que los mayores tratan de disimular: *ese niño es muy ingenuo, no tiene malicia alguna.* — = picardía ≠ ingenuidad
6 Actitud del que hace el mal o causa mucho daño y goza con ello: *el asesino sonreía con malicia.* — = perversidad
7 Carácter de las cosas perjudiciales o perniciosas: *una enfermedad con malicia; una calentura con malicia.*
8 Sospecha o recelo: *tengo mis malicias de que fue él quien lo hizo.*

maliciable Que puede ser maliciado. — adj.

maliciar
1 Sospechar una cosa una persona con malicia o recelo: *yo ya me maliciaba algo así.* — v.tr/prnl. = recelar
2 Pervertir o echar a perder a una persona: *sus nuevos amigos lo están maliciando.* — v.tr. = malear

malicioso, a Que tiene malicia o picardía. — adj/s.

málico, a Se refiere a un diácido alcohol que se encuentra en las manzanas y en los frutos ácidos. — adj. QUÍMICA

malignar
1 Hacer mala a una persona o una cosa: *Luis se malignó tras su paso por la cárcel.* — v.tr/prnl. = malear
2 Empeorar o hacerse maligna una lesión o una enfermedad. — v.prnl. = malignizarse

malignidad
1 Carácter de lo que es maligno: *teme la malignidad del diablo.* — s.f. ≠ benignidad
2 Propensión del ánimo a pensar u obrar mal. — SICOLOGÍA
3 Cualidad de los tumores cuando son graves: *la malignidad del cáncer le llevó a la muerte.* — MEDICINA = virulencia

malignizarse Adquirir carácter maligno una lesión o una enfermedad: *los médicos advirtieron del riesgo de que el tumor se malignizara.* — v.prnl./conj: cazar MEDICINA = malignar

maligno, a (Del lat. *malignus.*)
1 Que tiende a actuar o pensar con maldad: *es un chico maligno y por eso no tiene amigos.* — adj/s./tb: malino = perverso, taimado
2 De índole perniciosa: *su comportamiento tuvo un claro efecto maligno.* — = dañino
3 Se aplica a la enfermedad que tiene una evolución negativa: *le descubrieron un tumor maligno.* — MEDICINA ≠ benigno

malilla
1 Carta de la baraja que, en algunos juegos, es la segunda en valor. — s.f./JUEGOS = mala
2 Carta de cada palo, en el juego del rentoy. — JUEGOS
3 Juego de cartas en que la carta segunda en valor es el nueve de cada palo. — JUEGOS
4 Lo que sirve para todo, como un comodín.

malinchista Se aplica al individuo que da preferencia a las personas, costumbres o cosas extranjeras y desprecia las nacionales, o adopta una actitud servil frente a los extranjeros. — adj/s.m.f. Méx.

malinés, a
1 De Malí, país de África occidental. — adj.
2 Persona natural de este país. — s.

malingrar Malignar [en todas sus acepciones]. — v.tr.

malintencionado, a Que tiene mala intención: *su comentario era muy malintencionado y por eso me sentí atacada.* — adj. = malicioso

malinterpretar Interpretar de forma incorrecta una cosa: *malinterpretó mi interés hacia él.* — v.tr.

malla (Del fr. *maille* < lat. *macula*, malla de red.)
1 Cada uno de los cuadriláteros que, trenzados de forma especial, forman el tejido de la red: *es una red de malla ancha.* — s.f.
2 Tejido semejante al de la red.

3 Tejido de pequeños anillos o eslabones de metal, que se usa para hacer bolsas, portamonedas u otros objetos.

4 Cada una de las anillas del tejido de punto.

5 Prenda de punto muy fino, elástica y ajustada al cuerpo, que se usa para ballet, gimnasia y otros deportes: *la gimnasta llevaba la malla del equipo nacional*.

6 Cuadro rectangular de doble entrada, que permite comparar las variaciones de un fenómeno durante períodos de tiempo distintos. — ESTADÍSTICA

7 Pieza cuadrada parecida al fuso, que tiene un espacio vacío de su misma figura. — HERÁLDICA

8 Circuito cerrado formado por varios conductores que unen los nudos de una red. — ELECTRICIDAD

9 Bañador, traje de baño. — *Argent., Perú, Urug. Chile*

10 Clase de patata de tubérculo muy pequeño.

11 **malla cristalina:** Paralelepípedo formado sobre los tres vectores que expresan la periodicidad tridimensional de una red cristalina.

mallar
1 Hacer malla. — v.intr.
2 Quedar un pez atrapado en las mallas de una red. — = enmallarse

mallero, a Persona que hace malla. — s.

malleta Cabo que sirve para tirar de un arte de pesca o para sacarlo del agua. — s.f. PESCA

mallete (Del fr. *maillet*, mazo.)
1 Trozo de madera en forma de cuña que sirve para dar estabilidad a la arboladura o, en los barcos de guerra, a la artillería. — s.m. NÁUTICA
2 Pieza de hierro que divide y refuerza los eslabones de las cadenas de los barcos. — NÁUTICA = dado

malleto (Del cat. *mallet*.) Mazo con que se bate el papel en los molinos o fábricas. — s.m.

mallín Pradera cenagosa. — s.m./*Argent.*

mallo (Del lat. *malleus*, mazo de hierro.)
1 Mazo, martillo grande de metal o madera. — s.m.
2 Juego en que se utilizan uns mazos de mango largo para hacer correr por el suelo unas bolas de madera. — JUEGOS
3 Lugar adecuado para jugar a este juego. — JUEGOS

mallorquín, a
1 De Mallorca o de su variedad lingüística. — adj/s.
2 Persona originaria de Mallorca. — s.
3 Variedad lingüística del catalán que se habla en esta isla. — s.m. LINGÜÍSTICA

mallorquinismo
1 Palabra o expresión propias del español hablado en la isla de Mallorca. — s.m. LINGÜÍSTICA
2 Expresión o construcción propias del catalán balear o mallorquín que se usan en otra lengua. — LINGÜÍSTICA
3 Afecto por Mallorca y lo mallorquín y, en general, por las islas Baleares y lo balear.

malmandado, a Que no obedece o hace las cosas de mala gana: *es un trabajador malmandado*. — adj/s. = desobediente

malmaridada Se refiere a la mujer que se lleva mal con su marido. — adj/s.f. = malcasada

malmeter
1 Inducir a una persona a obrar de forma incorrecta. — v.tr.
2 Hacer que varias personas se enemisten. — v.tr/prnl.

malmirado, a
1 Se aplica a la persona que está mal vista o considerada. — adj. = malquisto
2 Se refiere a la persona que trata sin consideración o respeto a otras. — = descortés

malnacido, a Que es despreciable, indeseable o mala persona: *nunca perdonaré al malnacido que secuestró a esa niña*. — adj/s. coloquial

malnutrición Nutrición desequilibrada. — s.f.

malo, a (Del lat. *malus*.)
1 Que no es de buena calidad: *la tela del vestido que compraste era mala; tiene mala memoria*. — adj. ≠ bueno
2 Que es perjudicial o dañino: *el tabaco es malo para la salud*. — adj. ≠ bueno
3 Que es contrario a la razón o a la moral: *adoptaron una mala actitud y ahora pagan las consecuencias*. — ≠ honrado
4 Que causa molestia o desagrado: *mala noticia; fue una mala sorpresa*. — = molesto ≠ agradable
5 Que tiene dificultad: *es malo de hacer; tiene un pelo malo de peinar*. — = trabajoso
6 Que está deteriorado o estropeado: *la comida está mala, tírala*. — = inservible
7 Que está enfermo: *tengo al niño malo en la cama*. — ≠ sano
8 Se aplica al niño que es inquieto, revoltoso o enredador: *los niños malos se acuestan tarde*. — coloquial = travieso
9 Que es de vida o costumbres censurables: *es una mala persona; los malos serán castigados*. — adj/s.
10 Indica poca posibilidad de que se cumpla alguna cosa inconveniente o molesta: *malo será que no llueva*. — adj. + ser
11 **a malas:** Con enemistad. — loc.adj/adv.
12 **el malo:** El demonio. —
13 **estar de malas:** Estar de mala suerte o de mal humor: *hoy no le pidas dinero, que está de malas*. — coloquial
14 **lo malo es que:** Significa lo que puede ofrecer dificultad o ser obstáculo para algún fin: *lo malo es que no podremos hacerlo hasta el viernes*. — loc.conj.

15 **malo...:** Expresión que se usa para reprobar una cosa, o para significar que ocurre inoportunamente, infunde sospecha o es contraria a un fin determinado: *malo..., si no hay luz en la ventana, seguro que no están*.

16 **por las malas o por las buenas:** A la fuerza o de forma voluntaria: *lo tendrá que hacer por las malas o por las buenas*. — loc.adv.

maloca (Del araucano *malokan*, abrir hostilidades con alguien.)
1 Malón, ataque inesperado de indios. — s.f./*Amér. Merid.*
2 Invasión de hombres blancos en tierra de indios, con pillaje y exterminio. — *Amér. Merid.*

malófago, a Perteneciente a un orden de insectos parásitos de animales de sangre caliente, pero nunca del hombre, como los piojos de aves. — adj/s.m. ZOOLOGÍA

malogrado, a Se aplica a la persona, especialmente de cierta categoría en su profesión o actividad, que muere joven: *la malograda bailarina siempre será recordada como una gran promesa*. — adj.

malogramiento Acción de no terminar, no completarse o no suceder una cosa como se deseaba o como permitía esperar su desarrollo. — s.m. = malogro

malograr
1 Perder o no aprovechar una cosa: *no conviene malograr ciertas oportunidades*. — v.tr. = desperdiciar
2 No realizarse o producirse lo que se pretendía o se esperaba: *el proyecto se malogró por falta de medios*. — v.prnl. = frustrarse, fallar
3 No llegar una persona o una cosa al desarrollo que se espera o desea.

malogro Circunstancia de malograrse una cosa. — s.m.

maloliente Que huele mal: *era un cuchitril sucio y maloliente*. — adj./= fétido, pestilente

maloja Planta de maíz que se usa como forraje de las caballerías. — s.f./*Cuba* BOTÁNICA

malojal Plantación de maloja. — s.m./*Cuba, Venez.*

malojo Maloja, planta de maíz que se usa como forraje de las caballerías. — s.m./*Venez.* BOTÁNICA

malón
1 Irrupción o ataque inesperado de indios, con saqueo y depredaciones. — s.m. *Amér. Merid.*
2 Grupo de personas que provocan desórdenes en espectáculos o reuniones públicas. — *Amér. Merid.*
3 Visita sorpresiva de un grupo de personas a la casa de amigos. — *Argent., Chile*

maloquear Hacer incursiones los indios. — v.intr./*Amér. Merid.*

maloquero, a Que maloquea o saquea. — adj./*Amér. Merid.*

malpaís Nombre dado en los países de habla española a los terrenos cubiertos de un tipo de corriente de lava de superficie irregular, formado por bloques sueltos y agrietados. — s.m. GEOLOGÍA

malparado, a Que resulta perjudicado o dañado: *quiso mediar entre los dos y salió malparado*. — adj. = maltrecho

malparar Dejar a una persona o una cosa maltrecha o en mal estado. — v.tr. = deteriorar

malparida Mujer que ha parido antes del tiempo necesario de gestación. — s.f.

malparido, a Que es despreciable. — adj/s./vulgar

malparir Expeler la hembra de los mamíferos el feto antes del tiempo de gestación necesario. — v.intr. = abortar

malparto Acción y resultado de parir antes del tiempo necesario de gestación. — s.m. = aborto

malpasar Vivir una persona en la pobreza o con dificultades económicas. — v.tr.

malpensado, a Que tiende a pensar mal de las personas o de sus actos: *no seas malpensado, lo que te ha dicho no era un insulto*. — adj/s. = desconfiado

malpensar Tener tendencia a pensar mal de las personas o de las cosas. — v.intr. conj: *pensar*

malpigiáceo, a (De *Malpighi*, biólogo italiano.) Perteneciente a una familia de plantas arbustivas, arbóreas o trepadoras, de hojas opuestas, flores en corimbo o racimo y fruto en cápsula o en baya. — adj/s.f. BOTÁNICA

malqueda Persona propensa a no cumplir sus promesas, compromisos y obligaciones: *no esperes que lo haga, es una malqueda*. — s.m.f. coloquial ≠ cumplidor

malquerencia Sentimiento de antipatía o aversión hacia una persona o una cosa: *no puede disimular su malquerencia hacia ti*. — s.f. = ojeriza

malquerer Tener una persona antipatía a otra: *con sus críticas demuestra que la malquiere*. — v.tr/conj: *querer* part.tb: malquisto

malqueriente Que malquiere a una persona. — adj.

malquistar Enemistar a una persona con otra: *hizo todo lo posible para malquistar a la pareja; se malquistó con su amigo*. — v.tr/prnl. + con = malmeter

malquisto, a Que está mal considerado por otras personas o que recibe su antipatía o enemistad. — adj.

malrotar (Del ant. *manroto*, roto con las manos.) Gastar dinero con insensatez y exceso, malgastar. — v.tr. tb: marlotar

malsano, a
1 Que es perjudicial para la salud: *clima malsano; país malsano; ambiente malsano.* — adj. = insalubre, insano
2 Que resulta dañino para la moral: *tiene un interés malsano por los objetos de tortura.*
3 Que es enfermizo: *necesita cuidados especiales porque es un niño malsano.*

malsín (Del hebreo *malsin*, denunciador.) Persona cizañera y soplona. — s.m.

malsonancia Cualidad o condición de malsonante. — s.f.

malsonante
1 Que suena mal: *su música es una inaguantable sucesión de ruidos malsonantes.* — adj.
2 Se aplica a la palabra o expresión que resulta molesta por ser vulgar o grosera: *no digas tantas palabras malsonantes.* — = disonante, = chabacano, soez

malsufrido, a Que tiene poca paciencia o aguante, en especial para los dolores físicos: *espero que no le tengan que operar porque es muy malsufrido.* — adj.

malta (Del ingl. *malt*.)
1 Cebada germinada de forma artificial, desecada y tostada, que se emplea en la fabricación de cerveza. — s.f.
2 Esta misma cebada, utilizada para hacer una infusión.

maltaje Proceso mediante el cual se convierte la cebada en malta. — s.m. = malteado

maltasa Enzima del jugo intestinal, que hidroliza la maltosa. — s.f. BIOQUÍMICA

malteado, a
1 Se aplica al grano que ha sido sometido al proceso de transformarse en malta, en especial el de la cebada. — adj.
2 Proceso por el cual la cebada o el trigo se transforman en malta. — s.m. = maltaje

maltear Convertir la cebada u otros cereales en malta. — v.tr.

maltería Establecimiento industrial para la obtención de la malta. — s.f. INDUSTRIA

maltés, a
1 De Malta, país insular del Mediterráneo, y de su lengua. — adj/s.
2 Persona natural de este país. — s.
3 Lengua semítica hablada en este país. — s.m./LINGÜÍSTICA

maltón, a Se aplica al animal o persona joven, pero de desarrollo precoz. — adj/s. Amér. Merid.

maltosa Azúcar de la malta que se produce mediante la descomposición del almidón por hidrólisis. — s.f. BIOLOGÍA

maltrabaja Persona perezosa u holgazana: *nunca te cases con un maltrabaja.* — s.m.f. coloquial

maltraer
1 Tratar a una persona con dureza sin que se lo merezca: *su profesor lo maltrae.* — v.tr. conj: *traer*
2 **llevar a maltraer**: Molestar o irritar a una persona con insistencia.

maltraído, a Que va mal vestido, desaliñado o desaseado. — adj./Bol., Chile, Perú

maltrapillo, a Golfo, muchacho mal vestido. — s.m.

maltratamiento Acción y resultado de maltratar o maltratarse. — s.m. = maltrato

maltratar
1 Tratar mal a una persona o un animal: *trabajando tanto se maltrata a sí mismo.* — v.tr/prnl. ≠ cuidar
2 Estropear, echar a perder o causar desperfectos en una cosa: *no maltrates los libros porque no te compraré otros.* — v.tr. = deteriorar

maltrato Acción y resultado de maltratar o maltratarse: *fue víctima de los maltratos de su marido.* — s.m. = maltratamiento

maltrecho Que ha sido maltratado o está deteriorado: *se presentó en la comisaría maltrecha y llorosa.* — adj.

maltusianismo (De *Malthus*, economista inglés del siglo XIX.) Corriente ideológica propugnada por dicho economista, que defendía una reducción de los nacimientos para evitar el mayor empobrecimiento de las clases menos favorecidas por la fortuna. — s.m. SOCIOLOGÍA tb: malthusianismo

maltusiano, a (De *Malthus*, economista inglés del siglo XIX.)
1 De este economista o del maltusianismo: *el principal postulado maltusiano afirma que la población, sin obstáculos aumenta en progresión geométrica y los alimentos tan sólo en aritmética.* — adj. SOCIOLOGÍA tb: malthusiano
2 Que es partidario del maltusianismo. — adj/s./SOCIOLOGÍA

malucho, a Que está un poco enfermo: *el niño no ha ido al colegio porque está malucho; desde que empezó a hacer frío, anda malucha.* — adj./familiar tb: maluco

maluquera
1 Indisposición o enfermedad. — s.f./Colomb., Cuba Colomb.
2 Fealdad, cualidad de feo.

malura Malestar o desazón. — s.f./Chile

malva (Del lat. *malva*.)
1 Planta malvácea cuyas flores, de color rosado o violáceo, se usan en infusiones laxantes y calmantes. *(Malva.)* — s.f. BOTÁNICA

2 Del color de la flor de esta planta. — adj.
3 Color morado claro tirando a rosa. — s.m.
4 **estar criando malvas**: Estar muerto y enterrado: *no hables mal de los que están criando malvas.* — coloquial
5 **haber nacido en las malvas**: Haber tenido humilde nacimiento. — coloquial
6 **ser o estar como una malva**: Ser dócil y sumiso por lo general a consecuencia de una reprimenda: *después de la bronca los alumnos están como una malva.* — coloquial

malváceo, a Perteneciente a una familia de plantas arbustivas o arbóreas, de hojas alternas, flores generalmente hermafroditas con cinco sépalos y cinco pétalos, y fruto en cápsula. — adj/s.f. BOTÁNICA

malvado, a (Del lat. vulgar *malifatius*, desgraciado.) Que se comporta con perversidad y maldad: *la bruja de los cuentos es una mujer malvada.* — adj/s. = perverso

malvar
I (Derivado de *malva*.) Terreno donde abundan las malvas. — s.m.
II (Derivado de *malo*.) Hacer mala a una persona o una cosa. — v.tr. = corromper

malvarrosa Geranio rosa, planta. — s.f./BOTÁNICA

malvasía (De la ciudad de *Malvasia*.)
1 Uva muy dulce y fragante, producida por una variedad de vid importada de la isla de Quío por los catalanes durante las cruzadas, que prevalece en varias partes de España, especialmente en Sitges. — s.f. AGRICULTURA = masvale
2 Vino que se hace de esta uva. — = masvale

malvavisco (Del lat. *malva* + *hibiscum*.) Planta malvácea, de rizoma grueso, hojas dentadas y flores blancorrosáceas, cuya raíz se utiliza como emoliente. *(Althaea officinalis.)* — s.m. BOTÁNICA = acalia, altea

malvender Vender una cosa a bajo precio con poca o ninguna ganancia: *tuvieron que malvender el piso para huir del país.* — v.tr. = malbaratar

malversación Delito cometido por la persona encargada de administrar los fondos públicos o de cualquier otra clase al disponer de ellos indebidamente. — s.f. DERECHO

malversador, a Que malversa. — adj/s.

malversar
1 Invertir ilícitamente los caudales públicos en usos distintos a los que habían sido destinados. — v.tr/DERECHO = defraudar
2 Sustraer caudales públicos. — DERECHO

malvinero, a
1 De las islas Malvinas, situadas frente a la costa sur de Argentina, en el Atlántico. — adj.
2 Persona natural de estas islas. — s.

malvivir Vivir una persona en la pobreza o con penalidades: *malvivía de las limosnas.* — v.intr.

malvón Geranio, planta geraniácea, muy ramificada, con hojas afelpadas y flores rosadas o rojas, a veces blancas. — s.m. Argent., Méx., Par., Urug.

mama (Del lat. *mamma*.)
1 Denominación que se le da a la madre: *el bebé sabe quién es su mama.* — s.f./familiar tb: mamá
2 Cada uno de los órganos glandulares de los mamíferos que se desarrollan en la pubertad y segregan, después de la gestación, la leche que alimentará a las crías. — ANATOMÍA = teta

mamá (Pronunciación afrancesada de *mama*.) Denominación que se le suele dar a la madre dentro de la familia. — s.f./familiar = madre tb: mama

mamacallos Hombre tonto o de escasa valía: *¿cómo te has enamorado de este mamacallos?* — s.m./pl: mamacallos coloquial

mamada
1 Acción de mamar o chupar las crías la leche de su madre. — s.f.
2 Cantidad de leche que toma de una vez la cría al mamar.
3 Borrachera, embriaguez. — coloquial
4 Felación, excitación de los órganos sexuales masculinos con los orales de la pareja. — vulgar
5 Cosa, hecho o dicho absurdo, disparatado o ridículo: *esa película es una mamada.* — Méx.

mamadera
1 Instrumento para descargar el exceso de leche del pecho de una mujer. — s.f. = sacaleches
2 Biberón, utensilio para la lactancia artificial. — Amér. Central y Merid.
3 Tetilla del biberón. — Cuba, P. Rico

mamado, a
1 Que está borracho: *llegó a casa mamado y oliendo a ron.* — adj. coloquial
2 Que es muy fácil o sencillo: *el examen estaba mamado y todos aprobamos.* — adj. coloquial
3 Que es fuerte o musculoso: *Liliana está muy mamada.* — Méx/vulgar

mamalón, a Que es holgazán y vago. — adj./Cuba, P. Rico

mamador, a Que mama. — adj/.= mamante

mamancona Mujer vieja y gorda. — s.f./Chile

mamar (Del lat. *mammare*, amamantar.)
1 Succionar las crías la leche de los pechos de la madre: *los cachorros maman la leche de su madre.* — v.tr.
2 Comer una cosa deprisa y sin masticarla bien. — = engullir
3 Tener una persona un hábito o una cualidad a causa de las circunstancias en que se ha criado: *al ser hijo de actores, ha mamado la afición al teatro.*
4 Obtener una persona una cosa sin méritos ni esfuerzo: *se ha mamado el aprobado en el examen porque ha copiado.* — v.prnl. coloquial
5 Caer una persona en una trampa o engaño. — v.tr.
6 Practicar la felación. — coloquial
7 Emborracharse una persona. — v.prnl./coloquial
8 Echarse a perder, arruinarse alguna cosa: *ya mamó la televisión.* — v.intr./Méx. vulgar
9 **mamar y gruñir:** Frase con que se reprocha a la persona que no se contenta con nada: *aunque no le falta de nada sólo hace que mamar y gruñir.* — coloquial

mamario, a De las mamas o las tetillas, o relacionado con ellas: *glándulas mamarias; prótesis mamaria.* — adj. ANATOMÍA

mamarrachada
1 Acción ridícula o hecha para hacer reír: *nos divierten tus mamarrachadas.* — s.f./coloquial = payasada
2 Conjunto de mamarrachos. — coloquial

mamarracho (Del ant. *moharrache* < ár. vulgar *muharray*, bromeador.)
1 Cosa mal hecha, ridícula y sin valor, en especial un dibujo: *eso que has pintado no es un barco, es un mamarracho.* — s.m./coloquial = birria ≠ maravilla
2 Persona que por su extravagancia o informalidad en la manera de vestir y de comportarse no merece ningún respeto: *no le hagas caso, es un mamarracho; con este traje estás hecho un mamarracho.* — coloquial = adefesio, fantoche

mambla (Del lat. *mammula*, teta pequeña.) Colina pequeña en forma de mama de mujer. — s.f.

mambo Baile de origen cubano, mezcla de rumba y de swing. — s.m.

mamboretá Santateresa, insecto ortóptero de color verde claro que se alimenta de otros insectos. — s.m./Argent., Par., Urug./ZOOLOGÍA

mambrú (De *Mambrú* < *Malborough*, general británico.) Denominación vulgar de la chimenea del fogón de los barcos. — s.m./pl: mambrúes NÁUTICA

mamella (Del lat. *mamilla*, teta.) Cada uno de los apéndices carnosos que tienen algunos animales en la parte anterior del cuello, en especial la cabra. — s.f. ZOOLOGÍA th: marmella

mamellado, a Se aplica al animal que tiene mamellas, en especial la cabra. — adj./ZOOLOGÍA th: marmellado

mamelón
1 Colina o cumbre con forma de pezón de teta. — s.m.
2 Abultamiento carnoso que forma la cicatriz de una herida o de una úlcera. — MEDICINA

mamelonado, a
1 Que tiene mamelones o abultamientos carnosos. — adj./MEDICINA
2 Que tiene la superficie con formas redondeadas.

mameluco, a (Del ár. *mamluk*, esclavo.)
1 De una milicia turcoegipcia, compuesta en su origen por esclavos, que terminó erigiéndose en una dinastía que dominó Egipto durante varios siglos. — adj./s.m. HISTORIA
2 Persona necia y boba. — s./coloquial
3 Prenda de vestir enteriza, especial para niños, que cubre el tronco y extremidades. — s.m./Amér.
4 Bombacho, calzón. — Hond.
5 Mono, prenda de vestir de trabajo usada por los obreros, de una sola pieza, que cubre todo el cuerpo. — Méx., Amér. Merid., Antillas

mamey
1 Planta arbórea, con flores blancas olorosas y fruto casi redondo, de pulpa amarilla, aromática y sabrosa, que crece en América. (*Mammea americana.*) — s.m. BOTÁNICA
2 Planta arbórea, con flores de color blanco rojizo y fruto ovoide, de pulpa roja, dulce y muy suave. (*Lucuma mammosa.*) — BOTÁNICA
3 Fruto de estas plantas. — BOTÁNICA

mameyero Mamey, planta arbórea. — s.m./Amér. Merid.

mami Apelativo con que, en ocasiones, se dirigen los niños a sus madres. — s.f. familiar

mamía Se refiere a la cabra que tiene una sola ubre. — adj.

mamífero, a (Del lat. *mamma*, teta + *ferre*, llevar.) Perteneciente a una clase de animales vertebrados caracterizados por la presencia de glándulas mamarias, piel generalmente cubierta de pelos, dos pulmones, corazón de cuatro cavidades, encéfalo relativamente desarrollado y por una reproducción generalmente vivípara. — adj/s.m. ZOOLOGÍA

mamiforme (Del lat. *mamma*, teta + *forma*.) Que tiene forma de mama o teta. — adj.

mamila (Del lat. *mamilla*, teta.)
1 Mama o pecho de la hembra sin el pezón. — s.f./ANATOMÍA
2 Carnosidad que tiene el hombre en la zona del cuerpo correspondiente a las mamas de la mujer. — ANATOMÍA = tetilla
3 Biberón, botella pequeña usada para dar de beber a los niños pequeños. — Méx.

mamilar De la mamila: *región mamilar.* — adj./ANATOMÍA

mamitis (Del lat. *mamma*, teta + gr. *itis*, inflamación.) Inflamación de las mamas. — s.f./pl: mamitis MEDICINA

mamo- Componente de palabra procedente del lat. *mamma*, que significa mama, órgano glandular de los mamíferos: *mamiforme, mamografía.* — pref. th: mami-

mamografía (Del lat. *mamma*, teta + gr. *grapho*, escribir.) Examen radiográfico de las glándulas mamarias: *el ginecólogo me ha hecho una mamografía.* — s.f. MEDICINA

mamola
1 Gesto que consiste en poner la mano debajo de la barbilla de otra persona y golpearla suavemente con los dedos, con intención de burlarse de ella o hacerla reír. — s.f. th: mamona
2 **hacer a alguien la mamola:** 1. Darle golpecitos debajo de la barba en señal de mofa o burla. 2. Engañarle con caricias fingidas. — coloquial coloquial

mamón, a
1 Que está en edad de mamar: *su hijo todavía es mamón.* — adj/s.
2 Que mama mucho o más tiempo del normal: *mi hijo pequeño fue un niño mamón.*
3 Insulto sin significado preciso: *deja ya de pitar, mamón.*
4 Se aplica a la persona que toma con frecuencia bebidas alcohólicas: *siempre bebe ron, es muy mamón.* — coloquial
5 Diente de leche. — s.m.
6 Vástago de un árbol, que le chupa la savia. — BOTÁNICA
7 Árbol sapindáceo de América tropical cuya fruta es acídula y comestible. (*Melicocca bijuga.*) — BOTÁNICA = mamoncillo
8 Se aplica a la persona muy arrogante o soberbia. — adj./Méx.

mamona Mamola, gesto burlón. — s.m.

mamoplastia Intervención de cirugía estética en el seno, para mejorar su forma. — s.f. MEDICINA

mamoso, a
1 Que mama con apetito: *tu hijo es un bebé dormilón y mamoso.* — adj.
2 Variedad de panizo, planta. — s.m./BOTÁNICA

mamotreto (Del lat. *mammothreptus* < gr. *mammothreptos*, abultado.)
1 Trasto grande y de poca utilidad: *quita ese mamotreto del pasillo, que no deja pasar.* — s.m. = armatoste
2 Libro muy voluminoso: *me estoy leyendo un mamotreto muy aburrido.* — = libraco

mampara Contrapuerta movible de madera, cristal u otro material que se coloca en posición vertical en una habitación para dividir su espacio o para aislar una parte de la misma: *detrás de la mampara está la cama.* — s.f. = bastidor, biombo

mamparo Tabique con el que se divide en compartimientos el interior de una embarcación. — s.m. NÁUTICA

mamparra
1 Técnica de pesca que consiste en colocar una luz en un bote alrededor del cual se tienden las redes. — s.f. PESCA
2 Embarcación construida y dotada para pescar con esta técnica. — PESCA

mampato, a
1 Se refiere al animal de piernas cortas o de poca estatura. — adj/s. Chile
2 Persona de reducida estatura. — s/Chile

mamperlán Listón de madera que refuerza el borde de los peldaños en las escaleras de fábrica. — s.m. CONSTRUCCIÓN

mamporrero, a Persona que guía al caballo en el acto de cubrir a la yegua. — s.

mamporro Golpe dado a una persona con la mano o con un objeto, o el que se recibe al tropezarse o caerse: *resbaló y se pegó un buen mamporro.* — = coscorrón, porrazo, trompazo

mampostear Hacer una pared con material o piedra no trabajados. — v.tr. CONSTRUCCIÓN

mampostería
1 Obra de albañilería hecha con mampuesto o piedras sin labrar y sin formar hiladas. — s.f. CONSTRUCCIÓN
2 Oficio de mampostero. — CONSTRUCCIÓN
3 **mampostería concertada:** Obra hecha con piedras algo labradas para facilitar su asiento y trabazón. — CONSTRUCCIÓN
4 **mampostería en seco:** La que se hace colocando los mampuestos sin argamasa. — CONSTRUCCIÓN
5 **mampostería ordinaria:** La que se hace con mezcla o argamasa. — CONSTRUCCIÓN

mampostero, a Persona que trabaja en obras de mampostería. — s. CONSTRUCCIÓN

mampresar Empezar a domar una caballería. — v.tr.

mampuesta Hilada de mampuestos o piedras sin labrar. — s.f. CONSTRUCCIÓN

mampuesto, a
1 Se aplica al material que se utiliza en una obra de mampostería. — adj. CONSTRUCCIÓN
2 Piedra sin labrar y de pequeñas dimensiones que se puede colocar en una obra con la mano. — s.m. CONSTRUCCIÓN
3 Barrera o defensa para protegerse en la lucha. — = parapeto
4 Cualquier objeto en que se apoya el arma de fuego para tomar mejor la puntería. — Amér. Merid. y Central

mamúa Embriaguez, efecto que produce la ingestión excesiva de bebidas alcohólicas. *s.f./Argent., Urug. vulgar*

mamujar Mamar el bebé sin apetito, dejando el pecho y volviéndolo a tomar: *el bebé mamujaba el pecho de su madre; este niño mamuja y sin embargo está gordo.* *v.tr/intr.*

mamullar
1 Comer o masticar una persona haciendo los mismos gestos que para mamar. *v.intr.*
2 Decir palabras en voz baja sin pronunciarlas con claridad: *¿qué mamullas ahora?* *v.tr/coloquial = mascullar*

mamut Mamífero proboscídeo fósil de gran tamaño, pelo largo, con los dientes incisivos de la mandíbula superior largos y curvados que vivía en climas fríos durante la era cuaternaria y del que se han encontrado ejemplares enteros en las zonas heladas de Siberia. *(Elephas primigenius.)* *s.m. pl.tb: mamuts ZOOLOGÍA*

maná (Del lat. *manna* < gr. *manna* > hebreo *man*, manjar bíblico.)
1 Alimento que, según la Biblia, Dios envió a los israelitas durante su peregrinación en el desierto. *s.m. RELIGIÓN*
2 Alimento abundante y poco costoso.
3 Líquido azucarado y gomoso que fluye de algunos vegetales, como el eucalipto y el fresno, se solidifica rápidamente y tiene propiedades purgantes. *BOTÁNICA*
4 Bienes que se reciben gratuitamente y de modo inesperado.
5 Manantial, corriente de agua. *s.f./Colomb.*

manada
1 Rebaño de ganado cuidado por un pastor: *el perro del pastor guiaba la manada.* *s.f.*
2 Conjunto de animales de la misma especie que andan reunidos: *una manada de búfalos sorprendió a los miembros del safari.* *ZOOLOGÍA*
3 Conjunto de personas que van juntas: *una manada de aficionados se dirigía al estadio deportivo.* *coloquial = banda*
4 Porción de una cosa que se coge de una vez con la mano: *cogió una manada de trigo.* *= manojo*
5 a manadas: En gran número: *las fans acudían a manadas para verle actuar.* *loc.adv.*

manadero, a
I (Derivado de *mano.*) Pastor de una manada de ganado. *s.*
II (Derivado de *manar.*)
1 Que mana, brota o sale de un lugar. *adj./= manante*
2 Manantial, nacimiento de las aguas. *s.m.*

management (Voz inglesa.)
1 Técnica de dirección y de gestión de empresa. *s.m./ECONOMÍA*
2 Conjunto de dirigentes de una empresa.

manager (Voz inglesa.)
1 Persona que se encarga de la gerencia o dirección y representación de una empresa: *firmaremos el contrato con el manager de la fábrica.* *s.m.f./pl: managers = administrador, gerente*
2 Persona que se ocupa de los intereses de un artista, deportista o entidad: *el manager del cantante concertó las fechas de los conciertos.* *= representante*

managuaco, a
1 Se refiere a la persona rústica y torpe. *adj./Cuba*
2 Se aplica al animal manchado de blanco en las patas o en el hocico. *Cuba*

managüense
1 De Managua, capital de Nicaragua. *adj.*
2 Persona natural de esta ciudad. *s.m.f.*

manajú Planta gutífera que produce una resina medicinal. *(Rheedia aristata.)* *s.m./Cuba BOTÁNICA*

manante Que mana o brota. *adj.*

manantial
1 Lugar de donde brota agua de forma natural: *bebimos agua del manantial.* *s.m.*
2 Cosa que da origen a otra: *la falta de higiene es un manantial de infecciones.*
3 Se aplica al agua que mana de algún lugar. *adj.*

manantío, a Que mana. *adj/s.*

manar (Del lat. *manare.*) Salir un líquido de un lugar: *el pozo mana agua; el agua mana del pozo; se asustó al ver la sangre que manaba de la herida.* *v.tr/intr. + de = brotar, surgir*

manare
1 Especie de cesta de bejucos o mimbres, para llevar o guardar frutos, verduras o ropas. *s.m. Colomb., Venez.*
2 Cedazo hecho de palma, mimbres o bejucos, para cerner el admidón de yuca. *Venez.*

manatí (De origen incierto.)
1 Mamífero sirenio de cuerpo grueso y piel cenicienta que vive en los ríos y riberas del Atlántico tropical y cuya carne y grasa son muy estimadas. *(Trichechus.)* *s.m./ZOOLOGÍA tb: manato pl.tb: manaties*
2 Tira de piel de este animal que se utiliza para fabricar látigos y bastones.

manazas Persona desmañada o de ademanes torpes: *lo rompe todo, es un manazas.* *s.m.f./pl: manazas coloquial*

mancamiento
1 Acción y resultado de mancar o mancarse un miembro del cuerpo. *s.m.*
2 Falta de alguna cosa.

mancaperro Planta cariofilácea leñosa que se cultiva en jardines. *(Arenaria pungens.)* *s.m. BOTÁNICA*

mancar Herir de gravedad a una persona en la mano u otro miembro, imposibilitándole su libre uso: *se mancó la mano con la sierra.* *v.tr/prnl. conj: sacar*

mancarrón, a Caballón o empalizada para torcer o contener el curso de una corriente de agua. *s.m./Amér. Merid. CONSTRUCCIÓN*

manceba Concubina, mujer que vive con un hombre sin estar casados. *s.f.*

mancebía
1 Casa de prostitución. *s.f.*
2 Travesura propia de jóvenes.
3 Diversión deshonesta.

mancebo, a (Del lat. *mancipium*, esclavo.)
1 Joven de pocos años. *s.m.*
2 Hombre soltero.
3 Oficial auxiliar en algunas artes y oficios, en especial auxiliar de farmacia que no tiene el título facultativo de farmacéutico. *s.*
4 Empleado de un establecimiento mercantil que no tenía autoridad para hacer negocios en nombre de su jefe.

mancera (Del lat. *manuciaria* < *manucium*, mango.) Pieza del arado sobre la cual lleva la mano el labrador para dirigir la reja. *s.f. AGRICULTURA = esteva*

mancerina (De *Mancera*, nombre del marqués que lo ideó.) Plato con una abrazadera circular en el centro, donde se coloca y sujeta la taza para bèber chocolate. *s.f. tb: macerina, = marcelina*

mancha (Del lat. *macula.*)
1 Señal o dibujo formado sobre una superficie por una sustancia que cae en ella o por la suciedad despedida por otro cuerpo u objeto: *no consigo eliminar esta mancha de café.* *s.f. = mácula*
2 Zona o parte de una cosa de distinto color del general o dominante en ella: *tiene una mancha oscura en la piel; su sombra dibujaba una mancha informe en la pared.* *= mácula*
3 Cosa deshonrosa: *han descubierto una mancha en la vida del político.* *= desdoro, mancilla, tacha*
4 Zonas oscuras que se pueden observar en el Sol y en la Luna: *con el telescopio contemplé las manchas solares.* *ASTRONOMÍA*
5 Estudio hecho en pintura para observar, previamente a la ejecución, el efecto de las luces y la distribución del color. *ARTE*
6 Terreno que, por alguna cualidad, es distinto de los que lo rodean.
7 Zona de un terreno con vegetación distinta de la circundante. *GEOGRAFÍA*
8 Banco de peces que proyecta su sombra a la superficie del agua. *= majal*
9 Superficie impresa de una página. *ARTES GRÁFICAS*
10 Impureza o señal de una piedra preciosa.
11 Juego de niños en el que uno corre hacia los demás hasta tocar a otro. *JUEGOS Argent.*
12 cundir como mancha de aceite: Extenderse o divulgarse mucho una noticia u otra cosa: *el rumor de su divorcio cundió como mancha de aceite.* *coloquial*
13 salir la mancha: 1. Desaparecer ésta del sitio en que estaba. 2. Volver a aparecer.

manchadizo, a Que se mancha con facilidad: *un traje blanco es muy manchadizo.* *adj. = manchoso*

manchado, a Que tiene manchas: *tiene el traje manchado.* *adj.*

manchar (Del lat. *maculare.*)
1 Poner sucia una cosa: *al caer al suelo se manchó el jersey; el vino manchó el mantel.* *v.tr/prnl. ≠ limpiar*
2 Quitar el prestigio o la buena fama de una persona: *los actos del hijo han manchado a toda la familia; su reputación se manchó a causa de sus estafas.* *= deshonrar, mancillar*
3 Poner masas de claro y oscuro en una pintura: *no me gusta cómo has manchado el cuadro.* *v.tr. ARTE*

manchego, a
1 De La Mancha, región de la meseta central española. *adj.*
2 Persona originaria de La Mancha. *s.*
3 Se aplica a la variedad de queso de oveja elaborado en esta región española. *adj/s.m.*

manchón
1 Área de terreno, en los sembrados y matorrales, donde nacen las plantas muy tupidas. *s.m.*
2 Parte de una tierra de cultivo que se deja un año para pasto. *AGRICULTURA*

manchoso, a Que se mancha con facilidad. *adj./= manchadizo*

manchú
1 De Manchuria, región china de Asia, o de su lengua. *adj.*
2 Persona natural de esta región asiática. *pl.tb: manchúes s.m.f.*
3 Lengua del grupo tungús que se habla en esta región. *s.m.*

manchuriano, a De Manchuria, región de Asia. *adj/s.*

-mancia Componente de palabra procedente del gr. *manteia*, que significa adivinación: *quiromancia.* *suf. tb: -mancía*

mancilla (Del lat. vulgar *macella*, manchita.) Cosa deshonrosa: *sus devaneos amorosos son la mancilla de la familia.* — s.f. = desdoro, mancha

mancillar
1 Hacer una persona pierda su prestigio o su honra: *se mancilló al tratar con aquellos maleantes; mancillaron su reputación con calumnias.* — v.tr/prnl. tb: amancillar = deshonrar
2 Hacer que una cosa pierda el buen aspecto que tenía: *los años mancillaron la tersa piel de la actriz.* — v.tr. = afear, deslucir

mancipación Enajenación solemne de una propiedad que se hacía según el derecho romano. — s.f. DERECHO

mancipar (Del lat. *mancipare*, vender la propiedad.) Hacer esclava a una persona. — v.tr/prnl. = esclavizar

manco, a (Del lat. *mancus*.)
1 Que le falta un brazo o una mano o los tiene inutilizados: *volvió manco de la guerra.* — adj/s.
2 Que está falto de una cosa importante o necesaria: *la obra quedó manca.* — adj. = defectuoso
3 **no ser manco**: 1. Ser hábil para robar. 2. Tener talento o habilidades notables. 3. Ser propenso a golpear o pegar. — coloquial coloquial coloquial

mancomún (Contracción de *mano* y *común*, con una misma mano.) Se usa para indicar de acuerdo o en común dos o más personas, en la expresión **de mancomún**. — loc.adv.

mancomunar
1 Unir personas, esfuerzos o intereses para un fin: *si mancomunamos nuestras fuerzas obtendremos mejores resultados; se mancomunaron para descubrir al traidor.* — v.tr/prnl.
2 Obligar a dos o más personas a ejecutar un acto, o a pagar una deuda, pero diferenciando las prestaciones de cada una de ellas. — v.tr. DERECHO

mancomunidad
1 Acción y resultado de mancomunar o mancomunarse. — s.f.
2 Agrupación de municipios o provincias legalmente constituida para resolver problemas comunes. — DERECHO

mancorna Mancuerna, gemelos para los puños de la camisa. — s.f./Colomb., Chile

mancornar
1 Poner a un novillo con los cuernos fijos en el suelo y dejarlo sin movimiento. — v.tr. conj: contar
2 Atar la mano y el cuerno del mismo lado de una res vacuna con una cuerda para impedir su huida.
3 Poner la mano de una res que ha sido derribada sobre el cuerno del mismo lado para impedir que se levante.
4 Atar dos reses por los cuernos para que vayan juntas.
5 Unir dos cosas de la misma especie. — = emparejar

mancuerda Tormento que consistía en atar al reo con ligaduras que iban apretándose mediante las vueltas de una rueda. — s.f. HISTORIA

mancuerna
1 Pareja de animales o cosas mancornadas o unidas. — s.f.
2 Correa que sirve para mancornar.
3 Porción de tallo de la planta del tabaco con un par de hojas y disposición con que suele hacerse el corte de la planta cuando se recolecta. — Colomb., Chile, Cuba
4 Pareja de aliados. — Méx.
5 Gemelos, juego de botones que se ponen en los puños de la camisa. — s.f.pl./Méx., Amér. Central, Venez.

mancuernillas Mancuernas, gemelos para los puños de la camisa. — s.f.pl./Méx.

manda
1 Promesa que una persona hace a otra de darle cierta cosa. — s.f.
2 Legado o donación que se hace por testamento. — DERECHO
3 Voto o promesa hecha a Dios, a la Virgen o a un santo. — Argent., Méx., Chile

mandado, a
1 Persona que hace un encargo por orden o petición de otra: *él no tiene ninguna responsabilidad en ese asunto, es un mandado.* — s. = enviado
2 Cosa que se manda u ordena: *a mí no me vengas con mandados.* — s.m. = mandato, orden
3 Encargo o comisión que se da a una persona en sitio distinto de aquel en que ha de ser realizada. — = embajada
4 Compra de lo necesario para la comida. — Argent., Méx.
5 **comerle a alguien el mandado**: Ganarle la partida en algo, conseguir para uno alguna cosa que otro deseaba. — Méx.

mandamás
1 Se aplica a la persona que desempeña una función de mando, en especial la que lo hace sin tener un título legítimo. — s.m.f. pl: mandamases coloquial
2 Persona que ostenta demasiado su autoridad: *no seas un mandamás con tus empleados.* — coloquial = mandón

mandamiento
1 Precepto u orden de la autoridad a un inferior: *debes cumplir los mandamientos de tus superiores.* — s.m. = mandato
2 Cada uno de los preceptos del decálogo o de la Iglesia católica: *las tablas de la ley contenían los diez mandamientos.* — RELIGIÓN
3 Documento que contiene una orden de un juez. — DERECHO
4 Conjunto de los cinco dedos de la mano: *le puso en la cara los cinco mandamientos.* — s.m.pl. coloquial

mandanga
1 Cosa que resulta molesta o pesada: *¡vaya mandanga tener que ir todos los días allí!* — s.f. coloquial
2 Palabras o asuntos insignificantes o faltos de sentido o de seriedad: *no me vengas con mandangas y haz lo que te he dicho.* — s.f.pl. = tonterías
3 Modo de ser o de comportarse con mucha lentitud o mostrando excesiva tranquilidad: *se toma la vida con calma y mandanga.* — s.f. = flema, pachorra
4 Marihuana, droga blanda. — argot

mandanguero Persona que fuma mandanga, marihuana. — s.m.f. argot

mandante
1 Que manda. — adj.
2 Persona que, en el contrato llamado mandato, confía a otra su representación personal o la gestión o desempeño de uno o más negocios. — s.m.f. DERECHO

mandar (Del lat. *mandare*, encargar una misión.)
1 Ordenar a una persona la realización de una cosa: *mandó que salieran de clase.* — v.tr. ≠ obedecer
2 Encargar a una persona que haga una cosa: *como no podía salir, mandó a su hijo a hacer la compra.* — = encomendar
3 Tener una persona el mando: *la culpa siempre es del que manda; mandaba la nación con orgullo.* — v.intr/tr. = gobernar, regir
4 Enviar a una persona o una cosa a un lugar: *ha mandado al niño a las colonias; ha mandado una postal a su madre.* — v.tr.
5 Someter al caballo, regirlo con seguridad y destreza. — EQUITACIÓN TAUROMAQUIA
6 Hacer que el toro se movilice tras el engaño del diestro.
7 Poder hacer una persona las cosas por sí misma: *todavía se manda bien.* — v.prnl.
8 Sobrepasarse en alguna cosa o con una persona: *no te mandes con los gastos.* — Méx.
9 **a mandar**: Expresión con que una persona se declara dispuesta a cumplir los deseos de otra. — coloquial
10 **como está mandado**: Expresión que indica que una cosa se ha hecho como se debía.
11 **¿mande?**: Expresión de respeto con la que una persona responde a la llamada de otra o con la que indica que no oyó lo que se le dijo.

mandarín (Del port. *mandarim* < malayo *mantari* < sánscrito *mantrinan*, ministro de estado.)
1 Alto funcionario que gobernaba una ciudad o administraba justicia, en China y otros países asiáticos. — s.m. HISTORIA
2 Persona que ejerce un cargo sin autoridad suficiente. — coloquial
3 Persona influyente en cualquier ambiente.
4 Se aplica a la variante dialectal y estándar de la lengua china. — adj/s.m. LINGÜÍSTICA

mandarina Fruto del mandarino, semejante a la naranja, pero de menor tamaño y sabor dulce, cuya piel se desprende con facilidad. — s.f.

mandarinato Cargo del mandarín. — s.m.

mandarinero Planta arbórea rutácea, parecida al naranjo, de hoja perenne y flores aromáticas cuyo fruto es la mandarina. *(Citrus novilis.)* — s.m. BOTÁNICA = mandarino

mandarinismo Gobierno arbitrario. — s.m./POLÍTICA

mandarino Mandarinero, árbol rutáceo cuyo fruto es la mandarina. — s.m. BOTÁNICA

mandarria (Del ital. *mannara* < lat. *securis manuaria*, hacha que se maneja fácilmente.) Martillo de hierro que usan los calafates para meter o sacar los pernos en los costados de los barcos. — s.f. NÁUTICA = bandarria

mandatar Dar una orden o mandato a una persona. — v.tr./DERECHO

mandatario, a
1 Persona que por elección ocupa un cargo en el gobierno de un país. — s. POLÍTICA
2 Persona que, en el contrato consensual de mandato, acepta del mandante el encargo de representarle o gestionar sus negocios. — DERECHO
3 **primer mandatario**: Jefe del estado. — POLÍTICA

mandato
1 Orden o disposición de una autoridad: *se deben cumplir los mandatos del jefe.* — s.m. = mandamiento
2 Período en que ejerce el mando una autoridad: *durante su mandato hubo grandes problemas.*
3 Representación y funciones conferidas a los diputados o a otros representantes políticos a través de su elección. — POLÍTICA
4 Contrato consensual por el que una de las partes confía a otra su representación personal o la gestión de algún asunto. — DERECHO
5 Ceremonia que tiene lugar el jueves santo, consistente en lavar los pies a doce personas. — RELIGIÓN
6 Sermón que se predica en el lavatorio de los pies en dicha festividad católica. — RELIGIÓN

7 mandato imperativo: Aquel en que los electores fijan o fijaban el sentido en que los elegidos habían de emitir su voto. — *POLÍTICA*

8 mandato legal: El concebido por la ley, que designa la persona que recibe el poder de representación. — *POLÍTICA*

9 mandato representativo: El que deja en libertad al elegido, que se convierte en el representante del elector y actúa según su propia voluntad. — *POLÍTICA*

mandeísmo Doctrina religiosa dualista de carácter gnóstico, que todavía practican algunos miles de personas en Iraq. — *s.m. RELIGIÓN*

mandeo, a
1 Del mandeísmo. — *adj./RELIGIÓN*
2 Persona adepta al mandeísmo. — *s./RELIGIÓN*

manderecha
1 Mano derecha. — *s.f.*
2 **buena manderecha:** Buena suerte o fortuna: *siempre te toca la lotería por su buena manderecha.*

mandí Pez de la Argentina de carne muy fina y sabrosa. — *s.m. ZOOLOGÍA*

mandíbula (Del lat. *manibula* < *mandere*, mascar.)
1 Cada uno de los tres huesos de la cara de las personas y de la mayoría de los animales vertebrados donde está la dentadura. — *s.f. ANATOMÍA = quijada*
2 Cada una de las dos piezas que forman el pico de las aves. — *ZOOLOGÍA*
3 Cada una de las dos piezas de la boca de los insectos con que trituran los alimentos. — *ZOOLOGÍA*
4 **reír a mandíbula batiente:** Dar rienda suelta a la risa: *era tan bueno el chiste que nos reímos a mandíbula batiente.* — *coloquial*

mandibular De la mandíbula. — *adj./= maxilar*

mandil (Del ár. *mandil* < lat. *mantele*, toalla.)
1 Prenda de cuero o tela fuerte que, en ciertos oficios, sirve para proteger la ropa desde el pecho hasta debajo de la rodilla. — *s.m.*
2 Prenda atada a la cintura para cubrir la parte delantera del cuerpo. — *= delantal*
3 Insignia que usan los masones, en representación del mandil de los obreros.
4 Pedazo de bayeta que se emplea para dar al caballo la última mano de limpieza. — *EQUITACIÓN*
5 Red de mallas estrechas para pescar. — *PESCA*

mandilar Limpiar una caballería con el mandil o bayeta. — *v.tr. EQUITACIÓN*

mandilete
1 Pieza de la armadura que cubría la mano. — *s.m./HISTORIA*
2 Portezuela que cierra la tronera de una batería para defender las piezas mientras no se hace fuego.

mandilón Hombre cobarde. — *s.m./coloquial*

mandinga
1 Denominación que se da al diablo, en el lenguaje de los campesinos. — *s.m./Amér. Central y Merid.*
2 Muchacho travieso. — *Argent.*
3 Brujería o encantamiento. — *Argent.*

mandingo
1 Se aplica a un grupo de pueblos de raza negra que viven en zonas de Malí, Senegal, Guinea y Costa de Marfil. — *adj. tb: mandinga*
2 Persona originaria de estos pueblos. — *s.m.f.*

mandioca (Del guaraní *mandiog*.) Planta euforbiácea que se cultiva en los países tropicales, cuya raíz, en tubérculo, proporciona una fécula de la que se extrae la tapioca. (*Manihot utilissima*.) — *s.f. BOTÁNICA*

mando
1 Autoridad y poder que tiene el superior sobre sus subordinados: *tenía el mando del ejército.* — *s.m. = dirección*
2 Persona o colectivo que tiene dicha autoridad. — *= jefe*
3 Período de tiempo durante el que se ejerce el poder: *durante su mando tuvo que sofocar diversas rebeliones.* — *= mandato*
4 Procedimiento que actúa sobre un mecanismo o parte de él para iniciar, suspender o regular su funcionamiento. — *MECÁNICA = control*
5 **alto mando:** Persona u organismo que ejerce la potestad superior en el ámbito militar. — *MILITAR*
6 **mando a distancia:** Regulador de un aparato desde un puesto de control situado a alguna distancia del mismo: *no encuentro el mando a distancia del televisor.* — *TECNOLOGÍA*
7 **mandos del freno o de la dirección:** Conjunto de elementos que intervienen en el gobierno de los frenos o de la dirección de un vehículo. — *MECÁNICA*
8 **puesto de mando:** 1. Lugar donde están emplazados los que dirigen las operaciones militares. 2. Lugar desde donde ejerce una persona la dirección de una actividad. — *MILITAR coloquial*
9 **tener alguien el mando y el palo:** Tener absoluto poder y dominio.

mandoblazo Estocada poco ortodoxa pero de efecto fulminante. — *s.m. TAUROMAQUIA*

mandoble
1 Movimiento violento hecho con un arma cortante esgrimida con ambas manos con intención de herir. — *s.m.*
2 Espada grande.
3 Golpe fuerte dado en la cara con la mano abierta: *su padre le dio un par de mandobles por llegar tarde.* — *= bofetada, guantazo, tortazo*
4 Amonestación o reprimenda violenta: *desde el mandoble del otro día no ha vuelto a hablar.* — *= bronca*

mandolina Instrumento musical parecido al laúd pero más pequeño, cuyas cuatro cuerdas son punteadas con un plectro. — *s.f. MÚSICA*

mandolinista Persona que toca la mandolina. — *s.m.f./MÚSICA*

mandón, a
1 Que gusta de mandar o abusa de su autoridad: *mi jefe es muy mandón.* — *adj/s. = autoritario*
2 Capataz, persona encargada de dirigir y vigilar a un grupo de trabajadores de una mina. — *s.m./Amér. Central y Merid.*
3 Persona que da la orden de salida en las carreras de caballos a la chilena. — *Chile*

mandorla (Voz italiana.) Encuadramiento elíptico en el que se representa a Cristo triunfante. — *s.f./ARTE = almendra*

mandracho Casa de juego, garito. — *s.m./tb: mandrache*

mandrágora (Del lat. *mandrágora* < gr. *mandragoras*.) Planta herbácea solanácea, propia de las regiones cálidas, cuya raíz, tuberizada y bifurcada, recuerda la forma de un cuerpo humano. (*Mandragora*.) — *s.f. BOTÁNICA tb: mandrágula*

mandria (Del ital. *mandria*, rebaño.) Se aplica a la persona que es apocada y tiene poco valor o utilidad. — *adj/s.m.f. = pusilánime*

mandril
I (Del ingl. *mandrill* < *man*, hombre + *drill*, mono del oeste africano.) Mono antropoide africano, de la familia de los cercopitécidos, de hocico alargado y grueso con surcos azules y nariz escarlata. (*Mandrillus sphiux*.) — *s.m. ZOOLOGÍA*
II (Del fr. *mandrin* < occitano *mandre*, manivela.)
1 Pieza del torno donde se asegura lo que hay que tornear. — *s.m. MECÁNICA*
2 Plato de sujeción de los tornos al aire. — *MECÁNICA*
3 Herramienta que sirve para agrandar los agujeros en las piezas de metal. — *INDUSTRIA = escariador*
4 Varilla o barra rígida que metida en ciertos instrumentos huecos de cirugía, facilita su penetración en determinadas cavidades. — *MEDICINA*

mandrilado Acción y resultado de mandrilar. — *s.m.*

mandrilador, a
1 Persona encargada de manejar máquinas de mandrilar o perforar piezas de metal. — *s. tb: mandrinador*
2 Herramienta de perforación por mandrilado ascendente, en minería. — *s.m. MINERÍA*

mandriladora Máquina que se utiliza para mandrilar metales. — *s.f. INDUSTRIA*

mandrilar
1 Perforar un metal con el mandril. — *v.tr./INDUSTRIA*
2 Hacer los agujeros de una pieza de metal más anchos y pulidos con el mandril.

mandrón
1 Bola grande de madera o piedra usada antiguamente como arma arrojadiza. — *s.m. HISTORIA*
2 Antigua máquina de guerra para arrojar estas bolas o piedras. — *HISTORIA*

manduca Comida, alimento: *hemos de comprar la manduca para la fiesta de esta noche.* — *s.f. coloquial*

manducación Acción de manducar o comer. — *s.f./coloquial*

manducador, a Que manduca o come. — *adj/s./coloquial*

manducar (Del lat. vulgar *manducare*, comer.) Comer, tomar un alimento: *manduca dos huevos para desayunar; se van a esa taberna se manduca bien.* — *v.intr/tr./conj: sacar coloquial = engullir, zampar*

manducatoria Comida o sustento. — *s.f./coloquial*

manea Cuerda con que se atan las manos de un animal. — *s.f. = manezuela*

maneado, a Se aplica al individuo torpe, lento e irresoluto. — *adj. Chile*

maneador Tira larga de cuero que sirve para atar el caballo, apiolar animales y otros usos. — *s.m. Amér.*

manear
1 Poner maneas o atar con cuerdas a una caballería. — *v.tr./tb: amanear = manejar*
2 Usar una cosa con las manos.

manecilla
1 Varilla indicadora del reloj y de otros instrumentos de precisión: *la manecilla señala las dos.* — *s.f. = aguja, saeta*
2 Broche metálico que sirve para sujetar o cerrar algunas cosas.
3 Signo con figura de mano con el índice extendido que sirve como indicador.
4 Zarcillo de las plantas trepadoras. — *BOTÁNICA*

manejabilidad Cualidad de manejable. — *s.f.*

manejable Que es fácil de manejar o de usar: *me gusta ese aparato porque es muy manejable.* — *adj./tb: manuable = manipulable*

manejado, a Que está pintado con soltura o sin ella: *no me gusta este cuadro porque está mal manejado.* — *adj. ARTE*

manejar (Del ital. *maneggiare*.)
1 Usar una cosa con las manos: *maneja con torpeza el tenedor.* — *v.tr. = manipular*

2 Utilizar o servirse de una cosa: *maneja el lenguaje con propiedad.* = usar

3 Llevar un caballo según las reglas: *este jinete maneja su caballo con destreza.* EQUITACIÓN

4 Dirigir una cosa: *maneja la empresa desde hoy; se manejó el viaje sin ayuda.* = conducir

5 Tener una persona dominio sobre otra: *maneja a su marido como quiere.* v.tr./prnl. coloquial

6 Conducir, guiar un automóvil. v.tr./Amér.

7 Moverse una persona después de haber tenido algún impedimento. v.prnl.

8 manejárselas: Llevar una persona los asuntos diarios con habilidad: *desde que vive sólo se las maneja mejor.* coloquial

manejo
1 Acción y resultado de manejar o manejarse. s.m.
2 Modo o procedimiento para manejar una cosa, en especial con las manos: *el manejo de esta máquina es muy sencillo.* = funcionamiento
3 Habilidad o aptitud para manejar las cosas: *no hay quien le iguale en el manejo del florete.* = soltura
4 Maquinación o intriga: *no sé qué manejos se traen entre manos.* = chanchullo
5 Dirección y gobierno de un negocio o empresa.
6 Arte de manejar los caballos. EQUITACIÓN

manera (Del lat. vulgar *manuaria*.)
1 Modo en que se hace o sucede una cosa: *me gusta la manera en que se ha llevado el asunto; se puede hacer de varias maneras.* s.f. = forma, procedimiento
2 Forma o expresión en que se manifiestan ciertas cosas: *la bomba estalló de manera imprevista; sonríe de nuevo y mira a Carlos de una manera extraña.* = modo
3 Buen comportamiento y modales de una persona: *no tiene maneras.* s.f.pl.
4 Clase o calidad de una persona. s.f.
5 Estilo de un pintor o escultor. ARTE
6 a la manera de: A semejanza de, imitando la manera o forma de hacer las cosas de: *se vestía a la manera de los obreros.* loc.conj.
7 a manera de: Se usa para aplicar a algo un nombre que, aun no correspondiéndole de forma exacta, sirve para describirlo: *usaba un paraguas a manera de bastón.* loc.prep.
8 de cualquier manera: 1. Sin poner cuidado en la forma de hacer una cosa: *se le perdió el botón porque lo cosió de cualquier manera.* **2.** Con facilidad, sin necesidad de trabajo o cuidado especial: *es una planta que crece de cualquier manera aunque olvides regarla.* **3.** De todas formas, a pesar de las objeciones señaladas con anterioridad: *no me han llamado, de cualquier manera yo iré.* loc.adv.
9 de esa manera: Según eso, como conclusión de lo dicho con anterioridad: *de esa manera evitaremos problemas.* loc.adv.
10 de mala manera: Mal, con violencia o de forma desagradable: *trata a su hijo de mala manera.* loc.adv.
11 de manera que: Como consecuencia de lo expresado con anterioridad. loc.conj.
12 de ninguna manera: Se usa para reforzar una negación: *no estoy de acuerdo y no aceptaré de ninguna manera.* loc.adv.
13 de tal manera que: Indica una acción que se realiza como consecuencia considerada necesaria debido a la forma en que se desarrolla la acción anterior: *me lo pidió de tal manera que no me pude negar.* loc.adv.
14 de todas maneras: En cualquier caso o circunstancia: *de todas maneras te llamaré.* loc.adv.
15 de una manera o de otra: Sea como sea, venciendo los obstáculos o dificultades: *de una manera o de otra hemos de conseguirlo.* loc.adv.
16 en gran manera o sobre manera: Mucho, de forma considerable: *el asunto nos afecta en gran manera.* loc.adv.
17 manera de ser: Actitud y comportamiento propio y habitual en una persona.

manes Almas o sombras de los muertos, a las que se rendía culto como dioses infernales, entre los antiguos romanos. s.m.pl. MITOLOGÍA

maneto, a
1 Que tiene una deformación en una o ambas manos. adj./Hond.
2 Que tiene las piernas torcidas hacia afuera y junta mucho las rodillas. Guat., Venez.

manezuela
1 Broche con el que se cierra una cosa. s.f./= manecilla
2 Cuerda con que se atan las manos de un animal. = manija

manferir (Del lat. *manu ferire*.) Comprobar la exactitud de las pesas y medidas. v.tr. conj: *sentir*

manfla (Del ár. *manfil*, reunión.) Mujer que vive con un hombre sin estar casada con él. s.f. = concubina

manflorita (Alteración por etimología popular de *hermafrodita*.) Se aplica al hombre afeminado. adj/s.m. = marica

manga (Del lat. *manica*.)
1 Parte de una prenda de vestir que cubre el brazo o la parte superior de él: *las mangas de este jersey me aprietan.* s.f.

2 Tubo de goma u otra materia flexible, con que se dirige el agua para regar, apagar un incendio u otras funciones semejantes: *necesito más metros de manga porque el jardín es muy grande.* = manguera
3 Utensilio para decorar tartas o pasteles, formado por un trozo de tela o plástico de forma cónica y un pico de material duro que puede cambiarse según la figura de adorno deseada: *llenó la manga con nata para decorar la tarta.* COCINA
4 Utensilio para colar líquidos, formado por un trozo de tela permeable de forma cónica y cosido por su boca a un aro: *filtró el café con la manga.*
5 Tubo con que se proporciona ventilación a un espacio interior cerrado como la galería de una mina o el sollado de un buque. TECNOLOGÍA
6 Especie de maletín abierto por los extremos, que se cierra con cordones.
7 Adorno de tela con forma de cilindro terminado en cono, usado para cubrir la vara de la cruz de algunas parroquias.
8 Tebeo o cómic de origen japonés.
9 Columna de agua que se eleva en el mar con movimiento giratorio por efecto de un torbellino atmosférico. = tromba
10 Brazo de mar o estrecho. GEOGRAFÍA
11 Red de forma cónica, usada para pescar. PESCA
12 Red redonda usada para pescar en ríos de poco fondo. PESCA = esparavel
13 Anchura máxima de una embarcación. NÁUTICA
14 Camino formado entre dos líneas de gente que se van juntando, para conducir la caza a un lugar determinado. CAZA
15 Cada una de las partes en que se dividen ciertas competiciones deportivas. DEPORTES
16 Cantidad que se cobra, además del sueldo principal, o renta que se obtiene de un capital, finca u otra cosa. s.f.pl. = adehala
17 Vía entre estacadas para el paso del ganado hacia un corral o un embarcadero. s.f. Amér.
18 Capote impermeable. Méx.
19 Nube de langostas. Argent.
20 Grupo de personas. Argent.
21 manga arrocada: La usada antiguamente, que tenía cuchilladas o aberturas.
22 manga boba: La ancha y abierta, que no tiene puño ni se ajusta al brazo.
23 manga de agua: Turbión, aguacero con viento fuerte.
24 manga de ángel: La que tiene mucho vuelo.
25 manga de viento: 1. Torbellino, remolino de aire. **2.** Tubo de lona situado en lo alto de un mástil para indicar la dirección del viento en aeródromos, autopistas y otros lugares.
26 manga perdida: La que es muy ancha y suelta desde el hombro.
27 manga ranglán: La que empieza en el cuello y cubre el hombro.
28 manga tres cuartos: La que cubre hasta la mitad del antebrazo.
29 media manga: La corta que cubre hasta el codo.
30 bajo o debajo de manga: De manera oculta o subrepticia. loc.adv.
31 echar de manga a alguien: Valerse de él con habilidad y disimulo, para conseguir lo que desea sin darlo a entender.
32 en mangas de camisa: Vestido con camisa o con chaleco y camisa, pero sin otra prenda con mangas encima de ellas. loc.adj/adv.
33 estar de manga: Estar dos o más personas asociadas para un mismo fin.
34 estirar el brazo más que la manga: Excederse en algo, en especial en el gasto.
35 hacer mangas y capirotes en un asunto: Resolverlo de forma arbitraria y sin consultarlo con nadie. coloquial
36 manga por hombro: En desorden o con descuido: *desde que murió la madre, en aquella casa todo está manga por hombro.* loc.adv.
37 tener manga ancha: Juzgar las faltas o los errores de una persona con excesiva tolerancia: *el confesor tiene manga ancha.*
38 sacarse algo de la manga: Decir o hacer una cosa sin tener fundamento para ello. coloquial
39 ser más corto que las mangas de un chaleco: Ser muy tímido y apocado. coloquial
40 tener, llevar o guardar una cosa en la manga: Reservársela con el fin de utilizarla en el momento oportuno.
41 tirar la manga: Pedir dinero prestado con insistencia y oportunismo. Argent.
42 traer algo en la manga: Tener una cosa a la mano. coloquial

mangajarro Manga demasiado larga. s.m./coloquial

mangajo Persona despreciable. s.m./Ecuad.

mangana Lazo que se arroja a las manos de un caballo o toro para hacerle caer y poder sujetarlo. s.f.

manganato Sal derivada del trióxido de manganeso.   s.m./QUÍMICA

mangancia Modo de comportarse o acción propios de un mangante o sinvergüenza.   s.f. coloquial

manganear Echar manganas o lazos a una res.   v.intr.

manganeo Fiesta en que la gente se divierte echando manganas o lazos a ciertos animales.   s.m.

manganesa (Del fr. *manganèse*, de *Magnesia*, ciudad de Asia Menor.) Mineral de color negro, pardo o gris azulado muy empleado en la industria.   s.f./MINERALOGÍA tb: manganesia = pirolusita

manganesífero, a (De *manganesa* + lat. *ferre*, llevar.) Que tiene manganeso.   adj. MINERALOGÍA

manganeso Metal grisáceo, muy duro y quebradizo, que se encuentra en la naturaleza en estado de óxido.   s.m./MINERALOGÍA, QUÍMICA

mangangá
1 Especie de abejorro que al volar produce un zumbido fuerte y prolongado.   s.m./Argent., Par., Urug./ZOOLOGÍA
2 Individuo fastidioso por su continua insistencia.   Amér. Merid.

manganilla (Del lat. vulgar *manganella* < lat. *manganum*, máquina de guerra.)
1 Antigua máquina militar que servía para derribar murallas.   s.f./HISTORIA = maganel
2 Engaño causado por un juego de manos o por el uso habilidoso de trucos con algún fin.

manganita Mineral de color negro o gris, opaco, de brillo semimetálico.   s.f. MINERALOGÍA

mangante
1 Que es holgazán y pícaro, y saca provecho con poco trabajo.   adj./s.m.f. = granuja
2 Que manga o hurta: *la policía detuvo al mangante*.   = ladrón

manganzón, a Se aplica a la persona holgazana o remolona.   adj./Amér. Central y Merid.

mangar
I (Derivado de *manga*.) Poner mangas a una prenda de vestir: *el vestido estará acabado cuando lo mangue*.   v.tr. conj: pagar
II (Del gitano *mangar*, pedir, mendigar.)
1 Quitar una cosa de poca importancia a una persona sin hacer uso de la violencia: *me han mangado el bolígrafo*.   v.tr./conj: pagar coloquial = chorizar
2 Pedir o mendigar.

mangazo Acción de pedir dinero con habilidad o insistencia.   s.m./Argent. coloquial

manglar Marisma tropical con islotes cubiertos de árboles y plantas adaptadas al medio salino.   s.m. GEOGRAFÍA

mangle Planta arbustiva rizoforácea, con ramas descendentes que llegan al suelo y arraigan en él, cuyas hojas y frutos se utilizan en tenería y que constituye el principal elemento de la vegetación de los manglares. *(Rhizophora mangle.)*   s.m. BOTÁNICA

mango
I (Del lat. vulgar *manicus*.) Parte o pieza por donde suelen cogerse ciertos utensilios, como una cuchara, una sartén o un martillo.   s.m.
II (Del ingl. *mango* < port. *manga* < tamul *mankay*, mango.)
1 Planta arbórea anacardiácea, de copa grande y espesa, hojas perennes, de flores pequeñas y amarillentas, y fruto en drupa, comestible. *(Mangifera indica.)*   s.m. BOTÁNICA = manga, pajo
2 Fruto de este árbol, oval, aromático y de sabor agradable.   BOTÁNICA
III (De origen incierto.) Dinero, peso.   s.m./Argent.

mangón Revendedor, persona que vende localidades de un espectáculo a un precio superior al oficial.   s.m.

mangonada
1 Golpe dado con el brazo y la mano.   s.f.
2 **dar mangonada**: Mostrar desdén o desprecio hacia una persona o cosa.   coloquial

mangoneador, a Que mangonea.   adj./= entrometido

mangonear (Del lat. *mango, -onis*, traficante.)
1 Intervenir y dirigir una persona asuntos que no le conciernen: *no mangonees, no es de tu incumbencia*.   v.intr. coloquial
2 Dominar o manejar a una persona o cosa.   v.tr./coloquial
3 Vivir o comportarse una persona como un vago.   coloquial

mangoneo
1 Intromisión de una persona en un asunto intentando imponer su voluntad.   s.m. coloquial
2 Ociosidad de la persona que no hace nada de provecho.   coloquial

mangonero, a Se aplica a la persona que gusta de mangonear o entremeterse en asuntos que no le conciernen.   adj./s. coloquial

mangorrero, a
1 Que se tiene de ordinario entre las manos.   adj.
2 Que es inútil o de poca estimación.   = despreciable

mangorrillo Pieza del arado sobre la que se pone la mano para dirigir la reja.   s.m./AGRICULTURA = esteva, mancera

mangosta (Del fr. *mangouste* < port. *mangús* < marati *mungus*.) Mamífero carnívoro de Asia y África, parecido a la civeta, de pelaje ceniciento y cola larga, que   s.f. ZOOLOGÍA

vive en matorrales y zonas áridas y es propio de climas cálidos. *(Herpestes.)*

mangostán Planta arbórea gutífera originario de Malasia e Insulindia, cuyo fruto es el mangosto. *(Garcinia mangostana.)*   s.m. BOTÁNICA

mangosto Fruto del mangostán, de sabor parecido al de la frambuesa.   s.m. BOTÁNICA

mangote
1 Manga larga y ancha.   s.m.
2 Manga postiza de tela negra que usaban algunos oficinistas para no manchar ni deteriorar las de la ropa con el roce.   = manguito

manguillo Torre rústica que servía de atalaya en las proximidades de fortines, estancias y poblaciones de regiones llanas.   s.m. Argent.

mangual (Del lat. *manvalis*, manual.) Arma antigua usada como látigo, formada por unas cadenillas de hierro terminadas en bolas del mismo metal, unidas a un mango de madera.   s.m. HISTORIA

manguala Confabulación entre diversas personas con fines ilícitos.   s.f./Colomb. vulgar

manguear
1 Acosar al ganado mayor o menor para que entre en la manga, espacio comprendido entre dos palangueras o estacadas.   v.tr/intr. Argent., Chile
2 Tirar la manga, pedir dinero prestado.   v.tr./Argent.

manguera
1 Tubo alargado de goma u otro material flexible que por un extremo toma un líquido y lo conduce hasta el otro, por donde lo expulsa: *el incendio fue en el piso superior y los bomberos no podían llegar con sus mangueras*.   s.f. = manga
2 Tabla con forma adecuada para planchar las mangas: *pásame la manguera, que voy a planchar las mangas del traje*.
3 Manga o tubo de goma alquitranada que se emplea para sacar agua de los barcos.   NÁUTICA
4 Tromba de agua.   = manga
5 Manga o tubo para ventilar algunas partes del barco.   NÁUTICA
6 Corral cercado, en las estancias y mataderos.   Argent., Urug.

manguero, a
1 Persona encargada de manejar las mangas de las bombas o bocas de riego.   s.
2 Se aplica a la persona que acostumbra a manguear o pedir dinero.   adj/s. Argent.

mangueta (Del cat. *manigueta*.)
1 Listón de madera con goznes para asegurar las puertas.   s.f.
2 Madero que une el par con el tirante o con un puente en la armadura de un tejado.   CONSTRUCCIÓN
3 Pértiga o palo que sirve para llevar un peso entre dos personas.   = palanca
4 Cada uno de los extremos de un eje de dirección, que soporta sendas ruedas y rodamientos.   MECÁNICA
5 Cada una de las piezas del extremo del eje de dirección o delantero de algunos automóviles, articuladas para permitir el cambio de dirección de la rueda.   MECÁNICA
6 Tubo del retrete que comunica la parte inferior del bombillo con el conducto de bajada.
7 Utensilio que emplean los tundidores para evitar que la tijera vaya demasiado deprisa.   TEXTIL
8 Vejiga con pitón que sirve para poner las lavativas.

manguillero Mango, normalmente de madera, en cuyo extremo se encaja el plumín para dibujar o escribir.   s.m. = palillero, portaplumas

manguita Cubierta o bolsa que sirve para envolver o proteger una cosa.   s.f. = funda

manguito
1 Prenda de abrigo en forma de tubo abierto por ambos extremos, donde se meten las manos para protegerlas del frío: *llevaba un bonito manguito de piel de astracán*.   = regalillo
2 Media manga de punto que usaban las mujeres ajustada desde el codo a la muñeca.
3 Manga postiza que usaban los oficinistas para no ensuciarse.   = mangote
4 Manopla que se utiliza para lavarse.
5 Anillo de hierro usado para reforzar cañones, vergas u otros objetos.
6 Bizcocho grande en forma de rosca.   COCINA
7 Cilindro hueco usado para empalmar dos piezas cilíndricas unidas en una máquina.   MECÁNICA

manguruyú Pez de río de gran tamaño, sin escamas y espinoso.   s.m./Argent., Par. ZOOLOGÍA

maní (Del taíno de Haití.)
1 Cacahuete, planta papilionácea tropical, originaria de Brasil.   s.m./pl: manises BOTÁNICA
2 Fruto de esta planta.   BOTÁNICA

manía (Del gr. *mania*, locura.)
1 Trastorno mental producido por una obsesión y que puede manifestarse de forma violenta.   s.f. SIQUIATRÍA

2 Costumbre caprichosa y extravagante: *le ha dado la manía de pintar en la pared.*
3 Afición desmedida por una cosa: *tiene manía por los libros viejos.* = pasión, vicio
4 Sentimiento de antipatía contra una persona o una cosa: *tú es que le tienes manía; le has cogido manía.* = antipatía, ojeriza, rabia
5 manía persecutoria: La que sufre quien se cree perseguido por una persona. SIQUIATRÍA

-manía Componente de palabra procedente del gr. *manía* que significa locura, pasión: *monomanía; melómano.* suf. tb: -mano

maniabierto, a Que es generoso o desprendido: *es tan maniabierto que siempre hace regalos a sus amigos.* adj/s. ≠ manicorto

maníaco, a (Del bajo lat. *maniacus* < gr. *manikhos*, loco.)
1 Que padece algún trastorno mental obsesivo: *es un maníaco peligroso.* adj/s. tb: maniaco
2 De la manía: *ha sufrido un nuevo ataque maníaco.* adj.

maníaco-depresivo, a
1 Se aplica a una sicosis que se caracteriza por la alternancia de accesos de excitación maníaca y fases de depresión melancólica. adj. SIQUIATRÍA
2 Que padece dicha sicosis. adj/s./SIQUIATRÍA

manialbo, a Se aplica a la caballería que tiene blanca la parte inferior de las manos. adj. = maniblanco

maniatar Atar las manos a una persona: *los secuestradores la maniataron.* v.tr. tb: amaniatar

maniático, a Que tiene una afición desmedida por una cosa: *no seas tan maniático con la limpieza.* adj/s.

manicero, a Persona que vende maní. s.

manicomio (Del gr. *manía*, locura + *komeo*, cuidar.) Hospital o establecimiento dedicado al cuidado de enfermos mentales: *tuvo que ser ingresada en un manicomio.* s.m. SIQUIATRÍA

manicorto, a Se aplica a la persona tacaña o poco generosa: *le cuesta mucho desprenderse de sus cosas, es muy manicorto.* adj/s. ≠ maniabierto, manilargo

manicura Cuidado de las manos y de las uñas: *hacerse la manicura.* s.f.

manicurista Persona que por oficio cuida las manos. s.m.f./Amér.

manicuro, a (De *mano* + lat. *curare*, cuidar.) Persona que tiene como oficio cuidar las manos, especialmente las uñas. s.

manida Vivienda de personas o guarida de animales. s.f.

manido, a (Del ant. *maner* < lat. *manere*, permanecer.)
1 Se aplica al asunto o tema que no tiene originalidad o es muy conocido: *dejémonos de materias tan manidas y hablemos de algo más interesante.* adj. = trillado
2 Que está muy gastado o manoseado. = sobado
3 Que está podrido o pasado: *si dejas la comida fuera de la nevera, la encontrarás manida.*

maniego, a Que usa con igual destreza ambas manos. adj. = ambidiestro

manierismo
1 Estilo artístico surgido en Italia entre el renacimiento y el barroco, que se caracterizó por sus efectos sofisticados de refinamiento o de énfasis. s.m. ARTE
2 Trastorno de la expresión, que se caracteriza por los movimientos complicados e inconexos que acompañan el habla del enfermo. SIQUIATRÍA

manierista
1 Del manierismo. adj./ARTE
2 Que profesa el manierismo. adj/s.m.f./ARTE

manifactura
1 Hechura y forma de las cosas. s.f.
2 Obra hecha a mano o a máquina. = manufactura

manifestación
1 Acción y resultado de manifestar o manifestarse una opinión o un estado de ánimo: *el llanto es una manifestación de dolor.* s.f. = demostración
2 Concurrencia de personas en un determinado sitio, para manifestar de forma pública sus protestas o exigencias: *los sindicatos convocaron una manifestación para protestar por la nueva ley.* SOCIOLOGÍA
3 Manifestación naval: Acto de presencia que los buques de una nación realizan frente a las costas de otra en tiempo de paz, para apoyar reclamaciones o gestiones que siguen la vía diplomática. POLÍTICA

manifestador, a
1 Que manifiesta: *tenía un gesto manifestador de alegría.* adj.
2 Templete donde se expone el santísimo sacramento para la adoración de los fieles cristianos. s.m. RELIGIÓN

manifestante
1 Persona que participa en una manifestación pública: *los manifestantes se enfrentaron a la policía.* s.m.f.
2 Persona que manifiesta o dice una cosa.

manifestar
1 Decir o expresar una cosa con solemnidad o formalidad para que se sepa: *manifestó su desacuerdo con el resto de la junta directiva; su intención de ayudarme se manifestó durante la conferencia.* v.tr/prnl. conj: pensar part.tb: manifiesto = declarar, exponer
2 Mostrar o dejar ver una cosa: *llorando manifestó su dolor; su odio se manifestó con un gesto.* = descubrir, revelar
3 Participar en una manifestación pública: *los trabajadores se manifestaron por el centro de la ciudad.* v.prnl. SOCIOLOGÍA
4 Poner el santísimo sacramento a la vista de los fieles cristianos para que le rindan adoración. v.tr. RELIGIÓN

manifestativo, a Que tiene la propiedad de manifestarse. adj.

manifiestamente De manera evidente: *declaró manifiestamente su enfado.* adv.

manifiesto, a (Del lat. *manifestus*.)
1 Que es perceptible y claro y no se puede negar: *le tenía un odio manifiesto.* adj. = evidente, notorio
2 Escrito que una persona, partido o agrupación dirige a la opinión pública exponiendo su doctrina o hace declaraciones que considera de interés general. s.m.
3 Documento que presenta en la aduana el capitán de todo buque procedente del extranjero en el que explica las características de las mercancías que transporta. NÁUTICA
4 Se aplica al sacramento de la eucaristía cuando se halla expuesto a la adoración de los fieles cristianos. RELIGIÓN
5 Exposición del santísimo sacramento a la adoración de los fieles. RELIGIÓN
6 poner de manifiesto: 1. Expresar, explicar o decir: *el ministro ha puesto de manifiesto que no dimitirá.* 2. Dejar los autos a la vista de las partes para que éstas puedan conocerlos. DERECHO

manigero, a Manijero, capataz de una cuadrilla de trabajadores. s.

manigordo Ocelote, mamífero félido americano de pelaje gris con motas rojizas. s.m./C. Rica ZOOLOGÍA

manigueta (Del cat. *manigueta.*)
1 Mango de utensilios o herramientas. s.f./= manija
2 Poste de cubierta cercano a la proa para dar vueltas al cable del ancla cuando fondea la embarcación. NÁUTICA = bita

manija
1 Abrazadera de metal con que se asegura o sujeta una cosa. s.f.
2 Parte de un objeto por donde se agarra o maneja o por la que se acciona un mecanismo. = mango, manigueta
3 Cuerda o cadena con que se atan las manos de un animal para que no pueda correr y alejarse demasiado de un lugar. tb: maniota = traba
4 Especie de guante que usan, en algunos sitios, los segadores para no lastimarse. AGRICULTURA

manijero, a
1 Capataz de una cuadrilla de trabajadores del campo. s./tb: manigero
2 Persona encargada de contratar obreros para determinadas faenas del campo.

manila Cigarro elaborado en las islas Filipinas. s.m.

manilano, a
1 De Manila, capital de Filipinas, estado asiático insular. adj./tb: manilense, manileño
2 Persona natural de esta ciudad. s.

manilargo, a
1 Que es propenso a pegar: *es muy manilarga con sus hijos cuando le desobedecen.* adj.
2 Que se comporta con generosidad: *deja ya de darles tanto dinero y de ser tan manilargo.* = liberal ≠ manicorto

manilla (Del cat. *manilla.*)
1 Parte de un objeto por donde se agarra, se maneja o se acciona un mecanismo: *se ha atascado la manilla de la puerta y ahora no gira.* s.f. = mango, manija
2 Manecilla del reloj: *se ha roto la manilla que señala las horas.* = aguja
3 Pulsera de adorno. = ajorca
4 Anilla de hierro que se pone en la muñeca de los presos: *los detenidos llevaban puestas las manillas.* = esposas

manillar Pieza de la bicicleta en que el ciclista coloca las manos para guiar el vehículo: *el timbre de la bici está en el manillar.* s.m.

maniluvio (Del lat. *maniluvium.*) Baño o lavado de las manos de carácter medicinal. s.m. MEDICINA

maniobra (Del fr. *manœuvre.*)
1 Cualquier operación ejecutada para poner en funcionamiento o dirigir el manejo de una máquina o de un instrumento: *maniobra de carga y descarga.* s.f.
2 Acción, por lo general artificiosa y oculta, con que una persona interviene o pretende cambiar el rumbo de un negocio o asunto: *tus maniobras no te llevarán a ningún sitio.* = maquinación
3 Cualquier operación realizada con un vehículo para cambiar su trayectoria: *en el examen se le salió mal la maniobra de aparcar.*
4 Conjunto de operaciones realizadas en las estaciones y cruces de vías férreas para la formación, división o paso de los trenes.

5 Operación hecha a bordo de un barco. **NÁUTICA**
6 Conjunto de los cabos o aparejos de un barco o de **NÁUTICA** alguna de sus partes.
7 Arte de gobernar un barco. **NÁUTICA**
8 Conjunto de operaciones y ejercicios militares con **s.f.pl.** que se adiestra a un ejército. **MILITAR**

maniobrable Que se puede maniobrar con facilidad: **adj.** *un vehículo maniobrable.*

maniobrar (Del fr. *manœuvrer.*) Hacer maniobras: *es* **v.intr.** *difícil maniobrar con un camión tan grande.*

maniobrero, a
1 Que maniobra. **adj.**
2 Que utiliza medios poco honestos para conseguir **adj/s.** una cosa: *no te fíes de tu jefe, es un maniobrero.*
3 Se aplica al ejército que maniobra con agilidad y ra- **adj.** pidez. **MILITAR**
4 Se refiere al jefe militar que manda un ejército de **MILITAR** este tipo.

maniobrista Que sabe y realiza maniobras: *marino* **adj/s.m.f.** *maniobrista.* **NÁUTICA**

maniota Cuerda o cadena con que se atan las manos **s.f.** de un animal para que no pueda huir. **= manija**

manipulación Acción y resultado de manipular. **s.f.**

manipulador, a
1 Que manipula: *el manipulador de alimentos tiene la* **tb: manipulante** *obligación de utilizar guantes; es un manipulador y siem-* **adj/s.** *pre consigue lo que quiere.*
2 Aparato transmisor de señales telegráficas en alfa- **s.m./TELECOMU-** beto morse. **NICACIONES**

manipular (Del bajo lat. *manipulare.*)
1 Trabajar una cosa con las manos o con un instru- **v.tr.** mento: *manipula materiales abrasivos y por ello debe* **= manejar,** *protegerse las manos.* **operar**
2 Trabajar demasiado una cosa, manosearla: *vas a* **= sobar** *romper el libro de tanto manipularlo.*
3 Manejar o servirse de un aparato científico o elec- trónico: *no pudo manipular el espectrógrafo.*
4 Llevar una persona un negocio a su manera o inter- **= conducir,** venir en negocios ajenos: *manipulas tus asuntos como te* **mangonear** *da la gana.*
5 Intervenir en asuntos políticos o económicos para favorecer determinados intereses: *manipulaban los ín-* *dices de precios.*
6 Influir en la opinión pública de forma interesada a través de los medios de presión o información: *la* *publicidad manipula a los consumidores; determinada* *prensa manipula la opinión de los lectores.*
7 Aplicar procesos indebidos en la elaboración de un **= adulterar** producto.

manipuleo Acción y resultado de manipular: *con tan-* **s.m.** *to manipuleo has acabado de estropear la radio.* **coloquial**

manípulo (Del lat. *manipulus,* haz.)
1 Ornamento sagrado de forma semejante a la estola, **s.m.** pero más corto, que el sacerdote sujeta a la manga **RELIGIÓN** del alba.
2 Cada una de las secciones o compañías en que se **HISTORIA** dividía la cohorte romana.
3 Enseña antigua de los soldados romanos. **HISTORIA**
4 Porción que se puede contener en una mano. **= puñado**

maniqueísmo
1 Doctrina filosófica y religiosa fundada en el siglo III, **s.m.** que defendía la existencia de dos principios creadores **FILOSOFÍA,** eternos y absolutos, en eterna pugna entre sí: el bien **RELIGIÓN** y el mal.
2 Visión de la realidad o actitud de quien no contem- pla los matices y lo reduce todo a dos principios opuestos.

maniqueo, a
1 Del maniqueísmo. **adj.**
2 Que sigue esta doctrina.
3 Que reduce la explicación de la realidad a dos prin- cipios opuestos.

maniquete (Del ital. *manichetto.*)
1 Guante de tul negro con calados y labores, que cu- **s.m.** bre desde medio brazo hasta la mitad de los dedos. **= mitón**
2 Guante que sólo cubre la mitad de la mano. **= mitón**
3 Manija que cubre la mano del segador hasta la mi- **AGRICULTURA** tad de los dedos.

maniquí (Del fr. *mannequin* < neerlandés *mannekijn,* hombrecito.)
1 Figura articulada o armazón, con forma de cuerpo **s.m.** humano, usada para exponer, probar y arreglar pren- **pl.tb: maniquíes** das de vestir: *los maniquíes del escaparate lucían vesti-* *dos de fiesta.*
2 Persona que posa o que exhibe prendas de vestir: **s.m.f.** *trabaja como maniquí de una firma francesa.* **= modelo**
3 Persona muy arreglada y elegante: *siempre va hecho* *un maniquí.*
4 Figura humana articulada usada por pintores y es- **ARTE** cultores.
5 Persona sin carácter y fácil de manejar: *es un mani-* **= muñeco** *quí que se deja llevar por sus amigos.*

manir Dejar un alimento el tiempo necesario para **v.tr.** que se ablande antes de sazonarlo o comerlo. **conj:** *abolir*

manirroto, a Que es pródigo o derrochador: *no seas* **adj/s.** *tan manirroto o te quedarás sin ahorros.* **= despilfarrador**

manita
I (Derivado de *maná.*) Sustancia azucarada obtenida **s.f.** del maná de algunos vegetales. **tb: manitol**
II (Derivado de *mano.*)
1 Se usa para indicar que una pareja se hace caricias, **s.f.** en la expresión **hacer manitas.** **coloquial**
2 Indica que una persona tiene gran habilidad para **coloquial** una actividad manual en la expresión **ser un mani-** **tas:** *todo lo arregla él, es un manitas.*

manito Líquido azucarado preparado que se usa **s.m.** como purgante para los niños. **FARMACIA**

manito, a (De *hermanito.*) Tratamiento popular de **s./Méx.** confianza o cariño. **tb: mano**

manitú Divinidad dual entre algunos indios de Amé- **s.m.** rica del Norte.

manivacío, a Que viene o se va con las manos va- **adj./coloquial** cías: *nadie le regaló nada y se fue manivacío.* **tb: manvacío**

manivela (Del fr. *manivelle.*) Pieza o palanca, normal- **s.f.** mente acodada, que unida al eje de un mecanismo **= cigüeña,** sirve para hacerlo girar con la mano o transmitir un **manubrio** impulso desde un órgano generador de movimiento: *si mueves la manivela activas el motor.*

manjar (Del cat. ant. *manjar* < lat. vulgar *manducare,* comer.)
1 Alimento muy apetitoso y exquisito: *el salmón ahu-* **s.m.** *mado es un manjar muy apreciado.* **= delicia**
2 Cualquier alimento o producto comestible. **= vianda**
3 **manjar blanco:** 1. Guisado de pechugas de gallina, **COCINA** harina de arroz, leche y azúcar. 2. Dulce de almen- **COCINA** dras, leche y azúcar.
4 **manjar de ángeles:** Dulce de leche y azúcar. **COCINA**
5 **manjar imperial:** Plato elaborado con leche, harina **COCINA** de arroz y yemas de huevo.
6 **manjar lento:** Dulce de leche, yemas batidas y **COCINA** azúcar.
7 **manjar principal:** Comida elaborada con leche, ye- **COCINA** mas de huevo, queso y pan rallado.
8 **manjar real:** Guisado de carnero, leche, harina y **COCINA** azúcar.

manjarete Dulce hecho de maíz tierno rallado, leche **s.m./Cuba, Venez.** y azúcar, que se cuece y se cuaja al enfriarse. **COCINA**

manjolar (Del fr. *engeoler,* enjaular.) Llevar el ave su- **v.tr.** jeta en una jaula, una cesta o en la mano, en cetrería. **CAZA**

mano (Del lat. *manus.*)
1 Parte del cuerpo humano que va desde la muñeca **s.f.** hasta la punta de los dedos: *agárralo bien con las dos* **ANATOMÍA** *manos.*
2 Extremidad cuyo dedo pulgar puede oponerse a los **ANATOMÍA,** otros, en algunos animales. **ZOOLOGÍA**
3 Cualquiera de los dos pies delanteros de los cua- **ANATOMÍA,** drúpedos. **ZOOLOGÍA/= remo**
4 Cada uno de los cuatro pies de las reses, cortados para el consumo.
5 Cada uno de los lados, derecho o izquierdo respec- **= costado** to de la persona que habla: *la panadería está ahí mis-* *mo, a mano derecha.*
6 Palo del mortero o almirez. **= maja, majadero**
7 Cada capa de barniz, pintura, yeso u otra cosa, **= pasada** aplicada sobre un objeto o superficie: *hay que dar otra* *mano de pintura a la puerta.*
8 Varilla indicadora del reloj o de otros instrumentos **= manecilla,** de precisión. **aguja**
9 Vuelta o toque que se da a una cosa para perfeccio- narla o corregirla: *han dado la última mano al trabajo.*
10 Habilidad o destreza para hacer cierta cosa: *tiene* **= maña** *mano para la cocina.*
11 Intervención o participación en una cosa: *aquí se* *ve claramente la mano de un experto.*
12 Persona que ejecuta una cosa: *de tal mano no se* *puede esperar nada bueno.*
13 Ayuda o auxilio prestado a una persona que se **= socorro** halla en peligro o necesidad: *le tendió la mano cuando* *más lo necesitaba; esta tarde voy y te echo una mano con* *el trabajo.*
14 Capacidad para mandar o influir en una decisión **= poder** o en una persona: *seguro que lo puede hacer porque tie-* *ne mucha mano en su trabajo; no está en su mano que lo* *contraten o no.*
15 Serie de golpes dados a una persona: *le dio una* **= tunda** *mano de bofetadas.*
16 Dominio o autoridad bajo la que se encuentra una **s.f.pl.** persona o cosa: *estás en sus manos; el cuadro robado* *está en manos de la policía.*
17 Cada vez que se reparte una cosa a un grupo de **s.f.** personas: *yo pago una mano de copas de vino.* **= vuelta**
18 Petición de matrimonio: *ha pedido la mano de Julia.*
19 Represión o castigo.
20 Rodillo de piedra para amasar el cacao, maíz u otras cosas parecidas.
21 Medio para hacer o alcanzar una cosa.

22 Conjunto de personas reunidas para un fin.

23 Trompa del elefante.

24 Cardas unidas para cardar los paños. **TEXTIL**

25 Conjunto de seis u ocho madejas de seda. **TEXTIL**

26 Treinta y cuatro panecillos que forman la cuarta parte de una fanega de pan, entre panaderos.

27 Vigésima parte de una resma formada por cinco cuadernillos de papel o veinticinco pliegos. **ARTES GRÁFICAS**

28 Conjunto de jugadas al final de las cuales los jugadores ganan o pierden. **JUEGOS = partida**

29 Primer jugador de una partida de juego: *ahora te toca ser mano a ti.* **JUEGOS**

30 Vuelta que da el cazador a un sitio buscando la caza: *di varias manos y no vi ni una perdiz; mató la liebre en la última mano.* **CAZA**

31 Conjunto de cuatro, cinco o seis objetos de una misma especie. *Chile*

32 Aventura o percance. *Amér.*

33 Cada uno de los gajos de varios frutos que forman el racimo de bananas. *Amér.*

34 **mano blanda**: Falta de severidad o rigor para dirigir una cosa o tratar a la gente: *le toman el pelo porque tiene demasiado mano blanda.* coloquial

35 **mano de cazo**: Persona zurda. coloquial

36 **mano de gato**: 1. Corrección de una obra hecha por una persona más diestra que el autor. 2. Arreglo del cutis, principalmente el de la cara. coloquial coloquial

37 **mano de hierro**: Mano dura, severidad: *trata a sus alumnos con mano de hierro.* coloquial

38 **mano de Judas**: Apagavelas con la forma de esta parte del cuerpo y con una esponja empapada en la palma.

39 **mano de la brida**: La izquierda de los caballos que tiene una señal blanca.

40 **mano de la lanza**: La derecha de los caballos que tiene una señal blanca.

41 **mano de obra**: 1. Trabajo manual invertido en una obra, independiente de los materiales, los planos y la dirección. 2. Conjunto de personas que realizan este trabajo.

42 **mano de santo**: Remedio muy eficaz para alguna cosa: *esa medicina ha sido mano de santo.* coloquial

43 **mano derecha**: Persona que es muy útil a otra como su auxiliar o colaborador: *siempre fue la mano derecha del director.* coloquial

44 **mano dura**: Severidad para dirigir una cosa o tratar a la gente: *has de tener mano dura con tus empleados.* coloquial

45 **mano fuerte**: 1. Mano dura, severidad. 2. Gente armada para hacer cumplir lo que el juez ordena y lo que el juez secular manda dar al eclesiástico cuando éste pide su ayuda. **HISTORIA**

46 **mano izquierda**: Habilidad, astucia: *el equipo funciona gracias a la mano izquierda del jefe, que sabe dirigirlos; logra todo lo que se propone con mano izquierda.* coloquial

47 **mano musical**: Antiguo procedimiento pedagógico para indicar los signos correspondientes a un sistema musical. **MÚSICA**

48 **mano larga**: 1. Propensión a pegar, sobre todo a los niños. 2. Inclinación al robo. coloquial

49 **mano oculta**: Persona que interviene de forma secreta en un asunto, sin que se sepa quién es.

50 **mano perdida**: Ejemplares que se tiran de más para suplir los imperfectos. **ARTES GRÁFICAS**

51 **mano rienda o de la rienda**: La izquierda de los caballos que tiene una señal blanca.

52 **manos largas**: Inclinación a robar: *cierra bien los cajones porque el mayordomo tiene las manos largas.* coloquial

53 **manos libres**: Libertad que tiene una persona para obrar en un asunto. coloquial

54 **manos limpias**: 1. Integridad, honradez con que se ejerce o administra un cargo. 2. Retribución merecida que se percibe en un empleo además del sueldo. coloquial

55 **manos limpias de sangre**: Situación del que no ha cometido ningún crimen ni ha causado muerte o derramamiento de sangre. coloquial

56 **manos listas**: Habilidad, destreza para robar. coloquial

57 **manos muertas**: Poseedores de bienes, en quienes se perpetúa el dominio por no poder enajenarlos. **DERECHO**

58 **manos sucias**: Retribuciones que se perciben en un empleo de forma ilegal. coloquial

59 **a dos manos**: Con toda voluntad. loc.adv.

60 **a la mano**: 1. Forma de expresar que una cosa es fácil de entender o de conseguir. 2. Que está cercano, próximo: *siempre tiene tres o cuatro diccionarios a la mano.* loc.adv. loc.adv.

61 **a la mano de Dios**: Forma de expresar la determinación con que se empieza una cosa.

62 **a mano**: 1. Sin máquina: *es un jersey hecho a mano.* 2. En lugar cercano o asequible: *siempre tiene el mando a distancia a mano.* 3. Se dice de las cosas que están estudiadas aunque parecen casuales. loc.adv. loc.adv.

63 **a mano airada**: De forma violenta. loc.adv.

64 **a mano alzada**: 1. Se aplica al dibujo que se hace sin ayuda de instrumentos. 2. Se refiere a la votación realizada levantando el brazo. loc.adj./ARTE loc.adj.

65 **a mano armada**: Con armas. loc.adj.

66 **a manos de**: Por la acción de la persona que se expresa: *el jarrón se rompió a manos de la sirvienta.* loc.prep.

67 **a manos llenas**: Con generosidad. loc.adv.

68 **abandonarse alguien en manos de**: Confiarse a la persona o cosa que se expresa. coloquial

69 **abrir la mano**: 1. Gastar sin restricciones ni limitaciones. 2. Moderar el rigor, la restricción. 3. Admitir regalos. coloquial coloquial

70 **abrir la mano al caballo**: Aflojar las riendas. **EQUITACIÓN**

71 **alargar la mano**: Extenderla para pedir, mendigar. coloquial

72 **alargar la mano a alguien**: Dar la mano, extenderla para saludarle. coloquial

73 **alzar la mano a alguien o contra alguien**: Levantarla en señal de amenaza o para golpear con ella. coloquial

74 **alzar las manos al cielo**: Levantarlas para pedir a Dios un favor. coloquial

75 **andar algo en manos de todos**: Ser vulgar y común. coloquial

76 **apretar la mano**: 1. Estrechar la de otra persona, para saludarla o mostrarle cariño o estimación. 2. Aumentar la severidad. coloquial coloquial

77 **asentar o sentar la mano**: Golpear o pegar a una persona o tratarla con severidad. coloquial

78 **atar las manos o de manos**: Cohibir, impedir una persona que haga una cosa u obre con libertad. coloquial

79 **atarse de manos**: Privarse a uno mismo de libertad de acción. coloquial

80 **bajar la mano**: Rebajar o abaratar una mercancía. **COMERCIO**

81 **bajo mano**: De forma encubierta. loc.adv.

82 **besar la mano**: Fórmula de despedida usada en las cartas de mucha ceremonia. formal

83 **buena mano**: Habilidad o acierto para hacer una cosa: *tiene buena mano para la cocina.* coloquial

84 **caer en manos de alguien**: Corresponderle o quedar sometido a su arbitrio: *toda la responsabilidad cayó en sus manos.* coloquial

85 **caerse a alguien la mano**: Ser homosexual. *Méx.*

86 **caérsele a alguien algo de las manos**: Aburrirle o fastidiarle: *la novela que estoy leyendo es un rollo, se me cae de las manos.* coloquial

87 **cambiar de mano**: Cambiar el caballo de mano y pie espontáneamente cuando galopa. **EQUITACIÓN**

88 **cambiar de manos algo**: Cambiar de propietario. coloquial

89 **cantar algo en la mano**: Tener mucha picardía y astucia. coloquial

90 **cargar la mano**: 1. Insistir con empeño o eficacia sobre una cosa. 2. Excederse en una cosa o actuar con demasiada dureza. 3. Cobrar excesivo precio por una cosa. 4. Echar demasiado de una cosa en un guisado, medicamento u otra composición. coloquial coloquial coloquial coloquial

91 **cerrar la mano**: Restringir los gastos o las concesiones de cualquier clase: *en períodos de crisis las empresas siempre cierran la mano.* coloquial

92 **coger, pescar o pillar a alguien con las manos en la masa**: Sorprenderle cuando está haciendo una cosa a escondidas: *cogieron al ladrón con las manos en la masa.* coloquial

93 **comerse las manos**: Estar pasando hambre. coloquial

94 **como con o por la mano**: Con gran facilidad o ligereza. loc.adv.

95 **con la mano en el corazón**: Con absoluta sinceridad. loc.adv.

96 **con las manos cruzadas**: Sin hacer nada, de forma ociosa: *se pasa el día con las manos cruzadas.* loc.adv.

97 **con las manos vacías**: Con los verbos "irse", "venirse" o "volverse", sin haber logrado lo que se pretendía o sin haber recibido nada: *quería un aumento de sueldo pero se tuvo que ir con las manos vacías.* loc.adv.

98 **con mano escasa**: Con escasez. loc.adv.

99 **con mano pesada**: Con dureza y rigor. loc.adv.

100 **con una mano atrás o detrás y otra delante**: Frase que expresa la situación de una persona que no tiene nada o no ha obtenido ningún provecho en un asunto en el que se esperaba que lo obtuviera. loc.adv. coloquial

101 **conocer algo o a alguien como a sus manos**: Conocerlo muy bien. coloquial

102 **correr algo por mano de alguien**: Ser el encargado de ello. coloquial

103 **correr la mano**: Ir muy rápida esta parte del cuerpo de la persona que ejecuta una cosa. coloquial

104 **corto de mano**: Se aplica a la persona torpe en su trabajo. loc.adj.

105 **cruzar o cruzarse de manos**: Estarse quieto, sin trabajar o sin intervenir en un asunto. coloquial

106 **dar de mano a algo**: 1. No aceptarlo, dejarlo. 2. Cesar en el trabajo al terminar la jornada. 3. Cubrir los muros después de construidos con una capa de yeso o cemento. **CONSTRUCCIÓN**

107 **dar de mano a alguien**: Abandonarlo, no socorrerlo o ampararlo. coloquial

108 **dar de manos**: 1. Caer en un defecto. 2. Caer de bruces dando con esta parte del cuerpo en el suelo. coloquial

109 dar en manos de alguien: Caer, sin darse cuenta, bajo el poder de una persona. *coloquial*

110 dar la mano: 1. Alargarla para saludar a una persona. 2. Amparar o ayudar a una persona. 3. Entregar los materiales para que los operarios puedan trabajar sin apartarse del sitio en que estén. *coloquial* *coloquial*

111 dar la primera mano a algo: Bosquejarlo o empezarlo. *coloquial*

112 dar la última mano a algo: Hacer en ello la última operación para que quede perfecto.

113 dar una mano por algo: Desearlo mucho.

114 darse a manos: Entregarse, ceder en la resistencia que se hacía. *coloquial*

115 darse buena mano en algo: Tener habilidad para hacer una cosa. *coloquial*

116 darse la mano con algo: Estar dos cosas muy próximas o ser muy parecidas. *coloquial*

117 darse las manos: 1. Reconciliarse, volver a la amistad. 2. Unirse o asociarse para una empresa dos o más personas. *coloquial* *coloquial*

118 de la mano: 1. Con esta parte del cuerpo cogida por la de la otra persona. 2. Guiado por la persona que se expresa. *loc.adv.*

119 de mano: Se refiere a las cosas que se manipulan directamente y que son portátiles: *necesito la escalera de mano.* *loc.adj.*

120 de mano derecha o de mano izquierda: Se aplica a las puertas que se abren quedando los goznes a la izquierda o la derecha del que las abre tirando de ellas hacia sí. *loc.adj.*

121 de mano en mano: Pasando de una persona a otra. *loc.adv.*

122 de manos a boca: De repente y de modo inesperado. *loc.adv.*

123 de mi, (...) mano: 1. Se aplica a lo que ha sido escrito por la persona de que se trata. 2. Se refiere a lo que ha sido hecho por la persona de que se trata. *loc.adj.* *loc.adj.*

124 de primera mano: 1. Sin intermediarios: *nos trajo noticias de primera mano sobre el accidente.* 2. De forma directa o del original. *loc.adj.* *loc.adv.*

125 de segunda mano: Del segundo vendedor. *loc.adj.*

126 dejado de la mano de Dios: 1. Abandonado o desafortunado. 2. Lejano o apartado: *vive en un pueblo dejado de la mano de Dios.* *loc.adj.*

127 dejar de la mano: Cesar en su ejecución.

128 dejar a alguien las manos libres: No ponerle ninguna traba ni inconveniente para que pueda obrar con plena libertad. *coloquial*

129 dejar o poner algo en manos de alguien: Encomendársela o ponerla a su cuidado: *dejo en tus manos el cuidado del jardín, ¿vale?* *coloquial*

130 descargar la mano sobre alguien: Imponerle un castigo.

131 deshacerse algo entre las manos: Gastarse o disgregarse con rapidez o facilidad. *coloquial*

132 doblar alguien las manos: Darse por vencido o ceder en alguna cosa: *después de mucho insistir dobló las manos y nos dejó salir.* *coloquial* *Méx.*

133 echar mano a alguien o algo: Apresar, coger: *la policía le ha echado mano.*

134 echar mano de alguien o algo: Valerse de ello para algún fin.

135 echar una mano a alguien: Prestarle ayuda. *coloquial*

136 estar dejado alguien de la mano de Dios: 1. Ser una calamidad, cometer una imprudencia o insensatez detrás de otra. 2. Sufrir una desgracia detrás de otra. 3. Cometer un delito o falta detrás de otro. *coloquial* *coloquial* *coloquial*

137 estar o quedar a mano: Estar o quedar en igualdad de condiciones dos o más personas sin que haya deuda alguna entre ellos: *con este pago ya quedamos a mano.* *coloquial* *Méx.*

138 ganar por la mano a alguien: Anticipársele en una cosa. *coloquial*

139 ir a la mano a alguien: Contenerlo o moderarlo. *coloquial*

140 ir por su mano: Caminar o transitar por el lado de la vía o la calle que le corresponde.

141 irse de las manos algo a alguien: Perder el control sobre ello: *el asunto se le fue de las manos.* *coloquial*

142 írsele a alguien la mano: 1. Hacer con ella una acción involuntaria. 2. Excederse en la cantidad de una cosa que se da o que se mezcla con otra: *se le fue la mano con la propina.* *coloquial* *coloquial*

143 llegar a las manos: Reñir o pelear: *la discusión fue tan violenta que casi llegan a las manos.* *coloquial*

144 llevar a la mano: Llevar por medio de una persona y no mediante un servicio impersonal. *coloquial*

145 llevarse las manos a la cabeza: Asombrarse o indignarse por algo. *coloquial*

146 mala mano: Falta de habilidad o destreza: *tiene mala mano para la decoración.*

147 malas manos: Las torpes y con poca habilidad.

148 mano a mano: Se aplica a la acción realizada entre dos personas que compiten o colaboran. *loc.adv.*

149 mano sobre mano: Sin hacer nada; ociosamente: *pasan el día mano sobre mano.* *loc.adv.*

150 ¡manos arriba!: Exclamación que ejecuta la persona que apunta a otra o a otras con un arma, para robar o para detenerla. *interj.*

151 meter mano: 1. Investigar su conducta para descubrir posibles irregularidades en su comportamiento: *teme que Hacienda acabe por meterle mano.* 2. Tocar o manosear a una persona buscando placer sexual. *coloquial* *coloquial*

152 no saber alguien dónde tiene la mano derecha: Ser tonto o insensato. *coloquial*

153 poner la mano encima a una persona: Golpearla o tener la intención de hacerlo.

154 poner la mano en el fuego: Estar muy seguro de lo que se dice o afirma.

155 poner manos a la obra: Empezar a ejecutar alguna cosa: *si nos ponemos manos a la obra ahora, terminaremos temprano.*

156 quitarle a alguien las cosas de las manos: Comprar mucha gente una cosa con gran interés y rapidez: *le quitaban de las manos las piezas de artesanía que fabricaba.* *coloquial*

157 si a mano viene: 1. Si llega el caso. 2. Tal vez, quizás. *loc.adv.*

158 soltar alguien la mano: Ponerla ágil para hacer un ejercicio. *coloquial*

159 tender a alguien la mano: 1. Ofrecérsela para entrechar la suya como saludo o para darle apoyo. 2. Socorrerlo, ofrecerle auxilio. *coloquial* *coloquial*

160 tener alguien atadas las manos: Hallarse con un estorbo o impedimento para ejecutar una cosa. *coloquial*

161 tener en la mano, en su mano o por su mano algo: Poder conseguirlo, realizarlo o disponer de ello.

162 tener mano con alguien: Tener influjo o poder sobre una persona. *coloquial*

163 tener muchas manos: Tener una gran capacidad de trabajo y destreza: *a pesar de los problemas, ella saldrá adelante porque tiene muchas manos.* *coloquial*

164 tener por la mano o mano en algo: Poder intervenir en ello por influencia o conocimiento.

165 traer o traerse algo entre manos: 1. Estar ocupándose de ella. 2. Ocultar lo que se está maquinando: *se trae entre manos un asunto sucio.* *coloquial* *coloquial*

166 untar la mano o las manos a alguien: Sobornarlo, corromperlo con dádivas. *coloquial*

167 venir a mano: Tener oportunidad o facilidad para una cosa. *coloquial*

168 venir a las manos: Llegar, en una disputa, a pegarse las personas contendientes. *coloquial*

169 venir con sus manos lavadas: Acudir una persona a recoger el beneficio de lo que han hecho otras, cuando ya no hay que trabajar para ello. *coloquial*

170 venirse a las manos: Conseguir una cosa sin esfuerzo.

171 vivir de o por sus manos: Mantenerse de su trabajo: *como no ha heredado nada de la fortuna familiar tiene que vivir de sus manos.* *coloquial*

mano, a (De *hermano.*) Tratamiento popular, cariñoso o de confianza, que se emplea para dirigirse a hermanos o amigos. *s.* *Méx.* *tb: manito*

mano- Componente de palabra procedente del gr. *manos,* que significa poco denso, presión: *manómetro.* *pref.* *tb: manos-*

manobre (Del cat. *manobra.*) Obrero que ayuda al oficial. *s.m.*

manobrero, a Persona encargada de limpiar y mondar los brazales de las acequias. *s.*

manojear Hacer manojos de hojas de tabaco. *v.tr./Cuba*

manojera Conjunto de manojos de sarmientos para la lumbre. *s.f.*

manojo (Del lat. vulgar *manuculus* < lat. *manipulus, -upulis,* puñado.)
1 Conjunto de cosas que se pueden coger con la mano de una sola vez: *compra un manojo de ajos tiernos, por favor.* *s.m.*
2 Conjunto de muchas cosas. *= fajo*
3 **a manojos:** En abundancia. *loc.adv.*

manola
1 Coche de caballos de cuatro asientos y con dos puertas laterales. *s.f.*
2 Masturbación, excitación manual de los órganos sexuales. *vulgar*

manoletina
1 Pase de muleta, de frente y con el engaño sujeto con las manos por detrás de la espalda del torero. *s.f.* *TAUROMAQUIA*
2 Zapato femenino semejante al de los toreros.

manolo, a Mozo o moza del pueblo bajo que se distinguía en el Madrid de los siglos XVIII y XIX por su traje y desenfado. *s.*

manomanista Se refiere al jugador de pelota a mano o al propio juego, en la pelota vasca: *mañana se celebra la final manomanista.* *adj.* *DEPORTES*

manometría Técnica para medir las presiones de los fluidos. *s.f.* *FÍSICA*

manométrico, a Del manómetro o de la manometría. *adj./FÍSICA*

manómetro (Del gr. *manos*, raro, poco denso, presión + *metron*, medida.) Instrumento para medir la presión de los fluidos. — s.m. FÍSICA

manopla
1 Guante sin separaciones para los dedos: *tiene unas manoplas de cuero.* — s.f.
2 Pieza de la armadura que cubría la mano. — HISTORIA
3 Látigo corto que usan los postillones o mozos a caballo para avivar a las mulas.
4 Llave inglesa, herramienta. — Argent., Chile, Perú
5 Mitón empleado para asir utensilios calientes. — Argent.

manorreductor (Del gr. *manos*, presión + *reductor*.) Aparato que permite reducir la presión de un fluido comprimido, con el fin de facilitar su utilización. — s.m. TECNOLOGÍA

manoscopio (Del gr. *manos*, presión + *skopeo*, observar.) Aparato para detectar las variaciones de la presión atmosférica. — s.m./FÍSICA tb: manóscopo

manoseador, a Que manosea. — adj.

manosear
1 Tocar reiteradamente una cosa con las manos: *no me gusta que manoseen la fruta.* — v.tr. = sobar
2 Tratar un mismo asunto o un tema con frecuencia: *has manoseado este tema.*

manoseo Acción y resultado de manosear. — s.m./= sobeo, soba

manóstato (Del gr. *manos*, presión + *stasis*, detención.) Aparato para mantener constante una presión. — s.m. TECNOLOGÍA

manotazo Golpe dado con la mano: *aún tiene la señal del manotazo en la mejilla.* — s.m./= manotada, manotón

manoteador, a Que manotea. — adj.

manotear
1 Dar manotadas o golpes con la mano a una cosa. — v.tr.
2 Mover las manos de forma exagerada al hablar o para mostrar un estado de ánimo. — v.intr.

manoteo Acción y resultado de manotear. — s.m.

manotón Manotazo, golpe que se da con la mano. — s.m./= manotada

manque (Cruce de *aunque* + *mas*.) Aunque: *¡viva el Betis manque pierda!* — conj. vulgar

manquear
1 Ser manca una persona. — v.intr.
2 Simular una persona ser manca.

manquedad
1 Falta de mano o brazo: *su manquedad no le impide practicar algunos deportes.* — s.f. = manquera
2 Imposibilidad de usar la mano o el brazo, sean de una o de las dos extremidades.
3 Defecto o privación de una cosa más o menos necesaria: *la manquedad de nuevas viviendas en el casco urbano.* — = falta

manquera Condición de manco. — s.f./= manquedad

manriqueño, a (De J. *Manrique*, escritor español.)
1 De dicho escritor o de su obra. — adj./LITERATURA LITERATURA
2 Se aplica a la obra o autor que está influido por la obra de dicho escritor.

mansalva Se usa para indicar sin peligro, con decisión y seguridad en la expresión **a mansalva**: *los revolucionarios entraron a mansalva en el palacio presidencial.* — loc.adv.

mansamente Con tranquilidad o lentitud: *un arroyo corría mansamente por entre las piedras.* — adv.

mansarda Buhardilla, parte más alta de una casa, debajo del tejado. — s.f./Amér. Central y Merid.

mansedumbre (Del lat. *mansuetudo*, -*dinis*.)
1 Actitud mansa, tranquila u obediente: *su mansedumbre a veces resulta molesta.* — s.f. = docilidad
2 Condición tranquila y apacible de algunos animales y elementos de la naturaleza: *me relaja contemplar la mansedumbre del lago.* — = tranquilidad

mansejón, a Se refiere al animal que es muy manso. — adj./= mansurrón

manseque Baile infantil. — s.m./Chile

mansión (Del lat. *mansio*, -*onis*.)
1 Vivienda, especialmente referida a palacios y construcciones grandes y suntuosas: *tiene una gran mansión con piscina.* — s.m.
2 **mansiones del cielo:** Doce divisiones iguales del cielo, correspondientes a los signos del zodíaco. — OCULTISMO
3 **hacer mansión:** Detenerse o alojarse en un sitio.

manso, a (Del lat. vulgar *mansus* < lat. *mansuetus*.)
1 De condición suave o benigna. — adj./= dócil ≠ fiero
2 Se refiere a los animales que no son bravos.
3 Que es sosegado o tranquilo. — ≠ inquieto
4 Casa de campo y de labor con tierras, aperos y ganado. — s.m.
5 Animal macho que guía a los demás del rebaño. — = cabestro
6 Que es grande o extraordinario. — adj./Chile/vulgar

mansurrear Mostrarse manso un toro y poco adecuado para la lidia. — v.intr. TAUROMAQUIA

mansurrón, a Se aplica al animal que es muy manso: *el perro ya es viejo y muy mansurrón.* — adj/s.

manta
1 Prenda de lana o algodón de forma rectangular usada para abrigarse, en especial en la cama: *duerme con tres mantas.* — s.f.
2 Objeto de forma parecida a esta prenda: *una manta de algodón en rama.*
3 Prenda de vestir usada en algunas regiones como abrigo.
4 Serie de golpes dados a una persona: *no comprendo cómo pudo darle esa manta de azotes al niño.* — = somanta, zurra
5 Cubierta de abrigo para las caballerías.
6 Tela de algodón fabricada en México. — TEXTIL
7 Cada una de las doce plumas que tiene el ave de rapiña a continuación de las aguaderas.
8 Juego de cartas entre cinco jugadores. — JUEGOS
9 Costal de pita usado en las minas de América para transportar minerales. — MINERÍA
10 Mantelete o tablero grueso que servía de defensa. — MILITAR
11 Pez elasmobranquio mobúlido, de cuerpo aplanado, parecido a la raya. (*Mobula.*) — ZOOLOGÍA
12 **manta de pared:** Tejido que se utiliza para decorar paredes. — = tapiz
13 **manta de viaje:** La que se fabrica para este objeto, con dibujo de cuadros.
14 **manta real:** Tablero grueso que servía de defensa. — MILITAR
15 **a manta:** 1. Modo de regar el terreno cubriéndolo con una capa de agua. 2. De modo abundante, en gran cantidad: *ayer llovió a manta.* — loc.adv. AGRICULTURA coloquial
16 **echar mantas:** Criticar o hablar mal de una persona. — coloquial = echar pestes
17 **liarse la manta a la cabeza:** Tomar una decisión aventurada o usar un procedimiento violento: *me lié la manta a la cabeza y despedí a la niñera.* — coloquial
18 **poner a manta:** Poner cosas en abundancia y sin orden. — AGRICULTURA
19 **ser un manta:** No rendir en un trabajo por ser inepto u holgazán: *¡qué manta es ese futbolista!* — coloquial
20 **tirar de la manta:** Descubrir una cosa censurable que se mantenía en secreto: *el asesor de la junta amenazó con tirar de la manta y hacer público el fraude.* — coloquial
21 **tomar la manta:** Tomar las unciones. — RELIGIÓN

mantalona Tela fuerte de algodón usada para hacer velas. — s.f. NÁUTICA

mantaterilla
1 Tela de bramante y tiras de paño que se usaba en los aparejos de los burros. — s.f.
2 Esta misma tela para abrigo de personas o como adorno.

mantazo Pase de muleta dado sin sujetarse o cumplir las reglas del arte. — s.m. TAUROMAQUIA

manteado Tienda de campaña. — s.m./Amér. Central

manteador, a Que mantea o vapulea con una manta. — adj/s.

manteamiento Acción y resultado de mantear. — s.m./= manteo

mantear
1 Lanzar a una persona o un muñeco al aire repetidas veces con una manta sujeta por varias personas. — v.tr.
2 Convertirse en manta una veta de metal. — v.prnl./Chile

manteca
1 Grasa pegada a algunas partes de las vísceras de los animales, en especial la del cerdo: *fríe la cebolla con manteca de cerdo.* — s.f.
2 Sustancia grasa de la leche una vez separada de ella.
3 Sustancia grasa de consistencia sólida sacada de algunos frutos como el cacao: *merienda manteca de cacahuete.*
4 Grasa del cuerpo humano cuando es excesiva.
5 Sustancia grasa usada con otros ingredientes como pomada. — FARMACIA
6 Lo más selecto de ciertas cosas o serie de ellas. — = nata
7 **manteca de vaca:** Mantequilla, sustancia grasa de la leche de los animales batida y preparada.
8 **como manteca:** Que es muy blando, suave, dócil o sumiso. — loc.adj. coloquial
9 **juntársele a alguien las mantecas:** Estar demasiado gordo. — coloquial

mantecada
1 Especie de bollo pequeño de harina, huevo, mantequilla y azúcar que suele cocerse en un molde cuadrado de papel: *su madre sabe hacer mantecadas.* — s.f. COCINA
2 Rebanada de pan untada con mantequilla y azúcar.

mantecado
1 Pasta o torta pequeña hecha con harina escaldada, manteca de cerdo, azúcar y otros ingredientes. — s.m. COCINA
2 Helado elaborado con leche, huevo y azúcar: *le encanta el mantecado de vainilla.* — COCINA

mantecosidad Cualidad de mantecoso. — s.f.

mantecoso, a
1 Que tiene mucha manteca: *el pastel ha quedado mantecoso.* — adj.
2 Que tiene alguna de las propiedades de la manteca. — = seboso

manteísta (Derivado de *manteo*.)
1 Estudiante de escuela pública que vestía sotana y manteo. — s.m. = colegial

2 Alumno externo de un seminario. — RELIGIÓN

mantel (Del lat. *mantele*, toalla.)
1 Prenda con que se cubre la mesa para comer: *pon el* — s.m.
mantel de cuadros en la mesa, por favor.
2 Prenda con que se cubre la mesa del altar. — RELIGIÓN
3 a manteles: De manera cómoda y confortable. — loc.adv.
4 en mantel: Se aplica al escudo mantelado. — loc.adj./HERÁLDICA
5 levantarse de los manteles: Levantarse de comer
o de la mesa: *eran las cinco de la tarde y aún no se ha-*
bían levantado de los manteles.

mantelado, a Se aplica al escudo que está partido — adj.
por dos líneas que, arrancando de la punta, conver- — HERÁLDICA
gen algo más abajo del centro o abismo.

mantelería Juego de mantel y servilletas: *le han rega-* — s.f.
lado una mantelería de doce servicios.

manteleta Capa o esclavina grande con largas puntas — s.f.
por delante, que usaban las mujeres como abrigo o
adorno.

mantelete (Del fr. *mantelete*.)
1 Vestidura usada por ciertos prelados encima del ro- — s.m.
quete: *el color del mantelete varía según la dignidad de* — RELIGIÓN
quien lo viste.
2 Adorno del escudo de armas. — HERÁLDICA
3 Tabla gruesa que servía para cubrir la boca del petardo después de cargado.
4 Tabla gruesa que servía de defensa contra los tiros
del enemigo.

mantellina Mantilla para la cabeza: *entró en la iglesia* — s.f.
cubierta por una mantellina negra.

mantelo (Voz gallega.) Especie de delantal de paño — s.m.
usado en algunas provincias del norte español.

mantenedor, a
1 Que mantiene. — adj.
2 Miembro del jurado que evalúa las obras presenta- — s.
das y da continuidad a los temas declarados desiertos, en los concursos literarios.
3 Persona que, en los concursos literarios, pronuncia
el discurso en nombre del jurado.
4 Persona que tenía como misión que se cumplieran — HISTORIA
las leyes en las justas y torneos.

mantenencia Mantenimiento, acción y resultado de — s.f.
mantener. — = mantenimiento

mantener
1 Cubrir las necesidades económicas de una persona, — v.tr/prnl.
en especial las alimenticias: *se mantiene con un subsidio* — conj. *tener*
de paro. — = sustentar
2 Conservar a una persona o una cosa en el estado o
condición manifestado: *se mantiene muy vital.*
3 Sujetar una cosa para que no se caiga: *¿me podrías* — = aguantar,
mantener un momento el cuadro?, voy a por el martillo. — sostener
4 Continuar con lo que se está haciendo: *mantener un*
diálogo.
5 Tener o defender una persona una opinión o una
idea: *mantiene unas ideas muy radicales.*
6 Ser una persona mantenedora en una justa, un torneo o los juegos florales.
7 Hacer que la ley sea obedecida o respetados los de- — v.tr.
rechos de una persona. — = manutener
8 Cumplir una promesa o la palabra dada: *ha mante-*
nido su promesa.
9 Afirmar con insistencia una cosa: *mantiene que lo* — ≠ negar
que dijo era cierto.
10 Hacer que una cosa se conserve en cierta forma:
la nevera mantiene los alimentos frescos.
11 Servir una cosa de alimento a un organismo. — = nutrir
12 Servir una cosa de apoyo moral a una persona: *su*
recuerdo es lo que la mantiene.
13 Estar un cuerpo en una situación o un lugar sin — v.prnl.
cambiar o moverse: *se mantuvo de pie durante todo el*
discurso.
14 No cambiar de opinión, actitud o posición: *se* — + en
mantiene en su cargo. — = perseverar
15 Vivir o alimentarse una persona con una cosa: *se* — + de
mantiene de helados.

mantenido, a Persona que vive a expensas de otra, — s.
especialmente una mujer a expensas de un hombre — coloquial
con el que suele mantener relaciones sexuales extramatrimoniales.

mantenimiento
1 Acción y resultado de mantener o mantenerse: *el* — s.m.
mantenimiento de algunas máquinas es caro. — = conservación
2 Sustento, alimento o manutención.
3 Conjunto de alimentos necesarios para mantener a — = víveres
un grupo de personas.

manteo
I (Derivado de *manta*.) Acción y resultado de man- — s.m.
tear. — = manteamiento
II (Del fr. *manteau*, manto.)
1 Capa larga con cuello que usaban los eclesiásticos — s.m.
sobre la sotana. — RELIGIÓN
2 Prenda, a modo de falda, de bayeta o paño que llevaban las mujeres.
3 Capote del diestro. — TAUROMAQUIA

mantequera
1 Vasija en la que se hace la manteca o mantequilla. — s.f.
2 Bandeja o recipiente con cubierta donde se conserva o se sirve la manteca o la mantequilla: *le regaló*
una mantequera de porcelana china.

mantequería
1 Establecimiento donde se fabrica o vende manteca. — s.f.
2 Tienda donde se venden productos lácteos y otros — COMERCIO
comestibles.

mantequero, a
1 De la manteca o de la mantequilla. — adj.
2 Persona que hace o vende manteca o mantequilla. — s.
3 Vasija en que se conserva o se sirve la manteca. — s.m.
4 Corojo, planta arbórea americana. — BOTÁNICA

mantequilla
1 Sustancia untosa que se obtiene, por agitación, de — s.f.
leche de vaca o de su nata.
2 Pasta blanda y suave hecha con manteca de vaca
batida y azúcar: *le gusta desayunar tostadas con mante-*
quilla.

mantequillera Mantequera, recipiente para guardar — s.f.
la mantequilla. — Amér.

mantequillero, a De la manteca o de la mantequilla. — adj/s.m./Amér.

mantero, a Persona que fabrica o vende mantas. — s.

mantés, a Que es pícaro o pillo: *hablar como un mantés.* — adj/s.

mántica (Del gr. *mantike*, adivinación.) Conjunto de — s.f.
prácticas adivinatorias del porvenir. — OCULTISMO

mantilla
1 Prenda femenina de tul, blonda o encaje que se po- — s.f.
nía sobre la cabeza y, a veces, cubría el vestido: *fue a* — = mantellina
la boda con mantilla negra.
2 Prenda de tela gruesa que se pone a los niños muy
pequeños sobre los pañales.
3 Prenda de tela con que se cubre el lomo de las caballerías.
4 Tela con que se cubre el tímpano de las prensas de — ARTES GRÁFICAS
mano o los cilindros de las máquinas de imprimir,
para que no padezca la letra y salga bien la impresión.
5 Regalo que hacía un príncipe a otro a quien le na- — s.f.pl.
cía un hijo. — HISTORIA
6 estar algo en mantillas: Estar muy al principio o — coloquial
poco adelantado: *un proyecto que está en mantillas.*
7 estar alguien en mantillas: Ignorar ciertas cosas: — coloquial
estoy en mantillas sobre las mantemáticas de este curso.
8 haber salido alguien de mantillas: Tener ya cono- — coloquial
cimiento y edad para gobernarse por sí mismo.

mantillo
1 Capa superior del suelo cuando está formada por la — s.m./= humus,
descomposición de materias orgánicas. — tierra negra
2 Abono que se produce por la putrefacción y fermentación del estiércol.

mantis Santateresa, insecto ortóptero. — s.f./ZOOLOGÍA

mantisa (Del lat. *mantisa*, añadidura.) Fracción deci- — s.f.
mal positiva del logaritmo de un número. — MATEMÁTICAS

manto (Del bajo lat. *mantum*, manto corto.)
1 Prenda de vestir amplia semejante a la capa que cu- — s.m.
bre la cabeza, los hombros y parte del vestido: *se cu-*
brió con un manto al salir a la calle.
2 Prenda de vestir femenina que cubría la cabeza y el
cuerpo hasta la cintura, atándose a ella.
3 Especie de mantilla o velo negro, que se lleva en
señal de luto.
4 Cosa que encubre y oculta otra.
5 Fachada de la campana de una chimenea. — CONSTRUCCIÓN
6 Capa grasienta en que nace envuelto el feto. — FISIOLOGÍA
7 Capa que se pone sobre las imágenes de la Virgen. — RELIGIÓN
8 Capa que llevan algunos religiosos sobre la túnica. — RELIGIÓN/= manteo
9 Vestidura talar que usaban en algunos colegios. — HISTORIA
10 Grasa del mesenterio que envuelve las vísceras de — ZOOLOGÍA
los animales, en especial las del cerdo.
11 Repliegue cutáneo que envuelve el cuerpo de los — ZOOLOGÍA
gusanos, braquiópodos y moluscos.
12 Parte del globo terrestre situada entre la corteza y — GEOLOGÍA
el núcleo.
13 Capa mineral de poco espesor, casi horizontal. — MINERÍA
14 manto ácido: Mezcla de sudor y grasa que en- — FISIOLOGÍA
vuelve la superficie cutánea, protegiéndola de las infecciones.
15 manto caballeroso: El atado con un nudo sobre — HISTORIA
el hombro derecho, que usaban antiguamente los
caballeros.
16 manto capitular: El que vestían los caballeros de — HISTORIA
las órdenes militares para reunirse en capítulo.
17 manto de humo: El de seda negro que llevaban
las mujeres durante el luto.
18 manto de soplillo: Manto de tafetán que usaban
las mujeres.
19 manto ducal: Fondo en forma de manto extendi- — HERÁLDICA
do, de color escarlata y guarnecido de armiños, sobre
el que se representan los escudos de armas de soberanos o nobles.

20 manto vegetal: Conjunto de formaciones extensas que cubren un territorio, como un bosque o una pradera. — BOTÁNICA, GEOGRAFÍA

mantón ,
1 Prenda femenina de abrigo, de forma cuadrada que, doblada por la mitad, se echa sobre los hombros: *llevaba un precioso mantón sobre el vestido.* — s.m. = chal
2 Pañuelo grande con flecos, que se pone sobre los hombros como adorno o abrigo: *sobre el vestido negro llevaba un mantón rosa.*
3 Cada una de las dos tiras de tela con que solían adornarse los jubones o corpiños de las mujeres.
4 Manta o conjunto de doce plumas del ave de rapiña.
5 **mantón de Manila:** El de seda bordado que, originariamente, procedía de China.

mantudo, a
1 Se aplica al ave que tiene las alas caídas y está como arropada con ellas. — adj.
2 Máscara, persona disfrazada. — s./Amér. Central

manu- Componente de palabra procedente del lat. *manu*, a mano, con la mano: *manufactura.*

manuable Que es fácil de manejar. — adj./= manejable

manual (Del lat. *manvalis*.)
1 Que se realiza con las manos: *lo que más le gusta es el trabajo manual.* — adj.
2 Que trabaja con las manos: *trabaja como obrero manual.*
3 Que se puede manejar con facilidad. — = manejable
4 Que exige más habilidad de manos que pericia intelectual.
5 Que se hace en casa: *remedios manuales.* — = casero
6 Que se puede entender de manera fácil.
7 Se aplica a la persona que es dócil y tranquila.
8 Se refiere al dispositivo que precisa la intervención de una persona y se opone a los mecánicos.
9 Libro que contiene las nociones básicas de una materia: *manual de lingüística.* — s.m.
10 Libro o cuaderno de notas.
11 Libro que contiene los ritos con que deben administrarse los sacramentos. — RELIGIÓN = breviario
12 Emolumentos que perciben los eclesiásticos por asistir al coro. — s.m.pl. RELIGIÓN

manualidad Trabajo que se hace con las manos: *es muy bueno en manualidades.* — s.f.

manuar Máquina usada para estirar, laminar o doblar las fibras textiles de algodón. — s.m. TEXTIL

manubrio (Del lat. *manubrium.*)
1 Mango o manivela de algunos instrumentos. — s.m.
2 Mango o pieza formado por dos ramas en ángulo recto que sirve para hacer girar una rueda, el eje de una máquina u otros mecanismos. — MECÁNICA = cigüeña
3 Parte superior del esternón. — ANATOMÍA
4 Manillar de la bicicleta. — Argent., Chile
5 Volante del automóvil. — Chile

manucodiata (Del malayo-javanés *manuq-devata*, ave de los dioses.) Cualquiera de las aves exóticas, de plumaje exuberante. — s.f. ZOOLOGÍA = ave del paraíso

manuelino, a (Del rey *Manuel I* de Portugal.) Se refiere al estilo arquitectónico que se desarrolló durante el reinado de dicho monarca. — adj. ARQUITECTURA

manuella Barra o palanca del cabestrante o torno empleado para mover grandes pesos. — s.f. NÁUTICA

manufactura (Del lat. *manus*, mano + *facere*, hacer.)
1 Obra realizada a mano o con ayuda de máquinas. — s.f.
2 Fábrica o taller. — = industria
3 Empresa dedicada a actividades fabriles. — INDUSTRIA
4 Conjunto de estas empresas de una zona o país. — INDUSTRIA
5 **manufactura real:** La que gozaba de privilegios reales o que era financiada por la hacienda real. — HISTORIA

manufacturación Fabricación o elaboración de productos. — s.f.

manufacturado, a Se aplica al producto que resulta de la transformación industrial de materias primas. — adj./s.m. INDUSTRIA

manufacturar Producir una cosa con medios mecánicos: *en su taller manufacturan piezas para máquinas de coser.* — v.tr. = fabricar

manufacturero, a
1 De la manufactura: *industria manufacturera.* — adj.
2 Que se dedica a la manufactura. — adj./s.

manumisión (Del lat. *manumissio, -onis.*) Liberación de un esclavo. — s.f. HISTORIA

manumiso, a (Part. pas. irreg. de *manumitir.*) Se aplica al esclavo que ha alcanzado libertad. — adj./DERECHO = horro

manumisor, a Persona que manumitía o concedía la libertad a un esclavo. — s. HISTORIA

manumitir (Del lat. *manumittere.*) Dar libertad a un esclavo. — v.tr./HISTORIA part.irreg: manumiso

manús (Voz gitana.) Gachó, tío o tipo. — s.m./vulgar

manuscribir Escribir una cosa a mano: *manuscribía todas sus obras antes de corregirlas con el ordenador.* — v.tr. part: manuscrito

manuscrito, a (Part. irreg. de *manuscribir.*)
1 Que está escrito a mano: *le imputaron la autoría de aquella nota manuscrita.* — adj.
2 Papel o libro escrito a mano, de cierta antigüedad y valor histórico: *han hallado unos importantes manuscritos medievales.* — s.m.
3 Original de una obra no impresa: *entregó el manuscrito a la editorial.*

manutención
1 Acción y resultado de mantener o mantenerse: *luchó por la manutención de su puesto.* — s.f. = conservación
2 Lo que se come para mantener o mantenerse: *la manutención de sus ocho hijos es una carga para su economía.*
3 Desplazamiento, manual o mecánico, de las mercancías, materias primas y otros materiales en los almacenes, talleres y otras dependencias de un comercio o industria.

manutener (Del lat. *manus*, mano + *tenere*, tener.) Mantener o amparar a una persona en un derecho. — v.tr. conj: tener

manutergio (Del lat. *manus*, mano + *tergere*, secar.) Cornijal, lienzo litúrgico. — s.m. RELIGIÓN

manutigio (Del lat. *manutigium.*) Fricción o masaje ligero practicado con la mano. — s.m.

manutisa Minutisa, planta herbácea de flores olorosas. — s.f. BOTÁNICA

manx Variedad lingüística gaélica hablada hasta 1974 en la isla de Manx. — s.m. LINGÜÍSTICA

manzana (Del lat. *mala mattiana*, nombre de una especie famosa de manzanas.)
1 Fruto del manzano, algo hundido por los extremos del eje, redondeado, de piel fina amarilla, verde o rosa o mezclado de estos colores, carne blanca y semilla en forma de pepitas, que se consume fresco, en compota o en mermelada y cuyo jugo fermentado proporciona la sidra. — s.f. BOTÁNICA = poma
2 Se aplica a cosas redondeadas como una manzana.
3 Conjunto de casas contiguas rodeado de calles: *vive tres manzanas más abajo.* — = isla
4 Pomo de la espada.
5 Remate redondo que adorna un mueble, una barandilla u otra cosa. — = manzanilla
6 **manzana asperiega:** Variedad bastante aplastada, de carne granulosa, empleada generalmente para hacer la sidra. — BOTÁNICA
7 **manzana de Adán:** Nuez de la garganta. — Amér.
8 **manzana de la discordia:** Cualquier cosa conflictiva: *la nueva ley se convirtió en la manzana de la discordia.* — coloquial
9 **manzana golden:** Variedad de sabor dulce y piel amarilla con puntitos marrones. — BOTÁNICA
10 **manzana meladucha:** Variedad dulce pero insípida. — BOTÁNICA
11 **manzana reineta:** Variedad aplanada con una mancha en la piel alrededor del mango, de sabor ligeramente ácido y muy aromática. — BOTÁNICA
12 **manzana verde doncella:** Variedad más pequeña y de piel verde. — BOTÁNICA
13 **sano como una manzana:** Expresión con que se pondera la buena salud de una persona: *ya no tiene ningún problema, está sano como una manzana.*

manzanal
1 Manzanar, terreno de manzanas. — s.m.
2 Manzano, árbol frutal. — BOTÁNICA

manzanar Tierra plantada de manzanos: *cerca del caserío hay un gran manzanar.* — s.m. = pomarada

manzanera Maguillo, manzano silvestre. — s.f./BOTÁNICA

manzanero, a
1 Se aplica al animal que busca los manzanos para comer su fruto. — adj.
2 Manzano, planta arbórea frutal que se cultiva por su sabroso fruto comestible. — s.m./Ecuad. BOTÁNICA

manzanil Se refiere a la fruta que tiene el color o la forma parecidos a los de la manzana. — adj.

manzanilla (Derivado de *manzana.*)
1 Planta herbácea compuesta aromática cuyas flores tienen propiedades medicinales. — s.f./BOTÁNICA = camomilla
2 Flor de esta planta. — BOTÁNICA
3 Infusión de flores de manzanilla, con virtudes antiespasmódicas, analgésicas, estomacales y febrífugas: *la manzanilla es lo mejor para el dolor de estómago.*
4 Variedad de aceituna pequeña.
5 Vino blanco, aromático y seco, elaborado en Sanlúcar de Barrameda y otros lugares de Andalucía: *la manzanilla que se tomó de aperitivo le dejó un poco mareada.*
6 Parte carnosa y saliente con que terminan por debajo las patas de los mamíferos carnívoros. — ZOOLOGÍA
7 Parte inferior y redondeada de la barba. — ANATOMÍA tb: manzana
8 Remate de adorno en forma de manzana, hecho de madera, metal u otro material.
9 Botón redondo y forrado de tela con que solía abrocharse la ropa de los niños.

10 manzanilla bastarda, botonera o bolina: Planta aromática compuesta, con flores radiales blancas y centrales amarillas, que sustituye en medicina a la manzanilla común. — BOTÁNICA

11 manzanilla fina: Planta compuesta con flores muy fragantes y de color amarillo fuerte. (*Cotula aurea.*) — BOTÁNICA

12 manzanilla hedionda, fétida o cimarrona: Planta compuesta, de olor desagradable, ligeramente vellosa y con las flores radiales estériles. (*Anthemis cotula.*) — BOTÁNICA

13 manzanilla loca: Planta compuesta, con capítulos florales amarillos, con las mismas virtudes que la común y empleada en tintorería. (*Anacylus clavatus.*)

14 manzanilla romana o común u oficinal: Planta compuesta, aromática y perenne, con cabezuelas florales solitarias que se usan como tónico, estimulante, febrífugo y antiespasmódico. (*Anthemis nobilis.*) — BOTÁNICA

manzanillo, a
1 Se aplica a cierto olivo que produce una aceituna pequeña. — adj.
2 Planta arbórea euforbiácea, originaria de las Antillas y de América ecuatorial cuyo fruto es comestible, aunque segregue un jugo venenoso. — s.m. BOTÁNICA

manzano
1 Árbol rosáceo de pequeño tamaño, hojas dentadas, redondeadas, canosas en el envés, flores blancas o rosadas con pedúnculos lanosos, cuyo fruto es la manzana. (*Malus domestica.*) — s.m. tb: manzanal BOTÁNICA
2 Variedad de plátano, de fruto pequeño y muy dulce. — Méx., P. Rico BOTÁNICA

maña (Del lat. vulgar *mania*, habilidad manual.)
1 Habilidad para hacer una cosa bien o con facilidad: *tiene mucha maña para la jardinería.* — s.f. = destreza
2 Acción realizada con astucia y engaño para conseguir una cosa: *sabe emplear bien sus mañas para conseguir lo que quiere.* — = treta
3 Vicio o costumbre caprichosa: *tiene mañas de niño mimado.*
4 Manojo pequeño: *maña de esparto.*
5 **darse maña:** Ingeniárselas, discurrir con ingenio la manera de conseguir algo y de llevarlo a cabo.

mañana (Del lat. vulgar *maneana < hora maneana*, en hora temprana.)
1 Tiempo que transcurre entre la medianoche o desde que amanece hasta el mediodía: *se suele levantar a las ocho de la mañana.* — s.f.
2 Tiempo futuro próximo a nosotros: *no quiere hacer planes para el mañana.* — s.m.
3 En el día siguiente al de hoy: *¿nos podríamos ver mañana?; mañana será otro día.* — adv. ≠ hoy, ayer
4 En el futuro, más adelante: *no sé qué ocurrirá mañana, sólo sé que no será nada malo.* — ≠ antes
5 **de mañana:** Al amanecer, en las primeras horas del día. — loc.adv.
6 **¡hasta mañana!:** Fórmula de despedida de los que piensan verse al día siguiente.
7 **muy de mañana:** Muy temprano, de madrugada: *salió de casa muy de mañana.* — loc.adv.
8 **pasado mañana:** En el día que sigue al de mañana: *hoy es lunes, pasado mañana miércoles.* — loc.adv.
9 **por la mañana:** Antes del mediodía o de hacer la comida principal, con esta expresión se alude especialmente a las primeras horas de este período de tiempo: *desde por la mañana la calle era una fiesta.* — loc.adv.
10 **tomar la mañana:** 1. Madrugar, levantarse al amanecer. 2. Beber aguardiente por la mañana en ayunas.

mañanear Levantarse una persona temprano por la mañana: *aunque esté de vacaciones no le cuesta nada mañanear.* — v.intr. = madrugar

mañanero, a
1 Que se despierta o se levanta al amanecer: *el pequeño es un niño muy mañanero.* — adj. = madrugador
2 De la mañana: *luz mañanera; sol mañanero.*

mañanita Prenda de vestir, de punto o tela, que cubre desde los hombros hasta la cintura, usada por las mujeres para estar sentadas en la cama o para protegerse del frío al levantarse: *le regaló una mañanita a su abuela.* — s.f.

mañanitas Composición musical popular que se canta para celebrar el cumpleaños de una persona. — s.f.pl./Méx. MÚSICA

mañear
1 Arreglar una cosa con maña. — v.tr.
2 Obrar una persona con maña. — v.intr.

mañerear
1 Obrar o proceder una persona con malas mañas y con malas intenciones. — v.intr. Argent., Urug.
2 Usar un animal malas mañas. — Chile

mañería
1 Esterilidad de las hembras o de las tierras. — s.f.
2 Derecho que tenían los reyes y señores de heredar los bienes de las personas que morían sin tener sucesores legítimos. — DERECHO, HISTORIA

mañero, a
I (Derivado de *maña*.)
1 Que se comporta con astucia y sagacidad. — adj./= sagaz
2 Que es fácil de manejar o tratar. — = manejable

3 Se aplica a la persona o animal que tiene mañas. — Argent./= mañoso adj.
II (Del hispanolatino *mannarius*.) Se aplica a la hembra o al terreno estéril. — adj.

manín Planta arbórea semejante al alerce, cuya madera es muy apreciada. (*Podocarpus chilensis.*) — s.m./Chile BOTÁNICA

maño, a Se aplica a la persona natural de Aragón. — s./coloquial

mañosear Actuar con maña y astucia. — v.intr./Chile, Perú

mañoso, a
1 Que tiene maña o destreza: *es muy mañoso con los niños.* — adj. = habilidoso
2 Que manifiesta o se hace con maña: *hizo unos arreglos muy mañosos.*
3 Que tiene mañas o malas costumbres.

mañuela
1 Maña, astucia para engañar a una persona. — s.f./= artimaña
2 Persona astuta que acostumbra a valerse de artimañas para conseguir una cosa. — s.m.f.

maoísmo (De *Mao Zedong*, político chino.) Doctrina de este político, basada en una transformación del marxismo-leninismo y que entiende que la revolución está en manos de la combatividad y creatividad de las masas. — s.m. POLÍTICA

maoísta
1 De Mao Zedong o del maoísmo. — adj./POLÍTICA
2 Que es partidario del maoísmo. — adj/s.m.f./POLÍTICA

maorí
1 De un pueblo aborigen de Nueva Zelanda o de su lengua. — adj/s.m.f. pl: maories
2 Persona originaria de este pueblo. — s.m.f.
3 Lengua polinesia hablada por este pueblo neozelandés. — s.m./LINGÜÍSTICA

mapa (Abreviación del lat. *mappa mundi*, mapa del mundo.)
1 Representación geográfica de la Tierra, en su totalidad o en parte, sobre una superficie plana. — s.m./GEOGRAFÍA = carta
2 Representación geográfica de una parte de la superficie terrestre, en la que se inserta información relativa a una determinada ciencia: *mapa demográfico de la Unión Europea.*
3 Hoja de un libro que, por ser de mayor tamaño que las demás, se ha de plegar al encuadernarlo. — ARTES GRÁFICAS
4 Cosa sobresaliente en algún aspecto. — s.f.
5 **mapa astronómico:** Representación, sobre un plano, de la distribución de las estrellas o de la superficie de un cuerpo celeste. — ASTRONOMÍA
6 **mapa de ancla:** Plancha triangular que refuerza interiormente los brazos de un ancla. — NÁUTICA
7 **mapa de memoria:** Listado en el que aparecen las variables, etiquetas y constantes de un programa. — INFORMÁTICA
8 **mapa geológico:** Representación, sobre un mapa topográfico, de los materiales que afloran en la superficie terrestre. — GEOLOGÍA
9 **mapa lingüístico:** Que recoge la distribución espacial de uno o varios fenómenos lingüísticos. — LINGÜÍSTICA
10 **mapa mudo:** el que no lleva los nombres de los lugares y países que figuran en él.
11 **borrar del mapa:** Hacer desaparecer algo o matar a alguien: *han borrado del mapa las huellas del crimen.* — coloquial

mapache Mamífero carnívoro norteamericano, de color gris amarillento, hocico blanco y cola blanca y negra, parecido al tejón. (*Procyn lotor.*) — s.m. ZOOLOGÍA = oso lavador

mapachín Mapache, mamífero carnívoro. — s.m./Amér. Central

mapamundi (Del lat. *mappa mundi*.)
1 Mapa que representa la superficie terrestre dividida en dos hemisferios: *le ha comprado un mapamundi a su hijo para que estudie geografía.* — s.m. GEOGRAFÍA
2 **mapamundi celeste:** Mapa de la bóveda celeste sobre el que figuran las constelaciones. — ASTRONOMÍA

mapoteca (De *mapa* + gr. *theke*, caja.) Colección de mapas. — s.f. = cartoteca

mapuche
1 De un pueblo amerindio del grupo araucano que habita en el Cono sur americano. — adj.
2 Persona originaria de este pueblo. — s.m.f.
3 De Arauca, región de Chile. — adj/s.m.f.

maque (Del japonés *makie*, barniz de oro o plata.) Laca, sustancia que se transforma en una película dura y transparente. — s.m.

maqueador, a Persona que se dedica a adornar distintos objetos con pinturas o dorados, usando el maque. — s.

maquear
1 Adornar muebles u otros objetos con pinturas o dorados utilizando el maque. — v.tr.
2 Vestir bien o con elegancia: *la vieja los maqueó para ir a la fiesta; se maquea para el juicio.* — v.tr/prnl. argot

maqueta (Del fr. *maquette < ital. macchietta*, boceto.)
1 Reproducción en miniatura de un edificio, máquina u objeto: *me ha visto la maqueta del nuevo edificio de la ópera.* — s.f.
2 Grabación de prueba de un tema musical: *vino a verme a la discográfica y me trajo una maqueta.* — MÚSICA

3 Modelo reducido de un decorado utilizado para realizar efectos especiales o para el rodaje de una película. **CINE**

4 Boceto previo de la composición que se debe imprimir, que sirve de guía. **ARTES GRÁFICAS**

maquetista
1 Persona que se dedica profesionalmente a hacer maquetas. **s.m.f.**

2 Persona que confecciona las maquetas de las obras que se han de imprimir. **ARTES GRÁFICAS**

maqueto, a Que ha emigrado al País Vasco desde otra región española. **adj/s./despectivo / th: maketo**

maqui
I (Voz araucana.) Planta arbustiva de flores grandes y frutos redondeados, de color rojo y dulces, con propiedades astringentes. *(Aristotelia maqui.)* **s.m. BOTÁNICA**

II (Del fr. *maquis*, maquia.) Guerrillero, especialmente el de la resistencia francesa durante la segunda guerra mundial y el que combatía en España contra el régimen franquista. **s.m.f. HISTORIA / th: maquis**

maquia (Del ital. *macchia*.) Asociación vegetal de las regiones mediterráneas formada por especies arbustivas y perennifolias, muy cerrada, típica de suelos silíceos y zonas húmedas, que sustituye al monte alto destruido o forma parte del sotobosque del mismo. **s.f. BOTÁNICA, = maquis**

maquiavélico, a (De *Maquiavelo*, filósofo y político italiano.)
1 De este filósofo y político italiano o de su obra. **adj.**

2 Que es partidario del maquiavelismo. **adj/s./POLÍTICA**

3 Que actúa con engaño y mala intención para conseguir una cosa: *urdieron un plan maquiavélico para quitarle el puesto.* **= astuto, pérfido**

maquiavelismo (De *Maquiavelo*, filósofo y político italiano.)
1 Doctrina política de este filósofo y político, que defendía la preeminencia de la razón de estado sobre cualquier otra de carácter moral. **s.m. POLÍTICA**

2 Modo de comportarse con astucia, doblez y maldad.

maquiavelista Que es partidario del maquiavelismo o seguidor de sus postulados. **adj/s.m.f.**

maquila (Del ár. *makila*, cierta medida.)
1 Porción de grano, harina o aceite que corresponde al molinero por la molienda. **s.f.**

2 Medida con que se separaba esta porción de grano.

3 Medio celemín, antigua medida.

maquiladora Pequeño taller donde se maquilan ciertos productos: *maquiladora de ropa.* **s.f. Méx.**

maquilar
1 Medir y cobrar el molinero el grano o aceite que se paga por la molienda. **v.tr.**

2 Realizar para una fábrica aquellos pasos del proceso de fabricación de un producto que requieren trabajo manual o unitario. **Méx. INDUSTRIA**

maquilero, a
1 Que tiene relación con la maquila. **adj.**

2 Persona que cobra maquila. **s.m.**

maquillador, a Persona que tiene como profesión maquillar: *los maquilladores del estudio de televisión.* **s.**

maquillaje
1 Acción y resultado de maquillar o maquillarse. **s.m.**

2 Sustancia cosmética que se usa para maquillar: *suele utilizar un maquillaje demasiado oscuro.*

3 Operación con la que se corrigen imperfecciones del clisé con una sustancia que absorbe la luz de algunas de sus zonas. **FOTOGRAFÍA**

maquillar
1 Poner cosméticos en el rostro para embellecerlo: *no consiguen maquillarla bien; me maquillo siempre antes de salir.* **v.tr/prnl. = pintar**

2 Aplicar cosméticos al rostro de una persona para caracterizarla: *se maquilló de vieja y nadie la reconoció.*

máquina (Del lat. *machina* < gr. dórico *makhana*, invención ingeniosa.)
1 Conjunto de piezas o de aparatos que se mueven de modo coordinado para transformar una energía en otra o en un trabajo determinado. **s.f.**

2 Locomotora de ferrocarril: *la salida del tren se retrasó por la avería de la máquina.*

3 Conjunto de elementos ordenados entre sí, que funcionan como un todo: *la máquina del estado.*

4 Vehículo de carreras: *el piloto salió despedido de la máquina en la última vuelta del circuito.* **coloquial**

5 Aparato que funciona con monedas y sirve para jugar: *no pasa un día en que no juegue a las máquinas.* **= máquina tragaperras**

6 Tramoya del teatro, con la que se realizan los cambios en el escenario. **TEATRO**

7 Intervención de lo sobrenatural en una obra literaria. **LITERATURA**

8 **máquina de guerra:** Denominación genérica de los materiales de guerra, durante la antigüedad y la edad media. **MILITAR**

9 **máquina de vapor:** La que utiliza el vapor como fuerza motriz.

10 **máquina eléctrica:** Artificio destinado a producir electricidad o aprovecharla en usos industriales. **ELECTRICIDAD**

11 **máquina-herramienta:** Máquina que, por procedimientos mecánicos, hace mover una herramienta.

12 **máquina hidráulica:** La que funciona por la acción del agua.

13 **máquina infernal:** Denominación que se da a objetos cargados de explosivos y que estallan al llegar a las filas enemigas. **MILITAR**

14 **máquina neumática:** Aparato que se usa para producir el vacío.

15 **máquina simple:** Aparato destinado a transmitir una fuerza modificando su dirección o su intensidad.

16 **máquina síncrona:** La que funciona a una velocidad media proporcional a la frecuencia de la energía eléctrica que recibe. **FÍSICA**

17 **a máquina:** Que está realizado o confeccionado con algún aparato. **loc.adv.**

18 **a toda máquina:** Con la máxima velocidad: *circular a toda máquina; trabajar a toda máquina.* **loc.adv.**

maquinación Plan elaborado y oculto para actuar contra una persona: *todos estaban implicados en la maquinación contra la dirección.* **s.f. = complot, confabulación**

maquinador, a Que maquina o trama algo: *temo a su maquinadora mente.* **adj/s.**

maquinal (Del fr. *maquinal*.)
1 De los movimientos y efectos de la máquina. **adj.**

2 Se aplica a la acción o movimiento que se hace de manera no deliberada: *gesto maquinal.* **= automático, inconsciente**

maquinar (Del lat. *machinari*.)
1 Tramar algo de modo oculto o cauteloso: *los veo un poco raros y enigmáticos, no sé qué estarán maquinando.* **v.tr/th: machinar / = urdir**

2 Trabajar una pieza con una máquina.

maquinaria
1 Mecanismo que da movimiento a una máquina. **s.f./MECÁNICA**

2 Conjunto de máquinas destinadas a un mismo fin: *han comprado nueva maquinaria para la fábrica.*

3 Conjunto de elementos destinados a un mismo fin: *la maquinaria de la burocracia.*

4 Técnica y arte para construir máquinas. **INDUSTRIA**

5 Cuenta del activo que representa el valor del conjunto de máquinas de una empresa. **ECONOMÍA**

maquinilla Utensilio para afeitarse, que consiste en un soporte para una cuchilla y un mango, o en un aparato eléctrico destinado al mismo uso: *tus padres le regalaron su primera maquinilla.* **s.f. = maquinilla de afeitar**

maquinismo Sustitución del hombre por la máquina para realizar un trabajo, en la industria moderna. **s.m.**

maquinista
1 Persona que conduce o maneja máquinas: *se convirtió en la primera maquinista de los ferrocarriles españoles.* **s.m.f.**

2 Persona que inventa o fabrica máquinas.

3 Ayudante del operador de cámara cinematográfica. **CINE**

maquinización Utilización de maquinaria para sustituir el trabajo físico del hombre: *la maquinización les hizo temer por sus puestos de trabajo.* **s.f.**

maquinizar Emplear máquinas que sustituyen o mejoran el trabajo del hombre en la producción industrial o agrícola: *maquinizar el campo.* **v.tr. conj: cazar**

maquis (Del fr. *maquis*, maquia.) Maqui, guerrillero. **s.m.f./pl: maquis**

mar (Del lat. *mare*.)
1 Masa de agua salada que cubre la mayor parte del planeta terrestre. **s.m/f. GEOGRAFÍA**

2 División determinada en que se divide esta masa de agua: *mar Mediterráneo; mar Rojo; mar del Norte.* **GEOGRAFÍA**

3 Abundancia extraordinaria de algo: *había un mar de sangre; había un mar de gente esperándola.* **coloquial**

4 Denominación de algunos lagos grandes: *mar Muerto.* **GEOGRAFÍA**

5 Marejada, agitación del mar: *había tanta mar que no pudimos salir a navegar.*

6 Gran extensión plana, formada por roca basáltica y, por lo general, bordeada de montañas, en la Luna. **ASTRONOMÍA**

7 **alta mar:** Parte del mar muy alejada de la costa: *sólo pescan en alta mar.* **= mar ancha, mar larga**

8 **mar adentro:** Hacia alta mar, alejándose de la costa: *nadar mar adentro.* **loc.adv.**

9 **mar cerrada:** Parte del mar que comunica con el océano por un canal o estrecho que puede ser defendido desde la orilla.

10 **mar de batalla:** Aquel en que ha tenido lugar un combate naval. **MILITAR**

11 **mar de fondo o de leva:** 1. Marejada en alta mar. 2. Descontento o agitación latente que enturbia un asunto: *aunque no se nota, en esa empresa hay mucho mar de fondo.* **coloquial**

12 **mar de leche:** El que está en calma o bonanza. **coloquial**

13 **mar jurisdiccional o territorial:** Aguas que bañan las costas de un estado y están sujetas a su jurisdicción, hasta cierto límite determinado por el derecho internacional. **= aguas jurisdiccionales**

14 mar marginal: El situado entre un arco insular y el continente.   GEOGRAFÍA

15 mar sorda: Alteración de las olas.   coloquial

16 a mares: Mucho, de manera abundante: *llorar a mares; llover a mares; sudar a mares.*   loc.adv.

17 arar en el mar: Indica lo inútil de un esfuerzo: *no insistas en enseñarle a hacerlo, con él todo es arar en el mar.*

18 arrojarse a la mar: Arriesgarse mucho: *creo que con esa operación te vas a arrojar al mar.*   coloquial

19 de mar a mar: 1. Indica el mucho sitio que ocupan algunas cosas: *extendió las telas de mar a mar por la sala.* 2. Se aplica al exceso de lujo en los adornos.   coloquial / loc.adv. / loc.adv.

20 hablar de la mar: Se usa para referirse a planes imposibles o muy ilusorios: *eso no es realista, no me hables de la mar.*   coloquial

21 hacerse a la mar: Salir un barco del puerto: *se harán a la mar al amanecer.*

22 la mar de: Mucho, en abundancia: *estaba la mar de contento.*   loc.adv.

23 meter la mar en un pozo: Se usa para referirse a lo imposible de una actividad.   coloquial

24 picarse el mar: Agitarse, moverse de manera violenta: *con el temporal el mar se picó.*

25 romper o romperse el mar: Estrellarse las olas contra la playa, una roca, etc.: *el mar bravo rompía a sus pies.*

mara Mamífero roedor cávido de origen americano, con el labio superior hendido, cola corta y pelaje grisáceo y amarillento en los costados. *(Dolichotis australis.)*   s.f./ZOOLOGÍA / = liebre de la Patagonia

marabú (Del fr. *marabout*.)
1 Ave zancuda de África y Asia, de pico enorme y cuyo cuello, desprovisto de plumas, queda medio hundido entre las alas. *(Leptostilos crumeniferus.)*   s.m. ZOOLOGÍA
2 Pluma de esta ave.   ZOOLOGÍA
3 Adorno hecho con estas plumas.

marabunta (Voz brasileña.)
1 Enjambre de hormigas carnívoras de América del Sur, que devoran a su paso todo lo que encuentran. *(Eciton.)*   s.f. ZOOLOGÍA
2 Desorden y destrucción.

marabuto Morabito, especie de ermita.   s.m.

maraca (Del caribe *maraka*.)
1 Instrumento musical de percusión hecho con el fruto vaciado del totumo y relleno con semillas secas, granos de maíz u otros objetos.   s.f MÚSICA
2 Mujer que ejerce la prostitución.   Chile
3 Juego de azar que se juega con tres dados.   Chile, Perú
4 Sonajero, juguete para entretener a los bebés.   Antillas

maracayá Tigrillo, mamífero carnívoro.   s.m./Amér. Merid.

maraco Homosexual, hombre que siente atracción sexual por otros.   s.m. Chile

maragatería Conjunto de maragatos.   s.f.

maragato, a
1 De La Maragatería, comarca de León.   adj.
2 Persona natural de esta comarca.   s.m.
3 Adorno que llevaban las mujeres en el escote parecido a la valona.   s.m.

maragota Pez marino comestible, que vive cerca de las costas rocosas, con espinas en las aletas y labios carnosos. *(Labrus bergylta.)*   s.f. ZOOLOGÍA

marantáceo, a Perteneciente a una familia de plantas herbáceas, de grandes hojas, flores hermafroditas y fruto en cápsula, baya o nuez.   adj./s.f. BOTÁNICA

maraña
1 Enredo de los hilos o del cabello: *el viento le alborotó tanto la melena que acabó toda en una maraña.*   s.f. / = embrollo, lío
2 Situación o asunto intrincado o de difícil salida.   = berenjenal
3 Terreno que por estar cubierto de maleza se hace impracticable.
4 Embuste para enredar y dificultar un negocio.
5 Conjunto de hebras bastas que forman la parte exterior de los capullos de seda.
6 Tejido hecho con estas hebras bastas.   TEXTIL
7 Coscoja, planta arbórea semejante a la encina.   BOTÁNICA

marañal Terreno poblado de coscojas.   s.m./= coscojal

marañar
1 Enredar cosas: *esta lana se ha marañado y hay que cortarla; con las prisas marañó la cuerda.*   v.tr/prnl. tb: enmarañar
2 Hacer un asunto más confuso y difícil: *este problema se maraña cada vez más.*   tb: enmarañar / = embrollar

marañero, a Que gusta de marañas o enredos: *éste es un marañero, siempre lo complica todo.*   adj/s. / = marañoso

marañón Anacardo, planta arbórea.   s.m./BOTÁNICA

marañoso, a Que enmaraña o enreda.   adj.

marasmo (Del gr. *marasmos*, agotamiento.)
1 Estado del que ha perdido el vigor, está extenuado o caquéctico, por sufrir una enfermedad crónica.   s.m. MEDICINA
2 Suspensión de la actividad intelectual o física: *la enfermedad lo ha sumergido en un penoso marasmo físico.*   = apatía
3 Disminución o paralización de la actividad económica o comercial: *el país se halla sumido en un marasmo económico.*   = caos

maratón (De la batalla de *Maratón*.)
1 Carrera de fondo a pie, con un recorrido de unos 42,195 kilómetros: *siempre que puede, suele ir a correr la maratón de Nueva York.*   s.m./f. DEPORTES tb: marathon
2 Competición deportiva de resistencia.   DEPORTES
3 Demostración de resistencia en espectáculos u otras actividades: *han participado en una maratón de bailes de salón.*

maratoniano, a
1 Del maratón.   adj.
2 Que tiene las características del maratón: *tuvo que hacer sesiones maratonianas para terminar el trabajo.*

maratónico, a Del maratón.   adj./Argent.

maratial Perteneciente a un orden de helechos tropicales de tallos gruesos y cortos.   adj/s.f. BOTÁNICA

maravedí (Del ár. *murabiti*, relativo a los almorávides, que acuñaron esta moneda.)
1 Antigua moneda española que ha tenido diferentes valores y calificativos.   s.m/pl.tb: maravedíes, maravedíses
2 no importar o importar algo un maravedí: Tener muy poco valor o ninguno: *no les importó un maravedí que te fueras, de hecho, no te echaron de menos.*

maravilla (Del lat. *mirabilia*, cosas extrañas.)
1 Suceso o cosa que causa admiración: *el museo es una verdadera maravilla.*   s.f.
2 Acción y resultado de maravillarse o admirarse.   = admiración
3 Variedad de pasta para sopa, en forma de pequeños granos.   COCINA
4 Planta herbácea perenne, de flores de color amarillo anaranjado, que se usan como resolutivo y estimulante. *(Calendula officinalis.)*   BOTÁNICA
5 Planta herbácea trepadora, de hojas parecidas a las de la hiedra y flores azules con rayas rojas. *(Pharbitis hederacea.)*   BOTÁNICA
6 Dondiego de día, planta herbácea.   BOTÁNICA
7 a las mil maravillas o de maravilla: Muy bien: *aunque le costó aprender, ahora ya lo hace a las mil maravillas; quedó de maravilla.*   loc.adv.
8 a maravilla: Muy bien.
9 hablar, decir o contar maravillas de algo o alguien: Hablar muy bien de algo o alguien: *no sé qué les has hecho, pero hablan maravillas de ti.*
10 hacer maravillas: Hacer muchas cosas con pocos medios: *hay gente capaz de hacer maravillas con muy poco dinero.*
11 las siete maravillas del mundo: Los siete monumentos que fueron considerados más admirables en la antigüedad: *el coloso de Rodas es una de las siete maravillas del mundo.*   HISTORIA
12 ser la octava maravilla: Ser extraordinario o estar fuera de lo común: *su última película será la octava maravilla.*
13 ser una maravilla: Ser extraordinario y sobresaliente: *el concierto fue una maravilla, disfruté muchísimo.*

maravillar Causar admiración a una persona: *te maravillas con esta música; se maravilló de tu talento.*   v.tr/prnl./.+ de, con / = admirar

maravilloso, a
1 Que causa gran admiración por tener alguna cualidad extraordinaria: *vimos un paisaje maravilloso; estoy leyendo un libro maravilloso.*   adj./= fantástico, magnífico / ≠ horrible
2 Que no tiene explicación dentro de las leyes naturales: *ocurrió entonces un maravilloso suceso.*   = portentoso, prodigioso

marbete (Del ant. *berbete* < fr. *brevet*, etiqueta.)
1 Etiqueta de una mercancía, con la marca de fábrica, indicación de su contenido si se vende en un recipiente, y otras informaciones sobre su uso, características o precio.   s.m. COMERCIO
2 Etiqueta que se pega a los paquetes transportados por ferrocarril, con indicación de su punto de destino y número de registro.
3 Orilla, perfil o filete.

marca
I (Del germ. *marka*.)
1 Circunscripción territorial y administrativa situada en las fronteras del imperio carolingio y que desempeñaba el papel de defensa militar: *la Marca Hispánica.*   s.f. HISTORIA
2 Provincia que aparece como evolución de esta circunscripción.   HISTORIA
II (Derivado de *marcar*.)
1 Signo hecho en una persona, animal o cosa para distinguirla de otras o para denotar calidad o pertenencia: *ha tenido que hacer una marca en la ropa del niño para los campamentos.*   s.f. / = señal
2 Señal o huella que deja una herida, un golpe o un corte: *le han quedado marcas en la cara del accidente.*
3 Distintivo con que se marca una cosa para diferenciarla de otras, en especial el ganado.
4 Acción de marcar, en especial las monedas.
5 Instrumento para medir la estatura de una persona o la alzada de un caballo.
6 Característica que alguien deja en algo que hace: *en este relato se nota su marca.*

7 Resultado conseguido por un deportista en una prueba: *ha conseguido la mejor marca de longitud de todos los tiempos.* `DEPORTES`
8 Mujer que se dedica a la prostitución. `argot/= prostituta`
9 Punto fijo y bien visible en un lugar de la costa que sirve de señal para conocer la situación de la embarcación o avisar de un peligro. `NÁUTICA`
10 marca de correlación: Rasgo distintivo de una serie de fonemas por oposición a otro. `LINGÜÍSTICA`
11 marca registrada o de fábrica: La reconocida legalmente para su uso comercial exclusivo.
12 de marca, de marca mayor o de más marca: Que destaca en su línea: *es un jugador de marca; es un fresco de marca mayor.* `loc.adv.`

marcación
I (Derivado de *marca*.)
1 Acción y resultado de marcar o marcarse. `s.f.`
2 Ángulo formado por una visual con una dirección de referencia dirigida a una marca o astro o por la dirección dada como referencia. `NÁUTICA` `= rumbo`
3 Determinación de la situación geográfica de un avión en vuelo. `AERONÁUTICA`
4 Operación de marcar los árboles que van a ser talados o los que han de quedar en pie.
II (Derivado de *marco*.)
1 Marco de puertas y ventanas. `s.f.`
2 Conjunto de marcos de puertas y ventanas.

marcadamente De manera señalada, con evidencia: *él y yo tenemos gustos marcadamente diferentes.* `adv.`

marcado, a Que se nota o percibe con claridad: *tiene un marcado acento argentino.* `adj./= evidente, manifiesto`

marcador, a
1 Que pone marcas. `adj/s.`
2 Lugar o tablero donde se anotan los tantos conseguidos por los participantes, en una competición deportiva. `s.m. DEPORTES = tanteador`
3 Jugador de la defensa encargado de marcar a un contrario: *el equipo juega con un central y dos marcadores.* `s. DEPORTES`
4 Persona encargada de apuntar los golpes, en el golf. `DEPORTES`
5 Persona por oficio comprueba el valor de las monedas, la dureza de los metales y la exactitud de las pesas y medidas.
6 Persona encargada de colocar los pliegos de papel en las máquinas, en una imprenta. `ARTES GRÁFICAS`
7 Instrumento con el que se marca. `s.m. Argent.`
8 Instrumento semejante a un rotulador con punta de fibra o fieltro.

marcaje Vigilancia y control de una persona sobre otra, en especial el de un jugador sobre otro del equipo contrario: *el futbolista fue sometido a un estrecho marcaje.* `s.m. DEPORTES`

marcapasos Aparato que estimula rítmicamente el corazón mediante una corriente eléctrica, para corregir su incapacidad patológica de contraerse con regularidad por sí mismo. `s.m. pl: marcapasos MEDICINA tb: marcapaso`

marcar (Del ital. *marcare*.)
1 Poner una marca en una cosa o en una persona para distinguirlas o hacerlas notar: *ha marcado todos los libros que lleva al instituto.* `v.tr. conj: sacar = destacar`
2 Dejar señalada a una persona al herirla: *el roce con el rosal le marcó el brazo.*
3 Causar una persona o un suceso un efecto o una influencia determinados a una persona o una cosa: *ese acontecimiento ha marcado su relación con ella.*
4 Dividir un espacio mediante marcas o señales: *han marcado el patio.*
5 Señalar la situación o la dirección de una cosa a una persona.
6 Señalar en el disco o las teclas de un teléfono los números de otro para comunicar con él: *este teléfono está averiado porque cuando marco se corta la línea; está marcando el número de su madre.* `v.tr/intr.`
7 Atribuir una cualidad peyorativa a una persona o una cosa: *al llegar al cuartel le marcaron de sucio.* `v.tr. + de`
8 Señalar lo que tiene que hacer una persona con autoridad: *su padre le marca con quién puede salir con quién no.*
9 Realizar la acción que indica el sustantivo: *marcarse un farol; marcarse un cha-cha-chá.* `v.tr/prnl.`
10 Mostrar las agujas o índices de un aparato una cantidad o una magnitud: *la balanza marcaba un peso muy elevado.* `v.tr.`
11 Poner el precio de un producto o una mercancía: *le mandó marcar los yogures de la cámara frigorífica.*
12 Señalar un orden de movimientos en el paso, el compás o la danza: *marcar el ritmo con los pies.*
13 Peinar el cabello de una persona formando ondas con él: *voy a la peluquería para que me laven, me corten y me marquen.*
14 Conseguir un equipo un tanto en un partido: *el equipo visitante marcó en el último minuto.* `v.tr/intr. DEPORTES`

15 Ponerse un jugador de un equipo cerca de otro del equipo contrario para dificultar la actuación de éste: *el futbolista tuvo que marcar a su hermano, que jugaba en el otro equipo.* `v.tr. DEPORTES`
16 Señalar el pliego de papel al imprimir la primera carilla para que se correspondan los blancos al imprimir la segunda. `ARTES GRÁFICAS`
17 Determinar la marcación de una embarcación. `NÁUTICA`
18 Determinar una embarcación su situación mediante marcaciones. `v.prnl./NÁUTICA = abalizarse`

marcasita (Del ár. *marqasita* < persa *marqasisa*.) Sulfuro natural de hierro. `s.f. MINERALOGÍA`

marceador, a Que marcea o corta el pelo de los animales tras el invierno. `adj/s.`

marcear
1 Cortar el pelo o la lana a los animales después del invierno: *llegó el tiempo de marcear las ovejas.* `v.tr.`
2 Hacer el tiempo propio del mes de marzo. `v.intr.`

marcenar Hacer surcos o amelgas en un terreno para sembrar. `v.tr./AGRICULTURA = amelgar`

marceño, a
1 Que tiene relación con el mes de marzo o es propio de él. `adj./= marciego, marcino, marzal`
2 Se refiere a las semillas o granos que se siembran durante el mes de marzo. `AGRICULTURA`

marceo Corte que en primavera se hace en los panales para limpiarlos. `s.m. = deshaldo`

marcero, a Que es propio del mes de marzo: *aunque estemos en enero ya hace un tiempo marcero.* `adj. = marceño`

marcescente (Del lat. *marcere*, marchitarse.) Se aplica al cáliz, corola u hoja que se marchita y permanece en la planta. `adj. BOTÁNICA`

marcesible Que se puede marcir o marchitar. `adj./= marchitable`

marcha
1 Acción de marchar o marcharse. `s.f./= partida`
2 Manifestación no violenta de grupos organizados, que van andando hasta un sitio para manifestar su descontento o su solidaridad con algo o alguien: *hubo una marcha por la paz.*
3 Grado de velocidad que lleva un vehículo o tiene una máquina: *la locomotora iba perdiendo marcha a medida que se acercaba a la estación.*
4 Desarrollo de un proyecto, empresa o asunto: *¿cómo va la marcha del proyecto?* `= curso`
5 Actividad o funcionamiento de un mecanismo, órgano o entidad.
6 Cualquiera de las posiciones motrices del cambio de velocidades de un vehículo: *su nuevo coche tiene cinco marchas.* `MECÁNICA`
7 Dirección que lleva una acción o alguien en su conducta.
8 Diversión, alegría o juerga: *al terminar el examen se fueron de marcha.* `coloquial`
9 Animación, disposición para divertirse: *tiene mucha marcha y siempre que puede sale de juerga.* `coloquial`
10 Ejercicio atlético que consiste en andar muy rápido y manteniendo sin interrupción el contacto con el suelo: *el equipo ganó una medalla de plata en marcha.* `DEPORTES`
11 Pieza de música que lleva el ritmo del paso y se toca en los desfiles militares. `MÚSICA`
12 Pieza musical para bailar con el ritmo de la marcha. `MÚSICA`
13 Toque de tambor o clarín para que marche la tropa o para hacer honores militares. `MILITAR`
14 Acción de marchar los soldados, como ejército o en una guerra. `MILITAR`
15 marcha real: Himno nacional español.
16 marcha real fusilera: Antiguo himno nacional español. `HISTORIA`
17 a largas marchas: Muy deprisa. `loc.adv.`
18 a marchas forzadas: 1. Haciendo marchas o jornadas más largas que las regulares. 2. Forma de indicar la presura y el esfuerzo con que se hace algo: *tuvo que terminar el encargo a marchas forzadas.* `loc.adv.`
19 a toda marcha: Con mucha prisa: *salió de aquel sitio a toda marcha.* `loc.adv.`
20 abrir la marcha: Ir al principio o delante de un grupo de personas o animales que marchan.
21 batir la marcha: Tocarla con el clarín o con la caja. `MILITAR`
22 coger la marcha de una cosa: Adquirir práctica en ella o la costumbre de hacerla: *poco a poco está cogiendo la marcha del negocio.*
23 dar o hacer marcha atrás: Retroceder deliberadamente en cualquier asunto: *cuando vio que podía meterse en un lío dio marcha atrás.*
24 doblar las marchas: Caminar un día más de lo ordinario o hacer la jornada de dos días.
25 en marcha: 1. Manera de estar cualquier cosa que funciona aún. 2. Expresión con que se indica el momento de ponerse a andar o de emprender una actividad. `loc.adv.`
26 ir a la marcha de una persona: Ir a su ritmo o imitando las cosas que hace.

27 ir de marcha: Salir a divertirse: *se fueron de marcha a una discoteca.*

28 irle la marcha a una persona: 1. Gustarle mucho aquello que está haciendo. 2. Mostrar predisposición a que la peguen. 3. Disfrutar de manera especial ligando o manteniendo relaciones sexuales.

29 la marcha del juego: Conjunto de leyes que lo rigen: *desconoce la marcha del juego.*

30 marcha atrás: 1. Acción de retroceder un automóvil. 2. Mecanismo para llevar a cabo esta acción. 3. Dejar de introducir el pene en la vagina en el momento de eyacular durante el coito para evitar un posible embarazo.

31 poner en marcha: 1. Hacer funcionar una máquina. 2. Emprender o establecer un asunto o actividad cualquiera.

32 romper la marcha: 1. Emprender una cosa. 2. Abrir el desfile: *rompía la marcha la brigada especial.*

33 sobre la marcha: 1. De manera inmediata, en el acto. 2. A medida que se va haciendo una cosa: *iremos tomando más decisiones sobre la marcha, de momento ya vale.*   loc.adv.
loc.adv.

34 tener marcha: Estar siempre animado y con ganas de diversión: *sus amigos tienen mucha marcha.*

marchamar Poner marchamo a los fardos en las aduanas.   v.tr.

marchamero, a Persona cuyo oficio es poner marchamo a los productos en la aduana.   s.

marchamo (Del ár. vulgar *marsam*, marcar.)
1 Señal o marca que se pone en las aduanas a los bultos despachados o reconocidos.   s.m.
2 Marca que se pone a ciertos productos, en especial a los embutidos.
3 Estilo o carácter peculiar de algo.

marchante, a (Del fr. *marchaud*.)
1 Persona que comercia, en especial con obras de arte: *si quieres un cuadro suyo tendrás que recurrir a su marchante.*   s.
2 Persona que suele comprar en una misma tienda.   Amér./= parroquiano
3 Vendedor al que suele comprar una persona ciertas   Méx.
mercancías, con respecto a ésta: *mi marchanta del mercado siempre me reserva la mejor fruta.*
4 **a la marchanta:** 1. A la rebatiña, intentando arrebatar algo a otro. 2. De cualquier manera, con descuido.   loc.adv./Argent., Bol.
loc.adv./Argent.
5 **tirarse a la marchanta:** Abandonarse, dejarse estar.   Argent.

marchantía Clientela, conjunto de clientes habituales de un establecimiento determinado.   s.f./Amér. Central, P. Rico, Venez.

marchapié (Del fr. *marchapied*, peldaño.) Cabo que pende a lo largo de las vergas y sirve para que los marineros apoyen los pies cuando trabajan en ellas.   s.m.
NÁUTICA

marchar (Del fr. *marcher*, andar, ir, pisar.)
1 Ir una persona de un lugar a otro caminando: *marchaba lentamente junto a su padre.*   v.intr.
= andar
2 Irse de un lugar: *se marchó de su casa cuando cumplió la mayoría de edad.*   v.prnl.
= partir, alejarse
3 Realizar una máquina un movimiento propio: *últimamente el coche marcha mal.*   v.intr.
= andar
4 Tener una cosa el fin o efecto deseado: *los negocios no marchan bien.*   = funcionar
5 Andar los soldados en formación y marcando el paso.   MILITAR
6 Ejercitar la marcha atlética.   DEPORTES
7 **marchar sobre:** Perseguir un ejército a otro para atacarle o dirigirse contra un lugar también para atacarlo.   MILITAR

marchitable Que se puede marchitar.   adj./= marcesible

marchitamiento Acción y resultado de marchitar o marchitarse.   s.m.

marchitar (Del lat. *marcere*.)
1 Quitar una cosa el vigor y la frescura a una planta: *el rosal se marchitó con la canícula de agosto; la helada marchitó las macetas.*   v.tr./prnl.
th: enmarchitar
= marcir, mustiar
2 Quitar una cosa el vigor o la hermosura a una persona: *las fiebres la marchitaron; se marchitaba llevando un horario tan duro.*   = ajar, avejentar
≠ fortalecer, rejuvenecer

marchitez Estado de marchito.   s.f./pl: marchiteces

marchito, a Que no tiene vigor o lozanía: *la flor que me regaló ya está marchita; juventud marchita.*   adj.
= ajado, mustio

marchoso, a 1. Que le gusta la animación: *su primo es un marchoso, no hay quien lo lleve a casa.* 2. Que tiene energía y buena disposición de ánimo.   adj/s.
coloquial

marcial (Del lat. *martialis*.)
1 Que tiene relación con la guerra o con los militares: *ley marcial.*   adj.
2 Que se comporta o se mueve con gallardía y firmeza.   = bizarro
3 Se aplica a los medicamentos que contienen hierro.   FARMACIA

marcialidad Actitud marcial, firme y disciplinada, al estilo militar: *la marcialidad de ciertos centros de enseñanza.*   s.f.

marciano, a
1 Del planeta Marte.   adj./ASTRONOMÍA
2 Supuesto habitante de este planeta.   s.

3 Extraterrestre, de otro planeta.   adj./s./coloquial

marcido, a Se aplica al que está enfermo o achacoso.   adj.

marcionismo (De *Marción*, filósofo griego.) Doctrina cristiana propugnada por este filósofo, que oponía al Dios de justicia del antiguo testamento al Dios del amor del nuevo.   s.m.
RELIGIÓN

marcir (Del lat. *marcere*.) Mustiar o marchitar las plantas: *el riguroso estío marció las mieses.*   v.tr.

marco
I (Del germ. *mark*.)
1 Unidad monetaria de Alemania y Finlandia: *el marco es, hoy en día, una moneda muy fuerte en los mercados internacionales.*   s.m.
ECONOMÍA
2 Patrón para contrastar y regular las pesas y medidas.
II (Derivado de *marcar*.)
1 Refuerzo que cubre los bordes de algunos objetos para protegerlos y adornarlos: *tengo que comprar un marco para la foto.*   s.m.
= recuadro
2 Armadura en la que encajan las hojas de una puerta o una ventana al cerrarse: *está pintando todos los marcos de las ventanas.*
3 Conjunto de límites en que se encuadra un problema, cuestión, etapa histórica u otro acontecimiento o suceso: *no se puede separar el problema de su marco.*   = ámbito, entorno
4 Lugar que sirve de fondo a un hecho o acontecimiento: *celebraron su boda en un marco elegante y bonito.*
5 Figura geométrica adoptada como medida para repartir una plantación en un terreno.   AGRICULTURA
6 Especie de hacha para señalar los árboles con ciertas marcas.
7 Portería, en algunos deportes de equipo: *el portero defendió bien su marco.*   DEPORTES
8 Regla graduada con un tope fijo y otro movible, usada por los zapateros para medir la longitud del pie.   = cartabón
9 Medida determinada del largo, ancho y grueso que deben tener los maderos.   CONSTRUCCIÓN
10 **marco hidráulico:** Depósito que regula la cantidad de agua que distribuye mediante pequeñas salidas de distinto diámetro y situadas a distintas alturas en una de sus paredes.   CONSTRUCCIÓN

marcofilia (De *marco* + gr. *philos*, amigo.) Afición a coleccionar y estudiar marcas postales estampadas.   s.f.

márcola Herramienta formada por un asta con un hierro en la punta a manera de formón y un gancho en forma de hoz, que se usa para podar los olivos.   s.f.
AGRICULTURA

marconigrama Mensaje transmitido por telegrafía o telefonía sin hilos.   s.m.

marea (Del fr. *marée*.)
1 Movimiento periódico y alternativo de ascenso y descenso del nivel del mar, debido a la atracción de la Luna y el Sol sobre las partículas líquidas del océano.   s.f.
2 Parte de la costa que invaden las aguas en la pleamar.
3 Viento suave que sopla del mar.
4 Cantidad de pesca capturada por una embarcación en una jornada.   PESCA
5 Multitud o masa de gente que avanza e invade un lugar de modo impetuoso y desordenado: *de repente una marea de periodistas inundó la sala.*   = ola
6 Deformación de un cuerpo celeste bajo la acción gravitacional de otro cuerpo cercano.   ASTRONOMÍA
7 **marea alta:** Fin de la creciente del mar y tiempo que dura.   = pleamar
8 **marea ascendente:** Movimiento de ascenso de las aguas del mar.   = flujo, influjo
9 **marea baja:** Fin del reflujo del mar y tiempo que dura.   = bajamar
10 **marea negra:** Masa de petróleo vertida accidentalmente al mar y que puede causar graves daños ecológicos.
11 **marea roja:** Proliferación de ciertas algas marinas unicelulares productoras de toxinas.   BIOLOGÍA

mareado, a
1 Que padece mareos: *llegó completamente mareada a la oficina porque no había comido nada.*   adj.
= desfallecido
2 Se aplica al ejemplar que tiene manchas producidas por descomposición del papel.   ARTES GRÁFICAS

mareaje
1 Técnica o profesión de navegar.   s.m./= navegación
2 Rumbo o dirección que lleva una embarcación durante la navegación.   NÁUTICA
= derrota, derrotero

mareal Que tiene relación con las mareas.   adj.

mareamiento Acción y resultado de marear o marearse.   s.m.
= mareo

mareante
1 Que produce mareo: *no soportaba el mareante vaivén de la embarcación.*   adj.
2 Que causa molestia o enfado por su constante movimiento o pesadez: *su verborrea es mareante.*   = mareoso
3 Que practica la navegación.   adj/s./= navegante

4 Gremio de navegantes para la defensa de sus intereses comunes. — s.m.pl. NÁUTICA

marear
1 Causar una persona o una cosa una molestia o un enfado a otra: *los niños le mareaban con sus juegos; este ruido marea mucho.* — v.tr/intr. = aturdir, incomodar
2 Poner en movimiento o conducir un barco. — v.tr./NÁUTICA
3 Vender una cosa en una subasta pública. — COMERCIO
4 Sentir un mareo o malestar en la cabeza y el estómago acompañado de náuseas o vértigo: *se mareó en el autobús.* — v.prnl. = desvanecerse
5 Estropearse la mercancía en el mar. — NÁUTICA
6 Ponerse ebria una persona: *se fue mareando poco a poco hasta que cayó redondo.* — coloquial = entromparse
7 Pensar mucho en una cosa: *se marea con sus problemas económicos.* — = abrumarse

marejada (Del port. *marejada.*) — s.f. = marola
1 Movimiento fuerte de grandes olas en el mar, sin llegar a ser temporal: *pronosticaron marejada en el tercio norte.*
2 Manifestación de un estado anímico excitado y descontento de una persona o un conjunto de personas que precede a un alboroto: *cuando ha enseñado sus notas en casa ha habido una fuerte marejada.*

marejadilla Marejada con olas de menor tamaño y fuerza. — s.f.

maremagno (Del lat. *mare magnum*, mar grande, mala mar.) Abundancia desordenada o confusión: *mi mesa es un maremagno de papeles.* — s.m. tb: maremágnum

maremoto (Del lat. *mare*, mar + *motus*, movimiento.) Movimiento violento de las aguas del mar provocado por un movimiento sísmico, cuyo epicentro se halla bajo el océano: *naufragaron debido a un maremoto.* — s.m.

maremotriz De la fuerza motriz de las mareas o que las utiliza. — adj. tb: maremotor

marengo, a Se aplica al color gris muy oscuro y a las cosas que lo presentan. — adj.

mareo
1 Malestar sentido en la cabeza y el estómago con sudoración, palidez, vértigos y náuseas, que se produce a causa del movimiento y vaivenes de los viajes en algunos vehículos, especialmente los barcos: *siempre que viaja toma pastillas para el mareo.* — s.m. = mal de mar
2 Alteración del equilibrio y del sentido que puede conducir al desmayo o a la pérdida completa del equilibrio: *el profesor sufrió un mareo mientras daba la clase.* — MEDICINA = desmayo, vahído, lipotimia
3 Sensación de aturdimiento provocada por ajetreo o ruido excesivos.
4 Sensación que se experimenta cuando una persona o una cosa molesta o enfada: *¡qué mareo, tener que subir y bajar tantas veces!* — = agobio, fastidio

mareógrafo (De *marea* + gr. *grapho*, escribir.) Aparato que registra las variaciones de las mareas. — s.m./NÁUTICA = mareómetro

mareoso, a Que marea, molesta o enfada. — adj./= mareante

marero Se refiere al viento o la lluvia que viene de la parte del mar. — adj. NÁUTICA

márfaga (Del ár. vulgar *marfaga*, almohada, cojín.) Marga, tela gruesa y tosca. — s.f./TEXTIL tb: márraga

marfil (Del ár. *azm al-fil*, hueso del elefante.)
1 Materia dura y blanca de los dientes de los vertebrados cubierta por el esmalte: *los colmillos de los elefantes y las morsas son de marfil.* — s.m. ZOOLOGÍA = dentina
2 Del color de estos dientes. — adj.
3 Color entre blanco y amarillo. — s.m.
4 marfil vegetal: Endospermo muy duro, del corojo, árbol americano. — BOTÁNICA

marfileño, a
1 De marfil: *color marfileño.* — adj./= marfilado
2 Que es blanco o duro como el marfil: *las marfileñas incrustaciones del marco de madera.*

marfilina Pasta que imita al marfil y se emplea para fabricar bolas de billar y para modelar imágenes. — s.f.

marga
I (Del lat. *marga.*) Roca sedimentaria de color gris, pardo o verdoso, compuesta de arcilla y carbonato de cal que se emplea para enmendar de terrenos en los que escasean la cal o la arcilla, y para fabricar cemento. — s.f. GEOLOGÍA
II (Del ár. vulgar *marfaqa*, almohada, cojín.) Jerga o tela de lana o estambre usada para sacas, jergones, o cosas similares. — s.f. = márfaga, márraga

margajita (Del ár. *marqasita.*) Marcasita, sulfuro de hierro. — s.f. MINERALOGÍA

margal Terreno donde abunda la marga. — s.m.

margallón (Del cat. *margallo.*) Palmito, planta arbórea. — s.m./BOTÁNICA

margárico, a (Derivado de *margarita.*) Se aplica al ácido que se obtiene de la grasa. — adj. QUÍMICA

margarina Sustancia grasa obtenida de grasas animales o aceites vegetales que se usa como sustituto de la mantequilla. — s.f.

margarita (Del lat. *margarita.*)
1 Denominación de diversas plantas compuestas, cuyos capítulos presentan un disco central amarillo y lígulas blancas, o de otros colores, formando corona. — s.f. BOTÁNICA
2 Flor de estas plantas. — BOTÁNICA
3 Rueda en cuyo perímetro están contenidos los caracteres de impresión de ciertas impresoras y máquinas de escribir. — TECNOLOGÍA
4 Cóctel que se prepara con tequila, limón y sal.
5 echar margaritas a puercos: Emplear generosidad o delicadeza con quien no sabe apreciarlas o disfrutarlas.

margay Gato salvaje que vive en América Meridional, que se puede domesticar. (*Felis tigrina.*) — s.m. ZOOLOGÍA

margen (Del lat. *margo, -ginis.*)
1 Orilla de una cosa, en especial de un río o de un camino: *había mucha vegetación en las márgenes del sendero.* — s.m./f. = borde
2 Espacio en blanco que se deja a cada lado de un escrito: *el profesor pidió que se dejara un margen de 2 cm en la hoja del examen.*
3 Anotación hecha en estos espacios en blanco de un escrito para interpretarlo, aclararlo o completarlo: *los márgenes estaban en lengua vernácula.* — = acotación, apostilla
4 Actitud, acción o palabras que una persona que permite que otra se comporte de cierta manera: *con eso le diste margen para faltarte al respeto; creo que ya le he dejado suficiente margen para que se disculpe.*
5 Diferencia tolerada o previsible entre una cifra dada en el cálculo de cierta cosa y la exacta: *puedo decirte la fecha de mi viaje con un margen de aproximación de cinco días.*
6 Terreno que se deja libre entre la fachada de un edificio y el límite del solar. — CONSTRUCCIÓN
7 Cuantía del beneficio obtenido en un negocio teniendo en cuenta el precio de coste y el de venta: *con la transacción se quedó un buen margen.* — COMERCIO = ganancia
8 margen de confianza: El que se deposita en una persona con la esperanza de que obre tal y como se espera. — GEOLOGÍA
9 margen de error: Grado de aproximación o de indeterminación en la estimación por muestreo de una magnitud. — ESTADÍSTICA
10 a media margen: Con espacio en blanco hasta media página a lo largo. — loc.adv. ARTES GRÁFICAS
11 al margen: Sin intervención en un asunto: *está al margen de este tema; ha quedado al margen.* — loc.adv.
12 andarse por las márgenes: Detenerse en los detalles o en lo menos sustancial de un asunto, sin tratar lo más importante. — = andarse por las ramas

margenar
1 Poner notas o acotaciones al margen de un escrito: *tuvo que margenar el informe con algunos detalles.* — v.tr. tb: marginar
2 Dejar márgenes en una página al escribir o imprimir en ella. — ARTES GRÁFICAS tb: marginar

margesí Inventario de los bienes del estado, de la iglesia y de las corporaciones oficiales. — s.m. Perú

marginación
1 Exclusión, falta de participación de una persona, o de un grupo social, en una cosa beneficiosa o ventajosa: *está muy disgustado por la marginación que ha sufrido en el trabajo.* — s.f.
2 marginación social: Situación de las personas socialmente desatendidas, o apartadas de los intereses comunes a los miembros que participan activamente en la vida de la sociedad a que pertenecen. — SOCIOLOGÍA

marginado, a
1 Se refiere a la persona o grupo social no integrado en la sociedad. — adj. SOCIOLOGÍA
2 Que tiene reborde.

marginador, a
1 Que margina o sirve para marginar: *factor marginador.* — adj/s.
2 Dispositivo de las máquinas de escribir que regula los márgenes laterales. — s.m. TECNOLOGÍA

marginal
1 Del margen. — adj.
2 Que está en el margen: *no vio la nota marginal.*
3 Que es de importancia secundaria o escasa: *asunto marginal; partido marginal.* — = secundario
4 Que está aparte de lo que se considera normal: *conductas marginales; grupos marginales.*
5 Se aplica a la unidad económica situada en el extremo inferior de un mercado según la relación entre precio y coste. — ECONOMÍA

marginalidad
1 Carácter de lo que es marginal o secundario. — s.f.
2 Condición de la persona o grupo social no integrado en la sociedad: *la marginalidad de ciertas tribus urbanas.* — SOCIOLOGÍA

marginar
1 Poner notas en el margen de un escrito o apostillarlo: *marginó el guión del tema para recordar ciertos datos.* — v.tr. = margenar

2 Dejar márgenes en una página al escribir o imprimir en ella.   tb: margenar / ARTES GRÁFICAS

3 Dejar al margen un asunto o una cuestión: *durante la reunión, la junta marginó el aspecto económico.*   = apartar

4 Dejar a una persona fuera de un asunto o una actividad: *a este chico le marginan en todos los juegos.*   = discriminar

5 Someter a una persona a unas condiciones sociales de inferioridad: *en esta ciudad marginan a los gitanos.*   SOCIOLOGÍA

margoso, a Se refiere a la roca o la tierra que contiene marga.   adj. / GEOLOGÍA

margrave (Del alem. *Markgraf*, conde de la marca.) Título de dignidad que se daba a algunos príncipes del imperio germánico.   s.m. / HISTORIA

marguera (Derivado de *marga* < lat. *marqa*.)   s.f./= almarga
1 Cantera o veta de marga.
2 Lugar donde se deposita y guarda la marga que ha de ser utilizada como abono o enmienda de las tierras.

marguero Peón que extrae marga o trabaja en una marguera.   s.m.

margullar Acodar plantas.   v.tr./Cuba, Venez.

margullo Acodo, vástago acodado.   s.m./Cuba, Venez.

mari- Componente de palabra procedente del nombre propio *María*, equivalente semántico de mujer: *marimandona.*   pref.

maría
I (Del nombre propio *María*, madre de Jesucristo.)
1 Vela blanca puesta en lo alto del tenebrario.   s.f.
2 Antigua moneda de plata.   HISTORIA
3 Galleta redonda y plana de composición simple: *para merendar hay galletas marías y leche con cacao.*   COCINA
4 Asignatura sin importancia o fácil de aprobar: *sólo aprueba las marías.*
5 Mujer de poca cultura, o dedicada a las labores de la casa.   despectivo / = maruja
6 las tres marías: Las tres estrellas alineadas en el centro de la constelación de Orión, llamadas también Cinturón de Orión.   ASTRONOMÍA
II (Apócope de *marihuana*.) Marihuana, droga.   s.f./argot

mariachi
1 Conjunto de músicos integrado en un principio por un guitarrón, dos violines, una vihuela y una guitarra que interpreta un tipo de canciones populares mexicanas: *un grupo de mariachis tocaba en el restaurante.*   s.m. / MÚSICA / tb: mariache, mariachis
2 Cada uno de estos músicos.
3 Música y baile populares mexicanos, originarios de Jalisco y de otras regiones de México.   MÚSICA

marial Se refiere al libro que contiene alabanzas a la Virgen María.   adj./s.m.

marianismo Culto o devoción a la Virgen María.   s.m./RELIGIÓN

marianista
1 Que pertenece a la compañía de María.   adj./s.
2 De la Compañía de María, fundada en Burdeos en 1817.

mariano, a Que tiene relación con la Virgen María o con su culto.   adj. / RELIGIÓN

marica (Diminutivo de *María*.)
1 Hombre afeminado.   s.m./despectivo
2 Hombre homosexual.   despectivo
3 Insulto que se emplea con o sin su significado preciso.   vulgar
4 Sota de oros, en el juego del truque.   JUEGOS

maricangalla Ala o vela suplementaria de la vela cangreja.   s.f. / NÁUTICA

maricón
1 Marica, hombre homosexual.   s.m./despectivo
2 Persona despreciable y malintencionada.   despectivo
3 Insulto que se utiliza con o sin su significado preciso.   vulgar

mariconada
1 Acción, objeto o expresión propios de un maricón: *esos pantalones son una mariconada.*   s.f./= mariconez
2 Objeto menudo, sin valor ni utilidad: *no sé para qué has comprado esa mariconada.*   = tontería
3 Acción mal intencionada contra otra persona: *no te perdono la mariconada que me hiciste ayer.*   vulgar / = putada

mariconera Bolso de mano de uso masculino: *cuando va de viaje suele llevar una mariconera para guardar los documentos y el dinero.*   s.f.

mariconería
1 Modo de ser y de comportarse propios de un maricón.   s.f./despectivo
2 Mariconada, mala pasada.   vulgar

maricueca Eufemismo de marica, homosexual.   s.m./Chile

maricultura Cultivo de las plantas y animales marinos, como alimento o con otros fines.   s.f.

maridable Que es adecuado entre marido y mujer.   adj.

maridablemente Según corresponde al matrimonio, como un matrimonio: *vivieron maridablemente unidos durante cuarenta años.*   adv. / = maritalmente

maridaje (Del fr. *ménage*, casamiento.)
1 Unión y conformidad entre los casados.   s.m.
2 Unión íntima y armónica de dos cosas: *el programa establece un maridaje entre la universidad y la empresa.*

maridanza Trato bueno o malo que da el marido a la mujer.   s.f.

maridar
1 Contraer dos personas matrimonio: *maridaron hace poco tiempo.*   v.intr. / = casarse
2 Hacer una pareja vida matrimonial sin estar casados: *sus padres no han aceptado del todo que hayan maridado sin pasar por la iglesia.*   = amancebarse
3 Poner cosas en relación: *maridaba cosas incompatibles.*   v.tr. / = aunar, asociar

maridazo Marido condescendiente con su mujer.   s.m.

maridillo Brasero pequeño en forma de arquilla.   s.m.

marido (Del lat. *maritus*.) Hombre casado, con respecto a su mujer: *conoció a su actual marido en un viaje.*   s.m. / = cónyuge, esposo

marienglás Espejuelo, variedad del yeso.   s.f./MINERALOGÍA

mariguanza
1 Ceremonia supersticiosa de manos que hacen los curanderos.   s.f./Chile / OCULTISMO
2 Movimientos o gestos con que se hace burla.   Chile
3 Salto, pirueta.   Chile
4 Manejo ilícito o deshonesto.   Chile

marihuana
1 Cáñamo índico, planta.   s.f./tb: mariguana
2 Derivado obtenido a partir de las hojas y flores secas de esta planta, que se fuman liadas como un cigarrillo y que producen ciertos efectos alucinógenos, actuando sobre el sistema nervioso.   = hachís

marimacho
1 Mujer de aspecto y actitudes varoniles.   s.m./despectivo
2 Mujer homosexual.   = lesbiana/despectivo

marimandón, a Persona autoritaria y dominante, a la que le gusta mucho mandar: *la gente está harta de ella porque es una marimandona.*   s.

marimanta Personaje imaginario con que se asusta a los niños.   s.f.

marimarica Hombre afeminado.   s.m.

marimba
1 Instrumento musical de percusión, originario del antiguo Congo, llevado a América, y que originariamente estaba compuesto por dieciséis calabazas de diferentes tamaños que se golpeaban con pequeñas baquetas.   s.f. / MÚSICA
2 Instrumento de percusión que consiste en una serie de tablas delgadas y de distintos tamaños puestas sobre unos tubos metálicos que se golpean con unos palillos que tienen una bola dura en un extremo.   MÚSICA

marimoña Francesilla, planta con flores de variado color que se cultiva en jardines.   s.f. / BOTÁNICA

marimorena
1 Riña tumultuosa: *se armó una marimorena en el bar y terminaron en la comisaría.*   s.f./= camorra, pelea / coloquial
2 Situación de gran confusión y ruido provocada por un gran número de personas discutiendo o divirtiéndose: *llegaron con guitarras, nos pusimos todos a bailar y cantar y se armó la marimorena.*   = barullo, jaleo

marina
1 Conjunto de las embarcaciones de un estado.   s.f.
2 Conjunto de las personas que sirven en la marina de guerra y su organización.   MILITAR
3 Técnica o ciencia de navegar.   NÁUTICA
4 Terreno junto al mar.
5 Pintura de tema marinero: *ha colgado tres marinas en el salón.*   ARTE
6 marina de guerra: Conjunto de buques de guerra.   MILITAR
7 marina mercante: Conjunto de los buques y personal de la marina civil que se emplean en el transporte de personas y mercancías.   NÁUTICA, COMERCIO

marinaje
1 Trabajo de los marineros.   s.m./= marinería
2 Conjunto o grupo de los marineros.

marinar
1 Dar sazón a un pescado para conservarlo: *suele marinar el bacalao.*   v.tr./= adobar / tb: amarinar
2 Poner marineros del barco apresador en un barco apresado.   NÁUTICA
3 Volver a tripular una embarcación.   NÁUTICA

marine (Voz inglesa.) Soldado de infantería de las fuerzas navales británicas y norteamericanas.   s.m. / MILITAR

marinear Trabajar una persona como marinero.   v.intr.

marinera
1 Blusa azul con cuello cuadrado por detrás que visten los marineros, y cuyo uso se ha extendido a la moda infantil y femenina.   s.f.
2 Baile popular.   s.f./Chile, Ecuad., Perú

marinerado, a Se aplica al barco que está tripulado o equipado.   adj. / NÁUTICA

marineresco, a De los marineros o relativo a ellos: *lenguaje marineresco.*   adj. / = marinesco

marinería
1 Profesión u oficio de marinero: *la marinería es una de las profesiones más duras.*   s.f. / NÁUTICA

2 Conjunto de marineros: *toda la marinería de la zona se manifestó contra el acuerdo del gobierno.* — NÁUTICA
3 Conjunto de soldados de la armada que pertenecen a la clase de tropa. — MILITAR

marinero, a
1 De la marina o de los marineros. — adj./NÁUTICA
2 Se aplica a la embarcación que permite navegar con facilidad y seguridad en todas circunstancias. — NÁUTICA
3 Hombre de mar que trabaja en una embarcación: *el puerto se llenó de marineros.* — s.m. NÁUTICA
4 Persona que sirve en la marina de guerra con el grado inferior. — MILITAR
5 a la marinera: Forma de preparar pescado o marisco cociéndolos en vino blanco, en general con cebolla, ajo, perejil, pimienta y aceite. — COCINA
6 cuello marinero: El cuadrado por detrás y con un lazo o corbata delante, como el del uniforme de los marineros.

marinesco, a Que es propio de marineros. — adj.

maringuino Denominación común a ciertos mosquitos y dípteros próximos. — s.m./Amér. Central ZOOLOGÍA

marinismo (De *Marino*, poeta italiano.) Estilo o gusto poético iniciado por este poeta italiano en los siglos XVI y XVII, caracterizado por la abundancia y extravagancia de las imágenes. — s.m. POESÍA

marinista
I (Derivado de *marina*.) Se refiere al pintor que pinta marinas. — adj/s.m.f. ARTE
II (Derivado de *marinismo*.)
1 Del marinismo. — adj./POESÍA
2 Que profesa el marinismo. — adj/s.m.f./POESÍA

marino, a (Del lat. *marinus*.)
1 Del mar: *lo que más le gusta de la playa es la brisa marina.* — adj. = marítimo
2 Se aplica al animal fabuloso que tiene cola de pez como las sirenas. — HERÁLDICA
3 Persona con conocimientos teóricos y prácticos de navegación, que forma parte de la tripulación de un barco, y puede tener un grado militar. — s.m. NÁUTICA
4 Persona dedicada al estudio de la navegación. — NÁUTICA
5 Persona que tiene un grado militar o profesional en la marina. — MILITAR, NÁUTICA

mariol Maricón, hombre afeminado. — s.m.

mariología (De *María* + gr. *logos*, ciencia.) Parte de la teología católica que estudia todo lo referente a la Virgen María. — s.f. TEOLOGÍA

mariólogo, a Persona dedicada al estudio de todo lo referente a la figura religiosa de la Virgen María. — s. TEOLOGÍA

marión Esturión, pez que remonta los ríos para desovar. — s.m./ZOOLOGÍA tb: marón

mariona
1 Danza antigua. — s.f.
2 Música que acompañaba a esta danza. — MÚSICA

marioneta
1 Muñeco que se mueve por medio de hilos: *llevaron a los niños a un espectáculo de marionetas.* — s.f. = títere
2 Persona de carácter débil, que se deja influir fácilmente: *es una marioneta en manos de su jefe.*

marionetista Artista que actúa con marionetas. — s.m.f.

maripérez Pieza curva de las trébedes donde se asegura el rabo de la sartén. — s.f. pl: maripérez

mariposa (De *María, pósate*, expresión procedente de una canción infantil.)
1 Cualquier insecto del orden lepidópteros, con cuatro alas recubiertas de escamas microscópicas, cuya disposición les da una vivacidad de colores y un brillo incomparables. — s.f. ZOOLOGÍA
2 Candelilla o lamparilla, que consiste en una mecha sobre una rueda pequeña de corcho que flota en un vaso con aceite.
3 Llama de esta lamparilla.
4 Tuerca en forma de mariposa que se enrosca y afloja sin llave.
5 Llave en forma de mariposa que cierra una cañería.
6 Válvula del carburador del automóvil que regula el volumen de los gases aspirados por el motor.
7 Difusor usado para atenuar la luz de un foco.
8 Hombre homosexual o afeminado. — s.m.
9 Modalidad de natación en posición ventral en que los brazos realizan movimientos circulares hacia adelante simultáneamente mientras las piernas se mueven juntas arriba y abajo. — adj/s. DEPORTES
10 Suerte de correr el toro abanicando con el capote a la espalda y dando al diestro la cara al toro. — s.f. TAUROMAQUIA
11 mariposa de la col: Insecto lepidóptero diurno de color blanco con manchas negras y cuyas orugas son perjudiciales, ya que se alimentan de las hojas de la col. *(Pieris brassicae.)* — ZOOLOGÍA
12 mariposa de la muerte: Calavera, mariposa que tiene sobre el dorso del tórax unas manchas que se parecen a una calavera. — ZOOLOGÍA

13 mariposa de la seda: Insecto lepidóptero nocturno, pequeño y de color blanco cuya oruga se alimenta de hojas de moral y produce seda que se usa en procesos industriales. *(Bombyx mori.)* — ZOOLOGÍA

mariposado, a Se aplica al escudo ornado de varias filas superpuestas de medios aros delgados que dejan ver entre unos y otros el color del fondo. — adj. HERÁLDICA = papelonado

mariposear
1 Cambiar una persona de gustos y aficiones constantemente: *toda su vida ha mariposeado.* — v.intr.
2 Intentar insistentemente el trato con una persona: *mariposeaba alrededor de Juan.* — = revolotear
3 Hacer el quite de la mariposa. — TAUROMAQUIA

mariposeo
1 Inconstancia en los afectos, gustos o aficiones. — s.m.
2 Insistencia en el deseo de conseguir la confianza o el afecto de alguien, por motivos frívolos o superficiales.

mariposista Nadador especializado en la modalidad de mariposa. — s.m.f. DEPORTES

mariposón
1 Marica, hombre homosexual o afeminado. — s.m./despectivo
2 Hombre inconstante en amores, o que galantea a distintas mujeres.

mariquilla Marica, hombre homosexual o afeminado. — s.m./despectivo

mariquita
1 Pequeño insecto coleóptero coccinélido, con élitros de color anaranjado con puntos negros, muy útil, para la agricultura porque se alimenta de pulgones. — s.f./ZOOLOGÍA = vaca o vaquita de San Antón
2 Periquito, ave trepadora. — ZOOLOGÍA
3 Chinche de color rojo con puntos negros que se suele encontrar sobre las malvas. — ZOOLOGÍA
4 Hombre afeminado: *por su forma de vestir y de moverse parece mariquita.* — s.m./despectivo = mariposón
5 Miel o almíbar mezclado con queso fresco. — Cuba
6 Baile popular que ejecutan varias parejas enfrentadas con un pañuelo blanco en la mano acompañadas por un guitarrista cantor. — Argent.
7 Música y cante con que se acompaña este baile. — Argent.

marisabidilla Mujer que presume de sabia: *le gusta opinar sobre todo, es una marisabidilla.* — s.f.

mariscada Plato con abundantes y diferentes mariscos. — s.f. COCINA

mariscador, a
1 Se aplica a la persona que se dedica a coger mariscos. — adj/s.m.f./PESCA
2 Persona que cultiva o se dedica a la reproducción de mariscos en viveros o playas, y a las instalaciones preparadas para este cultivo. — s.m/f. PESCA

mariscal (Del fr. ant. *mariscal* < germ. *marh-skalk*, caballerizo mayor.)
1 Grado máximo del ejército, en algunos países. — s.m.f./MILITAR
2 Oficial inferior al condestable pero con un cargo muy preeminente, en la milicia antigua. — s.m./MILITAR
3 Profesional que previene y cura las enfermedades de los animales. — = albéitar, veterinario
4 Persona que se encargaba de aposentar a la caballería. — HISTORIA
5 mariscal de campo: Grado de oficial general de división, inmediatamente inferior en el grado y en las funciones al teniente general. — MILITAR

mariscalía Empleo de mariscal. — s.m./tb: mariscalato

mariscar
1 Coger mariscos. — v.intr/conj: sacar
2 Robar, quitar una cosa a una persona: *fue ese tío quien le mariscó la moto.* — v.tr. argot

marisco (Derivado de *mar*.) Animal invertebrado marino, comestible, en especial los crustáceos y moluscos: *he comprado en la pescadería un marisco buenísimo.* — s.m.

marisma (Del lat. *maritima*, costa del mar.) Terreno bajo a orillas del mar que se inunda con las mareas. — s.f.

marismeño, a De la marisma o propio de ella. — adj.

marismo Orzaga, planta quenopodiácea con hojas de color blanquecino, flores pequeñas y fruto esférico. — s.m. BOTÁNICA

marisqueo Acción y resultado de mariscar. — s.m./PESCA

marisquería Establecimiento donde se vende o consume marisco. — s.f. COMERCIO

marisquero, a
1 Que tiene relación con el marisco: *actividad marisquera.* — adj. PESCA
2 Persona que pesca o vende mariscos: *trabaja en un barco marisquero.* — s./PESCA = mariscador

marista
1 Se refiere a los miembros de ciertas congregaciones religiosas fundadas bajo la advocación de la Virgen María. — adj/s.m.f. RELIGIÓN
2 De dichas congregaciones. — RELIGIÓN

marital Del marido o de la vida conyugal: *desde hace tiempo hacen vida marital.* — adj.

maritata
1 Canal cuyo fondo se cubre de pieles de carnero *s.f.*
para que haciendo pasar por él agua corriente con *Méx., Chile*
mineral pulverizado, el polvo metalífero que arrastra
se deposite en ellas.
2 Cedazo de tela metálica usado en los estableci- *Bol., Chile*
mientos mineros. MINERÍA
3 Chismes, baratijas. *s.f.pl./Guat., Hond.*

marítimo, a (Del lat. *maritima*, costa del mar.)
1 Del mar: *puerto marítimo*. *adj.*
2 Se aplica a los organismos que viven en la zona BIOLOGÍA
costera.
3 Que está cercano al mar: *pueblo marítimo*.

maritornes (Por alusión al personaje del *Quijote*.) *s.f.*
Criada ordinaria, fea y hombruna. *pl: maritornes*

marjal (Del ár. *marg*, terreno pantanoso.) Terreno *s.m.*
pantanoso. = armajal

marjoleto
1 Espino arbóreo de unos ocho metros de altura, con *s.m.*
ramas espinosas, hojas de borde velloso, flores en co- BOTÁNICA
rimbos y fruto aovado que abunda en Sierra Nevada.
2 Flor de esta planta. BOTÁNICA

marjor Mamífero artiodáctilo parecido a la cabra, de *s.m.*
cuernos retorcidos en espiral y dirigidos hacia arriba, ZOOLOGÍA
de pelaje pardo o blancuzco, que vive en Asia cen- = markhor
tral. (*Capra falconeri.*)

marketing (Voz inglesa.) Técnica empresarial destinada al desarrollo de las ventas de un producto o de *tb: marqueting*
un servicio. = mercadotecnia

marlín Pez espada de las costas americanas, de los *s.m.*
que algunos ejemplares llegan a los mares europeos *pl: marlines*
muy accidentalmente. ZOOLOGÍA

marlo
1 Espiga de maíz desgranada. *s.m./Amér. Merid.*
2 Tronco de la cola de los caballos. *Argent./= maslo*

marlota (Del ár. *malluta*, saya.) Prenda de vestir mu- *s.f.*
sulmana semejante al sayo que cubría todo el cuerpo.

marlotar (Derivado del ant. *manroto*, roto con las *v.tr.*
manos.) Gastar una persona su dinero o sus bienes *tb: malrotar*
imprudentemente.

marmárico, a De la Marmaria, antigua región de *adj.*
África, situada al oeste de Egipto. HISTORIA

marmella (Del lat. *mamilla*, teta.) Apéndice del cuello *s.f.*
de las cabras. *tb: mamella*

marmellado, a Que tiene marmellas. *adj./tb: mamellado*

marmita (Del fr. *marmite*, olla.)
1 Recipiente de metal, con forma de olla, con tapade- *s.f.*
ra hermética, usado en la cocina.
2 **marmita de gigante:** Cavidad excavada por la ero- GEOLOGÍA
sión en una roca suficientemente compacta para desgastarse sin desagregarse.

marmitako (Voz vasca.) Guiso de bonito con patatas *s.m.*
y pimiento, típico de la cocina vasca. COCINA

marmitón
1 Persona que presta servicios auxiliares en la cocina: *s.m.*
trabaja de marmitón en un restaurante. = galopillo, pinche
2 Ayudante de cocina en un barco mercante.

mármol (Del lat. *marmor*.)
1 Piedra caliza metamórfica de textura compacta y *s.m.*
cristalina, con vetas de distintos colores, usada en GEOLOGÍA
construcción y decoración.
2 Escultura hecha de este material.
3 Plancha de hierro sobre la que se labran las piezas INDUSTRIA
en los hornos y fábricas de vidrio.
4 **mármol brecha:** Roca caliza que por metamorfis- GEOLOGÍA
mo se convierte en mármol cuyos fragmentos angulosos se traban por una pasta homogénea.
5 **mármol brocatel:** El que tiene vetas y manchas de
distintos colores.
6 **mármol de Carrara:** Aquel que es muy puro, blanco, de grano fino y uniforme, que se emplea en estatuaria; recibe su nombre de la localidad italiana de
Carrara.
7 **mármol esquizado:** El salpicado de pintas.
8 **mármol estatuario:** El que es muy homogéneo,
que puede emplearse para hacer estatuas.
9 **mármol gateado:** Aquel cuyas vetas recuerdan a
las de los ojos de los gatos.
10 **mármol lumaquela:** Caliza compuesta de fragmentos de conchas de moluscos y otros restos fósiles
que por pulimento adquiere mucho brillo.
11 **mármol sacaroideo:** El que por su color o estructura recuerda al azúcar de pilón.
12 **mármol serpentino:** Aquel que es semejante a la
roca serpentina, o el que es de color verde matizado.

marmolado, a Que está coloreado o veteado como *adj.*
el mármol.

marmolear Imitar las vetas del mármol o del jaspe *v.tr.*
con pintura.

marmoleño, a Del mármol o que tiene alguna de *adj.*
sus propiedades. *tb: marmóreo*

marmolería
1 Taller donde se trabaja el mármol: *su tío tiene una* *s.f.*
marmolería.
2 Conjunto de mármoles de un edificio: *han cambiado*
la marmolería del inmueble.
3 Obra de mármol.

marmolillo
1 Poste de piedra de poca altura usado para proteger *s.m.*
las esquinas de las casas de los golpes de los carrua- = guardacantón
jes, o para evitar que los carruajes se salgan de un camino.
2 Persona muy torpe. *coloquial/= zote*

marmolina Estuco de cal y polvo de mármol. *s.f./Argent., Chile*

marmolista Persona que se dedica a trabajar en már- *s.m.f.*
mol o a venderlo.

marmoración (Del lat. *marmor*, mármol.) Masa de *s.f.*
cal y polvo de mármol con que se cubren algunas pa- CONSTRUCCIÓN
redes.

marmóreo, a (Del lat. *marmor*, mármol.)
1 De mármol. *adj./= marmoroso*
2 Que tiene alguna propiedad del mármol.

marmosa Mamífero marsupial sudamericano de la *s.f.*
familia de los didélfidos, de pequeño tamaño, cola ZOOLOGÍA
prensil, cuerpo esbelto y cabeza grande. (*Mamosa.*)

marmosete (Del fr. *marmouset*, figurilla grotesca.) *s.m.*
Grabado alegórico que suele ponerse al fin de un ca- ARTES GRÁFICAS
pítulo, libro o tratado.

marmota (Del fr. *marmotte*.)
1 Mamífero roedor terrestre de pelaje espeso, de hábi- *s.f.*
tos nocturnos, que vive en pequeños grupos a grandes
alturas e hiberna varios meses en una madriguera.
2 Gorra de abrigo hecha de lana o estambre.
3 Persona que duerme mucho. = lirón
4 Criada doméstica. *despectivo*

marmullar Expresar una persona en voz baja su que- *v.intr/tr.*
ja o disgusto con otra persona o una cosa: *¿Qué mar-* = murmurar,
mullas? murmujear

maro (Del lat. *marum* < gr. *maron*.) Planta herbácea la- *s.m./BOTÁNICA*
biada con flores rojizas, de olor fuerte y sabor amar- = hierba fuerte
go, usada como antiespasmódica, tónica y excitante. *tb: almaro*

marocha Muchacha alocada, sin juicio. *s.f./Hond.*

marojal Terreno donde abundan los marojos, melo- *s.m.*
jos.

marojo
I (Del lat. *malum folium*, roble albar.)
1 Hojas inútiles que se quitan de las plantas y se *s.m./tb: malhojo,*
aprovechan como pienso para el ganado. marhojo
2 Árbol parecido al roble, de copa ancha, hojas aova- BOTÁNICA
das y bellota solitaria. = melojo
II (Del ár. *muluha*, malva viscosa.) Planta parecida al *s.m.*
muérdago pero con bayas rojas y las semillas en ver- BOTÁNICA
ticilos múltiples. (*Viscum cruciatum.*)

marola (Del port. *marola*.) Marejada, agitación del *s.f.*
mar con olas grandes.

maroma (Del ár. vulgar *mabruma*, trenzado.)
1 Cuerda gruesa de esparto, cáñamo u otras fibras *s.f.*
vegetales o sintéticas: *el pasamanos de la escalera es*
una gran maroma.
2 Función de acrobacia.
3 Voltereta o pirueta de un acróbata. *Amér.*
4 Voltereta política, cambio oportunista de opinión o *Amér.*
de partido.
5 Lío, desorden. *Argent.*

maromear
1 Bailar el volatinero en la maroma o hacer volatines *v.intr.*
en ella. *Amér.*
2 Inclinarse, según las circunstancias, a uno u otro *Amér.*
bando.
3 Hacer pruebas de equilibrio. *Chile*
4 Columpiarse en la hamaca. *Hond.*

maromero, a
1 Acróbata, volatinero. *s./Amér.*
2 Político que cambia de opinión según las circuns- *Amér.*
tancias.
3 Persona con mala fe. *P. Rico*
4 Que es versátil. *adj./Amér.*

maromo
1 Persona cuyo nombre y condición se ignoran o no *s.m.*
se quieren decir: *se está acercando un maromo que me* *coloquial*
da muy mala espina. = individuo, fulano
2 Novio o amante: *se ha echado un maromo muy guapo*. *coloquial*

marón
I (De *marión*.) Esturión, pez marino. *s.m./ZOOLOGÍA*
II (Del lat. *mas, maris*, macho.) Morueco, carnero se- *s.m.*
mental.

maronita
1 Se aplica a la iglesia cristiana, originaria del Líbano *adj.*
y Siria, que mantiene obediencia al papa aunque con- RELIGIÓN
serva su propia liturgia.
2 Fiel de esta iglesia. *s.m.f.*

marota
1 Mujer marimacho. *s.f./Méx.*

2 Soga con la que se atan las patas delanteras a una bestia para impedir que corra. *Chile*

marote Cabeza, crisma. *s.m./Argent.*

marqueo Operación de marcar los árboles de un terreno. *s.m.*

marqués, a (Del occitano ant. *marqués*.)
1 Título nobiliario intermedio entre el de duque y el de conde. *s.m.*
2 Persona que tiene este título nobiliario. *s.*

marquesa
I (Derivado de *marqués*.) Pastel de chocolate. *s.f.*
II (Del fr. *marquise*, marquesina.)
1 Cubierta que se apoya sobre pilares en una parada de tren o autobús, o sobresale frente a la entrada de un edificio para protegerlo del sol, el viento o la lluvia. *s.f.* = marquesina
2 Especie de cama de madera fina tallada. *Chile*

marquesado
1 Título de marqués. *s.m.*
2 Territorio y propiedades vinculadas a un título de marqués.

marquesina (Del fr. *marquise*.)
1 Cubierta en forma de alero que se pone a la entrada de un local público, andenes de estaciones o de una tienda de campaña para protegerlos del sol, el viento y la lluvia. *s.f.* = marquesa
2 Cubierta de cristal u otro material que resguarda las paradas de autobús por todos los lados excepto por el que da a la calzada.
3 Alfiler que unía varios anillos de mujer.

marquesita (Del ár. *marqasita*, marcasita.) Marcasita, sulfuro de hierro. *s.f.* MINERALOGÍA

marquesota Cuello alto, blanco y muy almidonado que usaban los hombres como adorno. *s.f.*

marquesote Torta en figura de rombo, hecha con harina de arroz o de maíz, huevo, azúcar, y otros ingredientes y cocida al horno. *s.m. Hond., Nicar. COCINA*

marqueta Bloque de cualquier cosa con forma prismática, especialmente si es de hielo. *s.f. Guat.*

marquetería (Del fr. *marqueterie*.)
1 Decoración realizada con chapas de diversas maderas, a veces combinadas con otros materiales: *realizó una obra de marquetería representando la Sagrada Familia.* *s.f.* = taracea
2 Arte y técnica de realizar este tipo de trabajo de ebanistería.

marqueting Marketing, estudio de mercado. *s.m./= mercadotecnia*

marquilla En la expresión **papel de marquilla** designa el de tamaño medio entre el de marca y el de marca mayor. *s.f.*

marquista Fabricante de marcos y molduras para cuadros, fotografías, u otras cosas: *el marquista me aconsejó una moldura de madera de ébano.* *s.m.f.*

marra
I (Del lat. *marra*, especie de azada.) Mazo de hierro con el mango largo que sirve para romper piedras. *s.f.* = almádena
II (Derivado de *marrar*.) Ausencia o falta de una cosa en el lugar donde debería estar.

márraga (Derivado de *marga* < ár. vulgar *marfaa*.) Tejido basto usado antiguamente para hacer sacos y jergones. *s.f.* th: márfaga, marga

marraguero, a Fabricante de colchones. *s.*

marrajería Astucia, mala intención. *s.f.*

marrajo, a (Voz de creación expresiva.)
1 Se aplica al toro o a otro animal que acomete con malicia. *adj.*
2 Que se comporta con astucia o malicia: *el muy marrajo supo cómo convencernos.* = astuto, cauto
3 Tiburón de dos a tres metros de longitud que abunda en las costas meridionales de España y en las de Marruecos con los costados y el dorso de color azul, la cola en forma de media luna y el hocico puntiagudo. *s.m. ZOOLOGÍA*

marramao (Voz onomatopéyica.) Maullido del gato, especialmente en la época de celo: *el marramao de ese gato no me deja dormir.* *s.m.* th: marramau, marramiau

marramizar Dar maullidos el gato en celo. *v.intr./conj: cazar*

marrana (Derivado de *marrano*, madero.)
1 Eje de la rueda de la noria. *s.f.*
2 Cimbra para construir o revestir el interior de un pozo.

marranada
1 Cosa sucia o repugnante: *deja de hacer esas marranadas con la comida.* *s.f./= marranería, porquería*
2 Acción o dicho que molesta, causa un daño o está hecho con mala intención: *tu comportamiento en este asunto ha sido una auténtica marranada.* = marranería, guarrada

marranalla Gente ruin y de mal vivir. *s.f./= chusma*

marranchón, a Cerdo, mamífero doméstico. *s.*

marranear
1 Poner sucia a una persona o una cosa: *si sigues pisando los charcos, te vas a marranear.* *v.tr/prnl. coloquial*

2 Obrar una persona incorrecta o indignamente: *marraneó en las cuentas para que no descubrieran el hurto.* *v.intr. coloquial*
3 Engañar a otra persona. *v.tr./Colomb.*

marranería Marranada, acción indigna o cosa sucia: *a ver si limpias tu habitación, que está hecha una marranería.* *s.f.* = guarrada, cochinada

marrano, a (Del ár. *mahran*, cosa prohibida.)
1 Cerdo, mamífero doméstico. *s./ZOOLOGÍA*
2 Persona sucia y desaseada: *no seas marrano lávate las manos y come con los cubiertos como las personas bien educadas.* *adj./s. vulgar despectivo = cochino*
3 Persona que se comporta de forma deshonesta o miserable: *el muy marrano me ha engañado y estafado.* *coloquial/despectivo/= canalla*
4 Se aplicaba al judío converso que continuaba practicando su religión ocultamente. *adj./s. HISTORIA*

marrano (De origen incierto.)
1 Madero que sujeta las paletas de una rueda hidráulica con el eje. *s.m.*
2 Madero que sirve para igualar la presión en las prensas de los molinos de aceite.
3 Madero que forma la cadena del fondo de un pozo.

marraqueta Conjunto de panes pequeños que se cuecen en una sola pieza, en la que van señalados mediante incisiones de manera que puedan separarse después con facilidad. *s.f. Chile, Perú COCINA*

marrar (Del ant. *marrir* < germ. *marrjan*, estorbar.)
1 Salir mal una cosa: *el tirador marró el disparo y la bala pasó por encima de la diana.* *v.intr/tr. = errar, fallar*
2 Alejarse de lo que es justo y correcto. *v.intr./= torcerse*

marras (Del ár. *marra*, una vez.) Indica que aquello de lo que se habla es muy conocido en la expresión **de marras**: *el hotelito de marras estaba de lo más descuidado.* *loc.adj. despectivo*

marrasquino (Del ital. *maraschino* < *marasca*, cereza algo agria.) Licor hecho con zumo de cerezas amargas y mucho azúcar. *s.m.*

marrazo Hacha de dos filos que usaban los soldados para cortar leña. *s.m.*

marrear Golpear una cosa con la marra o mazo de hierro. *v.tr.*

marrillo Palo corto y grueso. *s.m.*

marro
1 Juego que consiste en tirar con el marrón o piedra a un bolo hincado en el suelo. *s.m. JUEGOS*
2 Juego entre dos bandos, colocados uno frente a otro dejando campo entre ellos, en el que los jugadores intentan tocar o coger al contrario en el centro del campo. *JUEGOS*
3 Movimiento del cuerpo que se hace en este juego de bandos, para esquivar a un jugador contrario. *JUEGOS*
4 Falta o error. = equivocación
5 Palo con que se juega a la tala. *JUEGOS*

marrón
I (De origen incierto.)
1 Se aplica al color parecido al de la cáscara de la castaña. *adj/s.m. = castaño*
2 Causa criminal, condena, sumario, en el lenguaje del hampa. *s.m. argot*
3 Cosa o situación incómoda o desagradable: *¡vaya marrón tener que contárselo a tu padre!* *argot*
4 Martillo grande de hierro. *Amér. Central y Merid. P. Rico*
5 Badajo de campana.
6 marrón glacé: Castaña confitada en azúcar y escarchada con almíbar. *COCINA*
7 comerse un marrón: Confesarse autor de un delito o responsabilizarse de un hecho comprometedor. *argot*
II (Derivado de *marro*.) Piedra que se tira a un bolo hincado en el suelo, con la que se juega a marro. *s.m. JUEGOS*

marronazo Acción de fallar alguna suerte del toreo, en especial la de varas, cuando el picador no logra colocar bien la garrocha y ésta resbala sobre el lomo del toro. *s.m. TAUROMAQUIA*

marroquí
1 De Marruecos, país del noroeste del continente africano, y de su dialecto. *adj. pl.tb: marroquíes*
2 Persona natural de este país africano. *s.*
3 Variante dialectal del árabe, hablada en este país. *s.m./LINGÜÍSTICA*
4 Piel de cabra curtida y pulida, fina y flexible, usada en marroquinería. *s.m. = tafilete*

marroquín, a
1 De Marruecos, país africano. *adj.*
2 Persona natural de este país.

marroquinería
1 Manufactura de artículos de piel: *en Marruecos, la marroquinería es una actividad económica muy importante.* *s.f. = tafiletería*
2 Conjunto de artículos producidos por la industria de este tipo de manufactura: *suele vender marroquinería, como bolsos y carteras.*
3 Taller donde se fabrican, y a veces se venden, artículos de piel.

marroquinero, a Persona que trabaja en marroquinería. *s.*

marrubial Terreno donde abundan los marrubios.   s.m.

marrubio (Del lat. *marrubium*.) Planta herbácea de ta-   s.m.
llos erguidos, blanquecinos y cuadrangulares, con ho-   BOTÁNICA
jas rugosas y onduladas en el margen y flores blancas
en espiga que se usan en medicina. (*Marrubium vulgare*.)

marrueco Bragueta del pantalón.   s.m./*Chile*

marrueco, a De Marruecos.   adj.= marroquí

marrullar (De *maullar* y *arrullar*.) Emitir el gato un   v.intr.
sonido repetitivo cuando está contento.   = ronronear

marrullería
1 Engaño hecho con disimulo, fingiendo buena in-   s.f.
tención: *siempre está con marrullerías, pero a mí no me*   = astucia, marrulla,
engaña.   treta
2 Trampa que se hace en el juego: *no seas tramposo y*
no hagas marrullerías.

marrullero, a Que se comporta con marrullería o las   adj/s.
hace en el juego.

marsala Vino dulce que se produce en Sicilia.   s.m.

marsellés, a
1 De Marsella, ciudad de Francia.   adj.
2 Persona natural de esta ciudad francesa.   s.
3 Chaquetón de paño con adornos sobrepuestos que   s.m.
se usaba antiguamente.

marsellesa Himno nacional francés.   s.f.

marso, a
1 De un pueblo que habitaba en la península Itálica,   adj./HISTORIA
cerca del lago Fucino.   tb: mársico
2 Persona originaria de este pueblo.   s./HISTORIA
3 De un antiguo pueblo germano.   adj./HISTORIA
4 Persona originaria de este pueblo germano.   s./HISTORIA

marsopa (Del fr. ant. *marsoupe* < germ. *marisuppa* <   s.f.
mari, mar + *su(p)pan*, sorber.) Mamífero cetáceo, pa-   ZOOLOGÍA
recido al delfín, con el dorso negro, vientre blanco,   tb: marsopla
cabeza roma y aletas pequeñas, común en el Atlánti-
co, donde con frecuencia sigue a los buques. (*Phocae-*
na.)

marsupial (Del lat. *marsupium*, saco.) Perteneciente a   adj/s.m.
un orden de mamíferos terrestres cuyas crías nacen   ZOOLOGÍA
en un estadio de desarrollo muy temprano y se suje-
tan a las mamas de la madre, quedando protegidas
por una bolsa abdominal que ésta posee, que en la
actualidad sólo viven en Sudamérica y Oceanía,
como el canguro y la zarigüeya.

marsupio Bolsa asentada sobre la pared ventral exte-   s.m.
rior de las hembras de los mamíferos marsupiales,   ZOOLOGÍA
que funciona como una incubadora, y es donde las
crías terminan el período de gestación.

marta
I (Del fr. *marte* < germ. *marthr*.)
1 Mamífero carnívoro de la familia mustélidos de   s.f.
piel estimada, entre cuyas especies destacan la marta   ZOOLOGÍA
común, la cebellina y la marta de Pennant. (*Marta*.)
2 Piel de este mamífero.
II (De origen incierto.) Mujer que vive en una con-   *Chile*
gregación de religiosas y ayuda en los quehaceres do-
mésticos.

mártaga Cabezada o correaje que se ponía a los caba-   s.f.
llos sobre el freno para sujetarlos cuando se apeaba el ji-   = almártaga
nete.

martagón, a
I (Derivado de *marta*, mamífero.) Persona astuta, re-   s.
servada y difícil de engañar.   = artero
II (De origen incierto.) Planta herbácea con hojas lan-   s.f.
ceoladas, flores rosadas con manchas púrpura, de   BOTÁNICA
raíz bulbosa usada como emoliente, que se cultiva en   = azucena silvestre,
jardines. (*Lilium martagon*.)   lirio silvestre

martajar Picar o quebrantar el maíz u otra cosa.   v.tr./*Amér.*

marte (Del lat. *Mars, -tis*, divinidad mitológica de la
guerra.)
1 La guerra.   s.m.
2 Cristalización arborescente que se forma sobre los   QUÍMICA
cristales de sulfato de hierro al introducirlos en una   = árbol de Marte
disolución de silicato y carbonato potásico.
3 **preparado de marte:** El rico en hierro.   FARMACIA

martellina Martillo con dos bocas de dientes prismá-   s.f.
ticos, usado en cantería.

martes (Del lat. *dies Martis*, día de Marte.)
1 Día de la semana, entre el lunes y el miércoles.   s.m./pl: martes
2 **dar a alguien con las of martes:** 1. Matar a una
persona, acabar con ella. 2. Causar un perjuicio o daño. 3. Engañar a otro adulándole. (*Lilium martagon*.)

martillada Golpe dado con el martillo: *rompió la*   s.f.
puerta dándole una martillada.   = martillazo

martillador, a
1 Que martilla: *herramienta martilladora; pesadilla mar-*   adj/s.
tilladora.   tb: martilleador
2 Operario que trabaja piezas o metales batiéndolos   s.m.
con el martillo.   = forjador

martillar
1 Golpear una cosa con el martillo: *no sé qué está ha-*   v.tr/tb: martillar,
ciendo pero lleva martillando clavos toda la tarde.   amartillar
2 Causar una persona o una cosa preocupación o   v.tr/prnl.
aflicción: *sus reproches me martillan; se martilla constan-*   = atormentar,
temente con ese rencor.   afligir

martillazo Golpe dado con el martillo: *tuve que ir al*   s.m.
hospital porque me di un martillazo en el dedo.   = martillada

martilleador, a Que martillea: *un ruido martilleador;*   adj/s.
palabras martilleadoras.   tb: martillador

martillear
1 Golpear una cosa con el martillo: *si no dejas de mar-*   v.tr.
tillear el suelo me voy a enfadar.   tb: martillar
2 Atormentar o preocupar: *me martillea que llegues tar-*   v.tr/prnl.
de porque siempre temo lo peor.   = afligir
3 Repetir una cosa con insistencia: *no me martillees*   v.tr/intr.
más con la misma pregunta.   = insistir

martilleo
1 Acción de martillear.   s.m.
2 Ruido producido o semejante al de los golpes repe-   = golpeteo
tidos de martillo: *deja de hacer ese martilleo con los*
dedos sobre la mesa.

martillero Dueño o encargado de un establecimiento   s.m.
para las subastas públicas.   *Argent., Chile, Perú*

martillo (Del lat. vulgar *martellus* < lat. *martulus*.)
1 Herramienta que consiste en una pieza de hierro   s.m.
encajada en un mango, que sirve para clavar o golpear
una cosa.
2 Hueso pequeño del oído medio de los mamíferos,   ANATOMÍA
situado entre el tímpano y el yunque.
3 Esfera metálica con un cable de acero que termina   DEPORTES
en una empuñadura, que se lanza en un tipo de prue-
ba deportiva.
4 Pieza de algunas armas que, al golpear el percutor,
produce la inflamación de la carga.
5 Pieza del piano que hiere la cuerda correspondiente   MÚSICA
a la tecla que se ha impulsado.   = macillo
6 Establecimiento para las subastas públicas en don-
de se acostumbra a rematar la venta con un golpe de
martillo.
7 Maza pesada que golpea el gong de un reloj que da
las horas.
8 Palillo con el que se tocan algunos instrumentos de   MÚSICA
percusión.
9 Templador, utensilio para atirantar las cuerdas de   MÚSICA
los instrumentos musicales.
10 Persona que persigue insistentemente una cosa
para acabar con ella: *era el martillo de todos los vicios*.
11 **martillo de carpintero:** El que sólo tiene una boca para golpear y en la otra parte unas orejas que se
usan para arrancar clavos.
12 **martillo neumático:** Herramienta de percusión
que funciona con aire comprimido.
13 **martillo pilón:** Máquina de grandes dimensiones   MECÁNICA
que consiste en un bloque de acero que se eleva de
forma mecánica, y luego se deja caer sobre una pieza
situada en el yunque.
14 **a macha martillo:** 1. Con mucha solidez y poca ca-   loc.adv.
lidad: *no se romperá porque está hecho a macha martillo*.
15 **de martillo:** Se aplica a los metales trabajados a   loc.adj.
golpe de martillo.

martín
1 Martinete, ave zancuda.   s.m./ZOOLOGÍA
2 **martín pescador:** Ave pequeña de cabeza gruesa,   ZOOLOGÍA
plumaje azul metálico y naranja, pico fuerte y patas
cortas, que vive cerca de los ríos y pesca peces con
gran habilidad. (*Alcedo atthis*.)

martina Pez teleósteo marino parecido al congrio, de   s.f.
tamaño mediano, con el hocico puntiagudo, cuerpo   ZOOLOGÍA
largo y comprimido de color amarillento con man-
chas, que vive en el Mediterráneo. (*Echelus myrus*.)

martineta Ave de unos 40 centímetros de largo, de   s.f.
color pajizo manchado de pardo, que se caracteriza   *Argent., Urug.*
por tener un copete de plumas.   ZOOLOGÍA

martinete
I (Derivado de *martín*.)
1 Ave zancuda fluvial, emparentada con las garzas,   s.m.
de color verdoso en el cuerpo, gris en las alas y la co-   ZOOLOGÍA
la y blanco en pecho y abdomen, patas largas y dos   = martín de río
largas plumas a modo de cresta, que vive entre la ve-
getación de ríos y pantanos. (*Nycticorax nycticorax*.)
2 Penacho de plumas de esta ave.
II (Del fr. *martinet* < occitano ant. *martinet*.)
1 Pieza del piano que hiere la cuerda y la hace vibrar.   s.m./MÚSICA
                                                                     = macillo
2 Mazo muy pesado para batir metales, abatanar pa-
ños o clavar estacas.
3 Taller donde están instalados dichos mazos o martillos.
4 Máquina que consiste en un mazo colocado sobre   MECÁNICA
una guía y que sirve para clavar estacas o hacer perforaciones, especialmente en el mar y en los ríos.
5 Cante gitano andaluz que no necesita acompaña-   MÚSICA
miento de guitarra.

6 picar de martinete: Volver el talón hacia los ijares del caballo para picarle. — EQUITACIÓN

martingala (Del fr. *martingale*.)
1 Calza que llevaban los hombres de armas debajo de la armadura que les cubría el muslo. — s.f.
2 Lance en el juego del monte en que se apunta a tres de las cartas del albur y el gallo contra la restante, si sale ésta se pierde la apuesta y si sale aquélla, se gana la tercera parte. — JUEGOS
3 Procedimiento o medio hábil e ingenioso para conseguir una cosa a menudo por medio del engaño: *es capaz de idear cualquier martingala para copiar en los exámenes; ya conozco sus martingalas y esta vez no va a enredarme.* — = artimaña, ardid
4 Asunto fastidioso, incómodo o pesado: *¡menuda martingala tener que planchar a estas horas!* — coloquial

martinico Duende, espíritu travieso. — s.m.

mártir (Del lat. *martyr* < gr. *martys, -yros,* testigo.)
1 Persona que muere o padece por defender sus opiniones, ideas o creencias religiosas: *murió mártir por la fe; fue un mártir del ideal comunista.* — s.m.f.
2 Persona que padece tribulaciones, trabajos y muchas penalidades.
3 Persona que se queja continuamente de problemas sin importancia: *va de mártir porque no puede irse todo el mes de vacaciones.* — coloquial
4 **hacerse el mártir:** Quejarse continuamente para conseguir que los demás sientan compasión: *se hace el mártir para que le ayude a hacer su trabajo.* — coloquial

martirial De los mártires. — adj.

martirio
1 Muerte o padecimientos sufridos por sostener una creencia religiosa o un ideal: *San Lorenzo fue víctima de un horrible martirio.* — s.m.
2 Trabajo o sufrimiento largo y penoso: *esta enfermedad está siendo para él un martirio.* — = tormento

martirizador, a Que martiriza: *la incertidumbre es martirizadora para él.* — adj./s. = martirizante

martirizar
1 Hacer sufrir el martirio a una persona: *los romanos martirizaron a muchos cristianos.* — v.tr./conj. cazar = torturar
2 Causar una cosa un daño físico o moral a una persona: *nos atemoriza y martiriza con sus continuas amenazas.* — v.tr/prnl. = atormentar, incordiar

martirologio (De *mártir* + gr. *logos,* tratado.)
1 Libro o catálogo de los mártires o de los santos conocidos. — s.m. RELIGIÓN
2 Lista de las víctimas de una causa.

martucha Mamífero carnívoro de pelaje blanco amarillento, hocico puntiagudo, cuerpo alargado y cola larga y prensil, que vive en América, desde México hasta el Mato Grosso brasileño. — s.f. ZOOLOGÍA

maruca Pez teleósteo marino, de unos dos metros de largo, que vive entre las rocas a gran profundidad. (*Molva molva.*) — s.f. ZOOLOGÍA

maruja Mujer por lo general de poco nivel cultural, que se dedica a realizar las tareas de su casa. — s.f. despectivo

marullo (Del port. *marulho*.) Movimiento de las olas provocado por el viento en la borrasca: *desde el malecón se oía el marullo del mar.* — s.m. = mareta

marxismo (De Karl *Marx,* pensador alemán.)
1 Conjunto de las doctrinas de dicho autor, y de las corrientes derivadas de aquéllas, que sostiene que la lucha de clases es la fuerza fundamental de la historia que conducirá a la destrucción del capitalismo y del estado. — s.m. FILOSOFÍA, POLÍTICA
2 Conjunto de partidos y movimientos políticos que se inspiran en estas doctrinas. — POLÍTICA

marxismoleninismo Doctrina política, económica y filosófica basada en las ideas comunistas de Marx, Engels y Lenin. — s.m. POLÍTICA

marxista
1 De Marx o del marxismo. — adj./= marxiano
2 Que es partidario de Karl Marx o del marxismo. — adj/s.m.f./POLÍTICA

marxistaleninista
1 Del marxismoleninismo. — adj./POLÍTICA
2 Que es partidario de esta doctrina. — adj/s.m.f.

marzal Del mes de marzo: *algunas plantas son marzales porque florecen en esta época.* — adj. = marcero

marzante Persona que canta marzas, coplas populares. — s.m. MÚSICA

marzas
1 Canto popular español de alabanza a la primavera, que se interpreta a modo de ronda. — s.f.pl. MÚSICA
2 Obsequio, normalmente un alimento derivado de la matanza del cerdo, que se da en cada casa a los marzantes.

marzo (Del lat. *martius.*) Tercer mes del año en el calendario occidental, entre febrero y abril, que consta de treinta y un días. — s.m.

marzoleta Fruto del majuelo o espino albar. — s.f./BOTÁNICA

marzoleto Espino con flores blancas y olorosas, y fruto rojo y dulce. — s.m./BOTÁNICA = majuelo

más (Del lat. *magis.*)
1 Indica mayor cantidad, intensidad o superioridad de una cosa o persona respecto a otra: *es más alto que yo; hace mas frío que ayer; es más importante de lo que pensaba.* — adv. ≠ menos
2 Forma el superlativo relativo precedido de un artículo determinado: *es la más guapa de las hermanas; eligió lo más caro de la tienda.* — + de
3 Indica preferencia: *más quiero perder el dinero que la salud.*
4 Equivale a *tan* o a *muy* en expresiones ponderativas: *¡qué día tan bonito!*
5 Intensifica una negación: *no quiero oírte más; no vengas más a esta casa; no lo hagas más.*
6 Sobre todo, en especial: *es una decisión difícil y más sabiendo lo que te juegas.* — = especialmente
7 Signo de la suma que se representa con una cruz (+). — s.m. MATEMÁTICAS
8 Equivale a *otro* en frases negativas y delante de un nombre que indica posibilidad, solución, etc.: *no tengo más remedio que ir; no veo más solución que ésta.* — adj.
9 **a lo más o cuando más:** Indica el límite o grado máximo a que puede llegar algo: *su casa tendrá a lo más cien metros.* — loc.adv.
10 **a más no poder:** Todo lo posible: *durmió a más no poder y se despertó como nuevo.* — loc.adv.
11 **a más y mejor:** Con intensidad: *ha llovido a más y mejor toda la tarde.* — loc.adv.
12 **cuanto más (…) más (…):** Indica la correspondencia que existe entre las dos cosas que se expresan: *cuanto más hablaba él, más reíamos los demás.* — loc.adv.
13 **de lo más:** Intensifica la cualidad del adjetivo al que se antepone: *tiene una casa de lo más cursi.* — loc.adv.
14 **de más:** En exceso, por encima de lo suficiente o necesario: *me han dado de más en el cambio.* — loc.adv.
15 **el que más y el que menos o quien más quien menos:** Cualquiera, todo el mundo: *no, si el que más y el que menos tiene algún secreto inconfesable; quien más quien menos busca vivir mejor.* — loc.adv.
16 **en más:** En mayor grado o intensidad: *tiene a su amigo en más estima que a su propia familia.* — loc.adv.
17 **es más:** Refuerza o intensifica lo que se ha dicho antes: *lo vi ayer, es más, hablé con él.*
18 **estar de más:** Sobrar en un lugar: *si estoy de más aquí, me lo dices y me iré.*
19 **los o las más:** La mayoría de las personas a las que se hace referencia: *los más de la clase votaron que no; las más no fumaban.*
20 **más aún:** Refuerza o intensifica lo que se ha dicho antes: *merece un castigo, más aún, la expulsión.*
21 **más bien:** Acompaña al término más adecuado o preferible de los dos en contraposición que se expresan: *no es muy inteligente, más bien es bastante torpe.* — loc.adv.
22 **más de:** Expresa un límite mínimo, pero no determinado, de una cantidad: *no tendría más de seis años.*
23 **más o menos:** Cerca de, con aproximación: *seremos más o menos cuarenta personas.* — loc.adv.
24 **más que:** Indica idea de excepción: *nadie, más que Mateo, sabe dónde hay que ir.* — loc.conj.
25 **más tarde o más temprano:** En algún momento indeterminado: *verás como, más tarde o más temprano, vendrá a verte.* — loc.adv.
26 **más y más:** Indica aumento continuado o progresivo: *aprende más y más cada día.* — loc.adv.
27 **ni más ni menos:** Con precisión, sin sobrar ni faltar: *esto es, ni más ni menos, lo que quería decirte.* — loc.adv.
28 **por más que:** Intensifica la imposibilidad de hacer o conseguir lo que se expresa: *por más que corrimos, no llegamos a tiempo.* — loc.conj.
29 **sin más ni más:** Sin motivos, sin justificación, consideración o reparo: *entró en la oficina así, sin más ni más; le dio la noticia sin más.* — loc.adv.
30 **tener o haber sus más y sus menos:** Con complicaciones, dificultades o discusiones: *tiene sus más y sus menos con su marido; en el rodaje hubo sus más y sus menos.*

mas (Del ant. *maes* < lat. *magis.*)
1 Pero, aunque: *no tenía gran talento, mas lo suplía con su bondad.* — conj.advers.
2 Sino, antes bien: *no nos dejes caer en la tentación, mas líbranos del mal.*

masa (Del lat. *massa,* pasta.)
1 Mezcla espesa, blanda y consistente formada al deshacer en un líquido una sustancia sólida o pulverizada: *en albañilería y construcción se usan masas como la argamasa.* — s.f. = pasta
2 Pasta hecha con harina, agua y levadura para fabricar el pan y otros alimentos: *la masa del pastel ha quedado muy bien.* — COCINA
3 Conjunto de cosas reunidas o apiñadas: *has dejado una masa de ropa sobre tu cama.* — = montón
4 Conjunto de una hacienda u otra cosa tomada en su totalidad: *la masa de la recaudación se destinó a ayudas humanitarias.*

5 Conjunto de muchas personas: *una masa de aficio-nados rodeaba al jugador.* = muchedumbre, multitud

6 Volumen o conjunto de varias cosas: *la masa de la herencia.*

7 Conjunto de gente indiferenciada: *las masas se rebe-laron contra el dictador.* SOCIOLOGÍA = pueblo

8 Cantidad de materia que contiene un cuerpo y que es medible por la fuerza necesaria para cambiar su estado de movimiento. FÍSICA

9 Conjunto de piezas metálicas que tiene comunica-ción con el suelo en una instalación eléctrica. ELECTRICIDAD

10 Cantidad de dinero retenida de las pagas del sol-dado para sus atenciones. MILITAR = masita

11 masa atómica: Número de veces que el átomo de un elemento es más pesado que la doceava parte del átomo de oxígeno. QUÍMICA

12 masa coral: Orfeón, grupo de cantantes en coro. MÚSICA

13 masa de claro, o de oscuro: Conjunto del color claro o del color oscuro de la composición de un cua-dro. ARTE

14 masa de la sangre: Volumen total de la sangre de un cuerpo encerrada en sus vasos. ANATOMÍA

15 masa encefálica: Conjunto de órganos protegidos por el cráneo. ANATOMÍA

16 masa frita: Dulce hecho de masa de harina y otros ingredientes como azúcar, huevo y leche, y fri-ta troceada de diversas formas. COCINA

17 masa gravitatoria: Característica de la materia por la que todos los cuerpos ejercen entre sí fuerzas de atracción, la cual es proporcional a la masa inerte. FÍSICA

18 masa inercial o inerte: Magnitud física carac-terística de cada cuerpo, que se manifiesta por la canti-dad de fuerza necesaria para imprimirle un movi-miento determinado. FÍSICA

19 masa molecular: Suma de pesos atómicos que entran en la fórmula molecular de un compuesto. QUÍMICA

20 masa salarial: Conjunto de los salarios brutos que las empresas pagan a los trabajadores, incluidas todas las cantidades percibidas por éstos y que no entran en dichos salarios. SOCIOLOGÍA

21 movimiento de masas: Acción que un conjunto numeroso de personas realiza en oposición o defensa de alguna causa.

22 en masa: Con la totalidad de todos los elementos o el conjunto de individuos de una colectividad, sin exceptuar ninguno: *los trabajadores expresaron sus que-jas en masa.* loc.adv.

23 la gran masa: Parte que constituye casi la totali-dad de algo o la parte más importante: *la gran masa de aficionados estaba en desacuerdo con el fichaje.*

24 llevar algo en la masa de la sangre: Actuar de manera natural, según la condición o naturaleza de la persona: *lleva el cante en la masa de la sangre.*

25 pegársele a alguien algo de la masa: Aprove-charse, quien maneja intereses, de ello.

26 ser alguien de buena masa: Tener una persona el carácter blando y dócil: *nunca se enfada porque es de buena masa.* coloquial

masacrar Matar a muchas personas: *los nazis masa-craron a millones de judíos.* v.tr./= aniquilar, exterminar

masacre Muerte cruel dada a muchas personas, por lo general indefensas: *parece imposible el poder detener las masacres africanas.* s.f. = carnicería, exterminio

masada Casa de campo con tierras de labor y gana-do: *en la masada tienen vacas, cerdos y huertos.* s.f./AGRICULTURA = masía

masadero Propietario o habitante de una masada, casa de campo: *el masadero daba órdenes a los jornale-ros.* s.m. AGRICULTURA

masaje
1 Operación que consiste en presionar, friccionar o golpear con las manos o aparatos especiales y con la intensidad adecuada, determinadas partes del cuerpo, principalmente las masas musculares, con fines tera-péuticos, estéticos o de otro tipo. s.m. MEDICINA = fricción, friega
2 Sustancia o producto usado para hacer esta fric-ción: *los aceites naturales son excelentes masajes.*
3 masaje tailandés: Aquel en el que el masajista rea-liza la fricción deslizando todo su cuerpo por el del que lo recibe.

masajear Aplicar un masaje en una zona del cuerpo o en todo él: *es mejor que te masajees las manos con la crema.* v.tr/intr/prnl. = friccionar, masar

masajista Persona que se dedica a dar masajes: *el ma-sajista del equipo friccionó el tobillo del lesionado.* s.m.f.

masar
1 Hacer una masa mezclando una sustancia sólida y en polvo con un líquido. v.tr = amasar
2 Dar masajes a una persona. = masajear

masato
1 Bebida que se prepara con maíz o arroz, agua y azúcar y, a veces, con zumo de frutas. s.m. Amér. Merid.
2 Mazamorra de plátano, boniato o yuca. Perú

mascabado, a Se aplica al azúcar de caña obtenido de una segunda producción. adj. tb: moscabado

mascada
1 Acción y resultado de mascar: *me duelen las muelas con cada mascada.* s.f. = mascadura
2 Bocado, porción de comida que cabe en la boca. Colomb., Chile, Cuba
3 Porción de tabaco que se toma de una sola vez para mascarlo. Méx., Amér. Central y Merid.
4 Especie de pañuelo grande que se usa para cubrir la cabeza y el cuello. Méx.
5 dar una mascada a alguien: Reprenderle o decirle que ha hecho algo mal. Amér. Central

mascadijo Sustancia aromática, generalmente las ho-jas u otras partes de un vegetal, usada para perfumar el aliento al masticarla: *después de fumar mastica un poco de mascadijo.* s.m.

mascado, a
1 Que puede ser comprendido con facilidad: *las mate-máticas de este curso están mascadas.* adj. coloquial
2 dar algo mascado: Prepararlo o explicarlo de for-ma que resulte fácilmente comprensible: *nos dio el examen mascado porque había muchas pistas.* coloquial

mascador, a Que masca. adj/s.

mascadura
1 Acción y resultado de mascar: *como fuma cigarrillos sin filtro, acaba escupiendo las mascaduras.* s.f./= mascada, masticación
2 Pan o bollo que se toma con el café o con chocolate. Hond.

mascar (Del lat. *masticare.*)
1 Deshacer la comida con los dientes: *es preferible mascar repetidas veces los alimentos para facilitar la di-gestión.* v.tr. conj: sacar = masticar
2 Decir una cosa sin pronunciarla claramente, mur-murando, titubeando o gruñendo: *está mascando algo entre dientes porque se ha enfadado.* = mascullar coloquial
3 Ser inminente una cosa, por lo general una desgra-cia o suceso negativo: *se mascaba la huelga desde va-rios meses atrás.* v.prnl.
4 Pasar un cabo tocando y oprimiendo de modo lige-ro la superficie de una cosa. NÁUTICA
5 mascarse la tragedia: Sospechar o haber indicios de que va a suceder algo malo o desagradable.

máscara (Del ár. *mashara,* bufón.)
1 Objeto de papel, tela, cartón, etc., que representa un rostro de persona, animal o imaginario, con el que una persona se cubre la cara para no ser reconocida: *los actores jugaban con las máscaras intercambiándose los papeles que representaban; se hizo una máscara de cartón para su disfraz de carnaval.* s.f. = careta, antifaz
2 Traje extravagante que se usa para disfrazarse: *la máscara que más me gustó fue la de mosquetero.* = disfraz
3 Pretexto o apariencia con la que se disimulan los sentimientos y los actos: *su bravuconería no es más que una máscara.* = fingimiento
4 Careta que se pone en el rostro para evitar inhalar gases, gérmenes, etc.: *no se puede entrar en esta zona del hospital sin máscara.* tb: mascarilla
5 Careta que usan los colmeneros para protegerse de las picaduras de las abejas.
6 Órgano de algunos insectos a modo de labio que se extiende para capturar a las presas: *la libélula tiene una máscara.* ZOOLOGÍA
7 Persona disfrazada: *¡qué susto nos hemos llevado al encontrarnos con esas máscaras!* s.m.f.
8 Reunión o fiesta de gente disfrazada y lugar en el que se celebra: *asistieron cientos de personas o las más-caras.* s.f.pl.
9 máscara antigás: Aparato que evita la inhalación de gases nocivos: *los policías y los bomberos llevaban máscaras antigás mientras sofocaban el incendio.*
10 máscara de oxígeno: Careta conectada a un de-pósito de oxígeno que cubre la boca y la nariz y pro-porciona oxígeno para respirar: *fue necesario aplicar la máscara de oxígeno al accidentado.*
11 quitar la máscara a alguien: Dejar al descubierto sus verdaderas intenciones o propósitos. = desenmascarar
12 quitarse alguien la máscara: Mostrarse tal y como es: *se quitó la máscara y me confesó su amor por ti.*

mascarada (Del fr. *masquerade.*)
1 Fiesta de personas disfrazadas o enmascaradas: *tu-vimos la suerte de asistir a una mascarada veneciana.* s.f.
2 Grupo de personas enmascaradas: *una mascarada se acerca nosotros.*
3 Farsa con la que se pretende engañar: *todo fue una mascarada.* = engaño

mascarero, a Persona que vende o alquila vestidos para disfrazarse. s.

mascarilla
1 Careta que sólo cubre la boca y la nariz para prote-gerse de gérmenes o gases, o para inhalar una sustan-cia: *el dentista se cubrió con la mascarilla; la mascarilla de oxígeno normalizó la respiración.* s.f. = máscara
2 Capa de productos cosméticos que se aplica sobre la piel o el cabello y se deja actuar durante cierto tiempo: *me han recomendado una mascarilla de arcilla.*

3 Molde que se saca del rostro de una persona o de una escultura. — ARTE
4 Máscara para ocultar el rostro que sólo lo cubre desde la frente hasta el labio superior. — = antifaz

mascarón
1 Adorno arquitectónico formado por la figura de una cara grotesca: *varios mascarones coronaban las paredes de la catedral.* — s.m. ARQUITECTURA
2 mascarón de proa: Figura colocada como adorno en lo alto de la proa de un barco. — NÁUTICA

mascota (Del fr. *mascotte* < occitano *mascota*, embrujo.)
1 Persona, animal o cosa que se cree da buena suerte: *usa un búho de cerámica como mascota.* — s.f./= amuleto ≠ gafe
2 Figura usada como emblema de una entidad, organización o asociación: *la mascota de los juegos olímpicos de 1992 fue un perrito.*
3 Animal doméstico de un niño o de una familia: *la mascota del hijo mayor es un perro y la del pequeño, un hámster.*

mascujada Acción y resultado de mascujar. — s.f.

mascujador, a Que mascuja. — adj/s.

mascujar
1 Masticar un alimento u otra cosa con dificultad: *el abuelo mascuja la comida porque no se pone la dentadura.* — v.tr. = mascullar
2 Hablar en voz baja o sin pronunciar con claridad de modo que no se entiende lo que se dice: *mascujó unas palabras de elogio.* — = mascullar

masculillo (Del ant. *basculillo* < fr. *bascule,* acción de golpear con el trasero de otro.)
1 Juego infantil que consistía en que dos muchachos cogían a otros dos y los movían de modo que el trasero de uno daba contra el del otro. — s.m. JUEGOS
2 Golpe, porrazo.

masculinidad Conjunto de características, actitudes, etc., propias del sexo masculino: *cree que esconder sus sentimientos es un signo de masculinidad.* — s.f. = virilidad

masculinización
1 Adquisición y desarrollo en las hembras de los rasgos y caracteres secundarios masculinos. — s.f. BIOLOGÍA
2 Acción de dar forma o género masculino a un nombre originariamente femenino o neutro. — GRAMÁTICA

masculinizar
1 Dar carácter o aspecto masculino a una persona: *opina que el uso de pantalones masculiniza a las mujeres.* — v.tr/prnl. conj: *cazar*
2 Adquirir las hembras los rasgos y caracteres masculinos. — BIOLOGÍA

masculino, a (Del lat. *masculinus.*)
1 Que tiene órganos para fecundar: *flores masculinas.* — adj./BIOLOGÍA
2 Del hombre o que es propio de él: *aún es un niño pero tiene un rostro muy masculino.* — = viril, varonil ≠ femenino
3 Se aplica al género de los nombres que representan a persona y animales de este sexo o a otros seres inanimados a los que se les ha dado este mismo género. — adj./s.m. GRAMÁTICA
4 De este género gramatical: *los artículos pueden ser masculinos o femeninos.* — adj. GRAMÁTICA

mascullar
1 Hablar en voz muy baja, queda o sin pronunciar con claridad: *se alejó mascullando insultos.* — v.tr. = mascujar
2 Masticar una comida con dificultad: *masculla las patatas porque le duelen las muelas.* — = mascujar

máser (Acrónimo de *[M]icrowave [A]mplification by [S]timulated [E]mission of [R]adiations.*) Dispositivo similar al láser pero que emite radiaciones no visibles en forma de microondas. — s.m./pl: máser TECNOLOGÍA

masera
1 Artesa grande usada para amasar. — s.f.
2 Paño de lienzo o piel de carnero usada para amasar las tortas y cubrir la masa para su fermentación.
3 Mamífero marino de cuerpo grueso, cuello corto y piel velluda. — ZOOLOGÍA = buey marino

masería Casa de campo con tierras de labor. — s.f./= masada

masetero Se refiere al músculo que sirve para mover la mandíbula inferior. — adj/s.m. ANATOMÍA

masía Casa de campo con tierras de labor y establos, prototipo de la vivienda rural de Cataluña. — s.f.

másico (Del monte *Másico.*) Vino famoso en la antigua Roma que procedía de dicho monte. — s.m.

másico, a (Derivado de *masa.*)
1 De la masa o cantidad de materia que tiene un cuerpo: *volumen másico; calor másico.* — adj. FÍSICA
2 Se aplica al número entero que más se aproxima al peso atómico de un nucleido. — FÍSICA

masicote (Del fr. *massicot,* óxido de plomo.) Óxido de plomo de color amarillo, obtenido al pasar una corriente de aire sobre el metal fundido, es de color amarillo y se usa en pintura. — s.m. QUÍMICA tb: masicot

masieno, a
1 De un pueblo que habitaba en la costa suroriental de la península Ibérica. — adj/HISTORIA tb: mastieno
2 Persona originaria de este pueblo. — s/HISTORIA

masificación Acción y resultado de masificar o masificarse: *la masificación de las ciudades puede ocasionar serios problemas ecológicos.* — s.f.

masificar
1 Hacer, de un grupo de personas, una masa despersonalizada: *las modas, la televisión y otros fenómenos sociales están masificando a los jóvenes.* — v.tr/prnl. conj: *sacar*
2 Llenar un lugar con una multitud: *las zonas urbanas se masifican mientras que las rurales se despueblan.* — = densificar

masílico, a Masilio, de un antiguo pueblo de África. — adj/HISTORIA

masilio, a
1 De un pueblo de África antigua. — adj/tb: masílico, masilo
2 Persona natural de este pueblo. — s/HISTORIA

masilla Sustancia pastosa, de constitución diversa, que sirve para rellenar agujeros o unir diferentes piezas: *masilla de cristalero; masilla de fontanero.* — s.f. = méstic, mástique

masita
1 Dinero que el capitán retenía del sueldo de los soldados y de los cabos para proveerlos de zapatos y de ropa interior. — s.f. MILITAR
2 Pastelito dulce. — Amér. Merid.

masivamente En gran cantidad: *el pueblo acudió masivamente a votar.* — adv.

masivo, a
1 Que se aplica o hace en gran cantidad: *la tala masiva de árboles supone un grave peligro ecológico.* — adj. = intenso
2 Que agrupa un conjunto numeroso de personas: *en los años sesenta se produjeron emigraciones masivas hacia las zonas industriales.* — = multitudinario
3 Se aplica a la dosis de un medicamento que está en el límite de tolerancia de un organismo. — MEDICINA

maslo (Del lat. *masculus* < *mas, maris,* de sexo masculino.)
1 Tronco de la cola de los cuadrúpedos. — s.m./ZOOLOGÍA BOTÁNICA
2 Tallo de una planta.

masoca Persona que goza con las situaciones difíciles, desagradables o dolorosas. — s.m.f./coloquial = masoquista

masón Bollo hecho de harina y agua sin cocer, que sirve de comida para las aves. — s.m.

masón, a (Del fr. *francmaçon* < ingl. *free mason,* albañil libre.) Miembro de la masonería. — s. = francmasón

masonería Asociación secreta que aspira a la fraternidad universal basada en el humanitarismo religioso y el racionalismo político, usa símbolos especiales y se divide en grupos llamados logias. — s.f. = francmasonería, masonismo

masónico, a Que pertenece o es propio de la hermandad de los masones: *signos masónicos; logia masónica.* — adj.

masonismo Masonería, asociación secreta. — s.m.

masoquismo
1 Perversión sexual en la que el placer va ligado al sufrimiento que se obtiene tras la humillación y actos violentos causados por otra persona. — s.m. SIQUIATRÍA
2 Satisfacción con el propio dolor o situaciones desagradables.

masoquista
1 Del masoquismo [en todas sus acepciones]: *me repugnan las escenas masoquistas de esta película.* — adj.
2 Persona que practica el masoquismo, perversión sexual. — s.m.f. = masoca
3 Persona que goza con las situaciones desagradables o dolorosas.

masora Estudio crítico de los textos bíblicos, hecho por los doctores judíos, para fijar la lectura primitiva de los mismos. — s.f. RELIGIÓN

masoreta Gramático hebreo que se ocupaba en fijar la verdadera lectura de los textos bíblicos así como en estudiar las palabras, letras, partes, etc., de ellos. — s.m. HISTORIA

masoterapia Terapia por medio del masaje. — s.f.

masovero, a Agricultor que cuida y explota una finca a cambio de una retribución o de una parte de la cosecha, en algunas regiones españolas. — s. AGRICULTURA

mass media (Expresión inglesa.) Conjunto de los medios de comunicación de masas y audiovisuales de difusión masiva de la información y de la cultura: *los líderes políticos aparecen en los mass media explicando sus propuestas.* — s.m.pl. tb: mass-media

mast- Componente de palabra procedente del gr. *mastos,* que significa pezón: *mastectomía, mastoides.* — pref. tb: masto-

mastaba Construcción funeraria egipcia en forma de pirámide truncada. — s.f. ARTE

mastalgia (Del gr. *mastos,* teta + *algos,* dolor.) Dolor en la mama. — s.f. MEDICINA

mastear Poner la arboladura de un barco. — v.tr/NÁUTICA

mastectomía (De *mast-* + gr. *ektomé,* escisión.) Extirpación quirúrgica de la glándula mamaria o de una parte de ella. — s.f. MEDICINA = mamectomía

mástel (Del ant. *maste* < fr. ant. *mast* < germ. *mast*.) Palo vertical que sirve para sostener una cosa. — s.m. = mástil

mastelerillo Palo menor o percha que se coloca en algunas embarcaciones sobre el mastelero. — NÁUTICA

mastelero (Del fr. ant. *mastereau*.) Palo menor que se coloca sobre los palos mayores de las embarcaciones de vela redonda. — s.m. NÁUTICA

máster (Del ingl. *master*, maestro.) Curso y grado académico de alta especialización para licenciados y titulados medios: *tiene un máster en economía.* — s.m.

masters (Del ingl. *master*, maestro.) Torneo de golf o tenis en el que sólo participan las primeras figuras. — s.m. DEPORTES

masticación Acción y resultado de masticar: *la masticación de los alimentos debe ser lenta.* — s.f. = mascadura

masticador, a
1 Se aplica al aparato bucal que es apto para la masticación. — adj.
2 Se refiere al animal dotado de un aparato bucal apto para la masticación. — ZOOLOGÍA
3 Se aplica al insecto que mastica los alimentos: *los escarabajos son animales masticadores.* — adj/s. ZOOLOGÍA
4 Freno de tres anillas que se pone al caballo en la boca para excitar la salivación y el apetito. — s.m./EQUITACIÓN = mastigador
5 Instrumento para triturar los alimentos y facilitar su ingestión.

masticar (Del lat. *masticare*.)
1 Triturar los alimentos con los dientes: *es aconsejable masticar bien los alimentos para facilitar la digestión.* — v.tr/conj: *sacar* = mascar
2 Pensar en una cosa insistentemente. — = meditar, rumiar

masticatorio, a
1 Se aplica al medicamento que está preparado para ser masticado: *como la cuesta tragarse las pastillas, le han recetado unas masticatorias.* — adj/s.m. FARMACIA = masticable
2 Que sirve para masticar: *los dientes son las piezas bucales masticatorias.* — adj.

mastieno, a
1 De un antiguo pueblo que habitaba en la costa suroriental de la península Ibérica. — adj./HISTORIA th: masieno
2 Persona originaria de este pueblo. — s./HISTORIA

mastigador Freno de tres anillas sueltas que se le pone al caballo para estimular la salivación y el apetito. — s.m./EQUITACIÓN = masticador

mástil
I (Del fr. ant. *mast* < germ. *mast*.)
1 Palo de una embarcación colocado en posición vertical para sostener la vela. — s.m. NÁUTICA
2 Cualquier palo vertical usado para sostener una cosa: *la bandera se elevaba por el mástil; el viento tiró el mástil de la tienda de campaña.*
3 Pieza estrecha y larga de algunos instrumentos de cuerda que son una prolongación de la tapa superior de la caja de resonancia: *en el mástil de la guitarra están los trastes.* — MÚSICA
4 Torre, pieza o estructura vertical de gran altura respecto de la base en ciertas máquinas grandes.
5 Tallo o tronco de una planta cuando se hace grueso y leñoso. — BOTÁNICA
6 Parte del astil de la pluma de donde salen, por sus costados, las barbas y barbillas. — ZOOLOGÍA
II (De origen incierto.) Taparrabo que usaban los aztecas. — s.m.

mastín, a (Del fr. ant. *mastin* < lat. vulgar *mansuetinus*, doméstico.) Se aplica a la raza de perros de gran tamaño, cabeza pequeña, orejas pequeñas y caídas, dientes fuertes, pelo largo y algo lanoso, y que es buen guardián de ganado. — adj/s. ZOOLOGÍA

mástique (Del ár. *mastaka* < gr. *mastikhe*, almáciga.)
1 Resina del lentisco. — s.m.
2 Masa compuesta de yeso mate y agua de cola usada para igualar las superficies que se han de pintar o decorar. — = plaste, masilla, mástic

mastitis (Del gr. *mastos*, mama + *itis*, inflamación.) Inflamación de la mama. — s.f./pl: mastitis MEDICINA

mastodonte (Del gr. *mastos*, mama + *odus*, *odontos*, diente.)
1 Mamífero fósil similar a un elefante, grande, peludo y dotado de grandes defensas, que vivió en Euroasia, África y América del Norte, en la era terciaria. — s.m. ZOOLOGÍA
2 Persona o cosa muy voluminosa: *algunos jugadores de baloncesto parecen mastodontes.* — = gigante despectivo

mastodóntico, a Que es muy grande: *ha escrito una obra mastodóntica.* — adj. = gigantesco

mastoideo, a De la apófisis mastoides. — adj./ANATOMÍA

mastoides (Del gr. *mastos*, mama + *eidos*, aspecto.)
1 Que tiene forma de pezón. — adj./pl: mastoides
2 Se aplica a la apófisis del hueso temporal que está situada detrás y debajo de la oreja. — adj/s.m. ANATOMÍA

mastoiditis (Del gr. *mastos*, mama + *itis*, inflamación.) Inflamación de la apófisis mastoides. — s.f./pl: mastoiditis MEDICINA

mastología Parte de la medicina que estudia las funciones de la mama. — s.f. MEDICINA

mastólogo, a Médico especialista en mastología. — s./MEDICINA

mastozoología (Del gr. *mastos*, mama + *zoología*.) Parte de la zoología que estudia los mamíferos. — s.f. ZOOLOGÍA

mastozoólogo, a Persona que se dedica al estudio de la mastozoología. — s. ZOOLOGÍA

mastranto
1 Mastranzo, planta perenne. — s.m./BOTÁNICA Colomb., Venez. BOTÁNICA
2 Nombre que se da a diversas plantas aromáticas.

mastranzo (Del ant. *mastranto* < *mentastro* < lat. *mentastrum*.) Planta herbácea perenne, labiada de tallos blancos tomentosos, hojas gruesas rugosas, dentadas, flores en espigas, lilas o blanquecinas, propia de zonas húmedas y muy aromática. (*Mentha rotundifolia.*) — s.m. BOTÁNICA = mastrancho, mastranto, mentastro

mastuerzo (Del lat. *nasturtium*.)
1 Planta herbácea hortense, de tallos torcidos y divergentes, con flores en racimos de color blanco y fruto seco con dos semillas. (*Lepidium sativum*.) — s.m./BOTÁNICA = cardamina, nastuerzo
2 Berro, planta de hojas comestibles de sabor picante que se comen en ensalada. — BOTÁNICA
3 Hombre que es grosero o tosco y de poca inteligencia o sensibilidad. — = cernícalo, necio, despectivo

masturbación Estimulación de los órganos genitales con la mano o con otros medios con el fin de proporcionar placer sexual. — s.f. = onanismo

masturbador, a
1 De la masturbación. — adj.
2 Se aplica a la persona que se masturba. — adj/s.

masturbar (Del lat. *masturbari*, masturbar.) Estimular los órganos genitales y las zonas erógenas con la mano u otros medios para conseguir placer. — v.tr/prnl.

masvale Malvasía, variedad de uva dulce y fragante. — s.m.

mata
I (Del lat. *matta*, esfera.)
1 Arbusto de poca altura con el tallo leñoso y ramificado. — s.f. BOTÁNICA
2 Matorral, cualquier planta de poca altura: *el conejo se ocultó entre unas matas.* — BOTÁNICA
3 Trozo pequeño o ramita de una planta: *me ha dado una mata de margaritas para que la plante.*
4 Terreno poblado de árboles de una misma especie: *mata de olivos, mata de castaños.*
5 Lentisco, arbusto. — BOTÁNICA
6 Grupo de árboles de una llanura. — Venez.
7 Árbol, arbusto. — Chile, Cuba, Venez.
8 **mata de la seda**: Arbusto de hojas lineares con flores blancas en umbela que vive en la zona mediterránea. — BOTÁNICA
9 **mata de pelo**: Cabellera de mujer, en especial cuando es larga y suelta.
10 **mata parda**: Mata de encina. — BOTÁNICA
11 **mata rubia**: Coscoja, arbusto. — BOTÁNICA
12 **a mata caballo**: De forma atropellada, con mucha prisa: *tuve que preparar la maleta a mata caballo.* — loc.adv.
13 **saltar alguien de la mata**: Mostrarse la persona que estaba oculta.
14 **seguir a alguien hasta la mata**: Perseguirlo con insistencia y tesón: *es capaz de seguir al jefe hasta la mata para pedirle un aumento de sueldo.*
II (Derivado de *matar*.)
1 Juego de cartas parecido al truque. — s.f./JUEGOS
2 El siete de espadas y el de oros en el juego de la matarrata. — JUEGOS
III (De origen incierto.) Sulfuro múltiple, formado en la primera fusión de las menas sulfurosas. — s.f. METALURGIA

matabuey Amarguera, planta con flores amarillas en umbela. — s.m. BOTÁNICA

matacaballos Planta herbácea de flores en racimo y hojas lanceoladas u oblongas, cuyo tallo segrega un jugo acre. — s.m. pl: matacaballos BOTÁNICA

matacabras Viento frío, intenso y fuerte que sopla del norte. — s.m. pl: matacabras

matacallos Planta parecida a la siempreviva, cuyas hojas se usan para curar callos. — s.m./Chile, Ecuad. pl: matacallos BOTÁNICA

matacán
1 Sustancia venenosa usada para matar perros. — s.m.
2 Obra voladiza en lo alto de un muro, torre o puerta, con parapeto y suelo con aberturas para poder observar y disparar al enemigo. — = ladronera
3 Semilla de un árbol de Oceanía, de forma redondeada y color gris, muy venenosa, usada en medicina. — BOTÁNICA = nuez vómica
4 Piedra grande de desecho.
5 Liebre que ya ha sido corrida por los perros. — CAZA
6 El dos de bastos en el juego de cartas llamado cuca. — JUEGOS

matacandelas
1 Instrumento de hojalata con forma de cono invertido y un mango, usado para apagar las velas y cirios: *los sacristanes utilizaban matacandelas.* — s.m. pl: matacandelas = apagavelas
2 Hongo comestible de sombrerillo globoso, con la cutícula membranosa y laminillas libres y muy apretadas. (*Macrolepiota procera.*) — MICOLOGÍA

matacandil
1 Planta anual crucífera, con hojas inferiores profundamente divididas, flores de color amarillo pálido, pequeñas y fruto en vainilla con semillas elipsoidales que abunda en los terrenos húmedos. *(Sisymbrium irio.)* — s.m. BOTÁNICA
2 Hongo basidiomiceto, agarical, de sombrero ovoide y cilíndrico, de color blanco sucio y pie esbelto con un anillo membranoso. *(Coprinus comatus.)* — MICOLOGÍA = barbuda

matacandiles Planta liliácea, perenne, bulbosa, con hojas lineares, largas y estrechas, flores moradas, numerosas en racimo terminal denso y muy olorosas, fruto capsular con semillas esféricas que abunda en los terrenos secos. *(Ornithogalum nutans.)* — s.m. pl: matacandiles = nazareno BOTÁNICA

matachín
I (Del ital. *mattaccino < matto*, loco, bufón.)
1 Hombre que se disfrazaba con máscaras y vestidos de colores ridículos. — s.m.
2 Danza que bailaban estos hombres imitando y parodiando las danzas guerreras antiguas.
3 Juego practicado con palos por estos hombres, haciendo movimientos y dándose golpes al bailar.
4 **dejar a alguien hecho un matachín:** Avergonzarle o humillarle.
II (De *matar*.)
1 Hombre que mata reses. — s.m./= matarife
2 Hombre pendenciero. — = camorrista, matón

matadero
1 Establecimiento industrial donde se mata el ganado para el consumo humano: *su trabajo consistía en conducir las reses hasta el matadero.* — s.m.
2 Trabajo o actividad que resulta pesada: *encontrarme cada día con problemas de tráfico es un madero para mí.* — = molestia, incomodidad
3 **ir, venir, llevar, a alguien al matadero:** Meterse, o poner a otra persona en un grave peligro: *si este asunto sale mal, me llevarán al matadero.* — coloquial

matado, a Que se dedica con demasiado empeño a su trabajo o a sus estudios. — adj. Méx.

matador, a
1 Que mata: *los matadores de reses deben seguir estrictas normas de higiene.* — adj/s.
2 Que causa cansancio o molestia: *la travesía fue muy bonita pero matadora.* — adj. = aburrido, feo
3 Que se considera de mal gusto o que produce mal efecto: *llevas unos pantalones matadores.* — = matante, horroroso, ridículo
4 Que resulta muy atractivo: *esa mujer tiene unos ojos matadores.* — coloquial = seductor
5 Persona que mata al toro: *el matador recibió una fuerte ovación por su faena.* — s./TAUROMAQUIA = espada
6 Cualquiera de las tres cartas del estuche en el juego de cartas del hombre. — JUEGOS

matadura Herida de las caballerías producida por el roce del aparejo. — s.f. VETERINARIA

matafuego
1 Aparato usado para apagar un fuego o un incendio: *las normas de seguridad obligan a tener matafuegos en los locales públicos.* — s.m. = extintor
2 Persona cuya profesión es apagar incendios y ayudar en inundaciones y otros siniestros. — = bombero

matagallegos Planta sufrutescente de hojas inferiores y capítulos ovales, que crece en la península Ibérica. *(Centaurea paniculata.)* — s.m. pl: matagallegos BOTÁNICA

matagallos Arzolla, planta compuesta de color blanco, tomentosa, con hojas inferiores pecioladas y las otras lanceoladas. — s.m. pl: matagallos BOTÁNICA

matahambre Especie de mazapán hecho con harina de yuca, azúcar y otros ingredientes. — s.m./Cuba COCINA

matajudío Pardete, pez teleósteo de cuerpo fusiforme, escamas grandes y ojos con párpados adiposos. — s.m. ZOOLOGÍA

matalahúva (Del ant. *batalhalúa < ár. al-habba, al-huluwa*, grana dulce.)
1 Anís, planta de flores blanquecinas y semillas muy olorosas usadas para cocinar y preparar licores. — s.f./BOTÁNICA th: matalahúga BOTÁNICA
2 Semilla de esta planta.

matalascallando Se aplica a la persona astuta que persigue sus fines sin aparentarlo: *no te fíes de él porque tiene fama de matalascallando.* — adj/s.m.f. pl: matalascallando = hipócrita

matalobos
1 Acónito, planta de flores amarillas o azules, cuya semilla es venenosa cuando madura. — s.m./pl: matalobos BOTÁNICA
2 Planta herbácea de hojas pubescentes y acorazonadas, que crece en la península Ibérica. — BOTÁNICA

matalón, a Se aplica a la caballería que está muy delgada y endeble. — adj/s. = matalote

matalotaje
1 Provisión de víveres que se lleva a bordo de una embarcación. — s.m. NÁUTICA
2 Conjunto de muchas cosas diversas y que están en desorden. — = batiburrillo coloquial
3 Equipaje y provisiones que se llevan cargados a la espalda en algunos viajes por tierra. — Amér.

matalote
I (Derivado de *matar*.) Se aplica a la caballería que está muy delgada y endeble. — adj/s.m.f. = matalón
II (Del fr. *matelot*, marinero.) Barco que precede o sigue a otro cuando navega en columna. — s.m. NÁUTICA

matamata Tortuga sudamericana con el caparazón poco convexo, cabeza triangular y aplanada y cuello largo con apéndices irregulares. *(Chelys fimbriata.)* — s.f. ZOOLOGÍA

matamba Palmera trepadora, de hojas largas y espinosas, que crece en las selvas tropicales. *(Desmoncus polyacanthus.)* — s.f. BOTÁNICA

matambre
1 Lonja de carne que se saca de entre el cuero y el costillar del ganado vacuno. — s.m. Argent.
2 Fiambre hecho con esta pieza de carne, rellena y adobada. — Argent. COCINA

matamoros Que presume de valiente: *hace alarde de matamoros pero, a la hora de la verdad, se esconde tras las faldas de su madre.* — adj/s.m.f. pl: matamoros

matamoscas
1 Utensilio o instrumento para matar moscas u otros insectos, formado por una paleta con mango. — s.m. pl: matamoscas
2 Cualquier sustancia que sirve para matar las moscas y otros insectos. — = insecticida

matancero Matarife, descuartizador de reses. — s.m./Amér. Merid.

matanga
1 Juego de muchachos en que uno procura quitar a otro un objeto que tiene en la mano, dándole un golpe en ella. — s.f. Méx. JUEGOS
2 **¡matanga, dijo la changa!:** Expresión festiva que se usa cuando se le arrebata una cosa a una persona. — Méx. coloquial

matanza
1 Acción de matar: *la casa era ya vieja y tuvieron que hacer una matanza de ratones.* — s.f.
2 Muerte dada a muchas personas, en especial en una batalla, guerra, asalto o similar: *fue acusado de la matanza de decenas de prisioneros.* — = mortandad, carnicería, masacre
3 Faena de matar los cerdos, salar el tocino, aprovechar los lomos y los despojos del animal y hacer los embutidos: *todo estaba dispuesto para la matanza del cerdo.*
4 Época en que se matan los cerdos: *creo que iré a veros por la matanza.*
5 Porción de ganado porcino destinado para matar y aprovechar su carne.
6 Conjunto de piezas de carne que resultan al matar el cerdo, y de los embutidos y conservas que han sido preparados de distintas formas: *nos han enviado unas morcillas de la matanza.*

mataojo Planta arbórea que, cuando arde, despide un humo que irrita mucho los ojos. — s.m./Argent., Urug. BOTÁNICA

matapalo Árbol americano que produce látex y del que se usa la corteza para hacer sacos. — s.m. BOTÁNICA

mataperrada Acción pícara, propia de un mataperros: *atar latas en la cola del gato ha sido una mataperrada.* — s.f./coloquial = granujada

mataperros Muchacho travieso que pasa el día en la calle: *otra vez está ese mataperros robándome las peras.* — s.m./pl: mataperros coloquial/= pillo

matapolvo Lluvia muy menuda y pasajera o riego ligero que apenas moja el suelo. — s.m. = sirimiri

matapulgas Mastranzo, planta herbácea de fuerte olor aromático, común en las orillas de los ríos. — s.f./pl: matapulgas BOTÁNICA

matar (Del lat. vulgar *mattare*, golpear, abatir.)
1 Quitar la vida a una persona o un animal: *mató al conejo de un disparo; se ha matado en un accidente de moto.* — v.tr/prnl. = asesinar
2 Causar molestias a una persona: *me mata haciéndome tantas preguntas estúpidas; estos zapatos me están matando.* — v.tr./coloquial = fastidiar, molestar
3. Causar una alteraciones en la salud de una persona: *los disgustos me matan.* — = perjudicar ≠ aliviar, mejorar
4 Quitar el hambre o la sed: *tómate un refrigerio para matar el hambre.* — = calmar
5 Acabar o destruir un sentimiento: *el tiempo acabó matando el amor que sentía.* — ≠ avivar
6 Hacer que el tiempo pase más deprisa realizando una actividad que resulta agradable: *mientras te espero, leeré el periódico para matar el rato.*
7 Hacer desaparecer una cosa: *beber cerveza no mata la sed; quiere matar el vicio de fumar.* — = atenuar, mitigar
8 Poner a una persona en una situación difícil: *cada vez que le dicen que tiene que tomar una decisión, le matan.* — = obligar, violentar
9 Apagar la luz o el fuego: *baja la persiana para matar un poco la claridad.* — = extinguir, sofocar
10 Echar un jugador un naipe superior al del contrario y ganar la baza. — JUEGOS
11 Poner una marca sobre los sellos postales para inutilizarlos. — = matasellar
12 Quitar fuerza a la cal o el yeso echándoles agua. — CONSTRUCCIÓN
13 Reducir el brillo de un metal.
14 Quitar intensidad a un tono o color fuerte. — ARTE/= apagar
15 Redondear o raspar una arista, punta, esquina o cosa similar: *hay que matar los cantos de la mesa.* — = limar
16 Hacer la matanza del cerdo. — v.intr.
17 Ser una cosa extraordinaria o sorprendente: *el disco está bien pero no mata.* — coloquial

18 Sentirse una persona apenada por no lograr lo que quería: *se mató muchísimo al perder la beca.* — v.prnl. = acongojarse

19 Trabajar sin descanso, con energía e interés: *se mata para poder llegar a fin de mes sin deudas; se mataba por llegar a ser el mejor en su puesto.* — + por, para = afanarse, deslomarse

20 Poner mucho empeño una persona en beneficiar o complacer a otra: *en cada reunión se mata por atender a todos sus invitados.* — + por, para = desvivirse

21 entre todos la mataron: Indica que la causa de cierto hecho negativo no corresponde a una sola persona: *el asunto ya era complicado y, para colmo, entre todos la mataron.* — coloquial

22 estar una persona a matar con otra: Estar muy enemistada o enfadada con ella: *desde que se negó a acompañarle, está a matar con él.* — coloquial

23 llevarse a matar: Existir muy mala relación entre dos personas: *no sólo es que no se caigan bien sino que se llevan a matar.* — coloquial

24 matarlas callando: Cometer una persona acciones indebidas sin aparentar ser capaz de ello: *parece un buen chaval, pero las mata callando.* — coloquial

25 matarse una persona con otra: Discutir o pelear una persona con otra: *se mataba con sus primos por cuestiones de la herencia.* — coloquial

26 ¡que me maten si...!: Expresión que se utiliza para indicar el convencimiento de que no ha ocurrido lo que se expresa a continuación: *¿viajar yo?, ¡que me maten si he salido alguna vez de mi pueblo!* — coloquial

matarife Persona cuyo oficio es matar y descuartizar las reses: *trabaja como matarife en el matadero.* — s.m. = jifero, matachín

matarrata Juego de cartas parecido al truque. — s.f./JUEGOS

matarratas
1 Se aplica a la sustancia que se utiliza para matar ratas: *estos polvos matarratas dan un resultado estupendo; puso matarratas en el almacén de víveres.* — adj/s.m. pl: matarratas = raticida

2 Aguardiente fuerte o cualquier otra bebida alcohólica de ínfima calidad: *dile qué marca de anís quieres porque si no te pondrá matarratas.* — s.m. coloquial

matarrubia Árbol achaparrado parecido a la encina, en el que vive el quermes que produce el coscojo. — s.f./BOTÁNICA = coscoja

matasanos Médico que no sabe bien su oficio: *no volveré a su consulta porque no quiero que ningún matasanos me estropee más la salud.* — s.m.f./pl: matasanos coloquial = medicastro

matasarna Planta arbórea de gran tamaño, que crece en Ecuador y Perú, cuya madera es muy apreciada para las construcciones navales. *(Piscidia erythrina.)* — s.f. BOTÁNICA

matasellar Dejar un sello de correos inservible con un matasellos: *esta máquina matasella las cartas.* — v.tr.

matasellos
1 Estampilla que se imprime sobre los sellos de las cartas para inutilizarlos. — s.m. pl: matasellos

2 Dibujo o marca que se estampa con este instrumento: *en el matasellos aparece la fecha en que salió de correos la carta.* — s.m. pl: matasellos

matasiete Se aplica a la persona que hace alarde de valiente o presume de lo que no es o no tiene. — adj/s.m.f. = fanfarrón

matasuegras Artículo de broma, formado por un tubo de papel en forma espiral, con un extremo cerrado y otro con una boquilla por la que se sopla para desenrollar el papel. — s.m. pl: matasuegras

matazón Matanza de personas, masacre. — s.f./Amér.

match (Voz inglesa.) Competición deportiva entre dos personas o equipos: *el ganador de este match de tenis pasará a la final.* — s.m/pl: matchs, matches DEPORTES

match-ball (Expresión inglesa.) Tanto que decide la victoria final de un jugador o de una pareja en una competición de tenis. — s.m. pl: match-balls DEPORTES

match-play (Expresión inglesa.) Modalidad de competición, en el golf, que se juega entre dos jugadores o dos equipos agujero por agujero. — s.m. pl: match-plays DEPORTES

mate
I (Del fr. *mat*, marchito < bajo lat. *mattus*, embrutecido.) Que no tiene brillo o lustre: *esta pulsera es de oro mate; con el tiempo, la pintura ha quedado mate.* — adj. = apagado ≠ brillante

II (Del persa *mat*, fuera de tino.)
1 Jugada que pone fin a la partida de ajedrez al quedar el rey amenazado por las piezas del contrario y sin posibilidad de movimiento: *me dio mate en treinta jugadas.* — JUEGOS = jaque mate

2 Cualquiera de las tres cartas del estuche en algunos juegos de naipes. — JUEGOS = matador

3 Jugada de baloncesto en la que un jugador encesta apoyando la muñeca en el aro. — DEPORTES

4 dar mate a una persona: Burlarse o reírse de ella.

5 dar mate ahogado: 1. Impedir el movimiento del rey, sin darle jaque. 2. Querer las cosas con rapidez. — JUEGOS

III (Del quechua *mati*, calabacita.)
1 Infusión que se prepara con hojas de una planta americana, secadas o tostadas y trituradas, y que se echan en una cáscara de calabaza junto con agua caliente, para luego sorberla a través de una caña o un tubo delgado. — s.m. = yerba mate

2 Calabaza pequeña, seca y vaciada una vez que se ha abierto o cortado de forma conveniente, que se utiliza como vasija, en particular para preparar y tomar esta infusión. — Amér. Merid.

3 Cualquier recipiente de diferente forma y materia, empleado para tomar esta infusión, o como adorno. — Amér. Merid.

4 Cantidad que cabe en uno de estos recipientes. — Amér. Merid.

5 Calabacera, planta cuyo fruto es la calabaza. — Amér. Merid.

6 Infusión de cualquier hierba medicinal que se toma con una caña llamada bombilla. — Amér. Merid.

7 Cabeza humana: *tiene un mate grande y desproporcionado a su cuerpo.* — Bol., Chile, R. de la Plata

8 Juicio, talento o capacidad de razonar y pensar de las personas: *es una persona inteligente y con mucho mate.* — Bol., Chile, R. de la Plata

mateada
1 Acción de tomar mate. — s.f./Amér. Merid.
2 Reunión en la que varias personas se juntan para tomar mate. — Argent.

mateado Disminución o pérdida del brillo de una superficie barnizada. — s.m.

matear
1 Plantar las matas o sembrar las simientes a cierta distancia unas de otras. — v.tr. AGRICULTURA

2 Crecer las matas de un cereal echando muchos tallos: *el trigo se mateó tanto que hubo que segar antes.* — v.intr/prnl. AGRICULTURA

3 Buscar el perro o el cazador las piezas de caza en las matas. — v.intr. CAZA

4 Tomar mate. — v.intr/Amér. Merid

5 Mezclar un líquido con otro. — Chile

6 Dar mate en el juego de ajedrez. — v.tr/Chile

matemática
1 Disciplina que mediante el razonamiento deductivo estudia las relaciones entre las cantidades y las magnitudes, y las operaciones entre éstas. — s.f. MATEMÁTICAS

2 Conjunto de las disciplinas matemáticas que se consideran como un todo orgánico. — MATEMÁTICAS

3 Manera o método de pensar: *me llama la atención la matemática de muchos políticos.*

4 matemáticas aplicadas o mixtas: Parte de esta disciplina que estudia la cantidad en relación con fenómenos físicos. — MATEMÁTICAS

5 matemáticas puras: Parte de las matemáticas que estudia la cantidad en abstracto. — MATEMÁTICAS

matemáticamente
1 Según las matemáticas: *matemáticamente tu deducción es errónea.* — adv.

2 Con exactitud: *ocurrió matemáticamente como lo habíamos pronosticado.* — = exactamente

matemático, a (Del lat. *mathematicus* < gr. *mathematikós*, estudioso.)
1 De la matemática: *regla matemática; tengo que hacer un estudio matemático de los ingresos y los gastos.* — adj. MATEMÁTICAS

2 Que es exacto o riguroso: *es extraño que no haya llegado porque es un hombre de puntualidad matemática.* — = preciso ≠ inexacto

3 Persona que se dedica a las matemáticas por profesión o estudio: *es matemático y trabaja como profesor.* — s.m.f. MATEMÁTICAS

matematismo Tendencia filosófica moderna a aplicar métodos matemáticos a otras ciencias o a problemas filosóficos, en términos cuantitativos de masa y movimiento. — s.m. FILOSOFÍA

matematización Acción y resultado de matematizar o aplicar métodos matemáticos a una disciplina. — s.f.

matematizar Aplicar métodos matemáticos a una disciplina. — v.tr. conj: cazar

materia (Del lat. *materia*.)
1 Realidad física constituyente de los cuerpos, susceptible de tomar una forma determinada y constituida por moléculas que, a su vez, están formadas por grupos de átomos: *la materia se transforma.* — s.f. FÍSICA

2 Sustancia con la que está hecha una cosa: *el hierro es la materia principal de sus esculturas.* — = componente

3 Parte perceptible de las cosas, por oposición a espíritu o alma.

4 Cada una de las ciencias que se estudian en un curso: *aprobó todas las materias excepto la química.* — = asignatura, disciplina

5 Asunto de que se trata o se compone una obra literaria, artística o científica, una conversación, un discurso o una actividad: *no deberías opinar de materias que no entiendes; podríamos hablar durante horas porque es una materia muy interesante.* — = tema, cuestión, punto

6 Elemento particular de que está hecha una cosa y que se caracteriza por sus propiedades: *el almacén ardió con gran rapidez porque estaba lleno de materias inflamables.*

7 Causa o razón que determina una cosa. — = motivo

8 Pus, líquido espeso segregado por tejidos o heridas infectadas. — MEDICINA

9 materia de estado: Todo lo que concierne a la conservación, reputación y actuación de los estados. — POLÍTICA

10 materia del sacramento: Rito y objeto del sacramento: *el agua y la ablución son la materia del bautismo.* — RELIGIÓN

11 materia gris: Parte del sistema nervioso formado por el cuerpo de las neuronas. — ANATOMÍA

12 materia médica: Conjunto de los cuerpos orgánicos de los que se obtienen medicamentos. — FARMACIA

13 materia prima o primera materia: Sustancia sin transformar y básica para obtener otros productos después de ser tratada: *el trigo es la materia prima para la fabricación del pan.*
14 materia viva: Sustancia que constituye los seres vivos. — BIOLOGÍA
15 en materia de: Referente a lo que se está hablando: *en materia de barcos, es un experto.* — loc.prep.
16 entrar en materia: Tratar un asunto después de los preliminares: *tras esta pequeña introducción, ya podemos entrar en materia.*

material
1 De la materia: *la masa es una cualidad material.* — adj. = físico, terrenal
2 Que no es espiritual ni intelectual: *últimamente, tiene dificultades materiales; los religiosos místicos intentaban desligarse de la vida material.*
3 Se refiere a lo que atañe a los objetos y no a las personas: *afortunadamente, sólo ha habido daños materiales.*
4 Se aplica a la persona que ha realizado de forma real y personal una acción: *se acusó de ser el autor material del robo.*
5 Se aplica a la persona que valora más el precio de las cosas que su valor espiritual: *desprecia las artes porque es un hombre material.* — = materialista
6 Elemento o materia necesarios para realizar una cosa, o que forma parte de su composición: *el hierro y el níquel son algunos de los materiales que forman el núcleo de la Tierra; el material informativo de que disponemos es suficiente para hacer el artículo.* — s.m. = ingrediente, sustancia
7 Conjunto de herramientas e instrumentos necesarios para desempeñar una actividad o profesión: *he comprado material de oficina.* — = utensilio
8 Cuero curtido: *los zapatos tienen la suela de material.*
9 **material de guerra:** El que puede ser capturado y usado por el enemigo, pero que en primera instancia pasa a manos del estado. — MILITAR
10 **material hereditario:** Conjunto de estructuras que en los organismos vivos constituye el soporte de la herencia. — BIOLOGÍA
11 **materiales de construcción:** Conjunto de materias primas que se utilizan en la construcción de una obra. — CONSTRUCCIÓN

materialidad
1 Cualidad, carácter o naturaleza de lo que es material: *la religión católica propugna la no materialidad del alma.* — s.f. ≠ inmaterialidad
2 Superficie exterior de las cosas. — = apariencia
3 Sonido de lo que se dice, en oposición a su sentido o significado.
4 Sustancia física y material de las acciones realizadas con ignorancia no culpable o con falta del conocimiento necesario para saber si son buenas o malas según la moral. — TEOLOGÍA

materialismo
1 Doctrina filosófica que defiende como única sustancia la materia, y que niega la espiritualidad y la inmortalidad del alma. — s.m. FILOSOFÍA
2 Tendencia a dar más importancia a los bienes materiales y al placer que al espíritu: *su afán consumista demuestra su materialismo.* — ≠ espiritualismo
3 **materialismo atributivo:** Rama de esta doctrina que defiende que lo espiritual es una cualidad de la materia. — FILOSOFÍA
4 **materialismo causal:** El que defiende que lo espiritual es un efecto de la materia. — FILOSOFÍA
5 **materialismo histórico:** Doctrina filosófica defendida por Marx y Engels en el siglo XIX, que explica la historia por causas materiales, afirmando que la estructura económica determina la sociedad. — FILOSOFÍA, HISTORIA

materialista
1 Del materialismo: *adoptar una actitud materialista ante la vida.* — adj.
2 Que es partidario de la doctrina filosófica del materialismo. — adj/s.m.f. FILOSOFÍA
3 Que concede excesiva importancia a los intereses materiales: *el mundo occidental es cada vez más materialista; los materialistas no suelen tener en cuenta la moral.* — ≠ espiritualista
4 Vendedor o distribuidor de materiales de construcción. — s.m.f. CONSTRUCCIÓN

materialización Acción y resultado de materializar: *tras varios días de preparativos, tuvo lugar la materialización del gran acontecimiento; no consigo ver la materialización de sus ideas.* — s.f.

materializar
1 Considerar una cosa no material como material o darle una realidad perceptible: *materializó un esquema del mecanismo en una hoja de papel y todos lo entendimos; en su cuento materializa sus miedos y habla con ellos.* — v.tr. conj: cazar
2 Realizar, concretar o llevar a cabo: *el pintor ha sabido materializar su idea a la perfección; su proyecto se materializó en un bello edificio.* — v.tr/prnl.
3 Tomar una cosa no material forma material: *la pitonisa dijo que su espíritu se había materializado en la foto.* — OCULTISMO

4 Apegarse a los bienes materiales, hacerse materialista una persona: *con la edad se está materializando y olvidando los valores espirituales.* — v.prnl.

materialmente
1 De hecho, por completo: *es materialmente imposible hacer este trabajo en un solo día.* — adv. = realmente
2 Sin el conocimiento que hacen buenas o malas las acciones. — TEOLOGÍA

maternal De la madre: *siempre ha necesitado más el apoyo maternal que el del padre.* — adj. = materno

maternidad
1 Estado o circunstancia de ser madre: *la maternidad le ha colmado de felicidad y paz interior.* — s.f.
2 Período de la vida de una mujer comprendido entre el comienzo de la gestación, el parto y los meses de lactancia.
3 Establecimiento hospitalario donde reciben asistencia las mujeres que van a dar a luz y los recién nacidos: *va a la maternidad donde trabaja el ginecólogo que la visita normalmente.* — MEDICINA

maternización Enriquecimiento de la leche con lactosa, para asimilarla a la de mujer. — s.f.

maternizado, a Que tiene las propiedades de la leche materna: *al no poder amamantar al bebé, lo alimentó con leche maternizada.* — adj.

maternizar
1 Proporcionar a la leche vacuna propiedades que posee la de la mujer. — v.tr. conj: cazar
2 Tratar a una persona como madre o conferirle propiedades de madre.

materno, a (Del lat. *maternus.*) De la madre: *desde que se independizó echa de menos los cuidados maternos.* — adj. = maternal

matero, a Se aplica a la persona aficionada a tomar mate. — adj/s. Amér. Merid.

matete
1 Confusión, enredo. — s.m./Argent., Urug.
2 Reyerta o disputa entre personas. — Argent., Urug.
3 Mezcla de sustancias deshechas en un líquido formando una masa inconsistente. — Argent., Urug.

mático
1 Planta arbustiva originaria de América Meridional, cuyas hojas contienen un aceite esencial aromático y balsámico que se usa como astringente. *(Piper.)* — s.m. BOTÁNICA tb: matico
2 Planta compuesta de la que se extrae una sustancia medicinal. *(Eupatorium glutinosum.)* — Ecuad. BOTÁNICA

matidez
1 Condición de lo que es mate, apagado y sin brillo. — s.f.
2 Sonido apagado que se percibe en la percusión de ciertas regiones del organismo. — pl: matideces MEDICINA

matiega Se usa para indicar que una cosa o acción se realiza de forma tosca y con rudeza en la expresión **a la matiega.** — loc.adv.

matierismo Tendencia pictórica que surgió en los años cincuenta, basada en la acumulación de diversas materias, tales como pinturas, arena, betún, pastas y otras sustancias, para acentuar la potencia expresiva. — s.m. ARTE

matierista
1 Que tiene relación con el matierismo. — adj./ARTE
2 Que practica el matierismo. — adj/s.m.f./ARTE

matihuelo Muñeco semiesférico con un contrapeso en la base, que recupera siempre la posición vertical cuando se le tumba. — s.m. = dominguillo, tentetieso

matilla Planta herbácea que crece en las costas y lugares salinos del interior de la península Ibérica. *(Suaeda marítima.)* — s.f. BOTÁNICA

matinal (Del fr. *matinal.*)
1 De la mañana: *abre las ventanas para que entre el aire matinal.* — adj. = matutino
2 Se aplica a la sesión de algunos espectáculos que se realiza por la mañana: *el circo tiene una sesión matinal y dos de tarde; hemos ido a la matinal a ver una película de estreno.* — adj/s.f.

matiné Sesión de un espectáculo que tiene lugar por la mañana o a primera hora de la tarde: *tengo entradas para la matiné de mañana.* — s.f. tb: matinée

matiz
1 Rasgo o característica que permite apreciar dentro de un mismo color una diferencia de grado, intensidad o composición: *los matices brillantes del agua dan aspecto de movimiento.* — s.m. pl: matices = tonalidad
2 Combinación y mezcla proporcionada de diversos colores.
3 Rasgo que permite caracterizar una cosa, en especial la expresión humana, y que comunica una información adicional: *hay un matiz de amargura en sus palabras; acabó dando un matiz propagandístico a su discurso.* — = cariz, tinte
4 Pequeña diferencia que distingue dos cosas muy parecidas: *no he descubierto ningún matiz que distinga un poema del otro.* — = peculiaridad

5 Rasgo de especial colorido y expresión de una obra literaria: *la novela tiene matices barrocos.* LITERATURA
6 Grado de intensidad que se puede dar a un sonido en la ejecución de una partitura. MÚSICA

matización
1 Acción y resultado de comunicar cierto tono o aspecto a una cosa, de manera que puede distinguirse la intención con que ha sido hecha o las tendencias u objetivos de quien la ha realizado: *tan sólo una pequeña matización a su comentario.* s.f. = puntualización
2 Combinación de colores y tonos en pintura y otras actividades plásticas. ARTE
3 Acción y resultado de introducir variedad dentro de la unidad de la cosa de que se trata: *su tesis ofrece nuevas matizaciones a la teoría.*

matizar
1 Mezclar colores y tonos de manera que formen un conjunto armónico: *matizó los colores en la paleta.* v.tr./conj: *cazar* ARTE
2 Dar un tono distinto a un color: *matizó los negros con un toque blanco.*
3 Expresar las diferencias de una cosa: *matizó las afirmaciones que había hecho la prensa con su versión.* = puntualizar
4 Dar a una cosa un rasgo especial: *la pena matizaba sus palabras.*

mato Conjunto de matas y maleza. s.m./= matorral

matoco El diablo o demonio, según las creencias populares. s.m./*Chile* coloquial

matojo
1 Planta arbustiva de tallos ramosos, con hojas largas, estrechas y puntiagudas, flores verduscas con el cáliz rosado, que se cría en la península Ibérica. (*Haloxylon articulatum.*) s.m. BOTÁNICA
2 Matorral bajo. BOTÁNICA

matón, a
1 Persona que presume de valiente, propensa a pelearse y a intimidar o acobardar a los demás: *un matón nos acorraló en una esquina y nos humilló.* s./coloquial = chulo
2 Persona que trabaja al servicio de otra para intimidar a los demás, hacer de guardaespaldas o proteger la entrada de un local público: *el traficante de drogas va siempre acompañado por dos matones.* = gorila

matonismo Modo de comportarse propio de un matón o del que impone su voluntad con amenazas: *tiene atemorizado a todo el barrio con su matonismo.* s.m. = bravuconería

matorral
1 Terreno sin cultivar, en el que hay una formación vegetal de matas, arbustos bajos y maleza en general. s.m. BOTÁNICA
2 Conjunto de esta formación vegetal. BOTÁNICA

matoso, a Se aplica al terreno que tiene muchas matas. adj.

matraca (Del ár. vulgar *matraqa*, martillo.)
1 Rueda de tablas fijas en forma de aspa, entre las que cuelgan mazos que al girar producen un ruido fuerte y desagradable. s.f.
2 Instrumento de percusión de madera, formado por un tablero con una o varias mazas que cuelgan y que produce un ruido desapacible al agitarlo.
3 Insistencia molesta sobre un mismo asunto: *¡otra vez con la matraca de que no quiere comer!* coloquial = tabarra, tostón
4 Persona pesada e inoportuna: *acaba de llegar la matraca de tu vecina.* s.m.f./coloquial = plomazo
5 La asignatura de matemáticas, en el lenguaje estudiantil: *me han cateado las matracas otra vez.* s.f.pl. argot
6 dar la matraca: Importunar a una persona repitiendo lo mismo con insistencia: *lleva toda la tarde dando la matraca con que se quiere ir.* coloquial
7 ser una matraca: Ser una persona pesada por la insistencia con que repite las cosas: *todos le evitan porque es una matraca.* coloquial

matracalada Grupo desordenado y numeroso de gente: *una matracalada exaltada irrumpió en el terreno de juego.* s.f. = revuelta, muchedumbre

matraquear
1 Hacer sonar una persona la matraca. v.intr.
2 Hacer ruido con insistencia: *el mal estado de la carretera hacía que los paquetes matraquearan en la parte trasera del coche.*
3 Molestar a una persona con insistencia: *me matraquea todo el día con sus quejas.* v.tr./coloquial = fastidiar

matraqueo
1 Acción y resultado de hacer ruido con insistencia, o de molestar o importunar de forma insistente a una persona: *aquel matraqueo no me dejó dormir en toda la noche.* s.m. coloquial
2 Acción de producir ruido con la matraca.

matraquista Persona que molesta o importuna a los demás. s.m.f./coloquial = pelmazo, plomo

matraz (Del fr. *matras*.) Recipiente esférico de vidrio, de cuello largo y terminado en un tubo largo y estrecho, que se usa en los laboratorios químicos: *hay que guardar la disolución en un matraz.* s.m. pl: matraces

matrerear
1 Llevar vida de matrero. v.intr./*Argent.*

2 Jugar los niños con libertad y sin ser molestados. *Argent.*

matrería Actitud perspicaz o recelosa del que se percata de las cosas: *no le toman nunca el pelo gracias a su matrería.* s.f. = astucia

matrero, a
1 Que se comporta con sagacidad o astucia: *es un hombre matrero, así que no le engañarás.* adj.
2 Que es receloso y susceptible. = suspicaz
3 Se aplica al ganado cimarrón, en el lenguaje rural. *Argent.*
4 Se refiere al fugitivo que buscaba el monte para escapar de la justicia. *Amér. Merid.*

matri- Componente de palabra procedente del lat. *mater*, que significa madre: *matriarcado; matricida.* pref.

matriarca (Del lat. *mater, matris*, madre + gr. *arkho*, gobernar.) Mujer que ejerce el mando de una organización social. s.f. SOCIOLOGÍA

matriarcado
1 Forma de organización social, atribuida a algunos pueblos primitivos, en la que las mujeres ejercen el poder. s.m. SOCIOLOGÍA
2 Situación en la que se encuentran las organizaciones, sociedades o grupos en los que la mujer tiene un papel preponderante. SOCIOLOGÍA ≠ patriarcado

matriarcal Del matriarcado: *estructura matriarcal; organización matriarcal; sociedad matriarcal.* adj. ≠ patriarcal

matricaria Planta compuesta, de hojas verdes y flores olorosas, agrupadas en cabezuelas solitarias, que se toman en infusión y forman parte de numerosos preparados farmacéuticos. s.f. BOTÁNICA = artemisa, manzanilla

matricial Del cálculo algebraico realizado con matrices. adj. MATEMÁTICAS

matricida (Del lat. *mater, matris*, madre + caedere, matar.) Persona que mata a su madre. s.m.f.

matricidio
1 Acción de matar a la propia madre. s.m.
2 Delito que se comete con este acto. DERECHO

matriclán Grupo antropológico formado según el principio de filiación matrilineal. s.m. SOCIOLOGÍA

matrícula (Del lat. *matricula*.)
1 Lista oficial de personas o entidades, hecha para un fin determinado: *la matrícula de electores está en el colegio.* s.f. = registro
2 Documento con el que se acredita la inscripción en un centro, entidad o asociación: *hay que pagar la matrícula del gimnasio.*
3 Acción de matricular o matricularse: *se acaba el plazo de matrícula.* = inscripción
4 Número de alumnos inscritos en un centro de enseñanza: *la matrícula de primer curso es la más numerosa.*
5 Placa que un vehículo lleva en su parte anterior y posterior con el número de inscripción en el registro oficial.
6 Máxima calificación distinguida de forma especial de modo que el estudiante queda eximido del pago de las tasas de una asignatura del curso siguiente: *ha tenido dos matrículas y tres excelentes.* = matrícula de honor
7 matrícula de buques: Lista de los barcos inscritos en cada puerto. NÁUTICA
8 matrícula de honor: Distinción que mejora la calificación máxima de un estudiante y que le exime del pago de las tasas de una asignatura del curso siguiente.
9 matrícula de mar: Registro de las personas inscritas para las profesiones marineras, tanto las militares como las civiles. NÁUTICA

matriculación Acción y resultado de matricular o matricularse: *el período de matriculación empieza la semana próxima.* s.f. = inscripción

matriculado, a Que está inscrito en una matrícula o registro: *los alumnos matriculados deberán presentar el comprobante; el diez por ciento de los matriculados se ha quedado sin plaza.* adj/s. = inscrito

matriculador, a Persona que matricula. s.

matricular
1 Inscribir a una persona en un centro o una institución: *matriculó a su hijo en un colegio privado; Luis se ha matriculado en la facultad de Derecho.* v.tr/prnl. = registrar
2 Poner un medio de transporte en su respectivo registro: *antes de sacar el barco del puerto, tienes que matricularlo.* v.tr.

matrilineal (Del lat. *mater, matris*, madre + *lineal*.) Se aplica al tipo de filiación u organización social que se funda en las relaciones familiares de la madre, que transmite el nombre, los privilegios y la pertenencia a un clan o a una clase: *parentesco matrilineal.* adj. SOCIOLOGÍA

matrilocal (Del lat. *mater, matris*, madre + *local*.) Se refiere a la norma de residencia por la que los matrimonios han de residir con la familia de la mujer. adj. SOCIOLOGÍA

matrimonial Del matrimonio: *sus relaciones matrimoniales han ido siempre muy bien.* adj. = matrimonesco

matrimonialista Se aplica al abogado que está especializado en cuestiones matrimoniales: *acudió a un famoso matrimonialista para conseguir el divorcio.* adj/s.m.f. DERECHO

matrimoniar Contraer dos personas matrimonio: *tras diez años de noviazgo, al fin han matrimoniado.* — v.intr. = casarse

matrimonio (Del lat. *matrimonium.*)
1 Unión entre dos personas realizada por medio de determinados ritos o formalidades legales: *el matrimonio se celebró según el rito ortodoxo.* — s.m. = casamiento
2 Sacramento por el cual un hombre y una mujer se unen con arreglo a las prescripciones de la Iglesia: *las parejas deben prepararse antes de recibir el matrimonio.* — RELIGIÓN
3 Pareja formada por dos personas unidas según rigen las leyes: *son un matrimonio muy bien avenido.*
4 matrimonio canónico o religioso: El que se ha celebrado según las prescripciones de la iglesia católica. — RELIGIÓN
5 matrimonio civil: El que se celebra ante la autoridad civil, sin intervención del párroco. — DERECHO
6 matrimonio clandestino o a yuras: El que se desarrolla sin presencia del párroco y de los testigos. — RELIGIÓN
7 matrimonio de conciencia: El que, una vez celebrado, se mantiene en secreto por motivos graves, con autorización de un juez civil. — DERECHO
8 matrimonio de la mano izquierda o morganático: El contraído entre un príncipe y una mujer de linaje inferior o viceversa, en el cual cada cónyuge conserva su condición anterior.
9 matrimonio in articulo mortis o in extremis: El realizado cuando uno de los contrayentes está en peligro de muerte o próximo a ella. — DERECHO, RELIGIÓN
10 matrimonio mixto: El celebrado entre personas de diferente religión. — RELIGIÓN
11 matrimonio rato: El que ha sido contraído de forma legítima y solemne, pero aún no ha sido consumado. — DERECHO
12 consumar el matrimonio: Realizar los legítimamente casados el primer acto sexual.
13 contraer matrimonio: Casarse dos personas de forma legal: *contrajeron matrimonio en el juzgado.*

matritense
1 De Madrid, capital de España. — adj./= madrileño
2 Persona natural de esta ciudad. — s.m.f.

matriz (Del lat. *matrix, -icis.*)
1 Órgano de la mujer y de la hembra de los mamíferos situado en el interior de la pelvis, dentro del cual se desarrolla el feto: *los ovarios están unidos a la matriz mediante las trompas de Falopio.* — s.f. pl: matrices ANATOMÍA = útero
2 Molde en que se funden objetos de metal que han de ser idénticos. — = troquel
3 Pieza hueca que sirve para dar forma a una cosa: *la matriz de las figuras de yeso se ha roto.* — = molde
4 Pieza, por lo general de perímetro hexagonal, con un hueco y una espiral labrada en su interior para que ajusten los tornillos. — = tuerca
5 Parte del libro talonario que queda encuadernada después de cortar o separar los talones, cheques u otra cosa: *al ver la matriz supe que el talón se había emitido el mes pasado.*
6 Original de una escritura o documento que queda guardado en el protocolo de un notario. — DERECHO
7 Molde en que se funden los caracteres en una linotipia. — ARTES GRÁFICAS
8 Entidad principal o primer establecimiento de una red comercial: *la matriz de la empresa está en París.* — = sede ≠ sucursal
9 Conjunto de números o símbolos algebraicos colocados en una tabla con casillas horizontales y verticales. — MATEMÁTICAS
10 Roca en cuyo interior se ha formado un mineral. — MINERALOGÍA
11 Ave zancuda del tamaño de una codorniz, con el plumaje negruzco, que vive en zonas húmedas y su carne es muy apreciada. — ZOOLOGÍA = rey de codornices
12 Que es el primero o principal: *la lengua matriz de las románicas es el latín.* — adj./s.f. = originario
13 Disposición ordenada de un conjunto de elementos. — ESTADÍSTICA

matrizado Operación que consiste en labrar objetos en relieve prensándolos en caliente dentro de un molde que los contiene. — s.m. METALURGIA

matrizar Labrar un objeto en relieve prensándolo dentro de un molde. — v.tr/conj: cazar METALURGIA

matrona (Del lat. *matrona.*)
1 Madre de familia distinguida y respetable: *tuve el honor de conocer a la matrona de la familia.* — s.f.
2 Mujer autorizada para asistir a la embarazada durante el parto: *la matrona acompañó a la parturienta hasta que llegó el médico.* — = comadrona, partera
3 Mujer encargada de registrar o cachear a las personas de su sexo en una aduana, una cárcel u otros lugares.
4 Mujer recia y corpulenta: *una matrona encantadora regenta la pensión.*

matronal De la matrona. — adj.

matronaza Madre de familia, imponente por su corpulencia y aspecto severo. — s.f.

matucho, a Se aplica al alumno externo de un colegio en el que también hay internos. — adj. Chile

matul Manojo o lío de cualquier cosa, en especial de tabaco en rama dispuesto en un atado. — s.m.

matungo, a Se aplica al caballo endeble y que carece de buenas facultades físicas. — adj/s. Argent., Cuba

maturranga Medio o procedimiento hábil e ingenioso que se utiliza para lograr un fin: *conquista a sus abuelos con maturrangas.* — s.f. = ardid, marrullería

maturrango, a
1 Que no es buen jinete. — adj/s./Amér. Merid. Chile
2 Se aplica a la persona pesada y tosca en sus movimientos.

matusalén
1 Persona que tiene muchos años. — s.m.f./= anciano
2 ser más viejo o vieja que Matusalén: Ser una persona o cosa muy antigua o de mucha edad: *¡ese chiste es más viejo que Matusalén!* — coloquial

matute
1 Introducción de género en una población eludiendo el impuesto de consumo. — s.m. = contrabando
2 Género introducido de forma clandestina. — = alijo
3 Casa de juegos de azar prohibidos. — = garito
4 de matute: A escondidas, de forma clandestina: *consiguió atravesar la frontera de matute.* — loc.adv.

matutear Introducir una persona género de contrabando: *durante la guerra mi abuelo matuteaba por los Pirineos.* — v.intr.

matutero, a Persona que se dedicaba a matutear o introducir género de contrabando. — s. = contrabandista

matutino, a (Del lat. *matutinum.*)
1 De las primeras horas de la mañana: *me despertó la luz matutina que entraba por la ventana.* — adj. = matinal
2 Que se hace o sucede por la mañana: *prefiere el trabajo matutino para poder descansar por la tarde.* — = matinal, matutinal
3 Se refiere al periódico que sale por la mañana. — adj/s.m.

maul (Voz inglesa.) Agrupamiento espontáneo de jugadores de ambos equipos, en el rugby, en el que se pugna por un balón que no ha caído al suelo. — s.m. DEPORTES

maula
1 Retal, material sobrante de tela, piel o chapa que se vende como saldo. — s.f.
2 Cosa inútil o despreciable. — = trasto
3 Engaño o artimaña encubierta. — = treta
4 Persona muy perezosa y poco cumplidora: *¡levántate de una vez, maula!* — s.m.f./coloquial = holgazán
5 Persona tramposa o que no paga lo que debe: *el maula de Pedro volvió a marcharse sin pagar.* — coloquial = marrullero Argent., Perú, Urug.
6 Cobarde, persona despreciable.

maular (Voz onomatopéyica.) Dar el gato maullidos: *el gato está maulando porque pide su comida.* — v.intr/conj: aunar tb: maullar

maulería
1 Puesto donde se venden retales de telas, papel u otro material. — s.f. COMERCIO
2 Actividad y conducta propia de la persona que emplea artificios para engañar. — = marrullería

maulero, a
1 Persona que vende retales de diferentes telas. — s./COMERCIO
2 Persona que acostumbra a engañar con tretas y embustes. — = embaucador, estafador

maullador, a Que maúlla mucho: *ese gato maullador no me deja dormir.* — adj/tb: mayador = miador

maullar Dar el gato maullidos: *el gato maúlla porque está en celo.* — v.intr/conj: aunar = mayar, miañar

maullido Sonido que emite el gato: *se oyen maullidos que proceden del tejado.* — s.m./tb: mayido = maúllo

maulón, a
1 Se aplica al toro de malas condiciones para la lidia por su cobardía. — adj. TAUROMAQUIA
2 Persona perezosa y tramposa. — s./= maula

mauloso, a Que miente, embustero. — adj/s./Chile

maurismo (De Antonio *Maura*, político español del siglo XX.) Doctrina política representada por este político español responsable de varios cargos públicos. — s.m. POLÍTICA

maurista (De Antonio *Maura*, político español del siglo XX.)
1 De dicho político español, o del maurismo: *ideas mauristas.* — adj. POLÍTICA
2 Que era partidario del maurismo. — adj/s.m.f./POLÍTICA

mauritano, a
1 De Mauritania, país de África noroccidental. — adj/= mauro
2 Persona natural de este país. — s.

mauro, a De la antigua región africana correspondiente a Mauritania. — adj/s/HISTORIA = moro

máuser Fusil de repetición de fabricación alemana, con un depósito para cinco cartuchos. — s.m/pl.tb: máuseres MILITAR

mausoleo (Del lat. *mausoleum* < gr. *mausoleion*.) Sepulcro suntuoso: *fue enterrado en el mausoleo familiar.* — s.m. tb: mausoleo

mavorcio, a De la guerra. — adj/literario

maxila (Del lat. *maxilla*, quijada.) Apéndice de los artrópodos que, en número de dos pares, está situado detrás de las mandíbulas. — s.f. ZOOLOGÍA

maxilar
1 De la mandíbula: *sufrió una fractura maxilar al caer.* — adj./ANATOMÍA
2 Se aplica a cada uno de los huesos de la cara que forman la mandíbula. — adj/s.m. ANATOMÍA

maxilo- Componente de palabra procedente del lat. *maxilla*, que significa mandíbula: *maxilofacial.* — pref.

maxilofacial Que tiene relación, a la vez, con el maxilar y con la cara: *sufre una parálisis maxilofacial.* — adj. ANATOMÍA

máxima
1 Precepto tradicional que indica lo que debe o lo que no debe hacerse en un caso determinado. — s.f. = proverbio, refrán
2 Norma moral o encaminada a fines prácticos por la que una persona rige su conducta: *la verdad es su máxima de vida.* — = sentencia, regla
3 Principio o dogma de una ideología o doctrina: *los diez mandamientos son las máximas del catolicismo.*
4 Nota que, en la notación musical medieval, equivalía a dos o tres longas. — MÚSICA

maximal Que constituye el máximo. — adj.

maximalismo Actitud de la persona partidaria de soluciones extremas en cualquier aspiración. — s.m.

maximalista
1 Del maximalismo. — adj.
2 Que es partidario de realizar grandes reformas radicales en cualquier actividad social. — adj/s.m.f. = extremista

máxime Con más razón o mayor motivo, de modo especial o principal: *no debe viajar, máxime teniendo en cuenta su delicada salud; me siento obligada a asistir al acto, máxime cuando me han invitado particularmente.* — adv. = más aún, sobre todo

maximizar
1 Hacer las operaciones necesarias para hallar el máximo común divisor de una función. — v.tr./conj: *cazar* MATEMÁTICAS
2 Intentar obtener el mayor provecho, rendimiento o beneficio de una cosa: *con las nuevas medidas intentan maximizar la producción.*

máximo, a (Del lat. *maximus.*)
1 Que es lo más grande de su especie: *tiene la máxima altura de su equipo.* — adj. ≠ mínimo
2 Que es o está en el límite o grado superior al que se puede llegar: *el cargo máximo de esta empresa es el de director general.* — = sumo, supremo
3 Se aplica al fenómeno atmosférico que alcanza el grado más alto en un lugar y tiempo determinado: *hoy se ha registrado una temperatura máxima de treinta grados centígrados; la máxima que se recogió en el sur fue de cien litros por metro cuadrado.* — adj/s.f.
4 Límite superior o extremo a que una cosa puede llegar: *le multaron por rebasar el máximo de velocidad permitido.* — s.m. = tope

máximum (Del lat. *maximum.*) Máximo o límite a que se puede llegar. — s.m. = extremo

maxisingle (Voz inglesa.) Se aplica al disco musical con el mismo tamaño que uno de larga duración pero que tiene menos canciones, está grabado en macrosurco y funciona a las mismas revoluciones que un single. — adj/s.m. MÚSICA

maxvelio Unidad de flujo de inducción magnética en el sistema cegesimal. — s.m. FÍSICA

maxwell (De J. C. *Maxwell*, físico escocés.) Denominación del maxvelio en la nomenclatura internacional. — s.m. FÍSICA

maya
I (Derivado de *mayo*.)
1 Planta herbácea compuesta, de hojas en roseta, lanceoladas y aserradas, flores blancas con el disco amarillo y rojas por detrás, y fruto esférico con una sola semilla. (*Bellis perennis.*) — s.f. BOTÁNICA = chirivita, vellorita
2 Muchacha que era elegida como la más bella de un lugar y presidía los festejos populares en las fiestas de mayo.
3 Canción que se entona en las fiestas de mayo. — MÚSICA
4 **hecha una maya** Expresión con que se elogia el buen vestir de una muchacha o mujer: *es una chica elegante que siempre va hecha una maya.*
II (De los *mayas*, pueblo precolombino.)
1 De un pueblo amerindio de origen precolombino que en la actualidad habita en Yucatán y zonas adyacentes. — adj. HISTORIA
2 Persona que pertenece a este pueblo que habita en Yucatán y Centroamérica. — s.m.f.
3 Lengua hablada por este pueblo. — s.m/LINGÜÍSTICA

mayador, a Que maya o maúlla mucho: *no hay quien aguante a ese gato tan mayador.* — adj. tb: maullador

mayal
1 Palo del que tira la caballería que mueve los molinos de aceite, tahonas o malacates. — s.m.
2 Utensilio para golpear el centeno y desgranarlo, formado por dos palos, uno más corto que otro, atados por una cuerda. — AGRICULTURA

mayar (Variante de *maullar*.) Dar el gato maullidos: *no puedo dormir porque el gato no deja de mayar.* — v.intr. tb: maullar

mayear Hacer el tiempo propio del mes de mayo: *aunque todavía es invierno ya mayea.* — v.intr.

mayestático, a (Del alem. *majestätisch*.)
1 De la majestad: *tiene andares y modales mayestáticos; su aire mayestático impone respeto.* — adj. = majestuoso
2 Se aplica al plural del pronombre personal de primera persona cuando es usado, en lugar del singular, por personas revestidas de una determinada autoridad: *nos, el rey.* — adj/s.m. GRAMÁTICA

mayéutica Método filosófico socrático inductivo basado en hacer preguntas de modo que el interlocutor va descubriendo las verdades que lleva en sí la argumentación. — s.f. FILOSOFÍA

mayo (Del lat. *majus.*)
1 Quinto mes del año, entre abril y junio, en el calendario occidental, de treinta y un días. — s.m.
2 Palo adornado con cintas y otras cosas, que se ponía en un lugar público en los pueblos, alrededor del cual los jóvenes bailaban por las fiestas que se celebran en este mes.
3 Muchacho que acompañaba a la joven elegida como la más bella de un lugar.
4 Música y canto con que los jóvenes obsequiaban a las muchachas solteras el último día de abril. — s.m.pl. MÚSICA
5 **para mayo** Para las calendas griegas, refiriéndose al momento o al tiempo que no ha de llegar nunca. — loc.adv. Chile

mayólica (Del ital. *majolica.*) Loza común con vidriado que contiene estaño. — s.f.

mayonesa Se aplica a la salsa hecha con huevo y aceite: *he preparado una ensaladilla con mayonesa.* — adj/s.f./COCINA tb: mahonesa

mayor (Del lat. *major.*)
1 Que tiene más tamaño o cantidad que otra cosa: *esa asignatura requiere mayor dedicación de la que le estás prestando.* — adj. ≠ menor
2 Que tiene más edad que otra persona: *Iván es mayor que Pedro.* — ≠ menor
3 Que tiene una edad avanzada: *debes ayudar y respetar a las personas mayores.* — = anciano, viejo ≠ joven
4 Que ha abandonado la niñez: *cuando seas mayor tendrás más responsabilidades que ahora.* — = grande
5 Que ha alcanzado un crecimiento físico considerable: *Pedro está muy mayor para su edad.* — = grande, crecido
6 Que es muy importante: *se trata de un asunto mayor.*
7 Se aplica a la persona que ha alcanzado la mayoría de edad. — adj/s.m.f./= adulto ≠ menor
8 Se aplica al libro de contabilidad que se emplea para registrar todas las cuentas relativas a una persona o asunto por riguroso orden de fechas. — adj/s.m. ECONOMÍA
9 Persona que tiene el cargo superior de una comunidad o cuerpo. — s.m. = jefe
10 Militar de algunos ejércitos, en especial de los anglosajones, que tiene el grado equivalente al de comandante. — MILITAR
11 Oficial primero de alguna sección militar. — MILITAR
12 Oficial primero de una secretaría u oficina.
13 Antepasados en general, sean o no progenitores de una persona: *debemos guardar respeto a nuestros mayores porque ellos hicieron la historia.* — s.m.pl. = ascendiente
14 Personas adultas: *suele haber problemas entre los jóvenes y los mayores.*
15 **mayor que** Signo matemático (>) que se coloca entre dos cantidades e indica que la primera es mayor que la segunda. — MATEMÁTICAS
16 **al por mayor** En grandes cantidades: *he comprado varias cosas en una tienda al por mayor; tenían un almacén donde vendían al por mayor.* — loc.adj/adv. ≠ al detalle, al por menor
17 **pasar o ir a mayores** Ser un asunto más grave de lo que se esperaba: *el tema está pasando a mayores, así que no bromees.* — coloquial
18 **por mayor** Sin especificar las circunstancias o los detalles. — loc.adj/adv.

mayoral
1 Pastor principal que cuida de los rebaños o cabañas: *el mayoral guiaba a las ovejas.* — s.m. = rabadán
2 Persona que llevaba el tiro de las diligencias u otros carruajes.
3 Capataz de una cuadrilla de segadores u otros trabajadores del campo. — AGRICULTURA
4 Capataz que manda a los otros mozos en las labranzas y en las cabañas de mulas.
5 Antiguo recaudador y administrador de impuestos, rentas y limosnas. — HISTORIA = mampostero

mayoralía
1 Rebaño de ovejas que cuidaba un mayoral. — s.f.
2 Salario y precio que cobraba el mayoral por su trabajo de pastor.

mayorana Mejorana, planta cultivada por su olor y usada en medicina como antiespasmódica. — s.f. BOTÁNICA

mayorazgo
1 Institución de derecho civil que tenía por objeto transmitir en herencia todos los bienes de una familia al hijo mayor, de modo que la propiedad se perpetuaba. — s.m. DERECHO
2 Conjunto de estos bienes vinculados. — DERECHO

3 mayorazgo alternativo: Aquel en el que el fundador establece la sucesión alternativa de las líneas por él designadas. — DERECHO

4 mayorazgo de agnación artificial, artificiosa o fingida: Aquel en el que se establecía que si se rompía la transmisión de hombre a hombre, pasaría a un extraño o a una mujer y de ahí en adelante, volvería a sucederse de hombre a hombre con exclusión de las mujeres y sus líneas de descendencia. — DERECHO

5 mayorazgo de agnación rigurosa o verdadera: Aquel en que sólo sucedían los hombres por línea masculina. — DERECHO

6 mayorazgo de feminidad: Aquel en que sólo sucedían las mujeres, o por lo menos eran preferidas a los hombres. — DERECHO

7 mayorazgo de masculinidad: Aquel que sólo admitía a los hombres, ya fueran descendientes de hombre o de mujer. — DERECHO

8 mayorazgo de segundogenitura: Aquel a cuya sucesión eran siempre llamados los segundogénitos. — DERECHO

9 mayorazgo electivo: Aquel en que el poseedor tenía facultad para elegir por sucesor a cualquiera de sus hijos y, a falta de éstos, a un pariente descendiente del fundador. — DERECHO

10 mayorazgo incompatible: El que no podía estar junto con otro en una misma persona. — DERECHO

11 mayorazgo irregular: Aquel que se apartaba de las reglas del mayorazgo regular. — DERECHO

12 mayorazgo regular: Aquel en que se sucedía prefiriendo el hombre a la mujer, y el mayor al menor en cada línea. — DERECHO

13 mayorazgo saltuario: Aquel que sin atender a la línea buscaba para la sucesión al sujeto que tenía las calidades prevenidas en los llamamientos. — DERECHO

mayordomear Administrar una hacienda: *al morir sus padres, él mayordomea la finca.* — v.tr.

mayordomía
1 Cargo de mayordomo o administrador. — s.f.
2 Oficina del mayordomo o administrador.

mayordomo, a (Del bajo lat. *majordomus*, el mayor de la casa.)
1 Persona encargada de dirigir el servicio o la administración de una casa o hacienda. — s. = maestresala
2 Persona encargada de la administración en algunas empresas agrícolas o industriales. — = encargado general
3 Persona que forma parte de una cofradía religiosa. — s.m./RELIGIÓN
4 mayordomo de estado: El que estaba al cuidado de la servidumbre de los caballeros de la casa real. — HISTORIA
5 mayordomo de fábrica: Persona que recauda el derecho de fábrica, para reparar las iglesias y costear los gastos del culto. — DERECHO, RELIGIÓN
6 mayordomo de propios: Administrador de los caudales y bienes de un pueblo.
7 mayordomo de semana: El que servía la semana que le tocaba en la casa real o suplía al mayordomo mayor en su ausencia. — HISTORIA
8 mayordomo mayor: Jefe principal del palacio que guardaba, cuidaba y gobernaba la casa del rey. — HISTORIA

mayoreo Venta al por mayor: *se dedica al mayoreo de telas.* — s.m. COMERCIO

mayoría
1 Cualidad de mayor. — s.f./≠ minoría
2 Parte más numerosa de un grupo: *la mayoría de encuestados desconocía el tema.* — ≠ minoría
3 La parte mayor de un todo: *la mayoría de obras de su biblioteca son medievales.* — ≠ minoría
4 Edad que según la ley ha de tener una persona para gozar del derecho a votar, así como del pleno derecho sobre su persona, bienes y propiedades: *aún no puede votar porque no tiene la mayoría.* — DERECHO = mayoría de edad
5 Conjunto de votos iguales que suman el mayor número de una votación: *el partido ecologista ha obtenido la mayoría.* — ≠ minoría
6 Oficina del mayor general. — MILITAR
7 Oficina del sargento mayor. — MILITAR
8 mayoría absoluta: La formada por más de la mitad de los votos.
9 mayoría de cantidad: Aquella en la que los votos se cuentan en función del interés respectivo representado por cada votante en las juntas de acreedores. — ECONOMÍA
10 mayoría de edad: La fijada de manera legal para que una persona tenga derecho a voto y sobre su persona y propiedades. — DERECHO
11 mayoría relativa: La formada por el mayor número de votos cuando ninguna de las partes ha conseguido más de la mitad.
12 mayoría silenciosa: Conjunto de ciudadanos que no expresan de forma pública sus opiniones sociales o políticas. — SOCIOLOGÍA

mayoridad
1 Condición de mayor, que supera a otro en cantidad o cualidad. — s.f.
2 Mayoría de edad. — DERECHO

mayorista
1 Se aplica al comercio que trabaja al por mayor: *en los centros mayoristas, se debe presentar documentación para que hagan la factura.* — adj. COMERCIO
2 Comerciante que vende o compra productos al por mayor. — s.m.f./COMERCIO ≠ minorista

mayoritario, a
1 Que forma la mayoría de un país, una asamblea o un grupo: *el partido mayoritario celebró su victoria electoral.* — adj. ≠ minoritario
2 De la mayoría: *un estudio sociológico muestra los gustos y aficiones mayoritarias.* — ≠ minoritario

mayormente En especial, de forma principal: *escribía muy bien, mayormente las cartas de amor.* — adv.

mayuato Zorro cangrejero, pequeño mamífero carnívoro semejante al coatí. — s.m./Argent. ZOOLOGÍA

mayúscula Se aplica a la letra de mayor tamaño y figura, que se usa como inicial de los nombres propios, después de un punto final, en principio de período o en otros casos. — adj/s.f. ≠ minúscula

mayúsculo, a (Del lat. *majusculus.*) Que es muy grande: *me dio un susto mayúsculo al entrar sin llamar.* — adj./= tremendo ≠ minúsculo

maza (Del lat. vulgar *mattea.*)
1 Herramienta de madera que consiste en una pieza pesada, por lo general cilíndrica, un mango, usada para machacar, golpear o apisonar: *clavó las piquetas en el suelo golpeándolas con una maza.* — s.f.
2 Arma antigua, de madera o hierro, formada por una pieza gruesa y cilíndrica y un mango. — HISTORIA = clava
3 Insignia de los maceros. — HISTORIA
4 Palo con una bola forrada de cuero en uno de sus extremos, que se usa para tocar el bombo: *golpeaba el bombo con las mazas.* — MÚSICA
5 Persona molesta y pesada: *a ver cuando se va el maza este.* — s.m.f. = pelmazo
6 Extremo más grueso del taco de billar. — s.f./JUEGOS
7 Pieza pesada del martinete, que golpea sobre los pilotes. — MECÁNICA
8 Tronco u objeto pesado al que se sujeta la cadena de un mono u otro animal para que no se escape: *los elefantes del circo tenían la pata atada a una maza.*
9 Cualquier cosa que se prende al vestido de una persona para burlarse de ella o se cuelga de la cola de un animal por travesura.
10 Utensilio formado por un palo con una pelota de goma u otro material en un extremo, que se usa en número de dos en ejercicios de gimnasia rítmica. — s.f.pl. DEPORTES
11 Cubo de la rueda. — s.f./Chile
12 maza de fraga: 1. Martinete, máquina para clavar estacas. 2. Persona de gran autoridad en lo que dice. — coloquial 3. Dicho que, por su verdad, causa gran impresión a quien lo oye. — coloquial
13 maza sorda: Espadaña, planta herbácea. — BOTÁNICA

mazacote
1 Mezcla de piedras menudas, cemento y arena: *el albañil rellenó el agujero con mazacote.* — s.m./CONSTRUCCIÓN = hormigón
2 Cualquier cosa seca, dura y pegajosa, en especial un guiso: *no me di cuenta de echar agua y el estofado quedó hecho un mazacote.* — coloquial = amasijo
3 Persona molesta y pesada: *no sé cómo aguantar al mazacote tu vecino.* — coloquial = pelmazo
4 Objeto de arte pesado y sólido pero poco esbelto y bastante feo.
5 Cenizas de la barrilla, planta que crece en terrenos salitrosos. — BOTÁNICA = barrilla

mazacotudo, a Que está amazacotado. — adj./Amér.

mazacuata Especie de boa de origen mexicano, que mide unos cuatro metros de largo y habita en zonas de clima cálido. — s.f./Méx. ZOOLOGÍA tb: mazacuate

mazada Golpe dado con una maza o con un mazo: *dio una mazada tan fuerte que rompió la piel del bombo.* — s.f. = mazazo

mazamorra
1 Bizcocho roto o en mal estado: *el postre resultó ser una incomible mazamorra.* — s.f.
2 Galleta partida que queda en el fondo de los sacos de provisiones de los barcos.
3 Cualquier cosa rota o desmenuzada. — = triza
4 Comida compuesta de harina de maíz con azúcar o miel. — Perú COCINA
5 Comida criolla hecha con maíz blanco partido y hervido, que se come frío, con o sin leche y a veces con azúcar o miel. — R. de la Plata COCINA
6 Revoltijo de ideas o de cosas. — Colomb., Perú
7 Ulceración de las pezuñas del ganado vacuno causada por una infección microbiana. — Colomb. VETERINARIA

mazaneta Adorno con forma de manzana que se ponía en la antigüedad en las joyas. — s.f.

mazapán Dulce hecho de pasta de almendras molidas y azúcar, cocido en el horno: *el mazapán es un dulce típico de la época navideña.* — s.m. COCINA

mazapanero, a Persona que fabrica o vende mazapán. — s.

mazar
1 Dar golpes a la leche dentro de un odre para separarla de la manteca. — v.tr. conj: *cazar*

2 Dar golpes a una cosa hasta romperla o deformarla. = machacar

mazarí Se aplica a un tipo de baldosa o de ladrillo usado en la construcción para los solados o revestimientos del suelo. adj/s.m. pl.f.tb: mazaríes CONSTRUCCIÓN

mazarota (Del fr. *masselotte*.) Masa de metal que se deja sobrante en la parte superior de un molde vertical cuando se funden grandes piezas. s.f. METALURGIA

mazazo
1 Golpe dado con maza o mazo: *le dio un mazazo en la cabeza.* s.m.
2 Suceso o noticia negativos que causan una fuerte impresión o abatimiento: *la muerte de su hijo ha sido un mazazo terrible.* = mazada = desgracia, revés

mazdeísmo Religión de los antiguos persas, que creían en la existencia de dos principios divinos, uno constructor del mundo y otro destructor. s.m. RELIGIÓN

mazdeísta
1 Del mazdeísmo. adj./RELIGIÓN
2 Que profesa el mazdeísmo. adj/s.m.f./RELIGIÓN

mazmorra (Del ár. *matmura*.) Prisión subterránea u oscura: *los presos estaban en las mazmorras del castillo.* s.f. = calabozo

maznar (Del lat. *machinari*, maquinar.)
1 Ablandar una cosa con las manos. v.tr.
2 Dar fuertes golpes al hierro cuando está caliente: *el herrero maznaba las herraduras del caballo.* METALURGIA

mazo
1 Martillo grande de madera. s.m.
2 Maza pequeña, como la usada para machacar una cosa en el mortero: *trituró los granos con el mazo.*
3 Manojo de cosas colocadas juntas en la misma posición: *tienes que cortar el mazo de cartas y elegir una de cada montón.* = fajo
4 Combinación del ocho, el siete y el as de un mismo palo en el juego de naipes de la primera. JUEGOS
5 mazo rodero: El de forma prismática que sirve para hacer estopa machacando los cabos usados en un barco. NÁUTICA
6 a mazo y escoplo: Con firmeza. loc.adv.

mazonado, a Se aplica a la figura que representa en el escudo la obra de sillería. adj. HERÁLDICA

mazonear (Del fr. *maçon*, albañil.) Golpear una cosa con un objeto pesado para apretarla o ablandarla. v.tr.

mazonería
1 Obra de mampostería. s.f./CONSTRUCCIÓN
2 Obra o labor que resalta sobre un plano. = relieve

mazorca
1 Espiga del maíz y de otras plantas gramíneas, con los granos muy juntos. s.f. BOTÁNICA
2 Porción ya hilada de lino o lana y recogida en el huso. TEXTIL
3 Baya del cacao. BOTÁNICA
4 Parte media de los balaustres de algunos balcones, más gruesa que en los extremos y con algún adorno. CONSTRUCCIÓN
5 Parte baja del cuerno de los toros, junto al arranque del testuz. TAUROMAQUIA
6 Junta de personas que forman un gobierno despótico o tiranía. *Chile* POLÍTICA

mazorral
1 Que es grosero o rudo. adj.
2 Se aplica a la composición que está hecha sin cuadrados. ARTES GRÁFICAS

mazuca Planta herbácea de flores azules, que crece en la península Ibérica. *(Gynandriris sisyrinchium.)* s.f. BOTÁNICA

mazurca (Del polaco *mazurka*.)
1 Danza polaca, semejante a la polca. s.f.
2 Música que acompaña esta danza. MÚSICA

mazut Residuo combustible obtenido de la destilación del petróleo bruto. s.m./INDUSTRIA = fuel-oil

mbaracayá Mamífero carnívoro que presenta cráneo alargado y pelaje corto, bayo, con pintas negras, y que vive en Argentina, sur de Brasil, Paraguay y Uruguay. *(Oncifelis geoffroyi.)* s.m. ZOOLOGÍA = gato montés

me (Del lat. *me*.) Forma átona del pronombre personal de primera persona en género masculino o femenino, número singular, que realiza las funciones de complemento directo e indirecto y formas pronominales, no admite preposición y se puede usar como enclítico: *no me despiertes tan tarde; me prestó mil pesetas; prefiero peinarme yo.* pron.pers.

mea culpa (Expresión latina.) Arrepentimiento por una falta cometida y golpe que algunas veces se realiza en el pecho al expresarlo: *entonó un mea culpa al reconocer su error.* s.m.

meada
1 Cantidad de orina que se expulsa de una vez. s.f./coloquial
2 Huella o mancha que deja esta excreción fisiológica: *la parte baja del muro estaba llena de meadas de perro.* coloquial

meadero Sitio donde se orina: *ese callejón es el meadero de los vagabundos del barrio.* s.m. coloquial

meado Cantidad de orina que se expulsa de una sola vez. s.m/coloquial = meada

meaja
I (Del lat. vulgar *medialia*, lo situado en medio.) Pinta roja de la yema del huevo. s.f. = galladura
II (Derivado de *miga*.) Migaja [en todas sus acepciones]. s.f.

meajuela Cada una de las piezas pequeñas que se ponen en los arcos del freno para que el caballo segregue más saliva al moverla. s.f. EQUITACIÓN

meandro (Del lat. *meander, -dri* < gr. *Maiandros*, río de Asia Menor.)
1 Curva pronunciada de un río: *en la toma aérea se ven claramente los meandros del río.* s.m. GEOGRAFÍA
2 Curva de un camino: *es una bonita carretera con meandros y bordeada de árboles.*
3 Ornamento de líneas sinuosas y complicadas. ARQUITECTURA

mear (Del lat. vulgar *mejare*.)
1 Expeler una persona o un animal la orina de forma voluntaria o involuntaria: *no deja que el perro mee en los árboles; está preocupada porque mea un poco de sangre en la orina; hasta los siete años se meaba en la cama.* v.intr/tr/prnl. coloquial = orinar
2 mearse de risa: Reírse mucho: *siempre que le cuentas un chiste se mea de risa.* coloquial = mondarse

meato (Del lat. *meatus*, paso, camino.)
1 Cada uno de los espacios que quedan entre las células que forman tejidos las plantas. s.m. BOTÁNICA
2 Cada uno de los orificios o conductos del cuerpo humano: *la orina se expulsa por el meato urinario.* ANATOMÍA

meauca Ave marina parecida a la gaviota, de cuerpo alargado y plumaje grisáceo. s.f./ZOOLOGÍA = pardela

meca
1 Lugar atractivo por considerarse el centro en el que se cultiva o realiza de forma intensa una actividad: *París fue la meca del impresionismo.* s.f.
2 Estiércol, abono para la tierra. *Chile*
3 Excremento de animal o persona. *Chile*
4 Persona torpe e inexperta. *Chile*

¡mecachis! Indica asombro, contrariedad o enfado: *¡mecachis, ya se ha escapado el perro!; ¡mecachis, qué problema!* interj. coloquial

mecánica
1 Disciplina que estudia el equilibrio, el movimiento y las fuerzas de los cuerpos. s.f. FÍSICA
2 Mecanismo capaz de producir o transmitir un movimiento: *la mecánica del reloj se ha estropeado.* MECÁNICA = maquinaria
3 Manera de hacer una cosa: *antes de actuar, ha querido estudiar bien la mecánica de su nuevo trabajo.* = manejo, procedimiento
4 mecánica celeste: Disciplina que estudia los movimientos de los astros. ASTRONOMÍA
5 mecánica cuántica: Conjunto de leyes que describen, basándose en la teoría de los cuantos, la evolución de las partículas microscópicas elementales. FÍSICA
6 mecánica de los fluidos: La que trata del movimiento y equilibrio de los fluidos y de los cuerpos sumergidos en ellos. FÍSICA
7 mecánica ondulatoria: Disciplina que establece que las partículas en movimiento son ondas que pueden producir fenómenos de interferencia y difracción. FÍSICA

mecánicamente
1 Según la mecánica. adv./FÍSICA
2 Sin poner atención, de forma automática: *con el tiempo y la práctica, la conducción se hace mecánicamente.* = automáticamente

mecanicismo
1 Doctrina biológica que defiende la explicación de los fenómenos vitales mediante leyes mecánicas del movimiento. s.m. BIOLOGÍA
2 Doctrina filosófica según la cual toda realidad natural tiene una estructura semejante a una máquina y puede explicarse por las leyes mecánicas. FILOSOFÍA
3 Tendencia a la introducción y aplicación de las máquinas en todas las actividades.

mecanicista
1 Del mecanicismo. adj.
2 Que es partidario del mecanicismo. adj/s.m.f.

mecánico, a (Del gr. *mekhanikos*.)
1 De la mecánica: *principios mecánicos.* adj. MECÁNICA
2 Que se realiza o es movido mediante un mecanismo o una máquina: *subió en las escaleras mecánicas; la grúa funciona con un brazo mecánico.*
3 Que realiza un trabajo más manual que intelectual: *el trabajo en las cadenas de montaje es muy mecánico.*
4 Que se hace sin reflexión, de forma automática o por costumbre: *todos los días hacemos el acto mecánico de lavarnos los dientes; retiró la mano del fuego con un gesto mecánico.* = maquinal
5 Se aplica al agente físico que actúa siguiendo las leyes del movimiento y produce erosiones, grietas u otros efectos: *la fuerza mecánica del viento causa la erosión.*
6 Persona que por profesión u oficio se dedica a la mecánica. s. FÍSICA
7 Persona que tiene el oficio o la profesión de manejar, reparar y cuidar el mantenimiento de las máquinas. MECÁNICA

8 mecánico dentista: Técnico que realiza las denta- MEDICINA
duras artificiales y las prótesis dentales.

mecanismo
1 Conjunto de piezas que realizan determinada fun- s.m.
ción mediante una serie de movimientos combinados MECÁNICA
y coordinados: *el mecanismo de esta calculadora es bas-*
tante simple.
2 Forma o modo como se realiza una actividad, un
cargo, una función o similar: *el mecanismo de las tran-*
sacciones de bolsa es complicado para los profanos en la
materia.
3 Conjunto de órganos que realizan una función fi- FISIOLOGÍA
siológica: *el mecanismo de la digestión.*
4 **mecanismo de defensa:** Medios que utiliza una per- SICOLOGÍA
sona para protegerse o reducir los impulsos y tensiones que podrían provocarle un desequilibrio síquico.

mecanización
1 Acción y resultado de mecanizar: *la mecanización* s.f.
del sector agrícola ha solucionado muchos problemas.
2 Utilización de técnicas informáticas en una aplica- INFORMÁTICA
ción o proceso administrativo, industrial o de otro
tipo: *la mecanización de la facturación facilitó y redujo el*
trabajo administrativo de la empresa.

mecanizado
1 Proceso de elaboración mecánica. s.m.
2 Operación que consiste en quitar parte del material METALURGIA
a una pieza metálica mediante un procedimiento determinado.

mecanizar
1 Introducir el uso de máquinas en una actividad: *es* v.tr/prnl.
conveniente mecanizar el departamento de secretaría; el conj: cazar
proceso de envasado y etiquetado de productos se ha me- = automatizar
canizado.
2 Someter una materia o un producto a elaboración INDUSTRIA
mecánica: *ya es posible mecanizar la elaboración del*
vino.
3 Convertir las acciones humanas en actos propios
de una máquina por su regularidad y automatismo:
con el tiempo consiguió mecanizar sus actividades diarias
y ahorrar esfuerzos.
4 Aplicar técnicas informáticas a procesos industria- INFORMÁTICA
les, administrativos, creativos o de otro tipo: *el diseño*
se ha mecanizado gracias a los ordenadores.
5 Realizar la operación de mecanizado en una pieza METALURGIA
metálica.

mecano, a
1 De La Meca, ciudad de Arabia. adj.
2 Persona natural de dicha ciudad. s.

mecano- Componente de palabra procedente del gr. pref.
mekhane, que significa máquina: *mecanográfico.* tb: mecan-

mecanografía (De *máquina* + gr. *grapho,* escribir.) s.f.
Técnica de escribir a máquina: *una de las asignaturas* = dactilografía
del secretariado es la mecanografía.

mecanografiar Escribir una cosa a máquina: *he me-* v.tr/conj: vaciar
canografiado los apuntes que tomé durante la conferencia. = dactilografiar

mecanográfico, a
1 De la mecanografía: *el examen incluye una prueba* adj.
mecanográfica; en este texto hay muchos errores mecano- = dactilográfico
gráficos.
2 Se aplica a la industria y actividad que abarca la fabricación, aplicación y mantenimiento de material de
oficina.

mecanógrafo, a Persona que es especialista en es- s.
cribir a máquina. = dactilógrafo

mecanoterapia (De *máquina* + gr. *therapeia,* cura- s.f.
ción.) Método terapéutico basado en el uso de apara- MEDICINA
tos que producen determinados movimientos en el
cuerpo humano.

mecapal Faja de cuero con dos cuerdas en los extre- s.m.
mos que se pone en la frente para llevar carga a cuestas. Méx., Amér. Central

mecapalero Mozo de cordel o cargador que usa el s.m.
mecapal como medio de carga. Méx., Amér. Central

mecatazo Golpe o latigazo dado con un mecate o s.m./Méx., Amér.
cordel de pita. Central, Venez.

mecate Cuerda, cordel fabricado con el hilo que se s.m./Méx., Amér.
extrae de las hojas del agave. Central, Venez.

mecatiar Comer algo ligero entre comidas. v.tr./Colomb.

mecato Golosinas, dulces que se toman entre horas. s.m./Colomb.

meccano (Marca registrada.) Juguete formado por s.m.
piezas metálicas y adaptables, con las que se pueden tb: mecano
hacer diferentes construcciones en miniatura: *constru-*
yó un helicóptero con las piezas del meccano.

mecedero Instrumento para mover el vino, jabón u s.m.
otras sustancias líquidas. = mecedor

mecedor, a
1 Que mece: *el movimiento mecedor del barco acabó por* adj.
marearme.
2 Asiento sostenido por cuerdas o cadenas que pen- s.m.
den y que se balancea al ser impulsado. = columpio
3 Utensilio de madera para mecer o mezclar el vino s.m.
en la cuba, el jabón en la caldera y para otros usos = mecedor
semejantes.

mecedora Silla con brazos, apoyada en dos arcos s.f.
para que su ocupante pueda balancearse: *pasaba las* = balancín
tardes leyendo en su mecedora.

mecedura Acción de mecer o mecerse. s.f./= balanceo

mecenas Persona que patrocina o protege a artistas e s.m.f.
intelectuales: *el pintor encontró un mecenas que le ayudó* pl: mecenas
a exponer su obra. = protector

mecenazgo Protección que dispensa el mecenas a un s.m.
escritor o a un artista y relación que existe entre ambos.

mecer (Del lat. *miscere,* mezclar.)
1 Mover un cuerpo de un lado a otro, de forma sua- v.tr/prnl.
ve y repetida, manteniéndolo en el mismo sitio y sin = balancear
que pierda su posición de equilibrio: *mecía el balancín*
con suavidad; se sentó en el columpio y estuvo meciéndose
un buen rato.
2 Mover de forma rítmica a un niño para que se tran- v.tr.
quilice o se duerma: *la madre canta despacio mientras* = acunar
mece al niño.
3 Mover un líquido, o el recipiente que lo contiene,
para mezclarlo u obtener un efecto o un producto: *el*
vino se mece en las cubas.
CONJ.: IND.: PRES.: mezo, meces, mece, mecemos, mecéis,
mecen. SUBJ.: PRES.: meza, mezas, meza, mezamos, mezáis,
mezan. IMP.: mece, meza, mezamos, meced, mezan.

mecha (Del fr. *meche.*)
1 Conjunto de fibras de material combustible, sueltas s.f.
o retorcidas, que se pone en velas, bujías y otros apa- = pabilo
ratos de alumbrado para que arda: *la mecha del candil*
se ha consumido.
2 Tubo largo y delgado, relleno de pólvora, prepara- TECNOLOGÍA
do para prender minas, barrenos, armas u otras cosas
similares.
3 Mechón de pelo, hilos o hebras: *tiene una mecha de*
cabello blanco de nacimiento.
4 Mechones de cabello teñido de un tono distinto al s.f.pl.
resto: *se ha hecho mechas rubias.*
5 Tejido de algodón que, impregnado de una compo- s.f.
sición química, arde con facilidad y se usaba para en- = yesca
cender cigarros.
6 Tira de tocino, jamón u otro ingrediente que se in- COCINA
troduce como relleno en la carne.
7 Pieza o conjunto de gasa estéril, que se utilizan para MEDICINA
efectuar un drenaje. = lechino
8 Extremo inferior del palo de un barco, de sección NÁUTICA
cuadrada o rectangular, que se encaja en la carlinga
correspondiente.
9 Pieza principal de un palo macho de la arboladura NÁUTICA
de un barco.
10 Modo de robar en el que la cosa robada se escon- coloquial
de entre la propia ropa u objetos personales.
11 Burla o broma para divertirse. Amér. Merid.
12 Púa con vueltas en espiral de los taladros, barre- Amér. Merid.
nos o utensilios parecidos.
13 Cabellos largos o melenas. s.f.pl./Amér.
14 **aguantar mecha o la mecha:** Soportar molestias, coloquial
burlas, contrariedades, impertinencias, una situación
desagradable, un castigo o un peligro.
15 **alargar la mecha:** 1. Aumentar el sueldo o la paga coloquial
de un trabajador. 2. Alargar de forma voluntaria una coloquial
gestión o un negocio para obtener un fin: *alarga la*
mecha que así se lo venderemos más caro.
16 **a toda mecha:** Con mucha rapidez: *nos adelantó* loc.adv.
una moto que iba a toda mecha.

mechar Poner tiras de tocino en el interior de un ave v.tr./COCINA
o un trozo de carne para guisarla. tb: amechar

mechazo Combustión que se produce al quemarse s.m.
una mecha sin inflamar el barreno. MINERÍA

mechera
1 Mujer que roba en las tiendas. s.f.
2 Se aplica a la aguja con la que se introduce tocino adj/s.f.
en una carne para guisarla. COCINA
3 Planta herbácea de propiedades antihemorroidales, s.f.
que crece en diversas regiones de la península Ibéri- BOTÁNICA
ca. *(Phlomis lychnitis.)*

mechero
1 Objeto de bolsillo que produce llama y sirve, por lo s.m.
general, para encender cigarrillos: *me han regalado un* = encendedor
mechero de resistencia eléctrica.
2 Tubo para la mecha en las lámparas de combustible.
3 Boquilla de una lámpara.
4 Cañón de los candeleros donde se coloca la vela. = cubo
5 Ladrón que roba en establecimientos de venta al
público y se esconde las cosas robadas entre las ropas y objetos personales.
6 **mechero Auer:** El de gas consistente en un man- TECNOLOGÍA
guito impregnado de sales metálicas que se lleva hasta la incandescencia.
7 **mechero Bunsen:** El que produce una llama de TECNOLOGÍA
gran intensidad calorífica, que se usaba en los laboratorios.

mechificar Burlarse o mofarse de una persona para v.intr/conj: sacar
herirla o por simple diversión. Amér. Merid.

mechinal (Del mozárabe *mechinar* < lat. *machina*, máquina, andamio para construir un edificio.)
1 Agujero que se hace en la pared para apoyar el palo horizontal de un andamio durante la construcción de un edificio. — *s.m.* CONSTRUCCIÓN
2 Habitación o vivienda muy pequeña. — *= cuchitril*

mechón Conjunto de pelo o hilos diferentes o separados del resto: *tiene un mechón pelirrojo en la barba.* — *s.m.*

mechoneada Acción de tirar del cabello a una persona. — *s.f./Amér. Central y Merid.*

mechonear Mesar o revolver el cabello con las manos, desgreñarse. — *v.tr/prnl. Amér. Merid.*

mechoso, a Que tiene muchas mechas o mechones. — *adj.*

mechudo, a Que tiene greñas, o muchas mechas de pelo o mechones. — *adj. Amér.*

meconio
1 Excremento negruzco de los niños recién nacidos, formado por moco, bilis y restos epiteliales. — *s.m.* FISIOLOGÍA
2 Jugo que se saca de la cabeza de las adormideras. — FARMACIA

medalla (Del lat. *medaglia*.)
1 Pieza de metal de diversas formas con una inscripción, imagen o emblema grabado: *lleva su nombre grabado en la medalla.* — *s.f.*
2 Condecoración que se entrega a una persona como emblema de una distinción honorífica: *el general entregó medallas honoríficas a muchos soldados por su valentía.* — *= insignia*
3 Premio concedido en concursos y competiciones y que puede ser de oro, plata o bronce, según se consiga el primer, segundo o tercer puesto: *el atleta ganó la medalla de oro en los cien metros lisos.*
4 Medallón o bajorrelieve redondo o elíptico. — ARQUITECTURA
5 Moneda antigua fuera de uso, en el lenguaje de la numismática. — HISTORIA
6 Antigua moneda de oro.

medallero Clasificación por países participantes en una competición internacional, según las medallas obtenidas: *el equipo nacional ocupó de nuevo la tercera posición en el medallero.* — *s.m.* DEPORTES

medallista
1 Persona que graba medallas. — *s.m.f.*
2 Deportista que ha ganado una o más medallas: *los medallistas oían emocionados desde el pódium los himnos nacionales de sus respectivos países.* — DEPORTES

medallón
1 Medalla que tiene más peso y volumen que las consideradas ordinarias: *le han hecho una pulsera con los medallones que le regaló su abuela.* — *s.m.*
2 Bajorrelieve de figura redonda u oval que decora un edificio o pared: *los medallones de la fachada principal son renacentistas.* — ARTE
3 Joya en forma de caja pequeña y achatada, en cuyo interior se guarda un objeto, como fotos, retratos, mechones de pelo u otras cosas: *en el escote lucía un medallón de plata.* — *= relicario*
4 Porción de alimento cortado en rodajas, en especial de pescado: *hoy he comido medallones de rape.* — COCINA

medanal Terreno cenagoso. — *s.m./Chile*

médano (Del lat. vulgar *metulum* < lat. *metula*, pequeño mojón.)
1 Montículo de arena formado por el viento en la playa y en los desiertos. — *s.m./tb: mégano, medaño/= duna*
2 Montón de arena cuya elevación queda a escasa distancia de la superficie, en una zona donde el mar es poco profundo.

medanoso, a Se refiere al lugar o paraje que tiene médanos. — *adj.*

media
I (Derivado de *medio*.)
1 Mitad de algunas cosas, en especial de unidades de medida: *la media de una fanega de trigo.* — *s.f.*
2 Valor intermedio en una serie de números que se halla sumando todos ellos y dividiendo el resultado por la cantidad de cifras tenidas en cuenta. — MATEMÁTICAS *= promedio*
3 Espacio de treinta minutos que sobrepasa a la hora en punto que se expresa o se sobrentiende: *son las cinco y media; a la media me voy.*
4 Línea formada por jugadores que evitan los ataques del equipo contrario y se encargan de coordinar el juego entre la delantera y la defensa. — DEPORTES *= línea de medios*
5 Medida para áridos de capacidad de seis celemines.
6 Reunión de tres cartas del mismo valor en el juego del mus. — *s.f.pl. JUEGOS*
7 Mass media, conjunto de los medios audiovisuales y periodísticos de difusión masiva de la información: *los media influyen en la opinión de los ciudadanos.* — *s.m.pl. AUDIOVISUALES, SOCIOLOGÍA*
8 **media aritmética:** Cociente que resulta de dividir la suma de varias cantidades por el número de ellas. — MATEMÁTICAS
9 **media cuadrática:** Raíz cuadrada del cociente de dividir la suma de los cuadrados de las fluctuaciones de una magnitud por el número de las mismas. — MATEMÁTICAS
10 **media geométrica:** Raíz enésima del producto de n números. — MATEMÁTICAS

11 **media ponderada:** Resultado de multiplicar cada uno de los números de un conjunto por un valor particular, sumar las cantidades obtenidas y dividir el resultado por la suma de los valores usados. — MATEMÁTICAS
12 **media proporcional:** Cantidad que forma proporción geométrica con otras dos, sirviendo de consecuente a la una y de antecedente a la otra, como el cuatro respecto del dos y del ocho. — MATEMÁTICAS
13 **a medias:** 1. Sin terminar una cosa por completo: *se ha dejado el plato de comida a medias.* 2. La mitad cada uno: *es dueño del negocio a medias con otro.* 3. No del todo: *esa excusa me la creo a medias.* — *loc.adv. loc.adv. loc.adv.*
14 **entre medias:** En un lugar o tiempo distante por igual de dos puntos: *entre medias del mayor y del menor, hay tres hermanos más; encontré la camiseta entre medias de las sábanas.* — *loc.adv. = en medio*
15 **ir a medias:** Participar con otra persona en un asunto: *van a medias en el negocio.*
II (Abreviación de *media calza*.)
1 Prenda de vestir que cubre el pie y la pierna hasta la rodilla o hasta la cintura, y que suele ser de seda, nailon u otros tejidos ligeros: *tienes una carrera en la media.* — *s.f.*
2 Calcetín deportivo que llega hasta la rodilla: *el equipo lleva camiseta a rayas, pantalón azul y medias negras.* — DEPORTES
3 Modo de tejer lana u otro tejido, con dos agujas, que se realiza con una sola hebra que va de una aguja a la otra formando anillas que luego son recogidas de nuevo. — TEXTIL
4 Calcetín, prenda de vestir que cubre el pie y parte de la pierna. — *Amér.*
5 **media asnal:** La que se usaba en la antigüedad, más recia y fuerte que la ordinaria.
6 **media de peso:** La de seda que tenía un peso determinado por la ley.

mediacaña
1 Moldura cóncava de sección semicircular usada en arquitectura. — *s.f./pl: mediascañas ARQUITECTURA*
2 Listón de sección semicircular con el que se cubren las junturas o las orillas de algunas cosas: *los frisos estaban rematados con mediacañas.* — ARQUITECTURA *= junquillo*
3 Corte delantero y acanalado de un libro encuadernado. — ARTES GRÁFICAS
4 Formón de boca arqueada. — CARPINTERÍA
5 Lima que tiene forma de medio cilindro macizo terminado en punta. — CARPINTERÍA
6 Tenacillas para rizar el pelo.
7 Taco de punta semicircular que se usaba en el juego del billar. — JUEGOS
8 Pieza curva de la serreta, que se apoya en la nariz del caballo. — EQUITACIÓN
9 Filete o pieza de metal cuya superficie termina en dos rayas, una fina y otra gruesa. — ARTES GRÁFICAS

mediación
1 Acción y resultado de mediar entre partes enfrentadas para buscar una solución: *la mediación de las organizaciones internacionales ha sido determinante para la solución del conflicto.* — *s.f. = intervención*
2 Procedimiento del derecho internacional y del laboral que propone una solución a las partes en litigio, pero sin imponérsela como en el arbitraje. — DERECHO
3 Contrato por el que una de las partes se compromete a remunerar a la otra si consigue la celebración de un contrato laboral o por haber indicado la posibilidad de celebrarlo. — DERECHO
4 Razonamiento o proceso dialéctico que articula y enlaza el punto de partida y la conclusión. — FILOSOFÍA

mediado, a
1 Que está lleno, gastado o hecho aproximadamente hasta la mitad: *cuando tenía el trayecto mediado, se detuvo para comer; la botella de anís está mediada.* — *adj. = incompleto*
2 **a o hacia mediados de:** Hacia o por la mitad del período de tiempo que se indica: *se van de vacaciones a mediados del mes de agosto.* — *loc.adv.*

mediador, a
1 Que media o interviene en un asunto, discusión o problema, tratando de solucionarlo: *se constituyó en mediador de la querella entre sus vecinos.* — *adj/s. = tercero, terciador*
2 Que media o intercede a favor de una persona: *contrató a un abogado como mediador de la acusación de que era objeto.* — *= árbitro*

mediagua
1 Tejado que presenta declive en una sola dirección para la caída de las aguas. — *s.f./Amér. ARQUITECTURA*
2 Edificio cuyo tejado está construido con este tipo de declive. — *Amér. ARQUITECTURA*

medial Se aplica a la consonante que está en el interior de una palabra. — *adj. GRAMÁTICA*

medialuna
1 Cualquier objeto con una forma semejante a la que presenta la luna al comenzar a crecer o hacia el final del cuarto menguante. — *s.f. pl: mediaslunas*
2 Bollo de pasta hojaldrada que tiene forma de media luna. — COCINA *= croissant*

3 Vara larga terminada en una cuchilla con forma de media luna, que sirve para desjarretar o cortar las patas de toros o vacas por el jarrete. = **desjarretadera**

4 Fortificación en forma de media luna, construida para proteger los baluartes. CONSTRUCCIÓN

mediana
1 Recta que une el vértice de un triángulo con el punto medio del lado opuesto. s.f.
GEOMETRÍA

2 Muro o espacio que separa los dos sentidos de una carretera: *el fuerte viento hizo que el remolque chocara contra la mediana.* CONSTRUCCIÓN

3 Taco o palo de billar algo mayor que el corriente. JUEGOS

4 Correa fuerte con que se ata el aro por donde pasa el timón del arado al yugo de la yunta. AGRICULTURA

5 Término que ocupa la posición central, en una serie establecida en orden de magnitud. ESTADÍSTICA

medianamente
1 Ni bien ni mal, regular: *se sabía medianamente los temas del examen.* adv.

2 Sin tocar los extremos.

medianejo, a Que es menos que mediano o regular: *tiene un tamaño medianejo.* adj.
coloquial

medianería Pared, muro, vallado o cualquier otra instalación o espacio que se halla entre dos edificios, fincas o pisos colindantes, cuya propiedad y disfrute es común a los dueños de ambas. s.f.
DERECHO
= **medianil**

medianero, a
1 Se aplica al muro o pared que está en medio de dos casas o propiedades: *las fincas están separadas por una tapia medianera.* adj.
CONSTRUCCIÓN

2 Se refiere a la persona que media o intercede en un arreglo o trato: *ella hará de medianera en el conflicto.* adj/s.
= **mediador**

3 Dueño de una casa o propiedad que tiene medianería con otra. s.
DERECHO

4 Persona que tiene una propiedad a medias con otra. = **mediero**

medianía
1 Punto medio entre dos extremos: *su situación económica es de medianía aunque parece que va prosperando.* s.f.
= **medianidad**

2 Falta de cualidades relevantes: *se quejaba de la medianía de sus alumnos.* = **mediocridad**

medianil
1 Pared común a dos edificios o viviendas contiguos. s.m./= **medianería**

2 Parte de una tierra de cultivo situada entre la zona más alta y la más baja. AGRICULTURA

3 Listón más angosto que el molde que deja el espacio blanco de los márgenes interiores de una composición. ARTES GRÁFICAS

mediano, a
1 Que es de tamaño o calidad intermedio: *es una raza de perros de talla mediana.* adj.

2 Que tiene un nivel intermedio en un aspecto determinado: *compró un coche de mediana cilindrada.* = **regular**

3 Que no es bueno, que tiene poco valor o calidad: *es una novela mediana además de aburrida.* = **mediocre**

4 Clase de gramática que trataba del uso y construcción de las partes de la oración. s.m.pl.
GRAMÁTICA

medianoche
1 Hora en que llega el final de un día y el comienzo de otro: *oí con claridad las doce campanadas de la medianoche.* s.f.
pl: **mediasnoches**

2 Horas centrales de la noche hasta que sale el sol: *un mal sueño me despertó a medianoche.*

3 Bollo dulce que, a manera de bocadillo, se rellena con jamón, queso o cualquier otro alimento. COCINA

mediante A través de, gracias a, por medio de: *he podido comprar el piso mediante un préstamo.* adv.

mediar
1 Llegar una cosa a la mitad de su curso: *haremos un descanso al mediar la tarde.* v.intr.

2 Hablar a una persona en favor de otra: *medié por mi hermano ante el profesor; ha mediado con la empresa para que contraten a tu hijo.* = **interceder, abogar**

3 Intervenir en una discusión, problema o similar que hay entre varias personas para ponerle fin: *medió entre las dos familias para terminar con las rencillas.* + **entre**
= **arbitrar, conciliar**

4 Existir diferencias entre dos personas o cosas: *entre el uno y el otro median opiniones muy distintas.* = **intermediar**

5 Pasar un período de tiempo entre dos sucesos: *mediaron varias horas entre la llegada del primero y la del último.* = **transcurrir**

6 Ocurrir o interponerse un hecho que influye en aquello de que se trata. = **suceder**

mediastino (Del lat. *mediastinus.*) Espacio irregular entre ambas pleuras, que divide el pecho en dos partes laterales. s.m.
ANATOMÍA

mediateca (Del ingl. *media*, medios audiovisuales + gr. *theke*, caja.)
1 Colección de documentos difundidos por los medios de comunicación. s.f.
AUDIOVISUALES

2 Lugar donde se guardan los documentos difundidos por los medios de comunicación. AUDIOVISUALES

mediatinta Tono o matriz intermedio entre el claro y el oscuro o entre la luz y la sombra. s.f.
ARTE

mediatización Acción y resultado de mediatizar: *el resultado de tu mediatización en el negocio ha sido muy positivo.* s.f.

mediatizar
1 Influir en el poder, negocio o autoridad que otro ejerce o posee de forma decisiva: *su aparición en la empresa mediatizó la función del director.* v.tr.
conj: *cazar*

2 Limitar o dificultar la libertad de acción de una persona: *la opinión de sus padres mediatizó siempre sus propias decisiones.* = **coartar**

3 Privar al gobierno de un estado de la autoridad suprema aunque continúa conservando la soberanía nominal. POLÍTICA

mediato, a Que está próximo en tiempo, lugar o grado a otra cosa o persona, aunque existe otra entre ambas: *no se había detenido a pensar en las consecuencias mediatas de su decisión.* adj.
≠ **inmediato**

mediator Juego de naipes parecido al tresillo. s.m./JUEGOS

mediatriz Perpendicular trazada en el punto medio de un segmento de recta. s.f./pl: **mediatrices**
GEOMETRÍA

medicable Que se puede tratar con medicinas. adj./MEDICINA

medicación
1 Administración terapéutica de los medicamentos: *antes de proceder a la medicación hay que estudiar bien la enfermedad.* s.f.
FARMACIA

2 Conjunto de medicamentos y medios curativos destinados a un mismo fin: *la medicación le empieza a hacer efecto; tengo que tomar esta medicación durante tres meses.* MEDICINA

médicamente Según la medicina. adv.

medicamento
1 Sustancia que se aplica en el interior o en el exterior del organismo de una persona o de un animal y sirve para prevenir, aliviar o curar una enfermedad o recuperarse de sus secuelas. s.m.
FARMACIA
= **fármaco, medicina**

2 **medicamento heroico**: Medida extraordinaria que se toma en casos extremos. coloquial

medicamentoso, a
1 Que tiene propiedades curativas: *en los laboratorios farmacéuticos trabajan con sustancias medicamentosas.* adj./FARMACIA, MEDICINA

2 Que está originado por un medicamento: *sufre una intoxicación medicamentosa.* MEDICINA

3 Se aplica al vino que contiene en disolución una sustancia con propiedades curativas: *la quina es un vino medicamentoso.*

medicar Administrar medicinas a un enfermo: *la enfermera le medica dos veces al día; se medica con analgésicos cuando le duele la espalda.* v.tr/prnl.
conj: *sacar*
= **medicinar**

medicastro, a
1 Médico incompetente o falto de instrucción. s./= **medicucho**

2 Persona que ejerce la medicina sin tener la titulación correspondiente. = **curandero, medicinante**

medicina (Del lat. *medicina.*)
1 Ciencia que estudia la prevención, diagnóstico y tratamiento de enfermedades del ser humano. s.f.
MEDICINA

2 Profesión médica: *desde pequeño quiso dedicarse a la medicina.* MEDICINA

3 Sustancia que se aplica en el interior o en el exterior de un organismo vivo y sirve para prevenir, aliviar o curar una enfermedad o reparar sus secuelas: *le suministran una medicina por vía intravenosa.* MEDICINA
= **fármaco, medicamento**

4 **medicina deportiva**: La que se ocupa de las lesiones características de los deportistas e investiga los diferentes métodos para determinar la forma de los atletas, así como el efecto que la actividad deportiva provoca en el organismo del cuerpo humano. DEPORTES, MEDICINA

5 **medicina general o interna**: La que estudia y trata todas las enfermedades que no necesitan intervención quirúrgica. MEDICINA

6 **medicina laboral o del trabajo**: Conjunto de medidas preventivas cuyo fin es evitar los accidentes derivados de la actividad laboral y diagnosticar las enfermedades que pueden afectar a los trabajadores. MEDICINA

7 **medicina legal**: Ciencia médica aplicada a diferentes cuestiones de derecho y criminología. DERECHO, MEDICINA

8 **medicina preventiva**: La que se dedica a la prevención de las enfermedades. MEDICINA

9 **medicina social**: La que se ocupa de los aspectos médicos referidos a la colectividad. MEDICINA

medicinal
1 Que tiene propiedades curativas: *algunas plantas medicinales entran en la composición de preparados farmacológicos.* adj./FARMACIA, MEDICINA
= **medical**

2 De la medicina: *se han reunido para tratar de asuntos medicinales.*

medicinamiento Acción y resultado de administrar medicinas a un enfermo. s.m.
= **medicación**

medicinante
1 Curandero, persona que ejerce de médico sin serlo. s.m.f./= **medicastro**

2 Estudiante de medicina que visita enfermos.

medicinar Administrar medicinas a un enfermo: *no es bueno medicinarse sin consultar al médico.* v.tr/prnl.
= **medicar**

medición Acción y resultado de medir: *hay que hacer la medición de la superficie del local.* · s.f. · = medida

médico, a
I (Del lat. *medicus* < *mederi*, curar.)
1 De la medicina: *estudió la carrera médica como su padre; necesita asistencia médica.* · adj./MEDICINA · = medical
2 Se aplica al cuarto dedo de la mano: *lleva el anillo de casada en el dedo médico.* · adj. · = anular
3 Persona que ejerce la medicina, como profesión. · s./MEDICINA · MEDICINA
4 **médico de apelación:** El que se llama para las consultas y casos graves. · MEDICINA
5 **médico de cabecera:** El que atiende de forma habitual a un enfermo o a una familia: *llamaron al médico de cabecera porque el abuelo tenía fiebre.* · MEDICINA
6 **médico de cámara:** El que presta servicio en el palacio del rey. · HISTORIA, MEDICINA
7 **médico espiritual:** Persona que dirige y gobierna la conciencia y espíritu de otra. · = confesor
8 **médico forense:** El adscrito de forma oficial a un juzgado de instrucción: *el médico forense determinó la causa de la muerte.* · DERECHO, MEDICINA
9 **médico militar:** El que de forma oficial presta sus servicios médicos a las fuerzas armadas. · MILITAR, MEDICINA
10 **médico titular:** El que está encargado de la asistencia pública domiciliaria y de la inspección municipal de sanidad. · MEDICINA
II (Del gr. *medikos.*)
1 De Media, región antigua de Asia: *las guerras médicas enfrentaron a los griegos y al imperio persa.* · adj./HISTORIA · = medo
2 Persona natural de esta región asiática. · s./HISTORIA

medicucho, a Médico falto de instrucción o incompetente. · s./despectivo · = medicastro

medida
1 Acción y resultado de medir: *ha realizado la medida de la sala contando las baldosas del suelo.* · s.f. · = medición
2 Expresión numérica del resultado de medir una magnitud: *tiene unas medidas de 20 por 25.* · = dimensión
3 Dimensión de una persona o cosa: *me gustaría tener la misma medida que tú; la medida del brillante es diminuta.* · = tamaño, magnitud
4 Unidad que se emplea para medir una determinada magnitud: *el litro es la medida de capacidad para los líquidos.*
5 Decisión o disposición adoptada para solucionar o prevenir un problema: *el gobierno ha adoptado las medidas necesarias para evitar que se extienda la epidemia.* · = precaución, prevención
6 Grado de importancia de una cosa: *desconocemos en qué medida le afectó el problema.* · = intensidad, proporción
7 Prudencia en las palabras y acciones: *come con medida o engordarás.* · = cordura, mesura
8 Número y distribución de las sílabas de un verso. · POESÍA/= métrica
9 Generalización de la noción de longitud de un intervalo de la recta real, susceptible de ser aplicada a una clase muy amplia de conjuntos de números reales. · MATEMÁTICAS
10 Conjunto de las dimensiones de un cuerpo o un objeto: *el sastre ya me ha tomado las medidas para hacerme el traje; esa escultura tiene unas medidas enormes.* · s.f.pl.
11 **medida agraria:** La que se usa para medir terrenos agrícolas. · AGRICULTURA
12 **medida común:** Cantidad que cabe cierto número de veces en cada una de otras dos o más de la misma especie que se comparan entre sí.
13 **medida conservativa:** Disposición provisional adoptada para salvaguardar los derechos en discusión hasta que surja un reglamento definitivo. · DERECHO
14 **medida de capacidad para áridos y líquidos:** Designación de las unidades de medida usadas para los líquidos y las sustancias disgregadas, tales como harina o semillas.
15 **medida de choque:** Decisión o disposición cuyo objetivo es contener de forma brusca un proceso: *propone medidas de choque para frenar la especulación inmobiliaria.*
16 **medida de seguridad:** Acción preventiva dirigida contra aquellas personas consideradas peligrosas para la sociedad. · DERECHO
17 **medida disciplinaria:** La que asegura, mediante normas disciplinarias, el orden y el respeto a los reglamentos. · DERECHO
18 **medidas cautelares:** Las que se adoptan durante un proceso jurídico para asegurar una situación o un derecho. · DERECHO
19 **a o a la medida:** Se aplica a lo que está hecho expresamente para aquello que va destinado: *le hacen los vestidos a medida; se ha comprado un piso a la medida de sus posibilidades.* · loc.adj.
20 **a medida que:** Al mismo tiempo, según, a la vez, conforme: *va siendo más responsable a medida que crece.* · loc.conj.
21 **colmarse o llenarse la medida:** Sobrepasar una cosa del límite tolerable: *con tantos abusos ya se ha colmado la medida de mi paciencia.*
22 **en cierta medida:** Hasta cierto punto, de algún modo: *no votaré a este candidato, aunque en cierta medida estoy de acuerdo con él.* · loc.adv.
23 **en gran medida:** Mucho, con intensidad: *se preocupa en gran medida por sus hijos.* · loc.adv.

24 **sin medida:** De forma exagerada: *come sin medida y luego se siente empachado.* · loc.adv.
25 **tomar a una persona la medida:** Formarse un juicio sobre ella. · coloquial
26 **tomar medidas:** Utilizar los medios necesarios para corregir o evitar una acción o un suceso perjudiciales, o para que una persona se comporte con corrección: *hay que tomar medidas para dar solución a la crisis económica; si no cumples las normas, tomarán medidas contra ti.*
27 **tomar una persona sus medidas:** Tantear y analizar un asunto desde todas las perspectivas para evitar que fracase.

medidor, a
1 Que mide o sirve para medir una cosa: *el barómetro es un instrumento medidor de la presión atmosférica; el medidor de las longitudes es el metro.* · adj/s.m.
2 Oficial encargado de medir los granos y líquidos. · s.m./Amér.

mediero, a
1 Persona que hace o vende medias. · s.
2 Cada una de las personas que va a medias en la explotación de tierras, cría de ganado u otra actividad o negocio.

medieval (Del lat. *medium aevum.*) De la edad media: *es un especialista en literatura medieval.* · adj. · tb: medioeval

medievalismo
1 Carácter medieval de alguna cosa, suceso o persona, ya sea por semejanza con la edad media o por haber existido durante la misma. · s.m. · = medievalidad
2 Conocimiento de la civilización, usos y costumbres de la edad media.

medievalista Persona que está especializada en lo que concierne a la edad media. · s.m.f.

medievo (Del lat. *medium aevum.*) Edad media, período histórico que va desde la caída del imperio romano hasta el siglo XV. · s.m. · HISTORIA · tb: medioevo

medina Parte antigua de una ciudad árabe. · s.f.

medio, a (Del lat. *medius.*)
1 Que es igual a la mitad de un todo o de un entero: *se bebió media botella de vino; ya he leído medio libro; con media docena de huevos es suficiente.* · adj.
2 Que está aproximadamente en el centro: *pertenece a la clase media; su padre tiene una edad media.* · = intermedio
3 Que tiene las características comunes de un grupo o un conjunto de elementos: *el poder adquisitivo del español medio es cada vez más alto.* · = común
4 Que es el promedio de diversos elementos: *tengo un seis como nota media de la evaluación.*
5 Que es gran parte de una cosa determinada: *vino a verle medio pueblo.* · = mucho · ≠ poco
6 Que es imperfecto o incompleto: *no hables con medias palabras; se le escapó una media sonrisa de satisfacción.* · = completo
7 Se aplica al estilo que es exornado y elegante pero no tan expresivo y elevado como el sublime. · RETÓRICA
8 Se refiere al tercer dedo de la mano. · adj/s.m.
9 Parte central de los extremos o límites de una cosa: *han puesto una fuente en el medio de la plaza.* · s.m. · = centro
10 La mitad de un todo o un entero: *parta el queso por la mitad y deme un medio.*
11 Acción o cosa que sirve para conseguir otra: *se sirvió de medios violentos para obligarle a declarar.* · = recurso
12 Conjunto de circunstancias culturales, económicas o sociales que rodean a una persona: *se desenvuelve en un medio poco recomendable.* · = ambiente, entorno
13 Elemento que sirve para un fin determinado: *todos deberíamos usar los medios de transporte; como medio de pago efectúan una transferencia.* · = canal · + de
14 Jugador de ciertos deportes de equipo, que se mueve en el centro del campo y se encarga de coordinar el juego entre la defensa y la delantera. · DEPORTES · = centrocampista
15 Sustancia fluida o sólida en que se desarrolla un fenómeno determinado: *la cristalización de este compuesto se produce en un medio líquido en reposo.* · FÍSICA
16 Espacio en que vive y se desarrolla un ser: *las aves viven en un medio aéreo y los peces en un medio acuoso.* · BIOLOGÍA · = hábitat
17 Persona que dice poseer facultades especiales para comunicarse con los espíritus o realizar invocaciones. · s.m.f./OCULTISMO · tb: médium
18 Parte de una colectividad que tiene caracteres o actividades comunes: *forma parte del medio influyente del país.* · s.m. · = sector
19 Dinero, bienes o hacienda de que dispone una persona: *tiene los medios suficientes para hacer frente a una hipoteca elevada.* · s.m.pl. · = recursos
20 Tercio del centro del ruedo, determinado por la tercera parte del radio, que se mide desde el centro del círculo. · TAUROMAQUIA
21 Algo, un poco, no del todo: *está medio atontado; llegó medio mareada.* · adv.
22 **medio ambiente:** Conjunto de elementos, condiciones o factores que rodean a un ser vivo e influyen en su desarrollo y actividad. · ECOLOGÍA

23 medio de comunicación o información: Órgano destinado a transmitir de forma directa mensajes a una gran masa de público. AUDIOVISUALES

24 medio de cultivo: Sustancia o producto nutritivo artificial que favorece el desarrollo de los microorganismos. BIOLOGÍA

25 medio interno: Líquido que baña las células del interior de un organismo, mediante el cual se realizan la nutrición y estimulación celulares. BIOLOGÍA

26 medio natural: Conjunto de las características físicas que influyen sobre la vida de los seres en la superficie de la tierra. GEOGRAFÍA

27 medios de producción: Objetos empleados en la producción y que constituyen su condición material. ECONOMÍA

28 a medias: 1. De forma incompleta o imperfecta: *dejó el trabajo a medias.* 2. Repartido entre dos personas: *pagarán la cena a medias.* loc.adj/adv. loc.adv.

29 a medio: 1. De forma incompleta o imperfecta: *estaba a medio vestir cuando yo llegué; el pollo está todavía a medio asar.* 2. A la mitad de: *a medio camino me encontré a un amigo.* loc.adv. loc.adj.

30 de medio a medio: Por completo: *te equivocaste de medio a medio asociándote con él.* loc.adv.

31 de por medio, por medio o por en medio: Constituyendo un obstáculo o algo que considerar: *en este asunto hay dinero de por medio; hubo gente que se puso por medio para evitar la pelea.* loc.adj/adv.

32 en medio: En el centro: *sal de en medio; ponte en medio.* loc.adv.

33 en medio de: 1. Entre dos personas o cosas: *iba en medio de sus padres.* 2. Entre varios: *sin darme cuenta me encontré en medio de una muchedumbre.* 3. A pesar de, no obstante, sin embargo: *en medio de su tristeza, tuvo ánimos para arreglarse y salir a pasear.*

34 en su medio: Muy a gusto: *cuando va a la discoteca se encuentra en su medio.* loc.adv.

35 ni medio: Nada, en absoluto: *esto no está ni medio bien.* loc.adj.

36 no ahorrar medios: Poner una persona todo lo que está a su alcance para conseguir una cosa o para realizarla: *no ahorró medios en la boda de su hija.*

37 poner los medios para una cosa: Hacer todo lo necesario para conseguir o realizarla: *puso los medios para prevenir el desastre.*

38 ponerse por o en medio: Interponerse entre dos personas o inmiscuirse en un asunto: *nos enfadamos porque su madre se puso por en medio.*

39 por en medio: Por la mitad: *al caerse la sandía, se rompió por en medio.* loc.adv.

40 por medio de: Mediante, con la ayuda de: *lo consiguió por medio de una ayuda estatal.* loc.prep.

41 quitar de en medio a una persona: Apartarla de algo o matarla, por constituir un obstáculo para una finalidad: *decidieron quitarle de en medio porque los había descubierto.* coloquial

42 quitarse de en medio: Apartarse de un lugar o de un asunto: *como es un tema peligroso mejor será que te quites de en medio.*

medioambiental Del medio ambiente: *hay muchas organizaciones que denuncian la contaminación medioambiental.* adj. ECOLOGÍA

mediocre (Del lat. *mediocris.*)
1 Que tiene poco valor o calidad: *nos alojaron en un hotel pequeño y mediocre.* adj. = mediano
2 Que tiene poca inteligencia y no destaca por ninguna cualidad: *es un trabajador mediocre.* = vulgar

mediocridad
1 Carácter de lo que es mediocre. s.f./= mediania
2 Persona de poca inteligencia o de escaso mérito: *quiero el mejor equipo, no mediocridades.* = vulgaridad

mediodía
1 Momento del día en que el Sol está en el punto más alto de su elevación sobre el horizonte. s.m.
2 Espacio de tiempo que comprende las horas centrales del día: *te llamo al mediodía y quedamos para comer juntos.*
3 Sur, territorio situado en la dirección de este punto cardinal o parte más cercana a él, en los países, regiones y zonas del hemisferio norte: *su casa está ubicada mirando al mediodía; viajaremos por el mediodía francés.* GEOGRAFÍA
4 **mediodía medio:** Momento en que queda dividido en dos partes iguales el día civil.
5 **a mediodía:** A la hora en que el Sol está en el punto más alto sobre el horizonte: *no es aconsejable tomar el sol a mediodía.* loc.adv.
6 **al hilo o filo de mediodía:** A las doce del día en punto: *las campanas repicaron al filo de mediodía.* loc.adv.
7 **hacer mediodía:** Detenerse para comer cuando se va de excursión o de viaje: *los peregrinos hicieron mediodía en una posada.*

medioevo Edad media, tiempo histórico. s.m./tb: medievo

mediofondista Se aplica al atleta especializado en las pruebas de medio fondo. adj/s.m.f. DEPORTES

mediometraje Película cinematográfica de una duración entre treinta y sesenta minutos. s.m. CINE

mediomundo Aparejo de pesca compuesto de una manga de red, cuyos bordes se adaptan a unas varas curvas suspendidas de una pértiga. s.m. PESCA = balanza, velo

mediopaño Tela de lana semejante al paño pero más delgada y menos resistente. s.m. TEXTIL

mediopensionado, a
1 Se aplica al régimen de vida del mediopensionista. adj.
2 Grupo de personas que viven como mediopensionistas en un colegio, hotel u otro lugar. s.m.

mediopensionista Que vive en una institución o centro en régimen de media pensión: *los alumnos mediopensionistas pueden pasar al comedor.* adj/s.m.f.

medir (Del lat. *metiri.*)
1 Determinar la longitud, extensión, volumen, fuerza, capacidad u otra magnitud: *voy a medir la anchura de la mesa; el termómetro mide la temperatura.* v.tr. conj: pedir = calcular
2 Comparar dos o más cosas: *hicieron un pulso para medir sus fuerzas.* = sopesar
3 Pensar en los diferentes aspectos de una cosa: *debes medir los pros y los contras antes de tomar una decisión.* = considerar, reflexionar
4 Tener una persona, un animal o una cosa determinada longitud, extensión, volumen, fuerza o intensidad: *la reina mide un metro de ancho.* v.intr. = mesurar
5 Hacer o decir una persona una cosa de manera moderada o prudente: *debes medir tus palabras; me mido al hablar en las reuniones sociales.* v.tr/prnl. = comedirse, contener, moderar
6 Contar y ajustar las sílabas de un verso. v.tr./POESÍA
7 Distribuir un texto musical según el compás. MÚSICA
8 **medir con la mirada o con los ojos:** Examinar a una persona de arriba abajo con ánimo de reprenderla. coloquial
9 **medirse una persona consigo misma:** Saber cómo es y cómo obrar de acuerdo con sus aptitudes: *si dice que no puede hacerlo es porque se mide consigo mismo.* coloquial

meditabundo, a Que medita o reflexiona en silencio: *en actitud meditabunda contemplaba el mar.* adj. = pensativo

meditación
1 Acción de pensar con detenimiento y reflexión: *al ver aquel extraño comportamiento, se sumió en una profunda meditación.* s.f. = cogitación
2 Pensamiento o idea que resulta de la consideración y estudio detenidos de una cosa: *la obra recoge las meditaciones del autor.* = reflexión
3 Forma de oración mental que consiste en la reflexión sobre un aspecto religioso. RELIGIÓN

meditador, a Que medita. adj./= meditante

meditar (Del lat. *meditari.*)
1 Pensar sobre una cosa con reflexión y atención: *antes de aceptar la propuesta quiero meditarla.* v.tr. = reflexionar
2 Pensar o discurrir con atención los medios para conseguir un propósito: *creo que está meditando la manera de vengarse.*
3 Dedicarse una persona a la meditación: *los monjes budistas me enseñaron a meditar.* v.intr. = reflexionar

meditativo, a Que tiene relación con la meditación: *ha aprendido nuevas técnicas meditativas.* adj. = reflexivo

mediterráneo, a (Del lat. *mediterraneus.*)
1 Del mar Mediterráneo. adj.
2 Que está situado a orillas de este mar: *a la reunión asisten los representantes de los países mediterráneos.* GEOGRAFÍA
3 De los pueblos que viven a orillas de este mar: *el color moreno de la piel es un rasgo mediterráneo.* GEOGRAFÍA
4 Persona natural de cualquier país que se halla a orillas del Mediterráneo. s.
5 Se aplica a la fiebre muy intensa, oscilante y de larga duración, acompañada de sudores abundantes y dolores difusos. adj. MEDICINA = fiebre de Malta
6 Se refiere al clima caracterizado por veranos e inviernos suaves. GEOGRAFÍA
7 **descubrir el Mediterráneo:** Dar como novedad una cosa que ya era sabida por todos. coloquial

médium Persona que se cree que posee facultades paranormales que le permiten comunicarse con los espíritus o realizar invocaciones. s.m.f. pl: médium OCULTISMO

medo, a
1 De Media, región antigua de Asia. adj./HISTORIA
2 Persona natural de esta antigua región asiática. s./HISTORIA

medrana Sensación o perturbación desagradable ante un peligro, dolor u otra causa. s.f./coloquial = miedo, temor

medrar (Del ant. *mejdrar.*)
1 Adquirir una mejor posición social o económica: *al cobrar la herencia, medró de forma considerable; su hacienda ha medrado a pasos agigantados.* v.intr./= mejorar, progresar, prosperar
2 Crecer un animal o una planta: *el esqueje que planté medró con rapidez.*
3 **¡medrados estamos!:** Expresión utilizada para manifestar sorpresa o disgusto ante una cosa inesperada. coloquial

medriñaque
1 Tejido hecho con las fibras de ciertas plantas, que se usaba para forrar y ahuecar vestidos. s.m.
2 Refajo corto que usaban las mujeres. = zagalejo

medro
1 Situación de mejora o progreso. — s.m./= medra
2 Crecimiento y desarrollo de las plantas y animales.

medrosamente Con miedo: *sospechaba que había un ladrón y entró medrosamente.* — adv. = temerosamente

medroso, a (Del lat. vulgar *metorosus*, miedoso.)
1 Que es propenso a sentir miedo: *no seas medroso e intenta afrontar el peligro con serenidad; se dirigió a su superior con actitud medrosa.* — adj/s. = temeroso, pusilánime
2 Que causa miedo: *la niebla daba un aspecto medroso al pantano.* — adj. = inquietante

médula (Del lat. *medulla*.)
1 Sustancia grasa, blanca o amarillenta, que constituye la masa esponjosa del interior de los huesos. — s.f./ANATOMÍA = médula ósea
2 Sustancia que forma parte del sistema nervioso como prolongación del cerebro y que se halla en el interior de la columna vertebral. — ANATOMÍA = médula espinal, médula dorsal
3 Sustancia esponjosa que está dentro de las raíces y tallos de algunas plantas. — BOTÁNICA = pulpa
4 Aspecto, punto o parte que constituye lo más importante o lo esencial de una cosa: *sólo llegando a la médula de la cuestión podremos sacar algo en claro.* — = meollo, fondo
5 **médula amarilla:** La adiposa que se encuentra en los huesos largos. — ANATOMÍA
6 **médula oblonga u oblongada:** Parte anterior, superior en las personas, de la médula espinal. — ANATOMÍA = bulbo raquídeo
7 **médula roja:** La que, en los adultos, se encuentra en los huesos cortos planos, y en los bebés ocupa casi todo el esqueleto. — ANATOMÍA

medular
1 De la médula: *anda con dificultad porque tiene una lesión medular.* — adj. ANATOMÍA
2 Que es muy importante o fundamental: *el orden del día empieza con un punto medular.* — = esencial
3 Se refiere a la línea de jugadores que ocupa la demarcación del centro del campo, en los deportes de equipo. — adj/s.f. DEPORTES

meduloso, a Se aplica a los órganos vegetales que tienen una especie de médula en su interior. — adj. BOTÁNICA

medulosuprarrenal Se aplica a la glándula que segrega la adrenalina y que está formada por la parte medular de las cápsulas suprarrenales. — adj/s.f. ANATOMÍA

medusa (Del gr. *Medusa*, nombre de una de las tres Gorgonas a la que se representa con abundante cabellera.) Forma libre de muchos animales celentéreos, constituida por un cuerpo semejante a una sombrilla en cuyos bordes lleva unos filamentos o tentáculos urticantes. — s.f. ZOOLOGÍA

medusco, a Que tiene relación o es parecido a Medusa, personaje de la mitología clásica, de mirada aterradora y cabeza cubierta de serpientes. — adj. MITOLOGÍA

meeting (Voz inglesa.) Reunión pública en la que se hace propaganda política o social. — s.m./POLÍTICA tb: mitin

mefistofélico, a (De *Mefistófeles*, demonio.)
1 De este personaje o que tiene relación con él. — adj.
2 Que es perverso, rebuscado o diabólico: *sólo una mente mefistofélica podría trazar una venganza tan cruel.* — = siniestro

mefítico, a (Del lat. *mefiticus*.) Que no puede ser respirado por causar daño al organismo, en especial si huele mal: *la mina emanaba gases mefíticos.* — adj. = irrespirable, maloliente

mega- Componente de palabra procedente del gr. *megas*, que significa grande y que multiplica la unidad de medida por un millón: *megafonía; megalitro; megalomanía.* — pref. tb: megalo-

megabyte Unidad de medida de una memoria, un disco o un fichero que equivale a 1 024 kilobytes. — s.m. INFORMÁTICA

megacariocito Célula de gran tamaño de la médula ósea, que forma las plaquetas desprendiendo trocitos de su citoplasma y lanzándolos a la circulación sanguínea. — s.m.

megaciclo Unidad de frecuencia que equivale a un millón de ciclos. — s.m. FÍSICA

megacolon Dilatación excesiva y anormal del colon. — s.m./MEDICINA

megafonía
1 Conjunto de micrófonos, altavoces y otros aparatos que aumentan el volumen del sonido en espacios abiertos o recintos de gran capacidad: *la audición era buena en el estadio debido a la correcta instalación de la megafonía.* — s.f. AUDIOVISUALES, TECNOLOGÍA
2 Técnica y método de los aparatos e instalaciones para aumentar el volumen del sonido. — AUDIOVISUALES, TECNOLOGÍA

megáfono (Del gr. *megas*, grande + *phone*, sonido.)
1 Aparato que se utiliza para amplificar la voz: *la policía se comunicaba con el atracador mediante un megáfono.* — s.m. AUDIOVISUALES, TECNOLOGÍA
2 Aparato que sirve para amplificar los sonidos que se han registrado en un disco gramofónico: *se paró a escuchar la canción que se oía por el megáfono.* — AUDIOVISUALES

megahertzio Unidad de frecuencia que equivale a un millón de hertzios. — s.m. FÍSICA

megalítico, a
1 Del megalito o monumento prehistórico: *estuvimos contemplando las enormes piedras megalíticas de New Grange.* — adj. HISTORIA
2 Se aplica a la cultura neolítica que se caracteriza por la construcción de megalitos. — HISTORIA

megalitismo Cultura megalítica. — s.m./HISTORIA

megalito (Del gr. *megas*, grande + *lithos*, piedra.) Construcción prehistórica hecha con piedras de grandes dimensiones y sin labrar, de carácter funerario o religioso. — s.m. HISTORIA

megalocardia (Del. gr. *megas*, *megalos*, grande + *kardia*, corazón.) Dilatación o hipertrofia del corazón. — s.f./MEDICINA = cardiomegalia

megalocefalia Cualidad de megalocéfalo: *muchas personas enanas presentan megalocefalia.* — s.f./MEDICINA = macrocefalia

megalocéfalo, a (Del gr. *megas*, *megalos*, grande + *kephale*, cabeza.) Que tiene la cabeza muy grande. — adj/s./MEDICINA tb: megacéfalo

megalocito (Del gr. *megas*, *megalos*, grande + *kytos*, célula.) Glóbulo rojo, no nucleado y de dimensiones mayores que el normal. — s.m. BIOLOGÍA = macrocito

megalomanía (Del gr. *megas*, *megalos*, grande + *manía*, locura.)
1 Tendencia a sobrevalorar las propias capacidades físicas, intelectuales, sexuales o sociales. — s.f. SIQUIATRÍA
2 Trastorno mental que consiste en un excesivo deseo de grandeza. — SIQUIATRÍA

megalómano, a Que padece megalomanía. — adj/s./SIQUIATRÍA

megalópolis (Del gr. *megas*, *megalos*, grande + *polis*, ciudad.) Unión de varias ciudades o áreas metropolitanas que da lugar a una gran ciudad o aglomeración. — s.f. pl: megalópolis

mégano Médano, cúmulo de arena. — s.m./= duna

megaohmio Unidad de resistencia eléctrica que equivale a un millón de ohmios. — s.m./FÍSICA tb: mogohmio

megarense
1 De Megara, ciudad de la antigua Grecia. — adj./HISTORIA
2 Persona natural de esta antigua ciudad griega. — s.m.f./HISTORIA

megaterio (Del gr. *megas*, grande + *therion*, animal.) Mamífero desdentado fósil, del tamaño de un elefante, esqueleto macizo y garras delanteras fuertes, que vivió en tierras sudamericanas a comienzos del cuaternario. — s.m. ZOOLOGÍA

megatón (Del gr. *megas*, un millón + *tonos*, tensión.) Unidad para medir la potencia explosiva de una bomba o de un proyectil nuclear, equivalente a la energía producida por la explosión de un millón de toneladas de trinitrotolueno. — s.m. FÍSICA

megatonelada Unidad de masa que equivale a un millón de toneladas. — s.f. FÍSICA

megatónico, a Se refiere a la carga nuclear que es igual o superior a un megatón. — adj./FÍSICA NUCLEAR

megavatio Unidad de potencia eléctrica, equivalente a un millón de vatios. — s.m. ELECTRICIDAD

mego, a (Del lat. *magicus*, mágico.) Que es manso y apacible: *le gustaba contemplar las megas aguas del río.* — adj. = tratable, tranquilo

mehari Raza de dromedarios domésticos que se utiliza en África para la carrera rápida. — s.m. ZOOLOGÍA

meigo, a (Voz gallega.) Persona que ejerce la brujería y que, según la tradición popular, tiene poderes sobrenaturales. — s. OCULTISMO

meiosis Proceso en el que se reduce a la mitad el número de cromosomas de las células vivas y que constituye el estadio esencial de su formación. — s.f./pl: meiosis BIOLOGÍA tb: meyosis

mejana Islote en un río: *fuimos nadando desde la orilla hasta la mejana.* — s.f. GEOGRAFÍA

mejicanismo Mexicanismo, expresión o construcción características del español hablado en México. — s.m. LINGÜÍSTICA

mejicano, a
1 De México. — adj./tb: mexicano
2 Mexicano, persona natural de México. — s.
3 Mexicano, variedad lingüística del español hablado en México. — s.m. LINGÜÍSTICA

mejido, a Se aplica al huevo o a la yema batidos. — adj.

mejilla (Del lat. *maxilla*, mandíbula.) Prominencia carnosa a cada lado de la cara debajo de los ojos: *la besó en la mejilla; tienes las mejillas coloradas.* — s.f. = carrillo

mejillón (Del port. *mexilhão* < lat. vulgar *muscellio* < lat. *muscellus*.) Molusco marino con la concha formada por dos valvas simétricas, casi triangulares y convexas, de color negro, que vive fijado a las rocas por el filamento bisal formando grandes colonias, y cuya carne es muy apreciada. (*Mytilus edulis*.) — s.m. ZOOLOGÍA

mejillonero, a
1 De la cría y pesca del mejillón: *visitamos un criadero mejillonero; se dedica a la industria mejillonera.* — adj.
2 Persona dedicada a la cría y pesca del mejillón. — s.

mejor (Del lat. *melior*.)
1 Que es superior o más bueno: *el perro es el mejor amigo del hombre; mejores verduras no las hay.* — adj. ≠ peor

2 Que es preferible o más conveniente: *es mejor que no lo veas en tan lamentable estado; mejor nos vamos de aquí.* —
3 Más bien: *esta falda te sienta mejor.* — adv.
4 a lo mejor: Quizá, tal vez: *a lo mejor te darán una sorpresa.* — loc.adv.
5 a o para mejor: Para mejorar: *esperemos que el cambio sea para mejor.* — loc.adj. coloquial
6 en mejor: De superior calidad: *es como el antiguo pero en mejor.* — loc.adj. coloquial
7 llevar lo mejor: Ir consiguiendo ventaja en una lucha o competición. —
8 mejor que mejor, mucho mejor o tanto mejor: Expresiones con que se indica satisfacción o aprobación intensas: *si además de inteligente es trabajador, mejor que mejor; mucho mejor si consigo alguna ventaja sobre ella; si no vienes, tanto mejor para mí.* — loc.adv.
9 por mejor decir: Se usa para rectificar lo que se ha dicho, ampliándolo, restringiéndolo o corrigiéndolo: *no está más guapo, por mejor decir, está feo.* — loc.adv. coloquial

mejora
1 Acción o situación favorable, de progreso o perfeccionamiento de las cosas o las personas en su constitución, estado o desarrollo: *hemos hecho algunas mejoras en el piso; el paciente ha experimentado una mejora.* — s.f. = arreglo, mejoría
2 Aumento del precio que se ofrece en una subasta, compra, venta o arrendamiento. — = puja
3 Conjunto de bienes que deja el testador en testamento a un descendiente o heredero, además de los que le corresponden por ley. — DERECHO
4 Gasto o inversión en trabajos de acondicionamiento o de un mejor funcionamiento de una finca o casa arrendada o usufructuada y por los que puede pedirse indemnización al propietario de la misma. — s.f.pl.

mejorable Que se puede mejorar o superar: *el atleta reconoció que el tiempo conseguido era mejorable.* — adj. = superable

mejoramiento Acción y resultado de mejorar: *todos los ciudadanos reconocen el mejoramiento del tráfico.* — s.m. = mejora

mejorana (Del bajo lat. *maezurana*.)
1 Planta herbácea de hojas vellosas, flores blancas y olorosas y fruto seco con semillas redondas, que se cultiva en los jardines y se usa en medicina como antiespasmódica. *(Origanum mejorana.)* — s.f./th: mayorana BOTÁNICA
2 mejorana silvestre: Planta de hojas blancas y flores agrupadas en cabezuelas pequeñas, que crece en la península Ibérica. *(Artemisia coerulescens.)* — BOTÁNICA = santónico

mejorar
1 Hacer que una cosa sea mejor de lo que era: *con la nueva máquina mejorará la productividad.* — v.tr. ≠ empeorar
2 Hacer que un enfermo recobre la salud o se encuentre mejor: *este jarabe me ha mejorado la tos; si haces reposo mejorarás en unos días; tras la operación, se mejoró mucho.* — v.tr./intr/prnl. = restablecerse, sanar
3 Ofrecer una cantidad superior a la anterior en el precio de una cosa: *intentó mejorar en diez mil pesetas la cantidad establecida.* — v.tr. = pujar
4 Dejar un conjunto de bienes no legítimos a una persona en testamento. — DERECHO
5 Ser una persona o una cosa mejor que otra: *mejora a su hermana en simpatía; esta comida mejora a la que nos daban en el hotel.* — + a, en = aventajar, superar
6 Ponerse el tiempo más favorable o benigno: *después de la lluvia el día mejoró.* — v.intr/prnl. ≠ estropearse
7 Pasar una persona a tener mejor posición económica o social: *cuando se casó con el financiero su situación se mejoró; con el nuevo trabajo mejorará su categoría laboral.* — = progresar ≠ descender
8 mejorando lo presente: Se usa cuando, en presencia de una o varias personas, se alaba o pondera a otra: *mi sobrino es una bellísima persona, mejorando lo presente.* — formal

mejoría
1 Alivio o disminución de una enfermedad o dolencia: *en pocos días el paciente ha experimentado una franca mejoría.* — s.f. = recuperación ≠ empeoramiento
2 Mejora, acción o situación favorables: *los expertos aseguran una pronta mejoría de la situación económica.* —
3 Ventaja o superioridad de una cosa respecto a otra. — = superación
4 Aumento o medro de una cosa. —

mejunje (Del ár. *memzuy*, mezclado.) Bebida, medicamento, cosmético u otro preparado de aspecto desagradable: *por las noches se aplica sobre la cara un mejunje hecho a base de hierbas; no pienso tomarme este mejunje repulsivo.* — s.m. th: menjunje, menjurje = brebaje coloquial

mela- Componente de palabra procedente del gr. *melas*, que significa negro: *melanina; melanoma.* — pref. th: melani-, melano-

melada
1 Rebanada de pan tostado cubierta con miel: *le gusta merendar una melada con mantequilla.* — s.f. COCINA
2 Pedazos de mermelada seca. —

melado, a
1 De color amarillo rojizo, como el de la miel: *la joven actriz tenía los cabellos melados.* — adj. = flavo
2 Torta hecha de miel y cañusmones. — s.m./COCINA

meladucho, a Se aplica a la manzana dulce pero poco sustanciosa. — adj/s.f.

meláfido Roca volcánica de color oscuro, compuesta de feldespato y augita con algo de hierro magnético, que se usa en construcción. — s.m. GEOLOGÍA th: meláfiro

melancolía (Del lat. *melancholia* < gr. *melankholia*, mal humor.)
1 Sentimiento de tristeza profunda y sosegada, habitual o circunstancial, originado por causas físicas o morales, a veces desconocidas: *las tardes de otoño me producen melancolía.* — s.f. = nostalgia, morriña ≠ alegría
2 Estado depresivo intenso, caracterizado por astenia, postración e inhibición sicomotriz y acompañado de insomnio. — SIQUIATRÍA = lipemanía

melancólico, a
1 De la melancolía: *su melancólica mirada revelaba sus tristes pensamientos.* — adj. = lánguido
2 Que tiene melancolía: *cuando oigo sus canciones me pongo melancólica; los melancólicos suelen sentirse desgraciados.* — adj/s.
3 Se aplica al tercer cuadrante del tema celeste. — adj./OCULTISMO

melancolizar Poner o ponerse triste, desanimado o melancólico: *los recuerdos de la infancia le melancolizan; al oír hablar de su país se melancolizó.* — v.tr/prnl. conj: *cazar* ≠ *alegrar*

melanesio, a
1 De Melanesia, conjunto de archipiélagos e islas del Pacífico. — adj. = melanésico
2 Persona natural de Melanesia. — s.
3 Se aplica a las lenguas de la familia malayopolinesia, habladas en Melanesia. — adj/s.m. LINGÜÍSTICA

melánico, a De la melanina. — adj./BIOQUÍMICA

melanina (Del gr. *melas*, negro.) Pigmento oscuro que existe en ciertas células del cuerpo y que constituye el color del pelo, la piel, la coroides y ciertas zonas del cerebro: *las personas albinas carecen de melanina.* — s.f. BIOQUÍMICA

melanita (Del gr. *melas*, negro.) Variedad negra, opaca y brillante del granate. — s.f. MINERALOGÍA

melanoblasto Célula que fabrica melanina. — s.m./BIOLOGÍA

melanocito Célula de la base de la epidermis, que contiene melanina. — s.m. BIOLOGÍA

melanodermia Coloración negra de la piel. — s.f./BIOLOGÍA

melanóforo (Del gr. *melas*, negro + *phoros*, que lleva.) Célula que contiene melanina pero que no la produce. — s.m. BIOLOGÍA

melanoma (Del gr. *melas*, negro + *oma*, tumor.) Denominación genérica de los tumores de la piel formados por células que contienen melanina. — s.m. MEDICINA

melanosis (Del gr. *melas*, negro + *osis*, enfermedad no inflamatoria.)
1 Oscurecimiento anormal de los tejidos orgánicos, en especial de la piel, por acumulación de melanina. — s.f./pl: melanosis MEDICINA
2 Enfermedad de la vid. — AGRICULTURA

melanuria (Del gr. *melas*, negro + *uron*, orina.) Enfermedad que se manifiesta, por lo general, por la emisión de orina negra u oscura. — s.f. MEDICINA

melapia Variedad de manzana, de sabor más azucarado que la común. — s.f. AGRICULTURA

melar (Derivado de *miel*.)
1 Se aplica a los frutos de sabor dulce o más dulce de lo común. — adj.
2 Cocer el zumo de la caña por segunda vez hasta que tome consistencia de miel. — v.intr. conj: *pensar*
3 Elaborar las abejas la miel y ponerla en las celdillas de los panales. — v.intr/tr.

melastomatáceo, a Perteneciente a una familia de plantas angiospermas dicotiledóneas, leñosas o herbáceas, propias de los países intertropicales, que carecen de glándulas productoras de aceite esencial en los órganos vegetativos, como el cordobán. — adj/s.f. BOTÁNICA th: melastomáceo

melaza Líquido espeso, de color pardo oscuro y sabor muy dulce, que queda como residuo de la fabricación del azúcar de caña o remolacha: *la melaza se usa en la alimentación del ganado.* — s.f. INDUSTRIA = melote

melca Zahína, planta gramínea, con cañas altas, hojas lampiñas y flores en panoja. — s.f. BOTÁNICA

melcocha (Del ant. *cocho*, cocido.)
1 Miel muy correosa que se obtiene al mezclarla, cuando está caliente, con agua fría. — s.f. = arropía COCINA
2 Cualquier pasta preparada con esta miel. —

melcochero, a Persona que hace o vende melcocha. — s.

melée (Voz francesa.) Jugada de rugby en la que, a continuación de una falta, los delanteros de ambos equipos se colocan en grupo cara a cara y, empujándose, intentan apoderarse del balón, que previamente ha sido introducido entre ellos, para lanzarlo a otro de sus jugadores que se encuentra fuera del grupo. — s.f. DEPORTES

melena
I (De origen incierto.)

1 Cabello que cae por detrás y por los lados de la cara, y que cuelga sobre los hombros: *la melena le llega a la cintura*. — s.f. = cabellera
2 Cabello suelto: *no sé si recogerme el pelo o dejarme la melena*.
3 Crin del león.
4 Cabello largo, desarreglado y mal peinado: *los hippies llevaban melenas*. — s.f.pl. = greñas
5 Almohadilla que se pone a los bueyes bajo el yugo. — s.f./= melenera
6 Yugo sobre el que gira la campana para voltear.
7 andar a la melena: Reñir o discutir de forma acalorada: *no se soportan y siempre andan a la melena*. — coloquial
8 hacer venir o traer a la melena: Obligar a una persona a que haga una cosa que no quiere. — coloquial
II (Del gr. *melaina*, negra.) Deposición de sangre negra, sola o mezclada con excrementos, como consecuencia de una hemorragia gástrica o intestinal. — s.f. MEDICINA

melenera
1 Parte superior del testuz de los bueyes en la que se asienta el yugo. — s.f.
2 Almohadilla o piel que se pone a los bueyes en la frente para que no les roce la correa con que se sujeta el yugo. — = melena

meleno, a
1 Se aplica a la res vacuna que tiene un mechón de pelo en el testuz y le cae sobre la frente. — adj./= greñudo TAUROMAQUIA
2 Hombre del campo. — s.m./= rústico

melenudo, a Se aplica a la persona que tiene el cabello largo y abundante: *el cantante del grupo era un joven melenudo*. — adj/s.

melera
1 Daño que sufren los melones a causa de las lluvias abundantes o del granizo, y que se manifiesta por manchas negras en la corteza. — s.f. AGRICULTURA
2 Lengua de buey, planta vellosa con flores en forma de embudo y de color azulado. — BOTÁNICA = buglosa

melero, a
1 Persona que vende miel. — s.
2 Sitio donde se realizan las labores de extracción de la miel, y en el que ésta se guarda. — s.m.

melga (Del lat. vulgar *melica* < lat. *medica*, mielga.) Faja de tierra que se marca para sembrar. — s.f./AGRICULTURA tb: amelga

melgacho Pez de cuerpo casi cilíndrico, con la piel rasposa, grisácea con manchas rojizas, carnívoro y muy voraz. — s.m. ZOOLOGÍA = pintarroja

melgar (Derivado de *mielga* < lat. vulgar *melica*.)
1 Terreno donde abundan las mielgas. — s.m.
2 Hacer surcos o melgas, siempre a una distancia regular cada una de ellas, en un campo para sembrar de forma uniforme. — v.tr./conj: *pagar* AGRICULTURA tb: amelgar

melgo, a Se aplica a los hermanos que son mellizos. — adj.

meli- Componente de palabra procedente del lat. *mel, melis*, que significa miel: *melífero; melifluo*. — pref.

meliáceo, a Perteneciente a una familia de plantas angiospermas dicotiledóneas, arbóreas o arbustivas, de hojas alternas, flores en panoja y fruto en cápsula, propias de climas cálidos, como la caoba y el cinamomo. — adj/s.f. BOTÁNICA

mélico, a
1 Del canto.
2 Se aplica a la poesía lírica griega. — adj./MÚSICA POESÍA

melífero, a (Del lat. *mel, melis*, miel + *ferre*, llevar.) Que tiene o lleva miel. — adj. literario

melificación Proceso de elaboración de la miel. — s.f.

melificado, a
1 Que contiene miel o se parece a ella.
2 Que es afectadamente dulce, suave y delicado en el trato. — adj./= melifluo = melifluo

melificar (Del lat. *mel, melis*, miel + *facere*, hacer.) Elaborar las abejas la miel o sacarla de las flores: *las abejas melifican a partir del néctar de las flores*. — v.tr/intr. conj: *sacar* ZOOLOGÍA

melífico, a Que produce miel. — adj.

melifluidad Actitud afectadamente amable y delicada en el trato con los demás y en la expresión: *su melifluidad la hace un tanto ridícula*. — s.f. = melifluencia

melifluo, a (Del lat. *mellifluus*.)
1 Que tiene miel o se parece a ella en alguna de sus propiedades: *estoy tomando un jarabe dulce y melifluo*.
2 Que es afectadamente amable, suave y delicado en el trato y en la expresión: *nos recibió con una sonrisa meliflua*. — adj. = melificado, = melificado, melindroso

melillense
1 De Melilla, ciudad africana del estado español. — adj.
2 Persona natural de esta ciudad africana. — s.m.f.

meliloto, a (Del lat. *melilotos* < gr. *melilotos*.)
1 Se aplica a la persona insensata, boba y necia. — adj.
2 Planta herbácea que crece en lugares secos, de flores blancas o amarillentas y olorosas, usada en medicina y para aromatizar quesos. — s.m. BOTÁNICA

melindre
1 Delicadeza exagerada y afectada en palabras, acciones y ademanes: *cree que con melindres parece más distinguida*. — s.m. = remilgo
2 Masa de harina frita y recubierta con miel. — COCINA
3 Dulce de pasta de mazapán con un baño espeso de azúcar blanco. — COCINA
4 Cinta muy estrecha. — = bocadillo

melindrear Hacer una persona melindres o demostrar una delicadeza exagerada y afectada: *cuando no le gusta el aspecto de la comida, melindrea con el plato*. — v.intr. = melindrizar

melindrería Tendencia a hacer melindres: *le han mimado tanto que está lleno de melindrerías*. — s.f.

melindroso, a Que hace melindres o remilgos: *es una niña cursi y melindrosa*. — adj/s. = melindrero

melinita (Del gr. *melinos*, de color de manzana.) Explosivo compuesto por ácido pícrico, que se usa en pirotecnia. — s.f. QUÍMICA

melión (Del bajo lat. *milio, -onis*, milano.) Ave rapaz grande, leonada y de cola blanca, que se alimenta de reptiles. — s.m. ZOOLOGÍA = pigargo

meliorativo, a
1 Que mejora o sirve para mejorar. — adj.
2 Se aplica a la palabra que presenta la idea o el objeto designado bajo un aspecto favorable. — LINGÜÍSTICA ≠ peyorativo

melis (Del cat. *melis*, madera de la mejor clase de pino extranjero.) Se aplica a una variedad de pino negral, muy apreciada por su madera. — adj/s.m. pl: melis BOTÁNICA

melisa (Del gr. *melissa*, abeja.) Planta herbácea anual de hojas dentadas y olorosas, flores blancas y fruto capsular con cuatro semillas menudas. *(Melissa officinalis.)* — s.f. BOTÁNICA = toronjil

melisana Licor que se obtiene de la infusión de melisa en aguardiente, empleado como remedio casero en ciertas afecciones estomacales. — s.f.

melisma
1 Grupo de notas de valores breves, que sustituyen una nota larga y enriquecen la melodía. — s.m. MÚSICA
2 Canción o melodía breve. — MÚSICA

melismático, a Del melisma. — adj./MÚSICA

melito Jarabe edulcorante hecho con miel y una sustancia medicamentosa. — s.m. FARMACIA

mella
1 Rotura o hendidura en el borde de un objeto, en especial en el filo de una herramienta o un arma: *el hacha tiene una mella en la hoja*. — s.f. = melladura, muesca
2 Hueco dejado por una cosa que falta del sitio que ocupaba: *al sonreír se le ve la mella de la muela que le sacaron*. — = falla
3 Deterioro o daño en una cosa material o inmaterial: *se asustó al comprobar la mella de sus bienes*. — = merma, menoscabo
4 hacer mella: 1. Producir impresión en el ánimo de una persona: *parece que tus consejos han hecho mella en el joven*. 2. Ocasionar deterioro o menoscabo: *las heladas hicieron mella en la cosecha*.

mellado, a Que le falta uno o más dientes: *a raíz del accidente le quedó la boca mellada*. — adj/s.

mellar
1 Hacer una rotura o hendidura, o producir un daño material o inmaterial: *los golpes y las palizas mellaron todo su cuerpo; su salud se iba mellando lentamente; el plato se melló al golpearse en el fregadero*. — v.tr/prnl. = dañar
2 Disminuir el valor u otra cualidad no material de una cosa: *aquel hecho melló su honra; su prestigio se ha mellado después del fracaso*. — = mermar, menoscabar

melliza Cierta clase de embutido hecho con miel. — s.f./COCINA

mellizo, a (Del lat. vulgar *gemellicius* < lat. *gemellus*.)
1 Se aplica al hermano que ha nacido con otro u otros en un mismo parto. — adj/s. = gemelo
2 Que es igual a otra cosa. — adj.

melloco
1 Planta arbustiva propia de los parajes fríos de la sierra ecuatoriana, que presenta tubérculos comestibles. *(Ullucus tuberosus.)* — s.m. BOTÁNICA
2 Tubérculo feculento y comestible de esta planta. — BOTÁNICA

mellón
1 Manojo de paja encendida. — s.m.
2 Haz de paja. — = hacha

melo- Componente de palabra procedente del gr. *melos*, que significa canto, música: *melomanía; melodía*. — pref.

melocotón (Del lat. *malum cotonium*, fruto del membrillo.)
1 Fruto del melocotonero, de color amarillento, carnoso y sabor dulce y agradable. — BOTÁNICA
2 melocotón chino: Paraguaya, fruto. — BOTÁNICA
3 melocotón romano: El que es muy grande y sabroso y tiene el hueso colorado. — BOTÁNICA

melocotonar Tierra plantada de melocotoneros. — s.m.

melocotonero Árbol originario de Asia, de flores rosadas, cuyo fruto en drupa es el melocotón. *(Prunus persica.)* — s.m. BOTÁNICA

melodía (Del lat. *melodia* < gr. *melodia*.) — s.f.
1 Sonido dulce y suave emitido al cantar, silbar o al tocar un instrumento musical: *mientras se peinaba entonaba una melodía; es un experto en imitar la melodía del canto de los pájaros.*
2 Sucesión de sonidos ligados por relaciones de lógi- — MÚSICA
ca musical y de expresión.
3 Composición en que se desarrolla una idea musical — MÚSICA
con independencia de su acompañamiento. — = tema
4 Parte de la teoría musical que se ocupa del tiempo — MÚSICA
con relación al canto, y de la elección y número de sones con que han de formarse los períodos musicales.

melódico, a De la melodía: *prefiero las canciones meló-* — adj.
dicas a los ritmos trepidantes.

melodioso, a Que tiene un sonido agradable: *tiene* — adj.
una voz melodiosa; a lo lejos se oía una música melodiosa. — = armónico

melodista Persona que compone melodías musicales — s.m.f.
sin poseer especiales conocimientos técnicos. — MÚSICA

melodrama (Del gr. *melos*, canto, música + gr. *dra-*
ma, pieza teatral.)
1 Obra literaria, teatral o cinematográfica caracteriza- — s.m.
da por el acusado sentimentalismo y la exageración — CINE, LITERATURA,
de las situaciones: *su última novela es un melodrama* — TEATRO
lastimoso. — = dramón
2 Situación tensa y patética: *aquella reunión acabó* — = dramón
siendo un melodrama.
3 Obra dramática cantada con acompañamiento mu- — MÚSICA,
sical, o declamada y acompañada de música. — TEATRO
4 Texto de una obra dramática musical o composi- — MÚSICA, TEATRO
ción teatral. — = libreto, libro

melodramático, a
1 Del melodrama. — adj.
2 Que tiene propiedades del melodrama: *al despedir-*
nos vivíamos momentos melodramáticos.

melodreño, a (Derivado de *muela* < lat. *mola*.) Se — adj.
aplica a la piedra que sirve para amolar.

melografía (Del gr. *melos*, canto, música + *grapho*, es- — s.f.
cribir.) Arte y técnica de escribir música. — MÚSICA

meloja Sustancia a la que se añade miel y se utiliza — s.f.
para templar la piel con que se hacen guantes. — INDUSTRIA

melojar Terreno poblado de melojos. — s.m.

melojo (Del lat. *macum folium*, mala hoja.) Árbol de — s.m.
raíces profundas, tronco irregular y bajo, copa ancha, — BOTÁNICA
hojas vellosas y bellotas solitarias o agrupadas. (*Quer-*
cus toza.)

melolonta (Del gr. *melolonthe*, destructor de manza- — s.f.
nos.) Insecto coleóptero, del que existen varias espe- — ZOOLOGÍA
cies muy dañinas para las plantas, cuyas larvas se alimentan de las raíces de patatas y cereales.

melomanía (Del gr. *melos*, canto, música + *mania*, — s.f.
pasión.) Afición exagerada a la música: *su melomanía* — = musicomanía
le lleva a asistir a todos los conciertos.

melómano, a Persona que siente una gran afición — s.
por la música: *posee una gran discoteca porque es un* — = musicómano
melómano.

melón, a
I (Del bajo lat. *melo, -onis* < gr. *melopepon*, especie de
melón.)
1 Se aplica a la persona boba, necia, inepta o torpe: — adj./s.
es una melona que no sabe hacer nada bien. — coloquial
2 Planta herbácea anual, de tallo hendido y grueso, — s.m.
hojas grandes, flores amarillas y fruto comestible. (*Cu-* — BOTÁNICA
cumis melo.)
3 Fruto comestible de esta planta, de gran tamaño, — BOTÁNICA
color amarillo o verde y pulpa muy jugosa y blanda
que deja un hueco en el interior donde hay numerosas pepitas de corteza amarilla.
4 **melón de agua:** Fruto de corteza verde y carne en- — BOTÁNICA
carnada y dulce, con muchas pepitas negras. — = sandía
5 **melón de cuelga o navideño:** El tardío que se con- — AGRICULTURA
serva colgado hasta el invierno.
6 **melón de China, de Indias o chino:** Variedad de — BOTÁNICA
fruto pequeño y esférico, corteza amarilla, fina y lisa,
y carne muy dulce.
7 **catar el melón:** Sondear, tantear o someter a prue- — coloquial
bas a una persona o cosa: *antes de contratarle quiero*
catar el melón.
8 **decentar el melón:** Correr el riesgo de que una — coloquial
cosa sea empezada.
II (Del bajo lat. *melo, -onis* < *meles*, tejón.) Meloncillo, — s.m.
mamífero carnívoro nocturno. — ZOOLOGÍA

melonada Bobada, tontería: *esta es una reunión seria,* — s.f./coloquial
así que no digas melonadas. — = sandez

melonar Tierra sembrada de melones. — s.m.

meloncillo (Derivado de *melón* < bajo lat. *melo, -onis*.) — s.m.f.
Mamífero carnívoro nocturno, de color gris oscuro, — ZOOLOGÍA
cabeza redonda y cola larga, que vive en matorrales — = melón
y páramos y se alimenta con preferencia de pequeños roedores. (*Herpestes ichneumon.*)

melonero, a
1 Persona que siembra o cultiva melones. — s./AGRICULTURA
2 Vendedor de melones. — COMERCIO

melopea (Del fr. *melopee* < bajo lat. *melopoeia* < gr.
melopoiia, melodía.)
1 Borrachera, estado de embriaguez: *si sigues bebien-* — s.f.
do, cogerás una melopea. — coloquial
2 Arte de producir melodías. — tb: melopeya
3 Entonación rítmica que suele utilizarse al recitar un — tb: melopeya
texto en verso o en prosa.
4 Canto monótono. — = canturía

melosidad
1 Cualidad de meloso. — s.f.
2 Sustancia o materia que se parece a la miel en alguna de sus propiedades.
3 Dulzura o suavidad notable o excesiva: *la melosidad* — = melifluidad
de su voz me resulta muy agradable; a veces su melosi-
dad llega a molestarme.

melosilla Enfermedad de la encina que daña a la — s.f.
bellota y hace que se desprenda del árbol. — BOTÁNICA

meloso, a
1 Que es parecido a la miel en alguna de sus caracte- — adj.
rísticas: *este vino tiene un olor meloso.*
2 Que es blando o dulce: *nos sirvieron una carne melo-* — = tierno
sa, tierna y bien cocinada.
3 Que es demasiado amable y cariñoso: *su sonrisa* — = empalagoso,
melosa me molesta. — melifluo

melote Sustancia residual que queda después de co- — s.m./INDUSTRIA
cer el jugo de caña de azúcar, y que contiene azúcar. — = melaza

melquita Se aplica a los cristianos monofisitas sirios — adj/s.m.f.
y egipcios que sólo aceptaban la naturaleza divina de — RELIGIÓN
Dios.

melva (Del lat. vulgar *milva*.) Pez teleósteo marino de — s.f.
cuerpo oblongo, con la primera aleta dorsal alta en — ZOOLOGÍA
su parte anterior y con la base de la aleta caudal muy
delgada. (*Auxis thazard.*)

memada Dicho o acción propias de la persona tonta — s.f./coloquial
o simple: *sólo sabe decir estupideces y memadas.* — = memez

membrado, a Se aplica a las patas de las águilas y — adj.
de otras aves que son de distinto esmalte que el resto — HERÁLDICA
del cuerpo, en los escudos de armas.

membrana (Del lat. *membrana*.)
1 Lámina delgada elástica y resistente. — s.f./= película
2 Capa delgada, flexible y resistente, de tejido animal — BIOLOGÍA
o vegetal, que envuelve ciertos órganos.
3 Estructura anatómica, dispuesta en forma de fina — ANATOMÍA
hoja o capa, que delimita un espacio.
4 Lámina porosa que, al colocarla entre dos fluidos, — FÍSICA
permite que se realicen intercambios de los mismos a
través de ella.
5 Lámina metálica delgada que transforma las vibra- — FÍSICA
ciones sonoras en modulaciones de corriente, o viceversa.
6 **falsa membrana:** Secreción membranosa que cu- — MEDICINA
bre ciertos tejidos lesionados, en contacto con el exterior.
7 **membrana alantoides:** Bolsa membranosa que co- — BIOLOGÍA
munica con la cavidad intestinal del embrión de los
reptiles, aves y mamíferos y que actúa como órgano
respiratorio de éstos.
8 **membrana basal:** Capa de naturaleza colágena — ANATOMÍA
que se encuentra en la base de casi todos los epite-
lios.
9 **membrana caduca o fetal:** Aquella que durante el — FISIOLOGÍA
embarazo tapiza la cavidad interna de la matriz y envuelve al feto.
10 **membrana celular:** Capa muy fina de protoplas- — BIOLOGÍA
mas condensados que envuelve a la célula y a través
de la cual se efectúa el cambio de sustancias entre el
cuerpo celular y el medio exterior de éste.
11 **membrana mucosa:** La que segrega una mucosi- — ANATOMÍA
dad que tapiza las cavidades y conductos del cuerpo
de los animales que están en contacto con el exterior.
12 **membrana nictitante:** Túnica casi transparente — ZOOLOGÍA
que forma el tercer párpado de las aves.
13 **membrana pituitaria:** Mucosa que reviste la cavi- — ANATOMÍA
dad de las fosas nasales y tiene elementos nerviosos
que en conjunto actúan como órgano del sentido del
olfato.
14 **membrana semipermeable:** La que permite el — FÍSICA
paso de ciertas sustancias, a la vez que impide el de
otras.
15 **membrana serosa:** La que tapiza las cavidades — ANATOMÍA
internas del cuerpo que no están en comunicación
con el exterior y que se halla lubricada por líquidos
albuminoideos.
16 **membrana virginal:** Himen, repliegue membra- — ANATOMÍA
noso en el interior de la vagina.
17 **membrana vitelina:** La que envuelve el óvulo hu- — ANATOMÍA
mano y el de algunos animales.

membranáceo, a Que tiene alguna propiedad de la — adj./BIOLOGÍA
membrana. — = membranoso

membranoso, a
1 Que está compuesto de membranas. — adj.
2 Que tiene un aspecto parecido al de una membrana. — = membranáceo

membrete
1 Conjunto de datos o título de una persona, entidad o institución, impresos en la parte superior del papel que se utiliza para la correspondencia: *por el membrete puedes saber la dirección de la empresa.* — s.m. = encabezamiento
2 Conjunto de datos o título de la persona o asociación a quien se dirige una carta, escritos en la cabecera o al final de la misma.
3 Nota de aviso, invitación o recordatorio. — = participación
4 Anotación provisional y resumida relativa a algún asunto: *haré un pequeño membrete del tema de la reunión.* — = brevete

membrillar
1 Tierra plantada de membrillos. — s.m.
2 Membrillo, árbol frutal de origen asiático. — BOTÁNICA

membrillate (De *membrillo*, por analogía con *codoñate.*) Dulce o carne de membrillo. — s.m. codoñate

membrillo (Del lat. *melimelum* < gr. *melimelon*, especie de manzana muy dulce.)
1 Planta arbórea frutal de origen asiático, de unos cuatro metros de altura, hojas ovaladas, flores blancas o rosadas y fruto comestible. *(Cydonia vulgaris.)* — s.m. BOTÁNICA = membrillero
2 Fruto comestible de este árbol, de forma de pera irregular, color amarillo y carne áspera, granular y de sabor dulce. — BOTÁNICA
3 Dulce que se elabora con la carne de este fruto.

membrudo, a Que es o está robusto y forzudo: *levantó el mueble con sus membrudos brazos y lo metió en una furgoneta; es un chicarrón fornido y membrudo.* — adj. = corpudo, corpulento

memela Tortilla de maíz grande, gruesa y ovalada que se sirve con salsa y queso. — s.f./Méx. COCINA

memento (Voz latina que significa acuérdate.)
1 Cada una de las dos oraciones del canon de la misa, en la que se hace conmemoración de los fieles y difuntos. — s.m. RELIGIÓN
2 Recuerdo o evocación de una persona, acontecimiento o situación: — culto
3 memento mori: Calavera ante la que meditaban los ascetas y que se usa como signo artístico barroco. — ARTE, RELIGIÓN
4 hacer una persona sus mementos: Detenerse a pensar o a reflexionar sobre cosas importantes.

memez
1 Cualidad de memo: *resulta evidente la memez de su enfermedad mental.* — s.f. pl: memeces
2 Acción o palabras faltas de inteligencia, discreción o sentido: *tómate las cosas en serio y no digas más memeces; ha salido una memez que no aceptaras su oferta.* — = memada, simpleza

memo, a Se aplica a la persona que es tonta, necia o boba: *es tan memo que no se da cuenta de que hace el ridículo; prefiero no hablar con la mema esa.* — adj/s.

memorable Que merece ser recordado o que deja un recuerdo duradero: *su última actuación fue memorable; aquella frase se hizo memorable.* — adj. = célebre

memorándum
1 Escrito en que se resumen las cuestiones o aspectos más importantes de un asunto o reunión: *en el memorándum constan los acuerdos de la junta.* — s.m. pl: memorándums th: memorando
2 Cuaderno o pequeño libro para anotar las cosas que se quieren recordar: *tiene un memorándum sobre su mesa.* — = agenda
3 Comunicación diplomática, en la que se indican cuestiones o aspectos que deben ser tenidos en cuenta en una negociación o asunto importante: *los miembros del consejo tenían un memorándum de la reunión.* — POLÍTICA
4 Resguardo bancario. — Chile

memorar (Del lat. *memorare.*) Hacer memoria de una cosa o persona, recordarla: *con esta cena memoramos la fundación de la asociación.* — v.tr/prnl. = rememorar

memorativo, a Que se hace en memoria de una cosa o persona: *celebraremos actos memorativos en honor al presidente.* — adj. = conmemorativos

memoria (Del lat. *memoria.*)
1 Capacidad para evocar hechos o experiencias del pasado: *a raíz del accidente ha perdido la memoria.* — s.f. SICOLOGÍA
2 Capacidad de retener y repetir lo que se ha aprendido: *recuerda la lista de los reyes godos gracias a su memoria.* — = retentiva
3 Recuerdo, acto de recordar: *la memoria de sus hijos, la reconfortaba.* — = rememoración
4 Dispositivo o soporte físico capaz de almacenar información que podrá ser tratada o recuperada con posterioridad. — INFORMÁTICA
5 Estudio o escrito sobre una determinada materia: *al iniciarse el curso la profesora debe presentar una memoria de la asignatura.* — = exposición, relación
6 Resumen escrito sobre las actividades o gastos de una institución o sobre el desarrollo de una actuación: *está escribiendo la memoria anual de la asociación benéfica.* — = informe
7 Evocación espontánea de recuerdos. — = reminiscencia
8 Monumento hecho para recordar a una persona o un acontecimiento.
9 Lista, inventario: *estamos haciendo la memoria del material almacenado.* — = relación
10 Obra autobiográfica en la que se narran las vivencias del autor: *muchas actrices escriben sus memorias.* — s.f.pl. = autobiografía

11 Saludo o recado afectuoso que se envía a un ausente por medio de una tercera persona: *dele a su esposa muchas memorias de mi parte.* — = recuerdos
12 Libro, cuaderno o papel en que se apunta lo que se quiere tener presente: *se van a publicar las memorias en que el escritor tomaba sus notas.* — = apuntes
13 Dos o más anillos que se ponen en el dedo para recordar una cosa.
14 ayuda memoria: Escrito breve o apunte del que se vale un expositor para recordar algunos datos o la organización general de lo que va a decir. — Argent.
15 buena memoria: 1. Mucha capacidad para recordar: *tiene buena memoria y recuerda todas las caras.* 2. Recuerdo agradable que se guarda de una persona o cosa: *tengo una buena memoria de nuestro viaje de bodas.*
16 mala memoria: 1. Poca capacidad para recordar: *he de apuntar todo lo que debo hacer porque tengo mala memoria.* 2. Recuerdo desagradable o triste que se guarda de una persona o cosa.
17 memoria caché: Aquella con elevada velocidad de acceso, de dimensiones moderadas y utilizada por los ordenadores de elevadas prestaciones para transferir bloques de informaciones que serán procesados de forma sucesiva. — INFORMÁTICA
18 memoria central: Dispositivo de memoria en el que se registran los datos y las instrucciones que son accesibles por la unidad de proceso central. — INFORMÁTICA
19 memoria colectiva: Recuerdo que mantiene una determinada parte de la sociedad sobre los acontecimientos históricos recientes: *el horror del nazismo está en la memoria colectiva de occidente.* — SOCIOLOGÍA
20 memoria de elefante: Mucha capacidad para recordar. — coloquial
21 memoria de gallo, de grillo o de mosquito: Poca capacidad para recordar. — coloquial
22 memoria externa: Aquella que contiene grandes cantidades de datos accesibles sólo a través de su llamada en la memoria central. — INFORMÁTICA
23 memoria fotográfica: La que recuerda con exactitud las caras de las personas o el aspecto externo de las cosas: *hacía años que había visitado la población pero recordaba las calles gracias a su memoria fotográfica.*
24 memoria temporal: Grupo de registros y posiciones de la memoria central, donde se almacenan de forma temporal los resultados de las operaciones entre operandos. — INFORMÁTICA
25 memoria virtual: Combinación de memoria central y externa, organizada por rutinas del sistema operativo, de modo transparente al usuario. — INFORMÁTICA
26 borrar o borrarse una cosa de la memoria: Olvidar una cosa del todo: *el día del accidente se me ha borrado de la memoria.*
27 caerse una cosa de la memoria: Olvidarse de ella. — coloquial
28 de memoria: 1. De forma memorística, sin utilizar la inteligencia: *si no lo entiendes apréndetelo de memoria.* 2. Sirviéndose de las ideas que se retienen en la mente, sin consultar notas: *pronunció el discurso de memoria.* — loc.adv. loc.adv.
29 en memoria de: En recuerdo de una persona o de un acontecimiento: *levantaron un monumento en memoria de los soldados muertos en el frente.* — loc.prep.
30 encomendar una cosa a la memoria: Aprenderla de forma memorística.
31 flaco de memoria: Se aplica a la persona que olvida las cosas con facilidad: *se apunta las citas porque es flaco de memoria.* — loc.adj.
32 hablar de memoria: Decir cosas sin tener fundamento y sin reflexionarlas: *estás hablando de memoria porque no sabes lo que ocurrió en realidad.*
33 hacer memoria: Recordar una cosa: *si hago memoria sabré su nombre.* — coloquial
34 huirse una cosa de la memoria: Olvidarse por completo de ella. — coloquial
35 irse o pasársele a una persona de la memoria una cosa: Olvidarla: *ahora se me ha ido de la memoria su teléfono.*
36 perder la memoria de una cosa: Olvidarla: *perdió la memoria de lo sucedido.*
37 profanar la memoria de una persona: Calumniarla o difamarla después de muerta.
38 raer la memoria: Olvidarse de lo que se iba a decir. — coloquial
39 recorrer la memoria: Pensar o reflexionar para recordar lo que pasó: *por mucho que recorro la memoria no me acuerdo de ese día.* — coloquial
40 reducir a la memoria: Recordar una cosa. — coloquial
41 refrescar la memoria: Repasar una cosa o pensar en ella para volver a saberla: *vamos a volver a leer la lista de los elementos químicos para refrescar la memoria.* — coloquial
42 remover la memoria: Recordar cosas ya pasadas. — coloquial
43 tener en memoria: Se usa para ofrecerle a otra persona su protección: *cuando reza tiene a sus hijos en su memoria; el señor le tenga en su memoria.* — coloquial
44 traer una cosa a la memoria: Recordarla: *tu perfume me ha traído a la memoria a mi abuela.* — coloquial

45 venir una cosa a la memoria: Recordarla: *al pasar por la farmacia me vino a la memoria que necesitaba comprar aspirinas.* — coloquial

memorial
1 Escrito en que se exponen motivos para una petición o una propuesta, o en que se defiende alguna cosa: *debe presentar un memorial de su proyecto.* — s.m. = instancia, solicitud
2 Acto con que se homenajea a una persona. — = homenaje
3 Libro o cuaderno de anotaciones. — = memorándum
4 Boletín o publicación oficial de algunas asociaciones.
5 Acto que, mediante un rito, hace presente un hecho obrado por Dios en otro tiempo. — RELIGIÓN
6 **memorial ajustado:** Extracto en que constaba lo actuado en un pleito o causa. — DERECHO
7 **haber perdido una persona los memoriales:** Haber perdido la memoria de una cosa. — coloquial

memorialesco, a Del memorial: *estilo memorialesco.* — adj.

memorialista Persona que se dedica a escribir memoriales y otros documentos, por lo general para personas que no saben escribir. — s.m.f.

memorión, a
1 Que tiene muy buena memoria: *el concursante ganador demostró ser un memorión.* — adj/s. = memorioso
2 Gran memoria: *aún recuerda los datos, tiene un memorión bárbaro.* — s.m.

memorioso, a Que tiene buena memoria: *se acuerda de todo porque es muy memoriosa.* — adj/s.

memorismo Práctica de enseñanza en que se potencia más el aprendizaje de memoria que la inteligencia. — s.m. = sitacismo

memorista
1 Del memorismo: *en este colegio se basan en la enseñanza memorista.* — adj. = memorístico
2 Que es partidario del memorismo. — adj/s.m.f.
3 Que tiene buena memoria o aprende las cosas de memoria: *qué memorista eres, yo no recuerdo ese lugar.* — = memorioso

memorístico, a Se aplica a la enseñanza, ejercicio o actividad basado en la memoria: *el pedagogo le enseña técnicas memorísticas.* — adj. = nemotécnico

memorización Acción y resultado de aprender y retener una cosa en la memoria: *las técnicas de memorización pueden ser muy útiles.* — s.f.

memorizar Aprender una cosa de memoria: *no consigo memorizar todos los precios de los productos.* — v.tr. conj: *cazar*

mena
I (Del cat. *mena*.)
1 Parte del filón que contiene minerales útiles que requieren un proceso de elaboración para poder ser utilizados en la industria. — s.f. MINERÍA
2 Mineral beneficiable. — MINERÍA
II (Del lat. *maena* < gr. *maine*.) Pez teleósteo marino, pequeño, de cuerpo alto y comprimido, de color metálico con manchas negras y aletas pardas, que vive cerca de la costa y es comestible. *(Moena vulgaris.)* — s.f. ZOOLOGÍA = chucla
III (De origen incierto.) Grosor de un cabo medido por su circunferencia. — s.f. NÁUTICA

ménade
1 Bacante, sacerdotisa de Baco. — s.f./RELIGIÓN
2 Mujer que está encolerizada y furiosa.

menaje (Del fr. *menage*, administración doméstica.)
1 Conjunto de los muebles y accesorios de una casa: *en la lista de boda figuraban objetos de menaje.* — s.m. = ajuar
2 Vajilla, cubertería y servicio de mesa: *pusieron un lujoso menaje para celebrar la cena familiar.*

menar
1 Dar vueltas a la cuerda en el juego de la comba. — v.tr./JUEGOS
2 Conducir una persona el ganado.

menarquía (Del gr. *men*, mes + *arkho*, comenzar.) Primera menstruación. — s.f. FISIOLOGÍA

menchevique Que es partidario de la socialdemocracia rusa, opuesto a los bolcheviques, durante la revolución. — adj/s.m.f. HISTORIA

mención (Del lat. *mentio, -onis*.)
1 Alusión o referencia a una persona o cosa: *le dan tanto miedo las serpientes que la sola mención de su nombre la enferma.* — s.f. = cita, evocación
2 **mención honorífica:** Distinción inferior al accésit que se concede en un concurso a un trabajo no premiado pero que se considera de mérito.
3 **digno de mención:** Se aplica a lo que debe ser citado o contado por alguna de sus características: *te he explicado lo principal, creo que no hay nada más digno de mención.* — loc.adj.
4 **hacer mención:** Citar o nombrar a una persona o cosa: *no quiero hacer mención de lo ocurrido.*

mencionar
1 Hacer referencia a una persona o una cosa: *en su discurso mencionó a su padre porque le ayudó en su carrera política.* — v.tr. = mentar
2 Contar o referir una cosa para que se conozca: *no menciones a nadie nuestro plan.* — = explicar

menda
1 Uno mismo: *menda no piensa acompañaros; mi menda se va ya.* — s.m.f. coloquial
2 Cualquier persona: *han entrado unos mendas con muy mala pinta; el menda ese busca camorra.* — coloquial

mendacidad Tendencia o hábito a mentir: *no te preocupes por el chico, la mendacidad infantil es frecuente.* — s.f.

mendaz (Del lat. *mendax, -acis*.) Se aplica a la persona que miente: *no me creo nada de lo que me explica porque es muy mendaz.* — adj/s.m.f. pl: mendaces = mentiroso

mendelevio Elemento radiactivo artificial, obtenido por bombardeo del einstenio con partículas alfa. — s.m. QUÍMICA

mendeliano, a (De *Mendel*, científico austríaco.)
1 De este biólogo y religioso austríaco del siglo XIX, o de su teoría sobre la herencia de los caracteres. — adj. BIOLOGÍA
2 Que es partidario del mendelismo. — adj/s./BIOLOGÍA

mendelismo (De *Mendel*, científico austríaco.) Teoría basada en las leyes establecidas por este científico sobre la herencia de los caracteres en los seres vivos. — s.m. BIOLOGÍA

mendicación Acción de mendigar o de pedir limosna: *tiene que recurrir a la mendicación porque no encuentra trabajo.* — s.f. = mendicidad

mendicante
1 Que mendiga o pide limosna: *le dio dinero a un mendicante que estaba en la puerta de la iglesia.* — adj/s.m.f. tb: mendigante
2 Se aplica a la orden religiosa que no tiene posesiones y cuyos miembros viven de pedir limosna y de su trabajo personal. — adj. RELIGIÓN = mendigante

mendicidad
1 Estado y situación de mendigo. — s.f.
2 Actividad que consiste en mendigar o pedir limosna: *vive de la mendicidad.* — = mendicación, mendiguez
3 Existencia de mendigos dentro de una comunidad: *el ayuntamiento lucha para solucionar el problema de la mendicidad.*

mendigante
1 Que mendiga o pide limosna: *existen centros de acogida a mendigantes.* — adj/s.m.f. = mendigo, pobre
2 Se aplica a la orden religiosa que vive de pedir limosna y de su trabajo personal. — adj./RELIGIÓN = mendicante

mendigar (Del lat. *mendicare*.)
1 Pedir limosna: *un niño mendigaba comida a los transeúntes; se arruinó hasta tal punto que se vio obligado a mendigar.* — v.tr/intr. conj: *pagar*
2 Pedir una cosa a una persona con humillación: *mendigó un aplazamiento en el pago.* — v.tr. = suplicar

mendigo, a (Del lat. *mendicus*.) Persona que pide limosna habitualmente: *el mendigo agradecía las monedas que le daban.* — s./= pobre, mendicante, mendigante

mendoso, a (Del lat. *mendosus*.) Que es mentiroso o está equivocado en sus opiniones. — adj.

mendrugo
1 Que aprende o percibe las cosas con dificultad o actúa con poca inteligencia: *ya se lo he explicado pero como es un mendrugo no lo entiende.* — adj./coloquial = tonto, zoquete
2 Pedazo de pan duro: *necesito unos mendrugos para hacer la sopa de cebolla.* — s.m. = coscurro
3 **buscar mendrugos en cama de galgos:** Ayudar a una persona que está más necesitada que uno mismo. — coloquial

meneado, a Se aplica al toro que ha sido toreado en encierros y corrales antes de ser lidiado. — adj. TAUROMAQUIA

meneador, a Que menea. — adj/s.

menear (Del cat. y occitano *menar* < lat. *minare*, mover, conducir el ganado.)
1 Mover una cosa de un lado a otro: *la cortina se menea con la corriente de aire.* — v.tr/prnl. = balancear
2 Hacer gestiones para resolver o agilizar un asunto: *meneé los trámites para conseguir antes la beca.* — v.tr. coloquial
3 Dirigir o manejar una dependencia o un negocio: *meneaba la oficina a su manera.* — coloquial = conducir
4 Obrar una persona con habilidad y rapidez: *se meneó para lograr la subvención.* — v.prnl/coloquial = mover
5 Darse prisa: *si no te meneas llegaremos tarde.* — = apresurarse
6 **de los o las de no te menees:** Expresión que indica que una cosa o una persona es desmesurada o superior a lo normal: *le echaron una bronca de las de no te menees.* — loc.adj. coloquial
7 **menearse:** Masturbarse el hombre. — vulgar
8 **peor es meneallo:** Indica que no es recomendable recordar o tratar determinado asunto: *olvida esta discusión porque peor es meneallo.* — coloquial

meneo
1 Acción y resultado de menear o menearse: *me mareé con el meneo de la noria.* — s.m. = balanceo
2 Riña o reprimenda violenta: *su padre le soltó un meneo por llegar tarde.* — coloquial = bronca
3 Contoneo al andar: *tenía un gracioso meneo al andar.*

menester (Del lat. *ministerium*, servicio, oficio.)
1 Falta o necesidad de una cosa: *si es menester no dormiré para ayudarte.* — s.m.
2 Trabajo u ocupación: *dedícate a tus menesteres y déjame tranquilo.* — = labor

3 Necesidades fisiológicas, en especial la evacuación de los excrementos. — *s.m.pl.*

4 Instrumentos necesarios para un oficio o tarea determinada: *se presentó con sus menesteres de costura.* — *= utensilios*

5 haber menester de una cosa: Necesitarla.

6 ser menester: Necesitar una cosa.

7 ser menester la cruz y los ciriales: Ser necesarias muchas diligencias para lograr una cosa. — *coloquial*

menesteroso, a Que no tiene lo necesario para vivir: *en la iglesia dan de comer a los menesterosos.* — *adj./s. = necesitado, pobre*

menestra (Del ital. *minestra* < lat. *ministrare*, servir a la mesa.)
1 Cocido de verduras variadas, a menudo con trozos de carne o jamón. — *s.f. COCINA*
2 Legumbre seca.
3 Ración de legumbres secas que se suministra a la tropa o a los presidiarios. — *= rancho*

menestral, a (Del lat. *ministerialis,* funcionario imperial.) Persona que trabaja en un oficio manual: *es un famoso menestral ceramista.* — *s. = artesano*

menestralía Conjunto de menestrales. — *s.f.*

menestrete Barra de hierro que servía para hacer salir fuera de los tablones las cabezas de los clavos. — *s.m. NÁUTICA*

menfita
1 De Menfis, ciudad del antiguo Egipto. — *adj./= menfítico*
2 Persona natural de esta antigua ciudad. — *s.m.f./HISTORIA*
3 Ónice de capas blancas y negras, muy usado para hacer camafeos. — *s.f. MINERALOGÍA*

menfítico, a De Menfis, antigua ciudad egipcia. — *adj/s./= menfita*

mengala Mujer del pueblo, soltera y joven. — *s.f./Amér. Central*

mengano, a (Del ár. *man kan,* quien sea.) Una persona cualquiera, de la que se desconoce el nombre. — *s. coloquial*

mengua (Del lat. vulgar *minua.*)
1 Acción y resultado de menguar: *con la mengua de la subvención el productor debe buscar capital en la empresa privada.* — *s.f. = menguamiento*
2 Desprestigio o descrédito de una persona a causa de su comportamiento: *su terquedad y obstinación va en mengua suya.* — *= deshonra, perjuicio*
3 Escasez de una cosa: *la región nota la mengua de sus recursos naturales.* — *≠ abundancia*
4 Falta que hace incompleta una cosa. — *= carencia*

menguado, a
1 Que tiene poco carácter: *es una chica demasiado menguada para estar en la recepción del hotel.* — *adj/s. = tímido*
2 Que es tonto o no tiene juicio. — *= bobo*
3 Que tiende a ahorrar con exageración. — *= tacaño*
4 Punto que se mengua o reduce al tejer una prenda de calceta o ganchillo para darle una forma determinada. — *s.m. TEXTIL*

menguamiento Acción y resultado de menguar: *el menguamiento de su capital se debe a su mala cabeza.* — *s.m. = mengua*

menguante
1 Que mengua: *ya puedes empezar a hacer los puntos menguantes de la sisa.* — *adj.*
2 Se aplica a la fase de la Luna, intermedia entre la Luna llena y la Luna nueva. — *ASTRONOMÍA*
3 Escasez de agua en los ríos o arroyos a causa de la sequía. — *s.f. = estiaje*
4 Descenso del agua del mar a causa de la marea. — *= bajamar*
5 Tiempo que dura este descenso.
6 Decadencia o disminución de una cosa: *la empresa tuvo una menguante de capital.*

menguar (Del lat. vulgar *minuare.*)
1 Hacer una cosa menor: *el coche menguó la velocidad; el caudal del río ha menguado.* — *v.intr/tr./conj: aguar = disminuir*
2 Reducir los puntos de una labor de calceta o de ganchillo para darle una forma determinada: *en esta vuelta tengo que menguar diez puntos; ya puedes empezar a menguar.* — *TEXTIL*
3 Disminuir la parte iluminada y visible de la luna: *la luna menguará el día doce.* — *v.intr. ASTRONOMÍA*

mengue Diablo, demonio. — *s.m./coloquial*

menhaden Pez clupeiforme, muy abundante en el golfo de México, del que se aprovecha la grasa. *(Brevoortia tyrannus.)* — *s.m. ZOOLOGÍA*

menhir (Del fr. *menhir* < bretón *men hir,* piedra larga.) Monumento megalítico formado por un bloque de piedra hincado en el suelo en posición vertical: *el crónlech es una agrupación circular de menhires.* — *s.m. HISTORIA*

menianto Planta herbácea acuática de pétalos rosados y soldados, y hojas trifoliadas. *(Menyanthes trifoliata.)* — *s.m. BOTÁNICA*

meninge (Del gr. *meninx, meningos.*) Cada una de las membranas que envuelven el encéfalo y la médula espinal. — *s.f. ANATOMÍA*

meníngeo, a De las meninges: *arteria meníngea.* — *adj./ANATOMÍA*

meningítico, a
1 De la meningitis. — *adj./MEDICINA*
2 Se aplica a la persona afecta de esta enfermedad. — *adj/s./MEDICINA*

meningitis (Del gr. *meninx, meningos, meninge + itis,* inflamación.) Inflamación de las meninges. — *s.f./pl: meningitis MEDICINA*

meningococo (Del gr. *meninx, meningos,* meninge + *kokkos,* grano.) Microorganismo causante de diversas enfermedades, entre ellas la meningitis cerebroespinal epidémica, que afecta al cerebro y a la médula espinal. — *s.m. BIOLOGÍA*

menino, a Persona que desde niña entraba a servir a la familia real, en la corte española. — *s. HISTORIA*

meniscitis Inflamación del menisco articular de la rodilla. — *s.f./pl: meniscitis MEDICINA*

menisco (Del gr. *meniskos,* cuarto de luna.)
1 Cartílago semilunar de la articulación de la rodilla que sirve para facilitar el juego de las superficies óseas de esta zona. — *s.m. ANATOMÍA*
2 Lente cóncava por una cara y convexa por la otra. — *ÓPTICA*
3 Superficie curva que se forma en la superficie de una columna de líquido que está contenido en un tubo y que será cóncava o convexa según la naturaleza del líquido. — *FÍSICA = capilaridad*

menispermáceo, a (Del gr. *meniskos,* cuarto de luna + *sperma,* semilla.) Perteneciente a una familia de plantas arbustivas, leñosas, trepadoras y sarmentosas, de hojas alternas enteras o palmeadas, flores pequeñas en racimo y fruto en cápsula, baya o drupa, como la coca de Levante. — *adj/s.f. BOTÁNICA*

menjuí Benjuí, bálsamo aromático. — *s.m./pl.tb: menjuíes*

menjurje (Del ant. *menjuje* < ár. *mamzug,* mezclado.) Mejunje, bebida o preparado de aspecto pastoso o sucio y sabor desagradable. — *s.m. tb: menjunje*

meno- Componente de palabra procedente del gr. *mensis,* que significa mes: *menopausia.* — *pref.*

menologio (Del lat. *mensis,* mes + gr. *logos,* tratado.) Relación de los mártires cristianos griegos ordenada según los días de los meses. — *s.m. RELIGIÓN*

menonia Cada una de las aves que, según la fábula, volaban desde Egipto a Troya al sepulcro de Memnón. — *s.f. MITOLOGÍA tb: memnónida*

menonita (De *Mennón,* reformador anabaptista holandés.)
1 De este anabaptista del siglo XVI, o de su doctrina. — *adj./RELIGIÓN*
2 Que profesa la doctrina de dicho reformador. — *adj/s.m.f./RELIGIÓN*

menopausia (Del lat. *mensis,* mes + *pausis,* cesación.)
1 Cesación natural de la ovulación en la mujer y fin de la menstruación. — *s.f./FISIOLOGÍA = climaterio*
2 Época en que a una mujer deja de presentársele la menstruación. — *FISIOLOGÍA*

menopáusico, a
1 De la menopausia. — *adj./FISIOLOGÍA*
2 Que está en el período de la menopausia. — *adj/s.f./FISIOLOGÍA*
3 Se aplica a la mujer que sin estar en el período de la menopausia, tiene achaques y manías propios de él. — *MEDICINA*

menor (Del lat. *minor.*)
1 Que tiene menos tamaño o cantidad que otra cosa: *tu sueldo es menor que el mío.* — *adj. ≠ mayor*
2 Que tiene menos edad que otra persona: *este es mi hermano menor.* — *≠ mayor*
3 Que no ha alcanzado la mayoría de edad: *está prohibida la entrada a los menores.* — *adj/s.m.f. = adulto*
4 Religioso de la orden franciscana. — *RELIGIÓN*
5 Se aplica a la segunda de las premisas de un silogismo. — *adj/s.f. LÓGICA*
6 Se refiere al acorde, escala, intervalo o modo cuya tercera se compone de un tono y un semitono. — *adj. MÚSICA*
7 Sillar que tiene el paramento más corto que la entrega. — *s.m. ARQUITECTURA*
8 menor de edad: Persona que no goza de plena capacidad jurídica por no haber alcanzado la edad establecida por la ley. — *DERECHO ≠ mayor de edad*
9 al por menor: Manera de comerciar que consiste en vender pequeñas cantidades directamente al consumidor: *comercio al por menor.* — *loc.adj/adv. COMERCIO*
10 menor que: Signo matemático que se coloca entre dos cifras, para indicar que la primera es inferior en cantidad a la segunda (<). — *MATEMÁTICAS*
11 menor o igual que: Signo matemático que se coloca entre dos cifras para indicar que la primera es inferior o igual en cantidad a la segunda (≤). — *MATEMÁTICAS*
12 por menor: Con detalle: *le informó por menor de todo lo ocurrido en la reunión.* — *loc.adv.*

menorá Candelabro de siete brazos usado en algunos ritos religiosos judíos. — *s.f. RELIGIÓN*

menorete Se usa para indicar al menos, como mínimo en la expresión **al o por el menorete.** — *loc.adv.*

menorquín, a
1 De Menorca, una de las islas Baleares. — *adj./= menorqués*
2 Persona natural de esta isla. — *s.*

menorragia (Del lat. *mensis,* mes + *regnyai,* brotar.) Hemorragia anormal durante la menstruación: *el fibroma que tiene en el útero le produjo una menorragia.* — *s.f. MEDICINA*

menorrágico, a De la menorragia. — *adj/s./MEDICINA*

menos (Del lat. *minsus.*)
1 Indica menor cantidad numérica o menor intensi- — *adv.*

dad: *hay menos niños que niñas; está menos gorda; hoy hace menos frío.* — ≠ más

2 Indica lo contrario de preferencia: *menos quiero que vaya él que ir yo.*

3 Indica inferioridad unido a un sustantivo: *es el menos indicado para esta tarea.* — adj.indef.

4 Excepto, salvo: *vienen todos los invitados menos ella; hace de todo menos terminar sus tareas.* — conj/prep.

5 Signo de restar, representado por una pequeña raya horizontal (–). — s.m. MATEMÁTICAS

6 al menos o **por lo menos**: **1.** Se usa para hacer una corrección o salvedad a lo que ya se ha dicho: *no ha llamado nadie, al menos estando yo.* **2.** Como mínimo: *mándame al menos una postal.* — loc.conj. loc.conj.

7 a menos que: A no ser que: *no me molestes a menos que sea muy necesario.* — loc.conj.

8 de menos: Indica la falta de número, peso o medida de lo que se expresa: *te han dado veinte gramos de menos.* — loc.adv.

9 echar de menos: Advertir la ausencia o falta de una persona o cosa, o sentir pena por ellas.

10 en menos: En menor grado o cantidad: *juzgo el hecho en menos que la intención.* — loc.adv.

11 en menos que: En menor valor o cantidad: *han tasado el piso en menos de su precio real.* — loc.prep.

12 hacer de menos a una persona: Despreciarla o no darle importancia: *siempre se hacen de menos porque es tartamudo.*

13 hacerse menos una persona: Humillarse o achicarse: *se fue haciendo menos cuando rebatieron una a una sus críticas.*

14 lo de menos: Indica que en el asunto del que se trata hay un inconveniente o dificultad mayor que el que se expresa: *lo de menos es la duración del trabajo, el problema es el coste.*

15 lo menos: **1.** Con igualdad: *es muy alto, lo menos como Juan.* **2.** Como mínimo: *al concierto asistieron lo menos dos mil personas.* — loc.adv. coloquial

16 menos de: Expresa un límite máximo pero indeterminado de una cantidad: *empezó a llover cuando eran menos de las cuatro.* — loc.prep.

17 menos mal: Se usa para indicar alivio: *ya estaba sufriendo, menos mal que has llamado.*

18 nada menos: Se usa para resaltar o ponderar a una persona o cosa: *el coche cuesta nada menos que veinte millones.*

19 ni mucho menos: Expresión con que se niega una cosa: *no le debo respeto, ni mucho menos.*

20 no ser para menos: Resalta la importancia de una cosa: *se enfadó mucho y no era para menos.*

21 ya será menos: Expresión con la que se indica que lo que se ha dicho, sufrido o pasado no tenía tanta importancia o tanto valor: *ya será menos, por tan poca cosa no te van a expulsar.*

22 y menos: Expresión con que se refuerza una segunda negación: *no quiero que me llame y menos que venga a verme.* — loc.adv.

menoscabador, a Que menoscaba o disminuye el valor, el prestigio o la cantidad de una cosa. — adj.

menoscabar (Del lat. vulgar *minuscapare*.) **1** Quitar una parte de una cosa: *menoscabó su salario jugando a las cartas.* — v.tr/prnl. **2** Quitar la buena apariencia de una cosa: *menoscabó el cuadro con una pincelada negra.* — v.tr./= deteriorar, mutilar **3** Causar una persona o cosa descrédito en la honra o en la fama de otra: *el presidente menoscabó a su secretario.* — = desacreditar, deshonrar

menoscabo Acción y resultado de menoscabar o menoscabarse: *su capital ha sufrido un menoscabo con la venta de las acciones; estos accesos de ira constituyen un menoscabo de su fama.* — s.m. = desdoro, disminución

menoscuenta Pago de parte de una deuda. — s.f./= descuento

menospreciable Que merece ser menospreciado: *condeno su actuación porque la considero menospreciable.* — adj. = despreciable

menospreciador, a Que menosprecia: *sus menospreciadoras palabras me hirieron.* — adj/s. = despreciador

menospreciar (Del cat. *menysprear*.) **1** Considerar a una persona o cosa por debajo de su valor: *menospreció su capacidad intelectual.* — v.tr. = subestimar **2** Considerar a una persona o cosa de poco valor o importancia: *el consagrado actor menosprecia a los principiantes.* — = despreciar

menospreciativo, a Que implica menosprecio: *rechazó el regalo con un gesto menospreciativo.* — adj. = despreciativo

menosprecio Modo de tratar a una persona o cosa a la que se le concede poco valor: *habla a sus empleados con menosprecio.* — s.m. = desdén ≠ aprecio

menostasia (Del lat. *mensis*, mes + gr. *stasis*, detención.) Supresión o retención de la menstruación. — s.f. FISIOLOGÍA

mensáfono Aparato para enviar mensajes sonoros a corta distancia. — s.m. TECNOLOGÍA

mensaje (Del occitano *messatge*.) **1** Noticia o comunicación de palabra, por escrito o por otro medio, que se hace llegar a una persona: *te he de dar un mensaje de tu hermano; en el contestador había dos mensajes.* — s.m. = recado **2** Comunicación dirigida de forma solemne a muchas personas: *a las ocho emiten el mensaje navideño del presidente.* — = comunicado **3** Idea que se intenta transmitir al público en una obra artística o literaria: *la película contenía un evidente mensaje político.* — = enseñanza, moraleja **4** Conjunto de datos o informaciones que se intercambian las unidades de un sistema informático. — INFORMÁTICA **5** Documento mediante el cual el jefe del estado se comunica con las cámaras o con el pueblo. — POLÍTICA **6** Comunicación oficial entre el poder legislativo y el ejecutivo, o entre dos asambleas legislativas. — POLÍTICA **7** Ordenación molecular que, en el interior de la célula, induce un sistema bioquímico sobre otro. — BIOLOGÍA **8** Secuencia de un discurso pronunciado por un emisor en el marco de la comunicación lingüística. — LINGÜÍSTICA **9 mensaje de la corona**: Discurso, redactado por el gobierno, que el rey, la reina o el regente de una monarquía constitucional lee ante las cámaras al comienzo de un período de sesiones, y en el que se fijan las líneas generales de la política gubernamental. — POLÍTICA

mensajería **1** Servicio de reparto de paquetes, documentos u otras cosas, por lo general de pequeño tamaño. — s.f. **2** Empresa que presta este servicio. **3** Transporte por ferrocarril a gran velocidad. — s.f.pl. **4 mensajería electrónica**: Sistema que permite el intercambio personal de mensajes entre los usuarios interconectados a través de una red de ordenadores. — INFORMÁTICA

mensajero, a **1** Que lleva un mensaje: *se dedica a entrenar palomas mensajeras.* — adj/s. **2** Que anuncia la llegada de una cosa: *las golondrinas son mensajeras de la primavera.* — adj. = anunciador **3** Persona que se dedica a llevar paquetes, documentos u otros objetos, por lo general de pequeño tamaño. — s.

menso, a Se aplica a la persona que es tonta, pesada o boba. — adj. Colomb., Méx.

menstruación **1** Pérdida de sangre y tejidos celulares procedentes de la matriz que experimentan durante algunos días de cada mes las mujeres y también las hembras de otros mamíferos cuando no ha habido fecundación: *tuvo su primera menstruación a los doce años.* — s.f. FISIOLOGÍA = período, regla, menstruo **2** Dicha sangre y tejidos. — = menstruo

menstrual De la menstruación: *en las mujeres el ciclo menstrual es de 28 días.* — adj. FISIOLOGÍA

menstruante Que menstrúa o está con la menstruación. — adj/s.f. FISIOLOGÍA

menstruar Tener una mujer o una hembra de mamífero la menstruación. — v.intr./conj: *actuar* FISIOLOGÍA

menstruo, a (Del lat. *menstruum*.) **1** De la menstruación. — adj./FISIOLOGÍA **2** Menstruación, fenómeno fisiológico. — s.m./FISIOLOGÍA **3** Sangre y tejidos celulares procedentes de la matriz que la mujer y las hembras de los mamíferos expulsan cuando no ha habido fecundación. — FISIOLOGÍA = menstruación **4** Disolvente o excipiente líquido. — QUÍMICA

menstruoso, a **1** De la menstruación. — adj./FISIOLOGÍA **2** Se aplica a la mujer que está menstruando. — adj/s.f./FISIOLOGÍA

mensú Peón rural, mensual. — s.m./Argent.

mensual (Del lat. *mensis*, mes.) **1** Que se hace o sucede cada mes: *la reunión de la junta es mensual.* — adj. **2** Que dura un mes: *este medicamento, una vez abierto, tiene una duración mensual.* **3** Peón contratado para realizar diversos trabajos en el campo. — s.m. Argent., Urug.

mensualidad **1** Sueldo o salario correspondiente a un mes de trabajo: *cobro la mensualidad a finales de mes.* — s.f./ECONOMÍA = mesada, sueldo **2** Cantidad de dinero que se paga cada mes: *sólo me faltan dos mensualidades para pagar el piso.*

mensualmente Cada mes, por meses: *visita a los abuelos mensualmente; cobro mensualmente los intereses.* — adv.

ménsula **1** Elemento arquitectónico perfilado con diversas molduras que sobresale de un plano vertical y sirve para sostener a otro elemento. — s.f. ARQUITECTURA **2** Tablero horizontal adosado a la pared. — = repisa

mensura (Del lat. *mensura*.) Acción y resultado de mensurar. — s.f. = medida

mensurabilidad Posibilidad que tiene un cuerpo de ser medido. — s.f.

mensurable Que puede ser mensurado o medido. — adj./≠ inmensurable

mensuración
1 Medio de investigación para determinar algunas dimensiones o para localizar ciertos puntos anatómicos, en medicina y antropología. *s.f. MEDICINA*
2 Acción y resultado de mensurar. *= medición*
mensural Que sirve para medir. *adj.*
mensurar Medir una cosa. *v.tr.*
mensurativo, a Que tiene relación con la medida. *adj.*
menta (Del lat. *menta.*)
1 Planta herbácea y aromática, de flores rosadas o blancas y hojas opuestas de un color verde intenso, que se utiliza en medicina como antiespasmódico, tónico y estimulante, y para aromatizar caramelos, licores o diversos alimentos. *(Mentha.)* *s.f. BOTÁNICA*
2 Licor preparado con la esencia de esta planta.
3 Esencia extraída de esta planta: *está comiendo un caramelo de menta.*
4 Fama o reputación de la que disfrutan las personas. *s.f.pl./Argent.*
-menta Unido a sustantivos indica conjunto, grupo: *vestimenta; cornamenta.* *suf.*
mentada
1 Insulto u ofensa verbal: *de cada tres palabras que dice, dos son mentadas.* *s.f. Méx.*
2 **ser una cosa una mentada de madre:** Ser insultante: *es una mentada de madre lo que recibe de sueldo.* *Méx.*
mentado, a Que tiene fama o renombre: *acudieron al congreso los más mentados especialistas en ecología.* *adj. = célebre, famoso*
mental
1 Que tiene relación con la mente o con la inteligencia: *sufre un trastorno mental.* *adj.*
2 Que sólo tiene lugar en la mente y no se expresa: *discurso mental.* *= intelectual*
mentalidad
1 Modo de pensar y vivir de una persona, un grupo, un pueblo u otra comunidad: *tienen una mentalidad avanzada; para su edad tiene una mentalidad infantil.* *s.f. = creencia, ideología*
2 Facultad de las personas para pensar.
mentalismo
1 Doctrina filosófica que considera que la sicología tiene por objeto el estudio de los distintos estados de conciencia. *s.m. FILOSOFÍA, SICOLOGÍA*
2 Corriente lingüística teórica que afirma que el contenido es el elemento determinante de la estructura de la lengua. *LINGÜÍSTICA*
mentalización
1 Acción de difundir o adoptar una determinada manera de pensar o de considerar un asunto determinado. *s.f.*
2 Preparación sicológica para afrontar o aceptar una cosa que se considera difícil o desagradable: *aceptó su destino tras una dura y larga mentalización.* *SICOLOGÍA*
mentalizar Preparar la mente de una persona para afrontar un hecho o para considerarlo de una determinada manera: *mentalizó a su hijo de que irá a un nuevo colegio; se mentalizó de que no podía llevar ese ritmo de vida.* *v.tr/prnl. conj: cazar + de*
mentalmente Con el pensamiento: *repasaba mentalmente la lección.* *adv.*
mentar
1 Hacer referencia o citar a una persona o una cosa: *mentó a todas las personas que le ayudaron en su carrera; este tema no quiero ni mentarlo.* *v.tr. conj: pensar = mencionar*
2 Apodar, poner o decir apodos. *Amér.*
mentas Se usa para indicar de oídas, sin haberlo comprobado de forma personal en la expresión de **mentas.** *loc.adv. Argent.*
mentastro Planta herbácea anual, de hojas opuestas, ovadas, con el borde aserrado y envés velloso, flores blancas o de color violeta pálido, dispuestas en inflorescencias terminales con forma de espiga. *(Mentha rotundifolia.)* *s.m. BOTÁNICA = mastrancho, mastranzo*
mente (Del lat. *mens, mentis.*)
1 Conjunto de las facultades y capacidades intelectuales del hombre. *s.f. = intelecto*
2 Pensamiento o voluntad para hacer o decir una cosa: *no te he llamado pero estaba en mi mente hacerlo.* *= intención*
3 Mentalidad, manera de pensar: *es ya mayor y de mente cerrada.* *= entendimiento*
4 **tener una cosa en la mente:** Tenerlo pensado o previsto: *ahora vivo del éxito pero tengo en la mente el fracaso.*
5 **tener una cosa en mente:** Tener la intención de hacer una cosa: *tengo en mente crear una sucursal en Madrid.*
-mente Componente de palabra que, unido a un adjetivo, en femenino si tiene flexión, forma su correspondiente adverbio de modo: *fríamente; velozmente.* *suf.*
mentecatada Acción o palabras propias de un mentecato: *no digas mentecatadas, estamos hablando en serio.* *s.f. = mentecatez*
mentecatería
1 Modo de ser o comportarse el mentecato: *no quiero volver a verle porque no soporto su mentecatería.* *s.f. = mentecatez*
2 Acciones o palabras propias de un mentecato: *eso que has dicho es una solemne mentecatería.* *= mentecatez, mentecatada*

mentecato, a (Del lat. *mente captus,* que no tiene toda la razón.)
1 Se aplica a la persona que es tonta, estúpida o escasa de entendimiento. *adj/s. = botarate = insensato*
2 Que es poco sensato o juicioso. *= insensato*
mentidero Sitio donde se reúne la gente para conversar o hacer tertulia. *s.m.*
mentido, a Que engaña o no se ajusta a la realidad: *no confíes en una mentida esperanza.* *adj./literario = ilusorio*
mentir (Del lat. *mentiri.*)
1 Decir una persona lo contrario de lo que sabe, cree o piensa: *mintió para que no lo castigaran.* *v.intr./conj: sentir = engañar*
2 Inducir a error: *las ilusiones me mintieron.* *= falsear*
3 Hacer o fabricar una persona una cosa falsa. *= falsificar*
4 Desentonar o no conformar una cosa con otra.
5 **mentir más que hablar:** Se usa para indicar que una persona dice muchas mentiras habitualmente.
6 **¡miento!:** Se usa para corregir un error que se ha cometido al hablar: *llegué a las ocho, ¡miento!, a las siete.*
mentira
1 Expresión que contradice la verdad, dicha con intención de que sea creída: *no me lo puedo creer, lo que dices de él es mentira.* *s.f. = embuste ≠ verdad*
2 Errata en un escrito o impreso, en especial en un manuscrito. *= equivocación*
3 Mancha pequeña blanca que aparece a veces en las uñas. *coloquial = selenosis*
4 Crujido que hacen los dedos al estirarlos. *coloquial*
5 **mentira piadosa:** La que se dice para agradar o favorecer a una persona.
6 **coger a una persona en mentira:** Descubrir que ha mentido: *si te cojo en mentira nunca más confiaré en ti.* *coloquial*
7 **parecer mentira:** Expresión que se usa para mostrar asombro, admiración o queja por una cosa: *parece mentira que seas tan cruel; parece mentira que hayan pasado cinco años.* *coloquial*
mentirijillas Indica en broma o falso en la expresión **de mentirijillas:** *es un abogado de mentirijillas; jugamos al póker apostando dinero, pero de mentirijillas.* *loc.adv. coloquial*
mentirijillas Indica en broma o falso: *es un abogado de mentirijillas; jugamos al póker apostando dinero, pero de mentirijillas.* *loc.adv. coloquial*
mentiroso, a
1 Que dice mentiras con frecuencia: *eres tan mentiroso que no creo nada de lo que dices.* *adj/s. = embustero*
2 Se aplica al libro o escrito que tiene muchos errores o erratas. *adj.*
3 Que engaña: *su apacible aspecto es mentiroso.* *= fingido*
mentís
1 Hecho o demostración que contradice o niega lo que una persona afirma: *daré un mentís a los rumores de las vecinas.* *s.m. pl: mentís = desmentido*
2 Voz con que se desmiente a una persona.
-mento Unido a raíces verbales forma sustantivos que indican acción y resultado: *cargamento.* *suf.*
mentol Alcohol obtenido de la esencia de menta, que se usa como antiséptico y analgésico local y en la fabricación de licores y caramelos. *s.m. QUÍMICA*
mentolado, a Que contiene mentol: *fuma un cigarrillo mentolado; tómate un chicle mentolado.* *adj.*
mentón (Del fr. *menton* < lat. *mentum.*) Barbilla o prominencia de la mandíbula inferior: *tiene un hoyuelo en medio del mentón.* *s.m. ANATOMÍA*
mentonera
1 Pieza de la armadura que servía para cubrir y defender la boca. *s.f. HISTORIA*
2 Pequeña pieza de madera o plástico que, adaptada al violín, sirve para apoyar el mentón al tocarlo. *MÚSICA*
mentoniano, a Del mentón. *adj.*
mentor (Del gr. *Mentor,* nombre del consejero de Telémaco.)
1 Consejero o guía de una persona: *se nota que tiene un buen mentor.* *s.m. = tutor*
2 Persona que en la antigüedad estaba encargada de la educación de un joven. *= ayo*
menú
1 Conjunto de platos que forman una comida: *hemos de elegir el menú del banquete.* *s.m. pl: menús*
2 Lista que contiene las comidas, postres y bebidas que se sirven en un restaurante: *pídele el menú al camarero.* *= carta, minuta*
3 La comida que se toma: *el menú estaba buenísimo.*
4 Presentación en la pantalla de un ordenador o de un sistema interactivo de una lista de opciones operativas, dispuestas para que el usuario elija una de ellas. *INFORMÁTICA*
5 **menú del día:** Conjunto de primeros platos, segundos y postres, que un restaurante prepara cada día a un precio fijo.
menudamente
1 Con detalle y minuciosidad: *me explicó sus viajes menudamente.* *adv.*

2 Al por menor, vendiendo pequeñas cantidades directamente al consumidor. — COMERCIO

menudear
1 Hacer una cosa muchas veces y con frecuencia: *desde que engordó menudean sus sesiones en el gimnasio.* — v.tr. / = reiterar
2 Ocurrir una cosa son asiduidad: *este invierno menudean las nevadas.* — v.intr. / = frecuentar
3 Explicar una persona las cosas con mucho detalle: *sé conciso y no menudees.* — = detallar
4 Explicar o escribir una persona cosas sin importancia.
5 Vender productos o mercancías al por menor, directamente al consumidor. — v.tr/intr. Colomb., Chile

menudencia
1 Cosa o hecho de poco valor o importancia: *no te enfades por esta menudencia; si no tienes dinero cómprale una menudencia.* — s.f. / = minucia
2 Pequeñez de una cosa: *no encuentro la rosca del pendiente, dada su menudencia.*
3 Manera detallada de hacer o considerar una cosa: *es muy perfeccionista y trabaja con menudencia.* — = minuciosidad
4 Sobras o menudos de las reses de matadero. — s.f.pl./= despojos
5 Morcillas, longanizas y otros productos parecidos que se sacan del cerdo. — = embutido
6 Higadillo, molleja y otras vísceras de las aves. — = menudillos

menudeo
1 Venta al por menor. — s.m./COMERCIO
2 Acción de menudear.

menudero, a Persona que vende menudos de reses y de aves. — s.

menudillo
1 Articulación entre la caña y la cuartilla en los cuadrúpedos. — s.m.
2 Higadillo, molleja, y otras vísceras de las aves: *nunca suele comer los menudillos del pollo.* — s.m.pl. / = menudos

menudo, a (Del lat. *minutus.*)
1 Que es muy pequeño: *cae una lluvia menuda; es una playa de piedras menudas.* — adj. / = minúsculo
2 Se aplica a la persona que es delgada y tiene poca estatura: *era una mujer menuda.* — = bajo
3 Que es insignificante o de poca importancia: *no te preocupes por los problemas menudos.* — = accesorio
4 Que es minucioso o exacto: *le hizo una menuda y detallada relación de los hechos.* — = escrupuloso
5 Se refiere a la moneda que tiene un valor muy pequeño respecto a otras de su mismo sistema monetario: *no llevo moneda menuda.* — = calderilla, suelto
6 Que es mezquino. — = despreciable
7 Se aplica al carbón mineral lavado que no supera los doce milímetros de grosor. — adj/s.m. MINERÍA
8 Entrañas, vientre, sangre y patas de las reses. — s.m.pl./= despojos
9 Entrañas y pescuezo de las aves. — = menudillos
10 Diezmo o tributo que se pagaba por los productos de poca importancia. — HISTORIA
11 Guiso que se prepara con estómago de res cocido en un caldo condimentado con especias y chile. — s.m./Méx. COCINA
12 a la menuda: Al por menor, que se vende al detalle o directamente al consumidor. — loc.adv/adj. COMERCIO
13 a menudo: Con frecuencia: *viaja muy a menudo; come en este restaurante a menudo.* — loc.adv.
14 ¡menudo!: Se usa en frases con sentido ponderativo: *¡en menudo problema te has metido!; ¡menuda alegría!* — interj.

meñique
1 Se aplica al dedo más pequeño de la mano: *lleva un anillo en el dedo meñique.* — adj/s.m. tb: menique
2 Que es muy pequeño. — adj.

meódromo
1 Urinario, sitio donde se orina. — s.m./coloquial
2 Cualquier lugar usado para orinar en un momento determinado. — coloquial

meollar Especie de cordel que se forma torciendo dos, tres o cuatro filásticas. — s.m. NÁUTICA

meollo (Del lat. vulgar *medullum* < lat. *medulla*, médula.)
1 Sustancia, fundamento o parte más importante o esencial de una cosa: *debemos conocer el meollo de la cuestión.* — s.m. coloquial / = esencia
2 Sustancia interior de los huesos. — = médula
3 Masa nerviosa contenida en el cráneo. — = seso
4 Inteligencia, entendimiento: *¡a ver si usas el meollo antes de hablar!* — coloquial / = seso
5 Miga del pan.
6 no tener meollo una cosa: No tener sustancia. — coloquial

meolludo, a Que tiene mucho meollo. — adj.

meón, a
1 Que mea mucho y con frecuencia. — adj/s.
2 Niño recién nacido. — s./familiar
3 Se aplica a la niebla de la que se desprenden gotas menudas que no llegan a ser llovizna. — adj.

mequetrefe (Del port. *meco*, hombre libertino + *trefe*, travieso.) Persona falta de formalidad y de juicio, en quien no se puede confiar: *no le hagas responsable de este trabajo, es un mequetrefe.* — s.m.f. coloquial = chiquilicuatre, chiquilicuatro

meralgia Dolor en el muslo. — s.f./MEDICINA

meramente Simplemente, sin otra cosa: *fue una sesión meramente informativa.* — adv. = solamente

merar (Del cat. *amarar*, amerar.) Mezclar una bebida con otra para mejorar su calidad o para suavizarla: *mera el agua con vino.* — v.tr.

merca Acción y resultado de mercar o adquirir una mercancía. — s.f./coloquial = compra

mercabilidad Medida de la frecuencia con que un bien acostumbra a ser objeto de cambio en el mercado. — s.f. COMERCIO

mercachifle
1 Vendedor ambulante de chucherías y baratijas que lleva en una tienda portátil, en un cesto o bandeja. — s.m./COMERCIO = buhonero
2 Comerciante de poca importancia. — despectivo
3 Persona que da demasiada importancia al aspecto monetario de su profesión: *cobra unos elevados honorarios porque es un mercachifle.* — despectivo = mercantilista

mercadear Dedicarse al comercio de un producto: *mercadea con el café; mercadeaba en productos de importación.* — v.intr./+ con, en COMERCIO = comerciar

mercadeo
1 Acción y resultado de mercadear: *se dedica al mercadeo de productos de limpieza.* — s.m./COMERCIO = comercio
2 Conjunto de operaciones por las que pasa un producto desde el fabricante al consumidor. — COMERCIO

mercader, a (Del cat. *mercader.*)
1 Persona que comercia con géneros vendibles: *los turistas regateaban con los mercaderes.* — s. COMERCIO
2 mercader de grueso: Persona que comercia en géneros al por mayor. — COMERCIO

mercadería Género u objeto con que se comercia: *la mercadería llegó en mal estado.* — s.f./COMERCIO = mercancía

mercaderil Del mercader. — adj.

mercadillo Mercado formado por puestos callejeros que se instalan en días determinados, y donde se venden productos por lo general baratos: *le gusta comprar bagatelas en los mercadillos.* — s.m. COMERCIO

mercado (Del lat. *mercatus*, comercio.)
1 Reunión o asistencia de gente a un lugar determinado, y en días señalados, para comprar y vender mercancías: *el mes que viene se celebrará el mercado del caballo.* — s.m. COMERCIO = feria
2 Lugar o edificio público destinado a la actividad de comprar y vender, en especial frutas, verduras, carnes y pescados frescos: *siempre hace la compra en el mercado.* — COMERCIO
3 Ciudad, región o país de especial importancia en un orden comercial cualquiera: *Marruecos es uno de los grandes mercados de especias.* — COMERCIO, ECONOMÍA
4 Actividad de compra y venta de cualquier producto: *hoy oscilará el mercado de valores.* — COMERCIO, ECONOMÍA
5 Ámbito que comprende a los consumidores y productores que, por lo general, tienen influencia sobre la formación del precio del bien objeto de comercio: *sería conveniente ampliar el mercado para obtener mayores beneficios.* — ECONOMÍA
6 mercado de abastos: Mercado en que se venden, al por mayor, comestibles a los pequeños comerciantes. — COMERCIO
7 mercado de cambios o de divisas: Conjunto de intercambios de monedas extranjeras que fija los precios diarios de las divisas en función del resto de monedas. — ECONOMÍA
8 mercado de capitales: Reunión de la oferta y la demanda de capital y de toda clase de títulos financieros. — ECONOMÍA
9 mercado de trabajo: Relaciones entre la oferta y la demanda del trabajo como factor productivo. — ECONOMÍA
10 mercado de valores: Bolsa, lugar donde se negocia con efectos públicos. — ECONOMÍA
11 mercado exterior: Operaciones de compra y venta que los productores de un país llevan a cabo con los compradores extranjeros. — ECONOMÍA
12 mercado interior: Operaciones de compra y venta que los productores de un país realizan con los compradores nacionales. — ECONOMÍA
13 mercado negro: Comercio clandestino de divisas monetarias o mercancías prohibidas o sometidas a tasa. — COMERCIO, ECONOMÍA
14 poder vender una persona en un buen mercado: Ser sagaz y astuto.

mercadotecnia (De *mercado* + gr. *tekne*, técnica.) Conjunto de técnicas comerciales destinadas a hacer más rentable un producto. — s.f. COMERCIO = marketing

mercadotécnico, a De la mercadotecnia. — adj./COMERCIO

mercancía (Del ital. *mercanzia.*)
1 Todo género que es objeto de comercio habitual: *en el almacén se acumulaba la mercancía.* — s.f./COMERCIO = mercadería

2 Carga transportada por un buque, exceptuando el equipaje de la tripulación, las provisiones y el combustible. **NÁUTICA**

3 Tren que transporta carga. *s.m./tb:mercancías*

mercante
1 Que merca o compra. *adj./s.m.f.*
2 Del mercader, la mercancía o el comercio. *adj./COMERCIO*
3 Se refiere al buque que se destina al transporte de pasajeros y mercancías. *adj./s.m.* **NÁUTICA**

mercantil
1 Que tiene relación con el mercader, la mercancía o el comercio. *adj./COMERCIO* = comercial
2 Se aplica al derecho o conjunto de normas jurídicas que regulan la actividad comercial. **DERECHO**

mercantilismo
1 Espíritu mercantil o excesiva preocupación por la ganancia en cosas que no deben ser objeto de comercio. *s.m.*
2 Sistema económico que da importancia primordial al desarrollo del comercio, en especial al de exportación, y funda la riqueza de un país en la posesión de metales preciosos. **ECONOMÍA**

mercantilista
1 Del mercantilismo. *adj.*
2 Que es partidario del mercantilismo. *adj./s.m.f.*
3 Se refiere al abogado que está especializado en derecho mercantil: *ese tema lo lleva el mercantilista del bufete.* **DERECHO**

mercantilizar Hacer que predomine el espíritu mercantil o el interés monetario en cosas que deberían ser desinteresadas: *todos sus amigos son ricos porque mercantiliza sus relaciones.* *v.tr.* conj: *cazar*

mercaptano Compuesto de olor desagradable, derivado de un alcohol en el que el oxígeno es reemplazado por azufre. *s.m.* **QUÍMICA**

mercar (Del lat. *mercari*, comprar.) Comprar o adquirir una cosa con dinero o mediante una transacción: *se mercó unos zapatos nuevos.* *v.tr/prnl.* conj: *sacar*

merced (Del lat. *merces, -edis*, recompensa.)
1 Beneficio hecho de forma gratuita a una persona con quien no se está obligado: *en cuanto llegué tuvo la merced de recibirme.* *s.f.* = favor
2 Voluntad o capricho a que una persona o cosa está sometida: *siempre está a merced de lo que decide su marido; el barco navegaba a merced de los vientos.* = arbitrio + a, de
3 Tratamiento de cortesía: *vuestra merced viva muchos años.*
4 Dádiva que los reyes o señores concedían a sus vasallos. **HISTORIA** = gracia
5 Orden religiosa y militar dedicada a la redención de cristianos cautivos en país musulmán y, posteriormente, al auxilio y ayuda de presos. **HISTORIA, RELIGIÓN**
6 ¡merced! o ¡muchas mercedes!: Expresión de agradecimiento. *formal* ¡gracias!
7 merced a: Gracias a una persona o cosa: *hemos ganado merced a vuestro esfuerzo.* *loc.prep.*

mercedario, a Se aplica al religioso que es miembro de la orden de Santa María de la Merced. *adj./s.* **RELIGIÓN**

mercenario, a (Del lat. *mercenarius*, el que guerrea por una paga.)
1 Se refiere al soldado o a la tropa que sirve a un gobierno extranjero a cambio de dinero: *en las guerras empezaron a haber tropas mercenarias a partir de la edad media; ha entrado a formar parte de un cuerpo de mercenarios.* *adj./s.* **MILITAR**
2 Que recibe un salario por su trabajo. = asalariado
3 Se aplica al religioso de la orden de la Merced. *tb: mercedario*
4 Trabajador o jornalero del campo. *s.m.*

mercería (Del cat. *merceria* < lat. *merx, mercis*, mercancía.)
1 Actividad de los que comercian con artículos accesorios, por lo general de costura, como alfileres, botones o hilos. *s.f.* **COMERCIO**
2 Tienda donde se venden estos artículos: *en la mercería no tenían botones tran grandes.* **COMERCIO**
3 Conjunto de estos artículos.

mercerización Operación de mercerizar los tejidos de algodón o los hilados, para contraer las fibras y darles brillo. *s.f.* **TEXTIL** = mercerizado

mercerizar Impregnar los tejidos de algodón o los hilados con sosa cáustica para contraer las fibras y darles brillo. *v.tr.* conj: *cazar* **TEXTIL**

mercero, a (Del cat. *mercer*.) Vendedor de artículos de mercería. *s.* **COMERCIO**

merchandising (Voz inglesa.) Estudio de los problemas de creación, mejora, presentación y distribución de las mercancías en función de la evolución de las necesidades. *s.m.* **COMERCIO**

merchante (Del fr. ant. *merchant*.)
1 Del mercader, la mercancía o el comercio. *adj./COMERCIO*
2 Persona que comercia sin tener tienda fija. *s.m.f./COMERCIO*

mercurial (Del lat. *mercurialis*.)
1 De Mercurio, dios mitológico o del planeta del mismo nombre. *adj.*
2 Del mercurio. **QUÍMICA**
3 Planta herbácea anual de flor verdosa, hojas lanceoladas y fruto en cápsula cuyo zumo se emplea como purgante. *(Mercurialis annua.)* *s.f.* **BOTÁNICA**

mercurialismo Intoxicación por mercurio. *s.m./MEDICINA*

mercúrico, a Del mercurio. *adj./QUÍMICA*

mercurio (Del bajo lat. *mercurius*, nombre del dios Mercurio.) Metal líquido, blanco y brillante, muy denso, usado como dilatable en los termómetros. *s.m.* **QUÍMICA**

mercurocromo Derivado del mercurio utilizado como antiséptico para uso externo, de lo general de color rojo: *le aplicaron mercurocromo sobre la herida.* *s.m.* **MEDICINA**

merdellón, a Criado que hace su trabajo de manera sucia y descuidada. *s.*

merdoso, a Que está muy sucio: *no pienso dormir en este lugar tan merdoso.* *adj.* = asqueroso

merecedor, a Que merece cierta cosa: *es merecedor del premio; su gesto es merecedor de elogios.* *adj./+ de* = acreedor

merecer (Del lat. vulgar *merescere* < lat. *merere*.)
1 Ser una persona digna de un premio o un castigo: *este artista merece el reconocimiento del público; el niño se merece una bronca.* *v.tr/intr.* conj: *carecer*
2 Conseguir una cosa deseada. *v.tr./= lograr*
3 Tener una cosa un determinado valor: *este cuadro no merece este precio.* = valer
4 Hacer méritos para conseguir una cosa: *el nuevo empleado hace todo lo posible por merecer.* *v.intr.*
5 merecer bien de una persona: Ser una persona digna de su agradecimiento.
6 no merecer una persona descalzar a otra: Ser muy inferior a ella en alguna cualidad, mérito o circunstancia: *este alumno no merece descalzar a su compañero.* *coloquial*

merecidamente Por méritos, con razón y justicia: *le suspendió merecidamente.* *adv.*

merecido Castigo considerado justo: *finalmente recibió su merecido.* *s.m.*

merecimiento
1 Cualidad o acción por la que una persona puede aspirar a alguna cosa deseable. *s.m.* = mérito
2 Acción de hacerse uno digno de premio o castigo. ≠ demérito

merendar
1 Tomar una persona una comida ligera por la tarde: *acostumbra a merendar a las seis y media; a los niños les gusta merendar pan con chocolate.* *v.intr/tr.* conj: *pensar*
2 Comer al mediodía, en algunos lugares.
3 Mirar un jugador las cartas de otro en un juego. **JUEGOS**
4 merendarse una persona una cosa: Conseguir una persona buenos resultados en una cosa: *nos vamos a merendar los exámenes finales.* *coloquial*
5 merendarse una persona a otra: Vencer una persona a otra con rotundidad: *aquel equipo de baloncesto se merendó al contrario.* *coloquial*

merendero
1 Establecimiento público, campestre o playero, donde se sirven bebidas y comidas: *el domingo fueron a pasar el día a la playa y comieron en un merendero.* *s.m.*
2 Lugar donde se merienda o se come llevando la propia comida.

merendola Merienda suculenta y abundante, por lo general de ambiente alegre y festivo: *¡menuda merendola nos montamos ayer en tu casa!* *s.f.* coloquial tb: merendona

merengado, a Se aplica a la leche hervida con limón, azúcar y canela en rama, o a los productos realizados con ella. *adj.* **COCINA**

merengue
1 Dulce elaborado con claras de huevo y azúcar, cocido al horno. *s.m.* **COCINA**
2 Baile originario de la República Dominicana, de movimiento moderado, cuya melodía se acompaña con el acordeón y el güiro.
3 Persona delicada y pusilánime. = alfeñique
4 Lío, desorden o trifulca. *Argent., Par., Urug.*
5 Del club de fútbol Real Madrid: *el equipo merengue ya ha llegado a la ciudad.* *adj/s.m.f./jerga* = madridista

meretricio, a
1 De las meretrices o prostitutas. *adj.*
2 Relación sexual con una meretriz o prostituta. *s.m.*

meretriz (Del lat. *meretrix, -icis*, la que se gana la vida ella misma.) Mujer que mantiene relaciones sexuales a cambio de dinero. *s.f.* pl: meretrices = prostituta

merey Anacardo, planta arbórea terebintácea americana maderable que alcanza los veinte metros de altura. *s.m.* **BOTÁNICA**

mergánsar (Del lat. *mergus*, somorgujo + *ansar*, ánade silvestre.) Serreta grande, ave anseriforme. *s.m./ZOOLOGÍA* = mergo

mergón Mugrón o sarmiento de la vid. *s.m./AGRICULTURA*

mérgulo Pájaro marino parecido al pingüino, que vive formando grandes colonias en los acantilados de las regiones árticas. *s.m.* **ZOOLOGÍA**

merideño, a Persona natural de Mérida. *s./= emeritense*

meridiana
1 Mueble mullido, semejante a una cama, sin brazos ni respaldo, donde se puede estar sentado o acostado. — s.f. = diván
2 Cama en que se podía descansar vestido o medio vestido. = camilla
3 Siesta que se hace después de comer.
4 **a la meridiana**: A la hora del mediodía. — loc.adv.

meridiano, a (Del lat. *meridianus*, referente al sur.)
1 Del mediodía. — adj.
2 Que es muy claro o luminoso: *hay una luz meridiana.* = diáfano
3 Círculo máximo de la esfera celeste que pasa por los polos. — s.m. ASTRONOMÍA
4 Círculo máximo de la esfera terrestre que va de polo a polo. — GEOGRAFÍA
5 Semicírculo de la esfera terrestre que pasa por los polos. — GEOGRAFÍA
6 Línea de intersección de una superficie de revolución con un plano que pasa por su eje. — GEOMETRÍA
7 **meridiano inferior**: Semicírculo máximo que pasa por el nadir del observador y cuyo diámetro va de polo a polo. — ASTRONOMÍA
8 **meridiano magnético**: Plano vertical que contiene la dirección del campo magnético de la tierra. — GEOGRAFÍA
9 **meridiano superior**: Semicírculo máximo que pasa por el cenit del observador y cuyo diámetro va de polo a polo. — ASTRONOMÍA
10 **primer meridiano o de origen**: Meridiano que se toma como principio para contar sobre el ecuador los grados de longitud geográfica de cada lugar de la tierra. — GEOGRAFÍA

meridional Del sur o mediodía: *según dicen, los meridionales son más viscerales.* — adj/s.m.f.

merienda (Del lat. *merenda*.)
1 Comida ligera que se toma a media tarde: *en la merienda se ha tomado un plátano y un poco de queso.* — s.f.
2 Comida que se toma al mediodía, en algunos lugares.
3 Protuberancia anormal en el pecho o en la espalda, o en ambos, causada por deformación de la columna vertebral. — coloquial = corcova, joroba
4 **merienda de negros**: 1. Confusión, caos: *la reunión acabó siendo una merienda de negros.* 2. Arreglo o reparto a capricho: *la adjudicación de trabajos ha sido una merienda de negros.* — coloquial
5 **juntar meriendas**: Unir los intereses. — coloquial

merillo Pez comestible, similar al mero pero de tamaño menor, cuerpo alto y rayas transversales, que vive entre algas, rocas y praderas marinas. *(Paracentropritis hepatus.)* — s.m. ZOOLOGÍA

merindad (Del bajo lat. *majorinitas, -tatis*.)
1 Territorio que estaba bajo la jurisdicción del merino, antiguo juez. — s.f. HISTORIA
2 Antiguo cargo de merino. — HISTORIA
3 Demarcación con una villa importante que defendía las poblaciones de su jurisdicción. — HISTORIA

merinero, a De los rebaños trashumantes, en especial los formados en su mayor parte por ganado merino: *trabaja como pastor merinero.* — adj.

merino (Del lat. *maiorinus*.)
1 Oficial público que se encargaba de la administración económica, judicial y financiera de un territorio. — s.m. HISTORIA
2 **merino mayor**: Juez con jurisdicción amplia que delegaba el rey en un territorio. — HISTORIA
3 **merino menor**: Juez que nombraba el rey o el adelantado con jurisdicción limitada. — HISTORIA

merino, a (Del nombre de la tribu africana de los *Benimerines*.)
1 Se aplica a una raza ovina que está formada por carneros y ovejas que dan una lana muy fina. — adj/s.
2 Se refiere al ganado que pertenece a esta raza.
3 Se aplica a la lana fina, suave y rizada que da esta raza ovina. — adj.
4 Persona que cuida del ganado y de los pastos. — s.
5 Tejido hecho con lana merina que forma un cordoncillo fino. — s.m. TEXTIL

meriñaque Miriñaque, falda interior amplia y rígida. — s.m.

meristema Tejido vegetal joven o embrionario formado por células que se dividen continuamente para originar otros tejidos de la planta. — s.m. BOTÁNICA tb: meristemo

mérito (Del lat. *meritum*.)
1 Cualidad o acción por la que una persona se merece una cosa: *será un gran pianista porque tiene muchos méritos.* — s.m. = merecimiento
2 Valor de una cosa debido al trabajo, habilidad u otra cualidad que se ha puesto en ella: *nadie le reconoce el mérito de su obra artística.*
3 **méritos del proceso**: Conjunto de pruebas y razones que se han puesto de manifiesto durante su curso y en los que se basa el juez para emitir su fallo. — DERECHO
4 **de mérito**: Que es valioso, notable o recomendable: *es una escultura de mérito.* — loc.adj.
5 **hacer méritos**: Hacer cosas que sirvan para conseguir o merecer lo que se desea: *está haciendo méritos para que le asciendan.*

meritoriamente Con merecimiento: *le otorgaron meritoriamente el primer premio.* — adv.

meritorio, a
1 Que es digno de premio: *su colaboración desinteresada es meritoria.* — adj. = loable, plausible
2 Persona que trabaja sin sueldo o más de lo estipulado para hacer méritos y conseguir remuneración por su trabajo o mejorar su empleo o posición. — s. = aprendiz

merla (Del lat. *merula*, mirlo.) Mirlo, ave paseriforme. — s.f./ZOOLOGÍA

merlán Pez con tres aletas dorsales y dos anales, propio de las costas europeas occidentales, muy apreciado por su carne tierna y ligera. *(Gadus merlangus.)* — s.m. ZOOLOGÍA = pegonero

merleta (Del fr. *merlette*.) Figura de pájaro en un escudo de armas. — s.f. HERÁLDICA

merlín (Del fr. *merlin* < neerlandés *marling*.) Cabo delgado de cáñamo alquitranado que se usa a bordo para cosiduras y usos semejantes. — s.m. NÁUTICA

merlo (Del lat. vulgar *merulus*, mirlo.)
1 Pez teleósteo marino, de tamaño mediano y color azul intenso, que vive en el Mediterráneo y en el Atlántico. *(Labrus murula.)* — s.m. ZOOLOGÍA
2 Zorzal marino, pez acantopterigio. — ZOOLOGÍA

merluza
1 Pez marino, de cuerpo alargado, con la parte dorsal de color gris, mandíbula prominente y cavidad bucal negra, que vive en profundidades medias y es muy apreciado como alimento. *(Merluccius merluccius.)* — s.f. ZOOLOGÍA = pescada
2 Estado de embriaguez: *no bebas más o pillarás una buena merluza.* — coloquial = borrachera

merluzo, a Se aplica a la persona que es tonta o estúpida: *¡deja de hacer el merluzo!* — adj/s. coloquial

merma
1 Acción y resultado de mermar. — s.f.
2 Cantidad de materia consumida por el paso del tiempo o por manipulación de una persona. — = pérdida

mermador, a Que merma o produce merma. — adj/s.

mermar (Del lat. vulgar *minimare*, disminuir.)
1 Hacerse una cosa menor por causas naturales: *la colonia ha mermado porque el alcohol se ha ido evaporando; con la edad merman las fuerzas.* — v.intr/prnl. ≠ crecer
2 Quitar una parte de lo que le corresponde a una persona: *me han mermado el sueldo.* — v.tr. = reducir

mermelada (Del port. *marmelada*, conserva de membrillos.) Conserva hecha de fruta cocida con azúcar o miel: *mermelada de pera; mermelada de frambuesa.* — s.f. COCINA = confitura

mero (De origen incierto.) Pez marino comestible, grande, de cuerpo alto y ovoide con las aletas más oscuras que el resto, con tres aguijones en el borde posterior del opérculo, que vive entre rocas a profundidad media o baja. *(Epinephelus gigas.)* — s.m. ZOOLOGÍA

mero, a (Del lat. *merus*, puro, sin mezcla.)
1 Que es puro, simple o sin mezcla alguna: *es un mero formulismo; te lo pregunto por mera curiosidad.* — adj.
2 Que es verdadero o exacto. — Méx.
3 Casi, en punto. — adv./Méx.
4 **ser una mismo el mero mero**: Ser la persona principal, la más importante en cierto lugar o en cierta circunstancia: *el jefe es el mero mero en la oficina.* — Méx. coloquial

-mero Componente de palabra procedente del gr. *meros*, que significa parte o porción: *isómero.* — suf.

merodeador, a Que merodea. — adj/s.

merodear (Del ant. *merode* < fr. *marauder*.)
1 Ir una persona con asiduidad por un lugar para curiosear o buscar a una persona o una cosa: *he visto a unos hombres merodeando por aquí.* — v.intr. = rondar, husmear
2 Ir una o más personas por un lugar para saquear cosas. — = rapiñar
3 Separarse algunos soldados del grueso de un ejército para reconocer el terreno en busca de lo que puedan saquear. — MILITAR

merodeo Acción y resultado de merodear: *su constante merodeo me hizo sospechar de él.* — s.m. = husmeo

merolico
1 Vendedor callejero que atrae a los transeúntes con su verborrea. — s.m. Méx.
2 Persona parlanchina y habladora. — Méx.

merostoma Perteneciente a una clase de artrópodos marinos de los que en la actualidad sólo queda el género *Limulus.* — adj/s.m. ZOOLOGÍA

merovingio, a (De *Meroveo*, rey franco.) De la familia o dinastía que desciende de este rey. — adj/s. HISTORIA

merquén Ají con sal que se lleva preparado para condimentar la comida durante los viajes. — s.m./Chile COCINA

mes (Del lat. *mensis*.)
1 Cada una de las doce partes en que se divide el año: *enero es el primer mes; ¿en qué mes estamos?* — s.m. pl: meses
2 Número de días consecutivos entre un día y el de igual fecha del mes siguiente: *dentro de dos meses me caso.*
3 Unidad de trabajo y de salario correspondiente a un mes legal. — ECONOMÍA

4 Menstruación de las mujeres: *le ha venido el mes.* — coloquial
5 Sueldo o paga que corresponde a un mes de trabajo: *todavía no he cobrado el mes.* — = mensualidad
6 mes anomalístico: Tiempo transcurrido desde una fase de apogeo de la Luna hasta la siguiente. — ASTRONOMÍA
7 mes apostólico o del rey: Cada uno de aquellos en que tocaba a la dataría romana la presentación de los beneficios y prebendas eclesiásticas de España. — HISTORIA
8 mes civil: Mes del calendario actual.
9 mes del obispo: Mes ordinario. — HISTORIA
10 mes lunar periódico: Tiempo que invierte la Luna en dar una vuelta completa alrededor de la Tierra. — ASTRONOMÍA
11 mes lunar sinódico: Tiempo que invierte la Luna desde una conjunción con el Sol hasta la conjunción siguiente. — ASTRONOMÍA
12 mes ordinario: Aquel en que le correspondía al ordinario la presentación de las prebendas y beneficios eclesiásticos. — HISTORIA
13 mes trópico: Período de revolución lunar con relación a un punto de la eclíptica. — ASTRONOMÍA
14 meses mayores: 1. Los últimos del embarazo de la mujer. 2. Los anteriores e inmediatos a la cosecha. — MEDICINA AGRICULTURA
15 caer en el mes del obispo: Llegar a tiempo oportuno para lograr lo que se deseaba. — coloquial

mesa (Del lat. *mensa.*)
1 Mueble formado por un tablero horizontal y uno o más pies, destinado a usos domésticos, profesionales o de recreo: *ya he comprado la mesa del comedor; necesito una mesa de dibujo.* — s.f.
2 Personas sentadas en torno a este mueble: *toda la mesa se levantó para brindar.* — = comensales
3 Comida o gastronomía: *es un gourmet y un amante de la mesa mediterránea.*
4 Lo que se necesita para sustentarse o mantenerse: *su mesa es muy pobre aunque tiene amigos que le ayudan.* — = manutención
5 Conjunto de personas que dirigen una asamblea, colegio electoral u otras corporaciones y que desempeñan diferentes cargos: *el vocal de la mesa cedió la palabra al presidente.*
6 Eucaristía administrada en el altar. — RELIGIÓN
7 Terreno elevado y llano, de gran extensión. — GEOGRAFÍA
8 Descansillo entre dos tramos de una escalera: *las vecinas charlaban en la mesa del tercer piso.* — = rellano
9 Megalito formado por una piedra horizontal y plana apoyada sobre otra vertical. — HISTORIA
10 Asuntos o negocios de que se ocupa un oficial de una secretaría u oficina.
11 Macizo de arbustos recortados de forma horizontal y a poca altura del suelo: *a la izquierda del jardín había una mesa de arrayán.*
12 Plano principal del labrado de una piedra preciosa que, al engastarla, ocupa la parte más visible. — = rondís
13 Conjunto de rentas que recibían en la antigüedad los eclesiásticos o las órdenes militares. — HISTORIA
14 Cada una de las caras planas de un arma blanca. — = hoja
15 Cada uno de los largueros que forman la armazón de la máquina de encuadernar. — ARTES GRÁFICAS
16 Partida del juego de trucos, variante antigua del billar. — JUEGOS
17 Tanto pagado por esta partida. — JUEGOS
18 mesa camilla: Aquella que está cubierta por un tapete hasta el suelo, que lleva en su parte inferior una tarima en la que se puede encajar una estufa o un brasero.
19 mesa de altar: Altar ante el que se oficia la misa en la liturgia católica. — RELIGIÓN
20 mesa de balance: Tabla suspendida por sus cuatro ángulos para que, oscilando con el balanceo de la embarcación, se mantenga siempre horizontal. — NÁUTICA
21 mesa de batalla: La que se usa para la clasificación de la correspondencia en las oficinas de correos.
22 mesa de billar: La que tiene unas dimensiones determinadas, recubierta de fieltro, por lo general de color verde, en el que se practica este juego. — JUEGOS
23 mesa de cambios: Banco de comercio. — ECONOMÍA
24 mesa de guarnición: Tabla de gran tamaño sujeta al costado de un velero para atar los cabos de los palos mayores. — NÁUTICA
25 mesa de lavar: Tablero inclinado y con bordes en tres de sus lados, en el que se separa el mineral de la ganga mediante una corriente de agua. — MINERÍA
26 mesa de luz: Mesilla de noche. — Argent.
27 mesa de mezclas: Aparato electrónico para modificar, mediante amplificadores, las señales acústicas que recibe. — TELECOMUNICACIONES
28 mesa de negociación: Reunión de adversarios para llegar a un acuerdo sobre algún asunto: *uno de los bandos rompió la mesa de negociación.*
29 mesa o mesilla de noche: Mueble pequeño, en general con cajones, colocado junto a la cabecera de la cama. — = mesilla, mesita
30 mesa de operaciones: Mesa articulada sobre la que se sitúa al paciente para someterlo a una intervención quirúrgica. — MEDICINA

31 mesa electoral: 1. Conjunto de personas que supervisan los votos depositados en una urna durante unas elecciones. 2. Aquella ante la que se sientan estas personas y sobre la que se coloca la urna.
32 mesa escritorio: La usada para escribir, provista de cajones para guardar papeles y otros objetos: *se ha comprado una mesa escritorio de caoba.* — = bufete, escritorio
33 mesa franca: Aquella en que se da de comer a cualquiera.
34 mesa petitoria: La que está dispuesta para colectas.
35 mesa redonda: Coloquio, reunión o diálogo en que los participantes intervienen en condiciones de igualdad y sin someterse a turnos establecidos: *le invitaron a asistir a una mesa redonda de jóvenes escritores.*
36 mesa revuelta: Dibujo o trabajo caligráfico en que se representan varios objetos en estudiado desorden. — JUEGOS
37 mesa traviesa: La que hay en el refectorio de los conventos, destinada a los superiores y situada en perpendicular a las otras. — RELIGIÓN
38 alzar, levantar, quitar o recoger la mesa: 1. Retirar después de comer todo lo que se ha utilizado. 2. Dar por terminada la comida o una reunión en torno a una mesa.
39 a mesa puesta: Sin tener que preocuparse por la propia manutención u otras necesidades: *ahorra mucho porque vive a mesa puesta.* — loc.adv.
40 cubrir la mesa: Poner de forma ordenada los platos o alimentos que se sirven. — coloquial
41 dar a la mesa a una persona: Invitarla a que se siente a comer. — coloquial
42 de mesa: Se aplica a las cosas que se emplean para comer: *ropa de mesa; vino de mesa.* — loc.adj.
43 dejar a una persona debajo de la mesa: Empezar a comer sin esperarla. — coloquial
44 de sobre mesa: 1. Se aplica a lo que está pensado a propósito para colocar sobre una mesa u otro mueble: *he comprado una lámpara de sobre mesa.* 2. Se refiere a lo que se toma o se hace inmediatamente después de la comida: *licor de sobre mesa; programación de sobre mesa.* — loc.adj. tb: de sobremesa
45 estar a mesa y mantel de una persona: Comer a diario a costa de ella: *ha estado una semana en casa de unos amigos a mesa y mantel.* — coloquial
46 hacer mesa gallega: Llevarse todo el dinero del jugador contrario. — JUEGOS
47 levantarse una persona de la mesa: Abandonar el asiento que ha ocupado para comer: *se levantó de la mesa antes de terminar el postre.*
48 poner la mesa: Cubrir la mesa con el mantel y disponer en ella los cubiertos, platos, vasos y otros utensilios necesarios para comer: *¿me ayudas a poner la mesa?*
49 sentarse una persona a la mesa: Ocupar su asiento para empezar a comer: *a las tres y media aún no se habían sentado a la mesa.*
50 tener a una persona a mesa y mantel: Darle de comer a diario: *ha tenido unos días a sus sobrinos a mesa y mantel.*

mesada
1 Cantidad de dinero u otra cosa que se paga todos los meses: *me han aumentado la mesada.* — s.f./= sueldo, mensualidad
2 Cobertura de los espacios auxiliares de las cocinas. — Argent.
3 mesada de supervivencia: Haber pasivo, fijado tradicionalmente en dos pagas, para las familias de los funcionarios que no dejan otro derecho a pensión.
4 mesada eclesiástica: Derecho de que gozaban los reyes de España de retener el importe de la renta de un mes de los beneficios eclesiásticos y pensiones de real prestación, para el pago de los gastos de la capilla real. — HISTORIA

mesadura Acción de mesar o mesarse los cabellos o la barba. — s.f.

mesalina Mujer libertina de elevada posición. — s.f.

mesana (Del ital. *mezzana < mezzo,* medio.)
1 Mástil que está más a popa en las embarcaciones de tres palos. — s.m/f. NÁUTICA
2 Vela atravesada que se coloca en este mástil. — s.f./NÁUTICA

mesar (Del lat. vulgar *messare,* segar.) Arrancar el cabello o la barba con las manos o tirar de ellos con fuerza: *preso de rabia, mesaba sus cabellos; se mesó las barbas con cara de preocupación.* — v.tr/prnl.

mescal Mezcal, planta y aguardiente que se obtiene de esta planta. — s.m.

mescalero, a Mezcalero, de la tribu de indios apaches que habitaban en Nuevo México y que, en la actualidad, viven en reservas. — adj/s.

mescalina Alcaloide alucinógeno que crea adicción y que se obtiene del peyote. — s.f./QUÍMICA tb: mezcalina

mescolanza (Del ital. *mescolanza.*) Mezcla extraña: *en la fiesta había una mescolanza de gente.* — s.f. tb: mezcolanza

meseguería
1 Acción de guardar las mieses. — s.f./AGRICULTURA

2 Reparto hecho entre los labradores para pagar dicha custodia. `AGRICULTURA`
3 Cantidad que corresponde pagar a cada labrador. `AGRICULTURA`

meseguero, a (Del lat. *messicarius*.)
1 De las mieses. `adj./AGRICULTURA`
2 Persona que guarda las mieses. `s./AGRICULTURA`

mesencéfalo (Del gr. *mesos*, medio + *enképhalon*, encéfalo.) Parte de la masa encefálica, estructura nerviosa que en el adulto comprende los pedúnculos cerebrales y los tubérculos cuadrigéminos. `s.m. ANATOMÍA tb: mesocéfalo`

mesénquima Tejido conjuntivo del embrión a partir del cual se forman los vasos sanguíneos y linfáticos, y los músculos. `s.m. ANATOMÍA`

mesentérico, a Del mesenterio: *arterias mesentéricas; nervios mesentéricos.* `adj./ANATOMÍA = meseraico`

mesenterio (Del gr. *mesos*, medio + *enteron*, intestino.) Membrana conjuntiva del peritoneo que mantiene en su posición los intestinos, de manera que rodea las asas del yeyuno e íleon sujetándolas a la parte posterior de la cavidad abdominal. `s.m. ANATOMÍA = redaño`

mesero, a Camarero de un bar o un restaurante. `s./Amér.`

meseta
1 Terreno poco accidentado que se halla elevado respecto a las regiones vecinas. `s.f. GEOGRAFÍA`
2 Zona central e interior de la península Ibérica por oposición a la costa: *la gente de la meseta es muy reservada.* `GEOGRAFÍA`
3 Descansillo o rellano de una escalera. `= mesa`
4 meseta marginal: Gran peldaño que interrumpe la pendiente continental. `GEOGRAFÍA`

meseteño, a De la meseta. `adj/s./GEOGRAFÍA`

mesiado Dignidad de mesías. `s.m./RELIGIÓN`

mesiánico, a Del mesías o del mesianismo. `adj./RELIGIÓN`

mesianismo
1 Creencia religiosa que defiende la venida de un mesías o salvador. `s.m. RELIGIÓN`
2 Confianza infundada en una persona, considerada salvadora o portadora de soluciones extraordinarias, en especial en política.

mesías (Del lat. *messias*.)
1 Personaje bíblico que, según la religión hebrea, redimirá y liberará al pueblo israelí: *los judíos esperan la llegada del Mesías.* `s.m. pl: mesías RELIGIÓN`
2 Jesucristo, hijo de Dios que, según la religión cristiana, redimió a los hombres: *el Mesías murió en la cruz.* `RELIGIÓN`
3 Persona real o imaginaria de cuya llegada e intervención se espera la solución de graves problemas.

mesiazgo Dignidad de mesías. `s.m./RELIGIÓN`

mesidor (Del fr. *messidor*.) Décimo mes del calendario republicano francés. `s.m. HISTORIA`

mesilla
1 Mueble pequeño, en general con cajones, que se coloca junto a la cabecera de la cama. `s.f. = mesa de noche`
2 Descansillo o rellano de una escalera. `= mesa`
3 Reprimenda hecha con tono de burla.
4 Piedra superior del antepecho de una ventana o de una balaustrada. `ARQUITECTURA`

mesillo Primera menstruación después de un parto. `s.m./FISIOLOGÍA`

mesmeriano, a (De Franz *Mésmer*, médico alemán.)
1 De este médico o del mesmerismo. `adj./MEDICINA`
2 Que es partidario del mesmerismo. `adj/s./MEDICINA`

mesmerismo (De Franz *Mésmer*, médico alemán.) Método sicoterapéutico expuesto por este médico alemán, basado en la utilización del magnetismo animal. `s.m. MEDICINA`

mesnada (Derivado de *mesón*.)
1 Compañía de gente armada que estaba al servicio de un rey, un noble o un señor. `s.f. HISTORIA`
2 Junta o congregación de gente. `= banda`

mesnadería Salario del mesnadero. `s.f./HISTORIA`

mesnadero, a Se aplica a la persona que servía en una mesnada o compañía de gente armada al servicio de un rey, un noble o un señor. `adj/s.m. HISTORIA`

meso- Componente de palabra procedente del gr. *mesos*, que significa en medio de, medio: *mesocracia; mesodermo.* `pref.`

mesoamericano, a De Mesoamérica, denominación de América Central que se utiliza para designar el área cultural precolombina. `adj/s. HISTORIA`

mesoblástico, a Del mesoblasto. `adj./= mesodérmico`

mesoblasto Capa intermedia de las tres en que se diferencia el blastodermo después de la segmentación. `s.m. BIOLOGÍA = mesodermo`

mesocardia (Del gr. *mesos*, medio + *kardia*, corazón.) Situación del corazón en la línea media del tórax. `s.f. MEDICINA`

mesocarpio (Del gr. *mesos*, medio + *karpio*, fruto.) Capa media de las tres que forman el pericarpio de los frutos, entre la epidermis y el hueso o las semillas. `s.m. BOTÁNICA tb: mesocarpo`

mesocefalia Índice cefálico de proporciones intermedias entre el braquicéfalo y el dolicocéfalo. `s.f./MEDICINA = mesaticefalia`

mesocéfalo, a (Del gr. *mesos*, medio + *kephale*, cabeza.)
1 Se aplica a la persona que tiene una proporción craneal intermedia entre la braquicefalia y la dolicocefalia. `adj./s. MEDICINA`
2 Parte de la masa encefálica situada en la parte inferior y media del cerebro. `s.m./ANATOMÍA tb: mesencéfalo`

mesocracia (Del gr. *mesos*, medio + *kratos*, poder.)
1 Forma de gobierno en la que tiene preponderancia la clase media. `s.f. POLÍTICA`
2 Clase social acomodada. `= burguesía`

mesocrático, a De la mesocracia. `adj.`

mesodérmico, a Del mesodermo. `adj./= mesoblástico`

mesodermo (Del gr. *mesos*, medio + *derma*, piel.) Capa intermedia de las tres en que se diferencia el blastodermo después de la segmentación. `s.m. BIOLOGÍA = mesoblasto`

mesófilo, a (Del gr. *mesos*, medio + *phyllo*, hoja.)
1 Se aplica al organismo cuyo desarrollo tiene lugar a temperatura y humedad medias. `adj. BIOLOGÍA`
2 Conjunto de tejidos que hay entre las dos epidermis de las hojas y entre los nervios de las mismas. `s.m. BOTÁNICA`

mesolítico, a (Del gr. *mesos*, medio + *lithos*, piedra.) Se aplica al período prehistórico comprendido entre el paleolítico y el neolítico. `adj/s.m. HISTORIA`

mesomería Estructura de los compuestos que pueden ser representados por varias fórmulas y ninguna da cuenta de sus propiedades. `s.f. QUÍMICA`

mesómero, a (Del gr. *mesos*, medio + *meros*, parte.) Que presenta mesomería. `adj. QUÍMICA`

mesomorfo, a Se aplica al estado de la materia intermedio entre el estado amorfo y el cristalino. `adj. FÍSICA`

mesón
I (Del lat. *mansio, -onis*, vivienda.)
1 Establecimiento público con ciertas características típicas, donde se sirven comidas y bebidas. `s.m.`
2 Establecimiento público donde se da hospedaje y se sirven comidas. `= fonda`
3 Mostrador de los bares y cantinas. `Chile`
II (De *meso-* + *on*, de *electr[ón]*.) Partícula elemental que tiene una masa comprendida entre la del electrón y la del protón. `FÍSICA NUCLEAR`

mesonaje Lugar, calle o barrio donde hay muchos mesones. `s.m.`

mesonero, a
1 Del mesón. `adj./= mesonista`
2 Persona que tiene o regenta un mesón. `s.`

mesonil Del mesón o del mesonero. `adj.`

mesonoto (Del gr. *mesos*, medio + *notos*, espalda.) Parte superior del mesotórax o segundo segmento torácico de los insectos. `s.m. ZOOLOGÍA tb: mesonotum`

mesopausa Superficie de separación entre la mesosfera y la termosfera. `s.f. GEOGRAFÍA`

mesoplancton Conjunto de organismos del plancton de dimensiones medias. `s.m. BIOLOGÍA`

mesopotámico, a
1 De Mesopotamia, región histórica de Asia entre el Éufrates y el Tigris. `adj. HISTORIA`
2 Persona natural de esta región. `s./HISTORIA`

mesosfera (Del gr. *mesos*, medio + *sphaira*, globo.) Capa de la atmósfera que se extiende entre la estratosfera y la termosfera. `s.f. GEOGRAFÍA`

mesotórax (Del gr. *mesos*, medio + *thorax*, tórax.)
1 Parte del pecho o tórax: *tiene un dolor bastante intenso en el mesotórax.* `s.m./pl: mesotórax ANATOMÍA`
2 Segmento medio del tórax de los insectos entre el protórax y el metatórax. `ZOOLOGÍA`

mesotorio Núcleos radiactivos del radio y del actinio, usados en cancerología. `s.m. QUÍMICA`

mesotrofia (Del gr. *mesos*, medio + *trophe*, alimento.) Propiedad de las aguas de los lagos con poca profundidad y transparencia. `s.f. ECOLOGÍA`

mesotrófico, a De la mesotrofia o que tiene alguna de sus características. `adj. ECOLOGÍA`

mesozoico, a (Del gr. *mesos*, medio + *zoon*, animal.)
1 Se aplica a la era secundaria caracterizada por la formación de los océanos Atlántico e Índico y por un notable desarrollo de la fauna y la flora. `adj/s.m. GEOLOGÍA`
2 De esta era geológica. `adj./GEOLOGÍA`

mesozona (De *mesos*, medio + *zona*.) Zona de metamorfismo de grado medio, caracterizada por la estabilidad de ciertos minerales, como anfíboles y micas. `s.f. MINERALOGÍA`

mesta (Del lat. *mixta*, mezclada.)
1 Antigua asociación de ganaderos que existió en el reino de Castilla desde 1273 hasta 1836, para solucionar problemas comunes. `s.f. HISTORIA`
2 Aguas de dos o más corrientes en el punto de confluencia. `s.f.pl. GEOGRAFÍA`

mestal Terreno poblado de mestos y otros arbustos. — s.m.

mesteño, a
1 De la Mesta o asociación de ganaderos. — adj./HISTORIA
2 Se refiere a la caballería o la res vacuna que no tiene amo conocido.

mester
1 Antiguamente significaba arte u oficio. — s.m.
2 **mester de clerecía:** Escuela poética erudita del siglo XIII español, de carácter culto y religioso, con un propósito moralizador y ejemplar. — LITERATURA
3 **mester de juglaría:** Corriente poética española de tradición oral, cuya principal característica era la improvisación por parte de los juglares. — LITERATURA

mestizaje
1 Cruce de personas de etnias diferentes. — s.m.
2 Conjunto de individuos resultantes del cruce de razas diferentes. — SOCIOLOGÍA
3 Mezcla de culturas distintas, que da origen a otra. — SOCIOLOGÍA

mestizar Cruzar personas de distintas etnias o culturas. — v.tr. conj: *cazar*

mestizo, a (Del bajo lat. *misticius* < lat. *mixtum*, mixto.)
1 Se aplica a la persona que es hija de padres de distinta etnia, en especial de blanco e indio. — adj./s. SOCIOLOGÍA
2 Se refiere al animal o vegetal que procede del cruce de dos variedades distintas de la misma especie. — adj/s.m. BIOLOGÍA

mesto (Del lat. *mixtus*, mezclado.) Planta arbórea fagácea, de corteza menos suberosa que el alcornoque y fruto cuya cápsula abraza más de la mitad de la bellota. *(Quercus pseudosuber.)* — s.m. BOTÁNICA

mesura (Del lat. *mensura*, medida.)
1 Moderación y comedimiento: *suele comer y beber con mesura.* — s.f.
2 Modo de comportarse con respeto, prudencia y seriedad: *su sensatez lo lleva a obrar siempre con mesura.* — = circunspección

mesurado, a Que tiene mesura, prudencia o moderación: *acción mesurada; es un hombre mesurado en sus palabras.* — adj. =sensato, = comedido

mesurar
1 Hacer que una persona se comporte de forma moderada: *tienes que acostumbrarte a mesurar tus palabras.* — v.tr. = moderar
2 Mostrar una persona una actitud moderada: *más vale que se mesures delante de tus superiores.* — v.prnl. = contenerse

meta (Del lat. *meta*, mojón.)
1 Lugar señalado como final de una carrera: *llegó el primero a la meta.* — s.f./= llegada DEPORTES
2 Marco con red en el que los jugadores deben meter el balón o la pelota para marcar un tanto en algunos deportes, como el fútbol o el hockey. — DEPORTES = portería
3 Objetivo de una acción o deseo de una persona: *su meta es llegar a ser director de orquesta.* — = finalidad
4 Jugador que defiende la portería, en algunos deportes: *el meta no pudo parar el balón.* — s.m./DEPORTES = portero
5 Pilar cónico que señalaba, en los circos romanos, cada extremo de la espina o muro situado en el centro. — s.f. HISTORIA

meta- Componente de palabra procedente del gr. *meta*, que significa más allá, después, a continuación: *metamorfosis; metalingüística; metatórax.* — pref.

metábasis Fenómeno por el cual una palabra que pertenece a una categoría gramatical determinada pasa a ejercer una función propia de otra categoría. — s.f. GRAMÁTICA

metabiosis Interdependencia entre organismos, de forma que uno de ellos aprovecha el sustrato y lo prepara para la utilización posterior o conjunta de otros organismos. — s.f. pl: metabiosis BIOLOGÍA

metabólico, a Del metabolismo. — adj./BIOLOGÍA

metabolismo (Del gr. *metabole*, cambio.)
1 Conjunto de reacciones químicas que se producen en los seres vivos, respecto al crecimiento, mantenimiento de la vida y reproducción de los individuos. — s.m. BIOLOGÍA
2 **metabolismo basal:** Desgaste energético mínimo de un individuo en reposo, por unidad de tiempo y de superficie del cuerpo. — FISIOLOGÍA

metabolito
1 Conjunto de las sustancias orgánicas que resultan de las reacciones metabólicas. — s.m. BIOQUÍMICA
2 Producto asimilable y simple de la digestión de un alimento. — BIOQUÍMICA

metabolizar Transformar una sustancia en el transcurso del metabolismo. — v.tr./conj: *cazar* BIOLOGÍA

metacarpiano, a
1 Del metacarpo. — adj./ANATOMÍA
2 Se aplica a cada uno de los cinco huesos del metacarpo. — adj/s.m. ANATOMÍA

metacarpo (Del gr. *meta*, después + *karpos*, muñeca.) Parte del esqueleto de la mano comprendida entre el carpo y los dedos, que consta de cinco huesos. — s.m. ANATOMÍA

metacéntrico, a Del metacentro. — adj./NÁUTICA

metacentro Punto de intersección por donde pasa, cuando un buque se inclina, la línea resultante del empuje de las aguas en el cuerpo flotante. — s.m. NÁUTICA

metacrilato Compuesto orgánico del ácido metacrílico, usado en industria. — s.m. QUÍMICA

metacrílico, a Se aplica a un ácido carboxílico y a las resinas que de él se derivan, utilizadas para fabricar vidrios de seguridad. — adj. QUÍMICA

metadona Medicamento de acción semejante a la de la morfina, utilizado como sustituto de otras drogas en el tratamiento de toxicómanos. — s.f. FARMACIA

metafase Segunda fase de la división celular por mitosis. — s.f. BIOLOGÍA

metafísica (Del gr. *meta ta physika*, después de las cosas de la naturaleza.)
1 Parte de la filosofía que estudia el ser, la esencia de la realidad, y que implica una concepción total de la vida y del universo. — s.f. FILOSOFÍA
2 Modo de discurrir con demasiada sutileza sobre una materia: *hay que aclarar ese informe porque todo en él es metafísica.*
3 Teoría general y abstracta: *la metafísica de los números.*
4 **metafísica especial:** Aquella que estudia a un ser en especial, como la cosmología o la sicología. — FILOSOFÍA
5 **metafísica general:** La que estudia la naturaleza del ser en sí mismo, de forma independiente a sus diversas manifestaciones o fenómenos. — FILOSOFÍA = ontología

metafísico, a
1 De la metafísica: *pensamiento metafísico.* — adj./FILOSOFÍA
2 Que es difícil de comprender: *con sus explicaciones metafísicas, nadie le entiende.* — = abstracto
3 Persona especialista en metafísica. — s.

metafonía (Del gr. *meta*, cambio + *phone*, sonido.) Modificación del timbre de un fonema por influencia de un fonema vecino. — s.f./LINGÜÍSTICA = inflexión, metafonesis

metáfora (Del lat. *metaphora* < gr. *metaphora*, traslado, transporte.)
1 Tropo que consiste en usar las palabras en sentido figurado al establecer una similitud de cualquier tipo entre el término concreto y la noción abstracta. — s.f. LINGÜÍSTICA, RETÓRICA
2 **metáfora continuada:** Alegoría en que unas palabras se usan en sentido recto y otras en sentido figurado. — LINGÜÍSTICA, RETÓRICA

metafóricamente En sentido metafórico o por medio de metáfora: *no lo dijo de modo literal, sino metafóricamente.* — adv. ≠ literalmente

metafórico, a
1 De la metáfora: *suele abusar del empleo metafórico.* — adj.
2 Que contiene metáfora: *siempre usa expresiones metafóricas.*
3 Que denota una idea distinta de la que significa recta y literalmente: *lo dijo en el sentido metafórico de la palabra.* — = figurado

metaforizar Utilizar palabras en sentido distinto del que tienen con propiedad. — v.tr. conj: *cazar*

metafosfato Sal del ácido metafosfórico. — s.m./QUÍMICA

metafosfórico, a Se aplica al ácido derivado del fósforo. — adj. QUÍMICA

metagoge (Del gr. *metagoge*, traslación.) Figura o tropo que consiste en aplicar propiedades propias de cualidades o propiedades de los sentidos a objetos inanimados. — s.f. LINGÜÍSTICA, RETÓRICA

metahemoglobina Producto resultante de la oxidación de la hemoglobina. — s.f. BIOQUÍMICA

metal (Del cat. *metall* < lat. *metallum*.)
1 Elemento químico caracterizado por un brillo especial y por ser buen conductor del calor y la electricidad. — s.m. QUÍMICA
2 Material formado con uno de estos elementos o por una aleación de varios de ellos: *la decoración es a base de objetos antiguos, entre ellos algunos metales.*
3 Aleación de cobre y cinc, dúctil, maleable y resistente a la corrosión atmosférica. — QUÍMICA = azófar, latón
4 Timbre de la voz: *tiene una voz de metal estridente.* — = calidad
5 Calidad o condición de una cosa: *eso ya es de otro metal.*
6 Grupo de instrumentos de viento que, en las orquestas, comprende, entre otros, trompetas, trombones, saxófonos, cornetas. — MÚSICA
7 Cada uno de los dos colores incluidos en los esmaltes, representados por el oro y la plata. — HERÁLDICA
8 **metal blanco:** Aleación de estaño, cobre, níquel y cinc, de color, brillo y dureza similares a los de la plata, usada para fabricar artículos de uso doméstico y piezas pequeñas de mecánica. — QUÍMICA
9 **metal de imprenta:** Aleación compuesta de cuatro partes de plomo y una de antimonio, usada para los caracteres de imprenta y las planchas de estereotipia. — QUÍMICA
10 **metal machacado:** Oro o plata que suele hallarse en láminas delgadas entre las rocas de los filones. — MINERÍA
11 **metal pesado:** El que tiene un peso atómico elevado. — QUÍMICA
12 **metal precioso o noble:** Denominación que se da al oro, plata o platino.
13 **el vil metal:** El dinero: *siempre andan discutiendo por el vil metal.* — coloquial
14 **acostarse el metal:** Cambiar con brusquedad la inclinación de un filón. — MINERÍA

metal- Componente de palabra procedente del lat. *metallum*, que significa metal: *metalurgia; metalografía.* `pref.` `tb: metalo-`

metalada Cantidad de metal explotable contenido en una veta. `s.f./Chile` `MINERÍA`

metalado, a Que está mezclado o es impuro. `adj.`

metaldehído Sustancia sólida en forma de agujas largas y brillantes compuesta de acetaldehído, que se utiliza como combustible. `s.m.` `QUÍMICA`

metalengua Lengua artificial usada en traducción automática. `s.f.`

metalenguaje Lenguaje especializado que se usa para hablar de una lengua natural: *el lenguaje del lingüista es su trabajo en un metalenguaje.* `s.m.` `LINGÜÍSTICA`

metalepsis Tropo parecido a la metonimia que consiste en tomar el antecedente por el consecuente o viceversa. `s.f.` `pl: metalepsis` `RETÓRICA`

metalero, a Se aplica a las cosas que tienen relación con los metales: *saco metalero.* `adj.` `Chile`

metálica Conjunto de los procedimientos y técnicas para extraer los metales de los minerales. `s.f.` `= metalurgia`

metálico, a
1 Del metal o que tiene alguna de sus características. `adj.`
2 De las medallas.
3 Que contiene metal: *sal metálica.* `QUÍMICA`
4 Que tiene una sonoridad parecida a la del metal: *ruido metálico.*
5 Dinero hecho con metal, a diferencia del papel moneda. `s.m.`
6 Dinero líquido: *pagar en metálico.* `= efectivo`
7 Persona que trata o trabaja en metales. `s./INDUSTRIA`

metalífero, a (Del lat. *metallum*, metal + *ferre*, llevar.) Que contiene metal. `adj.` `QUÍMICA`

metalingüística Estudio de las interrelaciones entre la lengua y la cultura de un pueblo determinado. `s.f.` `LINGÜÍSTICA`

metalingüístico, a De la metalingüística o del metalenguaje. `adj.` `LINGÜÍSTICA`

metalismo Teoría económica que defiende que el dinero debe tener un valor por sí mismo. `s.m.` `ECONOMÍA`

metalista Persona que trabaja en metales. `s.m.f./METALURGIA`

metalistería Arte y técnica de trabajar en metales. `s.f./METALURGIA`

metalización Acción y resultado de metalizar o metalizarse un cuerpo. `s.f.` `QUÍMICA`

metalizado, a
1 Se aplica al color que tiene un brillo metálico: *su coche es de color gris metalizado.* `adj.`
2 Que se preocupa mucho por el dinero.

metalizador, a
1 Que metaliza. `adj.`
2 Aparato que sirve para metalizar. `s.m.`

metalizar
1 Hacer que un cuerpo adquiera propiedades metálicas, como por ejemplo su brillo. `v.tr./conj: cazar` `QUÍMICA`
2 Cubrir una cosa con una capa de metal: *han metalizado la puerta del jardín.* `INDUSTRIA`
3 Dar a un color reflejos metálicos.
4 Convertirse un cuerpo en metal o adquirir sus propiedades. `v.prnl.` `QUÍMICA`
5 Volverse una persona muy interesada por el dinero: *al ocupar ese puesto se metalizó totalmente.*

metalla Trozos pequeños de oro usados por los doradores para completar el dorado en las partes que han quedado descubiertas. `s.f.`

metalocromía (Del lat. *metallum*, metal + gr. *khroma*, color.) Arte de colorear las superficies metálicas. `s.f.`

metalocromista Se refiere a la persona que se dedica a la metalocromía. `adj/s.m.f.`

metalogénesis (Del lat. *metallum*, metal + gr. *genesis*, creación.) Proceso por el que se origina un yacimiento metálico en una zona determinada. `s.f.` `pl: metalogénesis` `GEOLOGÍA`

metalogenia Ciencia que estudia la formación de los yacimientos metalíferos. `s.f.` `GEOLOGÍA`

metalografía
1 Estudio de los metales y de sus aleaciones. `s.f.`
2 Procedimiento de impresión en el que se utiliza una plancha de cinc o de aluminio. `ARTES GRÁFICAS`

metalográfico, a De la metalografía. `adj.`

metaloide (Del lat. *metallum*, metal + gr. *eidos*, forma.) Antigua denominación de los elementos o cuerpos simples no metálicos. `s.m.` `QUÍMICA`

metaloterapia Método terapéutico basado en la aplicación de los metales. `s.f.` `MEDICINA`

metalurgia (Del lat. *metallum*, metal + gr. *ergon*, trabajo.)
1 Conjunto de procedimientos y técnicas de extracción, elaboración y tratamiento de los metales y sus aleaciones. `s.f.` `METALURGIA`
2 Conjunto de industrias, en especial las pesadas, que se dedican a la elaboración de metales: *la metalurgia vasca está en declive.* `INDUSTRIA`

metalúrgico, a
1 De la metalurgia. `adj./METALURGIA`
2 Persona que trabaja en la metalurgia. `s./METALURGIA`

metamatemática Teoría lógica formal que tiene por objeto establecer ciertas propiedades de las teorías matemáticas. `s.f.` `MATEMÁTICAS`

metamería División primitiva del mesodermo, a ambos lados de la cuerda dorsal, en metámeros o segmentos primitivos. `s.f.` `BIOLOGÍA`

metámero Porción del cuerpo de un animal segmentado de forma transversal como en los gusanos y artrópodos. `s.m.` `BIOLOGÍA`

metamórfico, a
1 Del metamorfismo: *las transformaciones metamórficas de una roca.* `adj.` `GEOLOGÍA`
2 Se aplica al mineral o a la roca que ha sufrido metamorfismo. `GEOLOGÍA`

metamorfismo Proceso de transformación que sufren las rocas en el interior de la corteza terrestre, por acción de la temperatura, la presión o por ambas, con cristalización de nuevos minerales. `s.m.` `GEOLOGÍA`

metamorfizar Cambiar los agentes del metamorfismo la estructura y la composición de una roca o un mineral. `v.tr.` `conj: cazar` `GEOLOGÍA`

metamorfosear Dar una forma o un aspecto diferente a una persona, un animal o una cosa: *la larva se metamorfoseó en pocos días; el paso de los años le ha metamorfoseado, le ha hecho más responsable.* `v.tr/prnl.` `= transformar`

metamorfosis (Del lat. *metamorphosis* < gr. *metamorphosis*.)
1 Transformación de una cosa en otra: *el barrio sufrió una metamorfosis con la instalación del parque.* `s.f.` `pl: metamorfosis`
2 Transformación importante que experimentan ciertos animales durante su desarrollo, y que se manifiesta en la variación de forma del cuerpo, de las funciones y del modo de vida. `BIOLOGÍA`
3 Cambio que experimenta una persona al variar de situación, estado o cualquier otra circunstancia: *la metamorfosis de su hija se debe al paso de la niñez a la adolescencia.* `= conversión, transformación`

metanero, a
1 Del metano. `adj./QUÍMICA`
2 Buque que sirve para transportar metano u otro gas licuado. `s.m.` `NÁUTICA`

metano (Formado con *met-*, abreviación de *metilo-*.) Gas incoloro, constituyente principal del gas natural, que arde en el aire con llama pálida, procede de las materias en putrefacción y constituye el gas de los pantanos y el grisú. `s.m.` `QUÍMICA`

metanol Líquido incoloro y tóxico que se obtiene por destilación de la madera. `s.m./QUÍMICA` `= alcohol metílico`

metaplasia Transformación de un tejido vivo en otro de estructura y función diferentes. `s.f.` `MEDICINA`

metaplasma Parte del contenido de una célula que no es materia viva. `s.f.` `BIOLOGÍA`

metaplasmo (Del gr. *metaplasmos*, transformación.)
1 Alteración de una palabra por adición, cambio o supresión de sonidos. `LINGÜÍSTICA`
2 Cambio de género en una palabra. `LINGÜÍSTICA`

metasíquica Estudio de los fenómenos que exceden de los límites de la conciencia normal, de los que no se ha podido dar una explicación satisfactoria. `s.f.` `tb: metapsíquica` `= parasicología`

metasíquico, a De la metasíquica: *fenómenos metasíquicos.* `adj/tb: metapsíquico` `= parasíquico`

metastásico, a De la metástasis. `adj./MEDICINA`

metástasis (Del gr. *metastasis*, cambio de lugar.) Reproducción de una enfermedad, por lo general un cáncer, en una parte del cuerpo distinta de aquella en la que apareció la primera vez. `s.f.` `pl: metástasis` `MEDICINA`

metatarsiano, a Del metatarso: *se ha fracturado el hueso metatarsiano.* `adj.` `ANATOMÍA`

metatarso (Del gr. *meta*, después de + *tarsos*, la hilera de huesos de los dedos del pie.) Conjunto de los huesos largos del pie, articulados por un lado con el tarso y por el otro con las falanges. `s.m.` `ANATOMÍA`

metate Tipo de molino de mano, utilizado por diversos pueblos amerindios. `s.m.`

metátesis (Del gr. *metathesis*, trasposición.) Alteración del orden de los sonidos de una palabra: *en la pronunciación de crabón por carbón se produce una metátesis.* `s.f.` `pl: metátesis` `LINGÜÍSTICA`

metatizar Cometer metátesis al decir o escribir una palabra. `v.tr/conj: cazar` `LINGÜÍSTICA`

metatorácico, a Que depende del metatórax: *apéndice metatorácico.* `adj.`

metatórax (Del gr. *meta*, después de + *thorax*, tórax.) Tercer segmento del tórax de los insectos en el cual están implantadas las alas posteriores. `s.m.` `pl: metatórax` `ZOOLOGÍA`

metazoo (Del gr. *meta*, más allá de + *zoon*, animal.) Se aplica al animal constituido por muchas células organizadas en tejidos y órganos, como los vertebrados y los moluscos. · adj/s.m. · ZOOLOGÍA · = metazoario · ≠ protozoo

meteco, a (Del gr. *metoikhos*, que vive juntamente.) · adj/s. · HISTORIA
1 Que no gozaba de todos los derechos de ciudadanía entre los antiguos griegos.
2 Se refiere a la persona que es forastera en el lugar donde reside.

metedor, a
1 Persona que mete una cosa en otra. · s.
2 Persona que introduce contrabando. · = contrabandista
3 Paño de lienzo que se solía ponerse debajo del pañal de los bebés.
4 Tablero en que se pone el papel que va a imprimirse. · ARTES GRÁFICAS

metedura
1 Acción y resultado de meter. · s.f.
2 metedura de pata: Equivocación o indiscreción: *preguntarle esto delante de todos ha sido una metedura de pata.* · coloquial

meteduría Introducción de contrabando. · s.f.

metelón, a Se aplica a la persona entrometida. · adj./Méx.

metempsicosis (Del gr. *metempsykhosis*.) Doctrina religiosa y filosófica oriental que defiende la transmigración del alma humana, después de la muerte, a otros cuerpos más o menos perfectos, según los méritos alcanzados en la existencia anterior. · s.f. · pl: metempsicosis · FILOSOFÍA, RELIGIÓN · tb: metensicosis

metemuertos
1 Persona que se encargaba de retirar los muebles en los cambios escénicos en los teatros. · s.m.f./pl: metemuertos · TEATRO
2 Persona entrometida o impertinente. · = metomentodo

metencéfalo Parte posterior del encéfalo del embrión, que deriva de la tercera vesícula del encéfalo primitivo. · s.m. · BIOLOGÍA

meteórico, a
1 Del meteoro: *explosión meteórica.* · adj.
2 Que es muy rápido: *tuvimos que hacer un viaje meteórico.* · = raudo, veloz

meteorismo (Del gr. *meteorismos*, acción de levantarse.) Abultamiento y tensión del vientre por la acumulación de gases. · s.m. · MEDICINA

meteorítico, a De los meteoritos. · adj./ASTRONOMÍA

meteorito Fragmento de un bólido que penetra en la atmósfera, se pone incandescente por el roce con ella y deja de ser visible antes de caer en la Tierra: *encontraron varios meteoritos en la región.* · s.m. · = aerolito, astrolito

meteorización
1 Acción y resultado de meteorizarse la tierra. · s.f.
2 Alteración de los materiales por la acción de los agentes atmosféricos. · GEOLOGÍA

meteorizar
1 Causar una cosa flato a una persona. · v.tr/conj: cazar
2 Padecer una persona meteorismo: *tiene problemas digestivos y se meteoriza con frecuencia.* · v.prnl. · MEDICINA
3 Recibir la tierra la influencia de los agentes atmosféricos. · GEOLOGÍA

meteoro (Del gr. *meteora*, fenómenos celestes.)
1 Cualquier fenómeno atmosférico natural: aéreo, acuoso, eléctrico o luminoso. · s.m. · tb: metéoro
2 Persona o cosa que brilla mucho y con fugacidad: *ese señor fue un meteoro en el panorama político nacional.*

meteoroide Cuerpo sólido que se mueve en el exterior de la atmósfera terrestre y que se convierte en meteoro al penetrar en ella. · s.m. · ASTRONOMÍA

meteorología (Del gr. *meteora*, fenómenos celestes + *logos*, ciencia.) Parte de la física de la tierra que estudia la atmósfera y los meteoros climáticos, en especial para la previsión del tiempo atmosférico. · s.f.

meteorológico, a De la meteorología o de los meteoros: *predicción meteorológica.* · adj.

meteorólogo, a Persona dedicada al estudio de los fenómenos atmosféricos. · s. · = meteorologista

metepatas Persona inoportuna en sus intervenciones: *no seas metepatas, eso no se puede decir así.* · s.m.f. · pl: metepatas

meter (Del lat. *mittere*, enviar, arrojar, lanzar.)
1 Poner una cosa en el interior de otra o en un lugar: *se metió las manos en los bolsillos.* · v.tr/prnl. · ≠ sacar
2 Internar a una persona en un centro determinado: *lo han metido en la cárcel; metieron a su padre en un asilo.* · v.tr. · = ingresar
3 Poner dinero en un banco o en una caja de ahorros: *ha metido sus ahorros en el banco.* · = ingresar
4 Poner una persona a otra en un lugar haciendo uso de la autoridad o del poder: *su primo lo metió en su empresa.* · = colocar
5 Engañar o mentir a una persona: *¡vaya trola te ha metido!* · = colar
6 Inducir a una persona a tomar parte en una cosa: *lo ha metido en su nueva aventura empresarial.*
7 Hacer creer o aguantar una cosa a una persona por fuerza o con engaño: *me ha metido un rollo insoportable.* · = pegar

8 Acompañando a determinados sustantivos, indica lo que expresan: *me metió mucha prisa.*
9 Destinar dinero para una inversión: *ha metido mucho dinero en esa casa.* · = invertir
10 Hacer una prenda o una parte de ella más corta o más estrecha, cogiendo un poco más de tela en las costuras o el doblez. · = embeber
11 Poner el dinero que se ha de jugar en un juego. · = apostar
12 Jugar un triunfo, en el juego del hombre. · JUEGOS
13 Con las palabras puñetazo, bofetada o torta, darla: *le metió una torta delante de todos.* · = pegar
14 Apretar una cosa en poco espacio. · = embutir
15 Presentar un memorial o una solicitud: *¿ya has metido tu solicitud en el ayuntamiento?* · = entregar
16 Cerrar o recoger las velas y aferrarlas. · NÁUTICA
17 Intervenir en cuestiones ajenas: *no te metas en su vida.* · v.prnl. · = entrometerse
18 Dejarse llevar por una cosa con pasión: *se metió en la bebida.* · = sumirse
19 Arrogarse alguna capacidad o facultad que no se tiene: *no te metas a opinar si no lo sabes.* · + a
20 Con nombres que indican profesión, actividad o estado, dedicarse a ello: *se ha metido a cocinero; se metió a monja.* · + a
21 Acabar un río en otro o en el mar. · = desembocar
22 Introducirse un cabo, un promontorio a una ensenada mucho en el mar. · GEOGRAFÍA
23 a todo meter: Con gran velocidad o con gran ímpetu y vehemencia. · loc.adv.
24 estar una persona muy metida con otra: Tener gran intimidad con ella. · coloquial
25 estar una persona muy metida en una cosa: Estar muy empeñado en su consecución. · coloquial
26 meter a una persona con otra: Ponerla con otra para que la ayude en el desempeño de sus obligaciones. · coloquial
27 meterla: Realizar el hombre el acto sexual. · vulgar
28 meterse con una persona: Atacar a una persona, provocarla: *no te metas con ella, que está muy enfadada.*
29 meterse uno en sí o en sí mismo: Pensar o meditar algo sin pedir consejo ni explicar lo que se siente: *lleva tres días metido en sí mismo y no hay forma de saber qué le pasa.*
30 meterse por medio: Obstaculizar la realización o el desarrollo de una cosa.
31 no meterse en nada: No intervenir una persona en ningún asunto.

metete Se aplica a la persona entrometida: *no seas metete, déjales que lo discutan tranquilos.* · adj/s.m.f. · = metomentodo

metiche Que es un metomentodo y le gusta entrometerse en los asuntos ajenos. · adj/s.m.f. · Argent., Méx., Chile

meticón, a Que es entrometido o fisgón. · adj/s.

meticulosidad
1 Actitud de quien pone cuidado y atención al hacer las cosas: *esta modista hace los vestidos con meticulosidad.* · s.f. · = minuciosidad
2 Hecho de ser una acción meticulosa.

meticuloso, a (Del lat. *meticulosus*, miedoso.) Que cuida mucho los detalles: *es muy meticulosa en su trabajo.* · adj. · = minucioso

metida
1 Golpe dado metiendo de punta un arma blanca corta. · s.f. · = puñalada
2 Impulso en la ejecución de un trabajo, adelantándolo o acabándolo: *buena metida le has dado a la poda del jardín.* · = acometida
3 Gasto o consumo abundante de una cosa que se hace de una vez, en especial cuando se trata de comestibles o bebidas: *metida que le hace al vino, botella que se acaba.* · = tute
4 Serie de golpes dados a una persona. · = azotaina, zurra
5 Conjunto de yemas y brotes que aparecen en una planta después de cada período de actividad vital. · BOTÁNICA

metidillo Paño de lienzo que se ponía debajo del pañal a los niños pequeños. · s.m. · = metedor

metido, a
1 Que es abundante en cierta cosa: *es joven y guapa aunque metida en carnes; su tío está ya metido en años.* · adj. · + en
2 Golpe, ataque o reprimenda violenta. · s.m./= viaje
3 Trozo de tela sobrante que se dobla y se deja recogida en las costuras de una prenda de ropa. · TEXTIL
4 Paño que se ponía debajo del pañal de los bebés. · = metedor, metidillo
5 Impulso o acometida que se da a un trabajo: *le damos otro metido como éste y terminamos de pintar.* · = metida, tute
6 Lejía amoniacal que hacían las lavanderas con orines o excrementos de aves.
7 Se refiere a la persona metomentodo, entrometida y chismosa. · adj/s./Amér. Central y Merid.

metijón, a Que es entrometido o fisgón. · adj/s.

metilación Proceso por el cual se sustituyen por radicales metilos, uno o más átomos de hidrógeno de un compuesto orgánico. · s.f. · QUÍMICA

metileno
1 Denominación comercial del alcohol metílico impuro. · s.m. · QUÍMICA

2 azul de metileno: Colorante y desinfectante que se extrae de la hulla. — QUÍMICA

metílico, a
1 Del metilo. — adj./QUÍMICA
2 Que contiene metilo. — QUÍMICA

metilo (Del gr. *methy*, vino + *hyle*, madera.) Radical derivado del metano por pérdida de un átomo de hidrógeno. — s.m. QUÍMICA

metimiento
1 Acción y resultado de meter o introducir una cosa en otra. — s.m. = metedura
2 Influencia o ascendiente sobre una persona. — = privanza

metionina Aminoácido sulfurado indispensable para el desarrollo y equilibrio del organismo. — s.f. BIOQUÍMICA

metisaca Estocada en la que el torero vuelve a sacar el estoque sin soltarlo por considerarla imperfecta. — s.f. TAUROMAQUIA

metódico, a
1 Que se hace con método: *fue sometido a metódicos interrogatorios.* — adj. = planificado
2 Que hace las cosas de manera ordenada: *es metódico hasta en las diversiones; es muy metódico en su trabajo.* — = meticuloso

metodismo
1 Doctrina religiosa que se caracteriza por ser una reacción, en el protestantismo, contra la rigidez del culto, para lograr la salvación mediante la oración y la vigilancia recíproca. — s.m. RELIGIÓN
2 Doctrina médica que atribuía todas las enfermedades a estrechez o dilatación de los poros de la piel. — MEDICINA

metodista
1 Del metodismo. — adj.
2 Que es partidario del metodismo. — adj/s.m.f.

metodizar Poner orden y método en una cosa: *no se puede metodizar todo.* — v.tr. conj: cazar

método (Del lat. *methodus* < gr. *methodos*, camino para llegar a un resultado.)
1 Modo de hacer las cosas, siguiendo un cierto orden o costumbre, para alcanzar un fin determinado: *método analítico; método sintético; método de enseñanza; método audiovisual.* — s.m. = sistema
2 Obra en la que se explica o se enseña una cosa según un sistema: *método de solfeo; método para hablar inglés en quince días.*
3 Procedimiento que se sigue en las ciencias para hallar la verdad y para enseñarla. — = metodología
4 **método real:** Procedimiento administrativo para tramitar las peticiones de los fieles a la Santa Sede. — RELIGIÓN

metodología (Del gr. *methodos*, camino para llegar a un resultado + *logos*, ciencia.)
1 Método o procedimiento que se usa en una investigación científica o una exposición doctrinal. — s.f.
2 Parte de la lógica que estudia los métodos. — LÓGICA

metodológico, a De la metodología. — adj.

metomentodo (De *métome en todo*.) Se aplica a la persona entrometida y chismosa: *eso no es de tu incumbencia, metomentodo.* — adj/s.m.f. pl: metomentodo

metonimia (Del gr. *metonymia*.) Tropo que consiste en designar una cosa con el nombre de otra, tomando el contenido por el continente, el efecto por la causa o el todo por la parte. — s.f. LINGÜÍSTICA, RETÓRICA

metonímico, a
1 De la metonimia. — adj.
2 Que contiene metonimia.

metonomasia (Del gr. *meta*, cambio + *onoma*, nombre.) Calco o trasposición de una palabra o de una construcción de una lengua a otra mediante la traducción literal. — s.f. LINGÜÍSTICA

metopa (Del lat. *metopa* < gr. *metope*, metopa.) Espacio que queda entre dos triglifos en el friso dórico. — s.f./ARQUITECTURA tb: métopa

metoposcopia (Del gr. *metopon*, frente + *skopeo*, mirar.) Adivinación del futuro mediante la examinación de las líneas de la cara. — s.f. OCULTISMO

metr- Componente de palabra procedente del gr. *metra*, que significa matriz: *metritis; metrorragia.* — pref. tb: metro-

metraje Longitud de una película expresada en metros: *tiene dudas sobre el metraje, no sabe si hacer un corto o un mediometraje.* — s.m. CINE

metralla (Del fr. *mitraille*, calderilla.)
1 Conjunto de pequeños pedazos metálicos con que se cargan ciertos artefactos explosivos. — s.f.
2 Fragmento de un proyectil, bomba o cualquier artefacto que ha estallado.
3 Conjunto de cosas inútiles o desechadas. — = trastos
4 Conjunto de pequeños pedazos de hierro colado que saltan del molde al hacer los lingotes. — METALURGIA

metrallazo
1 Disparo de una carga de metralla: *quedó impresionado por el ruido de los metrallazos.* — s.m.
2 Herida o daños producidos por la metralla: *el médico ha dicho que le quedarán secuelas del metrallazo.*

metralleta Arma de fuego portátil, automática y de repetición. — s.f. MILITAR

metreta
1 Medida para líquidos que usaban los griegos y después los romanos. — s.f. HISTORIA
2 Vasija donde se guardaban el vino o el aceite.

-metría Componente de palabra procedente del gr. *metron*, que significa medida: *cronometría; geometría.* — suf.

métrica Disciplina que estudia el ritmo, la estructura, los tipos y las combinaciones de los versos. — s.f. POESÍA

métrico, a
1 Del metro o de las medidas de las cuales el metro es la base: *sistema métrico decimal.* — adj.
2 Del verso o de la métrica. — POESÍA

metrificación Acción y resultado de hacer versos según las reglas de la métrica. — s.f. POESÍA

metrificador, a Persona que metrifica o versifica. — s/= metrista

metrificar (Del lat. *metrum*, medida de un verso + *facere*, hacer.) Componer versos. — v.tr/intr. conj: sacar

metrista Persona que compone versos. — s.m.f./= versificador

metritis (Del gr. *metra*, matriz + *itis*, inflamación.) Inflamación de la matriz. — s.f./pl: metritis MEDICINA

metro
I (Del lat. *metrum* < gr. *metron*, medida.)
1 Unidad de longitud, equivalente a la del trayecto recorrido en el vacío por la luz de láser durante un tiempo de 1/299792458 de segundo, y que es la base del sistema métrico decimal. — s.m. FÍSICA
2 Instrumento de medida que tiene marcada esta unidad de longitud una o varias veces, y sus divisiones.
3 Cantidad de materia que tiene la longitud de un metro: *necesito un metro de cuerda.*
4 Medida peculiar de cada clase de versos. — POESÍA
5 **metro cuadrado:** Unidad de área o de superficie equivalente a la de un cuadrado de un metro de lado.
6 **metro cúbico:** Unidad de medida de volumen equivalente a la de un cubo de un metro de lado.
II (Abreviación de Ferrocarril *Metropolitano*.) Ferrocarril urbano subterráneo: *suele ir a la universidad en metro.* — s.m. = metropolitano

metrología (Del gr. *metron*, medida + *logos*, ciencia.) Ciencia que estudia los sistemas de pesas y medidas. — s.f.

metrológico, a De la metrología. — adj.

metrólogo, a Persona que se dedica a la metrología. — s/= metrologista

metrónomo (Del gr. *metron*, medida + *nomos*, ley.) Aparato para marcar el compás de ejecución de una pieza musical. — s.m. MÚSICA

metrópoli (Del gr. *metropolis*, ciudad madre.)
1 Nación respecto a sus colonias: *mantienen una relación de amor-odio con su antigua metrópoli.* — s.f.
2 Ciudad principal o capital de un estado: *viven en una gran metrópoli.* — tb: metrópolis
3 Iglesia arzobispal de la que dependen otras. — RELIGIÓN

metropolita Dignatario de la iglesia ortodoxa, que ocupa un cargo intermedio entre el patriarca y los arzobispos. — s.m. RELIGIÓN

metropolitano, a
1 Que tiene relación con la metrópoli. — adj.
2 Que tiene relación con la iglesia arzobispal. — RELIGIÓN
3 Se aplica al ferrocarril subterráneo que sirve como transporte público en las grandes ciudades. — s.m. = metro
4 Arzobispo que preside a los obispos de su provincia eclesiástica. — = obispo de primera silla

metrorragia (Del gr. *metra*, matriz + *regnymi*, brotar.) Hemorragia de la matriz que sobreviene fuera de la menstruación. — s.f. MEDICINA

metrorrágico, a De la metrorragia: *trastornos metrorrágicos.* — adj. MEDICINA

metrorrea (Del gr. *metra*, matriz + *rheos*, corriente.) Flujo anormal y abundante procedente de la matriz. — s.f. MEDICINA

mexica Se aplica al grupo indígena que fundó la ciudad de México-Tenochtitlan a principios del siglo XIV y que llegó a dominar gran parte del territorio mesoamericano, cuyo imperio terminó con la conquista española. — adj/s.m.f. HISTORIA = azteca

mexicanismo Expresión, palabra o construcción característica de la variedad lingüística del español hablado en México. — s.m. LINGÜÍSTICA tb: mejicanismo

mexicano, a
1 De México, país americano. — adj/s./tb: mejicano
2 Persona natural de este país.
3 Variedad lingüística del español hablado en México. — s.m. LINGÜÍSTICA

meya Crustáceo marino, comestible, parecido a la centolla, que vive en las costas españolas. — s.f./ZOOLOGÍA = noca

meyosis Forma de división de la célula viva, en la que las células hijas tienen la mitad de cromosomas de la madre, y constituye el estadio esencial de su formación. — s.f. pl: meyosis BIOLOGÍA tb: meiosis

meyótico, a De la meyosis. — adj./tb: meiótico

mezcal
1 Variedad de agave, maguey o pita, planta de vástagos redondos cubiertos de tubérculos nudosos, con la que se prepara una especie de aguardiente. — s.m. BOTÁNICA tb: mescal

2 Aguardiente que se obtiene por destilación de esta planta. · th: mescal

3 Fibra de pita preparada para hacer cuerdas. · *Hond.*

mezcalero, a De una tribu amerindia que habitaba en Nuevo México, una de las principales del conjunto apache, y que actualmente vive en reservas. · adj/s. · th: mescalero

mezcalina Alcaloide de acción alucinógena, que se obtiene del peyote y crea adicción. · s.f./QUÍMICA · th: mescalina

mezcla
1 Acción y resultado de mezclar o mezclarse: *no sé qué contiene esta mezcla.* · s.f. · = mezcladura, mezclamiento

2 Asociación de varias sustancias sin que presenten reacción química. · QUÍMICA

3 Material hecho con agua, arena y cal o cemento, usado en la construcción. · CONSTRUCCIÓN · = argamasa

4 Tela hecha con hilos de diferentes clases y colores. · TEXTIL

5 Operación que permite combinar varias bandas de señales sonoras y adaptación de estas bandas magnéticas a una película. · AUDIOVISUALES, CINE

6 mezcla explosiva: 1. Combinación de sustancias que pueden producir explosión. 2. Unión de cosas o personas de cuya discordancia se esperan efectos negativos: *dos personas tan dispares puede ser una mezcla explosiva.* · coloquial

7 mezcla frigorífica o refrigerante: Combinación de ciertas sales que produce un descenso de temperatura. · QUÍMICA

mezclable Que se puede mezclar. · adj./= miscible

mezclado, a Se aplica al animal que es fruto del cruce de razas diferentes. · adj. · ZOOLOGÍA

mezclador, a
1 Persona que mezcla una cosa con otra. · s.
2 Aparato mediante el cual se puede mezclar, en cantidades determinadas, agua caliente y fría. · s.m. · TECNOLOGÍA
3 Circuito eléctrico que recibe corrientes de baja frecuencia procedentes de distintos micrófonos, destinado a dosificar sus efectos antes de enviar su mezcla al emisor de radio que se trata de modular. · AUDIOVISUALES
4 mezclador dosificador: Elemento que combina en proporciones determinadas dos o más señales de idéntica naturaleza física.

mezcladora Aparato o máquina que sirve para mezclar diversas sustancias. · s.f. · TECNOLOGÍA

mezcladura Acción y resultado de mezclar o mezclarse. · s.f./= mezcla

mezclar (Del lat. vulgar *misculare* < lat. *miscere*.)
1 Juntar, unir o incorporar una cosa con otra, obteniendo una homogeneidad real o aparente: *mezcló diferentes colores en la paleta y se dispuso a pintar.* · v.tr/prnl. · = combinar · ≠ separar
2 Poner personas o cosas distintas juntas: *mezclaron los invitados de los distintos países en una misma mesa.* · = juntar
3 Mover cosas que estaban ordenadas desordenándolas: *ha mezclado las fichas y ahora no encuentro la que necesito; mezcla la baraja antes de repartir las cartas.* · v.tr. · = desordenar
4 Hacer que una persona intervenga en un asunto: *mezcló a su tío en el negocio; se ha mezclado en un asunto muy delicado.* · v.tr/prnl. · + en
5 Introducirse o interponerse una persona entre otras: *se mezcló entre los asistentes a la fiesta sin que nadie se diera cuenta.* · v.prnl. · = confundir
6 Intervenir una persona en un asunto que no es de su incumbencia o del que se le puede derivar malas consecuencias: *tiene la mala costumbre de mezclarse en problemas que ni le van ni le vienen.* · = inmiscuirse, entrometerse
7 Tener trato con determinada clase de gente: *presumía de mezclarse con la alta sociedad.* · = relacionarse
8 Unirse familias o linajes unos con otros.

mezclilla
1 Tejido semejante a la mezcla pero de menos cuerpo. · s.f./TEXTIL
2 Tela basta de algodón, por lo general de color azul, que se emplea principalmente en la confección de pantalones estilo vaquero. · *Méx.* · TEXTIL

mezcolanza (Del ital. *mescolanza*.) Mezcla desordenada de cosas o personas muy diferentes que resulta extraña o disparatada. · s.f. · th: mescolanza

mezontete Tronco hueco y seco de maguey. · s.m./*Méx.*

mezquinar
1 Dar una cosa de forma mezquina o avariciosa. · v.tr./= escatimar
2 Esquivar, apartar, hacer a un lado. · *Argent.*
3 Librar a una persona de un castigo. · *Colomb.*

mezquindad
1 Modo de ser o comportarse el mezquino o tacaño. · s.f./= ruindad
2 Acción o expresión propia de una persona tacaña. · = tacañería
3 Cosa pequeña o diminuta. · = pequeñez

mezquino, a (Del ár. *miskin*, pobre, indigente.)
1 Que está falto de sentimientos nobles y generosidad: *ridiculizar así a un compañero es un acto mezquino.* · adj. · = despreciable
2 Que es avaro o tacaño: *era un usurero mezquino y avariento.* · = miserable
3 Que es muy pequeño, escaso o ridículo: *para lo mucho que trabaja, cobra un sueldo mezquino.* · = exiguo
4 Que es pobre, necesitado o le falta lo necesario. · = mísero
5 Que es infeliz o desgraciado. · = desventurado

6 Siervo de la gleba de origen español, en la alta edad media. · s.m. · HISTORIA

7 Especie de verruga dolorosa que sale en las manos o en los pies. · *Méx.* · MEDICINA

mezquita (Del ár. *masyid*, oratorio, templo.) Templo musulmán destinado al culto y, en parte, a la vida cultural social y política. · s.f. · ARQUITECTURA

mezquital Terreno poblado de mezquites. · s.m./BOTÁNICA

mezquite Planta arbórea leguminosa, de ramas espinosas, flores de color amarillo verdoso y fruto en vaina, con cuyas hojas se prepara un bálsamo que se emplea para curar inflamaciones de los ojos. (*Inga circinalis.*) · s.m. · *Méx.* · BOTÁNICA

mezza voce (Expresión italiana.) Indica que un pasaje musical se debe interpretar a media voz. · loc.adv. · MÚSICA

mezzosoprano (Voz italiana.)
1 Voz de mujer más grave y extensa que la de soprano. · s.f./MÚSICA · = mezzo
2 Persona que tiene o que canta con esta voz: *es la mejor mezzosoprano del mundo.* · MÚSICA
3 Tonalidad de algunos instrumentos, en especial los de viento. · MÚSICA

mezzo-tinto (Expresión italiana.) Técnica de grabado que permite obtener las medias tintas. · s.m. · ARTE

mi
I (De origen incierto.) Tercera nota de la escala musical. · s.m. · MÚSICA
II (Del lat. *meus*, mío.) Mío, cuando va antepuesto al nombre: *mi cartera; mis tíos.* · adj.

mí (Del lat. *mihi*.)
1 Forma tónica del pronombre personal de primera persona que sólo se utiliza seguida de preposición: *¿se refiere a mí?; perdone, pero esto es para mí; por mí no te preocupes; vayan saliendo sin mí; todo recae sobre mí; a mí me gusta el cha-cha-cha.* · pron.pers.
2 ¡a mí!: Exclamación con que se pide auxilio o socorro. · interj.
3 ¡a mí qué!: Expresión con que se manifiesta indiferencia o que una persona quiere desentenderse de algo.
4 para mí: A mi parecer, según yo creo: *para mí el plan es inviable.*
5 por mí: Por lo que a mí respecta: *por mí, podéis venir todos.*

mia Unidad de tropa regular marroquí al servicio de España durante el protectorado. · s.f. · MILITAR

miador, a Que mía o maúlla mucho. · adj./= maullador

miaja
I (Derivado de *migaja*.) Pequeña porción de pan o de cualquier otra cosa. · s.f./= migaja · th: meaja
II (Del lat. *medialiam*, moneda de vellón.) La más pequeña de las monedas de vellón de la península Ibérica, acuñada en la edad media con los tipos del dinero. · s.f. · HISTORIA · th: meaja

mialgia (Del gr. *mys*, músculo + *algos*, dolor.) Dolor muscular: *una fuerte mialgia le impidió venir a pasear con nosotros.* · s.f. · MEDICINA · = miodinia

mialmas Se usa para indicar agrado y satisfacción en la expresión **como un mialmas.** · loc.adv.

miar (De la voz onomatopéyica *miau*, que imita el maullido del gato.) Emitir el gato su voz. · v.intr./conj: *vaciar* · = maullar, miañar

miargirita Mineral de color gris plomo, de brillo metálico que se presenta en forma de cristales o agregados, de la clase de los sulfuros. · s.f. · MINERALOGÍA

miasma (Del gr. *miasma*, mancha.) Mal olor desprendido de los cuerpos muertos y las materias corrompidas, que antiguamente se creía que era causa de enfermedades. · s.m. · = efluvio

miasmático, a
1 Que contiene o produce miasmas. · adj.
2 Que ha sido causado por los miasmas.

miastenia (Del gr. *mys*, músculo + *astheneia*, debilidad.) Debilidad muscular debida a un trastorno en la transmisión del músculo del influjo nervioso. · s.f. · MEDICINA

miatonía Desaparición de tono muscular, debida a una afección neurológica. · s.f. · MEDICINA

miau (Voz onomatopéyica.)
1 Expresión usada para reproducir el maullido del gato. · s.m.
2 ¡miau!: Exclamación de sorpresa o de agrado ante un hecho determinado. · interj.

mica (Del lat. *mica*, partícula.)
1 Mineral brillante y exfoliable, abundante en las rocas eruptivas y metamórficas, formado por silicato de aluminio y de potasio. · s.f. · MINERALOGÍA
2 Coqueta, mujer que coquetea. · *Guat.*

micáceo, a
1 Que contiene mica. · adj.
2 Que tiene alguna propiedad de la mica.
3 Se aplica al vegetal que está cubierto de partículas brillantes. · BOTÁNICA

micacita Roca metamórfica de color amarillento pajizo, compuesta de capas de mica separadas por pequeños cristales de cuarzo, que se usa en el firme de los caminos y en los techos de los edificios. — s.f. GEOLOGÍA

micada Conjunto de micos o de monos. — s.f./Méx., Amér. Central

micado
1 Título que se da al emperador japonés.
2 Palacio imperial japonés.
3 Juego que consiste en un conjunto de palitos de diferente valor, que se tiran al azar y se deben recoger uno a uno sin que se muevan los otros. — s.m./tb: mikado / JUEGOS

micción (Del lat. *mingere*, mear.) Acción de orinar. — s.f./FISIOLOGÍA

miccionar (Derivado de *micción*.) Orinar, expeler la orina por la uretra. — v.intr/tr. FISIOLOGÍA

micela Agregado que constituye un sistema coloidal y que está en equilibrio con los iones o moléculas de que está formado. — s.f. QUÍMICA

micelar Que está formado por micelas. — adj./QUÍMICA

micelial Del micelio. — adj./MICOLOGÍA

micelio (Del gr. *mykhe*, hongo + *epitelio*.) Aparato vegetativo de los hongos formado por filamentos ramificados. — s.m. MICOLOGÍA

micénico, a
1 De Micenas, antigua ciudad del Peloponeso. — adj./HISTORIA
2 Persona natural de esta antigua ciudad. — adj/s.
3 Se aplica al dialecto griego más antiguo de los que se conocen en la actualidad. — LINGÜÍSTICA

micer (Del cat. *misser*.) Antiguo título honorífico de la corona de Aragón que se aplicaba a los letrados. — s.m. HISTORIA

micetología (Del gr. *mykhes*, *etos*, hongo + *logos*, ciencia.) Micología, ciencia que estudia los hongos. — s.f. MICOLOGÍA

micetoma Tumor de origen inflamatorio, provocado por hongos parásitos. — s.m. MEDICINA

michelín Rollo de grasa que se desarrolla en la cintura o en otras partes del cuerpo: *tienes que hacer mucho ejercicio para quitarte esos michelines.* — s.m. coloquial

michino, a Gato o gata, mamífero felino, por lo general doméstico y de vida nocturna. — s./familiar = micho, micifuz

mico (Del caribe *meku*, mono.)
1 Mono de cola larga. — s.m./ZOOLOGÍA
2 Persona muy fea: *se hace raro ver a una chica tan guapa con un chico tan mico.* — coloquial
3 Persona joven o pequeña: *con lo altos que son sus padres, no sé cómo puede ser él tan mico.* — coloquial
4 Persona falta de formalidad y de juicio, en quien no se puede confiar. — = mequetrefe
5 Vagina, órgano genital de la mujer. — Amér.
6 dar el mico: 1. Dar un chasco. 2. Comportarse de manera imprevista. — coloquial
7 dar o hacer mico: Faltar a una cita o compromiso. — coloquial
8 hecho un mico: Avergonzado, que siente vergüenza. — coloquial
9 ser el último mico: Ser una persona a quien nadie hace caso. — coloquial
10 volverse mico: Costarle mucho a una persona el logro o la realización de cierta cosa: *me volví mico para arreglarlo.* — coloquial

mico- Componente de palabra procedente del gr. *mykhe*, que significa hongo: *micosis; micología.* — pref.

micología (Del gr. *mykhe*, hongo + *logos*, ciencia.) Ciencia que estudia los hongos. — s.f./MICOLOGÍA = micetología

micológico, a De la micología. — adj./MICOLOGÍA

micólogo, a Persona dedicada al estudio de los hongos. — s. MICOLOGÍA

micorriza (Del gr. *mykhe*, hongo + *rhiza*, raíz.) Unión o asociación íntima, de tipo simbiótico, que se establece entre un hongo inferior y las raíces de una planta. — s.f. BOTÁNICA

micosis (Del gr. *mykhe*, hongo + *osis*, enfermedad no inflamatoria.) Infección producida por hongos parásitos. — s.f./pl: micosis MEDICINA

micoterapia Empleo de hongos con fines terapéuticos. — s.f. MEDICINA

micra (Del gr. *mikros*, pequeño.) Unidad de longitud, equivalente a la millonésima parte de un metro. — s.f. = micrón

micro
1 Apócope de micrófono. — s.m./TECNOLOGÍA
2 Apócope de microbús.
3 Apócope de microordenador. — INFORMÁTICA

micro- Componente de palabra procedente del gr. *mikros*, que significa pequeño: *microbio; microcosmos.* — pref. ≠ macro-

microamperio Medida de intensidad de corriente eléctrica, equivalente a una millonésima parte del amperio. — s.m. ELECTRICIDAD

microanálisis Análisis químico de masas muy pequeñas, que requiere el uso de instrumentos especiales. — s.m./pl: microanálisis QUÍMICA

microauricular Instrumento que consta de micrófono y auricular. — s.m. TECNOLOGÍA

microbalanza Balanza que se utiliza para medir masas muy pequeñas, del orden de la millonésima del gramo. — s.f. TECNOLOGÍA

microbiano, a De los microbios. — adj./= micróbico

microbicida (De *microbio* + lat. *caedere*, matar.) Se aplica a la sustancia que combate los microbios. — adj/s.m.

microbio (Del gr. *mikros*, pequeño + *bios*, vida.) Denominación que reciben en general los seres vivos unicelulares y algunos pluricelulares diminutos, que sólo pueden observarse con el microscopio y que originan putrefacciones y enfermedades infecciosas. — s.m. BIOLOGÍA

microbiología (De *microbio* + gr. *logos*, ciencia.) Ciencia que estudia los microorganismos. — s.f. BIOLOGÍA

microbiológico, a De la microbiología. — adj./BIOLOGÍA

microbiólogo, a Persona dedicada al estudio de los microorganismos. — s.

microbiótico, a Se aplica a las especies vegetales cuya semilla pierde su aptitud para germinar menos de tres años después de su diseminación. — adj. BOTÁNICA

microbús (Del gr. *mikros*, pequeño + *autobús*.) Autobús de dimensiones reducidas usado para el transporte de un pequeño número de viajeros. — s.m./pl: microbuses = micro, minomnibus

microcalorimetría Técnica de la determinación de cantidades de calor que intervienen en transformaciones termodinámicas — s.f. FÍSICA

microcalorímetro Aparato que se utiliza en microcalorimetría. — s.m. FÍSICA

microcefalia (Del gr. *mikros*, pequeño + *kephale*, cabeza.) Anomalía patológica que se caracteriza por el desarrollo insuficiente del cráneo y, a veces, de la masa encefálica. — s.f. BIOLOGÍA, MEDICINA ≠ macrocefalia

microcéfalo, a Que tiene la cabeza pequeña. — adj/s.

microcinematografía Técnica cinematográfica que consiste en filmar seres u objetos muy pequeños mediante aparatos adecuados. — s.f. AUDIOVISUALES = microfilmación

microcircuito
1 Circuito electrónico formado por componentes de pequeño tamaño. — s.m. ELECTRICIDAD ANATOMÍA
2 microcircuito neuronal: Conjunto de conexiones e interacciones entre neuronas dentro de los centros nerviosos.

microcirugía Parte de la cirugía que utiliza el microscopio para poder observar el campo quirúrgico en las intervenciones. — s.f. MEDICINA

microclima Conjunto de condiciones atmosféricas particulares de un espacio homogéneo de extensión muy reducida. — s.m. ECOLOGÍA

micrococo (Del gr. *mikros*, pequeño + *kokkos*, insecto.) Bacteria de cuerpo esférico o cocal que se presenta aislada. — s.m. BIOLOGÍA

microcomponente Conjunto de elementos que, conectados entre sí, forman un circuito electrónico. — s.m. TECNOLOGÍA

microcontinente Sobreelevación importante del fondo marino, formada por la parte sumergida de un fragmento desgajado de un conjunto continental. — s.m. GEOGRAFÍA

microcopia
1 Copia fotográfica de tamaño muy reducido, que tiene que examinarse mediante un aparato óptico que amplíe la imagen. — s.f. FOTOGRAFÍA
2 Reproducción de textos mediante este procedimiento o técnica. — ARTES GRÁFICAS

microcosmos (Del gr. *mikros*, pequeño + *kosmos*, mundo.)
1 Universo en pequeño. — s.m./pl: microcosmos FILOSOFÍA
2 El hombre y su alma considerados como un pequeño universo del que es espejo fiel y resumen, en la filosofía griega.
3 Grupo humano muy cerrado.

microcristal Cristal microscópico que forma la estructura de ciertos cuerpos. — s.m. QUÍMICA

microdisección Disección realizada al microscopio sobre seres muy pequeños o sobre células. — s.f. BIOLOGÍA

microeconomía Parte de la economía que estudia los sistemas económicos en relación con actividades individuales. — s.f. ECONOMÍA ≠ macroeconomía

microeconómico, a De la microeconomía. — adj./ECONOMÍA

microelectrónica Técnica para diseñar y fabricar circuitos electrónicos de dimensiones muy pequeñas, aplicando, en especial, elementos semiconductores. — s.f. TECNOLOGÍA

microencapsulación Conjunto de procedimientos que permiten rodear partículas sólidas, gotas líquidas o burbujas de gas con una envoltura sólida. — s.f. INDUSTRIA

microestado Estado de pequeña extensión y reducida población. — s.m.

microestructura Pequeña estructura que depende de otra más grande. — s.f.

micrófago, a (Del gr. *mikros*, pequeño + *phago*, comer.) Se aplica a la célula que absorbe elementos muy pequeños, tales como las bacterias. — adj/s.m. BIOLOGÍA

microfaradio Medida de capacidad eléctrica, equivalente a la millonésima parte de un faradio.
s.m.
FÍSICA

microficha Fotografía que reproduce, a escala muy
reducida, documentos o páginas de libros: *tiene su tesis doctoral en microficha.*
s.f.
FOTOGRAFÍA

microfilm Película fotográfica de pequeño formato,
constituida por una serie de microfichas.
s.m./FOTOGRAFÍA
tb: microfilme

microfilmación Acción y resultado de microfilmar.
s.f./FOTOGRAFÍA

microfilmador, a Que microfilma.
adj/s.

microfilmadora Máquina con la que se obtienen
microfilms.
s.f.
FOTOGRAFÍA

microfilmar Reproducir un documento o un dibujo
en forma de microfilm.
v.tr.
FOTOGRAFÍA

microfísica Parte de la física que estudia los átomos,
los electrones y otras partículas análogas.
s.f.
FÍSICA

microfisura Diaclasa o fisura cuya amplitud es de
pocos milímetros.
s.f.
GEOLOGÍA

microfisuración Fisuración desarrollada a escala del
cristal, que determina la porosidad de una roca.
s.f.
GEOLOGÍA

micrófito (Del gr. *mikros*, pequeño + *phyton*, planta.)
Microorganismo de naturaleza vegetal.
s.m.
BOTÁNICA

microflora Flora microbiana de un medio determinado.
s.f.
BOTÁNICA

microfónico, a Del micrófono: *está en la cabina mi-
crofónica.*
adj.
TECNOLOGÍA

micrófono (Del gr. *mikros*, pequeño + *phono*, sonido.)
Aparato capaz de recoger las ondas sonoras y transformadas en oscilaciones eléctricas para su amplificación.
s.m.
TECNOLOGÍA
= micro

microfotografía (Del gr. *mikros*, pequeño + *fotografía*.)
1 Técnica fotográfica para reducir el tamaño de la página de un libro, de un documento o de material gráfico en general.
s.f.
FOTOGRAFÍA
2 Fotografía de tamaño reducido.
FOTOGRAFÍA
3 Fotografía de objetos de tamaño microscópico.
FOTOGRAFÍA
4 **microfotografía electrónica:** La que se hace de
una preparación observada en el microscopio.
TECNOLOGÍA

microfotográfico, a De la microfotografía.
adj.

microgelivación Pulverización de una roca porosa
en fragmentos muy finos por la acción de la helada.
s.f.
GEOLOGÍA

micrografía
1 Técnica que trata de la preparación de objetos para
ser observados en el microscopio y de su examen,
descripción e interpretación.
s.f.
TECNOLOGÍA
2 Estudio microscópico de los metales y de sus aleaciones.
METALURGIA
3 Fotografía de la estructura detallada de un metal.
METALURGIA
4 Imagen de un objeto de dimensiones microscópicas.
TECNOLOGÍA

micrográfico, a De la micrografía.
adj.

micrógrafo, a (Del gr. *mikros*, pequeño + *grapho*, escribir.) Persona dedicada al estudio de la micrografía.
s.

microgramo Millonésima parte de un gramo.
s.m.

microgravedad Estado en que los efectos de la gravedad aparecen casi anulados, aunque no del todo.
s.f.
FÍSICA

microhmio Millonésima parte de un ohmio.
s.m./ELECTRICIDAD

microlentilla Lente de contacto.
s.f./= lentilla

microlítico, a
1 Se aplica a la estructura de una roca volcánica que
presenta ferrocristales inmersos en una pasta formada por pequeños cristales.
adj.
GEOLOGÍA
2 Se refiere a la roca que presenta esta estructura.
GEOLOGÍA

microlito
1 Pequeño cristal de las rocas microlíticas.
s.m./GEOLOGÍA
2 Instrumento de piedra de dimensiones muy pequeñas, característico de los períodos posglaciales.
HISTORIA

micromanipulador Aparato que se utiliza para la
manipulación y disección de objetos microscópicos.
s.m.
TECNOLOGÍA

micromecánica Conjunto de técnicas sobre la creación, la fabricación y el funcionamiento de objetos
mecánicos de reducidas dimensiones.
s.f.
INDUSTRIA

micrometría Medición de cuerpos y distancias de
muy pequeñas dimensiones.
s.f.
TECNOLOGÍA

micrométrico, a
1 Del micrómetro y la micrometría.
adj./TECNOLOGÍA
2 Que puede ser medido con el micrómetro.

micrómetro
1 Instrumento de gran precisión para medir magnitudes lineales o angulares muy pequeñas.
s.m.
TECNOLOGÍA
2 Dispositivo que tienen ciertos instrumentos astronómicos para medir dimensiones en las imágenes visibles en el ocular.
ASTRONOMÍA
3 Medida de longitud que equivale a la millonésima
parte de un metro.

micromilímetro Medida de longitud que equivale a
la milésima parte de un milímetro.
s.m.
= micra

micromódulo Circuito lógico o aritmético miniaturi-
zado de una calculadora electrónica.
s.m.
TECNOLOGÍA

micrón (Abreviación de *micromilímetro*.) Micra, millonésima parte de un metro.
s.m.

micronesio, a
1 De Micronesia, archipiélago del Pacífico.
adj.
2 Persona natural de las islas que forman este archipiélago.
s.

microonda Onda electromagnética que tiene una
longitud comprendida entre el milímetro y el metro y
que se propaga por el interior de tubos metálicos.
s.f.
FÍSICA

microondas Horno para calentar, descongelar o cocinar, en el que el calor se genera por ondas de alta
frecuencia.
s.m.
pl: microondas

microordenador Ordenador electrónico, formado
por un conjunto de circuitos integrados, diseñado
para aplicaciones concretas, que suele llevar incorporado el programa específico y es de tamaño y potencia muy reducidos.
s.m.
INFORMÁTICA
= micro,
microcomputador

microorganismo Organismo vegetal o animal, de
tamaño microscópico.
s.m./BIOLOGÍA
tb: microrganismo

micrópilo
1 Orificio del óvulo de los vegetales por el que entra
el elemento masculino o polen para la fecundación.
s.m.
BOTÁNICA
2 Orificio del óvulo de algunos animales por el que
entra el elemento masculino o espermatozoide para
la fecundación.
ZOOLOGÍA

microprocesador Circuito electrónico integrado que
funciona como unidad central en un microordenador.
s.m.
INFORMÁTICA

microprogramación Técnica de programación de
un ordenador, en la que las instrucciones del programa se realizan a través de una sucesión de instrucciones muy elementales.
s.f.
INFORMÁTICA

micropropulsor Motor cohete de pequeño empuje,
que se utiliza para la estabilización o las maniobras
de un vehículo espacial.
s.m.
ASTRONÁUTICA

micropsia Trastorno de la visión en el que los objetos se ven más pequeños de lo que son en realidad.
s.f.
MEDICINA

microscopia
1 Examen de los objetos por medio del microscopio.
s.f./TECNOLOGÍA
2 Conjunto de métodos que se usan en las investigaciones por medio del microscopio.
TECNOLOGÍA

microscópico, a
1 Del microscopio: *las lentes microscópicas son convergentes.*
adj.
ÓPTICA
2 Que se realiza con la ayuda del microscopio: *examen microscópico.*
TECNOLOGÍA
3 Que sólo puede ser visto con el microscopio: *partículas microscópicas.*
4 Que es muy pequeño: *no te preocupes por ese grano,
es microscópico.*

microscopio (Del gr. *mikros*, pequeño + *skopeo*, examinar, ver.)
1 Instrumento óptico que sirve para observar de cerca objetos de tamaño diminuto.
s.m.
ÓPTICA
2 **microscopio electrónico:** El que utiliza un haz de
electrones producidos por un tubo catódico en vez
de rayos luminosos, y cuyo poder de ampliación es
muy superior al normal.
ÓPTICA
3 **microscopio solar:** El que, en un cuarto oscuro,
hace aparecer sobre una superficie blanca la imagen
agrandada de un objeto, mediante la luz solar, reflejada por un espejo y concentrada por uno o más lentes.
ÓPTICA

microscopista Persona que es especialista en microscopia.
s.m.f.

microsegundo Millonésima parte de un segundo.
s.m.

microsismicidad Actividad microsísmica.
s.f./GEOLOGÍA

microsísmico, a De los microsismos: *movimientos
microsísmicos.*
adj.
GEOLOGÍA

microsismo Agitación, o ruido de fondo, más o menos permanente, de la Tierra, únicamente sensible
para los sismógrafos y por lo general asociado a las
condiciones del medio ambiente.
s.m.
GEOLOGÍA
tb: microsismo
≠ macrosismo

microsociología Estudio de las formas de sociabilidad en el seno de grupos reducidos.
s.f.
SOCIOLOGÍA

microsociológico, a De la microsociología: *comportamientos microsociológicos.*
adj.
SOCIOLOGÍA

microsoma Elemento granuloso muy pequeño del
interior de las células.
s.m.
BIOLOGÍA

microsomático, a Que tiene los órganos poco desarrollados.
adj.
BIOLOGÍA

microsonda Aparato que determina los elementos
que contiene una lámina delgada mediante el impacto en la misma de un haz de electrones.
s.f.
TECNOLOGÍA

micróspora Espora de ciertas plantas criptógamas
que, al germinar, origina el protalo masculino.
s.f.
BOTÁNICA

microsurco
1 Se aplica al disco fonográfico formado por una media de cien surcos por centímetro de radio, muy finos
y próximos entre sí.
s.m.
2 Cada uno de los surcos de un disco fonográfico.
s.m.

micrótomo (Del gr. *mikros*, pequeño + *tomos*, división.) Instrumento de laboratorio para cortar en láminas muy delgadas los tejidos animales o vegetales que se han de observar en el microscopio. — s.m. / TECNOLOGÍA

microvatio Unidad de potencia equivalente a la millonésima parte de un vatio. — s.m. / ELECTRICIDAD

microvoltio Unidad eléctrica equivalente a la millonésima parte de un voltio. — s.m. / ELECTRICIDAD

middle jazz (Expresión inglesa.) Estilo del jazz practicado por los músicos fieles a la tradición del jazz de los años treinta y cuarenta, por oposición al jazz tradicional y al jazz moderno. — s.m. / MÚSICA / = jazz clásico

midriasis (Del bajo lat. *mydriasis* < gr. *mydriasis*.) Dilatación anormal y permanente de la pupila, que se produce por parálisis del motor ocular. — s.f./MEDICINA / pl: midriasis / = miosis

midriático, a De la midriasis. — adj/MEDICINA

miedica Se dice de la persona miedosa o cobarde: *el muy miedica echó a correr en cuanto vio al perro.* — adj/s.m.f. / coloquial

mieditis Miedo leve, en general infundado y exagerado: *más que miedo, lo que tienes es mieditis.* — s.f./pl: mieditis / coloquial

miedo
1 Perturbación angustiosa del ánimo debido a un peligro o un riesgo real o imaginario: *sintió miedo al lanzarse en paracaídas.* — s.m. / = terror
2 Recelo o temor que tiene una persona a que le suceda lo contrario de lo que desea: *tiene miedo de quedarse sin trabajo.* — = temor
3 **miedo cerval:** El muy grande o excesivo: *tiene un miedo cerval a las arañas.*
4 **miedo insuperable:** El que impulsa a una persona a cometer un delito. — DERECHO
5 **cagarse o morirse de miedo:** Sentirlo de forma intensa: *me moría de miedo viendo la película esa; se cagó de miedo cuando se abrió la puerta de la casa.* — coloquial
6 **de miedo:** 1. Muy bueno, excelente: *es un restaurante de miedo.* 2. Muy grande: *hace un calor de miedo.* 3. Muy bien, estupendo: *lo pasamos de miedo en el campo.* 4. Pondera la excelencia de una persona o cosa: *ese tío está de miedo.* — loc.adj. / loc.adj. / loc.adv. / loc.adj.

miedoso, a Que siente miedo con facilidad: *no le cuentes esas historias de brujas porque es miedoso.* — adj/s.

miel (Del lat. *mel, mellis*.)
1 Sustancia dulce, viscosa y comestible elaborada por las abejas con el jugo de las flores y que luego colocan en las celdillas de los panales: *suele endulzar la leche con miel y no con azúcar.* — s.f.
2 Jarabe saturado obtenido de la caña en la fabricación de azúcar.
3 Dulzura, suavidad o ternura. — literario
4 **miel de barrillos:** La que sale del pan de azúcar después de puesto el barro para blanquearlo.
5 **miel de caña, de caldera, de prima, nueva o de cañas:** Licor espeso y oscuro obtenido en la fabricación del azúcar de caña.
6 **miel de caras:** La última que destila el azúcar después de seco el barro.
7 **miel de claros:** La que se hace cociendo de nuevo las espumas del azúcar.
8 **miel de furos:** Melaza que escurre el azúcar por la abertura de los moldes de los pilones.
9 **miel rosada:** Jarabe hecho con esta sustancia y agua de rosas usado en farmacia como enjuagatorio. — FARMACIA
10 **miel silvestre:** La hecha por abejas no sometidas a explotación.
11 **miel sobre hojuelas:** Expresa la mejora de una cosa que ya era buena. — coloquial
12 **miel virgen:** La muy pura obtenida de los panales sin exprimirlos ni derretirlos.
13 **dejar a una persona con la miel en los labios:** Privarla de algo bueno que esperaba o empezaba ya a disfrutar. — coloquial
14 **hacerse una persona de miel:** Mostrarse muy blando: *aunque el crío era travieso, los abuelos se hacían de miel con él.* — coloquial
15 **quedarse una persona a media miel:** 1. Interrumpir el disfrute de una cosa: *me quedé a media miel viendo la película porque me llamaron por teléfono.* 2. No entender una conversación por completo quedándose a medias. — coloquial

miel- Componente de palabra procedente del gr. *myelos*, que significa médula: *mielitis; mielografía.* — pref. / tb: mielo-

mielga
I (Del lat. vulgar *melica* < lat. *medica*.) Planta leguminosa con hojas aserradas por el margen, flores azules en espiga y fruto en vaina en espiral muy usada como forraje. *(Medicago sativa).* — s.f. / BOTÁNICA / = alfalfa silvestre
II (De origen incierto.) Pez escuálido, tiburón de color pardusco, con aletas provistas de aguijones y dientes cortantes, cuya carne es comestible, aunque dura, fibrosa y de baja calidad. *(Squalus acanthias).* — s.f. / ZOOLOGÍA / = galludo
III (Del lat. *merga*, horca para levantar las mieses.) Instrumento formado por un palo largo con un travesaño con cuatro puntas en el extremo que sirve para beldar o aventar la paja y para otras labores agrícolas. — s.f. / AGRICULTURA / = bieldo

mielgo, a Se aplica al mellizo o gemelo. — adj.

mielina Sustancia que envuelve y protege las fibras nerviosas de los vertebrados y crustáceos. — s.f. / BIOQUÍMICA

mielítico, a
1 De la mielitis. — adj./MEDICINA
2 Que padece mielitis. — adj/s./MEDICINA

mielitis (Del gr. *myelos*, médula espinal + *itis*, inflamación.) Inflamación de la médula espinal. — s.f./pl: mielitis / MEDICINA

mieloblasto Célula de la médula ósea que constituye la célula matriz de los leucocitos polinucleares. — s.m. / BIOLOGÍA

mielocito (Del gr. *myelos*, médula + *kytos*, célula.) Célula de la médula ósea derivada de un mieloblasto y precursora de un leucocito polinuclear. — s.m. / BIOLOGÍA

mielografía Radiografía de la médula espinal y del conducto raquídeo. — s.f. / MEDICINA

mielograma Resultado del estudio de las células de la médula ósea. — s.m. / MEDICINA

mieloide De la médula, en especial de la médula ósea: *le diagnosticaron una leucemia mieloide.* — adj./ANATOMÍA, MEDICINA

mieloma (Del gr. *myelos*, médula espinal + *oma*, tumor.) Tumor formado por células propias de la médula ósea. — s.m. / MEDICINA

mielomalacia Necrosis de la médula espinal producida por la oclusión de una o más arterias espinales, que afecta a su zona de irrigación. — s.f. / MEDICINA

miembro (Del lat. *membrum*.)
1 Cada una de las extremidades del cuerpo humano o animal. — s.m. / ANATOMÍA
2 Persona o entidad que forma parte de una asociación, corporación o institución: *es miembro de la real academia; los países miembros de la comunidad se han reunido.* — = afiliado, socio
3 Parte de un todo unida o separada a él: *el sustantivo es un miembro del sintagma nominal; un estado miembro de una federación.* — = componente, elemento
4 Pene, órgano sexual masculino. — = falo
5 Cada una de las partes principales de un orden arquitectónico o de un edificio. — ARQUITECTURA
6 Cada una de las partes de una expresión algebraica separadas por los signos =, < o >. — MATEMÁTICAS
7 Cada una de las partes que, al funcionar, hacen que marche una máquina. — MECÁNICA
8 **miembro fantasma:** Conservación de las sensaciones cenestésicas cuando un miembro ha sido amputado, aunque la persona sea consciente de su ausencia.
9 **miembro podrido:** Persona expulsada de una comunidad por ser indigno de ella.
10 **miembro viril:** Pene, órgano sexual masculino. — ANATOMÍA
11 **primer miembro:** El que está situado a la izquierda en una expresión algebraica. — MATEMÁTICAS
12 **segundo miembro:** El que está situado a la derecha en una expresión algebraica. — MATEMÁTICAS

miente
1 Pensamiento, facultad de pensar. — s.m.
2 **caer en mientes:** Venir a la imaginación: *creo que sé quién es pero ahora no caigo en mientes.* — coloquial
3 **parar o poner mientes en una cosa:** Considerarlo, meditarlo y recapacitar sobre ello: *no puso mientes en las consecuencias de sus actos.* — coloquial
4 **venírsele a una persona una cosa a las mientes:** Ocurrírsele, pensar en ello de repente: *le vino a las mientes gastarle una broma y así lo hizo.* — coloquial

-miento Componente de palabra que, unido a verbos, crea sustantivos que significan acción y resultado de aquello que denota el verbo: *casamiento; alumbramiento; salvamento.* — suf. / tb: -mento

mientras (Del lat. *dum interin*, entretanto.)
1 Durante el tiempo en que, en el transcurso de: *mientras yo desayuno tú friega los platos; mientras lo preparo, haz la cama.* — conj.
2 Entre tanto: *dúchate ahora, mientras, yo prepararé el desayuno.* — adv.
3 **mientras más o mientras menos:** Cuanto, en la medida que: *mientras más me miro peor me encuentro; mientras menos hables, mejor.* — loc.conj.
4 **mientras que:** Expresa contraste u oposición entre dos acciones: *él sabe aprovechar el tiempo mientras que tú lo malgastas.* — loc.conj.
5 **mientras tanto:** En el tiempo en que sucede una acción, entre tanto: *tú estudia, mientras tanto fregaré los platos.* — loc.conj.

miera (Del lat. vulgar *mera*.)
1 Aceite obtenido del enebro usado como depurativo o para curar la roña del ganado. — s.f.
2 Trementina del pino. — BOTÁNICA

miércoles (Del lat. *dies mercuri*, día de Mercurio.)
1 Día de la semana, entre el martes y el jueves. — s.m./pl: miércoles
2 **miércoles de ceniza:** Primer día de cuaresma en que se celebra la ceremonia litúrgica de la imposición de la ceniza, en la religión católica. — RELIGIÓN

mierda (Del lat. *merda*.)
1 Excremento, en general humano, pero también de animales. — s.f. = caca, mayores
2 Falta de limpieza en las cosas: *el suelo del bar estaba hecho una mierda.* — = porquería
3 Borrachera, resultado de emborracharse: *agarró una mierda de campeonato.* — coloquial
4 Persona o cosa considerada despreciable o sin valor: *ese tío es un mierda; ¡qué mierda de película!* — s.m.f. coloquial
5 Suciedad que se pega a la ropa, muebles y otros objetos: *el coche está lleno de mierda.* — s.f. coloquial
6 Hachís, en el lenguaje de la droga. — argot
7 ¡la mierda!: Indica rechazo o desprecio hacia una cosa o persona. — interj. coloquial
8 coger, agarrar o pillar una mierda: Coger una borrachera: *cogió una mierda de anís.* — coloquial
9 de mierda: Que fastidia o incomoda a la persona o cosa a la que acompaña: *es un borracho de mierda.* — loc.adj. coloquial
10 enviar o mandar a la mierda: Rechazar a una persona o cosa con desprecio. — coloquial
11 hecho una mierda: 1. Cansado o abatido: *después de la juerga de ayer, me quedé hecho una mierda.* 2. En mal estado: *la casa está hecha una mierda pero es barata.* — loc.adj./coloquial loc.adj./coloquial
12 irse una cosa a la mierda: Malograrse o estropearse: *el viaje se fue a la mierda por la lluvia.* — coloquial
13 no comerse una mierda: No conseguir lo que se pretende o busca, fracasar. — coloquial
14 ¡una mierda! o ¡y una mierda!: Indica negación, rechazo o disconformidad. — coloquial

mierdacruz Planta arbustiva de tallos blanquecinos, flores poco vistosas y fruto oblongo, que crece en la península Ibérica. (*Thymelaea canescens.*) — s.f. pl: mierdacruces BOTÁNICA

mierdago Fresal silvestre. — s.m./BOTÁNICA

mierdoso, a Se aplica a la persona despreciable y desdeñable. — adj.

mierra Cajón o escalera de carro para llevar arrastrando cosas de mucho peso. — s.f. = narria

mies (Del lat. *messis*, conjunto de cereales cosechados.)
1 Cereal maduro: *segar la mies; las doradas mieses cubrían toda la extensión del campo.* — s.f./pl: mieses AGRICULTURA
2 Tiempo de siega y cosecha de granos. — AGRICULTURA
3 Valles cerrados donde están los sembrados, en algunas zonas montañosas. —
4 Sembrados o campos de cereales. — s.f.pl/AGRICULTURA

miga (Del lat. *mica*.)
1 Parte interior y blanda del pan, cubierta por la corteza: *no le gusta mucho la miga, prefiere la corteza del pan.* — s.f.
2 Trocito de la miga del pan, como los que se sueltan de forma espontánea al manejarlo: *dejaron la alfombra llena de migas.* — = migaja
3 Pedazo muy pequeño de cualquier cosa: *sólo quedan las migas del pastel.* — = migaja
4 Sustancia y virtud de las cosas o de las personas: *es un hombre de miga.* — = meollo
5 Contenido muy interesante o con mucha intención de un escrito o asunto en general. — = intringulis
6 Guiso hecho con pan desmenuzado, humedecido con agua y frito: *su discurso tuvo mucha miga; te lo explico porque la cosa tiene miga.* — s.f.pl. COCINA
7 hacer buenas o malas migas: Tener buena o mala relación una persona con otra: *su cuñado y él hacen muy buenas migas.* — coloquial
8 hacer migas a una persona: Dejarla hecha polvo: *hizo migas al chulo que intentó ligarse a su chica.* — coloquial
9 hacerse migas una cosa: Destrozarse por completo: *el vaso se hizo migas al caer.* — coloquial
10 hecho migas: Muy fatigado por haber pasado una enfermedad o haber sido apaleado: *estoy hecho migas del ejercicio de ayer.* — loc.adj. coloquial
11 helársele a una persona las migas entre la boca y la mano: Malograrse algún negocio o pretensión cuando prometía tener éxito. — coloquial
12 no estar una persona para dar migas a un gato: Ser o servir para muy poco por endeble y patoso. — coloquial

migaja
1 Trozo muy pequeño de pan que salta al partirlo: *no me gusta partir el pan porque lo lleno todo de migajas.* — s.f. tb: miaja
2 Porción pequeña de una cosa que se desmenuza con facilidad. — = migajada, trizal
3 Parte pequeña de una cosa inmaterial: *ten una migaja de paciencia que ya llegamos.* —
4 Casi nada: *no dejó ni una migaja de queso.* — = pizca
5 Trocitos pequeños que se desprenden del pan. — s.f.pl.
6 Desperdicios o restos que uno no aprovecha y que da a otro para que lo use: *da unas migajas a los pobres.* — = sobras, restos
7 reparar una persona en migajas: Pensar en cosas que carecen de importancia cuando se trata de otras que sí la tienen: *te van a echar del trabajo y tú reparando en migajas.* — coloquial

migajada Porción pequeña de una cosa. — s.f./= migaja

migajón
1 Miga de pan o parte de ella. — s.m./tb: miajón

2 Meollo, sustancia o interés de una cosa. — = intringulis

migala Araña que excava una madriguera cerrada por un opérculo cuya mordedura puede ser muy dolorosa. — s.f. ZOOLOGÍA tb: migale

migar
1 Partir el pan en trozos muy pequeños: *mígame el pan para la sopa.* — v.tr. conj: pagar
2 Echar migas en un líquido. —

migmatita Roca metamórfica que presenta franjas de granito. — s.f. GEOLOGÍA

migración (Del lat. *migratio, -onis*.)
1 Desplazamiento de individuos o pueblos de un país o región a otra para establecerse en ella, por causas económicas, políticas o sociales. — s.f. = emigración
2 Viaje periódico de las aves, peces u otros animales migratorios. — ZOOLOGÍA
3 Movimiento de partículas en una dirección determinada, bajo la influencia de una fuerza. — FÍSICA

migraña (Del cat. *migranya*.) Dolor periódico que afecta a un lado de la cabeza y que puede ir acompañado de náuseas y vómitos. — s.f. MEDICINA = jaqueca

migrar (Del lat. *migrare*, cambiar de estancia.)
1 Trasladarse una persona o grupo humano de un país o región a otro. — v.intr. = emigrar
2 Llegar a un país procedente de otro. — = inmigrar
3 Hacer migraciones los animales. — ZOOLOGÍA

migratorio, a
1 Que emigra. — adj.
2 De la migración. —
3 Se aplica a los viajes periódicos realizados por ciertos animales: *época migratoria.* — ZOOLOGÍA
4 Se refiere a los animales que realizan estos viajes periódicos y estacionales: *las cigüeñas son aves migratorias.* — ZOOLOGÍA

miguelangelesco, a (De *Miguel Ángel*, artista italiano.)
1 De este artista italiano o de su obra. — adj./ARTE
2 Se aplica a la obra o al autor que está influido por la obra de dicho artista italiano. — ARTE

miguelete Antiguo guerrillero que actuaba como francotirador en las montañas catalanas. — s.m./HISTORIA tb: miquelete

miguero, a De las migas. — adj.

mihrab Hornacina sagrada que hay en las mezquitas, orientada hacia La Meca, donde deben mirar los que oran. — s.m. pl: mihrabs RELIGIÓN

mije Planta arbórea mirtácea, de madera apreciada y frutos comestibles parecidos a los del grosellero. (*Calyptranthes.*) — s.m. BOTÁNICA

mijo (Del lat. *milium*.)
1 Planta herbácea gramínea, con hojas planas y vellosas, con flores en panojas y espiguillas membranosas. (*Panicum miliaceum.*) — s.m. BOTÁNICA tb: millo
2 Grano o semilla de esta planta, pequeño, redondeado y amarillento. — BOTÁNICA
3 Maíz, en algunas zonas. — AGRICULTURA
4 mijo ceburro: Trigo candeal. — BOTÁNICA

mikado Micado [en todas sus acepciones]. — s.m.

mil (Del lat. *mille*.)
1 Que resulta de la multiplicación de diez y cien. — adj.num/s.m.
2 Que ocupa esta posición en una serie. — adj.num/s.m.f.
3 Se refiere a la cantidad indefinida que es muy grande: *lo dijo mil veces.* — = infinidad
4 Signo o conjunto de signos que representa este número. — s.m.
5 Conjunto formado por esta cantidad de unidades: *ha ganado muchos miles de pesetas.* — = millar
6 las mil y quinientas: Hora que se considera muy tarde: *llegará a las mil y quinientas.* — coloquial
7 las mil y una: Gran cantidad de cosas, en especial penalidades o dificultades: *pasaron las mil y una en su aventura por el desierto; ha hecho las mil y una trastadas.* — coloquial

milady (Voz inglesa.) Título que se da a la mujer de un lord. — s.f. tb: miladi

milagrear Hacer milagros. — v.intr.

milagrería
1 Narración de hechos maravillosos que se toman por milagros. — s.f.
2 Tendencia a creer en milagros. —

milagrero, a
1 Se refiere a la persona que interpreta como milagros cosas que en realidad no lo son. — adj.
2 Se aplica a la persona que finge milagros. —
3 Que hace milagros. —

milagro (Del lat. *miraculum*.)
1 Suceso extraordinario que contraviene las leyes de la naturaleza y que se supone realizado por intervención sobrenatural de origen divino: *la iglesia católica ha reconocido algunos milagros.* — s.m. RELIGIÓN
2 Suceso o cosa rara, extraordinaria o maravillosa: *es un milagro que haya aprobado ese examen.* — = maravilla, prodigio
3 Variedad del drama religioso en la edad media. — TEATRO

4 colgar a una persona el milagro: Atribuirle una mala acción o un hecho reprobable. — coloquial

5 de milagro: 1. Por muy poco, a punto de suceder lo contrario. 2. Por casualidad, de modo poco frecuente. — loc.adv. loc.adv.

6 hacer milagros: Hacer algo con muy pocos medios u obtener mucho rendimiento de los medios de que se dispone: *tiene que hacer milagros para poder llegar a final de mes.* — coloquial

7 ¡milagro!: Indica extrañeza ante un suceso inesperado: *¡milagro!, ha llegado a su hora.* — interj.

8 vivir una persona de milagro: 1. Mantenerse con pocos recursos. 2. Escapar de un grave peligro.

milagrón Aspaviento, gesto exagerado. — s.m./coloquial

milagrosamente
1 Por milagro, como milagro. — adv.
2 De forma inexplicable: *las cucarachas reaparecen milagrosamente cada año.*

milagroso, a
1 Que supera o excede las fuerzas de la naturaleza. — adj./= sobrenatural
2 Que causa asombro: *es milagroso que saliera indemne del accidente.* — = increíble, maravilloso
3 Que hace milagros: *los creyentes creen que estas aguas son milagrosas.* — = milagrero

milamores Planta herbácea valerianácea, de flores pequeñas de color rojo, blanco o rosado, que se cultiva en jardines. *(Centranthus ruber.)* — s.f./pl: milamores BOTÁNICA = lilas de España

milanés, a
1 De Milán, ciudad de Italia. — adj.
2 Persona natural de dicha ciudad. — s./pl: milaneses
3 Dialecto lombardo que se habla en Milán. — s.m./LINGÜÍSTICA
4 a la milanesa: Manera de preparar la carne, rebozada en huevo, empanada y frita. — COCINA

milano (Del lat. *milvus.*)
1 Ave rapaz propia de las regiones cálidas o templadas que puede alcanzar el metro y medio de envergadura, que tiene la cola larga y ahorquillada y se alimenta de desperdicios y pequeños animales. *(Milvus milvus.)* — s.m. ZOOLOGÍA
2 Pez de gran tamaño, parecido a la raya, con el rostro redondeado. *(Myliobatis aquila.)* — ZOOLOGÍA
3 Apéndice plumoso que poseen las semillas de algunas plantas como las compuestas y que le sirve para desplazarse largas distancias arrastrada por el viento. — BOTÁNICA = vilano

milcao Guiso de patatas ralladas o machacadas. — s.m./Chile

mildiu (Del ingl. *mildew*, moho.)
1 Enfermedad de la vid y de otras plantas cultivadas, producida por un hongo microscópico que ataca las hojas, el tallo y los frutos. — s.m. BOTÁNICA tb: mildeu
2 Hongo que produce esta enfermedad. — MICOLOGÍA

milenario, a
1 Del número mil o del millar. — adj.num.
2 Que dura o ha durado mil años: *se trata de una fortaleza milenaria.*
3 Que es muy antiguo: *tiene en su armario vestidos milenarios por no comprarse otros nuevos.* — = antiquísimo
4 Se refiere a quien defendía que Jesucristo reinaría sobre la tierra durante mil años antes del juicio final. — adj./s. RELIGIÓN
5 Que creía que el fin del mundo y el juicio final iban a tener lugar en el año mil. — RELIGIÓN
6 Período de mil años. — s.m./milenio
7 Día en que se cumplen uno o más milenios de un suceso famoso.

milenarismo
1 Creencia que defendía que el fin del mundo tendría lugar en el año mil de la era cristiana. — s.m. RELIGIÓN
2 Creencia que defendía que Jesucristo reinaría sobre la tierra durante mil años antes del juicio final. — RELIGIÓN

milenarista
1 Del milenarismo. — adj./RELIGIÓN
2 Que profesa el milenarismo. — adj./s.m.f./RELIGIÓN

milenio (Del lat. *millennium.*) Período de mil años: *los restos encontrados tienen varios milenios.* — s.m. = milenario

mileno, a Se aplica a la tela que está compuesta de mil hilos. — adj. TEXTIL

milenrama Planta compuesta de hojas muy divididas, con capítulos de pequeñas flores blancas o rosadas agrupadas en corimbos. *(Achillea millefolium.)* — s.f. BOTÁNICA = aquilea

milepora Animal marino celentéreo que forma colonias de pólipos con un esqueleto calcáreo macizo. *(Millepora.)* — s.f. ZOOLOGÍA

milésima
1 Medida utilizada para expresar el grado de pureza de las monedas de oro y plata. — s.f.
2 Unidad angular utilizada en artillería. — MILITAR

milésimo, a
1 Se aplica a cada una de las mil partes iguales en que puede dividirse un todo: *la diferencia era de milésimas de segundo.* — adj.num/s.
2 Que ocupa el lugar número mil en una serie. — adj.num/s.

milesio, a
1 De Mileto, antigua ciudad de Jonia. — adj./HISTORIA

2 Persona natural de esta antigua ciudad. — s./HISTORIA

milgranar Terreno plantado de granados. — s.m./= granadal

milgranos Planta herbácea de tallos divididos en múltiples ramas delgadas y tendidas, que tiene propiedades diuréticas. *(Herniaria glabra.)* — s.m./pl: milgranos BOTÁNICA

milhojas
1 Milenrama, planta compuesta, con pequeñas flores blancas o rosadas. — s.f./pl: milhojas BOTÁNICA
2 Pastel de forma rectangular, de hojaldre y relleno de merengue. — s.m. COCINA

milhombres Apodo que se da al hombre de baja estatura que presume de su fuerza o actividad sin tener motivos para ello. — s.m. pl: milhombres

mili Apócope de servicio militar: *hace dos meses que se fue a la mili* — s.f.

mili- Componente de palabra procedente del lat. *mille*, que significa milésima parte: *miligramo.* — pref.

miliamperímetro Amperímetro de gran sensibilidad y precisión, usado para medir miliamperios. — s.m. ELECTRICIDAD

miliamperio Milésima parte del amperio. — s.m./ELECTRICIDAD

miliar
I (Del lat. *mille*, mil.) Se refiere a la columna, piedra o poste que indicaba la distancia de mil pasos. — adj.
II (Del lat. *milium*, mijo.)
1 Del mijo. — adj./AGRICULTURA
2 Que tiene el tamaño o la forma de un grano de mijo.
3 Se refiere a una erupción cutánea que se caracteriza por la aparición de gran cantidad de vejiguillas del tamaño de granos de mijo. — adj/s.f. MEDICINA
4 Se aplica a la fiebre que acompaña a esta erupción. — adj./MEDICINA

miliárea Medida de superficie, equivalente a la milésima parte de un área. — s.f.

miliario, a
1 Que tiene relación con la milla. — adj.
2 Se aplica a la columna o piedra que indicaba la distancia de mil pasos. — = miliar

milibar Medida de la presión atmosférica, equivalente a la milésima parte de un baro. — s.m./FÍSICA tb: milibaro

milicia (Del lat. *militia.*)
1 Conjunto de actividades de la guerra o de la preparación para ella. — s.f. MILITAR
2 Servicio militar: *su hermano está cumpliendo la milicia en la capital.* — MILITAR = mili
3 Profesión militar. — MILITAR
4 Conjunto organizado de gente que lucha o defiende unas ideas: *las milicias de la justicia universal.* — = ejército
5 milicia angélica: Los coros de los ángeles. — RELIGIÓN
6 milicia nacional o urbana: Conjunto de los cuerpos sedentarios de organización militar, compuestos por civiles, que se instituyeron en España durante las luchas políticas del siglo XIX para la defensa del sistema constitucional. — HISTORIA
7 milicia provincial: Cuerpos militares que estaban destinados a un servicio menos activo que el del ejército. — HISTORIA
8 milicias populares: Conjunto de voluntarios armados que no pertenecen al ejército regular. — MILITAR
9 milicias universitarias: Institución del ejército en la que pueden hacer el servicio militar los universitarios. — MILITAR

miliciano, a
1 De la milicia. — adj./s. MILITAR
2 Individuo de una milicia. — MILITAR
3 Persona que, durante la guerra civil española, sirvió en un cuerpo de voluntarios para defender la causa republicana y el gobierno legítimo. — HISTORIA

milico Militar, soldado que pertenece al ejército de un país. — s.m./Amér. Merid. despectivo

milicurio Medida de radiactividad, equivalente a la milésima parte del curio. — s.m. FÍSICA NUCLEAR

miligramo (Del lat. *mille*, mil + fr. *gramme*, gramo.) Medida de peso, equivalente a la milésima parte de un gramo. — s.m.

mililitro (Del lat. *mille*, mil + fr. *litre*, litro.) Medida de capacidad equivalente a la milésima parte de un litro. — s.m.

milimetrado, a Que está graduado en milímetros: *papel milimetrado.* — adj.

milimétrico, a
1 Del milímetro. — adj.
2 Que está graduado en milímetros: *necesitas una regla milimétrica.*

milímetro (Del lat. *mille*, mil + *metrum*, medida.) Medida de longitud, equivalente a la milésima parte de un metro. — s.m.

milimicra Medida de longitud equivalente a una milésima parte de la micra. — s.f.

militancia
1 Actividad del que milita en un partido, asociación, o en cualquier otra agrupación: *la militancia en el partido le ha causado más de un problema.* — s.f.

2 Conjunto de militantes: *se reunió toda la militancia sindical.*

militante Que es miembro activo en una organización o grupo ideológico: *es una militante de un partido de izquierdas.*   adj/s.m.f.

militar
I (Del lat. *militaris.*)
1 De la milicia o de la guerra: *está haciendo el servicio militar; le costó adaptarse a la disciplina militar.*   adj. MILITAR
2 Persona que es miembro del ejército: *los militares desfilaban ante las autoridades.*   s.m.f./MILITAR = soldado
II (Del lat. *militare.*)
1 Figurar una persona en un partido político o en una agrupación: *milita en el partido comunista.*   v.intr./+ en
2 Servir en la guerra o profesar la milicia: *militó en el bando republicano en la guerra civil.*   + en

militarada Golpe de estado o sublevación llevado a cabo por los militares.   s.f. = pronunciamiento

militarismo
1 Predominio de los militares, o preponderancia del espíritu militar en el gobierno o la política de una nación.   s.m. POLÍTICA
2 Actitud de quien defiende este predominio de los militares, del espíritu militar en el gobierno o en la política de una nación.   POLÍTICA

militarista
1 Del militarismo: *la película muestra la actitud militarista del protagonista.*   adj. POLÍTICA
2 Que es partidario del militarismo.   adj/s.m.f./POLÍTICA

militarización
1 Adopción de la disciplina militar o de otros usos y costumbres militares.   s.f.
2 Situación excepcional establecida por lo que determinadas empresas pasan a depender de la jurisdicción militar.   POLÍTICA

militarizar
1 Imponer en una actividad u organización la disciplina y las costumbres militares: *durante la revuelta militarizaron los servicios públicos.*   v.tr. conj: *cazar*
2 Dar carácter militar a un organismo o actividad civil que no lo es.

militarote Militar de modales bruscos y groseros.   s.m./despectivo

mílite (Del lat. *miles, -itis.*) Soldado que sirve en la milicia.   s.m. culto

militronche Deformación popular de militar, que se usa de forma despectiva.   s.m./tb: militroncho coloquial

milivoltímetro Aparato para medir diferencias de potencial muy pequeñas, cuyo cuadrante está graduado en milivoltios.   s.m. ELECTRICIDAD

milivoltio Milésima parte de un voltio.   s.m./ELECTRICIDAD

milla (Del lat. *milia passuum*, miles de pasos.)
1 Medida de longitud usada en especial en la navegación, equivalente a 1852 metros.   s.f. NÁUTICA
2 Medida de longitud equivalente a 1609 metros.
3 Medida itineraria de los romanos que equivalía a 1478,50 metros.   HISTORIA

millaca Carrizo, planta gramínea que se cría cerca del agua y cuyas hojas sirven para forraje.   s.f. BOTÁNICA

millar (Del lat. vulgar *milliare.*)
1 Conjunto de mil unidades: *varios millares de personas se concentraron en la plaza.*   s.m.
2 Cantidad grande e indeterminada: *se los compré a millares.*
3 Signo que se usa para indicar que los guarismos colocados delante de él son mil unidades.   MATEMÁTICAS
4 Cantidad de terreno de pastos que puede mantener a mil ovejas.
5 Cierta cantidad de cacao, en unos sitios tres libras y media y en otros más.
6 a millares: En gran cantidad: *llegaban a millares pidiendo un trabajo.*   loc.adv.

millarada
1 Cantidad aproximada a mil unidades.   s.f.
2 Abundancia de personas o cosas.
3 a millaradas: A millares, innumerables veces o con gran abundancia: *los insectos se concentraban en la zona a millaradas.*   loc.adv.

millo
1 Mijo, planta gramínea.   s.m./BOTÁNICA
2 Semilla de esta planta.   BOTÁNICA

millón (Del fr. *million* < lat. *milium* < *milia milium.*)
1 Mil millares: *la ciudad y su área metropolitana tienen tres millones de habitantes.*   s.m.
2 Cantidad elevada e indeterminada: *un millón de gracias por su ayuda; aún tengo que hacer un millón de cosas.*
3 Servicio que los reinos tenían concedido al rey sobre el consumo de las seis especies, vino, vinagre, aceite, carne, jabón y velas de sebo, que se renovaba cada seis años.   s.m.pl. HISTORIA

millonada
1 Cantidad próxima a un millón.   s.f.

2 Cantidad muy grande, en especial de dinero: *se está gastando una millonada en el coche.*   = pastón

millonario, a (Del fr. *millionaire.*)
1 Que es muy rico o que tiene muchos millones: *un premio de lotería le ha hecho millonario.*   adj/s. = acaudalado
2 De mucho dinero: *le hicieron una oferta millonaria.*   adj.

millonésimo, a
1 Se aplica a cada uno del millón partes iguales en que puede dividirse un todo.   adj.num/s.m.
2 Que ocupa el último lugar en una serie ordenada de un millón.   adj.num/s.m.f.

milmillonésimo, a
1 Se aplica a cada uno de los mil millones de partes iguales en que puede dividirse un todo.   adj/s.
2 Que ocupa el último lugar en una serie ordenada de mil millones.   adj.num.

miloca (Del cat. *miloca* < lat. *milvus*, milano.) Ave rapaz y nocturna, parecida al búho, de color leonado con manchas pardas.   s.f. ZOOLOGÍA

milocha Cometa, juguete.   s.f.

milonga
1 Composición musical popular argentina, de ritmo vivo y marcado en compás de dos por cuatro, emparentada con el tango y que es propia del Río de la Plata.   s.f. MÚSICA
2 Canto con que se acompaña esta música.   MÚSICA
3 Baile rápido de pareja enlazada.   Argent., Urug.
4 Lugar o reunión en que se baila.   Argent.
5 Riña o discusión entre personas.   Argent.
6 Excusa, evasiva con la que se quiere evitar un conflicto.   s.f.pl. Argent.

milonguero, a
1 De la milonga.   adj./Argent.
2 Persona que canta o baila milongas.   s./Amér. Merid.

milonita Roca originada por procesos cataclásticos, que está triturada de forma más o menos fina.   s.f. GEOLOGÍA

milord
1 Tratamiento que se da a los señores de la nobleza en Gran Bretaña.   s.m. pl: milores
2 Birlocho o carruaje con capota, muy bajo y ligero.

milpa Maizal, terreno sembrado de maíz.   s.f./Méx.

milpear
1 Comenzar a brotar el maíz en los campos sembrados con este cereal.   v.intr./Méx., Amér. Central
2 Sembrar milpas, hacer maizales.   Méx., Amér. Central

milpiés Ciempiés, artrópodo terrestre cuyo cuerpo, formado de anillos, está provisto de numerosas patas.   s.m./pl: milpiés ZOOLOGÍA

miltomate
1 Tomate verde.   Méx./BOTÁNICA
2 Fruto de esta planta.   Méx./BOTÁNICA

mimado, a Que está mal acostumbrado o mal educado por el exceso de mimos: *de pequeño era un niño mimado.*   adj/s. = consentido, malcriado

mimador, a Que mima.   adj.

mimar
1 Hacer caricias a una persona o un animal: *al gato le gusta que lo mimen.*   v.tr. = acariciar
2 Tratar a una persona con excesiva condescendencia: *mima demasiado a sus hijos pequeños.*   = consentir, malcriar

mimbral Terreno donde abundan los mimbres.   s.m.

mimbrar Molestar o humillar a una persona: *se mimbró ante unos fanfarrones.*   v.tr/prnl. = abrumar

mimbre (Del lat. *vimen.*)
1 Vara o rama de la mimbrera, usada en cestería cuando son delgadas, largas, lisas y flexibles.   s.m.f. BOTÁNICA
2 Sauce con ramas flexibles.   BOTÁNICA
3 Rama joven y flexible de sauce.   BOTÁNICA

mimbrear Moverse una cosa flexible de un lado a otro: *el viento mimbreaba las ramas de los árboles.*   v.intr/prnl. = cimbrear

mimbreño, a
1 Que tiene alguna de las características del mimbre.   adj.
2 Se aplica a la persona delgada.

mimbrera
1 Planta arbustiva cuyas ramas, amarillas, largas y flexibles se emplean en cestería. (*Salix viminalis.*)   s.f. BOTÁNICA
2 Denominación de diversas especies de sauces.   BOTÁNICA
3 Mimbreral, plantación de mimbre.

mimbreral Terreno donde abundan las mimbreras.   s.m./= mimbral

mimbrero, a Fabricante de objetos de mimbre.   s.

mimbroso, a
1 Del mimbre.   adj.
2 Que está hecho de mimbre.
3 Se aplica al terreno que tiene muchas mimbreras.

mime
1 Especie de mosquito.   s.m./Dom., P. Rico
2 caerle a una persona mimes: 1. Tener mala suerte. 2. Venir a menos.   P. Rico coloquial

mimeografía
1 Acción y resultado de mimeografiar.   s.f./= mimeografiado

2 Copia obtenida por el mimeógrafo.

mimeografiar Reproducir un escrito o un dibujo por medio del mimeógrafo. — v.tr./conj: *vaciar* ARTES GRÁFICAS

mimeógrafo Aparato que reproduce material impreso o escrito en papel especial con unas incisiones por donde pasa tinta mediante la presión de un cilindro metálico. — s.m. ARTES GRÁFICAS

mímesis (Del gr. *mimesis*.) Imitación que se hace de una persona repitiendo sus palabras, su forma de hablar o remedando sus gestos o ademanes. — s.f. pl: mímesis tb: mimesis

mimético, a
1 Que imita los gestos, forma de hablar y otras características de una persona. — adj.
2 De la mímesis.
3 Que cambia de opinión o comportamiento para asemejarse a otra persona.
4 Del mimetismo.
5 Se aplica al agente farmacológico que estimula el funcionamiento de un órgano o sistema. FARMACIA

mimetismo
1 Capacidad de algunos animales y plantas de asemejarse en el color o en la forma a los objetos entre los que viven, para pasar inadvertidos. — s.m. BOTÁNICA, ZOOLOGÍA
2 Cambio fácil de actitud o de mentalidad con el fin de adaptarse o imitar a otras personas.

mimetizar Tomar un animal o una planta el color o la apariencia de las cosas o seres de su entorno: *el camaleón se mimetiza con facilidad.* — v.intr/prnl. conj: *cazar* BOTÁNICA, ZOOLOGÍA

mímica Arte y técnica de imitar, representar o expresarse mediante gestos y ademanes: *se servía de la mímica porque no podía hablar.* — s.f. = gesticulación

mímico, a
1 Del mimo o de sus representaciones. — adj.
2 De la mímica.
3 Que imita. = imitativo

mimo
I (Del lat. *mimus*.)
1 Persona que interpreta valiéndose tan sólo de gestos y de movimientos corporales. — s.m.
2 Representación teatral en que los actores interpretan sin palabras y se valen sólo de los gestos corporales. TEATRO = pantomima
3 Farsa, representación teatral ligera, festiva y en general obscena, entre griegos y romanos. TEATRO
II (Voz de creación expresiva, que se confundió con el lat. *mimus*.)
1 Cariño, halago o demostración expresiva de ternura: *se pasó toda la tarde haciendo mimos a su mujer.* — s.m.
2 Condescendencia con que se suele tratar a los niños.

mimodrama (Del lat. *mimus*, comediante + gr. *drama*, acción.) Representación teatral en la que los actores se expresan mediante gestos y movimientos corporales, sin utilizar palabras. — s.m. TEATRO = mimo, pantomima

mimógrafo, a Persona que escribía mimos o farsas. s./LITERATURA

mimosa
1 Planta arbustiva o arbórea mimosácea de hojas pequeñas y flores amarillas olorosas agrupadas en cabezuelas, muy apreciada en jardinería. (*Acacia farnesiana.*) — s.f. BOTÁNICA
2 **mimosa púdica o vergonzosa**: Sensitiva, planta mimosácea americana. BOTÁNICA

mimosáceo, a Perteneciente a una familia de plantas leguminosas, la mayoría arbustivas o trepadoras, a la que pertenecen las acacias y las mimosas. — adj/s.f. BOTÁNICA

mimoso, a Que gusta de hacer mimos o recibirlos: *su sobrina es muy mimosa.* — adj. = melindroso

mina
I (Del fr. *mine* < germ. *mina*.)
1 Yacimiento mineral que se puede extraer de un terreno para su explotación. — s.f./MINERÍA = yacimiento
2 Conjunto de excavaciones e instalaciones hechas en un sitio para explotar un yacimiento: *ha habido un accidente en una mina asturiana.* MINERÍA
3 Lo que produce mucho provecho y beneficio: *este negocio es una mina.* coloquial = chollo, filón
4 Sitio abundante en cosas útiles o apreciables: *el país era una mina de noticias.*
5 Paso subterráneo abierto con cualquier fin: *hemos visto una mina por donde discurren las aguas residuales.* = túnel
6 Lugar donde nace una fuente. = manantial
7 Barrita de grafito u otra sustancia que va en el interior del lápiz: *se me ha roto la mina del lápiz.*
8 Artefacto enterrado o camuflado, preparado para explotar por contacto: *el terreno estaba sembrado de minas.* MILITAR
9 Alusión despectiva hacia la mujer. Argent., Chile
10 **mina submarina**: Torpedo fijo que se emplea para la defensa de puertos, radas y canales. MILITAR
11 **denunciar una mina**: Informar del descubrimiento de la misma para asegurarse el derecho a explotarla. DERECHO
12 **encontrar una persona una mina**: Hallar un medio de vivir o de enriquecerse con poco trabajo ni esfuerzo: *encontró una mina asociándose con él.* coloquial
13 **volar la mina**: Descubrirse una cosa que estaba oculta.

II (De origen incierto.) Antigua moneda griega cuyo valor era de cien dracmas. — s.f. HISTORIA

minado Colocación de minas o explosivos en un terreno. — s.m.

minador, a
1 Que mina. — adj.
2 Se aplica al buque destinado a colocar minas marinas. adj. MILITAR
3 Se refiere al animal que excava galerías en el suelo, roca o en la madera. adj. ZOOLOGÍA
4 Persona que abre minas. s.m./MINERÍA
5 Soldado instruido para la guerra de minas. MILITAR
6 Aparato que detecta la presencia de minas en un terreno y las retira. MILITAR

minal De la mina. — adj.

minar
1 Abrir caminos o galerías por debajo de un terreno: *él no se acuerda de cuando minaron el terreno donde ahora trabaja su padre como minero.* — v.tr. = socavar, trasminar
2 Debilitar o destruir a una persona o una cosa poco a poco: *el trabajo minó su salud.* = consumir, desgastar
3 Hacer grandes esfuerzos para conseguir una cosa.
4 Poner artificios explosivos en las minas excavadas para derribar edificios o contener el avance del enemigo.
5 Poner artificios explosivos en el mar para impedir el paso de buques enemigos. MILITAR

minarete (Del fr. *minaret* < turco *minare* < ár. *manara*.) Torre de una mezquita desde la que se convoca a los fieles a la oración. — s.m. = alminar

mindel Segunda de las cuatro glaciaciones de la era cuaternaria. — s.m. GEOLOGÍA

mineraje Trabajo de las minas. — s.m./MINERÍA

mineral
1 Se aplica a las sustancias inorgánicas que constituyen la corteza terrestre: *reino mineral.* — adj. GEOLOGÍA
2 Cuerpo inorgánico sólido compuesto por uno o más elementos químicos. s.m. QUÍMICA
3 Origen y fundamento que produce alguna cosa en abundancia.
4 Parte útil de un yacimiento o mina. MINERÍA

mineralero, a Se aplica al buque carguero que transporta minerales. — adj/s.m.

mineralización Acción y resultado de mineralizar o mineralizarse. — s.f.

mineralizador, a
1 Que mineraliza. — adj/s.
2 Se aplica a los gases de origen magmático que favorecen la mineralización de otras sustancias. GEOLOGÍA

mineralizar
1 Convertirse una sustancia en mineral, en general por la acción de agentes exteriores. — v.tr/prnl./conj: *cazar* GEOLOGÍA
2 Cargarse el agua, las plantas o la tierra de sustancias minerales. v.prnl.

mineralogénesis (De *mineral* + gr. *gennao*, engendrar.) Conjunto de fenómenos que conducen a la formación de los minerales en la corteza terrestre. — s.f. pl: mineralogénesis GEOLOGÍA

mineralogía (De *mineral* + gr. *logos*, ciencia.) Parte de la geología que estudia los minerales. — s.f. MINERALOGÍA

mineralógico, a De la mineralogía o de los minerales. — adj. MINERALOGÍA

mineralogista Persona dedicada al estudio de los minerales. — s.m.f. MINERALOGÍA

minería
1 Explotación de las minas para obtener minerales. — s.f./MINERÍA
2 Conjunto de las personas que se dedican a la explotación de las minas: *la minería asturiana se manifestó por las calles de la capital.* MINERÍA
3 Conjunto de las minas y de las explotaciones mineras de un territorio: *la minería tiene graves problemas en esta zona.* MINERÍA

minero, a
1 De la minería o de la mina: *en la región hay varias explotaciones mineras.* — adj. MINERÍA
2 Persona que trabaja en una mina: *en su familia hay varios mineros.* s. MINERÍA
3 Persona que posee o explota minas. MINERÍA
4 Depósito de un mineral útil y explotable que se encuentra entre la masa de un terreno. s.m./MINERÍA = mina, criadero
5 Excavación que se hace para extraer un mineral. MINERÍA/= mina
6 Ratón, mamífero roedor. Argent.

minerografía Descripción de los minerales. — s.f./MINERALOGÍA

minerográfico, a De la minerografía. — adj./MINERALOGÍA

minerólogo, a Especialista en mineralogía. — s./= mineralogista

mineromedicinal Se aplica al agua mineral que tiene alguna virtud curativa. — adj.

minerva
1 Aparato de ortopedia o vendaje enyesado para mantener la cabeza erguida en casos de fractura de la columna vertebral. — s.f. MEDICINA

2 Máquina de imprimir pequeña que funciona mediante pedal o accionada por motor eléctrico.　ARTES GRÁFICAS
3 de propia minerva: De propia invención.　loc.adv.
minervista Persona que maneja una minerva de imprenta.　s.m.f.
ARTES GRÁFICAS
minestrone Sopa italiana hecha de diversas verduras troceadas, judías, tocino y pasta o arroz.　s.m.
COCINA
minga
1 Reunión de amigos y vecinos para hacer algún trabajo en común, con la única remuneración de una comilona pagada por el que encarga el trabajo.　s.f.
Amér. Merid.
2 Chapuza que en día festivo hacen los peones de las haciendas a cambio de un poco de chicha, coca o aguardiente.　Perú
3 Pene, órgano sexual masculino.　vulgar
4 ¡minga!: Indica negación, falta o ausencia de una cosa.　interj./Argent.
vulgar
mingaco Minga, reunión de amigos o vecinos.　s.m./Chile
mingitorio, a (Del lat. *mingere*, orinar.)
1 De la micción.　adj.
2 Urinario público.　s.m.
mingo Bola de billar que se coloca en la cabecera de la mesa al comenzar una mano.　s.m.
JUEGOS
mingón, a Se aplica al niño muy mimado y consentido.　adj.
Venez.
mini Falda corta que queda por encima de la rodilla.　s.f./= minifalda
mini- Componente de palabra procedente del lat. *minus*, que significa muy pequeño, breve: *minicultivo; minifalda.*　pref.
miniar (Del ital. *miniare*, pintar con minio.) Pintar una miniatura.　v.tr.
ARTE
miniatura (Del ital. *miniatura.*)
1 Arte de realizar pinturas de pequeñas dimensiones mediante trazos delicados que reproducen los detalles de lo que se pinta.　s.f.
ARTE
2 Obra realizada mediante este arte: *las miniaturas adornaban los antiguos manuscritos.*　ARTE
3 Objeto de pequeñas dimensiones: *el coche de tu hermana es una miniatura.*　= pequeñez
4 Reproducción a escala reducida de un objeto: *tiene una miniatura de la famosa catedral en su casa.*
5 en miniatura: En tamaño reducido y con todo detalle: *construyó una grúa en miniatura con su meccano.*　loc.adj/adv.
miniaturista Pintor de miniaturas.　s.m.f./ARTE
miniaturización Arte y técnica de hacer piezas y mecanismos de tamaño muy pequeño.　s.f.
miniaturizar Reproducir una cosa en un tamaño muy reducido.　v.tr.
conj: cazar
minibús Vehículo de transporte de pasajeros de menor capacidad que el autobús y mayor que el turismo.　s.m.
pl: minibuses
minicadena Equipo de música de dimensiones más reducidas de lo normal.　s.f.
AUDIOVISUALES
minifalda Falta muy corta que queda por encima de las rodillas.　s.f.
= mini
minifundio Finca rústica de pequeña extensión, cuya explotación por separado no resulta rentable.　s.m./AGRICULTURA,
ECONOMÍA
minifundismo (Del lat. *minus*, muy pequeño + *fundus*, propiedad rústica.) Distribución de la propiedad de la tierra caracterizada por la abundancia de minifundios.　s.m.
AGRICULTURA,
ECONOMÍA
minifundista
1 Del minifundismo o del minifundio: *en esta región abundan las explotaciones minifundistas.*　adj./AGRICULTURA,
ECONOMÍA
2 Propietario de un minifundio o finca rústica de pequeña extensión.　s.m.f./AGRICULTU-
RA, ECONOMÍA
minigolf Juego parecido al golf, que se practica en un terreno más reducido en el que se han dispuesto unos recorridos con una serie de obstáculos.　s.m.
JUEGOS
mínima Menor de las temperaturas registradas en un día en un lugar: *la mínima de hoy ha sido de tres grados bajo cero.*　s.f.
minimal Del minimalismo.　adj./ARTE
minimalismo Tendencia artística contemporánea de origen norteamericano que trata de representar todo con los mínimos elementos y con colores puros.　s.m.
ARTE
minimalista
1 Se refiere a la persona que era partidaria de realizar unas reformas mínimas, en la revolución rusa.　adj./s.m.f./POLÍTICA
≠ maximalista
2 Del minimalismo.　adj./ARTE
3 Que profesa el minimalismo.　adj./s.m.f./ARTE
minimizar
1 Reducir el volumen o la importancia de una cosa: *minimizó el problema.*　v.tr./conj: cazar
= disminuir
2 Buscar el valor menor de una función.　MATEMÁTICAS
mínimo, a (Del lat. *minimus.*)
1 Que es muy pequeño: *el coste de mantenimiento es mínimo; no hizo el más mínimo caso.*　adj.
≠ máximo
2 Que es el más pequeño de su especie: *la temperatura mínima registrada ha sido de tres grados.*

3 Que se detiene en cosas de poca importancia.
4 Se aplica al religioso que pertenece a la orden mendicante franciscana.　adj/s.
RELIGIÓN
5 Valor más pequeño que puede tener una cosa, en especial una función matemática.　s.m.
6 Límite inferior que puede tener una cosa.　tb: minimum
7 como mínimo: Por lo menos: *compra, como mínimo, cinco kilos de azúcar.*　loc.adv.
8 lo más mínimo: Nada, ninguna cosa: *no me importa lo más mínimo lo que digan de mí.*　coloquial
mínimum Mínimo, límite inferior de una cosa.　s.m.
minino, a Gato o gata, animal doméstico.　s.
minio (Del lat. *minium*, bermellón.)
1 Polvo de color rojo anaranjado, compuesto de óxido de plomo.　s.m./QUÍMICA
= azarcón
2 Pintura compuesta de este polvo con que se recubre el hierro para preservarlo de la herrumbre.
miniordenador Ordenador de pequeño volumen y con una capacidad mediana de memoria que puede funcionar de forma autónoma o estar conectado a un ordenador mayor.　s.m.
INFORMÁTICA
ministerial
1 Del ministerio o del ministro: *han convocado una nueva reunión ministerial.*　adj.
POLÍTICA
2 Que apoya a un ministro o al gobierno: *el diputado ministerial hizo una declaración a la prensa.*　POLÍTICA
ministerialismo Actitud ministerial, inclinada a apoyar al gobierno de una nación.　s.m.
POLÍTICA
ministerialmente Según los ministerios, como los ministros.　adv.
POLÍTICA
ministerio (Del lat. *ministerium*, servicio.)
1 Gobierno de un estado, considerado en el conjunto de departamentos en que se divide.　s.m.
POLÍTICA
2 Cada uno de los departamentos en que se divide la función de gobierno de un estado: *trabaja en el ministerio de justicia.*　POLÍTICA
= departamento
ministerial
3 Cargo de ministro de un estado y tiempo que dura su ejercicio: *ha dimitido de su ministerio.*　POLÍTICA
4 Edificio en el que están las oficinas de cada departamento ministerial.
5 Cuerpo de ministros de un estado: *el ministerio en pleno asistió a la boda real.*　POLÍTICA
6 Cargo, empleo u oficio de una persona: *ministerio judicial; ministerio profesional.*　= ocupación
7 Uso o destino que tienen las cosas.
8 Servicio eclesial derivado del sacramento del orden sacerdotal.　RELIGIÓN
9 ministerio fiscal o público: Representación de la ley y del interés público ante los tribunales de justicia, que está atribuida al propio fiscal.　DERECHO,
POLÍTICA
ministrable Que tiene posibilidades y aptitudes para llegar a ser nombrado ministro.　adj.
POLÍTICA
ministrador, a Que ejerce una función o servicio.　adj/s.
ministrante Que ministra.　adj/s.m.f.
ministrar (Del lat. *ministrare.*)
1 Ejercer una función o un empleo: *el juez ministró durante años con gran dedicación.*　v.tr/intr.
2 Proporcionar una cosa a una persona.　v.tr./= suministrar
ministril (Del fr. ant. *menestriel.*)
1 Empleado encargado del ministerio de justicia.　s.m.
2 Persona que tocaba algún instrumento de viento en funciones de iglesia y otras solemnidades.　s.m.f.
MÚSICA
3 Persona que por oficio tañía instrumentos de cuerda o de viento.　MÚSICA
= minister
ministro, a
1 Jefe de cada uno de los departamentos o ministerios en que se divide la gobernación del estado: *ministro de economía; ministro de cultura.*　s.
POLÍTICA
2 Persona que ministra o ejerce una función.
3 Juez que trabaja en la administración de justicia.　DERECHO
4 Persona que va comisionada o enviada por otra o en su representación.　= enviado,
comisionado
5 Representante o agente diplomático.　POLÍTICA
6 Alguacil o cualquier oficial inferior que ejecuta los mandatos y autos de los jefes.　DERECHO
7 Persona o cosa que ejecuta lo que otra dispone o quiere.　= subordinado
8 Prelado ordinario de un convento, en algunas comunidades religiosas.　RELIGIÓN
9 Religioso encargado del gobierno económico de las casas y colegios de los jesuitas.　RELIGIÓN
10 Persona que ayuda en la misa.　RELIGIÓN
11 Ave paseriforme fringílida de América Central y del Norte, de pequeño tamaño, muy apreciada como pájaro de adorno. (*Passerina cyanea.*)　s.m.
ZOOLOGÍA
12 ministro de Dios o del Señor: Sacerdote, hombre consagrado a Dios.　RELIGIÓN
13 ministro diplomático: Agente diplomático.　POLÍTICA
14 ministro plenipotenciario: Agente diplomático que sigue en categoría al embajador.　POLÍTICA
15 ministro residente: Agente diplomático que sigue en categoría al plenipotenciario.　POLÍTICA
16 ministro sin cartera: El que participa de la res-　POLÍTICA

ponsabilidad general política del gobierno, pero no tiene a su cargo ningún ministerio.

17 primer ministro: Jefe del gobierno o presidente del consejo de ministros. *POLÍTICA*

min-max Resolución de un problema económico de máximo o de mínimo, sujeto a unas restricciones determinadas. *s.m. ECONOMÍA tb: minimax*

minnesang (Del alem. *Minne*, amor + *Song*, canción.) Poesía lírica alemana desarrollada al amparo de la corte durante los siglos XII y XIII. *s.m. POESÍA*

minnesänger Poeta lírico cortesano de los siglos XII y XIII, en la literatura alemana. *s.m. POESÍA*

minoico, a De la antigua Creta: *escultura minoica; arte minoico; período minoico.* *adj./ARTE, HISTORIA*

minoración Acción y resultado de minorar o minorarse. *s.f. = disminución*

minorar Disminuir la extensión, cantidad o intensidad de una cosa: *se minoró su culpabilidad.* *v.tr/prnl. = aminorar, reducir*

minorativo, a
1 Que minora o disminuye. *adj.*
2 Se refiere a la medicina o al remedio que purga de forma suave. *MEDICINA = purgante*

minoría
1 Parte de la población de un país o conjunto de individuos de una sociedad determinada, que difiere de la mayoría por su etnia, lengua o religión: *la minoría negra está discriminada; literatura para minorías.* *s.f.*
2 Parte de un conjunto de elementos que constituye un grupo menor respecto a los otros del mismo: *las novelas policíacas son minoría en su biblioteca.* *≠ mayoría*
3 Conjunto de votos opuestos a la opinión de la mayoría.
4 Fracción de una asamblea que no está de acuerdo con la mayoría.
5 Parte menor de los componentes de una colectividad: *el sector favorable a actitudes violentas es la minoría.*
6 Menor edad legal de una persona. *DERECHO*
7 Período de tiempo de la menor edad legal de una persona.
8 Período de tiempo durante el cual un soberano no puede reinar a causa de su corta edad.
9 **minoría de edad:** Estado del menor de edad.

minoridad
1 Minoría de edad. *s.f.*
2 Tiempo que una persona permanece en la minoría de edad.

minorista
1 Se aplica al comercio al por menor. *adj./COMERCIO*
2 Comerciante que compra al por mayor y vende al público. *s.m.f. COMERCIO*
3 Clérigo que sólo tiene órdenes menores. *s.m./RELIGIÓN*

minorita Franciscano, religioso de la orden franciscana. *s.m. RELIGIÓN*

minoritario, a
1 De la minoría: *es miembro de un partido minoritario de ideología fascista.* *adj.*
2 Que está en minoría numérica.

minucia (Del lat. *minutia*, partícula.)
1 Cosa de poco valor o importancia, en especial cuando resulta molesta: *¡no me digas que se cabrearon por esa minucia!* *s.f. = insignificancia, menudencia*
2 Detalle o pormenor: *me lo relató con toda minucia.* *= grosso modo*

minuciosidad Cualidad de quien cuida lo que hace o dice hasta los menores detalles: *me contó su aventura con toda minuciosidad.* *s.f. = pulcritud*

minucioso, a Que cuida mucho los detalles: *es muy minucioso en todo lo que hace.* *adj./= detallista, meticuloso*

minué (Del fr. *menuet*, menudito.)
1 Antiguo baile francés, de movimientos lentos y elegantes que ejecutaban dos personas. *s.m. = minuete, minueto*
2 Música que acompañaba a este baile. *MÚSICA*
3 Minueto, composición instrumental. *MÚSICA*

minuendo (Del lat. *minuendus*, lo que se ha de disminuir.) Cantidad de la que ha de restarse otra. *s.m. MATEMÁTICAS*

minueto
1 Danza de origen francés, de movimientos lentos y elegantes que estuvo muy de moda durante el siglo XVIII. *s.m. = minué, minuete*
2 Composición instrumental compuesta en compás ternario y de movimiento moderado, que sigue al adagio o andante de una sinfonía, sonata o cuarteto. *MÚSICA*

minúscula Se aplica a las letras que se distinguen de las mayúsculas por su figura y menor tamaño, y que son las que se usan en la escritura de forma habitual. *adj/s.f. GRAMÁTICA*

minúsculo, a (Del lat. *minusculus*.) Que es muy pequeño: *se ha comprado un aparato de radio minúsculo.* *adj. ≠ mayúsculo*

minusvalía
1 Detrimento o disminución del valor de una cosa: *la minusvalía de las acciones casi le lleva a la ruina.* *s.f. ECONOMÍA*

2 Disminución de la capacidad física o síquica de una persona.

minusvalidez Estado de quien está incapacitado físicamente o síquicamente para desarrollar cierta actividad. *s.f. pl: minusvalideces*

minusválido, a Que está incapacitado por lesión para desarrollar ciertas actividades. *adj/s. = inválido*

minusvalorar Dar a una cosa o persona menos importancia de la que tiene en realidad: *creo que han minusvalorado la calidad de su trabajo.* *v.tr. = infravalorar, subestimar*

minuta
1 Cuenta de sus honorarios o derechos presentan los que ejercen alguna profesión liberal a sus clientes: *tengo que pagar la minuta del abogado.* *s.f. = factura*
2 Lista que contiene una relación de personas o cosas que según un criterio se consideran en un conjunto: *minuta de los empleados.* *= catálogo*
3 Borrador o extracto de un documento o contrato, en el que se anotan las cláusulas esenciales para extenderlo después con todas las formalidades. *DERECHO*
4 Borrador o extracto que se guarda en una oficina de cada documento que se ha redactado y expedido en ella.
5 Lista que contiene las comidas, postres y bebidas que se sirven en un restaurante. *= menú*
6 Anotación de alguna cosa para tenerla presente. *= nota*

minutación Acción y resultado de medir el tiempo con un cronómetro. *s.f.*

minutar
I (Derivado de *menudo*.)
1 Hacer el borrador de un documento. *v.tr.*
2 Pasar una minuta para su cobro. *= facturar*
II (Derivado de *minuto*.)
1 Medir el tiempo de una acción con un cronómetro: *su padre minutó la carrera en la que él participaba.* *v.tr. = cronometrar*
2 Distribuir el tiempo correspondiente a las emisiones o programas de radio y televisión. *AUDIOVISUALES*

minutario Cuaderno en que los notarios o escribanos guardaban las minutas o borradores de las escrituras que redactaban. *s.m. DERECHO*

minutero Manecilla del reloj que señala los minutos. *s.m.*

minutisa Planta herbácea con tallos derechos y nudosos, hojas blandas y puntiagudas, flores olorosas de colores variados y fruto capsular. *(Dianthus barbatus.)* *s.f. BOTÁNICA tb: manutisa*

minuto (Del lat. *minutus*.)
1 Parte que resulta de dividir un grado de círculo en sesenta partes iguales: *el ángulo mide treinta grados y veinte minutos.* *s.m. GEOMETRÍA*
2 Cada una de las sesenta partes iguales en que se divide una hora: *son las cuatro y diecisiete minutos.*
3 Corto espacio de tiempo: *¿me esperas un minuto, por favor?*
4 **minuto tercero:** Cada una de las sesenta partes iguales en que se divide el segundo de círculo. *GEOMETRÍA*
5 **al minuto:** Al instante: *no se preocupe, se lo haremos al minuto.* *loc.adv.*
6 **en un minuto:** En muy poco tiempo: *no te preocupes, en un minuto te atiendo.* *loc.adv.*
7 **por minutos:** De forma acelerada: *se nota que el enfermo mejora por minutos.* *loc.adv.*
8 **sin perder un minuto:** Con rapidez, enseguida: *en cuanto lo supo, salió para allá sin perder un minuto.* *loc.adv.*

miñaque Miñardí, encaje o randa. *s.m./Chile*

miñón
I (Del cat. *minyó*, muchacho.)
1 Soldado de tropa ligera destinado a la persecución de ladrones y contrabandistas o a la custodia de los bosques reales. *s.m. HISTORIA*
2 Persona que pertenece a la milicia foral alavesa. *HISTORIA*
II (De origen incierto.) Escoria o impurezas del hierro, en algunos lugares. *s.m.*

miñona Carácter de letra de siete puntos tipográficos. *s.f. ARTES GRÁFICAS*

miñosa Lombriz de tierra, animal oligoqueto. *s.f./ZOOLOGÍA*

mio- Componente de palabra procedente del gr. *mys, myos*, que significa músculo: *miología; miopatía.* *pref.*

¡mio! (Voz onomatopéyica.) Se usa para llamar a los gatos. *interj.*

mío, a (Del lat. *meus, -a*.)
1 Que pertenece a la persona que habla: *es un libro mío; la mía es más bonita.* *adj/pron.pos.*
2 **de mío.** 1. Por mi naturaleza. 2. Sin valerme de otros.
3 **esta es la mía:** Esta es la oportunidad esperada: *ya se han ido todos, esta es la mía.*
4 **hacer de las mías:** Realizar travesuras o fechorías, el que habla.
5 **los míos:** Las personas de la familia, las allegadas o las del mismo parecer que una persona: *este es de los míos.*

miocardio (Del gr. *mys, myos*, músculo + *kardia*, corazón.) Parte muscular del corazón que constituye la parte contráctil de la pared del corazón. *s.m. ANATOMÍA*

miocarditis Inflamación del miocardio: *le han diagnosticado una miocarditis.* — s.f./pl: miocarditis / MEDICINA

mioceno, a (Del gr. *meion*, menos + *kainos*, reciente.)
1 Se aplica al período geológico de la era terciaria que es posterior al oligoceno. — adj./s.m. GEOLOGÍA
2 De este período geológico: *terreno mioceno; fósil mioceno.* — adj. GEOLOGÍA

miodinia (Del gr. *mys, myos*, músculo + *odyne*, dolor.) Dolor muscular. — s.f./MEDICINA = mialgia

miofibrilla Fibrilla contráctil dispuesta en paralelo al eje de la célula muscular, que constituye el soporte mecánico de la contracción de los músculos. — s.f. ANATOMÍA

miografía (Del gr. *mys, myos*, músculo + *grapho*, escribir.)
1 Parte de la anatomía que estudia la descripción de los músculos. — s.f. ANATOMÍA
2 Descripción de los músculos. — ANATOMÍA

miógrafo Aparato que registra las contracciones musculares. — s.m. TECNOLOGÍA

miograma Curva obtenida por miografía. — s.m./MEDICINA

miolema (Del gr. *mys, myos*, músculo + *lemma*, túnica.) Membrana fina que envuelve cada fibra muscular. — s.m./ANATOMÍA = sarcolema

miología (Del gr. *mys, myos*, músculo + *logos*, ciencia.) Parte de la anatomía que estudia los músculos. — s.f. ANATOMÍA

mioma (Del gr. *mys, myos*, músculo + *oma*, tumor.) Tumor benigno formado por células musculares. — s.m./MEDICINA = miocitoma

miomectomía Extirpación quirúrgica de un mioma. — s.f./MEDICINA

mioncillo Carne de la parte inferior e interna del muslo del animal. — s.m. Chile

miopatía Denominación genérica de las enfermedades del sistema muscular. — s.f. MEDICINA

miope (Del lat. *myops* < gr. *myops* < *myo*, cerrar + *ops*, ojo.)
1 Que padece miopía: *necesita gafas porque es miope del ojo derecho.* — adj/s.m.f. MEDICINA
2 Se aplica al ojo que forma mal la imagen de los objetos lejanos por exceso de convexidad del cristalino. — adj./MEDICINA, ÓPTICA
3 Que tiene dificultad para percibir las cosas más evidentes: *parece mentira que siendo político sea tan miope para los problemas concretos.* — coloquial

miopía
1 Defecto de la vista causado por una curvatura excesiva del cristalino de modo que la imagen se forma en un punto anterior a la retina, por lo que sólo permite ver con claridad las figuras y objetos próximos a los ojos. — s.f. MEDICINA, ÓPTICA = hipometropía
2 Falta de perspicacia ante algún asunto o negocio: *tiene una completa miopía para las inversiones en bolsa.* — = ceguera

miorrelajante Se aplica a la sustancia que favorece la relajación de los músculos. — adj/s.m. FARMACIA

miosina Proteína constituyente de las miofibrillas, que desempeña una función importante en la contracción muscular. — s.f. BIOQUÍMICA

miosis (Del gr. *myo*, cerrar los ojos + *osis*, enfermedad crónica.) Contracción permanente de la pupila que se produce en general ante estímulos luminosos. — s.f. pl: miosis MEDICINA

miositis Inflamación del tejido muscular que limita su capacidad funcional. — s.f./pl: miositis MEDICINA

miosota (Del gr. *myosote*, oreja de ratón.) Planta herbácea con espinillas en el tallo vueltas hacia abajo, hojas ásperas y flores azuladas. — s.f. BOTÁNICA = raspilla

miótico, a
1 De la miosis. — adj./MEDICINA
2 Se aplica a los agentes capaces de producir miosis. — MEDICINA

miquilo Nutria, mamífero carnívoro adaptado a los medios acuáticos. — s.m./*Argent., Bol.* ZOOLOGÍA

mir (Acrónimo de *[M]édico [I]nterno [R]esidente.*)
1 Médico que se encuentra en la situación de interinidad. — s.m.f.
2 Conjunto de estudios necesarios para obtener este puesto. — s.m.

mira
1 Pieza de algunos instrumentos que sirve para dirigir la vista: *la mira de los prismáticos se ha empañado.* — s.f. TECNOLOGÍA
2 Pieza de las armas de fuego que facilita la puntería del tirador. — TECNOLOGÍA
3 Intención u objetivo en que piensa una persona al hacer una cosa: *está ahorrando con la mira de comprarse un piso.* — = fin, propósito
4 Obra o parte de una fortaleza que, por su elevación, permitía ver bien el terreno. — CONSTRUCCIÓN
5 Ángulo que tienen los escudos ovalados en la parte superior. — HERÁLDICA
6 Obra avanzada de las fortalezas antiguas. — CONSTRUCCIÓN
7 Cada uno de los regolones que al levantar un muro se fijan en posición vertical para asegurar en ellos la cuerda que sirve para colocar horizontales las hiladas. — CONSTRUCCIÓN
8 Regla graduada que se pone en vertical en los puntos del terreno que se quiere nivelar. — CONSTRUCCIÓN

9 Cañones puestos en las dos portas del castillo a uno y otro lado del bauprés. — s.f.pl./NÁUTICA = miras de proa
10 mira telescópica: La que tiene un teleobjetivo que permite apuntar a mayor distancia. — ÓPTICA
11 a la mira: Mirando, observando o vigilando a la espera de algo: *está a la mira de una ganga.* — loc.adv.
12 a la mira y a la maravilla: Resalta la excelencia de algo. — loc.adj.
13 andar, estar o quedar una persona a la mira: Observar con gran atención la marcha de un asunto: *anda a la mira del desarrollo del negocio.*
14 con la mira puesta en: Teniendo el pensamiento en la cosa que se expresa. — loc.adv.
15 con miras a: Con propósito de, aspirando a la cosa que se expresa: *se ha informado de precios con miras a comprar uno.* — loc.prep.
16 poner la mira en: Aspirar a la cosa que se expresa: *ha puesto la mira en esa torre y ya no le gusta ninguna otra.*

mirabel (Del fr. *mirabelle*, girasol.)
1 Planta herbácea de hojas planas y alternas y de flores pequeñas y verdosas dispuestas en grupos axilares, que se cultiva en los jardines. (*Kochia scoparia.*) — s.m./BOTÁNICA = ayuga, perantón
2 Girasol, planta de semillas comestibles y de las que se puede hacer aceite. — BOTÁNICA

mirada
1 Acción y resultado de mirar: *me convenció por la sinceridad de su mirada.* — s.f. = miradura, vista
2 Acción momentánea de mirar: *echa una mirada primero y luego eliges uno.* — = ojeada, vistazo
3 Manera de mirar: *le mostró su desacuerdo dirigiéndole una escéptica mirada.*
4 bajar la mirada: Evitar mirar a otra persona por vergüenza, humillación u otra causa: *bajó la mirada al sentirse acusado.*
5 sostener la mirada: Mantenerse con firmeza mirando a los ojos de una persona.

miradero Lugar desde donde puede contemplarse una vista panorámica: *desde ese miradero se divisa toda la ciudad.* — s.m. = mirador

mirado, a
1 Que actúa con cuidado y cautela, en general precedido de muy, tan, más y menos: *es muy mirado con los gastos.* — adj. = comedido
2 Que merece ser considerado del modo que se indica, precedido de bien, mal, mejor y peor: *cada día está peor mirado en la empresa; su reacción fue una actitud muy bien mirada.* — = visto

mirador, a
1 Que mira. — adj./= mirante
2 Lugar alto y bien situado desde donde se divisa una buena panorámica: *justo detrás de esa curva, hay un mirador desde donde se ve todo el valle.* — s.m. = miradero
3 Balcón cubierto y cerrado con cristales o persianas: *la cristalera del mirador del edificio tiene bonitos colores.*
4 Mira, en las antiguas fortalezas y piezas de artillería. — MILITAR

miraguano (Voz antillana.)
1 Palmera de poca altura con las hojas grandes en forma de abanico, flores en racimo y fruto en baya seca llena de una sustancia parecida al algodón pero más fina. (*Thrinax parviflora.*) — s.m. BOTÁNICA
2 Pelo vegetal que se encuentra en el fruto de esta palmera que se usa para rellenar almohadones y edredones. — BOTÁNICA

mirahuevos Aparato luminoso que sirve para mirar y comprobar la frescura y calidad de los huevos. — s.m. pl: mirahuevos

miraje Acción de mirar y examinar una cosa: *proceder al miraje de los huevos.*

miramelindos Balsamina, planta usada en medicina como vulneraria, con flores amarillas y fruto redondo. — s.m. pl: miramelindos BOTÁNICA

miramiento
1 Acción de mirar o considerar una cosa: *debes tener más miramiento al tomar decisiones.* — s.m.
2 Respeto y cuidado al tratar a una persona o realizar una acción: *le expuso sus quejas con todo miramiento.* — = cautela, reserva = consideración, contemplaciones

miranda
1 Mirador panorámico. — s.f.
2 de miranda: Observando sin hacer nada: *aún no has terminado tu trabajo así que no puedes estar de miranda.* — loc.adv.

mirar (Del lat. *mirari*.)
1 Fijar o dirigir la vista con atención: *miramos hacia el horizonte para ver la salida del sol; le gusta mirarse en los espejos; ¡mira el niño!* — v.tr/intr/prnl. = observar
2 Registrar una cosa: *los policías nos miraron el coche en la frontera.* — v.tr. = revisar
3 Estar una cosa colocada u orientada hacia un lugar, en especial los edificios o alguna de sus partes: *el balcón mira a la carretera.* — v.intr. + a, hacia = dar
4 Buscar una cosa o a una persona: *miramos en varios locales pero no lo encontramos; mira en la estantería, a ver si lo encuentras.* — + en = rebuscar

5 Reflexionar las cosas antes de hacerlas o decirlas: *mira bien lo que haces no vaya a ser que metas la pata.* = meditar, pensar

6 Tener un objetivo: *es muy egoísta, sólo mira el beneficio que pueda sacar.* v.tr. = atender

7 Mostrar interés hacia las acciones de una persona: *en este restaurante miran mucho la atención al público.* = valorar

8 Defender o cuidar de una persona, animal o cosa: *mira mucho por sus hijos.* v.intr. + por

9 bien mirado, mirándolo bien o si bien se mira: Indica la opinión que se tiene de una cosa cuando ésta se piensa o examina con exactitud o detenimiento: *bien mirado, reconozco que tienes razón; no me gusta tu actitud pero, mirándolo bien, es la más efectiva.* loc.adv.

10 de mírame y no me toques: Se aplica a la persona que tiene muy poco carácter o muy poca salud o a la cosa quebradiza y que tiene poca resistencia: *tengo un compañero de mírame y no me toques; después de la operación, está de mírame y no me toques; la cámara es tan vieja que está de mírame y no me toques.* loc.adj. coloquial

11 ¡mira!: 1. Se usa para avisar, amenazar o llamar la atención a una persona: *¡mira, ha entrado tu novio! 2.* Se usa para expresar admiración o asombro. interj. interj.

12 ¡mira a quién se lo cuentas!: Se usa para dar a entender que de un suceso sabe más quien lo oye que quien lo cuenta. coloquial

13 ¡mira con o qué!: Indica a la vez asombro y disgusto por lo que hace o dice una persona: *¡mira con lo que nos viene!; ¡mira qué tiene uno que aguantar!* coloquial

14 mira que si...: Indica esperanza o temor de que ocurra una cosa: *¡mira que si ganamos ante el líder!* coloquial

15 ¡mira quién habla!: Se usa para reprender a una persona que se queja de una cosa cuando es ella misma quien también la hace o dice: *¿así que yo llego tarde?, ¡vaya, mira quién habla!* coloquial

16 ¡mira si...!: Expresa el valor ponderativo de la oración consecutiva que sigue a continuación: *¡mira si es travieso que lo han expulsado del colegio!* coloquial

17 mirar una cosa por encima: Examinar o analizar sin profundidad una cosa: *he mirado los apuntes de filosofía por encima; he mirado por encima pero no lo he encontrado.* coloquial

18 mirar a una persona por encima: Mirarlo con aires de superioridad: *mira a sus compañeros por encima.* coloquial

19 mirar atrás: Pensar en cosas sucedidas en el pasado dándoles importancia: *no mires atrás si quieres salir de la tristeza.* coloquial

20 mirar a ver si...: Intentar conseguir un propósito: *miraré a ver si puedo batir mi marca personal; voy a mirar a ver si me quedan invitaciones.* coloquial

21 mirar bien o mal a una persona: Tener una persona afecto o aversión a otra: *siempre le han mirado mal por su forma de vestir.* coloquial

22 mirar cómo, con quién o lo que se habla: Tener cuidado en lo que se dice porque puede provocar reacciones violentas en el oyente: *mira lo que hablas que vendrá pronto.* coloquial

23 mirar por una persona o una cosa: Tener cuidado o consideración con ella: *debes mirar por tu hermano al cruzar la calle.* coloquial

24 mirarse una persona a sí: Pensar en ella misma para no obrar de manera impropia o incoherente. coloquial

25 mirarse en una cosa: Pensar atenta y reflexivamente sobre un asunto antes de tomar una decisión. coloquial

26 mirarse una persona en otra: Sentir mucho aprecio hacia otra persona aceptando siempre sus opiniones y sin dudar de sus actos. coloquial

27 mirarse unos a otros: Observarse unas personas a otras cuando no saben qué hacer o qué decir y esperan a ver la reacción de cada uno para actuar de una determinada manera: *nos miramos unos a otros tras la bronca del entrenador.* coloquial

28 mirar si...: Intentar conseguir lo que se pretende o busca: *mira si tienes mis apuntes.* coloquial

29 no mirar nada: Hacer una cosa o comportarse sin pensar en posibles dificultades o inconvenientes: *has perdido los papeles porque no miras nada tus cosas.* coloquial

mirasol Girasol, planta de cuyo fruto se extrae aceite. s.m./BOTÁNICA

miria- Componente de palabra procedente del gr. *myrias,* que significa innumerable, diez mil: *miriámetro; miriápodo.* pref.

miríada (Del lat. *myrias* < gr. *myrias,* innumerable.) s.f.
1 Conjunto de diez mil unidades.
2 Cantidad grande e indefinida de cosas: *una miríada de personas se aglomeraba en la entrada.* = infinidad, sinnúmero

mirialitro (Del gr. *myrias,* diez mil + fr. *litre,* litro.) Medida de capacidad equivalente a diez mil litros. s.m.

miriámetro (Del gr. *myrias,* diez mil + lat. *metrum,* metro.) Medida de longitud, equivalente a diez mil metros. s.m.

miriápodo, a (Del gr. *myrias,* innumerable + *pus, podos,* pie.) Perteneciente a una clase de artrópodos terrestres unisexuales, con el cuerpo dividido en segmentos, cada uno de ellos provisto de uno o dos pares de patas. adj/s.m. ZOOLOGÍA tb: miópodo

mirificar Hacer a una persona o una cosa admirable: *su bondad le mirifica.* v.tr./conj: sacar literario

mirífico, a Que es admirable o digno de admiración. adj./literario

mirikiná Mono de color amarillo con manchas blancas en la cabeza y de cola larga, que vive en Argentina y Paraguay. *(Aotus azarae.)* s.m. ZOOLOGÍA

mirilla
1 Abertura hecha en la pared, en el suelo o en la puerta, para ver lo que pasa al otro lado sin ser visto. s.f. = rejilla
2 Rejilla o agujero de la puerta de entrada de las casas por los que se ve quién o qué hay al otro lado: *antes de abrir la puerta, mira por la mirilla.*
3 Pequeña abertura circular o alargada que tienen algunos instrumentos topográficos, para dirigir visuales. = alidada

miriñaque (De origen incierto.)
1 Falda interior de tela rígida o muy almidonada y a veces con aros, que usaban las mujeres para dar volumen a la ropa exterior. s.m. tb: meriñaque
2 Joya de poco valor.
3 Armadura de hierro que llevan las locomotoras en la parte delantera para apartar a un lado los objetos que impiden la marcha. Argent.

mirística Planta arbórea de origen indio, de tronco recto y corteza negruzca, copa espesa, hojas enteras de color verde oscuro y fruto amarillento en baya globosa, cuya semilla es la nuez moscada. *(Myristica fragans.)* s.f. BOTÁNICA

misticáceo, a Perteneciente a una familia de plantas arbóreas o arbustivas, de hojas perennes alternas, flores irregulares y fruto carnoso en baya. adj/s.f. BOTÁNICA

mirla Mirlo, ave de color negro y pico amarillo. s.f./ZOOLOGÍA

mirlarse (Del ant. *mirlar,* embalsamar.) Adquirir o adoptar una persona una actitud presuntuosa: *desde que le tocó la lotería, se mirló.* v.prnl.

mirleta Figura heráldica que consiste en una pequeña ave de perfil, con las alas recogidas, sin pico ni patas. s.f. HERÁLDICA

mirliflor Persona vanidosa o presumida: *mira que eres mirliflor, si estás bien peinada, no hace falta que vayas a la peluquería.* s.m.f.

mirlo (Del lat. *merula.*)
1 Ave paseriforme del grupo de los tordos, de tamaño mediano, color negro y pico y anillo ocular anaranjado, se alimenta de frutos, semillas e insectos, con canto melodioso y aflautado y habita en parques, matorrales y linderos del bosque. *(Turdus.)* s.m. ZOOLOGÍA tb: merla, mirla
2 Gravedad y afectación en el rostro.
3 **mirlo acuático:** Ave paseriforme fluvial de color oscuro con una gran mancha blanca en la garganta y cola corta, que vive en corrientes de agua fuertes y limpias, es capaz de zambullirse para capturar su alimento. *(Cinclus cinclus.)* ZOOLOGÍA
4 **ser un mirlo blanco:** Ser excepcional: *una persona que trabaja mucho y bien y cobra un sueldo miserable es un mirlo blanco.* coloquial
5 **soltar el mirlo:** Comenzar a charlar: *intento evitarla porque, en cuanto me ve, suelta el mirlo para explicarme sandeces.* coloquial

mirmecófago, a Se aplica al animal que se alimenta de hormigas. adj. ZOOLOGÍA

mirmecófilo, a Se aplica al ser vivo que vive asociado con las hormigas. adj/s.m. BIOLOGÍA

mirobálano
1 Planta arbustiva de origen indio, cuyos frutos, negros, rojos o amarillos, se usan en medicina y en tintorería. s.m./BOTÁNICA tb: mirobálanos
2 Fruto de este árbol, rico en tanino. *(Terminalia.)* BOTÁNICA

mirobrigense
1 De la antigua Miróbriga, hoy Ciudad Rodrigo. adj.
2 Persona natural de esta ciudad. s.m.f.

mirón, a
1 Que mira con impertinencia o curiosidad: *no te importa lo que escribo, mirón; la policía intentaba que los mirones se fueran del lugar.* adj/s. = curioso
2 Persona que presencia una actividad sin participar en ella: *a los ajedrecistas no les gustaba tener mirones alrededor.* = observador
3 Persona que satisface su sexualidad observando la actividad sexual de otras. = voyeur

mironiano, a (De J. *Miró,* pintor español.)
1 De este pintor y de su obra. adj./ARTE ARTE
2 Que se parece o imita a la obra de este pintor.

mirotón Mirada rápida, en general con expresión de enfado. s.m. Chile

miroxilo Planta arbórea de América tropical, que proporciona resinas aromáticas, como el bálsamo de Perú. *(Toluifera.)* s.m. BOTÁNICA

mirra (Del lat. *myrrha* < gr. *myrrha.*)
1 Gomorresina en forma de lágrimas, amarga, aromática, roja, semitransparente y brillante que se obtiene de un árbol que crece en Arabia y Abisinia de la familia de las burseráceas y que se utiliza para hacer perfumes. s.f. BOTÁNICA

2 mirra líquida: Líquido gomoso y oloroso considerado como un bálsamo muy preciado en la antigüedad.

mirria Pedazo muy pequeño, pizca.   s.f./*Amér.*

mirrino, a Que es de mirra o se parece a ella.   adj.

mirsináceo, a Perteneciente a una familia de plantas angiospermas dicotiledóneas, en general leñosas, de hojas esparcidas, flores regulares hermafroditas y fruto en drupa o baya.   adj/s.f. BOTÁNICA

mirtáceo, a Perteneciente a una familia de plantas angiospermas dicotiledóneas, arbóreas o arbustivas, de hojas opuestas en las que suele haber glándulas pequeñas y transparentes llenas de aceite esencial, flores regulares blancas o encarnadas y fruto en cápsula, como el eucalipto y el arrayán.   adj/s.f. BOTÁNICA

mirtiforme (Del lat. *myrtus*, mirto + *forma*.) Que tiene forma de hoja de mirto.   adj.

mirtino, a Que es de mirto o parecido a él.   adj.

mirto (Del lat. *myrtus* < gr. *myrtos*.) Planta arbustiva de follaje siempre verde, oloroso, de flores blancas y bayas negras. (*Myrtus communis*.)   s.m. BOTÁNICA = arrayán

misa (Del lat. *missa*.)
1 Celebración religiosa, centro de la liturgia católica en la cual el sacerdote ofrece a Dios padre, bajo las especies de pan y vino, el cuerpo y la sangre de Jesucristo.   s.f. RELIGIÓN
2 Forma particular de canto aparecida en la época medieval, escrita sobre las partes de esta celebración.   MÚSICA
3 Orden del presbiterado.   RELIGIÓN
4 misa cantada: La que se celebra con canto un solo sacerdote.   RELIGIÓN
5 misa conventual: La que se celebra a diario en los conventos y comunidades religiosas cristianas a la que deben asistir todos sus miembros.   RELIGIÓN
6 misa de campaña: La que se celebra al aire libre para los soldados o para un gran concurso de gente.   RELIGIÓN
7 misa de cuerpo presente: La que se celebra por el alma de una persona que acaba de morir, en general estando presente el cadáver.   RELIGIÓN
8 misa de difuntos o de réquiem: La que se celebra, según señala la iglesia, por el alma de los que han muerto.   RELIGIÓN
9 misa del alba: La que se celebra al empezar a clarear el día.   RELIGIÓN
10 misa del gallo: La que se celebra a medianoche en el paso del día de nochebuena al día de navidad.   RELIGIÓN
11 misa en seco: La que se celebra sin consagración, en especial por un sacerdote que se adiestra para celebrar.   RELIGIÓN
12 misa gregoriana: La que se celebra por el alma de un difunto cada día durante treinta días seguidos, en general inmediatos al entierro.   RELIGIÓN
13 misa mayor: La que se celebra con canto para que concurra todo el pueblo o comunidad a una hora establecida.   RELIGIÓN
14 misa negra: Ceremonia de brujería en la que se adora al diablo y se adjura del catolicismo.   OCULTISMO
15 misa nueva: La primera que celebra un sacerdote.   RELIGIÓN
16 misa parroquial: La que se celebra en las iglesias parroquiales los domingos y fiestas de guardar para los feligreses y a la hora de mayor concurso; celebrada en general por el párroco.   RELIGIÓN
17 misa rezada: La que se celebra sin canto.   RELIGIÓN
18 misa solemne: La que se celebra en día de fiesta, cantada, con un sacerdote, un diácono y un subdiácono.   RELIGIÓN
19 misa vespertina: La que se celebra por las tardes.   RELIGIÓN
20 misa votiva: La que no siendo propia del día puede celebrarse ciertos días por devoción.   RELIGIÓN
21 ayudar a misa: Cooperar una persona con el celebrante sirviéndole o contestándole cuando corresponde, en especial el monaguillo.
22 cantar misa: Celebrarla un sacerdote recién ordenado por primera vez.   RELIGIÓN
23 como si me, te, le,... dicen misa: Se usa para poner de relieve la falta de atención o de interés de una persona ante alguna cosa dicha, o el hecho de que ésta no haga caso de ella o finja no percatarse de lo dicho: *se quedó como si le dicen misa cuando le reprendiste.*   loc.adv. coloquial
24 de misa y olla: Se aplica al clérigo o fraile de pocos estudios y poca autoridad.   loc.adj. coloquial
25 decir misa: Celebrar el sacerdote este rito y ceremonia.   RELIGIÓN
26 estar como en misa: Estar en silencio y en actitud respetuosa: *los chicos estaban como en misa mientras les daban las notas.*   coloquial
27 estar ordenado de misa: Tener la orden del presbiterado.   RELIGIÓN
28 ir una cosa a misa: Afirmar que lo que se dice es verdadero, cierto o admitido: *las nuevas normas se han aceptado, así que van a misa.*   coloquial
29 ir una persona a misa: Asistir los fieles como práctica devota a la celebración de ésta.   RELIGIÓN
30 no saber una persona de la misa la media o de la misa la mitad: Ignorar una cosa quien pretende   coloquial

dar razón de ella o quien debería estar enterado: *no hagas caso de lo que diga porque él no sabe de la misa la media.*
31 oír misa: Asistir los fieles y estar presentes, durante la celebración de ésta.   RELIGIÓN
32 ser misas de salud: Expresión irónica con que una persona manifiesta su desprecio ante las maldiciones y malos deseos de otra en contra suya.   coloquial
33 ver en qué pararán estas misas: Se usa para manifestar temor o desconfianza ante el resultado de lo que se hace o que está ocurriendo.   coloquial
34 ya te lo dirán de misas: Se usa para predecir que llegará el momento de rendir cuentas o de pagar alguna cosa o mala acción presente, ya sea durante la vida o con el castigo divino tras la muerte.   coloquial

misacantano
1 Sacerdote que canta la primera misa.   s.m./RELIGIÓN
2 Clérigo que tiene las órdenes necesarias para poder celebrar misa.   RELIGIÓN

misachico Ceremonia de campesinos que, entre festejos, realizan una procesión en honor a un santo.   s.m./*Argent.* RELIGIÓN

misal
1 Libro litúrgico que contiene las ceremonias, oraciones y lecturas para celebrar la misa: *el sacerdote leyó unos párrafos del misal.*   s.m./RELIGIÓN = códice, devocionario
2 Letra de tamaño intermedio entre el peticano y la parangona.   ARTES GRÁFICAS

misantropía (Del gr. *miseo*, odiar + *anthropos*, hombre.) Actitud propia de la persona que siente aversión hacia las otras.   s.f. SICOLOGÍA ≠ sociabilidad

misantrópico, a De la misantropía o del misántropo: *tiene un carácter misantrópico.*   adj./= insociable ≠ afable

misántropo, a Persona que odia o desprecia al resto de los seres humanos y detesta tratar con ellos: *vive aislado porque es un misántropo.*   s./SICOLOGÍA = insociable, huraño

misar
1 Decir un sacerdote misa.   v.intr./RELIGIÓN
2 Oír una persona misa.   RELIGIÓN

misario Muchacho encargado de ayudar a las tareas de la misa en las iglesias.   s.m. ≠ monaguillo

miscelánea (Del lat. *miscellaneus*.)
1 Conjunto de cosas diferentes: *su videoteca es una miscelánea de clásicos del cine negro, de ciencia ficción y de musicales.*   s.f. = mezcla
2 Obra o escrito donde se tratan materias mezcladas y sin conexión: *su sección es una miscelánea de cotilleos y humor.*
3 Tienda pequeña.   *Méx.*/COMERCIO

misceláneo, a Que está compuesto de cosas de distinto género o carácter.   adj. = mixto

miscibilidad Condición de lo que es miscible o mezclable.   s.f.

miscible Que puede mezclarse: *el alcohol es miscible con el agua.*   adj. = mezclable

miserable (Del lat. *miserabilis*.)
1 Que es muy pobre: *vive en una casa miserable.*   adj./= mísero
2 Que siente o causa desdicha: *nunca olvidará la miserable hora en que perdió a su familia.*   = desgraciado, infeliz
3 Que no tiene valor ni fuerza: *llegó de su aventura con un aspecto miserable.*   = lamentable
4 Que se comporta con avaricia y mezquindad: *es un miserable que no quiere dar ni un ápice de su fortuna a sus hijos.*   adj/s.m.f. = tacaño
5 Que se comporta con vileza y mala intención: *se portó como un miserable al abandonarla en mitad de la carretera.*   = malvado, ruin
6 Que es escaso: *cocinan muy bien pero las raciones son miserables; le pagan un sueldo miserable.*   adj. = mezquino

miseración Compasión de los trabajos y padecimientos ajenos que incita a la ayuda o al perdón: *siento miseración por las personas oprimidas.*   s.f. = conmiseración, misericordia

miserando, a Que es digno de ser ayudado o perdonado.   adj.

miserear Vivir o comportarse una persona con mezquindad: *a pesar de su fortuna, miserea con su familia.*   v.intr.

miserere (Del lat. *miserere*, apiádate.)
1 Salmo cincuenta cuya traducción en la vulgata empieza por esta palabra.   s.m. RELIGIÓN
2 Canto solemne, compuesto a partir de este salmo, que se hace en las maitines de los tres últimos días de la semana santa.   RELIGIÓN
3 Función que se hace en cuaresma ante alguna imagen de Jesucristo.   RELIGIÓN

miseria (Del lat. *miseria*.)
1 Estado de pobreza o escasez extrema: *las ayudas internacionales no son suficientes para paliar la miseria de los países del tercer mundo.*   s.f./= penuria, indigencia ≠ riqueza
2 Estado de abandono y suciedad en que vive una familia o hay en un lugar: *allí no había más que miseria.*
3 Conjunto de sucesos desgraciados ocurridos a una persona: *no me cuentes tus miserias.*   = infortunio ≠ dicha

4 Pequeña cantidad de una cosa: *me fui porque me pa-* — = insignificancia
gaban una miseria.
5 Cosa de poco valor: *le regaló una miseria por su cum-* — = bagatela,
pleaños. — nadería
6 Tacañería, tendencia a no gastar o no dar dinero. — ≠ generosidad
7 Plaga de piojos producida por el desaseo.
8 comerse una persona de miserias o comérsele a — coloquial
una persona la miseria: Padecer gran pobreza o vivir con escasez.
misericordia (Del lat. *misericordia.*)
1 Sentimiento de pena por los que sufren, que impul- — s.f.
sa a ayudarlos o perdonarles: *el mendigo pedía miseri-* — = miseración,
cordia a los transeúntes. — piedad
2 Atributo de Dios por el que perdona a los hom- — TEOLOGÍA
bres.
3 Pieza parecida a una repisa de los asientos del coro
de las iglesias para descansar medio sentado cuando
se debe estar de pie.
4 Puñal con el que daban los caballeros el golpe de — HISTORIA,
gracia a su enemigo. — MILITAR
5 Cantidad pequeña de alguna cosa, en especial de — = limosna
dinero que se da por caridad: *sólo puedo ayudarle con*
una misericordia.
misericordioso, a Que tiende a sentir pena por la — adj./s.
desgracia ajena y a ayudar y perdonar al prójimo: *es* — = caritativo,
misericordioso con los necesitados. — piadoso
miserioso, a Que es avaro y mezquino. — adj./= miserable
misero, a
1 Se aplica al sacerdote que no tiene otra retribución — adj.
adicional que el estipendio de la misa. — RELIGIÓN
2 Que va mucho a misa: *su abuela es una mujer misera*
y devota.
mísero, a (Del lat. *miser.*)
1 Que es muy pobre o pequeño: *no puede vivir con el* — adj./= miserable
sueldo mísero que cobra; vive en una mísera habitación al- — ≠ rico,
quilada. — abundante
2 Se aplica a la persona que es desgraciada o desdi- — = desventurado
chada: *¡mísero de mí, lo he perdido todo!* — ≠ feliz
3 Se refiere a la persona que es tacaña o avara: *el muy* — adj./s.
mísero le dio sólo un trozo de pan duro. — = mezquino
misérrimo, a (Del lat. *miserrimus.*) De extremada po- — adj.
breza.
mishiadura (Voz lunfarda.) Pobreza, miseria. — s.f./Argent.
misia Tratamiento de cortesía hacia las mujeres, equi- — s.f./Amér. Merid.
valente a señora. — tb: misiá
misidáceo, a Perteneciente a un orden de crustáceos — adj./s.m.
de gran tamaño, a veces desprovistos de branquias, — ZOOLOGÍA
que viven en alta mar.
misil
1 Proyectil guiado de modo electrónico y autopropul- — s.m.
sado, que está provisto de carga explosiva: *los radares* — MILITAR
detectaron un misil. — tb: mísil
2 misil autodirigido: El que lleva en su interior los — MILITAR
órganos de dirección.
3 misil balístico: El de trayectoria parabólica, que — MILITAR
cae sobre la vertical del objetivo.
4 misil de crucero: El autopropulsado y autodirigido — MILITAR
durante toda su trayectoria a muy baja altura, que
puede transportar una carga nuclear a gran distancia
y con gran precisión.
5 misil inteligente: El que está dotado de sistemas — MILITAR
electrónicos para vencer cualquier dificultad y conseguir su objetivo.
6 misil teledirigido: Aquel cuya trayectoria se deter- — MILITAR
mina y controla a distancia.
misio, a
1 De Misia, antigua región de Asia. — adj./HISTORIA
2 Persona natural de esta antigua región. — s./HISTORIA
misión (Del lat. *missio, -onis.*)
1 Encargo guiado que una persona recibe de hacer una cosa — s.f.
en un sitio determinado, en especial cuando se trata — = comisión
de asuntos diplomáticos o militares: *el gobierno envió*
a un político en misión diplomática.
2 Objetivo que una persona debe alcanzar por encar- — = cometido,
go de otra: *tras muchos esfuerzos, al fin logró llevar a* — tarea
cabo su misión con éxito.
3 Obra benéfica y desinteresada que una persona o
una colectividad se siente obligada a realizar: *creo que*
mi misión es ayudar, así que no me iré.
4 Trabajo de evangelización o de ayuda en general — RELIGIÓN
que personas religiosas realizan en países lejanos y
atrasados: *varias religiosas de las misiones tuvieron que*
ser evacuadas.
5 Lugar en que están establecidos los misioneros: *el* — RELIGIÓN
cura visitó varias misiones religiosas.
6 Conjunto de personas que viajan a un sitio con fi- — = embajada,
nes diplomáticos, militares, científicos o de otro tipo: — delegación,
una misión de observadores se desplazó al lugar para ase- — expedición
gurar el correcto desarrollo de las elecciones.
7 Peregrinación o campaña que hacen los religiosos — RELIGIÓN
de pueblo en pueblo predicando el evangelio.
misional De las misiones o de los misioneros. — adj.
misionar Predicar o dar sermones. — v.intr./RELIGIÓN

misionario, a
1 Persona que enseña o predica la religión cristiana — s.
en lugares con otra religión o de mayoría no cris- — RELIGIÓN
tiana. — = misionero
2 Persona enviada con un mensaje, encargo o emba- — s.
jada.
misionero, a
1 De la misión evangelizadora: *vive con una comunidad* — adj.
misionera. — RELIGIÓN
2 Persona religiosa que enseña y predica la religión — s.
cristiana en lugares de tradición o mayoría no cristia- — RELIGIÓN
na o, en ocasiones, en un país cristiano. — = misionario
3 Persona que difunde una religión o una ideología. — = misionario
misiva Carta que se envía a una persona: *recibió una* — s.f.
misiva de su hijo en la que le comunicaba que iría a verlo. — = mensaje
mismamente Con precisión, de forma cabal: *ayer,* — adv.
mismamente, hablábamos de vosotros. — = cabalmente
mismidad
1 Condición de ser uno mismo. — s.f.
2 Aquello por lo que se es uno mismo.
3 La identidad personal.
mismo, a (Del lat. vulgar *medipsimus.*)
1 Que es una sola persona o cosa en distintos casos: — adj.
he vuelto a ver al mismo hombre merodeando. — ≠ otro
2 Que es muy parecido o idéntico: *los dos libros son* — = similar
del mismo tipo. — ≠ distinto
3 Se usa para reforzar un nombre, adverbio o pronombre: *yo mismo lo haré; ese mismo que has cogido ya*
me sirve; mañana mismo te lo llevo.
4 así mismo: 1. De este modo: *hazlo así mismo.* 2. — loc.adv.
También, de igual modo: *habló con ella y, así mismo,*
con él.
5 dar o ser lo mismo: Dar igual, ser indiferente: *me* — coloquial
da lo mismo uno que otro; no te preocupes porque se haya
roto, es lo mismo.
6 estar o hallarse en las mismas: Encontrarse en — coloquial
igual situación que antes: *aunque se haya ido, estamos*
en las mismas.
7 por lo mismo: Por esta razón: *ella no ha dicho nada* — loc.conj.
por lo mismo que tú.
miso (Voz onomatopéyica.) Expresión usada para lla- — s.m./= miz
mar al gato.
miso- Componente de palabra procedente del gr. *mi-* — pref.
seo, que significa odiar: *misoginia; misántropo.* — tb: mis-
misogamia Actitud contraria al matrimonio: *el día que* — s.f.
se enamore de verdad, acabará su misogamia y se casará. — SICOLOGÍA
misógamo, a (Del gr. *miseo*, odiar + *gamos*, casa- — adj./s.
miento.) Que es contrario al matrimonio: *siempre fue* — SICOLOGÍA
un misógamo pero al final, cedió.
misoginia Aversión o menosprecio hacia las mujeres. — s.f./SICOLOGÍA
misógino, a (Del fr. *misogyne* < gr. *misogynes*, que — adj.
odia a las mujeres.) — SICOLOGÍA
1 De la misoginia: *fue expulsado por su comportamiento*
misógino con el equipo femenino.
2 Que siente aversión por las mujeres. — adj/s./SICOLOGÍA
misoneísmo Actitud misoneísta, contraria a las no- — s.m.
vedades. — SICOLOGÍA
misoneísta (Del gr. *miseo*, odiar + *neos*, nuevo.) Que — adj./s.m.f.
tiene aversión a las novedades. — SICOLOGÍA
mispíquel Mineral de color blanco plata, brillo metá- — s.m.
lico, opaco, usado como mineral de arsénico. — MINERALOGÍA
misquito, a
1 De un pueblo que habita en Centroamérica: *indio* — adj.
misquito. — tb: miskito
2 Persona originaria de este pueblo. — s.
miss (Voz inglesa.)
1 Tratamiento que se da a las mujeres solteras en los — s.f.
países anglosajones.
2 Título que recibe la mujer ganadora de un concurso
de belleza: *fue elegida miss España el año pasado.*
mistagógico, a
1 Del mistagogo. — adj./RELIGIÓN
2 Se aplica al discurso o escrito que pretende revelar — RELIGIÓN
alguna doctrina oculta o maravillosa.
mistagogo (Del gr. *mystagogos.*)
1 Sacerdote grecorromano que iniciaba en los miste- — s.m.
rios religiosos. — RELIGIÓN
2 Catequista que explicaba los misterios sagrados. — RELIGIÓN
mistamente En relación o correspondencia con los — adv./DERECHO
dos fueros, el eclesiástico y el civil. — tb: mixtamente
mistar Decir una persona una cosa en voz baja: *mistó* — v.intr/tr.
unas palabras de agradecimiento. — = musitar
mistela
1 Vino hecho añadiendo alcohol al mosto de uva — s.f.
para evitar la fermentación y sin otro ingrediente o — tb: mixtela
aditivo.
2 Bebida hecha con aguardiente, agua, azúcar y canela u otras hierbas aromáticas.
míster (Voz inglesa.)
1 Tratamiento que se da a los hombres en los países — s.m.
anglosajones.

2 Título que recibe el hombre ganador de un concurso de belleza: *fue míster bañador en una discoteca de la costa.*
3 Entrenador de un equipo deportivo, en especial de fútbol.　DEPORTES

mistérico, a
1 Que tiene relación con el misterio.　adj.
2 Se aplica a la religión que busca, a través de la recreación ritual de un mito cosmogónico, efectos trascendentes como la fertilidad o la salvación ultraterrena.　RELIGIÓN

misterio (Del lat. *mysterium* < gr. *mysterion*.)
1 Cosa o asunto que no se puede conocer, comprender o explicar: *el origen y formación del universo sigue siendo un misterio.*　s.m.　= enigma
2 Cosa o asunto que se mantiene oculto o muy reservado: *su vida privada es un misterio.*　= secreto
3 Dogma cristiano inaccesible a la razón, y que es objeto de fe: *el misterio de la Santísima Trinidad.*　TEOLOGÍA
4 Pasaje de la vida de Jesucristo, considerado por separado como objeto de meditación o rezos, en el catolicismo: *los misterios del rosario.*　RELIGIÓN
5 Cualquier pasaje de la vida de Jesucristo o de la Biblia representado en imágenes.　RELIGIÓN
6 Representación escénica medieval, de asunto religioso, que se celebraba en los templos o junto a ellos en ciertas festividades.　RELIGIÓN, TEATRO
7 Género cinematográfico y literario en el que el argumento se desarrolla a base de intrigas y efectos sorprendentes: *me he comprado un libro de una conocida escritora de novelas de misterio.*　CINE, LITERATURA
8 Ceremonias del culto sagrado.　s.m.pl/RELIGIÓN
9 Ceremonias secretas del culto de algunas divinidades.　RELIGIÓN
10 con misterio o con mucho misterio: Se usa para poner de relieve la reserva con que se realiza una cosa: *me lo dijo con mucho misterio.*　loc.adv.
11 hablar con o de misterio: Hablar con reserva para dar que pensar al que lo oye.　coloquial
12 no ser una cosa sin misterio: Haber sido hecha con motivos justos y reservados.　coloquial

misterioso, a
1 Que tiene misterio: *la policía investiga la misteriosa desaparición.*　adj.
2 Se aplica a la persona que da a entender cosas extrañas donde no las hay: *no seas misterioso que yo sé que no ocurrió lo que estás contando.*　adj/s.

mística (Derivado de *místico* < lat. *mysticus.*)
1 Parte de la teología que estudia la unión del hombre con la divinidad, los grados de esta unión y en especial la contemplación de Dios.　s.f.　TEOLOGÍA
2 Experiencia de lo divino.　TEOLOGÍA
3 Género literario, muy cultivado en el siglo XVI español, que intenta describir la experiencia íntima del contacto personal del autor con la divinidad.　LITERATURA
4 Pasión o adhesión entusiasta hacia una ideología, doctrina o persona que se han idealizado: *sus obras están imbuidas de la mística de la feminidad.*

misticeto, a Perteneciente a un suborden de mamíferos cetáceos que tienen una serie de láminas córneas, llamadas barbas, en sustitución de la dentadura, como la ballena.　adj/s.m.　ZOOLOGÍA

misticismo (Derivado de *místico* < lat. *mysticus.*)
1 Circunstancia de ocuparse mucho una persona de las cosas espirituales y de Dios.　s.m.　RELIGIÓN
2 Estado extraordinario de perfección religiosa que consiste en la unión del alma con Dios por el amor, a veces acompañado de éxtasis y revelaciones.　TEOLOGÍA
3 Doctrina religiosa y filosófica que enseña y practica la comunicación directa entre el individuo y la divinidad.　RELIGIÓN　= mística

místico (Del ár. *mistah.*) Barco costero de dos o tres palos y vela latina, usado en la zona mediterránea.　s.m.　NÁUTICA

místico, a (Del lat. *mysticus.*)
1 De la mística o del misticismo: *afirma haber tenido una experiencia mística.*　adj.
2 Que se dedica a la vida espiritual.　adj/s.
3 Que escribe o trata de mística: *hoy estudiaremos a una conocida autora mística.*　LITERATURA
4 Que tiene misterio: *interpretación mística.*　adj/= hermético
5 Que es remilgado o demasiado delicado en gestos y acciones.　Amér. Central, Antillas

misticón, a Que tiene una religiosidad afectada o fingida.　adj/s.　= beato

mistificación Acción y resultado de alterar o deformar el verdadero carácter de una cosa.　s.f.　tb: mixtificación

mistificador, a Que mistifica.　adj/s/tb: mixtificador

mistificar (Del fr. *mystifier.*)
1 Engañar a una persona aprovechando su ingenuidad: *mistificó al comprador presentándole falsas características del vehículo.*　v.tr/conj: *sacar*　tb: mixtificar　= embaucar

2 Alterar el verdadero carácter o manera de ser de una cosa: *la película mistifica la verdadera historia de los hechos.*　= deformar, falsear

mistilíneo, a Se aplica a la figura que tiene unos lados curvos y otros rectos.　adj/GEOMETRÍA　tb: mixtilíneo

mistol Planta de la familia de las ramnáceas, de ramas abundantes y espinosas, flores pequeñas y fruto castaño ovoide, con el que se suele elaborar arrope y otros alimentos, y que se utiliza también con fines medicinales. *(Zyzyphus mistol.)*　s.m.　Argent., Par.　BOTÁNICA

mistral (Del cat. ant. *maestral.*) Viento que sopla en el litoral mediterráneo francés, de dirección intermedia entre poniente y norte o tramontana.　adj/s.m.　tb: maestral

mistura Mezcla de varias cosas.　s.f/tb: mixtura

misturar Mezclar cosas diversas.　v.tr/tb: mixturar

mita
1 Repartimiento por sorteo que se hacía en los pueblos indios, en la América colonial, para averiguar el número de vecinos que debían trabajar en las tareas públicas.　s.f.　HISTORIA
2 Tributo que pagaban los indios peruanos y bolivianos, en el imperio incaico.　HISTORIA

mitaca Cosecha, frutos que se recogen de un cultivo agrícola.　s.f/Bol.　AGRICULTURA

mitad (Del lat. *medietas.*)
1 Cada una de las dos partes iguales en que se divide un todo: *todavía queda la mitad del pastel; la mitad de dos es uno.*　s.f.　= medio
2 Parte de una cosa o un lugar, equidistante de los extremos: *dobla la sábana por la mitad; la bicicleta estaba en mitad de la calle.*　= centro, medio
3 cara mitad: Consorte, marido o mujer.　coloquial
4 a mitad de: En el centro: *estoy a mitad de camino entre tu casa y la mía.*　loc.adv.
5 dejar, plantar o poner a una persona en mitad del arroyo: Abandonarla dejándola sola y sin refugio: *el muy sinvergüenza dejó a sus padres en mitad del arroyo.*　coloquial
6 en mitad de: En el curso o desarrollo de la cosa expresada: *en mitad de la función se apagó la luz.*　loc.adv.
7 la mitad y otro tanto: Se usa para excusarse de responder de forma directa a lo que se pregunta, en especial tratándose de cantidad o número: *¿que cuánto cobré?, la mitad y otro tanto.*　coloquial
8 mentir por la mitad de la barba: Mentir con descaro: *no le creas, miente por la mitad de la barba.*　coloquial
9 mitad y mitad: 1. La misma cantidad o más o menos la misma de cada una de dos cosas: *¿quiere usted mucha leche en el café?, mitad y mitad.* 2. A medias, con mezcla de dos cosas opuestas: *¿estás contento con tu nombramiento?, mitad y mitad.*　loc.adv.

mitán Tela que se usa por lo general para hacer forros de vestidos.　s.m/TEXTIL　= holandilla

mítico, a (Derivado de *mito* < gr. *mythos.*)
1 Del mito: *estoy leyendo un libro de relatos míticos.*　adj.
2 Que es fabuloso, fantástico o irreal, como los mitos: *el mundo mítico de los sueños.*　= imaginario

mitificación Acción y resultado de dar carácter mítico o legendario a una cosa o a una persona: *los adolescentes tienden a la mitificación de sus ídolos.*　s.f.

mitificar
1 Convertir a una persona o una cosa en mito: *mitificó al actor y, al verlo en persona, se decepcionó.*　v.tr.　conj: *sacar*
2 Dar excesivo valor a una cosa: *algunos historiadores mitificaron el descubrimiento del continente.*　≠ desmitificar

mitigación
1 Acción de hacer más soportable o calmar un dolor, una molestia o una inquietud: *el analgésico ayudará a la mitigación del dolor.*　s.f.　= alivio, paliación
2 Debilitación o moderación de la intensidad de una cosa: *la mitigación de la crisis empieza a notarse en el sector del automóvil.*　= atemperación, atenuación

mitigador, a Que mitiga.　adj/s.= mitigante

mitigar (Del lat. *mitigare.*)
1 Hacer un dolor o una molestia más soportable: *el masaje consiguió mitigar el dolor de la espalda.*　v.tr/prnl.　conj: *pagar/*= calmar
2 Hacer menos intensa una cosa.　= moderar

mitigativo, a Que sirve para mitigar: *las nuevas medidas económicas serán mitigativas para la recesión.*　adj.　= mitigatorio

mitilicultor, a Persona que se dedica a la mitilicultura.　s.　tb: miticultor

mitilicultura (Del lat. *mitulus* < gr. *mytilus,* mejillón + lat. *cultura,* cultivo.) Cría o cultivo de mejillones para su propagación o venta.　s.f.　tb: miticultura

mitima Sistema de deportaciones en masa durante el imperio incaico, que tenía por objeto la rápida asimilación de las poblaciones recién conquistadas.　s.f.　HISTORIA

mitimae Colono que se establecía en las tierras en que se aplicaba la mitima, en el imperio incaico.　s.m.　HISTORIA

mitin (Del ingl. *meeting.*)
1 Reunión pública en la que uno o varios oradores hacen propaganda de carácter político o social: *asistió a un mitin del partido aspirante a la presidencia.*　s.m./pl: mitines　POLÍTICA　tb: meeting

2 Encuentro deportivo en el que se celebran diversas pruebas atléticas. — DEPORTES

3 dar un mitin: 1. Hacer propaganda de carácter político o social: *el secretario del partido dará un mitin en la capital.* **2.** Hablar demasiado resultando pesado o molesto para el oyente: *me dio un mitin sobre sus teorías filosóficas durante tres horas.* — coloquial

mitinear Dar una persona mítines o hablar en ellos: *los candidatos mitinean en la campaña municipal.* — v.intr. POLÍTICA

mitinero, a Se aplica a la persona que acostumbra a realizar mítines políticos: *ese político no es el paradigma de mitinero.* — adj/s. POLÍTICA

mitinesco, a Que tiene características parecidas a las de un mitin: *la conversación tomó cariz mitinesco.* — adj.

mito
I (Del gr. *mythos.*)
1 Relato popular o literario basado en dioses, héroes, personajes fantásticos o hechos históricos o ficticios: *el mito de la caverna; el mito de Prometeo.* — s.m. = alegoría, fábula, leyenda
2 Cosa fabulosa o personaje de gran importancia que se idealiza y convierte en modelo: *el joven actor es ya un mito cinematográfico.* — = símbolo
3 Relato o asunto inventado o que da una falsa apariencia a una cosa: *lo de su fortuna es un mito para codearse con la alta sociedad.* — = montaje
II (De origen incierto.) Pájaro pequeño, de plumaje blanco, negro y rosado, y cola muy larga. *(Aegithalos caudatus.)* — s.m. ZOOLOGÍA = chamarón

mitocondria (Del gr. *mitos,* filamento + *khondros,* cartílago.) Orgánulo de forma esférica y alargada en el que se desarrolla el proceso de la respiración celular, presente en el citoplasma de las células eucariotas animales y vegetales. — s.f. BIOLOGÍA

mitografía Conjunto de conocimientos relativos al origen y explicación de los mitos. — s.f. MITOLOGÍA

mitógrafo, a (Del gr. *mythos,* fábula + *grapho,* escribir.) Persona dedicada al estudio del origen y explicación de los mitos. — s. MITOLOGÍA

mitología (Del gr. *mythologia.*)
1 Conjunto de los mitos de un pueblo, en especial del griego y del romano: *es un gran conocedor de la mitología griega.* — s.f. MITOLOGÍA
2 Relato o estudio de los dioses y héroes de la antigüedad. — MITOLOGÍA

mitológico, a
1 De la mitología o de los mitos: *te leeré una de las narraciones mitológicas de la obra.* — adj. MITOLOGÍA
2 Persona especializada en la mitología. — s/= mitologista

mitologista Mitólogo, especialista en mitología. — s.m.f./= mitológico

mitólogo, a Persona dedicada a la mitología: *es un mitólogo especialista en mitología celta.* — s. = mitologista

mitomanía (Del gr. *mythos,* fábula + *mania,* locura.)
1 Tendencia enfermiza a contar mentiras o a desfigurar la realidad: *su mitomanía precisa tratamiento siquiátrico.* — s.f. SICOLOGÍA
2 Tendencia a mitificar a personas o cosas: *lo suyo es auténtica mitomanía por los actores cinematográficos.*

mitómano, a Que padece o tiende a la mitomanía. — adj/s./SICOLOGÍA

mitón (Del fr. *miton.*) Guante que deja los dedos al descubierto: *en invierno, usa mitones para escribir.* — s.m.

mitosis Proceso de división de la célula en la que, de cada célula madre, se originan otras dos con el mismo número de cromosomas e idéntica información genética que la primera. — s.f. pl: mitosis BIOLOGÍA

mitote
1 Especie de baile de los indios americanos en el que se agarran las manos formando un corro. — s.m.
2 Melindre o aspaviento. — Amér.
3 Bulla, jaleo o pendencia entre personas. — Amér.

mitotero, a
1 Que hace mitotes o melindres. — adj/s./Amér.
2 Que es bullanguero y amigo de las diversiones. — Amér.
3 Que hace mitotes, pendencias o tiende a enredarse en situaciones violentas. — Amér.

mitótico, a De la mitosis. — adj./BIOLOGÍA

mitra (Del lat. *mitra* < gr. *mitra.*)
1 Tocado o gorro que usaban los persas. — s.f./HISTORIA RELIGIÓN
2 Tocado o gorro alto y apuntado con que se cubren la cabeza los prelados en las ceremonias solemnes. — RELIGIÓN
3 Representación de la dignidad de un arzobispo o de un obispo. — RELIGIÓN
4 Diócesis, territorio de la jurisdicción de un prelado. — RELIGIÓN
5 Rentas de una diócesis o archidiócesis. — RELIGIÓN
6 Rabadilla de las aves. — ZOOLOGÍA

mitrado, a
1 Se aplica al eclesiástico que tiene derecho a llevar mitra: *cardenal mitrado; abad mitrado.* — adj. RELIGIÓN
2 Arzobispo u obispo. — s.m./RELIGIÓN

mitral Se aplica a la válvula o pliegue membranoso que existe entre la aurícula y el ventrículo izquierdo del corazón de los mamíferos. — adj. ANATOMÍA

mitrar Obtener una persona un obispado o el cargo de obispo. — v.intr./coloquial = obispar

mitridatismo Inmunidad contra los venenos, conseguida por la administración de dosis progresivas y crecientes de éstos. — s.f. MEDICINA

mitridato Medicamento compuesto de gran número de ingredientes, que se usaba como remedio contra la peste, las fiebres malignas y las mordeduras de animales venenosos. — s.m. FARMACIA

mitú Ave fasianiforme, de pico corto y comprimido, con un tubérculo córneo en su base, que vive en América Meridional. *(Mitua tuberosa.)* — s.m. ZOOLOGÍA

mítulo (Del lat. *mitulus* < gr. *mytilus.*) Mejillón, molusco lamelibranquio que vive adherido a las rocas. — s.m. ZOOLOGÍA

miura (De *Miura,* ganadería de reses de lidia.)
1 Toro de esta ganadería famosa por la bravura y fuerza de sus reses. — s.m. TAUROMAQUIA
2 Persona de malas intenciones, aviesa o agresiva: *es un miura de los negocios.* — coloquial

mix- Componente de palabra procedente del gr. *myxa,* que significa mucosidad: *mixomatosis.* — pref.

mixedema Edema generalizado, que se presenta acompañado de apatía, fatiga y otros trastornos, producido por atrofia o funcionamiento deficiente de la glándula tiroides. — s.m. MEDICINA

mixedematoso, a
1 Del mixedema. — adj./MEDICINA
2 Se aplica a la persona que padece mixedema. — adj/s.

mixoma Tumor blando formado por tejido conjuntivo mucoso. — s.m. MEDICINA

mixomatosis Enfermedad infecciosa de los conejos de origen vírico que causa gran mortandad, caracterizada por tumores en la piel y en las mucosas. — s.f. pl: mixomatosis VETERINARIA

mixomicete (Del gr. *myxa,* mucosidad + *myke,* hongo.) Perteneciente a un orden de hongos de forma plasmodial, de talo constituido por una masa protoplásmica con numerosos núcleos, de nutrición heterótrofa y que se reproducen por esporas. — adj/s.m. MICOLOGÍA = micetozoo tb: mixomiceto

mixtamente Según los dos fueros, el eclesiástico y el civil. — adv./DERECHO tb: mistamente

mixteca
1 Se aplica a un pueblo amerindio que habitó en el estado mexicano de Oaxaca, en la época prehispánica. — adj. HISTORIA
2 Individuo de dicho pueblo. — s.m.f./HISTORIA

mixtificación Engaño o falseamiento de una noticia, historia o relato: *creo que el autor ha hecho una mixtificación de los hechos.* — s.f. tb: mistificación

mixtificador, a Que mixtifica. — adj/s./tb: mistificador

mixtificar
1 Inducir a una persona a creer algo incierto aprovechándose de su ingenuidad o confianza. — v.tr./conj: *sacar* tb: mistificar
2 Quitar a una cosa su pureza o su autenticidad: *han mixtificado la historia haciéndola más comercial.* — = falsear, falsificar

mixti fori (Expresión latina.)
1 Se aplica al delito que puede ser juzgado o conocido por los dos tribunales, el eclesiástico y el seglar. — loc.adj. DERECHO
2 Que no se puede deslindar con claridad.

mixtifori Conjunto de cosas diferentes o heterogéneas: *su mesa es un mixtifori de papeles, ropas y adornos.* — s.m.

mixtilíneo, a Se refiere a la figura geométrica que tiene lados rectos y curvos. — adj./GEOMETRÍA tb: mistilíneo

mixtión
1 Mezcla de dos o más sustancias: *el color verde se obtiene por la mixtión del azul y del amarillo.* — s.f. = mixtura
2 Color heráldico representado por el morado. — HERÁLDICA = púrpura

mixto, a (Del lat. *mixtus.*)
1 Que tiene mezcla de dos o más cosas: *siempre ha ido a un colegio mixto.* — adj.
2 Se aplica al animal o al vegetal que es el resultado del cruce de dos clases diferentes: *tiene un perro mixto de mastín y de pastor.* — = híbrido
3 Que está compuesto de varios elementos simples: *tren mixto.* — adj/s.m.
4 Se aplica al equipo de tenistas formado por un hombre y una mujer, así como al partido o modalidad que se juega de este modo: *la famosa tenista participó en un mixto junto a su hermano.* — DEPORTES
5 Fósforo para encender fuego. — s.m./= cerilla
6 Mezcla inflamable que se utiliza en la guerra como artificio incendiario, explosivo o de iluminación. — MILITAR

mixtura
1 Unión o conjunto de cosas diferentes: *el color naranja se obtiene con la mixtura del rojo y del amarillo.* — s.f./tb: mistura = mezcla, miscelánea
2 Pan de varias semillas.
3 Sustancia medicamentosa que está compuesta de varios ingredientes. — FARMACIA

mixturar Mezclar una cosa con otra. — v.tr./tb: misturar

mixturero, a Que mixtura o mezcla. — adj/s./tb: misturero

miz (Voz onomatopéyica.)
1 Expresión usada para llamar al gato: *el gato acudía al miz de su dueño.* — s.m. = miso
2 Gato o gata, animal felino doméstico: *el miz se ha escapado de la casa.* — tb: mizo

mízcalo Hongo basidiomicete agarical, comestible de sabor almizclado que cuando se rompe suelta una leche anaranjada y toma un color verde oscuro y suele hallarse en pinares. *(Lactarius deliciosus.)* — s.m. MICOLOGÍA = níscalo, robellón

mizo, a Gato o gata, animal doméstico: *coge al mizo antes de que se escape por la puerta.* — s. = minino

mizodendro Planta de los bosques australes de América Meridional, que vive parásita en las ramas de los árboles. *(Myzodendron.)* — s.m. BOTÁNICA

mnemo- Componente de palabra procedente del gr. *mneme*, que significa memoria: *mnemotecnia.* — pref. tb: memo-

mnemónica Mnemotecnia, técnica para ejercitar o aumentar la capacidad memorística. — s.f.

mnemotecnia (Del gr. *mneme*, memoria + *tekne*, técnica.) Técnica de aumentar y ejercitar la memoria mediante reglas de asociación de imágenes y conceptos. — s.f. tb: nemotecnia = mnemotécnica

mnemotécnico, a
1 De la mnemotecnia: *las técnicas mnemotécnicas son de gran utilidad para los estudiantes.* — adj. tb: nemotécnico
2 Que sirve para ayudar a la memoria.

-mnesia Componente de palabra procedente del gr. *mneme*, que significa memoria: *amnesia.* — suf.

moabita
1 De Moab, antigua región asiática al este del mar Muerto. — adj. HISTORIA
2 Persona natural de esta región. — s.m.f./HISTORIA

moaré (Del fr. *moiré*.) Muaré, tela recia y fuerte que forma aguas: *lleva una camisa de moaré preciosa.* — s.m./TEXTIL tb: moer

moaxaja Poema en lengua árabe culta que terminaba con una jarcha, versos populares en lengua mozárabe, en su última estrofa. — s.f. LITERATURA

mobiliario, a
1 Se aplica a los efectos públicos al portador o transferibles por endoso. — adj. ECONOMÍA
2 Que tiene relación con el mueble o con los objetos que se pueden mover o trasladar.
3 Conjunto de muebles con que está equipado un lugar: *la cocina y el baño tienen el mobiliario completo.* — s.m. = moblaje
4 **mobiliario urbano:** Conjunto de instalaciones de uso público facilitadas por el ayuntamiento y que se encuentran en las calles y plazas de las poblaciones: *las farolas, bancos y papeleras son parte del mobiliario urbano de una población.*

moblaje Conjunto de muebles de una casa: *al mudarse de vivienda, decidió cambiar todo el moblaje.* — s.m. = mueblaje

moblar Amueblar, equipar con muebles una casa, oficina, sala o cualquier superficie.) — v.tr. conj: *contar*

moca (De *Moka*, ciudad árabe.)
1 Café procedente de dicha ciudad árabe. — s.m./tb: moka
2 Cualquier café de buena calidad, tostado y molido.
3 Crema usada en pastelería, hecha con café, mantequilla y azúcar. — COCINA

mocador (Del cat. *mocador*.) Pañuelo para limpiarse los mocos. — s.m. = moquero

mocar (Del lat. vulgar *muccare*.) Limpiar los mocos: *aún es muy pequeño y no sabe mocarse solo.* — v.tr/prnl. conj: *sacar*

mocárabe (Del ár. *muqarbas*, adorno de talla.) Ornamento característico de la arquitectura árabe, formado por una combinación geométrica de prismas de base cóncava, que se usa para decorar bóvedas, cornisas y otros elementos arquitectónicos. — s.m. ARQUITECTURA

mocarra Niño o joven que interviene en los asuntos de los mayores: *el mocarra este también nos da su opinión.* — s.m.f./coloquial = mocoso

mocarrera Mocos abundantes: *todavía tengo mocarrera del resfriado que cogí.* — s.f. coloquial

mocarro Moco que cuelga de las narices. — s.m./vulgar

mocasín
1 Calzado que usan los indios norteamericanos hecho de piel sin curtir. — s.m.
2 Zapato de cuero muy flexible hecho a imitación del calzado indio: *suele llevar mocasines porque anda muy cómodo con ellos.*

mocear
1 Obrar una persona mayor como la gente joven: *el abuelo sigue moceando y subiendo todas las montañas con nosotros.* — v.intr.
2 Llevar una persona una vida disipada o desenfrenada. — = desmadrarse

mocedad
1 Edad de la vida humana que comprende desde la pubertad hasta la edad adulta: *nos explicó anécdotas de su mocedad.* — s.f. = juventud
2 Manera de vivir, desordenada y disipada, caracte-

rística de los jóvenes: *esas juergas nocturnas son propias de la mocedad.*
3 Diversión licenciosa.

mocejón (Del lat. vulgar *muscellio, -onis* < lat. *musculus*.) Mejillón, molusco lamelibranquio. — s.m. ZOOLOGÍA

moceril Que es propio de gente moza o joven. — adj.

mocerío Conjunto de mozos y mozas: *el mocerío se reúne por las tardes en la plaza.* — s.m. = juventud

mocetón, a Persona joven muy alta y robusta: *¡madre mía, tu hijo está hecho un mocetón guapísimo!* — s.m.f. = mozancón

mocha
1 Reverencia hecha bajando la cabeza. — s.f.
2 Cabeza humana: *¡menudo golpe te has dado en la mocha!* — coloquial

mochada Topetazo, golpe con la cabeza: *se dio una gran mochada contra un árbol.* — s.f. = topetada

mochales
1 Se aplica a la persona que está chiflada: *este chico está mochales, lleva toda la tarde saltando; te vas a volver mochales de tanto pensar en lo mismo.* — adj/s.m.f. pl: mochales/coloquial = guillado
2 Que está muy enamorado: *está mochales por su compañera de curso.* — = colado

mochar
1 Dar golpes con la cabeza o los cuernos: *la cabra mochaba el árbol.* — v.tr. = topar
2 Quitar la parte superior de una cosa. — = desmochar

moche Se usa en la expresión **a troche y moche** para indicar que una cosa se hace en gran cantidad y sin reflexionar: *gasta el dinero a troche y moche.* — loc.adv.

mocheta
1 Extremo romo y contundente, opuesto al punzante o cortante de algunas herramientas: *me alargó el hacha de modo que la cogí por la mocheta.* — s.f.
2 Rebajo en el marco de puertas y ventanas, donde encaja el canto de las hojas. — CONSTRUCCIÓN
3 Rincón o ángulo entrante que resulta al juntarse dos muros. — ARQUITECTURA
4 Telar, parte del corte del muro en un hueco de puerta o ventana, que se une a escuadra con el paramento exterior. — ARQUITECTURA

moche Cernícalo, ave rapaz con el plumaje rojizo y negro. — s.m. ZOOLOGÍA

mochica
1 Se aplica a un pueblo precolombino que desarrolló una cultura caracterizada por su cerámica en los valles costeros del norte de Perú. — adj. HISTORIA
2 Persona originaria de este pueblo. — s.m.f./HISTORIA

mochil (Del vasco *mutil*.) Muchacho que sirve a los labradores para llevar o traer recados a los mozos del campo. — s.m. = morrillero

mochila
1 Bolsa que se lleva a la espalda sujeta a los hombros por correas: *los excursionistas subían la montaña con las mochilas cargadas de provisiones.* — s.f.
2 Caja forrada de cuero que llevaban los soldados a la espalda, pendiente de los hombros. — MILITAR
3 Provisión de comida que llevaban los soldados en campaña para ellos y sus monturas. — MILITAR
4 Caparazón con escotaduras para los armazones, con que se cubre la montura a la jineta. — EQUITACIÓN
5 Saco de cazadores, soldados y viandantes con una correa para colgar al hombro y llevar caza, provisiones o algo de ropa. — CAZA = morral
6 **hacer mochila:** Aprovisionarse los cazadores o los caminantes de comida para el camino.

mochilero, a
1 Persona que lleva mochila: *varios mochileros subían la ladera buscando un lugar para acampar.* — s.
2 Soldado cuyo cometido era llevar las mochilas. — s.m./MILITAR

mocho, a
1 Que no tiene punta por algún defecto o circunstancia: *el cuchillo está mocho.* — adj. = despuntado, romo
2 Se aplica al animal cornudo que ha sido desmochado: *la cabra está mocha.*
3 Que está pelado o con el pelo cortado. — = rapado
4 Extremo grueso y sin punta de un utensilio largo: *apoyó el mocho de la escopeta en el suelo.* — s.m.
5 Utensilio formado por un manojo de tiras de algodón u otro material absorbente unido a un palo y que se usa para fregar: *cogió el mocho y se puso a fregar el suelo.* — = fregona
6 Se aplica al religioso motilón y a la religiosa lega. — adj/s./Chile
7 Se refiere a la persona calva. — Ecuad.
8 Se refiere a la persona mojigata y fanática de sus creencias religiosas. — Méx.
9 Manco, sin un brazo o mano. — Venez.
10 Pedazo corto de un madero para aserrar. — s.m./Chile
11 Se aplica a los animales o a las personas a las que les falta algún miembro: *el gato está mocho de la cola.* — adj. Méx.
12 **caer el mocho:** Recaer la culpa o una tarea fastidiosa sobre una persona: *siempre me cae a mí el mocho de bajar la basura; me ha caído el mocho del jarrón roto.* — coloquial

13 cargar con el mocho: Tener que asumir un trabajo molesto: *cargó con el mocho por no ponerse a discutir.* · coloquial

14 echar el mocho a una persona: Echar la culpa o endosar un trabajo a quien no le corresponde: *echó el mocho a su hermano para librarse del castigo.* · coloquial

15 sacudirse el mocho: Eludir una responsabilidad o tarea: *nadie sabe cómo, pero acaba sacudiéndose el mocho y no hace el trabajo que le toca.* · coloquial

mochuelo
1 Ave rapaz nocturna, de plumaje gris, cabeza aplanada y cola corta, que nidifica en los muros y árboles huecos. *(Athene y Glaucidium.)* · s.m. ZOOLOGÍA

2 Asunto, trabajo u obligación difícil o fastidioso del que nadie quiere encargarse: *como nunca dice que no, siempre le endosan el mochuelo.* · coloquial = mocho, muerto

3 Omisión de una o más palabras de un texto que comete el cajista al componerlo. · ARTES GRÁFICAS

4 cada mochuelo a su olivo: **1.** Indica que es tarde y conviene retirarse cada uno a su cuarto para dormir: *son las dos de la mañana, venga, cada mochuelo a su olivo.* **2.** Indica la separación de varias personas que estaban reunidas, volviendo cada una a su casa, trabajo o lugar de procedencia. · coloquial

5 cargar, echar o tocar el mochuelo a una persona: Endosarle una tarea molesta: *otra vez me ha tocado cargar con el mochuelo; echó el mochuelo a su compañero y así no trabajó.* · coloquial

moción (Del lat. *motio, -onis.*)
1 Proposición que se hace o sugiere en una junta o asamblea que delibera: *en la reunión se comentarán las mociones recibidas.* · s.f. = propuesta

2 Acción de mover, moverse o ser movido.
3 Alteración del ánimo. · th: emoción RELIGIÓN
4 Inspiración divina que mueve al alma hacia las cosas espirituales: *sintió en su interior una moción divina.* · RELIGIÓN
5 Denominación que reciben las vocales, sus representaciones gráficas y otros signos que acompañan a las consonantes de las lenguas semíticas. · LINGÜÍSTICA
6 Cambio en la terminación de un sustantivo para indicar su género. · GRAMÁTICA
7 moción de censura: Objeción que se presenta a la actividad del gobierno que se pone a votación y, si resulta elegida, provoca la sustitución del equipo de gobierno por otro nuevo. · POLÍTICA

mocionar Presentar una moción. · v.tr.

moco (Del lat. *mucus.*)
1 Secreción viscosa de las membranas que revisten las cavidades interiores del cuerpo que se comunican con el exterior, en especial la de la nariz. · s.m. FISIOLOGÍA = mucosidad
2 Sustancia fluida, pegajosa y resbaladiza, de aspecto semejante al de esta secreción. · = mucosidad
3 Cera derretida que va cayendo y cuajando a los lados de la vela.
4 Punta encendida del pabilo o mecha de una vela, de un candil o de otros utensilios parecidos que se tuerce por ser muy larga.
5 Escoria que sale del hierro encendido en la fragua cuando se martilla y apura. · METALURGIA
6 Cada una de las perchas pequeñas que cuelgan del bauprés y sirven de guía a los cabos que aseguran el botalón. · NÁUTICA
7 moco de herrero: Escoria del hierro. · METALURGIA ZOOLOGÍA
8 moco de pavo: 1. Apéndice carnoso del mismo aspecto que la cresta, que tiene el pavo encima de la nariz. **2.** Planta amarantácea de flores purpúreas dispuestas en espigas colgantes alrededor de una central más larga. *(Celosia cristata.)* · BOTÁNICA
9 a moco de candil: A la luz del candil. · loc.adv.
10 buscar o escoger una cosa a moco de candil: Ir en su busca o elegirla con mucho cuidado acercando una luz para verlo bien. · coloquial
11 caérsele a una persona el moco: Ser simple o descuidada. · coloquial
12 caérsele o colgarle a una persona los mocos: Caerle mucosidad en forma líquida por las aberturas de la nariz. · coloquial
13 haber quitado a una persona los mocos: Haberle criado o cuidado desde pequeño: *su abuela es quien le ha quitado los mocos.* · coloquial
14 llorar a moco tendido: Llorar mucho y de forma aparatosa: *lloraba a moco tendido viendo la película.* · coloquial
15 no saber una persona quitarse los mocos: Se usa para expresar al que se mete en lo que no entiende siendo un ignorante: *no sé por qué se pone a dar su opinión si no sabe quitarse los mocos.* · coloquial
16 no ser una cosa moco de pavo: Ser importante, no ser despreciable: *conseguir trabajo hoy en día, con la cantidad de parados que hay, no es moco de pavo.* · coloquial
17 quitar a una persona los mocos: Darle bofetadas. · coloquial
18 tirarse el moco: Fanfarronear o exagerar una cosa: *no te tires el moco conmigo, chulo.* · vulgar

mococoa Mal humor, murria. · s.f./Colomb., Bol.

mocoso, a
1 Que tiene mocos o acostumbra a tenerlos: *todavía está mocoso por el resfriado.* · adj.

2 Se aplica al niño o niña que es maleducado o intenta comportarse como un adulto: *qué palabrotas dice ese mocoso; esa mocosa ya quiere ir a la universidad.* · adj/s.

3 Que no tiene valor ni importancia: *no te preocupes por un asunto tan mocoso como este.* · adj. = insignificante

mocosuena Atendiendo tan sólo al sonido y no al significado de las palabras. · adv./coloquial

mod Miembro de un movimiento juvenil surgido a principios de los años sesenta, que viste con elegancia, conduce motocicleta scooter y le gusta la música pop. · s.m.f.

moda (Del fr. *mode.*)
1 Conjunto de usos, tendencias y costumbres preferidos en cualquier actividad por la gente de una o varias comunidades en un momento determinado: *vuelve a llevarse la moda de casarse de blanco; el diseño es moda en cualquier actividad.* · s.f. SOCIOLOGÍA
2 Modo de vestir preferido por la gente en un momento determinado: *viste a la última porque va a la moda.*
3 Magnitud del elemento que en un conjunto de datos se presenta con una frecuencia mayor. · ESTADÍSTICA
4 a la moda o de moda: De acuerdo con el gusto de una época o un momento determinado: *actuó el cantante de moda; parece más joven cuando se peina a la moda.* · loc.adj./adv.
5 entrar en la moda: Seguir o adoptar los usos y costumbres del país o lugar en que se reside. · coloquial
6 estar de moda: Usarse o estilarse un determinado tipo de ropa, tela, color o, en general, una actividad cualquiera: *está de moda hacer esquí acuático.* · coloquial = ser moda
7 pasar de moda: Perder vigencia o actualidad lo que antes estaba en boga: *ya se ha pasado de moda ese restaurante.* · coloquial
8 salir una moda: Empezar a usarse una cosa: *ha salido la moda de las discotecas sin alcohol.* · coloquial
9 ser moda o de moda: Usarse o estilarse una cosa: *ese local es moda en la ciudad.* · coloquial = estar de moda

modado, a Con los adverbios *bien* o *mal,* que tiene buenos o malos modales. · adj. Colomb.

modal
1 Que comprende o incluye modo o determinación particular. · adj.
2 Del modo gramatical: *el presente es un tiempo modal.* · GRAMÁTICA
3 Se aplica a la música que utiliza otras escalas además de las correspondientes a los modos clásicos mayor y menor. · MÚSICA
4 Actitud y modo de comportarse de una persona ante los demás, desde el punto de vista de su corrección, distinción y cortesía: *es un joven de exquisitos modales; a ver si demuestras tus modales ante tus invitados.* · s.m.pl. = maneras, modos

modalidad (Del fr. *modalité.*)
1 Modo de ser o de manifestarse las cosas: *es una exposición de una nueva modalidad artística.* · s.f. = forma, manera
2 Categoría o grupo dentro de una clasificación u ordenación de varias opciones: *participa en la modalidad de braza.*

modelable Que puede ser modelado: *la arcilla es un material muy modelable.* · adj. = moldeable

modelado
1 Acción y resultado de modelar. · s.m.
2 Conjunto de formas del relieve de la superficie terrestre, que caracterizan un sistema morfogenético determinado. · GEOLOGÍA
3 Conjunto de medios y de procedimientos que se utilizan para la realización de modelos y cajas de machos. · METALURGIA

modelador, a Que modela. · adj/s.

modelar
1 Hacer figuras con una sustancia plástica: *él modela en barro; me gusta modelar en yeso.* · v.tr/intr./+ en = moldear
2 Reproducir el relieve de las figuras con exactitud. · v.tr./ARTE
3 Dar forma a una cosa no material: *la familia influye mucho al modelar el carácter de los jóvenes.* · v.tr/prnl. = configurar
4 Ajustarse una persona o una cosa a un modelo: *su actitud se modela a las leyes establecidas.* · v.prnl. + a

modélico, a Que puede servir de modelo por ser muy bueno: *su modélico trabajo sirvió de pauta al resto de compañeros.* · adj. = ejemplar

modelismo Arte y técnica de construir modelos y maquetas: *desde niño es aficionado al modelismo de aviones de guerra.* · s.m.

modelista
1 Persona encargada de los moldes para el vaciado de piezas de metal, cemento o de otro material. · s.m.f.
2 Persona que hace modelos o maquetas de diferentes industrias o artesanías: *el modelista del edificio presentó su diseño a un concurso.*
3 Persona aficionada a hacer maquetas: *es un buen modelista de coches antiguos.*

modelo (Del ital. *modello* < lat. vulgar *modellus.*)
1 Cosa que ha de servir de objeto de imitación: *modelo de escritura; modelo de factura.* · s.m./= muestra, paradigma

2 Persona o cosa que, por su perfección, es digna de ser imitada: *su valentía es un modelo para nosotros.* = ideal, prototipo

3 Figura de barro, yeso o cera que después se reproduce en esculturas de madera, mármol o metal. ARTE

4 Representación de alguna cosa en pequeño tamaño: *tiene una vitrina con modelos de barcos antiguos.* = maqueta, miniatura

5 Pieza o conjunto de ellas que sirven para hacer el molde en el que se vaciarán los objetos.

6 Prenda u objeto diseñado y confeccionado por una modista, un taller de costura o un diseñador: *lleva un modelo exclusivo de un diseñador francés.* TEXTIL

7 Persona que exhibe los nuevos diseños de costura de las tiendas de moda para que los vean los clientes o cualquier producto para ser anunciado: *trabajo como modelo televisivo.* s.m.f. = maniquí

8 Objeto, construcción u otra cosa con un diseño del que se reproducen más iguales: *se hizo una falda a partir de un modelo muy actual.* s.m./= original, patrón ≠ copia

9 Esquema teórico de un sistema o de una realidad compleja que se elabora para facilitar su comprensión y estudio: *presentó un modelo de la economía nacional para explicar su teoría.*

10 Persona que posa ante el artista para que éste lo copie: *el modelo de sus obras era su mujer.* s.m.f. ARTE

11 modelo vivo: Persona, en general desnuda, que sirve para el estudio en el dibujo. ARTE

modem (Acrónimo de *[mo]dulador [dem]odulador*.) Aparato que convierte datos en señales que se pueden transmitir a través de la línea telefónica o viceversa: *el modem está conectado al ordenador.* s.m. pl: módems TECNOLOGÍA tb: módem

moderable Que puede ser moderado. adj.

moderación
1 Disminución en el exceso o violencia de una cosa: *la moderación del viento nos permitió salir a navegar.* s.f. - atenuación

2 Cualidad de la persona que obra y habla sin excesos ni violencia: *nos expuso sus quejas con moderación y sosiego.* = mesura, ponderación

moderadamente Sin excesos, de forma razonable: *quedé moderadamente satisfecha de mi actuación.* adv. = medianamente

moderado, a
1 Que se comporta con moderación: *intenta ser más moderado en tus palabras.* adj./= comedido, prudente

2 Que no es exagerado o extremo: *se prevén temperaturas moderadas en el litoral mediterráneo.* = módico ≠ excesivo

3 Que tiene ideas políticas no extremistas: *prefiere los partidos moderados a los extremistas.* adj/s. POLÍTICA

4 Se aplica al partido liberal español, surgido en el siglo XIX, que propugnaba la moderación en las reformas, el mantenimiento del orden público y el principio de autoridad. adj. HISTORIA

5 Que pertenecía a dicho partido político liberal español del siglo XIX. adj/s. HISTORIA

moderador, a
1 Que modera: *la proximidad al mar es un factor moderador del clima.* adj/s.

2 Se aplica al poder ejercido por el jefe supremo de un estado. adj. POLÍTICA

3 Persona que preside o dirige un debate o una asamblea: *pidió la palabra al moderador para contestar a la alusión.* s.

4 Sustancia que reduce la energía cinética de los neutrones que se mueven a alta velocidad y los convierte en neutrones lentos. s.m. FÍSICA

moderante
1 Que modera. adj.

2 Persona que presidía y dirigía los ejercicios académicos de los estudiantes de algunas universidades. s.m.

moderantismo (Del fr. *moderantisme*.)
1 Tendencia política que defiende el principio de autoridad y la moderación en las reformas. s.m. POLÍTICA

2 Ideología o actitud moderadas: *su moderantismo le impide exigir sus derechos.*

moderar (Del lat. *moderari*.)
1 Hacer que disminuya la violencia o la intensidad de una cosa: *parece que su odio hacia mí se ha moderado; modera la velocidad que hay curvas.* v.tr/prnl. = frenar, mitigar ≠ aumentar

2 Dirigir una reunión, asamblea o coloquio: *el presentador habitual del programa moderó la tertulia.* v.tr.

moderato (Voz italiana.)
1 Con movimiento de velocidad intermedia, entre el andante y el allegro. adv./= mediar MÚSICA

2 Se aplica a la composición o parte de ella que ha de ejecutarse con dicho movimiento. adj/s.m. MÚSICA

modern dance (Expresión inglesa.) Forma contemporánea adoptada por la danza tradicional, que se caracteriza por una mayor libertad de expresión y de movimiento. s.f.

modernidad
1 Carácter novedoso, avanzado o de vanguardia de una cosa o de una persona: *la ropa y el peinado que lleva son un signo de su modernidad.* s.f. = modernismo

2 Vanguardia o grupo de vanguardia: *la modernidad artística explora nuevas vías.* ARTE

modernismo
1 Afición excesiva por lo moderno, en especial en las artes: *se sumaba a todas las tendencias nuevas por puro modernismo.* s.m.

2 Movimiento literario español y latinoamericano, surgido a finales del siglo XIX y primeros del XX, que defendía la creación artística de un mundo refinado, la innovación rítmica del estilo y la apertura a otras culturas. LITERATURA

3 Movimiento artístico europeo y americano aparecido a finales del siglo XIX y principios del XX que tiene entre sus principales características lo elegante, lo refinado, lo sinuoso, el cuidado por el detalle y el gusto por lo exuberante y exótico. ARTE

4 Movimiento religioso surgido a fines del siglo XIX, que pretende hacer compatibles la doctrina cristiana y la ciencia y filosofía modernas. RELIGIÓN

modernista
1 Del modernismo: *en su obra se advierten tendencias modernistas.* adj.

2 Que es partidario o seguidor del modernismo. adj/s.m.f.

modernización Renovación o reforma de una cosa para adaptarla a los usos o necesidades actuales: *la modernización de las instalaciones ya es un hecho.* s.f. = actualización

modernizador, a Que moderniza: *el nuevo mobiliario da un aire modernizador al despacho.* adj/s.

modernizar Dar aspecto moderno a una cosa antigua: *la empresa decidió modernizar la maquinaria; con su viaje a Estados Unidos, se ha modernizado mucho.* v.tr/prnl. conj: cazar = actualizar, renovar

moderno, a (Del lat. *modernus*.)
1 De la época reciente o del tiempo en el que vive el hablante: *es un conocido novelista moderno.* adj./= actual ≠ antiguo

2 Se aplica a la edad o periodo histórico comprendido entre el siglo XV y el XVIII: *es uno de los grandes especialistas de la historia moderna.*

3 Que no se ajusta a la ideología o las costumbres consideradas tradicionales: *a pesar de su avanzada edad, es un hombre de ideas modernas y renovadoras.* = actual ≠ clásico

4 Se aplica a la persona que lleva poco tiempo realizando una actividad o a lo que es muy avanzado respecto a lo anterior: *se presentaron técnicas muy modernas en el congreso; han entrado varios profesores modernos en el centro.* = nuevo, reciente ≠ anticuado

5 Alumno o miembro de una comunidad que es nuevo. s.

6 a la moderna o a lo moderno: Según los nuevos usos o costumbres: *no se han casado sino que conviven a lo moderno.* loc.adv. = modernamente

modestamente
1 Con sencillez, sin ostentación ni lujo: *viven modestamente en las afueras de la ciudad.* adv.

2 Sin falsa modestia: *porque uno, modestamente, es un manitas.*

modestia (Del lat. *modestia*.)
1 Actitud del que no se da a sí mismo mucha importancia o valor: *la modestia es una virtud que engrandece al hombre.* s.f./= humildad ≠ inmodestia, vanidad

2 Virtud cristiana que modera y regula las acciones del hombre, conteniéndolo en los límites de su estado. RELIGIÓN

3 Falta de lujo o de recursos: *vivían con modestia en un apartamento en las afueras.* = sencillez

modesto, a (Del lat. *modestus*.)
1 Que no se da excesiva importancia a sí mismo ni a sus actos: *no te explicará sus triunfos porque es muy modesto.* adj/s. = humilde ≠ vanidoso

2 Que tiene una posición social o económica no brillante, pero tampoco muy humilde: *llevan una vida modesta aunque sin privaciones.* adj. = discreto

3 Que no tiene un comportamiento provocativo frente al otro sexo. = pudoroso, recatado

módicamente Con moderación, con escasez: *cobra sus colaboraciones módicamente.* adv. = moderadamente

módico, a (Del lat. *modicus*.) Que no es exagerado o extremo, en especial referido a precios y cantidades: *me parece un precio módico dado el buen estado del piso.* adj. = moderado ≠ excesivo

modificable Que se puede modificar: *aunque hayas tomado una decisión, todavía es modificable el acuerdo.* adj. ≠ inmodificable

modificación
1 Acción y resultado de modificar, cambiar o alterar una cosa: *la modificación del horario laboral me resulta muy cómoda.* s.f. = alteración, cambio

2 Proceso de cambio que, por influencia del medio, se produce en los caracteres anatómicos o fisiológicos de un ser vivo, y que no se transmite por herencia a los descendientes. BIOLOGÍA

modificador, a
1 Que cambia o hace una cosa distinta de como era: *es una explicación modificadora de la tesis.* adj/s.

2 Se aplica al elemento lingüístico, en forma de palabra, sintagma o proposición, que completa, restringe, amplía o matiza otro elemento que ocupa una posición más importante o nuclear. adj/s.m. LINGÜÍSTICA

3 modificador directo: El que se une de forma directa al elemento que complementa, como los determinantes o los adjetivos al sustantivo. LINGÜÍSTICA

4 modificador indirecto: El que se une al núcleo mediante algún enlace subordinante, como las preposiciones y comparativos. LINGÜÍSTICA

5 modificador nominal: El que modifica a un nombre, como los adjetivos, determinantes o complementos del nombre. LINGÜÍSTICA

6 modificador verbal: El que modifica a un verbo, como el adverbio, el complemento directo o el complemento indirecto. LINGÜÍSTICA

modificante Que modifica. adj/s.m.f.

modificar (Del lat. *modificare*.)
1 Hacer una cosa diferente de como era antes: *el director decidió modificar los planes; con el paso del tiempo se modificó su manera de pensar.* v.tr/prnl. conj: sacar = alterar, reformar
2 Disminuir la violencia o la intensidad de una cosa: *su actitud se modificó tras meditar sobre el asunto.* = moderar
3 Restringir un elemento lingüístico el sentido de la palabra a lo que acompaña: *el adverbio modifica al verbo.* v.tr. LINGÜÍSTICA FILOSOFÍA
4 Dar un nuevo modo de existir a una sustancia material.
5 Experimentar un ser vivo un cambio anatómico o fisiológico por la influencia del medio ambiente. v.prnl. BIOLOGÍA
6 Transformar una cosa alterando sus características. v.tr/prnl.

modificativo, a Que modifica o sirve para modificar. adj./= modificatorio

modillón (Del ital. *modiglione* < lat. vulgar *mutilio, -onis.*) Saliente con que se adorna el vuelo de una cornisa por la parte inferior, simulando un verdadero elemento de sostén. s.m. ARQUITECTURA

modismo
1 Expresión o sintagma de forma fija o casi fija que tiene un significado que no se deduce de la suma de significados de sus elementos: *la expresión a tontas y a locas es uno modismo.* s.m. LINGÜÍSTICA
2 Modo particular de hablar propio y privativo de una lengua, que se suele apartar en algo de las reglas generales de la gramática. GRAMÁTICA = idiotismo

modistilla
1 Aprendiza de modista. s.f.
2 Modista de poca habilidad: *no volverá a hacerme una prenda la modistilla esta.* despectivo

modisto, a
1 Persona que se dedica a confeccionar trajes, vestidos y otras prendas de vestir: *es una modista pulida y concienzuda.* s. TEXTIL
2 Persona que tiene una tienda de modas: *siempre compro aquí porque el modisto conoce mis gustos.*
3 Persona que diseña y crea prendas de vestir: *ha salido la nueva colección del famoso modisto francés.* = diseñador

modo (Del lat. *modus*.)
1 Forma de ser, de hacer o de manifestarse una cosa: *creo que el mejor modo de viajar es en tren.* s.m. = manera
2 Cuidado que pone una persona en sus actos y palabras: *explícale lo que piensas, pero con modo.* = moderación ≠ desenfreno
3 Forma particular y personal de hacer las cosas: *viste a su modo y no según las modas.* = estilo
4 Comportamiento en el trato entre personas: *¡no vuelvas a hablarme con esos modos!* s.m.pl. = modales
5 Manera de presentar la acción de un verbo, matizando distintas actitudes del hablante. s.m. GRAMÁTICA
6 Manera en que están ordenados los sonidos de una escala diatónica. MÚSICA
7 Forma especial que puede adoptar un fenómeno. FÍSICA
8 Hecho jurídico por el que una persona adquiere el dominio u otro derecho sobre una cosa. DERECHO
9 modo adverbial: Locución adverbial. GRAMÁTICA
10 modo deprecativo: Según algunos gramáticos el que indica ruego o súplica. GRAMÁTICA = modo imperativo
11 modo de vida: Conjunto de actividades regulares de un grupo humano en función de un hábitat determinado. SOCIOLOGÍA
12 modo imperativo: Aquel en el que se expresa una orden, ruego o disuasión. GRAMÁTICA
13 modo indicativo: El que presenta la acción como un hecho en el que el hablante no interviene. GRAMÁTICA
14 modo infinitivo: Aquel en que el verbo no expresa persona, número ni tiempo. GRAMÁTICA
15 modo mayor: El que está constituido por una escala cuya tercera nota dista dos tonos de la primera. MÚSICA
16 modo menor: Aquel que está constituido por una escala cuya tercera nota dista un tono y un semitono de la primera. MÚSICA
17 modo potencial: El que expresa la acción del verbo como posible. GRAMÁTICA
18 modo subjuntivo: El que expresa duda, posibilidad o deseo. GRAMÁTICA
19 a modo de o al modo de: A manera de, como: *me lo explicó a modo de confesión.* loc.prep.
20 de cualquier modo: 1. Sin prestar atención a lo que se está haciendo: *acabó la tarea de cualquier modo.* 2. En cualquier caso: *de cualquier modo, no creo que pueda ir.* loc.adv.

21 de modo que: De forma que: *te lo explicaré de modo que lo entiendas.* loc.conj.
22 de ningún modo: En ningún caso, de ninguna manera: *no haré semejante disparate, de ningún modo.* loc.adv.
23 en modo alguno: En ningún caso: *en modo alguno quería molestarte.*
24 ni modo: Se usa para indicar que no se puede hacer nada ante una situación que no tiene remedio. Méx.

modorra
1 Sueño muy pesado: *la fiebre le provocó una profunda modorra.* s.f. = somnolencia
2 Sensación de sueño muy profunda: *después de comer me entra modorra.* = sopor
3 Enfermedad del ganado lanar, que consiste en el aturdimiento de estos animales producido por el alojamiento en su cerebro de larvas del cenuro. VETERINARIA = nebladura
4 Segundo de los cuartos en que para los centinelas se dividía la noche. MILITAR

modorrar
1 Causar una cosa modorra a una persona o un animal: *el calor excesivo de esta sala me modorra.* v.tr. tb: amodorrar
2 Ponerse la fruta demasiado blanda antes de haber madurado por completo. v.prnl. AGRICULTURA

modorrilla Tercera de las guardias que los soldados hacen por la noche. s.f. MILITAR

modorro, a
1 Que tiene modorra. adj.
2 Se aplica a la fruta que está blanda sin haber madurado. AGRICULTURA
3 Se refiere al operario de una mina que padece la enfermedad del azogue. adj/s. MEDICINA
4 Que es necio o ignorante: *el muy modorro no notará que se lo has quitado.* coloquial = torpe

modosidad Actitud moderada y respetuosa: *finge esa modosidad cuando está ante el jefe.* s.f. = discreción

modoso, a Que se comporta con mesura y respeto: *los niños se comportaron de forma modosa ante los invitados.* adj./= comedido discreto

modrego Persona de aspecto desmañado y con poca o ninguna habilidad ni gracia. s.m.f.

modulación
1 Modificación de la frecuencia o amplitud de las ondas eléctricas para mejorar la transmisión de las señales. s.f. ELECTRICIDAD
2 Cambio de tonalidad musical. MÚSICA

modulador, a
1 Que modula. adj./= modulante
2 Dispositivo que sirve para regular la frecuencia o la amplitud de las ondas eléctricas. s.m. ELECTRICIDAD

modular (Del lat. *modulari*.)
1 Del módulo. adj.
2 Que está compuesto de módulos: *prefiere los muebles modulares a los compactos.*
3 Pasar de unos tonos a otros en el canto o en el habla: *es un actor con facilidad para modular la voz según las circunstancias.* v.tr. = vocalizar
4 Cambiar la amplitud o la frecuencia de las ondas. ELECTRICIDAD
5 Cambiar la tonalidad en un mismo fragmento. v.tr/MÚSICA

módulo (Del lat. *modulus*.)
1 Proporción que se considera perfecta entre las dimensiones del cuerpo humano. s.m. = canon
2 Modelo que se repite en una serie de cosas iguales: *todas las viviendas de la calle repiten el módulo.* = tipo, patrón
3 Elemento que puede unirse o combinarse de distintas formas con otros semejantes para formar una unidad: *el mueble está formado por seis módulos intercambiables entre sí.*
4 Medida que se usaba entre los antiguos romanos para establecer las relaciones existentes en la proporción de una obra arquitectónica. ARQUITECTURA
5 Cantidad que sirve de medida o tipo de comparación en determinados cálculos. MATEMÁTICAS
6 Dispositivo para regular la cantidad de agua que entra en una acequia o un canal, o que pasa por una tubería o un orificio.
7 Elemento de una nave espacial: *el módulo de mando es independiente del resto de la nave.* ASTRONÁUTICA
8 Operador matemático que sirve de razón constante entre los logaritmos de bases diferentes de un mismo número. MATEMÁTICAS
9 Cada uno de los pabellones que forman un edificio o instalación. ARQUITECTURA, CONSTRUCCIÓN
10 Caudal medio anual de un río. GEOGRAFÍA
11 Modulación de la voz. MÚSICA
12 Diámetro de una medalla o moneda.
13 módulo de engranaje: Cociente del diámetro primitivo de un engranaje por el número de dientes. MECÁNICA
14 módulo de un número real: Valor absoluto de ese número. MATEMÁTICAS
15 módulo de un vector: Longitud del mismo. MATEMÁTICAS
16 módulo específico o relativo: Caudal medio anual, medido en litros por segundo, de una cuenca hidrográfica. GEOGRAFÍA

modus operandi (Expresión latina.) Manera de actuar. — *s.m.*

modus vivendi (Expresión latina.)
1 Manera de vivir. — *s.m.*
2 Sustento económico, manera de ganarse la vida: *su modus vivendi es lu enseñanza, pero lo que en realidad le gusta es pintar.*

moer Muaré, tela fuerte que hace aguas. — *s.m./TEXTIL*

mofa
1 Burla con desprecio que se hace de una persona o cosa: *no sé a qué viene tanta mofa.* — *s.f.*
2 **hacer mofa de:** Burlarse de una persona o cosa: *no debes hacer mofa de los defectos de los demás.* — = befa, escarnio

mofador, a Que se mofa. — *adj/s.*

mofar Hacer una persona mofa de una persona o cosa: *se mofó de mí.* — *v.intr/prnl./+ de* = burlar

mofeta (Del ital. *moffetta*.)
1 Mamífero carnívoro de la familia de los mustélidos, de tamaño mediano y color negro con dos bandas blancas, que emite un líquido pestilente por sus glándulas anales cuando es molestado. (*Mephitis y Spilogale*.) — *s.f.* ZOOLOGÍA
2 Gas pernicioso que se desprende de las minas o de otros lugares subterráneos. — MINERÍA
3 Persona que despide mal olor. — *s.m.f.*

moflete (Del occitano *moflet*, mullido.) Carrillo grueso y carnoso: *no me pellizques los mofletes.* — *s.m.* = mollete

mofletudo, a Que tiene mofletes: *el bebé está rechoncho y mofletudo.* — *adj./= carrilludo*, molletudo

mogataz (Del ár. *mugattas*, bautizado.) Se aplica al moro que servía como soldado de España en los antiguos presidios africanos. — *adj/s.m.* pl: mogataces MILITAR

mogate
1 Sustancia líquida que recubre alguna cosa, en especial el barniz usado por los alfareros. — *s.m.*
2 **a o de medio mogate:** 1. Se aplica a las vasijas vidriadas sólo por dentro o sólo por fuera. 2. Se refiere al trabajo o actividad que ha sido hecho de forma chapucera o descuidada. — *loc.adj.* coloquial

mogol, a
1 De Mongolia, país asiático. — *adj./= mongol s.*
2 Persona natural de dicho país. — *s.*
3 Lengua altaica hablada en este país y zonas limítrofes. — *s.m.* LINGÜÍSTICA
4 **gran mogol:** Título de los soberanos de una dinastía mahometana de la India. — *s.m.* HISTORIA

mogólico, a
1 De Mongolia, país asiático. — *adj./= mongólico*
2 Persona natural de Mongolia. — *s.*
3 Del gran mogol. — *adj.*

mogolla Pan moreno hecho de salvado. — *s.f./Colomb.*

mogollón
1 Se aplica a la persona que es holgazana o gorrona. — *adj.*
2 Gran cantidad de personas o cosas: *hay un mogollón de gente en la calle; hace un mogollón de calor.* — *s.m./coloquial* = montón
3 Mezcla desordenada de personas o cosas: *se montó un mogollón en la calle con dos camorristas.* — coloquial = barullo, lío
4 **de mogollón:** 1. Sin pagar, gratis. 2. Con descuido o prisa: *lo ha hecho de mogollón y por eso está mal.* — *loc.adv.*

mogón, a Se aplica a la res vacuna que no tiene un asta o la tiene despuntada. — *adj.*

mogote (Del vasco *mokoti*, puntiagudo.)
1 Montículo de forma cónica y rematado en punta roma. — *s.m.*
2 Conjunto o montón de piedras. — = mojón
3 Montón de haces en forma de pirámide.
4 Cornamenta poco crecida de los venados. — ZOOLOGÍA

mogrebí
1 De Mogreb, región del norte de África que comprende los territorios de Marruecos, Argelia y Tunicia. — *adj.* pl.tb: mogrebíes tb: magrebí
2 Persona natural de esta región. — *s.m.f.*

mogrollo
1 Persona que vive a costa ajena. — *s.m.f./= gorrón*
2 Persona tosca y poco cortés. — = grosero

mohair
1 Se aplica al tejido hecho con pelo de cabra de Angora. — *adj/s.m./TEXTIL*
2 Se refiere al pelo de cabra de Angora.

moharra Punta de la lanza, formada por la cuchilla y el cubo con que se fija en el asta. — *s.f.* tb: muharra

moharracho (Del ár. *muharrag*, bromeador.)
1 Persona que resulta ridícula en su aspecto o en sus actos. — *s.m./tb: moharrache* = mamarracho
2 Persona sin méritos o cualidades.

mohatra (Del ár. *muhatara*, venta usuraria.)
1 Contrato simulado de compraventa en el que se adquieren mercancías a un precio elevado y a crédito, para venderlas de nuevo a un precio menor al contado al vendedor. — *s.f.* COMERCIO
2 Engaño o fraude en la contratación. — DERECHO

mohatrar Hacer una persona un fraude o un falso contrato de compraventa. — *v.intr.* DERECHO

mohatrero, a Persona que hace mohatras. — *s.*

mohecerse Cubrirse una cosa de moho: *el queso se moheció en la nevera.* — *v.prnl./conj: carecer* = enmohecerse

moheda Monte alto donde abundan los jarales y la maleza. — *s.f.* = mohedal

mohedal Monte de jaras y maleza. — *s.m./= moheda*

mohicano, a
1 De un pueblo amerindio norteamericano que vivía en el valle del río Hudson. — *adj.* HISTORIA
2 Persona natural de este pueblo. — *s./HISTORIA*

mohín Gesto hecho con los labios que indica disgusto o ligero enfado: *deja de hacer mohines porque vas a ir a la escuela.* — *s.m.* = gesto, mueca

mohína
1 Enfado contra una persona: *tiene mohína con su hermana.* — *s.f.* = enojo
2 Gesto de disgusto o enfado. — = mohín
3 Reyerta, altercado violento. — = pendencia

mohíno, a
1 Que está triste o disgustado: *está mohíno porque su novia está de viaje.* — *adj.* = melancólico
2 Se aplica al macho o mula que procede del cruce de caballo y burra.
3 Se refiere a la caballería o a la res que tiene el pelo y el hocico muy negros. — *adj/s.*
4 Rabilargo, pájaro de plumaje negro y costumbres parecidas a las de la urraca. — *s.m.* ZOOLOGÍA
5 Persona contra la que van los demás jugadores en algunos juegos. — *s.m.* JUEGOS

moho (Voz de creación expresiva que indica la vaharada de humedad que despiden los cuerpos enmohecidos.)
1 Denominación de diversas especies de hongos de pequeñísimo tamaño, que se desarrollan sobre materias orgánicas en descomposición. — *s.m.* MICOLOGÍA
2 Alteración producida, sobre todo en los frutos, por el desarrollo de diferentes hongos ficomicetes, que recubren parcial o totalmente el fruto o elemento orgánico, formando como un césped denso, de aspecto aterciopelado. — BIOLOGÍA
3 Capa que se forma por alteración química en la superficie de un cuerpo metálico: *la herrumbre o el cardenillo son mohos.* — QUÍMICA = orín
4 Pereza para retomar el trabajo después de un período de ocio o inactividad. — coloquial
5 **no criar moho:** Estar una cosa en continuo movimiento o uso de forma que no está parada: *viviendo tan lejos, tu coche no criará moho.* — coloquial
6 **no dejar criar moho a una cosa:** 1. Gastar con rapidez una cosa por usarla con frecuencia. 2. Resolver un asunto con rapidez. — coloquial

mohosearse Enmohecerse, cubrirse de moho. — *v.prnl./Colomb., Perú*

mohoso, a Que tiene moho: *dejé queso en la nevera y al volver del viaje estaba mohoso.* — *adj./= enmohecido*, herrumbroso

moisés Cuna de cestería para recién nacidos. — *s.m.*

mojábana Almojábana, torta de harina y queso. — *s.f./COCINA*

mojable Que puede ser mojado sin que se dañe o estropee: *lleva la alfombra a la tintorería porque no es mojable.* — *adj.*

mojada
1 Acción y resultado de mojar o mojarse: *¡menuda mojada con la lluvia!* — *s.f./tb: mojado* = mojadura
2 Herida producida por un arma punzante. — tb: mujada

mojado, a
1 Se aplica al sonido consonántico que se articula tocando el paladar con el dorso de la lengua. — *adj./LINGÜÍSTICA* = palatalizado
2 Acción y resultado de mojar. — *s.m./= mojadura coloquial*
3 **llover sobre mojado:** Ocurrir una cosa después de otras y cuando ya se tiene el ánimo afectado por ellas: *estar enfermo, no tener dinero y quedarse sin trabajo es llover sobre mojado.*

mojador, a
1 Que moja. — *adj/s.*
2 Recipiente pequeño con una esponja empapada de agua para mojar los sellos antes de pegarlos o para mojarse los dedos el que maneja papeles y billetes. — *s.m.*
3 Depósito de agua en que se mojaba el papel de impresión. — ARTES GRÁFICAS

mojadura Acción y resultado de mojar o mojarse. — *s.f.*

mojama Carne de atún secada y salada: *hizo mojama para conservar el pescado.* — *s.f.*

mojar (Del lat. vulgar *molliare*.)
1 Poner húmeda una cosa con agua u otro líquido: *se ha mojado el pelo en la ducha.* — *v.tr/prnl.* = calar, humedecer
2 Untar pan u otro alimento harinoso en una salsa o en cualquier otro alimento líquido: *le gusta mojar las galletas en el café.* — *v.tr.* = bañar, empapar
3 Contraer una persona una obligación de forma voluntaria. — *v.prnl./coloquial* = comprometerse

4 Celebrar una cosa bebiendo: *mojaron el premio que les había tocado con cava.* — v.tr./coloquial = remojar

5 Tomar parte en un asunto: *moja en todos los negocios de su familia.* — v.intr./+ en = participar

6 Expeler una persona orina de forma involuntaria: *se mojó los pantalones de tanto reír; todavía moja la cama por la noche.* — v.tr./prnl.

7 Dar puñaladas a una persona: *mojaron a un hombre con un cuchillo.* — v.tr./coloquial = matar

mojardón Molinera, hongo agarical comestible que crece en bosques y prados. — s.f. MICOLOGÍA

mojarra (Del ár. *muharrab*, afilado.)
1 Pez teleósteo marino, de cuerpo oval y comprimido, de color gris plateado con tornasoles, con una ancha banda negra en la nuca y ojos grandes. (*Diplodus vulgaris.*) — s.f. ZOOLOGÍA
2 Lancha pequeña para la pesca del atún. — PESCA Argent.
3 Denominación genérica de varias especies de peces pequeños que abundan en aguas dulces de América del Sur. — ZOOLOGÍA
4 Cuchillo ancho y corto. — Amér. Central y Merid.

mojarrilla Persona alegre y bromista: *lo que más me gusta de él es que es un mojarrilla.* — s.m.f. coloquial

moje Caldillo, salsa de un guiso: *la carne está rica y el moje delicioso.* — s.m./COCINA = mojo

mojel (Del cat. *moixell*.) Cabos delgados en los extremos que sirven para dar vueltas al cable y al virador cuando se zarpa el ancla. — s.m. NÁUTICA

mojera Mostellar, planta arbórea rosácea. — s.f./BOTÁNICA

mojí
I (Derivado de *mojar*.) Puñetazo, golpe dado en la cara con la mano. — s.m./pl.tb: mojíes = mojicón
II (Del ár. vulgar *muhsi*, relleno, alfajor.) Se aplica a la torta cuajada y hecha en una cazuela con queso, pan rallado, berenjenas y miel, entre otros ingredientes. — adj. COCINA = mojil

mojicón
1 Bollo pequeño, dulce, que se toma en especial con chocolate deshecho. — s.m. COCINA
2 Bizcocho de mazapán empapado en vino o licor. — COCINA = mojí
3 Puñetazo en la cara. — s.m.

mojiganga (Del ant. *boxiganga*, derivado del ant. *voxiga*, vejiga.)
1 Fiesta en que los participantes se disfrazaban de forma ridícula en especial con figuras de animales. — s.f. = mascarada
2 Obra teatral con personajes ridículos y extravagantes que provoca risa. — TEATRO = farsa
3 Cosa ridícula que pretende hacer burla de una cosa o una persona: *lleva toda la tarde cantando mojigangas.* — = bufonada

mojigatería
1 Actitud de la persona que finge humildad para lograr una cosa: *se dirigió al jefe de personal con mojigatería para conseguir el aumento.* — s.f. = mojigatez
2 Actitud de la persona recatada y virtuosa, que se escandaliza con facilidad: *criticarla por hacer top less es una mojigatería.* — = gazmoñería

mojigato, a
1 Que simula humildad o cobardía para lograr un fin: *me lo pidió con voz mojigata.* — adj./s. = mogato
2 Que se escandaliza con facilidad: *déjala que se vista como quiera y no seas mojigato.* — = gazmoño

mojil (Variante de *mojí* < ár. vulgar *muhsi*.) Se aplica a la torta hecha en cazuela con diversos ingredientes. — adj./COCINA = mojí

mojinete
1 Caballete o línea de donde parten dos vertientes de un tejado o un muro. — s.m. CONSTRUCCIÓN
2 Remate triangular de las dos paredes más altas y angostas de un rancho, galpón o construcción similar, sobre las que se apoya el caballete. — Argent., Par., Urug. CONSTRUCCIÓN

mojito Bebida preparada con ron, soda, zumo de limón, azúcar y hierbabuena: *ten cuidado con tantos mojitos, que se suben a la cabeza.* — s.m. coloquial

mojo
1 Moje, salsa de un guiso. — s.m./COCINA
2 mojo picón: Salsa picante de origen canario. — COCINA

mojón
I (Del lat. vulgar *mutulo, -onis* < lat. *mutulus*, cabeza sobresaliente de una viga.)
1 Señal de piedra o madera que se pone para fijar límites en un terreno: *en el mojón aparece el nombre de la carretera.* — s.m. = hito
2 Señal que se pone en un despoblado para que sirva de guía. — = jalón
3 Porción compacta de excremento humano expelida de una vez. — vulgar
4 Gran cantidad de cosas. — = montón
5 Recipiente o chita que se pone en un lugar y al que se van tirando piedras o monedas como juego. — JUEGOS
II (Del occitano *moisson*, borrachín, mosquito < lat. vulgar *muscio, -onis*, mosquito.) Oficio de catavinos. — s.m.

mojona
I (Derivado de *mojón* < lat. vulgar *mutulo, -onis*.) Acción de medir o señalar un terreno. — s.f. = mojonación

II (Derivado de *mojón* < occitano *moisson*.) Impuesto que se pagaba por la venta de vino o de otra especie. — s.f.

mojonera
1 Lugar donde se ponen mojones para señalar los límites de un terreno. — s.f.
2 Serie de mojones que limitan la confrontación de dos términos o jurisdicciones. — = clavera

moka
1 Variedad de café muy apreciada. — s.m./tb: moca
2 Crema de pastelería hecha con café, mantequilla y azúcar. — COCINA

mol Unidad de medida de cantidad de materia. — s.m./QUÍMICA

mola
I (Del lat. *moles*, masa, volumen.) Masa carnosa e informe que se forma a veces en la matriz dando apariencia de embarazo. — s.f. MEDICINA
II (De origen incierto.)
1 Especie de blusa confeccionada con telas de distintos colores. — s.f. Colomb., Pan.
2 Adorno de tela. — Pan.

molada Porción de una cosa que se muele de una vez con una moleta. — s.f.

molar
I (Derivado de *muela*.)
1 De la muela: *el dolor se debe a una infección molar.* — adj./ANATOMÍA
2 Que puede moler o triturar: *en el molino hay una piedra molar.*
3 Se aplica al diente situado en el extremo de la mandíbula de los mamíferos cuya función es triturar los alimentos. — adj/s.m.
II (Derivado de *mol*.) Que tiene relación con el mol, unidad de medida de la materia: *masa molar.* — adj. QUÍMICA
III (Derivado de *mola*.) Se refiere a la mola o formación carnosa de la matriz: *aborto molar.* — adj. MEDICINA
IV (De origen incierto.)
1 Ser una cosa del agrado de una persona: *este coche nos mola mucho; la película mola cantidad.* — v.intr./coloquial = agradar, gustar
2 Presumir o lucir una cosa: *¡cómo molas con esa moto!* — = fardar

molaridad Índice de concentración de una solución, expresado por el número de moles disueltos en un litro de disolución. — s.f. QUÍMICA

molasa Roca arenisca que además de los granos de cuarzo, puede llevar feldespato, glauconia, mica, fragmentos de cinchas y están unidos por cemento calcáreo. — s.f. GEOLOGÍA

molásico, a De la molasa. — adj./GEOLOGÍA

molcajete Mortero grande de piedra o barro cocido con tres pies que se usa para preparar salsas. — s.m. COCINA

moldar
1 Hacer que una cosa se ajuste a un molde: *moldó la carne picada para hacer albóndigas.* — v.tr. tb: amoldar = moldurar
2 Hacer molduras.

moldavo, a
1 De Moldavia, antigua región histórica del este de Europa y de su lengua. — adj. HISTORIA
2 Persona natural de esta antigua región histórica. — s./HISTORIA
3 De Moldavia, estado de la Europa oriental y antigua república de la URSS. — adj.
4 Persona natural de este estado europeo. — s.
5 De Moldavia, región de Rumania. — adj.
6 Persona natural de esta región. — s.
7 Variante dialectal de la lengua rumana. — s.m./LINGÜÍSTICA

molde (Del cat. ant. *motle* < lat. *modulus*, medida, módulo.)
1 Objeto o pieza hueca en la que se deposita una materia en polvo, pastosa o líquida para que adquiera la forma de éste: *pon la masa del pastel en el molde.* — s.m. = forma
2 Cualquier utensilio, aunque no sea hueco, que sirve para estampar o dar forma a una cosa. — = cuño, troquel
3 Conjunto de normas establecidas: *su comportamiento rompe todos los moldes sociales.* — = regla
4 Persona que, por alcanzar la perfección en una cosa, puede servir de ejemplo: *él es el molde de la virtud.* — = modelo
5 Conjunto de letras, dibujos o signos dispuestos para imprimir. — ARTES GRÁFICAS
6 molde de tontos: Persona que se cansa con las impertinencias de los demás.
7 de molde: 1. Se aplica a lo impreso, a distinción de lo manuscrito. 2. Muy bien, de forma oportuna: *ese vestido te queda que ni de molde.* — loc.adj. loc.adv. coloquial

moldeable Que puede ser moldeado: *el yeso es una sustancia fácilmente moldeable.* — adj. = dúctil

moldeado
1 Acción y resultado de moldear: *está aprendiendo el moldeado en cera.* — s.m. = moldeamiento
2 Peinado que consiste en enrollar el cabello en unos tubos una vez se ha mojado con líquidos especiales, para que se quede ondulado o rizado. — = permanente

moldeador, a Que moldea. — adj/s.

moldear
1 Formar un objeto echando en un molde la materia derretida o fundida con la que se hace. — v.tr. = vaciar

2 Sacar un molde de una figura: *primero moldeó un caballo y luego lo hizo en yeso.*
3 Dar forma a una cosa: *se pasó la tarde moldeando figuras de plastilina.* = modelar
4 Hacer que una persona o una cosa adquieran determinadas características: *el matrimonio moldeó su carácter; se moldeó con aquella experiencia.* v.tr/prnl. = educar, formar
5 Rizar el cabello aplicando líquidos especiales para fijar el rizo y enrollándolo en unos tubos. v.tr.
6 Hacer molduras en una cosa. = moldurar
moldeo Proceso para obtener piezas depositando materiales metálicos fundidos en moldes. s.m. METALURGIA

moldura
1 Adorno arquitectónico consistente en una banda con diversos relieves que se coloca en la unión de dos cuerpos: *los ángulos superiores del edificio están adornados con molduras.* s.f. ARQUITECTURA
2 Listón de madera con el que se rematan las juntas o cantos de los muebles: *la moldura es redondeada, de modo que nadie se hará daño si se golpea.* CARPINTERÍA, CONSTRUCCIÓN
3 Marco de un cuadro: *eligió una moldura negra para enmarcar las láminas.*

molduraje Conjunto de molduras de una obra arquitectónica o de un mueble. s.m.

moldurar Hacer molduras en una cosa. v.tr/= moldear

mole
I (Del lat. *mollis.*) Que es blando y suave. adj./= muelle
II (Del lat. *moles*, masa, volumen o peso grande.) Gran corpulencia o bulto voluminoso y, por lo común, pesado: *está hecho una mole: pesa cien kilos.* s.f.
III (Del náhuatl *mulli.*) Salsa espesa preparada con diferentes ingredientes, chiles y especias. s.m./Méx. COCINA

molécula (Derivado de *mole* < lat. *moles.*)
1 Agrupación ordenada y definida de átomos que constituye la parte más pequeña en que puede dividirse una sustancia conservando todas sus propiedades: *las moléculas de los gases no están en contacto continuo.* s.f. FÍSICA, QUÍMICA
2 molécula gramo: Cantidad de una sustancia química, cuyo peso es su peso molecular expresado en gramos. QUÍMICA = mol

molecular De la molécula: *el peso molecular varía según los compuestos químicos.* adj. FÍSICA, QUÍMICA

moledera
1 Piedra sobre la que se muele. s.f.
2 Cansancio y aburrimiento que produce una persona o una cosa: *la película ha resultado una moledera para mí y para los niños.* coloquial = molienda, pesadez

moledero, a Que puede o debe ser molido: *en ese saco está el trigo moledero.* adj.

moledor, a
1 Que muele: *me gusta usar el moledor de café.* adj/s.
2 Se aplica a la persona o cosa que cansa, molesta: *es tan parlanchín que me resulta moledor; la caminata resultó moledora.* coloquial
3 Cada uno de los cilindros del molino en que se machacan las cañas en los ingenios del azúcar. s.m.

moledura
1 Acción y resultado de moler. s.f.
2 Cansancio, molestia o fastidio producido por la pesadez de una persona o una cosa: *la reunión ha sido una moledura; no aguanto más la moledura de oír a tu madre.* coloquial

molejón
1 Mollejón o piedra de amolar. s.m.
2 Roca alta y tajada que sobresale en el mar. Cuba/GEOGRAFÍA

molendero, a
1 Persona que muele o lleva una cosa para moler a los molinos: *el molendero ha traído varios sacos de maíz.* s.
2 Persona que muele el chocolate.

moleña Roca, en general arenisca, que por su grano y dureza sirve como piedra de molino. s.f. = pedernal

moleño, a Se aplica a la roca que es apta para hacer piedras de molino. adj.

moler (Del lat. *molere.*)
1 Romper una cosa reduciéndola a partes muy pequeñas o a polvo: *hay que moler el trigo para hacer harina.* v.tr/conj: mover = machacar, triturar
2 Dejar el trabajo, el ejercicio o cualquier actividad muy cansada físicamente a una persona: *esta carrera me ha molido.* = derrengar, fatigar
3 Dejar una persona o una cosa maltrecha o estropeada: *me molieron a golpes.* = dañar
4 Molestar a una persona con insistencia: *le molieron con sus reproches toda la tarde; me muele con su continua cháchara.* = fastidiar, incordiar
5 Exprimir la caña de azúcar en el molino o trapiche.
6 a todo moler: Con toda diligencia: *se dispuso a ayudar a todo moler.* loc.adv.

molero, a Persona que hacía o vendía muelas de molino. s.

molesquina Tela de algodón semejante al cuero. s.f./TEXTIL

molestador, a Que molesta: *es un ruido molestador por su continuidad.* adj/s.

molestar (Del lat. *molestare.*)
1 Causar una cosa un dolor poco intenso a una persona: *me molestan los zapatos nuevos.* v.tr.
2 Ofender o causar disgusto a una persona: *en el tren se molestó a causa del humo del tabaco; tu ridículo comentario me molestó mucho.* v.tr/prnl. = fastidiar, enojar
3 No dejar hacer a una persona lo que desea o tiene que hacer: *el ruido le molesta para escribir; no me molestes con preguntas mientras trabajo.* v.tr. = incordiar, importunar
4 Tomarse una persona un trabajo o hacer algo que le causa trastorno: *no te molestes en venir que ya hemos terminado.* v.prnl. = esforzarse

molestia (Del lat. *molestia.*)
1 Sensación de fastidio o enojo: *aún no se le ha pasado la molestia, por el tono en que me habla.* s.f. = enfado
2 Perturbación o trastorno que se causa a una persona: *puedes acompañarle si no te causa molestia.* = incordio
3 Dolor leve o poco intenso: *noto molestias en el estómago, algo me habrá sentado mal.*
4 Falta de comodidad: *llevar este bolso tan grande es una molestia para ir a bailar.* = engorro, fastidio

molesto, a (Del lat. *molestus.*)
1 Que causa molestia: *es una prenda abrigada, pero molesta porque pesa mucho.* adj./= fastidioso, molestoso
2 Que siente molestia: *está molesto del estómago.*
3 Que está enfadado: *sigue molesto por la broma que le hiciste ayer.* = dolido, ofendido

molestoso, a Que produce molestia: *cuando tiene sueño, se pone molestoso.* adj./= cargante, pesado

moleta
1 Piedra en general de mármol usada para moler drogas, colores u otras cosas. s.f.
2 Instrumento usado en las fábricas de cristales para alisarlos y pulirlos. TECNOLOGÍA
3 Instrumento usado en imprenta para moler la tinta en el tintero. ARTES GRÁFICAS
4 Figura de estrella con un círculo en su interior. HERÁLDICA

molibdenita Sulfuro natural de molibdeno de brillo metálico y de color gris plomo. s.f. QUÍMICA

molibdeno (Del gr. *molybdaina*, derivado de *molybdos*, plomo.) Metal pesado, quebradizo y difícil de fundir, usado en laboratorios para preparar ciertos reactivos, y en la industria para la fabricación de aceros. s.m. QUÍMICA

molicie
1 Blandura al tacto: *has comprado un pan con una molicie excesiva.* s.f. = suavidad
2 Modo de vivir demasiado cómodo y desganado. = indolencia

molido, a Que está muy cansado: *llegó molido de la excursión.* adj./= agotado, derrengado

molienda (Del lat. *molenda*, lo que se ha de moler.)
1 Acción de moler granos o cualquier otra sustancia dura o fibrosa: *en el molino se produce a diario una molienda de mil quilos de grano.* s.f. = molturación
2 Cantidad de azúcar, aceituna, trigo u otra cosa que se muele de una vez. = molinada
3 Temporada que dura la operación de moler la caña de azúcar o aceituna.
4 Lugar en el que se muele el grano y otras cosas. = molino
5 Molestia que se causa a una persona: *estoy harto de sus moliendas.* = fastidio
6 Lo que causa molestia: *esa tarea es una molienda y nadie quiere hacerla.* = tabarra

molificable Que se puede molificar o ablandar. adj.

molificación Acción y resultado de ablandar o suavizar una cosa. s.f.

molificar (Del lat. *mollis*, blando + *facere*, hacer.) Poner una cosa blanda o suave: *el cuero se molificó al darle grasa.* v.tr/prnl. conj: sacar = enmollecer

molificativo, a Que tiene la propiedad de molificar o suavizar. adj. = molificante

molimiento
1 Acción de moler. s.m./= molienda
2 Cansancio intenso o fastidio: *me caigo del molimiento que tengo encima.* = agotamiento, fatiga

molinada Molienda hecha de una vez del trigo necesario en una casa para pasar una temporada. s.f. = molienda

molinar Sitio donde había muchos molinos. s.m.

molinería
1 Conjunto de molinos. s.f.
2 Industria molinera. INDUSTRIA

molinero, a
1 Del molino o de la molinería. adj.
2 Persona que tiene a su cargo un molino o la que trabaja en él: *el molinero me explicó el proceso de la molienda.* s.
3 Forma del baile andaluz procedente del folklore regional con alguna influencia del flamenco. s.m.pl.

molinete
1 Hélice giratoria y con aspas que se coloca en un orificio hecho en una ventana o puerta para renovar s.m. = extractor

el aire de una habitación: *instalaron molinetes en la sala para airearla del humo.*
2 Juguete consistente en una rueda o estrella de papel clavada al extremo de una varilla, y que gira movida por el viento.   JUEGOS = molinillo
3 Figura de danza en la que los bailarines, cogidos de la mano y formando rueda, giraban en distintas direcciones.
4 Cualquier movimiento circular y rápido ejecutado con el brazo: *giró el brazo en molinete para coger impulso y lanzar la piedra.*
5 Movimiento circular que ejecuta con el arma un esgrimista para defenderse.   DEPORTES
6 Pase de capa o muleta en que ésta pasa por detrás de la cabeza del torero.   TAUROMAQUIA
7 Torno horizontal colocado de babor a estribor delante del palo trinquete de un barco.   NÁUTICA

molinetear Torear una res haciendo molinetes con la capa o la muleta.   v.tr. TAUROMAQUIA

molinillo
1 Utensilio o aparato para moler: *el molinillo del café es eléctrico.*   s.m.
2 Palo terminado en una pieza cilíndrica con muescas, usado para remover el chocolate y otros alimentos mientras se cuecen.   COCINA
3 Juguete que consiste en unas aspas de papel, o de otro material ligero, que se sujetan a un palito para que giren por la presión del aire.   JUEGOS = molinete
4 **traer una persona picado el molinillo**: Tener muchas ganas de comer.   coloquial
5 **tragarse una persona el molinillo**: Mostrar demasiado orgullo y compostura en el porte y en los actos.   coloquial

molinismo (De Luis *Molina*, jesuita español.) Doctrina religiosa fundada por dicho jesuita, que trataba de conciliar la omnipotencia divina y el libre albedrío.   s.m. RELIGIÓN

molinista (De Luis *Molina*, jesuita español.)
1 De dicho jesuita español o de su doctrina.   adj./RELIGIÓN
2 Que profesa el molinismo.   adj/s.m.f./RELIGIÓN

molino (Del bajo lat. *molinum*.)
1 Máquina para moler, machacar o estrujar una cosa que consiste en una muela, una solera y los mecanismos necesarios para transmitir el movimiento producido por una fuerza motriz.   s.m. INDUSTRIA
2 Edificio donde se encuentra la máquina o instalaciones para moler.   INDUSTRIA
3 Persona muy inquieta o molesta: *este niño me marea porque es un molino.*   coloquial = trasto
4 **molino arrocero**: Aquel en que se pelan los granos del arroz.   coloquial
5 **molino de sangre**: El movido por un animal.
6 **molino de viento**: El movido por el viento.
7 **molinos de viento**: Enemigos imaginarios.
8 **empatársele a una persona el molino**: Tropezar con dificultades que impiden el desarrollo de un negocio o asunto.   coloquial
9 **estar picado el molino**: Ser la ocasión oportuna para hacer una cosa.   coloquial
10 **ir al molino**: Conchabarse con otro u otros para ir en contra de una persona en los juegos.   coloquial

molinosismo (De Miguel de *Molinos*, sacerdote español.) Doctrina religiosa fundada por este sacerdote en el siglo XVII, que defendía la contemplación y consideraba inútiles las acciones.   s.m. RELIGIÓN = quietismo

molinosista (De Miguel de *Molinos*, sacerdote español.)
1 De este sacerdote español del s. XVII, o de su doctrina.   adj. RELIGIÓN
2 Que profesa el molinosismo.   adj/s.m.f./RELIGIÓN

molitivo, a (Del lat. *mollis*, blando.) Que tiene la propiedad de ablandar o suavizar una cosa o sustancia.   adj. = molificante

molla
1 Parte magra de la carne.   s.f.
2 Parte blanda y carnosa de una cosa: *la molla del melocotón es dulce; me gusta más la molla que la corteza del pan.*   = pulpa
3 Exceso de grasa en una parte del cuerpo: *hace gimnasia para rebajar las mollas.*   coloquial

mollar
1 Que es blando y fácil de partir: *cereza mollar, guisante mollar.*   adj.
2 Que produce mucho provecho con poco esfuerzo.
3 Se aplica a la persona que es fácil de convencer o engañar.   = cándido, ingenuo

molle Planta arbórea americana, con hojas fragantes y muy dentadas, flores en espiga y frutos rojizos. (*Schinus molle.*)   s.m. BOTÁNICA

mollear
1 Ceder una cosa a una fuerza o a una presión: *la tuerca no molleaba por más que lo intentamos.*   v.intr.
2 Doblarse una cosa a causa de su blandura: *el pan mollea al humedecerse.*

molledo
1 Parte carnosa y redonda de un miembro del cuerpo, en especial la de brazos, muslos y pantorrillas: *el bebé tiene unos molledos para comérselos.*   s.m. = mollero
2 Miga del pan.   = mollero

molleja
1 Apéndice carnoso formado en las reses jóvenes por hipertrofia de las glándulas: *en ese restaurante las mollejas son una exquisitez.*   s.f. = lechecillas
2 Parte del estómago de las aves donde se trituran los alimentos.   ZOOLOGÍA = cachuela
3 **criar una persona molleja**: Hacerse holgazán y perezoso.   coloquial

mollejo, a
1 Que es blando al tacto.   adj./= muelle
2 Trozo de una cosa blanda.   s.m.

mollejón (Del ant. *molejón*, piedra angular.)
1 Piedra redonda en forma de rueda, usada para afilar, que se coloca sobre un eje horizontal en una artesa con agua.   tb: molejón
2 Hombre grueso y flojo.   coloquial
3 Hombre de carácter apacible.   coloquial/= manso

mollera (Del lat. *mollis*, blando.)
1 Parte más alta de la cabeza: *su mollera empieza a presentar calvicie.*   s.f. = sesera
2 Espacio no del todo osificado situado encima de la frente.   ANATOMÍA
3 Talento o inteligencia de una persona: *es bastante corto de mollera.*   s.f. = caletre, seso
4 **cerrado de mollera**: De poca inteligencia: *no sé si lo entenderá porque es bastante cerrado de mollera.*   loc.adj. coloquial
5 **cerrarse de mollera o tener cerrada la mollera**: 1. Cerrarse la fontanela mayor a los recién nacidos. 2. Ser juicioso.   coloquial
6 **estar mal de la mollera**: Comportarse como un loco: *¡estás mal de la mollera, yo no me tiro en paracaídas!*   coloquial
7 **ser duro de mollera**: 1. Ser torpe para aprender o poco inteligente: *vuélveselo a explicar que es duro de mollera.* 2. Ser terco u obstinado.   coloquial
8 **tener ya dura la mollera**: Ser mayor ya para aprender.   coloquial

móllera Pez teleósteo que vive en las costas septentrionales de la península Ibérica. (*Gadus minutus.*)   s.f. ZOOLOGÍA

mollero
1 Parte blanda de la carne.   s.m./= molledo
2 Parte blanda del pan.   = miga

molleta Torta de pan de harina de trigo amasada con leche.   s.f. COCINA

molletas Tijeras que sirven para cortar el pábilo o mecha de velas, candiles o utensilios parecidos para avivar la luz.   s.f.pl. = despabiladeras

mollete (Del fr. *mollet*.)
1 Pieza de pan blanco, esponjoso y redondo.   s.m.
2 Moflete, carrillo de la cara.
3 Rebanada de pan de corteza dura, untado de mantequilla o de frijoles y queso.   Méx. COCINA

molletero, a Persona que hacía o vendía panecillos.   s.

molletudo, a Se aplica a la persona con los mofletes gruesos.   adj./= carrilludo, mofletudo

mollificar Poner blanda una cosa: *el agua mollifica el pan.*   v.tr/conj: sacar tb: molificar, ablandar

mollinear Llover un poco, chispear: *no necesito el paraguas porque sólo está mollineando.*   v.impers. = mollinear

mollino, a Se aplica a la lluvia que cae en gotas pequeñas y de manera poco violenta.   adj/s.f.

mollizna Lluvia menuda.   s.f./= llovizna

mollizna r Lloviznar, llover un poco y en gotas menudas.   v.impers. tb: mollizna r

molo Malecón, muro para defenderse de las aguas.   s.m./Chile

molón, a
1 Que mola o gusta: *¡qué camisa tan molona llevas!; sale con un tío muy molón.*   adj./coloquial = guapo
2 Trozo de piedra sin labrar.   s.m./Ecuad., Perú

molondro Persona perezosa y torpe: *no seas molondro y acompáñame a comprar.*   s.m.f. tb: molondrón

moloso, a
1 De Molosia, antigua región del reino de Epiro.   adj./HISTORIA
2 Persona natural de esta antigua región.   s./HISTORIA
3 Se aplica a una raza canina de gran tamaño y pelo corto, que procede de Molosia.   adj/s./ZOOLOGÍA = dogo
4 Pie de la poesía clásica compuesto de tres sílabas largas.   s.m. POESÍA

molote
1 Alboroto, escándalo o tumulto provocado por el gentío en un lugar público.   s.m./Méx. Amér. Central
2 Moño o rodete de cabello para recogerlo en la cabeza.   Colomb. Méx.
3 Empanada rellena de carne, papas, cebolla, chile, queso y otros ingredientes.   Méx. COCINA
4 Envoltura alargada, lío.   Méx.

molotov Se aplica al explosivo de fabricación casera, en general compuesto por una botella con un combustible y una mecha. — adj/s.m. = cóctel molotov

moltura (Del ant. *muelto,* derivado de *moler.*) Acción y resultado de moler granos o frutos. — s.f. = molienda

molturador, a Persona que moltura o tritura. — s.

molturar Moler granos o frutos. — v.tr./= triturar

molusco (Del lat. moderno científico *molluscus* < lat. *molluscus,* blando.) Perteneciente a un tipo de animales metazoos de cuerpo blando, no segmentado en los adultos y en general protegido por una concha calcárea, como el caracol y la babosa. — adj/s.m. ZOOLOGÍA

momeador, a Que momea. — adj.

momear Hacer una persona momos o gestos para hacer reír: *la oficina no es un lugar para momear.* — v.intr.

momentáneo, a
1 Que dura sólo un momento o muy poco tiempo: *el sismo fue momentáneo y casi inapreciable.* — adj.
2 Que se realiza con rapidez.

momento (Del lat. *momentum.*)
1 Espacio breve de tiempo: *entraré un momento para saludarle.* — s.m. = instante
2 Espacio de tiempo indeterminado: *en su biografía, explica momentos felices.* — = instante, período
3 Espacio de tiempo concreto que se singulariza por cualquier circunstancia: *este fue el peor momento de su vida; fue el momento decisivo del drama.* — = fase
4 Ocasión o circunstancia ideal, propicia o conveniente para hacer una cosa: *en su carrera no le ha llegado todavía su momento; ahora es el momento de invertir.* — = oportunidad
5 Situación en el tiempo actual: *le preocupan los problemas del momento.* — = actualidad, presente
6 Valor característico de una distribución estadística, calculado a partir de las potencias de las separaciones entre los valores observados y el que se tomó como origen. — ESTADÍSTICA
7 **momento de inercia:** Suma de los productos resultantes de multiplicar el volumen de cada elemento de un cuerpo por el cuadrado de su distancia a una línea fija. — FÍSICA
8 **al momento:** De inmediato, en seguida: *al momento le sirvo los cafés.* — loc.adv.
9 **cada momento o a cada momento:** Con frecuencia, de continuo: *me pregunta si voy a ir a cada momento.* — loc.adv.
10 **de o por el momento:** 1. Por ahora, en el tiempo actual: *de momento se han instalado en la casa de sus padres.* 2. Por de pronto, sin reflexionar: *le contestó de momento y se equivocó.* — loc.adv.
11 **desde el momento en que:** Introduce una oración de lo que se deduce otra: *está de acuerdo con el pacto desde el momento en que no se ha quejado.* — loc.conj.
12 **de un momento a otro:** Pronto, sin tardanza, en seguida: *estoy segura de que llegará de un momento a otro.* — loc.adv.
13 **en el momento presente:** Ahora, en este instante. — loc.adv.
14 **hasta el momento:** Por ahora: *hasta el momento sigo en el paro.* — loc.adv.
15 **por momentos:** 1. De forma progresiva y continuada: *me estoy encontrando mal por momentos.* 2. Muy pronto, de un momento a otro. — loc.adv.

momia (Del ár. *mumiya.*)
1 Cadáver que se conserva mucho tiempo sin entrar en putrefacción de manera natural o por medios artificiales: *se ha encontrado una momia de unos cinco mil años.* — s.f.
2 Persona muy delgada y demacrada: *se quedó hecha una momia tras la enfermedad.* — coloquial
3 Persona de carácter seco y aburrida: *le da igual que vayamos o no porque es una momia.* — = muermo

momificación Transformación de un cadáver en momia. — s.f.

momificar Convertir un cadáver en momia: *los antiguos egipcios momificaban a sus muertos.* — v.tr/prnl. conj: *sacar*

momio, a
1 Que no tiene grasa. — adj./= magro
2 Trabajo o negocio donde se consigue mucho beneficio con poco esfuerzo. — s.m. = ganga
3 **de momio:** Gratis, de balde. — loc.adv.

momo Gesto burlesco para hacer reír, por lo común en juegos y danzas: *hace momos con la cara y manos para entretener a los niños.* — s.m.

momórdiga Balsamina, planta americana con tallos sarmentosos y hojas semejantes a las de la vid. — s.f. BOTÁNICA

mona
I (De origen incierto.)
1 Persona que imita a otra u otras: *esta niña es la mona que imita a su abuela.* — s.f. coloquial
2 Estado producido por el alcohol cuando se bebe en tal cantidad que provoca alteraciones físicas o perceptivas: *menuda mona llevaba al salir del bar.* — coloquial = borrachera
3 Juego de naipes en que hay que descubrir una carta oculta formando parejas con todas las demás. — JUEGOS
4 Esta carta que se oculta. — JUEGOS

5 Primate hembra del suborden de los simios. — ZOOLOGÍA
6 Mamífero antropoide, el único europeo, rabón y de tamaño mediano, que se cría en África y en el peñón de Gibraltar. *(Macaca innus.)* — ZOOLOGÍA = mona de Gibraltar
7 Refuerzo que lleva el picador en la pierna derecha, por ser la más expuesta a los golpes del toro. — TAUROMAQUIA
8 **cabreado como una mona:** Muy enfadado: *llegó cabreado como una mona porque le habían suspendido.* — loc.adv. coloquial
9 **como la mona:** Indica el mal resultado de los negocios, la salud o cualquier otra actividad. — Amér. Merid.
10 **dormir la mona:** Dormir la borrachera: *anda, déjalo ya y vete a dormir la mona.* — coloquial
11 **hecho una mona o corrido como una mona:** Burlado o puesto en ridículo: *quedó hecho una mona cuando se descubrió su error.* — loc.adv.
II (Del cat. *mona.*)
1 Torta adornada con huevos duros. — s.f./COCINA
2 **mona de Pascua:** Tarta de bizcocho muy adornada que se come en pascua, en especial en Cataluña. — COCINA
3 **anda o vete a freír monas:** Se usa para despedir a una persona de malos modos: *déjame en paz y vete a freír monas.* — coloquial
4 **mandar a freír monas:** Mandar a paseo, despedir de malos modos: *me mandó a freír monas por preguntarle la hora.* — coloquial

monacal De los monjes o del monasterio: *si quieres quedarte, debes respetar el silencio monacal.* — adj./RELIGIÓN = monástico

monacato (Del bajo lat. *monachus* < lat. vulgar *monicus* < gr. *monakhos,* único, solitario.)
1 Estado y modo de vida del monje. — s.m./= monaquismo
2 Institución monástica. — RELIGIÓN

monacita Fosfato natural de cerio y otras tierras raras. — s.f. MINERALOGÍA

monacordio (Del gr. *monos,* uno + *khorde,* cuerda musical.) Instrumento musical antiguo, parecido a la espineta, con un teclado más grande. — s.m. MÚSICA

monad- Componente de palabra procedente del gr. *monas, monados, monados,* que significa unidad: *monádelfo; monadología.* — pref. tb: monado-

monada
1 Gesto y acción propia de un mono. — s.f.
2 Acción graciosa de un niño: *con un añito es cuando hacen sus monadas.* — = gracia, monería
3 Actitud afectada y ridícula. — = monería
4 Caricia o halago hecho con mimo: *se pasa el día haciéndole monadas a su marido.* — = carantoña, zalamería
5 Cosa bonita, pequeña y graciosa: *tiene una colección de monadas de vidrio.* — = monería
6 Gesto, acción o cosa fútil y tonta, impropia de adultos: *mira que dices monadas al cabo del día.* — = gansada, tontería

mónada (Del gr. *monos,* uno.)
1 Cada una de las partículas indivisibles y de naturaleza distinta que según algunos filósofos componen todo lo que existe. — s.f. FILOSOFÍA
2 Perteneciente a un grupo de protozoos que se caracterizan por la ausencia de núcleo. — adj/s.f. ZOOLOGÍA

monadelfo, a Se aplica a los estambres que están soldados entre sí por sus filamentos, formando un solo haz. — adj. BOTÁNICA

monadología Teoría filosófica de las mónadas. — s.f./FILOSOFÍA

monago Monaguillo, ayudante de los oficios religiosos. — s.m./RELIGIÓN coloquial

monaguillo (Del lat. *monachellus.*) Niño encargado de ayudar a misa y de otros servicios en la iglesia: *el monaguillo se cayó al ir a coger el cáliz.* — s.m. RELIGIÓN = monago

monaquismo (Del bajo lat. *monachus* < lat. vulgar *monicus.*) Estado de monje. — s.m. = monacato

monarca (Del gr. *monarkhes.*) Soberano de un estado cuya forma de gobierno es la monarquía: *el monarca asistió a la ceremonia de inauguración.* — s.m. = rey

monarquía (Del lat. *monarchia* < gr. *monarkhia.*)
1 Forma de gobierno en la que el poder supremo es ejercido por un rey: *España es una monarquía constitucional.* — s.f. POLÍTICA
2 Estado regido por un monarca. — POLÍTICA
3 Tiempo que dura el gobierno de un monarca.

monárquico, a
1 De la monarquía o del monarca: *en Europa han predominado los sistemas monárquicos.* — adj. POLÍTICA
2 Que pertenece a la monarquía.
3 Que es partidario de la monarquía: *votó a un partido monárquico.* — adj/s. POLÍTICA

monarquismo Tendencia política que defiende la monarquía como forma de gobierno. — s.m. POLÍTICA

monasterial Del monasterio: *le gusta pasear por el claustro monasterial.* — adj./RELIGIÓN = monástico

monasterio (Del bajo lat. *monasterium* < gr. *monasterion.*)
1 Convento o edificio donde vive una comunidad de religiosos o religiosas: *este monasterio ha sido declarado patrimonio cultural.* — s.m. RELIGIÓN
2 Cualquier casa de religiosos o religiosas. — RELIGIÓN

monásticamente
1 Según las reglas monásticas.   adv./RELIGIÓN
2 Como un monje: *vive monásticamente recluido en su casa.*

monástico, a (Del lat. *monasticus*.) Del monasterio o   adj.
de los monjes: *decidió un retiro monástico para liberarse*   = monasterial,
de las tensiones.   monacal

monda
1 Acción de mondar: *todavía siguen con la monda de*   s.f.
las patatas.   = mondadura
2 Piel o desperdicio que queda al pelar una cosa: *tira*   = peladura
las mondas a la basura.
3 Época del año en que se podan los árboles.
4 Exhumación de restos que se hacía de forma periódica en los cementerios para trasladarlos a la fosa o
al osario.
5 **ser la monda:** 1. Ser una cosa o una persona muy   coloquial
buena o muy mala: *es la monda para las tareas de casa.*   = ser el colmo
2. Ser una cosa o una persona muy divertida: *la situa-*   coloquial
ción es realmente la monda.

mondaderas Tijeras con que se corta el pábilo o me-   s.f.
cha de velas, candiles y utensilios parecidos para avi-   pl: mondaderas
var la luz.   = despabiladeras

mondadientes Instrumento fino, alargado, acabado   s.m.
en punta y en general de madera que sirve para qui-   pl: mondadientes
tar los restos de comida que quedan entre los dien-   = limpiadientes,
tes: *los mondadientes van enfundados en papel.*   palillo

mondador, a Que monda o poda: *compró un cuchillo*   adj./s.
mondador para las patatas.

mondadura
1 Acción de mondar: *ayúdame con la mondadura de la*   s.f.
verdura.   = monda
2 Piel, cáscara o desperdicios de las cosas que se   = peladura
mondan.

mondante Que causa mucha risa: *me contó una anéc-*   adj.
dota mondante.   = tronchante

mondaoídos Pequeño instrumento que se usa para   s.m.
quitar la cera del oído: *me quitaron un tapón con un*   pl: mondaoídos
mondaoídos.   = mondaorejas

mondapozos Persona que limpia o monda pozos.   s.m.l/pl: mondapozos

mondar (Del lat. *mundare*.)
1 Quitar la piel o la cáscara a una cosa: *no me gusta*   v.tr.
mondar las manzanas.   = pelar
2 Limpiar una cosa de lo superfluo o extraño.   = depurar
3 Limpiar el cauce de un río o un canal: *mondarán las*
aguas y repoblarán el río de peces.
4 Cortar las ramas superfluas de una planta.   = podar
5 Cortar el pelo a una persona.   = pelar
6 Quitar a una persona lo que posee: *le mondó el dine-*   = despellejar
ro que llevaba en un par de bazas.
7 Limpiar las vías respiratorias de mucosidades tosiendo repetidas veces.
8 Golpear mucho a una persona o un animal: *le mon-*   = majar
daba a palos rabioso cuando llegaba borracho a casa.
9 Reírse mucho: *se mondaba oyendo los chistes del humo-*   v.prnl.
rista.   = troncharse

mondarajas Mondaduras, pieles de patata, naranja,   s.f.
manzana y frutas parecidas: *las mondarajas sirven de*   coloquial
alimento para los cochinos de la granja.   = peladura

mondejo Cierto relleno de la panza del cerdo o del   s.m.
carnero.

mondo, a (Del lat. *mundus*.)
1 Que está despojado de pelo: *tiene la coronilla monda.*   adj./= pelón
2 Que no tiene dinero: *me quedé mondo en el casino.*   = pelado
3 Que no tiene añadiduras o cosas superfluas: *cobra*   = limpio
el sueldo mondo.
4 **mondo y lirondo:** Sin nada superfluo o extraño: loc.adj.
me devolvieron el bolso mondo y lirondo de dinero.

mondón (Del lat. *mundus*, limpio.) Tronco de árbol   s.m.
sin corteza.

mondongo
1 Intestinos o panza de un animal, en especial de las   s.m.
reses y el cerdo.   = entraña
2 Intestinos de las personas.   coloquial
3 Adefesio, traje o adorno ridículo.   Guat., P. Rico
4 Guiso que se prepara con panza de red.   Méx./COCINA
5 **hacer el mondongo:** Usar los intestinos del animal
para hacer embutidos.

mondonguería Tienda o lugar donde se vendían   s.f.
mondongos.   COMERCIO

mondonguero, a
1 Persona que compone, guisa o vende mondongos,   s.
intestinos y panza de las reses.
2 Persona experta en las faenas de la matanza.

monear Hacer una persona monadas: *deja de monear*   v.intr./coloquial
y siéntate a comer.   = tontear

moneda (Del lat. *moneta*.)
1 Unidad representativa del valor de las cosas que   s.f.
posibilita el efectuar pagos, contratos y todo tipo de   ECONOMÍA
transacciones, y que emite un estado en forma de
pieza de metal, billete o bono: *la moneda ha bajado su*
cotización.

2 Pieza de metal, por lo general en forma de disco,   ECONOMÍA
que sirve de medida común para el precio de las cosas y para facilitar las transacciones comerciales: *tiene*
la cartera llena de monedas.
3 Conjunto de las unidades representativas del dine-   ECONOMÍA
ro circulante en cada país: *la peseta es la moneda espa-*
ñola; necesito moneda extranjera.
4 Caudal económico que posee una persona.   = dinero
5 **moneda contante y sonante o amonedada:** Moneda metálica.
6 **moneda corriente:** La legal y usual.   ECONOMÍA
7 **moneda cortada:** 1. La que no tiene cordoncillo, ni
adorno ni leyenda en el canto. 2. La que no tiene forma circular o está realmente cortada.
8 **moneda divisionaria:** La equivalente a una frac-   ECONOMÍA
ción exacta de la unidad monetaria legal: *el centavo es*
una moneda divisionaria del dólar.
9 **moneda fiduciaria:** La que representa un valor que   ECONOMÍA
intrínsecamente no tiene.
10 **moneda fraccionaria:** 1. Moneda divisionaria. 2.   ECONOMÍA
La de menor valor en relación con otra u otras del
mismo sistema.
11 **moneda imaginaria:** La que no ha existido o no   ECONOMÍA
existe ya y, sin embargo, es usada como unidad de
cuenta por algunos contratos o cambios.
12 **moneda metálica o sonante:** Dinero en piezas
metálicas, no en papel.
13 **moneda trabucante:** Aquella que tiene algo más
del peso legal.
14 **acuñar moneda:** Labrarla, fabricarla.   ECONOMÍA
15 **alterar la moneda:** Modificar su valor, peso o ley.   ECONOMÍA
16 **batir moneda:** Labrarla, acuñarla.
17 **buena moneda:** La que es apreciada: *el marco ale-*
mán es buena moneda.
18 **correr la moneda:** 1. Pasar sin dificultad en el comercio. 2. Haber abundancia de dinero en el público.
19 **imprimir moneda:** Fabricar, acuñar moneda o pa-   ECONOMÍA
pel moneda.
20 **labrar moneda:** Fabricarla y acuñarla.
21 **no hacemos moneda falsa:** Se usa para manifes-   coloquial
tar que no hay inconveniente en que oigan lo que
están tratando: *pueden entrar, aquí no hacemos moneda*
falsa.
22 **pagar en o con la misma moneda:** Corresponder   coloquial
a una buena o mala acción con otra semejante: *es*
rencoroso y te pagará en la misma moneda por haberle
puesto en ridículo.
23 **pagar una buena moneda:** Dar entera satisfac-   coloquial
ción en cualquier materia.
24 **papel moneda:** Billetes de banco.   ECONOMÍA
25 **ser moneda corriente:** Ser regular o muy fre-   coloquial
cuente: *sus retrasos ya son moneda corriente.*

monedaje Derecho que se pagaba al rey por la fabri-   s.m.
cación de moneda.   HISTORIA

monedero, a
1 Bolsa pequeña o cartera en la que se lleva dinero: s.m.
me han robado el monedero y no llevo dinero.
2 Persona que fabrica monedas.   s.
3 **monedero falso:** Persona que acuña moneda falsa
y la pone en circulación.

monegasco, a
1 De Mónaco, país europeo y de su capital.   adj.
2 Persona natural de este país o esta ciudad.   s.

monema Unidad mínima dotada de significado, en   s.m.
cierta corriente de la lingüística estructuralista.   LINGÜÍSTICA

mónera (Del gr. *moneres*, estructura sencilla.) Célula   s.f.
ideal que no tiene el núcleo diferenciado.   BIOLOGÍA

monería
1 Acción propia de los monos.   s.f.
2 Gesto o acción graciosa de los niños.   = monada
3 Gesto o acción ridícula: *compórtate y deja de hacer*   = payasada
monerías.
4 Mimo, gesto cariñoso: *todo el rato le hace monerías a*   = carantoña
su novia.
5 Persona, cosa o animal bonito y gracioso: *esos pen-*   = ricura,
dientes son una monería; su bebé es una monería.   monada

monesco, a Que es propio de monos: *no hagas gestos*   adj.
monescos.   = simiesco

monetario, a (Derivado del lat. *moneta*, moneda.)
1 De la moneda: *el déficit monetario del país preocupa a*   adj.
los economistas.   = dinerario
2 Colección ordenada de monedas y medallas.   s.m.
3 Conjunto de estantes o cajones donde se guardan
ordenadamente las monedas y las medallas.
4 Sitio donde se guardan los cajones que contienen
las series de las monedas y medallas.

monetarismo Doctrina económica que defiende que   s.m.
los fenómenos monetarios intervienen de modo de-   ECONOMÍA
terminante en la regulación de la economía: *el mone-*
tarismo es propio de los sistemas capitalistas.

monetarista
1 Del monetarismo: *el candidato defiende una política*   adj.
monetarista.   ECONOMÍA

2 Partidario del monetarismo. — s.m.f./ECONOMÍA

monetización
1 Acción de dar curso legal a los billetes de banco u otros instrumentos monetarios. — s.f.
2 Acuñación de moneda: *próximamente se hará una nueva monetización*.

monetizar (Del lat. *moneta*, moneda.)
1 Dar curso legal a los billetes de banco u otro instrumento monetario. — v.tr./conj: *cazar* ECONOMÍA
2 Acuñar o hacer moneda. — = amonedar

mongol, a
1 De Mongolia, país del Asia central. — adj./= mongólico
2 Persona natural de este país asiático. — s.
3 Se aplica a un conjunto de pueblos originarios de las estepas asiáticas que fundaron un imperio en el siglo XIII. — adj. HISTORIA
4 Persona originaria de estos pueblos y este imperio. — s./HISTORIA

mongólico, a
1 De Mongolia, país del Asia central. — adj./= mongol
2 Persona natural de Mongolia. — s.
3 Que padece mongolismo. — adj/s./MEDICINA

mongolismo Enfermedad de origen genético, caracterizada por un retraso mental y físico y por un aspecto de rostro semejante al de los mongoles, como ojos rasgados y nariz ancha. — s.m. MEDICINA = síndrome de Down

mongoloide Que tiene rasgos físicos semejantes a los de los individuos de los pueblos mongoles. — adj/s.m.f.

moni (Del ingl. *money*.) Dinero, moneda corriente: *paga tú que no tengo moni*. — s.m./coloquial tb: monis

moniato Boniato, planta y tubérculo comestible. — s.m./BOTÁNICA

monicaco, a
1 Persona cobarde e insignificante: *no le hagas caso, es un monicaco*. — despectivo
2 Niño pequeño: *eres un monicaco repelente*. — coloquial

monición (Del lat. *monere*, amonestar.)
1 Admonición, consejo que se da a una persona o advertencia que se le hace. — s.f. = amonestación
2 Lectura breve que sirve de preparación o explicación a la misa o a alguna de sus partes: *yo leo la monición de entrada*. — RELIGIÓN

monigote
1 Objeto de forma humana o animal, por lo general de trapo, que sirve como juguete: *los manifestantes llevaban un monigote que representaba al presidente*. — s.m.
2 Persona que tiene un carácter débil y se deja manejar con facilidad por otras: *no tiene decisión, es un monigote*. — coloquial = pelele
3 Persona que tiene poca cultura o inteligencia. — = tonto coloquial
4 Dibujo, pintura o escultura mal hecha o caricaturesca: *dibuja monigotes en los libros*.
5 Persona que no tiene órdenes clericales y vive en un convento. — RELIGIÓN
6 Seminarista, persona que estudia en un seminario. — Chile, Perú
7 Nombre vulgar de un bejuco silvestre que produce una flor blanca y morada. — Cuba BOTÁNICA
8 Flor de esta planta. — Cuba/BOTÁNICA
9 Monaguillo, niño que ayuda a misa. — Cuba
10 Trozo o cilindro de madera en que los muchachos enrollan el hilo de la cometa. — Cuba JUEGOS

monimiáceo, a Perteneciente a una familia de plantas angiospermas dicotiledóneas, leñosas, de hojas opuestas o verticiladas, flores generalmente unisexuales, carpelos con un solo óvulo y fruto en aquenio, como el boldo. — adj/s.f. BOTÁNICA

monipodio (Del lat. *monopolium* < gr. *monopolion*.) Conjunto de personas que se asocian y reúnen para tratar asuntos con fines ilícitos. — s.m.

monis (Del ingl. *money*.) Dinero, medio de pago: *este bolso cuesta mucho monis*. — s.m./coloquial tb: moni

monís Cosa pequeña, pulida y delicada. — s.f.

monismo (Del gr. *monos*, uno.) Doctrina filosófica que defiende que la materia y el espíritu, lo físico y lo síquico son idénticos en su esencia, y que son dos aspectos de una misma sustancia manifestada en dos formas. — s.m. FILOSOFÍA ≠ dualismo

monista Persona partidaria o defensora del monismo. — s.m.f./FILOSOFÍA

mónita (Del lat. *monere*, amonestar.) Engaño realizado con amabilidad, halago y disimulo. — s.f. = astucia

monitor, a (Del lat. *monere*, amonestar.)
1 Persona que enseña y dirige el aprendizaje deportivo o cultural de una persona: *trabaja como monitor de esquí; fue mi monitor en los campamentos de verano*. — s. = instructor
2 Aparato receptor de televisión que se usa para comprobar la salida de las imágenes de un transmisor o amplificador. — s.m. AUDIOVISUALES
3 Aparato detector para realizar determinadas comprobaciones. — TECNOLOGÍA
4 Terminal de un ordenador que presenta de forma visual las informaciones. — INFORMÁTICA = pantalla
5 Barco de guerra que navegaba casi sumergido y se usaba, en especial, para la exploración de los ríos. — MILITAR
6 Ayudante de los profesores de educación física en el ejército. — MILITAR

7 Persona que amonesta o avisa. — = amonestador
8 Cañón de agua a presión. — MINERÍA

monitoria Consejo o advertencia que se da o se hace a una persona: *nunca escuchaste mis monitorias*. — s.f. = monición

monitoring (Voz inglesa.) Utilización médica de un monitor o sistema de monitores en la vigilancia y control de enfermedades y otros procesos. — s.m. MEDICINA = monitorización

monitorio, a
1 Que sirve para avisar o amonestar a una persona: *siempre recordaré sus palabras monitorias*. — adj.
2 Se aplica a la persona que avisa o amonesta a otra.
3 Advertencia o amonestación que dirigían el papa o los prelados a los fieles, para señalarles líneas de conducta o recabar información sobre un asunto determinado. — s.m. RELIGIÓN

monitorizar
1 Instalar monitores en un lugar: *han monitorizado el banco como medida de seguridad*. — v.tr. conj: *cazar*
2 Vigilar o controlar con monitores una acción o un suceso: *el doctor monitorizó el parto para que no hubiera problemas*.

monja
1 Religiosa de alguna orden eclesiástica: *se hizo monja muy joven; es monja de clausura*. — s.f. RELIGIÓN
2 Partículas encendidas que quedan cuando se quema un papel, y se van apagando poco a poco. — s.f.pl.

monje (Del occitano ant. *monge* < lat. vulgar *monicus* < bajo lat. *monachus* < gr. *monakhos*, solitario.)
1 Religioso de alguna orden eclesiástica que está sujeto a una regla común y vive en un monasterio. — s.m. RELIGIÓN
2 Solitario o anacoreta.
3 Carbonero común, ave paseriforme que se alimenta de insectos y frutos. — ZOOLOGÍA

monjerío Conjunto de monjas. — s.m./= monjío

monjía
1 Plaza, rentas y derechos que tiene un monje en su monasterio. — s.f. RELIGIÓN
2 Estado del que es monje o monja. — RELIGIÓN
3 Monasterio o convento: *trasladaron a la religiosa a otra monjía*.

monjil
1 De las monjas. — adj.
2 Excesiva o aparentemente recatado: *tiene un comportamiento monjil y puritano*. — = mojigato
3 Hábito o túnica de las monjas. — s.m.
4 Traje de lana que usaban las mujeres al vestirse de luto.

monjío
1 Estado de la monja. — s.m/RELIGIÓN
2 Entrada en una orden religiosa de monjas. — RELIGIÓN
3 Conjunto de monjas. — = monjerío
4 Convento de monjas.

monjita Pequeño pájaro de unos diez a quince cm de largo cuyo plumaje blanco y negro recuerda al hábito de una monja. (*Xolmis*.) — s.f. Argent. ZOOLOGÍA

mono, a
1 Que es bonito o gracioso: *su hijo es un niño muy mono; ¡qué cachorro más mono!* — adj./coloquial = lindo, majo
2 Se usa cariñosa e irónicamente para dirigirse a una persona: *oye, mona, cállate que ya estoy harta de oírte*. — coloquial = rico
3 Rubio, de color parecido al del oro. — adj/s./Colomb.
4 Mamífero primate antropoide del suborden de los simios, con extremidades plantígradas, dentición completa y con las fosas orbitarias separadas de las temporales y dirigidas hacia delante. — s. ZOOLOGÍA = simio
5 Persona que hace gestos parecidos a los de estos animales. — = mico
6 Persona joven que sólo se preocupa de su apariencia. — = coqueto
7 Muñeco, juguete con figura humana: *un mono de peluche*. — Méx.
8 Traje de faena, de tela fuerte y color oscuro que consta de pantalón y cuerpo de una sola pieza y se utiliza para proteger la ropa o el cuerpo mientras se trabaja: *el mecánico llevaba el mono lleno de grasa*.
9 Prenda de vestir que consta de pantalón y cuerpo de una sola pieza: *el bebé dormía con un mono de algodón*.
10 Garabato, caricatura, dibujo o figura de animal o persona. — s.m. = monigote
11 Comodín de los juegos de naipes. — JUEGOS
12 Síndrome de abstinencia en un drogadicto: *cuando le da el mono se pone muy nervioso*. — argot
13 Ansiedad producida por la ausencia de una cosa que se desea: *hace mucho que no voy al cine y ya tengo el mono*. — coloquial = ansia
14 Fuerzas de orden público: *los monos disolvieron la manifestación*. — coloquial = policía
15 Cubo de madera para transportar la uva en el lagar. — Amér.
16 Montón o pila en que se exponen los frutos u otras mercancías en las tiendas y mercados. — Chile

17 mono araña: Mamífero antropoide sudamericano, de cuerpo pequeño, extremidades muy largas y cola prensil, que vive en las selvas amazónicas. *(Ateles.)*   ZOOLOGÍA

18 mono ardilla: Mamífero antropoide sudamericano, arborícola y de cola larga no prensil. *(Saimiri sciureus.)*   ZOOLOGÍA

19 mono aullador: Mamífero antropoide sudamericano de cola prensil, herbívoro y arborícola, que suele vivir en grupos, comunicándose por medio de aullidos. *(Alouatta.)*   ZOOLOGÍA

20 mono azul: Mamífero antropoide africano, grande, con una mata de pelo liso en las mejillas y color negro azulado, arborícola y de cola larga, que vive al sur del Sahara. *(Cercopithecus mitis.)*   ZOOLOGÍA

21 mono capuchino: Mamífero antropoide sudamericano, diurno, arborícola y omnívoro, con la cola no prensil, y cubierta de pelo. *(Cebus fatuellus.)*   ZOOLOGÍA / = caí

22 mono de imitación: Persona que imita lo que hacen los demás: *hace lo mismo que su padre, es un mono de imitación.*   coloquial

23 mono sabio: 1. Mono amaestrado capaz de hacer piruetas y ejercicios. 2. Persona que atiende al caballo del picador y le presta servicio en la plaza.   TAUROMAQUIA / th: monosabio

24 estar de monos: Estar dos o más personas enfadadas o reñidas: *los novios están de monos.*   coloquial

25 quedarse una persona hecho un mono: Quedarse avergonzado: *le reñí y se quedó hecho un mono.*   coloquial

26 ser una persona el último mono: Ser la persona menos importante en un asunto: *aunque yo sea el último mono, quiero dar mi opinión.*   coloquial

27 tener monos en la cara: Se usa para dirigirse a una persona que mira a otra con impertinencia o fijamente: *¿acaso tengo monos en la cara?*   coloquial

mono- Componente de palabra procedente del gr. *monos,* que significa único: *monocromo; monomanía; monosílabo.*   pref.

monoácido, a Se aplica al ácido que tiene un solo átomo de hidrógeno ácido.   adj./s.m. QUÍMICA

monoatómico, a Se aplica a los cuerpos simples cuya molécula tiene un solo átomo.   adj. QUÍMICA

monoaural De la monofonía.   adj./= monofónico

monoaxial Se aplica al cristal birrefringente que posee una dirección en la que un rayo luminoso se propaga sin desdoblarse.   adj. MINERALOGÍA

monobásico, a Se refiere a los compuestos que poseen una única función básica.   adj./s. QUÍMICA

monobloc Se aplica al aparato que está compuesto de una sola pieza: *cabina monobloc.*   adj/s.m/pl: monobloc / th: monobloque

monocameralismo Estructura del sistema parlamentario formada por una sola cámara legislativa.   s.m. POLÍTICA

monocameralista
1 Del monocameralismo.   adj./POLÍTICA
2 Se aplica a la persona que apoya o propugna el modelo de cámara legislativa del monocameralismo.   adj/s.m.f. POLÍTICA

monocarril Se refiere al ferrocarril que circula sobre un solo carril o raíl.   adj./s.m. / = monorraíl

monocasco Armazón de una sola pieza para afianzar la resistencia: *estructura monocasco; automóvil monocasco.*   s.m. TECNOLOGÍA

monoceronte (Del gr. *monos,* uno + *keras,* cuerno.) Unicornio, animal fantástico.   s.m. / th: monocerote

monociclo (Del gr. *monos,* uno + *kyklos,* círculo.) Velocípedo de una sola rueda.   s.m.

monocigótico, a Se refiere a los gemelos que se originan por la fecundación de un óvulo por un solo espermatozoide.   adj. BIOLOGÍA

monocinético, a Se aplica a las partículas que tienen la misma velocidad.   adj. FÍSICA

monocito (Del gr. *monos,* uno + *kytos,* célula.) Leucocito mononuclear de gran tamaño.   s.m. BIOLOGÍA

monoclamídeo, a (Del gr. *monos,* uno + *klhamys, -ydos,* clámide.) Perteneciente a un grupo de plantas angiospermas dicotiledóneas, de flores con cáliz pero sin corola, como las urticáceas.   adj/s.f. BOTÁNICA

monoclinal
1 Se refiere a la estructura en la que todas las capas tienen una misma inclinación y dirección.   adj. GEOLOGÍA
2 Se aplica al relieve que está formado por un talud empinado y otro flanco de pendiente suave.   GEOLOGÍA

monoclínico, a Se refiere al sistema cristalino cuyas formas se caracterizan por tener un centro de simetría, un eje binario y un plano perpendicular a él.   adj. MINERALOGÍA

monococo Coco o bacteria redondeada que se presenta en estado aislado.   s.m. BIOLOGÍA

monocolor
1 Que es de un solo color: *la pantalla de mi ordenador es monocolor.*   adj. / = monocromo
2 Se aplica al gobierno que está constituido por un solo partido o grupo político.   POLÍTICA

monocorde
1 Se aplica al instrumento musical que tiene una sola cuerda.   adj. MÚSICA

2 Se refiere al sonido que repite una misma nota: *soltó un grito monocorde; su canto era monocorde.*

3 Que es monótono o no tiene variación: *fue un discurso muy monocorde.*   = aburrido

monocordio (Del gr. *monos,* uno + *khorde,* cuerda.) Instrumento musical formado por una caja de resonancia y una sola cuerda, empleado desde la antigüedad para medir los intervalos musicales.   s.m. MÚSICA

monocotiledóneo, a
1 Perteneciente a una clase de plantas angiospermas cuyas semillas tiene un solo cotiledón, como la palmera y el azafrán.   adj/s.f. BOTÁNICA / ≠ dicotiledóneo
2 Se aplica a la semilla de estas plantas.   adj./BOTÁNICA

monocristal Muestra metálica formada por un único cristal.   s.m. METALURGIA

monocromador Dispositivo que proporciona una radiación monocromática.   s.m. FÍSICA

monocromático, a
1 De un solo color: *siempre ha pintado cuadros monocromáticos y simples.*   adj.
2 Se aplica a la radiación que está compuesta por vibraciones de la misma frecuencia.   FÍSICA

monocromía
1 Calidad de monocromo.   s.f.
2 Arte de pintar usando un solo color.   ARTE
3 Cuadro pintado con un solo tono o color.   ARTE

monocromo, a (Del gr. *monos,* uno + *khroma,* color.) De un solo color: *el monitor del ordenador es monocromo.*   adj/ = monocromático, unicolor

monocular De un solo ojo: *visión monocular.*   adj./FISIOLOGÍA

monóculo, a (Del gr. *monos,* uno + lat. *oculus,* ojo.)
1 Que tiene un solo ojo: *los cíclopes eran personajes fantásticos y monóculos.*   adj/s.
2 Lente para un solo ojo: *era un personaje muy excéntrico que iba siempre con un monóculo.*   s.m.
3 Vendaje que se aplica a uno de los dos ojos.   MEDICINA

monocultivo Cultivo de una especie vegetal en un terreno de forma exclusiva: *esa región se dedica al monocultivo del fresón.*   s.m. AGRICULTURA

monodia (Del gr. *monos,* uno + *oide,* canto.) Canto para una sola voz con acompañamiento musical, que tuvo gran éxito durante los siglos XVI y XVII.   s.f. MÚSICA / ≠ polifonía

monódico, a De la monodia: *es autor de un famoso canto monódico.*   adj. MÚSICA

monoecia Propiedad de algunos hongos que les permite vivir y formar sus órganos reproductores sobre una sola especie de plantas.   s.f. MICOLOGÍA

monoesquí Esquí único para los dos pies, que se utiliza en esquí náutico.   s.m./DEPORTES / th: monoskí

monofásico, a
1 Se aplica a la corriente eléctrica que está producida por un alternador de un solo circuito y que consta de una sola fase.   adj. ELECTRICIDAD / ≠ polifásico
2 Que crea o utiliza corriente monofásica: *es un generador monofásico; funciona con un motor monofásico.*   ELECTRICIDAD

monofilo, a (Del gr. *monos,* uno + *phyllon,* hoja.) Se aplica a los órganos de las plantas que tienen una sola hoja o varias, soldadas entre sí.   adj. BOTÁNICA

monofisismo Doctrina religiosa, declarada herética por la Iglesia católica, que sólo reconoce en Cristo la naturaleza divina.   s.m. RELIGIÓN

monofisita
1 Del monofisismo.   adj./RELIGIÓN
2 Que profesa el monofisismo.   adj/s.m.f./RELIGIÓN

monofonía (Del gr. *monos,* uno + *phone,* sonido.) Técnica que permite la transmisión de una señal acústica por medio de un solo canal.   s.f. TELECOMUNICACIONES

monofónico, a De la monofonía.   adj.

monogamia
1 Régimen familiar basado en la pareja formada por un solo hombre con una sola mujer.   s.f./SOCIOLOGÍA / ≠ poligamia
2 Estado del monógamo o casado con una sola mujer.   ≠ poligamia

monogámico, a De la monogamia: *en la época actual la sociedad es fundamentalmente monogámica.*   adj. SOCIOLOGÍA

monógamo, a (Del gr. *monos,* uno + *gamos,* matrimonio.)
1 Que está casado con una sola mujer: *la ley sólo permite hombres monógamos.*   adj/s.m. / ≠ polígamo
2 Que se ha casado una sola vez: *desde que se aprobó la ley del divorcio, cada vez hay menos monógamos.*   adj/s.
3 Se refiere a los animales en que el macho se aparea sólo con una hembra.   adj. ZOOLOGÍA

monogénesis
1 Forma de multiplicación de los organismos sin intervención de los sexos.   s.f./BIOLOGÍA / th: monogenia
2 Producción de descendientes de un solo sexo.   BIOLOGÍA

monogénico, a
1 Se aplica a la roca detrítica que está compuesta de elementos procedentes de la destrucción de la misma roca.   adj. GEOLOGÍA

2 Se refiere a las formas topográficas elaboradas en condiciones constantes. — GEOLOGÍA

monogenismo (Del gr. *monos*, uno + *genos*, origen.) Teoría antropológica que defiende que todos los tipos humanos provienen de un tipo primitivo único. — s.m. ≠ poligenismo

monogenista Seguidor de las ideas del monogenismo. — s.m.f.

monografía (Del gr. *monos*, uno + *grapho*, escribir.) Estudio muy completo y detallado de un tema concreto o una especialidad bien delimitada: *ha escrito una monografía sobre las aguas sulfurosas de la provincia de Salamanca.* — s.f.

monográfico, a De la monografía: *está preparando un tratado monográfico sobre el cultivo del champiñón.* — adj.

monografista Autor de una monografía. — s.m.f.

monograma (Del gr. *monos*, uno + *gramma*, letra.) Representación compuesta por dos o más letras de un nombre, por lo general las iniciales, que se usa como abreviatura. — s.m.

monoico, a (Del gr. *monos*, uno + *oikos*, casa.) Se aplica a las plantas que tienen diferenciadas las flores de ambos sexos, pero en un mismo pie: *el maíz es una planta monoica.* — adj. BOTÁNICA ≠ dioico

monokini Traje de baño femenino que consta sólo de la parte inferior del bikini. — s.m. tb: monoquini

monolingüe (Del gr. *monos*, uno + lat. *lingua*, lengua.)
1 Que habla una sola lengua. — adj/s.m.f.
2 Que está escrito en una sola lengua: *está redactando un diccionario monolingüe; lee la edición monolingüe.* — adj.

monolítico, a
1 Del monolito. — adj.
2 Que está hecho de una sola piedra: *monumento monolítico; figura monolítica.*
3 Que tiene una cohesión perfecta: *el equipo está muy unido y es monolítico.* — = compacto ≠ disperso
4 Que es poco flexible, que no cede con facilidad: *tiene unas convicciones monolíticas.* — = inconmovible, pétreo

monolito (Del gr. *monos*, uno + *lithos*, piedra.) Monumento formado por un solo bloque de piedra: *admiramos los monolitos prehistóricos.* — s.m.

monologar
1 Hablar una persona consigo misma: *cuando estoy sola, a veces monologo.* — v.intr. conj: pagar
2 Recitar un monólogo: *la actriz demostró su talento cuando monologaba.* — TEATRO

monólogo (Del gr. *monos*, uno + *lego*, hablar.)
1 Acción de hablar una persona consigo misma. — s.m./≠ diálogo
2 Obra dramática o fragmento de una obra en que habla un solo personaje. — TEATRO, LITERATURA
3 Acción de ser una persona la única que habla: *el debate se convirtió en un monólogo del político.*

monomanía (Del gr. *monos*, uno + *mania*, locura.) Obsesión por una sola idea o afición desmesurada hacia una cosa. — s.f.

monomaníaco, a Que padece monomanía: *necesita ayuda siquiátrica porque es un monomaníaco.* — adj/s. tb: monomaniático

monomaquia (Del gr. *monos*, uno + *makhe*, lucha.) Duelo, desafío singular, de una persona contra otra. — s.f.

monomerización Acción de dar las propiedades de un monómero a un compuesto químico cualquiera. — s.f. QUÍMICA

monómero, a (Del gr. *monos*, uno + *meros*, parte.) Se aplica a la molécula que puede formar reacción con otras dando lugar a un polímero. — adj/s.m. QUÍMICA

monometalismo Sistema monetario en que rige un patrón único, o el oro o la plata. — s.m./ECONOMÍA ≠ bimetalismo

monometalista Seguidor de las ideas del monometalismo. — adj/s.m.f. ECONOMÍA

monomiario, a Se aplica a los moluscos lamelibranquios que tienen un solo músculo aductor para cerrar la concha: *las ostras son monomiarias.* — adj. ZOOLOGÍA

monomio Expresión algebraica formada por un solo término. — s.m. MATEMÁTICAS

monomorfismo Morfismo definido mediante la aplicación inyectiva. — s.m. MATEMÁTICAS

monomotor Se aplica al avión que tiene un solo motor: *piloto un monomotor.* — adj/s.m. AERONÁUTICA

monona Que es muy graciosa o muy salada: *de joven eras muy monona.* — adj. coloquial

mononuclear Se aplica a los glóbulos blancos de la sangre que se forman en los ganglios linfáticos o en el sistema reticuloendotelial. — adj. ANATOMÍA

mononucleosis
1 Aumento del número de los glóbulos blancos mononucleares presentes en la sangre. — s.f./pl: mononucleosis MEDICINA
2 mononucleosis infecciosa Enfermedad vírica benigna cuyos síntomas son amigdalitis, aumento del volumen de los ganglios linfáticos y del bazo y leucocitosis. — MEDICINA

monopartidismo Sistema político en el que hay un único partido. — s.m./POLÍTICA ≠ pluripartidismo

monopastos Garrucha o polea que funciona independiente. — s.m./pl: monopastos tb: monospastos

monopatín Tabla horizontal con dos o cuatro ruedas, que sirve para desplazarse, estando de pie sobre ella. — s.m. tb: skate board

monopétalo, a
1 Se aplica a la corola que tiene un solo pétalo. — adj./BOTÁNICA
2 Se refiere a la flor que tiene la corola con un solo pétalo. — BOTÁNICA

monoplano Avión provisto de un solo par de alas que forman un mismo plano. — s.m. AERONÁUTICA

monoplaza Se aplica al vehículo que sólo tiene capacidad para un ocupante: *pilota un avión monoplaza; los fórmula 1 son monoplazas.* — adj/s.m.

monoplejía (Del gr. *monos*, uno + *plege*, golpe.) Lesión paralítica que se localiza en un solo miembro o grupo muscular. — s.f. MEDICINA

monopolio (Del gr. *monopolion*.)
1 Privilegio exclusivo concedido a un individuo o a una sociedad de vender algún producto o de explotar alguna industria o comercio: *la Tabacalera explota el monopolio de tabacos.* — s.m. ECONOMÍA
2 Convenio hecho entre los comerciantes para vender los géneros a un precio determinado: *el monopolio está jurídicamente perseguido.* — COMERCIO
3 Ejercicio exclusivo de una actividad, con el dominio e influencia consiguientes: *el dictador tenía el monopolio del poder político.* — = exclusiva

monopolista Persona o empresa que ejerce monopolio. — s.m.f. ECONOMÍA

monopolístico, a De los monopolios o que tiene alguna de sus propiedades. — adj.

monopolización Acción y resultado de monopolizar. — s.f.

monopolizador, a Que monopoliza. — adj/s.

monopolizar
1 Adquirir o tener el exclusivo control y aprovechamiento de un negocio, industria o facultad: *monopoliza la industria del petróleo.* — v.tr. conj: cazar
2 Acaparar en exclusiva a una persona o cosa: *monopolizó la atención del público.*

monopoly (Marca registrada.) Juego de sociedad en el que los jugadores deben adquirir en competencia terrenos e inmuebles, representados en un tablero, hasta obtener el monopolio de los mismos. — s.m. JUEGOS

monoprocesador, a Se aplica a un sistema informático que posee una única unidad de tratamiento. — adj/s.m. INFORMÁTICA

monoprogramación Modo de operar de un ordenador, caracterizado por la presencia de un solo programa en la memoria. — s.f. INFORMÁTICA

monopsonio Situación comercial en que hay un solo comprador para determinado producto o servicio. — s.m. ECONOMÍA

monopterigio, a Se aplica a los peces que tienen una única aleta. — adj. ZOOLOGÍA

monóptero, a (Del gr. *monos*, uno + *pteron*, ala.) Se aplica al edificio redondo que tiene, en vez de muros, un círculo de columnas que sostiene el techo: *construyó un templo monóptero.* — adj. ARQUITECTURA

monoptongación Reducción de un diptongo a una sola vocal. — s.f. LINGÜÍSTICA

monoptongar Fenómeno fonético mediante el cual se unen en una sola vocal las vocales que forman un diptongo. — v.tr/intr/prnl. conj: pagar LINGÜÍSTICA

monoptongo Vocal que resulta de una monoptongación. — s.m. LINGÜÍSTICA

monoquini Bañador femenino que sólo consta de la pieza inferior del bikini: *usa monoquini porque quiere tener bronceado el pecho.* — s.m. tb: monokini, monobiquini

monorquidia (Del gr. *monos*, uno + *orkhis*, testículo.) Presencia de un solo testículo en el escroto. — s.f. MEDICINA

monorraíl Se aplica al ferrocarril que circula sobre un solo raíl. — adj/s.m. = monocarril

monorrefringente Se refiere al cuerpo que sólo produce la refracción simple. — adj. FÍSICA

monorrimo, a Se refiere al verso o a la composición poética que tiene una única rima: *debes componer una estrofa monorrima.* — adj. POESÍA

monorrítmico, a Que tiene un solo ritmo: *es una música monorrítmica y monótona.* — adj.

monosabio Persona encargada de cuidar los caballos, ayudar al picador en la plaza y limpiar el ruedo. — s.m.f. TAUROMAQUIA

monosacárido (Del gr. *monos*, uno + lat. *saccharum*, azúcar.) Glúcido no hidrolizable, que contiene tres o más átomos de carbono por molécula. — s.m. QUÍMICA = osa

monosépalo, a
1 Se aplica al cáliz que tiene un solo sépalo. — adj./BOTÁNICA
2 Se refiere a la flor que tiene el cáliz con un solo sépalo. — BOTÁNICA

monosilábico, a   adj./LINGÜÍSTICA
1 Del monosílabo.   LINGÜÍSTICA
2 Se aplica a la lengua formada en su mayoría por palabras monosílabas.

monosilabismo   s.m.
1 Conjunto de los caracteres propios de las lenguas   LINGÜÍSTICA
monosilábicas.   LINGÜÍSTICA
2 Calidad o condición de monosílabo.

monosílabo, a Se refiere a la palabra que tiene una   adj./s.m.
sola sílaba.   LINGÜÍSTICA

monoskí Plataforma donde se colocan los dos pies,   s.m./DEPORTES
que se utiliza en la práctica del esquí náutico.   tb: monoesquí

monosomía Condición de un organismo diploide   s.f.
que ha perdido un cromosoma de su dotación cromá-   BIOLOGÍA
tica.

monosómico, a De la monosomía.   adj./BIOLOGÍA

monospastos Garrucha o polea que funciona inde-   s.m./pl: monospastos
pendientemente.   tb: monopastos

monospermia (Del gr. *monos*, uno + *sperma*, simien-   s.f.
te.)
1 Fecundación de un óvulo por un único espermato-   BIOLOGÍA
zoide.
2 Presencia de una sola semilla en el fruto.   BOTÁNICA

monospermo, a Se aplica al fruto que tiene una   adj.
sola semilla.   BOTÁNICA

monóstrofe (Del gr. *monos*, uno + *strophe*, estrofa   s.f.
que canta el coro.) Composición poética formada por   POESÍA
una sola estrofa.

monostrófico, a De la monóstrofe: *recitó un breve*   adj.
poema monostrófico.   POESÍA

monote
1 Persona que está embobada o atontada: *cuando*   s.m./coloquial
mira la televisión se queda como un monote.   = pasmarote
2 Riña, alboroto.   = jaleo

monoteísmo (Del gr. *monos*, uno + *theos*, dios.) Reli-   s.m.
gión o doctrina teológica que afirma y reconoce la   TEOLOGÍA
existencia de un solo Dios.

monoteísta   adj./TEOLOGÍA
1 Del monoteísmo.   adj/s.m.f./TEOLOGÍA
2 Que profesa el monoteísmo.

monotelismo Doctrina religiosa del siglo VII, decla-   s.m.
rada herética, que defendía la existencia en Cristo de   RELIGIÓN
las naturalezas divina y humana, pero sólo una voluntad divina.

monotelita   adj./RELIGIÓN
1 Del monotelismo.   adj/s.m.f./RELIGIÓN
2 Que profesa el monotelismo.

monotipia (Del gr. *monos*, uno + *typos*, señal, carác-   s.f./ARTES GRÁFICAS
ter.)
1 Máquina de componer que funde los caracteres   = monotipo
uno a uno.   ARTES GRÁFICAS
2 Técnica de composición que usa esta máquina.

monotipista Persona encargada de manejar una mo-   s.m.f.
notipia.   ARTES GRÁFICAS

monotipo   s.m./ARTES GRÁFICAS
1 Máquina de componer que funde los caracteres   = monotipia
uno a uno.   NÁUTICA
2 Yate de vela que pertenece a una serie de embarcaciones idénticas, construidas todas según el mismo
plano.

monotonía   s.f.
1 Modo en que se sucede o se desarrolla una cosa re-   = rutina
petitiva y sin cambios: *detesto la monotonía diaria; la*
monotonía me aburre.
2 Igualdad de tono en la voz y la música.

monótono, a (Del gr. *monos*, uno + *tonos*, tensión.)
1 Que no tiene variaciones: *lleva una vida monótona,*   adj.
de casa al trabajo y del trabajo a casa.   = rutinario
2 Que tiene un solo tono o ritmo: *cansa escucharle*   = uniforme
porque habla de forma monótona.

monotrema (Del gr. *monos*, uno + *trema*, agujero.)   adj/s.m.
Perteneciente a un orden de mamíferos primitivos   ZOOLOGÍA
que se reproducen mediante huevos, y presentan un
pico sin dientes, pero que amamantan sus crías y tienen el cuerpo cubierto de pelos o de púas, como el
ornitorrinco.

monovalente Se aplica al elemento que tiene una   adj.
sola valencia.   QUÍMICA

monóxido   s.m.
1 Óxido que contiene un solo átomo de oxígeno en   QUÍMICA
su molécula.   QUÍMICA
2 **monóxido de carbono:** Gas incoloro, muy tóxico
por inhalación, se emplea en la industria química y
como reductor en metalurgia.

monóxilo (Del gr. *monos*, uno + *xylon*, leño.) Barco   s.m.
hecho de un solo tronco o leño.   NÁUTICA

monseñor (Del fr. *monseigneur*, mi señor.)
1 Título honorífico que concede el papa a determina-   s.m.
dos eclesiásticos.   RELIGIÓN

2 Tratamiento honorífico que se daba a personajes   HISTORIA
de alta dignidad en algunos países.

monserga
1 Pretensión o petición fastidiosa y pesada: *no me*   s.f.
vengas con monsergas que tengo trabajo.   coloquial
2 Lenguaje confuso y embrollado.   coloquial

monstruo (Del bajo lat. *monstruum* < lat. *monstrum*,
prodigio.)
1 Ser vivo que posee caracteres anormales en su es-   s.m.
pecie.   = engendro
2 Ser fantástico, extraño y por lo general espantoso:
el niño sueña con monstruos que le persiguen.
3 Persona o cosa muy fea o desproporcionada: *no en-*   = adefesio
tiendo cómo le gusta ese chico, es un monstruo.   ≠ belleza
4 Persona muy cruel o perversa: *sólo un monstruo pudo*
cometer ese horrible asesinato.
5 Cosa muy grande o extraordinaria en cualquier as-   = fenómeno,
pecto: *ese rascacielos es un monstruo.*   prodigio
6 Persona que destaca en una actividad: *Pelé fue un*   = genio,
monstruo del fútbol.   coloso
7 Versos sin sentido que el compositor escribe para   MÚSICA
indicar al libretista la disposición de palabras y acentos en los cantables.

monstruosidad
1 Grave anormalidad o desproporción respecto de lo   s.f.
que se considera natural o moralmente aceptable.   = deformidad
2 Acción muy cruel y perversa: *está acusado de cometer*
monstruosidades con los niños.

monstruoso, a (Del lat. *monstruosus.*)
1 Que es anormal o deforme: *la leyenda habla de un*   adj.
ser monstruoso que habita en la cueva.   ≠ normal
2 Que es muy grande o extraordinario: *han inaugura-*   = enorme,
do un monstruoso centro comercial.   colosal
3 Que es muy cruel o perverso: *su monstruosa mente*   = abominable
maquinó terribles torturas.
4 Que es muy feo: *no pagaría ni un duro por ese cuadro*   = horroroso
tan monstruoso.
5 Que causa molestia: *es monstruoso tener que levantar-*   = fastidioso
se a las cinco.

monta
1 Acción y resultado de montar.   s.f.
2 Arte de montar a caballo.   EQUITACIÓN
3 Valor o importancia de una cosa o persona: *no me*
imaginaba que sus negocios fueran de tanta monta.
4 Importe total o suma de varias partidas.   = monto, suma
5 Lugar destinado para que el caballo o el burro cu-   = acaballadero
bra a la yegua.
6 Tiempo o época en que el caballo o el burro cubre
a la yegua.
7 Toque de clarín que se hace en la guerra para que   MILITAR
monte la caballería.
8 **de poca monta:** De poca importancia: *tiene una*   loc.adj.
tienda de poca monta; es un actor de poca monta.

montacargas Ascensor que sirve para subir y bajar   s.m.
pesos: *subiremos la nevera en el montacargas.*   pl: montacargas

montada Arco del freno de los caballos en que enca-   s.f./EQUITACIÓN
ja la lengua.   = desveno

montadero Poyo que sirve para subirse con más fa-   s.m.
cilidad al caballo.   = montadero

montado, a
1 Se aplica al soldado o al cuerpo que realiza su ser-   adj.
vicio a caballo: *llegó la policía montada.*
2 Se refiere al caballo que está aparejado con toda la
montura, listo para ser montado.
3 Se aplica a la clara de huevo o a la nata batida y es-   COCINA
pumosa.
4 Se aplica al soldado que servía en la guerra en lugar   MILITAR
de su caballero.
5 Bocadillo pequeño: *quiero un montado de queso.*   s.m.
6 **estar montado o estar montado en el dólar:** Dis-   coloquial
frutar de una buena situación económica.

montador, a
1 Persona que monta una cosa: *los montadores estro-*   s.
pearon una de las puertas del armario.
2 Experto en el montaje de las imágenes o secuencias   AUDIOVISUALES,
que forman una película cinematográfica o programa   CINE
de televisión.
3 Poyo en la puerta de una casa que sirve para subir-   s.m.
se con más facilidad al caballo.   EQUITACIÓN
4 Cualquier objeto que sirve para montar más fácil-   EQUITACIÓN
mente en un caballo.   = montadero

montadura
1 Acción y resultado de montar o montarse.   s.f.
2 Montura de una caballería.   EQUITACIÓN
3 Pieza de metal que asegura una cosa.
4 Montura o engaste de las piedras preciosas.

montaje
1 Acción y resultado de montar las distintas partes   s.m.
que forman una cosa: *el precio incluye el montaje de los*
muebles.
2 Operación de seleccionar, ordenar y empalmar los   AUDIOVISUALES,
diferentes planos de una película cinematográfica o   CINE

programa de televisión: *lo que más le gusta al director es el montaje de la película.*
3 Ajuste o coordinación de los elementos de presentación escénica de una obra o espectáculo teatral. — TEATRO
4 Grabación resultante de la combinación de dos o más grabaciones de radio. — AUDIOVISUALES
5 Acción o comportamiento fingidos, con los que se intenta producir una apariencia que no responde a la realidad: *es conocida por sus montajes amorosos.* — = farsa
6 Armazón formado por dos gualderas o maderos laterales unidos con fuerza que servía de soporte a las piezas de artillería. — s.m.pl. / = cureña / MILITAR
7 montaje fotográfico: Composición realizada con varias fotografías recortadas o superpuestas y otros elementos, con fines decorativos o publicitarios. — ARTE, FOTOGRAFÍA

montánchez Vino español que se elabora en la provincia de Cáceres. — s.m.

montanear Comer bellota o hayuco el ganado de cerda en el monte o la dehesa. — v.intr.

montanera
1 Pasto de bellota o hayuco que los cerdos comen en los montes o dehesas. — s.f.
2 Temporada en que los cerdos pastan.
3 estar una persona en montanera: Tener gran cantidad de alimento durante una temporada. — coloquial

montanero, a Persona que guarda un monte o una dehesa. — s.

montanismo (De *Montano*, sacerdote frigio.) Doctrina religiosa, fundada por este sacerdote en el siglo II, que defendía la proximidad del fin del mundo, negaba el reingreso en la Iglesia a los que pecaban mortalmente y rechazaba las segundas nupcias. — s.m. / RELIGIÓN

montanista
1 Del montanismo. — adj./RELIGIÓN
2 Que profesaba el montanismo. — adj/s.m.f./RELIGIÓN

montano, a Del monte: *me gusta respirar el aire montano.* — adj.

montantada
1 Actitud del que presume y alardea falsamente de una cosa. — s.f. / = fanfarronada
2 Muchedumbre, multitud de personas: *una montantada de gente recibió al actor.*
3 Abundancia excesiva de una cosa: *has comprado una montantada de comida.* — = montonera

montante
1 Se aplica al creciente que tiene las puntas hacia el jefe del escudo. — adj. / HERÁLDICA
2 Se refiere a la abeja o a la mariposa que se representa en actitud de volar hacia arriba. — HERÁLDICA
3 Suma o valor de una cosa en dinero: *el montante de la deuda es de dos millones.* — s.m. / = importe
4 Elemento vertical que sirve de sostén en un armazón o estructura: *reforzaron el balcón con tres montantes.*
5 Pie derecho en el que se apoya una máquina o armazón.
6 Listón o columna pequeña que divide verticalmente el vano de una ventana. — ARQUITECTURA / = parteluz
7 Ventana sobre la puerta de una habitación. — ARQUITECTURA
8 Cada uno de los listones verticales de una puerta o ventana. — CONSTRUCCIÓN / = jamba
9 Espadón usado en esgrima por los maestros de armas para poner fin a los combates. — DEPORTES
10 Movimiento ascendente de la marea. — s.f.
11 meter el montante: 1. Mediar en una riña o disputa. 2. Interrumpir, el maestro de armas, una batalla interponiendo el espadón entre los contrincantes, en esgrima. — DEPORTES

montantear Usar una persona el montante en la esgrima. — v.intr. / DEPORTES

montaña (Del lat. vulgar *montanea*, montañoso.)
1 Elevación natural del terreno de altura destacable: *conseguimos escalar la montaña.* — s.f. / GEOGRAFÍA
2 Terreno o territorio donde abundan los montes o la parte montañosa en contraposición a la llanura: *veranea en la montaña; vamos a la montaña a merendar.*
3 Acumulación abundante de personas o cosas: *sobre la mesa hay una montaña de libros.* — = montón
4 Parte de una carrera ciclística que se corre por montañas: *es el rey de la montaña.* — DEPORTES
5 Dificultad o cosa difícil: *el examen se le hace una montaña; cuando lo hayas hecho verás que no era una montaña.* — ≠ insignificancia
6 montaña rusa: Atracción de feria que consiste en una vía férrea elevada, con vueltas cerradas y pendientes muy pronunciadas por donde circulan, a gran velocidad, los vagones.

montañero, a
1 Que tiene relación con la montaña: *llegaremos al pueblo andando por una ruta montañera.* — adj.
2 Persona que practica el montañismo: *los montañeros se preparaban para la ascensión.* — s. / DEPORTES

montañés, a
1 De la montaña. — adj.

2 Persona natural de una montaña o que vive en ella. — s.
3 De La Montaña, comarca de la provincia de Cantabria. — adj.
4 Persona natural de esta región. — s.
5 De Santander y de Cantabria, ciudad y región españolas. — adj./= cántabro, santanderino
6 Persona natural de esta ciudad o de esta región. — s./= santanderino

montañismo
1 Deporte que consiste en escalar montañas: *ha practicado el montañismo en el Himalaya.* — s.m./DEPORTES / = alpinismo
2 Deporte que consiste en realizar excursiones por la montaña: *los fines de semana hacen montañismo.* — DEPORTES

montañoso, a
1 Que tiene relación con las montañas: *es una zona de clima montañoso.* — adj.
2 Que tiene muchas montañas y es de difícil paso: *necesitamos un jeep para ir por ese terreno montañoso.*

montaplatos Montacargas pequeño usado para subir o bajar los platos del comedor a la cocina. — s.m. / pl: montaplatos

montar (Del fr. *monter*, subir.)
1 Unir las piezas que forman un objeto o ponerlas en su lugar: *están montando la litera.* — v.tr./=ensamblar / ≠ desmontar
2 Instalar una cosa: *han montado una base militar americana.* — = emplazar
3 Establecer una empresa, negocio, tienda u otra cosa: *montaremos un bar musical.* — = abrir
4 Poner las cosas necesarias en una casa para poder habitarla o en un negocio para que empiece a funcionar: *montan un piso para poder casarse.* — = equipar
5 Poner en escena una obra teatral o espectáculo. — TEATRO
6 Batir la clara de huevo o la nata de la leche hasta que queda esponjosa. — COCINA
7 Engarzar o colocar una piedra preciosa en una joya: *montó el diamante en el centro del pendiente.* — = engastar
8 Fecundar el macho a la hembra. — = cubrir
9 Preparar un arma de fuego para poder disparar con ella: *montó la recortada.* — = amartillar
10 Seleccionar, ordenar y empalmar los distintos planos de las secuencias que formarán una película cinematográfica o programa televisivo. — AUDIOVISUALES, CINE
11 Organizar o causar: *montaron bulla a la salida del concierto.* — = liar
12 Sumar una cierta cantidad de dinero: *el importe de la factura monta medio millón de pesetas.* — v.tr/intr.
13 Subir sobre un animal, en especial una caballería: *monta muy mal; en el desierto monté un camello; se montó en una yegua.* — v.tr/intr/prnl. / = cabalgar
14 Subir a un vehículo o medio de transporte: *nunca he montado en avión; montó al niño en la moto, se montó en un taxi.*
15 Subir a una atracción, columpio u otro tipo de entretenimiento: *me montaré en la montaña rusa; monta a tu hermana en el columpio.* — v.tr/prnl. / ≠ bajar
16 Subir encima de una persona o cosa: *se montó en los hombros de su padre.* — = trepar / ≠ bajar
17 Cubrir una cosa parte de otra: *al niño se le han montado los dedos del pie.* — v.intr/prnl.
18 Tener una cosa mucha importancia o consideración: *aunque no lo creas, su opinión monta siempre.* — v.intr. / = importar
19 Multar a una persona por entrar con el ganado en un lugar prohibido. — v.tr.
20 Llevar el mando de un barco. — NÁUTICA
21 Pasar una embarcación al otro lado de un cabo. — NÁUTICA
22 Llevar o poder llevar un barco un número determinado de cañones. — NÁUTICA
23 montárselo: Organizarse una persona sus propios asuntos, enfocar la vida de una determinada manera: *si te montas bien podrás ganar mucho dinero.* — coloquial
24 tanto monta: Se usa para indicar que una cosa es equivalente o igual a otra: *tanto monta que llames tú como yo.* — coloquial

montaraz
1 Que vive o se ha criado en el monte: *era un gato montaraz y se escapaba con frecuencia.* — adj./ pl: montaraces / = montés
2 Que se comporta de manera grosera o rústica: *es maleducado y montaraz.* — = tosco
3 Persona encargada de vigilar un monte o una hacienda: *el montaraz nos comunicó que estaba prohibido hacer fuego en el monte.* — s.m. / = guardabosques

montazgar Cobrar a una persona el montazgo. — v.tr./conj: pagar

montazgo (Derivado de *monte* < lat. *mons*, montis.) Impuesto que se pagaba por el paso del ganado por el monte. — s.m. / HISTORIA

monte (Del lat. *mons, montis.*)
1 Elevación natural del terreno de altura considerable: *contemplamos San Sebastián desde el monte Igueldo.* — s.m./GEOGRAFÍA
2 Terreno sin cultivar, poblado de árboles y arbustos, por lo general en poblado.
3 Acumulación abundante de cosas: *encontró un monte de papeles sobre su mesa.* — = montaña
4 Dificultad grave a la que se ha de hacer frente: *el menor problema es para él un monte.* — = montaña
5 Cabellera espesa y desaseada.

6 Conjunto de cartas de la baraja o fichas del dominó que quedan para robar, después de haber repartido a cada jugador las que le corresponden: *has de coger dos fichas del monte.* — JUEGOS = mazo
7 Juego de cartas en que el banquero descubre cuatro sobre las que se realizan apuestas, que se ganan si la elegida se empareja con alguna de las que se van sacando de la baraja. — JUEGOS
8 monte alto: El que está poblado de árboles grandes.
9 monte bajo: El que está poblado de arbustos y matorrales.
10 monte blanco: Aquel que se destina a la repoblación forestal.
11 monte cerrado: El que está poblado de jarales y maleza. — = moheda
12 monte de piedad: Establecimiento benéfico, por lo general combinado con una caja de ahorros, que hace préstamos a bajo interés a cambio de un empeño.
13 monte de Venus: 1. Pubis de la mujer. 2. Pequeño abultamiento carnoso en la palma de la mano debajo de cada uno de los dedos. — ANATOMÍA
14 monte hueco: El que está poblado sólo por árboles altos. — = oquedal
15 monte mayor: Producto bruto de la pesca que se reparten proporcionalmente los armadores y pescadores, una vez deducidas las cargas de gastos y seguros sociales. — PESCA
16 monte pardo: Terreno poblado de encinas. — = encinar
17 monte público: Terreno sin cultivar, poblado de árboles y plantas perteneciente al estado, provincia o municipio.
18 andar una persona a monte: 1. Apartarse de las zonas habitadas, huyendo de la justicia. 2. Dejar de ir a donde se solía, sin motivo conocido y por algún tiempo. 3. Llevar una mala vida. — coloquial / coloquial / coloquial
19 batir o correr el monte: Ir de montería o de caza. — CAZA
20 echar o tirarse al monte: 1. Apartarse de las zonas pobladas, huyendo de la justicia. 2. Renunciar a la vida que se llevaba y adoptar una nueva forma de vida o empezar de nuevo: *decidió cerrar la tienda de la familia y echarse al monte.* — coloquial
21 no todo el monte es orégano: Se usa para expresar las dificultades de una cosa que en apariencia es fácil. — coloquial
22 poner a monte una nave: Ponerla en tierra para repararla por completo. — NÁUTICA
23 ser una persona de monte y ribera: Servir para todo. — coloquial

montea
I (Derivado de *montear < monte.*) Acción de buscar la caza o conducirla hacia donde están los cazadores. — s.f. CAZA
II (Del fr. *montée.*)
1 Acción de montear o trazar el dibujo de una obra. — s.f./ARQUITECTURA
2 Dibujo de tamaño natural que en el suelo o en una pared se hace del todo o parte de una obra para sacar las plantillas y señalar los cortes. — ARQUITECTURA
3 Arte y técnica de cortar piedras, madera o metales para su aplicación en la construcción. — ARQUITECTURA = estereotomía
4 Sagita de un arco o bóveda. — ARQUITECTURA

monteador, a Persona que montea. — s./CAZA

montear
I (Derivado de *monte < lat. mons, montis.*) Buscar la caza en un monte o llevarla hacia el lugar donde están dispuestos los cazadores. — v.tr. CAZA = ojear
II (Derivado de *montea < fr. montée,* montea.)
1 Trazar la montea o dibujo de las partes o elementos de una obra. — v.tr. ARQUITECTURA
2 Construir o formar un arco o una bóveda. — ARQUITECTURA

montefrío Vino rosado español, elaborado con la uva de la zona próxima al embalse de Entrepeñas, en la provincia de Guadalajara. — s.m.

montenegrino, a
1 De Montenegro, república federada de Yugoslavia. — adj.
2 Persona natural de esta república. — s.

montepiado, a Se aplica a la persona que recibe un montepío o montepiado. — adj/s. Chile

montepío (De *monte de piedad <* ital. *monte,* capital disponible para la explotación.)
1 Depósito de dinero que forman los miembros de una sociedad o clase para obtener recursos económicos cuando los necesiten. — s.m. tb: monte pío
2 Institución pública o particular cuyo objeto es formar un depósito de dinero para socorrer las necesidades de sus miembros. — ECONOMÍA
3 Pensión que se recibe de esta institución. — ECONOMÍA

montera
1 Prenda de abrigo para la cabeza. — s.f./= gorra, gorro
2 Gorro de terciopelo negro y pasamanería de seda que usan los toreros. — TAUROMAQUIA
3 Cubierta de cristales sobre un patio o galería. — CONSTRUCCIÓN
4 Cubierta convexa que tapa la caldera de un alambique y concentra los vapores de la destilación para que entren en el serpentín. — TECNOLOGÍA
5 Vela triangular de los últimos juanetes, que se larga en tiempo de bonanza. — NÁUTICA = monterilla

montería
1 Taller donde se hacen monteras, gorros. — s.f.
2 Tienda donde se venden monteras. — COMERCIO

monterero, a Persona que hace o vende monteras. — s.

montería
1 Cacería de jabalíes, venados y otros animales de caza mayor. — s.f. CAZA
2 Arte o tratado que recoge reglas y consejos para la cacería. — CAZA = cinegética

monterilla Vela triangular que se larga sobre los últimos juanetes en tiempo de bonanza. — s.f. NÁUTICA

monterita Ave de coloración grisácea u ocre, de pico casi cónico, que vive en América Meridional. *(Poospiza.)* — s.f. ZOOLOGÍA

montero, a
1 Persona que busca y persigue la caza en el monte o la conduce hacia el lugar donde están los cazadores. — s./CAZA = venador
2 montero de lebrel: Persona encargada de los lebreles que han de servir en los puntos de espera. — CAZA
3 montero de traílla: Persona que se encargaba de los sabuesos de traílla. — CAZA
4 montero mayor: Oficial de palacio que tenía a su cargo las cacerías reales. — HISTORIA

monterrey Especie de pastel con forma de barquillo. — s.m./COCINA

montés, a Se aplica al animal o a la planta que se cría o vive en el monte: *nos sorprendimos ante la presencia de un gato montés.* — adj. = salvaje, silvestre

montesino, a Del monte. — adj./= montés

montevideano, a
1 De Montevideo, capital de Uruguay. — adj.
2 Persona natural de esta ciudad. — s.

montgolfier (De *Montgolfier,* industriales e inventores franceses.) Globo aerostático que se eleva por medio del aire dilatado por el calor de un hornillo que se encuentra en la parte inferior del mismo. — s.m. AERONÁUTICA

montícola (Del lat. *mons, montis + colere,* habitar.) Se aplica al animal que vive en regiones montañosas. — adj. ZOOLOGÍA

montículo (Del lat. *mons, montis,* monte.) Pequeña elevación del terreno, natural o hecha por el hombre o los animales: *el topo al salir a la superficie hizo un montículo de tierra.* — s.m.

montilla (De *Montilla,* ciudad cordobesa.) Vino español de fina calidad, ligero, elaborado en Córdoba, junto con el moriles, y en Cádiz, como variedad del jerez. — s.m.

monto Suma total de varias partidas: *el monto de la factura asciende a un millón de pesetas.* — s.m. = monta

montón
1 Conjunto de cosas puestas unas encima de otras: *el documento está en ese montón de papeles.* — s.m. = montonera
2 Gran número o cantidad de una cosa o de personas: *soltó un montón de mentiras; un montón de gente ha visitado el nuevo parque.* — = cúmulo
3 Conjunto de naipes que queda después de haberlos repartido entre los jugadores: *roba una carta del montón.* — JUEGOS = mazo
4 montón de tierra: Persona muy vieja, débil o achacosa. — coloquial
5 a, de, en montón: Sin separación o distinción. — loc.adv.
6 a montón: De manera aproximada: *no sé el número exacto, lo conté a montón.* — loc.adv.
7 a montones: En gran cantidad o en mucho número: *vende libros a montones.* — loc.adv. coloquial
8 echar montón: Actuar en conjunto un grupo de personas para aprovecharse o abusar de alguien, para atacarlo, hacer burla de él, etc. — loc.adv. coloquial Méx.
9 ser una persona una cosa del montón: Ser vulgar, no destacar: *tampoco es tan guapo, es del montón.* — coloquial

montonera
1 Gran número o cantidad de una cosa: *hay una montonera de ropa para planchar.* — s.f. = montón
2 Guerrilla, en la época de las luchas de la independencia. — Amér. Merid.
3 Montón de hierba o paja. — Colomb.

montonero, a
1 Persona que se encargaba de apuntar lo que cada labrador recolectaba, para saber el diezmo que le correspondía pagar. — s. HISTORIA
2 Se aplica al movimiento guerrillero argentino, inspirado en el peronismo, que se organizó como guerrilla urbana. — adj. POLÍTICA
3 Se dice de la persona que actúa con otras en contra de alguien: *no sean montoneros, si quieren pelear que sea uno por uno.* — Méx.
4 Se aplica a la persona que por cobardía sólo provoca una lucha cuando está rodeado de sus partidarios. — adj/s. coloquial/Méx.

montubio, a
4 Se aplica a la persona montaraz y de comportamiento grosero. — adj/s./Amér. Central y Merid.
2 Campesino de la costa. — Colomb, Ecuad, Perú

montuno, a
1 Del monte: *ese relieve es el propio de una región montuna.* — adj. = montés

2 Que es montaraz o rústico. · *Amér. Central y Merid.*

montuosidad Condición del terreno que tiene muchos montes. · *s.f.*

montuoso, a
1 Se aplica al lugar que tiene muchos montes: *las regiones montuosas corren riesgos de incendio.* · *adj.* = *montañoso*
2 Que tiene relación con los montes.

montura (Del fr. *monture.*)
1 Animal que se puede montar: *esta yegua es una buena montura.* · *s.f.* = *cabalgadura*
2 Armadura donde se pone la parte esencial de un objeto: *se me ha roto la montura de las gafas.*
3 Montaje de las piezas de una máquina o aparato: *la montura de la bicicleta nos llevó dos horas.* · = *armazón* *ensamblaje*
4 Conjunto de arreos de una caballería de silla: *el jinete le colocó la montura al caballo.* · EQUITACIÓN
5 Soporte mecánico de los instrumentos astronómicos destinados a la observación del cielo. · ASTRONOMÍA
6 montura acimutal: Aquella que permite mover un instrumento astronómico horizontal y verticalmente. · ASTRONOMÍA
7 montura ecuatorial: La paraláctica que tiene círculos graduados para medir diferencialmente las coordenadas del astro observado. · ASTRONOMÍA
8 montura paraláctica: La que dispone de un motor que permite seguir el movimiento diurno de los astros mediante un solo movimiento rotatorio del telescopio, refractor o reflector. · ASTRONOMÍA

monuelo, a Se aplica a la persona que es joven, presumida y poco juiciosa. · *adj/s.* = *monigote*

monumental
1 Del monumento, obra pública u objeto histórico. · *adj.*
2 Que es muy grande, impresionante o espléndido: *contemplamos absortos las monumentales cataratas del Niágara; cometió una falta monumental.* · = *majestuoso* ≠ *insignificante*

monumentalidad Condición de lo que constituye un monumento o es muy grande: *es indiscutible la monumentalidad del Taj Mahal.* · *s.f.*

monumentalizar Dar aspecto o carácter monumental a una cosa. · *v.tr.* conj: *cazar*

monumento (Del lat. *monumentum,* monumento conmemorativo.)
1 Construcción con valor artístico o histórico: *en el mapa se señalan los principales monumentos de la ciudad.* · *s.m.* ARQUITECTURA, ARTE
2 Obra arquitectónica o escultórica que se erige en honor de una persona o acontecimiento: *visitamos el monumento en honor de los soldados muertos en la guerra.*
3 Obra científica, artística o literaria de gran valor. · = *tesoro*
4 Persona de gran belleza y atractivo: *esa modelo es un monumento.* · coloquial
5 Altar adornado donde se expone la hostia consagrada el día de jueves santo en las iglesias católicas. · RELIGIÓN
6 monumento funerario: Sepulcro artístico o construcción en memoria de un difunto.
7 monumento histórico-artístico: Calificación oficial que en España se da a determinadas obras arquitectónicas.
8 monumento nacional: Edificio artístico importante protegido por el estado. · ARQUITECTURA, ARTE

monzón (Del port. *monçao* < ár. *mausim,* fecha o estación fijada para hacer algo.) Viento periódico que sopla en el océano Índico en direcciones opuestas según los meses y da origen a lluvias abundantes. · *s.m.*

moña
I (De origen incierto.) Estado producido por el alcohol cuando se bebe en cantidad superior a la tolerada por el organismo: *¡menuda moña has pillado!* · *s.f.* coloquial = *borrachera*
II (Derivado de *moño.*)
1 Adorno femenino para la cabeza en forma de lazo. · *s.f./tb:* moño
2 Adorno de cintas o flores que se coloca en lo alto de la divisa de los toros. · TAUROMAQUIA
3 Lazo de cintas negras que, sujeto con la coleta, se ponen los toreros en la parte posterior de la cabeza. · TAUROMAQUIA
4 Juguete que tiene forma de mujer: *no le gusta jugar con moñas, prefiere los coches.* · = *muñeca*

moñajo Recogido de pelo que se hace enrollándolo y sujetándolo con horquillas: *no sabes peinarte, te has hecho un moñajo horrible.* · *s.f.* despectivo

moñista Que es presuntuoso o engreído. · *adj.*

moño (Del prerromano *munn-,* bulto.)
1 Peinado que consiste en enrollar y sujetar el cabello detrás o a los lados de la cabeza con horquillas u otro objeto similar. · *s.m.*
2 Lazo de cintas. · *tb:* moña
3 Vanidad, alto concepto de uno mismo. · coloquial
4 Penacho de plumas que tienen algunas aves en la cabeza. · ZOOLOGÍA = *copete*
5 Adornos femeninos superfluos o de mal gusto. · *s.m.pl.*
6 moño de picaporte: Recogido de pelo formado por una trenza ancha y aplastada.
7 estar hasta el moño: Estar harto: *estoy hasta el moño de oír sus quejas.* · coloquial
8 hacerse el moño: Peinarse, componerse el pelo. · coloquial

9 ponérsele a una persona una cosa en el moño: Obstinarse en algún propósito, por lo general caprichoso: *se le ha puesto en el moño irse de vacaciones a Finlandia.* · coloquial
10 ponerse una persona en sus moños: Ponerse pesado, hacerse de rogar: *se puso en sus moños y no quiso venir a la fiesta.* · coloquial Méx.
11 quitar moños a una persona: Bajarle los humos. · coloquial

moñudo, a Se aplica al ave que tiene un penacho de plumas en la cabeza. · *adj.* *tb:* moñón

moquear Echar una persona mocos: *tiene la gripe y moquea constantemente.* · *v.intr.* = *moquetear*

moqueo Secreción nasal abundante. · *s.m.*

moquero Pañuelo para limpiarse los mocos: *le limpió la nariz al niño con un moquero.* · *s.m.* = *mocador*

moqueta (Del fr. *moquette.*) Tela fuerte, espesa y aterciopelada, usada para tapizar el suelo o las paredes: *no andes con zapatos sobre la moqueta.* · *s.f.*

moquete Puñetazo dado en las narices o en la cara: *le partió el tabique nasal de un moquete.* · *s.m.* = *remoquete*

moquetear
1 Echar una persona mocos con frecuencia: *estoy resfriada y no dejo de moquetear.* · *v.intr.* = *moquear*
2 Dar puñetazos en la nariz o en la cara a una persona: *los delincuentes lo moquetearon.* · *v.tr.*

moquillo
1 Enfermedad catarral de algunos animales, en especial de los perros y los gatos jóvenes. · *s.m.* VETERINARIA
2 Tumorcillo en la lengua de las gallinas. · VETERINARIA
3 Nudo corredizo con que se sujeta el labio superior del caballo para domarlo. · *Ecuad.*

moquita Moco nasal claro y fluido. · *s.f.*

moquitear Echar mocos, especialmente cuando se está llorando. · *v.intr.*

mor
I (Voz danesa.) Humus que resulta de la descomposición lenta de una cobertura vegetal, en un suelo mal aireado. · *s.m.* GEOLOGÍA
II (Aféresis de *amor.*) Indica por causa de en la expresión **por mor de:** *se durmió por mor del cansancio.* · loc.adv.

mora
I (Del lat. *mora,* dilación.)
1 Tardanza en cumplir una obligación, por lo general, la de pagar una deuda. · *s.f.* DERECHO
2 Unidad de medida de la cantidad prosódica, en la métrica griega y latina, que equivale a una sílaba breve. · POESÍA
II (Del lat. vulgar *mora* < lat. *morum.*)
1 Fruto comestible del moral, de forma ovalada, de color morado y compuesto por un conjunto de bayas de sabor agridulce. · *s.f.* BOTÁNICA
2 Fruto comestible de la morera, de color blanco o rosado, de forma ovalada y compuesto por un conjunto de bayas de sabor muy dulce. · BOTÁNICA
3 Fruto comestible de la zarzamora, de forma redonda, sabor agridulce y formado por un conjunto de bayas de color negro cuando está maduro y rojizo cuando todavía está verde. · BOTÁNICA
4 Frambuesa, fruto del frambueso. · Hond./BOTÁNICA

morabetino Moneda almorávide, de plata, muy pequeña. · *s.m.* HISTORIA

morabito (Del ár. *murabit,* ermitaño.)
1 Mahometano que hace vida de ermitaño. · *s.m./RELIGIÓN*
2 Ermita situada en un lugar despoblado y en la que vive este mahometano. · RELIGIÓN

moráceo, a Perteneciente a una familia de plantas apétalas de las regiones cálidas, como la higuera y el moral. · *adj/s.f.* BOTÁNICA = *móreo*

moracho, a De color morado apagado: *me gustan mucho las aceitunas morachas.* · *adj/s.*

morada
1 Lugar en que vive una persona o animal: *le acusaron de allanamiento de morada.* · *s.f.* = *hogar*
2 Estancia prolongada en un lugar: *hice muchos amigos durante mi morada en París.* · = *residencia*

morado, a (Del ár. *mur,* violado.)
1 Del color violeta que tira a azul o rojo: *el cardenal llevaba la vestidura talar de color morado.* · *adj.*
2 Color que se obtiene de la mezcla de carmín y azul. · *s.m.*
3 pasarlas moradas: Pasarlo muy mal: *se ha quedado sin trabajo y las está pasando moradas.* · coloquial
4 ponerse morado de o a: Hartarse de una cosa, en especial de comida o bebida: *se puso morado de marisco.* · coloquial

morador, a Que mora o habita en un lugar o en una casa: *los últimos moradores del castillo eran belgas.* · *adj/s.* = *habitante*

moradura Mancha que sale en la piel como consecuencia de un golpe o presión fuerte: *del pellizco que me dio, me salió una moradura en el brazo.* · *s.f.* = *cardenal,* moretón

moradux Mejorana, hierba vivaz de hojas blanquecinas, flores en espiga, pequeñas y blancas, y fruto seco. · *s.m.* BOTÁNICA

moraga (Del ár. *muhraqa*, combustión.) Manojo que forman las espigaderas cuando recogen las espigas. — s.f./AGRICULTURA / tb: morago

moral
I (Del lat. *moralis*.)
1 De las costumbres o de las reglas de conducta humanas: *los valores morales se han modificado a lo largo de la historia.* — adj. / = ético
2 Que se considera adecuado desde el punto de vista de las buenas costumbres: *nadie puede criticar un espectáculo tan moral como éste; es un deber moral ayudar a los necesitados.* — = decente, ético
3 De los sentimientos y de la mente: *era mayor el dolor moral de la derrota que el de las heridas.* — = espiritual / ≠ físico
4 Conjunto de reglas o principios que dirigen el comportamiento de una persona o colectividad y que son propuestas por una determinada doctrina o propias de una época o cultura. — s.f. / = ética
5 Conducta adecuada a la conciencia individual o a unas pautas aceptadas por la sociedad: *es una joven alocada y de moral dudosa.* — = decencia
6 Estado de ánimo: *los amigos le levantaron la moral; está bajo de moral porque ha suspendido el examen.*
II (Derivado de *mora* < lat. vulgar *mora*.) Árbol moráceo, de tronco grueso, copa grande, hojas acorazonadas y flores separadas por sexos, cuyo fruto, la mora, es comestible, y fermentado da una bebida alcohólica. *(Morus nigra.)* — s.m. / BOTÁNICA

moraleda Terreno plantado de moreras. — s.f./=moreral

moraleja Lección o enseñanza que se deduce de un cuento, fábula, experiencia, etc. — s.f. / = moralidad

moralidad
1 Conjunto de normas o preceptos morales: *el espectáculo atenta contra la moralidad burguesa.* — s.f./=ética, moral
2 Calidad de los actos humanos según los principios morales: *en el sermón, hizo una llamada a la moralidad y a las buenas costumbres.* — = decencia, honestidad
3 Enseñanza moral que se deduce de un relato, de una fábula o de una experiencia. — = moraleja

moralina Enseñanza moral, superficial e inoportuna, que se intenta transmitir a través de una obra literaria o un discurso: *cíñete a lo que se te pregunta y olvídate de moralinas.* — s.f. / despectivo

moralismo Actitud filosófica o religiosa en la que prevalece un criterio moral. — s.m.

moralista
1 Persona que enseña o estudia moral o ética. — s.m.f.
2 Autor que escribe sobre la moral.
3 Se aplica a la persona que pretende moralizar o propagar las normas morales. — adj/s.m.f.
4 Clérigo que se ordenaba sin haber estudiado más que latín y moral. — s.m. / RELIGIÓN

moralización Acción de propagar las normas de la moral, o de introducirlas en la conducta de una persona que no se atenía a ellas. — s.f.

moralizador, a Que moraliza: *el director nos soltó un discurso moralizador.* — adj/s.

moralizar
1 Adoptar o propagar normas o preceptos morales: *se moralizó en ese colegio.* — v.tr/prnl. / conj: cazar
2 Hacer reflexiones morales: *es un escritor que tiene tendencia a moralizar.* — v.intr.

moralmente
1 Según la moral.
2 Según la propia conciencia, en espíritu: *yo, moralmente, estoy de acuerdo, pero no quiero decirlo públicamente.* — adv.

morapio (Derivado de *mora* < lat. vulgar *mora*.) Vino tinto. — s.m. / coloquial

morar (Del lat. *morari*, quedarse, permanecer.) Vivir una persona en un lugar: *mi abuelo mora en un pueblecito muy apartado.* — v.intr. / = residir

moratoria Plazo que se otorga para pagar una deuda vencida: *me han concedido una moratoria de veinte días para pagar mis impuestos.* — s.f. / = prórroga

moravo, a
1 De Moravia, región de la república de Chequia. — adj.
2 Persona natural de esta región. — s.

morbidez Cualidad de mórbido, blando, delicado: *el pintor reflejó con maestría la morbidez del cuerpo de la modelo.* — s.f. / pl: morbideces / = suavidad

morbidibad Proporción de personas que enferman en un lugar y en un tiempo determinado: *la morbididad en el Zaire es muy elevada.* — s.f. / tb: morbilidad

mórbido, a (Del ital. *morbido* < lat. *morbidus*, enfermizo.)
1 Que es blando, suave y delicado. — adj.
2 Que puede producir una enfermedad. — = malsano
3 Que padece una enfermedad. — = enfermo

morbífico, a Que contiene el germen de una enfermedad o la provoca. — adj.

morbilidad Proporción de las personas que enferman en un lugar y en un tiempo determinado. — s.f. / tb: morbididad

morbo (Del lat. *morbus*, enfermedad.)
1 Atracción hacia lo desagradable y lo perverso: *le dan morbo las relaciones ilícitas.* — s.m.
2 Atractivo de lo desagradable y lo prohibido: *la película tenía morbo porque era muy irreverente.*
3 Enfermedad, alteración de la salud. — = dolencia, mal
4 morbo comicial: Epilepsia, enfermedad nerviosa. — MEDICINA
5 morbo gálico: Sífilis, enfermedad infecciosa. — MEDICINA
6 morbo regio: Trastorno hepático que produce aumento de bilis en la sangre, y que se manifiesta por la coloración amarilla de la piel y de las conjuntivas. — MEDICINA

morbosidad
1 Cualidad de morboso. — s.f.
2 Estado sanitario de una comunidad, determinado por el conjunto de casos patológicos que se cuentan en un determinado momento. — MEDICINA

morboso, a
1 Que tiene relación con la enfermedad. — adj.
2 Que siente o muestra atracción hacia lo desagradable y lo perverso: *disfruta con las películas violentas porque es muy morboso.* — adj/s.
3 Que resulta atractivo por ser desagradable y prohibido: *le gustó la película por sus escenas morbosas.* — adj.
4 Que produce enfermedad: *este clima es morboso para mí.* — = malsano

morcajo Mezcla de trigo y centeno. — s.m./AGRICULTURA

morcal
1 Tripa gruesa para embutidos. — s.m.
2 Embutido hecho con esta tripa.
3 Variedad de aceituna gruesa.

morcar Golpear el toro a una persona o un animal con los cuernos: *el toro morcó al ganadero.* — v.tr/conj: sacar / tb: amurcar

morceguilla Excremento de los murciélagos, que se usa como estiércol. — s.f. / = murcielaguina

morciguillo Murciélago, mamífero insectívoro del orden quirópteros. — s.m. / ZOOLOGÍA

morcilla
1 Embutido hecho principalmente con sangre, cebolla, especias y otros ingredientes como arroz, pan, según las distintas variedades. — s.f. / COCINA
2 Masa de carne o grasa superflua del cuerpo humano: *el bebé tenía morcillas en las piernas.* — coloquial / = molla
3 Tripa envenenada que se usaba para matar a los perros callejeros.
4 Añadidura de su invención que intercalan los actores en sus papeles al representar la función. — CINE, TEATRO
5 Mentira, expresión contraria a lo que se sabe o piensa. — Cuba
6 morcilla ciega: La que se hace con la parte cerrada del intestino ciego.
7 dar morcilla: Se usa para indicar desprecio o desinterés hacia una persona o cosa: *mira, que te den morcilla, por mí puedes hacer lo que te dé la gana.* — coloquial

morcillero, a
1 Persona que elabora o vende morcillas. — s.
2 Actor que suele añadir palabras o frases de su invención a las del papel que representa. — CINE, TEATRO

morcillo (Derivado de *mur*.)
1 Parte carnosa del brazo, desde el hombro hasta cerca del codo. — s.m.
2 Parte alta carnosa de las patas de los bovinos.

morcillo, a (Del lat. vulgar *mauricellus* < *maurus*, moro, por el color oscuro.) Se refiere a la yegua o al caballo que es de color negro con viso rojizo. — adj.

morcillón Morcilla gruesa hecha con el estómago de una res. — s.m. / = morcón

morcón (Del lat. *murcone*.)
1 Tripa gruesa de algunos animales que se usa para hacer embutidos. — s.m.
2 Morcilla gruesa hecha con la parte más ancha de las tripas del animal. — = morcillón

morcuero (Del lat. *Mercurius* < *Acervus Mercurii*, montón de mercurio.) Montón de cantos sueltos que se forma en las tierras cultivadas o en las encrucijadas y divisiones de términos. — s.m. / = majano

mordacidad
1 Calidad de una cosa de gusto áspero y picante. — s.f.
2 Actitud irónica o sarcástica, adoptada para ofender a una persona o para hablar mal de una cosa: *no sé a qué viene esa mordacidad ahora, creía que ya habíamos superado los problemas.*
3 Carácter de mordaz o irónico.

mordaga Estado producido por el alcohol cuando se bebe en tal cantidad que provoca alteraciones físicas o perceptivas. — s.f. / = borrachera, embriaguez

mordante (Del fr. *mordant*.) Regla doble que usaban los cajistas para sujetar el original y señalar la línea que iban componiendo. — s.m. / ARTES GRÁFICAS

mordaz (Del lat. *mordax, -acis*.)
1 Que critica a las personas y a las cosas de manera cruel e irónica: *no seas mordaz, mejor se lo dices a la cara.* — adj. / pl: mordaces / = hiriente

2 Que es sarcástico e ingenioso: *el discurso del político fue mordaz.* = agudo

3 Que tiene propiedad corrosiva. = mordiente

4 Que es picante al paladar: *la comida árabe suele ser mordaz.*

mordaza (Del lat. vulgar *mordacia*.)
1 Cualquier cosa que se pone en la boca de una persona para impedirle hablar: *el rehén llevaba una mordaza.* s.f.

2 Dispositivo para disminuir el retroceso de las piezas de artillería. MILITAR

3 Cada una de las dos piezas que, actuando a modo de tenaza, pueden abrir y cerrarse para sujetar un objeto entre ellas. TECNOLOGÍA

4 Máquina de hierro, colocada en la cubierta del buque, que sirve para impedir o detener la salida de la cadena del ancla. NÁUTICA

5 Instrumento formado por dos piezas semicilíndricas entre las que se sujeta la parte alta del escroto del animal y que sirve para impedir derrames en la castración. VETERINARIA

6 Censura a la libertad de expresión o de acción. Argent.

mordedor, a
1 Que muerde con facilidad: *es un perro muy mordedor.* adj/s.
2 Se aplica a la persona que maldice, satiriza o murmura. = maldiciente

mordedura
1 Acción de morder: *el perro lleva bozal para evitar la mordedura.* s.f. = mordimiento
2 Herida, señal o daño producido al morder: *me duele la mordedura del animal.*

mordelón Policía de tráfico que acepta mordidas o sobornos. s.m./Méx. coloquial

morder (Del lat. *mordere*.)
1 Coger y apretar una cosa clavando los dientes: *el perro mordió al niño; muerde el bocadillo.* v.tr. conj: mover
2 Coger una máquina una cosa entre sus engranajes o piezas: *la máquina le mordió un dedo.* MECÁNICA
3 Quitar una cosa pequeñas porciones de otra lentamente: *poco a poco va mordiendo su fortuna.* = roer
4 Causar una cosa de sabor fuerte una sensación de ardor en el paladar. = mordicar
5 Hablar de una persona o una cosa con mala intención: *mordía constantemente por envidia.* = criticar
6 Destruir el agua fuerte de forma gradual la zona dibujada de la plancha de grabado. ARTE
7 Impedir el borde de la frasqueta que se realice la impresión de una zona de la plancha. ARTES GRÁFICAS
8 Estar una persona muy enfadada y nerviosa: *hoy el jefe muerde.* v.intr. coloquial
9 Estafar, engañar a una o varias personas con ánimo de lucro. Cuba, P. Rico, Venez.
10 Pedir dinero un funcionario público, en especial a un policía, o a un particular a cambio de evitarle una sanción. Méx.
11 estar una persona que muerde: Estar muy enfadada y nerviosa: *desde su despido el pobre está que muerde.* coloquial

mordicación Acción y resultado de mordicar. s.f.

mordicante
1 Que es corrosivo o causa picazón. adj.
2 Que acostumbra a criticar a los demás en sus actos, aficiones, gustos y otras cosas, pero no en cuestiones de honra.

mordicar Picar o punzar levemente. v.tr./conj: sacar

mordicativo, a Que tiene la propiedad de picar o punzar levemente. adj. = corrosivo

mordida
1 Mordedura, acción de morder: *aún se le nota la señal de la mordida del perro.* s.f. = mordisco
2 Cantidad de dinero que un funcionario recibe indebidamente de un particular, por hacerle un servicio o por evitarle una sanción. Colomb., Méx., Bol., Nicar., Pan/coloquial
3 Fruto de cohechos o sobornos. Méx., Amér. Central/coloquial

mordido, a
1 Que está menoscabado o incompleto. adj.
2 Operación realizada en el fotograbado y heliograbado consistente en el ataque mediante un ácido de las partes no protegidas de una lámina de cobre o cinc. s.m. ARTES GRÁFICAS
3 Tratamiento al que se somete una imagen fotográfica para fijar los colores mediante unas sustancias especiales. FOTOGRAFÍA

mordiente (Del ital. *mordente*.)
1 Que muerde. adj.
2 Sustancia cáustica usada para aplicarla a las cosas que hay que teñir o dorar y para facilitar la fijación de los colores o los panes de oro. s.m. tb: mordente
3 Sustancia usada para corroer una lámina o plancha para grabarla.
4 Fuerza y entusiasmo con que se realiza una cosa. = garra

mordihuí (De *morder* + *huir*.) Gorgojo de las semillas, insecto coleóptero. s.m./pl.tb: mordihuíes ZOOLOGÍA

mordimiento Acción y resultado de morder. s.m./= mordedura

mordiscar Morder una cosa ligeramente repetidas veces: *el niño mordiscaba la corteza de pan.* v.tr./conj: sacar tb: mordisquear

mordisco
1 Acción y resultado de morder: *le dio un buen mordisco al bocadillo.* s.m. = bocado
2 Pedazo de una cosa que se arranca mordiéndola: *sólo se ha comido un mordisco.* = bocado
3 Mordedura leve, que no hace mucho daño.

mordisquear Morder una cosa de forma repetida y con poca fuerza: *mientras hablaba conmigo iba mordisqueando la punta del lápiz.* v.tr. tb: mordiscar

moreda
1 Moral, árbol moráceo cuyo fruto es la mora. s.f./BOTÁNICA
2 Terreno poblado de moreras. = moraleda, moreral

morel Color morado intenso usado para pintar al fresco. s.m./ARTE = morel de sal

morena
I (De origen incierto.)
1 Montón de mieses que los segadores, después de segarlas, hacen en la tierra. s.f. AGRICULTURA
2 Montón que se forma por la acumulación de piedras y barro transportados por un glaciar. GEOLOGÍA tb: morrena
II (Del lat. *muraena*.) Pez marino, carnívoro, de cuerpo alargado y aletas continuas, sin escamas, muy viscoso y de color marrón, que nada con movimientos serpentiformes, es muy voraz y vive en los fondos rocosos. (*Muraena helena.*) s.f. ZOOLOGÍA tb: murena
III (Derivado de *moro*.) Pan moreno de harina con mucho salvado. s.f.

morenazo, a Muy moreno y atractivo. adj/s

morenero Muchacho que en las fincas de esquileo lleva el plato o la cazuela con la masa de carbón y vinagre que sirve para curar los cortes. s.m.

morenez Color moreno de la tez y de la piel: *su morenez indicaba que había tomado el sol.* s.f./pl: moreneces = morenura

morenillo (Derivado de *morena* < *moro*.) Masa de carbón molido y vinagre que usan los esquiladores para curar los cortes. s.m.

moreno, a
1 Se aplica a la persona de raza blanca que tiene el pelo negro u oscuro: *él es rubio, pero su hermano es moreno.* adj/s.
2 Se refiere a la piel o al pelo de la persona que tiene la tez oscura.
3 Que está bronceado por el sol: *llegó muy morena del Caribe.* = tostado
4 Se aplica a la persona mulata o negra. coloquial
5 Se refiere a algunas cosas que tienen un color más oscuro que el que suelen tener las cosas de su misma especie: *pan moreno; azúcar moreno.*
6 Color oscuro que adquiere la piel al ser expuesta al sol: *luce un moreno muy favorecedor.* s.m. = bronceado
7 Masa de carbón molido y vinagre, que los esquiladores usan para curar los cortes. = morenillo

morenura Color oscuro de la piel, bien congénito o causado por exposición prolongada al sol. s.f. = morenez

móreo, a (Derivado de *mora* < lat. vulgar *mora*.) Moráceo, de una familia de plantas. adj/s.f. BOTÁNICA

morera Planta arbórea cuyo fruto es la mora y cuyas hojas sirven de alimento al gusano de seda. (*Morus alba.*) s.f. BOTÁNICA

moreral Tierra plantada de moreras: *los niños iban al moreral para coger las hojas de las moreras.* s.m. = moraleda

morería
1 Barrio donde habitaban los moros: *la morería es lo más bonito de la ciudad.* s.f. HISTORIA
2 País o territorio habitado por los moros.

morete Moretón, moradura en la piel. s.m./Méx.

moreteado, a
1 Que tiene moretones. adj.
2 Que tira a morado.

moretón Mancha que sale en la piel como consecuencia de un golpe o presión fuerte: *tenía el cuerpo con moretones de la paliza que le habían dado.* s.m./coloquial = cardenal, moradura, equimosis

morfa
1 Hongo parásito que destruye las hojas y ramas de los naranjos y limoneros. s.f. MICOLOGÍA
2 Morfina utilizada como droga. argot

morfema Unidad mínima de la lengua, portadora de significado léxico o gramatical: *-ero y -s- son morfemas.* s.m. LINGÜÍSTICA

morfemático, a De los morfemas. adj./LINGÜÍSTICA

morfina (Del gr. *Morpheus*, dios de los sueños.) Alcaloide sólido, muy amargo y venenoso, obtenido del opio que se utiliza en dosis pequeñas en farmacia y medicina como narcótico y calmante: *la morfina puede crear una grave adicción.* s.f. FARMACIA, MEDICINA

morfinismo Intoxicación crónica causada por el consumo prolongado de morfina. — s.m. MEDICINA

morfinomanía (De *morfina* + gr. *mania*, locura.) Adicción a la morfina. — s.f. MEDICINA

morfinómano, a Que es adicto a la morfina: *necesita ayuda porque es morfinómano.* — adj/s.

morfo- Componente de palabra procedente del gr. *morphe*, que significa forma: *morfogénesis; antropomorfia.* — pref/suf. tb: -morfa, -morfia

morfogénesis Proceso de formación de las estructuras diferenciadas de los organismos. — s.f./FISIOLOGÍA pl: morfogénesis

morfógeno, a Se aplica a la acción o función que interviene en el crecimiento o en la forma del embrión. — adj. BIOLOGÍA

morfología (Del gr. *morphe*, forma + *logos*, ciencia.)
1 Estudio de la forma de los seres vivos y de las modificaciones que experimentan.
2 Parte de la gramática que estudia la forma y estructura interna de las palabras: *morfología flexiva; morfología derivativa.*
3 Aspecto general o exterior de una persona o una cosa. — s.f. BIOLOGÍA LINGÜÍSTICA

morfológico, a De la morfología. — adj.

morfometría (Del gr. *morphe*, forma + *metron*, medida.) Estudio cuantitativo de las formas del modelado terrestre. — s.f. GEOLOGÍA

morfosicología Ciencia que estudia las correlaciones existentes entre las características síquicas de las personas y su aspecto externo. — s.f. SICOLOGÍA tb: morfopsicología

morfosintaxis Parte de la gramática que estudia la estructura interna de las palabras, así como la relación que establecen estas estructuras con otras formas cuando se combinan entre sí para constituir sintagmas y oraciones. — s.f. pl: morfosintaxis LINGÜÍSTICA

morga (Del gr. *amorge*, amurca.)
1 Líquido fétido de las aceitunas.
2 Coca de levante, arbusto tropical. — s.f./tb: murga BOTÁNICA

morganático, a (Del bajo lat. *matrimonium ad morganaticam*, matrimonio morganático.)
1 Se aplica al matrimonio de una persona de estirpe real con otra que no pertenece a este rango y cuya descendencia no puede tener derecho a la corona.
2 Se aplica a la persona que contrae este matrimonio. — adj.

— adj/s.

morgue (Voz francesa.) Depósito de cadáveres: *llevaron al asesinado a la morgue.* — s.f.

moribundo, a (Del lat. *moribundus.*) Que está a punto de morir: *llevamos al veterinario al perro moribundo.* — adj/s.

morichal Terreno poblado de moriches, palmeras. — s.m./BOTÁNICA

moriche
1 Palmera de gran tamaño, con tronco liso y recto, fruto en baya, que crece en América tropical y de cuyas fibras se hacen cuerdas muy fuertes. *(Mauritia.)*
2 Ave americana, domesticable, de bello plumaje negro y muy estimada por su canto. *(Icterus chrysocephalus.)* — s.m. BOTÁNICA ZOOLOGÍA

moridera Sensación pasajera de muerte inminente que tienen algunos enfermos. — s.f. SICOLOGÍA

moriego, a Moruno, que es natural del norte de África. — adj.

morigeración Moderación en las costumbres y en el modo de vida. — s.f.

morigerado, a Que es de buenas costumbres: *es de una familia muy buena y siempre ha llevado una vida morigerada.* — adj. = moderado

morigerar (Del lat. *morigerari*, condescender.) Disminuir los excesos de las acciones, vicios o afectos: *se morigeró en el tabaco por orden del médico.* — v.tr/prnl. = moderar

moriles (De *Moriles*, ciudad de la provincia española de Córdoba.) Vino de fina calidad que se elabora en esta ciudad. — s.m. pl: moriles

morilla (Del fr. *morille* < alem. ant. *morhila*, porro a modo de zanahoria.) Cagarria, hongo comestible. — s.f. MICOLOGÍA

morillero Muchacho que sirve a los labradores. — s.m./= mochil

morillo Caballete de hierro usado para sostener la leña en las chimeneas: *pon los troncos sobre el morillo.* — s.m.

moriondo, a Se aplica a la res ovina que está en celo. — adj.

morir (Del lat. *mori.*)
1 Dejar de vivir o perder la vida una persona o un animal: *murió en un accidente de tráfico; se murió anoche sin sufrir apenas.* — v.intr/prnl. conj: *dormir* part: muerto
2 Llegar una cosa a su fin: *la música romántica nunca morirá.* — v.intr.
3 Experimentar una persona un sentimiento o sensación con intensidad o violencia: *se morirá de pena si no le escribes; escribió este poema mientras moría de amor por ella.* — v.intr/prnl. + de
4 Acabar en un punto un río, camino, tubería: *el río muere en este lago; el camino se moría en la plaza.* — = terminar
5 Apagarse una luz o extinguirse una llama: *la luz de la vela murió a medianoche; la hoguera se murió a causa de la lluvia.*
6 Ser anulada una partida o una mano de un juego por desconocerse el ganador: *en la partida de ayer murieron tres manos.* — v.intr. JUEGOS

7 Caer un jugador con su ficha en la casilla de la muerte en el juego de la oca: *mi prima siempre muere la primera si jugamos a la oca.* — JUEGOS
8 Quedar una parte del cuerpo insensible: *se le murió una pierna a causa de una grave enfermedad.* — v.prnl. = insensibilizarse
9 morir o morirse por una persona: Amarla mucho: *se muere por su vecina; hace tiempo que muere por ella.*
10 morir o morirse una persona por una cosa: Desear mucho una cosa: *se muere por viajar; muere por ir a ese concierto.* — coloquial
11 morir una persona vestido: Morir de forma violenta: *es tan atrevido que morirá vestido.* — coloquial
12 ¡muera!: Expresión utilizada para manifestar odio o aversión hacia una persona o una cosa: *los manifestantes gritaban ¡muera el dictador!*

morisco, a
1 Moro, natural de África del norte. — adj.
2 Se aplica al musulmán que se bautizó y permaneció en España tras la reconquista. — adj/s. HISTORIA
3 De los moros que se quedaron en este país después de la reconquista y sus descendientes. — adj. HISTORIA
4 Se refiere al dibujo o motivo ornamental muy usado en damasquinería.

morisma
1 Multitud de moros. — s.f./despectivo
2 a la morisma: A la manera de los moros. — loc.adv.

morisqueta
1 Engaño o burla: *era tan inocente que siempre era la víctima de las morisquetas.* — s.f. coloquial
2 Mueca, mohín: *hizo una morisqueta de desprecio.*

morito Ave caradriforme, de pico curvo, cuello en forma de s y plumaje de color rojo castaño. *(Plegadis falcinellus.)* — s.m. ZOOLOGÍA

morlaco, a
1 Que se finge tonto o ignorante. — adj/s.
2 Se aplica al toro de lidia de gran tamaño: *el tercer toro de la tarde era un morlaco impresionante.* — adj/s.m. TAUROMAQUIA
3 Peso duro, patacón. — s.m./Amér.

morlés (De la ciudad de Bretaña *Morlaix*, donde se fabrica.)
1 Tela de lino, no muy fina, fabricada en esta ciudad: *llevaba un traje de morlés.* — s.f. TEXTIL
2 morlés de morlés: Se usa para comentar que una cosa es casi igual a otra.

morlón, a Que hace ver que es tonto o ignorante. — adj.

mormado Que está constipado o acatarrado. — adj./Méx.

mormarse Acatarrarse o constiparse. — v.prnl./Méx.

mormón, a Persona que profesa el mormonismo. — s./RELIGIÓN

mormónico, a Del mormonismo o de los mormones: *la doctrina mormónica permitía la poligamia.* — adj. RELIGIÓN

mormonismo Religión sectaria que combina elementos del cristianismo y del judaísmo. — s.m. RELIGIÓN

mormullar Murmurar [en todas sus acepciones]. — v.intr.

moro, a (Del lat. *maurus*, habitante del noreste de África.)
1 Del norte de África. — adj.
2 Persona natural del norte de África. — s.
3 Persona que profesa la religión musulmana. — adj/s/= mahometano
4 De la población musulmana de al-Andalus. — adj./HISTORIA
5 Persona de esta población. — s./HISTORIA
6 De un pueblo sahariano, mestizo de árabes, bereberes y negros, que habita principalmente en Mauritania. — adj.
7 Persona de este pueblo. — s.
8 Se aplica al hombre que se muestra muy celoso y dominante con su mujer: *su marido es un moro, no la deja salir sola.* — adj/s.m. despectivo
9 Se aplica al niño que no ha sido bautizado. — adj./coloquial
10 Se refiere al vino que no ha sido aguado. — coloquial
11 Se aplica a la yegua o al caballo negro con una estrella o mancha blanca en la frente y calzado de una o de dos extremidades.
12 moro de paz: 1. Moro marroquí que servía de intermediario para tratar con los demás moros en los presidios españoles de África. 2. Persona que tiene disposiciones pacíficas y de quien no se ha de temer o recelar. — HISTORIA coloquial
13 moro de rey: Soldado a caballo del ejército regular del imperio marroquí. — MILITAR
14 moro mogataz: Soldado moro al servicio de España en los antiguos presidios de África. — MILITAR
15 moros y cristianos: Fiesta pública que finge una batalla entre ambos bandos.
16 a más moros, más ganancia: Se usa para despreciar los riesgos de una acción, afirmando que a mayor dificultad es mayor la gloria del triunfo. — coloquial
17 como moros sin señor: Se aplica a la reunión en que hay mucha confusión y desorden. — loc.adj.
18 haber moros en la costa: Estar presente una persona en cuya presencia resulta peligroso o inadecuado hacer o decir una cosa: *ahora no me lo cuentes, hay moros en la costa.* — coloquial

19 haber moros y cristianos: Haber luchas o discordias en algún sitio. *coloquial*

20 moros van, moros vienen: Se refiere a la persona a la que le falta poco para estar completamente borracho. *coloquial*

morocada Topetazo de carnero: *los carneros se daban fuertes morocadas.* s.f. = mochada

morocho, a
1 Se aplica a la persona que está sana o tiene un aspecto robusto. adj./*Amér. Central y Merid./familiar*
2 Se aplica a la persona que tiene pelo negro y tez blanca. *Argent., Perú, Urug.*

morojo Fruto del madroño. s.m./BOTÁNICA

morón Montículo de tierra. s.m.

morona Migaja de pan. s.f./*Colomb.*

moroncho, a Que no tiene cabellos u hojas: *cabeza moroncha; árbol moroncho.* adj. tb: morondo

morondanga
1 Cosa inútil y de poca entidad: *hice limpieza de los armarios y tiré muchas morondangas.* s.f. tb: borondanga
2 Mezcla de cosas inútiles.
3 Enredo, confusión.
4 **de morondanga:** Que es despreciable, de poco o ningún valor. loc.adj. despectivo

morondo, a (De *mondo* + *orondo*.) Que no tiene cabellos, hojas, etc.: *con el otoño los árboles se quedan morondos.* adj. tb: moroncho, pelado

moronga Tipo de embutido parecido a la morcilla o a la salchicha. s.f./*Méx., Guat., Hond.* COCINA

moronía (Del ár. *buraniya*, alboronía.) Alboronía, guiso de hortalizas. s.f. COCINA

morosidad
1 Modo de comportarse el que se retrasa en un pago: *su morosidad es de todos conocida, pero ya pagará.* s.f.
2 Carácter de las cosas morosas o lentas: *me molesta la morosidad en el trabajo.* = parsimonia

moroso, a (Derivado de *mora* < lat. *mora*.)
1 Que se retrasa en devolver un dinero o pagar: *tiene varios clientes morosos.* adj/s.
2 Que es lento: *los trámites de adopción son muy morosos.*

morquera Hisopillo, arbusto de la familia labiadas. s.f./BOTÁNICA

morquero Morcón, embutido. s.m.

morra
I (Del ital. *mora*.)
1 Juego en que hay que acertar el número que suman los dedos extendidos que los dos jugadores ocultan detrás de su espalda. s.f. JUEGOS
2 Puño cerrado que vale por cero en este juego. JUEGOS
3 **morra muda:** Variante de este juego, en que sólo se hace a pares o nones. JUEGOS
II (Derivado de *morro*, peñasco o monte.)
1 Parte superior de la cabeza. s.f.
2 **andar a la morra:** Andar a golpes. coloquial
III (Voz de creación expresiva.) Voz usada para llamar a la gata. s.f.

morrada
1 Golpe dado con la cabeza o recibido en ella: *tengo un chichón en la cabeza de una morrada que me pegué.* s.f. = cabezazo
2 Golpe dado en la cara con la mano abierta: *le dio una morrada tan fuerte que le dejó la mejilla roja.* = guantada, bofetada

morral
1 Saco usado por los cazadores para guardar la caza y las provisiones: *sacó la comida del morral.* s.m. CAZA
2 Saco lleno de pienso que se cuelga de la cabeza de las caballerías, para que coman cuando no están en el establo.
3 Hombre grosero y zafio. coloquial
4 Vela rastrera que se larga con viento flojo. NÁUTICA

morralada Cantidad de pienso que cabe en un morral. s.f.

morralla
1 Conjunto de cosas inútiles o de escaso valor. s.f.
2 Conjunto de personas despreciables: *a este bar viene la morralla del barrio.*
3 Dinero suelto. = calderilla
4 Pescado menudo y mezclado: *lanzaron la morralla al mar.* PESCA

morrear Besar a una persona en la boca con pasión y durante largo tiempo: *los chavales se morreaban en la discoteca.* v.tr/intr/prnl. vulgar

morrena Material de tamaño variado arrancado y acumulado o transportado por el hielo de los glaciares. s.f./GEOLOGÍA tb: morena

morreo
1 Acción de besarse en la boca con pasión y durante largo tiempo. s.m. vulgar
2 Juego infantil en que el perdedor tiene que arrancar con la boca un palillo que está clavado en la tierra. JUEGOS

morrera Pupa que sale en los labios. s.f.

morrilla Alcachofa silvestre, planta. s.f./BOTÁNICA

morrillo
1 Porción carnosa que tienen las reses en la parte superior y anterior del cuello. s.m.
2 Nuca, cogote de las personas cuando es abultado. coloquial
3 Canto rodado.

morriña (Del gallego *morinha*, nostalgia.)
1 Sentimiento de tristeza o nostalgia, en especial por la tierra natal: *lejos de mi pueblo me invadía la morriña.* s.f./= añoranza
2 Enfermedad febril de las ovejas y otros animales. VETERINARIA

morriñoso, a
1 Que siente nostalgia o morriña: *en su carta me decía que estaba morriñoso.* adj. = nostálgico
2 Que está raquítico o enclenque. = enteco

morrión
1 Casco antiguo que solía tener un adorno o plumaje en la parte superior. s.m./HISTORIA, MILITAR
2 Especie de sombrero sin alas y con visera que formaba parte del uniforme militar. MILITAR
3 Vértigo que padecen las aves de altanería. CAZA

morro
I (De origen incierto.)
1 Hocico de los animales: *el perro llevaba el morro sucio de tierra.* s.m.
2 Labios, en especial los grandes y abultados: *los suyos son los morros más famosos de la música internacional.*
3 Caradura y descaro con que actúan algunas personas: *¡vaya morro, se ha ido sin pagar!* coloquial = jeta
4 Cualquier objeto redondo con forma semejante a la de la cabeza.
5 Peñasco o monte pequeño y redondo.
6 Piedra pequeña y redonda. = guijarro
7 Monte o peñasco escarpado en la costa que sirve de referencia a los navegantes.
8 **andar al morro:** Andar a golpes. coloquial
9 **arrugar o torcer el morro:** Exteriorizar desagrado o contrariedad: *no arrugues el morro, alguien lo tiene que hacer.* coloquial
10 **beber a morro:** Beber sin vaso, poniendo los labios directamente en la botella, chorro, etc.: *suele beber la cerveza a morro.* coloquial
11 **echarle morro:** Ser atrevido, descarado o cínico: *si le echas tanto morro te van a llamar la atención.* coloquial
12 **estar de morro, o de morros:** Estar dos o más personas enfadadas: *mi hija y su novio están de morros.* coloquial
13 **jugar al morro con una persona:** Engañar a una persona o no cumplir lo que se le había prometido. coloquial
14 **pasar por los morros:** Echar una cosa en cara a una persona. coloquial
15 **poner morros:** Poner cara de mal humor o de enfado. coloquial
16 **por el morro:** 1. Con atrevimiento y descaro: *se bebió media botella de coñac por el morro.* 2. Sin pagar o sin hacer ningún esfuerzo: *su padre es el director y le han dado el empleo por el morro.* loc.adv. coloquial loc.adv. coloquial
17 **tener morro:** Tener desfachatez, frescura o cinismo: *¡qué morro tienes!, siempre tengo que hacer lo que a ti no te gusta.* coloquial
II (Voz de creación expresiva.) Voz imitativa del ruido o murmullo del gato usada para llamar a este animal. s.m.

morrocotudo, a (Del caribeño *morrocota*, muy rico.)
1 Extraordinario, muy grande: *se llevó un susto morrocotudo; le daremos una sorpresa morrocotuda.* adj./coloquial = tremendo
2 Que es rico o acaudalado. *Colomb.*
3 Que es fornido o corpulento. *Argent.*
4 Se aplica a las obras literarias o artísticas faltas de gracia, variedad y garra. *Chile*
5 Que es magnífico o muy grande. *Argent/coloquial*

morrón
1 Se aplica a la variedad del pimiento que es más dulce y más gruesa que la normal. adj.
2 Se refiere a la bandera que está enrollada y ceñida, para izarla como señal en demanda de auxilio. NÁUTICA
3 Golpe fuerte, en especial el dado en la cabeza o la cara: *no vio el cristal de la puerta y se pegó un buen morrón.* s.m. = morrada, trastazo

morrongo, a Gato o gata, mamífero: *mi morrongo suele jugar con un ovillo de lana.* s/coloquial = morroño

morrudo, a
1 Que tiene morro. adj.
2 Que tiene los labios gruesos y prominentes. = hocicudo

morsa (Del fr. *morse* < finlandés *morsu*.)
1 Mamífero marino, parecido a la foca, de piel gruesa y cabeza pequeña con grandes cerdas, cuyo macho tiene dos colmillos rectos y puntiagudos. (*Odobenus rosmarus*.) s.f. ZOOLOGÍA
2 Torno que usan los carpinteros para dar forma a la madera. *Argent.* CARPINTERÍA

morsana Planta arbórea, con hojas opuestas, flores con cáliz dividido en cinco partes, fruto en cápsula con muchas semillas y del que se comen los brotes tiernos encurtidos. (*Zygophyllum fabago*.) s.f. BOTÁNICA

morse (De S. *Morse*, inventor norteamericano.) Alfabeto telegráfico formado por puntos, rayas y espacios. s.m.

mortadela (Del ital. *mortadella.*) Embutido grueso de origen italiano, hecho con carne de cerdo, ternera y tocino muy triturado: *le encanta el bocadillo de mortadela.* `s.f.`

mortaja
I (Del lat. *mortualia*, vestidos de luto.)
1 Prenda en que se envuelve un cadáver para enterrarlo. `s.f.` `= sudario`
2 Hoja de papel con que se lía el tabaco de los cigarrillos. `Amér. Central y Merid.`
3 **mortaja de esparto**: Esterilla de palma para dormir. `= petate`
II (Del fr. ant. *mortaige*, sudario.) Corte o concavidad hecha en una pieza para encajar otra. `s.f./= muesca, entalladura`

mortajadora Máquina-herramienta que sirve para formar ranuras, muescas u otros trabajos. `s.f.` `TECNOLOGÍA`

mortal (Del lat. *mortalis.*)
1 Que ha de morir: *el alma no es mortal, pero el cuerpo sí.* `adj./≠ inmortal`
2 Que causa o puede causar la muerte espiritual o corporal: *sufrió un accidente mortal; su doblez causó una herida mortal a su relación.* `= letal, mortífero`
3 De la muerte o de los muertos: *se dio cuenta de la desgracia al tocarle y sentir su frío mortal.*
4 Se aplica al sentimiento que lleva a una persona a desear la muerte o un gran mal a otra: *siente hacia él un odio mortal.*
5 Que es penoso o fatigoso y se hace muy pesado, duradero o difícil de soportar, en especial distancia o tiempo: *los últimos doscientos metros de la carrera fueron mortales; esperé su llamada durante dos horas mortales; este trabajo es mortal.* `= angustioso ≠ grato`
6 Se aplica al ser humano: *no es del reino de los mortales.* `adj/s.`
7 Se aplica al pecado que supone una grave ofensa a Dios. `adj. RELIGIÓN`
8 Se aplica al salto que dan los trapecistas, lanzándose de cabeza y volteando en el aire para caer de pie.
9 Que tiene apariencia de estar muerto: *su cara tenía un color mortal cuando le encontré.*
10 Que está muy cercano a la muerte.

mortalidad
1 Condición de mortal, que ha de morir: *según algunas religiones, la mortalidad es un rasgo humano pero no divino.* `s.f. ≠ inmortalidad`
2 Número proporcional de muertes ocurridas en una población durante un tiempo determinado: *la mortalidad infantil es muy baja.*

mortalmente Por completo, mucho: *ha sido un discurso mortalmente aburrido.* `adv. coloquial`

mortandad Muerte de un gran número de personas producida por una catástrofe: *el terremoto causó una gran mortandad.* `s.f. = hecatombe`

mortecino, a (Del lat. *morticinus.*)
1 Que no tiene vigor o viveza: *no puedes estudiar con esta luz mortecina.* `adj. = apagado`
2 Que está moribundo.
3 Se aplica al animal que ha muerto por causas naturales, y a su carne: *carne mortecina.*
4 **hacer la mortecina**: Fingirse muerto. `coloquial`

mortera Cuenco de madera usado para beber o llevar comida. `s.f.`

morterada
1 Porción de cualquier sustancia que se prepara de una vez en el mortero: *echó una morterada de ajos y pan frito al guiso.* `s.f.`
2 Gran cantidad de dinero, en especial el que se cobra o gana: *con este negocio ganaremos una morterada.* `coloquial`
3 Cantidad de piedras o proyectiles que se disparan de una vez con el mortero de artillería: *con la primera morterada derribaron la puerta del castillo.* `MILITAR`
4 Herida y daño producido por un mortero. `= morterazo`

morterazo
1 Disparo de mortero, pieza de artillería: *murió de un morterazo.* `s.m. = morterada`
2 Ruido producido por el disparo de un mortero: *a lo lejos se oían los morterazos del combate.*
3 Herida y daños producidos por el disparo de un mortero.

morterete
1 Antigua pieza pequeña de artillería que se usaba con frecuencia en las salvas. `s.m. MILITAR`
2 Pieza pequeña de hierro, con fogoncillo, que se llena al máximo de pólvora y cuyo disparo imita la salva de artillería. `MILITAR`
3 Pieza de cera en forma de vaso, con mecha, que se ponía dentro de un recipiente con agua y servía para iluminar decoraciones o perspectivas en los teatros. `TEATRO`
4 Almirez o utensilio parecido usado como instrumento musical. `MÚSICA`

mortero (Del lat. *mortarium.*)
1 Recipiente de madera, piedra o metal, con forma de vaso, y provisto de un mazo, que se usa para triturar especias, semillas o condimentos en general: *machacó los ajos en el mortero.* `s.m. COCINA = almirez`
2 Pieza de artillería, corta y de gran calibre, usada para disparar bombas. `MILITAR`
3 Mezcla de cemento, arena y agua. `CONSTRUCCIÓN`
4 Piedra plana que, en el molino de aceite, se coloca en el centro del suelo del alfarje, para echar la aceituna y molerla.

morteruelo Guiso hecho con hígado de cerdo machacado y mezclado con especias y pan rallado. `s.m. COCINA`

mortífero, a (Del lat. *mors, -tis*, muerte + *ferre*, llevar.) Que produce la muerte: *lanzaron gases mortíferos sobre la ciudad.* `adj. = letal, mortal`

mortificación
1 Acción y resultado de mortificar o mortificarse. `s.f.`
2 Acto o expresión que mortifica: *el mal trato del jefe es mi mortificación.*

mortificador, a Que mortifica: *nunca olvidaré sus continuos reproches mortificadores.* `adj. = mortificante`

mortificar
1 Castigar el cuerpo con sacrificios o privaciones: *aquél se mortifica con el ayuno.* `v.tr/pml/conj: sacar + con`
2 Molestar mucho a una persona: *mi hermano me mortifica con sus problemas.* `+ con = fastidiar`
3 Producir remordimiento o malestar: *no eres el culpable de su muerte, no te mortifiques.* `+ con = afligir`
4 Dejar una parte del cuerpo sin vitalidad: *sus piernas se mortificaron por la caída.* `MEDICINA = dañar`

mortinatalidad Mortalidad que afecta a los recién nacidos. `s.f.`

mortinato, a (Del lat. *mors, -tis*, muerte + *natus*, nacido.) Se aplica a la criatura que nace muerta. `adj/s.`

mortis causa (Expresión latina.) Se refiere al testamento y a otros actos cuyo fin está determinado por la muerte y sucesión del causante. `loc.adj. DERECHO`

mortuorio, a (Del lat. *mortuorum*, de los muertos.)
1 Del muerto o de las honras fúnebres: *cámara mortuoria; esquela mortuoria.* `adj. = luctuoso`
2 Conjunto de preparativos para enterrar a los muertos. `s.m.`

morucho
1 Toro de media casta brava de origen salmantino. `s.m. TAUROMAQUIA`
2 Toro de color imperfecto. `TAUROMAQUIA`
3 Novillo embolado para que lo lidien los aficionados en la plaza de toros.

morueco Carnero semental, destinado a la procreación. `s.m./ZOOLOGÍA tb: murueco`

mórula Estadio del desarrollo del embrión animal que se presenta como una masa esférica de células. `s.f. BIOLOGÍA`

morulación Proceso de formación de la mórula. `s.f./BIOLOGÍA`

moruno, a
1 De la antigua Mauritania. `adj.`
2 De los moros o árabes en general: *aderezó la carne con especias morunas.*
3 De estilo árabe o semejante a él.

morusa Moneda corriente. `s.f./= dinero`

mosaico, a
I (De *Moisés*, personaje bíblico.) De este personaje bíblico: *ley mosaica.* `adj. RELIGIÓN`
II (Del ital. *mosaico* < bajo lat. *mosaicum* < gr. *museios*, relativo a las musas.)
1 Se aplica a la obra que está hecha con piedras o vidrios pequeños de varios colores, que encajados forman un dibujo. `adj/s.m. ARTE`
2 Cualquier cosa compuesta de diversos elementos: *la exposición es un mosaico de estilos.* `s.m.`
3 Enfermedad de las plantas causada por un virus que se presenta como manchas de color verde claro, verde oscuro y amarillento en las hojas. `BOTÁNICA`
4 Conjunto de células yuxtapuestas en el mismo ser vivo y que no tienen el mismo genoma. `BIOLOGÍA`
5 Electrodo recubierto de corpúsculos fotoeléctricos aislados entre sí. `ELECTRICIDAD`

mosaiquista
1 Persona que fabrica mosaicos. `s.m.f.`
2 Persona que por oficio reviste superficies con mosaicos.

mosaísmo (De *Moisés*, personaje bíblico.)
1 Ley y doctrina religiosa de este personaje bíblico. `s.m./RELIGIÓN`
2 Civilización descendiente de dicho personaje bíblico.

mosaísta
1 Del mosaico. `adj.`
2 Se aplica al artista que hace mosaicos. `adj/s.m.f./ARTE`

mosano, a Se refiere al arte que se desarrolló durante la edad media en la región del Mosa medio e inferior. `adj. ARTE`

mosca (Del lat. *musca.*)
1 Insecto de cuerpo negro, ojos salientes, aparato bucal picador y chupador, patas con capacidad adherente, muy común y molesto. (*Musca domestica.*) `s.f. ZOOLOGÍA`
2 Pelo que le crece al hombre entre el labio inferior y la barbilla.

3 Dinero, moneda corriente: *me he quedado sin mosca.* `coloquial`

4 Persona molesta, importuna y pesada: *no lo soporto más, es una mosca.* `= moscón`

5 Que está receloso o inquieto por alguna cosa: *sus constantes llamadas telefónicas me tienen mosca.* `adj.` `coloquial`

6 Que está enfadado: *está mosca conmigo desde que le dije que era muy exigente.* `coloquial`

7 Categoría de boxeo que incluye a los púgiles que no pesan más de 51 quilos. `s.m.` `DEPORTES`

8 Cebo artificial que imita un insecto. `PESCA`

9 Bien de cualquier especie. `s.f.`

10 Chispas que saltan de la lumbre: *las moscas originaron el incendio.* `s.m.pl.` `coloquial`

11 Interferencias en forma de puntos que aparecen en las pantallas de cine o televisión.

12 mosca artificial: Anzuelo con una figura con la forma de este insecto que se usa como cebo en la pesca con caña. `PESCA`

13 mosca borriquera, de caballo o de burro: Insecto díptero, grande, aplanado, de cuerpo duro cubierto de vello pardo, ojos rojos y alas manchadas, y patas cortas cuyas larvas habitan en el estómago de los équidos. *(Hippobosca equina.)* `ZOOLOGÍA`

14 mosca de España: Insecto coleóptero de color verde, que vive en las ramas de los tilos y los fresnos. `ZOOLOGÍA` `= cantárida`

15 mosca de establo: La que pica al hombre, al caballo y al buey. `ZOOLOGÍA`

16 mosca de la carne: Especie de insecto que se alimenta de carne muerta. `ZOOLOGÍA` `= moscarda`

17 mosca de la fruta: Insecto díptero muy utilizado en investigaciones genéticas. `ZOOLOGÍA` `= drosófila`

18 mosca de Milán: Parche pequeño hecho de moscas de España y empleado como vejigatorio. `FARMACIA`

19 mosca de mula: Insecto díptero, grande, aplanado y de cuerpo velloso cuyas larvas habitan en el estómago de los équidos. `ZOOLOGÍA`

20 mosca en leche: Mujer morena vestida de blanco. `coloquial`

21 mosca escorpión: La que tiene las alas moteadas de negro y cuyo macho tiene el abdomen terminado en punta. `ZOOLOGÍA`

22 mosca muerta: Persona de apariencia retraída o apagada, pero capaz de aprovecharse de cualquier situación. `coloquial`

23 moscas blancas: Pequeños copos de nieve que caen con suavidad. `coloquial`

24 moscas volantes: Motas opacas o coloreadas, producidas por un defecto en la visión, que se creen ver cruzando el campo visual. `MEDICINA`

25 mosca tse-tse: La que transmite la enfermedad del sueño. *(Glossina.)* `ZOOLOGÍA`

26 aflojar la mosca: Pagar, gastar o dar dinero de mala gana. `coloquial`

27 cazar moscas: Ocuparse en cosas inútiles: *¡trabaja y deja de cazar moscas!* `coloquial`

28 estar con la mosca detrás de la oreja: Estar receloso y prevenido para evitar que suceda lo que se sospecha. `coloquial`

29 hacer mosca: Estorbar la relación entre dos personas, interponiéndose entre ellas: *mejor los dejo solos, no quiero hacer mosca.* `Méx.` `familiar`

30 ¡moscas!: Se usa para alejar una cosa que pica o molesta.

31 papar moscas: Estar distraído o sin hacer nada y con la boca abierta. `coloquial`

32 picarle a una persona la mosca: Sentir o recordar un asunto molesto o desagradable. `coloquial`

33 ponerse mosca una persona: Enfadarse o resentirse por lo que hacen o dicen. `coloquial`

34 por si las moscas: Por si acaso: *aunque ahora no llueve, me llevaré el paraguas por si las moscas.* `loc.adv.` `coloquial`

35 sacudirse alguien las moscas: Quitar de la mente las preocupaciones: *se fue de compras con unas amigas para sacudirse las moscas.* `coloquial`

36 ser una mosca blanca: Ser excepcional por alguna cualidad. `coloquial`

37 soltar la mosca: Pagar o gastar dinero a disgusto: *nadie llevaba dinero y me tocó soltar la mosca a mí.* `coloquial`

38 tener la mosca en la oreja: Estar escamado, sobre aviso o sospechar de una persona o cosa: *tiene la mosca en la oreja porque les ha visto cuchichear.* `coloquial`

moscabado, a (Del port. *mascabar,* menoscabar.) Se aplica al azúcar de caña de segunda producción. `adj.` `tb: mascabado`

moscar (Del lat. vulgar *mossicare* < lat. *morsicare,* mordiscar.) Hacer una oquedad o un corte en una cosa. `v.tr.` `conj: sacar`

moscarda
1 Insecto díptero, grande, de color gris con manchas, rayas negras y ojos encarnados, cuya hembra deposita sobre la carne muerta las larvas ya nacidas. *(Sarcophaga carnaria.)* `s.f.` `ZOOLOGÍA`
2 Mosca grande, sobre todo las que se alimentan de carne muerta. `ZOOLOGÍA`
3 Conjunto de huevecillos que pone la abeja reina. `ZOOLOGÍA`

moscardear Poner la abeja reina los huevos en los alveolos. `v.intr.` `ZOOLOGÍA`

moscardón
1 Especie de mosca de doce a trece milímetros de largo, con el cuerpo oscuro y velloso, que deposita sus huevos entre el pelo de los rumiantes. *(Calliphora vomitoria.)* `s.m.` `ZOOLOGÍA` `tb: moscarrón`
2 Hombre pesado, molesto e impertinente: *la guapa modelo estaba rodeada de moscardones.* `coloquial` `= moscón`
3 Especie de avispa grande. `coloquial`
4 Mosca zumbadora. `coloquial`

moscareta (Del valenciano *muixquereta.*) Papamoscas, ave de color gris que se domestica con facilidad. `s.f.` `ZOOLOGÍA`

moscarrón Moscardón, hombre impertinente o molesto. `s.m.` `coloquial`

moscatel
I (Del cat. *moscatell.*)
1 Se aplica a la uva blanca o morada, de grano redondo y muy liso y sabor muy dulce. `adj.` `BOTÁNICA`
2 Se refiere a la vid que produce esta uva. `BOTÁNICA`
3 Se aplica al vino que se obtiene de esta uva. `adj/s.m.`
II (De origen incierto.)
1 Hombre pesado e inoportuno. `s.m./coloquial`
2 Muchacho muy desarrollado. `= zagalón`
3 Hombre tonto y pazguato.

moscella Chispa de la lumbre. `s.f.`

mosco Mosquito, insecto díptero con una trompa provista de aguijón. `s.m.` `ZOOLOGÍA`

moscón
1 Especie de mosca de gran tamaño, con las alas manchadas de rojo. `s.m.` `ZOOLOGÍA`
2 Especie de mosca, con el cuerpo oscuro y velloso, que pone sus huevos entre el pelo de los rumiantes. `ZOOLOGÍA` `= moscardón`
3 Persona molesta e impertinente: *la rodeaban varios moscones intentando ligar con ella.* `coloquial` `= moscardón`
4 Arce, árbol de madera dura y flores en racimo. `BOTÁNICA`

mosconear
1 Molestar a una persona con impertinencia y pesadez: *estoy ocupado, deja de mosconearme.* `v.tr.` `= fastidiar, incordiar`
2 Simular una persona ignorancia para conseguir una cosa. `v.intr.`

mosconeo Acción de mosconear. `s.m.`

moscovita
1 De Moscú, capital de Rusia. `adj.`
2 Persona natural de esta ciudad. `s.m.f.`
3 De Moscovia, antiguo principado ruso. `adj./HISTORIA`
4 Persona natural de este antiguo principado ruso. `s.m.f./HISTORIA`
5 Mica potásica incolora, de brillo nacarado, con reflejos metálicos, utilizada como aislante eléctrico. `s.f.` `MINERALOGÍA`

moscovítico, a De los moscovitas. `adj.`

mosén (Del cat. ant. *mossenyen.*)
1 Tratamiento que se da a los clérigos en algunas regiones. `s.m.` `RELIGIÓN`
2 Título que se daba a los nobles de segunda clase en la corona de Aragón. `HISTORIA`

mosqueado, a
1 Que está molesto o enfadado: *está muy mosqueado conmigo y no quiere ni verme.* `adj./coloquial` `= escamado`
2 Que tiene pintas o manchas: *todas sus vacas son mosqueadas negras y blancas.* `= moteado`

mosqueador
1 Utensilio semejante a un abanico, usado para espantar las moscas. `s.m.`
2 Cola de una res vacuna o de una caballería. `coloquial`

mosquear
1 Causar enfado en una persona: *esto mosquea bastante; me mosquea tener que ir; no va al cine porque se ha mosqueado con nosotros.* `v.tr/intr/prnl.` `coloquial` `= picar`
2 Causar sospechas una cosa: *tanto misterio ya mosquea; me mosquea este silencio.* `coloquial` `= escamar`
3 Espantar las moscas: *las vacas se mosquean con el rabo; mosqueaba las moscas con un periódico arrugado.* `v.tr/prnl.`

mosqueo Acción de mosquear o mosquearse: *no sé el porqué de su mosqueo, pero no me habla.* `s.f./coloquial` `= enfado`

mosquerío Gran cantidad de moscas: *abre la ventana para que se vaya este mosquerío.* `s.m.` `coloquial`

mosquero
1 Ramo de hierbas o tiras de papel atado a la punta de un palo que sirve para espantar las moscas. `s.m.`
2 Ramo de hierbas o tiras de papel impregnados con una sustancia adherente que se cuelga del techo para que se peguen en él las moscas.
3 Hervidero o abundancia de moscas, lugar infestado de estos insectos. `Amér. Central y Merid.`

mosquerola (Del cat. *mosquerola.*) Se aplica a la pera redonda, de color encarnado oscuro por una parte y verde amarillento por la otra, de sabor dulce y carne granulosa. `adj/s.f.` `tb: mosqueruela`

mosqueta (Del cat. *mosqueta* < cat. ant. *mosquet,* almizcle.)
1 Rosal de tallos flexibles y espinosos que da unas flores pequeñas de color blanco. *(Rosa sempervirens.)* `s.f.` `BOTÁNICA`

2 mosqueta silvestre: 1. Escaramujo, arbusto. 2. Fruto de este arbusto. — BOTÁNICA

mosquetazo
1 Disparo hecho con el mosquete. — s.m.
2 Herida, señal o daño producido por el disparo del mosquete.

mosquete (Del ital. *moschetto*, flecha lanzada por una ballesta.) Antigua arma de fuego portátil, que se disparaba apoyándola sobre una horquilla clavada en la tierra. — s.m. MILITAR

mosquetería
1 Tropa que estaba formada de mosqueteros. — s.f./MILITAR
2 Espectadores que estaban de pie en los antiguos corrales de comedias. — coloquial TEATRO

mosqueteril De la mosquetería o espectadores que estaban de pie en los antiguos corrales de comedias. — adj./coloquial TEATRO

mosquetero
1 Soldado que estaba armado de mosquete. — s.m./MILITAR
2 Espectador que estaba de pie en los antiguos corrales de comedias. — coloquial TEATRO

mosquetón
1 Carabina corta que usaron algunos cuerpos militares. — s.m. MILITAR
2 Anilla que se abre y cierra mediante un muelle.

mosquil De la mosca. — adj./= mosquino

mosquita
1 Pájaro poco común en España, con el lomo de color gris oscuro y el vientre blanco tirando a rojizo. — s.f. ZOOLOGÍA
2 **mosquita muerta:** Persona que bajo una apariencia inocente e inofensiva se comporta de forma muy diferente: *la mosquita muerta nos la ha jugado.* — coloquial = mosca muerta

mosquitera
1 Colgadura de gasa que cubre una cama para impedir que entren los mosquitos. — s.f. tb: mosquitero
2 Bastidor de tela metálica u otro material que permite el paso del aire y que se pone en puertas o ventanas para impedir el paso de moscas y mosquitos y permitir la aireación del lugar.
3 Utensilio ligero, en forma de pala, para matar moscas o mosquitos. — = matamoscas

mosquitero Mosquitera, colgadura de gasa que impide que entren mosquitos. — s.m.

mosquito
1 Insecto díptero de cuerpo fino y alargado y un solo par de alas alargadas y estrechas, cuya hembra pica al hombre y a los animales para alimentarse de su sangre. (*Anopheles, Culex y Stegomyia.*) — s.m. ZOOLOGÍA
2 Larva de la langosta. — ZOOLOGÍA
3 Cliente asiduo de las tabernas. — coloquial
4 **mosquito anofeles:** El que transmite el microbio del paludismo. (*Anopheles maculipennis.*) — ZOOLOGÍA

mostacera Recipiente usado para preparar y servir la mostaza. — s.f. tb: mostacero

mostacho (Del ital. *mostaccio* < gr. *mystakion*.)
1 Bigote del hombre en especial si es grande: *no sabía que tu hermano llevara mostacho.* — s.m.
2 Mancha de suciedad o resto de comida en las proximidades de la boca: *el niño tenía el mostacho de la leche que había tomado.* — coloquial
3 Cabo grueso con que se asegura el bauprés. — NÁUTICA

mostachón (Del lat. *mustaceum*.) Pasta dulce de almendra molida, azúcar, canela y otras especias. — s.m. COCINA

mostachoso, a Que tiene mostacho o bigote. — adj.

mostacilla
1 Proyectil del tamaño de la semilla de mostaza, usado para cazar pájaros y otros animales pequeños. — s.f. CAZA
2 Abalorio de cuentas muy pequeñas.

mostagán Vino, bebida alcohólica: *nos tomamos un vaso de mostagán.* — s.m. coloquial

mostajo Árbol rosáceo de tronco liso y ramas gruesas, flores blancas agrupadas en corimbos y frutos comestibles de color rojo. (*Sorbus.*) — s.m. BOTÁNICA

mostaza
1 Planta herbácea crucífera, de hojas alternas, flores pequeñas, amarillas o blancas en espiga y fruto en silicua, con varias semillas de sabor picante, cuya harina se emplea en medicina y como condimento. (*Sinapis y Brassica.*) — s.f. BOTÁNICA = mostaza negra
2 Semilla de esta planta. — BOTÁNICA
3 Salsa que se hace con las semillas de esta planta, agua, vinagre y otros ingredientes. — COCINA
4 Munición de pequeño tamaño. — = mostacilla
5 **mostaza blanca:** Planta crucífera, pelosa, de hojas divididas, flores amarillas, con las vainas más anchas que la común y semillas de color blanco-amarillento. (*Sinapis alba.*) — BOTÁNICA
6 **mostaza negra:** Planta crucífera con fruto en silicua alargada y semillas negras por fuera y amarillas por dentro. (*Brassica nigra.*) — BOTÁNICA
7 **subírsele a una persona la mostaza a las narices:** Irritarse, enfadarse. — coloquial

mostazal Terreno donde abunda la mostaza. — s.m./BOTÁNICA

mostazo
1 Mosto fuerte y pegajoso. — s.m.
2 Mostaza, planta crucífera. — BOTÁNICA

mostear
1 Destilar el mosto las uvas. — v.intr.
2 Echar o llevar una persona el mosto en las cubas. — v.intr.
3 Echar mosto en el vino añejo: *el viticultor mostea el vino.* — v.intr/tr.

mostela (Del lat. *mustela*, comadreja.) Conjunto de cosas largas como mies, leña o hierba, puestas en paralelo y atadas. — s.f. AGRICULTURA = haz

mostelera Sitio donde se guardan las mostelas. — s.f.

mostellar Mostajo, árbol rosáceo cuyo fruto no es comestible. (*Sorbus aria.*) — s.m./BOTÁNICA = mojera

mostense Se aplica a la orden premonstratense y a los que la profesan. — adj/s.m.f. tb: mosten

mostillo
1 Masa de mosto cocido que suele condimentarse con anís, canela o clavo. — s.m. COCINA
2 Mosto cocido con harina y especias al que se añaden trozos de fruta. — COCINA
3 Salsa hecha con mosto y mostaza. — COCINA

mosto (Del lat. *mustum.*)
1 Zumo de la uva o de la manzana, antes de fermentar. — s.m.
2 Zumo de ciertos frutos, usado para fabricar licores alcohólicos.
3 Vino en general: *nos sirvieron un mosto de una reserva familiar.* — coloquial
4 Residuo fétido del zumo de la caña de azúcar. — s.f.
5 **mosto agustín:** Masa de este zumo cocida con harina y especias, a la que se añaden trozos de fruta. — = mostillo
6 **desliar el mosto:** Separar el zumo de la lía. — s.m.

mostrado, a Que está acostumbrado a una cosa: *ya está mostrado a estas tareas.* — adj. + a

mostrador, a
1 Que muestra. — adj/s.
2 Mesa o tablero de las tiendas que se usa para mostrar los géneros a los clientes: *las camisas se amontonaban sobre el mostrador.* — s.m. COMERCIO
3 Especie de mesa alta que se usa para servir las consumiciones en los bares, cafeterías y locales semejantes.
4 Esfera de un reloj.

mostrar (Del lat. *monstrare.*)
1 Poner una cosa en un lugar para que sea vista: *me mostró la joya.* — v.tr/conj: contar = exhibir
2 Hacer patente la verdad de una cosa: *las pruebas mostraron la inocencia del acusado.* — = demostrar
3 Dejar ver una persona o una cosa una cualidad, una actitud o un sentimiento: *mostró su dolor; su rostro muestra cansancio.* — = manifestar
4 Dar una explicación que facilite la comprensión de una cosa: *te mostraré el funcionamiento de la nueva máquina de afeitar.* — = enseñar, explicar
5 Aparecer o comportarse una persona, un animal o una cosa de una determinada manera ante una persona: *se mostró muy cordial con mis amigos.* — v.prnl. = estar, portarse

mostrativo, a Que muestra. — adj.

mostrenco, a
1 Que no tiene hogar ni amo conocido: *recogió un perro mostrenco en la calle.* — adj.
2 Que es torpe o ignorante: *le cuesta estudiar porque es un poco mostrenco.* — adj/s./coloquial ≠ listo
3 Que es gordo y pesado: *está tan mostrenco que casi no puede moverse.* — coloquial ≠ delgado
4 Se aplica a los bienes que, al encontrarse abandonados y carecer de dueño conocido, pasan a ser del estado.

mota
1 Porción muy pequeña de una cosa: *no hay ni una mota de polvo.* — s.f./= ápice, brizna
2 Bolitas o granillos que se hacen en algunos tejidos: *el jersey tiene motas.*
3 Partícula de hilo o cosa parecida que se pega a la ropa.
4 Defecto insignificante en una cosa: *lo venden barato porque tiene motas.* — = tara
5 Elevación pequeña y aislada en el terreno. — = cerro
6 Masa de tierra con que se cierra el paso del agua en una acequia.
7 Porción de tierra con que se detiene el agua o se cierra un campo.
8 Mechón de cabellos cortos y tiesos. — = pasa
9 Cabello corto, ensortijado y crespo, como el de las personas de raza negra. — Amér. Merid.
10 Marihuana, hierba opiácea. — Méx./coloquial

motacilla (Del lat. *motacilla.*) Aguzanieves, ave. — s.f./ZOOLOGÍA

motar Quitar una cosa de poca importancia a una persona sin violencia. — v.tr. = robar

mote
I (Del occitano y fr. *mot*, palabra < lat. vulgar *muttum.*)

1 Sobrenombre que se aplica a una persona o cosa por una cualidad suya: *como era músico le pusieron como mote "el nota".* — s.m. = apodo

2 Frase que usaban como distintivo los antiguos caballeros en las justas y torneos. — HISTORIA = divisa, lema

3 Sentencia breve que incluye un secreto o misterio que necesita explicación.

4 Frase de un pasatiempo literario de los siglos XVI y XVII. — LITERATURA

5 Aleluyas o versos que se atribuyen por sorteo a los participantes en el juego de los estrechos. — s.m.pl. JUEGOS

6 Error gramatical de un escrito o modo de hablar defectuoso. — s.m./Argent., Chile, Perú

II (Del quechua *mutti*, maíz cocido.)

1 Guiso que se hace con maíz desgranado, cocido y deshollejado. — s.m./Amér. COCINA

2 Postre de trigo quebrantado después de haber sido cocido en lejía y deshollejado, que suele acompañarse con huesecillos. — Chile COCINA

motear Poner motas en una cosa, en especial una tela para darle más variedad y hermosura. — v.tr.

motejador, a Que moteja. — adj/s.

motejar Aplicar un calificativo desfavorable a una persona: *tras aquella estafa motejaron a mi vecino de bobo.* — v.tr. = tildar

motejo Acción de motejar.

motel (Acrónimo de [mo]tor ho[tel].) Hotel situado al borde de la carretera, cuyas habitaciones tienen entradas independientes desde el exterior. — s.m.

motete (Del occitano ant. *motet*.)

1 Breve pieza musical religiosa compuesta para varias voces, sobre textos diferentes, a veces en distintas lenguas, que suele cantarse en las iglesias. — s.m. MÚSICA

2 Lío o envoltorio. — Amér. Central y Antillas

3 Cesto grande de tiras de bejuco que los campesinos llevan en la espalda. — Méx., Amér. Central, Antillas

motil (Del lat. *mutilus*, mutilado.) Muchacho que sirve a los labradores. — s.m. tb: mochil

motilar (Del lat. *mutilare*.) Cortar el pelo al rape a una persona: *motilaron a todos los reclutas.* — v.tr. = rapar

motilidad Facultad de moverse que tienen los seres vivos ante determinados estímulos. — s.f.

motilón, a

1 Que tiene muy poco pelo: *con la edad se quedó motilón.* — adj.

2 Profeso que en los conventos de monjes no tiene opción a las órdenes sagradas. — s.m./coloquial = lego

3 Indio colombino o venezolano.

motilona Lega de una comunidad de monjas. — s.f./coloquial

motín (Del fr. ant. *mutin* < *mute* < lat. *movita*.) Levantamiento o alzamiento en grupo contra la autoridad constituida: *el motín de soldados acabó con la vida del capitán.* — s.m. = amotinamiento

motivación

1 Acción de justificar una cosa con motivos o razones: *no nos convenció la motivación que nos diste.* — s.f. = justificación

2 Motivo o razón de una cosa: *si te lo ha dicho es porque tiene alguna motivación.* — = causa

3 Convencimiento de que lo que se hace es bueno o útil para un fin determinado: *le falta motivación para seguir estudiando.* — = acicate

4 Ensayo mental con que se prepara una acción, en especial un actor antes de representar su papel.

motivador, a Que motiva: *aunque el premio era motivador, no se presentó al concurso.* — adj.

motivar

1 Dar motivo para una cosa: *sus burlas motivaron mi enfado.* — v.tr. = causar

2 Explicar los motivos o razones para hacer una cosa: *no supo motivar bien su postura.* — = justificar

3 Hacer que una persona sienta interés por una cosa: *estoy intentando motivarlo para que vuelva a estudiar.*

motivo, a (Del lat. *motivus*.)

1 Que mueve o sirve para mover. — adj.

2 Causa o razón que determina la realización de una cosa: *no entiendo por qué motivo has hecho semejante burrada.* — s.m. = móvil

3 Frase musical o fragmento de la misma sobre el cual el compositor establece el desarrollo de la obra. — MÚSICA

4 Dibujo o adorno que se repite en una obra o en un conjunto de obras.

5 Asunto o tema que se trata en una obra. — LITERATURA

6 de mi, tu, su, nuestro, vuestro motivo propio: Con resolución o intención libre y voluntaria. — loc.adv.

motmot Ave de cola larga, pico algo curvado y puntiagudo, y plumaje suave y abundante, que vive en los bosques tropicales de Brasil y se alimenta de insectos. *(Momotus momota.)* — s.m. ZOOLOGÍA

moto

I (Derivado de *mota*.) Mojón o poste de piedra que sirve para indicar la dirección o la distancia, en los caminos o para delimitar terrenos. — s.m. = hito

II (Abreviatura de *motocicleta*.)

1 Vehículo automóvil de dos ruedas que transporta a una o dos personas. — s.f. = motocicleta

2 estar como una moto: 1. Estar muy nervioso por tener mucho que hacer o por otra causa: *está como una moto porque cree que no acabará el trabajo a tiempo.* 2. Estar loco. — coloquial

moto- Componente de palabra procedente del lat. *motor*, que significa que mueve: *motocicleta.* — pref.

moto, a

1 Persona de corta edad a quien se le han muerto el padre, la madre o ambos. — adj. Amér. Central

2 Persona adicta a la marihuana. — s./Méx./coloquial

motoball (Voz inglesa.) Práctica deportiva que se juega entre dos equipos de cinco motociclistas cada uno, y que consiste en introducir un balón en la portería contraria las veces que sea posible. — s.m. DEPORTES

motobomba Bomba provista de motor. — s.f./MECÁNICA

motocarro Vehículo automóvil de tres ruedas para transportar cargas ligeras. — s.m.

motocicleta (Del lat. *motor*, que mueve + gr. *kyklos*, círculo.) Vehículo de dos ruedas impulsado por un motor provisto de uno o dos sillines: *es obligatorio llevar el casco al ir en motocicleta.* — s.f. = moto

motociclismo Deporte en el que se compite en velocidad conduciendo una motocicleta. — s.m. DEPORTES

motociclista

1 Persona que conduce una motocicleta: *el motociclista cayó de la moto.* — s.m.f. = motorista

2 De la motocicleta: *es miembro del club motociclista.* — adj.

motociclo (Del lat. *motor*, que mueve + gr. *kyklos*, círculo.) Velocípedo provisto de motor. — s.m.

motocross (Voz inglesa.) Deporte que consiste en correr con motocicleta por terreno accidentado. — s.m. DEPORTES

motocultivador Máquina que se utiliza en jardinería, arboricultura, horticultura y viticultura, y que se maneja mediante arrastre, empuje o desplazamiento. — s.m. AGRICULTURA tb: motocultor

motocultivo Aplicación de aparatos con motor mecánico a la agricultura: *el motocultivo facilita mucho el trabajo de los agricultores.* — s.m. AGRICULTURA tb: motocultura

motocultor Motocultivador, máquina para realizar diversas tareas agrícolas. — s.m./AGRICULTURA

motolita Aguzanieves, ave paseriforme. — s.f./ZOOLOGÍA

motolito, a

1 Que es necio o bobo. — adj/s.

2 vivir alguien de motolito: Mantenerse del trabajo de otro. — coloquial

motón (Del occitano *cap de moton*, cabeza de carnero.) Pieza o rueda con el canto acanalado por donde pasa un cabo y que se usa para levantar o mover velas y pesos. — s.m. NÁUTICA

motonáutica Deporte que consiste en navegar con pequeñas embarcaciones de motor: *es un gran aficionado a la motonáutica.* — s.f. DEPORTES

motonáutico, a De la motonáutica: *participará en una competición motonáutica.* — adj. DEPORTES

motonave Barco con motor. — s.f./NÁUTICA

motonería Conjunto de cuadernales y motores para el laboreo de los cabos. — s.f. NÁUTICA

motopesquero Barco pesquero movido por motor. — s.m./NÁUTICA

motopropulsión Propulsión por medio de un motor. — s.f. MECÁNICA

motopropulsor, a Se aplica al conjunto de órganos y mecanismos que sirven para propulsar un vehículo. — adj. MECÁNICA

motor, a (Del lat. *motor*.)

1 Que mueve o produce movimiento: *ruedas motoras.* — adj./f.tb: motriz adj./s.

2 Se aplica a la cosa que impulsa a hacer que se desarrolle una actividad: *su ambición era el motor de todas sus maquinaciones.*

3 Máquina o sistema que transforma en energía mecánica otras formas de energía: *han tenido una avería en el motor de su coche.* — s.m. MECÁNICA

4 motor asíncrono: Aquel cuya velocidad de rotación no coincide con exactitud con la frecuencia de la corriente que lo alimenta. — MECÁNICA

5 motor de combustión interna: Aquel en que la energía suministrada por un combustible es transformada en energía mecánica. — MECÁNICA

6 motor de explosión: Aquel cuya energía se produce por la expansión de un gas. — MECÁNICA

7 motor de reacción: Aquel que se mueve mediante la expulsión de un chorro de gases. — MECÁNICA

8 motor Diesel: El de explosión en que el carburante se inflama por la compresión a que se somete el aire en la cámara de combustión. — MECÁNICA

9 motor eléctrico: El que transforma la energía eléctrica en energía mecánica. — MECÁNICA

10 motor fuera borda: Pequeño motor, que se coloca en el exterior de la popa de embarcaciones de recreo, que está provisto de una hélice. — MECÁNICA

11 motor térmico: El que transforma la energía térmica en energía mecánica. — MECÁNICA

12 el primer motor: Dios, creador del Universo. — RELIGIÓN

motora Lancha o pequeña embarcación provista de motor: *nos fuimos a pescar con una motora.* — s.f. NÁUTICA

motorismo Deporte en que se compite en velocidad, habilidad o resistencia con motocicletas. — s.m. DEPORTES

motorista
1 Persona que conduce una motocicleta: *el motorista fue testigo del atropello.* — s.m.f.
2 Persona aficionada al motorismo.
3 Persona que conduce un vehículo automóvil.

motorización Acción de dotar de medios mecánicos de tracción o transporte a una industria, un servicio o un ejército. — s.f. = mecanización

motorizado, a
1 Que está dotado de medios de transporte mecánico: *policía motorizada.* — adj.
2 Que dispone de moto o coche: *nunca viaja en tren porque está motorizado.* — coloquial

motorizar
1 Proporcionar medios mecánicos de tracción o transporte a una industria o un ejército: *la fábrica se ha motorizado para aumentar la producción.* — v.tr/prnl. conj: *cazar* = mecanizar
2 Adquirir una persona un vehículo de motor: *no sólo se ha comprado un piso, sino también se ha motorizado.* — v.prnl.
3 Poner un motor en una máquina. — v.tr.

motorreactor Tipo de motor de reacción que no lleva turbina. — s.m. TECNOLOGÍA

motorreductor Reductor de velocidad formado por un motor asincrónico que va acoplado a un reductor de engranajes planetarios equilibrados. — s.m. MECÁNICA

motoso, a Que tiene el cabello dispuesto en forma de mota. — adj/s. Amér. Merid.

mototractor Máquina que se utiliza en trabajos agrícolas, intermedia entre el motocultivador y el tractor. — s.m. AGRICULTURA

motovelero Barco de vela provisto de un motor auxiliar. — s.m. NÁUTICA

motovolquete Dispositivo mecánico para descargar de una sola vez un contenedor. — s.m. TECNOLOGÍA

motricidad Conjunto de fenómenos relacionados con el movimiento de los seres vivos: *su hijo tiene problemas de motricidad.* — s.f. BIOLOGÍA

motriz Que produce movimiento: *el vehículo está dotado de fuerza motriz.* — adj. pl: motrices

motudo, a
1 Se refiere al cabello dispuesto en forma de mota. — adj/s./Amér. Merid.
2 Se aplica a la persona que tiene el cabello dispuesto de esta manera. — Amér. Merid.

motu proprio (Expresión latina.)
1 De forma voluntaria. — loc.adv.
2 Bula pontificia o cédula real expedida de este modo. — s.m. RELIGIÓN

mousse (Voz francesa.) Crema batida: *las mousses o espumas son preparaciones en las que la clara batida proporciona una consistencia muy ligera.* — s.f. COCINA

movedizo, a
1 Que se mueve con facilidad: *la separación de los despachos está hecha con paneles movedizos.* — adj.
2 Que es o está poco firme o seguro: *hay terrenos formados por arenas movedizas.* — = inestable, inseguro
3 Que se agita o se mueve de forma continua.
4 Que es inconstante o cambia de opinión con facilidad: *es un chico muy movedizo porque aún está en la adolescencia.* — = voluble
5 Ave de las selvas subtropicales de América Meridional, que presenta el dorso verde, el pecho y garganta de color gris verdoso y el vientre amarillo. (*Leptopogon amaurocephalus.*) — s.m. ZOOLOGÍA

movedor, a Que mueve. — adj/s.

mover (Del lat. *movere.*)
1 Hacer que un cuerpo o parte de él cambie su situación o su posición: *movió el sofá sin ayuda de nadie; el gato se movía con lentitud.* — v.tr/prnl. = trasladar, desplazar
2 Agitar o menear una cosa: *el viento movía la vela.* — v.tr.
3 Hacer funcionar una cosa otra: *el agua mueve el molino.*
4 Ser la causa o una de las causas de que una persona haga una cosa: *la situación le movió a afiliarse al partido.* — + a = incitar, motivar
5 Causar una persona o una cosa un estado de ánimo a una persona: *la escena le movió a compasión.* — + a = provocar
6 Hacer una cosa que empiece o se active otra: *el alza de los precios movió los disturbios.* — = desatar
7 Empezar a marcharse una persona de un lugar: *tendríamos que movernos, ¿no?, ya es muy tarde.* — v.intr/prnl. = ir
8 Hacer una persona gestiones para conseguir una cosa: *se tuvo que mover mucho para entrar a formar parte de la cooperativa.* — v.prnl.
9 Darse prisa: *si no te mueves, perderás el tren.*
10 Tener desenvoltura en determinados ambientes: *sabe moverse entre gente muy importante.*
11 Empezar a brotar las plantas en primavera. — v.intr./BOTÁNICA
12 Cambiar una ficha de posición en algún juego: *movió la torre y facilitó el jaque.* — v.tr/intr. JUEGOS
13 Empezar un arco o una bóveda en un lugar. — ARQUITECTURA
CONJ.: IND.: PRES.: *muevo, mueves, mueve,* movemos, movéis, *mueven.* SUBJ.: PRES.: *mueva, muevas, mueva,* movamos, mováis, *muevan.* IMP.: *mueve,* moved.

movible
1 Que se puede mover o ser movido: *aunque parezca mentira, la farola es movible.* — adj. ≠ inamovible
2 Que puede variar o cambiar: *cuidado que tiene el ánimo movible.* — = voluble
3 Se aplica al signo cardinal que produce el paso de una estación a otra al llegar el Sol a él. — OCULTISMO

movida
1 Situación confusa o poco clara y que en general es negativa o conflictiva: *al asociarse con los traficantes se metió en una movida que le arruinó.* — s.f. coloquial = lío, problema
2 Ambiente muy moderno de creación cultural y de diversión: *en los años 80 estuvo muy de moda la movida madrileña.* — coloquial

movido, a
1 Que transcurre con mucha agitación, incidencias o quehaceres: *ha sido un día muy movido; ¡menuda fiesta movida la de ayer!* — adj. = agitado, animado
2 Que se desarrolla en medio de discusiones muy vivas o agitadas: *la sesión estuvo muy movida.*
3 Se refiere a la persona que es muy activa o inquieta: *es un niño muy movido.* — = activo
4 Se aplica a la fotografía que sale borrosa o confusa. — FOTOGRAFÍA
5 Se aplica al lance o suerte que se hace sin quietud en los pies. — TAUROMAQUIA
6 Acción de abortar. — s.m./= aborto

moviente
1 Que mueve o se mueve. — adj./= móvil
2 Se aplica al territorio o al estado que rendía vasallaje a otro. — HISTORIA
3 Se refiere a la pieza que parte de un borde del escudo y se dirige a la parte interior. — HERÁLDICA

móvil (Del lat. *mobilis.*)
1 Que se mueve o se puede mover: *a veces va a buscar al niño al colegio porque tiene un horario móvil; la mesa tiene una plataforma móvil para el teclado.* — adj. = movible ≠ inmóvil
2 Cualquier cuerpo en movimiento: *un móvil circular atravesó veloz el cielo.* — s.m.
3 Objetivo que mueve o impulsa a realizar una acción: *fue por un móvil justo; el dinero fue el móvil del crimen.* — = impulso, motivo, propósito
4 Objeto decorativo o juguete infantil formado por diversas figuras sujetas de uno o más hilos y que se mueve con gran facilidad: *del techo cuelga un móvil con forma de gaviota.*
5 Se refiere al sello o timbre que está impreso en un papel y se añaden a un documento en lugar de estamparse directamente sobre éste. — adj/s.m.
6 Obra de arte que mediante el aire, un motor u otros medios puede modificar la posición y la relación de los elementos que la componen, en especial la escultura. — s.m. ARTE

movilidad Capacidad para moverse o ser movido: *su trabajo le permite mucha movilidad.* — s.f. ≠ inmovilidad

movilización Acción y resultado de movilizar: *el director del centro prohibió las movilizaciones estudiantiles.* — s.f.

movilizar (Del fr. *mobiliser.*)
1 Poner a una persona o a una cosa en actividad o movimiento: *ha movilizado los muebles de la sala para que quede más amplia.* — v.tr. conj: *cazar*
2 Poner en actividad a un grupo de personas para conseguir un objetivo: *los sindicatos movilizaron a los obreros.* — = activar
3 Poner en pie de guerra o incorporar a filas a una persona o a un grupo. — MILITAR
4 Liberar un órgano de sus adherencias normales o patológicas, mediante una operación quirúrgica. — MEDICINA

movimiento
1 Acción y resultado de mover, moverse o ser movido: *hacía movimientos circulares con los brazos.* — s.m.
2 Cambio de situación o posición de un cuerpo en el espacio: *cuando volví ya se había producido un movimiento de piezas en el tablero.* — = desplazamiento, traslado
3 Animación, afluencia de gente: *los fines de semana hay mucho movimiento en su pueblo.* — = tráfico
4 Impulso repentino de hacer una cosa producido por un sentimiento: *su actitud sólo se explica por un movimiento irreflexivo.* — = arranque, arrebato
5 Alteración del orden: *los estudiantes protagonizaron movimientos.* — = revuelta
6 Conjunto de manifestaciones políticas, sociales, artísticas o culturales características de una época: *el surrealismo es un movimiento artístico.* — = corriente, tendencia

7 Conjunto de personas que fundan, propugnan o defienden estas.tendencias o manifestaciones. **= corriente**

8 Velocidad del compás en una interpretación musical. **MÚSICA = tempo**

9 Alteración de un estado o cuenta durante un determinado tiempo, en los cómputos mercantiles y algunas estadísticas. **COMERCIO**

10 Alteración de un valor en un instrumento de medida, en especial el atraso o adelanto en un reloj.

11 Cambio rápido en la posición del arma. **MILITAR**

12 Parte de una obra musical: *le encanta el tercer movimiento de la sinfonía.* **MÚSICA**

13 Efecto producido en el dibujo por la combinación de líneas, luces y sombras de una figura o composición. **ARTE**

14 Vivacidad en una descripción literaria. **LITERATURA**

15 Cada una de las posiciones corporales o fases de una tabla de gimnasia o de un ejercicio determinado. **DEPORTES**

16 Marcha real o aparente de los cuerpos celestes. **ASTRONOMÍA**

17 **movimiento absoluto:** El de un cuerpo considerado con respecto a unos puntos de referencia fijos.

18 **movimiento acelerado:** Aquel en el que la velocidad aumenta mientras se realiza. **FÍSICA**

19 **movimiento compuesto:** El que resulta de la concurrencia de dos o más fuerzas de diferentes sentidos. **FÍSICA**

20 **movimiento continuo:** Aquel que se produce sin empleo de energía durante tiempo indefinido. **FÍSICA**

21 **movimiento de reducción:** El que se hace dirigiendo el sable o la espada desde los lados al centro, en esgrima. **DEPORTES**

22 **movimiento de rotación:** El de un cuerpo que gira alrededor de un eje. **FÍSICA**

23 **movimiento de tierras:** Obras de excavación o desmonte realizadas con ayuda de máquinas. **CONSTRUCCIÓN**

24 **movimiento de traslación:** 1. El de los astros a lo largo de sus órbitas. 2. El de un cuerpo que sigue una trayectoria curva alrededor de sí mismo. **ASTRONOMÍA MECÁNICA**

25 **movimiento directo:** El de traslación o rotación de los astros en el mismo sentido que la Tierra. **ASTRONOMÍA**

26 **movimiento diurno:** El de rotación aparente de la bóveda celeste durante un día. **ASTRONOMÍA**

27 **movimiento extraño:** El que, en esgrima, se hace retirando el sable o la espada. **DEPORTES**

28 **movimiento militar:** Sublevación o pronunciamiento militar. **MILITAR = alzamiento**

29 **movimiento natural:** Aquel que, en esgrima, se hace dirigiendo el arma hacia abajo. **DEPORTES**

30 **movimiento ondulatorio:** El de las ondas o el que describe una trayectoria en forma de onda. **FÍSICA**

31 **movimiento paraláctico:** Desplazamiento aparente de una estrella debido al traslado del Sol hacia el ápex. **ASTRONOMÍA**

32 **movimiento propio:** El que realiza un astro en su órbita o alrededor de su eje. **ASTRONOMÍA**

33 **movimiento radial:** El de los astros que se mueven en la dirección del rayo visual, acercándose o alejándose de la Tierra. **ASTRONOMÍA**

34 **movimiento remiso:** Aquel que, en esgrima, se hace dirigiendo el sable o la espada desde el centro hacia los lados. **DEPORTES**

35 **movimiento retardado:** Aquel en que la velocidad va disminuyendo mientras se realiza. **MECÁNICA**

36 **movimiento retrógrado:** El de traslación o de rotación de los astros en sentido contrario al de la Tierra. **ASTRONOMÍA**

37 **movimiento simple:** Aquel que resulta del impulso de una sola fuerza. **FÍSICA**

38 **movimiento sísmico:** Terremoto, temblor producido en la superficie terrestre. **GEOLOGÍA**

39 **movimiento turbulento:** El de un fluido cuya presión y velocidad son muy irregulares. **FÍSICA**

40 **movimiento uniforme:** Aquel en que la velocidad es igual y constante. **FÍSICA**

41 **movimiento uniformemente acelerado:** Aquel en el que la velocidad aumenta de manera proporcional al tiempo transcurrido. **FÍSICA**

42 **movimiento uniformemente retardado:** Aquel en el que la velocidad disminuye de manera proporcional al tiempo transcurrido. **FÍSICA**

43 **movimiento variado:** Aquel en que no es constante la velocidad. **FÍSICA**

44 **movimiento violento:** El que, en esgrima, se hace dirigiendo el sable o la espada hacia arriba. **DEPORTES**

moviola Máquina usada en estudios cinematográficos y de televisión para proyectar películas, que permite controlar su velocidad, cortarla o intercalar escenas y sincronizar sus bandas sonoras: *con la moviola se vio con claridad que el jugador había tocado la pelota con la mano.* **s.f. AUDIOVISUALES, CINE**

moxa (Del japonés *mokusa*.)
1 Mecha de algodón u otra sustancia inflamable que se quema sobre la piel con fines curativos. **s.f. MEDICINA**
2 Cauterización conseguida con esta mecha. **MEDICINA**

moya Fulano o Perico de los palotes, persona indeterminada. **s.m. Chile**

moyana
I (Del fr. *moyenne*, mediana.)
1 Antigua pieza de artillería de mayor calibre que la culebrina. **s.f. HISTORIA**
2 Mentira o ficción. **= embuste**
II (De origen incierto.) Pan de salvado que sirve de comida para perros de ganado. **s.f.**

moyo (Del lat. *modius*.) Medida de capacidad usada para el vino, y en algunas regiones para áridos, equivalente a doscientos cincuenta y ocho litros. **s.m.**

moyuelo Salvado muy fino, el último que se separa de la harina. **s.m.**

moza
1 Criada que sirve en menesteres humildes. **s.f.**
2 Pala con que las lavanderas golpean la ropa.
3 Pieza de las trébedes o aros de hierro en que se asegura el rabo de la sartén. **COCINA**
4 Última mano, en algunos juegos. **JUEGOS**
5 **moza de cámara:** La que servía en los trabajos de la casa en grado inferior al de doncella.
6 **moza de cántaro:** Criada que se encargaba de traer agua a casa y de otros trabajos domésticos.

mozalbete Muchacho, joven de poca edad: *un mozalbete muy simpático me ayudó a cambiar la rueda.* **s.m.**

mozambiqueño, a
1 De Mozambique, país del sudeste africano. **adj.**
2 Persona natural de este país. **s.**

mozancón, a Mocetón, joven alto y fornido. **s./= zagalón**

mozárabe (Del ár. *mustaerib < istacrab*, hacerse semejante a los árabes.)
1 Se refiere a la persona de las minorías hispánicas que vivieron en la España musulmana conservando su religión cristiana, así como su organización eclesiástica y judicial. **adj/s.m.f. tb: muzárabe, almozárabe HISTORIA**
2 Se aplica a la persona perteneciente a estas minorías que emigró a los reinos cristianos del norte de la península Ibérica, llevando consigo elementos culturales musulmanes. **HISTORIA**
3 Se aplica a todo lo relativo a las comunidades formadas por estas minorías. **adj.**
4 Se refiere a la persona perteneciente a la comunidad toledana que, por especial privilegio, pudo conservar la vieja liturgia visigótica frente a la romana. **adj/s.m.f. HISTORIA**
5 Se refiere a la misa, rito o liturgia que usó dicha comunidad toledana y que aún se conservan en una capilla de la catedral de Toledo. **adj. RELIGIÓN**
6 Se aplica a un conjunto de dialectos románicos hablados por la población de la península Ibérica que estuvo bajo dominio musulmán. **adj/s.m. LINGÜÍSTICA**
7 Se aplica a la producción artística de las comunidades cristianas sometidas a la dominación musulmana que se extendió también por los territorios liberados del norte de la península Ibérica. **ARTE**

mozarabía Conjunto de población mozárabe de una ciudad o región. **s.f. HISTORIA**

mozarabismo
1 Expresión o construcción características de los mozárabes. **s.m. LINGÜÍSTICA**
2 Palabra o expresión propias de la antigua lengua mozárabe introducida y usada en otra lengua. **LINGÜÍSTICA**
3 Afición por el mundo y la cultura mozárabe.
4 Elemento artístico propio del arte mozárabe. **ARTE**
5 Conjunto de caracteres socioculturales propios de los antiguos mozárabes. **HISTORIA**

mozarrón, a Persona joven y robusta. **s./= mocetón**

mozcorra (Del vasco *mozkor*, muchacha tetona.) Prostituta, mujer que comercia con su cuerpo. **s.f. coloquial**

mozo, a (De origen incierto.)
1 Se aplica a la persona joven que está soltera: *su hija está saliendo con un mozo muy guapo.* **adj/s.**
2 Persona que presta un servicio doméstico: *mozo de limpieza; mozo de comedor.* **s. = criado**
3 Persona joven sometida al servicio militar, desde que se alista hasta que ingresa en la caja de reclutamiento. **MILITAR**
4 Puntal o rodrigón para sujetar una cosa expuesta a caerse. **s.m.**
5 Pieza sobre la que gira la palanca del fuelle, en una mina. **MINERÍA**
6 **buen mozo:** Persona alta y apuesta.
7 **mozo de almacén:** Persona que trabaja con la mercancía en un establecimiento industrial.
8 **mozo de caballos:** Persona que cuida de los caballos.
9 **mozo de campo y plaza:** Persona que trabaja en las faenas del campo y de casa.
10 **mozo de cordel:** Persona que lleva cosas de un lugar a otro con un cordel al hombro.
11 **mozo de escuadra:** Persona que pertenece a la policía autonómica catalana.
12 **mozo de espuela:** Criado que caminaba a pie delante de la caballería en que iba montado su amo. **HISTORIA**

13 mozo de estación: Trabajador que transporta equipajes en las estaciones de ferrocarril.

14 mozo de estoques: Persona que cuida las espadas del torero. *TAUROMAQUIA*

15 mozo de labranza: Persona que sirve en una casa de labranza.

16 mozo de mulas: El que cuidaba de las mulas de coche o de labranza.

mozón, a Se aplica a la persona bromista y burlona. *adj./Perú*

mozonada Broma o chanza que se hace como diversión. *s.f. Perú*

mozonear Bromear, utilizar chanzas. *v.intr./Perú*

mozuelo, a
1 Persona joven: *esta mozuela tan guapa es mi sobrina.* *s.*
2 **mozuelo de la primera tijera:** Joven que está en el principio de la adolescencia.

mozzarella (Voz italiana.) Queso italiano de pasta blanda usado para ensaladas y para hacer pizzas. *s.f.*

ms-dos Sistema operativo de tipo DOS muy utilizado por los ordenadores que utilizan microprocesadores de 16 o 32 bits. *s.m. INFORMÁTICA*

mu (Voz onomatopéyica.)
1 Mugido del toro y de la vaca. *interj.*
2 **no decir ni mu:** No decir nada, permanecer en completo silencio: *cuando le recriminó su conducta no dijo ni mu.*

muaré (Del fr. *moiré* < *moire* < ár. *muhayyar*, paño de piel de cabra.) Tela fuerte de seda, lana o algodón que forma aguas o cordoncillo. *s.m. TEXTIL tb: moaré, mué*

mucamo, a
1 Criado servidor en una casa particular. *s./Amér. Merid.*
2 Persona encargada de la limpieza en hospitales y hoteles. *Argent.*

múcara Conjunto de bajos o elevaciones del fondo de las aguas navegables que no asoman a la superficie del agua. *s.f. NÁUTICA*

muceta (Del ant. *muza* < bajo lat. *almucia*.) Esclavina abotonada por delante que cubre el pecho y la espalda y forma parte del traje de los prelados, doctores y magistrados. *s.f.*

muchachada
1 Acto propio de jóvenes, reprensible en los adultos: *no sé cómo has podido hacer esa muchachada, a tu edad.* *s.f. = muchachería*
2 Conjunto de muchachos y muchachas: *¿has visto qué muchachada se ha reunido en la plaza?*

muchachear Obrar una persona como un muchacho: *todavía muchachea piropeando a las chicas.* *v.intr.*

muchachería
1 Conjunto numeroso de muchachos y muchachas: *una muchachería perseguía a unos gatos tirándoles piedras.* *s.f. = muchachada*
2 Muchachada o acción propia de muchachos.

muchachez
1 Condición de muchacho: *su carácter cambiable se debe a su muchachez.* *s.f. pl: muchacheces*
2 Tiempo durante el cual se es muchacho: *aún está en la muchachez.*

muchachil De los muchachos o propio de ellos. *adj.*

muchacho, a
1 Niño o niña que ha llegado a la adolescencia: *los muchachos salían de la escuela jugando y riendo.* *s. = chaval*
2 Hombre o mujer jóvenes que sirven como criados en una casa: *tienen una muchacha para las tareas de la casa que además cuida de los niños.*
3 Persona joven de edad o de aspecto: *tu abuelo está hecho un muchacho.*
4 Persona de cualquier edad: *bien muchachos, manos a la obra.* *coloquial*

muchedumbre Conjunto de muchas personas o cosas: *la muchedumbre se abalanzó sobre su ídolo.* *s.f. = gentío, multitud*

muchitanga
1 Populacho, multitud desordenada. *s.f./Perú, P. Rico*
2 Grupo de muchachos y muchachas, muchachería que mete mucho ruido. *P. Rico*

mucho, a (Del lat. *multus*.)
1 Que es abundante o sobrepasa la medida de lo normal o lo ordinario: *tiene mucho dinero; hace mucho calor.* *adj.indef. = poco*
2 En abundancia, en gran medida o cantidad: *te quiero mucho; dame muchos.* *adv.*
3 Antepuesto a otro adverbio indica comparación y lo refuerza: *llegó mucho antes de lo que esperábamos.*
4 Con verbos de tiempo, denota larga duración: *tardará mucho en volver.*
5 Sí, en verdad: *¿te gustá?, mucho.*
6 **como mucho:** A lo sumo, como máximo: *como mucho es uno o dos años mayor que tú.* *loc.adv.*
7 **mucho será:** Indica extrañeza o dificultad: *mucho será que lo cumpla.*
8 **ni mucho menos:** 1. Se usa para indicar la gran diferencia que hay entre una cosa y otra: *su talento no llega ni mucho menos al tuyo.* 2. Se usa para negar una cosa o encarecer su inconveniencia: *esto no es bueno ni mucho menos.* *loc.adv.*

9 ni con mucho: Expresa la gran diferencia que hay de una cosa a otra: *esto no es, ni con mucho, lo que yo esperaba.* *loc.adv.*

10 por mucho que: Pondera la imposibilidad de ejecutar o conseguir una cosa aunque se intente: *por mucho que cuentes no te dejaré salir.* *loc.conj.*

muciforme Que tiene alguna de las propiedades del moco. *adj.*

mucílago (Del lat. *mucilago*.) Sustancia viscosa obtenida de algunos vegetales o disolviendo materias gomosas en agua. *s.m. BOTÁNICA*

mucina Sustancia gelatinosa, pegajosa o resbaladiza formada por complejos de glúcidos y proteínas, que se encuentran en las mucosas o en las secreciones salivares y actúan como lubricantes o cementantes. *s.f. BIOQUÍMICA*

mucosidad Sustancia viscosa parecida al moco, segregada por algunas glándulas mucosas: *el ginecólogo quería analizar la mucosidad vaginal.* *s.f. FISIOLOGÍA*

mucoso, a
1 Que es semejante al moco: *el caracol deja un rastro mucoso.* *adj.*
2 Que tiene mucosidad o la produce.
3 Se aplica a la membrana que cubre las cavidades del organismo, tiene comunicación con el exterior y está provisto de glándulas que segregan moco. *adj/s.f. ANATOMÍA*

mucronato, a
1 Que termina en punta. *adj./tb: mucronado*
2 Cartílago que tiene forma de espada y está al final del esternón. *s.m./ANATOMÍA = xifoides*

múcura
1 Que es poco hábil o tonto. *adj./Colomb.*
2 Ánfora de barro para transportar agua y conservarla fresca. *s.f. Amér. Merid.*

muda
1 Cambio de estado, forma o lugar: *creo que la muda de residencia le sentará bien.* *s.f. = mudanza*
2 Conjunto de ropa interior que se muda o cambia de una vez: *sólo utiliza mudas de colores claros.*
3 Cambio de piel o pluma que cada cierto tiempo sufren algunos animales: *encontré una muda de serpiente en el bosque.* *ZOOLOGÍA*
4 Época en que se produce este cambio. *ZOOLOGÍA*
5 Cambio de voz que experimentan los muchachos al entrar en la pubertad.
6 Nido para las aves de caza. *CAZA*
7 Cámara o cuarto en que se guardan las aves de caza para que cambien sus plumas. *CAZA*
8 Cierto afeite para la cara.
9 **estar en muda:** Callar demasiado en una conversación. *coloquial*

mudable
1 Que muda o cambia con facilidad: *estos últimos días tiene un humor muy mudable.* *adj./= inestable, variable*
2 Que puede ser mudado o cambiado: *las fechas previstas no son mudables, tendrás que respetarlas.* *= cambiable*

mudada
1 Muda, conjunto de ropa interior que sirve para cambiar la ya usada. *s.f./Amér. Central y Merid.*
2 Mudanza de casa, traslado de muebles y otros enseres de una residencia a otra. *Amér. Central y Merid.*

mudadizo, a Que cambia con facilidad: *me gustaría que no tuvieras opiniones tan mudadizas.* *adj. = inconstante*

mudamente En silencio, sin hablar. *adv.*

mudanza
1 Cambio, en especial de ideas y sentimientos o de aspecto físico: *no entiendo a qué se debe esta nueva mudanza de parecer.* *s.f. = mutación*
2 Cambio de domicilio: *mañana hacen la mudanza a su nueva casa.*
3 Inestabilidad de los afectos y las decisiones. *= inconstancia*
4 Conjunto de movimientos hechos a compás en los bailes o danzas.
5 Cambio convencional del nombre de las notas en el solfeo antiguo para poder representar la nota *si* cuando aún no tenía nombre. *MÚSICA*

mudar
I (Del lat. *mutare*, cambiar.)
1 Poner una cosa distinta de como era o estaba: *al día siguiente mudó por completo el dibujo.* *v.tr/intr./= cambiar, transformar*
2 Cambiar los seres vivos el pelo, la piel o la pluma: *el pájaro mudó la pluma.* *v.tr. ZOOLOGÍA*
3 Dejar una cosa y tomar otra: *tendrías que mudar la cartera para ir a la reunión.* *v.tr/prnl. = cambiar*
4 Quitar a una persona el puesto que tenía. *v.tr./= mutar*
5 Cambiar una persona su conducta o su parecer: *mudó su opinión al comprobar el equívoco.*
6 Quitarse una ropa y ponerse otra: *se mudó tres veces de vestido en un día.* *v.prnl. = cambiarse*
7 Irse a vivir a otra casa: *se mudó de casa el año pasado.*
8 Irse una persona de un lugar a otro. *= cambiarse*
9 Dejar una persona un modo de vida por otro. *= transformarse*
10 Expeler una persona el contenido del vientre. *= defecar*

II (De origen incierto.) Planta arbustiva con la raíz de corteza rojiza y blanca en la zona interior, de la que se extrae un jugo usado en la India como emético y contraveneno. *(Calotropis procera.)* — s.m. BOTÁNICA

mudéjar
1 Se aplica al musulmán al que se le permitía seguir viviendo entre los cristianos sin cambiar de religión, a cambio del pago de un tributo. — adj/s.m.f. HISTORIA
2 De estos musulmanes.
3 Se aplica al arte, en especial al estilo arquitectónico, que floreció en España entre los siglos XIII y XVI, caracterizado por la conservación del arte cristiano con influencias del árabe. — adj./HISTORIA ARQUITECTURA, ARTE

mudenco, a Que es tartamudo o que habla o lee de forma entrecortada. — adj.

mudez
1 Imposibilidad física de hablar: *su mudez es de nacimiento.* — s.f. pl: mudeces
2 Silencio deliberado y persistente: *estoy preocupado porque la niña persiste en su mudez.*

mudo, a (Del lat. *mutus.*)
1 Que no puede hablar por un defecto físico: *su hermano es mudo de nacimiento.* — adj/s.
2 Que está sin habla durante un momento o por cierto período: *se quedó mudo del susto que le diste.* — adj.
3 Que no habla o calla una cosa: *es imposible sacarle ningún detalle del asunto, está mudo.*
4 Se aplica a la película o escena cinematográfica que no tiene sonido: *tiene una colección de obras de cine mudo.* — CINE ≠ sonoro
5 Se refiere a la letra que se escribe, pero no se pronuncia: *la letra h es muda.* — adj/s.f. LINGÜÍSTICA
6 Que no tiene nada escrito: *mapa mudo.* — adj.
7 Se aplica a la cosa que no emite el sonido que le es característico: *campana muda.*
8 hacer hablar a los mudos: Provocar una cosa, por ser extraordinaria, efectos fuera de lo normal.

mueblaje Conjunto de muebles de una casa: *al cambiar de vivienda, decidió renovar su antiguo mueblaje.* — s.m. th: moblaje

mueblar Poner muebles en un lugar: *han mueblado el despacho con muebles antiguos.* — v.tr. th: amueblar

mueble (Del lat. *mobilis.*)
1 Que puede ser movido de un lugar a otro sin detrimento de su naturaleza, en especial los bienes. — adj.
2 Objeto móvil que tiene utilidad práctica y decorativa en una casa, oficina o local: *en su salón hay muy pocos muebles; alquiló el piso con los muebles.* — s.m.
3 Pieza pequeña que se representa en el escudo. — HERÁLDICA

mueblería
1 Taller donde se hacen muebles. — s.f.
2 Tienda donde se venden. — COMERCIO

mueblista Persona que fabrica o vende muebles: *el mueblista nos hizo el armario a la medida.* — s.m.f.

mueca Contorsión del rostro, en especial burlesca: *el niño hacía muecas desde el coche a los otros conductores; al oír la noticia se reflejó en su rostro una mueca de dolor.* — s.f.

muecín (Del fr. *muezzin* < ár. *muaddin,* el que convoca a la oración.) Musulmán que desde el alminar convoca en voz alta al pueblo para que acuda a la oración. — s.m/RELIGIÓN th: almuecín = almuédano

muégano Dulce hecho con trocitos cuadrados de harina de trigo fritos y pegados unos con otros con miel. — s.m. Méx. COCINA

muela
I (Del lat. *mola,* muela de molino.)
1 Cada uno de los dientes grandes y anchos del final de las mandíbulas que sirven para triturar los alimentos: *el dentista le dijo que le tenía que empastar tres muelas.* — s.f. ANATOMÍA = molar
2 Piedra superior de las dos que trituran en los molinos. — = volandera
3 Piedra redonda de afilar.
4 Montaña pequeña y sin cúspide. — = cerro
5 Montaña hecha de forma artificial. — = montículo
6 Cantidad de agua necesaria para hacer andar una rueda de molino: *una muela de agua.*
7 Unidad de medida para controlar el agua que llevan las acequias.
8 Rueda o corro. — = cerco
9 muela cordal o del juicio: Aquella que ocupa el último lugar de la mandíbula y sale en edad adulta. — ANATOMÍA
10 muelas de gallo: Persona que no tiene dientes o los tiene malos o separados. — coloquial
11 echar una persona las muelas: Estar muy enfadado. — coloquial
12 salirle a una persona la muela del juicio: Ser prudente.
II (De origen incierto.) Almorta, planta herbácea de flores moradas y blancas con fruto en legumbre. — s.f. BOTÁNICA

muelar Tierra sembrada de muelas o almortas. — s.m./AGRICULTURA

muellaje Impuesto que pagaban las embarcaciones por el uso de un muelle. — s.m. NÁUTICA

muelle
I (Del lat. *mollis,* blando.)
1 Que es blando o cómodo: *siempre ha llevado una vida muelle; un muelle asiento.* — adj.

2 Pieza elástica, en general de metal, doblada en espiral que recobra su posición inicial tras ser comprimida por una fuerza externa: *se han roto varios muelles del colchón.* — s.m. = resorte
3 Adorno compuesto de varios relicarios que las mujeres llevaban a un lado de la cintura. — s.m.
4 Tenazas grandes usadas en las casas de moneda para sujetar los rieles y tejos durante la fundición. — s.m.pl.
5 muelle real: El que hace andar la maquinaria de un reloj. — MECÁNICA
6 flojo de muelles: Que no tiene control sobre la evacuación del excremento o la orina.
II (Del cat. *moll* < bajo gr. *molos* < lat. *moles,* masa, mole.)
1 Construcción que hay en los puertos para realizar la carga y descarga de mercancías y pasajeros así como el amarre de los barcos. — s.m. NÁUTICA
2 Andén alto de las estaciones de ferrocarril para realizar la carga y descarga de los vagones de mercancías.

muellear Ponerse un muelle o resorte flojo. — v.intr.

muellemente Con blandura y comodidad: *dormitaba muellemente en el sofá.* — adv. = cómodamente

muelo Montón en que se recoge el grano en la era después de limpio. — s.m. AGRICULTURA

muequear Hacer muecas: *es muy divertido verle muequear.* — v.intr.

muera Sal de cocina. — s.f.

muérdago (Del bajo lat. *mordicus,* mordedor.) Planta de flores apétalas que vive parásita en las ramas de algunos árboles, como el álamo o el manzano, cuyos frutos contienen una sustancia viscosa. *(Viscum album.)* — s.m. BOTÁNICA

muerdo
1 Acción y resultado de morder: *el perro casi me da un muerdo al intentar tocarlo.* — s.m. coloquial
2 Cantidad de comida que entra en la boca al morder un alimento. — coloquial = bocado
3 Pequeña cantidad de alimento: *¿me das un muerdo de tu bocadillo para probarlo?* — coloquial
4 Pedazo de una cosa que se arranca con los dientes. — = mordisco

muérgano
1 Se aplica a la persona tonta o boba. — adj/s.m.f./Ecuad. s.m./Colomb. Venez.
2 Objeto inútil o invendible.

muergo (Variante fonética dialectal de *órgano.*) Navaja, molusco marino. — s.m. ZOOLOGÍA

muermera Planta arbustiva ranunculácea, cuyas hojas se emplean contra el muermo. *(Clematis flammula.)* — s.f. BOTÁNICA

muermo (Del ant. *muerbo* < lat. *morbus,* enfermedad.)
1 Enfermedad de las caballerías, transmisible al hombre, caracterizada por ulceración y flujo de la mucosa nasal, que en general degenera en gangrena. — s.m. VETERINARIA
2 Sensación de aburrimiento muy profunda: *me entró muermo viendo la película y me salí del cine.* — coloquial
3 Persona o cosa aburrida: *ese amigo tuyo es un muermo, no ha abierto la boca en toda la tarde.*

muermoso, a Se aplica a la caballería que tiene muermo. — adj. VETERINARIA

muerte (Del lat. *mors, -tis.*)
1 Finalización de la vida: *le llegó la muerte cuando más feliz era.* — s.f. = defunción, óbito
2 Acto y crimen de la persona que mata a otra: *le dio muerte con una pistola.* — = asesinato, homicidio
3 Figura de un esqueleto humano que suele llevar una guadaña y que simboliza el fin de la vida.
4 Fin o desaparición de una cosa, de una actividad o de un sentimiento: *el cierre de las vías de ferrocarril supone la muerte de muchos pueblos pequeños.* — = ruina
5 Separación del cuerpo y del alma, en el pensamiento tradicional.
6 Destrucción o ruina de una persona o una cosa que venía durando mucho tiempo: *la muerte de un imperio.* — = fin
7 Emoción tan intensa que parece poner en peligro la vida: *muerte de pasión.*
8 muerte chiquita: Leve convulsión nerviosa. — MEDICINA
9 muerte civil: Incapacitación de una persona, como castigo, para ejercer sus derechos civiles. — DERECHO
10 muerte natural: La que sobreviene por enfermedad y no por accidente o violencia. — ≠ muerte violenta
11 muerte pelada: Persona con poco pelo o muy rapada. — coloquial
12 muerte senil: La que sucede como consecuencia de la vejez o decrepitud de una persona.
13 muerte súbita: 1. La natural que aparece de forma inesperada y repentina. 2. Juego que decide el set cuando se ha producido un empate a seis en el tenis. — DEPORTES
14 muerte violenta: La provocada por golpes, heridas, veneno u otras causas externas. — ≠ muerte natural
15 a muerte: Con intensidad: *me odia a muerte; en ese negocio hay que estar unidos a muerte.* — loc.adj/adv.
16 a muerte o vida: En una situación crítica y de graves consecuencias: *me pidió ayuda por un asunto a muerte o vida.* — loc.adv. = a vida o muerte
17 dar muerte: Quitar la vida, matar.

18 de mala muerte: Indica que algo es de poca calidad o despreciable: *vive en una casa de mala muerte.* — loc.adj.

19 de muerte: Muy fuerte o intenso: *me llevé un susto de muerte.* — loc.adv.

20 estar a la muerte: Hallarse en peligro de morir: *el accidente ha sido grave, el conductor está a la muerte.*

21 hasta la muerte: Propósito de permanecer firme en una actitud: *mantendré mi postura hasta la muerte.* — loc.adv.

22 luchar con la muerte: Estar una persona agonizando. — coloquial

23 ser una cosa de muerte: Ser una cosa muy molesta, enfadosa o insultante: *su última película es de muerte.* — coloquial

24 volver de la muerte a la vida: Restablecerse de una grave enfermedad.

muerto, a (Del lat. *mortuus.*)
1 Se refiere a la persona que ha dejado de vivir: *no tiene abuelo porque está muerto.* — adj./s. = difunto, finado
2 Que ya no tiene vida: *al volver, algunas plantas estaban muertas por falta de riego.* — adj.
3 Que tiene una sensación o un sentimiento muy intensos: *el mayor está muerto de celos de su hermano; la historia que oí me tuvo muerto de miedo toda la noche.* — + de
4 Que está muy cansado o extenuado: *después de una tarde de compras, llegó a casa muerta.* — = reventado
5 Se aplica al yeso o la cal que están apagados con agua.
6 Se refiere al color que está apagado o sin brillo: *el rojo de la alfombra está muerto.* — = mate
7 Se refiere a la persona que es aburrida o poco animada: *no pienso invitar a la fiesta al tío muerto ese.* — adj./s. = muermo
8 Se aplica al jugador que, en el juego del tresillo o en el del bridge entre cuatro jugadores, apuesta o subasta pero no cartea. — JUEGOS
9 Cosa que resulta muy molesta: *al final le cayó a él el muerto.* — s.m.
10 Colilla de porro, en el lenguaje de la droga. — argot
11 muerto de hambre: Se aplica a una persona muy pobre o miserable como insulto: *él no es ningún muerto de hambre.* — loc.adj.
12 contar a una persona con los muertos: No hacerle caso o despreciarlo por completo.
13 desenterrar los muertos: Murmurar de los defectos de las personas ya fallecidas.
14 echarle a una persona el muerto: Echar a una persona la culpa de una cosa: *le echaron el muerto del robo aunque él ni siquiera había estado allí.* — coloquial
15 estar una persona muerta por algo o alguien: Amar o desear una persona o cosa con vehemencia: *está muerto por su novia; está muerta por ese piso.* — coloquial
16 hacer el muerto: Quedarse una persona flotando boca arriba sobre el agua: *le encanta hacer el muerto en el mar.* — coloquial
17 hacerse el muerto: 1. Estar inactivo o silencioso para pasar inadvertido: *mientras discutíamos el asunto él se hacía el muerto para no dar su opinión.* 2. Imitar la postura de una persona muerta: *consiguió despistar al ladrón haciéndose el muerto.* — coloquial
18 levantar un muerto: Cobrar en el juego una puesta que no se ha hecho. — JUEGOS
19 más muerto que vivo: Muy asustado o con mucha angustia: *cuando salió del despacho del jefe estaba más muerto que vivo.* — loc.adj.
20 ni muerto ni vivo: De ninguna manera: *no vas a conseguir que te lo diga ni muerto ni vivo.* — loc.adv.
21 no tener dónde caerse muerto: Ser muy pobre: *había vivido como un rey, pero ahora no tiene dónde caerse muerto.* — coloquial

muesca
1 Corte o concavidad que hay o se hace en una cosa para encajar otra o como señal: *corta la figura por las muescas; introduce la pieza en la muesca tal y como indica el dibujo.* — s.f.
2 Corte semicircular hecho al ganado vacuno en la oreja como marca.

mueso (Del lat. *morsus.*)
1 Porción de comida que cabe en la boca de una vez. — s.m./= bocado
2 Porción mínima de comida. — = ración
3 Mordedura que se hace con los dientes. — = dentellada
4 Pedazo de una cosa arrancado con la boca.
5 Parte del freno que va dentro de la boca de las caballerías. — EQUITACIÓN

muestra
1 Pedazo o porción de un producto que da a conocer las cualidades del mismo. — s.f. = ejemplar
2 Pequeña cantidad de una cosa: *le han dado una muestra de detergente para que lo pruebe.*
3 Señal, demostración o prueba de una cosa: *ésa es una verdadera muestra de amor.* — = indicio
4 Ejemplar o modelo que se ha de copiar o imitar: *el niño tiene que repetir la muestra para que aprenda a escribir.* — = ejemplo
5 Rótulo que hay sobre las puertas de la tienda que anuncia lo que en ella se vende o el oficio o profesión de los que la ocupan. — = letrero

6 Carta que se vuelve y enseña para indicar el palo del triunfo en algunos juegos de naipes. — JUEGOS
7 Primera señal de fruto que se ve en las plantas. — AGRICULTURA
8 Detención que hace el perro en acecho de la caza para levantarla a su tiempo. — CAZA
9 Fracción representativa de una población o de un universo estadístico. — ESTADÍSTICA
10 Inspección de la tropa formada. — MILITAR/= revista
11 hacer muestra: Aparentar o manifestar alguna cosa: *hizo muestra de su fuerza levantando un pesado tonel.*

muestrario Colección de muestras de mercancías: *el nuevo muestrario de tejidos trae preciosidades.* — s.m.

muestreo
1 Acción de escoger muestras. — s.m.
2 Técnica empleada para escoger una muestra.
3 Estudio de la distribución de determinadas características de una población, utilizando una muestra representativa de la misma. — ESTADÍSTICA

muévedo (Del ant. *muebola* < lat. vulgar *movita*, movido.) Feto abortado o expelido antes de tiempo. — s.m. MEDICINA

mufla (Del fr. *moufle.*)
1 Hornillo que se coloca en un horno para reconcentrar el calor y fundir diversos cuerpos. — s.f. METALURGIA
2 Semicilindro hueco, de tierra refractaria y cerrado por un extremo, usado para vitrificar los colores por los pintores esmaltadores y los pintores en porcelana.

muflir (Del ant. *moflir*, derivado de *moflete*.) Comer una cosa a dos carrillos. — v.tr. tb: moflir

muflón Rumiante salvaje de las montañas europeas, de pelo largo y castaño, parecido al carnero. *(Ovis musimon.)* — s.m. ZOOLOGÍA

muftí (Voz árabe.) Jurisconsulto que da una sentencia legal, en el Islam. — s.m. DERECHO

muga
I (Del vasco *muga.*) Señal permanente o línea imaginaria que fija los límites de un terreno o territorio. — s.f./= mojón, límite, término
II (Derivado de *mugar.*)
1 Desove de los peces. — s.f./ZOOLOGÍA
2 Fecundación de las huevas de los peces y anfibios. — ZOOLOGÍA

mugada Conjunto o serie de huellas dejadas por algunos animales al desovar. — s.f. ZOOLOGÍA

mugar (De origen incierto.)
1 Expeler las hembras de los peces sus huevos. — v.intr./conj: pagar ZOOLOGÍA
2 Fecundar los peces y anfibios las huevas. — ZOOLOGÍA

mugido Voz del toro, la vaca, y otros animales que emiten un sonido semejante. — s.m.

mugidor, a Que muge o da mugidos. — adj./= mugiente

múgil Mújol, pez de cabeza grande, muy apreciado por su carne y sus huevas. — s.m. ZOOLOGÍA

mugir (Del lat. *mugire.*)
1 Dar el ganado vacuno mugidos: *el toro mugía y mugía sin parar.* — v.intr. conj: surgir
2 Producir el viento o el mar mucho ruido: *el viento mugió en el último temporal.* — = rugir
3 Mostrar una persona su enfado o dolor con gritos: *llegó mugiendo y nos echó una gran bronca.*

mugor (Del lat. *mucor.*) Suciedad, mugre. — s.m.

mugre (Alteración del dialectal *mugor* < lat. *mucor*, moho.)
1 Grasa o suciedad: *la cocina de su apartamento estaba llena de mugre.* — s.f. = porquería
2 Suciedad grasienta característica de la lana.

mugriento, a Que está muy sucio: *llevaba un pantalón mugriento.* — adj. = mugroso

mugrón (Del lat. *mergus.*)
1 Sarmiento que sin cortarlo de la vid se entierra para que arraigue y produzca una nueva planta. — s.m./BOTÁNICA = codadura
2 Vástago de otras plantas. — BOTÁNICA

mugroso, a Que está mugriento o muy sucio. — adj.

muguete (Del fr. *muguet.*)
1 Planta liliácea de pequeñas flores blancas, de olor dulce y agradable, que crece en los bosques de los países templados. *(Convallaria majalis.)* — s.m. BOTÁNICA = convalaria, lirio convalio
2 Enfermedad de las mucosas debida a un honguillo que se desarrolla en la boca de los recién nacidos. — MEDICINA tb: muguet

muharra (Del ár. *muharrab*, afilado.) Moharra, punta de la lanza. — s.f.

muimuy Crustáceo de 3 a 5 cm de longitud, con caparazón a modo de uña, que vive bajo la arena de la rompiente marina. *(Remites oval.)* — s.m./Perú ZOOLOGÍA tb: muy muy

muina Enojo, disgusto que produce lo que altera el ánimo de una persona. — s.f. Méx.

mujer (Del lat. *mulier.*)
1 Persona del sexo femenino: *en la universidad hay más mujeres que hombres.* — s.f.
2 Niña que ha llegado a la pubertad: *sin darnos casi cuenta, ya es una mujer.*
3 La que está casada, con relación al marido: *llegó a la fiesta acompañado de su mujer.* — = esposa

4 mujer de bien: La que es justa y honrada.

5 mujer de ciencia: Científica, la que tiene conocimientos profundos sobre disciplinas científicas.

6 mujer de corazón: La generosa y de buenos sentimientos.

7 mujer de dos caras: La que cambia de opinión y forma de pensar dependiendo de las circunstancias.

8 mujer de gobierno: Criada que tenía a su cargo el gobierno económico de la casa.   = gobernanta, mayordoma

9 mujer de letras: 1. La que tiene conocimientos profundos en las disciplinas humanísticas. 2. Escritora, la que se dedica a la literatura.

10 mujer de mundo: La que tiene experiencia en el trato con todo tipo de personas y situaciones.

11 mujer de palabra: La que cumple lo que promete.

12 mujer de su casa: La que muestra disposición y diligencia para el gobierno y desempeño de los quehaceres domésticos.

13 mujer de vida alegre: La que se dedica a los placeres mundanos.

14 mujer fatal: Aquella que provoca una fuerte atracción amorosa en los hombres.

15 mujer hecha y derecha: La que ha llegado a la edad adulta.

16 mujer orquesta: La que toca varios instrumentos musicales a la vez.

17 mujer pública: La que se dedica a la política de forma activa.

18 mujer pública, de la calle o de la vida: La que comercia con su cuerpo.   = prostituta

19 ser muy mujer: Tener mucho carácter y las cualidades que tradicionalmente se le atribuyen.   coloquial

20 ser otra mujer: Haber cambiado mucho en las cualidades físicas o morales.   coloquial

21 tomar mujer: Casarse, contraer matrimonio con ella.   coloquial

mujercilla Mujerzuela, mujer de mala vida.   s.f.

mujerero, a Que siente una fuerte atracción hacia las mujeres.   adj./Amér. Central y Merid.

mujeriego, a
1 Se aplica al hombre que gusta de ir con mujeres: *siempre ha sido muy mujeriego y eso ha destrozado su matrimonio.*   adj/s.m. = donjuán, faldero
2 De la mujer o relacionado con ella.   adj./= femenino
3 Grupo o conjunto de mujeres.   s.m./= mujerío
4 a mujeriega o a la mujeriega: Sentado en la silla de montar con las dos piernas hacia uno de los dos lados y no a horcajadas.   loc.adv.

mujeril De las mujeres: *se disfrazó con mujeriles atavíos para la fiesta de carnaval.*   adj. = femenino

mujerío Conjunto de mujeres: *¡qué mujerío hay en este pueblo!*   s.m. = mujeriego

mujerzuela Mujer de mala vida o de poca estimación.   s.f. despectivo

mujic Campesino ruso.   s.m.

mújol (Del cat. *mújol* < lat. *mugic*.) Pez de cabeza grande y labios muy gruesos y provistos de verrugas, muy estimado por su carne y sus huevas. *(Mugil provensalis.)*   s.m. tb: múgil ZOOLOGÍA

mula
I (Del lat. *mula*.)
1 Cruce de burra y caballo o de asno y yegua.   s.f./ZOOLOGÍA
2 Persona de corto entendimiento y muy tozuda: *si es que es una mula, le dije que se esperara, pero no me ha hecho caso.*   coloquial
3 Ficha doble del dominó: *mula de seises.*   Méx.
4 mula cabañil: La de cabaña o recua de caballerías para el transporte de granos.
5 mula de paso: La que ha sido adiestrada para servir de cabalgadura.
6 en la mula de san Francisco: A pie: *sí, sí, en coche, al final tendremos que ir en la mula de san Francisco.*   loc.adv. coloquial
7 hacer la mula: Hacerse el remolón: *venga, no te hagas la mula que se te hace tarde.*   coloquial
8 írsele a una persona la mula: Írsele la lengua: *se dio cuenta de que se le había ido la mula y rectificó.*   coloquial
II (Del fr. *mule* < lat. *mulleus calceus*, especie de borceguí rojo.)
1 Calzado de los patricios romanos.   s.f./HISTORIA
2 Pantufla blanca usada por los papas, con una cruz bordada en oro.

mulada
1 Rebaño de ganado mular.   s.f.
2 Acción o palabras rudas, desmedidas, torpes o disparatadas, propias de una persona bruta y tozuda: *nunca creí que oiría semejante mulada.*   = animalada, brutalidad

muladar
1 Estercolero o vertedero de basuras.   s.m./tb: muradal
2 Lugar sucio o corrompido: *la calle está hecha un muladar.*
3 Cosa que ensucia en lo moral o en lo material.

muladí (Del ár. *muwalladin < muwallad*, adoptado.) Se refiere al cristiano que, durante la ocupación árabe de la península Ibérica, se convertía al islamismo para vivir entre ellos.   adj/s.m.f. pl.tb: muladíes HISTORIA = renegado

mular Del mulo o de la mula.

mulata Crustáceo marino decápodo de color pardo muy oscuro, caparazón liso, ojos separados y patas peludas, que vive en huecos de rocas en aguas poco profundas, y con frecuencia, fuera del agua, en las charcas. *(Pachygrapsus marmoratus.)*   s.f. ZOOLOGÍA = cangrejo corredor

mulatear Empezar a negrear o a ponerse morena la fruta que, cuando madura, es negra.   v.intr. Chile

mulatero, a
1 Persona encargada de cuidar las mulas.   s./= mulero
2 Persona que alquila mulas.

mulatizar Tener una persona color mulato.   v.intr./conj: cazar

mulato, a
1 Que es hijo de una persona de raza blanca y otra de raza negra.   adj/s.
2 Que o está moreno.   adj.
3 Mineral de plata de color oscuro o verde cobrizo.   s.m./Amér.

múleo (Del lat. *mulleus*.) Calzado de color purpúreo y con la punta vuelta hacia el empeine que usaban los patricios romanos.   s.m. HISTORIA = mulilla

mulero, a Persona encargada de cuidar las mulas.   s./= mulatero

muleta
1 Bastón ortopédico que consiste en un palo o dos unidos en sus extremos inferiores y un travesaño que une los superiores, donde se apoya la axila: *tendrá que utilizar muletas durante dos meses porque se ha roto el tobillo.*   s.f.
2 Lo que ayuda a mantener a una persona o cosa: *su hijo menor fue la muleta de su vejez.*   = sostén
3 Palo que sostiene la capa roja que usan los toreros en el último tercio de la corrida.   TAUROMAQUIA
4 Capa que se usa en este tercio de la corrida.   TAUROMAQUIA
5 pasar de muleta al toro: Burlarlo el torero con esta capa roja.   TAUROMAQUIA
6 tener muletas una cosa: Ser muy sabido o conocido por ser antiguo.

muletada Rebaño de ganado mular.   s.f.

muletazo Pase de muleta.   s.m./TAUROMAQUIA

muletear Torear una res con la muleta.   v.tr./TAUROMAQUIA

muletero, a
1 Torero que usa la muleta.   s./TAUROMAQUIA
2 Persona que alquila mulas.   = mulatero

muletilla
1 Muleta del torero.   s.f./TAUROMAQUIA
2 Palabra o expresión innecesaria en el discurso que se usa con frecuencia, por hábito, al hablar.   = coletilla, estribillo
3 Bastón cuyo puño forma travesaño.
4 Travesaño corto en el extremo de un palo.
5 Botón largo de pasamanería usado para ceñir o sujetar la ropa.
6 Clavo con la cabeza en forma de cruz clavado en los hastiales para atar cuerdas.   MINERÍA

muletillero, a Persona que usa muletillas en la conversación.   s.

muleto, a Mulo joven, pequeño o cerril.   s.

muletón (Del fr. *mulleton*.) Tela gruesa de lana o algodón, suave y con pelusa usada como abrigo, para proteger las cunas, mesas u otras cosas.   s.m. = fustán

mulilla (Diminutivo de *mula* < fr. *mule* < lat. *mulleus calceus*, especie de borceguí rojo.) Múleo, calzado que usaban los patricios romanos.   s.f. HISTORIA

mulillas Grupo de mulas que arrastran fuera de la plaza los toros muertos en la corrida.   s.f.pl. TAUROMAQUIA

mullida Montón de paja o leña que suele haber en los corrales como cama para el ganado.   s.f.

mullido, a
1 Que está blando o esponjoso: *el sofá estaba muy mullido.*   adj.
2 Acción de mullir: *a los colchones de lana ya les va haciendo falta un mullido.*   s.m.
3 Material blando con que se rellenan colchones, asientos, muebles u otros objetos.

mullidor, a Que mulle.   adj/s.

mullir (Del lat. *mollire*.)
1 Poner una cosa esponjosa: *le gusta mullir los almohadones al hacer la cama.*   v.tr. = ablandar, ahuecar
2 Preparar una cosa con mucho cuidado para conseguir un objetivo: *lo mulló todo a la perfección para no fallar.*
3 Cavar alrededor de las vides o de los cultivos en general para ahuecar la tierra.   AGRICULTURA
4 mullírselas a una persona: Molestarla o castigarla: *se las mullía casi siempre porque no le caía bien.*
CONJ.: PRET. INDEF.: mullí, mulliste, mulló, mullimos, mullisteis, *mulleron*. SUBJ.: PRET. INDEF.: *mullera o mullese, mulleras o mulleses, mullera o mullese, mulléramos o mullésemos, mullerais o mulleseis, mulleran o mu-*

llesen. FUTUR. IMPERF.: *mullere, mulleres, mullere, mulléremos, mullereis, mulleren.*

mullo
I (Del lat. *mullus.*) Salmonete, pez marino de color rojo, comestible. — s.m. ZOOLOGÍA
II (De origen incierto.) Abalorio, cuenta de rosario o collar. — s.m. Ecuad.

mulo (Del lat. *mulus.*)
1 Híbrido o cruce de asno y yegua o de caballo y burra. — s.m. ZOOLOGÍA
2 Persona ruda y fuerte: *es un mulo, levantó el coche él solo.*
3 **mulo castellano:** El nacido de garañón y yegua. — ZOOLOGÍA
4 **ser alguien un mulo de carga:** Ser el encargado de los trabajos más pesados: *es el mulo de carga de la empresa.* — coloquial

mulso, a Que está mezclado con miel y azúcar. — adj.

multa (Del lat. *multa.*) Pena por la que se condena al pago de una cantidad determinada a quien ha cometido una falta, infracción o delito: *en un mes le han puesto tres multas por exceso de velocidad.* — s.f.

multar Poner una multa a una persona: *hace tiempo que no me multan.* — v.tr.

multi- Componente de palabra procedente del lat. *multus,* que significa mucho: *multicolor.* — pref.

multicable Se aplica a la instalación de extracción en la que las jaulas van suspendidas de varios cables paralelos. — adj. MINERÍA

multicaule (Del lat. *multus,* mucho + gr. *kaulos,* tallo.) Se aplica a la planta que tiene muchos tallos que nacen juntos. — adj. BOTÁNICA

multicelular Pluricelular, que está formado por muchas células. — adj./BIOLOGÍA ≠ unicelular

multicolor De muchos colores: *le gustan las cortinas multicolores.* — adj. = polícromo

multicopiado Acción y resultado de multicopiar. — s.m.

multicopiar Reproducir un escrito o un dibujo por medio de la multicopista. — v.tr.

multicopista Se refiere a la máquina que permite obtener múltiples copias de un documento a partir de un cliché o de otros procedimientos. — adj/s.f. TECNOLOGÍA

multidimensional
1 Que tiene varias dimensiones. — adj.
2 Que afecta a diversos aspectos de un asunto.

multifamiliar Se refiere al edificio de varias plantas, con numerosos apartamentos, cada uno de los cuales está destinado a ser habitado por una familia. — adj./s.m. Amér. Central y Merid.

multifloro, a (Del lat. *multus,* mucho + *flos, -oris,* flor.) Que produce o encierra muchas flores: *pedúnculo multifloro.* — adj. BOTÁNICA

multiforme Que tiene muchas formas. — adj.

multigrado, a Se refiere al aceite lubricante que es adecuado para cualquier época del año. — adj/s.m. MECÁNICA

multígrafo Máquina para reproducir textos, dibujos, grabados, y otras cosas sobre papel. — adj/s.m. Méx., Venez.

multilateral Que afecta a varias partes: *han firmado un acuerdo multilateral.* — adj. ≠ unilateral

multilátero, a (Del lat. *multus,* mucho + *latus, -eris,* lado.) Se refiere al polígono que tiene más de cuatro lados. — adj. GEOMETRÍA

multilocular Que tiene muchas cavidades. — adj.

multimedia Se aplica al elemento o equipo informático que reúne diversos medios como audio, vídeo o televisión, interaccionados. — adj/s.m. pl: multimedia INFORMÁTICA

multimillonario, a Se refiere a la persona que tiene una fortuna de muchos millones en dinero o bienes de cualquier tipo. — adj/s.

multinacional
1 Que afecta a varias naciones o estados: *el conflicto bélico empieza a tomar un cariz multinacional.* — adj.
2 Se aplica a la sociedad comercial o industrial que está establecida en varios países a través de filiales: *una nueva multinacional de la informática se ha instalado en la ciudad.* — adj/s.f. ECONOMÍA

multíparo, a (Del lat. *multus,* mucho + *parere,* parir.)
1 Se refiere a la mujer o a la hembra animal que ha tenido más de un parto. — adj.
2 Se aplica a la mujer o a la hembra animal que tiene varios hijos de un solo parto.
3 Se refiere al tallo que tiene varios ejes. — BOTÁNICA

múltiple (Del lat. *multiplus.*)
1 Que no es simple: *sufre una fractura múltiple en el fémur.* — adj.
2 Que es más de uno: *en la asamblea hubo opiniones múltiples.* — = diverso, vario

múltiplex
1 Se aplica al sistema electrónico que permite la transmisión simultánea de varias informaciones por una misma vía o canal que las puede emitir de forma independiente. — adj/s.m./TELECO-MUNICACIONES pl: múltiplex
2 Se refiere al sistema que permite transmitir en directo emisiones de radio o televisión desde distintos estudios conectados entre sí. — AUDIOVISUALES

multiplexar Circular por la misma línea de transmisión de datos mensajes destinados a distintos receptores que proceden de fuentes distintas. — v.tr. INFORMÁTICA

multiplicable Que se puede multiplicar. — adj.

multiplicación
1 Acción y resultado de multiplicar o multiplicarse. — s.f.
2 Operación aritmética de multiplicar u obtener el producto de dos o más números. — MATEMÁTICAS
3 Reproducción o generación de una especie animal o vegetal. — BIOLOGÍA

multiplicador, a
1 Que multiplica o aumenta una cosa: *la subida de precios tuvo un efecto multiplicador de la inflación.* — adj.
2 Se aplica al número que indica la cantidad de veces que se ha de sumar el otro miembro de la multiplicación llamado multiplicando. — adj/s.m. MATEMÁTICAS

multiplicando Se aplica al número que ha de ser sumado tantas veces como indica el multiplicador en una multiplicación: *factor multiplicando.* — adj/s.m. MATEMÁTICAS

multiplicar (Del lat. *multiplicare.*)
1 Aumentar la cantidad o el número de una cosa: *la crisis ha multiplicado el índice de paro; con la nueva propaganda se han multiplicado las ventas.* — v.tr/prnl. = incrementar
2 Hallar, a partir de dos números llamados multiplicando y multiplicador, un tercero, llamado producto, que contenga al multiplicando tantas veces como indique el multiplicador. — v.tr. conj: sacar MATEMÁTICAS
3 Hacer que aumente el número de vueltas de una pieza giratoria. — MECÁNICA
4 Aumentar los individuos de una especie su número mediante la reproducción: *las ratas se multiplican mucho.* — v.prnl. BIOLOGÍA
5 Mostrar una persona mucho interés y eficacia en el cumplimiento de un cargo o un trabajo: *se multiplica con tal de responder bien a todas sus obligaciones.* — = desvivirse

multiplicativo, a Que multiplica o aumenta. — adj.

multíplice Que no es simple, vario. — adj.

multiplicidad
1 Cualidad de múltiple: *la reunión fue interesante por la multiplicidad de ideas que surgieron.* — s.f. = variedad
2 Abundancia o cantidad excesiva de cosas o de individuos: *tiene la habitación llena de una multiplicidad de cacharros.*

multiplico Multiplicación o crecimiento de seres por reproducción orgánica, en especial del ganado. — s.m.

múltiplo, a (Del lat. *multiplus.*) Se aplica al número que contiene varias veces a otro mencionado: *el ocho es múltiplo del dos y también del cuatro.* — adj/s.m. MATEMÁTICAS

multiprocesador Ordenador electrónico que usa dos o más unidades de disco bajo un control integrado. — s.m. INFORMÁTICA

multiproceso Modalidad operativa que permite ejecutar simultáneamente varios programas en un ordenador compartiendo la memoria central y las unidades periféricas. — s.m. INFORMÁTICA

multiprogramación Método de explotación de un ordenador que permite la ejecución de varios programas a la vez. — s.f. INFORMÁTICA

multipropiedad Propiedad, por lo general inmueble, compartida por varias personas: *tienen un apartamento en multipropiedad.* — s.f.

multirracial Que está compuesto por razas o grupos humanos diferentes: *se han instalado en una comunidad multirracial.* — adj. SOCIOLOGÍA

multiestándar Se aplica al receptor de televisión que proporciona imágenes procedentes de emisoras de normas diferentes. — adj. tb: multiestándar

multitratamiento Ejecución simultánea de varios programas en diversos procesadores de un mismo ordenador. — s.f. INFORMÁTICA

multitud (Del lat. *multus.*)
1 Conjunto de muchas personas, animales o cosas: *había multitud de periodistas en el lugar.* — s.f. = infinidad
2 Conjunto de gente indiferenciada: *recibió los aplausos de la multitud muy emocionado.* — = masa, público

multitudinario, a
1 De la multitud: *la multitudinaria ovación emocionó al actor.* — adj.
2 Que es muy numeroso: *fue una protesta multitudinaria.*

multivisión Sistema de proyección simultánea de diapositivas o de imágenes de televisión sobre varias pantallas. — s.f. AUDIOVISUALES

mundanal Del mundo terrenal y humano en contraposición al espiritual: *está cansado del mundanal ruido.* — adj. = mundano

mundanalidad Condición de mundanal o mundano. — s.f.

mundanear Hacer una persona vida mundana. — v.intr.

mundanería
1 Actitud mundana, inclinada a disfrutar del trato social en fiestas y otras actividades ociosas.   s.f. = mundanalidad
2 Acción social mundana, festiva u ociosa.

mundano, a
1 Que tiene relación con la alta sociedad, en especial en los aspectos frívolos: *suele asistir a fiestas mundanas.*   adj. = mundanal
2 Del mundo o de la sociedad humana: *vive alejado de la vida mundana.*
3 Que tiene relación con el mundo terrenal, por oposición al espiritual: *amores mundanos.*

mundial (Del bajo lat. *mundialis.*)
1 Que afecta al mundo: *sería terrible que hubiera otra guerra mundial.*   adj. = universal
2 Campeonato deportivo en el que participan numerosos países de distintos continentes: *mañana empieza el mundial de fútbol.*   s.m. DEPORTES

mundicia Limpieza física o moral.   s.f./culto

mundificación Limpieza, purificación o purga.   s.f./culto

mundificante Que mundifica.   adj./culto

mundificar (Del lat. *mundus,* limpio + *facere,* hacer.) Limpiar, purgar o purificar una cosa: *con la lluvia, se ha mundificado el aire.*   v.tr/prnl. conj: *sacar* culto

mundificativo, a Se aplica al medicamento que se utiliza para purgar.   adj. FARMACIA

mundillo
1 Conjunto de personas con una misma actividad, categoría o profesión, así como todo lo que es común entre ellos: *era un personaje conocido en el mundillo literario londinense.*   s.m. = ambiente, círculo
2 Armazón de arcos que, colocado sobre un brasero, servía para secar la ropa o calentar la cama.
3 Almohadilla cilíndrica que sirve para hacer encaje.
4 Planta arbustiva caprifoliácea de jardín, de flores blancas agrupadas en forma de globos y fruto de color rojo en baya. *(Viburnum opulus.)*   BOTÁNICA = bola de nieve
5 Cada uno de los grupos de flores de este arbusto.   BOTÁNICA

mundivisión Mundovisión, transmisión de imágenes de televisión por medio de satélites.   s.f. AUDIOVISUALES

mundo (Del lat. *mundus.*)
1 Conjunto de todo lo que existe: *de todo hay en este mundo.*   s.m. = universo
2 Tierra, planeta donde vivimos, y cualquier planeta: *está convencido de que hay vida en otros mundos.*
3 Conjunto de todos los seres humanos: *todo el mundo debería ser solidario con los más necesitados.*   = humanidad
4 Sociedad humana: *en la época medieval, las relaciones del mundo eran por completo diferentes.*
5 Parte de la sociedad humana caracterizada por alguna cualidad o circunstancia común a todos sus individuos: *mundo pagano; mundo civilizado; mundo occidental.*
6 Vida seglar por oposición a la monástica: *al ingresar en una orden de clausura, se retiró del mundo.*
7 Esfera con que se representa el globo terráqueo.   = globo
8 Experiencia y conocimiento de la vida y de la gente: *es muy joven y aún no conoce el mundo.*   = mundología
9 Conjunto de la vida y actividad humana y de las relaciones de unas personas con otras.
10 Conjunto de actividades y circunstancias relacionadas con una profesión, quehacer o posición social: *trabajo en el mundo de la moda; está relacionado con gente del mundo del hampa.*   = ambiente, círculo, mundillo
11 Uno de los enemigos del alma, que simboliza las vanidades terrenas, según la doctrina cristiana.   TEOLOGÍA
12 Mundillo, arbusto caprifoliáceo.   BOTÁNICA
13 **mundo antiguo:** 1. Porción del globo que comprendía la mayor parte de Europa, Asia y África. 2. Sociedad humana durante el período histórico de la edad antigua.   HISTORIA HISTORIA
14 **mundo centrado:** Esfera que lleva encima una cruz, que es símbolo de realeza.
15 **mundo mayor:** Macrocosmo, el universo.
16 **mundo menor:** Microcosmo, las personas.
17 **andar o estar el mundo al revés:** Estar las cosas distintas de como deben ser.   coloquial
18 **caérsele a una persona el mundo encima:** Deprimirse, desanimarse ante las dificultades: *cuando murió su madre se le cayó el mundo encima.*   coloquial
19 **correr mundo:** Viajar por muchos países: *a pesar de su juventud, ya ha corrido mucho mundo.*   coloquial
20 **dar el mundo un estallido:** Producirse una gran catástrofe social, política o de otra índole: *cuando murió el presidente, el mundo dio un estallido.*   coloquial
21 **desde que el mundo es mundo:** Desde siempre: *eso es así desde que el mundo es mundo.*   loc.adv. coloquial
22 **desterrar del mundo:** Despreciar a una persona o una cosa por ser muy mala o perjudicial.   coloquial
23 **echar al mundo:** 1. Parir, dar nacimiento a un hijo. 2. Producir una cosa nueva.   coloquial coloquial
24 **echar del mundo a alguien:** Aislarle, separarle de los demás.   coloquial
25 **echarse al mundo:** 1. Verse en la necesidad de dedicarse a la prostitución: *me confesó que en un perío-*   coloquial

do muy crítico de su vida tuvo que echarse al mundo. 2. Seguir las malas costumbres y placeres: *sus nuevas amistades le han llevado a dejar su trabajo y echarse al mundo.*   coloquial
26 **el ancho mundo:** Las circunstancias de la vida: *y el ancho mundo tragó sus esperanzas.*   coloquial
27 **el gran mundo:** La sociedad distinguida.   coloquial
28 **el nuevo mundo:** América, el continente americano.   coloquial
29 **el otro mundo:** Lo que hay después de la muerte: *parecía una voz del otro mundo.*   coloquial
30 **entrar una persona en el mundo:** Presentarse en sociedad alternando en su trato y comunicación.   coloquial
31 **este mundo:** Se usa para referirse a la vida terrena: *dejó este mundo.*   coloquial
32 **este o el mundo es un pañuelo:** Se usa para referirse a un encuentro inesperado de dos personas que se conocen, en un sitio lejos de sus casas: *este mundo es un pañuelo, tu hermano y yo nos hospedábamos en el mismo hotel americano.*   coloquial
33 **haber mundo nuevo:** Ocurrir novedades o alguna novedad: *parece que hay mundo nuevo en tu casa, ¿no?*   coloquial
34 **hacer mundo nuevo:** Introducir novedades.   coloquial
35 **hacer un mundo de una cosa:** Dar demasiada importancia a un contratiempo: *hizo un mundo del retraso en el pago.*   coloquial
36 **hundirse el mundo:** Suceder un cataclismo o una gran desgracia.   coloquial
37 **irse de este mundo:** Morirse, dejar de vivir: *se nos fue de este mundo sin haberse quejado de nada.*   coloquial
38 **irse por el mundo adelante o por esos mundos:** Indica que una persona se va de un lugar sin rumbo fijo.   coloquial
39 **lejos del mundo:** Apartado de diversiones y del trato con la gente.   coloquial
40 **medio mundo:** Mucha gente: *ya lo sabe medio mundo.*   coloquial
41 **morir al mundo:** Apartarse de él renunciando a sus bienes y placeres.   coloquial
42 **no ser nada del otro mundo:** Ser de poco valor o de menos valor de lo que se esperaba: *la película no es nada del otro mundo, pero entretiene.*   coloquial
43 **no ser una persona de este mundo:** 1. Estar por completo abstraído de las cosas terrenas. 2. Ser demasiado bueno.   coloquial coloquial
44 **por esos mundos de Dios:** Por distintos lugares: *andará por esos mundos de Dios viviendo de la caridad de la gente.*   coloquial
45 **por nada del mundo:** Expresa que alguien no está dispuesto a hacer algo: *no iré a esa cena por nada del mundo.*   loc.adv. coloquial
46 **reírse del mundo:** No hacer caso de los juicios o críticas de la gente: *por mucho que hable la gente, él vive a su aire y se ríe del mundo.*   coloquial
47 **rodar mucho o por el mundo:** Viajar mucho: *ha rodado mucho mundo desde que se casó.*   coloquial
48 **tener mundo o mucho mundo:** Tener experiencia para no fiarse de las primeras impresiones: *ya tiene mucho mundo, así que no le engañarán con facilidad.*   coloquial
49 **todo el mundo:** La generalidad de la gente: *hoy, todo el mundo viaja.*   coloquial
50 **todo el mundo es país:** Se usa para disculpar los defectos de una persona o cosa por ser muy comunes.   coloquial
51 **un mundo:** Multitud o muchedumbre: *en el aeropuerto había un mundo de gente.*   coloquial
52 **valer un mundo:** Valer mucho: *esta chica vale un mundo, ayuda siempre que puede.*   coloquial
53 **venírsele a una persona el mundo encima:** Dar demasiada importancia a un problema: *se le viene el mundo encima por cualquier tontería.*
54 **venir una persona al mundo:** Nacer, comenzar a vivir: *vino al mundo una fría noche de invierno.*   coloquial
55 **ver mundo:** Viajar por varios países: *un buen día decidió que se iba a ver mundo y aún no ha vuelto.*   coloquial

mundología Experiencia y habilidad para tratar con la gente o para desenvolverse en la vida.   s.f. = mundo

mundonuevo Cajón que contenía una colección de figuras con movimiento y que se exhibía en ferias o lugares públicos.   s.m. = cosmorama

mundovisión Transmisión de imágenes televisivas por medio de satélites en gravitación alrededor de la Tierra.   s.f. TELECOMUNICACIONES

munición (Del lat. *munitio, -onis.*)
1 Conjunto de cosas necesarias para el mantenimiento de un ejército o de una población fortificada.   s.f. MILITAR
2 Pedazos de plomo de forma esférica, con que se cargan las escopetas para la caza menor.   = perdigón
3 Carga que se pone en las armas de fuego: *la pistola está sin municiones.*
4 **munición de guerra:** Todo tipo de armas.   MILITAR
5 **municiones de boca:** Víveres de los hombres y caballerías del ejército.   MILITAR
6 **de munición:** 1. Se aplica a lo que se les da a los soldados en el ejército para su mantenimiento. 2. Se refiere a lo que está hecho de prisa y sin esmero.   loc.adj. MILITAR loc.adj.

municionamiento Provisión y abastecimiento de municiones. *s.m. MILITAR*

municionar Proporcionar municiones a un ejército en campaña o a una plaza. *v.tr. MILITAR*

municionero, a Proveedor de municiones para un ejército. *s. MILITAR*

municipal
1 Que tiene relación con los municipios en general o uno determinado: *tengo que pagar los impuestos municipales.* *adj.*
2 Persona que es miembro de la guardia o fuerzas de seguridad que dependen del ayuntamiento y se dedican a mantener el orden público en un municipio o a otras funciones: *lo detuvo un municipal.* *s.m.f. = urbano*
3 Obrero del servicio de aseo urbano. *Chile*
4 Basurero, persona que recoge la basura. *Chile*

municipalidad Ayuntamiento de un municipio. *s.f.*

municipalización Acción y resultado de municipalizar: *han municipalizado el polideportivo.* *s.f.*

municipalizar Dar un servicio público que estaba a cargo de una empresa privada a un municipio: *han municipalizado la recogida de basuras del pueblo.* *v.tr. conj: cazar*

munícipe (Del lat. *municeps, -ipis.*)
1 Vecino de un municipio.
2 Concejal, persona que forma parte de un concejo o ayuntamiento. *s.m.f.*

municipio (Del lat. *municipium.*)
1 Circunscripción administrativa básica, regida por un ayuntamiento, en que se divide el territorio español. *s.m. = municipalidad*
2 Conjunto de habitantes de un término jurisdiccional regido por un ayuntamiento: *el municipio acudió a las urnas.*
3 Término o territorio bajo la jurisdicción de un ayuntamiento: *ese cartel anuncia el fin del municipio.*
4 El mismo ayuntamiento.
5 Ciudad principal y libre que se gobernaba por sus propias leyes y cuyos vecinos podían obtener la ciudadanía romana, en la Roma antigua. *HISTORIA*

munido, a
1 Que está defendido o fortificado. *adj./Argent., Chile*
2 Que está provisto o preparado. *Amér.*

munificencia (Del lat. *munificentia.*)
1 Actitud muy generosa: *pudo librarse del embargo gracias a la munificencia de sus vecinos.* *s.f. = prodigalidad*
2 Liberalidad y tolerancia de un rey o de un gobernante.

munificente Que es generoso. *adj./= espléndido*

munífico, a (Del lat. *munus*, regalo + *facere*, hacer.) Que es muy generoso: *siempre ha sido un hombre de naturaleza munífica; la historia lo considera un soberano munífico.* *adj. = munificente, espléndido*

munipa Policía municipal: *he visto cómo llamaban a los munipas.* *s.m.f. argot*

muniqués, a
1 Que es de Munich, ciudad de Alemania. *adj.*
2 Persona natural de esta ciudad alemana. *s.*

munitoria Estrategia militar para fortificar y defender un lugar. *s.f. MILITAR*

muñeca (De la voz prerromana *bonnicca.*)
1 Parte del cuerpo humano por donde se une el brazo con la mano: *la tenista sufrió una grave lesión en la muñeca.* *s.f. ANATOMÍA*
2 Juguete que tiene forma de mujer: *su hija tiene la casa llena de muñecas.*
3 Maniquí para exponer ropa femenina. *= maniquí*
4 Mujer frívola, joven, y por lo general bonita.
5 Trapo pequeño con el que se envuelve algún ingrediente para que no se mezcle con el líquido en que se introduce.
6 Lío de trapo que se moja en líquido para barnizar una superficie, para refrescar la boca del enfermo o para otros usos.
7 Señal de piedra que se pone para marcar la dirección de un camino o los límites de un terreno. *= hito, mojón*
8 Habilidad y sutileza para manejar situaciones diversas. *Amér. Merid.*
9 **menear una persona las muñecas:** Trabajar mucho y con ahínco en una obra. *coloquial*

muñeco
1 Figura que representa a un ser humano y se usa como juguete: *siempre duerme con uno de sus muñecos de trapo.* *s.m.*
2 Persona de poco carácter que se deja manejar por otra: *siempre obtiene de él lo que quiere, porque es un muñeco en sus manos.* *= pelele*
3 **vestir el muñeco:** Dar apariencia atractiva y agradable a una cosa.

muñeira
1 Baile popular gallego, que se ejecuta suelto o por parejas. *s.f. MÚSICA*

2 Música que acompaña a este baile. *MÚSICA*

muñequear
1 Usar una persona la muñeca moviendo la mano a un lado y a otro de la espada, en esgrima. *v.intr. DEPORTES*
2 Buscar o procurarse influencia para obtener una cosa. *v.intr/tr. Amér. Merid.*
3 Empezar a echar muñequilla el maíz o plantas semejantes. *v.intr. Chile*

muñequera
1 Correa usada para apretar las muñecas de las manos: *desde que se rompió la muñeca, tiene que usar muñequera para jugar al tenis.* *s.f.*
2 Pulsera del reloj.

muñequería Exceso de adornos o afeminamiento en el vestir. *s.f.*

muñequero, a Persona que hace o vende muñecos. *s.*

muñequilla
1 Pieza de trapo para barnizar o estarcir. *s.f.*
2 Mazorca tierna de maíz y plantas semejantes, cuando empieza a formarse. *Chile*

muñidor, a
1 Ordenanza de una cofradía encargado de convocar a los cofrades. *s.*
2 Persona que trama enredos o intrigas.

muñir
1 Llamar a una persona para que asista a una junta o una reunión. *v.tr./conj: mullir = convocar*
2 Arreglar un asunto o un negocio con trampas y de forma interesada. *= amañar, manejar*

muño Comida a base de harina de trigo o maíz tostado, sazonada con sal y ají. *s.m./Chile COCINA*

muñón (De la voz prerromana *bonnicca.*)
1 Trozo o parte que queda de un miembro amputado en el cuerpo. *s.m.*
2 Cada una de las dos piezas cilíndricas que tiene el cañón a uno y otro lado, sobre las que se apoya en la cureña y gira.
3 Músculo deltoides y región del hombro limitada por él. *ANATOMÍA*

muñonera Muesca semicircular de cada una de las gualderas o planchas laterales de la cureña o armazón donde se aloja el muñón de la pieza de artillería. *s.f.*

muón Partícula elemental, con carga positiva o negativa, cuya masa es de doscientas ocho veces la del electrón. *s.m. FÍSICA*

muquir Tomar una persona alimento: *muquimos mucha carne; se muquió tres langostinos.* *v.tr/intr/prnl. conj: delinquir*

mura Amura [en todas sus acepciones]. *s.f.*

muradal Muladar [en todas sus acepciones]. *s.m.*

murajes Planta primulácea, de tallo tendido o ascendente y flores axilares, que crece en los lugares arenosos de la península Ibérica. (*Anagallis arvensis.*) *s.m.pl. BOTÁNICA*

mural
1 Del muro: *la piedra mural de la fachada es muy bonita.* *adj.*
2 Se aplica a la pintura que está realizada sobre un muro o pared: *el mural del edificio representa una escena cotidiana.* *adj/s.m. ARTE*
3 Se aplica a las cosas que, extendidas, ocupan buena parte de una pared o muro: *se ha comprado un precioso tapiz mural.* *adj.*

muralismo Arte y técnica de las pinturas murales. *s.m./ARTE*

muralista Pintor de murales. *s.m.f./ARTE*

muralla (Del ital. *muraglia* < lat. *muralia.*) Muro defensivo que rodea unas edificaciones o una fortaleza: *aún se conservan restos de la antigua muralla que rodeaba la ciudad.* *s.f. CONSTRUCCIÓN*

murallón Muro muy grueso hecho para defensa o contención. *s.m. CONSTRUCCIÓN*

murar
I (Derivado de *muro.*) Poner muros o murallas alrededor de un terreno o ciudad. *v.tr. CONSTRUCCIÓN*
II (Derivado del ant. *mur* < lat. *mus, muris*, ratón.) Cazar el gato a los ratones. *v.tr.*

murceguillo Murciélago, mamífero insectívoro nocturno. *s.m./tb: morceguillo ZOOLOGÍA*

murcianismo
1 Expresión o construcción características de la variedad lingüística del español hablado en Murcia. *s.m. LINGÜÍSTICA*
2 Afecto por Murcia y lo murciano: *aunque hace tiempo que no vive allí, no puede ocultar su murcianismo.*

murciano, a
1 De Murcia, provincia y ciudad españolas. *adj.*
2 Persona natural de esta provincia y ciudad. *s.*

murciar Quitar o robar una cosa a una persona sin violencia. *v.tr. = garfiñar, hurtar*

murciélago (Del ant. *murciégalo* < *mur ciego*, rata ciega.)
1 Mamífero quiróptero, insectívoro volador que habita en grutas y se orienta por ecolocación y del que se distinguen alrededor de doscientas especies. *s.m. tb: murciégalo ZOOLOGÍA*

2 murciélago marino: Pez efípido de unos veinticinco centímetros de longitud, de cuerpo aplastado y aleta dorsal mucho más alta que el resto del cuerpo. *(Platax ginnatus.)* — ZOOLOGÍA

murcielaguina Estiércol de los murciélagos, acumulado en las cuevas donde éstos pasan el día y que se considera un excelente abono. — s.f. = morceguila

murecillo (Del lat. *mus, muris*, ratón.) Músculo del cuerpo. — s.m. ANATOMÍA

murena Morena, pez del orden ápodos de cuerpo alargado y que es muy voraz. — s.f. ZOOLOGÍA

murga
I (Del lat. *amurca*.) Alpechín, jugo fétido de la aceituna. — s.f. tb: morga
II (De origen incierto.)
1 Banda de música callejera: *durante las fiestas, la murga recorre las calles animando a la gente a bailar.* — s.f. MÚSICA
2 Cosa fastidiosa y molesta: *esto de tener que viajar dos veces al día es una murga.* — coloquial
3 dar la murga: Molestar, importunar: *no me des la murga ahora que tengo mucho trabajo.* — coloquial

murgón Esguín, cría del salmón. — s.m./ZOOLOGÍA

murguista Persona que forma parte de una murga o banda de música. — s.m.f. MÚSICA

múrgula Colmenilla, hongo ascomicete pezizal, comestible. — s.f. MICOLOGÍA

muriacita (Del lat. *muria*, salmuera.) Roca compuesta por sulfato de calcio anhidro, de mayor densidad y dureza que el yeso que se altera con facilidad dando lugar a éste. — s.f. GEOLOGÍA = anhidrita

muriático, a Se aplica a las combinaciones del cloro y del hidrógeno. — adj./QUÍMICA = hidroclórico

muriato Combinación del ácido clorhídrico con una base. — s.m./QUÍMICA = clorhidrato

muricado, a Que está lleno de espinas, pinchos o aguijones. — adj. BIOLOGÍA

múrice
1 Molusco gasterópodo marino de concha grande, adornada con tubérculos y espinas, y provista de un sifón grande, que vive sobre el fango y piedras y segrega un tinte púrpura que fue utilizado en tintorería. *(Murex.)* — s.m. ZOOLOGÍA = peñasco
2 Color púrpura. — literario

múrido, a Perteneciente a una familia de pequeños roedores de cola larga, que viven ocultos y son de costumbres muy variables, a la cual pertenecen la rata, el ratón y el hámster. — adj/s.m. ZOOLOGÍA

murmujear Expresar una persona su queja o disgusto en voz baja: *no sé qué murmujeas; siempre está murmujeando.* — v.intr/tr. = marmullar, murmurar

murmullar Murmurar [en todas sus acepciones]. — v.intr.

murmullo (Del lat. *murmurium*.) Ruido poco intenso y confuso, como el producido al hablar en voz muy baja o el hecho por el agua o el viento al moverse: *cuando entró en clase se oyó un murmullo.* — s.m. = murmurio, rumor

murmuración Acción y resultado de murmurar o criticar a una persona ausente: *no hagas caso de las murmuraciones.* — s.f. = habladuría

murmurador, a Se aplica a la persona, al agua, u otra cosa, que murmura. — adj/s.= murmurante, murmurón

murmurar (Del lat. *murmurare*.)
1 Producir una cosa un sonido suave y confuso: *el viento y el mar murmuraban a lo lejos.* — v.intr. = susurrar
2 Expresar una persona su queja o disgusto con una persona o una cosa en voz baja: *no sé qué murmuras.* — v.intr/tr. = quejarse
3 Criticar, conversar en perjuicio de un ausente: *murmuraban de los profesores.* — = calumniar

murmureo Murmullo continuado. — s.m.

murmurio Ruido continuado y confuso de personas hablando o de otras cosas. — s.m. = murmullo

muro (Del lat. *murus*.)
1 Pared gruesa de albañilería construida para cerrar un espacio o sujetar una cosa: *han levantado un pequeño muro para cerrar el jardín.* — s.m. CONSTRUCCIÓN
2 Muralla, obra defensiva que rodea una plaza fuerte o protege un territorio. — CONSTRUCCIÓN
3 muro de contención: El que sirve para retener el agua o la tierra en una pendiente. — CONSTRUCCIÓN
4 muro de defensa: Aquel que se construye para evitar la erosión del agua o el desbordamiento. — CONSTRUCCIÓN

murria
I (De la voz onomatopéyica murr-, que imita el refunfuño.) Melancolía manifiesta: *no sé qué le pasa, me preocupa su murria.* — s.f. = tristeza, cancamurria
II (Del lat. *muria*.) Medicamento astringente, compuesto de ajos, sal y vinagre, que se utilizaba en los hospitales para evitar que las llagas se pudriesen. — s.f. FARMACIA

murriar Impregnar una superficie con cemento muy diluido en agua. — v.tr./Colomb. CONSTRUCCIÓN

múrrino, a Se aplica a una especie de vasos, copas o tazas mencionados por los autores clásicos, que eran muy apreciados en la antigüedad: *vaso múrrino.* — adj.

murrio, a Que siente murria o melancolía. — adj./= murrioso

murta (Del lat. *myrtus* < gr. *myrtos*.)
1 Arrayán, planta arbustiva mirtácea de flores pequeñas y blancas, y bayas de color negro azulado. — s.f./BOTÁNICA tb: mirto, murto
2 Fruto de este arbusto. — BOTÁNICA/= murtón

murtal Terreno donde abundan las murtas o arrayanes. — s.m. = murtela

murtela Terreno poblado de murtas o arrayanes. — s.f./BOTÁNICA

murtilla
1 Planta arbustiva mirtácea, de hojas pequeñas, flores blancas y fruto de muy buen sabor, que crece en tierras chilenas. — s.f. tb: murtina BOTÁNICA
2 Fruto de esta planta. — BOTÁNICA
3 Licor fermentado, de propiedades estomacales, que se hace con este fruto, de color rojo claro y olor y sabor agradables.

murtón Fruto del mirto o arrayán. — s.m./= murta

murucuyá Pasionaria, planta de jardín, con tallos trepadores y flores azuladas y olorosas. — s.f./Amér. Merid. BOTÁNICA

murueco Morueco, carnero padre. — s.m.

mus (Del vasco *mus* < fr. *mouche*, mosca.)
1 Juego de cartas de envite, que se juega entre dos parejas de jugadores y en el que pueden usarse determinadas señas. — s.m. JUEGOS
2 no hay mus: Se usa para negar lo que se pide. — coloquial

musa (Del lat. *musa* < gr. *musa*.)
1 Cada una de las diosas mitológicas protectoras de las artes y las ciencias. — s.f. MITOLOGÍA
2 Inspiración artística o literaria: *ayer no pudo escribir nada, le falló la musa.* — = numen literario
3 Ciencias y artes liberales, y en especial la poesía. — s.f.pl.
4 entender la musa de alguien: Conocer sus intenciones. — coloquial
5 soplar la musa a una persona: 1. Estar inspirado para las artes o para otra cosa. **2.** Tener buena suerte en el juego. — coloquial coloquial

musáceo, a Perteneciente a una familia de plantas herbáceas monocotiledóneas, de flores con cinco estambres, a la cual pertenece el plátano. — adj/s.f. BOTÁNICA

musageta Se aplica a Apolo y Hércules, personajes mitológicos que conducen a las musas. — adj/s.m. MITOLOGÍA

musaraña (Del lat. *mus araneus*.)
1 Mamífero insectívoro parecido a una rata, de hocico alargado y puntiagudo, útil porque destruye gran número de gusanos e insectos. — s.f. ZOOLOGÍA
2 Cualquier animal pequeño.
3 Figura contrahecha o fingida de una persona.
4 Especie de nubecilla o neblina que se pone delante de los ojos. — = nube
5 Mueca que se hace con el rostro, morisqueta. — Amér. Central, Chile
6 mirar o pensar en las musarañas: Permanecer distraído con la vista o la atención en otra parte: *si te quedas pensando en las musarañas no acabarás nunca el trabajo.* — coloquial

muscardino Lirón de pequeño tamaño, con el pelaje de la región dorsal amarillento. — s.m./ZOOLOGÍA = lirón enano

muscaria (Del lat. *musca*, mosca.) Papamoscas, ave paseriforme insectívora. — s.f./ZOOLOGÍA = muscicapa

muscarina Alcaloide que constituye el principio tóxico de algunas setas y del pescado putrefacto. — s.f. BIOQUÍMICA

muscarínico, a De la muscarina o de sus efectos. — adj./FARMACIA

muscícapa Papamoscas, ave insectívora. — s.f./ZOOLOGÍA

múscido, a (Del lat. *musca*, mosca.) Perteneciente a una familia de insectos dípteros, como la mosca. — adj/s.m. ZOOLOGÍA

muscíneo, a Se aplica a un tipo de plantas que pertenece a la clase de los musgos. — adj/s.f. BOTÁNICA

musco
I (Del lat. *muscus*) Musgo, planta de tallos cortos y apretados. — s.m. BOTÁNICA
II (Del lat. *muscus* < persa *musk*, almizcle.) De color marrón oscuro. — adj. tb: amusco

muscular De los músculos: *desarrollo muscular; contracción muscular.* — adj. ANATOMÍA

muscularse Adquirir volumen muscular: *fue él quien le aconsejó muscularse practicando halterofilia.* — v.prnl.

musculatura
1 Conjunto de todos los músculos del cuerpo. — s.f./ANATOMÍA
2 Grado de fortaleza o desarrollo de los músculos: *tiene una gran musculatura porque hace mucho ejercicio.*

músculo (Del lat. *musculus*.)
1 Órgano compuesto por fibras que se contraen y distienden, produciendo el movimiento en las personas y en los animales. — s.m. ANATOMÍA
2 Conjunto de músculos: *está obsesionado con sus músculos.*
3 Fuerza física: *es un hombre de músculos.*

4 músculo abductor: Aquel que produce el desplazamiento, respecto del plano medio del cuerpo, del órgano o miembro en el que se encuentra. ANATOMÍA
5 músculo aductor: El que produce el acercamiento del miembro u órgano donde está hacia el eje del cuerpo. ANATOMÍA
6 músculo complexo: Uno de los órganos principales que dan movimiento a la cabeza, formado por fibras y tendones entrelazados. ANATOMÍA
7 músculo cubital: Cada uno de los dos que se encuentran en el antebrazo. ANATOMÍA
8 músculo dorsal: Cada uno de los que, en número par, están situados en la espalda. ANATOMÍA
9 músculo estriado: El que está formado por fibras musculares estriadas. ANATOMÍA
10 músculo gemelo: Cada uno de los dos que concurren al movimiento de la pierna. ANATOMÍA
11 músculo glúteo: Cada uno de los tres que forman la nalga. ANATOMÍA
12 músculo liso: El formado por fibras musculares lisas. ANATOMÍA
13 músculo lumbrical: Cada uno de los cuatro que mueven cada dedo de la mano o del pie, menos el pulgar. ANATOMÍA
14 músculo piramidal: Cada uno de los que, en número par, están uno en la parte anterior e inferior del vientre y otro en la posterior de la pelvis y superior del muslo. ANATOMÍA
15 músculo sartorio: Uno de los que forman el muslo y que se extiende en sentido oblicuo a lo largo de sus caras anterior e interna. ANATOMÍA = músculo de sastre
16 músculo serrato: Aquel que tiene los bordes con dientes como de sierra. ANATOMÍA
17 músculo subcapular: El que está debajo de la escápula y sirve para apretar el brazo contra las costillas. ANATOMÍA
18 músculo subescapilar: El que actúa como abductor y rotatorio del húmero. ANATOMÍA
19 músculo supinador: Cada uno de los que forman el antebrazo: el supinador largo dobla el antebrazo sobre el brazo, y el supinador corto vuelve la mano con la palma hacia arriba. ANATOMÍA
20 hacer músculos: Desarrollarlos y hacerlos más fuertes: *va cada día al gimnasio a hacer músculos.*

musculoso, a
1 Que está formado por tejido muscular: *órgano musculoso.* adj. ANATOMÍA
2 Que tiene los músculos muy desarrollados: *era una mujer muy musculosa.*

museístico, a Del museo: *hay una reunión sobre cuestiones museísticas.* adj. = museal

muselina (Del fr. *mousseline* < ital. *mussolina* < ár. *mausilí,* hecho en Mosul.) Tela muy fina y ligera, en general de seda o algodón: *llevaba una capa de muselina sobre el vestido.* s.f. TEXTIL

museo (Del lat. *museum* < gr. *museion.*)
1 Edificio o local donde se guardan y exponen obras de arte o colecciones de objetos de interés: *visitaron el museo de arte moderno y el de artes decorativas.* s.m.
2 Institución abierta al público, sin fines de lucro, que adquiere, conserva, estudia y expone los objetos que ilustran la actividad humana o los que son importantes o significativos por su valor cultural.
3 Casa particular en que hay muchas obras de arte u otros objetos de valor: *la casa de los duques es un museo de objetos árabes.*
4 Templo de las musas, en la antigüedad. HISTORIA

museografía Conjunto de técnicas y prácticas relativas al funcionamiento de un museo. s.f.

museográfico, a De la museografía: *estudia técnicas museográficas.* adj.

museógrafo, a Persona dedicada a la museografía. s.

museología (De *museo* + gr. *logos,* ciencia.) Disciplina que estudia los museos, su historia y las técnicas de conservación y catalogación. s.f.

museológico, a De la museología. adj.

museólogo, a Persona dedicada al estudio de los museos, su historia y las técnicas de conservación y catalogación. s.

muserola (Del ital. *museruola.*) Correa de la brida que rodea el hocico del caballo por encima de la nariz y sirve para asegurar la posición del bocado. s.f. EQUITACIÓN

musgaño Mamífero insectívoro sorícido que vive en Europa meridional, pequeño, con una cola de unos 4 cm y con la cabeza afilada y subcónica. *(Crocidura russula.)* s.m. ZOOLOGÍA

musgo (Del lat. *muscus.*)
1 Perteneciente a una clase de plantas formadas por una alfombra de cortos foliáceos y apretados, que viven en el suelo, los árboles, las paredes y los tejados. s.m. BOTÁNICA tb: musco
2 Conjunto de estas plantas que cubren una determinada superficie: *está sentado sobre el musgo.* BOTÁNICA
3 **musgo marino:** Coralina, alga rojiza. BOTÁNICA

musgoso, a
1 Del musgo. adj./BOTÁNICA
2 Que está cubierto de musgo: *el terreno estaba demasiado musgoso.*

música (Del gr. *musike.*)
1 Arte y técnica de combinar los sonidos mediante la melodía y la armonía: *quiere estudiar música.* s.f. MÚSICA
2 Teoría del arte y la técnica de combinar los sonidos de forma armónica y melódica. MÚSICA
3 Sucesión de sonidos combinados con ritmo: *yo no pondría música a esta hora de la noche.* MÚSICA
4 Concierto de instrumentos o voces, o de ambas cosas a la vez. MÚSICA
5 Composición musical: *música religiosa; música militar.* MÚSICA
6 Serie de signos que permiten dar forma gráfica a una idea musical: *tiene sus trucos para leer música.* MÚSICA
7 Conjunto de papeles, agrupados en libros o en cuadernos, donde están escritas las composiciones musicales. MÚSICA
8 Conjunto de músicos que tocan juntos: *la música de la cofradía.* MÚSICA
9 Cualquier sonido agradable al oído: *la música del mar le relajaba.*
10 **música celestial:** 1. Palabras que se escuchan sin entenderlas o sin hacer caso de ellas. 2. Palabras elegantes o promesas vanas sin ninguna utilidad ni validez. coloquial coloquial
11 **música clásica:** La de tradición culta: *éste es el compositor de música clásica que más le gusta.* MÚSICA
12 **música de cámara:** La que ha sido compuesta para grupos reducidos de voces o instrumentos. MÚSICA
13 **música disco:** La indicada para ser bailada en discotecas: *es un autor de música disco.* MÚSICA
14 **música instrumental:** Aquella que se compone sólo para instrumentos y no para voz. MÚSICA
15 **música ligera:** La que tiene una melodía pegadiza, que se compone para el gran público. MÚSICA
16 **música vocal:** La compuesta para voces, solas o acompañadas de instrumentos. MÚSICA
17 **con la música a otra parte:** Se usa para despedir y reprender a quien viene a molestar o a decir impertinencias: *mira chaval, con la música a otra parte, que tengo trabajo.* coloquial
18 **dar música a un sordo:** Trabajar en vano para persuadir a una persona. coloquial
19 **no entender la música:** Desentenderse de lo que no le conviene oír. coloquial

musicable Que se le puede poner música. adj./MÚSICA

musical
1 De la música. adj./MÚSICA
2 Se aplica a aquello en que la música interviene como elemento esencial. MÚSICA
3 Que tiene el carácter de la música, que es armonioso: *tiene una voz muy musical.* MÚSICA
4 Se refiere a una obra teatral o de cine en la que la música y el baile tienen mucha importancia argumental: *estuvo en un musical en Broadway.* adj/s.m. CINE, TEATRO

musicalidad
1 Carácter de lo musical: *le gusta el poema por su musicalidad.* s.f.
2 Facultad de entender la música, así como de crearla o reproducirla.

musicalizar Poner música a una cosa: *tiene un gran talento para musicalizar la poesía.* v.tr./conj: *cazar* MÚSICA

musicalmente Según la música, con música. adv.

musicante Persona que se dedica a la música de manera profesional. s.m.f./MÚSICA = músico

musicastro, a Músico que tiene poca habilidad. s./MÚSICA

music-hall (Expresión inglesa.)
1 Teatro de variedades donde se combinan distintos tipos de espectáculos de variedades. s.m. TEATRO
2 Este espectáculo. MÚSICA, TEATRO

músico, a (Del lat. *musicus* < gr. *musikos,* poético.)
1 De la música. adj./= musical
2 Persona que se dedica a la música: *ella es música, toca el violín.* s./MÚSICA = musicante
3 **músico mayor:** Persona que es director y jefe de una banda militar. MÚSICA

musicografía (De *música* + gr. *grapho,* escribir.) Arte y técnica de escribir sobre temas musicales. s.f. MÚSICA

musicógrafo, a Persona dedicada a escribir sobre temas musicales. s. MÚSICA

musicología (De *música* + gr. *logos,* ciencia.) Conjunto de conocimientos científicos relativos a la teoría, la técnica y la historia de la música. s.f. MÚSICA

musicólogo, a Persona dedicada al estudio de la teoría, técnica y la historia de la música. s. MÚSICA

musicomanía (De *música* + gr. *mania,* pasión.) Melomanía, pasión por la música. s.f.

musicómano, a Melómano, persona fanática por la música. s.

musiquero Armario para guardar partituras y libros de música. s.m. MÚSICA

musiquilla
1 Música facilona, en apariencia sin valor artístico: *ha compuesto una musiquilla con mucho gancho.* — s.f. MÚSICA
2 Sonsonete, deje o tonillo en la pronunciación: *creo que es canario por esa musiquilla que tiene al hablar.*

musitación Alteración en la pronunciación que consiste en poca intensidad y escasa articulación. — s.f.

musitar (Del lat. *mussitare.*) Hablar entre dientes: *musitó una oración; le musitó palabras de agradecimiento al oído.* — v.intr/tr. = susurrar

muslamen Muslo de una persona, en especial si es grueso: *enseñaba sus muslámenes con aquella minifalda.* — s.m./pl:muslámenes coloquial

muslim (Del ár. *muslim.*) Musulmán, que profesa la religión mahometana. — adj/s.m.f./RELIGIÓN tb: muslime

muslímico, a De los muslimes o musulmanes. — adj./RELIGIÓN

muslo (Del lat. *musculus*, músculo.)
1 Parte de la pierna entre la cadera y la rodilla: *se ha hecho una liposucción en los muslos.* — s.m. ANATOMÍA
2 Parte análoga en los animales: *prefiere el muslo de pollo a la pechuga.*

musmón (Del lat. *musmo, -onis.*) Muflón, especie de carnero que vive en Córcega y Cerdeña, considerado como el antecesor salvaje del carnero doméstico. — s.m. ZOOLOGÍA

musola Pez seláceo comestible, parecido al tiburón, que llega a medir dos metros, y que es común en las costas mediterráneas. *(Mustelus.)* — s.f. ZOOLOGÍA

mustaco Torta de harina amasada con mosto, manteca y otros ingredientes. — s.m. COCINA

mustela (Del lat. *mustela.*)
1 Pez condrictio marino, de tamaño medio, color gris con manchas blancas, hocico afilado, primera aleta dorsal adelantada, y vive cerca de fondos blandos y poco profundos. *(Mustelus asterias.)* — s.f. ZOOLOGÍA = musola
2 Comadreja, mamífero mustélido. — ZOOLOGÍA

mustélido, a Perteneciente a una familia de mamíferos carnívoros de patas cortas y bebedores de sangre a la que pertenecen el armiño, la comadreja, el hurón, la marta y el turón. — adj/s.m. ZOOLOGÍA

musteriense Se aplica a la cultura que se desarrolló durante el paleolítico medio caracterizada por la talla mediante percusión de las piedras. — adj/s.m.f. HISTORIA

mustiarse Ponerse una planta mustia: *los geranios se mustiaron por la falta de sol.* — v.prnl/BOTÁNICA tb: enmustiarse

mustio, a (Del lat. vulgar *mustidus*, viscoso.)
1 Que está triste o abatido: *lleva días mustio y apático.* — adj./= lánguido
2 Que está marchito: *las flores se quedaron un poco mustias.*
3 Que esconde su verdadero carácter tras una apariencia de seriedad y humildad. — Méx.

musuco, a De pelo rizado o crespo. — adj./Hond.

musulmán, a (Del persa *musulman* < ár. *muslim.*)
1 De Mahoma o su religión. — adj./RELIGIÓN
2 Que profesa el islamismo. — adj/s./RELIGIÓN

muta (Del fr. *meute.*) Conjunto de perros que cazan mandados por el mismo perrero. — s.f./CAZA = jauría

mutabilidad Posibilidad de ser mudado o cambiado, o de mudar o cambiar: *la mutabilidad de una opinión.* — s.f. ≠ inmutabilidad

mutable Que cambia con facilidad: *tiene un carácter demasiado mutable.* — adj. = mudable

mutación
1 Acción y resultado de mutar o mutarse. — s.f./= cambio
2 Variación atmosférica que se produce en determinada época del año en algunos países.
3 Cada una de las diversas perspectivas que se forman en el escenario de un teatro con los cambios del telón y los bastidores. — TEATRO
4 Cambio o alteración brusca producida en los genes o en los cromosomas de un ser vivo y que se transmite por herencia. — BIOLOGÍA
5 Fenotipo producido por dicha alteración. — BIOLOGÍA
6 Cambio fonético en el que se produce un salto, sin etapas intermedias. — LINGÜÍSTICA

mutacionismo Teoría biológica que defiende la importancia decisiva de las mutaciones en la aparición de especies nuevas. — s.m. BIOLOGÍA

mutagénesis Cambio brusco que se produce en un gen por alterarse las moléculas de ADN, que se traduce en la aparición de individuos con un carácter nuevo que transmiten a sus descendientes. — s.f. pl: mutagénesis BIOLOGÍA = mutación

mutante
1 Que muta. — adj.
2 Gen, cromosoma o genoma que surge por mutación de otro existente. — s.m. BIOLOGÍA
3 Descendencia de un organismo surgido por mutación. — BIOLOGÍA

mutar (Del lat. *mutare.*)
1 Hacer cambiar a una persona o una cosa: *mutó su aspecto al teñirse el cabello.* — v.tr/prnl. = transformar
2 Quitar a una persona del puesto que tenía. — v.tr.

mutatis mutandis (Expresión latina.) Cambiando lo necesario. — loc.adv.

mutilación Acción de perder un ser vivo alguno de sus órganos o miembros. — s.f.

mutilado, a
1 Que es víctima de una mutilación. — adj/s.
2 Persona que sufre una incapacidad permanente para el trabajo. — s.

mutilador, a Que mutila. — adj.

mutilar (Del lat. *mutilare.*)
1 Cortar una parte del cuerpo de un ser vivo: *se mutiló la mano con la sierra.* — v.tr/prnl. = amputar, cercenar
2 Quitar una parte de una cosa: *mutilaron varias escenas de la película por petición de la protagonista.* — v.tr. = suprimir
3 Destruir o romper una cosa: *la pérdida de su esposo mutiló su interés por la vida.*

mútilo, a (Del lat. *mutilus.*) Mutilado, víctima de una mutilación. — adj. culto

mutis (Del occitano *mutus* < lat. *mutus*, mudo.)
1 Anotación de los textos teatrales con la que se indica la retirada de escena de un actor. — s.m./pl: mutis TEATRO
2 Retirada de un actor de la escena en una obra teatral o de cualquier lugar en general. — TEATRO
3 Se usa para imponer silencio o para hacer callar a una persona: *y ahora mutis que ya viene.* — coloquial
4 **medio mutis:** Indica que un actor simula salir de escena, pero vuelve a salir en un texto teatral. — TEATRO
5 **hacer mutis:** 1. Salir de escena. 2. Abandonar un lugar: *antes de que le preguntaran a él, hizo mutis y salió de la habitación.* 3. Guardar silencio. — TEATRO

mutismo Actitud de silencio absoluto, voluntario o impuesto: *la protagonista de la película se mantenía en su voluntario mutismo.* — s.m.

mutro, a
1 Se aplica a la persona que pronuncia mal. — adj./Chile
2 Que es mudo o que no habla. — Chile
3 Se aplica a la persona tartamuda. — Chile
4 Persona que no habla español. — s./Chile

mutua Asociación que tiene un régimen de prestaciones para sus socios: *se ha asociado a una mutua médica.* — s.f. = mutualidad

mutual Que es mutuo o recíproco. — adj.

mutualidad
1 Carácter de mutuo. — s.f./= reciprocidad
2 Asociación que satisface ciertas necesidades de sus socios mediante un sistema de prestaciones: *su compañía de seguros es una mutualidad.* — = mutua
3 Denominación que adoptan algunas de estas asociaciones: *mutualidad sindical.*

mutualismo
1 Conjunto de asociaciones cuya finalidad es la ayuda mutua. — s.m.
2 Forma de asociación animal en la que ambos seres obtienen un beneficio del otro. — ZOOLOGÍA = simbiosis
3 Doctrina que considera a la humanidad como una asociación donde los servicios prestados y recibidos deben estar en equilibrio. — POLÍTICA, SOCIOLOGÍA
4 Asociación íntima que beneficia a las dos personas asociadas.

mutualista
1 De la mutualidad. — adj.
2 Socio o miembro de una mutualidad. — s.m.f.

mutuamente Con reciprocidad, el uno al otro: *se miraron mutuamente durante largo rato.* — adv.

mutuante Prestamista, persona que da un préstamo. — s.m.f.

mutuatario, a Prestatario, persona que recibe un préstamo. — s. = mutuario

mútulo Modillón o miembro voladizo plano situado debajo del goterón, por encima del triglifo, en el entablamento dórico. — s.m. ARQUITECTURA

mutuo, a (Del lat. *mutuus.*)
1 Que se produce de manera recíproca entre dos o más personas o cosas: *el sentimiento de cariño y amistad entre ellos es mutuo; se separaron de mutuo acuerdo.* — adj. = recíproco
2 Contrato real en que se da una cantidad de dinero u otra cosa gastable por la que el prestatario se compromete a devolver otra igual. — s.m. DERECHO

muy (Del ant. *muito* < lat. *multus*, mucho.)
1 En gran medida, mucho: *es muy antipático; el muy sinvergüenza se fue sin avisar.* — adv.
2 **achatar la muy:** Callar, guardar silencio.
3 **ser muy de:** Tener la tendencia o afición señalada: *es muy de salir.*

muz (Del gascón *mus*, hocico.) Remate del tajamar de algunos barcos. — s.m./pl: muces NÁUTICA

muzárabe (Del ár. *mustarib*, el que se ha hecho semejante a los árabes.) Mozárabe [en todas sus acepciones]. — adj. tb: almozárabe

muzo, a Se aplica a la lima de grano muy fino. — adj/s.f.

my Nombre de la letra del alfabeto griego que se translitera por la *m* en el latino. — s.f.

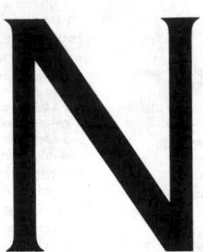

n Decimocuarta letra del alfabeto español y undécima de las consonantes. — *s.f.*

naba
1 Planta crucífera parecida a la col, de raíz gruesa, que se cultiva para alimentar al ganado. *(Brassica compestris.)* — *s.f. BOTÁNICA = rutabaga*
2 Raíz de esta planta, carnosa, muy grande, amarilla o rojiza que se emplea para alimento de personas y ganado. — *BOTÁNICA = rapo*

nabab
1 Título que se da en la India musulmana a los grandes dignatarios de la corte y a los gobernadores de provincias. — *s.m.*
2 Hombre muy rico, que vive en la opulencia. — *coloquial*

nabaco
1 Planta solanácea ornamental americana. *(Cestrum nocturnum.)* — *s.m./Amér. Central y Merid./BOTÁNICA*
2 Planta de aplicaciones medicinales de la familia de las rubiáceas. *(Faramea vaginata.)* — *Amér. Central y Merid./BOTÁNICA*

nabar
1 De los nabos. — *adj./tb: nabal*
2 Terreno sembrado de nabos. — *s.m.*

nabateo, a
1 De un antiguo pueblo que habitaba en Arabia. — *adj./HISTORIA*
2 Persona natural de este antiguo pueblo. — *s./HISTORIA*

nabería
1 Conjunto de nabos. — *s.f.*
2 Potaje hecho con nabos. — *COCINA*

nabí Profeta, entre los árabes. — *s.m./pl.tb: nabíes*

nabicol Naba, planta crucífera con pequeñas flores amarillas y fruto en vaina. — *BOTÁNICA*

nabiforme Que tiene figura de huso. — *adj./BOTÁNICA*

nabina (Del lat. *napina*, campo de nabos.) Semilla del nabo redonda, parda y oleaginosa, de la que se extrae un aceite semejante al de colza y que se emplea también de comida para pájaros. — *s.f. BOTÁNICA*

nabiza
1 Hoja tierna del nabo: *le gusta el caldo, la sopa y la ensalada de nabizas.* — *s.f.*
2 Raicillas tiernas de los nabos.

nabla (Del gr. *nabla*.) Antiguo instrumento musical de cuerda parecido a la lira, con el marco rectangular y diez cuerdas de alambre. — *s.f. MÚSICA = nebel*

nabo (Del lat. *napus*.)
1 Planta hortícola crucífera, con hojas rugosas y grandes partidas en tres lóbulos, flores pequeñas y amarillas en espiga terminal y raíz carnosa y comestible, con forma ahusada de color blanco o amarillento. *(Brassica napus.)* — *s.m. BOTÁNICA*
2 Raíz de esta planta. — *BOTÁNICA*
3 Raíz principal y gruesa de cualquier otra planta. — *BOTÁNICA*
4 Tronco de la cola de las caballerías.
5 Cilindro o eje vertical de un armazón o estructura, como el de una escalera de caracol. — *CONSTRUCCIÓN*
6 Palo o madero redondo que sostiene una verga. — *NÁUTICA*
7 Corazón de un madero acebollado de una embarcación. — *NÁUTICA = cebolla*
8 Pene, órgano sexual masculino. — *vulgar*
9 Se aplica a la persona estúpida e ingenua. — *adj./Argent., Urug.*
10 **arráncate nabo:** Juego de muchachos en el que se sientan unos entre las piernas de los otros agarrados entre sí por la cintura, y tienen que intentar que otro no les mueva de esta posición. — *JUEGOS*

naborí Criado indio en la América española al principio de la conquista. — *s.m. HISTORIA*

naboría Repartimiento de indios en calidad de criados que se hacía en los primeros tiempos de la conquista española de América. — *s.f. HISTORIA*

nácar (Del ár. vulgar *náqar*, caracola o cuerno de caza.) Sustancia dura, blanca, con reflejos irisados compuesta de carbonato cálcico, que reviste el interior de las conchas de algunos moluscos. — *s.m. QUÍMICA, ZOOLOGÍA*

nácara Timbal antiguo usado por la caballería. — *s.f./MÚSICA*

nacarado, a
1 Que está adornado con nácar: *el joyero tiene la tapa nacarada y ribeteada en oro.* — *adj.*
2 Que tiene el color y el brillo parecidos a los del nácar: *el collar nacarado que le regalaste es uno de sus favoritos.*

nacáreo, a De nácar o semejante a él. — *adj./= nacarino*

nacarigüe Potaje de carne y pinole. — *s.m./Hond./COCINA*

nacarino, a Del nácar o con alguna de sus propiedades. — *adj. = nacáreo*

nacarón Nácar de poca calidad. — *s.m.*

nacatamal Tamal o masa de maíz con manteca y cocida que se rellena de carne de cerdo. — *s.m./Méx., Hond. Nicar./COCINA*

nacatamalera Mujer que hace y vende nacatamales. — *s.f./Hond.*

nacedero Planta de la familia de las acantáceas. *(Trichanthera gigantea.)* — s.m./*Colomb.* BOTÁNICA

nacela (Del fr. *nacelle* < lat. *navicella*, navecilla.) Escocia, moldura cóncava en la base de una columna con el borde inferior más saliente. — s.f. ARQUITECTURA

nacencia
1 Linaje o familia de una persona. — s.f.
2 Bulto o tumor que aparece en cualquier parte del cuerpo. — MEDICINA

nacer (Del lat. *nasci.)*
1 Salir una persona o un animal del vientre materno: *al nacer pesaba tres kilos.* — v.intr./conj: *carecer* part.tb: nato
2 Salir un animal ovíparo del huevo: *se emocionó viendo nacer al pollito.* — ZOOLOGÍA
3 Salir un vegetal de su semilla o de la tierra: *ya han nacido las semillas que planté.* — BOTÁNICA
4 Salir pelo o pluma a un animal o las hojas, flores o brotes a una planta. — = aflorar
5 Provenir una persona de cierta familia o linaje: *nace de una ilustre familia.* — + de, en
6 Aparecer un astro en el horizonte: *el Sol nace por el este.*
7 Tener una cosa su origen en otra: *el deporte nace de la sociedad de ocio.* — + de
8 Brotar una fuente o un río. — = originarse
9 Empezar una cosa en otra: *su avaricia nació de la riqueza; el consumismo nace de la sociedad capitalista.* — = emerger
10 Salir o suceder una cosa de forma inesperada. — + de
11 Tener una persona o una cosa su origen en un lugar: *ese río nace en la sierra.* — = provenir, partir
12 Estar destinada una persona o una cosa para un fin: *algunos hombres no han nacido para cocinar.* — + en
13 Iniciarse en una actividad: *nació a música oyendo los discos de su padre.* — + para
14 Entallecer una raíz o una semilla. — + a
15 Abrirse la tela de una prenda por la costura, por tener un borde escaso. — v.prnl./BOTÁNICA
16 **haber nacido una persona tarde:** Carecer de experiencia. — coloquial
17 **yo nací primero:** Expresión que se utiliza cuando es preciso afirmar la superioridad de una persona respecto a otra: *no me cuentes historias que yo nací primero.* — coloquial

nacianceno, a
1 Que es de Nacianzo, antigua ciudad de Capadocia. — adj./HISTORIA
2 Persona natural de esta antigua ciudad. — s./HISTORIA

nacido, a
1 Se refiere a las personas que viven o han vivido: *los nacidos en 1967; las personas nacidas de alto linaje.* — adj./s.
2 Que es connatural y propio de una cosa. — adj.
3 Que es apto o propio para una cosa: *sin duda es un joven nacido para la música.*
4 Se aplica al ser humano que vive al menos veinticuatro horas desprendido del seno materno. — DERECHO
5 Punto de origen de una arteria o de un tumor. — s.m./MEDICINA
6 **bien nacido:** 1. De linaje noble o ilustre. 2. Que actúa con nobleza y bondad: *agradecer los favores es de bien nacidos.*
7 **mal nacido:** Insulto que se aplica a una persona que actúa con maldad.
8 **recién nacido:** Niño o niña que acaba de nacer: *fuimos a conocer al recién nacido.*

naciente
1 Que nace: *la planta ya tiene flores nacientes.* — adj.
2 Que es muy reciente o empieza a manifestarse: *hay que cuidar bien la naciente amistad.* — = nuevo
3 Se aplica al animal que asoma cabeza, cuello y patas por encima de una pieza del escudo. — HERÁLDICA
4 Punto cardinal del horizonte por donde nace o aparece el Sol en los equinoccios. — s.m. = este, oriente

nacimiento
1 Acción y resultado de nacer: *el nacimiento de su hijo fue perfecto, no hubo ningún problema.* — s.m. = parto
2 Sitio donde nace un río o donde brota un manantial. — = fuente
3 El propio manantial.
4 Sitio de donde procede una persona: *volvía cada año a su pueblo de nacimiento para no perder sus raíces.*
5 Familia o clase social a la que pertenece una persona: *en sus ademanes y comportamiento se nota su noble nacimiento.* — = extracción
6 Principio de una cosa: *el nacimiento de esta asociación nos beneficiará a todos.* — = origen
7 Representación por medio de figuras de la natividad de Jesús en el portal de Belén, que suele instalarse en las fiestas navideñas. — = portal de Belén
8 **de nacimiento:** Con determinada particularidad física o moral desde el momento de nacer: *es sordo de nacimiento.* — loc.adv.

nación (Del lat. *natio, -onis,* raza.)
1 Conjunto de habitantes de un país regido por el mismo gobierno. — s.f. = pueblo
2 Territorio de ese país: *vive en una de las naciones europeas más bonitas.* — = territorio

3 Conjunto de personas que ocupa un territorio determinado, comparte una misma lengua, historia y tradiciones, y tiene conciencia de constituir un grupo diferenciado.

nacional
1 De la nación: *en el ayuntamiento enarbolaron la bandera nacional y la municipal.* — adj.
2 Que es natural de una nación, en oposición a extranjero: *en estas elecciones sólo han podido votar los nacionales.* — adj/s.m.f.
3 Se aplica al bando que en la guerra civil española se sublevó contra la república: *en su familia no había nacionales.* — HISTORIA
4 Persona que formaba parte de la milicia de dicho bando. — s.m.f. HISTORIA

nacionalcatolicismo Doctrina y prácticas de la iglesia católica en el terreno político durante la época franquista, apoyadas y difundidas por el estado dictatorial. — s.m. POLÍTICA

nacionalidad
1 Pertenencia jurídica de una persona a la nación en que ha nacido o en la que se ha nacionalizado: *es de nacionalidad francesa; tiene doble nacionalidad.* — s.f. DERECHO
2 Cada uno de los colectivos que, unidos por una solidaridad cultural, lingüística, histórica y a veces racial, no disponen de unidad política propia, o están englobados en otra mayor. — HISTORIA, POLÍTICA
3 Designación oficial de algunas comunidades autónomas. — POLÍTICA

nacionalismo
1 Movimiento reivindicativo de los habitantes de un territorio que aspiran a convertirse en estado autónomo en virtud de los vínculos históricos, culturales y lingüísticos que los unen. — s.m. POLÍTICA, SOCIOLOGÍA
2 Afecto por la propia nación y por todo lo que se refiere a ella: *no puede negar su nacionalismo al exaltarse hablando de su patria.* — SOCIOLOGÍA
3 Doctrina política que exalta los caracteres e intereses nacionales, como directriz única de actuación: *milita en un partido que defiende el nacionalismo.* — POLÍTICA

nacionalista
1 Del nacionalismo. — adj./POLÍTICA
2 Que es partidario del nacionalismo: *los nacionalistas se manifestaron en contra de las nuevas medidas gubernamentales.* — adj/s.m.f. POLÍTICA

nacionalización
1 Adquisición de la nacionalidad de un país en el que no se ha nacido: *no le concederán la nacionalización mientras no encuentre un trabajo.* — s.f. = naturalización
2 Transferencia al estado de un medio de producción o un servicio que pertenecía a particulares: *el sector empresarial mostró su desacuerdo con la nacionalización de la famosa empresa.* — ECONOMÍA
3 Transferencia al estado de bienes y propiedades que pertenecían a extranjeros. — ECONOMÍA, POLÍTICA

nacionalizar
1 Aceptar a un extranjero como natural de un país determinado: *se nacionalizó francés al casarse con ella.* — v.tr.prnl. conj: *cazar*
2 Hacer que bienes, acciones o empresas que se hallaban en poder de extranjeros pasen a manos de los naturales un país: *parece que van a nacionalizar una empresa sueca.* — v.tr. ECONOMÍA, POLÍTICA
3 Hacer que un servicio o una industria explotados por particulares pasen a la administración del estado: *el gobierno nacionalizará todo lo que pueda.* — ECONOMÍA, POLÍTICA

nacionalmente Como nación, por naciones: *Europa está estructurada nacionalmente.* — adv.

nacionalsindicalismo Doctrina política y social que defendía los principios del totalitarismo estatal y la participación política a través de la democracia llamada orgánica, propugnada por la Falange española y adoptada por la dictadura franquista. — s.m. POLÍTICA, SOCIOLOGÍA

nacionalsindicalista
1 Del nacionalsindicalismo. — adj./POLÍTICA
2 Que es partidario del nacionalsindicalismo. — adj/s.m.f./POLÍTICA

nacionalsocialismo Nazismo, doctrina política, económica y social que defendía la intervención estatal en la economía y el poder absoluto de un jefe, implantada en Alemania por Hitler. — s.m. POLÍTICA tb: nazismo

nacionalsocialista
1 Del nacionalsocialismo: *detesta la doctrina nacionalsocialista.* — adj./POLÍTICA = nazi
2 Que es partidario del nacionalsocialismo: *los nacionalsocialistas hicieron mucho daño a la humanidad.* — adj/s.m.f./POLÍTICA = nazi

naco
1 Andullo o mezcla de tabaco con una sustancia edulcorante, para mascar. — s.m./*Amér. Central y Merid.*
2 Puré de patata. — *Colomb.*/COCINA

nacra Molusco lamelibranquio avículido, de gran tamaño, que tiene una concha color pardo nacarada en su interior. *(Pinna nobilis.)* — s.f. ZOOLOGÍA

nacrita (Del fr. *nacrite*.) Mineral de color blanco, gris o amarillento, traslúcido, de brillo nacarado, de la clase de los silicatos, semejante a la caolinita. — s.f. MINERALOGÍA

nada (Del ant. *cosa nada* < lat. *res nata*, cosa nacida.)
1 Ninguna cosa, ninguna cantidad ni medida: *nada me satisface ya; no llevo nada de ropa interior; no me pasa nada.* — pron.indef.
2 Poca cantidad de una cosa o muy poco tiempo: *hace nada que llegó; no tardo nada.*
3 El no ser, concepto filosófico opuesto al ser del que todos los entes participan. — s.f. FILOSOFÍA
4 Cosa mínima o insignificante: *tener un ordenador hoy día no es nada.* — s.f.
5 En ninguna medida, muy poco: *no corre nada este coche.* — adv.
6 De ninguna manera, de ningún modo: *no, no, nada, tú vienes.*
7 **ahí es nada:** Se usa para ponderar la dificultad de realizar una cosa: *ahí es nada convertir a todos los españoles en lúcidos analistas de la realidad.*
8 **como si nada:** 1. Sin esfuerzo, sin dar importancia a la cosa de que se trata: *una tarea tan difícil, y ella la ha hecho como si nada.* 2. Se usa para indicar que algo no ha afectado a una persona o una cosa: *le di la terrible noticia y se quedó como si nada.* — loc.adv. / loc.adv.
9 **de nada:** 1. Se usa como fórmula de cortesía para responder a una muestra de agradecimiento: *muchas gracias, caballero, de nada.* 2. De poco valor o importancia: *te he traído una cosita de nada, espero que te guste.* — loc.adj. formal / loc.adj.
10 **en nada:** En muy poco: *estuvo en nada que riñéramos.* — loc.adv.
11 **nada de eso:** Se usa para negar una opinión expresada con anterioridad o una acción que se está realizando: *¡nada de eso! aquí no se puede correr.*
12 **nada más:** Tan sólo, no más que lo que se expresa: *nada más tengo cien pesetas; nada más llegar, le diré que te llame.* — loc.adv.
13 **nada menos o nada más y nada menos:** Indica que se considera muy importante lo que se expresa: *vino el señor ministro, nada menos.*
14 **nada menos que:** Se usa para enfatizar o intensificar la idea o concepto que se expresa: *y apareció en el escenario nada menos que ¡un elefante!* — loc.adv.
15 **no ser nada:** Se usa para quitar importancia o minorar un daño físico o moral: *no es nada ese corte, pronto se te curará; no te preocupes por la regañina, no es nada.*
16 **para nada:** Sin ninguna finalidad: *hicieron un esfuerzo tremendo y, al final, para nada.* — loc.adv.
17 **por nada:** 1. Por ninguna razón, de ningún modo: *no cederé por nada, sé que tengo razón.* 2. Indica que alguien hace lo que se expresa sin un motivo suficiente que lo justifique: *llora por nada.* — loc.adv. / loc.adv.

nadadera Corcho o neumático para flotar o para aprender a nadar: *la niña no se atreve todavía a quitarse la nadadera en la piscina.* — s.f. = flotador

nadadero Lugar a propósito para nadar. — s.m.

nadador, a
1 Que nada: *algunos perros son muy buenos nadadores.* — adj./s.
2 Persona que nada con destreza. — s.
3 Persona que practica la natación como deporte: *el nadador holandés ganó la prueba de cien metros braza.* — DEPORTES

nadar (Del lat. *natare*.)
1 Ir una persona o un animal por el agua utilizando las extremidades: *tu hermano no sabe nadar.* — v.intr.
2 Mantenerse un cuerpo en un líquido sin hundirse: *el petróleo nada sobre el agua contaminada.* — = flotar, sobrenadar
3 Tener una persona gran cantidad de una cosa: *mi familia nada en la felicidad.* — + en = abundar
4 Estar una persona o una cosa muy holgada dentro de otra que le debiera venir ajustada: *nada en su nuevo vestido.* — + en
5 **nadar y guardar la ropa:** Intervenir una persona en un asunto para obtener el mayor provecho sin arriesgarse mucho: *sabe muy bien cuándo debe nadar y guardar la ropa.*

nadería Cosa de poco valor e importancia: *le gusta gastar el dinero en naderías.* — s.f./= bagatela, nonada

nadie
1 Ninguna persona: *no veo a nadie; no había nadie en la sala.* — pron.indef. ≠ alguien
2 Persona insignificante, sin importancia ni relevancia: *tú no eres nadie aquí; no es más que un don nadie.* — s.m.
3 **no ser nadie:** 1. Tenerse una persona en poca consideración. 2. Tener una persona unas características que la distinguen de otras, por lo general de forma negativa: *¡no es nadie tu amigo, menudo pájaro!*

nadir (Del ár. *nazir*.)
1 Punto de la esfera celeste diametralmente opuesto al cenit. — s.m. ASTRONOMÍA
2 **nadir del Sol:** Punto de la esfera celeste diametral- — ASTRONOMÍA

mente opuesto al que ocupa en ella el centro del astro.

nado
1 Acción de nadar. — s.m./Amér.
2 **a nado:** Yendo por el agua nadando: *atravesó el lago a nado.* — loc.adv.

nadorita Mineral de color pardo o amarillo grisáceo, traslúcido, y de brillo adamantino que pertenece a la clase de los halogenuros. — s.f. MINERALOGÍA

nafta (Del lat. *naphtha* < gr. *naphtha*, especie de petróleo o asfalto.)
1 Mezcla líquida de hidrocarburos que se obtiene por destilación del petróleo. — s.f. QUÍMICA
2 Nombre que se da a muchos líquidos inflamables que resultan de la descomposición de materias orgánicas. — QUÍMICA
3 Gasolina, combustible para motores de combustión interna obtenido del petróleo. — Argent., Urug.

naftaleno Hidrocarburo aromático que se obtiene de la condensación de dos anillos de benceno. — s.m. QUÍMICA

naftalina Nombre comercial de un hidrocarburo sólido obtenido del alquitrán de la hulla, que se utiliza contra la polilla. — s.f. QUÍMICA tb: naftaleno

nafteno Nombre que se da a los hidrocarburos cíclicos que se encuentran en algunas clases de petróleo. — s.m. QUÍMICA

naftol Sustancia compuesta de fenol, derivado del naftaleno, que se utiliza en la síntesis de colorantes, insecticidas y fungicidas. — s.m. QUÍMICA

nagana Enfermedad del ganado bovino producida por un tripanosoma parásito del plasma sanguíneo. — s.f. VETERINARIA

nagual
1 Brujo, hechicero que se supone puede transformarse en algún animal. — Méx., Amér. Central
2 Animal que una persona tiene como compañero inseparable. — Méx., Amér. Central
3 Animal tutelar de una persona, que es su compañero y protector espiritual durante toda la vida. — Méx.

naguapate Planta crucífera cuyo cocimiento se usa contra las enfermedades venéreas. — s.m./Hond. BOTÁNICA

náguatle Nahua [en todas sus acepciones.] — adj./s.m.

nahua
1 De un antiguo pueblo amerindio que habitó la altiplanicie mexicana y la parte centroamericana antes de la conquista española, y que alcanzó un alto grado de civilización. — adj. HISTORIA tb: náguatle, náhuatle
2 Persona de este antiguo pueblo indio. — s.m.f./HISTORIA
3 Lengua de la familia utoazteca hablada por este pueblo. — s.m. LINGÜÍSTICA

náhuatl Se aplica al dialecto de la lengua nahua, conocido como azteca clásico. — adj./s.m. LINGÜÍSTICA

nahuatlato, a Se refiere al indio mexicano que conocía la lengua nahua y servía de intérprete entre españoles e indígenas. — adj./s. HISTORIA tb: naguatlato

náhuatle Nahua [en todas sus acepciones.] — adj./s.m.

nahuatlismo
1 Expresión o construcción que se consideran propias y privativas de la lengua nahua. — s.m. LINGÜÍSTICA
2 Palabra, expresión o construcción propias de la lengua nahua que se usan en otra lengua. — LINGÜÍSTICA

nahuatlista Persona dedicada al estudio de la lengua o cultura nahua. — s.m.f.

naif (Del fr. *naif* < lat. *nativus*, nativo.)
1 Se aplica al estilo artístico que se caracteriza por las formas sencillas y espontáneas y que no sigue la técnica académica: *le interesa mucho la pintura naif.* — adj. ARTE
2 De este estilo artístico. — ARTE
3 Que practica este estilo artístico. — adj/s.m.f./ARTE
4 Que es ingenuo o tiene poca preparación.

naife Diamante de calidad superior. — s.m.

nailon Fibra textil sintética muy resistente, hecha a base de resina poliamida. — s.m./TEXTIL tb: nilón, nylon

naipe
1 Cada una de las doce o trece cartulinas rectangulares de los cuatro palos que conforman una baraja y que se utilizan para jugar, para ejercicios de magia o para la adivinación. — s.m. JUEGOS = carta
2 Conjunto de estas cartulinas: *le entusiasman los juegos de naipes.* — s.m.pl./JUEGOS = baraja
3 **naipe de mayor:** El que es algo más largo que los corrientes y que se intercala en la baraja para hacer trampas. — JUEGOS
4 **naipe de tercio:** El que está cortado de forma oblicua, por lo que se le reconoce entre los demás y sirve para hacer trampas. — JUEGOS
5 **estar como el naipe:** 1. Estar muy delgada una persona. 2. Estar una cosa muy blanda o floja por haberla manoseado mucho. — coloquial / coloquial
6 **tener buen o mal naipe:** Tener buena o mala suerte en el juego.

naipesco, a De los naipes. — adj.

naira Unidad monetaria nigeriana. · s.f./ECONOMÍA

naire (Del port. *naire* < malayalam *nayar*, hombre de casta militar.)
1 Persona que cuida los elefantes y los adiestra. · s.m.f.
2 Título de dignidad entre los malabares.

naja Serpiente venenosa elápida de la que existen varias especies, como la cobra india, la cobra egipcia y la cobra de cuello negro. · s.f. ZOOLOGÍA

najarse (Del gitano *nasar* < sánscrito *naçyati*, perderse.) Irse una persona de un lugar de manera precipitada. · v.prnl./argot = largarse, marcharse

nalga (Del lat. vulgar *natica*.)
1 Cada una de las dos partes carnosas y redondeadas del cuerpo humano, situadas en la parte inferior de la espalda: *al perder el equilibrio, cayó de nalgas en la pista.* · s.f. ANATOMÍA
2 Parte superior de los muslos traseros de algunos animales. · = anca

nalgada Golpe dado con las nalgas o que se recibe en ellas. · s.f.

nalgar De las nalgas. · adj.

nalgatorio Conjunto de las dos nalgas. · s.m./coloquial

nalgón, a Que tiene gruesas las nalgas. · adj./Amér.

nalgudo, a Que tiene las nalgas gruesas: *parece que está más nalgudo que el verano pasado.* · adj. = culón

nalguear
1 Mover una persona las nalgas al andar de forma exagerada. · v.intr.
2 Dar nalgadas, golpear a alguien en las nalgas. · v.tr./Méx., C. Rica

nambira Mitad de una calabaza que, una vez quitada la pulpa, sirve para usos domésticos. · s.f. Hond.

nana
1 Canto con que se arrulla a los niños. · s.f.
2 Especie de saco pequeño cerrado, en general con una cremallera, que sirve para abrigar a los niños de pecho.
3 Abuela, madre del padre o de la madre. · coloquial
4 Madre, respecto a sus hijos. · Amér. Central
5 Niñera, nodriza que se encarga del cuidado de los niños en una familia. · Méx., Amér. Central, Venez.
6 Pupa, dolor en el lenguaje infantil. · Argent., Chile
7 Achaques y dolencias sin importancia, en especial los de la vejez. · s.f.pl. Amér. Merid.

nanay Indica negación: *nanay, yo por ahí no paso.* · adv./= no

nancear Coger, alcanzar una cosa o a una persona. · v.intr./Hond.

nanche Planta arbustiva, de fruto amarillo pequeño y sabroso. · s.m./BOTÁNICA Méx., Amér. Central

nanear Andar una persona como los enanos o los patos. · v.intr. = anadear

nanismo Trastorno del crecimiento caracterizado por una talla inferior a la propia de los individuos de la misma edad y especie. · s.m. BIOLOGÍA tb: enanismo

nano- Componente de palabra procedente del lat. *nanus* < gr. *nanos*, que significa enano, milmillonésima parte de la unidad: *nanomelia, nanómetro.* · pref.

nanomelia Malformación congénita caracterizada porque uno o varios miembros presentan un desarrollo inferior al normal. · s.f. BIOLOGÍA

nanómetro Medida de longitud, equivalente a la milmillonésima parte del metro. · s.m.

nansa
1 Cesta cilíndrica de boca estrecha por la que pueden entrar los peces pero no salir, usada por los pescadores. · s.f. PESCA tb: nasa
2 Estanque pequeño para peces: *en el centro del jardín había una nansa con peces de colores.*

nansú (Del ingl. *nainsook* < urdu *nainsuh*.) Tela fina de algodón usada en especial para confeccionar pañuelos, ropa interior o blusas. · s.m. TEXTIL

nao (Del cat. *nau*, nave.)
1 Barco, embarcación, nave: *la nao avanzaba hacia el horizonte.* · s.f. literario
2 Embarcación de gran tonelaje y propulsada a vela, que se usó en la edad media. · NÁUTICA

naonato, a (De *nao* + lat. *natus*, nacido.) Se aplica a la persona que ha nacido en una embarcación: *bautizaron al naonato con el mismo nombre que el del capitán del barco.* · adj/s.

naos
1 Parte del edificio donde se sitúan los fieles, en las iglesias griegas modernas. · s.m. pl: naos
2 Sala central donde se colocaba la imagen o estatua del dios al que estaba dedicado el templo, en la antigüedad egipcia y griega. · ARTE, HISTORIA

napa
1 Piel de algunos animales, como el cordero o la cabra, curtida y preparada para confeccionar prendas u objetos como carteras o bolsos, o para forrar sillones y para otros usos. · s.f.

2 Conjunto de fibras textiles que se agrupan, al salir de una máquina cardadora, de tal modo que forman un conjunto de espesor constante y de igual anchura que la máquina. · TEXTIL

3 Capa o manto subterráneo de agua u otro líquido, o de cualquier materia gaseosa. · GEOLOGÍA

4 Tipo de antena formada por una serie de conductores paralelos entre sí y colocados entre dos soportes. · TELECOMUNICACIONES

napalm
1 Sustancia inflamable compuesta de gasolina gelatinizada, que se utiliza para cargar bombas o proyectiles incendiarios. · s.m. QUÍMICA
2 Gasolina espesada con esta sustancia. · INDUSTRIA

nape Especie de cangrejo que se utiliza como cebo para pescar. · s.m./Chile PESCA

napea (Del lat. *napaea* < gr. *napaia*.) Ninfa de los bosques, en la mitología grecolatina. · s.f. MITOLOGÍA

napelo Acónito, planta de hojas palmeadas y flores azules o amarillas. · s.m./BOTÁNICA tb: anapelo

napeo, a De las napeas o ninfas del bosque. · adj./MITOLOGÍA

napia Nariz, en especial cuando es muy grande: *tiene unas napias tan grandes que llegan antes que él.* · s.f./tb: napias coloquial

napiforme Que tiene forma de nabo: *esa planta tiene raíz napiforme.* · adj./BOTÁNICA tb: nabiforme

napoleón Moneda francesa de plata, usada en España en el s. XIX y cuyo valor era de diecinueve reales. · s.m. HISTORIA

napoleónico, a
1 De cualquiera de los emperadores franceses llamados Napoleón: *las campañas napoleónicas.* · adj. HISTORIA
2 Persona partidaria de estos emperadores o de su dinastía. · s. HISTORIA

napolitana
1 Composición musical que es una modalidad simplificada del madrigal. · s.f. MÚSICA
2 Combinación de as, dos y tres del mismo palo, en el juego de naipes de los tres sietes. · JUEGOS
3 Combinación de los cuatro ases, o de tres ases y el caballo de copas, en el juego de cartas del revesino. · JUEGOS

napolitano, a
1 De Nápoles, ciudad italiana. · adj.
2 Persona natural de esta ciudad. · s.
3 Del antiguo reino italiano de Nápoles. · adj./HISTORIA
4 Persona natural de este antiguo reino. · s./HISTORIA
5 Se aplica a una variedad de higos de piel negra y carne sabrosa, así como a la higuera que los produce. · BOTÁNICA
6 Dialecto del sur de Italia, que se habla en Nápoles y su región. · s.m. LINGÜÍSTICA
7 Bollo, por lo general relleno de crema.

naque Compañía antigua de cómicos que estaba formada sólo por dos actores. · s.m./TEATRO tb: ñaque

narango Planta arbórea que crece en los países intertropicales, de cuyo fruto se extrae un aceite usado en perfumería y en relojería. *(Noringa noringa.)* · s.m./Amér. Central BOTÁNICA = ben

naranja (Del ár. *naranja* < persa *narang* < sánscrito *narangah*.)
1 Fruto del naranjo de forma esférica, corteza rugosa de color entre el rojo y el amarillo, y pulpa dividida en gajos, jugosa y agridulce. · s.f. BOTÁNICA
2 Se aplica al segundo color del espectro solar, entre el rojo y el amarillo: *el color naranja toma su nombre de la fruta.* · adj/s.m. = anaranjado
3 Bala de cañón, usada en la antigüedad, del tamaño de esta fruta. · s.f. MILITAR
4 **media naranja**: 1. Cúpula semiesférica. 2. La mujer o el hombre de una pareja, el uno respecto del otro: *mi media naranja me ha regalado un reloj por las bodas de plata.* 3. Persona que se adapta a otra por su carácter o gustos: *los dos amigos son la media naranja el uno del otro.* · ARQUITECTURA coloquial / coloquial
5 **naranja agria**: Variedad con la piel más dura y menos lisa y de gusto entre agrio y amargo. · BOTÁNICA
6 **naranja cajel o zajarí**: Variedad agridulce, resultado del injerto del naranjo dulce sobre el borde, con la piel que envuelve los gajos dura y muy tenaz. · BOTÁNICA
7 **naranja china**: Variedad cuya piel tira más a amarillo y es más fina y lisa que la de las otras. · BOTÁNICA
8 **naranja clementina**: Variedad semejante a la mandarina pero siempre dulce y con la corteza de color más rojo. · BOTÁNICA
9 **naranja de grano de oro**: Variedad más temprana, sin ningún resto de acidez, pero más insípida que la común. · BOTÁNICA
10 **naranja dulce**: Variedad que es más encarnada que la común y con un gusto agridulce muy delicado. · BOTÁNICA
11 **naranja mandarina o tangerina**: Variedad de pequeño tamaño, algo deprimida en el sentido del eje, cuya cáscara se desprende con facilidad, muy dulce y con olor característico. · BOTÁNICA
12 **naranja nável**: Variedad dulce y muy jugosa. · BOTÁNICA

13 naranja sanguina o de sangre: Variedad que tiene manchas rojizas en la piel y en la pulpa. — BOTÁNICA
14 ¡naranjas de la China!: Exclamación que se usa
para mostrar incredulidad o para rehusar una petición que se considera desmedida: *¿que te ayude en la
mudanza?, ¡naranjas de la China!*

naranjada Bebida hecha a base de zumo de naranja — s.f.
o refresco con sabor a esta fruta: *en la fiesta habrá naranjada y limonada para los pequeños.*

naranjado, a De color o de tono naranja: *la habita-* — adj.
ción está pintada en un tono naranjado. — tb: anaranjado

naranjal Tierra plantada de naranjos: *en el levante es-* — s.m.
pañol abundan los naranjales. — AGRICULTURA

naranjero, a
1 De la naranja o del naranjo: *la industria naranjera es* — adj.
muy importante.
2 Persona que cultiva o vende naranjas. — s.
3 Pájaro de unos dieciséis centímetros de largo y plu- — Argent.
maje vistoso, cuya área de distribución es muy am- — ZOOLOGÍA
plia.
4 Se aplica al trabuco de gran calibre. — adj./HISTORIA

naranjilla
1 Naranja verde y pequeña con la que se suele hacer — s.f.
conserva. — BOTÁNICA
2 Planta solanácea de fruto comestible. *(Solanum quitoen-* — Ecuad.
sis.) — BOTÁNICA
3 Fruto de esta planta. — Ecuad./BOTÁNICA

naranjillo
1 Árbol con aguijones en ramas y corteza, flores ver- — s.m.
dosas y pequeñas, cuyo follaje exhala un fuerte olor — Argent.
a naranja. — BOTÁNICA
2 Arbusto de hasta tres metros de altura, cuyo fruto — Argent.
es una baya elipsoide de color amarillo verdoso. — BOTÁNICA
3 Arbusto de unos dos metros de altura que posee — Argent.
flores de color blanco y fruto amarillo y esférico. — BOTÁNICA

naranjo
1 Planta arbórea de tronco liso, copa abierta, hoja — s.m.
persistente, ovalada, coriácea y lustrosa, con flor — BOTÁNICA
blanca y aromática llamada azahar y cuyo fruto es la
naranja. *(Citrus aurantium.)*
2 Madera de este árbol.
3 Hombre rudo e ignorante. — coloquial
4 naranjo agrio: El que tiene el fruto con la piel más — BOTÁNICA
dura, la pulpa amarilla y el sabor ácido y amargo. *(Citrus aurantium vulgaris.)*

narceína Alcaloide que se obtiene del opio con un — s.f.
alto poder narcotizante. — QUÍMICA

narcisismo Actitud de la persona que siente una — s.m.
gran admiración por sí misma: *nunca valorará a los de-* — = egocentrismo
más por causa de su narcisismo.

narcisista
1 Del narcisismo: *las actitudes narcisistas son habituales* — adj.
en su vanidosa amiga. — = egocentrista
2 Persona que admira en exceso su propia apariencia — s.m.f.
y se preocupa mucho por su aspecto. — = narciso

narciso, a (Del lat. *narcissus* < gr. *narkissos*.)
1 Persona que encuentra una complacencia excesiva — s.
en la consideración de su aspecto, sus actitudes o sus — = narcisista
facultades.
2 Planta bulbosa amarilidácea, de flores amarillas o — s.m.
blancas provistas de una especie de corona dorada, — BOTÁNICA
que se cultiva como ornamental. *(Narcissus y Haeman-* — = tragapán
thus.)
3 Flor de esta planta. — BOTÁNICA

narco- Componente de palabra procedente del gr. — pref.
narke, que significa adormecimiento: *narcotizante, narcotraficante.*

narcoanálisis Técnica sicológica que consiste en pro- — s.m.
vocar los recuerdos del paciente sometiéndole a la ac- — pl: narcoanálisis
ción de un narcótico. — SICOLOGÍA

narcocontrabando Comercio ilegal de sustancias
narcóticas: *la policía ha desmantelado una red de narcocontrabando.*

narcolepsia Crisis irresistible y repentina que obliga — s.f.
a dormir, llegando incluso a caerse la persona que lo — MEDICINA
padece.

narcomanía (Del gr. *narke*, adormecimiento + *manía*, — s.f.
pasión.) Inclinación exagerada al consumo de narcó- — MEDICINA
ticos. — = narcotismo

narcosis Sueño o adormecimiento producido por el — s.f./pl: narcosis
uso de narcóticos. — MEDICINA

narcoterapia Método terapéutico utilizado en siquia- — s.f.
tría que consiste en mantener al enfermo en estado de — SIQUIATRÍA
somnolencia durante un tiempo. — = cura de sueño

narcótico, a (Del gr. *narkotikos*.)
1 De la narcosis: *los efectos narcóticos de la narcotina* — adj.
son débiles.
2 Se aplica a la sustancia que produce sueño o sopor: — adj/s.m.
la narceína es una sustancia narcótica; le han recetado un — FARMACIA
narcótico porque padece de insomnio. — = narcotizante

narcotina Alcaloide blanco e insípido obtenido del — s.f.
opio, que se utiliza como narcótico débil. — QUÍMICA

narcotismo
1 Conjunto de efectos producidos por los narcóticos: — s.m.
sus síntomas son de narcotismo. — MEDICINA
2 Estado de estupor o sueño producido por el uso de — MEDICINA
los narcóticos. — = narcosis
3 Toxicomanía que impulsa a tomar narcóticos. — MEDICINA

narcotización Proceso de narcotizar el organismo. — s.f.

narcotizador, a Que narcotiza: *sustancia narcotizadora.* — adj.

narcotizante Que produce sueño o sopor. — adj/s.m./= narcótico

narcotizar
1 Causar un narcótico un estado de adormecimiento — v.tr/intr/prnl.
o sopor a una persona: *algunos alcaloides del opio nar-* — conj: cazar
cotizan de forma intensa.
2 Suministrar un narcótico.

narcotraficante Persona que comercia de forma ile- — s.m.f.
gal con drogas: *han detenido a un narcotraficante en el* — tb: narco
aeropuerto.

narcotráfico Comercio ilícito de drogas. — s.m.

nardino, a Del nardo: *de su jardín venía un aroma nar-* — adj.
dino.

nardo (Del lat. *nardus* < gr. *nardos*.)
1 Planta herbácea de hojas radicales y flores blancas — s.m.
muy olorosas, que se cultiva en jardines y se usa en — BOTÁNICA
perfumería. *(Poliathes tuberosa.)*
2 Planta herbácea vivaz valerianácea, con flores blan- — BOTÁNICA
cas o rosadas agrupadas en cimas. *(Valeriana y Nardostachys.)*
3 Flor de estas plantas, muy apreciada en jardinería — BOTÁNICA
y como adorno.
4 Preparado aromático que se elaboraba en la antigüedad con el extracto de las raíces de diversas plantas valerianáceas.

narguile Pipa de fumar oriental, con el tubo largo y — s.m.
flexible conectado a un recipiente lleno de agua per- — = kalium
fumada, por el que pasa el humo que se aspira antes
de llegar a la boca.

narigada Polvo de tabaco que se coge con dos dedos — s.f.
a fin de aspirarlo por la nariz. — Ecuad.

narigón, a
1 Que tiene la nariz grande: *es narigona pero no se* — adj/s.
siente acomplejada. — = narigudo
2 Agujero que se hace en la ternilla o parte blanda de — s.m.
la nariz.
3 Argolla que se pone en el hocico de las reses vacunas para guiarlas o llevarlas de un lado a otro.

narigudo, a (Del lat. *naricutus*.)
1 Que tiene la nariz grande: *aunque es muy narigudo,* — adj/s.
su rostro es atractivo. — = narigón
2 Que tiene forma de nariz. — adj.

nariguera Adorno o pendiente que se coloca en la — s.f.
ternilla de la nariz.

narigueta Se refiere a la persona que tiene la nariz — adj/s.m.f.
muy grande. — pl: nariguetas

narigueto, a Se aplica a la persona que tiene un de- — adj/s.
fecto en la nariz.

narina Cada uno de los orificios externos de la nariz. — s.f./ANATOMÍA

nariz (Del lat. vulgar *naricae*.)
1 Órgano saliente de la cara situado entre la frente y — s.f.
la boca, donde están los orificios que comunican con — pl: narices
la membrana pituitaria y el aparato respiratorio. — ANATOMÍA
2 Parte de la cara de muchos animales vertebrados — ZOOLOGÍA
con la misma función que la de este órgano en el ser
humano.
3 Cada uno de los dos orificios o agujeros que tiene — = narina
este órgano en su base. — ANATOMÍA
4 Sentido del olfato: *tiene buena nariz para reconocer
los perfumes.*
5 Parte abultada o saliente de algunas cosas.
6 Parte delantera de una embarcación, de un avión o
de un cohete.
7 Pieza en forma angular, donde se encaja el pestillo — = gancho
o picaporte de puertas y ventanas para mantenerlas
cerradas.
8 Tubo del alambique, la retorta y otros aparatos de — = cuello
laboratorio.
9 nariz aguileña: La que es afilada y con un perfil
curvo parecido al pico del águila.
10 nariz chata: Aquella que tiene la punta aplastada.
11 nariz griega: La que forma una línea continua
con la frente, vista de perfil.
12 nariz perfilada: La que es perfecta de tamaño y
forma.
13 nariz respingona: La que tiene la punta hacia
arriba.
14 asomar una persona las narices: Aparecer en un — coloquial
sitio para husmear o fisgar: *asomó las narices en la reunión para intentar oír algo de lo que se decía.*
15 dar con la puerta en las narices a una persona: — coloquial
Rechazarla, desentenderse de forma brusca de lo que

pide o desea: *me dio con la puerta en las narices cuando le pedí dinero.*

16 dar o darse de narices: Darse un golpe en la cara al caerse o tropezar con una cosa: *se dio de narices contra el suelo bajando las escaleras.* — *coloquial*

17 dar en las narices: Rechazar una pretensión de otro o desairarle: *no consintió ceder y le dio en las narices.* — *coloquial*

18 darle a una persona en la nariz una cosa: 1. Percibir un olor con ella: *le dio en la nariz el perfume que usaba.* 2. Sospechar lo que otro intenta hacer: *me da en la nariz que te han engañado.* — *coloquial / coloquial*

19 darse de narices con alguien: Tropezar con la persona de que se trata: *paseando ayer me di de narices con tu hermano.* — *coloquial*

20 darse de narices en algo: Encontrar un obstáculo invencible o difícil de vencer en el asunto de que se trata: *se dieron de narices en la ley cuando intentaron denunciarnos.* — *coloquial*

21 dejar a una persona con tantas o con un palmo de narices: Dejarlo cortado o darle un chasco de modo que no puede conseguir lo que esperaba. — *coloquial*

22 en mis... propias narices: En presencia de la persona de que se trata sin cohibirse por ello: *tuvo el valor de insultarle en sus propias narices.* — *coloquial*

23 hablar una persona por las narices: Hablar gangoso o con resonancias nasales. — *coloquial*

24 hacer nariz: No tener un marco o bastidor forma rectangular exacta. — *CARPINTERÍA*

25 hacerse una persona las narices: 1. Recibir un golpe grande en ellas. 2. Suceder una cosa en contra o en perjuicio de lo que se espera. — *coloquial / coloquial*

26 hasta las narices: Cansado de aguantar una cosa: *estoy hasta las narices de oírte.* — *coloquial*

27 hinchársele o llenársele las narices. 1. Enfadarse mucho: *se me están hinchando las narices con este asunto tan desagradable.* 2. Se usa hablando del mar o de los ríos cuando se crecen o toman aspecto amenazador. — *coloquial / coloquial*

28 meter las narices en una cosa: Curiosear o entrometerse en ello: *no quiero que vuelvas a meter las narices en mis asuntos.* — *coloquial*

29 ¡narices! o ¡ni qué narices!: Exclamación de enfado, o con que se niega o rehúsa una cosa: *¡narices, no me da la gana!* — *interj. / coloquial*

30 no haber o tener más narices que: No existir otra solución o actitud que la que se propone: *no hay más narices que trabajar.* — *coloquial*

31 no ver una persona más allá de sus narices: Ser poco espabilado: *si es que no ve más allá de sus narices porque es un ingenuo.* — *coloquial*

32 ¡qué narices!: Forma de manifestar una protesta o enfado: *si ella se ofende, yo también, ¡qué narices!* — *interj. / coloquial*

33 pasar o restregar una cosa a una persona por las narices: Hacérsela saber para molestarle o mortificarle: *ya me he dado cuenta del error, no es necesario que me lo sigas pasando por las narices.* — *coloquial*

34 por narices: Por la fuerza bruta o por coacción: *tuve que hacerlo por narices aunque no quería.* — *loc.adv. / coloquial*

35 romper a una, persona las narices: Expresión con que se amenaza: *te voy a romper las narices como vuelvas a equivocarte.* — *coloquial*

36 salirle a una persona una cosa de las narices: Darle la gana una cosa sin considerar a los demás: *no voy a la fiesta porque no me sale de las narices.* — *coloquial*

37 subírsele a una persona a las narices: Avasallarla, perderle el respeto. — *coloquial*

38 tener narices una cosa: Ser muy sorprendente o intolerable: *tiene narices que me llame para ir a cenar y se le olvide.* — *coloquial*

39 tener narices o tres pares de narices: Ser valiente u osado para hacer una cosa: *no tuve narices para decírselo.* — *coloquial*

40 tener a una persona agarrada por las narices: Tenerla dominada. — *coloquial*

41 tener una persona largas narices o narices de perro perdiguero: 1. Tener un olfato muy despierto. 2. Presentir o prever una cosa que va a suceder. — *coloquial / coloquial*

42 tener a una persona montada en las narices: Padecer sus impertinencias. — *coloquial*

43 tocar las narices a una persona: Molestarle de forma continua: *anda, deja de tocarme las narices con el tema, ¿eh?* — *coloquial*

44 tocarse las narices: No hacer nada, estar ocioso: *mientras los demás trajinan, él está tocándose las narices.* — *coloquial*

45 torcer una persona las narices: Denegar o no admitir una cosa que se dice o propone. — *coloquial*

narizón, a Que tiene la nariz grande: *es narizón como toda su familia.* — *adj. / = narizotas*

narizotas
1 Persona que tiene muy grandes las narices: *no sé cómo aquella narizotas es capaz de presumir de guapa.* — *s.m.f./pl: narizotas / = narizón*
2 Persona muy testaruda: *no seas narizotas y déjale ir al baile.* — *= cabezota*
3 Narices muy grandes. — *s.f.pl.*

narizudo, a Se aplica a la persona que tiene muy grandes las narices. — *adj. Méx.*

narra
1 Planta arbustiva con el tronco recto y copa espaciosa, hojas alternas muy agudas por el ápice, flores blancas en racimos y fruto en vaina con dos o tres divisiones que contienen una semilla negruzca cada una. *(Pterocarpus santalinus.)* — *s.m. BOTÁNICA*
2 Madera de este árbol, de color rojo vivo, usada para objetos de ebanistería.

narrable Que puede ser narrado: *es un suceso narrable si se hace con gracia.* — *adj./= contable, explicable*

narración (Del lat. *narratio, -onis.*)
1 Acción y resultado de narrar: *ya he oído tu narración de los hechos pero también quiero oír la suya.* — *s.f. / = relato*
2 Novela o cuento: *son famosas sus narraciones y sus obras dramáticas.* — *LITERATURA*
3 Una de las partes en que se divide el discurso retórico en la que se explican los hechos que aclaran el asunto de que se trata. — *RETÓRICA*

narrador, a Que narra: *en este libro, el narrador es también el protagonista.* — *adj/s.*

narrar (Del lat. *narrare.*)
1 Explicar o escribir una historia o un suceso: *nos narró la aventura de su viaje con todo detalle.* — *v.tr. / = relatar*
2 Contar un autor hechos, por lo general ficticios, en una obra literaria: *la novela narra la vida de un vagabundo.* — *LITERATURA*

narrativa
1 Género literario formado por la novela, la novela corta y el cuento. — *s.f. LITERATURA*
2 Conjunto de las obras literarias de este género en un país, de un autor o de un período de tiempo determinado: *la narrativa española de la posguerra abarca temas muy diversos.* — *LITERATURA / = novelística*
3 Acción de narrar. — *= narración*
4 Habilidad para narrar: *el ganador del premio tiene una narrativa excelente.*

narrativo, a
1 Que tiene relación con la narración: *el autor logra mantener la tensión narrativa a lo largo de la novela.* — *adj./LITERATURA / = narratorio*
2 Se aplica a la producción literaria en la que se exponen de forma ordenada hechos reales o ficticios: *poema narrativo; prosa narrativa.* — *LITERATURA*

narratología Parte de la filología y de la crítica literaria que estudia las fórmulas y estructuras narrativas. — *s.f. LITERATURA*

narratorio, a De la narración: *empezó escribiendo poesía y ahora cultiva el género narratorio.* — *adj./LITERATURA / = narrativo*

narria (Del vasco *narra*, arrastre, trineo.)
1 Cajón o cualquier otro objeto que se usa como base de un carro para arrastrar cargas pesadas. — *s.f. / = mierra, rastra*
2 Mujer gruesa y pesada que se mueve con dificultad. — *despectivo*
3 Mujer que parece gruesa porque lleva vestidos abultados. — *despectivo*

nártex Vestíbulo interior reservado a los catecúmenos en las basílicas cristianas y en algunas iglesias románicas. — *s.m./pl: nártex ARQUITECTURA, RELIGIÓN*

narval (Del danés *narhval.*) Mamífero cetáceo de tamaño mediano que vive en el Ártico, de cuerpo robusto de color grisáceo y brillante, con la cola grande y ahorquillada, y con sólo dos dientes, uno corto y otro que se prolonga horizontalmente hasta cerca de tres metros en los machos. *(Monodon monoceros.)* — *s.m. ZOOLOGÍA*

nasa (Del lat. *nassa.*)
1 Arte de pesca que consiste en un cilindro de juncos entretejidos con un embudo dirigido hacia dentro en una de sus bases y una tapadera en la opuesta. — *s.f. PESCA / tb: nansa*
2 Arte de pesca formado por una manga de red sostenida por aros de madera o alambre. — *PESCA*
3 Cesta de boca estrecha usada por los pescadores para guardar la pesca. — *PESCA*
4 Recipiente o cesto usado para guardar pan, harina y otros alimentos.

nasal
1 De la nariz: *una de las misiones de las fosas nasales es calentar el aire que se inspira.* — *adj. ANATOMÍA*
2 Se aplica al sonido que se produce al salir el aire, total o parcialmente, por la nariz. — *LINGÜÍSTICA*
3 Se refiere a la letra que representa este sonido: *la letra "n" es una nasal.* — *adj/s.f. LINGÜÍSTICA*

nasalidad Carácter nasal de un sonido. — *s.f./LINGÜÍSTICA*

nasalización
1 Pronunciación de un sonido mediante la expulsión del aire por la nariz. — *s.f. LINGÜÍSTICA*
2 Transformación de un sonido oral en uno nasal al estar en contacto con otro u otros sonidos o fonemas nasales. — *LINGÜÍSTICA*

nasalizar Pronunciar un sonido con una articulación nasal. — *v.tr./conj: cazar LINGÜÍSTICA*

nasardo Registro del órgano cuyo sonido se parece a la voz gangosa o nasal.
s.m.
MÚSICA

násico Mamífero antropoide de pelaje largo y sedoso y con una nariz blanda y muy grande, que vive en los bosques de las islas indonesias, por lo general cerca del agua. *(Nasalis larvatus.)*
s.m.
ZOOLOGÍA
= mono narigudo

naso Nariz grande.
s.m./coloquial

naso- Componente de palabra procedente del lat. *nasus,* que significa nariz: *nasofaríngeo.*
pref.

nasofaringe Parte de la faringe situada encima del velo del paladar y detrás de las fosas nasales.
*s.f./*ANATOMÍA
= rinofaringe

nasofaríngeo, a Que está situado en la faringe por encima del velo del paladar y detrás de las fosas nasales.
adj.
ANATOMÍA

nastia Movimiento transitorio que realizan los vegetales en respuesta a un agente exterior: *el riego provoca nastias en las hojas de una planta sedienta.*
s.f.
BOTÁNICA

nastuerzo (Del lat. *nasturtium.*) Mastuerzo, planta cuyas hojas, de sabor picante, se comen en ensalada.
s.m.
BOTÁNICA

nata (Del lat. *natta.*)
1 Sustancia espesa, grasa y algo amarillenta que forma una capa sobre la leche en reposo: *por favor, cuela la leche porque tiene nata.*
s.f.
2 Capa que se forma en la superficie de algunos líquidos debido a las sustancias que contienen.
3 Esta sustancia de la leche, batida con azúcar, de aspecto esponjoso, que se usa mucho en pastelería: *le encantan las fresas con nata.*
COCINA
4 Parte mejor o más selecta de una cosa: *se codea con la nata de la sociedad.*
= crema
5 Natillas, postre dulce.
COCINA
6 Sustancia con impurezas resultante de la separación o copelación de dos o más metales en estado líquido.
Amér.
METALURGIA
= escoria

natación
1 Acción de nadar o desplazarse en el agua mediante una serie de movimientos: *la natación es un ejercicio adecuado para los problemas de espalda.*
s.f.
2 Deporte en que se compite en velocidad o resistencia nadando: *ganó la competición de natación en la modalidad de braza.*
DEPORTES
3 **natación sincronizada:** Ballet acuático que se practica como deporte, en el que se realizan una serie de figuras artísticas sujetas a la puntuación de unos jueces.
DEPORTES

natal (Del lat. *natalis.*)
1 Del nacimiento.
adj.
2 Del lugar de nacimiento: *suele veranear en su pueblo natal.*
= nativo

natalicio, a
1 Del día del nacimiento.
adj.
2 Día del nacimiento de una persona o fiestas con que se celebra: *mañana se conmemora el natalicio del insigne poeta.*
s.m.
formal
= cumpleaños

natalidad Número de nacimientos en una población y durante un período de tiempo determinados: *el índice de natalidad vuelve a aumentar ligeramente.*
s.f.
ESTADÍSTICA

natátil Que puede nadar o flotar en el agua.
adj.

natatorio, a
1 De la natación.
adj.
2 Que sirve para nadar: *la vejiga natatoria permite a los peces mantener el equilibrio en el agua.*

naterón Cuajada obtenida de los residuos que quedan al hacer el queso.
s.m.
= requesón

natillas Dulce elaborado con yema de huevo, leche y azúcar, cocido al fuego hasta formar una crema.
s.f.pl.
COCINA

natividad
1 Nacimiento, en especial el de Jesucristo y el de la Virgen María, en la religión cristiana: *el 25 de diciembre es el día de la natividad de Jesús.*
s.f.
2 Navidad, celebración del nacimiento de Jesucristo, en el cristianismo.
RELIGIÓN

nativismo Sistema filosófico según el cual las ideas son connaturales a la razón y se nace con ellas.
*s.m./*FILOSOFÍA
= innatismo

nativista
1 Del nativismo.
*adj./*FILOSOFÍA
2 Que profesa o es partidario del nativismo o innatismo filosófico.
adj/s.m.f.
FILOSOFÍA

nativo, a (Del lat. *nativus.*)
1 Que ha nacido en el lugar del que se trata: *es nativo de las islas Canarias.*
adj/s./= natural, oriundo
2 Que tiene relación con el lugar de nacimiento: *su lengua nativa es el francés.*
adj.
= natal
3 Que es innato o natural: *tiene una cualidad nativa para el dibujo.*
4 Se aplica al metal que se encuentra puro en la naturaleza: *oro nativo.*
QUÍMICA

5 Que nace o se reproduce de manera natural en un lugar: *el eucalipto no es un árbol nativo de la cornisa cantábrica.*
= autóctono

nato, a (Del lat. *natus,* nacido.)
1 Que tiene unas cualidades o defectos de nacimiento: *deportista nato; líder nato.*
adj.
≠ innato
2 Se aplica al título o cargo que está vinculado a un empleo y corresponde sólo a la persona que lo ostenta: *presidente nato.*

natolocal Forma de residencia de un matrimonio en la que los nuevos esposos viven separados, cada uno con su familia de origen.
adj.
SOCIOLOGÍA

natral Terreno poblado de natris, arbustos solanáceos.
s.m./Chile

natre Natri, arbusto solanáceo.
*s.m./Chile/*BOTÁNICA

natremia Concentración o tasa de sodio en la sangre.
*s.f./*BIOQUÍMICA

natri Arbusto solanáceo de dos a tres metros de altura y flores blancas, con cuyas hojas se prepara un cocimiento amargo que las mujeres utilizan para destetar a los niños. *(Solanum crispum.)*
s.m.
Chile
BOTÁNICA

natrón (Del ár. *natrun* < gr. *nitron,* nitro.)
1 Carbonato sódico, sal blanca, traslúcida, cristalizable y eflorescente, que puede ser natural o artificial y se usa en la fabricación de vidrio, jabón y tinte.
s.m.
QUÍMICA
= sosa
2 Cenizas de la barrilla, planta que crece en terrenos salados.
BOTÁNICA
= barrilla

natronado, a Que contiene natrón o carbonato sódico: *compuesto natronado.*
adj.
QUÍMICA

natura (Del lat. *natura,* manera de ser, lo natural.)
1 Naturaleza [en todas sus acepciones].
s.f.
2 Escala natural del modo mayor.
MÚSICA
3 **contra natura:** En contra de las leyes de la naturaleza: *la religión considera la homosexualidad una práctica contra natura.*
loc.adj.

natural
1 De la naturaleza o que ha sido producido por ella: *ciencias naturales; el agua es uno de los más preciados y necesarios recursos naturales.*
adj.
≠ artificial
2 Que no ha sufrido ninguna elaboración o transformación: *tueste natural; zumo natural; pelo natural; piña natural.*
= puro
≠ alterado
3 Que es inherente a la naturaleza de una persona o una cosa: *la dureza es una cualidad natural del diamante; la suspicacia es natural en él.*
= innato, intrínseco
≠ adquirido
4 Que es espontáneo o sencillo: *es una persona muy natural; me encanta su natural alegría.*
≠ afectado, artificioso
5 Que se corresponde más o menos con la realidad: *es un cuadro de colores muy naturales; ha quedado muy natural en la foto.*
= real
≠ artificioso, falso
6 Que se basa en la naturaleza y no en disposiciones legales: *relación natural; derecho natural.*
7 Que tiene respuesta según las leyes de la razón o de la naturaleza: *hecho natural; causa natural.*
≠ sobrenatural
8 Que se hace sin reflexión o razonamiento: *beber cuando se tiene sed es un impulso natural.*
= espontáneo
≠ razonado
9 Que sucede como es normal o habitual y, por eso, es fácilmente creíble: *este frío no es natural ahora; no es natural que suspenda; es natural que se canse a su edad.*
= corriente, esperable
≠ raro
10 Que ha nacido en cierto lugar: *su padre es natural de esta comarca.*
adj/s.m.f.
= nativo
11 Se aplica al pase de muleta que se hace con la mano izquierda y sin estoque.
adj.
TAUROMAQUIA
12 Se aplica a la nota que no está modificada por sostenido ni bemol.
MÚSICA
13 Se refiere al hijo nacido fuera del matrimonio, de padre y madre que se podían haber casado en el momento de la concepción.
DERECHO
14 Se aplica al hombre que por linaje tenía derecho al señorío aunque no fuera de la tierra.
HISTORIA
15 Manera de ser o inclinación propia de cada persona: *tiene un natural apacible y sosegado.*
s.m./= carácter, temperamento
16 Instinto de los animales.
17 Forma externa de un objeto que sirve de modelo: *copiar del natural.*
ARTE
18 **al natural:** 1. Sin artificio, elaboración o pulimento: *prefiero el melocotón al natural que en conserva; llegó al natural, sin maquillaje.* 2. Se refiere a la flor o al animal que se representa con sus colores propios y no con los convencionales del blasón.
loc.adv/adj.
HERÁLDICA
19 **del natural:** De la realidad y no de otro dibujo o representación: *copias del natural; un dibujo del natural.*
loc.adv/adj.
ARTE

naturaleza
1 Conjunto de la realidad material existente, entendida como unidad o sistema dotado de leyes propias, al margen de la intervención humana.
s.f.
2 Conjunto de rasgos o características esenciales propias de una persona o cosa: *es una persona de naturaleza activa y vital; aún desconocen la naturaleza del fenómeno.*
= esencia
3 Principio regulador y ordenador de todas las cosas: *la naturaleza le ha hecho inteligente.*
4 Orden y disposición de todo lo que forma el universo.

5 Actividad natural por contraposición a sobrenatural: *el terremoto es un fenómeno de la naturaleza.*
6 Origen de una persona según su lugar de nacimiento: *es de naturaleza checa.* = nacionalidad
7 Concesión de la ciudadanía de un país o ciudad a una persona nacida en otro lugar: *le dieron la naturaleza española.* DERECHO = ciudadanía
8 Cualquier cosa real que se toma como modelo para una obra de arte: *la naturaleza del cuadro era un bodegón con frutas.* ARTE = natural
9 Estado natural de la persona, por oposición a uno sobrenatural o de gracia. TEOLOGÍA
10 Constitución física de una persona o un animal: *naturaleza fuerte.* = complexión
11 Conjunto de los derechos o deberes que se adquirían al pertenecer a una familia o clase determinada. HISTORIA
12 Sexo, condición orgánica, en especial en las hembras.
13 naturaleza humana: 1. Conjunto de rasgos que caracterizan el comportamiento del ser humano: *la naturaleza humana es poco dada a la soledad.* 2. Conjunto de todos los seres humanos: *en la naturaleza humana no hay una mujer como ella.*
14 naturaleza muerta: Cuadro que representa objetos inanimados. ARTE
15 por naturaleza: Según la manera de ser propia de una persona o cosa: *es bueno y serio por naturaleza.* loc.adv.
16 ser una persona desfavorecida o poco favorecida por la naturaleza: No tener aptitudes o cualidades naturales: *es poco favorecido por la naturaleza en su aspecto, pero no en su corazón.*

naturalidad
1 Condición de lo que ha sido producido por la naturaleza y no por el hombre. s.f.
2 Actitud de la persona que actúa con sencillez y espontaneidad: *se comporta con toda naturalidad.* = sencillez ≠ artificiosidad
3 Circunstancia de presentar como normal una cosa que es reprobable: *me sorprende la naturalidad con que se asume la pobreza en el Tercer Mundo.*
4 Forma natural, no violenta ni exagerada, de hacerse o suceder una cosa: *el proceso de adaptación se está desarrollando con naturalidad.* = espontaneidad, normalidad
5 Circunstancia de ser una cosa natural, que puede explicarse por las leyes de la naturaleza: *los movimientos sísmicos son parte de la naturalidad geológica de la Tierra.* = esencialidad
6 Condición de lo que es propio de la naturaleza de una cosa o persona: *la delgadez forma parte de la naturalidad de ella y de toda la familia.* = naturaleza
7 Hecho de ser una persona natural o procedente de un lugar. = naturaleza
8 Derecho adquirido de forma automática por haber nacido en un país determinado. DERECHO

naturalismo
1 Doctrina filosófica que tiende a atribuir a la naturaleza la razón y el principio de todas las cosas. s.m. FILOSOFÍA
2 Tendencia artística, en especial literaria, que pretende reproducir la realidad de una forma objetiva y que se basa en premisas deterministas, demostrando que el hombre está predestinado por las condiciones ambientales y describiendo la sociedad de forma cruda, negando los principios estéticos tradicionales de la literatura burguesa. ARTE, LITERATURA
3 Doctrina que defiende el empleo de procesos y productos naturales como forma de vida y para mantener la salud. SOCIOLOGÍA = naturismo

naturalista
1 Del naturalismo: *Zola estableció la estética naturalista.* adj.
2 Se aplica a la persona que profesa el naturalismo artístico, literario o filosófico. adj/s.m.f./ARTE, FILOSOFÍA, LITERATURA
3 Que está especializado en el estudio e investigación de las ciencias naturales. s.m.f.

naturalización Acción y resultado de naturalizar o naturalizarse: *está esperando que le concedan la naturalización del país.* s.f.

naturalizado, a
1 Que ha recibido la nacionalidad de un país que no es el suyo de origen. adj./DERECHO = nacionalizado
2 Se aplica a la planta o al animal que se ha aclimatado en un hábitat que no es el de origen. BIOLOGÍA

naturalizar
1 Conceder a una persona extranjera los derechos de ciudadanía en un país distinto al de nacimiento: *se naturalizó español a los diez años de residir en Barcelona.* v.tr/prnl. conj: *cazar* = nacionalizar
2 Hacer que viva y se desarrolle en un país una especie animal o vegetal procedente de otro: *esta especie de oso se ha naturalizado.* BIOLOGÍA = adaptar
3 Introducir y establecer en un país costumbres o usos procedentes de otro: *las modas extranjeras se han naturalizado aquí rápidamente.* = adoptar

naturalmente
1 Con naturalidad, de forma normal: *actúa naturalmente, como si nada hubiera pasado.* adv.

2 Según la naturaleza, conforme a su naturaleza: *el hombre es un ser naturalmente sociable.*
3 Con certeza, como es de suponer, según lo que se espera: *naturalmente, yo tampoco creo su versión.* = evidentemente
4 ¡naturalmente!: Exclamación usada para afirmar con rotundidad una cosa: *¡naturalmente que debes venir!* interj. = ¡claro!

naturismo
1 Doctrina médica e higiénica que recomienda el empleo de agentes naturales para la conservación de la salud y tratamiento de las enfermedades. s.m. MEDICINA
2 Doctrina que defiende el contacto con la naturaleza como búsqueda de la libertad, el consumo de productos naturales y, algunas personas, el nudismo. SOCIOLOGÍA = naturalismo

naturista
1 Del naturismo: *la mascarilla de barro es un remedio naturista que elimina las impurezas de la piel.* adj.
2 Que es partidario del naturismo. adj/s.m.f.

naturópata Se aplica al médico que se sirve de medios naturales para curar las enfermedades: *el naturópata me recetó unas infusiones de hierbas medicinales.* adj/s.m.f. MEDICINA

naufragar (Del lat. *naufragare.*)
1 Hundirse una embarcación o las personas que viajan en ella: *la tormenta hizo naufragar al velero en el que viajaban.* v.intr. conj: *pagar* = zozobrar
2 Perderse o salir mal un asunto o un negocio: *nuestra empresa naufragó por problemas internos.* = fracasar

naufragio (Del lat. *naufragium.*)
1 Hundimiento de una embarcación en el agua de forma accidental. s.m. NÁUTICA
2 Buque naufragado cuya situación ofrece peligro para los navegantes. NÁUTICA
3 Desgracia, ruina o pérdida grande: *su aportación económica libró a la empresa del naufragio.* = desastre, fracaso

náufrago, a (Del lat. *naufragus.*)
1 Que ha padecido un naufragio: *el náufrago llegó a una isla desierta.* adj/s.
2 Tiburón, pez depredador. s.m./ZOOLOGÍA

naumanita Mineral de color negro y brillo metálico, de la clase de los seleniuros, explotado como mineral de plata. s.f. MINERALOGÍA

naumaquia (Del gr. *naus*, nave + *makhe*, lucha.)
1 Combate naval que se realizaba en la antigüedad clásica, como espectáculo, en un estanque o lago. s.f. HISTORIA
2 Estanque o lago en que se libraban estos combates navales simulados. HISTORIA

nauplius Primera larval de la mayoría de los crustáceos con desarrollo indirecto. s.m./pl: nauplius ZOOLOGÍA

náusea (Del lat. *nausea*, mareo.)
1 Sensación molesta que indica la proximidad del vómito: *esas náuseas matinales se deben a su embarazo.* s.f. = basca
2 Repugnancia o aversión que se siente por una persona o cosa: *la hipocresía me da náuseas.* = repulsión ≠ agrado

nauseabundo, a
1 Que produce náuseas: *los humos de la fábrica despiden un olor nauseabundo; no vayas allí, hacen una comida nauseabunda.* adj. = repugnante
2 Se aplica a la persona que tiende a vomitar. = nauseante

nauta (Del lat. *nauta.*) Persona que trabaja o presta servicio en un barco. s.m.f./literario = marinero

náutica Navegación, ciencia y técnica de navegar: *asiste a la escuela de náutica para ser oficial de la marina mercante.* s.f. NÁUTICA

náutico, a De la navegación: *le gusta practicar deportes náuticos como la vela o el surf.* adj. NÁUTICA

nautilo (Del gr. *nautilus.*) Molusco cefalópodo marino, dotado de una concha en espiral dividida en compartimentos estancos, y que vive desde la era primaria. *(Nautilus.)* s.m. ZOOLOGÍA

nauyaca Serpiente grande y venenosa que tiene muy hendido el labio superior, lo cual le da el aspecto de tener cuatro fosas nasales. s.f. Méx. ZOOLOGÍA

nava (Del indoeuropeo *naus*, barco.) Tierra baja y llana situada por lo general entre montañas. s.f. GEOGRAFÍA

navacero, a Persona que hace y cultiva un navazo o huerto. s. AGRICULTURA

navaja (Del lat. *novacula.*)
1 Cuchillo cuya hoja se puede doblar sobre el mango, quedando el filo guardado en una ranura de éste o entre las dos piezas o cachas que lo forman: *el barbero me cortó el pelo a navaja.* s.f.
2 Colmillo de jabalí y de otros animales. ZOOLOGÍA
3 Aguijón de algunos insectos. ZOOLOGÍA
4 Molusco lamelibranquio bivalvo de carne comestible, de conchas largas, estrechas y casi rectangulares, de color pardusco y pie largo que le permite moverse con rapidez en las galerías subterráneas donde vive. *(Ensis y Solen.)* ZOOLOGÍA
5 navaja automática: La que se abre mediante un resorte, o la de hoja que salta por una ranura en el extremo del mango.

6 navaja cabritera: La que sirve para despellejar las reses.

7 navaja de afeitar o barbera: La de filo muy agudo que sirve para rasurar la barba.

8 navaja de muelles: La que al abrirse tensa unos muelles que fijan la hoja. = charrasca

9 navaja multiusos o multiusos: La provista de accesorios tales como abrebotellas, abrelatas, sacacorchos, lima y cortaúñas: *la navaja multiusos es muy útil en excursiones.*

10 comer de navaja: Alimentarse de comida seca como queso o embutidos: *cuando tiene poco tiempo come de navaja.* coloquial

navajada
1 Golpe dado con una navaja: *la navajada le causó una gran incisión en el brazo.* s.f. = navajazo
2 Herida causada por una navaja: *le brotaba abundante sangre de la navajada.* = navajazo

navajazo
1 Movimiento violento hecho con la navaja con intención de herir: *apenas pudo esquivar el navajazo del camorrista.* s.m. = navajada
2 Herida o señal producida por una navaja: *tenía un gran navajazo en el abdomen.* = navajada

navajero, a
1 Que suele usar navaja como arma para cometer actos delictivos: *tuvo que darle todo lo que llevaba al navajero que la amenazaba.* adj/s.
2 Persona que vende, fabrica o repara navajas: *el navajero me recomendó una navaja de cachas de nácar para mi colección.* s.
3 Estuche en que se guardan las navajas de afeitar. s.m.
4 Paño o especie de taza con el borde de caucho para limpiar las navajas.
5 Se aplica a la persona que es muy hábil en alguna actividad. adj. Colomb.

navajo, a
1 De un pueblo amerindio que habita en reservas de Arizona y Nuevo México: *los cuadros navajos de arena son muy famosos.* adj.
2 Persona natural de este pueblo: *los navajos descienden de un grupo apache.* s.m.f.
3 Charca de tierra, con agua procedente de la lluvia, que no suele secarse nunca. s.m. = lavajo

navajonazo Herida o corte hecho con una navaja de gran tamaño. s.m. = navajada

navajudo, a Se aplica a la persona que se gana la atención y el aprecio de las otras con zalamerías y halagos. adj. Méx.

naval De las naves, en especial de las de guerra, o de la navegación: *el combate naval fue dirigido por un estratega.* adj. NÁUTICA

navanco Pato bravío. s.m./ZOOLOGÍA

navarca
1 Jefe o comandante de una armada o flota de guerra griega. s.m/HISTORIA = nearca
2 Comandante de un buque romano. HISTORIA

navarín Guiso de cordero con patatas, cebollas y otros ingredientes. s.m. COCINA

navarro, a
1 De Navarra, región del norte de España. adj.
2 Persona natural de esta región. s.

navarroaragonés, a Se aplica a la lengua romance que se habló y escribió en tierras navarras y aragonesas hasta el siglo XV y que en la actualidad subsiste con precariedad en algunos valles pirenaicos. adj/s. LINGÜÍSTICA

navazo Tierra llana entre montañas. s.m.

nave (Del lat. *navis*, barco.)
1 Vehículo capaz de navegar por el agua: *las naves se construyen en los astilleros.* s.f./NÁUTICA = embarcación
2 Vehículo aéreo o espacial: *el comandante de la nave informó de la velocidad y altura a la que viajaban.* AERONÁUTICA, ASTRONÁUTICA
3 Construcción de amplias dimensiones donde está instalado un almacén o una industria: *la empresa adquirió una gran nave en un polígono industrial de la zona.*
4 Cada uno de los espacios en que se divide longitudinalmente una iglesia, una lonja u otros edificios importantes: *es una catedral de tres naves.* ARQUITECTURA
5 Hoja de puerta o ventana. Colomb.
6 nave de san Pedro: Conjunto de los fieles de la Iglesia católica. RELIGIÓN
7 nave espacial: Vehículo dotado de medios de propulsión y dirección que le permiten navegar en el espacio exterior a la atmósfera terrestre. ASTRONÁUTICA = astronave
8 nave principal: La que ocupa el centro del templo, desde la entrada hasta el presbiterio. ARQUITECTURA
9 quemar las naves: Tomar una decisión extrema e irrevocable: *con esta nueva estrategia quema las naves que tenía.* coloquial

navegabilidad Aptitud para la navegación que ofrece una nave o una masa de agua: *dragaron el río para facilitar la navegabilidad.* s.f. AERONÁUTICA, NÁUTICA

navegable
1 Se aplica a la corriente o masa de agua en la que se puede navegar: *río navegable; lago navegable.* adj. NÁUTICA
2 Se refiere a la embarcación que reúne las condiciones necesarias para navegar. NÁUTICA

navegación
1 Acción de navegar una embarcación: *las mareas pueden dificultar la navegación de las pequeñas embarcaciones.* s.f. NÁUTICA
2 Viaje que se hace con una embarcación: *no se presentó ningún imprevisto durante la navegación.* NÁUTICA
3 Tiempo en el que se navega. NÁUTICA
4 Ciencia y arte de navegar: *aprendió los rudimentos de la navegación en el viejo capitán.* NÁUTICA = náutica
5 navegación aérea: Acción de navegar por el aire con globo, avión u otro vehículo que lo permita: *son necesarias muchas horas de navegación aérea para obtener el título de piloto.* AERONÁUTICA
6 navegación de altura: La que se hace por mar fuera de la vista de la tierra. NÁUTICA
7 navegación de cabotaje: La que se realiza por mar, durante la cual no se pierde de vista la costa. NÁUTICA
8 navegación espacial: La que realiza una astronave en el espacio. ASTRONÁUTICA

navegante Que navega: *los navegantes están con frecuencia días seguidos en alta mar.* adj./s.m.f. = navegador

navegar (Del lat. *navigare*.)
1 Ir una embarcación por el agua: *el pesquero navegó el mar Cantábrico; no podremos salir a navegar por los fuertes vientos.* v.intr/tr. conj: pagar NÁUTICA
2 Viajar una persona en una embarcación: *hemos navegado el mar Tirreno.* NÁUTICA
3 Desplazarse un avión, un globo u otro vehículo por el aire: *su avión privado navegó a Estados Unidos.* AERONÁUTICA
4 Viajar una persona en un medio de transporte aéreo: *la tripulación nos informó de que navegábamos una zona de altas presiones.* AERONÁUTICA
5 Conducir o manejar una nave: *siempre he querido aprender a navegar un barco.* NÁUTICA
6 Viajar constantemente para comerciar: *navega por la comarca vendiendo embutidos.* v.intr.
7 Moverse una persona de un lado a otro trabajando o llevando cosas: *lleva toda la tarde navegando por la oficina con cajas y papeles.* coloquial = trajinar
8 Dominar poco o nada el tema del que se trata: *en el resto va bien pero en álgebra navega.* coloquial
9 Llevar mercaderías por mar para comerciar con ellas. v.tr. COMERCIO
10 Moverse el usuario a través de la información facilitada por un ordenador. INFORMÁTICA

nável Se aplica a una variedad de naranja muy jugosa y dulce. adj/s.f.

naveta (Del cat. *naveta*.)
1 Recipiente con forma ovalada, semejante a una nave pequeña, usado para guardar incienso en las ceremonias de algunos cultos religiosos. s.f. RELIGIÓN
2 Cajón de un escritorio. = gaveta
3 Monumento funerario megalítico, en forma de nave invertida, característico de la cultura balear prehistórica. HISTORIA

navicert Permiso de navegación concedido a un barco mercante por un país en guerra. s.m. NÁUTICA

navícula (Derivado de *nave*.) Alga microscópica, abundante en aguas tanto dulces como marinas, que tiene un caparazón en forma de navecilla. s.f. BOTÁNICA

navicular
1 Que tiene forma abarquillada o de nave: *es una planta de hojas naviculares.* adj.
2 Se aplica a ciertas fosas o depresiones de los huesos. ANATOMÍA
3 Se refiere al hueso escafoides de la mano o del pie. adj/s./ANATOMÍA

naviculario Propietario o capitán de un buque mercante romano. s.m. HISTORIA

navidad (Abreviación de *natividad*.)
1 Fiesta conmemorativa del nacimiento de Jesucristo y día en que se celebra: *el 25 de diciembre es el día de navidad.* s.f. RELIGIÓN = natividad
2 Tiempo inmediato al día de navidad: *el incentivo se pagará por navidad; iré a verte en navidades.*
3 Edad de una persona: *tengo ya muchas navidades.* coloquial

navideño, a De las navidades: *lo que más me gusta de las fiestas navideñas es la reunión familiar.* adj.

naviero, a
1 Que tiene relación con naves o con la navegación: *en esta compañía naviera disponen de numerosos buques mercantes.* adj. NÁUTICA = naval
2 Persona o entidad propietaria de un navío: *el naviero tuvo que ceder la explotación del buque por cuestiones económicas.* s. NÁUTICA
3 Persona que avitualla un barco mercante. NÁUTICA

navío (Del lat. *navigium*.)
1 Embarcación de grandes dimensiones, con más de una cubierta. — *s.m. NÁUTICA*
2 Barco de guerra de tres palos y velas cuadradas, con dos o tres cubiertas provistas de baterías de cañones. — *s.m. NÁUTICA, MILITAR*
3 navío de alto bordo: El que tiene muy altos los costados, desde la línea de flotación a las bordas. — *NÁUTICA*
4 navío de aviso: Buque de guerra ligero y de vapor para llevar órdenes, pliegos u otros documentos. — *MILITAR, NÁUTICA*
5 navío de línea: El que puede combatir con otros en formaciones de escuadra. — *MILITAR, NÁUTICA*
6 navío de transporte o de carga: El que sólo sirve para transportar mercancías, tropas, municiones o víveres. — *NÁUTICA*
7 navío mercante, mercantil o particular: El que se usa para transportar mercancías de un puerto a otro. — *NÁUTICA*

náyade (Del lat. *naias, naiadis < gr. naias*.) Ninfa de los ríos y las fuentes, en la mitología grecolatina. — *s.f. MITOLOGÍA*

nayuribe Planta amarantácea de tallos ramosos, hojas opuestas y flores moradas en espigas, cuyas cenizas se emplean en tintorería para teñir de rojo. — *s.f. BOTÁNICA*

nazarenas Lloronas, espuelas grandes usadas por los gauchos para montar a caballo. — *s.f.pl./Argent. EQUITACIÓN*

nazareno, a
1 De Nazaret, ciudad de Israel. — *adj.*
2 Persona natural de esta ciudad. — *s.*
3 Se aplica al hebreo que se consagraba al culto de la divinidad. — *adj/s. RELIGIÓN*
4 Que profesa el cristianismo. — *RELIGIÓN*
5 Se refiere a las procesiones de semana santa con túnica morada. — *adj/s.m. RELIGIÓN*
6 Penitente que en las procesiones de semana santa lleva túnica generalmente morada y un capirote. — *s.m. RELIGIÓN*
7 Planta arbórea de gran tamaño, de la familia de las cesalpiniáceas, y cuya madera produce un tinte amarillo muy persistente. — *BOTÁNICA*
8 el Nazareno: Jesucristo, por antonomasia. — *RELIGIÓN*
9 hecho un nazareno: Afligido o muy herido: *está hecho un nazareno desde que se enteró de la desgracia; se cayó de la bici y llegó a casa hecho un nazareno.* — *coloquial*

nazarí (De Yusuf Ben *Nazar*, rey granadino.)
1 De este rey granadino del siglo XIII o de su linaje: *arte nazarí.* — *adj./HISTORIA = nazarita*
2 Persona que descendía de este rey granadino del siglo XIII. — *s.m.f. HISTORIA*

nazi
1 Del nazismo o nacionalsocialismo. — *adj.*
2 Que es partidario del nacionalsocialismo. — *adj/s.m.f.*
3 Persona que tiene actitudes racistas y totalitarias. — *s.m.f.*

nazismo Doctrina política, económica y social que defendía una concepción totalitaria del estado, la intervención estatal en la economía y el poder absoluto de un jefe, de carácter ultranacionalista y expansionista, que propugnaba la superioridad racial alemana y el desprecio y aniquilamiento de otros pueblos considerados inferiores, como el judío y el gitano. — *s.m. HISTORIA, POLÍTICA = nacional-socialismo*

n.b. (Abreviatura de *nota bene.*) Llamada o anotación en un texto usada para hacer una observación complementaria del contenido. — *s.f.*

neandertal Uno de los tipos humanos prehistóricos: *hombre de neandertal.* — *s.m. tb: neanderthal*

neandertalense Del tipo humano de neandertal. — *adj.*

neandertaloide Que tiene caracteres semejantes al tipo humano de neandertal. — *adj.*

neánico, a Se aplica al período que corresponde a la adolescencia en el ciclo de la vida de una persona. — *adj. BIOLOGÍA*

neantropo, a Se aplica a una forma de homínido que comprende diversas subespecies humanas prehistóricas, muy semejantes a la actual. — *adj/s.m. tb: neoantropo*

nearca
1 Jefe o comandante de una armada griega. — *s.m./HISTORIA*
2 Comandante de un buque romano. — *HISTORIA*

nébeda (Del lat. *nepeta*.) Planta labiada de olor y sabor parecido a la menta, que se cultiva como ornamental y se usa en medicina popular. — *s.f. BOTÁNICA = calaminta*

nebel (Del gr. *nabla*.) Nabla, instrumento musical parecido a la lira, de origen asirio. — *s.m. MÚSICA*

nebí Neblí, variedad de halcón común, originario del norte europeo. — *s.m./pl.tb: nebíes ZOOLOGÍA*

nebladura
1 Daño que causa la niebla en las plantas y en los sembrados. — *s.f. AGRICULTURA*
2 Enfermedad del ganado lanar, que consiste en el aturdimiento de estos animales producido por el alojamiento en su cerebro de larvas del cenuro o tenia. — *VETERINARIA = modorra*

neblí (Del lat. vulgar *nibulus*.) Variedad de halcón, de plumaje pardo azulado en el dorso, claro con manchas en el vientre y pardo en la cola que termina en — *s.m. pl.tb: neblíes ZOOLOGÍA*

una banda negra, que fue muy utilizada en cetrería y es originaria del norte europeo. — *tb: nebí*

neblina
1 Niebla poco espesa y baja: *la neblina dificulta la conducción al reducir la visibilidad.* — *s.f. = bruma*
2 Enturbiamiento de la atmósfera provocado generalmente por la contaminación: *al llegar a la zona industrial, una neblina maloliente enrarecía el aire.* — *= smog*
3 Cualquier cosa que impide o dificulta la visión o comprensión: *su explicación no me sirvió de nada sino que fue una neblina más.*

neblinear Lloviznar, caer lluvia poco abundante. — *v.intr./Chile*

neblinoso, a Se aplica al día o a la atmósfera que tiene niebla o neblina: *ten precaución porque es una zona neblinosa.* — *adj. = brumoso*

nebral Terreno poblado de enebros. — *s.m./tb: enebral*

nebreda Nebral, terreno poblado de enebros. — *s.f./= enebral*

nebrina Fruto del enebro: *la nebrina es esférica y de color negro azulado.* — *s.f./BOTÁNICA tb: enebrina*

nébula (Del lat. *nebula*, niebla.) Opacidad de la córnea del ojo. — *s.f. MEDICINA*

nebular (Del lat. *nebula*, niebla.) De las nebulosas: *la composición nebular es básicamente de polvo y gases.* — *adj. ASTRONOMÍA*

nebulización Acción y resultado de nebulizar: *la nebulización del insecticida le alcanzó los ojos y le causó una grave irritación.* — *s.f.*

nebulizador, a
1 Que nebuliza o esparce un líquido. — *adj.*
2 Aparato que sirve para pulverizar o nebulizar líquidos: *el medicamento se aplica mediante un nebulizador.* — *s.m.*

nebulizar Esparcir un líquido en forma de finísimas partículas. — *v.tr. conj: cazar*

nebulosa (Del lat. *nebula*, niebla.) Materia cósmica difusa y luminosa, muy extensa, formada por polvo y gas: *las nebulosas galácticas se encuentran en la Vía Láctea.* — *s.f. ASTRONOMÍA*

nebulosidad
1 Circunstancia de estar un espacio oscurecido por nubes o por niebla: *recomiendan no circular hoy por la alta nebulosidad de la atmósfera.* — *s.f. = brumosidad*
2 Carácter de lo que es difícil de comprender o ver con claridad: *no acabo de entender el poema debido a la nebulosidad del autor.* — *= oscuridad*
3 Pequeña oscuridad: *se sentó en una nebulosidad del bosque a reflexionar.* — *= penumbra*

nebuloso, a
1 Que está cubierto de nubes o de niebla: *el día ha amanecido nebuloso y húmedo; coge el paraguas, el cielo está muy nebuloso.* — *adj. = neblinoso, nublado*
2 Que está oscuro: *no sé cómo puedes leer en esta sala tan nebulosa.* — *= turbio*
3 Que es difícil de comprender: *me contó un nebuloso galimatías de celos y venganzas.* — *= confuso*
4 Que es sombrío o tétrico: *no me acercaré a esa casa, me resulta nebulosa e inhóspita.* — *= tenebroso*

necátor Gusano parásito del intestino humano que produce anemia. — *s.m. ZOOLOGÍA*

necear
1 Hacer o decir necedades. — *v.intr.*
2 Sostener una opinión o una idea con obstinación o terquedad. — *= porfiar*

necedad
1 Falta de inteligencia y de acierto en las acciones o en las palabras: *ha sido una necedad decírselo ahora.* — *s.f. = estupidez*
2 Acción o palabras insignificantes o de poco valor: *no tengas en cuenta sus palabras, lo que te ha dicho es una necedad.* — *= tontería*

necesario, a (Del lat. *necessarius*.)
1 Que es indispensable para que suceda una cosa o para un fin: *es necesario que vengas para firmar el documento; el agua es necesaria para la vida.* — *adj./= imprescindible, preciso ≠ superfluo*
2 Que no puede dejar de ser o de suceder: *la muerte es el fin necesario de todo ser vivo.* — *= inevitable, fatal, forzoso*
3 Que es conveniente para una persona o una cosa: *dado tu trabajo, me parece necesario que hagas ejercicio.*
4 hacerse necesario: Resultar imprescindible para el buen funcionamiento o consecución de una cosa: *su conocimiento de los intríngulis de la empresa era tal que se hizo necesario muy rápidamente.*

neceser (Del fr. *nécessaire*, necesario.)
1 Estuche o bolsa para guardar los objetos de tocador o de costura: *siempre lleva en el bolso un neceser con cosméticos para retocar su maquillaje.* — *s.m.*
2 Bolso pequeño de viaje para guardar los útiles de aseo: *el neceser va a juego con la maleta y el portatrajes.*

necesidad (Del lat. *necessitas, -atis*.)
1 Cualquier cosa que resulta indispensable para que algo suceda, exista o para un fin: *tengo la necesidad de ir a la reunión para solucionar este asunto.* — *s.f. = obligación*

2 Cualquier cosa de la que no se puede prescindir o de la que no puede uno evadirse: *la asistencia al curso es una necesidad de la asignatura.* — = exigencia, requisito

3 Falta de las cosas que son imprescindibles para vivir: *pide limosna por necesidad.* — = pobreza ≠ opulencia

4 Situación de riesgo o de peligro en que se necesita ayuda: *acudió a sus padres para que le ayudaran en aquella necesidad.* — = aprieto, apuro

5 Evacuación de orina o de excrementos: *el niño ya ha aprendido a hacer sus necesidades en el váter.* — s.f.pl.

6 Hambre intensa: *me voy a comer porque tengo mucha necesidad.* — s.f.

7 Deseo o carencia de un bien o de un servicio. — ECONOMÍA

8 necesidad de medio: Precisión absoluta de una cosa sin la cual no se puede conseguir la salvación. — TEOLOGÍA

9 necesidad de precepto: Obligación fundada en la ley eclesiástica cuyo cumplimiento no es indispensable para la salvación del alma. — RELIGIÓN

10 necesidad extrema: Estado de quien padece tal carencia que corre riesgo de perder la vida.

11 necesidad grave: Estado de quien corre el riesgo de perder la vida eterna. — TEOLOGÍA

12 necesidad mayor: Evacuación de excrementos.

13 necesidad menor: Evacuación de orina.

14 de necesidad: Sin que se pueda evitar o remediar: *recibió una cornada mortal de necesidad.* — loc.adv.

15 de primera necesidad: Se aplica a las cosas de las que no se puede prescindir: *los alimentos son artículos de primera necesidad.* — loc.adj.

16 obedecer a la necesidad: Actuar del modo que exigen las circunstancias.

17 por necesidad: Por un motivo justificado: *tuvo que aceptar el trabajo por necesidad.* — loc.adv.

18 sin necesidad de: Sin llegar al extremo o al último recurso: *llegaremos a tiempo de todos modos, sin necesidad de que corras tanto.*

19 tener necesidad: Precisar de una cosa imprescindible: *los cristales tienen necesidad de limpiarse.*

necesitado, a
1 Se aplica a la persona que no tiene lo necesario para vivir: *siempre que puede, ayuda a los necesitados.* — adj./s. = pobre
2 Que tiene necesidad de una cosa para desarrollarse o para desarrollar una actividad: *es un niño necesitado de cariño; el hospital está necesitado de material y de personal.* — adj. = falto

necesitar
1 Tener una persona un animal o una cosa necesidad de lo que se expresa: *necesita tiempo para adaptarse a la situación; nos llamaron porque necesitaban de nuestros servicios; este trabajo necesita concentración.* — v.tr/intr. = precisar, requerir
2 se necesita una cosa para: Expresión que intensifica lo que se dice: *se necesitan ganas para ir al cine con este chaparrón; se necesita ser tonto para creer lo que dice.* — coloquial

necio, a (Del lat. *nescius*.)
1 Ignorante, que desconoce lo que debería saber: *se burlaron de él porque es un necio.* — adj./s. = tonto
2 Que es obstinado sin razón: *es un necio incapaz de reconocer que se equivoca.* — = terco
3 Que se basa con ignorancia u obstinación: *tu necia respuesta sólo agrava el problema.* — adj. = imprudente

nécora Cangrejo de mar de la familia de los portúnidos, de cuerpo liso y muy convexo, cuya carne es muy apreciada en gastronomía. *(Portunus puber.)* — s.f. ZOOLOGÍA

necro- Componente de palabra procedente del gr. *nekros*, que significa muerto: *necrofilia*. — pref.

necrobiosis Proceso de descomposición localizado que se produce lentamente en el espesor de un tejido rodeado de otros que mantienen su actividad vital. — s.f. pl: necrobiosis MEDICINA

necrobiótico, a De la necrobiosis, o que padece este proceso de descomposición. — adj. MEDICINA

necrofagia (Del gr. *nekros*, muerto + *phago*, comer.) Acción de comer cadáveres o carroña. — s.f.

necrófago, a Se aplica al animal que se alimenta de cadáveres: *el buitre es un ave necrófaga.* — adj./BIOLOGÍA = carroñero

necrofilia (Del gr. *nekros*, muerto + *philos*, amigo.)
1 Afición a todo lo relacionado con la muerte. — s.f.
2 Atracción sexual por las personas muertas. — SIQUIATRÍA

necrófilo, a
1 De la necrofilia. — adj.
2 Que padece necrofilia o atracción sexual por las personas muertas. — adj./s. SIQUIATRÍA

necrofobia (Del gr. *nekros*, muerto + *phobos*, miedo.) Temor morboso y patológico a los muertos y a todo lo que tenga que ver con la muerte. — s.f. SICOLOGÍA

necróforo, a (Del gr. *nekros*, muerto + *phoros*, que lleva.) Se aplica al insecto que entierra los cadáveres de los animales en los que ha puesto sus huevos. — adj./s. ZOOLOGÍA

necrolatría (Del gr. *nekros*, muerto + *latrevo*, adorar.) Culto y adoración a los muertos. — s.f. RELIGIÓN

necrología (Del gr. *nekros*, muerto + *logos*, ciencia.)
1 Biografía en la que se relatan hechos notables de una persona fallecida hace poco tiempo. — s.f. = obituario

2 Lista o relación de personas muertas: *descubrió la muerte de su profesor en la necrología del diario.* — = necrologio

necrológico, a De la necrología. — adj.

necrologio Relación de personas muertas durante un determinado período de tiempo en una comunidad. — s.m. = necrología

necromancia (Del gr. *nekromanteia*.) Adivinación por medio de la evocación de los muertos: *la pitonisa practica la necromancia, el tarot y otras artes adivinatorias.* — s.f./OCULTISMO tb: necromancia = nigromancia

necrópolis (Del gr. *nekros*, muerto + *polis*, ciudad.) Antiguo cementerio de gran extensión en el que abundan los monumentos funerarios: *con las excavaciones se descubrió una necrópolis romana.* — s.f. pl: necrópolis HISTORIA

necropsia (Del gr. *nekros*, muerto + *opsis*, visión.) Examen del interior de un cadáver: *la causa de la muerte se descubrió en la necropsia.* — s.f./MEDICINA = autopsia, necroscopia

necrosar Producir o sufrir una necrosis o destrucción de las células vivas de un organismo. — v.tr. BIOLOGÍA

necroscopia (Del gr. *nekros*, muerto + *skopeo*, observar.) Autopsia, éxamen de un cadáver para averiguar las causas de su muerte. — s.f. MEDICINA = necropsia

necroscópico, a De la necroscopia: *el examen necroscópico reveló que había sido envenenado.* — adj. MEDICINA

necrosis (Del gr. *nekros*, muerto + *osis*, enfermedad crónica.)
1 Proceso físico-químico que destruye las células de un tejido orgánico. — s.f./pl: necrosis BIOLOGÍA
2 Muerte de una zona, tejido u órgano del cuerpo humano. — MEDICINA

néctar (Del lat. *nectar* > gr. *nektar*.)
1 Jugo azucarado que producen algunos órganos de las flores, y que chupan o liban ciertos insectos: *las abejas chupan el néctar de las flores para fabricar la miel.* — s.m. BOTÁNICA
2 Bebida de los dioses griegos que confería la inmortalidad a quienes los tomaban. — MITOLOGÍA
3 Bebida dulce y suave: *le encanta el néctar de piña.*

nectáreo, a Que destila néctar o sabe a él. — adj.

nectarina Variedad de melocotón de piel lisa y carne no adherida al hueso: *la nectarina se obtiene del injerto del ciruelo y del melocotonero.* — s.f. AGRICULTURA

nectarino, a Que destila néctar. — adj./= nectáreo

nectario Órgano de las flores de ciertas plantas que segrega un jugo azucarado: *los espolones de las orquídeas son nectarios.* — s.m. BOTÁNICA

necton Conjunto de animales dotados de los órganos necesarios para poder moverse por su propio impulso a través del agua, en oposición a plancton, que lo hace ayudado de las corrientes marinas. — s.m. BIOLOGÍA

neerlandés, a
1 De Países Bajos, país europeo, y de su lengua. — adj.
2 Persona natural de este país europeo. — s.
3 Lengua germánica, de la familia indoeuropea, que se habla en este país y el norte de Bélgica. — s.m. LINGÜÍSTICA

nefandario, a Se aplica a la persona que comete pecado nefando. — adj. culto

nefando, a (Del lat. *nefandus*.) Que no puede ser referido por considerarse cruel o inmoral: *cometió los más nefandos crímenes.* — adj. = abominable

nefario, a (Del lat. *nefarius*, malvado.) Que es malvado o perverso. — adj.

nefas (Del lat. *fas atque nefas*, lo lícito y lo ilícito.) Se usa en la expresión **por fas o por nefas** para indicar que una cosa sucede por una cosa o por otra: *si por fas o por nefas no podéis venir, llamad primero.* — loc.adv.

nefasto, a
1 Que causa desgracia o va acompañado de ella: *día nefasto; la tormenta tuvo unos efectos nefastos.* — adj. = desastroso
2 Se aplica a la persona o la cosa que es de muy mala calidad: *es un político nefasto.* — = impresentable

nefel- Componente de palabra que procede del gr. *nephele*, que significa nube: *nefelometría.* — pref. tb: nefelo-

nefelibata Se aplica a la persona que es en extremo soñadora y fantasiosa. — adj/s.m.f. ≠ realista

nefelina Mineral, silicato de potasio y sodio, de color blanco o gris, muy abundante en la naturaleza. — s.f. MINERALOGÍA

nefelio Pequeña mancha blanquecina de la córnea del ojo. — s.m. MEDICINA

nefelismo (Del gr. *nephele*, nube.) Conjunto de características que presentan las nubes: *la altura y la forma condicionan el nefelismo.* — s.m.

nefelometría Procedimiento de análisis químico y bacteriológico de los líquidos y de las partículas en suspensión. — s.f. FÍSICA, QUÍMICA

nefelómetro (Del gr. *nephele*, nube + *metron*, medida.) Instrumento para medir la turbiedad de un líquido o la concentración y tamaño de las partículas que — s.m. FÍSICA, QUÍMICA lleva en suspensión por medio de la luz que difunden en un tubo.

nefo- Componente de palabra que procede del gr. *nephos*, que significa nube: *nefoscopio*.   pref. = nefel

nefoscopio Aparato que se emplea para determinar la dirección y la velocidad de las nubes.   s.m. FÍSICA

nefrectomía (Del gr. *nephros*, riñón + *tomos*, división.) Operación quirúrgica consistente en extirpar un riñón.   s.f. MEDICINA

nefridio Órgano excretor de los animales invertebrados que realiza funciones similares a las del riñón.   s.m. ZOOLOGÍA

nefrita Mineral de color verde, traslúcido, de la clase de los silicatos, apreciado por su valor ornamental y al que se le atribuían poderes curativos de enfermedades renales.   s.f. MINERALOGÍA

nefrítico, a
1 Del riñón: *tuvo que ser llevado al hospital debido a un cólico nefrítico*.   adj./ANATOMÍA = renal
2 Que padece nefritis.   adj/s./MEDICINA
3 Se aplica al palo o madera del ben, árbol tropical, que tomada en infusión se emplea contra las enfermedades de las vías urinarias.   adj.
4 Se refiere a la piedra de jade a la que se atribuían poderes curativos para el mal del riñón.   adj.

nefritis (Del bajo lat. *nephritis* < gr. *nephritis*.) Inflamación de los riñones: *la presencia de albúmina en la orina es uno de los síntomas de la nefritis*.   s.f. pl: nefritis MEDICINA

nefro- Componente de palabra procedente del gr. *nephros*, que significa riñón: *nefrología*.   pref. tb: nefr-

nefrología (Del gr. *nephros*, riñón + *logos*, ciencia.) Parte de la medicina que estudia el riñón y sus enfermedades.   s.f. MEDICINA

nefrológico, a De la nefrología.   adj./MEDICINA

nefrólogo, a Médico especialista de los riñones: *un experto nefrólogo realizó el trasplante de riñón*.   s. MEDICINA

nefrón Unidad funcional del riñón compuesta de glomérulos y tubos.   s.m. MEDICINA

nefropatía (Del gr. *nephros*, riñón + *pathos*, enfermedad.) Denominación genérica de las enfermedades de los riñones.   s.f. MEDICINA

nefropexia Fijación quirúrgica del riñón en caso de un descenso o caída del mismo.   s.f. MEDICINA

nefrosclerosis Estado terminal de un proceso de degeneración renal crónica.   s.f./pl: nefrosclerosis MEDICINA

nefrosis (Del gr. *nephros*, riñón + *osis*, enfermedad no inflamatoria.) Enfermedad crónica del riñón de carácter no inflamatorio.   s.f. pl: nefrosis MEDICINA

nefrostomía Abertura quirúrgica del riñón o de la pelvis renal.   s.f. MEDICINA

nefrótico, a
1 De la nefrosis.   adj./MEDICINA
2 Que padece nefrosis.   adj/s./MEDICINA

negable Que puede ser negado, refutado o denegado: *opino que se trata de una hipótesis negable*.   adj. ≠ innegable

negación
1 Acción de declarar falsa una cosa: *el acusado insistió en la negación de la declaración del testigo*.   s.f./negativa ≠ afirmación
2 Prohibición o no concesión de lo que se pide: *la respuesta a la petición de aplazamiento ha sido una negación*.   = denegación, negativa ≠ autorización
3 Falta absoluta de una cosa: *es la negación de la amabilidad*.   = carencia
4 Palabra o partícula gramatical con la que se expresan la inexistencia, la falsedad, la falta de reconocimiento, la no concesión, la prohibición o la carencia de una cosa: *la palabra "no" es un adverbio de negación*.   GRAMÁTICA
5 Torpeza o ausencia de la habilidad suficiente para hacer algo: *no es capaz de reconocer su negación para las matemáticas*.   = nulidad

negado, a
1 Que es torpe o inepto en una actividad determinada: *tu amigo es un negado para el baile*.   adj/s./= inútil ≠ apto, válido
2 Se aplica al primitivo cristiano que renegaba de la fe.   RELIGIÓN

negador, a Que niega o refuta lo que se afirma, supone o pregunta.   adj/s. = negante

negar (Del lat. *negare*.)
1 Decir que una afirmación, un supuesto o una pregunta no son ciertos: *no puede negar que lo dijo porque yo lo oí; ¿no me negarán que es un hombre muy atractivo?*   v.tr. conj: regar = desmentir ≠ afirmar, asentir
2 Decir una persona que no admite o no reconoce la existencia de una cosa: *niega la existencia de Dios porque es ateo*.
3 Decir una persona que no concede una cosa que se le pide.   = denegar
4 Prohibir o impedir una cosa: *han negado el acceso al recinto sin la debida acreditación*.   = vedar ≠ facilitar

5 Rechazar lo que antes se estima: *llegó a negar a su propio hijo debido a su indigno comportamiento*.   = renegar
6 Afirmar que el reo no es culpable del delito que se le imputa: *negó ser el autor de los hechos*.   DERECHO
7 Rechazar o despreciar una cosa: *me ofendí porque me negó la invitación*.   = rehusar ≠ aceptar
8 Disminuir u ocultar una cosa.
9 No querer hacer una cosa: *se negó a casarse con el hombre más rico que conozco*.   v.prnl. + a
10 **negarse una persona a sí mismo**: Renunciar a sus deseos para seguir de cerca la doctrina del evangelio.   RELIGIÓN
11 **negarse en redondo o de plano**: Rechazar una cosa con rotundidad: *se negó en redondo a venir tan temprano*.

negativa
1 Acción de negar: *no comprendo su rotunda negativa a colaborar*.   s.f. = negación
2 No concesión de lo que se pide: *ante mi petición de ayuda, me contestó con una negativa*.   = rechazo

negatividad
1 Cualidad de negativo: *no veas el futuro con tanta negatividad que todo se arregla*.   s.f.
2 Condición de un cuerpo con átomos cargados de electrones.   FÍSICA

negativismo
1 Carácter poco optimista: *tu negativismo no soluciona los problemas sino que los agrava*.   s.m. = pesimismo
2 Comportamiento patológico típico de algunas formas de esquizofrenia, que se caracteriza por mantener actitudes contrarias a las que cabría esperar después de un determinado estímulo.   SIQUIATRÍA

negativista Que presenta negativismo: *él solo se martiriza con esa actitud negativista*.   adj/s.m.f.

negativo, a
1 Que constituye, expresa o implica negación: *su respuesta a la pregunta fue negativa*.   adj./≠ afirmativo, positivo
2 Que es perjudicial o poco favorable: *el resultado de la experiencia ha sido negativo en general*.   = adverso ≠ positivo
3 Se aplica a la persona que siempre piensa en lo peor: *no seas negativo, seguro que no le ha ocurrido nada*.   = pesimista ≠ optimista
4 Que no da el resultado esperado o no contiene lo que se busca: *el test de embarazo dio negativo*.
5 Se aplica a la cantidad o al número que es menor de cero.   MATEMÁTICAS
6 Se refiere a la imagen gráfica que tiene invertidos los claros y oscuros: *préstame el negativo de la foto para hacer una ampliación*.   adj/s.m. FOTOGRAFÍA = cliché
7 Se aplica a la carga eléctrica del electrón.   adj./FÍSICA
8 Se refiere al reo o acusado que no confiesa el delito o niega lo que se le pregunta.   DERECHO
9 Se aplica a la partícula, al término o a la locución que sirve para negar.   GRAMÁTICA
10 Se refiere a la electricidad estática que generan algunos materiales, como el plástico, cuando son frotados.   adj.f. ELECTRICIDAD

negatón Electrón ordinario, partícula elemental de carga negativa.   s.m./FÍSICA ≠ positrón

negatoscopio Pantalla luminosa formada por un cristal esmerilado y alumbrado por detrás, sobre el cual se colocan radiografías u otros clichés para observarlos por transparencia.   s.m.

negligé (Voz francesa.)
1 Descuidado o desarreglado aunque con cierta elegancia o intención: *es un corte de pelo negligé*.   adj.
2 Prenda femenina algo atrevida que se usa para estar en casa.   s.m.

negligencia
1 Acción propia de una persona poco cuidadosa o descuidada: *olvidar el cheque ha sido una negligencia imperdonable*.   s.f. = descuido
2 Modo de ser o de comportarse esta persona: *la negligencia de ese chico le ocasionará problemas*.   = dejadez, desinterés

negligente (Del lat. *negligens, -ntis*.)
1 Que no pone el cuidado o el interés suficiente en sus acciones: *le llamaron la atención por ser negligente en su trabajo*.   adj/s.m.f. = abandonado ≠ diligente
2 Que tiene actitudes o posturas descuidadas: *no seas negligente con tus posturas porque la falda que llevas es muy corta*.   = descuidado

negligir (Del lat. *negligere*, descuidar.) Desatender o descuidar las obligaciones o los actos en general: *últimamente neglige a sus hijos debido a su profunda depresión*.   v.tr.

negociabilidad Posibilidad de que una cosa sea negociada: *los últimos sucesos ponen en duda la negociabilidad del acuerdo*.   s.f.

negociable
1 Que puede ser comprado o vendido: *valor negociable en bolsa*.   adj. ECONOMÍA
2 Que puede ser negociado o discutido: *el horario es negociable pero no el sueldo*.

negociación Acción de negociar, tratar o gestionar un asunto: *en breve se iniciarán las negociaciones laborales; no supo sacar partido de la negociación de sus acciones en bolsa.* — s.f.

negociado, a
1 Que ha sido comprado, vendido o discutido. — adj.
2 Sección de una administración pública que se encarga de un servicio determinado. — s.m.
3 Negocio de importancia, ilícito y escandaloso. — *Amér. Merid.*

negociador, a
1 Que negocia: *la mesa negociadora se reunió ayer para cerrar el acuerdo.* — adj/s.
2 Que negocia asuntos diplomáticos: *los ministros negociadores mantenían posiciones encontradas.* — POLÍTICA

negociante
1 Que negocia: *mantiene una actitud negociante incluso al acabar su trabajo.* — adj/s.m.f. = comerciante
2 Que se preocupa mucho por ganar dinero: *es negociante incluso con su propia familia.* — = mercantilista
3 Persona que se dedica a los negocios o tiene facilidad para realizarlos: *es un reconocido negociante de productos alimenticios.* — s.m.f. = comerciante

negociar (Del lat. *negotiari.*)
1 Dedicarse a la compra o a la venta de productos para obtener un beneficio a cambio: *mi tío negocia con automóviles.* — v.intr. + con, en = comerciar
2 Hablar una persona con otra para solucionar un asunto: *el sindicato negoció la subida salarial con la patronal.* — v.tr/intr. = tratar
3 Hacer gestiones diplomáticas para solucionar un asunto: *el comité internacional negoció la retirada de las tropas.*
4 Hacer una operación con un valor bancario o bursátil: *negoció las letras de cambio.* — ECONOMÍA

negocio (Del lat. *negotium,* ocupación.)
1 Operación o transacción comercial con la que se espera obtener un beneficio: *tiene grandes ideas pero sus negocios siempre fracasan.* — s.m. COMERCIO
2 Utilidad o provecho obtenido en una transacción comercial o de otra clase: *hiciste un negocio comprando ese coche.* — = ganancia
3 Local donde se negocia o comercia: *el negocio está en una céntrica zona.* — COMERCIO = tienda
4 Cualquier ocupación, empleo o trabajo: *eso no es negocio tuyo.* — = asunto
5 Tienda o casa de negocios donde se vende o compra. — *Argent., Chile*
6 **negocio de mal digestión:** El que es difícil o costoso.
7 **negocio jurídico:** Acto de una o más voluntades que pretende un efecto jurídico renocido por la ley. — DERECHO
8 **negocio redondo:** El que resulta muy ventajoso y del modo deseado: *su actividad está resultando un negocio redondo.*
9 **negocio sucio:** El que se desarrolla fuera de los límites de la legalidad: *no quiso participar ya que se trataba de un negocio sucio.*
10 **desempatar un negocio:** Ponerlo a flote solucionando los problemas que tenía.
11 **evacuar un negocio:** Finalizarlo, salir de él.
12 **hacer una persona su negocio:** 1. Sacar el máximo provecho posible pensando únicamente en el propio interés. 2. Manejar asuntos de otro en beneficio propio.

negocioso, a Que cuida de sus asuntos con diligencia y prontitud. — adj.

negrada Conjunto de esclavos negros que constituía la dotación de una finca. — s.f./*Cuba* HISTORIA

negral
1 Que tira a negro. — adj./= negrestino
2 Mancha negruzca o amarillenta que sale en la piel debido a un golpe u otra causa: *me ha salido un negral en la pierna por la caída.* — s.m. = cardenal, moradura
3 Se aplica a una variedad del pino y del roble que crecen a gran altura. — adj. BOTÁNICA

negrear
1 Mostrar una cosa el color negro. — v.intr.
2 Tomar una cosa un color negruzco: *deberías ir al médico porque el golpe empieza a negrear.*

negrecer Ponerse una cosa de color negro o muy oscuro: *aquel día el cielo empezó a negrecer a las nueve de la noche.* — v.intr/prnl. conj: *carecer* = ennegrecer

negrería Conjunto de esclavos de piel negra que trabajaban en una hacienda. — s.f. HISTORIA

negrero, a
1 Que se dedica a la trata o comercio de personas de piel negra. — adj/s. HISTORIA
2 Se aplica a la persona que se comporta de modo cruel con sus subordinados o los explota: *es un negrero que quiere ver a sus trabajadores exhaustos.* — coloquial

negrestino, a Que tira a negro. — adj./= negral

negreta Ave palmípeda que vive en las orillas del mar, de color negro el macho y pardo la hembra. — s.f./ZOOLOGÍA = negrón

negrilla
1 Congrio, pez anguiliforme que tiene el lomo oscuro. — s.f./ ZOOLOGÍA
2 Hongo microscópico con el talo formado por filamentos ramificados, que vive en las hojas de algunas plantas. *(Alternaria, Apiosporium y Caprodium.)* — MICOLOGÍA
3 Enfermedad producida por este hongo, que ataca a plantas como la vid, el olivo y el sauce. — BOTÁNICA = negrón
4 Tipo de letra de trazo muy grueso: *se veía muy bien porque estaba escrito en negrilla.* — ARTES GRÁFICAS tb: negrita

negrillera Terreno poblado de olmos. — s.f./BOTÁNICA

negrillo Olmo, árbol de excelente madera que puede crecer de manera espontánea o en plantaciones. — s.m. BOTÁNICA

negrita Tipo de letra muy gruesa que resalta en el texto: *los títulos de los párrafos tienen que ir en negrita.* — s.f. ARTES GRÁFICAS

negrito, a
1 Se aplica a un grupo étnico semejante a los pigmeos, que habitan en el archipiélago filipino. — adj.
2 Persona que pertenece a este grupo. — s.
3 Ave paseriforme de la familia de los tiránidos, de color negro con el dorso castaño, cuyas hembras son pardogrisáceas, con el dorso rojizo. *(Lessonia rufa.)* — s.m. *Cuba* ZOOLOGÍA

negritud
1 Carácter de las costumbres, tradiciones y cultura propias de la raza negra. — s.f. SOCIOLOGÍA
2 Movimiento social e intelectual surgido entre la población negra como respuesta a las actitudes racistas de los blancos. — SOCIOLOGÍA
3 Movimiento cultural y literario en lengua francesa, surgido en los años veinte, anticolonialista, inspirado en el marxismo y el surrealismo. — LITERATURA, POLÍTICA

negrizco, a Que es moreno o tiende al color negro. — adj./= negruzco

negro, a (Del lat. *niger, nigra, nigrum.*)
1 Se aplica al color acromático que se atribuye a objetos opacos absorbentes, que resulta de la ausencia de los colores del espectro solar: *el color negro es el más oscuro de todos; en nuestra cultura el luto se simboliza con el negro.* — adj/s.m. ≠ blanco
2 De este color: *prefiero usar tinta negra y no azul.* — adj.
3 Que es más oscuro que otro de la misma clase: *esas nubes negras amenazan lluvia.* — adj. ≠ claro
4 Se refiere a las personas de una raza que se caracterizan por tener la piel de color negro o muy oscura: *los negros han sido víctimas de la esclavitud.* — adj/s.
5 De esta raza: *es un enamorado de la cultura negra norteamericana.* — adj.
6 Que es muy difícil, triste o pesimista: *no veas tan negro el futuro, las cosas pueden arreglarse; hoy he tenido un día negro, todo me ha salido mal.* — = adverso, desgraciado
7 Que está sucio: *esa chaqueta blanca está negra después del partido que has jugado.* — = mugriento ≠ limpio
8 Que está muy moreno por el Sol: *los niños se pusieron negros jugando todo el día en la playa.* — = tostado
9 Que está irritado o enfadado: *estoy negro de aguantar sus impertinencias.* — = colérico, exasperado
10 Se aplica al género literario o cinematográfico de tema policial y violento: *es aficionado a la novela negra.* — CINE, LITERATURA
11 Se refiere al tabaco de sabor y olor fuertes: *no gracias, sólo fumo negro.* — adj/s.m.
12 Se aplica a las actividades y ritos relacionados con el demonio o con el mal. — adj. OCULTISMO
13 Que no está legalizado: *la nueva ley prohíbe el trabajo negro.* — = ilegal
14 Se aplica a la nota que tiene el valor de dos corcheas, cuatro semicorcheas, la mitad de una blanca, un cuarto de redonda y otras. — adj/s.f. MÚSICA
15 Persona que realiza trabajos, sobre todo literarios o periodísticos, para otras que se atribuyen la autoría. — s.
16 Tratamiento afectuoso que se intercambian entre personas de mucha confianza.
17 **negro de la uña:** 1. Parte extrema de la uña cuando está muy sucia. 2. Lo mínimo, parte más pequeña de una cosa: *le faltó el negro de una uña para decir todo lo que pensaba.* — coloquial
18 **en negro:** En blanco y negro, por oposición a lo que tiene varios o todos los colores: *dan una película en negro.* — loc.adj. CINE, FOTOGRAFÍA
19 **estar una persona negra:** Estar enfadado y molesto con una persona o por una cosa: *está negro con la negativa de aumento; es una impertinente, así que está negro con ella.* — coloquial
20 **estar o ponerse negra una cosa:** Tomar mal cariz un asunto: *si el negocio se pone negro, lo dejamos.* — coloquial
21 **no somos negros:** Se usa para recriminar el mal trato o desconsideración de la que se es objeto. — coloquial
22 **pasarlas negras:** Encontrarse en un apuro: *desde que le han despedido, las están pasando negras.* — coloquial
23 **poner o ponerse negro:** Irritar a una persona o molestarla: *me pone negro con tanta pregunta impertinente.* — coloquial

24 tener la negra: Tener mala suerte: *nada, que tengo la negra y ahora me he roto la pierna.*   coloquial

25 trabajar como un negro: Trabajar mucho: *trabaja como un negro de lunes a lunes.*   coloquial

26 verse alguien negro para algo: Encontrar dificultades para hacer una cosa: *nos las vimos negras para subir el sofá por la escalera.*   coloquial

27 ver una cosa negra: Intuir que no se va a desarrollar según lo previsto: *veo negro que ganemos la liga.*   coloquial

negrófilo, a (De *negro* + gr. *philos*, amigo.) Enemigo de la esclavitud y trata de negros.   s. SOCIOLOGÍA

negroide Que tiene alguna propiedad o característica de las poblaciones o las culturas negras.   adj. BIOLOGÍA

negrón
1 Ave anseriforme palmípeda, perteneciente al grupo de los patos buceadores, grande y de color negro o muy oscuro el macho y pardo oscuro la hembra, que vive en las orillas del mar. *(Melanitta.)*   s.m. ZOOLOGÍA = negreta
2 Negrilla, enfermedad de las plantas producida por un hongo.   BOTÁNICA

negroni Bebida alcohólica elaborada con una mezcla de ginebra, vermut y campari.   s.m.

negror Cualidad de negro o muy oscuro: *vio una sombra en el negror del jardín.*   s.m. = negrura

negrura Cualidad de negro: *la negrura del bosque nos dio miedo y retrocedimos.*   s.f. = negror, negregura

negruzco, a De color o de tono negro: *las fachadas están negruzcas por la contaminación.*   adj. = negrizco

neguijón (Del lat. *nigellio, -onis.*) Enfermedad de los dientes que los ennegrece y los carcome.   s.m. MEDICINA

neguilla (Del lat. *nigella.*)
1 Planta cariofilácea, pelosa, de hojas lineales, flores purpúreas y semillas negras tóxicas. *(Agrostemma githago.)*   s.f./BOTÁNICA = neguillón
2 Semilla de esta planta.   BOTÁNICA
3 Planta herbácea ranunculácea, tóxica, de flores azuladas, que crece en las zonas donde se cultivan cereales, en particular el trigo. *(Niguella.)*   BOTÁNICA
4 Mancha negra de la cavidad de los dientes de las caballerías mediante la cual se puede conocer la edad del animal.   VETERINARIA = tintero

neguillón Neguilla, planta de flores purpúreas que abunda en los trigales.   s.m. BOTÁNICA

negundo Árbol parecido al arce pero con hojas opuestas, flores dioicas sin pétalos de origen norteamericano y que se cultiva como adorno en paseos y jardines. *(Acer negundo.)*   s.m. BOTÁNICA

negus (Voz etíope.) Soberano etíope o abisinio.   s.m.

neis (Del alem. *gneis.*) Roca de estructura pizarrosa compuesta de feldespato, cuarzo y mica, que se forma por alteración de rocas ígneas o sedimentarias.   s.m./pl: neis GEOLOGÍA tb: gneis

néisico, a Del neis o que lo contiene en su estructura: *mineral néisico.*   adj./tb: gnéisico GEOLOGÍA

neja Tortilla de maíz que adquiere un color ceniciento por tener demasiada cal.   s.f./Méx. COCINA

nelumbo Planta acuática de gran tamaño, una de cuyas especies era el loto sagrado de algunos pueblos antiguos. *(Nelumbo.)*   s.m. BOTÁNICA tb: nelumbio

nema (Del lat. *nema* < gr. *nema*, hilo de una trama.) Cierre o sello de una carta.   s.f.

nemat- Componente de palabra procedente del gr. *nema, -atos*, que significa hilo, filamento: *nemato-.*   pref.

nematelminto, a Perteneciente a un tipo de gusanos de cuerpo cilíndrico y alargado, no anillado, provistos de tubo digestivo.   adj/s.m. ZOOLOGÍA

nemático, a Se aplica al estado de la materia que permite que las moléculas se dispongan en paralelo entre ellas antes de cristalizar.   adj. FÍSICA

nematócero, a Perteneciente a un suborden de insectos dípteros, de cuerpo esbelto, alas estrechas y largas, patas delgadas y antenas prolongadas, como los mosquitos.   adj/s.m. ZOOLOGÍA

nematocisto Vesícula urticante de los celentéreos.   s.m./ZOOLOGÍA

nematodo, a Perteneciente a una clase de gusanos nematelmintos cuyo aparato digestivo consiste en un tubo recto desde la boca al ano, no poseen aparato respiratorio ni circulatorio y, en general, son parásitos.   adj/s.m. ZOOLOGÍA tb: nematode

neme Betún o asfalto, sustancia de color negro muy impermeable.   s.m. Colomb.

nemertino, a Perteneciente a una clase de gusanos planos, marinos, con tubo digestivo completo, sin aparato respiratorio, carnívoros, y que viven entre las algas o sumergidos en el fango.   adj/s.m. ZOOLOGÍA

némine discrepante (Expresión latina.)
1 Sin contradicción.   loc.adv.
2 Por unanimidad.

nemónico, a Se aplica a la técnica para desarrollar la memoria mediante ejercicios apropiados.   adj. tb: mnemónica

nemoral (Del lat. *nemor, -oris*, bosque.) Que se cría o habita en los bosques.   adj. ECOLOGÍA

nemoroso, a (Del lat. *nemorosus.*)
1 Del bosque.   adj./literario
2 Se aplica al lugar que tiene muchos bosques.   literario

nemotecnia (Del gr. *mnemon*, el que se acuerda + *teknes*, técnica.) Técnica para desarrollar la memoria por medio de reglas de asociación de imágenes y conceptos y otros ejercicios apropiados.   s.f. tb: mnemotecnia = nemotécnica

nemotécnica Nemotecnia, técnica para desarrollar la memoria.   s.f.

nemotécnico, a De la nemotecnia: *practica ejercicios nemotécnicos para prepararse los exámenes.*   adj. tb: mnemotécnico

nene, a (Del romance ant. *ninnus*, de creación expresiva.)
1 Niño o niña de muy poca edad: *los nenes están en el jardín jugando con la arena.*   s. familiar
2 Apelativo cariñoso con el que uno se dirige o refiere a una persona muy querida y de edad igual o menor que la suya: *¡pero, nene, cómo has tardado!*   familiar = chico
3 Hombre muy temido por sus fechorías, cuando se dice de forma irónica.   s.m./coloquial = pájaro

neneque Persona muy débil que no puede valerse por sí misma.   s.m. Hond.

nenia
1 Composición poética que se cantaba en la antigüedad en las exequias de una persona.   s.f. POESÍA
2 Composición que se hace en alabanza de una persona después de su fallecimiento.   POESÍA

nenúfar (Del ár. *nainufar* < persa *nilufar.*) Denominación genérica aplicada a diversas especies de plantas acuáticas ninfeáceas, que se cultivan en los estanques de agua por sus grandes hojas flotantes y sus flores de pétalos blancos, amarillos o rojos. *(Nymphaea y Nuphar.)*   s.f. BOTÁNICA = ninfea
2 Flor de esta planta.   BOTÁNICA

neo Neón, gas noble, incoloro, inodoro e inerte, usado en electricidad.   s.m. QUÍMICA

neo, a
1 Apócope de neocatólico.   adj./RELIGIÓN
2 Persona que defiende como derechos del papa católico algunos que se atribuyen a la potestad civil.   s. RELIGIÓN

neo- Componente de palabra procedente del gr. *neos*, que significa nuevo, reciente: *neofascista.*   pref.

neoático, a
1 Se aplica a los escritores y gramáticos griegos de la época helenística que imitaban a los grandes autores de la época clásica.   adj/s.m. LITERATURA
2 Se refiere a los escritores y oradores latinos que imitaban a los grandes prosistas atenienses.   LITERATURA
3 Se aplica al arte griego que corresponde al último período helenístico.   adj. ARTE

neobabilonio, a
1 Se refiere a la última etapa del imperio babilónico, después del predominio asirio, y a la dinastía que reinó.   adj. HISTORIA = neobabilónico
2 Se aplica al arte de este período.   ARTE

neoblasto Célula de un organismo adulto que ha conservado los caracteres embrionarios.   s.m. BIOLOGÍA

neobarroco Movimiento artístico de recuperación del estilo barroco no clásico, que tuvo lugar a mediados del s. XIX.   s.m. ARTE

neocaledonio, a
1 De Nueva Caledonia, isla melanesia bajo soberanía francesa.   adj.
2 Persona natural de esta isla.   s.

neocapitalismo Movimiento económico, surgido después de la segunda guerra mundial, caracterizado por admitir la intervención del estado en determinados campos económicos y políticos, por el predominio de grandes empresas y sociedades anónimas, y por la aparición de una clase dirigente que no se apoya en la propiedad del capital.   s.m. ECONOMÍA, POLÍTICA

neocapitalista
1 Del neocapitalismo: *teorías neocapitalistas.*   adj.
2 Que es partidario del neocapitalismo.   adj/s.m.f.

neocatolicismo
1 Doctrina político-religiosa que defiende la restauración de las tradiciones católicas en la sociedad y en el gobierno del estado.   s.m. POLÍTICA, RELIGIÓN
2 Tendencia a introducir en el catolicismo ideas modernas opuestas a su tradición y al dogma.   RELIGIÓN

neocatólico, a
1 Del neocatolicismo.   adj.
2 Que es partidario del neocatolicismo.   adj/s.

neocelandés, a
1 Del archipiélago de Nueva Zelanda, país de Oceanía.   adj. tb: neozelandés

2 Persona natural de este país. **s.**

neoclasicismo Corriente literaria y artística europea de la segunda mitad del siglo XVIII que aspiraba a restaurar el gusto por   normas de la antigüedad griega y romana, así   omo por la crítica y el racionalismo: *el neoclasicismo fue una reacción contra el exceso decorativo del barroco.* **s.m. ARTE, LITERATURA**

neoclásico, a
1 Del neoclasicismo o que responde a sus cánones estéticos e ideológicos. **adj./s. ARTE, LITERATURA**
2 Se aplica al estilo artístico dominante en el siglo XVIII que sigue las normas clásicas grecolatinas. **adj. ARTE**

neocolonialismo Tendencia actual a colonizar países subdesarrollados mediante el dominio económico de las grandes potencias. **s.m. ECONOMÍA, POLÍTICA**

neocolonialista
1 Del neocolonialismo: *los manifestantes criticaban la política neocolonialista del gobierno.* **adj.**
2 Que es partidario del neocolonialismo. **adj/s.m.f.**

neocórtex Área de la corteza cerebral de los mamíferos, muy desarrollada, en la que tienen lugar las impresiones de los sentidos, excepto el olfato. **s.m. BIOLOGÍA = neopálido**

neocriticismo Sistema filosófico basado en la vuelta al criticismo kantiano, surgido a finales del siglo XIX. **s.m. FILOSOFÍA**

neodarvinismo (De *Darwin*, naturalista británico.) Teoría evolutiva que niega que los caracteres adquiridos bajo la acción del medio se hereden y defiende el poder absoluto de la selección natural. **s.m. BIOLOGÍA tb: neodarwinismo**

neodarvinista
1 Del neodarvinismo. **adj./BIOLOGÍA**
2 Que es partidario del neodarvinismo. **adj/s.m.f.**

neodimio Metal del grupo de las tierras raras, cuyas sales son de color rosa. **s.m. QUÍMICA**

neoescolástica Neoescolasticismo, movimiento filosófico medievalista. **s.f. FILOSOFÍA**

neoescolasticismo Movimiento filosófico surgido en el siglo XIX, caracterizado por aspirar al retorno de los clásicos de la edad media, confrontándolos con las teorías modernas. **s.m. FILOSOFÍA**

neofascismo Tendencia política basada en los principios de la doctrina fascista histórica. **s.m. POLÍTICA**

neófito, a (Del gr. *neophytos*.)
1 Persona recién convertida a una religión. **s./RELIGIÓN = novato**
2 Persona recién adherida a una causa, movimiento o sociedad: *aún es neófito en el partido.*
3 Persona recién admitida al estado eclesiástico o religioso. **RELIGIÓN**

neofobia (Del gr. *neos*, nuevo + *phobos*, miedo.) Temor y aversión patológicos ante todo lo nuevo. **s.f. SICOLOGÍA**

neófobo, a Se aplica a la persona que padece neofobia u horror a las innovaciones. **adj/s. SICOLOGÍA**

neoformación
1 Aparición en el organismo de un tejido anormal de carácter tumoral, benigno o maligno. **s.f./MEDICINA = neoplasia**
2 Proceso natural de regeneración de un tejido. **BIOLOGÍA**

neógeno, a Se aplica al período de la era terciaria, que comprende el mioceno y el plioceno en el que la flora, fauna y distribución de tierras y mares eran casi como en la actualidad. **adj/s.m. GEOLOGÍA**

neogótico, a Se aplica al movimiento artístico de recuperación del estilo gótico que tuvo lugar desde mediados del siglo XVIII hasta comienzos del siglo XX. **s.m. ARTE**

neogramática Escuela lingüística alemana que sostiene que las leyes fonéticas se cumplen siempre sin ninguna excepción. **s.f./LINGÜÍSTICA**

neogramático, a
1 De la neogramática, escuela lingüística. **adj./LINGÜÍSTICA**
2 Persona que pertenece a esta escuela o que defiende sus teorías. **s. LINGÜÍSTICA**

neogranadino, a
1 De Nueva Granada, antiguo virreinato español que comprendía los actuales Colombia, Ecuador, Venezuela y Panamá y parte de Brasil y Perú. **adj. HISTORIA**
2 Persona natural de este antiguo virreinato. **adj/s./HISTORIA**

neoguineano, a
1 De Nueva Guinea, isla del continente oceánico dividida entre dos estados, Indonesia y Papúa-Nueva Guinea. **adj.**
2 Persona natural de esta isla. **s.**

neohegelianismo Doctrina filosófica surgida a principios del siglo XX, que se basa en la filosofía hegeliana interpretada desde una óptica romántica. **s.m. FILOSOFÍA**

neohegeliano, a
1 Del neohegelianismo. **adj./FILOSOFÍA**
2 Que profesa el neohegelianismo. **adj/s./FILOSOFÍA**

neoimpresionismo Procedimiento pictórico desarrollado en la última fase del impresionismo que se **s.m. ARTE**

caracteriza por la descomposición de tonos por medio de pinceladas separadas de color puro o puntillismo.

neoimpresionista
1 Del neoimpresionismo: *el contraste de colores es una técnica neoimpresionista.* **adj. ARTE**
2 Que practica el neoimpresionismo. **adj/s.m.f./ARTE**

neokantiano, a
1 Del neokantismo. **adj./FILOSOFÍA**
2 Que es partidario del neokantismo. **adj/s./FILOSOFÍA**

neokantismo (De *Kant*, filósofo alemán.) Movimiento filosófico basado en la obra de este filósofo, dedicado a investigaciones sicológicas, lógicas y morales. **s.m. FILOSOFÍA**

neolatino, a Que procede de los latinos o de la lengua latina: *el catalán es una lengua neolatina.* **adj.**

neolector, a Persona adulta recién alfabetizada: *los neolectores del centro publicaron artículos escritos durante su aprendizaje.* **s.**

neoliberal
1 Del neoliberalismo. **adj.**
2 Se aplica a la economía en la que el estado interviene de forma limitada. **adj.f. ECONOMÍA**
3 Persona partidaria de esta tendencia política o económica. **s.m.f./ECONOMÍA, POLÍTICA**

neoliberalismo Tendencia política basada en el liberalismo, que concede al estado una intervención limitada en los asuntos jurídicos y económicos. **s.m. POLÍTICA**

neolingüística Escuela lingüística que, como reacción a la neogramática, insiste en los aspectos sicológicos de la lengua. **s.f. LINGÜÍSTICA**

neolingüístico, a
1 De la neolingüística. **adj./LINGÜÍSTICA**
2 Persona que participa de las teorías de esta escuela. **s./LINGÜÍSTICA**

neolítico, a (Del gr. *neos*, nuevo + *lithos*, piedra.) De la segunda edad de piedra o de la piedra pulimentada: *se han encontrado restos neolíticos en las afueras del pueblo.* **adj. HISTORIA**

neológico, a Del neologismo. **adj./LINGÜÍSTICA**

neologismo (Del gr. *neos*, nuevo + *logos*, lenguaje.)
1 Acepción, palabra o expresión nueva que se introduce en una lengua: *las nuevas técnicas son una fuente de neologismos.* **s.m. LINGÜÍSTICA**
2 Uso de estas palabras de introducción reciente en una lengua. **LINGÜÍSTICA**

neólogo, a Persona que se dedica al estudio de los neologismos. **s./LINGÜÍSTICA = neologista**

neomalthusianismo Doctrina socioeconómica surgida en el siglo XIX que defiende la necesidad de controlar la natalidad de población mediante medios anticonceptivos para evitar el aumento de la miseria. **s.m. tb: neomaltusianismo**

neomenia (Del gr. *neos*, nuevo + *mene*, luna.) Primer día de un antiguo calendario lunar, que se celebraba en diversas tradiciones religiosas como la hebrea. **s.f.**

neomicina Antibiótico empleado para combatir las infecciones gastrointestinales, dermatológicas y oftalmológicas. **s.f. FARMACIA**

neón Gas noble, incoloro e inodoro, capaz de conducir corriente eléctrica si se le somete a una débil presión dentro de un tubo: *el neón se utiliza en los tubos fluorescentes.* **s.m. QUÍMICA tb: neo**

neonatal Del recién nacido y, en especial, aplicado a la especialidad de la pediatría que se ocupa de los neonatos. **adj. MEDICINA**

neonato, a
1 Que acaba de nacer. **adj.**
2 Niño o niña recién nacidos. **s.**

neonatología Parte de la pediatría que se ocupa de los recién nacidos hasta que cumplen el primer mes de vida. **s.f. MEDICINA**

neonazi Relacionado con el neonazismo o que es partidario de esta doctrina política. **adj/s.m.f.**

neonazismo Movimiento ideológico y político inspirado en el nacionalsocialismo, partidario de la violencia y del racismo. **s.m. POLÍTICA**

neopálido Parte nueva de la corteza cerebral de los mamíferos encargada del control de los sentidos, excepto el olfato. **s.m. BIOLOGÍA = neocórtex**

neoplasia (Del gr. *neos*, nuevo + *plasis*, formación.) Neoformación o crecimiento anormal de un tejido, de carácter tumoral, que puede ser benigno o maligno. **s.f./MEDICINA = neoplasma, tumor**

neoplásico, a De la neoplasia o de los tumores generados por esta enfermedad. **adj. MEDICINA**

neoplasma Tejido orgánico anormal que resulta de una neoplasia. **s.m. MEDICINA**

neoplastia Operación quirúrgica que consiste en reparar una zona del cuerpo destruida, por medio de la aplicación de injertos. **s.f. MEDICINA**

neoplatonicismo Neoplatonismo, escuela filosófico-religiosa alejandrina. **s.m. FILOSOFÍA**

neoplatónico, a
1 Del neoplatonismo. *adj.*
2 Que es partidario del neoplatonismo. *adj/s.*

neoplatonismo (De *Platón*, filósofo griego.) Escuela filosófica alejandrina del siglo III, que defendía la conciliación de la doctrina platónica con todo el pensamiento antiguo, en especial en la idea de que todo proviene, por grados, de la divinidad. *s.m.* FILOSOFÍA *tb:* neoplatonicismo

neopositivismo Movimiento filosófico que tiene como objeto el análisis del conocimiento y la creación de una teoría general de los signos, a través de las ciencias positivas y las matemáticas. *s.m.* FILOSOFÍA

neopositivista
1 Del neopositivismo o positivismo lógico. *adj./FILOSOFÍA*
2 Que profesa el neopositivismo o positivismo lógico. *adj/s.m.f.* FILOSOFÍA

neopreno (Marca registrada.) Primer caucho sintético comercial: *el traje de buzo está hecho con neopreno.* *s.m.*

neoráceo, a Perteneciente a una familia de plantas angiospermas dicotiledóneas semejante a las cigofiláceas, de hojas estrechas y coriáceas, y fruto en drupa, como el olivillo. *adj/s.f.* BOTÁNICA *tb:* cneoráceo

neorama (Del gr. *neos*, nuevo + *orama*, lo que se ve.) Cilindro hueco en el que se ve representado desde su interior un edificio u otra escena. *s.m.*

neorrealismo Movimiento cinematográfico italiano, extendido después a otros campos artísticos, surgido en 1945, que presentaba la realidad y los problemas sociales derivados de la guerra mundial. *s.m.* ARTE, CINE

neorrealista
1 Del neorrealismo. *adj.*
2 Persona que sigue este movimiento artístico. *s.m.f.*

neorrománico, a Se aplica a la corriente arquitectónica de mediados del siglo XIX que imitaba el estilo románico. *adj/s.m.* ARQUITECTURA

neorromanticismo Reacción literaria de finales del siglo XIX que recupera, frente al realismo, rasgos o actitudes románticas. *s.m.* LITERATURA

neorromántico, a
1 Del neorromanticismo. *adj.*
2 Persona que profesa el neorromanticismo. *s.*

neosalvarsán Sustancia de composición arsenical, derivado del salvarsán usada en medicina. *s.m.* FARMACIA

neotectónica Estudio de las fallas consideradas activas. *s.f.* GEOLOGÍA

neotenia Cualidad que tienen algunos animales, que les permite reproducirse en su etapa larvaria o cuando aún no han terminado de desarrollarse. *s.f.* BIOLOGÍA

neotomismo Renovación de la doctrina filosófica tomista desarrollada a finales del siglo XIX, que pretende recuperar el pensamiento de la patrística medieval. *s.m.* FILOSOFÍA

neotomista
1 Del neotomismo: *pensamiento neotomista.* *adj./FILOSOFÍA*
2 Que es partidario del neotomismo. *adj/s.m.f./FILOSOFÍA*

neotropical Se aplica al reino biogeográfico de las zonas tropicales y subtropicales americanas. *adj.* GEOGRAFÍA

neovitalismo Doctrina filosófica desarrollada a finales del siglo XIX que defendía que las fuerzas físico-químicas del organismo son insuficientes para producir los fenómenos vitales. *s.m.* FILOSOFÍA

neoyorquino, a
1 De Nueva York, ciudad de Estados Unidos. *adj.*
2 Persona natural de esta ciudad. *s.*

neozelandés, a
1 De Nueva Zelanda, país de Oceanía. *adj./tb:* neocelandés
2 Persona natural de este país. *s.*

neozoico, a Se aplica al período geológico que comprende las eras terciaria y cuaternaria. *adj/s.m.* GEOLOGÍA

nepalés, a
1 De Nepal, país del centro sur de Asia. *adj./tb:* nepalí
2 Persona natural de este país. *s.*
3 Lengua indoaria, de la familia indoeuropea, hablada en Nepal. *s.m.* LINGÜÍSTICA

nepentáceo, a Perteneciente a una familia de plantas carnívoras angiospermas dicotiledóneas, arbustivas, de hojas esparcidas, pecíolos anchos y fruto en cápsula. *adj/s.f.* BOTÁNICA

nepente (Del gr. *nepenthes*, exento de dolor.)
1 Planta carnívora con un receptáculo en el que las glándulas secretoras segregan un líquido azucarado para digerir el insecto capturado. *(Nepenthes.)* *s.m.* BOTÁNICA
2 Bebida que los dioses usaban para curarse las heridas o dolores y que además producía olvido. *MITOLOGÍA*

néper Unidad de medida de relaciones entre potencias, corrientes o tensiones, que se utiliza para expresar ganancias o pérdidas. *s.m.* FÍSICA

neperiano, a (De John *Neper*, matemático inglés.) Referente a dicho autor o a su teoría: *los logaritmos neperianos tienen como base el número "e".* *adj.* MATEMÁTICAS

nepote (Del bajo lat. *nepos, -otis.*) Pariente y privado del papa al que se le conferían títulos y cargos. *s.m.* POLÍTICA

nepotismo Modo de comportarse de quien reparte u otorga cargos o empleos públicos entre sus parientes: *los últimos escándalos políticos han demostrado el nepotismo de algunos cargos.* *s.m.* POLÍTICA

neptúneo, a Del dios Neptuno o del mar. *adj./literario*

neptúnico, a Se aplica al terreno o a la roca que tiene una formación sedimentaria. *adj./GEOLOGÍA* = neptuniano

neptunio Elemento radiactivo artificial, formado en los reactores nucleares por bombardeo del uranio con neutrones, de carácter metálico, color argentino y semejante al uranio por sus propiedades químicas. *QUÍMICA*

neptunismo Teoría que defiende la acción del agua como único origen de la formación de la corteza terrestre. *s.m.* GEOLOGÍA

neptunista
1 Del neptunismo. *adj./GEOLOGÍA*
2 Que es partidario del neptunismo. *adj/s.m.f./GEOLOGÍA*

nequáquam (Voz latina.) De ninguna manera. *adv.*

nequicia (Del lat. *nequitia.*) Cualidad de malo o perverso: *tramó el engaño con nequicia.* *s.f.* culto

ne quid nimis (Expresión latina.) Con sobriedad y moderación. *loc.adv.*

nereida Ninfa con cuerpo de mujer de cintura para arriba, y de pez de cintura abajo, que según la mitología clásica vivía en el mar. *s.f.* MITOLOGÍA

nereis Gusano anélido poliqueto marino, de color verde amarillento con reflejos iridiscentes, de cuerpo alargado, boca prolongada en una especie de trompa protáctil y fuertes mandíbulas, que vive en galerías cerca de la costa. *(Nereis.)* *s.m.* *pl:* nereis ZOOLOGÍA

nerita Molusco gasterópodo marino caracterizado por tener conchas planas, redondas y gruesas. *s.f.* ZOOLOGÍA

nerítico, a
1 Se aplica a la zona marítima que está en la plataforma continental. *adj.* GEOLOGÍA
2 Se refiere a la flora y la fauna que vive en el mar, lagos o zonas próximas al litoral. *BIOLOGÍA*

neroli
1 Sustancia que se obtiene de la destilación de flores de naranjos y que se usa en perfumería. *s.m.* *tb:* nerolí
2 Sustancia química que tiene el mismo olor de dicha esencia natural. *QUÍMICA*

nerón (De *Nerón*, emperador romano.) Hombre muy cruel: *es un nerón con los empleados.* *s.m*

neroniano, a (De *Nerón*, emperador romano.)
1 De este emperador romano del siglo I. *adj.*
2 Que es cruel o sádico.

nervado, a
1 Se aplica a la planta que tiene fibras de esmalte diferente del resto del escudo. *adj.* HERÁLDICA
2 Que es parecido a los nervios.
3 Se refiere a las hojas de las plantas que tienen nervios o ejes vasculares. *BOTÁNICA*
4 Se aplica a las alas de algunos insectos por tener unas formaciones tubulares que se asemejan a los nervios. *ZOOLOGÍA*
5 Se aplica a la bóveda en la que se aprecian al exterior los nervios de los arcos que la forman. *ARQUITECTURA*

nervadura (Del ital. *nervatura.*)
1 Conjunto de arcos que forman la estructura de una bóveda: *la nervadura de una bóveda gótica.* *s.f.* ARQUITECTURA
2 Conjunto y disposición de los nervios de una hoja, que habitualmente se aprecia a simple vista. *BOTÁNICA* = nerviacion
3 Conjunto y disposición de nervios de las alas de los insectos. *ZOOLOGÍA* = nerviación

nérveo, a (Del lat. vulgar *nervium.*)
1 De los nervios. *adj.*
2 Que tiene alguna propiedad de los nervios.

nerviación Nervadura, nervios de una hoja o de un insecto. *s.f.*

nervio (Del lat. vulgar *nervium* < lat. *nervus.*)
1 Cada uno de los cordones blanquecinos que, partiendo del cerebro, de la médula o de otros centros llamados nerviosos, se distribuyen por todo el cuerpo y transmiten las sensaciones y los impulsos motores. *s.m.* ANATOMÍA
2 Tendón, o tejido blanco, duro y resistente, en particular los de la carne de consumo: *limpiaron el filete de nervios en la carnicería.*
3 Fuerza, vigor, energía y ánimo para realizar esfuerzos físicos: *¡venga, con nervio, arriba la caja!* = brío
4 Energía moral y carácter para realizar las cosas: *tiene mucho nervio y no retrocede ante la crítica.* = impulso, fibra

5 Persona que comunica actividad y eficacia en una empresa u organismo: *la secretaria siempre fue el nervio del negocio.* = alma

6 Estado de agitación: *no sé a qué vienen tantos nervios, es un examen y ya está.* = nerviosismo

7 Saliente de forma lineal en la piel o lomo de un libro producido por el cordel que une las hojas o pliegos. ARTES GRÁFICAS

8 Forma de sujetar a los presos, en la antigüedad, con una cadena al cuello y a los pies. HISTORIA

9 Elemento saliente de sección rectilínea o curva situado bajo una bóveda y que sirve para asegurar su sostenimiento y servirle de decoración: *los nervios son característicos del estilo gótico.* ARQUITECTURA

10 Haz fibroso de los que forman un enrejado en las hojas de las plantas, que se ve más elevado en la superficie de su dorso. BOTÁNICA

11 Haz que en forma de cordoncillo recorre las alas de los insectos. ZOOLOGÍA

12 Cada una de las cuerdas que se colocan al través en el lomo de un libro para encuadernarlo. ARTES GRÁFICAS

13 Cabo fijo en la parte alta de la verga a lo largo del cual puede correr una vela o un toldo mediante anillas o vueltas culebreadas. NÁUTICA

14 Cuerda de los instrumentos musicales: *pulsaba con suavidad y precisión los nervios de la guitarra.* MÚSICA

15 nervio ciático: El que se distribuye por los músculos posteriores del muslo y llega hasta el pie. ANATOMÍA

16 nervio de buey: Verga del buey.

17 nervio frénico: Tronco nervioso que nace en el plexo cervical y que inerva la mitad del diafragma. ANATOMÍA

18 nervio maestro: Tendón flexor de las patas de las caballerías. ZOOLOGÍA

19 nervio óptico: El que transmite las imágenes del ojo al cerebro. ANATOMÍA

20 nervio vago: El que nace en el bulbo de la médula espinal, baja por ambos lados del cuello y se extiende por el pecho y abdomen a través de muchas ramificaciones. ANATOMÍA

21 alterar los nervios a una persona: Ponerle excitado o irritado: *me altera los nervios su tranquilidad y pachorra.* coloquial

22 atacar los nervios: Irritar, poner excitado: *quita esa música, me ataca los nervios.* coloquial

23 estar de los nervios: Tener un alto grado de irritación o de agitación.

24 crispar los nervios: Excitar, poner nervioso: *si es que me crispa los nervios con tanta tontuna.* coloquial

25 poner los nervios de punta: Irritar mucho una cosa o persona: *su engreimiento me pone los nervios de punta.* coloquial

nerviosidad Estado de excitación nerviosa: *tanta nerviosidad te va a provocar una enfermedad.* s.f./tb: nerviosidad = nerviosismo

nerviosismo Estado pasajero de excitación nerviosa: *el nerviosismo acumulado durante los preparativos estalló el día de la boda.* s.m. = nerviosidad, nervosidad

nervioso, a
1 De los nervios o que tiene relación con los mismos: *el tejido nervioso es elástico.* adj./ANATOMÍA tb: nervoso
2 Que tiene un temperamento fácilmente excitable y alterable: *se puso a gritar porque es muy nervioso.* = excitado ≠ tranquilo
3 Que es inquieto o activo: *es tan nerviosa que hizo la mudanza ella sola.* = impetuoso
4 Que es fuerte y tiene vigor: *la gimnasia le ha puesto un cuerpo nervioso.*
5 Se aplica a las hoja que tiene nervios o fibras. BOTÁNICA
6 Se aplica al sistema de integración entre los diversos órganos de los animales.
7 poner o ponerse nervioso: Alterarse o irritarse por una cosa o con una persona: *me pone nervioso que se frote las manos continuamente.*

nervosamente Con vigor. adv.

nervosidad
1 Actividad y fuerza de los nervios: *al levantar las pesas, en sus brazos se notaba la nervosidad.* s.f.
2 Eficacia y fuerza de un argumento o razonamiento. = contundencia
3 Propiedad de algunos metales para doblarse sin romperse ni agrietarse. FÍSICA = flexibilidad
4 Nerviosismo, estado de excitación e intranquilidad. tb: nerviosidad

nervudo, a
1 Que tiene nervios fuertes y robustos: *él solo podía con la caja, es muy nervudo.* adj. = forzudo
2 Se aplica a la persona que tiene muy marcados los tendones, venas y arterias: *es un atlético nervudo.*
3 Se refiere a la carne de consumo que tiene nervios: *me vendió unos filetes nervudos.* = nervioso
4 Se aplica a las hojas que tienen los nervios muy marcados y salientes. BOTÁNICA

nervura (Del fr. *nervure.*) Conjunto de las partes salientes que en el lomo de un libro forman los nervios de la encuadernación. s.f. ARTES GRÁFICAS

nesciencia (Del lat. *ne*, no + *scientia*, conocimiento.) Falta de conocimiento o de cultura: *comete errores a causa de su nesciencia.* s.f. culto = ignorancia

nesciente Que no sabe: *hasta hoy yo era nesciente de lo que sucedía.* adj./culto = ignorante

nesga
1 Pieza triangular que se añade a una prenda para darle el vuelo o el ancho que necesita: *arregló la camisa aplicando una nesga en la manga.* s.f.
2 Pieza triangular de cualquier cosa, unida a otras.

nesgado, a Que tiene nesgas o se ha cortado con forma triangular: *lleva una falda nesgada muy bonita.* adj. = sesgado

nesgar
1 Cortar una tela en oblicuo a la dirección de sus hilos. v.tr. conj: pagar
2 Poner piezas triangulares en una prenda para ensancharla o darle vuelo.

néspera Níspero, árbol y fruto. s.f./BOTÁNICA

nestóreo, a (De *Néstor*, héroe griego.) adj./MITOLOGÍA
1 De este héroe griego.
2 Que se relaciona o tiene alguna de las características de este héroe: *hazaña nestórea.*

nestorianismo (De *Nestorio*, patriarca de Constantinopla.) Doctrina religiosa propugnada por dicho patriarca en el siglo V, que defendía la división de Jesucristo en dos naturalezas, la humana y la divina. s.m. RELIGIÓN

nestoriano, a
1 Del nestorianismo. adj./RELIGIÓN
2 Que es seguidor o partidario del nestorianismo. adj/s./RELIGIÓN

net (Voz inglesa.) Acción nula en tenis o ping pong por tocar la bola en la red tras el saque, cayendo en la zona de recepción del adversario. s.m. DEPORTES

netáceo, a (Del lat. moderno *gnetum*, planta de Java.) Perteneciente a una familia de plantas gimnospermas, arbóreas o arbustivas, de hojas laminares, flores masculinas agrupadas en inflorescencias en forma de espiga y fruto en baya. adj/s.f. BOTÁNICA tb: gnetáceo

netamente Con claridad, sin ninguna duda o confusión: *es netamente superior.* adv.

neto, a (Del fr. o cat. *net*, limpio.)
1 Se aplica a la cantidad que resulta una vez restado cualquier tipo de deducción o gasto: *su sueldo neto no es elevado; el peso neto de la carga excede el límite permitido.* adj/s.m. = limpio ≠ bruto
2 Que es claro y definido: *la silueta del barco se veía neta en el horizonte.* adj./= preciso ≠ confuso
3 Que es limpio y puro: *su neto rostro recuerda al de los ángeles.* = diáfano
4 Pedestal de la columna sin molduras. s.m./ARQUITECTURA
5 en neto: En limpio, después de descontar gastos. loc.adv.

neuma
I (Del gr. *pneuma*, aire, respiración.)
1 Signo de notación musical que se colocaba sobre las sílabas del texto en los libros litúrgicos de los siglos VIII a XII. s.m. MÚSICA
2 Grupo de notas de adorno con que solían terminar las composiciones vocales del canto llano y que se vocalizaba sólo con la última sílaba de la última palabra. MÚSICA
II (Del gr. *neuma*, movimiento de cabeza.) Declaración de lo que se siente o desea por medio de señas, movimientos, expresiones o bien de interjecciones de sentido imperfecto. s.m.f. RETÓRICA

neumática Parte de la física que estudia las propiedades de los gases desde el punto de vista del movimiento. s.f. FÍSICA

neumático, a
1 Se aplica al aparato que funciona mediante aire comprimido: *utilizó un martillo neumático.* adj. TECNOLOGÍA
2 Tubo circular de goma, lleno de aire a presión, que llevan alrededor de las ruedas los automóviles, bicicletas, motos y otros medios de transporte: *el neumático se reventó a causa de la alta temperatura que alcanzó.* s.m. = cámara

neumato- Componente de palabra procedente del gr. *pneumatos*, que significa aire, viento. pref.

neumatocele (Del gr. *pneuma*, aire + *kele*, tumor.) Tumor gaseoso, en especial el enfisema del escroto. s.m. MEDICINA

neumatocisto Cavidad que contiene gases y que sirve de flotador a los peces y a algunos invertebrados marinos como los sifonóforos. s.m. ZOOLOGÍA

neumatóforo (Del gr. *pneuma*, aire + *phoros*, que lleva.) Órgano respiratorio que emerge de las raíces de determinados árboles de las regiones pantanosas. s.m. BOTÁNICA

neumatosis Acumulación anormal de aire en una parte u órgano del cuerpo. s.f./pl: neumatosis MEDICINA

neumo- Componente de palabra procedente del gr. *pneumon*, que significa pulmón: *neumonía.* pref.

neumococia Infección causada por neumococos o bacterias, que causa la neumonía pulmonar. s.f. MEDICINA

neumococo (Del gr. *pneumon*, pulmón + *kokkos*, insecto.) Microorganismo de forma esférica o lanceolada, causante de ciertos tipos de pulmonías.
s.m.
BIOLOGÍA

neumoconiosis (Del gr. *pneumon*, pulmón + *konis*, polvo.) Enfermedad que se produce por la inhalación del polvo desprendido de distintos minerales y que padecen quienes trabajan en contacto con ellos: *la neumoconiosis es una enfermedad principalmente de mineros y canteros.*
s.f.
pl: neumoconiosis
MEDICINA

neumogástrico, a (Del gr. *pneumon*, pulmón + *gaster, gaskos*, estómago.) Se aplica al nervio que forma parte del décimo par craneal, que va desde el bulbo a las cavidades del pecho y el vientre.
adj/s.
ANATOMÍA
= vago

neumología (Del gr. *pneumon*, pulmón + *logos*, ciencia.) Parte de la medicina que estudia los pulmones y las vías respiratorias así como sus enfermedades.
s.f.
MEDICINA

neumológico, a De la neumología: *la exploración neumológica dio un resultado negativo.*
adj.
MEDICINA

neumólogo, a Médico especialista del pulmón y de las vías respiratorias.
s.
MEDICINA

neumonía (Del gr. *pneumonia*.) Inflamación del pulmón producida por una infección bacteriana o por un virus.
s.f.
MEDICINA
= pulmonía

neumónico, a
1 Que tiene relación con el pulmón: *el asma es un tipo de afección neumónica.*
2 Que padece neumonía.
adj/MEDICINA
= pulmonar
adj/s./MEDICINA

neumonitis (Del gr. *pneumon*, pulmón + *itis*, inflamación.) Neumonía de origen no infeccioso.
s.f./pl: neumonitis
MEDICINA

neumopatía Denominación genérica empleada para designar las enfermedades pulmonares.
s.f.
MEDICINA

neumostoma Orificio respiratorio de los moluscos gasterópodos terrestres.
s.m.
ZOOLOGÍA

neumotórax
1 Enfermedad producida por la acumulación de aire o gas en la cavidad pleural.
2 **neumotórax artificial:** Introducción en la cavidad de la pleura de aire o nitrógeno con fines terapéuticos.
s.m./pl: neumotórax
MEDICINA
MEDICINA

neura
1 Manía, obsesión: *le ha dado la neura de no salir de casa.*
2 Excitación o irritación: *no suele tener neuras por tan poca cosa.*
3 Se aplica a la persona que está especialmente nerviosa: *últimamente está muy neura.*
s.f.
coloquial
= alteración
coloquial
s.m.f.
coloquial

neural Del sistema nervioso.
adj/ANATOMÍA

neuralgia (Del gr. *neuron*, nervio + *algos*, dolor.) Dolor a lo largo de un nervio y sus ramificaciones, en general sin inflamación.
s.f.
MEDICINA

neurálgico, a
1 De la neuralgia: *sufre un dolor neurálgico en el brazo derecho.*
2 Se aplica al lugar, momento o situación que es muy importante: *en el· momento neurálgico de la obra, se fue la luz.*
adj.
MEDICINA
= esencial

neurastenia (Del gr. *neuron*, nervio + *astheneia*, debilidad.)
1 Enfermedad nerviosa caracterizada por depresión, dolores de cabeza y fatiga.
2 Estado síquico de profunda depresión, tristeza e inestabilidad emocional: *le ha dado neurastenia por los exámenes.*
s.f.
SIQUIATRÍA
coloquial

neurasténico, a
1 De la neurastenia: *los síntomas neurasténicos son muy variados.*
2 Que padece neurastenia.
adj.
SIQUIATRÍA
adj/s./SIQUIATRÍA

neurinoma Tumor que se origina en un nervio periférico, siendo el más afectado el acústico.
s.m.
MEDICINA

neurisma Dilatación anormal de un sector del sistema vascular, en particular una arteria.
s.f./MEDICINA
tb: aneurisma

neurita Prolongación que arranca de la célula nerviosa formando una ramificación más o menos abundante que se pone en contacto con otras células del mismo tipo y va a terminar más o menos cerca de la que partió: *la neurita es un tipo de neurona.*
s.f.
ANATOMÍA
= axón

neuritis (Del gr. *neuron*, nervio + *itis*, inflamación.) Inflamación de un nervio acompañada de dolor y parálisis muscular.
s.f.
pl: neuritis
MEDICINA

neuro- Componente de palabra procedente del gr. *neuron*, que significa nervio: *neurología.*
pref.
tb: neur-

neurobiología Ciencia que estudia los procesos relacionados con la estructura y funcionalidad del sistema nervioso.
s.f.
BIOLOGÍA

neuroblasto Célula nerviosa embrionaria de la cual deriva una neurona.
s.m.
ANATOMÍA

neurocirugía Parte de la cirugía que trata las intervenciones quirúrgicas de las enfermedades del sistema nervioso.
s.f.
MEDICINA

neurocirujano, a Persona especialista en cirugía del cerebro y el sistema nervioso.
s.
MEDICINA

neuroeje Prolongación citoplasmática de la neurona que conduce el impulso nervioso.
s.m/ANATOMÍA
= axón

neuroendocrino, a De la neuroendocrinología.
adj/MEDICINA

neuroendocrinología Parte de la medicina que estudia las hormonas segregadas por algunas estructuras del sistema nervioso central.
s.f.
MEDICINA

neuroendocrinólogo, a Médico especialista en neuroendocrinología.
s./MEDICINA

neuroepitelio Epitelio o tejido que recubre los órganos de los sentidos.
s.m.
ZOOLOGÍA

neuroesqueleto Esqueleto interno de los vertebrados, formado por piezas óseas o cartilaginosas, que protege la porción céntrica del sistema nervioso.
s.m.
ANATOMÍA

neurofibromatosis Enfermedad caracterizada por la formación. de tumores fibrosos en la piel y en los nervios.
s.f./pl: neurofibromatosis
MEDICINA

neurofisiología Parte de la fisiología que estudia las funciones del sistema nervioso.
s.f.
FISIOLOGÍA

neurofisiólogo, a Especialista en las funciones del sistema nervioso.
s.
FISIOLOGÍA

neuroglia Conjunto de células nerviosas con largas prolongaciones, existentes en la sustancia blanca y gris del cerebro y que desempeñan una función de nutrición de los tejidos.
s.f.
ANATOMÍA

neurohormona Denominación genérica de las hormonas producidas por células nerviosas especializadas.
s.f.
BIOLOGÍA

neuroléptico, a Se aplica a la sustancia o al medicamento que produce sedación del sistema nervioso.
adj/s.m.
FARMACIA

neurolingüística Disciplina que estudia las relaciones entre las lesiones cerebrales y los trastornos del lenguaje que provocan.
s.f.
SICOLOGÍA

neurología (Del gr. *neuron*, nervio + *logos*, ciencia.) Parte de la medicina que estudia el sistema nervioso y sus enfermedades.
s.f.
MEDICINA

neurológico, a De la neurología.
adj/MEDICINA

neurólogo, a Médico especialista en el sistema nervioso y en sus enfermedades.
s.
MEDICINA

neuroma (Del gr. *neuron*, nervio + *oma*, tumor.) Tumor doloroso que se forma en el espesor del tejido nervioso.
s.m.
MEDICINA

neuromuscular Se aplica a la relación existente entre la fibra nerviosa y el músculo y a la estructura sensible que conforman.
adj.
BIOLOGÍA

neurona (Del gr. *neuron*, nervio.) Célula nerviosa que en general tiene un cuerpo de forma variable y está provisto de prolongaciones: *las dendritas son finas prolongaciones que parten del cuerpo de la neurona.*
s.f.
ANATOMÍA

neuronal De la neurona: *la liberación de impulsos eléctricos es una de las actividades neuronales posibles.*
adj.
ANATOMÍA

neurópata (Del gr. *neuron*, nervio + *epathon*, sufrir.) Persona que padece enfermedades nerviosas.
s.m.f.
MEDICINA

neuropatía (Del gr. *neuron*, nervio + *pathos*, enfermedad.) Denominación genérica de las enfermedades del sistema nervioso.
s.f.
MEDICINA

neuropatología Parte de la neurología que estudia las lesiones y enfermedades del sistema nervioso.
s.f.
MEDICINA

neuropatólogo, a Médico especialista en las lesiones y enfermedades del sistema nervioso.
s.
MEDICINA

neuropléjico, a Se aplica a la sustancia que paraliza la transmisión de impulsos nerviosos.
adj/s.m.
FARMACIA

neuropsicología Disciplina que estudia las relaciones entre las funciones sicológicas y las estructuras cerebrales.
s.f.
SICOLOGÍA
tb: neurosicología

neuropsicólogo, a Persona que está especializada en neuropsicología.
s./SICOLOGÍA
tb: neurosicólogo

neuropsiquiatra Médico especialista en enfermedades nerviosas y mentales.
s.m.f./MEDICINA
tb: neurosiquiatra

neuropsiquiatría Parte de la medicina que estudia las enfermedades nerviosas y síquicas.
s.f./MEDICINA
tb: neurosiquiatría

neuróptero, a (Del gr. *neuron*, nervio + *pteron*, ala.) Perteneciente a un orden de insectos masticadores de metamorfosis completa, cabeza redonda y cuatro alas membranosas y reticulares, como la libélula.
adj/s.m.
ZOOLOGÍA

neuroquímica Disciplina que estudia los fenómenos químicos producidos en el sistema nervioso.
s.f.
BIOQUÍMICA

neuroquímico, a
1 De los fenómenos químicos producidos en el sistema nervioso.
2 Especialista en los fenómenos químicos que se producen en el sistema nervioso.
adj.
BIOQUÍMICA
s.
BIOQUÍMICA

neurorretinitis Inflamación del nervio óptico y de la retina.
s.f./pl:neurorretinitis
MEDICINA

neurosicología Disciplina que estudia las relaciones entre las funciones sicológicas superiores y las estructuras cerebrales.
s.f.
SICOLOGÍA
th: neuropsicología

neurosicólogo, a Médico especialista en neurosicología.
s./SICOLOGÍA
th: neuropsicólogo

neurosiquiatra Médico especialista en enfermedades nerviosas y mentales.
s.m.f./MEDICINA
th: neuropsiquiatría

neurosiquiatría Parte de la medicina que estudia las enfermedades nerviosas y síquicas.
s.f./MEDICINA
th: neuropsiquiatría

neurosis (Del gr. *neuron*, nervio + *osis*, enfermedad crónica.) Enfermedad nerviosa caracterizada por conflictos intrasíquicos que inhiben las conductas sociales, y por una conciencia dolorosa de los trastornos.
s.f.
pl: neurosis
SIQUIATRÍA

neurótico, a
1 De la neurosis: *tiene un comportamiento neurótico desde que sufrió el accidente.*
adj.
SIQUIATRÍA
2 Que padece neurosis.
adj/s.SIQUIATRÍA
3 Que es muy nervioso o maniático en exceso.
coloquial

neurotomía Operación quirúrgica que consiste en seccionar un cordón nervioso.
s.f.
MEDICINA

neurótomo (Del gr. *neuron*, nervio + *temno*, cortar.) Instrumento quirúrgico de dos cortes, largo y estrecho, que se suele utilizar para disecar nervios.
s.m.
MEDICINA

neurotoxina Toxina que produce lesiones en el sistema nervioso.
s.f.
MEDICINA

neurotransmisión Proceso de transmisión del flujo nervioso.
s.f.
BIOLOGÍA

neurotransmisor Denominación genérica de los agentes químicos, producidos por ciertas células, que estimulan o inhiben a otras provocando una reacción o un movimiento muscular.
s.m.
BIOLOGÍA

neurotrópico, a Que tiene una afinidad especial para las células nerviosas.
adj.
MEDICINA

neurovegetativo, a Se aplica a la parte del sistema nervioso que regula las funciones vegetativas, como la reproductora y la nutritiva.
adj.
ANATOMÍA

neurula Fase del desarrollo embrionario que se caracteriza por la formación del canal neural.
s.f.
BIOLOGÍA

neuston Conjunto de organismos que viven en la capa más superficial del océano, en contacto con el aire.
s.m.
BIOLOGÍA,
ECOLOGÍA

neutonio Unidad de fuerza basada en el metro, el kilogramo, el segundo y el amperio.
s.m./ FÍSICA
= newton

neutral (Del lat. *neutralis*.)
1 Que no toma partido entre dos que luchan o están en oposición: *optó por mantenerse neutral en la discusión.*
adj.
= imparcial
2 Se aplica al país o nación que no interviene en un conflicto bélico o armado: *Suiza fue un país neutral durante la segunda guerra mundial.*
DERECHO,
POLÍTICA

neutralidad
1 Situación de las cosas o de las personas que no se inclinan hacia ninguno de los dos o más caracteres, planteamientos, posturas o maneras de ser opuestas entre sí que se puedan presentar: *es un árbitro conocido por su neutralidad.*
s.f.
= imparcialidad
2 Situación jurídico-política de los países y colectivos que no se inclinan por ninguna de las partes en conflicto armado.
DERECHO,
POLÍTICA

neutralismo Actitud o tendencia a permanecer neutral, en especial en los conflictos internacionales: *algunos países propusieron el neutralismo de la comunidad en este conflicto.*
s.m.
POLÍTICA

neutralista
1 Del neutralismo o de la neutralidad.
adj.
2 Que es partidario del neutralismo: *los neutralistas convocaron una huelga.*
adj/s.m.f.
POLÍTICA

neutralizable Que se puede neutralizar: *los ácidos son sustancias neutralizables.*
adj.

neutralización
1 Acción y resultado de neutralizar.
s.f.
2 Fenómeno por el cual dos fonemas pueden dejar de oponerse en ciertas posiciones.
LINGÜÍSTICA
3 Reacción de una base con un ácido.
QUÍMICA
4 Método para corregir los efectos parasitarios de las ondas en los aparatos receptores.
ELECTRICIDAD

neutralizador, a
1 Que neutraliza: *la sal puede actuar como agente neutralizador.*
adj/s.
= neutralizante
2 Condensador variable para corregir una neutralización o contrarrestar los efectos parasitarios de las ondas.
s.m.
ELECTRICIDAD

neutralizante Que neutraliza.
adj/s.m.

neutralizar
1 Impedir que una cosa tenga los efectos previstos o atenuarlos: *las granadas fueron luego neutralizadas; al fin se neutralizó la inflación.*
v.tr/prnl.
conj: cazar
= contrarrestar
2 Hacer neutral un estado o un territorio: *durante aquella guerra el país se neutralizó.*
DERECHO,
POLÍTICA

3 Hacer que una sustancia química ácida o básica pierda las propiedades de los elementos que la componen.
v.tr.
QUÍMICA

neutrino Partícula elemental sin carga eléctrica y de masa nula.
s.m.
FÍSICA

neutro, a (Del lat. *neuter, -tra, - trum*.)
1 Que no presenta ninguno de dos caracteres opuestos: *ni a favor ni en contra, siempre se muestra neutro en las discusiones.*
adj.
2 Que no está definido ni determinado con claridad: *es un tono neutro, tirando a marrón.*
= impreciso,
vago
3 Que resulta carente de emoción: *sus neutras palabras no demostraban sus sentimientos.*
= frío, indiferente
≠ emotivo
4 Que se abstiene de intervenir en política: *el partido se declaró neutro en la discusión.*
= neutral,
indiferente
5 Se aplica al cuerpo que posee cantidades iguales de electricidad positiva y negativa.
FÍSICA
6 Se refiere al compuesto químico que no tiene carácter ácido ni básico.
QUÍMICA
7 Se aplica al animal que, en estado adulto, carece de sexo.
ZOOLOGÍA
8 Se aplica al género gramatical que no es masculino ni femenino: *en latín existía el género neutro.*
GRAMÁTICA
9 Se refiere al verbo intransitivo.
GRAMÁTICA
10 Se aplica al conductor eléctrico con igual carga positiva que negativa.
ELECTRICIDAD
11 Se refiere a la roca eruptiva intermedia entre las ácidas y las básicas.
GEOLOGÍA

neutrofilia Aumento del número de leucocitos neutrófilos en la sangre.
s.f.
MEDICINA

neutrófilo, a Se aplica al leucocito que presenta granulaciones citoplasmáticas.
adj.
FISIOLOGÍA

neutrón
1 Partícula desprovista de carga eléctrica y cuya masa es aproximadamente igual a la del protón.
s.m.
FÍSICA
2 **neutrón lento:** El que tiene una velocidad igual a la agitación molecular a temperatura normal.
FÍSICA
3 **neutrón rápido:** El de velocidad comparable a la de la luz.
FÍSICA

neutrónico, a De los neutrones.
adj./FÍSICA

nevada
1 Acción y resultado de nevar: *las autoridades advirtieron del riesgo de grandes nevadas.*
s.f./= nevasca,
nevazo
2 Nieve caída de una vez y sin interrupción sobre la tierra: *la nevada nos impidió salir de casa en dos días.*

nevadilla Planta herbácea anual muy ramificada, de hojas estrechas y puntiagudas, con flores pequeñas y verdosas y fruto seco con una sola semilla. *(Paronychia argentea.)*
s.f.
BOTÁNICA
= sanguinaria menor

nevado, a
1 Que está cubierto de nieve: *las cumbres permanecen nevadas durante todo el año.*
adj.
2 Que es blanco, como la nieve: *su cabello está por completo nevado por la edad.*
= albo
3 Se aplica al toro que tiene manchas blancas.
TAUROMAQUIA
4 Cumbre o área montañosa elevada cubierta por nieves perpetuas.
s.m./Amér.
GEOGRAFÍA

nevar (Del lat. vulgar *nivare*.)
1 Caer nieve de las nubes: *se puso a nevar en cuanto llegamos a la cabaña.*
v.intr.
conj: pensar
2 Pintar o esparcir objetos blancos sobre una cosa para blanquearla.
v.tr.
= blanquear

nevasca
1 Acción y resultado de nevar.
s.f./= nevada
2 Ventisca, borrasca de viento y nieve: *la nevasca impidió que los escaladores alcanzaran la cumbre.*

nevatilla Lavandera blanca, ave insectívora.
s.f./ZOOLOGÍA

nevazo
1 Acción y resultado de nevar.
s.m./= nevada
2 Nevada intensa: *cayó un nevazo que bloqueó la carretera.*

nevazón Temporal de nieve: *la nevazón aisló a los habitantes de los pueblos de la montaña.*
s.f./Argent., Chile,
Ecuad.

nevera
1 Cámara industrial o aparato electrodoméstico que sirve para conservar los alimentos u otras sustancias a baja temperatura.
s.f.
TECNOLOGÍA
= frigorífico
2 Sitio donde se guarda y conserva nieve.
3 Recinto o estancia demasiado fría: *esta habitación es una nevera.*
coloquial

nevereta Lavandera blanca, ave insectívora.
s.f./ZOOLOGÍA

nevería Heladería, establecimiento donde se venden helados.
s.f./Méx.
COMERCIO

nevero
1 Paraje montañoso donde se mantiene la nieve todo el año: *lleva equipo adecuado porque atravesaremos un nevero durante la ascensión.*
s.m.
GEOGRAFÍA
2 Parte superior de un glaciar donde la nieve acumulada se convierte en hielo.
GEOGRAFÍA

nevisca Nevada corta de copos pequeños: *dejaron de esquiar aunque sólo cayó una leve nevisca.*
s.f.

neviscar Nevar ligeramente: *neviscó incluso en poblaciones costeras.* — v.intr. / conj: *sacar*

neviza Nieve apelmazada antes de convertirse en hielo que se encuentra sobre todo en la cuenca de un glaciar. — s.f. / GEOGRAFÍA

nevoso, a
1 Que tiene nieve con frecuencia: *es una cumbre nevosa debido a su altura.*
2 Que anuncia o precede a la nevada: *el cielo estaba de un color blanquecino nevoso.* — adj. / = nivoso

nevus Denominación genérica de las manchas de la piel y de las mucosas susceptibles de sufrir una degeneración cancerígena. — s.m. / pl: nevus / MEDICINA

new look (Voz inglesa.) Nueva imagen, en particular a la que se relaciona con los comportamientos personales y colectivos y a la forma de vestir. — s.m.

newton (De Isaac *Newton*, matemático y astrónomo inglés.) Unidad de fuerza en el sistema internacional, que equivale a la que comunica a una masa de un kilogramo la aceleración de un metro por segundo, cada segundo. — s.m. / FÍSICA / = neutonio

nexo (Del lat. *nexus.*)
1 Conexión de una cosa con otra: *su afición al cine era el nexo que les unía.*
2 Unión entre elementos lingüísticos, en especial los de tipo oracional. — s.m./= lazo, unión, vínculo / LINGÜÍSTICA

ni (Del lat. *nec < ne que*, y no.)
1 Indica unión o agrupación de palabras u oraciones negativas: *ni la conozco ni quiero conocerla; lleva días sin comer ni dormir.* — conj.cop.
2 Indica alternativa entre dos o más opciones negativas: *¿acaso te molesté ni te ofendí alguna vez?* — conj.disyunt.
3 Refuerza la idea de negación: *ni lo sueñes, no iré.* — adv.
4 **ni nada**: Ni tan siquiera: *no, si es medio tonto, si no sabe conversar ni nada.* — loc.adv.
5 **ni que**: Indica negación de una idea supuesta o imaginaria: *¡ni que fuésemos tontos de remate!*

niara Pajar en el campo que se hace recubriendo la paja amontonada con retamas o hierbas y en cuyo interior a veces se guarda el grano. — s.f. / AGRICULTURA

nibelungo, a Se aplica a una raza de enanos que atesoraron un fabuloso tesoro según la mitología germánica. — adj./s. / MITOLOGÍA

nicaragua Balsamina, planta. — s.f./BOTÁNICA

nicaragüense
1 De Nicaragua, país centroamericano.
2 Persona natural de este país.
3 Modalidad del español hablada en este país. — adj./= nicaragüeño / s.m.f. / s.m./LINGÜÍSTICA

nicaragüeñismo Expresión o construcción características de la variedad lingüística del español hablado en Nicaragua. — s.m. / LINGÜÍSTICA

nicaragüeño, a
1 De Nicaragua, país centroamericano.
2 Persona natural de este país.
3 Modalidad del español que se habla en este país. — adj./= nicaragüense / s. / s.m./LINGÜÍSTICA

nicarao
1 De un pueblo amerindio que se estableció en las costas del lago de Nicaragua en el siglo XI.
2 Persona natural de este pueblo. — adj. / HISTORIA / s.m.f./HISTORIA

niceno, a
1 De Nicea, antigua ciudad de Asia Menor.
2 Persona natural de esta ciudad. — adj./HISTORIA / s./HISTORIA

nicerobino, a Se aplica a un ungüento oloroso que usaban los romanos y los griegos en la antigüedad. — adj.

nicho (Del ital. ant. *nicchio.*)
1 Cada uno de los huecos construidos en un cementerio para colocar los cadáveres de las personas: *en el cementerio hay una zona de tumbas y otra de nichos.* — s.m.
2 Concavidad hecha en una pared para colocar una imagen u otros objetos. — = hornacina
3 Parcela de actividad o mercado de ámbito restringido y que suele requerir de cierta especialización. — ECONOMÍA
4 **nicho ecológico**: Ambiente de vida con caracteres físicos, químicos y biológicos estables en el tiempo y en equilibrio entre sí. — ECOLOGÍA

nicle (Del ital. *nicchio* < bajo lat. *nichilus*, especie de ágata.) Calcedonia con listas claras y oscuras. — s.m. / MINERALOGÍA

nicociana (Del fr. *nicotiane.*) Tabaco, planta originaria de América. — s.f. / BOTÁNICA

nicol Prisma usado para polarizar la luz hecho de espato islandés. — s.m. / ÓPTICA

nicolaísmo
1 Doctrina de una secta libertina nóstica del siglo II.
2 Doctrina contraria al celibato eclesiástico que apareció en la edad media durante la reforma gregoriana. — s.m./RELIGIÓN / RELIGIÓN

nicolaíta
1 Del nicolaísmo. — adj./RELIGIÓN

2 Persona que practicaba la doctrina del nicolaísmo. — s.m.f./RELIGIÓN

nicomediense
1 De Nicomedia, antigua ciudad de Asia Menor.
2 Persona natural de esta antigua ciudad. — adj./HISTORIA / s.m.f./HISTORIA

nicótico, a Del nicotismo: *tomaba unas pastillas para calmar los síndromes nicóticos.* — adj.

nicotina (Del fr. *nicotiane.*) Alcaloide del tabaco, que en dosis elevadas es venenoso y que puede provocar una intoxicación grave. — s.f. / QUÍMICA

nicotínico, a
1 De la nicotina.
2 Se aplica a un ácido que interviene en la constitución de una vitamina del grupo B. — adj. / QUÍMICA

nicotismo Conjunto de daños, agudos o crónicos, producidos por la intoxicación por nicotina debida al consumo abusivo de tabaco. — s.m./MEDICINA / = nicotinismo, tabaquismo

nict- Componente de palabra procedente del gr. *nyx*, que significa noche: *nictalopía.* — pref.

nictagináceo, a Perteneciente a una familia de plantas angiospermas dicotiledóneas, herbáceas, leñosas, de hojas opuestas y flores solitarias de vivos colores, como la buganvilla. — adj/s.f. / BOTÁNICA / = nictagíneo

nictalófilo, a Que gusta de la oscuridad o se desarrolla mejor en ella. — adj. / BIOLOGÍA

nictálope (Del gr. *nyktalops.*) Se aplica a la persona o al animal que ve mejor de noche que de día o en lugares oscuros. — adj. / BIOLOGÍA

nictalopía
1 Anomalía de la visión por la que se ve mejor de noche o con luz escasa que con luz abundante.
2 Buena visión con luz escasa o poco intensa. — s.f. / MEDICINA / BIOLOGÍA

nictalópico, a De la nictalopía: *el gato es un animal nictalópico.* — adj. / BIOLOGÍA

nictemeral
1 Que se refiere al día y a la noche al mismo tiempo.
2 Que dura un día completo.
3 Se aplica al ritmo biológico de los seres vivos que produce respuestas orgánicas bajo los efectos de los fenómenos naturales, como la luz o la humedad, y que predispone sus hábitos. — adj./tb: nictameral / BIOLOGÍA

nictémero, a
1 Se aplica a la planta que dura un solo día con su noche.
2 Unidad fisiológica de tiempo cuya duración es de veinticuatro horas, en la que hay un período de vigilia y otro de sueño, tanto para el hombre como para la mayoría de animales. — adj. / BOTÁNICA / s.m. / BIOLOGÍA

nictitación Parpadeo por convulsión del músculo del párpado. — s.f./FISIOLOGÍA / = nictación

nictitante (Del lat. *nictitare.*) Se aplica a la membrana casi transparente que forma el tercer párpado de las aves. — adj. / ZOOLOGÍA

nicturia Excreción urinaria incontrolada que se produce durante las horas nocturnas. — s.f. / MEDICINA

nidación Implantación del huevo de los mamíferos en el útero, donde es retenido por su mucosa, para que prosiga el embarazo y se desarrolle un nuevo ser. — s.f. / BIOLOGÍA

nidada
1 Conjunto de los huevos puestos en el nido: *aún no se ha abierto la nidada de los canarios.* — s.f. / ZOOLOGÍA
2 Conjunto de las crías de las aves mientras están en el nido: *pudo captar con la cámara a la nidada esperando el alimento.* — ZOOLOGÍA / = pollada

nidal
1 Lugar donde las aves domésticas suelen poner sus huevos: *las palomas tenían su nidal en unos árboles del jardín.* — s.m. / = ponedero
2 Huevo que se deja en un sitio para que las gallinas se acostumbren a ir allí a poner.
3 Sitio donde una persona acostumbra a ir o en donde esconde alguna cosa: *tenía su nidal en una oscura sala del sótano.* — = nido
4 Causa u origen de una cosa: *el nidal de tu desesperación es que aún no has tomado una decisión.* — = motivo

nidario, a Perteneciente a un subtipo de celentéreos que tienen órganos urticantes en la epidermis y son en general unisexuales, como la medusa. — adj/s.m. / tb: cnidario / ZOOLOGÍA

nidícola Se aplica al ave que no es capaz de abandonar el nido después de nacer y permanece en él hasta que completa su desarrollo. — adj./ZOOLOGÍA / = nidófilo / ≠ nidífugo

nidificación Fabricación o construcción de un nido que hacen las aves para depositar sus huevos y otros animales para sus crías: *la nidificación del pájaro tejedor es suspendida.* — s.f. / ZOOLOGÍA

nidificar Hacer las aves su nido o un hueco para las crías, otros animales: *las cigüeñas suelen nidificar en los campanarios.* — v.intr. / conj: *sacar* / ZOOLOGÍA

nidífugo, a Se aplica al ave que es capaz de abandonar el nido inmediatamente después de nacer. — adj./ZOOLOGÍA ≠ nidícola

nido (Del lat. *nidus*.)
1 Especie de lecho preparado por las aves con hierbas, pajas, plumas u otras materias para poner sus huevos y criar los pollos: *había un nido de golondrinas en el tejado.* — s.m. ZOOLOGÍA
2 Hueco o cavidad donde procrean distintos animales: *el gato descubrió un nido de ratones en el garaje.* — ZOOLOGÍA
3 Lugar donde acostumbran a poner sus huevos las aves domésticas. — = ponedero
4 Patria u hogar de una persona: *ha hecho unas cortinas para su nido.* — = casa, morada
5 Lugar donde viven o se reúnen los maleantes: *aquel garito es un nido de ladrones.* — = cubil
6 Lugar donde se agrupan muchas cosas de una determinada clase: *la alfombra es un nido de polvo.*
7 Lo que es origen de cuestiones inmateriales: *su negativa fue un nido de polémicas.*
8 **nido de abeja:** Punto de adorno que se hace sobre una tela fruncida. — TEXTIL
9 **nido de amor:** Habitación o casa donde se reúnen dos enamorados: *les apenó abandonar aquel apartamento que había sido su nido de amor.*
10 **nido de urraca:** Trinchera pequeña y circular construida por el sitiador de una plaza para proteger sus trabajos. — MILITAR
11 **caerse una persona del nido:** Ser muy crédula o ignorante una persona: *no entendió sus insinuaciones porque acaba de caerse del nido.* — coloquial

nidoroso, a Que huele a materia orgánica animal en estado de descomposición. — adj.

niebla (Del lat. *nebula*.)
1 Fenómeno atmosférico que se produce cuando una porción de aire lleva partículas de agua en suspensión, que proceden de la condensación del vapor de la atmósfera, y que impide la visibilidad. — s.f. = bruma
2 Nube o mancha en la córnea del ojo. — MEDICINA
3 Hongo parásito que ataca a la vid y a las espigas de los cereales. — MICOLOGÍA = añublo
4 Falta de claridad para entender alguna cosa: *su contabilidad está envuelta en una niebla sospechosa.* — = confusión
5 Munición para armas de caza muy menuda. — CAZA
6 Grumos que en ciertas enfermedades suele formar la orina después de fría y en reposo. — MEDICINA
7 **niebla meona:** Aquella de la que se desprenden gotas menudas de agua. — coloquial

niego
I (Derivado de *nido*.) Se aplica al halcón recién sacado del nido o cogido en él. — adj. CAZA
II (De origen incierto.) Excavación en la que no se encuentra mineral. — s.m. MINERÍA

niel (Del cat. *niell* < lat. *nigellus*, negrillo.) Labor en hueco que se hace sobre metales preciosos y se rellena con esmalte negro. — s.m. ARTE

nielado Técnica de ornamentación que consiste en efectuar labores en hueco sobre metales preciosos para después rellenarlas con esmalte negro. — s.m. ARTE

nielador, a Se aplica a la persona que niela metales preciosos. — adj/s. ARTE

nielar Adornar un metal precioso con nieles, en orfebrería. — v.tr. ARTE

niéspera Fruto aovado, rojizo, pulposo y dulce del níspero. — s.f./BOTÁNICA = níspola

nietastro, a Hijo o hija del hijastro o de la hijastra de una persona, respecto de ésta. — s

nieto, a (Del lat. vulgar *nepta*, nieta.)
1 Hijo o hija del hijo o de la hija de una persona, respecto de ella: *tuvo su primer nieto a los cincuenta años.* — s
2 Descendiente de una línea genealógica a partir de la tercera generación.
3 Rama secundaria que nace del sarmiento de la vid. — s.m./AGRICULTURA

nieve (Del lat. *nix, nivis*.)
1 Fenómeno atmosférico que consiste en la caída de pequeños cristales agrupados de agua congelada que llegan al suelo en forma de copos blancos: *la nieve es frecuente en las zonas de gran altitud.* — s.f.
2 Suma blancura de una cosa: *la nieve de su piel relucía entre el oscuro terciopelo.* — literario
3 Alcaloide obtenido de las hojas de la coca que se utiliza como droga y estupefaciente o como anestésico en medicina. — argot = cocaína
4 Nevada, nieve caída de una vez y sin interrupción.
5 Período de tiempo en el que nieva mucho: *durante las nieves los niños se dedican a esquiar.* — s.f.pl.
6 Defecto de una piedra preciosa que afecta a su transparencia, en joyería. — s.f.
7 Pequeñas manchas o puntos intermitentes que se observan en el televisor debido a interferencias o debilidad de la señal. — TELECOMUNICACIONES
8 Polo, sorbete de helado. — Méx., Cuba, P. Rico

9 **nieve carbónica:** Anhídrido carbónico sólido de color blanco que se usa como refrigerante. — QUÍMICA
10 **nieves eternas, permanentes o perpetuas:** Las que, por estar a gran altura, no se derriten nunca.
11 **nieve ventisquera:** Masa granulosa y llena ·de burbujas de aire que está en un estadio intermedio entre la nieve y el hielo. — GEOLOGÍA

nif (Acrónimo de *[n]úmero de [i]dentificación [f]iscal.*) Conjunto de dígitos que se asignan a cada contribuyente para ser identificado por la hacienda pública. — s.m. ECONOMÍA

nife Materia pesada del núcleo de la Tierra compuesta, según algunas teorías, de níquel y hierro. — s.m. GEOLOGÍA

nigeriano, a
1 De Nigeria, país de África occidental. — adj.
2 Persona natural de este país. — s.

nigerio, a
1 De Níger, país de África occidental. — adj.
2 Persona natural de este país. — s.

night-club (Expresión inglesa.) Sala de fiestas nocturna en la que se consumen bebidas y a veces se presencian espectáculos: *vimos un strip-tease en el night-club.* — s.m. = cabaret

nigola Cordel que, ligado a los obenques de manera horizontal, forma escalones por donde los marineros suben a lo alto de los palos. — s.f. NÁUTICA = flechaste

nigromancia (Del gr. *nekromanteia*.)
1 Adivinación del futuro mediante la invocación a los muertos. — s.f./OCULTISMO tb: nigromancía
2 Magia negra. — OCULTISMO

nigromante Persona que practica la adivinación del futuro con la nigromancia. — s.m.f. OCULTISMO

nigromántico, a
1 De la nigromancia: *el espiritismo es una práctica nigromántica.* — adj./OCULTISMO = mágico
2 Persona que practica la nigromancia. — s./OCULTISMO

nigua Insecto díptero de origen americano que se parece a la pulga pero es mucho más pequeño, con la trompa más larga y puede ocasionar picazón y úlceras graves en la piel del hombre y de los animales. *(Tunga penetrans).* — s.f. ZOOLOGÍA

nihilidad Condición de no ser nada. — s.f.

nihilismo (Del lat. *nihil*, nada.)
1 Doctrina filosófica que niega la posibilidad de todo conocimiento y que, en su dimensión práctica, supone la negación de los valores superiores. — s.m. FILOSOFÍA
2 Movimiento revolucionario ruso surgido a mediados del siglo XIX, que defendía la destrucción de la sociedad al no reconocer ninguna autoridad social ni política. — POLÍTICA

nihilista
1 Del nihilismo: *manifiesto nihilista.* — adj.
2 Que profesa o es partidario del nihilismo filosófico o sociopolítico. — adj/s.m.f.FILOSOFÍA, POLÍTICA

nihil obstat (Expresión latina.) Con aprobación eclesiástica para su publicación. — loc.adv.

nikkei (Voz japonesa.) Se refiere al índice que regula el nivel económico de las acciones que se cotizan en la bolsa de la capital japonesa. — adj/s.m. ECONOMÍA

nilad Arbusto de Filipinas con tallos ramosos, hojas aovadas, flores blancas en ramillete y fruto en drupa. — s.m. BOTÁNICA

nilón (Del ingl. *nylon*.) Fibra sintética muy resistente usada en la fabricación de tejidos e hilos. — s.m./TEXTIL tb: nailon, nylon

nilótico, a (De *Nilo*, río africano.)
1 De este río del continente africano. — adj./GEOGRAFÍA
2 Se aplica a los habitantes de la región de este río.
3 Se refiere a un subgrupo de lenguas sudánicas habladas por pueblos que habitan la zona sur de este río. — LINGÜÍSTICA

nimbado, a
1 Se aplica a la imagen religiosa que tiene la cabeza rodeada por un círculo luminoso, como símbolo de santidad. — adj. RELIGIÓN
2 Se refiere a aquellos objetos, en especial los astros celestes, que aparecen rodeados por un halo luminoso.

nimbar Poner una aureola alrededor de la cabeza de una persona o de una imagen: *el pintor nimbó los ángeles que aparecían en el cuadro.* — v.tr.

nimbo (Del lat. *nimbus*, nubarrón.)
1 Disco o círculo luminoso que rodea la cabeza de algunas imágenes religiosas como símbolo de santidad. — s.m. = aureola
2 Capa de nubes, formada por la aglomeración de cúmulos, que presenta un aspecto uniforme.
3 Círculo luminoso que rodea una cosa: *hoy la Luna tiene un nimbo a su alrededor.*
4 Círculo que rodea la cabeza del emperador en algunas medallas romanas.

nimboestrato Capa de nubes bajas, grisáceas, a veces muy oscuras, cuyo aspecto resulta difuso por la precipitación, más o menos constante, de agua o nieve. — s.m. tb: nimbostratus

nimiedad
1 Cosa de muy poca importancia o de muy poco valor: *discute por nimiedades; me suspendió por una nimiedad.* — s.f. = insignificancia
2 Actitud de quien cuida hasta los menores detalles lo que hace: *decora cerámica con una nimiedad asombrosa.* — = minuciosidad

nimio, a (Del lat. *nimius*, excesivo.)
1 Que no tiene importancia, en especial cosas inmateriales: *no creo que haya entrar en estos nimios detalles; la discusión se debe a una cuestión nimia.* — adj. = insignificante ≠ importante
2 Se aplica a la persona, acción o relato que es escrupuloso o minucioso: *nos hizo un nimio relato de sus desventuras.* — = prolijo

ninfa (Del gr. *nymphe*, mujer joven.)
1 Cualquiera de las diosas de las aguas, bosques y selvas de los antiguos griegos: *las Nereidas eran ninfas marinas.* — s.f. MITOLOGÍA
2 Mujer joven y hermosa: *el poeta canta en sus versos a la ninfa de la que se ha enamorado.* — literario
3 Estado transitorio entre la larva y la última transformación o imago, que presentan algunos insectos de metamorfosis completa: *la ninfa está recubierta a veces por un capullo de seda.* — ZOOLOGÍA = crisálida
4 Labios menores de la vulva o parte más externa de los genitales femeninos. — s.f.pl. ANATOMÍA
5 **ninfa Egeria:** Consejero de una persona, o la que impulsa de manera sigilosa o poco evidente.

ninfea (Del gr. *nymphe*, mujer joven.) Nenúfar, planta acuática. — s.f. BOTÁNICA

ninfáceo, a Perteneciente a una familia de plantas acuáticas angiospermas dicotiledóneas, de hojas flotantes y grandes, flores regulares y fruto indehiscente, como el nenúfar. — adj/s.f. BOTÁNICA

ninfeo
1 Gruta de la que manaba una fuente de agua consagrada a las ninfas, según la mitología griega. — s.m. MITOLOGÍA
2 Construcción arquitectónica, de la época helenística y romana, compuesta de hornacinas y columnas. — ARQUITECTURA
3 Fuente monumental que durante el renacimiento y el barroco se construyó en algunas grandes ciudades. — ARQUITECTURA

ninfo (Del gr. *nymphe*, mujer joven, divinidad de las fuentes.) Hombre muy presumido y vanidoso que está muy satisfecho de sus propias dotes: *ya ha llegado el ninfo del barrio con sus ínfulas.* — s.m. coloquial = narciso

ninfómana Mujer dominada por deseos sexuales frecuentes, intensos y muy difíciles de satisfacer. — s.f. SICOLOGÍA

ninfomanía (Del gr. *nymphe*, mujer joven + *mania*, pasión.) Exageración patológica del deseo sexual en la mujer. — s.f. SICOLOGÍA = furor uterino

ninfomaníaco, a De la ninfomanía. — adj./SICOLOGÍA

ninfosis Período del desarrollo posembrionario de los insectos de metamorfosis completa durante el cual la larva se encierra en un capullo y reduce sus constantes vitales. — s.f. pl: ninfosis ZOOLOGÍA

ningún Apócope de ninguno que se usa antepuesto a nombres masculinos: *no tiene ningún amigo; no tengo ningún deseo de verle.* — adj.indef.

ningunear Menospreciar o no tomar en consideración a una persona. — v.tr.

ninguno, a (Del lat. *nec unus*, ni uno.)
1 Ni uno: *no haré ninguna concesión; ninguna cosa me satisface; el chiste no tiene ninguna gracia.* — adj.indef.
2 Indica la falta total o la no existencia de una persona, animal o cosa: *no vino ninguna de ellas, ninguno de ellos contestó.* — pron.indef. = nadie

ninivita
1 De Nínive, antigua ciudad de Asia. — adj./HISTORIA
2 Persona natural de esta antigua ciudad. — s.m.f./HISTORIA

ninot (Voz catalana.) Figura de cartón que se quema en la calle durante la fiesta de las fallas valencianas. — s.m. pl: ninots

niña
1 Pupila del ojo: *la niña se contrae por el exceso de luz y se dilata por la falta de ella.* — s.f. ANATOMÍA
2 **niña de los ojos:** Persona o cosa muy querida para una persona: *la hija menor es la niña de los ojos de su padre.* — coloquial
3 **niña de mano:** Sirvienta que se ocupa de las tareas de la casa excepto de la cocina. — Chile
4 **la niña bonita:** El número quince, en especial cuando se usa refiriéndose a sorteos de lotería: *dame un número que acabe en la niña bonita.* — coloquial JUEGOS
5 **querer a una persona o a una cosa como a las niñas de los ojos:** Quererla mucho: *quiere a ese joven como a las niñas de los ojos.* — coloquial
6 **saltársele a una persona las niñas de los ojos:** Tener mucho deseo de una cosa: *se le saltaban las niñas de los ojos al ver aquel coche.* — coloquial
7 **tocar a una persona en las niñas de los ojos:** — coloquial

Sentir gran dolor por la pérdida o el daño de aquello que se ama o estima mucho: *aquel desaire le tocó en las niñas de los ojos.*

niñada Acción o palabras poco sensatas o reflexivas de un hombre y que parecen propias de niños: *se negó a salir por una niñada.* — s.f. = chiquillada, niñería

niñato (Del lat. *non natus*, no nacido.) Becerrillo que se halla en el vientre de la vaca que se sacrifica estando preñada. — s.m.

niñato, a (Derivado de *niño*.)
1 Se aplica al joven que es presumido y despreocupado: *sólo un niñato puede cometer este error.* — adj/s./coloquial despectivo
2 Se refiere a la persona joven y presuntuosa que tiene aires de superioridad y pretende saberlo todo: *no estoy dispuesto a aguantar a este niñato sabelotodo y presumido.* — coloquial, despectivo presuntuoso = enterado

niñear Hacer niñerías o portarse como un niño: *pídeme las cosas bien y no niñees más.* — v.intr.

niñera Mujer que se dedica a cuidar niños: *la niñera acostará a los niños.* — s.f. = aya, nurse

niñería
1 Acción o palabras propias de niños: *no digas niñerías, claro que te quiero.* — s.f. = niñada
2 Cosa de poca importancia o trivial, tanto tratándose de objetos como de acciones y palabras: *os he traído unas niñerías como recuerdo; se pasan el día discutiendo por niñerías.* — = nimiedad

niñero, a Que gusta de niños o de niñerías: *no se cansa de jugar con el bebé porque es un niñero.* — adj.

niñez
1 Período de la vida humana, comprendido entre el nacimiento y la adolescencia: *su niñez no fue agradable porque perdió a sus padres.* — s.f. pl: niñeces = infancia
2 Período inicial de alguna cosa: *la empresa todavía se encuentra en su niñez.* — = comienzo
3 Acción o palabras propias de un niño: *déjate de niñeces y dámelo.* — = niñería

niño, a (Del ant. *ninnus*, voz de creación expresiva.)
1 Que está en la niñez: *está jugando con otros niños en el parque.* — adj/s. = nene
2 Que tiene poca edad: *aún es niño para tener tantas responsabilidades.* — = pequeño
3 Que tiene poca experiencia: *es un niño en este trabajo.* — = inexperto
4 Que actúa de forma irreflexiva: *a sus años, es un niño tirándose por el tobogán.* — = irreflexivo
5 Hijo, sobre todo cuando es de poca edad: *no han tenido niños; cada día lleva a sus niños al colegio.* — s.
6 Tratamiento de respeto que en el servicio a sus señores o a persona de cierta consideración social, en especial a los solteros. — Amér.
7 **niño bien:** Persona de buena familia: *es un niño bien que se codea con la nobleza.* — coloquial
8 **niño de coro:** El que forma parte del coro en las catedrales.
9 **niño de la doctrina:** El que es huérfano.
10 **niño de la piedra:** Aquel que fue abandonado al nacer. — = expósito
11 **niño de la rollona:** Joven de edad que tiene modales de niño.
12 **niño de pañales, de pecho, de teta o de mantillas:** 1. El que aún es lactante. 2. Persona que está en los inicios de un arte o estudio. — coloquial
13 **niño gótico:** Joven presuntuoso. — coloquial
14 **Niño Jesús:** Imagen que representa a Cristo en la niñez. — RELIGIÓN
15 **niño mimado:** 1. Persona que es preferida por otra: *es el niño mimado del director.* 2. Aquel al que se le consiente todo.
16 **niño zangolotino:** Muchacho que quiere pasar por niño.
17 **a anda niño:** Llevando un objeto de un lugar a otro apoyándolo sucesivamente en un lado y luego en el otro, como cuando un bebé aprende a caminar agarrado de las manos. — loc.adv.
18 **¡anda y vamos niño!:** Indica incredulidad: *¡anda niño que me estás engañando!* — coloquial
19 **niño con zapatos nuevos:** Que está satisfecho o feliz con un objeto adquirido hace poco tiempo: *está como niño con zapatos nuevos con su vídeo.* — loc.adj.
20 **desde niño:** Desde la infancia: *son amigos desde niños.* — loc.adv.
21 **¡qué niño muerto!:** Indica desprecio por lo que se acaba de decir repitiéndolo: *quiero leche, ¡qué leche ni qué niño muerto!* — coloquial
22 **¡no seas niño!:** Indica reproche hacia otra persona por su ingenuidad: *¡no seas niño, levántate que has de ir a trabajar!* — coloquial

niobio (De *Niobe*, nombre de la hija de Tántalo.) Metal raro de color gris semejante al tántalo y usado en aleaciones. — s.m. QUÍMICA

nipón, a
1 Del Japón, país insular de Asia oriental. — adj./= japonés

níquel (Del alem. *nickel*.)
1 Metal magnético, blanco, muy duro y pesado, difícil de fundir y de oxidar, usado en máquinas y para recubrir otros metales. **s.m.** **QUÍMICA**
2 Caudal, bienes o dinero que se poseen. *Urug.*
3 Moneda, pieza de metal de valor establecido. *Urug.*
4 Moneda de cinco centavos. *Cuba, P. Rico*

2 Persona natural de este país. **s.**

niquelado, a
1 Que está recubierto de níquel: *el cabezal es de hierro niquelado.* **adj.** **METALURGIA**
2 Acción y efecto de niquelar: *el niquelado puede aplicarse a muchas piezas metálicas.* **s.m./METALURGIA** = niqueladura

niquelador, a Persona que tiene por oficio recubrir una superfice con níquel. **s.** **METALURGIA**

niquelar Cubrir una cosa con níquel: *quiero niquelar unos candelabros antiguos.* **v.tr.** **METALURGIA**

niquelina Arseniato natural de níquel rojo, mineral de este color, brillo metálico con forma de agregados granulares o fibrosos y muy frágil. **s.f.** **MINERALOGÍA** = nicolita

niqui Prenda de vestir semejante a la camiseta, en general de punto y con cuello: *su equipo de deporte es un pantalón y un niqui blanco.* **s.m.** = polo

niquitoso, a Se aplica a la persona que es dengosa o muy minuciosa. **adj.** *Argent.*

nirvana (Del sánscrito *nirvana*, destrucción.) Desaparición de todos los deseos de este mundo, que libera al hombre de su condición de sufrimiento, de la ilusión y de la ignorancia, en el budismo. **s.m.** **RELIGIÓN**

níscalo Hongo comestible de color rojo purpúreo o anaranjado y algo verdoso, que exuda un líquido lechoso de color rojo oscuro y crece en los bosques de coníferas. (*Lactarius deliciosus.*) **s.m.** **MICOLOGÍA** = mízcalo

níspera Níspero, fruto. **s.f./= níspola**

níspero (Del lat. vulgar *nespirum* < lat. *mespilum* < gr. *mespilos*.)
1 Planta arbórea de hojas ovales y puntiagudas, de tronco tortuoso y ramas algo espinosas, con flores blancas y fruto comestible. (*Mespilus germanica.*) **s.m.** **BOTÁNICA** tb: néspera
2 Fruto de este arbusto y del níspero del Japón, de color amarillento y rojizo, de carne pulposa y ácida.
3 Zapote, árbol de la familia de las sapotáceas, de tronco recto, copa redonda, hojas alternas y madera blanca. *Amér. Central y Merid.* **BOTÁNICA**
4 Fruto de este árbol, de carne amarillo oscuro, dulce y con grandes semillas negras. *Amér. Central y Merid./BOTÁNICA*
5 **níspero del Japón**: Arbusto rosáceo con hojas vellosas por el envés, flores blancas con olor a almendra y fruto amarillento. (*Eriobotrya japonica.*) **BOTÁNICA**
6 **níspero espinoso**: Espino albar, árbol. **BOTÁNICA**
7 **mondar una persona nísperos**: Estar ajeno u ocioso en determinada ocasión: *míralo, tú explicando lo que tiene que hacer y él mondando nísperos.* **coloquial**

níspola Fruto del níspero, aovado, amarillento-rojizo, duro y acerbo cuando se desprende del árbol, blando, pulposo, dulce y comestible cuando está pasado. **s.f.** = néspera, níspera, níspero

nistagmo Movimiento espontáneo, rápido y rítmico de los ojos producido en el eje horizontal o en el vertical de la órbita ocular, que revela alteraciones patológicas del sistema nervioso o del oído. **s.m.** **MEDICINA**

nistatina Antibiótico activo contra algunos hongos parasitarios. **s.f.** **FARMACIA**

nitidez Cualidad de nítido: *la nitidez de las figuras de la fotografía es perfecta.* **s.f./pl: nitideces** = claridad

nítido, a (Del lat. *nitidus*, brillante.)
1 Que es transparente y limpio por completo: *el agua del mar estaba quieta y nítida.* **adj./= diáfano, cristalino**
2 Que es preciso o está bien definido: *la imagen se ve nítida en el cuadro.* = claro ≠ confuso

nito
1 Helecho que se cría en las islas Filipinas y de cuyos pecíolos se saca un filamento para hacer sombreros y petacas. (*Lygodium semihastatum.*) **s.m.** **BOTÁNICA**
2 Palabra usada como respuesta a la pregunta sobre lo que se come o se lleva, cuando no se quiere decir por alguna razón. **s.m.pl.** **coloquial**

nitración Tratamiento químico mediante el que se introduce ácido nítrico en un compuesto orgánico. **s.f.** **QUÍMICA**

nitrador Recipiente que tiene una pared doble que se utiliza para nitrar. **s.m.** **QUÍMICA**

nitral Terreno abundante en nitrato de potasio. **s.m.**

nitrar Introducir el grupo funcional positivo formado por un átomo de nitrógeno y dos de oxígeno en un compuesto orgánico. **v.tr.** **QUÍMICA**

nitratación Proceso de transformación del ácido nitroso en ácido nítrico, o de los nitritos en nitratos. **s.f.** **QUÍMICA**

nitratado, a Que contiene nitrato: *explosivo nitratado; papel nitratado.* **adj.** **QUÍMICA**

nitratar
1 Transformar en nitrato. **v.tr./QUÍMICA**
2 Incorporar un nitrato en un compuesto orgánico. **QUÍMICA**

nitrato
1 Cualquier sal o éster del ácido nítrico. **s.m./QUÍMICA**
2 **nitrato de amonio**: Cuerpo incoloro soluble en agua y en alcohol, que se usa como oxidante y en la producción de fertilizantes y explosivos. **QUÍMICA**
3 **nitrato de Chile**: Abono nitrogenado compuesto de nitrato de sosa, procedente de yacimientos chilenos. **QUÍMICA**
4 **nitrato de potasio**: Polvo cristalino e incoloro, soluble en agua, alcohol y glicerina que se usa en la fabricación de mechas, pólvora, elaboración de tabaco, para adobar carnes y como fertilizante. **QUÍMICA**
5 **nitrato de sodio**: Cuerpo sólido de color blanco que se extrae del nitrato de Chile y se usa en la industria del vidrio, en pirotecnia y como fertilizante. **QUÍMICA**

nitrería Sitio donde se recoge y trata el nitro para extraerle los nitratos. **s.f.**

nítrico, a Del nitro o del nitrógeno. **adj./QUÍMICA**

nitrificar Transformar en nitrato: *nitratan las sustancias para su uso industrial.* **v.tr./conj: sacar** **QUÍMICA**

nitrilo Cada uno de los compuestos orgánicos derivados del cianuro de hidrógeno por sustitución de su átomo de hidrógeno por un radical. **s.m.** **QUÍMICA**

nitrito Sal derivada del ácido nitroso combinado con una base: *algunos nitritos se usan como abono.* **s.m.** **QUÍMICA**

nitro (Del lat. *nitrum* < gr. *nitron*.)
1 Nitrato potásico que se encuentra en la superficie de algunos terrenos húmedos o salados en forma de aguijillas o polvo, frágil, de color blanco, traslúcido, de brillo vítreo, de sabor amargo y que se usa como fuente de nitratos. **s.m.** **QUÍMICA** = salitre
2 Costra que se forma de esta sustancia en una superficie. = espuma de nitro
3 **nitro cúbico**: Sal semejante al nitro, en la que el sodio reemplaza al potasio. **QUÍMICA**

nitro- Componente de palabra procedente del lat. *nitrum* < gr. *nitron*, que significa nitro e indica su presencia en un compuesto químico: *nitroglicerina.* **pref.**

nitrobenceno Líquido oleoso, de color amarillo claro o incoloro, que se obtiene tratando el benceno con una mezcla de ácido nítrico y ácido sulfúrico, usado en la fabricación de explosivos y en perfumería. **s.m.** **QUÍMICA**

nitrobencina Sustancia obtenida por la combinación del ácido nítrico con la bencina. **s.f.** **QUÍMICA**

nitrocelulosa Sustancia explosiva muy potente obtenida por la mezcla de algodón con ácidos sulfúrico y nítrico. **s.f.** **QUÍMICA** = piroxilina

nitrocompuesto Compuesto orgánico estable, de color amarillo, formado, entre otros, por un átomo de nitrógeno y dos de oxígeno. **s.m.** **QUÍMICA**

nitrófilo, a Se aplica a las plantas y a las comunidades vegetales que necesitan tierras ricas en nitrógeno para desarrollarse. **adj.** **BOTÁNICA**

nitroformo Producto obtenido del metano que forma cristales incoloros y al fundirlo se convierte en un líquido de aspecto oleoso. **s.m.** **QUÍMICA**

nitrogelatina Explosivo compuesto por una mezcla de glicerina con nitrato de sodio y serrín, que se utiliza en la fabricación de dinamita, otros explosivos y en medicina. **s.f.** **QUÍMICA**

nitrogenado, a Que contiene nitrógeno: *utilizó abono nitrogenado.* **adj.** **QUÍMICA**

nitrogenar Combinar una sustancia con nitrógeno. **v.tr./QUÍMICA**

nitrogenasa Enzima constituida por dos proteínas distintas, ninguna de las cuales es activa por sí misma. **s.f.** **BIOQUÍMICA**

nitrógeno (Del lat. *nitrum* < gr. *nitron*, nitro + gr. *gennao*, producir.) Elemento químico gaseoso, incoloro, transparente, insípido e inodoro que constituye alrededor de las cuatro quintas partes de la atmósfera. **s.m.** **QUÍMICA** = ázoe

nitroglicerina Líquido aceitoso e inodoro obtenido por la acción del ácido nítrico sobre la glicerina, de sabor algo dulce, poco soluble en alcohol y éter, y que estalla por efecto del roce, calor o choque. **s.f.** **QUÍMICA**

nitrosidad Calidad de nitroso. **s.f./QUÍMICA**

nitroso, a
1 Que contiene nitrógeno o tiene alguna de sus propiedades. **adj.** **QUÍMICA**
2 Se aplica a los compuestos oxidados del nitrógeno en grado inferior al ácido nítrico. **QUÍMICA**

nitruración Tratamiento para endurecer el acero, mediante difusión de nitrógeno y lo hace más resistente a la corrosión. **s.f.** **METALURGIA**

nitrurar Endurecer la superficie de un metal ferroso mediante la acción del nitrógeno caliente. **v.tr.** **METALURGIA**

nitruro Combinación del nitrógeno con un metal. — s.m./QUÍMICA

nivación Conjunto de los fenómenos mediante los cuales la nieve influye en la formación del relieve. — s.f. GEOLOGÍA

nival
1 De la nieve o de los efectos que causa. — adj.
2 Se aplica a la vegetación que se desarrolla por encima de la zona alpina, donde están las nieves perpetuas. — BOTÁNICA
3 Se refiere a los animales y a las plantas que se caracterizan por vivir en o bajo la nieve. — ECOLOGÍA

nivel (Del cat. *nivell* < lat. vulgar *libellum* < lat. *libella*.)
1 Instrumento que se usa para comprobar la horizontalidad o la verticalidad de un plano y para determinar la diferencia de altura entre dos puntos: *al aplicar el nivel en la pared, descubrimos que estaba torcida.* — s.m. TECNOLOGÍA
2 Situación de una cosa que es o está horizontal: *el nivel del suelo es perfecto.* — = horizontalidad
3 Altura a la que llega la superficie de un líquido, de un gas o de otras cosas: *el nivel de agua del pantano ha descendido.*
4 Altura a la que llega o está situada una cosa con respecto a otra: *la población está a mil metros sobre el nivel del mar; el espejo está colocado al nivel de mi cabeza.*
5 Altura a la que ha llegado una persona o cosa en cualquier aspecto: *el nivel de la cultura es muy bajo en ese país; las ventas han alcanzado un alto nivel.* — = grado
6 Igualdad o equivalencia en cualquier línea o especie: *el gobierno intenta situar la economía a nivel europeo.*
7 Atributo de un lenguaje de programación que expresa su grado de sencillez y concisión a la hora de programar: *Prolog y C son lenguajes de alto nivel.* — INFORMÁTICA
8 Cada piso o planta de una mina. — MINERÍA
9 Conjunto de trabajos realizados en una mina a la misma profundidad. — MINERÍA
10 **nivel de agua:** Instrumento que permite calibrar la variación de inclinación de un plano mediante la diferente o igual altura que alcanza el agua que llena los dos tubos de cristal situados en sus brazos laterales. — TECNOLOGÍA
11 **nivel de aire:** Instrumento que consiste en un tubo lleno de agua o de otro líquido con una burbuja que ocupa el centro del tubo cuando éste está en posición horizontal. — TECNOLOGÍA
12 **nivel de albañil:** Instrumento formado por un triángulo isósceles hecho de listones, con una plomada que pende del vértice del ángulo recto, y que sirve para indicar la posición horizontal. — CONSTRUCCIÓN
13 **nivel del mar:** Altura a que está la superficie del mar, tomada como altura geográfica cero. — GEOGRAFÍA
14 **nivel de vida:** Grado de bienestar, en especial material, alcanzado por la mayoría de los habitantes de un país, los componentes de una clase social, los individuos que ejercen una misma profesión u otros grupos sociales: *el nivel de vida familiar aumentó a raíz de que ella se puso a trabajar.* — ESTADÍSTICA, SOCIOLOGÍA
15 **nivel de vuelo:** Altura a la que vuela un avión respecto al nivel del mar. — AERONÁUTICA
16 **a nivel:** 1. En un plano horizontal: *pon las dos mesas a nivel.* 2. A la misma altura o grado: *sus conocimientos están a nivel del curso.* — loc.adv. loc.adv.
17 **estar al mismo nivel:** Existir entre dos o más cosas o personas perfecta igualdad en algún concepto: *los dos están al mismo nivel en velocidad.*

nivelación Acción de nivelar dos o más cosas entre sí: *los huelguistas exigen la nivelación salarial.* — s.f. = igualación

nivelador, a Que nivela. — adj/s.

nivelar
1 Comprobar la horizontalidad de una cosa con el nivel: *los constructores nivelaron el suelo para verificar su inclinación.* — v.tr.
2 Igualar un terreno o superficie: *la apisonadora nivela el asfalto de la calle.* — CONSTRUCCIÓN = allanar
3 Poner un plano o una superficie en la posición horizontal justa: *nivela el cuadro porque está torcido.* — = equilibrar
4 Poner dos o más cosas a un mismo nivel o altura: *nivela las repisas de una estantería con las de una mesa.* — = igualar
5 Igualar una cosa material o inmaterial con otra: *niveló la calidad de su trabajo con la del mejor; las obligaciones y derechos de la mujer se han nivelado con las del hombre.* — v.tr./prnl. = equiparar
6 Encontrar la diferencia de altura entre dos puntos de un terreno. — v.tr.

níveo, a De nieve o parecido a ella: *su níveo cabello ondeaba al viento.* — adj. literario

nivómetro Instrumento para medir la cantidad de nieve precipitada. — s.m.

nivopluvial Se refiere a un tipo de régimen fluvial en el que los ríos se alimentan más por el deshielo que por la lluvia. — adj. GEOGRAFÍA

nivosidad Coeficiente que indica la cantidad de nie- — s.f. ve caída sobre un lugar con respecto al total de precipitaciones anuales.

nivoso, a
1 Se aplica al tiempo o al lugar que es abundante en nieves. — adj.
2 Cuarto mes del calendario republicano francés. — s.m./HISTORIA

nixtamal Maíz cocido en agua de cal que, una vez molido, se utiliza para hacer tortillas. — s.m./Méx., Amér. Central

no
I (Del lat. *non.*)
1 Se usa respondiendo a una pregunta negándola: *¿recuerdas el texto?, no.* — adv. ≠ sí
2 Expresa negación de la oración que la contiene o de la palabra a la que precede: *no me gusta el jamón; prefiero no venir; es una película no apta para menores.* — ≠ sí
3 Indica que se espera una contestación afirmativa a una pregunta en frases interrogativas: *¿no vienes?*
4 Antecede al verbo al que sigue una palabra con significado de negación: *no ha venido nadie; no sabe nada.*
5 Repetido, enfatiza la negación: *no, no lo haré.*
6 Se usa para avivar la afirmación de la frase para que la atención se fije en una idea contrapuesta a la anterior: *más vale reír que no llorar.*
7 Forma un sentido afirmativo seguido de la preposición sin: *consiguió, no sin esfuerzo, el reconocimiento de su obra.* — + sin
8 Respuesta negativa: *nunca tiene un no para nadie; no admitiría un no por respuesta; le dimos un no rotundo.* — s.m.
9 **¿a que no?:** Expresión que se utiliza para indicar incredulidad, desafío o incitación: *¿a que no te atreves?*
10 **¡cómo no!:** Se usa como fórmula de cortesía para afirmar una cosa: *¿me ayudas?, ¡cómo no!*
11 **¿cómo no o cómo que no?:** Se utiliza para rechazar la negativa de otra persona: *no pienso ir. ¿Cómo que no?*
12 **no así:** Por el contrario, a diferencia de: *vi a tu hermano, no así a su mujer.* — loc.conj.
13 **no bien:** En aquel momento, luego de, cuando: *no bien llegó la noche, nos refugiamos en la cabaña.* — loc.adv.
14 **no más:** 1. De forma única: *no más me dijo esto.* 2. Basta de: *no más esclavitud.* — loc.adv.
15 **o si no:** De lo contrario: *vuelve pronto o, si no, no cenarás.* — loc.conj.
16 **y no más:** Se usa para reforzar la afirmación que viene a continuación: *¡y que no tiene mal carácter tu padre!*
II (Voz japonesa.) Teatro clásico japonés, cantado y bailado. — s.m. TEATRO

nobel (De Alfred *Nobel*, químico sueco.) Cada uno de los premios de literatura, física, economía, química y medicina, que concede la fundación que lleva el nombre de este químico, y el de la paz, que concede el parlamento noruego, para recompensar los logros y los esfuerzos realizados por personas e instituciones que, a lo largo de sus carreras, han destacado en estos campos y materias. — s.m.

nobelio Elemento radiactivo artificial obtenido mediante el bombardeo del curio con iones de carbono. — s.m. QUÍMICA

nobiliario, a
1 De la nobleza hereditaria: *heredó el título nobiliario de duque.* — adj.
2 Se aplica al libro que trata de la nobleza y genealogía de las familias. — adj/s.

noble (Del lat. *nobilis*, conocido.)
1 Que pertenece a una familia con algún título ilustre: *está emparentado con una familia noble; el rey le nombró noble al concederle el título de conde.* — adj/s.m.f. = aristócrata
2 De la nobleza: *nació en una familia de sangre noble.* — adj./= nobiliario
3 Que tiene grandes cualidades morales: *es un hombre de nobles sentimientos; su noble actitud es digna de elogiar.* — adj/s.m.f. = honroso ≠ vil
4 Que es bello o majestuoso: *la obra está escrita en un noble estilo.* — adj.
5 Se aplica al material que tiene una calidad superior a los otros de su especie: *el mueble está hecho en madera noble.* — = selecto
6 Se refiere a la sustancia que no reacciona con otra y permanece inalterable: *el oro es un metal noble; el helio es un gas noble.* — QUÍMICA
7 Que es excelente o aventajado. — = superior
8 Se aplica al animal que es fiel al hombre.
9 Moneda de oro que se usó en España, dos quilates más fina que el escudo. — s.m. HISTORIA

nobleza
1 Conjunto de los nobles de un estado o una nación: *la nobleza asistió a la ceremonia real.* — s.f. = aristocracia
2 Calidad fina y selecta de una cosa con respecto a las de su misma clase o especie: *es evidente la nobleza de la madera con que está hecho.*
3 Actitud que deja ver grandes cualidades morales: *la nobleza de sus palabras me conmovió.* — = honradez, lealtad
4 Propiedad de algunos metales o gases que no reaccionan con sustancia química alguna y permanecen inalterables. — QUÍMICA

5 **nobleza obliga**: Se usa para indicar que se actúa de forma honesta por propia estimación.

noblote, a Se aplica a la persona que actúa de forma honesta: *es un chico noblote y simpaticón*. — adj. coloquial

noca (Del ár. vulgar *naqor*, caracola.) Crustáceo decápodo, parecido a la centolla, de caparazón liso muy convexo, muy apreciado en gastronomía. *(Cancer pagurus.)* — s.f. ZOOLOGÍA tb: nocla

nocautear Dejar fuera de combate a una persona, en boxeo. — v.tr./DEPORTES = noquear

noceda Terreno poblado de nogales. — s.f./= noguera

nocedal Terreno plantado de nogales. — s.m./= noguera

noche (Del lat. *nox, noctis*.)
1 Tiempo en el que falta la luz solar, comprendido entre la puesta y la salida del sol: *en invierno se hace de noche muy pronto*. — s.f. ≠ día
2 Horas que se destinan para dormir durante este período de tiempo: *he pasado una mala noche*.
3 Oscuridad y tristeza en cualquier sentido: *la noche del alma*. — literario
4 **media noche**: Las doce de la noche o próximo a esa hora.
5 **noche buena**: La que precede al día de navidad.
6 **noche cerrada**: La que es muy oscura.
7 **noche de bodas**: La primera después de la boda y que suele destinarse para mantener la primera relación sexual, si no se ha tenido antes.
8 **noche de perros**: La que es fría y desapacible. — coloquial
9 **noche de verbena**: Fiesta nocturna y popular.
10 **noche intempesta**: Noche muy entrada. — literario
11 **noche toledana**: La que, por algún dolor o incomodidad, se pasa sin dormir: *el bebé nos ha dado hoy una noche toledana*. — coloquial
12 **noche vieja**: La última del año, entre el 31 de diciembre y el 1 de enero.
13 **noche y día**: En todo momento: *trabaja noche y día para ganar un sueldo digno*. — loc.adv.
14 **a buenas noches**: A oscuras: *no se dio cuenta de que estaba en la sala y me dejó a buenas noches*. — loc.adv. coloquial
15 **a la noche**: Se usa para referirse a las primeras horas de la noche que va a llegar: *a la noche nos vemos en casa con unos amigos*. — loc.adv.
16 **buenas noches**: 1. Expresión de despedida o de encuentro entre personas durante la noche. 2. Expresión de saludo, por lo general en familia, que se realiza antes de ir a dormir.
17 **como de la noche al día**: Con mucha diferencia, de forma contrastada: *cambió como de la noche al día*. — loc.adv.
18 **de la noche a la mañana**: Se usa para indicar que una cosa sucede sin esperarlo y de forma muy rápida: *decidió marcharse de la noche a la mañana*. — loc.adv.
19 **de noche**: Después de desaparecer la luz del día: *ya es de noche, así que a dormir*. — loc.adj/adv.
20 **hacer buena noche**: Hacer una temperatura agradable y estar el cielo limpio y en calma.
21 **hacer noche en algún sitio**: Detenerse en el camino y dormir en alguna parte: *haremos noche en la próxima población*.
22 **hacerse de noche**: Irse la luz, anochecer.
23 **hacerse noche una cosa**: Desaparecer dicha cosa.
24 **hasta la noche**: Frase de despedida que se usa entre personas que se van a volver a ver en este período de tiempo de ese mismo día: *cuando se despide de su marido por la mañana, le dice hasta la noche*.
25 **pasar la noche en blanco**: Estar este período de tiempo sin dormir.
26 **pasar la noche en claro**: No dormir en todo este tiempo: *pasó la noche en claro esperando que su hija diera a luz*.
27 **pasar mala noche**: No dormir por estar desvelado, preocupado u otra causa: *pasó mala noche pensando en lo que tenía que hacer al día siguiente*.
28 **por la noche**: Durante este período de tiempo. — loc.adv.
29 **primera noche**: Primeras horas de este período de tiempo.

nochebuena
1 Noche del día 24 de diciembre, en que se conmemora el nacimiento de Jesucristo, en la religión católica. — s.f.
2 Cena y fiesta que se celebra en esta fecha y que también puede tener un sentido profano o no religioso.

nochebueno
1 Torta de almendras, piñones y otros ingredientes que se preparaba en nochebuena. — s.m. COCINA
2 Tronco grande de leña que se quema la noche del día de Navidad.

nocherniego, a (Del ant. *nochorniego < lat. nocturnus*.) Que suele trasnochar: *aunque madrugue, sale a pasear por la noche porque es muy nocherniego*. — adj/s. = noctámbulo, trasnochador

nochero, a
1 Se aplica al caballo que se reserva para emplearlo por la noche. — adj/s.m. Argent.

2 Se refiere a la persona que acostumbra a salir de noche. — adj/s. Argent.

nochevieja Última noche del año: *me atraganté comiendo las doce uvas de la nochevieja*. — s.f.

nochizo Avellano silvestre, árbol. — s.m./BOTÁNICA

noción (Del lat. *notio, -onis*, conocimiento.)
1 Conocimiento de una cosa: *no tenía noción de lo que ocurría en la empresa*. — s.f. = idea
2 Idea fundamental o básica sobre una disciplina, asunto o cuestión: *sólo tengo nociones de inglés aunque domino el francés*. — = principio, rudimento
3 **no tener noción de una cosa**: No saber de la existencia de lo que se refiere: *no tengo noción del fraude*.

nocional Que tiene relación con la noción, con el concepto o con la idea que se tiene de las cosas: *los conocimientos nocionales son fundamentales en filosofía*. — adj. = abstracto, conceptual

nocividad Calidad o capacidad para causar daño: *está demostrada la nocividad del tabaco*. — s.f. ≠ inocuidad

nocivo, a (Del lat. *nocivus*.) Que produce daño: *ese ambiente es nocivo para su formación; algunos insectos son nocivos para las plantas; el tabaco es nocivo por el alquitrán y la nicotina que contiene*. — adj./+ por, para = dañoso, perjudicial ≠ beneficioso

nocla (Del ár. *naqor*, caracola.) Noca, crustáceo marino comestible. — s.f. ZOOLOGÍA

noct- Componente de palabra procedente del lat. *nox, noctis*, que significa noche: *noctívago*. — pref. tb: nocti-

noctambular Salir una persona de noche: *la noche es tan apacible que apetece noctambular*. — v.intr.

noctambulismo Hábito de desarrollar durante la noche la actividad que por lo general se desarrolla durante el día: *no creo que tanto noctambulismo a su edad sea bueno*. — s.m.

noctámbulo, a (Del lat. *nox, noctis*, noche + *ambulare*, andar.) Que gusta de la vida nocturna: *tanta vida noctámbula te está desequilibrando*. — adj/s. = trasnochador

noctiluca (Del lat. *nox, noctis*, noche + *lucere*, lucir.)
1 Animal marino planctónico que produce fosforescencia. — s.f. ZOOLOGÍA
2 Luciérnaga, insecto coleóptero que emite luz fosforescente. — ZOOLOGÍA

noctívago, a Que gusta de la vida nocturna: *espíritu noctívago*. — adj/s./literario = noctámbulo

nóctulo Murciélago de color rojizo, de orejas anchas y redondeadas y vuelo muy perfeccionado, que vive en colonias dentro de los huecos de los árboles. *(Nytalus noctula.)* — s.m. ZOOLOGÍA

nocturnal De la noche: *el silencio nocturnal me ayuda a concentrarme*. — adj.

nocturnear Hacer vida nocturna: *lo único malo es que me he vuelto bastante vago, estoy todo el día nocturneando*. — v.intr. = noctambular

nocturnidad
1 Carácter de lo que sucede por la noche: *aprovecha la nocturnidad para leer en silencio*. — s.f.
2 Condición de los animales y vegetales que son de vida nocturna. — ZOOLOGÍA, BOTÁNICA
3 Circunstancia agravante de responsabilidad por cometer algún delito de noche. — DERECHO

nocturno, a (Del lat. *nocturnus*.)
1 De la noche o que se hace durante la noche: *este mes tiene el turno nocturno de trabajo*. — adj./= nocturnal ≠ diurno
2 Se aplica al animal que está despierto durante la noche y oculto de día: *el murciélago es un animal nocturno*. — ZOOLOGÍA ≠ diurno
3 Se refiere a la planta que tiene abiertas sus flores sólo durante la noche: *el dondiego es una planta nocturna*. — BOTÁNICA ≠ diurno
4 Cada una de las partes del oficio de maitines, compuesta de antífonas, salmos y lecciones. — s.m. RELIGIÓN
5 Pieza de música para piano, de forma libre y melodía dulce que parece evocar los sentimientos de una noche tranquila, propia del romanticismo. — MÚSICA
6 Serenata en que se tocan o cantan composiciones de tono sentimental. — MÚSICA

nodación Impedimento en el juego de una articulación o de los tendones por la presencia de un nódulo. — s.f. MEDICINA

nodal Del nodo o la nodación. — adj.

nodátil Se aplica a la juntura que forman dos huesos cuando el nodo de uno de ellos penetra en la cavidad del otro y permite así el movimiento. — adj. ANATOMÍA

nodo
I (Del lat. *nodis*.)
1 Cada uno de los puntos opuestos en que la órbita de un astro corta la eclíptica. — s.m. ASTRONOMÍA
2 Punto de intersección de dos ondulaciones que no presenta ninguna oscilación. — FÍSICA
3 Tumor producido por el depósito de ácido úrico en los huesos, tendones o ligamentos dificultando su movimiento. — MEDICINA
4 Cada uno de los puntos principales de una red in- — INFORMÁTICA

formática en los que se realiza concentración, expansión, conmutación de líneas o canales así como provisión de servicios.

5 nodo ascendente o boreal: Aquel en que el planeta pasa de la parte austral a la boreal de la esfera celeste. — ASTRONOMÍA

6 nodo descendente o austral: Nodo en que el planeta pasa de la parte boreal a la austral de la esfera celeste. — ASTRONOMÍA

II (Acrónimo de *[No]ticiario* y *[Do]cumentales*.) Documental que se exhibía en salas cinematográficas antes de la película durante la época franquista, y que fue de proyección obligatoria. — s.m. CINE, HISTORIA

nodriza (Del lat. *nutrix, -icis,* alimentadora.)
1 Mujer que amamanta a un niño que no es hijo suyo, en general recibiendo una retribución: *el niño fue criado por una nodriza desde que faltó su madre.* — s.f. = ama, ama de cría
2 Vehículo, en particular un buque o un avión, que suministra combustible a otro.
3 Mecanismo del motor que suministra gasolina a los cilindros sin dar presión al depósito. — MECÁNICA

nodular De los nódulos. — adj.

nódulo (Del lat. *nodus.*)
1 Concreción o dureza redondeada y de poco volumen que se forma en cualquier materia. — s.m. = corpúsculo
2 Masa de células o fibras con forma de nudo o abultamiento: *realizaron una biopsia del nódulo extirpado.* — BIOLOGÍA, MEDICINA
3 Masa que aparece en el interior de algunas rocas y presenta una naturaleza diferente. — GEOLOGÍA
4 nódulo linfático: Concreción pequeña y esferoidal, constituida por la acumulación de linfocitos procedentes del tejido conjuntivo de las mucosas. — MEDICINA

noema Pensamiento como contenido objetivo del pensar. — s.m. FILOSOFÍA

noemático, a Del noema. — adj./FILOSOFÍA

noesis
1 Visión intelectual o pensamiento. — s.f./pl: noesis
2 Acto intencional de intelección o intuición. — FILOSOFÍA

nogada Salsa hecha con nueces, con la que se guisan algunos pescados. — s.f. COCINA

nogal
1 Planta arbórea de tronco robusto del que salen gruesas ramas, con copa grande y redondeada, hojas puntiagudas y aromáticas, con flores blanquecinas, cuyo fruto es la nuez. *(Junglans.)* — s.m. BOTÁNICA
2 Madera de este árbol muy apreciada en ebanistería, de color pardo rojiza y veteada: *aunque era algo más caro, eligió el mueble en nogal.* — CARPINTERÍA
3 Se aplica al color marrón oscuro, como el de la madera de este árbol. — adj/s.m.

nogalina Sustancia colorante que se obtiene de la cáscara de nuez y se usa para teñir de color nogal las maderas. — s.f. QUÍMICA

noguera Nogal, planta arbórea. — s.f./BOTÁNICA

noguerado, a De color o de tono nogal o marrón oscuro: *el mobiliario de la casa es de color noguerado.* — adj.

nogueral Tierra plantada de nogales. — s.m.

nogueruela Planta euforbiácea que se utiliza en medicina. — s.f. BOTÁNICA

nolí Palma cuyo fruto da aceite. — s.m./Colomb.

nolición Acto de no querer. — s.f./FILOSOFÍA

noluntad Nolición, acto de no querer. — s.f./FILOSOFÍA

noma (Del gr. *nome,* úlcera devorante.) Gangrena de la boca y de la cara que suelen padecer los niños en el curso de las enfermedades infecciosas. — s.f. MEDICINA

nómada (Del lat. *nomas, -adis < gr. nomas, -ados,* que apacienta.) Que vive errante sin residencia fija: *los tuaregs son un pueblo nómada.* — adj/s.m.f.

nomadismo Modo de vida de algunos grupos humanos caracterizado por cambiar de lugar de asentamiento para asegurar la subsistencia del grupo, buscando mejores condiciones. — s.m. SOCIOLOGÍA

nomás
1 Nada más: *nomás me quedan dos días de vacaciones.* — adv./Méx.
2 Apenas, justo después: *nomás llegó y se fue a dormir.* — Méx.

nombradía Buena fama alcanzada por una persona o cosa: *con esta película el actor alcanzó una merecida nombradía internacional.* — s.f. = reputación

nombrado, a Que es célebre o famoso: *el nombrado director subió al estrado a recibir su premio.* — adj./= célebre, famoso

nombramiento
1 Acción y resultado de nombrar. — s.m.
2 Designación de una persona para un cargo o empleo: *el director otorgó los nuevos nombramientos en una solemne ceremonia.* — = nominación
3 Documento que contiene la designación de una persona para ocupar un puesto o cargo determinado: *el director firmará mañana el nombramiento del nuevo gerente.*

nombrar (Del lat. *nominare.*)
1 Decir el nombre de una persona o una cosa: *creo que también nombró a tu amigo a lo largo de la conversación.* — v.tr. = citar, mencionar
2 Designar a una persona para un cargo o un empleo: *le han nombrado miembro académico.* — = nominar, proclamar

nombre (Del lat. *numen.*)
1 Palabra que designa los objetos físicos, síquicos o ideales: *la esperanza es el nombre de una virtud teologal.* — s.m.
2 Término o conjunto de ellos con que se designa a una persona: *su nombre es Juan; escriba su nombre completo en letras mayúsculas.*
3 Título de una cosa por el cual se la conoce: *la obra de Fernando de Rojas es conocida con el nombre de "La Celestina".*
4 Fama o reputación de una persona o cosa: *la empresa se ha hecho un nombre en el mercado; aquel desliz marcó su buen nombre.* — = renombre
5 Autoridad con la que se hace una cosa por otra persona: *el abogado habla en nombre de su cliente.*
6 Parte de la oración con que se designan las personas, animales o cosas por su naturaleza o esencia y no por sus atributos o cualidades variables. — GRAMÁTICA = sustantivo
7 nombre abstracto: El que designa una cualidad de los seres y no una cosa tangible. — GRAMÁTICA
8 nombre ambiguo: El de una cosa que se usa como masculino o femenino: *las palabras mar y margen son nombres ambiguos.* — GRAMÁTICA
9 nombre animado: El que designa a seres vivientes. — GRAMÁTICA
10 nombre apelativo: Sobrenombre con que se conoce a una persona o cosa. — GRAMÁTICA = apodo
11 nombre colectivo: El que designa un grupo de personas, animales o cosas de la misma naturaleza o con unas características que se hayan definido: *docena es un nombre colectivo.* — GRAMÁTICA
12 nombre comercial: Denominación propia de un establecimiento, un producto o una empresa. — = marca
13 nombre común: El que puede aplicarse a personas, animales o cosas con las que comparte sus propiedades. — GRAMÁTICA
14 nombre concreto: El que designa a seres reales o que los podemos representar como tales. — GRAMÁTICA
15 nombre de guerra: El que usa una persona en una actividad: *su nombre de guerra en el partido es Raúl.* — = alias
16 nombre de pila: El que se da a una persona al nacer y que luego se inscribe en el registro civil o se confirma en el bautismo.
17 nombre epiceno: El que designa al macho o a la hembra de una especie animal de forma indistinta y equivalente: *foca es el nombre epiceno del macho y de la hembra de esta especie.* — GRAMÁTICA
18 nombre inanimado: Aquel que designa seres sin vida. — GRAMÁTICA
19 nombre propio: El que se aplica a seres animados o inanimados para diferenciarlos de otros de su misma clase: *puso un nombre propio al perro en cuanto lo tuvo.* — GRAMÁTICA
20 nombre sustantivo: Clase de palabras que poseen género inherente expresado por medios gramaticales o léxicos. — GRAMÁTICA
21 a nombre de: Dirigido a la persona que se especifica: *el paquete viene a nombre de mi compañero.* — loc.adv.
22 dar una persona su nombre a otra: Adoptarla de forma legal como hijo: *dio su nombre a los hijos de su esposa.*
23 en nombre de: En representación de la persona o entidad que se expresa: *es una petición hecha en nombre de toda la plantilla.* — loc.adv.
24 llamar a las cosas por su nombre: Expresarlas con franqueza y sin tapujos: *llama a las cosas por su nombre, no tiene vergüenza.* — coloquial
25 no tener nombre una cosa: Ser tan lamentable o indigna que no se quiere o puede calificar: *lo que hizo en la reunión no tiene nombre.* — coloquial
26 poner nombre: Señalar el precio de una cosa: *a ver, pon nombre al mueble y me lo pienso.* — coloquial
27 por mal nombre: Por el apodo: *tiene por mal nombre el Lute.* — loc.adv.
28 tener por nombre: Llamarse del modo que se indica: *su hijo tiene por nombre Adrián.* — coloquial

nomenclátor (Del lat. *nomenclator.*) Relación de nombres de poblaciones, técnicos, de calles u otras cosas: *consultó un nomenclátor para confirmar que había escrito correctamente el nombre del fármaco.* — s.m. tb: nomenclador

nomenclatura (Del lat. *nomenclatura.*)
1 Conjunto de todas las palabras propias de una ciencia, un arte o de una técnica: *aprenden la nomenclatura de los compuestos químicos.* — s.f. = glosario
2 Lista de palabras ordenadas por temas. — = índice
3 nomenclatura biológica: Conjunto de principios y reglas que se utilizan para que la denominación taxonómica de las especies sea inequívoca y única. — BOTÁNICA, ZOOLOGÍA

nomenclatural De la nomenclatura, en especial la nomenclatura biológica. — *adj.*

nomeolvides
1 Flor de la raspilla.
2 Denominación genérica de diversas plantas con flores de color azul, algunas de las cuales se usan para la ornamentación.
3 Pulsera que lleva el nombre u otros datos grabados: *ella le regaló un nomeolvides de oro por el compromiso matrimonial.* — *s.f./pl: nomeolvides* **BOTÁNICA**

nómico, a (Del gr. *gnomikos.*)
1 Que contiene una sentencia o un consejo: *poesía nómica.*
2 Se aplica a la persona que compone este tipo de sentencias. — *adj./tb: gnómico = aforístico*

nómina (Del lat. *nomina*, lista de nombres.)
1 Lista de nombres: *su nombre figura en la nómina de los candidatos a la presidencia.*
2 Lista de los empleados que cobran sueldo en un lugar de trabajo: *es un colaborador de la empresa pero no está en nómina.*
3 Sueldo que perciben los empleados de una empresa por su trabajo: *me han subido la nómina.*
4 Hoja que la empresa facilita a cada empleado, y en la que consta su sueldo en función de diferentes conceptos.
5 Objeto al que se atribuyen virtudes mágicas usado como portador de buena suerte o como defensa contra un posible daño.
6 Reliquia en que estaban escritos nombres de santos. — *s.f. = listado* **OCULTISMO = amuleto** **RELIGIÓN**

nominación
1 Designación de una persona para un cargo, premio u otra cosa: *recibió la nominación a los Goya como mejor actor.*
2 Elección de la persona que debe desempeñar un cargo eclesiástico. — *s.f. = nombramiento* **RELIGIÓN**

nominador, a Que nombra a una persona para un empleo o comisión. — *adj./s.*

nominal
1 Del nombre: *el núcleo del sintagma nominal es el nombre.*
2 Que no existe en realidad sino que sólo tiene el nombre.
3 Se aplica al valor que figura escrito y que en general es distinto al precio al que se compra o vende: *el valor nominal de las acciones no se ha modificado.*
4 Se aplica al documento que no es al portador sino que figura en él el nombre de la persona a cuyo favor se ha extendido: *prefiero que extiendas el cheque nominal y no al portador.* — *adj.* **ECONOMÍA = nominativo**

nominalismo Doctrina filosófica que niega la existencia objetiva de los términos genéricos, o universales, considerándolos como simples nombres o convenciones. — *s.m.* **FILOSOFÍA**

nominalista
1 Del nominalismo.
2 Que profesa o es partidario del nominalismo y no admite el conocimiento abstracto. — *adj./FILOSOFÍA adj/s.m.f. FILOSOFÍA*

nominalización Transformación que consiste en convertir un predicado verbal en sintagma nominal. — *s.f.* **LINGÜÍSTICA**

nominalizar Convertir en nombre o en construcción nominal una palabra o una construcción que no lo era, mediante algún procedimiento morfológico o sintáctico. — *v.tr. conj: cazar* **LINGÜÍSTICA**

nominalmente
1 Por su nombre: *convocarán nominalmente a todos los inscritos en la competición.*
2 Sólo de nombre, sin efectividad: *es nominalmente el jefe, pero no manda.* — *adv.*

nominar
1 Señalar a una persona para un cargo, premio u otra cosa: *le han nominado socio honorífico del club.*
2 Poner un nombre a una persona, a un animal o a una cosa. — *v.tr.*

nominatim (Voz latina.) Indica que están designadas por sus nombres las personas favorecidas en un testamento. — *adv.* **DERECHO**

nominativo, a
1 Se refiere al documento o valor bancario que están extendidos a nombre del propietario y no al portador: *cheque nominativo.*
2 Caso de la declinación de las lenguas flexivas que designa al sujeto de la oración o al atributo y no lleva preposición. — *adj. = nominal* **s.m. GRAMÁTICA**

nominilla Autorización que se entrega a los pensionistas u otros sujetos pasivos para que perciban sus haberes. — *s.f.* **ECONOMÍA**

nómino Persona capacitada para ejercer, en el cuerpo — *s.m.*

político de una nación, los empleos y cargos honoríficos por nominación. — **POLÍTICA**

nomo (Del lat. moderno *gnomus* < gr. *genomos*, el que vive dentro de la tierra.) Ser fantástico de pequeño tamaño y personaje de cuentos infantiles, que tiene su origen en la mitología nórdica. — *s.m. tb: gnomo* **MITOLOGÍA**

nomo- Componente de palabra procedente del gr. *nomos*, que significa ley, costumbre: *nomograma.* — *pref/suf.*

nomografía Parte de las matemáticas que estudia la teoría y las aplicaciones de los nomogramas o ábacos. — *s.f.* **MATEMÁTICAS**

nomograma Representación gráfica que permite realizar cálculos numéricos aproximados. — *s.m.* **MATEMÁTICAS**

nomon (Del bajo lat. *gnomon* < gr. *gnomon.*)
1 Reloj de sol: *en la pared principal del edificio hay un nomon.*
2 Parte restante de un paralelogramo después de extraerle otro parecido a él construido sobre uno de sus ángulos. — *s.m. tb: gnomon* **GEOMETRÍA**

nomónica Arte y técnica de construir relojes de sol. — *s.f./tb: gnomónica*

nomónico, a Del arte o técnica de construir relojes de sol. — *adj. tb: gnomónico*

nomparell (Del fr. *nompareille*, sin par.) Carácter de letra de seis puntos tipográficos. — *s.m.* **ARTES GRÁFICAS**

non (Del lat. *non par*, no par.)
1 Número que no es divisible por dos: *el tres es un número non.*
2 Negación enfática y repetida: *nada, dice que nones, que no viene.*
3 **andar de nones:** No tener ocupación ni oficio o estar ocioso: *ya lleva varios meses andando de nones.*
4 **estar de non:** No tener pareja: *siempre ha preferido estar de non a comprometerse.*
5 **quedar de non:** Quedarse solo o sin compañero mientras los demás tienen pareja: *no iré con vosotros porque me he quedado de non.* — *adj/s.m. = impar* **s.m.pl. coloquial coloquial coloquial**

nona
1 Última de las cuatro partes en que dividían los romanos el día, que comprendía desde la hora novena hasta la puesta del Sol.
2 Sexta hora canónica del oficio divino en el rezo eclesiástico.
3 Días 7 de marzo, mayo, julio y octubre, y 5 de los demás meses, en el antiguo cómputo romano y en el eclesiástico. — *s.f.* **HISTORIA** **RELIGIÓN** **s.f.pl. HISTORIA, RELIGIÓN**

nonada Cosa sin importancia: *no vale la pena molestarse por esas nonadas.* — *s.f. = nadería*

nonagenario, a (Del lat. *nonageni*, de noventa en noventa.) Que tiene entre noventa y cien años: *aunque ya es nonagenario, tiene gran vitalidad.* — *adj./s. = noventón*

nonagésimo, a (Del lat. *nonagesimus.*)
1 Que ocupa el lugar número noventa en una serie: *ayer fue su nonagésimo cumpleaños.*
2 Se aplica a cada una de las partes que resulta de dividir una cosa en noventa iguales.
3 **nonagésimo de la eclíptica:** Punto de la eclíptica que dista noventa grados de otro al que corta en el horizonte. — *adj.num.* **adj.num/s.m.** **ASTRONOMÍA**

nonagonal Del nonágono o que tiene la forma de este polígono. — *adj.* **GEOMETRÍA**

nonágono, a (Del lat. *nonus*, noveno + gr. *gonia*, ángulo.) Se aplica al polígono que tiene nueve lados y nueve ángulos. — *adj/s.m.* **GEOMETRÍA**

nonato, a
1 Que no ha nacido de forma natural, sino que ha salido del claustro materno mediante una operación de cesárea.
2 Se aplica a lo que todavía no ha acontecido o que aún no existe. — *adj/s.* **MEDICINA**

noningentésimo, a (Del lat. *nonus*, noveno + *centesimus*, centésimo.)
1 Que ocupa el lugar número novecientos en una serie.
2 Se aplica a cada una de las partes que resultan de dividir una cosa en novecientas iguales. — *adj.num.* **adj.num/s.m.**

nonio (Del lat. *Nonius*, forma latinizada de Nunes, matemático portugués.) Pieza graduada acoplada a una regla o al limbo de un instrumento de medición que permite aumentar la precisión de la lectura de una escala al apreciar fracciones pequeñas de las divisiones menores. — *s.m.* **TECNOLOGÍA**

non numerata pecunia (Expresión latina.) Excepción que niega la entrega de un dinero. — *s.f.* **DERECHO**

nono, a (Del lat. *nonus.*)
1 Que ocupa el lugar número nueve en una serie.
2 Abuelo o abuela, padres de los padres de una persona. — *adj.* **s. Argent., Urug.**

non plus ultra (Expresión latina.) Lo máximo: *es el non plus ultra en salto de altura.* — *s.m.*

non sancta (Expresión latina.) Que no es buena, que no es de fiar: *se rodea de gente non sancta.* — *loc.adj.*

1191

non stop (Expresión inglesa.) Que se hace de forma ininterrumpida: *espectáculo non stop*. — adj.

non troppo (Expresión italiana.) Se aplica a una indicación musical de tiempo para que se la respete pero sin exageración. — adj. MÚSICA

nónuplo, a
1 Que se repite nueve veces. — adj.
2 Se aplica al número que contiene nueve veces a otro mencionado: *el cincuenta y cuatro es el nónuplo de seis*. — adj./s.

noña Estiércol, materias orgánicas con que se abonan las tierras. — s.f./*Chile* AGRICULTURA

noología
1 Disciplina que trata de los principios primeros y que es equivalente, y a la vez previa, a la metafísica. — s.f. FILOSOFÍA
2 Disciplina del espíritu, entendido como capacidad de conocimiento, que equivale a la sicología. — FILOSOFÍA

noológico, a
1 De la noología. — adj./FILOSOFÍA
2 Se aplica a las ciencias del espíritu en general, en contraposición a las sociales.

noosfera
1 Conjunto de seres inteligentes y del medio en el que viven. — s.f. BIOLOGÍA
2 Ámbito del entendimiento como unidad suprapersonal e imaginado como entidad real, en algunos sistemas filosóficos. — FILOSOFÍA

nopal Planta cactácea, de flores grandes sentadas en el borde de los tallos y con muchos pétalos encarnados o amarillos y de hojas carnosas y comestibles, cuyo fruto es la tuna o higo chumbo. (*Opuntia.*) — s.m. *Méx.* BOTÁNICA

nopalera Terreno donde abundan los nopales. — s.f./= nopalada

nopalito Hoja tierna del nopal que se come guisada. — s.m./*Méx.*

noque
1 Pequeño estanque o pozuelo donde se ponen las pieles a curtir. — s.m.
2 Pie que en los molinos de aceite se hace de varios capachos llenos de aceituna molida.
3 Recipiente de cuero o de madera, destinado a la elaboración del vino o a la conservación y al transporte de líquidos, sustancias grasas y cereales. — *Argent., Bol., Urug.*

noquear Dejar un boxeador fuera de combate a su contrincante. — v.tr/DEPORTES = nocautear

noquero, a Persona que por oficio curte pieles. — s./= curtidor

norabuena (De *en hora buena*.) Enhorabuena, felicitación: *me dio la norabuena y se fue corriendo de la iglesia*. — s.f.

noramala (De *en hora mala*.) En hora mala, con disgusto: *en noramala se me ocurrió contratarle*. — adv. tb: enhoramala

noray
1 Poste o cualquier cosa que se utiliza para amarrar los barcos: *ataremos los cabos al noray y bajaremos a tierra*. — s.m. pl: norayes NÁUTICA
2 Amarre que se usa para asegurar la embarcación en tierra: *se rompió el noray y la barca se fue mar adentro*. — NÁUTICA

norcoreano, a
1 De Corea del Norte, país asiático. — adj.
2 Persona de este país. — s.

nordeste
1 Punto del horizonte situado entre el norte y el este, a igual distancia de ambos: *la casa está orientada hacia el nordeste*. — s.m. tb: noreste
2 Lugar o región situados en esta dirección.
3 Viento que sopla de esta dirección.

nordestear Declinar o inclinarse la brújula del norte hacie el este. — v.intr NÁUTICA

nórdico, a (Del alem. *nordisch*.)
1 Del norte. — adj./tb: nórtico
2 Del norte de Europa, en especial de los países escandinavos.
3 Persona natural del norte de Europa. — s.
4 Grupo de lenguas germánicas del norte que comprende todas las escandinavas. — s.m. LINGÜÍSTICA

nordista Que era partidario de los estados del norte en la guerra de secesión norteamericana. — adj/s.m.f. HISTORIA

norestada Viento fuerte y duro que sopla del noreste. — s.f. tb: nordestada

norestal Que está en el noreste o que viene de esta dirección. — adj. tb: nordestal

noreste Punto del horizonte entre el norte y el este: *hoy el viento sopla del noreste*. — s.m. tb: nordeste

noria (Del ant. *nora* < ár. *nacura*.)
1 Máquina formada por una rueda horizontal que gira movida por una palanca, y otra vertical engranada a la primera y de la que cuelgan recipientes que recogen el agua de un pozo. — s.f.
2 Pozo del que se saca agua con esta máquina.
3 Gran rueda mecánica de la que cuelgan canastas con asientos y que gira verticalmente como atracción ferial: *no me montaré en la noria porque me mareo con la altura*.
4 Cualquier trabajo o negocio en el que se trabaja mucho y se adelanta poco.

norial De la noria. — adj.

norirlandés, a
1 De Irlanda del Norte, territorio británico de la isla de Irlanda. — adj.
2 Persona natural de este territorio. — s.

norma (Del lat. *norma*.)
1 Regla, criterio o manera para hacer una cosa o para comportarse de una forma determinada: *aprende las normas de uso antes de trastear con el aparato*. — s.f. = método, pauta
2 Precepto que debe cumplirse por estar establecido: *no pudo adaptarse a las normas del colegio*. — = ley
3 Modo habitual de proceder: *tiene por norma hacer gimnasia al levantarse*. — = costumbre, método
4 Conjunto de reglas lingüísticas y gramaticales que definen el correcto uso de la lengua: *aplica las normas de acentuación*. — GRAMÁTICA
5 Precepto jurídico. — DERECHO
6 Escuadra usada por los que trabajan las piedras, la madera y otros materiales para arreglar las piezas de modo que ajusten unas con otras.
7 **norma de la casa**: Costumbre de una casa, un restaurante o una empresa: *el trato distinguido es norma de la casa*.
8 **por norma general**: Por lo común: *por norma general, es sincero con los demás*. — loc.adv. = normalmente
9 **sin norma**: Sin método: *si lo haces sin norma, el resultado no será bueno*. — loc.adv.
10 **tener por norma**: Tener por costumbre: *tiene por norma celebrar su cumpleaños con su familia*.

normal
1 Que no se sale de lo que es habitual: *hace una temperatura normal para la época del año; lleva una vida normal*. — adj. = corriente, usual ≠ raro
2 Que no presenta ninguna alteración que pueda ser perjudicial: *el ritmo cardiaco del paciente es normal*. — = regular ≠ anormal
3 Que resulta lógico o comprensible: *es normal que se enfade con lo que has hecho*. — = natural ≠ insólito
4 Que sirve de norma o regla para hacer una cosa: *la puntualidad es normal en él*.
5 Se aplica a la recta o al plano que son perpendiculares a la tangente en el punto de contacto. — GEOMETRÍA
6 Escuela de magisterio, en la que se formaban los maestros de primera enseñanza. — s.f.
7 Línea recta perpendicular a otra línea, plano o superficie. — GEOMETRÍA

normalidad
1 Condición de normal: *la bolsa ha recuperado la normalidad; ya respira con normalidad*. — s.f. ≠ anormalidad
2 Concentración por litro de una disolución expresada en equivalente de la sustancia disuelta. — QUÍMICA
3 **con toda normalidad**: Sin salirse de lo habitual: *compórtate con toda normalidad y todo saldrá bien*. — loc.adv.

normalista
1 De la escuela normal, o antigua escuela de magisterio. — adj.
2 Alumno o alumna de una escuela normal. — s.m.f.

normalización Establecimiento de una norma para hacer una cosa: *los trabajadores piden la normalización horaria; la difusión es fundamental para la normalización de la lengua*. — s.f. = reglamentación, regularización

normalizar
1 Someter una cosa a una o varias normas: *los gramáticos normalizan la lengua*. — v.tr/conj: *cazar* = reglamentar
2 Hacer que una cosa sea normal o regular: *después de tantas fiestas, tengo que normalizar el ritmo de vida*. — = regularizar
3 Reducir el número o la variedad de los artículos que se han de producir para ajustarlos a un tipo o modelo. — = tipificar

normalmente Por lo general, por lo común: *normalmente comemos en casa*. — adv.

normando, a
1 De Normandía, región francesa. — adj.
2 Persona natural de esta región. — s.
3 De los pueblos escandinavos que se establecieron desde el siglo XI en varias regiones europeas. — adj. HISTORIA
4 Persona natural de estos pueblos escandinavos. — s./HISTORIA
5 Variante dialectal de la lengua de oíl hablada en Normandía. — s.m. LINGÜÍSTICA

normativa Conjunto de normas aplicables a una actividad o materia: *el procedimiento seguido no se ajusta a la normativa vigente*. — s.f. = reglamento

normativo, a Que establece la norma: *se han modificado los criterios normativos*. — adj. = preceptivo

nornordeste
1 Punto del horizonte situado entre el norte y el nordeste, a igual distancia de ambos. — s.m. tb: nornoreste

2 Viento que sopla de este punto.

nornoroeste
1 Punto del horizonte situado entre el norte y el noroeste, a igual distancia de ambos. — s.m. / tb: nornoroeste
2 Viento que sopla de este punto. — = maestral

noroeste (Del fr. ant. *norouest*.)
1 Punto del horizonte situado entre el norte y el oeste, a igual distancia de ambos: *Galicia está en el noroeste de España.* — s.m. / tb: noroeste
2 Viento que sopla de este punto. — = maestral

noroestear Inclinarse la brújula del norte hacia el noroeste o soplar el viento de este punto. — v.intr./NÁUTICA / tb: noruestear

nortada Viento fresco del norte que sopla con continuidad durante algún tiempo. — s.f.

norte (Del anglosajón *north*.)
1 Punto cardinal del horizonte, situado frente a un observador a cuya derecha está el este: *la brújula indica el norte.* — s.m. / = septentrión
2 Punto, territorio o país de la esfera terrestre más cercano al polo ártico respecto a otro con el que se compara: *vive al norte de la ciudad.* — = septentrión
3 Viento que sopla de este punto cardinal. — = septentrión
4 Meta u objetivo al que se pretende llegar: *su norte era sacar matrículas en todas las asignaturas.* — = fin
5 Estrella polar. — ASTRONOMÍA
6 **norte magnético:** Lugar al que se orienta la aguja imantada de la brújula y que corresponde al punto del horizonte cuya perpendicular pasa por la estrella polar. — GEOGRAFÍA

norteado, a Que ha perdido el conocimiento de la posición geográfica o topográfica que ocupa. — adj./Méx. / vulgar

norteafricano, a
1 Del norte de África: *Marruecos es un país norteafricano.* — adj.
2 Persona natural de esta zona. — s.

norteamericano, a
1 De América del Norte. — adj.
2 Persona natural de América del Norte. — s.
3 De Estados Unidos, país americano. — adj.
4 Persona natural de este país. — s.

nortear
1 Observar el norte para orientarse al navegar o para viajar en general. — v.tr. / NÁUTICA
2 Cambiar el viento hacia el norte. — v.intr.
3 Perder la orientación: *al dar la vuelta nos norteamos.* — v.prnl./Méx.

norteño, a
1 Del norte: *el horario de comidas norteño es distinto al nuestro.* — adj. / = nórtico
2 Persona natural del norte de un lugar: *los norteños de la región están acostumbrados al frío.*
3 Que está en el norte de un lugar: *la zona norteña de la región es rica en viñas.*

nortino, a Del norte que habita en los territorios situados en este punto. — adj/s. / Chile, Perú

noruega Embarcación de proa alta y redondeada. — s.f./NÁUTICA

noruego, a
1 De Noruega, país escandinavo. — adj.
2 Persona natural de este país. — s.
3 Lengua germánica, de la familia indoeuropea, hablada en este país escandinavo. — s.m. / LINGÜÍSTICA

norueste Punto del horizonte entre el norte y el oeste. — s.m./tb: noroeste

nos (Del lat. *nos.*)
1 A nosotros, para nosotros: *escríbenos pronto, no nos olvides; nunca nos equivocamos.* — pron.pers.
2 Yo, en plural mayestático: *nos, el rey, ratificamos este tratado.*
3 A nosotros mismos: *nos daremos una vuelta por el parque.*
4 Entre nosotros, de forma mutua: *mi madre y yo nos queremos mucho.*
5 Indica refuerzo en la participación del nosotros en la acción realizada: *¿qué, nos bailamos un tango?*

noseología Teoría del conocimiento que estudia su naturaleza, sus fundamentos y sus límites, así como la unidad y la división de las ciencias, las hipótesis y los problemas del método. — s.f. / FILOSOFÍA / tb: gnoseología

noseológico, a De la teoría del conocimiento y la metodología de las ciencias. — adj./FILOSOFÍA / tb: gnoseológico

no-ser Contrario a ser y, por lo general, equivalente a nada. — s.m. / FILOSOFÍA

nosia Facultad de un organismo para reconocer un estímulo. — s.f./FISIOLOGÍA / tb: gnosia

nosis (Del gr. *gnosis.*) Conocimiento intuitivo y absoluto, en especial el de la divinidad, reservado a los iniciados, en el nosticismo y corrientes afines. — s.f./FILOSOFÍA / tb: gnosis

noso- Componente de palabra procedente del gr. *nosos*, que significa enfermedad: *nosogenia.* — pref.

nosocomio (Del gr. *nosos*, enfermedad + *komeo*, cuidar.) Hospital de enfermos. — s.m. / MEDICINA

nosofobia (Del gr. *nosos*, enfermedad + *phobos*, miedo.) Aversión y temor patológico ante la enfermedad. — s.f. / SIQUIATRÍA

nosogenia (Del gr. *nosos*, enfermedad + *genos*, origen.)
1 Origen y desarrollo de las enfermedades: *el médico nos explicó la nosogenia de la hepatitis.* — s.f. / MEDICINA
2 Disciplina que estudia el origen y desarrollo de las enfermedades. — MEDICINA

nosografía (Del gr. *nosos*, enfermedad + *grapho*, escribir.) Disciplina que estudia la descripción y clasificación de las enfermedades. — s.f. / MEDICINA

nosología (Del gr. *nosos*, enfermedad + *logos*, ciencia.) Disciplina que estudia, describe y clasifica las enfermedades. — s.f. / MEDICINA

nosológico, a De la nosología o de las enfermedades: *descripción nosológica.* — adj. / MEDICINA

nosomanía (Del gr. *nosos*, enfermedad + *mania*, locura.) Trastorno mental caracterizado por la creencia injustificada de que se padece una enfermedad. — s.f. / SIQUIATRÍA

nosotros, as
1 Forma del pronombre personal de primera persona del plural: *lo haremos nosotros.* — pron.pers.
2 Se usa en vez de yo en la ensayística, en discursos y conferencias: *nosotros nos proponemos explicarles nuestra teoría.*

nostalgia (Del gr. *nostos*, regreso + *algos*, dolor.)
1 Sentimiento de cierta tristeza producido por el recuerdo de cosas o personas queridas y, a su vez, ausentes: *aún no se ha ido y ya siento nostalgia.* — s.f. / = añoranza, morriña, murria
2 Pena por estar lejos de la patria, amigos y familiares: *en sus cartas se nota la nostalgia de la lejanía.*

nostálgico, a
1 Que causa nostalgia: *aquellos nostálgicos poemas me transportan a mi niñez.* — adj.
2 Que siente nostalgia: *estaba nostálgico de su patria.* — adj/s.

nosticismo Doctrina filosófica y religiosa de los primeros siglos del cristianismo que decía conocer las verdades de la fe por el conocimiento intuitivo. — s.m./FILOSOFÍA, RELIGIÓN / tb: gnosticismo

nóstico, a (Del gr. *gnostikos.*)
1 Del nosticismo. — adj./tb: gnóstico
2 Que es partidario del nosticismo, doctrina filosófica y religiosa. — s./FILOSOFÍA, RELIGIÓN

nostramo, a Tratamiento dado al contramaestre en los barcos mercantes. — s. / NÁUTICA

nostras (Del lat. *nostras*, de nuestra tierra.) Se aplica a ciertas enfermedades que son propias de los países europeos: *cólera nostras.* — adj. / pl: nostras / MEDICINA

nota (Del lat. *nota*, signo.)
1 Escrito breve hecho para recordar una cosa o como resumen para un desarrollo posterior: *tomó notas en tu conferencia.* — s.f. / = apunte
2 Advertencia, explicación o comentario en un escrito, situado fuera del texto e indicada en la parte que corresponda a éste mediante un signo convencional, como un asterisco o una cifra: *los términos antiguos que aparecen en el texto están comentados en notas a pie de página.* — = acotación, apostilla
3 Mensaje breve escrito con el que se advierte, recuerda o comenta una cosa: *te he dejado una nota en tu mesa; en la nota me decía que llamara a la policía y nada más.* — = misiva, recordatorio
4 Cuenta en que está anotada la cantidad de dinero que se ha de pagar: *por favor, tráigame la nota de la comida.* — = factura, minuta
5 Calificación concedida en un examen: *no necesitas una nota media muy alta para acceder a esa facultad.* — = valoración
6 Signo con que se representa un sonido de la escala musical. — MÚSICA
7 Cada uno de los sonidos musicales representados por un signo: *la obra está escrita en la nota fa.* — MÚSICA
8 Aspecto o cualidad de una cosa: *las flores que adornan la mesa son una nota de distinción encantadora.* — = toque
9 Fama de que goza una persona, en especial si es negativa: *ha estado muy mal, su actuación es de nota.*
10 Noticia sobre un acontecimiento que aparece en la prensa escrita.
11 Comunicación diplomática que cruzan dos gobiernos a través de sus respectivos representantes. — POLÍTICA
12 Apuntamiento muy sucinto redactado acerca de un recurso de casación por infracción de ley. — DERECHO
13 Documento o cuaderno en el que figuran todas las calificaciones de un alumno: *le penalizaron por firmar las notas falsificando la firma de su padre.* — s.f.pl.
14 Documento que se da como comprobante de pago de una compra o servicio. — s.f. / Méx.
15 **nota discordante:** 1. La que desentona en una composición musical. 2. Persona o cosa que rompe la armonía: *la discusión entre los dos fue la nota discordante de la reunión.* — MÚSICA / coloquial

16 nota dominante: 1. La que ocupa la quinta posición cantando desde la que da el tono. 2. Rasgo más destacado de una persona o cosa: *la nota dominante de su carácter es la ingenuidad.* — MÚSICA / coloquial

17 nota marginal: Aclaración hecha al margen de las inscripciones de los registros públicos.

18 nota oficiosa: Noticia de los acuerdos o proyectos gubernamentales que se comunican a la prensa antes de su publicación oficial. — POLÍTICA

19 nota verbal: Comunicación diplomática, sin firma y sin los requisitos formales ordinarios, que se dirigen entre sí el ministro de asuntos exteriores y los representantes extranjeros como observación o recuerdo. — POLÍTICA

20 notas tironianas: Signos taquigráficos que se usaron en la antigüedad, en la edad media. — HISTORIA

21 dar la nota o caer en nota: Llamar la atención: *iba dando la nota por la calle cantando a pleno pulmón.* — coloquial

22 de mala nota: De mala fama: *es un garito de mala nota.* — loc.adj. / coloquial

23 ir para o por nota: Intentar conseguir una buena calificación en un examen u otra prueba: *aunque tengo aprobada la asignatura, me presentaré al final e iré por nota.* — coloquial

24 ser un notas: Ser una persona que llama mucho la atención: *entra en clase con las gafas de sol porque es un notas.* — coloquial

25 tomar nota: 1. Anotar aquello que debe ser recordado: *la secretaria tomó nota de los compromisos previstos.* 2. Grabar en la memoria una cosa importante o fundamental: *la experiencia es la que enseña, así que tomo nota de lo que te ha sucedido para que no vuelva a pasar.*

nota bene (Expresión latina.) Se usa en impresos o manuscritos para llamar la atención hacia alguna particularidad. — s.m.

notabilidad
1 Cualidad que hace que una persona, un animal o una cosa sea notable o diferente del resto: *la crítica coincidió en señalar la notabilidad de su obra.* — s.f. / = relevancia
2 Persona ilustre o famosa por sus cualidades o méritos: *su abuelo fue una notabilidad de las artes.* — = eminencia

notable
1 Que es digno de atención: *ha leído todas las obras notables de la edad media; le operó un notable cirujano de la ciudad.* — adj. / = importante
2 Que destaca por ser extraordinario: *es una zona de notable belleza; su capacidad de abstracción es en verdad notable.* — = considerable / ≠ insignificante
3 Calificación académica superior a la de aprobado e inferior a la de sobresaliente: *la nota media que ha obtenido es de notable.* — s.m.
4 Personas principales en una localidad o en una colectividad: *los notables de la ciudad se han reunido en un famoso hotel.* — s.m.pl.

notablemente De forma clara y perceptible: *lo encuentro notablemente mejorado.* — adv. / = claramente

notación
1 Acción y resultado de señalar una cosa: *hizo interesantes notaciones a la propuesta.* — s.f. / tb: anotación
2 Escritura musical: *la notación musical indica la duración de las notas.* — MÚSICA
3 Sistema de signos convencionales que se adopta para expresar algunos conceptos matemáticos. — MATEMÁTICAS
4 Sistema de representación por medio de signos convencionales: *en notación química, el subíndice indica el número de átomos del elemento al que acompaña.*

notalgia Dolor en la espalda o región dorsal del cuerpo humano. — s.f. / MEDICINA

notar (Del lat. *notare.*)
1 Adquirir una persona conocimiento de una cosa que ocurre ante ella: *no había notado el cambio de posición de las cosas.* — v.tr. / = advertir
2 Percibir una persona una sensación: *te noto muy triste esta tarde.* — = sentir
3 Ser una cosa visible o manifiesta: *todavía no se le nota el embarazo.* — v.prnl.
4 Escribir una cosa para recordarla: *nota todos sus quehaceres en la agenda.* — v.tr. / = anotar
5 Decir o leer una cosa a una persona para que la escriba: *el director notó la carta a la secretaria.* — = dictar
6 Decir a una persona que ha obrado mal. — = censurar
7 Hacer que una persona o una cosa pierda su prestigio o fama. — = desacreditar
8 Señalar una cosa para que se conozca o sepa.
9 **hacerse notar:** Llamar la atención: *cuando hay invitados, el crío se hace notar.* — coloquial

notaría
1 Oficina del notario: *los socios se reunieron en la notaría con sus respectivos abogados.* — s.f. / DERECHO
2 Profesión de notario: *ejerce la notaría desde hace diez años.* — DERECHO

notariado, a
1 Que está autorizado o certificado ante notario: *ne-*— adj.

cesito documentos notariados que acrediten la constitución de la sociedad. — DERECHO
2 Carrera, profesión o ejercicio de notario: *ejerció el notariado hasta su jubilación.* — s.m./tb: notariato / DERECHO
3 Colectividad de notarios. — DERECHO

notarial
1 Del notario: *sin la firma notarial, carece de validez.* — adj./DERECHO
2 Que está hecho o autorizado por un notario: *llegó un certificado notarial asegurando la obtención del premio.* — DERECHO

notariato Ejercicio y título de la profesión de notario. — s.m./DERECHO

notario, a (Del lat. *notarius,* secretario.)
1 Funcionario público autorizado para dar fe de los contratos, testamentos y otros actos extrajudiciales, conforme a las leyes. — s. / DERECHO
2 Persona que vive unos acontecimientos determinados y deja constancia de ellos. — = fedatario
3 Hombre que desempeñaba la labor de escribano. — s.m./HISTORIA
4 El que actuaba en negocios eclesiásticos.
5 **notario de diligencias:** El que sólo estaba habilitado para practicar las funciones correspondientes a la ejecución de autos, acuerdos o decretos judiciales. — DERECHO
6 **notario mayor del reino:** Ministro de justicia. — HISTORIA

noticia (Del lat. *notitia.*)
1 Comunicación de un acontecimiento, por lo general reciente: *¿has oído la noticia del atentado?* — s.f. / = información
2 Lo que ha sido comunicado o divulgado: *la noticia nos ha entristecido a todos.*
3 Conocimiento de un asunto: *no tenía noticia del traslado de departamento.* — = idea, noción
4 Noticiario o diario hablado en radio o televisión: *pondré la radio para oír las noticias de las tres.* — s.f.pl. / AUDIOVISUALES
5 **noticia bomba:** La que causa impresión por ser imprevista o muy importante: *el compromiso matrimonial fue una noticia bomba.* — coloquial / = notición
6 **noticia remota:** Recuerdo confuso de una cosa: *creo tener alguna noticia remota de tu amiga pero no recuerdo su nombre.*
7 **estar atrasado de noticias:** No saber lo que es común o conocido para los demás.

noticiar Dar noticia de una cosa a una persona: *en breve noticiarán los resultados de las elecciones.* — v.tr. / = notificar

noticiario
1 Emisión radiofónica o televisiva en que se transmiten noticias: *me gusta el noticiario de la noche por su presentador.* — s.m. / AUDIOVISUALES / = noticias
2 Sección de un periódico dedicada a noticias breves de actualidad.
3 Película cinematográfica en la que se ilustran de forma breve hechos de actualidad, y que se pasa antes de la película. — CINE

noticiero, a
1 Que da noticias: *es un programa noticiero y de variedades a la vez.* — adj.
2 Persona que da noticias: *a ver qué cuenta hoy el noticiero del barrio.* — s.

notición Noticia extraordinaria o sensacional: *lo que me has dicho es un verdadero notición.* — s.m./coloquial / = noticia bomba

noticioso, a
1 Que tiene noticia de una cosa; por lo general se emplea en cláusula absoluta: *noticiosa de tu enfermedad, te escribo esta carta.* — adj. / = conocedor, sabedor
2 Que tiene conocimiento de muchas materias. — = erudito
3 Programa de radio o de televisión en el que se transmiten noticias. — s.m./Amér. Central y Merid.

notificación
1 Comunicación que se hace a una persona de un asunto al que debe atenerse o que le interesa: *el jurado procedió a la notificación de los resultados.* — s.f. / = comunicado
2 Documento que contiene esta comunicación: *la notificación de la multa me llegó por correo; dispone de diez días para hacer efectiva esta notificación.*

notificado, a Se aplica a la persona que recibe una notificación: *el juez llamó a declarar a los notificados.* — adj/s.

notificante Persona o institución que emite una notificación. — s.m.f.

notificar (Del lat. *notus,* conocido + *facere,* hacer.)
1 Dar una noticia cierta a una persona: *lamento tener que notificarte esta desgracia.* — v.tr./conj: sacar / = informar
2 Comunicar una resolución de la autoridad a una persona siguiendo unas normas o formalidades prescritas. — DERECHO

notificativo, a Que sirve para notificar: *recibirá un documento notificativo en su domicilio.* — adj. / = informativo

noto, a Se aplica a todo aquello que es conocido o sabido. — adj./= notorio / ≠ ignoto

noto (Del lat. *notus* < gr. *notos,* viento del sur.)
1 Viento que sopla del sur. — s.m./= austro
2 **noto boreo:** Movimiento del mar en dirección norte-sur o viceversa.

notobranquio, a Se aplica a los animales acuáticos que tienen las branquias en el dorso. — adj./s.m. ZOOLOGÍA

notocordio (Del gr. *notos*, espalda + *khorde*, cuerda.) Cordón celular macizo que tienen los animales cordados a lo largo y debajo de la médula espinal y que en los vertebrados se convierte en columna vertebral. — s.m. ANATOMÍA

notoriedad
1 Situación de la persona, animal o cosa conocida por todos: *dada la notoriedad del hecho, creo innecesario comentarlo más.* — s.f. = conocimiento
2 Opinión y conocimiento general de la gente acerca de una cosa o una persona: *sus libros tuvieron gran notoriedad en aquellos momentos.* — = fama, renombre

notorio, a (Del lat. *notorius*.)
1 Que es muy conocido: *su candidatura política fue notoria en la población mucho antes de que se hiciese pública.* — adj./= manifiesto, público/≠ secreto
2 Que es claro o evidente: *hizo un notorio gesto de disgusto al oír tu intervención.* — ≠ dudoso

noúmeno (Del gr. *noumenon* < *noeo*, darse cuenta.)
1 Esencia o causa hipotética de los fenómenos, según las noticias que el entendimiento recibe de los sentidos o de la propia conciencia, en metafísica tradicional. — s.m. FILOSOFÍA
2 Objeto del entendimiento tal como existe en sí mismo, como corresponde a una intuición no sensible, en la filosofía kantiana. — FILOSOFÍA ≠ fenómeno

nova (Del lat. *nova*, nueva.) Estrella cuyo brillo experimenta variaciones bruscas dando la sensación de que se forma una nueva. — s.f. ASTRONOMÍA

novacianismo (De *Novaciano*, sacerdote y teólogo romano.) Doctrina religiosa propugnada por este sacerdote y teólogo del siglo III, que negaba a la Iglesia la facultad de perdonar los pecados cometidos después del bautismo. — s.m. RELIGIÓN

novaciano, a (De *Novaciano*, sacerdote y teólogo romano.)
1 De dicho sacerdote y teólogo del siglo III, o de su doctrina. — adj. RELIGIÓN
2 Que profesa o es partidario del novacianismo. — adj/s./RELIGIÓN

novación Sustitución de una obligación civil por otra, quedando anulada la primera. — s.f. DERECHO

novador Persona que introduce novedades, en especial en materias de doctrina religiosa. — s. = novator

noval (Del lat. *novalis*.) Se aplica a la tierra que es cultivada por primera vez así como a los frutos que da. — adj. AGRICULTURA

novar Cambiar una obligación civil por otra quedando así anulada la primera. — v.tr. DERECHO

novatada
1 Broma a que son sometidos los alumnos, colegiales o soldados nuevos por parte de los veteranos: *el sargento advirtió que castigaría a los que cometieran novatadas.* — s.f.
2 Contrariedad en un asunto o negocio por falta de experiencia: *el encontrarse con impagos fue una novatada para él.*
3 **pagar la novatada:** Tener alguna dificultad por culpa de la inexperiencia: *se encontró con un tremendo descubierto y pagó la novatada.* — coloquial

novato, a Que es principiante o inexperto en una actividad: *todavía es novato en este trabajo pero aprende rápido; los más maduros recibían a los novatos con burlas.* — adj/s. = novel ≠ veterano

novator, a Novador, persona que introduce novedades. — s.

novecentismo
1 Movimiento artístico y arquitectónico del primer tercio del siglo XX, caracterizado por un cierto eclecticismo de inspiración clasicista, por la búsqueda de formas aptas para la totalidad de un grupo humano, con un sentido colectivo, sistemático y formativo. — s.m. ARQUITECTURA, ARTE
2 Movimiento literario español del primer tercio del siglo XX, tanto en lengua castellana como catalana, surgido como reacción al modernismo. — LITERATURA

novecentista
1 Del novecentismo: *el ensayo fue el género literario novecentista por excelencia.* — adj.
2 Que practica o es partidario del novecentismo: *Eugenio d'Ors fue un importante teórico novecentista.* — adj/s.m.f.

novecientos, as (Del lat. *novem*, nueve + *cientos*.)
1 Que resulta de la multiplicación de nueve por cien. — adj. num/s.m.
2 Que ocupa este lugar en una serie. — adj.num/s.
3 Signo o conjunto de signos que representa este número. — s.m.
4 Denominación que se da al arte, y la cultura en general, del siglo XIX.

novedad
1 Circunstancia de lo que es nuevo, que se acaba de hacer, producir o conocer: *en la feria se presentaron últimas novedades en software.* — s.f. = primicia
2 Cambio inesperado en una cosa o situación: *esta novedad te hará alterar tus planes iniciales.* — = variación
3 Suceso, noticia o acontecimiento reciente que se da a conocer: *¿ya sabes la última novedad?: se van a casar.* — = noticia
4 Alteración en el estado de salud o en la enfermedad de una persona.

5 Actitud de sorpresa o admiración ante lo que nunca se había visto u oído: *¡qué novedad, no sabía nada!*
6 Géneros o mercancías de moda: *en el escaparate ya han puesto las novedades de primavera.* — s.f.pl.
7 **hacer novedad:** 1. Causar una cosa extrañeza por ser inesperada. 2. Introducir alguna innovación en el funcionamiento normal de una cosa.
8 **sin novedad:** Sin que se haya producido ningún cambio o variación inesperada: *el viaje se desarrolló sin novedad.* — loc.adv.

novedoso, a Que es una novedad: *sus costumbres orientales me resultan novedosas; lo novedoso de la película es el tratamiento que hace de la marginalidad.* — adj. = moderno ≠ anticuado

novel (Del cat. *novell*, nuevo.) Que es principiante o inexperto en una actividad: *a pesar de ser un escritor novel, su obra tiene corrección y consistencia argumental; los noveles premiados saludaron tímidamente al académico.* — adj/s.m.f. = novato ≠ veterano

novela (Del ital. *novella*, noticia.)
1 Obra literaria en prosa, en general extensa, en la que se narra una historia, por completo o en parte ficticia, y se describen los sucesos y vicisitudes que rodean a unos personajes. — s.f. LITERATURA
2 Género literario formado por estas obras: *le gusta más la novela que la poesía o el teatro.* — LITERATURA = novelística
3 Hechos interesantes de la vida real que parecen ficticios: *tu aventura con esa mujer es una auténtica novela de amor.* — = historia
4 Ficción o mentira: *bueno, no sigas contándome novelas que ya nos conocemos.* — coloquial
5 Cualquiera de las leyes nuevas o constituciones imperiales que promulgaron los emperadores bizantinos posteriores al derecho justiniano. — HISTORIA
6 **novela bizantina:** La de carácter aventurero que se desarrolló en España durante los siglos XVI y XVII, en la que se narran las aventuras de una pareja de enamorados que logran reunirse felizmente. — LITERATURA
7 **novela de caballería:** Aquella en la que se describen las fabulosas y prodigiosas andanzas de los caballeros aventureros. — LITERATURA
8 **novela de ciencia ficción:** La que se inspira en los progresos de la técnica para narrar historias en las que los personajes viven en un tiempo futuro. — LITERATURA
9 **novela histórica:** Aquella que se desarrolla la acción en tiempos pasados, con personajes reales o no y evocando los ambientes y costumbres propios de la época. — LITERATURA
10 **novela morisca:** La que describe peripecias entre moros y cristianos. — LITERATURA
11 **novela negra o policíaca:** La que narra historias misteriosas y tiene un carácter detectivesco. — LITERATURA
12 **novela pastoril:** La que narraba las aventuras y desventuras de pastores idealizados. — LITERATURA
13 **novela picaresca:** La que relataba las aventuras poco honorables de un pícaro. — LITERATURA
14 **novela por entregas:** Narración de larga duración que se distribuía en fascículos periódicos y narraba historias melodramáticas de personajes contemporáneos.
15 **novela rosa:** Relato novelesco con personajes y ambientes convencionales, en el que se narra las relaciones amorosas de dos enamorados y el triunfo de éstas frente a las adversidades. — LITERATURA
16 **novela sentimental:** La que describe una historia amorosa y ofrece un análisis de los sentimientos de los amantes cuyo destino suele ser trágico. — LITERATURA
17 **de novela:** Se aplica a la situación real tan complicada o poco habitual que parece ficticia: *lo que te está ocurriendo es tan raro que parece de novela.* — loc.adj.

novelable Que puede ser novelado. — adj.

novelado, a Que tiene forma de novela: *se trata de un hecho histórico pero novelado.* — adj.

novelar
1 Explicar un suceso en forma de novela: *me gusta oírle porque siempre novela lo que cuenta.* — v.tr. LITERATURA
2 Escribir una persona novelas: *el escritor se retiró a novelar.* — v.intr. LITERATURA
3 Explicar una persona chismes o mentiras: *durante todo el día novela con uno y con otro.*

novelería
1 Afición a las habladurías y comentarios chismosos o frívolos: *conozco su afición a la novelería, así que no le contaré mis intimidades.* — s.f.
2 Inclinación a crear o imaginarse situaciones fantasiosas y exageradas: *la novelería del pequeño empieza a preocuparme.* — = imaginación
3 Afición a las novelas: *su biblioteca es una clara muestra de su novelería.*
4 Habladuría, novedad fútil. — = chisme

novelero, a
1 Que es aficionado a contar o conocer novedades, ficciones o cuentos: *es tan novelera que se muere por conocer todos los detalles de las cosas.* — adj/s. = fantasioso

2 Que es aficionado a leer novelas.

3 Que es inconstante en su conducta. ═ veleidoso

novelesco, a
1 De la novela: *su última obra es rica en recursos nove-* adj./LITERATURA
lescos. ═ novelístico
2 Que parece ficticio por lo interesante, extraordina- ≠ fantasioso
rio o impresionante: *tu historia es tan novelesca que me* ≠ realista
cuesta creerla.

novelista Persona que escribe novelas: *el novelista ha* s.m.f.
sido galardonado con el Nobel de Literatura. ═ novelador

novelística
1 Conjunto de las novelas de un país, de un autor o s.f.
de un período de tiempo determinado: *la novelística* LITERATURA
francesa del siglo XIX es muy importante.
2 Tratado histórico o preceptivo de la novela. LITERATURA

novelístico, a De la novela: *en su estilo novelístico se* adj.
nota la influencia de los clásicos. LITERATURA

novelizar Explicar una cosa en forma de novela: *no-* v.tr./conj: cazar
veliza de tal modo sus actos que parecen falsos. ═ novelar

novelón
1 Hecho extraordinario que parece ficticio: *¡madre* s.m.
mía, su vida es un novelón! coloquial
2 Novela de escasa calidad artística que narra sucesos ═ folletín
muy dramáticos.

novena
1 Práctica católica en la que se reza y se realizan s.f.
otros actos devotos durante nueve días. RELIGIÓN
2 Libro que contiene las oraciones y ruegos que se RELIGIÓN
realizan en esta práctica.
3 andar novenas: Practicar con frecuencia este ejer- RELIGIÓN
cicio piadoso.

novenario
1 Período de nueve días que los parientes inmediatos s.m.
de un difunto dedican a pésames, lutos y devociones. RELIGIÓN
2 Exequias o sufragios celebrados el noveno día des- RELIGIÓN
pués de la defunción de una persona.
3 Conjunto de actos de culto o sermones, celebrados RELIGIÓN
durante nueve días en honor de un santo.

novendial (Del lat. *novem*, nueve + *día*.) Se aplica a adj.
cualquiera de los días del novenario celebrado en ho- RELIGIÓN
nor de un difunto.

noveno, a
1 Que ocupa el lugar número nueve en una serie: *el* adj.num/s.
atleta declaró estar contento con su noveno puesto. ═ nono
2 Se aplica a cada una de las partes que resultan de adj.num/s.m.
dividir una cosa en nueve iguales. MATEMÁTICAS
3 Cada una de las nueve partes en que dividían los s.m.
diezmos para su distribución pontificia. RELIGIÓN
4 Renta territorial que consiste en la novena parte de HISTORIA
los frutos.

noventa (Del lat. *nonaginta*.)
1 Que resulta de la multiplicación de nueve por diez. adj.num/s.m.
2 Que ocupa este lugar en una serie. adj.num/s.m.f.
3 Signo o conjunto de signos que representa este nú- s.m.
mero.

noventano, a Se aplica a cada una de las partes que adj.num/s.m.
resultan de dividir una cosa en noventa iguales.

noventayochista
1 De la generación española del 98. adj./LITERATURA
2 Se aplica al escritor que pertenece a la generación adj/s.m.f.
del 98. LITERATURA

noventón, a Se aplica a la persona que tiene entre adj/s.
noventa y noventa y nueve años: *aunque no lo parez-* ═ nonagenario
ca, mi abuelo ya es noventón.

noviar Flirtear, entablar una relación amorosa sin ma- v.intr.
yor compromiso. Argent.

noviazgo
1 Relación entre novios que tienen la intención de s.m.
casarse.
2 Período de tiempo que dura esta relación: *estuvieron*
poco tiempo de noviazgo.

noviciado Tiempo de prueba y de preparación de las s.m.
personas que quieren ingresar en una orden religiosa. RELIGIÓN

novicio, a (Del lat. *novicius*.)
1 Se aplica a la persona que se está iniciando en una adj/s.
actividad: *esta empresa prefiere contratar novicios para* ═ principiante
formarles según su normativa.
2 Persona que en la religión donde tomó el hábito no s.
ha profesado todavía. RELIGIÓN
3 Persona muy compuesta y arreglada en sus accio- s.
nes, en especial en la modestia.

noviembre (Del lat. *november.*) Undécimo mes del s.m.
año en el calendario occidental, entre octubre y diciembre, que consta de treinta días.

novillada
1 Conjunto de novillos: *la novillada corría espantada* s.f.
ante los mozos.
2 Lidia o corrida de novillos. TAUROMAQUIA

novillear Lidiar una persona un novillo: *este mozo ya* v.intr.
novillea muy bien. TAUROMAQUIA

novillero, a
1 Persona que lidia novillos: *el novillero fue muy aplau-* s.
dido en la plaza. TAUROMAQUIA
2 Persona que cuida de los novillos.
3 Se aplica a la persona que deje de asistir a un lugar adj/s.
al que debería ir: *aunque es un novillero, estudia a con-* coloquial
ciencia.
4 Corral o cobertizo en el que se encierra a los novi- s.m.
llos.
5 Zona de pasto para los novillos y para que las va- s.
cas paran.

novillo, a
1 Res vacuna entre dos y tres años de edad, en espe- s.
cial si no está domada.
2 Hombre al que su mujer le es infiel. s.m./coloquial
3 Novillada, lidia de novillos: *la gente joven asistió a* s.m.pl.
los novillos aquella tarde. TAUROMAQUIA
4 Buey joven o ternero castrado. s.m./Chile
5 hacer novillos: No asistir, en contra de lo debido, coloquial
a algún lugar, clase o reunión: *le expulsaron del colegio*
por hacer novillos.

novilunio Fase de luna nueva en la que ésta deja de s.m.
verse desde la Tierra por su conjunción con el Sol. ASTRONOMÍA

novio, a (Del lat. vulgar *novius*, casado nuevo.)
1 Persona que mantiene relaciones amorosas con s.
otra con la intención de casarse: *los novios se miraban* ═ prometido
acaramelados.
2 Persona que está próxima a casarse o está recién
casada: *¡ya llega la novia!; se fueron a Canarias de viaje*
de novios.
3 Persona que por primera vez caza una pieza gran- CAZA
de, como un venado o un jabalí.
4 Principiante o novicio en una dignidad o estado. s.m.
5 Planta geraniácea de flores rojas, muy común en Colomb., Ecuad., Venez.
los jardines. BOTÁNICA
6 pedir una persona la novia: Pedir permiso el novio a los padres de ella para casarse.
7 quedarse compuesta y sin novio: Malograrse el coloquial
deseo o propósito de una persona: *después de tantos*
preparativos para la cena, se anuló y se quedó compuesta
y sin novio.
8 sacar la novia por el vicario: Conseguir el novio
que el juez saque la novia de casa de sus padres y la
lleve donde pueda declarar su voluntad con libertad.

novísimo, a
1 Que es muy nuevo o muy reciente: *es una técnica* adj.
novísima en este ámbito. ≠ antiquísimo
2 Se aplica al poeta que pertenece a una generación adj/s.
poética española de finales de los años sesenta, carac- LITERATURA,
terizado por el rechazo a la literatura social y por una POESÍA
vuelta al esteticismo formal y temático.
3 Cada una de las cuatro últimas etapas por las que s.m.
ha de pasar el hombre: muerte, juicio, infierno y glo- TEOLOGÍA
ria.

novohispano, a Del virreinato de Nueva España, en adj.
la actualidad México. Méx.

noxa (Del lat. *noxa*, perjuicio.) Liberación del esclavo s.f.
o del animal que había causado daño, por la cual el HISTORIA
dueño se eximía de indemnizar al damnificado.

noyó (Del fr. *noyau* < lat. vulgar *nucalis* < lat. *nux*, *nu-* s.m.
cis, nuez.) Licor hecho con aguardiente, azúcar y al- pl.tb: noyoes
mendras amargas.

nubada
1 Lluvia que cae de golpe en un lugar determinado: s.f.
en el centro de la ciudad cae una gran nubada, pero no ═ nubarrada
aquí.
2 Abundancia de una cosa: *el árbitro recibió una nuba-* ═ aluvión
da de insultos por su actuación.

nubado, a Que tiene un estampado en forma de nu- adj.
bes.

nubarrado, a Se aplica a la tela que tiene un estam- adj.
pado o colorido en forma de nubes. ═ nubado

nubarrón Nube grande, espesa y oscura separada de s.m.
las otras: *un nubarrón ha tapado el Sol pero pronto se*
irá.

nube (Del lat. *nubes*.)
1 Conjunto de pequeñas gotas acuosas o de cristales s.f.
de hielo en suspensión en la atmósfera, resultantes
de la condensación del vapor de agua, que forman
una masa de color variable: *las nubes blancas parecen*
de algodón.
2 Cantidad muy grande de una cosa que va por ═ cúmulo
el aire: *una nube de pájaros volaba hacia el sur; el co-*
che levantó una nube de polvo al pasar.
3 Gran cantidad de personas o cosas: *una nube de pe-* ═ multitud
riodistas rodeaba al campeón.
4 Cualquier cosa que oscurece o encubra otra: *una* ═ velo
nube de tristeza cubrió su rostro al nombrarlo.

5 Pequeña mancha blanquecina que se forma en la capa exterior de la córnea y dificulta o impide la visión. — MEDICINA / = nefelio

6 Cualquier cosa que dificulta la comprensión o visión: *una nube de pesar le bloqueó la mente.* — = sombra

7 Especie de chal ligero y de punto que se echaban las mujeres sobre la cabeza al salir de noche.

8 Sombra de una piedra preciosa que oscurece sus luces y brillos.

9 nube de verano: 1. La que provoca una lluvia fuerte y repentina. **2.** Disgusto pasajero: *su enfado no es más que una nube de verano.* — coloquial

10 nubes de Magallanes: Cúmulo de estrellas visibles cerca del polo sur. — ASTRONOMÍA

11 andar por las nubes: Ser muy cara una cosa: *los pisos andan por las nubes aquí.* — coloquial

12 como caído de las nubes: De forma inesperada: *vino a visitarnos como caído de las nubes después de tres años sin vernos.* — loc.adv. / coloquial

13 descargar la nube: 1. Ponerse a llover o a granizar: *el cielo está muy negro, pronto descargará la nube.* **2.** Desahogar la ira o el enfado: *prefiero no estar presente cuando descargue la nube.* — coloquial

14 estar o vivir en las nubes: Estar distraído y como ausente: *no me oyes, estás hoy en las nubes; no se da cuenta del engaño porque vive en las nubes.* — coloquial

15 estar por las nubes: Ser muy cara una cosa: *el pescado está aquí por las nubes.* — coloquial

16 poner en o por las nubes a una persona o alguna cosa: Alabarla mucho: *mucha gente me ha puesto por las nubes este restaurante, así que lo probaré.* — coloquial

17 ponerse por las nubes: 1. Estar una persona muy enojada: *cuando se lo dije, se puso por las nubes y me echó del despacho.* **2.** Costar mucho dinero una cosa: *desde que tiene fama, la zona se ha puesto por las nubes.* — coloquial

18 subir una cosa a las nubes: Haberse encarecido mucho el precio de una cosa. — coloquial

nubífero, a (Del lat. *nubes*, nube + *ferre*, llevar.) Que lleva o trae nubes. — adj. / literario

núbil Que está en edad de casarse, en especial se refiere a la mujer. — adj. / = casadera

nubilidad
1 Estado de la persona núbil o que ha llegado a la edad apta para el matrimonio. — s.f.
2 Edad propia para contraer matrimonio, en especial referido a mujeres.

nubiloso, a Nubloso. — adj./literario

nubio, a
1 De Nubia, región del nordeste de África. — adj./= nubiense
2 Persona natural de esta región africana. — s.
3 Lengua hablada por este pueblo. — s.m./LINGÜÍSTICA

nublado, a
1 Se aplica al cielo que está cubierto de nubes: *lloverá porque el cielo está nublado.* — adj. / = nuboso
2 Nube espesa que amenaza lluvia. — s.m.
3 Tormenta muy fuerte. — = tempestad
4 aguantar el nublado: Esperar con paciencia a que se le pase el enfado a una persona, en especial a un superior: *la secretaria del jefe ya está harta de aguantar el nublado.* — coloquial
5 descargar el nublado: 1. Llover, nevar o granizar de forma abundante. **2.** Desahogar el enfado o la cólera. — coloquial
6 pasar o levantarse el nublado: Terminar una situación de peligro o enfado sin que se haya producido ningún daño: *cuando pase el nublado volverá a ser el de siempre.* — coloquial

nublar
1 Cubrir las nubes el cielo: *hoy el cielo se ha nublado y amenaza lluvia.* — v.tr/prnl. / tb: anublar
2 Hacer que una cosa pierda su fuerza o intensidad: *Juan nubló la amistad de sus amigos; el optimismo de la reunión se nubló con la llamada del jefe.* — = empañar, oscurecer
3 Perder una planta la lozanía: *mis geranios se nublan.* — = marchitar
4 Poner una cosa turbia la vista: *el Sol se le nubló la vista durante unos instantes.* — v.tr/prnl. / = enturbiar
5 Dejar de ser posible una cosa que se deseaba o pretendía: *los planes se nublaron al enfermar el niño.* — v.prnl. / = desvanecerse

nublo, a (Del lat. *nubilus*, nublado.)
1 Que está cubierto de nubes: *si el cielo sigue nublo, no podremos ir a la fiesta.* — adj. / = nublado
2 Hongo o tizón de los cereales. — s.m./MICOLOGÍA

nubloso, a
1 Cubierto de nubes: *el cielo amaneció nubloso y llovió por la tarde.* — adj. / = nublado
2 Que anuncia desgracia: *se acercó a mí con un rostro nubloso y pesimista.* — = adverso

nubosidad Abundancia de nubes en la atmósfera: *el fin de semana habrá predominio de la nubosidad variable en el norte.* — s.f.

nuboso, a
1 Que tiene muchas nubes: *la tarde se está poniendo nubosa.* — adj. / = nublado, nuboso

---

2 Que anuncia desgracia o adversidad. — = adverso

nuca (Del bajo lat. *nucha* < ár. *nuhac*, médula espinal.) Parte del cuerpo por donde se une la cabeza a la parte posterior del cuello: *el masaje en la nuca me relajó la espalda.* — s.f. / ANATOMÍA / = cogote

nuche Larva que se introduce en la piel de los animales. — s.m./Colomb. / ZOOLOGÍA

nucleación Formación de gérmenes que constituyen centros de desarrollo de una nueva estructura física o química. — s.f. / QUÍMICA

nucleado, a Que tiene uno o más núcleos. — adj.

nuclear
1 Del núcleo o centro: *la idea nuclear de la obra es el paso del tiempo.* — adj. / = central, nucleario
2 Del núcleo del átomo: *los protones y los neutrones se encuentran en la zona nuclear del átomo.* — FÍSICA / = atómico
3 Que funciona con la energía que se obtiene a partir de la manipulación del núcleo del átomo: *energía nuclear; bomba nuclear.* — FÍSICA NUCLEAR
4 Instalación industrial para obtener energía eléctrica a partir de la fisión del átomo: *el pueblo se movilizó contra la instalación de la nuclear.* — s.f. / FÍSICA NUCLEAR

nucleario, a Del núcleo. — adj./= nuclear

nuclearización Proceso por el que se sustituyen las fuentes tradicionales de energía por las de origen nuclear. — s.f. / FÍSICA NUCLEAR

nuclearizar Sustituir las fuentes de energía tradicionales por energía nuclear. — v.tr./conj: cazar / FÍSICA NUCLEAR

nucleico, a Se aplica a los ácidos orgánicos que intervienen en la síntesis de las proteínas y en la transmisión genética. — adj. / BIOQUÍMICA

nucleido Cuerpo cuyos átomos tienen el mismo número de protones que de neutrones. — s.m. / FÍSICA

núcleo (Del lat. *nucleus*.)
1 Parte o punto central de alguna cosa material o inmaterial: *siempre se convierte en el núcleo de las reuniones; suele haber serios problemas de tráfico en el núcleo urbano.* — s.m. / = centro
2 Parte central del átomo que contiene la mayor porción de su masa y está formada por protones y neutrones. — FÍSICA, QUÍMICA
3 Corpúsculo esencial del citoplasma de las células que actúa como órgano rector de las funciones de nutrición y reproducción de ésta. — BIOLOGÍA
4 Elemento fundamental de una unidad compuesta: *el nombre es el núcleo del sintagma nominal.* — LINGÜÍSTICA
5 Almendra o semilla de los frutos que tienen cáscara dura o leñosa. — BOTÁNICA
6 Hueso de las frutas. — BOTÁNICA
7 Parte más densa y luminosa de un astro. — ASTRONOMÍA
8 Grupo de personas con unos intereses o características comunes: *los núcleos de gente necesitada crecen en las grandes ciudades.*
9 núcleo atómico: Parte central del átomo. — FÍSICA
10 núcleo celular: Corpúsculo esencial de la célula. — BIOLOGÍA
11 núcleo de población: Agrupación de casas de cualquier tamaño e importancia que coexisten bajo un régimen común.

nucléolo Corpúsculo esferoidal que hay en el interior del núcleo de las células. — s.m. / BIOLOGÍA

nucleón Denominación genérica de las partículas elementales que forman un núcleo atómico. — s.m. / FÍSICA NUCLEAR

nucleónico, a De los nucleones. — adj./FÍSICA NUCLEAR

nuco Ave de rapiña estrígida, nocturna, semejante a la lechuza. *(Otus brachyotus.)* — s.m./Chile / ZOOLOGÍA

nudado, a Se aplica a toda pieza que presenta un nudo en su configuración, en especial la cola del león. — adj. / HERÁLDICA

nudillo
1 Parte exterior de cada unión de los huesos que forman el dedo, en especial si están doblados: *tiene la piel de los nudillos agrietada por el frío.* — s.m. / ANATOMÍA
2 Cada uno de los puntos dobles que forman la costura de las medias. — TEXTIL
3 Taco de madera empotrado en la pared para clavar o sujetar una cosa en él. — CONSTRUCCIÓN
4 pegar con los nudillos: Llamar a una puerta dando golpes en ella con esta parte de la mano.

nudismo
1 Doctrina que sostiene que la desnudez al aire libre es conveniente para la salud física y moral de las personas. — s.m. / SOCIOLOGÍA / = desnudismo
2 Práctica de esta doctrina.

nudista
1 Del nudismo: *suele veranear en un cámping nudista.* — adj./SOCIOLOGÍA
2 Que practica el nudismo. — adj./s.m.f.

nudo (Del lat. *nodus*.)
1 Entrelazamiento de uno o más cuerpos flexibles — s.m.

que se estrecha o cierra para impedir que pueda soltarse por sí solo y que, cuanto más se tira de uno de los cabos, más se aprieta: *se me ha desatado el nudo de los cordones; haz un nudo en la cuerda.* — = lazo

2 Punto en el que se cruzan varias vías de comunicación: *en esta población hay un nudo de varias autopistas.*

3 Vínculo que une a las personas entre sí: *existía entre ellos un fuerte nudo de amistad.* — = lazo, unión

4 Parte del tronco de árboles y plantas de la que parten las ramas. — BOTÁNICA

5 Parte abultada de las plantas por donde se unen los órganos que las componen: *las hojas brotan de los nudos de los tallos* — BOTÁNICA

6 Parte central de una obra literaria que precede al desenlace de los hechos. — LITERATURA

7 Lugar donde se unen o cruzan dos o más sistemas montañosos. — GEOGRAFÍA

8 Bulto o tumor que se produce en los tendones o en los huesos por enfermedad o rotura. — MEDICINA

9 Unión de unas partes con otras de los animales, en especial unos huesos con otros. — ZOOLOGÍA

10 Parte del cáliz litúrgico entre el pie y la copa. — RELIGIÓN

11 Principal dificultad o duda sobre un asunto: *tenemos que encontrar el nudo de la cuestión para solucionarlo.* — = problema

12 Medida de velocidad marina que equivale a 1 852 metros por hora: *el buque avanza a veinte nudos por hora.* — NÁUTICA = milla

13 Cada uno de los puntos de división de la corredera de una embarcación. — NÁUTICA

14 Trayecto de navegación que se mide por cada una de estas divisiones. — NÁUTICA

15 nudo ciego: El que es difícil de desatar por estar muy apretado.

16 nudo de tejedor: El que se hace uniendo los dos cabos y formando con ellos dos lazos encontrados.

17 nudo de tripas: Cólico de vientre. — MEDICINA

18 nudo en la garganta: 1. Impedimento que se siente en ella para hablar o tragar. 2. Congoja que impide explicar una cosa: *el nudo en la garganta le desató el llanto.* — coloquial / coloquial

19 nudo gordiano: El que es muy difícil de desatar.

20 nudo marinero: El seguro pero fácil de desatar.

21 dar o echar otro nudo a la bolsa: Resistirse a soltar dinero. — coloquial

22 tener o ponérsele a una persona un nudo en la garganta: No poder hablar por pena, susto, vergüenza u otra causa: *al ver su cara, se me puso un nudo en la garganta y me fui del despacho.* — coloquial

nudo, a (Del lat. *nudus,* desnudo.) Desnudo, sin ropa. — adj./literario

nudosidad Tumefacción o hinchazón endurecida en forma de nudo. — s.f. MEDICINA

nudoso, a Que tiene nudos: *los hilos del costurero estaban nudosos.* — adj.

nuecero, a Persona que vende nueces. — s.

nuégado
1 Pasta de harina, miel y nueces, cocida al horno. — s.m./COCINA
2 Dulce hecho con pan rallado, almendras o avellanas tostadas y machacadas y miel. — COCINA = hormigos
3 Mezcla hecha con piedras pequeñas, arena y mortero: *taparemos el agujero del muro con nuégado.* — CONSTRUCCIÓN = hormigón

nuera (Del lat. vulgar *nora* < lat. *nurus.*) Mujer del hijo respecto a los padres de éste. — s.f.

nuestro, a (Del lat. *noster, nostra, nostrum.*)
1 De nosotros: *conoce a nuestro padre, a nuestra madre y también a nuestros abuelos.* — adj./pron.pos.
2 la nuestra: Indica que ha llegado la ocasión favorable para nosotros: *llegó, por fin, la nuestra.* — coloquial
3 los nuestros: Los familiares, los allegados y los compañeros de ideología, grupo o facción: *no disparéis, que son de los nuestros.*

nueva
1 Noticia o información que no se conocía antes: *me alegro mucho de saber la nueva de la boda de tu nieto.* — s.f. = primicia
2 cogerle a una persona de nuevas una cosa: Tener conocimiento de una cosa sin esperárselo: *me coge de nuevas que me hables de la quiebra de tu empresa.* — coloquial
3 hacerse una persona de nuevas: Aparentar desconocer lo que en realidad se sabe: *no te hagas de nuevas, seguro que tu mujer te lo ha contado.* — coloquial

nuevamente
1 Otra vez, de nuevo: *ha sido nuevamente elegido.* — adv.
2 Hace poco: *el decreto promulgado nuevamente nos beneficia.* — = recientemente

nueve (Del lat. *novem.*)
1 Que resulta de la suma de ocho más uno. — adj.num/s.m.
2 Que ocupa este lugar en una serie. — adj.num/s.m.f.
3 Signo o conjunto de signos que representa este número. — s.m.
4 Carta de la baraja con la cantidad de signos de este número: *yo gano porque tengo el nueve de copas.* — JUEGOS

nuevo, a (Del lat. *novus.*)

1 Que se acaba de hacer, producir o conocer: *ya me han dado la nueva noticia; ha publicado un nuevo libro.* — adj. = reciente
2 Que es distinto a otra cosa ya existente de la misma clase o que se le añade o lo sustituye: *me presentó a su nuevo marido; la nueva casa es más amplia que la anterior.* — = otro
3 Que está poco o nada usado o en buen estado: *el coche está nuevo; coge el bolígrafo nuevo.* — ≠ viejo
4 Se aplica a la persona que hace poco que está en un lugar, trabajo o situación: *es nuevo en la ciudad; el nuevo de la oficina no acaba de ubicarse.* — adj/s. = novato, novel
5 Que es novicio o principiante y no tiene experiencia: *todavía es nuevo en esta tarea; los nuevos suelen cometer más errores que los veteranos.* — = novato ≠ veterano
6 Se aplica al producto agrícola que es de la última cosecha: *patatas nuevas; vino nuevo.* — adj. AGRICULTURA
7 de nuevo: Otra vez: *de nuevo se ha resfriado el niño; ya estamos aquí de nuevo.* — loc.adv.
8 estar como nuevo: Encontrarse en buen estado físico: *tras la ducha ya vuelvo a estar como nuevo.* — coloquial
9 quedar como nuevo: Recuperar el buen estado: *échate a dormir y te quedarás como nuevo; con el pulido y el pintado, el mueble ha quedado como nuevo.* — coloquial

nuez (Del lat. *nux, nucis.*)
1 Fruto del nogal, de forma ovoide, con el epicarpio fino y liso, de color verde, con el mesocarpio correoso y caedizo, el endocarpio duro, rugoso y de color pardo, dividido en dos mitades que encierran la semilla comestible y oleaginosa. — s.f. pl: nueces BOTÁNICA
2 Denominación que se da al fruto de otros árboles, semejantes a éste en la forma o en tener la cáscara dura: *nuez de coco, nuez de areca, nuez de burí.* — BOTÁNICA
3 Prominencia que forma la laringe, en la parte anterior del cuello del varón adulto. — ANATOMÍA = bocado de Adán
4 Pieza movible dispuesta en el extremo inferior del arco del violín o de otros instrumentos musicales, que sirve para dar más o menos tensión a las cerdas. — MÚSICA
5 Hueso que se sujeta al tablero de la ballesta, para afirmar la cuerda. — MILITAR
6 nuez de ciprés: Fruto redondo y leñoso de este árbol. — BOTÁNICA = piña de ciprés
7 nuez ferreña: Variedad muy dura y poco desarrollada. — BOTÁNICA
8 nuez moscada: 1. Fruto de la mirística, árbol de origen hindú, empleado como condimento y para obtener aceite. 2. La del nogal que se coge verde, antes de cuajarse la cáscara, se conserva en almíbar y se cubre después con alcorza. — BOTÁNICA / COCINA
9 nuez póntica: Avellana, fruto del avellano. — BOTÁNICA
10 nuez vómica: Semilla de una planta loganiácea, aplastada, dura, redondeada y muy venenosa, que se usa, en pequeñas dosis, en medicina. — BOTÁNICA
11 apretar a una persona la nuez: Matar a una persona ahogándola. — coloquial
12 cascarle a una persona las nueces: Darle palos, aporrearle. — coloquial
13 volver las nueces al cántaro: 1. Suscitar discusión de nuevo un tema después de concluido. 2. Restituir las cosas a su estado anterior, en especial las relaciones personales. — coloquial / coloquial

nueza
1 Planta herbácea cucurbitácea, vivaz, ramificada y trepadora, con zarcillos en espiral, hojas grandes, pecioladas y divididas en cinco lóbulos, flores verdosas axilares y fruto en baya roja, muy tóxico. (*Bryonia alba.*) — s.f. BOTÁNICA
2 nueza blanca: Planta herbácea cucurbitácea, similar a la especie anterior, pero monoica, con flores blancas y bayas negras que abunda en el norte del continente europeo. (*Bryonia dioica.*) — BOTÁNICA
3 nueza negra: Planta dioscoreácea, vivaz, con tubérculo negro y tóxico, tallos trepadores y estriados, hojas duales, acorazonadas, de color verde oscuro, flores verdosas y fruto en baya roja, muy tóxico. (*Tamus communis.*) — BOTÁNICA

nugatorio, a (Del lat. *nugatorius,* fútil.) Que burla la esperanza concebida o el juicio con que se había hecho. — adj. = engañoso

nulamente Sin valor ni efecto, con nulidad. — adv.

nulidad
1 Circunstancia de ser una cosa nula, que no tiene efecto legal o que ha sido anulada: *ha pedido la nulidad matrimonial.* — s.f. ≠ validez
2 Estado de ineptitud o incapacidad: *no hizo el servicio militar por tener una nulidad física.* — ≠ aptitud
3 Persona inútil, que no vale para determinada cosa o que no vale para nada: *es una nulidad para las matemáticas.* — coloquial = ineptitud

nulípara Mujer que no ha dado a luz nunca un hijo. — s.f.

nulíporo, a Que no tiene poros. — adj.

nulo, a (Del lat. *nullus,* ninguno.)
1 Que no tiene valor legal: *los resultados fueron declarados nulos.* — adj./= invalidado ≠ válido

2 Que no tiene capacidad para hacer una cosa: *es nulo para las matemáticas.* — = inepto, inútil ≠ competente

3 Ni uno solo, ninguno.

4 Se aplica al combate de boxeo en el que no hay vencedor por haber obtenido igual número de puntos. — DEPORTES

numantino, a
1 De Numancia, antigua ciudad de la Hispania Citerior. — adj. HISTORIA
2 Persona natural de esta antigua ciudad. — s./HISTORIA
3 Que se mantiene en su posición o convicción ante cualquier ataque o crítica: *el equipo contrario ofreció una defensa numantina.* — adj. = firme
4 De Numancia, ciudad española actual. — adj/s.

numbat Mamífero marsupial, de tamaño mediano, cuerpo rayado, vientre blanco y lengua larga que utiliza para capturar hormigas y termes y vive en tierras australianas. *(Myrmecobius fasciatus.)* — s.m. ZOOLOGÍA

numen (Del lat. *numen*, voluntad y poder divinos.)
1 Cualquier dios de la mitología clásica. — s.m.
2 Inspiración del artista o del escritor: *Gala fue el numen de Dalí.* — = musa

numerable Que puede ser numerado. — adj.

numeración
1 Acción y resultado de numerar: *aprovecha para hacer la numeración de las páginas con el ordenador.* — s.f.
2 Sistema para expresar de palabra o por escrito todos los números con una cantidad limitada de palabras y guarismos. — MATEMÁTICAS
3 **numeración arábiga o decimal:** Sistema que utiliza diez signos para expresar cualquier cantidad gracias a su valor absoluto y a la posición relativa que pueden adoptar, introducida por los árabes es hoy de uso universal. — MATEMÁTICAS
4 **numeración romana:** Sistema que usaban los romanos para expresar los números usando siete letras del alfabeto: I, V, X, L, C, D y M. — MATEMÁTICAS

numerador
1 Término de la fracción que indica cuántas partes de la unidad contiene aquélla. — s.m. MATEMÁTICAS
2 Aparato con que se marca una numeración correlativa, formado por unas pequeñas ruedas que permiten cambiar la cifra antes de cada impresión. — = numeradora

numeradora Máquina para numerar de forma correlativa los ejemplares de una obra o modelo. — s.f. = numerador

numeral
1 Del número: *la L es una de las letras numerales usadas por los romanos.* — adj.
2 Se aplica a los adjetivos que sirven para indicar un número. — adj/s.m. GRAMÁTICA

numerar (Del lat. *numerare*.)
1 Contar las cosas de una serie por el orden de los números: *el profesor numeraba a los alumnos mientras entraban en el aula.* — v.tr. = enumerar
2 Expresar una cantidad por medio de números.
3 Poner números a las cosas de una serie: *siempre numera las hojas para ordenarlas si se mezclan.*
4 Determinar la relación entre la longitud y el peso de un hilo, en la industria textil. — TEXTIL

numerario, a
1 Del número. — adj.
2 Se aplica al empleado que está incluido con carácter fijo entre los que componen el cuerpo de que se trata: *al aprobar las oposiciones, pasó a ser profesor numerario de la universidad.* — adj/s. ≠ interino
3 Moneda acuñada o dinero contante. — s.m.

numéricamente
1 En número, por su número: *es un equipo numéricamente superior.* — adv.
2 De forma individual.

numérico, a
1 Del número: *la superioridad numérica favoreció el triunfo.* — adj.
2 Que se realiza o se expresa con números: *cálculo numérico; expresión numérica.*

número (Del lat. *numerus*.)
1 Ente abstracto o expresión de la cantidad en relación con la unidad. — s.m. MATEMÁTICAS
2 Signo o conjunto de signos con que se representa este ente abstracto. — MATEMÁTICAS = cifra, guarismo
3 Cantidad de personas o cosas de cierta clase: *un gran número de curiosos se acercó al lugar de los hechos.*
4 Cada una de las hojas o cuadernos de una publicación periódica: *sólo me falta un número para acabar la colección.* — = fascículo
5 Cada una de las partes, actos o ejercicios del programa de un espectáculo: *el número de los domadores me ha gustado mucho.* — = show
6 Billete de lotería o rifa: *suele comprar números de lotería en navidad.*
7 Accidente gramatical que expresa si una palabra se — GRAMÁTICA

refiere a una sola persona, animal o cosa o a más de una.

8 Acción que llama la atención por ser extravagante o inconveniente: *¡menudo número ha montado para que le dejen entrar!* — coloquial = espectáculo
9 Cadencia y distribución armoniosa de los sonidos y acentos en la prosa, la poesía o la música. — LITERATURA, MÚSICA
10 Condición, categoría o clase de personas, animales o cosas: *no figura en el número de los elegidos.* — = grupo
11 Verso sujeto a medida y cadencia. — POESÍA
12 Relación entre la longitud y el peso de un hilo, en la industria textil. — TEXTIL
13 **número abstracto:** El que no se refiere a unidad de especie determinada. — MATEMÁTICAS
14 **número arábigo:** Cifra o guarismo perteneciente a la numeración arábiga. — MATEMÁTICAS
15 **número atómico:** Cantidad de cargas elementales positivas del núcleo de un átomo. — FÍSICA
16 **número cardinal:** Cada uno de los números enteros en abstracto. — MATEMÁTICAS
17 **número complejo:** El formado por la suma algebraica de un número real con uno imaginario. — MATEMÁTICAS
18 **número compuesto:** El que se expresa con dos o más cifras. — MATEMÁTICAS
19 **número concreto:** El que expresa cantidad de especie determinada. — MATEMÁTICAS
20 **número cósico:** El que es potencia exacta de otro. — MATEMÁTICAS
21 **número deficiente:** El que es inferior a la suma de sus partes alícuotas o proporcionales. — MATEMÁTICAS
22 **número dígito:** El que puede expresarse con una sola cifra. — MATEMÁTICAS
23 **número dual:** Accidente gramatical de algunas lenguas que indica el conjunto de dos personas, animales o de dos cosas. — GRAMÁTICA
24 **número entero:** El que consta de una o varias unidades enteras. — MATEMÁTICAS
25 **número imaginario:** Raíz cuadrada de un número negativo cuya representación es la letra i. — MATEMÁTICAS
26 **número impar:** El que no es exactamente divisible por dos. — MATEMÁTICAS
27 **número incomplejo:** El concreto que expresa unidades de una sola especie. — MATEMÁTICAS
28 **número másico:** Cantidad de nucleones de un nucleido. — FÍSICA
29 **número mixto:** El compuesto de un entero y un quebrado. — MATEMÁTICAS
30 **número musical:** Pasaje musical con cante o baile que forma parte de una obra teatral o cinematográfica: *es famoso el número musical de la película "Cantando bajo la lluvia".* — CINE, TEATRO
31 **número natural:** Cada uno de los que forman serie a partir de la unidad. — MATEMÁTICAS
32 **número ordinal:** El que expresa idea de orden o sucesión: *segundo es un adjetivo de número ordinal.* — MATEMÁTICAS
33 **número par:** El que es exactamente divisible por dos. — MATEMÁTICAS
34 **número perfecto:** El que es igual a la suma de sus partes alícuotas o proporcionales. — MATEMÁTICAS
35 **número plano:** El que procede de la multiplicación de dos enteros. — MATEMÁTICAS
36 **número plural:** El que se refiere a dos o más personas, animales o cosas. — GRAMÁTICA
37 **número primo:** El que sólo es exactamente divisible por sí mismo y por la unidad. — MATEMÁTICAS
38 **número quebrado o fraccionario:** El que expresa una o varias partes alícuotas de la unidad. — MATEMÁTICAS
39 **número redondo:** El que expresa una cantidad de forma aproximada y no exacta: *en números redondos son dos millones.* — coloquial
40 **número romano:** El que se representa con unas determinadas letras del alfabeto latino. — MATEMÁTICAS
41 **número singular:** El de la palabra que se refiere a una única persona, animal o cosa. — GRAMÁTICA
42 **número sólido:** El que procede de la multiplicación de tres enteros. — MATEMÁTICAS
43 **número sordo:** El que no tiene raíz exacta. — MATEMÁTICAS
44 **número superante:** El que es superior a la suma de sus partes alícuotas o proporcionales. — MATEMÁTICAS
45 **números congruentes:** Par de números que, divididos por un tercero, dan restos iguales. — MATEMÁTICAS
46 **de número:** Se aplica a la persona que pertenece a una sociedad con una cantidad limitada de miembros. — loc.adj.
47 **en números rojos:** Con saldo negativo en una cuenta bancaria. — loc.adv. COMERCIO
48 **hacer números:** Calcular las posibilidades de un negocio: *si haces números verás qué pronto recuperas la inversión inicial.* — coloquial
49 **montar el número:** Actuar con fingimiento o exageración con el propósito de exhibirse: *le monta el número cada vez que se enfada.* — coloquial
50 **pedir número:** Solicitar en una cola, una tienda, una institución o a cualquier servicio de atención al

público, la tanda o lugar que le corresponde en el orden establecido: *pidió número para el médico.*

51 ser el número uno: Destacar sobre las demás personas o cosas: *de nuevo ha demostrado que es el número uno en ajedrez.* — *coloquial*

52 sin número: En gran cantidad: *una multitud sin número se apostó en el edificio esperando verle.* — *loc.adj.*

53 tomarle a una persona el número cambiado: Juzgarla de manera equivocada, por debajo de lo que se merece.

numeroso, a
1 Que está formado por muchas unidades: *el estreno tuvo una concurrencia numerosa.* — *adj./= copioso ≠ escaso*
2 Que se da en gran número: *recibí numerosas felicitaciones.* — *adj.pl. ≠ poco*

numerus clausus (Expresión latina.) Cantidad limitada de personas que pueden ser admitidas en un cargo o una institución, conforme a una reglamentación establecida. — *s.m.*

númida
1 De Numidia, antiguo pueblo africano beréber, nómada, del que sólo se conoce su historia durante la época romana. — *adj./HISTORIA = numídico*
2 Persona natural de esta antigua región africana. — *s.m.f./HISTORIA*

numinoso, a Del numen, como manifestación de poderes religiosos o mágicos. — *adj. MITOLOGÍA*

numisma (Del lat. *numisma* < gr. *nomisma,* usanza, moneda usual.) Moneda acuñada. — *s.f. = numerario*

numismática Ciencia que estudia las monedas y las medallas, en especial las antiguas. — *s.f.*

numismático, a
1 De la numismática. — *adj.*
2 Persona dedicada al estudio de esta ciencia. — *s.*

numular (Del lat. *nummus,* moneda.) Que tiene forma de moneda. — *adj.*

numulario, a
1 De las monedas. — *adj.*
2 Persona que comercia o trata con dinero. — *s.*

numulites (Del lat. *nummus,* moneda + *lithos,* piedra.) Protozoo fósil con caparazón calcáreo en forma de moneda. — *s.m./ZOOLOGÍA pl: numulites th: numulita*

numulítico, a Se aplica al terreno o a las rocas calcáreas formadas, en gran parte, por restos de numulites. — *adj. GEOLOGÍA*

nunatata Cima rocosa aislada que se destaca sobre la superficie de un casquete glaciar. — *s.m. GEOLOGÍA*

nunca (Del lat. *numquam* < *ne* + *umquam,* no + alguna vez.)
1 En ningún tiempo, momento u ocasión: *no comprenderé nunca a los terroristas; no iré nunca más; no lograrán nunca pagar su culpa.* — *adv. = jamás ≠ siempre*
2 Alguna vez, en frases interrogativas: *¿has visto nunca un fenómeno semejante?*
3 **nunca jamás:** En ningún momento o tiempo: *nunca jamás perdonaré lo que me hizo.* — *loc.adv.*

nunciatura
1 Cargo de nuncio. — *s.f./RELIGIÓN*
2 Tribunal de La Rota en España. — *RELIGIÓN*
3 Casa en que vive el nuncio y está su tribunal. — *RELIGIÓN*

nuncio (Del lat. *nuntius,* emisario.)
1 Representante diplomático del papa que ejerce como legado ciertas facultades pontificias. — *s.m. RELIGIÓN*
2 Persona encargada de llevar aviso o noticia de una persona a otra. — *= mensajero*
3 Palabra, signo o imagen que anuncia una cosa: *esas nubes son nuncio de lluvia.* — *= anuncio, señal*

nuncupación Declaración solemne de la voluntad de una persona hecha de forma oral delante de testigos. — *s.f. DERECHO*

nuncupativo (Del lat. *nuncupare,* llamar por nombre.) Se aplica al testamento que se otorga de palabra o por minuta que ha de leerse ante notario y testigos. — *adj. DERECHO*

nupcial De las nupcias: *la ceremonia nupcial será en la catedral.* — *adj.*

nupcialidad Número proporcional de matrimonios en un tiempo y lugar determinados. — *s.f. ESTADÍSTICA*

nupcias (Del lat. *nuptiae.*) Boda, casamiento: *se casó de segundas nupcias hace tres años.* — *s.f.pl. = matrimonio*

nuraga Monumento prehistórico sardo en forma de torre y parecido al talayot. — *s.m. HISTORIA*

nurse (Voz inglesa.) Empleada que cuida de los niños en una casa particular: *le crió una nurse inglesa.* — *s.f. = niñera*

nutación (Del lat. *nutatio,* oscilación.)
1 Oscilación periódica del eje de la Tierra, causada por lo general por la atracción lunar. — *s.f. ASTRONOMÍA*
2 Oscilación periódica y armónica de un eje en movimiento o de un cuerpo en rotación, por lo general en forma de elipse. — *FÍSICA*
3 Movimiento autónomo de un órgano de la planta, causado por el crecimiento desigual de sus lados, y que genera una encorvadura del mismo. — *BOTÁNICA*
4 Oscilación espasmódica de la cabeza propia de los temblores seniles. — *MEDICINA*

nutante Se aplica a los vegetales que presentan nutación. — *adj. BOTÁNICA*

nutra Nutria, mamífero carnívoro nadador. — *s.f./ZOOLOGÍA*

nutria (Del lat. vulgar *nutria.*)
1 Mamífero mustélido carnívoro nadador, de cuerpo alargado y grueso, cabeza ancha y aplastada, orejas pequeñas y redondas, con patas cortas y pelaje espeso de color rojizo. — *s.f. ZOOLOGÍA th: lutria, nutra*
2 Piel de este animal muy apreciada y utilizada en peletería.
3 **nutria marina:** Especie asiática y marina de este mamífero, muy apreciada en peletería. *(Enhydra lutris.)* — *ZOOLOGÍA*

nutricio, a
1 Que nutre: *el valor nutricio de los lácteos es elevado.* — *adj./= nutritivo*
2 Que procura alimento a una persona. — *= nutritivo*

nutrición
1 Función por la que se nutren o alimentan los organismos: *una dieta equilibrada es importante para la correcta nutrición del organismo.* — *s.f. BIOLOGÍA = nutrimento*
2 Procedimiento para preparar medicamentos, mezclándolos con otros para darles mayor fuerza. — *FARMACIA*

nutricional Que tiene relación con la nutrición: *la vitamina C es un componente nutricional de los cítricos.* — *adj.*

nutrido, a Que tiene abundancia de una cosa: *realizó un estudio muy nutrido de propuestas.* — *adj. = lleno*

nutriente Que es capaz de nutrir: *las sales del suelo son nutrientes para las plantas.* — *adj/s.m.*

nutriero, a Persona que se dedica a cazar nutrias y a traficar con sus pieles. — *s. Argent., Urug.*

nutrimento
1 Acción y resultado de nutrir. — *s.m.*
2 Sustancia de un alimento. — *= nutriente*
3 Lo que aumenta la actividad o fuerza de una cosa: *su familia es un nutrimento moral para él.* — *coloquial = alimento*

nutrir (Del lat. *nutrire.*)
1 Proporcionar a un organismo las sustancias que necesita para su crecimiento y para reparar sus pérdidas: *muchos animales se nutren de las plantas; la tierra nutre a las plantas.* — *v.tr./prnl. BIOLOGÍA = alimentar*
2 Servir una cosa para que otra material o inmaterial no decaiga o se extinga: *sus hijos le nutren de cariño.* — *v.tr. = alimentar*
3 Llenar a una persona o una cosa de otra: *me nutrió de halagos y alabanzas durante toda la noche.* — *= colmar, llenar*
4 Suministrar una cosa: *el pantano nutre la comarca de agua de riego.* — *= abastecer, proveer*

nutritivo, a Que nutre: *los lácteos son alimentos muy nutritivos.* — *adj. = alimenticio*

nutual (Del lat. *nutus,* voluntad.) Se aplica al cargo eclesiástico que es amovible a voluntad del que lo confiere. — *adj. RELIGIÓN*

ny Nombre de la letra del alfabeto griego que se translitera por la *n* en el latino. — *s.f.*

nylon (Marca registrada.) Fibra textil sintética muy resistente, hecha a base de resina poliamida, que se usa para fabricar tejidos, hilos y otros productos. — *s.m. th: nailon, nilón*

ñ Decimoquinta letra del abecedario español y duodécima de las consonantes. *s.f.*

ña Tratamiento vulgar y respetuoso que se utiliza en vez de doña, en algunos países. *s.f./Amér. Central y Merid.*

ñacaniná Serpiente acuática de la familia de las culebras, de gran agresividad, dorso pardusco con manchas oscuras redondeadas, vientre de fondo blanquecino y una banda lateral oscura detrás de los ojos, que habita en las cuencas de grandes ríos y es venenosa. *s.f. Argent. ZOOLOGÍA*

ñácara Llaga, herida ulcerosa en la piel. *s.f./Chile*

ñachi
1 Guiso o alimento de sangre de animal, en especial de cordero, aliñado con algunas especias. *s.f./Chile COCINA*
2 Sangre, líquido rojo que circula por los vasos de los animales vertebrados. *Chile coloquial*

ñacurutú Ave nocturna estrigiforme, especie de lechuza, de color amarillento y gris, que es domesticable. *(Bubo cassirrostris.)* *s.m./Amér. Central y Merid. ZOOLOGÍA*

ñagaza Señuelo para capturar aves consistente, de forma habitual, en una figura que imita al ave que se quiere capturar. *s.f. CAZA th: añagaza*

ñamal Lugar plantado de ñames. *s.m./BOTÁNICA*

ñame
1 Planta herbácea con tallos largos, hojas grandes y acorazonadas, flores pequeñas y verdosas en espiga, y raíz voluminosa. *(Dioscorea.)* *s.m. BOTÁNICA*
2 Raíz de esta planta, de carne comestible, cocida o asada. *BOTÁNICA*

ñam-ñam
1 Comida, en el lenguaje de los niños. *s.m./familiar*
2 ¡ñam-ñam! Expresión de placer ante una comida suculenta. *interj.*

ñanco Aguilucho, ave rapaz falconiforme de tamaño pequeño. *s.m./Chile ZOOLOGÍA*

ñandú Ave semejante al avestruz pero con tres dedos en cada pie, de menor tamaño y con plumaje gris poco fino. *(Rhea.)* *s.m. pl.th: ñandúes ZOOLOGÍA*

ñandubay Planta arbórea mimosácea americana de madera rojiza y muy dura. *(Prosopis ñandubay.)* *s.m. BOTÁNICA*

ñandutí Encaje que imita la tela de araña. *s.m./Amér. Merid.*

ñangotado, a
1 Se refiere a la persona aduladora o que tiene un comportamiento servil. *adj/s.*
2 Que está alicaído o sin ambiciones. *P. Rico P. Rico*

ñangotarse
1 Ponerse en cuclillas, agachado con las asentaderas cerca de los talones o sobre ellos. *v.prnl./Dom., P. Rico*
2 Humillarse, someterse a una persona. *P. Rico*
3 Perder el ánimo. *P. Rico*

ñaña Niñera, persona que cuida de los niños. *s.f./Chile*

ñañaras Miedo, escalofríos causados por el miedo. *s.f.pl./Chile*

ñaño, a
1 Se aplica a la persona consentida o mimada en demasía. *adj. Colomb., Pan.*
2 Niño o niña, persona de pocos años. *s./Perú*
3 Hermano o compañero, persona a la que se está unido por amistad íntima. *Amér. Merid.*

ñapa
1 Propina, gratificación pequeña con que se compensa un servicio eventual. *s.f./Amér. Central y Merid.*
2 Añadidura, cosa que se agrega a otra y que tiene el mismo uso o fin. *Amér. Central y Merid./= yapa*

ñapango, a Que es mestizo o ha nacido de padre y madre de etnia diferente. *adj./Colomb. = mulato*

ñapear Robar, hurtar, tomar para sí lo ajeno. *v.intr./Méx.*

ñapindá Planta mimosácea, especie de acacia muy espinosa, con flores amarillas y de grato aroma. *s.f./Argent. BOTÁNICA*

ñapo Especie de mimbre con que se tejen canastos. *s.m./Chile*

ñaque
1 Conjunto de cosas inútiles o ridículas. *s.m.*
2 Compañía antigua formada por dos cómicos que hacían teatro ambulante. *TEATRO th: naque*

ñaruso, a Se aplica a la persona picada de viruelas. *adj./Ecuad.*

ñata Nariz, parte saliente de la cara, entre la boca y la frente. *s.f./Amér. Central y Merid.*

ñato, a Se aplica a la persona que tiene la nariz pequeña o roma. *adj./Amér. Central y Merid./= chato*

ñeco Puñetazo, golpe que se da con el puño. *s.m./Ecuad.*

ñeque
1 Se aplica a la persona que es fuerte o que tiene vigor. *adj./C. Rica, Hond., Nicar.*
2 Fuerza, energía necesaria para poder realizar un trabajo o un esfuerzo. *s.m./Chile, Ecuad., Perú*
3 Valor, coraje para enfrentarse o realizar alguna cosa. *Perú*

ñero, a Compañero o compañera, persona con la que se comparten experiencias, tareas o actividades. *s./Méx. = cuate*

ñipe Arbusto de la familia de las mirtáceas, cuyas ramas se emplean para teñir.   *s.m./Chile*   **BOTÁNICA**

ñiquiñaque Persona o cosa despreciable: *no sé por qué aguanta al ñiquiñaque de su marido.*   *s.m.f.*   *coloquial*

ñire Planta arbustiva fagácea, con flores solitarias y hojas profundamente aserradas. *(Notophagus antartica.)*   *s.m./Chile*   **BOTÁNICA**

ñisñil Especie de anea americana que crece en los pantanos, con cuyas hojas se tejen canastos y se da de comer a los animales.   *s.m.*   **BOTÁNICA**

ño Tratamiento que, en algunos países, se utiliza en vez de don, en especial entre las personas de extracción humilde.   *s.m.*   *Amér. Central y Merid.*

ñocha Planta herbácea bromeliácea, cuyas hojas sirven para hacer canastas, sombreros y esteras. *(Bromelia landbecki.)*   *s.f.*   *Chile*   **BOTÁNICA**

ñoclo Masa frita.   *s.m./COCINA*

ñoco, a Se aplica a la persona a la que le falta un dedo o la mano entera.   *adj/s.*   *Amér. Merid.*

ñodo Especie de melindre hecho de harina, azúcar, manteca de vaca, huevos, vino y anís, amoldado en forma de panecillo que se cuece al horno espolvoreado con harina.   *s.m.*   **COCINA**

ñonga Pene, órgano sexual masculino.   *s.f./Méx./vulgar*

ñoña Estiércol, en especial el que es de origen humano.   *s.f./Chile*

ñoñería
1 Acción o dicho propio de una persona remilgada: *no le gustan las minifaldas por pura ñoñería.*   *s.f.*
2 Chochez, cursilada de poco ingenio.   *Méx.*

ñoñez
1 Cualidad de ñoño o apocado: *salió del colegio con una ñoñez impropia.*   *s.f.*   pl: ñoñeces
2 Acción o dicho propio de la persona remilgada: *¡déjate de ñoñeces y vámonos a bailar!*

ñoño, a
1 Se aplica a la persona apocada y remilgada: *¡mira que es ñoña, se escandaliza por el atrevido vestido que llevas!*   *adj.*   = cursi
2 Que es soso y no tiene gracia: *destaca del resto porque lleva ropa muy ñoña y aburrida.*
3 Persona cursi y afectada.   *s./Méx.*

ñoqui
1 Empleado público que asiste al lugar de trabajo sólo en fecha de cobro.   *s.m./Argent.*   despectivo
2 Masa hecha con patatas mezcladas con harina de trigo, mantequilla, leche, huevo y queso rallado, dividida en trocitos que se cuecen en agua hirviendo con sal.   *Amér. Merid.*   **COCINA**

ñorbo Flor pequeña, muy fragante, de una planta pasionaria, utilizada como adorno en las ventanas. *(Passiflora punctata.)*   *s.m.*   *Ecuad., Perú*

ñu Mamífero herbívoro africano bóvido, parecido a un caballo en el tronco, cola y patas, pero con la cabeza de gran tamaño y cornamenta curva. *(Connochaetes.)*   *s.m.*   pl.tb: ñues   **ZOOLOGÍA**

ñuto, a
1 Se aplica a la carne blanda o que ha sido ablandada a golpes antes de cocinarla.   *adj/s.m.*   *Amér. Merid.*
2 Añico, cada uno de los pequeños pedazos en que se divide una cosa cuando se rompe.   *s.m.*   *Argent., Perú*

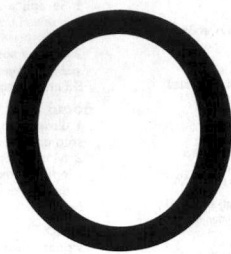

O

O
I Decimosexta letra del abecedario español y cuarta de sus vocales.   s.f.
II (Del lat. *aut.*)
1 Indica alternativa, entre dos o más ideas, personas o cosas: *lo hará Pedro o Luis; no sé si será el lunes o el martes; o vienes o nos vamos sin ti.*   conj.disyunt.
2 Indica identidad o equivalencia: *don Juan o el burlador de Sevilla; se pide carné o pase de socio.*

oasis (Del lat. *oasis* < gr. *oasis*.)
1 Terreno con vegetación y con agua, en medio de un desierto: *los pueblos nómadas se instalan en los oasis para proveerse de agua.*   s.m. / pl: oasis / GEOGRAFÍA
2 Situación momentánea de alivio o descanso en medio de una serie de penalidades: *estos días sin trabajo fueron un oasis de calma.*   = remanso

oaxaqueño, a
1 De Oaxaca, ciudad y estado mexicanos.   adj.
2 Persona natural de esta ciudad o de este estado.

obcecación
1 Estado de ánimo que impide considerar con claridad o exactitud una cosa: *no saldrá de su obcecación por más que se lo expliques.*   s.f. / = obnubilación
2 Pérdida momentánea del dominio de sí mismo, causada por algún sentimiento o estado violento y que constituye una de las circunstancias atenuantes de los delitos.   DERECHO / = arrebato

obcecar (Del lat. *occaecare.*) Impedir un estado de ánimo que una persona piense con claridad: *no te obceques en querer acabarlo ahora mismo.*   v.tr/prnl. / conj: sacar / = ofuscar

obduración Obstinación, actitud terca u obstinada al rechazar lo que es conveniente.   s.f. / = terquedad

obedecedor, a Que obedece: *es un perro fiel y obedecedor.*   adj/s. / = obediente

obedecer (Del lat. *oboedire.*)
1 Hacer una persona lo que le manda otra: *debes obedecer a tus superiores.*   v.tr/conj: carecer / = acatar
2 Hacer un animal lo que le indica su amo o reaccionar ante un estímulo: *la yegua obedece a las riendas.*   v.intr./+ a / = responder
3 Responder una cosa a otra: *el metal obedece al fuego; por fin obedece tu catarro a este medicamento.*   + a
4 Tener una acción un motivo o una causa concretos: *tu llamada obedece a un sentimiento de culpa; tu gripe obedece a un cuidado insuficiente.*   + a / = proceder, responder
5 **hacerse obedecer**: Imponerse para que otros acaten órdenes: *tienes que hacerte obedecer con estas fierecillas.*

obedecible Que puede o debe ser obedecido: *orden obedecible.*   adj. / = acatable

obedecimiento Acción de cumplir el mandato de un superior.   s.m. / = obediencia

obediencia
1 Acción y resultado de obedecer: *esta falta de obediencia al capitán te costará cara.*   s.f. / = obedecimiento
2 Disposición para cumplir los mandatos de un superior: *me sorprendió su obediencia con el profesor.*   = observancia, respeto
3 Precepto del superior en las órdenes religiosas: *la obediencia lo llevó a misiones.*   RELIGIÓN
4 Voto o promesa con que los religiosos se ligan al superior.   RELIGIÓN
5 Oficio o función que desempeña un monje en una comunidad religiosa por orden del superior: *está cumpliendo la obediencia.*   RELIGIÓN
6 **obediencia ciega**: La de quien cumple un mandato sin examinar los motivos o razones que lo justifican: *cumplió las órdenes con una obediencia ciega.*
7 **obediencia debida**: Circunstancia eximente de responsabilidad en un delito, por haberse cometido como consecuencia del cumplimiento obligado de una orden dada por un superior.   DERECHO
8 **a la obediencia**: Indica que una persona se somete a otra de agrado.   formal
9 **dar la obediencia**: Sujetarse a un superior reconociéndolo como tal.

obediencial Que tiene relación con la obediencia u obliga a ella.   adj.

obediente (Del lat. *oboediens.*)
1 Que obedece: *suele ser un perro obediente pero hoy está alterado.*   adj.
2 Que obedece de buena gana y sin necesidad de presiones: *es un niño obediente y solícito.*

obelisco (Del gr. *obeliskos.*)
1 Pilar muy alto, de sección cuadrada y remate piramidal, que sirve de monumento conmemorativo en lugares públicos.   s.m. / ARTE / = óbelo
2 Señal que se ponía en el margen de los libros para alguna anotación.   ARTES GRÁFICAS / = óbelo
3 Signo en forma de cruz que antecede al nombre de una persona muerta, en un texto.

obencadura Conjunto de obenques o cabos gruesos.   s.f./NÁUTICA

obenque (Del fr. ant. *hobent* < escandinavo ant. *höfudbendur* < de *höfud*, cabeza + *benda*, cuerda.) Cabo   s.m. / NÁUTICA grueso que sujeta la cabeza de un palo o de un mastelero a la mesa de guarnición o a la cofa correspondiente y permite, junto al de la otra banda, resistir los esfuerzos transversales a que está sometido.

obertura (Del fr. *ouverture*.) Pieza de música instrumental que sirve de introducción a una obra musical de grandes dimensiones como una ópera o un oratorio. — s.f. MÚSICA = preludio

obesidad
1 Enfermedad que consiste en un aumento patológico de la grasa del cuerpo, que determina un peso superior al normal: *la obesidad dificulta la circulación sanguínea.* — s.f. MEDICINA
2 Estado físico de la persona que está gruesa por enfermedad o no: *está intentando reducir su obesidad.* — = gordura

obeso, a (Del lat. *obesus*, que ha comido mucho.)
1 Se aplica a la persona que es gruesa. — adj./s.= gordo
2 Que padece obesidad. — MEDICINA

obi Cinturón de seda largo y ancho con que los japoneses ciñen el quimono. — s.m.

óbice (Del lat. *obex, obicis*.) Obstáculo o impedimento para hacer una cosa: *el tráfico no es óbice para llegar tarde al trabajo.* — s.m.

obispado
1 Dignidad de obispo. — s.m./RELIGIÓN
2 Territorio bajo la jurisdicción de un obispo. — RELIGIÓN
3 Edificio u oficina donde ejerce sus funciones la curia episcopal. — RELIGIÓN

obispal Del obispo. — adj./RELIGIÓN

obispalía
1 Casa donde el obispo ejerce sus funciones de gobierno. — s.f./RELIGIÓN
2 Dignidad del obispo. — RELIGIÓN
3 Territorio de jurisdicción del obispo. — = diócesis

obispar Obtener una persona un obispado o ser nombrado para este cargo. — v.intr./RELIGIÓN = mitrar

obispillo
1 Rabadilla o parte de la anatomía de las aves situada en la base de la cola. — s.m. ZOOLOGÍA
2 Morcilla grande y gruesa que se hace tras la matanza del cerdo. — COCINA = obispo
3 Muchacho que en algunas catedrales visten de obispo en determinadas celebraciones. — RELIGIÓN
4 Estudiante universitario nuevo a quien ponían por burla una mitra de papel.

obispo (Del lat. *episcopus* < gr. *episkopos*, jefe eclesiástico.)
1 Prelado superior de una diócesis o distrito eclesiástico que tiene a su cargo la dirección, gobierno y cura espiritual de los diocesanos. — s.m. RELIGIÓN
2 Pez elasmobranquio rávido, con el hocico prolongado en forma de mitra. *(Myliobatis bovina.)* — ZOOLOGÍA
3 Morcilla grande y gruesa que se hace con productos de la matanza del cerdo. — COCINA = obispillo
4 Borrego de cuatro cuernos. — Méx.
5 **obispo auxiliar:** Prelado sin jurisdicción propia nombrado algunas veces para que ayude en sus funciones a algún obispo o arzobispo. — RELIGIÓN
6 **obispo comprovincial:** El contemporáneo de otros en la misma provincia eclesiástica. — RELIGIÓN
7 **obispo de anillo, de título, titular, in pártibus, o in pártibus infidélium:** El que toma título de un país o territorio no cristiano y en el cual no reside. — RELIGIÓN
8 **obispo electo:** El que tenía nombramiento real pero no estaba consagrado ni confirmado. — RELIGIÓN
9 **obispo regionario:** El que no tenía silla e iba a predicar en diferentes lugares donde le llamaban o necesitaban. — RELIGIÓN
10 **obispo sufragáneo:** El de una diócesis que forma junto a otra u otras la provincia del metropolitano. — RELIGIÓN
11 **trabajar para el obispo:** Trabajar sin cobrar por ello. — coloquial

óbito (Del lat. *obitus*.) Defunción o fallecimiento de una persona, sobre todo en el lenguaje jurídico. — s.m. formal

obituario
1 Libro parroquial en el que se anotan las partidas de defunción y de entierro. — s.m. = necrológico
2 Registro de las fundaciones de aniversario de óbitos o defunciones.
3 Sección necrológica de un periódico.
4 Depósito de cadáveres. — = morgue
5 Defunción, muerte de una persona. — Méx.

obiubi Mono cébido de color negro que durante el día suele dormir con la cabeza entre las piernas. *(Aotus.)* — s.m. Venez.

objeción (Del lat. *objectio*.)
1 Argumento u observación que se hace en contra de una opinión o de una afirmación para negar su validez o señalar alguna deficiencia en su razonamiento: *nadie hizo ninguna objeción a su excelente escrito.* — s.f. = réplica
2 Inconveniente que se pone para una cosa: *no hay ninguna objeción para que vengas.* — = reparo
3 **objeción de conciencia:** Negativa a realizar determinados actos o servicios por razones éticas o religiosas, en especial el servicio militar. — SOCIOLOGÍA

objetable Que puede ser objetado o argumentado en contra. — adj.

objetante Que objeta. — adj/s.m.f.

objetar (Del lat. *objectare*.)
1 Dar una razón o argumento en contra de una cosa: *si objetas eso, nadie se molestará.* — v.tr. = argüir
2 Acogerse a la objeción de conciencia: *el chico objetó y no fue a la mili.* — v.intr. SOCIOLOGÍA

objetivación Acción y resultado de ajustar a la razón una idea o un sentimiento. — s.f.

objetivamente
1 Desde una perspectiva imparcial u objetiva: *creo que, objetivamente, tienes razón, aunque me duela reconocerlo.* — adv. ≠ subjetivamente
2 Con relación al objeto.

objetivar Dar carácter objetivo a una cosa acercándose a la realidad de forma imparcial: *yo no puedo objetivar el problema porque me afecta a mí.* — v.tr. ≠ subjetivar

objetividad
1 Actitud imparcial en los juicios, opiniones y sentimientos: *los periodistas deben informar con objetividad.* — s.f. ≠ subjetividad
2 Característica de una cosa que no depende de la opinión o sentimientos de una persona concreta. — = imparcialidad

objetivismo Doctrina según la cual el valor de los postulados morales no depende de la conciencia de los individuos. — s.m. FILOSOFÍA ≠ subjetivismo

objetivo, a (Del bajo lat. *objectivus*.)
1 Que expresa la realidad de manera imparcial: *un historiador objetivo; un juicio objetivo.* — adj./= justo ≠ subjetivo
2 Que existe en realidad y sin dependencia del sujeto que lo conoce: *el tiempo objetivo del reloj; mundo objetivo.* — ≠ subjetivo
3 Se aplica a la persona que piensa y obra sin dejarse llevar por sus sentimientos y los prejuicios. — = imparcial
4 Cosa que se considera como finalidad de una acción: *nuestro objetivo es clasificarnos para la final.* — s.m. = fin, meta
5 Lente o sistema de lentes colocadas en un anteojo, microscopio u otros aparatos ópticos, aplicados o dirigidos hacia los objetos. — ÓPTICA
6 Pieza de un aparato fotográfico que contiene las lentes a través de las que penetran los rayos luminosos que provienen del objeto antes de penetrar en la cámara oscura. — FOTOGRAFÍA
7 Punto sobre el que se dispara un arma de fuego: *no acertó en el objetivo.* — = blanco, diana

objeto (Del bajo lat. *objectum* < lat. *objectus, -a, -um*.)
1 Cosa material y concreta, por lo general de dimensiones reducidas: *había cuatro objetos encima de la mesa.* — s.m. = elemento
2 Causa de una acción física o intelectual: *aquello fue el objeto de su disgusto.* — = motivo
3 Fin de una acción u operación: *no comprendo cuál es el objeto de tu llamada.* — = finalidad, objetivo
4 Aquello sobre lo que puede versar una relación jurídica. — DERECHO
5 Lo que se percibe o se piensa, que se opone a quien lo percibe o lo piensa. — FILOSOFÍA ≠ sujeto
6 Término con que se denota aquello sobre lo que recae la acción expresada por el verbo. — LINGÜÍSTICA
7 Medio por el cual la pulsión de una persona trata de alcanzar su objetivo. — SICOLOGÍA
8 **al o con objeto de o que:** Para, con la finalidad de: *te llamo al objeto de invitarte a cenar; se presentó con objeto de que te disculparas.* — loc.conj.
9 **hacer objeto de:** Convertir a una persona o a una cosa en destino de una acción o de un sentimiento: *hizo a su mujer objeto de su ira.*

objetor, a
1 Que objeta o argumenta en contra: *en todas las reuniones hay un objetor en contra de mis opiniones.* — adj/s. = objetante
2 Se refiere a la persona que se niega a cumplir una disposición legal porque va en contra de sus convicciones: *se declara médico objetor y no practica ningún aborto, aunque sea legal.* — SOCIOLOGÍA
3 **objetor de conciencia:** Persona que se niega a realizar actos o servicios alegando razones éticas o religiosas, en especial en el servicio militar. — SOCIOLOGÍA

objetual Se aplica a una tendencia del arte que se caracteriza por la realización de las obras a partir de objetos. — adj. ARTE

oblación Ofrenda y sacrificio que se hace a la divinidad. — s.f. RELIGIÓN

oblada
1 Pez teleósteo espárido marino de cuerpo comprimido, con los laterales plateados, bandas longitudinales negras, con una mancha amarilla en la cabeza y otra en la cola que se alimenta de invertebrados planctónicos. *(Oblada melanura.)* — s.f. ZOOLOGÍA
2 Ofrenda de alimentos, en especial pan y roscas, que los familiares de un difunto llevan a la iglesia con motivo de los funerales. — RELIGIÓN

oblata (Del lat. *oblata*, cosas ofrecidas.)
1 Cantidad de dinero que se paga a la iglesia para el vino, hostias, cera y ornamentos usados en las misas. — s.f. RELIGIÓN

2 Conjunto de la hostia y el vino antes de ser consagrados en la misa, en el cristianismo. RELIGIÓN

oblativo, a Que tiene relación con la oblación u ofrendas a la divinidad. adj. RELIGIÓN

oblato, a
1 Se aplica al niño que era entregado por sus padres a los religiosos de un monasterio para que recibiera una correcta educación. adj/s. RELIGIÓN
2 Religioso de alguna de las diversas congregaciones que se dan a sí mismas este nombre. s. RELIGIÓN
3 Seglar con hábito que asiste a los benedictinos como sirviente. s.m. RELIGIÓN

oblea (Del fr. *oblee*.)
1 Hoja muy fina de masa de harina y agua sobre la que se cuecen ciertos dulces o que se usa para empanar. s.f. COCINA
2 Pan sin levadura usado para hacer hostias.
3 Hoja muy delgada de masa de harina y agua que se usaba para pegar sobres o cartas y sellar en seco.
4 Trozo de esta hoja.
5 Persona, animal o cosa muy delgada: *después de la dieta se quedó hecho una oblea.* coloquial
6 Conjunto de dos de estas hojas entre las que se encierra una dosis de medicamento, para poderlo tragar sin percibir su sabor. FARMACIA = sello

obleera Recipiente usado para guardar las obleas. s.f.

oblicua Recta que corta a otra o a un plano sin ser perpendicular ni paralela a ellos. s.f. GEOMETRÍA

oblicuángulo Se refiere al poliedro o la figura que no tiene ningún ángulo recto. adj. GEOMETRÍA

oblicuar
1 Dar dirección oblicua o inclinada a una cosa respecto a otra. v.tr.
2 Ir los soldados en dirección oblicua respecto del frente. v.intr. MILITAR

oblicuidad
1 Característica de lo que no es horizontal ni paralelo a una línea o un plano determinados. s.f.
2 Posición inclinada respecto a lo horizontal y vertical. = inclinación
3 Inclinación que separa a una línea o un plano del ángulo recto. GEOMETRÍA
4 **oblicuidad de la eclíptica**: Ángulo que forma la eclíptica con el ecuador celeste. ASTRONOMÍA

oblicuo, a (Del lat. *obliquus*.)
1 Que no es horizontal ni paralelo a una línea o plano dados. adj. = inclinado
2 Se aplica al plano o línea que forma con otro plano o línea ángulos que no son rectos. GEOMETRÍA
3 Se refiere a algunos músculos del hombre y de los animales, en relación con su disposición. adj/s.m. ANATOMÍA

obligación
1 Circunstancia de estar una persona obligada a hacer una cosa: *tiene la obligación de terminar el trabajo.* s.f. = exigencia
2 Aquello que se está obligado a hacer o cumplir: *tu obligación es asistir.* = deber
3 Responsabilidad que una persona, por ley o por voluntad, tiene que atender: *sus obligaciones son diversas y le impiden hacer todo lo que él querría.* = tarea
4 Relación jurídica entre dos o más personas, por la cual una puede exigir de otra una determinada prestación. DERECHO
5 Título de crédito que devenga un interés, reembolsable por amortización o sorteo, poseído sobre la garantía de un estado, una colectividad pública o una sociedad y negociable en bolsa. ECONOMÍA
6 **obligación alternativa**: Aquella que, entre varias prestaciones, puede pagarse con una sola, siendo el deudor quien la elige. DERECHO
7 **obligación civil**: Aquella cuyo cumplimiento puede ser exigido de modo legal. DERECHO
8 **obligación de probar**: Deber que impone la ley a una de las partes litigantes, de aportar las pruebas de sus afirmaciones o alegaciones. DERECHO
9 **obligación mancomunada**: Aquella que es exigible a dos o más deudores, cada uno en su parte correspondiente. DERECHO
10 **obligación natural**: La que, siendo lícita en conciencia, no es exigible legalmente por el acreedor, aunque puede producir algunos efectos jurídicos. DERECHO
11 **obligación pura**: La que es perfecta y exigible sin condición ni plazo. DERECHO
12 **obligación solidaria**: Aquella en que cada uno de los acreedores puede reclamar por sí la totalidad del crédito, o en que cada uno de los deudores está obligado a satisfacer la deuda entera. DERECHO
13 **en obligación de**: En el compromiso de cumplir algo. loc.adv.

obligacionista Portador o tenedor de una o varias obligaciones negociables. s.m.f. ECONOMÍA

obligado, a
1 Que se hace de manera forzosa por estar determinada por las normas sociales: *bienvenida obligada.* adj. = obligatorio
2 Persona que ha contraído de forma legal una obligación a favor de otra. s./DERECHO = obligatorio
3 Lo que canta o toca un músico como parte principal en una composición. s.m. MÚSICA
4 Parte de un acompañamiento que no se puede omitir sin desnaturalizar el conjunto musical. MÚSICA
5 Persona que tenía a su cargo abastecer de algún género a un pueblo o ciudad: *el obligado del carbón; el obligado de la carne.* s. HISTORIA

obligar (Del lat. *obligare*.)
1 Hacer que una persona realice una cosa usando para ello la fuerza o la voluntad: *le obligó a dormir la siesta.* v.tr. conj: pagar = compeler
2 Ser una ley, una orden o una disposición aplicable a una persona: *creo que esa disposición te obliga a presentar la solicitud antes del día 30.* ≠ eximir
3 Ganar la voluntad de una persona con beneficios u obsequios. = comprar
4 Hacer fuerza en una cosa para conseguir un efecto: *sólo conseguirás cerrar la maleta obligándola.* = forzar
5 Sujetar los bienes al pago de deudas, pensiones u otras rentas. DERECHO
6 Dar u ofrecer garantías de cumplir una cosa de forma voluntaria: *se obligó a cumplir el encargo.* v.prnl./+ a = comprometerse

obligativo, a Que obliga: *tendrás problemas si no cumples esta cláusula obligativa.* adj. = obligatorio

obligatoriedad Calidad de obligatorio: *la obligatoriedad de las leyes.* s.f.

obligatorio, a
1 Que obliga a su cumplimiento o realización: *hace tiempo que la enseñanza es obligatoria.* adj./= obligado ≠ voluntario
2 Persona que tiene una obligación contraída legalmente a su favor por otra. s./DERECHO = obligado

obliteración
1 Acción y resultado de obliterar. s.f.
2 Obstrucción o cierre de un conducto o cavidad del cuerpo. MEDICINA

obliterador, a Que oblitera o cierra. adj/s.

obliterar (Del lat. *oblitterare*, borrar.)
1 Anular o borrar una cosa. v.tr.
2 Dejar un sello de correos inservible. = matar
3 Cerrar u obstruir un conducto o una cavidad del cuerpo humano: *se obliteró un conducto sanguíneo.* v.tr/prnl. MEDICINA

oblito Cuerpo extraño olvidado en el interior de un paciente tras una intervención quirúrgica: *después de la operación, estuvo muy grave a causa de un oblito.* s.m. MEDICINA

oblongo, a (Del lat. *oblongus*.) Que es más largo que ancho. adj. = elíptico, oval

obnubilación
1 Estado de ánimo que impide considerar con claridad o exactitud una cosa: *su obnubilación le impedía darse cuenta de la gravedad de la situación.* s.f./SICOLOGÍA = obcecación, ofuscación
2 Visión borrosa de los objetos. MEDICINA

obnubilar
1 Hacer una cosa otra más oscura: *las nubes de tormenta obnubilaron el día; de repente el cielo se obnubiló.* v.tr/prnl. = oscurecer
2 Hacer que una persona pierda la capacidad de razonar con claridad y acierto: *la timidez obnubiló a mi amiga durante la fiesta; siempre me obnubilo al recordar el accidente.* = ofuscar
3 Dejar fascinada o embobada a una persona: *su belleza obnubiló al público; se obnubila cuando juega con el ordenador y si le hablas ni te oye.* = deslumbrar, embelesar

oboe (Del fr. *hautbois* < de *haut*, alto + *bois*, bosque.)
1 Instrumento musical de viento formado por un tubo cónico de madera y lengüeta doble, provisto de llaves que regulan la salida del aire. s.m. MÚSICA
2 Oboísta, persona que toca este instrumento musical de viento. s.m.f. MÚSICA

oboísta Persona que toca el oboe. s.m.f./MÚSICA

óbolo (Del gr. *obolos*, moneda griega de escaso valor.)
1 Cantidad pequeña con que se contribuye para un fin determinado. s.m. = donativo
2 Peso que se usó entre los antiguos griegos y que equivalía a unos 6 decigramos. HISTORIA
3 Moneda de plata de los antiguos griegos. HISTORIA
4 Peso de medio escrúpulo, equivalente a 12 granos. FARMACIA

obovado, a Se aplica al órgano vegetal que tiene la punta ensanchada: *hoja obovada.* adj. = BOTÁNICA

obra (Del lat. *opera*, trabajo.)
1 Cosa hecha o producida por una persona: *ese muro es obra de tu padre.* — s.f./= creación, producto
2 Cualquier producción literaria, artística o científica, en especial la de cierta importancia: *la obra de este investigador merece un reconocimiento.* — = trabajo
3 Volumen o conjunto de volúmenes que corresponden a un trabajo literario completo: *tiene en casa toda la obra de Camilo José Cela.* — = libro
4 Edificio o construcción de albañilería que aún no ha sido terminado: *fueron a ver la obra de su nuevo piso.* — CONSTRUCCIÓN
5 Reforma que se hace en un edificio: *ya han empezado las obras de su cocina.* — CONSTRUCCIÓN
6 Acción de una cosa o una persona que produce un resultado: *tu rabia es obra de la envidia que sientes por ella.* — = causa
7 Conjunto de arreglos o modificaciones hechos en una casa, calle u otro lugar: *el piso está bien pero hay que hacer varias obras.* — CONSTRUCCIÓN
8 Trabajo que tiene que realizar un artesano u obrero. — = producto
9 Acción moral: *lo han canonizado por sus obras.* — = acto
10 Derecho de fábrica, pagado a un iglesia. — RELIGIÓN
11 Parte estrecha y prismática de un horno alto, situada encima del crisol. — METALURGIA
12 **buena obra:** Actuación en ayuda de un necesitado: *ayudando a la ciega has hecho una buena obra.*
13 **obra benéfica:** Acción hecha para ayudar a los necesitados: *el mercadillo fue una obra benéfica para los huérfanos de la ciudad.*
14 **obra coronada:** La exterior formada por dos medios baluartes y uno entero, unidos por dos cortinas, en una fortificación. — CONSTRUCCIÓN
15 **obra de caridad:** Donativo o acción con que se ayuda al prójimo.
16 **obra de El Escorial:** Cosa que tarda mucho en acabarse: *no sé cuándo van a acabar esta carretera, parece la obra de El Escorial.* — coloquial
17 **obra de fábrica:** Construcción, como un puente o una alcantarilla, que se hace en una vía de comunicación. — CONSTRUCCIÓN
18 **obra de manos:** La que se hace en su mayor parte con trabajo manual.
19 **obra de misericordia:** 1. Cada una de las catorce que la Iglesia católica considera que un cristiano debe hacer con sus semejantes. 2. Obra de caridad, ayuda al prójimo por motivos religiosos. — RELIGIÓN
20 **obra de romanos:** Cualquier cosa que requiere mucho trabajo y tiempo: *esta tesis es una obra de romanos.* — coloquial
21 **obra de taller:** La hecha en un taller de artes plásticas por los alumnos bajo la dirección del maestro.
22 **obra de teatro o teatral:** La escrita para ser representada ante el público. — LITERATURA, TEATRO
23 **obra dramática:** La teatral que está entre la tragedia y la comedia. — LITERATURA, TEATRO
24 **obra en pecado mortal:** La que se malogra o no tiene la debida correspondencia. — coloquial
25 **obra exterior:** La hecha afuera de la contraescarpa. — CONSTRUCCIÓN
26 **obra hidráulica:** Construcción para almacenar, conducir o aprovechar el agua. — CONSTRUCCIÓN
27 **obra maestra:** Calificación que se da a un trabajo artístico que es una gran calidad entre los de su clase: *"Ciudadano Kane" es una obra maestra del cine.*
28 **obra muerta:** 1. Parte del casco de un barco que está por encima de la línea de flotación. 2. Acción buena en sí, pero que no merece la vida eterna por estar en pecado mortal el que la hace. — NÁUTICA RELIGIÓN
29 **obra pía:** 1. Institución o dotación creada por una persona para obras religiosas o benéficas. 2. Cualquier cosa donde hay utilidad. — RELIGIÓN
30 **obra piadosa:** Donativo o acción devota o caritativa.
31 **obra prima:** Trabajo de zapatero hecho de nuevo.
32 **obra pública:** La que es de interés general, dedicada a uso ciudadano y realizada por el gobierno: *con este gobierno se han hecho muchas obras públicas.*
33 **obra social:** Institución o fundación creada para fines benéficos o culturales.
34 **obra viva:** 1. Parte de un barco que está debajo de la línea de flotación. 2. Acción buena realizada en estado de gracia. — NÁUTICA RELIGIÓN
35 **alzar de obra:** Suspender el trabajo, entre obreros. — jerga
36 **de obra:** 1. Con actos y no con meras palabras: *si la quieres desmuéstraselo de obra.* 2. Que está hecho como trabajo de albañilería: *estantería de obra.* 3. Se aplica al contrato laboral que finaliza al término de la misma. — loc.adv. loc.adv. CONSTRUCCIÓN
37 **hacer mala obra:** Causar daño.
38 **meter en obra una cosa:** Empezar a realizarla.
39 **obra de:** Expresión usada para aproximarse a una — loc.adv.

cantidad cuando no se puede decir exacta: *acabaremos en obra de unas semanas.*
40 **poner por obra una cosa:** Empezar a realizarla.
41 **por obra de:** Por la acción de la cosa o persona que se expresa o gracias a ellas: *pudimos salir del laberinto por obra de su intuición.* — loc.prep.
42 **por obra y gracia de:** Por la acción de, gracias a una persona o cosa. — loc.prep.
43 **por obra y gracia del espíritu santo:** Sin esfuerzo o sin que nadie lo haya hecho: *la casa no se va a limpiar por obra y gracia del espíritu santo.* — loc.adv.
44 **seca está la obra:** Expresión usada por los oficiales de un taller para darle a entender al dueño que necesitan que les dé alguna cosa para refrescarse. — jerga
45 **sentarse la obra:** Secarse la humedad y consolidarse. — CONSTRUCCIÓN
46 **tomar una persona una obra:** Encargarse de ella.
47 **¡es o ya es obra!:** Exclamación con que se resalta el trabajo, dificultad o molestia de una cosa.

obrada Labor que en un día hace una persona cavando la tierra, o una yunta arándola. — s.f. AGRICULTURA

obrador, a
1 Que obra. — adj/s.
2 Local donde se trabaja en una actividad manual con la ayuda de herramientas o de maquinaria simple, en especial el de una panadería o pastelería. — s.m. = taller

obradura Cantidad de aceituna que se exprime de una vez en cada prensa del molino de aceite. — s.f.

obraje (Del cat. *obratge*.)
1 Manufactura, obra hecha a mano o con una máquina. — s.m./INDUSTRIA
2 Fábrica de paños y otros artículos semejantes. — TEXTIL
3 Prestación de trabajo que se imponía a los indios americanos durante la colonización. — HISTORIA
4 Establecimiento de una explotación forestal. — Amér.
5 Carnicería, despacho público de carnes porcinas. — Méx./COMERCIO

obrajero
1 Capataz o jefe de una obra de construcción que dirije el trabajo de los obreros. — s.m.f. CONSTRUCCIÓN
2 Artesano, persona que realiza un oficio mecánico. — Amér.
3 Carnicero, persona que atiende un despacho de carne porcina. — Méx.

obrar (Del lat. *operari*, trabajar.)
1 Realizar una persona acciones de determinada manera: *siempre obra según su conciencia.* — v.intr. = actuar
2 Causar efecto una cosa: *todavía no ha empezado a obrar el efecto de la pastilla.* — = actuar
3 Hacer o producir una cosa no material: *la naturaleza obra prodigios.* — v.tr.
4 Hacer un trabajo de albañilería. — CONSTRUCCIÓN
5 Expeler una persona los excrementos. — v.intr.
6 **obrar en poder o en manos de:** Estar una cosa en poder de una persona: *los informes obran en poder del director.*

obrepción Delito que comete quien hace una falsa narración a un superior para conseguir beneficios de diverso tipo. — s.f. DERECHO

obrepticio, a Que se hace o se consigue con obrepción o por medio de una falsa narración. — adj. DERECHO

obrería
1 Cargo de obrero en una parroquia, en una cofradía o en otra comunidad religiosa. — s.f. RELIGIÓN
2 Renta destinada al sostenimiento de una iglesia, convento, monasterio u otra institución religiosa. — RELIGIÓN
3 Administración de esta renta. — RELIGIÓN
4 Oficina donde se administra esta renta. — RELIGIÓN

obrerismo
1 Régimen económico fundado en el predominio del trabajo obrero como creador de riqueza y que considera que la emancipación de la clase obrera ha de ser obra de la misma. — s.m. ECONOMÍA, POLÍTICA
2 Conjunto de los obreros, considerado como entidad económica. — ECONOMÍA
3 Conjunto de las actitudes y doctrinas sociales encaminadas a mejorar las condiciones de vida de la clase obrera. — SOCIOLOGÍA

obrerista
1 Del obrerismo. — adj.
2 Que es partidario del obrerismo. — adj/s.m.f.

obrero, a (Del lat. *operarius*.)
1 Que obra: *hormiga obrera.* — adj.
2 Del trabajador: *es un estudioso del movimiento obrero.*
3 Persona que realiza un trabajo manual retribuido: *su padre es obrero.* — s. = operario
4 Persona encargada de cuidar de las obras o rentas en las iglesias o comunidades religiosas. — s.m. RELIGIÓN
5 Dignidad de las órdenes militares que asistía a las juntas. — MILITAR
6 Se aplica a la abeja que no es apta para procrear y se dedica a producir cera y miel. — adj. ZOOLOGÍA
7 **obrero de villa:** Albañil, maestro u oficial de albañilería. — CONSTRUCCIÓN
8 **obrero especializado o cualificado:** El que realiza

una actividad o trabajo para el que se requiere unos conocimientos específicos.

obscenidad ·
1 Actitud de la persona provocativa, en especial con el sexo: *le molestó su obscenidad.* s.f. = indecencia
2 Acción, palabras o cosas obscenas o deshonestas: *no paró de decirle obscenidades a la conductora.* = grosería

obsceno, a (Del lat. *obscenus.*) Que presenta de manera directa lo que puede ser ofensivo al pudor o a la moral establecida, en especial lo relacionado con el sexo: *dibujos obscenos; poeta obsceno; obscena representación.* adj. = lascivo, procaz

obscuramente Oscuramente, con oscuridad. adv.

obscurantismo (Del fr. *obscurantisme.*) Oposición sistemática a que se difunda la instrucción en las clases populares: *a los gobiernos absolutistas les interesa defender el obscurantismo.* s.m. tb: oscurantismo SOCIOLOGÍA

obscurantista Oscurantista, partidario del oscurantismo. adj/s.m.f.

obscurecer Oscurecer [en todas sus acepciones]. v.tr./conj: carecer

obscurecimiento Oscurecimiento, acción y resultado de oscurecer u oscurecerse. s.m.

obscuridad Oscuridad [en todas sus acepciones]. s.f.

obscuro, a (Del lat. *obscurus.*) Oscuro [en todas sus acepciones]. adj.

obsecración Ruego o petición que, por lo general, se suele hacer conjurando a la divinidad. s.f. = ruego

obsecuencia Amabilidad o sumisión en el trato con una persona. s.f. = condescendencia

obsecuente (Del lat. *obsequens, -entis.*)
1 Que actúa con obsecuencia o sumisión: *es demasiado obsecuente, siempre está dispuesto a hacer lo que se le pide.* adj. = sumiso
2 Que se hace con obsecuencia o amabilidad en el trato con otras personas.

obsequiador, a Que obsequia. adj/s.

obsequiar
1 Dar regalos o muestras de afecto a una persona: *lo obsequió con una preciosa corbata.* v.tr. = agasajar
2 Hacer la corte a una mujer. = galantear

obsequio (Del lat. *obsequium,* complacencia.)
1 Regalo, presente que se le ofrece a una persona en señal de afecto, cortesía o gratitud: *su tía de Francia suele traer siempre obsequios para todos.* s.m. = agasajo
2 Cortesía, amabilidad en el trato con otras personas. = deferencia
3 Acción de obsequiar.
4 **en obsequio a o de:** Considerando o teniendo presente a una persona o cosa: *quiero citar su nombre en obsequio a la desinteresada ayuda que me ha prestado.* loc.prep. = en atención a

obsequiosamente Con deferencia y amabilidad: *sonreía obsequiosamente mientras nos servía la cena.* adv.

obsequiosidad Actitud del que está dispuesto a hacer regalos a una persona o a tener atenciones con ella. s.f. = dadivosidad

obsequioso, a
1 Que es educado y condescendiente: *es obsequioso con sus superiores.* adj. = cortés
2 Que gusta de hacer regalos: *es tan obsequioso que compra regalos para todos.* = dadivoso

observable Que puede ser observado: *los planetas del sistema solar son observables con un telescopio.* adj/= apreciable, perceptible

observación
1 Acción y resultado de observar: *la predicción del tiempo se fundamenta en la observación de los fenómenos atmosféricos.* s.f. = contemplación
2 Aclaración de algún punto oscuro de un texto, discurso o de alguna idea. = comentario
3 Inconveniente que se ve o se hace sobre una cosa: *me gustaría hacerte una observación sobre tu texto.* = advertencia, objeción

observador, a
1 Que observa o tiene mucha capacidad para observar: *es un niño muy observador y recuerda muchos detalles de las cosas que ve.* adj/s. = atento
2 Persona que es admitida en congresos y reuniones para seguir su desarrollo sin ser miembro de pleno derecho ni poder participar de forma activa. = enviado
3 Persona a quien se encarga la misión de observar una determinada situación económica, política o social por cuenta de un gobierno o una institución. = comisionado, enviado
4 Militar agregado a una unidad distinta de la suya o a un ejército extranjero para recoger información sobre sus actividades. MILITAR
5 Persona encargada de ayudar al árbitro y de informarle sobre cualquier infracción, en el golf. DEPORTES

observancia
1 Cumplimiento exacto de lo que se ordena ejecutar. s.f.
2 Acatamiento por respeto o sumisión de lo dispuesto por la ley o de las decisiones de personas mayores o que tienen autoridad. = obediencia ≠ inobservancia
3 Estado antiguo de algunas órdenes religiosas, a distinción de la reforma. RELIGIÓN

4 **poner en observancia una cosa:** Hacer ejecutar un mandato o una orden y que se observe con rigor lo mandado u ordenado.

observante
1 Que observa o cumple lo dispuesto. adj.
2 Que es miembro de ciertas familias de la orden franciscana. adj/s.m.f. RELIGIÓN
3 Se aplica a la orden religiosa que se rige por las reglas tradicionales y no por las reformadas. adj. RELIGIÓN

observar (Del lat. *observare,* vigilar.)
1 Examinar una cosa con atención: *el investigador observaba su experimento.* v.tr. = contemplar
2 Darse cuenta de una cosa: *observo que estás cada día más susceptible.* = advertir, notar
3 Hacer lo que ordena una ley o un precepto: *tienes que observar al pie de la letra el código de la circulación.* = acatar, cumplir
4 Mirar una cosa con atención y disimulo. = atisbar
5 Mirar o prestar atención a los astros o los fenómenos atmosféricos para determinar su naturaleza.

observatorio
1 Lugar apropiado para observar o mirar desde él. s.m.
2 Edificio provisto de los medios tecnológicos adecuados para realizar observaciones astronómicas. ASTRONOMÍA
3 Instalación e instrumentos destinados para la obtención de medidas cuantitativas de los fenómenos atmosféricos y meteorológicos. FÍSICA

obsesión (Del lat. *obsessio, -onis,* bloqueo.)
1 Idea que de manera reiterada se fija en la mente: *su obsesión es tenerlo todo ordenado.* s.f. = manía
2 Angustia producida por la fijación persistente de una idea. SICOLOGÍA

obsesionante Que obsesiona. adj./= obsesivo

obsesionar Hacer que una persona no pueda apartar de su mente una idea fija o una preocupación insistente: *te obsesiona que pueda enamorarse de otra persona; se obsesionó con este nuevo trabajo.* v.tr/prnl. = obcecar, preocupar

obsesivo, a
1 Que obsesiona: *tiene una idea obsesiva.* adj.
2 Que tiende a obsesionarse: *es una persona obsesiva.* SICOLOGÍA

obseso, a (Del lat. *obsessus.*)
1 Que padece una obsesión: *eres una obsesa del orden y la limpieza.* adj/s. = maniático
2 Que está obsesionado con el sexo: *es un obseso sexual; la atacó un obseso.* SICOLOGÍA = erotómano

obsidiana (Del lat. *obsidianus lapis < obsianus lapis,* piedra de Obsius.) Roca efusiva volcánica, negra, de estructura vítrea, dura y frágil, de fractura concoidea, usada por los indios americanos para hacer armas cortantes, flechas y espejos. s.f. GEOLOGÍA

obsidional (Del lat. *obsidionalis.*) Del asedio o sitio militar de una plaza, fortaleza o población. adj. MILITAR

obsolescencia Caída en desuso de alguna cosa. s.f.

obsolescente Que empieza a estar obsoleto o en desuso. adj. = anticuado

obsoleto, a (Del lat. *obsoletus.*) Que es o está anticuado, o caído en desuso: *esa actitud resulta obsoleta; son costumbres ridículas y obsoletas.* adj. = desusado ≠ moderno

obstaculizar
1 Poner obstáculos a una persona o una cosa: *obstaculizó su ascenso dentro de la empresa.* v.tr/conj: cazar = dificultar
2 Ser una persona o una cosa un impedimento para otra: *tus maletas obstaculizan el paso.* = impedir

obstáculo (Del lat. *obstaculum.*)
1 Cosa que dificulta el cumplimiento de un propósito o acción: *siempre pones obstáculos a mis iniciativas.* s.m. = impedimento
2 Cada una de las dificultades que presenta una pista, en algunos deportes, como la equitación y el atletismo: *corro la carrera de obstáculos.* DEPORTES

obstante
1 Indica sin embargo en la expresión **no obstante**: *no le gustaba, no obstante, lo aceptó.* loc.conj.
2 Se usa en la expresión **no obstante** para indicar a pesar de: *no obstante la oposición de mi familia, decidimos casarnos.* loc.prep.

obstar (Del lat. *obstare,* cerrar el paso.)
1 Ser una cosa inconveniente para otra. Se usa sólo en oraciones negativas: *esto no obsta para que vengas.* v.intr. = estorbar, impedir
2 Ser una cosa contraria a otra. Se usa sólo en oraciones negativas: *su trabajo no obsta para su formación.* = oponerse

obstetra Médico especialista en obstetricia: *tiene que visitar al obstetra cada quince días.* s.m.f./MEDICINA = tocólogo

obstetricia (Del lat. *obstetrix, -icis,* comadrona.) Disciplina que estudia el embarazo, el parto y el puerperio o posparto. s.f. MEDICINA

obstétrico, a De la obstetricia. adj./MEDICINA

obstinación Actitud del que se mantiene en sus ideas, opiniones o deseos aun en contra de razones convincentes: *defendía sus opiniones con una gran obstinación.* s.f. = terquedad

obstinado, a (Del lat. *obstinatus.*)

1 Que se obstina y no cede ante las amonestaciones y los argumentos. — adj. = terco, testarudo
2 Que es tenaz y perseverante: *es obstinada y hace lo que se propone.* — = constante

obstinarse Mantenerse una persona firme en un propósito, una opinión o una resolución: *Juan se obstina en viajar a Oriente.* — v.prnl. = empeñarse ≠ condescender

obstrucción
1 Acción y resultado de obstruir u obstruirse: *el fontanero te arreglará la obstrucción de la cañería.* — s.f. = obturación
2 Táctica usada en las asambleas políticas o en otros cuerpos deliberantes para impedir o retardar los acuerdos. — POLÍTICA
3 Impedimento para el paso de las materias sólidas, líquidas o gaseosas en las vías del cuerpo: *sufre una obstrucción intestinal.* — MEDICINA = opilación
4 Acción de impedir el paso o la jugada del contrario, en algunos deportes, y que se penaliza con una falta. — DEPORTES

obstruccionismo
1 Acción de obstaculizar mediante diversas maneras el desarrollo de cualquier reunión, en especial de las asambleas políticas. — s.m. = obstaculización
2 Método empleado por las minorías parlamentarias con el fin de impedir la aprobación de una ley o una disposición, haciendo largas intervenciones o aplicando de manera muy estricta el reglamento interno de la cámara. — POLÍTICA

obstruccionista
1 Del obstruccionismo. — adj/POLÍTICA
2 Que practica el obstruccionismo como método de presión política. — adj/s.m.f. POLÍTICA

obstructor, a Que obstruye. — adj/s.

obstruir (Del lat. *obstruere*, tapar, taponar.)
1 Impedir o dificultar el paso cerrando un conducto o un camino: *los niños obstruyeron el pasillo con todos sus juguetes.* — v.tr. conj. *huir* = obturar
2 Impedir la acción a una persona: *han obstruido sus planes.* — = entorpecer ≠ facilitar
3 Impedir una persona, un animal o una cosa la acción de un agente físico: *ese muro obstruye el paso del viento.* — ≠ permitir
4 Cerrarse un conducto o agujero: *el desagüe del lavabo se obstruyó.* — v.prnl. = taponar

obtemperar (Del lat. *obtemperare*, moderar.)
1 Mostrarse una persona conforme con lo dicho o propuesto por otra. — v.tr./culto = asentir
2 Hacer una persona lo que le manda otra. — = obedecer

obtención Acción y resultado de obtener una cosa, ya sea mediante un esfuerzo personal o la intervención de otra persona, o mediante la aplicación de una operación o un procedimiento: *debes aprobar todas las asignaturas para la obtención del título.* — s.f. = adquisición, logro

obtener (Del lat. *obtinere*, poseer plenamente.)
1 Conseguir una cosa que se merece o solicita: *ha obtenido la beca.* — v.tr. conj. *tener*
2 Sacar un producto industrial de una materia prima: *el mercurio se obtiene del cinabrio.* — v.tr/prnl. = producir
3 Llegar a un resultado en un experimento o en una operación matemática: *el biólogo obtuvo una mejora genética con su experimento.* — = lograr

obtenible Que puede ser obtenido: *hablan de los beneficios obtenibles.* — adj.

obtento Renta eclesiástica que sirve de congrua en la cancelaría. — s.m. RELIGIÓN

obtentor Que ha obtenido una cosa, en especial un beneficio eclesiástico. — adj. DERECHO

obtestación Figura que consiste en poner a la divinidad, una persona o una cosa por testigo de un hecho: *pongo por testigo esta cruz que lo que digo es verdad.* — s.f. RETÓRICA

obturación Acción y resultado de obturar u obstruir un orificio. — s.f. = obstrucción

obturador, a
1 Que obtura. — adj/s.
2 Órgano de cierre del cañón de un arma de fuego que se carga por la culata para evitar la salida de los gases. — s.m.
3 Aparato que sirve para interrumpir la circulación en un conducto de agua, de vapor o de gas. — TECNOLOGÍA
4 Dispositivo de un objetivo fotográfico que permite obtener diferentes tiempos de exposición sobre la película sensible. — FOTOGRAFÍA

obturar (Del lat. *obturare*, tapar.) Cerrar un orificio o abertura introduciendo una cosa: *los restos de comida obturaron el desagüe.* — v.tr. = atascar, obstruir

obtusángulo Se aplica al triángulo que tiene un ángulo mayor de 90°. — adj. GEOMETRÍA

obtusión Trastorno de la atención que se caracteriza por la incapacidad de ideación y por la lentitud en el razonamiento. — s.f. SIQUIATRÍA

obtuso, a (Del lat. *obtusus*.)
1 Que no tiene punta: *las tijeras para niños suelen ser de punta obtusa para que no se corten.* — adj. = romo

2 Que comprende con dificultad y lentitud: *no entiendo nada, hoy estoy obtusa.* — = tardo, torpe
3 Se aplica al ángulo mayor de 90° y menor de 180°. — GEOMETRÍA

obué (Del fr. *hautbois* < de *haut*, alto + *bois*, madera.) Oboe, instrumento musical de viento. — s.m./pl.tb: obués MÚSICA

obús (Del fr. *obus* < alem. *haubitze* < checo *houfnice*, máquina de tirar piedras.)
1 Pieza de artillería de menor longitud que el cañón en relación a su calibre. — s.m./pl: obuses MILITAR
2 Proyectil disparado por esta pieza de gran calibre. — MILITAR
3 Pieza que cierra la válvula de un neumático. — MECÁNICA

obvención (Del lat. *obventio*.) Remuneración, fija o eventual, que se cobra además del sueldo. — s.f. DERECHO

obvencional De la obvención o remuneración que se cobra además del sueldo. — adj. DERECHO

obviar (Del lat. *obviare*, salir al encuentro.)
1 Quitar obstáculos o inconvenientes: *no puedes obviar tus problemas.* — v.tr. = eludir
2 Dejar de decir una cosa por considerarla sabida o innecesaria: *te lo contaré obviando los detalles.* — = evitar

obviedad Dicho superfluo, que no aporta información: *no pierdas el tiempo diciendo obviedades.* — s.f.

obvio, a (Del lat. *obvius*, que sale al paso.)
1 Que es muy claro y evidente: *es obvio que no se ha enterado de nada.* — adj. = manifiesto
2 Que está delante de los ojos.

obyecto Razón, palabra o escrito que va en contra de lo dicho con anterioridad. — s.m./culto = réplica

oc (Del ant. provenzal *oc*, sí.) Voz con la que se distingue al conjunto de dialectos románicos del sur de Francia, que en la actualidad se denomina occitano. — adv. LINGÜÍSTICA

oca
I (Del lat. vulgar *auca*.)
1 Ave palmípeda, de la que se conocen varias especies salvajes y una especie doméstica. — s.f./ZOOLOGÍA = ganso
2 Juego de mesa formado por un tablero de 63 casillas por las que se debe ir avanzando la ficha, según indique el dado, recibiendo bonificaciones o penalizaciones dependiendo donde se caiga. — JUEGOS
II (Del quechua *okka*.)
1 Planta herbácea oxalidácea, erguida, de hojas compuestas de flores amarillentas y tubérculos comestibles, de sabor parecido al de las castañas. (*Oxalis tuberosa.*) — s.f. BOTÁNICA
2 Raíz de esta planta. — BOTÁNICA

ocal
1 Se aplica al fruto que tiene gran tamaño y a cierto tipo de rosa: *manzana ocal; pera ocal; rosa ocal.* — adj. BOTÁNICA
2 Se aplica al capullo formado por dos o más gusanos de seda juntos. — ZOOLOGÍA

ocalear Hacer los gusanos los capullos con dos o más larvas juntas en su interior. — v.intr. ZOOLOGÍA

ocapi Okapi, mamífero rumiante parecido a la jirafa, de cuello más corto y robusto, herbívoro y de costumbres nocturnas. — s.m. ZOOLOGÍA

ocarina (Del ital. *ocarina*.) Instrumento musical de viento realizado en barro cocido, de forma ovoidea con ocho agujeros y de timbre muy dulce. — s.f. MÚSICA

ocarinista Persona que toca la ocarina. — s.m.f./MÚSICA

ocasión (Del lat. *ocasio, -onis*.)
1 Momento o tiempo en que concurren determinadas circunstancias: *en aquella ocasión resolviste bien los problemas.* — s.f. = situación
2 Momento o circunstancia favorable para hacer o conseguir una cosa: *ésta es la mejor ocasión para contárselo a tu padre.* — = oportunidad
3 Causa de una cosa: *volvieron a casa con ocasión del aniversario de mamá.* — = motivo
4 Peligro o riesgo. — = trance
5 buena ocasión: Momento oportuno para una cosa: *ahora es buena ocasión para invertir.*
6 mala ocasión: Momento inoportuno para una cosa: *es mala ocasión para comprar.*
7 asir o coger la ocasión por los pelos: Aprovecharla sin descuidarse: *si lo ves, coge la ocasión por los pelos y habla con él.* — coloquial
8 con ocasión de: Con motivo de: *descubrí al ladrón con ocasión de unas vacaciones al Pacífico.* — loc.prep.
9 dar ocasión: Dar motivo o pretexto para cierta cosa: *tus palabras darán ocasión a equívocos.*
10 de ocasión: De segunda mano o rebajado de precio: *están pensando comprarse un coche de ocasión.* — loc.adj.
11 la ocasión la pintan calva: Se usa como recomendación para aprovechar las ocasiones cuando se presentan.
12 no haber ocasión: **1.** No haber un momento oportuno para hacer una cosa: *está tan ocupado que no hay ocasión para hablar con él.* **2.** No haber causa o motivo que justifique una cosa: *no hay ocasión para la duda.*

ocasionadamente Con tal motivo. — adv.

ocasionador, a Se aplica a la persona que ocasiona una cosa: *es la única ocasionadora de todos los problemas.* — adj/s. = causante

ocasional
1 Que ocasiona. — adj.
2 Que sucede de forma accidental: *se conocieron en un encuentro ocasional.* — = casual
3 Que se hace expresamente para una ocasión determinada por no ser ni regular ni habitual.

ocasionalismo Doctrina filosófica que defendía que la libertad era el consentimiento que el hombre otorga a la voluntad de la divinidad, y que las causas sólo son ocasiones para que se manifieste su acción. — s.m. FILOSOFÍA

ocasionalista
1 Del ocasionalismo, doctrina filosófica. — adj./FILOSOFÍA
2 Que profesa o defiende la doctrina filosófica del ocasionalismo. — adj/s.m.f. FILOSOFÍA

ocasionalmente Alguna vez, de forma accidental: *ocasionalmente viajo en metro para ir al trabajo.* — adv.

ocasionar
1 Ser causa o motivo de una cosa: *el cáncer le ocasionó la muerte.* — v.tr. = causar, motivar
2 Mover o excitar a que suceda algo: *tu brusca actitud ocasionó el llanto de tu sobrino; ocasionar la risa.* — = producir
3 Poner en peligro. — = provocar

ocaso (Del lat. *occasus.*)
1 Puesta del Sol o de otro astro al ocultarse tras el horizonte: *le gusta contemplar el ocaso del Sol desde la ventana.* — s.m. ≠ amanecer
2 Oeste, punto cardinal. — = occidente
3 Proceso de declinación o pérdida de la plenitud física o de la capacidad de una persona: *está en el ocaso de su carrera.* — = decadencia, declive

occidental
1 De occidente: *no le gustan las costumbres occidentales.* — adj/s.m.f.
2 Persona natural de un territorio situado en el occidente. — s.m.f.
3 Que está al oeste respecto al punto que se toma como referencia: *habrá lluvias en la parte occidental del país.* — adj.
4 Se aplica al planeta que se pone después que el Sol. — ASTRONOMÍA
5 Se aplica a la civilización que, desde un punto de vista histórico, se irradia desde el continente europeo y tiene como base la cultura romano-germánica. — HISTORIA
6 Se refiere a la parte europea situada al oeste de los países de la antigua órbita soviética. — POLÍTICA
7 Se aplica al bloque de potencias adheridas a la OTAN. — MILITAR

occidentalismo Movimiento reformador ruso surgido a mediados del siglo XIX. — s.m.

occidentalista
1 Del occidentalismo. — adj.
2 Que es partidario del occidentalismo. — adj/s.m.f.

occidentalización Acción y resultado de occidentalizar. — s.f.

occidentalizar Transformar según las ideas y la civilización de occidente: *la ex Unión Soviética se ha occidentalizado con la caída del comunismo.* — v.tr/prnl.

occidente (Del lat. *occidens, -tis,* por donde se pone el Sol.)
1 Poniente, punto cardinal del horizonte, por donde se pone el Sol. — s.m. = oeste
2 Conjunto de naciones de la parte occidental europea. — ≠ oriente
3 Lugar de la Tierra o de la esfera celeste que, respecto de otro con el que se compara, se sitúa hacia donde se pone el Sol. — ≠ oriente
4 Conjunto de países cuyas lenguas y culturas tienen su origen en el continente europeo. — ≠ oriente

occipital
1 Del occipucio o parte posterior de la cabeza. — adj./ANATOMÍA
2 Se refiere al hueso que está situado en la parte posterior del cráneo, cerca de la nuca. — adj/s.m. ANATOMÍA

occipito- Componente de palabra procedente del lat. *occipitium,* que significa occipital: *occipitofrontal.* — pref.

occipucio (Del lat. *occipitium.*) Parte posterior de la cabeza por donde ésta se une al cuello. — s.m. ANATOMÍA

occisión Muerte violenta. — s.f./culto

occiso, a (Del lat. *occisus.*) Que ha muerto de manera violenta. — adj/s. culto

occitánico, a De Occitania, región del mediodía francés. — adj. HISTORIA

occitano, a
1 De Occitania, región de Francia o de su lengua. — adj./HISTORIA s./HISTORIA
2 Persona natural de esta región.
3 Lengua hablada en la antigüedad en el mediodía francés, cultivada por los trovadores, conservada en la actualidad en múltiples dialectos. — s.m. LINGÜÍSTICA = lengua de oc

occitócica, a Se aplica a las sustancias que aumentan las contracciones de la musculatura uterina y favorecen el desarrollo del parto. — adj/s.m. QUÍMICA tb: oxitócico

occitocina Hormona segregada por la hipófisis, que favorece las contracciones del útero en el momento del parto. — s.f. BIOQUÍMICA tb: oxitocina

oceánico, a
1 Del océano: *suele navegar por aguas oceánicas.* — adj./GEOGRAFÍA
2 Se aplica al clima templado, de inviernos suaves y veranos frescos.

oceanicultura Cultivo de plantas y cría de animales oceánicos como alimento o con otros fines. — s.f.

oceánidas Ninfas hijas del dios del mar, según la mitología clásica. — s.f.pl. MITOLOGÍA

océano (Del lat. *oceanus* < gr. *okeanos.*)
1 Masa de agua salada que cubre la mayor parte de la superficie terrestre. — s.m.
2 Cada una de las cinco grandes subdivisiones de esta masa de agua: *para ir de Europa a América hay que cruzar el océano Atlántico.* — GEOGRAFÍA
3 Gran cantidad de una cosa: *se encontró con un océano de dificultades.* — = montón
4 Pequeña embarcación a vela utilizada para el recreo. — NÁUTICA

oceanografía (Del lat. *oceanus,* océano + *grapho,* escritura.) Ciencia que estudia los mares, sus fenómenos, y la fauna y la flora marinas. — s.f.

oceanográfico, a De la oceanografía. — adj.

oceanógrafo, a Persona dedicada al estudio de los mares, sus fenómenos y la fauna y flora marinas. — s.

oceanología Conjunto de disciplinas científicas y de técnicas relativas al estudio y a la utilización de los océanos. — s.f.

oceanológico, a De la oceanología. — adj.

oceanólogo, a Persona especialista en oceanología. — s.

ocelado, a Que tiene ocelos o los imita. — adj./ZOOLOGÍA

ocelo (Del lat. *ocellus,* ojo pequeño.)
1 Cada uno de los ojos simples de los artrópodos, que forman un ojo compuesto. — s.m. ZOOLOGÍA
2 Mancha redonda bicolor en las alas de algunos insectos o en las plumas de ciertas aves. — ZOOLOGÍA

ocelote (Del azteca *ocelotl,* tigre.)
1 Mamífero carnívoro americano de la familia de los félidos, de pelaje gris con motas rojizas rodeadas de negro y muy apreciado en peletería. *(Felis pardalis.)* — s.m. ZOOLOGÍA
2 Piel de este animal, muy apreciada en peletería.

ocena (Del gr. *ozaina,* hedor.) Enfermedad de las fosas nasales, consistente en la disminución de la mucosa y el desarrollo de costras malolientes. — s.f. MEDICINA

ochava
1 Octava parte de un todo. — s.f.
2 Octava parte de una media libra de plata, equivalente a trescientos cincuenta y nueve centigramos.
3 Esquina de un edificio. — = chaflán
4 Parte de la acera correspondiente a un chaflán o esquina.
5 Octava, fiesta de ocho días que hace la Iglesia. — RELIGIÓN
6 Último de los ocho días de esta fiesta. — RELIGIÓN/= octava

ochavado, a Se refiere al polígono que tiene ocho ángulos iguales y sus ocho lados con dos medidas iguales alternadas. — adj. GEOMETRÍA

ochavar Dar forma ochavada a una cosa. — v.tr.

ochavo (Del lat. *octavus.*)
1 Moneda de cobre con peso de un octavo de onza y valor de dos maravedís. — s.m. HISTORIA
2 Edificio o lugar con forma ochavada.
3 Cosa insignificante o de poco valor. — = nadería
4 Pez caproido, de cuerpo ovalado y comprimido y hocico parecido al de los cerdos, que se pesca a lo largo del litoral de la península Ibérica. *(Capros afer.)* — ZOOLOGÍA
5 **no tener un ochavo**: No tener dinero: *no tengo un ochavo para ir al cine.* — = no tener un chavo

ochenta (Del lat. vulgar *octaginta* < lat. *octoginta.*)
1 Que resulta de la suma de ocho veces diez. — adj.num/s.m.
2 Que ocupa esta posición en una serie. — adj.num/s.m.f.
3 Signo o conjunto de signos que representa este número. — s.m.

ochentavo, a Se aplica a la parte que resulta de dividir una cosa en ochenta iguales. — adj.num/s.m. = octogésimo

ochentón, a Se refiere a la persona que tiene entre ochenta y ochenta y nueve años: *sus padres ya van a ser ochentones.* — adj/s. = octogenario

ocho (Del lat. *octo.*)
1 Que resulta de la suma de siete más uno: *el niño tiene ocho años.* — adj.num/s.m.
2 Octavo, que ocupa esta posición en una serie: *sucedió en el año ocho; nos sentamos en la fila ocho.* — adj.num/s.m.f.
3 Signo o conjunto de signos que representa este número. — s.m.
4 Carta de la baraja con este número de signos. — JUEGOS
5 Pajarillo ictérido propio de las tierras cálidas. — Méx./ZOOLOGÍA

ochocientos, as
1 Ocho veces ciento. — adj.num.

2 Octingentésimo, que ocupa esta posición en una serie. *adj.num/s.*

3 Signo o conjunto de signos que representa este número. *s.m.*

ociar Dejar una persona el trabajo para dedicarse al ocio: *se pasa el día ociando; el muchacho dejó el estudio y se ació.* *v.intr/prnl.*

ocio (Del lat. *otium*, reposo.)
1 Inactividad laboral que se dedica al descanso, el entretenimiento o a otras ocupaciones: *en su tiempo de ocio se dedica a pintar.* *s.m.* = asueto
2 Entretenimiento o diversión reposada: *ahora que no trabaja se ha dado al ocio.* = recreo
3 Obras que se hacen durante el tiempo libre. *s.m.pl.*

ociosamente
1 Sin ocupación. *adv.*
2 Sin necesidad.
3 Sin fruto ni utilidad.

ociosear Andar ocioso, flojear el ánimo y las fuerzas a una persona. *v.intr. Amér. Merid.*

ociosidad
1 Inclinación a la inactividad o a perder el tiempo: *su permanente ociosidad empieza a ser preocupante.* *s.f.* = holgazanería
2 Entretenimiento o actividad a que se dedica el tiempo de ocio. = ocio

ocioso, a
1 Que está inactivo o desocupado: *no me gusta ver tanta gente ociosa.* *adj.* = parado
2 Que es innecesario o inútil: *estáis manteniendo una discusión ociosa.* = fútil ≠ útil
3 Perezoso, vago: *con lo ocioso que eres no me extraña que no encuentres trabajo.* *adj/s.* = holgazán

oclocracia (Del gr. *okhlos*, muchedumbre + *kratos*, poder.) Gobierno de la muchedumbre o de la plebe. *s.f. POLÍTICA*

oclofobia (Del gr. *okhlos*, muchedumbre + *phobos*, miedo.) Temor a las multitudes o a las aglomeraciones. *s.f. SICOLOGÍA*

ocluir (Del lat. *occludere*, cerrar.) Cerrar un orificio o un conducto del cuerpo: *el médico tuvo que ocluir una parte del intestino; los párpados se le oclueyeron debido a una conjuntivitis.* *v.tr/prnl. conj: huir MEDICINA*

oclusión
1 Acción y resultado de ocluir u ocluirse un conducto del cuerpo humano. *s.f. MEDICINA*
2 Cierre completo del canal vocal de una articulación. *LINGÜÍSTICA*
3 Fenómeno atmosférico en el que un frente de aire cálido es elevado por uno frío convirtiéndolo en un ciclón. *FÍSICA*

oclusivo, a
1 Que produce oclusión. *adj.*
2 Se aplica al sonido consonántico que se articula con un cierre brusco y momentáneo en alguna parte de la boca que impide la salida del aire. *LINGÜÍSTICA*
3 Se refiere a la letra que representa este sonido: *la p, la t y la k son oclusivas.* *adj/s.f. LINGÜÍSTICA*

oco Vasija de calabaza. *s.m/Colomb.*

ocomistle Ardilla de gran agresividad que vive en los ocotales. *s.m/Méx. ZOOLOGÍA*

ocosial Terreno húmedo y deprimido, con alguna vegetación. *s.m. Perú*

ocotal Terreno poblado de ocotes. *s.m/Méx.,Guat.*

ocote
1 Pino de distintas especies, de madera resinosa, la cual, ya seca, se emplea para encender fuegos. *s.m/Méx., Guat. BOTÁNICA*
2 Ano, orificio del final del conducto digestivo. *vulgar/Argent.*
3 Tripa gruesa, asadura. *Argent.*
4 estar con el ocote afuera: Estar malhumorado o enojado sin causa aparente. *Argent.*

ocozoal Culebra de cascabel que suele habitar en los lugares húmedos. *s.m/Méx. ZOOLOGÍA*

ocozol Árbol norteamericano de copa grande y espesa, de flores verdosas unisexuales y apétalas, de cuyo tronco y ramas se extrae el liquidámbar, que se usa como bálsamo. *s.m. BOTÁNICA = estoraque*

ocráceo, a De color o de tono ocre. *adj.*

ocre (Del fr. *ocre* < gr. *okhra*.)
1 Mineral terroso de color amarillo, compuesto de óxido de hierro hidratado, que se utiliza como mena de hierro y en pintura. *s.m. MINERALOGÍA*
2 Cualquier mineral terroso de color amarillo. *MINERALOGÍA*
3 Color que es marrón tirando a amarillo: *pintó las paredes de ocre.*
4 De este color: *este árbol tiene las hojas ocres.* *adj.*
5 ocre calcinado: El que por acción del fuego se convierte en almagre artificial. = almagre
6 ocre rojo: Óxido rojo de hierro. *MINERALOGÍA*
7 ocre tostado: Ocre calcinado, el que se convierte en almagre artificial.

ocro- Componente de palabra procedente del gr. *okhros*, que significa amarillo: *ocróptero.* *pref.*

ocronosis Enfermedad que ennegrece los cartílagos y los tendones, visible en la nariz y las orejas por la transparencia de la piel. *s.f. pl: ocronosis MEDICINA*

ocróptero, a (Del gr. *okhros*, amarillo + *pteron*, ala.) Que tiene las alas amarillas. *adj. ZOOLOGÍA*

ocroso, a Que contiene ocre. *adj./MINERALOGÍA*

octacordio
1 Sistema musical compuesto de ocho sonidos. *s.m/MÚSICA*
2 Instrumento musical griego antiguo que tenía ocho cuerdas. *MÚSICA*

octaédrico, a
1 Del octaedro. *adj./GEOMETRÍA*
2 Que tiene forma de octaedro. *GEOMETRÍA*

octaedro (Del lat. *octo*, ocho + gr. *hedra*, superficie.) Poliedro que tiene ocho caras o planos. *s.m. GEOMETRÍA*

octagonal Del octágono: *la planta del edificio es octagonal.* *adj./GEOMETRÍA th: octagonal*

octágono, a (Del lat. *octo*, ocho + gr. *gonia*, ángulo.) Polígono que tiene ocho ángulos y ocho lados: *el niño tuvo que hacer un octágono de cartulina.* *adj/s.m. GEOMETRÍA th: octágono*

octal
1 Soporte de válvulas de ocho contactos. *s.m/ELECTRICIDAD*
2 Sistema de numeración en base 8 que utiliza las cifras del 0 al 7. *MATEMÁTICAS*

octanaje Número de octanos de un carburante. *s.m/QUÍMICA*

octano
1 Hidrocarburo saturado que existe en los aceites de petróleo. *s.m, QUÍMICA*
2 Unidad de un índice que mide el valor antidetonante de los combustibles por comparación con el de un carburante patrón. *QUÍMICA*

octante
1 Instrumento de navegación, para observar la altura de los astros y cuyo arco comprende cuarenta y cinco grados. *s.m. NÁUTICA*
2 Octava parte de un círculo o fragmento de éste comprendido en 45°. *GEOMETRÍA*
3 Cada una de las ocho regiones del espacio determinadas por los tres planos de un sistema de coordenadas cartesianas. *MATEMÁTICAS*
4 Cada una de las fases de la Luna en que es visible la cuarta parte o las tres cuartas partes del disco lunar. *ASTRONOMÍA*

octava (Del lat. *octavus*, octavo.)
1 Composición poética de ocho versos endecasílabos. *s.f/POESÍA*
2 Nota musical que está cinco tonos y dos semitonos por encima o por debajo de otra y tiene su mismo nombre. *MÚSICA*
3 Intervalo que se forma entre estas dos notas. *MÚSICA*
4 Serie diatónica que comprende las ocho notas de este intervalo. *MÚSICA*
5 Período de ocho días, durante los cuales la Iglesia católica celebra una fiesta solemne o conmemora el objeto de ella. *RELIGIÓN*
6 Último de los ocho días de este período de celebración religiosa. *RELIGIÓN = ochava*
7 Libro pequeño donde están escritas las oraciones que se han de rezar durante este período. *RELIGIÓN*
8 octava cerrada: La que no admite ni da lugar al rezo de otro santo o festividad alguna, entre los eclesiásticos. *RELIGIÓN*
9 octava italiana: La de metro variable o irregular. *POESÍA*
10 octava heroica, real o rima: La de versos endecasílabos y rima alternante hasta el sexto de ellos, rimando por último el séptimo con el octavo. *POESÍA*

octavar
1 Formar una persona octavas o diapasones en los instrumentos de cuerda. *v.intr. MÚSICA*
2 Separar la octava parte de los productos sujetos al antiguo tributo de millones. *HISTORIA*

octavario
1 Período de ocho días. *s.m.*
2 Fiesta o función solemne que se hace en los ocho días de una octava. *RELIGIÓN*

octavilla
1 Octava parte de un pliego de papel: *editaron el libro en octavilla.* *s.f. ARTES GRÁFICAS*
2 Impreso de propaganda política o social aunque no tenga este formato: *los sindicatos llenaron la ciudad de octavillas de protesta.* = panfleto
3 Combinación métrica de ocho versos de arte menor con rima variable. *POESÍA*

octavín Flautín, flauta pequeña. *s.m/MÚSICA*

octavo, a (Del lat. *octavus*.)
1 Que ocupa el lugar número ocho en una serie: *es el octavo hijo.* *adj.num/s.m.*
2 Se refiere a la parte que resulta de dividir una cosa en ocho iguales: *le ha correspondido la octava parte de la herencia de su tío.* *adj.num/s.*

3 octavos de final: Fase eliminatoria de un campeonato o torneo deportivo en el que toman parte 16 participantes o equipos: *había siete tenistas españolas en octavos de final.* — DEPORTES

4 en octavo: Se aplica al libro o folleto cuyo tamaño es la octava parte del pliego de papel ordinario. — loc.adj. ARTES GRÁFICAS

octeto
1 Conjunto de ocho personas o de ocho elementos. — s.m.
2 Conjunto de ocho voces o instrumentos. — MÚSICA
3 Composición para ocho voces o instrumentos diferentes. — MÚSICA
4 Conjunto de ocho electrones que forman, en ciertos átomos o en ciertos iones, una capa exterior particularmente estable. — QUÍMICA
5 Elemento de información formado por ocho bits. — INFORMÁTICA

octingentésimo, a
1 Que octipa el lugar ochocientos en una serie. — adj.num/s.m.
2 Se aplica a cada una de las ochocientas partes iguales en que se divide un todo. — adj.num/s.

octo- Componente de palabra procedente del lat. *octo*, que significa ocho: *octogonal; octógono.* — pref. tb: oct-, octa-

octocoralario, a Perteneciente a un orden de nidarios que presentan ocho tentáculos móviles, al cual pertenece el coral. — adj/s.m. ZOOLOGÍA

octodo Válvula termoiónica o tubo electrónico con ocho electrodos. — s.m. TECNOLOGÍA

octogenario, a (Del lat. *octogeni*, de ochenta en ochenta.) Que tiene entre ochenta y noventa años. — adj/s. = ochentón

octogésimo, a (Del lat. *octogesimus*.)
1 Que ocupa el lugar ochenta en una serie. — adj.num/s.m.
2 Se aplica a cada una de las ochenta partes iguales en que se divide un todo. — adj.num/s. = octavo

octogonal Octagonal, relativo al octágono. — adj./GEOMETRÍA

octógono, a (Del lat. *octo*, ocho + gr. *gonia*, ángulo.) Se aplica al polígono que tiene ocho lados y ocho ángulos. — adj/s.m. GEOMETRÍA tb: octágono

octópodo, a (Del lat. *octo*, ocho + gr. *pus, podos*, pie.) Perteneciente a un orden de moluscos cefalópodos con concha interna rudimentaria o nula y corona de tentáculos formada por ocho brazos iguales, como el pulpo. — adj/s.m. ZOOLOGÍA

octosilábico, a
1 Que tiene ocho sílabas. — adj.
2 Se refiere al verso octosílabo. — POESÍA

octosílabo, a
1 De ocho sílabas. — adj.
2 Verso que tiene ocho sílabas: *escribe en octosílabos.* — s.m./POESÍA

octóstilo, a (Del lat. *octo*, ocho + gr. *stylos*, columna.) Que tiene ocho columnas: *al templo se accede por un pórtico octóstilo.* — adj. ARQUITECTURA tb: octástilo

octubre (Del lat. *october, -bris.*) Décimo mes del año, entre setiembre y noviembre, que consta de treinta y un días, en el calendario occidental: *mi hermano nació el veintitrés de octubre.* — s.m.

óctuple Que contiene ocho veces una cantidad: *dieciséis es el número óctuple de dos.* — adj. tb: óctuplo

octuplicar Multiplicar una cantidad por ocho. — v.tr/conj: sacar

ocular
1 De los ojos: *infección ocular; análisis ocular.* — adj./ANATOMÍA
2 Que se hace mediante los ojos o la vista: *la policía hizo una inspección ocular del lugar.* — = visual
3 Lente o sistema de lentes de los aparatos ópticos, situado donde aplica el ojo el observador y que puede ampliar la imagen real dada por el objetivo. — s.m. ÓPTICA
4 **ocular celeste:** El que invierte la imagen de los objetos. — ÓPTICA
5 **ocular del alza:** Pieza metálica que está en el extremo superior del alza de un arma de fuego, con un taladro en su parte media por el cual se dirige las visuales que pasando por la mira han de terminar en el objeto que se pretende batir. — MILITAR
6 **ocular negativo:** El que aumenta la imagen objetiva formada dentro de su sistema óptico. — ÓPTICA
7 **ocular positivo:** El que aumenta la imagen objetiva formada delante de su sistema óptico. — ÓPTICA
8 **ocular terrestre:** El que está formado por dos o más lentes y endereza la imagen invertida en los anteojos y telescopios. — ÓPTICA

ocularista Persona que por oficio fabrica ojos artificiales. — s.m.f.

oculista Médico especialista de ojos: *su oculista le ha dicho que es miope.* — s.m.f./MEDICINA = oftalmólogo

óculo (Del lat. *oculus*, ojo.) Ventana pequeña circular. — s.m./ARQUITECTURA

oculo- Componente de palabra procedente del lat. *oculus*, que significa ojo: *oculomotriz.* — pref. tb: oculi-

oculógiro, a Se refiere a la rotación lateral de los ojos, hacia la derecha o hacia la izquierda. — adj. ANATOMÍA

oculomotor, triz De la motricidad o movimiento de los ojos. — adj. ANATOMÍA

ocultación
1 Acción y resultado de ocultar u ocultarse. — s.f.

2 Desaparición momentánea de un astro a causa del paso por delante de él de otro astro de diámetro superior. — ASTRONOMÍA
3 Acción de ocultar bienes y otras cosas para eludir el pago de los impuestos. — DERECHO

ocultador, a
1 Que oculta. — adj/s.
2 Papel negro que permite sacar en la copia sólo una parte de la fotografía. — s.m. FOTOGRAFÍA

ocultar (Del lat. *occultare.*)
1 No dejar que una persona, animal o cosa sea vista: *ocultó al ladrón en el desván; se ocultó tras el biombo.* — v.tr/prnl. = esconder
2 No decir una cosa de forma voluntaria: *suele ocultar sus problemas y sus preocupaciones.* — v.tr. = silenciar
3 Guardar la eucaristía después de haber estado expuesta. — RELIGIÓN
4 Producir un astro la ocultación de otro. — ASTRONOMÍA

ocultismo
1 Conjunto de conocimientos y prácticas con las que se pretende penetrar y dominar aquellos aspectos de la naturaleza que carecen de explicación racional o científica. — s.m. OCULTISMO = ciencias ocultas, esoterismo
2 Dedicación a estas prácticas. — OCULTISMO

ocultista
1 Del ocultismo: *el tarot es una práctica ocultista.* — adj./OCULTISMO
2 Que practica o es partidario del ocultismo: *tiene un amigo ocultista que le adivina el futuro.* — adj/s.m.f. OCULTISMO

oculto, a (Del lat. *occultus*, escondido.)
1 Que no se ve o no se sabe porque está tapado o escondido: *ocultos designios; causa oculta; puerta oculta.* — adj. ≠ patente, visible
2 **a ocultas:** A escondidas, de manera que no se puede ver o saber: *salió a ocultas, aprovechando la oscuridad de la sala.* — loc.adv.
3 **de oculto:** De incógnito: *la famosa actriz viaja de oculto para evitar a la prensa.* — loc.adj/adv.
4 **en oculto:** En secreto: *las autoridades decidieron tratar el tema en oculto.* — loc.adv.

ocumo Planta comestible de la familia de las aráceas, de tallo corto y flores amarillas. — s.m./Venez. BOTÁNICA

ocupa Persona perteneciente a un grupo marginal de activismo social e ideología anarquista, que se instala, sin haberla comprado ni alquilado, en una vivienda ajena e inhabitada: *los ocupas no querían desalojar la casa.* — s.m.f. argot tb: okupa = squatter

ocupación
1 Acción y resultado de ocupar. — s.f.
2 Actividad o cuidado que impide emplear el tiempo en otra cosa: *sus muchas ocupaciones le han impedido asistir a la reunión familiar.* — = quehacer, tarea
3 Trabajo u oficio que desempeña una persona: *su última ocupación fue de camarero en un restaurante.* — = empleo
4 Modo natural y originario de adquirir la propiedad de ciertas cosas que carecen de dueño. — DERECHO
5 Anticipación de un argumento. — RETÓRICA
6 **ocupación militar:** Permanencia en un territorio de ejércitos de otro estado que, sin anexionarse aquel, interviene en su vida pública y la dirige. — MILITAR

ocupacional
1 De la ocupación o trabajo. — adj.
2 Se refiere a la formación que permite aprender o desarrollar una profesión: *la formación ocupacional pretende favorecer a los parados.*
3 Se aplica a la enfermedad que se origina por la profesión desempeñada. — MEDICINA

ocupada Se refiere a la mujer que está embarazada. — adj.

ocupado, a
1 Que está atareado. — adj./≠ libre
2 Se refiere a la línea telefónica que da una señal intermitente por estar comunicando. — TELECOMUNICACIONES

ocupador, a Que ocupa o toma una cosa. — adj/s./= ocupante

ocupante Que ocupa un lugar: *los ocupantes del coche salieron ilesos del accidente de tráfico.* — adj/s.m.f.

ocupar (Del lat. *occupare.*)
1 Llenar una persona, un animal o una cosa un espacio o un lugar de forma que nadie más pueda hacerlo: *el lavabo estaba ocupado.* — v.tr. ≠ desocupar
2 Tomar posesión de un lugar, un territorio o un edificio: *el ayuntamiento ha ocupado el solar.* — = adueñar
3 Estar una persona instalada en una vivienda: *el piso lo ocupa una familia.* — = habitar
4 Tener una persona un empleo o un cargo: *su tío ocupa el cargo de alcalde.* — = ejercer
5 Proporcionar un trabajo o un empleo a una persona: *lo he ocupado en mi fábrica.* — = emplear ≠ desemplear
6 Requerir una actividad cierto tiempo: *hacer el ejercicio me ocupó dos horas.* — = llevar
7 Llamar la atención una cosa a una persona: *la carta que ha recibido esta mañana le ha ocupado mucho.* — = preocupar
8 Ocurrir una acción durante un tiempo: *ocupa toda la mañana estudiando.* — = transcurrir
9 Hablar o escribir sobre una cosa: *este libro se ocupa de la prehistoria.* — v.prnl. + de

10 Dedicar una persona su interés y cuidado a una persona, un animal o una cosa: *se ocupa de los niños cuando la madre trabaja.* + de = atender, cuidarse

ocurrencia
1 Idea original e inesperada que puede manifestarse a través de acciones o palabras: *al venir tuvo una feliz ocurrencia; tuvo la ocurrencia de decir que no.* s.f. = genialidad
2 Dicho gracioso o ingenioso: *es un tipo muy divertido, tiene unas ocurrencias geniales.* = salida
3 Idea disparatada o extravagante: *¡pero qué ocurrencias tienes! ¿no ves que te puedes caer?* = disparate
4 Suceso casual. = acaso

ocurrente Se aplica a la persona o al dicho que es oportuno, original y gracioso: *ese chico es muy ocurrente, con él nunca te aburres.* adj. = ingenioso

ocurrir (Del lat. *occurrere*, salir al paso.)
1 Producirse un hecho: *ocurrió de forma inesperada, una mañana de verano.* v.intr. = suceder
2 Venir una idea a la mente de una persona: *se me ocurrió que podía llamarle.* v.prnl.
3 Salir al encuentro de una persona o de una cosa. v.intr.
4 Presentar una persona una demanda ante un juez. DERECHO
5 Celebrar dos festividades en un mismo día.
6 Ir a un lugar. = concurrir

oda (Del lat. *oda* < gr. *ode*, canto.)
1 Composición poética del género lírico, de tono elevado y de asunto heroico trascendente o dedicado a una persona ilustre, que está formada por varias estrofas iguales. s.f. POESÍA
2 Poema que cantaba el coro en la lírica griega antigua. POESÍA, MÚSICA

odalisca (Del fr. *odalisque* < *odalique* < turco *odaliq* < *oda*, cuarto.)
1 Esclava dedicada al servicio del harén del sultán. s.f
2 Mujer de gran sensualidad.

odeón
1 Teatro destinado a espectáculos musicales, entre los antiguos griegos. s.m. MÚSICA, TEATRO
2 Nombre de algunos teatros modernos destinados a la representación de ópera. MÚSICA, TEATRO

odiar (Del ital. *odiare*.) Sentir una persona odio o intensa aversión hacia otra o hacia un animal o una cosa: *odia tener que levantarse temprano; no se puede odiar así a una persona.* v.tr. ≠ amar

odio (Del lat. *odium*.) Sentimiento intenso de antipatía y aversión hacia una persona, un animal o una cosa que no gusta y cuyo mal se desea: *el odio se apoderó de mí y deseé su muerte.* s.m. = aborrecimiento ≠ amor

odiosamente
1 Con odio: *le miró odiosamente.* adv.
2 De modo que merece odio: *se portó tan odiosamente conmigo que ya no le hablo.*

odiosear Cansar o aburrir aquello que no gusta o produce fastidio. v.tr. Chile, Perú

odiosidad
1 Hecho de ser una persona, un animal o una cosa dignos de odio. s.f.
2 Sentimiento de odio o aversión hacia una cosa, un animal o una persona por una causa determinada.

odioso, a (Del lat. *odiosus*.)
1 Que provoca odio: *es un personaje odioso que sólo piensa en fastidiar.* adj. = abominable
2 Que causa molestia o disgusto: *desde que llegué, ha hecho un tiempo odioso.* = desagradable
3 Que es contrario a los designios o presunciones que las leyes favorecen. DERECHO = injusto

odisea (De *Odisea*, título de un poema de Homero.)
1 Viaje largo en el que abundan aventuras, tanto adversas como favorables: *el viaje por la selva amazónica fue toda una odisea.* s.f. = aventura
2 Sucesión de incidentes o peripecias que retrasan o dificultan a alguien la consecución de un fin: *conseguir que me firmasen los papeles ha sido una odisea.* = calvario

odómetro (Del gr. *hodos*, camino + *metron*, medida.)
1 Aparato semejante a un reloj de bolsillo que sirve para contar los pasos que da la persona que lo lleva y la distancia recorrida. s.m. TECNOLOGÍA = podómetro
2 Aparato que en los taxis sirve para marcar la distancia recorrida y el dinero que debe pagar el cliente. TECNOLOGÍA = taxímetro

odonato, a Perteneciente a un orden de insectos de larva acuática, que no presentan ninfosis y que en estado adulto tienen dos pares de alas transversales. adj/s.m. ZOOLOGÍA

odont- Componente de palabra procedente del gr. *odus, odontos*, que significa diente: *odontólogo; ortodoncia.* pref/suf. tb: -odoncia, -odonte, odonto-

odontalgia (Del gr. *odus, odontos*, diente + *algesis*, dolor.) Dolor de dientes o de muelas. s.f. MEDICINA

odontálgico, a
1 De la odontalgia o dolor de dientes o muelas. adj./MEDICINA
2 Que combate la odontalgia: *el dentista me ha recetado un medicamento odontálgico.* MEDICINA

odontitis (Del gr. *odus, odontos*, diente + *itis*, inflamación.) Inflamación de los dientes. s.f./pl: odontitis MEDICINA

odontoestomatología Parte de la medicina que estudia la fisiología y la patología de los dientes y de los demás órganos de la cavidad bucal. s.f. MEDICINA

odontología (Del gr. *odus, odontos*, diente + *logos*, ciencia.) Parte de la medicina que estudia los dientes, sus tejidos y sus enfermedades. s.f. MEDICINA

odontológico, a De la odontología o de los dientes: *gabinete odontológico.* adj. MEDICINA

odontólogo, a Médico especialista de los dientes y de sus enfermedades: *suele ir al odontólogo dos veces el año para hacerse una limpieza bucal.* s. MEDICINA = dentista

odontómetro Instrumento utilizado por los filatelistas para medir el dentado de los sellos de correo. s.m. TECNOLOGÍA

odontorragia (Del gr. *odus, odontos*, diente + *regnymi*, brotar.) Hemorragia causada por la extracción de un diente. s.f. MEDICINA

odorante Que es oloroso: *suele poner bolitas odorantes en los armarios.* adj. = fragante

odorífero, a (Del lat. *odor*, olor + *ferre*, llevar.) Que tiene buen aroma. adj. = odorífico

odorización Operación que consiste en conferir un olor específico a un producto mediante un odorizante. s.f. INDUSTRIA

odorizante
1 Que impregna de olor. adj.
2 Producto que se incorpora a un gas para darle un olor característico y facilitar su detección en un escape. INDUSTRIA
3 Cualquier sustancia que impregna a otra de su olor. INDUSTRIA

odre (Del lat. *uter, utris*.)
1 Bota de cuero que sirve para contener líquidos, como vino o aceite. s.m. = pellejo
2 Persona borracha o que bebe mucho: *es un odre, se pasa el día yendo de bar en bar.* coloquial = beodo

odrería
1 Taller donde se hacen odres. s.f.
2 Tienda donde se venden odres. COMERCIO

odrero, a Persona que hace o vende odres. s.

odrina
1 Bota de vino hecha de cuero de buey. s.f.
2 estar una persona hecha una **odrina**: Estar lleno de enfermedades y llagas. coloquial

odrisio, a
1 De un antiguo pueblo de Tracia, región de Europa oriental. adj. HISTORIA
2 Persona natural de este antiguo pueblo. s./HISTORIA
3 De Tracia, región europea. adj./= tracio
4 Persona natural de esta región. s.

oenoteráceo, a Perteneciente a una familia de plantas angiospermas dicotiledóneas, herbáceas o arbustivas, de hojas simples alternas u opuestas, flores axilares o terminales en espiga o racimo y fruto en cápsula, baya o drupa, como la onagra y la fucsia. adj/s.f. BOTÁNICA tb: enoteráceo = onagráceo

oersted (De Ch. *Oersted*, físico danés.) Unidad de intensidad del campo magnético en la nomenclatura internacional. s.m. FÍSICA

oerstedio Unidad de intensidad del campo magnético en el sistema cegesimal. s.m. FÍSICA

oesnoroeste
1 Punto del horizonte situado entre el oeste y el noroeste, a igual distancia de ambos. s.m. tb: oesnorueste
2 Viento que sopla de este punto.

oeste (Del fr. *ouest* < ingl. *west*.)
1 Occidente, punto cardinal situado en la dirección por la que se pone el Sol en los equinoccios. s.m.
2 Viento que sopla de esta parte.
3 Región estadounidense, que se corresponde con este punto cardinal, cuya conquista durante el siglo XIX dio lugar a un género literario y cinematográfico de gran popularidad. GEOGRAFÍA, HISTORIA

oesudoeste
1 Punto del horizonte situado entre el oeste y el sudoeste, a igual distancia de ambos. s.m. tb: oesudueste
2 Viento que sopla de esta parte.

ofendedor, a Persona que ofende. adj/s./= ofensor

ofender (Del lat. *offendere*, atacar.)
1 Despreciar o dirigir insultos a una persona: *no paraba de ofenderla en público.* v.tr. = denostar
2 Causar una cosa una impresión desagradable en los sentidos: *los colores de esa camisa ofenden a la vista.* = molestar
3 Hacer daño físico a una persona: *no se puede ofender así a un niño.* = herir
4 Molestarse una persona por una cosa que se le ha hecho o dicho: *no te ofendas, te lo digo para que reflexiones y no te vuelvas a hacer.* v.prnl. = enfadarse

ofensa (Del lat. *offensa*, choque.) Acción o palabras con que se ofende a una persona: *esa crítica injustificada es una ofensa para mí.* s.f. = agravio, insulto

ofensión Daño o agravio que se hace contra una persona. s.f.

ofensiva
1 Acción de atacar: *nuevas ofensivas de las tropas americanas.* — s.f. / = ataque
2 Situación del que está atacando. — ≠ defensiva
3 **tomar la ofensiva:** 1. Prepararse para atacar al contrincante, y hacerlo: *el equipo local ha tomado la ofensiva del encuentro.* 2. Ser el primero en alguna competencia, pugna o lucha.

ofensivo, a
1 Que ofende o puede ofender: *palabras ofensivas; acciones ofensivas.* — adj. / = insultante
2 Que sirve para atacar: *no deberías tener en casa semejante arma ofensiva.* — ≠ defensivo

ofensor, a Se refiere a la persona que ofende. — adj/s.

oferente Que ofrece. — adj/s.m.f.

oferta (Del lat. vulgar *offerita.*)
1 Situación ocasional en la que se ofrece un producto en unas condiciones ventajosas o a un precio inferior al habitual: *en el supermercado hay unas ofertas muy interesantes.* — s.f. / COMERCIO / = ganga, ocasión
2 Cualquier cosa que se ofrece públicamente, ya sea por propia iniciativa o como respuesta a una demanda: *ho hay ninguna oferta de empleo.*
3 Propuesta dirigida a una persona, en la que se ofrecen unas condiciones determinadas: *le ha hecho una última oferta para contratarlo.* — = proposición
4 Cantidad de dinero que se ofrece por una cosa en una venta o subasta. — = puja / COMERCIO
5 **de o en oferta:** Se aplica al producto de consumo que se vende a un precio inferior al original: *ha comprado cuatro cajas de cava porque estaban de oferta.* — loc.adj. / COMERCIO

ofertante Que oferta. — adj/s.m.f.

ofertar
1 Poner un producto en venta: *no sé qué ofertan exactamente en esa tienda.* — v.tr. / COMERCIO
2 Poner en venta un producto con precio rebajado: *a partir de mañana ofertarán las naranjas en el supermercado.* — COMERCIO
3 Ofrecer o proponer una cosa: *la universidad ofertará tres nuevos títulos.*
4 Ofrecer o dedicar alguna cosa a la divinidad o a un santo. — Amér. Central y Merid.
5 Ofrecer, prometer una cosa a una persona. — Amér.
6 Ofrecer, dar voluntariamente una cosa. — Amér.

ofertorio
1 Parte de la misa en la que el sacerdote ofrece a Dios la hostia y el vino del cáliz. — s.m. / RELIGIÓN
2 Antífona o canto que dice el sacerdote antes de ofrecer la hostia y el cáliz. — RELIGIÓN

off (Voz inglesa.)
1 Que no está en funcionamiento o está desconectado. — adj.
2 Que está fuera del lugar que le corresponde. — = descolocado
3 Dispositivo que desconecta un aparato eléctrico: *darle a la tecla del off.* — s.m. / ≠ on, play
4 **off line:** Que no se encuentra bajo el control de una computadora central. — loc.adj. / INFORMÁTICA
5 **off side:** Fuera de juego, en el fútbol. — DEPORTES/= orsai
6 **off the record:** De forma no oficial: *te lo digo off the record; es una noticia off the record.* — loc.adj/adv. / = extraoficial
7 **en off:** 1. Se aplica a la voz que no tiene un emisor conocido o visible. 2. Se refiere a la voz que se produce fuera de la escena. — loc.adj. / CINE, TEATRO

office (Voz francesa.) Habitación contigua a la cocina destinada a los servicios auxiliares. — s.m.

offset (Voz inglesa.)
1 Se aplica al procedimiento de impresión indirecta por intermedio de un rodillo de caucho que toma la tinta aplicada a la plancha y la transfiere a su vez al papel. — adj/s.m. / ARTES GRÁFICAS / tb: ofset
2 **máquina offset:** Máquina que se utiliza para imprimir por este procedimiento. — ARTES GRÁFICAS

offshore (Voz inglesa.)
1 Se aplica a la prospección petrolífera que se realiza sobre fondo marino: *yacimientos offshore del golfo Pérsico.* — adj. / INDUSTRIA
2 Se refiere al sector bancario establecido en el extranjero y no sometido a la legislación nacional. — ECONOMÍA

ofi- Componente de palabra procedente del gr. *ophis,* que significa reptil: *ofiología.* — pref. / = ofio-

ofiasis Caída del cabello o alopecia parcial que va dejando claros en la cabeza. — s.f./pl: ofiasis / MEDICINA

oficial (Del lat. *officialis.*)
1 Del gobierno o que proviene de él: *noticia oficial; recibimiento oficial.* — adj. / = público
2 Que proviene de una persona u organismo que tiene autoridad: *no sabemos si ésta es la versión oficial de la empresa.* — = formal
3 Se aplica a la institución, edificio o centro de enseñanza que se sufraga con fondos públicos bajo la dependencia del estado o de las entidades territoriales: *estudia francés en la escuela oficial de idiomas.* — = público / ≠ privado

4 Se refiere al alumno que está inscrito en un centro público y que está obligado a asistir a las clases como requisito para ser examinado. — ≠ libre
5 Persona que trabaja en un oficio. — s.m.f.
6 Persona que, en un oficio manual, ha terminado su aprendizaje y no es maestro todavía.
7 Persona que trabaja en una oficina bajo las órdenes de un jefe: *oficial de secretaría.*
8 Que está reconocido de forma pública: *novio oficial; compromiso oficial.* — adj. / = formal
9 Militar que tiene graduación, desde alférez a capitán. — s.m.f. / MILITAR
10 Persona que tiene un cargo en un municipio. — s.m.
11 Juez eclesiástico diocesano.
12 **oficial de justicia:** Funcionario de la administración de justicia. — s.m.f. / DERECHO
13 **oficial de la sala:** Persona que tiene un grado inferior al de secretario y ejerce de auxiliar en los tribunales colegiados. — s.m.f. / DERECHO
14 **oficial general:** General de brigada, de división o teniente general. — MILITAR
15 **oficial mayor:** Funcionario público de mayor jerarquía o antigüedad.
16 **primer oficial:** El más antiguo de los enrolados en un buque. — MILITAR
17 **ser una persona buen oficial:** Tener habilidad en cualquier materia. — coloquial

oficiala
1 Mujer que trabaja en un oficio. — s.f.
2 Mujer que ha terminado el aprendizaje de un oficio manual y no es todavía maestra.
3 Empleada que bajo las órdenes de un jefe estudia y prepara el despacho de los negocios de una oficina.

oficialato Dignidad de oficial del ejército. — s.m./MILITAR

oficialía
1 Empleo de oficial de contaduría, secretaría o un servicio semejante. — s.f.
2 Calidad de oficial que adquirían los artesanos y que les permitía trabajar libre y privadamente en su oficio.
3 **oficialía mayor:** Oficina del oficial mayor y conjunto de funcionarios o empleados que despachan los asuntos dependientes de aquél.

oficialidad
1 Conjunto de oficiales de un ejército: *la oficialidad en pleno estaba en el desfile.* — s.f. / MILITAR
2 Cualidad de lo que es oficial: *hay que dar oficialidad a ese tratado.*

oficialista
1 Que es propuesto por el equipo dirigente de un partido o gobierno: *tesis oficialistas; candidato oficialista.* — adj/s.m.f. / = oficial
2 Partidario del gobierno. — Argent., Chile
3 Servidor incondicional del gobierno. — Argent., Chile

oficializar Dar carácter o validez oficial a una cosa: *oficializarán el pacto entre el sindicato y la patronal.* — v.tr. / conj: cazar

oficialmente
1 Con carácter oficial. — adv.
2 Con autorización o público reconocimiento en el orden privado.

oficiante Que oficia en las iglesias. — adj/s.m./RELIGIÓN

oficiar
1 Celebrar el sacerdote los oficios religiosos o ayudar en la celebración: *el funeral fue oficiado por un sacerdote amigo de la familia.* — v.tr. / RELIGIÓN
2 Hacer saber una cosa de forma oficial y por escrito. — = comunicar
3 Realizar una persona la función propia de un cargo: *ofició de celestina entre la pareja.* — v.intr. / + de

oficina (Del lat. *officina,* taller.)
1 Lugar donde se realizan trabajos de administración y gestión: *trabaja en una oficina comercial en una multinacional.* — s.f. / = despacho
2 Sitio donde se fragua y dispone una cosa inmaterial: *oficina de la mentira.*
3 Piezas bajas de las casas que servían para ciertos menesteres domésticos. — s.f.pl.
4 **oficina de empleo:** Agencia oficial de colocación dependiente del Ministerio de Trabajo y Seguridad Social.
5 **oficina de farmacia:** Laboratorio farmacéutico. — FARMACIA
6 **oficina pública:** Oficina del estado.

oficinal
1 Se aplica a la planta que se utiliza como medicina: *tiene una planta oficinal en su jardín.* — adj./BOTÁNICA / = medicinal
2 Se refiere al medicamento que está preparado en las farmacias: *sólo toma medicamentos oficinales.* — FARMACIA / = farmacéutico

oficinesco, a
1 De las oficinas. — adj.
2 Que es propio de las oficinas del estado. — despectivo

oficinista Persona que trabaja en una oficina: *trabaja como oficinista en una fábrica.* — s.m.f.

oficio (Del lat. *officium,* servicio.)
1 Ocupación profesional de una persona: *tiene el oficio de bombero.* — s.m. / = trabajo
2 Profesión que se ejerce de forma manual o mecánica: *aprendió el oficio de carpintero en la universidad laboral.*

3 Función propia o uso normal de alguna cosa: *no sé cuál es el oficio de esa planta ahí en medio.* = finalidad

4 Comunicación escrita referente a los asuntos del servicio público en las dependencias del estado. = comunicado

5 Acción que se realiza en beneficio o en detrimento de una persona: *consiguió el trabajo gracias a los buenos oficios de su tío.* = gestión

6 Comunicación que existe entre individuos de varias corporaciones particulares sobre asuntos de interés común. = comunicados

7 Cualquiera de los cuartos que en palacio estaban destinados a los reyes. HISTORIA

8 Lugar donde trabajan los empleados. = oficina

9 Rezo diario a que los eclesiásticos están obligados, compuesto de maitines, laudes u otras oraciones y conjunto de las funciones litúrgicas de los días señalados. s.m.pl. RELIGIÓN

10 buenos oficios: Diligencias eficaces en favor de una persona: *gracias a sus buenos oficios encontré un empleo.*

11 oficio de difuntos: El que tiene destinado la Iglesia para rogar por los muertos. RELIGIÓN

12 oficio de escribano: 1. Cargo de secretario en una oficina pública. 2. Oficina de este funcionario.

13 oficio parvo: El establecido por la Iglesia en honra y alabanza de la Virgen. RELIGIÓN

14 oficio servil: El mecánico o bajo, en oposición a las artes liberales y nobles.

15 santo oficio: Inquisición, tribunal eclesiástico. RELIGIÓN

16 de oficio: 1. Se aplica a las diligencias que se practican judicialmente sin instancia de parte, y de las costas que, según lo sentenciado, nadie debe pagar. 2. Con carácter oficial. loc.adv. DERECHO / loc.adv.

17 estar una persona sin oficio ni beneficio, o no tener oficio ni beneficio: Estar ocioso, sin carrera ni ocupación. coloquial

18 hacer su oficio: Desempeñarlo bien: *sólo pido a mis trabajadores que hagan su oficio.*

19 ser del oficio: 1. Ejercer una determinada profesión, por lo general la misma que la persona que habla: *el nuevo jefe sí que es del oficio, por suerte.* 2. Practicar la prostitución.

20 tomar una persona por oficio una cosa: Hacer con frecuencia. coloquial

oficionario Libro que contiene el oficio canónico católico. s.m. RELIGIÓN

oficiosamente Sin respaldo oficial: *la noticia ha sido confirmada sólo oficiosamente.* adv. ≠ oficialmente

oficiosidad
1 Carácter de lo que es oficioso o no tiene carácter oficial, aunque sea público: *la oficiosidad de la noticia no garantiza que sea verdadera.* s.f.
2 Característica de quien es diligente y aplicado al trabajo. = diligencia
3 Importunidad de quien se entremete en lo que no le incumbe. ≠ oportunidad

oficioso, a
1 Que no tiene carácter oficial aunque procede de un cargo público: *los resultados electorales son oficiosos hasta que no termine el escrutinio.* adj. = extraoficial
2 Que es hacendoso y solícito en su oficio: *está muy bien considerado en su trabajo porque es muy oficioso.* = diligente
3 Que se entremete en asuntos ajenos sin que su intervención sea solicitada. = entrometido
4 Se aplica a la nación que interviene en la resolución de un problema entre otras. = mediador
5 Se refiere al medio de difusión que está relacionado con órganos del gobierno o entidades públicas.
6 Que es provechoso o eficaz. = útil

oficleido Instrumento musical de viento, compuesto por un cuerpo alargado de metal, con once llaves y una embocadura ahueca. s.m. MÚSICA

ofidiasis Ofidismo, intoxicación producida por una mordedura de serpiente venenosa. s.f./pl: ofidiasis MEDICINA

ofídico, a De los ofidios. adj./ZOOLOGÍA

ofidio, a (Del gr. *ophis*, culebra.) Perteneciente a un suborden de reptiles escamosos de cuerpo alargado, cilíndrico y sin extremidades. adj/s.m. ZOOLOGÍA

ofidismo Envenenamiento causado por una mordedura de serpiente. s.m./MEDICINA

ofimática Conjunto de técnicas informáticas utilizadas para facilitar las tareas de oficina. s.f. INFORMÁTICA

ofiolatría (Del gr. *ophis*, culebra + *latreia*, adorar.) Culto a las serpientes. s.f. RELIGIÓN

ofiología (Del gr. *ophis*, culebra + *logos*, ciencia.) Disciplina que estudia las serpientes. s.f. ZOOLOGÍA

ofiómaco (Del gr. *ophiukhos*.) Insecto ortóptero, especie de langosta. s.m. ZOOLOGÍA

ofiuro, a Perteneciente a un orden de equinodermos caracterizados por su cuerpo discoidal del que parten cinco brazos serpentiformes, como las estrellas de mar. adj/s.m. ZOOLOGÍA

ofiuroideo, a Perteneciente a una clase de equinodermos. adj/s.m. ZOOLOGÍA

ofrecedor, a Que ofrece. adj/s./= oferente

ofrecer (Del lat. *offerre.*)
1 Presentar y dar de forma voluntaria una cosa a una persona: *le ofreció un puesto en su equipo; se ofreció para acompañarme.* v.tr/prnl. conj: carecer = brindar
2 Decir la cantidad que se está dispuesto a pagar por una cosa: *¿cuánto has dicho que te ofrecen por la casa?* v.tr.
3 Presentar o manifestar: *deberías ser capaz de ofrecer las soluciones que necesitamos.*
4 Mostrar una cosa una característica determinada: *esa carne ofrece un color raro, yo no la comería.* = exhibir
5 Dar una fiesta o banquete en honor de alguien: *ofrecieron un lunch en su casa con ocasión del compromiso.* = celebrar
6 Entregar o dedicar algo a alguien o algo: *ofreció su juventud al estudio.* = consagrar
7 Entrar a beber una cosa en la taberna.
8 Dedicar la obra buena que se hace o el daño que se padece a Dios. RELIGIÓN = ofrendar
9 Dar una limosna en la misa u otra función eclesiástica. RELIGIÓN
10 Querer o necesitar, en ciertas expresiones corteses: *¿qué se le ofrece, señora?* v.prnl. = desear
11 Ocurrir o sobrevenir una cosa: *a ver qué se ofrece ahora en la liga.* = acontecer

ofrecido, a Se aplica a la persona que de forma espontánea se ofrece a ayudar a los demás o hacer algo por ellos, adoptando en general una actitud servil. adj. Méx.

ofrecimiento Acción y resultado de ofrecer u ofrecerse. s.m.

ofrenda (Del lat. *offerenda*, cosas que se deben ofrecer.)
1 Obsequio que se ofrece a deidades u otros seres sobrenaturales para pedir ayuda. s.f. = sacrificio
2 Regalo que se hace como muestra de gratitud o amor: *se lo dio como ofrenda por la ayuda que le había prestado.* = obsequio
3 Donativo que se da en algunos lugares, generalmente en los entierros para ayudar a la manutención de los sacerdotes. = oblación
4 Dinero que se da a los sacerdotes pobres cuando celebran su primera misa. RELIGIÓN

ofrendar
1 Entregar una cosa como obsequio a una persona: *le ofrendó un precioso collar.* v.tr.
2 Hacer una ofrenda o sacrificio a la divinidad. RELIGIÓN

ofset
1 Sistema de impresión en el que un rodillo de caucho lleva la tinta del molde al papel. s.m./tb: offset ARTES GRÁFICAS
2 Máquina para imprimir con este sistema. s.f./ARTES GRÁFICAS

oftalm- Componente de palabra procedente del gr. *ophtalmos*, que significa ojo: *oftalmología.* pref.

oftalmía (Del gr. *ophtalmos*, ojo.) Término genérico que designa a las enfermedades oculares, en especial las que afectan simultáneamente a diversas partes del ojo. s.f. tb: oftalmia MEDICINA

oftálmico, a
1 De los ojos y sus características. adj.
2 De la oftalmía o enfermedades oculares. MEDICINA

oftalmitis (Del gr. *ophtalmos*, ojo + *itis*, inflamación.) Grave inflamación del ojo, con irritación de la mucosa conjuntiva que recubre el párpado y el glóbulo ocular. s.f. pl: oftalmitis MEDICINA = oftalmia

oftalmología (Del gr. *ophtalmos*, ojo + *logos*, ciencia.) Parte de la medicina que estudia los ojos y sus enfermedades. s.f. MEDICINA

oftalmológico, a De la oftalmología y los medicamentos para las enfermedades oculares: *se ha hecho una revisión oftalmológica.* adj. MEDICINA

oftalmólogo, a Médico especialista en las enfermedades de los ojos. s./MEDICINA = oculista

oftalmometría Determinación de la curvatura de la córnea y del índice de refracción del ojo para determinar el astigmatismo de origen córneo. s.f. MEDICINA

oftalmómetro Instrumento que mide los diferentes grados de curvatura de la córnea del ojo. s.m. MEDICINA

oftalmoscopia (Del gr. *ophtalmos*, ojo + *skopeo*, observar.) Exploración del interior del ojo por medio del oftalmoscopio. s.f. MEDICINA

oftalmoscopio Instrumento para examinar el interior del ojo. s.m. MEDICINA

oftalmostato Instrumento con que se separan los párpados y se fija el globo ocular, para realizar en él operaciones quirúrgicas. s.m. MEDICINA

oftalmoterapia Tratamiento terapéutico para curar las enfermedades de los ojos. s.f. MEDICINA

ofuscación
1 Confusión mental producida por una idea o impresión que impide el razonamiento. s.f./SICOLOGÍA = ofuscamiento
2 Pérdida transitoria de la vista producida por deslumbramiento u otra causa externa. MEDICINA

ofuscador, a Que ofusca. adj/s.

ofuscamiento Ofuscación [en todas sus acepciones]. *s.m.*

ofuscar (Del lat. *offuscare*, oscurecer.)
1 No dejar un estado de ánimo que una persona *v.tr/prnl.*
piense con claridad: *su pena le ofuscó; se ofuscó al des-* *conj: sacar*
cubrir el lío amoroso. = obcecar
2 Causar una cosa mucha impresión a una persona: = obnubilar
se ofuscó al ver tanto lujo.
3 No dejar el exceso de luz o de brillo que una perso- = deslumbrar
na vea bien.
4 Producir una cosa sombra a otra. = ensombrecer

ogaño (Del lat. *hoc anno*, en este año.) En este año o *adv.*
en esta época. *tb:* hogaño

ogham Se aplica a una escritura celta, la más antigua *adj/s.m.*
de todas las conocidas. LINGÜÍSTICA

ogresa
1 Se aplica a la mujer insociable y de mal carácter. *adj/s.f.*
2 Giganta fantástica que se alimentaba de carne huma- MITOLOGÍA
na.

ogro (Del fr. *ogre*.)
1 Se refiere a la persona insociable y de mal carácter: *adj/s.m.*
da miedo ir a visitarlo porque es un ogro y nunca se sabe f: ogresa
cómo te recibirá.
2 Gigante fantástico que se alimentaba de carne huma- s.m./MITOLOGÍA
na.

¡oh! (Voz de creación expresiva.)
1 Expresión utilizada para indicar desilusión o des- *interj.*
dén: *¡oh, ni lo sueñes!*
2 Expresión usada para indicar asombro, pena o desilusión: *¡oh, qué pena, se ha roto!*

ohm (De Georg S. *Ohm*, físico alemán.) Denomina- *s.m.*
ción del ohmio en la nomenclatura internacional. ELECTRICIDAD

óhmetro Aparato que sirve para medir la resistencia *s.m./ELECTRICIDAD*
eléctrica de un conductor. = ohmímetro

óhmico, a Del ohmio. *adj./ELECTRICIDAD*

ohmímetro Aparato para medir la resistencia eléc- *s.m./ELECTRICIDAD*
trica. = óhmetro

ohmio (De George S. *Ohm*, físico alemán.) Unidad de *s.m.*
resistencia eléctrica del sistema cegesimal. ELECTRICIDAD

oíble Que se puede oír: *sus gritos eran oíbles a mucha* *adj.*
distancia. = audible

-oico Componente de palabra que significa ácido or- *suf.*
gánico: *ácido etanoico.* QUÍMICA

oída
1 Acción y resultado de oír. *s.f.*
2 **de o por oídas:** Se usa para hablar de las cosas o *loc.adv.*
personas que sólo se conocen por haber oído hablar
de ellas: *sólo la conozco de oídas.*

-oidal Componente de palabra que significa parecido *suf.*
a: *ovoidal.*

-oide Componente de palabra procedente del gr. *ei-* *suf.*
dos, que significa forma, aspecto exterior: *androide; al-* *tb:* -oides, -oidea,
caloide. oides

oídio
1 Denominación genérica de diversos hongos asco- *s.m./MICOLOGÍA*
micetos parásitos, en particular el que ataca a la vid. *tb:* oidium
2 Enfermedad causada en la vid y otras plantas por BOTÁNICA
estos hongos.

oído
1 Sentido por el que se perciben los sonidos: *tiene* *s.m.*
problemas de oído, pero no es sordo. FISIOLOGÍA
2 Órgano corporal de este sentido: *se pone tapones en* ANATOMÍA
los oídos para dormir.
3 Aptitud para percibir y reproducir la altura relativa MÚSICA
de los sonidos musicales: *los músicos han de tener buen*
oído.
4 Agujero de la recámara que comunica con la carga,
en algunas armas de fuego.
5 Orificio que se deja en el taco de un barreno para
poner la mecha.
6 **oído externo:** Oreja o pabellón auricular, que hace ANATOMÍA
las funciones de receptor del sonido.
7 **oído interno:** Parte del oído de los vertebrados, ANATOMÍA
que comprende el vestíbulo, los canales semicirculares y el caracol.
8 **oído medio:** El que en los vertebrados está forma- ANATOMÍA
do por el tímpano, las celdas mastoideas y la trompa.
9 **abrir o aguzar los oídos:** Escuchar con atención.
10 **al oído: 1.** Que se aprende sólo con oírlo, sin es- *loc.adv.*
tudiar. **2.** Con confidencialidad. **3.** Con verbos como *loc.adv.*
"decir", "comunicar" y otros, en voz muy baja: *me lo*
dijo al oído para que no nos oyeran.
11 **cerrar los oídos:** Negarse a oír ningún tipo de razón: *no hubo forma de convencerle, cerró los oídos y era*
como si no le hablaras.
12 **dar o prestar oído:** Escuchar a una persona con
benevolencia y creyendo lo que dice: *da oído a todo lo*
que le cuentan y siempre terminan por engañarle.
13 **de oído:** Modo de aprender o hacer una cosa, en *loc.adv.*
especial lo que tiene que ver con la música, sin conocer las reglas: *toca el piano de oído.*
14 **duro de oído:** Que no oye bien. *loc.adj.*

15 **entrar por un oído y salir por otro:** No hacer
caso ni aprecio de lo que le dicen a uno: *le digas lo*
que le digas da igual, le entra por un oído y le sale por
otro.
16 **hacer oídos sordos:** Fingir que no se oye o no
darse por enterado de lo que se dice u ordena: *hizo*
oídos sordos a la prohibición y le castigaron.
17 **hacer o tener oídos de mercader:** Hacerse el
sordo, no querer oír lo que se está diciendo.
18 **llegar una cosa a oídos de una persona:** Enterarse o tener noticia de algo: *la noticia del premio llegó*
a sus oídos en una reunión de amigos.
19 **oído al parche:** Expresión que se usa para llamar coloquial
la atención de una persona o de un público: *oído al*
parche, que lo que voy a decir os interesa a todos.
20 **regalar a una persona el oído o los oídos:** Decirle cosas bonitas o gratas de él mismo: *le encanta*
que le regalen los oídos.
21 **ser todo oídos:** Escuchar una cosa con mucha coloquial
atención: *dime, dime, soy toda oídos.*
22 **silbarle a una persona los oídos:** Creer que otras coloquial
están hablando de ella: *me silban los oídos de pensar lo*
que critican de mí a mis espaldas.
23 **taparse los oídos:** Expresa la repugnancia o el
desagrado que siente una persona al escuchar determinados comentarios que ofenden su moral.
24 **tener una persona oído o buen oído:** Tener
buena aptitud para la música.

oidor, a
1 Que oye. *adj/s.= oyente*
2 Juez o magistrado de las audiencias y cancillerías. *s.m./HISTORIA*

oíl (Del fr. ant. *o*, partícula afirmativa, + *il*, pron. pers.) *adv.*
Voz con la que se distingue al conjunto de dialectos LINGÜÍSTICA
románicos hablados en el norte de Francia y áreas de
influencia, muy afines al francés.

oír (Del lat. *audire*.)
1 Percibir una persona o un animal los sonidos: *oyó* *v.tr.*
un ruido extraño en su casa.
2 Tomar en consideración los ruegos o peticiones de
una persona: *deberías oír lo que te dice tu familia y tus*
amigos.
3 Darse una persona por enterada de lo que le hablan: *no insistas porque ya te he oído.*
4 Escuchar el estudiante una explicación del maestro
para aprenderla.
5 Escuchar un juez las alegaciones de las partes para DERECHO
resolver.
6 **¡ahora lo oigo!:** Dar a entender la novedad que coloquial
causa una cosa que se dice y que no se conocía con
anterioridad.
7 **como oyes:** Expresión que se utiliza para subrayar
la veracidad de una cosa que parece increíble.
8 **como quien oye llover:** No hacer una persona coloquial
ningún caso de lo que le dicen: *escuchó los consejos*
como quien oye llover.
9 **¡oído barra!:** Expresión con la que el camarero que *interj.*
está en la barra de un bar da por entendido lo que se
le ha pedido que sirva: *¡una de mejillones!, ¡oído barra!*
10 **oír bien:** Escuchar a una persona con agrado. coloquial
11 **oír campanas y no saber por dónde:** Tener una coloquial
persona una noticia vaga de una cosa pero desconocer lo fundamental.
12 **oír la confesión:** Recibir la confesión de un peni- RELIGIÓN
tente.
13 **oír, ver y callar:** Expresión que se utiliza para
describir la actitud de la persona que deja hablar o
hacer a otras sin intervenir.
14 **oírse o no oírse el vuelo de una mosca:** Haber coloquial
mucho silencio en un lugar.
15 **¡oye! u ¡oiga!:** Se utiliza para llamar la atención o *interj.*
reforzar lo que se dice: *¡oye!, déjame, ya está bien.*
16 **ser una persona bien oída:** Lograr aceptación coloquial
una persona en lo que dice.
17 **tener que oír:** Ser una cosa digna de ser contada
u oída.
CONJ.: IND.: PRES.: *oigo, oyes, oye, oímos, oís, oyen.* PRET.
INDEF.: *oí, oíste, oyó, oímos, oísteis, oyeron.* SUBJ.:
PRES.: *oiga, oigas, oiga, oigamos, oigáis, oigan.* PRET. IM-
PERF.: *oyera u oyese, oyeras u oyeses, oyera u oyese, oyé-*
ramos u oyésemos, oyerais u oyeseis, oyeran u oyesen. FU-
TUR. IMPERF.: *oyere, oyeres, oyere, oyéremos, oyereis,*
oyeren. IMP.: *oye, oíd.* GERUND.: *oyendo.*

ojal
1 Abertura hecha en la tela para pasar los botones: *se* *s.m.*
le ha descosido el ojal de la camisa.
2 Agujero que atraviesa una cosa.
3 Defecto de algunos hilos de seda que consiste en TEXTIL
un bucle del capullo sin deshacer.
4 Lazada en el extremo del cintero que en un torno que MINERÍA
sirve para meter la pierna la persona que sube y baja
colgado, en una mina.

¡ojalá! (Del ár. *wa sa Allah*, y quiera Dios.) Expresión *interj.*
usada para indicar ferviente deseo o esperanza de
que suceda algo: *¡ojalá no me vean!*

ojalado, a Se aplica a la res vacuna que tiene el pelo *adj.*

alrededor de los ojos más oscuro que el del resto de la cabeza.

ojalador, a
1 Persona que hace ojales.   *s.*
2 Herramienta para hacer ojales.   *s.m.*

ojaladura Conjunto de ojales de una prenda de vestir.   *s.f.*

ojalar Hacer ojales en una prenda.   *v.tr.*

ojanco
1 Gigante de la mitología griega que tiene un solo ojo en medio de la frente.   *s.m./MITOLOGÍA* = cíclope
2 Pez rosado de ojos muy grandes.   *Cuba/ZOOLOGÍA*

ojeada Mirada rápida o superficial: *¿podrías echar una ojeada a este artículo?*   *s.f.* = vistazo

ojeador, a Persona que ojea o espanta con voces la caza.   *s.* CAZA

ojear
I (Derivado de *ojo*.)
1 Pasar la mirada de un modo rápido y superficial: *sólo con ojear el panfleto ya vio de qué se trataba.*   *v.tr.*
2 Mirar hacia una cosa o un lugar.
3 Hacer mal de ojo a una persona deseándole algún daño.   = aojar
II (Derivado de la interjección *¡ox!,* empleada para ahuyentar animales.)
1 Hacer que huya la caza con voces, golpes, tiros u otros ruidos para que vaya al sitio donde están preparados los cazadores o las redes para cazarla.   *v.tr.* CAZA
2 Hacer huir a una persona o un animal: *ojeamos los cachorros.*

ojén (De *Ojén*, ciudad de Málaga.) Aguardiente hecho con anís y azúcar hasta la saturación.   *s.m.* pl: ojenes

ojeo
1 Acción y resultado de ojear la caza para dirigirla a una trampa.   *s.m./CAZA* = jaleo
2 **echar un ojeo:** Cazar ojeando.   CAZA
3 **irse uno a ojeo:** Buscar con cuidado una cosa que desea o pretende.

ojera Coloración amoratada, perenne o pasajera, alrededor del párpado inferior, producida por debilidad, malestar o insomnio: *esta semana ha dormido muy poco, por eso tiene esas ojeras.*   *s.f.*

ojeriza Sentimiento de mala disposición o antipatía hacia una persona: *me suspende porque me ha cogido ojeriza.*   *s.f.*

ojeroso, a Que tiene ojeras.   *adj.*

ojerudo, a Que tiene habitualmente grandes ojeras.   *adj.*

ojetada Acción vil: *fue una ojetada que te burlaras de él.*   *s.f./vulgar/Méx.*

ojete
1 Agujero redondo reforzado con hilo o metal para meter por él un cordón.   *s.m.*
2 Agujero con que se adornan algunos bordados.
3 Ano, orificio en que remata el conducto digestivo y por el que se expulsan los excrementos.
4 Se aplica a la persona muy mala, perversa o que se aprovecha de los demás.   *adj/s.m.f./Méx.* vulgar

ojetear Hacer ojetes o agujeros en una cosa.   *v.tr.*

ojetera Parte del corsé o jubón donde están hechos los ojetes.   *s.f.*

ojiabierto, a
1 Que tiene los ojos abiertos.   *adj.*
2 Que es avisado o sagaz.   = avispado

ojialegre Que tiene los ojos alegres y vivos.   *adj.*

ojienjuto, a Que llora difícilmente.   *adj.*

ojigarzo, a Se aplica a la persona que tiene los ojos garzos o azulados.   *adj.* = ojizarco

ojímetro Se usa para indicar a bulto, sin precisión en la expresión **a ojímetro:** *calculó la distancia a ojímetro, y, claro, llegó tarde.*   *loc.adv.* coloquial

ojimiel Composición farmacéutica que se prepara cociendo juntas dos partes de miel y una de vinagre, hasta que tengan punto de jarabe.   *s.m./tb: ojimel* FARMACIA tb: iximel, oximiel

ojimoreno, a Que tiene los ojos pardos.   *adj.*

ojinegro, a Que tiene los ojos negros.   *adj.*

ojiprieto, a Que tiene los ojos muy oscuros, casi negros.   *adj.*

ojito
1 Indica coquetear con la mirada, lanzar miradas insinuantes en la expresión **hacer ojitos.**   *s.m.*
2 Se usa para indicar ser el preferido en la expresión **ser el ojito derecho de una persona:** *el pequeño es el ojito derecho de su madre.*

ojituerto, a Se aplica a la persona que padece estrabismo.   *adj.* = bisojo, bizco

ojiva (Del fr. *ogive*.)
1 Figura formada por dos arcos que se unen por uno de sus extremos formando punta.   *s.f.* GEOMETRÍA
2 Parte delantera o superior de un proyectil.
3 Máquina o aparato cargado de explosivo o provisto   ASTRONÁUTICA

de instrumentación que se desprende de los cohetes cuando alcanzan su máxima velocidad.
4 Nervadura arquitectónica que sigue las aristas de una bóveda.   ARQUITECTURA

ojival
1 Que tiene forma de ojiva: *arco ojival.*   *adj.*
2 Se aplica, de forma incorrecta, al estilo arquitectónico gótico caracterizado por el empleo de ojivas en los arcos.   ARQUITECTURA

ojizaino, a Que mira bizco y con malicia.   *adj.*

ojizarco, a Se refiere a la persona que tiene los ojos azules.   *adj.* = ojigarzo

ojo (Del lat. *oculus*.)
1 Órgano de la vista en los hombres y los animales, que permite captar la luz y las formas de las imágenes.   *s.m.* ANATOMÍA
2 Parte visible de este órgano en la cara junto con los párpados: *tiene los ojos tan grandes como su madre.*   ANATOMÍA
3 Orificio que tienen algunos objetos e instrumentos: *el ojo de la aguja; ojo de la cerradura; ojo de la llave; ojos de las tijeras.*   = agujero
4 Abertura de algunas letras como la *b* o la *d.*
5 Cada gota de aceite o grasa que nada en otro líquido.
6 Cada agujero de los que forman una red.   = malla
7 Espacio bajo cada arco o entre cada dos estribos de un puente.   CONSTRUCCIÓN
8 Cada uno de los huecos o agujeros que tiene por dentro el pan, el queso y otras cosas esponjosas.
9 Círculos de colores del extremo de las plumas de la cola del pavo real.   = ocelo
10 Manantial que surge en un llano: *los ojos del Guadiana.*   GEOGRAFÍA
11 Agujero abierto en el muro para que entre el agua que mueve la rueda en algunos molinos.   CONSTRUCCIÓN
12 Palabra que se pone en el margen de un escrito o impreso para llamar la atención sobre algún punto de su contenido.   = llamada
13 Cada uno de los enjabonados que se dan a la ropa cuando se lava.   = mano de jabón
14 Atención o cuidado que se pone en una cosa: *ten mucho ojo con el jarrón, que era de la abuela.*   = tiento
15 Agujero que hay en la parte superior del pie de algunas balanzas para ver si el fiel está perpendicular.
16 Perspicacia, acierto para apreciar con rapidez las circunstancias que concurren en algún caso: *su madre tiene mucho ojo para ver sus problemas.*   = vista
17 Cuidado con que una persona se comporta: *hay que tratarle con ojo, porque es muy susceptible.*   = tacto
18 Palabra usada como expresión del cariño que se siente por la persona a quien se designa así: *mis ojos, sus ojos.*
19 Grosor del trazo de los caracteres de imprenta.   ARTES GRÁFICAS
20 Relieve de los tipos, que mojado en tinta produce la impresión.   ARTES GRÁFICAS
21 **ojo a la funeraria o a la funeral:** El que está morado como consecuencia de un golpe.
22 **ojo al cristo que es de plata:** Advertencia de tener cuidado con una cosa por el riesgo de que la roben.   coloquial
23 **ojo alerta:** En actitud vigilante.   loc.adv.
24 **ojo avizor:** Ojo alerta.
25 **ojo clínico:** 1. Sagacidad del médico para diagnosticar la enfermedad. 2. Perspicacia para darse cuenta de lo que conviene: *tiene un ojo clínico, rara vez se equivoca.*   coloquial / coloquial
26 **ojo compuesto:** El de los insectos y crustáceos, formado por múltiples ojos simples unidos entre sí por una membrana.   ZOOLOGÍA
27 **ojo de agua:** Manantial, lugar de donde brota el agua.
28 **ojo de boticario:** Lugar de la farmacia donde se guardan las sustancias de más valor.   FARMACIA
29 **ojo de buey:** 1. Planta de flores amarillas frecuente en los sembrados. 2. Ventana redonda u ovalada, en especial las de los barcos. 3. Denominación que se da al ombligo y a la onza de oro.   BOTÁNICA
30 **ojo de gallo:** 1. Ojo de pollo, callo redondo con una depresión en el centro, que suele formarse en los dedos de los pies. 2. Color de ciertos vinos.
31 **ojo de gato:** Clase de ágata de color verde amarillento con dibujos en curvas elípticas.   MINERALOGÍA
32 **ojo de gato oriental:** Cimófana, piedra preciosa.   MINERALOGÍA
33 **ojo de la escalera:** Hueco que dejan los tramos de escalones dentro de las vueltas en su recorrido.
34 **ojo del culo:** Ano, orificio que remata el conducto digestivo.   coloquial
35 **ojo del huracán:** Parte central de esta tempestad violenta en la que todo está en calma.
36 **ojo de perdiz:** 1. Dibujo, en general sobre tela, formado por un rombo con otro muy pequeño, relleno de color más oscuro en uno de sus vértices. 2. Cruce de hilos que, en pasamanería, forman un nudo en forma de lenteja. 3. Punto oscuro que aparece en el centro de los nudos de las maderas y suele ser indicio de la hupe o descomposición orgánica.
37 **ojo de tigre:** Piedra ornamental.
38 **ojo por ojo:** Expresión que alude a la venganza

que consiste en causar el mismo daño que se ha recibido.

39 ojos abombados: Los saltones. `coloquial`

40 ojos blandos: Los propensos al llanto. `coloquial`

41 ojos de agua: Manantial, lugar donde nace el agua. `Méx.`

42 ojos de besugo: Los saltones con mirada inexpresiva. `coloquial`

43 ojos de bitoque: Los que bizquean. `coloquial`

44 ojos de cangrejo: Formaciones calcáreas que crían en su interior los cangrejos, visibles en el tiempo de la muda. `ZOOLOGÍA`

45 ojos de carnero: Los saltones de expresión triste y suplicante. `coloquial`

46 ojos de gato: Persona que los tiene de color agrisado. `coloquial`

47 ojos de lince: Vista de lince, vista muy aguda. `coloquial`

48 ojos de sapo: Persona que los tiene muy abultados o hinchados. `coloquial`

49 ojos llorosos: 1. Los habitualmente mojados por alguna secreción. 2. Con señales de haber llorado.

50 ojos overos: Los saltones. `coloquial`

51 ojos parleros: Los que hablan por ser expresivos. `coloquial`

52 ojos pitarrosos: Los que están legañosos. `coloquial`

53 ojos que hablan: Los que son muy expresivos. `coloquial`

54 ojos que te vieron ir: Comentario jocoso sobre la poca confianza que se tiene en recuperar algo que se presta o en que vuelva alguien que se va. `coloquial`

55 ojos rasgados: Los de forma alargada y con las comisuras prolongadas.

56 ojos reventones u ojos saltones: Los que tienen el globo ocular muy prominente. `coloquial`

57 ojos tiernos: Los que son propensos al llanto. `coloquial`

58 ojos vidriosos: 1. Los húmedos que parecen no fijar la mirada, en especial los de la persona que está bajo los efectos de una droga. 2. Los inexpresivos y con reflejos como de estar mojados. `coloquial` `coloquial`

59 ojos vivos: Los que son muy brillantes y animados. `coloquial`

60 ojos zarcos: Los azules.

61 abrir los ojos: 1. Estar o ponerse en actitud vigilante: *abre los ojos y no te fíes de lo que te digan.* 2. Enterarse alguien de cierta cosa que le conviene conocer y a la que antes no había prestado atención: *ya va siendo hora de que tu hija abra los ojos a los problemas cotidianos.* `coloquial` `coloquial`

62 abrir los ojos a una persona: Hacerle ver la realidad o sacarla de un error o de la ignorancia: *le abrimos los ojos para que viera que le engañaban.* `coloquial`

63 alegrársele a una persona los ojos: Mostrar en la expresión de su cara la alegría que le produce el anuncio de algo bueno: *cuando le dijimos que venías se le alegraron los ojos.* `coloquial`

64 alzar los ojos al cielo, a Dios o a una persona poderosa: Dirigirle súplicas y confiar en ellas. `coloquial`

65 andar, andarse, estar o ir con ojo o con cien ojos: Actuar con mucho cuidado y preocupación: *ándate con ojo, que esto es muy serio.* `coloquial`

66 a ojo: Sin medir, contar o pesar, sin precisión: *calcula el peso de los ingredientes a ojo.* `loc.adv.` `coloquial`

67 a ojo de buen cubero: Sin precisión. `loc.adv./coloquial`

68 a ojos cegarritas: Entornándolos para ver mejor. `loc.adv./coloquial`

69 a ojos cerrados: 1. Sin reflexionar sobre la cosa de que se trata: *piensa un poco antes de hacerlo, no lo hagas a ojos cerrados.* 2. Con plena confianza: *cuenta con él a ojos cerrados.* `loc.adv.` `loc.adv.`

70 a ojos vistas: De forma perceptible, que se nota. `loc.adv.`

71 arrasársele los ojos en lágrimas: Llenársele de lágrimas sin llegar a llorar o antes de llorar.

72 avivar el ojo o los ojos: Andar con cuidado de no dejarse engañar ni sorprender. `coloquial`

73 bailarle a alguien los ojos: Ser alegre y expresarlo con la mirada. `coloquial`

74 bajar los ojos: 1. Mirar al suelo por humildad o vergüenza. 2. Obedecer a las personas que mandan.

75 cerrar los ojos: 1. Hacerlo con gesto de miedo. 2. Quedarse dormido. 3. Morirse, dejar de existir. 4. Ponerse en actitud de no reparar en los inconvenientes de una cosa y lanzarse a hacerla. 5. No querer enterarse de una cosa por no disgustarse o por cabezonería.

76 clavar los ojos en una cosa: Observarla con la mirada fija. `coloquial`

77 comer con los ojos: Influir en el apetito la forma de presentar las comidas. `coloquial`

78 comerse una cosa o a una persona con los ojos: Mirarlo con codicia, con envidia, con amor, con deseo o con cólera: *se comía el coche con los ojos.* `coloquial`

79 como a los ojos de su cara: Con mucho cariño o cuidado. `loc.adv.`

80 con el ojo tan largo: Con cuidado, atención y vigilancia: *vigílalo con el ojo tan largo como puedas porque te engaña.* `loc.adv.`

81 con los ojos cerrados: A ojos cerrados. `loc.adv.`

82 con los ojos fuera de las órbitas: Con los ojos muy abiertos y con expresión de ansia, cólera o terror. `loc.adv.`

83 con mis..., propios ojos: Viéndolo la misma persona de que se trata: *te estoy diciendo la verdad, lo vi con mis propios ojos.* `loc.adv.`

84 costar una cosa un ojo de la cara: Ser muy cara. `coloquial`

85 cuatro ojos: Expresión que se aplica a la persona que lleva gafas. `coloquial`

86 cucar un ojo a los otros: Guiñarlos para hacer señas.

87 dar en los ojos una cosa: Saltar a la vista, ser muy patente, notarse mucho. `coloquial`

88 dar un ojo de la cara por una cosa: Desearlo mucho: *daría un ojo de la cara por irse de vacaciones a la India.* `coloquial`

89 dar una persona de ojos: Caer de frente contra el suelo. `coloquial`

90 de medio ojo: No enteramente descubierto o en público. `loc.adv.`

91 delante de los ojos de una persona: En su presencia, viéndolo ella: *le pegó una bofetada delante de mis ojos.* `loc.adv.`

92 devorar con los ojos: Mirar con deseo o lujuria. `coloquial`

93 ¡dichosos los ojos!: Exclamación de sorpresa y alegría al ver a alguien a quien hacía mucho que no se veía. `interj.`

94 dormir con los ojos abiertos: Vivir alerta, estar en actitud vigilante. `coloquial`

95 echar el ojo a una cosa o a una persona: Fijarse con el propósito de llegar a conseguirla. `coloquial`

96 echar un ojo o una ojeada: Dar una mirada superficial o rápida a algo: *antes de irte, échale un ojo al libro.*

97 empañarse los ojos: Humedecerse los ojos.

98 en los ojos de alguien: Delante de los ojos, en su presencia. `loc.adv.`

99 en un abrir y cerrar de ojos: En un instante, con mucha rapidez: *le cortó el pelo en un abrir y cerrar de ojos.* `loc.adv.`

100 encandilársele los ojos a una persona: 1. Animársele con expresión de deseo. 2. Brillarle por efecto del alcohol.

101 entrar una cosa por los ojos: Tener un aspecto muy atractivo aunque su calidad no esté a la altura de la presentación. `coloquial`

102 hablar con los ojos: Tenerlos muy expresivos. `coloquial`

103 hacer señas con los ojos: Hacer señas con los ojos. `coloquial`

104 hasta los ojos: 1. Muy comprometido en cierta situación. 2. Muy empeñado o entrampado en cuestiones económicas. 3. Con mucho o con exceso de algo. 4. Harto, cansado de una cosa. `loc.adj/adv.` `loc.adj/adv.` `loc.adj/adv.` `loc.adj/adv.`

105 humedecerse los ojos: Echar alguna lágrima por efecto de la emoción.

106 irse a una persona tras de otra o de una cosa: Mirarla con deseo o envidia: *a Juan se le van los ojos tras María.* `coloquial`

107 levantar los ojos: Mirar hacia delante o hacia arriba después de haber estado mirando hacia abajo.

108 llenarse de lágrimas los ojos: Llorar, derramar lágrimas: *con la emoción se le llenaron los ojos de lágrimas.*

109 llevarse una cosa o una persona los ojos de la gente o de alguien determinado: Gustar o llamar mucho la atención por su belleza. `coloquial`

110 llorar uno con ambos ojos: Expresión que resalta una pérdida grande o un contratiempo que le sucede. `coloquial`

111 llorar una persona con un ojo: Aparentar ante una desgracia más sentimiento del que tiene en realidad. `coloquial`

112 más ven cuatro ojos que dos: Invitar a que examine algo otra persona, además de la que ya la examina.

113 mentir a una persona el ojo: Equivocarse, engañarse en una cosa o precio por algunas señales exteriores. `coloquial`

114 meter por los ojos a una persona: Alabárselo mucho para que lo estime, compre o tome. `coloquial`

115 meterse por el ojo de una aguja: Ser muy astuto. `coloquial`

116 mirar una cosa o a una persona con buenos o malos ojos: Mirarla con simpatía o con antipatía: *el profesor le mira con buenos ojos porque es aplicado.*

117 mirar cierta cosa o a cierta persona con ojos de algo que se expresa: Tener al juzgarla la actitud de lo que se expresa: *la miras con ojos de abuela.* `coloquial`

118 mirar con otros ojos: Haber cambiado en la actitud o en la manera de considerar a una persona: *desde que le hice aquel favor, me mira con otros ojos.* `coloquial`

119 mirar de mal de ojo: Mostrar desafecto o desagrado. `coloquial`

120 ¡mucho ojo, que la vista engaña!: Forma de advertir a una persona que viva prevenida sin fiarse de apariencias. `coloquial`

121 no cerrar los ojos: 1. No dormir: *con el calor no he podido cerrar los ojos en toda la noche.* 2. Estar en actitud vigilante: *no cierres los ojos, quiero que no pierdas detalle.* `coloquial` `coloquial`

122 no decir a una persona buenos ojos tienes: No dirigirle la palabra ni hacerle caso. · coloquial

123 ¡no es nada lo del ojo!: Exclamación que resalta que una persona trata como si no tuviera importancia una cosa que realmente tiene mucha. · coloquial

124 no levantar los ojos: Tener una actitud humilde o vergonzosa y, a veces, hipócrita. · coloquial

125 no pegar el ojo o los ojos: No poder dormir en toda la noche. · coloquial

126 no quitar ojo de una cosa, no quitar el ojo de encima de algo: No dejar de mirarlo, observarlo con insistencia. · coloquial

127 no saber una persona dónde tiene los ojos: Ser muy torpe. · coloquial

128 no tener ojos en la cara: No alcanzar a ver lo que resulta evidente: *las llaves están sobre la mesa, ¿que no tienes ojos en la cara?* · coloquial

129 no tener ojos más que para cierta cosa o persona: Estar absorbido por ella. · coloquial

130 nublarse los ojos: 1. No ver claro, por defecto óptico o por condicionantes externos. 2. Humedecerse los ojos con lágrimas. · coloquial · coloquial

131 ofender los ojos: Servir de escándalo o dárselo a una persona. · coloquial

132 ¡ojo! o ¡mucho ojo!: Exclamación de aviso, advertencia o de amenaza: *¡ojo!, si no te pones los guantes te llenarás de pintura.* · interj.

133 pasar los ojos por una cosa: Mirarla o leerla por encima, ligeramente. · coloquial

134 pelar los ojos: Abrirlos desmesuradamente, por lo general gesto de sorpresa o admiración. · Méx. · coloquial

135 poner una cosa delante de los ojos de una persona: Hacérselo ver con claridad. · coloquial

136 poner los ojos en blanco delante de una cosa o una persona: Mostrar por ella una admiración o devoción exageradas. · coloquial

137 poner los ojos o el ojo en una cosa o en una persona: Fijarse y concebir deseo o amor por ella. · coloquial

138 por sus ojos bellidos o bonitos: Por su cara, de balde o sin costar trabajo alguno. · loc.adv. · coloquial

139 quebrar el ojo del diablo: Hacer lo mejor, más justo y razonable. · coloquial

140 quebrarse los ojos: 1. Cansarse los ojos por el exceso de trabajo puesto en una tarea. 2. Turbarse la vista de un moribundo. · coloquial · coloquial

141 sacar los ojos a una persona: Asediarla para que haga una cosa. 2. Hacerle gastar mucho dinero con antojos o peticiones. 3. Forma de exaltar la discusión o riña entre dos personas. · coloquial

142 salir por un ojo de la cara: Costar mucho: *la cena nos salió por un ojo de la cara.* · coloquial

143 salirle a una persona por los ojos alguna cosa: Notársele en la cara: *te sale por los ojos que es una mentira.* · coloquial

144 saltar a los ojos: Ser evidente: *salta a los ojos que no lo hizo con mala intención.* · coloquial

145 saltar un ojo, o los ojos, de una persona: Sacárselos o herírselos cegándole, ya sea de forma efectiva o como aviso. · coloquial

146 saltársele a una persona los ojos: Mirar una cosa o a una persona con ansia o con deseo. · coloquial

147 ser todo ojos: Estar mirando algo con mucha atención. · coloquial

148 ser una persona el ojo derecho de otra: Ser su preferida. · coloquial

149 tener a alguien entre ojos o entre ojo y ojo: Tenerle antipatía. · coloquial

150 tener los ojos en el cogote: No darse cuenta de lo que se tiene delante: *parece que tengas los ojos en el cogote, ¿no ves el encendedor aquí delante?* · coloquial

151 tener malos ojos: Tener en ellos una enfermedad que los pone llorosos o legañosos.

152 tierno de ojos: El que padece en ellos una fluxión ligera y continua. · coloquial

153 torcer los ojos: Mirar bizco.

154 valer una cosa un ojo de la cara: Tener mucho valor o ser muy cara: *esa joya vale un ojo de la cara.* · coloquial

155 volver los ojos a o hacia una persona: 1. Mirarla con interés y ayudarla. 2. Acudir a una persona en busca de ayuda. · coloquial · coloquial

ojoso, a Que tiene muchos ojos o agujeros: *pan ojoso; queso ojoso.* · adj.

ojota Calzado rústico confeccionado con deshechos, neumáticos o una suela sin curtir, de la que salen amarras atravesadas sobre el empeine y el talón. · s.f. · Amér. Merid.

ojuelo
1 Ojos risueños, alegres y agradecidos. · s.m.
2 Anteojos para leer. · s.m.pl.

ok (Voz inglesa.)
1 De acuerdo, bien: *ok, esta tarde iremos al cine y luego a merendar.* · interj. · tb: okey
2 estar o quedar una cosa o una persona ok: Presentar un buen aspecto o estar adecuada a las circunstancias: *este vestido te queda ok.*

okapi Mamífero rumiante africano, parecido a la jirafa, pero con el cuello más corto y la piel rayada en la parte posterior. *(Okapia johnstoni.)* · s.m. · tb: ocapi · ZOOLOGÍA

okupa Persona que pertenece a un grupo social marginal, activista y de ideología anarquista, que se instala en una vivienda desocupada sin consentimiento del propietario. · s.m.f. · argot · tb: ocupa, squatter

-ol Indica que un cuerpo tiene las características del alcohol: *etanol.* · suf. · QUÍMICA

ola (Del ár. *haula*, remolino.)
1 Onda de gran amplitud que se forma en la superficie de las aguas: *lo que más me gusta de la playa es jugar con las olas.* · s.f.
2 Fenómeno atmosférico que produce la variación de temperatura: *han anunciado una ola de calor para los próximos días.* · = oleada
3 Oleada, multitud de gente: *en otoño llega a la población una ola de jubilados.* · = gentío
4 Fenómeno de gran amplitud y de duración limitada: *ola de gripe.*
5 **hacer la ola:** Simular el público que asiste a un espectáculo desde una gradería el movimiento de las olas del mar levantándose del asiento con los brazos en alto de manera continua y consecutiva.
6 **romperse o quebrar las olas:** Chocar las olas con las rocas o con el fondo del mar y deshacerse en espuma.

olada Racha de buena suerte, en el juego. · s.f./Argent., Urug.

olambrilla Azulejo decorativo para pavimentos y zócalos. · s.f./CONSTRUCCIÓN · = olambre

olán Volante, tira de tela plegada que llevan como adorno algunas prendas femeninas: *una falda de olanes.* · s.m. · Méx.

olcades Pueblo celtíbero de ubicación imprecisa, cuya capital fue tomada por los cartagineses. · s.m.pl. · HISTORIA

ole (Voz de creación expresiva.)
1 Baile andaluz. · s.m.
2 Música que acompaña a este baile. · MÚSICA

¡olé!: (Voz de creación expresiva.) Expresión de satisfacción usada para premiar y aplaudir a una persona o una actuación: *¡olé, cómo baila!* · interj. · tb: ole

oleáceo, a Perteneciente a una familia de árboles o arbustos de flores gamopétalas a la que pertenecen el olivo, el jazmín, las lilas y el fresno. · adj/s.f. · BOTÁNICA

oleada
I (De *ola*.)
1 Ola grande. · s.f.
2 Movimiento y golpe de la ola: *recibió una fuerte oleada en la espalda.*
3 Proceso en el que una cosa sucede en gran cantidad o con mucha intensidad: *el reo fue detenido en el marco de una oleada de redadas.* · = ola
4 Afluencia impetuosa de personas o cosas a algún lugar: *oleada de gente.* · = avalancha, ola
II (De *óleo*, aceite.) Cosecha abundante de aceite. · s.f.

oleado, a Que ha recibido los santos óleos por estar en peligro de muerte. · adj/s. · RELIGIÓN

oleaginosidad Cualidad de oleaginoso o aceitoso. · s.f./= oleosidad

oleaginoso, a (Derivado de *óleo*.) Que tiene mucho aceite o una crasitud como la del aceite. · adj. · = oleario, oleoso

oleaje Movimiento de la superficie del agua con formación de olas: *pudieron salir a navegar porque el oleaje no era muy fuerte.* · s.m.

olear
I (Derivado de *óleo*.)
1 Poner aceite en una cosa. · v.tr.
2 Dar la extremaunción a un enfermo. · RELIGIÓN
3 Hacer la señal de la cruz sobre una persona con óleo sagrado para denotar el carácter de su dignidad. · RELIGIÓN
II (Derivado de *ola*.) Hacer el agua olas. · v.intr.

oleario, a Que tiene aceite. · adj.

oleastro Acebuche, olivo silvestre. · s.m./BOTÁNICA

oleato Sal o éster del ácido oleico. · s.m./QUÍMICA

olécranon Apófisis de la extremidad superior del cúbito que forma el saliente del codo. · s.m./ANATOMÍA · tb: olecranon

oledero, a Que despide olor. · adj.

oledor, a
1 Se aplica a la cosa que despide o exhala olor. · adj/s./= aromático
2 Se refiere a la persona que huele u olfatea. · = olfateador

olefina Denominación que se da a los cuatro primeros miembros de la serie de hidrocarburos etilénicos. · s.f. · QUÍMICA

oleico, a Se aplica a un ácido orgánico no saturado, producto de la hidrólisis de la oleína. · adj. · QUÍMICA

oleícola (Del lat. *oleum*, óleo + *colere*, cultivar.) De la oliva. · adj.

oleicultor, a Persona que se dedica a la fabricación y conservación de aceites. · s. · INDUSTRIA

oleicultura (Del lat. *oleum*, óleo + *cultura*, cultivo.) Técnica de elaboración y conservación de aceites y del cuidado de las plantas de las que se sacan. · s.f. · = elayotecnia, eleotecnia

oleífero, a (Del lat. *oleum*, óleo + *ferre*, llevar.) Se aplica a la planta que contiene aceite. — *adj/s. BOTÁNICA*

oleiforme Se refiere al líquido que tiene alguna de las propiedades del aceite. — *adj.*

oleína Sustancia líquida amarillenta que forma parte de la composición de las grasas y mantecas, que se encuentra en mayor proporción en los aceites. — *s.f. QUÍMICA*

oleo- Componente de palabra procedente del lat. *oleum*, que significa aceite, grasa industrial: *oleoducto*. — *pref/suf.*

óleo (Del lat. *oleum*, aceite.)
1 Procedimiento pictórico que utiliza un vehículo graso, por lo general aceite de linaza, como disolvente de los pigmentos. — *s.m./tb: olio*
2 Cuadro pintado con este procedimiento. — *ARTE*
3 Aceite de oliva.
4 Aceite usado en los rituales de los sacramentos y otras ceremonias, en algunas religiones: *le administraron los santos óleos*. — *RELIGIÓN*
5 **óleo santo:** El de la extremaunción. — *RELIGIÓN*
6 **al óleo:** Se aplica al cuadro realizado con pinturas disueltas en aceite. — *loc./adj/adv. ARTE*
7 **¡bueno va el óleo!:** Se usa para comentar que una cosa no va como debe ir.
8 **estar o andar al óleo:** Estar una cosa muy adornada y compuesta.

oleoducto (Del lat. *oleum*, óleo + *ducere*, conducir.) Tubería provista de todos los dispositivos y mecanismos necesarios para la conducción de petróleo a larga distancia. — *s.m. INDUSTRIA, TECNOLOGÍA*

oleografía (Del lat. *oleum*, óleo + gr. *grapho*, escribir.)
1 Grabado que imita la pintura al óleo. — *s.f./ARTE*
2 Técnica de impresión con colores que imitan los de la pintura al óleo. — *ARTE*

oleómetro Instrumento que se emplea para medir la densidad de los aceites. — *s.m. FÍSICA*

oleonafta (Del lat. *oleum*, óleo + *naphta*, asfalto.) Sustancia incolora, volátil, inflamable, compuesta por hidrocarburos, obtenida de la destilación del petróleo, que se utiliza como disolvente y combustible. — *s.f. QUÍMICA*

oleoneumático, a Se aplica al dispositivo que permite que un mecanismo se mueva por la transmisión de una fuerza efectuada a través de aceite y aire comprimido. — *adj/s.m. TECNOLOGÍA*

oleorresina Sustancia formada por resina disuelta en aceite volátil obtenida de algunas plantas. — *s.f. BOTÁNICA*

oleorresinoso, a Se aplica al vegetal, y a sus órganos, que contiene aceite esencial y resina. — *adj. BOTÁNICA*

oleosidad
1 Calidad de lo oleoso o de lo que tiene las características del aceite. — *s.f. = oleaginosidad*
2 Enfermedad del vino embotellado, normalmente del blanco, que le da un color y gusto especiales.

oleoso, a Que contiene o tiene la textura del aceite. — *adj.*

oler (Del lat. *olere*.)
1 Percibir una persona o un animal el olor. — *v.tr.*
2 Intentar identificar un olor: *el perro policía huele en busca de droga oculta; siempre huele el vino antes de tomarlo*. — *v.tr/intr. = olfatear*
3 Descubrir o sospechar una cosa oculta: *me huelo que me hará un buen regalo*. — *v.tr/prnl. coloquial*
4 Intentar enterarse de una cosa: *huelo los planes de mi padre*. — *v.tr./coloquial = husmear*
5 Despedir una cosa olor: *la comida de hoy huele muy bien*. — *v.intr.*
6 Tener una persona o una cosa el aspecto de algo considerado negativo por una persona: *esta invitación huele a soborno*. — *coloquial*
7 **oler a chamusquina:** Tener una persona indicios de que ocurrirá una cosa negativa.
8 **oler a tigre:** Estar impregnada la atmósfera de un lugar de un olor desagradable: *tu habitación huele a tigre*.
9 **oler donde guisan:** Buscar ocasiones favorables para sacar provecho.
10 **olerle a una persona una cosa:** Sospechar de ella: *me huele que tú y yo vamos a terminar mal si gas haciendo el idiota*.
11 **no oler bien una cosa:** Ser sospechosa de algo malo: *esta historia no me huele bien, no sé cómo acabará*.
CONJ.: IND.: PRES.: *huelo, hueles, huele, olemos, oléis, huelen.* SUBJ.: PRES.: *huela, huelas, huela, olamos oláis, huelan.* IMP.: *huele, oled.*

óleum (Del lat. *oleum*.) Ácido sulfúrico fumante que se obtiene por el procedimiento de contacto. — *s.m. QUÍMICA*

olfa Se aplica a la persona que es servil y aduladora con los demás. — *adj. Amér. Merid.*

olfacción (Del lat. *olfactus*, olfato.) Acción y resultado de oler. — *s.f. = olfateo*

olfatear
1 Oler a una persona o una cosa con insistencia: *el perro no dejaba de olfatear al niño*. — *v.tr. = husmear*
2 Seguir los animales el rastro para orientarse. — *= ventear*
3 Intentar enterarse de una cosa: *olfateó el asunto hasta que se enteró bien*. — *= indagar*

olfateo Acción y resultado de olfatear a una persona o una cosa o seguir un rastro. — *s.m. = olfacción*

olfativo, a Del sentido del olfato: *nervio olfativo; capacidad olfativa*. — *adj. = olfatorio*

olfato (Del lat. *olfactus*.)
1 Sentido por el que se perciben los olores: *tiene un olfato muy fino*. — *s.m. FISIOLOGÍA*
2 Capacidad para descubrir o entender lo que está difícil o disimulado: *tiene muy buen olfato para los negocios*. — *= perspicacia*

olfatorio, a Del olfato. — *adj.*

olíbano Gomorresina de sabor acre y olor aromático al arder que en algunas ceremonias religiosas se quema para perfumar. — *s.m. BOTÁNICA = incienso*

oliente Que despide olor. — *adj.*

oliera (Derivado de *óleo*.) Vaso usado para guardar el óleo o crisma de las ceremonias litúrgicas cristianas. — *s.f. RELIGIÓN*

olifante Pequeña trompa o cuerno de marfil usado en la edad media por los caballeros. — *s.m/HISTORIA, MÚSICA*

oligarca Persona que forma parte del gobierno en una oligarquía. — *s.m.f. POLÍTICA*

oligarquía (Del gr. *oligo*, pocos + *arkho*, mandar.)
1 Régimen político en el que, entre los antiguos griegos, ostentaba el poder una minoría. — *s.f. HISTORIA*
2 Forma de gobierno en la que el poder es ejercido por un grupo limitado de personas o una clase social dirigente. — *POLÍTICA*
3 Estado con un sistema de gobierno oligárquico. — *POLÍTICA*
4 Grupo de personas que gobiernan en las oligarquías. — *POLÍTICA*
5 Autoridad o influencia preponderante que ejercen en su provecho un pequeño grupo de personas.
6 Grupo de personas que ejercen esta autoridad.

oligárquico, a De la oligarquía o que tiene alguna de sus características. — *adj. POLÍTICA*

oligenismo Teoría antropológica que defiende la variedad de orígenes en la especie humana. — *s.m. ≠ monogenismo*

oligisto
1 Óxido natural de hierro, de color gris negruzco, que es una de las menas más apreciadas del hierro. — *s.m. MINERALOGÍA*
2 **oligisto rojo:** Óxido de hierro rojizo de estructura fibrosa. — *MINERALOGÍA = hematites*

oligo- Componente de palabra procedente del gr. *oligo*, que significa pocos, carencia: *oligofrenia*. — *pref. tb: olig-*

oligoceno, a (Del gr. *oligos*, poco + *kainos*, reciente.)
1 Período geológico que es posterior al eoceno y forma parte de la era terciaria. — *s.m. GEOLOGÍA*
2 De este período. — *adj./GEOLOGÍA*

oligoclasa Mineral de color blanco o gris-blanco, en general, brillo vítreo, nacarado, con reflejos dorados a veces, de la clase de los silicatos y de la serie de las plagioclasas, abundante en las rocas cristalinas y utilizado en cerámica. — *s.f. MINERALOGÍA*

oligoelemento Sustancia que se halla en las células en muy pequeñas cantidades, pero que es indispensable para el desarrollo de los organismos vivos. — *s.m. BIOLOGÍA*

oligofrenia (Del gr. *oligo*, carencia + *phren*, *-enos*, inteligencia.) Deficiencia mental causada por enfermedades víricas que pueden aparecer durante los primeros meses del embarazo. — *s.f. MEDICINA = idiocia, idiotez*

oligofrénico, a
1 De la oligofrenia. — *adj.*
2 Que padece oligofrenia: *un amigo de su hijo es oligofrénico*. — *adj/s. MEDICINA*

oligohemia
1 Patología común a muchas enfermedades que se caracteriza por la disminución de alguno de los componentes de la sangre, sobre todo glóbulos rojos. — *s.f. MEDICINA = anemia*
2 Disminución del volumen sanguíneo, tanto en valores absolutos como en una zona concreta del organismo. — *MEDICINA*

oligomenorrea Trastorno del ciclo menstrual que se caracteriza por el aumento de los días que transcurren entre un flujo hemático y el siguiente. — *s.f. MEDICINA*

oligomíctico, a Se refiere al lago cuyas aguas se mezclan de forma ocasional o lo hacen de manera lenta. — *adj. ECOLOGÍA*

oligopólico, a Del oligopolio. — *adj./ECONOMÍA*

oligopolio (Del gr. *oligo*, pocos + *poleo*, vender.) Mercado que es controlado por un número reducido de empresas. — *s.m. ECONOMÍA*

oligopsonio Situación comercial en que es muy reducido el número de compradores de determinado producto o servicio. — *s.m. ECONOMÍA*

oligoqueto, a Perteneciente a una clase de anélidos terrestres o de agua dulce con un reducido número de quetas o apéndices filiformes. — *adj/s.m. ZOOLOGÍA*

oligospermia
1 Anormalidad que presentan algunas plantas cuyos frutos contienen pocas semillas. **s.f.** **BOTÁNICA**
2 Secreción deficiente de esperma o semen con escaso contenido de espermatozoides. **MEDICINA**

oligotrofia (Del gr. *oligo*, pocos + *trophe*, alimento.) Propiedad de las aguas de alta montaña con pocas sustancias nutritivas y poco fitoplacton. **s.f.** **ECOLOGÍA**

oligotrófico, a
1 De la oligotrofia. **adj./ECOLOGÍA**
2 Que tiene oligotrofia. **ECOLOGÍA**

oliguria (Del gr. *oligo*, carencia + *uron*, orina.) Disminución patológica en la secreción de orina en relación a los líquidos ingeridos. **s.f.** **MEDICINA**

olimpiada
1 Período de cuatro años entre dos celebraciones consecutivas de juegos olímpicos. **s.f./tb: olimpíada** **DEPORTES**
2 Denominación que, de forma impropia, se le da a los actuales juegos olímpicos. **DEPORTES**

olímpicamente Con tranquilidad, sin problemas ni preocupación: *ella pasa olímpicamente de ti.* **adv.** **coloquial**

olímpico, a
1 De la montaña donde moraban los antiguos dioses griegos. **adj.** **MITOLOGÍA**
2 Se aplica a los juegos que los antiguos griegos celebraban cada cuatro años con competiciones deportivas y literarias. **adj.m.pl.** **HISTORIA**
3 De la olimpiada o período entre dos celebraciones de estos juegos. **adj.** **HISTORIA**
4 Se refiere a los juegos deportivos modernos que, con carácter universal, se celebran cada cuatro años en una ciudad distinta a la anterior. **adj.m.pl.** **DEPORTES**
5 Deportista que participa o ha participado en estos juegos. **adj/s.** **DEPORTES**
6 Que tiene relación con estos juegos: *medalla olímpica.* **adj.** **DEPORTES**

olimpismo Conjunto de todo lo que concierne a los juegos olímpicos. **s.m.** **DEPORTES**

olimpo
1 Morada de los dioses griegos. **s.m./MITOLOGÍA**
2 Conjunto de los dioses de la mitología griega. **MITOLOGÍA**
3 **estar en el olimpo:** Ensimismarse y apartarse de la realidad. **coloquial**

olingo Mono de los llamados aulladores cuya voz es de una gran potencia. **s.m./Hond.** **ZOOLOGÍA**

olio (Del lat. *oleum*.) Óleo [en todas sus acepciones]. **s.m.**

olisca Sentido del olfato. **s.f.**

oliscar (Derivado de *oler*.)
1 Aplicar a una persona o a una cosa el sentido del olfato para olerla: *deja ya de oliscar el queso.* **v.tr./conj: sacar** **tb: olisquear**
2 Empezar a oler mal una cosa. **v.intr.**
3 Indagar, averiguar una cosa con disimulo: *oliscó lo que se había dicho hasta que lo averiguó.* **v.tr./= husmear, olismear**

olisco, a
1 Que huele mal. **adj/s.**
2 Que está indagando con disimulo o tiene indicios o sospechas de alguna cosa. **adj/s.** **= husmeador**

olismear Intentar averiguar una cosa disimuladamente: *olismeó el asunto hasta que se enteró bien.* **v.tr./= husmear, olisquear**

olisquear
1 Aplicar a una persona o una cosa el sentido del olfato para olerla: *no olisques tanto la comida, que está muy buena, hombre.* **v.tr.** **tb: oliscar**
2 Intentar enterarse de una cosa: *olisqueó lo que habían dicho hasta que lo averiguó.* **tb: oliscar** **= husmear**

olisqueo Olfateo rápido. **s.m.**

oliva (Del lat. *oliva*.)
1 Aceituna, fruto del olivo. **s.f./BOTÁNICA**
2 Olivo, árbol oleáceo. **BOTÁNICA**
3 Lechuza, ave rapaz nocturna. **ZOOLOGÍA**
4 Paz, estado de tranquilidad y sosiego.
5 Denominación genérica de diversas estructuras anatómicas de forma semejante a una oliva o aceituna. **ANATOMÍA**

oliváceo, a De un color parecido al de la oliva verde: *tiene la tez olivácea y el pelo cano.* **adj.**

olivar
1 Tierra plantada de olivos. **s.m./AGRICULTURA**
2 Podar los olivos para que formen copa. **v.tr./AGRICULTURA**
3 Formar la corteza del pan burbujas por enfriarse la masa o estropearse la levadura. **v.prnl.**

olivarda (Del cat. *olivarda*.)
1 Variedad del halcón neblí, más pequeña, con dorso color pizarra pardo blanco y bigotera negra, alas largas y puntiagudas y cola larga, utilizada en cetrería. **s.f.** **ZOOLOGÍA**
2 Planta herbácea de la familia de las compuestas, de olor fuerte, leñosa en la base, que se usa como astringente. *(Inula viscosa.)* **BOTÁNICA**

olivarero, a
1 Del cultivo y aprovechamiento del olivo: *industria olivarera.* **adj.** **AGRICULTURA**
2 Que se dedica a este cultivo. **adj/s./AGRICULTURA**

olivareta Laureola hembra, arbusto timeláceo. **s.f./BOTÁNICA**

olivero Lugar donde se deposita la aceituna o la oliva durante la recolección hasta que se lleva al trujal o prensa de aceite: *las aceitunas recolectadas se acumulaban en el olivero.* **s.m.**

olivícola (Del lat. vulgar *olivus*, olivo + *colere*, cultivar.) De la olivicultura: *es una región olivícola.* **adj.** **AGRICULTURA**

olivicultor, a Persona que se dedica al cultivo del olivo. **s./AGRICULTURA** **= olivarero**

olivicultura (Del lat. vulgar *olivus*, olivo + *cultura*, cultivo.) Técnica del cultivo del olivo. **s.f.** **AGRICULTURA**

olivífero, a Que tiene muchos olivos. **adj./literario**

olivillo Arbusto oleáceo con hojas parecidas a las del olivo pero del mismo color por ambas caras, flores amarillentas axilares y fruto en bayas de color pardo rojizo. *(Phyllirea angustifolia.)* **s.m.** **BOTÁNICA** **= labiérnago**

olivino Mineral que se presenta en forma de cristales o agregados granulares, fibrosos o de otro tipo, de color verdoso, transparente o traslúcido y brillo vítreo, que se utiliza como piedra semipreciosa. **s.m.** **MINERALOGÍA** **= peridoto**

olivo (Del lat. *olivus*.)
1 Árbol de tronco corto, grueso y torcido, hojas puntiagudas, flores blancas y fruto comestible de color verde amarillento o morado, de diferentes tamaños. *(Olea europaea.)* **s.m.** **BOTÁNICA** **= aceituno, oliva**
2 Madera de este árbol.
3 **olivo silvestre:** Variedad de olivo menos ramosa que la cultivada, de hojas más pequeñas y cuyo fruto es la acebuchina. *(Olea oleaster.)* **= acebuche**
4 **dar el olivo:** Despedir, echar, expulsar a una persona de algún lugar. **Argent.** **coloquial**
5 **tomar el olivo:** 1. Guarecerse en la barrera. 2. Huir, escapar de una situación comprometida. 3. Despedirse, marcharse de un lugar. **TAUROMAQUIA**

olivoso, a Que tiene muchos olivos: *nunca olvidaré los olivosos campos que me vieron nacer.* **adj./literario** **= olivífero**

olla (Del lat. *olla*.)
1 Recipiente de cocina redondo, con boca ancha y asas, usado en especial para hervir, cocer y calentar alimentos y líquidos. **s.f.** **COCINA**
2 Contenido de este recipiente: *ha preparado una olla de alubias.* **COCINA**
3 Guisado de carne, legumbres, hortalizas y otros ingredientes. **COCINA/= cocido, puchero**
4 Remolino que se forma en las aguas de un hoyo, en un río o en ciertas zonas del mar.
5 **olla a presión:** Recipiente de metal, con una tapa a presión y una válvula reguladora, que se usa para cocinar los alimentos con más rapidez de lo usual. **= olla exprés** **COCINA**
6 **olla carnicera:** La que se usa para cocinar gran cantidad de carne. **COCINA**
7 **olla ciega:** Hucha de barro.
8 **olla de campaña:** Recipiente usado para cocer el rancho de la tropa militar. **COCINA, MILITAR**
9 **olla de cohetes:** Situación de extremo peligro. **coloquial**
10 **olla de fuego:** La de barro llena de materias inflamables y explosivas, usada en la antigüedad como arma de guerra. **HISTORIA, MILITAR**
11 **olla de grillos:** Lugar lleno de ruidos y confusión: *la reunión acabó siendo una olla de grillos.* **coloquial**
12 **olla exprés:** Olla a presión. **COCINA**
13 **olla podrida:** Guisado de carne, verduras, jamón, aves y otros ingredientes. **COCINA**
14 **a las ollas de Miguel:** Juego infantil donde los participantes se ponen en círculo y cantan. **JUEGOS**
15 **acá, que hay olla:** Expresión usada para llamar la atención del oyente y hacerle acudir a determinado lugar. **coloquial**
16 **estar a la olla de una persona:** Mantenerse una persona a costa de otra, comiendo en su casa. **coloquial**
17 **hacer a una persona la olla gorda:** Actuar de modo que otra persona obtenga un beneficio. **coloquial**
18 **las ollas de Egipto:** Expresión que hace referencia a un tipo de vida descansada y sin problemas. **coloquial**
19 **no hay olla sin tocino:** 1. Expresión que se usa para explicar que una cosa no está perfecta si le falta lo sustancial. 2. Se aplica a la persona que siempre habla de lo mismo. **coloquial**

ollao Ojete reforzado de velas, toldos u otros aparejos de tela por donde se pasan cabos o betas que los sostienen. **s.m.** **tb: ollado** **NÁUTICA**

ollar (Del port. *olhal*.) Cada uno de los dos orificios de la nariz de las caballerías. **s.m.**

ollera Herrerillo, ave insectívora. **s.f./ZOOLOGÍA**

ollería
1 Taller donde se hacen ollas y otras vasijas de barro. **s.f.**
2 Tienda o barrio donde se venden: *en la ollería encontrarás todo tipo de vasijas.* **COMERCIO**
3 Conjunto de ollas y otras vasijas de barro. **COMERCIO**

ollero, a Persona que por oficio hace o vende ollas y otros objetos de barro. **s.**

ollin Octavo de los veinte días del calendario azteca. **s.m.**

olluco Planta herbácea baselácea, de rizoma tuberoso y flores amarillas, que crece en las montañas andinas. *(Ullucus tuberosus.)*   s.m. BOTÁNICA

olm Anfibio urodelo, de tronco muy largo y extremidades pequeñas, con el cuerpo apigmentado y dos penachos de branquias. *(Proteus anguinus.)*   s.m. ZOOLOGÍA

olma Olmo muy corpulento y frondoso.   s.f./BOTÁNICA

olmeca
1 Se aplica a un pueblo mesoamericano precolombino que habitó una extensa zona cercana al golfo de México, en los actuales estados de Veracruz y Tabasco y desarrolló una importante cultura.   adj. HISTORIA
2 Persona perteneciente a este pueblo.   s.m.f.

olmedo Tierra plantada de olmos: *solíamos pasear por el olmedo contiguo a la finca.*   s.m. tb: olmeda

olmo (Del lat. *ulmus*.)
1 Árbol de unos 20 metros, con tronco robusto y derecho, hojas aserradas, flores de color blanco rojizo y fruto seco, que proporciona una madera sólida y flexible, utilizada en carpintería y ebanistería. *(Ulmus.)*   s.m. BOTÁNICA
2 Madera de este árbol.

ológrafo, a (Del bajo lat. *holographus*.)
1 Que ha sido escrito por el propio autor: *se conservan los apuntes ológrafos del escritor.*   adj./tb: hológrafo ≠ autógrafo
2 Se aplica al testamento o a la memoria testamentaria escrita de puño y letra del testador.   adj/s.m. DERECHO

olor (Del lat. vulgar *olor*.)
1 Sensación producida en el sentido del olfato por los cuerpos que tienen aroma: *me desagrada el olor de cebolla.*   s.m.
2 Propiedad que tienen los cuerpos y que al emanar afecta al órgano del olfato de animales y personas.   = aroma
3 Lo que causa o motiva una sospecha de una cosa que está oculta o todavía no ha sucedido: *en sus palabras percibió el olor de la traición.*
4 al olor de: Persiguiendo una cosa esperada y que atrae: *vienen al olor de su dinero y de su fama.*   loc.prep.
5 dar a una persona mal olor una cosa: Sospechar de ella: *su enfermedad me da mal olor.*
6 estar una persona al olor: Estar esperando la ocasión de lograr su intento.
7 en olor de multitud: Con la aclamación de la gente: *fue enterrado en olor de multitud.*   loc.adv.
8 en olor de santidad: A la manera de un santo.   loc.adv.

olores Especias, sustancias vegetales aromáticas que se usan como condimentos.   s.m.pl. Chile

olorizar Poner perfume a una persona o una cosa: *me gusta olorizar la ropa de los armarios.*   v.tr. conj: cazar

olorosear Oler, tratar de percibir o identificar un olor.   v.tr. Chile

oloroso, a
1 Que despide buen olor: *le pedí al jardinero que plantara flores olorosas.*   adj. = aromático
2 Variedad muy aromática del vino de jerez de color dorado oscuro.

olote Zuro o corazón de la mazorca de maíz después de desgranarla.   s.m./Méx. Amér. Central

olvidadizo, a
1 Que tiene poca memoria u olvida con facilidad, en especial las cosas que tiene que hacer: *necesita tomar nota de todo lo que tiene que hacer porque es una persona olvidadiza.*   adj. = desmemoriado
2 Que es desagradecido o ingrato.   = egoísta
3 hacerse el olvidadizo: Dejar de hacer lo que se debía o a lo que una persona se había comprometido, haciendo ver que no se recordaba: *siempre que le haces un encargo se hace el olvidadizo y nunca lo cumple.*

olvidado, a
1 Que olvida: *con los años mi abuelo se volvió muy olvidado.*   adj.
2 Que se comporta con desagradecimiento.   = desagradecido

olvidar (Del lat. vulgar *oblitare*.)
1 Dejar de tener una cosa en la memoria: *olvidé tu número de teléfono; se olvidó del problema.*   v.tr/prnl. + de
2 Dejar de sentir una persona afecto por una persona, un animal o una cosa: *se olvidó de su hija; olvidó pronto a su primera esposa.*   + de
3 No tener una persona en cuenta una cosa *olvidó sus reproches y llámale; se olvidó las notas a pie de página.*   + de + ignorar, omitir
4 No tener en cuenta un favor o una ayuda recibida: *se olvidó de la ayuda de sus padres; olvidó que yo la había introducido en el ambiente adecuado.*   + de
5 estar olvidada una cosa: Haber transcurrido mucho tiempo desde que sucedió una cosa.

olvido
1 Falta de memoria o pérdida de la que se tenía.   s.m.
2 Descuido de una cosa que se debía tener presente.   = omisión
3 Cese del afecto que se tenía.
4 dar o echar al o en el olvido: Dejar de tener en la memoria a una persona o cosa: *echó su fracaso al olvido.*

5 enterrar en el olvido: Cesar de recordar para siempre: *enterré en el olvido a él y su traición.*
6 entregar al olvido: Dejar de recordar a una persona o cosa: *entregó al olvido a su marido.*
7 no tener en olvido a una persona o cosa: Tenerla presente.
8 poner en olvido: 1. Olvidar a una persona o cosa. 2. Hacer olvidar.

-oma Componente de palabra procedente del gr. *oma*, que significa tumor: *fibroma; carcinoma*.   suf.

omagua
1 Se aplica a un pueblo amerindio que habita en el norte del territorio peruano.   adj.
2 Persona perteneciente a este pueblo.   s.m.f.

omaha
1 Se refiere a un pueblo amerindio de las praderas norteamericanas, que en la actualidad vive en reservas.   adj.
2 Persona perteneciente a este pueblo.   s.m.f.

omaso Tercera cavidad del estómago de los rumiantes.   s.m. ZOOLOGÍA

omatidio Cada uno de los ojos elementales que constituyen el ojo compuesto de los artrópodos.   s.m. ZOOLOGÍA

ombligada Parte en los cueros corresponde al ombligo.   s.f.

ombligo (Del lat. *umbilicus*.)
1 Cicatriz redonda que se forma en el vientre después de desprenderse el cordón umbilical.   s.m. ANATOMÍA
2 Cordón que une al feto a la placenta: *la enfermera procedió a cortar el ombligo que unía al bebé con la madre.*   = cordón umbilical
3 Centro de cualquier cosa: *vive en el ombligo de la ciudad; desde que es famosa se cree el ombligo del mundo.*
4 Depresión que suele haber en la base o extremo de algunos frutos.   BOTÁNICA
5 ombligo de Venus: 1. Planta herbácea de hojas carnosas radicales y flores amarillas en pequeñas espigas colgantes, frecuente en los tejados y cuyas hojas machacadas se han usado como emoliente. *(Umbilicus pendulinus.)* 2. Pieza calcárea de forma elíptica, pequeña, plana, blanca por una cara y rosada o dorada por la otra, que se usa en sortijas, pendientes o botones.   BOTÁNICA
6 ombligo marino: Pieza calcárea de las conchas de algunos moluscos marinos, plana y blanca por una cara y rugosa y de color entre dorado y rojo por la otra, a la que se le atribuía la virtud de quitar el dolor de cabeza.   ZOOLOGÍA = haba
7 arrugársele o encogérsele a una persona el ombligo: Asustarse o desalentarse ante un peligro o una dificultad.   coloquial
8 haberle cortado el ombligo a una persona: Tener captada su voluntad.   coloquial

ombliguero Venda que se pone a los niños recién nacidos para sujetar el paño que cubre el ombligo.   s.m.

ombría Parte sombría de un terreno: *nos tumbamos a dormir la siesta en una ombría.*   s.f. tb: umbría

ombú Árbol de la familia de las fitolacáceas, con la corteza gruesa y blanda, madera fofa, copa muy densa y hojas alternas elípticas, cuyas flores se presentan en racimos. *(Phytolacca dioica.)*   s.m. Amér. Merid. BOTÁNICA

ombudsman (Voz sueca.)
1 Persona encargada de controlar el funcionamiento de la administración pública y de la justicia, en algunos países nórdicos, y que es equiparable al defensor del pueblo en el estado español.   s.m. POLÍTICA
2 Persona encargada de responder y defender a los lectores en algunos periódicos.

omega Nombre de la letra del alfabeto griego que representa el sonido de una "o" larga.   s.f.

omental Del omento.   adj./ANATOMÍA

omento (Del lat. *omentum*.) Tejido que une el estómago y los intestinos con las paredes intestinales.   s.m./ANATOMÍA = redaño

omero Aliso, árbol de copa redonda, con flores blancas y frutos comprimidos, pequeños y rojizos.   s.m. BOTÁNICA

omeya
1 Que desciende del califa del mismo nombre, fundador de la primera dinastía islámica.   adj/s.m.f. HISTORIA
2 Del linaje o la dinastía de los omeyas.   adj./HISTORIA

ómicron Nombre de la letra del alfabeto griego que representa el sonido de una "o" breve.   s.f.

ominar Predecir el futuro a partir de señales de superstición.   v.tr./OCULTISMO = agorar

ominoso, a (Del lat. *ominosus*, de mal agüero.)
1 Que merece ser reprobado con dureza: *nunca aprobaré tus ominosos métodos de trabajo; como jefe es un dictador ominoso.*   adj. = abominable ≠ admirable
2 Que anuncia un mal presagio.   = agorero

omisible Que puede ser omitido o no dicho: *si te lo olvidas nadie lo notará porque es un detalle omisible.*   adj.

omisión
1 Acción y resultado de omitir: *una omisión involuntaria provocó un malentendido con su amigo.*   s.f.

2 Falta por haber dejado de hacer una cosa en todo o en parte. = *negligencia*

3 Descuido del que está encargado de una cosa: *fue castigado por su omisión.* = *olvido*

4 Infracción penal cometida por haber dejado voluntariamente de hacer alguna cosa que la ley manda realizar. DERECHO

omiso, a Que es descuidado o falto de interés: *no le volveré a contratar porque es un trabajador omiso.* adj. = *negligente*

omitir (Del lat. *omittere.*)
1 Dejar de hacer una persona una cosa: *omitió señalizar la maniobra y un guardia lo multó; es preferible omitir los engorrosos trámites.* v.tr. = *negligir, prescindir*
2 Dejar de decir una cosa: *omito detalles innecesarios; en la segunda edición de la novela se omitieron los pasajes escabrosos.* v.tr/prnl. = *silenciar, suprimir*

omni- Componente de palabra procedente del lat. *omnis*, que significa cada uno, todo: *omnipresente; omnívoro.* pref.

ómnibus (Del lat. *omnibus*, para todos.)
1 Vehículo de gran capacidad destinado al transporte urbano de personas: *podemos ir en metro o en ómnibus.* s.m. pl: *ómnibus*
2 Tren que está formado por toda clase de vagones y tiene parada en todas las estaciones de su recorrido: *el ómnibus tarda más en llegar que el semidirecto.* = *tren ómnibus*

omnidireccional Que tiene las mismas propiedades en todas las direcciones y sentidos. adj. TECNOLOGÍA

omnimax (Marca registrada.) Técnica cinematográfica que permite proyectar una película sobre una pantalla esférica. s.m. CINE

omnímodo, a (Del lat. *omnimodus.*) Que lo abarca todo: *los reyes absolutistas disfrutaban del poder omnímodo.* adj. = *absoluto, total*

omnipotencia
1 Atributo de la divinidad por el que tiene poder absoluto. s.f. TEOLOGÍA
2 Poder muy grande o capacidad para ejercerlo: *el dictador tenía una omnipotencia sin límites.* = *absolutismo*

omnipotente (Del lat. *omnipotens, -tis.*)
1 Que tiene poder absoluto: *le rezamos a Dios omnipotente.* adj. = *todopoderoso*
2 Que tiene mucho poder: *el director se creía omnipotente.*

omnipresencia
1 Atributo de la divinidad por el que está presente en todas partes a la vez. s.f./TEOLOGÍA = *ubicuidad*
2 Cualidad de aquellas personas que acuden a todo tipo de actos e intervienen en muchos asuntos: *tu omnipresencia me aburre.*

omnipresente
1 Que está presente a la vez en todas partes: *en la religión católica Dios es omnipresente.* adj./TEOLOGÍA = *ubicuo*
2 Que acude a muchos sitios o interviene en muchos asuntos: *mi prima es omnipresente porque no se pierde una sola fiesta de cumpleaños.*

omnisapiente
1 Que tiene omnisciencia o el conocimiento absoluto de todo. adj./TEOLOGÍA = *omniscio*
2 Que sabe mucho o sabe de todo: *su ansia de conocimiento le llevó a ser omnisapiente.*

omnisciencia
1 Atributo de la divinidad por el que tiene conocimiento absoluto de todas las cosas. s.f. TEOLOGÍA
2 Conocimiento de muchas materias: *todos admiramos su sabiduría y omnisciencia.*

omnisciente (Del lat. *omnis*, todo + *scire*, saber.)
1 Que tiene el conocimiento absoluto de todas las cosas: *Dios es omnisciente.* adj./TEOLOGÍA = *omnisapiente*
2 Que sabe mucho o sabe de todo.

omniscio, a
1 Que tiene omnisciencia, conocimiento absoluto. adj./TEOLOGÍA
2 Que tiene sabiduría o conocimiento de muchas cosas. = *sapientísimo*

ómnium
1 Competición ciclista sobre pista que se compone de diferentes especialidades. s.m. DEPORTES
2 Carrera para caballos abierta a todas las edades. EQUITACIÓN

omnívoro, a (Del lat. *omnis*, todo + *vorare*, comer.) Se aplica al animal que se alimenta de toda clase de sustancias orgánicas. adj/s.m. ZOOLOGÍA

omo-
I Componente de palabra procedente del gr. *omos*, que significa crudo: *omofagia.* pref.
II Componente de palabra procedente del gr. *omos*, que significa espalda: *omoalgia.* pref.

-omo Componente de palabra procedente del gr. *omos*, que significa igual: *asteromo.* suf.

omóplato (Del fr. *omoplate.*) Cada uno de los dos huesos anchos y planos, situados a ambos lados de la espalda, en la zona de los hombros. s.m. ANATOMÍA tb: *omoplato*

omotocia Parto prematuro. s.f./MEDICINA

on (Voz inglesa.)
1 Que está en funcionamiento. adj.
2 Dispositivo que conecta un aparato eléctrico: *dale al on para encender el tocadiscos.* s.m.

-ón, a
1 Unido a adjetivos y sustantivos forma su aumentativo o despectivo: *barracón; mirón.* suf.
2 Unido a sustantivos indica acción repentina o violenta: *apagón; resbalón.*
3 Unido a sustantivos forma adjetivos privativos: *pelón; rabón.*
4 Unido a numerales forma sustantivos que indican una determinada edad: *cuarentón; setentón.*

ona
1 Se refiere a un pueblo amerindio patagónico extinguido en la actualidad. adj. HISTORIA
2 Persona que pertenecía a este pueblo. s.m.f./HISTORIA

onagra (Del bajo lat. *onagra.*) Planta arbustiva de hojas parecidas a las del almendro, flores de muchos pétalos y raíz blanca, que una vez seca huele a vino. s.f. BOTÁNICA = *hierba de asno*

onagráceo, a Perteneciente a una familia de plantas que tienen los frutos ínferos, como la fucsia. adj/s.f./BOTÁNICA = *onagrarieo*

onagro (Del gr. *onagros.*)
1 Mamífero ungulado salvaje, intermedio entre el caballo y el asno, de origen asiático. *(Equus onager.)* s.m. ZOOLOGÍA
2 Máquina de guerra antigua, con forma de ballesta y utilizada para arrojar piedras. MILITAR

onanismo (De *Onán*, personaje bíblico.) Estimulación de los órganos genitales, de zonas erógenas o de la mente para proporcionar u obtener placer sexual. s.m.

onanista
1 Que está relacionado con el onanismo. adj.
2 Persona que se estimula física o mentalmente para obtener placer sexual. s.m.f.

once (Del lat. *undecim.*)
1 Que resulta de la suma de diez más uno: *para jugar a fútbol hemos de ser once.* adj.num/s.m.
2 Que sigue en orden al décimo: *creo que vive en el piso once.* adj.num/s.m.f. = *undécimo*
3 Signo o conjunto de signos que representa el número once: *tu camiseta lleva el once.* s.m.
4 Conjunto de los jugadores de un equipo de fútbol: *el entrenador desveló el once inicial.* DEPORTES
5 Merienda, comida ligera que se toma por la tarde. s.f./Chile
6 estar una cosa a las once: Estar una cosa ladeada, sin la rectitud que debería tener. coloquial
7 hacer o tomar las once: Tomar un refrigerio ligero entre las once y las doce de la mañana, o a diferentes horas de la tarde, según los países. coloquial

oncear Vender o pesar una cosa por onzas. v.tr.

onceavo, a Undécimo [en todas sus acepciones]. adj.num/s.m.

oncejera Lazo para cazar pájaros pequeños. s.f./CAZA

oncejo Vencejo, ave insectívora que anida en los aleros de los tejados. s.m. ZOOLOGÍA

onceno, a Undécimo [en todas sus acepciones]. adj.num/s.

onci- Componente de palabra procedente del lat. *uncus*, que significa garfio, gancho: *oncirrostro.* pref. tb: onco-, unco-

oncijera Oncejera, lazo para cazar pájaros pequeños. s.f./CAZA

onco-
I Componente de palabra procedente del gr. *onkos*, que significa tumor: *oncología.* pref.
II Componente de palabra procedente del lat. *uncus*, que significa garfio, gancho: *oncocéfalo.* pref. tb: onci-, unco-

oncogén Gen celular que produce los tumores cancerosos: *con el descubrimiento del oncogén se da un paso adelante en el conocimiento del cáncer y su futuro tratamiento.* s.m. BIOLOGÍA

oncogénesis Estudio del nacimiento y origen de los tumores y de las enfermedades cancerígenas. s.f./pl: oncogénesis MEDICINA

oncogénico, a De los oncogenes. adj./BIOLOGÍA

oncógeno, a Que es capaz de provocar un tumor canceroso. adj./MEDICINA = *cancerígeno*

oncología (Del gr. *onkos*, tumor + *logos*, ciencia.) Parte de la medicina que estudia los tumores y el cáncer. s.f./ MEDICINA = *cancerología*

oncológico, a De la oncología o de los tumores y del cáncer: *trabaja en el hospital oncológico.* adj.

oncólogo, a Médico especialista en tumores y en enfermedades cancerígenas. s. MEDICINA

oncótico, a
1 De los tumores. adj./MEDICINA
2 Se aplica a la presión osmótica propia de las proteínas en solución en un líquido. adj. BIOQUÍMICA

onda (Del lat. *unda.*)
1 Cada uno de los círculos concéntricos o movimientos que se forman al perturbar la superficie de un líquido: *al niño le gusta ver las ondas que se forman en el lago cuando tira piedras.* s.f. FÍSICA
2 Cada una de las curvas, a manera de eses, que se forman de manera natural o artificial en algunas superficies: *ondas de pelo; ondas de un tejado.* = *ondulación*

3 Cada una de las curvas que se forman por movimientos alternativos de elevación y descenso de una masa líquida.. = **ola**

4 Cada uno de los recortes o prolongaciones que adornan a manera de semicírculo un vestido, trabajo manual o cualquier prenda.

5 Forma de energía que se caracteriza por el movimiento vibratorio de partículas a través de un determinado medio o en el vacío: *las ondas de la radio; onda luminosa.* **FÍSICA**

6 Asunto, tema del que se trata: *no sé nada de esa onda de la que me hablas.* Méx. coloquial

7 **onda corta:** Onda herciana que tiene una longitud comprendida entre diez y cincuenta metros. TELECOMUNICACIONES

8 **onda electromagnética:** Forma de propagación a través del espacio de los campos eléctricos y magnéticos producidos por las cargas eléctricas en movimiento. **FÍSICA**

9 **onda expansiva:** 1. La que produce una detonación o una explosión al propagarse en una masa gaseosa. 2. Efecto físico que produce una explosión capaz de afectar la estructura de los cuerpos que encuentra a su paso: *la onda expansiva de la bomba rompió los cristales de los edificios colindantes.* **FÍSICA**

10 **onda herciana o hertziana:** La que transporta energía electromagnética, que tiene la propiedad de propagarse en el vacío a la misma velocidad que la luz y que se usa para las difusiones de radio. **FÍSICA TELECOMUNICACIONES**

11 **onda larga:** La herciana que tiene una longitud de más de mil metros. TELECOMUNICACIONES

12 **onda luminosa:** La que se origina en un cuerpo luminoso y transmite su luz. **FÍSICA**

13 **onda media o normal:** Onda herciana que tiene una longitud comprendida entre doscientos y trescientos metros. TELECOMUNICACIONES

14 **onda portadora:** La electromagnética de alta frecuencia, que se puede radiar y propagar a distancia y que mediante su modulación puede transmitir señales de baja frecuencia. **ELECTRÓNICA**

15 **onda progresiva:** La que se propaga libremente en un medio. **FÍSICA**

16 **onda radioeléctrica:** La electromagnética usada en la televisión y en la radiodifusión. TELECOMUNICACIONES

17 **onda sísmica:** Cada una de las producidas por un terremoto, generadas en el interior de la tierra y propagadas a través de ella o del mar. **GEOLOGÍA**

18 **onda sonora:** La que se origina en un cuerpo elástico y transmite el sonido. **FÍSICA**

19 **captar, coger o pillar la onda:** Entender una cosa de difícil significado o dicha con ironía o con indignación: *no captó la onda, creyó que hablábamos en serio.* coloquial

20 **estar en la onda:** Comportarse de acuerdo con las modas o las costumbres de un tiempo determinado: *la juventud siempre está en la onda.* coloquial

21 **¿qué onda?:** ¿Qué hay?, ¿qué tal?, ¿qué pasa? Méx.
22 **ser alguien buena o mala onda:** Ser buena o mala persona. Méx.

ondámetro Aparato que mide la longitud y la frecuencia de las ondas de la señal que recibe, o con el que se gradúa un receptor a una longitud de onda determinada. s.m. tb: ondómetro **ELECTRÓNICA**

ondeado, a
1 Se aplica a lo que tiene ondas o está formado por ellas: *el vestido de la novia llevaba en la cintura un bonito ondeado.* adj.
2 Se refiere a las piezas de bordes recortados en sinuosidades, y cóncavas y convexas de forma alternativa. HERÁLDICA

ondear
1 Hacer el agua ondas u olas: *el mar ondeaba por el fuerte viento.* v.intr.
2 Formar ondas una cosa movida por el aire: *la bandera ondeaba en lo alto del mástil.*
3 Formar el pelo o la ropa ondas: *el pelo le ondeaba y estaba preciosa.*

ondeo Acción y resultado de ondear. s.m.

ondina (Del fr. *ondine.*) Ser fantástico de las mitologías germánica y escandinava que habitaba en el agua. s.f. MITOLOGÍA

ondisonante Se aplica al mar que suena por el movimiento de las ondas. adj. = undísono

ondoso, a
1 Que se mueve haciendo ondas: *el mar estaba ondoso y no salimos a navegar.* adj. tb: undoso
2 Que tiene ondas: *es difícil cortar un tejido ondoso.* = undulado

ondulación
1 Acción y resultado de ondular u ondularse una cosa: *con unos rulos la peluquera le hizo ondulaciones en el pelo.* s.f.
2 Formación de ondas en una cosa. = rizamiento
3 Movimiento que se propaga entre las partículas de un fluido o de un medio elástico sin traslación permanente de sus moléculas. **FÍSICA** tb: undulación
4 **ondulación periódica:** La producida por las perturbaciones que se suceden con intervalos iguales. **FÍSICA**

ondulado, a Que tiene ondas en su superficie o en su perímetro: *siempre ha tenido el pelo ondulado.* adj. = rizado

ondulador, a
1 Que ondula: *usa un ondulador del cabello para rizarlo.* adj.
2 Aparato que transforma la corriente continua en alterna de frecuencia determinada. s.m. ELECTRICIDAD

ondulante
1 Que ondula o se mueve con suavidad de un lado a otro. adj.
2 Se aplica a la línea o superficie que tiene ondas.

ondular (Del fr. *onduler* < lat. *undula,* ola pequeña.)
1 Moverse una cosa formando ondas: *la cortina ondulaba a causa del viento.* v.intr.
2 Hacer ondas en el pelo: *la peluquera me onduló la melena.* v.tr. = rizar
3 **¡que te ondulen!:** Expresión que se usa para mandar a paseo a una persona molesta o que dice inconveniencias o falsedades: *¡anda y que te ondulen, pesado!* interj.

ondulatorio, a
1 Que se extiende o propaga en forma de ondas. adj.
2 Que ondula. = ondulante

onerario, a (Del lat. *onus, oneris,* carga.) Se aplica a las antiguas naves romanas de carga. adj. HISTORIA

oneroso, a (Del lat. *onerosus,* que tiene mucho peso.)
1 Que es muy costoso: *el mantenimiento de la piscina resulta oneroso; es una onerosa reparación.* adj. = caro, gravoso
2 Difícil de soportar: *es una responsabilidad onerosa.* = engorroso
3 Se aplica al servicio o cambio de dominio que se hace mediante prestaciones recíprocas. DERECHO ≠ lucrativo

one step (Expresión inglesa.)
1 Baile rápido de origen norteamericano, de compás binario, en el que se marca un paso por tiempo. s.m.
2 Música que acompaña a este baile. MÚSICA

onfacino (Del gr. *omphakinos,* perteneciente al agraz.) Se refiere al aceite que se extrae de aceitunas sin madurar y se emplea en medicina. adj.

onfacomeli (Del gr. *omphakomeli* < *omphax,* agraz + *meli,* miel.) Bebida medicinal que se hacía antaño dejando fermentar al sol el zumo de la uva agraz mezclado con la miel. s.m. FARMACIA

onfálico, a Del ombligo y de sus patologías. adj./MEDICINA

onfalitis (Del gr. *omphalos,* ombligo + *itis,* inflamación.) Inflamación del ombligo, en especial la que se presenta en los recién nacidos. s.f. pl: onfalitis MEDICINA

onfalo- Componente de palabra procedente del gr. *omphalos,* que significa ombligo: *onfalitis.* pref. = onfal-

onfalocele (Del gr. *omphalos,* ombligo + *kele,* hernia.) Hernia del ombligo. s.m.f. MEDICINA

onfaloideo, a Que tiene forma de ombligo. adj.

onfalomancia (Del gr. *omphalos,* ombligo + *manteia,* adivinación.) Adivinación del número de hijos que tendrá una mujer mediante la observación de los nudos del cordón umbilical de su primer hijo. s.f. OCULTISMO tb: onfalomancía

ónice (Del lat. *onyx, -ychis* < gr. *onyx, -ychos,* uña.) Mineral de cuarzo, variedad de ágata listada de colores alternando claros con muy oscuros, que se suele emplear para hacer camafeos. s.m. MINERALOGÍA tb: ónique, ónix

onico- Componente de palabra procedente del gr. *onyx, -ykhos,* que significa uña: *onicomania.* pref.

onicofagia (Del gr. *onyx, -ychos,* uña + *phago,* comer.) Costumbre de morderse las uñas. s.f. SICOLOGÍA

onicomancia (Del gr. *onyx, -ychos,* uña + *manteia,* adivinación.) Adivinación del futuro mediante la interpretación de las señales en las uñas, untadas previamente con aceite y hollín. s.f. OCULTISMO tb: onicomancía

onicomicosis Lesión de las uñas, de origen parasitario, causada por unos hongos. s.f./pl: onicomicosis MEDICINA

-onimia Componente de palabra procedente del gr. *onoma,* que significa nombre: *hominimia.* suf.

onir- Componente de palabra procedente del gr. *oneiros,* que significa sueño: *onírico.* pref. = oniro-

onírico, a De los sueños o que tiene relación con ellos: *al dormir pasamos por distintas fases oníricas.* adj.

onirismo
1 Estado de sueño. s.m.
2 Estado patológico en el que el sujeto que sueña sufre alucinaciones visuales y participa con intensidad en ellas. SIQUIATRÍA

oniromancia (Del gr. *oneiros,* sueño + *manteia,* adivinación.) Adivinación del futuro mediante la interpretación de los sueños. s.f. OCULTISMO tb: oniromancía

oniromántico, a De la oniromancia. adj./OCULTISMO

ónix (Del lat. *onyx, -ychis* < gr. *onyx, -ykhos,* uña.) Ónice, mineral variedad de ágata. s.m/pl: ónix tb: ónice, ónique

onixis Inflamación de la uña causada por una infección o por una micosis. s.f./pl: onixis MEDICINA

on line (Expresión inglesa.) Que opera en conexión directa con un ordenador central y obtiene una respuesta inmediata a una orden realizada. — *loc.adj. INFORMÁTICA*

ono- Componente de palabra procedente del gr. *onos*, que significa asno: *onolatría*. — *pref.*

onocrótalo (Del gr. *onokrotalos*, pelícano < *onos*, asno + *krotalon*, ruido de cañuelas.) Alcatraz, ave marina propia de mares templados. — *s.m. ZOOLOGÍA*

onolatría Idolatría que tiene como objeto de culto los asnos. — *s.f. RELIGIÓN*

onoma- Componente de palabra procedente del gr. *onoma*, que significa nombre: *onomatopeya; onomasiología*. — *pref./suf. tb: onomato-, -onino*

onomancia (Del gr. *onoma*, nombre + *manteia*, adivinación.) Adivinación del futuro de una persona mediante el estudio de su nombre. — *s.f. OCULTISMO tb: onomancía*

onomasiología Parte de la semántica que estudia el proceso por el que un objeto o un concepto ha llegado a ser designado con un nombre determinado. — *s.f. LINGÜÍSTICA*

onomasiológico, a De la onomasiología: *diccionario onomasiológico*. — *adj. LINGÜÍSTICA*

onomástica
1 Ciencia que estudia y cataloga los nombres propios. — *s.f. LINGÜÍSTICA*
2 Día en que una persona celebra su santo: *felicítame, hoy es mi onomástica*.

onomástico, a (Del gr. *onomastikos*.) De los nombres propios: *elabora una lista onomástica de los reyes godos*. — *adj.*

onomatopeya (Del gr. *onomatopoiia*.)
1 Modo de creación de palabras a partir de una fuente natural de sonido. — *s.f. LINGÜÍSTICA*
2 Palabra que imita el sonido de la cosa nombrada. — *LINGÜÍSTICA*
3 Empleo de vocablos onomatopéyicos para imitar el sonido de las cosas con ellos significadas. — *RETÓRICA*

onomatopéyico, a
1 De la onomatopeya: *en los cómics se usa mucho el lenguaje onomatopéyico*. — *adj.*
2 Que está formado por onomatopeyas.

onoquiles (Del gr. *onokheiles* < *onos*, asno + *kheilos*, labio.) Planta herbácea anual, con tallos gruesos, hojas lanceoladas y acorazonadas, flores acampanadas de color azul y fruto seco del que se extrae una pintura roja usada en perfumería y confitería. *(Alkanna tinctoria.)* — *s.f. pl: onoquiles BOTÁNICA*

onosma Planta herbácea perenne de la familia de las saxifragáceas de flores blancas. — *s.f. BOTÁNICA*

óntico, a Del ser o del ente entendido como real en sí mismo y no como lo conoce el hombre. — *adj. FILOSOFÍA*

ontina Planta compuesta, ramificada, llena de borra blanca, hojas pequeñas y estrechas divididas en segmentos y flores amarillas formando diminutas cabezuelas, que es muy aromática. *(Artemisa herba-alba.)* — *s.f. BOTÁNICA = ajea, churra*

onto- Componente de palabra procedente del gr. *on*, *ontos*, que significa ser, ente: *ontología, óntico*. — *pref. tb: ont-*

ontogenia (Del gr. *ontos*, ser + *genos*, origen.) Formación y desarrollo individual de un organismo, considerado con independencia de la especie, desde el huevo hasta el estado adulto. — *s.f. BIOLOGÍA = ontogénesis*

ontogénico, a De la ontogenia. — *adj./BIOLOGÍA*

ontología (Del gr. *ontos*, ser + *logos*, tratado.) Parte de la metafísica que estudia el ser en general y sus propiedades trascendentales. — *s.f. FILOSOFÍA*

ontológico, a
1 De la ontología. — *adj./FILOSOFÍA*
2 Se aplica a lo que corresponde al orden de lo real, no en sí mismo sino en la forma que lo conoce y comprende el hombre. — *FILOSOFÍA*

ontologismo Doctrina filosófica que defendía que se puede explicar el origen de las ideas mediante una adecuada intuición del ser y de las ideas eternas y universales. — *s.m. FILOSOFÍA*

ontólogo, a Persona que conoce o se dedica a la ontología. — *s. FILOSOFÍA*

onubense
1 De Huelva, provincia y ciudad españolas. — *adj.*
2 Persona natural de esta provincia y ciudad. — *s.m.f.*
3 De Ónuba, antigua ciudad turdetana. — *adj./HISTORIA*
4 Persona natural de esta antigua ciudad. — *s.m.f./HISTORIA*

onza
I (Del lat. *uncia*, duodécima parte de la libra y de otras medidas.)
1 Antigua medida de peso de valor comprendido entre los 24 y 33 gramos, según las zonas donde se utiliza. — *s.f.*
2 Duodécima parte del as o libra romana. — *HISTORIA*
3 Duodécima parte de varias medidas antiguas. — *HISTORIA*
4 Porción de una tableta de chocolate: *después de comer suele tomar dos onzas de chocolate*.
5 Onza de oro: Moneda de este metal, que pesaba una onza aproximadamente, y se usó de los siglos XVI al XIX en España. — *HISTORIA*

6 media onza: Moneda de oro de la mitad del peso y valor que la onza.
7 ¡buenas cuatro onzas!: Expresión irónica con que se explica el peso de una persona que otra carga sobre sí. — *coloquial*
8 más vale onza que libra: Se usa para expresar que la calidad se estima en más que la cantidad de una cosa.
9 por onzas: Con escasez: *parece que le dan a comer por onzas*. — *loc.adv.*
II (De origen incierto.) Mamífero carnívoro de pelaje gris con motas rojizas redondeadas de negro, de origen americano. *(Felis pardalis.)* — *s.f. ZOOLOGÍA = ocelote*

onzavo, a Undécimo [en todas sus acepciones]. — *adj.num/s.*

oo- Componente de palabra procedente del gr. *oon*, que significa huevo: *oosfera; oolito*. — *pref.*

oocito Célula sexual femenina que por la meyosis o divisiones sucesivas da lugar al óvulo. — *s.m./BIOLOGÍA tb: ovocito*

oogénesis Ovogénesis, formación de gametos femeninos en los animales. — *s.f./pl: oogénesis BIOLOGÍA*

oogonio Órgano sexual femenino donde se forman las oosferas de ciertas plantas talófitas. — *s.m./BOTÁNICA tb: oogonia, ovogonia*

oolítico, a Que está compuesto de oolitos: *los geólogos estudian el terreno oolítico*. — *adj. GEOLOGÍA*

oolito (Del gr. *oon*, huevo + *lithos*, piedra.) Cuerpo esférico de un milímetro de diámetro, cuyo núcleo es un fragmento de cuarzo o concha y la envoltura está formada por capas delgadas y concéntricas de minerales. — *s.m. GEOLOGÍA*

oosfera (Del gr. *oon*, huevo + *sphaira*, globo.) Célula sexual femenina que se produce en el ovario de los vegetales y que al unirse con el anterozoide, elemento masculino que penetra en él, da origen a la semilla. — *s.f. BOTÁNICA*

opa
I (Acrónimo de [O]ferta [P]ública de [A]dquisición.) Instrumento financiero para la adquisición de acciones de una sociedad. — *s.f. ECONOMÍA*
II (De origen incierto.) Tonto, retrasado mental, falto de entendimiento o razón. — *adj/s.m.f./Argent., Bol., Urug.*

opacar
1 Hacer opaco, oscurecerse o nublarse el cielo cuando amenaza lluvia. — *v.tr/prnl. conj: sacar/Amér.*
2 Hacer opaca u oscura alguna cosa: *opacar un vidrio*. — *v.tr./Méx.*
3 Superar por mucho una cosa o a una persona, hacerla desmerecer: *su belleza opaca a la de las demás*. — *Méx.*

opacidad
1 Falta de transparencia: *la opacidad del cristal impide el paso de la luz*. — *s.f. = borrosidad*
2 Relación entre la intensidad de luz que incide en un cuerpo y la que lo traspasa. — *FÍSICA*
3 Falta de brillantez, o de claridad, en las palabras: *la opacidad de su discurso lo hizo tedioso*.

opacimetría Medición de la opacidad de ciertas sustancias. — *s.f.*

opacímetro Aparato usado para medir la opacidad de los gases, en especial los humos de las calderas y de los hornos metalúrgicos. — *s.m. FÍSICA*

opaco, a (Del lat. *opacus*, sombrío.)
1 Que no deja pasar la luz: *los cristales de las ventanas de este edificio son opacos*. — *adj. ≠ transparente*
2 Que es poco brillante: *con esta luz opaca no te saldrán las fotos*. — *= mate*
3 Que es triste o melancólico: *su semblante es serio y opaco, sin alegría*. — *= fúnebre*

opado, a
1 Que se comporta con engreimiento y presunción: *desde que triunfó se ha vuelto muy opado*. — *adj. = presumido*
2 Se aplica al lenguaje que es afectado, redundante e hiperbólico: *es una lectura difícil por su lenguaje opado*. — *= enfático*

opal Tela fina de algodón que se suele utilizar para confeccionar blusas y ropa interior femenina. — *s.m. TEXTIL*

opalescencia Reflejo del ópalo o de cualquier otra materia. — *s.f.*

opalescente Que es parecido al ópalo en su traslucidez, en su brillo céreo o en sus irisaciones: *lucía un vestido elegante hecho con una tela opalescente*. — *adj. = opalino*

opalina Sustancia vítrea que imita el ópalo y se utiliza en la fabricación de objetos artísticos. — *s.f.*

opalino, a
1 Del ópalo y de sus características. — *adj.*
2 Que tiene un color entre blanco y azulado con irisaciones: *ha alicatado el baño con unos azulejos opalinos*.
3 Se aplica al vidrio que es parecido al ópalo. — *adj/s.f.*
4 Se refiere al objeto que está fabricado con vidrio opalino.

opalizar Dar color opalino a una cosa: *con una sustancia especial el joyero opalizó la pulsera*. — *v.tr. conj: cazar*

ópalo (Del lat. *opalus*.)
1 Mineral silíceo hidratado, traslúcido u opaco, duro, de diversos colores y con reflejos cambiantes irisados. — *s.m. MINERALOGÍA*

2 ópalo de fuego: El de color rojo muy vivo, brillante y traslúcido, muy abundante en tierras mexicanas. — MINERALOGÍA

3 ópalo de girasol: El de color rojo que amarillea y no destella, con una débil opalescencia azulada que parece salir del centro de la piedra. — MINERALOGÍA

4 ópalo noble: El casi transparente de variados reflejos y colores. — MINERALOGÍA

ópata
1 Se refiere a un pueblo amerindio mexicano formado por distintos grupos étnicos. — adj.
2 Persona que pertenece a este pueblo. — s.m.f.

opción (Del lat. *optio, -onis*, elección.)
1 Libertad o posibilidad de elegir: *tienes varias opciones, escoge la que más te guste.* — s.f. = elección
2 Elección escogida entre varias posibilidades: *ha escogido la segunda opción porque era más rápida.* — = alternativa
3 Derecho que se tiene a una cosa: *este resguardo da opción a posibles reclamaciones.*
4 Conjunto de candidatos a un cargo o un empleo: *la opción de los partidos de centro no convenció al electorado.* — = candidatura
5 Facultad de usar de un derecho reservado por una de las partes en un contrato o convenio. — DERECHO

opcional Que depende de una opción o elección: *la compra del garaje es opcional; esta asignatura es opcional.* — adj./= optativo ≠ obligatorio

open (Voz inglesa.) Competición deportiva que reúne a profesionales y aficionados: *mañana empieza el open de golf.* — s.m. pl: open DEPORTES

ópera (Del ital. *opera*.)
1 Obra teatral dramática puesta toda ella en música y representada con acompañamiento orquestal: *hoy hay ópera en el auditorio.* — s.f. MÚSICA, TEATRO
2 Texto o letra de esta obra teatral dramática. — TEATRO/= libreto
3 Música de esta obra teatral: *le gusta escuchar ópera.* — MÚSICA
4 Teatro o lugar acondicionado para representar estas obras teatrales: *esta noche voy a la ópera.*
5 Género formado por esta clase de obras dramáticas. — MÚSICA, TEATRO
6 **ópera bufa:** Género derivado de éste, pero con textos y argumento cómicos. — MÚSICA, TEATRO

operable
1 Que puede ser hecho: *tu proyecto es muy ambicioso, pero no me parece operable.* — adj. = factible
2 Que hace efecto o da buen resultado. — = aparente
3 Se aplica a la enfermedad o lesión que puede ser curada mediante una operación: *en muchos casos el cáncer de mama es operable.* — MEDICINA

operación
1 Acción y resultado de operar. — s.f.
2 Ejecución o realización de una cosa: *la teoría es buena, ahora debemos pasar a la operación.* — = práctica
3 Intervención quirúrgica: *debe someterse a una delicada operación de corazón.* — MEDICINA
4 Negociación o contrato sobre valores o mercancías: *es especialista en operaciones bursátiles.* — COMERCIO, ECONOMÍA
5 Conjunto de reglas que permiten obtener unos resultados a partir de unos datos: *las cuatro operaciones básicas son la suma, la resta, la multiplicación y la división.* — MATEMÁTICAS
6 **operación aritmética:** La suma, la resta, la multiplicación, la división, la elevación a potencias y la extracción de raíces. — MATEMÁTICAS
7 **operación bélica:** Realización de una acción o conjunto de acciones de guerra con un determinado objetivo y de acuerdo con un plan. — MILITAR
8 **operación cesárea:** Operación realizada en partos difíciles consistente en abrir el vientre de la madre para extraer a la criatura cuando no es posible el parto natural. — MEDICINA
9 **operación matemática:** Realización de un cálculo combinando números o expresiones matemáticas. — MATEMÁTICAS
10 **operación mercantil:** Compra, venta o cualquier otra actividad en que hay entrega de dinero de una persona o entidad a otra, con ganancia de dinero para una de las partes y otra clase de beneficio para la otra: *operación bancaria; operación bursátil; operación de descuento.* — COMERCIO, ECONOMÍA
11 **operación quirúrgica:** Intervención médica que consiste en abrir, cortar o extraer una parte del cuerpo para extirpar un tejido enfermo o anormal, hacer una cura o restablecer el funcionamiento de un ór4gano. — MEDICINA

operacional
1 Que tiene relación con la operación o las operaciones: *concepto operacional; proceso operacional.* — adj.
2 Se aplica a las unidades militares que están en condiciones de operar. — MILITAR
3 Se aplica al cálculo simbólico efectuado entre operadores y que permite definir operaciones entre conjuntos de funciones. — MATEMÁTICAS

operado, a Se refiere a la persona que ha sido intervenida quirúrgicamente: *los recién operados necesitan tranquilidad.* — adj./s. MEDICINA

operador, a
1 Se aplica al médico cirujano: *el médico operador ha pedido los resultados de los análisis del paciente.* — adj./s. MEDICINA
2 Denominación que en cinematografía y televisión se da a distintos técnicos especialistas, como al director de fotografía, el cámara, el que manipula el proyector y el de control de sonido. — s. AUDIOVISUALES, CINE
3 Técnico encargado de proyectar películas. — CINE ECONOMÍA
4 Persona que opera en los mercados financieros: *los operadores están ávidos de invertir en los instrumentos financieros norteamericanos.*
5 Persona que se ocupa de establecer las comunicaciones no automáticas de una central telefónica: *operadora, quiero una conferencia con Perú.* — TELECOMUNICACIONES
6 Símbolo matemático que indica un conjunto de operaciones que han de realizarse. — s.m. MATEMÁTICAS
7 Persona encargada de un sistema informático y de su supervisión. — s. INFORMÁTICA
8 Aplicación entre dos conjuntos de funciones. — MATEMÁTICAS

operando Elemento sobre el que se aplica una operación para obtener un resultado. — s.m. MATEMÁTICAS

operante
1 Que opera o hace operaciones. — adj/s.m.f.
2 Que es activo o productivo: *se ha reducido el capital operante de la empresa.* — adj. = operativo

opera prima (Expresión latina.) La primera obra artística de un autor, en especial en el mundo del cine y del teatro. — loc. ARTE

operar (Del lat. *operari*.)
1 Realizar una intervención quirúrgica en el cuerpo de una persona o un animal: *me operaré después de las vacaciones; el veterinario operó al perro del hígado.* — v.tr/prnl. MEDICINA
2 Producir un resultado como una acción o una intervención: *se ha operado un gran cambio.* — = obrar
3 Hacer una cosa y el efecto previsto: *tus nuevas medidas no operan cambios.* — v.intr. = producir
4 Realizar una persona diversas acciones con una finalidad. — = actuar
5 Realizar una persona una acción con la ayuda de aparatos.
6 Realizar una persona actos delictivos: *los ladrones no sólo operan de noche.*
7 Realizar una persona o una máquina operaciones matemáticas: *esta máquina calculadora opera con seis decimales.* — MATEMÁTICAS
8 Realizar una persona acciones comerciales de compra, venta u otras: *opera en la bolsa.* — COMERCIO = negociar
9 Realizar un ejército acciones bélicas de acuerdo a un plan: *el ejército opera en terreno enemigo.* — MILITAR = maniobrar

operario, a
1 Trabajador manual: *los operarios ayudaron a trasladar la mercancía.* — s. = obrero
2 Religioso que en algunas órdenes se destina para confesar y asistir a los enfermos y moribundos. — s.m. RELIGIÓN

operativo, a
1 Que obra y hace su efecto: *las nuevas normas de circulación han resultado operativas.* — adj. = operante
2 Que tiene la propiedad de operar: *sistema operativo.*

operatorio, a
1 Que puede operar. — adj.
2 Que tiene relación con las operaciones quirúrgicas: *es especialista en medicina operatoria.* — MEDICINA

operculado, a Se aplica al animal o a la planta que tiene uno o más opérculos en su organismo. — adj/BOTÁNICA, ZOOLOGÍA

opercular Que sirve de opérculo.

opérculo (Del lat. *operculum*, tapadera.) Pieza para tapar algún orificio en un organismo, como la que cierra las agallas de los peces, las que tapan la concha de los moluscos o las cápsulas de algunos frutos. — s.m. BOTÁNICA, ZOOLOGÍA

opereta
1 Espectáculo musical de origen francés, de carácter cómico o burlesco, con algunas partes declamadas y de duración más corta que la ópera. — s.f. MÚSICA, TEATRO
2 Género formado por este tipo de obras: *siempre cultivó la opereta.* — MÚSICA, TEATRO

operista
1 Persona que canta en las óperas: *los operistas ensayaban entre bastidores.* — s.m.f. MÚSICA
2 Compositor de óperas: *es uno de los operistas más famosos.* — MÚSICA

operístico, a De la ópera: *el género operístico es su preferido.* — adj. MÚSICA

operoso, a
1 Que es trabajador y activo: *sus jefes están contentos con él porque es una persona operosa.* — adj.
2 Que cuesta trabajo de hacer: *una tarea tan operosa debe estar muy bien pagada.* — = trabajoso

-opía Componente de palabra procedente del gr. *ops, opos*, que significa ojo: *miopía, ametropía.* — suf.

opiáceo, a
1 Del opio: *la morfina es una sustancia opiácea.* — adj./= opiado
2 Que contiene opio: *fuma cigarrillos opiáceos.*
3 Que calma o tiene el efecto narcótico del opio.

opiado, a Que contiene opio. — adj.

opiata
1 Preparado farmacéutico hecho con opio entre otros ingredientes.   s.f. FARMACIA
2 Preparado farmacéutico hecho con polvos aglomerados con jarabe o miel.   FARMACIA

opiato, a
1 Que contiene opio.   adj.
2 Opiata, preparado farmacéutico.   s.m./FARMACIA

opilación
1 Patología debida a la obstrucción de las vías excretoras del cuerpo.   s.f. MEDICINA
2 Supresión del flujo menstrual, en especial en la etapa juvenil.   MEDICINA = amenorrea
3 Acumulación del humor seroso en alguna parte del cuerpo.   MEDICINA = hidropesía

opilarse (Del lat. *oppilare*, obturar.) Dejar de tener una mujer la menstruación.   v.prnl. MEDICINA

opilativo, a Que opila u obstruye: *no debe tomar sustancias opilativas.*   adj.

opimo, a (Del lat. *opimus*, fértil.) Se aplica a lo que es copioso, rico y abundante: *este año hemos tenido una opima cosecha.*   adj.

opinable Que puede ser sometido a discusión: *tus ideas son opinables, no todos pensamos igual.*   adj. = discutible

opinante Que opina.   adj/s.m.f.

opinar (Del lat. *opinari*.)
1 Formar o tener una persona su opinión sobre una cosa: *aunque no tenga ni idea, él siempre opina.*   v.intr. = pensar
2 Expresar una opinión sobre una cosa: *no opino sobre lo que no sé; opinó que mi propuesta era la mejor.*   v.intr/tr. = creer
3 Hacer una persona conjeturas sobre la verdad o certeza de una cosa.   v.intr. = estimar

opinión (Del lat. *opinio, -onis.*)
1 Concepto o parecer que se tiene de una cosa: *si digo mi opinión más de uno se enfadará; tenemos opiniones distintas.*   s.f. = juicio
2 Fama o concepto en que se tiene a una persona o cosa: *tiene muy buena opinión de todos nosotros.*   = consideración
3 Ideas políticas de una persona o grupo.   = pensamiento
4 **opinión pública:** Manera de pensar compartida por la generalidad de las personas: *la opinión pública condena los atentados terroristas.*   SOCIOLOGÍA
5 **andar una persona en opiniones:** Estar puesto en duda su crédito o estimación: *con su último fracaso anda en opiniones.*
6 **casarse una persona con su opinión:** Aferrarse al juicio propio: *no escuchará tus alternativas porque se ha casado con su opinión.*
7 **en mi opinión:** Según yo creo: *en mi opinión está realizando una mala gestión.*   loc.adv.

opio (Del lat. *opium* < gr. *opion.*)
1 Sustancia obtenida desecando el jugo de las cabezas de las adormideras, que se utiliza como narcótico: *en Asia hay muchos fumaderos de opio.*   s.m. BOTÁNICA
2 **opio del pueblo:** La religión, según el marxismo.
3 **dar el opio:** Embelesar, cautivar el ánimo o los sentidos.   coloquial

opiómano, a (De *opio* + gr. *mania*, pasión.) Que es adicto al opio: *es opiómano y necesita una cura de desintoxicación.*   adj/s.

opíparo, a (Del lat. *opiparus.*) Se aplica a lo que es abundante y espléndido, en especial la comida o un banquete: *la celebración terminó con una opípara cena.*   adj.

opisómetro Instrumento para determinar la longitud de las líneas curvas, muy usado para medir distancias sobre un plano cartográfico.   s.m. TECNOLOGÍA

opisto- Componente de palabra procedente del gr. *opisthen*, que significa detrás: *opistódomo.*   pref.

opistobranquio, a Perteneciente a una subclase de moluscos gasterópodos marinos que tienen las branquias orientadas hacia la parte de atrás del cuerpo o hacia los lados.   adj/s.m. ZOOLOGÍA

opistódomo (Del gr. *opisthen*, detrás + *domos*, casa.) Parte posterior de un templo griego.   s.m./ARQUITECTURA tb: opistodomo

opitulación (Del lat. *opitulatio, -onis.*) Ayuda que se presta a una persona que se encuentra en un peligro.   s.f./culto = auxilio

oploteca (Del gr. *oplotheke*, depósito de armas.) Museo de armas antiguas, preciosas o raras.   s.f. tb: hoploteca

opo- Componente de palabra procedente del gr. *opos*, que significa jugo, savia: *opopónaco.*   pref.

opobálsamo Resina verde amarillenta, ligera, amarga, astringente y olorosa, que se emplea en medicina.   s.m. BOTÁNICA

oponente
1 Que opone o se opone: *el partido oponente discute todas las propuestas.*   adj. = rival
2 Se aplica a la persona que es rival de otra: *el tenista deberá enfrentarse en la final a un duro oponente.*   adj/s.m.f. = adversario

oponer (Del lat. *opponere.*)
1 Poner una cosa contra otra para impedir o contrarrestar su acción o efecto: *el detenido opuso resistencia; se opuso a ser movido.*   v.tr/prnl. conj: poner = enfrentar

2 Proponer una razón contra lo dicho por otra persona.   v.tr. = confrontar
3 Manifestar rechazo, disgusto o contrariedad por una cosa: *me opongo a tu propuesta.*   v.prnl.
4 Ser una persona o cosa contraria a otra: *su bondad se opone a mi intolerancia.*
5 Estar una cosa situada frente a otra: *las columnas se oponen al altar.*

oponible Que se puede oponer: *defiendo un argumento oponible a tu opinión.*   adj. + a

opopánax Opopónaco, planta umbelífera y gomorresina roja que de ella se obtiene.   s.m./pl: opopánax BOTÁNICA

opopónaco (Del gr. *opopanaxos.*)
1 Planta umbelífera de las regiones cálidas asiáticas y europeas, que se emplea en farmacia y en perfumería. *(Opopanax chironium.)*   s.m. tb: opopánace BOTÁNICA
2 Gomorresina amarga y aromática que se obtiene de esta planta.   BOTÁNICA

oporto Vino de color oscuro y sabor ligeramente dulce, elaborado en la ciudad portuguesa del mismo nombre y en su comarca.   s.m.

oportunamente En el momento adecuado, a su tiempo: *oportunamente te diré lo que quiero decirte.*   adv.

oportunidad
1 Carácter de aquello que es oportuno.   s.f.
2 Circunstancia ideal o conveniente para una cosa: *aprovecho la oportunidad para saludarles.*   = ocasión

oportunismo Habilidad para saber aprovechar las oportunidades en beneficio propio, sin tener en cuenta principios ni convicciones: *al presentarse como candidato a última hora por el seguro partido ganador ha demostrado su oportunismo.*   s.m.

oportunista
1 Del oportunismo.   adj.
2 Que es partidario del oportunismo o lo practica: *es un oportunista que olvida sus convicciones con tal de hacer dinero.*   adj/s.m.f. despectivo

oportuno, a
1 Que se hace o sucede en el momento más adecuado: *tu intervención fue oportuna.*   adj. = pertinente
2 Se aplica a la persona que es muy ocurrente o tiene habilidad para responder.

oposición
1 Acción y resultado de oponer u oponerse.   s.f.
2 Disposición de algunas cosas, de modo que estén unas enfrente de otras: *el mueble del televisor tiene que estar en oposición al sofá.*
3 Contradicción o disconformidad de una cosa con otra: *la oposición entre nuestras opiniones políticas es evidente.*   = desacuerdo ≠ conformidad
4 Procedimiento por el que los aspirantes a un cargo o empleo demuestran su capacitación, sometiéndose al juicio de un tribunal: *se presenta a oposiciones para el ayuntamiento.*   = concurso
5 Resistencia a lo que otro u otros dicen o hacen: *mi oposición a tu iniciativa es ya conocida por todos.*
6 Grupos o partidos que se oponen a la política del gobierno: *la oposición no votó el proyecto de ley.*   POLÍTICA
7 Minoría que en los órganos legislativos está en contra de las actuaciones del gobierno.   POLÍTICA
8 Fracción de la opinión pública que se manifiesta contraria al poder establecido.   POLÍTICA
9 Aspecto de dos astros que ocupan casas celestes diametralmente opuestas.   ASTRONOMÍA
10 Situación relativa de dos o más planetas u otros cuerpos celestes cuyas longitudes difieren en 180°.   ASTRONOMÍA
11 **leer una persona de oposición:** Explicar de forma oral y pública una lección en un concurso ante tribunal.
12 **poder una persona leer de oposición:** Dominar una ciencia o arte.

oposicionista
1 De la oposición.   adj.
2 Persona que pertenece a la oposición política: *el presidente debe hacer frente a la presión de los oposicionistas.*   adj/s.m.f. POLÍTICA

opositar Hacer oposiciones o presentarse a examen para ocupar una plaza o empleo público: *ha opositado a los tribunales de justicia.*   v.intr.

opositor, a
1 Persona que se opone a otra: *su socio es su mayor opositor.*   s. = antagonista
2 Aspirante a una cátedra, empleo público, cargo o destino que se ha de proveer mediante oposición o concurso: *son muchos los opositores y pocas las plazas.*

oposum Mamífero marsupial de patas cortas y cola prensil, apreciado por su piel.   s.m. ZOOLOGÍA

opoterapia (Del gr. *opos*, zumo + *therapia*, curación.) Tratamiento mediante el empleo de órganos y extractos de origen animal, o de las hormonas aisladas de sus glándulas endocrinas.   s.f. MEDICINA = organoterapia

opoterápico, a De la opoterapia: *se somete a sesiones opoterápicas.*   adj. MEDICINA

oppidum (Voz latina.) Refugio fortificado estableci- | s.m.
do, por lo general, en lugares elevados. | HISTORIA

opresión
1 Acción y resultado de oprimir. | s.f.
2 Molestia producida por una cosa que oprime: *no so-* | = presión
porto más la opresión de este cinturón.
3 Imposición de obligaciones y cargas abusivas a las | = tiranización
personas a las que se manda o gobierna: *su gobierno*
pasó a la historia como una época de opresión.
4 **opresión de pecho:** Dificultad para respirar, con | MEDICINA
sensación de pesadez en el pecho. | = ahogo

opresivo, a Que oprime: *vivimos una dictadura opresi-* | adj.
va; debe usar una faja opresiva.

opreso, a (Part. pas. irreg. de *oprimir*.) Que está opri- | adj.
mido.

opresor, a Que abusa de su poder sobre otra perso- | adj/s.
na o tiraniza: *el pueblo nunca olvidará la dictadura opre-*
sora; la revolución acabará con los opresores.

oprimir (Del lat. *opprimere*.)
1 Hacer presión sobre una persona o una cosa: *estos* | v.tr.
zapatos te oprimen el pie. | part. tb: opreso
2 Causar una cosa molestias o angustia a una perso- |
na: *tanto trabajo me oprime.*
3 Someter a una persona despóticamente: *el general* | = tiranizar
oprimía al pueblo.

oprobiar Quitar o manchar la honra o el honor de | v.tr.
una persona: *las mentiras oprobiaron su dignidad.* | = infamar

oprobio (Del lat. *opprobrium*.) Deshonra, vergüenza | s.m.
pública: *aquella acusación fue un oprobio para toda la fa-* | = infamia
milia.

oprobioso, a Que causa oprobio o deshonra: *el pú-* | adj.
blico nunca olvidará su oprobiosa intervención. | = vergonzoso

-opsia Componente de palabra procedente del gr. *op-* | suf.
sis, que significa visión: *acromatopsia; autopsia.*

opsomanía Deseo morboso desmesurado por ciertos | s.f.
alimentos. | SIQUIATRÍA

opsonina Sustancia del suero sanguíneo que hace | s.f.
que los microbios y células sanguíneas sean asimila- | BIOQUÍMICA
dos por los leucocitos con facilidad.

optación Figura que consiste en manifestar con vehe- | s.f.
mencia el deseo de lograr o de que suceda una cosa. | RETÓRICA

optante Que opta. | adj.

optar (Del lat. *optare*.)
1 Elegir una cosa entre varias: *ante sus insultos optó por* | v.tr/intr.
no contestar; optó por tomar la postura más cómoda. | = escoger
2 Tener posibilidades o deseos de conseguir una cosa: | v.intr.
este equipo opta al título mundial. | + a
3 Intentar ocupar un cargo o un empleo al que se tie- | v.tr.
ne derecho.

optativo, a (Del lat. *optativus*.) Que puede hacerse o | adj.
elegirse sin estar obligado a ello: *asisto a una asignatu-* | = opcional
ra optativa.

óptica
1 Establecimiento donde se venden y arreglan gafas | s.f.
y aparatos o instrumentos provistos de lentes: *he de* | COMERCIO
pasar por la óptica para recoger unas lentes de contacto.
2 Parte de la física que estudia las leyes y fenómenos | FÍSICA,
de la luz. | ÓPTICA
3 Punto de vista: *desde una óptica comercial, el asunto* | = perspectiva
es beneficioso.
4 Aparato compuesto de lentes y espejos, que sirve | ÓPTICA
para ver estampas y dibujos agrandados.
5 Conjunto y sistema de lentes de un aparato que los | ÓPTICA
usa: *la óptica de esta cámara es excelente.*

óptico, a (Del gr. *optikos*.)
1 De la óptica: *en física hemos estudiado los fenómenos* | adj.
ópticos. | ÓPTICA
2 De la visión: *tiene una lesión en el nervio óptico.*
3 Persona que por oficio vende instrumentos de óp- | s.
tica. | ÓPTICA
4 Persona que tiene título oficial para realizar traba- | ÓPTICA
jos en materia de óptica.
5 Aparato que mediante lentes y espejos agranda las | s.m.
imágenes de estampas o dibujos. | ÓPTICA

optimación
1 Acción y resultado de optimar. | s.f.
2 Método matemático para determinar los valores de | MATEMÁTICAS
las variables que hacen máximo el rendimiento de un
proceso o de un sistema.

optimar Buscar la mejor manera de hacer una cosa: | v.tr.
para obtener mejores beneficios debemos optimar la pro- | = optimizar
ducción.

optimate Persona distinguida y eminente: *asistieron al* | s.m.f/formal
acto grandes optimates. | = prócer

optimismo
1 Inclinación a ver y juzgar las cosas desde su aspec- | s.m.
to más favorable: *su optimismo le impide deprimirse.* | ≠ pesimismo
2 Doctrina metafísica que defendía que el mundo es | FILOSOFÍA
el mejor de los posibles, por la elección del ser supremo de las mejores criaturas posibles para sus fines.

optimista
1 Del optimismo: *admiro su actitud optimista ante la* | adj.
vida. | ≠ pesimista
2 Que se comporta con optimismo: *es un joven animo-* | adj/s.m.f.
so y optimista. | ≠ pesimista
3 Que profesa el optimismo. | FILOSOFÍA

optimizar Buscar la mejor manera de hacer una cosa | v.tr.
para obtener buenos resultados: *si desea optimizar sus* | conj: cazar
envíos trabaje con nosotros. | = optimar

óptimo, a (Del lat. *optimus*, el mejor.) Que está en el | adj.
estado o en el grado mejor o más favorable: *el día de*
mi boda el tiempo fue óptimo.

opto- Componente de palabra procedente del gr. *op-* | pref.
tos, que significa visible: *optometría.* | tb: opt-

optoelectrónica Técnica que se ocupa de la trans- | s.f.
formación de las señales eléctricas en ópticas, y a la | FÍSICA
inversa.

optometría Parte de la oftalmología que se ocupa de | s.f.
la medición de la agudeza visual y de la selección de | MEDICINA
lentes para corregir los defectos visuales.

optometrista Especialista en optometría: *el optome-* | s.m.f.
trista te indicará los cristales adecuados. | MEDICINA

optómetro (Del gr. *optos*, visible + *metron*, medida.) | s.m.
Instrumento óptico para medir el grado de nitidez de | ÓPTICA
la visión, calcular la dirección de los rayos luminosos
y elegir cristales graduados.

optotipo Cartel con letras y signos impresos en dife- | s.m.
rentes tamaños que utilizan los oculistas para examinar la agudeza visual.

opuesto, a
1 Que difiere por completo de otra cosa del mismo | adj.
género y contrasta con ella: *nunca os pondréis de* | = contrario
acuerdo porque tenéis ideas opuestas; nuestros gustos son | ≠ igual
opuestos.
2 Se aplica a la persona que se opone o es contraria a | + a
una cosa: *se manifiesta opuesto a la nueva ley.* | ≠ partidario
3 Se refiere a la parte de la planta que nace a la mis- | BOTÁNICA
ma altura que otra, pero en lugar simétrico: *órganos* | = inverso
opuestos; hojas opuestas; flores opuestas.
4 Que está enfrentado, alejado o en posición simétri- | = contrario
ca: *está en el bando opuesto; el bar está en la acera*
opuesta.
5 Se aplica al elemento que sumado a otro da cero. | MATEMÁTICAS
6 Que va en la misma dirección, pero en sentido
contrario respecto a una persona o una cosa: *chocó*
contra un coche que iba en sentido opuesto.

opugnación
1 Oposición violenta y hecha con fuerza. | s.f./culto
2 Contradicción basada en razonamientos. | = refutación

opugnador, a Persona que se opone con fuerza o | s./culto
violencia a una cosa o persona.

opugnar (Del lat. *oppugnare*.)
1 Oponerse a una persona o una cosa con fuerza y | v.tr.
violencia. | culto
2 Atacar una plaza o un ejército. | MILITAR
3 Negar y rechazar las afirmaciones o los argumentos | = impugnar,
de una persona: *opugnaba todas mis propuestas, pero no* | refutar
daba a conocer las suyas. | ≠ aceptar

opulencia
1 Abundancia o riqueza grande: *la opulencia en la que* | s.f.
viven es propia de la aristocracia. | ≠ miseria, pobreza
2 **nadar en la opulencia:** Ser muy rico: *nunca ha teni-* | coloquial
do problemas de dinero porque nada en la opulencia.
3 **vivir en la opulencia:** Vivir de forma lujosa: *me pa-* | coloquial
rece injusto que haya gente que se muera de hambre y
otros vivan en la opulencia.

opulento, a (Del lat. *opulentus*, rico, poderoso.)
1 Que tiene abundantes riquezas y vive de ellas: *se* | adj.
casa con un opulento comerciante. | = acaudalado
2 Que es abundante o muy desarrollado: *es una mo-* | = exuberante
delo de opulentas formas; todos envidian su opulenta ca- | ≠ escaso
bellera.

opuncia Nopal, planta cactácea. | s.f./BOTÁNICA

opus (Del lat. *opus*, obra.)
1 Indicación que designa una obra concreta dentro | s.m.
de la producción completa de un compositor: *sinfonía* | pl: opus
número 1 en re mayor, opus 25, "clásica", de S. Prokó- | MÚSICA
fiev.
2 Obra musical. | MÚSICA

opúsculo (Del lat. *opusculus*.) Obra científica o litera- | s.m.
ria de poca extensión: *ha escrito un opúsculo sobre el*
arte gótico.

oque (Del ár. *haqq*, regalo.) Indica gratis en la expre- | loc.adv.
sión **de oque:** *entramos de oque porque teníamos invita-* | = de balde
ciones.

oquedad
1 Hueco en el terreno o en un cuerpo: *en las oqueda-* | s.f.
des del acantilado crecían unas bonitas plantas. | = hueco
2 Falta de sustancia en lo que se escribe o se dice: *el* | = insustancialidad
público criticó la oquedad de su discurso político.

oquedal Terreno sin cultivar, poblado de árboles y | s.m.
limpio de hierba y matas.

oqueruela Nudo o lazada que se forma en la hebra al coser cuando el hilo está muy retorcido. _s.f._

ora (Del gr. _ora_, división del día.) Ahora, ya: _ora un párrafo, ora dos capítulos, terminé la traducción en dos semanas._ _conj.distribut. culto, literario_

oración (Del lat. _oratio, onis,_ plegaria, lenguaje.)
1 Palabras pronunciadas en voz alta o elevadas mentalmente a la divinidad o a los santos alabándolos o pidiéndoles su protección o ayuda, estén o no fijadas por las doctrinas, ya sean en público o en privado: _antes de acostarse rezaba una oración._ _s.f. RELIGIÓN = rezo_
2 Palabra o conjunto de palabras relacionadas sintácticamente con que se expresa un sentido completo. _GRAMÁTICA_
3 Tiempo destinado a orar en una comunidad religiosa o cuando se llama a los fieles al rezo. _RELIGIÓN_
4 Primera parte del catecismo católico que se enseña a los niños, que comprende los principales rezos. _s.m.pl. RELIGIÓN_
5 **oración activa:** La que expresa la acción que ejerce un sujeto agente sobre un objeto paciente a través de un verbo transitivo. _GRAMÁTICA_
6 **oración adjetiva:** La subordinada que va introducida por un pronombre relativo y es sustituible por un adjetivo. _GRAMÁTICA = oración de relativo_
7 **oración adverbial:** La subordinada que funciona como un complemento circunstancial de la principal. _GRAMÁTICA_
8 **oración atributiva:** La que está formada por un sujeto en concordancia con una cópula y un atributo. _GRAMÁTICA_
9 **oración compuesta:** La formada por más de una proposición o más de un predicado en coordinación. _GRAMÁTICA_
10 **oración coordinada:** La que está formada por varios componentes unidos por coordinación. _GRAMÁTICA_
11 **oración de ciego:** 1. Composición poética y religiosa que los ciegos recitaban de memoria por las calles para sacar limosna. 2. Razonamiento dicho sin gracia y en un mismo tono. _LITERATURA_
12 **oración de relativo:** Oración adjetiva, la que es sustituible por un adjetivo. _GRAMÁTICA_
13 **oración dominical:** La del padrenuestro. _RELIGIÓN_
14 **oración mental:** Recogimiento interior del alma, que eleva la mente a la divinidad meditando en ella. _RELIGIÓN_
15 **oración pasiva:** La que está formada por un sujeto paciente, un verbo en voz pasiva y un ablativo agente opcional. _GRAMÁTICA_
16 **oración principal:** La que expresa el juicio fundamental y de la que dependen sintácticamente otras. _GRAMÁTICA_
17 **oración simple:** La que está formada por un único predicado. _GRAMÁTICA_
18 **oración subordinada:** La que sintácticamente depende de la principal. _GRAMÁTICA_
19 **oración sustantiva:** La subordinada que hace la función de sujeto, complemento directo e indirecto. _GRAMÁTICA_
20 **oración vocal:** Deprecación que se hace a lo divino con palabras. _RELIGIÓN_
21 **oración yuxtapuesta:** La que se encuentra en relación de yuxtaposición con respecto a otra u otras. _GRAMÁTICA_
22 **corromper las oraciones:** Intervenir en un asunto para trastocarlo o frustrarlo. _coloquial_
23 **romper las oraciones:** Interrumpir la plática con alguna impertinencia. _coloquial_

oracional
1 De la oración gramatical: _debo analizar la estructura oracional del discurso._ _adj. GRAMÁTICA_
2 Libro que contiene oraciones o que trata de ellas: _el sacerdote nos regaló un oracional._ _s.m. RELIGIÓN_

oracionero, a Que reza. _adj/s._

oráculo (Del lat. _oraculum,_ santuario.)
1 Respuesta de los dioses, en especial los griegos y romanos, a través de las pitonisas y sacerdotes: _Ulises consultó el oráculo antes de partir de viaje._ _s.m. MITOLOGÍA_
2 Lugar donde se acudía para formular consultas a los dioses. _MITOLOGÍA = santuario_
3 Estatua que representaba a la deidad a la que se consultaba. _MITOLOGÍA_
4 Respuesta que da el ser supremo de forma directa o a través de los sacerdotes. _RELIGIÓN_
5 Persona a la que se respeta y se consulta por su sabiduría: _el erudito siempre fue considerado un oráculo._

orador, a (Del lat. _orator,_ el que habla.)
1 Persona que habla en público, pronuncia discursos o imparte conferencias: _el público aplaudió al orador._ _s._
2 Persona que está preparada para ejercer el arte de hablar con elocuencia. _= conferenciante_
3 Persona que ruega y reza.
4 Predicador evangélico. _s.m./RELIGIÓN_

oraje (Del cat. _oratge,_ tempestad.) Tiempo muy crudo de lluvia, nieve, piedra o viento muy fuerte. _s.m._

oral (Del lat. _oralis._)
1 Que es expresado o transmitido por medio de palabras habladas: _la poesía épica pertenece a la tradición oral; esta tarde tengo un examen oral._ _adj. ≠ escrito_
2 De la boca: _la higiene oral es muy importante; este medicamento se administra por vía oral._ _= bucal_
3 Se aplica al sonido en cuya articulación el aire pasa por la boca de forma exclusiva, en oposición al nasal. _LINGÜÍSTICA_

¡órale!
1 Expresión que se usa para llamar la atención de una persona. _interj./Méx. familiar_
2 Expresión que se usa para animar a una persona a que haga una cosa. _Méx._

oralmente Por medio de la palabra. _adv._

-orama Componente de palabra procedente del gr. _orama,_ que significa lo que se ve: _panorama._ _suf._

orangista (De G. de _Orange,_ rey de Inglaterra.)
1 De dicho rey del siglo XVII, o de su política. _adj./HISTORIA_
2 Que era partidario de la casa dinástica de este rey inglés. _adj/s.m.f. HISTORIA_

orangután (Del malayo _orang utan,_ hombre salvaje.) Mono antropoide de las selvas de las islas indonesias, de pelo largo, rojizo y poco denso, largos brazos, cabeza gruesa, con la nariz chata y el hocico saliente, cuerpo robusto y brazos tan largos que llegan al suelo cuando está erguido. _(Pongo pygmaeus)._ _s.m. ZOOLOGÍA_

orante
1 Que ora: _los fieles orantes estaban arrodillados ante el altar._ _adj._
2 Se aplica a la figura humana que está representada en actitud de orar. _ARTE_

orar (Del lat. _orare,_ rogar.)
1 Hacer una persona una oración, en voz alta o mentalmente: _oraba a la Virgen por el bien de sus hijos._ _v.intr. = rezar_
2 Hablar una persona en público: _convence a todos porque ora muy bien._ _= declamar_
3 Pedir o suplicar una cosa a una persona: _si es necesario le oraré el aumento de sueldo._ _v.tr. = rogar_

orario
1 Pañuelo que los antiguos romanos usaban para limpiarse el sudor de la frente. _s.m. HISTORIA_
2 Estola usada por el papa. _RELIGIÓN_

orate (Del cat. _orat._)
1 Persona que ha perdido el juicio: _los orates necesitan tratamiento siquiátrico._ _s.m.f. = loco_
2 Persona de poco juicio o prudencia: _con tus actos pareces un orate._ _coloquial_

oratoria
1 Arte de hablar bien en público. _s.f._
2 Género literario formado por el discurso, el panegírico, el sermón y otros. _LITERATURA_

oratoriano
1 De la congregación del oratorio. _adj./RELIGIÓN_
2 Presbítero de esta congregación. _s.m./RELIGIÓN_

oratorio, a (Del lat. _oratorius._)
1 De la oratoria, la elocuencia o el orador: _es un hombre de grandes dotes oratorias._ _adj._
2 Lugar destinado a la oración: _las monjas rezaban en el oratorio._ _s.m. RELIGIÓN_
3 Capilla en algunas casas particulares, donde puede celebrarse la misa: _la condesa tenía su propio oratorio en palacio._ _RELIGIÓN_
4 Composición dramática y musical de tema religioso para ser cantada, que en la actualidad se ejecuta sin acción escénica. _MÚSICA_
5 Congregación de sacerdotes pertenecientes a una orden del mismo nombre. _RELIGIÓN_
6 **oratorio festivo:** Lugar de los colegios de salesianos donde se reúnen los jóvenes para orar los días de fiesta. _RELIGIÓN_
7 **ser un oratorio:** Ser una casa o un convento un lugar donde hay gran recogimiento.

orbe (Del lat. _orbis,_ círculo.)
1 Redondez, cosa o forma redonda o circular. _s.m._
2 Esfera terrestre: _ha recorrido todo el orbe._ _= globo_
3 Universo, conjunto de todo lo que existe. _= mundo_
4 Pez marino, de forma casi esférica, pequeño y cubierto de espinas largas que vive en aguas caribeñas y antillanas. _ZOOLOGÍA_
5 Cada una de las esferas cristalinas imaginadas en los antiguos sistemas astronómicos alrededor de la Tierra, en que se suponía se movían los planetas. _ASTRONOMÍA_

orbicular (Del lat. _orbicularis._)
1 Que tiene forma redonda o circular. _adj._
2 Se aplica al músculo circular que rodea la boca y al que rodea el orificio palpebral. _adj/s.m. ANATOMÍA_
3 Huesecillo lenticular del oído medio que articula el yunque con el estribo. _s.m. ANATOMÍA_

órbita (Del lat. _orbita,_ carril.)
1 Trayectoria que, en el espacio, recorre un cuerpo en su movimiento sometido a la acción gravitatoria ejercida por los astros. _s.f. ASTRONOMÍA_
2 Trayectoria que recorre una partícula sometida a campos electromagnéticos en los aceleradores de partículas o en el esquema que representa la estructura atómica. _FÍSICA_
3 Trayectoria que recorre un electrón alrededor del núcleo del átomo. _FÍSICA_
4 Cuenca del ojo: _estaba tan sorprendido que parecía que le salían los ojos de las órbitas._ _ANATOMÍA_

5 Ámbito o espacio en que una virtud o influencia se manifiesta de forma activa: *su poder sólo puede usarlo en su órbita laboral.* — = campo, esfera

6 **estar en órbita:** Actuar de acuerdo con un acontecimiento o tendencia de actualidad: *se nota que no estás en órbita, no conoces las últimas novedades musicales.* — coloquial

7 **poner en órbita:** 1. Lanzar al espacio un satélite artificial de modo que recorra una trayectoria previamente determinada. 2. Hacer notoria o popular a una persona, cosa o idea. — ASTRONÁUTICA / coloquial

orbital Que tiene relación con la órbita: *el satélite cruzará el curso orbital de un astro.* — adj. = orbitario

orbitar
1 Girar alrededor de un cuerpo marcando una trayectoria determinada. — v.tr.
2 Girar un cuerpo celeste alrededor de otro que ejerce una fuerza gravitacional. — ASTRONOMÍA

orbitografía Técnica de registro de la trayectoria de los satélites artificiales. — s.f. ASTRONÁUTICA

orca (Del lat. *orca* < gr. *oryx.*) Mamífero cetáceo de los mares septentrionales, negro en el dorso con alguna mancha grande, aleta dorsal alta y aguda y vientre claro y una gigantesca cola, que se alimenta de focas, delfines, pingüinos o peces. *(Orcinus orca.)* — s.f. ZOOLOGÍA tb: orco

orcaneta (Del fr. *orcanette* < bajo lat. *alchanna* < ár. *hinna,* alheña.)
1 Planta herbácea borraginácea muy vellosa cuya raíz suministra un tinte rojo. *(Alkanna y Onosma.)* — s.f. BOTÁNICA
2 **orcaneta amarilla:** Planta herbácea anual, vellosa, de hojas lanceoladas, fruto seco y flores acampanadas de color amarillo. *(Onosma echinoides.)* — BOTÁNICA

orchilla Denominación común a varios líquenes que viven en las costas rocosas mediterráneas. — s.f. BOTÁNICA

orcina (Del ital. *orcina.*) Sustancia colorante obtenida de ciertos líquenes. — s.f. QUÍMICA

orco
I (Derivado de *orca.*) Orca, mamífero cetáceo. — s.m./ZOOLOGÍA
II (Del lat. *orcus,* plutón.)
1 Infierno, reino de la muerte: *las almas se condenaban al fuego del orco.* — s.m. literario
2 Lugar donde iban los muertos según la mitología romana. — MITOLOGÍA

órdago (Del vasco *or dago,* ahí está.)
1 Envite del resto en el juego de cartas del mus con el que se decide la partida si se acepta. — s.m. JUEGOS
2 **de órdago:** Excelente, muy fuerte, muy bueno: *he pillado un catarro de órdago; lleva un cabreo de órdago.* — loc.adj. coloquial

ordalía (Del bajo lat. *ordalia* < anglosajón *ordal,* juicio.) Prueba a la que se sometía durante la edad media a un acusado para demostrar mediante rituales su inocencia o culpabilidad. — s.f. HISTORIA = juicio de Dios

orden (Del lat. *ordo, -inis.*)
1 Colocación cuidadosa de un conjunto de cosas, asignando a cada una un lugar o posición determinada: *quiero que todo esté en orden.* — s.m. ≠ desorden
2 Disposición regular de un conjunto de cosas o personas: *los libros están colocados por orden alfabético.* — = concierto ≠ desorden
3 Mandato, acción de ordenar una cosa para que se cumpla o ejecute: *no puedes desobedecer las órdenes del jefe.* — s.m. = mandamiento
4 Cada uno de los estilos arquitectónicos que se diferencian entre sí por la disposición de los cuerpos principales del edificio y por la proporción existente entre éstos: *las columnas de este templo son de orden jónico.* — s.m. ARQUITECTURA
5 Grupo taxonómico de animales o plantas que, junto a otros, compone las clases y se subdivide a su vez en familias. — BOTÁNICA, ZOOLOGÍA
6 Instituto o agrupación religiosa aprobada por el papa, que se rige por las reglas que estableció su fundador. — s.f. RELIGIÓN
7 Instituto u organización civil o militar creada para otorgar condecoraciones a personas destacadas por sus actos. — = congregación
8 Grupo o categoría social en algunas épocas de la historia: *pertenecía al orden senatorial.* — s.m. = estamento
9 Conjunto de fonemas que, en una lengua, tienen el mismo punto de articulación. — LINGÜÍSTICA
10 Calificación dada a una línea según el grado de la ecuación que la representa. — GEOMETRÍA
11 Formación, disposición de una tropa. — MILITAR
12 Regla, modo o método que se sigue para hacer una cosa: *su visita perturbó el orden de trabajo.*
13 Sucesión metódica de un conjunto de cosas o personas: *los distintos procesos de fabricación se realizan con orden.* — = coordinación
14 Fila de granos de una espiga. — BOTÁNICA
15 Sexto de los siete sacramentos de la Iglesia, por el cual son instituidos los sacerdotes y los ministros del culto. — RELIGIÓN
16 Grado del ministerio sacerdotal. — RELIGIÓN
17 Relación de una cosa con otra.
18 Mandato escrito que obliga a su cumplimiento a los servicios internos de una administración. — s.f.

19 Coro de ángeles. — s.m./TEOLOGÍA
20 **orden abierto:** Formación de una tropa que se dispersa para cubrir un terreno mayor ofreciendo al enemigo un blanco menos vulnerable. — MILITAR
21 **orden atlántico:** El que tiene columnas de forma humana o atlantes para sostener los arquitrabes. — ARQUITECTURA
22 **orden cerrado:** Formación de la tropa, cuando se agrupa para ocupar menor espacio. — MILITAR
23 **orden compuesto:** El que reúne características del jónico y del corintio. — ARQUITECTURA
24 **orden corintio:** El clásico que tiene columnas de unos diez módulos de altura, con capitel adornado con hojas de acanto y cornisa con modillones. — ARQUITECTURA
25 **orden de batalla:** Formación de las tropas, o de una escuadra de barcos, para enfrentarse al enemigo del modo más favorable. — MILITAR
26 **orden de caballería:** 1. Título de honor que se daba a los hombres nobles que prometían vivir de forma justa y honesta, y defender con las armas la religión, al rey, la patria y los agraviados. 2. Conjunto, cuerpo y sociedad de los caballeros que profesan las armas con autoridad pública. — HISTORIA / MILITAR
27 **orden de marcha:** Formación de una escuadra de barcos para navegar evitando abordajes. — MILITAR
28 **orden de parada:** Formación de una tropa con mucho frente y poco fondo, con las banderas y los oficiales adelantados tres pasos. — MILITAR
29 **orden de registro:** Mandato judicial que permite que se registre un domicilio particular, una empresa o una institución, cuando existen sospechas fundadas de que en dicho lugar se podrán hallar pruebas que ayuden a la resolución de una investigación policial. — DERECHO
30 **orden del día:** 1. Indicación escrita y ordenada según prioridades de los asuntos que han de ser tratados en una asamblea o corporación: *el primer punto del orden del día es la aprobación de los presupuestos.* 2. Indicación escrita de los servicios que durante el día han de prestar las tropas de una guarnición o acuartelamiento. — MILITAR
31 **orden dórico:** El que tiene columnas de ocho módulos de altura, con capitel sencillo y friso adornado con metopas y triglifos. — ARQUITECTURA
32 **orden establecido:** Organización social, política o económica vigente en una colectividad.
33 **orden jónico:** El que tiene columnas de unos nueve módulos de altura, con el capitel adornado con grandes volutas y dentículos en la cornisa. — ARQUITECTURA
34 **orden mayor:** Grado de diácono o de sacerdote. — RELIGIÓN
35 **orden menor:** Grado de lector o de acólito. — RELIGIÓN
36 **orden militar:** Cualquiera de las de caballeros. — MILITAR
37 **orden natural:** 1. Manera de ser, existir o suceder las cosas, según las leyes de la naturaleza. 2. El de navegación de una escuadra o división cuando cada uno de sus buques sigue al matalote de proa que le ha sido designado. — NÁUTICA
38 **orden paraninfico:** El que tiene estatuas de ninfas como columnas. — ARQUITECTURA
39 **orden público:** Situación y estado de normalidad en un pueblo, ciudad o nación, reinando la tranquilidad pública y el respeto a las leyes: *lo detuvieron por alterar el orden público.*
40 **orden toscano:** El derivado del dórico, pero más sólido y sencillo que éste. — ARQUITECTURA
41 **real orden:** La orden firmada por un ministro en nombre del rey en una monarquía constitucional. — s.f.
42 **a la orden:** Se aplica al valor comercial que es transferible por endoso. — loc.adj. COMERCIO
43 **a la orden o a las órdenes:** Expresión con que una persona se pone a la disposición de otra.
44 **¡a la orden!** o **¡a sus órdenes!:** Fórmulas militares de acatamiento o saludo ante un superior. — MILITAR
45 **consignar las órdenes:** Dar al centinela el mandato de lo que ha de hacer. — MILITAR
46 **dar órdenes:** 1. Mandar, ordenar: *él da órdenes y los demás las cumplen.* 2. Conferir el obispo este sacramento a los eclesiásticos. — RELIGIÓN
47 **de orden de:** Por mandato de: *se ha de hacer así por orden del director.* — loc.prep.
48 **del orden de:** De forma aproximada: *este piso cuesta del orden de veinte millones.* — loc.prep.
49 **en orden:** De forma ordenada: *deja los discos en orden.* — loc.adv.
50 **en orden a:** Respecto a, en relación a: *en orden a este tema no tengo nada que decir.* — loc.prep.
51 **estar a la orden del día:** Estar de moda o ser muy frecuente: *los atracos callejeros están a la orden del día.* — coloquial
52 **hacer órdenes:** Dar órdenes, mandar.
53 **llamar a una persona al orden:** Advertir a una persona que se comporte o hable de la forma debida: *el conferenciante llamó al orden a unos estudiantes que no dejaban de hablar.* — coloquial
54 **poner una cosa en orden:** 1. Reducir una cosa a un método, corrigiendo las imperfecciones que tenía.

2. Reglar y concordar una cosa para que tenga su debida proporción, forma o régimen.
55 por su orden: De forma sucesiva. *loc.adv.*
56 sin orden ni concierto: De manera desordenada *loc.adv.*
o confusa: *no me extraña que no lo encuentres, todo está sin orden ni concierto.*

ordenación
1 Acción y resultado de ordenar u ordenarse. *s.f.*
2 Colocación de varias cosas siguiendo cierto orden o *= organización*
disposición: *debo hacer la ordenación de las fichas.*
3 Acción y resultado de colocar o prepararse una cosa *= disposición*
de la manera conveniente para un fin determinado.
4 Orden o manera de estar colocadas varias cosas: *los discos siguen la ordenación alfabética.*
5 Orden o mandato: *no puedes saltarte las ordenaciones* *= precepto*
de tus superiores.
6 Disciplina que estudia y determina la capacidad *ARQUITECTURA*
que han de tener las diferentes piezas de un edificio.
7 Distribución de las figuras en un cuadro. *ARTE*
8 Cierta oficina de cuenta y razón de trámites administrativos.
9 Acción litúrgica mediante la cual se promueve a un *RELIGIÓN*
miembro de una iglesia para un determinado grado
dentro del ministerio eclesial.
10 ordenación de montes: Dasocracia, estudio y de- *ECOLOGÍA*
terminación del régimen de explotación más conveniente para un bosque.
11 ordenación de pagos: Oficina de un ministerio
en la que se dan órdenes de pago.
12 ordenación del suelo: Conjunto de normas legales que regulan la calificación del suelo y las posibilidades de edificar.
13 ordenación del territorio: Estudio de los recursos de una zona para obtener de ella el mayor beneficio.

ordenada Se aplica a la coordenada que, en el siste- *adj/s.f.*
ma de ejes cartesianos, es vertical: *la ordenada es per-* *MATEMÁTICAS*
pendicular a la abscisa.

ordenado, a Que guarda orden y método en sus co- *adj.*
sas y en sus acciones: *se enfada si le tocas sus cosas* *≠ desordenado*
porque es muy ordenado.

ordenador, a
1 Que ordena: *todos debemos seguir el mismo criterio or-* *adj.*
denador.
2 Que gusta de ordenar las cosas. *adj/s.*
3 Máquina automática de tratamiento de la informa- *s.m.*
ción equipada para la realización de una gran varie- *INFORMÁTICA*
dad de operaciones de diverso tipo a través de pro- *= computador*
gramas informáticos que han sido introducidos en
ella.
4 Jefe de una ordenación de pagos u oficina de cuenta y razón.
5 ordenador compatible: El que puede ejecutar pro- *INFORMÁTICA*
gramas escritos para otro sin necesidad de traducción
o de reescritura.
6 ordenador personal: El que se usa para aplicacio- *INFORMÁTICA*
nes comerciales y procesamiento de textos. *= microprocesador*

ordenamiento
1 Acción y resultado de ordenar. *s.m.*
2 Ley u ordenanza dada por un superior para que se *= reglamento*
haga una cosa determinada.
3 Código breve que contiene una lista de leyes promulgadas al mismo tiempo, o de disposiciones relativas a una misma materia.
4 Código real: El que contiene la lista de las *HISTORIA*
leyes de Castilla promulgadas en Alcalá de Henares
en el siglo XIV.

ordenancista Se aplica al jefe o superior que cumple *adj/s.m.f.*
y hace cumplir con rigor las ordenanzas.

ordenando El que va a recibir alguna de las órdenes *s.m.*
sagradas: *los ordenandos estaban sentados en la primera* *RELIGIÓN*
fila del templo. *= ordenante*

ordenante
1 Que ordena. *adj.*
2 El que va a recibir alguna de las órdenes sagradas: *s.m/RELIGIÓN*
el sacerdote se dirigió a los ordenantes. *= ordenando*

ordenanza
1 Conjunto de normas o preceptos que regulan una *s.f.*
cosa: *todos los ciudadanos debemos cumplir las ordenan-* *= reglamento*
zas municipales.
2 Empleado de una oficina o institución que se ocupa *s.m.*
de trabajos auxiliares, tales como llevar recados, man- *= bedel*
tener el orden, servicio de portería, hacer fotocopias
y otras cosas: *el ordenanza me prohibió el paso.*
3 Mandato, disposición y voluntad de una persona: *s.f.*
estoy a su entera ordenanza.
4 Método y orden en las cosas que se ejecutan. *= ordenación*
5 Ordenación de las piezas de cada edificio. *ARQUITECTURA*
6 Distribución de las figuras en un cuadro. *ARTE*
7 Soldado que está a las órdenes de un oficial o de *s.m.*
un jefe. *MILITAR*

ordenar (Del lat. *ordinare*.)
1 Poner una cosa en orden: *ordena el archivo antes de* *v.tr.*
irte. *≠ desordenar*

2 Decir a una persona que haga una cosa: *le ordené* *= mandar*
que arreglara su habitación.
3 Dirigir una cosa a un fin: *ordenó todo su esfuerzo a* *= encaminar,*
aprobar el examen. *orientar*
4 Conceder las órdenes sagradas a una persona. *RELIGIÓN*
5 Recibir una persona ódenes sagradas: *se ordenó* *v.prnl.*
sacerdote a los cuarenta años. *RELIGIÓN*
6 orden y mando: Expresión que se aplica a las *coloquial*
personas que se exceden en el ejercicio de su autoridad y a las situaciones que por ello se crean.

ordeña Acción y resultado de ordeñar. *s.f/Méx.*

ordeñadero
1 Vasija usada para el ordeño manual: *llenó tres orde-* *s.m.*
ñaderos con leche.
2 Sitio donde se ordeña: *por la mañana ya está en el
ordeñadero con las vacas.*

ordeñador, a
1 Que ordeña. *adj/s.*
2 Persona que recolecta las aceitunas a mano. *s./AGRICULTURA*

ordeñadora Máquina que por medio de la succión *s.f.*
efectúa el ordeño de las vacas.

ordeñar (Del lat. vulgar *ordiniare*, arreglar.)
1 Sacar la leche apretando las ubres de las hembras *v.tr.*
de los animales mamíferos: *de joven solía ordeñar las
vacas.*
2 Pasar la mano a lo largo de las ramas de los olivos *AGRICULTURA*
para coger las aceitunas: *ordeña los olivos con mucha
rapidez.*
3 Sacar el máximo provecho de una cosa o persona: *= explotar*
*ordeñó su viejo abrigo hasta que lo destrozó por el uso; orde-
ña a sus empleados.*

ordeñe Ordeño, acción y resultado de ordeñar. *s.m/Argent.*

ordeño
1 Acción y resultado de ordeñar: *el ordeño de las vacas* *s.m.*
debe hacerse al amanecer.
2 a ordeño: Ordeñando o recogiendo con la mano la *loc.adv.*
aceituna. *AGRICULTURA*

¡órdiga! Expresión usada para expresar admiración o *interj.*
sorpresa: *¡anda la órdiga! no esperaba tu visita.* *coloquial*

ordinal (Del lat. *ordo, -inis*.)
1 Que hace referencia al orden. *adj.*
2 Se aplica al número y al adjetivo que indican orden *adj/s.m,*
en una secuencia. *GRAMÁTICA*

ordinariamente
1 Por lo común, de forma habitual: *ordinariamente no* *adv.*
se mueve de su sitio.
2 Sin cultura ni urbanidad, con ordinariez: *hablaban
en voz alta y muy ordinariamente.*

ordinariez
1 Acción o palabras propias de la persona ordinaria o *s.f.*
grosera: *no dejó de soltar ordinarieces durante toda la* *pl: ordinarieces*
cena. *= grosería*
2 Cosa ordinaria o de mal gusto: *ese jarrón es una or-* *= vulgaridad*
dinariez.
3 Modo de ser o comportarse la persona ordinaria o *≠ delicadeza*
mal educada: *lo que menos me gusta de él es su ordinariez.*

ordinario, a
1 Que es común o habitual: *además del trabajo ordina-* *adj.*
rio hoy tengo de extra. *= corriente, usual*
2 Que es basto o de mal gusto: *al hablar hace gestos* *= grosero, zafio*
muy ordinarios; tu vecina es una mujer muy ordinaria. *≠ refinado*
3 Que tiene una elaboración poco refinada: *son mue-* *= corriente, basto*
bles ordinarios y por eso cuestan poco dinero. *≠ selecto*
4 Que no tiene grado o distinción: *un sastre ordinario.* *= corriente*
5 Se aplica al correo que se tramita por tierra o mar a
diferencia del aéreo o del certificado.
6 Se refiere al gasto diario de una casa y a lo que se
consume.
7 Se aplica al juez o tribunal de la justicia civil. *DERECHO*
8 Se refiere al despacho corriente con providencias *DERECHO*
de tramitación en negocios.
9 de ordinario: Con frecuencia, de forma regular: *de* *loc.adv.*
ordinario va al pueblo dos veces por semana.

ordinativo, a De la ordenación, colocación o arreglo *adj.*
de una cosa.

ordinograma Esquema gráfico que representa la se- *s.m.*
cuencia de las operaciones y procesos que en la utili- *INFORMÁTICA*
zación de un ordenador forman un programa.

ordo Libro que contiene el oficio litúrgico de cada día *s.m.*
y las eucaristías que se tienen que celebrar. *RELIGIÓN*

ordovícico, a Se aplica al segundo período de la era *adj/s.m/GEOLOGÍA*
primaria, entre el cámbrico y el silúrico. *tb: ordoviciense*

oréade (Del gr. *oreias*, que vive en los montes.) Ninfa *s.f/MITOLOGÍA*
de los bosques y los montes, en la mitología clásica. *tb: orea*

orear
1 Dar el viento en una cosa refrescándola: *me gusta* *v.tr.*
orear mi habitación. *= airear*
2 Dar el aire en una cosa quitándole el olor o secán- *v.tr/prnl.*
dola: *orea el jersey porque huele a humo; el terreno se ha* *= ventilar*
oreado.

3 Salir una persona a tomar el aire: *después de tanto trabajar necesito orearme.* `v.prnl.` `= airearse`

4 Pasársele a una persona la borrachera. `v.intr./Chile`

orégano (Del lat. *origanum* < gr. *origanos.*) Planta herbácea vellosa, de hojas pequeñas, ovales, flores púrpura en espigas terminales, fruto seco y globoso, muy aromática, cuyas hojas y flores se usan como condimento. *(Origanum y Satureia.)* `s.m.` `BOTÁNICA` `= dictamo`

oreja (Del lat. *auricula.*)

1 Parte externa del órgano del oído formada por una ternilla que rodea el orificio a ambos lados de la cabeza: *lleva un pendiente en la oreja derecha.* `s.f.` `ANATOMÍA`

2 Órgano de la audición: *tiene un problema en la oreja y no oye bien.* `ANATOMÍA`

3 Sentido de la audición. `= oído`

4 Parte del zapato que sobresale a cada lado, para ajustar al empeine con un botón, lazo o hebilla.

5 Cualquiera de las dos puntas simétricas que suelen llevar en la boca o extremo algunas herramientas.

6 Cada una de las vertederas del arado romano.

7 Cada agarrador de una vasija, bandeja u otro utensilio: *coge la cazuela por las orejas.* `= asa`

8 Saliente a cada lado del respaldo de un sillón que sirve para apoyar la cabeza.

9 Persona aduladora que se dedica a llevar y traer chismes y cuentos: *ella lo sabe todo porque es la oreja del barrio.* `s.m.f.` `coloquial`

10 Pan dulce formado por dos partes unidas, cada una de las cuales tiene la forma de este órgano. `s.f.` `Méx.`

11 Desviación circular que cruza la recta de una autopista. `Colomb.`

12 Espía, delator al servicio de las autoridades gubernativas: *fulano es oreja del jefe.* `s.m.f.` `Méx., Salv.`

13 oreja de abad: 1. Golosina de masa frita. 2. Ombligo de Venus, planta. `COCINA` `BOTÁNICA`

14 oreja de fraile: Ásaro, planta. `BOTÁNICA`

15 oreja de mar: Oreja marina, molusco. `ZOOLOGÍA`

16 oreja de monje: Ombligo de Venus, planta. `BOTÁNICA`

17 oreja de oso: Planta de hojas carnosas casi redondas, vellosas por el envés, y flores amarillas y olorosas, muy cultivada en los jardines. `BOTÁNICA`

18 oreja de ratón: Vellosilla, planta compuesta. `BOTÁNICA`

19 oreja marina: Molusco gasterópodo de concha ovalada, arrugada y pardusca por fuera y nacarada y brillante por dentro. `ZOOLOGÍA`

20 aguzar las orejas: 1. Ponerlas tiesas las caballerías, cuando escuchan. 2. Poner mucha atención a lo que se oye: *aguza las orejas y no pierdas detalle.* `coloquial` `coloquial`

21 apearse una persona por las orejas: 1. Caerse una persona de la cabalgadura. 2. Responder o decir algún disparate o despropósito. `coloquial` `coloquial`

22 asomar una persona las orejas: Descubrir su verdadera naturaleza o intención. `coloquial`

23 bajar una persona las orejas: Ceder con humildad en una discusión o réplica: *él tenía razón y yo tuve que callar y bajar las orejas.* `coloquial`

24 calentarle a una persona las orejas: Reprenderla o castigarla con golpes o de forma severa. `coloquial`

25 con las orejas caídas o gachas: Avergonzado, humillado: *se fue con las orejas caídas porque sabía que había obrado mal.* `loc.adv.` `coloquial`

26 con las orejas gachas: Con tristeza y sin haber conseguido lo que deseaba. `loc.adv.` `coloquial`

27 con las orejas tan largas: Se usa para señalar la atención o curiosidad con que una persona oye o desea oír una cosa. `loc.adv.`

28 cuatro orejas: Hombre que, según la moda antigua, llevaba grandes tufos y muy pelada la cabeza por encima y por detrás.

29 de cuatro orejas: Expresión que se usa para designar al animal que tiene cuernos, en especial al toro. `loc.adj.` `coloquial`

30 de oreja a oreja: Expresión que se aplica a una boca muy grande o que se alarga mucho hacia ambos lados al sonreír: *me dirigió una sonrisa de oreja a oreja.* `loc.adj/adv.` `coloquial`

31 descubrir una persona la oreja: Descubrir su verdadera naturaleza o intención. `coloquial`

32 desencapotar las orejas: Enderezarlas o ponerlas tiesas algunos animales. `coloquial`

33 enseñar una persona la oreja: Descubrir su verdadera naturaleza o intención. `coloquial`

34 estar a la oreja: 1. Estar siempre con otra persona, sin apartarse de ella ni dar lugar a que se le hable en secreto. 2. Estar retando o porfiando sobre una pretensión. `coloquial` `coloquial`

35 hacer una persona orejas de mercader: Desentenderse, hacerse el sordo: *no hagas orejas de mercader que te hablo a ti.* `coloquial`

36 ladrar una persona a la oreja: Sugerirle de forma continua una idea. `coloquial`

37 mojar la oreja: Buscar pelea, insultar, provocar. `coloquial`

38 no valer una persona sus orejas llenas de agua: Ser muy despreciable. `coloquial`

39 parar o hacer la oreja: Aguzar las orejas, poner atención. `Argent.` `coloquial`

40 planchar la oreja: Dormir, descansar: *me voy a planchar la oreja porque mañana madrugo.* `coloquial`

41 poner a una persona las orejas coloradas: Hacer que se avergüence diciéndole palabras desagradables o riñéndole de forma severa. `coloquial`

42 repartir orejas: Suplantar testigos de oídas de una cosa que no oyeron. `coloquial`

43 retiñir las orejas: Perjudicar aquello que oye, de modo que no quisiera haberlo oído. `coloquial`

44 taparse las orejas: Forma de resaltar el escándalo que causa una cosa que se dice, que para no oírla se tapan los oídos. `coloquial`

45 tener de la oreja a una persona: Tenerla a su arbitrio, para que haga lo que le pida o mande. `coloquial`

46 tirar de la oreja a Jorge: Jugarse el dinero en juegos de azar. `coloquial` `JUEGOS`

47 tirar una persona la oreja o las orejas: Jugar a las cartas. `coloquial` `JUEGOS`

48 tirarse una persona de una oreja y no alcanzarse la otra: Forma de designar al que no consiguió lo que deseaba, o lo perdió por no ser prudente para lograrlo. `coloquial`

49 ver una persona las orejas al lobo: Descubrir un peligro que ya antes no se le prestaba atención. `coloquial`

50 vérsele a una persona la oreja: Descubrir su verdadera naturaleza o intención. `coloquial`

orejano, a (Del ant. *orellano,* lateral, apartado.)

1 Se aplica a la res que no está marcada en la oreja ni en ninguna parte del cuerpo. `adj.` `= orejisano`

2 Se refiere a la persona huraña que rehúye el contacto con la gente. `Argent., Colomb.`

orejeado, a Que está prevenido para poder responder a una persona o para no creer lo que diga. `adj.` `= avisado`

orejear

1 Mover las orejas un animal: *el conejo orejeó ante el cazador.* `v.intr.`

2 Hacer una cosa de mala gana: *orejeaba cuando tenía que ponerse a estudiar.*

orejera

1 Cada una de las piezas de algunas gorras que cubren las orejas y se atan debajo de la barba. `s.f.`

2 Especie de casco de tejido caliente, para proteger las orejas del frío: *usa orejeras para esquiar.*

3 Pieza de acero que tenían los cascos de guerra a cada lado, para proteger las orejas. `MILITAR`

4 Cada uno de los dos palos o barras que lleva el arado introducidos de forma oblicua a uno y otro lado del dental, para ensanchar el surco. `AGRICULTURA` `= oreja`

5 Anilla que usan los indios a modo de pendiente.

orejero, a Soplón, persona chismosa. `s./Chile/despectivo`

orejisano, a Se aplica a la res que no tiene ninguna marca en las orejas ni en ninguna otra parte del cuerpo. `adj.` `= orejano`

orejón, a

1 Que tiene las orejas grandes o largas: *el conejo es muy orejón.* `adj.` `= orejudo`

2 Trozo de albaricoque, melocotón o pera secado al aire y al sol: *de postre comimos orejones y frutos secos.* `s.m.` `COCINA`

3 Tirón de orejas.

4 Persona que, entre los antiguos peruanos, llevaba las orejas horadadas en prueba de nobleza. `HISTORIA`

5 Denominación que se dio en tiempos de la conquista a distintas tribus de indios americanos. `HISTORIA`

6 Cuerpo que sale del flanco de un baluarte cuyo frente se ha prolongado. `CONSTRUCCIÓN`

7 Persona zafia, rústica y que tiene un comportamiento tosco y ordinario. `Colomb., Méx., Amér. Central`

orejudo, a

1 Que tiene las orejas grandes o largas: *la liebre es un animal orejudo.* `adj/s.` `= orejón`

2 Murciélago vespertiliónido insectívoro de grandes orejas. *(Plecotus auritus.)* `s.m.` `ZOOLOGÍA`

orejuela Asa o agarradero pequeño de una olla, bandeja u otro objeto semejante: *no te quemes con las orejuelas de la olla.* `s.f.` `= oreja`

oremus

1 Cualquier oración de la misa. `s.m./RELIGIÓN`

2 perder el oremus: Perder el hilo del discurso. `coloquial`

orenga (Del fr. *varanque.*)

1 Cada uno de los maderos fijados a uno y otro lado desde la serviola al tajamar. `s.f./NÁUTICA` `= brazal`

2 Cuaderna que encaja en la quilla y cuyas ramas forman las costillas del casco. `NÁUTICA`

orensano, a

1 De Orense, ciudad y provincia españolas. `adj.`

2 Persona natural de esta ciudad o provincia. `s.`

oreo

1 Soplo de aire que da suavemente sobre una cosa: *el oreo secará la ropa húmeda.* `s.m.`

2 Acción y resultado de orear u orearse.

oreoselino (Del gr. *oros, oreos, orus,* montaña + *selinon,* perejil.) Planta herbácea perenne, erecta, de hojas grandes y anchas, flores pequeñas de color blanco y semilla pequeña. *(Peucedanum oreoselinum.)* `s.m.` `BOTÁNICA`

oretano, a
1 De un pueblo ibérico de la Hispania prerromana que habitaba la Oretania, en el sur de la región Tarraconense. *adj. HISTORIA*
2 Persona natural de este pueblo ibérico. *s./HISTORIA*

-orexia Componente de palabra del gr. *orexis*, que significa apetito: *anorexia*. *suf.*

orfanato Asilo para huérfanos: *su madre lo abandonó al nacer y vivió en un orfanato*. *s.m. = orfelinato*

orfanatorio Orfelinato, asilo para huérfanos. *s.m./Méx.*

orfandad
1 Estado en el que quedan los hijos al morir uno de sus padres o los dos. *s.f.*
2 Pensión que tienen algunos huérfanos: *su único ingreso es la orfandad*.
3 Falta de protección o ayuda en que se encuentra una persona o cosa. *= desamparo ≠ amparo*

orfebre (Del fr. *orfevre* < lat. *auri faber*, metalúrgico de oro.)
1 Artesano que labra objetos de oro, plata y otros metales preciosos: *el orfebre hizo un bonito cenicero de plata*. *s.m.f.*
2 Persona que vende estos objetos.

orfebrería
1 Arte y técnica de elaborar objetos artísticos con metales preciosos: *estudia orfebrería en una escuela artística*. *s.f.*
2 Oficio de orfebre: *se dedica a la orfebrería desde que era muy joven*.

orfeón (Del fr. *orpheon*.) Sociedad o agrupación que se dedica al canto coral: *esta noche actúa el orfeón del barrio*. *s.m. MÚSICA*

orfeonista Miembro de un orfeón: *los orfeonistas están ensayando el concierto*. *s.m.f. MÚSICA*

órfico, a Del orfismo. *adj./RELIGIÓN*

orfismo (De *Orfeo*, poeta y músico de la leyenda griega.) Doctrina religiosa de los antiguos griegos, cuya fundación se atribuía a este personaje legendario, que se caracteriza por la creencia en la vida de ultratumba, en la reencarnación y en la naturaleza divina de un alma encerrada y presa del cuerpo. *s.m. RELIGIÓN*

orfo (Del lat. *orphus* < gr. *orphos*.) Pez marino similar al besugo, de color rubio, ojos grandes y dientes aserrados. *s.m. ZOOLOGÍA*

organdí (Del fr. *organdi*.) Tela de algodón, blanca, rígida y transparente: *la novia lucía un vestido de organdí*. *s.m./TEXTIL pl. tb: organdíes*

organero, a Persona que fabrica o repara órganos musicales: *la iglesia ha encargado un órgano al organero*. *s.*

organicismo
1 Doctrina médica que atribuye todas las enfermedades a una lesión física de un órgano. *s.m. MEDICINA*
2 Doctrina que considera a las sociedades como entidades semejantes a los seres vivos. *SOCIOLOGÍA*
3 Doctrina filosófica opuesta al vitalismo que afirma que la vida es un todo semejante a un organismo vivo. *FILOSOFÍA*

organicista
1 Del organicismo. *adj.*
2 Que es partidario del organicismo. *adj/s.m.f.*

orgánico, a
1 De los órganos o del organismo: *sufre un trastorno orgánico; estudiamos las estructuras orgánicas*. *adj. BIOLOGÍA*
2 Que tiene vida: *los animales y las plantas son seres orgánicos, los minerales no*. *BIOLOGÍA ≠ inorgánico*
3 Que procede de tejidos, organismos o restos de seres vivos: *el abono orgánico es menos perjudicial que el químico*. *≠ inorgánico*
4 Que tiene armonía y consonancia.
5 De la constitución de las entidades colectivas o de sus funciones.
6 De la organización de un estado: *ley orgánica*. *POLÍTICA*
7 Se aplica a la sustancia que tiene al carbono como componente constante en combinación con el hidrógeno o con el nitrógeno. *QUÍMICA*
8 Se aplica a los síntomas y trastornos en los cuales la alteración patológica de los órganos va acompañada de lesiones visibles y duraderas. *MEDICINA ≠ funcional*

organigrama
1 Gráfico que representa cómo se organiza una entidad, una empresa o una actividad: *mira en el organigrama quién se encarga del departamento de compras*. *s.m.*
2 Esquema gráfico que representa la secuencia de las operaciones de cálculo de un ordenador o de un proceso industrial. *INFORMÁTICA*

organillero, a Persona que toca el organillo: *un organillero tocaba en el centro de la plaza*. *s. MÚSICA*

organillo Instrumento musical parecido a un piano pequeño, que se acciona de forma manual por medio de un manubrio que mueve un cilindro con púas que produce el sonido. *s.m. MÚSICA = piano de manubrio*

organismo (Del ingl. *organism*.)
1 Conjunto de órganos y funciones del cuerpo ani- *s.m.*
mal o vegetal: *las enfermedades son alteraciones que sufre el organismo*. *BIOLOGÍA*
2 Ser vivo, ser formado por órganos que desempeñan las funciones de la vida: *los organismos necesitan oxígeno para vivir*. *BIOLOGÍA*
3 Conjunto de oficinas, dependencias o empleos que forman una institución o cuerpo: *la ONU es un organismo internacional*.
4 Entidad formada por un conjunto de personas asociadas por iniciativa propia o designadas por otras o por el gobierno para ocuparse de asuntos de interés general: *la empresa es un organismo vivo que funciona de forma coordinada*. *= institución*
5 Conjunto de leyes, usos y costumbres por que se rige un cuerpo o institución social.

organista Persona que toca el órgano: *el grupo presenta hoy a su nuevo organista*. *s.m.f. MÚSICA*

organístico, a Del órgano, instrumento musical: *aprende nuevas técnicas organísticas*. *adj. MÚSICA*

organización
1 Acción y resultado de organizar u organizarse. *s.f.*
2 Organismo, conjunto de personas que funcionan para conseguir un determinado fin y disponen de los medios adecuados: *han fundado una organización benéfica*. *SOCIOLOGÍA = agrupación*
3 Disposición de los órganos de la vida, o manera de estar organizado el cuerpo animal o vegetal. *BIOLOGÍA*
4 Disposición y orden de las cosas: *la biblioteca ha propuesto una nueva organización del material*. *= colocación*

organizado, a
1 Que tiene vida: *las plantas y los animales son seres organizados*. *adj. = orgánico*
2 Se refiere a la materia o sustancia que tiene la estructura de los seres vivos. *BIOLOGÍA*
3 Se aplica a la persona que desarrolla su vida y sus cosas con orden.

organizador, a Que organiza: *los organizadores del certamen nos facilitaron el orden de conferencias*. *adj/s.*

organizar
1 Preparar lo necesario para la realización de una cosa: *he de organizar la boda de mi hijo; el plan se organizó durante la reunión*. *v.tr/prnl. conj: cazar = montar*
2 Poner una cosa en orden: *la secretaria organiza el archivo*. *v.tr. = ordenar*
3 Disponer una serie de cosas o personas de la forma más adecuada para lograr un fin: *el jefe organizó los grupos de trabajo*. *= estructurar*
4 Hacer o producir una cosa: *organizó un buen jaleo; organizó una pelea*. *v.tr/prnl.*
5 Disponer una persona sus asuntos de la forma más adecuada: *si te organizaras tendrías tiempo para todo*. *v.prnl.*

organizativo, a
1 De la organización: *estructura organizativa*. *adj.*
2 Que tiene capacidad para organizar.

órgano (Del lat. *organum* < gr. *organon*, herramienta, instrumento, órgano fisiológico.)
1 Instrumento musical de viento formado por uno o varios pedales y teclados que accionan los mecanismos necesarios para que el aire impulsado por un fuelle penetre en los tubos, obteniéndose el sonido. *s.m. MÚSICA*
2 Cualquiera de las partes del cuerpo animal o vegetal que ejercen una función: *el trasplante de órganos es un gran logro de la medicina*. *BIOLOGÍA*
3 Instrumento o medio para la realización de una cosa: *el sindicato es un órgano indispensable para los trabajadores*.
4 Medio de difusión de una agrupación o colectivo: *el periódico es un órgano del partido*.
5 Aparato refrigerante formado por tubos de estaño que se usaba para enfriar habitaciones o locales. *TECNOLOGÍA*
6 Lanzacohetes múltiple. *MILITAR*
7 Pieza o mecanismo que sirve para accionar, guiar o transmitir un movimiento. *MECÁNICA*
8 Prismas de gran regularidad formados por enfriamiento de una colada volcánica perpendicularmente a su superficie. *s.m.pl. GEOLOGÍA*
9 Planta cactácea de distintas especies que se caracteriza por tener tallos delgados y muy altos que semejan columnas. *s.m. Méx. BOTÁNICA*
10 **órgano de manubrio**: Organillo, instrumento musical. *MÚSICA*
11 **órgano electrónico**: Instrumento musical que produce sonidos por medio de señales eléctricas. *MÚSICA*
12 **órgano expresivo**: Armonio, instrumento musical. *MÚSICA*
13 **los órganos de Móstoles**: Personas, dichos o hechos que son muy incongruentes entre sí. *coloquial*

organogenia (Del lat. *organum* < gr. *organon*, órgano fisiológico + gr. *genos*, origen.) Conjunto de conocimientos científicos relativos a la formación y desarrollo de los órganos de los animales o de las plantas. *s.f. BOTÁNICA, ZOOLOGÍA*

organografía (Del lat. *organum* < gr. *organon*, órgano fisiológico + gr. *grapho*, escribir.) Parte de la zoología y de la botánica que estudia la descripción de los órganos de los animales o de los vegetales. *s.f. BOTÁNICA, ZOOLOGÍA*

organográfico, a De la organografía. *adj.*

organoléptico, a Se aplica a la propiedad de los cuerpos que puede ser percibida por los sentidos. *adj.*

organología (Del lat. *organum* < gr. *organon*, órgano fisiológico + gr. *logos*, ciencia.)
1 Conjunto de conocimientos científicos relativos a los órganos de los animales o de las plantas. *s.f./BOTÁNICA, ZOOLOGÍA*
2 Parte de la musicología que trata de la historia, construcción y modo de ejecución de los instrumentos musicales. *MÚSICA*

organoterapia Tratamiento de algunas enfermedades mediante la administración de extractos de órganos, en especial de las glándulas endocrinas. *s.f. MEDICINA = opoterapia*

orgánulo Cada uno de los elementos que constituyen la célula. *s.m. BIOLOGÍA*

orgasmo (Derivado del gr. *orgao*, desear ardientemente.)
1 Punto máximo de la excitación genital o clímax sexual, en que se experimenta un gran placer. *s.m. FISIOLOGÍA*
2 Exaltación o hipersensibilidad patológica de la vitalidad de un órgano. *MEDICINA = eretismo*

orgía (Del fr. *orgie*, juerga < gr. *orgia*, misterio o ceremonia religiosa.)
1 Fiesta en la que se busca la diversión y el placer con el sexo, la comida y la bebida. *s.f. tb: orgia*
2 Satisfacción viciosa y desenfrenada de los deseos o las pasiones. *= bacanal*

orgiástico, a De la orgía o que tiene las características de ella: *fiesta orgiástica; juegos orgiásticos*. *adj. = orgiaco*

orgullo (Del cat. *orgull* < germ. *urgoli*, excelencia.)
1 Actitud del que está convencido de su valía o belleza y presume de ella: *siempre te has creído superior, es increíble tu orgullo*. *s.m. = altivez*
2 Sentimiento de satisfacción por cosas propias a las que se atribuye mérito: *siente un gran orgullo por sus hijos*. *+ de, por*
3 Respeto y estima que una persona siente por sí mismo: *no me humillaré ante ella por orgullo*. *= amor propio*

orgulloso, a
1 Que presume de sus valores y cualidades: *es tan orgulloso que se cree imprescindible*. *adj/s. = arrogante*
2 Que está satisfecho de sus acciones o de lo que considera propio: *está orgullosa de su trabajo*. *+ de, por ≠ descontento*

orí
1 Grito que en el juego del escondite dan los que están escondidos para que los empiecen a buscar. *s.m. JUEGOS*
2 Juego del escondite: *fue muy divertido jugar al orí en el laberinto*. *JUEGOS*

oribe Persona que trabaja en oro: *el oribe está labrando la medalla*. *s.m.f. tb: orive*

orientación
1 Acción y resultado de orientar u orientarse. *s.f.*
2 Posición o dirección de una cosa respecto a un punto cardinal: *no ves bien la televisión porque la antena tiene una mala orientación*.
3 Capacidad de las personas y los animales para determinar el lugar en el que se hallan.

orientado, a
1 Que tiene cierta tendencia doctrinal. *adj.*
2 Se aplica a todo ente matemático sobre el cual se ha escogido un sentido positivo de recorrido. *GEOMETRÍA*

orientador, a Que orienta. *adj/s.*

oriental (Del lat. *orientalis*.)
1 De oriente. *adj./≠ occidental*
2 Persona natural de alguno de los países y regiones de oriente. *s.m.f. ≠ occidental*
3 Que está situado en el este u oriente: *escalamos el pico por su lado oriental*. *adj. ≠ occidental*
4 Se aplica al planeta Venus, porque sale por la mañana antes de nacer el Sol. *ASTRONOMÍA*

orientalismo
1 Conocimiento de la civilización y costumbres de los pueblos orientales, en especial los asiáticos. *s.m.*
2 Afecto por la cultura y las costumbres de los pueblos orientales.
3 Carácter oriental de una obra o de algún objeto: *algunos cuadros del pintor Van Gogh se caracterizan por su orientalismo*.

orientalista
1 Del orientalismo. *adj.*
2 Persona especializada en las culturas y las lenguas de los pueblos de oriente. *s.m.f.*

orientar (Del lat. *oriri*, salir.)
1 Poner una cosa en una dirección: *orientó la antena de forma que podía ver los canales extranjeros*. *v.tr. = situar*
2 Determinar la posición de una cosa respecto a un punto cardinal.
3 Mostrar a una persona el camino que ha de seguir: *me orientó mal y me perdí; supo orientarse en medio de la tormenta*. *v.tr/prnl. ≠ desorientar*
4 Proporcionar a una persona datos sobre una cosa que ignora: *el monitor nos orientaba cada día; me orienté muy bien con tus apuntes*. *= instruir*

5 Dirigir una cosa a un fin o por un camino: *orientó sus esfuerzos hacia el éxito; orientó su vida por un camino equivocado*. *v.tr. + a, hacia, por = encauzar*
6 Señalar la dirección norte en un mapa por medio de una flecha u otro signo. *GEOGRAFÍA*
7 Disponer las velas de manera que reciban el viento de lleno. *NÁUTICA*

oriente (Del lat. *oriens, -tis*, que está saliendo.)
1 Punto del horizonte por donde nace o sale el sol en los equinoccios. *s.m./= este ≠ occidente*
2 Lugar de la esfera celeste o de la Tierra que, al compararlo con otro, está más cercano al punto del horizonte por donde sale el Sol. *s.m. = este ≠ occidente*
3 Zona comprendida por el continente asiático y las partes europeas y africanas más próximas a ella. *GEOGRAFÍA*
4 Viento que sopla del este.
5 Brillo especial de las perlas.
6 Nacimiento de una cosa.
7 Edad temprana del hombre.
8 Horóscopo o casa primera del tema celeste. *ASTRONOMÍA*
9 Denominación con que se designan las logias masónicas de provincia. *OCULTISMO*

orificación Operación de rellenar con oro la picadura de una muela o un diente: *he de ir al dentista para que me haga la orificación de esta muela*. *s.f. MEDICINA*

orificador Instrumento que sirve para rellenar con oro la picadura de una muela o de un diente. *s.m. MEDICINA*

orificar Llenar la picadura de una muela o un diente con oro: *el dentista me orificó la muela del juicio*. *v.tr/conj: sacar MEDICINA*

orífice Artesano que trabaja en oro: *le encargué al orífice un medallón de nácar y de oro*. *s.m.f. = oribe, orive*

orificio (Del lat. *orificium*, boca, abertura.)
1 Pequeño agujero de forma regular: *me estaba espiando por el orificio de la cerradura*. *s.m. = hueco*
2 Abertura natural del cuerpo: *el médico le taponó los orificios nasales*. *ANATOMÍA*

oriflama (Del fr. *oriflamme* < bajo lat. *aurea flamma*, bandera dorada.)
1 Estandarte, bandera de colores que se despliega al viento: *el soldado que llevaba la oriflama abría el desfile militar*. *s.f. = pendón*
2 Antiguo estandarte que los reyes franceses usaban como pendón de guerra. *HISTORIA*

orifrés Galón de oro o plata usado para adornar capas, casullas y dalmáticas. *s.m. pl: orifrés*

origen (Del lat. *origo, -inis*.)
1 Causa o motivo que está en el principio de una cosa: *la carne en mal estado fue el origen de la enfermedad*. *s.m./= razón = resultado*
2 Momento en que se empieza una cosa o espacio de tiempo inmediatamente anterior o posterior a él: *estudia los orígenes de la literatura española; el origen de la vida sigue siendo un misterio*. *= inicio ≠ fin*
3 Lugar de donde procede una persona o una cosa: *es un actor de origen español*. *= procedencia*
4 Familia o clase social a la que pertenece una persona: *ese ministro es de origen más modesto*. *= ascendencia ≠ descendencia*
5 **origen de las coordenadas:** Punto de intersección de los ejes coordenados. *GEOMETRÍA*
6 **dar origen a una cosa:** Causar o provocar una cosa: *su mala gestión dio origen a la crisis de la empresa*.
7 **de origen:** 1. Se aplica al lugar del que procede una persona o cosa: *es madrileño de origen*. 2. Se refiere a lo que está en una persona en el momento de nacer o en una cosa en el momento de ser creada: *es estúpido de origen; tiene una tara de origen*. *loc.adj. loc.adj.*

origenismo (De *Orígenes*, escritor y teólogo griego.)
1 Doctrina herética propugnada por este teólogo en los siglos II y III que defendía la eternidad de la materia, la negación de la eternidad de las penas del infierno y la preexistencia de las almas. *s.m. RELIGIÓN*
2 Denominación de algunas corrientes teológicas fundadas en esta doctrina. *RELIGIÓN*

origenista (De *Orígenes*, escritor y teólogo griego.)
1 De dicho escritor y teólogo de los siglos II y III, o del origenismo. *adj. RELIGIÓN*
2 Que profesa el origenismo. *adj/s.m.f./ RELIGIÓN*

original (Del lat. *originalis*.)
1 Del origen. *adj.*
2 Que está o existe desde el principio: *todavía hay el papel de empapelar original en la pared*. *= originario*
3 Se aplica a la obra producida directamente por su autor y que no es copia o imitación de otra: *en la biblioteca se conserva el manuscrito original*.
4 Se refiere a la versión de una obra literaria o cinematográfica que mantiene la lengua en la que se hizo y no se ha traducido o doblado: *prefiero ver la película en versión original*. *CINE, LITERATURA*
5 Que es novedoso o ingenioso: *explicó un chiste original; ha escrito una novela original; es un diseñador muy original*. *≠ corriente*
6 Que se aparta de lo acostumbrado, general o común: *llevaba un vestido original; preparó una cena original*. *≠ corriente*

7 Se aplica al documento, ejemplar o escrito del que se hace una copia impresa o manuscrita. *adj/s.m.*

8 Persona a la que se hace un retrato. *s.m.*

9 saber una persona de buen original una cosa: *coloquial* Estar una persona informada de una cosa por conducto digno de crédito: *lo que te digo es verdad; lo sé de buen original.*

originalidad
1 Cualidad de original. *s.f.*
2 Actitud ocurrente, poco común o novedosa al obrar y expresarse. *= rareza*
3 Acto o dicho ocurrente, poco común o novedoso: *a menudo nos sorprende con sus excentricidades y originalidades.*

originalmente
1 En un principio: *originalmente, proviene de una especie de orquídea.* *adv.* *= originariamente*
2 Según el original: *originalmente, la sinfonía estaba inacabada.*
3 De un modo novedoso, poco común: *siempre viste muy originalmente.*

originar
1 Ser una cosa la causa o el principio de otra: *la presión origina más violencia.* *v.tr.* *= producir*
2 Tener una cosa su causa o principio en otra: *la pelea se originó en el debate.* *v.prnl.* *≠ acabarse*

originariamente En un principio: *originariamente, donde está la urbanización, había un bosque.* *adv.* *= originalmente*

originario, a
1 Que tiene relación con el origen o el principio: *el castillo guarda su forma originaria.* *adj.* *= original*
2 Que tiene su origen en un lugar: *es una familia originaria del sur de Italia; cultiva una planta originaria de la India.* *+ de* *= original, oriundo*
3 Que da origen o produce: *tus broncas son originarias de mal ambiente.* *+ de*

orilla
I (Del lat. *ora*, borde.)
1 Límite de la tierra que la separa del mar, de un lago o de un río: *me mojé los pies en la orilla del mar.* *s.f.*
2 Final de la extensión superficial de una cosa: *si dejas el vaso en la orilla de la mesa, se caerá.* *= borde*
3 Extremo o remate de una tela o vestido: *se deshilacha la orilla del mantel.* *= orillo*
4 Parte de una calle, junto a las casas, por la que se anda cuando no hay acera.
5 Final de una cosa no material.
6 Arrabales, casas o barrios situados en las afueras de una población. *s.f.pl./Argent., Méx.*
7 a la orilla: Con inmediación. *loc.adv.*
8 salir una persona a la orilla: Haber logrado vencer las dificultades o riesgos que ofrecía un negocio.
II (Del lat. *aura*, vientecillo.) Vientecillo fresco. *s.f.*

orillar
1 Esquivar o evitar un obstáculo o una dificultad: *orillaba su desgracia con dignidad.* *v.tr.*
2 Acercarse a la orilla de un lugar: *el barco se orilló demasiado y chocó contra las rocas.* *v.intr/prnl.*
3 Poner un refuerzo en los extremos de una tela: *la modista orilló los pantalones.* *v.tr.*
4 Poner adornos en la orilla de una tela: *le han orillado el vestido de novia.*
5 Arreglar o resolver un asunto: *ya ha orillado sus problemas financieros.* *= solucionar*

orillero, a
1 Persona que caza en el límite exterior de un coto. *s./CAZA*
2 Relativo a las orillas o arrabales y a sus costumbres. *adj. Argent.*
3 Se aplica a la persona que habita en las orillas o arrabales de una población. *adj/s./Amér. Central y Merid.*

orillo Extremo o remate de una tela en pieza, hecho en un hilo más basto y de uno o más colores. *s.m.*

orín
I (Del lat. vulgar *aurigo, -iginis*.) Óxido de color rojizo que se forma en la superficie del hierro por la acción del aire: *la verja del jardín tiene orín.* *s.m.* *= herrín, herrumbre*
II (Derivado de *orina*.) Orina, secreción líquida del cuerpo humano. *s.m. FISIOLOGÍA*

orina (Del lat. *urina*.) Secreción líquida de los riñones, de color amarillo cetrino, que pasa a la vejiga por los uréteres y sale fuera del cuerpo por la uretra: *el análisis de orina reveló que tenía una infección renal.* *s.f. FISIOLOGÍA tb: orín*

orinal
1 Recipiente o vasija donde se orina o defeca: *he de comprar un orinal para el niño.* *s.m.* *= bacín*
2 orinal del cielo: Lugar donde llueve con abundancia. *coloquial*

orinar
1 Expeler una persona o un animal la orina: *si bebes mucha agua, orinarás más; está prohibido orinarse en la calle.* *v.intr/prnl. FISIOLOGÍA* *= mear*

2 Expeler una persona o un animal un líquido por la uretra: *el enfermo orinaba sangre.* *v.tr./ MEDICINA, VETERINARIA*

orinque (Del fr. *orin*.) Cabo que sirve para unir o sujetar una boya a un ancla fondeada. *s.m. NÁUTICA*

-orio, a
1 Se utiliza como sufijo en la formación de despectivos: *vejestorio.* *suf.*
2 Indica acción o efecto: *decisorio; casorio; transitorio; mortuorio.*
3 Indica lugar: *dormitorio; oratorio.*

oriol Oropéndola, ave paseriforme. *s.m./ZOOLOGÍA*

oriónidas (De *Orión*, nombre de una constelación.) Estrellas fugaces que aparecen en esta constelación. *s.f.pl. ASTRONOMÍA*

oriundez Circunstancia de ser oriundo de un sitio o de una determinada procedencia. *s.f./pl: oriundeces* *= origen*

oriundo, a (Del lat. *oriundus*.)
1 Que procede de determinado lugar o familia: *es oriundo de La Mancha; sufre una grave enfermedad oriunda de Asia.* *adj.* *+ de* *= originario*
2 Se aplica al deportista que, siendo extranjero, se le considera nativo en el país de sus ascendientes. *adj/s. DEPORTES*

orive Artesano que trabaja en oro: *el orive labró unos candelabros para la casa real.* *s.m.f. tb: oribe*

órix Mamífero artiodáctilo bóvido, de pelo castaño o blanco, cola larga terminada en un mechón y grandes cuernos curvados hacia atrás, que vive en las estepas áridas africanas. *(Oryx.)* *s.m. ZOOLOGÍA*

oriyá Lengua indoaria, de la familia indoeuropea, hablada en la India. *s.m. LINGÜÍSTICA*

orla (Del lat. vulgar *orula*.)
1 Adorno en el borde de una tela o vestido: *la falda del traje regional tenía una orla de color negro.* *s.f.*
2 Adorno que se pone en las orillas en una hoja de papel, alrededor de lo escrito, o rodeando un retrato o una viñeta. *= cenefa*
3 Lámina en que se agrupan, orlados con adornos, las fotografías de los compañeros de una misma promoción académica o profesional cuando terminan sus estudios u obtienen el título correspondiente: *en su despacho verás la orla de su promoción.*
4 Pieza hecha en forma de filete y puesta dentro del escudo. *HERÁLDICA*

orlador, a Que hace orlas. *adj/s.*

orladura
1 Juego y adorno de toda la orla. *s.f.*
2 Borde de una tela o un vestido con un adorno. *= orla*

orlar
1 Adornar una cosa con una orla: *la modista orló todo el bajo del vestido.* *v.tr.*
2 Adornar un escudo con una orla. *HERÁLDICA*

orleanismo (De *Orleans*, casa real francesa.)
1 Doctrina de los partidarios de esta casa real durante la restauración francesa en el siglo XIX. *s.m. HISTORIA*
2 Organización del poder en que el primer ministro está bajo el control del parlamento y del jefe del estado. *POLÍTICA*

orlo
I (De origen incierto.)
1 Instrumento musical aerófono de doble lengüeta con un cuerpo de sección cilíndrica en forma de cayado. *s.m. MÚSICA*
2 Registro mediante el cual el órgano da un sonido parecido al del orlo. *MÚSICA*
II (De *orla*.) Elemento arquitectónico cuadrado de poca altura que forma la parte inferior de la base de una columna. *s.m. ARQUITECTURA* *= plinto*

orlón Fibra textil sintética. *s.m./TEXTIL*

ormesí Tela fuerte de seda, muy tupida y prensada que hace visos o aguas: *la falda del vestido de noche es de ormesí.* *s.m. TEXTIL pl. tb: ormesíes*

ormino (Del lat. *horminum* < gr. *horminon*.) Gallocresta, planta. *s.m. BOTÁNICA*

ornamentación Acción y resultado de ornamentar: *la floristería se encarga de la ornamentación de la iglesia.* *s.f.* *= decoración*

ornamental
1 Que ornamenta o adorna: *el arte mozárabe usaba motivos ornamentales.* *adj.* *= decorativo*
2 Que no tiene ninguna utilidad, función o valor: *la azafata del programa no hace nada, es ornamental.* *≠ importante, útil*

ornamentar Poner bella a una persona o una cosa con adornos: *ornamentamos el restaurante con flores y lazos.* *v.tr.* *= adornar, decorar*

ornamento
1 Cosa que adorna o embellece a una persona o cosa: *las flores son los ornamentos más adecuados.* *s.m.* *= adorno, ornato*
2 Cualidades morales con las que una persona la hacen digna de aprecio y estima: *la honradez es su mayor ornamento.* *= virtud*
3 Pieza decorativa que acompaña a una obra, en especial arquitectónica o escultural: *el estilo barroco era muy rico en ornamentos.* *ARQUITECTURA, ARTE*

4 Vestiduras sagradas que usan los sacerdotes al celebrar oficios religiosos. — *s.m.pl.* RELIGIÓN

5 Adornos del altar. — RELIGIÓN

ornar (Del lat: *ornare*.) Poner adornos a una persona o una cosa: *ornaremos el escenario con unas guirnaldas.* — *v.tr.* = adornar, decorar

ornato Adorno, ornamento: *las iglesias barrocas tienen muchos ornatos.* — *s.m.*

ornito- Componente de palabra procedente del gr. *ornis, ornithos,* que significa ave: *ornitología, ornitorrinco.* — *pref.*

ornitodelfo, a (Del gr. *ornis, ornithos,* ave + *delphys,* matriz.) Se aplica al animal que tiene un solo orificio para expeler los huevos, el excremento y la orina. — *adj.* ZOOLOGÍA

ornitología (Del gr. *ornis, ornithos,* ave + *logos,* ciencia.) Parte de la zoología que estudia las aves. — *s.f.* ZOOLOGÍA

ornitológico, a De la ornitología o de las aves. — *adj./ZOOLOGÍA*

ornitólogo, a Persona dedicada al estudio de la ornitología o de las aves. — *s.* ZOOLOGÍA

ornitomancia (Del gr. *ornis, ornithos,* ave + *manteia,* adivinación.) Adivinación del futuro mediante la interpretación del vuelo y del canto de las aves. — *s.f.* OCULTISMO tb: ornitomancia

ornitóptero (Del gr. *ornis, ornithos,* ave + *pteron,* ala.) Avión que se sostiene y avanza con movimientos parecidos a los de las aves. — *s.m.* AERONÁUTICA

ornitorrinco (Del gr. *ornis, ornithos,* ave + *rynkhos,* pico.) Mamífero monotrema australiano, de tamaño medio, de cuerpo aplanado, pelo denso, cola ancha, pies palmeados y boca en forma de pico de pato, ovíparo, que vive cerca de las corrientes de agua. *(Ornithorynchus anatinus.)* — *s.m.* ZOOLOGÍA

ornitosis (Del gr. *ornis, ornithos,* ave + *osis,* enfermedad no inflamatoria.) Enfermedad infecciosa de algunas aves que puede transmitirse al hombre, afectándole los pulmones. — *s.f.* pl: ornitosis MEDICINA, VETERINARIA

oro (Del lat. *aurum.*)
1 Metal precioso, amarillo, dúctil y maleable, muy pesado, que se usa en joyería y en la fabricación de monedas: *lleva un collar de oro.* — *s.m.* MINERALOGÍA, QUÍMICA
2 Color amarillo, como el de este metal: *este año se lleva el verde y el oro.*
3 De color amarillo, como el de este metal: *lleva unos pantalones de color oro.* — *adj.*
4 Joyas y objetos de este metal: *le robaron todo el oro que tenía en casa.* — *s.m.*
5 Caudal, riqueza de una persona.
6 Moneda o monedas de este metal.
7 Palo de la baraja española: *necesito el ocho de oros.* — *s.m.pl./JUEGOS*
8 Cada una de las cartas de este palo: *tengo el siete de oros.* — *s.m.* JUEGOS
9 Medalla de este metal que se concede al ganador del primer premio en una competición deportiva: *consiguió el oro en las olimpiadas.* — DEPORTES
10 Metal heráldico representado por este color amarillo o por puntos. — HERÁLDICA
11 oro bajo: El de baja calidad.
12 oro batido: El de hojas delgadísimas que se utiliza para dorar objetos. — = pan de oro
13 oro blanco: Aleación de este metal y otro blanco que le da este color, que se utiliza en joyería.
14 oro coronario: El muy fino y de calidad.
15 oro de copela: El obtenido al fundir los minerales de este metal que lo contienen.
16 oro de tíbar: El muy puro.
17 oro en polvo: El que se halla de forma natural en arenillas.
18 oro fulminante: El precipitado del agua regia por medio del amoníaco y que por frotamiento o percusión causa explosión.
19 oro mate: El que no está bruñido.
20 oro molido: 1. El obtenido al disolver el metal en agua regia y empapar en el líquido obtenido trapos de hilo, que después se queman para recoger las cenizas donde está este metal en polvo. 2. Cosa excelente en su línea: *esta tela es oro molido.*
21 oro musivo: Sustancia de color dorado compuesta de bisulfuro de estaño que se utiliza en pintura. — QUÍMICA
22 oro nativo: El que se encuentra en estado natural y casi puro en algunos terrenos.
23 oro negro: Petróleo, líquido natural oleaginoso.
24 oro obrizo: El muy puro y de alta calidad.
25 oro potable: Preparado líquido en que entraba el oro, hecho por los alquimistas para beberlo como medicamento.
26 oro verde: Aleación de este metal y plata.
27 como mil oros: Como el oro, de forma aseada. — *loc.adv.*
28 como oro en paño: Se utiliza para señalar el cuidado o estima que se tiene por una cosa: *guarda su colección de sellos como oro en paño.* — *loc.adv.*
29 como un oro: Se utiliza para señalar con admiración el aseo de una persona o cosa: *tiene su casa como un oro.* — *loc.adj.*
30 de oro: 1. Se aplica a una persona buena o noble: *ese muchacho es de oro.* 2. Muy bueno, muy hábil, de mucho valor o muy estimable: *tiene un corazón de oro; está en la edad de oro.* — *loc.adj. loc.adj.*

31 de oro y azul: Se aplica a la persona muy compuesta y adornada. — *loc.adj.* coloquial
32 el oro y el moro: Se utiliza para aludir a cosas de valor de las que una persona habla o en las que piensa, exagerándolas: *le prometió el oro y el moro.* — coloquial
33 es como oro, patitas y todo: Se utiliza para burlarse de una persona o dar a entender que se le conoce como una persona astuta. — coloquial
34 es otro tanto oro: Ser de mucho valor. — coloquial
35 hacerse una persona de oro: Adquirir riquezas: *con el negocio se hizo de oro.* — coloquial
36 oro majado luce: Se utiliza para decir que las cosas cobran más estimación cuando están más experimentadas y probadas. — coloquial
37 oro que cagó el moro: Se usa para indicar que una cosa es de poca calidad o valor. — coloquial
38 poner a una persona de oro y azul: Reprender ofensivamente a una persona: *el jefe lo puso de oro y azul delante de sus compañeros.* — coloquial
39 valer más oro que pesa o todo el oro del mundo: Ser una cosa o persona de mucho valor. — coloquial

oro- Componente de palabra procedente del gr. *oros, oreos, orus,* que significa montaña: *orogénesis.* — *pref.* tb: or-, oreo-

orobanca (Del gr. *orobankhe.*) Planta anual, que vive parásita sobre las raíces de plantas diversas, tiene la corola con dos labios bien diferenciados y flores axilares que se encuentran agrupadas en el extremo del tallo. *(Orobanche.)* — *s.f.* BOTÁNICA = hierba tora

orobancáceo, a Perteneciente a una familia de plantas parásitas angiospermas dicotiledóneas, herbáceas, con escamas en lugar de hojas, flores terminales solitarias o en espiga y fruto en cápsula, como la orobanca. — *adj/s.f.* BOTÁNICA

orobias Incienso en granos menudos: *le gusta el aroma del orobias al quemarse.* — *s.m.* pl: orobias

orogénesis Proceso de formación de los sistemas montañosos. — *s.f./pl: orogénesis* GEOLOGÍA

orogenia (Del gr. *oros,* montaña + *genos,* origen.) Disciplina que estudia la formación de las montañas. — *s.f.* GEOLOGÍA

orogénico, a De la orogenia o de la orogénesis. — *adj./GEOLOGÍA*

orografía (Del gr. *oros,* montaña + *grapho,* escribir.)
1 Parte de la geografía física que estudia la descripción de las montañas. — *s.f.* GEOLOGÍA
2 Conjunto de las elevaciones y accidentes naturales de un territorio: *la orografía peruana es muy accidentada.* — GEOLOGÍA

orográfico, a De la orografía. — *adj./GEOLOGÍA*

orometría Parte de la geografía física que se ocupa de la medición de las montañas. — *s.f.* GEOLOGÍA

orón Espuerta o serón grande y redondo, para cargar las caballerías. — *s.m.*

orondo, a
1 Que está muy satisfecho de sí mismo: *sabía que su examen era bueno y estaba muy orondo.* — *adj.* = ufano
2 Que está gordo: *tiene un gato peludo y orondo.* — = rechoncho
3 Se aplica a la vasija que tiene mucha concavidad o barriga: *guarda las cebollas en una vasija oronda de barro.*
4 Que es hueco y esponjoso.

oronimia (Del gr. *oros,* montaña + *onoma,* nombre.) Parte de la toponimia que estudia el origen y el significado de los nombres de elevaciones geográficas. — *s.f.* GEOGRAFÍA, LINGÜÍSTICA

oronímico, a De la oronimia: *ha realizado un estudio oronímico de las montañas de su comarca.* — *adj./GEOGRAFÍA, LINGÜÍSTICA*

orónimo Denominación de una cordillera, montaña, monte, colina o accidentes geográficos similares. — *s.m./GEOGRAFÍA, LINGÜÍSTICA*

oronja
1 Hongo comestible, con sombrero anaranjado y láminas amarillas. — *s.f.* MICOLOGÍA
2 oronja falsa: Hongo venenoso, con el sombrerillo rojo, salpicado de escamas y las láminas blancas. — MICOLOGÍA
3 oronja verde: Hongo mortal con el sombrerillo verdoso o amarillento y láminas blancas. — MICOLOGÍA

oropel (Del fr. ant. *oripel* < lat. *aurea pellis,* piel de oro.)
1 Lámina fina y delgada de latón que imita al oro. — *s.m.*
2 Cosa de poco valor y mucha apariencia. — = baratija
3 Ostentación, por lo general falsa, de riqueza. — coloquial
4 gastar una persona mucho oropel: Ostentar gran vanidad y lujo, sin tener posibles para ello.

oropelero, a Persona que fabrica o vende oropel de latón. — *s.*

oropéndola Ave paseriforme del tamaño de un mirlo, típico de bosques abiertos, cuyo macho presenta un vistoso color amarillo y negro, la hembra y los jóvenes son de color verdoso y su canto es melodioso y aflautado. *(Oriolus oriolus.)* — *s.f.* ZOOLOGÍA = oriol, vireo

oropimente (Del cat. *orpiment.*) Mineral compuesto de arsénico y azufre, venenoso, de color amarillo, tacto fibroso y brillo craso, que se utiliza en pintura y tintorería. — *s.m.* MINERALOGÍA

orozuz (Del ár. *curuq sus,* raíces de regaliz.) Planta perenne, de hojas compuestas de hojuelas oblongas, flores violetas numerosas, en racimos flojos, con un rizoma de jugo dulce usado en medicina y para hacer dulces. *(Glycirrhiza glabra.)* — *s.m.* pl: orozuces BOTÁNICA = regaliz

orquesta (Del lat. *orchestra* < gr. *orkhestra*, estrado donde tocaban los músicos.)
1 Conjunto de instrumentos, en especial de viento y de cuerda, y de músicos que los tocan: *la orquesta recibió numerosos aplausos.*   s.f. MÚSICA
2 Conjunto de músicos que tocan distintos instrumentos para actuar en un teatro o concierto: *es el pianista de la orquesta del teatro.*   MÚSICA
3 Lugar destinado, en un teatro, a los músicos entre el escenario y las butacas.   TEATRO
orquestación
1 Acción y resultado de orquestar o instrumentar para orquesta.   s.f. MÚSICA
2 Manera de distribuir las diferentes partes de una composición sinfónica entre los distintos instrumentos que forman la orquesta, agrupando algunos de ellos para poder obtener unos determinados efectos de timbre.   MÚSICA
3 Organización y manejo de una determinada actividad: *dirigió la orquestación del traslado de los muebles.*   = dirección
orquestador, a Músico que compone orquestaciones.   s. MÚSICA
orquestal Que tiene relación con la orquesta: *es un gran amante de la música orquestal.*   adj. MÚSICA
orquestar
1 Arreglar una obra musical para tocarla con varios instrumentos.   v.tr./MÚSICA = instrumentar
2 Dirigir u organizar una actividad: *la secretaria es la que orquesta los envíos de material.*   coloquial
orquestina Orquesta pequeña dedicada a tocar música bailable: *una orquestina amenizó la verbena.*   s.f. MÚSICA
orquestra Espacio del teatro comprendido entre la escena y los espectadores, donde evolucionaba el coro, entre los antiguos griegos.   s.f. HISTORIA, TEATRO
orquidáceo, a Perteneciente a una familia de plantas angiospermas monocotiledóneas, herbáceas, de hojas radicales y envainadoras, flores vistosas y fruto en cápsula, como el santirión y la vainilla.   adj./s.f. BOTÁNICA = orquídeo
orquídea (Del gr. *orkhidion*.)
1 Denominación común de las plantas orquidáceas.   s.f./BOTÁNICA
2 Flor de una planta orquidácea, caracterizada por sus colores y sus formas vistosas, con un pétalo que se desarrolla más que los otros y muy apreciada como ornamento.   BOTÁNICA
orquiectomía Extirpación quirúrgica de un testículo.   s.f./MEDICINA
orquitis (Del gr. *orkhis*, testículo + *itis*, inflamación.) Inflamación del testículo.   s.f./pl: orquitis MEDICINA
orsai (Del ingl. *off side*.)
1 Fuera de juego, falta que se comete en algunos deportes, consistente en que el jugador que recibe el balón de un compañero, se halla más adelantado que el portero y el último defensa del equipo contrario.   s.m. DEPORTES tb: orsay
2 estar en orsai: Estar distraído: *cuando le hablas nunca te oye porque siempre está en orsai y pensando en las musarañas.*   coloquial
ortega (Del lat. *ortyx, ortygis* < gr. *ortyx, ortygos*, codorniz.) Ave gallinácea de color rojizo-ceniciento y negro en el abdomen, el macho tiene la garganta negra y es típica de zonas abiertas y esteparias. *(Pterocles orientalis.)*   s.f. ZOOLOGÍA
orteguiano, a (De J. Ortega y Gasset, escritor y filósofo español.) De dicho escritor y filósofo de los siglos XIX-XX o de su obra.   adj. FILOSOFÍA
orticón Tubo captador de imágenes, de alta sensibilidad, utilizado en las cámaras de televisión.   s.m. TECNOLOGÍA
ortiga (Del lat. *urtica*.)
1 Planta herbácea, con tallos de ocho decímetros de altura, hojas aserradas cuyos pelos segregan un líquido que produce irritación, de flores verdosas y colgantes y fruto seco. *(Urtica.)*   s.f. BOTÁNICA
2 ortiga blanca: Planta labiada que suele crecer en el borde de los caminos y en los bosques.   BOTÁNICA
3 ortiga de mar: Acalefo, animal marino, especie de medusa.   ZOOLOGÍA
4 ortiga hedionda: Planta herbácea de hojas dentadas, usada como medicina en la antigüedad. *(Stachys sylvatica.)*   BOTÁNICA
5 ortiga mayor: Planta dioica de ojas lanceoladas. *(Urtica dioica.)*   BOTÁNICA
6 ortiga menor: Planta monoica, de menor tamaño que la anterior, y de hojas aovadas. *(Urtica urens.)*   BOTÁNICA
7 ortiga muerta: Planta herbácea labiada, vellosa, de olor fuerte, hojas ovales de dientes redondeados, flores púrpuras en grupos densos y piramidales y fruto seco indehiscente con una semilla. *(Lamium purpureum.)*   BOTÁNICA
8 ortiga romana o de pelotillas: La que tiene las flores femeninas formando cabezuelas de dos milímetros de diámetro, con un largo pedúnculo. *(Urtica pilulifera.)*   BOTÁNICA
9 ser una persona como unas ortigas: Ser áspera y desapacible en el trato y en la palabra.   coloquial
ortigal Terreno donde abundan las ortigas.   s.m./BOTÁNICA

ortivo, a Que tiene relación con el orto: *amplitud ortiva.*   adj. ASTRONOMÍA
orto
I (Del lat. *ortus*.) Aparición del Sol o de otro astro por el horizonte.   s.m./≠ ocaso
II (Voz lunfarda.) Ano, orificio por el cual se expelen los excrementos.   s.m./Argent., Chile, Urug./vulgar
orto- Componente de palabra procedente del griego *orthos*, que significa correcto, derecho: *ortografía; ortopedia.*   pref.
ortocentro Punto de intersección de las tres alturas de un triángulo.   s.m. MATEMÁTICAS
ortoclasa Mineral que pertenece al grupo de los feldespatos, incoloro, blanco gris y de brillo vítreo muy abundante en las rocas graníticas que se utiliza en la fabricación de porcelana o de materiales refractarios.   s.f. MINERALOGÍA = ortosa
ortocromático, a Se aplica a la película fotográfica que es sensible a todos los colores menos al rojo.   adj. FOTOGRAFÍA
ortodoncia (Del gr. *orthos*, recto + *odus, odontos*, diente.)
1 Parte de la odontología que estudia los defectos y malformaciones de la dentadura.   s.f. MEDICINA
2 Tratamiento y corrección de los defectos y malformaciones de la dentadura.   MEDICINA
ortodoxia
1 Conformidad con el dogma de una religión y, en particular, conformidad con el dogma católico.   s.f. RELIGIÓN
2 Conformidad respecto a cualquier doctrina o práctica.   = fidelidad
3 Conformidad con doctrinas o prácticas aceptadas de forma general.
4 Conjunto de iglesias cristianas europeas de rito oriental desgajadas de la obediencia al papa y obedientes al patriarca de Constantinopla, como la rusa, la rumana o la griega.   RELIGIÓN
ortodoxo, a (Del bajo lat. *orthodoxus* < gr. *orthos*, recto + *doxa*, opinión.)
1 Que es conforme con el dogma de una religión y en particular con el dogma católico.   adj/s./RELIGIÓN ≠ heterodoxo
2 Que es conforme con la doctrina o práctica de cualquier secta o sistema.   ≠ heterodoxo
3 Que es conforme con doctrinas o prácticas aceptadas de forma general.
4 Se aplica a ciertas iglesias cristianas de rito oriental, como la griega, la rusa y la rumana.   adj. RELIGIÓN
5 Que tiene relación con estas iglesias cristianas.   adj/s./RELIGIÓN
ortodromia (Del gr. *orthos*, recto + *drameo*, correr.) Arco de círculo máximo, camino más corto que puede seguirse en la navegación entre dos puntos.   s.f. NÁUTICA
ortodrómico, a De la ortodromia: *los buques suelen navegar por la línea ortodrómica.*   adj. NÁUTICA
ortoedro Prisma de seis caras rectangulares que tiene todos los ángulos rectos.   s.m. GEOMETRÍA
ortoepía Arte y técnica de pronunciar con corrección los sonidos de la lengua o de un idioma.   s.f. = ortología
ortofonía (Del gr. *orthos*, recto + *phone*, voz.) Corrección de los defectos de la voz y de la pronunciación.   s.f. = logopedia
ortofónico, a De la ortofonía.   adj.
ortogénesis Tendencia de las especies de un mismo filum a seguir un camino evolutivo fijo.   s.f./pl: ortogénesis BIOLOGÍA
ortogenético, a De la ortogénesis.   adj./BIOLOGÍA
ortogonal
1 Que está en ángulo recto: *la recta en ortogonal respecto al plano.*   adj. GEOMETRÍA
2 Se aplica a la proyección efectuada desde la perpendicular del eje o del plano de proyección.   GEOMETRÍA
ortogonio Se aplica al triángulo que tiene recto uno de sus ángulos.   adj. GEOMETRÍA
ortografía (Del bajo lat. *orthographia* < gr. *orthographia* < *orthos*, recto + *grapho*, escribir.)
1 Manera correcta de escribir las palabras de un idioma, respetando sus reglas: *le suspendieron porque hizo muchas faltas de ortografía.*   s.f. GRAMÁTICA
2 Parte de la gramática de una lengua que estudia la manera correcta de escribir las palabras.   GRAMÁTICA
3 Delineación del alzado de un edificio u otro objeto mediante proyecciones ortogonales en un plano vertical.   GEOMETRÍA
ortográfico, a De la ortografía: *debes aprender las normas ortográficas.*   adj. GRAMÁTICA
ortógrafo, a Persona dedicada al estudio de la ortografía.   s. GRAMÁTICA
ortología (Del gr. *orthos*, recto + *logos*, ciencia.) Arte y técnica de pronunciar correctamente y, en general, de hablar con propiedad.   s.f. = ortoepía
ortológico, a De la ortología.   adj.
ortólogo, a Persona dedicada al estudio de la dicción.   s.
ortonormal Se aplica a un sistema de coordenadas cuyos ejes se cortan en ángulo recto y admiten vectores unitarios de igual longitud.   adj. MATEMÁTICAS

ortopeda Especialista en ortopedia: *el ortopeda me ha dicho que he de llevar plantillas en los pies.* — s.m.f./MEDICINA = ortopedista

ortopedia (Del gr. *orthos*, recto + *paideia*, educación.) Corrección o prevención de las deformaciones del cuerpo humano, mediante aparatos o tratamientos especiales. — s.f. MEDICINA

ortopédico, a
1 De la ortopedia: *uso mi aparato ortopédico para corregir la desviación de la columna vertebral.* — adj. MEDICINA
2 Especialista en ortopedia. — s./MEDICINA
3 Que resulta forzado, poco natural: *se despidió haciendo un gesto ortopédico.* — adj. coloquial

ortopedista Especialista en ortopedia. — s.m.f./MEDICINA

ortóptero, a (Del gr. *orthos*, recto + *pteron*, ala.) Perteneciente a un orden de insectos masticadores de metamorfosis incompleta, con élitros consistentes y dos alas membranosas, como el saltamontes y el grillo. — adj/s.m. ZOOLOGÍA

ortóptico, a Se aplica a un tratamiento destinado a solucionar los defectos de la vista por medio de gimnasia ocular. — adj. MEDICINA

ortorrómbico, a Se aplica al prisma que es recto y tiene base de rombo. — adj. GEOMETRÍA

ortosa (Del gr. *orthos*, recto.) Feldespato laminar, de color blanco o amarillento, opaco y muy abundante en el granito y en otras rocas ígneas. — s.f. MINERALOGÍA

ortoscopia Propiedad del instrumento o de los sistemas ópticos que dan imágenes de proporciones correctas. — s.f. ÓPTICA

ortoscópico, a Se aplica al objetivo fotográfico que no produce distorsiones. — adj. FOTOGRAFÍA

ortostático, a
1 Que está de pie. — adj./MEDICINA
2 Se aplica a los trastornos derivados de estar de pie. — MEDICINA

ortostatismo
1 Acción de estar de pie. — s.m./MEDICINA
2 Conjunto de trastornos secundarios que se observan en algunos sujetos en posición ortostática. — MEDICINA

ortostato
1 Bloque de piedra hincado en el suelo, que sustenta otros. — s.m.
2 Bloque vertical que conforma la hilada inferior de un muro. — ARQUITECTURA

ortotropismo Tropismo o movimiento en que la planta o el órgano tiende a crecer en la dirección del elemento que lo estimula. — s.m. BOTÁNICA

ortótropo, a Que tiene ortotropismo. — adj./BOTÁNICA

oruga (Del lat. *eruca*.)
1 Larva de los insectos lepidópteros, con el cuerpo dividido en segmentos, de distinto color según la especie y con un aparato masticador en la boca con el que tritura las hojas u otros alimentos. — s.f. ZOOLOGÍA
2 Planta herbácea crucífera anual, con tallos vellosos, hojas lanceoladas, flores de pétalos blancos y morados y fruto cilíndrico. *(Oruga.)* — BOTÁNICA
3 Salsa preparada con esta planta, azúcar o miel, vinagre y pan tostado. — COCINA
4 Llanta articulada, a manera de cadena, que permite avanzar por terrenos escabrosos y accidentados a tanques, excavadoras y otros vehículos. — MECÁNICA
5 Vehículo militar que dispone de estas llantas articuladas. — s.m. MILITAR

orujo (Del lat. vulgar *voluclum* < lat. *involucrum*, envoltorio.)
1 Hollejo de la uva, después de exprimida y sacada toda la sustancia. — s.m.
2 Residuo de la aceituna, ya molida y prensada, del cual se obtiene el aceite de calidad inferior.
3 Aguardiente que se fabrica destilando el hollejo de la uva.

orvalle (Del fr. *orvale* < bajo lat. *auris galli* < gr. *alektorolophos*, cresta de gallo.) Gallocresta, planta. — s.m. BOTÁNICA

orvallo Llovizna o lluvia ligera. — s.m.

orza
I (Del ant. *orço* < lat. *urceus*, olla.) Recipiente de barro con forma de vaso alto usado para guardar conservas. — s.f.
II (De origen incierto.)
1 Acción y resultado de orzar. — s.f./NÁUTICA
2 Pieza suplementaria metálica y de forma más o menos triangular, que se asegura a la quilla para aumentar su calado y procurar su mayor estabilidad. — NÁUTICA

orzaga (Del ár. hispánico *cussaqa*, bledo morisco.) Planta de tallos herbáceos, hojas blanquecinas, flores verdosas y pequeñas y fruto esférico. *(Atriplex halimus.)* — s.f. BOTÁNICA

orzar Dirigir una embarcación la proa hacia la parte de donde viene el viento. — v.intr/conj: *cazar* NÁUTICA

orzaya (Del vasco *hjaur*, niño + *zai*, guardián.) Criada que se ocupa de cuidar niños. — s.f. = niñera

orzoyo (Del ital. *orsoio* < lat. *ordiri*, urdir.) Hebra de seda preparada para labrar el terciopelo. — s.m. TEXTIL

orzuelo
I (Del lat. *hordeolus*.) Inflamación de una glándula sebácea de los párpados: *me ha salido un orzuelo en el ojo derecho.* — s.m. MEDICINA
II (Del ant. *uzuelo* < *uzo* < lat. *ostium*.)
1 Trampa para cazar perdices vivas. — s.m./CAZA
2 Cepo para atrapar a las fieras por las patas. — CAZA

os
1 A vosotros, para vosotros: *no os compramos lo que os prometimos; os invito al cine; quiero daros un regalo.* — pron.pers.
2 A vosotros mismos: *os calentaréis aquí; no os organizáis bien.*
3 Entre vosotros: *¿os carteáis Juan y tú?*

osa Glúcido no hidrolizable, que contiene tres o más átomos de carbono por molécula. — s.f./QUÍMICA = monosacárido

osadía
1 Modo de ser o comportarse la persona que no se detiene ante los peligros: *un exceso de osadía puede comportar correr serios riesgos.* — s.f. = valentía
2 Acción o palabras de la persona descarada o insolente: *lo que hiciste me pareció una osadía.* — = atrevimiento

osado, a Que se comporta con osadía o atrevimiento: *no le teme a nada porque es muy osado.* — adj. = atrevido

osamenta
1 Esqueleto del hombre y los animales: *me duele toda la osamenta.* — s.f. ANATOMÍA
2 Huesos sueltos del esqueleto: *unos arqueólogos estudian la osamenta encontrada en la cueva.*

osar
I (Derivado de *hueso*.) Lugar de las iglesias o cementerios donde se reúnen los huesos que se sacan de las sepulturas. — s.m. = osario
II (Del lat. vulgar *ausare* < lat. *audere*.) Atreverse una persona a hacer o decir una cosa: *osó insultarme; me da miedo entrar, no oso.* — v.tr/intr.

osario (Del bajo lat. *ossarium*.) Lugar donde se reúnen los huesos que se sacan de las sepulturas en las iglesias o cementerios. — s.m. = osar, osero

oscar (Voz inglesa.) Premio cinematográfico norteamericano, que se adjudica cada año a los mejores profesionales del mundo del cine. — s.m. CINE

oscense
1 De Osca, actual Huesca, ciudad y provincia española. — adj.
2 Persona natural de esta ciudad o provincia. — s.m.f.

oscilación (Del lat. *oscillatio*, *-onis*.)
1 Acción y resultado de oscilar. — s.f.
2 Cada uno de los vaivenes de un movimiento oscilatorio: *me mareaba más conforme aumentaban las oscilaciones del barco.*

oscilador Aparato para producir oscilaciones eléctricas o mecánicas, usado principalmente en radiotelegrafía y radiotelefonía. — s.m. FÍSICA

oscilante Que oscila o fluctúa. — adj.

oscilar (Del bajo lat. *oscillare*.)
1 Moverse de un lado a otro una cosa que está sujeta o apoyada en un solo punto: *el péndulo oscilaba con cadencia.* — v.intr. = fluctuar
2 Experimentar una cosa cambios alternativos de intensidad, tamaño o valor: *su peso oscilaba entre cincuenta y sesenta quilos.* — = fluctuar
3 Cambiar una persona de manera de pensar o de estado de ánimo de forma repetida: *oscila entre la más elevada alegría a la más profunda tristeza.* — = vacilar

oscilatorio, a Que oscila o puede oscilar: *el péndulo tiene un movimiento oscilatorio; analiza una onda oscilatoria.* — adj.

oscilógrafo
1 Aparato para observar y registrar las variaciones de una magnitud física variable en función del tiempo. — s.m. FÍSICA
2 **oscilógrafo de rayos catódicos**: Aparato para efectuar medidas eléctricas que permite estudiar los fenómenos variables en el tiempo. — FÍSICA

oscilograma Representación gráfica de las oscilaciones de unas ondas obtenida mediante el uso de un oscilógrafo. — s.m. FÍSICA

oscilómetro Aparato para medir las variaciones de la tensión arterial. — s.m. MEDICINA

osciloscopio Aparato que permite hacer visibles las variaciones temporales de una magnitud física. — s.m. FÍSICA

oscitancia (Del lat. *oscitare*, bostezar.) Negligencia motivada por el descuido. — s.f./culto = distracción

osco, a
1 De uno de los antiguos pueblos de la península itálica. — adj.
2 Persona natural de este antiguo pueblo. — s.
3 De la lengua indoeuropea que hablaban los oscos. — adj/s.m.

osculador, triz Se aplica a la curva, al plano o a la superficie que tienen un contacto de segundo orden con otra curva en el punto considerado. — adj/s.f. GEOMETRÍA

ósculo (Del lat. *osculum*, beso.)   s.m./literario
1 Beso afectuoso.
2 Abertura de la cavidad atrial de las esponjas.   ZOOLOGÍA

osculum Beso que se daban el vasallo y el señor   s.m.
como confirmación de los deberes contraídos en el   HISTORIA
pacto de vasallaje.

oscurantismo Oposición a la instrucción, a la razón   s.m.
y al progreso.   tb: obscurantismo

oscurantista Que es partidario del oscurantismo: *el*   adj./s.m.f.
gobierno oscurantista mantuvo al país en un estado de   tb: obscurantista
profunda ignorancia.

oscurecer
1 Poner una cosa oscura o más oscura: *oscureció la*   v.tr/prnl.
sala al correr las cortinas; la habitación se oscurece al   conj: carecer
llegar la noche.   tb: obscurecer
2 Hacerse de noche: *en invierno oscurece antes que en*   v.intr.
verano.   = anochecer
3 Perder el cielo o el día claridad: *el cielo se oscureció y*   v.prnl.
empezó a llover.   = nublarse
4 Hacer que disminuya una cualidad de una persona   v.tr.
o una cosa: *su pedantería oscurecía su inteligencia.*   = empañar
5 Hacer que una persona pierda la capacidad de ra-   = obnubilar
zonar de forma clara y acertada: *los nervios oscurecie-*
ron al alumno durante el examen.
6 Causar una cosa falta de claridad en un texto: *este*
libro oscurece los temas.
7 Hacer una parte de una composición más oscura   ARTE
para que otras resalten.
8 Desaparecer una cosa: *el pendiente se oscureció du-*   v.prnl.
rante la fiesta.   = esfumarse

oscurecimiento Acción y resultado de oscurecer u   s.m.
oscurecerse: *el oscurecimiento del cielo presagiaba tor-*   tb: obscurecimiento
menta.

oscuridad
1 Falta de luz para percibir las cosas: *muchos niños tie-*   s.f.
nen miedo de la oscuridad.   tb: obscuridad
2 Falta de claridad en pensamientos, escritos o pala-   = complicación
bras: *la oscuridad de su texto dificulta la lectura.*
3 Ausencia de noticias acerca de un hecho: *la oscuri-*   = hermetismo
dad envuelve las razones de su desaparición.
4 Densidad sombría: *la oscuridad del bosque impedía el*
aterrizaje del helicóptero.

oscuro, a (Del lat. *obscurus.*)
1 Que no está iluminado o tiene muy poca claridad: adj.
es un cuarto oscuro porque no tiene ventanas; la fotografía   tb: obscuro
salió muy oscura.   ≠ claro
2 Se aplica al color que está muy cargado de tinte,   ≠ claro
tiende al negro o se contrapone a otro: *lleva un traje*
azul oscuro.
3 Se refiere al día o al cielo que está muy nublado: *el*   ≠ despejado
cielo estaba oscuro y llovía.
4 Que está oscurecido o es casi de noche: *no salgas*
ahora que ya es muy oscuro.
5 Que es confuso, impreciso o difícil de entender: *se*   = complicado
expresa con un lenguaje oscuro.
6 Que parece sospechoso o que esconde algo turbio: ≠ claro
se ve que anda metido en un asunto oscuro.
7 Que produce temor e inseguridad: *veo mi porvenir*   = azaroso
muy oscuro.
8 Que es humilde o poco conocido: *su linaje es oscuro*
e incierto.
9 Color con que en pintura y dibujo se destacan las   s.m.
partes menos iluminadas de los objetos y se les con-   ARTE
fiere volumen.
10 Oscurecimiento de la escena teatral que puede   TEATRO
desempeñar distintas funciones: *aprovecharemos el os-*
curo para cambiar el decorado.
11 **a oscuras:** 1. Sin luz: *nos quedamos a oscuras y en-*   loc.adv.
cendimos las velas. 2. En la ignorancia, sin conocimien-   loc.adv.
to de una cosa: *en esta materia estoy a oscuras.*
12 **estar o hacer oscuro:** Faltar claridad en el cielo
por estar nublado o ser de noche.

osear Espantar las aves domésticas y la caza: *de un*   v.tr.
disparo osea a las perdices.   tb: oxear

oseína Sustancia proteica que forma el tejido celular   s.f./BIOLOGÍA
del hueso y de los cartílagos en los animales.   tb: osteína

óseo, a (Derivado del lat. *os, ossis*, hueso.)
1 Del hueso: *padece una afección ósea que le dificulta los*   adj.
movimientos.   ANATOMÍA
2 Que tiene o parece tener la naturaleza del hueso: *el*
marfil tiene consistencia ósea.

osera Cueva en la que se refugia el oso para abrigarse   s.f.
o cuidar a sus crías.

osero
1 Lugar en que se entierran los huesos de las sepultu-   s.m.
ras en los templos y cementerios.   = osario
2 Cualquier lugar donde se encuentran huesos.

oseto, a
1 De un pueblo del Cáucaso central.   adj.
2 Persona natural de este pueblo.
3 Lengua del grupo iranio, de la familia indoeuropea,   s.m.
hablada por este pueblo caucásico.   LINGÜÍSTICA

osezno Cría del oso.   s.m.

osificación Proceso de convertirse un tejido en hue-   s.f.
so o adquirir su consistencia.   MEDICINA

osificarse (Derivado del lat. *os, ossis*, hueso + *facere*,   v.prnl.
hacer.) Convertirse un tejido en hueso o adquirir su   conj: sacar
consistencia.   MEDICINA

osífraga (Del lat. *ossifraga* < *os, ossis*, hueso + *frangere*,   s.f.
romper.) Quebrantahuesos, ave falconiforme.   ZOOLOGÍA

-osis Componente de palabra procedente del gr. *osis*,   suf.
que significa enfermedad no inflamatoria o crónica:
mixomatosis.

osmanlí De un pueblo turco que se instaló en Asia   adj./s.m.f.
Menor en el siglo XIII.   pl. tb: osmanlíes

osmazomo (Del gr. *osme*, olor + *zomos*, jugo.) Extrac-   s.m.
to acuoso procedente de la carne, al que el caldo
debe su sabor y olor característicos.

osmio (Del gr. *osme*, olor.) Metal duro, de color blan-   s.m,
co azulado, atacable por los ácidos y similar al pla-   QUÍMICA
tino.

osmo- Componente de palabra procedente del gr. *os-*   pref/suf.
mos, que significa impulso: *osmótico; exosmosis.*   tb: osm-, -osmosis

osmolalidad Concentración de las partículas osmóti-   s.f.
camente activas contenidas en una disolución, en re-   QUÍMICA
lación al peso.

osmolaridad Concentración de las partículas osmó-   s.f.
ticamente activas contenidas en una disolución, en   QUÍMICA
relación al volumen.

osmometría Medición de las presiones osmóticas.   s.f./QUÍMICA

osmómetro (Del gr. *osmos*, impulso + *metron*, medi-   s.m,
da.) Instrumento para medir la presión osmótica.   QUÍMICA

ósmosis (Del gr. *osmos*, impulso.) Fenómeno de difu-   s.f./pl: ósmosis
sión de un disolvente a través de una membrana se-   FÍSICA
mipermeable, que separa dos disoluciones de con-   tb: osmosis
centración diferente.

osmótico, a De la ósmosis.   adj./FÍSICA

oso (Del lat. *ursus.*)
1 Mamífero carnívoro plantígrado, de cuerpo macizo   s.m.
y pesado, cubierto de un tupido pelo, de gran poten-   ZOOLOGÍA
cia muscular, largas uñas, cola reducida y molares tri-
turadores.
2 Acción ridícula o vergonzosa: *estaba tan borracho*   Méx.
que hizo puros osos en la fiesta.   familiar
3 **oso blanco:** Especie mayor que la común, con ho-   ZOOLOGÍA
cico puntiagudo, cabeza aplastada y pelaje blanco o   = oso polar
liso, que habita en los países marítimos más septentrionales. (*Thalarctos maritimus.*)
4 **oso colmenero:** El que tiene por costumbre robar   ZOOLOGÍA
colmenas para comerse la miel.
5 **oso hormiguero:** Mamífero desdentado americano   ZOOLOGÍA
que se alimenta de hormigas, tiene el hocico muy largo y es de color agrisado con listas negras de bordes
blancos. (*Myrmecophaga tridactyla.*)
6 **oso marino:** Mamífero marino, similar a las focas,   ZOOLOGÍA
con nariz muy puntiaguda y aletas posteriores con
todos los dedos iguales, que habita en aguas árticas.
(*Callorhinus ursinus.*)
7 **oso marsupial:** Mamífero marsupial australiano,   ZOOLOGÍA
sin cola y de pelaje tupido y suave de color grisáceo.   = coala
8 **oso negro:** El de gran tamaño, menor que el pardo   ZOOLOGÍA
y pelaje oscuro que se alimenta de hormigas y es co-   = baribal
mún en tierras norteamericanas. (*Euarctos americanus.*)
9 **oso panda:** Nombre de dos especies de mamíferos   ZOOLOGÍA
asiáticos, uno, el panda menor tiene el tamaño de un   = panda
gato grande y el pelaje de color rojo brillante; el otro,
el panda gigante, es blanco y tiene dos aureolas negras alrededor de los ojos.
10 **oso pardo:** Úrsido muy robusto, con uñas corvas   ZOOLOGÍA
y muy desarrolladas, hocico largo y orejas pequeñas,
pelo de color pardo, omnívoro y el que mejor se domestica. (*Ursus arctos.*)
11 **hacer el oso:** Hacer o decir tonterías en público   coloquial
exponiéndose a la burla ajena: *pórtate bien y deja de*
hacer el oso.

-oso Unido a sustantivos de elementos químicos indi-   suf.
ca el compuesto en el que el elemento principal actúa
con la valencia mínima: *sulfuroso; nitroso.*

-oso, a (Del lat. *-osus.*)
1 Unido a sustantivos forma adjetivos que indican   suf.
abundancia: *rumboso; boscoso; marchoso.*
2 Unido a verbos forma adjetivos que poseen un significado activo: *resbaloso; tropezoso.*
3 Unido a adjetivos intensifica o atenúa su significado: *voluntarioso; verdoso.*

ososo, a
1 Que tiene relación con el hueso.   adj./= óseo
2 Que tiene huesos prominentes: *está delgado y es*   = huesudo
muy ososo.
3 Que tiene el color o la consistencia parecidos a los   = ahuesado,
del hueso: *el marfil es ososo.*   óseo

ossobuco (Voz italiana.) Estofado de tibia de ternera   s.m.
con médula y carne, cortada en rodajas, típico de la   COCINA
cocina italiana.

osta (Del cat. *osta*.) Cabo o aparejo que sirve para mantener firmes los picos cangrejos en los balances y para guiarlos cuando se izan o arrían. — s.f. NÁUTICA

ostaga (Del fr. ant. *utague* < escandinavo ant. *uptaug* < *upp*, hacia arriba + *taug*, cable.) Cabo grueso que pasa por el motón situado en la cruz de las vergas de gavia y por la cabeza del mastelero y que sirve para izar dichas vergas. — s.f. NÁUTICA tb: ustaga

oste
1 Voz usada para rechazar a personas o cosas. — interj./tb: oxte
2 **no decir oste ni moste:** No decir nada: *lo reñí y no dijo ni oste ni moste.* — coloquial

ostealgia (Del gr. *osteon*, hueso + *algos*, dolor.) Dolor en un hueso o en los huesos. — s.f./MEDICINA tb: ostalgia

osteálgico, a De la ostealgia. — adj./tb: ostálgico

osteictio Se aplica a los peces que se caracterizan por tener el esqueleto, o parte de él, osificado. — adj. ZOOLOGÍA

osteína Sustancia nitrogenada constituyente de la piel y de los cartílagos animales, que se halla también en las partes óseas. — s.f. BIOLOGÍA tb: oseína

osteítis (Del gr. *osteon*, hueso + *itis*, inflamación.) Inflamación de los huesos. — s.f./pl: osteítis MEDICINA

ostensible
1 Que puede ser notado con facilidad: *todos captamos su ostensible antipatía hacia mí.* — adj. = perceptible
2 Que puede mostrarse o manifestarse.

ostensión Manifestación con exhibición de una cosa: *hace ostensión de su riqueza de forma descarada.* — s.f. = muestra

ostensivo, a Que ostenta o hace patente una cosa: *hizo un gesto ostensivo de desprecio.* — adj. = ostentativo

ostensorio
1 Custodia que se emplea para la exposición de la hostia consagrada en las iglesias o en las procesiones. — s.m. RELIGIÓN
2 Parte superior de la custodia en la que se coloca el viril o caja de cristal. — RELIGIÓN

ostentación
1 Acción y resultado de ostentar o hacer patente una cosa. — s.f.
2 Exhibición y alarde de riqueza: *lleva siempre pequeñas joyas porque detesta la ostentación.* — = boato, pompa
3 Demostración exterior y visible de una cosa de la que se presume. — = jactancia, presunción

ostentador, a Que ostenta. — adj/s.

ostentar (Del lat. *ostentare* < *ostendere*, mostrar, exhibir.)
1 Hacer una persona gala de importancia o lujo: *ostenta su riqueza siempre que tiene ocasión.* — v.tr. = exhibir
2 Mostrar o hacer patente una cosa: *ostenta su desacuerdo en cada reunión.* — = manifestar
3 Poseer una cosa que otorga un determinado derecho, valor o poder: *ostenta el récord; ostenta el cargo de director.* — = detentar

ostentativo, a Que hace ostentación de una cosa. — adj./= ostensivo

ostento Maravilla de la naturaleza o cosa milagrosa o monstruosa. — s.m. = prodigio

ostentosidad Calidad de ostentoso. — s.f.

ostentoso, a
1 Que aparenta riqueza o poder: *se presentó con un coche ostentoso.* — adj. = suntuoso
2 Que se hace de manera que pueda ser notado con facilidad: *nos hizo un desprecio ostentoso.* — = patente

osteo- Componente de palabra procedente del gr. *osteon*, que significa hueso: *osteología; osteópata.* — pref. tb: oste-

osteoblasto (Del gr. *osteon*, hueso + *blastos*, germen.) Célula productora de la sustancia ósea. — s.m. BIOLOGÍA

osteoclastia Fractura quirúrgica de ciertos huesos para corregir deformaciones óseas o articulares. — s.f. MEDICINA

osteoclasto Célula gigante, con varios núcleos, que toma parte en los procesos de absorción del tejido óseo. — s.m. BIOLOGÍA

osteocondritis Inflamación simultánea de un hueso y de su cartílago. — s.f./pl: osteocondritis MEDICINA

osteofito Proliferación anormal del tejido óseo en la zona próxima a una inflamación. — s.m. MEDICINA

osteogénesis Proceso de formación de los huesos y del tejido óseo. — s.f. pl: osteogénesis

osteólisis Destrucción, necrosis o disolución patológica del tejido óseo. — s.f./pl: osteólisis MEDICINA

osteolito (Del gr. *osteon*, hueso + gr. *lithos*, piedra.) Hueso fósil. — s.m. GEOLOGÍA

osteología (Del gr. *osteon*, hueso + *logos*, ciencia.) Parte de la anatomía que estudia los huesos. — s.f. MEDICINA

osteológico, a De la osteología o de sus huesos. — adj./MEDICINA

osteólogo, a Médico especialista en osteología. — s./MEDICINA

osteoma (Del gr. *osteon*, hueso + *oma*, tumor.) Tumor de naturaleza ósea o con elementos de tejido óseo. — s.m. MEDICINA

osteomalacia (Del gr. *osteon*, hueso + *malakos*, blando.) Reblandecimiento de los huesos producido por la pérdida de sus sales calcáreas. — s.f. MEDICINA

osteometría Parte de la antropología que mide los huesos del esqueleto humano. — s.f.

osteomielitis (Del gr. *osteon*, hueso + *myelos*, médula + *itis*, inflamación.) Inflamación del hueso y de la médula ósea. — s.f. pl: osteomielitis MEDICINA

osteopatía (Del gr. *osteon*, hueso + *pathos*, enfermedad.) Nombre genérico de las enfermedades óseas. — s.f. MEDICINA

osteoplastia (Del gr. *osteon*, hueso + *plasis*, modelar.) Operación que consiste en la reconstrucción de un hueso con la ayuda de otros fragmentos óseos. — s.f. MEDICINA

osteoporosis Fragilidad de los huesos causada por la rarefacción del tejido óseo y el ensanchamiento de los espacios medulares. — s.f. pl: osteoporosis MEDICINA

osteosíntesis Intervención quirúrgica que consiste en fijar de forma mecánica los fragmentos óseos de una fractura mediante una pieza metálica. — s.f. pl: osteosíntesis MEDICINA

osteotomía (Del gr. *osteron*, hueso + *tomos*, división.) Operación quirúrgica que consiste en seccionar un hueso. — s.f. MEDICINA

ostero Obrero que maneja los cabos o aparejos que mantienen firmes los balances. — s.m. NÁUTICA

ostia Ostra, molusco bivalvo de carne muy apreciada. — s.f./ZOOLOGÍA

ostión Molusco comestible provisto con dos valvas de color gris oscuro, que mide entre cinco y quince centímetros de largo. — s.m. Méx. ZOOLOGÍA

ostionería Restaurante donde se sirven ostiones y otros mariscos. — s.f. Méx.

ostra (Del port. *ostra* < lat. *ostrea*.)
1 Molusco bivalvo comestible, que vive fijado a las rocas marinas por una valva de su concha. (*Ostrea* y *Gryphaea.*) — s.f. ZOOLOGÍA
2 Concha de la madreperla. — ZOOLOGÍA
3 Persona aburrida: *¡qué tipo más poco interesante, es una ostra!* — adj/s.f. coloquial
4 **aburrirse como una ostra:** Aburrirse mucho: *la película fue un rollo y nos aburrimos como una ostra.* — coloquial
5 **¡ostras!:** Voz que expresa sorpresa o enfado: *¡ostras, no esperaba verte!; ¡ostras, se ha roto!* — interj. coloquial

ostracismo (Del gr. *ostrakismos* < *ostrakon*, concha.)
1 Aislamiento voluntario o forzoso de una persona: *fue condenado al ostracismo por sus compañeros; su ostracismo me preocupa.* — s.m.
2 Destierro político que se practicaba en la antigua Atenas: *el joven sublevado fue condenado al ostracismo.* — HISTORIA = exilio

ostral
1 Lugar en que se crían ostras. — s.m.
2 Lugar en que se crían las perlas producidas por este molusco.

ostrero, a
1 De las ostras: *se dedica a la pesca ostrera.* — adj.
2 Persona que vende ostras: *la ostrera me dijo que éstas eran de la mejor calidad.* — s.
3 Ave caradriforme de plumaje negro y blanco y pico rojo anaranjado que vive en las costas. (*Haematopus ostralegus.*) — s.m. ZOOLOGÍA
4 Lugar donde se crían y conservan vivas las ostras. — = ostral
5 Lugar en que se crían las perlas de las ostras. — = ostral

ostrícola (Del lat. *ostrea*, ostra + *colere*, cultivar.) Que tiene relación con la cría y la conservación de las ostras. — adj.

ostricultura Arte de criar ostras. — s.f.

ostrífero, a (Del lat. *ostrea*, ostra + *ferre*, llevar.) Que cría ostras o las tiene en abundancia: *este mar es muy ostrífero.* — adj.

ostro
I (Derivado de *ostrón* < *ostra*.) Especie de ostra, mayor y más basta que la común. — s.m./ZOOLOGÍA = ostrón
II (Del lat. *ostrum*.)
1 Cualquiera de los moluscos cuya tinta se usaba para teñir las telas de color púrpura, en la antigüedad. — s.m. ZOOLOGÍA
2 Color o tinte púrpura.
III (De origen incierto.)
1 Austro, viento del sur. — s.m.
2 Sur, punto cardinal.

ostrogodo, a
1 De un pueblo godo que fundó un reino en la península itálica. — adj. HISTORIA
2 Persona que formaba parte de este pueblo godo. — s./HISTORIA

ostrón Especie de ostra, mayor y más basta que la común. (*Gryphaea angulata.*) — s.m. ZOOLOGÍA

ostugo (Del lat. vulgar *festucum*, brizna.)
1 Rincón, ángulo entrante entre dos paredes o superficies. — s.m.
2 Pizca, porción muy pequeña de una cosa.

osudo, a Que tiene mucho hueso: *es corpulento porque es muy osudo.* — adj. = huesudo

osuno, a Referido al oso o que se le parece: *tiene un aspecto osuno.* — adj.

ot- Componente de palabra procedente del gr. *us, otos*, que significa oreja: *otitis.* — pref./suf. tb: oto-

otacústico, a (Del gr. *us, otos*, oreja + *akustikos*.) Se aplica al aparato que ayuda y perfecciona el sentido del oído. — *adj.*

otalgia (Del gr. *us, otos*, oreja + *algos*, dolor.) Dolor de oídos. — *s.f.* MEDICINA

otario, a
1 Se aplica a la persona tonta y fácil de engañar. — *adj./Argent., Urug.*
2 Mamífero pinnípedo marino de pelaje largo y espeso, con una cresta carnosa en la cabeza y unas bolsas en la nariz que puede hinchar a voluntad. *(Otaria flavescens.)* — *s.m.* ZOOLOGÍA = león marino

-ote, a Unido a nombres y adjetivos indica valor despectivo, aumentativo o diminutivo: *brutote; picota; islote.* — *suf.*

oteador, a Que otea. — *adj./s.*

otear (Del ant. *oto*, alto.)
1 Mirar desde un lugar alto lo que está abajo o a lo lejos: *desde el acantilado oteaba el mar.* — *v.tr.* = divisar
2 Mirar con cuidado y atención: *el detective oteó todos los rincones de la casa buscando alguna pista.* — = escudriñar

otero (Del ant. *oto*, alto.) Cerro aislado que domina un llano. — *s.m.* GEOGRAFÍA

otitis (Del gr. *us, otos*, oreja + *itis*, inflamación.)
1 Inflamación del oído: *la otitis produce fuertes pinchazos.* — *s.f./pl: otitis* MEDICINA
2 **otitis externa:** La que afecta hasta la membrana del tambor. — MEDICINA
3 **otitis interna:** La que afecta la caja del tímpano y la trompa. — MEDICINA

oto- Componente de palabra procedente del gr. *us, otos*, que significa oreja: *otología.* — *pref.*

otoba Árbol americano tropical de fruto muy parecido a la nuez moscada. *(Myristica otoba.)* — *s.f.* BOTÁNICA

otología (Del gr. *us, otos*, oreja + *logos*, ciencia.) Parte de la patología que estudia las enfermedades del oído y su tratamiento. — *s.f.* MEDICINA

otológico, a (Del gr. *us, otos*, oreja + *logos*, ciencia.) Que tiene relación con la otología o estudio de las enfermedades del oído. — *adj.* MEDICINA

otólogo, a Persona especializada en otología. — *s./MEDICINA*

otomán Tela de tejido acordonado muy usada para la confección de vestidos de mujer. — *s.m.* TEXTIL

otomana (Del fr. *ottomane*.) Sofá o diván al estilo del usado por los turcos o los árabes. — *s.f.*

otomano, a
1 De Turquía, país asiático que tiene una parte de su territorio en el continente europeo. — *adj.* th: turco
2 De una dinastía de soberanos turcos que gobernó en un imperio que se extendió por Asia Menor, sureste de Europa y noreste de África. — HISTORIA = osmanlí
3 Persona que descendía de esta dinastía. — *s./HISTORIA*
4 Persona natural de los territorios del imperio gobernado por esta dinastía. — HISTORIA
5 Persona natural de Turquía. — = turco

otomí
1 Se aplica a un pueblo indígena mesoamericano que ocupaba el altiplano mexicano y que actualmente habita en varios estados del país. — *adj.* *Méx.*
2 Persona originaria de este pueblo. — *s.m.f./Méx.*
3 Lengua que habla este pueblo. — *s.m./Méx.* LINGÜÍSTICA

otoñada
1 Estación del otoño. — *s.f.*
2 Sazón de la tierra y abundancia de pastos durante esta estación: *este año tendremos una buena otoñada.*

otoñal
1 Del otoño: *hace una temperatura otoñal.* — *adj.*
2 Se aplica a las personas de edad madura. — *adj/s.m.f.*

otoñar
1 Pasar el otoño en un lugar o de una manera determinada. — *v.intr.*
2 Brotar la hierba en otoño.
3 Sazonarse la tierra en otoño. — *v.prnl.*

otoño (Del lat. *autumnus*.)
1 Estación del año comprendida entre el fin del equinoccio de verano y el principio del invierno, caracterizada por las temperaturas templadas: *en otoño se produce la caída de las hojas de los árboles.* — *s.m.*
2 Período de la vida humana en que ésta declina de la plenitud a la vejez: *sus nietos fueron su mejor compañía durante el otoño de su vida.* — coloquial
3 Segunda hierba que producen los prados en esta estación. — AGRICULTURA

otorgadero, a Que se puede o debe otorgar: *es un premio otorgadero a los mayores de edad.* — *adj.*

otorgador, a Que concede o consiente: *como respuesta hizo un gesto otorgador con la cabeza.* — *adj/s.*

otorgamiento
1 Acción y resultado de otorgar o conceder una cosa: *la ceremonia de otorgamiento de premios fue un éxito.* — *s.m.*

2 Permiso o licencia para hacer una cosa: *no esperó el otorgamiento de sus superiores.* — = consentimiento
3 Acción de otorgar un documento: *al tenerse que ir optó por conceder un otorgamiento de poderes.* — DERECHO
4 Escritura de contrato o de última voluntad. — DERECHO
5 Parte final de un documento notarial en el que se aprueba, cierra y hace solemne lo que en él se dice. — DERECHO

otorgante
1 Que otorga. — *adj/s.m.f.*
2 Parte que contrata en un documento público. — *s./DERECHO*

otorgar (Del lat. vulgar *auctoricare* < lat. *auctor*, vendedor.)
1 Conceder lo que se pide o, en general, cualquier cosa: *el director otorgó el permiso que le pedían.* — *v.tr./conj: pagar* = proporcionar
2 Dar leyes o mandatos: *han otorgado una nueva ley que confiere más privilegios a las autonomías.* — POLÍTICA = promulgar
3 Disponer o establecer ante notario: *otorgó poderes a sus padres antes de marcharse.* — DERECHO
4 Aceptar una cosa: *le costó mucho, pero al final otorgó que se había equivocado.* — = admitir, asentir

otorgo Contrato esponsalicio y capitulaciones matrimoniales. — *s.m.* DERECHO

otorragia Salida de sangre por el oído. — *s.f./MEDICINA*

otorrea Flujo mucoso o en forma de pus que procede del conducto auditivo externo o del tambor cuando se ha perforado la membrana del tímpano. — *s.f.* MEDICINA

otorrinolaringología (Del gr. *us, otos*, oreja, + *ris*, nariz, + *larynx*, laringe.) Parte de la medicina que estudia las enfermedades de oído, nariz y laringe. — *s.f.* MEDICINA

otorrinolaringólogo, a Persona especializada en las enfermedades y afecciones de oído, nariz y laringe. — *s.* MEDICINA

otosclerosis (Del gr. *us, otos*, oreja + *skleros*, duro.) Esclerosis o endurecimiento de los tejidos del oído interno, que conduce a la sordera. — *s.f.* pl: otosclerosis MEDICINA

otoscopia (Del gr. *us, otos*, oreja + *skopeo*, observar.) Exploración del interior del oído. — *s.f.* MEDICINA

otoscopio Instrumento médico usado para explorar el oído. — *s.m.* MEDICINA

otramente De otra suerte o manera. — *adv.*

otraño En otro año. — *adv.*

otro, a (Del lat. *alter*, el otro entre dos.)
1 Se aplica a la persona o cosa distinta de la que se habla: *no es ése, sino otro reloj el que me gusta; es otro chico.* — *adj.*
2 Indica la semejanza entre dos cosas: *es otro artista como su padre.*
3 Indica pasado cercano con nombres que expresan tiempo y precedido de artículo: *la otra noche nos encontramos en el centro.*
4 Indica próximo o siguiente unido a la preposición *a* más artículo y acompañado a nombres que expresan tiempo: *nos veremos la otra semana, no en ésta.*
5 Se aplica a cualquier persona distinta de la que habla: *creo que se refería a otro, no a mí.*
6 Se usa en enumeraciones de cosas o personas: *cogió una cosa de aquí y otra de allí.*
7 Uno más: *ha tenido otro hijo.*
8 Alude a una persona, animal o cosa distinta de la que se habla: *él no quiere ir, que vaya otro.* — *pron.*
9 **esa es otra:** Indica que lo que se dice es un despropósito, impertinencia o dificultad: *ahora sales con críticas, esa es otra; claro, esa es otra, que no se puede prescindir, ¿nof*
10 **¡otra!: 1.** Voz que se usa para pedir una nueva representación o canción en un espectáculo: *el grupo accedió a los gritos de ¡otra! cantando un viejo tema.* **2.** Expresa la impaciencia que provoca el interlocutor: *¡otra!, que no, que no voy.* — *interj.*
11 **otro que tal y otro que tal baila:** Indica la semejanza que existe entre personas o cosas, generalmente resaltando aspectos negativos: *él es muy cotilla, pero su mujer es otra que tal baila.*

otrora En otro tiempo: *otrora los caballeros cedían su asiento a las damas.* — *adv.*

otrosí (De *otro* + *sí* < lat. *sic*, así.)
¶ Además de esto. — *adv.*
2 Cada una de las peticiones o pretensiones que se ponen después de la principal. — *s.m.* DERECHO

out (Voz inglesa.)
1 Fuera de juego, en algunos deportes. — *s.m./DEPORTES*
2 Pelota fuera de los límites de la pista, en el tenis. — DEPORTES
3 Jugador eliminado en una entrada, en el béisbol. — DEPORTES
4 Púgil fuera de combate, en el boxeo. — DEPORTES
5 Obsoleto o pasado de moda. — = desfasado

outboard (Voz inglesa.) Denominación internacional de los motores y las embarcaciones fuera borda. — *s.m./DEPORTES, NÁUTICA*

output (Voz inglesa.) Resultado de una producción tras cierta combinación de factores dentro de un proceso económico. — *s.m.* ECONOMÍA

outsider (Voz inglesa.) Competidor con muy pocas posibilidades de éxito, en el deporte o en cualquier actividad: *es un outsider de los negocios.* — *s.m.f.*

ova (Del lat. *ulva*, alga.)
1 Alga unicelular de color verde, con tallo dividido en filamentos o en láminas que se encuentra flotante en el agua o fija en el fondo. — s.f./BOTÁNICA = lama
2 **ova de río:** Alga de agua dulce de filamentos muy largos. *(Rhizoclonium vulgare.)* — BOTÁNICA
3 **ova marina:** La que tiene expansiones laminares huecas y casi siempre ramificadas, que vive en aguas marinas y salobres. *(Enteromorpha intestinalis.)* — BOTÁNICA
4 Adorno en forma de huevo, que se emplea en molduras y capiteles. — ARQUITECTURA tb: ovo

ovación (Del lat. *ovatio, -onis*, triunfo menor por una victoria de poca consideración que concedían los romanos.) Aplauso ruidoso que una colectividad dedica a una persona: *el público se levantó otorgando una ovación a los actores.* — s.f. = aclamación ≠ abucheo

ovacionar Dedicar un gran aplauso: *toda la sala ovacionó la memoria del artista.* — v.tr. = aclamar

ovado, a
1 De figura de huevo. — adj./= ovoide
2 De figura de óvalo. — = ovalado
3 Se aplica al ave después de que el macho haya fecundado los huevos. — ZOOLOGÍA

oval (Del lat. *ovum*, huevo.) Con figura de óvalo o huevo: *tiene el rostro oval.* — adj.

ovalado, a De figura de óvalo: *lleva unas gafas ovaladas muy bonitas.* — adj.

ovalar Dar figura o forma de óvalo o huevo a una cosa: *ovala un poco el tela en el tiro.* — v.tr.

óvalo (Del ital. *ovolo*, adorno en figura de huevo.) Curva cerrada, con la convexidad hacia fuera, semejante a una elipse y simétrica respecto de uno o dos ejes. — s.m. GEOMETRÍA

ovante
1 Se aplica a la persona que conseguía ser ovacionada entre los romanos. — adj. HISTORIA
2 Que resulta victorioso. — = triunfante

ovar Poner huevos las aves: *recoge los huevos porque las gallinas han ovado.* — v.intr. tb: aovar

ovárico, a Del ovario, tanto de los animales como de las plantas. — adj./ANATOMÍA, BOTÁNICA

ovario (Del lat. *ovum*, huevo.)
1 Órgano sexual femenino que contiene los óvulos y que en los vertebrados está situado en número par a cada uno de los lados del útero. — s.m. ANATOMÍA
2 Parte inferior del pistilo que contiene los óvulos. — BOTÁNICA
3 Moldura adornada con curvas cerradas u óvalos. — ARQUITECTURA

ovariotomía Operación quirúrgica que consiste en extirpar uno o ambos ovarios: *aunque le han practicado una ovariotomía, aún puede tener hijos.* — s.f. MEDICINA = ovariectomía

ovaritis (De *ovario* + *itis*, inflamación.) Inflamación de los ovarios: *le harán análisis para averiguar la causa de la ovaritis.* — s.f. pl: ovaritis MEDICINA

ovas Conjunto de huevecillos de algunos peces: *las ovas de la trucha es un plato gustoso.* — s.f.pl./ZOOLOGÍA = hueva

oveja (Del bajo lat. *ovicula*.)
1 Hembra ovina: *la lana de la oveja se usa para confeccionar tejidos.* — s.f. ZOOLOGÍA
2 **oveja negra:** Persona que se diferencia del resto por su mala conducta o por no seguir las normas aceptadas: *dicen que el hijo menor es la oveja negra de la familia.* — coloquial
3 **oveja renil:** La que está castrada. — ZOOLOGÍA
4 **encomendar las ovejas al lobo:** Encargar los negocios, bienes u otra cosa a una persona que puede arruinarlos. — coloquial

ovejero, a Que cuida de las ovejas: *el pastor tiene un buen perro ovejero.* — adj/s.

ovejuno, a De las ovejas: *se dedica a la cría de ganado ovejuno.* — adj.

overa Ovario de las aves. — s.f./ZOOLOGÍA

overbooking (Voz inglesa.) Sobreventa de plazas o localidades: *el overbooking de plazas hoteleras duró toda la temporada.* — s.m. COMERCIO

overlista
1 Operaria que se encarga de manejar la máquina overlista. — s.f./Chile/TEXTIL
2 Se aplica a la máquina que confecciona el overlock. — adj./Chile TEXTIL

overlock Costura en forma de cadeneta que se realiza sobre los tejidos de punto para rematarlos. — s.m./Chile TEXTIL

overo, a
1 Se aplica al animal, en especial al caballo, que tiene un color parecido al del melocotón. — adj.
2 Se refiere a la caballería de fondo blanco con manchas de cualquier otro color. — Amér. Central y Merid.

overol (Del ingl. *overall*.) Mono, traje de faena. — s.m./Amér.

ovetense
1 De Oviedo, ciudad asturiana. — adj.
2 Persona natural de esta ciudad. — s.m.f.

ovicida Se aplica al producto químico que se usa contra los insectos y ácaros que se encuentran en la fase de huevo. — adj. QUÍMICA

ovidiano, a (De *Ovidio*, poeta latino.) Que es propio de este poeta o se le asemeja en el estilo. — adj.

óvido (Del lat. *ovis*, oveja.) Se aplica a los mamíferos rumiantes de la familia de los bóvidos, cubiertos en general de lana, con cuernos de sección triangular y retorcidos en espiral o encorvados: *el carnero es un animal óvido.* — adj/s.m. ZOOLOGÍA

oviducto (Del lat. *ovum*, huevo + *ducere*, conducir.) Conducto por el que los óvulos salen del ovario para ser fecundados: *el oviducto de la mujer se llama trompa de Falopio.* — s.m. ANATOMÍA

oviforme Que tiene forma de huevo: *la cicatriz tenía un contorno oviforme.* — adj.

ovil Lugar donde los pastores recogen el ganado para resguardarlo de la intemperie. — s.m. = aprisco

ovillado Preparación del ovillo de la urdimbre, enrollada a mano o de forma mecánica. — TEXTIL

ovilladora Máquina para ovillar el hilo, el bramante, cordones y otras filaturas. — s.f. TEXTIL

ovillar
1 Hacer ovillos: *ovilló la madeja de lana.* — v.tr.
2 Encogerse haciéndose un ovillo: *el cachorro se ovilló porque tenía frío.* — v.prnl. = acurrucarse

ovillejo
1 Combinación métrica compuesta por tres versos octosílabos, seguidos de un pie quebrado cada uno, y de una redondilla cuyo último verso está formado por los tres pies quebrados. — s.m. POESÍA
2 **decir de ovillejo:** Decir coplas dos o más personas, de modo que se forme consonante entre el último y el primer verso de cada copla.

ovillo (Del ant. *luviello* < bajo lat. *lobellum* < lat. *globellum* < *globus*, bola.)
1 Bola que se forma devanando hilo o una cuerda: *necesita tres ovillos de lana para hacer la bufanda.* — s.m.
2 Cualquier cosa enredada y de figura redonda.
3 Montón confuso de cosas sin ningún tipo de trabazón: *la habitación era un ovillo de juguetes y libros.* — = revoltijo
4 **hacerse alguien un ovillo:** 1. Encogerse o acurrucarse por miedo, dolor u otra causa. 2. Confundirse o embrollarse al hablar o pensar.

ovino, a
1 Se aplica al ganado lanar, compuesto por ovejas, carneros y corderos. — adj.
2 Perteneciente a una subfamilia de rumiantes bóvidos de pequeño tamaño, como los mufloles y las ovejas domésticas. — adj/s.m.

ovíparo, a (Del lat. *ovum*, huevo + gr. *eidos*, forma.) Que se reproduce por huevos puestos antes o después de la fecundación, pero siempre antes de la eclosión. — adj/s.m. ZOOLOGÍA

oviscapto (Del lat. *ovum*, huevo + *scabere*, rascar.) Órgano alargado, situado en la extremidad del abdomen de las hembras de ciertos insectos, que les permite depositar los huevos en el suelo, sobre las plantas o sobre otro lugar idóneo. — s.m. ZOOLOGÍA

ovni (Acrónimo de *[O]bjeto [V]olador [N]o [I]dentificado.*) Artefacto volador que supuestamente procede de un astro distinto a la Tierra. — s.m. = platillo volante

ovo Motivo ornamental en forma de huevo, por lo general con la punta hacia abajo. — s.m./ARQUITECTURA tb: ova

ovo- Componente de palabra procedente del lat. *ovum*, que significa huevo: *ovogénesis.* — pref. tb: ovi-

ovocito Oocito, célula sexual femenina que no há sufrido aún la meiosis. — s.m. BIOLOGÍA

ovogénesis Proceso de diferenciación celular que da lugar a la formación de gametos femeninos en los animales. — s.f./pl: ovogénesis BIOLOGÍA tb: oogénesis

ovogonia Célula germinal de la gónada femenina que origina los oocitos de primer orden. — s.f./BIOLOGÍA tb: oogonio

ovoide (Del lat. *ovum*, huevo + gr. *eidos*, forma.)
1 Que tiene figura de huevo: *tiene un rostro ovoide casi perfecto.* — adj. = ovoideo
2 Conglomerado de carbón y otra materia que tiene forma de huevo. — s.m.

ovoideo, a Que tiene forma o figura de huevo. — adj/= aovado

óvolo (Del ital. *ovolo*.) Adorno arquitectónico en figura de huevo, rodeado por un cascarón y con puntas de flecha intercaladas entre cada dos. — s.m. ARQUITECTURA

ovoso, a Que tiene ovas o algas. — adj.

ovovivíparo, a (Del lat. *ovum*, huevo + *vivus*, vivo + *parere*, parir.) Se aplica al animal que se reproduce por huevos, pero que los conserva en sus vías genitales hasta la eclosión, desarrollándose el embrión únicamente por las reservas acumuladas en el huevo: *algunos tiburones son ovovivíparos.* — adj/s.m. ZOOLOGÍA tb: ovoviparo

ovulación Producción y desprendimiento natural del óvulo en el ovario de la mujer y de las hembras de los animales, que, después de ser recibido por la trompa, queda apto para ser fecundado.   `s.f.` `FISIOLOGÍA`

ovular
1 Del óvulo o de la ovulación.   `adj./BIOLOGÍA`
2 Realizar la ovulación: *no sabe cuándo ovula exacta-mente, pero tiene una idea aproximada.*   `v.intr.` `FISIOLOGÍA`

óvulo (Del lat. *ovum*, huevo.)
1 Cada una de las células sexuales femeninas de los animales que cuando se unen a gametos masculinos dan origen a nuevos individuos.   `s.m.` `BIOLOGÍA`
2 Cada uno de los cuerpos esferoidales contenidos en el ovario de las flores, que encierran la célula hembra u oosfera y que proporcionan la semilla des-pués de la fecundación del polen.   `BOTÁNICA`
3 Pequeño sólido con forma de huevo que contiene un medicamento.

¡ox! Voz que se emplea para espantar la caza y las aves domésticas.   `interj.` `tb: ¡os!, ¡oxe!`

ox-
1 Componente de palabra procedente del gr. *oxys*, que significa agudo, ácido: *oxálico.*   `pref.` `tb: oxi-`
2 Componente de palabra que se usa para indicar que un compuesto químico contiene oxígeno: *oxácido.*   `tb: oxi-`

oxácido Ácido que contiene oxígeno.   `s.m./QUÍMICA`

oxalato (Del gr. *oxalis*, acedera.)
1 Sal del ácido oxálico.   `s.m./QUÍMICA`
2 **oxalato potásico:** Sal compuesta de ácido oxálico y de potasio.   `QUÍMICA`

oxálico, a
1 Se refiere a un ácido obtenido de forma industrial, usado en tintorería, como aditivo alimenticio y para fabricar tinta.   `adj.` `QUÍMICA` `= etanodioico`
2 Se aplica al ácido orgánico que da a la planta de la acedera, como condimento, su peculiar sabor.   `QUÍMICA`

oxalidáceo, a Perteneciente a una familia de plantas angiospermas dicotiledóneas que tienen hojas alter-nas, flores solitarias o en umbela, y fruto en cápsula con semillas de albumen carnoso.   `adj/s.f.` `BOTÁNICA` `= oxalideo`

oxalme (Del gr. *oxys*, ácido + *alme*, salmuera.) Sal-muera con vinagre.   `s.m.`

oxear (De la interjección *¡ox!*) Espantar o ahuyentar las aves domésticas y la caza.   `v.tr.` `tb: osear`

oxiacetilénico, a De la mezcla de acetileno, hidro-carburo combustible, y oxígeno.   `adj.` `QUÍMICA`

oxicorte Técnica de cortar metales o aleaciones por oxidación a alta temperatura.   `s.m.` `METALURGIA`

oxidable Que se puede oxidar o pasar al estado de óxido.   `adj.` `QUÍMICA`

oxidación Acción y resultado de oxidar u oxidarse.   `s.f.`

oxidante Que oxida o puede oxidar: *el agua produce un efecto oxidante sobre el hierro.*   `adj.`

oxidar
1 Hacer pasar al estado de óxido o recubrir de óxido un cuerpo: *la lluvia oxidó las rejas de las ventanas; la puerta de metal del jardín se ha oxidado.*   `v.tr/prnl.`
2 Combinar con el oxígeno.   `v.tr./QUÍMICA`
3 Hacer perder electrones a un átomo o a un ion.   `QUÍMICA`

oxiderurgia Conjunto de procedimientos siderúrgi-cos que utilizan el oxígeno puro o mezclado con aire insuflado.   `s.f.` `METALURGIA`

óxido (Del gr. *oxys*, ácido.)
1 Compuesto que resulta de la combinación de un cuerpo con el oxígeno.   `s.m.` `QUÍMICA`
2 Capa rojiza que se forma en las superficies metáli-cas que están al aire libre debido a la humedad o a otros factores.   `= herrumbre`

oxidrilo Radical formado por un átomo de hidrógeno y otro de oxígeno que forma parte de muchos com-puestos.   `s.m.` `QUÍMICA` `= hidróxilo`

oxigenación Acción y resultado de oxigenar u oxige-narse.   `s.f.`

oxigenado, a Que contiene oxígeno.   `adj./QUÍMICA`

oxigenar
1 Combinar o impregnar un cuerpo con el oxígeno formando óxidos.   `v.tr/prnl.` `QUÍMICA`
2 Airearse, respirar aire libre: *tuve que salir a oxigenar-me porque no aguantaba el ambiente cargado del bar.*   `v.prnl.`
3 Aclarar el color del cabello con agua oxigenada para volverlo rubio.

oxígeno (Del gr. *oxys*, ácido + *gennao*, engendrar.) Elemento químico gaseoso que se encuentra en la composición del aire y del agua, que es indispensable para la vida en la tierra, para la combustión y tiene múltiples aplicaciones: *en la cima de la montaña notaba un poco la falta de oxígeno.*   `s.m.` `QUÍMICA`

oxigenoterapia Tratamiento terapéutico por medio de inhalaciones de oxígeno.   `s.f.` `MEDICINA`

oxilita Nombre comercial del dióxido de sodio, que, por acción del agua, sirve para preparar oxígeno.   `s.f.` `QUÍMICA`

oximel (Del gr. *oxys*, agudo, ácido + *miel*.) Jarabe de vinagre y miel, para usos medicinales.   `s.m./FARMACIA` `tb: oximiel`

oxímoron Figura retórica que consiste en reunir dos palabras que son en apariencia contradictorias.   `s.m.` `RETÓRICA`

oxipétalo (Del gr. *oxys*, agudo, ácido + *petalon*, hoja.) Planta trepadora brasileña, de la familia de las ascle-piadáceas, de hojas acorazonadas y flores azules en racimo. *(Oxypetalum.)*   `s.m.` `BOTÁNICA`

oxitócico, a Se aplica a las sustancias que producen la contracción del músculo uterino y que se utilizan para provocar el parto.   `adj/s.` `MEDICINA`

oxitocina Hormona producida por la neurohipófisis, que estimula la musculatura uterina.   `s.f.` `BIOLOGÍA`

oxítono, a (Del gr. *oxys*, agudo + *tonos*, tono, acento.) Se refiere a las palabras que llevan el acento tónico en la sílaba final: *"camión" es una palabra oxítona.*   `adj/s.` `GRAMÁTICA`

oxiuro Gusano nematodo, parásito del intestino del hombre y de algunos animales, que provoca un dolo-roso prurito o escozor anal.   `s.m./ ZOOLOGÍA` `tb: lombriz intestinal`

oxizacre
1 Bebida que en la antigüedad se hacía con zumo de granadas agrias y azúcar.   `s.m.`
2 Bebida ácida y dulce que se hacía con otros ingre-dientes.

oxoniense
1 De Oxford, ciudad inglesa.   `adj/s.m.f.`
2 Persona natural de esta ciudad inglesa.   `s.m.f.`

oxte
1 Voz que se emplea para rechazar a la persona o cosa que molesta o daña.   `interj.` `tb: oste`
2 **sin decir oxte ni moxte:** Sin hablar, sin decir nada.   `loc.adv.`

oyente
1 Que oye.   `adj.`
2 Se refiere a la persona que asiste a un aula sin estar matriculado como alumno: *iba a las clases del catedrá-tico de física como oyente.*

ozonizar
1 Transformar el oxígeno en ozono.   `v.tr./conj: cazar`
2 Hacer reaccionar el ozono sobre un cuerpo con el fin de transformarlo o de esterilizarlo.   `QUÍMICA` `= ozonar`

ozono (Derivado del gr. *ozo*, oler.)
1 Variedad alotrópica del oxígeno, producida por descargas eléctricas o por la acción de las radiaciones ultravioletas del Sol, que protege a los organismos vivos de los efectos de dichas radiaciones.   `s.m.` `QUÍMICA`
2 **agujero de ozono:** Disminución de la capa de ozo-no de la estratosfera, provocada por la acción del hombre, que pone en peligro la naturaleza viva de las zonas afectadas.   `ECOLOGÍA`

ozonómetro (De *ozono* + gr. *metron*, medida.) Reacti-vo preparado para valorar el ozono que hay en el aire.   `s.m.` `QUÍMICA`

ozonosfera (De *ozono* + gr. *sphaira*, globo.) Capa de la atmósfera terrestre, situada entre los 15 y los 40 kilómetros de altura, que contiene ozono.   `s.f.` `GEOGRAFÍA`

ozonoterapia Utilización del ozono con fines tera-péuticos.   `s.f.` `MEDICINA`

p Decimoséptima letra del abecedario español y decimotercera de sus consonantes. Su nombre es *pe*. — s.f.

¡pa! Expresión usada para denotar sorpresa y admiración. — interj./*Argent., Urug.*

pabellón (Del fr. ant. *paveillon*, tienda de campaña < lat. *papilio, -onis*, mariposa.)
1 Pequeño edificio que constituye una dependencia de otro mayor, contiguo o próximo a él. — s.m. = sección
2 Construcción o edificio aislado que forma parte de un conjunto: *pabellón de oficiales; pabellón de cirugía; pabellón de letras en la ciudad universitaria.* — = anexo
3 Bandera nacional: *el pabellón ondea en todos los ayuntamientos del país.* — = enseña, estandarte
4 Nación a la que pertenecen las naves mercantes. — NÁUTICA
5 Colgadura plegadiza que sirve de adorno en una cama, un altar u otra cosa. — = dosel
6 Protección dada a una persona o a la que ésta se acoge.
7 Cosa que cobija o protege como una bóveda. — literario
8 Tienda de campaña de forma cónica: *los soldados montaron los pabellones.*
9 Boca cónica y ancha en que terminan instrumentos de viento, como la trompeta, el clarinete o el saxo. — MÚSICA
10 Grupo de fusiles o armas portátiles formado de manera que se apoyen sobre un punto y se mantengan en equilibrio.
11 Pirámide truncada que forma las facetas del tallado de algunas piedras preciosas.
12 Resalto de una fachada, que por lo general se corona de ático o frontispicio. — ARQUITECTURA
13 Cohetes grandes y luminosos. — s.m.pl./*Colomb. Venez.*
14 Plato en que se sirve separadamente carne frita, arroz y frijoles.
15 **pabellón de conveniencia o de complacencia:** Nacionalidad ficticia dada por un armador a un barco para escapar del fisco de su país. — NÁUTICA
16 **pabellón de la oreja o auditivo:** Oreja, parte externa del oído. — ANATOMÍA
17 **el pabellón cubre la mercancía:** 1. Norma del derecho de gentes por la que un estado beligerante no podía apoderarse de un buque mercante neutral. 2. Indica que una autoridad o persona respetable ampara cosas ilícitas. — DERECHO, coloquial

pabilo (Del lat. *papyrus* < gr. *papyros*, papiro.) Mecha de algodón retorcido que arde en los candiles, velas o utensilios parecidos y proporciona luz: *la vela se apagó porque se acabó el pabilo.* — s.m./tb: pábilo = torcida

pabiloso, a
1 Que tiene mucho pabilo quemado y da poca luz. — adj.
2 Mortecino, que está casi apagado: *no puedes estudiar con esta luz pabilosa.*

pábulo (Del lat. *pabulum.*)
1 Pasto, comida o alimento para la subsistencia. — s.m.
2 Lo que sirve para fomentar o mantener una cosa o acción: *su tenacidad es el pábulo del negocio.* — = estímulo
3 **dar pábulo:** 1. Poner medios para acrecentar un mal. 2. Fomentar o incentivar un afecto, vicio o inclinación. — coloquial, coloquial

paca
I (Del guaraní *paka.*) Mamífero roedor sudamericano, grande y de cuerpo robusto, color pardo y rojizo y pies y cola reducidos, es herbívoro y vive en zonas selváticas. (*Cuniculus paca.*) — s.f. ZOOLOGÍA tb: paco
II (Del fr. *pacque.*) Fardo de lana, algodón en rama, paja o forraje: *el granjero transportaba las pacas de paja hasta el pajar.* — s.f. = bala

pacana
1 Planta arbórea de origen norteamericano, con hojas dentadas, flores verdosas y fruto seco con almendra comestible. (*Carya olivaeformis.*) — s.f. BOTÁNICA
2 Fruto de este árbol. — BOTÁNICA

pacato, a
1 Que tiene un carácter tranquilo y moderado en exceso: *tu amigo es un pacato que no se inmuta por nada.* — adj/s. = modoso
2 Que es escrupuloso y se escandaliza por nada: *eres muy pacato con los temas sexuales.* — = mojigato

pacaya
1 Dificultad, inconveniente que impide ejecutar una cosa. — s.f. *Guat.*
2 Palmera cuyos cogollos se toman como legumbre comestible. — *C. Rica, Hond.* BOTÁNICA

pacedero, a Se aplica al terreno que tiene hierba para pasto: *trasladó al ganado hasta una zona pacedera.* — adj.

pacense
1 De Badajoz, ciudad y provincia españolas. — adj.
2 Persona natural de esta ciudad o provincia. — s.m.f.
3 De Beja, ciudad de Portugal. — adj.
4 Persona natural de esta ciudad portuguesa. — s.m.f.

paceño, a
1 De La Paz, capital de Bolivia. — adj.
2 Persona natural de esta ciudad. — s.

pacer (Del lat. *pascere.*)
1 Comer el ganado al pasto: *las vacas pacían la hierba del campo; el pastor llevó las ovejas a pacer.* — v.intr/tr. / conj: *carecer*
2 Dar pasto al ganado: *el granjero pace a las vacas al amanecer.* — v.tr. / = *apacentar*
3 Gastar una cosa. — = *desgastar*

pacha
1 Biberón, especie de botella que se usa para la lactancia artificial. — s.f. / *Nicar.*
2 Botella aplanada y pequeña utilizada para llevar agua o licor. — *Nicar.*

pachá
1 Bajá, cargo o título honorífico turco. — s.m.
2 Persona de vida relajada y placentera: *se cree que es un pachá, nunca hace nada.* — coloquial
3 **vivir como un pachá:** Vivir con lujo y opulencia: *desde que le tocó la lotería vive como un pachá.* — coloquial

pachacho, a Se aplica a las personas o animales rechonchos y de piernas cortas. — adj. / *Chile*

pachaco, a
1 Que es inútil, enclenque o que está falto de fuerzas. — adj. / *C. Rica*
2 Se aplica a lo que está aplastado o es plano. — *Amér. Central*

pachamama Divinidad de origen inca que se identifica con la madre tierra. — s.f. / *Amér. Merid.*

pachamanca Carne condimentada con ají que se asa entre piedras calientes. — s.f. / *Amér. Merid.*

pachanga Baile, diversión, fiesta: *cada noche sale de pachanga con sus amigos.* — s.f. / coloquial

pachanguero, a Se aplica a la música o espectáculo que tiene poca calidad: *en las verbenas suelen tocar música pachanguera.* — adj. / coloquial

pacharán Licor de origen navarro, fabricado con anís y arándanos. — s.m.

pacheco Frío intenso. — s.m./*Ecuad., Venez.*

pacho, a Se aplica a las personas y cosas que tienen un aspecto rechoncho. — adj. / *Nicar.*

pachocha
1 Sopa fría de agua, aceite, vinagre, sal y pan remojado. — s.f. / COCINA
2 Indolencia, flema, calma excesiva con la que se toman las cosas y los problemas. — *Amér. Central y Merid.*

pachón, a
1 Persona que tiene poca energía o muestra poco entusiasmo por las cosas. — s. / coloquial
2 Se aplica al perro de raza muy parecida al perdiguero, pero con las piernas más cortas y torcidas, la cabeza redonda y la boca muy grande. — adj/s.m.
3 Que tiene mucho pelo, lanudo. — adj./*Amér.*

pachorra Modo de ser o de comportarse una persona, con mucha lentitud o mostrando excesiva tranquilidad: *date prisa, tu pachorra me pone muy nervioso.* — adj. / coloquial / = *flema*

pachorriento, a Que es lento y pesado, sin vitalidad ni energía. — adj. / *Amér. Merid.*

pachorrudo, a Que tiene mucha pachorra: *es tan pachorrudo que siempre llega tarde.* — adj. / coloquial

pachucho, a
1 Que está pasado o estropeado por muy maduro: *la planta está pachucha; no te la comas, la fruta está pachucha.* — adj./coloquial / = *mustio*
2 Que está abatido física o anímicamente: *se ha quedado en casa porque está algo pachucho.* — coloquial / ≠ *sano*

pachuno, a Se refiere a los jóvenes de origen mexicano que vivieron en tierras norteamericanas en los años cincuenta y se caracterizaron por defender su identidad como grupo social frente a las costumbres estadounidenses, en especial mediante el uso de ropa extravagante y de una jerga en la que mezclaban vocablos de la lengua inglesa y española. — adj/s. / *Méx.* / coloquial

pachulí (Del fr. *patchouli.*)
1 Planta labiada, de origen hindú, aromática, de la que se obtiene, por destilación de sus hojas y tallos, un perfume. *(Pogostemon patchoulyi.)* — s.m./pl: pachulíes / BOTÁNICA / tb: patchouli
2 Perfume que se extrae de esta planta.

paciencia
1 Actitud del que sabe aguantar las adversidades sin protestar: *ten paciencia y no te enfades con él.* — s.f. / = *aguante*
2 Capacidad para hacer cosas pesadas o minuciosas: *no tengo paciencia para los puzzles.*
3 Disposición para esperar con calma las cosas que tardan en llegar: *al médico se ha de ir con mucha paciencia.* — = *espera*
4 Lentitud para una cosa que debería hacerse deprisa.
5 Bollo pequeño hecho con harina, huevo, almendra y azúcar y cocido en el horno. — COCINA
6 Saliente inferior del asiento de la silla del coro, colocado de forma que al levantarlo se pueda apoyar en él quien está de pie. — = *misericordia*
7 Consentimiento o tolerancia que mengua el honor.
8 **acabar, consumir o gastar la paciencia a una persona:** Irritarla, enfadarla mucho: *no sigas incordiando porque se me acabará la paciencia.* — coloquial
9 **cargarse de paciencia:** Asumir toda la resignación posible ante una situación adversa que no tiene solución: *hay que cargarse de paciencia y seguir buscando trabajo.* — coloquial
10 **con paciencia se gana el cielo:** Frase que se usa para indicar que no hay que precipitarse para hacer o recibir una cosa. — coloquial
11 **¡paciencia!:** Exclamación que se usa para recomendar resignación ante los contratiempos. — coloquial
12 **perder la paciencia:** Acabar una persona con la capacidad que tenía para soportar una situación: *termina de comer y no me hagas perder la paciencia.*

paciente (Del lat. *patiens, -tis*, el que soporta.)
1 Que tiene paciencia: *es tan paciente que me esperó durante una hora; las maestras han de ser pacientes con sus alumnos.* — adj. / = *tolerante* / ≠ *impaciente*
2 Se aplica al sujeto que recibe o padece la acción del agente. — adj/s.m. / FILOSOFÍA
3 Se refiere al sujeto gramatical que recibe la acción del agente. — GRAMÁTICA
4 Persona que padece una enfermedad o está en tratamiento: *las enfermeras tomaron el pulso a todos los pacientes.* — s.m.f. / = *enfermo*
5 Persona que es o va a ser reconocida por un médico: *el dentista tiene dos pacientes en la sala de espera.*

pacienzudo, a Que tiene mucha paciencia: *es tan pacienzudo que a veces le toman el pelo.* — adj./coloquial / = *paciente*

pacificación
1 Acción y resultado de pacificar. — s.f./= *aquietamiento*
2 Convenio o tratado de paz entre estados, para poner fin a una guerra. — POLÍTICA

pacificador, a Que pacifica o pone paz: *intervendrá como pacificador entre las dos partes enfrentadas.* — adj/s. / = *pacificante*

pacíficamente
1 Sin violencia: *estos pueblos convivieron pacíficamente durante casi tres siglos.* — adv.
2 De forma tranquila: *conducía pacíficamente su rebaño de ovejas.*

pacificar (Del lat. *pacificare.*)
1 Establecer la paz en un lugar donde había guerra o discordia: *la misión de la ONU es pacificar el territorio.* — v.tr. / conj: *sacar*
2 Reconciliar a las personas que estaban opuestas o enfadadas: *conseguí pacificar a las amigas.*
3 Pedir o desear una persona que se logre la paz: *el mensaje de su discurso pacificó las intenciones de la gente.* — v.intr.
4 Hacerse menor la intensidad, la fuerza o la violencia de una cosa: *la tormenta se pacifica por momentos.* — v.prnl. / = *aquietarse*

pacífico, a (Del lat. *pacificus.*)
1 Que no fomenta discordias: *es una persona pacífica que nunca se mete con nadie.* — adj. / ≠ *violento*
2 Que está en paz, sin guerras ni disturbios.
3 Que no tiene alteración o cambio en su estado: *ambiente pacífico; cielo pacífico.* — = *plácido* / ≠ *turbulento*
4 Se aplica al sacrificio que ofrecían los gentiles por la paz y la salud. — RELIGIÓN
5 Se refiere al mismo sacrificio en la ley mosaica antigua. — RELIGIÓN

pacifismo
1 Conjunto de doctrinas que defienden la supresión de las guerras y el movimiento de la paz entre las naciones. — s.m. / POLÍTICA
2 Movimiento social que defiende la paz como estado ideal de la sociedad y rechaza cualquier tipo de acción bélica. — SOCIOLOGÍA

pacifista
1 Del pacifismo. — adj.
2 Que es partidario del pacifismo: *los pacifistas se manifestaron en contra del ataque militar.* — adj/s.m.f. / = *antimilitarista*

pack (Del ingl. *pack.*) Envase que empaqueta varias unidades de un mismo producto: *es más barato comprar un pack de seis botellas que comprarlas sueltas.* — s.m.

package (Voz inglesa.) Conjunto de programas que cubren una clase completa de aplicaciones. — s.m. / INFORMÁTICA

packaging (Voz inglesa.)
1 Estudio de las técnicas de embalaje desde el punto de vista de la publicidad. — s.m. / PUBLICIDAD
2 Operación que consiste en envolver un producto alimentario con una primera capa protectora. — INDUSTRIA

paco
I (Del quechua *p'aqo*, amarillo rojizo.)
1 Paca, mamífero roedor. — s.m./ZOOLOGÍA
2 Llama, mamífero rumiante. — ZOOLOGÍA
3 Mineral de plata en cuyo interior hay una ganga ferruginosa. — *Amér. Central y Merid.*
4 Policía, persona encargada de mantener el orden público. — *Amér. Merid., Pan./familiar*
5 Color rojizo o bermejo. — *Argent., Chile, Perú*
II (De la onomatopeya *pac.*)
1 Marroquí de las antiguas posesiones españolas africanas, que aislado y escondido, disparaba sobre los soldados. — s.m. / HISTORIA
2 Combatiente o soldado que dispara estando solo y escondido. — = *francotirador*
III Tamal o masa de maíz lavado. — s.m./*Nicar.*

pacota
1 Pacotilla, cosa de poca calidad o hecha sin esmero. — s.f./*Méx.*

2 Don nadie, persona insignificante. *Méx.*

pacotilla (Del fr. *pacotille*.)
1 Géneros u objetos que los marineros u oficiales de una embarcación pueden embarcar por su cuenta sin pagar flete. `s.f.` `NÁUTICA`
2 **de pacotilla**: De calidad inferior, de poco valor o defectuosa: *lleva un collar que es de pacotilla.* `loc.adj.` `coloquial`
3 **hacer una persona su pacotilla**: Reunir una fortuna con una especulación, empleo o trabajo cualquiera: *hizo su pacotilla vendiendo terrenos.* `coloquial`

pacotillero, a
1 Que lleva o negocia con géneros por los que no se paga flete. `adj.s.` `NÁUTICA`
2 Buhonero o mercader ambulante: *le compró una cazuela al pacotillero.* `s./Amér. Central y Merid.`

pactar (Del lat. vulgar *pactare*, convenir en el pago de un tributo.)
1 Acordar una cosa dos o más personas o entidades, obligándose las partes a su cumplimiento: *pactaron la entrega de los rehenes a cambio de dinero.* `v.tr.` `= convenir`
2 Contemporizar o transigir una autoridad con los que están sometidos a ella: *el gobierno pactó con los amotinados.* `= ceder`

pactismo Tendencia a resolver determinadas situaciones políticas o sociales mediante un compromiso o pacto. `s.m.` `POLÍTICA`

pactista
1 Del pactismo. `adj./POLÍTICA`
2 Persona que es partidaria del pactismo. `s.m.f.`

pacto (Del lat. *pactum*.)
1 Acuerdo o tratado entre personas, entidades, partidos políticos o estados que exige cumplimiento por cada una de las partes de lo que se ha estipulado: *ese partido no respetó los pactos económicos convenidos.* `s.m.` `= convenio`
2 Obligación establecida por acuerdo o tratado.
3 **pacto comisorio**: El prohibido en derecho y por el que se faculta al acreedor con una prenda o hipoteca para quedarse, en pago, con éstas a su voluntad, sin venta de la cosa ni otra garantía de equidad. `DERECHO`
4 **pacto de cuotalitis**: El reprobado en derecho, que celebra el abogado con su cliente convirtiendo los honorarios en una parte de la ganancia obtenida en el litigio. `DERECHO`
5 **pacto de no agresión**: Tratado según el cual dos o más países se comprometen a no apelar a las armas en la resolución de sus conflictos mutuos. `POLÍTICA`
6 **pacto de retro**: Estipulación por la cual el comprador se obliga a devolver el producto al vendedor por su precio. `COMERCIO`
7 **pacto social**: Acuerdo entre el gobierno, empresarios y sindicatos para llevar a cabo una específica política económica. `ECONOMÍA`
8 **pacto sucesorio**: El relativo a herencia futura, de licitud dudosa. `DERECHO`

pacú Pez teleósteo de cuerpo comprimido y alto, color pardo con tonalidades plomizas y considerable tamaño, que habita en las cuencas fluviales argentinas y es muy apreciado por su carne. *(Myleus.)* `s.m.` `Argent.` `ZOOLOGÍA`

pácul Planta cesalpiniácea cuya corteza es rica en tanino, y de la que se obtiene un filamento útil para tejidos. `s.m.` `Chile` `BOTÁNICA`

padecer (Del lat. *pati*.)
1 Sentir una persona un dolor físico o síquico: *tu desaire me hizo padecer; padece del hígado; padece una otitis interna.* `v.tr./intr.` `conj: carecer`
2 Tener una persona un error o un desengaño. `= sufrir`
3 Pasar una persona un dolor o un padecimiento sin sucumbir a él: *le padecí como profesor durante cinco años.* `= sufrir`
4 Sentir una necesidad: *el perro padece sed.*
5 Sufrir una acción perjudicial o dolorosa: *en Japón han padecido fuertes terremotos.*
6 Estropearse una cosa: *los zapatos padecen con la lluvia.* `v.intr.`

padecimiento Acción de padecer o sufrir un dolor físico o síquico: *la enfermedad le hizo vivir largos años de padecimiento.* `s.m.` `= sufrimiento`

padrastro (Del lat. vulgar *patraster, -tri*.)
1 Marido de la madre respecto de los hijos de ésta habidos en un matrimonio anterior. `s.m.`
2 Mal padre. `≠ padrazo`
3 Parte del pellejo que se levanta junto a las uñas de las manos y produce dolor y molestias.
4 Cosa que impide o estorba la realización de otra. `= impedimento`
5 Lugar alto, montaña, colina o elevación desde que se domina y puede batirse una plaza. `MILITAR` `= dominación`

padrazo Padre que mima mucho a sus hijos: *es todo un padrazo con su hija.* `s.m.` `coloquial`

padre (Del lat. *pater, patris*.)
1 Hombre o animal que ha tenido descendencia: *¡enhorabuena, ya eres padre!* `s.m.`
2 Hombre o animal respecto de sus hijos o crías.
3 Primera persona de la santísima trinidad, en la religión cristiana. `TEOLOGÍA`
4 Conjunto del padre y la madre: *perdió a sus padres cuando era un niño.* `s.m.pl.`

5 Abuelos y demás progenitores de una familia: *Adán y Eva fueron nuestros primeros padres.*
6 Macho destinado a la procreación en la ganadería. `s.m.`
7 Persona que ha creado o inventado una cosa: *a la conferencia asistirá el padre del nuevo sistema educativo.* `= creador, inventor`
8 Persona principal y cabeza de una descendencia, familia o pueblo. `= patriarca`
9 Título dado a los sacerdotes y a ciertos religiosos. `RELIGIÓN`
10 Persona que ha influido de forma decisiva en el desarrollo de una ciencia o facultad: *Homero es el padre de la poesía.*
11 Cosa que da origen a otra: *el odio es el padre de todos los males.* `= causa`
12 Muy grande o importante: *se armó el escándalo padre.* `adj.` `coloquial`
13 **padre apostólico**: Cada uno de los doctores de la Iglesia que, según el cristianismo, conversaron con los apóstoles y discípulos de Jesucristo. `RELIGIÓN`
14 **padre conscripto**: Senador, entre los antiguos romanos. `HISTORIA`
15 **padre de almas**: Prelado, eclesiástico o cura a cuyo cargo está la dirección espiritual de los feligreses. `RELIGIÓN`
16 **padre de familia o familias**: Jefe o cabeza de una familia, aunque no tenga hijos. `SOCIOLOGÍA`
17 **padre de la Iglesia**: Se aplica a algunos doctores de las iglesias latina y griega que destacan por sus importantes obras. `RELIGIÓN`
18 **padre de la patria**: 1. Título de honor dado a una persona por los servicios prestados a su patria. 2. Se aplica con ironía a los diputados y senadores.
19 **padre de mancebía**: El que tenía a su cargo el cuidado y gobierno de una mancebía o casa de prostitución. `coloquial`
20 **padre de pila**: Padrino en el bautismo. `RELIGIÓN`
21 **padre de pobres**: Persona caritativa.
22 **padre de provincia**: Religioso que ha tenido a su cargo las casas y conventos de esta demarcación territorial. `RELIGIÓN`
23 **padre espiritual**: Confesor que dirige el espíritu del penitente. `RELIGIÓN` `= director espiritual`
24 **padre eterno**: Dios, el ser supremo en la religión cristiana. `RELIGIÓN`
25 **padre nuestro**: 1. Oración cristiana que empieza con esas palabras. 2. Cada una de las cuentas más gruesas del rosario que señalan cuándo se ha de rezar esta oración. `RELIGIÓN` `RELIGIÓN` `= diez`
26 **padre político**: Suegro, respecto de una persona, el padre de su cónyuge.
27 **padre putativo**: Aquel al que la ley considera progenitor sin serlo o existiendo dudas de que lo sea.
28 **padre santo o santo padre**: El papa en el catolicismo. `RELIGIÓN`
29 **de padre y muy señor mío**: De gran intensidad o magnitud: *se montó una bronca de padre y muy señor mío.* `loc.adj.` `coloquial`
30 **dormir con sus padres**: Estar muerto: *no critiques a los que ya duermen con sus padres.* `coloquial`
31 **el padre de la criatura**: Autor o inspirador de algún hecho. `coloquial`
32 **hallar una persona padre y madre**: Hallar quien lo cuide y favorezca. `coloquial`
33 **no acostarse una persona con nadie, ni con su padre**: 1. Atender sólo a su propio interés. 2. Manifestar una persona su opinión, sin guardar respeto a nadie. `coloquial`
34 **sin padre ni madre, ni perro que me ladre**: Expresa la independencia o desamparo en que se halla una persona. `coloquial`
35 **tener el padre alcalde**: Contar con un poderoso protector.
36 **¡tu padre!**: Exclamación de enfado contra alguien. `interj./coloquial`

padrear
1 Parecerse en el físico o en las costumbres una persona o un animal a su padre: *todos los hijos padrean y tienen rasgos de sus progenitores.* `v.intr.`
2 Ejercer el macho las funciones de la reproducción.

padrejón Histeria, estado transitorio de excitación nerviosa que se manifiesta en el hombre. `s.m.` `coloquial`

padrenuestro Oración con que se reza a Dios en la religión católica. `s.m./RELIGIÓN` `tb: padre nuestro`

padrillo Caballo semental que se destina a la fecundación de las yeguas reservadas para criar. `s.m.` `Amér. Merid.`

padrina Madrina [en todas sus acepciones]. `s.f.`

padrinazgo
1 Asistencia a un acto en calidad de padrino. `s.m.`
2 Cargo de padrino.
3 Protección que se ejerce sobre una persona. `= mecenazgo`

padrino, a (Del lat. vulgar *patrinus*.)
1 Persona que presenta o asiste a otra en los sacramentos del bautismo, de la confirmación, del matrimonio o del orden sacerdotal, si es varón, o en una profesión, si se trata de una religiosa. `s.` `RELIGIÓN`
2 Persona que acompaña a otra que recibe algún honor o un título.

3 Persona que asiste a otra para sostener sus derechos en un acto público.

4 Persona que actúa en favor de otra: *es un padrino y por ello la defiende.*

5 Jefe de la mafia. — s.m.

6 Conjunto del padrino y la madrina. — s.m.pl.

7 Influencias de las que dispone una persona por relaciones o amistades que le favorecen la obtención de una cosa o su desarrollo en la vida: *a él no le han despedido porque tiene padrinos en la empresa.*

padrón
I (Derivado de *padre*.) Padre muy indulgente. — s.m.
II (Del lat. *patronus*, protector.)
1 Documento oficial con la lista de los habitantes de una población: *si te cambias de población, debes inscribirte en el nuevo padrón.* — s.m.
2 Patrón que sirve de muestra para sacar otra cosa igual.
3 Columna con una lápida o inscripción que conmemora un suceso: *ese padrón está dedicado a los combatientes republicanos.*
4 Mala fama de una persona debida a una acción vergonzosa de la que queda recuerdo.
5 Semental, animal macho que se usa para fecundar a las hembras destinadas a criar. — Amér. Central y Merid.

padrote
1 Semental, macho destinado a la reproducción por sus cualidades físicas. — s.m./Amér. Central y Merid.
2 Hombre que vive de explotar a una o más prostitutas. — Méx., Amér. Central

padrotear Intimidar, infundir miedo. — v.intr./Venez.

paella (Del cat. *paella* < fr. *paele* < lat. *patella*, plato grande de metal.)
1 Plato típico del levante español, elaborado con arroz y acompañado de carne, verduras, pescado, marisco u otros ingredientes, según las distintas variedades: *paella valenciana; paella alicantina.* — s.f. COCINA
2 Sartén en la que se hace este plato de arroz. — = paellera

paellera
1 Recipiente circular de hierro, con poco fondo y dos asas usado para cocinar, en especial para hacer paella: *puso la paellera al fuego con mucho aceite.* — s.f. COCINA
2 Foco de grandes dimensiones, usado para dar luz de fondo en los escenarios. — TEATRO

¡paf! (Voz onomatopéyica.) Expresión usada para reproducir el ruido de un golpe o de un objeto al caer al suelo. — interj.

pafia Peseta, cantidad de dinero que se tiene, se debe o cuesta aquello que se ha de comprar: *recuerda que me debes quinientas pafias.* — s.f. coloquial

paga
1 Cantidad de dinero percibida de manera fija y periódica, por lo general cada mes, por el trabajo realizado: *todavía no he cobrado la paga de este mes.* — s.f. = salario, sueldo
2 Cantidad de dinero percibida de manera fija y periódica por los jóvenes de sus padres o personas encargadas de su manutención, y destinada a gastos de ocio y diversión: *mi padre me da dos mil de paga.*
3 Pago, entrega de dinero o correspondencia entre sentimientos o acciones: *te invito a cenar como paga a tu interés por encontrarme un empleo.* — = recompensa
4 Expiación de una culpa, delito o equivocación. — = penitencia
5 Obligación con que se expía una culpa, un delito o una equivocación. — = castigo
6 paga indebida o de lo indebido: Cuasicontrato dimanado del acto de entregar de forma errónea una cantidad de dinero no debida ni exigible. — DERECHO
7 paga viciosa: La invalidada por haberse realizado de modo defectuoso.
8 paga y señal: Cantidad que se deja a cuenta cuando se hace un encargo o un pedido. — COMERCIO
9 buena o mala paga: Persona que paga bien y pronto lo que debe, o al contrario: *eres una mala paga de cuidado.* — coloquial
10 en tres pagas: Expresa cómo cumple sus compromisos y deudas la persona que es mal pagadora. — loc.adv.
11 ver la paga al ojo: Se usa para explicar la facilidad con que se realiza un trabajo cuando se sabe que será pagado pronto: *sólo acepta un trabajo cuando ve la paga al ojo.* — coloquial

pagable Que puede ser pagado: *el precio de este coche me parece pagable.* — adj. ≠ impagable

pagadero, a Se aplica a las cosas o a los valores que deben pagarse en una fecha o a una persona determinada: *la hipoteca es pagadera en diez años.* — adj.

pagado, a Que está satisfecho de alguna cosa: *está pagado de sí mismo.* — adj./+ de = ufano

pagador, a
1 Que paga: *te devolverá tu dinero porque es buen pagador.* — adj./s.

2 Persona que se encarga de pagar sueldos, pensiones o créditos. — s.

pagaduría Oficina o despacho, por lo general público, donde se realizan pagos. — s.f.

págalo Ave palmípeda de los mares árticos, de plumaje pardo y blanco que se alimenta de peces capturados por otras aves. *(Stercorarius.)* — s.m. ZOOLOGÍA

pagamento Acción y resultado de pagar. — s.m.

paganismo
1 Inclinación al politeísmo que las gentes profesaban durante los primeros siglos del cristianismo. — s.m. RELIGIÓN
2 Ausencia de sentimiento religioso, en especial cristiano, en las personas: *la Iglesia critica el paganismo de los carnavales.* — RELIGIÓN

paganizar
1 Dar carácter pagano a una cosa. — v.tr./conj: cazar
2 Profesar el paganismo el que no era pagano. — v.intr.

pagano (Derivado de *pagar*.) Persona de quien otros abusan y paga las culpas ajenas o los convites. — s.m. coloquial

pagano, a (Del lat. *paganus*, aldeano.)
1 Del paganismo. — adj./RELIGIÓN
2 Se aplicaba a los pueblos y a las personas no cristianos, durante los primeros siglos del cristianismo. — adj/s. RELIGIÓN
3 Se aplica a todo el que no ha sido bautizado. — RELIGIÓN

pagar (Del lat. *pacare*, apaciguar.)
1 Dar a una persona dinero u otra cosa que se le debe: *has de pagar las deudas.* — v.tr. = abonar
2 Cumplir la pena correspondiente a un delito o una falta: *pagará todas sus culpas; pagará su mala acción.* — = expiar, purgar
3 Corresponder una persona con un sentimiento, una actitud o una acción a otros de que es objeto: *paga las muestras de cariño que recibe con desprecio.*
4 Estar gravados por el impuesto de aduanas los géneros que se introducen en un país.
5 Hacerse aficionado a una cosa: *se ha pagado al balonmano.* — v.prnl. + a
6 Mostrarse una persona ufana de una cosa: *te pagas demasiado de tu buena suerte.* — + de, con = ufanarse
7 Darse una persona por satisfecha con una cosa: *tu amigo se paga con naderías.* — + con
8 a luego pagar: Con dinero en efectivo o equivalente. — loc.adv.
9 estamos pagados: Se usa para dar a entender que se corresponde por una parte a lo que se merece de otra.
10 pagarla doble: Recibir una persona agraviado el castigo que se merecía, por haberse rehuido la primera vez.
11 pagarla o pagarlas todas juntas: Padecer una persona el castigo que merece por una acción reprobable. — coloquial
CONJ.: IND.: PRET. INDEF.: pagué, pagaste, pagó, pagamos, pagasteis, pagaron. SUBJ.: PRES.: pague, pagues, pague, paguemos, paguéis, paguen. IMP.: paga, pague, paguemos, pagad, paguen.

pagaré
1 Documento por el que el firmante se obliga a pagar una cantidad en un determinado plazo: *hoy vence el pagaré que me hiciste.* — s.m. COMERCIO
2 pagaré a la orden: El que es transmisible por endoso sin necesidad del consentimiento del deudor. — COMERCIO
3 pagaré del tesoro: Obligación o título amortizable emitido por el estado. — ECONOMÍA

pagaya (Del malayo *pangayon*.) Remo filipino de pala sobrepuesta y atada con bejuco. — s.f. NÁUTICA

pagel (Del cat. *pagell* < lat. vulgar *pagellus*.) Pez marino, de color rojizo, ojos grandes y cola ahorquillada, cuya carne es bastante apreciada. *(Pagellus erythrinus.)* — s.m. ZOOLOGÍA = breca

página (Del lat. *pagina*.)
1 Cada cara de la hoja de un libro, un periódico, una revista o un cuaderno: *es un libro de seiscientas páginas.* — s.f. = plana
2 Texto de cada una de estas hojas: *sólo llevo leídas unas diez páginas; he escrito ya tres páginas.*
3 Suceso o circunstancia notables en el curso de una vida o de una actividad: *ha olvidado las más amargas páginas de su vida.* — = episodio
4 Cada una de las partes en que se organiza la memoria en un ordenador. — INFORMÁTICA

paginación
1 Acción y resultado de paginar o numerar las páginas. — s.f. ARTES GRÁFICAS
2 Serie de las páginas de un escrito o impreso.

paginar Poner números en las páginas de un cuaderno o un libro: *cuando haya paginado el texto podré imprimirlo.* — v.tr. ARTES GRÁFICAS

pago
I (Derivado de *pagar*.)
1 Entrega de dinero u otra cosa equivalente que se debe por haber recibido con antelación algún servicio, objeto o por cualquier otra causa: *cobro del trabajo en tres pagos mensuales.* — s.m. = abono, pagamento
2 Cantidad o cosa entregada para pagar: *el pago es de dos millones de pesetas.* — = entrega

3 Correspondencia injusta o indebida a un beneficio o servicio recibido: *perder fue un pago injusto por mis esfuerzos.*
4 pago al estado: El realizado a la hacienda pública.
5 dar el pago: 1. Se usa para advertir a una persona del daño que conlleva una conducta imprudente. 2. Corresponder mal a un beneficio o servicio recibido.
6 de pago: Se aplica al servicio que debe ser abonado: *estudié en un colegio de pago; voy a un dentista de pago.* — loc.adj.
7 en pago: En correspondencia, como premio: *en pago de tu ayuda, te invito a cenar.* — loc.adv.
8 pronto pago: Acción de abonar con prontitud lo que vale un determinado producto con el fin de conseguir un descuento. — COMERCIO
II (Del lat. *pagus*, pueblo.)
1 Terreno de un municipio dividido en parcelas, en especial aquellas que están plantadas de viñas u olivos. — s.m.
2 Pueblo pequeño que suele depender administrativamente de otro mayor. — = aldea
3 Lugar en el que una persona ha nacido o al que está arraigada y, por extensión, pueblo o región. — Amér. Merid.

pagoda (Del port. *pagode* < dravídico *pagodí* < sánscrito *bhagavatī*, bienaventurada.) — s.f. ARQUITECTURA RELIGIÓN
1 Templo budista o de otras religiones orientales construido a base de torres superpuestas.
2 Cualquiera de las imágenes que representan las divinidades adoradas en estos templos.

pagote Persona que sufre un perjuicio por culpa de otros. — s.m./coloquial = pagano

pagro (Del lat. *pager, pagri* < gr. *pagros.*) Pez marino con dorso rojo o rosa y vientre plateado, similar al pagel pero de mayor tamaño, muy apreciado pero raro. *(Pagrus pagrus.)* — s.m. ZOOLOGÍA

paguro (Del gr. *paguros.*) Cangrejo ermitaño, crustáceo. — s.m. ZOOLOGÍA

paico Planta herbácea de la familia de las quenopodiáceas, muy aromática, cuyas flores y hojas se toman como infusión. — s.m./Chile BOTÁNICA = pazote

paidofilia Atracción sexual que siente una persona adulta hacia los niños o los adolescentes. — s.f./SIQUIATRÍA th: pedofilia

paidófilo, a Persona que siente atracción sexual por los niños y los adolescentes. — s./SIQUIATRÍA th: pedófilo

paidología (Del gr. *pais, paidos*, niño + *logos*, ciencia.) Ciencia que estudia la infancia y su natural desarrollo físico, afectivo e intelectual. — s.f. SICOLOGÍA

paidológico, a De la paidología o de la infancia. — adj./SICOLOGÍA

paidólogo, a Persona que se dedica al estudio de la paidología. — s. SICOLOGÍA

paila
1 Sartén o vasija, utensilio de cocina metálico, redondo y poco profundo. — s.f./Amér. Central y Merid.
2 Machete de hoja ancha y delgada utilizado para cortar la caña de azúcar. — Nicar.
3 Campana del cuerpo de bomberos, que anuncia un incendio. — Chile
4 Oreja, órgano de la audición. — Chile/familiar

pailebote (Del ingl. *pilot's boat*, barco del piloto.) Goleta pequeña y fina, sin gavias y de borda muy baja. — s.m./NÁUTICA th: pailebot

pailero, a Persona que hace, arregla o vende pailas u otros recipientes. — s./Amér. Central y Merid.

pailón, a
1 Se aplica a la persona que tiene orejas grandes. — adj./Chile/familiar
2 Se aplica al joven que es muy alto para su edad. — Chile
3 Que es torpe, necio o tarda en comprender. — Chile
4 Hondonada, parte de un terreno más profunda que el resto y de forma redonda. — s.m. Bol., Ecuad.

paina Copo blanco formado por los abundantes pelos que cubren las semillas del palo borracho. — s.f. Argent.

painel Panel [en todas sus acepciones]. — s.m.

paipay Abanico en forma de pala construido de palma o de tela y con mango: *en Filipinas compramos unos bonitos paipáis.* — pl: paipáis th: paipái

pairar (Del occitano ant. *pairar*, soportar.) Estar el barco quieto con las velas tendidas y largas las escotas. — v.intr. NÁUTICA

pairo Se usa para indicar la no toma de una decisión, pero la disposición a hacerlo en función de las circunstancias, en la expresión **al pairo:** *está al pairo desde que le ofrecieron el cargo.* — loc.adv.

país (Del fr. *pays* < lat. vulgar *pagensis*, el que vive en el pago.)
1 Territorio limitado de forma natural o artificial, que constituye una unidad geográfica, política o histórica: *nunca olvidaré mi país; le gusta viajar a países exóticos.* — s.m. pl: países = nación
2 Conjunto de habitantes de un estado: *el país ha demostrado su repulsa hacia la violencia* — = población
3 Paisaje, pintura o dibujo. — ARTE
4 Tela, papel o piel que recubre la parte superior de las varillas de un abanico.
5 vivir sobre el país: 1. Vivir a costa ajena, valiéndose de estafas y otros procedimientos ilícitos. 2. Mantenerse las tropas a expensas de los que habitan el territorio que dominan. — MILITAR

paisaje (Del fr. *paysage.*)
1 Lugar que se considera digno de ser contemplado por ser muy bello: *absortos en la contemplación del paisaje, no advertimos que caía la noche.* — s.m.
2 Configuración del terreno en un lugar determinado: *me sorprendió la frescura del paisaje vasco.*
3 Dibujo, pintura o fotografía que representa un paraje natural: *me gustan los paisajes impresionistas.* — ARTE, FOTOGRAFÍA

paisajismo Pintura de paisajes. — s.m./ARTE

paisajista
1 Que es pintor de paisajes: *Su padre fue un gran paisajista.* — adj/s.m.f. ARTE
2 Que diseña parques y jardines: *el ayuntamiento ha contratado a un nuevo paisajista.* — = paisista

paisajístico, a Del paisaje: *dibujo paisajístico; cuadro paisajístico; una maravilla paisajística.* — adj.

paisana
1 Danza que se ejecuta al estilo campesino. — s.f.
2 Música que acompaña a esta danza. — MÚSICA
3 Se aplica a la tortilla hecha de verduras, hortalizas, jamón y otros ingredientes. — COCINA

paisanaje
1 Conjunto de paisanos o gentes que habitan o proceden de un mismo lugar. — s.m.
2 Relaciones y vínculos existentes entre dos o más personas por el hecho de ser del mismo país.

paisano, a (Del fr. *paysan.*)
1 Del mismo lugar: *hace gracia encontrarse un paisano lejos de tu tierra.* — adj/s.
2 Persona que vive en el campo: *los paisanos se levantan al salir el sol.* — s. = campesino
3 Persona que no es militar: *en el atentado murieron un coronel y dos paisanos.* — s.m. = civil
4 Extranjero, en especial los árabes y los sirios, residente en el país. — Chile
5 de paisano: Se aplica a los militares, policías o eclesiásticos cuando no visten uniforme o hábito: *el policía vestía de paisano cuando lo detuvo.* — loc.adj/adv.

paisista Paisajista [en todas su acepciones]. — adj/s.m.f.

paja (Del lat. *palea*, cascabillo de los cereales.)
1 Tallo o caña de los cereales, cuando están secos y separados del grano. — s.f. AGRICULTURA
2 Tallo delgado, flexible cuando está verde, de los cereales. — AGRICULTURA
3 Conjunto de estas cañas, enteras o trituradas, empleadas como alimento del ganado, para hacer sombreros o sillas y techar chozas: *recogimos mucha paja para hacer una cabaña.*
4 Tubo muy fino, por lo general de plástico, con que se sorben algunas bebidas: *pidió una paja para beberse la horchata.*
5 Brizna de hierba.
6 Cosa ligera y de poca consistencia o entidad.
7 Parte de un enunciado o un texto que no tiene contenido relevante y que no aporta nada nuevo o de interés a la persona que lee o escucha: *dice mi profesor que el examen no es más que paja.* — coloquial
8 Parte inútil de una cosa que se desecha tras escoger lo útil: *después de quitar la paja a la ristra de ajos casi nos quedamos con nada.*
9 Acción de masturbar o masturbarse. — vulgar
10 Grifo, llave para la salida del agua. — Colomb. Guat. Hond.
11 paja brava: Planta herbácea gramínea muy usada como pasto, combustible y para hacer tejados rústicos, propia de las regiones altas sudamericanas. *(Coleataenia ginerioides.)* — BOTÁNICA
12 paja cebadaza: La de cebada. — AGRICULTURA
13 paja centenaza: La de centeno. — AGRICULTURA
14 paja de agua: Antigua medida de capacidad que equivalía a poco más de dos centímetros cúbicos por segundo.
15 paja de camello, de esquinanto o de Meca: Esquenanto, planta. — BOTÁNICA
16 paja larga: La de cebada, machacada sin trillar, que se humedece para que no se corte. — AGRICULTURA
17 paja pelaza: La de cebada, machacada con cilindros de piedra para que resulte larga y hebrosa. — AGRICULTURA
18 paja trigaza: La de trigo. — AGRICULTURA
19 alzar una persona las pajas con la cabeza: Haber caído de espaldas. — coloquial
20 buscar una persona la paja en el oído: Buscar ocasión para hacer mal a otra persona, reñir o enfadarse con ella. — coloquial
21 dormirse en las pajas: Se emplea cuando una persona se vuelve excesivamente confiada y abandona la vigilancia o el esfuerzo en la tarea, antes de haberse asegurado de que ya no son necesarios. — coloquial
22 echar pajas: Se usa para explicar un tipo de sorteo que se realiza con unas pajitas de diferente tamaño, que se sostienen en la mano de modo que sólo asome la punta de las mismas, colocadas al mismo nivel y en el que pierde el sujeto que saca la pajita más corta. — coloquial

23 en un quítame allá esas pajas: Se usa para dar a entender que una cosa puede hacerse con facilidad o empleando poco tiempo. _loc.adv. coloquial_

24 hacerse pajas mentales: Divagar de forma inútil, darle muchas vueltas a las cosas. _coloquial_

25 hacerse una paja: Masturbarse, estimularse los órganos genitales. _vulgar_

26 no dormirse en las pajas: Permanecer vigilante y atento para aprovechar las ocasiones. _coloquial_

27 no importar algo una paja: Se usa para referirse a una cosa inútil, y que por ello se desprecia. _coloquial_

28 no pesar algo una paja: Se usa para referirse a personas o cosas de poco peso o importancia. _coloquial_

29 por un quítame allá esas pajas: Por cosa que no tiene importancia: _montó una bronca por un quítame allá esas pajas._ _loc.adv. coloquial_

30 quitar o sacar pajas de una albarda: Se usa para indicar que una cosa es fácil. _coloquial_

31 quitar o sacar una persona la paja: Ser una persona la primera en beber el vino que había en una vasija. _coloquial_

32 tomar una persona las pajas con el cogote: Haber caído de espaldas. _coloquial_

pajada Mezcla de paja mojada y salvado que se da a comer a las caballerías. _s.f._

pajado, a De color amarillo claro como el de paja: _la muñeca tiene el pelo pajado._ _adj._

pajar Edificio o construcción donde se guarda la paja. _s.m._

pájara
1 Ave pequeña. _s.f./= pájaro_
2 Figura parecida a la de un pájaro que se hace doblando varias veces de un modo determinado una hoja de papel. _= pajarita_
3 Mujer astuta, sagaz y cautelosa: _cuidado con ella, es una buena pájara._ _adj/s.f. coloquial_
4 Desfallecimiento súbito, generalmente por deshidratación, que sufre un ciclista que realiza un esfuerzo prolongado y que le impide continuarlo. _s.f. DEPORTES_
5 Cometa, juguete.
6 pájara pinta: Juego de prendas. _JUEGOS_

pajarear
1 Cazar una persona pájaros: _los domingos por la mañana suele salir a pajarear por el campo._ _v.intr. CAZA_
2 Estar una persona sin hacer nada útil: _mamá se enfada conmigo porque pajareo sin hacer nada._ _= holgazanear_
3 Espantarse la caballería. _Amér._
4 Espantar las aves domésticas y la caza. _Amér._
5 Intentar oír o enterarse de alguna cosa que sucede con disimulo. _Méx._

pajarel (Del cat. _passerell._) Pardillo, ave paseriforme. _s.m./ZOOLOGÍA_

pajarera
1 Jaula grande o sitio donde se crían pájaros. _s.f._
2 Planta herbácea de tallos tendidos, hojas ovales y pecíolos pestañosos. _(Stellaria media.)_ _BOTÁNICA_

pajarería
1 Tienda donde se venden pájaros y, a veces, otros animales domésticos: _he comprado alpiste en la pajarería._ _s.f. COMERCIO_
2 Gran cantidad de pájaros.

pajarero, a
1 De los pájaros. _adj._
2 Que es de carácter alegre y bromista. _coloquial_
3 Se aplica a la tela o pintura que tiene colores vivos y mal combinados: _llevaba un horrible vestido muy pajarero._ _coloquial_
4 Persona que se dedica a cazar, criar o vender pájaros. _s._
5 Se aplica a las caballerías que son asustadizas, recelosas. _adj. Amér._
6 Muchacho encargado de espantar a los pájaros en los sembrados. _s.m. Amér._

pajarete Vino licoroso, muy fino y delicado. _s.m._

pajaril (Del ital. _passarino,_ pajarillo.) Indica amarrar el puño de la vela con un cabo y largarlo hacia abajo en la expresión **hacer pajaril.** _NÁUTICA_

pajarilla
1 Aguileña, planta ranunculácea. _s.f./BOTÁNICA_
2 Bazo, en especial el del cerdo.
3 abrasarse, asarse o caerse las pajarillas: Hacer mucho calor. _coloquial_
4 alegrársele a una persona la pajarilla o las pajarillas: Mostrar alegría al ver o recordar una cosa agradable. _coloquial_
5 hacer temblar la pajarilla a una persona: Causarle miedo.
6 traerle a una persona las pajarillas volando: Complacerle en todo, por difícil que sea. _coloquial_

pajarita
1 Figura parecida a la de un pájaro que se hace doblando varias veces de un modo determinado una hoja de papel. _s.f. = pájara, pajareta_

2 Tipo de corbata que se anuda por delante en forma de lazo sin caídas: _el novio llevaba una pajarita de terciopelo negro._
3 Ventana sobre la puerta de un pajar cubierto que se puede abrir para rellenarlo por completo y después cerrarlo.
4 pajarita de las nieves: Lavandera blanca, ave paseriforme. _ZOOLOGÍA_

pajarito
1 Pájaro joven o pequeño. _s.m._
2 morirse o quedarse una persona como un pajarito: 1. Morirse con sosiego, sin contracciones ni sufrimientos. 2. Quedarse aterido de frío. _coloquial_

pájaro (Del lat. _passer,_ gorrión.)
1 Denominación que reciben las aves con capacidad para volar y de tamaño pequeño. _s.m. ZOOLOGÍA_
2 Macho de perdiz utilizado como reclamo. _CAZA_
3 Pene, órgano sexual masculino. _coloquial_
4 Hombre astuto y granuja: _debes temer a los pájaros como él._ _adj/s.m. coloquial_
5 Hombre que sobresale en alguna materia: _es todo un pájaro en el mundo de los negocios._ _s.m. coloquial_
6 pájaro arañero: Ave paseriforme del orden de las trepadoras, de vivo color carmesí, cola corta y pico largo y curvado, que vive en acantilados y riscos muy altos. _ZOOLOGÍA = treparriscos_
7 pájaro bitango: Cometa, juguete.
8 pájaro bobo: Ave palmípeda propia de las regiones polares, con el pico negro y comprimido, el lomo negro y el pecho y vientre blancos. _ZOOLOGÍA_
9 pájaro burro: Rabihorcado, ave palmípeda. _ZOOLOGÍA_
10 pájaro carpintero: Ave insectívora, de plumaje negro con algunas manchas blancas en las alas y cuello, pico largo y delgado pero muy fuerte, con el que agujerean los troncos. _ZOOLOGÍA_
11 pájaro de cuenta: Persona a quien conviene tratar con cautela porque puede resultar peligrosa: _cuidado, que es un pájaro de cuenta._ _coloquial_
12 pájaro del sol: Ave del paraíso, pájaro exótico de plumaje exuberante. _ZOOLOGÍA_
13 pájaro de mal agüero: Gafe, persona con mala suerte. _coloquial_
14 pájaro diablo: Cuervo marino, ave paseriforme. _ZOOLOGÍA_
15 pájaro gordo: Persona de mucha importancia o muy rica. _coloquial_
16 pájaro mosca: Colibrí, ave paseriforme. _ZOOLOGÍA_
17 pájaro moscón: El de color gris y pardo, de cola larga y antifaz negro, dorso castaño y vientre blanco, su nido tiene forma de bolsa colgante y vive cerca de pantanos, lagunas y corrientes. _(Remiz pendulinus.)_ _ZOOLOGÍA_
18 pájaro niño: Pájaro bobo, ave polar. _ZOOLOGÍA_
19 pájaro polilla: Martín pescador, ave. _ZOOLOGÍA_
20 pájaro solitario o loco: Ave de plumaje azulado oscuro y negro en las alas y pardo en la cola, que se alimenta de insectos y anida en las torres y en las hendiduras de las rocas. _ZOOLOGÍA_
21 pájaro tonto: Ave paseriforme que hace sus nidos en el suelo y se deja coger con facilidad. _ZOOLOGÍA_
22 pájaro trapaza: Ave insectívora que anida en la tierra y tiene el plumaje rojizo, con el pecho, abdomen y lados blancos. _ZOOLOGÍA_
23 cazar el pájaro: Reclamar con señuelo las perdices del campo. _CAZA_
24 matar dos pájaros de un tiro: Cumplir dos objetivos de una vez. _coloquial_
25 saltar el pájaro del nido: Huir una persona del sitio donde se pensaba encontrarle. _coloquial_
26 tener la cabeza llena de pájaros: Ser poco juicioso y fantasear mucho. _coloquial_

pajarón, a Se aplica a la persona que es distraída y atolondrada. _adj/s./Argent., Chile/familiar_

pajarota Infundio, bulo: _todo lo que cuentan las revistas son pajarotas._ _s.f./coloquial = pajarotada_

pajarraca Escándalo, follón: _el público arrolló el escenario y se organizó una pajarraca histórica._ _s.f. coloquial_

pajarraco, a
1 Persona disimulada y astuta: _cuidado con este tipo porque es un pajarraco._ _s. coloquial_
2 Pájaro grande cuyo nombre se desconoce. _s.m._

pajaza Desecho que los caballos dejan de la paja que comen: _el mozo de los establos limpió los comederos de pajaza._ _s.f._

pajazo Mancha o cicatriz que las pajas o cañas de las rastrojeras producen en la córnea transparente de las caballerías. _s.m. VETERINARIA_

paje (Del fr. _page._)
1 Criado joven que se encargaba de acompañar a sus amos y realizar tareas domésticas: _el paje del rey hizo pasar a los nobles._ _s.m. HISTORIA_
2 Aprendiz de marinero, encargado de la limpieza de la embarcación. _NÁUTICA_
3 Mueble formado por un espejo con pie alto y una mesilla para utensilios de tocador.
4 Familiar de un prelado o superior eclesiástico.

5 paje de armas: El que llevaba las armas de su señor y se las servía cuando las necesitaba. · HISTORIA

6 paje de bolsa: El del secretario del despacho universal y de los tribunales reales, que llevaba la bolsa o cartera de los documentos. · HISTORIA

7 paje de cámara: El que servía dentro de ella a su señor. · HISTORIA

8 paje de guión: El que llevaba el estandarte o pendón del jefe militar. · HISTORIA

9 paje de hacha: El que iba delante de las personas principales, alumbrándoles el camino. · HISTORIA

10 paje de jineta: El que acompañaba al capitán llevando la lancilla. · HISTORIA

11 paje de lanza: El que llevaba las armas. · HISTORIA

pajea Ajea, planta. · s.f./BOTÁNICA

pajear
1 Comer una caballería mucha paja. · v.intr.
2 Obrar de determinada manera: *cada uno tiene su modo de pajear.* · coloquial = actuar
3 Masturbarse, manipular los órganos genitales para obtener placer. · v.prnl. vulgar

pajecillo Armazón de metal o madera que sostiene una palangana. · s.m. = palanganero

pajera Pajar pequeño que suele haber en las caballerizas para poder coger la paja con facilidad y prontitud. · s.f.

pajería Tienda donde se vende paja: *el mozo fue a la pajería a comprar paja para las caballerías.* · s.f. COMERCIO

pajero, a
1 Persona que transportaba o vendía paja. · s.
2 Fontanero, persona que trabaja en fontanería. · Nicar.

pajil De los pajes. · adj./= pajuno

pajilla
1 Caña delgada de algunas gramíneas. · s.f.
2 Cigarrillo hecho de una hoja de maíz recortada.
3 Tubo de plástico usado para sorber bebidas. · = paja

pajizo, a
1 Que tiene un color parecido al de la paja: *su cabello es pajizo.* · adj.
2 Que está hecho o cubierto de paja: *el tejado de la choza era pajizo.* · = pajado

pajo Especie de mango filipino del que se hace un dulce, y que puesto en salmera se usa en lugar de aceitunas. · s.m.

pajolero, a
1 Se aplica a la persona que es impertinente y molesta: *no seas pajolero y déjame en paz.* · adj/s. coloquial
2 Se refiere a la cosa que es despreciable y fastidiosa: *en toda tu pajolera vida no has hecho nada de provecho.* · coloquial = puñetero

pajón
1 Paja alta y gruesa de los campos en que está todavía el rastrojo. · s.m. AGRICULTURA
2 Planta gramínea silvestre que en época de escasez sirve de alimento al ganado. · Amér. Central y Merid./BOTÁNICA

pajonal
1 Terreno cubierto de pajón por no haberse eliminado todavía el rastrojo después de la siega. · s.m. AGRICULTURA
2 Paraje poblado por la alta vegetación herbácea propia de los terrenos bajos y anegadizos. · Amér. Merid.

pajoso, a
1 Se aplica al cereal que tiene mucha paja: *el trigo de esta cosecha es muy pajoso.* · adj. AGRICULTURA
2 De paja o parecido a ella.

pajote Estera de cañas y pajas con que los agricultores cubren determinadas plantas. · s.m. AGRICULTURA

pajuela Mecha hecha con una paja de centeno, o tira de cañaheja o de algodón retorcido recubierto de azufre, que arde con facilidad. · s.f.

pajuerano, a Que procede del campo y se comporta con torpeza en la ciudad porque ignora sus costumbres. · adj/s./Argent., Bol., Urug. despectivo

pajuno, a
1 Se aplica al toro de lidia que tiene poca casta o poca bravura. · adj. TAUROMAQUIA
2 Que es propio de los pajes. · = pajil

pakistaní
1 De Pakistán, país de Asia. · adj./pl.tb: pakistanies
2 Persona natural de este país. · s.m.f.

pal
I (Del fr. *pal* < lat. *palus*.)
1 Palo, cada una de las pequeñas piezas que forman parte del escudo. · s.m. HERÁLDICA
2 Linguete grande, en especial el del cabrestante. · NÁUTICA
II (Acrónimo de *[P]hase [A]lternating [L]ine.*) Sistema de transmisión en color usado en televisión. · s.m.

pala (Del lat. *pala*.)
1 Instrumento formado por una tabla de madera o una plancha de hierro, de forma rectangular o redondeada, y con un mango grueso y más o menos largo, según el uso al que se destine: *excavamos un hoyo con la pala.* · s.f.

2 Parte ancha de algunos objetos que es parecida a este instrumento.

3 Hoja de hierro de forma de trapecio, con filo por un lado y un agujero en el opuesto, para enastarla formando parte del azadón, del hacha o de otras herramientas.

4 Diente incisivo superior: *al niño ya le han salido las palas.* · coloquial

5 Raqueta que se usa en el juego del volante o bádminton. · DEPORTES

6 Parte ancha del remo con que se impulsa la embarcación haciendo fuerza en el agua. · NÁUTICA

7 Cada sección del tallo del nopal o chumbera. · BOTÁNICA

8 Órgano terminal del brazo de las excavadoras: *la excavadora recogía los escombros con la pala.*

9 Parte ancha de las llaves que tapan los orificios de un instrumento musical de viento. · MÚSICA

10 Parte ancha de la corbata, que queda encima del torso una vez hecho el nudo.

11 Parte superior del calzado que cubre la parte delantera del pie.

12 Tabla de madera fuerte, con mango, que se usa para jugar en una de las modalidades de la pelota vasca. · DEPORTES

13 Cada uno de los cuatro dientes que muda el potro a los treinta meses de edad.

14 Cada una de las dos chapas que forman un gozne o bisagra.

15 Cuchilla de los curtidores usada para descarnar las pieles, con un mango corto perpendicular a la hoja.

16 Asiento de metal en que se engastan las piedras en las joyas.

17 Destreza o habilidad de una persona. · coloquial

18 Parte lisa de la charretera sujeta al hombro del uniforme de los militares. · MILITAR

19 Hombrera del uniforme donde se ostentan las insignias del grado. · MILITAR

20 Utensilio de forma parecida a un cucharón de madera con que se recoge y lanza la pelota en el juego de la argolla. · DEPORTES

21 Vela pequeña suplementaria. · NÁUTICA

22 Aleta de una hélice. · AERONÁUTICA

23 Astucia para averiguar o conseguir una cosa. · coloquial

24 pala de cuchara o del timón: La de madera o hierro usada en la industria. · INDUSTRIA

25 pala matamoscas: Utensilio para dicho uso, con una parte ancha de tela metálica u otro material flexible y perforado, y un mango de alambre rígido.

26 pala mecánica: Máquina compuesta por un camión o tractor que dispone de una pieza móvil que sirve para excavar.

27 corta pala: Persona poco inteligente en una cosa. · coloquial

28 hacer pala: Ponerla los jugadores de pelota vasca de firme para recibirla y rebotarla con su propio impulso. · DEPORTES

29 meter una persona su media pala: Participar en la consecución de un intento. · coloquial

palabra (Del lat. *parabola* < gr. *parabole*, comparación.)
1 Sonido o conjunto de sonidos que forman una unidad de significado o expresan una idea. · s.f. LINGÜÍSTICA
2 Representación gráfica de estos sonidos. · LINGÜÍSTICA
3 Facultad de una persona de hablar o expresar su pensamiento por medio de estas unidades: *se quedó sin palabra al saber la mala noticia.* · = habla
4 Modo de expresarse una persona: *es un orador de clara palabra.* · = expresión
5 Compromiso que hace una persona de cumplir una cosa: *sólo confío en tu palabra.* · = promesa
6 Derecho para intervenir en una asamblea o reunión: *el moderador del debate le concedió la palabra.* · = turno
7 Segunda persona de la santísima trinidad en la religión cristiana. · TEOLOGÍA = verbo
8 Lo dicho por una persona: *y cito textualmente sus palabras.* · s.f.pl.
9 Dichos vanos y sin contenido: *sus amenazas sólo son palabras.*
10 Expresiones ofensivas o recriminatorias que una persona dice a otra: *el día que lo pille le diré unas cuantas palabras.* · coloquial = cosa
11 Voces supersticiosas que se usan en los sortilegios y conjuros. · OCULTISMO
12 Pasaje o texto de un autor o escrito.
13 Las que constituyen la forma de los sacramentos. · RELIGIÓN
14 medias palabras: 1. Las que no se pronuncian por entero por defecto de la lengua: *el niño todavía habla con medias palabras.* 2. Insinuación disfrazada, lo que no se dice del todo: *habla claro y déjate de medias palabras.* · coloquial coloquial
15 palabra clave: 1. Voz más significativa o informativa del contenido de un título o texto. 2. Expresión abreviada de una sentencia. 3. La reservada cuyo uso es esencial para el significado y la estructura de una sentencia. · INFORMÁTICA INFORMÁTICA

16 palabra de Dios: Los textos, los sermones y doctrinas de los predicadores evangélicos. — RELIGIÓN

17 palabra de honor: Promesa de una persona de hacer una cosa.

18 palabra de matrimonio: La que se da recíprocamente de contraerlo y se acepta, por la cual quedan los que la dan moralmente obligados a su cumplimiento.

19 palabra gruesa: Dicho inconveniente u obsceno. — coloquial

20 palabra pesada: La injuriosa o sensible. — coloquial

21 palabra picante: La que hiere o mortifica a la persona a quien se le dice. — coloquial

22 palabra preñada: Dicho que incluye en sí más sentido que el que se manifiesta. — coloquial

23 palabras al aire: Las que no merecen ser consideradas por ser insustanciales o carecer de fundamento. — coloquial

24 palabras cruzadas: Crucigrama, pasatiempo. — JUEGOS

25 palabras de buena crianza: Expresiones de cortesía o de cumplimiento.

26 palabras de la ley o del duelo: Las que las leyes dan y señalan por injuriosas de gravedad y que ofenden y piden satisfacción.

27 palabras de oráculo: Aquellas respuestas con doble sentido que algunas personas dan a lo que se les pregunta, disfrazando lo que quieren decir. — coloquial

28 palabras de presente: Las que recíprocamente se dan los esposos en el acto de casarse.

29 palabras libres: Las deshonestas. — coloquial

30 palabras mayores: Las injuriosas y ofensivas. — coloquial

31 santa palabra: Dicho o proposición que complace. — coloquial

32 ahorrar palabras: Expresión con que se insta a una persona para que finalice un negocio o realice lo que dice, dejándose de poner excusas. — coloquial

33 a la primera palabra: Con prontitud: *te entendí a la primera palabra.* — loc.adv.

34 alzar o soltar la palabra: Obligarse una persona a hacer una cosa. — coloquial

35 a medias palabras: Con insinuación, hablando de forma confusa o incompleta por alguna razón que no se termina de expresar del todo. — loc.adv.

36 bajo su palabra: Sin otra seguridad que la promesa que una persona da de hacer o cumplir una cosa. — loc.adv.

37 beber las palabras a alguien: 1. Escucharle o atenderle con mucho cuidado. 2. Servir a una persona con esmero. — coloquial coloquial

38 coger la palabra: Valerse de una promesa o lo dicho por una persona para obligarla a su cumplimiento. — coloquial

39 coger las palabras: Observar con cuidado las que una persona dice. — coloquial

40 comerse las palabras: 1. Hablar de forma precipitada o confusa omitiendo sílabas o letras. 2. Omitir en lo escrito alguna palabra o parte de ella. — coloquial coloquial

41 correr la palabra: Avisarse sucesivamente unos a otros los centinelas de una muralla o cordón, para que estén toda la noche alerta. — MILITAR

42 cruzar la palabra con una persona: Tener trato con ella: *nos conocemos de vista, nunca nos hemos cruzado la palabra.* — coloquial

43 cuatro palabras: Conversación breve o muy corta: *sólo nos pudimos decir cuatro palabras, luego se cortó la llamada.* — coloquial

44 dar la palabra: Conceder el turno de intervención en un debate.

45 dar una persona su palabra: Prometer hacer una cosa: *me dio su palabra y yo me lo creo.*

46 dar palabra y mano: Contraer matrimonio. — coloquial

47 decir una persona la última palabra: Resolver un asunto o esclarecerlo de manera definitiva.

48 dejar a una persona con la palabra en la boca: Volverle la espalda y no escuchar lo que va a decir.

49 de palabra: Por medio de la expresión oral: *lo acordamos de palabra; fue un pacto de palabra.* — loc.adj/adv.

50 de palabra en palabra: De una razón o de un dicho en otro. — loc.adv.

51 dirigir la palabra a una persona: Hablar con ella.

52 dos palabras: Conversación corta. — coloquial

53 empeñar una persona la palabra: Dar palabra, prometer una cosa.

54 en dos o en pocas palabras, en una palabra: Con brevedad y concisión en lo que se dice. — loc.adv. coloquial

55 estar colgado o pendiente de las palabras de una persona: Oírla con mucha atención. — coloquial

56 faltar palabras para: Resultar difícil expresar una cosa por sentir alegría o pesar. — coloquial

57 faltar una persona a la o a su palabra: No cumplir con lo que ha prometido u ofrecido.

58 gastar palabras: Hablar inútilmente. — coloquial

59 írsele o escapársele a una persona una palabra: Proferir, por descuido o falta de reparo, una voz o expresión disonante o que puede resultar molesta. — coloquial

60 llevar la palabra: Hablar una persona en nombre de otras que la acompañan. — coloquial

61 mantener una persona su palabra: Perseverar en lo prometido u ofrecido.

62 medir una persona las palabras: Hablar con cuidado para no decir cosas inconvenientes. — coloquial

63 mudar las palabras: Darles otro sentido del que en realidad tienen. — = torcer las palabras

64 no decir, hablar, soltar o dejar escapar palabra o ni media palabra: Callar o guardar silencio.

65 no ser más que palabras: No haber en una disputa o altercado cosa sustancial ni que merezca particular atención o consideración.

66 no tener una persona más que palabras: Ser baladrón o fanfarronear de valiente, sin llegar a demostrarlo cuando hay ocasión. — coloquial

67 no tener una persona más que una palabra: Ser formal y sincero en lo que se dice. — coloquial

68 no tener una persona palabra: Faltar con facilidad a lo que se dice o promete. — coloquial

69 no tener una persona palabras: Resultar difícil expresar una cosa por sentir pesar o alegría. — = faltar palabras

70 palabra por palabra: De forma literal, siguiendo lo que ha dicho otro o lo que hay escrito en un texto. — loc.adv.

71 pedir la palabra: 1. Solicitar la intervención en un debate. 2. Exigir que se cumpla lo prometido o acordado.

72 quitarle a una persona la palabra de la boca: 1. Decir lo que otro estaba a punto de expresar. 2. Interrumpir al que estaba hablando, no dejándole continuar. — coloquial coloquial

73 remojar la palabra: Echar un trago. — coloquial

74 ser algo palabras mayores: Ser una cosa más importante o mayor de lo que se esperaba. — coloquial

75 ser la última palabra del credo: Ser lo menos importante. — coloquial

76 sin decir o hablar palabra: Callando o guardando silencio. — loc.adv.

77 sobre su palabra: Teniendo, como única garantía de una cosa, la promesa de una persona. — loc.adv.

78 soltar la palabra: 1. Dispensar o librar a una persona del compromiso u obligación que había establecido con otra. 2. Obligarse una persona a hacer una cosa. — coloquial coloquial

79 tener la palabra: Poder hablar, haberle llegado el turno a una persona de intervenir en un debate o en una reunión.

80 tener palabras o unas palabras: Decirse dos o más personas cosas desagradables. — coloquial

81 tomar la palabra: 1. Valerse de una promesa hecha por una persona para obligarla a su cumplimiento. 2. Empezar a hablar.

82 torcer las palabras: Darles otro sentido del que tienen. — coloquial

83 trabarse de palabras: Decirse dos o más personas cosas desagradables.

84 traer en palabras a una persona: Entretenerla con promesas, sin llegar a cumplir nada de lo dicho. — coloquial

85 tratar mal de palabra a una persona: Injuriarle, insultarle. — coloquial

86 trocar las palabras: Darles otro sentido del que tienen. — coloquial

87 última palabra: Decisión definitiva e inalterable. — coloquial

88 vender palabras: Engañar a una persona. — coloquial

89 venir una persona contra su palabra: No cumplir con lo prometido. — coloquial

90 volverle a una persona las palabras al cuerpo: Obligar a una persona a que se desdiga o convencerle de que ha faltado a la verdad. — coloquial

palabrear
1 Convenir o llegar a un acuerdo verbal sobre un determinado asunto. — v.tr./Colomb., Chile, Ecuad.
2 Tantear de forma verbal para comprometer a una persona. — Colomb., Chile, Ecuad.
3 Insultar, ofender con palabras a una persona. — Chile

palabreja Palabra de poca importancia, rara o que llama la atención por alguna particularidad. — s.f. despectivo

palabreo Acción y resultado de hablar mucho y en vano: *estoy harta de perder el tiempo con tanto palabreo.* — s.m.

palabrería Gran cantidad de palabras sin contenido o sin utilidad. — s.f. tb: palabrerío

palabrero, a
1 Que habla mucho y por lo general con poco contenido. — adj/s. = palabrón
2 Que promete cosas con facilidad y no las cumple.

palabrimujer Se aplica al hombre que tiene voz afeminada. — adj/s.m.

palabrita
1 Palabra sensible o cargada de intención: *cuando me llame le diré cuatro palabritas.* — s.f. coloquial
2 palabritas mansas: Persona que habla con suavidad, pero se reserva una segunda intención. — coloquial

palabro
1 Palabra mal dicha o estrambótica: *a veces se inventa unos palabros muy raros.* — s.m. coloquial
2 Palabra vulgar y malsonante. — = palabrota

palabrota Palabra grosera que se dice con el ánimo de insultar o como expresión de enfado, alegría o sorpresa. — s.f. = palabro

palacete Palacio pequeño usado como casa de recreo: *las familias nobles pasaban los veranos en sus palacetes.* — s.m. ARQUITECTURA

palacial Del palacio. — adj.

palaciego, a
1 Del palacio real o de la corte: *las costumbres palaciegas eran respetadas por la nobleza.* — adj. = palaciano
2 Se aplica a la persona que servía o asistía en palacio. — adj/s.
3 Que tiene la apariencia, el ambiente o el lujo de la vida cortesana.

palacio (Del lat. *palatium.*)
1 Casa grande y lujosa, propia de monarcas y nobles. — s.m.
2 Edificio monumental destinado a las instituciones y organismos públicos: *palacio del congreso, palacio de justicia, palacio de comunicaciones.* — ARQUITECTURA
3 **dar palacio:** Hacer pasar los alambres, los tiradores de oro y, plata, entre los agujeros de la hilera.
4 **echar a palacio:** No hacer caso de una cosa. — coloquial
5 **estar embargado para palacio:** Expresión con que se excusa una persona de hacer una cosa por suponerse ocupado en otra. — coloquial
6 **hacer, mantener o tener palacio:** Conversar de forma alegre.

palada
1 Porción de una cosa que se coge de una vez con una pala: *necesito tres paladas de arena.* — s.f.
2 Cada movimiento hecho al usar la pala.
3 Golpe dado en el agua con la pala del remo de una embarcación. — NÁUTICA
4 Cada una de las revoluciones de la hélice de un barco. — NÁUTICA

paladar (Del lat. vulgar *palatare* < lat. *palatum.*)
1 Bóveda ósea y membranosa que separa la boca de las fosas nasales. — s.m. ANATOMÍA
2 Sensibilidad para apreciar el sabor de las comidas: *es un gourmet de exquisito paladar.* — = sabor
3 Sensibilidad para apreciar obras artísticas, literarias o musicales. — = gusto

paladear
1 Intentar apreciar o sentir el sabor de una cosa que se tiene en la boca: *paladeaba el vino para sentir su bouquet.* — v.tr.
2 Comer una cosa con lentitud para apreciar su sabor: *se paladeó con la tarta.* — v.tr/prnl. = saborear
3 Sentir una persona placer o deleite por una cosa: *en sus ratos libres paladea un buen libro; se paladeaba escuchando música.* — ≠ repugnar
4 Poner una cosa en la boca de un recién nacido para estimular en él el deseo de mamar. — v.tr.
5 Dar un recién nacido señales de que quiere mamar mediante movimientos de la boca. — v.intr.
6 Limpiar la boca o el paladar de un animal para que recupere el hambre. — v.tr.

paladeo Acción de paladear o paladearse. — s.m.

paladial
1 Del paladar: *habla incorrectamente porque tiene una lesión paladial.* — adj. ANATOMÍA
2 Se aplica al sonido que se articula en el paladar y a la letra que lo representa: *la ñ es una consonante paladial.* — LINGÜÍSTICA = palatal

paladín (Del ital. *paladino* < bajo lat. *palatinus*, palaciego.)
1 Caballero fuerte y valeroso que en la guerra se distingue por sus hazañas. — s.m. = adalid
2 Defensor denodado de alguna persona o cosa: *es el paladín de las causas perdidas.*

paladinamente De forma pública y clara. — adv.

paladino, a (Del lat. *palatinus*, palaciego.) Que es claro y patente. — adj. = diáfano

paladio (Del gr. *Pallas, -ados*, Minerva.) Metal raro dúctil, maleable, inalterable al aire, usado en la industria y por los dentistas. — s.m. QUÍMICA

paladión (Del gr. *palladion.*) Objeto en el que radica la defensa y seguridad de una cosa. — s.m.

palado, a Se aplica al escudo que está dividido verticalmente por seis palos. — adj. HERÁLDICA

palafito (Del fr. *palafitte* < ital. *palafitta*, palos hincados.) Vivienda primitiva y rudimentaria construida sobre pilotes en un lago o en un terreno pantanoso. — s.m. HISTORIA

palafrén (Del cat. *palafré* < fr. ant. *palefrei* < bajo lat. *paraveredus*, caballo de posta.) Caballo manso que se utilizaba para viajar, en el que solían montar las mujeres y los eclesiásticos. — s.m.

palafrenero
1 Criado que llevaba del freno el caballo de su amo. — s.m.
2 Mozo que cuida caballos.
3 Criado que montaba el palafrén cuando acompañaba a su señor.
4 **palafrenero mayor:** Picador de las caballerizas reales, que tenía de la cabezada el caballo cuando montaba el rey. — HISTORIA

palahierro Tejuelo sobre el cual gira el gorrón de la muela del molino. — s.m.

palamallo (Del ital. *pala a maglio.*) Juego parecido al del mallo. — s.m. JUEGOS

palamenta Conjunto de los remos de una embarcación. — s.f. NÁUTICA

palanca (Del lat. *palanga* < gr. *phalanx, -angos*, rodillo.)
1 Barra rígida que, apoyada en un punto o articulada con otra barra, se usa para transmitir una fuerza o para levantar pesos: *con una palanca podremos forzar la puerta con más facilidad.* — s.f. MECÁNICA
2 Pértiga o palo que se usa para llevar entre dos una carga pesada.
3 Plataforma fija levantada a cierta altura sobre una piscina para efectuar saltos: *el nadador estaba en la palanca listo para realizar su salto mortal.* — DEPORTES = trampolín
4 Influencia o intercesión poderosa usada para lograr un fin. — = enchufe
5 Fortín construido con estacas y tierra. — CONSTRUCCIÓN
6 Cabo que carga los puños de las velas mayores. — NÁUTICA
7 Manecilla o llave empleada para accionar ciertos mecanismos. — MECÁNICA

palancada Golpe dado con una palanca: *rompió la cerradura de una fuerte palancada.* — s.f.

palangana
1 Recipiente ancho y poco profundo usado en especial para lavarse las manos y la cara. — s.f. = jofaina
2 Persona que actúa con fanfarronería, pedantería o arrogancia. — s./Argent., Perú, Urug.
3 Se aplica a la persona superficial. — adj./Chile

palanganear Fanfarronear, hablar con arrogancia y pedantería. — v.intr./Argent., Perú

palanganero Mueble de madera o hierro que sostiene una palangana y a veces un jarro con agua, el jabón y otras cosas de aseo. — s.m. = pajecillo

palangre (Del cat. *palangre* < ital. *palangrisi* < gr. *polyankistron* < *polys*, mucho + *ankistron*, anzuelo.) Instrumento de pesca formado por una cuerda larga con varios ramales provistos de anzuelos. — s.m. PESCA

palangrero
1 Barco dedicado a la pesca con palangre: *los palangreros ya están en el mar al amanecer.* — s.m. NÁUTICA, PESCA
2 Pescador que usa el palangre. — PESCA

palanquear
1 Mover una cosa por medio de una palanca. — v.tr./= apalancar
2 Ayudar en un negocio para que se desarrolle convenientemente. — v.tr. Argent., Urug.
3 Poner en juego influencias para lograr algo.
4 Emplear una persona influencia en beneficio o acomodo de otra persona. — v.tr./Argent., Urug./familiar

palanquera Valla de madera. — s.f.

palanqueta
1 Palanca pequeña de hierro que sirve para forzar puertas o cerraduras. — s.f.
2 Barra de hierro con dos cabezas gruesas que usaba como bala la artillería de marina para romper las jarcias y arboladuras de un barco enemigo. — HISTORIA
3 Dulce de cacahuetes o de pepitas de calabaza mezclados con miel de azúcar. — COCINA

palanquetazo Forzamiento de una puerta o cerradura con una palanqueta. — s.m. coloquial

palanquín
I (Derivado de *palanca.*)
1 Mozo que lleva las cargas de una parte a otra. — s.m.
2 Cada uno de los cabos que sirven para cargar los puños de las velas mayores, llevándolos a la cruz de sus vergas respectivas. — NÁUTICA
3 Aparejo que se usa a bordo para meter los cañones en batería, después de haberlos cargado. — NÁUTICA
II (Del port. *palanquim* < indostaní *palaki* < sánscrito *paryankah*, cama.) Especie de andas de uso oriental para llevar en ellas personas importantes. — s.m.

palapa Construcción rústica y abierta, hecha con palos y troncos y con techo de palma, común en los lugares muy calurosos. — s.f. Méx. CONSTRUCCIÓN

palasan Rota, planta palmácea. — s.m./BOTÁNICA

palastro
1 Chapa donde se pone el pestillo de una cerradura. — s.m.
2 Hierro o acero en láminas.

palatabilidad Cualidad del alimento que resulta grato al paladar. — s.f.

palatal
1 Del paladar: *articula mal ciertos sonidos debido a una malformación palatal.* — adj./ANATOMÍA = paladial
2 Se aplica al sonido que se articula apoyando o acercando el dorso de la lengua al paladar duro: *consonante palatal; vocal palatal; la i y la ñ son sonidos palatales.* — LINGÜÍSTICA
3 Letra que representa este sonido. — s.f./LINGÜÍSTICA

palatalización Acción y resultado de palatalizar o dar a un sonido articulación palatal. — s.f. LINGÜÍSTICA

palatalizar Dar a un sonido articulación palatal: *el niño no sabe palatalizar y pronuncia mal la ñ.* — v.tr./intr./conj: *cazar* LINGÜÍSTICA

palatina Prenda de vestir de plumas o piel que usaban las mujeres para cubrir la garganta y el pecho. — s.f. tb: paletina

palatinado
1 Título de los príncipes palatinos alemanes, franceses y polacos. — s.m. HISTORIA
2 Territorio que estaba gobernado por los príncipes palatinos. — HISTORIA

palatino, a .
I (Derivado del lat. vulgar *palatare*, paladar.)
1 Del paladar. — adj./ANATOMÍA
2 Se aplica al hueso par, de formación compleja, que forma la bóveda del paladar. — adj./s.m. ANATOMÍA
II (Del lat. *palatinus.*)
1 De palacio o que tiene relación con él. — adj.
2 Que ocupaba un cargo de elevada categoría en un palacio. — adj./s.

palazo Golpe dado con una pala: *mató a la serpiente a palazos.* — s.m.

palazón Conjunto de palos que forman la estructura de una cosa: *la palazón de la casa; la palazón de la barca.* — s.f. CONSTRUCCIÓN

palca
1 Cruce de dos ríos o de dos caminos. — s.f./Bol.
2 Horquilla formada por una rama. — Bol.

palco (Del ital. *palco.*)
1 Espacio en forma de balcón con varios asientos que hay en los teatros o salas de baile: *los reyes saludaron desde el palco.* — s.m. TEATRO
2 Plataforma para que el público pueda ver un espectáculo.
3 **palco de platea:** El que está casi al nivel del patio de butacas o platea. — TEATRO
4 **palco escénico:** Escenario de un teatro: *la salida al palco escénico siempre provoca nerviosismo.* — TEATRO

pálea
1 Órgano foliáceo que envuelve la flor de las plantas gramíneas. — s.f. BOTÁNICA
2 Escama estrecha que existe en el receptáculo que acoge las flores en algunas plantas compuestas. — BOTÁNICA

paleador, a Que trabaja con la pala o la usa. — adj/s.

palear
1 Mover una cosa con la pala. — v.tr.
2 Lanzar el grano al aire para separarlo de la paja: *paleaban el trigo en la era.* — AGRICULTURA = aventar

palenque (Del cat. *palenc.*)
1 Vallado de madera.
2 Terreno cercado con una valla de madera para celebrar un acto público. — s.m.
3 Rampa de tablas que une el suelo de un teatro con el escenario. — TEATRO
4 Madero al que se atan los animales. — Amér. Merid. Méx.
5 Ruedo en el que se realizan peleas de gallos.

palenquear Sujetar un caballo al palenque para domarlo. — v.tr. Argent., Urug.

palentino, a
1 De Palencia, ciudad y provincia españolas. — adj.
2 Persona natural de esta ciudad o provincia. — s.

paleo- Componente de palabra procedente del gr. *palaios,* que significa antiguo: *paleolítico; paleografía.* — pref.

paleoantropo (Del gr. *palaios,* antiguo + *anthropos,* hombre.) Se aplica a una forma de homínidos intermedia entre los arcantropos y los neantropos. — adj/s.

paleoantropología Ciencia que tiene por objeto el estudio de los restos humanos fósiles. — s.f.

paleobiogeografía Ciencia que estudia la antigua distribución de los seres vivos y el dinamismo de sus cambios geográficos en los tiempos geológicos. — s.f. BIOLOGÍA

paleobiología Ciencia que estudia los organismos que vivieron en la antigüedad analizando los fósiles. — s.f. BIOLOGÍA

paleobotánica Parte de la paleontología que tiene por objeto el estudio de las plantas fósiles. — s.f./BOTÁNICA = paleofitología

paleoceno, a (Del gr. *palaios,* antiguo + *kainos,* nuevo.) Se aplica al período o época más antiguo del que constituye el terciario. — adj./s.m. GEOLOGÍA

paleocristiano, a
1 Que tiene relación con los primeros cristianos. — adj./s.m.
2 Se aplica al arte que es propio de los primeros cristianos hasta el siglo VI. — ARTE

paleofitología (Del gr. *palaios,* antiguo + *phyton,* planta + *logos,* tratado.) Parte de la paleontología que estudia las plantas fósiles. — s.f. BOTÁNICA = paleobotánica

paleofitopatología Ciencia que estudia las huellas dejadas por la enfermedad en restos de plantas fósiles. — s.f. BIOLOGÍA

paleógeno, a Se aplica a una subdivisión de la era terciaria que comprende los períodos paleoceno, eoceno y oligoceno. — adj./s.m. GEOLOGÍA

paleografía (Del gr. *palaios,* antiguo + *grapho,* escribir.)
1 Método de lectura de las inscripciones y escritos antiguos para determinar su origen, su autor y otras características. — s.f. LINGÜÍSTICA
2 Disciplina teórico-práctica de la técnica de leer inscripciones y escritos antiguos para determinar su origen, su autor u otras características.

paleográfico, a De la paleografía. — adj./LINGÜÍSTICA

paleógrafo, a Persona especialista en leer inscripciones y escritos antiguos para determinar su origen, su autor u otras características. — s. LINGÜÍSTICA

paleolítico, a (Del gr. *palaios,* antiguo + *lithos,* piedra.) De la más primitiva etapa de la edad de piedra. — adj./s.m. HISTORIA

paleología Ciencia que estudia la historia primitiva del lenguaje. — s.f. LINGÜÍSTICA

paleólogo, a (Del gr. *palaios,* antiguo + *logos,* lenguaje.) Que conoce y estudia los idiomas antiguos. — adj./s. LINGÜÍSTICA

paleomagnetismo Estudio y determinación del campo magnético terrestre a lo largo de las etapas geológicas. — s.m. GEOLOGÍA

paleontografía (Del gr. *palaios,* antiguo + *on, ontos,* ser + *grapho,* escribir.) Descripción de los seres orgánicos cuyos restos se encuentran fósiles. — s.f.

paleontográfico, a De la paleontografía. — adj.

paleontología (Del gr. *palaios,* antiguo + *on, ontos,* ser + *logos,* tratado.) Ciencia que estudia los seres orgánicos cuyos restos se encuentran fósiles. — s.f.

paleontológico, a De la paleontología. — adj.

paleontólogo, a Persona dedicada al estudio de los fósiles. — s.

paleopatología (Del gr. *palaios,* antiguo + *pathos,* enfermedad + *logos,* ciencia.) Parte de la antropología médica que estudia las enfermedades de los seres humanos a partir de los restos de antiguos enterramientos. — s.f. HISTORIA, MEDICINA

paleopatólogo, a Especialista en paleopatología. — s./MEDICINA

paleosuelo Suelo fosilizado que se formó en condiciones diferentes a las de nuestra época. — s.m. GEOLOGÍA

paleoterio (Del gr. *palaios,* antiguo + *therion,* animal.) Mamífero perisodáctilo fósil, que vivió en el período oligoceno de la era terciaria, al que se considera como uno de los antepasados del caballo. — s.m. ZOOLOGÍA

paleozoico, a (Del gr. *palaios,* antiguo + *zoon,* animal.) Se aplica al segundo de los períodos de la historia de la Tierra, el más antiguo de los sedimentarios. — adj./s.m. GEOLOGÍA

paleozoología Parte de la paleontología que estudia los animales fósiles. — s.f. ZOOLOGÍA

palería Técnica de desagüe de las tierras bajas y húmedas mediante canales, hijuelas o acequias. — s.f.

palero, a
1 Persona que trabaja en diversos oficios con una pala. — s.
2 Persona que hace o vende palas.
3 Persona cuyo oficio es desaguar tierras bajas y húmedas.
4 Aprendiz de fogonero que en los barcos palea el carbón para alimentar la caldera. — NÁUTICA
5 Persona encargada de la limpieza del servicio de máquina en un buque mercante. — NÁUTICA
6 Soldado que trabaja con pala. — MILITAR
7 Persona que, en ciertos espectáculos, se mezcla entre el público fingiendo ser parte de él, para apoyar a los actores. — Méx.
8 Persona que, en combinación con un vendedor ambulante, finge ser un cliente para animar a las otras a comprar. — Méx.

palestino, a
1 De Palestina, país del Próximo oriente que tiene un gobierno autónomo dentro del territorio del actual estado de Israel. — adj./s.
2 Persona natural de este país o de su pueblo en el exilio. — s.

palestra (Del lat. *palaestra* < gr. *palaistra,* lugar donde se lucha.)
1 Sitio donde se discute de forma pública sobre un asunto, o se celebran competiciones literarias. — s.f.
2 Sitio donde se celebraban, en la antigüedad, torneos o luchas: *los gladiadores saltaron a la palestra.* — HISTORIA
3 Competición o lucha. — literario
4 **salir o saltar a la palestra:** Participar en una discusión pública.

paleta
1 Utensilio de los pintores, que consiste en una tabla con un agujero para asirla, en la que tienen dispuestos los colores que usan. — s.f. ARTE
2 Colorido usado por un pintor. — ARTE
3 Utensilio que consta de un platillo redondo y un mango largo y se usa en especial para repartir la comida o sacar los fritos de la sartén. — COCINA = espátula
4 Herramienta de albañilería que consiste en una lámina triangular de metal, con mango, usada para manejar el mortero o mezcla. — CONSTRUCCIÓN

5 Gama de colores disponibles en un videoterminal. INFORMÁTICA
6 Utensilio con forma de pala y bordes laterales usado para recoger porciones de alguna materia.
7 Omóplato, cada uno de los dos huesos planos de la espalda donde se articulan la clavícula y los húmeros. ANATOMÍA = paletilla
8 Pata delantera del cerdo, en especial cuando está curada. = paletilla
9 Pala, diente incisivo. ANATOMÍA
10 Cada una de las tablas o planchas que se fijan a una rueda hidráulica para recibir la acción del agua. MECÁNICA
11 Cada una de las piezas planas y alargadas dispuestas por un extremo alrededor de otra pieza, como en los ventiladores, turbinas, hélices o en otros aparatos semejantes. MECÁNICA
12 Pala pequeña de metal para remover la lumbre de chimeneas y braseros. = badil
13 Parte anterior externa del asta del toro. TAUROMAQUIA
14 Plataforma, por lo general de madera, preparada para almacenar y transportar una carga. = palet, palette
15 Dulce o helado en forma de pala o disco, con un palito encajado que sirve de mango. Méx., Amér. Central
16 de paleta: De forma oportuna. loc.adv.
17 en dos paletas: En un instante, con brevedad: *dejó limpio el local en dos paletas.* loc.adv. coloquial

paletada
I (Derivado de *paleta*.)
1 Porción de una cosa que se coge de una vez con una paleta: *necesito dos paletadas de cemento.* s.f.
2 Golpe dado con la paleta.
3 Trabajo que hace el albañil cada vez que aplica el material con la paleta. CONSTRUCCIÓN
4 en dos paletadas: Con brevedad, en un instante: *resolvió el crucigrama en dos paletadas.* loc.adv. coloquial
II (Derivado de *paleto*.)
1 Acción o actitud propia del paleto. s.f./coloquial
2 Conjunto de paletos. despectivo

paletazo Varetazo, golpe de lado que da el toro con el asta o cuerno. s.m. TAUROMAQUIA

paleteado
1 Se aplica a una persona de complexión fuerte y destacados atributos morales. adj. Chile/familiar
2 Que es justo y generoso en su trato con las personas y cumple lo que dice o promete con sencillez. adj/s. Chile

paletear
1 Remar una persona mal, metiendo y sacando la pala del remo en el agua sin adelantar nada. v.intr. NÁUTICA
2 Golpear las paletas de la hélice el agua sin hacer que se mueva el barco por falta de fuerza. NÁUTICA

paleteo Acción de paletear. s.m.

paletería
1 Acción o actitud que es propia de paletos. s.f.
2 Conjunto de paletos. = paletada

paletilla
1 Cada uno de los dos huesos planos, situados a ambos lados de la espalda en la zona del hombro. s.f./ANATOMÍA = omóplato
2 Ternilla en que termina el esternón en la región llamada boca del estómago. ANATOMÍA
3 Utensilio en forma de platillo que consta de un mango y un receptáculo donde se colocan velas. = palmatoria
4 caerse la paletilla: Relajarse dicha ternilla del esternón. coloquial
5 levantarle a una persona la paletilla: Darle un disgusto o un motivo de preocupación. coloquial
6 ponerle a una persona la paletilla en su lugar: Regañarla o reprenderla con severidad. coloquial

paletín Herramienta de albañilería de hoja triangular menor que la paleta. s.m. CONSTRUCCIÓN

paletizable Se aplica a las mercancías que se pueden cargar y transportar en paletas. adj.

paletización
1 Organización de una expedición, transporte o almacenamiento utilizando paletas. s.f.
2 Colocación de mercancías sobre paletas.

paletizar Efectuar la paletización de una mercancía. v.tr.

paleto, a
1 Se aplica a la persona que procede de un pueblo pequeño. adj/s. despectivo
2 Se refiere a la persona que en la ciudad desconoce las convenciones sociales y se comporta como algunos consideran que es el comportamiento propio de la gente del pueblo. despectivo = pueblerino, rústico
3 Se aplica a la persona o cosa que es tosca y rústica, como algunos consideran que son las personas o las cosas de pueblo.
4 Que está falto de cultura o trato social. = cateto
5 Gamo, mamífero rumiante de la familia de los cérvidos. s.m. ZOOLOGÍA

paletó (Del fr. *paletot*.) Gabán de paño grueso, largo, entallado y sin faldas. s.m.

paletón Parte de la llave en que están los dientes y las guardas: *no pudimos abrir la puerta porque se rompió el paletón de la llave.* s.m.

palhuén Planta arbustiva papilionácea, de largas espinas. (*Adesmia arborem.*) s.m. BOTÁNICA

pali Se aplica a la lengua canónica del budismo y de su literatura, así como a la literaria siamesa, birmana y cingalesa. adj/s.m. LINGÜÍSTICA, LITERATURA

palia
1 Tela que se extiende sobre el altar durante lá misa. s.f./RELIGIÓN
2 Cortina o mampara exterior que se pone delante del sagrario. RELIGIÓN
3 Tela que se coloca sobre el cáliz. RELIGIÓN

paliacate Pañuelo grande confeccionado en tela estampada, para adornar el cuello o cubrir la cabeza. s.m. Méx.

paliación Acción y resultado de paliar. s.f.

paliar (Del bajo lat. *palliare*, tapar.)
1 Disminuir una cosa la importancia o intensidad de otra: *tus amables palabras paliaron su disgusto.* v.tr. = moderar
2 Hacer más soportable el dolor causado por una enfermedad: *los calmantes eran lo único que lograba paliar su sufrimiento.* = mitigar ≠ agravar
3 Ser indulgente con una cosa o justificarla.

paliativo, a
1 Se aplica a lo que mitiga o atenúa, en especial a los medicamentos o remedios que hacen más soportable un dolor: *la morfina es una sustancia paliativa.* adj.
2 Que puede encubrir o disimular una cosa. = paliatorio

paliatorio, a Que puede encubrir o disimular una cosa. adj. = paliativo

palidecer
1 Ponerse una persona pálida: *al saber la mala noticia palideció; palideció y se desmayó.* v.intr./conj: carecer = empalidecer
2 Perder una cosa importancia o valor: *con la distancia la intensidad de su amor palideció.*

palidez Pérdida del color natural de la tez humana y, por extensión, de otras cosas: *te llevaré al médico porque me preocupa tu constante palidez.* s.f. pl: palideces = amarillez

pálido, a (Del lat. *pallidus*.)
1 Se aplica al rostro que no tiene color: *está pálido y decaído; se puso muy pálido al verme.* adj. = demacrado
2 Que es pobre, poco expresivo o poco brillante: *su narración es un pálido reflejo de la realidad.* ≠ vivo
3 Se refiere al color que tiene gran proporción de blanco o, en comparación con otros, es menos vivo: *no me gusta el fucsia, prefiero el rosa pálido.* ≠ oscuro

paliducho, a Que está un poco pálido: *llevé el niño al médico porque estaba paliducho.* adj.

palier
1 Cada una de las dos mitades en que se divide el eje de las ruedas motrices de un automóvil. s.m. MECÁNICA
2 Rellano de la escalera al que se abren uno o más departamentos de un mismo piso y, modernamente, el ascensor. Argent.

palilalia (Del gr. *palin*, otra vez + *lalo*, hablar.) Trastorno del lenguaje consistente en la repetición continua de una palabra o una frase. s.f. SIQUIATRÍA

palillero, a
1 Persona que por oficio hace o vende palillos o mondadientes. s.
2 Recipiente en que se guardan los palillos o mondadientes o en el que se colocan para ponerlos en la mesa. s.m.
3 Mango, por lo general de madera, en cuyo extremo se encaja el plumín para dibujar o escribir.

palillo
1 Palito rematado en punta que sirve para limpiar los dientes de los restos de comida que quedan entre ellos. s.m. = limpiadientes, mondadientes
2 Palo de punta redondeada que se usa para tocar el tambor. MÚSICA
3 Utensilio de madera dura usado por los escultores para modelar. ARTE
4 Varilla con un extremo agudo y el otro redondo y hueco, donde se encaja la aguja para hacer media. TEXTIL
5 Bolillo para hacer encajes o pasamanería.
6 Instrumento para llevar el compás en el cante flamenco al golpearlo contra la silla. MÚSICA
7 Vena gruesa de la hoja de tabaco.
8 Bolillos que se ponen sobre la mesa del billar para diferentes juegos. s.m.pl. JUEGOS
9 Par de palitos usados para tomar los alimentos, en algunos países orientales: *en el restaurante chino comimos con palillos.* COCINA
10 palillo de barquillero o de suplicaciones: Tablilla estrecha señalada en un extremo, que se hace girar e indica, según el sitio en que se para, quién gana. JUEGOS
11 como palillo de barquillero o de suplicaciones: Yendo y viviendo sin detenerse en un lugar. loc.adv. coloquial
12 hecho un palillo: Se aplica a la persona muy delgada. loc.adj/adv. coloquial
13 tocar o mover todos los palillos: Tantear o probar todos los medios para conseguir un objetivo. coloquial

palimpsesto (Del gr. *palin*, otra vez + *psan*, rascar.)
1 Códice o pergamino reescrito, en el que se aprecian huellas de una escritura anterior. s.m.
2 Tablilla antigua en la que se podía borrar lo escrito para volver a escribir.

palin- Componente de palabra procedente del gr. *palin*, que significa otra vez, de nuevo: *palingenesia; pálimpsesto*. — pref. tb: palim-

palíndromo Palabra o frase que se lee igual de izquierda a derecha que de derecha a izquierda: *somos y dábale arroz a la zorra el abad son palíndromos*. — s.m.

palingenesia (Del gr. *palin*, otra vez + *genesis*, acción de engendrar.)
1 Retorno a la vida, renacimiento de los seres. — s.f.
2 Teoría religiosa y filosófica según la cual se produce una reaparición periódica de los mismos acontecimientos y de la misma realidad como conjunto. — FILOSOFÍA

palingenésico, a De la palingenesia. — adj.

palinodia (Del gr. *palinodia*, acción de volver a cantar.)
1 Escrito en el que un autor hace una retractación pública de lo que había dicho. — s.f.
2 **cantar la palinodia:** Reconocer un error que se ha cometido.

palinología Ciencia que estudia el polen y las esporas, vivos o fósiles. — s.f. BIOLOGÍA

palinólogo, a Especialista en palinología. — s./BIOLOGÍA

palio (Del lat. *pallium*.)
1 Dosel colocado sobre cuatro varas largas usado por el sacerdote en las procesiones, por los reyes, el papa y algunos prelados: *el sacerdote entró en el templo bajo palio*. — s.m.
2 Prenda de vestir semejante al manto que usaban los griegos sobre la túnica. — HISTORIA
3 Prenda de vestir larga, suelta, sin mangas y abierta por delante, que cubre desde el cuello y se va ensanchando hacia la parte inferior. — = capa
4 Insignia pontificial usada por el papa y los arzobispos que consiste en una faja blanca con cruces negras que pende de los hombros sobre el pecho. — RELIGIÓN
5 Cualquier cosa que cubre como un dosel.
6 Tela de seda que se ofrecía como premio al vencedor en determinados juegos de carrera. — HISTORIA
7 Reflector metálico usado en la iluminación de exteriores para recortar sombras.
8 Manto de los moluscos. — ZOOLOGÍA
9 **correr el palio:** Participar en determinados juegos de carrera.
10 **recibir con o bajo palio:** Recibir a una persona con muestras de mucha consideración y afecto.

palique
1 Conversación intrascendente: *llevas toda la tarde de palique, sin hacer nada*. — s.m./coloquial = charla
2 Artículo breve de tono crítico o humorístico: *han publicado un palique tuyo muy divertido*.
3 **tener una persona mucho palique:** Hablar mucho. — coloquial

paliquear Hablar dos o más personas entre sí sobre temas sin trascendencia: *se pasó toda la mañana paliqueando con la vecina*. — v.intr. coloquial = charlar

palisandro (Del fr. *palissandre* < neerlandés, *palissander*.) Madera que procede de árboles papilionáceos, dura, pesada, de color variable y apreciada en ebanistería. — s.m. CARPINTERÍA

palista Jugador de pelota vasca con pala. — s.m.f./DEPORTES

palitroque
1 Palo pequeño, tosco o mal labrado. — s.m.
2 Banderilla que se usa en la lidia de toros. — TAUROMAQUIA

paliza
1 Serie de golpes dados a una persona o a un animal, dejándolo herido o en mal estado: *unos gamberros le robaron y le pegaron una buena paliza*. — s.f. = zurra
2 Trabajo o esfuerzo excesivo que deja cansado o en mal estado: *ayer me di una paliza corrigiendo exámenes para poder dar las notas hoy*. — coloquial
3 Derrota infligida a una persona, a un deportista o a un equipo deportivo en una disputa en cualquier actividad o en una competición: *en el primer partido le dimos una paliza al equipo favorito*.
4 **dar la paliza:** Soltarle a una persona un rollo o discurso pesado. — coloquial

palizada
1 Extensión de terreno cercada de estacas. — s.f.
2 Construcción hecha de estacas, en forma de terraplén, para dirigir el curso de los ríos o impedir su desbordamiento: *el río se desbordó y se llevó por delante parte de la palizada*. — CONSTRUCCIÓN = empalizada
3 Conjunto de piezas en forma de palos encajados unos en otros. — HERÁLDICA

pallidum (Voz latina.) Uno de los núcleos grises estriados del cerebro, que controla el tono y la coordinación de los movimientos elementales. — s.m. ANATOMÍA

pallium Corteza cerebral y sustancia blanca subyacente. — ANATOMÍA

palloza Casa primitiva de planta circular propia del noroeste español. — s.f. tb: pallaza

palma (Del lat. *palma*.)
1 Palmera, planta arbórea. — s.f./BOTÁNICA
2 Palmito, planta. — BOTÁNICA
3 Parte inferior y algo cóncava de la mano, desde la muñeca hasta los dedos: *le puse el dinero en la palma de la mano*. — ANATOMÍA
4 Parte inferior del casco de las caballerías. — ZOOLOGÍA
5 Hojas de palmera o de palmito, con las que se fabrican diferentes cosas, como escobas o capazos. — BOTÁNICA
6 Triunfo conseguido en una competición.
7 Aplausos que se dan para ovacionar lo que ha sido del agrado de una persona o para reclamar la presencia de otras o el inicio de una acción: *el público reclamaba la presencia del actor haciendo palmas*. — s.m.pl. = palmadas
8 **palma datilera:** Palmera que produce dátiles. — BOTÁNICA
9 **palma de escobas o enana:** Palmito, arbusto. — BOTÁNICA
10 **palma indiana:** Cocotero, árbol. — BOTÁNICA
11 **palma real:** Árbol cubano de unos quince metros de altura, tronco liso, hojas pecioladas, flores blancas y pequeñas en racimos y fruto redondo. (*Oreodoxa regia.*) — BOTÁNICA
12 **alcanzar la palma:** Triunfar, sobresalir en una actividad.
13 **andar una persona en palmas:** Se usa cuando es estimada y alabada por todos. — coloquial
14 **batir palmas:** 1. Dar palmadas para aplaudir, o como muestra de alegría. 2. Dar palmadas siguiendo los diferentes ritmos de la danza andaluza.
15 **como la palma de la mano:** Muy bien, con pleno conocimiento de lo que se hace. — loc.adv. coloquial
16 **enterrar con palma a una persona:** Enterrarla siendo virgen. — coloquial
17 **ganar, obtener o tener la palma:** Destacar o ser el mejor en una actividad. — = llevarse la palma
18 **liso o llano como la palma de la mano:** Se aplica a la cosa muy llana, sin apenas relieve. — loc.adj. coloquial
19 **llevar o traer en palmas a una persona:** Tratarla con mucho cariño, complaciéndola y dándole gusto en todo: *su marido siempre la ha llevado en palmas*. — coloquial
20 **llevarse la palma:** Triunfar, sobresalir, ser el mejor en una cosa y por ello ser alabado.
21 **recibir o traer en palmas a una persona:** Complacerla y darle gusto en todo. — coloquial

palmáceo, a Perteneciente a una familia de plantas angiospermas monocotiledóneas, arbóreas, de hojas grandes y divididas, flores en racimo o espádice y fruto en baya o cápsula. — adj/s.f. BOTÁNICA

palmacristi (Del lat. *palma Christi*, palma de Cristo.) Ricino, planta arbustiva. — s.f. BOTÁNICA

palmada
1 Golpe ligero dado con la mano abierta para saludar, animar o mostrar afecto: *le dio una palmada en el hombro al ganador*. — s.f. = manotazo
2 Golpe de una palma de la mano contra la otra: *el niño ya da palmadas cuando está contento por algo*.
3 Ruido producido al golpear una palma de la mano contra la otra con intención de llamar, aplaudir o hacer una señal: *el público no dejaba de dar palmadas*. — = aplauso

palmadilla Baile que se inicia sacando a bailar una persona a otra con una palmada que le da en la mano. — s.f.

palmado, a De figura de palma. — adj./= palmeado

palmar
I (Del bajo lat. *palmare*, golpear.)
1 Dejar de vivir una persona: *en este mundo palmaremos todos; nadie sabe de verdad cómo la palmó*. — v.intr./coloquial = morir
2 Llegar a un punto en el que una situación o un error es irreversible: *engañándole la has palmado, ahora se vengará*.
II (Del lat. *palmaris*.)
1 De palma: *hicimos un tejado palmar*. — adj.
2 De la planta palma.
3 Del palmo o que mide un palmo.
4 Que es claro, patente o puede saberse con facilidad. — = palmario
5 Lugar donde crecen o se crían palmas, o conjunto de palmas. — s.m. BOTÁNICA
6 Instrumento que sirve para sacar con suavidad el pelo del paño.
7 **ser más viejo que un palmar:** Ser una persona muy vieja o cosa muy antigua. — coloquial

palmarés
1 Relación de los méritos o de los antecedentes de una persona: *es el candidato al puesto que tiene un mejor palmarés*. — s.m. = curriculum
2 Relación de victorias deportivas. — DEPORTES
3 Lista de todos los vencedores en una competición o concurso. — = clasificación

palmario, a Que es evidente o patente: *nadie puede esconder tan palmaria deshonra*. — adj. = manifiesto

palmatoria (Del lat. *palmare*, golpear.)
1 Utensilio en forma de platillo que consta de un mango y un receptáculo donde se colocan velas. — s.f.
2 Instrumento que se usaba en las escuelas para golpear en la mano a los niños como castigo. — = palmeta

palmeado, a
1 Que tiene forma de palma. — adj./tb: palmado

2 Se aplica a la hoja, tallo o raíz que es parecido a una mano abierta. — BOTÁNICA
3 Se refiere al dedo de animal que está ligado por una membrana a los otros: *los patos tienen los dedos palmeados*. — ZOOLOGÍA

palmear
1 Dar una persona palmadas, en especial en señal de alegría o aplauso: *el público palmeaba sus canciones*. — v.intr. = aplaudir
2 Poner horizontal el molde o forma con el tamborilete y el mazo. — v.tr. ARTES GRÁFICAS
3 Trasladar una embarcación de un punto a otro haciendo fuerza o tirando con las manos, aseguradas de manera alternativa, en objetos fijos inmediatos. — NÁUTICA
4 Moverse una persona por el agua, sobre un barco u otra cosa haciendo avanzar las manos por los extremos de un cabo o de un cable fijo. — v.intr/prnl. NÁUTICA

palmejar Tablón que va por el interior, de popa a proa, endentado y clavado a las varengas de la embarcación y que sirve para ligar entre sí las cuadernas e impedir las flexiones del casco. — s.m. NÁUTICA

palmense
1 De Las Palmas de Gran Canaria, ciudad de la isla de Gran Canaria. — adj.
2 Persona natural de esta ciudad. — s.m.f.

palmeo
I (Derivado de *palmo*.) Medida por palmos. — s.m.
II (Derivado de *palma*.) Acción y resultado de palmear, en especial de aplaudir en señal de alegría o conformidad o para acompañar el cante flamenco. — s.m.

palmer Instrumento de precisión para medir diámetros o espesores pequeños. — s.m./tb: pálmer = calibrador

palmera (Del cat. *palmera*.)
1 Planta arbórea monocotiledónea, en general de tronco simple, largo y esbelto, con un penacho de hojas robustas en su cima, que proporciona diversos frutos según la especie. — s.f. BOTÁNICA
2 Pasta que se elabora con una cinta de hojaldre que se enrolla sobre sus dos extremos.
3 palmera datilera: La que produce unas bayas cuya semilla acumula una celulosa comestible. *(Phoenix dactylifera.)* — BOTÁNICA
4 palmera o palma de Guinea: Palmácea de cuyas drupas se extrae el aceite de palma. *(Elaeis guineensis.)* — BOTÁNICA
5 palmera de sombrilla: La de tronco alto y grueso y hojas grandes, de origen filipino. — BOTÁNICA = buri
6 palmera intertropical: La americana de cuyos frutos de endosperma córneo se obtiene el marfil vegetal. *(Pryte macrocarpa.)* — BOTÁNICA

palmeral Terreno poblado de palmeras. — s.m.

palmero, a
I (Derivado de *palma*.)
1 Persona que cuida las palmas, atando sus hojas para que no se separen verdes. — s.
2 Peregrino de Tierra Santa que traía una palma en señal de su romería. — HISTORIA
3 Persona que acompaña con palmas los bailes y ritmos flamencos.
II (Del nombre de la isla de *La Palma*.)
1 De La Palma, una de las islas Canarias. — adj.
2 Persona natural de esta isla. — s.

palmesano, a
1 De Palma de Mallorca, ciudad de la isla de Mallorca. — adj.
2 Persona natural de esta ciudad. — s.

palmeta
1 Vara o regla que los maestros utilizaban para golpear en las manos a sus alumnos como castigo. — s.f. = palmatoria
2 Golpe dado con esta vara o regla. — = palmetazo
3 ganar la palmeta: 1. Llegar un niño a la escuela antes que los demás, con lo que podía aplicar el castigo de golpear las manos de los otros compañeros. 2. Llegar una persona antes que otra a un determinado lugar. 3. Anticiparse una persona a otra en la realización de una cosa. — coloquial coloquial coloquial

palmetazo
1 Golpe dado con la palmeta: *tenía la mano colorada del palmetazo que le dio el profesor*. — s.m. = palmeta
2 Corrección hecha con descortesía.

palmiche
1 Palma real, árbol cubano. — s.m./BOTÁNICA
2 Fruto de este árbol. — BOTÁNICA
3 Palma que crece en grandes altitudes, de tronco muy delgado, de unos seis metros, cuya madera astillada sirve para hacer hachones con los que se alumbran los indios americanos durante la caza de pájaros nocturnos. *(Roystonea regia.)* — BOTÁNICA
4 Planta palmácea. — Perú/BOTÁNICA
5 Tela ligera de lana negra usada para hacer trajes de hombre. — s.f. Cuba

palmífero, a (Del lat. *palma* + *ferre*, llevar.) Que lleva o tiene muchas palmas. — adj. literario

palmilla
1 Cierto género de paño. — s.f./TEXTIL
2 Plantilla del zapato.

palmípedo, a (Del lat. *palma* + *pes, pedis*, pie.) Perteneciente a un grupo de aves que tienen las patas con los dedos unidos mediante una membrana, como los patos y los gansos. — adj/s.f. ZOOLOGÍA

palmiste Nuez del fruto de diversas palmeras. — s.m./BOTÁNICA

palmitas Se usa para indicar que se trata a una persona con muchas consideraciones en la expresión **llevar en palmitas:** *su marido la lleva en palmitas*. — s.f.pl. coloquial

palmítico, a Se aplica al ácido orgánico, constituyente de las grasas naturales del grupo de los glicéridos. — adj. QUÍMICA

palmitieso, a Se aplica a la caballería que tiene los cascos planos o convexos. — adj.

palmitina Éster palmítico de la glicerina, que se encuentra en el aceite de palma. — s.f. QUÍMICA

palmito
I (Derivado de *palma*.)
1 Palmera de tronco corto y ramificado, de hojas en abanico, común en toda la zona mediterránea de la península ibérica. *(Chamaerops humilis.)* — s.m. BOTÁNICA = margallón
2 Tallo blanco, comestible, que se encuentra dentro del tronco de este árbol y corresponde a las hojas aún no desarrolladas.
II (Derivado de *palma*.)
1 Cara agraciada de mujer: *sus rasgos orientales le dan belleza a su palmito*. — s.m. coloquial
2 Silueta esbelta y atractiva de una persona: *la modelo tiene un buen palmito*. — coloquial
3 como un palmito: Se aplica a la persona que está aseada y bien vestida. — loc.adv. coloquial

palmo (Del lat. *palmus*.)
1 Distancia y medida de longitud equivalente al largo de la mano extendida desde la punta del pulgar hasta la del meñique y que oscila entre 20 y 29 centímetros: *no tenía cinta métrica y lo medí a palmos*. — s.m.
2 Cantidad muy pequeña o muy grande de una cosa: *se ahoga en un palmo de agua; menudo palmo de nariz*.
3 Juego infantil que consiste en lanzar unas monedas contra una pared y gana quien coloca la suya a una distancia equivalente al largo de la mano. — JUEGOS
4 palmo de tierra: Cantidad insignificante de terreno: *me dejó en herencia un palmo de tierra*.
5 palmo menor: Medida del ancho dado por los dedos índice, mayor, anular y meñique juntos.
6 con un palmo de lengua (fuera): Muy cansado o anheloso: *vino corriendo y llegó con un palmo de lengua fuera*. — loc.adv. coloquial
7 crecer a palmos: Crecer mucho una cosa o persona en poco tiempo. — coloquial
8 dejar o quedarse con un palmo de narices: Dejar o quedarse chasqueado y privado de lo que se esperaba conseguir. — coloquial
9 no adelantar o no ganar un palmo de terreno o de tierra: Avanzar muy poco o casi nada en alguna cosa.
10 no levantar un palmo del suelo: 1. Se usa para referirse a los niños pequeños: *mocoso, pero si no levantas un palmo del suelo*. 2. Se utiliza para hablar de las personas de poca estatura. — coloquial
11 palmo a palmo: 1. Se usa para expresar la dificultad o lentitud en la consecución de una cosa. 2. De modo completo o minucioso: *el médico reconoció palmo a palmo al paciente*. — loc.adv. loc.adv.
12 tener medido a palmos: Tener conocimiento completo y minucioso de un terreno o lugar.

palmotada Acción de dar palmadas de modo repetido y rápido. — s.f. = palmoteo

palmotear Dar una persona palmadas de forma repetida y rápida: *el público despidió al futbolista palmoteando*. — v.intr. = aplaudir

palmoteo
1 Acción de palmotear. — s.m.
2 Golpe dado con la palmeta. — = palmetazo

palo (Del lat. *palus*, poste.)
1 Trozo de madera más largo que grueso y por lo general de forma cilíndrica: *el perro recogía al vuelo los palos que le lanzaba*. — s.m.
2 Golpe que se da con un trozo de madera o con otro utensilio.
3 Cada una de las cuatro series en que se divide la baraja de cartas, que en la española son: oros, copas, espadas y bastos, y en la francesa: picas, corazones, diamantes y tréboles. — JUEGOS
4 Trazo recto de algunas letras que sobresale de las demás por arriba o por abajo.
5 Instrumento con que en algunos deportes se golpea la pelota: *me he comprado unos palos de golf*. — DEPORTES
6 Madero usado en los barcos para sostener las velas. — NÁUTICA
7 Parte sólida de los árboles situada debajo de la corteza: *cuchara de palo*. — = madera

8 Percha para depositar las aves usadas en la caza de cetrería. — CAZA = alcándara

9 Rabillo del que cuelga una fruta del árbol. — BOTÁNICA

10 Poste y travesaño de la portería en algunos deportes, como el fútbol: *el balón no entró por poco, dio en el palo.* — DEPORTES

11 Daño o molestia causado por algún acontecimiento: *la muerte de su amigo fue un palo muy fuerte para él; ¡qué palo tener que ir a trabajar!* — coloquial

12 Pena de muerte ejecutada en un instrumento de madera, como la horca o el garrote.

13 Banda que desciende desde la parte alta hasta la punta del escudo, que representa la lanza del caballero o la estacada del campamento. — HERÁLDICA

14 Palillos que se ponen en alguno de los juegos del billar. — s.m.pl. JUEGOS

15 Suerte del billar consistente en derribar estos palillos con las bolas. — JUEGOS

16 Pedacito del tronco de la rama que, en la yerba mate, queda como resto junto a la hoja triturada. — *Argent., Par., Urug.*

17 palo áloe: 1. Madera de agáloco, resinosa y amarga, usada como purgante en farmacia y como sahumerio en oriente. 2. Madera del calambac, semejante a la del agáloco.

18 palo a pique: Poste clavado en tierra, firme y perpendicular al suelo. — *Argent.*

19 palo blanco: Nombre de varios árboles canarios y americanos de corteza elástica y amarga y flores amarillas. — BOTÁNICA

20 palo borracho: Nombre de dos especies de árboles, caracterizados por el color de sus corolas, cuyas semillas están recubiertas por abundantes pelos sedosos que forman como un copo blanco, al que se denomina paina; la planta se utiliza como adorno y confines industriales. — *Argent., Urug.* BOTÁNICA

21 palo brasil: Árbol sudamericano de madera compacta, dura y de color rojizo. — BOTÁNICA

22 palo codal: El de un codo de largo que se colgaba al cuello como penitencia.

23 palo cortado: Vino de Jerez con el sabor del oloroso y con el olor del amontillado.

24 palo de agua: Lluvia torrencial. — Colomb., Amér. Central, Ecuad., Venez. Amér.

25 palo de algo: Expresa excelencia: *no es lo mismo un palo de hombre que un hombre de palo.*

26 palo de bañón: Aladierna, planta. — BOTÁNICA

27 palo de Campeche: Madera dura, negruzca, de color agradable, que procede de un árbol americano.

28 palo de ciego: 1. Acción que se realiza de forma irreflexiva y sin conocer la situación: *va por la vida dando palos de ciego.* 2. Golpe dado sin atención, como lo daría una persona que no viera. — coloquial

29 palo de esteva: Esteva de los coches de caballos.

30 palo de favor: El que, en algunos juegos de naipes, se elige para que, como triunfo, tenga doble valor. — JUEGOS

31 palo de hule: Árbol que produce el látex del que se obtiene el caucho. *(Castilla elastica.)* — BOTÁNICA

32 palo de jabón: Líber de color blanquecino fibroso que puede usarse como jabón y que se obtiene de un árbol americano tropical. — BOTÁNICA

33 palo del águila: Madera del calambac.

34 palo de la rosa: Alarguez, planta espinosa. — BOTÁNICA

35 palo de las Indias: Guayacán, árbol americano tropical. — BOTÁNICA

36 palo de planchar: Tablero grueso y delgado del que se servían los sastres para planchar pantalones y mangas.

37 palo de rosa: 1. Madera muy compacta, olorosa, roja con vetas negras, muy apreciada en ebanistería, que se obtiene de un árbol americano. 2. Parte leñosa, amarilla, rojiza y muy olorosa que se obtiene de una planta canaria. — CARPINTERÍA

38 palo dulce: Raíz del orozuz. — BOTÁNICA

39 palo duz: Orozuz, planta. — BOTÁNICA

40 palo enjabonado o jabonado: Juego que consiste en trepar a un palo largo untado de jabón o grasa. — *Argent., Par., Urug.* JUEGOS/= cucaña

41 palo grueso: Persona influyente, de mando. — *Chile*

42 palo macho: Cada una de las perchas o palos principales que forman la arboladura de un barco. — NÁUTICA

43 palo mayor: El más alto del barco, que sostiene la vela principal. — NÁUTICA

44 palo nefrítico: Madera del ben, de color blanco rojizo, que se usa en infusión contra las enfermedades de las vías urinarias. — FARMACIA

45 palo santo: Caqui, árbol de fruto rojo y comestible, blando y muy dulce. — BOTÁNICA

46 palos flamantes: Los ondeados y piramidales acabados en forma de llamas. — HERÁLDICA

47 a palo seco: 1. Se aplica al barco que navega con las velas recogidas. 2. De forma escueta, sin nada accesorio, en general referido a lo que se come o bebe. 3. Sin comer ni beber. — loc.adv. NÁUTICA coloquial

48 andar a palos: Estar riñendo o acostumbrado a estarlo: *todo el día anda a palos con su padre.* — coloquial

49 cada palo aguante su vela: Expresa que cada uno debe aguantar la parte que le corresponda en una responsabilidad o la consecuencia de sus actos. — coloquial

50 caérsele a una persona los palos del sombrajo: Abatirse o desanimarse. — coloquial

51 correr a palo seco: Navegar en tiempo de borrasca sin ninguna vela. — NÁUTICA

52 dar o llevarse un palo: Provocar o recibir un daño o perjuicio: *Juan se ha llevado un palo con el despido.* — coloquial

53 dar un palo: Presentar una cuenta elevada en un establecimiento público: *menudo palo le dieron en el restaurante.* — coloquial

54 derrengar o doblar a palos a una persona: Darle muchos golpes en las costillas. — coloquial

55 echar a palos a alguien: Echar con violencia a una persona de un sitio. — coloquial

56 echar, poner, hacer o dar un palo: Realizar el acto sexual. — vulgar

57 estar del mismo palo: Estar una persona en la misma situación o estado que otra. — coloquial

58 meter un palo en candela: Provocar una situación de la que puede resultar una riña. — coloquial

59 moler a palos: Dar una paliza a una persona. — coloquial

60 no dar palo o no dar un palo al agua: Haraganear, no hacer nada: *no ha dado palo en todo el verano.* — coloquial

61 no se dan palos de balde: Se usa para explicar que nadie obra sin interés. — coloquial

62 pisar el palito: Caer alguien en una trampa. — *Argent.*

63 poner a una persona en un palo: Ahorcarle o castigarle con otro tipo de muerte.

64 seguir el palo: Echar una carta de la baraja del mismo palo que la que ha salido. — JUEGOS

65 terciar una persona el palo: Levantarlo en alto para dar un golpe con él.

paloduz Raíz de una planta herbácea, de color pardo por fuera y amarillo por dentro que se chupa para obtener un jugo dulce. — s.m./pl: paloduces = orozuz, regaliz tb: palo dulce

paloma (Del lat. vulgar *palumba* < lat. *palumbes*, paloma torcaz.)

1 Ave columbiforme de tamaño mediano, cabeza pequeña, pico corto y cola robusta que anda al paso, nidifica en árboles y cornisas y se alimenta de granos y semillas (Columba): *la paloma blanca es el símbolo de la paz.* — s.f. ZOOLOGÍA

2 Partidario de la paz en un gobierno o en una organización política. — POLÍTICA ≠ halcón

3 Bebida compuesta de agua y aguardiente anisado.

4 Persona de carácter apacible y sereno: *es una paloma incapaz de hacer daño a conciencia.*

5 Parte media o cruz de una verga en la que se fijan los cuadernales o motones de las drizas. — NÁUTICA

6 Ondas espumosas que se forman en la superficie del mar cuando empieza a soplar viento fresco. — s.f.pl.

7 paloma bravía o silvestre: Especie de color gris con dos bandas alares negras y obispillo blanco, antecesora de las palomas domésticas. *(Columba livia.)* — ZOOLOGÍA

8 paloma calzada: Variedad doméstica que tiene los tarsos y dedos cubiertos de pluma. — ZOOLOGÍA

9 paloma de moño o moñuda: Variedad doméstica que tiene una especie de cresta plumosa. — ZOOLOGÍA

10 paloma de toca o monjil: Variedad blanca doméstica que tiene plumas laterales en la cabeza que caen a los lados. — ZOOLOGÍA

11 paloma mensajera: Variedad de paloma doméstica que es capaz de regresar al palomar tras haber sido transportada muy lejos, por lo que se utiliza para llevar mensajes a su lugar de origen. — ZOOLOGÍA

12 paloma palomariega: La procedente de un palomar. — ZOOLOGÍA

13 paloma real: La de mayor tamaño y con la base del pico de color amarillo. — ZOOLOGÍA

14 paloma rizada: La que tiene las plumas rizadas. — ZOOLOGÍA

15 paloma sin hiel: Persona de carácter apacible. — coloquial

16 paloma torcaz: Especie con el plumaje azulado, el cuello verdoso cortado por un collar blanco, pecho rojizo, pico castaño y patas moradas, que habita en el campo. *(Columba palumbus.)* — ZOOLOGÍA

17 paloma tripolina: Variedad doméstica, con los pies calzados de pluma, pequeña, y con varias plumas ceñidas en la cabeza en forma de diadema. — ZOOLOGÍA

18 paloma zorita, zura, zurana o zurita: La de plumaje ceniciento azulado, más oscuro en las partes superiores, con reflejos metálicos verdes en el cuello y morados en el pecho, alas con una mancha, pico amarillo y patas rojizas, que vive en los bosques. *(Columba oenas.)* — ZOOLOGÍA

palomadura Ligadura con que se sujeta la relinga a su vela cuando no tiene costuras. — s.f. NÁUTICA

palomar
I (Derivado de *paloma*.)

1 Lugar donde se recoge y crían las palomas. — s.m.

2 alborotar el palomar: Alterar la tranquilidad de un sitio donde hay gente reunida: *el chico entró en la reunión y alborotó el palomar.* — coloquial

II (Del cat. *fil d'empalomar*.) Se aplica a un hilo de cáñamo más delgado y retorcido que el de bramante. — adj.

palomariega Se aplica a la paloma que se ha criado **adj.**
en el palomar y sale al campo.

palomear
1 Cazar una persona palomas: *salió a palomear con* **v.intr.**
una escopeta de perdigones. **CAZA**
2 Dedicar una persona mucho tiempo a la cría de palomas: *como está desocupado se pasa el día palomeando.*

palomera
1 Palomar pequeño de palomas domésticas: *puso las* **s.f.**
nuevas palomas en otra palomera.
2 Páramo de poca extensión. **GEOGRAFÍA**

palomería Caza de palomas que emigran en ban- **s.f.**
dadas. **CAZA**

palomero, a
1 Persona que se dedica a comprar o vender palo- **s.**
mas.
2 Persona aficionada a la cría de palomas: *padre e hijo* **= colombófilo**
son palomeros, pero no el resto de la familia.

palometa (Del gr. *pelamys, -ydos,* bonito.) **s.f.**
1 Pez comestible, parecido al jurel, pero algo mayor **ZOOLOGÍA**
que éste, de cuerpo ovalado y comprimido, boca pe- **= palometón**
queña y espina dorsal doble. *(Caesiomorus glaucus.)*
2 Armazón de tres piezas en forma de triángulo rec- **= palomilla**
tángulo, usado para sostener estantes, tablas u otras
cosas: *las repisas se apoyaban en la pared por medio de*
palometas.
3 Roseta de maíz tostado. **= palomita**

palomilla
1 Cualquier mariposa pequeña, en especial las noc- **s.f.**
turnas, perjudiciales para los graneros: *las palomillas* **ZOOLOGÍA**
se acercaban a la luz y algunas morían por el calor.
2 Planta anual de la familia de las fumariáceas que **BOTÁNICA**
crece en los campos, con pequeñas flores rosas provistas de un espolón.
3 Ninfa, estadio de desarrollo temprano de muchos **ZOOLOGÍA**
insectos.
4 Armazón para sostener estantes, tablas u otras co- **= palometa**
sas: *para que no estorben las patas, asegura el tablón a la*
pared con palomillas.
5 Tornillo con dos orejas que se enrosca con los
dedos: *la silla es desmontable, y sus piezas van unidas*
por prácticas palomillas.
6 Bebida compuesta de agua y aguardiente anisado. **= palomita**
7 Grano de maíz tostado: *compró un cucurucho de palo-* **= paloma,**
millas de maíz dulces. **palomita**
8 Pieza con una muesca en que se apoya y encaja un **MECÁNICA**
eje de maquinaria.
9 Punta que sobresale en el remate de algunas albardas o piezas del aparejo de las caballerías de carga.
10 Caballo de color blanco.
11 Parte anterior de la grupa de las caballerías.
12 Ondas espumosas del mar. **s.f.pl.**
13 Pandilla de vagabundos, plebe. **s.f./Méx., Amér. Merid.**
14 Niño vagabundo, mal vestido y callejero. **Chile, Perú**
15 Granuja, pilluelo. **Chile**
16 Niño ruidoso. **Chile**

palomina
1 Se aplica a una variedad de uva negra en racimos **adj.**
largos.
2 Excremento de las palomas. **s.f.**
3 Fumaria, planta. **BOTÁNICA**

palomino
1 Pollo de la paloma brava: *unos palominos se han caí-* **s.m.**
do del nido.
2 Mancha de excremento en la ropa interior. **coloquial**
3 Caballo de color muy blanco.

palomita
1 Grano de maíz tostado y reventado: *suele comer* **s.f.**
palomitas de maíz cuando ve una película.
2 Bebida preparada con agua y anís. **= paloma**

palomo
1 Macho de la paloma: *el palomo hincha el pecho para* **s.m.**
cortejar a las hembras. **ZOOLOGÍA**
2 Paloma torcaz. **ZOOLOGÍA**
3 Persona propagandista o que utiliza tratos e intrigas.
4 Persona atontada y sin gracia. **despectivo**
5 **palomo ladrón**: El que con arrullos se lleva las
palomas ajenas al palomar propio.

palón Insignia semejante a una bandera que tiene **s.m.**
cuatro puntas redondas. **HERÁLDICA**

palopalo Lapa, molusco. **s.m./Chile**

palor (Del lat. *pallor,* palidez.) Color pálido o desva- **s.m./literario**
do de la piel. **= palidez**

palotada
1 Golpe dado con el palo con el que se toca el tam- **s.f.**
bor.
2 **no dar palotada**: 1. No acertar en lo que se dice o **coloquial**
se hace: *llevas horas intentando acertarlo, pero no das*
palotada. 2. No haber empezado a hacer lo que se
debe: *hace días que no da palotada en la oficina.*

palotazo
1 Golpe que da el toro de lado con el cuerno: *el toro* **s.m./TAUROMA-**
daba palotazos contra la barrera. **QUIA/= varetazo**

2 Golpe dado con un bastón de hockey. **DEPORTES**

palote
1 Trazo que los niños hacen sobre papel pautado **s.m.**
para aprender a escribir: *aún conserva los cuadernos in-*
fantiles en los que hacía palotes.
2 Cualquier palo de tamaño semejante a los que se **= baqueta**
usan para tocar el tambor.
3 Insecto de la familia de los acrídidos. **Chile**

paloteado
1 Danza en que los bailarines golpean unos palos en- **s.m.**
tre sí al compás de una música.
2 Riña ruidosa o en la que hay golpes. **coloquial**

palotear
1 Golpear una persona unos palos con otros hacien- **v.intr.**
do ruido.
2 Hablar una persona mucho al discutir: *es capaz de* **coloquial**
palotear durante horas para defender su postura.

paloteo Acción y resultado de golpear unos palos **s.m.**
con otros haciendo ruido.

palpable
1 Que puede ser percibido por el tacto: *tiene unos bul-* **adj.**
tos palpables en la espalda. **= tangible**
2 Que es claro o evidente: *en la reunión había una ten-* **= patente**
sión palpable.

palpablemente Sin duda, de forma clara y evidente: **adv.**
se nota palpablemente el aumento del nivel de vida actual. **= claramente**

palpación
1 Acción y resultado de tocar una cosa con las manos: **s.f.**
la palpación es una forma de conocimiento básico para las **= palpamiento**
personas ciegas.
2 Exploración de las partes externas del cuerpo o las ca- **MEDICINA**
vidades accesibles hecha con los dedos o las manos.

palpallén Arbusto con hojas dentadas, cubiertas de **s.m.**
un velo blanquecino, y flores de cabezuelas radiadas **Chile**
y amarillas. *(Senecio denticulatus.)* **BOTÁNICA**

palpamiento Acción y resultado de tocar con las **s.m.**
manos: *el ginecólogo realiza un palpamiento de mamas* **= palpación**
durante la revisión.

palpar (Del lat. *palpare,* tocar levemente.)
1 Tocar una cosa con las manos para examinarla o **v.tr/prnl.**
reconocerla: *tienes que averiguar qué es sólo palpándolo.*
2 Tocar las cosas con las manos para orientarse en la **v.tr.**
oscuridad: *iré palpando por la pared hasta encontrar la* **= tantear**
puerta.
3 Percibir una cosa inmaterial con la misma claridad **v.tr/prnl.**
y evidencia que si fuera material: *se palpa en el am-* **= notar**
biente cierta hostilidad.
4 Experimentar una persona los efectos o las consecuencias de una cosa: *palpará lo que es el matrimonio.*

pálpebra (Del lat. *palpebra.*) Membrana móvil que **s.f./ANATOMÍA**
resguarda y protege el ojo al cerrarse sobre él. **= párpado**

palpebral De los párpados: *tiene una afección palpe-* **adj.**
bral. **ANATOMÍA**

palpitación
1 Acción y resultado de contraerse y dilatarse el co- **s.f.**
razón: *el número de palpitaciones por minuto es normal.* **= latido**
2 Latido del corazón más rápido y fuerte que el nor- **MEDICINA**
mal: *el esfuerzo físico puede provocar palpitaciones.*
3 Movimiento involuntario y tembloroso de algún **MEDICINA**
órgano interno del cuerpo.

palpitante
1 Que palpita o late. **adj.**
2 Que es de mucha actualidad e interesa a la mayo- **= candente**
ría: *los pactos políticos son un tema palpitante.*

palpitar (Del lat. *palpitare,* agitarse.)
1 Realizar el corazón el movimiento de contraerse y **v.intr.**
dilatarse: *con el fonendoscopio, el médico oye cómo palpi-* **= latir**
ta el corazón.
2 Aumentar la frecuencia y la intensidad de los movi- **MEDICINA**
mientos del corazón por una emoción o esfuerzo: *el*
corazón le palpitaba con fuerza al llegar a la meta.
3 Moverse una zona u órgano interior del cuerpo de **MEDICINA**
forma trémula e involuntaria.
4 Manifestarse un sentimiento de forma perceptible **+ en**
en los actos o en las palabras de una persona: *el odio*
palpita en sus palabras; en sus ojos palpita el amor que
siente por ella.

pálpito Presentimiento de que va a suceder una cosa: **s.m.**
tengo el pálpito de que hoy nos llamará. **= corazonada**

palpo Cada uno de los apéndices articulados que las **s.m.**
arañas y los insectos tienen cerca de la boca para to- **ZOOLOGÍA**
car y sujetar los alimentos.

palquista Ladrón que se introduce por balcones y **s.m.**
ventanas: *unos palquistas entraron en el local por un pe-*
queño ventanuco.

palta Aguacate, fruto del palto. **s.f./Amér. Merid.**

palto Aguacate, árbol de la familia de las lauráceas, de **s.m.**
hojas alternas, flores dioicas y fruto en drupa muy **Amér. Merid.**
apreciado por su carne suave y perfumada. **BOTÁNICA**

paludamento (Del lat. *paludamentum*.) Manto de púrpura usado por los emperadores romanos en campaña. — s.m. HISTORIA

palúdico, a (Del lat. *palus, -udis*, pantano.)
1 Del paludismo: *la fiebre palúdica es transmitida por la picadura del mosquito anofeles.* — adj. MEDICINA
2 Que padece paludismo. — adj/s./MEDICINA
3 Que está relacionado o proviene de las lagunas o pantanos. — adj. = palustre

paludícola (Del lat. *palus, -udis* pantano + *colere*, habitar.) Se aplica al organismo que vive en los pantanos. — adj. BIOLOGÍA

paludismo (Del lat. *palus, -udis*, pantano.) Enfermedad contagiosa producida por un parásito, transmitido por un mosquito que vive en terrenos pantanosos, y que se caracteriza por estados de fiebre y por un aumento de la sudoración. — s.m. MEDICINA = fiebre de los pantanos, malaria

palumbario (Del lat. vulgar *palumba* < lat. *palumbes*, paloma torcaz.) Se aplica a una variedad de halcón más conocida como azor. — adj. ZOOLOGÍA

palurdo, a (Del fr. *balourd*, torpe.) Que es ignorante y rústico: *es un palurdo que mete la pata en cuanto abre la boca.* — adj/s. = cateto, paleto

palustre
I (Del cat. *palustre*.) Paleta de albañil. — s.m./CONSTRUCCIÓN
II (Del lat. *palustris*.) De la laguna o el pantano: *los terrenos palustres pueden ser peligrosos para la salud por haber aguas estancadas.* — adj.

pamba Golpes leves dados con la palma de la mano en la cabeza de una persona en son festivo. — s.f. Méx.

pambazo Pan achatado y redondo. — s.m./Urug.

pambil Palma con tronco esbelto y follaje ancho, pero de menor tamaño que la real. — s.m. Ecuad.

pamela Sombrero ancho de alas y bajo de copa que usan las mujeres: *llevaba una pamela para que no le diera el sol en la cara.* — s.f.

pamema (De *pamplina* + *memo*.)
1 Acción o palabras insignificantes a las que se ha querido dar importancia: *¿y me molestas para contarme semejante pamema?* — s.f. = ridiculez
2 Atención, lisonja o cumplido insincero: *no me vengas ahora con pamemas después de haberme ofendido.* — = pamplina
3 Delicadeza exagerada y excesiva: *no para de hacer pamemas cuando toma el té.* — = melindre, remilgo

pampa (Del quechua *pampa*, llanura.) Llanura sudamericana extensa sin árboles: *la pampa argentina es agrícola y ganadera.* — s.f.

pámpana
1 Hoja de la vid. — s.f./tb: pámpano
2 **tocar o zurrar la pámpana a una persona:** Azotarla y golpearla como castigo. — coloquial

pampanada Zumo obtenido de los sarmientos de la vid, usado para hacer una bebida refrescante. — s.f.

pampanaje
1 Conjunto de pámpanos. — s.m.
2 Hojarasca, cosa vana o inútil.

pampanilla Taparrabos de tela u otro material. — s.f.

pámpano (Del lat. *pampinus*, hoja de vid.)
1 Sarmiento verde, tierno y delgado de una planta, o pimpollo de la vid. — s.m. BOTÁNICA
2 Hoja de la vid. — tb: pámpana
3 Pez teleósteo, que vive en los mares ibéricos y cuya carne es de baja calidad. *(Stromateus fiatola.)* — ZOOLOGÍA = salpa

pampanoso, a Se aplica a la planta que tiene muchos pámpanos. — adj. BOTÁNICA

pampeano, a
1 De la región argentina de las pampas. — adj./= pampero
2 Persona natural de esta región. — s./= pampero
3 De la provincia argentina de la Pampa. — adj./= pampero
4 Persona natural de esta provincia. — s.

pampear Recorrer las pampas. — v.intr./Amér. Merid.

pampense Estrato del suelo del cuaternario medio americano, formado por limos calcáreos. — s.m. GEOLOGÍA

pampero, a
1 De la región argentina de las pampas. — adj./= pampeano
2 Persona natural de esta región. — s./= pampeano
3 Viento fuerte, frío y seco, que sopla de la región de las pampas hacia la cuenca platense. — s.m. Amér. Merid.

pampiniforme Se refiere a la red venosa que rodea el conducto espermático. — adj. BIOLOGÍA

pampino, a Que trabaja en las minas de sal de la pampa. — adj.

pampirolada (Alteración de *capirotada*.)
1 Salsa que se hace con ajos y pan machacados y disueltos en agua. — s.f./COCINA tb: papirolada
2 Cosa necia o de poca importancia: *no me molestes más con pampiroladas.* — = necedad, pamplina

pamplina (Contracción de *papaverina* < lat. *papaver*, amapola.)
1 Planta herbácea de la familia de las fumariáceas de flores con sépalos agudos y pétalos externos alargados, que crece en la península ibérica. *(Hypecoum grandiflorum.)* — s.f. BOTÁNICA
2 Cosa de poca entidad, fundamento o utilidad: *¡no me vengas con pamplinas y hablemos con seriedad!* — = pamema, tontería
3 Cumplido forzado y poco sincero: *me parece que todas sus atenciones y cumplidos no son más que pamplinas para convencerme.* — = lisonja, pamema
4 Manifestación exagerada o teatral de delicadeza o escrúpulos: *¡déjate de pamplinas y cómete las acelgas!* — = pamema, remilgo
5 Persona boba y mojigata: *el muy pamplinas se dejó engañar.* — s.m.f. coloquial
6 **pamplina de agua:** Planta herbácea anual, de flores blancas en panoja terminal y fruto capsular, que crece en zonas húmedas. — BOTÁNICA
7 **pamplina de canarios:** Álsine, planta. — BOTÁNICA
8 **ser alguien un pamplinas:** Ser bobo o ingenuo: *no se atreve a decírselo porque es un pamplinas.* — coloquial

pamplinada Cosa insignificante y sin importancia: *no me vengas con pamplinadas.* — s.f./= tontería, bobada

pamplinería Modo de ser y de comportarse de la persona que hace o dice pamplinas: *vamos a dejarnos de pamplinerías y a ponernos a trabajar.* — s.f. = tontería

pamplinero, a Que suele decir tonterías o pamplinas: *es un grandullón pamplinero, pero simpático.* — adj. = pamplinoso

pamplonés, a
1 De Pamplona, ciudad y capital de Navarra. — adj./= pamplonica
2 Persona natural de esta ciudad. — s./= pamplonica

pamporcino
1 Planta herbácea con hojas de largos pecíolos, acorazonadas y obtusas, de color verde por el haz y rojizo por el envés, flores aisladas de corola purpúrea y rizoma grande que buscan y comen los cerdos y que se usa como purgante. *(Cyclamen europaeum.)* — s.m. BOTÁNICA = artanita, artanica
2 Fruto de esta planta. — BOTÁNICA

pamposado, a Que tiene pereza: *no seas pamposado y ayúdame a hacer las tareas.* — adj. = perezoso

pampringada
1 Rebanada de pan empapada en grasa animal o vegetal. — s.f. = pringada
2 Cosa de poca importancia o inoportuna: *me despertó para contarme una pampringada de las suyas.* — = pamema, pamplina

pamue
1 De un pueblo indígena del África occidental, de lengua bantú. — adj/s.
2 Lengua hablada por este pueblo. — s.m./LINGÜÍSTICA

pan (Del lat. *panis*.)
1 Masa de harina, si no se especifica otro grano, de trigo, levadura y agua, cocida al horno después de fermentar, que sirve de alimento: *el pan es considerado un elemento básico en la alimentación.* — s.m. COCINA
2 Sustancia alimenticia semejante a esta masa: *pan de higos.* — COCINA
3 Masa de harina con mantequilla o aceite muy sobada y delicada que se usa para empanadas y pasteles. — COCINA
4 Trigo, planta gramínea y su grano: *la cosecha de pan ha sido abundante.* — AGRICULTURA
5 Masa fina y delgada de harina cocida a la llama entre dos planchas, usada para preparar obleas, hostias y cosas semejantes. — COCINA
6 Lámina muy delgada de oro, plata u otros metales, usada para dorar o platear: *el marco está recubierto de pan de oro.* —
7 Cualquier cosa que sirve para el sustento diario: *es ella quien gana el pan para la familia.* —
8 Cereales, como el trigo, el centeno o la cebada, desde que nacen hasta que se siegan. — s.m.pl. AGRICULTURA
9 **pan aflorado, floreado o de flor:** El que se hace con la flor de la harina de trigo. — COCINA
10 **pan agradecido:** Persona que agradece las cosas. — coloquial
11 **pan ázimo o cenceño:** El que se ha hecho sin levadura. —
12 **pan bazo:** El que se ha amasado con moyuelo y salvado. — COCINA
13 **pan bendito:** 1. El que se bendice en la misa y se reparte entre el pueblo. 2. Cualquier cosa que se recibe con aceptación entre muchas personas. — RELIGIÓN coloquial
14 **pan candeal:** El amasado con harina de trigo candeal. — COCINA
15 **pan de azúcar:** Azucarillo redondo. —
16 **pan de la boda:** Regalos, bendiciones y diversiones que reciben los recién casados. — coloquial
17 **pan de molde:** El que tiene forma rectangular, corteza blanda y está cortado en rebanadas que suele usarse para hacer emparedados. — COCINA
18 **pan de munición:** Grandes cantidades de pan de baja calidad, que se consumen en los cuarteles y cárceles. — MILITAR
19 **pan de perro:** El negro que se preparaba para alimentar a los perros y otros animales. —
20 **pan de pistola:** El largo y duro que se suele usar para sopa. — COCINA

21 pan de proposición: El que se ponía en el tabernáculo los sábados en número de doce piezas en memoria de las doce tribus, y sólo podían comerlo sacerdotes y levitas, en la tradición israelita. `RELIGIÓN`

22 pan de salvado o integral: El amasado con harina integral. `COCINA`

23 pan eucarístico: Hostia bendecida que se usa en las eucaristías. `RELIGIÓN`

24 pan fermentado: El hecho de harina y agua con fermento, cocido en horno. `COCINA`

25 pan francés: El que está hecho con harina de trigo y es muy esponjoso. `COCINA`

26 pan mal conocido: Favor no agradecido. `coloquial`

27 pan mediado o por mitad: Arrendamiento de tierras pagado en granos con igual proporción de trigo que de cebada. `HISTORIA`

28 pan mollete: Panecillo esponjoso y ovalado. `COCINA`

29 pan perdido: Persona que ha dejado su casa y vive vagabundeando y sin trabajar. `coloquial`

30 pan pintado: El adornado por la parte superior que se consume en bodas, fiestas y otras celebraciones. `COCINA`

31 pan porcino: Pamporcino, planta. `BOTÁNICA`

32 pan regañado: El que se abre por el calor del horno o del fuego. `COCINA`

33 pan seco: Pan solo, sin otro alimento que lo acompañe. `coloquial`

34 pan sentado: El que se queda correoso al día siguiente de haberse hecho por tener mucha harina. `coloquial` `COCINA`

35 pan terciado: Renta de las tierras arrendadas en la que se pagaban dos terceras partes de trigo y una de cebada. `HISTORIA`

36 a pan y cuchillo: Viviendo en casa de una persona a sus expensas: *hace una semana que tengo a mi cuñado en casa a pan y cuchillo.* `loc.adv.` `coloquial`

37 al pan, pan y al vino, vino: Indica que se ha dicho una cosa sin rodeos y de forma clara: *al pan, pan y al vino, vino, esto es un abuso.* `coloquial`

38 coger a una persona el pan bajo el sobaco: Ganarle la voluntad, dominarla. `coloquial`

39 comer el pan de una persona: Estar mantenido y alimentado por ella: *sus cuñados y cuñadas comen su pan.* `coloquial`

40 comer pan con corteza: 1. Valerse una persona por sí misma. 2. Haberse recuperado una persona enferma. `coloquial` `coloquial`

41 comer una persona el pan de los niños: Ser ya muy viejo y tenerse por un estorbo. `coloquial`

42 con su pan se lo coma: Indica indiferencia respecto a los actos de otra persona: *si no quiere el trabajo, él sabrá, con su pan se lo coma.* `coloquial`

43 contigo, pan y cebolla: Expresión usada para manifestar el desinterés material de las personas enamoradas. `coloquial`

44 echarse los panes: Inclinarse las mieses.

45 ¡el pan de cada día!: Se usa para censurar a una persona que se queja, repite o pide siempre lo mismo: *¡ya estamos con el pan de cada día, que no quiere ir a la escuela!* `coloquial`

46 engañar el pan: Comer un alimento de gusto con pan para no desperdiciarlo. `coloquial`

47 ganar pan: Adquirir bienes. `coloquial`

48 hacer un pan como unas hostias: Acabar mal alguna cosa o acción. `coloquial`

49 no cocérsele a una persona el pan: Estar nervioso e inquieto. `coloquial`

50 no comer una persona el pan de balde: Realizar u obtener una cosa con mucho esfuerzo y no de balde. `coloquial`

51 no haber pan partido: Existir una amistad muy estrecha entre varias personas. `coloquial`

52 no le comerán el pan las gallinas: Indica que una persona llegará tarde al lugar al que se dirige. `coloquial`

53 pan y callejuela: Indica que se deja el paso libre a una persona para que vaya donde quiera. `coloquial`

54 ser una cosa pan comido: Ser muy sencillo de realizar o conseguir: *saltar esa valla es pan comido.* `coloquial`

55 repartir como pan bendito: Distribuir de forma equitativa una cosa. `coloquial`

56 ser algo pan y miel: Ser bueno y agradable. `coloquial`

57 ser el pan nuestro de cada día: Ocurrir algún suceso, conducta o circunstancia de forma continua e invariable: *las caravanas en la autopista son el pan nuestro de cada día.* `coloquial`

58 valerle a una persona un pan por ciento: Obtener un considerable beneficio de algo. `coloquial`

pan- Componente de palabra procedente del gr. *pan,* que significa todo entero, totalidad: *panamericano.* `pref.` `= panto-`

pana (Del gr. *panne* < lat. *pinna,* plumaje de un animal.)
1 Tela gruesa, semejante al terciopelo, que puede ser lisa, abordonada y labrada: *la pana es un tejido usado en invierno por ser de abrigo.* `s.f.` `TEXTIL`
2 Tabla longitudinal que, junto con otras, forma el suelo de una embarcación menor. `NÁUTICA`
3 Hígado de los animales. `Chile`

4 Desperfectos que provoca el mal funcionamiento de una máquina. `Chile`
5 Detención accidental de un vehículo por fallas en el motor o en las ruedas. `Chile`

pánace (Del gr. *panax.*) Opopónaco, planta umbelífera. *(Opopanax chironium.)* `s.f./= opopánax` `BOTÁNICA`

panacea (Del lat. *panacea* < gr. *panakeia,* planta a la cual se atribuía la virtud de curar todos los males.)
1 Medicamento o remedio al que se le atribuye la capacidad de curar muchas enfermedades: *esta pomada no es una panacea, pero aliviará el picor.* `s.f.` `FARMACIA`
2 Solución para resolver toda clase de problemas y dificultades: *los iluminados de este partido creen tener la panacea de todos los males de nuestra sociedad.* `= curalotodo`
3 panacea universal: Remedio que los alquimistas buscaban para curar todas las enfermedades. `OCULTISMO`

panaché (Voz francesa.)
1 Mezcla de diversos vegetales cocidos: *he comido un plato precocinado de panaché de verduras con carne.* `s.m.` `COCINA`
2 Bebida refrescante compuesta de cerveza y gaseosa.

panadería
1 Establecimiento donde se hace o vende pan: *en esa panadería hacen muchos tipos de pan y muy buenos.* `s.f.` `COMERCIO`
2 Oficio de panadero: *dedicarse a la panadería es duro porque se suele trabajar de noche.*

panadero, a
1 Persona que tiene como profesión hacer o vender pan: *el panadero empieza su trabajo de madrugada.* `s.`
2 Baile español parecido al zapateado. `s.m.pl.`

panadizo (Del ant. *panarizo* < bajo lat. *panaricium* < gr. *paronykhion* < *para,* junto a + *onyx,* uña.) Inflamación con pus en un dedo, en general en la tercera falange alrededor de la uña. `s.m.` `MEDICINA` `tb: panarizo`

panado, a Se aplica al líquido o al caldo que tiene pan tostado en remojo. `adj.` `COCINA`

panafricanismo Tendencia o doctrina que aspira a la unidad política, económica y cultural de todos los países africanos. `s.m.` `POLÍTICA`

panafricanista
1 Del panafricanismo. `adj./POLÍTICA`
2 Que es partidario del panafricanismo. `adj/s.m.f.`

panafricano, a De todo el continente africano. `adj.`

panal (Derivado de *pan,* masa de varias materias.)
1 Conjunto de celdillas hexagonales que las abejas hacen con cera donde van a depositar la miel: *los apicultores cogen el panal protegidos con caretas.* `s.m.` `ZOOLOGÍA`
2 Construcción de celdillas que hacen las avispas y otros animales. `ZOOLOGÍA`
3 Algunas estructuras que tienen la misma formación que estas celdillas.
4 Masa seca y esponjosa compuesta de almíbar, clara de huevo y zumo de limón, usada para endulzar el agua. `COCINA` `= azucarillo`
5 panal longar: El que está hecho a lo largo de la colmena.
6 panal saetero: El hecho de través, de un témpano a otro de la colmena.

panamá (De *Panamá,* país centroamericano.)
1 Sombrero de pita con ala recogida que puede bajarse sobre los ojos: *el sol era tan fuerte que no se quitaba el panamá en todo el día.* `s.m.`
2 Tela de algodón de hilos gruesos y separados: *el panamá es muy usado para hacer bordados.* `TEXTIL`

panameñismo Expresión o construcción características de la variedad lingüística del español panameño. `s.m.` `LINGÜÍSTICA`

panameño, a
1 De Panamá, país centroamericano. `adj.`
2 Persona natural de este país. `s.`
3 Modalidad adoptada por el español en Panamá. `s.m./LINGÜÍSTICA`

panamericanismo Doctrina política que busca la colaboración entre los países del continente americano para combatir otras influencias. `s.m.` `POLÍTICA`

panamericanista Persona partidaria de la colaboración entre todos los países americanos. `s.m.f.` `POLÍTICA`

panamericano, a
1 Del panamericanismo. `adj./POLÍTICA`
2 Que es partidario del panamericanismo. `adj/s./POLÍTICA`

panarabismo Tendencia o doctrina que aspira a la aproximación política, económica y cultural entre todos los pueblos de lengua y civilización árabes. `s.m.` `POLÍTICA`

panarabista
1 Del panarabismo. `adj./POLÍTICA`
2 Que es partidario de la aproximación en todos los ámbitos de los pueblos árabes. `adj/s.m.f.` `POLÍTICA`

panarizo (Del bajo lat. *panaricium* < gr. *paronykhion* < *para,* junto a + *onyx,* uña.) Inflamación de los dedos alrededor de las uñas. `s.m.` `MEDICINA` `tb: panadizo`

panarra Hombre tonto o perezoso. `s.m./despectivo`

panatela (Del ital. *panatella* < *panata,* rebozadura de pan.) Bizcocho grande y delgado. `s.f.` `COCINA`

panateneas (Del gr. *panathenaia* < *pan,* todo + *Athene,* Atenea.) Fiestas atenienses en honor de la diosa protectora de la capital griega. *s.f.pl. HISTORIA*

panática (Del cat. ant. *panatica.*) Provisión de pan en los barcos. *s.f.*

panavisión Sistema de filmación y proyección de películas que emplea grandes formatos. *s.f./AUDIOVISUALES, CINE*

panca Vaina que envuelve la mazorca del maíz y protege el grano. *s.f./Amér. Central y Merid.*

pancarditis (Del gr. *pan,* entero + *kardia,* corazón + *itis,* inflamación.) Proceso inflamatorio que afecta a todas las capas del corazón. *s.f. pl: pancarditis MEDICINA*

pancarpia (Del gr. *pankarpia,* conjunto de frutos de todas clases.) Corona de adorno hecha de diversas flores: *le dieron la bienvenida colgándole una pancarpia en el cuello.* *s.f.*

pancarta (Del fr. *pancarte* < bajo lat. *pancharta* < gr. *pan,* todo + *khartes,* papel.)
1 Cartel con frases de reivindicación o de protesta que exhiben los participantes en una manifestación pública: *los principales líderes políticos iniciaban la manifestación llevando una gran pancarta.* *s.f.*
2 Pergamino que contiene copiados varios documentos. *HISTORIA*

pancellar Pieza de la armadura que cubría la parte del vientre. *s.m./HISTORIA = pancera*

pancera Pieza de la armadura que cubría el vientre. *s.f./= pancellar*

panceta (Del ital. *panzetta.*) Tocino entreverado con magro: *utiliza la panceta para saltear la verdura.* *s.f.*

panchen-lama Segunda autoridad religiosa tibetana, después del dalai-lama. *s.m. RELIGIÓN*

panchito Cacahuete pelado frito. *s.m.*

pancho
I (De origen incierto.) Cría del besugo. *s.m./ZOOLOGÍA*
II (Derivado de *panza.*) Vientre, barriga o panza: *tiene pancho porque cada día come más.* *s.m. = abdomen*

pancho, a
1 Que es o está tranquilo: *sabía que su mujer estaba de parto y él tan pancho; no da guerra por la noche porque es un bebé muy pancho.* *adj. = flemático ≠ inquieto*
2 Que está satisfecho: *consiguió lo que quería y se quedó tan pancho; ya ha comido y ahí lo tienes, tan pancho.* *= ahíto ≠ insatisfecho*

pancilla Letra redondeada que se usa para escribir los salmos de los libros de coro. *s.f.*

pancismo Actitud de la persona o grupo que tiende a actuar del modo más conveniente y menos arriesgado para su tranquilidad. *s.m.*

pancista Persona que tiende a actuar del modo más provechoso y menos arriesgado. *s.m.f.*

pancita Guiso que se prepara con panza de res en caldo. *s.f./Méx. COCINA*

panclastita (Del gr. *pan,* todo + *klao,* romper.) Explosivo derivado del ácido pícrico. *s.f.*

pancraciasta Luchador de pancracio. *s.m./HISTORIA*

pancracio (Del gr. *pan,* todo + *kratos,* fuerza.) Lucha parecida a la lucha libre actual, en la que valía cualquier cosa para derrotar al contrario, que se practicaba entre los griegos y los romanos. *s.m. HISTORIA*

pancrático, a Del páncreas: *le han detectado una infección pancrática.* *adj. ANATOMÍA*

páncreas (Del gr. *pankreas* < *pan,* todo + *kreas,* carne.) Glándula de la cavidad abdominal de los vertebrados, en comunicación con el intestino delgado, donde vierte un jugo que contribuye a la digestión y también segrega la insulina, cuya falta produce diabetes. *s.m. pl: páncreas ANATOMÍA*

pancreático, a Del páncreas: *el jugo pancreático interviene en la digestión de los alimentos.* *adj./ANATOMÍA th: pancrático*

pancreatina Sustancia orgánica secretada por el páncreas. *s.f. FISIOLOGÍA*

pancreatitis (Del gr. *pankreas* + *itis,* inflamación.) Inflamación del páncreas, glándula abdominal. *s.f./pl: pancreatitis MEDICINA*

pancromático, a Se aplica a la placa o película que tiene la misma sensibilidad para todos los colores. *adj. FOTOGRAFÍA*

pancutras Guiso popular que se prepara con tiras de masa cocida en caldo y agua. *s.f.pl./Chile COCINA*

panda
I (Del lat. *pandus,* arqueado.) Cada una de las galerías de un claustro: *las columnas son diferentes en cada panda del claustro.* *s.f. ARQUITECTURA*
II (Derivado de *pandilla.*)
1 Grupo de amigos o conocidos que se reúnen o salen juntos para divertirse de forma habitual: *hoy iremos con la panda al cine.* *s.f. = pandilla*
2 Grupo de personas que se reúnen para engañar o hacer daño a otras: *una panda de maleantes me atracó.* *= banda*
III (De origen incierto.)
1 Animal mamífero asiático parecido al oso, del que existen dos especies. *s.m. ZOOLOGÍA*

2 **panda gigante:** Mamífero carnívoro asiático, de la familia de los prociónidos, grande, con aspecto de oso, de coloración blanca y negra, que vive en ciertas zonas chinas y se alimenta de brotes de bambú. *(Ailuropoda melanoleuca.)* *ZOOLOGÍA*
3 **panda menor:** Mamífero carnívoro asiático de la familia prociónidos, pequeño, plantígrado arborícola y nocturno que vive cerca del Himalaya. *(Ailurus fulgens.)* *ZOOLOGÍA*

pandanáceo, a Perteneciente a una familia de plantas angiospermas monocotiledóneas, arbóreas, de tallo sarmentoso y rastrero, hojas largas y estrechas, flores unisexuales y fruto en baya o drupa, como el bombonaje. *adj/s.f. BOTÁNICA th: pandáneo*

pandanal Perteneciente a un orden de plantas angiospermas monocotiledóneas, de hojas lineares simples y flores pequeñas sin sépalos ni pétalos. *adj/s.f. BOTÁNICA*

pandar Hacer trampas en los juegos de naipes, en especial curvándolos para reconocerlos. *v.tr. JUEGOS*

pandear Tomar una cosa sostenida por los extremos una forma arqueada: *estos estantes pandean debido al peso de los libros.* *v.intr/prnl. = curvar*

pandectas (Voz latina.) Recopilación de fragmentos de tratados y decisiones de jurisconsultos romanos clásicos realizada en el siglo VI durante la época justiniana. *s.f.pl. HISTORIA*

pandemia (Del gr. *pan,* todo + *demos,* pueblo.) Enfermedad epidémica que se extiende a muchos países o que afecta a gran cantidad de personas. *s.f. MEDICINA*

pandémico, a De la pandemia. *adj./MEDICINA*

pandemónium (Del gr. *pan,* todo + *daimonion,* divinidad inferior.)
1 Capital imaginaria del mundo infernal. *s.m.*
2 Lugar donde hay mucho ruido y confusión: *el vestíbulo del hotel se convirtió en un pandemónium al entrar el famoso cantante.* *= babel*

pandeo
1 Acción y resultado de combarse o curvarse una cosa: *el pandeo de las estanterías se debe a la humedad.* *s.m.*
2 Flexión de una viga causada por una compresión lateral. *CONSTRUCCIÓN*

pandera Pandero, instrumento musical. *s.f./MÚSICA*

panderada
1 Conjunto de muchos panderos. *s.f.*
2 Majadería o tontería, cosa que se dice en un momento inoportuno: *soltó tal panderada ante el jefe que nos echó del despacho.* *= necedad*

panderazo Golpe dado con el pandero, instrumento musical. *s.m.*

pandereta (Derivado de pandero.) Instrumento musical de percusión parecido al pandero, pero más pequeño, con cascabeles o sonajas: *los chicos pedían aguinaldo tocando la zambomba y la pandereta.* *s.f. MÚSICA*

panderetazo Golpe dado con una pandereta. *s.m.*

panderete Tabique hecho con ladrillos puestos de canto. *s.m. CONSTRUCCIÓN*

panderetear
1 Tocar una persona la pandereta o el pandero como diversión o bulla. *v.intr. MÚSICA*
2 Bailar al ritmo de la pandereta.

pandereteo
1 Toque de panderos o panderetas con intención festiva. *s.m.*
2 Diversión bulliciosa y festiva al son del pandero.
3 Sonido producido al tocar panderos o panderetas.

panderetero, a
1 Persona que toca el pandero o la pandereta. *s. MÚSICA*
2 Persona aficionada a tocar el pandero o la pandereta: *su padre es panderetero y en navidad disfruta como un niño.*
3 Persona que por oficio hace o vende panderos o panderetas.

panderetólogo Estudiante de la tuna diestro en tocar la pandereta. *s.m. MÚSICA*

pandero (Del bajo lat. *pandorius* < gr. *pandurion,* especie de laúd de tres cuerdas.)
1 Instrumento musical de percusión formado por dos aros de madera superpuestos, entre los que van dispuestos cascabeles y sonajas, y una membrana de piel estirada sobre uno de los lados, que se toca golpeando la piel o deslizando los dedos por ella. *s.m. MÚSICA*
2 Persona muy habladora y de poca inteligencia.
3 Juguete que consiste en un trozo de tela o papel ligero colocado sobre un armazón de listones, que se arroja al aire para que se eleve mientras una persona lo sujeta con un hilo muy largo. *JUEGOS = cometa*
4 Culo, en especial el de la mujer: *¡mira qué movimiento de pandero!* *vulgar*

pandiculación (Del lat. *pandus,* arqueado.) Acción y resultado de desperezarse o estirar las extremidades y el tronco. *s.f. FISIOLOGÍA = desperezo*

pandilla
1 Grupo de amigos que se reúne de forma habitual: *he quedado con la pandilla para cenar.*   s.f.
2 Grupo de personas que se reúnen para engañar o hacer daño a otros: *¡menuda pandilla de estafadores!*   = banda
3 Grupo de personas capitaneadas por un jefe: *el jefe de la pandilla los incitaba a cometer fechorías.*
4 Liga o unión.
5 Trampa, en especial la que se hace jugando a las cartas.   JUEGOS

pandillaje Actividad realizada por gente reunida en grupo para fines ilícitos: *la quema de papeleras y la rotura de coches son actividades de pandillaje.*   s.m.

pandillero, a Persona que forma o fomenta la creación de pandillas.   s. = pandillista

pando, a (Del lat. *pandus*, arqueado.)
1 Que pandea o se curva: *habrá que reparar las vigas pandas del techo.*   adj.
2 Que se mueve con lentitud.
3 Que es pausado y calmoso: *es tan pando que aunque sepa que llega tarde, no se inmuta.*   = flemático
4 Que tiene poco fondo o profundidad: *no te tires desde la roca que es un río pando.*   ≠ llano
5 Se aplica a la caballería o a la res que tiene el lomo hundido.
6 Terreno casi llano situado entre montañas.   s.m.

pandora
I (De origen incierto.) Género de moluscos lamelibranquios con dos valvas nacaradas.   s.f. ZOOLOGÍA
II (De origen incierto.) Instrumento musical de cuerdas, de sonoridad grave y parecido a la cítara.   MÚSICA

pandorga (Del lat. vulgar *pandoricare < pandorium*, bandurria.)
1 Figurón o muñeco giratorio al que, en juegos caballerescos antiguos, los corredores golpeaban con la lanza, devolviendo éste el golpe si los jugadores no pasaban con la suficiente rapidez.   s.f. HISTORIA = estafermo
2 Juego caballeresco antiguo en el que los corredores debían golpear el muñeco giratorio del mismo nombre.   HISTORIA
3 Cometa, juguete que consiste en un armazón ligero con un papel o tela pegado, sujeto por un hilo muy largo por el que se agarra cuando se arroja al aire.   JUEGOS
4 Panza o barriga abultada: *está echando pandorga porque no se mueve.*
5 Mujer muy gorda, pesada de movimientos y perezosa.   despectivo
6 Chanza o broma que se hace sin mala intención.   Colomb.

pandorguear Herir u ofender a una persona con groserías o bromas pesadas.   v.intr. Colomb.

panear Moverse la red, por estar poco lastrada, con las fluctuaciones del agua.   v.intr. PESCA

panecillo
1 Pan pequeño: *preparó unos bocadillos en unos panecillos para la excursión.*   s.m.
2 Bollito dulce que se toma en el desayuno.
3 Cualquier alimento hecho con harina que tiene forma de pan pequeño.

panegírico, a (Del gr. *panegyrikos*, discurso solemne en una reunión pública < gr. *panegyris* < gr. *pan*, todo + raíz de *agora*, reunión.)
1 Se aplica al discurso u oración en alabanza de una persona: *en la ceremonia se leyeron varias composiciones panegíricas en memoria del poeta.*   adj/s.m. = laudatorio
2 Discurso o sermón oral en alabanza de una persona: *los asistentes oían en silencio el panegírico dedicado al rey.*   s.m. = loa
3 Elogio escrito de una persona.

panegirista
1 Orador que pronuncia el panegírico.   s.m.f.
2 Persona que alaba a otra de palabra o por escrito: *es un panegirista conocido por sus alabanzas a la corona.*

panegirizar Hacer una alabanza o panegírico de una persona.   v.tr./conj: cazar = elogiar

panel
I (Del fr. ant. *panel < pan*, lienzo de pared < lat. *pannus*, pedazo de paño.)
1 Cada porción lisa limitada por molduras u otros adornos en un muro, la hoja de una puerta u otras superficies: *la puerta está formada por dos paneles móviles.*   s.m. ARQUITECTURA
2 Elemento prefabricado que se usa para hacer divisiones verticales en el interior y exterior de las viviendas y otros edificios: *todas las mesas de la oficina están separadas unas de otras por paneles a media altura.*   CONSTRUCCIÓN
3 Cartel de grandes dimensiones montado sobre una estructura metálica en paredes de edificios, carreteras u otros lugares para hacer publicidad de un producto, empresa o servicio: *en el terreno había un panel de la casa constructora de las viviendas.*   = tablón
4 Cada una de las tablas que forman el suelo movible de algunas embarcaciones pequeñas.   NÁUTICA
5 Camioneta cerrada para el transporte de mercancías.   s.f. Méx.

6 **panel de control**: Tablero sobre el que están montados los interruptores y otros elementos técnicos necesarios para dirigir y controlar una instalación: *cualquier conato de incendio podrá ser localizado en el panel de control.*
II (Voz inglesa.)
1 Grupo de personas que participan en una discusión o debate sobre un asunto o tema determinado.   s.m.
2 Grupo social seleccionado para contestar de forma periódica a los formularios de encuestas.   ESTADÍSTICA

panela
1 Bizcocho pequeño en forma de prisma.   s.f./COCINA
2 Hoja de álamo puesta en el escudo como mueble.   HERÁLDICA

pane lucrando (Expresión latina.) Por dinero, con fines lucrativos.   loc.adv.

panenteísmo Doctrina filosófica y teológica del siglo XIX, que defendía que el mundo está en Dios y es Dios, pero no constituye la totalidad de Dios.   s.m. FILOSOFÍA = krausismo

panera
1 Cesta grande, usada para transportar pan: *se usan paneras para llevar el pan del horno a la tienda.*   s.f.
2 Cestilla o cualquier otro recipiente, usado para colocar el pan en la mesa, o para guardarlo en la cocina: *colocó unas paneras individuales de mimbre junto a cada plato.*
3 Cuarto o desván donde se guardaba el grano, la harina o el pan.
4 Nasa o cesto para pescar.   PESCA

panero, a
1 Se aplica a la persona a la que le gusta mucho comer pan: *es tan panero que hasta con la fruta lo come.*   adj. = paniego
2 Cesta grande y redonda usada en las panificadoras para almacenar el pan que se va sacando del horno.   s.m.
3 Estera pequeña y redonda.   = ruedo

paneslavismo Movimiento que defiende la unión de todos los pueblos de origen eslavo.   s.m. POLÍTICA

paneslavista
1 Del paneslavismo.   adj./POLÍTICA
2 Que es partidario del paneslavismo.   adj/s.m.f./POLÍTICA

panespermia Teoría del siglo XIX, opuesta a la de la generación espontánea, en la que se defendía que todos los cuerpos reproductores son universales y se desarrollan donde existe un entorno favorable.   s.f. BIOLOGÍA tb: panspermia

panetela (Del ital. *panatella < panata*, rebozadura de pan.)
1 Sopa hecha con caldo sustancioso, pan rallado, carne de gallina troceada, yemas de huevo y otros ingredientes.   s.f. COCINA
2 Cigarro o puro largo y delgado.

panetería Dependencia en que se distribuía el pan y se cuidaba de la ropa de mesa en palacio.   s.f. HISTORIA

panetero, a Persona encargada en palacio de cuidar de la panetería.   s. HISTORIA

paneuropeísmo Tendencia o doctrina que aspira a la aproximación política, económica y cultural de todos los países europeos.   s.m. POLÍTICA

paneuropeísta
1 Del paneuropeísmo.   adj./POLÍTICA
2 Que es partidario de la aproximación en todos los ámbitos de los países europeos.   adj/s.m.f. POLÍTICA

paneuropeo, a De todo el continente europeo.   adj./POLÍTICA

panfilismo Ingenuidad o bondad extremada: *tu panfilismo en este asunto servirá para que abusen de ti.*   s.m./culto = benignidad

pánfilo, a (Del gr. *pamphilos*, el que todo es amor.)
1 Se aplica a la persona pausada y lenta en sus acciones: *es tan pánfilo que cuando llegó a la fiesta ya se había acabado todo.*   adj/s. = desidioso ≠ rápido
2 Que es ingenuo y bobo en extremo: *el muy pánfilo se creyó la historia de fantasmas que le contaron.*   = tonto ≠ listo
3 Pálido, que no tiene color.   adj./Colomb.
4 Juego que consiste en apagar una cerilla con la que se intenta quemar a otro, soplándola y diciendo una palabra al mismo tiempo.   s.m. JUEGOS

panfletario, a Que tiene relación con el panfleto: *llegó propaganda panfletaria de algún partido político.*   adj.

panfletista Persona que hace o escribe panfletos: *el panfletista imprimía sus libelos a toda velocidad para repartirlos.*   s.m.f.

panfleto
1 Escrito en que se difama a una persona o una organización: *es un panfleto contra el gobierno.*   s.m. = libelo
2 Escrito político doctrinario y poco objetivo.   POLÍTICA

pangal Plantío de pangues.   s.m./Chile

pangaré Se aplica al caballo cuya capa básica, dorada o castaña, se ve descolorida en algunas regiones del cuerpo, en especial las inferiores.   adj/s.m. Argent.

pangea Nombre que se dio a la hipotética masa siálica continental que habría estado rodeada por el pantalasa u océano primitivo.   s.m. GEOLOGÍA

pange lingua (Expresión latina.) Himno que empieza con estas palabras y se canta en honor y alabanza de la eucaristía, en la religión católica.   s.m. RELIGIÓN

pangénesis Teoría que proponía que cada parte del cuerpo estaba representada por una partícula que se encontraba en la sangre. — s.f. / pl: pangénesis / BIOLOGÍA

pangermánico, a De todos los pueblos de origen germánico. — adj.

pangermanismo Doctrina que defiende y propugna la unión y predominio de todos los pueblos de origen germánico. — s.m. / POLÍTICA

pangermanista
1 Del pangermanismo. — adj./POLÍTICA
2 Que es partidario de la unión de todos los pueblos de origen germánico. — adj/s.m.f. / POLÍTICA

pangolín (Del ingl. *pangolin* < malayo *penggoling* < *goling*, enrollarse.) Mamífero desdentado, de cuerpo alargado cubierto con escamas córneas que puede erizar para defenderse, con cola larga y garras delanteras fuertes para abrir los termiteros, que vive en zonas tropicales africanas y asiáticas. *(Manis s.p.)* — s.m. / ZOOLOGÍA

pangue Planta de la familia de las gunneráceas, con hojas de pecíolos comestibles, que crece en terrenos húmedos. *(Gunnera chilensis.)* — s.m. / Chile, Perú / BOTÁNICA

panhelenismo Movimiento político que defiende la unión de los antiguos territorios de influencia griega en un solo estado. — s.m. / POLÍTICA

panhelenista
1 Del panhelenismo. — adj./POLÍTICA
2 Que es partidario de la unión de los pueblos griegos. — adj/s.m.f. / POLÍTICA

paniaguado (Del ant. *apaniaguado* < bajo lat. *panificare*, hacer pan.)
1 Servidor de una casa que recibía del dueño alojamiento, alimento y salario. — s.m. / tb: paniaguado
2 Protegido y favorecido de una persona. — despectivo

pánico, a (Del dios *Pan*.) De este dios de la mitología griega. — adj. / MITOLOGÍA

pánico (Del gr. *panikon* < *deina panikon*, terror causado por el dios Pan.)
1 Miedo o temor muy intenso: *el incendio provocó el pánico en la zona.* — s.m.
2 cundir el pánico: Extenderse el miedo en unas personas, generalmente en un colectivo: *conviene que no cunda el pánico.*

panícula Inflorescencia formada por un eje con ramas, de las que nacen flores o frutos. — s.f./BOTÁNICA = panoja

paniculado, a Que tiene forma de panícula. — adj./BOTÁNICA

panicular Que tiene panículo. — adj./ANATOMÍA

panículo (Del lat. *pannus*, pedazo de paño.) Capa de grasa situada debajo de la piel de los vertebrados. — s.m. / ANATOMÍA

paniego, a
1 Que come mucho pan. — adj./= panero
2 Se aplica al terreno que da mucho trigo. — AGRICULTURA

panificable Que sirve para hacer pan: *la harina del trigo es panificable.* — adj.

panificación
1 Acción y resultado de elaborar el pan con cierta harina: *el amasado es una de las operaciones de panificación.* — s.f. / = panadeo
2 Roturación de un terreno para sembrarlo. — AGRICULTURA

panificadora Fábrica de pan: *esta panificadora distribuye el pan a varios centros comerciales.* — s.f. / = tahona

panificar (Del bajo lat. *panificare*, hacer pan.)
1 Hacer pan con harina: *en la aldea, las mujeres panificaban la harina en sus casas.* — v.tr./conj: *sacar* = panadear
2 Labrar un terreno para sembrarlo. — AGRICULTURA

paniguado, a (Del ant. *apaniaguado* < bajo lat. *panificare*, hacer pan.) Servidor que recibía alojamiento, alimento y salario por su servicio. — adj. / tb: paniaguado

panilla (Del lat. vulgar *panna*, sartén.) Medida de capacidad para el aceite, equivalente a la cuarta parte de una libra. — s.f.

panique Murciélago australiano del tamaño de un conejo, con la cola corta y el pelo rojizo, es herbívoro, comestible y su piel se usa en peletería. *(Pteropus.)* — s.m. / ZOOLOGÍA = bermejizo

panislámico, a Del panislamismo. — adj./POLÍTICA

panislamismo Movimiento de los pueblos musulmanes que pretende lograr, mediante la unión de todos ellos, su independencia política, religiosa y cultural respecto a las demás naciones. — s.m. / POLÍTICA

panislamista Se aplica a la persona que es partidaria de la unión de los pueblos musulmanes y de su independencia respecto a las otras naciones. — adj/s.m.f. / POLÍTICA

panizo (Del bajo lat. *panicium*.)
1 Planta gramínea anual, de hojas planas, largas, estrechas y ásperas y flores en panoja gruesa y densa. *(Setaria italica.)* — s.m. / BOTÁNICA
2 Granos de esta planta, redondos y de color amarillo rojizo, que en algunas zonas sirven de alimento al hombre y a las aves.
3 Maíz, planta gramínea y su grano. — BOTÁNICA

4 panizo de Daimiel: Planta gramínea con hojas planas, nervios gruesos y flores en panoja. *(Penicillaria spicata.)* — BOTÁNICA
5 panizo negro: Zahína, planta gramínea de origen hindú, con cañas altas llenas de un tejido blanco.

panjabí Lengua indoaria, de la familia de las indoeuropeas, hablada en el Panjáb. — s.m. / LINGÜÍSTICA

panjí Árbol con tronco tortuoso y gris, hojas estrechas, lanceoladas y blanquecinas, con flores axilares pequeñas, blancas por fuera y amarillas por dentro, y fruto en drupa de color amarillo rojizo. — s.m./pl.tb: panjíes / BOTÁNICA = árbol del Paraíso

panléxico Diccionario muy extenso que incluye regionalismos y tecnicismos. — s.m.

panlogismo Doctrina filosófica que defiende la identificación de lo racional y lo real. — s.m. / FILOSOFÍA

panmíctico, a De la panmixia. — adj.

panmixia Población en la que cualquier individuo tiene igual probabilidad de cruzarse con otro de sexo opuesto sin previa selección. — s.f. / BIOLOGÍA

panocha Panoja [en todas sus acepciones]. — s.f.

panocho, a (Derivado de *panoja*.)
1 De la huerta murciana. — adj.
2 Persona que vive en la huerta murciana. — s.
3 Variedad lingüística del español hablada entre los que viven en la huerta murciana. — LINGÜÍSTICA

panoja (Del lat. vulgar *panucula* < lat. *panicula*.)
1 Mazorca del maíz, del panizo o del mijo: *coció una panoja de maíz para la ensalada.* — s.f./BOTÁNICA = panocha
2 Inflorescencia en la que cada ramificación que nace del eje común se desarrolla como un nuevo racimo: *la vid da panojas de uvas.* — BOTÁNICA = panícula
3 Ristra o colgajo de uvas u otras frutas. — AGRICULTURA
4 Conjunto de boquerones u otros pescados pequeños que se fríen unidos por las colas. — COCINA

panoli (Del valenciano *panoli*, buñuelo.) Que se comporta con ingenuidad y estupidez: *el tío panoli se dejó engañar por un estafador.* — adj/s.m.f. = bobo

panonio, a
1 De Panonia, antigua región de Europa. — adj./HISTORIA
2 Persona natural de esta antigua región europea. — s./HISTORIA

panoplia (Del gr. *panoplia* < *pan*, todo + *hoplon*, arma.)
1 Armadura completa con todos sus elementos: *una panoplia adornaba uno de los extremos de la chimenea.* — s.f.
2 Colección de armas: *el conde tiene una panoplia con los sables y espadas de sus antepasados.*
3 Tabla con forma de escudo en la que se colocan armas como motivo ornamental: *cogió un bonito florete de la panoplia para enseñárnoslo.*
4 Parte de la arqueología que estudia las armas y las armaduras antiguas. — HISTORIA

panóptico, a (Del gr. *pan*, todo + *optikos*, óptico.) Se aplica al edificio que está construido de manera que todo su interior se ve desde un solo punto. — adj/s.m. / ARQUITECTURA

panorama (Del gr. *pan*, todo + *horama*, lo que se ve.)
1 Gran extensión de terreno que se abarca con la vista: *desde lo alto del puerto de montaña se divisa un panorama fantástico del valle.* — s.m. = paisaje
2 Visión de conjunto de una situación: *¡menudo panorama tiene por delante!; el panorama político internacional se complica.* — coloquial
3 Vista o paisaje pintado en las paredes de una gran sala circular que el espectador observa desde una plataforma situada en el centro. — = cosmorama
4 Gran tela de superficie plana, pintada o no, que se sitúa al fondo de una escena teatral dando sensación de amplitud o cielo. — TEATRO

panorámica
1 Fotografía o conjunto de ellas que muestran un amplio sector del campo visible desde un punto: *compuso una panorámica de las cimas nevadas girando con la cámara sobre sí mismo.* — s.f. / CINE, FOTOGRAFÍA
2 Amplio movimiento giratorio de la cámara sin desplazamiento. — CINE

panorámico, a
1 Del panorama: *desde el campanario se observa una vista panorámica de la ciudad.* — adj.
2 Que está hecho o visto desde una distancia que permite ver el conjunto de lo que se quiere abarcar. — = general ≠ parcial

panoso, a Con mucha harina: *la salsa ha quedado panosa.* — adj.

panqueque Torta muy delgada y blanda de harina, leche, huevos, mantequilla y azúcar, que se suele comer doblada con chocolate, mermelada u otros ingredientes en su interior. — s.m. / Amér. Central y Merid. / COCINA

pansiquismo Doctrina filosófica según la cual se concibe al universo dotado de alma y que defiende que toda la realidad es de origen síquico. — s.m. / FILOSOFÍA / tb: panpsiquismo

panspermia (Del gr. *pan*, todo + *sperma*, simiente.) Teoría que defiende que todos los cuerpos reproductores son universales y se desarrollan donde existe un entorno favorable. — s.f. / BIOLOGÍA / tb: panesperma

pantagruélico, a (Del fr. *pantagruelique* < *Pantagruel*, héroe de Rabelais.) Se aplica a la comida que es muy abundante: *prepararon un festín pantagruélico.* — adj. = descomunal, grandísimo

pantalán Muelle pequeño que se adentra en el mar para barcos de poco tonelaje. — s.m. NÁUTICA

pantalasa (Del gr. *pan*, todo + *thalassa*, mar.) Océano que se cree pudo cubrir la superficie de la Tierra, al principio de las edades geológicas. — s.m. GEOLOGÍA

pantaletas Bragas, ropa interior femenina. — s.m.pl./Méx., Amér. Merid.

pantalla (Del cat. *ventall*, por influjo de *pámpol*, pantalla de lámpara.)
1 Pieza de la lámpara en forma de tulipa o campana que, sujeta delante o alrededor de la luz, sirve para dirigirla o matizar su intensidad: *la pantalla de las lamparitas es de papel de pergamino.* — s.f.
2 Lámina rectangular sobre la que se proyectan imágenes procedentes de un proyector de diapositivas, o de cine: *antes de que aparecieran las imágenes en la pantalla, la sala quedó en absoluta oscuridad.*
3 Superficie en la que aparecen las imágenes en aparatos como el televisor o el monitor del ordenador: *el televisor tiene la pantalla plana para mejorar la imagen y la visión; cambiar el monitor del ordenador por otro con pantalla en color.* — TECNOLOGÍA
4 Mundo relacionado con el cine y la televisión: *este actor es uno de los grandes profesionales de la pantalla.* — AUDIOVISUALES, SOCIOLOGÍA
5 Lámina metálica que atenúa el resplandor o el calor del fuego de una chimenea.
6 Persona o cosa que, puesta delante de otra, la oculta o le hace sombra: *pon una toalla en el volante como pantalla para que no se caliente.* — = parapeto
7 Persona que, de forma voluntaria o inadvertida, atrae la atención y la desvía de lo que otra hace en secreto: *él es la pantalla para que los directivos hagan sus fraudulentos negocios.*
8 Componente de un equipo de alta fidelidad que reproduce el sonido: *las pantallas son de peor calidad que el amplificador y distorsionan.* — = altavoz
9 Instrumento para hacer o hacerse aire. — Amér. Merid.
10 Cartelera que se coloca junto al borde de las aceras o en las esquinas de las calles. — Argent.
11 **pantalla electrónica**: Superficie en la que aparecen imágenes en los aparatos electrónicos. — TECNOLOGÍA
12 **pantalla radioscópica**: La fluorescente que utiliza una sustancia sensible a los rayos X. — FÍSICA
13 **pantalla térmica**: Revestimiento de las cabinas espaciales o de los misiles que amortigua el calentamiento al retornar a la atmósfera. — TECNOLOGÍA
14 **pequeña pantalla**: La televisión como medio: *el programa volverá a la pequeña pantalla el próximo otoño.* — AUDIOVISUALES

pantallear Hacer aire con una pantalla. — v.tr./Amér. Merid.

pantalón (Del fr. *pantalon* < *Pantalone*, personaje de la comedia italiana.)
1 Prenda de vestir con dos perneras que cubre desde la cintura hasta los tobillos: *prefiere usar pantalones en vez de faldas porque es más cómoda.* — s.m.
2 Antigua prenda de vestir interior femenina con dos perneras, que cubría desde la cintura hasta las rodillas.
3 **pantalón abotinado**: Aquel cuyas perneras se estrechan en la parte inferior ajustándose al tobillo.
4 **pantalón bombacho**: El ancho cuyas perneras se ajustan a la pierna, en la parte inferior, con botones o una goma.
5 **pantalón corto**: El que queda por encima de la rodilla. — = short
6 **pantalón pirata**: El que llega algo por debajo de la rodilla.
7 **pantalón tejano o vaquero**: El de tela recia, en general azulado y ceñido, usado en su origen por los buscadores de oro norteamericanos. — = jeans, tejanos, vaqueros
8 **bajarse los pantalones**: Ceder ante situaciones poco honestas o de abuso. — vulgar
9 **llevar bien puestos los pantalones**: Imponer el propio criterio o la autoridad en especial en el hogar: *es ella quien lleva los pantalones en casa.* — coloquial
10 **ponerse una persona los pantalones**: Dominar en el hogar, en especial se aplica a la mujer. — coloquial

pantalonero, a Persona que se dedica a hacer o coser pantalones. — s. TEXTIL

pantana Calabacín que se cultiva en las islas Canarias. — s.f. AGRICULTURA

pantanal Terreno pantanoso. — s.m./GEOGRAFÍA

pantano (Del ital. *pantano*.)
1 Terreno por lo general poco profundo en forma de hondonada, con el suelo más o menos cenagoso, donde se recoge el agua de lluvia de forma natural. — s.m. GEOGRAFÍA = ciénaga
2 Embalse artificial: *el nivel de agua del pantano ha disminuido por la escasez de lluvias.*
3 Situación de difícil solución: *si mis padres se enteran me habré metido en un pantano.* — = lío, enredo

pantanoso, a
1 Se aplica al terreno en el que abundan las ciénagas y charcos: *algunas aves anidan en zonas pantanosas.* — adj.
2 Se refiere a la zona donde hay numerosos embalses.
3 Que tiene muchas dificultades: *no sé cómo solucionar este pantanoso asunto.* — = lioso

pantasana Instrumento de pesca formado por un cerco de redes, rodeado por otras horizontales, donde quedan atrapados los peces que escapan del primero. — s.f. PESCA

panteísmo (Del ingl. *pantheism* < gr. *theos*, dios + *pan*, todo.) Doctrina religiosa que defiende la absoluta identidad de un dios único con el mundo, en cuyas partes y seres se encuentra presente. — s.m. RELIGIÓN

panteísta
1 Del panteísmo. — adj./RELIGIÓN
2 Que profesa o sigue la doctrina del panteísmo. — adj/s.m.f./RELIGIÓN

panteístico, a Del panteísmo. — adj./RELIGIÓN

panteón (Del lat. *pantheon* < gr. *pantheion*, templo de todos los dioses.)
1 Construcción funeraria para enterramiento de varias personas de una familia: *colocó unas flores en el panteón familiar.* — s.m.
2 Templo romano antiguo dedicado al culto de todos los dioses. — ARQUITECTURA, HISTORIA
3 Cementerio, lugar destinado a enterrar cadáveres. — Amér.

panteonero
1 Sepulturero, persona que se dedica a dar sepultura. — s.m./Amér.
2 Cuidador de un panteón o cementerio. — Méx.

pantera (Del lat. *panthera* < gr. *panthera* < *pan*, todo + *ther*, fiera.)
1 Mamífero carnívoro de origen africano y asiático, con el pelaje blanco en el pecho y rojizo con manchas negras en el resto del cuerpo, capaz de trepar con facilidad. — s.f. ZOOLOGÍA = leopardo
2 Ágata amarilla moteada de pardo o rojo, pareciendo así la piel de este mamífero. — MINERALOGÍA
3 **pantera negra**: La que tiene el pelaje de color negro por un exceso de melanina. — ZOOLOGÍA
4 **panteras negras**: Grupo político de liberación de la población negra norteamericana, fundado en los años sesenta, que lucharon contra el capitalismo y el racismo. — POLÍTICA, SOCIOLOGÍA

pantocrátor Representación de Jesucristo sentado y bendiciendo, encuadrado en una curva cerrada, en el arte bizantino y románico. — s.m. ARTE

pantógrafo (Del gr. *pan*, todo + *grapho*, escribir.)
1 Instrumento que consiste en un paralelogramo articulado que se usa para copiar, aumentar o disminuir dibujos. — s.m.
2 Dispositivo colocado sobre las locomotoras eléctricas para la toma de corriente del tendido aéreo. — TECNOLOGÍA

pantómetra (Del gr. *pan, pantos*, todo + *metron*, medida.)
1 Instrumento de topografía que se usa para medir ángulos horizontales, compuesto de un cilindro de metal, fijo, y otro móvil con miras para dirigir visuales. — s.f. TECNOLOGÍA tb: pantómetro
2 Compás de proporción cuyos brazos llevan marcadas distintas escalas y que se usa para resolver problemas de trigonometría. — TECNOLOGÍA

pantomima
1 Representación teatral en que la palabra es sustituida por el gesto: *es muy bueno haciendo pantomima, por su gran capacidad de expresión corporal.* — s.f. TEATRO
2 Actitud o comportamiento fingido: *está haciendo la pantomima de que le duele la cabeza y las muelas para no ir a trabajar.* — = comedia, farsa

pantomímico, a De la pantomima o del pantomimo: *su papel requería que hiciera uso de gestos pantomímicos.* — adj.

pantomimo (Del lat. *pantomimus* < gr. *pantomimos*.) Persona que imita diversas figuras gesticulando con el cuerpo y la cara: *el pantomimo tenía el rostro pintado de blanco.* — s.m. TEATRO = mimo

pantoque (Del gascón *pantòc*.)
1 Parte casi plana del casco de un barco, que forma el fondo junto a la quilla. — s.m. NÁUTICA
2 Aguas que median entre la popa y la proa en sentido horizontal. — NÁUTICA

pantorra Pantorrilla, parte carnosa de la pierna entre la corva y el tobillo: *tiene muslos y pantorras musculosas.* — s.f. coloquial

pantorrilla (Por cruce del lat. *pantex, -icis*, barriga, con *pandorium*, bandurria.) Parte más carnosa y abultada de la pierna entre el tobillo y la corva: *tuvo que masajearse la pantorrilla para calmar el dolor muscular.* — s.f. tb: pantorra ANATOMÍA

pantorrillera Prenda semejante a una media gruesa que se usaba para abultar las pantorrillas. — s.f.

pantorrilludo, a Que tiene unas pantorrillas gordas. — adj.

pantropical Se aplica a las plantas y a los animales nativos de las zonas tropicales. — adj. BIOLOGÍA

pantufla (Del fr. *pantoufle*.) Calzado cómodo sin talón que suele usarse en casa: *al salir de la ducha se calza unas pantuflas de toalla.* — s.f. tb: pantuflo

pantuflazo Golpe dado con una pantufla. — *s.m.*

pantuflo Calzado cómodo sin talón que suele usarse en casa. — *s.m.* / tb: pantufla

panty (Voz inglesa.) Prenda femenina de tejido muy fino y ajustado que cubre cada pierna desde la punta del pie hasta la cintura: *llevas una carrera en el panty.* — *s.m./pl.tb: panties* / tb: pantie / = medias

panucho Tortilla de maíz frita y rellena con frijoles en la que se pone carne o pescado deshebrados encima. — *s.m./Méx.* / COCINA

panuco Harina tostada que se come en seco. — *s.m./Chile*

panudo, a Se aplica al fruto del aguacate que tiene carne consistente. — *adj. / Cuba*

panuela Chancaca dispuesta en panes. — *s.f./Colomb., Hond.*

panza (Del lat. *pantex, -icis.*)
1 Vientre de las personas, en particular, cuando está muy abultado: *tiene esa panza tan enorme porque bebe mucha cerveza.* — *s.f.* / = barriga
2 Primera de las cuatro cavidades en que se divide el estómago de los rumiantes. — ZOOLOGÍA
3 Parte abultada de algunos recipientes o de otras cosas: *apenas cabe agua en la jarra porque tiene mucha boca y poca panza.*
4 Barriga o vientre de los animales. — ZOOLOGÍA
5 **panza al trote:** Persona que vive buscando donde comer a costa ajena.
6 **panza de burra:** Nombre dado al cielo con nubes de color gris oscuro. — coloquial
7 **panza de burra o de oveja:** Pergamino en que se daba el título en las universidades.
8 **panza en gloria:** Persona muy tranquila.

panzada
1 Exceso que se comete comiendo, bebiendo o realizando cualquier actividad: *nos dimos una gran panzada de comida; ¡menuda panzada de reír nos dimos viendo a los cómicos!* — *s.f./coloquial* / = atracón, hartazgo
2 Golpe dado con la barriga o recibido en ella: *la primera vez que me tiré de cabeza a la piscina, me di una panzada.* — coloquial / = panzazo

panzazo Golpe dado con la barriga o recibido en ella: *se me cortó la respiración del panzazo que me di sobre el agua.* — *s.m.* / = panzada

panzón, a
1 Que tiene la panza muy grande: *está panzón porque no hace deporte.* — *adj.* / = barrigudo
2 Vientre grueso y abultado: *menudo panzón está echando desde que se casó.* — *s.m./coloquial* / = barrigón
3 **darse un panzón:** Hartarse de hacer una actividad: *nos dimos un panzón de andar buscando el refugio y al llegar no quedaban camas.* — coloquial / = panzada

panzudo, a Que tiene mucha panza: *si no comieras tanto, no estarías tan panzudo.* — *adj/s.* / = barrigudo, panzón

pañal
1 Pieza de tela, celulosa u otro material absorbente que se pone a los niños pequeños a modo de braga para recoger sus necesidades, o a las personas mayores que padecen incontinencia. — *s.m.*
2 Trozo cuadrado de tela en el que se envolvía a los niños muy pequeños.
3 Faldón de la camisa masculina.
4 Primeros conocimientos de una actividad o de la educación. — *s.m.pl.*
5 Origen o linaje de una persona: *pertenece a una familia de humildes pañales.*
6 **de pañales:** Se aplica al niño muy pequeño: *ha sido glotón desde que es un niño de pañales.* — loc.adj.
7 **estar una persona en pañales:** Tener poco o ningún conocimiento de una cosa: *estoy en pañales de esa nueva técnica de la que me hablas.* — coloquial
8 **haber salido una persona de pañales:** Tener una persona edad y conocimiento para desenvolverse por sí misma: *la niña ya ha salido de pañales, así que déjala que decida ella.* — coloquial
9 **sacar de pañales a una persona:** Separarlo de la pobreza consiguiéndole mejor situación económica. — coloquial

pañalera
1 Fábrica de pañales. — *s.f./Argent.*
2 Bolsa con asa para llevar los pañales y las cosas del bebé. — Méx.

pañalón Persona desaliñada o negligente que lleva fuera los faldones de la camisa: *no puedes presentarte así, hecho un pañalón, a la ceremonia.* — *s.m.*

pañería
1 Tienda donde se venden paños para confeccionar prendas de vestir: *en la pañería encontrarás la franela que buscas.* — *s.f.* / COMERCIO
2 Conjunto de géneros de paño: *tienen una pañería de alta calidad.* — TEXTIL

pañero, a
1 De los paños: *la importación de tejidos no favorece la industria pañera nacional.* — *adj.* / TEXTIL
2 Persona que vende paños. — *s./COMERCIO*

pañete
1 Paño de poca calidad. — *s.m.*
2 Paño de poco cuerpo: *ese pañete no te sirve para hacer el abrigo porque no tiene buena caída.*
3 Calzoncillos que usan los pescadores y curtidores que trabajan desnudos. — *s.m.pl.*
4 Enagüillas o paño ceñido que se pone en las imágenes de Cristo desnudo.
5 Revestimiento que se da a los muros y paredes para que presenten una superficie homogénea. — *s.m.* / CONSTRUCCIÓN

pañil Planta arbórea escrofulariácea cuyas hojas se utilizan para curar úlceras. — *s.m./Chile* / BOTÁNICA

pañito Trozo de tela, en general adornada, o labor de ganchillo o encaje, que se usa para cubrir, proteger o embellecer sillones, bandejas y otros objetos o lugares del hogar: *tiene un pañito de ganchillo en el centro de la mesa con un jarrón encima.* — *s.m.*

paño (Del lat. *pannus.*)
1 Tela de lana tupida y de pelo corto: *el traje está confeccionado con paño granate.* — *s.m.*
2 Trozo de tela rectangular usado para limpiar: *pasa un paño a los muebles que tienen polvo.* — = bayeta, trapo / TEXTIL
3 Cada trozo de tela del ancho de la pieza, que se unen a otro u otros para confeccionar una prenda. — TEXTIL
4 Cualquier trozo de tela usado para curas. — = compresa
5 Tapiz o colgadura: *estos paños que adornan las paredes están realizados a mano.*
6 Cualquier prenda de vestir: *diseña los paños que diseña, tanto de hombre como los de mujer.* — *s.m.pl.*
7 Ropas que forman pliegues, reproducidas en pintura o escultura. — ARTE
8 Cada una de las velas que lleva desplegadas el barco. — *s.m./NÁUTICA*
9 Excrecencia membranosa que se extiende desde el ángulo interno del ojo hasta la córnea, que impide la visión. — MEDICINA
10 Impureza y manchas en la piel. — MEDICINA
11 Suciedad que empaña el brillo o la transparencia de un cristal, un espejo u otra cosa: *la lluvia ha dejado paños de barro en los cristales.*
12 Enlucido de yeso, estuco, etc., que se da a las paredes. — CONSTRUCCIÓN
13 Fachada o muro de una pared o edificio que se extiende de un lado a otro. — ARQUITECTURA / = lienzo
14 **paño berbí:** El fabricado con el hilo sin peinar. — TEXTIL
15 **paño buriel:** Tela basta de lana sin teñir, con su color natural. — TEXTIL
16 **paño de altar:** Tela rica para cubrir la mesa del altar. — RELIGIÓN
17 **paño de Arrás o de ras:** Tapiz hecho en esta ciudad francesa.
18 **paño de cáliz:** Trozo cuadrado de tela rica usado para cubrir el cáliz en la misa. — RELIGIÓN
19 **paño de cocina:** Trozo cuadrado de tela de algodón con un dobladillo alrededor, usado para secar la vajilla y otros utensilios. — COCINA
20 **paño de hombros:** Paño blanco que se pone sobre los hombros el sacerdote para coger el copón del Santísimo Sacramento. — RELIGIÓN / = paño ofertorio
21 **paño de lágrimas:** Persona en quien se encuentra consuelo o ayuda: *es el paño de lágrimas de sus compañeras porque sabe escucharlas y consolarlas.* — coloquial
22 **paño de lampazo:** Tapiz en que se representan sólo vegetales.
23 **paño de manos:** El que se usa para secarse las manos. — = toalla
24 **paño de mesa:** Tela que se dispone sobre la mesa para comer. — = mantel
25 **paño de púlpito:** Tela usada para recubrir el púlpito, del color litúrgico correspondiente al día.
26 **paño de tumba:** Paño negro usado en los funerales.
27 **paño pardillo:** El tosco, grueso y basto, sin tinte.
28 **paños calientes:** 1. Trozos de tela que se calientan para aplicarlos como cura a una parte del cuerpo enferma. 2. Remedios ineficaces: *me estás proponiendo paños calientes y no soluciones reales al problema.* 3. Paliativos con que se disminuye el rigor con que hay que proceder en algún asunto: *ahora no me vengas con paños calientes, que el daño ya está hecho.* — coloquial / coloquial
29 **paños de corte:** Tapices con que se adornaban y abrigaban las habitaciones en el invierno.
30 **al paño:** Por detrás de un telón, bastidor o cualquier otra zona de un escenario teatral: *el actor se asomó al paño antes de salir a escena para ver al público.* — loc.adv. / TEATRO
31 **conocer el paño:** Estar enterado de un asunto o persona del que se trata o habla: *no me cuentes más de esa mujer, por desgracia ya conozco el paño.* — coloquial
32 **dar un paño:** Apuntar a un actor teatral. — TEATRO
33 **en paños menores:** Vestido sólo con ropa interior: *me abrió la puerta en paños menores.*
34 **haber paño de que cortar:** Haber tema suficiente para hablar o discutir. — coloquial
35 **poner o tender el paño al púlpito:** Hablar en exceso y con mucha afectación y solemnidad. — coloquial

36 ser una cosa o una persona del mismo paño *coloquial*
que otra: Ser de la misma calidad, características u
origen: *no te quejes de su impuntualidad, que tú eres del
mismo paño.*

pañol (Del cat. *pallol.*) Compartimiento del barco para   **s.m.**
guardar víveres, municiones, herramientas y otras pro-   **NÁUTICA**
visiones.

pañolería
1 Tienda donde se venden pañuelos: *encontró el tipo*   **s.f.**
de pañuelos que buscaba en una céntrica pañolería.   **COMERCIO**
2 Actividad de los que comercian con pañuelos.   **COMERCIO**

pañolero, a
1 Vendedor de pañuelos.   **s./COMERCIO**
2 Marinero encargado de uno o más compartimien-   **s.m.**
tos del barco.   **NÁUTICA**

pañoleta
1 Prenda de vestir femenina, de forma triangular, que   **s.f.**
se pone en el cuello y los hombros como adorno o   **= chal,**
abrigo.   **toquilla**
2 Corbata estrecha de nudo, y del color de la faja,   **TAUROMAQUIA**
que se ponen al cuello los toreros con el traje de lu-
ces.

pañolón Pañuelo grande de abrigo: *eres tan friolera*   **s.m.**
que te regalaré un pañolón de lana.

pañosa
1 Capa de paño.   **s.f.**
2 Capa que usan los toreros.   **TAUROMAQUIA**
3 Muleta del torero.   **TAUROMAQUIA**

pañoso, a Se aplica a la persona que es andrajosa y   **adj.**
sucia en el vestir.

pañuelo
1 Trozo de tela o papel de forma cuadrada utilizado   **s.m.**
para limpiarse el sudor, la nariz o para otros usos: **= mocador**
toma mi pañuelo y sécate esas lágrimas.
2 Prenda de tela de forma cuadrada que se usa como
complemento del vestido o como abrigo: *se colocó un
pañuelo anudado en la garganta para cubrirse el escote.*
3 Prenda de abrigo femenina de forma cuadrada que   **= mantón**
doblada por la mitad se echa sobre los hombros.
4 pañuelo de bolsillo o de nariz: El usado para sonarse o limpiarse el sudor.
5 pañuelo de hierbas: Pañuelo de bolsillo grande, de
tela basta y con dibujos, que solían usar los campesinos.
6 agitar el pañuelo: Extenderlo para saludar o despedirse de una persona, o en señal de protesta o petición: *agitaba su pañuelo desde la ventanilla del tren.*

papa
I (Del lat. *papas*, obispo < gr. *pappas*, término de respeto dirigido a eclesiásticos.)
1 Sumo pontífice romano de la Iglesia católica: *se ha*   **s.m.**
confirmado la visita del papa al país.   **RELIGIÓN**
2 Nombre que se le da al padre dentro de la familia: **tb: papá**
el niño ya sabía decir papa.   **familiar**
3 Conjunto del padre y de la madre: *¿no encuentras a*   **s.m.pl.**
tus papas, pequeño?   **familiar**
4 ser uno más papista que el papa: Se usa para in-   **coloquial**
dicar que alguien muestra, en un asunto, más celo
que el directamente interesado en el mismo.
II (Del quechua *papa.*)
1 Patata, planta y tubérculo.   **s.f./BOTÁNICA**
2 Patatas fritas en rodajas muy finas, que se comer-   **s.f.pl.**
cializan como aperitivo.   **COCINA**
3 papa de caña: Patata de caña, planta.   **BOTÁNICA**
4 papa dulce: Boniato, planta.   **BOTÁNICA**
III (Del lat. *papa.*)
1 Paparrucha, tontería o cosa sin importancia.   **s.f./coloquial**
2 Cualquier especie de comida.   **s.f.pl.**
3 Comida preparada reblandeciendo cualquier deri-   **= gachas, sopas**
vado de la harina en leche.   **COCINA**
4 Masa blanda, comestible o no.
5 Borrachera, estado de embriaguez: *cogió una papa*   **s.f.**
en la fiesta; menuda papa lleva el vecino, está cantando   **coloquial**
en plena calle.
6 Mentira, manifestación que no es cierta.   **Chile**
7 Fácil, que no presenta dificultad.   **Chile/coloquial**
8 papa de la guagua: Leche que el niño obtiene de   **Chile**
la teta de la madre.   **coloquial**
9 echar la papa: Vomitar, expulsar violentamente   **coloquial**
por la boca lo que se tiene en el estómago: *se fue al
lavabo a echar la papa.*
10 ni papa: Ni idea, nada en absoluto: *no entiendo ni*   **loc.adv.**
papa de ruso; no tengo ni papa de a qué hora vendrá.   **coloquial**

papá
1 Nombre que se le suele dar al padre dentro de la   **s.m./familiar**
familia.   **= padre**
2 El padre y la madre: *mis papás no están y no puedo*   **s.m.pl.**
abrir.   **familiar**

papable
1 Se aplica al cardenal que tiene posibilidades de ser   **adj.**
elegido papa.   **RELIGIÓN**
2 Que aspira a un puesto y tiene probabilidades de
ser elegido: *no es papable a la dirección porque no está
capacitado para ello.*

papachar Hacer papachos o caricias a una persona o   **v.tr./Méx.**
a un animal con las manos.   **= apapachar**

papacho Caricia, demostración de cariño, en especial   **s.m./Méx.**
con las manos, hacia las personas o los animales.   **= apapacho**

papada
1 Abultamiento carnoso o grasiento situado debajo   **s.f.**
de la barbilla: *se masajea el cuello para reducir la papada.*   **= sotabarba**
2 Pliegue cutáneo o concentración de grasa que algu-   **ZOOLOGÍA**
nos animales tienen en la parte inferior del cuello.

papado
1 Dignidad de papa.   **s.m./RELIGIÓN**
2 Tiempo que dura: *el papado de Juan Pablo I duró po-*   **RELIGIÓN**
co más de un mes.
3 Conjunto de los papas a lo largo de la historia.   **RELIGIÓN**

papafigo
1 Oropéndola, ave paseriforme de la familia de los   **s.m./ZOOLOGÍA**
oriólidos.   **= papahígo**
2 Papahígo, vela mayor.   **NÁUTICA**

papagayo (Del occitano *papagai.*)
1 Denominación que reciben las aves trepadoras de   **s.m.**
mayor tamaño de la familia de los sitácidos, de plu-   **ZOOLOGÍA**
maje vistoso y pico curvo.   **= loro**
2 Pez serránido, de labios carnosos y coloración car-   **ZOOLOGÍA**
mín amarillo. *(Callanthias ruber.)*
3 Planta herbácea anual, de origen chino, con las ho-   **BOTÁNICA**
jas alternas de tres colores, que se cultiva en los países de clima templado. *(Amaranthus tricolor.)*
4 Planta arácea, vivaz, de origen brasileño, con hojas   **BOTÁNICA**
grandes en forma de escudo, de colores vivos, flores
sobre un escapo delgado, espata blanca y espádice
amarillento y fruto en baya rojiza, que se cultiva en
invernadero en el continente europeo. *(Caladium bicolor.)*
5 Víbora venenosa de color verde que vive en las ra-   **ZOOLOGÍA**
mas de los árboles tropicales de Ecuador.
6 Persona que habla mucho y, a veces, lo que no   **= charlatán,**
debe: *tu hijo es un papagayo que repite lo que oye; el*   **soplón**
muy papagayo le contó nuestros planes.
7 Orinal de cama para hombres.   **Argent.**
8 papagayo de noche: Guácharo, ave paseriforme.   **ZOOLOGÍA**
9 hablar como un papagayo: 1. Decir cosas sin re-   **coloquial**
flexionar en lo que se dice: *no me repitas la lección hablando como un papagayo.* **2.** Hablar mucho: *me marea*   **coloquial**
porque habla como un papagayo.

papahígo
1 Prenda de vestir que cubre toda la cabeza, el cuello   **s.m.**
y parte de la cara y se usa como abrigo: *se puso un
papahígo de lana y encima la capucha del anorak.*
2 Oropéndola, ave paseriforme.   **ZOOLOGÍA**
3 Vela mayor, excepto la mesana, cuando se navega   **NÁUTICA**
con ella sola.

papahuevos Persona cándida y fácil de engañar: **s.m.f./pl: papahuevos**
abusan de él porque es un papahuevos.   **= papanatas**

papaína Sustancia obtenida del látex de la papaya,   **s.f.**
capaz de disolver las proteínas.   **QUÍMICA**

papal Del papa: *la nueva encíclica papal condena las*   **adj./RELIGIÓN**
prácticas sexuales fuera del matrimonio.   **= pontificio**

papalina
1 Gorra con dos prolongaciones que cubren las ore-   **s.f.**
jas: *el uso de papalinas es habitual en los países fríos.*
2 Cofia de mujer de tela fina y con adornos.
3 Estado de embriaguez: *no puedes conducir con la pa-*   **coloquial**
palina que llevas.

papalino, a Del papa.   **adj./= papal**

papalote Cometa de papel o de plástico: *los niños ha-*   **s.m.**
cían volar papalotes en la playa.   **Amér. Central**

papamoscas
1 Ave paseriforme insectívora de pico ganchudo y   **s.m.**
ancho en la base, de color gris y vuelo corto, que   **pl: papamoscas**
vive en las lindes de bosques y en parques y zonas   **ZOOLOGÍA**
arboladas. *(Muscicapa striata.)*
2 Persona crédula y fácil de engañar: *eres un papamos-*   **s.m.f.**
cas, ¿no ves que una trampa?   **= papanatas**
3 papamoscas cerrojillo: Ave parecida a la anterior,   **ZOOLOGÍA**
de cabeza y dorso negros, y blanco en el vientre, alas
y base del pico. *(Muscicapa hypoleuca.)*

papanatas Persona simple y crédula: *el muy papana-*   **s.m.f./pl: papanatas**
tas ya ha caído dos veces en el timo de la estampita.   **= papahuevos**

papandujo, a Que está muy blando por ser dema-   **adj.**
siado maduro: *el melón está papandujo.*

papar (Del lat. vulgar *pappare.*)
1 Comer una cosa blanda sin mascar: *al no tener dien-*   **v.tr.**
tes sólo puede papar sopas.
2 Tomar cualquier alimento: *lleva toda la tarde papan-*   **= comer**
do embutido.
3 Hacer poco caso de una cosa: *ese no papa nada.*
4 ¡pápate esa!: Se usa para llamar la atención de una   **coloquial**
persona sobre una cosa en la que no reparaba o para
indicarle que recibe su merecido: *¡pápate esa, muchacho!, lo tienes merecido.*

paparda Pez teleósteo marino, pequeño y muy alar-   **s.f.**
gado, similar a la aguja aunque con las mandíbulas   **ZOOLOGÍA**
simétricas, que vive en aguas libres cerca de la superficie. *(Scomberesox saurus.)*

paparote, a Persona boba e ingenua: *es un paparote pero no te burles de él.* — s.

paparrabias Persona que se irrita con facilidad: *tiene fama de paparrabias y gruñón.* — s.m.f./pl: paparrabias = cascarrabias

paparrasolla Ser imaginario con el que se asusta a los niños para que dejen de llorar. — s.f./familiar = coco, fantasma

paparrucha (Derivado de *papa* < lat. *pappa*.)
1 Mentira, noticia deformada: *esta revista está llena de paparruchas, así que no te creas nada.* — s.f. = patraña
2 Dicho o hecho sin sentido o poco sensato: *has hecho una auténtica paparrucha, así que debes repetirlo.* — = estupidez, tontería

paparruchada Noticia falsa o deformada: *no me creo esas paparruchadas que cuentan de él.* — s.f. = patraña

papasal
1 Juego infantil en que se hacían unas rayas en la ceniza y al perdedor se le golpeaba debajo de la barba con un paño relleno de la misma. — s.m. JUEGOS
2 Paño que se utilizaba en este juego. — JUEGOS
3 Cosa insignificante o que sirve de entretenimiento: *es un papasal para pasar el rato.* — = bagatela

papatoste Papanatas, persona crédula y fácil de engañar. — s.m.f.

papaveráceo, a (Del lat. *papaver, -eris,* amapola.) Perteneciente a una familia de plantas con el fruto en cápsula o en aquenio, como la amapola. — adj/s.f. BOTÁNICA = fumariáceo

papaverina Alcaloide obtenido del opio que tiene acción antiespasmódica. — s.f. QUÍMICA

papaya (Voz caribe.)
1 Fruto del papayo, oblongo, de carne amarillenta parecido a un melón, del cual se obtiene una apreciada confitura. — s.f. BOTÁNICA
2 Se aplica a lo que es fácil y sencillo de ejecutar. — adj/s.f./*Chile*
3 Vulva, parte externa de la vagina. — s.f./*Chile*/vulgar

papayo Planta arbórea propia de países cálidos, de tronco fibroso y poco consistente, hojas palmeadas, que contiene un látex en la parte superior usado para ablandar carnes, y cuyo fruto es la papaya. *(Carica papaya.)* — s.m. BOTÁNICA

papazgo Papado [en todas sus acepciones]. — s.m./RELIGIÓN

papear
I (Voz onomatopéyica.) Hablar una persona articulando las palabras de manera vacilante y entrecortada sin que se entienda muy bien lo que se dice: *se puso nervioso y empezó a papear con voz trémula.* — v.intr. = balbucir
II (De origen incierto.) Comer, ingerir alimentos: *¡no veas como papea el tío ese!* — v.tr. coloquial

papel (Del cat. *paper* < lat. *papyrus* < gr. *papyros,* papiro.)
1 Hoja delgada y flexible hecha con fibra de madera, trapos o paja que se blanquea, seca y endurece y que sirve para escribir o envolver, entre otros muchos usos: *el libro está hecho con papel de baja calidad.* — s.m.
2 Trozo de esta hoja: *me dejó una nota en un papel; he perdido el papel donde tenía tu teléfono.*
3 Hoja de este material escrita o impresa: *tiene su escritorio lleno de papeles.*
4 Documento, manuscrito, título o cualquier otro trámite: *estoy esperando un papel del ayuntamiento para liquidar la deuda.* — coloquial
5 Documentos que acreditan la identidad, el estado civil, la profesión o la calidad de una persona: *aún no tiene los papeles de residencia en regla.* — s.m.pl. coloquial
6 Dinero en billetes: *prefiero que me dé la cantidad en papel y no en talón.* — s.m. COMERCIO
7 Conjunto de valores que se negocian en la bolsa. — COMERCIO
8 Parte de una obra de teatro que representa cada actor: *tiene un papel muy difícil.* — TEATRO
9 Personaje representado por el actor: *representa el papel de gracioso; aquel papel le valió el premio.* — CINE, TEATRO
10 Función o posición que se tiene en un lugar, en cierta situación o en la vida: *hace su papel de gran señor; le tocó desempeñar un duro papel para solucionar el conflicto familiar.* — = rol
11 Periódico diario: *los papeles hoy traen la noticia en grandes titulares.* — s.m.pl.
12 **papel ahuesado:** El de color hueso.
13 **papel apergaminado:** Aquel que imita el pergamino y que si está sulfurizado es impermeable.
14 **papel atlántico:** Folio de grandes dimensiones con el que se forma una hoja de cada pliego, como el usado en los atlas geográficos. — ARTES GRÁFICAS
15 **papel biblia:** El delgado y resistente usado para imprimir libros de muchas páginas. — ARTES GRÁFICAS
16 **papel blanco o en blanco:** Aquel que no está escrito ni impreso.
17 **papel canson:** El grueso y pajizo usado para dibujar a tinta china. — ARTE
18 **papel carbón:** El que sirve para calcar, en hojas de tamaño adecuado para hacer copias al escribir a máquina, etc.
19 **papel cebolla:** El de seda blanco, fino y resistente usado para calcar.
20 **papel celo:** Banda de papel transparente, adhesiva por uno de sus lados, dispuesta en rollos y usada para pegar. — = cello

21 **papel celofán:** Aquel que es transparente e impermeable, usado para envolturas. — = celofán
22 **papel comercial:** El que se usa para cartas que lleva impresas rayas formando rectángulos.
23 **papel continuo:** El que se fabrica en bandas largas que luego se enrollan o se apilan en zigzag con una misma medida: *la impresora del ordenador tiene puesto papel continuo.*
24 **papel cuadriculado:** El que lleva impresas rayas que forman cuadros uniformes. — = papel milimetrado
25 **papel cuché:** El satinado o brillante usado para ilustraciones o libros ilustrados. — ARTES GRÁFICAS = papel estucado
26 **papel de acuarela:** Aquel que es grueso y granuloso usado para dibujar a la acuarela. — ARTE
27 **papel de aluminio:** Hoja fina de aluminio usada para envolver alimentos para su conservación o en la fabricación de condensadores eléctricos.
28 **papel de Armenia:** El impregnado con sustancias aromáticas que da un olor semejante al incienso al quemarlo.
29 **papel de barba:** El de tina con los bordes sin cortar, fuerte y satinado que se usaba para escribir cosas de importancia.
30 **papel de calcar o de calco:** Aquel que es fino, entintado por una cara usado para calcar.
31 **papel de caña:** El usado para embalar satinado por un lado y verjurado.
32 **papel de cartas:** El especial para escribir cartas.
33 **papel de China:** El que se hace de la corteza del bambú, que es delgado y consistente.
34 **papel de copias o fotográfico:** El fotosensible usado para hacer copias de fotografía. — FOTOGRAFÍA
35 **papel de cúrcuma:** El impregnado en tintura de cúrcuma, usado como reactivo para reconocer los álcalis. — QUÍMICA
36 **papel de embalar o de envolver:** Papel continuo, fuerte, usado para envolver cosas duras o hacer paquetes.
37 **papel de Estado:** Documentos que emite el Estado reconociendo créditos a favor de sus tenedores.
38 **papel de estaño:** Lámina fina de estaño que se usa para envolver y preservar del aire algunos productos. — = papel de plata
39 **papel de estracilla:** Aquel que es semejante al de estraza, pero más fino.
40 **papel de estraza o de añafea:** El de tina, basto y sin blanquear usado para envolver cosas poco delicadas.
41 **papel de filtro:** El de celulosa pura, poroso y usado para filtrar.
42 **papel de fumar:** 1. El que se usa para envolver los cigarrillos. 2. Se usa para comentar que una cosa es fina en exceso: *cortan el jamón como papel de fumar.* — coloquial
43 **papel de gelatina:** El preparado en hojas para sacar copias con multicopista. — ARTES GRÁFICAS
44 **papel de lija:** Aquel que es fuerte, con una de sus caras cubierta de arena, usado para lijar.
45 **papel de luto:** El que tiene una orla negra usado en señal de duelo.
46 **papel de marca:** El de tina con tamaño semejante al del papel sellado. — ARTES GRÁFICAS
47 **papel de marca mayor:** El de marca de tamaño grande. — ARTES GRÁFICAS
48 **papel de marquilla o romaní:** El tamaño medio entre el de marca y el de marca mayor, usado para hacer dibujo lineal.
49 **papel de música:** Aquel que tiene pentagramas impresos, usado para escribir música. — MÚSICA = papel pautado
50 **papel de pagos:** Hoja timbrada que expende la Hacienda usada para hacer pagos al Estado. — ECONOMÍA
51 **papel de periódico:** El de poco peso y baja calidad usado para los periódicos.
52 **papel de plata:** Hoja fina de estaño usada para envolver artículos que conviene preservar del aire. — = papel de estaño
53 **papel de seda o de culebrilla:** Aquel que es fino, flexible y semitransparente, de color claro, usado para envolver cosas delicadas. — = papel manila
54 **papel de tina o de mano:** El que se fabrica en moldes, pliego a pliego. — ARTES GRÁFICAS
55 **papel de tornasol:** El impregnado en tintura de tornasol usado como reactivo para reconocer ácidos y álcalis. — QUÍMICA
56 **papel de transferencia:** El usado en fotografía cuya emulsión puede ser despegada para fijarla en otro soporte, como si fuera una calcomanía. — FOTOGRAFÍA
57 **papel en derecho:** Alegación en derecho. — DERECHO
58 **papel engomado o de goma:** El que tiene una cara engomada que, al humedecerse, se pega.
59 **papel en rama:** El que ya ha sido impreso, pero no cortado ni encuadernado. — ARTES GRÁFICAS
60 **papel estucado:** 1. Cartulina que lleva una capa de estuco, usada para dibujar a tinta o con raspador. — ARTE 2. El usado para imprimir ilustraciones o en libros ilustrados. — ARTES GRÁFICAS

61 papel florete: El que es muy blanco y lustroso.   ARTES GRÁFICAS

62 papel higiénico: El de celulosa, fabricado en tiras enrolladas y usado en el retrete.

63 papel japonés o del Japón: 1. Papel hecho de la corteza del moral que es satinado, grueso, flexible y de color amarillento. 2. El de gran tamaño usado en trabajos fotográficos.   FOTOGRAFÍA

64 papel milimetrado: El que tiene dibujadas cuadrículas de milímetros usado para el dibujo.

65 papel mojado: Documento sin valor legal o efectividad: *sin su firma, este documento es papel mojado.*   coloquial

66 papel moneda: Billetes de banco: *el papel moneda está numerado.*   ECONOMÍA

67 papel offset: El de baja calidad, flexible y de grano fino usado para imprimir anuncios, carteles, páginas en color, u otras cosas.   ARTES GRÁFICAS

68 papel paja: El fabricado con pasta de paja, que se obtiene cociéndola en sosa cáustica o cal viva.

69 papel pautado: 1. Papel con rayas impresas para aprender a escribir. 2. Aquel con pentagramas para escribir música.

70 papel pergamino: El que imita al pergamino.

71 papel pintado: Papel decorativo usado para revestir las paredes.

72 papel plastificado: El que se pasa por un baño de plástico para protegerlo o hacerlo más resistente.

73 papel pluma: Papel esponjoso de poco peso.

74 papel quebrado o costero: Aquel que se ha roto, manchado o arrugado durante su fabricación, usado para hacer costeras.

75 papel rayado: El que tiene líneas horizontales impresas usado para escribir sin torcerse.

76 papel satinado: Aquel que tiene brillo.

77 papel secante: El que es esponjoso, usado para secar lo escrito.

78 papel sellado: Papel oficial con el escudo de la nación, usado para extender documentos oficiales.

79 papel tela: Tela de algodón fina, engomada y brillante por ambas caras, usada para calcar planos o dibujos.

80 papel timbrado: 1. El usado para extender documentos oficiales. 2. El que se emplea para cartas en el cual va impreso el nombre, dirección, etc., de una persona, entidad, etc.

81 papel vegetal: El sulfurizado, transparente, usado por los dibujantes.   = papel cristal

82 papel verjurado: El que tiene un rayado muy pequeño, cruzado en perpendicular por otras rayas muy separadas.

83 papel vitela: El liso y sin grano de gran calidad, cuya superficie permite la reproducción detallada de finos dibujos.

84 papel volante: Impreso pequeño que se distribuye con facilidad.

85 embadurnar, embarrar o manchar papel: Escribir cosas inútiles: *se pasa el día embadurnando papeles con pretensiones de novelista.*   coloquial

86 hacer buen o mal papel: Quedar bien o mal en un lugar, salir airoso o no de un asunto: *hará buen papel porque es muy inteligente.*   coloquial

87 hacer, representar o desempeñar el papel de: 1. Fingir lo que no se es o se siente: *hizo el papel de tonto para que no sospecharas que estaba enterado.* 2. Representar un personaje: *hace el papel de don Juan en la obra.* 3. Desarrollar un trabajo o una actividad: *desempeña el papel de director.*   coloquial / TEATRO

88 hacer su papel: Cumplir con el cargo o función que se espera de una persona o cosa: *hace su papel de director lo mejor que puede; el mueble es viejo, pero sigue haciendo su papel.*

89 invertir los papeles: Intercambiarse las características o los papeles que desempeñaban dos personas o dos cosas que estaban en oposición.

90 perder los papeles: Perder el control: *la discusión fue elevándose de tono y ambos perdieron los papeles insultándose.*   coloquial

91 tener una persona buenos papeles: 1. Tener pruebas documentales que certifican la nobleza de una persona. 2. Tener razón en lo que se piensa o busca: *él tiene buenos papeles para conseguir el traslado.*   coloquial

92 traer una persona los papeles mojados: Traer noticias falsas o sin fundamento.   coloquial

papela
1 Documento nacional de identidad u otro documento identificativo: *la policía nos paró y nos pidió las papelas.*   s.f. / argot
2 Cualquier documento que se precisa para gestionar un asunto: *tengo que ir al Inem a presentar unas papelas para cobrar el paro.*   argot
3 Dosis de droga.   argot

papelamen Conjunto de impresos o documentos que se necesitan para tramitar un asunto: *ya tengo todo el papelamen para matricularme.*   s.m. / coloquial

papelear
1 Mover una persona papeles para buscar una cosa: *está papeleando en los cajones buscando el resguardo de las fotos.*   v.intr.
2 Hacer una cosa sólo para presumir: *papelea para mostrar su superioridad.*   = hacer papel

papeleo
1 Acción y resultado de revolver papeles: *antes de seguir con el papeleo en el escritorio, piensa dónde pudiste dejarlo.*   s.m.
2 Exceso de trámites legales u oficiales que hay que hacer para resolver un asunto: *lleva varios meses de papeleo para cobrar la pensión.*

papelera
1 Cesto o recipiente para depositar los papeles desechados: *la papelera está debajo de la mesa del escritorio; no tires los papeles en la calle, espera a encontrar una papelera pública para tirarlos.*   s.f.
2 Fábrica de papel: *en la papelera podrás encontrar cartón a buen precio.*   INDUSTRIA
3 Escritorio o mueble para guardar papeles.   = arquimesa
4 Abundancia de papel escrito.

papelería
1 Tienda donde se vende papel y otros objetos de escritorio: *en esta papelería encontrarás el tipo de papel que buscas.*   s.f. / COMERCIO
2 Conjunto de papeles desordenados: *arregla la papelería que tienes sobre tu mesa.*   tb: papelerío

papelerío
1 Conjunto desordenado de papeles.   s.m./Argent.
2 Documentación excesiva y engorrosa en trámites administrativos.   Amér.

papelero, a
1 Del papel: *la industria papelera es próspera en esta zona.*   adj.
2 Que fabrica o vende papel: *el papelero me mostró varios colores del mismo tipo de celofán.*   adj/s.
3 Se aplica a la persona que intenta lucirse y ostentar: *no es más que un joven papelero pero, en realidad, no tiene nada.*   adj. / = farolero

papeleta
1 Tarjeta de papel que acredita un derecho o en que se consigna algún dato de interés: *compré unas papeletas a los chicos porque sortean un viaje; me ha llegado una papeleta del juzgado.*   s.f. / = cédula
2 Hoja de papel utilizada para votar en unas elecciones: *en las cabinas están las papeletas electorales de todos los partidos políticos.*   POLÍTICA
3 Hoja de papel en que está escrito un tema de examen o de oposición: *las papeletas del examen están en cada uno de sus asientos.*
4 Hoja de papel en que se da la calificación obtenida por un alumno: *aún no he visto la papeleta de examen, pero creo que he aprobado la asignatura.*
5 Asunto difícil de resolver: *tienen una buena papeleta con el hijo en el hospital y el marido en el paro.*   = problema
6 **papeleta de empeño:** Documento que acredita la propiedad de un objeto empeñado y el plazo y cuantía del empeño.

papeletear Poner datos importantes para un trabajo intelectual o de importancia en fichas, o consultar textos para obtenerlos: *papeleteó numerosas obras para recopilar datos para la tesis.*   v.tr. / = papeletizar

papeleteo Realización de fichas y papeletas después de la consulta de textos y la búsqueda de información.   s.m.

papelillo
1 Cigarro pequeño de picadura envuelta en papel de fumar.   s.m. / = cigarrillo
2 Paquete de papel que contiene una pequeña dosis medicinal en polvo.   FARMACIA
3 Pequeños trozos de papel redondos que se arrojan en fiestas: *tienes el pelo y la ropa llenos de papelillos.*   s.m.pl. / = confeti

papelina
I (Del fr. *papeline*.) Tela muy delgada de seda.   s.f./TEXTIL
II (De origen incierto.) Envoltorio de papel fino que contiene una dosis de droga.   s.f. / argot

papelista
1 Persona que maneja u ordena papeles: *el papelista de la oficina sabrá dónde está el documento.*   s.m.f.
2 Persona que fabrica papel.
3 Almacenista de papel.
4 Persona que como oficio empapela las paredes con papel decorado: *mañana vendrá el papelista y empezará empapelando la sala.*   = empapelador

papelón, a
1 Que presume y aparenta más de lo que es: *el muy papelón nos engañó, la casa no es suya sino de un amigo.*   adj/s.
2 Papel en que se ha escrito sobre algún asunto y se desprecia por algún motivo: *ya puedes tirar el papelón, no hemos llegado a ningún acuerdo.*   s.m.
3 Cartón delgado que está hecho de dos papeles pegados.

4 Pan de azúcar sin refinar, del que no se ha extraído la melaza y cuyo color es más o menos amarillo. *Amér. Central y Merid.*

5 hacer el papelón: Actuar de forma ridícula o desganada por culpa, en general, de otra persona: *no pienso hacer el papelón asistiendo a una fiesta en la que no conozco a nadie.* coloquial

papelonado Se aplica al escudo que está adornado con varias filas superpuestas de aros delgados, de manera parecida a las escamas de los peces, y que dejan ver entre unos y otros el color del fondo. *adj. HERÁLDICA*

papelonear Hacer una persona ostentación de autoridad o de importancia: *no papelonees conmigo, ya nos conocemos.* *v.intr. coloquial*

papelonero, a Persona que comete frecuentes papelones. *s./Argent.*

papelorio Papel o escrito despreciable: *ese papelorio que me muestras·no tiene ningún valor.* *s.m./despectivo = papelucho*

papelote
1 Papel o escrito despreciable: *ese papelote ya no sirve, ha caducado la oferta.*
2 Desechos de papel usado con que se fabrica nueva pasta. *s.m./despectivo = papelorio*

papelucho Papel escrito o impreso, cuyo contenido se considera despreciable: *mucho papelucho, pero pocos hechos.* *s.m./despectivo = papelorio, papelote*

papeo Comida, cualquier alimento: *no hay suficiente papeo para todos.* *s.m. coloquial*

papera
1 Enfermedad vírica, contagiosa, caracterizada por la inflamación de las glándulas salivares. *s.f./MEDICINA = parótida*
2 Bocio o inflamación del tiroides. *MEDICINA*
3 Tumor inflamatorio y contagioso, que se produce en los caballos jóvenes a la entrada del conducto respiratorio o en las glándulas submaxilares. *VETERINARIA*
4 Enfermedad que consiste en la infección e inflamación de los ganglios linfáticos superficiales. *s.f.pl./MEDICINA = escrófulas*

papero
1 Puchero, recipiente donde se preparan las papillas para los niños. *s.m. COCINA*
2 Papilla para los niños. *= papas*

papi Papá en el lenguaje familiar o infantil. *s.m./familiar*

papiamento Se aplica a la jerga hablada por las personas afroamericanas de algunas islas antillanas holandesas, formada por palabras tomadas del español, portugués, holandés, francés y dialectos caribes y africanos. *adj/s.m. LINGÜÍSTICA*

papiche Se aplica a la persona de mentón desproporcionado. *adj. Chile*

papila (Del lat. *papilla*, pezón de teta.)
1 Pequeño bulto cónico que tienen ciertos órganos de algunos vegetales. *s.f. BOTÁNICA*
2 Pequeña prominencia cónica en que terminan las ramificaciones nerviosas en algunas mucosas, en especial las que permiten distinguir el sabor, y en la piel de los animales. *ANATOMÍA*
3 Prominencia que forma la terminación del nervio óptico en el fondo del ojo, desde donde se extiende la retina. *ANATOMÍA*

papilar De las papilas vegetales o animales. *adj./BIOLOGÍA*

papilionáceo, a (Derivado del lat. *papilio, -onis*, mariposa.)
1 Que tiene forma de mariposa. *adj.= papilionado*
2 Perteneciente a una familia de plantas angiospermas dicotiledóneas, herbáceas, arbustivas o arbóreas, de flor amariposada en racimo o espiga, de fruto en legumbre. *adj/s.f. BOTÁNICA*

papilionado, a Que tiene forma o se parece a una mariposa. *adj. = papilionáceo*

papilitis (De *papila* + gr. *itis*, inflamación.) Lesión inflamatoria localizada en una papila, en especial la óptica. *pl: papilitis MEDICINA*

papilla
1 Preparado alimenticio semilíquido especial para los niños muy pequeños: *el bebé ya puede empezar a tomar papilla de cereales.* *s.f. = puré*
2 Treta para engañar a una persona por medio de halagos: *le han preparado papilla y no se ha enterado.* coloquial
3 Sustancia opaca a los rayos X que se usa para el estudio radiológico del aparato digestivo. *MEDICINA*
4 dar papilla: Engañar a una persona con astucia. coloquial
5 echar o arrojar la primera papilla: Vomitar de forma intensa: *se puso borracho y estuvo echando hasta la primera papilla.* coloquial
6 hacer papilla a una persona: Aplastarla física o moralmente, o fastidiarla: *le acorralaron en un callejón y le hicieron papilla entre varios; al abandonarlo, le hizo papilla.* coloquial
7 hecho papilla: Que está muy cansado o maltrecho: *muchas horas andando para mí, estoy hecho papilla.* *loc.adj.*

papillote (Del fr. *papillote*.)
1 Rizo de pelo formado y sujeto con un papel. *s.m.*

2 a la papillote: Forma de cocinar la carne o el pescado envolviéndolo en papel de aluminio y asándolo en el horno: *hizo la carne a la papillote.* *loc.adv. COCINA*

papiloma (De *papila* + gr. oma, tumor.)
1 Abultamiento de la piel o de las mucosas por hipertrofia de sus células. *s.m. MEDICINA*
2 Epitelioma o excrecencia de la piel caracterizado por el aumento de volumen en sus papilas o de las membranas mucosas, con endurecimiento de la dermis subyacente. *MEDICINA*

papiloso, a Que está cubierto de papilas: *superficie papilosa.* *adj. BIOLOGÍA*

papín Dulce casero. *s.m./COCINA*

papión (Del fr. *babouin*.) Denominación genérica de diversas especies de monos catirrinos africanos, con la cabeza semejante a la de un perro con el morro saliente, que viven en manadas en las sabanas y zonas semidesérticas y tienen una jerarquía social muy estricta. (*Papio.*) *s.m. ZOOLOGÍA*

papiro (Del lat. *papyrus* < gr. *papyros*.)
1 Planta herbácea de origen oriental con hojas largas y estrechas, cañas altas, cilíndricas y lisas que terminan en un penacho de espigas con muchas flores pequeñas y verdosas. (*Cyperus papyrus.*) *s.m. BOTÁNICA*
2 Lámina sacada del tallo de esta planta que se usaba para escribir en ella.
3 Manuscrito en esta lámina: *se conservan papiros egipcios.*

pápiro Billete de banco, en especial el de mucho valor: *se encontró un pápiro en la calle.* *s.m./argot = talego*

papiroflexia Arte y técnica manual para hacer figuras de papel doblándolo según una fórmula: *es aficionado a la papiroflexia y se pasa el día doblando papeles de todos los tamaños.* *s.f.*

papirola Figura que se hace doblando varias veces una hoja de papel: *guardo sus papirolas en una vitrina porque son auténticas obras de arte.* *s.f.*

papirolada Necedad o cosa insustancial. *s.f./tb: pampirolada*

papirología (De *papiro* + gr. *logos*, ciencia.)
1 Disciplina que estudia los papiros escritos. *s.f./HISTORIA*
2 Técnica de hacer pajaritas y otras figuras doblando papel. *despectivo = papiroflexia*

papirológico, a Del estudio de los papiros escritos. *adj./HISTORIA*

papirólogo, a Persona que está especializada en el estudio de papiros escritos. *s. HISTORIA*

papirotada Golpe que se da en la cabeza con la mano abierta, con los nudillos o con un objeto. *s.f. = capirotazo*

papirotazo Golpe dado en la cabeza, en especial el dado con un dedo que se deja escapar de forma brusca después de tenerlo sujeto con otro. *s.m. = capirotazo, floretada*

papirote
1 Papirotazo, golpe dado en la cabeza. *s.m.*
2 Persona tonta o de poco entendimiento: *el papirote se dejó engañar por los forasteros.* *= mentecato, tonto*

papisa Mujer papa, pero sin verdadera aplicación práctica porque hace referencia a un personaje legendario. *s.f.*

papismo Denominación protestante para referirse a los organismos y doctrinas de la Iglesia católica. *s.m. RELIGIÓN*

papista
1 Que es partidario de observar de forma rigurosa las disposiciones del papa. *adj/s.m.f.*
2 Se aplicaba al católico romano por los herejes y cismáticos. *HISTORIA*
3 ser más papista que el papa: Mostrarse en un asunto más interesado que la persona a la que le atañe directamente. coloquial

papo
1 Parte abultada de algunos animales entre la barba y el cuello. *s.m./ZOOLOGÍA = papada*
2 Buche de las aves. *ZOOLOGÍA*
3 Bocio, en las regiones donde es endémico o enfermedad habitual. *MEDICINA*
4 Porción de tela ahuecada que salía por las cuchilladas o huecos hechos a propósito en los vestidos antiguos.
5 Porción de comida que se daba de una vez al ave de rapiña.
6 Peinado antiguo formado por dos moños huecos que cubrían las orejas. *s.m.pl.*
7 Cáliz transformado en pelos o escamas que es el mecanismo de dispersión del fruto de algunas flores compuestas y de otras familias. *BOTÁNICA = vilano*
8 papo de viento: Hueco formado por el viento en una vela que no está bien tensa. *NÁUTICA*
9 estar una cosa en papo de buitre: Estar en poder de quien no lo soltará de la mano, y será difícil recobrarlo. coloquial
10 hablar de papo: Decir una cosa con presunción o vanidad. coloquial
11 hablar o ponerse papo a papo con una persona: Hablarse cara a cara con desenvoltura y sinceridad. coloquial

papón Ser imaginario con el que se asusta a los niños: *si no comes, vendrá el papón.* — s.m./familiar / = coco

paporrear
1 Golpear a una persona: *le paporrearon entre varios con palos y cadenas.* — v.tr. / = vapulear
2 Decir cosas sin fundamento: *ella sigue paporreando sus letanías, pero ya ni la escuchan.*

paporretear Repetir o aprender alguna cosa de memoria sin entenderla. — v.tr. / *Perú*

paporretero, a Persona que paporretea. — s./*Perú*

paprika Variedad del pimentón, muy fuerte, picante y aromática, usada como condimento. — s.f. / COCINA

papúa
1 De Papuasia, región de Nueva Guinea e islas cercanas. — adj. / tb: papú
2 Persona natural de esta región. — s.m.f.
3 Se aplica a las lenguas no melanesias habladas en esta región. — adj. / LINGÜÍSTICA

papudo, a Que tiene crecido y grueso el papo o papada, en especial las aves. — adj. / = papujado

papujado, a
1 Se aplica al ave que tiene mucha pluma y carne en el papo, en especial la gallina. — adj.
2 Que está abultado y hueco.

pápula (Del lat. *papula*.) Pequeña elevación palpable de la piel, sin pus y que desaparece sin dejar cicatriz. — s.f. / MEDICINA

papuloso, a Que tiene un aspecto parecido al de una pápula. — adj.

paquebote (Del ingl. *packboat* < de *pack*, paquete de cartas + *boat*, barco.) Barco que transporta pasajeros y correo entre dos puertos. — s.m. / NÁUTICA / tb: paquebot

paquete (Del fr. *paquet*.)
1 Bulto hecho con uno o más objetos colocados de forma ordenada y envuelto en papel, cartón o plástico: *hemos enviado un paquete a mi hermana de México; se me ha acabado el paquete de arroz.* — s.m. / = envoltorio
2 Conjunto de papeles o cartas que están contenidos en un mismo sobre o cubierta: *los folios no se venden sueltos sino en paquete.* — = fajo
3 Paquebote, barco de pasajeros y de correo. — NÁUTICA
4 Conjunto de decisiones tomadas con un objetivo concreto: *el ministro ha presentado un paquete de medidas para reducir la inflación.*
5 Acompañante del conductor en una moto: *ni al conductor ni al paquete les sucedió nada con la caída.* — coloquial / = bulto
6 Castigo que recibe quien ha obrado de forma imprudente o con negligencia: *te caerá un buen paquete si no lo presentas a tiempo y bien hecho.* — coloquial / = bronca
7 Persona inútil o torpe: *eres un paquete jugando al fútbol.* — coloquial
8 Trozo de composición tipográfica que contiene unas mil letras. — ARTES GRÁFICAS
9 Bulto que forman el pene y los testículos bajo un pantalón, calzoncillo o bañador muy ajustado. — vulgar
10 Conjunto de filones explotables con capas intermedias de roca. — MINERÍA
11 Conjunto de ciclistas que marchan agrupados: *tres ciclistas se despegaron del paquete poco antes de la meta.* — DEPORTES / = pelotón
12 Embarazo, preñez: *a pesar de su abultado paquete, ella seguía bailando con sus amigos.* — coloquial
13 **paquete ciego**: El que contiene correspondencia que por alguna causa no se incluyó en el especial del punto a que va destinado.
14 **paquete de acciones**: Conjunto importante de los valores cotizables de una compañía, pertenecientes a un solo titular. — ECONOMÍA
15 **paquete de medidas**: Conjunto de disposiciones tomadas para poner en práctica una decisión.
16 **paquete de ondas**: Superposición monocromática de estas vibraciones, que ocupan una región finita del espacio. — FÍSICA
17 **paquete informático**: Conjunto de programas necesarios para realizar determinada actividad: *la empresa de software ha presentado un nuevo paquete informático de contabilidad.* — INFORMÁTICA
18 **paquete postal**: El que se envía por correo, ajustándose a requisitos de peso y volumen.
19 **hacer un paquete**: Dejar embarazada a una mujer, en especial si es soltera. — coloquial
20 **marcar paquete**: Resaltar los genitales los hombres con prendas muy ajustadas. — vulgar
21 **meter un paquete a una persona**: Sancionarla o multarla por alguna infracción u otra causa: *el guardia me metió un paquete por adelantar en línea continua.* — coloquial

paquete, a
1 Se aplica a la persona bien vestida o a los locales o casas bien puestos. — adj./s. / *Argent.*
2 **darse una persona su paquete**: Darse importancia. — *Méx.* / coloquial
3 **de paquete** o **hecho un paquete**: Bien vestido y acicalado. — *Argent.* / coloquial

paquetear Presumir, ir bien vestido para lucirse ante los demás. — v.intr. / *Argent., Urug.*

paquetería
1 Mercancías que se guardan o venden en paquetes. — s.f.
2 Lugar donde se vende este tipo de mercancías. — COMERCIO
3 Conjunto de prendas o adornos que una persona se pone para ir bien vestida.
4 Compostura en el vestido o en el arreglo de casas o locales. — *Argent., Par., Urug.*
5 Mercería, comercio donde se venden cosas menudas o de poco valor. — *Chile* / COMERCIO

paquetero, a
1 Que hace paquetes: *el paquetero le envolverá la vajilla del modo adecuado.* — adj./s.
2 Persona encargada de repartir los paquetes de periódicos entre los vendedores. — s.

paqui- Componente de palabra procedente del gr. *pakhys*, que significa grueso: *paquidermo.* — pref.

paquidermia (Del gr. *pakhys*, grueso + *derma*, piel.)
1 Engrosamiento anormal de la piel causado por edemas, inflamaciones crónicas u otras razones. — s.f. / MEDICINA
2 Edema producido por infiltración de sustancia mucosa en la piel a consecuencia de un mal funcionamiento de la glándula tiroidea. — MEDICINA

paquidérmico, a
1 De los paquidermos. — adj./ZOOLOGÍA
2 De la paquidermia. — MEDICINA
3 Que tiene características del elefante. — = elefantiásico

paquidermo, a (Del gr. *pakhydermos* < de *pakhys*, grueso + *derma*, piel.) Perteneciente a un suborden de mamíferos omnívoros o herbívoros, de piel gruesa y dura, y con tres o cuatro dedos en cada extremidad, como el elefante y el hipopótamo. — adj/s.m. / ZOOLOGÍA

paquistaní
1 De Pakistán, país del sur de Asia, situado al oeste de la India. — adj./pl.tb: paquistaníes / tb: pakistaní
2 Persona natural de este país. — s.m.f.

par (Del lat. *par, paris*.)
1 Igual o semejante a otro en cantidad, calidad u otra característica: *es un producto par en precio al otro.* — adj. / = parejo
2 Se aplica al órgano que corresponde de forma simétrica a otro igual. — ZOOLOGÍA
3 Se refiere al número que es divisible por dos: *el diez es un número par.* — MATEMÁTICAS / ≠ impar, non
4 Conjunto de dos personas o cosas de la misma especie: *dame un par de huevos para hacer la tortilla.* — s.m.
5 Conjunto de dos cosas que se complementan: *uno de los calcetines del par se ha perdido.* — = pareja
6 Pequeña cantidad de cierta cosa sin determinar ni especificar: *he ido un par de veces con unos amigos.*
7 Lo mejor de una comparación: *el paisaje es de una belleza sin par.*
8 Título o dignidad, en algunos estados, o épocas, concedido por el rey. — HISTORIA
9 Cada uno de los maderos que forman parte de la armadura de un tejado y tiene su inclinación. — ARQUITECTURA
10 Conjunto de dos cuerpos heterogéneos que producen corriente eléctrica en determinadas condiciones. — FÍSICA
11 Número de golpes necesarios en golf para cubrir el recorrido de un hoyo o del campo. — DEPORTES
12 Placenta del útero. — s.f.pl./ANATOMÍA
13 **par de fuerzas**: Sistema formado por dos fuerzas iguales, paralelas y de sentido contrario. — FÍSICA
14 **par motor**: Momento, respecto del eje de rotación, de la fuerza transmitida por el motor. — MECÁNICA
15 **par raquídeo**: Cada una de las parejas de nervios que nacen en la médula espinal. — ANATOMÍA
16 **pares y nones**: Juego que consiste en averiguar si el contrario esconde cosas en número par o impar en el puño. — JUEGOS
17 **a la par, al par o a par**: 1. A la vez, en el mismo momento: *ambos corredores llegaron a la par.* 2. Del mismo modo, sin distinción: *los dos alumnos tienen unas calificaciones muy a la par.* — loc.adv. / loc.adv.
18 **a pares**: De dos en dos: *los convidados iban llegando a la ceremonia a pares.* — loc.adv.
19 **de par en par**: 1. Se usa para referirse a las puertas y ventanas que están abiertas del todo. 2. Sin impedimento o estorbo que impida una acción: *despejaron la sala de par en par para celebrar la fiesta.* — loc.adv. / loc.adv.
20 **ir a la par**: 1. Marchar en el mismo momento o a la misma altura, distancia, etc.: *los dos vehículos van a la par, cada uno por un carril.* 2. Hacer una cosa del mismo modo que otra persona: *van a la par en sus estudios.* — coloquial / coloquial
21 **jugar o echar a pares y nones**: Jugar a averiguar si el contrario guarda un número par o impar de cosas en la mano: *nos jugamos a pares y nones quién paga la ronda, ¿vale?* — coloquial
22 **sin par**: Sin igual, excelente: *es un profesional sin par.* — loc.adj.

para (Del ant. *pora* < de *por* + *a*.)
1 Indica el término justo de una acción: *lo tendrás para el dos de agosto.* — prep.

2 Indica de manera poco precisa el término temporal o espacial de una acción: *voy para la feria; yo ya voy para viejo.*
3 Indica finalidad, destino o uso de una acción o de una cosa, así como la aptitud de un sujeto: *dame unas bolsas para congelar alimentos; vengo para cobrar los impuestos; sirve para todo, sobre todo para comerciante.*
4 Indica contraposición, comparación o relación: *no es mucho para lo que se merece; para una vez que me ayudas, tendré que agradecértelo.*
5 Por o a fin de: *dime para qué has venido.*
6 Expresa la opinión de otros con respecto a una persona o cosa: *para mí no es tan listo como dices.*
7 Indica que una cosa está aún por realizar: *la tela está para cortar.*
8 Expresa la necesidad o conveniencia de una cosa, con el verbo estar: *ese chico está para ir al hospital.*
9 Denota que la acción del verbo es interior, secreta o reservada seguido de los pronombres personales: *prefiero que leas para ti y no en voz alta.*
10 Expresa proximidad de la acción del verbo que le sigue precedido del verbo estar: *estaba para irme, pero me quedo a charlar contigo.*
11 Se usa supliendo al verbo comprar, dar, adquirir u otros, con algunos sustantivos: *este dinero no me da para la compra.*
12 Forma locuciones adverbiales enfáticas junto a algunos nombres: *para postre, me robaron; para colmo, me caí por la escalera.*
13 **para con:** Respecto de, con relación a: *es bueno para con los animales.*   loc.prep.
14 **para eso:** Se usa para despreciar una cosa por inútil o simple: *¿para eso me llamas?*   loc.adv.
15 **para que:** A fin de que: *ven para que te vea.*   loc.conj.

para- Componente de palabra procedente del gr. *para,* que significa junto a, al lado de, casi, contra: *parapsicología; paramilitar; paranormal.*   pref.

paraavalanchas Construcción destinada a proteger un determinado lugar, en especial las vías de comunicación, de los aludes.   s.m.
pl: paraavalanchas
CONSTRUCCIÓN

paraba Papagayo, ave de plumaje multicolor, propia de los países tropicales.   s.f./Bol.
ZOOLOGÍA

parábasis Parte de la comedia griega en que el coro se dirigía al público para hacer comentarios sobre política o negocios.   s.f.
pl: parábasis
LITERATURA

parabellum Tipo de arma del calibre nueve milímetros.   s.f.
MILITAR

parabién Expresión o deseo de felicidad por lo que le sucede a otra persona: *mis más sinceros parabienes por su ascenso.*   s.m.

parabiosis Unión experimental de dos individuos para observar los efectos de uno sobre otro.   s.f./pl: parabiosis
BIOLOGÍA

parábola (Del lat. *parabola* < gr. *parabole,* comparación, alegoría.)
1 Curva abierta, formada por dos ramas simétricas, que resulta de cortar un cono circular recto por un plano paralelo a una generatriz.   s.f.
GEOMETRÍA
2 Narración literaria, oral o escrita, de carácter pedagógico y moral, mediante la cual se reviste la idea o el pensamiento que se quiere expresar en forma de historia creíble y aceptable por todo el mundo.   LITERATURA
= fábula
3 **hablar en parábolas:** Expresarse de forma poco clara o enrevesada.

parábola, a (Del gr. *parabalanoi.*)
1 Persona que usa de parábolas o ficciones cuando habla.   s.
2 Persona que inventa o propaga noticias falsas o exageradas.   coloquial
3 Clérigo de la primitiva Iglesia oriental que asistía a los enfermos de los hospitales y cuidaba de los que morían dentro de la ortodoxia.   s.m.
RELIGIÓN

parabólica Se aplica a la antena que recibe señales o emisiones de larga distancia y las reenvía a los receptores.   adj./s.f.
TELECOMUNICA-
CIONES

parabolicidad Cualidad de parabólico.   s.f.

parabólico, a
1 Que tiene características de la parábola o que encierra una enseñanza moral: *me explicó, de forma parabólica, por qué me aconsejaba reflexionar.*   adj.
= simbólico
2 Que tiene forma de parábola: *curva parabólica.*   GEOMETRÍA

parabolizar
1 Representar una cosa con parábolas: *el actor paraboliza en escena.*   v.tr/intr.
conj: cazar
2 Dar forma de parábola a una superficie, en especial a un espejo.   v.tr.
GEOMETRÍA

paraboloide (De *parábola* + gr. *eidos,* aspecto exterior.)
1 Superficie que puede dar una sección parabólica en cualquiera de sus puntos.   s.m.
GEOMETRÍA
2 Cuerpo limitado por una superficie elíptica y un plano perpendicular a su eje.   GEOMETRÍA
3 **paraboloide de revolución:** El que resulta del giro de una parábola alrededor de su eje.   GEOMETRÍA

4 **paraboloide elíptico:** Superficie convexa y cerrada por una parte, abierta e indefinida por la opuesta, cuyas secciones planas son todas parábolas o elipses.   GEOMETRÍA
5 **paraboloide hiperbólico:** Superficie combada que se extiende en todos sentidos, de curvaturas contrarias, como una silla de caballo, y cuyas secciones planas son todas parábolas e hipérbolas.   GEOMETRÍA

parabrisas Cristal montado sobre una armazón en la parte frontal del automóvil: *una piedra rompió el parabrisas del coche.*   s.m.
pl: parabrisas

paraca
1 Paracaidista, soldado que desciende con paracaídas: *se hizo paraca en la mili.*   s.m.f./MILITAR
argot
2 Viento muy fuerte procedente del océano Pacífico que sopla hacia el interior del continente americano.   s.m./Amér. Central
y Merid.

paracaídas
1 Dispositivo usado en aeronáutica y algunos deportes, para amortiguar la velocidad de descenso por el aire de un cuerpo desde un punto elevado, y que consiste en una tela ligera que se abre en forma de sombrilla sobre la persona o cosa que desciende.   s.m.
pl: paracaídas
2 Cualquier cosa que disminuye o evita el golpe de una caída desde un lugar elevado: *las ramas de los árboles sirvieron de paracaídas al montañero que cayó.*
3 Dispositivo de seguridad de los ascensores y montacargas que evita su caída acelerada en caso de romperse los cables de sustentación.   TECNOLOGÍA

paracaidismo Deporte que consiste en lanzarse en paracaídas desde un avión, montaña u otra altura: *siempre ha querido practicar paracaidismo para sentir qué es volar.*   s.m.
DEPORTES

paracaidista Persona que realiza saltos con paracaídas como deporte o en una acción militar: *los paracaidistas realizaron acrobacias en el aire.*   s.m.f.
DEPORTES,
MILITAR

paracentesis Punción que se realiza en el vientre para evacuar la serosidad acumulada de forma anormal en el peritoneo.   s.f.
pl: paracentesis
MEDICINA

paracetamol Componente farmacológico de efectos analgésicos y antipiréticos usado, en especial, por enfermos hipersensibles a los salicilatos o con úlcera.   s.m.
FARMACIA

parachispas
1 Pantalla metálica para impedir la salida de chispas de estufas o chimeneas de calefacción.   s.m.
pl: parachispas
2 Dispositivo que, en los contactos de los aparatos eléctricos, disminuye los efectos de la descarga de ruptura.   TECNOLOGÍA

parachoques Pieza alargada que protege la parte delantera y trasera de los automóviles de los choques, amortiguándolos.   s.m.
pl: parachoques
= paragolpes

paráclito Denominación que se da al Espíritu Santo en la teología y la liturgia cristianas.   s.m./TEOLOGÍA
tb: paracleto

paracronismo (Del gr. *para,* casi + *khronos,* tiempo.) Anacronismo que consiste en suponer que un hecho ocurrió más tarde de lo que en realidad fue.   s.m.

paracusia Anomalía auditiva que impide la buena percepción de los sonidos.   s.f.
MEDICINA

parada
1 Acción y resultado de detenerse o pararse: *ahora vamos a hacer una pequeña parada en el camino.*   s.f.
= detención
2 Lugar en el que se para: *este restaurante es una buena parada donde comer.*
3 Lugar en el que se detienen los transportes públicos para apear y recoger viajeros: *el autobús está enfrente de la oficina; me quedan cinco paradas de metro para llegar.*   = estación
4 Fin o pausa en el movimiento de una cosa: *no funciona el interruptor de parada de la máquina.*
5 Suspensión o pausa en la música.   MÚSICA
6 Cantidad de dinero que se expone en el juego a una suerte.   JUEGOS
7 Movimiento defensivo en esgrima.   DEPORTES
8 Formación de tropas para pasar revista o en un desfile.   MILITAR
9 Lugar donde la tropa se reúne para partir a los respectivos destinos.   MILITAR
10 Conjunto de cabestros que se utilizan para las operaciones con el toro.   TAUROMAQUIA
11 **parada de coches:** Lugar asignado para que se estacionen los vehículos de alquiler.   = aparcamiento
12 **parada de taxis:** Lugar donde los taxis esperan clientes.
13 **parada discrecional:** Lugar en el que puede detenerse o no un conductor de un transporte público a petición de los viajeros.
14 **parada en firme:** 1. Detención en seco de un caballo. 2. Interrupción repentina de un negocio o conversación.   EQUITACIÓN
15 **parada nupcial:** Ritual de aparejamiento sexual que establecen el macho y la hembra de algunas especies animales.   ZOOLOGÍA
16 **doblar la parada:** 1. Poner el doble de la cantidad puesta en la jugada anterior. 2. Pujar una cosa doblando la anterior oferta.   JUEGOS

17 hacer la parada: Hacer señas a un vehículo de pasajeros para que se detenga. — *Méx.*

paradera
1 Compuerta con que se desagua el caz del molino. — *s.f.*
2 Red que está siempre dispuesta para la pesca, semejante a la almadraba. — *PESCA*

paradero
1 Sitio en que se encuentra o al que ha ido a parar una cosa o una persona: *desconocen el paradero del fugitivo.* — *s.m. = localización, ubicación*
2 Fin o término de una cosa: *ya ha llegado el paradero de la actividad escolar.*
3 Apeadero o estación de ferrocarril o parada de autobuses. — *Méx., Amér. Merid.*

paradiástole (Del gr. *para*, parecido a + *diastole*, separación.) Figura consistente en utilizar en una misma frase dos palabras de significado muy parecido, pero dando a entender que son diferentes. — *s.f. RETÓRICA*

paradigma (Del gr. *paradeigma*, modelo.)
1 Ejemplo o modelo que se toma como referencia o como punto de comparación: *es el paradigma de la bondad.* — *= canon, prototipo*
2 Ejemplo o esquema formal al que se ajustan los nombres y los verbos para sus respectivas flexiones: *es un verbo regular porque se flexiona según el paradigma de la primera conjugación.* — *GRAMÁTICA*
3 Grupo de elementos de una misma clase gramatical que pueden aparecer en un mismo contexto. — *GRAMÁTICA*
4 El mundo de las ideas como prototipo del universo sensible, en la filosofía platónica. — *FILOSOFÍA*

paradigmático, a
1 Del paradigma gramatical. — *adj./GRAMÁTICA*
2 Que sirve de paradigma o ejemplo: *el suyo es un caso paradigmático de apatía.* — *= ejemplar*

paradina
1 Monte bajo de pasto donde a veces hay corrales para el ganado lanar. — *s.f.*
2 Paredes ruinosas. — *s.f.pl.*

paradisíaco, a (Del lat. *paradisiacus.*)
1 Del paraíso o propio de él: *la playa era de una belleza paradisíaca.* — *adj. tb: paradisiaco*
2 Que es muy placentero: *para él es paradisíaco dormir en una hamaca a la sombra.* — *= grato*

paradislero, a
1 Cazador que se mantiene a la espera de la presa. — *s./CAZA*
2 Persona que anda averiguando noticias, las finge o las inventa. — *coloquial*

parado, a
1 Que está en paro o sin empleo: *tras diez años en la empresa, le despidieron y ahora está parado; el índice de parados ha disminuido.* — *adj./s. = desocupado*
2 Que es lento de movimientos y decisión: *no seas tan parado y espabila tus tareas.* — *adj. = pasivo*
3 Que es tímido e irresoluto: *es tan parado que nunca le ha hablado de matrimonio.* — *= retraído*
4 Se aplica al animal que se representa de pie, con sus cuatro patas juntas dos a dos. — *HERÁLDICA*
5 Se refiere a la persona que se queda asombrada ante un hecho inesperado: *su fría respuesta me dejó parado; me quedé parado oyéndole hablar con lo pequeño que es.* — *= desconcertado, helado*
6 De pie, en posición vertical. — *Amér. Chile, Perú, P. Rico*
7 Se aplica a la persona engreída y orgullosa de su valer. — *Méx.*
8 **estar o quedar una persona bien o mal parada:** 1. Conseguir una buena o mala posición en una situación cualquiera. 2. Estar bien o mal relacionado en un negocio o empresa: *quedó bien parado con la nueva administración.*
9 **salir bien o mal parado:** Resultar beneficiado o perjudicado en un asunto: *intentó defraudar al fisco y salió mal parado.* — *coloquial*

paradoja (Del gr. *paradoxa*, contrarios a la opinión común.)
1 Idea o afirmación en apariencia extraña y que se opone a la opinión general: *es una paradoja que siendo la más débil, tenga mayor resistencia física.* — *s.f. = contradicción*
2 Afirmación inverosímil que se expone con apariencias de real.
3 Figura retórica que consiste en relacionar expresiones o frases en apariencia contradictorias: *es famosa la paradoja de vivo sin vivir en mí.* — *RETÓRICA*
4 Enunciado o razonamiento que lleva a dos conclusiones contradictorias entre sí, pero válidas. — *FILOSOFÍA*

paradójico, a
1 Que contiene paradoja: *resulta paradójico que el más pobre sea el que más ha contribuido en la recolecta.* — *adj. = paradoxal*
2 Que se comporta de una manera contradictoria: *su actitud es paradójica con su forma de pensar.* — *= contradictorio*

parador, a
1 Que para o se para. — *adj.*
2 Se aplica al caballo o a la yegua que se para con docilidad y se queda cuadrado y en buena postura. — *EQUITACIÓN*

3 Se refiere al jugador que tiene aptitudes para parar en los juegos o deportes: *ha sido nombrado el mejor parador de la temporada.* — *adj./s. DEPORTES*
4 Establecimiento público donde se alojaban huéspedes de paso a cambio de dinero. — *s.m. = mesón*
5 **parador nacional de turismo:** Establecimiento hotelero que depende de organismos oficiales, en España, por sus características históricas, artísticas o por otra causa.

paraestatal Se aplica al organismo o centro que, por delegación de un estado, colabora para los fines de éste sin formar parte de su administración pública: *organización paraestatal; empresa paraestatal.* — *adj.*

parafango Cada una de las protecciones que cubren las ruedas de los vehículos para evitar las salpicaduras. — *s.m. = guardabarros*

parafasia (Del gr. *para*, casi, junto a + *phasis*, palabra.) Tipo de afasia en la que se sustituyen unas palabras por otras por tener un sonido semejante, pero cuyo significado es dispar. — *s.f. SICOLOGÍA*

parafásico, a Se aplica a la persona que sufre parafasia. — *adj. SICOLOGÍA*

parafernales (Del gr. *para*, a un lado, junto a + *pherne*, dote.) Se aplica a los bienes que aporta la mujer al matrimonio además de la dote, y a los que adquiere por herencia o donación. — *adj.pl. DERECHO*

parafernalia Conjunto de instrumentos, por lo general ostentosos, que rodean a una persona, un acto o ceremonia: *sobre su mesa tenía una parafernalia de fichas bibliográficas.* — *s.f.*

parafernalístico, a Que tiene relación con la parafernalia. — *adj.*

parafilia Comportamiento sexual en el que la realización o la imaginación, repetida o exclusiva, de determinadas prácticas es indispensable para conseguir la excitación. — *s.f. SICOLOGÍA*

parafimosis Constricción del glande del pene debida a una inflamación del prepucio. — *s.f./pl: parafimosis MEDICINA*

parafina (Del lat. *parum*, poco + *finis*, límite.) Sustancia sólida, blanca y traslúcida, que se derrite con facilidad, compuesta de una mezcla de hidrocarburos, que se obtiene del petróleo y se utiliza como aislante, en la industria, en especial en la fabricación de velas, y en farmacia. — *s.f. QUÍMICA = vaselina*

parafinado, a Que contiene parafina o ha sido preparado con ella. — *adj. QUÍMICA*

parafinar Poner parafina en una cosa o impregnarla con esta sustancia. — *v.tr. QUÍMICA*

parafínico, a
1 De la parafina. — *adj./QUÍMICA*
2 Que tiene una estructura molecular con la cadena de átomos abierta. — *QUÍMICA = alifático*

parafiscal Se aplica al impuesto o tasa que se recauda por organismos estatales y no está recogido en los presupuestos sino que se destina a fines determinados. — *adj. ECONOMÍA*

parafiscalidad Conjunto de exacciones que no pueden considerarse con propiedad como tributos, en cuanto no están previstos en la ley de presupuestos generales estatales, ni se regulan por disposición general con carácter de ley. — *s.f. ECONOMÍA*

paráfisis Agregado celular estéril que acompaña a los elementos productores de esporas en los hongos. — *s.f./pl: paráfisis BIOLOGÍA*

parafraseador, a Que parafrasea: *es un parafraseador de los clásicos griegos.* — *adj./s.*

parafrasear Hacer una explicación, interpretación o versión de un texto: *no es necesario que me parafrasees el párrafo, ya lo he entendido.* — *v.tr.*

paráfrasis (Del gr. *paraphrasis.*)
1 Explicación o interpretación de un texto para hacerlo más claro o comprensible: *me gusta cómo explica porque hace paráfrasis de las cuestiones importantes.* — *s.f. pl: paráfrasis RETÓRICA*
2 Traducción en verso en la que se imita el original sin verterlo con exactitud.
3 Versión más o menos libre de un texto.

parafraste
1 Persona que hace paráfrasis. — *s.m.f.*
2 Persona que interpreta textos por medio de paráfrasis.

parafrástico, a
1 De la paráfrasis. — *adj.*
2 Que contiene paráfrasis: *texto parafrástico.*

parafrenia Trastorno mental que incluye la paranoia y la demencia precoz. — *s.f. SIQUIATRÍA*

parafrénico, a
1 De la parafrenia. — *adj./SIQUIATRÍA*
2 Persona que padece este trastorno mental. — *s./SIQUIATRÍA*

paragénesis (Del gr. *para*, junto a + *genesis*, creación.) Asociación de minerales en una roca sedimentaria que se han originado en las mismas condiciones. — *s.f. pl: paragénesis GEOLOGÍA*

paraglifo Imagen fotográfica que da la sensación de relieve. — s.m. FOTOGRAFÍA

paragoge (Del gr. *paragoge*, derivación gramatical.) Figura de dicción que consiste en añadir un sonido al final de una palabra: *felice por feliz es una paragoge*. — s.f. LINGÜÍSTICA

paragógico, a Se aplica al sonido que se añade al final de una palabra: *vocal paragógica*. — adj. LINGÜÍSTICA

paragolpes Parachoques, pieza del automóvil que lo protege de golpes y choques en su parte delantera y posterior. — s.m. pl: paragolpes Argent., Par., Urug.

parágrafo (Del lat. *paragraphus* < gr. *paragraphos*, señal para distinguir las varias partes de un tratado.) Parte de un texto entre un punto y aparte y el siguiente: *la conclusión está en el tercer parágrafo*. — s.m. = párrafo

paragranizo Cobertizo de tela basta o hule que se coloca en los sembrados o frutos para que el granizo no los dañe. — s.m. AGRICULTURA

paraguas
1 Utensilio formado por una armadura plegable cubierta de una tela y sostenida por un bastón, que se usa para protegerse de la lluvia. — s.m. pl: paraguas
2 **paraguas atómico:** Protección que da seguridad a una nación por disponer de armamento atómico como medio disuasorio. — MILITAR

paraguay Ave del grupo de los papagayos, de plumaje verde, amarillo, azul y anaranjado, muy común en la selva amazónica. *(Psittace illigeri.)* — s.m./pl: paraguayes ZOOLOGÍA = loro del Brasil

paraguaya Fruta semejante al melocotón, de forma aplastada, algo lobulada y de sabor gustoso. — s.f./BOTÁNICA = fresquilla

paraguayismo Expresión o construcción características de la variedad lingüística del español hablado en Paraguay. — s.m. LINGÜÍSTICA

paraguayo, a
1 Del Paraguay, país de Sudamérica. — adj.
2 Persona natural de este país sudamericano. — s.
3 Modalidad de la lengua española adoptada en este país. — s.m. LINGÜÍSTICA

paraguazo Golpe dado con un paraguas. — s.m.

paragüería Tienda donde se venden, reparan o hacen paraguas: *compró un bonito paraguas familiar en una paragüería*. — s.f. COMERCIO

paragüero, a
1 Persona que fabrica, repara o vende paraguas: *el paragüero pudo arreglar las varillas rotas*. — s.
2 Mueble en que se colocan los paraguas y bastones: *por favor, deje el paraguas en el paragüero para no mojar el suelo*. — s.m.

parahúmos Protección metálica o de otro material que cubre una bombilla para evitar que se queme el techo. — s.m. pl: parahúmos

parahusar Taladrar un metal con el parahúso. — v.tr./conj: aunar

parahúso Barrena cilíndrica para taladrar metales, que gira mediante la acción de dos correas que se enrollan y desenrollan de forma alternativa, al subir y bajar un travesaño al que están sujetas. — s.m. = trincaesquinas

paraíso (Del lat. *paradisus* < gr. *paradeisos*, paraíso terrenal.)
1 Lugar muy placentero donde puso Dios al primer hombre, según los textos bíblicos. — s.m./RELIGIÓN = edén
2 Lugar sobrenatural al que se accede después de la muerte: *se ganó el paraíso con sus buenas acciones*. — RELIGIÓN = cielo, gloria ≠ infierno
3 Sitio muy agradable o placentero: *este jardín es un paraíso en medio de la ciudad*.
4 Conjunto de circunstancias que provocan en una persona mucho placer o felicidad: *estoy en el paraíso, aquí tumbado y de vacaciones*.
5 Conjunto de localidades situadas en el piso más alto de un teatro. — = galería, gallinero
6 **paraíso artificial:** Estado de felicidad que se busca con el consumo de algunas drogas. — SICOLOGÍA
7 **paraíso de los bobos:** Fantasías alegres forjadas a la medida de los deseos de quien las imagina. — coloquial
8 **paraíso fiscal:** País donde la legislación fiscal es muy permisiva, en especial para las capitales extranjeros que pueden escapar al control legislativo de su país de origen. — ECONOMÍA
9 **paraíso terrenal:** Lugar en el que vivieron el primer hombre y la primera mujer y de donde fueron expulsados por desobediencia, según los textos bíblicos. — RELIGIÓN

paraje Lugar lejano o aislado: *por este camino llegarás a un paraje de ensueño*. — s.m.

parajismero, a Que hace muecas y gestos de forma exagerada y continua. — adj. = gestero

parajismo (Del gr. *paroxysmos*, irritación.) Gesticulación exagerada. — s.m.

paral (Del cat. *parat*.)
1 Madero colocado en un muro, en general de forma oblicua, que sirve para sostener un andamio. — s.m. CONSTRUCCIÓN
2 Madero con una muesca en el medio untada de sebo, donde se encaja la quilla de una embarcación para que se deslice al ser botada o varada. — NÁUTICA

paraláctico, a (Del gr. *parallaxis*, cambio.)
1 De la paralaje: *triángulo paraláctico*. — adj./ASTRONOMÍA
2 Se aplica al aparato astronómico que permite seguir con un solo movimiento el aparente de los astros: *montura paraláctica*. — ASTRONOMÍA

paralaje (Del gr. *parallaxis*, cambio.)
1 Diferencia entre las posiciones aparentes que en la bóveda terrestre tiene un astro según el punto desde donde se supone observado. — s.f. ASTRONOMÍA
2 Cambio aparente de la posición de un objeto visto sobre un fondo más distante, cuando se cambia el punto de observación.
3 **paralaje anua:** Diferencia de los ángulos que forman, con el radio de la órbita terrestre, dos líneas dirigidas a un astro desde los extremos de dicho radio. — ASTRONOMÍA
4 **paralaje de altura:** Diferencia de los ángulos que forman con la vertical las líneas dirigidas a un astro desde el punto de observación y desde el centro de la Tierra. — ASTRONOMÍA
5 **paralaje horizontal:** La de altura, cuando el astro está en el horizonte. — ASTRONOMÍA

paralalia (Del gr. *para*, contra + *lalo*, hablar.) Trastorno del lenguaje consistente en la dificultad para pronunciar determinados sonidos. — s.f. SICOLOGÍA

paralela
1 Línea que, respecto a otra, se mantiene a una distancia constante de ella sin cortarla en ningún punto. — s.f. GEOMETRÍA
2 Trinchera con parapeto abierta por el sitiador de una plaza. — MILITAR
3 Aparato de gimnasia formado por dos barras fijas horizontales a la misma altura del suelo. — s.f.pl. DEPORTES

paralelar Establecer un paralelo entre dos cosas: *no debes paralelar unos conceptos con otros*. — v.tr. = parangonar

paralelepípedo (De *paralelo* + gr. *epipedon*, plano.) Poliedro compuesto por seis paralelogramos en el que son iguales y paralelos cada dos opuestos entre sí. — s.m. GEOMETRÍA

paralelismo
1 Circunstancia de ser paralelas dos o más líneas o planos: *le suspendieron el dibujo por falta de paralelismo de las líneas*. — s.m. GEOMETRÍA
2 Cualidad de ser o de desarrollarse dos cosas o dos acciones de manera semejante: *existe un cierto paralelismo entre las dos versiones de los hechos*. — = correspondencia
3 Doctrina que afirma el desarrollo paralelo entre el espíritu y la materia renunciando a su interrelación causal. — FILOSOFÍA
4 Figura retórica que consiste en establecer una correspondencia o semejanza entre dos cosas. — RETÓRICA
5 Fórmula expresiva usada en especial en poesía que consiste en la repetición de una misma frase de forma reiterativa y con leves variantes en cada unidad expresiva. — LITERATURA

paralelo, a (Del lat. *parallelus* < gr. *parallelos* < *para*, junto a + *allelus*, los unos a los otros.)
1 Se aplica al plano o a la línea que mantiene todos sus puntos equidistantes con respecto a los puntos de otro plano o línea que están en su perpendicular. — adj. GEOMETRÍA
2 Que está en posición más o menos equidistante y en la misma dirección que otra cosa: *viven en calles paralelas*.
3 Que se desarrolla de manera semejante o en el mismo momento: *llevan vidas paralelas*. — = similar
4 Círculo equidistante del ecuador en la esfera terráquea o celeste, que sirve para determinar la latitud de cualquiera de sus puntos. — s.m. GEOGRAFÍA
5 Comparación entre dos personas o cosas: *el resultado obtenido no tiene paralelo con los anteriores*. — = paralelismo, parangón
6 Cada uno de los círculos que cortan una superficie de revolución por planos perpendiculares a su eje. — GEOMETRÍA
7 **en paralelo:** Se aplica a la conexión de un circuito eléctrico que está en derivación: *están dos circuitos eléctricos en paralelo*. — loc.adj. ELECTRICIDAD

paralelogramo (De *paralelo* + gr. *gramme*, línea.) Cuadrilátero cuyos lados opuestos son iguales y paralelos entre sí: *un rombo es un paralelogramo*. — s.m. GEOMETRÍA

paralexia (Del gr. *para*, contra + *lexis*, palabra.) Trastorno de la lectura que consiste en la transposición de palabras y sílabas en combinaciones sin significado. — s.f. SICOLOGÍA

parálico, a Se aplica a la laguna que se forma en el litoral marino de una costa plana, invadida a veces por el agua del mar. — adj. GEOGRAFÍA

paralímpico, a
1 Se aplica a los juegos deportivos destinados a las personas con discapacitaciones físicas o mentales. — adj. DEPORTES
2 Persona con una discapacitación física o mental que participa en una competición olímpica reservada exclusivamente a deportistas con estas características. — s. DEPORTES

paralipsis Figura que consiste en aparentar que se quiere omitir una cosa. — s.f./pl: paralipsis RETÓRICA

paralís Parálisis, pérdida o dificultad del movimiento. — *s.m./coloquial*

parálisis (Del gr. *paralysis*, relajación.)
1 Pérdida total o parcial del movimiento o de la sensibilidad en alguna parte del cuerpo: *su parálisis se debe a un accidente.* — *s.f./pl.:* parálisis / MEDICINA / = perlesía
2 **parálisis agitante:** Enfermedad crónica y progresiva caracterizada por temblores, rigidez e inmovilidad de los órganos de la deglución. — MEDICINA
3 **parálisis infantil:** Grupo de enfermedades producidas por la lesión de las astas anteriores de la médula. — MEDICINA

paraliteratura Conjunto de obras literarias, escritas u orales, que por razones ideológicas o sociológicas se han mantenido al margen de la cultura oficial, como la novela rosa, del oeste, pornográfica y otras. — *s.f.* / LITERATURA

paralítico, a
1 De la parálisis. — *adj.*
2 Que carece de movilidad o sensibilidad en alguna parte del cuerpo: *la arquitectura urbanística no facilita el tránsito a los paralíticos.* — *adj./s.* / = hemipléjico, imposibilitado

paralización Inmovilización que experimenta una cosa, persona, órgano o miembro dotados de acción o de movimiento: *la paralización de la obra se debe al peligro de derrumbe.* — *s.f.*

paralizador, a Que paraliza. — *adj./s.=* paralizante

paralizar (Del fr. *paralyser*.)
1 Producir una cosa parálisis en una parte del cuerpo de una persona: *después del accidente se le paralizaron las piernas; una infección vírica le paralizó de cintura para abajo.* — *v.tr/prnl.* / conj.: *cazar* / MEDICINA
2 Dejar el frío, la quietud prolongada o una impresión fuerte inmóvil a una persona: *la visión del mar le paralizó por su inmensidad.* — *v.tr.* / = petrificar
3 Parar una cosa la actividad o el movimiento de otra: *la huelga ha paralizado la empresa; debido a las nevadas se han paralizado las obras en la carretera.* — *v.tr/prnl.* / = detener, parar / ≠ continuar, proseguir

paralógico, a Se aplica al razonamiento o al argumento que ha sufrido una distorsión del sistema lógico, y que está presente en la esquizofrenia. — *adj.* / SIQUIATRÍA

paralogismo (Del gr. *paralogismos*.) Razonamiento falso que conduce a deducciones erróneas sin tener conciencia de ello. — *s.m.* / LÓGICA

paralogizar Intentar persuadir a una persona con razonamientos falsos: *se paralogizaba a sí mismo para hacer aquello que no quería.* — *v.tr/prnl.* / conj.: *cazar*

paramagnético, a Se aplica al material que tiene mayor permeabilidad magnética que el vacío e imanta de forma débil. — *adj.* / FÍSICA

paramagnetismo Propiedad de las sustancias que, colocadas en un campo magnético, toman una imantación positiva proporcional al campo en que se encuentran. — *s.m.* / FÍSICA

paramecio Protozoo ciliado de gran tamaño, de forma ovoide irregular, visible en las aguas estancadas. — *s.m.* / ZOOLOGÍA

paramédico, a Que tiene relación con la medicina y la salud aunque no pertenece a ella de forma oficial: *la acupuntura fue un tratamiento paramédico y hoy está reconocida por la medicina oficial.* — *adj.* / MEDICINA

paramentar Adornar o cubrir una cosa con paramentos: *paramentaron el palco para el mitin político.* — *v.tr.* / th: emparamentar

paramento (Del lat. *paramentum*.)
1 Adorno con el que se cubre una cosa: *un vistoso paramento cubría la zona reservada al jurado.* — *s.m.*
2 Cada una de las sobrecubiertas o mantillas del caballo. — EQUITACIÓN
3 Cualquiera de las dos caras de una pared. — CONSTRUCCIÓN / ARQUITECTURA
4 Cualquiera de las seis caras de un sillar labrado. — CARPINTERÍA
5 Parte que queda a la vista en un trabajo de ebanistería.
6 Pared de roca estéril situada detrás de un filón metálico o carbonífero. — MINERÍA
7 **paramentos sacerdotales:** Vestiduras y ornamentos usados por los sacerdotes en las ceremonias litúrgicas así como los adornos del altar. — RELIGIÓN

paramera Vasta extensión de territorio donde abundan los páramos. — *s.f.* / GEOGRAFÍA

paramero, a
1 De los páramos andinos. — *adj.*
2 Persona natural de esta zona. — *s.*

parámetro (Del gr. *para*, junto a + *metron*, medida.)
1 Línea constante e invariable que va desde el foco a la directriz de una parábola. — *s.m.* / GEOMETRÍA
2 Constante arbitraria que interviene, junto con otras, en la expresión de una ecuación: *usaremos las letras x e y para expresar los parámetros.* — MATEMÁTICAS
3 Dato que permanece fijo en el planteamiento de una cuestión o problema y que es necesario para comprenderlos: *su tesis gira en torno a los parámetros sociológicos del mundo oriental.* — = constante
4 Tendencia, referencia o punto de comparación sobre los que se basa alguna información: *según los parámetros del mes pasado, se prevé una subida.* — = dato

paramilitar Se aplica a la organización civil que tiene una estructura o una disciplina de tipo militar. — *adj.* / SOCIOLOGÍA

paramnesia (Del gr. *para*, junto a + *mneme*, memoria.)
1 Trastorno mental consistente en la imposibilidad de recordar el significado de las palabras. — *s.f.* / SIQUIATRÍA
2 Trastorno de la percepción que se caracteriza por tener la sensación de que se ha vivido una situación o un estado de conciencia global que en realidad es nuevo. — SICOLOGÍA

páramo (Del bajo lat. *paramus*.)
1 Terreno extenso y sin vegetación, por lo general elevado y desabrigado. — *s.m.* / GEOGRAFÍA
2 Sitio desprotegido y muy frío: *yo no podría vivir en un páramo apartado y solitario.*
3 Llovizna, lluvia poco abundante. — *Colomb., Ecuad.*

parancero, a Persona que caza con lazos, perchas u otros artificios. — *s.* / CAZA

paraneoplástico, a Se refiere a las manifestaciones sistemáticas que aparecen en enfermos de cáncer, que tienen relación con esta enfermedad pero no correspondencia anatómica. — *adj.* / MEDICINA

parangón (Del ital. *paragone*.) Comparación que se establece entre dos personas o cosas: *el desarrollo tecnológico de la actualidad no tiene parangón en la historia.* — *s.m.* / = paralelismo

parangona
1 Se aplica a la piedra preciosa que no presenta ningún defecto. — *adj.*
2 Tipo de letra muy grande, la mayor después del gran canon, peticano y misal. — ARTES GRÁFICAS

parangonable Que puede ser comparado con otra cosa o con otra persona. — *adj.*

parangonar (Del ital. *paragonare* < gr. *parakonao*, afilar.)
1 Hacer una comparación entre dos cosas: *no creo que debas parangonar tu nivel de vida con el tuyo.* — *v.tr.* / = comparar
2 Poner los tipos de cuerpos desiguales en armonía en una línea. — ARTES GRÁFICAS

paranínfico, a Se aplica al orden arquitectónico en el que hay estatuas de ninfas en vez de columnas. — *adj.* / ARQUITECTURA

paraninfo (Del gr. *paranymphos*, padrino de bodas.)
1 Salón de actos académicos en algunas universidades y otros centros docentes: *el discurso de inicio del curso tendrá lugar en el paraninfo.* — *s.m.*
2 Persona que pronunciaba el discurso de apertura del curso universitario.

paranoia (Del gr. *paranoia*, locura.)
1 Enfermedad mental caracterizada por la presencia de ideas fijas y obsesivas, al tiempo que se mantiene una capacidad normal de la mente en otras muchas circunstancias. — *s.f.* / SIQUIATRÍA
2 Manía u obsesión: *le ha dado la paranoia de vestir de verde.* — coloquial

paranoico, a
1 De la paranoia: *las alucinaciones no forman parte de los síntomas paranoicos.* — *adj.* / SIQUIATRÍA
2 Que padece paranoia: *es un enfermo paranoico que precisa atención médica.* — *adj/s.*/SIQUIATRÍA / = monomaniático

paranoide Que presenta cierta semejanza con la paranoia. — *adj.* / SIQUIATRÍA

paranomasia (Del gr. *para*, junto a + lat. *nomen*, nombre.)
1 Paronomasia, semejanza fonética entre dos o más palabras. — *s.f.* / LINGÜÍSTICA
2 Figura retórica consistente en la repetición sistemática de un sonido. — RETÓRICA

paranormal Se aplica al fenómeno o suceso que no tiene respuesta según las leyes de la física o la sicología: *la parasicología estudia fenómenos paranormales.* — *adj.*

paranza Choza o puesto donde se oculta el cazador de montería. — *s.f.* / CAZA

parao Embarcación pequeña parecida a la banca, de quilla profunda y con una sola vela, que se usa en el archipiélago filipino, y en el litoral chino e hindú. — *s.m.* / NÁUTICA

paraolímpico, a Paralímpico [en todas sus acepciones]. — *adj/s.* / DEPORTES

parapente Modalidad de paracaidismo en el que el deportista se lanza desde una pendiente muy pronunciada y con el paracaídas desplegado para efectuar un descenso controlado. — *s.m.* / DEPORTES

parapetarse
1 Ponerse una persona tras un parapeto o cualquier defensa para protegerse: *parapetó a las mujeres y a los niños tras unos carros; el ejército se parapetó detrás de las murallas.* — *v.tr/prnl.* / = atrincherarse
2 Dar razones o excusas para no hacer una cosa: *se parapetó tras su horario laboral para no ir a la ceremonia.* — *v.prnl.* / = escudarse
3 Precaverse de algún riesgo: *se parapetó de ser despedido acusando a su compañero.*

parapeto (Del ital. *parapetto*.)
1 Barandilla o antepecho que se pone para evitar caídas en un puente o sitio parecido: *el mirador está protegido por un parapeto de hierro.* — *s.m.* / ARQUITECTURA

2 Barrera o defensa hecha de cualquier material para protegerse en la lucha o impedir el paso: *formaron un parapeto con sacos de tierra amontonados.* = **barricada**

paraplejia (Del gr. *para*, contra + *plesso*, golpear.) Parálisis de la parte inferior del cuerpo. s.f./MEDICINA tb: paraplejía

parapléjico, a
1 De la paraplejia. adj./MEDICINA
2 Que padece paraplejia: *muchas personas parapléjicas practican deportes de competición con sus sillas de ruedas.* adj/s./MEDICINA = paralítico

parapoco Persona poco despierta y de carácter débil: *se burlan de él porque es un parapoco.* s.m.f. = corto

parapolicial Se aplica a la organización civil que asume funciones policiales sin legitimidad para ello, por lo general con fines políticos: *las fuerzas parapoliciales del dictador atacarán una manifestación opositora.* adj.

parapsicología Estudio de los fenómenos y comportamientos sicológicos que no tienen explicación científica. s.f. tb: parasicología

parapsicológico, a De la parapsicología: *era un caso parapsicológico.* adj. tb: parasicológico

parapsicólogo, a Que está especializado en parapsicología. adj/s. tb: parasicólogo

parar (Del lat. *parare*, preparar, disponer.)
1 Dejar de realizarse un movimiento o una acción: *la máquina de hacer café se ha parado; por la tarde paró de llover.* v.intr/prnl. ≠ continuar, proseguir
2 Quedarse una persona o una cosa en un lugar: *se paró a ver todas las tiendas.* = detener
3 Tener una cosa que había sido de otras personas: *la casa ha parado en manos del administrador.* v.intr. = recaer
4 Llegar una persona o una cosa a un estado después de distintos sucesos: *todo el nublado paró en cuatro gotas; no sé en qué pararán las conversaciones mantenidas.* = acabar
5 Vivir una persona por un tiempo en un lugar: *cuando voy a Barcelona paro en casa de una amiga.* = habitar, hospedarse
6 Interrumpir un movimiento o una acción de una persona o una cosa: *pare el vehículo en el arcén.* v.tr. = detener
7 Preparar una cosa.
8 Apostar una cantidad en un juego.
9 Mostrar los perros la caza mediante alguna señal. JUEGOS CAZA
10 Poner a una persona en un estado o un aspecto diferente del que tenía: *se paró perplejo cuando me vio.* v.tr/prnl.
11 Detener o interceptar una jugada del equipo contrario: *el portero paró la pelota; paró al delantero con el pecho.* = quedarse DEPORTES
12 Detener con la espada el golpe del otro esgrimista. DEPORTES
13 Estar una persona dispuesta o decidida a afrontar un peligro. v.prnl.
14 Detenerse para hacer una cosa: *se paró a descansar; párate a reflexionar antes de decidirte.* + a
15 Quedarse el torero con los pies quietos y juntos durante la ejecución de una suerte. TAUROMAQUIA
16 Posarse el ave.
17 Estar o ponerse de pie. v.intr/prnl./Amér.
18 ¡dónde va a parar!: Se usa para ponderar las cualidades de una cosa o persona en comparación con otra: *¡dónde va a parar!, aquí se come mucho mejor que allí.* coloquial
19 ¡dónde vamos, iremos... a parar!: Se usa para expresar asombro ante las nuevas situaciones: *¡dónde iremos a parar con tanto libertinaje!* coloquial
20 ir o venir a parar a: 1. Detenerse en un lugar después de un recorrido: *de esa población iremos a parar por esta carretera al pantano.* 2. Reducirse o convertirse una cosa en otra: *donde yo quería ir a parar es a que la cosa es más sencilla de lo que parece.* coloquial / coloquial
21 no parar: Estar todo el día ocupado y activo: *últimamente tienen tanto trabajo que no paran.* coloquial
22 no parar en o por: No frecuentar mucho un lugar: *ya no para en el local; no para por aquí desde hace tiempo.*
23 sin parar: 1. Sin interrupción: *la máquina funciona sin parar día y noche.* 2. De forma continua: *se ríe sin parar desde muy pequeña.* loc.adv. / loc.adv.
24 y para de contar: Se usa para expresar que se ha concluido lo que se explicaba: *tengo un par de camisas y para de contar.* coloquial

pararrayos
1 Dispositivo formado por una o más varillas de hierro terminadas en punta, unidas a la tierra o al agua, que se coloca sobre edificios o buques para preservarlos de las descargas eléctricas de los rayos. s.m. pl: pararrayos
2 Dispositivo de las instalaciones eléctricas que evita las sobretensiones y protege de las descargas atmosféricas. ELECTRICIDAD

parasanga Medida itineraria de origen persa equivalente a 5.250 metros. s.f. HISTORIA

parasceve (Del lat. *parasceve* < gr. *paraskeve*, preparativo.) Víspera del sábado, día en el que se hacen los preparativos para la festividad del *sábbat*, entre los judíos. s.f. RELIGIÓN

paraselene (Del gr. *para*, junto a + *selene*, luna.) Imagen de la Luna reflejada en los cristales de hielo existentes en las capas nebulosas elevadas de la atmósfera. s.f. ASTRONOMÍA

parasemo Mascarón de proa de las galeras griegas y romanas. s.f. HISTORIA

parasexualidad Proceso de reproducción que se realiza por recombinación genética sin seguir una vía sexual. s.f. BIOLOGÍA

parasicología Estudio de los fenómenos y comportamientos sicológicos que no tienen explicación científica. s.f. tb: parapsicología

parasicológico, a De la parasicología: *fenómenos parasicológicos.* adj. tb: parapsicológico

parasicólogo, a Que está especializado en parasicología. adj/s. tb: parapsicólogo

parasimpático, a Se aplica al componente del sistema nervioso vegetativo que actúa de manera contraria al sistema nervioso simpático: *el sistema parasimpático aminora el ritmo cardíaco.* adj. FISIOLOGÍA

parasíntesis (Del gr. *para*, junto a + *synthesis*, síntesis.) Procedimiento para la formación de palabras en que intervienen composición y derivación o prefijación y sufijación de manera simultánea: *desalamado, encañonar, sietemesino son ejemplos de parasíntesis.* s.f. pl: parasíntesis LINGÜÍSTICA

parasintético, a Se aplica a la palabra que se forma por parasíntesis. adj. LINGÜÍSTICA

parasíquico, a Que rebasa los límites del mundo síquico: *fenómenos parasíquicos.* adj. = metasíquico

parasitar Entrar un parásito en un organismo animal o vegetal y vivir a expensas de él: *las pulgas parasitan en los perros.* v.tr. BIOLOGÍA

parasitario, a Que tiene relación con los parásitos: *padece una enfermedad parasitaria.* adj. BIOLOGÍA

parasiticida (De *parásito* + lat. *caedere*, matar.) Se aplica a la sustancia que combate los parásitos: *esparció un parasiticida por el huerto.* adj/s.m. = antiparasitario

parasitismo
1 Modo de vida de los organismos, vegetales o animales, que viven a expensas de otro: *el parasitismo implica que un organismo se instale fuera o dentro del otro.* s.m. BIOLOGÍA
2 Modo de ser o de comportarse de las personas que viven a costa de otras o que no prestan ningún servicio a la sociedad. SOCIOLOGÍA

parásito, a (Del lat. *parasitus* < gr. *parasitos*, comensal.)
1 Organismo que vive en la superficie o en el interior de un ser vivo de cuyas sustancias se alimenta debilitándolo sin llegar a matarlo: *la tenia es un parásito del hombre.* adj/s. BIOLOGÍA
2 Se aplica al ruido o interferencia que perturba las transmisiones de radio o televisión: *orienta bien la antena a ver si dejan de verse parásitos en la pantalla.* adj/s.m. ELECTRICIDAD
3 Persona que vive a costa de otra o no realiza ninguna actividad provechosa para la sociedad: *es un parásito que vive a expensas de sus suegros.* s. = gorrón, vividor

parasitología Parte de la biología que estudia los parásitos de todos los seres vivos. s.f. BIOLOGÍA

parasitosis Cualquier enfermedad causada por parásitos. s.f./pl: parasitosis MEDICINA

parasol
1 Sombrilla grande para resguardarse del Sol: *mejor nos sentamos bajo el parasol y así evitamos quemaduras.* s.m. = quitasol
2 Tejadillo voladizo: *en la entrada de la casa hay un pequeño parasol donde resguardarse.* = umbela
3 Pantalla con forma acampanada que se coloca delante del objetivo de una cámara para evitar la entrada de rayos luminosos. FOTOGRAFÍA
4 Accesorio móvil del interior de un automóvil que se baja para evitar que el Sol deslumbre al conductor. = visera

parástade (Del gr. *parastas*, -ados.) Pilastra colocada detrás de una columna para reforzarla. s.m. ARQUITECTURA

parata Bancal o rellano pequeño y estrecho, formado en un terreno en pendiente que se allana para plantar o sembrar en él. s.f. AGRICULTURA

parataxis Relación sintáctica que une dos o más elementos del mismo nivel por yuxtaposición. s.f./pl: parataxis GRAMÁTICA

paratífico, a
1 De la paratifoidea. adj./MEDICINA
2 Que padece fiebre paratifoidea. adj/s./MEDICINA

paratifoidea (Del gr. *para*, junto a + *typhos*, vapor + *eidos*, forma.) Infección intestinal, parecida a la fiebre tifoidea, que ocasiona fiebres continuas, vómitos, diarreas y herpes, pero originada por un bacilo distinto. s.f. MEDICINA

paratiroideo, a De las glándulas paratiroides. adj./ANATOMÍA

paratiroides Se aplica a cada una de las glándulas endocrinas de secreción interna situadas en torno al tiroides, dos a cada lado. adj/s.f. pl: paratiroides ANATOMÍA

paraulata Ave de color ceniciento, que es similar al tordo. s.f./Venez. ZOOLOGÍA

paraván Dispositivo compuesto por flotadores especiales que, remolcado entre dos aguas, protege a los barcos de las minas submarinas de contacto. — s.m. MILITAR

paravientos Especie de pantalla con paneles articulados que domina la fuerza del viento sin obstruir el paso del aire y del sonido. — s.m. pl: paravientos TECNOLOGÍA

paraxial Se aplica al rayo que es paralelo al eje óptico. — adj./ÓPTICA

parazonio Espada ancha y sin punta que llevaban sujeta en el lado izquierdo los jefes de las milicias griegas y romanas como señal de distinción. — s.m. HISTORIA

parca
1 Prenda de vestir semejante a una chaqueta, que llega hasta la mitad del muslo y suele ser ligera y de aspecto informal y deportivo. — s.f. tb: parka
2 Cada una de las tres diosas mitológicas que decidían la muerte de las personas. — MITOLOGÍA
3 La muerte. — literario

parcela (Del fr. *parcelle* < lat. vulgar *particella*, partícula.)
1 Cada uno de los trozos más pequeños en que está dividido o se divide un terreno grande: *la finca se dividió en cinco parcelas, una para cada hijo.* — s.f. = solar
2 Cada una de las partes en que se divide una cosa: *dada la importancia del tema, lo estudiaremos en varias parcelas.*
3 Cada una de las tierras de distinto dueño que constituyen, en el catastro, un término municipal.

parcelable Que puede ser dividido en parcelas: *según la herencia, es un terreno parcelable.* — adj.

parcelación
1 División de un terreno en parcelas: *la parcelación se realizó ante notario para evitar malos entendidos.* — s.f.
2 División de cualquier cosa en parcelas o apartados: *es aconsejable la parcelación de la asignatura para estudiarla mejor.* — = compartimentación

parcelar
1 Dividir un terreno en parcelas: *optó por parcelar su terreno y vender alguna de las partes.* — v.tr.
2 Señalar las parcelas de un lugar para el catastro.

parcelario, a Que se hace por parcelas o se divide en ellas. — adj.

parcha
1 Denominación de diversas plantas de la familia de las pasifloráceas. — s.f. BOTÁNICA
2 **parcha granadilla:** Planta tropical de origen americano de hojas alternas y puntiagudas, flores encarnadas y olorosas, y fruto en baya de pulpa agridulce, agradable al paladar. (*Passiflora edulis.*) — BOTÁNICA

parchar Poner parches a una prenda u otra cosa: *antes de tirarlo, párchalo y así lo seguirás aprovechando.* — v.tr. = emparchar

parchazo
1 Burla o engaño: *me han pegado tal parchazo que me han dejado sin dinero.* — m./coloquial = chasco
2 Golpe violento dado por la vela contra su palo o contra el mastelero por un cambio brusco del viento o por un mal manejo de la embarcación. — NÁUTICA
3 **pegar un parchazo a una persona:** Engañarle sacándole dinero prestado o de otro modo, pero sin intención de devolvérselo. — coloquial

parche (Del fr. ant. *parche* < lat. *parthica pellis*, cuero fino.)
1 Trozo de tela, papel o cualquier otra materia que se pega, cose o adhiere sobre un cuerpo: *pondré unos parches de cuero en la zona de los codos para que no se rocen.* — s.m. = remiendo
2 Trozo de lienzo u otra materia con una sustancia medicinal que se coloca sobre una parte enferma del cuerpo: *apliquese un parche caliente con pomada en la zona dolorida.* — FARMACIA, MEDICINA
3 Solución provisional que se da a un asunto: *las nuevas normas sobre el tráfico no son más que parches.* — coloquial
4 Cosa sobrepuesta o añadida a otra con la que desentona: *no pongas ese cuadro ahí, es un parche junto a los otros.* — coloquial
5 Retoque mal hecho, sobre todo en pintura: *reconócelo, lo has intentado arreglar pero has puesto un parche en la acuarela; a ver si arreglas bien el agujero de la pared y quitas ese parche de yeso.* — = pegote
6 Piel o membrana con que se cubren los tambores, panderetas y otros instrumentos. — MÚSICA
7 Tambor, instrumento musical: *cientos de parches rompieron el silencio de la noche en la tamborrada.* — MÚSICA
8 Círculo de papel untado con pez o trementina y adornado con cintas, que como suerte de lidia se ponía en la frente del toro. — TAUROMAQUIA
9 Corrección de algunas instrucciones de un programa, en general de un sistema operativo, en su versión en lenguaje compilado o absoluto. — INFORMÁTICA
10 **pegar un parche a una persona:** Engañarla pidiéndole dinero sin tener la intención de devolvérselo: *con el cuento de que está sin trabajo, nos ha pegado el parche a los dos.* — coloquial

parchear
1 Poner parches en una cosa: *parchearon las lonas para seguir usándolas.* — v.tr. = emparchar
2 Sobar o manosear a una persona. — coloquial

parchís Juego de mesa con un tablero que consta de cuatro o más salidas, una de cada color, de donde parte cada uno de los jugadores con cuatro o más fichas, que van avanzando según el número que sale en el dado hasta llegar al centro del tablero. — s.m. JUEGOS

parcial (Del lat. *partialis.*)
1 Que sólo tiene relación con una parte de un todo: *está haciendo un estudio parcial de la flora de su comarca.* — adj. ≠ total
2 Que actúa con simpatía o tomando partido por uno u otro bando: *anularon el partido porque el arbitraje fue parcial.* — ≠ ecuánime, imparcial
3 Que participa en el asunto del que se trata. — = partícipe
4 Que toma partido o se inclina por una persona o grupo: *se declaró parcial de los extremistas defendiendo sus actos.* — adj/s.m.f. = partidario, seguidor
5 Se aplica a cada uno de los componentes de frecuencia fija de un sonido. — adj. FÍSICA
6 Se refiere al examen o prueba que se realiza a lo largo del curso escolar con el fin de controlar el proceso de aprendizaje de los alumnos: *si apruebo todos los parciales, no tendré que examinarme en junio.* — adj/s.m.

parcialidad
1 Actitud de quien se muestra partidario de una parte en conflicto contra otra: *en su obra se refleja la parcialidad del autor hacia uno de los bandos de la guerra civil.* — s.f. ≠ imparcialidad
2 Grupo de personas que se separa de otro mayor: *se sumó a una parcialidad de rebeldes.* — = facción
3 Amistad o familiaridad en el trato.

parcialmente
1 En parte: *estoy parcialmente de acuerdo contigo.* — adv.
2 Sin equidad, con parcialidad: *convendría que no actuaras tan parcialmente en esta ocasión.* — ≠ imparcialmente

parco, a (Del lat. *parcus.*)
1 Que es sobrio o moderado en el uso o concesión de una cosa: *aunque es parco en palabras, cuando da su opinión, suele acertar.* — adj/+ en = austero ≠ exagerado
2 Que resulta insuficiente en cantidad o número: *su parco sueldo no les llega para vivir.* — = escaso ≠ abundante

pardal (Del gr. *pardalos.*)
1 Se aplica al campesino que suele vestir de color pardo. — adj.
2 Gorrión, ave pequeña de color pardo. — s.m./ZOOLOGÍA
3 Pardillo, ave de bonito canto y domesticable. — ZOOLOGÍA
4 Acónito, planta que crece en montañas altas y es medicinal. — BOTÁNICA = matalobos
5 Persona astuta y aprovechada: *el muy pardal sabía que ella estaría sola esta noche.* — s.m.f.

pardear
1 Mostrar una cosa el color pardo distinguiéndose de entre otros colores. — v.intr.
2 Tomar una cosa un color pardusco: *las hojas de los árboles ya empiezan a pardear anunciando el otoño.*

pardela Ave acuática de alas largas, pico recurvado en el extremo, dorso negro, vientre blanco y patas palmeadas, que nidifica en los acantilados y sólo está en tierra firme para reproducirse. (*Puffinus.*) — s.f. ZOOLOGÍA

pardete Pez teleósteo marino, de color gris azulado con varias bandas longitudinales. (*Mugil cephalus.*) — s.m. ZOOLOGÍA

¡pardiez! Expresión usada para indicar sorpresa o admiración. — interj. coloquial

pardillo, a
1 Se aplica a la persona paluda: *no sabe desenvolverse en la ciudad porque es un poco pardillo.* — adj/s. coloquial
2 Se refiere a la persona que se comporta con excesiva ingenuidad y sin malicia: *es tan pardillo que le engañan con una facilidad pasmosa.* — coloquial = primo, tonto
3 Ave paseriforme de pequeño tamaño, granívora, de plumaje gris pardo, rojo carmesí en la cabeza y algunas manchas blancas. (*Acanthis cannabina.*) — s.m. ZOOLOGÍA
4 Se aplica al ámbar de origen animal, de olor almizcleño, que se halla sobrenadando en algunos mares y que es muy usado en perfumería y como medicamento. — adj.

pardisco, a De un color tirando a pardo: *la nieve está pardisca de tanto pisarla.* — adj. tb: pardusco

pardo, a (Del lat. *pardus* < gr. *pardos*, leopardo.)
1 Se aplica al color que se obtiene de la mezcla de rojo y verde, como el de la tierra: *la piel del oso común es de color pardo.* — adj/s.m. = castaño, marrón
2 Se aplica a la nube o al día que está oscuro: *unas nubes pardas cubren el Sol amenazando lluvia.* — adj.
3 Se refiere a la voz que es poco vibrante. — = opaco

pardusco, a De color o de tono tirando a pardo: *tiene la piel de un color pardusco.* — adj. tb: pardisco

pareado, a
1 Se aplica a los dos versos que van unidos y riman entre sí: *a lo largo del poema se repiten dos versos pareados.* — adj/s. POESÍA
2 Estrofa formada por dos versos de este tipo: *sus pareados son graciosos y ocurrentes.* — s.m. POESÍA

3 Grupo formado por figuras iguales y simétricas puestas una al lado de la otra. — *s.m.pl. HERÁLDICA*

parear
1 Considerar una cosa equivalente o semejante a otra: *no parees una casa y la otra porque son bien distintas.* — *v.tr. = comparar*
2 Formar pares de cosas agrupándolas de dos en dos: *vamos a jugar a parear las cartas.* — *= aparear*
3 Poner banderillas al toro. — *TAUROMAQUIA*

parecer (Del lat. vulgar *parescere*.)
1 Opinión o idea que una persona se forma sobre un asunto o sobre otra persona: *a mi parecer, su tarea es más sencilla que la mía; dame tu parecer al respecto.* — *s.m. = dictamen, juicio*
2 Aspecto físico, agradable o desagradable de una persona: *es un hombre mayor pero de buen parecer.* — *= presencia*
3 Ser una cosa probable: *parece que nevará; a mí me parece que está bien.* — *v.intr. conj: carecer*
4 Tener una persona o una cosa un aspecto determinado: *parece que el perro está enfermo; parece más joven de lo que es; por su color, parece que está indispuesto.*
5 Encontrar una cosa que se había perdido: *al fin pareció el famoso reloj extraviado.* — *= aparecer, hallar*
6 Tener una persona o una cosa el mismo aspecto que otra: *se parece mucho a su abuelo materno; su obra se parece a una del famoso impresionista.* — *v.prnl. = asemejar*
7 al parecer o a lo que parece: A juzgar por lo que es evidente, sin entrar en detalles: *al parecer ella le vio salir; a lo que parece está bien, pero déjame verlo a fondo.* — *loc.v.*
8 arrimarse al parecer de una persona: Sumarse a la opinión de otra o adherirse a ella: *siempre se arrima al parecer del más listo.* — *coloquial*
9 parecer bien o mal: 1. Ser o no una cosa del gusto de una persona o aceptable según su criterio: *me parece bien que me acompañes; tu decisión me parece mal* 2. Ser una cosa armónica o no. — *coloquial / coloquial*
10 parecer que se cae y se agarra una persona: Tener éxito quien no se pensaba que pudiera tenerlo: *desde que entró en la facultad parece que se cae y se agarra.* — *coloquial*
11 por el bien parecer: Por atención y respeto, pero no por gusto: *aceptaré su propuesta por el bien parecer, pero no creo que sea acertada.* — *loc.adv. coloquial*

parecido, a
1 Que se asemeja en el físico a otra persona o cosa: *soy parecido a mamá en los ojos; ese vestido es parecido al tuyo.* — *adj. = semejante, similar*
2 Que tiene un aspecto físico agradable o desagradable: *no es guapo pero sí bien parecido; no sé cómo han elegido a una joven tan mal parecida para el anuncio.* — *= atractivo*
3 Se aplica a lo que está bien o mal visto: *está mal parecido escupir en público.*
4 Calidad de semejante: *el parecido entre todos los hermanos es asombroso.* — *s.m. = semejanza*

pared (Del lat. *paries, -etis*.)
1 Obra de albañilería vertical con que se limita o cierra un espacio: *ésa es la pared que separa los dos edificios.* — *s.f. CONSTRUCCIÓN*
2 Cara o superficie de una montaña u otro relieve geográfico: *los alpinistas alcanzaron la cumbre por la pared norte.* — *GEOGRAFÍA*
3 Cara o superficie lateral de un cuerpo: *el cubo es una figura limitada por seis paredes.*
4 Superficie que forma un campo de mies, mirado desde fuera, cuando la mies está crecida y espesa. — *AGRICULTURA*
5 Conjunto de cosas o personas muy unidas: *amontonaron los sacos formando una pared; los manifestantes formaban una pared humana.*
6 Cara o corte lateral de una excavación. — *MINERÍA DEPORTES*
7 Corte vertical de una montaña: *se puso los pies de gato para hacer la pared sin cuerdas; unos alpinistas descendían la pared haciendo rápel.*
8 pared abdominal: Estructura que limita el abdomen, formada por músculos, tejido celular subcutáneo y piel. — *ANATOMÍA*
9 pared ciega: La que no tiene aberturas o vanos. — *CONSTRUCCIÓN*
10 pared de carga: La que soporta las vigas. — *CONSTRUCCIÓN*
11 pared horma: La que está hecha de piedra seca. — *CONSTRUCCIÓN*
12 pared maestra: Cualquiera de las más gruesas y principales que mantienen y sostienen un edificio. — *CONSTRUCCIÓN*
13 pared medianera: Medianil, la que es común a dos casas. — *CONSTRUCCIÓN*
14 andar a tienta paredes: 1. Caminar a oscuras, guiándose llevando las manos por la pared: *andó a tienta paredes por la casa hasta encontrar la linterna.* 2. Tener una conducta o actitud vacilante: *anda a tienta paredes pensando si quiere estudiar una carrera o no.* — *coloquial / coloquial*
15 arrimarse una persona a las paredes: Estar ebrio o borracho. — *coloquial*
16 caérsele a una persona las paredes encima: Sentirse cansado de estar en un lugar cerrado o disgustarse en general: *le gusta tanto la naturaleza que se le caen las paredes encima cuando está en casa.* — *coloquial*
17 darse una persona contra la pared: 1. Estar muy enfadado: *se daba contra la pared por haber consentido aquella injusticia.* 2. No conseguir el propósito que se tiene: *se dará contra la pared porque aunque pretenda explicárselo, él no lo entenderá.* — *coloquial / coloquial*
18 darse una persona por las paredes: No conseguir lo que se desea: *se daba por las paredes al saber que se quedaba sin vacaciones.* — *coloquial*
19 de pared: Se aplica al objeto pensado para estar colgado o adosado a una pared: *colecciona relojes de pared; me han regalado un calendario de pared y otro de sobremesa.* — *loc.adj.*
20 descargar las paredes: Aligerar el peso que soportan mediante arcos o estribos. — *ARQUITECTURA*
21 entre cuatro paredes: Sin tener contacto con otras personas: *se encerró entre cuatro paredes para terminar su tesis.* — *loc.adv. = aislado*
22 estar alguien que se sube por las paredes: Estar muy enojado: *no le des más disgustos hoy que ya está que se sube por las paredes.* — *coloquial*
23 hablar las paredes: Se usa para indicar que las cosas se descubren aunque se hagan con secreto: *dejemos el tema porque hablan las paredes.* — *coloquial*
24 hacer la pared: 1. Obstaculizar un jugador al contrario con el cuerpo. 2. Ponerse los jugadores en fila compacta para impedir un tanto del equipo contrario. 3. Modo de llevar el balón en el fútbol pasándolo a un compañero para que lo devuelve de inmediato para superar al contrario. — *DEPORTES / DEPORTES = barrera / DEPORTES*
25 pared en o por medio: Con sólo una pared entre una vivienda o habitación con otra: *vive en una casa pared por medio con la mía.* — *loc.adv.*
26 pegado a la pared: Avergonzado o confuso: *su respuesta fue tan rotunda que me dejó pegado a la pared.* — *loc.adj.*
27 poner a una persona contra la pared: Ponerle en una situación difícil o comprometida: *me puso contra la pared al obligarme a elegir una u otra opción.* — *coloquial*
28 subirse por las paredes: Estar o mostrarse muy enojado: *se subía por las paredes cuando vio los ocho suspensos que traía su hijo.* — *coloquial*

paredaño, a Se aplica al recinto que está separado de otro por sólo una pared. — *adj.*

paredón
1 Pared que queda en pie de un edificio en ruinas. — *s.m.*
2 Pared de gran espesor: *los paredones de esta casa hacen que sea fresca en verano.* — *CONSTRUCCIÓN*
3 Muro contra el que se llevaban a cabo los fusilamientos de los condenados a muerte.
4 ¡al paredón!: Expresión con la que se quiere indicar que la persona o entidad a la que se aplica debe dejar de ejercer la función, por lo general pública, que realiza: *¡el gobierno al paredón!* — *loc.adv. coloquial*
5 llevar a una persona al paredón: Llevarle a un lugar para fusilarlo.

paregórico, a Se aplica a las sustancias farmacológicas que tienen efectos calmantes. — *adj. FARMACIA*

pareja
1 Conjunto de dos personas o animales, en especial el formado por macho y hembra: *son pareja desde hace varios años; he encontrado una pareja para aparear a la perrita.* — *s.f. = par*
2 Conjunto de dos cosas: *le regaló una pareja de copas de cristal tallado.* — *= par*
3 Conjunto de dos guardias del orden público, de la guardia civil y otros cuerpos: *una pareja de vigilantes pasea por el parque para evitar el vandalismo.*
4 Persona, animal o cosa que forma un conjunto de dos con otra: *una pareja de bueyes tira del carro; he perdido la pareja del calcetín.*
5 Compañero o compañera de baile: *no encontró pareja para el baile.*
6 Compañero o compañera de una persona con la que mantiene una relación matrimonial o sentimental: *vino a la cena con su pareja.*
7 Conjunto de dos caballos ataviados igual que corrían juntos en los juegos antiguos.
8 Conjunto de dos números o puntos iguales que salen de una tirada en el juego de dados: *pareja de seises.* — *JUEGOS*
9 Conjunto de dos cartas del mismo número o figura en los juegos de baraja: *pareja de sotas.* — *JUEGOS*
10 Arte de pesca compuesta de dos barcos que arrastran una red barredera de profundidad. — *s.f.pl.*
11 Carrera en la que los jinetes van juntos, por lo general unidos por las manos. — *EQUITACIÓN*
12 correr parejas: Ser iguales o muy parecidas una cosa a otra o dos cosas entre sí por su magnitud, valor o aspecto. — *coloquial*
13 en parejas: 1. En grupo de dos: *este juego es más divertido en parejas.* 2. En grupos de hombre y mujer, macho y hembra: *los invitados llegaban en parejas.* — *loc.adv. / loc.adv.*
14 por parejas: Se aplica a las competiciones deportivas que admiten esta modalidad: *tenis por parejas; descenso por parejas.* — *loc.adj. DEPORTES*

parejo, a (Del lat. vulgar *pariculus*.)
1 Se aplica a la persona o cosa que se parece a otra: *teníamos parejas inquietudes; los dos sofás son parejos, pero éste parece de mejor calidad; sus ideas son parejas a las mías.* — *adj. = análogo, semejante ≠ distinto*

2 Que es liso o llano: *pasa la paleta para dejar parejo el yeso; el suelo no quedó parejo y tropezó con una juntura.* = uniforme / ≠ desigual
3 por parejo o por un parejo: Por igual, del mismo modo: *llegaron a la meta por un parejo.* loc.adv.

parejura Igualdad o semejanza de dos o más cosas o personas. s.f.

parel Se aplica al remo que boga emparejado con otro de la banda opuesta. adj. NÁUTICA

paremia (Del gr. *paroimia*.) Refrán, proverbio, adagio o sentencia. s.f.

paremiología (Del gr. *paroimia*, proverbio + *logos*, tratado.) Conjunto de conocimientos relativos a los refranes o tratado en el que se recogen. s.f.

paremiológico, a De la paremiología o de los refranes. adj.

paremiólogo, a Persona dedicada al estudio de los refranes. s.

parénesis (Del gr. *parainesis*, consejo.) Discurso moral de exhortación o de amonestación. s.f./pl: parénesis RETÓRICA

parenético, a De la parénesis. adj./RETÓRICA

parénquima (Del gr. *parenkhyma*, sustancia orgánica.)
1 Tejido vegetal formado por células de forma esférica o cúbica y separadas entre sí por unos espacios huecos. s.m. BOTÁNICA
2 Tejido glandular en los animales. ANATOMÍA

parenquimatoso, a Del parénquima o que está formado por él. adj./ANATOMÍA, BOTÁNICA

parental
1 De los padres o parientes. adj.
2 Que se refiere a uno o varios progenitores. adj/s.m.f./BIOLOGÍA

parentela (Del lat. *parentela*.) Conjunto de los parientes de una persona: *invitó a toda la parentela a la ceremonia.* = familia

parenteral Se aplica a la vía no digestiva por la que penetra un medicamento en el organismo. adj. MEDICINA

parentesco
1 Relación existente entre dos o más personas por consanguinidad o afinidad: *mi tío y yo tenemos una relación de parentesco; nuestro parentesco se remonta a la época universitaria.* s.m. = vínculo
2 Relación que existe entre dos o más cosas: *no encuentro parentesco alguno entre una y otra obra.* = conexión, unión
3 Relación que existe entre individuos que se reconocen unidos por lazos de consanguinidad real o ficticia y que son reconocidos por la sociedad. SOCIOLOGÍA
4 parentesco espiritual: Vínculo que contraen en los sacramentos del bautismo y de la confirmación el ministro y padrino con el que los recibe y sus padres. RELIGIÓN
5 parentesco lingüístico: Relación que existe entre dos o más lenguas que tienen un origen común. LINGÜÍSTICA
6 contraer parentesco: Emparentar o ligarse a otra persona por afinidad o de forma legal.

paréntesis
1 Oración o frase que se intercala en otra sin necesidad de ningún enlace, cuyo sentido se interrumpe pero no altera. s.m. pl: paréntesis GRAMÁTICA
2 Signo ortográfico formado con dos líneas curvas verticales, una hacia la derecha y otra hacia la izquierda, ( ), con el que suele encerrarse dicha oración. GRAMÁTICA
3 Interrupción o suspensión de una acción: *haré un paréntesis para tomar un café y seguiré trabajando.* = descanso
4 Razonamiento o acción con el que se interrumpe otro: *permítame que introduzca un paréntesis en esta conversación.* = inciso
5 abrir el o un paréntesis: 1. Poner una línea vertical y curvada hacia la izquierda como signo de inicio de una oración intercalada en otra. 2. Interrumpir una acción de forma momentánea. GRAMÁTICA
6 cerrar el o un paréntesis: 1. Poner una línea vertical y curvada hacia la derecha como signo de que termina la oración intercalada en otra. 2. Acabar la interrupción de una acción: *con esto cerramos el paréntesis y proseguimos.* GRAMÁTICA
7 entre o por paréntesis: Suspendiendo o interrumpiendo un discurso o conversación. loc.adv.
8 poner entre paréntesis: Poner en duda: *pongo entre paréntesis su declaración porque no me fío de él.* coloquial

parentético, a Del paréntesis. adj./GRAMÁTICA

pareo
1 Unión o emparejamiento de una cosa con otra. s.m.
2 Prenda sin costuras a modo de pañuelo que se enrolla alrededor del cuerpo y cubre por lo general desde de la cintura hasta las rodillas: *lleva un pareo a juego con el bañador.*

paresia (Del gr. *paresis*, aflojamiento.) Parálisis leve e incompleta que aumenta la debilidad de las contracciones musculares. s.f. MEDICINA

parestesia Sensación de hormigueo, picores o ardor que notan en la piel algunos enfermos del sistema circulatorio o nervioso. s.f. MEDICINA

pargo Pagro, pez teleósteo parecido al pagel. s.m./ZOOLOGÍA

parhelio (Del gr. *para*, junto a + *helios*, sol.) Fenómeno que consiste en la aparición simultánea de varias imágenes del Sol reflejadas en las nubes, producido por la reflexión de la luz solar sobre los pequeños cristales de hielo que están en suspensión en la atmósfera. s.m. ASTRONOMÍA tb: parhelia

parhilera Madero de la armadura de cubierta que forma el caballete del tejado. s.f. CONSTRUCCIÓN

pari- Componente de palabra procedente del lat. *par*, que significa igual: *paridigitado.* pref.

paria (Del ingl. *parian* < part. *paría* < tamil *pareiyan*, tañedor de bombo.)
1 Persona que pertenece a la clase social más baja de los hindúes y que sigue la ley brahmánica. s.m.f.
2 Persona considerada inferior que queda excluida del trato y ventajas de que gozan los demás: *los mendigos son considerados en algunas sociedades como parias.*

pariambo (Del gr. *pariambos*.)
1 Pie de la poesía griega y latina formado por dos sílabas breves. s.m. POESÍA
2 Pie de la poesía griega y latina formado por una sílaba breve y dos largas. POESÍA = pirriquio
3 Pie de la poesía griega y latina formado por una sílaba larga seguida de cuatro breves. POESÍA = baquio

parias (Del ant. *pariar* < bajo lat. *pariare*, saldar una cuenta.)
1 Placenta del útero. s.f.pl.
2 Tributo que pagaba un príncipe a otro en reconocimiento de superioridad. HISTORIA
3 dar o rendir parias: Someterse a otra persona. coloquial

parición Temporada en la que pare el ganado. s.f.

parida
1 Se aplica a la hembra que acaba de parir: *la gata parida me arañó al acercarme a ella.* adj/s.f.
2 Comentario o dicho poco importante, inoportuno o sin sentido: *lleva toda la tarde diciendo paridas.* s.f./coloquial = tontería, chorrada

paridad
1 Igualdad o coincidencia de las ideas u opiniones entre dos o más personas o entre las cosas: *no ha habido paridad en los distintos criterios expuestos.* s.f. = afinidad, semejanza
2 Relación de una moneda con el patrón monetario internacional vigente. ECONOMÍA
3 Comparación de una cosa con otra mediante un ejemplo.
4 Técnica de control que permite la detección de errores producidos durante la transmisión de una información. INFORMÁTICA

paridera
1 Se aplica a la mujer, o a la hembra de algunos animales, que es muy fecunda. adj. tb: paridora
2 Lugar donde pare el ganado, en especial, el lanar. s.f.
3 Acción de parir el ganado.
4 Tiempo en el que pare el ganado.

paridigitado, a Perteneciente a un orden de mamíferos ungulados que tienen un número par de dedos de los que los dos extremos son rudimentarios y menores que los medios, como el camello. adj/s.m. ZOOLOGÍA = artiodáctilo

parido, a
1 Se aplica a la persona o al animal nacido del vientre de su madre. adj. BIOLOGÍA
2 bien parido: Que está muy bien hecho o, aplicado a una persona, que se comporta bien y se puede confiar en ella. loc.adj. coloquial
3 mal parido: Se refiere a la persona que obra mal: *es un mal parido, ha abandonado a sus hijos.* loc.adj. coloquial

párido, a Perteneciente a una familia de aves paseriformes insectívoras, pequeñas, de pico corto y afilado, activas y de costumbres arborícolas, que no presentan dimorfismo sexual. adj/s.m. ZOOLOGÍA

parienta Mujer respecto del marido: *mi parienta no está, así que cenaré solo en casa.* s.f./coloquial = esposa

pariente (Del lat. *parentes*, padre y madre.)
1 Se aplica a toda persona que respecto a otra es de la misma familia: *nos reuniremos con unos parientes en Madrid.* adj/s.m.f.
2 Que tiene semejanza: *no son iguales por el color, pero sí parientes.* adj./= parecido, semejante

parietal (Del lat. *paries, -etis*, pared.)
1 De la pared: *puedes comprobar la verticalidad parietal con una nivel.* adj.
2 Se aplica a cada uno de los huesos situados en las partes media y lateral de la cabeza. adj/s.m. ANATOMÍA
3 Relativo a un orden de plantas con un tipo de placentación en la que los óvulos están fijados en el borde del órgano sexual femenino. adj/s.f. BOTÁNICA

parietaria Planta herbácea anual, con tallos rojizos, hojas alternas, ásperas y lanceoladas, flores pequeñas, verdosas y en grupo, con fruto seco envuelto, que se usa en medicina popular para cataplasmas. (*Parietaria.*) s.f. BOTÁNICA

parieto- Componente de palabra procedente del lat. *paries, -etis,* que significa pared: *parietofrontal.* — pref.

parificación Demostración de lo que se dice mediante una paridad o ejemplo. — s.f. = ejemplificación

parificar (Del lat. *par + facere,* hacer.) Poner un ejemplo para apoyar o probar una cosa que se dice. — v.tr. conj: *sacar*

parigual Muy parecido: *actuó con todos sus hijos de forma parigual.* — adj. = semejante

parihuela
1 Utensilio para transportar cosas entre dos personas que consiste en dos varas entre las que se sostiene una plataforma en la que se apoya el peso o carga.
2 Camilla, cama portátil. — s.f. = andas

parima Especie de garza de color violado, originaria de América. — s.f./*Argent.* ZOOLOGÍA

parina Ave paseriforme de pequeño tamaño, semejante a un flamenco. *(Phoenicopanus jamesi.)* — s.f. ZOOLOGÍA

pario, a
1 De Paros, isla del mar Egeo. — adj.
2 Persona natural de esta isla. — s.

paripé (Del gitano *paruipén,* trueque.)
1 Fingimiento o simulación de una cosa para cubrir las apariencias: *no me vengas con paripés.* — s.m. coloquial
2 **hacer el paripé:** 1. Presumir o darse importancia: *hace el paripé delante de las chicas con su carro.* 2. Hacer o mostrar melindres o remilgos: *deja de hacer el paripé y cómelo, que no te pasa nada.* 3. Simular algo para ocultar la realidad de un hecho o para cubrir las apariencias: *estamos en la oficina haciendo el paripé porque no hay trabajo.* — coloquial
3 **hacer el paripé a una persona:** Mostrarle un cariño y unas atenciones que no son sinceras. — coloquial

paripinnado, a Se aplica a la hoja pinnada formada por un número par de hojuelas. — adj. BOTÁNICA

parir (Del lat. *parere.*)
1 Expeler la mujer o la hembra de los mamíferos el feto: *la vaca ha parido esta noche; la perra ha parido cinco cachorros.* — v.intr./tr. BIOLOGÍA
2 Aovar o expeler los animales ovíparos sus huevos. — v.intr./ZOOLOGÍA
3 Producir una cosa otra: *las fuertes olas parían una espuma blanquecina.* — v.tr.
4 Explicar un concepto de forma correcta: *parió una conferencia interesante.*
5 Hacer salir a la luz una cosa que estaba oculta o ignorada.
6 Crear o realizar una obra: *parió un proyecto muy interesante.* — coloquial = idear
7 **no parir:** No dar una cuenta el resultado esperado por más que se repase: *mis ahorros no parieron para las vacaciones.* — coloquial
8 **parir a medias:** Hacer un trabajo entre dos personas: *mi hermano y yo parimos a medias el proyecto.*
9 **parirla:** Meter la pata en un asunto: *la parió contándoselo todo.* — vulgar
10 **poner a parir:** Insultar a una persona: *con sus comentarios le puso a parir.* — coloquial
11 **ponerse a parir:** Enfadarse mucho: *me pone a parir su lentitud.* — coloquial

parisién De París, capital francesa. — adj./s.m.f.

parisiense
1 De París, capital de Francia. — adj.
2 Persona natural de París. — s.m.f./= parisino

parisílabo, a Se aplica a la palabra o al verso que tiene el mismo número de sílabas que otro: *tronco y hoja son palabras parisílabas porque las dos tienen dos sílabas.* — adj./POESÍA = parasilábico ≠ imparisílabo

parisino, a
1 De París, capital francesa. — adj.
2 Persona natural de esta ciudad. — s./= parisiense

paritario, a
1 Se aplica al organismo que está constituido por igual número de patronos y obreros para resolver los conflictos de trabajo de unos y otros: *la creación de un comité paritario en la empresa solucionó la negociación.* — adj. = igualitario
2 Se refiere a la asamblea o comisión en la que las partes que la forman tienen igual número de representantes e iguales derechos.

paritorio Sala de partos de un hospital. — s.m.

parka (Voz esquimal.) Prenda de vestir semejante a una chaqueta, que llega hasta la mitad del muslo y suele ser ligera y de aspecto informal y deportivo. — s.f. tb: parca

parkerización Sistema de protección del hierro que consiste en recubrirlo con una capa superficial de óxido impermeable. — s.f. METALURGIA

parkerizar Proteger el hierro mediante una capa superficial de óxido impermeable. — v.tr. METALURGIA

parking (Voz inglesa.) Lugar o espacio destinado a aparcar vehículos: *no sigas dando vueltas, mete el coche en el parking.* — s.m. tb: aparcamiento

párkinson Enfermedad del cerebro que se caracteriza por temblores y rigidez muscular. — s.m. MEDICINA

parkinsoniano, a
1 De la enfermedad del párkinson. — adj./MEDICINA
2 Se aplica a la persona que padece esta enfermedad cerebral. — adj./s. MEDICINA

parla
1 Acción de hablar mucho: *¡qué parla aturdidora tiene ese chico!* — s.f. = labia
2 Gracia y verbosidad hablando: *tan pequeño y con esa parla de bueno.* — coloquial
3 Habla y comentarios sin sentido ni seriedad: *mucha parla, pero a la hora de la verdad, nada.* — = palabrerío

parlador, a Que parla o habla mucho: *mira que es parlador el monigote este.* — adj./s. = hablador

parladuría Expresión o dicho impertinente y sin fundamento: *no me creo las parladurías que cuentan de ellos por ahí.* — s.f. = habladuría

parlaembalde Persona que habla mucho y sin sustancia. — s.m.f.

parlamentar
1 Hablar dos o más personas entre sí: *estuvieron parlamentando hasta altas horas de la madrugada.* — v.intr. = dialogar
2 Hablar dos o más personas entre sí para intentar solucionar un asunto: *los representantes de los países en conflicto parlamentaron para intentar llegar a un acuerdo.* — = tratar

parlamentario, a
1 Del parlamento: *el partido ha obtenido mayor representación parlamentaria en estas elecciones.* — adj.
2 Que es miembro de un parlamento: *el representante parlamentario contestó a las alusiones.* — adj./s. POLÍTICA
3 Miembro de un parlamento. — s./POLÍTICA
4 Persona que va a parlamentar.

parlamentarismo Doctrina política que defiende la separación de los poderes legislativo y ejecutivo, con existencia de una o dos cámaras de representantes y en la que el parlamento ejerce el legislativo. — s.m. POLÍTICA ≠ presidencialismo

parlamento (Del fr. *parlement.*)
1 Institución política constituida por una asamblea encargada de aprobar las leyes y controlar la actividad del gobierno: *hoy se debate en el parlamento el proyecto ley.* — s.m. POLÍTICA
2 Edificio donde se reúne el parlamento.
3 Institución política y judicial francesa de la época medieval y del antiguo régimen. — HISTORIA
4 Recitación larga, en prosa o en verso, de un actor: *el público ovacionó el parlamento del actor.* — TEATRO
5 Acción de parlamentar: *el largo parlamento que mantuvieron no les llevó a solucionar sus diferencias.*

parlanchín, a Que habla mucho o dice cosas inoportunas: *mejor que no le cuentes lo que no quieres que se sepa porque es un parlanchín.* — adj./s. = boquirroto ≠ callado

parlante
1 Que parla o habla: *se asombró al ver que la máquina del tabaco era parlante.* — adj.
2 Se aplica a las armas que representan un nombre idéntico al de quien las usa. — HERÁLDICA

parlar (Del occitano *parlar* < lat. *parabolari,* hacer frases.)
1 Hablar una persona con soltura y facilidad: *parlé a los miembros del tribunal de la situación.* — v.intr./tr.
2 Hablar una persona mucho: *déjate de tanto parlar y empieza a actuar.* — v.intr. = parlotear
3 Emitir algunas aves una voz semejante a la humana.
4 Decir cosas que deberían mantenerse en secreto: *no pienso contárselo a ella porque lo parla todo.* — v.tr. = chismorrear

parlería
1 Acción y resultado de parlar, hablar o charlar mucho tiempo: *todo este parlerío es innecesario si ya sabemos el modo de solucionarlo.* — s.f. = palabrería
2 Chisme, habladuría: *no me gusta que me cuentes las parlerías de los demás.* — = chismorreo

parlero, a
1 Que habla mucho. — adj./s./= parlanchín
2 Que gusta de contar chismes o cosas que debiera callar. — = chismoso
3 Se aplica al pájaro que canta. — = cantarín
4 Que muestra los estados de ánimo: *sus ojos parleros demostraban que le daba igual.*
5 Que hace un ruido agradable y armonioso: *fuente parlera; arroyo parlero.*

parleta Conversación intrascendente, pero amena: *estuvimos tan a gusto de parleta tomando un café.* — s.f. = charla

parlón, a Que habla mucho. — adj./= charlatán

parlotear Hablar una persona mucho y sin sustancia: *aquí no se viene a parlotear sino a trabajar.* — v.intr. = chacharear

parloteo Acción de hablar mucho y sin sustancia: *con el parloteo me he olvidado de lo que tenía que hacer.* — s.m. = cháchara

parmesano, a
1 De Parma, ciudad y antiguo ducado de Italia. — adj.
2 Persona natural de Parma. — s.
3 Se aplica al queso de pasta dura que se hace con leche cocida de vaca, se deja madurar lentamente y que se elabora en esta región italiana. — adj./s.m.

parnasianismo Movimiento poético francés de la segunda mitad del siglo XIX, caracterizado por su reacción contra el intimismo romántico y por su poesía culta e impersonal. — *s.m. LITERATURA*

parnasiano, a
1 Del parnasianismo. — *adj./LITERATURA*
2 Que practica o es partidario del movimiento poético del parnasianismo. — *adj/s. LITERATURA*

parnaso
1 Conjunto de todos los poetas de un lugar o de un tiempo determinados: *el parnaso español es muy extenso.* — *s.m. POESÍA*
2 Colección de poemas de varios autores. — *POESÍA*

parné (Del gitano *parné*.) Dinero o bienes de cualquier tipo: *me he quedado sin parné.* — *s.m. argot*

paro
I (Del lat. *parus*.)
1 Denominación que reciben algunas aves paseriformes de la familia de los páridos, con el pico recto y fuerte, alas redondeadas y cola larga. *(Parus.)* — *s.m. ZOOLOGÍA*
2 **paro carbonero:** Ave de plumaje pardo verdoso en la zona superior del cuerpo y negro en la cabeza, cola y cuello, que se alimenta de insectos y frutos y canta con frecuencia. — *ZOOLOGÍA*
II (Derivado de *parar*.)
1 Acción y resultado de detener una actividad o movimiento: *el botón de paro de la cinta se estropeó.* — *s.m.*
2 Situación de la persona que no tiene trabajo: *se quedó en paro hace varios meses.* — *ECONOMÍA, SOCIOLOGÍA*
3 Índice de personas sin trabajo en relación a la población activa: *en verano, el paro suele descender en zonas turísticas.* — *ECONOMÍA = desempleo*
4 Interrupción del trabajo en una empresa por decisión del empresario o patrono.
5 Huelga o cese voluntario en el trabajo por acuerdo de obreros o empleados: *el paro de maquinistas es de carácter indefinido.* — *ECONOMÍA, SOCIOLOGÍA*
6 Suspensión o término de la jornada industrial o agrícola.
7 **paro encubierto:** Situación que se produce cuando no se utiliza toda la capacidad productiva de la mano de obra empleada. — *ECONOMÍA*
8 **paro estacional:** El que se produce en determinada profesión debido a condiciones inherentes a dicha actividad: *en verano, los trabajadores de las estaciones de esquí suelen estar en paro estacional.* — *ECONOMÍA*
9 **paro forzoso:** Carencia de trabajo por causas ajenas al empresario y al trabajador. — *ECONOMÍA*
10 **paro laboral:** El decidido por acuerdo de los obreros o empleados. — *ECONOMÍA, SOCIOLOGÍA*
11 **paro tecnológico:** El causado por el avance técnico que conduce a la disminución de mano de obra en una determinada actividad. — *ECONOMÍA*

parodia (Del gr. *parodia*.)
1 Imitación burlesca o irónica de una obra artística, en general literaria: *su novela es una parodia del género de ciencia-ficción.* — *s.f. LITERATURA*
2 Cualquier imitación burlesca de una persona, una actitud o de una situación: *el juego consiste en hacer una parodia de un personaje para que los demás adivinen de quién se trata.* — *= caricatura*

parodiador, a Se aplica a la persona que parodia: *es un conocido parodiador de cantantes.* — *adj/s.*

parodiar
1 Imitar los gestos, la manera de hablar o las actitudes de una persona, de forma burlesca: *el cómico parodia a un político popular.* — *v.tr. = caricaturizar*
2 Imitar una obra artística, en especial literaria. — *LITERATURA*

paródico, a De la parodia o de sus características: *me contó lo sucedido con voz paródica.* — *adj.*

parodista Persona que escribe parodias. — *s.m.f.*

párodo
1 Canto que acompañaba la entrada del coro, en la tragedia clásica griega. — *s.m. TEATRO*
2 Parte del drama que recitaba el coro, después del prólogo, en la tragedia clásica griega. — *TEATRO*

parodoncio Conjunto de tejidos que rodea el diente, formado por la cubierta de las raíces, el hueso alveolar y las encías. — *s.m. ANATOMÍA*

parodontosis Inflamación de los tejidos que rodean el diente. — *s.f./pl: parodontosis MEDICINA*

parola (Del ital. *parola*, discurso.)
1 Facultad o capacidad de hablar mucho y con gran facilidad: *encandila al auditorio con su parola.* — *s.f. = facundia, labia*
2 Conversación larga y superficial.

parolero, a Se aplica a la persona que habla mucho. — *adj./= hablador*

pároli (Del ital. *paroli*.) Lance en algunos juegos de cartas que consiste en no cobrar lo ganado, para triplicar la suma si se gana una segunda vez. — *s.m. JUEGOS*

parolina
1 Facultad o capacidad de hablar mucho y con facilidad: *es conocido por su continua parolina.* — *s.f. = labia, parola*

2 Conversación larga y superficial. — *= parola*

parón Paro repentino: *los parones han sido causados por fallos generalizados del nuevo programa informático.* — *s.m.*

paronimia Circunstancia que se produce cuando dos o más vocablos tienen una semejanza fonética o etimológica. — *s.f. LINGÜÍSTICA*

paronímico, a De la paronimia. — *adj./LINGÜÍSTICA*

parónimo, a (Del gr. *para*, junto a + *onoma*, nombre.) Se aplica a la palabra que tiene semejanza fonética o etimológica con otra. — *adj. LINGÜÍSTICA*

paroniquia (Del gr. *paronykhion < para*, junto a + *onux*, uña.) Inflamación con formación de pus en un dedo, en general en la primera falange. — *s.f. MEDICINA = panadizo*

paroniquiáceo, a Perteneciente a un grupo de plantas herbáceas, que pertenecen a la familia de las cariofiláceas, de hojas opuestas, flores regulares y fruto seco, como la nevadilla. — *adj/s.f. BOTÁNICA = coriotiláceo*

paronomasia
1 Semejanza fonética de cualquier tipo entre dos o más palabras, en especial cuando se diferencian sólo en la vocal tónica. — *s.f. LINGÜÍSTICA tb: paranomasia*
2 Conjunto de dos o más palabras que tienen alguna semejanza fonética entre sí. — *LINGÜÍSTICA*
3 Figura que consiste en utilizar palabras con semejantes fonéticas entre sí en el discurso. — *RETÓRICA*

paronomástico, a De la paronomasia. — *adj./LINGÜÍSTICA*

paropsia Cualquier trastorno de la vista. — *s.f./MEDICINA*

parótida (Del lat. *parotis < gr. parotis < para*, junto a + *us, otos*, oreja.)
1 Cada una de las dos glándulas salivares situadas debajo de la oreja y detrás de la mandíbula inferior en los mamíferos, y que poseen un conducto excretorio que vierte la saliva que segrega en la boca. — *s.f. ANATOMÍA*
2 Inflamación en esta glándula. — *MEDICINA*

parotídeo, a De la parótida, glándula secretora de la saliva. — *adj. ANATOMÍA*

parotiditis (De *parótida* + gr. *itis*, inflamación.) Paperas, inflamación de la glándula parótida. — *s.f./pl: parotiditis MEDICINA*

paroxismal
1 Del paroxismo. — *adj./MEDICINA*
2 Se aplica a la fase de máxima intensidad de un plegamiento o movimiento geológico. — *GEOLOGÍA*

paroxismo (Del gr. *paroxysmos*, irritación.)
1 Máxima intensidad del acceso o los síntomas de una enfermedad. — *s.m. MEDICINA*
2 Ataque peligroso o casi mortal en el que el paciente pierde el sentido durante largo tiempo. — *MEDICINA*
3 Exaltación extrema o violenta de un sentimiento: *llegaba al paroxismo escuchando la música de su compositor preferido.* — *SICOLOGÍA*
4 Fase culminante de un plegamiento o movimiento geológico. — *GEOLOGÍA*

paroxístico, a Del paroxismo. — *adj./MEDICINA*

paroxítono, a Se aplica a la palabra que se acentúa en la penúltima sílaba: *árbol es un término paroxítono.* — *adj./LINGÜÍSTICA = llano, grave*

parpadeante Que parpadea: *la luz parpadeante de esa bombilla me molesta.* — *adj.*

parpadear
1 Abrir y cerrar los párpados de forma repetida: *intenta no parpadear para que pueda echarte las gotas.* — *v.intr. = pestañear*
2 Temblar una luz o un cuerpo luminoso: *las estrellas parpadean en el cielo.*

parpadeo
1 Movimiento de los párpados al abrirse y cerrarse de forma repetida: *la irritación de los ojos le provocaba un parpadeo continuo.* — *s.m.*
2 Vacilación de la intensidad de la luz.

párpado (Del lat. vulgar *palpetrum < lat. palpebra*.) Cada una de las dos membranas movibles que protegen el ojo de los mamíferos, aves y muchos reptiles, de cuyo borde nacen las pestañas. — *s.m. ANATOMÍA*

parpar (Voz onomatopéyica.) Emitir el pato su voz. — *v.intr.*

parque (Del fr. *parc < bajo lat. parricus*, terreno cercado y con plantas, para recreo.)
1 Lugar de recreo público o privado, con arbolado y plantas ornamentales: *se fue al parque a pasear.* — *s.m. = jardín*
2 Pequeño recinto protegido donde juegan los niños que aún no andan: *al bebé le gusta estar en su parque rodeado de muñecos.*
3 Conjunto de instrumentos, aparatos o materiales destinados a un servicio público: *el hospital ha renovado su parque sanitario.*
4 Lugar destinado, en las ciudades, al estacionamiento transitorio de vehículos.
5 Lugar de un campamento militar donde se colocan las municiones y los víveres. — *MILITAR*
6 Conjunto de municiones de que dispone un ejército o un grupo de soldados. — *Méx. MILITAR*
7 **parque automovilístico:** Cantidad de vehículos matriculados en un lugar determinado: *el parque auto-*

movilístico de la ciudad ha aumentado de forma considerable.

8 parque de artillería: Lugar donde se guardan todas las máquinas y efectos pertenecientes a la artillería.   MILITAR

9 parque de atracciones: Terreno cercado en una ciudad, o en sus proximidades, con instalaciones de feria y otros espectáculos al aire libre.   = feria

10 parque infantil: Terreno dentro de las poblaciones destinado al recreo de los niños.

11 parque móvil: Conjunto de vehículos que son propiedad del Estado o de algún organismo público.

12 parque nacional: Terreno extenso y agreste acotado por el Estado para la protección de su flora y su fauna.

13 parque zoológico: Recinto en que se cuidan y exhiben fieras.   = zoológico

parqué
1 Piso o entarimado hecho con tablillas estrechas de madera que forman figuras geométricas: *pulió el parqué del salón.*   s.m.   tb: parquet

2 Lugar donde se desarrollan algunos deportes de equipo: *el base se cayó en el parqué.*   DEPORTES

3 Recinto reservado a los agentes de bolsa donde se realizan las operaciones de compra y venta de acciones.   ECONOMÍA

parqueadero Aparcamiento, lugar donde se estaciona un coche.   s.m.   Colomb., Pan.

parquear Dejar el coche estacionado en un lugar.   v.tr./Méx.

parquedad
1 Moderación en cualquier cosa: *come y bebe con parquedad.*   s.f.   = sobriedad

2 Brevedad y precisión al hablar o escribir: *su parquedad oral no le beneficia en su trabajo de comercial.*

parquet Parqué [en todas sus acepciones].   s.m.

parquímetro Aparato que registra el tiempo de estacionamiento de un vehículo en un aparcamiento e indica el importe que debe pagar el usuario.   s.m.   TECNOLOGÍA

parra
I (De origen incierto.)
1 Planta de vid, en especial la que se deja crecer mucho y se sostiene pegada a una pared o formando un emparrado: *los racimos de las parras aún no están maduros.*   s.f.   BOTÁNICA

2 Especie de bejuco que destila un agua que beben los caminantes.   Amér. Central   BOTÁNICA

3 **parra de Corinto:** Variedad de la vid que produce una uva sin granillos con las que se hacen las pasas de Corinto.   BOTÁNICA

4 **subirse a la parra: 1.** Darse uno demasiada importancia, enorgullecerse: *desde que lo han ascendido, se ha subido a la parra.* **2.** Encolerizarse, enfadarse mucho: *se subió a la parra al descubrir que le habían engañado.* **3.** Tomarse uno atribuciones que no le corresponden: *no te subas a la parra que esa tarea no te corresponde.*   coloquial / coloquial / coloquial

II (De origen incierto.) Tarro hecho de barro con asas que sirve para guardar la miel.   s.m.   tb: parral

parrado, a Que tiene forma de parra.   adj.

parrafada
1 Discurso, charla o conversación larga, pesada y sin pausas: *vino a casa y nos echó la parrafada de costumbre.*   s.f./despectivo   = sermón

2 Conversación larga y confidencial: *tengo ganas de tener una parrafada contigo.*   = charla

parrafear
1 Hablar dos o más personas entre sí sobre un tema intrascendente y con carácter confidencial: *se fueron a otra habitación a parrafear de sus cosas.*   v.intr.

2 Hablar mucho y sin decir nada importante.

parrafeo
1 Conversación ligera y confidencial.   s.m.

2 Charla insulsa y prolongada: *se pasan horas de parrafeo telefónico.*

párrafo (Del lat. *paragraphus*, señal para distinguir las diferentes partes de un tratado.)
1 Cada una de las divisiones de un texto situadas entre dos puntos y aparte: *en el primer párrafo se especifica de quién se está hablando.*   s.m.   = parágrafo

2 Signo ortográfico, §, con el que se indican a veces estas divisiones, en especial si se numeran.

3 **párrafo aparte:** Se usa para cambiar el tema de la conversación: *bueno, párrafo aparte y a otra cosa.*   coloquial

4 **párrafo español:** Aquel en el que la primera línea de texto no está sangrada y la última aparece centrada.   ARTES GRÁFICAS

5 **párrafo francés:** El que tiene la primera línea completa y las restantes sangradas.   ARTES GRÁFICAS

6 **echar párrafos:** Hablar mucho y confundiendo lo que se ha escrito u oído.   coloquial

7 **echar un párrafo:** Conversar entre amigos.   coloquial

parragón (Del ital. *paragone*.) Cada una de las barras pequeñas de oro o plata usadas para determinar la calidad de los objetos con los que se contrasta.   s.m.

parral
I (Derivado de *parra*, planta de la vid.)

---

1 Conjunto de parras sostenidas con un armazón de madera u otro soporte.   s.m.

2 Lugar donde hay parras de vid.

3 Viña que se ha quedado sin podar y ha criado muchos vástagos.   AGRICULTURA

II (Derivado de *parra*, tarro.) Tarro grande y hecho de barro, semejante a la parra y que sirve para guardar la miel.   s.m.   tb: parra

parranda (Del vasco *parra*, risa.)
1 Juerga, diversión bulliciosa entre varias personas, en especial aquella en la que se va de un sitio a otro: *se fueron de parranda durante toda la noche.*   s.f.   = jarana

2 Grupo de personas que van por la noche de un lado a otro cantando y tocando instrumentos musicales: *una parranda de jóvenes nos dio una serenata.*

3 Baile popular murciano que ejecutan dos parejas.

4 **andar o ir de parranda:** Ir de juerga de un lugar a otro: *se ha ido de parranda con unos amigos de la universidad.*   coloquial

parrandear Ir una persona de parranda: *mañana que es sábado me iré a parrandear por ahí.*   v.intr.

parrandeo Diversión, juerga de gente que va moviéndose por varios sitios: *empezaron el parrandeo en el pueblo y acabaron desayunando en la ciudad.*   s.m.

parrandero, a Que es aficionado a ir de parranda: *fue en su juventud y sigue siendo un parrandero.*   adj/s.

parrandista Persona que forma parte de una parranda de músicos aficionados.   s.m.f.

parrar Extender mucho sus ramas las plantas y los árboles como si fueran parras de vid.   v.intr.   BOTÁNICA

parresia (Del lat. *parrhesia* < gr. *parresia*, libertad de expresión.) Figura que consiste en decir palabras en apariencia ofensivas, pero que son en realidad gratas y halagüeñas.   s.f.   RETÓRICA

parricida (Del lat. *parricida* < de *pater*, padre + *caedere*, matar.) Se aplica a la persona que mata a su padre, a su madre o a su cónyuge: *el parricida se declaró culpable de su crimen.*   adj/s.m.f.

parricidio Delito que comete la persona que mata a cualquiera de sus padres, descendientes o a su cónyuge: *a pesar de su enfermedad mental, el juez decidió castigar el parricidio que había cometido.*   s.m.   DERECHO

parrilla
I (Derivado de *parra*, planta de la vid.)
1 Rejilla, por lo general con mango y pies, preparada para asar o tostar alimentos: *puso carbón en la parrilla para asar carne.*   s.f.   COCINA   = grill

2 Espacio de un circuito en el que se colocan los vehículos que van a competir para comenzar la carrera: *los motoristas se colocaron en la parrilla.*   DEPORTES   = parrilla de salida

3 Restaurante en el que se preparan asados a la vista del público: *en esa parrilla nos preparan un cochinillo delicioso.*   COMERCIO   = asador

4 Rejilla sobre la que arde el combustible en los hornos de reverbero y las calderas de vapor.

5 Antiguo instrumento de tortura en el que se sentaba la víctima, a la que ataban las extremidades con cuerdas cuyos extremos se fijaban a un torno que al girar las tensaba hasta dislocar los miembros.   s.f.pl.   = potro

6 **parrilla de salida:** Espacio en el que se colocan los vehículos para iniciar la carrera.   DEPORTES

7 **a la parrilla:** Se aplica al alimento asado o preparado en este instrumento: *quiero un filete a la parrilla.*   loc.adj.   COCINA

II (Derivado de *parra*, tarro de barro.) Recipiente semejante a una botija, con la base ancha.   s.f.

parrillada Conjunto de piezas de carne, pescados o mariscos variados, asados a la parrilla: *la parrillada de pescado es tan abundante que resulta suficiente para comer dos personas.*   s.f.   COCINA

parriza Parra o vid silvestre.   s.f./= labrusca

parro (Voz onomatopéyica.) Pato, ave anseriforme.   s.m./ZOOLOGÍA

parrocha Sardina joven.   s.f./ZOOLOGÍA

párroco Se aplica al sacerdote encargado de una parroquia: *el párroco administra los sacramentos a los feligreses.*   adj/s.m.   RELIGIÓN

parrón Parriza, vid silvestre.   s.m.

parroquia (Del bajo lat. *parochia* < gr. *paroikia*, avecindamiento.)
1 Iglesia en que se administran los sacramentos a los fieles de cierta demarcación: *le bautizaron en la parroquia del barrio.*   s.f.   RELIGIÓN

2 Conjunto de feligreses o fieles: *la parroquia consultaba al cura para conocer su opinión.*   RELIGIÓN

3 Territorio bajo la jurisdicción del párroco.   RELIGIÓN

4 Conjunto del clero destinado al culto y administración de sacramentos en una feligresía.   RELIGIÓN

5 Conjunto de clientes habituales de un establecimiento público: *la parroquia del bar agotó las existencias de cerveza.*   coloquial   = clientela

parroquial De la parroquia: *varias mujeres ayudaban al cura en las tareas parroquiales.*   adj.

parroquiano, a
1 Que es miembro de una parroquia.   adj/s./RELIGIÓN

2 Persona que suele acudir al mismo establecimiento público: *los domingos el bar se llenaba de parroquianos sedientos.*   s. = cliente

parsec Unidad de distancia astronómica, correspondiente a 3,26 años luz.   s.m. ASTRONOMÍA

parsi
1 De los parsis o del parsismo.   adj./RELIGIÓN
2 Persona perteneciente a una comunidad religiosa de origen persa y religión mazdea.   s.m.f. RELIGIÓN

parsimonia (Del lat. *parsimonia.*)
1 Lentitud con que se realiza o se dice una cosa: *siempre llega tarde porque se arregla con una parsimonia irritante.*   s.f. = cachaza, tranquilidad
2 Moderación en el gasto.   ≠ despilfarro
3 Serenidad al hacer las cosas: *actuemos con parsimonia y así no nos equivocaremos.*   = calma, templanza

parsimonioso, a
1 Que es lento y calmado: *se levantó con gesto parsimonioso.*   adj. = cachazudo
2 Que es moderado en el gasto de dinero.   = ahorrativo

parsismo (De *parsis,* habitantes de la antigua Persia.) Religión hindú de origen persa, caracterizada por tener una divinidad creadora y otra destructora.   s.m. RELIGIÓN = mazdeísmo

parte (Del lat. *pars, -tis.*)
1 Porción indeterminada de un todo: *buena parte del electorado se abstuvo; una parte del edificio está en ruinas.*   s.f. = fracción, porción
2 Lo que le toca a cada uno en el reparto de una cosa: *a cada uno de los hermanos le corresponde una parte de la herencia; yo ya he puesto mi parte.*   = cuota, partición
3 Sitio, lugar indeterminado: *no lo encuentro por ninguna parte; decidió iniciar una nueva vida en otra parte.*
4 Cada una de las personas que sostiene un pleito: *se ofreció para defender a la parte acusada.*   DERECHO
5 Cada división principal, formada por otras menores, de una obra literaria o científica: *la primera parte de la obra es introductoria.*
6 Obra entera de ciertos géneros literarios, relacionada con otra u otras: *una trilogía consta de tres partes.*   LITERATURA
7 Lado de una cosa: *cógelo por la parte derecha y te será más fácil.*
8 Cada una de las personas que luchan, pleitean o discuten entre sí: *ambas partes cedieron para llegar a un acuerdo.*   = oponente
9 Cada uno de los ejércitos, sectas, partidos o posiciones que se oponen o luchan: *el combate causó numerosas bajas en ambas partes.*   = contrincante
10 Cada una de las personas que negocian o contratan una cosa: *la parte contratante señaló las fechas de inicio y fin de la obra.*   DERECHO
11 Cada uno de los aspectos con que se puede considerar una persona o cosa: *no me inclino por ninguna de las partes en este asunto; él lo ve desde una parte bien distinta a la mía.*   = posición, postura
12 Cada una de las palabras que componen un renglón.
13 Indica época o tiempo presente con relación al pasado precedido de la preposición a y del pronombre esta: *de un tiempo a esta parte está muy desmejorado.*
14 Lo que tiene que decir cada actor en una obra teatral: *se aprendió su parte con facilidad.*   TEATRO = papel
15 Cada actor o cantante de los que forman una compañía.   TEATRO
16 Comunicación de una noticia: *han interrumpido la programación para dar un parte de última hora.*   s.m. = aviso
17 Escrito que se envía a una persona para comunicarle un aviso o noticia urgente: *he recibido un parte telegráfico con la mala noticia.*   = comunicado
18 Indica origen o procedencia precedido de las preposiciones de o por: *recuerdos de su parte; es un pariente por parte de madre.*   s.f.
19 Comunicación en que un funcionario informa a un superior de algún asunto que está encargado: *el secretario dejó el parte sobre la mesa del director.*   s.m.
20 Correo que se enviaba al rey cuando estaba fuera de la corte.   HISTORIA
21 Casa a donde iba a parar ese correo.   s.f./HISTORIA
22 Despacho que se entregaba a los correos, en que iba consignado el lugar donde se dirigían, el día y hora de salida y por orden de quién iban.   s.m. HISTORIA
23 Órganos sexuales: *se dio un fuerte golpe en sus partes.*   s.f.pl.
24 Cualidades de una persona.
25 Facción o partido.   = bando
26 media parte: 1. Parte del sueldo contratado dada a cuenta del empresario. **2.** Descanso entre los dos tiempos en que se dividen los encuentros de varias disciplinas deportivas.   DEPORTES
27 parte actora: La que demanda o acusa en un pleito.   DERECHO
28 parte alicuanta: La que no mide con exactitud a un todo: *el número tres es parte alicuanta de diez.*   MATEMÁTICAS
29 parte alícuota: La que mide a un todo con exactitud: *el número cinco es parte alícuota de diez.*   MATEMÁTICAS
30 parte contraria: Cada uno de los litigantes en un pleito respecto del otro.   DERECHO

31 parte de fortuna: Punto del cielo que dista del ascendente astrológico tanto como la Luna del Sol.   OCULTISMO
32 parte de la oración: Cada una de las clases de palabras que constituyen una categoría gramatical y tienen una función en la oración.   GRAMÁTICA
33 parte del mundo: Cada una de las grandes superficies en que se considera dividido el mundo y que se corresponden con los actuales continentes.   GEOGRAFÍA
34 parte de pormedio: Actor que representa papeles de mínima importancia.   TEATRO
35 parte esencial: La que constituye la esencia de una sustancia compuesta.   QUÍMICA
36 parte facultativo o médico: Comunicado oficial del estado de salud de un enfermo.   MEDICINA
37 parte inferior: El cuerpo del hombre por contraposición al alma.   TEOLOGÍA
38 parte integral o integrante: La que forma parte de un todo, pero no es esencial en su composición.
39 parte meteorológico: Comunicado de la situación climática y atmosférica.
40 parte superior: Alma del hombre por contraposición al cuerpo.   TEOLOGÍA
41 partes naturales, pudendas o vergonzosas: Órganos genitales.
42 partes proporcionales: Cada una de las que resultan al dividir un todo mediante un repartimiento proporcional.   MATEMÁTICAS
43 tercera o tercia parte: Tributo que pagaban las casas madrileñas que ascendía a la tercera parte de la renta.   HISTORIA
44 a partes: Con interrupciones periódicas de tiempo.   loc.adv.
45 a o en partes iguales: De forma equitativa y por igual: *repartiremos el gasto a partes iguales.*   loc.adv.
46 cargar a o sobre una o la misma parte: 1. Dirigirse o encaminarse a ella. **2.** Hacer peso a un lado, aglomerarse: *no cargues todo el peso a la misma parte.*
47 cualquier parte: Cualquier lugar: *me iré a cualquier parte.*
48 dar parte: 1. Comunicar lo que ha sucedido: *tendré que dar parte en la jefatura.* **2.** Comunicar por escrito de forma regular o eventual las novedades o situaciones planteadas. **3.** Admitir a alguien en un negocio.   MILITAR
49 dar parte sin novedad: Comunicar a un superior que no ha ocurrido nada.
50 de mi, tu... parte: Por encargo de la persona que habla o de la que se habla: *le dices de mi parte que venga.*   loc.adv.
51 de parte a parte: 1. De un lado a otro: *recorrió la ciudad de parte a parte buscándolo.* **2.** De una persona o de un partido a otro: *se felicitaron de parte a parte.*   loc.adv. loc.adv.
52 de parte de: 1. Por encargo de: *saludos de parte de mi familia.* **2.** A favor de: *siempre está de parte de los desvalidos.* **3.** En nombre o de orden de.   loc.adv. loc.adv. loc.adv.
53 echar a mala parte: 1. Interpretar de forma desfavorable las acciones ajenas. **2.** Interpretar una palabra o frase como contraria a la razón, a la justicia o a la decencia.   coloquial coloquial
54 echar una persona por otra parte: Seguir distinto rumbo u opinión que otra o abandonar el que ella misma había adoptado para seguir otro: *al final decidió echar por otra parte retirándole el apoyo económico que le había prestado.*   coloquial
55 en dos partes iguales: Por la mitad: *divídelo en dos partes iguales y no habrá discusión.*   loc.adv.
56 en parte: 1. Se usa con valor distributivo: *una parte por una cosa en parte por la otra, mejor que nos separemos.* **2.** De forma parcial o incompleta: *sólo estoy de acuerdo en parte; me alegro y en parte no.*   loc.conj. loc.adj.
57 en parte por: Indica las razones o motivos de algo cuando son varios: *en parte por falta de tiempo y en parte por falta de ganas.*   loc.conj.
58 en partes: A partes: *lo repartió en partes.*   loc.adv.
59 en todas partes: En todos los lugares del mundo: *a lo largo de su vida ha estado en todas partes.*   loc.adv.
60 entrar a formar parte: Ser miembro, pertenecer a cierto grupo o asociación: *entró a formar parte de la directiva de la empresa.*
61 formar parte de una cosa: Ser miembro o componente de ella: *la atención al público forma parte de su trabajo.*
62 hacer las partes: Dividir una cosa en las partes necesarias para repartirla.
63 hacer las partes de una persona: Obrar o realizar una cosa por ella o en su nombre, interesándose en su favor: *ella hace las partes de su madre cuando ésta no está.*
64 hacer mirar a otra parte a una persona: Llamar su atención a otro sitio para que no vea cierta cosa.
65 hacer o hacerse a una parte: Apartarse, salir de en medio o sacar a una persona o una cosa que molesta.
66 hacer parte: Hacer un documento en el que consta lo que ha sucedido: *los conductores del accidente tuvieron que hacer parte de lo ocurrido.*

67 ir o entrar una persona a la parte: Participar en un asunto o negocio. — *coloquial*

68 juntar partes: Juntar cabos, comprender una cosa. — *coloquial*

69 la mayor parte de: Casi todas las personas o cosas que se consideran en un momento determinado. — *loc.adj.*

70 la parte del león: La mayor o mejor porción que se lleva alguien en un reparto con injusticia y abuso. — *coloquial*

71 llamarse a la parte: Pedir intervención en un asunto o participación en unas ganancias. — *DERECHO*

72 llevar una persona la mejor o la peor parte: 1. Estar próxima a perder o ganar. 2. Salir beneficiada o perjudicada en un reparto o distribución: *eres muy listo, tú te llevas la mejor parte del trato.* — *coloquial*

73 mirar a otra parte: Hacerlo así para simular que no se ve una cosa o a una persona: *pasó a mí lado mirando a otra parte.* — *coloquial*

74 mostrarse parte: Comparecer en un juicio. — *DERECHO*

75 no ir una cosa a ninguna parte: No merecer que se le dé importancia: *esta cantidad no va a ninguna parte, no hace falta que me la devuelvas.* — *coloquial*

76 no llevar una cosa a ninguna parte: No tener ninguna utilidad o no contribuir a lo que interesa: *esta discusión no nos llevará a ninguna parte.* — *coloquial*

77 nombrar partes: Revelar los nombres de los autores de una culpa. — *DERECHO*

78 no parar en ninguna parte: 1. Cambiar mucho de residencia, empleo o de otra cosa. 2. Estar inquieto o nervioso: *algo le ocurre porque hoy no para en ninguna parte.* — *coloquial / coloquial*

79 no ser parte de la oración: Estar uno excluido de lo que se trata o no venir una cosa a propósito de ello: *me voy de la reunión, yo no soy parte de esta oración.* — *coloquial*

80 no ser parte de algo: No tener influencia en ello. — *coloquial*

81 parte por parte: Sin omitir nada: *me contó parte por parte su conversación.* — *loc.adv.*

82 pescar a la parte: Enrolarse sin jornal a cambio de una porción del producto de la pesca.

83 poner una persona de su parte: Ayudar para conseguir un fin: *tú tienes que poner de tu parte para mejorarte.* — *coloquial*

84 ponerse de parte de una persona: Sumarse a su opinión o sentir: *se puso de parte de su familia.* — *coloquial*

85 por la mayor parte: En general. — *loc.adv.*

86 por mi parte: Por lo que a mí toca o yo puedo hacer: *por mi parte, no hay nada que objetar.* — *loc.*

87 por partes: De forma gradual, haciendo y resolviendo una cuestión detrás de otra y no todo a la vez: *plantea el problema por partes.* — *loc.adv.*

88 por todas partes: Por todos lados, desde todos los puntos de vista o todos los aspectos. — *loc.adv.*

89 por una parte: Se usa para empezar a exponer la primera razón de una serie de ellas: *por una parte, me interesa, pero no acabo de verlo claro.* — *loc.adv.*

90 saber de buena parte: Saberlo de fuentes fiables. — *coloquial*

91 salva sea la parte: Eufemismo con que se alude a las nalgas. — *coloquial*

92 ser parte a, a que, para o para que: Contribuir o dar ocasión para que suceda una cosa. — *coloquial*

93 ser parte en una cosa: Participar en ello: *ella es parte en el reparto.* — *coloquial*

94 tener una persona de su parte a otra: Tener su apoyo, ayuda o aprobación: *tiene de su parte al jefe.* — *coloquial*

95 tener parte con una persona: Tener trato y relaciones sexuales con ella. — *coloquial*

96 tener parte en una cosa: Tener o haber tenido participación en ello: *tiene tanta parte en este asunto como yo.* — *coloquial*

97 todas partes: Se usa para expresar lugar precedido de las preposiciones adecuadas.

98 tomar a mala parte: Malinterpretar una cosa. — *coloquial*

99 tomar parte en una cosa: Intervenir en ello de alguna forma: *no quiso tomar parte en el plan.* — *coloquial*

100 ¡vamos o vayamos por partes!: Se usa para frenar la impaciencia o prisa de alguien para hablar o hacer algo, invitándole a hacerlo por orden: *¡vamos por partes! ¿cuándo dices que lo viste?*

partear Ayudar a la mujer que está de parto. — *v.tr.*

partehúmos Tabique divisionario de una construcción situado entre los conductos de chimenea. — *s.m./pl: partehúmos* / *CONSTRUCCIÓN*

parteluz Ventana arqueada dividida en dos por una columna. — *s.m./pl: parteluces* / *ARQUITECTURA*

partenaire (Voz francesa.) Persona que forma pareja con otra, sin que implique relación sentimental: *es mi partenaire en el baile, pero no somos novios; llegó con su nuevo partenaire a la fiesta.* — *s.m.f.*

partenocarpia (Del gr. *parthenos*, doncella + *karpos*, fruto.) Fenómeno por el que se desarrolla el fruto sin que se haya producido fecundación. — *s.f.* / *BOTÁNICA*

partenogénesis (Del gr. *parthenos*, doncella + *genesis*, generación.)

1 Desarrollo del embrión en los animales a partir de un óvulo, o en los vegetales a partir de una oosfera, no fecundados. — *s.f.* / *pl: partenogénesis* / *BIOLOGÍA*

2 partenogénesis artificial o experimental: Fecundación de óvulos con sustancias químicas. — *BIOLOGÍA*

partenogenético, a Que tiene relación con la reproducción que se produce por partenogénesis. — *adj.* / *BIOLOGÍA*

partería Oficio de partera. — *s.f.*

partero, a Persona que asiste a la mujer en el parto en ausencia del médico o ayudándole. — *s.*

parterre (Del fr. *parterre*.)

1 Macizo o cuadro de flores de un jardín: *en el parterre había violetas.* — *s.m.* / *= arriate*

2 Jardín o parte de él: *un camino de grava divide el jardín en dos parterres.*

partesana (Del ital. *partigiana*.) Arma semejante a la alabarda, con el hierro muy grande, de dos filos y con la parte inferior en forma de media luna. — *s.f.* / *HISTORIA*

partesol Saledizo de la fachada que se coloca delante de las ventanas y vidrieras, para que dé sombra en verano y deje el paso libre al sol en invierno. — *s.m.* / *CONSTRUCCIÓN*

parti (Del ingl. *party*, fiesta.) Party, fiesta o reunión, en general privada: *acabaron la parti a altas horas de la noche.* — *s.m./f.*

partible Que se puede partir: *los números pares son partibles por dos.* — *adj.* / *= divisible*

partición

1 División, reparto o distribución en partes: *él salió beneficiado en la partición de la herencia.* — *s.f.* / *= fraccionamiento*

2 División, operación matemática. — *MATEMÁTICAS*

3 Cada una de las zonas en que se divide la memoria de un ordenador. — *INFORMÁTICA*

4 partición de bienes: División, reparto o distribución de una herencia. — *DERECHO*

participación

1 Acción y resultado de participar: *el abogado demostró su participación en el robo.* — *s.f.* / *= intervención*

2 Papel en que constan el número y la cantidad con que su poseedor participa en un sorteo de lotería: *llevo dos participaciones del mismo número para el sorteo de mañana.*

3 Aviso o anuncio formal de una celebración, acción u cosa dado a las personas a las que pueda interesar: *los novios enviaron las participaciones de boda demasiado tarde.* — *= comunicación*

4 Cantidad de acciones de una empresa que posee un particular o entidad. — *ECONOMÍA*

participacionismo Movimiento que defiende la participación de los obreros en los beneficios de la empresa. — *s.m.*

participante Se aplica a la persona o cosa que interviene con otras en la realización de una cosa: *los participantes del concurso se lo pasaron muy bien; elementos participantes de la combustión.* — *adj/s.m.f.*

participar

1 Tomar parte en una cosa, intervenir en ella: *participó en un congreso lingüístico.* — *v.intr./+ en* / *= colaborar*

2 Tener una persona parte en alguna cosa: *participa en los beneficios de la empresa.* — *= recibir*

3 Tener una persona o una cosa las mismas ideas o cualidades que otra: *tus amigos participan de tu buen humor.* — *+ de* / *= compartir*

4 Dar datos o noticias sobre una cosa a una persona: *participó a los empleados que se iniciaba la jornada intensiva.* — *v.tr.* / *= comunicar*

partícipe (Del lat. *particeps, -ipis.*)

1 Que participa en una cosa: *fue de los partícipes del gran triunfo.* — *adj/s.m.f.* / *= participante*

2 hacer partícipe de una cosa a una persona: 1. Comunicársela, hacérsela saber: *le hizo partícipe de su nuevo trabajo.* 2. Compartirla con él: *hizo partícipes de su suerte en el juego a sus amigos y familiares.*

participial Del participio. — *adj./GRAMÁTICA*

participio

1 Forma verbal no personal que puede realizar funciones de adjetivo: *el participio "escrito" es irregular.* — *s.m.* / *GRAMÁTICA*

2 participio activo o de presente: El que denota una acción que transcurre a la vez que la del verbo de la oración. — *GRAMÁTICA*

3 participio pasivo o de pasado: El que expresa pasividad y acción acabada, forma los tiempos compuestos y puede utilizarse como adjetivo y sustantivo. — *GRAMÁTICA*

pártico, a De los partos. — *adj.*

partícula (Del lat. *particula.*)

1 Parte muy pequeña de una cosa: *me ha entrado una partícula de polvo en el ojo.* — *s.f.* / *= porción*

2 Cuerpo que es muy pequeño: *los átomos son partículas de la molécula.*

3 Denominación genérica que se aplica a las partes invariables de la oración, que son los adverbios, las preposiciones y las conjunciones. — *GRAMÁTICA*

4 partícula adversativa: La que expresa contraposición. — GRAMÁTICA

5 partícula alfa: Átomo de helio al que le faltan los dos electrones corticales. — FÍSICA

6 partícula beta: Conjunto de electrones rápidos emitidos por los cuerpos radiactivos. — FÍSICA

7 partícula compositiva o prepositiva: Prefijo, afijo antepuesto. — GRAMÁTICA

8 partícula elemental: La que según el conocimiento científico actual, no puede descomponerse en otras, es indivisible y es, por tanto, el último componente de la materia. — FÍSICA

9 partícula prepositiva: La castellana o latina que, antepuesta a otra palabra, forma con ella un vocablo compuesto. — GRAMÁTICA

particular
1 Que pertenece a una determinada persona: *esto es una casa particular; cogió su coche particular para ir al ministerio.* — adj. = privado ≠ público
2 Que es característico de una cosa o persona: *todos tenemos nuestras particulares manías; es un caso particular de esta situación.* — = especial, peculiar ≠ común
3 Que se considera fuera de lo común: *tiene un comportamiento muy particular; su técnica pictórica es muy particular.* — = excepcional, raro ≠ normal
4 Que tiene relación con una persona independiente de su cargo oficial: *se encuentra en el país de viaje particular.* — = privado ≠ oficial
5 Que es privado o restringido y no público: *es una fiesta particular.*
6 Se aplica a la persona que no tiene un cargo público: *los particulares no tienen acceso a la oficina.* — adj/s.m.f.
7 Asunto de que se trata: *no hablamos sobre este particular.* — s.m. = caso, cuestión
8 Representación teatral privada. — TEATRO
9 **en o de particular**: En especial: *sin nombrar a nadie en particular.* — loc.adv.
10 **no tener nada de particular**: No ser una persona o una cosa excepcional entre otras.
11 **sin otro particular**: 1. Sin nada más que añadir: *sin otro particular, se despide.* 2. Con el único objetivo de: *he venido aquí sin otro particular que el de saludarle.* — loc.adv. loc.adv.

particularidad
1 Cada uno de los rasgos que distinguen una cosa de otra igual en apariencia: *la particularidad de este vino es su cuerpo.* — s.f. = singularidad
2 Cada uno de los pequeños detalles de una cosa: *no es necesario entrar en las particularidades del asunto.* — ≠ generalidad
3 Distinción que se hace en el trato con una persona, mostrándole más cariño que a otras.

particularismo
1 Modo de comportarse de quien da preferencia al interés particular sobre el general. — s.m.
2 Actuación individual en la que no se considera la opinión de los demás. — = individualismo

particularista
1 Del particularismo. — adj.
2 Que es partidario del particularismo. — adj/s.m.f.

particularización
1 Exposición detallada de un asunto: *no se lo expliques con tanta particularización y ve al grano.* — s.f. = pormenorización
2 Circunstancia o detalle que se pone de relieve en un asunto: *quisiera hacer una particularización a su exposición.*

particularizar
1 Señalar las particularidades o los detalles de una cosa: *intentaré no particularizar el tema para no extenderme demasiado.* — v.tr. conj: *cazar* = concretar, precisar
2 Tener una cosa una o varias características que la distinguen de las demás de su mismo género o clase: *su obra se particulariza por su especial ironía; la arquitectura modernista particulariza la ciudad.* — v.tr/prnl. = individualizar
3 Nombrar o referirse a una persona en concreto: *el problema es de todos, no particularices.* — v.tr/intr. = personalizar
4 Mostrar un interés especial por una persona o una cosa. — v.tr.

particularmente
1 En especial: *es particularmente desagradable asistir a esta clase de enfrentamientos.* — adv. = especialmente
2 En privado: *quisiera hablar con usted particularmente.* — = privadamente

partida
1 Acción de partir o salir de un punto o lugar: *ya han fijado la fecha de partida.* — s.f./= marcha ≠ llegada
2 Cada una de las cantidades anotadas por separado en una cuenta: *en la factura están detalladas las partidas realizadas a lo largo del mes.* — COMERCIO = concepto
3 Cantidad o porción de un género de comercio que se entrega o envía de una vez: *la última partida de aceite estaba adulterada.* — COMERCIO = remesa
4 Asiento o anotación de actos como el bautismo, el matrimonio o la defunción en los libros de las parroquias o del registro civil: *la partida de nacimiento se encuentra en la localidad de nacimiento.* — = certificado

5 Copia certificada de este registro: *preciso una copia de la partida de nacimiento.*
6 Conjunto de jugadas con que se gana o se pierde en un juego: *¿echamos una partida de dominó?; quien pierda esta partida, paga.* — JUEGOS
7 Grupo de compañeros que juegan contra otros.
8 Grupo de soldados que sale en misión de reconocimiento. — MILITAR
9 Conjunto de personas con el mismo oficio, o grupo de personas reunidas para cierto fin: *encontramos una partida de excursionistas en el camino.*
10 Grupo poco numeroso de gente armada, con organización militar u otra semejante. — MILITAR
11 Paso de esta vida a la otra: *todos lloraron su trágica partida.* — = muerte
12 Cantidad de dinero que se apuesta en el desarrollo de un juego de azar o de destreza: *la partida para abrir el juego es de cien pesetas.* — JUEGOS = apuesta
13 Manera de comportarse o de actuar de una persona: *es un hombre que tiene mala partida.*
14 **partida de campo**: Grupo de personas que se reúnen para realizar una excursión campestre.
15 **partida de caza**: Grupo de personas que se reúnen para ir de caza. — CAZA
16 **partida doble**: Forma de llevar la contabilidad anotando cada suma dos veces, una en la relación de deudores y la otra en la de acreedores. — COMERCIO
17 **partida serrana**: Comportamiento injusto y desleal. — coloquial
18 **partida simple**: Anotación referente a una operación determinada inscrita una sola vez en los libros de contabilidad. — COMERCIO
19 **andar una persona a las siete partidas**: Andar mucho y por todas partes. — coloquial
20 **comer o tragarse una persona la partida**: Darse cuenta de las malas intenciones de otro, pero aparentar no haberlo notado. — coloquial
21 **entablar una partida**: Inscribir en los libros parroquiales una anotación que no fue hecha en su momento.
22 **ganar una persona la partida**: 1. Conseguir el propósito buscado: *consiguió ganar la partida al curso.* 2. Conseguir adelantarse a los acontecimientos o a una persona con la que se tenía un contencioso o una competencia. — coloquial coloquial
23 **por partida doble**: Por dos veces: *estaba hambriento y comió por partida doble.* — loc.adv.

partidario, a
1 Que sigue o apoya a una persona o una idea: *se mostró partidario de continuar intentándolo; los partidarios del guerrillero le aclamaban.* — adj/s. = adepto, seguidor
2 Persona que forma parte de una partida o grupo de guerrillas. — s. = guerrillero
3 Persona que contrata o arrienda un modo especial de laboreo en algunas zonas mineras. — MINERÍA

partidismo
1 Actitud favorable a una persona o cosa en un asunto en que se debería ser imparcial: *su actuación es un claro síntoma de partidismo.* — s.m. = parcialidad
2 Modo de comportarse de quien defiende los intereses de su partido, o de una parte de una colectividad, descuidando el interés general: *el presidente se refirió a la necesidad de olvidarse de partidismos, en beneficio de todos.* — = sectarismo

partidista
1 Del partidismo: *la solución adoptada me parece partidista.* — adj.
2 Que actúa con partidismo o tiene este comportamiento: *es un juez partidista; es un partidista, siempre sale en defensa de sus amigos.* — adj/s.m.f. = parcial, subjetivo ≠ imparcial

partido, a
1 Que reparte con otros lo que tiene: *es muy partido con los necesitados.* — adj. = generoso
2 Se aplica al escudo que está dividido en sentido vertical en dos partes iguales. — HERÁLDICA
3 Conjunto de personas que siguen o defienden una misma opinión o línea de conducta, y en especial aquel que está constituido en organización política: *pertenece al partido comunista; el partido alcanzó el poder en las últimas elecciones.* — s.m. = bando, facción
4 Enfrentamiento deportivo en que dos jugadores o equipos se disputan la victoria hasta alcanzar un límite de tiempo o tanteo fijado: *jugaron un partido amistoso; el equipo visitante perdió el partido.* — DEPORTES
5 Beneficio o utilidad que se consigue de una cosa: *la operación le reportó un buen partido.* — = provecho
6 Territorio de una jurisdicción o administración con un pueblo principal a la cabeza.
7 Situación de conformidad o acuerdo entre dos o más personas sobre un asunto determinado: *no llegaron a ningún partido, a pesar de las negociaciones.* — = concierto, convenio
8 Actitud favorable a una persona o una cosa: *tomó partido por la causa de su compañero.* — = postura
9 Cosa que protege o ampara.

10 Ventaja que se da al que pierde en un juego. — JUEGOS

11 Territorio en el que el médico o cirujano debe — MEDICINA
asistir a los enfermos.

12 partido amistoso: El que juegan dos deportistas o — DEPORTES
dos equipos al margen de las competiciones oficiales.

13 partido judicial: Distrito de una provincia, sobre — DERECHO
el que ejerce jurisdicción, para la administración de
justicia, un juez de primera instancia.

14 partido político: Grupo de personas organizadas, — POLÍTICA
con unos principios ideológicos comunes, y cuyo objetivo es alcanzar el poder político de un Estado.

15 darse una persona a partido: Ceder en su empeño — coloquial
o pretensión: *me doy a partido, no insisto en convencerte.*

16 formar partido: Solicitar o alentar a los demás — coloquial
para que se unan a quien se lo solicita para conseguir
un fin: *formó partido entre sus compañeros para pedir un
aumento.*

17 sacar partido: Obtener provecho en un asunto: — coloquial
no sacó partido de aquella operación comercial.

18 ser una persona buen o mal partido: Tener una — coloquial
persona casadera una buena o mala posición económica y social: *su madre insistía en que lo conocieras porque es un buen partido.*

19 tomar partido: 1. Tomar una decisión a favor de — coloquial
una de las partes en conflicto: *tomó partido por el bando radical.* **2.** Decidirse la persona que estaba indecisa:
*reflexionó sobre los pros y los contras del asunto antes de
tomar partido.*

partidocracia (De *partido* + gr. *kratos*, poder.) Des- — s.f.
virtualización de la democracia que consiste en un — POLÍTICA
poder abusivo de los partidos y poca posibilidad de — tb: partitocracia
los electores de incidir en la política: *se incorpora la
novedad de una política al margen de la partidocracia.*

partidor, a

1 Se aplica a la persona que reparte una cosa. — adj./s.

2 Se refiere a la persona que parte o rompe una cosa:
el partidor de nueces manejaba con habilidad la tenaza.

3 Instrumento para partir o romper. — s.m.

4 Obra de construcción que sirve para repartir, por — CONSTRUCCIÓN
medio de compuertas, el agua de una acequia.

5 Sitio donde se hace esta división de la acequia.

6 Varilla o púa que usaban en la antigüedad las mujeres para abrirse la raya del pelo.

7 Persona que nombra el juez para liquidar una cuenta. — s./DERECHO
= contador

partidura Raya del pelo: *siempre ha llevado la partidu-* — s.f.
ra del cabello en el lado derecho. — = crencha

partil Se aplica a la situación de dos astros en que la — ASTRONOMÍA
diferencia de longitudes es un múltiplo exacto de la do- — = aspecto partil
ceava parte del círculo.

partiquino, a (Del ital. *particina*, partecita.)

1 Cantante que ejecuta en las óperas una parte muy — s.
breve o de poca importancia. — MÚSICA

2 Actor que representa un papel de poca importancia. — TEATRO

partir (Del lat. *partiri.*)

1 Dividir una cosa en dos o más partes: *partió el me-* — v.tr./= trocear,
lón en dos; partió la habitación poniendo un tabique. — fragmentar

2 Hacer un agujero o una raja en una cosa: *la pelota* — = rajar
golpeó el cristal y lo partió.

3 Distribuir una cosa entre varias personas: *vamos a* — = repartir
partirnos la tarea para acabar antes.

4 Cortar y separar un trozo de una cosa: *párteme una
rebanada de pan.*

5 Hallar el número de veces que una cantidad está — MATEMÁTICAS
contenida en otra: *la operación consiste en partir esta ci-* — = dividir
fra por la otra.

6 Romper el hueso o la cáscara de una fruta u otra — = cascar
cosa: *no soy capaz de partir las avellanas.*

7 Distribuir un conjunto de cosas en grupos.

8 Separar parte de las abejas de una colmena para dividirla.

9 Levantar una parte de la baraja y colocarla debajo — JUEGOS
del resto para, a continuación, repartirlas entre los ju- — = cortar
gadores: *tiene que partir el que está a la izquierda del
que reparte.*

10 Dejar a una persona turbada: *un hombre como él me* — = conmover,
partió al verle; me partió el alma. — turbar

11 Causar un perjuicio o molestia: *el mal tiempo nos* — = perjudicar
partió el viaje.

12 Tomar un dato como base de un razonamiento o — v.intr.
de un cómputo: *si partimos de esta base el problema no* — + de
tiene solución.

13 Provenir una cosa de otra: *el proyecto parte de una* — + de
vieja idea suya.

14 Ponerse una persona en camino: *partiremos de ma-* — + de, por
drugada. — = arrancar

15 Decidirse una persona y empezar a hacer una — = encaminarse, salir
cosa: *después de pensarlo mucho ya lo he partido.*

16 Desternillarse de risa: *se partían con los chistes que* — v.prnl.
contaba el cómico. — = troncharse

17 Dividirse una persona en opiniones o parciali- — = encaminarse,
dades. — salir

18 a partir de: Desde, tomando un momento o — loc.prep.
asunto como punto de partida: *a partir de mañana, es-
tudiarás por las tardes.*

19 partir por a,b,c: Escribir dos documentos iguales
poniendo en medio de ellos las letras del abecedario
y cortándolos por este punto.

partisano, a Miembro de un grupo civil armado, or- — s.
ganizado para combatir contra un ejército ocupante o — MILITAR,
contra las autoridades de su país, en especial el que — POLÍTICA
se enfrentó a los nazis durante la segunda guerra
mundial.

partitivo, a

1 Que se puede partir o dividir. — adj./= divisible

2 Se aplica al nombre o al adjetivo numeral que ex- — adj/s.m,
presan una parte determinada de un todo: *mitad o ter-* — GRAMÁTICA
cio son partitivos.

partitura (Del ital. *partitura.*) Texto completo de una — s.f.
obra musical que contiene las voces e instrumentos — MÚSICA
que intervienen en ella: *el compositor retocó varias veces
la partitura de la sinfonía.*

parto (Del lat. *partus.*)

1 Acción y resultado de parir o dar a luz: *el parto fue* — s.m./FISIOLOGÍA
lento, pero sin complicaciones. — = alumbramiento

2 Creación o producción del ingenio humano, en es- — = obra,
pecial si resulta dificultosa o laboriosa: *este poema ha* — producto
sido un parto muy difícil.

3 Cualquier cosa especial y de importancia que se espera y que puede suceder.

4 parto artificial: El que es asistido por medios ma- — MEDICINA
nuales o instrumentales.

5 parto natural: El que se produce sin ningún tipo — FISIOLOGÍA
de intervención quirúrgica.

6 parto provocado: El que es inducido por el médi- — MEDICINA
co, mediante fármacos o por otros medios.

7 parto revesado: El que es difícil o fuera de lo nor- — MEDICINA
mal.

8 parto sin dolor: Método síquico o físico que ate- — MEDICINA
núa el dolor en el momento de dar a luz.

9 el parto de los montes: Cualquier cosa ridícula — coloquial
que sucede cuando se esperaba algo de importancia.

10 venir el parto derecho: Suceder una cosa del — coloquial
modo que se esperaba o de forma favorable.

parto, a

1 De Partia, antigua región asiática. — adj./HISTORIA

2 Persona natural de esta antigua región. — s./HISTORIA

parturienta (Del lat. *parturiens, -tis.*) Que está de par- — adj/s.f.
to o acaba de parir: *la parturienta miraba feliz a su hija.*

party (Voz inglesa.) Reunión o fiesta que se celebra — s.m.
en una casa particular. — tb: parti

párulis (Del gr. *parulis.*) Flemón de las encías: *el páru-* — s.m./pl: párulis
lis se debe a una infección. — MEDICINA

parusía Advenimiento glorioso del mesías al final de — s.f.
los tiempos, en la religión católica. — TEOLOGÍA

parva

I (Del lat. *refectio parva*, comida pequeña.)

1 Parvedad, pequeña porción de alimento. — s.f.

2 Desayuno para la gente trabajadora.

II (De origen incierto.)

1 Mies tendida en la era. — s.f./AGRICULTURA

2 Cantidad grande de alguna cosa. — = montón

3 Multitud de niños. — = chiquillería

4 salirse una persona de la parva: Desviarse de al- — coloquial
gún asunto o intento.

parvada

1 Conjunto de mieses tendidas en la era. — s.f./AGRICULTURA

2 Conjunto de pollos recién nacidos que tienen de — ZOOLOGÍA
una vez las aves. — = pollada

3 Bandada de aves. — Méx.

parvedad (Del lat. *parva*, pequeña.) Pequeñez o esca- — s.f.
sa cantidad de una cosa: *sirven una parvedad de comida* — = escasez
en ese restaurante. — ≠ abundancia

parvero Montón alargado que se forma con la mies — s.m.
para aventarla. — AGRICULTURA

parvidad Parvedad, pequeña cantidad de una cosa. — s.f.

parvificar

1 Reducir el tamaño de una cosa. — v.tr/conj: sacar

2 Reducir la intensidad o la cantidad de una cosa. — v.tr/prnl.

parvificiencia Escasez en el gasto, tacañería. — s.f.

parvo, a (Del lat. *parvus*, pequeño.) Que es pequeño — adj.
o escaso en número o cantidad: *la cena fue parva, pero
exquisita.*

parvulario

1 Centro donde se cuida y educa a párvulos o niños — s.m.
en edad preescolar: *el parvulario está decorado con moti-* — = guardería
vos infantiles.

2 Conjunto de niños que asisten a un parvulario: *todo
el parvulario iba disfrazado para la fiesta.*

parvulez

1 Pequeñez de una cosa. — s.f./pl: parvuleces

2 Actitud sencilla, carente de refinamiento y malicia. — = simplicidad

parvulista Maestro de párvulos. — s.m.f.

párvulo, a (Del lat. *parvulus.*)

1 Se aplica a lo que es muy pequeño. — adj.

2 Se aplica al niño o niña que está en edad preescolar: *la clase de los párvulos tiene sillas pequeñas.* **adj/s.**

3 Que tiene poca edad: *aún es un párvulo para tener esa responsabilidad.*

4 Que es fácil de engañar: *es tan párvulo que le estafan dinero con frecuencia.* **adj./= cándido ≠ despabilado**

pasa
I (Del lat. *uva passa*.) **s.f.**
1 Uva seca elaborada por diferentes procedimientos, que se consume como golosina o para acompañar o condimentar algunos guisos o postres: *el helado está hecho con turrón y pasas.*
2 Cosmético o ungüento empleado en la antigüedad por las mujeres y que se obtenía a partir de las uvas secas.
3 Mechón de cabellos ensortijados característico de algunas personas.
4 **pasa de Corinto:** La que procede de esta ciudad griega, que es de pequeño tamaño y carece de pepitas.
5 **pasa gorrona:** Variedad de uvas de gran tamaño, desecadas al sol.
6 **estar hecho una pasa o quedarse como una pasa:** Estar o quedarse una persona o cosa estropeada y arrugada: *tiene la piel hecha una pasa por la edad; la ropa se quedó como una pasa en la maleta.* **coloquial**
II (Derivado de *pasar*.) Canal practicado en un río poco profundo para que puedan pasar los barcos. **s.f. NÁUTICA**

pasable
1 Que puede ser pasado o atravesado: *el río no es pasable en esta zona.* **adj. = atravesable**
2 Que puede ser aceptado por no ser muy malo o feo: *no está muy bien, pero sí pasable.* **= admisible, tolerable**

pasabocas Pequeñas cantidades de comida que se toman, en general, acompañadas de alguna bebida. **s.m.pl. Colomb.**

pasabola Jugada de billar en que la bola del que juega choca, después de dar en otra, en la banda opuesta y toca a una tercera. **s.m. JUEGOS**

pasacaballo Antiguo barco sin palos y de fondo muy plano. **s.m. NÁUTICA**

pasacalle Música popular de ritmo vivo que se toca con guitarras, tambores y otros instrumentos populares: *los gigantes y cabezudos iban precedidos por un grupo que tocaba pasacalles.* **s.m. MÚSICA**

pasacólica Cólico pasajero causado por indigestión. **s.f./MEDICINA**

pasada
1 Cada capa de una sustancia que se aplica a una superficie: *con una pasada más de pintura, la pared quedará impecable.* **s.f. = mano**
2 Limpieza ligera: *barreré y daré una pasada al suelo con la fregona.*
3 Repaso o retoque de un trabajo cualquiera: *daré una última pasada a las cuentas y cierro contabilidad.* **= toque**
4 Acción de pasar por un sitio: *me daré una pasada por el bar a ver si le encuentro.*
5 Acción malintencionada o perjudicial para una persona: *la vida le ha gastado muchas malas pasadas.* **= jugada, jugarreta**
6 Partida de juego: *una última pasada y guardamos el dominó.* **JUEGOS**
7 Puntada larga y ligera que se da al coser una prenda: *deshizo las pasadas de hilo tirando de él.* **TEXTIL**
8 Cantidad de dinero suficiente para mantenerse o poder vivir. **= pasadía, sustentación**
9 Sobrevuelo de un lugar por un aparato aéreo: *es la segunda pasada de la avioneta por la playa.*
10 Cosa o acción extraordinaria o exagerada: *¡menuda pasada decirle eso al profesor!; la montaña rusa es una pasada de guapa.* **coloquial**
11 Pase del torero ayudándose con la muleta o la capa. **TAUROMAQUIA**
12 **dar pasada:** Tolerar, dejar que suceda una cosa: *por esta vez daré pasada al retraso.* **coloquial**
13 **dar una pasada:** Dar una capa o mano de una sustancia a una superficie: *daré una pasada de barniz a los muebles.* **coloquial**
14 **dar una pasada a una persona:** Darle una reprimenda: *me dieron una buena pasada por catear dos asignaturas.* **coloquial**
15 **de pasada:** Sin fijarse mucho, de manera superficial: *me contó de pasada lo sucedido; he leído la noticia de pasada.* **loc.adv.**
16 **mala pasada:** Mala acción de una persona para con otra: *me jugó una mala pasada quitándome el coche sin avisarme; ha sido una mala pasada no invitarle.* **coloquial**
17 **ser una cosa de pasada o una pasada:** Ser extraordinario: *el nuevo parque acuático es de pasada; es una pasada de bonito ese sitio.* **coloquial**

pasadera
1 Piedra u otra cosa que se pone en una corriente de agua, charco, barrizal u otro lugar para pasar sin mojarse: *usó unos tablones de pasadera para no pisar el barro.* **s.f. = pasadero**
2 Especie de cordel formado torciendo dos, tres o cuatro filásticas o hilos sacados de cabos viejos. **NÁUTICA = meollar**

pasadero, a
1 Que se puede pasar o atravesar con facilidad: *es un camino pasadero sin peligro.* **adj.**
2 Que se puede aceptar: *te aprobaré porque el examen es pasadero, pero no bueno.* **= aceptable, pasable**
3 Que goza de mediana salud.
4 Se aplica a la piedra de una obra de mampostería que atraviesa toda la pared y sobresale al exterior. **adj/s.f. CONSTRUCCIÓN**
5 Meollar, cuerda fina que se emplea para forrar cabos. **s.m./NÁUTICA = pasadera**

pasadía Cantidad de dinero suficiente para mantenerse o poder vivir. **s.f./= pasada, sustentación**

pasadillo Punto de bordado que pasa por ambos lados de la tela. **TEXTIL**

pasadizo
1 Paso o camino estrecho entre casas o calles: *este pasadizo lleva a una plaza.* **s.m. = pasaje**
2 Cualquier medio que comunica un lugar con otro: *descubrieron varios pasadizos subterráneos en el templo.* **= corredor**

pasado, a
1 Que pertenece a un tiempo anterior al presente: *nos vimos la semana pasada; me explicó sus pasadas aventuras sentimentales.* **adj. ≠ presente**
2 Se aplica al alimento que está estropeado: *la fruta está pasada.* **= podrido ≠ fresco**
3 Se refiere a la banderilla o puyazo que se coloca en posición algo trasera. **TAUROMAQUIA**
4 Tiempo verbal que sirve para denotar la acción que ya ha sucedido. **s.m./GRAMÁTICA = pretérito**
5 Tiempo que ya ha transcurrido: *hay que vivir el presente y no del pasado.*
6 Antepasados o ascendientes de una persona. **s.m.pl.**
7 Soldado o militar que ha desertado de su bando y sirve en el enemigo. **MILITAR**
8 **estar o ir pasado:** Estar bajo los efectos de una droga. **argot**

pasador, a
1 Que pasa de una parte a otra: *es un pasador de género de contrabando.* **adj/s.**
2 Cerrojo que asegura el cierre de puertas y ventanas: *siempre corre el pasador cuando se queda sola.* **s.m. = pestillo**
3 Aguja grande que sujeta el pelo: *se sujetaba el moño con un pasador de nácar.* **= horquilla**
4 Alfiler o varilla usado para sujetar corbatas, pañuelos o como adorno: *luce un pasador de oro en la solapa; la empresa regaló un pasador con el logotipo a sus clientes.* **= horquilla**
5 Utensilio de plástico o de hojalata usado para colar líquido, compuesto de un recipiente cónico o redondeado con fondo agujereado y de un mango: *cuela los macarrones en el pasador.* **= coladero, colador**
6 Imperdible con el que se prenden las condecoraciones.
7 Botón doble con el que se abrochan dos o más ojales. **= gemelo**
8 Varilla de una bisagra o de piezas semejantes que une las dos partes que la forman a modo de eje.
9 Punzón que se usa para empalmar cabos. **NÁUTICA**
10 Cualquier instrumento usado para pasar hilos o materias semejantes por los agujeros del objeto en el que se deben colocar.
11 Manga o cedazo para colar un líquido.
12 Flecha o saeta que se dispara con ballesta.

pasaje
1 Paso de una parte a otra: *este tramo del pasaje es muy peligroso.* **s.m. = pasada**
2 Precio pagado en los viajes marítimos y aéreos por el transporte de una o más personas: *el pasaje incluye un seguro de vida.*
3 Billete para un viaje: *sacó dos pasajes para el transbordador.*
4 Conjunto de viajeros de un barco, un avión u otro vehículo de servicio público.
5 Fragmento con alguna particularidad de una obra artística: *esta sinfonía tiene bellos pasajes; leyó uno de sus pasajes favoritos de la novela.* **= episodio**
6 Lugar por donde se pasa.
7 Calle estrecha y corta que sirve de paso entre dos mayores, a veces por debajo de las casas: *no suele pasar por el pasaje solo porque está muy oscuro.*
8 Estrecho situado entre dos islas o entre una isla y tierra firme. **GEOGRAFÍA**
9 Derecho o impuesto pagado por pasar por un lugar.
10 Tránsito o mutación de una voz o un tono a otro, que se hace con arte. **MÚSICA**
11 Sucesión rápida de notas en una escala o arpegio. **MÚSICA**
12 Acogida que se hace a una persona o trato que se le da.

pasajero, a
1 Que dura poco tiempo: *tuvieron una relación pasajera; es sólo una molestia pasajera.* **adj. = efímero, fugaz**
2 Se aplica a la persona que viaja en un vehículo, en especial los que lo hacen en un transporte público. **adj/s.**
3 Se refiere al lugar que es transitado por mucha gente. **adj.**

4 Se aplica al ave migratoria que se detiene en una localidad comer y descansar. ZOOLOGÍA

5 Persona que está de tránsito y se aloja en un hotel. *s./Colomb., Chile*

pasajuego Rechaze, en la pelota vasca, que se da desde el resto, lanzándolo en dirección contraria hasta el saque. s.m. DEPORTES

pasamanar Adornar una cosa con cordones, trenzados, galones o cualquier tipo de pasamanería. v.tr.

pasamanería
1 Fabricación de cordones, flecos, borlas y otros adornos para tejidos y vestidos. s.f. TEXTIL
2 Oficio de pasamanero. TEXTIL
3 Taller donde se fabrican estos adornos y tienda donde se venden: *tienen todo tipo de cordones en esta pasamanería.* TEXTIL

pasamanero, a Persona que hace o vende pasamanos o adornos. s. TEXTIL

pasamano
I (De fr. *passement*.) Adorno para tejidos y prendas que consiste en cordones, flecos, borlas y otros aderezos: *la cortina está ribeteada con pasamano dorado.* s.m. TEXTIL
II (De pasar + mano.)
1 Larguero superior e inferior que sostiene los palos o balaustres de una barandilla o balaustrada, que puede usarse como asidero: *se agarró al pasamano para no caer por las escaleras.* s.m. th: pasamanos = barandal
2 Paso que hay en las embarcaciones de popa a proa junto a la borda. NÁUTICA = crujía

pasamontañas Prenda de vestir que cubre toda la cabeza menos los ojos y la nariz y se usa como abrigo: *se puso un pasamontañas de lana para el frío.* s.m. pl: pasamontañas

pasamuros Aislador que permite el paso de un conductor eléctrico a través de un muro o pared metálica. s.m. pl: pasamuros ELECTRICIDAD

pasante
1 Que pasa. adj.
2 Se aplica al animal que se representa en un escudo en actitud de andar o pasar. HERÁLDICA
3 Persona que trabaja con un médico o con un abogado para adquirir práctica. s.m.f. = ayudante
4 Persona que explica la lección a otra.
5 Estudiante religioso que, acabados los años de estudio, espera, imponiéndose en los ejercicios escolásticos, para entrar a las lecturas o al púlpito. s.m. RELIGIÓN
6 Profesor con el que iban a estudiar los estudiantes que debían examinarse en algunas facultades.

pasantía
1 Trabajo o empleo del pasante. s.f.
2 Tiempo que dura el trabajo del pasante.

pasapalos Pequeñas cantidades de comida que se toman, en general, acompañadas de alguna bebida. s.m.pl. *Venez.*

pasapán Parte superior de la tráquea: *se me ha atragantado la comida en el pasapán.* s.m./coloquial = garguero

pasapasa Juego de manos de los prestidigitadores y titiriteros. s.m. JUEGOS

pasaperro Tipo de encuadernación que se hace con un cordón que atraviesa las hojas y las tapas y que se usa para encuadernar en pergamino libros de poco volumen: *coser a pasaperro.* s.m. ARTES GRÁFICAS

pasaportar
1 Dar un pasaporte a una persona. v.tr.
2 Echar a una persona de un lugar: *le pasaportaron del bar por alboroto.* coloquial = expulsar
3 Quitar la vida a una persona: *durante la guerra pasaportaron a mucha gente.* coloquial = matar

pasaporte (Del fr. *passeport*.)
1 Documento que acredita la nacionalidad e identidad del titular, y que le permite viajar de un país a otro: *necesito el pasaporte para ir a Australia.* s.m.
2 Documento que llevan los militares para que se les proporcione alojamiento y medios de transporte a lo largo de una ruta. MILITAR
3 Permiso para hacer alguna cosa: *ten las llaves, tienes pasaporte para entrar y salir cuando quieras.* = libertad
4 pasaporte diplomático: El que extiende el Estado para los miembros del cuerpo consular o diplomático o para misiones oficiales de otras personas. POLÍTICA
5 dar pasaporte o el pasaporte a una persona: 1. Echarla de un lugar o romper las relaciones con ella: *se dio cuenta de que ese chico no le convenía y le dio pasaporte*. 2. Asesinarle, quitarle la vida. coloquial

coloquial

pasapurés Utensilio de cocina usado para colar y homogeneizar alimentos cocidos, en especial verduras y hortalizas. s.m. pl: pasapurés COCINA

pasar (Del lat. vulgar *passare*.)
1 Llevar una cosa de un lugar a otro: *pasa el hilo por el ojal.* v.tr. = atravesar
2 Llevar a una persona de un lugar a otro: *me pasé de mi casa a la tuya en cinco minutos; pásame a la niña que yo te la cuido.* v.tr/intr/prnl. = trasladar

3 Cruzar de un lado a otro: *pasaremos la montaña a pie.* v.tr. = atravesar
4 Dar un recado o un aviso a una persona: *yo te paso la nota que me han dado y me voy.* v.tr. = enviar, transmitir
5 Ir más allá de un límite: *ella se pasó de la raya; no te pases con ella porque perderá la paciencia.* v.tr/intr/prnl. = traspasar
6 Traspasar una cosa de un lado a otro: *el clavo pasó la pared de la habitación.* v.tr. = atravesar
7 Introducir o extraer una mercadería sin registro: *he conseguido pasar joyas por la aduana.* = colar
8 Tener una persona una cualidad en exceso: *se pasa de bueno; su bondad le pasa en muchas ocasiones.* v.tr/prnl.
9 Ceder el derecho, el dominio o la atribución que se tiene sobre una cosa a una persona: *pasó sus funciones al secretario.* v.tr/intr.
10 Estudiar una materia con un profesor privado. v.tr.
11 Superar una cosa con éxito: *logró pasar el curso con buenas notas.*
12 Tocar una cosa ligeramente por encima: *pasa la mano, verás qué suave.* = rozar
13 Introducir una cosa por el hueco de otra: *pasó un sobre por debajo de la puerta.* = colar
14 Filtrar o colar un líquido: *pasa la sopa por el colador.* = filtrar
15 Separar o limpiar una cosa con la criba o el tamiz. = cerner
16 Hacer una persona o un animal que la comida o la bebida llegue al interior de su aparato digestivo: *a ver si pases este trozo y te calle un poquito más de carne.* = tragar
17 Ser indulgente con una mala acción: *no paso su acción porque me parece insultante.* = tolerar
18 Dar el poder temporal el exequátur a las bulas o breves pontificios. RELIGIÓN
19 Callar una cosa que se debía decir: *pasó el asunto para no preocuparla.* = omitir
20 No darse una persona por enterada de una cosa: *te lo paso para que no te entere el jefe.* = disimular
21 Trabajar de pasante con un abogado o un médico.
22 Enseñar una materia como profesor privado.
23 Proyectar una película cinematográfica: *hoy pasan Metrópolis por la televisión.* = dar, echar
24 Estudiar o leer un libro o un tratado.
25 Estudiar o leer una cosa sin atención: *pasa las hojas sin saber lo que lee.*
26 Quitar la humedad de una cosa al aire, al sol o con lejía.
27 Ir de un lugar a otro: *el autobús pasa por aquí; me pasaré por tu casa.* v.intr. + por
28 Transmitir una enfermedad a una persona: *me pasó la gripe.* v.tr. = contagiar
29 Convertirse una cosa en otra: *la leche pasó a yogur.* v.intr.
30 Tener una persona lo necesario para vivir: *con su sueldo, no pueden pasar.* = arreglarse, tirar
31 Dejar de jugar un jugador cuando llega su turno por no tener ficha o carta adecuada, en algunos juegos de naipes y en el dominó. JUEGOS
32 Extenderse una noticia: *el rumor pasó de un pueblo a otro.* = correr
33 Ponerse a hacer la acción que se expresa: *pasar a bañarse; pasamos a comer.* + a
34 Ocupar un espacio de tiempo haciendo una cosa: *pasó la tarde leyendo.* v.tr.
35 Dejar de vivir una persona: *el abuelo pasó a mejor vida.* v.intr. = morir
36 Tirar o entregar la pelota un jugador a otro: *pasó el balón al delantero.* DEPORTES
37 Tener una persona salud.
38 Ser admitida una moneda por el valor que le está señalado. ECONOMÍA
39 Continuar utilizando una cosa por un período de tiempo: *está un poco estropeado, pero aún pasa esta temporada.* = aprovechar
40 Acabarse o cesar una cosa: *ya se le ha pasado el enfado; el viento pasará en poco rato.* v.intr/prnl. = concluir
41 Extender o autorizar un escribano o un notario un documento. DERECHO
42 Ser considerada una persona de cierta manera: *mi prima pasa por lista.* v.intr. + por
43 Experimentar una cosa: *ya pasó por un trago semejante.* = sufrir
44 Renunciar o decidir no tener una cosa: *no puede pasar sin su agenda.* = sin = prescindir
45 Ocurrir una cosa: *tranquilo, no pasa nada; no llores, ya pasó.* = suceder
46 Dejar un partido o un grupo para entrar en otro: *se pasó al otro bando.* v.prnl.
47 Dejar de ser una cosa: *ya se pasó el buen tiempo.* = acabarse
48 Olvidarse una persona de una cosa: *se me pasó llamarte.* ≠ acordarse
49 Empezarse a pudrir un alimento: *si no te comes la fruta, se pasará.*
50 Perderse la ocasión o el tiempo de que una cosa logre su actividad o efecto: *se me ha pasado el arroz y está quemado.*
51 Encenderse bien la lumbre de carbón.
52 Dejar salir una cosa gotas por sus poros. = filtrar, rezumar

53 Hacer una persona más puntos de los que se han JUEGOS
fijado para ganar, de modo que pierde la partida, en
algunos juegos.
54 Estar un cierre o seguro de una cosa flojo o estro-
peado.
55 No preocuparse una persona por una cosa: *ha de-* v.intr./+ de
cidido pasar del tema; paso de acompañarle. = prescindir
56 Ensayar parte o la totalidad de una obra teatral: Méx.
vamos a pasar la primera escena. TEATRO
57 lo pasado, pasado: Expresión con la que se coloquial
exhorta a olvidar o a perdonar los motivos de queja o
de enojo.
58 pasar a mayores: Adquirir una cosa más grave- coloquial
dad o importancia de lo que parecía: *después de insul-*
tarse pasaron a mayores y se pegaron.
59 pasar de largo: Ir por un lugar sin detenerse y, en
general, sin fijarse en lo que hay alrededor: *pasó de*
largo sin saludarme.
60 pasar de todo: No importarle lo más mínimo a coloquial
una persona una cuestión determinada o la vida en
general.
61 pasar en blanco o en claro una cosa: Omitirla o coloquial
dejar de advertirla.
62 pasar por alto una cosa: Omitir u olvidarla, de coloquial
forma voluntaria o no.
63 pasar por encima: 1. Intentar realizar una cosa de coloquial
forma atropellada a pesar de los obstáculos que presentaba. 2. Anticiparse en la obtención de alguna
cosa, por lo general un empleo, adelantándose a personas con más méritos.
64 pasarse de listo: Equivocarse por no ser suficien- coloquial
temente honesto.
65 pasarse una persona: Excederse en una acción: *te* coloquial
has pasado insultándole; se pasa mucho con la bebida.
66 pasar una persona por algo: Sufrirlo, tolerarlo: coloquial
paso por esto por ti, si no me iba; pasó por muchas penali-
dades.
67 pase lo que pase: A pesar de lo que pueda suce- coloquial
der: *pase lo que pase, yo te apoyaré.*
68 tener un buen pasar: Gozar de medianas comodi- coloquial
dades en la vida: *tiene un buen pasar gracias a la beca.*
pasarela
1 Puente pequeño o provisional: *tras destruir el río el* s.f.
puente, pusieron una pasarela de madera.
2 Plataforma algo elevada, estrecha y alargada, por
donde desfilan ante el público los modelos u otros artistas: *las modelos avanzaban decididas por la pasarela.*
3 Puente transversal delante de la chimenea de un NÁUTICA
barco de vapor.
4 Pórtico que soporta proyectores en los estudios CINE
cinematográficos.
pasatiempo
1 Actividad que se realiza por distracción o afición: s.m.
dibuja acuarelas por pasatiempo.
2 Entretenimiento en que se propone una dificultad
que hay que resolver con habilidad o ingenio: *le gusta*
resolver los pasatiempos del periódico.
pasatoro Se usa en la expresión **a pasatoro** indican- loc.adv.
do la manera de dar la estocada o poner las banderi- TAUROMAQUIA
llas al pasar el toro al lado del diestro.
pasavante (Del cat. *passavant*.)
1 Documento que, en tiempo de guerra, da el jefe de s.m.
las fuerzas navales de un país a un buque enemigo MILITAR
para que no sea molestado en su navegación.
2 Documento provisional que da un cónsul a un bu- NÁUTICA
que mercante adquirido en el extranjero para que
pueda navegar.
pasavistas Instrumento con un marco metálico doble s.m.
que, con un movimiento lateral alternativo, permite pl: pasavistas
colocar las diapositivas delante de la ventanilla de un FOTOGRAFÍA
proyector.
pasavolante
1 Acción realizada con rapidez y, en general, de una s.m.
manera irreflexiva: *se nota que te has dado un pasavo-*
lante, pero sigue siendo sucio.
2 Pieza de artillería de muy poco calibre. MILITAR
pasavoleo Jugada que consiste en devolver la pelota s.m.
por encima de la cuerda hasta más allá del saque, en DEPORTES
el juego de la pelota vasca.
pascal
1 Denominación del pascalio en la nomenclatura in- s.m.
ternacional. FÍSICA
2 Lenguaje de programación de alto nivel que facilita INFORMÁTICA
la programación estructurada, ayuda a detectar los
errores de código y es bastante autodocumentado.
pascalio Unidad de presión, equivalente a la ejercida s.m.
por una fuerza de un newton sobre la superficie pla- FÍSICA
na de un metro cuadrado.
pascana
1 Jornada, etapa de un viaje. s.f./Amér. Merid.
2 Posada, mesón o lugar para hospedarse. Argent., Bol., Perú
pascasio Estudiante universitario que pasaba las va- s.m.
caciones fuera de la ciudad.

pascoíta Mineral compuesto de vanadato hidratado s.f.
de calcio. MINERALOGÍA
pascua (Del lat. vulgar *pascua* < lat. *pascha* < gr. *pas-*
kha < hebreo *pesach*, tránsito.)
1 Festividad católica para conmemorar la resurrec- s.f.
ción de Jesucristo. RELIGIÓN
2 Período comprendido ente la navidad y el día de RELIGIÓN
reyes.
3 Festividad judía que se celebraba en marzo para RELIGIÓN
conmemorar la liberación de este pueblo del cautive-
río egipcio.
4 Pascua del Espíritu Santo: Conmemoración católi- RELIGIÓN
ca de la venida del Espíritu Santo.
5 Pascua florida: La de la resurrección. RELIGIÓN
6 dar o felicitar las pascuas: Felicitarse con motivo
de las pascuas.
7 de pascuas a ramos: De tarde en tarde: *nos vemos* loc.adv.
de pascuas a ramos.
8 estar como unas pascuas: Estar muy contento: coloquial
está como unas pascuas con su nuevo empleo.
9 hacer la pascua a una persona: Fastidiar a al- coloquial
guien: *me haces la pascua si no vienes.*
10 hacer pascua: Empezar a comer carne en cuaresma.
11 santas pascuas: Indica que se pone punto final a coloquial
un asunto, sin dar posibilidad de discutirlo: *he dicho*
que no y santas pascuas.
pascual De la pascua: *tomó la comunión pascual.* adj./RELIGIÓN
pascuense
1 De la isla chilena de Pascua. adj.
2 Persona natural de esta isla. s.m.f.
pascuero, a
1 Relativo a la pascua. adj./Chile
2 viejito pascuero: Papa Noël, Santa Claus. Chile
pascuilla Domingo siguiente al de la pascua de resu- s.f.
rrección, en el catolicismo. RELIGIÓN
pase
1 Acción y resultado de pasar. s.m.
2 Acción de pasar el balón o la pelota en los juegos y DEPORTES
deportes: *el pase del delantero se quedó corto.*
3 Movimiento o golpe que se hace en deportes como DEPORTES
la esgrima, el boxeo o la lucha para engañar al adver- = finta
sario.
4 Desfile de modelos: *esta noche hay un pase de moda*
de baño.
5 Cada una de las veces que el torero deja pasar al TAUROMAQUIA
toro sin intentar clavarle la espada.
6 Permiso o documento escrito con que se autoriza a = autorización
una persona a hacer una cosa: *tengo un pase para asis-*
tir a la conferencia.
7 Documento equivalente a un pasaporte en algunos
países.
8 Movimiento hecho con las manos sobre un cuerpo OCULTISMO
por el hipnotizador o magnetizador.
9 Autorización oficial. = exequátur
10 pase de castigo: El que da el torero de modo que TAUROMAQUIA
el toro hace un gran esfuerzo perdiendo poderío.
11 pase de muleta: Cada una de las veces que el to- TAUROMAQUIA
rero deja pasar al toro para prepararlo o como lucimiento.
12 pase de tanteo: Suerte de muleta con la que el TAUROMAQUIA
diestro suele iniciar la faena.
13 pase natural: Suerte de muleta en que el diestro TAUROMAQUIA
da la salida del toro por el mismo lado de la mano
con que la sostiene.
14 pase pernocta: El que se da a los soldados que MILITAR
cumplen el servicio militar para que puedan dormir
fuera del cuartel.
15 dar el pase: Echar a una persona de un lugar o coloquial
trabajo: *le dieron el pase por estafador.*
16 darse el pase: Tomar cocaína. argot
17 tener una cosa un pase: Ser tolerable, pero no coloquial
bueno: *que se levante tan tarde tiene un pase, pero no*
que grite; no es fantástico, pero tiene un pase.
paseadero Paseo, lugar para pasear. s.m.
paseador, a
1 Que pasea mucho y con frecuencia: *es una mujer* adj.
muy paseadora.
2 Lugar para pasear. s.m./= paseo
paseandero, a Se aplica a la persona a la que le gus- adj/s.
ta pasear o que lo hace con frecuencia. Amér. Merid.
paseante
1 Que pasea: *a estas horas, la rambla está llena de pa-* adj/s.m.f.
seantes.
2 Que está ocioso. = desocupado
pasear
1 Caminar por un lugar para distraerse o como ejerci- v.intr/prnl.
cio: *pasearon juntos por el parque; suele pasearse por* = callejear,
aquí. = deambular
2 Dar un paseo a una persona o un animal: *saca a pa-* v.tr.
sear al bebé cada tarde.
3 Llevar a una persona o una cosa por un lugar para = exhibir
que sea vista: *pasearon al alcalde.*
4 Andar el caballo al paso. v.intr./EQUITACIÓN

5 Estar una idea o un pensamiento en la mente de una persona: *se me pasea una idea por la cabeza.*   *v.prnl.*

6 Estudiar, pensar o tratar de una materia sin profundizar en ella: *me paseo por la arqueología por afición.*

7 Estar una persona ociosa: *Pedro se pasea en el trabajo y no da golpe.*   = holgar, vaguear

8 paseársele a una persona el alma por el cuerpo: Ser tranquila y apática.

paseata Paseo largo: *es una paseata, pero vale la pena que lleguemos hasta la ermita.*   *s.f.* = caminata

paseíllo

1 Desfile en que las cuadrillas de toreros atraviesan el ruedo, antes de comenzar la corrida.   *s.m.* TAUROMAQUIA

2 dar el paseíllo a una persona: Llevar a una persona a algún lugar para fusilarla, en especial durante la guerra civil española y la posguerra.

paseo

1 Acción y resultado de pasear o pasearse: *se dieron un paseo en barca por el lago; cada tarde se da un paseo por el bosque.*   *s.m.* = garbeo

2 Calle o camino agradable para pasear: *un paseo bordea la playa.*   = paseadero, paseador

3 Distancia que se considera corta: *el viaje de su pueblo al mío es un paseo.*

4 Cosa que resulta fácil de hacer: *el partido fue un paseo, ganamos por goleada.*

5 ¡anda o andad a paseo!: Se usa para despedir a una persona con enfado o desprecio: *¡anda a paseo, no me molestes más!*   coloquial

6 a paseo: Indica desagrado o desaprobación de una cosa: *se cansó del coche y lo mandó a paseo.*   loc.adv. coloquial

7 dar el paseo: Se usaba para expresar la ejecución clandestina de un preso político, durante la guerra civil y la posguerra españolas.

8 de paseo: Paseando, caminando sin destino fijo, sólo por placer: *llevó al niño de paseo con él.*   loc.adv.

9 echar, enviar o mandar a paseo: Despedir o deshacerse de alguien con enfado o brusquedad: *mandó a paseo a su jefe y a paseo se fue él.*   coloquial

10 ¡vete a paseo!: Se usa para cortar la conversación o el trato con una persona y despedirla con desprecio o enfado: *¡vete a paseo y déjame en paz!*   coloquial

pasera

I (Derivado de *paso*.) Piedra que pasa o atraviesa una pared.   *s.f.* CONSTRUCCIÓN

II (Derivado de *pasa*.)

1 Sitio donde se ponen a secar las frutas para que se hagan pasas.   *s.f.*

2 Operación de convertir las frutas en pasas.

paseriforme Perteneciente a un orden de aves, en general de talla pequeña, arborícolas, cantoras, de vuelo ligero, constructores de nidos, como la alondra, el mirlo o el ruiseñor.   adj./s.m. ZOOLOGÍA

pasero, a

I (Derivado de *paso*.) Se aplica a la caballería que está enseñada a andar sin dar saltos ni hacer movimientos bruscos.   adj. EQUITACIÓN

II (Derivado de *pasa*.) Persona que vende frutas pasas.   s.

pasibilidad Carácter de la persona que sufre o padece mucho.   *s.f.* ≠ impasibilidad

pasible (Del lat. *passibilis*.) Que puede padecer: *es una persona pasible, padece por cualquiera cosa.*   adj. ≠ impasible

pasicorto, a Que anda con pasos cortos: *es tan pasicorto que siempre le dejan atrás.*   adj. ≠ pasilargo

pasiega Ama de cría.   *s.f.*

pasificación Operación de convertir la uva fresca en pasa.   *s.f.*

pasiflora (Del lat. *pati*, padecer + *flora*.) Pasionaria, planta de tallos ramosos y trepadores.   *s.f.* BOTÁNICA

pasifloráceo, a Perteneciente a una familia de plantas herbáceas de origen tropical, arbustivas o arbóreas por lo general trepadoras, de hojas alternas, flores regulares solitarias o en racimo y fruto en cápsula o baya, como la pasionaria.   adj./s.f. BOTÁNICA tb: pasiflóreo

pasil

1 Piedra grande colocada en el cauce de un río o arroyo para atravesarlo: *cuidado al pisar el pasil porque se mueve y puedes caer al agua.*   *s.m.* = pasadera

2 Lugar por donde se puede atravesar a pie un río o un arroyo.   = vado

3 Paso estrecho formado por el tránsito habitual de personas y ganado.   = vereda

pasilargo, a Que anda con pasos largos: *yo siempre voy corriendo con él porque es muy pasilargo.*   adj. ≠ pasicorto

pasillo

1 Pieza estrecha y larga para acceder a las habitaciones de una casa o a las viviendas de un edificio: *el comedor está al final del pasillo.*   *s.m.* CONSTRUCCIÓN = corredor

2 Camino aéreo que se asigna a los aviones en sus trayectorias regulares.   AERONÁUTICA

3 Cada una de las puntadas largas sobre las que se forman los ojales y algunos bordados.   TEXTIL

4 Cláusula de la pasión, cantada a muchas voces en los oficios solemnes de semana santa.   RELIGIÓN

5 Paso teatral, pieza dramática breve.   TEATRO

6 hacer el pasillo o el pasillo de honor: Recibir a una persona o a un equipo deportivo entre dos filas de gente para celebrar un triunfo o una victoria.   coloquial

pasión (Del lat. *passio*, *-onis*.)

1 Sentimiento muy intenso y perturbador que domina la voluntad y la razón: *se dejó llevar por la pasión y no pensó en las consecuencias de sus actos.*   *s.f.* = arrebato

2 Atracción intensa que una persona siente por otra: *tiene pasión por el mayor de sus hijos.*   = predilección

3 Afición extraordinaria por una cosa: *siente pasión por la música.*   = entusiasmo

4 La de Jesucristo y los sufrimientos que soportó como hombre, según la tradición cristiana.   RELIGIÓN

5 Sermón que se predica el jueves y viernes santo sobre la pasión de Jesucristo: *voy a la catedral a oír la pasión.*   RELIGIÓN

6 Parte de los evangelios en que se narra la pasión de Jesucristo.   RELIGIÓN

7 Composición musical sobre esta narración evangélica.   MÚSICA

8 baja pasión: Sentimiento o afición innoble: *su afición por el juego era la baja pasión que le dominaba.*

9 pasión de ánimo: Tristeza, abatimiento.

pasional De la pasión: *la novela relata un crimen pasional.*   adj.

pasionaria

1 Planta de origen brasileño con tallos ramosos y trepadores, hojas partidas en tres, cinco o siete lóbulos, con flores olorosas y solitarias de color azulado por dentro y corola de filamentos purpurinos y blancos y tres estigmas en forma de clavos. (*Passiflora cerulea.*)   *s.f.* BOTÁNICA = pasiflora

2 Flor de esta planta.   BOTÁNICA

pasionario Libro que contiene la historia de la pasión de Jesús y que se canta en semana santa.   *s.m.* RELIGIÓN

pasionero

1 El que canta la pasión en los oficios de semana santa.   s.m./RELIGIÓN = pasionista

2 Sacerdote destinado a la asistencia espiritual en un hospital.   RELIGIÓN

pasionista

1 Pasionero, el que canta la pasión en semana santa.   s.m./RELIGIÓN

2 Que pertenece a una congregación de clérigos descalzos.   adj./s.m. RELIGIÓN

pasito

1 Con gran tiento: *abrió la puerta pasito para que no nos enteráramos.*   adv. = cuidadosamente

2 En voz baja: *habla pasito para no despertarles.*

pasitrote Trote corto de algunas caballerías, en especial de los asnos.   *s.m.* EQUITACIÓN

pasivación Tratamiento al que son sometidos los metales oxidables, consistente en sumergirlos en un baño de ácido oxidado para hacerlos inmunes a la oxidación.   *s.f.* METALURGIA

pasividad

1 Actitud del que recibe o padece una acción sin cooperar a ella ni reaccionar en contra: *me molesta su pasividad en las actividades previstas.*   *s.f.* ≠ actividad

2 Actitud de quien, ante una situación de necesidad, no hace nada: *siguió trabajando con la misma pasividad.*   = apatía, indiferencia

3 Calidad de un metal que, tras sufrir tratamientos superficiales, resiste a la corrosión electroquímica.   FÍSICA, QUÍMICA

4 Falta, y castigo consiguiente, que comete un deportista o un equipo por no competir con suficiente combatividad, en algunos deportes.   DEPORTES

pasivo, a (Del lat. *passivus*.)

1 Se aplica al sujeto que recibe la acción, en contraposición al que la realiza: *fue el sujeto pasivo de su amor.*   adj. ≠ activo

2 Se refiere a la persona que deja actuar a los demás sin cooperar: *no seas pasivo y participa en la fiesta como todo el mundo.*   = apático, indiferente ≠ activo

3 Se aplica a las pensiones que disfrutan o reciben algunas personas en virtud de unos servicios prestados con anterioridad: *recibe un sueldo pasivo desde que se jubiló.*   ECONOMÍA

4 Se aplica a la forma verbal con la que se expresa que el sujeto es quien recibe la acción.   adj./s.f. GRAMÁTICA

5 Se refiere a los juicios, tanto civiles como criminales, con relación al reo o a la persona demandada.   adj. DERECHO

6 Se aplica al circuito o elemento eléctrico que no contiene ningún generador.   adj. ELECTRICIDAD

7 Conjunto de deudas y gravámenes contraídos por una persona o entidad que disminuyen su activo: *el pasivo es tan alto que la empresa tendrá que cerrar.*   s.m. ECONOMÍA

8 pasiva refleja: Construcción oracional de significado pasivo, construida con un verbo en voz activa.   GRAMÁTICA

pasma Policía o cuerpo encargado de mantener el orden público: *la pasma rodeó a los manifestantes.*   s.f./argot = madero

pasmado, a

1 Que está atontado, sin comprender o sin saber qué hacer: *se quedó pasmado al ver sus obras.*   adj./s. = atónito

2 Se aplica a la madera con atronaduras o hendiduras. · adj. CARPINTERÍA

3 Se aplica al pez que se representa en un escudo con la boca abierta, sin lengua, aletas ni barbas. · HERÁLDICA

4 Se refiere al águila que, en los escudos, se representa con las alas plegadas. · HERÁLDICA

5 Se aplica al delfín que se representa con la boca abierta y sin lengua en los escudos nobiliarios. · HERÁLDICA

pasmar
1 Causar gran asombro o sorpresa a una persona: *el espectáculo pasmó al público; el monumento pasmaba por su tamaño; se pasmó al verla entrar.* · v.tr/intr/prnl. = asombrar, maravillar

2 Enfriarse una persona o una cosa mucho o de forma brusca: *se pasmó al dormir al raso.* · v.tr/prnl. = congelar, helar

3 Causar la helada la muerte de una planta: *los tulipanes se pasmaron el último invierno.* · BOTÁNICA

4 Hacer una cosa que una persona se desmaye: *se pasmó con el fuerte calor de la sala.* · = desmayar

5 Contraer una persona el pasmo o tétanos. · v.prnl./MEDICINA

6 Perder brillo los colores o los barnices. · ARTE

pasmarota
1 Gesto con que se aparenta admiración o extrañeza injustificadas: *no hagas esa pasmarota, ya lo sabías desde hace tiempo.* · s.f. = pasmarotada

2 Simulación de alguna enfermedad espasmódica. · MEDICINA

pasmarote Persona que permanece inmóvil como sin entender lo que se le dice o sin hacer lo que hay que hacer: *me miraba como un pasmarote.* · s.m.f. = atontado, embobado

pasmo (Del lat. vulgar *pasmus* < lat. *spasmus* < gr. *spasmos*, convulsión.)
1 Admiración o extrañeza tan grandes que impiden el razonamiento y la capacidad de hablar: *su respuesta me produjo un pasmo.* · s.m. = aturdimiento, asombro

2 Resfriado caracterizado por abundancia de mucosidad y dolores musculares. · MEDICINA = catarro

3 Tétanos, enfermedad producida por un bacilo que ataca al sistema nervioso. · MEDICINA

4 Rigidez y convulsión muscular involuntaria. · MEDICINA

pasmón, a Se aplica a la persona que es torpe de entendimiento, de voluntad y de acción y que parece estar siempre asombrada o pasmada: *es un pasmón incapaz de tomar una decisión.* · adj/s. = atontado, bobo, tonto

pasmoso, a Que causa pasmo o asombro: *la velocidad que alcanza la pelota es pasmosa.* · adj. = asombroso

paso, a (Del lat. *passus*.)
1 Se aplica a la fruta desecada al sol: *le encantan las uvas pasas.* · adj.

2 Movimiento coordinado de los pies para andar: *camina dando largos pasos; los soldados desfilan siguiendo el paso.* · s.m.

3 Huella que queda impresa al andar: *sus pasos quedaron impresos en la arena.*

4 Espacio que se avanza en cada movimiento coordinado de los pies: *sus largas piernas le permiten dar grandes pasos.* · = zancada

5 Acción de pasar de un lugar a otro: *avanzaban en fila en su paso por el desfiladero.* · = tránsito

6 Lugar por donde se pasa de un sitio a otro: *existe un paso para cruzar el río a pocos kilómetros de aquí.* · = camino

7 Gestión para conseguir una cosa: *el primer paso debe ser informarte; es preferible que sigas todos los pasos para resolver el ejercicio matemático.* · = trámite

8 Avance que realiza un aparato contador: *la llamada han sido veinte pasos; el técnico anotó los pasos del contador de la luz.* · TECNOLOGÍA

9 Escalón de una escalera: *la escalera tenía un paso roto.* · = peldaño

10 Manera de andar: *anda con paso garboso.* · = andares

11 Manera de andar las caballerías y los cuadrúpedos en general: *el perro lleva el mismo paso que su amo; el caballo anda al paso.* · EQUITACIÓN

12 Progreso conseguido en cualquier actividad: *conseguir las reivindicaciones fue un gran paso para el sindicato.* · = mejora

13 Trance, situación difícil: *espero no encontrarme nunca en ese difícil paso.* · = aprieto, apuro

14 Acto o conducta en la vida de una persona: *continuó los pasos iniciados por su maestro; nunca tuvo un paso injusto para con sus hijos.*

15 Cada uno de los cambios que se hacen en un baile: *ellos cambiaban de paso al ritmo de la música.* · MÚSICA

16 Movimiento de los pies que realiza el bailarín: *los pasos que mejor sabe son los del vals.*

17 Cada uno de los sucesos importantes de la pasión de Jesucristo. · RELIGIÓN

18 Escultura que representan dichos sucesos de la pasión de Jesucristo que se sacan en procesión en semana santa. · ARTE, RELIGIÓN

19 Lugar por donde se puede pasar de un lugar a otro de la montaña: *avanzaremos por un paso a mil metros de altitud.* · = puerto

20 Montaña y alrededores por donde se puede pasar.

21 Licencia para pasar sin impedimentos.

22 Licencia para transferir a otra persona un empleo.

23 Pase que da la autoridad de un Estado a los agentes extranjeros. · POLÍTICA

24 Acción de pasar de una clase a otra en los antiguos estudios de gramática.

25 Acción de explicar las lecciones a una persona o de repasarlas los estudiantes, unos con otros. · = repaso

26 Suceso narrable. · = sucedido

27 Puntada larga que se da en la ropa para remendarla, pasando la aguja de un lado a otro de la tela de forma sucesiva. · TEXTIL

28 Puntada para hilvanar una tela. · TEXTIL

29 Estrecho de mar. · GEOGRAFÍA

30 Pieza dramática muy corta. · TEATRO

31 Tránsito de las aves de una región a otra para invernar. · ZOOLOGÍA

32 Migración de los atunes hacia el lugar de desove. · ZOOLOGÍA

33 Episodio de una obra literaria. · LITERATURA

34 Lugar en el monte por donde suele pasar la caza. · CAZA

35 Distancia entre dos vueltas consecutivas de la hélice de un tornillo o tuerca. · MECÁNICA

36 Falta en la que incurre un jugador de baloncesto si da más de tres zancadas con la pelota en la mano. · s.m.pl. DEPORTES

37 En voz baja, con suavidad: *no hables tan paso que no te oigo.* · adv.

38 **mal paso:** Situación complicada o dificultosa: *está en un mal paso económico.* · coloquial

39 **paso a nivel:** Punto en el que el ferrocarril se cruza con otro camino: *es un paso a nivel con barrera.*

40 **paso atrás:** 1. Movimiento retrógrado, igual que el ordinario, pero hacia atrás. 2. Retroceso en una acción o actividad que hasta ese momento avanzaba de un modo correcto. · MILITAR

41 **paso castellano:** El largo y sentado hecho por las caballerías. · EQUITACIÓN

42 **paso de ambladura o de andadura:** El que hacen las caballerías moviendo el pie y la mano hacia el mismo lado y a la vez. · EQUITACIÓN

43 **paso de cebra:** Lugar señalizado en el asfalto mediante franjas blancas y paralelas por donde el peatón puede atravesar la calle teniendo preferencia frente a los vehículos.

44 **paso de comedia:** 1. Suceso o pasaje de un poema dramático elegido para ser representado. 2. Suceso divertido o extraño de la vida real. · TEATRO

45 **paso de gallina:** Trámite o gestión insuficiente para conseguir el fin perseguido.

46 **paso de garganta:** Inflexión de la voz en el canto que consiste en contraer los músculos para dar mayor excitabilidad a las cuerdas vocales. · MÚSICA

47 **paso de la hélice:** Distancia entre dos puntos de una hélice que corresponden a los de la generatriz. · GEOMETRÍA

48 **paso del ecuador:** 1. Fiesta o viaje que celebran los estudiantes universitarios a mitad de carrera. 2. Fiesta que se celebra en un barco al cruzar el ecuador. · coloquial coloquial

49 **paso de papeles:** Lectura que dan los actores a sus respectivos papeles al iniciar los ensayos de una obra teatral. · TEATRO

50 **paso de peatones:** Zona de la calzada por donde pueden cruzar los peatones, en general regulado por semáforos o agentes de tráfico.

51 **paso doble:** Pasodoble, música y baile. · MÚSICA

52 **paso geométrico:** Medida de longitud equivalente a un metro y unos cuarenta centímetros.

53 **paso grave:** Movimiento de danza en el que un pie se aparta del otro describiendo un semicírculo.

54 **paso honroso:** Combate en un lugar de tránsito. · MILITAR

55 **paso largo:** El de la marcha en la que se avanzan dos pasos por segundo con una longitud de unos setenta y cinco centímetros. · MILITAR

56 **paso lateral:** El de longitud indeterminada que se da de derecha a izquierda a ritmo ordinario. · MILITAR

57 **paso lento o regular:** El que se realiza avanzando un paso cada segundo y es de una longitud de unos cincuenta centímetros. · MILITAR

58 **paso libre o franco:** El que no tiene obstáculos o enemigos: *tenía paso libre para continar su viaje.*

59 **paso ligero, de ataque o de carga:** El de la marcha en la que se avanzan tres pasos por segundo. · MILITAR

60 **paso ordinario:** El de la marcha en la que se avanzan dos pasos por segundo con una longitud de unos sesenta centímetros. · MILITAR

61 **paso romano:** Medida de cinco pies contados desde el talón del pie que avanza hasta el extremo anterior del mismo pie al posarse.

62 **paso subterráneo:** El que, a modo de túnel, sirve para que crucen los peatones por calles de mucho tránsito.

63 **abrir paso:** Abrir un camino o sendero por el que continuar avanzando: *abran paso para que pase la comitiva.*

64 **abrirse paso:** 1. Conseguir una situación conveniente en la vida: *a pesar de no tener estudios, siempre se ha abierto paso en la vida.* 2. Imponerse, triunfar: *se abrió paso en la empresa a fuerza de trabajo.* · coloquial

65 **a buen paso:** A buen ritmo, deprisa: *andaron todo el rato a buen paso.* · loc.adv.

66 a cada paso: De continuo, a menudo: *se encuentra con él a cada paso.* `loc.adv.`

67 acelerar el paso: Apresurar la marcha: *acelera el paso que nos alcanzan.*

68 acortar el paso: Reducir la marcha: *ya no veo los coches que nos siguen, acorta el paso a ver si llegan.*

69 acortar los pasos: Contener los progresos alcanzados por otro. `coloquial`

70 a dos o a un paso: Muy cerca: *vamos andando en vez de en coche, está a un paso de aquí.* `loc.adv.`

71 a ese paso: De ese modo, si se sigue igual: *a ese paso, nunca ascenderás.* `loc.adv.`

72 alargar el paso: Ir más deprisa: *alarga el paso que empieza a llover.*

73 al paso: 1. Sin detenerse: *pasó por mi lado y me saludó al paso.* 2. Sin correr, a ritmo normal: *no tenemos prisa, así que vamos al paso.* 3. Al pasar por un sitio yendo hacia otro: *al paso por el supermercado, compraré la leche.* `loc.adv.` `loc.adv.` `loc.adv.`

74 al paso que: 1. A imitación, igual que otro. 2. A la vez: *al paso que hablaba contigo, él llamaba por la otra línea.* `loc.adv.`

75 andar en malos pasos: Tener malas compañías o una mala conducta: *anda en malos pasos frecuentando esos locales.* `coloquial`

76 a paso de tortuga o de buey: Con lentitud: *seguiré a paso de tortuga porque no puedo más.* `loc.adv.`

77 a paso largo: Sin detenerse. `loc.adv.`

78 a pocos o a unos pasos: A poca distancia: *su casa está a pocos pasos de aquí.* `loc.adv.`

79 cambiar el paso: Sentar un pie en el suelo, cargar el cuerpo sobre el otro y sin perder el compás dar el paso siguiente. `MILITAR`

80 ceder el paso: Dejar pasar a otra persona por cortesía o por obligación: *es muy galante cediéndome el paso; eres tú quien debe ceder el paso en ese cruce.*

81 cerrar el paso: Impedirlo u obstaculizarlo: *el coche quedó atravesado cerrando el paso a los demás vehículos.*

82 coger a una persona el paso: Alcanzarla en un lugar: *le cogió el paso al llegar a su puerta.* `coloquial`

83 coger al paso: Comerse un peón otro que avanzó dos casillas sin pedir permiso, en el ajedrez. `JUEGOS`

84 coger el paso: Avanzar a la misma marcha que los demás: *tardó un rato en coger el paso al resto de compañeros.* `coloquial`

85 contar los pasos a una persona: Observar o averiguar todo lo que hace: *cuenta los pasos al vecindario.* `coloquial`

86 cortar los pasos a una persona: Impedirle que consiga su propósito: *la policía cortó los pasos al ladrón que intentaba escapar.* `coloquial`

87 dar el primer o los primeros pasos: 1. Tomar la iniciativa: *dio el primer paso para reconciliarse con su amigo.* 2. Empezar a andar los niños: *el bebé dio sus primeros pasos.*

88 dar paso: Permitir el avance o acceso: *el guardia dio paso a los vehículos.*

89 dar paso a una cosa: Crear las circunstancias apropiadas para que suceda: *el acuerdo al que se llegó dio paso al fin de la huelga.* `coloquial`

90 dar pasos: Realizar las gestiones necesarias para solucionar un asunto: *voy a dar pasos en el ministerio para que contesten tu petición.* `coloquial`

91 dar un mal paso: 1. Sufrir un tropiezo o fallo al caminar: *dio un mal paso y cayó de bruces.* 2. Hacer una cosa que entorpece o dificulta un asunto: *diste un mal paso al exigirle el aumento.* `coloquial` `coloquial`

92 dar un paso adelante: Progresar en un asunto: *dieron un paso adelante desconvocando la huelga.* `coloquial`

93 dar un paso en falso: 1. Poner el pie en una desigualdad del terreno perdiendo el equilibrio: *se fracturó el tobillo al dar un paso en falso.* 2. Equivocarse en una decisión: *procura no dar un paso en falso y todo saldrá bien.* `coloquial` `coloquial`

94 de paso: 1. Al dirigirse a otro lugar: *de paso al trabajo, te haré el recado.* 2. Al tratar otro asunto: *ya que le ves, dile de paso que me llame.* 3. Sin detención, de prisa: *le he echado un vistazo de paso, pero no a fondo.* `loc.adv.` `loc.adv.` `loc.adv.`

95 enderezar una persona el paso a un lugar: Dirigirse a él: *al acabar la reunión, enderezó el paso a su casa.* `coloquial`

96 llevar el paso: Seguir el ritmo de la marcha de forma regular y con comodidad: *no puedo llevar el paso como tú porque tengo las piernas más cortas.*

97 marcar el paso: Mover las piernas simulando el compás a seguir sin avanzar ni retroceder del sitio: *los reclutas pasaron horas marcando el paso hasta que aprendieron a hacerlo para desfilar.* `MILITAR`

98 no dar paso: No poder avanzar o avanzar en un asunto: *no daré un paso hasta arreglar este tema.* `coloquial`

99 no poder o saber dar un paso sin una persona: Necesitarla mucho: *no sólo es que la quiera, sino que no sabe dar un paso sin ella.* `coloquial`

100 para salir del paso: Sin poner interés en lo que se hace: *has hecho un examen para salir del paso.*

101 ¡paso!: Se usa para abrirse paso entre la gente: *¡paso, hay un herido!* `interj.`

102 paso a paso: Despacio, siguiendo todas las fases: *es mejor ir paso a paso en este tema para no equivocarnos.* `loc.adv.`

103 paso por paso: Con orden y detalle: *a ver, cuéntame paso por paso lo que ocurrió.* `loc.adv.`

104 por los mismos pasos: Siguiendo la misma trayectoria que otra persona: *el menor va por los mismos pasos que el mayor.* `loc.adv.`

105 por sus pasos contados: Por el orden o curso regular: *por sus pasos contados, el trámite tarda dos días en solucionarse.* `loc.adv.`

106 sacar de su paso a una persona: Hacerla actuar de forma contraria o distinta a como suele hacerlo: *consigue sacar de su paso al abuelo con sus preguntas impertinentes.* `coloquial`

107 salir al paso de una cosa: Darse por enterado y confirmar su veracidad: *salió al paso de la acusación con su coartada.* `coloquial`

108 salir del paso: Desembarazarse de un apuro o compromiso: *salió del paso preparando una cena fría; no logró salir del paso con una excusa tan poco convincente.* `coloquial`

109 salir una persona de su paso: Cambiar las costumbres habituales: *no suele salir de su paso en la hora de acostarse.* `coloquial`

110 salirle a una persona al paso: 1. Encontrársela y detenerle la marcha: *salió al paso al jefe para pedirle las vacaciones.* 2. Contradecirla o evitar que haga una cosa: *ante la acusación, le salió al paso demostrándole que el error era suyo.* `coloquial` `coloquial`

111 seguir los pasos a una persona: Observar su comportamiento: *la policía le sigue los pasos en la investigación.* `coloquial`

112 seguir los pasos de una persona: Imitar sus acciones: *siempre quiso seguir los pasos artísticos de su madre.* `coloquial`

113 sentar el paso: Caminar las caballerías de forma pausada. `EQUITACIÓN`

114 tomar paso: Habituarse las caballerías a caminar tal y como les enseñan. `EQUITACIÓN`

115 volver una persona sobre sus pasos: Rectificar la decisión o conducta adoptada: *volvió sobre sus pasos y acabó estudiando una carrera.* `coloquial`

pasodoble
1 Música de marcha, propia de festejos populares y taurinos: *los toreros salieron al ruedo a ritmo de pasodoble.* `s.m.` `MÚSICA`
2 Baile que acompaña esta música.

pasota Se aplica a la persona que siente una total indiferencia y desinterés por todo lo social o político y, en general, por cualquier actividad constructiva: *no asistió a la manifestación por la paz porque es un pasota.* `adj/s.m.f.` `coloquial` `= apático, indiferente`

pasotismo Fenómeno sociocultural generado por las personas que sienten una total indiferencia y desinterés por las actividades normales de la vida. `s.m.` `coloquial` `SOCIOLOGÍA`

paspadura Agrietamiento o excoriación de la piel. `s.f./Amér. Merid.`

paspartú (Del fr. *passe-par-tout*.) Recuadro de cartón o tela que circunda los márgenes de un dibujo, pintura o fotografía con los del marco: *enmarcamos la fotografía con un paspartú.* `s.m.` `pl.tb: paspartúes` `= marco, orla`

paspié (Del fr. *passe-pied*.) Danza parecida al minué. `s.m.`

pasquín (Del ital. ant. *pasquino < Pasquino*, estatua de gladiador en Roma, en la cual se fijaban sátiras.)
1 Escrito anónimo de carácter crítico o ridiculizador, que se fija en un lugar público: *la ciudad apareció llena de pasquines contra el gobierno.* `s.m.`
2 Cartel anunciador: *leí la convocatoria de la manifestación en un pasquín.*

pasquinada Dicho satírico y agudo que se divulga. `s.f.`

pasquinar Satirizar a una persona o una cosa con pasquines o escritos anónimos. `v.tr.`

passim (Voz latina.) En diversos lugares, cita textual que indica que en un libro reseñado son múltiples las páginas que pueden ser consultadas. `adv.`

passing-shot (Expresión inglesa.) Tiro potente y a muy poca altura sobre la red, con el que el tenista sobrepasa la posición del contrario. `s.m.` `DEPORTES`

password (Del ingl. *pass*, pasar + *word*, palabra.) Abreviatura de reconocimiento o código de acceso que se debe proporcionar a un sistema operativo a un procedimiento para emplearlo o tener acceso a él. `s.m.` `INFORMÁTICA` `= contraseña`

pasta (Del bajo lat. *pasta < gr. paste*, harina mezclada con salsa.)
1 Masa blanca y moldeable compuesta de una materia sólida machacada o pulverizada mezclada con algún líquido: *hizo una pasta con cemento y agua.* `s.f.` `= masa`
2 Cualquiera de los productos elaborados con masa desecada de harina de trigo y agua, como fideos, macarrones o tallarines: *en Italia se come mucha pasta.* `COCINA`
3 Masa de harina de trigo usada para hacer fideos, macarrones, canelones o tallarines. `COCINA`

4 Pieza dulce, pequeña y consistente compuesta de una masa pastelera y almendras, chocolate, coco u otros ingredientes: *el niño merendó una pasta y un batido de chocolate*. — COCINA

5 Masa trabajada con aceite o manteca, harina y otros ingredientes como huevos y azúcar, usada para hacer pasteles o empanadas: *la pasta de los bollos debe reposar una hora*. — COCINA

6 Masa que se obtiene al machacar trapo, madera y otras materias y que se prepara para hacer papel. — INDUSTRIA

7 Cartón que se hace de papel deshecho y machacado.

8 Empaste, unión perfecta de los colores. — ARTE

9 Dinero, riqueza que posee una persona: *le ha tocado mucha pasta en la lotería*. — coloquial = guita

10 Manera de ser, talante, temperamento: *si no eres de una pasta especial, no lo soportas*.

11 Porción de oro, plata y otro metal fundido y sin labrar. — METALURGIA

12 Encuadernación hecha con cartones cubiertos con pieles bruñidas y por lo común jaspeadas: *han sacado una edición nueva con las cubiertas de pasta*. — ARTES GRÁFICAS

13 pasta de chocolate: Masa de cacao molido mezclado con un poco de azúcar. — COCINA

14 pasta de pitisú: Masa con que se hacen los pasteles del mismo nombre, elaborada con huevos y mantequilla. — COCINA

15 pasta española: Encuadernación de libros hecha con cartones forrados con piel de color castaño y jaspeada. — ARTES GRÁFICAS

16 pasta italiana: Encuadernación de cartones cubiertos con pergamino muy fino o con piel fina de vaca. — ARTES GRÁFICAS

17 pasta valenciana: Encuadernación en piel de cordero arrugada y teñida en tonos variados y con un jaspeado muy caprichoso. — ARTES GRÁFICAS

18 media pasta: Encuadernación a la holandesa, en la que los cartones de las cubiertas están forrados de papel o tela, y el lomo de piel. — ARTES GRÁFICAS

19 ser de buena pasta: Tener un carácter tranquilo y apacible, no ser propenso a enfadarse: *es de buena pasta, así que no se enfadará*. — coloquial

20 tener pasta: Tener una persona un talento y una disposición natural idóneos para realizar alguna cosa. — coloquial = tener madera

21 tener una pasta gansa: Tener mucho dinero, ser muy rico: *no se priva de nada porque tiene una pasta gansa*. — coloquial

pastadero Terreno donde pasta el ganado: *el ganadero condujo a las vacas hasta el pastadero*. — s.m.

pastaflora
1 Masa muy fina y delicada elaborada con harina, azúcar y huevo. — s.f. COCINA
2 ser una persona de pastaflora: Tener un carácter blando y demasiado condescendiente: *te toman el pelo porque eres de pastaflora*. — coloquial

pastar
1 Llevar el ganado a los pastos. — v.tr.
2 Comer el ganado la hierba en el campo: *las vacas pastaban al sol*. — v.intr.

paste
1 Planta cucurbitácea cuyo fruto contiene un tejido poroso que se emplea a modo de esponja. — s.m./BOTÁNICA Amér. Central
2 Cierto tipo de planta parásita que vive sobre los árboles. — Hond. BOTÁNICA

pastear
1 Comer el ganado el pasto. — v.intr.
2 Llevar al ganado a comer pasto. — v.tr.
3 Espiar, observar con disimulo lo que otros hacen o dicen. — Perú

pasteca (Del cat. *pasteca* < ár. *battiha*, sandía.) Palea o motón herrado, con una abertura en la caja, por donde sale el cabo. — s.f. NÁUTICA

pastel (Del fr. ant. *pastel*.)
1 Dulce hecho de harina, huevo, manteca y otros ingredientes, de consistencia esponjosa, que se cuece al horno: *compré un pastel de nata*. — s.m. COCINA
2 Masa semejante a ésta y rellena de carne, verduras o pescado: *probé un pastel de espinacas*. — COCINA
3 Lápiz o barra pastosa compuesto de una materia colorante y agua de goma: *se ha comprado unos pasteles nuevos para pintar*. — ARTE
4 Técnica de pintura en la que se emplean estos lápices o barras. — ARTE
5 Convenio o acuerdo entre varias personas con malos fines: *están metidos todos en el mismo pastel*. — coloquial = embrollo
6 Chapuza, cosa mal hecha o hecha deprisa: *tu trabajo es un pastel, rehazlo*. — coloquial
7 Defecto que sale por haber dado demasiada tinta o estar muy espesa. — ARTES GRÁFICAS
8 Conjunto de letra inútil destinada para fundirse de nuevo. — ARTES GRÁFICAS
9 Conjunto de líneas, tipos o planas desordenadas. — ARTES GRÁFICAS
10 Pasta en forma de bolas o tabletas que da color azul y se usa también para teñir de negro y otros colores.

11 Fullería en el juego que consiste en barajar y quedarse con los mejores naipes. — JUEGOS
12 Persona de cuerpo pequeño y gorda. — coloquial
13 .pastel en bote: Guisado de pierna de carnero, tocino, pan, queso rallado y sazonado con especias. — COCINA
14 descubrirse el pastel: Hacerse pública y conocida una cosa que se intentaba o se quería mantener oculta: *con sus negocios ilícitos tendrá problemas porque algún día se descubrirá el pastel*.

pastelear
1 Ponerse dos o más personas de acuerdo por interés. — v.intr. coloquial
2 Ceder o transigir en una cosa por propio interés. — = contemporizar

pasteleo Acción y resultado de pastelear. — s.m.

pastelería
1 Establecimiento donde se hacen o venden pasteles y otros dulces: *he encargado una tarta de cumpleaños en la pastelería*. — s.f. COMERCIO
2 Arte de elaborar pasteles y otros dulces: *aprendió pastelería cuando estuvo en París*. — COCINA
3 Conjunto de. pasteles o pastas: *la pastelería de este restaurante es exquisita*.

pastelero, a
1 De la pastelería: *cubre el bizcocho con crema pastelera*. — adj.
2 Persona que hace o vende pasteles. — s.
3 Persona que transige con mucha facilidad.
4 Se aplica a la calabaza que tiene forma de bonete y es de gran tamaño. — adj. = bonetera

pastelillo
1 Pastel pequeño hecho con masa de bizcocho y cubierto o relleno de chocolate, nata u otra crema: *sirvieron café acompañado de pastelillos*. — s.m. COCINA
2 Pastel pequeño de carne o pescado. — COCINA

pastelista Pintor que practica la pintura al pastel: *visité la exposición de una pastelista*. — s.m.f. ARTE

pastelón
1 Empanada de carne de pollo, pichón, despojos de ave y otros ingredientes. — s.m. COCINA
2 Loseta grande que se emplea para la pavimentación. — Chile CONSTRUCCIÓN

pastenco, a Se aplica a la res que se echa al pasto tras ser destetada. — adj/s.

pasterización Acción y resultado de pasterizar un alimento líquido para esterilizarlo. — s.f./INDUSTRIA tb: pasteurización

pasterizador Aparato usado para pasterizar y esterilizar un líquido. — s.m./INDUSTRIA tb: pasteurizador

pasterizar Elevar la temperatura de un alimento líquido sin que llegue al punto de ebullición y enfriarlo después rápidamente, para esterilizarlo sin alterar sus propiedades. — v.tr. INDUSTRIA conj: cazar tb: pasteurizar

pastero, a Persona que, en los molinos de aceite, echa en los capachos la pasta de la aceituna molida. — s.

pasteurelosis Denominación genérica de las enfermedades causadas por la pasteurela en los animales. — s.f./pl: pasteurelosis VETERINARIA

pasteurización Esterilización de un alimento líquido elevando su temperatura y enfriándolo después. — s.f./INDUSTRIA tb: pasterización

pasteurizado, a Que ha sido esterilizado mediante el procedimiento de pasteurización: *tomamos leche pasteurizada*. — adj. INDUSTRIA tb: pasterizado

pasteurizador Aparato que hace la pasteurización de líquidos. — s.m./INDUSTRIA tb: pasterizador

pasteurizar (Del fr. *pasteuriser*.) Esterilizar la leche u otros líquidos elevando su temperatura sin llegar al punto de ebullición y enfriándolo después con rapidez: *en estas cámaras pasteurizamos la leche*. — v.tr. INDUSTRIA conj: cazar tb: pasterizar

pastiche
1 Combinación estridente de diversos elementos incompatibles y de procedencia dispar, usada a veces como forma de creación artística. — s.m. ARTE
2 Mezcla de cosas diversas que no producen ningún efecto ni tienen orden: *su piso es un pastiche de objetos de decoración*. — = revoltijo

pastilla
1 Masa de pasta endurecida en un molde regular y pequeño: *pastilla de jabón; pastilla de olor*. — s.f. = tableta
2 Masa de pasta, pequeña, endurecida y de forma regular, compuesta de azúcar y otra sustancia de sabor agradable: *me encantan las pastillas de café con leche*. — = caramelo
3 Masa endurecida y pequeña de pasta medicinal: *me han recetado unas pastillas para dormir*. — FARMACIA
4 Dispositivo de pequeño tamaño que, mediante un campo magnético, modifica la señal producida por algunos aparatos electrónicos. — ELECTRICIDAD
5 Pieza del mecanismo de frenado de los vehículos motorizados que ralentiza el giro de la rueda por rozamiento: *ya se han gastado las pastillas y el coche no frena bien*. — MECÁNICA
6 a toda pastilla: Con rapidez, a toda velocidad. — loc.adv.

pastilladora Molde para la fabricación de pastillas. — s.f.

pastillero Estuche de pequeñas dimensiones para guardar pastillas. — s.m.

pastina Mezcla de albañilería para sellar grietas o realizar junturas de mampostería.   s.f./*Argent.* CONSTRUCCIÓN

pastinaca (Del lat. *pastinaca,* zanahoria.)
1 Chirivía, planta umbelífera de raíz comestible.   s.f./BOTÁNICA ZOOLOGÍA
2 Pez del grupo de las rayas, de hocico apuntado y cola larga con un fuerte aguijón, en su arranque conectado a una glándula venenosa, que vive semienterrado en el fondo marino. *(Dasyatis.)*

pastizal Terreno de abundante pasto: *conducimos al ganado hasta el pastizal.*   s.m.

pastle Heno, hierba para alimento del ganado.   s.f./*Méx.*

pasto (Del lat. *pastus.*)
1 Acción de pacer o pastar el ganado.   s.m.
2 Hierba que el ganado pace en el mismo terreno donde se cría: *el pasto es muy importante para la alimentación del ganado.*   = pastura
3 Alimento del ganado, en cualquier forma.   = forraje, pienso
4 Sitio donde pasta el ganado: *las dehesas tienen buenos pastos.*
5 Materia o cosa consumida por una determinada actividad o que sirve para desarrollarla: *el bosque fue pasto de las llamas.*
6 Materia con que se alimenta una cosa para su funcionamiento.   = cebo
7 Hecho, suceso o noticia que sirve para fomentar alguna acción o actividad: *su boda ha sido pasto de murmuración de todo el vecindario.*   = pábulo
8 Porción de comida que se da de una vez a las aves rapaces.
9 Césped, hierba menuda que cubre el suelo.   *Méx., Amér. Merid.*
10 **pasto espiritual:** Doctrina o enseñanza religiosa dada a los fieles.   RELIGIÓN
11 **pasto seco:** El que se da al ganado durante el invierno, consistente en hierba y frutos secos.
12 **a pasto o a todo pasto:** Haciendo lo que se expresa con intensidad, hasta saciarse y sin restricciones: *en el banquete comimos a todo pasto.*   loc.adv.
13 **de pasto:** De uso diario y frecuente: *nos puso un vino de pasto que me dio dolor de cabeza.*   loc.adj.

pastoforio Habitación o celda que tenían en los templos los sumos sacerdotes.   s.m. HISTORIA

pastón Mucha pasta o dinero: *las vacaciones de invierno, en comparación con las de verano, salen por un pastón.*   s.m. coloquial = pasta gansa

pastor, a (Del lat. *pastor.*)
1 Persona que guarda, guía y apacienta el ganado: *el pastor condujo a las ovejas hasta el prado.*   s.
2 Prelado u otro eclesiástico que tiene feligreses: *el pastor adoctrina a sus fieles.*   s.m. RELIGIÓN
3 **pastor protestante:** Sacerdote de esta iglesia.   RELIGIÓN
4 **el Buen Pastor:** Atributo que se da a Cristo en los evangelios.   RELIGIÓN
5 **El pastor sumo o universal:** El papa de la Iglesia católica.   RELIGIÓN

pastorada
1 Acción propia de pastores.   s.f.
2 Acción y resultado de llevar el ganado al campo y cuidar de él mientras pace: *se dedica a la pastorada desde niño.*   = pastoreo
3 Reunión de pastores.
4 Provisiones que lleva el pastor: *al atardecer se dispuso a comer la pastorada antes de llevar las ovejas al redil.*

pastoral
1 Del pastor de ganado.   adj.
2 Del pastor o prelado: *los fieles reflexionaron sobre la carta pastoral.*   RELIGIÓN
3 Se aplica a la poesía que refleja o evoca escenas campestres o de la vida de los pastores.   adj/s.f. LITERATURA
4 Drama bucólico cuyos protagonistas son pastores.   s.f./LITERATURA
5 Composición literaria o musical que tiene a los pastores como tema central.   LITERATURA, MÚSICA
6 Se aplica a la carta que el prelado envía a sus diocesanos dándoles instrucciones o exhortándoles.   adj/s.f. RELIGIÓN

pastorear
1 Llevar el ganado al campo y cuidarlo mientras pace: *cuando era joven pastoreaba el ganado acompañado de su padre.*   v.tr.
2 Dirigir y proteger el sacerdote a sus fieles: *el cura pastoreaba a sus parroquianos con rigor.*   RELIGIÓN
3 **sacar a pastorear:** Invitar a pasear a una persona que suele salir poco.   *Argent.* familiar

pastorela (Del fr. *pastourelle.*)
1 Música o canto sencillo y de estilo pastoril.   s.f./MÚSICA LITERATURA
2 Composición poética de origen provenzal, en la que un caballero dialoga de amores con una pastora.
3 Representación teatral en la que se escenifica el nacimiento de Jesucristo.   *Méx.* TEATRO

pastoreo Actividad de quien se dedica a conducir el ganado al campo y a cuidarlo mientras pace: *el pastoreo es frecuente en esta región.*   s.m. = pastoraje

pastoría (Del lat. *pastoria.*)
1 Oficio del pastor: *su padre le enseñó las técnicas de la pastoría.*   s.f.

2 Acción y resultado de conducir el ganado al campo y de cuidarlo.   = pastoreo
3 Conjunto de pastores.   = pastorada

pastoril
1 De los pastores: *en el pueblo aprendió las costumbres pastoriles.*   adj.
2 Se aplica a la novela de los siglos XVI y XVII, que narraba las aventuras y desventuras amorosas de los pastores.   = pastoral LITERATURA

pastosidad Calidad de pastoso: *el guiso no quedó bien porque la pastosidad de la salsa era excesiva.*   s.f.

pastoso, a
I (Derivado de *pasta.*)
1 Se aplica a la sustancia que puede ser moldeada con facilidad: *el barro es muy pastoso.*   adj.
2 Se refiere al alimento que cuesta tragar porque forma una masa en la boca: *estas patatas son pastosas.*   = apelmazado, espeso
3 Se aplica a la voz que es agradable al oído por no tener resonancias metálicas.
4 Que está pintado con buena masa y pasta de color.   ARTE
II (Derivado de *pasto.*) Se aplica al terreno que tiene muchos pastos.   adj./*Amér. Central y Merid.*

pastrana Mentira, patraña o noticia de pura invención.   s.f.

pastrano, a Que está mal hecho: *no puedes presentar este trabajo tan pastrano.*   adj.

pastrija (Del lat. *pastorilia,* conseja de pastores.) Patraña, embuste: *todo lo que dice son pastrijas, no te creas nada.*   s.f. = mentira

pastueño Se refiere al toro de lidia que acude sin recelo al engaño.   adj. TAUROMAQUIA

pastura (Del bajo lat. *pastura.*)
1 Pasto o hierba de que se alimenta el ganado: *es una región rica en pastura.*   s.f.
2 Porción de comida que se da de una vez a los bueyes: *el ganadero les puso la pastura a los bueyes.*
3 Lugar con pasto o hierba: *ésta es una zona de pastura para el ganado.*

pasturaje (Del fr. *paturage.*)
1 Terreno de pasto abierto o común: *ésta es una zona de pasturaje.*   s.m.
2 Derechos que se pagan por llevar el ganado a pastar.

pasudo, a
1 Se aplica a la persona que tiene el pelo rizado y ensortijado.   adj./*Colomb., Venez.*
2 Se aplica a este tipo de pelo.   *Colomb., Venez.*

pata
I (De origen incierto.)
1 Pie y pierna de los animales: *el caballo se lesionó en la pata y no pudo participar en la carrera.*   s.f.
2 Pieza de los muebles sobre la que se sostienen y apoyan en el suelo: *la silla cojea de una pata.*
3 Pierna de las personas: *¡quita las patas, que no puedo pasar!*   coloquial
4 Pieza de una prenda de vestir que se cose a un lado de una abertura de forma que quede superpuesto sobre la misma para taparla.   = tapa
5 **mala pata:** 1. Mala suerte: *¡qué mala pata, no me ha tocado la lotería por un número!* 2. Falta de gracia para hacer o decir alguna cosa: *tiene mala pata contando chistes.*   coloquial coloquial
6 **pata de banco:** Despropósito o dicho absurdo: *estamos en una reunión seria, así que déjate de patas de banco.*   coloquial
7 **pata de cabra:** 1. Utensilio de boj o hueso con que los zapateros alisan el borde de la suela del calzado después de recortarlo. 2. Pieza de mueble curvada y parecida a la pierna de una cabra.   INDUSTRIA
8 **pata de gallina:** Daño que ataca a veces a algunos árboles que consiste en grietas que parten del centro en forma radial.   BOTÁNICA
9 **pata de gallo:** 1. Conjunto de arrugas o surcos que con la edad se forman entre el ángulo externo del ojo de las personas: *siempre había dicho que quería operarse las patas de gallo.* 2. Planta graminácea con los tallos doblados en la parte inferior. 3. Dicho inoportuno o impertinente. 4. Dibujo de cuadros o rombos pequeños que suele usarse para tejidos.   coloquial BOTÁNICA coloquial TEXTIL
10 **pata de ganso:** Hierba anual de la familia de las gramíneas, de hasta medio metro de alto, propia de las zonas templadas.   *Argent.* BOTÁNICA
11 **pata de león:** Pie de león, planta rosácea.   BOTÁNICA
12 **pata de palo:** Pieza de madera, adaptada de forma conveniente, con que se suple la falta de una pierna.
13 **pata de pobre:** Pierna hinchada y con llagas.   coloquial
14 **pata galana o chula:** 1. Pierna coja. 2. Persona coja o que tiene una pierna encogida.   coloquial
15 **patas de perdiz:** Persona que lleva medias rojas.   coloquial
16 **a cuatro patas:** A gatas, apoyando en el suelo los pies o las rodillas y las manos: *el niño ya anda a cuatro patas.*   loc.adv.

17 a la pata coja: Se aplica a la forma de andar dando saltos sobre un solo pie manteniendo la otra pierna encogida: *el juego consiste en recorrer una distancia a la pata coja.* — loc.adv.

18 a la pata llana: De manera sencilla, sin cumplidos ni refinamiento: *se lo dijo a la pata llana, como si le conociera de toda la vida.* — loc.adv.

19 a pata: A pie y no en vehículo: *iremos y regresaremos a pata.* — loc.adv. coloquial

20 ancorar a pata de ganso: Echar tres áncoras al navío en forma de triángulo, una a estribor, otra a babor y otra en la parte de donde viene el viento. — NÁUTICA

21 echar una persona las patas por alto: Dar rienda suelta al enfado que se siente gritando o de forma violenta: *había descubierto el jarrón roto y, cuando entré, echó las patas por alto.* — coloquial

22 estirar la pata: Morirse, perder la vida. — coloquial

23 hacer la pata: Dar coba, adular a una persona. — Chile/coloquial

24 hacer pata ancha o hacer la pata ancha: Afrontar un peligro o dificultad. — Argent. coloquial

25 meter la pata: Cometer una indiscreción o un desacierto: *has metido la pata porque la fiesta era una sorpresa.* — coloquial

26 patas arriba: 1. Al revés, de modo que queda arriba lo que debe estar abajo. 2. En desorden: *estoy de mudanza y la casa está patas arriba.* — loc.adv. coloquial

27 poner de patas en la calle a una persona: Expulsarla o echarla: *iba borracho y le pusieron de patas en la calle.* — coloquial

28 salir con una pata de gallo: Hacer o decir alguna cosa fuera de propósito. — coloquial

29 verle las patas a la sota: Darse cuenta de un peligro o adivinar las intenciones de una persona. — Argent. coloquial

II (Del lat. *pacta*, pactos.)
1 Empate en algunos juegos: *quedamos pata y nadie ganó la apuesta.* — s.f. JUEGOS

2 pata es la traviesa: Se usa para indicar que una persona ha engañado a otra en algo y a su vez aquélla lo ha sido por la otra. — coloquial

pataca
1 Aguaturma, planta de flores redondas y amarillas y rizoma tuberoso y comestible. — s.f. BOTÁNICA
2 Tubérculo de esta planta, rico en agua azucarada, que se emplea como alimento para el ganado. — BOTÁNICA

patache
1 Barco mercante que reúne malas condiciones para la navegación. — s.m./NÁUTICA
2 Antiguo barco de guerra que llevaba avisos, reconocía las costas y guardaba las entradas de los puertos. — HISTORIA

patada
1 Golpe dado con el pie o con la pata: *le dio una patada al balón.* — s.f. = puntapié
2 Gestión para conseguir una cosa: *les costó un montón de patadas conseguir empleo.* — coloquial = paso
3 a patadas: 1. En gran cantidad: *en mi ciudad hay bares a patadas.* 2. De malas maneras, sin consideración: *no volveré porque me trataron a patadas.* — loc.adv. coloquial
4 darle a una persona cien patadas una cosa u otra persona: Disgustarle mucho: *no puede disimular que su yerno le da cien patadas.* — coloquial
5 darle a una persona la o una patada: Echarle del trabajo o cargo que ocupa: *le dieron la patada al mes de entrar en la empresa.* — coloquial
6 en dos patadas: Con mucha facilidad o rapidez: *tiene mucha práctica, así que hizo su tarea en dos patadas.* — loc.adv.

patadión Tira muy ancha de tela de diferentes colores que usan las indígenas filipinas en vez de falda, ciñéndola y sujetándola a la cintura. — s.m.

patafísica Disciplina, en parte burlesca, presentada por el escritor francés Jarry en su obra y desarrollada por sus seguidores, definida como la ciencia de las soluciones imaginarias y destinada a estudiar las leyes que regulan las excepciones, y que es considerada precursora del surrealismo. — s.f. LITERATURA

patagio Membrana que permite a ciertos mamíferos y reptiles saltar de rama en rama, y capacita a otros animales para un vuelo potente. — s.m. ZOOLOGÍA

patagón, a
1 De Patagonia, región de América del Sur. — adj./= patagónico s.
2 Persona natural de esta región sudamericana.
3 De un pueblo amerindio que habitaba esta región. — adj/s./HISTORIA

patagónico, a De la Patagonia, región en el extremo meridional de Argentina y Chile. — adj. = patagón

patagorrillo Guiso hecho con asadura picada de cerdo o de otro animal. — s.m./COCINA tb: patagorrilla

patagua Planta tiliácea de flores blancas y de madera muy útil en carpintería. *(Crinodendron patagua.)* — s.f. Chile

pataje Barco mercante que reúne malas condiciones para la navegación: *los patajes descargan su mercancía en la zona este del puerto.* — s.m. NÁUTICA tb: pataché

patalear
1 Mover una persona las piernas con violencia y agilidad: *el bebé pataleaba en su cuna.* — v.intr. = pernear

2 Dar una persona patadas en el suelo en señal de enfado: *la niña se tumbó en el suelo y empezó a patalear.* — = patear
3 Ponerse una persona muy enfadada por no conseguir lo que desea: *patalea cada vez que la suspenden.*

pataleo
1 Acción y resultado de patalear: *cogió un pataleo porque no le dejaron salir.* — s.m.
2 Ruido hecho con las patas o los pies: *tanto pataleo me da dolor de cabeza.*
3 derecho al pataleo: Actitud de protesta que adopta o puede adoptar el que se siente defraudado en sus derechos, cuando ya no le queda ningún otro medio de manifestar su disconformidad. — coloquial

pataleta Enfado exagerado que se manifiesta incluso por convulsiones físicas: *ya le dio la pataleta al niño mimado.* — s.f. = rabieta

pataletilla Baile antiguo que se ejecutaba levantando los pies al compás de la música y moviéndolos en el aire. — s.f.

patán
1 Persona rústica o de pueblo: *tu manera de pensar y la de un patán son muy distintas.* — s.m. coloquial
2 Persona de poca educación y modales poco delicados: *en la fiesta se puso celoso y se comportó como un patán.* — coloquial = palurdo

patanería Modo de ser o comportarse el patán, ignorante o rústico: *me avergüenza ir con él por su patanería.* — s.f. = grosería

patao Pez de color plateado, con el lomo abultado, que es comestible. — s.m./Cuba ZOOLOGÍA

¡pataplac! (Voz onomatopéyica.) Palabra que imita el sonido de una cosa al caer o el de un golpe. — interj.

¡pataplaf! (Voz onomatopéyica.) Palabra que imita el sonido de un golpe o caída: *se cayó un estante al suelo e hizo ¡pataplaf!* — interj. tb: pataplof

¡pataplum! (Voz onomatopéyica.) Palabra que imita el sonido de un golpe o de una caída. — interj. tb: cataplum

patarata
1 Cosa ridícula y sin valor: *se gasta mucho dinero en pataratas.* — s.f. = fruslería
2 Muestra exagerada y ridícula de cariño y atención hacia una persona: *déjate de pataratas, que no cederé en mis palabras.* — = pamplina

pataratero, a Que hace muestras exageradas de cariño y atención en el trato o en la conversación: *conmigo no seas pataratero, que te conozco de hace años.* — adj/s. = melindroso

patarino, a
1 Del patarismo. — adj./HISTORIA
2 Persona adepta al patarismo. — s./HISTORIA

patarismo Movimiento popular, político-religioso, del siglo XI, que apareció como reacción a la simonía y el nicolaísmo. — s.m. HISTORIA

patarráez Cabo grueso que sirve para reforzar la obencadura. — s.m. NÁUTICA

patas Diablo, demonio: *me disfracé de patas, con traje rojo, cuernos y rabo.* — s.m./pl: patas = pateta

patasca
1 Guiso de carne de cerdo cocida con maíz. — s.f./Argent., Chile Pan., Perú
2 Pendencia, disputa entre personas.

patata
1 Planta herbácea anual, de origen americano, con tallos ramosos, hojas partidas, flores blancas o moradas, fruto en baya y raíces fibrosas con tubérculos feculentos y comestibles. *(Solanum tuberosum.)* — s.f. BOTÁNICA
2 Cada uno de los tubérculos comestibles de esta planta: *echa las patatas en la sartén.* — AGRICULTURA, BOTÁNICA
3 Cosa de poca calidad: *su último disco es una patata.* — coloquial/= birria
4 Se aplica a la persona incompetente o que hace mal su trabajo u otra cosa: *soy muy patata jugando al billar; no le contrato, es una patata de abogado.* — adj/s.f. despectivo
5 patata de caña: Pataca, planta. — BOTÁNICA
6 patata dulce: Batata, tubérculo. — BOTÁNICA
7 ni patata: Nada, en absoluto: *no he entendido ni patata de lo que ha explicado el profesor.* — coloquial

patatal Tierra sembrada de patatas: *es el propietario del mayor patatal de la zona.* — s.m./AGRICULTURA tb: patatar

patatero, a
1 De la patata. — adj.
2 Que come muchas patatas. — adj/s.
3 Que vende o cultiva patatas: *el patatero recogió muchas patatas.*
4 Que está mal hecho: *este trabajo es muy patatero.* — coloquial

patatín Se usa para resumir un discurso de poca importancia o conceptos vagos e imprecisos en la expresión: *que si patatín que si patatán o que patatín que patatán.* — loc. coloquial

patatús (Voz onomatopéyica que imita el ruido de una persona cayendo desmayada.) Desmayo o ataque de nervios: *le dio un patatús cuando me vio entrar en el bar.* — s.m. pl: patatuses coloquial

patay Pasta seca hecha del fruto del algarrobo. — s.m./Amér. Merid.

patchwork (Voz inglesa.) Combinación de diversos retales de tela con fines decorativos: *estoy haciendo una colcha de patchwork.* — s.m. TEXTIL

paté (Del fr. *patté.*)
1 Pasta comestible hecha de hígado o carne picada, en general de ave o de cerdo. — s.m.
2 Se aplica a la cruz cuyos extremos se ensanchan un poco. — HERÁLDICA

pateadura
1 Acción y resultado de patear. — s.f.
2 Represión o refutación violenta.

patear
1 Golpear una cosa con los pies: *estaba tan histérico que se puso a patear la pared.* — v.tr.
2 Dar al público golpes en el suelo con los pies para mostrar su disconformidad con un espectáculo u otra manifestación pública: *todo el teatro pateaba el suelo ante la mala actuación de los actores.* — = patalear / = reprobar / ≠ aplaudir
3 Tratar a una persona o una cosa con desconsideración: *a ese muchacho sus amigos le patean continuamente.* — = maltratar
4 Andar de un lugar a otro haciendo distintas gestiones, diligencias o por cualquier otra razón: *ha pateado por toda la ciudad para conseguir ese papel; no para de patearse el barrio de su infancia.* — v.intr./prnl.
5 Mostrar una persona su enfado: *patea porque no le han dejado ir a la fiesta.* — v.intr.
6 Golpear el balón con el pie en el rugby. — v.tr./DEPORTES

patena (Del lat. *patena* < gr. *phatne*, pesebre.)
1 Plato de oro o plata en el que se pone la hostia en la misa. — s.f. RELIGIÓN
2 Medalla grande con una imagen esculpida que usaban las labradoras como adorno.
3 **limpio como una patena o más limpio que una patena:** Muy limpio: *dejó la casa limpia como una patena.* — loc.adj.

patencia Hecho de ser una cosa patente, visible o clara: *la patencia de esta injusticia es incuestionable.* — s.f.

patentar
1 Conceder y expedir patentes a favor de una persona o una institución. — v.tr.
2 Obtener una patente de un invento o una marca: *ha patentado el dispositivo para que nadie se lo copie.*

patente (Del lat. *patens, -tis*, que está abierto.)
1 Que es manifiesto, visible o claro: *con sus palabras hizo patente su enfado.* — adj. ≠ oculto
2 Título de propiedad industrial que consiste en el derecho a explotar en exclusiva una determinada invención registrada. — s.f. DERECHO
3 Cualquier documento que acredita una cualidad o mérito. — = diploma
4 Título o despacho real para el goce de un empleo o privilegio. — HISTORIA
5 Cédula que conceden algunas sociedades o cofradías a sus miembros para que conste su condición y puedan hacer uso de sus privilegios.
6 Cédula o despacho que los superiores de los conventos conceden a los religiosos. — RELIGIÓN
7 Comida o refresco que los más veteranos hacen pagar a los nuevos en un empleo u ocupación.
8 Documento expedido por la hacienda pública, que acredita que una persona ha satisfecho la cantidad que la ley exige para el ejercicio de algunas profesiones o industrias. — = concesión
9 Matrícula de un coche. — Amér. Merid.
10 **patente de corso:** 1. Cédula o despacho con que el gobierno de un estado autorizaba a un sujeto para perseguir a los enemigos de la nación. 2. Autorización que se tiene o se supone para realizar actos prohibidos a los demás: *él tiene patente de corso para hacer lo que quiera y los demás a callar.* — HISTORIA / coloquial
11 **patente de invención:** Documento en que oficialmente se otorga el privilegio de invención y propiedad industrial de lo que el documento acredita. — DERECHO
12 **patente de navegación:** Despacho expedido a favor de un buque para autorizar su bandera y su navegación y acreditar su nacionalidad. — NÁUTICA
13 **patente de sanidad:** Certificación que llevan las embarcaciones que van de un puerto a otro que asegura que no había peste o contagio en el lugar de salida. — NÁUTICA

patenting (Voz inglesa.) Tratamiento térmico del alambre de acero que le otorga determinadas características. — s.f. METALURGIA

patentizar Hacer una cosa evidente o manifiesta: *con su tono patentizó su desacuerdo.* — v.tr. conj: *cazar*

pateo Acción de dar patadas en el suelo en señal de protesta o desagrado: *el pateo del público desagradó al productor.* — s.m. = pateleo

páter (Del lat. *pater*, padre.) Sacerdote, religioso consagrado y ordenado para poder oficiar misas. — s.m./coloquial RELIGIÓN

patera
1 Enfermedad de la pezuña de los ovinos, atribuida a una excesiva humedad de la dehesa en que pastan, que suele obligar a recortarla. — s.f. VETERINARIA
2 Barca de fondo muy plano que se utiliza en la caza del pato en aguas de poco calado. — NÁUTICA
3 Plataforma usada como embarcación por algunos emigrantes magrebíes para acceder a las costas españolas de forma ilegal.

pátera (Del lat. *patina*, fuente.)
1 Plato de poco fondo, usado en los antiguos sacrificios. — s.f.
2 Adorno arquitectónico, frecuente también en clavijas o tiradores, que tiene forma de roseta. — ARQUITECTURA

paterfamilias (Voz latina.) Jefe o cabeza de familia, entre los antiguos romanos. — s.m./pl: paterfamilias HISTORIA

paternal
1 Que es propio del padre: *le dio un beso paternal; necesita protección paternal.* — adj.
2 Como un padre: *consejo paternal.*

paternalismo Modo de tratar a las personas que están fuera del ámbito familiar con la autoridad y protección propias del padre de la familia tradicional: *no soporto sus consejos y paternalismos.* — s.m. SICOLOGÍA

paternalista
1 Del paternalismo; *tu trato con los amigos es paternalista.* — adj.
2 Que se comporta con paternalismo: *compórtate como su profesor, pero no seas paternalista con los alumnos.* — adj/s.m.f. despectivo

paternidad
1 Circunstancia de ser padre: *los hombres deben asumir las responsabilidades de su paternidad.* — s.f.
2 Tratamiento dado por los miembros de ciertas religiones a los padres superiores, o por los miembros seglares a los religiosos: *su paternidad; vuestra paternidad.* — RELIGIÓN
3 Circunstancia de ser autor o creador de una obra o invento: *venderé el producto, pero no renunciaré a su paternidad.* — = autoría

paterno, a (Del lat. *paternus.*) Del padre: *mis abuelos paternos vivieron en Perú.* — adj. = paternal

paternóster (Del lat. *pater*, padre + *noster*, nuestro.)
1 Oración del padrenuestro. — s.m./RELIGIÓN
2 Padrenuestro que se reza en la misa y es una de las partes de ella. — RELIGIÓN
3 Nudo gordo y muy apretado. — coloquial
4 Cada uno de los aditamentos de alambre que se adaptan a una especie de palangre para aumentarle su capacidad de pesca. — PESCA
5 Especie de palangre ya preparado con estos aditamentos. — PESCA

patero, a Se aplica a la persona aduladora y servil, que tiene un comportamiento rastrero o que es soplona. — adj/s. Chile coloquial

pateta
1 Diablo, demonio. — s.m.
2 Persona que tiene un defecto en la conformación de los pies o de las piernas.

patético, a (Del gr. *pathetikos.*) Que causa tristeza, dolor o compasión: *su muerte fue un hecho patético; de mi infancia recuerdo una imagen patética.* — adj. = dramático

patetismo Cualidad de patético: *la crítica ha alabado las formas con que el director consigue transmitir el patetismo.* — s.m. = dramatismo

patí Pez de río, de color gris azulado con manchas oscuras, que alcanza los siete kilos y cuya carne es muy apreciada. — s.m. Argent. ZOOLOGÍA

-patía Componente de palabra procedente del gr. *pathos*, que significa enfermedad: *cardiopatía.* — suf.

patiabierto, a Que tiene las piernas torcidas y separadas. — adj/s.

patialbillo Jineta, mamífero carnívoro. — s.m./ZOOLOGÍA

patiblanco, a Se aplica al animal que tiene las patas blancas: *suelo montar un caballo patiblanco.* — adj. = patialbo

patibulario, a
1 Del patíbulo, lugar donde se ejecuta a los condenados a muerte. — adj.
2 Que causa horror o repulsión: *me perseguía un individuo patibulario.*

patíbulo (Del lat. *patibulum.*) Estructura levantada sobre el suelo y formada por tablones donde se realizan ciertas ejecuciones de los condenados a muerte: *el reo se desmayó al subir al patíbulo.* — s.m.

paticojo, a Que cojea: *el perro está paticojo; esa silla es paticoja.* — adj/s. = cojitranco

paticorto, a Que tiene cortas las patas o las piernas: *el perro es pequeño y paticorto.* — adj.

patidifuso, a Que está completamente pasmado o asombrado: *se quedó patidifuso al saber que me había casado.* — adj./coloquial = estupefacto

patiestevado, a Que tiene las piernas arqueadas: *el futbolista es patiestevado.* — adj/s. = estevado

patihendido, a Se refiere al animal que tiene los pies hendidos o divididos en partes. — adj.

patilla
1 Porción de barba que se deja crecer en cada uno de los carrillos: *en los años 70 los hombres llevaban grandes patillas.* — s.f.
2 Pieza de las gafas que se apoya sobre cada una de las orejas: *me duele la oreja porque la patilla de las gafas me aprieta.* — = varilla
3 Pieza del gatillo de algunas armas de fuego portátiles.
4 Cualidad de la persona que abusa de la confianza de los demás: *tiene mucha patilla este tío; ¡qué patilla!*
5 Gozne de las hebillas.
6 Hierro plano y estrecho, terminado en punta en uno de sus extremos y ensanchado o acodillado en el otro, que sirve para fijar al muro los marcos de puertas y ventanas o un madero o hierro.
7 Saliente que se deja en un madero para poder encajarlo en otro. — CARPINTERÍA
8 Brújula, aguja de marear: *la patilla señala el norte.* — NÁUTICA
9 Cierta postura de la mano izquierda en los trastes de la vihuela. — MÚSICA
10 Sandía, planta cucurbitácea de fruto grande y comestible casi esférico, con pulpa roja muy jugosa y muchas pepitas. — Colomb., Dom., P. Rico, Venez. BOTÁNICA

patilludo, a Que tiene las patillas espesas y largas: *has de ir al barbero, estás muy patilludo.* — adj.

patimuleño, a Se aplica al caballo que tiene el casco como el de las mulas. — adj.

patín
I (Derivado de *pato*.) Petrel, ave palmípeda. — s.m./ZOOLOGÍA
II (Del fr. *patin*.)
1 Plancha provista de cuchilla o de ruedas, adaptable a la suela del calzado para avanzar deslizándose sobre hielo o sobre terreno duro y liso: *practica hoquei sobre patines; se sentó para abrocharse el patín del pie izquierdo.* — s.m.
2 Pequeña embarcación de recreo consistente en dos flotadores unidos por travesaños y propulsada a vela o por pedales que mueven una rueda de palas: *con un patín llegamos hasta la pequeña isla.* — NÁUTICA
3 Juguete formado por una plancha y provisto de un manillar para conducirlo, sobre el que se mueven los niños al tomar impulso con un pie y mantener el otro en la plancha. — = patinete
4 **patín del diablo**: Patinete, juguete con ruedas y manillar. — Méx. = patineta

pátina (Del lat. *patina*.)
1 Capa de óxido, a veces multicolor, y otras de color verde, que se forma en los objetos de bronce por la acción de la humedad. — s.f.
2 Debilitamiento del color que da el tiempo a las pinturas al óleo.
3 Color suave de la pintura obtenido de forma artificial. — ARTE
4 Carácter que adquieren las cosas con el tiempo, que les confiere cierto valor. — = lustre

patinadero Pista de cemento o de hielo, que se utiliza para patinar. — s.m.

patinado Tratamiento que se da a un objeto para que parezca antiguo. — s.m.

patinador, a
1 Que patina. — adj/s.
2 Persona que practica el patinaje como deporte. — s./DEPORTES

patinaje
1 Acción de patinar. — s.m.
2 Deporte que consiste en deslizarse con patines y que comprende cuatro especialidades: hoquei sobre hielo, hoquei sobre patines, carreras de patines y patinaje artístico. — DEPORTES
3 **patinaje artístico**: Deporte individual o por parejas que consiste en deslizarse sobre parqué, si los patines son de ruedas, o sobre hielo, si son de cuchilla, realizando ejercicios acrobáticos o de danza. — DEPORTES

patinar
I (Derivado de *patín*.)
1 Moverse una persona con patines sobre una superficie: *me gusta patinar sobre hielo.* — v.intr.
2 Deslizarse las ruedas de un coche, en vez de rodar, cuando el suelo está resbaladizo: *había aceite en el suelo y el coche patinó.* — = derrapar
3 Deslizarse en el suelo o en otra superficie lisa y resbaladiza: *habían encerado el suelo y patiné al entrar.* — = resbalar
4 Cometer un error o una indiscreción: *se hizo el gracioso y patinó.* — = equivocarse
II (Derivado de *pátina*.) Dar una capa de pátina a un objeto de bronce. — v.tr.

patinazo
1 Deslizamiento brusco de una persona o de las ruedas de un vehículo, en especial cuando el suelo está resbaladizo: *me rompí la pierna de un patinazo en la piscina.* — s.m. = resbalón
2 Indiscreción cometida por una persona: *es famosa por sus patinazos con los amigos.* — coloquial = planchazo

patinete Juguete formado por una plancha montada sobre dos o más ruedas y provisto de un manillar para conducirlo, sobre el que se mueven los niños al tomar impulso con un pie y mantener el otro en la plancha. — s.m. tb: patineta

patio (Del occitano *patu* < lat. *pactus*, convenio.)
1 Espacio cerrado por paredes o galerías que queda en el interior de un edificio, y que suele dejarse descubierto: *llené el patio de plantas.* — s.m.
2 Planta baja de un teatro o cine donde están las butacas. — CINE, TEATRO
3 Espacio amplio y al aire libre de un colegio, destinado al recreo de los alumnos.
4 Espacio que media entre las líneas de árboles y el margen de un campo.
5 **patio de armas**: Zona al aire libre en el interior de un cuartel o de un recinto amurallado donde se realiza el relevo o la formación de tropas militares. — MILITAR
6 **patio de butacas**: Planta baja de un teatro o cine con butacas o lunetas. — CINE, TEATRO = platea
7 **¡cómo está el patio!**: Expresa el estado anormal, por lo general de enfado o nerviosismo, de un grupo de personas o de una situación. — coloquial
8 **pasarse al patio**: Tomarse demasiada confianza con una persona. — Argent., Urug. coloquial

patiperrear Vagabundear, caminar sin rumbo fijo. — v.intr./Chile

patiquebrar Romper una pata a un animal: *el caballo se patiquebró la pata delantera.* — v.tr/prnl. conj: pensar

patita Indica despedir a una persona o echarla fuera de un lugar en la expresión **poner a alguien de patitas en la calle**: *le pusieron de patitas en la calle cuando descubrieron que robaba dinero de la empresa.* — s.f.

patitieso, a
1 Que ha perdido la sensibilidad y el movimiento de las piernas o de los pies: *hace tanto frío que estoy patitieso.* — adj.
2 Que tiene el cuerpo completamente rígido o inmovilizado: *el golpe lo dejó patitieso.* — = tieso
3 Que está pasmado o muy sorprendido: *me quedé patitiesa al saber que había aprobado todo el curso.* — = boquiabierto
4 Que por orgullo anda muy derecho y erguido: *es chulo y muy patitieso.* — = estirado, tieso

patituerto, a
1 Que tiene las piernas o patas torcidas: *el gato ya nació patituerto.* — adj/s. = pernituerto
2 Que está torcido o mal hecho. — adj.

patizambo, a Que tiene las piernas torcidas hacia afuera y junta las rodillas al andar. — adj/s. = zambo

pato, a (Voz onomatopéyica.)
1 Se aplica a la persona poco diestra y sin gracia: *soy un pato y no me gustan las manualidades.* — adj/s. = patoso
2 Ave palmípeda anátida, de pico ancho y torso corto, excelente voladora, migratoria en estado salvaje, que se alimenta de partículas vegetales o de pequeñas presas que encuentra en el agua. — s. ZOOLOGÍA
3 Competición deportiva en la que dos equipos, de cuatro jugadores cada uno, intentan introducir en el aro una pelota de seis asas llamada pato. — s.m. Argent.
4 Hombre homosexual o que tiene un comportamiento afeminado. — Méx., Cuba, P. Rico, Venez.
5 Orinal de cama para el hombre. — Méx., Cuba
6 **pato cuchara**: El de colores vistosos blanco, verde, azul y negro y cuyo pico es grueso y tiene forma de espátula. *(Anas clypeata.)* — ZOOLOGÍA
7 **pato de la boda**: Persona a la que se atribuyen culpas o responsabilidades ajenas. — Argent.
8 **pato negro**: Negrón común, ave palmípeda. — ZOOLOGÍA
9 **pato real**: Azulón, ave palmípeda. — ZOOLOGÍA
10 **estar o andar pato**: Estar una persona sin dinero o arruinado. — Argent., Chile, Urug.
11 **estar una persona hecha un pato o un pato de agua**: Estar empapado o sudado: *me ha pillado la tormenta y estoy hecho un pato.* — coloquial
12 **pagar una persona el pato**: Sufrir el castigo que merecía otra persona: *yo no lo hice, pero pagué el pato.* — coloquial
13 **salga pato o gallareta**: Se usa para indicar que se hará una cosa sin tener en cuenta sus resultados o consecuencias. — coloquial

pato- Componente de palabra procedente del gr. *pathos*, que significa enfermedad: *patología.* — pref.

patochada Acción o palabras disparatadas, estúpidas o groseras: *sus patochadas molestaron a todos los presentes.* — s.f.

patogenia (Del gr. *pathos*, enfermedad + *genos*, origen.) Parte de la patología que estudia el modo de producirse las enfermedades. — s.f. MEDICINA

patogénico, a De la patogenia o forma en que se producen las enfermedades. — adj. MEDICINA

patógeno, a Se aplica a los medios o elementos que producen enfermedades o favorecen su desarrollo: *con la desinfección se eliminan los gérmenes patógenos.* — adj. = infeccioso, nocivo

patognomónico, a (Del gr. *pathos*, enfermedad + *gnomon*, conocimiento.) Se aplica al síntoma que caracteriza una enfermedad. — adj. MEDICINA

patografía (Del gr. *pathos*, enfermedad + *grapho*, escribir.) Descripción de las enfermedades.
— s.f.
MEDICINA

patojera Defecto de las piernas que, por estar torcidas o ser demasiado grandes, obliga a andar con unos movimientos semejantes a los de los patos.
— s.f.

patojo, a
1 Que anda moviendo el cuerpo a un lado y a otro por tener un defecto en las piernas.
— adj.
= renco
2 Niño o niña, persona que no ha llegado a la edad adulta.
— s.
Colomb.

patología (Del gr. *pathos*, enfermedad + *logos*, ciencia.)
1 Parte de la biología que estudia las enfermedades de los animales y de los vegetales.
— s.f.
BIOLOGÍA
2 Parte de la medicina que estudia las enfermedades humanas y su origen.
— MEDICINA

patológico, a
1 De la patología o de las enfermedades de los seres vivos.
— adj./BIOLOGÍA, MEDICINA
2 Que constituye una enfermedad.
— MEDICINA

patólogo, a Especialista en patología o estudio de las enfermedades.
— s.
MEDICINA

patón, a Que tiene las patas muy grandes.
— adj.

patoso, a
1 Que tiene poca maña o habilidad: *soy muy patosa con las tareas del hogar.*
— adj.
= pato
2 Que pretende ser gracioso sin conseguirlo.
— = descuidado

patota
1 Pandilla de jóvenes gamberros.
— s.f./Amér. Merid.
2 **en patota:** En grupo de amigos.
— loc.adv./Argent.

patotero, a
1 Que manifiesta o posee los caracteres propios de una patota o pandilla o forma parte de ella.
— adj.
Amér. Merid.
2 Miembro de una patota o pandilla.
— s.m./Amér. Merid.

patraña (Del lat. *pastoranea*, conseja de pastores.) Mentira inventada y enredosa: *todo lo que cuentan de ella son patrañas.*
— s.f.
= embuste, pastrija

patrañero, a Que cuenta patrañas o mentiras: *no creas nada de lo que dice, es muy patrañero.*
— adj./s.
= mentiroso

patri- Componente de palabra procedente del lat. *pater, patris,* que significa padre: *patrimonial.*
— pref.
= patro-

patria (Del lat. *patria*.)
1 País en que una persona ha nacido o del que posee la nacionalidad: *hace cuarenta años que no está en su patria.*
— s.f.
2 **patria celestial:** Cielo o gloria que alcanza el buen cristiano.
— RELIGIÓN
3 **patria chica:** País, región o pueblo en que se ha nacido una persona.
4 **patria potestad:** Autoridad que según la ley tienen los padres sobre los hijos no emancipados.
— DERECHO
5 **merecer una persona bien de la patria:** Haberse distinguido una persona por sus servicios militares o de otra clase prestados al país en el que ha nacido.

patriada Acción trabajosa y desinteresada en beneficio del prójimo.
— s.f./Argent., Par., Urug.

patriar Acción que consistía en cortar a un caballo la mitad de la oreja derecha para señalarlo como propiedad del estado.
— v.tr.
Argent.
= reyunar

patriarca (Del gr. *patriarkhes,* jefe de una familia.)
1 Persona que por su edad o sabiduría ejerce autoridad moral en una familia o en una colectividad.
— s.m.
2 Denominación que se da a algunos personajes bíblicos, por haber sido cabezas de numerosas familias.
— RELIGIÓN
3 Título de dignidad concedido a los obispos de algunas iglesias principales, como la alejandrina, la jerosolimitana o la constantinopolitana.
— RELIGIÓN
4 Título de dignidad concedido por el papa a algunos prelados sin ejercicio ni jurisdicción.
— RELIGIÓN
5 Fundador de una orden religiosa.
— RELIGIÓN
6 **como un patriarca:** Se aplica a la persona que vive con comodidades o tiene una vida descansada: *vive como un patriarca.*
— loc.adv.

patriarcado
1 Dignidad de patriarca y tiempo que dura su práctica.
— s.m.
RELIGIÓN
2 Territorio bajo la jurisdicción de un patriarca.
— RELIGIÓN
3 Gobierno o autoridad del patriarca.
— RELIGIÓN
4 Forma de organización social en la que la autoridad es ejercida por los hombres.
— SOCIOLOGÍA
≠ matriarcado
5 Período de tiempo en que predomina esta forma de organización social.
— SOCIOLOGÍA

patriarcal
1 Del patriarca o del patriarcado: *la mayoría de sociedades son patriarcales.*
— adj.
2 Iglesia del patriarca.
— s.f./RELIGIÓN
3 Territorio bajo la jurisdicción religiosa de un patriarca.
— RELIGIÓN
4 Se aplica a la autoridad o al gobierno que se ejerce con sencillez y benevolencia.
— adj.

patriciado
1 Dignidad o condición de patricio: *el cónsul gozaba del patriciado.*
— s.m.
HISTORIA
2 Clase de los patricios o conjunto de ellos: *el patriciado romano solía tener siervos.*
— HISTORIA

patricial Del patriciado o del patricio.
— adj./HISTORIA

patricio, a (Del lat. *patricius*.)
1 Que desciende de los primeros senadores romanos: *los patricios formaban la clase social privilegiada.*
— adj/s.
HISTORIA
2 Se aplica al individuo que obtenía la dignidad del patriciado por pertenecer a una familia de la clase dominante y noble, entre los antiguos romanos.
— HISTORIA
3 De las personas que tenían el patriciado.
— adj./HISTORIA
4 Individuo que por su nacimiento, riqueza o virtudes sobresale entre las demás personas.
— s.m.
= aristócrata

patrilinaje Grupo de filiación unilineal en el que todos los miembros se consideran descendientes, por línea masculina, de un mismo antepasado real o ficticio.
— s.m.
SOCIOLOGÍA
≠ matrilinaje

patrilineal Se aplica a una forma de filiación que se funda en las relaciones familiares del padre, que transmite el nombre, los privilegios y la pertenencia a un clan o clase.
— adj.
SOCIOLOGÍA
≠ matrilineal

patrilinealismo Organización social que se fundamenta en la autoridad o supremacía del linaje paterno.
— s.m./SOCIOLOGÍA
≠ matrilinealismo

patrilocal Se refiere a la forma de residencia por la cual los nuevos cónyuges han de residir con la familia del varón.
— adj.
SOCIOLOGÍA
≠ matrilocal

patrilocalismo Costumbre de algunas sociedades según la cual los esposos deben residir en la localidad o en la casa del padre del marido, sin que ello implique el patrilinealismo.
— s.m.
SOCIOLOGÍA
≠ matrilocalismo

patrimonial
1 Del patrimonio.
— adj.
2 Que pertenece a una persona por razón de su patria, padre o antepasados.
3 Se aplica a las palabras tradicionales de un idioma que al evolucionar han seguido las leyes fonéticas que les correspondían.
— LINGÜÍSTICA

patrimonialidad Derecho de la persona natural de un país a obtener los beneficios eclesiásticos reservados a los oriundos de él.
— s.f.
RELIGIÓN

patrimonialista Que propicia la conservación del patrimonio familiar o empresarial.
— adj/s.m.f.

patrimonio (Del lat. *patrimonium*.)
1 Conjunto de bienes pertenecientes a una persona física o jurídica: *tiene el mayor patrimonio del país.*
— s.m.
DERECHO
2 Bienes que una persona hereda de sus ascendientes: *al morir su tío ha heredado el patrimonio de la familia.*
3 Conjunto de bienes espirituales, culturales y materiales vinculados a un grupo social o clase de personas en un momento dado.
— SOCIOLOGÍA
4 Bienes propios adquiridos por cualquier título.
5 Derecho de la persona natural de un país a obtener los beneficios eclesiásticos reservados a los oriundos.
— DERECHO
= patrimonialidad
6 Diferencia entre los valores económicos y las deudas u obligaciones.
— ECONOMÍA
7 **patrimonio de la humanidad:** Obras monumentales y espacios naturales que por su interés histórico, artístico o biológico son considerados un bien para todos los habitantes de la tierra.
8 **patrimonio histórico-artístico:** Conjunto de monumentos y objetos cuyo valor les hace merecedores del interés y el cuidado de sus poseedores, por lo general un pueblo, ciudad o país.
9 **patrimonio nacional:** Suma de los valores asignados, para un tiempo, a los recursos disponibles de un país, que se utilizan para la vida económica.
— DERECHO, ECONOMÍA
10 **patrimonio real:** Bienes pertenecientes a la corona o monarquía.

patrio, a (Del lat. *patrius,* relativo al padre.)
1 De la patria.
— adj.
2 Del padre.

patriota (Del gr. *patriotes,* compatriota.) Persona amante y defensora de su patria: *fueron muchos los patriotas que murieron en la guerra.*
— s.m.f.

patriotería Demostración exagerada del patriotismo.
— s.f./despectivo

patriotero, a Que alardea de patriotismo con ostentación y afectación: *sus palabras patrioteras resultaron demasiado exageradas.*
— adj/s.
despectivo

patriótico, a De la patria o del patriota: *se alistó por cuestiones patrióticas.*
— adj.

patriotismo Sentimiento de amor a la patria o manifestación de ese sentimiento: *siento el patriotismo cuando estoy lejos de mi tierra.*
— s.m.
= patrioterismo

patrística
1 Conjunto de conocimientos relativos al estudio de las doctrinas, obras y vidas de los santos padres de la Iglesia católica.
— s.f.
HISTORIA
= patrología
2 Pensamiento teológico defendido por dichos padres.
— FILOSOFÍA, TEOLOGÍA
3 El conjunto de la obra escrita por estos teólogos y filósofos.
— FILOSOFÍA, TEOLOGÍA

patrístico, a De la patrística.　　　　　　　　　　adj.

patrocinado Hombre libre que se sometía a un pa-　s.m.
trono o señor por vínculos de dependencia económi-　HISTORIA
ca o personal, en la época visigótica.

patrocinador, a Que patrocina: *una firma de automó-*　adj/s.
viles es la empresa patrocinadora del programa televisivo.　= patrocinante

patrocinar
1 Proporcionar su ayuda o protección una persona　v.tr.
que tiene poder o influencia: *le patrocina un alto cargo*　= respaldar
de la empresa.
2 Pagar una empresa, con fines publicitarios, los gas-　PUBLICIDAD
tos de un programa de radio, de televisión o de una　= sufragar
competición deportiva: *una marca de tabaco patrocina*
la carrera automovilística.

patrocinio (Del lat. *patrocinium.*) Protección, ayuda o　s.m.
amparo: *goza del patrocinio de un acaudalado artista.*

patrología (Del lat. *pater, patris,* padre + *logos,* trata-　s.f.
do.)
1 Ciencia que tiene por objeto el conocimiento y es-　HISTORIA
tudio de las doctrinas, obras y vidas de los padres de　= patrística
la Iglesia católica.
2 Tratado sobre los padres de la Iglesia católica.　HISTORIA
3 La colección de sus escritos teológicos y filosóficos　FILOSOFÍA,
conservados.　TEOLOGÍA

patrón, a (Del lat. *patronus,* protector.)
1 Persona con autoridad o poder que defiende o pro-　s.
tege a otra.　= patrono
2 Persona que tiene derecho o cargo de patronato.
3 Santo titular de una iglesia: *san Mateo es el patrón de*　RELIGIÓN
la iglesia del pueblo.
4 Protector escogido por un pueblo o congregación,　RELIGIÓN
ya sea un santo, la Virgen o Jesucristo, en algunas de
sus advocaciones: *la Virgen del Carmen es patrona de*
los marineros.
5 Dueño de la casa donde una persona se hospeda: *le*
debo dos meses de alquiler a la patrona.
6 Persona que emplea obreros en trabajos y oficios:　= patrono
el patrono daba órdenes a los trabajadores.
7 Persona que manda y dirige un pequeño buque　NÁUTICA
mercante o una embarcación deportiva.
8 Modelo que sirve de muestra para sacar otra cosa　s.m.
igual: *tengo el patrón del vestido.*
9 Metal que se toma como tipo para la evaluación de　ECONOMÍA
la moneda en un sistema monetario: *patrón oro.*
10 Árbol o planta en que se hace un injerto.　BOTÁNICA
11 Dueño de una propiedad que tiene personas tra-　= amo,
bajando en ella.　señor
12 **patrón de bote o lancha:** Persona encargada del　NÁUTICA
gobierno de una embarcación menor.
13 **patrón oro:** Sistema monetario basado en la equi-　ECONOMÍA
valencia constante establecida por la ley entre una
moneda y una cantidad de oro de determinada calidad.
14 **cortado por el mismo patrón:** Se aplica a la per-　loc.adj.
sona o cosa en la que se advierte gran semejanza con
otra: *padre e hijo están cortados por el mismo patrón.*

patrona Nave que seguía en importancia a la capita-　s.f.
na de una escuadra.　HISTORIA

patronado, a Se aplica a la iglesia o al beneficio que　adj.
tiene patrono.　RELIGIÓN

patronal
1 Del patrono o el patronato: *se organiza una proce-*　adj.
sión patronal.
2 Colectividad de patronos o asociación de empresa-　s.f.
rios que defiende sus intereses económicos y políti-　ECONOMÍA
cos: *hoy se reúne la patronal para hablar de la huelga.*

patronato
1 Derecho, poder o facultad del patrono.　s.m./= patronazgo
2 Organización que forman los patronos o empresa-　ECONOMÍA
rios: *el patronato no acepta el aumento de sueldo.*
3 Institución benéfica y asistencial con fines sociales　= fundación
no cubiertos por la administración pública.
4 Cargo que tienen algunas personas designadas por
el fundador de este tipo de institución.
5 Consejo formado por varias personas, que ejercen　= corporación
funciones rectoras, asesoras o de vigilancia en una
institución, para que cumpla sus fines.
6 Derecho o facultad para presentar a un clérigo para　RELIGIÓN
que ocupe un cargo eclesiástico.
7 **patronato de legos:** Vínculo fundado con el grava-　RELIGIÓN
men de una obra pía.
8 **patronato real:** El que tenían los reyes de España　HISTORIA
de presentar personas idóneas para los obispados y
otros cargos religiosos.

patronazgo Patronato [en todas sus acepciones].　s.m.

patronear Ejercer el cargo de patrón en una embar-　v.tr.
cación.　NÁUTICA

patronímico, a　adj/s.
1 Se aplica al sustantivo derivado de un nombre propio, común a los descendientes de una misma persona o de un personaje.
2 Se refiere al nombre que se usa como apellido familiar.

patronista Persona especializada en hacer patrones　s.m.f.
para la confección: *trabaja como patronista en una im-*　TEXTIL
portante firma de ropa.

patrono, a (Del lat. *patronus,* protector.)
1 Defensor o protector: *ha triunfado gracias a la ayuda*　s.
de un acaudalado patrono.　= patrón
2 Persona que tiene derecho o cargo de patronato.　= patronero, patrón
3 Santo bajo cuya advocación está una iglesia: *san*　RELIGIÓN
Francisco Javier es el patrono de esta iglesia.　= patrón
4 Santo elegido como protector de un pueblo, de una　RELIGIÓN
congregación religiosa o laica: *¿cuál es el patrono de los*
carpinteros?
5 Dueño de la casa donde uno se hospeda: *el patrono*　= patrón
me ha subido el alquiler de la pensión.
6 Antiguo señor de un feudo o territorio: *el patrono*　s.m.
tenía derecho de pernada.　HISTORIA
7 Persona que emplea obreros en trabajos manuales:　s.
los trabajadores se rebelaron contra el patrono.

patrulla
1 Pequeño grupo de soldados que se forma dentro de　s.f.
un contingente mayor para realizar una misión oca-　MILITAR
sional o temporal.
2 Conjunto de buques o aviones que prestan servicio　MILITAR
para impedir la acción de fuerzas ligeras adversarias.
3 Pequeño grupo de gente que ronda por las calles　= piquete
para mantener el orden y la seguridad: *los vecinos han*
organizado patrullas contra los delincuentes.
4 Número reducido de personas que van acuadrilla-　= cuadrilla
das.
5 Servicio que prestan estos grupos: *la patrulla no dio*
ningún resultado positivo.
6 Automóvil en el que patrullan los policías.

patrullar (Del fr. *patrouiller.*)
1 Permanecer una patrulla en un lugar recorriéndolo　v.intr/tr.
para vigilarlo: *los policías patrullaban un barrio sospe-*　= rondar
choso.
2 Prestar servicio de patrulla los buques o aviones.　MILITAR

patrullera Embarcación ligera armada que presta ser-　s.f.
vicios de vigilancia y de ataque rápido.　NÁUTICA

patrullero, a Que presta servicio de patrulla: *una*　adj.
lancha patrullera confiscó el material robado.

patuco Calzado de punto en forma de bota que usan　s.m.
los niños que aún no andan y las personas mayores　= peúco
para abrigarse en la cama.

patudo, a
1 Que tiene los pies o las patas grandes: *es un perro*　adj.
muy patudo.　coloquial
2 Se aplica a la persona entrometida y de modales　Chile
toscos.　coloquial
3 Se refiere a la persona desfachatada o descarada.　Chile

patulea
1 Soldadesca, tropa indisciplinada.　s.f.
2 Grupo de personas maleantes: *una patulea rondaba*　= chusma
las calles oscuras del barrio.
3 Grupo de muchos chiquillos.　= chiquillería

patuleco, a Se aplica a la persona que tiene un de-　adj/Amér.
fecto físico en las piernas o en los pies.　Central y Merid.

patullar (Del fr. ant. *patouiller,* patullar en el fango.)
1 Pisar algo de modo violento y repetido.　v.intr/= patear
2 Hacer una persona muchas diligencias para conseguir una cosa: *he tenido que patullar toda la semana*
para conseguir una beca.
3 Hablar dos o más personas entre sí sobre temas sin　= charlar,
trascendencia.　charrar

paturro, a Se refiere a la persona chaparra y rechon-　adj.
cha.　Colomb.

paúl
I (Del lat. vulgar *padule* < lat. *palus, paludis,* pantano.)　s.m.
Terreno pantanoso cubierto de hierba.　= paular
II (De *san Vicente de Paúl.*) Se aplica al clérigo que es　adj/s.m,
miembro de la congregación de misioneros fundada　RELIGIÓN
por este santo en el siglo XVII.　= lazarista

paular
I (Derivado de *paul* < lat. vulgar *padule.*) Terreno　s.m.
pantanoso.
II (Derivado de *pablar.*) Hablar, proferir palabras: *no*　v.intr.
supo qué decir, se quedó sin paular ni maular.　coloquial

paulatinamente Poco a poco: *se convirtió, paulatina-*　adv.
mente, en otra persona.

paulatino, a (Del lat. *paulatim,* poco a poco.) Se apli-　adj.
ca a lo que se produce o hace con lentitud o de forma gradual: *la mejora del enfermo fue paulatina.*

paulilla Palomilla, mariposa nocturna.　s.f./ZOOLOGÍA

paulina (De *Paulo III,* papa.) Carta de excomunión　s.f.
que se expide en los tribunales pontificios para des-　RELIGIÓN
cubrir lo que se sospecha que ha sido robado u ocultado.

paulino, a (De *san Pablo.*) De este apóstol.　adj./RELIGIÓN

pauperismo (Del ingl. *pauperism.*) Situación perma-　s.m.
nente o temporal de pobreza en una parte de la so-　ECONOMÍA,
ciedad de un país o región.　SOCIOLOGÍA

pauperización Proceso de empobrecimiento de una población o de un país. — *s.f./ECONOMÍA, SOCIOLOGÍA*

pauperizar Empobrecer una población, un país o una clase social. · — *v.tr/pml. conj: cazar*

paupérrimo, a (Del lat. *pauperrimus*.) Que es muy pobre: *vive en una situación paupérrima.* — *adj.*

pausa (Del lat. *pausa*.)
1 Breve interrupción de una acción: *hizo una pausa para beber agua y siguió hablando.* — *s.f.*
2 Lentitud en la ejecución de alguna acción: *el orador hablaba claro y con pausa.* — *= calma*
3 Signo musical que indica una ausencia de sonido. — *MÚSICA*
4 Breve intervalo en que se deja de tocar o cantar. — *MÚSICA*
5 Silencio de duración variable que delimita un grupo fónico o una oración. — *LINGÜÍSTICA*
6 Signo ortográfico que representa este silencio. — *LINGÜÍSTICA*

pausado, a
1 Que actúa con pausa: *tardas mucho rato en hacer el trabajo porque eres muy pausado.* — *adj.*
2 Que se hace con pausa o lentitud: *su respiración era pausada.*
3 Con lentitud, pausadamente: *anda pausado.* — *adv.*

pausar Interrumpir o retardar una cosa, un movimiento o una acción: *pausó sus ejercicios físicos.* — *v.intr/tr.*

pauta (Del lat. *pacta*, convenios.)
1 Instrumento que sirve para rayar el papel blanco para que al escribir no se tuerzan los renglones. — *s.f.*
2 Cada una de las rayas hechas con este instrumento.
3 Lo que sirve como guía para la realización de una cosa: *el jefe me dio las pautas para este trabajo.* — *= norma*
4 Modelo o patrón que regula una acción o un comportamiento: *el comportamiento de tu padre debe ser tu pauta.* — *= ejemplo*

pautador, a Persona que hace o marca pautas. — *s.*

pautar
1 Trazar rayas o pautas en un papel: *pautó las hojas para escribir sin torcer los renglones.* — *v.tr.*
2 Trazar las rayas necesarias para escribir las notas musicales en un papel. — *MÚSICA*
3 Dar reglas para hacer una cosa: *el profesor pautó las actividades del curso.*

pava
1 Ave fasianiforme hembra de la especie *Meleagris gallopavo.* — *s.f./ZOOLOGÍA*
2 Fuelle grande usado en algunos hornos metalúrgicos. — *METALURGIA*
3 Recipiente de metal con asa en la parte superior, tapa y pico, que se usa para calentar agua y, en especial, para cebar el mate. — *Amér. Merid.*
4 **pelar la pava:** Mantener dos personas una conversación amorosa.

pavada
1 Manada de pavos. — *s.f.*
2 Falta de gracia o de viveza. — *= sosería*
3 Cierto juego de niños. — *JUEGOS*
4 Tontería, estupidez o dicho sin sentido. — *Argent., Perú, Urug.*

pavana (Del ital. *pavana*.)
1 Danza española que se ejecuta con movimientos pausados. — *s.f.*
2 Música que acompaña esta danza. — *MÚSICA*
3 Especie de esclavina que usaban las mujeres para vestir.

pavear Decir o hacer pavadas o estupideces. — *v.intr./Argent.*

pavero, a
1 Persona que cuida o vende pavos. — *s.*
2 Sombrero andaluz de ala ancha y recta y copa en forma de cono truncado. — *s.m.*

pavés (Del ital. *pavese*.)
1 Escudo oblongo de origen germánico que cubría casi por entero al combatiente. — *s.m./HISTORIA = coraza*
2 Pieza de vidrio moldeado que se emplea en la construcción de marquesinas, tabiques u otras cosas. — *CONSTRUCCIÓN*
3 Carretera de adoquines, en especial aquella por la que pasa una carrera ciclista. — *= adoquinado*

pavesa (Del ant. *povisa* < lat. vulgar *pulvisia* < lat. *pulvis*, polvo.)
1 Partícula incandescente que se desprende de un cuerpo ardiendo y se convierte en ceniza: *los troncos de la chimenea lanzaban pavesas.* — *s.f. = chispa*
2 **estar una persona hecha una pavesa:** Estar muy débil.
3 **ser una persona una pavesa:** Ser débil y apacible.

pavesada Empavesada [en todas sus acepciones]. — *s.f.*

pavezno Pollo del pavo. — *s.m./ZOOLOGÍA*

pavía
1 Variedad de melocotonero cuyo fruto tiene la piel lisa y la carne jugosa y pegada al hueso. — *s.f. BOTÁNICA*
2 Fruto de este árbol. — *BOTÁNICA*

pávido, a (Del lat. *pavidus*.) Que está intimidado o asustado: *se quedó pávido al oír las palabras de su agresor.* — *adj. literario ≠ impávido*

pavimentación Acción y resultado de cubrir un suelo con pavimento. — *s.f. CONSTRUCCIÓN*

pavimentar Cubrir un suelo con un pavimento: *el ayuntamiento pavimentará la calle que lleva al parque.* — *v.tr. CONSTRUCCIÓN*

pavimento (Del lat. *pavimentum*.)
1 Suelo cubierto de forma artificial con algún material para hacerlo más resistente y liso: *el pavimento de la carretera es de asfalto.* — *s.m. CONSTRUCCIÓN*
2 Material usado para cubrir el suelo: *el gres es un pavimento delicado.* — *CONSTRUCCIÓN*

paviota Gaviota, ave palmípeda que vive en las costas. — *s.f. ZOOLOGÍA*

pavipollo Pollo del pavo.

pavisoso, a Se aplica a la persona boba, que no tiene gracia. — *adj.*

pavito, a Adolescente, en especial el que hace gamberradas. — *s. Venez.*

pavitonto, a Se refiere a la persona que es necia o que tiene poco entendimiento. — *adj.*

pavo, a (Del lat. *pavus*, pavo real.)
1 Ave fasianiforme de origen norteamericano, introducida y domesticada en el continente europeo desde el siglo XVI, que tiene en la cabeza verrugas y carúnculas coloreadas y puede enderezar las plumas de su cola. (*Meleagris gallopavo.*) — *s. ZOOLOGÍA*
2 Persona sosa, aburrida y sin gracia: *tu amigo es un poco pavo.* — *coloquial = estúpido*
3 Dinero, aquello con lo que se paga: *paga tú, que no llevo un pavo.* — *coloquial*
4 Pasajero clandestino, polizón. — *Amér.*
5 **pavo marino:** Combatiente, ave caradriforme. — *ZOOLOGÍA*
6 **pavo real o ruán:** Ave fasianiforme, cuyo macho se distingue por su plumaje azul y verde y por su larga cola de vistoso dibujo que despliega en abanico cuando está en celo. (*Pavo cristatus.*) — *ZOOLOGÍA*
7 **comer pavo:** Quedarse una mujer sin bailar por no haber sido invitada a hacerlo. — *coloquial*
8 **subírsele a una persona el pavo:** Ruborizarse, ponerse rojo de vergüenza: *se le subió el pavo cuando le dijiste que era muy guapo.* — *coloquial*

pavón (Del lat. *pavo, -onis*, pavo.)
1 Pavo real, ave galliforme. — *s.m./ZOOLOGÍA*
2 Mariposas nocturnas de gran tamaño en cuyas alas se dibujan grandes manchas circulares u ocelos. — *ZOOLOGÍA*
3 Capa de óxido brillante de color azul o negro que se da a las piezas de acero para evitar su corrosión. — *METALURGIA*

pavonada
1 Paseo breve u otra distracción semejante: *estoy muy cansada y no tengo ganas de dar pavonadas.* — *s.f. coloquial*
2 Acción propia del que hace ostentación de algo: *decirle lo del coche nuevo ha sido una pavonada.* — *= pompa*
3 **darse una pavonada:** Ir a divertirse.

pavonado, a
1 Que es de color azul oscuro. — *adj.*
2 Operación que se hace con pavón el hierro o el acero. — *s.m./METALURGIA*

pavonador, a Que pavona o cubre un objeto de hierro o acero con pavón. — *adj/s. METALURGIA*

pavonar Cubrir con pavón un objeto de hierro o acero para evitar que se oxide. — *v.tr. = empavonar*

pavonazo Color de origen mineral, rojo oscuro, usado en vez del carmín para pintar al fresco. — *s.m.*

pavonear
1 Vanagloriarse de tener determinadas cualidades o posesiones: *nos molestó que pavoneara con tanto descaro; se pavoneaba de sus riquezas.* — *v.intr/prnl./ + de = alardear, presumir*
2 Entretener o tratar de engañar a una persona sin darle to hacerle algo que espera: *no me creo sus promesas, sólo sabe pavonear.* — *v.intr. = fardear*

pavoneo Acción y resultado de pavonar o pavonearse. — *s.m.*

pavor (Del lat. *pavor*.) Temor o miedo muy grandes: *siento pavor al pensar en ello.* — *s.m. = pavura*

pavorde (Del cat. *paborde*.) Prepósito o superior eclesiástico de ciertas comunidades. — *s.m. RELIGIÓN*

pavordear Producir una colmena pequeños enjambres. — *v.intr. = jabardear*

pavorido, a Que siente pavor o gran miedo: *al ver al violador huyó pavorida.* — *adj. = despavorido*

pavoroso, a Que causa pavor. — *adj.*

pavura Temor causado por un sobresalto o por alguna cosa que causa horror. — *s.f. = pavor*

payada
1 Canto del payador, que ejecuta acompañándose de la música de una guitarra. — *s.f./Argent., Chile, Urug./MÚSICA*
2 Competencia o contrapunto de dos o más payadores. — *Argent. MÚSICA*
3 **payada de contrapunto:** Competencia en la que, alternándose, dos payadores improvisan cantos sobre un mismo tema. — *Argent., Chile, Urug./MÚSICA*

payador Cantor popular que, acompañándose con una guitarra, y en general en contrapunto con otro, improvisa sobre temas variados. — *s.m./Argent., Chile, Urug./MÚSICA*

payana Juego en el que los niños arrojan al aire pie- | s.f./*Argent.*
drecitas o carozos para recogerlos mientras dura su | = juego de
turno. | los cantillos

payar Cantar payadas o cantos improvisados acom- | v.intr./*Argent., Chile,*
pañándose con un guitarra. | *Urug.*/MÚSICA

payasada
1 Acción o palabras propias de un payaso. | s.f.
2 Acción ridícula o inoportuna.
3 Acción o cosa deleznable o indigna. | *Chile*/despectivo
4 Acción o manejo malintencionado y turbio. | *Chile*

payaso, a (Del fr. *paillasse* < ital. *pagliaccio*.)
1 Se aplica a la persona poco seria, propensa a hacer | adj/s.
reír con sus dichos o hechos: *me divierto con Luis por-* | coloquial
que es muy payaso.
2 Artista de circo que hace de gracioso, con trajes, | s.
ademanes, dichos y gestos apropiados.

payé
1 Brujería, sortilegio o cualquier práctica mágica y su- | s.m./*Argent., Par.,*
persticiosa. | *Urug.*/OCULTISMO
2 Amuleto o talismán usado para protegerse de algún | *Argent., Par., Urug.*
mal sobrenatural o para conseguir algún deseo deter- | OCULTISMO
minado.

payés, a (Del cat. *pagès* < lat. vulgar *pagensis*, el que
vive en el pago.) Campesino catalán o del archipiélago balear.

payo, a
1 Que no pertenece a la etnia gitana: *a veces los payos* | adj/s.
no entienden las costumbres gitanas.
2 Se refiere al campesino o aldeano que es inculto y | adj/s.m.
rústico.
3 Campesino ignorante y rudo. | s.m.

payuelas Enfermedad benigna en que se producen | s.f.pl.
algunas pústulas como las de la viruela. | MEDICINA

paz (Del lat. *pax, -cis*.)
1 Estado de calma y tranquilidad, sin molestias, disputas | s.f.
u otras circunstancias que causen malestar: *en el cam-* | pl: paces
po se respira paz; paz interior. | = sosiego
2 Situación de un país cuando no está en guerra: *el* | ≠ guerra
pueblo celebró la paz al finalizar los combates.
3 Tratado o convenio que pone fin a una guerra: *los* | MILITAR,
dos países han firmado la paz. | POLÍTICA
4 Relación buena y sin disputas entre personas, en | ≠ disputa,
especial entre familiares: *que haya paz en la mesa.* | riña
5 Vuelta a unas relaciones buenas y tranquilas des- | = reconciliación
pués de una disputa: *lo mejor de las peleas es la paz*
final.
6 Carácter pacífico y tranquilo, en especial de los niños pequeños.
7 Virtud que pone en el ánimo tranquilidad y sosie- | = serenidad
go: *tiene una gran paz interior.*
8 Rito de la misa en que el sacerdote o diácono invi- | RELIGIÓN
ta a los fieles a que se den unos a otros la paz, en general con un apretón de manos o con un abrazo.
9 **paz armada:** La que existe entre países que poseen | POLÍTICA
la misma cantidad de armamento.
10 **paz octaviana:** Tranquilidad pública.
11 **a la paz de Dios:** Fórmula de saludo o despedida. | formal
12 **andar la paz por el coro:** Haber riñas en una fa- | coloquial
milia o comunidad.
13 **aquí paz y después gloria:** Expresión que se usa | coloquial
para dar por finalizada una discusión o problema.
14 **dar la paz:** Dar un abrazo o la mano a una perso- | RELIGIÓN
na o dar a besar una imagen como señal de paz y fraternidad en misa.
15 **dejar en paz:** Dejar de molestar a una persona, o | coloquial
dejar de manipular una cosa: *déjame en paz de una*
vez, ya ha sido suficiente; haz el favor de dejar la radio en
paz.
16 **descansar en paz:** Morir una persona y, en la re- | RELIGIÓN
ligión católica, salvarse el alma. | = reposar en paz
17 **en paz:** 1. En una relación de igualdad con otra | loc.adv.
persona al saldar una deuda o devolver una ofensa:
dame dos mil pesetas y quedamos en paz. 2. Sin ganar ni
perder dinero en un juego. | loc.adv.
18 **hacer las paces:** Reconciliarse los amigos o termi- | JUEGOS
nar una lucha. | coloquial
19 **ir en paz o con la paz de Dios:** Frase cortés de | formal
despedida.
20 **¡paz!:** Voz usada para poner o pedir paz entre | interj.
personas que discuten.
21 **poner paz:** Interponerse entre los que riñen. | = meter paz
22 **que en paz descanse:** Expresión que se usa al
nombrar o referirse a una persona muerta: *era de*
Juan, que en paz descanse.
23 **sacar a paz y a salvo a una persona:** Librarle de
todo peligro o miseria.
24 **venir una persona de paz:** Venir sin ganas de
reñir.
25 **vivir en paz:** Con tranquilidad y sin problemas:
no me molestes y déjame vivir en paz.
26 **y en paz:** Se usa para dar por terminado un asunto. | loc.adv.

pazguatería
1 Calidad de pazguato. | s.f.

2 Acción propia de una persona pazguata, que .se es- | = ñoñería
candaliza o pasma de cualquier cosa.

pazguato, a Que se admira o escandaliza con facili- | adj/s.
dad: *no te comportes como un pazguato.* | = papanatas

pazo Casa solariega gallega, en especial la edificada | s.m.
en el campo.

pazote (Del náhuatl *epazotl*, sudor de mofeta.) Epazo- | s.m./BOTÁNICA
te, planta aromática. (*Chenopodium ambrosioides.*) | tb: apasote, pasote

pazpuerca Se aplica a la mujer que es sucia y grose- | adj/s.f.
ra: *no seas pazpuerca y lávate.*

pc (Acrónimo de [*P*]*ersonal* [*C*]*omputer*.) Pequeño orde- | s.m.
nador, constituido por un microprocesador, memo- | INFORMÁTICA
rias ROM y RAM, pantalla, y a veces disquetera y/o
disco duro de varios megabytes.

¡pche! Voz usada para indicar indiferencia o displi- | interj.
cencia: *¡pche!, ni me acuerdo.* | tb: pse, ptse

pd (Abreviatura de *post data.*) Fórmula que se utiliza | s.m.
en las cartas para advertir que el texto que prosigue
fue escrito con posterioridad a la firma.

pe
1 Nombre de la letra *p*. | s.f.
2 **de pe a pa:** Del todo, de principio a fin: *se aprendió* | loc.adv.
la lección de pe a pa.

pea Borrachera, embriaguez: *con esta pea no puedes* | s.f.
conducir. | vulgar

peaje (Del cat. *peatge*.)
1 Dinero que se paga como derecho de tránsito por | s.m.
un lugar: *el peaje de la autopista es muy caro.*
2 Lugar donde se paga este dinero: *hasta el final de la*
autopista nos quedan dos peajes.

peajero, a Persona encargada de cobrar el peaje. | s.

peal
1 Parte de la media que cubre el pie: *tengo un agujero* | s.m.
en el peal de las medias.
2 Media o calcetín sin pie que se sujeta a éste con
una trabilla que pasa por debajo.
3 Trozo de tela con que se cubre el pie: *tenía frío en*
los pies y me puse unos peales.
4 Esterilla circular de esparto que se pone en las jau- | CAZA
las de los reclamos de perdiz.
5 Persona inútil, torpe y despreciable. | coloquial

peán
1 Himno griego en honor del dios Apolo. | s.m./MITOLOGÍA
2 Himno festivo o guerrero entre los antiguos grie- | HISTORIA
gos.

peana
1 Basa o plataforma sobre la que está colocada una | s.f.
figura o una imagen religiosa: *se rompió la peana de* | tb: peaña
mármol sobre la que tenían la estatua.
2 Tarima situada delante del altar. | RELIGIÓN

peatón, a (Del fr. *pieton*.)
1 Persona que va a pie por la vía pública: *los peatones* | s.
tienen el semáforo en rojo.
2 Cartero que· lleva la correspondencia a pie entre
pueblos cercanos.

peatonal De los peatones o que tiene relación con | adj.
ellos: *el tráfico de vehículos está prohibido en las calles*
peatonales.

pebete (Del cat. *pevet*, pebetero.)
1 Sustancia pastosa, casi siempre con forma de vari- | s.m.
lla, que al quemarse desprende un olor agradable: *en-*
cendimos unos pebetes para mitigar el olor del tabaco.
2 Canutillo con pólvora y otros ingredientes usado
para encender fuegos artificiales.
3 Cosa que tiene mal olor.
4 Pan de forma ovalada que se amasa con trigo can- | *Argent.*
deal, de miga esponjosa y corteza fina y tostada. | COCINA

pebetero Vaso o aparato para quemar o esparcir per- | s.m.
fumes: *puso esencia de lavanda en el pebetero.* | = perfumadero

pebrada Salsa de pimienta: *la carne estaba aderezada* | s.f.
con pebrada. | COCINA

pebre (Del cat. *pebre* < lat. *piper, -eris*, pimienta.) Salsa | s.m.f.
parecida a la vinagreta, que contiene pimienta, ajo, | COCINA
perejil y vinagre.

pebrina Enfermedad de los gusanos de seda, produci- | s.f.
da por un microsporidio. | VETERINARIA

peca (Voz onomatopéyica que expresa la idea de gol- | s.f.
pear.) Mancha pequeña de color amarillento o rojizo | = lunar
que sale en la piel, en especial en la cara y que aumenta por efecto del sol: *en verano me salen muchas*
pecas.

pecado (Del lat. *pecatum*.)
1 Transgresión de las leyes y los preceptos religiosos: | s.m.
blasfemar es un pecado. | RELIGIÓN
2 Cualquier acto que se aparta de lo recto y justo. | = falta
3 Acto o cosa lamentable, en especial si supone un
exceso: *es un pecado tirar toda esa comida.*
4 Diablo, demonio como representación del mal.
5 Juego de naipes y de envite en que la suerte prefe- | JUEGOS
rente es la de nueve puntos.
6 **pecado actual:** Acto con que el hombre peca vo- | RELIGIÓN
luntariamente.

7 pecado capital: Pecado mortal. — RELIGIÓN

8 pecado contra natura o naturaleza: Sodomía o cualquier otro acto carnal que no conduce a la reproducción. — RELIGIÓN

9 pecado de comisión: Obra, palabra o deseo que prohíbe la ley de Dios. — RELIGIÓN

10 pecado de omisión: El que se comete al dejar de hacer aquello a que una persona está obligada por ley moral. — RELIGIÓN

11 pecado grave: Pecado mortal. — RELIGIÓN

12 pecado habitual: Acto continuado o costumbre de pecar. — RELIGIÓN

13 pecado material: Acción contraria a la ley, cuando el que la realiza ignora esa cualidad. — TEOLOGÍA

14 pecado mortal: Culpa que priva al hombre de la vida espiritual, de la gracia divina y le hace digno de la pena eterna. — RELIGIÓN

15 pecado original: 1. El transmitido al hombre en el momento de su nacimiento por la desobediencia de los primeros padres. 2. Desgracia de la que participa una persona por la relación que tiene con otra. — RELIGIÓN / coloquial

16 pecado venial: El que se opone de forma leve a la ley divina. — RELIGIÓN

17 conocer una persona su pecado: Confesarlo, admitir haberlo cometido.

18 de mis pecados: Que se tiene un especial afecto o relación con la persona o cosa de la que se habla: *el trabajo de mis pecados no me deja un minuto libre.* — loc.adj.

19 estar en pecado: Haber obrado contra los preceptos religiosos.

20 estar hecho un pecado: Haber resultado mal una cosa o haber logrado el efecto contrario al pretendido. — coloquial

21 pagar una persona su pecado: Padecer una persona la pena correspondiente a una mala acción.

pecador, a Se aplica a la persona que peca o puede pecar: *el pecador se confesó al sacerdote.* — adj/s.

pecadora Mujer que ejerce la prostitución. — s.f.

pecadorizo, a Que tiende a pecar. — adj/s.

pecaminosidad Cualidad de las cosas o las personas que inducen a pecar: *le molesta la pecaminosidad de la moda actual porque es un mojigato.* — s.f.

pecaminoso, a (Del lat. *peccamen*, pecado.)
1 Del pecado o de los pecadores: *la envidia es un sentimiento pecaminoso.* — adj.
2 Que puede ser censurado por considerarse inmoral: *todos critican su actitud pecaminosa.*

pecante
1 Se aplica a la persona que peca: *el pecante deberá expiar sus culpas.* — adj/s.m.f. / = pecador
2 Que es malo por ser excesivo. — adj.
3 Se aplicaba al humor que se creía que era el causante de una determinada enfermedad. — MEDICINA

pecar (Del lat. *peccare*.)
1 Cometer una persona un pecado: *se confesó porque había pecado.* — v.intr. / conj: sacar
2 Obrar una persona en contra de lo dispuesto por una orden, una ley o un precepto. — = transgredir
3 Tener en exceso una cualidad o un defecto: *Juan peca de ingenuo; el plato pecaba de salado.* — + de
4 **aquí que no peco:** Expresión que indica el propósito de cometer un exceso sin temor a ser castigado o reprehendido.

pecarí Mamífero de origen americano similar al jabalí, de pelaje espeso, provisto de una glándula dorsal que segrega una sustancia aceitosa. (*Tayassu.*) — s.m. / Amér. Merid. / ZOOLOGÍA

pecblenda Mineral de uranio, de color negro, pesado, de brillo submetálico, mate, en general macizo y raras veces en cristales. — s.f. / MINERALOGÍA / tb: pechblenda

peccata minuta (Expresión latina.) Se refiere a la falta leve o pequeña: *el acto de hoy es peccata minuta si lo comparas con lo que suele hacer.* — adj.

pece
I (De origen incierto.) Lomo de tierra que queda entre dos surcos. — s.m. / AGRICULTURA
II (De origen incierto.) Tierra o argamasa para hacer una tapia o pared. — s.f. / CONSTRUCCIÓN

peceño, a Que es de color pardo amarillento como la pez, referido, en especial, al caballo de estas características. — adj. / = peciento

pecera Recipiente acondicionado para animales y vegetales acuáticos: *he comprado unas algas para la pecera.* — s.f. / = acuario

peceto Corte de carne extraído del cuarto trasero de los vacunos. — s.m. / Argent.

pechar (Del lat. vulgar *pactare*, convenir en el pago de un tributo.)
1 Pagar tributos. — v.tr./= tributar
2 Hacerse una persona cargo de una obligación o responsabilidad: *pecha con la deshonra de su familia.* — v.intr. / + con
3 Empujar, hacer fuerza para que una cosa o una persona se mueva. — v.tr./Amér. / coloquial
4 Sablear, estafar a una persona para sacarle dinero o alguna cosa de valor. — Amér. Central y Merid.

pechazo Acción de pedir dinero o dar un sablazo a una persona. — s.m./Amér. Merid. / coloquial

pechblenda Pecblenda, mineral de uranio de composición muy compleja. — s.f. / MINERALOGÍA

peche Se aplica a la persona que es débil y enclenque. — adj/s.m.f./Salv.

pechear Lanzarse contra una persona, un animal o una cosa con el pecho. — v.tr.

pechenego, a
1 De un pueblo tártaro de raza mongólica que se estableció en el sudeste europeo en el siglo IX. — adj. / HISTORIA
2 Persona originaria de este pueblo. — s./HISTORIA

pechera
1 Parte de la camisa o de otras prendas de vestir, que cubre el pecho: *comiendo se manchó la pechera del vestido.* — s.f.
2 Guarnición de encaje de la camisola: *llevaba una camisola con vistosas pecheras.* — = chorrera
3 Parte exterior del pecho, en especial en las mujeres: *¡menuda pechera tiene esa actriz!* — = pechuga
4 Pedazo de paño que se pone en el pecho para abrigarlo.
5 Pedazo de vaqueta que, forrado y relleno, les sirve a las caballerías de apoyo para que tiren.

pechería
1 Conjunto de pechos o tributos. — s.f./HISTORIA
2 Reparto de tributos. — HISTORIA

pechero (Derivado de *pechera.*) Servilleta que se pone a los niños en el cuello y sobre el pecho. — s.m. / = babero

pechero, a (Derivado de *pechar.*)
1 Que está obligado a pagar pechos o tributos. — adj/s./HISTORIA
2 Que es plebeyo o de la plebe. — ≠ noble

pechiblanco, a Se aplica al animal que tiene el pecho blanco: *la golondrina es pechiblanca.* — adj.

pechigonga Juego de naipes en que se reparten nueve cartas a cada jugador en tres veces y que consiste en ligar las cartas seguidas desde el as hasta el nueve. — s.f. / JUEGOS

pechín Alpechín, residuo de las aceitunas. — s.m.

pechina
1 Concha vacía de los moluscos: *la playa estaba llena de pechinas.* — s.f.
2 Cada uno de los triángulos curvados situados entre los arcos torales, sobre los que descansa el anillo de la cúpula. — ARQUITECTURA

pechirrojo (Del cat. *pit-roig.*) Pardillo, ave paseriforme. — s.m./ZOOLOGÍA

pechisacado, a Que es muy arrogante y engreído: *es muy pechisacado porque se cree el mejor.* — adj. / = soberbio

pecho
I (Del lat. *pectus.*)
1 Parte del cuerpo humano que se extiende desde el cuello hasta el vientre y en cuyo interior están el corazón y los pulmones. — ANATOMÍA / = tórax
2 Zona exterior correspondiente a esa parte del cuerpo: *el volante le golpeó en el pecho.* — ANATOMÍA / = tórax
3 Parte anterior del tronco de los cuadrúpedos entre el cuello y las patas anteriores. — ZOOLOGÍA / = tórax
4 Cada una de las mamas de la mujer: *la joven empieza a tener pecho.* — ANATOMÍA / = seno
5 Aparato respiratorio: *estoy resfriado y me duele el pecho.*
6 Valor, esfuerzo, fortaleza o constancia.
7 Interior de una persona, lo que de forma convencional se entiende que es el lugar donde están los sentimientos: *tiene mucho amor en su pecho.* — = corazón
8 Calidad de la voz o su duración y sostenimiento para cantar o perorar.
9 **abierto de pechos:** Se aplica a la caballería que camina describiendo un arco al avanzar con la pata delantera. — loc.adj. / EQUITACIÓN
10 **abrir el pecho a una persona:** Franquearse con ella, descubrirle algún secreto.
11 **abrir una persona su pecho a la esperanza:** Empezar a cambiar en el resultado favorable de una empresa.
12 **a pecho descubierto:** 1. Sin armas defensivas. 2. Con sinceridad y nobleza. — loc.adv.
13 **criar a una persona a los pechos:** Ayudarla hasta situarla en la vida. — coloquial
14 **dar el pecho:** Dar de mamar a un niño: *ha dado el pecho a todos sus hijos.*
15 **de pechos:** Con el pecho apoyado en o sobre una cosa: *se echó de pechos sobre la cama.* — loc.adv.
16 **descubrir una persona su pecho a otra:** Franquearse con ella o contarle algún secreto o intimidad. — coloquial
17 **echar el pecho al agua:** Emprender con decisión una cosa de peligro o dificultad. — coloquial
18 **echarse una persona a pechos un vaso:** Beber con ansia y en gran cantidad. — coloquial
19 **entre pecho y espalda:** En el estómago: *se metió un litro de vino entre pecho y espalda.* — loc.adv. / coloquial
20 **fiar el pecho:** Abrir el pecho, descubrir un secreto a una persona.
21 **no caber una cosa en el pecho a una persona:** Sentir deseos de hablar o de mostrar alegría por ella. — coloquial

22 no pudrírsele una cosa en el pecho a una persona: No contenerse de decirla. — coloquial

23 no quedarse una persona con nada en el pecho: Decir todo lo que se quería decir. — coloquial

24 pecho arriba: A repecho. — loc.adv.

25 pecho por el suelo o por tierra: 1. Con humildad y sumisión. 2. Se aplica al modo de volar de las aves que lo hacen muy bajo, cerca del suelo. — loc.adv. / loc.adv.

26 poner una pistola en el pecho: Amenazar con un daño inmediato para cortar la voluntad ajena. — coloquial

27 poner una persona el pecho a una cosa: Afrontarla, hacerle cara.

28 quedarse una persona con una cosa en el pecho: No decirla teniendo ganas de hacerlo. — coloquial

29 sacar el pecho: Erguirse, ponerse derecho.

30 tener pecho: Tener paciencia y ánimo. — coloquial

31 tomar el pecho: Mamar un bebé.

32 tomar una cosa a pecho: Tomar un asunto con empeño y amor propio: *cuando algo le sale mal sufre mucho porque se lo toma todo muy a pecho.*

II (Del ant. *pechar* < lat. vulgar *pactare*, convenir en el pago de un tributo.)

1 Tributo que se pagaba al rey o señor territorial por los bienes o haciendas. — s.m. HISTORIA

2 Contribución o censo que se pagaba por obligación. — HISTORIA

pechuga
1 Pecho de las aves. — s.f.
2 Cada una de las dos partes carnosas en que se trocea el pecho de las aves: *suelo comer pechuga de pollo.*
3 Pecho de hombre o de mujer: *esa chica tiene buenas pechugas.* — coloquial
4 Trozo del pecho que asoma por el escote: *tápate, que se te ve la pechuga.* — coloquial

pechugazo Caída o golpe dado con el pecho. — s.m.

pechugón, a
1 Se aplica a la persona que tiene mucho pecho o al animal que tiene mucha pechuga: *la modelo es muy pechugona; un pollo pechugón.* — adj/s. = pechudo
2 Golpe fuerte dado con la mano en el pecho de una persona: *me pegó tal pechugón que casi me quedo sin respiración.* — s.m.
3 Caída o golpe dado con el pecho. — = pechugazo

pechuguera Tos de pecho persistente: *tomo un jarabe para calmar esta molesta pechuguera.* — s.f.

pecilo- Componente de palabra procedente del gr. *poikilos,* que significa variado: *pecilosclerino.* — pref.

pecilotermo, a Se aplica al animal que tiene una temperatura interna que depende de la del medio. — adj/s. ZOOLOGÍA

peciluengo, a (De *pezón + luengo.*) Se aplica a la fruta que tiene largo el pecíolo o rabillo. — adj.

pecina Lodo negruzco formado en los charcos o en sitios donde hay materias orgánicas en descomposición. — s.f.

pecinal Charca con mucha pecina o lodo negruzco. — s.m.

pecinoso, a Que tiene pecina o lodo negruzco: *el cauce del canal está pecinoso.* — adj.

pecio (Del gascón ant. *pessi* < bajo lat. *pecium.*)
1 Restos de una nave naufragada o de lo que iba en ella: *encontraron el pecio de un galeón español en el fondo del mar.* — s.m. NÁUTICA
2 Derechos que el señor de un territorio exigía de las naves que naufragaban en sus costas. — HISTORIA

peciolado, a Se aplica a la hoja que tiene pecíolo. — adj./BOTÁNICA

pecíolo (Del lat. *pecciolus,* piececito.) Pezón o rabillo que une la hoja con el tallo: *cortó las hojas secas por el pecíolo.* — s.m. BOTÁNICA tb: peciolo

pécora (Del ital. *pecora* < lat. *pecora,* rebaños.)
1 Cabeza de ganado lanar: *el pastor guiaba cincuenta pécoras.* — s.f.
2 Mujer que se dedica a la prostitución. — = prostituta
3 Carta o documento escritos sobre pergamino.
4 mala pécora: Persona malvada o que actúa con ánimo de hacer daño. — coloquial despectivo

pecorea Diversión fuera de casa, andando de aquí para allá. — s.f.

pecorear
1 Salir las abejas a recoger el néctar de las flores. — v.tr.
2 Dedicarse los soldados al saqueo. — v.intr./MILITAR

pecoso, a Que tiene pecas: *en verano se pone muy pecoso.* — adj/s.

pectina (Del gr. *pegnymi,* clavar.) Sustancia química del grupo de los glúcidos obtenida de muchos tejidos vegetales, en especial de frutos maduros, que se utiliza para dar consistencia a las mermeladas y gelatinas. — s.f. QUÍMICA

pectinado, a Que tiene forma de peine. — adj.

pectíneo (Derivado del lat. *pecten, -inis,* peine.)
1 Que tiene forma de peine. — adj.
2 Músculo del muslo que hace girar el fémur. — s.m./ANATOMÍA

pectiniforme Que tiene forma de peine o presenta láminas finas y serradas: *branquia pectiniforme; hoja pectiniforme.* — adj. = dentado

pectoral (Del lat. *pectoralis.*)
1 Del pecho: *tiene una lesión en la cavidad pectoral; desarrolla los músculos pectorales.* — adj. ANATOMÍA
2 Que es útil y provechoso para el pecho. — adj/s.m. MEDICINA
3 Se aplica al medicamento que combate la tos: *le han recetado un jarabe pectoral.* — MEDICINA
4 Se refiere a cada uno de los dos músculos que están situados en la parte anterior y lateral del tórax. — ANATOMÍA
5 Cruz que llevan sobre el pecho los obispos y otros prelados. — s.m. RELIGIÓN
6 Ornamento sagrado que lleva sobre el pecho el sumo sacerdote en la ley antigua. — RELIGIÓN = racional

pectosa (Del gr. *pegnymi,* clavar.) Sustancia semejante a la pectina que está unida a la celulosa en la membrana de las células vegetales y que es insoluble en el agua. — s.f. QUÍMICA

pecuario, a (Del lat. *pecuarius.*) Que tiene relación con el ganado. — adj.

pecueca Mal olor que se desprende de los pies de las personas. — s.f./Amér. Central y Merid.

peculado Robo o malversación de caudales del erario público hecho por aquel que los administra. — s.m. DERECHO

peculiar (Del lat. *peculiaris,* relativo a la fortuna particular.) Que es característico de una persona o de una cosa y lo distingue de los demás: *tiene un carácter muy peculiar; me agrada el peculiar aroma del limón.* — adj. = propio, singular

peculiaridad
1 Carácter distintivo, propio y característico de una persona, de un animal o de una cosa: *la peculiaridad de esta casa es su magnífica situación frente al mar.* — s.f. = singularidad
2 Detalle peculiar o distintivo. — = característica

peculiarismo Tendencia a acentuar y destacar los rasgos peculiares. — s.m.

peculiarmente De manera especial, con particularidad: *vestía siempre peculiarmente.* — adv.

peculio (Del lat. *peculium,* ahorros.)
1 Bienes o caudales que el padre entregaba al hijo o el señor al siervo para su uso y comercio. — s.m. HISTORIA
2 Dinero que tiene cada persona. — = patrimonio

pecunia (Del lat. *pecunia,* bienes que se tienen en ganado.) Dinero del que dispone una persona. — s.f.

pecuniariamente
1 Considerando el aspecto monetario: *me beneficia pecuniariamente la propuesta de tus competidores.* — adv.
2 En dinero efectivo: *has de pagar pecuniariamente.*

pecuniario, a Que tiene relación con el dinero: *sus problemas pecuniarios son ya conocidos por todos.* — adj. = monetario

pedagogía
1 Disciplina para enseñar y educar a las personas, en especial a los niños: *estudia pedagogía porque quiere ser maestra.* — s.f. = didáctica
2 Capacidad para enseñar y educar: *es un buen maestro por su pedagogía.*

pedagógico, a
1 De la pedagogía: *en esta escuela siguen nuevos métodos pedagógicos.* — adj. = didáctico
2 Que está expuesto con claridad y educa o enseña: *pronunció un discurso muy pedagógico.* — = didáctico

pedagogo, a (Del lat. *paedagogus* < gr. *paidagogos.*)
1 Persona dedicada al estudio de la enseñanza o a la educación. — s. = educador
2 Persona que se dedica a la educación. — = maestro
3 Persona que acompaña a otra sirviéndole de guía o consejero. — = mentor
4 Ayo, antiguo preceptor: *los antiguos príncipes eran educados por un pedagogo.* — s.m.

pedal (Derivado del lat. *pes, pedis,* pie.)
1 Palanca que, al pisarla, pone en movimiento un mecanismo: *¡dale fuerte a los pedales de la bicicleta!* — s.m. MECÁNICA
2 Sonido prolongado sobre el que se suceden distintos acordes o combinaciones en una armonía. — MÚSICA
3 Cada una de las piezas que en los pianos o los órganos se mueven con los pies para aumentar o disminuir la intensidad del sonido. — MÚSICA
4 Borrachera, resultado de emborracharse. — coloquial

pedalada Impulso dado a un pedal con el pie: *te faltan dos pedaladas para llegar.* — s.f.

pedalear Mover una persona los pedales con los pies: *el ciclista pedaleó con fuerza al llegar a la meta.* — v.intr.

pedaleo Acción y resultado de pedalear o mover los pedales: *tengo agujetas en las piernas de tanto pedaleo.* — s.m.

pedalero Conjunto de teclas de madera, situadas en la parte inferior de un órgano, que se accionan con el pie y hacen sonar los tubos graves. — s.m. MÚSICA

pedaliáceo, a Perteneciente a una familia de plantas herbáceas, anuales o vivaces de raíz blanca, hojas opuestas o alternas, flores solitarias o en racimo y fruto en cápsula, como el ajonjolí. — adj/s.f. BOTÁNICA

pedáneo, a
1 Se aplica al alcalde de una localidad o de una zona residencial que se encuentra separada de su municipio. *adj/s.*
2 Se refiere al juez que, entre los romanos, sólo conocía de las causas leves, y no tenía tribunal, sino que oía de pie y decidía de plano. *HISTORIA*

pedanía
1 Lugar anejo a un municipio y regido por un alcalde pedáneo que depende del principal. *s.f.*
2 Territorio bajo la jurisdicción de un juez pedáneo.

pedante (Del ital. *pedante.*) Que alardea de conocimientos de manera presuntuosa o afectada: *que sea sabio no es excusa para que sea pedante.* *adj/s.*

pedantear Expresarse de manera pedante, alardeando de erudición: *en todas sus intervenciones pedanteó.* *v.intr.*

pedantería
1 Modo de ser o-comportarse el pedante: *su pedantería lo hace insoportable.* *s.f.* = *pedantismo*
2 Acción o palabras propias de un pedante: *ha sido una pedantería decir todos tus títulos académicos.*

pedantesco, a Que es propio de pedantes o de su estilo y forma de hablar: *se dirigió a mí en un tono pedantesco.* *adj.*

pedazo (Del lat. *pittacium* < gr. *pittakion*, trozo de cuero.)
1 Parte de una cosa separada del todo: *quiero un pedazo de pan; he encontrado un pedazo de cristal en el suelo.* *s.m.* = *trozo, porción*
2 **pedazo de alcornoque, de animal o de bruto:** Insulto dirigido a una persona a la que se considera muy torpe. *coloquial*
3 **pedazo de mi alma, de las entrañas o del corazón:** Se usa para mostrar un cariño extremo hacia una persona. *familiar*
4 **pedazo de pan:** 1. Lo más necesario para mantenerse. 2. Precio bajo que se paga por una cosa. *coloquial / coloquial*
5 **a pedazos:** Por partes, a porciones: *repartió el pastel a pedazos.* *loc.adv.*
6 **caerse una persona a pedazos:** 1. Andar muy desgarbado. 2. Estar muy cansado físicamente: *después de pintar toda la casa se caía en pedazos.* 3. Ser muy bonachón, no tener malicia. *coloquial / coloquial / coloquial*
7 **en pedazos:** A pedazos, a porciones. *loc.adv.*
8 **estar hecho pedazos:** Estar muy cansado. *coloquial*
9 **hacerse una persona pedazos:** Poner excesivo empeño o actividad en algún ejercicio físico. *coloquial*
10 **morirse por sus pedazos:** Estar una persona muy apasionada de otra. *coloquial*
11 **ser una persona un pedazo de pan:** Ser una persona muy bondadosa y afable. *coloquial*

pederasta (Del gr. *paiderastes.*) Persona que comete pederastia. *s.m.f.*

pederastia
1 Abuso sexual cometido contra los niños. *s.f.*
2 Relación sexual entre hombres. = *sodomía*

pedernal (Del ant. *pedrenal* < lat. *petrinus* < gr. *petrinos*, pétreo.)
1 Cuarzo compuesto de sílice, agua y alúmina, de color gris o amarillento translúcido en los bordes, que da chispa al ser golpeado con otro pedernal o con un eslabón. *s.m. MINERALOGÍA = moleña, piedra de chispa*
2 Cosa muy dura.

pedernalino, a De pedernal o que tiene sus propiedades. *adj.*

pedestal (Del fr. *piedestal* < ital. *piedistallo.*)
1 Pieza sobre la que se apoya una columna, una estatua u otros objetos: *el busto del monarca descansa sobre un pedestal de alabastro.* *s.m. = peana*
2 Circunstancia que permite alcanzar o mantener una situación ventajosa: *sus contactos empresariales son su pedestal.* = *soporte*
3 **en un pedestal:** Con verbos como "poner", "tener", "estar" o "hallarse", hace referencia a la buena opinión que se tiene de alguna persona o de uno mismo. *loc.adv. coloquial*

pedestre (Derivado del lat. *pes, pedis*, pie.)
1 Que anda a pie. *adj.*
2 Que se hace a pie: *hay varias rutas pedestres hasta el pueblo.*
3 Se aplica al deporte que consiste, por lo general, en andar o correr: *participará en una carrera pedestre.* *DEPORTES*
4 Se aplica a la persona vulgar e inculta: *tiene unos modales muy rudos y pedestres.* = *ordinario*

pedestrismo Conjunto de deportes pedestres. *s.m./DEPORTES*

pedi-
I Componente de palabra procedente del gr. *país, paidos*, que significa niño: *pediatría.* *pref.* = *paido-, pedo-*
II Componente de palabra procedente del lat. *pes, pedis*, que significa pie: *pedicuro.* *pref.*

-pedia Componente de palabra procedente del gr. *paideia*, que significa cultura, educación: *enciclopedia.* *suf.*

pediatra Especialista en medicina infantil: *el pediatra modificó la alimentación del bebé.* *s.m.f. MEDICINA*

pediatría (Del gr. *país, paidos*, niño + *iatros*, médico.) Parte de la medicina que estudia el desarrollo físico de los niños y sus enfermedades. *s.f. MEDICINA*

pediátrico, a De la pediatría: *el niño está ingresado en un hospital pediátrico.* *adj. MEDICINA*

pedicelo
1 Tronco carnoso que sostiene el sombrerillo de las setas. *s.m. MICOLOGÍA*
2 Tallo delgado y alargado que lleva una sola flor o un solo fruto. *BOTÁNICA = pedúnculo*

pedicular (Del lat. *pediculus* < *pes, pedis*, pie.)
1 Del piojo. *adj./ZOOLOGÍA*
2 Del pedículo. *ANATOMÍA*

pedículo
1 Pedúnculo o rabo que une una hoja, flor o fruto al tallo. *s.m. BOTÁNICA*
2 Tallo que une una formación celular anormal, como un cáncer o una verruga, a un órgano. *ANATOMÍA*
3 Soporte o pie de un órgano cualquiera. *BIOLOGÍA*

pediculosis Enfermedad parasitaria de la piel producida por abundancia de piojos y caracterizada por un resecamiento de ésta. *s.f. pl: pediculosis MEDICINA*

pedicurista Pedicuro, persona que se dedica al cuidado de los pies. *s.m.f. Méx.*

pedicuro, a (Del lat. *pes, pedis*, pie + *cura*, cuidado.) Persona que se dedica al cuidado de los pies, estirpando o curando callos, uñeros y otras anomalías. *s. MEDICINA = callista*

pedida Acción de pedir la mano de la novia: *le regaló un anillo el día de la pedida de mano.* *s.f.*

pedido (Del bajo lat. *petitus.*)
1 Acción y resultado de pedir. *s.m./= petición*
2 Encargo de géneros que se hace a un fabricante o a un vendedor: *todavía no me ha llegado el pedido.* *COMERCIO*
3 Donativo que solicitaban los soberanos a sus súbditos en caso de necesidad. *HISTORIA*
4 Tributo que se pagaba en algunos lugares. *HISTORIA*
5 **sobre pedido:** Por encargo: *estos automóviles sólo se entregan sobre pedido.* *loc.adv. COMERCIO*

pedidura Acción y resultado de pedir. *s.f.*

pedigrí
1 Origen o genealogía de un animal, en especial de los caballos y de los perros. *s.m. tb: pedigree*
2 Documento de certificación de raza o de origen de un animal: *presenté el pedigrí del perro para participar en el concurso.*

pedigüeñería Calidad de pedigüeño. *s.f.*

pedigüeño, a Que pide de manera excesiva: *la mayoría de niños son muy pedigüeños.* *adj/s. = pedigón*

pedillanura Superficie de arrasamiento casi horizontal formada por la erosión, que es típica de regiones desérticas. *s.f. GEOLOGÍA*

pediluvio (Del lat. *pediluvium.*) Baño medicinal de los pies. *s.m. MEDICINA*

pedimento
1 Acción y resultado de pedir. *s.m.*
2 Escrito que se presenta ante un juez y que contiene las solicitudes y pretensiones del demandante. *DERECHO*
3 Cada una de las solicitudes y pretensiones que se formulan en este escrito. *DERECHO = petición*
4 **a pedimento:** A petición, a solicitud. *loc.adv.*

pedinche Persona que pide de manera excesiva. *s.m.f./Méx.*

pedio, a Del pie o relacionado con él: *anda mal debido a una malformación pedia.* *adj. ANATOMÍA*

pedipalpo Apéndice par propio de los arácnidos y que en los escorpiones se desarrolla en forma de pinzas. *s.m. ZOOLOGÍA*

pediplanación Acción o proceso de formación y desarrollo de una pedillanura. *s.f. GEOLOGÍA*

pedir (Del lat. *petere*, aspirar a algo.)
1 Decir una persona a otra que le dé o haga una cosa: *le pedí el libro; te pido que vayas tú.* *v.tr. = rogar*
2 Solicitar limosna: *un niño pedía a la puerta de la iglesia a los feligreses que iban entrando en ella.* *v.intr. = mendigar*
3 Poner precio por una mercancía: *pedía mil pesetas por el disco.* *v.tr.*
4 Tener una cosa necesidad de un complemento o una continuación: *este vestido escotado pide un bonito collar.* = *requerir*
5 Desear una cosa: *pido a Dios que se cure pronto.* = *rogar*
6 Hablar un hombre a los padres o parientes de su novia para exponerles sus deseos de casarse con ella: *estaba muy nervioso el día que pedí a mi novia.* = *pretender*
7 Pedir una persona ante el juez un derecho que le corresponde o reclamar contra una persona: *pidió contra su socio una parte del negocio.* *DERECHO = reclamar*
8 Preguntar la opinión sobre la legitimidad de una jugada a las personas que siguen un determinado juego. *JUEGOS*
9 Querer y reclamar un jugador de naipes una o más cartas: *el jugador de póquer pidió dos cartas.* *JUEGOS*

10 Obligar el jugador que echa primero a que los otros jugadores sirvan la carta del palo que se ha jugado: *pido oros con esta carta.* — JUEGOS

CONJ.: IND.: PRES.: *pido, pides, pide,* pedimos, pedís, *piden.* PRET. INDEF.: pedí, pediste, *pidió,* pedimos, pedisteis, *pidieron.* SUBJ.: PRES.: *pida, pidas, pida, pidamos, pidáis, pidan.* PRET. IMPERF.: *pidiera, -ese, pidieras, -eses, pidiera, -ese, pidiéramos, -ésemos, pidierais, -eseis, pidieran, -esen.* IMP.: *pide, pida, pidamos,* pedid, *pidan.* GERUND.: *pidiendo.*

pedo (Del lat. *peditum.*)
1 Ventosidad expelida por el ano. — s.m./vulgar
2 Borrachera, embriaguez: *¡lleva un pedo que no puede ni andar!* — coloquial = cogorza
3 pedo de lobo: Bejín, hongo de color blanco en forma de bola. — MICOLOGÍA

pedo-
I Componente de palabra procedente del gr. *pedon,* que significa suelo: *pedología.* — pref.
II Componente de palabra procedente del gr. *pais, paidos,* que significa niño: *pedofilia.* — pref.

-pedo Componente de palabra procedente del lat. *pes, pedis,* que significa pie: *bípedo.* — suf.

pedofilia Atracción sexual del adulto hacia los niños o los adolescentes de ambos sexos. — s.f. SICOLOGÍA

pedófilo, a Persona afectada de pedofilia. — s./SICOLOGÍA

pedología Ciencia geológica que estudia la formación del suelo y sus características. — s.f. GEOLOGÍA

pedorrear
1 Expeler una persona ventosidades de forma repetida. — v.intr. vulgar
2 Hacer pedorretas con la boca.

pedorreo Acción y resultado de expeler con frecuencia gases intestinales. — s.m. vulgar

pedorrera Acción de expeler gases intestinales. — s.f./vulgar

pedorrero, a Que expele ventosidades con frecuencia y sin reparo. — adj/s. vulgar

pedorreta Ruido hecho con la boca semejante al del pedo, en señal de burla o desprecio: *le hizo una pedorreta al salir de su despacho.* — s.f.

pedorro, a
1 Que echa pedos o ventosidades. — adj/s./vulgar
2 Se refiere a la persona que disgusta o resulta molesta: *es un pedorro, ya tengo ganas de perderlo de vista.* — coloquial

pedrada
1 Lanzamiento violento de una o varias piedras. — s.f.
2 Golpe dado con una piedra: *le partió la ceja de una pedrada.* — = cantazo
3 Señal dejada por una piedra lanzada: *todavía se ve la pedrada en el cristal.*
4 Comentario hecho con intención de atacar u ofender a una persona: *le lanzó una pedrada sobre su forma de entrar en la empresa.* — coloquial = alfilerazo, puntada
5 como pedrada en ojo de boticario: Se usa para comentar que una cosa viene bien por ser oportuna o necesaria: *el nuevo empleo le viene como pedrada en ojo de boticario.*

pedral Piedra que, atada a un cabo o a una red, sirve para mantenerlos en posición vertical dentro del agua. — s.m. NÁUTICA

pedrea
1 Conjunto de premios menores de la lotería nacional: *no me ha tocado ni la pedrea.* — s.f.
2 Pedrisco, granizada fuerte: *esta noche ha llovido y ha caído pedrea.* — = granizo
3 Acción de apedrear o apedrearse.
4 Combate con piedras. — = apedreamiento

pedregal Terreno cubierto de piedras sueltas: *es difícil andar por este pedregal.* — s.m. = pedriscal

pedregoso, a Se aplica al terreno que tiene muchas piedras: *la carretera estaba muy pedregosa.* — adj. = pedrizo

pedregullo Conjunto de piedras pequeñas usadas para hacer rellenos o mortero. — s.m/Amér. Merid. CONSTRUCCIÓN

pedrejón Piedra grande o suelta: *en medio del camino había un pedrejón.* — s.m.

pedreñal (Del cat. *pedrenyal.*) Trabuco que se disparaba con la chispa producida por un pedernal. — s.m. HISTORIA

pedrera Cantera de piedras: *los presos trabajaban en la pedrera.* — s.f.

pedreral Artola o armazón de madera para transportar piedras o cosas pesadas a lomos de una caballería. — s.m.

pedrería Conjunto de piedras preciosas: *llevaba un lujoso vestido bordado con pedrería.* — s.f.

pedrero, a
1 Persona que labra las piedras para las construcciones. — s/= cantero
2 Antiguo cañón que disparaba proyectiles de piedra. — HISTORIA
3 Soldado que usaba la honda en la guerra. — HISTORIA/= hondero

pedreta Piedra con que se juega al cantillo o pitón. — s.f./JUEGOS

pedrisca Pedrisco, granizo grueso: *la pedrisca causó graves daños a la cosecha.* — s.f. = pedrisquero

pedriscal Terreno con piedras sueltas: *se torció el pie al andar por el pedriscal.* — s.m./= pedregal, pedroche

pedrisco
1 Granizo grueso que cae con fuerza: *durante la tormenta cayó pedrisco.* — s.m. = pedrisca
2 Conjunto o abundancia de piedras.

pedrizo, a Que está cubierto de piedras: *es imposible circular con una moto por un terreno tan pedrizo.* — adj. = pedregoso

pedroche Pedregal, lugar cubierto de piedras. — s.m.

pedrojiménez
1 Uva propia del campo andaluz, de racimos grandes y granos gruesos y dorados. — s.m. AGRICULTURA
2 Vino dulce hecho con esta uva.

pedrusco Piedra grande, pero que se puede coger con la mano: *cogió un pedrusco y lo lanzó contra el cristal.* — s.m.

pedunculado, a
1 Se aplica a la flor o al fruto que tiene pedúnculo. — adj./BOTÁNICA ZOOLOGÍA
2 Se refiere al animal que tiene pedúnculo, en especial los himenópteros que tienen una fuerte estrangulación entre el tórax y el abdomen.

peduncular Del pedúnculo. — adj./BIOLOGÍA

pedúnculo (Del lat. *pes, pedis,* pie.)
1 Pezón o rabo de una hoja, flor o fruto: *cortó las flores por el pedúnculo.* — s.m./BOTÁNICA = pedicelo, pedículo
2 Tallo que une un órgano terminal pequeño con el resto del organismo. — BIOLOGÍA
3 Pie formado por una prolongación del cuerpo por el que se fijan algunos animales de vida sedentaria como los percebes. — ZOOLOGÍA

peeling (Voz inglesa.) Tratamiento cosmético o quirúrgico para regenerar la piel descamándola para alisarla. — s.m.

peer (Del lat. *pedere.*) Expeler una persona ventosidades. — v.intr/prnl. conj: *leer*

pega
I (Derivado de *pegar.*)
1 Acción de pegar o adherir una cosa con otra mediante una sustancia. — s.f. = pegadura
2 Sustancia que sirve para pegar: *necesito pega para hacer el trabajo manual.* — = pegamento
3 Objeción con que se quiere disuadir de un propósito, o mostrar la dificultad o la imperfección de una cosa: *la única pega es el elevado precio.* — = reparo
4 Dificultad o contratiempo que se presenta de manera imprevista para la realización de una cosa: *siempre pones pegas a mis planes de viajes.* — coloquial = contrariedad
5 Baño de pez que se da en especial a las piezas de cerámica.
6 Engaño hecho a una persona como broma. — = chasco
7 Conjunto de golpes: *le pegó una buena pega.* — = paliza
8 Acción de pegar fuego a un barreno. — MINERÍA
9 Remiendo del vestido. — = compostura
10 Pregunta capciosa o difícil de responder.
11 Empleo, trabajo u ocupación. — Amér. Merid., Cuba
12 Lugar donde se trabaja. — Chile
13 Edad de las personas en la que culminan sus atractivos. — Chile
14 Liga para cazar pájaros. — Cuba, P. Rico
15 de pega: De mentira, falso: *es un sabio de pega; lleva un collar de pega.* — loc.adj. coloquial
16 estar de pega: Tener mala suerte: *hoy estoy de pega, nada me sale bien.* — coloquial
17 saber una cosa a la pega: Imitar y seguir las malas costumbres de su mala educación o de su trato con malas compañías. — coloquial
18 ser una persona de la pega: Pertenecer a un grupo de gente viciosa y corrompida. — coloquial
II (Del radical onomatopéyico *pic-,* que imita un golpe.)
1 Urraca, ave de plumaje blanco en el vientre y negro con reflejos metálicos en el resto del cuerpo. — s.f. ZOOLOGÍA
2 pega reborda: Alcaudón, ave carnívora de plumaje ceniciento. — ZOOLOGÍA

pegada Potencia que el deportista puede imprimir a sus puños, golpes o tiros: *es un boxeador de fuerte pegada.* — s.f. DEPORTES

pegadizo, a
1 Que se pega o adhiere con facilidad: *este pegamento es muy pegadizo.* — adj. = pegajoso
2 Que se memoriza o aprende con facilidad: *esta canción tiene una música pegadiza.*
3 Que se contagia con facilidad: *su risa es muy pegadiza.* — = contagioso
4 Que se arrima a una persona para dejarse invitar por ella: *es un pegadizo y por eso va contigo.* — adj/s. = gorrón
5 Que es postizo o sobrepuesto. — adj.

pegado Parche medicinal. — s.m./MEDICINA

pegador, a Persona encargada de prender las mechas de los barrenos en las minas. — s. MINERÍA

pegadura
1 Acción de pegar. — s.f.

2 Sitio por donde están pegadas, cosidas o unidas dos cosas: *el libro se desmontó porque se rompió la pegadura de las hojas.*

pegajosidad Cualidad de pegajoso.   s.f./= viscosidad

pegajoso, a
1 Que se pega o adhiere con facilidad: *la miel es pegajosa; ¡qué gelatina más pegajosa!*   adj. / = pegadizo
2 Que se contagia con facilidad: *el resfriado es una enfermedad pegajosa; tiene la risa pegajosa.*   = contagioso
3 Que causa molestia o fastidio por ser demasiado amable o sobón: *su novio es un chico pegajoso.*   = empalagoso
4 Que es difícil de resistir o contener: *fumar es un vicio muy pegajoso.*
5 Se aplica al empleo u oficio que puede ser utilizado con facilidad en beneficio propio.   coloquial
6 Que recarga las suertes y busca el engaño con reiteración.   TAUROMAQUIA

pegamento Sustancia que sirve para pegar: *usa pegamento en barra para las manualidades.*   s.m. / = cola

pegamiento Acción de pegar o pegarse una cosa con otra.   s.m. / = pegadura

pegamoide Sustancia compuesta de celulosa disuelta, que se usa para dar espesor, resistencia e impermeabilidad al papel o a las telas.   s.m. / QUÍMICA

pegamoscas Planta con flores amarillas y rayas rojas, solitarias y con cáliz con pelos pegajosos a los que quedan pegados los insectos que los tocan. *(Ononis natrix.)*   s.f. / pl: pegamoscas / BOTÁNICA / = hierba melera

pegar (Del lat. *picare*, pegar con pez.)
1 Unir una cosa a otra mediante una sustancia aglutinante: *pegó los cromos en el álbum con pegamento.*   v.tr./conj: pagar / = adherir
2 Unir una cosa a otra cosiéndola o atándola: *he de pegar los botones a la camisa.*   = sujetar
3 Acercar mucho una cosa a otra de modo que se toquen: *pega la silla a la pared.*   = arrimar
4 Tocarse dos objetos o cosas con violencia: *el balón pegó en el muro.*   v.intr. / = chocar
5 Transmitir una persona o un animal una enfermedad a otro: *al trabajar en la clínica, se le pegó la gripe.*   v.tr/prnl. / = contagiar
6 Transmitir una persona sus cualidades, gustos o ideas a otro: *le pegó su afición por coleccionar peonzas.*   v.tr.
7 Golpear o maltratar a una persona o animal: *le pegó hasta dejarle sin sentido.*   = atizar, zurrar
8 Dar la luz o los rayos solares contra una superficie: *el sol pega fuerte esta mañana.*   v.intr.
9 Hacer una cosa con decisión y rapidez: *pegaba saltos de alegría.*   v.tr.
10 Ser una cosa oportuna o adecuada: *no pega hacer hoy una fiesta.*   v.intr.
11 Hacerse popular una cosa: *la música rock pegó fuerte en los 60.*
12 Echar raíces una planta.   = arraigar
13 Causar una cosa una impresión a una persona.
14 Estar una cosa en armonía con otra: *las cortinas no pegan con el color de la pared.*   + con
15 Estar una cosa en contacto con otra: *la silla pega en la pared.*   = casar / = tocar
16 Tener dos o más versos una rima asonante o consonante entre sí.   POESÍA / = rimar
17 Reñir dos o más personas entre sí, enredándose a golpes o peleando: *dos niños se pegaban en la calle.*   v.prnl. / = pelear
18 Quemarse y adherirse el alimento que se cocina o se calienta al recipiente: *por falta de agua se pegó el arroz.*
19 Unirse a una reunión de personas sin ser invitado: *se pegó a nosotros toda la noche.*
20 Despertar una cosa gusto o afición en una persona: *se le pegó la costumbre de jugar al mus.*   = contagiar
21 Retener una cosa en la memoria con facilidad: *se me ha pegado la música de la película.*
22 pegarla con una persona: Atacar y discutir con violencia con ella: *la pegó con él a gritos.*
23 pegársela a una persona: 1. Engañarla aprovechando su confianza o inocencia: *se la pegó al venderle un lote defectuoso.* **2.** Serle infiel un miembro de la pareja al otro: *se la pegó con su mejor amigo.*   coloquial / coloquial
24 pegársele una cosa a una persona: 1. Obtener un beneficio con lo que se maneja o trabaja: *pegó tan bien a la inversión que amplió el negocio.* **2.** Salir perjudicada al manejar asuntos o intereses ajenos: *al final se le pegó el negocio de su hermano, perdió mucho.*   coloquial / coloquial

pegaseo, a Del caballo Pegaso o de las musas.   adj./MITOLOGÍA

pegásides Musas, deidades mitológicas.   s.f.pl./MITOLOGÍA

pegata Engaño o estafa: *es tan inocente que suele ser víctima de pegatas.*   s.f. / coloquial

pegatina Adhesivo pequeño con algún dibujo o una inscripción de carácter ideológico o comercial: *los manifestantes llevaban pegatinas reivindicativas.*   s.f.

pegmatita (Del gr. *pegma, pegmatos*, materia congelada o coagulada.) Roca granítica de estructura laminar, color muy claro, pero variable, compuesta principalmente de cuarzo y feldespato.   s.f. / GEOLOGÍA

pego
1 Trampa que consiste en pegar dos cartas de la baraja para que salgan como una sola cuando convenga al jugador.   s.m. / JUEGOS
2 dar el pego: 1. Engañar con la apariencia: *el collar no es de oro, pero da al pego.* 2. Ganar un jugador con una baraja preparada con esta trampa.   coloquial / JUEGOS

pegón, a Que pega o golpea con frecuencia o sin motivo: *de pequeño era un niño muy pegón.*   adj/s.

pegote
1 Emplasto hecho de una materia pegajosa.   s.m.
2 Trozo de material pegado a una cosa para tapar una rotura u otro defecto.   = parche
3 Añadido en una obra literaria o artística que no guarda armonía con el resto: *el final de la novela es un pegote.*
4 Persona impertinente que no se aparta de otra y molesta con su presencia o con su verborrea.   = plasta
5 Guisado u otra cosa muy espesa y que se pega: *no me pienso comer este pegote.*
6 Farol, mentira: *no me creo que seas rico, es un pegote.*   coloquial
7 Cosa mal hecha: *no me has arreglado la grieta, has hecho un pegote.*   coloquial / = chapuza
8 Fruto del cadillo.   BOTÁNICA

pegotear
1 Juntar una cosa a otra de forma sucia o chapucera: *pegoteó las fotos en el álbum.*   v.tr.
2 Presentarse una persona en una casa a la hora de comer sin haber sido invitada.   v.intr. / = gorrear

pegotería Acción y resultado de pegotear o presentarse a la hora de comer en casa ajena.   s.f.

peguera (Del lat. *picaria*.)
1 Hoyo donde se quema leña de pino para sacar alquitrán y pez.
2 Sitio donde se calienta la pez para marcar el ganado en los esquileos.

peguero, a
1 Persona que fabrica la pez.   s.
2 Persona que comercia con la pez.

pegujal (Del lat. *peculiaris*, relativo a la fortuna particular.)
1 Pequeña porción de hacienda, ya sean tierras, ganado o dinero.   s.m. / tb: peguijar
2 Trozo de terreno que el dueño de una finca cede al guarda o al encargado para que lo cultive como parte de su remuneración.   AGRICULTURA

pegujalero, a
1 Labrador que tiene poca tierra para cultivar: *no necesita jornaleros porque es un pegujalero.*   s./tb: peguijarero / AGRICULTURA
2 Ganadero que tiene poco ganado.   = pelantrín

pegujón Conjunto de lanas o pelos que se aprietan y pegan unos con otros en forma de ovillo: *al barrer saqué varios pegujones de pelo de debajo de la cama.*   s.m. / tb: pegullón

pegunta (Del cat. *pegunta*.) Señal que se pone con pez derretida sobre el ganado para marcarlo: *el ganadero marcó con pegunta todas las reses.*   s.f.

peguntar (De *pegar* + *untar*.) Señalar el ganado con pez derretida.   v.tr.

pegunte Sustancia o mezcla pegajosa.   s.m.

peguntoso, a Que se pega o adhiere con mucha facilidad.   adj.

pehlevi De la lengua indoeuropea, también llamada persa medio, que fue idioma oficial, literario y religioso del imperio sasánida entre los siglos III y VII.   adj/s.m.f. / LINGÜÍSTICA / tb: pahlevi

pehuén Árbol de la familia de las araucariáceas, con ramas horizontales que forman una copa cónica espesa, cuyo fruto en forma de almendra es muy alimenticio: *(Araucaria imbricata.)*   s.m. / Argent., Chile / BOTÁNICA

peina Peineta de mujer: *se sujetó el moño con una peina.*   s.f.

peinado, a
1 Se aplica al estilo demasiado cuidado.   adj.
2 Arreglo y adorno del cabello: *el pelo largo permite hacer varios peinados.*   s.m.
3 Examen minucioso de un lugar: *la policía procedió al peinado de la zona.*   = rastreo
4 Operación consistente en depurar y enderezar paralelamente las fibras textiles.   TEXTIL / = peinaje

peinador, a
1 Que peina.   adj/s.
2 Toalla o trozo de tela que se ajusta al cuello del que se peina o afeita: *el barbero le puso un peinador sobre los hombros.*   s.m.
3 Mueble de tocador.   Amér.

peinadora Máquina que depura y enderaza las fibras textiles de forma paralela.   s.f. / TEXTIL

peinadura
1 Acción de peinar o peinarse: *se dio una peinadura antes de salir de casa.*   s.f.
2 Cabellos que se quedan en el peine al peinarse.

peinaje Peinado de las fibras textiles, en especial en la hilatura del algodón y en la obtención de estambre.   s.m. / TEXTIL

peinar (Del lat. *pectinare*.)
1 Pasar el peine por el cabello de una persona para desenredarlo o arreglarlo de una determinada manera: *se peinó el cabello después de lavárselo; me peinó haciéndome una trenza.* — v.tr/prnl. ≠ despeinar
2 Limpiar o desenredar el pelo o la lana de algunos animales: *es aconsejable peinar al perro una vez al día.* — v.tr.
3 Tocar una cosa con otra ligeramente: *el ciclista peinó las zarzas y se arañó la pierna.* — = rozar
4 Quitar piedra o tierra de una roca o una montaña.
5 Inspeccionar un terreno varias personas buscando una persona o cosa: *al peinar la zona, la policía encontró el arma.* — = rastrear
6 Mover y mezclar los naipes cogiendo siempre el superior o el inferior de la baraja. — JUEGOS
7 **no peinarse una mujer para un hombre:** No ser una mujer para el hombre que la pretende: *por mucho que me guste ya sé que ella no se peina para mí.* — coloquial

peinazo Listón o madera que divide las puertas y ventanas en cuarterones. — s.m. CARPINTERÍA

peine (Del lat. *pecten, -inis*.)
1 Utensilio de aseo con una serie de púas paralelas usado para desenredar y peinar el cabello: *me han regalado un peine de marfil de púa ancha.* — s.m.
2 Herramienta para cardar: *cardaba la lana con el peine.* — = carda
3 Pieza del telar con una serie de púas entre las que pasan los hilos de la urdimbre. — TEXTIL
4 Pieza metálica de algunas armas de fuego que contiene una serie de proyectiles. — = cargador
5 Instrumento de tortura, provisto de púas aceradas.
6 Enrejado con poleas situado en el telar de un escenario de teatro, y del que cuelgan las decoraciones. — TEATRO
7 Empeine del pie. — ANATOMÍA
8 Persona astuta y maliciosa: *cuidado con esta tipa, que es un peine.* — = púa
9 **a sobre peine:** A la ligera, a medias: *limpió la casa a sobre peine.* — loc.adv.
10 **sobre peine:** 1. Pasando el peine por el cabello sin llegar a la raíz. 2. Con ligereza, sin mucho cuidado. — loc.adv.
11 **¡te vas o se va a enterar de lo que vale un peine!:** Expresión con que se amenaza a una persona sobre dificultades o consecuencias futuras. — coloquial

peinecillo Peineta pequeña. — s.m.

peinería
1 Fábrica de peines. — s.f./INDUSTRIA
2 Tienda donde se venden peines. — COMERCIO

peinero, a Persona que hace o vende peines. — s.

peineta
1 Peine curvo que se colocan las mujeres en el peinado para sujetarlo o adornarlo: *se recogió el moño con una peineta.* — s.f. = peina
2 Borrén o almohadilla trasera de una silla de montar. — EQUITACIÓN
3 Peine, utensilio que sirve para peinarse. — Chile
4 **peineta de teja:** La grande y adornada que se usa para sostener la mantilla española.

peinetero, a Persona que fabrica o vende peines o peinetas. — s.

peinilla
1 Peine, utensilio para peinarse. — s.f./Colomb., Amér. Merid., Ecuad., Pan.
2 Especie de machete.

peje
1 Pez, animal acuático. — s.m./ZOOLOGÍA
2 Hombre astuto, sagaz y trabajador.
3 **peje ángel:** Angelote, pez escualiforme. — ZOOLOGÍA
4 **peje araña:** Araña, pez marino muy temido por sus espinas venenosas. — ZOOLOGÍA

pejegallo Pez sin escamas que tiene una cresta carnosa que le llega hasta la boca. *(Callorhynchus antarticus.)* — s.m./Chile ZOOLOGÍA

pejemuller (Del port. *pexe, mulher*.) Manatí, mamífero marino. — s.m. ZOOLOGÍA

pejepalo (De *pez* + *palo*.) Bacalao o abadejo curado al humo y sin aplastar. — s.m. tb: pezpalo

pejerrey (De *pez* + *rey*.) Pez aterínido, de carne apreciada, que abunda en las costas y en las lagunas litorales de la península Ibérica. *(Atherina hapsetus.)* — s.m. ZOOLOGÍA

pejesapo (De *pez* + *sapo*.) Pez marino, de cuerpo aplastado, verrugoso, con tres radios espinosos, cabeza ancha, boca enorme y ojos saltones, que vive cerca del fondo en aguas semiprofundas. — s.m. ZOOLOGÍA = rape

pejiguera (Del bajo lat. *persicaria*, duraznillo.) Cosa o asunto que causa dificultades y molestias sin reportar grandes beneficios. — s.f. = lata

pekinés, a Pequinés [en todas sus acepciones]. — adj/s.

pela
1 Acción y resultado de pelar. — s.f.
2 Azotaina, zurra de azotes. — Méx.
3 Peseta o, en general, dinero: *me debes doscientas pelas.* — coloquial

pelada
1 Piel de carnero u oveja a la que se le quita la lana después de muerta la res. — s.f.
2 Fruto del cacto candelabro. — = chula
3 Acción de cortar el pelo: *menuda pelada te ha hecho el peluquero.*
4 La muerte representada por el esqueleto. — Argent., Chile

peladera Caída del pelo: *está muy preocupado por su peladera.* — s.f. = calvicie

peladero
1 Lugar donde se pelan los cerdos o las aves después de sacrificados. — s.m.
2 Sitio donde se juega con trampas. — JUEGOS

peladez Acto o dicho grosero que resulta insultante y de mala educación. — s.f./pl: peladeces Méx.

peladilla
1 Almendra tostada recubierta de un baño de azúcar confitado: *en el bautizo regalaron peladillas a los invitados.* — s.f. COCINA
2 Canto rodado pequeño. — = guija

peladillo
1 Variedad del melocotonero. — s.m./BOTÁNICA
2 Fruto de este árbol, que tiene la piel lustrosa y la carne dura. — BOTÁNICA = violeto
3 Lana de res muerta. — s.m.pl.

pelado, a
1 Que no tiene lo que normalmente lo cubre, rodea o adorna: *es un monte pelado; el perro dejó el hueso pelado.* — adj. = mondado
2 Que no tiene añadido: *saqué un cinco pelado; cobra el sueldo pelado.* — adj.
3 Se aplica a la persona que no tiene dinero: *con las compras me he quedado pelado.* — adj/s. = pobre
4 Se refiere al número que consta de decenas, centenas o millares justos: *veinte pelado.* — adj.
5 Se aplica a la persona que ha perdido parte del cabello: *está muy pelado por la coronilla.* — coloquial = calvo
6 Que tiene el pelo muy corto: *casi no le reconocía porque se quitó la melena y vino pelado.* — = rapado
7 Acción y resultado de pelar o cortar el cabello: *te han hecho un buen pelado.* — s.m. = corte
8 Soldado raso. — Chile/MILITAR
9 Persona de clase baja. — s./Méx.
10 Persona mal educada y grosera. — Méx.
11 **bailar el pelado:** Estar sin dinero. — coloquial

pelador, a Persona que pela o descorteza una cosa. — s.

peladura
1 Acción y resultado de pelar, quitar la piel o la corteza de una cosa. — s.f. = descortezamiento
2 Piel, corteza o desperdicios dejados al pelar o pelarse una cosa: *tiró las peladuras de la manzana en la basura.* — = mondadura
3 Zona o parte pelada en una cosa: *el abrigo de piel tiene una peladura en la espalda.* — = despellejadura

pelagatos Persona mediocre e insignificante, que no tiene un oficio ni una posición social respetable: *se casó con un pelagatos del barrio.* — s.m.f./pl: pelagatos = pelafustán, pelagallos

pelagianismo (De *Pelagio*, monje británico.) Doctrina herética iniciada por dicho monje que negaba el pecado original y los valores de la redención y el bautismo, y minimizaba la función de la gracia exaltando la eficacia del esfuerzo personal en la práctica de la virtud. — s.m. RELIGIÓN

pelagiano, a (De *Pelagio*, monje británico.)
1 De dicho monje o del pelagianismo. — adj./RELIGIÓN
2 Que profesa el pelagianismo. — adj/s./RELIGIÓN

pelágico, a (Del lat. *pelagus*, alta mar.)
1 De la alta mar. — adj.
2 Se aplica a las aguas marinas que están por encima de los 800 metros de profundidad y a los organismos que habitan en ellas. — BIOLOGÍA

pelagoscopio (Del lat. *pelagus*, alta mar + *skopeo*, observar.) Aparato para estudiar los fondos marinos. — s.m. TECNOLOGÍA

pelagra (Del ital. *pellagra*.) Enfermedad producida por una alimentación deficiente en ácido nicotínico, que se caracteriza por un enrojecimiento de la piel y trastornos digestivos y nerviosos. — s.f. MEDICINA

pelagroso, a
1 Que tiene relación con la pelagra. — adj./MEDICINA
2 Que padece pelagra. — adj/s./MEDICINA

pelaire (Del cat. *paraire* < *parar*, preparar.) Persona que prepara la lana que ha de tejerse. — s.m.f. TEXTIL

pelairía Oficio de pelaire. — s.f.

pelaje
1 Clase y calidad del pelo, lana o piel de un animal: *el pelaje de estas ovejas es de buena calidad.* — s.m.
2 Pelo abundante y desordenado. — = pelambre
3 Aspecto exterior más bien desagradable de una persona o de una cosa: *su pelaje me da mala espina.* — = traza
4 Clase de personas o de cosas de aspecto desagradable: *se junta con gente de su pelaje.* — = ralea

pelambrar Meter las pieles en el agua con cal o pelambre, en las tenerías, para pelarlas. — v.tr. tb: apelambrar

pelambre
1 Porción de pieles que se escaldan con cal y agua para quitarles el pelo. — s.m.f.
2 Conjunto de pelo o pieles cortado o arrancado a los animales.

3 Mezcla de agua y cal con que se pelan las pieles en las tenerías.

4 Pelo muy abundante y revuelto en cualquier parte del cuerpo: *ya va siendo hora que te cortes el pelambre; tiene una pelambre abundante en el pecho.* = pelamen

pelambrera
1 Pelo o vello abundante, espeso y crecido: *estarías más guapo sin tanta pelambrera.* s.f.
2 Sitio donde se tratan las pieles para quitarles el pelo. = curtiduría, tenería
3 Alopecia, caída del cabello. = calvicie

pelambrero, a Persona encargada de apelambrar o pelar las pieles. s.

pelamen Conjunto de pelos: *con el viento le venía todo el pelamen a la cara.* s.m.
pl: pelámenes

pelamesa (De *pelo* + *mesar.*)
1 Pelea en que los contendientes se agarran y estiran de los cabellos o la barba. s.f.
2 Porción de pelo que se puede agarrar en la pelea.

pelanas Persona sin bienes, mediocre y sin buena posición social: *no confíes en sus propuestas de negocios porque es un pelanas.* s.m.
pl: pelanas
= desgraciado

pelandusca Prostituta, mujer que comercia sexualmente con su cuerpo. s.f.
= puta, ramera

pelantrín Labrador que tiene poco dinero: *vive en el campo pero es un pelantrín.* s.m.
= pegujalero

pelar (Del lat. *pilare*, sacar el pelo.)
1 Cortar o arrancar el pelo a una persona o un animal: *hemos pelado al perro.* v.tr.
= rapar
2 Quitar las plumas a un ave: *pela el pollo antes de guisarlo.* = desplumar
3 Quitar la piel a un animal: *peló el conejo en un momento.* = despellejar
4 Quitar la cáscara o la corteza a una cosa: *la niña no sabe pelar la naranja; pelaba las pipas sin parar de hablar.* = mondar
5 Quitar a una persona sus bienes con engaño o con violencia: *aprovechándose de su inocencia, lo pelaron de todo el dinero que llevaba.* = despojar
6 Dejar a una persona sin dinero en el juego: *le pelaron en un par de bazas.* = desplumar
7 Criticar a una persona: *aquella tarde lo pelaron por envidia.* = vituperar
8 Perder una persona el pelo por enfermedad o accidente: *con el tratamiento se le peló la cabeza.* v.prnl.
9 Caérsele a una persona la piel o mudarla por haberse quemado al sol.
10 Perder una persona parte de la piel por exceso de sol o por rozadura: *tomó tanto el sol que se peló.*
11 Hacerse cortar una persona el pelo: *he ido a la peluquería a pelarme.* = raparse
12 Desenvainar un arma. v.tr./Argent.
13 Sacar o exhibir una cosa. Argent.
14 Hacer caso a una persona, prestarle atención: *se enojó porque no la pelaste en toda la noche.* Méx.
15 pelársela: Masturbarse. vulgar
16 pelárselas: 1. Tener muchas ganas de hacer una cosa: *se las pelaba por salir en la foto.* 2. Hacer una cosa con rapidez o vehemencia: *cuando llega justo, corre que se las pela tras el autobús.* coliquial
coloquial
17 pelarse una persona de fina: Ser muy astuta: *si se trata de dinero, tu amigo se pela de fino.* coloquial
18 que pela: Se usa para aludir al exceso de frío o calor: *esta noche hace un frío que pela.* loc.adj.
coloquial
19 ser duro de pelar: 1. Ser una persona difícil de convencer: *es duro de pelar el cabezota.* 2. Entrañar una cosa una cierta dificultad o ser difícil de realizar. loc.adv.
coloquial

pelargonio Planta geraniácea, de vistosas flores, que suele cultivarse en los jardines como ornamental. (*Pelargonium.*) s.m./BOTÁNICA
= geranio

pelarruecas Mujer pobre que vivía de hilar. s.f./pl: pelarruecas

pelásgico, a De los pelasgos. adj.

pelasgo, a
1 De un pueblo prehelénico que en la antigüedad se estableció en territorios griegos e itálicos. adj.
HISTORIA
2 Persona natural de este antiguo pueblo. s./HISTORIA
3 De la Grecia antigua o alguna de sus regiones. adj./HISTORIA
4 Persona natural de la Grecia antigua o de algunas de sus regiones. s.
HISTORIA

pelaya Pez marino, pequeño y aplanado, con los ojos desplazados sobre el costado, que vive semienterrado en el fondo. (*Phrynorhombus regius.*) s.f.
ZOOLOGÍA
= platija

pelazga Discusión o riña. s.f.

pelazo, a Se aplica a la paja de la cebada machacada con cilindros de piedra para que resulte larga y hebrosa. adj.
AGRICULTURA

peldaño Cada una de las partes de un tramo de escalera en que se coloca el pie para subir o bajar: *subí los peldaños de la comisaría temiéndome lo peor.* s.m.
= escalón

peldefebre (Del fr. *poil de chevre*, pelo de cabra.) Tela antigua hecha de lana y pelo de cabra. s.m.
TEXTIL

pelea
1 Riña o enfrentamiento violento entre personas o animales: *resultó herido en una pelea callejera.* s.f.
= lucha, reyerta

2 Riña sangrienta entre animales: *fui a ver una pelea de gallos.*
3 Esfuerzo que se hace para reprimir un apetito o una pasión: *libra una pelea consigo mismo para seguir el régimen.* = pugna
4 Afán y esfuerzo para conseguir una cosa: *conseguir que coma es una pelea diaria.* = denuedo

peleador, a
1 Que pelea, lucha o combate: *el peleador se enfrentaba a un duro contrincante.* adj/s.
= peleante
2 Que se pelea con frecuencia o sin motivo aparente: *es un preso conflictivo porque es muy peleador.* = pendenciero

peleano, a Se aplica al volcán que produce explosiones muy violentas que forman nubes ardientes y lavas viscosas que se solidifican con rapidez taponando la chimenea. adj.
GEOLOGÍA

pelear
1 Luchar dos o más personas o animales entre sí: *le gusta pelear; los muchachos se pelearon en el campo.* v.intr./prnl.
= combatir
2 Ser opuestas dos o más cosas entre sí: *sus ideas se pelean.* = enfrentar
3 Pasar una persona trabajos y penalidades para conseguir una cosa o para vivir: *pelea para poder educar a sus hijos; peleó mucho por conseguir el ascenso.* v.intr.
= luchar
4 Reñir o discutir dos o más personas entre sí de forma acalorada. v.intr./prnl.
= regañar
5 Luchar una persona consigo misma para reprimirse ante las pasiones o los vicios: *lleva meses peleando con el alcohol.* = pugnar
6 Romper dos o más personas su amistad: *se han peleado y no se hablan.* v.prnl.
= enemistarse

pelecaniforme Perteneciente a un orden de aves marinas de gran tamaño, cuyas patas presentan los cuatro dedos dirigidos hacia delante, unidos por una membrana, de pico largo a menudo provisto de una bolsa dilatable, como el pelícano. adj/s.f.
ZOOLOGÍA

pelechar
1 Echar un animal pelo o pluma. v.intr./ZOOLOGÍA
2 Cambiar de pluma las aves. ZOOLOGÍA
3 Comenzar a recobrar la salud o la situación económica. coloquial
= mejorar
4 Perder una tela o una prenda el pelo.

pelecho Acción y resultado de pelechar. s.m.

pelele
1 Muñeco de figura humana, de paja o trapo, que se mantea o pasea como diversión: *en carnaval mantearon al pelele.* s.m.
= monigote
2 Persona que se deja manejar por otra o que hace lo que otros dicen: *hace lo que dice su mujer, es un pelele.* despectivo
= monigote
3 Prenda de vestir de una sola pieza que se les pone a los niños para dormir: *el bebé llevaba un bonito pelele de felpa.*

pelendengue Perendengue [en todas sus acepciones]. s.m.

pelendón, a
1 De una tribu celtíbera que ocupaba la región de las fuentes del Duero. adj.
HISTORIA
2 Persona natural de esta tribu celtíbera. s./HISTORIA

peleón, a
1 Que pelea o discute con facilidad: *es un niño difícil y peleón.* adj/s.
= pendenciero
2 Se aplica al vino muy ordinario: *el vino peleón me produce dolor de cabeza.* adj.

peleona Riña o lucha entre dos o más personas: *se montó tal peleona que acabó viniendo la policía.* s.f.

peleonero, a Que es muy peleón y pendenciero. adj/s./Méx.

pelerina Toquilla de punto, semejante a una capa corta, que usan las mujeres. s.f.
= esclavina

peletería
1 Tienda donde se venden prendas de vestir realizadas en piel: *me he comprado una cazadora de ante en la peletería.* s.f.
COMERCIO
2 Actividad de quien se dedica a comerciar con pieles finas. COMERCIO
3 Oficio de adobar y componer las pieles finas o hacer con ellas prendas de abrigo.
4 Conjunto o surtido de pieles finas.
5 Zapatería, tienda de zapatos. Cuba

peletero, a (Del fr. *pelletier.*)
1 De la peletería: *trabaja desde joven en la industria peletera.* adj.
2 Persona que se dedica a trabajar en pieles finas. s.
3 Persona que vende prendas de piel. COMERCIO

pelgar Hombre sin habilidad ni ocupación. s.m.

peliagudo, a
1 Que es difícil de resolver o entender: *estoy metida en un asunto peliagudo.* adj.
= complicado
2 Se aplica al animal que tiene el pelo largo y delgado: *el conejo y el cabrito son animales peliagudos.*
3 Se refiere a la persona que es sutil o mañosa. = hábil

peliblanco, a Que tiene el pelo blanco: *tiene un conejo peliblanco.* adj.

peliblando, a Que tiene el pelo blando y suave: *los* adj.
gatos de angora son peliblandos. ≠ peliduro

pelicano, a Que tiene el pelo cano: *aunque joven, ya* adj.
es pelicano.

pelícano (Del lat. *pelicanus* < gr. *pelekan, -kanos.*)
1 Ave grande y pesada, de color blanco con tintes s.m.
amarillos, pico azulado y una bolsa de piel bajo el ZOOLOGÍA
pico que le sirve para almacenar los peces que pesca,
vive en lagos de agua dulce y salobre. *(Pelecanus.)*
2 Instrumento quirúrgico para extraer muelas. MEDICINA
3 Aguileña, planta con las hojas verde oscuro y ama- s.m.pl.
rillas, y flores de cinco pétalos rojas, moradas, azules BOTÁNICA
o blancas.

pelicorto, a Que tiene el pelo corto: *va pelicorto por-* adj.
que está haciendo la mili. ≠ pelilargo

película (Del lat. *pellicula.*)
1 Piel o capa fina y delicada que se forma sobre algu- s.f.
nas superficies o las recubre: *a veces el vinagre se recu-*
bre de una película oleosa.
2 Telilla que a veces recubre ciertas heridas y úlceras. MEDICINA
3 Hollejo, piel de la fruta: *el melocotón tiene una fina* = pellejo
película vellosa.
4 Cinta de celuloide preparada para ser impresionada FOTOGRAFÍA
por procedimientos fotográficos: *la cámara no tiene*
película; utilizó una película de alta sensibilidad.
5 Cinta de celuloide donde están impresas fotogra- CINE,
fías o imágenes cinematográficas: *puso la película en el* FOTOGRAFÍA
proyector.
6 Conjunto de imágenes cinematográficas que com- CINE
ponen una serie con unidad: *la censura recortó algunos* = filme
planos de la película.
7 Asunto representado en una obra cinematográfica:
me gustan las películas de miedo.
8 Narración detallada y cronológica de un hecho: *me* = historia
contó toda la película del fin de semana.
9 **película de dibujos animados**: La que se hace rea- CINE
lizando dibujos en serie del mismo objeto, cambiando ligeramente la postura y posición del mismo, de
modo que, al proyectarla, el objeto aparece moviéndose.
10 **película virgen**: La que no ha sido impresionada. CINE
11 **de película**: 1. Muy bueno o lujoso: *vive en un piso* loc.adj.
de película. 2. Con buenos resultados, muy bien: *vive de* loc.adv.
película.
12 **hacer una película**: 1. Ejecutarla como director o CINE
productor. 2. Trabajar en ella como actor: *aunque es* CINE
un joven actor ya ha hecho varias películas.

pelicular De la película. adj.

peliculería
1 Actitud exagerada y fanfarroneadora al obrar y expre- s.f.
sarse: *su peliculería me desagrada.* = fantaseo
2 Acciones o palabras exageradas y fantasiosas: *déjate*
de peliculerías y vive la realidad.

peliculero, a
1 Que tiene relación con la película de cine. adj./CINE
2 Que es aficionado a ver películas cinematográficas: adj/s.
se pasa el fin de semana en el cine porque es muy pelicu- = cinéfilo
lero.
3 Que tiende a inventar explicaciones fantásticas o = fantasioso
exageradas: *no te creas nada de lo que dice porque es*
muy peliculero.
4 Artista de cine. s./coloquial

peliculón
1 Película cinematográfica considerada de gran cali- s.m.
dad artística: *no te la pierdas porque es un peliculón.* coloquial
2 Película larga y aburrida: *me dormí en el cine porque* coloquial
era un peliculón.

peliduro, a Que tiene duro el pelo, en especial algu- adj.
nas razas caninas. ≠ peliblando

peliforra Prostituta, mujer que comercia con su sexo. s.f./= ramera

peligrar Estar una persona, un animal o una cosa en v.intr.
peligro: *le han amenazado de muerte y su vida peligra;*
este edificio peligra.

peligro (Del lat. *periculum*, ensayo, prueba.)
1 Riesgo de que suceda algún mal de forma inminen- s.m.
te: *los sismólogos han advertido del peligro de fuertes te-* = riesgo
rremotos.
2 Persona, animal, cosa u ocasión que produce un = amenaza
daño o aumenta las posibilidades de que se produzca: *un paso a nivel sin barreras es un peligro; la contami-*
nación es un peligro para la vida en la Tierra.
3 **correr peligro**: Estar expuesto a él: *ha sufrido un*
grave accidente y su vida corre peligro.

peligrosidad Cualidad de peligroso: *nadie reconoció la* s.f.
peligrosidad del cruce hasta que no ocurrió el accidente.

peligroso, a
1 Que encierra riesgo o puede ocasionar daño: *esta* adj.
curva es muy peligrosa. = inseguro
2 Se aplica a la persona de carácter arriesgado y violento que puede causar daño o cometer actos delictivos: *es un preso peligroso.*

pelilargo, a Que tiene el pelo largo: *el pastor escocés* adj.
es un perro pelilargo. ≠ pelicorto

pelillo
1 Causa muy leve de disgusto o desazón, que debe s.m.
despreciarse. = insignificancia
2 **echar pelillos a la mar**: Reconciliarse con una persona: *venga, echar pelillos a la mar y daos un apretón de*
manos.
3 **no tener pelillos en la lengua**: Decir una persona coloquial
lo que piensa sin reparos: *no tiene pelillos en la lengua,*
le dijo que estaba muy feo en cuanto le vio.
4 **pararse una persona en pelillos**: Notar las cosas coloquial
más leves o detenerse en cosas de poca importancia: *no*
te pares en pelillos, que sólo se ha retrasado cinco minutos.

pelilloso, a Que es delicado en el trato con los de- adj.
más: *nadie te cae bien, eres muy pelilloso.* = quisquilloso

pelinegro, a Que tiene el pelo negro: *en realidad es* adj.
pelinegra, pero ahora va teñida.

pelirrojo, a Que tiene el pelo rojizo: *tiene una hija pe-* adj/s.
lirroja y pecosa.

pelirrubio, a Que tiene el pelo rubio: *el mayor es mo-* adj.
reno y el mediano pelirrubio.

pelita Roca detrítica arcillosa de grano muy fino. s.f./GEOLOGÍA

pelitieso, a Que tiene el pelo tieso y erizado. adj.

pelitre (Del occitano ant. *pelitre* < gr. *pyrethron*.)
1 Planta herbácea anual, de tallos inclinados, hojas s.m.
partidas, flores con el centro amarillo y raíz usada en BOTÁNICA
medicina y como insecticida. *(Anacyclus pyretrum.)*
2 Raíz de esta planta. BOTÁNICA

pelitrique (De *pelito* + *trique*, estallido leve.) Cosa o s.m.
adorno inútil y superfluo: *se gasta el dinero en pelitri-* = fruslerías
ques sin valor.

pella (Del lat. *pilula* < *pila*, pelota.)
1 Masa compacta de forma redondeada: *hizo una pe-* s.f.
lla con todos los papeles que tenía que tirar. = amasijo
2 Conjunto de los tallitos de la coliflor y de otras BOTÁNICA
plantas semejantes, que constituyen su parte más
apreciada y delicada.
3 Masa de metal fundido o sin labrar. METALURGIA
4 Porción pequeña y redondeada de nata o merengue COCINA
con la que se adornan ciertos platos dulces: *adorna-*
mos el pastel con unas pellas de nata.
5 Manteca del cerdo tal y como se quita del animal.
6 Especie de pelota incendiaria arrojadiza que se usa- HISTORIA
ba en la antigüedad.
7 Sustancia que se obtiene al aplicar mercurio a la MINERÍA
plata o a minerales similares.
8 **hacer pellas**: No asistir a clase. coloquial

pellada
1 Porción de yeso o argamasa que cabe en la llana o s.f.
en la mano. CONSTRUCCIÓN
2 Masa compacta redondeada. = pella
3 **no dar pellada**: 1. Estar parada una obra de albañi- CONSTRUCCIÓN
lería o sin que se trabaje en ella. 2. No trabajar o coloquial
hacerlo con escaso rendimiento.
4 **no dar pellada en una cosa**: Tener suspensa su
ejecución o realización.

pelleja
1 Piel quitada del cuerpo del animal: *el cazador quitó* s.f./tb: pelleta
las pellejas a los conejos para venderlas. = pellejo
2 Cuero de oveja o carnero curtido con la lana o el
pelo.
3 Conjunto de toda la lana que se esquila de un animal.
4 Prostituta, mujer que comercia con su sexo. = ramera
5 **dar, dejar o perder la pelleja**: Morir, acabar la coloquial
vida: *se dejó la pelleja en un accidente.*
6 **salvar una persona la pelleja**: Estar en apuro o pe- coloquial
ligro y salir ileso: *gracias a que llegó la policía, pudo sal-*
var la pelleja de los atacantes.

pellejería
1 Lugar donde se adoban o venden pellejos. s.f.
2 Oficio de pellejero: *aprendió la pellejería de su padre.*
3 Conjunto de pieles o pellejos. = corambre

pellejerías Escasez, miseria o contratiempos causa- s.f.pl.
dos por la pobreza. *Chile*

pellejero, a Persona cuyo oficio es adobar o vender s./tb: pelletero,
pieles. pellijero

pellejina Pelleja pequeña. s.f.

pellejo
1 Piel del animal, en especial la que ya está separada s.m.
del cuerpo. = pelleja
2 Piel del hombre: *me rocé la mano con la madera y se*
me ha levantado el pellejo.
3 Piel de un animal preparada para contener líquidos: = odre
llenamos el pellejo con vino.
4 Piel de algunas frutas y hortalizas, en especial de la = hollejo
uva: *le quita el pellejo a la uva antes de comérsela.*
5 Persona borracha. = borracho
6 **dar, dejar, perder o soltar una persona el pelle-** coloquial
jo: Morir, terminar la vida: *con esa vieja moto un día*
darás el pellejo.
7 **estar o hallarse en el pellejo de una persona**: coloquial

Estar en las mismas circunstancias o situación moral
que ella: *no te preocupes, a mí también me han echado,
así que me hallo en tu pellejo.*
8 jugarse el pellejo: Arriesgar la vida: *circulando a esa*   coloquial
velocidad se está jugando el pellejo.
9 mudar una persona el pellejo: Cambiar de condi-   coloquial
ción o costumbres.
10 no caber una persona en el pellejo: 1. Estar muy   coloquial
gordo. 2. Estar muy contento y satisfecho: *no cabe en*   coloquial
el pellejo con su nuevo nieto.
11 no tener una persona más que el pellejo: Estar   coloquial
muy delgado: *come tan poco que no tiene más que pe-*
llejo.
12 pagar una persona con el pellejo: Pagar con la   coloquial
vida: *esta ofensa la pagarás con el pellejo.*
13 quitar una persona el pellejo: 1. Quitarle la   coloquial
vida. 2. Criticarle y hablar mal de él: *las vecinas le qui-*   coloquial
taban el pellejo por su forma de vestir. 3. Robarle con   coloquial
maña la mayor parte o todo lo que tiene.
14 salvar una persona el pellejo: Salir ileso y con   coloquial
vida de un peligro: *el accidente fue tremendo, pero salvó*
el pellejo.
pellejudo, a Que tiene la piel floja, formando arru-   adj.
gas o bolsas: *adelgazó tanto que se le ha quedado la piel*
de los brazos pellejuda.
pellet (Voz inglesa.)
1 Pequeñas esferas de azúcar que se emplean en la   s.m.
medicina homeopática.   FARMACIA
2 Conglomerado esférico que resulta de la pelletiza-   METALURGIA
ción de un material.
pelletización Proceso de aglutinamiento de un ma-   s.f.
terial en forma de pequeñas esferas.   METALURGIA
pelletizar Aglomerar en forma de pequeñas esferas   v.tr.
un material que estaba desgranado.   METALURGIA
pellica
1 Colcha hecha de pieles finas: *las camas del refugio de*   s.f.
montaña estaban cubiertas con pellicas.
2 Abrigo o zamarra hecha de pieles finas.   = pello
3 Piel pequeña adobada.
pellico
1 Zamarra de pastor: *el pastor se abrigaba con un pe-*   s.m.
llico.
2 Abrigo de pieles que es parecido a esta zamarra.
pellín
1 Especie de haya cuya madera es muy dura e incor-   s.m./*Chile*
ruptible.   BOTÁNICA
2 Corazón de este árbol.   *Chile*/BOTÁNICA
3 Persona o cosa muy fuerte y de gran resistencia.   *Chile*
pelliquero, a Persona que hacía o vendía cubiertas o   s.
cobertores de cama hechos de pellejos finos.
pelliza (Del lat. *pellíceus, -a, -um,* hecho de piel.)
1 Chaqueta hecha o forrada de piel: *no pasaré frío*   s.f.
porque me voy a poner la pelliza.
2 Chaqueta con el cuello y las bocamangas reforzados de otra tela.
3 Chaqueta de paño azul con el cuello y las boca-   MILITAR
mangas revestidos de astracán y con trencillas de
estambre negro para cerrarla sobre el pecho.
4 Dormán, chaqueta de uniforme.   MILITAR
pellizcador, a Que pellizca.   adj.
pellizcar (De *pizcar* + ant. *vellegar* < lat. *vellicare.*)
1 Coger con los dedos un poco de piel y carne de   v.tr/prnl.
una persona y apretar: *le pellizcó la mejilla de forma ca-*   conj: *sacar*
riñosa.   = pizcar
2 Pillarse una parte del cuerpo: *se pellizcó al cerrar la*   v.prnl.
puerta.
3 Coger y golpear una cosa de forma leve y sutil.   v.tr.
4 Coger una pequeña cantidad de una cosa con los   = pizcar,
dedos: *el niño pellizcó la tarta de cumpleaños.*   repizcar
pellizco
1 Acción y resultado de pellizcar: *le dio un pellizco en*   s.m.
el brazo para llamar su atención.
2 Señal dejada en el cuerpo por esta acción: *todavía*
tengo el pellizco rojo y dolorido.
3 Porción pequeña de una cosa tomada o quitada: = pizca
sólo he comido un pellizco de pan.
4 pellizco de monja: Bocadito de masa con azúcar.   COCINA
5 un buen pellizco: Gran cantidad de dinero: *ha per-*   coloquial
dido un buen pellizco en el bingo.
pello Zamarra fina.   s.m.
pellón Polleja curtida que forma parte de los arreos   s.f./*Amér.*
de montar.   *Central y Merid.*
pelluzgón
1 Porción de pelo, lana, estopa u otra cosa que se   s.m.
coge de una vez.
2 Conjunto de pelo o hilos diferentes o separados del   = mechón
resto.
pelma
1 Persona molesta e inoportuna: *no seas pelma y déja-*   s.m.f.
me trabajar.   = pelmazo
2 Persona lenta en sus acciones: *eres muy pelma ha-*   = moroso
ciendo el trabajo.
pelmacería Manera de ser de las personas lentas: *su*   s.f.
pelmacería me pone nervioso.   = pelmez

pelmazo, a (Del gr. *pegma, pegmatos,* materia congelada o coagulada.)
1 Persona molesta y fastidiosa en sus dichos o accio-   s.
nes: *me amargó la fiesta una tía pelmaza.*   = pelma
2 Persona lenta al hacer las cosas: *es un pelmazo vis-*   = moroso
tiéndose, llevo una hora esperándole.
pelo (Del lat. *pilus.*)
1 Filamento de naturaleza córnea que nace y crece   s.m.
entre los poros de la piel de los mamíferos.   ANATOMÍA
2 Conjunto de estos filamentos: *el pelo le cubre el*
cuerpo.
3 Conjunto de estos filamentos que cubren la cabeza   = cabello
de las personas: *tiene el pelo rubio y rizado.*
4 Vello de algunas frutas y plantas: *la piel del meloco-*   BOTÁNICA
tón tiene pelos.
5 Filamento parecido que hay en la superficie o borde de algunas cosas: *la tela tiene pelos en sus bordes.*
6 Pluma fina que tienen las aves debajo del plumaje   ZOOLOGÍA
exterior.
7 Brizna o filamento muy fino y corto que desprendido en parte del cañón de la pluma de ave usada para
escribir, impedía hacerlo de forma limpia.
8 Hebra delgada de lana, seda o de un material seme-   = pelusa
jante: *tienes un pelo en la costura de la camisa.*
9 Capa o color de los caballos y otros animales.   ZOOLOGÍA
10 Parte fibrosa de la madera que se separa del resto   CARPINTERÍA
al trabajarla.
11 Muelle de poco resalto que acciona el gatillo de   MECÁNICA
algunas armas de fuego.
12 Sierra muy fina usada en marquetería.
13 Seda en crudo, sin elaborar.
14 Raya opaca en las piedras preciosas que disminu-   MINERALOGÍA
ye su valor.
15 Raya o grieta en algunas cosas, como el metal, el
vidrio o las piedras.
16 Enfermedad en los pechos de las mujeres que   MEDICINA
están amamantando, por obstrucción de los conductos de la leche.
17 Toque muy suave de una bola a otra en el juego   JUEGOS
de trucos o billar.
18 Cosa pequeña o de poca importancia.   = nimiedad
19 Enfermedad que agrieta o parte el casco de las ca-   VETERINARIA
ballerías.
20 pelo de aire: Viento que apenas se nota: *no corre*   coloquial
un pelo de aire.
21 pelo de cabra: Cierto hilo o fibra de lana muy rí-   TEXTIL
gido.
22 pelo de camello: Tela hecha con los filamentos   TEXTIL
que cubren a este animal o imitándolos.
23 pelo de cofre o de Judas: 1. El de color bermejo   coloquial
rojo. 2. Persona que no tiene de este color.   coloquial
24 pelo de la dehesa: Rusticidad o tosquedad que   coloquial
conserva una persona.
25 pelos táctiles: 1. Los rígidos que actúan como re-   ANATOMÍA
ceptores táctiles. 2. Tipos de cerdas o filamentos que   ZOOLOGÍA
poseen numerosos artrópodos.
26 pelos y señales: Detalles y circunstancias de una   coloquial
cosa: *me conozco los pelos y señales de su vida.*
27 agarrarse una persona de un pelo: Aprovechar   coloquial
cualquier ocasión para conseguir una cosa: *le hice una*
visita de cortesía, pero se agarró de un pelo para hablar-
me del trabajo.
28 al pelo: 1. Según el lado al que se inclinan los fila-   loc.adv.
mentos en pieles, paños u otros objetos: *debes cepillar*
el sofá al pelo de la tela. 2. De forma oportuna: *tu dine-*   loc.adv.
ro me viene al pelo.
29 a medios pelos: Medio borracho: *salió de la fiesta*   loc.adv.
a medios pelos.
30 andar al pelo: Andar a golpes: *andan al pelo por*   coloquial
un juguete que se ha roto.
31 a pelo: 1. Con la cabeza descubierta: *entró en la*   loc.adv./coloquial
iglesia a pelo y con el sombrero en la mano. 2. Forma de   loc.adv.
montar las caballerías sin silla: *le gusta montar a pelo.*   EQUITACIÓN
3. De forma oportuna: *has llegado a pelo, justo cuando*   loc.adv./coloquial
íbamos a cenar. 4. Desnudo, sin ropa: *se bañó en la pis-*   loc.adv.
cina a pelo.   coloquial
32 asirse a un pelo: Aprovecharse de cualquier   coloquial
oportunidad o medio para conseguir una cosa.
33 así me, te... luce el pelo: Se usa para indicar que   coloquial
se está perdiendo el tiempo al no hacer nada o que
no se saca provecho de lo que se hace: *te acuestas tar-*
dísimo y te levantas a las mil, así te luce el pelo en los es-
tudios.
34 buscar el pelo al huevo: Buscar motivos ridículos   coloquial
para reñir y enfadarse.
35 caérsele a una persona el pelo: Recibir un casti-   coloquial
go o reprimenda si se descubre lo que ha hecho:
cuando tu madre sepa que fumas se te caerá el pelo.
36 colgado de un pelo: Muy inseguro: *su puesto esta-*   loc.adv.
ba colgado de un pelo.
37 como el pelo de la masa: Que está llano, liso y   loc.adj.
mondo.
38 con pelos y señales: Con todo detalle: *me contó*   loc.adv.
su viaje con pelos y señales.   coloquial

39 cortar un pelo en el aire: Ser muy perspicaz.

40 dar para el pelo a una persona: Dejarle malparado en una pelea o discusión: *le dio para el pelo al dejarle en ridículo delante de los demás.* — coloquial

41 de medio pelo: 1. Se aplica a las personas que quieren aparentar más de lo que son. 2. Se refiere a las cosas de mala calidad o poca importancia: *lleva un coche de medio pelo.* — loc.adj./coloquial / loc.adj.

42 de pelo en pecho: Se aplica a la persona fuerte y robusta: *ya no es un niño, es un hombre valiente y de pelo en pecho.* — loc.adj. / coloquial

43 de poco pelo: De poca importancia. — loc.adj.

44 dejarse tomar el pelo: Ser demasiado condescendiente o tolerante: *se deja tomar el pelo por sus alumnos.* — coloquial

45 echar buen pelo: Mejorar de fortuna. — coloquial

46 echar el mal pelo fuera: Superar una mala racha. — coloquial

47 echar pelos a la mar: Reconciliarse dos o más personas. — coloquial

48 en pelo: 1. Con la cabeza descubierta. 2. Se aplica a la caballería sin montura. 3. Sin adornos. — loc.adv. / loc.adv.

49 estar algo en un pelo: Estar a punto, faltar muy poco para que ocurra: *creo que está en un pelo su divorcio.* — coloquial

50 estar una persona hasta los pelos: Estar harto y cansado de una persona, cosa o asunto: *estoy hasta los pelos de sus impertinencias.* — coloquial

51 faltar un pelo: Faltar muy poco para que suceda una cosa: *falta un pelo para que empiece el concierto.* — coloquial

52 hacer el pelo: Arreglarlo, ponerlo en condiciones. — loc.adj.

53 largo, como pelo de huevo o de rata: Tacaño, miserable. — loc.adj. / coloquial

54 montar el pelo o poner el pelo: Sobresalir tan poco el disparador donde se sostiene la patilla de la llave de un arma de fuego que apenas toca el gatillo se dispara.

55 ni un pelo: Nada en absoluto: *se ha acabado el café, no queda ni un pelo.* — loc.adv.

56 no cubrirle pelo a una persona: No poder crecer o hacer fortuna. — coloquial

57 no tener pelos en la lengua: Decir una persona lo que se le ocurre sin ningún reparo, a veces con descaro: *le dirá lo que piensa de ella porque no tiene pelos en la lengua.* — coloquial

58 no tener un pelo de tonto: Ser muy listo: *el niño no tiene un pelo de tonto, sabe que estamos hablando de él.* — coloquial

59 no tocar a una persona el pelo o un pelo de la ropa: No decir o hacer una cosa que pueda serle ofensiva o perjudicial, o dañarle físicamente. — coloquial

60 no ver o no vérsele el pelo: Notar la ausencia de una persona en los lugares a donde solía ir: *hace semanas que no se le ve el pelo por el club.* — coloquial

61 pelo a o por pelo: Sin añadiduras o cambios de una cosa por otra. — loc.adv. / coloquial

62 pelo arriba: A contrapelo, en el sentido opuesto al que llevan los filamentos: *antes de acostarse se peina pelo arrriba.* — loc.adv. / coloquial

63 ponérsele a una persona los pelos de punta: 1. Erizársele por frío u otra causa: *el ruido de la tiza sobre la pizarra me pone los pelos de punta.* 2. Sentir mucho miedo: *la película me puso los pelos de punta.* — coloquial

64 por un pelo o por los pelos: Por muy poco: *por un pelo pierdo el avión.* — loc.adv. / coloquial

65 rascarse una persona pelo arriba: Sacar dinero de la cartera con dificultad por no querer gastarlo, ser tacaño.

66 relucirle a una persona el pelo: Estar una persona o un animal gordo y bien tratado. — coloquial

67 salir de pelo una cosa: Hacerla según la inteligencia natural de cada uno. — coloquial

68 ser capaz de contarle los pelos al diablo: Ser muy hábil o diestro. — coloquial

69 ser una persona de buen pelo: Tener mala índole o ser malicioso. — coloquial

70 sin venir a pelo: De forma inoportuna: *se puso a insultarle sin venir a pelo.* — loc.adv. / coloquial

71 soltarse una persona el pelo: Decidirse a hablar u obrar sin miramiento: *estaba tan harto que un día se soltó el pelo y le dijo todo lo que quiso.* — coloquial

72 tener pelos un negocio: Ser enredoso y con dificultades. — coloquial

73 tener una persona pelos en el corazón: 1. Ser inhumano, cruel o insensible. 2. Tener gran valor y ánimo. — coloquial

74 tirarse una persona de los pelos: 1. Arrepentirse de una cosa: *se tiraba de los pelos cuando supo lo fácil que había sido el examen al que no se había presentado.* 2. Estar muy irritado: *se tiró de los pelos al ver el pésimo resultado de las ventas.* — coloquial / coloquial

75 tomar el pelo a una persona: 1. Burlarse de ella con elogios, halagos y promesas fingidas: *te tomaba el pelo cuando te decía que te regalaría su coche.* 2. No hacer caso de sus órdenes, indicaciones o enseñanzas: *no me tomes el pelo o te expulsaré del aula.* — coloquial

76 traer una cosa por los pelos: Aducir un argumento que no guarda relación con lo que se está ha-... — coloquial

blando: *tenía ganas de contárnoslo, así que lo trajo por los pelos en mitad de la reunión.*

77 un pelo: Muy poco: *te faltó un pelo para verlo marchar.* — loc.adv. / coloquial

pelón, a
1 Que no tiene pelo o tiene muy poco: *los bebés al nacer suelen ser pelones.* — adj/s. = calvo
2 Que lleva el cabello cortado al rape: *volvió del cuartel muy pelón.* — = rapado
3 Que no tiene recursos económicos: *desde que lo despidieron está pelón porque no tenía ahorros.* — = pobre

pelona Caída del pelo. — s.f./= alopecia

pelonería Falta de lo necesario para subsistir: *vive en la pelonería desde que no trabaja.* — s.f. = escasez, penuria

pelonía Calvicie, caída del pelo. — s.f./= alopecia

pelopincho
1 Peinado que se caracteriza por el pelo tieso y de punta. — s.m.
2 Persona que lleva el pelo peinado de este modo. — s.m.f.

pelopio Metal semejante al niobio y al tantalio. — s.m./QUÍMICA

peloponense
1 Del Peloponeso, península griega de Grecia. — adj./= peloponesiaco
2 Persona natural del Peloponeso. — s.m.f.

peloponesíaco, a Del Peloponeso, península griega situada en el sur. — adj. th: peloponesíaco

pelosilla Vellosilla, planta herbácea de flores amarillas. — s.f. BOTÁNICA

peloso, a Que tiene pelo: *se cubría las piernas con una manta pelosa.* — adj. = peludo

pelota (Del fr. ant. *pelote* < lat. *pila*.)
1 Bola esférica u ovoide, de diversos materiales, usada para jugar: *la pelota se ha pinchado.* — s.f.
2 Juego o deporte que se practica con esta bola. — JUEGOS DEPORTES
3 Bola de goma o cuero hinchada con aire a presión que se usa en ciertos juegos: *el portero atrapó la pelota y evitó el gol.* — = balón
4 Bola de materia blanda que se amasa con facilidad: *hicimos unas pelotas con la nieve.*
5 Bala de piedra, plomo o hierro con que se cargaban ciertas armas de fuego. — HISTORIA
6 Cabeza humana: *me duele la pelota del golpe que me he dado.* — coloquial
7 Acumulación de contratiempos de poca importancia que, por su gran número, resultan graves: *eran tantas las cosas que unos decían de otros que al final se formó una pelota.* — = embrollo, lío
8 Persona que por conseguir el favor de otra trata de adularla: *es un pelota con la profesora.* — s.m.f.
9 Mujer que ejerce la prostitución. — s.f./= ramera
10 Testículos, órganos genitales. — s.f.pl./vulgar
11 **pelota vasca:** Deporte en el que la pelota se lanza contra un frontón para que rebote, impulsándola con la mano, con pala, corta o larga, o con la cesta. — DEPORTES
12 **dejar a una persona en pelotas o en pelota viva:** 1. Robarle o quitarle todo lo que tiene. 2. Dejarla sin argumentos. — vulgar
13 **devolver o volver la pelota a una persona:** Rebatir lo que una persona dice, con sus mismas razones o fundamentos. — coloquial
14 **en pelota, en pelotas o en pelota picada:** Desnudo, sin ropa: *abrió la puerta en pelotas.* — loc.adv. / coloquial
15 **estar la pelota en el tejado:** Ser todavía dudoso el éxito de un negocio u otra cosa. — coloquial
16 **hacer la pelota a una persona:** Adularla para conseguir una cosa: *no me hagas la pelota, no te haré caso.* — coloquial
17 **hacerse una persona una pelota:** 1. Encogerse o acurrucarse por miedo, dolor u otra causa: *se hizo una pelota en la cama encogiéndose del frío que tenía.* 2. Confundirse al hablar o pensar: *se le hizo una pelota en la cabeza debido a sus dudas.* — coloquial / coloquial
18 **jugar a la pelota con una persona:** Traerla engañada con razones y hacerla ir y venir de una parte a otra sin que sirva de nada. — coloquial
19 **no tocar pelota:** No dar una persona en el punto de la dificultad. — coloquial
20 **rechazar una persona la pelota:** Devolverla, rebatir lo que dice otra persona.
21 **sacar una persona pelotas de una alcuza:** Ser muy astuto o agudo para conseguir lo que desea. — coloquial

pelotari Jugador de pelota vasca. — s.m.f./DEPORTES

pelotazo
1 Golpe dado con una pelota: *de un pelotazo rompimos los cristales de la tienda.* — s.m.
2 Bebida alcohólica combinada: *con un par de pelotazos ya volvía contento a casa.* — = lingotazo

pelote Pelo de cabra usado como relleno de tapicería y en otros usos industriales. — s.m.

pelotear
1 Jugar varias personas a la pelota sin hacer partido formal: *el entreno consistió en pelotear.* — v.intr.
2 Jugar con una cosa lanzándola de un lugar a otro: *peletearon con la fruta hasta que rompieron el cristal.* — + con
3 Reñir o disputar dos o más personas entre sí: *durante la fiesta varios asistentes pelotearon.* — = enfadarse

4 Volver a examinar y marcar las partidas de una cuenta comparándolas con sus justificantes. — *v.tr. COMERCIO*
5 Eludir un asunto o responsabilidad pasándoselo a otro: *se pelotearon los documentos de un departamento a otro.* — *v.prnl. coloquial*
6 Tener a una persona a mal traer, tratarla sin consideración. — *Argent.*
7 Demorar o trabar de forma deliberada un asunto. — *Argent.*

peloteo
1 Acción y resultado de pelotear. — *s.m.*
2 Adulación exagerada hecha en general para obtener beneficios personales: *con tanto peloteo no es extraño que aprueben.*

pelotera Discusión, pelea o riña: *montaron una pelotera en la salida de la discoteca.* — *s.f./coloquial tb: pelotero*

pelotero, a
1 Persona que por oficio hace pelotas de jugar. — *s.*
2 Persona que controla la pelota en el juego. — *DEPORTES*
3 Discusión, pelea o riña: *se enzarzaron en un pelotero por una tontería.* — *s.m. tb: pelotera*
4 Escarabajo que hace rodar con sus patas traseras una bola de estiércol que utiliza para alimentar a sus larvas. — *ZOOLOGÍA*

pelotilla
1 Bola pequeña de cera, armada de puntas de vidrio, que usaban los penitentes para mortificarse. — *s.f.*
2 Moco que se saca de la nariz y con el que se hace una bola.
3 darse una persona con la pelotilla: 1. Azotarse con ella el penitente. 2. Beber vino en abundancia. — *coloquial*
4 hacer la pelotilla a una persona: Adularla para obtener una cosa. — *coloquial*

pelotillero, a Que adula o hace la pelota: *es el trabajador más pelotillero de toda la empresa.* — *adj/s. = pelota*

peloto Se aplica al trigo que es una variedad del chamorro. — *adj/s.m. AGRICULTURA*

pelotón (Del fr. *peloton*, grupo de personas, ovillo pequeño.)
1 Conjunto de pelos o cabellos unidos, apretados o enredados: *me costó mucho desenredar el pelotón de cabellos.* — *s.m.*
2 Grupo numeroso y desordenado de personas: *los niños salieron en pelotón del colegio.*
3 Grupo de soldados, menor que una sección, al mando de un sargento o cabo primero. — *MILITAR*
4 Conjunto o parte importante de los participantes en una carrera cuando avanzan agrupados, en especial en el ciclismo: *el corredor francés logró separarse del pelotón.* — *DEPORTES*

pelotudo, a Se aplica a la persona estúpida, imbécil y de escasa razón. — *adj/s./Argent., Par., Urug./vulgar*

pelta
1 Escudo ligero que usaban los antiguos soldados griegos y romanos. — *s.f. HISTORIA*
2 Apotecio plano y poco prominente de los líquenes. — *BOTÁNICA*

peltado, a Se aplica a la hoja de lámina redondeada y con el pecíolo inserto en el centro. — *adj. BOTÁNICA*

peltasta Soldado dotado con una pelta o escudo ligero del antiguo ejército griego. — *s.m. HISTORIA*

pelti- Componente de palabra procedente del gr. *pelte*, que significa escudo: *peltado.* — *pref. tb: pelto-*

peltre Aleación de cinc, plomo y estaño, muy usada antes para objetos de uso doméstico. — *s.m. METALURGIA*

peltrero, a Persona que realiza obras de peltre. — *s./METALURGIA*

peluca (Del fr. *perruque*.)
1 Cabellera postiza: *es morena, pero lleva una peluca rubia.* — *s.f.*
2 Persona que usa cabellera postiza.
3 Reprimenda fuerte, dada a un inferior: *el jefe le dio una severa peluca a la secretaria.* — *coloquial = bronca*

peluche
1 Tejido hecho de diversas fibras con pelo largo por una cara: *le regalé un oso de peluche.* — *s.m./TEXTIL = felpa*
2 Juguete hecho de este tejido: *tiene todos los peluches de cuando era pequeña.*

pelucona Moneda, onza de oro, en especial la que llevaba acuñada la imagen de un rey borbón español. — *s.f. HISTORIA*

peludear Emprender una tarea difícil. — *v.intr./Argent.*

peludo, a
1 Que tiene mucho pelo o vello: *su marido es muy peludo; la alfombra es peluda.* — *adj. = piloso, velloso*
2 Estera afelpada que tiene los filamentos largos y majados: *límpiate los zapatos en el peludo de la entrada.* — *s.m. = felpudo*
3 Borrachera, efecto de beber en exceso. — *Argent., Urug. R. de la Plata*
4 Armadillo, mamífero del orden de los desdentados, cuyo cuerpo está protegido por placas óseas movibles. — *ZOOLOGÍA*
5 caer como peludo de regalo: Llegar a un lugar en un momento inoportuno. — *Argent., Urug.*

peluquear Cortar o arreglar el cabello a una persona o hacerlo uno mismo. — *v.tr/prnl./Méx., Amér. Merid., C. Rica*

peluquería
1 Establecimiento donde se corta y arregla el pelo: *he ido a la peluquería para que me tiñan el pelo.* — *s.f. COMERCIO*
2 Oficio de peluquero: *aprendió peluquería en la capital francesa.*

peluquero, a
1 Persona que se dedica a peinar, cortar el pelo o a hacer y vender pelucas, rizos y otros adornos para el pelo: *la peluquera me ha recomendado el uso de una mascarilla capilar.* — *s.*
2 Persona propietaria de una peluquería: *este peluquero tiene varios establecimientos en el país.*

peluquín
1 Peluca para cubrir sólo una parte de la cabeza: *su marido se cubre la calva con un peluquín.* — *s.m.*
2 Peluca con bucles y coleta usada en los siglos XVIII y XIX.
3 ni hablar del peluquín: Se usa para negarse a hablar o tratar de un asunto: *no pienso decirte lo que he oído, ni hablar del peluquín.* — *coloquial*

pelusa
1 Vello suave de algunas frutas: *la piel del melocotón tiene pelusa.* — *s.f.*
2 Vello o pelo menudo que con el uso se desprende de algunas telas: *la lana suele dejar pelusa.* — *= borra*
3 Envidia propia de los niños: *tiene pelusa de su hermano pequeño.*
4 Vello que aparece en la cara de las personas y en el cuerpo de los polluelos de algunas aves: *el adolescente tenía pelusa encima del labio.*
5 Aglomeración de polvo y suciedad que se forma debajo de los muebles: *había mucha pelusa debajo de la cama.*

peluso Recluta, soldado que está realizando el servicio militar. — *s.m./argot*

pelviano, a De la pelvis: *sufre una lesión en la zona pelviana.* — *adj. ANATOMÍA*

pelvímetro (De *pelvis* + gr. *metron*, medida.) Instrumento semejante a un compás para medir la pelvis y prever la facilidad o dificultad de un parto. — *s.m. MEDICINA*

pelvis (Del lat. *pelvis*, caldero, bacineta de metal.)
1 Cavidad ósea del cuerpo humano correspondiente a la parte inferior del tronco, en cuyo interior está el final del tubo digestivo y algunos órganos reproductores y genitales. — *s.f. pl: pelvis ANATOMÍA*
2 Cavidad o receptáculo membranoso que está en el interior de cada riñón y forma el principio del uréter. — *ANATOMÍA*

pena
I (Del lat. *poena* < gr. *poine*, multa.)
1 Tristeza o aflicción profunda: *su ausencia me produce mucha pena.* — *s.f. ≠ alegría*
2 Castigo impuesto por una autoridad legítima a la persona que ha cometido algún delito: *el juez dictará la pena que le corresponde.* — *= condena, sanción*
3 Dolor físico o corporal.
4 Dificultad para hacer una cosa: *he terminado el trabajo con mucha pena.* — *= sufrimiento = esfuerzo, fatiga*
5 Gasa o velo negro que algunas mujeres se sujetaban al sombrero en señal de luto.
6 Cinta que tenía una joya en cada punta y que las mujeres se colocaban alrededor del cuello.
7 Vergüenza o cortedad que puede tener una persona para ejecutar alguna cosa: *se sonrojaba de pena cuando tenía que hablar en público.* — *Colomb., Méx. Amér. Central, Venez.*
8 pena accesoria: La que se impone en ciertos casos como inherente a la principal. — *DERECHO*
9 pena aflictiva: La de mayor gravedad que señalaba el código penal entre las de primera clase. — *DERECHO*
10 pena capital: La de muerte. — *DERECHO*
11 pena correccional: La de segunda clase que señalaba el código penal entre las de diversa gravedad. — *DERECHO*
12 pena de daño: Castigo que consistía en no poder ver a Dios en la otra vida. — *RELIGIÓN*
13 pena de la nuestra merced: Amenaza que usaban los reyes para obligar a que se ejecutaran sus mandatos. — *HISTORIA*
14 pena del talión: 1. La que imponía al reo un daño igual al que él había causado. 2. Perjuicio o daño que sufre el que causó otro semejante. — *DERECHO*
15 pena de sentido: Castigo con el que se atormentaban los sentidos o el cuerpo de los condenados.
16 pena grave: Condena muy severa. — *DERECHO*
17 pena leve: Castigo o condena poco severa. — *DERECHO*
18 pena ordinaria: La de muerte en la legislación antigua. — *DERECHO*
19 pena pecuniaria: Cantidad de dinero que debe pagarse por haber cometido una infracción.
20 pena de cámara: Condenaciones pecuniarias que imponían los jueces o los tribunales a las partes con aplicación al fisco o a la cámara real. — *DERECHO*
21 penas eternas: Las del infierno. — *RELIGIÓN*

22 a duras, graves o malas penas: Con gran dificultad o trabajo: *a duras penas me dio tiempo de hacerlo todo.* — loc.adv.

23 ahogar las penas: Intentar olvidarlas: *llora, te ayudará a ahogar las penas.* — coloquial

24 de pena: Muy mal o muy malo: *el actor lo hizo de pena.* — loc.adv. / coloquial

25 merecer la pena: Valer el esfuerzo, tiempo o dedicación: *te recomiendo que veas la película, merece la pena.* — coloquial

26 pasar una persona la pena negra: Padecer aflicción física o moral. — coloquial

27 pasar una persona las penas del purgatorio: Padecer continuas molestias o aflicciones. — coloquial

28 sin pena ni gloria: Se usa para indicar la intrascendencia o el poco valor de una cosa: *pasó por mi vida sin pena ni gloria.* — loc.adv.

29 so pena de: 1. Bajo un castigo. 2. A menos que suceda una cosa: *nos iremos mañana, so pena de que llueva.* — loc.prep.

30 valer la pena: Ser importante o dar por bien empleado el tiempo o el esfuerzo destinados a conseguir una cosa: *vale la pena leerlo, aunque sea un libro de mil páginas.* — coloquial

II (Del cat. *pena* < lat. *pinna,* ala de un ave.)
1 Cada una de las plumas grandes del ave que sirven para dirigir el vuelo. — s.f. / ZOOLOGÍA
2 Pluma de escribir: *no usa bolígrafo, siempre escribe con una pena de oca.*
3 Parte extrema y más delgada de un palo mayor. — NÁUTICA

penable Que puede ser penado o castigado: *ha cometido un delito penable.* — adj. / = punible

penachera Penacho [en todas sus acepciones]. — s.f.

penacho (Del ital. *pennacchio.*)
1 Grupo de plumas que tienen algunas aves en la parte superior de la cabeza: *la cacatúa tiene un penacho vistoso.* — s.m. / ZOOLOGÍA
2 Adorno de plumas que se pone en la cabeza de animales o personas o en los tocados y sombreros: *el sombrero de los guardias reales tenía un vistoso penacho.*
3 Lo que tiene una forma parecida a la de este grupo de plumas.
4 Actitud del que está convencido de su valía o belleza y presume de ella. — = orgullo, presunción
5 Masa de aire sobresaturado de vapor de agua, que suele contener contaminantes, vertida a la atmósfera por una chimenea.

penachudo, a Que tiene o lleva penacho. — adj.

penado, a
1 Que padece una pena o aflicción: *su vida siempre ha sido muy penada.* — adj. / = afligido
2 Que es difícil y trabajoso: *subimos una cuesta muy penada y fatigosa.* — = duro, laborioso
3 Persona condenada a una pena: *los guardias condujeron al penado a prisión.* — s. / = condenado
4 Se aplica a la vasija de boca muy estrecha que daba la bebida en corta cantidad. — adj/s.m. / = penadilla

penal
1 Que está relacionado con la pena o castigo: *es educador en una institución penal.* — adj.
2 Lugar en que los penados cumplen condenas superiores al arresto: *nadie ha logrado escapar de ese penal.* — s.m. / = cárcel
3 De las leyes, instituciones o acciones destinadas a perseguir crímenes o delitos: *es un especialista en derecho penal.* — adj./DERECHO / = criminal

penalidad
1 Trabajo o esfuerzo molesto o aflictivo: *vivió muchas penalidades en su dura vida.* — s.f. / = sufrimiento
2 Calidad de penable. — DERECHO
3 Sanción impuesta por la ley penal, las ordenanzas o por otra autoridad. — DERECHO

penalista Se aplica al jurista que está especializado en derecho penal o actúa como abogado en asuntos en que hay delito. — adj/s.m.f. / DERECHO

penalización
1 Acción de penalizar o determinar un castigo para una falta o delito: *el incumplimiento de las leyes se paga con una penalización.* — s.f. / = sanción
2 Sanción o castigo que se aplica: *le aplicaron una injusta penalización.* — = condena

penalizar Imponer una sanción o un castigo a una persona: *si no sigues las normas del juego, te penalizaré.* — v.tr/conj: *cazar* / = sancionar

penalti (Del ingl. *penalty.*)
1 Máxima sanción que se aplica a ciertas faltas del juego en el fútbol y otros deportes, y que se ejecuta de forma diferente según el caso: *el árbitro señaló penalti.* — s.m. / DEPORTES / tb: penalty / = penal
2 Lanzamiento directo que un jugador hace a portería, con el juego parado y en situación privilegiada, después de haber sido señalada esta falta: *consiguió el gol de penalti.* — DEPORTES
3 casarse de penalti: Casarse por haber quedado embarazada la mujer. — coloquial

penante
1 Que pena o padece: *su alma penante se consumía de celos.* — adj. / literario

2 Se aplica a la vasija de beber que tiene la boca estrecha. — adj/s.f.

penar
1 Pasar una persona trabajos o situaciones difíciles o dolorosas: *sus conflictivos hijos la hicieron penar toda la vida.* — v.intr. / = padecer
2 Pasar una persona pena o intranquilidad por otra: *algunas personas penan por todos sus familiares.* — + por / = sufrir
3 Castigar a una persona con una pena: *el juez lo penó con la cárcel.* — v.tr. / = condenar
4 Padecer una persona las penas del purgatorio o del infierno. — v.intr. / RELIGIÓN
5 Padecer una persona una agonía prolongada: *el enfermo terminal penaba en el hospital.*
6 Padecer una persona una pena o aflicción. — v.prnl.
7 penar por una cosa: Desearla una persona con ansia: *hace años que pena por una moto.* — coloquial

penates (Del lat. *penates.*) Dioses domésticos de los romanos. — s.m.pl. / MITOLOGÍA

penca
1 Hoja carnosa o tallo en forma de hoja carnosa de algunas plantas, en especial hortalizas, o parte de ella que presenta esta característica: *una penca de apio.* — s.f. / BOTÁNICA
2 Nervio central grueso de las hojas de algunas plantas como las acelgas o las alcachofas. — BOTÁNICA
3 Tallo de algunas hortalizas. — BOTÁNICA
4 Tronco de la cola de algunos cuadrúpedos. — ZOOLOGÍA
5 Tira de cuero con que se azotaba a los condenados. — = látigo

pencar Trabajar mucho y con ahínco: *pencó mucho para presentar el trabajo a tiempo.* — v.intr./conj: *sacar* / coloquial/= currar

pencazo Golpe dado con la penca o tira de cuero. — s.m./= latigazo

penco
1 Jamelgo, caballo flaco. — s.m./= rocín
2 Persona tosca y bruta. — = animal
3 Persona inútil.
4 Tallo de ciertas plantas. — Amér.
5 Persona despreciable. — Cuba

pencudo, a Se aplica a la planta que tiene pencas u hojas carnosas: *hay acelgas muy pencudas.* — adj. / BOTÁNICA

pendanga
1 Sota de oros en el juego de las quínolas. — s.f./JUEGOS
2 Prostituta, mujer que comercia con su sexo. — = ramera

pendejear
1 Llevar una vida deshonrosa o licenciosa. — v.intr./Amér.
2 Hacer o decir sandeces o tonterías.
3 Ponerse tonto o volverse cobarde: *pendeja cuando tiene que dar la cara.* — = apendejarse

pendejo, a (Del lat. *pectiniculus,* pelito del pubis.)
1 Pelo del pubis y las ingles. — s.m.
2 Persona de vida deshonrosa o licenciosa. — s./= peridón
3 Persona tonta y estúpida. — = bobo
4 Persona cobarde y pusilánime. — = gallina

pendencia (Del lat. *paenitentia,* pesar.)
1 Discusión, pelea o riña: *no pudieron separar a los hombres que iniciaron la pendencia.* — s.f. / = camorra
2 Estado de un juicio que está pendiente de resolución. — DERECHO

pendenciar Meterse una persona en riñas, discusiones o peleas: *es muy provocador y le gusta pendenciar.* — v.intr.

pendenciero, a Que es aficionado a las discusiones, peleas o riñas: *un grupo de pendencieros armaron la bronca en el barrio.* — adj/s. / = camorrista

pendentif (Voz francesa.) Joya o adorno que se lleva colgando del cuello. — s.m.

pender (Del lat. *pendere.*)
1 Estar una cosa colgada o inclinada: *de sus orejas pendían unos lujosos pendientes.* — v.intr./+ de / = colgar
2 Estar una persona subordinada a otra o a una cosa: *la decisión final pende de la directiva.* — + de / = depender
3 Estar una cosa en espera de resolución: *el juicio de los independentistas todavía pende de sentencia.*
4 Existir una amenaza o peligro: *presentía que sobre mí pendía una desgracia.* — = cerner

pendiente
1 Que pende o cuelga. — adj./= colgante
2 Que está inclinado respecto de un plano. — = oblicuo
3 Se aplica a los asuntos u otras cosas que están por resolver: *la causa está pendiente de sentencia.*
4 Se refiere a la persona que está atenta a lo que sucede o puede suceder: *siempre estaba pendiente de los consejos de su madre.* — = vigilante
5 Adorno que se coloca en el lóbulo de la oreja o en algún otro lugar. — s.m. / = arete
6 Inclinación de las armaduras de los tejados para facilitar el desagüe. — s.f. / CONSTRUCCIÓN
7 Preocupación o intranquilidad que padece una persona: *estoy con pendiente porque es tarde y mi hijo no ha llegado.* — Méx.
8 Cuesta o declive de un terreno: *se embaló por la pendiente con la bicicleta.* — = rampa
9 Parte inferior de los estandartes y banderas.
10 Cara superior de un criadero o masa de materiales diversos agregados. — MINERÍA

pendil Indica marcharse o ausentarse de un lugar en la expresión **tomar el pendil**.   *s.m.*

pendol (Del ant. *pendolar* < ital. *pendolare*, balancearse.) Operación que consiste en cargar el peso en una banda de la embarcación para descubrir el fondo del costado opuesto y poder limpiarlo.   *s.m.* NÁUTICA

péndola (Del lat. *pendulus*, que pende.)
1 Pieza de algunos relojes que, por medio de oscilaciones, regula su funcionamiento: *el viento detuvo la péndola y el reloj se paró.*   *s.f.* = péndulo
2 Reloj que tiene esta pieza.
3 Madero de una armadura de tejado de los que van de la solera a la lima tesa.   CONSTRUCCIÓN
4 Cada uno de los elementos verticales que sostienen el tablero o piso de un puente colgante.   CONSTRUCCIÓN

pendolaje Derecho de apropiarse, en las presas de mar, de todas las cosas que están a bordo de la nave apresada, sean o no privadas.   *s.m.* NÁUTICA

pendolista
1 Persona que escribe a mano con buena letra: *un pendolista transcribía las actas notariales en los libros de registro.*   *s.m.f.* = pendolario
2 Persona que se dedica a escribir memoriales y otros documentos.   = memorialista

pendolón Madero vertical de la armadura de tejado que va de la hilera a la puente.   *s.m.* CONSTRUCCIÓN

pendón, a (Del fr. ant. *penon* < lat. *pinna*, pluma.)
1 Insignia o bandera que usaban los caballeros, los regimientos o los ejércitos como símbolo distintivo: *los caballeros llegaron al castillo enarbolando su pendón.*   *s.m.* = estandarte
2 Divisa o insignia que tienen las cofradías y las iglesias para guiar las procesiones y que consiste en un asta de donde pende un trozo largo de tela que remata en dos puntas.   RELIGIÓN
3 Persona de vida irregular y licenciosa: *se separó de su marido porque era un pendón.*   *s.* despectivo
4 Persona que es muy alta y desaliñada, en especial una mujer.   despectivo = pendejo
5 Vástago que sale del tronco principal del árbol.   *s.m./BOTÁNICA*
6 Insignia parecida a la bandera, pero que es un tercio más larga que ella y redondeada por el pendiente.   *s.m.pl.*
7 Riendas que se usan para gobernar las mulas de guía.
8 **pendón caballeril**: El de forma rectangular que usaban los señores que llevaban más de diez caballeros y menos de cincuenta.   HISTORIA
9 **pendón de Castilla o morado**: Insignia personal del monarca castellano.
10 **pendón posadero**: El largo y puntiagudo que se plantaba para designar los lugares por los que se debía pasar o en los que se debía acampar y que usaban los señores que llevaban más de cincuenta y menos de cien caballeros.   HISTORIA
11 **pendón y caldera**: Privilegio que los reyes daban a los ricos hombres cuando les ayudaban en las guerras.   HISTORIA
12 **a pendón herido**: Se usa para indicar la celeridad en acudir a prestar ayuda o socorro.   *loc.adv.*
13 **alzar o levantar pendón o pendones**: Convocar gente de guerra.   HISTORIA
14 **seguir el pendón de una persona**: Alistarse en un ejército.   MILITAR

pendonear Andar una persona curioseando de un lugar a otro sin hacer nada, como diversión o entretenimiento: *como no trabaja está pendoneando todo el día.*   *v.intr.* = pindonguear

pendoneo Acción de entretenerse o pasar el tiempo yendo de un sitio a otro sin un fin determinado: *tanto pendoneo no te reportará nada bueno.*   *s.m.* = callejeo

pendonista Se aplica a la persona que lleva o acompaña el pendón en una procesión: *el pendonista abría la procesión.*   *adj/s.m.f.* RELIGIÓN

pendrar Dar una cosa como prenda o garantía del cumplimiento de una obligación o un pago: *jugando al pendrar pendró el reloj de oro.*   *v.tr.* = empeñar

pendular Del péndulo: *el hipnotizador movía la cadena con movimiento pendular.*   *adj.*

péndulo (Del lat. *pendulus*, que pende.)
1 Cuerpo rígido que oscila con libertad alrededor de un eje horizontal fijo, bajo la influencia de la gravedad o de su propio peso.   *s.m.* FÍSICA
2 Varilla metálica con un contrapeso o un adorno en su parte inferior, que con su oscilación regula la marcha de los relojes fijos.   = péndola
3 **péndulo de compensación**: El hecho de metales de diferente dilatación para evitar que los agentes atmosféricos alteren la regularidad de sus movimientos.   FÍSICA
4 **péndulo eléctrico**: Esfera de una sustancia muy ligera suspendida de un hilo de seda colgado de un pie aislador, que indica si un cuerpo está o no electrizado si al acercarse a ella la desvía de su posición.   FÍSICA

5 **péndulo sidéreo**: Reloj que marca el tiempo sideral en los observatorios.   ASTRONOMÍA
6 **péndulo simple**: El ideal, que se supone sin peso ni fricción.   FÍSICA

pendura (Del port. *pendura* < lat. vulgar *pendtura*, acción de tener colgado.) Indica que cuelga, que el ancla pende de la serviola, en la expresión **a la pendura**.   *loc.adv.* NÁUTICA

pene (Del lat. *penis*.) Órgano sexual de reproducción en el hombre y los mamíferos mayores que permite al macho realizar la cópula e introducir el esperma en la vagina de la hembra.   *s.m.* ANATOMÍA

peneano, a Del pene.   *adj./ANATOMÍA*

penelopismo Actitud de la persona que hace y deshace muchas veces una cosa.   *s.m.*

penene (Acrónimo de *[P]rofesor [N]o [N]umerario*.) Profesor que no es funcionario en un centro de enseñanza del estado.   *s.m.f.*

peneque (Del gascón *penec*.) Que va bebido o borracho: *se puso peneque porque se bebió una botella de ron él solo.*   *adj.* = ebrio

penetrabilidad Cualidad de penetrable.   *s.f.*

penetrable
1 Que puede ser penetrado.   *adj.*
2 Que es fácil de entender: *defendió su tesis con argumentos penetrables para todos.*   = claro

penetración
1 Acción y resultado de penetrar: *selló las juntas para evitar la penetración del agua.*   *s.f.* = introducción
2 Facultad extraordinaria para razonar, deducir y comprender lo difícil o confuso: *su capacidad de penetración le facilita el estudio.*   = agudeza, perspicacia
3 Comprensión de una cosa difícil.   = talento
4 Introducción del pene en la vagina de la mujer durante el acto sexual.
5 **penetración pacífica**: Influencia política o económica que un país tiene sobre otro conseguida sin presión militar.   ECONOMÍA, POLÍTICA

penetrador, a Que es agudo, perspicaz o de vivo ingenio: *aunque es muy joven tiene un humor muy penetrador.*   *adj.*

penetrante
1 Que penetra muy adentro: *el cuchillo le causó una herida penetrante.*   *adj.* = profundo
2 Que penetra con facilidad: *el público no puede llevar ningún tipo de arma penetrante.*   = agudo
3 Se aplica a la persona que comprende con rapidez y facilidad lo que hay oculto en las cosas.   = perspicaz, sagaz
4 Se refiere a la ironía, al humor o la intención que es mordaz o incisiva.   = sutil
5 Se aplica a la voz o al grito que es muy agudo: *se oyó un grito penetrante y estremecedor.*   ≠ grave

penetrar (Del lat. *penetrare*.)
1 Introducirse un cuerpo en otro por sus poros: *el agua penetró la pared del edificio.*   *v.tr/intr.* = calar
2 Entrar una persona o una cosa en el interior de un espacio: *la policía penetró en el refugio de los secuestradores.*   = introducir ≠ salir
3 Producir una sensación un efecto muy intenso en un sentido o en una parte del cuerpo: *el frío penetraba en el cuerpo.*
4 Introducir el hombre el pene en la vagina de la mujer al hacer el acto sexual.
5 Producir una cosa un dolor físico o moral muy intenso a una persona: *aquella escena le penetró tanto que no paró de llorar.*
6 Llegar a entender el pensamiento o las intenciones de una persona o el sentido de una cosa: *penetraba en lo más recóndito de su pensamiento.*   *v.tr/intr.*
7 Comprender una cosa en todos los detalles y en los aspectos más importantes: *se penetró de la filosofía del islam.*   *v.prnl./+ de* = imbuirse

penetrativo, a Que tiene la propiedad de penetrar: *la publicidad nos bombardea con mensajes penetrativos.*   *adj.* = penetrante

penetrómetro Instrumento que sirve para medir el grado de dureza de un material bituminoso.   *s.m.* TECNOLOGÍA

pénfigo (Del gr. *pemphix, -igos*, ampolla.) Enfermedad de la piel, caracterizada por unas ampollas de tamaño muy variable que contienen un líquido transparente.   *s.m.* MEDICINA

peniano, a
1 Del pene.   *adj./ANATOMÍA*
2 Se aplica al hueso alargado y pequeño que algunos mamíferos macho tienen dentro del pene.   ZOOLOGÍA = báculo

penibético, a Del sistema montañoso que está situado en la zona meridional de la península Ibérica y que corre paralelo al litoral mediterráneo.   *adj.* GEOGRAFÍA

peniciliado, a (Del lat. *penicillus* < *penis*.) Que se parece a un pincel o tiene un penacho peloso.   *adj.* BIOLOGÍA

penicilina Sustancia orgánica obtenida del moho *Penicillium notatum*, de acción antibiótica, usada en el tratamiento de enfermedades infecciosas.   *s.f.* FARMACIA

penicilio Hongo que se desarrolla sobre productos orgánicos, de una de cuyas especies se extrae la penicilina. — s.m. MICOLOGÍA

peniforme Que tiene forma de pluma. — adj.

penígero, a (Del lat. *penmigerus*.) Que tiene alas o plumas: *en el relato aparece la figura de un caballo penígero.* — adj. literario = alado

penillanura Superficie casi plana de grandes dimensiones, recorrida por cursos de agua de pendiente débil. — s.f. GEOGRAFÍA

península (Del lat. *paeninsula*.) Extensión de tierra rodeada de agua por todas partes menos por una, por la que se une a una tierra mayor. — s.f. GEOGRAFÍA

peninsular
1 De la península: *el clima peninsular es moderado.* — adj./GEOGRAFÍA
2 De la península Ibérica. — adj/s.m.f.
3 Persona natural de una península. — s.m.f.

penique (Del ingl. ant. *pennig*.) Moneda inglesa cuyo valor es la centésima parte de la libra esterlina. — s.m. ECONOMÍA

penitencia (Del lat. *paenitentia*.)
1 Sacramento por el que un sacerdote perdona los pecados en nombre de Cristo al que se arrepiente. — s.f. RELIGIÓN
2 Obligación que impone el confesor y que debe cumplir el arrepentido para que le sean perdonados los pecados: *mi penitencia es rezar tres padrenuestros.* — RELIGIÓN
3 Virtud que implica el arrepentimiento por haber pecado y el propósito de no volver a pecar. — RELIGIÓN
4 Mortificación autoimpuesta con el fin de satisfacer la justicia divina o de borrar los propios pecados: *se azotaba la espalda en señal de penitencia por sus impuros actos.* — RELIGIÓN
5 Cosa molesta que una persona debe sobrellevar: *mi penitencia es tener que aguantarle.*
6 Castigo público que imponía el tribunal de la Inquisición. — HISTORIA
7 Casa donde vivían los reos a los que la Inquisición imponía castigo de penitencia. — HISTORIA
8 **penitencia canónica o pública:** Serie de ejercicios laboriosos o públicos impuestos por los sagrados cánones al culpable de ciertos delitos. — HISTORIA
9 **cumplir la penitencia:** Llevar a cabo los actos de devoción o de mortificación que prescribe el confesor para el perdón de los pecados. — RELIGIÓN
10 **hacer penitencia:** Comer de forma moderada. — coloquial

penitenciado, a Que ha sido castigado por la Inquisición. — adj/s. HISTORIA

penitencial De la penitencia. — adj.

penitenciar Imponer una penitencia a una persona: *el confesor penitenció al pecador.* — v.tr. RELIGIÓN

penitenciaría
1 Institución pública donde se recluye a quienes son condenados a penas privativas de libertad: *estuvo diez años encerrado en una penitenciaría.* — s.f. = cárcel, penal
2 Cargo, oficio o dignidad de penitenciario. — RELIGIÓN
3 Tribunal eclesiástico romano con competencia para dispensar bulas y gracias en materia de conciencia. — RELIGIÓN

penitenciario, a
1 De la penitenciaría o penal: *según el reglamento penitenciario, no puede visitar al preso.* — adj.
2 Se aplica al presbítero secular o regular que tiene la obligación de confesar a los penitentes en una determinada iglesia. — adj/s. RELIGIÓN
3 Se refiere a la canonjía o beneficio a la que le corresponde esta obligación. — adj. RELIGIÓN
4 Se aplica a los modernos sistemas de castigo y corrección de penados, y al régimen o al servicio de los establecimientos destinados a este fin. — DERECHO
5 Cardenal presidente del tribunal de la penitenciaría romana. — s.m. RELIGIÓN

penitente (Del lat. *paenitens, -entis.*)
1 De la penitencia. — adj.
2 Que tiene o conlleva penitencia.
3 Persona que hace penitencia: *un penitente se flagelaba la espalda.* — s.m.f. RELIGIÓN
4 Persona que se confiesa con un sacerdote: *el confesor escuchó al penitente.* — RELIGIÓN
5 Persona que en las procesiones viste una túnica en señal de penitencia: *vimos desfilar a un grupo de penitentes.*

peno, a
1 De la ciudad cartaginesa de Poenus, nombre latino de Cartago. — adj. HISTORIA
2 Persona natural de esta ciudad cartaginesa. — s/HISTORIA

penol (Del cat. *penól < pena*, parte más delgada de la entena < lat. *pinna*, ala.)
1 Punta o extremo de las vergas de un barco. — s.m./NÁUTICA
2 **a toca penoles:** Se usa cuando dos embarcaciones pasan tan juntas que casi se rozan. — loc.adv. NÁUTICA

penología Disciplina auxiliar del derecho penal que estudia los medios para prevenir y reprimir los delitos. — s.f. DERECHO

penoso, a
1 Que causa pena o aflicción: *de la guerra llegaban penosas imágenes; vive en una situación penosa.* — adj./= angustioso ≠ alegre
2 Que implica mucho esfuerzo o penalidades: *me han concedido un trabajo penoso; la ascensión del pico fue muy penosa.* — = fatigoso, laborioso ≠ fácil
3 Que es muy malo: *hoy hace un día penoso para ir a la playa.* — ≠ bueno
4 Que está muy mal hecho: *nadie te pagará un cuadro tan penoso.* — ≠ correcto
5 Que es muy tímido o se avergüenza con facilidad. — Méx.

pensable Que puede ser pensado. — adj./≠ impensable

pensado, a Indica que tiende a interpretar de forma desfavorable las acciones, intenciones o palabras ajenas en la expresión **mal pensado:** *ves segundas intenciones porque eres muy mal pensado.* — loc.adj.

pensador, a
1 Que piensa, medita o reflexiona con intensidad y eficacia: *detrás de todo filósofo hay un hombre pensador.* — adj. = pensante
2 Persona que realiza estudios muy elevados y profundiza en ellos. — s.

pensamiento
1 Facultad de pensar: *el golpe le afectó el pensamiento.* — s.m./= raciocinio
2 Acción y resultado de pensar: *tuvo un pensamiento genial.*
3 Conjunto de ideas propias de una persona o colectividad: *es un gran conocedor del pensamiento hindú.* — = filosofía
4 Cosa que se piensa: *no puedes saber mis pensamientos.* — = idea
5 Cada una de las ideas notables reflejadas en un escrito o discurso.
6 Deseo o propósito: *mi pensamiento es irme a trabajar por los pobres.* — = idea
7 Sospecha, recelo: *tengo el pensamiento de que me engañará.* — = intuición
8 Establecimiento donde se sirven bebidas y, a veces, comidas. — = taberna
9 Planta herbácea vivaz o anual, de tallo anguloso, flores muy variables y con los pétalos laterales muy cerca de los superiores. *(Viola tricolor.)* — BOTÁNICA = trinitaria
10 Bosquejo trazado por pintores, escultores y otros artistas, de la obra que van a realizar. — ARTE
11 **beberle a una persona los pensamientos:** Adivinárselos para realizarlos. — coloquial
12 **como el pensamiento:** Con rapidez y ligereza. — loc.adv.
13 **derramar el pensamiento:** Ocuparlo con ideas diversas y cosas diferentes.
14 **encontrarse con o en los pensamientos:** Pensar a la vez dos o más personas una misma cosa sin habérsela comunicado la una a la otra.
15 **en un pensamiento:** Con brevedad. — loc.adv.
16 **ni por pensamiento:** Se usa para indicar que una cosa no se ha hecho porque ni se ha imaginado.
17 **no pasarle a una persona por el pensamiento una cosa:** No ocurrírsele, no pensar en ella: *no se me había pasado por el pensamiento irme, pero tal vez lo haga.*

pensante Que piensa: *el hombre es un animal pensante.* — adj./= pensador

pensar
I (Del lat. *pensare, pesar.*)
1 Representar en la mente la imagen de una cosa: *para relajarte piensa un mar azul.* — v.tr/intr. = razonar
2 Examinar o considerar una cosa con detenimiento para formarse un juicio sobre ella: *pensaré tu propuesta y mañana te daré una respuesta.* — = reflexionar
3 Tener la intención de hacer una cosa: *pienso irme de vacaciones la semana próxima.* — v.tr. = planear
4 Elaborar un plan o solución para hacer una cosa: *ya he pensado cómo solucionarlo.* — = idear
5 Tener una persona una opinión sobre una cosa: *pienso que en el mundo hay demasiadas injusticias.* — = considerar, opinar
6 **cuando menos lo pienses o se piense:** De un modo repentino o inesperado: *cuando menos lo pienses te lo dirá.* — loc.adv.
7 **dar una cosa en qué o qué pensar:** Ocupar el pensamiento una cosa por la que se siente temor o inquietud: *su extraño comportamiento da en qué pensar.*
8 **ni pensarlo:** Se usa para rechazar una cosa de un modo tajante: *¡que te dé más dinero? ¡ni pensarlo!*
9 **pensar mal:** Ser propenso a interpretar con malicia las palabras o acciones de los demás: *siempre piensa mal y por eso no confía en nadie.*
10 **pensárselo mucho:** Reflexionar antes de hacer o decir una cosa: *se lo piensa todo mucho antes de dar una respuesta.*
11 **sin pensar:** De modo repentino e imprevisto: *te dije aquello sin pensar.* — loc.adv.
CONJ.: IND.: PRES.: *pienso, piensas, piensa, pensamos, pensáis, piensan.* SUBJ.: PRES.: *piense, pienses, piense, pensemos, penséis, piensen.* IMP.: *piensa, piense, pensemos, pensad, piensen.*
II (Derivado de *pienso*.) Echar pienso a los animales: *el granjero pensó las gallinas.* — v.tr./conj: *pensar*

pensativo, a Que medita o está absorto: *al oír tus palabras se quedó muy pensativo.* — adj. = ensimismado

pensel (Del ital. *pensier*, pensamiento.) Flor que se vuelve al Sol como los girasoles. — s.m. BOTÁNICA

penseque Error cometido por descuido, ligereza o falta de reflexión. — s.m.

pensil (Del lat. *pensilis.*)
1 Que está colgado o pendiente en el aire. — adj./tb: pensil
2 Jardín o huerto con abundancia de flores y árboles. — s.m.

pensión (Del lat. *pensio, -onis.*)
1 Asignación que se entrega a una persona que no está en activo en lo laboral, como jubilados o familiares de fallecidos: *la viuda cobraba una buena pensión.* — s.f. ECONOMÍA = subsidio
2 Casa de huéspedes de pago de menor categoría que los hoteles u hostales: *no tenía mucho dinero y me hospedé en una modesta pensión.* — = fonda
3 Precio que se paga por el alojamiento en las casas de huéspedes: *debo tres meses de pensión.*
4 Ayuda económica que se concede para que una persona amplíe sus estudios o investigaciones. — = beca
5 **pensión completa:** Régimen de alojamiento que incluye la habitación y todas las comidas del día.
6 **media pensión:** 1. Régimen de alojamiento que incluye la habitación y una de las comidas. 2. Régimen escolar en que los alumnos reciben la enseñanza y además la comida del mediodía.

pensionado, a
1 Que tiene o cobra una pensión: *condecoración pensionada; familiares pensionados.* — adj/s.
2 Establecimiento de enseñanza en que viven los alumnos: *estudió en un pensionado, lejos de sus padres.* — s.m. = internado

pensionar
1 Conceder una pensión a una persona: *el estado pensionó a todos los mutilados de guerra.* — v.tr.
2 Imponer un gravamen sobre una cosa. — tb: apensionar

pensionario, a
1 Persona que paga una pensión. — s.
2 Abogado o dignidad de las letras en una república. — = consejero

pensionista
1 Persona que cobra una pensión: *los pensionistas exigen un aumento en su pensión.* — s.m.f.
2 Persona que en colegios y pensiones paga por su estancia y alimentación: *la pensión tiene cabida para cincuenta pensionistas.*

penta- Componente de palabra procedente del gr. *pente,* que significa cinco: *pentágono.* — pref. tb: pente-

pentacordio (Del gr. *pente,* cinco + *khorde,* cuerda musical hecha con tripas.) Antiguo instrumento musical de cuerda parecido a la lira, de cinco cuerdas. — s.m. MÚSICA

pentadáctilo, a (Del gr. *pente,* cinco + *daktylos,* dedo.) Que tiene cinco dedos o cinco divisiones semejantes a dedos. — adj/s. ZOOLOGÍA

pentadecágono, a (Del gr. *pente,* cinco + *deka,* diez + *gonia,* ángulo.) Se aplica al polígono de quince ángulos y quince lados. — adj/s.m. GEOMETRÍA tb: pentedecágono

pentaedro (Del gr. *pente,* cinco + *edra,* cara.) Cuerpo geométrico que tiene cinco caras. — s.m. GEOMETRÍA

pentagonal
1 Del pentágono o de figura semejante: *la sala tenía una forma pentagonal.* — adj. GEOMETRÍA
2 Se aplica al cuerpo sólido cuya base es un pentágono. — GEOMETRÍA

pentágono, a (Del gr. *pente,* cinco + *gonia,* ángulo.) Se aplica al polígono de cinco ángulos y cinco lados. — adj/s.m. GEOMETRÍA

pentagrama (Del gr. *pente,* cinco + *gramma,* escritura.) Conjunto de cinco rectas, horizontales, paralelas y equidistantes sobre las que se escriben las notas musicales. — s.m. MÚSICA tb: pentágrama

pentámero, a (Del gr. *pente,* cinco + *meros,* parte.)
1 Se aplica al verticilo que está compuesto por cinco piezas. — adj. BOTÁNICA
2 Se refiere a la flor que tiene corola y cáliz de este tipo. — BOTÁNICA
3 Perteneciente a un suborden de insectos coleópteros con cinco artejos en cada tarso. — adj/s.m. ZOOLOGÍA

pentámetro, a (Del gr. *pente,* cinco + *metron,* medida.) Se aplica al verso grecolatino que se compone de cinco pies. — adj/s.m. POESÍA

pentano Hidrocarburo saturado con cinco átomos de carbono y doce de hidrógeno, usado en la industria como disolvente. — s.m. QUÍMICA

pentápolis (Del gr. *pente,* cinco + *polis,* ciudad.) Liga o unión política entre cinco ciudades, muy común en la antigüedad. — s.f. HISTORIA

pentapolitano, a
1 De una de las comarcas o provincias formadas por cinco ciudades y los antiguos daban el nombre de Pentápolis. — adj. HISTORIA
2 Persona natural de una Pentápolis. — s/HISTORIA

pentarca Persona que pertenece a una pentarquía. — s.m.f./POLÍTICA

pentarquía (Del gr. *pente,* cinco + *arkho,* mandar.)
1 Forma de gobierno en la que el poder es ejercido por cinco personas. — s.f. POLÍTICA
2 Grupo de cinco personas que ejercen el gobierno juntas. — POLÍTICA

pentasílabo, a (Del gr. *pente,* cinco + *syllabe,* sílaba.) Que tiene cinco sílabas: *suele escribir versos pentasílabos.* — adj/s.m. GRAMÁTICA

pentatlón
1 Conjunto de cinco pruebas del programa atlético femenino que se realizan en dos días de competición y que consiste en 100 metros vallas, 800 metros lisos, salto de longitud y de altura, y lanzamiento de peso. — s.m. DEPORTES tb: pentathlón
2 **pentatlón moderno:** Modalidad deportiva olímpica que comprende cinco pruebas: equitación, natación, tiro, esgrima y carrera campo a través. — DEPORTES tb: pentathlón moderno

pentavalente Que tiene cinco valencias. — adj./QUÍMICA

pente- Componente de palabra procedente del gr. *pente,* que significa cinco: *pentosa.* — pref. tb: penta-

pentecostal
1 De la celebración cristiana de pentecostés. — adj./RELIGIÓN
2 Persona que pertenece a un movimiento carismático protestante. — s.m.f. RELIGIÓN

pentecostés
1 Festividad católica que se celebra cuarenta y nueve días después del domingo de resurrección, para conmemorar la venida del Espíritu Santo. — s.m. RELIGIÓN
2 Festividad judía que se celebra cincuenta días después de la pascua del cordero, para conmemorar la entrega de las tablas de la ley al pueblo israelita. — RELIGIÓN

pentedecágono, a (Del gr. *pente,* cinco + *deka,* diez + *gonia,* ángulo.) Se refiere al polígono de quince ángulos y quince lados. — adj/s.m. GEOMETRÍA

pentodo Válvula electrónica de cinco electrodos. — s.m./TECNOLOGÍA

pentosa Monosacárido con cinco átomos de carbono. — s.f./QUÍMICA

pentotal (Marca registrada.) Sustancia narcótica que al ser inyectada produce la inconsciencia de lo que se dice y que también se usa como anestesia: *le inyectaron pentotal para que dijera lo que sabía.* — s.m. MEDICINA, QUÍMICA

pentrita Sólido cristalino de color blanco, insoluble en agua y alcohol y soluble en acetona, que se usa como explosivo rompedor. — s.f. QUÍMICA

penúltimo, a (Del lat. *paenultimus.*) Que es inmediatamente anterior al último: *ocupó la posición penúltima en la carrera.* — adj.num/s.

penumbra (Del lat. *paene umbra,* casi sombra.)
1 Sombra débil entre luz y oscuridad que no deja percibir donde empieza la una y acaba la otra: *no vi bien su rostro porque estaba en penumbra.* — s.f.
2 Sombra parcial que en los eclipses hay entre los espacios iluminados y los oscuros por completo. — ASTRONOMÍA
3 Zona en la que, en la pintura artística, se unen la luz y la sombra. — ARTE

penumbroso, a Que está oscuro o en la penumbra: *daba miedo andar por el bosque penumbroso.* — adj.

penuria (Del lat. *paenuria.*) Falta de las cosas más necesarias para vivir: *desde que no tiene trabajo vive en la penuria.* — s.f. = escasez

peña (Del lat. *pinna,* almena.)
1 Piedra grande sin labrar que se encuentra en la naturaleza: *se subió a una peña para contemplar el paisaje.* — s.f. = roca
2 Monte o cerro pedregoso. — GEOGRAFÍA
3 Grupo de amigos o camaradas: *toda la peña asistimos al concierto.* — = pandilla
4 Asociación con fines recreativos o deportivos: *hemos montado una peña deportiva.*
5 **peña viva:** La que está adherida de forma natural al terreno.
6 **ser una persona peña o una peña:** Ser insensible.

peñascal Sitio donde hay muchos peñascos. — s.m.

peñascazo Pedrada, golpe dado con una piedra. — s.m./Chile, Nicar.

peñasco
1 Peña grande y escarpada: *a la derecha del camino, se elevaba un alto peñasco.* — s.m. GEOGRAFÍA
2 Múrice, molusco gasterópodo. — ZOOLOGÍA
3 Parte dura del hueso temporal de los mamíferos que encierra el oído interno. — ANATOMÍA

peñascoso, a Que tiene muchos peñascos: *el terreno es muy peñascoso.* — adj. GEOGRAFÍA

peñazo, a Persona o cosa molesta y pesada: *este libro es un peñazo; ¡qué amigo más peñazo!* — adj/s. = pesado

péñola Pluma de ave para escribir. — s.f.

peñón Monte rocoso aislado: *fuimos al peñón de Gibraltar.* — s.m. GEOGRAFÍA

peón
I (Del lat. vulgar *pedo, -onis.*)
1 Obrero empleado en un trabajo no especializado, o aprendiz de algún oficio: *en el taller había un oficial de primera y tres peones.* — s.m. = mozo
2 Cada una de las ocho piezas iguales y de color blanco o negro del juego del ajedrez: *movió el peón y él la torre.* — JUEGOS
3 Juguete de madera de forma cónica y con una punta metálica, al que se enrolla una cuerda para lanzarlo y hacerlo bailar. — = peonza, trompo
4 Soldado de infantería o de pie. — MILITAR

5 Eje de la noria y de otras máquinas similares. **MECÁNICA**
6 Colmena de abejas.
7 **peón caminero:** Trabajador que se cuida de la con- **CONSTRUCCIÓN**
servación y reparación de los caminos públicos.
8 **peón de brega:** Torero subalterno que ayuda al **TAUROMAQUIA**
matador durante la lidia del toro.
9 **peón de mano:** Ayudante del oficial de albañil. **CONSTRUCCIÓN**
10 **peón doblado:** Pieza de ajedrez que se coloca de- **JUEGOS**
lante o detrás de otra de igual color, por haber comido otra pieza igual del color contrario.
11 **a peón:** A pie, caminando: *el coche está averiado,* loc.adv.
así que tendré que ir a peón. coloquial
12 **a torna peón:** De forma mutua o recíproca. loc.adv.
II (Del lat. *paeon* < gr. *paion*.) Pie de la poesía griega y s.m.
latina, compuesto de cuatro sílabas, con una de ellas **POESÍA**
larga y las demás breves.

peonada·
1 Conjunto de peones que trabajan en una obra. s.f./CONSTRUCCIÓN
2 Obra que un peón o jornalero hace en un día.
3 Medida agraria usada en algunas provincias y que
equivale a tres áreas y 804 miliáreas.
4 **pagar una persona la peonada:** Corresponder eje- coloquial
cutando una acción como pago de otra semejante.

peonaje
1 Conjunto de peones o soldados de infantería. s.m./MILITAR
2 Conjunto de peones que trabajan en una obra: *el* **CONSTRUCCIÓN**
peonaje se quejó al capataz. = peonada

peonía
I (Del lat. *paeonia* < gr. *paionia*.) Planta perenne de s.f.
hojas grandes divididas en folíolos lanceolados, flores **BOTÁNICA**
llamativas, grandes, rojas o rosadas, con pétalos redondeados que crece en laderas pedregosas. *(Paeonia.)*
II (Derivado de *peón* < lat. vulgar *pedo, -onis*.) s.f.
1 Porción de territorio de un país que, después de he- **HISTORIA**
cha la conquista, se entregaba a cada soldado para
que se estableciera en ella.
2 Obra que un peón puede hacer en un día. = peonada

peonio, a
1 De Peonia, región de la antigua Grecia. adj./HISTORIA
2 Persona natural de Peonia. s./HISTORIA

peonza (Del ant. *peoncillo*, derivado de *peón* < lat. vulgar *pedo, -onis*.)
1 Juguete de madera, de figura cónica y terminado en s.f.
una púa de hierro, al cual se enrolla una cuerda para **JUEGOS**
lanzarlo y hacerlo bailar. = peón, trompo

2 Juguete parecido al anterior, pero sin punta de hie- **JUEGOS**
rro, y que se hace bailar azotándolo con un látigo. **JUEGOS**
3 Persona menuda, regordeta y bulliciosa. coloquial
4 **a peonza:** A pie: *nunca cojo el coche, voy a todas par-* loc.adv.
tes a peonza. coloquial

peor (Del lat. *pejor, -oris*.)
1 Que es de mala condición o de inferior calidad res- adj.
pecto de otra cosa con que se compara: *esta tela es* ≠ mejor
peor que aquélla.
2 De manera contraria a lo bueno o conveniente: *su* adv.
trabajo parece peor. ≠ mejor
3 Que es inferior o el más malo: *peores compañeros no* adj.
podrías haber encontrado; es mucho peor actor que su pa- ≠ mejor
dre; su peor enemigo es el alcohol.
4 **peor que peor:** Se usa para expresar que lo que se
propone como remedio o disculpa de una cosa, la
empeora: *si se lo dices, peor que peor porque entonces se*
ofenderá.
5 **ponerse en lo peor:** Pensar que sucederá lo más coloquial
perjudicial: *no te pongas en lo peor, el retraso se deberá*
al tráfico.
6 **tanto peor:** Peor todavía: *si llega pronto, mal; si no*
llega, tanto peor.

pepa
1 Semilla o simiente de algunos frutos: *la sandía tiene* s.f.
muchas pepas. = pepita
2 **¡viva la pepa!:** Se usa para indicar alegría y des- interj.
preocupación por una cosa: *tú ahí tumbado y nosotros*
trabajando, viva la pepa.

pepe
1 Pepino, melón de mala calidad o poco maduro. s.m.
2 Petimetre, lechuguino, persona que se preocupa *Bol., Venez.*
mucho de su aspecto exterior y de seguir la moda.
3 **como un pepe:** Expresa el deseo y la voluntad de loc.adv.
realizar algo sin excusa: *aquí estaré como un pepe.* coloquial
4 **ponerse una persona como un pepe:** Comer has- loc.adv.
ta hartarse: *me he puesto como un pepe de paella.* coloquial

pepenador, a Persona que vive de recoger desechos s.
de papel, metal, u otras cosas que aún se pueden *Méx.*
aprovechar, para venderlos.

pepenar
1 Recoger cosas del suelo. v.tr./*Amér.*
2 Rebuscar, escoger una cosa de entre varias. *Amér.*

peperina Subarbusto muy ramificado de la familia de s.f.
las labiadas, de flores blancas y hojas aromáticas, *Argent.*
usadas para infusión. **BOTÁNICA**

pepián Guiso de carne con tocino y almendra macha- s.m.
cada. **COCINA**

---

pepinar Tierra sembrada de pepinos. s.m.

pepinazo
1 Explosión de un proyectil: *el pepinazo causó numero-* s.m.
sos desperfectos.
2 Disparo de un arma potente.
3 Disparo del balón muy fuerte: *el futbolista disparó un* **DEPORTES**
buen pepinazo. = chupinazo

pepinillo Variedad de pepino cogido tierno, que se s.m.
conserva en vinagre y se consume como aperitivo. **BOTÁNICA**

pepino (Del ant. *pepon* < lat. *pepo, -onis* < gr. *pepon,*
-onos, especie de melón.)
1 Planta herbácea anual, de tallos rastreros y vello- s.m.
sos, hojas pelosas, divididas en lóbulos agudos, flores **BOTÁNICA**
amarillas y fruto comestible, cilíndrico, verde o ama- = cohombro
rillo por fuera y con la pulpa de color blanco, con
multitud de pepitas. *(Cucumis sativus.)*
2 Fruto de esta planta, que se come crudo, en ensala- **BOTÁNICA**
da cuando está verde, y preparado como encurtido
cuando es pequeño.
3 Melón insípido y poco maduro. coloquial
4 **pepino del diablo:** Cohombrillo, planta. **BOTÁNICA**
5 **importar una cosa a una persona un pepino:** Im- coloquial
portar muy poco o nada: *me importa un pepino lo que*
opines de mí.

pepita (Del lat. vulgar *pippita* < lat. *pituita*, moco,
humor pituitario.)
1 Simiente de las frutas y frutos carnosos como la s.f.
pera, la uva, el tomate o el melón: *si no le quito las pe-* = pepa
pitas no come uva.
2 Semilla de calabaza que se come tostada y salada. *Méx.*
3 Trozo rodado de oro u otros metales nativos que
se encuentran en terrenos de aluvión.
4 Enfermedad que las gallinas suelen tener en la len- **VETERINARIA**
gua y que no las deja cacarear.
5 **no tener una persona pepita en la lengua:** Hablar coloquial
con libertad y desahogo.

pepitero Ave paseriforme fringílida con el pico grue- s.m./*Argent.*
so y la coloración vistosa. **ZOOLOGÍA**

pepito
1 Bocadillo de carne: *dame un pepito de ternera.* s.m./COCINA
2 Bollo alargado relleno de crema o chocolate. **COCINA**

pepitoria (Del ant. *petitoria* < fr. ant. *petite-oie*, ganso
pequeño.)
1 Guiso de gallina troceada con una salsa que contie- s.f.
ne yema de huevo. **COCINA**
2 Conjunto de cosas diversas y en desorden. = batiburrillo

pepitoso, a
1 Se aplica a la fruta que tiene muchas pepitas. adj.
2 Se refiere a la gallina que padece la enfermedad de **VETERINARIA**
la pepita.

pepla Persona, animal o cosa que tiene muchos defec- s.f./tb: plepa
tos.

peplo (Del gr. *peplon*.) Vestidura femenina amplia y s.m./HISTORIA
sin mangas usada en la antigua Grecia. tb: péplum

péplum
1 Peplo, vestidura griega femenina. s.m./HISTORIA
2 Película de romanos, o de la antigüedad clásica en **HISTORIA,**
general, en especial la que es de poca calidad. **CINE**

pepón (Del lat. *pepo, -onis* < gr. *pepon, -onos*, especie s.m.
de melón.) Sandía, fruto de pulpa encarnada, aguosa **BOTÁNICA**
y dulce.

pepona Muñeca grande de cartón: *mi madre recuerda* s.f.
las peponas de su infancia.

pepónide (Del lat. *pepo, -onis* < gr. *pepon, -onos*, espe- s.f.
cie de melón.) Fruto carnoso de las cucurbitáceas con **BOTÁNICA**
una sola celda y muchas semillas, como el melón y la
calabaza.

peppermint (Voz inglesa.) Licor espirituoso confec- s.m.
cionado con menta piperita, jarabe de azúcar y alcohol.

pepsia- Componente de palabra procedente del gr. pref/suf.
pepto, que significa digerir: *dispepsia.*

pepsina Enzima segregada por las glándulas gástricas s.f.
y que inicia la digestión de las proteínas. **BIOQUÍMICA**

péptico, a Del estómago, de la digestión o de la ac- adj./BIOLOGÍA
ción de la pepsina. tb: pépsico

péptido, a Se aplica a los compuestos cuya molécula adj/s.m.
está formada por la unión de unas pocas moléculas **QUÍMICA**
de aminoácidos.

pepto- Componente de palabra procedente del gr. pref.
pepto-, que significa digerir: *peptona.*

peptona Sustancia obtenida de la transformación de s.f.
las proteínas por los fermentos digestivos. **BIOQUÍMICA**

peque Niño o niña pequeños: *vendrá con su mujer, su* s.m.f.
hija mayor y el peque. familiar

pequén Ave rapaz diurna similar a la lechuza, que se s.m./*Chile*
encuentra en las vizcacheras. **ZOOLOGÍA**

pequeñarra Persona pequeña y poco desarrollada. s.m.f./tb: pequeñajo

pequeñez
1 Reducido tamaño de alguna cosa: *dada su pequeñez* s.f.
te costará encontrar la rosca del pendiente. pl: pequeñeces

2 Cosa de poco valor o importancia, tanto tratándose de un objeto como de cosas que se dicen: *no entiendo por qué os enfadáis por estas pequeñeces.*　= menudencia
3 Infancia, corta edad.
4 Mezquindad, ruindad o bajeza de ánimo.　≠ generosidad

pequeño, a
1 Que tiene poco tamaño o menor tamaño que otras cosas de su misma especie: *las perras hembras son más pequeñas que los machos.*　adj. ≠ grande
2 Que tiene poca edad: *el niño pequeño juega en el parque.*　adj./s. ≠ mayor
3 Que tiene poca altura: *tu hija es muy pequeña para su edad.*　adj./= bajo ≠ alto
4 Que tiene poca intensidad: *no me desperté porque el ruido era muy pequeño.*　≠ fuerte
5 Que tiene poca importancia: *tengo un pequeño problema.*　≠ grave
6 de pequeño: Cuando aún se era niño, en la infancia: *de pequeña era una niña muy traviesa.*　loc.adv.
7 en pequeño: 1. Con proporciones reducidas: *mi piso es igual, pero en pequeño.* **2.** De poca importancia: *mi problema es en pequeño comparado con el tuyo.*　loc.adv. loc.adj.

pequeñoburgués, a
1 Se aplica a la persona que pertenece a la pequeña burguesía, clase social intermedia entre la burguesía y el proletariado, haciendo especial hincapié en su mentalidad y sus prejuicios.　adj./s. SOCIOLOGÍA
2 Se dice de la persona acomodaticia y con prejuicios.　despectivo

pequín (De *Pequín*, ciudad china de donde se importaba tela de seda.) Tela de seda pintada de varios colores que se importaba de dicha ciudad china.　s.m. pl: pequines TEXTIL

pequinés, a
1 De Pequín, capital de China.　adj.
2 Persona natural de esta ciudad.　s.
3 Dialecto chino del norte, que se convirtió en lengua oficial del país.　s.m. LINGÜÍSTICA
4 Se refiere al perro pequeño de cabeza ancha, hocico corto, ojos grandes y pelo largo, procedente de China.　adj./s. ZOOLOGÍA

per- Componente de palabra procedente del lat. *per*, que significa por, a través de: *pernoctar*.　pref.

pera (Del lat. *pira*.)
1 Fruto del peral, comestible, de forma, tamaño y coloración de la piel diversa, con pulpa de sabor dulce y agradable, aunque con diferentes matices dependiendo de las variedades cultivadas.　s.f. BOTÁNICA
2 Recipiente de goma con la forma de este fruto, que sirve para poner lavativas, impulsar líquidos u otros usos semejantes.
3 Llamador de timbre o interruptor de luz con forma semejante a la de este fruto: *de la cama del enfermo colgaba una pera para llamar a la enfermera.*　= pulsador
4 Porción de pelo que se deja crecer en la punta de la barba, sobre el mentón.　= perilla
5 Inflamación de la membrana que tiene el ganado lanar entre las dos pezuñas de las patas delanteras.　VETERINARIA
6 Que es demasiado refinado o cursi: *sale con un chico de lo más pijo pera.*　adj. = relamido
7 pera ahogadiza: Variedad muy áspera.　AGRICULTURA
8 pera almizcleña, mosquerola, mosqueruela o musquerola: Variedad de forma redondeada, encarnada por donde le da el sol y verde amarillento en el resto, con la pulpa dulce y granulosa.　AGRICULTURA
9 pera bergamota: Variedad muy jugosa y aromática.　AGRICULTURA
10 pera de agua: Variedad muy estimada de carne suave y muy jugosa.　AGRICULTURA
11 pera en dulce: Persona o cosa que se considera muy apetecible para todos: *¡joven, guapa y rica!, ¡una pera en dulce!*　coloquial
12 hacerse una pera: Masturbarse, procurarse placer sexual.　vulgar
13 partir peras dos personas o con una persona: Dejar de ser amigas o de relacionarse, enemistarse o separarse: *ha partido peras con su novio porque iba con otra.*　coloquial
14 pedir peras al olmo: Pretender de una cosa o de una persona lo que dadas sus características, o su forma de ser, no puede esperarse: *aún es muy pequeño para tanta responsabilidad, no pidas peras al olmo.*　coloquial
15 ponerle a una persona las peras a cuarto o a ocho: Pedirle cuentas o regañarle con severidad: *le puso las peras a cuarto por coger dinero de la vuelta al mundo en bicicleta; los efectos especiales de la película son la pera.*　coloquial
16 ser la pera: Ser una persona o cosa muy especial por tener cualidades favorables o desfavorables, o por ser sorprendente: *es la pera, ahora se va a dar la vuelta al mundo en bicicleta; los efectos especiales de la película son la pera.*　coloquial
17 tocar la pera a una persona: Molestarla.　coloquial

perada
1 Conserva de pera rallada.　s.f./COCINA
2 Bebida alcohólica que se obtiene por fermentación del zumo de la pera.

peral
1 Árbol rosáceo de copa piramidal, con flores blancas grandes dispuestas en umbela, cuyo fruto es la pera. *(Pyrus.)*　s.m. BOTÁNICA
2 Madera de este árbol, de color blanco rojizo, muy estimada en ebanistería y para fabricar instrumentos musicales.　CARPINTERÍA

peraleda Terreno poblado de perales.　s.f.

peralejo Planta arbórea malpigiácea, de hojas ovales, brillantes por encima y rojizas en el envés, flores amarillas, fruto esférico y seco, con una corteza que se emplea como curtiente. *(Byrsonima spicata.)*　s.m. BOTÁNICA

peraltado, a
1 Se aplica a la curva que tiene peralte.　adj.
2 Que forma peralte.

peraltar (Derivado del asturiano *peraltu*, muy alto.)
1 Dar a la curva de un arco, una bóveda o una armadura más altura de la correspondiente al semicírculo.　v.tr. ARQUITECTURA
2 Levantar la parte exterior de una curva en una carretera o una vía férrea.　CONSTRUCCIÓN

peralte
1 Prolongación de un arco o bóveda en la parte inferior que excede del semicírculo.　s.m. ARQUITECTURA
2 Mayor elevación de la parte exterior de una curva respecto a la interior, en una carretera o vía férrea.　CONSTRUCCIÓN
3 Exceso de altura de una armadura de cubierta cuando las dos vertientes forman un ángulo menor que el recto, o la de una cúpula sobre el semicírculo.　ARQUITECTURA

peralto Dimensión de los cuerpos perpendicular a su base y medida a partir de ésta.　s.m./GEOMETRÍA = altura

perantón
1 Mirabel, planta salsolácea.　s.m./BOTÁNICA
2 Abanico muy grande.　= pericón
3 Persona muy alta: *volvió del servicio militar hecho un perantón.*

perborato Sal producida por la oxidación del borato, muy usada en farmacia y como blanqueador de los dientes.　s.m. QUÍMICA

perca (Del port. *perca* < lat. *perca* < gr. *perke*.) Pez teleósteo, de agua dulce, de tamaño mediano, cuerpo alto, aletas ventrales y caudal rojizas y opérculo espinoso, que vive en lagos y estanques de tierras bajas y es comestible. *(Perca.)*　s.f. ZOOLOGÍA

percal (Del fr. *percale*.)
1 Tela de algodón fina, blanca o estampada, usada para hacer vestidos.　s.m. TEXTIL
2 Dinero, conjunto de monedas y billetes: *me han robado el percal.*
3 conocer una persona el percal: Conocer bien el carácter de una persona o un tema.　coloquial

percalina Percal de un color solo y brillante por un lado, usado para forros de vestidos.　s.f. TEXTIL

percance (Derivado del ant. *percanzar*, obtener.) Situación que entorpece o interrumpe la marcha o el discurrir normal de una acción: *un pequeño percance deportivo le obligó a abandonar el club.*　s.m. = contratiempo, incidente

per cápita (Expresión latina.) Por cabeza, a cada uno: *es un país con la renta per cápita muy baja.*　loc.adv.

percatación Acción y resultado de darse cuenta de una cosa.　s.f.

percatar Darse cuenta una persona de una cosa: *se percató de lo difícil que es mi trabajo.*　v.intr./prnl. + de/= captar

percebe (Del bajo lat. *pollícipes* < *pollex*, pulgar + *pes*, pie.)
1 Crustáceo comestible, con seis pares de apéndices torácicos bífidos y un pedúnculo carnoso que usa para adherirse a los peñascos costeros. *(Pollicipes cornucopia.)*　s.m. ZOOLOGÍA
2 Persona torpe e ignorante: *sólo un percebe como tú puede decir estas tonterías.*　s.m.f. coloquial

percepción (Del lat. *perceptio*, *-onis*.)
1 Acción de conocer una cosa mediante los sentidos: *hemos estudiado los diversos órganos de la percepción; sufre una alteración de la percepción auditiva.*　s.f. = sensación
2 Representación mental sobre las personas o las cosas: *tienes una percepción equivocada de mí.*　= idea
3 Aprehensión síquica de un objeto, distinta de la sensación y de la idea, y de carácter mediato o inmediato según se trate de corrientes o filósofos idealistas o realistas.　FILOSOFÍA
4 percepción extrasensoria o extrasensorial: La obtenida de un fenómeno sin la mediación normal de los sentidos.　SICOLOGÍA

perceptibilidad Calidad de perceptible.　s.f.

perceptible
1 Que puede ser percibido mediante los sentidos, notado o comprendido: *aquel sonido sólo era perceptible con un amplificador.*　adj. = apreciable ≠ imperceptible
2 Que puede ser percibido o cobrado: *la empresa me debe una prima perceptible.*　= cobrable ≠ incobrable

perceptividad Facultad de recibir impresiones sensoriales y de transformarlas en sensaciones. s.f.

perceptivo, a Que tiene la propiedad de percibir: *el olfato es el sentido perceptivo de los olores.* adj.

perceptor, a Que percibe. adj/s.

perceptrón Sistema autoadaptativo que consiste en un circuito que realiza percepciones análogas a las del cerebro animal. s.m. TECNOLOGÍA

percha (Del lat. *pertica*, pértiga.)
1 Utensilio provisto de colgaderos para ropa, fijo a una pared, o vertical y apoyado en un pie: *los alumnos colgaron sus batas en las perchas de la pared.* s.f. = perchero
2 Soporte que consiste en un armazón ligero de madera, alambre u otro material, provisto de un gancho, para colgar prendas de vestir sin que se arruguen en los armarios roperos: *no tengo suficientes perchas para tanta ropa.* = colgador
3 Travesaño para suspender o sostener alguna cosa: *sujetamos las parras con unas perchas.*
4 Operación de perchar el paño. TEXTIL
5 Lazo para cazar perdices y otras aves. CAZA
6 Palo con una bandera en que el cazador cuelga las piezas que mata. CAZA
7 Soporte formado por un palo vertical que sostiene otro horizontal en el que se posan las aves de cetrería. CAZA = alcándara
8 Tronco de árbol adecuado para hacer piezas de arboladura, vergas u otras partes del barco. NÁUTICA
9 Cada uno de los maderos fijados por sus extremos en una y otra banda desde la serviola al tajamar de una embarcación. NÁUTICA = brazal, correta

perchado, a
1 Se aplica al ave que se representa puesta en ramas o perchas. adj. HERÁLDICA
2 Operación de dar a las telas de lana y algodón un aspecto felposo, mediante un raspado. s.m. TEXTIL

perchar Colgar el paño para sacarle el pelo con la carda. v.tr. TEXTIL

perche
1 Palo o palos clavados en el suelo para colgar las redes de pesca. s.m. PESCA
2 Lugar en que se clavan estos palos. PESCA

perchero
1 Conjunto de perchas o lugar donde las hay: *se ha roto el perchero del armario.* s.m.
2 Pieza o mueble para colgar ropa o sombreros: *deja el abrigo en el perchero del recibidor.* = colgador

percherón Se refiere a la caballería que pertenece a una raza francesa y se caracteriza por ser corpulenta y apta para arrastrar grandes pesos. adj/s.

perchón Pulgar o parte del sarmiento de la vid en el que el podador ha dejado más yemas de las convenientes. s.m. AGRICULTURA

perchonar
1 Dejar una persona perchones en las vides después de podar. v.intr. AGRICULTURA
2 Poner perchas para la caza. CAZA

percibir (Del lat. *percipere*.)
1 Recibir una persona o un animal las impresiones exteriores por los sentidos: *no puede percibir los sonidos; los perros no perciben los colores.* v.tr. = captar, percatar
2 Recibir o cobrar una cantidad de dinero: *los trabajadores percibieron sus salarios con mucho retraso.* ≠ pagar
3 Entender una cosa: *no percibo el mensaje del poeta.* = comprender

percibo Recepción de una cosa. s.m.

perciforme Se refierea los peces que tienen espinas en las aletas, como la carpa. adj/s.m. ZOOLOGÍA

perclorato Sal derivada del ácido perclórico. s.m./QUÍMICA

perclórico, a Se refiere al ácido de cloro más oxigenado. adj. QUÍMICA

percocería (Del ital. *percosso*, golpeado.) Oficio de percocero o platero. s.f.

percocero, a Persona que labra a martillo obra menuda de platería. s.

percocho Traje o tela muy sucio. s.m./*Hond.*

percolación Movimiento de agua en el subsuelo, con transporte de sustancias disueltas o en suspensión, a través de las partículas de tierra que hacen de filtro. s.f. GEOLOGÍA

percolador Cafetera de vapor muy grande. s.m.

percollar (Del ant. *apercollar*, coger algo de prisa y como a escondidas.) Quitar sin violencia una cosa de poca importancia a una persona: *me percolló el mechero sin que yo me diera cuenta.* v.tr. conj: *contar* = hurtar, robar

percudir
1 Hacer desaparecer el tiempo o el uso del buen aspecto de una cosa: *los años percudieron las blancas paredes de la casa en que nací.* v.tr. = ajar
2 Penetrar la suciedad en una cosa. = ensuciar

percusión
1 Acción y resultado de percutir o golpear de forma repetida una cosa. s.f.

2 Método de exploración consistente en observar el sonido producido al golpear con los dedos la parte enferma del cuerpo. MEDICINA
3 Grupo de instrumentos musicales que se hacen sonar al golpearlos con baquetas, mazas o palillos o al hacerlos chocar entre sí. MÚSICA
4 Técnica de perforación geológica que consiste en golpear el suelo o la roca con una barra metálica impulsada por un movimiento vertical y alternativo. GEOLOGÍA

percusionista Persona que toca algún instrumento de percusión. s.m.f. MÚSICA

percusor, a
1 Pieza que, en cualquier máquina, y en especial en las armas de fuego, golpea sobre otra. s.m./MECÁNICA = percutor
2 Persona que hiere o golpea a otra, según el derecho canónico. s. DERECHO

percutáneo, a Se refiere a los métodos terapéuticos que se aplican a la piel o a través de ella. adj. MEDICINA

percutir (Del lat. *percutere*, golpear.)
1 Golpear una cosa de forma repetida. v.tr./= batir
2 Explorar una parte del cuerpo golpeándola con los dedos. MEDICINA

percutor (Del fr. *percuteur*.) Pieza que golpea en una máquina y, en especial, el martillo o aguja con que se hace detonar el cebo del cartucho en las armas de fuego. s.m. MECÁNICA = detonador, percusor

perdedero
1 Ocasión o motivo de perder. s.m.
2 Lugar por donde se escapa la liebre perseguida. CAZA

perdedor, a Que pierde: *el equipo perdedor estaba desmoralizado; en esta relación la perdedora soy yo.* adj/s. ≠ ganador

perder (Del lat. *perdere*.)
1 Dejar de tener una persona una cosa: *ha perdido el cargo que tenía.* v.tr. conj: *tender*
2 No saber una persona dónde está una cosa que necesita: *he perdido un billete de cinco mil; no te doy el broche porque se perdió.* v.tr/prnl. = extraviar ≠ encontrar
3 Quedarse una persona sin la presencia de una persona querida que ha muerto o desaparecido: *perdió a su hijo en la guerra.* v.tr.
4 Dejar una persona que se gaste una cosa sin obtener provecho de ella: *no pierdas el tiempo en tonterías.* = desperdiciar ≠ aprovechar
5 No conseguir una cosa deseada o esperada: *has perdido el mejor trabajo que nadie te ha ofrecido.* = frustrar
6 No poder usar una persona una cosa por llegar tarde: *he perdido el tren por culpa de un atasco.* = escapar
7 Causar una cosa perjuicio o daño a una persona: *las drogas le pierden.* = perjudicar
8 Ser vencida una persona en un enfrentamiento o una competición: *perdió el título de liga de este año.* ≠ ganar
9 Ser vencida una persona en un juego: *siempre pierdo a las cartas; pierde en el juego todo su sueldo.* v.intr/tr. + a, en/≠ ganar
10 Dejar de tener una persona la consideración o la estimación de otras: *has perdido toda la credibilidad.* v.tr.
11 Dejar de mantener una persona una actitud o un comportamiento: *se puso nervioso y perdió la compostura.*
12 Ponerse peor la salud o el aspecto de una persona: *con los años ha perdido mucho.* v.intr. ≠ mejorar
13 Disminuir el color de un tejido por el sol o el lavado: *la falda ha perdido mucho porque ya tiene varios lavados.* = desteñirse
14 Salirse poco a poco el contenido de un recipiente: *el coche pierde aceite.* v.tr.
15 Tomar una persona un camino equivocado: *me perdí al llegar al cruce.* v.prnl.
16 No encontrar una persona camino ni salida en un lugar: *me perdí en el barrio viejo.* = desorientarse
17 No saber una persona de una situación difícil: *se pierde cuando encuentra problemas.* = confundirse
18 Dejar de saber una persona en qué punto está al realizar un trabajo o una tarea: *no me distraigas que luego me pierdo.* = distraerse
19 Quedarse una persona sin saber qué decir: *se perdió a mitad de discurso por los nervios.* = despistarse
20 Quedarse una persona muy turbada o sorprendida: *se perdió cuando apareciste por la puerta.* = sorprenderse
21 Caer una persona en costumbres viciosas o desordenadas: *al final se perdió con esas malas compañías.* = descarriarse
22 No poder percibirse una cosa por la vista o el oído: *el sonido se perdió en la lejanía.* = difuminarse
23 Dejar de ser una cosa útil o no aprovecharse: *con las fuertes tormentas se perdió la cosecha.* = malograrse
24 Hundirse una embarcación: *la nave se perdió en la tormenta.* = naufragar
25 Ponerse una persona en una situación muy peligrosa: *se perdió por un descuido con el gas.*
26 Sentir una persona gran estimación o pasión por otra persona o una cosa: *se pierde por ella desde que la vio.* + por = pirrarse
27 Dejar de tener una cosa apreciada uso o estimación: *para mí el fútbol se perdió hace años.* = malograrse
28 Padecer una persona un daño físico o caer en una situación deshonrosa o vergonzosa: *se perdió porque bebía demasiado.* = pervertirse

29 Desaparecer una corriente de agua bajo el terreno.

30 echarse a perder una cosa: Estropearse o pudrirse una cosa: *al dejarla fuera, la leche se echó a perder.*

31 llevar o tener una persona las de perder: Estar en una situación de la que le costará salir airoso. — *coloquial*

32 no habérsele perdido nada a una persona: Se usa para justificar la ausencia de una persona o reprocharle su presencia en un lugar. — *coloquial*

33 no se perderá: Se utiliza para indicar que determinada persona realizará con corrección alguna cosa.

34 no tener nada que perder: Poder afrontar una persona una situación por no tener bienes o prestigio que arriesgar en ella: *invierte en este negocio porque no tiene nada que perder.*

35 ¡piérdete!: ¡Vete!, ¡lárgate! — *interj./coloquial*

36 saber perder una persona: No mostrar enfado o molestia por resultar vencida: *saludó a su contrincante, demostrando que sabía perder.*

37 tener una persona mal perder: Mostrarse muy molesta por resultar vencida en algún juego: *tiene tan mal perder que sigue insistiendo en que hicimos trampas.*

perdición
1 Acción de perder o perderse. — *s.f./= pérdida*
2 Pasión, sentimiento muy intenso de amor hacia una persona. — *= querencia*
3 Persona o cosa que causa un daño muy grave: *las drogas y el alcohol fueron su perdición.* — *= ruina*
4 Ruina, daño o perjuicio grave. — *= desastre*
5 Comportamiento o actitud de una persona que se dedica en exceso a los vicios o diversiones. — *= perversión*
6 Condenación eterna. — *RELIGIÓN*

pérdida (Del lat. *perdita*.)
1 Acción y resultado de perder o de perderse. — *s.f.*
2 Cosa o cantidad que se pierde: *la pérdida asciende a varios millones.* — *= merma*
3 Daño o menoscabo que sufre una cosa: *las inundaciones han causado grandes pérdidas en los campos.* — *= quebranto*
4 Flujo de sangre procedente de la matriz: *tuvo unas pérdidas en los primeros meses de embarazo.* — *MEDICINA*
5 Billa limpia en el billar. — *JUEGOS*
6 Transformación de un tipo de energía a otro no deseable.
7 no tener pérdida una cosa: Ser fácil de hallar: *está indicado en la carretera, no tiene pérdida.*

perdidamente
1 Por completo, con exceso: *está perdidamente enamorado.* — *adv.*
2 De forma inútil, sin provecho.

perdidizo, a
1 Se aplica a lo que se finge que se pierde. — *adj.*
2 Se refiere a la persona que se escabulle o desaparece con disimulo: *es tan perdidizo que nunca me doy cuenta que se va.*
3 hacer perdidiza una cosa: Ocultarla.
4 hacerse una persona la perdidiza: Ausentarse de forma disimulada.
5 hacerse perdidizo: Disponer de forma voluntaria un jugador el perder por complacer al contrario, o a quien debe respeto por una atención u otro motivo. — *JUEGOS*

perdido, a
1 Que no tiene o no lleva destino determinado: *el perro iba perdido y asustado.* — *adj. / = extraviado*
2 Se refiere a la persona dominada por los vicios o las malas costumbres: *arruinó a su familia porque era un perdido del bingo.* — *adj./s. / = tronera*
3 Intensifica el significado de algunos adjetivos peyorativos: *ahora estás histérica perdida; estamos tontos perdidos.* — *adj.*
4 Cierto número de ejemplares que se tiran de más en cada pliego, para que supliendo en ellos los que salgan de la prensa imperfectos o inútiles, no resulte incompleta la edición. — *s.m. / ARTES GRÁFICAS*
5 de perdidos al río: Expresa que, una vez empezada una cosa, se debe terminar asumiendo posteriores consecuencias: *si hemos empezado a subir, de perdidos al río, lleguemos a la cima y ya veremos cómo volvemos.* — *coloquial*
6 estar perdido: No tener escapatoria ni salida en una situación comprometida: *si no le confiesas la verdad estás perdido.* — *coloquial*
7 ir perdido: Estar desorientado: *sin el plano voy perdido por esta ciudad.*
8 perdido por una cosa: Muy aficionado a ella. — *loc.adj.*
9 perdido por una persona: Ciegamente enamorado de ella. — *loc.adj.*
10 ponerse perdido: Ensuciarse mucho una cosa o persona: *el niño se puso perdido jugando con el barro; el perro puso perdido el sofá.* — *coloquial*
11 ser una persona una perdida: 1. Ser demasiado franca o generosa. 2. Carecer una persona de crédito y estimación: *cuando me casé no sabía que mi marido era un perdido.*

perdidoso, a
1 Que pierde o padece una pérdida. — *adj./= perdedor*
2 Que es fácil de perder.

perdigar
1 Soasar un alimento para que se conserve durante algún tiempo. — *v.tr./conj: pagar / COCINA*
2 Preparar la carne en la cazuela con alguna grasa para que esté más sustanciosa. — *COCINA*
3 Preparar una cosa: *perdigó el jardín para celebrar la verbena.* — *= disponer*

perdigón (Derivado de *perdiz*.)
1 Pollo de la perdiz. — *s.m.*
2 Perdiz macho utilizada por los cazadores como reclamo. — *CAZA*
3 Cada uno de los granos de plomo que forman la munición de caza y de las escopetas de aire comprimido. — *= balín*
4 Efecto que presentan las telas cuya trama y urdimbre son de diferente color. — *TEXTIL*
5 perdigón zorrero: El más grueso que el ordinario.
6 cazar con perdigones de plata: Comprar animales muertos para hacerse pasar por cazador. — *coloquial*

perdigón, a (Derivado de *perder*.)
1 Persona que pierde mucho en el juego: *arruinó a su familia porque es un perdigón con las cartas.* — *s.*
2 Muchacho o muchacha derrochadores: *se gastó la herencia en poco tiempo porque es un perdigón.*
3 Alumno que pierde curso: *los perdigones deberán estudiar durante el verano.*

perdigonada
1 Tiro de perdigones: *mató al conejo de una sola perdigonada.* — *s.f.*
2 Herida que produce: *tengo una perdigonada en la pierna.*

perdigonera Bolsa en que llevaban los cazadores los perdigones. — *s.f. / CAZA*

perdiguero, a
1 De la perdiz, o de su caza. — *adj.*
2 Se aplica al animal que caza perdices: *águila perdiguera.*
3 Persona que compra la caza a los cazadores para revenderla. — *s./CAZA / = recovero*
4 Se refiere al perro de talla mediana, cuerpo recio, cuello ancho y fuerte, hocico saliente, orejas muy grandes y caídas, patas altas y pelo corto y fino. — *adj/s. / ZOOLOGÍA*

perdimiento Pérdida o perdición. — *s.m.*

perdis Hombre de poco juicio y de moral laxa: *no quiero que mi hija se case con un perdis.* — *s.m./pl: perdis / = calavera*

perditancia Relación efectiva entre la intensidad y la tensión de un aislador en un circuito de corriente alterna. — *s.f. / ELECTRICIDAD*

perdiz (Del lat. *perdix*, -*icis*.)
1 Ave galliforme fasiánida, de tamaño mediano, cuerpo robusto, cola rojiza, garganta blanca y barrado lateral blanco, negro y pardo, terrícola, que vive en campos abiertos y secos. — *s.f. / pl: perdices / ZOOLOGÍA*
2 perdiz nival: Ave galliforme tetraónida de plumaje estacional blanco en invierno y más gris en verano. *(Lagopus mutus.)* — *ZOOLOGÍA / = lagópodo*
3 perdiz pardilla: Ave galliforme fasiánida, de menor tamaño y más extendida que la perdiz común, tiene el pecho gris, cara naranja y dorso rojizo y vive en páramos y campos abiertos. *(Perdix perdix.)* — *ZOOLOGÍA*
4 oler a perdices: Se usa para advertir de la existencia de grandes riesgos en lo que parece un negocio o acción fácil. — *coloquial*
5 perdices en campo raso: Alude a la dificultad de una cosa comparándola con la de cazar perdices fuera del monte. — *coloquial*
6 perdiz o no comerla: Significa todo o nada, aludiendo a que los aficionados a la perdiz nunca comen menos de una entera. — *coloquial*

perdón
1 Acción de perdonar. — *s.m.*
2 Disminución de una pena, ofensa o deuda: *el condenado a muerte solicitó el perdón.* — *= remisión*
3 Absolución de un pecado por el sacerdote tras la confesión: *tras el perdón me arrodillé a rezar.* — *RELIGIÓN / = indulgencia*
4 Gota de cera, aceite u otra sustancia similar que cae ardiendo.
5 Golosinas, dulces u obsequios que se traen de una romería. — *s.m.pl.*
6 con perdón: Expresión que se usa para pedir permiso o antes o después de decir o hacer una cosa desagradable o poco educada. — *formal*
7 ¡perdón!: Expresión con la que se pide disculpas por algo que ha ocasionado una molestia a una persona o por algo que se va a hacer o decir: *perdón, le he pisado sin querer; perdón, pero tengo que contarte una cosa que no te va a gustar.* — *formal*

perdonable Que puede ser perdonado por no considerarse muy grave: *tu error es perdonable.* — *adj. / ≠ imperdonable*

perdonador, a Que perdona. — *adj/s.*

perdonanza Actitud tolerante o indulgente para con una persona: *su perdonanza le lleva a malcriar a sus hijos.* — *s.f. / = indulgencia*

perdonar (Del bajo lat. *perdonare*.)
1 No guardar resentimiento ni responder con reciprocidad cuando se recibe un agravio de una persona: *le* — disculpar
perdoné porque no lo hizo queriendo. = disculpar
2 Dejar a una persona libre de una obligación: *te per-* = liberar
dono que laves los platos.
3 No dejar pasar un medio, un esfuerzo o una oca- = perder
sión: *no perdona ocasión para demostrar su habilidad.*
4 Aceptar la pérdida de un derecho o un goce: *él per-* = renunciar
donó el fin de semana en París.
5 **perdonar hecho y por hacer:** Expresión que se
utiliza para indicar la excesiva y culpable indulgencia
de una persona.

perdonavidas Persona que se comporta con arro- s.m.f.
gancia o menosprecio hacia los demás: *está todo el día* pl: perdonavidas
alardeando, es un perdonavidas.

perdulario, a
1 Que es vicioso o disipado: *nunca hará nada de pro-* adj/s.
vecho porque es un perdulario.
2 Que es muy descuidado en su manera de obrar o = calvatrueno
de vestir: *es tan perdulario que lleva las camisetas con*
agujeros.
3 Que pierde las cosas con frecuencia: *pon más aten-*
ción a lo que haces y no serás tan perdulario.

perdurabilidad
1 Cualidad de perdurable o perpetuo. s.f.
2 Posibilidad de que una cosa dure de forma indefi- = durabilidad
nida.

perdurable
1 Que dura siempre: *nuestra vida no es perdurable.* adj./= eterno
2 Que dura mucho tiempo: *de ti guardo un perdurable* = persistente
recuerdo; vivimos un amor perdurable. ≠ pasajero
3 Tela hecha de lana basta y muy tupida que se usa- s.f.
ba en la antigüedad. TEXTIL

perduración Acción y resultado de perdurar o durar s.f.
mucho.

perdurar (Del lat. *perdurare*.) Existir o durar una cosa v.intr.
durante mucho tiempo: *nuestro amor perdura a pesar* = persistir
de las dificultades.

perecear Retrasar la ejecución de una cosa por pere- v.tr.
za o negligencia: *no perecees el trabajo porque has de*
hacerlo.

perecedero, a
1 Que debe perecer o acabarse: *bienes perecederos;* adj.
vida perecedera. = efímero
2 Estrechez en las cosas precisas para el sustento hu- s.m.
mano. = penuria

perecer (Del ant. *perir* < lat. *perire*.)
1 Perder una persona la vida: *pereció en un horrible ac-* v.intr./conj: carecer
cidente de aviación. = morir
2 Estar pasando una persona por una situación de fa- + de
tiga o de padecimiento: *el joven perecía de una incura-* = padecer
ble enfermedad.
3 Sentirse una persona con la moral hundida: *mi pri-* + por
mo perecía por una depresión. = sucumbir
4 Vivir una persona una situación de extrema pobre- + de
za: *la familia perecía de hambre.* = morir
5 Desear una persona una cosa mucho: *se perecía por* v.prnl./+ por
montar un negocio. = pirrarse
6 Experimentar un sentimiento con gran intensidad o + de
violencia: *la anciana se perecía de pena.* = consumirse

perecimiento Acción de perecer. s.m.

peregrinación Acción y resultado de peregrinar. s.f./= peregrinaje

peregrinamente
1 De un modo raro o extraño. adv.
2 Con primor y perfección.

peregrinar
1 Viajar una persona por un país extraño: *conocí a* v.intr.
mucha gente interesante mientras peregrinaba por la In- = recorrer
dia.
2 Ir a un lugar santo por devoción o por voto: *un gru-* RELIGIÓN
po de religiosas peregrinó a Roma.
3 Estar una persona en esta vida de paso para la eter- RELIGIÓN
na, en algunas religiones.
4 Andar de un lugar a otro buscando o resolviendo = gestionar
una cosa: *para conseguir la beca he tenido que peregrinar*
mucho.

peregrinidad Circunstancia de ser una persona o s.f.
una cosa extraña o poco frecuente.

peregrino, a (Del lat. *peregrinus*, extranjero.)
1 Que anda por tierras extrañas. adj.
2 Se aplica a la persona que por devoción o por voto adj/s.
visita un santuario: *los peregrinos llegaron a Santiago de* RELIGIÓN
Compostela.
3 Se refiere al ave que está de paso en un lugar. adj./ZOOLOGÍA
4 Se aplica a los animales o cosas que proceden de = exótico
un país extraño.
5 Que es original o raro: *se te ocurren ideas peregrinas.* = peculiar
6 Que es extraordinario o muy bello. = insólito
7 Que está en la vida terrena de paso para dirigirse a RELIGIÓN
la eterna.

perejil (Del occitano *peiressil* < gr. *petroselinon*.)

1 Planta herbácea vivaz, de unos siete decímetros de s.m.
altura, con tallos ramificados, hojas pecioladas de co- BOTÁNICA
lor verde oscuro, flores blancas o verduscas, y semillas menudas, que se cultiva mucho por ser un condimento muy usado. *(Petroselinum sativum.)*
2 Adorno o arreglo excesivos, en especial el que usan = perifollo
las mujeres en vestidos y tocados.
3 Títulos u honores que añadidos a uno más princi- s.m.pl.
pal contribuyen a dar categoría a una persona.
4 **perejil de mar o marítimo:** Hinojo marino, planta BOTÁNICA
umbelífera.
5 **perejil de monte:** Oreoselino, planta umbelífera. BOTÁNICA
6 **perejil mal sembrado:** Barba rala o de pelos dis- coloquial
persos.
7 **ser el perejil de todos los guisos:** Se usa para re- coloquial
ferirse a la persona que está metida en muchos asuntos, que trabaja con diferentes grupos.

perejila
1 Juego de cartas que consiste en hacer treinta y un s.f.
tantos y utiliza el siete de oros como comodín. JUEGOS
2 Siete de oros en este juego de cartas. JUEGOS

perencejo (De *Pero Vencejo*, apodo del labrador típi- s.m./= fulano,
co.) Persona cuyo nombre se desconoce o se omite. perengano

perención Prescripción que anulaba el procedimien- s.f.
to o la instancia cuando transcurría cierto tiempo sin DERECHO
que las partes hubieran realizado las gestiones precisas.

perendeca Mujer que ejerce la prostitución. s.f./= ramera

perendengue
1 Adorno que se ponen las mujeres en las orejas: *lle-* s.m.
vaba unos perendengues de esmeraldas. = pendiente
2 Adorno femenino de poco valor: *suele ir llena de pe-* = baratija
rendengues y quincallas.
3 Cosa usada para adornar o ataviar: *tiene la casa lle-* s.m.pl.
na de cuadros, jarrones y otros perendengues.
4 Trabas o dificultades que se ponen para la ejecu- = obstáculos
ción de una cosa: *a pesar de los perendengues consegui-*
mos salir adelante.

perengano, a (De *perencejo + mengano*.) Persona des- s.
conocida o cuyo nombre no se quiere decir: *vinieron* = fulano
fulano, mengano y perengano.

perennal Perenne [en todas sus acepciones]. adj.

perenne (Del lat. *perennis*.)
1 Que dura mucho o que no muere cuando lo hacen adj./= continuo,
otras cosas de su especie: *hoja perenne.* imperecedero
2 Se aplica a la planta que vive más de tres años. ≠ caduco
3 Que es continuo o sin interrupciones. ≠ discontinuo

perennemente De continuo, sin cesar: *estoy perenne-* adv.
mente disgustado con mi hijo.

perennidad Posibilidad de que una cosa dure de for- s.f./= perpetuidad
ma indefinida. ≠ caducidad

perennifolio, a (Del lat. *perennis*, perenne + *folium*, adj.
hoja.) Se aplica a la planta o al árbol que conserva su BOTÁNICA
follaje durante todo el año.

perennigélido, a Se refiere al terreno que está siem- adj.
pre helado. GEOLOGÍA

perennizar Hacer una cosa perenne o duradera. v.tr./conj: cazar

perentoriamente
1 Sin aplazamiento posible. adv.
2 Con urgencia.

perentoriedad
1 Situación de una cosa cuya ejecución no se puede s.f.
aplazar: *la perentoriedad de un plazo.*
2 Necesidad apremiante de una cosa: *la perentoriedad* = apremio,
de una asistencia médica. urgencia

perentorio, a (Del lat. *peremptorius*.)
1 Que es urgente o apremiante: *el abastecimiento ali-* adj.
menticio es una necesidad perentoria. = inaplazable
2 Que es concluyente o decisivo: *tu voto será peren-* = determinante
torio.
3 Se aplica al último plazo que se concede o a la últi- = inaplazable
ma resolución de un asunto. ≠ aplazable

perero Utensilio que se usaba para mondar peras y s.m.
otras frutas.

pereza (Del lat. *pigritia*.)
1 Inclinación a no trabajar, no hacer nada o no mo- s.f./= galbana,
verse: *tengo que estudiar, pero me da mucha pereza.* vagancia
2 Descuido en los movimientos o en las acciones: = tardanza
hace su trabajo con mucha pereza.
3 **pereza, ¿quieres sopas?:** Se usa para reprender a coloquial
la persona que por desidia o negligencia deja o pierde
una cosa que le conviene.
4 **sacudir la pereza:** 1. Superarla, vencerla: *no puedo* coloquial
sacudir la pereza. 2. Emprender o continuar con ganas coloquial
una tarea o diligencia: *descansa un poco, pero luego sa-*
cude la pereza.

perezosa Tumbona, silla articulada y extensible, con s.f./Argent.,
asiento y respaldo de lona. Perú, Urug.

perezoso, a
1 Que tiene pereza: *es tan perezoso que estaría todo el* adj/s.
día tumbado sin hacer nada. = holgazán, vago
2 Que se mueve con lentitud. = lento, tardo

3 Que se levanta tarde de la cama o con desagrado porque le gusta mucho dormir. = dormilón

4 Mamífero desdentado, de cabeza redonda, pelaje largo y áspero de color pardo, con las uñas largas y encorvadas, movimientos lentos y pesados, y que vive en los árboles. (*Bradypus* y *Choloepus.*) s.m.
ZOOLOGÍA

perfección (Del lat. *perfectio*.)
1 Acción de perfeccionar o perfeccionarse: *sigue un curso de perfección del inglés.* s.f.
= perfeccionamiento
2 Calidad de perfecto: *nadie discute la perfección de su trabajo.* ≠ imperfección
3 Cosa o persona perfecta: *el "David" de Miguel Ángel es la perfección.*
4 Fase y momento de los actos jurídicos en que, al concurrir todos los requisitos, nacen los derechos y obligaciones. DERECHO
5 a la perfección: De manera perfecta: *interpretó el papel a la perfección.* loc.adv.

perfeccionador, a Que perfecciona o da perfección a una cosa. adj/s.
= perfeccionante

perfeccionamiento Acción y resultado de perfeccionar o perfeccionarse. s.m.
= perfección

perfeccionar
1 Acabar una obra por completo y con el mayor grado de perfección: *siempre perfecciona sus esculturas.* v.tr.
= redondear
2 Hacer una cosa mejor o más perfecta: *todavía puedo perfeccionar más la pronunciación; se ha perfeccionado durante este año.* v.tr/prnl.
= mejorar
≠ empeorar
3 Completar los requisitos de un acto civil, en especial de un contrato, para que tenga plena fuerza jurídica. v.tr.
DERECHO

perfeccionismo Tendencia a intentar perfeccionar o mejorar lo que se está haciendo: *un exceso de perfeccionismo puede ser negativo.* s.m.

perfeccionista Se aplica a la persona que busca la perfección en lo que hace: *es muy perfeccionista en su trabajo.* adj/s.m.f.

perfectamente
1 Muy bien: *lo entiendo perfectamente.* adv.
2 Indica asentimiento o conformidad. interj.

perfectibilidad Posibilidad de mejorar o perfeccionar una cosa. s.f.

perfectible Que puede ser perfeccionado: *considero que debes revisar tu trabajo porque es perfectible.* adj.
= mejorable

perfectivo, a
1 Que da o puede dar perfección. adj.
2 Se aplica a los tiempos verbales que indican acciones acabadas: *el pretérito indefinido es perfectivo.* adj/s.m.
GRAMÁTICA

perfecto, a (Del lat. *perfectus*.)
1 Que tiene todas las cualidades deseables: *hizo una traducción perfecta; nadie es perfecto.* adj.
≠ imperfecto
2 Que posee el grado máximo de una determinada cualidad o defecto: *es un perfecto imbécil.* = completo, rematado
3 Se aplica al tiempo verbal que indica que la acción está acabada: *pretérito perfecto.* GRAMÁTICA
4 Que tiene plena eficacia o validez jurídica. DERECHO

perficiente Que perfecciona. adj.

perfidia Deslealtad, traición a lo que se está comprometido: *nunca le perdonaré su perfidia.* s.f.
= infidelidad

pérfido, a (Del lat. *perfidus*.) Se aplica a la persona que engaña a los que confían en ella: *resultó ser un socio pérfido y traidor.* adj/s.
= desleal, traidor

perfil (Del occitano ant. *perfil*, dobladillo.)
1 Postura en que sólo se deja ver una mitad lateral del cuerpo: *tenía el perfil aguileño.* s.m.
2 Conjunto de cualidades y rasgos sicológicos que caracterizan a una persona: *tiene el perfil que se requería para la plaza.* = característica
3 Trazo delgado que se hace al escribir o dibujar con pluma.
4 Adorno fino y delicado, por lo general puesto sobre el borde o extremo de un objeto: *la mesa tenía un perfil de oro.* = ribete
5 Contorno aparente de una figura: *era de noche y sólo vi su perfil.* = silueta
6 Representación de un cuerpo cortado de forma real o imaginaria por un plano vertical. GEOMETRÍA
7 Barra metálica obtenida por laminación, forja, estampación o estirado, cuya sección transversal tiene diversas formas. METALURGIA
8 Aspecto aparente de la figura, representado por líneas que determinan su forma. = contorno
9 Complementos y retoques con que se remata una obra o trabajo. s.m.pl.
= aspectos
10 Miramientos en la conducta o en el trato social. = afectación
11 de perfil: De lado: *me dibujó de perfil.* loc.adv.
12 medio perfil: Postura o figura de un cuerpo que no está por completo de lado.
13 perfil sicológico: Resultado que se obtiene después de efectuar diversos tests a una persona. SICOLOGÍA

perfilado, a
1 Se aplica al rostro que es alargado y delgado: *se buscan modelos con el rostro perfilado.* adj.

2 Se refiere a la nariz que es perfecta y está bien formada.

perfilador, a Que perfila. adj.

perfiladura
1 Acción de perfilar un dibujo o cualquier otra cosa resaltando sus contornos. s.f.
2 Perfil [en todas sus acepciones].

perfilar
1 Dar o sacar los perfiles a una cosa: *perfiló su dibujo con rotulador negro.* v.tr.
= delinear
2 Dar los últimos toques a una cosa: *perfiló la novela antes de llevarla al editor.* = perfeccionar, retocar
3 Ponerse una persona de perfil. v.prnl.
4 Ponerse una persona vestidos y adornos para estar elegante: *se perfiló antes de ir a la fiesta.* = arreglarse
5 Empezar a hacerse una cosa visible: *al amanecer se perfilaba el bosque.* = esbozarse
6 Hacer perfiles o barras metálicas. v.tr./METALURGIA

perfoliada Planta herbácea de hojas redondeadas por la base y aovadas por la punta, con flores verde-amarillentas en umbela y sin brácteas. (*Bupleurum rotundifolium.*) s.f.
tb: perfoliata
BOTÁNICA

perfoliado, a
1 Se aplica a las hojas que abrazan el tallo de forma que parecen estar atravesadas por él. adj.
BOTÁNICA
2 Se aplica a la forma de las antenas de ciertos insectos que tienen los artejos terminales extendidos y aplanados. ZOOLOGÍA

perfoliata Perfoliada, planta herbácea. s.f./BOTÁNICA

perforable Que se puede perforar o agujerear: *el suelo es fácilmente perforable en esta zona.* adj.

perforación
1 Acción y resultado de perforar. s.f.
2 Agujero hecho con un instrumento o una máquina perforadora. = taladro
3 Rotura de las paredes del intestino, estómago u otro órgano. MEDICINA
= úlcera
4 Destrucción de la materia de un aislante provocada por una descarga. ELECTRICIDAD
5 Agujero practicado en el suelo para sondear si existe una bolsa de petróleo para extraerlo después. MINERÍA

perforador, a Que perfora o agujerea: *es un producto perforador.* adj/s.

perforadora
1 Herramienta usada para abrir barrenos y agujerear las rocas. s.f.
2 Instrumento usado para agujerear papeles: *usa la perforadora y luego pones los documentos en el archivo de anillas.*
3 Máquina para preparar las fichas perforadas. INFORMÁTICA
4 Máquina rotativa para perforar pozos poco profundos. MINERÍA

perforante Que perfora o agujerea. adj.

perforar (Del lat. *perforare*.) Hacer un agujero en una cosa atravesándola o no por completo: *han perforado el terreno para buscar agua.* v.tr.
= horadar

perforista Persona encargada de manejar las máquinas perforadoras. s.m.f.

performance
1 Rendimiento o actuación de una persona en determinado puesto, actividad o profesión. s.f.
Amér.
2 Espectáculo en el que se combinan la música, la danza, el teatro y las artes plásticas. = acción

performativo, a Se aplica al verbo cuya enunciación realiza en el acto la acción que significa o la de un enunciado que implica la realización simultánea de la acción evocada por el hablante: *yo juro.* adj.
LINGÜÍSTICA

perfumadero Vaso o aparato para quemar o esparcir perfumes: *el incienso quemaba en el perfumadero.* s.m./= perfumador, pebetero

perfumador, a
1 Que crea o fabrica perfumes. adj/s.
2 Vaso o aparato para quemar o esparcir perfumes: *puso su perfume favorito en un perfumador.* s.m.
= perfumadero

perfumar (Del lat. *fumus*, humo.)
1 Transmitir o dar un olor agradable una cosa: *esta colonia perfuma la habitación.* v.tr.
= aromatizar
2 Quemar materias olorosas para aromatizar una cosa: *se perfuma el armario con incienso.* v.tr/prnl.
3 Despedir una persona o una cosa perfume u olor agradable: *ese chico perfuma que da gusto.* v.intr.
= oler

perfume
1 Sustancia líquida o sólida que se usa para dar olor agradable: *se ha comprado dos frascos de su perfume favorito.* s.m.
= esencia
2 Sustancia odorífica y aromática que al quemarla desprende un humo fragante y oloroso: *la sala huele a perfume de sándalo.*
3 Humo de olor agradable desprendido por ciertas sustancias al ser quemadas.
4 Cualquier olor agradable: *cuando llegué a casa había un perfume de hogar que no puedo definir.* = fragancia

5 Cosa que trae un recuerdo agradable: *esa bolsa tiene el perfume de las vacaciones.* = evocación

perfumear Echar perfume sobre una cosa o una persona; *no me gusta cómo has perfumeado la habitación.* v.tr.

perfumería
1 Tienda donde se venden perfumes y otros artículos de tocador: *su madre ha abierto una perfumería en pleno centro de la ciudad.* s.f. COMERCIO
2 Fábrica o taller donde se elaboran perfumes. INDUSTRIA
3 Arte o industria de fabricar perfumes: *el sector de la perfumería está en crisis.* INDUSTRIA
4 Conjunto de productos y materias de la industria perfumera.

perfumero, a Perfumista, persona que prepara o vende perfumes. s.

perfumista Persona que se dedica a la preparación o venta de perfumes. s.m.f. = perfumero

perfusión
1 Baño o untura con alguna sustancia. s.f.
2 Introducción lenta y continuada de una sustancia medicamentosa o de sangre en un organismo u órgano: *le aplicaron una perfusión intravenosa de suero.* MEDICINA
3 Volumen de sangre que circula por un órgano durante determinado período de tiempo. FISIOLOGÍA

pergal Recorte de piel que se usa para fabricar las tiras que sujetan las abarcas y otros tipos de calzado. s.m.

pergamíneo, a Que tiene alguna propiedad del pergamino. adj.

pergaminero, a Persona que trabaja en pergaminos o los vende. s.

pergamino (Del bajo lat. *pergaminum* < lat. *pergamena* < gr. *pergamene*, perteneciente a la ciudad de Pérgamo.)
1 Piel de res sin pelo estirada, que en la antigüedad se usaba para escribir en ella y hoy para hacer tambores, encuadernar libros y para otras cosas. s.m.
2 Documento escrito en esta piel: *han descubierto unos importantes pergaminos egipcios.*
3 Títulos de nobleza. s.m.pl.

pergelisol Permafrost, parte del suelo que permanece siempre helada. s.m. GEOLOGÍA

pergenio
1 Pergeño, aspecto o apariencia de una persona o de una cosa. s.m.
2 Persona pequeña y de mala traza. Chile
3 Persona que se mete en asuntos ajenos. Chile

pergeñar Hacer o planear una cosa con más o menos habilidad y perfección. v.tr. = confeccionar

pergeño Aspecto o apariencia exterior de una persona o cosa. s.m. = pergenio

pérgola (Del ital. *pergola* < lat. *pergula*.)
1 Emparrado o armazón para sostener una o varias plantas: *han plantado una parra preciosa para cubrir la pérgola.* s.f.
2 Jardín sobre la techumbre de una casa.

peri Hada hermosa y bienhechora, en la mitología pérsica. s.f. MITOLOGÍA

peri- Componente de palabra procedente del gr. *peri,* que significa alrededor de: *perímetro.* pref.

periambo Pie griego y latino compuesto por dos sílabas breves. s.m./POESÍA = pirriquio

periantio (Del gr. *peri,* alrededor de + *anthos,* flor.) Envoltura de los órganos sexuales de las plantas, compuesta de cáliz y corola o de una de las dos, y que rodea los estambres y el pistilo. s.m. BOTÁNICA tb: perianto = perigonio

periartritis Inflamación de los tejidos que rodean una articulación, como las bolsas serosas. s.f./pl: periartritis MEDICINA

periastro Punto de la órbita de un astro situado a la máxima distancia del cuerpo alrededor del cual gravita. s.m. ASTRONOMÍA

períbolo
1 Espacio con árboles o esculturas que rodeaba los templos antiguos. s.m. ARQUITECTURA
2 Atrio o espacio entre un edificio y la cerca que lo rodea. ARQUITECTURA

pericárdico, a Del pericardio. adj./ANATOMÍA

pericardio (Del gr. *peri,* alrededor de + *kardia,* corazón.) Tejido membranoso que envuelve el corazón. s.m. ANATOMÍA

pericarditis Inflamación del pericardio: *le han diagnosticado una pericarditis.* s.f./pl: pericarditis MEDICINA

pericarpio (Del gr. *peri,* alrededor de + *karpos,* fruto.) Parte exterior del fruto que envuelve las semillas. s.m. BOTÁNICA

pericia (Del lat. *peritia.*) Habilidad para realizar cierta clase de trabajo o actividad: *su hijo pequeño tiene mucha pericia para el dibujo lineal.* s.f. = destreza, maña

pericial
1 Del perito: *han solicitado un examen pericial.* adj.
2 Funcionario de aduanas. s.m.f.

periciclo Parte externa del tallo y la raíz. s.m./BOTÁNICA

periclitar (Del ant. *periglo,* peligro.)
1 Perder una cosa fuerza o intensidad. v.intr./= declinar
2 Estar una cosa en peligro. = peligrar

perico
1 Espárrago de gran tamaño. s.m./AGRICULTURA ZOOLOGÍA
2 Denominación que se da a diferentes especies de loro: *tiene un perico de color verde.*
3 Abanico grande. = pericón
4 Cocaína, droga que se extrae de las hojas de coca. argot
5 Orinal alto o cilíndrico. = bacín
6 Persona aficionada a callejear y a veces de vida deshonesta: *¡menudo perico está hecho!* = pendón
7 Postizo de cabello que se ponía en la parte superior delantera de la cabeza.
8 El caballo de bastos, en el juego de cartas del truque. JUEGOS
9 Verga de juanete del palo de mesana que se cruza con el mastelero de sobremesana. NÁUTICA
10 Vela que se larga en esta verga. NÁUTICA ZOOLOGÍA
11 perico ligero: Perezoso, mamífero desdentado.
12 como perico por su casa: Con entera libertad y confianza: *entra y sale de la casa de sus tíos como perico por su casa.* loc.adv.
13 perico de o el de los palotes: Persona indeterminada, un sujeto cualquiera: *puedes avisar a perico el de los palotes si te apetece.* coloquial
14 perico entre ellas: Se aplica al hombre que está siempre entre mujeres, interviniendo o mezclándose en cosas que son propias de ellas. coloquial

pericón, a
1 Que puede sustituir a otros, en especial referido al caballo o mula que sirve para cualquier puesto de tiro. adj/s.
2 Abanico muy grande. s.m./= perico
3 Baile tradicional cuyas variadas figuras dirige un bastonero y ejecutan parejas que en determinados momentos se detienen para intercambiar relaciones; tiene carácter de danza nacional, pues en una de sus figuras los bailarines utilizan pañuelos blancos y celestes con los que forman la bandera. Argent., Urug.

pericondrio Membrana que recubre la superficie de un cartílago. s.m. ANATOMÍA

pericote
1 Baile popular asturiano de galanteo, que ejecutan, por lo común, un hombre y dos mujeres. s.m.
2 Rata de campo muy grande. Amér. Central y Merid.

pericráneo Membrana fibrosa que cubre los huesos del cráneo por la cara exterior. s.m. ANATOMÍA

peridotita Roca eruptiva ultrabásica de grano grueso, color oscuro y densidad elevada, que está formada por olivino, con o sin piroxenos y anfíboles. s.f. GEOLOGÍA

peridoto (Del lat. *peridot.*) Mineral de color verde amarillento o brillo fuerte, compuesto de magnesia y hierro, usado en joyería. s.m. MINERALOGÍA = olivino

peridural Que está situado entre la médula espinal y la pared del canal vertebral. adj. ANATOMÍA

perieco, a (Del gr. *perioikos.*) Que vive en el punto más alejado del mismo paralelo respecto al lugar del que se habla. adj/s. GEOGRAFÍA

periégesis Obras de la literatura clásica griega que informan al viajero sobre las características de un país. s.f. pl: periégesis LITERATURA

periferia (Del gr. *periphereia.*)
1 Línea curva cerrada cuyos puntos equidistan de otro situado en el mismo plano. s.f./GEOMETRÍA = circunferencia
2 Espacio que rodea un núcleo cualquiera, en especial una ciudad: *en la periferia hay barrios muy pobres.*

periférico, a
1 De la periferia: *el ministro visitó los barrios periféricos de la ciudad.* adj.
2 Unidad de un ordenador electrónico que no forma parte de la unidad central de memoria y tratamiento: *la impresora es uno de los periféricos de mi ordenador.* s.m. INFORMÁTICA

periflebitis Inflamación de los tejidos que envuelven una vena. s.f./pl: periflebitis MEDICINA

perifollo (De *perejil* + *cerifolio* < lat. *caerefolium* < gr. *khairephyllon* < *khairo,* complacer + *phyllon,* hoja.)
1 Planta herbácea con tallos finos y ramosos, hojas lanceoladas aromáticas usadas como condimento, flores blancas y semilla pequeña y negra. (*Anthriscus cerefolium.*) s.m. BOTÁNICA = cerafolio
2 Adornos excesivos o de mal gusto en el traje o en el peinado: *no me gusta ese vestido, lleva demasiados perifollos; cuando era niña me encantaban los perifollos.* s.m.pl. = arrequives
3 perifollo oloroso: Planta herbácea vivaz de la familia de las umbelíferas, con tallos ramosos, hojas grandes, pelosas, de color verde claro y flores blancas. (*Myrrhis odorata.*) BOTÁNICA

perifonear Radiodifundir o transmitir por radiodifusión música, un discurso o cualquier otra cosa. v.tr. AUDIOVISUALES

perífono (Del gr. *peri,* alrededor de + *phone,* sonido.) Radiotransmisor, aparato que sirve para perifonear. s.m. AUDIOVISUALES

periforme Que tiene forma de pera: *llevaba unos pendientes con figura periforme.*   adj.

perifrasear Usar una persona perífrasis.   v.intr.

perífrasis (Del gr. *periphrasis* < *peri*, alrededor de + *phrasis*, elocución.)
1 Figura que consiste en emplear varias palabras para expresar algo que podría decirse con menos o con una sola.   s.f./pl: perífrasis / RETÓRICA / = circunlocución
2 **perífrasis verbal:** Combinación de dos unidades verbales que funcionan como un solo verbo: *las perífrasis verbales pueden ser de infinitivo, gerundio o participio.*   GRAMÁTICA

perifrástico, a De la perífrasis.   adj./LINGÜÍSTICA

perigallo (Del port. *perigalho*.)
1 Pliegue de la piel que cuelga debajo de la barbilla de algunas personas debido a una pérdida de peso o por vejez.   s.m.
2 Cinta de color llamativo que se ponían las mujeres como adorno en la parte superior de la cabeza.   = tocado
3 Honda hecha con un bramante o cordel fino.
4 Persona alta y delgada.
5 Cualquier cabo o aparejo puesto en el barco para colgar cosas.   NÁUTICA

perigeo (Del gr. *peri*, alrededor de + *geo*, tierra.) Punto más cercano a la Tierra en la órbita de la Luna o de cualquier satélite artificial.   s.m. / ASTRONOMÍA

periglaciar Se refiere al sistema de erosión característico de las regiones frías de la Tierra no recubiertas de hielo de una forma continua.   adj. / GEOLOGÍA

perigonio (Del gr. *peri*, alrededor de + *gonos*, esperma.) Envoltura de los órganos sexuales de las plantas, compuesta de cáliz y corola o de una de las dos.   s.m. / BOTÁNICA / = periantio

perihelio (Del gr. *peri*, alrededor de + *helios*, sol.) Punto en el que un planeta o cualquier otro cuerpo celeste, al describir su órbita, se encuentra más cerca del Sol.   s.m. / ASTRONOMÍA

perilla
1 Adorno en forma de pera.   s.f.
2 Parte de la barba que se deja crecer alrededor de la boca: *la perilla que se ha dejado tu marido le sienta muy bien.*
3 Parte superior del arco que forman por delante los fustes de la silla de montar.   EQUITACIÓN
4 Extremo del cigarro puro por donde se fuma.
5 **perilla de la oreja:** Parte inferior no cartilaginosa de la oreja donde se pone el pendiente.
6 **de perilla o de perillas:** A tiempo, en el momento oportuno: *este premio me viene de perilla.*   loc.adv.

perillán, a (De *Pero Illán*.) Se refiere a la persona que tiene gracia y habilidad para lograr una cosa o engañar a los demás: *el muy perillán ha conseguido el juguete que quería.*   adj/s. / = pícaro, pillo

perillo Panecillo dulce con piquitos alrededor.   s.m./COCINA

perilustre Que es muy ilustre.   adj.

perimétrico, a Del perímetro.   adj.

perímetro (Del gr. *perimetros* < *peri*, alrededor de + *metron*, medida.)
1 Línea o conjunto de ellas que limitan una figura o una superficie.   s.m. / GEOMETRÍA
2 Suma de las longitudes de dichas líneas.   GEOMETRÍA

perimir Caducar el procedimiento por haber transcurrido el término fijado por la ley sin que lo hayan impulsado las partes.   v.tr. / Argent., Colomb. / DERECHO

perimisio Membrana de tejido conjuntivo, blanca y brillante, que envuelve el músculo.   s.m. / ANATOMÍA

perinatal Que tiene relación con las circunstancias que rodean el nacimiento de un ser vivo.   adj. / BIOLOGÍA

perinatología Rama o parte de la medicina que estudia la mortalidad y morbilidad durante el parto, a fin de proporcionar al recién nacido las condiciones óptimas para su nacimiento.   s.f. / MEDICINA

perínclito, a (Del gr. *peri*, alrededor de + lat. *inclitus*, famoso.) Que es grande, ínclito o ilustre en sumo grado.   adj. / culto

periné Perineo, espacio entre el ano y las partes sexuales.   s.m. / ANATOMÍA

perineal Del perineo: *tras el parto, tuvo problemas en la región perineal.*   adj. / ANATOMÍA

perineo (Del lat. *perineos* < gr. *perineos*.) Espacio comprendido entre el ano y los órganos sexuales externos.   s.m./tb: periné / ANATOMÍA

perineumonía Pulmonía, inflamación del pulmón.   s.f/MEDICINA

perinola
1 Peonza pequeña con un mango en la parte superior, que se hace girar con los dedos.   s.f. / tb: perindola
2 Adorno con forma de peonza.
3 Mujer pequeña y de carácter vivo e inquieto.

perinquina Gran inquina o aversión.   s.f.

perinquinoso, a Que tiene o tiende a tener inquina o antipatía hacia una persona o una cosa.   adj.

períoca (Del gr. *periokhe*.) Resumen o argumento de un libro.   s.f. / LITERATURA

periódicamente Con periodicidad o regularidad.   adv.

periodicidad Condición de periódico, o que se repite a intervalos más o menos regulares: *tiene contracciones con una periodicidad de diez minutos.*   s.f. / = regularidad

periódico, a
1 Que sucede a determinados intervalos de tiempo: *tengo que ir al oculista para la revisión periódica.*   adj. / = regular
2 Se aplica a la publicación de carácter informativo que se edita a determinados intervalos de tiempo: *he leído la noticia en la prensa periódica del barrio; voy a comprar el periódico cada mañana.*   adj/s.m. / = diario
3 Se refiere a la fracción decimal en la que se repite una cifra o conjunto de ellas de forma indefinida.   adj. / MATEMÁTICAS
4 Se aplica al fenómeno que se repite a intervalos regulares.   FÍSICA
5 Que tiene relación con el orden o las propiedades de los componentes de la tabla periódica de elementos químicos.   QUÍMICA
6 **periódico mural:** Cartel o tablero sobre el que se fijan avisos, anuncios o cualquier información de interés general.

periodismo
1 Conjunto de actividades relacionadas con la búsqueda, selección, redacción y difusión de noticias que se transmiten por los medios de información: *lo que más le gusta es el periodismo, pero aún no sabe lo que estudiará.*   s.m.
2 Profesión y actividad del periodista: *se dedica al periodismo en un diario de la localidad.*
3 Estudios o carrera de los periodistas: *cursa segundo de periodismo en la universidad.*

periodista Persona encargada de difundir noticias en la prensa, radio o televisión: *está muy bien informado porque tiene muchos amigos periodistas.*   s.m.f.

periodístico, a De los periódicos o de los periodistas: *están promocionando una nueva publicación periodística.*   adj.

periodo (Del gr. *periodos*.)
1 Espacio de tiempo: *no quiere hablar de aquel periodo de su vida porque fue muy difícil y duro para él.*   s.m. / tb: período
2 Tiempo que tarda en repetirse un fenómeno.   = ciclo
3 Serie de años que sirve para el cómputo del tiempo: *periodo colonial.*   = ciclo
4 Evacuación mensual de sangre procedente de la matriz, en la mujer y otros animales hembras.   FISIOLOGÍA / = menstruación
5 Tiempo que duran algunos fenómenos que se observan en el curso de las enfermedades.   MEDICINA
6 Decimal o conjunto de ellos que, como resultado de una división, se repiten de forma indefinida tras el número entero.   MATEMÁTICAS
7 Conjunto de oraciones enlazadas de forma gramatical que forman un sentido cabal.   GRAMÁTICA
8 Cada una de las subdivisiones de las eras geológicas.   GEOLOGÍA
9 Tiempo que tarda un fenómeno en realizar una oscilación en un movimiento periódico.   FÍSICA
10 Cada una de las fases de que consta un juicio para exponer, probar y fallar la causa.   DERECHO
11 Conjunto de elementos químicos que en la clasificación periódica figuran entre dos gases raros sucesivos.   QUÍMICA
12 **periodo de prueba:** Es aquella parte inicial de un contrato de trabajo en cuya virtud el empresario y el trabajador se obliga a realizar las experiencias que constituyen el objeto de la prueba, con una duración limitada.

periodonto (Del gr. *peri*, alrededor de + *odus, odontos*, diente.) Conjunto de ligamentos que fijan el diente dentro del alvéolo óseo del maxilar.   s.m. / ANATOMÍA

periostio (Del gr. *peri*, alrededor de + *osteon*, hueso.) Membrana fibrosa pegada a los huesos, que sirve para su nutrición y renovación.   s.m. / ANATOMÍA

periostitis (Del gr. *peri*, alrededor de + *osteon*, hueso + *itis*, inflamación.) Inflamación del periostio.   s.f./pl: periostitis / MEDICINA

periótico, a (Del gr. *peri*, alrededor de + *us, otos*, oreja.) Que está alrededor del oído interno.   adj. / ANATOMÍA

peripatético, a
1 De la doctrina aristotélica.   adj./FILOSOFÍA
2 Que profesa esta doctrina.   adj/s./FILOSOFÍA
3 Que es ridículo y extravagante: *me pareció un comentario peripatético.*   adj. / = grotesco

peripatetismo Conjunto doctrinal de la escuela aristotélica o liceo, llamado así porque algunas lecciones se impartían mientras se paseaba.   s.m. / FILOSOFÍA

peripato
1 Sistema filosófico aristotélico.   s.m./= aristotelismo
2 Se aplica a una clase de animales de características intermedias entre los anélidos y los artrópodos, que viven en zonas húmedas y se desplazan como las sanguijuelas.   adj/s.m. / ZOOLOGÍA / = onicóforo

peripecia (Del gr. *peripeteia*, mudanza súbita.)
1 Suceso o acontecimiento que ocurre de modo repentino e imprevisto: *no te vas a creer las peripecias que vivimos el fin de semana.* — s.f. = incidente, lance
2 Aventura o hecho curioso de una persona o de un personaje de ficción: *el relato narra las peripecias de un pícaro.* = hazaña

periplo
1 Viaje largo recorriendo distintos países o lugares: *he hecho un periplo por los países escandinavos.* — s.m.
2 Navegación alrededor de algún lugar. = circunnavegación
3 Composición narrativa antigua en la que se relata un viaje alrededor de un lugar o por mar. LITERATURA

períptero, a (Del gr. *peri*, alrededor de + *pteron*, ala.) Se aplica al edificio que está rodeado de columnas. — adj./s.m. ARQUITECTURA

peripuesto, a Que va muy arreglado o acicalado: *apareció toda peripuesta en la boda.* — adj. = emperifollado

periquete Período brevísimo de tiempo: *comió en un periquete toda la comida.* — s.m.

periquillo
1 Especie de dulce de azúcar. — s.m./COCINA
2 Perico, copete postizo. = peluquín

periquito, a
1 Que es aficionado del equipo de fútbol del R.C.D. Espanyol de Barcelona. — adj./s. DEPORTES
2 Ave prensora de pequeño tamaño y plumaje con listas onduladas y colores vistosos que, por su viveza y fácil domesticación, es objeto de activo comercio como ave de adorno. — s.m. ZOOLOGÍA

perisarco Estructura esquelética que recubre la superficie externa de muchos hidrozoos. — s.m. ZOOLOGÍA

periscio, a Se refiere a los habitantes de las zonas polares en torno a los cuales gira su sombra cada veinticuatro horas en verano debido a que no se pone el Sol. — adj./s.m. GEOGRAFÍA

periscópico, a Del periscopio: *pieza periscópica.* — adj./ÓPTICA

periscopio (Del gr. *peri*, alrededor de + *skopeo*, mirar.) Instrumento formado por un tubo en cuyo interior hay lentes y prismas de reflexión total que permite ver por encima de un obstáculo: *el capitán mandó elevar el periscopio del submarino.* — s.m. ÓPTICA

perisístole (Del gr. *peri*, alrededor de + *systole*, contracción.) Intervalo entre la sístole y la diástole. — s.f. FISIOLOGÍA

perisodáctilo, a (Del gr. *perissos*, copioso + *daktylos*, dedo.) Perteneciente a un suborden de mamíferos ungulados con un número impar de dedos de los cuales el tercero es el más desarrollado, como el caballo. — adj./s.m. ZOOLOGÍA

perisología (Del gr. *perissologia*.) Defecto consistente en repetir de forma innecesaria los mismos conceptos en un discurso. — s.f. RETÓRICA

perisperma Tejido de reserva de algunas semillas. — s.m./BOTÁNICA

perispermático, a Del perisperma. — adj./BOTÁNICA

paríspora Parte exterior de una espora. — s.f./BOTÁNICA

perista Persona que comercia con objetos robados sabiendo que lo son. — s.m.f. COMERCIO

peristáltico, a (Del gr. *peristaltikos*.)
1 Se aplica al órgano que se puede contraer. — adj./FISIOLOGÍA
2 Que produce una contracción natural de estómago e intestinos que hace avanzar las materias por el tubo digestivo. FISIOLOGÍA ≠ antiperistáltico

peristaltismo Conjunto de movimientos de contracción del tubo digestivo. — s.m. FISIOLOGÍA

perístasis (Del gr. *peristasis*, circunstancias.) Tema o asunto del discurso. — s.f./pl: perístasis RETÓRICA

peristilo (Del gr. *peristylon*.)
1 Galería de columnas que rodea un edificio o parte de él. — s.m. ARQUITECTURA
2 Lugar rodeado de columnas por la parte interior. ARQUITECTURA

perístole (Del gr. *peristole*.) Movimiento de contracción del conducto intestinal. — s.f. FISIOLOGÍA

peristoma
1 Conjunto de apéndices que rodean la boca de una cápsula de musgo. — s.m. BOTÁNICA
2 Área que rodea la boca de diversos invertebrados. ZOOLOGÍA

peritación Peritaje, informe de un perito: *aún desconozco el resultado de la peritación.* — s.f.

peritaje
1 Trabajo, estudio o informe que hace el perito sobre determinada materia: *antes de hacer las obras, han encargado un peritaje.* — s.m. = peritación
2 Antigua denominación de los estudios para obtener el título de perito, que en la actualidad son los de ingenierías técnicas.

peritar Juzgar o evaluar una cosa en calidad de perito. — v.tr.

peritecio Envoltura de los ascos de algunos hongos. — s.m./MICOLOGÍA

perito, a (Del lat. *peritus*, experimentado.)
1 Se aplica a la persona que tiene conocimientos especializados en una materia. — adj./s. = experto

2 Persona que ha cursado una carrera técnica de grado medio y tiene un título que le permite ejercer: *perito agrónomo.* — s. = ingeniero técnico
3 Persona con conocimientos especializados que informa en un juicio sobre hechos cuya apreciación se relaciona con su especialidad: *el informe de los peritos era favorable.* DERECHO

peritoneal Del peritoneo: *padece una inflamación peritoneal.* — adj. ANATOMÍA

peritoneo (Del gr. *peritonaion* < *peri*, alrededor de + *teino*, tender.) Membrana serosa que cubre la superficie interior del vientre y forma pliegues que envuelven y sostienen las vísceras abdominales. — s.m. ANATOMÍA

peritonitis (Del gr. *peri*, alrededor de + *teino*, tender + *itis*, inflamación.) Inflamación del peritoneo. — s.f./pl: peritonitis MEDICINA

perjudicado, a
1 Que ha sufrido un daño o perjuicio: *han prometido indemnizar a los perjudicados.* — adj./s. = víctima
2 Se aplica al documento de crédito que ve disminuida su eficacia por la omisión de formalidades que deben amparar las respectivas acciones, en especial las letras de cambio. — adj. DERECHO

perjudicador, a Que perjudica o causa daño: *es una plaga de insectos muy perjudicadores para la cosecha.* — adj./s. = dañino

perjudicar Causar perjuicio o daño material o moral a una persona: *comiendo tantos dulces te perjudicas; su actitud perjudicó el negocio.* — v.tr./prnl. conj: sacar = dañar

perjudicial Que perjudica o puede perjudicar: *el tabaco es perjudicial para la salud.* — adj./= dañino, pernicioso

perjuicio (Del lat. *praeiudicium*.)
1 Daño material o moral producido en una persona o cosa: *la sequía ha causado serios perjuicios a la agricultura.* = percance
2 Ganancia lícita que se deja de obtener o gastos que ocasiona una acción u omisión ajena culpable, que da lugar a indemnización. DERECHO
3 **sin perjuicio de:** Se usa para indicar que lo que se ha dicho no impide lo que se dice a continuación: *lo haré, sin perjuicio de que proteste.* — loc.adv.

perjurador, a Que perjura o jura en falso. — adj./= perjuro

perjurar (Del lat. *perjurare*.)
1 Pronunciar una persona un juramento en falso: *el testigo perjuró.* — v.intr./prnl.
2 Pronunciar una persona juramentos por costumbre cuando habla o para insistir en la certeza de lo que dice: *juro y perjuro que yo no he sido.* — v.intr.
3 Dejar de cumplir un juramento. — v.prnl.

perjurio
1 Juramento en falso. — s.m.
2 Delito que comete quien quebranta la fe jurada: *fue acusado de cometer perjurio.* DERECHO

perjuro, a
1 Que comete perjurio. — adj./s.
2 Que quebranta un juramento de manera intencionada o maliciosa.

perla (Del lat. vulgar *pernula*.)
1 Concreción nacarada, de color blanco grisáceo y forma redondeada, que se forma en el interior de algunos moluscos y es muy usada en joyería: *heredó de su madre un collar de perlas y una sortija a juego.* — s.f. ZOOLOGÍA
2 Píldora o bolita menuda que contiene alguna sustancia comestible o medicamentosa: *tomaba perlas de ajo para la circulación.* = gragea
3 Persona o cosa de más valor o más belleza entre otras: *ha tardado en casarse, pero al final lo ha hecho con una perla de chica.* = joya
4 Persona cómoda, presumida y jactanciosa, en sentido irónico: *¡vaya perla!, se pasa el día tocándose las narices.*
5 Gota de un líquido muy claro.
6 Tamaño de letra de cuatro puntos tipográficos. ARTES GRÁFICAS
7 Figura que semeja una *y* formada por media banda, media barra y medio palo, situada en el centro del escudo. HERÁLDICA
8 Reunión de la malilla, la espada y el rey o el punto, en el juego de cartas del tresillo. JUEGOS
9 **perla artificial:** La fabricada a imitación de las naturales bañando una bolita de cristal soplado con una sustancia nacarada.
10 **perla cultivada:** La producida por la madreperla alrededor de un cuerpo extraño introducido por el hombre.
11 **perla natural:** La producida por la ostra perlera sin intervención del hombre.
12 **de perlas:** Muy bien, muy conveniente: *el inesperado descanso le vino de perlas.* — loc.adv.

perlado, a
1 Que tiene el color, la forma o el brillo parecidos a los de la perla: *quiere pintar su habitación de un color blanco perlado.* — adj. tb: aperlado = nacarado
2 Que está adornado con perlas o con motivos que las imitan: *llegó con un vestido perlado que causó mucha admiración.*

perlar Cubrir o salpicar una cosa con gotas de un líquido: *la lluvia perla las plantas del jardín; los campos se perlaron de copos de nieve.* — v.tr/prnl. literario

perlático , a Que padece perlesía o debilidad muscular. — adj/s. MEDICINA

perlé Hilo de algodón muy brillante, usado para bordados, encajes y otras labores. — s.m. TEXTIL

perleche (Voz francesa.) Inflamación de la comisura de los labios. — s.m. MEDICINA

perlería Conjunto de muchas perlas. — s.f.

perlero, a De la perla. — adj.

perlesía (Del gr. *paralysis*, relajación.)
1 Privación o disminución del movimiento en todo el cuerpo. — MEDICINA
2 Debilidad de los músculos, acompañada de temblor, debida a la edad o a otras causas. — MEDICINA

perlicultura (De *perla* + lat. *cultura*, cultivo.) Cultivo de las madreperlas en parques especiales para fomentar en ellas la producción de perlas. — s.f. INDUSTRIA

perlífero, a (De *perla* + lat. *ferre*, llevar.) Que contiene o produce perlas. — adj.

perlino, a Que tiene el color o el brillo parecido al de la perla. — adj.

perlita
1 Roca ígnea efusiva, de color gris azulado y textura compacta, que se fragmenta en pequeñas esferas y se usa como piedra de construcción. — s.f. GEOLOGÍA
2 Sustancia constituyente del acero en la fundición del hierro. — METALURGIA

perlón (Marca registrada.) Fibra sintética semejante al nylon, de gran elasticidad y resistencia al desgaste. — s.m. TEXTIL

perlongar (Alteración de *prolongar*, quizá por imitación del cat. *perllongar*.)
1 Navegar una embarcación a lo largo de la zona costera del mar. — v.intr./conj.: *pagar* NÁUTICA
2 Extender un cabo para que sea cogido por el otro extremo y poder tirar de él. — NÁUTICA

permafrost Parte profunda del suelo que permanece siempre helada en las regiones muy frías. — s.m./GEOLOGÍA = pergelisol

permaleación Aleación de níquel y hierro con pequeñas cantidades de otros metales de alta permeabilidad magnética. — s.f. METALURGIA = permalloy

permaná Chicha cruceña de gran calidad. — s.m./Bol.

permanecer (Del lat. *permanere*.)
1 Estar una persona o una cosa en un lugar o un estado sin moverse o sin cambiar: *todo permanece igual; permanece quieto.* — v.intr. conj: *carecer* = continuar, seguir
2 Estar en algún sitio durante cierto tiempo: *permaneció en la sala durante tres horas.* — = quedarse

permaneciente Que permanece. — adj./= permanente

permanencia
1 Duración firme y constante de una cosa en un mismo estado. — s.f. = continuidad
2 Estancia en un lugar o sitio: *su larga permanencia en el extranjero afectó a sus costumbres.* — = estadía
3 Horas de vigilancia que ejerce el profesor de un colegio o de un instituto. — s.f.pl.

permanente
1 Que permanece: *color permanente.* — adj./= duradero
2 Rizado artificial del cabello: *fue a la peluquería para hacerse una permanente.* — s.f.

permanentemente Con continuidad, siempre: *está permanentemente vigilado.* — adv. = constantemente

permanganato
1 Sal formada por la combinación del ácido permangánico y una base. — s.m. QUÍMICA
2 **permanganato de potasio:** Sal del ácido permangánico que se utiliza como desinfectante. — QUÍMICA

permangánico, a Se aplica al ácido derivado del manganeso. — adj. QUÍMICA

permeabilidad
1 Calidad de permeable. — s.f.
2 Propiedad física que tienen algunos terrenos y rocas de dejar filtrar a través de ellos líquidos o gases. — GEOLOGÍA ≠ impermeabilidad
3 **permeabilidad magnética:** Cociente que resulta de dividir la inducción por el poder imanador en los campos magnéticos. — FÍSICA

permeable Que puede ser atravesado por el agua o líquidos semejantes: *utilizó una membrana permeable para hacer la demostración química.* — adj. ≠ impermeable

permeámetro (Del lat. *permeare*, pasar a través + *metron*, medida.) Instrumento para determinar la permeabilidad magnética de los materiales. — s.m. FÍSICA

permeancia Propiedad por la que un circuito no ofrece resistencia al flujo magnético. — s.f. FÍSICA

permear (Del lat. *permeare*, pasar a través.) Traspasar elementos propios de una cosa a otra: *el sicologismo permea la moral contemporánea.* — v.tr.

pérmico, a
1 Se refiere al periodo geológico que es posterior al carbonífero y es el último de la era primaria. — adj/s.m. GEOLOGÍA

2 Se aplica al terreno o al fósil que pertenece a dicho periodo geológico. — adj. GEOLOGÍA

permio, a Se refiere a una rama de las lenguas ugrofinesas. — adj/s.m. LINGÜÍSTICA

permisible Que puede ser permitido o que tiene tendencia a permitir: *tu conducta no es permisible; sus padres son muy permisibles con su hijo.* — adj. = admisible, tolerable

permisión
1 Acción de consentir o dejar que se haga alguna cosa: *yo no interpretaría sus palabras como una permisión, sólo ha dicho que no quiere castigarte si lo haces.* — s.f. = consentimiento
2 Permiso que se concede para que se haga alguna cosa: *le dio su permisión para salir de noche.* — = autorización, conformidad
3 Figura de dicción que consiste en fingir que se permite o que se deja a la voluntad ajena alguna cosa. — RETÓRICA

permisionario, a Que tiene permiso. — adj/s.

permisivamente Con consentimiento tácito. — adv.

permisividad
1 Actitud permisiva del que consiente o permite una cosa: *el chico responde muy bien a la permisividad de sus padres.* — s.f. = tolerancia
2 Cociente que resulta de dividir el valor de la inducción por el de la intensidad, en el campo eléctrico. — ELECTRICIDAD

permisivo, a Que permite o consiente: *agradeció la actitud permisiva de sus padres; es una ley permisiva.* — adj. = condescendiente

permiso
1 Declaración que permite hacer o decir una cosa: *tengo permiso de mi padre para hacerlo.* — s.m. = autorización
2 Posibilidad de abandonar de forma temporal una actividad u obligación: *el soldado salió de permiso.* — = licencia
3 Diferencia consentida entre el peso efectivo y el valor real que se da a las monedas. — ECONOMÍA
4 **permiso de armas:** Licencia que concede la autoridad gubernativa para que una persona posea y use armas. — DERECHO
5 **permiso de circulación:** Autorización que se concede a un vehículo de motor para que pueda circular por un determinado lugar.
6 **permiso de conducir:** Autorización y licencia que se le otorga, previo examen, a una persona para que pueda conducir vehículos de motor.
7 **permiso de trabajo:** Documento y autorización que se le concede a un extranjero para poder trabajar en un país que no es el suyo de origen. — DERECHO

permistión Mezcla de algunas cosas, por lo común líquidas. — s.f.

permitidor, a Que permite. — adj/s.

permitir (Del lat. *permittere*.)
1 Dejar que una persona haga una cosa o no oponerse a que la haga: *sus padres le han permitido irse de vacaciones con su amigo.* — v.tr/prnl. = autorizar
2 No oponerse a una cosa que se debería evitar: *no permitas que te tomen el pelo.* — v.tr. = consentir
3 Hacer posible una cosa: *la nieve caída en los últimos días ha permitido abrir la estación de esquí.* — = posibilitar
4 Tomarse la libertad de hacer una cosa: *se permitió la libertad de decirme que aquello estaba mal; se permite demasiadas confianzas contigo.* — v.prnl. = concederse
5 Aceptar una cosa como si fuera verdadera, en la argumentación escolástica. — v.tr. FILOSOFÍA
6 Dejar que la divinidad suceda una cosa mala. — TEOLOGÍA

permitividad Constante que expresa la influencia de un medio isótopo sobre las fuerzas de atracción o de repulsión entre cuerpos electrizados. — s.f. ELECTRICIDAD

permuta
1 Cambio de una cosa por otra. — s.f./= permutación
2 Cambio entre dos funcionarios de sus respectivos destinos.
3 Contrato por el que se entrega una cosa a cambio de recibir otra. — DERECHO
4 Renuncia que dos eclesiásticos hacen de sus beneficios en manos del ordinario, con súplica recíproca para que dé al uno el beneficio del otro. — RELIGIÓN

permutabilidad Posibilidad de que una cosa sea permutada o cambiada. — s.f. = conmutabilidad

permutable
1 Que puede permutarse: *no es un puesto permutable.* — adj. = intercambiable
2 Se aplica a los elementos que en una lengua determinada pueden encontrarse en los mismos contextos de la cadena hablada. — LINGÜÍSTICA

permutación
1 Acción y resultado de permutar o cambiar. — s.f./= permuta
2 Cambio de lugar de cualquier elemento de una cadena hablada. — LINGÜÍSTICA = metátesis
3 Paso de un orden de sucesión determinado de n elementos a otro orden de sucesión de los mismos elementos. — MATEMÁTICAS

permutante Que permuta. — adj/s.m.f.

permutar (Del lat. *per*, por + *mutare*, cambiar.)
1 Dar una cosa a una persona y recibir de ella otra de la misma o distinta clase: *permutó su coche por una moto grande.* — v.tr. = canjear, trocar

2 Cambiar dos funcionarios sus destinos.
3 Cambiar el orden de dos o más cosas. = conmutar

perna (Del lat. *perna*.) Molusco lamelibranquio con la concha rugosa y negruzca, que vive en los mares cálidos. *(Perna.)* s.f. ZOOLOGÍA

pernada
1 Movimiento violento hecho con la pierna o golpe dado con ella. s.f. = patada
2 Ramal, brazo o bifurcación de algún objeto. NÁUTICA
3 **derecho de pernada**: 1. Ceremonia que consistía en poner el señor feudal una pierna sobre el lecho de sus vasallos el día que éstos se casaban. 2. Posibilidad que algunos señores feudales tenían de disponer con libertad de la mujer de cualquiera de sus vasallos durante la noche de boda, derivada de dicha ceremonia. 3. Abuso de poder. HISTORIA / HISTORIA

perneador, a Que tiene mucha fuerza en las piernas o en las patas y puede andar mucho. adj.

pernear
1 Mover una persona las piernas de forma violenta y repetida. v.intr. = patear
2 Ir de un lugar a otro para intentar conseguir una cosa: *quería nuevos clientes y no paraba de pernear.*
3 Enfadarse e impacientarse mucho por no conseguir lo que se desea: *el niño, cuando está enfadado, pernea y llora.* = patalear

pernera Parte del calzón o pantalón que cubre la pierna, y espacio por donde ésta se mete. s.f. = pernil

pernería Conjunto de pernos o piezas metálicas de una embarcación, para afirmar otras de gran volumen. s.f. NÁUTICA

perneta Se usa para indicar con las piernas desnudas en la expresión **en pernetas**. s.f.

perniabierto, a Que tiene las piernas abiertas o muy separadas. adj.

perniciosamente Con perjuicio, con grave daño. adv.

pernicioso, a (Del lat. *perniciosus.*) Que produce mucho daño: *insecto pernicioso para los campos; perniciosas costumbres.* adj. = nocivo, perjudicial

pernicorto, a Que tiene las piernas cortas. adj.

pernigón (Del ital. *pernicone*.) Variedad de ciruela redonda y tierna, en conserva, de origen genovés. s.m. COCINA

pernil
1 Anca y muslo de un animal. s.m.
2 Pata completa del cerdo, usada para consumo alimenticio después de curada o cocida. = jamón
3 Pata del pantalón que cubre cada pierna. = pernera

pernio (Del ital. *pernio*, gozne.) Pieza de metal articulada con que las puertas y ventanas se fijan a sus marcos. s.m. = bisagra, gozne

perniosis Denominación genérica de las enfermedades ocasionadas por el frío. s.f./pl: perniosis MEDICINA

perniquebrar Romper una pierna o ambas: *se perniquebró la pierna derecha jugando al fútbol.* v.tr/prnl. conj: pensar

pernituerto, a Que tiene las piernas torcidas: *quedó un poco pernituerto después del accidente.* adj. = patituerto

perno (Del cat. *pern*.)
1 Pieza metálica larga, cilíndrica y de cabeza redonda, usada para afirmar otras de gran volumen asegurando su extremo con una tuerca o un remache. s.m.
2 Pieza del gozne o bisagra en que está la espiga.

pernocta Acción y resultado de pernoctar o pasar la noche fuera del domicilio habitual, o del cuartel los soldados. s.f. = pernoctación

pernoctación Pernocta, acción y resultado de pernoctar. s.f.

pernoctar (Del lat. *pernoctare*.) Pasar la noche en un lugar distinto del domicilio habitual: *pernoctaron en un parador nacional.* v.intr.

pernotar Percibir una persona una cosa. v.tr.

pero
I (Derivado de *pera*.)
1 Variedad de manzano de fruto alargado. s.m./BOTÁNICA BOTÁNICA
2 Fruto de este árbol.
II (Del bajo lat. *per hoc*, por esto.)
1 Indica oposición, contrariedad o limitación: *es guapo pero estúpido; es alto, pero no mucho; me gusta, pero es demasiado caro.* conj.advers.
2 Indica descontento, asombro o énfasis: *¡pero si ya te lo dije!; pero ¿y esto qué es?*
3 Defecto u objeción: *siempre pone peros a todo; esta casa está bien, pero tiene un pero.* s.m.
4 **pero que muy**: Se usa antepuesta a adjetivos y adverbios para reforzar lo que expresan: *ha hecho un dibujo pero que muy bonito; se lo pasó pero que muy bien.* loc.adj/adv.

perogrullada
1 Afirmación que resulta innecesaria por ser muy evidente: *vale, muy bien, pero de todas formas eso que dices es una perogrullada.* s.f. = sandez, tontería

2 Figura que consiste en usar, por lo general con fines humorísticos, verdades evidentes o afirmaciones conocidas por todos. RETÓRICA

perogrullesco, a De la perogrullada. adj.

perogrullo (De *Pero Grullo*, personaje vulgar.) Se usa para indicar que una cosa, por evidente, resulta simple decirla, en la expresión **de perogrullo**. loc.adj.

perojiménez Pedrojiménez, tipo de uva y vino elaborado con ella. s.m. tb: perojimén

perol (Del cat. *perol*.)
1 Utensilio de cocina, hecho de metal y semejante a la olla, usado para cocer o calentar alimentos u otras cosas. s.m. COCINA
2 Cosa, asunto o quehacer. Venez.

perola Perol pequeño. s.f./COCINA

peroné (Del fr. *perone* < gr. *perone*, clavija.) Hueso largo y delgado de la parte externa de la pierna: *se ha roto el peroné jugando al fútbol.* s.m. ANATOMÍA

peronismo (Del general Juan Domingo *Perón*.) Movimiento político argentino de carácter populista, surgido en 1945 con la subida al poder de dicho general, caracterizado por la búsqueda de una tercera vía entre el capitalismo y el comunismo. s.m. POLÍTICA = justicialismo

peronista
1 Del peronismo. adj./POLÍTICA
2 Persona partidaria del peronismo. s.m.f/POLÍTICA

peronosporáceo, a Perteneciente a un orden de hongos que, por lo general, son parásitos de las plantas. adj/s.m. BOTÁNICA

peroración
1 Acción y resultado de perorar. s.f.
2 Última parte de un discurso, en que se hace la enumeración y recapitulación de lo dicho, y se trata de influir con mayor eficacia o fuerza en el público. RETÓRICA
3 La parte más patética de esta última parte del discurso. RETÓRICA

perorar (Del lat. *perorare*.)
1 Pronunciar un discurso. v.tr.
2 Soltar discursos largos, molestos o inoportunos: *se puso a perorar sobre sus problemas justo cuando tenía más trabajo.* v.intr. = discursear
3 Pedir una cosa con insistencia: *está en apuros y perora.*

perorata Discurso o razonamiento molesto, inoportuno, largo y aburrido: *el anfitrión nos soltó una perorata interminable al final de la cena.* s.f.

peroxidación
1 Acción y resultado de peroxidar. s.f./QUÍMICA
2 Proceso de formación de peróxidos en las grasas de los alimentos, cuya degradación los vuelve rancios. QUÍMICA

peroxidar Oxidar en el grado más alto. v.tr./QUÍMICA

peróxido
1 Óxido que, dentro de los de su serie, tiene la mayor cantidad posible de oxígeno. s.m. QUÍMICA
2 **peróxido de hidrógeno**: Líquido incoloro, soluble en el agua y en el alcohol, de múltiples aplicaciones, que se conoce con el nombre de agua oxigenada. QUÍMICA

perpendicular
1 Se aplica a la línea o al plano que forma ángulo recto con otro. adj/s.f. GEOMETRÍA
2 Se refiere a la cosa o lugar que forma ángulo recto con otro: *la calle que busca está perpendicular a ésta.* adj.

perpendicularidad Situación de lo que es o está perpendicular con respecto a otra cosa. s.f.

perpendicularmente En línea perpendicular. adv.

perpendículo
1 Plomada, pesa de metal. s.m./MECÁNICA
2 Altura de un triángulo. GEOMETRÍA
3 Cuerpo que oscila suspendido de un hilo o varilla. MECÁNICA

perpetración Acción y resultado de perpetrar o cometer un delito o falta, en especial un crimen. s.f.

perpetrador, a Que perpetra. adj/s.

perpetrar (Del lat. *perpetrare*.) Cometer un delito o una falta grave: *todavía no se sabe quién perpetró el atraco.* v.tr. = consumar

perpetua
1 Denominación de diversas plantas herbáceas cuyas flores se conservan durante mucho tiempo. s.f. BOTÁNICA
2 Flor de estas plantas. BOTÁNICA
3 **perpetua amarilla**: Planta compuesta vivaz de tallos vellosos, hojas lineares sentadas con un tomento blanquecino, y flores en cabezuelas pequeñas y amarillas que se conservan durante mucho tiempo. *(Helichrysum decumbens.)* BOTÁNICA
4 **perpetua común o encarnada**: Planta herbácea anual, de tallo erecto y velloso, hojas de borde entero, flores moradas o azules y fruto en caja. *(Gomphrena globosa.)* BOTÁNICA

perpetuación Continuidad o persistencia de una cosa: *no se puede comprender la perpetuación de una situación tan absurda.* s.f. = perduración

perpetuamente Para siempre, siempre: *te estaré perpetuamente agradecida.* — adv. / = eternamente

perpetuán Tela de lana, basta y muy tupida, que se usaba en la antigüedad. — s.m./TEXTIL / = sempiterna

perpetuar
1 Hacer una cosa perpetua o perdurable: *el odio se perpetuó en su corazón; sus hazañas se perpetuaron en la memoria colectiva del pueblo.* — v.tr/prnl. / conj: *actuar* / = mantener
2 Tener una cosa una larga duración: *la reunión se perpetuó hasta las cinco de la madrugada.* — = prolongar

perpetuidad
1 Duración sin fin de una cosa. — s.f./= eternidad
2 Duración muy larga o incesante de una cosa o de una acción. — = perdurabilidad
3 **a perpetuidad:** Para siempre, para toda la vida: *el funcionario tiene un trabajo a perpetuidad.* — loc.adj/adv.

perpetuo, a (Del lat. *perpetuus*, continuo.)
1 Que dura siempre: *ya está muy cansado de soportar ese perpetuo dolor.* — adj. / = eterno, perenne
2 Que dura toda la vida de la persona de que se trata: *le han asignado una renta perpetua; condenaron al asesino a cadena perpetua.* — = vitalicio

perpiaño
1 Piedra o sillar que atraviesa toda la pared u ocupa todo el espesor del muro. — s.m. / CONSTRUCCIÓN
2 Se aplica al arco resaltado en el intradós del cañón de una nave. — ARQUITECTURA

perplejamente Con confusión e irresolución. — adv.

perplejidad Estado de ánimo de quien se encuentra perplejo o sin saber qué hacer: *fue tal su perplejidad al vernos entrar en su despacho que no pudo decir nada.* — s.f. / = asombro

perplejo, a (Del lat. *perplexus*, embrollado.) Que está confuso o vacilante: *se quedó perplejo al verla llegar.* — adj. / = confuso

perpunte (Del cat. *perpont* < lat. *perpunctus* < *perpongere*, perforar de un lado a otro.) Jubón fuerte que se usaba a modo de armadura. — s.m. / HISTORIA

perqué (Del ital. *perché*, por qué.)
1 Escrito infamatorio en forma de preguntas y respuestas. — s.m.
2 Composición poética antigua en la que se utilizaba la fórmula de pregunta y respuesta. — POESÍA

perquirir Buscar o investigar una cosa con gran interés y cuidado. — v.tr. / conj: *adquirir*

perra
1 Mamífero cánido hembra de la especie *Canis familiaris.* — s.f. / ZOOLOGÍA
2 Obstinación o capricho: *¡qué perra has cogido con comprarte un coche!* — s.f. / = manía
3 Rabieta de niño: *¡vaya perra que te has cogido por un simple cachete!* — = berrinche
4 Dinero o riqueza: *me he quedado sin una perra; tiene muchas perras.* — = pasta
5 Borrachera o embriaguez. — = cogorza
6 **perra chica:** Moneda de cobre que valía cinco céntimos de peseta que más tarde se acuñó con una aleación de aluminio.
7 **perra gorda o grande:** Moneda de cobre que valía diez céntimos de peseta y más tarde se acuñó con una aleación de aluminio.
8 **estar sin una perra o no tener una perra:** Estar sin dinero: *he comprado varias cosas y ahora estoy sin una perra.*
9 **para ti la perra gorda:** Se usa para poner fin a una discusión que resulta pesada dando la razón al contrario. — coloquial

perrada
1 Conjunto de perros. — s.f./= perrería
2 Cosa que se hace con maldad. — = perrería

perramente Muy mal, de modo desastroso: *viven perramente en ese cuartucho miserable.* — adv.

perrera
1 Sitio donde se guardan o encierran los perros: *fui a la perrera municipal a buscar un perro para llevármelo.* — s.f.
2 Coche municipal destinado a la recogida de perros vagabundos.
3 Departamento de los trenes y aviones destinado a llevar los perros u otros animales domésticos.
4 Ocupación de mucho trabajo y poca utilidad.
5 Persona mal pagadora.
6 Rabieta de niño: *la perrera de irse a jugar le duró toda la tarde.* — = perra
7 Cárcel preventiva en una comisaría de policía.

perrería
1 Conjunto de perros. — s.f.
2 Cosa que se hace con maldad, jugarreta: *está muy enfadado por la perrería que le han hecho.* — = cochinada, perrada
3 Conjunto de personas malvadas. — = banda
4 Expresión o demostración de enfado. — = rabieta

perrero, a
1 Empleado municipal encargado de recoger perros abandonados en la calle. — s.

2 Persona aficionada a tener o criar perros.
3 Persona encargada de cuidar los perros de caza. — CAZA
4 Persona que se encargaba, en las catedrales, de echar fuera de ellas a los perros. — = canicularia, echaperros

perrillo
1 Gatillo de las armas de fuego. — s.m.
2 Pieza de hierro con forma de mediacaña arqueada con dientes en los bordes, que se les pone a las caballerías muy duras de boca en lugar de la cadenilla de la barbada. — EQUITACIÓN
3 **perrillo de falda:** Perro faldero.
4 **perrillo de todas bodas:** Persona que gusta de estar en todas las fiestas y diversiones. — coloquial

perrito
1 Bocadillo alargado relleno de una salchicha de frankfurt, con tomate o mostaza. — s.m. / COCINA
2 **perrito caliente:** Este mismo bocadillo. — tb: hot dog

perro, a (De origen incierto.)
1 Mamífero carnívoro doméstico, de la familia de los cánidos, de tamaño, pelaje y color variable, según las razas: *el perro ha estado ladrando toda la noche. (Canis familiaris).* — s. / ZOOLOGÍA
2 Persona despreciable. — = miserable
3 Se aplica a la persona tenaz, firme y constante en una cosa. — adj/s.
4 Que es muy malo o indigno: *por muy perra que sea esta vida, merece ser vivida.*
5 Engaño o perjuicio que se causa a una persona en un contrato, o cualquier otra molestia que se le ocasiona. — s.m.
6 Insulto que utilizaban los seguidores de una religión contra los de otras, en especial a judíos y musulmanes.
7 **perro alano:** El de raza, grande, de pelo fino, cola larga y orejas caídas obtenido por el cruce de dogo y lebrel. — ZOOLOGÍA
8 **perro albarraniego:** El que vigila ganado trashumante.
9 **perro alforjero:** El de caza entrenado para guardar las alforjas. — CAZA
10 **perro ardero:** El que caza ardillas. — CAZA
11 **perro braco:** 1. El de talla mediana, con cabeza fina y orejas caídas, muy hábil siguiendo pistas. 2. El que es pequeño y con el hocico quebrado. — ZOOLOGÍA / ZOOLOGÍA
12 **perro bucero:** Sabueso de hocico negro. — ZOOLOGÍA
13 **perro buldog:** Los de raza inglesa pequeños, fuertes y hábiles, de pelo corto y boca torcida, empleados en la antigüedad para luchar contra los toros. — ZOOLOGÍA
14 **perro careador o de carea:** El que guía y agrupa las ovejas u otros animales.
15 **perro chico:** Perra chica, antigua moneda de cobre que valía cinco céntimos de peseta.
16 **perro chino:** 1. Raza oriental de color oscuro, talla pequeña, gorda y casi sin pelo. 2. Raza de talla pequeña, pelo largo y cabeza torcida. — ZOOLOGÍA / ZOOLOGÍA
17 **perro cobrador:** El que recupera o persigue las piezas de caza heridas o abatidas. — CAZA
18 **perro dálmata:** Raza que se caracteriza por un pelaje corto, de color blanco con pequeñas manchas oscuras.
19 **perro danés:** 1. El híbrido de lebrel y mastín. 2. Gran danés o dogo alemán. — ZOOLOGÍA / ZOOLOGÍA
20 **perro de aguas:** Raza de tamaño mediano, gruesa, de cuello corto, orejas caídas y pelo largo, espeso y rizado. — ZOOLOGÍA
21 **perro de ajeo:** El entrenado para espantar las perdices. — CAZA
22 **perro de ayuda:** El entrenado para ayudar y defender a su dueño.
23 **perro de busca:** El entrenado para rastrear la caza. — CAZA
24 **perro de casta:** El que es de raza pura.
25 **perro de engarro:** El pequeño que se usa para cazar perdices. — CAZA
26 **perro de lanas:** El de raza de mediano tamaño, cuello gordo, orejas caídas y pelo largo, rizado y espeso. — ZOOLOGÍA
27 **perro de muestra:** Aquel que cuando olfatea una pieza se queda inmóvil, señalándosela al cazador. — CAZA
28 **perro de presa:** El de raza muy grande, fuerte y robusto con orejas pequeñas y tiesas. — ZOOLOGÍA
29 **perro de punta y vuelta:** El de caza que señala primero la presa y luego se vuelve para cogerla de frente. — CAZA
30 **perro de Terranova:** Variedad de perro de aguas de pelo largo y sedoso, y color blanco con manchas negras. — ZOOLOGÍA
31 **perro del hortelano:** Persona que no hace una cosa ni deja que otros la hagan. — coloquial
32 **perro dogo:** El de raza fuerte de defensa y guardián, de tamaño variable, cuerpo corto y robusto, cabeza redonda, patas cortas y orejas pequeñas y tiesas. — ZOOLOGÍA
33 **perro faldero:** El que es pequeño y mimado usado como animal de compañía. — coloquial

34 perro foxterrier: Raza inglesa de tamaño media- ZOOLOGÍA
no, en general de pelo duro y rizado que desciende de la
utilizada en la antigüedad en las cacerías de zorros.
35 perro galgo: Los altos y gráciles, de cuerpo esbel- ZOOLOGÍA,
to, patas finas, hocico apuntado, muy veloces, que CAZA
son utilizados para cazar liebres a la carrera.
36 perro gozque: El que es pequeño y ladrador. ZOOLOGÍA
37 perro grande: Perra gorda, antigua moneda de
cobre que valía diez céntimos de peseta.
38 perro guión: El que va delante de la jauría. CAZA
39 perro jateo: El que se utiliza en monterías y para CAZA
cazar zorros.
40 perro lebrel: Los altos, de cuerpo largo, lomo rec- ZOOLOGÍA,
to, patas inclinadas hacia atrás y orejas caídas, utili- CAZA
zados para cazar liebres.
41 perro lebrero: El que se utiliza para cazar liebres. CAZA
42 perro lucharniego: El que se utiliza para cazar de CAZA
noche.
43 perro marino: Cazón, pez condrictio. ZOOLOGÍA
44 perro mastín: Los grandes y fuertes, de cabeza ZOOLOGÍA
grande con papada, patas recias, pecho ancho, pelo
denso y lanoso y orejas caídas, muy buen pastor de
montaña.
45 perro mudo: Mapache, mamífero carnívoro de la ZOOLOGÍA
familia de los prociónidos.
46 perro pachón: Raza parecida a la de los perdigue- ZOOLOGÍA
ros, de patas cortas, cabeza redonda y boca grande.
47 perro pequinés: Los de raza china, pequeños, de ZOOLOGÍA
pelo largo y boca torcida, muy utilizados como animales de compañía.
48 perro perdiguero: El de caza, de talla mediana, ZOOLOGÍA
cabeza fina, orejas grandes y caídas y pelo corto,
muy hábil siguiendo pistas.
49 perro podenco: El de caza parecido al lebrel, ZOOLOGÍA,
pero más pequeño y robusto, de lomo recto, patas CAZA
largas y orejas tiesas, que es muy resistente.
50 perro quitador: El entrenado para traer la caza CAZA
que otros recuperan.
51 perro raposero: El pequeño que se utiliza en CAZA
monterías y para cazar zorros.
52 perro rastrero: El que ha sido entrenado para CAZA
rastrear y seguir la pista de la caza.
53 perro sabueso: Variedad de podenco de olfato ZOOLOGÍA
muy fino.
54 perro tomador: El encargado de coger las piezas. CAZA
55 perro ventor: El de caza que detecta a las piezas CAZA
por su olor.
56 perro viejo: Persona muy experimentada y difícil coloquial
de engañar en una cosa: *no te fíes de su aparente inocencia, que es perro viejo.*
57 perro zarcero: El de caza pequeño que puede entrar CAZA
con facilidad a los matorrales para recoger las piezas.
58 perro zorrero: El que se utiliza en monterías y CAZA
para cazar zorros.
59 a cara de perro: Con mucha decisión y sin con- loc.adv.
cesiones: *negociaron la compra-venta a cara de perro.*
60 a espeta perro: De manera súbita y con mucha loc.adv.
precipitación: *salieron de casa a espeta perro y se deja- coloquial
ron las llaves.*
61 a otro perro con ese hueso: Se usa para rechazar coloquial
un encargo desagradable o engañoso.
62 atar los perros con longaniza: Expresa una si- coloquial
tuación exagerada de abundancia: *en esa casa atan los
perros con longaniza.*
63 como el perro y el gato: Mal avenidos: *aunque* loc.adv.
sean hermanos, siempre andan como el perro y el gato. coloquial
64 de perros: Muy molesto, riguroso, o desagrada- loc.adj.
ble: *no pudimos salir de paseo porque hacía un tiempo de* coloquial
perros.
65 echar a perros: Dilapidar, malgastar o perder una coloquial
cosa.
66 morir como un perro: 1. Morir solo, desampara- coloquial
do: *murió como un perro sin nadie a su lado.* 2. Morir sin
el auxilio religioso, o sin arrepentirse.
67 muerto el perro se acabó la rabia: Expresa que coloquial
al desaparecer la causa de un problema éste desaparece también.
68 tratar a alguien como a un perro: Maltratarle, des- coloquial
preciarle: *vi que le trataban como a un perro en aquel bar.*
perroquete Mastelerillo colocado sobre el mastelero s.m.
de gavia que sostiene los juanetes. NÁUTICA
perruna Pan de harina sin tamizar que sirve de comi- s.f.
da para perros.
perruno, a Del perro: *es un experto conocedor de las* adj.
enfermedades perrunas.
persa
1 Que es de Persia, antiguo reino asiático, actual adj./HISTORIA
Irán.
2 Persona natural de este antiguo reino. s.m.f./HISTORIA
3 Lengua indoeuropea del grupo iranio hablada por s.m./LINGÜÍSTICA
este pueblo.
per se (Expresión latina.) Por sí mismo. loc.adv.
persecución
1 Acción y resultado de perseguir: *fue espectacular la* s.f.
persecución del ladrón. = persecuimiento

2 Acción de procurar dañar a los adeptos a una doctrina religiosa o política: *persecución contra los musulmanes.*
3 Insistencia continua con que se acosa a una perso- = reiteración
na para conseguir una cosa: *su actitud es una continua
persecución para que le preste dinero.*
persecutor, a Que persigue: *despistó a sus persecuto- adj./s.
res metiéndose por un callejón.* = perseguidor
persecutorio, a Que implica o tiene relación con la adj.
persecución: *manía persecutoria; régimen persecutorio.*
perseguible Que debe o puede ser perseguido judi- adj.
cialmente: *no pagar los impuestos es una actitud perse- DERECHO
guible.*
perseguidor, a
1 Que persigue. adj./s./= persecutor
2 Que molesta, fatiga o hace sufrir a una persona.
perseguimiento Persecución, acción y resultado de s.m.
perseguir.
perseguir (Del lat. *persequi.*)
1 Seguir a una persona que huye para cogerla: *persi- v.tr./conj: seguir.
guió al atracador por todo el parque.* = buscar
2 Intentar conseguir una cosa por todos los medios = pretender
posibles: *persigue una plaza de funcionario.*
3 Infligir penas a una creencia u opinión o a sus seguidores.
4 Molestar una persona a otra, en general para con- = atormentar,
seguir una cosa: *me persigue para que le dé trabajo; su* importunar
jefe siempre le persigue para recriminarle su retraso.
5 Repetirse en la vida de una persona sucesos desgra- = atormentar
ciados, molestias o daños: *le persigue la mala suerte.*
perseidas (De *Perseo,* héroe griego hijo de Zeus.) Es- s.f.pl.
trellas fugaces que aparecen en la constelación que ASTRONOMÍA
lleva el nombre de este héroe.
persevante Oficial de armas inferior al faraute, en el s.m.
orden de caballería. HISTORIA
perseveración
1 Acción de perseverar. s.f.
2 Persistencia en una respuesta o idea, a preguntas, SICOLOGÍA
cuestiones o estímulos diferentes.
perseverancia
1 Actitud del que mantiene la firmeza de ánimo en la s.f.
consecución de una cosa: *su perseverancia le lleva a* = constancia
conseguir todo lo que se propone.
2 Duración permanente o muy prolongada de una = persistencia
cosa: *la perseverancia de la fiebre empieza a preocuparme.*
3 **perseverancia final:** Firmeza hasta la muerte en el RELIGIÓN
mantenimiento de la virtud y de la gracia.
perseverante Que persevera o se mantiene firme en adj.
lo que piensa o lo que hace: *se mantuvo perseverante* = tenaz
en su decisión.
perseverar (Del lat. *perseverare.*)
1 Mantenerse una persona firme en una opinión o v.intr./+ en
una conducta: *perseveró en su actitud hasta lograr la* = insistir,
subvención. persistir
2 Mantenerse en un mismo estado durante largo = durar,
tiempo: *si a pesar del medicamento la enfermedad perse-* persistir
vera, será preciso hospitalizarle.
persiana (Del fr. *persienne < persien,* propio de Persia.)
1 Armazón de tablillas fijas o móviles que se coloca s.f.
en ventanas y balcones para regular el paso de la luz:
*en verano suele mantener cerradas las persianas de su
casa hasta el anochecer.*
2 Tela de seda con flores grandes tejidas. TEXTIL
3 Combinado de ginebra con menta.
4 **persiana veneciana:** La que se coloca en el interior
y está hecha de piezas curvadas de aluminio o plástico que quedan superpuestas y apretadas al subirla.
persianista Persona que se dedica a la construcción, s.m.f.
colocación o arreglo de persianas.
persiano, a
1 De Persia, antiguo reino asiático y actual Irán. adj./HISTORIA
2 Persona natural de este antiguo reino asiático. s./HISTORIA
persicaria (Del lat. *persicaria.*) Duraznillo, planta her- s.f.
bácea de tallos ramosos y flores rosáceas o blancas. BOTÁNICA
pérsico, a
1 De Persia, antiguo reino asiático y actual Irán. adj./HISTORIA
2 Persona natural de este antiguo reino. s./HISTORIA
3 Planta arbórea de la familia de las rosáceas, de flo- s.m./BOTÁNICA
res rosadas y fruto en drupa, que es una variedad del = melocotonero
melocotonero.
4 Fruto de este árbol. BOTÁNICA
persignar (Del lat. *persignare.*)
1 Hacer la señal de la cruz sobre una persona o una v.tr./prnl.
cosa: *se persignó apresuradamente al subir al tren; se* RELIGIÓN
persignó al pasar delante del altar. = signar
2 Mostrar una persona extrañeza, asombro o admira- v.prnl.
ción: *se persignaba cada vez que oía un comentario mali-* = santiguarse
cioso.
3 Hacer un vendedor la primera venta: *el tendero de la* = estrenarse
esquina se ha persignado esta mañana.
pérsigo Pérsico, planta arbórea y fruto de la misma. s.m./BOTÁNICA

persistencia
1 Insistencia en una cosa o en su ejecución: *me pidió con persistencia que le prestara ayuda.* — s.f. = tenacidad
2 Mantenimiento de una cosa o de una situación en un determinado estado: *la persistencia de la gravedad de su estado nos preocupa mucho.* — = duración
3 Lapsus durante el cual una materia luminiscente continúa emitiendo luz una vez ha cesado la energía que la producía. — ELECTRICIDAD
4 **persistencia retiniana:** Tiempo durante el cual se conserva la impresión de las imágenes en la retina y da continuidad a las películas al visionar sus fotogramas en la pantalla. — FISIOLOGÍA

persistente
1 Que persiste: *no sé cómo eliminar este olor persistente; a veces cansa su actitud persistente en todo.* — adj. = tenaz
2 Se aplica a las hojas que perduran durante todas las estaciones. — BOTÁNICA = perenne/ ≠ caduco

persistir (Del lat. *persistere*.)
1 Mantenerse una persona firme en una cosa: *su hermana persiste en su idea de viajar a Oriente.* — v.intr./= insistir, perseverar
2 Durar largo tiempo: *a pesar del ambientador persiste el olor a pescado en casa.* — = continuar, permanecer

persona (Del lat. *persona*, personaje teatral.)
1 Individuo de la especie humana: *como persona que es, a veces se equivoca.* — s.f. = ser
2 Hombre o mujer cuyo nombre se ignora o se omite: *me lo contó una persona que sabe mucho de estas cosas.* — = sujeto
3 Individuo distinguido en la vida pública.
4 Hombre o mujer de capacidad, disposición y prudencia.
5 Personaje que toma parte en la acción de una obra literaria. — = personaje / LITERATURA
6 Accidente gramatical que consiste en las distintas inflexiones con que el verbo denota si el sujeto de la oración es el que habla, o aquel a quien se habla, o aquel de que se habla. — GRAMÁTICA
7 Sustantivo relacionado mediata o inmediatamente con la acción del verbo. — GRAMÁTICA
8 Sujeto de derecho. — DERECHO
9 Cada una de las tres distintas que subyacen, en una misma esencia, en el dios cristiano. — TEOLOGÍA
10 Supuesto inteligente. — FILOSOFÍA
11 **persona de confianza:** Aquella de la que se puede fiar y a la que se encargan asuntos de gran responsabilidad: *el contable es su persona de confianza y en sus manos está la economía de la empresa.*
12 **persona física:** Cualquier individuo de la especie humana. — DERECHO
13 **persona jurídica:** Ser o entidad a la que sin tener existencia individual física se le reconocen una serie de derechos y obligaciones, como las corporaciones, sociedades, asociaciones y fundaciones. — DERECHO
14 **persona non grata:** La que es rechazada por una colectividad por considerar reprobable su comportamiento. — formal
15 **persona paciente:** La que recibe la acción del verbo. — GRAMÁTICA
16 **primera persona:** La que habla de sí misma en el discurso. — GRAMÁTICA
17 **segunda persona:** Aquella a quien se dirige el discurso. — GRAMÁTICA
18 **tercera persona:** 1. Individuo ajeno a los dos directamente interesados en algo, o que media entre ellos: *me enteré por una tercera persona.* 2. Individuo o cosa de la que se habla. — GRAMÁTICA
19 **de persona a persona:** Estando uno solo con otro, entre ambos y sin intervención de tercero. — loc.adv.
20 **en persona:** Por uno mismo o estando presente: *vio a su ídolo en persona.* — loc.adv.
21 **ser muy persona:** Tener excelentes cualidades humanas. — coloquial

personación
1 Presentación o comparecencia de una persona en un lugar. — s.f. = personamiento
2 Comparecencia de una persona en un juicio para tomar parte en él. — DERECHO

personado
1 Situación de un eclesiástico que, sin jurisdicción ni oficio, tiene ciertas prerrogativas, como asiento preeminente en el coro y alguna renta. — s.m. RELIGIÓN
2 Eclesiástico que tiene el privilegio de ocupar un lugar preferente en el coro. — RELIGIÓN

personaje
1 Persona importante o destacada: *los personajes que había en la reunión imponían bastante.* — s.m.
2 Persona o animal que, sin tener existencia real, interviene en la acción de una obra literaria o en una película: *es un escritor que define muy bien la sicología de sus personajes.* — CINE, LITERATURA

personal
1 De la persona o propio de ella. — adj.
2 De una o para una sola persona: *un lavabo de uso personal.* — = particular
3 De uno mismo: *éste es un problema personal que tengo que resolver yo.* — = íntimo
4 Que hace referencia o tiene relación con las personas gramaticales: *pronombre personal.* — GRAMÁTICA
5 Conjunto de personas que tienen asignado un trabajo en un mismo sitio: *el personal sanitario decidió ir a la huelga.* — s.m. = dotación, plantilla
6 Capítulo de las cuentas de ciertas oficinas en que se consigna el gasto de los empleados. — ECONOMÍA
7 Grupo de personas: *había mucho personal en aquel bar.* — = parroquia
8 Se aplica a la falta que, en el baloncesto, comete un jugador sobre otro: *es su tercera falta personal.* — adj/s.f. DEPORTES

personalidad
1 Modo de ser o de comportarse una persona que se distingue de las demás y que constituyen su individualidad: *los dos tienen una personalidad muy fuerte y dominante.* — s.f. = carácter, identidad
2 Persona importante y destacada en un determinado ambiente o actividad: *han venido muchas personalidades del mundo de la cultura.* — = celebridad, personaje
3 Circunstancia de ser una determinada persona: *tendría que acreditar su personalidad.*
4 Dicho o escrito ofensivo dirigido contra alguien.
5 Aptitud legal para ser sujeto de derechos y obligaciones. — DERECHO
6 Modelo teórico que permite explicar y prever el comportamiento de los individuos. — SICOLOGÍA
7 **personalidad jurídica:** Aptitud legal para intervenir en un negocio o en un juicio. — DERECHO

personalismo
1 Adhesión y trato favorable a una persona o a las ideas defendidas por ésta, en general en política. — s.m.
2 Tendencia a conceder mayor importancia a los intereses personales que a los comunes. — = individualismo
3 Dicho satírico y ofensivo dirigido contra una persona que se nombra de forma concreta.
4 Acción de personalizar. — = alusión
5 Doctrina filosófica que defiende que lo más importante es la persona en su totalidad en virtud de una autonomía y libertad radicales que trascienden el ámbito físico-biológico. — FILOSOFÍA

personalista
1 Del personalismo: *ideas personalistas; política personalista.* — adj.
2 Que es partidario del personalismo.
3 Que se comporta con personalismo: *gobernante personalista.* — adj/s.m.f.

personalización Acción y resultado de personalizar: *por último, el proceso debe contar con el candidato y, por ello, tendemos cada vez más a la personalización.* — s.f.

personalizar
1 Hacer referencia a una persona al decir una cosa: *no personalices, plantea el problema en términos más generales.* — v.tr. conj: *cazar* = aludir
2 Usar un verbo que es impersonal como personal. — GRAMÁTICA
3 Referirse a una persona de forma ofensiva.
4 Hacer una cosa según el gusto o necesidades del usuario.

personalmente
1 En persona, estando uno presente: *vino personalmente a recibirnos.* — adv.
2 En lo personal, de manera personal: *a mí, personalmente, no me afecta tu decisión.*

personamiento Personación, comparecencia en juicio de una persona. — s.m. DERECHO

personarse
1 Presentarse en un lugar: *el jefe no se personó en la reunión.* — v.prnl. tb: apersonarse
2 Reunirse dos o más personas para tratar de un asunto. — = avistarse
3 Presentarse una persona como parte interesada en un juicio o un pleito. — DERECHO

personero Antiguo procurador de las cortes castellanas. — s.m. HISTORIA

personificación
1 Acción y resultado de atribuir acciones o cualidades de personas a cosas inanimadas, abstractas o a los animales. — s.f.
2 Cosa o persona que personifica algo que se expresa: *el niño era la personificación misma de la felicidad.* — = representación
3 Figura que consiste en atribuir a las cosas inanimadas, abstractas o a los seres irracionales, acciones o cualidades de personas. — RETÓRICA = prosopopeya

personificante Que personifica. — adj.

personificar
1 Atribuir acciones o cualidades de persona a seres irracionales o cosas. — v.tr. conj: *sacar* = ejemplificar, simbolizar
2 Ser una persona la principal representante de una acción o un movimiento por desempeñar en ellos un papel señalado: *Dalí personifica el surrealismo español.*

3 Representar un personaje literario una cosa deter- = simbolizar
minada: *Don Quijote personifica la locura más imagina-*
tiva.
4 Hacer referencia en un discurso a una persona o un v.tr/prnl.
escrito con insinuaciones.

personilla
1 Persona muy pequeña o insignificante. s.f./despectivo
2 Niño o niña, o persona muy querida. familiar
personudo, a Que es alto y corpulento. adj.
perspectiva (Del bajo lat. *perspectivus*, relativo a lo
que se mira.)
1 Técnica de representar en un plano los objetos tal s.f.
como aparecen a la vista dando sensación de profun- ARTE
didad.
2 Representación en un plano de los objetos tal ARTE
como aparecen a la vista.
3 Visión que se obtiene al observar algo desde un = panorama
punto, por lo general alejado.
4 Posición desde la que se observa algo: *desde esta* = óptica
perspectiva se ve mejor el estadio.
5 Visión o concepto que se tiene de algún acontecimiento o estado del pasado, más o menos lejanos: *la*
perspectiva de los hechos de la transición española nos
permite hacer un análisis más objetivo.
6 Indicios de algún asunto que ayuden a prever el = expectativa
transcurso que seguirá: *hay buenas perspectivas para la*
cirugía por láser.
7 **perspectiva aérea:** Aquella que representa el aleja- ARTE
miento de los objetos mediante la disposición de las
líneas y la gradación de tonos.
8 **perspectiva caballera:** Aquella que representa en ARTE
el plano los objetos como si se vieran desde arriba,
conservando las proporciones y las distancias.
9 **perspectiva lineal:** Aquella que representa el aleja- ARTE
miento de los objetos sólo mediante la disposición de
las líneas.
10 **tener una cosa en perspectiva:** Considerarla
como probable: *tengo un buen negocio en perspectiva.*
perspectivismo Doctrina filosófica que afirma la s.m.
posibilidad de considerar el mundo desde diver- FILOSOFÍA
sos
puntos de vista o perspectivas igualmente válidas,
porque cada una es única e indispensable para el conocimiento del conjunto.
perspectivista
1 Pintor que es especialista en vistas panorámicas de s.m.f.
ciudades o paisajes. ARTE
2 Del perspectivismo, doctrina filosófica. adj./FILOSOFÍA
perspectivo, a De la representación de un objeto tri- adj.
dimensional en un soporte bidimensional, o de la visión que se puede tener de las cosas y las personas.
perspicacia
1 Agudeza de la vista. s.f.
2 Facultad extraordinaria para razonar, deducir y = agudeza,
comprender una cosa difícil o confusa: *suele analizar* perspicacidad
los problemas con una gran perspicacia.
3 Cualidad de la persona que tiene aptitud extraordi- = penetración
naria para percatarse de las cosas.
perspicaz (Del lat. *perspicax, -acis,* de vista penetrante.)
1 Que explica y comprende las cosas, hasta las más adj.
difíciles, con sencillez y lucidez: *un detective perspicaz;* = agudo,
un ingenio perspicaz. sagaz
2 Se aplica a la vista que percibe muy bien las cosas ≠ miope
a mucha distancia.
perspicuidad
1 Cualidad de perspicuo o transparente. s.f.
2 Capacidad de expresarse y explicarse con claridad. = transparencia
perspicuo, a (Del lat. *perspicuus.*)
1 Que es transparente o muy claro. adj.
2 Se refiere a la persona que explica las cosas con
sencillez y claridad.
3 Que puede ser comprendido con facilidad por ser = transparente
muy claro: *tiene un estilo perspicuo.*
persuadir (Del lat. *persuadere.*) Convencer o inducir v.tr/prnl.
con razones a una persona a que crea o haga una cosa: = instigar
se persuadió pronto; me persuadió de que era mejor abste-
nerse; te persuadió con facilidad a volver a estudiar.
persuasible Que puede ser persuadido o convencido adj.
de algo.
persuasión
1 Acción y resultado de persuadir o convencer de s.f.
una cosa a una persona.
2 Estado de la persona que está segura o convencida = convencimiento
de alguna cosa.
persuasiva Facultad para persuadir o convencer: *es* s.f.
un buen negociador, tiene mucha persuasiva.
persuasivo, a Que tiene el poder de persuadir: *argu-* adj.
mento persuasivo; carácter persuasivo. = convincente
persuasor, a Que persuade o convence. adj/s./= persuasivo
persuasorio, a Que tiene eficacia para persuadir o adj.
convencer. = persuasivo

persulfato Sal derivada de un peróxido, que se obtie- s.m.
ne por electrólisis de un sulfato. QUÍMICA
persulfuro Polisulfuro que contiene la mayor pro- s.m.
porción posible de azufre. QUÍMICA
pertenecer (Del lat. *pertinere.*)
1 Ser una cosa propiedad de una persona: *el libro per-* v.intr.
tenece al profesor. conj: *carecer*
2 Tener una obligación de una persona: *creo que* = corresponder
este arreglo pertenece al propietario del piso.
3 Ser una cosa parte de otra: *esta llave pertenece a esta*
cerradura.
perteneciente Que pertenece: *es un asunto pertene-* adj.
ciente al estado.
pertenencia
1 Propiedad que una persona tiene sobre una cosa: s.f.
todos estos libros son de mi pertenencia.
2 Espacio o territorio que pertenece legalmente a una = dominio
persona.
3 Lo que pertenece a una persona o que está incluido s.f.pl.
en una propiedad mayor: *se fue con todas sus pertenen-*
cias; se compró una casa y todas sus pertenencias.
4 Unidad de medida superficial para las concesiones s.f.
mineras que, en la actualidad, equivale a un cuadra- MINERÍA
do de una hectárea.
pértica (Del lat. *pertica,* vara.) Medida agraria de lon- s.f.
gitud, equivalente a 2,7 metros aproximadamente.
pértiga (Del lat. *pertica,* vara.)
1 Palo largo, delgado y fuerte. s.f./= garrocha
2 Barra larga y flexible, de material sintético, usada DEPORTES
para practicar el salto de pértiga, en el atletismo.
3 Vara larga que en los platós de rodaje permite acer- AUDIOVISUALES,
car los micrófonos a la escena suspendiéndolos en el CINE
aire para que no sean filmados, por las cámaras.
pértigo Lanza del carro. s.m.
pertiguear Hacer caer los frutos de un árbol con una v.tr/AGRICULTURA
pértiga. = varear
pertiguero Sacerdote que, en las catedrales, lleva en s.m.
la mano una vara larga de plata durante la celebra- RELIGIÓN
ción de los oficios.
pertinacia
1 Obstinación o tenacidad en mantener una opinión s.f.
o una actitud. = insistencia
2 Duración prolongada de una cosa perjudicial. = persistencia
pertinaz (Del lat. *pertinax, -acis.*)
1 Que es terco u obstinado: *es difícil discutir con él por-* adj./pl: pertinaces
que es muy pertinaz con sus ideas y no da nunca su brazo = tozudo
a torcer. ≠ dócil
2 Que es muy persistente o duradero: *caía una lluvia* = constante,
fina pero pertinaz. insistente
pertinencia
1 Cualidad de pertinente. s.f.
2 Circunstancia de lo que viene a propósito o es ade- = conveniencia
cuado a un fin: *la pertinencia de lo que dices es indiscu-*
tible.
pertinente (Del lat. *pertinens, -ntis.*)
1 Que se refiere o atañe a lo que se expresa a conti- adj.
nuación: *en lo pertinente a los problemas del país.* ≠ impertinente
2 Se aplica a la acción o al enunciado que es adecua- = conveniente
do u oportuno en el momento en que se hace o dice: ≠ inconveniente
tu intervención fue muy pertinente.
3 Que concierne o conduce a un pleito. DERECHO
4 Se refiere al rasgo fonético que opone un fonema a LINGÜÍSTICA
otro.
pertinentemente De manera apropiada o adecuada. adv.
pertrechar
1 Proporcionar pertrechos o armas a un ejército. v.tr/MILITAR
2 Proporcionar a una persona todo lo necesario para v.tr/prnl.
hacer una cosa: *pertrecharon de alimentos a todos los ex-* = abastecer,
cursionistas; se pertrechó de cuerda antes de bajar a la proveer
cueva.
pertrechos (Del lat. *protractum,* producto.)
1 Conjunto de armas, municiones y máquinas nece- s.m.pl.
sarias para el uso de los soldados y defensa de las MILITAR
fortificaciones o de los buques de guerra.
2 Utensilios que se usan para cualquier actividad. = útiles
perturbable Que puede ser perturbado o alterado: adj.
orden perturbable. = alterable
perturbación
1 Acción y resultado de perturbar o perturbarse. s.f.
2 Mezcla de las señales próximas que interfiere el so- TELECOMUNICA-
nido o la imagen de los receptores. CIONES
3 Alteración de la órbita de un astro. ASTRONOMÍA
4 **perturbación atmosférica:** Estado de la atmósfera
que se caracteriza por fuertes vientos y precipitaciones y que corresponde a una depresión.
5 **perturbación de la aguja:** Desviación de la aguja NÁUTICA
magnética producida por el hierro del barco.
6 **perturbación mental:** Trastorno de las facultades SIQUIATRÍA
mentales de una persona.
perturbado, a Que tiene trastornadas sus facultades adj/s./SIQUIATRÍA
mentales. = desequilibrado

perturbador, a Que perturba, en especial la persona que altera el orden público: *después de la manifestación, algunos perturbadores rompieron una cabina telefónica.* — adj./s. = agitador, alborotador

perturbar
1 Destruir el orden o la marcha regular de una cosa: *se perturbó el orden público.* — v.tr/prnl. = alterar
2 Alterar o hacer perder el aplomo a una persona: *se perturbó y no pudo articular palabra.* — = confundir, turbar
3 Perder una persona el juicio: *poco a poco se ha ido perturbando y ahora ya está casi loco.* — v.prnl. = trastornarse

perú (De *Perú*, país sudamericano.) Indica que una cosa es muy apreciada o tiene mucho valor en la expresión **valer un perú**: *esta chica es una gran trabajadora, vale un perú.* — s.m.

peruanismo Palabra o expresión propias del español hablado en Perú. — s.m. LINGÜÍSTICA

peruanizar Introducir las costumbres, la cultura y el carácter peruanos en un lugar. — v.tr. conj: *cazar*

peruano, a
1 De Perú, país americano. — adj/s./= peruviano
2 Persona natural de este país americano. — s.
3 Modalidad de la lengua española hablada en este país. — s.m. LINGÜÍSTICA

peruétano
1 Peral silvestre cuyo fruto, pequeño y ovalado, tiene un gusto áspero. — s.m./tb: piruétano BOTÁNICA
2 Fruto de este árbol. — BOTÁNICA
3 Parte saliente y puntiaguda de una cosa. — = pingorote

perulero
I (Derivado de *perol*.) Recipiente de barro muy ancho y con la boca estrecha. — s.m.
II (De *Perú*.)
1 De Perú, país americano. — adj/s./= peruano
2 Persona rica que viene desde este país a España. — = indiano

peruviano, a De Perú. — adj/s.

perversidad
1 Condición de cualquier acción perversa, propia de quien hace el mal y goza con ello. — s.f. = malicia
2 Actitud pícara, traviesa o maliciosa. — = picardía

perversión
1 Acción y resultado de pervertir. — s.f./= corrupción
2 Desviación del comportamiento que lleva a realizar actos contrarios a los aceptados como normales: *no le preocupa la perversión de las costumbres en la sociedad moderna.* — = depravación
3 Funcionamiento anómalo de un órgano o un sistema de órganos. — MEDICINA
4 **perversión sexual**: 1. Comportamiento o práctica sexual que se aparta de lo que en la sociedad se acepta como normal. 2. Patología que se caracteriza por la desviación en cuanto al objeto de la sexualidad o a los medios para satisfacerla. — SOCIOLOGÍA, SICOLOGÍA, SIQUIATRÍA

perverso, a
1 Que se comporta con maldad y disfruta con ello: *el asesino era un loco perverso.* — adj/s. = depravado
2 Que se hace con maldad: *acción perversa.* — adj.

pervertidor, a Que pervierte. — adj/s.

pervertimiento Acción o actitud contrarias a la moral aceptada por la mayoría. — s.m. = perversión

pervertir (Del lat. *pervertere*, trastornar.)
1 Hacer a una persona mala o viciosa: *su último novio la ha pervertido; se pervirtió en la mili.* — v.tr/prnl./conj: *sentir* = malear
2 Alterar o cambiar el estado de una cosa. — = corromper

pervibración Tratamiento del hormigón, que consiste en provocar vibraciones en su masa, para aumentar su fluidez. — s.f. TECNOLOGÍA

pervibrador Aparato que se introduce en el hormigón y sirve para hacerlo vibrar. — s.m. TECNOLOGÍA

pervibrar Someter el hormigón a pervibración para aumentar su fluidez. — v.tr. TECNOLOGÍA

pervigilio (Del lat. *pervigilium*.) Vigilia o vela continua, falta de sueño. — s.m. = insomnio

pervinca Planta herbácea de la familia de las apocináceas que crece en lugares umbríos, de flores azules o malvas y pétalos curvos. (*Vinca minor.*) — s.f. BOTÁNICA

pervivencia Acción y resultado de pervivir o seguir viviendo: *la pervivencia de algunas especies de animales está en peligro.* — s.f. = supervivencia

pervivir Seguir viviendo una persona a pesar de la edad o de las dificultades, o una cosa a través del paso del tiempo. — v.intr. = sobrevivir

pesa
1 Pieza metálica con un peso determinado que se utiliza como comparación para determinar el peso de un cuerpo. — s.f.
2 Pieza de peso suficiente que, colgada de una cuerda, se emplea para dar movimiento a ciertos relojes o como contrapeso para subir y bajar objetos. — MECÁNICA
3 Piezas de diferentes pesos que se utilizan para hacer gimnasia o en halterofilia. — DEPORTES

4 Carnicería, tienda donde se vende carne para el consumo. — Colomb., Méx., C. Rica, Nicar., Venez.

pesabebés Báscula para pesar a los bebés. — s.m./pl: pesabebés

pesacartas Balanza para pesar cartas y paquetes ligeros con el fin de determinar el franqueo que les corresponde. — s.m. pl: pesacartas

pesada
1 Pesaje, acción y resultado de pesar. — s.f.
2 Cantidad que se pesa de una vez.

pesadez
1 Condición de lo que pesa mucho. — s.f./pl: pesadeces
2 Hecho de estar una cosa demasiado recargada.
3 Estado físico de quien está pesado u obeso: *está bastante torpe debido a su pesadez.* — = gordura
4 Circunstancia de producir el tiempo atmosférico una sensación de abatimiento en el organismo a causa de la presión, el calor y la humedad reinantes: *la pesadez y el sopor que le produce el calor le impiden trabajar bien.*
5 Actitud de la persona que produce molestia, irritación o aburrimiento en los demás. — = fastidio
6 Hecho de ser algo pesado, que cuesta trabajo aguantarlo o hacerlo: *es una pesadez tener que ir a rehabilitación.* — engorro
7 Circunstancia de resultar una cosa aburrida por su excesiva duración, monotonía o rutina: *qué pesadez de reunión, ya llevamos tres horas y todavía no se acaba.* — = aburrimiento
8 Sensación de peso, cargazón o cansancio en la cabeza, en el estómago o en otras partes del cuerpo: *antes de vomitar se quejaba de pesadez de estómago.* — = malestar
9 Hecho de ser un trabajo monótono o rutinario: *tener que mecanografiar escritos todo el día es una pesadez.* — = tostón

pesadilla
1 Sueño caracterizado por imágenes y situaciones que causan angustia y que con frecuencia despiertan con miedo a quien lo tiene: *el niño se despertó en medio de una terrible pesadilla.* — s.f. SICOLOGÍA = delirio
2 Dificultad de respirar que se experimenta mientras se duerme. — = angustia
3 Preocupación grande y continua: *la enfermedad de su hijo es una pesadilla para ella.* — = zozobra
4 Cosa que resulta molesta o enojosa: *estas vacaciones resultaron una pesadilla.* — = suplicio

pesado, a
1 Que pesa mucho: *el mueble es más pesado de lo que yo creía.* — adj. ≠ ligero
2 Que está demasiado recargado de material, de adornos o de sustancia: *no me gusta mucho el edificio, es un poco barroco y pesado.* — = cargante
3 Se refiere a la persona que es lenta o torpe de movimientos por vejez u obesidad.
4 Se aplica al tiempo que produce en el organismo una sensación de abatimiento o pesadez debido a la excesiva presión atmosférica. — = cargante
5 Es muy molesto o irritante por ser demasiado insistente: *¡qué pesado!, siempre lo mismo.* — = cargante, latoso
6 Se aplica a la persona o cosa que cuesta trabajo aguantar o hacer por ser aburrido o no tener interés: *qué película tan pesada.* — = insoportable
7 Se aplica a los ojos, cabeza o estómago que están o se sienten cargados.
8 Se refiere al trabajo que es monótono o rutinario. — = aburrido
9 Se aplica al mecanismo o al dispositivo que es difícil de mover o de hacer girar.
10 Se refiere a la acción o a la broma que no hace gracia y que puede resultar de mal gusto, cruel o violenta.

pesador, a Que pesa cosas. — adj/s.

pesadumbre
1 Disgusto o padecimiento físico o moral. — s.f./= abatimiento
2 Causa o motivo de este padecimiento. — = tristeza
3 Riña o contienda que ocasiona desazón.
4 Injuria o agravio. — = infamia
5 Cualidad de pesado. — = pesadez

pesaje
1 Acción y resultado de pesar una cosa o una persona. — s.m.
2 Acción de pesar a un boxeador antes del combate para constatar su pertenencia a una determinada categoría: *el triunfador se sometió ayer al tradicional pesaje de los boxeadores antes del combate.* — DEPORTES

pesaleche Aerómetro que sirve para medir la densidad de la leche. — s.m. TECNOLOGÍA

pesalicores Aerómetro o instrumento para medir líquidos menos densos que el agua. — s.m. pl: pesalicores

pésame (De *pesar* + *me*.) Expresión de condolencia por la muerte de una persona dirigida a algún familiar de la fallecida: *le dio el pésame por la muerte de su padre.* — s.m. formal

pesamedello Antiguo baile y cantar español. — s.m.

pesamentero, a Que da el pésame para que lo inviten a comer, en los lugares donde es tradicional el convite tras un fallecimiento. — adj.

pesante
1 Que pesa mucho. — adj.

2 Que está entristecido o arrepentido de algo. = pesaroso
3 Peso equivalente a medio adarme. s.m.

pesantez Gravedad o fuerza resultante de la gravita- s.f./pl: pesanteces
ción entre la Tierra y otros cuerpos celestes. FÍSICA

pesar
I (Del verbo *pesar*.)
1 Sentimiento de dolor que abate el ánimo: *la muerte* s.m.
de su compañero le produjo un hondo pesar en el corazón. = abatimiento
2 Arrepentimiento por haber obrado mal: *sintió un* = contricción
verdadero pesar por haber insultado a su amigo.
3 **a pesar de:** 1. Sin que constituya obstáculo o impe- loc.prep.
dimento: *te creo, a pesar de tus continuas mentiras.* 2. loc.conj.
Contra, en contra de la voluntad de una persona o la
resistencia de una cosa: *lo hizo a pesar de las amena-*
zas.
4 **a pesar de los pesares:** A pesar de todas las cosas loc.adv.
o de todos los obstáculos: *a pesar de los pesares, te sigo*
queriendo.
5 **a pesar de que:** Introduce oraciones que indican loc.conj.
concesión: *me iré, a pesar de que me lo han prohibido*
terminantemente.
II (Del lat. *pensare*.)
1 Tener peso una persona, un animal o una cosa: *el* v.intr.
maletín pesa mucho; el niño ya pesa bastante.
2 Tener una persona importancia o influencia en una = influir
cosa: *él pesa mucho en la comisión.*
3 Causar una cosa arrepentimiento o dolor a una = lamentar
persona: *me pesa que no te hayan ascendido.*
4 Tener una cosa influencia en una decisión: *en mi* = influir
propuesta no ha pesado ninguna consideración.
5 Determinar el peso o la masa de una cosa: *¿me pesa* v.tr.
este queso, por favor?
6 Examinar con atención las razones de una cosa = sopesar
para tomar una determinación: *pesamos su comporta-*
miento para saber la verdad.
7 **mal que le pese a una persona:** Aunque le de- loc.conj.
sagrade.
8 **no pesar a una persona haber nacido:** Mostrarse coloquial
orgullosa de sus cualidades.
9 **pesar el pro y el contra:** Examinar los aspectos favorables y desfavorables de una persona o cosa.
10 **pese a:** A pesar de, sin que constituya obstáculo. loc.conj.
11 **pese a quien pese:** Aunque una persona o una loc.adv.
cosa se oponga o surjan dificultades.
12 **ya te pesará:** Expresión que se utiliza para indicar coloquial
a una persona que tendrá que arrepentirse de lo que
hace.

pesario (Del lat. *pessarium* < gr. *pessarion*.)
1 Dispositivo que se coloca en la vagina para corregir s.m.
el descenso de la matriz. MEDICINA
2 Supositorio vaginal. FARMACIA
3 **pesario anticonceptivo:** Instrumento que se coloca en la vagina para impedir el paso de los espermatozoides al cuello uterino.

pesaroso, a
1 Que siente pesadumbre o arrepentimiento: *está* adj.
pesaroso por aquella travesura. = apesadumbrado
2 Que tiene alguna preocupación o disgusto por cau- = preocupado
sa ajena.

pesca
1 Acción y resultado de pescar: *ha salido de pesca muy* s.f.
temprano. PESCA
2 Oficio y arte de pescar: *pesca de arrastre; pesca de al-* PESCA
tura; pesca de bajura.
3 Lo que se pesca o se ha pescado: *los marineros traje-* PESCA
ron mucha pesca.
4 **pesca costera:** La que se hace con embarcaciones PESCA
de tamaño medio a una distancia máxima de 60 millas del litoral.
5 **pesca de altura:** Aquella que se realiza en aguas PESCA
relativamente cercanas al litoral.
6 **pesca de arrastre:** La que se hace arrastrando re- PESCA
des.
7 **pesca de bajura:** Aquella que se hace con peque- PESCA
ñas embarcaciones que faenan cerca de la costa.
8 **pesca de gran altura:** La que se hace fuera de las PESCA
aguas jurisdiccionales en cualquier lugar del océano.
9 **pesca deportiva:** Conjunto de actividades relacio- DEPORTES
nadas con la captura de peces como competición y
sin fines lucrativos.
10 **pesca litoral:** La costera, aquella que se hace a PESCA
una distancia máxima de 60 millas del litoral.
11 **brava, buena o linda pesca:** 1. Persona de malas coloquial
costumbres. 2. Persona muy sagaz o artificiosa.
12 **y toda la pesca:** Conjunto de personas o cosas coloquial
que acompañan a otra.

pescada
1 Merluza, pez teleósteo marino de cuerpo alargado s.f.
apreciado como alimento. ZOOLOGÍA
2 Llave hecha con un alambre. argot
3 **pescada en rollo:** Merluza, pez marino. ZOOLOGÍA

pescadería Lugar o tienda donde se vende pescado. s.f./COMERCIO

pescadero, a Persona que por oficio vende pescado, s.
en especial al por menor.

pescadilla Merluza joven, antes de alcanzar su pleno s.f.
desarrollo. ZOOLOGÍA

pescado
1 Pez comestible sacado del agua: *en su casa se come* s.m.
más pescado que carne. PESCA
2 Bacalao, abadejo salado. COCINA
3 **pescado azul:** El que es rico en grasas, como la PESCA
sardina.
4 **pescado blanco:** Aquel que es poco graso, como el PESCA
lenguado.
5 **ahumársele a una persona el pescado:** Irritarse o coloquial
enfadarse mucho.

pescador, a
1 Que pesca. adj/s./PESCA
2 Persona que se dedica a la pesca por oficio o por s.
placer. PESCA

pescadora Camisa que se abrocha por delante con s.f.
cordones.

pescante
1 Pieza saliente de madera o hierro sujeta a una pa- s.m.
red, a un poste, o al costado de un barco, para soste- NÁUTICA
ner o colgar alguna cosa en ella.
2 Brazo de una grúa. MECÁNICA
3 Asiento del cochero, en los carruajes.
4 Tramoya de los teatros para subir o bajar personas TEATRO
o figuras.

pescar (Del lat. *piscare*.)
1 Coger o intentar coger del agua peces u otros ani- v.tr.
males que viven en ella: *padre e hijo van a pescar todos* conj: sacar
los fines de semana. PESCA
2 Sacar una cosa del fondo del mar o de un río: *tuvo* = coger
que pescar el balón del río.
3 Contraer una persona o un animal una enferme- coloquial
dad: *durante la lluvia pescó un resfriado.* = pillar
4 Coger o sujetar a una persona, un animal o una coloquial
cosa: *la policía pescó al ladrón en esta calle.* = atrapar
5 Descubrir a una persona que hace o dice una cosa coloquial
que pretende ocultar: *pesqué a mi novio en el cine* = sorprender
acompañado de una rubia.
6 Conseguir una cosa con habilidad: *ya ha pescado a* coloquial
un novio rico y tonto. = cazar
7 **no saber lo que se pesca:** Actuar una persona de coloquial
una manera desorientada o despreocupada: *no ha sa-*
bido nunca lo que se pesca, pero ha tenido suerte.
8 **pescar a río revuelto:** Servirse de una situación de coloquial
desorden o confusión para conseguir una cosa: *pesca*
los ascensos a río revuelto cuando hay huelga.
9 **pescar al vuelo:** 1. Coger una cosa mientras está coloquial
en el aire. 2. Darse una persona cuenta de una cosa o
entenderla con rapidez: *pescó al vuelo la explicación de*
este problema.

pescozada
1 Pescozón, golpe dado en el pescuezo. s.f.
2 Bofetada que daba la persona que armaba caballero HISTORIA
al caballero joven.

pescozón Golpe dado con la mano en el pescuezo o s.m./= cogotazo,
en la cabeza. pescozada

pescozudo, a Que tiene el pescuezo muy grueso. adj.

pescuezo (Del ant. *poscoço*.)
1 Parte del cuello de los animales o de las personas. s.m./= cogote
2 Soberbia, vanidad o alto concepto en que se tiene = altanería
una persona: *tu amigo es muy altanero y siempre va*
sacando el pescuezo.
3 **andar al pescuezo:** Liarse a golpes. coloquial
4 **apretar, estirar o torcer a una persona el pes-** coloquial
cuezo: Matarle ahorcándole.
5 **retorcer el pescuezo:** 1. Matar a un animal retor- coloquial
ciéndole el cuello. 2. Amenaza que suele hacerse a coloquial
los niños cuando han hecho una travesura: *si te cojo te*
retuerzo el pescuezo.
6 **torcer el pescuezo:** Morir, dejar de vivir. coloquial

pescuño (Del ant. *poscuño* < lat. *post*, detrás + *cuneus*, s.m.
cuña.) Cuña gruesa y larga con que se aprieta la este- AGRICULTURA
va, reja y dental del arado.

pesebre (Del lat. *praesepe*, establo.)
1 Especie de cajón o artesa donde se echa de comer s.m.
al ganado vacuno y las caballerías. = dornajo
2 Lugar donde comen los animales: *el pesebre estaba* = establo
lleno de animales domésticos.
3 Representación del nacimiento de Jesucristo. = belén
4 Notable cúmulo de estrellas situadas en la conste- ASTRONOMÍA
lación del Cangrejo.

pesebrejo Cada alvéolo de las quijadas de las caba- s.m.
llerías.

pesebrera Conjunto y disposición de los pesebres en s.f.
una caballeriza.

pesebrista Persona que construye pesebres o bele- s.m.f.
nes.

pesebrón
1 Cajón situado debajo del suelo de los carruajes s.m.
para apoyar los pies.
2 Suelo de las calesas y calesines.

peseta
1 Unidad monetaria de España y de Andorra. — s.f./ECONOMÍA
2 Dinero o fortuna: *aparenta tener muchas pesetas.* — s.f.pl./coloquial
3 **peseta rubia**: La que está hecha de una aleación de cobre y aluminio, y es de color dorado.
4 **cambiar la peseta**: Vomitar, en especial cuando uno está mareado o borracho. — coloquial
5 **hacer la peseta**: Dar o hacer un corte de mangas. — coloquial
5 **mirar la peseta**: Gastar poco o con cuidado: *mira mucho la peseta, por eso puede ahorrar un poco.*

pesetero, a
1 Que es muy aficionado al dinero: *es tan pesetero que a veces no sale por no gastar.* — adj. = tacaño
2 Que está preocupado por ganar dinero: *aunque es joven, es muy pesetero y por eso trabaja sin parar.*
3 Se aplica a la persona que suele pedir dinero prestado. — Amér.

pesillo Balanza pequeña y muy exacta que se usa para pesar monedas. — s.m. TECNOLOGÍA

pésimamente Muy mal, de la peor manera: *baila pésimamente el vals.* — adv. = fatal

pesimismo
1 Propensión a ver y esperar las cosas en su aspecto más desfavorable: *aunque tiene razones para el pesimismo, él no lo ve todo negro.* — s.m. ≠ optimismo
2 Sistema filosófico que atribuye al universo la mayor imperfección posible. — FILOSOFÍA

pesimista
1 Del pesimismo. — adj.
2 Que se comporta con pesimismo: *es un pesimista, siempre cree que todo le va a salir mal.* — adj/s.m.f. ≠ optimista
3 Que profesa el pesimismo. — FILOSOFÍA

pésimo, a (Del lat. *pessimus.*) Muy malo, que no puede ser peor. — adj. ≠ óptimo

peso
1 Fuerza que resulta de la acción de la gravedad sobre un cuerpo. — s.m. FÍSICA
2 Magnitud o valor de esta fuerza. — FÍSICA
3 Pesa o conjunto de pesas que se necesitan para equilibrar una balanza.
4 La propia balanza: *me da la impresión de que se ha estropeado el peso.* — = báscula
5 Cosa que pesa mucho: *no puedes llevar tanto peso.* — = carga
6 Valor o importancia de una cosa: *hay que reconocer que su argumento tiene mucho peso.* — = entidad
7 Sensación de molestia o de cansancio: *se levantó con un peso tremendo en la cabeza.* — = pesadez
8 Lo que causa preocupación o angustia: *los problemas de su hijo son un peso para ella.* — = inquietud
9 Carga u obligación que tiene una persona: *ese trabajo es un peso demasiado grande para él.* — = agobio
10 Unidad monetaria de varios estados americanos. — ECONOMÍA
11 Moneda imaginaria que se suponía que valía 15 reales de vellón. — HISTORIA
12 Antigua moneda de plata española, que tuvo diversos valores. — HISTORIA
13 Lugar donde se vendían comestibles al por mayor. — HISTORIA
14 Esfera metálica que se lanza con una sola mano tan lejos como se pueda, en el atletismo. — DEPORTES
15 **peso atómico**: Cierta relación entre la masa de los átomos de un elemento. — QUÍMICA
16 **peso bruto**: El total, incluida la tara. — COMERCIO
17 **peso duro**: 1. Moneda de plata que valía ocho reales fuertes. 2. Moneda de cinco pesetas. — HISTORIA
18 **peso específico**: Cociente entre el peso de un cuerpo y su volumen. — FÍSICA
19 **peso gallo**: Boxeador profesional que pesa menos de 53 kilos 524 gramos. — DEPORTES
20 **peso ligero**: Boxeador profesional que pesa menos de 61 kilos 235 gramos. — DEPORTES
21 **peso molecular**: Suma de los pesos atómicos que entran en la fórmula molecular de un compuesto. — QUÍMICA
22 **peso mosca**: Boxeador profesional que pesa menos de 50 kilos 802 gramos. — DEPORTES
23 **peso muerto**: Máxima carga de un barco mercante. — NÁUTICA
24 **peso neto**: Lo que queda del peso bruto, una vez deducida la tara. — COMERCIO
25 **peso pesado**: Boxeador profesional que pesa más de 79 kilos 378 gramos. — DEPORTES
26 **a peso de oro**: A un precio muy alto. — loc.adj.
27 **caerse una cosa de o por su propio peso**: Estar muy clara la evidencia de su verdad. — coloquial
28 **de peso**: 1. Se refiere a la persona sensata e influyente. 2. Se aplica a la razón o motivo de mucha importancia o de valor decisivo. — loc.adj. loc.adj.
29 **en peso**: 1. En el aire. 2. Enteramente o del todo. 3. En duda, sin inclinarse por una u otra cosa. — loc.adv. loc.adv.
30 **llevar una persona en peso una cosa**: Tenerla a su cargo. — coloquial
31 **tomar a peso una cosa**: Examinarla o considerarla con cuidado. — coloquial
32 **valer una persona o una cosa su peso en oro**: Ser muy valiosa o muy buena: *tu amiga es muy inteligente, vale su peso en oro.* — coloquial

pésol Guisante, semilla de esta planta hortense. — s.m./= bisalta

pespuntador, a Que pespunta. — adj/s./TEXTIL

pespuntar (Del ant. *pospuntar* < lat. *post*, detrás + *ponctare*, puntar.) Coser una tela con pespuntes. — v.tr./TEXTIL tb: pespuntear

pespunte
1 Labor de costura que consiste en volver la aguja hacia atrás después de cada punto para meter la hebra en el mismo sitio por donde se pasó antes, de modo que las puntadas queden unidas. — s.m. TEXTIL
2 **medio pespunte**: Labor que se hace dejando la mitad de los hilos que se tenían que coger en cada puntada. — TEXTIL

pespuntear
1 Pespuntar, hacer pespuntes en la tela. — v.tr.
2 Tocar la guitarra. — MÚSICA

pesquera
1 Sitio donde se pesca. — s.f./PESCA
2 Presa pequeña hecha en una corriente de agua. — PESCA

pesquería
1 Conjunto de las actividades de los pescadores. — s.f./PESCA
2 Pesca, acción de pescar. — PESCA
3 Sitio donde se pesca. — = pesquera

pesquero, a
1 Que pesca. — adj./PESCA
2 De la pesca: *industria pesquera.* — PESCA
3 Barco que se dedica a la pesca: *una flota de pesqueros atracó en el muelle.* — adj/s.m. PESCA
4 Se aplica al pantalón largo que no llega a cubrir el tobillo. — adj.

pesquis Ingenio o talento para una cosa: *ha demostrado tener poco pesquis.* — s.m./pl: pesquis = mollera

pesquisa (Del ant. *pesquisda* < lat. *perquisita.*) Investigación, gestión hecha para averiguar una cosa: *la verdad se supo gracias a sus pesquisas.* — s.f. = indagación

pesquisar Hacer gestiones para investigar una cosa. — v.tr./= indagar

pesquisidor, a Que pesquisa o investiga. — adj/s.

pestalociano, a (De *Pestalozzi*, pedagogo suizo.)
1 De este pedagogo suizo. — adj.
2 Que es partidario del método de enseñanza de este pedagogo. — adj/s.

pestaña
1 Cada uno de los pelos que hay en el borde de los párpados, para proteger los ojos: *toda la familia tiene las pestañas muy largas.* — s.f. ANATOMÍA
2 Pelo parecido al del borde de los párpados, en cualquier organismo vegetal o animal: *pestañas vibrátiles de las vías respiratorias.* — BOTÁNICA, ZOOLOGÍA
3 Parte saliente en el borde de una cosa: *el libro que me prestaste tenía una pestaña que se ha roto.* — = reborde
4 Borde de tela que se deja en una costura para que no se vayan los hilos. — = orilla
5 Adorno estrecho que se pone en el borde de una prenda de ropa y que sobresale un poco. — = fleco
6 Pelos rígidos colocados en el borde de dos superficies opuestas, sin hacer parte ni de una ni de otra. — BOTÁNICA
7 **pestaña vibrátil**: Filamento fino y muy pequeño, que en gran número recubre toda o parte de la membrana celular de ciertos protozoos o el cuerpo de las larvas de ciertos animales y les sirve de aparato locomotor. — ZOOLOGÍA
8 **no mover pestaña**: Observar algo con mucha atención. — coloquial
9 **no pegar pestaña**: No pegar ojo, no dormir nada. — coloquial
10 **quemarse las pestañas**: Escribir o estudiar mucho: *se quemó las pestañas para sacar la oposición.* — coloquial

pestañear
1 Mover una persona los párpados abriéndolos y cerrándolos de forma repetida: *cuando se pone nervioso pestañea mucho.* — v.intr. = parpadear
2 Tener vida un ser. — coloquial/= colear coloquial coloquial
3 **no pestañear o sin pestañear**: 1. Mirar o escuchar una persona con extraordinaria atención. 2. Hacer frente una persona a un peligro o tomar una determinación con serenidad.

pestañeo Movimiento rápido y repetido de los párpados. — s.m. = parpadeo

pestañoso, a
1 Que tiene las pestañas muy largas. — adj.
2 Se aplica a la planta u órgano que tiene pestañas. — BOTÁNICA

pestazo Olor muy malo o penetrante: *no se podía aguantar el pestazo que salía del contenedor de basura.* — s.m.

peste (Del lat. *pestis*, epidemia.)
1 Enfermedad infecciosa y contagiosa transmitida a los hombres y a otros animales por parásitos de las ratas: *la peste hizo estragos en el medievo.* — s.f. MEDICINA
2 Cualquier enfermedad epidémica con una alta mortalidad asociada. — MEDICINA = epidemia
3 Mal olor: *su ropa echaba una peste insoportable.* — = hedor

4 Cosa mala o molesta: *esas películas son una peste.* = plaga

5 peste blanca: Tuberculosis, enfermedad infecto-contagiosa. MEDICINA

6 peste bubónica o levantina: Enfermedad infecciosa, epidémica y febril, caracterizada por la formación de pústulas. MEDICINA

7 echar o decir pestes de una persona: Mostrar enojo contra ella. coloquial

pesticida Se refiere a la sustancia que combate las plagas. adj/s.m./QUÍMICA = plaguicida

pestíferamente Muy mal o de un modo dañoso. adv.

pestífero, a (Del lat. *pestis*, epidemia + *ferre*, llevar.)
1 Que puede causar peste o daño grave o que es muy malo. adj. = pestilencial
2 Que padece la peste. adj/s./MEDICINA
3 Que tiene muy mal olor. adj./= hediondo

pestilencia
1 Mal olor: *no se podía aguantar la pestilencia de aquella pocilga.* s.f.
2 Cualquier cosa que puede originar un daño grave. = plaga
3 Peste, enfermedad grave y contagiosa. MEDICINA

pestilencial
1 Que huele mal. adj.
2 Que produce una peste o epidemia. = epidémico

pestilencioso, a Que tiene relación con la peste o pestilencia. adj.

pestilente (Del lat. *pestilens, -tis.*)
1 Que huele muy mal. adj./= maloliente
2 Que origina peste: *una plaga pestilente asoló la comarca.* = pestífero

pestillo (Del lat. vulgar *pestellus < pestulus < lat. pessulus*, cerrojo.)
1 Cerrojo pequeño de una puerta o ventana. s.m./= cierre
2 Pieza de la cerradura que, al cerrar la puerta, entra en el hueco correspondiente del marco.
3 Novio, hombre que está próximo a casarse. P. Rico

pestiño
1 Golosina hecha con pequeñas porciones de masa de harina y huevos batidos que, después de fritas en aceite, se bañan con miel. s.m. COCINA tb: prestiño
2 Persona o cosa pesada o molesta. = plasta, plomo

pesto
1 Salsa hecha a base de albahaca y ajo que se liga con aceite. s.m. COCINA
2 Paliza, zurra de golpes. Argent/coloquial

pestorejo (Del ant. *postorejo < lat. post*, detrás + *auricula*, oreja.) Parte posterior y superior del cuello. s.m. = cogote, nuca

pestoso, a
1 De la peste. adj.
2 Que despide mal olor. tb: apestoso
3 Que padece peste. adj/s./= apestado

pesuña Pezuña, conjunto de los pesuños de un animal. s.f.

pesuño Cada dedo, con su uña, de los animales. s.m.

petaca (Del náhuatl *petlacalli*, caja de estera.)
1 Estuche pequeño de cuero, madera o metal, usado para guardar cigarros o tabaco picado. s.f. = tabaquera
2 Caja de cuero, madera o mimbre para colocar la carga a cada lado de la caballería.
3 Maleta pequeña con un tirante para llevarla colgada del brazo. Méx.
4 Nalgas de las personas. s.f.pl./Méx.
5 hacer la petaca a una persona: Broma que consiste en hacer un envoltorio con las sábanas para que una persona no pueda meterse en la cama.

petacón, a Se refiere a la persona que tiene las nalgas muy grandes. adj. Colomb., Méx.

pétalo (Del gr. *petalon*, hoja.) Cada una de las hojas que forman la corola de la flor. s.m. BOTÁNICA

petaloide (Del gr. *petalon*, hoja + *eidos*, forma.) Que tiene forma de pétalo o de corola. adj. BOTÁNICA

petanca Juego parecido al de bochas, en que se tiran con la mano unas bolas para que queden lo más cerca posible de otra más pequeña que se ha lanzado antes. s.f. JUEGOS

petanque Mineral de plata. s.m./MINERALOGÍA

petar (Del cat. *petar*, peer.) Causar una sensación agradable a una persona: *me petaría ir al cine.* v.intr/prnl. = agradar

petardear
1 Lanzar petardos. v.tr.
2 Hacer un ruido parecido al de éstos.
3 Pedir un préstamo a una persona sin intención de devolverlo: *no trabaja y siempre petardea a sus amigos.* = sablear

petardero
1 Soldado que ponía y disparaba el petardo o morterete. s.m. HISTORIA
2 El que estafa o pega petardos. = petardista

petardista Persona que estafa o pega petardos. s.m.f.

petardo, a (Del fr. *petard.*)
1 Canuto relleno de pólvora que se usa para producir s.m.

---

una detonación: *los jóvenes lanzaban petardos para celebrar la victoria de su equipo.*
2 Explosivo que se usaba para volar puertas. = morterete
3 Persona fea, desagradable o aburrida: *no salgas con ese chico, es un petardo de cuidado.* s. = adefesio
4 Persona incompetente en la actividad a la que se dedica: *ese árbitro es un auténtico petardo, no da ni una.* = inepto
5 Cosa aburrida: *¡vaya petardo de película!* s.m./= plomo
6 Aparato de calidad o funcionamiento deficientes: *este tocadiscos es un petardo, suena muy mal.*
7 Porro, cigarrillo de hachís, marihuana u otra droga fumable. argot = canuto
8 Estafa, petición de una cosa sin ánimo de devolverla. = sablazo
9 pegar un petardo a una persona: Pedirle dinero prestado y no devolvérselo o hacerle algún tipo de estafa o engaño.

pétaso Sombrero de ala ancha que usaban los antiguos griegos y romanos para protegerse del sol y de la lluvia. s.m. HISTORIA

petate (Del náhuatl *petlatl*, estera.)
1 Lío de ropa de cama y de uso personal de cada marinero, de cada soldado en el cuartel y de cada penado en su prisión. s.m. MILITAR
2 Estera de palma que se usa en los países cálidos para dormir sobre ella. = camastro
3 Equipaje de cualquiera de las personas que van a bordo de un barco. NÁUTICA
4 Hombre embustero y estafador.
5 liar uno el petate: 1. Marcharse de un sitio, en especial cuando es despedido. 2. Morir, dejar de vivir. coloquial coloquial

petenera
1 Canto popular andaluz, con acompañamiento de guitarra y letra en cuartetas. s.f. MÚSICA
2 salir por peteneras: Decir o hacer algo fuera de lugar. coloquial

petequia (Del ital. *petecchia < gr. pittakia.*) Pequeña mancha hemorrágica subcutánea, de tamaño variable, y que no desaparece bajo la presión del dedo. s.f. MEDICINA

petequial
1 De la petequia: *estudio petequial.* adj./MEDICINA
2 Que tiene petequias o manchas hemorrágicas. MEDICINA

petera
1 Pelotera o riña. s.f.
2 Obstinación e ira en la expresión de algún deseo. = rabieta

peteretes Golosinas o bocados apetitosos. s.m.pl.

peticano Carácter de letra de imprenta que tiene 26 puntos tipográficos. s.m. ARTES GRÁFICAS

petición (Del lat. *petere*, pedir.)
1 Acción de rogar, demandar o reclamar una cosa a una persona: *su jefe no atendió la petición de aumento de salario.* s.f. = petitoria
2 Expresión de un ruego, una demanda o una reclamación. = súplica
3 Escrito que se presenta a un juez y que contiene las solicitudes y pretensiones del demandante. DERECHO = pedimento
4 petición de mano: Ceremonia para solicitar en matrimonio a una mujer. = pedida
5 petición de principio: Defecto del razonamiento lógico que consiste en dar por cierto y usar como apoyo lo que se quiere demostrar. LÓGICA

peticionario, a Que pide o solicita de forma oficial una cosa. adj/s. = solicitante

petifoque (Del fr. *petit foc*, foque pequeño.) Vela triangular mucho más pequeña que el foque principal y que se orienta fuera de él. s.f. NÁUTICA

petigrís (Del fr. *petit gris*, gris pequeño.) Denominación que se da en peletería a la ardilla común y a su piel. s.m.

petillo
1 Trozo de tela triangular que usaban las mujeres como adorno delante del pecho. s.m.
2 Joya de forma triangular.

petimetre, a (Del fr. *petit-maître*, maestro chico.) Persona arreglada en exceso y demasiado preocupada por seguir las modas. s. = presumido

petirrojo (Del cat. *pit-roig.*) Ave paseriforme túrdida, de plumaje marrón, con el cuello y el pecho rojos, que reside en todo el continente europeo, y emigra hacia los países norteafricanos y asiáticos. (*Erithacus rubecula.*) s.m. ZOOLOGÍA

petiseco, a Se refiere a la planta, fruto o persona que está raquítico o marchito: *con este calor las plantas se han quedado petisecas.* adj

petisú Pastelillo hueco relleno de crema, chocolate u otros ingredientes. s.m. COCINA

petitoria
1 Petición, acción de pedir. s.f./= demanda
2 Expresión verbal de una petición. = petición

petitorio, a
1 Que tiene relación con la petición o súplica. adj.
2 Petición repetida e impertinente. s.m.

3 Cuaderno impreso de los medicamentos que hay en una botica o farmacia. — FARMACIA

petit point (Expresión francesa.) Punto de bordado. — s.m./TEXTIL

petizo, a
1 Que es pequeño, bajo o de poca altura. — adj./Amér. Merid.
2 Caballo de poca alzada. — s.m./Amér. Merid.

peto (Del ital. *petto*, pecho.)
1 Prenda de ropa suelta o sobrepuesta que se pone en el pecho. — s.m.
2 Pantalón que tiene un trozo de tela que cubre el pecho.
3 Armadura o parte de ella que cubre el pecho. — HISTORIA
4 Parte opuesta a la pala de algunas herramientas: *el peto del hacha.*
5 Parte superior de un delantal o mono. — = pechera
6 Protección que se pone a los caballos de los picadores. — TAUROMAQUIA
7 Pieza acolchada que sirve para proteger el pecho en determinados deportes, como el béisbol o la esgrima. — DEPORTES
8 Parte inferior del caparazón de los quelonios. — ZOOLOGÍA
9 Pez de gran tamaño, con el lomo azul y el vientre pálido, que es comestible. — Cuba ZOOLOGÍA
10 peto volante: Aquel que llevaban los hombres de armas sobre el principal. — HISTORIA, MILITAR

petr- Componente de palabra procedente del lat. *petra*, que significa piedra: *petróleo*. — pref. tb: petro-, petri-

petral (Del lat. *pectorale*, que cubre el pecho.) Correa que ciñe y rodea el pecho de la caballería, sujetándose por los extremos a la silla. — s.m. EQUITACIÓN

petraria (Del lat. *petra*, roca.) Máquina que se usaba para lanzar piedras grandes o flechas. — s.f./HISTORIA = balista

petrarquesco, a (De *Petrarca*, poeta italiano del siglo XIV.)
1 De este poeta italiano o de su obra. — adj./LITERATURA
2 Se aplica a la obra o al autor que está influido por la obra de este poeta. — LITERATURA

petrarquismo (De *Petrarca*, poeta italiano del siglo XIV.) Imitación de la obra o del estilo de este poeta. — s.m. LITERATURA

petrarquista (De *Petrarca*, poeta italiano del siglo XIV.)
1 Que admira o imita el estilo poético de dicho poeta. — adj/s.m.f. LITERATURA
2 Que está especializado en el estudio de este poeta y su obra. — LITERATURA
3 Del petrarquismo. — adj.

petrel Ave palmípeda procelariforme, que vive en alta mar, en las zonas frías, y sólo acude a tierra para reproducirse. — s.m. ZOOLOGÍA

pétreo, a (Del lat. vulgar *petra* < gr. *petra*, roca.)
1 De piedra. — adj.
2 Pedregoso, cubierto de piedras. — = rocoso
3 Que es duro como la piedra. — ≠ blando

petrera (Del lat. *petra*, piedra.) Pedrea, lucha a pedradas. — s.f.

petrificación Acción y resultado de petrificar o petrificarse. — s.f./GEOLOGÍA = fosilización

petrificante Que petrifica o convierte en piedra. — adj./= petrífico

petrificar (Del lat. vulgar *petra*, roca + *facere*, hacer.)
1 Convertir una cosa en piedra: *el cemento del encofrado se petrificó.* — v.tr/prnl. conj: sacar
2 Dar la dureza de la piedra a una cosa: *el pan se petrificó al día siguiente.* — = endurecer
3 Dejar a una persona inmóvil de asombro o terror: *petrifiqué a mis amigos con mi coche nuevo.* — v.tr.

petrífico, a Que petrifica. — adj.

petrodólar Unidad monetaria que designa las sumas de dinero reportadas a los países productores por la venta de su petróleo. — s.m. ECONOMÍA

petrogénesis Proceso mediante el cual se originan las rocas. — s.f./pl: petrogénesis GEOLOGÍA

petrogenético, a Que forma rocas. — adj./GEOLOGÍA

petroglifo Grabado sobre roca, propio de algunos pueblos prehistóricos. — s.m. HISTORIA

petrografía (Del lat. vulgar *petra*, roca + gr. *grapho*, escribir.) Parte de la geología que estudia, describe y clasifica las rocas. — s.f. GEOLOGÍA

petrográfico, a De la petrografía. — adj./GEOLOGÍA

petrógrafo, a Persona dedicada al estudio de la petrografía. — s. GEOLOGÍA

petrolear
1 Abastecer de petróleo una embarcación. — v.intr/NÁUTICA
2 Mojar o pulverizar una cosa con petróleo. — v.tr.

petróleo (Del lat. *petra*, roca + *oleum*, aceite.)
1 Aceite mineral natural, combustible, de color oscuro y olor característico, que está formado por hidrocarburos. — s.m. MINERALOGÍA
2 Producto de la destilación de este aceite mineral, intermedio ente la gasolina y el gasoil, que se utiliza como fuente de energía: *la calefacción de la casa funciona con petróleo.* — INDUSTRIA

petroleoquímica Petroquímica, ciencia y técnica de esta industria. — s.f.

petroleoquímico, a De la industria que utiliza el petróleo como materia prima para la obtención de productos químicos. — adj./INDUSTRIA tb: petroquímico

petrolero, a
1 Del petróleo. — adj.
2 Se refiere a la persona que provoca incendios con petróleo. — adj/s.
3 De ideas muy revolucionarias. — = subversivo
4 Que vende petróleo al por menor.
5 Buque que sirve para transportar petróleo. — s.m./NÁUTICA

petrolífero, a (De *petróleo* + lat. *ferre*, llevar.) Que contiene petróleo. — adj.

petrología (Del lat. *petra*, roca + gr. *locos*, ciencia.) Parte de la geología que estudia las rocas, su origen y su composición. — s.f. GEOLOGÍA

petrológico, a De la petrología. — adj./GEOLOGÍA

petrólogo, a Persona dedicada al estudio de la petrología. — s. GEOLOGÍA

petroquímica
1 Conjunto de métodos industriales de fabricación de productos a partir del petróleo. — s.f. INDUSTRIA
2 Industria o fábrica donde se desarrollan estos métodos. — INDUSTRIA

petroquímico, a Que usa el petróleo o el gas natural como materia prima para obtener productos químicos, en especial los relativos a la industria de este sector. — adj. INDUSTRIA = petroleoquímico

petroso, a (Derivado del lat. *petra*, roca.)
1 Se aplica al terreno o lugar que tiene muchas piedras. — adj. = pedregoso
2 Se refiere a la parte del hueso temporal que es muy dura y encierra el oído interno. — ANATOMÍA

petulancia Modo de ser o de comportarse el petulante o engreído. — s.f. = insolencia

petulante (Del lat. *petulans, -ntis.*) Se aplica a la persona que está demasiado convencida de sí misma. — adj/s.m.f. = creído, engreído

petunia (Del fr. ant. *petun* < tupí *petyn*, tabaco.)
1 Planta herbácea solanácea de hojas enteras y flores axiales solitarias, de color blanco o violáceo, que se cultiva como ornamental. *(Petunia.)* — s.f. BOTÁNICA
2 Flor de esta planta. — BOTÁNICA

peucédano (Del lat. *peucedanum* < gr. *peukedanos.*) Herbato o servato, planta herbácea. — s.m. BOTÁNICA

peuco Especie de gavilán que se alimenta de pajarillos y largartijas. — s.m./Chile ZOOLOGÍA

peúco Calzado de lana para los niños de corta edad que todavía no andan. — s.m. = patuco

peumo Planta arbórea de la familia de las lauráceas que posee propiedades medicinales. *(Cryptocarya peumus.)* — s.m./Chile BOTÁNICA

-pexia Componente de palabra procedente del gr. *pexis*, que significa fijación, coagulación: *citopexia; histeropexia.* — suf.

peyorativo, a (Derivado del lat. *pejor, -oris*, peor.) Se aplica al enunciado o las palabras que connotan menosprecio: *me ha parecido que tus palabras tenían un tono peyorativo.* — adj. ≠ laudatorio

peyote Planta cactácea, de forma globular, pequeña, de color verde blanquecino, de flores blancas o rosáceas, que tiene propiedades narcotizantes. *(Echinocactus williamsii.)* — s.m. BOTÁNICA

pez
I (Del lat. *piscis.*)
1 Animal vertebrado, acuático, de respiración branquial, con el cuerpo recubierto de escamas o dentículos y provisto de aletas y otras estructuras adaptadas a la natación y a la vida en el agua. — s.m. pl: peces ZOOLOGÍA
2 Pescado de río, lago o mar.
3 Montón alargado de trigo o grano que se hacía en la era. — AGRICULTURA
4 pez ángel: Pez condrictio, de color gris, cuerpo deprimido con grandes aletas pectorales y cabeza obtusa que vive sobre el fondo marino. — ZOOLOGÍA = angelote
5 pez ballesta: Pez teleósteo marino, de color gris azulado, cuerpo alto romboidal y deprimido, con espinas patentes en la primera aleta dorsal y cola alargada en los extremos. — ZOOLOGÍA
6 pez cofre: Pez teleósteo de las regiones tropicales, con el cuerpo cubierto de placas óseas que se unen con fuerza hasta formar una caja rígida. — ZOOLOGÍA
7 pez de colores: Cualquier pez de forma y tamaño similares a la carpa, pero de colores vistosos, procedente de zonas tropicales. — coloquial
8 pez de san Pedro: Pez teleósteo marino de cuerpo alto y deprimido, boca muy protráctil y radios de la aleta dorsal muy alargados. *(Zeus faber.)* — ZOOLOGÍA
9 pez emperador: Pez espada, pez teleósteo. — ZOOLOGÍA
10 pez espada: Pez teleósteo marino, de gran tamaño, color oscuro y mandíbula superior prolongada en forma de espada, que vive en alta mar y puede efectuar largas migraciones, es comestible y su carne es muy apreciada. *(Xiphias gladius.)* — ZOOLOGÍA

11 pez gordo: Persona que ocupa un cargo de gran importancia o que tiene mucho poder. — *coloquial*

12 pez hacha: Pez teleósteo marino, de cuerpo transparente provisto de órganos luminosos que vive a gran profundidad. — ZOOLOGÍA

13 pez luna: Pez teleósteo marino, de cuerpo alto y deprimido, con la aleta caudal sustituida por una franja de piel dura, aletas dorsal y anal simétricas y alargadas y piel sin escamas que vive en alta mar en zonas cálidas. (*Mola mola.*) — ZOOLOGÍA

14 pez martillo: Pez selacio de unos dos o tres metros de longitud que tiene prolongaciones laterales en la cabeza que dan al animal un aspecto de martillo. (*Sphyrna zyghaena.*) — ZOOLOGÍA

15 pez mujer: Manatí, mamífero sirenio. — ZOOLOGÍA

16 pez piloto: Pez teleósteo marino, de cuerpo bandeado, que suele acompañar a los tiburones en sus desplazamientos para aprovechar los restos de la caza. — ZOOLOGÍA

17 pez reverso: Rémora, pez teleósteo. — ZOOLOGÍA

18 pez sierra: Pez condrictio marino, con la mandíbula superior prolongada en forma de paleta fuertemente dentada hacia los lados. (*Pristis pritis.*) — ZOOLOGÍA

19 pez volante: Volador, pez teleósteo. — ZOOLOGÍA

20 pez zorro: Pez condrictio, marino, del grupo de los seláceos, inconfundible por el gran desarrollo del lóbulo superior de la aleta caudal. (*Alopias vulpes.*) — ZOOLOGÍA

21 estar una persona como pez en el agua: 1. Disfrutar comodidades y conveniencias. 2. Desenvolverse bien en un asunto. — *coloquial* / *coloquial*

22 estar una persona pez en una materia: Ignorarla por completo. — *coloquial*

23 picar el pez: 1. Dejarse engañar o caer en una trampa tendida por otra persona. 2. Ganar el juego. — *coloquial* / JUEGOS

24 reírse de los peces de colores: No dar importancia a las consecuencias de un acto propio o ajeno: *me río yo de los peces de colores.* — *coloquial*

25 salga pez o salga rana: Emprender una cosa de dudoso éxito. — *coloquial*

II (Del lat. *pix, picis.*)
1 Sustancia resinosa, negruzca, que se obtiene por la destilación del alquitrán y se usa para impermeabilizar superficies. — *s.f.* / *pl: peces*

2 pez alhorre: Excremento de los recién nacidos. — *= meconio*

3 pez blanca: Trementina desecada al aire.

4 pez de borgoña: Pez blanca, trementina.

5 pez elástica: Mineral semejante al asfalto, pero menos duro y bastante elástico. — MINERALOGÍA

6 pez griega: Resina obtenida de la destilación de la trementina. — QUÍMICA

7 pez naval: Mezcla de esta sustancia resinosa con sebo de vaca y otros ingredientes.

8 pez negra: La de color muy oscuro por estar mezclada con humo negro, obtenida por destilación de trementinas impuras.

9 dar a una persona la pez: Llegar al último extremo de cualquier cosa. — *coloquial*

10 pez con pez: Se usa para señalar que algo está vacío. — *coloquial*

pezolada Porción de hilos sueltos sin tejer que están al principio y final de una pieza de paño. — *s.f.* / TEXTIL

pezón (Del lat. *pecciolus,* piececito.)
1 Parte central, eréctil, que sobresale en los pechos, mamas o tetas de las mujeres y de las hembras de los mamíferos por donde las crías chupan la leche con su boca: *se limpió los pezones antes de dar de mamar a su hijo.* — *s.m.* / ANATOMÍA
2 Ramita que sostiene la hoja, la flor o el fruto en las plantas. — BOTÁNICA / *= cabillo*
3 Extremo del eje que sobresale en las ruedas de carros y carruajes.
4 Palo que se encaja en el extremo del pértigo y en el cual se ata el yugo de los carruajes y los arados.
5 Extremo del árbol, en los molinos de papel.
6 Punta o cabo de tierra o de cualquier otra cosa que se asemeja por su forma al de las mamas de las hembras.

pezonera
1 Pieza de hierro que atraviesa la punta del eje de los carros para que no se salga la rueda. — *s.f.*
2 Pieza de hierro o madera que sujeta la lanza del carro o del arado al yugo.
3 Pieza redonda con un hueco en el centro que se ponían en el pecho las mujeres que criaban, para formar el pezón.

pezpalo Bacalao curado al humo sin abrirlo ni aplastarlo. — *s.m.* / *tb: pejepalo*

pezpita Aguzanieves, pájaro que vive en lugares húmedos y se alimenta de insectos. — *s.f./*ZOOLOGÍA / *tb: pezpítalo*

pezuelo (Del lat. *pecciolus,* piececito.) Principio del lienzo que está formado por un fleco, en cuyos hilos se van atando los de la urdimbre para empezar a tejer. — *s.m.* / TEXTIL

pezuña (Del lat. *pedis ungula,* uña del pie.)
1 Conjunto de dedos de una misma pata, cubiertos con un casco en los animales que la tienen hendida. — *s.f./*ZOOLOGÍA / *tb: pesuña*

2 Pie del hombre: *¡menudas pezuñas, al menos gasta un cuarenta y cinco de zapatos!* — *coloquial*

pfennig Moneda fraccionaria alemana, equivalente a la centésima parte del marco. — *s.m./pl: pfennigs* / ECONOMÍA

ph Coeficiente que expresa la acidez o la basicidad de una solución acuosa. — *s.m.* / QUÍMICA

phi Fi, letra griega. — *s.f.*

phot Unidad de iluminación, equivalente a un lumen, en la nomenclatura internacional. — *s.m./*FÍSICA / *tb: fot*

phylum (Voz latina.) Serie evolutiva de las formas animales y vegetales. — *s.m.* / *tb: filum*

pi
1 Nombre de la letra del alfabeto griego que se translitera por la *p* en el latino. — *s.f.*
2 Valor numérico constante para toda circunferencia que equivale a 3,1416 y expresa la relación existente entre la longitud de una circunferencia y su diámetro. — MATEMÁTICAS

piache Curandero o brujo indígena. — *s.m./Venez.*

piada
1 Acción de piar las aves: *los polluelos reclamaban alimento con sus piadas.* — *s.f.*
2 Manera de expresarse que imita o se parece a la de otra persona: *en su forma de hablar se notan las piadas de sus años entre los políticos.*

piador, a Que pía. — *adj/s.*

piadoso, a (Del ant. *piadad,* variante medieval de *piedad.*)
1 Que tiene piedad o compasión: *tiene sentimientos piadosos hacia los necesitados.* — *adj.* / *= compasivo*
2 Que mueve a piedad o compasión.
3 Que tiene piedad religiosa: *todos los días asiste a misa porque es muy piadosa.* — *= pío, religioso*

piafar (Del fr. *piaffer.*) Dar un caballo patadas o rascar el suelo con las manos cuando está parado e inquieto: *los caballos piafaban en espera de ponerse en marcha.* — *v.intr.*

piamadre (Del lat. *pius,* piadoso + *mater,* madre.) La más interna de las tres membranas que envuelven el cerebro y la médula. — *s.f.* / ANATOMÍA / *tb: piamáter*

piamontés, a
1 Del Piamonte, región de Italia. — *adj.*
2 Persona natural de esta región. — *s.*

pián Enfermedad contagiosa de la piel, propia de los países cálidos, caracterizada por erupciones rojizas o blancas en la cara, extremidades y genitales. — *s.m.* / *pl: pianes* / MEDICINA

pianíssimo (Voz italiana.) De un modo muy suave. — *adv./*MÚSICA

pianista
1 Persona que toca el piano: *su prima es una excelente pianista.* — *s.m.f.* / MÚSICA
2 Persona que fabrica o vende pianos.

pianístico, a
1 Del piano. — *adj.*
2 Se aplica a la obra musical que está compuesta para piano. — MÚSICA

piano
I (Del ital. *pianoforte,* especie de clavicordio.)
1 Instrumento musical de cuerdas metálicas con teclado, provisto de dispositivos mecánicos que accionan unos martillos que actúan sobre las cuerdas de tal manera que permite obtener diferentes matices. — *s.m.* / MÚSICA / *= pianoforte*
2 piano de cola: El que tiene las cuerdas y la caja de resonancia en posición horizontal. — MÚSICA
3 piano de manubrio: Organillo, instrumento musical. — MÚSICA
4 piano electrónico: Instrumento electrófono provisto de osciladores que se accionan mediante un teclado. — MÚSICA
II (Del ital. *piano.*) Con suavidad o débil intensidad de sonido. — *adv.* / MÚSICA

pianoforte (Del ital. *pianoforte.*) Piano, instrumento musical. — *s.m.* / MÚSICA

pianola
1 Instrumento musical semejante al piano que puede tocarse por pedales o por medio de corriente eléctrica. — *s.f.* / MÚSICA
2 Aparato que se acopla al piano para ejecutar de forma mecánica las piezas musicales adaptadas a su sistema de reproducción. — MÚSICA

pian piano (Expresión italiana.) Despacio, poco a poco. — *loc.adv.* / *tb: pian pian*

piante
1 Que pía. — *adj./= piador*
2 no dejar o no quedar ni piante ni mamante: No quedar ninguna persona en un lugar.

piapoco Tucán, ave americana trepadora de plumaje vistoso y pico voluminoso. — *s.m./Venez.* / ZOOLOGÍA

piar (Voz onomatopéyica que imita la voz de los pájaros.)
1 Emitir las aves su voz: *lo que más le gusta es despertarse con el piar de los pájaros.* — *v.intr./conj: vaciar* / *= piular*
2 Desear mucho una cosa: *muchos grupos pían por la justicia.* — *+ por* / *= suspirar*

3 Mostrar una persona disconformidad o quejarse por hábito, sin causa justificada: *me da igual que sigas piando, no voy a consentir que vayas*. · coloquial

4 Tomar vino una persona: *hemos piado un tinto fresco buenísimo*. · v.tr/intr. coloquial

5 Hablar, decir cosas: *tú mucho piar, pero a la hora de la verdad te acobardas*. · coloquial

piara Manada de cerdos y también de yeguas o de mulas. · s.f.

piariego, a Se refiere a la persona que tiene piaras de yeguas, mulas o puercos. · adj.

piastra
1 Unidad monetaria principal de Egipto, Líbano, Siria y Sudán. · s.f. ECONOMÍA
2 Antigua moneda italiana de plata. · HISTORIA

pib (Acrónimo de *[P]roducto [I]nterior [B]ruto*.) Suma de todos los bienes y servicios producidos por un país en un determinado período de tiempo. · s.m. ECONOMÍA

pibe, a
1 Muchacho o muchacha, persona joven. · s./Argent., Urug.
2 Fórmula de tratamiento afectuosa. · Argent.
3 **estar hecho un pibe**: Conservarse joven un adulto. · loc.v./Argent.

piberío Conjunto de pibes. · s.m./Argent.

pica
I (Derivado de *picar*.)
1 Lanza larga, formada por un hierro pequeño y agudo fijo en un asta. · s.f.
2 Soldado armado con esta lanza. · HISTORIA
3 Escoda con puntas piramidales usada por los canteros para labrar piedra no muy dura.
4 Medida para profundidades, equivalente a catorce pies.
5 Acción de refrescar, mediante finos cortes, las heridas por las que mana la trementina del pino, en las explotaciones resineras.
6 Uno de los palos de la baraja francesa: *me ha salido el seis de picas*. · s.f.pl. JUEGOS
7 Garrocha del picador de toros. · TAUROMAQUIA
8 **pica seca**: El que servía en la milicia sin grado. · HISTORIA
9 **pica suelta**: El que servía en la guerra sin coraza. · HISTORIA
10 **a pica suelta**: Con trabajo y sin utilidad. · loc.adv.
11 **pasar por las picas**: Pasar muchas dificultades o incomodidades. · coloquial
12 **poner una pica en Flandes**: Conseguir una cosa de mucha dificultad o importancia. · coloquial
II (Del lat. *pica*, urraca.) Trastorno que consiste en apetecer sustancias no comestibles como yeso o arena. · s.f. MEDICINA

picabueyes Ave paseriforme de pequeño tamaño, que suele posarse sobre los bueyes y búfalos para cazar las larvas parásitas de su piel. · s.m./ pl: picabueyes ZOOLOGÍA

picacero, a Se aplica al ave de rapiña que caza urracas o picazas: *halcón picacero*. · adj. ZOOLOGÍA

picacho Punta aguda en que terminan algunos montes y riscos. · s.m. = pico

picada
1 Picotazo, acción y resultado de picar un animal: *sufrió una picada de avispa*. · s.f. = picadura
2 Acción de morder un pez el anzuelo. · PESCA
3 Senda que se abre en un bosque o en un monte espeso. · Amér.
4 Punzada, dolor agudo. · Colomb./coloquial
5 Tapa, acompañamiento de una bebida, por lo común alcohólica. · Argent.
6 Carrera ilegal de automotores que se realiza en la vía pública y perturba la normal circulación. · Amér. Central y Merid.

picadero
1 Lugar donde se adiestran los caballos y se aprende a montar: *tomar clases de equitación en un picadero*. · s.m. EQUITACIÓN
2 Lugar destinado a la reunión de personas con fines sexuales: *alquilaron un piso entre varios como picadero donde llevar a sus conquistas*. · coloquial
3 Hoyo hecho por los gamos escarbando el suelo en la época de celo.
4 Madero corto con una muesca en medio, donde los carpinteros sujetan la pieza que tienen que labrar con la azuela. · CARPINTERÍA
5 Madero corto que se coloca, junto a otros, perpendicular al eje longitudinal de un dique o grada y sobre el que descansa la quilla del barco en construcción o en carena. · NÁUTICA
6 Pista o arena del circo. · Argent.
7 Matadero, lugar para matar y desollar el ganado destinado al consumo público. · Colomb.

picadillo
1 Guiso hecho con carne, tocino y verduras, todo picado y mezclado con huevo batido y especias: *todos los miércoles comen picadillo*. · s.m. COCINA
2 Lomo de cerdo picado y adobado, que se usa para hacer embutidos. · COCINA
3 **estar o venir de picadillo**: Estar enfadado y deseoso de demostrarlo. · coloquial

picado, a
1 Que está dibujado o labrado con picaduras: *se ha comprado unos zapatos picados de colores*. · adj.

2 Que está ofendido o enfadado por algo en que se cree ver desconsideración o falta de respeto: *está muy picado porque no le llamaste*. · coloquial

3 Se refiere a la persona que tiene huellas o cicatrices de viruela.

4 Se aplica al tabaco preparado para hacer cigarrillos o para fumarlo en pipa.

5 Que está defectuoso: *la vajilla de cerámica está picada*.

6 Descenso rápido de un avión con el morro muy inclinado hacia abajo. · s.m. AERONÁUTICA

7 Carne cruda hecha trocitos pequeños y mezclada con otros ingredientes. · COCINA = picadillo

8 Ángulo de toma en que la cámara está más alta que el objeto filmado y se inclina hacia éste. · CINE

9 Acción y resultado de picar la bola de billar. · JUEGOS

10 Manera de ejecutar una serie de notas, interrumpiendo de forma momentánea el sonido entre unas y otras. · MÚSICA ≠ ligado

11 Perforación de los cartones de las cubiertas de un libro que sirve para fijar los nervios o lazos. · ARTES GRÁFICAS

12 Operación consistente en el pintado de paredes mediante relieves más o menos gruesos.

13 Se aplica a la persona que está algo embriagada o borracha. · adj./Amér. Central y Merid.

14 **caer en picado**: 1. Descender un avión a gran velocidad y casi de forma vertical. 2. Descender o decaer una cosa o persona de forma brusca: *la bolsa ha caído en picado; le parecía que su padre iba a recuperarse, pero ha vuelto a caer en picado*. · AERONÁUTICA coloquial

picador, a
1 Domador y adiestrador de caballos. · s./EQUITACIÓN
2 Torero montado a caballo que pica al toro con la garrocha. · TAUROMAQUIA = varilarguero
3 Persona que arranca el mineral con un pico u otro instrumento semejante. · MINERÍA
4 Plataforma de madera, u otro material, usado en la cocina para cortar alimentos. · s.m. = tajo

picadora Máquina que sirve para picar carnes u otros alimentos. · s.f.

picadura
1 Acción y resultado de picar, pinchar o trocear, una cosa: *compró picadura de carne para hacer albóndigas*. · s.f.
2 Acción de pinchar o pincharse con un instrumento punzante y herida que produce: *se hizo una picadura en la mano al coger el cuchillo*. · = pinchazo
3 Pequeña herida producida por un animal: *tiene las piernas llenas de picaduras de mosquitos; la picadura de algunas serpientes puede ser mortal*. · = mordedura, picada
4 Tabaco picado para fumar: *compró tabaco de picadura para fumar en pipa*.
5 Agujero, grieta o desgaste producido por la acción de la herrumbre en una superficie metálica: *el espejo del armario está lleno de picaduras*.
6 Picadura pequeño o conjunto de ellos hechos en una cosa: *la ropa estaba llena de picaduras de polilla*.
7 Principio de caries en los dientes.
8 Agujero hecho en las ropas y calzados como adorno.

picafigo Curruca capirotada, ave paseriforme de la familia de los sílvidos. · s.m. ZOOLOGÍA

picaflor
1 Colibrí, pájaro insectívoro. · s.m./ZOOLOGÍA
2 Hombre enamoradizo y galanteador. · Amér. Central y Merid.

picagallina Alsine, planta anual que se utiliza en medicina. · s.f. BOTÁNICA

picagrega Alcaudón, ave paseriforme de la familia de los lánidos. · s.f. ZOOLOGÍA

picajón, a Que se pica o se enfada con facilidad. · adj/s.

picajoso, a Que se ofende con facilidad: *es muy picajoso, todo se lo toma mal*. · adj/s.= quisquilloso, susceptible

picamaderos Pájaro carpintero, ave trepadora que tiene el pico largo y delgado, pero muy fuerte. · s.m./pl: picamaderos ZOOLOGÍA

picana
1 Aguijada, vara para picar a los bueyes incitándoles a andar. · s.f. Amér. Merid.
2 Instrumento de tortura con el que se aplican descargas eléctricas en distintas partes del cuerpo. · Amér.

picanear Aguijar, picar los bueyes con la aguijada. · v.tr./Amér. Merid.

picante
1 Se aplica a la sustancia o comida que pica: *usó guindilla para hacer la salsa y que quedara bien picante*. · adj.
2 Se refiere al enunciado, chiste o relato que toca temas escabrosos con gracia y picardía: *no cuentes chistes picantes delante de los niños*. · = atrevido, verde
3 Se aplica al enunciado que critica a una persona o una cosa de manera mordaz o irónica: *pronunció un discurso picante contra el gobierno*.
4 Condimento o sustancia cuyo sabor produce sensación ardiente y acre en la boca y garganta: *no me gusta el picante*. · s.m.
5 Modo de hablar y de expresarse mordaz, áspera y ofensiva.

picantemente Con intención de herir, con atrevimiento. *adv.*

picaño, a (De origen incierto.) Se aplica a la persona que tiene poca vergüenza y es holgazana. *adj.* = pícaro

picapedrero, a Persona que tiene por oficio picar piedras. *s.* = cantero

picapica
1 Sustancia vegetal o animal en forma de polvo o de pelusilla que al aplicarla sobre la piel de las personas produce picor. *s.f.*
2 Sustancia vegetal, en forma de polvo, usada para gastar bromas, ya que hace estornudar si se esparce por el aire.

picapleitos (Del cat. *picaplet*.) Abogado, persona que litiga o dictamina sobre cuestiones legales. *s.m.f./pl:* picapleitos despectivo

picaporte (Del cat. *picaportes*.)
1 Dispositivo para cerrar puertas y ventanas que consiste en una barra perpendicular y fijada al marco por un extremo que, al girar, hace encajar el otro extremo en un gancho. *s.m.*
2 Manilla con que se acciona este dispositivo. = manija
3 Pieza de metal que se pone en las puertas para llamar. = aldaba
4 **picaporte de resbalón:** Cerradura cuyo pestillo entra en el cerradero y queda encajado por la presión de un resorte.

picaposte Picamaderos, ave trepadora. *s.m./ZOOLOGÍA*

picapuerco Ave trepadora de plumaje negro brillante con manchas blancas, cenicientas y rojas, que se alimenta de insectos que saca del estiércol. (*Dendrocopos medius.*) *s.m.* *ZOOLOGÍA* = pico mediano

picar (Voz de creación expresiva.)
1 Herir las aves, los insectos y algunos reptiles a una persona o un animal con el pico o con el aguijón: *le picó una abeja.* *v.tr.* conj: *sacar*
2 Coger las aves la comida con el pico.
3 Cortar o partir una cosa comestible en trozos muy pequeños golpeándola con un cuchillo u otro instrumento: *hay que picar el perejil muy pequeño para añadirlo a la sopa.* = trinchar
4 Pinchar una superficie con un instrumento punzante. *v.tr/prnl.*
5 Coger trozos pequeños de una cosa para comerlos: *en la comida te limitaste a picar algunos trozos de carne.* *v.tr.* = picotear
6 Coger uvas de un racimo de una en una: *picó muy poco de ese racimo.* *v.tr/intr.*
7 Romper una cosa dura y seca en trozos muy pequeños golpeándola: *te encargarás de picar el hielo.* = trocear
8 Causar un alimento fuerte ardor en el paladar: *estas guindillas pican mucho.* = quemar
9 Causar una herida o una parte del cuerpo desazón a una persona: *estas heridas pican mucho.* = escocer
10 Incitar a una persona a hacer una cosa: *le picó para que saltara la valla.* = espolear, pinchar
11 Hacer que una persona se enfade: *le picaron las críticas de los periódicos.* *v.tr./=* enfadar, pinchar
12 Golpear una cosa con el pico o un instrumento parecido la superficie de las piedras para labrarlas, o la de las paredes para revocarlas.
13 Golpear las piedras de molino con un pico para restablecer las asperezas desgastadas por el uso.
14 Llamar a la puerta.
15 Hacer agujeros en la tela o el papel para que se pueda partir o como adorno. = perforar
16 Hacer el revisor uno o más agujeros en los billetes con un instrumento adecuado.
17 Causar una oxidación la corrosión de un metal: *el hierro se picó.* *v.tr/prnl.*
18 Dar pequeñas pinceladas en una obra de pintura para completarla. *v.tr.* ARTE
19 Calentar mucho el Sol: *ya empieza a picar el Sol, y todavía estamos en primavera.* *v.intr.* = quemar
20 Adquirir una persona nociones superficiales de una cosa: *ha picado aquí y allá, pero no sabe nada.*
21 Abrir una persona un libro al azar para hablar sobre el punto que aparezca a la vista.
22 Empezar a acudir los clientes a un establecimiento o un negocio: *el mismo día que abrió el bar picó mucha gente.*
23 Empezar a tener una cosa importancia: *en aquellos días, empieza ya la peste.*
24 Dejarse engañar una persona: *¡has picado!, es broma, no han adelantado el examen.*
25 Volar las aves de forma rápida y vertical hacia el suelo.
26 Bajar un avión casi en vertical. AERONÁUTICA
27 Estar una cosa muy próxima a otra: *esto pica ya en heroísmo; esta actitud pica en frescura.* + en = rayar
28 Ser atacado un diente o una muela de caries. *v.tr/prnl./=* carearse
29 Llenarse la ropa de agujeros por la acción de la polilla o del tiempo. *v.prnl.* = apolillarse
30 Empezar a estropearse una sustancia orgánica por la fermentación. = pudrirse
31 Empezar a agitarse la superficie del mar.
32 Sentirse una persona ofendida o poco considerada por una cosa que se ha dicho o se ha hecho: *se ha picado porque no le hemos esperado.* = molestarse

33 Hacer ostentación de una cualidad o una habilidad: *se pica de trabajador; se pica de valiente.* + de = chulear
34 Intentar imitar una persona lo que hacen otras: *se picó y les demostró que podía ser más rápido.*
35 Empezar a sentir una persona un deseo intenso de una cosa: *se picó con el coche.* + con, por
36 Inyectarse una persona droga habitualmente: *no deberías picarte, ya sabes que la heroína es mierda.* argot = pincharse
37 Estar un animal macho en celo después del primer coito. ZOOLOGÍA
38 Coger una persona gusto o afición a una cosa después de probarla: *después de probar el vino, se ha picado y ahora no hay quien le quite la botella.*
39 Herir el picador al toro con la garrocha. *v.tr./TAUROMAQUIA*
40 Coger los peces el cebo puesto en el anzuelo: *creo que hoy no picará ningún pez.* *v.tr/intr.* PESCA
41 Golpear la bola de billar con el taco imprimiéndole un movimiento giratorio. *v.tr.* JUEGOS
42 Enseñar y preparar el picador al caballo. EQUITACIÓN
43 Estimular al caballo con la espuela para que corra más o haga un determinado movimiento. EQUITACIÓN = espolear
44 Contar el jugador que es mano 60 puntos en vez de los 30 que ha hecho por no tener ninguno el contrario, en el juego de los cientos. JUEGOS
45 Hacer funcionar una bomba. NÁUTICA
46 Hacer la bomba más rápida. NÁUTICA
47 Seguir al enemigo que se retira y atacar su retaguardia. MILITAR
48 Hacer sonar una nota dejando un silencio muy corto que la separe de la siguiente. MÚSICA
49 Acelerar un motor. *Argent.*
50 **picárselas:** Irse, abandonar un lugar o situación de forma repentina. *Argent., Perú* coloquial
51 **picar una persona muy alto o más alto:** Desear conseguir una persona una cosa buena o una cosa mejor: *tu hermano picaba muy alto.* coloquial

pícaramente Con picardía: *miraba pícaramente a los espectadores.* *adv.*

picaraza Urraca, ave paseriforme de plumaje negro y blanco. *s.f.* ZOOLOGÍA

picardeado, a Se aplica a la res que ha adquirido sentido y peligrosidad durante la lidia. *adj.* TAUROMAQUIA

picardear
1 Enseñar a una persona a hacer o decir picardías. *v.tr.*
2 Hacer o decir una persona picardías. *v.intr.*
3 Gastarse bromas los muchachos de distinto sexo.
4 Adquirir una persona picardía o alguna mala costumbre. *v.prnl.*

picardía
1 Habilidad para engañar o para lograr una cosa: *consiguió lo que se proponía con picardía.* *s.f.* = astucia
2 Acción o palabras maliciosas, innobles u ofensivas: *me pidió una picardía que me hizo ruborizar.*
3 Conocimiento que los niños tienen de cosas impropias de su edad, que los mayores tratan de disimular: *cuidado con lo que dices, que estos niños tienen mucha picardía.* = malicia
4 Travesura infantil en la que hay ligera malicia y engaño: *no le riñas por esa tontería, es sólo una picardía.* = pillería
5 Conjunto de modales, actos y expresiones con que una persona intenta atraer a otra: *se contoneaba ante nosotros con picardía.*
6 Conjunto de camisón corto y bragas: *su novio le ha regalado un picardías negro.* *s.m.pl.*

picardo, a
1 De Picardía, antigua provincia francesa. *adj./HISTORIA*
2 Persona natural de esta antigua provincia. *s./HISTORIA*
3 Variedad lingüística de la lengua de oíl que se hablaba en esta región. *s.m.* LINGÜÍSTICA

picaresca
1 Mundo, vida y actividades de los pícaros. *s.f.*
2 Oficio de pícaros.
3 Género literario que nació y se popularizó en el siglo de oro español: *"Guzmán de Alfarache"* es una de las novelas más representativas de la picaresca. LITERATURA

picaresco, a
1 Que es propio de pícaros. *adj./=* pícaril
2 Se aplica a las obras literarias donde se narra la vida de los pícaros, y a este género de literatura. LITERATURA

picaril Del pícaro. *adj.*

picarizar Hacer pícara a una persona. *v.tr./conj:* cazar

pícaro, a
1 Que es astuto y aprovechado: *¡ay, pícaro, pícaro, a ti no hay quien te engañe!* *adj/s.* = golfo, granuja
2 Que tiene picardía: *es un viejo pícaro; nos contó un chiste muy picaro.* = malicioso, picarón
3 Que es bajo, ruin y falto de honra. = picaño
4 Que causa daño y es malicioso: *pícaro mundo.* = endemoniado
5 Personaje que aparece en las obras de la literatura picaresca española. LITERATURA
6 **pícaro de cocina:** Pinche, persona que ayuda en la cocina. COCINA

picarrelincho Pico, ave paseriforme. *s.m./ZOOLOGÍA*

picarro Pico, ave paseriforme.   *s.m./ZOOLOGÍA*

picassiano, a (De Pablo Ruiz *Picasso*, pintor español.) De dicho pintor o de su obra.   *adj. ARTE*

picatoste Rebanada de pan, tostada o frita, mojada en leche o untada con mantequilla.   *s.m. COCINA*

picaza (Del lat. *pic-*, voz onomatopéyica que imita el ruido de un golpe.)
1 Urraca, ave paseriforme córvida.   *s.f./ZOOLOGÍA*
2 **picaza chillona:** Alcaudón, ave paseriforme lánida.   *ZOOLOGÍA*
3 **picaza marina:** Flamenco, ave pelecaniforme.   *ZOOLOGÍA*

picazo
I (Derivado de *picar*.)
1 Pinchazo dado con la pica u otro objeto puntiagudo.   *s.m.*
2 Herida o señal dejada por el pinchazo de una pica u otro objeto puntiagudo.
II (Derivado de *pico* < celta *beccus*.) Acción y resultado de picar un ave, un reptil o un insecto.   *s.m. = picotazo*
III (Derivado de *picaza*.) Se aplica a la caballería que tiene el pelo mezclado de blanco y negro.   *adj/s.*

picazón
1 Sensación de picor o escozor en alguna parte del cuerpo: *la picazón no le dejó dormir.*   *s.f. = prurito*
2 Enfado o disgusto: *sentía picazón por haberle gritado.*   *= enojo*

picea Planta arbórea parecida al abeto, pero más común, de tronco rojizo, agujas verdes y piñas o conos colgantes, que se explota por su resina y por su madera. *(Picea.)*   *s.f. BOTÁNICA*

píceo, a (Del lat. *pix, picis*, pez.) De la pez o que es parecido a ella.   *adj.*

picha (Variante de *pija*.) Pene, órgano sexual de reproducción en el hombre y en los mamíferos mayores.   *s.m. coloquial tb: pija, pijo*

pichanga Vino que no ha terminado de fermentar.   *s.f./Argent.*

picharse Ruborizarse, subirle a una persona el color a la cara por un sentimiento de vergüenza.   *v.prnl./Argent.*

pichear Lanzar un pícher la pelota contra el bateador del equipo contrario, en el deporte del béisbol: *pichea las últimas pelotas de los partidos.*   *v.intr/tr. DEPORTES*

pichel (Del fr. *pichier*.) Vaso de estaño, alto y redondo, más ancho en la base que en la boca, y con tapa engoznada en el remate del asa.   *s.m.*

pichelería Antiguo oficio de pichelero.   *s.f.*

pichelero, a Persona que hacía picheles o vasos de estaño.   *s.*

pichelingue (Del nombre de la ciudad holandesa *Vlissingen*.) Pirata, ladrón que roba en el mar.   *s.m. tb: pechelingue*

pícher Persona que inicia cada jugada lanzando la pelota, en el béisbol.   *s.m./DEPORTES tb: pitcher*

pichi Prenda de vestir femenina consistente en un vestido escotado y sin mangas que se pone encima de una blusa o jersey: *el uniforme del colegio es un pichi azul con camisa blanca.*   *s.m.*

pichí Orina, pipí, en el lenguaje de los niños.   *s.m./Argent., Chile*

pichicato Se aplica a la persona mezquina y ruin.   *adj./Amér.*

pichichi Máximo goleador en la liga española de fútbol.   *s.m. DEPORTES*

pichincha Precio muy bajo, ganga u ocasión.   *s.f./Amér. Merid.*

pichinchero, a Persona que busca u ofrece pichinchas.   *Argent.*

pichiruche Se aplica a la persona insignificante.   *adj./Chile, Perú*

pichón, a (Del ital. *piccione* < bajo lat. *pipio, -onis*.)
1 Palomo joven.   *s.m.*
2 Apelativo cariñoso aplicado a personas.   *s.*

pichona Novia, mujer recién casada.   *s.f./Argent., Urug.*

pichonear Enamorar jovencitas.   *v.tr/Argent., Urug.*

pichulear
1 Engañar, mentir simulando que se dice la verdad.   *v.tr/Chile*
2 Buscar con afán pequeñas ventajas o ganancias en compras o negocios.   *Argent., Urug.*

pichulero, a Persona que pichulea.   *s./Argent.*

picia Pifia, error cometido en un asunto o conversación.   *s.f./vulgar*

picio Se usa en la expresión **más feo que Picio** para indicar que una persona es muy fea.   *s.m.*

pick-up (Voz inglesa.) Tocadiscos portátil popularizado durante los años cincuenta y sesenta.   *s.m.*

picnic (Voz inglesa.)
1 Excursión campestre en la que suelen llevarse provisiones: *el domingo se fueron de picnic con los niños.*   *s.m./pl: picnics = jira*
2 Merienda que se toma en el campo: *no te preocupes que yo llevaré el picnic para todos.*

pícnico, a Se refiere a la persona que tiene el cuerpo pequeño y grueso y los miembros cortos.   *adj.*

picnidio Cuerpo hueco y en forma de odre en cuyo interior se hallan las picnidiosporas y es una de las formas fructíferas de las plantas uredinales.   *s.m. BOTÁNICA*

picnómetro (Del gr. *pyknos*, denso + *metron*, medida.) Recipiente usado para determinar la densidad de líquidos o sólidos.   *s.m. FÍSICA*

pico
I (Del celta *beccus*.)
1 Parte saliente de la cabeza de las aves formada por dos piezas córneas que terminan en general en punta y les sirve para coger el alimento o para defenderse.   *s.m. ZOOLOGÍA*
2 Pequeño saliente que tienen en el borde algunas vasijas por el que cae el líquido al verterlas.   *= caño*
3 Cada una de las pinzas de las patas delanteras de los crustáceos.   *ZOOLOGÍA*
4 Boca de una persona: *cierra el pico antes de que te oigan.*   *coloquial*
5 Soltura para hablar: *este chaval tiene mucho pico, da gusto oírle hablar.*   *= labia*
6 Órgano chupador de los hemípteros formado por un tubo que contiene cuatro cerdas punzantes con las que perfora los tejidos de los organismos de los que se alimenta.   *ZOOLOGÍA*
7 Pene, órgano sexual masculino.   *Chile/vulgar BOTÁNICA*
8 **pico de cigüeña:** Planta geraniácea de tallos ramosos, hojas dentadas y pequeñas flores moradas.
9 **pico de oro:** Persona que habla muy bien: *el pico de oro ya está dando su opinión.*   *coloquial*
10 **abrir el pico:** Intentar hablar o replicar: *no le dejaron abrir el pico en toda la noche.*   *coloquial*
11 **andar o ir de picos pardos:** 1. Ir de juerga o diversión: *se ha ido de picos pardos con unos amigos.* 2. Dedicarse a cosas inútiles.   *coloquial coloquial*
12 **a pico de jarro:** En gran cantidad: *bebe a pico de jarro.*   *loc.adv.*
13 **callar o cerrar el pico:** Callarse, no decir nada: *sobre todo, cierra el pico y no le cuentes nada de esto; ¡cierra el pico, mocoso!*   *coloquial*
14 **darse el pico:** 1. Besarse dos personas en los labios. 2. Entenderse muy bien entre dos personas.   *coloquial coloquial*
15 **hincar el pico:** 1. Acabar la vida de una persona o animal. 2. Ceder una persona en aquello que pretendía.   *coloquial coloquial*
16 **perder o perderse por el pico:** Hablar demasiado: *se perdió por el pico y contó todo lo que le había visto hacer.*   *coloquial*
17 **tener una persona mucho pico:** Tener soltura al hablar o hablar mucho: *para lo pequeña que es, tiene mucho pico.*   *coloquial*
II (Derivado de *picar*.)
1 Parte puntiaguda que sobresale en el borde de una cosa: *es un sombrero de tres picos.*   *s.m. = punta*
2 Herramienta de cantero con dos puntas opuestas, aguzadas y enastadas en un mango largo de cantera.
3 Herramienta formada por un barra de hierro algo curvada, aguda por un extremo y con un ojo por el otro para ensartarla en un palo de madera.
4 Parte superior de una montaña.   *= cima*
5 Montaña de cumbre puntiaguda.
6 Pequeña parte en que una cantidad sobrepasa a un número redondo: *tiene veinte y pico años.*   *= tantos*
7 Cantidad indeterminada de dinero: *ganó un buen pico en la lotería.*   *= pellizco*
8 Inyección o dosis de droga.   *argot*
9 Pequeña porción de ganado que se separa del rebaño.
III (Del lat. *picus*.)
1 Pájaro insectívoro que vive en los troncos de los árboles, de plumaje muy variado.   *s.m./ZOOLOGÍA = pájaro carpintero*
2 **pico verde:** Ave trepadora de plumaje verdoso y muy rojo en el moño de la cabeza.   *ZOOLOGÍA = pico real*

picogordo Pájaro pequeño dotado de un enorme pico gris azulado y con el plumaje marrón, negro y azul, que vive en bosques y grandes parques. *(Coccothraustes coccothraustes.)*   *s.m. ZOOLOGÍA*

picola Pico pequeño de cantero.   *s.f.*

picolete Grapa que hay dentro de la cerradura para sujetar el pestillo.   *s.m.*

picoleto, a Miembro de la guardia civil: *los picoletos nos registraron el coche en la aduana.*   *s. argot*

picón, a
I (Derivado de *pico* < celta *beccus*.)
1 Se aplica a la caballería que no puede cortar bien la hierba por tener los incisivos superiores más salientes que los inferiores.   *adj. VETERINARIA*
2 Pez condrictio que tiene el rostro alargado y es grisáceo.   *s.m. ZOOLOGÍA*
II (Derivado de *pico* < *picar*.)
1 Que ofende con facilidad a las personas o las pica para molestarlas.   *adj.*
2 Burla que se hace a una persona para picarla o incitarla a una cosa.   *s.m. = pulla*
3 Carbón menudo que se utiliza en los braseros.

piconero, a
1 Persona que fabrica o vende picón o carbón menudo.   *s.*
2 Picador de toros.   *TAUROMAQUIA*

picor (Del cat. *picor*.)
1 Sensación corporal molesta que incita a rascarse: *le salieron unos granos en la pierna que le producían mucho picor.*   *s.m. = picazón*

2 Escozor que una comida picante causa en el paladar. = ardor

picoso, a Que está señalado de viruelas. adj.

picota
1 Rollo o columna a la entrada de los pueblos donde se exponía a los reos a la vergüenza o las cabezas de los ajusticiados. s.f. HISTORIA
2 Variedad de cereza carnosa y muy dura, de forma algo apuntada y escasa adherencia al pedúnculo. BOTÁNICA
3 Parte superior en punta de una torre o montaña muy alta. = pico
4 Nariz, parte saliente del rostro humano: *tiene una picota enorme, es lo único que se le ve en la cara.* coloquial
5 Juego de chicos que consiste en clavar un palo en el suelo y derribar el del contrario. JUEGOS
6 Barra ahorquillada donde descansa el perno o gozne sobre el que gira el guimbalete o palanca. NÁUTICA
7 poner a una persona en la picota: Exponer en público los defectos o errores de una persona: *pusieron en la picota al presidente de la compañía.* coloquial

picotazo
1 Acción de picar, golpear o morder con el pico algunos animales: *no molestes al loro o te dará un picotazo.* s.m. = picadura
2 Señal o herida producida por el pico de un ave, por un insecto o por cualquier objeto punzante: *la inflamación del picotazo de avispa le duró varios días.* = picotada

picote
1 Tela tosca y áspera confeccionada con pelo de cabra. s.m./TEXTIL = peldefebre
2 Tela de seda muy lustrosa que se usaba para hacer vestidos. TEXTIL
3 Prenda de vestir tosca. = sayal

picoteado, a Que tiene picos o ha sido picado por las aves: *la fruta está picoteada por los pájaros.* adj.

picotear
1 Golpear las aves una cosa con el pico: *el canario picoteaba con fuerza.* v.tr/intr.
2 Comer diversas cosas en pequeñas cantidades: *hace días que no come, sólo picotea.* v.tr. = picar
3 Mover el caballo la cabeza de arriba abajo de forma continua: *el caballo picoteaba en el establo.* v.intr.
4 Hablar mucho de cosas inútiles: *los hombres del puerto picoteaban sobre fútbol durante el descanso.* = charlar
5 Reñir las mujeres diciéndose cosas desagradables: *las vecinas se picotearon en el mercado.* v.prnl.

picoteo Acción y resultado de picotear. s.m.

picotería Ansia de hablar. s.f./= charlatanería

picotero, a
1 Que dice cosas ilógicas o insustanciales. adj.
2 Que dice lo que debería callar. = bocazas

picotillo Picote de baja calidad. s.m.

picotín (Del cat. *picoti*.) Medida catalana de capacidad para áridos, cuyo valor oscila entre 1,40 y 1,50 litros. s.m.

picr- Componente de palabra procedente del gr. *pikros*, que significa amargo, picante: *picrolita*. pref.

picrato Sal derivada del ácido pícrico. s.m./QUÍMICA

pícrico (Del gr. *pikros*, amargo.) Se aplica a un ácido obtenido por la acción del ácido nítrico sobre el fenol. adj. QUÍMICA

picto, a De una tribu celtizada establecida en tierras escocesas en la alta edad media. adj/s. HISTORIA

pictografía (Del lat. *pictus*, pintado + gr. *grapho*, escribir.) Escritura en la que los objetos e ideas se representan mediante dibujos que, de algún modo, se asemejan a lo representado. s.f. LINGÜÍSTICA

pictográfico, a De la pictografía. adj./= ideográfico

pictograma (Del lat. *pictus*, pintado + gr. *gramma*, letra.) Signo gráfico que representa un objeto o un concepto. s.m. LINGÜÍSTICA = ideograma

pictoralismo Tendencia de la fotografía artística de principios de siglo que buscaba el parecido con la pintura. s.m. FOTOGRAFÍA

pictórico, a
1 De la pintura: *ha sido premiado por su obra pictórica.* adj./ARTE
2 Que es apropiado para ser pintado: *este atardecer podría ser un tema pictórico.*

picual Variedad de aceituna que produce un aceite de gran calidad. s.f. AGRICULTURA

picudilla
1 Ave limícola y zancuda de tamaño mediano, dorso pardo, partes inferiores claras, pico largo y fino, que vive en zonas húmedas y pantanosas. s.f. ZOOLOGÍA = agachadiza
2 Pez teleósteo marino de carne comestible y muy estimada. Cuba, P. Rico, Venez/ZOOLOGÍA

picudo, a
1 Que tiene el pico o punta muy destacado. adj.
2 Que tiene forma de pico.
3 Que tiene hocico.
4 Que habla mucho y de manera insustancial. = picotero

picuré Agutí, roedor dasipróctido de color amarillento que está muy bien adaptado para la carrera. *(Dasyprocta lucifer.)* s.m./Amér. ZOOLOGÍA = conejillo de Indias

pidgin (Voz inglesa.)
1 Término que se utiliza para designar cualquier lengua híbrida o criolla. s.m. LINGÜÍSTICA
2 Lengua híbrida utilizada en zonas asiáticas que se basa en el léxico inglés y en la estructura gramatical y sintáctica del chino, usada en las transacciones comerciales. LINGÜÍSTICA

pidientero, a Mendigo, persona que tiene que pedir para vivir. s. = pedigüeño

pídola Juego infantil que consiste en saltar por encima de uno que se encorva. s.f./tb: dola JUEGOS

pidón, a Que pide con frecuencia. adj/s.

pie (Del lat. *pes, pedis*.)
1 Parte inferior articulada del extremo de la pierna del hombre que se apoya en el suelo y le permite caminar y mantenerse derecho: *el zapato le hace daño en el pie derecho.* s.m. ANATOMÍA
2 Parte de las extremidades de los animales con funciones parecidas a las del pie de las personas. ZOOLOGÍA = pata
3 Parte por donde se apoya un objeto en el suelo: *ten cuidado con las copas porque tienen un pie muy pequeño.* = base
4 Tallo de la planta y tronco del árbol. BOTÁNICA
5 Árbol o planta entera: *hemos sembrado cincuenta mil pies en estos viñedos.* BOTÁNICA
6 Parte de los calcetines, medias o botas que cubre esta zona del cuerpo: *tienes un agujero en el pie del calcetín.*
7 Cada una de las partes inferiores que sujetan un mueble. = pata
8 Medida de longitud con distinto valor según los países que la usan.
9 Parte final de un escrito y espacio en blanco que queda en la parte inferior del papel: *puso varias anotaciones al pie del escrito.*
10 Comentario o explicación puestos debajo de una ilustración: *el pie de la fotografía no se correspondía con ella.* ARTES GRÁFICAS
11 Parte opuesta a la cabecera, en algunas cosas: *se despertó con la cabeza en los pies de la cama.*
12 Principio o base sobre la que se forma alguna cosa. = fundamento
13 Denominación o título de la persona o corporación a que se dirige un escrito, y que se pone al final del mismo.
14 Modo de estar o hacer una cosa.
15 Ocasión o motivo de hacerse o decirse una cosa: *no me dio pie a hablarle del asunto.* = oportunidad
16 Lana estambrada que se usa para las urdimbres en los tejidos. TEXTIL
17 Conjunto de partículas suspendidas en un líquido que se posan en el fondo de un recipiente: *el vinagre tiene pie.* = poso, sedimento
18 Masa cilíndrica de uva, pisada en el lagar, ceñida de forma apretada con una faja de esparto, que se pone bajo la prensa para sacar el mosto.
19 Pila formada con los capazos de aceituna para que cargue sobre ellos la viga. AGRICULTURA
20 Imprimación que se usa en los tintes para asegurar y dar permanencia al color que se emplea. INDUSTRIA
21 Unidad rítmica formada por la agrupación de sílabas con determinado valor, cantidad o acentos, en la poesía grecolatina y en otras lenguas. POESÍA
22 Tipo de verso de la poesía castellana o de otras lenguas de métrica parecida. POESÍA
23 Persona que, en cualquier juego, juega en último lugar. JUEGOS ≠ mano
24 Última palabra que dice un personaje en una representación dramática cada vez que le toca hablar a otro. TEATRO
25 Señal, cantidad de dinero que se da como garantía de lo que se ha comprado. Chile
26 pie ambulacral: Cada uno de los apéndices en forma de tubo, a veces terminados en ventosa, que tienen los equinodermos y que intervienen en su función respiratoria. ZOOLOGÍA
27 pie cuadrado: Medida de superficie que equivale a 776 centímetros cuadrados.
28 pie cúbico: Medida de volumen que equivale a unos veintidós decímetros cúbicos.
29 pie de amigo: 1. Instrumento de hierro en forma de horquilla que se les ponía a los reos expuestos a la vergüenza pública para que no pudiesen bajar la cabeza. 2. Cosa que sirve para afirmar y fortalecer otra. HISTORIA
30 pie de becerro: Planta perenne con raíz tuberculosa y feculenta y con frutos semejantes a la grosella. BOTÁNICA
31 pie de burro: Molusco bivalvo grande, de valvas estriadas de forma concéntrica, que vive enterrado en arena, en aguas poco profundas o costeras. ZOOLOGÍA
32 pie de cabalgar: Extremidad izquierda del jinete. EQUITACIÓN
33 pie de cabra: 1. Percebe, crustáceo. 2. Palanca con un extremo hendido formando dos dientes. ZOOLOGÍA MECÁNICA
34 pie de carnero: Cada uno de los dos puntales con palos transversales para bajar de la escotilla a la bodega de un barco. NÁUTICA

35 pie de gallina: Quijones, planta umbelífera. — BOTÁNICA

36 pie de gallo: 1. Armadura de hierro de donde colgaban los correones de los carruajes antiguos. 2. Despropósito o inoportunidad. 3. Lance del juego de damas cuando un jugador tiene tres damas y la calle mayor y el otro sólo una. — = desatino / JUEGOS

37 pie de gato: 1. Patilla de la llave de algunas armas de fuego. 2. Zapatillas con suela que se agarra mucho, aptas para escalar. 3. Planta herbácea vivaz, de hojas radicales y espatuladas. *(Atennaria dioica.)* — DEPORTES / BOTÁNICA

38 pie de grifo: Planta herbácea vivaz ranunculácea. *(Helleborus foetidus.)* — BOTÁNICA / = eléboro fétido

39 pie de imprenta: Anotación que en los libros, revistas, carteles u otros impresos recoge el lugar y año de impresión y el nombre de la imprenta o de la editorial. — ARTES GRÁFICAS

40 pie de león: Planta rosácea con pequeñas flores apétalas y con los sépalos de color verde amarillento. — BOTÁNICA / = alquimila

41 pie de liebre: Planta herbácea de hojas aovadas y flores blancas rosadas. *(Trifolium lagopus.)* — BOTÁNICA

42 pie de monte: Llanura de acumulación aluvial que forma un declive en la falda de una cadena de montañas. — GEOGRAFÍA

43 pie derecho: Madero vertical de cualquier construcción o estructura. — CONSTRUCCIÓN

44 pie de rey: Instrumento que sirve para medir el diámetro, la longitud o el espesor de diferentes objetos. — TECNOLOGÍA

45 pie forzado: 1. Condición o circunstancia que limita la libertad con que se hace una cosa. 2. Rima establecida de forma caprichosa y a la que tiene que ajustarse el poeta para escribir una poesía. — TECNOLOGÍA / POESÍA

46 pie plano: 1. Extremidad con un aplanamiento de la bóveda que une por la parte interna la punta con el talón. 2. Ese defecto en una persona. — MEDICINA

47 pie quebrado: Verso de cuatro o cinco sílabas que alterna con otros más largos en las coplas llamadas del mismo modo. — MEDICINA / POESÍA

48 a cuatro pies: Forma de andar una persona apoyando las cuatro extremidades en el suelo. — loc.adv. / = a gatas

49 a pie: Andando, sin ningún medio de locomoción: *tendré que ir a pie hasta tu casa porque se me ha averiado la moto.* — loc.adv.

50 a pie enjuto: 1. Sin mojarse los pies al pasar por un sitio donde se corre el peligro de mojárselos. 2. Sin peligro, esfuerzo o sacrificio. — loc.adv.

51 a pie firme: Sin retroceder, sin moverse o sin desmayar: *continuó andando a pie firme toda la noche.* — loc.adv.

52 a pie llano: 1. Sin obstáculo o dificultad: *cruzó la verja a pie llano.* 2. Sin tener que subir o bajar escaleras: *todas las dependencias de la casa están a pie llano.* — loc.adv.

53 a pie o pies juntillas: 1. Con las extremidades inferiores juntas: *saltó a pie juntillas.* 2. Sin ninguna duda: *se ha creído a pie juntillas que no estabas.* — loc.adv. / loc.adv.

54 al pie de: 1. Aproximadamente, casi. 2. Cercano o próximo a una cosa: *su casa está al pie del lago.* — loc.adv.

55 al pie de fábrica: Se aplica al precio de las mercancías en su origen. — loc.adj. / COMERCIO

56 al pie de la cuesta: Al principio de una cosa que se prevé largo o difícil: *a sus dieciocho años no está más que al pie de la cuesta, ahora viene lo peor.* — loc.adv.

57 al pie de la letra: De forma literal: *recitó al pie de la letra lo que había leído; cuéntame al pie de la letra lo que te ha dicho.* — loc.adv.

58 al pie de la obra: Colocado donde lo va a utilizar el comprador. — loc.adv. / COMERCIO

59 arrastrar los pies: 1. Andar rozando el suelo con ellos. 2. Estar viejo. — coloquial / coloquial

60 arrastrarse a los pies de una persona: Humillarse a la persona de que se trata: *se arrastró a los pies del jefe pidiéndole que no le despidiera.* — coloquial

61 asentar el pie o los pies: Actuar con prudencia, cautela o seguridad en un asunto. — coloquial

62 atar de pies y manos a una persona: Impedirle en cualquier forma obrar o actuar: *ese contrato te atará de pies y manos, será mejor que no lo firmes.* — coloquial

63 besar los pies a una persona: Se usa como expresión de respeto, sumisión o cortesía. — formal

64 buscarle tres pies al gato: Buscarle complicaciones a un asunto que de por sí no las tiene: *yo creo que la solución está clara, no le busques tres pies al gato.* — coloquial

65 caer de pie o de pies: Salir bien en situaciones peligrosas: *cayó de pie cuando salió ileso del terrible accidente.* — coloquial

66 caérsele una cosa a los pies a una persona: Dejar de inspirar confianza, admiración o estimación: *siempre le había admirado, pero se le cayó a los pies tras ver cómo trataba a su familia.* — coloquial

67 cerrado como pie de muleto: De genio duro y obstinado, sin atender a razones. — coloquial

68 cojear del mismo pie que otra persona: Tener los mismos defectos que la persona de que se trata: *los dos cojean del mismo pie, son demasiado orgullosos.* — coloquial

69 comer una persona por los pies a otro: Ocasionarle muchos gastos. — coloquial

70 con buen pie: 1. Con buena suerte o con acierto: *empezó en su nuevo trabajo con buen pie.* 2. Indica rapidez al caminar: *anda con buen pie, así que llegará en seguida.* — loc.adv. / loc.adv.

71 con los pies: Muy mal, sin cuidado: *ese trabajo está hecho con los pies, tienes que rehacerlo.* — loc.adv.

72 con los pies delante: Muerto, en general con los verbos salir o sacar. — loc.adj./adv.

73 con mal pie: Con desgracia, mala suerte o desacierto: *empezó el día con mal pie y lo acabó fatal.* — loc.adv.

74 con pie derecho: Con buena suerte o acierto. — loc.adv.

75 con pie ligero: Con marcha rápida, andando rápido: *caminaron con pie ligero hasta el anochecer.* — loc.adv.

76 con pies de plomo: Con mucho cuidado: *es un mundo muy difícil, hay que andarse con pies de plomo.* — loc.adv.

77 con un pie en el aire: 1. Con probabilidades de tener que irse pronto del sitio donde se está: *ha tenido problemas con sus superiores y está en la empresa con un pie en el aire.* 2. De forma inestable. — loc.adv.

78 con un pie en el estribo: 1. Dispuesto a irse de viaje o marcharse de un sitio. 2. Próximo a morir. — loc.adv. / loc.adv.

79 con un pie en el hoyo: Muy enfermo o viejo: *la enfermedad que sufre es grave y está con un pie en el hoyo.* — loc.adv.

80 dar con el pie a una persona: Despreciarle, dejarle de lado. — coloquial

81 dar pie: Proporcionar la ocasión, el motivo o pretexto para que alguien haga u diga: *le dio pie para que se quedara y se quedó.* — coloquial

82 de a pie: 1. Se aplica a la persona que no va en coche. 2. Se refiere a los soldados o guardias que no usan caballería. 3. Se aplica a las personas corrientes, a los ciudadanos sin vida pública. — loc.adj. / loc.adj./MILITAR / loc.adj.

83 de medio pie: Se refiere al muro hecho con ladrillos colocados con la dimensión más larga en la dirección de la pared. — loc.adj. / CONSTRUCCIÓN

84 de pie: 1. En posición vertical sobre los pies. 2. Sin acostarse o ya levantado de la cama: *pasé la gripe de pie.* — loc.adv.

85 de pie de banco: Que es absurdo o ilógico: *tuvo una salida de pie de banco; tuvo una ocurrencia de pie de banco.* — loc.adj.

86 de pies a cabeza: Por completo: *se llenó de barro de pies a cabeza.* — loc.adj.

87 dejar a pie a una persona: Dejarla sin empleo o sin participar en una cosa. — coloquial

88 echar a pies: Decidir una cosa por suerte. — coloquial

89 echar los pies por alto: Enfurecerse, irritarse mucho: *echó los pies por alto por una nimiedad.* — coloquial

90 echar pie a tierra: Bajarse de una caballería o coche. — coloquial

91 echar pie atrás: Retroceder o flaquear en un asunto. — coloquial

92 echarse a los pies de una persona: Suplicarle con mucha humildad alguna cosa: *se echó a sus pies suplicándole clemencia.* — coloquial

93 en pie: 1. De pie, en posición erguida: *los letrados se pusieron en pie cuando entró el juez.* 2. En vigor: *las reglas de la casa siguen en pie.* 3. Que está pendiente de decisión o resolución. 4. Sin terminar. — loc.adv. / loc.adv. / loc.adv. / loc.adv.

94 en pie de guerra: Se refiere al país o ejército que en tiempo de paz está armado y preparado como si estuviera en guerra. — loc.adj. / MILITAR

95 entrar con el pie derecho: Entrar en algún sitio o empezar una cosa con buena suerte o acierto: *entraron en el negocio con el pie derecho.* — coloquial

96 estar con un pie en el otro barrio: Estar a punto de morir por un accidente, enfermedad o vejez. — coloquial

97 estar una persona al pie del cañón: Estar atento y vigilante para hacer en cualquier momento lo necesario en un asunto: *tiene que estar al pie del cañón por si surge cualquier imprevisto.* — coloquial

98 faltarle a una persona los pies: Perder el equilibrio y estar a punto de caer. — coloquial

99 hacer pie: 1. Estabilizarse en un sitio. 2. Llegar con los pies al suelo o poder estar sobre el fondo sin sumergir la cabeza en el agua: *no le gusta la piscina porque no hace pie.* 3. Preparar el montón de uva o aceituna que se ha de pisar o prensar en los lagares y molinos de aceite. — coloquial / coloquial / AGRICULTURA

100 írsele los pies a una persona: 1. Cometer una imprudencia: *se le fueron los pies en el negocio y perdió el cliente.* 2. Resbalar, perder el equilibrio. — coloquial

101 nacer de pie: Haber nacido con suerte. — coloquial

102 no bullir una persona ni pie ni mano: Quedarse inmóvil, como muerto. — coloquial

103 no caber de pie en un sitio: Estar muy apretadas en él las personas de que se trata: *en la sala no cabían de pie de la cantidad de gente que asistió a la conferencia.* — coloquial

104 no dar pie con bola: No acertar en un asunto o hacer mal las cosas en general. — coloquial

105 no poner los pies en algún sitio: No ir más a él: *yo ya no vuelvo a poner los pies en esa casa.* — coloquial

106 no poner los pies en el suelo: Andar muy rápido. — coloquial

107 no tener pies ni cabeza una cosa: Ser absurdo: *no digas tonterías, eso no tiene ni pies ni cabeza.* — coloquial

108 no tenerse de pie una cosa: Ser absurda, disparatada o increíble: *su historia es tan contradictoria que no se tiene de pie.* — coloquial

109 no poder tenerse en o de pie: Estar muy cansado o débil: *el pobre no se tenía en pie de la fiebre que tenía.* — coloquial

110 parar los pies a una persona: Contenerla en algún intento insensato o impertinente o impedirle seguir adelante en algo que hace o dice: *habrá que pararle los pies o si no acabará dominándonos.* — coloquial

111 perder pie: Llegar a donde no se hace pie cuando se está en el agua. — coloquial

112 pies para qué os quiero: Se usa para expresar que la persona que está hablando o huye, ha huido o está dispuesta a huir con rapidez de un sitio. — coloquial

113 poner a una persona a los pies de los caballos: Maltratarla o despreciarla. — coloquial

114 poner los pies en el suelo: Levantarse de la cama: *ayer puso los pies en el suelo a las seis de la mañana.* — coloquial

115 poner pies en pared: Obcecarse en algo.

116 poner pies en polvorosa: Huir de un lugar: *el ladrón puso pies en polvorosa al oír la sirena de la policía.* — coloquial

117 ponerse en o de pie: 1. Empezar a levantarse después de haber estado enfermo. 2. Empinarse, ponerse los animales con las patas delanteras al aire y apoyados sólo en las patas traseras. 3. Levantarse cuando se está sentado o acostado: *la sala se puso en pie aplaudiendo a los actores.* — coloquial

118 por pies: Huyendo con mucha rapidez: *salió por pies porque perdía el avión.* — loc.adv. coloquial

119 por su pie: Caminando, andando: *salió del hospital por su pie.* — loc.adv. coloquial

120 quedarse a pie: No poder subir al vehículo que se pretendía o quedarse sin conseguir una cosa que otros consiguen. — coloquial

121 saber de qué pie cojea una persona: Conocer sus defectos: *no hace falta que nos cuentes nada, ya sabemos de qué pie cojeas.* — coloquial

122 sacar los pies a un niño: Vestirle de corto, ponerle a andar. — coloquial

123 sacar los pies del plato, del tiesto o de las alforjas: Dejar de ser tímido y empezar a ser atrevido o a cometer excesos de cualquier clase. — coloquial

124 sostener en pie: 1. Permanecer sobre ellos sin caerse, o permanecer erguido. 2. Vivir o durar todavía una institución.

125 tener un pie dentro: Empezar uno a experimentar. — coloquial

126 tenerle a una persona el pie sobre el cuello o al cuello o tenerle el pie encima: Tenerla sometida. — coloquial

127 tomar pie de una cosa: Tomar pretexto de ella para justificar el hacer otra. — coloquial

128 un pie tras otro: En tono exclamativo se usa para echar a una persona de un lugar. — coloquial

129 vestirse por los pies: Ser del sexo masculino. — coloquial

130 volver pie atrás: Retroceder en una marcha o asunto. — coloquial

131 ¡qué tres pies para un banco!: Se usa para criticar a tres personas: *tanto la pareja como el pequeño son muy despistados, vaya tres pies para un banco.* — coloquial

piedad (Del lat. *pietas, -atis.*) — s.f. TEOLOGÍA
1 Virtud que, por el amor a Dios, inclina hacia los actos de compasión y de amor al prójimo.
2 Sentimiento de pena por los que sufren, que impulsa a ayudarles: *dedicó su vida a los necesitados por su gran piedad.* — = misericordia
3 Amor y respeto consagrados a los padres y a las cosas veneradas. — = devoción
4 Imagen de la Virgen, en pintura o escultura, con su hijo Jesús muerto en sus brazos. — ARTE

piedemonte Territorio llano u ondulado contiguo a una cadena montañosa. — s.m./GEOGRAFÍA = pie de monte

pied-noir (Voz francesa.) Denominación con que se conoce a las personas argelinas de origen francés. — s.m.f.

piedra (Del lat. *petra* < gr. *petra.*) — s.f. GEOLOGÍA
1 Mineral duro y compacto, que no tiene aspecto terroso ni metálico.
2 Este mineral tallado y con alguna inscripción o figura: *su escudo de armas puede verse en la piedra de su tumba.* — = losa
3 El mismo mineral tallado usado en construcción: *las paredes de la casa son de piedra.* — CONSTRUCCIÓN
4 Trozo de mineral en general transparente o translúcido que se utiliza tallado en adornos de lujo o joyería: *el anillo tiene una bonita piedra incrustada.*
5 Agua congelada que cae de las nubes en forma de granos: *de repente se desencadenó una fuerte tormenta de granizo.* — = granizo
6 Aleación de hierro y cerio que llevan los encendedores para producir chispa. — = piedra de mechero
7 Pedernal de las armas de fuego.
8 Disco de piedra que se usa para moler. — = muela

9 Dosis de hachís lista para ser mezclada con tabaco. — = china
10 Cosa o persona que es muy fuerte, dura o resistente: *tiene un corazón de piedra; sus músculos son de piedra.* — = pedernal
11 Concreción calcárea anormal que se forma en algunos órganos: *le han detectado piedras en el riñón.* — MEDICINA = cálculo
12 Tanto que se gana en cada mano hasta que concluye un partida, en algunos juegos. — JUEGOS
13 piedra afiladera o aguzadera o amoladera: La de arenisca usada para afilar las herramientas de corte.
14 piedra angular: 1. La que se coloca en la esquina de la base de los edificios. 2. Base o fundamento de una cosa: *en el libro se recoge la piedra angular de su filosofía; ella es la piedra angular de la familia.* — ARQUITECTURA coloquial
15 piedra artificial: Material compuesto con arena y cemento de portland, usado en construcción. — CONSTRUCCIÓN
16 piedra berroqueña: Granito, roca de cuarzo. — MINERALOGÍA
17 piedra bornera: La piedra negra usada para hacer muelas de molino.
18 piedra calaminar: Calamina, mineral. — MINERALOGÍA
19 piedra ciega: La preciosa que es opaca.
20 piedra de cal: Caliza, fosfato de cal. — MINERALOGÍA
21 piedra de chispa o de fusil: Pedernal, variedad de cuarzo que da chispas herido por el eslabón de un arma.
22 piedra de escándalo: Suceso o persona que son origen de murmuraciones o escándalo. — coloquial
23 piedra de grosella: Grosularia, mineral. — MINERALOGÍA
24 piedra de la luna o de las amazonas o de labrador: Labradorita, mineral. — MINERALOGÍA
25 piedra de lumbre: Variedad de cuarzo que da chispas al ser herido por el eslabón. — MINERALOGÍA
26 piedra de mechero: Aleación de hierro y cerio que llevan los mecheros para producir chispa.
27 piedra de molino: Cualquiera de las dos muelas del molino, una fija y la otra giratoria, entre las que se trituran los granos. — = muela
28 piedra de rayo: Hacha de mineral pulimentada, que según la creencia del vulgo procedía de un rayo.
29 piedra de sangre: 1. Hematites, mineral. 2. Heliotropo, ágata. — MINERALOGÍA MINERALOGÍA
30 piedra de toque: 1. Roca silícea de color negro usada para valorar la riqueza en oro de una aleación. 2. Situación que sirve para confirmar cierta cualidad o sentimiento de una persona: *su laboriosidad es la piedra de toque de su ascenso.* — GEOLOGÍA coloquial
31 piedra divina: Sustancia medicinal compuesta de alumbre, vitriolo azul, nitro y alcanfor usada como colirio. — FARMACIA
32 piedra dura: Las que son de la clase de los óxidos, como la calcedonia y el ópalo. — MINERALOGÍA
33 piedra falsa: La que imita a las preciosas.
34 piedra filosofal: Materia que buscaban los alquimistas para fabricar el oro artificial. — OCULTISMO
35 piedra fina: Mineral bello usado en joyería.
36 piedra franca: La que es fácil de labrar.
37 piedra fundamental: 1. La primera que se pone en un edificio. 2. Principio de donde dimana una cosa, o que le sirve de base. — ARQUITECTURA, CONSTRUCCIÓN coloquial
38 piedra imán: Imán, mineral compuesto de dos óxidos de hierro que tiene la propiedad de atraer a los metales. — MINERALOGÍA
39 piedra infernal: Nitrato de plata usado en medicina como cauterio. — QUÍMICA
40 piedra inga: Pirita, mineral. — MINERALOGÍA
41 piedra lipis: Sulfato de cobre. — QUÍMICA
42 piedra litográfica: Mármol arcilloso de grano fino en el que se dibuja para imprimir en litografía. — ARTES GRÁFICAS
43 piedra melodreña: La de afilar.
44 piedra meteórica: Aerolito, fragmento de un bólido, que cae sobre la Tierra. — ASTRONOMÍA
45 piedra miliar: 1. Mojón que en las vías romanas señalaba la distancia de mil pasos. 2. Suceso que en la vida marca el punto de partida de una nueva fase. — HISTORIA coloquial
46 piedra nefrítica: Jade, usado en la antigüedad como amuleto para curar las enfermedades de riñón. — MINERALOGÍA
47 piedra ollar: Mineral usado para decorar vasijas en algunos sitios. — MINERALOGÍA
48 piedra oniquina: Ónix, mineral. — MINERALOGÍA
49 piedra oscilante: La grande que se sostiene de forma natural en equilibrio y puede oscilar.
50 piedra pómez: Trozo de lava usado como abrasivo.
51 piedra preciosa: Mineral bello y poco frecuente usado en joyería. — MINERALOGÍA
52 cerrar una cosa a piedra y lodo: Imposibilitar la apertura o entrada al sitio de que se trata. — coloquial
53 colocar o poner la primera piedra: 1. Dar inicio a una empresa o negocio: *su abuelo colocó la primera piedra creando esta empresa.* 2. Colocar al comienzo de las obras de un edificio el primer ladrillo o material de construcción en un acto solemne. — CONSTRUCCIÓN
54 dejar o quedarse de piedra: Paralizarla de asombro: *la noticia de su muerte me dejó de piedra.* — coloquial
55 hasta las piedras: Todos, todo el mundo, sin excepción: *al día siguiente ya lo sabían hasta las piedras.* — coloquial

56 levantarse las piedras contra una persona: 1. Se usa para ponderar las muchas desgracias que le acaecen. 2. Se usa para indicar que el daño hecho por alguien causa la indignación o la ira general. — *coloquial* / *coloquial*

57 menos da una piedra: Se usa para aconsejar a alguien que se conforme con lo que ha obtenido, aunque sea poco: *aunque te haya tocado poco dinero, no te quejes que menos da una piedra.* — *coloquial*

58 no dejar piedra por mover: Realizar todas las gestiones posibles para conseguir un objetivo: *no dejó piedra por mover para conseguir la beca que pedía.* — *coloquial*

59 no dejar piedra sobre piedra: Destruir un lugar por completo: *el terremoto fue de tal magnitud que no dejó piedra sobre piedra.* — *coloquial*

60 no ser una persona de piedra: No poder resistir una tentación, en especial la belleza o las insinuaciones de otra persona: *no me provoques que no soy de piedra.* — *coloquial*

61 picar la piedra: Usar un instrumento cortante o punzante para desigualar la superficie de la piedra de molino para que muela con más facilidad.

62 que ablanda o quebranta las piedras: Se aplica a la persona o cosa que despierta compasión hasta al más insensible. — *loc.adj.*

63 señalar con piedra blanca: Se usa para referirse a fechas u ocasiones en que sucede un hecho feliz. — *coloquial*

64 señalar con piedra negra: Se usa para referirse a fechas u ocasiones en que suceden hechos desgraciados. — *coloquial*

65 tener una persona su piedra en el rollo: Ser distinguida dentro de una comunidad.

66 tirar la primera piedra: Ser el primero en lanzar una acusación: *no seré yo quien tire la primera piedra porque también me equivoco.* — *coloquial*

67 tirar piedras al propio tejado: Comportarse de manera perjudicial a los propios intereses: *con su obstinación no hace sino tirar piedras al propio tejado.* — *coloquial*

68 tirar una persona la piedra y esconder la mano: Causar daño a otra y luego ocultarlo o negarlo: *no reconocerá que ha sido él porque es de los que tiran la piedra y esconden la mano.* — *coloquial*

69 tirar una persona piedras: Estar loco o muy irritado.

piejo (Del lat. vulgar *peduculus*.) Piojo, insecto parásito. — *s.m./vulgar*

piel (Del lat. *pellis*.)
1 Capa de tejido resistente y flexible que recubre el cuerpo de los hombres y de los animales: *tiene la piel morena por el sol.* — *s.f.* / *ANATOMÍA* / *= epidermis*
2 Capa que recubre el cuerpo de un animal despojada de pelo y en general curtida, que se usa como material para la fabricación de diversos objetos: *lleva los zapatos de piel a juego con el bolso.* — *= cuero*
3 Piel de un animal con su pelo, curtida y confeccionada como prenda de abrigo: *lleva un chaquetón de piel de zorro.* — *INDUSTRIA*
4 Capa fina y flexible que recubre la pulpa de algunas frutas: *le gusta comer las manzanas con piel.* — *BOTÁNICA*
5 piel de ángel: Tela de seda parecida al raso. — *TEXTIL*
6 piel de melocotón: La de las personas o ciertos objetos cuando tiene un tacto suave parecido al de esta fruta. — *coloquial*
7 piel de rata: Capa del ganado caballar, de color grisáceo, semejante al del pelo del ratón.
8 piel de Rusia: La de becerro curtida, según un procedimiento de origen ruso, tratándola con aceite de corteza de abedul que le da un olor permanente y agradable.
9 piel de seda: Tela de seda parecida al raso, pero de menos brillo y más flexibilidad. — *TEXTIL*
10 piel roja: Indio norteamericano. — *coloquial*
11 dar o dejar la piel: Hacer cualquier cosa por una persona o cosa: *daría la piel por ayudar a sus hijos.* — *coloquial*
12 pagar o perder la piel: Morir a causa de cierta acción o en cierta ocasión: *pagó con la piel sus imprudencias al volante.* — *coloquial*
13 quitar la piel a tiras: Criticar con dureza a una persona. — *coloquial*
14 ser de la piel del diablo: Ser muy travieso, enredador y revoltoso: *no puede dejar de vigilarle ni un momento porque es de la piel del diablo.* — *coloquial*
15 tener o ponerse la piel de gallina: Sentir escalofrío por miedo o por otra causa: *se me pone la piel de gallina cuando le veo la terrible cicatriz.* — *coloquial*

piélago (Del lat. *pelagus*, y éste del gr. *pelagos*.)
1 Parte del mar que dista mucho de la tierra. — *s.m./culto*
2 El mar en general y en toda su extensión. — *literario*

pielero, a Persona que compra pieles crudas o comercia con ellas. — *s.*

pielgo (Del lat. vulgar *pedicum*.)
1 Parte de un odre o pellejo correspondiente a una extremidad del animal. — *s.m.* / *tb: piezgo*
2 Pellejo para contener líquidos. — *= odre*

pielitis (Del gr. *pyelos*, pelvis + *itis*, inflamación.) Inflamación de la membrana mucosa que cubre la pelvis renal. — *s.f./pl: pielitis* / *MEDICINA*

pielo- Componente de palabra procedente del gr. *pyelos*, que significa pelvis: *pielonefritis.* — *pref.* / *tb: piel-*

pielonefritis Nefritis que afecta a la pelvis renal y al intersticio del riñón. — *s.f./pl: pielonefritis* / *MEDICINA*

piensador, a Persona encargada de dar el pienso al ganado y cuidar de los establos. — *s.*

pienso
1 Porción de alimento seco que se da al ganado. — *s.m.*
2 Alimento para el ganado.
3 a pienso: Comiendo alimentos secos el animal que de habitual pasta en el campo. — *loc.adv.*

pier Muelle perpendicular al eje de un río o de un estuario. — *s.m.* / *Amér.*

piérides Las musas. — *s.f.pl./literario*

pierio, a De las musas o piérides. — *adj./literario*

pierna (Del lat. *perna*.)
1 Parte de las extremidades inferiores del cuerpo humano entre la rodilla y el pie: *la tibia es uno de los huesos de la pierna.* — *s.f.* / *ANATOMÍA*
2 Toda la extremidad inferior del cuerpo humano: *le han prohibido apoyar la pierna en el suelo.* — *ANATOMÍA*
3 Muslo de los cuadrúpedos y aves, usado para el consumo: *siempre le toca a él la pierna del pollo y a mí la pechuga.* — *= pata*
4 Cada una de las dos piezas que forman el compás.
5 Disposición natural o aptitud para caminar: *tiene buenas piernas y no se cansa.*
6 Desigualdad en las orillas o en el corte de una tela. — *TEXTIL*
7 Recipiente o cántaro, alto y estrecho, que se va ensanchando hacia la boca y se vuelve a estrechar cerca de ésta.
8 Trazo vertical de algunas letras como la m o la n.
9 Cada uno de los dos maderos o pies derechos que se ponían a ambos lados de las prensas antiguas para sujetarlas. — *ARTES GRÁFICAS*
10 Títere, persona sin autoridad: *es un piernas, todo el mundo le manipula.* — *s.m.pl.*
11 Persona dispuesta a prestar compañía. — *s.f./Argent.*
12 pierna de nuez: Cada una de las cuatro partes en que está dividida la pulpa de una nuez. — *BOTÁNICA*
13 a pierna suelta: Sin ninguna preocupación: *él dormía a pierna suelta mientras yo recogía el agua de la lluvia que entraba por la ventana.* — *loc.adv.* / *coloquial*
14 andar a la pierna el caballo: Andar de costado. — *EQUITACIÓN*
15 como piensa el caballo: Se usa para explicar que una cosa no se hace con la rectitud que le corresponde. — *loc.adv.* / *coloquial*
16 con las piernas cruzadas: Con una extremidad montada sobre la otra. — *loc.adv.*
17 cortar a una persona las piernas: Imposibilitarle para una cosa. — *coloquial*
18 echar a una persona la pierna encima: Excederle o sobrepujarle. — *coloquial*
19 echar piernas: Presumir de valiente o galán. — *coloquial*
20 en piernas: Con las piernas desnudas. — *loc.adv.*
21 estirar la pierna: Morirse, dejar de vivir.
22 estirar las piernas: Pasear para desentumecerse después de mucho tiempo sin moverse: *cuando termine el cuadro saldré a estirar las piernas.* — *coloquial*
23 hacer pierna: Colaborar, ayudar a una persona a hacer alguna cosa. — *Argent.* / *coloquial*
24 hacer piernas: 1. Afirmarse bien los caballos sobre ellas y jugarlas bien. 2. Presumir los hombres de galanes y valientes. 3. Estar firme en un propósito. 4. Hacer ejercicio andando: *cada mañana camina diez quilómeros para hacer piernas.* — *EQUITACIÓN* / *coloquial* / *coloquial*
25 meter o poner piernas al caballo: Estimularle para que corra o arranque con rapidez. — *EQUITACIÓN*
26 ponerse sobre las piernas el caballo: Suspenderse sobre ellas. — *EQUITACIÓN*
27 traer las piernas a una persona: Darle friegas en ellas. — *coloquial*

piernicorto, a Que tiene las piernas cortas. — *adj.*

piernitendido, a Que es extendido de piernas. — *adj.*

pierrot (Voz francesa.)
1 Personaje del teatro francés inspirado en uno de la comedia del arte italiana que viste calzón amplio y camisola blanca con grandes botones. — *s.m.* / *TEATRO*
2 Persona que viste el traje de este personaje.

piesco (Del lat. *persicum*, melocotón.) Melocotón, fruto del melocotonero. — *s.m.* / *BOTÁNICA*

pies negros Tribu amerindia de la familia lingüística algonquina, que habita la praderas canadienses. — *s.m.pl.* / *tb: blackfoot*

pietismo Movimiento religioso protestante del siglo XVII, que defendía una religión del corazón, sentimental y sincera frente al intelectualismo y al formalismo de las iglesias luterana y calvinista. — *s.m.* / *RELIGIÓN*

pietista
1 Del pietismo. — *adj./RELIGIÓN*
2 Que profesa el pietismo. — *adj/s.m.f./RELIGIÓN*

pieza (Del celta *pettia*.)
1 Pedazo o parte de una cosa, en especial las diferen- — *s.f.*

tes partes que componen una máquina o un conjunto: *se ha roto una pieza del reloj; he perdido una pieza del puzzle.*
2 Cada unidad de un género de cosas: *sólo puede comer dos piezas de fruta al día.*
3 Estancia, habitación de una casa: *¿cuántas piezas tiene la casa?* = aposento
4 Moneda, trozo de metal labrado: *le devolvió dos piezas de cinco duros.*
5 Banda de tela o de papel, enrollada, que se fabrica de una vez: *la pieza mide metro y medio de ancho.*
6 Trozo de tela usado para remendar una prenda de vestir: *pondré una pieza en los codos.* = parche
7 Objeto de gran valor: *es una pieza de porcelana muy valiosa.*
8 Persona traviesa o inquieta, en especial referido a niños: *¡qué pieza!, no se le puede dejar solo ni un minuto.* = trasto
9 Ficha usada en algunos juegos: *pieza de ajedrez.* JUEGOS
10 Animal cazado o pescado como actividad deportiva: *los perros portaban las piezas a los cazadores.* CAZA, PESCA
11 Obra dramática, en especial si es de un solo acto. TEATRO
12 Cualquier composición musical suelta, vocal o instrumental: *interpretaron una pieza muy romántica.* MÚSICA
13 Figura que forma parte de un escudo, pero que no representa ningún objeto. HERÁLDICA
14 pieza de artillería: Arma de fuego no portátil. MILITAR
15 pieza de autos: Conjunto de papeles pertenecientes a un determinado juicio. DERECHO
16 ¡buena pieza!: Se aplica a la persona traviesa, pizpireta o respondona: *¡buena pieza está hecho el pequeño!*
17 hacer piezas: Trocear o destrozar una cosa: *tiró el jarrón al suelo y lo hizo piezas.*
18 pieza a pieza o por piezas: Parte a parte, con gran meticulosidad y cuidado: *tratemos el asunto pieza a pieza para que no se escape ningún detalle.* loc.adv.
19 quedarse de una pieza: Asombrarse, admirarse por algo: *cuando me contó todo lo que había conseguido, me quedé de una pieza.* coloquial
20 tocar pieza: Hablar o pensar sobre una materia determinada. coloquial
21 en dos piezas: Prenda de vestir compuesta de dos partes que se conjuntan. coloquial
piezgo (Del lat. vulgar *pedicum*.)
1 Parte correspondiente a cualquiera de las extremidades del animal de cuyo cuero se ha hecho el odre o pellejo. s.m. tb: pielgo
2 Cuero preparado para transportar líquidos. = odre
piezo- Componente de palabra procedente del gr. *piezo*, que significa comprimir: *piezometría.* pref.
piezoelectricidad (Del gr. *piezo*, comprimir + *electricidad*.) Propiedad de algunos cuerpos de cargarse de electricidad estática cuando se someten a presión o a otras acciones mecánicas. s.f. ELECTRICIDAD
piezoeléctrico, a De la piezoelectricidad. adj./ELECTRICIDAD
piezógrafo (Del gr. *piezo*, comprimir + *grapho*, escribir.) Aparato para registrar el grado de compresibilidad de los líquidos. s.m. FÍSICA
piezometría
1 Medida de las presiones, en especial de las elevadas, en meteorología. s.f. FÍSICA
2 Parte de la física que estudia la compresibilidad de los líquidos. FÍSICA
3 Estudio del espesor de un manto freático. GEOLOGÍA
piezómetro (Del gr. *piezo*, comprimir + *metron*, medida.) Aparato para medir la compresibilidad de los líquidos. s.m. FÍSICA
pífano (Del ital. *piffero* < alem. ant. *pfifer*.) Instrumento musical de viento de tono muy agudo usado en las bandas militares. s.m. MÚSICA = flautín
pifia
1 Golpe en falso dado con el taco en el juego de billar o de trucos. s.f. JUEGOS
2 Intervención desacertada o inoportuna en algún asunto o conversación: *el discurso de ayer fue una pifia para su carrera política.* tb: picia ≠ acierto
pifiar (Del alem. ant. *pfifen*, silbar.)
1 Tener una intervención inoportuna o desacertada en un asunto: *la ha pifiado en su discurso.* v.intr./coloquial = resbalar
2 Cometer una persona una pifia en el juego del billar o en el de los trucos. JUEGOS
3 Dejar oír una persona demasiado el soplo al tocar la flauta travesera. MÚSICA
pigargo (Del lat. *pygargus* < gr. *pygargos* < *pyge*, nalga + *argos*, blanco.) Ave falconiforme de la familia de los accipítridos, de cola blanca, que puede alcanzar 2,50 metros de envergadura. *(Haliaëtus albicilla.)* s.m. ZOOLOGÍA
pigmentación
1 Presencia y acumulación de un pigmento sobre la piel o sobre una estructura determinada: *le aumenta la pigmentación de las pecas cuando toma el sol.* s.f.
2 Acción de colorear con un pigmento un soporte de pintura líquida determinado.

pigmentar
1 Dar color a una cosa. v.tr./= colorar
2 Producir una cosa una coloración anormal y prolongada en la piel o un tejido: *la piel del sofá se ha pigmentado debido a la luz solar.* v.tr/prnl.
pigmentario, a Que tiene relación con el pigmento: *técnicas pigmentarias.* adj.
pigmento (Del lat. *pigmentum*, colorante.)
1 Materia colorante que se encuentra en el protoplasma de muchas células vegetales y animales. s.m. BIOLOGÍA
2 Sustancia química pulverizable, soluble en agua y en aceite, que se utiliza en la fabricación de pinturas. QUÍMICA
pigmeo, a (Del lat. *pygmaeus* < gr. *pygmaios*, grande como el puño.)
1 Que pertenece a un pueblo que habita en África ecuatorial y en algunas zonas de Filipinas, Borneo y Nueva Guinea, cuyos miembros se caracterizan por su baja estatura, piel oscura y pelo crespo. adj/s.
2 Que es muy pequeño: *hombre pigmeo; gallina pigmea.* adj. = enano
3 Que pertenece a un pueblo imaginario que aparece en la antigua poesía griega. adj/s.pl. POESÍA
pignoración Acción y resultado de dejar en prenda un objeto para obtener un préstamo. s.f. = empeño
pignorar (Derivado del lat. *pignora*, prenda.) Dar una cosa como prenda o garantía del cumplimiento de una obligación o un pago. v.tr. COMERCIO = empeñar
pignoraticio, a De la pignoración o empeño. adj.
pigre (Del lat. *piger, -gri*.) Que es vago y perezoso. adj./tb: pigro
pigricia (Del lat. *pigritia*.) Negligencia o descuido en las cosas a que estamos obligados. s.f. = pereza
píhua Calzado de cuero de caucho que cubre la planta del pie y se asegura con cuerdas o correas sobre el empeine y el tobillo. s.f. = abarca
pihuela
1 Correa con que se guarnecen y aseguran los pies a los halcones y otras aves de cetrería. s.f. CAZA
2 Impedimento para realizar una cosa. = dificultad
3 Anillas de hierro con que se asegura una cadena al pie de un preso. s.f.pl. = grilletes
pija Pene, órgano sexual masculino. s.f./vulgar
pijada
1 Cosa insignificante y despreciable: *se gasta el dinero en pijadas.* s.f. coloquial
2 Acción o dicho propio de una persona pija. = pijotada, pijotería
3 Dicho o hecho inoportuno, impertinente o molesto: *no digas pijadas delante de mis padres.* coloquial = pijada, pijotería
pijama (Del ingl. *pyjamas* < indostaní *paeyama*, pantalón bombacho de los mahometanos.)
1 Conjunto de chaqueta y pantalón que se utiliza para dormir. s.m. tb: piyama
2 Postre compuesto por helado, flan, nata y frutas. COCINA
pije Cursi, persona que presume de ser fina y elegante. s.m.f./Chile, Perú
pijerío Conjunto de personas pijas: *en la zona alta vive el pijerío de la ciudad.* s.m. coloquial
pijije Ave palmípeda acuática parecida al pato, pero de patas más largas, que habita en lugares pantanosos y cuya carne, de color rojizo, es muy apreciada. s.m. Amér. ZOOLOGÍA
pijo, a
1 Se refiere a la persona, por lo general joven, cuya indumentaria, actitud o lenguaje reflejan modas de clases sociales elevadas: *se le nota a la legua que es un pijo, no hace falta saber dónde vive.* adj/s. SOCIOLOGÍA
2 Que es propio de estas personas: *es un bar muy pijo.* adj./coloquial
3 Pene, órgano sexual masculino. s.m./vulgar
4 Cosa insignificante. = nadería
pijota Cría de merluza, pescadilla. s.f./ZOOLOGÍA
pijotada Pijada [en todas sus acepciones]. s.f./coloquial
pijote Esmeril, pieza de artillería. s.m./MILITAR
pijotería Pijada [en todas sus acepciones]. s.f./coloquial
pijotero, a Que causa molestia o fastidio: *estoy harta de tus pijoteras observaciones.* adj. coloquial
pila
I (Del lat. *pila*, mortero.)
1 Recipiente grande, rectangular o cuadrado, de mayor o menor hondura y provisto de un desagüe donde cae el agua que se usa para fregar, o el agua de una fuente o surtidor. s.f.
2 Recipiente de piedra, con pedestal, usado en los templos cristianos para administrar el bautismo. RELIGIÓN = pila bautismal
3 Generador portátil de corriente eléctrica continua que, conectado a un circuito, libera la energía producida por la reacción entre las sustancias químicas almacenadas en su interior. ELECTRICIDAD, QUÍMICA
4 Parroquia o feligresía de una iglesia. RELIGIÓN
5 Recipiente donde cae el metal fundido, en los altos hornos. METALURGIA
6 pila atómica: Reactor nuclear. FÍSICA NUCLEAR
7 pila bautismal: Recipiente de piedra usado para administrar el bautismo. RELIGIÓN

8 pila hidroeléctrica, galvánica o voltaica: La que libera la energía producida en la reacción entre un líquido y dos metales. — ELECTRICIDAD, QUÍMICA

9 pila reversible: La que puede recuperar su carga eléctrica mediante una corriente de sentido opuesto a la suministrada por ella. — ELECTRICIDAD

10 pila seca: La galvánica en que el líquido ha sido sustituido por una pasta. — ELECTRICIDAD, QUÍMICA

11 pila termoeléctrica: La que genera electricidad gracias a la diferencia de temperatura producida en las soldaduras de metales distintos, al calentar uno de ellos. — ELECTRICIDAD, QUÍMICA

II (Del lat. *pila*, pilar, columna.)
1 Conjunto de cosas puestas sin orden unas encima de otras: *tengo una pila de ropa por planchar.* — s.f. = montón
2 Cada uno de los machones que sostienen dos arcos contiguos. — ARQUITECTURA
3 Secuencia de informaciones o procedimientos que esperan a ejecutarse, de forma que el último que pasó a la esfera será el primero en ejecutarse. — INFORMÁTICA
4 Conjunto de lana que en un año corta el dueño de un rebaño.
5 Pieza con forma de triángulo con un vértice dirigido hacia la punta del escudo. — HERÁLDICA

pilada
I (Derivado de *pila* < lat. *pila*, mortero.) Mezcla de cal y arena que se amasa de una vez. — s.f. CONSTRUCCIÓN
II (Derivado de *pila* < lat. *pila*, pilar, columna.)
1 Porción de paño que se abatana o se golpea de una vez. — s.f. TEXTIL
2 Conjunto de cosas puestas sin orden unas encima de otras: *a ver si ordenas la pilada de papeles de tu mesa.* — = montón, pila

pilagá De un pueblo del noreste de Argentina, de lengua guaicurú, uno de los subgrupos toba. — adj/s.m.f.

pilar
I (Del lat. vulgar *pilare*.)
1 Mojón que se pone en los caminos. — s.m./= hito = soporte
2 Persona o cosa que mantiene una casa o una institución: *él es el pilar que sostiene la empresa; ella sustenta la casa con su sueldo, es el pilar de la familia.*
3 Serie de puntos de la labor de ganchillo que forman una especie de barra. — TEXTIL
4 Elemento vertical de base cuadrada que sirve de apoyo a techos, vigas o bóvedas. — ARQUITECTURA, CONSTRUCCIÓN
II (Derivado de *pila* < lat. *pila* mortero.) Construcción junto a una fuente que sirve de abrevadero o de lavadero. — s.m. = pilón
III (Del lat. *pilare*, sacar el pelo.) Quitar la cáscara a los granos en el pilón. — v.tr. AGRICULTURA

pilastra
1 Pilar de sección cuadrangular que sostiene la estructura de una construcción. — s.f./ARQUITECTURA, CONSTRUCCIÓN
2 Pilar adosado a una pared, que sirve para reforzar el soporte de una estructura. — ARQUITECTURA, CONSTRUCCIÓN

pilatero, a Persona que trabaja en las pilas del batán de paños.

pilca Tapia de piedras sin tallar que en el campo suele acotar propiedades. — s.f./Amér. Merid. tb: pirca

pilcha
1 Prenda que forma parte de los aperos y acarreos para montar las caballerías. — s.f./Argent., Chile, Urug./EQUITACIÓN Amér. Merid.
2 Prenda de vestir pobre o en mal estado.
3 Prenda de vestir, en especial si es elegante y cara.

pilche Vasija hecha de madera o de la corteza seca de un fruto. — s.m. Amér. Merid.

píldora (Del lat. *pillula*.)
1 Producto farmacéutico, en forma de pequeña bola, que contiene un medicamento mezclado con un excipiente. — s.f. FARMACIA = pastilla
2 Medicamento anticonceptivo que se toma por vía oral: *está tomando la píldora porque no quiere quedarse embarazada de nuevo.* — FARMACIA
3 Bola o mecha de estoras, hilas u otra materia que, mojada en algún medicamento, se ponía en la antigüedad en las heridas o llagas. — FARMACIA
4 Noticia mala o desagradable: *cuando dijo que le dejaba se tragó la píldora con resignación.* — coloquial = disgusto
5 píldora alefangina: La purgante compuesta de áloe, nuez moscada, cinamomo y otras sustancias aromáticas. — FARMACIA
6 dorar la píldora: Suavizar la comunicación de una noticia mala o desagradable. — coloquial
7 tragarse una persona la píldora: Creerse una mentira o un embuste: *¡a ver quién le hace tragar esa píldora!* — coloquial

pildorero Aparato para hacer píldoras. — s.m./FARMACIA

píleo
1 Prenda de vestir con que se cubrían la cabeza los antiguos romanos libres y los esclavos puestos en libertad. — s.m. HISTORIA
2 Capelo de los cardenales. — RELIGIÓN

pilero, a Persona que amasa con los pies el barro destinado a la fabricación de adobes y objetos de alfarería. — s.

pileta
1 Pequeña pila de agua bendita que se solía tener en las casas. — s.f. RELIGIÓN

2 Sitio en que se recogen las aguas dentro de una mina. — MINERÍA
3 Pila de cocina o de lavar. — Argent., Par., Urug.
4 Abrevadero, pila de agua de donde beben los animales. — Argent., Urug.
5 Piscina, estanque destinado al baño. — Argent.
6 tirarse a la pileta: Emprender una acción de resultado incierto. — Argent. coloquial

pilífero, a (Del lat. *pilus*, pelo + *ferre*, llevar.) Se aplica al órgano que tiene pelos. — adj. BOTÁNICA

pilila Pene, órgano sexual de reproducción en el hombre. — s.f. familiar

pililo Persona sucia y andrajosa. — s.m./Argent., Chile

pillada Pillería, acción propia de un pillo. — s.f.

pillador, a Que pilla, hurta o roba. — adj/s.

pillaje (Derivado del fr. *piller*, maltratar.)
1 Robo, rapiña o estafa. — s.m.
2 Robo o despojo hecho por los soldados en territorio enemigo. — MILITAR = saqueo

pillar (Del ital. *pigliare*, coger.)
1 Quitar una cosa haciendo uso de la fuerza. — v.tr./= saquear
2 Coger a una persona o una cosa: *tuve que correr para pillar al ladrón.* — = agarrar, atrapar
3 Alcanzar una cosa a una persona: *casi le pilla un coche al cruzar la calle.* — = atropellar
4 Coger a una persona en un engaño o descubrirlo: *te pillé, tu amigo me ha dicho que eso no fue así.* — coloquial = cazar
5 Sobrevenirle a una persona una cosa, cogiéndola desprevenida o sorprendida: *la desgracia le pilló en el peor momento.* — = coger, pescar
6 Encontrarse en una situación determinada: *me has pillado en la ducha.* — = sorprender
7 Estar una cosa en una situación especial respecto de una persona: *este bar me pilla de camino.* — v.tr/intr. = coger
8 Coger una persona una borrachera *me has pillado en la derecha.* — v.tr./coloquial
9 Coger a una persona o una cosa y aprisionarla o arrastrarla: *me pillé los dedos en la puerta.* — v.tr/prnl.
10 Jugar dinero con trampas. — v.tr./JUEGOS
11 aquí te pillo, aquí te mato: Se usa para indicar que una persona quiere aprovechar la ocasión favorable a sus intentos en el momento en que se le presenta. — coloquial aquí te pillo, aquí te mato
12 quien pilla, pilla: Expresión con que se motela a una persona que sólo procura su utilidad y aprovechamiento. — coloquial

pillastre (Del ant. *pillarte*, saqueador < fr. *pillard*.) Pillo, persona que actúa con astucia pero sin malicia. — s.m. coloquial

pillear Vivir o comportarse una persona como un pillo: *desde que se quedó huérfano, ha ido pilleando.* — v.intr. coloquial

pillería
1 Conjunto de pillos. — s.f./= pillada
2 Cualidad de pillo.

pillo, a
1 Que comete engaños en beneficio propio con habilidad y listeza: *cuidado, es un pillo e intentará enredarte.* — adj/s./= granuja, pillastre
2 Persona falta de escrúpulos. — s./= gamberro

pilmama Nodriza, mujer que cuida niños de otras personas. — s.f./Méx. = niñera

pilme Insecto coleóptero negro que produce grandes daños en las huertas. — s.m/Chile ZOOLOGÍA

pilo Arma arrojadiza semejante a la lanza que se usaba en la antigüedad. — s.m. MILITAR

pilocarpina Alcaloide obtenido de las hojas del jaborandi que se utiliza para disminuir la tensión intraocular. — s.f. QUÍMICA

pilón
I (Del cat. *piló.*)
1 Madero, piedra o columna que se coloca en posición vertical para servir de apoyo, soporte o señal. — s.m. = pilar, poste
2 Pan cónico de azúcar refinado.
3 Pesa de la romana, instrumento para pesar.
4 Montón en que se colocan las hojas de tabaco hasta que alcanzan el grado adecuado de curación.
5 Piedra grande que en los molinos de aceite como contrapeso para que la viga apriete la carga.
6 Montón de argamasa en figura piramidal que se deja reposar para que fragüe mejor al usarla. — CONSTRUCCIÓN
7 Gran cantidad de una cosa: *en su casa tiene un gran pilón de tebeos.* — = montón
II (Derivado de *pila* < lat. *pila*, mortero.)
1 Construcción junto a una fuente usada como abrevadero del ganado o como lavadero. — s.m. = pilar
2 Recipiente semejante a un mortero donde se trituran o machacan granos.
3 Cantidad extra de una mercancía que el comerciante regala al cliente. — Méx. COMERCIO
4 beber del pilón: Hacerse eco de las habladurías de la gente.
5 de pilón: Por añadidura, por si fuera poco: *nos perdimos y de pilón nos empapamos con la lluvia.* — loc.adv. Méx.

6 haber bebido del pilón: Haber disminuido el rigor que un juez o ministro ejerció al inicio de su cargo. *coloquial*

7 llevar a una persona al pilón: Hacer de ella cuanto se quiere: *no tiene personalidad y siempre se lo llevan al pilón.* *coloquial*

III (De origen incierto.) Portada de los templos egipcios antiguos. *s.m./tb: pilono* / *ARQUITECTURA*

piloncillo Pieza de azúcar moreno en forma de cono truncado. *s.m.* / *Méx.*

pilonero, a
1 Se aplica a la noticia vulgar. *adj.*
2 Que publica noticias piloneras: *no es más que un periodista pilonero.*

pilonga Se aplica a la castaña secada con humo para que se conserve durante todo el año. *adj.*

pilongo, a
1 Que es muy alto y flaco. *adj.*
2 Que ha sido bautizado en la misma pila que otra persona. *RELIGIÓN*
3 Se aplica al beneficio eclesiástico que está destinado a personas que pertenecen o han sido bautizadas en determinadas parroquias. *RELIGIÓN*

pilono Estructura arquitectónica del arte egipcio antiguo, formado por dos grandes bloques trapezoidales, que se usaba como puerta de acceso al primer patio de los templos. *s.m.* / *ARQUITECTURA* / *tb: pilón*

pilórico, a Del píloro. *adj./ANATOMÍA*

píloro (Del lat. *pylorus* < gr. *pyloros* < *pyle*, puerta + *ora*, vigilancia.) Abertura inferior del estómago por donde se comunica con el intestino. *s.m.* / *ANATOMÍA* / *= portanario*

pilosidad Calidad de las cosas que tienen el tacto o la textura del vello. *s.f.*

piloso, a
1 Que tiene relación con el pelo. *adj.*
2 Que está cubierto de pelo. *= peludo, velloso*

pilotaje
I (Derivado de *piloto*.)
1 Acción y resultado de pilotar un barco, una aeronave u otro vehículo: *las malas condiciones atmosféricas dificultaron el pilotaje del avión.* *s.m.*
2 Asistencia que presta un piloto práctico a un buque para entrar o salir de un puerto. *NÁUTICA*
3 Derecho que pagan las embarcaciones cuando requieren los servicios de pilotos prácticos en algunos puertos y entradas de río. *NÁUTICA*
II (Derivado de *pilote*.) Conjunto de pilotes hincados en tierra para consolidar los cimientos. *s.m.* / *CONSTRUCCIÓN*

pilotar
1 Conducir cualquier tipo de vehículo: *el comandante pilota el avión; no sé pilotar un coche de carreras.* *v.tr.* / *= pilotear*
2 Dirigir una embarcación en un lugar que presenta dificultades. *NÁUTICA*

pilote (Del fr. ant. *pilot*.) Pieza gruesa y larga de madera, metal o cemento, que se hinca en el suelo para consolidar los cimientos. *s.m.* / *CONSTRUCCIÓN*

pilotear
I (Derivado de *piloto*.) Pilotar [en todas sus acepciones]. *v.tr.*
II (Derivado de *pilote*.) Clavar pilotes para reforzar los cimientos de una construcción. *v.tr.* / *CONSTRUCCIÓN*

pilotín El que en los buques servía de ayudante del piloto. *s.m.* / *NÁUTICA*

piloto (Del ital. *piloto* < gr. *pedotes*, timonel.)
1 Persona que dirige un barco, una aeronave o un coche: *el piloto del avión saludó a los pasajeros.* *s.m.f.* / *= conductor*
2 Persona que ocupa el segundo lugar jerárquico en un buque mercante. *NÁUTICA*
3 Luz roja que se coloca en la parte posterior de un vehículo. *s.m.*
4 Lamparita que indica el funcionamiento de un aparato: *si se enciende el piloto de los frenos tienes que parar y revisarlos.*
5 Persona que guía la acción o el discurso en una empresa, investigación o estudios. *s.m.f.*
6 Cosa que sirve como modelo o tiene carácter experimental: *el sábado van a visitar el piso piloto.* *= muestra*
7 **piloto automático:** Equipo que, en una aeronave o buque, suministra señales para mantener de forma automática una determinada ruta. *AERONÁUTICA, NÁUTICA*
9 **piloto de altura:** El que dirigía la navegación en alta mar observando los astros. *NÁUTICA*
10 **piloto de pruebas:** El que se encarga de probar los nuevos modelos o prototipos de un vehículo.

pil-pil Sofrito de ajos, perejil y guindilla con el que se condimentan algunos guisos: *bacalao al pil-pil.* *s.m.* / *COCINA*

piltra Cama para dormir: *estoy agotado, me voy a la piltra.* *s.f./coloquial* / *= catre*

piltraca Piltrafa [en todas sus acepciones]. *s.f.*

piltrafa
1 Parte de carne flaca que apenas tiene más que pellejo. *s.f.* / *tb: piltraca*

2 Residuo pequeño de cualquier cosa.
3 Cosa muy deteriorada: *estas cortinas están hechas una piltrafa.*
4 Persona que tiene poca consistencia física o moral: *después de la enfermedad quedó hecha una piltrafa.* *coloquial*

pilucho, a Se aplica a la persona que está desnuda, sin vestido. *adj.* / *Chile*

pilum (Voz latina.) Jabalina utilizada por la infantería romana. *s.m.* / *HISTORIA*

pima De una tribu amerindia de la familia uto-azteca que en la actualidad vive en una reserva norteamericana. *adj/s.m.f.*

pimental Tierra sembrada de pimientos. *s.m./AGRICULTURA*

pimentero
1 Planta leñosa de la familia de las piperáceas, que crece en las regiones cálidas y proporciona la pimienta. *(Piper.)* *s.m.* / *BOTÁNICA*
2 Vasija en que se pone la pimienta molida, para servirse de ella en la mesa.
3 **pimentero falso:** Turbinto, árbol. *BOTÁNICA*

pimentón Polvo que se obtiene de los pimientos rojos secos y que se usa para cocinar. *s.m.*

pimentonero, a Persona que vende pimentón. *s.*

pimienta (Del lat. *pigmenta*, colorante.)
1 Fruto del pimentero que se emplea como condimento: *siempre añade sal y pimienta a la pasta fresca.* *s.f.* / *BOTÁNICA*
2 **pimienta blanca:** Aquella que es suave, descortezada, queda de un color blanco y tiene un sabor más suave que la negra.
3 **pimienta negra:** Aquella que conserva la corteza y es picante.
4 **ser como una pimienta:** Ser muy vivo y rápido en comprender las cosas. *coloquial*
5 **tener mucha pimienta:** Estar muy alto el precio de una cosa. *coloquial*

pimiento
1 Planta herbácea de la familia de las solanáceas, de la que existen numerosas variedades, que se distinguen por sus frutos: encarnado, largo, pajizo, guindilla, dulce, morrón, choricero y otros. *s.m.* / *BOTÁNICA*
2 Fruto de esta planta. *BOTÁNICA*
3 Pimentero, arbusto de la pimienta. *BOTÁNICA*
4 **importar o no importar una cosa un pimiento:** No importar nada: *me importan un pimiento los problemas de los famosos.* *coloquial*
5 **no valer un pimiento:** No valer nada: *este cuadro no vale un pimiento.* *coloquial*

pimpampum (Voz onomatopéyica.)
1 Juego que consiste en derribar a pelotazos muñecos en fila. *s.m.* / *JUEGOS*
2 Caseta de feria en la que se juega a este juego. *JUEGOS*

pimpante
1 Que tiene garbo y aspecto vistoso. *adj./= flamante*
2 Que está orgulloso o satisfecho de sí mismo. *= ufano*

pimpido Pez de carne muy sabrosa y muy parecido a la mielga. *(Oxynotus centrina.)* *s.m.* / *ZOOLOGÍA*

pimpina Botijo de cuerpo esférico y cuello largo. *s.f./Venez.*

pimpinela Planta herbácea vivaz de la familia de las rosáceas, de tallos erguidos y flores terminales en densas espigas, empleada como tónica. *s.f.* / *BOTÁNICA*

pimplar (Voz onomatopéyica que imita el ruido que se hace al tragar.) Tomar bebidas alcohólicas en exceso: *se pimpló todo el anís de la botella.* *v.tr/prnl.* / *coloquial* / *= trincar*

pimpleo, a De las musas. *adj./MITOLOGÍA*

pimpollar Terreno poblado de pimpollos o árboles jóvenes. *s.m.* / *= pimpollada*

pimpollear Salir vástagos o tallos nuevos a las plantas. *v.intr.* / *= pimpollecer*

pimpollecer Brotar o rebrotar una planta: *el rosal ha pimpollecido y no cabe en ese rincón del jardín.* *v.intr./conj: carecer* / *= pimpollear*

pimpollo (Del lat. *pinus*, pino + *pullus*, animal o vegetal joven.)
1 Árbol nuevo. *s.m.*
2 Vástago o tallo nuevo de una planta. *BOTÁNICA*
3 Capullo de rosa. *BOTÁNICA*
4 Niño, niña o persona joven, atractiva y muy arreglada. *s.m.f.* / *coloquial*
5 **pimpollo de oro:** Persona joven de aspecto atractivo. *coloquial*
6 **ir hecho un pimpollo:** Se usa para referirse a una persona elegante y bien arreglada: *se gasta mucho dinero en ropa y siempre va hecha un pimpollo.* *coloquial*

pimpolludo, a Se aplica a la planta que tiene muchos pimpollos. *adj.* / *BOTÁNICA*

pimpón (Del fr. *Ping-Pong*, marca registrada.) Deporte que se practica sobre una mesa dividida con una red en dos campos, en la que los contrincantes se lanzan una pelota muy ligera con unas palas o pequeñas raquetas. *s.m.* / *DEPORTES* / *tb: ping-pong* / *= tenis de mesa*

pin (Voz inglesa.) Pequeño broche de metal, en general publicitario, que se pone en la ropa: *hace colección de pins, pero sólo se pone unos cuantos.* — s.m. / pl: pins

pina
1 Mojón terminado en punta. — s.f.
2 Pieza curva de madera que forma el arco de las ruedas de los carruajes.

pinabete (Del cat. *pinavet*.) Abeto, árbol de la familia de las abietáceas con tronco alto, de corteza blanquecina y copa cónica de ramas horizontales. — s.m. / BOTÁNICA

pinacate Escarabajo de color negro brillante, propio de lugares húmedos y calurosos, que despide un olor fuerte y desagradable cuando es atacado. — s.m. / Méx. / ZOOLOGÍA

pináceo, a Perteneciente a una familia de árboles resinosos de hojas como agujas y fruto en forma de piña que se abre al madurar, como el abeto y el pino. — adj./s.f. / BOTÁNICA

pinacle Juego de naipes de origen inglés. — s.m./JUEGOS

pinacología (Del gr. *pinax*, cuadro pintado + *logos*, ciencia.) Estudio científico de las pinturas antiguas por medio de los rayos X, los rayos ultravioleta u otras radiaciones. — s.f. / ARTE

pinacoteca (Del gr. *pinakotheke* < *pinax*, cuadro pintado + *theke*, depósito.)
1 Galería o museo de pinturas: *el Museo del Prado es una importante pinacoteca española.* — s.f.
2 Colección privada de cuadros: *la pinacoteca de su padre es muy apreciada.*

pináculo (Del lat. *pinnaculum*.)
1 Parte superior o más alta terminada en punta de un capitel. — s.m. / ARQUITECTURA
2 Momento de mayor desarrollo o esplendor de una cosa inmaterial. — = apogeo, cima
3 Remate, en la arquitectura gótica o adorno terminal en otros estilos. — ARQUITECTURA

pinada Pinar, lugar poblado de pinos. — s.f.

pinado, a Se aplica a las hojas dispuestas a uno y otro lado de un pecíolo común, como las barbas de una pluma. — adj. / BOTÁNICA / tb: pinnado

pinar Terreno poblado de pinos. — s.m./= pineda

pinariego, a Del pino. — adj./BOTÁNICA

pinastro Especie de pino, de corteza áspera, hojas muy largas, piñas muy grandes y madera muy resinosa. — s.m. / BOTÁNICA / = pino rodeno

pinatar Pinar, terreno poblado de pinos. — s.m./= pineda

pinatífido, a (Del lat. *pinnatus*, alado + *findere*, hender.) Que está hendido al través en tiras largas. — adj./tb: pinnatífido / BOTÁNICA

pinaza
1 Hojarasca de las coníferas: *el jardín está lleno de la pinaza de los pinos.* — s.f. / BOTÁNICA
2 Barco de remo y vela, pequeño, estrecho y ligero, que se usó en la marina mercante. — NÁUTICA

pincel (Del cat. *pinzell* < lat. *penicillus*.)
1 Utensilio para pintar consistente en un manojo de pelos sujeto en un mango. — s.m.
2 Mano o persona que pinta: *Velázquez, un pincel siempre actual.* — = pintor
3 Manera o estilo de pintar: *es inconfundible el pincel de Van Gogh.*
4 Cualquiera de las plumas del ala que los vencejos tienen debajo de la segunda de ellas. — ZOOLOGÍA
5 Instrumento formado por un palo largo con una escobilla que se usa para dar alquitrán a los costados y en los palos del barco. — NÁUTICA

pincelada
1 Trazo hecho con el pincel: *la dibujó con cuatro pinceladas.* — s.f.
2 Expresión breve y acertada con que se condensa una idea o un rasgo muy característico: *en los últimos capítulos de la novela aparecen las pinceladas maestras.* — = toque
3 **dar la última pincelada:** Perfeccionar o concluir una obra: *daremos la última pincelada y estará listo para usarlo.* — = dar el último toque

pincelar
1 Representar con pinturas una cosa. — v.tr./= pintar
2 Cubrir con color la superficie de las cosas.
3 Hacer el retrato de una persona o copiar su figura: *has pincelado muy bien al modelo.* — ARTE

pincelero, a
1 Persona que fabrica o vende pinceles. — s.
2 Caja usada por los pintores al óleo para guardar los pinceles. — s.m. / ARTE

pincerna (Del lat. *pincerna*.) Persona que tenía por oficio servir la copa a su señor. — s.m.f./HISTORIA / = copero

pincha Espina de plantas o pescados que pueden clavarse en el cuerpo. — s.f.

pinchadiscos Persona que pone los discos en una discoteca. — s.m.f. / pl: pinchadiscos

pinchadura Acción y resultado de pinchar o pincharse. — s.f.

pinchante Que pincha: *¡cuidado con esa planta!, sus hojas son pinchantes.* — adj.

pinchar (De *ponchar*, variante de punzar, + *picar*.)
1 Herir a una persona o un animal con una cosa aguda: *sin querer le pinché con el tenedor; se pinchó con una aguja.* — v.tr/prnl. / = punzar
2 Introducir una punta en una cosa: *pinchó el globo con una aguja; se pinchó una rueda.* — = punzar
3 Incitar a una persona a hacer una cosa: *había que pincharle para que estudiara.* — v.tr./coloquial / = picar
4 Decir o hacer una cosa a una persona para que se enfade: *le pinchó hasta que soltó un par de tacos.* — coloquial / = picar, punzar
5 Poner inyecciones a una persona o a un animal: *el niño lloró mucho cuando el médico le pinchó.* — v.tr.
6 Inyectarse una persona una droga con asiduidad: *su hijo se pinchaba.* — v.prnl./argot / = chutarse
7 Poner discos o música, en especial en una discoteca: *aquí pinchan música española.* — v.tr. / coloquial
8 Interferir una línea telefónica para escuchar las conversaciones: *al parecer habían pinchado el teléfono del político.*
9 Tener el conductor de un vehículo un pinchazo: *el retraso se debe a que he pinchado en la autopista.* — v.intr.
10 Fallar o no alcanzar el resultado que se esperaba: *el jugador sorprendió y el contrincante pinchó al final.* — coloquial
11 **ni pincha ni corta:** Indica que una persona no tiene ningún poder ni influencia en un asunto: *el secretario ni pincha ni corta en esta comisión.* — coloquial
12 **pinchar en hueso:** No conseguir lo que se quería, fallar en el intento. — coloquial

pinchaúvas
1 Persona despreciable: *no quiero tener ningún tipo de relación con este pinchaúvas.* — s.m.f./coloquial / pl: pinchaúvas
2 Ladrón que roba o hurta con maña cosas de poco valor. — = ratero

pinchazo
1 Acción y resultado de pinchar o pincharse. — s.m.
2 Herida hecha al pinchar o pincharse.
3 Agujero que causa la pérdida de aire de un balón, globo o rueda: *la pelota está desinflada, pero no encuentro el pinchazo.* — = reventón
4 Dolor fuerte y agudo: *la muela me da unos pinchazos insoportables.* — = punzada
5 Dicho agudo e hiriente: *al primer pinchazo surgió la discusión.* — = pulla

pinche
1 Ayudante del cocinero: *el pinche está rallando el tomate para la salsa.* — s.m.f. / = marmitón
2 Trabajo ocasional. — s.m./Chile/familiar
3 Persona con quien se forma pareja en una relación amorosa corta e informal. — s.m.f./Chile / familiar
4 Que es vil, despreciable o de pésima calidad: *¡pinches abusivos!; ¡qué pinche frío hace!; los pantalones están pinches.* — adj/s.m.f. / Méx. / vulgar

pinchito Pequeña cantidad de comida que se toma como aperitivo. — s.m./COCINA / = tapa

pincho, a
1 Que va arreglado o bien vestido y se siente satisfecho: *¡qué pincho estás con tu traje nuevo!* — adj/s. / coloquial
2 Punta aguda de cualquier cosa: *las rosas tienen pinchos.* — s.m. / = púa
3 Varilla con punta de acero.
4 Porción de comida que se sirve en los bares como tapa y se toma como aperitivo. — COCINA
5 Estoque que usan los empleados de aduanas para reconocer las cargas.
6 **pincho moruno:** Comida formada por unos trozos de carne asada que se sirven ensartados en una varilla. — COCINA

pinchón (Del lat. vulgar *pincio, -onis* < voz onomatopéyica *pink*, que imita al canto del pinzón.) Ave paseriforme de pequeño tamaño, plumaje oscuro y canto agradable. — s.m. / tb: pinzón / ZOOLOGÍA

pinchonazo Acción y resultado de pinchar o pincharse. — s.m./= pinchazo / ZOOLOGÍA

pinchota Persona que se inyecta droga con asiduidad, en el lenguaje de la droga. — s.m.f. / argot

pinchudo, a Que tiene pinchos o fuertes púas. — adj.

pinciano, a
1 De Valladolid, ciudad y provincia españolas. — adj.
2 Persona natural de esta ciudad o provincia. — s.

pindárico, a (De *Píndaro*, poeta griego.)
1 De este poeta o de su obra. — adj./LITERATURA
2 Se refiere al autor o a la obra que está influido por este poeta. — LITERATURA
3 Se aplica al verso de la métrica griega antigua. — adj/s.m./POESÍA

pindonga Mujer viciosa y de malas costumbres. — s.f./coloquial

pindonguear Estar en la calle sin hacer nada de provecho: *en lugar de ir al colegio se pasa el día pindongueando.* — v.intr./coloquial / = callejear, vitrotear

pindongueo Acción y resultado de pindonguear: *¡menos pindongueo y más trabajo!* — s.m. / coloquial

pineal (Del lat. *pinea*, piña.) De la epífisis, glándula nerviosa situada en el encéfalo. — adj. / ANATOMÍA

pineda
  I (Derivado de *pino*.) Pinar, lugar poblado de pinos. — s.f.
  II (De *Pineda*, pueblo español de la provincia de Cuenca.) Cinta de hilo y estambre que se usaba para las ligas. — s.f.

pinedo Pinar, terreno poblado de pinos. — s.m./*Amér. Merid.*

pineno Hidrocarburo que se halla en la esencia de trementina y se utiliza en la síntesis del alcanfor. — s.m, QUÍMICA

pingajo
  1 Trozo de tela o vestido viejo, roto o sucio: *no te pongas ese pingajo para salir a la calle, ponte algo bonito.* — s.m./coloquial = andrajo, harapo
  2 Persona que presenta un aspecto físico muy desmejorado: *la enfermedad la dejó hecha un pingajo.* — s.m.f. coloquial

pingajoso, a Que tiene o lleva pingajos: *un niño pingajoso pedía limosna en la calle.* — adj.

pinganello Carámbano, canelón de hielo colgante. — s.m.

pingar (Del lat. *pendicare*.)
  1 Estar una cosa colgada o inclinada: *la bandera pinga del balcón del ayuntamiento.* — v.intr./conj: *pagar* = pender
  2 Caer gota a gota el líquido de una cosa empapada. — = gotear
  3 Dar saltos una persona. — = saltar
  4 Poner inclinada una cosa. — v.tr./= inclinar

pingo
  1 Harapo o jirón que cuelga de la ropa. — s.m.
  2 Persona despreciable que lleva una vida disoluta: *tiene fama de pingo y de llevar muy mala vida.* — coloquial despectivo
  3 Vestidos de muy poco valor o en mal estado: *no salgas a la calle con estos pingos.* — s.m.pl. coloquial
  4 Caballo de mala calidad. — s.m./*Amér. Merid.*
  5 Muchacho travieso. — *Méx.*
  6 **ir hecho un pingo:** Ir mal vestido o sucio. — coloquial

pingonear Andar mucho por la calle, sin hacer nada de provecho. — v.intr./coloquial = callejear

pingoneo Acción y resultado de pingonear o callejear: *desde que no trabaja siempre está de pingoneo.* — coloquial

pingorota La parte más alta y puntiaguda de una montaña u otra cosa elevada. — s.f.

pingorote Porción saliente y puntiaguda de alguna cosa. — s.m./coloquial = peruétano

pingorotudo, a
  1 Que es alto o empinado. — adj./coloquial
  2 Se refiere a la persona que ocupa una elevada posición. — coloquial

ping-pong Deporte que se practica sobre una mesa rectangular dividida en dos mitades por una red transversal y que se juega con palas y una pelota pequeña y ligera. — s.m. DEPORTES th: pimpón

pingue Barco de carga que se ensancha en la bodega para aumentar su capacidad. — s.m. NÁUTICA

pingüe (Del lat. *pinguis*, gordo.)
  1 Que es graso o mantecoso. — adj.
  2 Que es abundante y copioso: *recibió pingües regalos por su boda.* — = cuantioso

pingüedinoso, a Que está gordo. — adj.

pingüinera Lugar de la costa donde se agrupan los pingüinos en época de nidificación y cría. — s.f. *Argent.*

pingüino (Del ingl. *penguin*.)
  1 Denominación común de varias aves caradriformes del hemisferio norte. — s.m. ZOOLOGÍA
  2 Ave caradriforme piscívora de la familia de los álcidos, ya extinguida, que vivía en acantilados del Atlántico septentrional. *(Pinguinus impennis.)* — ZOOLOGÍA
  3 **pingüino antártico:** Pájaro bobo, ave palmípeda. — ZOOLOGÍA

pinguosidad (Del lat. *pingue*, grasa.) Grasa o untuosidad de una cosa. — s.f. = crasitud

pinífero, a (Del lat. *pinus*, pino + *ferre*, llevar.) Que tiene muchos pinos. — adj. literario

pinillo
  1 Planta herbácea anual, de la familia de las labiadas con pequeñas flores amarillas, que despide un olor parecido al del pino. — s.m. BOTÁNICA
  2 Mirabel, planta herbácea. — BOTÁNICA

pinitos
  1 Primeros pasos que da el niño o el convaleciente de una enfermedad. — s.m.pl.
  2 Primeros pasos del principiante en un arte, ciencia o actividad: *le gusta hacer sus pinitos en fotografía.* — = tanteo

pinjante (Del ant. *pinjar* < cat. *penjar*, colgar < lat. vulgar *pendicare*.)
  1 Se aplica a la joya que se lleva colgada. — adj./s.m.f.
  2 Se refiere al adorno que cuelga de la parte superior de un techo o de una bóveda. — ARQUITECTURA

pinna (Del lat. *pinna*, pluma.) Folíolo de las hojas compuestas. — s.f. BOTÁNICA

pinnado, a Se aplica a las hojas y a los folíolos dispuestos a ambos lados de un pecíolo común, como las barbas de una pluma. — adj. BOTÁNICA th: pinado

pinni- Componente de palabra procedente del lat. *pinna*, que significa pluma, ala o aleta de pescado, almena: *pinnípedo.* — pref. th: pinna-, pinno-

pinnípedo, a (Del lat. *pinna*, aleta de pescado + *pes, pedis*, pie.) Perteneciente a un orden de mamíferos carnívoros adaptados al desplazamiento en el agua, con cuerpo fusiforme y extremidades convertidas en aletas, como la foca, la morsa o el otario. — adj./s.m. ZOOLOGÍA

pínnula Folíolo de una hoja que está dos o más veces pinnada. — s.f. BOTÁNICA

pino
  I (Del lat. *pinus*.)
  1 Conífera de follaje persistente y hojas en forma de agujas, cuya madera se emplea en carpintería o construcción. — s.m. BOTÁNICA
  2 Madera de este árbol.
  3 **pino albar, rojo o silvestre:** Especie de este árbol con la corteza rojiza, ramas gruesas y hojas cortas. *(Pinus silvestris.)* — BOTÁNICA
  4 **pino alerce:** Alerce, árbol conífero de hojas en forma de aguja y caducas, que crece por encima de la zona de los abetos. — BOTÁNICA
  5 **pino araucaria:** Planta arbórea de crecimiento rápido, que crece en algunas zonas brasileñas y argentinas. *(Araucaria angustifolia.)* — BOTÁNICA
  6 **pino canario:** El de acículas agrupadas de tres en tres, de origen canario, cultivado a menudo como ornamental y que es capaz de rebrotar de cepa. *(Pinus canariensis.)* — BOTÁNICA
  7 **pino carrasco o blanquillo:** Árbol poco robusto y bajo, de copa redondeada y poco densa con las acículas concentradas en el extremo de las ramas y cuyos ejemplares jóvenes tienen la corteza blanquecina y los maduros parda. *(Pinus halepensis.)* — BOTÁNICA
  8 **pino cascalbo:** Pino negral. — BOTÁNICA
  9 **pino chileno:** Conífera de unos 40 metros de alto, de madera apreciada y piñones comestibles. *(Araucaria araucana.)* — BOTÁNICA
  10 **pino de cargo:** Madero de diez varas de longitud, 18 pulgadas de tabla y 12 de canto. — CONSTRUCCIÓN
  11 **pino de Monterrey:** El de acículas en grupos de tres y piñas asimétricas, de origen californiano, muy empleado también en repoblaciones a baja altitud y cuya madera es muy apreciada para la obtención de pasta de papel. — BOTÁNICA
  12 **pino melis:** Variedad del negral, muy estimada para entarimados, puertas y otras obras de carpintería. — BOTÁNICA
  13 **pino negral o pudio:** Especie de este árbol que puede alcanzar hasta cuarenta metros de altura, corteza de un color ceniciento, hojas largas y fuertes y piñas pequeñas y cuya madera es elástica y rica en resina. — BOTÁNICA
  14 **pino negro:** Árbol poco elevado, con copa de forma cónica o piramidal, muy ramoso, follaje denso y corteza pardo-oscura o grisácea, piñas pequeñas y aovadas, que supera en altitud al pino albar, pudiéndose encontrar a 2400 metros. *(Pinus muga.)* — BOTÁNICA
  15 **pino piñonero, doncel o real:** Árbol de copa redondeada o con forma de sombrilla, tronco recto, acículas punzantes y poco rígidas y piñas grandes, aovadas, pardo-rojizas, con piñones comestibles. *(Pinus pinea.)* — BOTÁNICA
  16 **pino rodeno o marítimo:** Árbol de copa redondeada o piramidal, tronco grueso derecho, corteza resquebrajada, pardo-rojiza, acículas largas, rígidas y punzantes, agrupadas por parejas y piñas cónicas apuntadas, que es muy resinoso y de rápido crecimiento. *(Pinus pinaster.)* — BOTÁNICA
  17 **hacer el pino:** Realizar un ejercicio gimnástico consistente en mantenerse en equilibrio en posición invertida, empleando como puntos de apoyo las palmas de las manos. — DEPORTES
  18 **ser más alto que un pino, como un pino o muy pino:** Ser una persona o cosa alta o erguida. — coloquial
  II (De origen incierto.) Relleno de ·la empanada de horno, compuesto de carne picada mezclada con huevo duro, cebolla, pasas y aceitunas. — s.m. *Chile* COCINA

pino, a (De *pino*.)
  1 Que está en pendiente o muy derecho: *vive en una calle muy pina.* — adj.
  2 **en pino:** En pie y sin caer. — loc.adv.

pinocha Hoja o rama del pino. — s.f./BOTÁNICA

pinocho
  1 Pimpollo o pino nuevo. — s.m. BOTÁNICA
  2 Ramo de pino. — BOTÁNICA
  3 Piña de pino rodeno o marítimo. — BOTÁNICA

pinocitosis Proceso biológico que permite a determinadas células y organismos unicelulares alimentarse mediante líquidos orgánicos. — s.f. pl: pinocitosis BIOLOGÍA

pinol Harina de maíz tostada, que suele mezclarse con cacao, azúcar y canela, con la que se prepara una bebida refrescante. — s.m. *Méx., Amér. Central*

pinolillo
  1 Bebida refrescante compuesta por pinol, azúcar, cacao y canela. — s.m. *Hond.*

2 Insecto ácaro muy pequeño y de color rojo, cuya picadura es muy irritante y molesta. *Méx. ZOOLOGÍA*

pinoso, a Se aplica al lugar que tiene muchos pinos. *adj.*

pinrel (Del gitano *pinré*.) Pie de las personas: *me duelen los pinreles de tanto andar.* *s.m. coloquial*

pinsapar Terreno poblado de pinsapos. *s.m.*

pinsapo (Del lat. *pinus*, pino + prerromano *sappus*, abeto.) Planta arbórea de la familia de las abietáceas, de corteza blanquecina, hojas aciculares y piñas derechas, más gruesas que las del abeto. (*Abies pinsapo*.) *s.m. BOTÁNICA*

pinta
I (Derivado de *pintar*.)
1 Mancha o señal pequeña: *el perro tiene unas pintas muy bonitas en las patas.* *s.f.*
2 Lunar o mota: *se compró un vestido de pintas.* *= topo*
3 Gota de agua u otro líquido.
4 Aspecto de las personas o cosas: *tu amigo tiene muy buena pinta.* *coloquial = facha*
5 Sinvergüenza o descarado: *ese chaval es un pinta.* *s.m./coloquial*
6 Señal que tienen los naipes en sus extremos, por la cual se puede saber de qué palo sin haberlos visto. *s.f. JUEGOS*
7 Carta que se descubre al comienzo de un juego de naipes y que designa el palo de triunfos. *JUEGOS*
8 Juego de naipes. *s.f.pl./JUEGOS*
9 irse de pinta: Faltar una persona a la escuela o al trabajo para ir a divertirse. *Méx.*
10 no quitar pinta: Parecerse mucho una persona a otra: *los dos hermanos no quitan pinta.* *coloquial*
11 sacar a una persona por la pinta: 1. Conocerle por alguna señal. 2. Deducir un parentesco por el parecido físico. *coloquial*
II (Del fr. *pinte*.) Medida de capacidad para líquidos o áridos, con distinto valor según los países que la usan. *s.f.*

pintacilgo Jilguero, ave paseriforme perteneciente a la familia de los fringílidos. *s.m. ZOOLOGÍA*

pintada
1 Ave galliforme de plumaje negruzco punteado de blanco, cabeza pequeña y desnuda, con una protuberancia córnea sobre el cráneo, barbas en la base del pico y cola corta. *s.f. ZOOLOGÍA*
2 Escrito de grandes dimensiones que se hace sobre un muro u otra superficie: *han aparecido pintadas de protesta contra el alcalde.*
3 Acción de pintar en las paredes letreros, por lo general de contenido social o político: *nos pillaron en plena pintada.*

pintadera Instrumento que se usa para adornar la cara superior del pan o de otras comidas. *s.f. COCINA*

pintadillo Jilguero, ave paseriforme de la familia de los fringílidos. *s.m./ZOOLOGÍA = pintacilgo*

pintado, a
1 Que tiene diversos colores de manera natural: *pintados pajarillos.* *adj.*
2 Que tiene pintas o lunares: *lleva una blusa pintada.* *= moteada*
3 el más pintado: El más afortunado o más hábil. *coloquial*
4 que ni pintado: Muy adecuado: *queda que ni pintado; me está que ni pintado.* *loc.adj. coloquial*

pintalabios Cosmético en forma de barrita, de pincel o en crema, que se usa para pintar los labios. *s.m. pl: pintalabios*

pintamonas
1 Pintor de escasa habilidad: *no venderá ni un cuadro porque es un pintamonas.* *s.m.f./pl: pintamonas despectivo*
2 Persona de poca importancia que intenta destacar: *su opinión no cuenta, es un pintamonas.* *coloquial = chafalmejas*

pintar (Del lat. vulgar *pinctare*.)
1 Cubrir la superficie de una cosa con pintura: *han pintado el techo de la sala de color azul.* *v.tr.*
2 Representar a una persona o una cosa con pinturas: *ha pintado un retrato de su padre.* *ARTE*
3 Escribir una letra o un signo.
4 Hacer adornos sobre una cosa con la pintadera. *= dibujar COCINA*
5 Mostrar una cosa de cierta manera: *pintó el asunto muy complicado.* *= describir*
6 Hacer ver una cosa como lo que no es: *pinta la casa muy acogedora, pero en realidad es un cuchitril bastante triste.*
7 Empezar un fruto a tomar color de maduro: *los frutos de la huerta ya se pintan.* *v.intr/prnl.*
8 Dejar un lápiz o una cosa semejante una señal: *el rotulador ya no pinta.* *v.intr.*
9 Tener una persona o una cosa importancia o significación en un lugar o un asunto: *no pinto nada en el club.* *= significar*
10 Empezar a mostrarse la cantidad o la calidad de una cosa: *este asunto va pintando mal.* *= oler*
11 Ponerse una persona pinturas en la cara: *se pintó demasiado y parecía más vieja.* *v.prnl. = maquillarse*
12 Mostrarse la pinta de las cartas de la baraja. *v.intr./JUEGOS*
13 Ser un palo de la baraja el triunfo en el juego: *ahora pintan oros.* *JUEGOS*
14 Hacer la boca de un barreno o una mina. *v.tr./MINERÍA*
15 pintar bastos: Ponerse muy tensa una determina-

da situación: *pintan bastos, será mejor que le dejemos tranquilo.*
16 pintar de o de la primera: Dejar una pintura concluida sin retocar.
17 pintarla: Mostrarse una persona satisfecha de sí misma: *no hay como pintarla para llamar la atención.* *coloquial*
18 pintarse una persona sola para una cosa: Tener una persona mucha habilidad para una cosa: *se pinta sola para convencer a los electores.* *coloquial*

pintarrajar
1 Pintar o dibujar una cosa de forma descuidada: *pintarrajó unos garabatos en la pizarra.* *v.tr./coloquial th: pintarrajear*
2 Ponerse una persona maquillaje o pinturas en la cara, en exceso o mal: *no te pintarrajes tanto.* *coloquial*

pintarrajo Pintura mal hecha y de colores impropios. *s.m./coloquial*

pintarroja Escualo de pequeño tamaño y piel rasposa, que vive en las costas atlánticas y mediterráneas. (*Scyliorhinus canicula*.) *s.f. ZOOLOGÍA = lija*

pintear Llover poco y de forma ligera: *no cojo el paraguas porque sólo pintea.* *v.impers. = lloviznar*

pintiparado, a
1 Que es muy adecuado u oportuno para una cosa: *me viene pintiparado para decorar el salón.* *adj.*
2 Se refiere a la persona o cosa que se parece mucho a otra: *¡es pintiparado a su padre!* *= clavado, semejante*

pintiparar
1 Comparar una cosa o una persona con otra: *si los pintiparas verás que son iguales.* *v.tr.*
2 Hacer una cosa semejante a otra. *= asemejar*

pinto (De *Pinto*, villa española en la provincia de Madrid.)
1 Indica estar casi borracho en la expresión **entre Pinto y Valdemoro**. *s.m. coloquial*
2 Se usa en la expresión **estar entre Pinto y Valdemoro** para indicar estar indeciso entre dos opciones. *coloquial*

pinto, a (Del lat. vulgar *pinctus*.) Que tiene pintas. *adj/dquijotojo*

pintón, a
1 Se aplica a la fruta que va tomando color al madurar. *adj.*
2 Se refiere al ladrillo que no está bien cocido. *CONSTRUCCIÓN*
3 Se aplica al animal que tiene pintas o manchas. *= pintado*
4 Gusanillo que pica el tallo del maíz y deja la planta lacia y amarillenta. *s.m. ZOOLOGÍA*
5 Enfermedad de la planta de maíz causada por este gusanillo. *BOTÁNICA*

pintonear Tomar las frutas color de maduras. *v.intr.*

pintor, a (Del lat. vulgar *pinctor* < lat. *píctor*.)
1 Artista que se dedica al arte de la pintura: *es un pintor muy cotizado.* *s. ARTE*
2 Persona que tiene como profesión pintar puertas, ventanas, paredes y otras cosas semejantes: *tiene que venir el pintor a pintar el pasillo.*
3 pintor de brocha gorda: El que por su profesión pinta paredes, puertas y otras cosas semejantes. *coloquial*

pintoresco, a (Del ital. *pittoresco*.)
1 Se aplica a la escena o imagen que es digna de ser pintada por ser muy bella o agradable: *vista pintoresca.* *adj.*
2 Que es interesante por su tipismo: *costumbre pintoresca, baile pintoresco.*
3 Que es gracioso y extravagante: *tiene una pintoresca foma de ver la vida.* *= curioso ≠ corriente*

pintoresquismo Afición a lo pintoresco. *s.m.*

pintorrear Pintar o dibujar una cosa con descuido: *se pintorreó el rostro para el carnaval.* *v.tr/prnl. = pintarrajear*

pintura (Del lat. vulgar *pinctura* < lat. *pictura*.)
1 Arte de plasmar imágenes por medio del color y el dibujo según diferentes técnicas. *s.f. ARTE*
2 Color preparado para pintar: *compró tres kilos de pintura verde.*
3 Lienzo, tabla, lámina u otra superficie donde hay pintada una cosa: *una pintura de Goya preside el salón.* *= cuadro*
4 Cosa o persona pintadas: *estaban comentando una pintura del rey.* *= retrato*
5 Descripción oral de personas o cosas: *nos hizo una bonita pintura de las vacaciones.* *= retrato*
6 pintura al fresco: La que se hace en paredes y techos con colores disueltos en cal y extendidos sobre una capa de estuco fresco. *ARTE*
7 pintura al óleo: La que se hace con colores disueltos en aceite. *ARTE*
8 pintura al pastel: La que se hace sobre papel o superficies parecidas, con lápices blandos de distintos colores. *ARTE*
9 pintura al temple: La que se hace con colores preparados con líquidos calientes y gomosos, como el agua de cola. *ARTE*
10 pintura rupestre: La que se hace en épocas prehistóricas y que se encuentra en rocas o en cavernas. *ARTE, HISTORIA*
11 no poder ver a una persona ni en pintura: Tenerle mucho odio o aversión. *coloquial*

pinturería Modo de ser de las personas pintureras, coquetas y presumidas. *s.f. = coquetería*

pinturero, a Se aplica a la persona que alardea de ser elegante y fina. · adj/s.

pínula (Del lat. *pinna*, almena.) Tablilla metálica con una abertura longitudinal o circular que llevan los instrumentos topográficos y ópticos para dirigir visuales. · s.f. ÓPTICA

pin-up (Voz inglesa.) Muchacha atractiva cuya imagen se exhibe en fotografías y carteles publicitarios. · s.f.

pinyín Sistema de transcripción fonética de los ideogramas chinos al alfabeto latino. · s.m. LINGÜÍSTICA

pinza (Del fr. *pinces*.)
1 Utensilio cuyos extremos tienden a permanecer juntos al estar los dos brazos que lo forman articulados en un eje o muelle, que sirve para sujetar una cosa, como la ropa del tendedero. · s.f.
2 Pliegue de una tela terminado en punta, que se hace para estrecharla o como adorno: *se ha comprado un pantalón de pinzas*.
3 Cada uno de los órganos que tienen los crustáceos, insectos y otros animales para coger las cosas. · ZOOLOGÍA
4 Utensilio de diversas formas y materiales que, por presión de las extremidades de sus dos brazos, sirve para coger o sujetar objetos que, por su tamaño u otra circunstancia, no pueden ser asidos: *coge los sellos con unas pinzas especiales*. · s.f.pl. = tenacillas
5 **coger o tener que coger una cosa o a una persona con pinzas**: Ser muy repugnante: *está tan sucia esta camisa que se ha de coger con pinzas*. · coloquial
6 **no sacarle una cosa a una persona ni con pinzas**: Se usa para indicar la dificultad que existe para que una persona diga una cosa: *es mi secreto y no me lo sacarán ni con pinzas*. · coloquial

pinzamiento Compresión de un órgano o de una parte interna del cuerpo entre dos superficies. · s.m. MEDICINA

pinzar
1 Sujetar una cosa con una pinza: *el cirujano pinzó las gasas esterilizadas*. · v.tr. conj: *cazar*
2 Hacer pliegues en una cosa pellizcándola con los dedos u otra cosa a manera de pinza.

pinzón
I (Derivado de *pinzas*.) Palanca que mueve el émbolo de una bomba aspirante. · s.m./NÁUTICA = guimbalete
II (Del lat. vulgar *pincio, -onis* < voz onomatopéyica *pink*, que imita el canto de esta ave.) Ave paseriforme de la familia de los fringílidos, que vive en Europa occidental, de plumaje azul y verde con zonas negras y el cuello rojo. · s.m./ZOOLOGÍA tb: pinchón

piña (Del lat. *pinea*.)
1 Fruto del pino y otras coníferas, de forma cónica o redondeada, formada por un conjunto de carpelos lignificados, imbricados de forma similar a las escamas, debajo de los cuales se encuentran las semillas o piñones. · s.f. BOTÁNICA
2 Ananás, planta y fruto. · BOTÁNICA AGRICULTURA
3 Mazorca del maíz, sobre todo cuando carece de la envoltura de la panoja.
4 Aglomeración de cosas y en especial conjunto de personas unidas estrechamente para realizar cosas o para defender intereses comunes: *haremos más presión si todos los trabajadores formamos una piña*. · = apiñamiento
5 Tortazo o golpe fuerte que se da o recibe durante una pelea o cuando se sufre un accidente: *¡qué piña se metió el coche contra la farola!; ¡como sigas incordiando te vas a llevar una piña!* · coloquial tb: piño
6 Nudo, por lo general redondeado, que se teje con los extremos de un cabo deshilado. · NÁUTICA
7 Masa esponjosa de plata, de forma cónica, que queda en los moldes donde se purifica el metal fundido obtenido a partir de los minerales argentíferos. · METALURGIA
8 **piña americana**: Ananás, planta bromeliácea vivaz. · BOTÁNICA
9 **piña de incienso**: Figura con la forma de este fruto, que junto con otras cuatro se clava en el cirio pascual. · RELIGIÓN
10 **piña del ciprés**: Fruto del ciprés, de forma globosa, primero de color verde y luego pardo-grisácea y lignificada, formada por escamas poligonales que encierran las semillas. · BOTÁNICA

piñata (Del ital. *pignatta*, olla.)
1 Olla o un recipiente semejante lleno de dulces, que en el baile del primer domingo de cuaresma se cuelga del techo para que los presentes, con los ojos vendados, intenten romperla. · s.f.
2 Este baile de máscaras del primer domingo de cuaresma.
3 Juego en que se cuelga a cierta altura una olla o un recipiente parecido, lleno de dulces, para que los participantes, con los ojos vendados, intenten romperlo con un palo. · JUEGOS

piño
1 Diente, cuerpo duro engastado en la mandíbula del hombre: *tiene unos piños enormes*. · s.m.
2 Golpe o impacto entre dos cuerpos: *estos dos coches se han dado un piño*. · coloquial

piñón
I (Del fr. *pignon* < lat. vulgar *pinnio, -onis*.)
1 Ruedecilla dentada de una máquina, que engrana con otra mayor. · s.m. MECÁNICA
2 Remate triangular de los hastiales en la arquitectura del arte gótico. · ARQUITECTURA
II (Derivado de *piña*.) Semilla de la piña o estróbilo del pino, que es comestible. · s.m. BOTÁNICA

piñonata Pasta de almendra rallada, a la que se incorpora azúcar. · s.f. COCINA

piñonate
1 Masa compuesta de piñones y azúcar. · s.m./COCINA
2 Masa en forma de piña hecha a base de pedazos de pasta de harina frita y con miel o almíbar. · COCINA

piñonear
1 Producir las armas de fuego al montarlas un ruido por el roce del piñón con la patilla de la llave. · v.intr.
2 Emitir el macho de la perdiz cuando está en celo un sonido semejante a un chasquido. · ZOOLOGÍA
3 Empezar una persona a dar muestras del paso de la niñez a la mocedad: *este muchacho ya piñonea*.
4 Intentar un hombre maduro enamorar a una mujer. · = galantear

piñoneo
1 Sonido producido al montar algunas armas de fuego cuando roza el piñón con la patilla de la llave. · s.m.
2 Castañeteo que emite el macho de la perdiz cuando está en celo. · ZOOLOGÍA
3 Modo de comportarse semejante a la de un muchacho.

piñonero, a Que tiene o está hecho de piñones. · adj.

piñuela
1 Tela o estofa de seda. · s.f./TEXTIL
2 Fruto falso de ciprés. · = gálbula
3 Planta bromeliácea parecida al cacto usada para hacer cercas, potreros o fincas rústicas. · C. Rica, Ecuad., Nicar./BOTÁNICA

piñuelo Carbón para brasero hecho con el hueso de la aceituna. · s.m. = erraj

pío (Voz onomatopéyica.)
1 Representación del sonido corto y repetido que hacen las aves, y en especial el pollo. · s.m.
2 Voz que, repetida, se usa para llamar a los pollos a comer.
3 **no decir pío o no decir ni pío**: No decir nada: *aguantó la bronca y no dijo ni pío*. · coloquial

pío, a
I (Del lat. *pius*.)
1 Que cumple con rigor las prácticas religiosas: *él es católico y muy pío*. · adj. = beato, piadoso
2 Que siente piedad. · = compasivo
II (Del fr. *pie*, urraca.) Se aplica a la caballería que tiene el pelo blanco con manchas de otro color. · adj.

pio- Componente de palabra procedente del gr. *pyon*, que significa pus: *piogénico*. · pref. tb: pi-

piocha
I (Del ital. *pioggia*, lluvia.)
1 Joya de cualquier forma usada como adorno femenino para la cabeza. · s.f.
2 Adorno que consiste en un ramillete hecho con plumas delicadas de aves.
3 Barba terminada en punta que cubre sólo la barbilla. · Méx.
II (Del fr. *pioche*.) Herramienta semejante a un pico o zapapico, cuyas bocas tienen diferentes formas según los usos. · s.f. CONSTRUCCIÓN = alcotana

piodermitis Lesión cutánea infecciosa con formación de pus y costras. · s.f./pl: piodermitis MEDICINA

piogenia (Del gr. *pyon*, pus + *genos*, nacimiento.) Formación de pus. · s.f. MEDICINA

piógeno, a
1 Que hace supurar o forma pus. · adj./MEDICINA
2 Se aplica a los microbios ordinarios de la supuración. · MEDICINA

piojento, a
1 De los piojos. · adj.
2 Que tiene piojos: *llegó sucio y piojento*. · = piojoso

piojera
1 Abundancia de piojos. · s.f./tb: piojería
2 Estado de pobreza o escasez extrema. · = miseria

piojillo
1 Denominación de diversos artrópodos de pequeño tamaño. · s.m. ZOOLOGÍA
2 **matar una persona el piojillo**: Sacar adelante un negocio con maña y recato. · coloquial

piojo (Del lat. vulgar *peduculus* < lat. *pediculus*.)
1 Insecto sin alas, parásito externo de los mamíferos, cuya sangre chupa. · s.m./ZOOLOGÍA tb: piejo
2 Partícula que salta de la cabeza de la barrena al martillearla y se clava en las manos del operario produciendo la sensación de un picadura de insecto. · MINERÍA
3 **piojo de la cabeza**: Subespecie de este insecto parásito del hombre, que vive entre los cabellos y se · ZOOLOGÍA

transmite de unas personas a otras. *(Pediculus humanus-capitis.)*

4 piojo de la ropa: Subespecie de este insecto parásito del hombre, que vive en el cuerpo y las ropas. *(Pediculus humanus vestimentorum.)* — ZOOLOGÍA

5 piojo de las aves: Insecto malófago, áptero, muy pequeño y de cabeza ancha, masticador, que se alimenta de fragmentos de piel y plumas de sus huéspedes y es parásito de las aves y de algunos mamíferos. — ZOOLOGÍA

6 piojo de los libros: Insecto pequeño, de cuerpo blando que vive entre la vegetación, papel y otros materiales secos, alimentándose de los hongos que crecen en su superficie. *(Trogium pulsatorium.)* — ZOOLOGÍA

7 piojo de mar: Crustáceo marino, pequeño, anfípodo de cuerpo ovalado y transparente, cabeza cónica y seis pares de patas, que vive parásito de los cetáceos. *(Cyamus mysticeti.)* — ZOOLOGÍA

8 piojo pegadizo: Persona molesta e insistente de la que es imposible librarse: *estoy harta de soportar al piojo pegadizo de tu vecina.* — coloquial

9 piojo resucitado: Persona de poca importancia que logra elevarse por medios discutibles. — coloquial

10 como piojos en costura: 1. Expresión que indica que hay mucha gente en un espacio demasiado pequeño para tantos: *éramos tantos que estábamos como piojos en costura.* **2.** Muy estrecho o apretado en un lugar: *en el metro íbamos como piojos en costura.* — loc.adv. coloquial / loc.adv.

piojoso, a
1 Que tiene muchos piojos: *los soldados volvieron del frente sucios y piojosos.* — adj./s. = lendroso
2 Que es sucio y andrajoso: *iba borracho y vestía de forma piojosa.* — = harapiento
3 Que es avaro o mezquino: *es tan piojoso que ni un detalle me ha traído de su viaje.* — = miserable

piojuelo Pulgón, insecto del orden de los homópteros que vive en los vegetales. — s.m. ZOOLOGÍA

piola
1 Cuerda delgada. — s.f.
2 Cabo delgado que está formado por dos o tres filásticas o filamentos de cáñamo. — NÁUTICA
3 Soga o cuerda. — Amér.
4 Bramante, cordel delgado de cáñamo. — Argent., Chile, Perú

piolar (Del cat. *piular.*) Emitir los pollos de las aves su voz. — v.intr.

piolet (Voz francesa.) Utensilio que combina las funciones de pico, agarradera y bastón, usado por los alpinistas y montañeros para asegurar sus movimientos. — s.m. DEPORTES

piolín Cordel delgado de cáñamo, algodón u otra fibra. — s.m./Amér. Central y Merid.

pión, a Que pía mucho. — adj.

pionero, a
1 Persona que inicia la exploración de nuevas tierras. — s.
2 Persona que da los primeros pasos en una actividad humana: *el doctor Barnard fue el pionero en los trasplantes de corazón.*
3 Grupo de organismos animales o vegetales que inicia la colonización de un nuevo territorio. — ECOLOGÍA

pionía Semilla del bucare, parecida a la alubia, redonda, encarnada y con manchas negras en los extremos. — s.f. BOTÁNICA

pionono Rollo dulce de bizcocho, relleno de crema y recubierto de azúcar. — s.m. COCINA

piorneda Lugar donde hay muchos piornos. — s.f./= piornal

piorno (Del lat. *viburnum.*) Denominación dada a diversas plantas papilionáceas arbustivas. — s.m. BOTÁNICA

piorrea (Del gr. *pyon*, pus + *rheos*, corriente.) Flujo de pus, en especial el de las encías. — s.f. MEDICINA

pip (Voz onomatopéyica.) Eco o señal de radar o altímetro que vuelve al aparato emisor después de reflejarse en un obstáculo. — s.m. TELECOMUNICACIONES

pipa
I (Del lat. vulgar *pipa*, flautilla.)
1 Utensilio para fumar, formado por un tubo que termina en un pequeño recipiente para el tabaco: *es miembro de un club de fumadores de pipa.* — s.f. = cachimba
2 Cantidad de tabaco que se coloca en este utensilio: *ya se ha fumado tres pipas.*
3 Tonel para transportar o guardar líquidos. — = cuba
4 Lengüeta de la chirimía, que sirve para expulsar el aire. — MÚSICA
5 Pipiritaña, flauta hecha con cañas de cebada. — MÚSICA
6 Espoleta de un proyectil.
7 Camión que lleva un depósito muy grande para transportar líquidos: *conduce una pipa de gasolina.* — Méx.
8 Pistola, arma de fuego. — argot
9 Muy bien: *siempre que salgo con esta gente me lo paso pipa.* — adv. coloquial
II (Abreviación de *pepita.*)
1 Pepita o semilla. — s.f.
2 Semillas del girasol, que se comen por lo general tostadas.
3 Fruto completo del cocotero con su corteza exterior e interior. — C. Rica

4 Cabeza, parte superior del cuerpo. — C. Rica/coloquial

pipar Fumar en pipa. — v.intr.

pipeline (Voz inglesa.) Canalización para transportar a grandes distancias gases, líquidos o sólidos pulverizados. — s.m. INDUSTRIA tb: pipe-line

piperáceo, a (Del. lat. *piper, -eris*, pimienta.) Perteneciente a una familia de plantas dicotiledóneas apétalas, cuyo fruto es una baya seca o carnosa, como el pimiento. — adj/s.f. BOTÁNICA

pipería
1 Conjunto o provisión de pipas para fumar. — s.f.
2 Conjunto de pipas donde se lleva la aguada y otros géneros, en las embarcaciones. — NÁUTICA = botamen
3 abatir la pipería: Deshacer las pipas o barriles que en los barcos sirven para llevar el agua dulce. — NÁUTICA

piperina Alcaloide obtenido de la pimienta. — s.f./QUÍMICA

pipermín Licor de menta que se obtiene mezclando alcohol, menta y agua azucarada. — s.m. tb: pippermín

pipero Persona que por oficio vende pipas, frutos secos y golosinas en la calle. — s.

pipeta
1 Tubo de cristal ensanchado en su parte media, que sirve para trasvasar pequeñas cantidades de líquido. — s.f.
2 Tubo de distintas formas cuyo orificio superior se tapa para que la presión atmosférica impida la salida del líquido que contiene.

pipetear Tomar líquido con la pipeta: *vimos pipetear licores en una bodega.* — v.intr/tr.

pipí Orina o secreción líquida que expulsa el cuerpo por la uretra: *el niño ya hace pipí en el orinal.* — s.m./pl.tb: pipís familiar/= pis

pipián Salsa hecha con pepitas de calabaza tostadas y molidas, o con maíz con achiote, que se usa para adobar carnes: *pollo en pipián.* — Méx. COCINA

pipiar (Del lat. *pipiare.*) Emitir los pollos de las aves su voz. — v.intr/conj: *vaciar* tb: piar

pipil
1 Tribu amerindia que habita en distintas zonas centroamericanas. — s.m.
2 Lengua de estos indígenas centroamericanos.

pipiol Dulce de harina en forma de hojuela. — s.m./Méx./COCINA

pipiolo, a
1 Persona muy joven. — s./coloquial
2 Persona inexperta. — = novato

pipirigallo (De *quiquiriquí* + ant. *perigallo.*) Planta herbácea de la familia de las papilionáceas, de flores rosadas, considerada como una de las mejores plantas para prados de pasto. — s.m. BOTÁNICA

pipirigaña Pizpirigaña, juego infantil que consiste en pellizcarse las manos. — s.f. JUEGOS

pipirijaina Antigua compañía de cómicos que iban de un lugar a otro haciendo sus representaciones. — s.f. TEATRO

pipiripao Comilona, por lo común la que se hace por turnos en diferentes casas. — s.m. coloquial

pipiritaña Flauta hecha con las cañas de la cebada. — s.f./MÚSICA

pipitaña Pipiritaña, flauta rústica hecha de caña de un cereal. — s.f.

pipo Ave piciforme, de pequeño tamaño, arborícola e insectívora, plumaje negro y blanco en el dorso y en las alas, que vive en bosques y parques. — s.m. ZOOLOGÍA

pipón, a
1 Que tiene mucha barriga. — adj./Amér.
2 Que está harto de comida. — Argent., Urug.

piporro
1 Instrumento musical de viento: *está aprendiendo a tocar el piporro.* — s.m/MÚSICA = fagot
2 Persona que toca este instrumento. — MÚSICA/= fagotista

pipote Tonel pequeño para el transporte de licores, pescados u otros alimentos. — s.m.

pippermín Licor de menta. — s.m./tb: pipermín

pipudo, a Que es muy bueno en su línea. — adj./= excelente

pique
I (De origen incierto.)
1 Enfado o disgusto momentáneo de una persona con otra producido por un lance del juego, por una disputa o una competición: *no sé qué le han hecho, pero tiene un pique...* — s.m. = enojo
2 Estímulo en la realización de una cosa, producido por rivalidad o amor propio.
3 Señal o marca de cualquier tipo practicada en el billete del viajero o en la entrada que permite el acceso a un recinto: *el revisor hizo el pique de los billetes muy tarde.*
4 Acción que consiste en la colocación de señales en un libro u otro escrito.
5 Lance en el juego de naipes de los cientos que consiste en que el jugador que es mano cuenta sesenta puntos cuando el contrario no ha hecho ninguno. — JUEGOS
6 Especie de pulga, insecto sifonáptero. — ZOOLOGÍA

7 Camino estrecho que se abre en un bosque. *Argent., Nícar., Par.*
8 Juego infantil. *Chile*
9 Socavón que, con fines mineros, se hace en un monte. *Chile, Hond.*
10 En competencias, y refiriéndose a animales y automotores, aceleración. *Argent.*
11 a pique: 1. Expresión que indica que la costa forma como una pared, o que la orilla está cortada a plomo. 2. Próximo a. *loc.adj.*
12 a los piques: Con prisas, de forma apresurada y rápida. *loc.adv./Argent. coloquial*
13 echar a pique: 1. Hacer que se hunda un buque. 2. Hacer fracasar una cosa. *NÁUTICA*
14 irse a pique: 1. Hundirse un buque u otro objeto que flota en el agua. 2. Fracasar o terminar una cosa: *el negocio se fue a pique.* *NÁUTICA*
II (De origen incierto.) Varenga en forma de horquilla que comienza a cerrar el ángulo de sus dos ramas hacia la parte de proa. *s.m. NÁUTICA*
piqué (Del fr. *pique.*) Tela de algodón que forma dibujos en relieve. *s.m. TEXTIL*
piquera
1 Agujero o abertura de las colmenas por donde entran y salen las abejas. *s.f.*
2 Agujero de los toneles y alambiques por donde se saca el líquido que contienen.
3 Canutillo de los aparatos de lumbre por donde sale la mecha. *= mechero*
4 Herida, desgarramiento o perforación en alguna parte del cuerpo.
5 Agujero de los hornos por donde sale el metal fundido. *METALURGIA*
6 Ventana grande de la pared del lagar o sitio donde se pisa la uva, para descargar por él los carros de uva. *AGRICULTURA*
7 Parada de taxis. *Cuba*
piquería Tropa de piqueros. *s.f./HISTORIA*
piquero Soldado que estaba armado con la pica. *s.m./HISTORIA*
piqueta Herramienta formada por un mango de madera y dos bocas opuestas, una plana y otra aguzada, que se usa en albañilería. *s.f. CONSTRUCCIÓN = zapapico*
piquete
1 Herida superficial hecha con un instrumento punzante. *s.m. = rasguño*
2 Agujero o corte pequeño que se hace en la ropa u otras cosas: *se ha hecho un piquete en el pantalón con un hierro de la verja del jardín.* *= siete*
3 Vara pequeña usada como señal en los trabajos topográficos. *= jalón*
4 Grupo de personas que de forma pacífica o violenta impone o mantiene una consigna de huelga: *el piquete le impidió entrar a su trabajo.*
5 Grupo reducido de soldados empleado en servicios extraordinarios: *un piquete de fusilamiento.* *MILITAR = patrulla*
6 Porción de licor que se añade al café y a otras bebidas. *Méx.*
piquetero Persona encargada de llevar de una parte a otra las piquetas a los mineros. *s.m. MINERÍA*
piquetilla Piqueta de albañil con el remate ancho y afilado, usado para hacer agujeros pequeños en paredes delgadas. *s.f. CONSTRUCCIÓN*
piquilla Resentimiento o disgusto originado por una disputa. *s.f.*
piquillín Árbol de la familia de las ramnáceas, que da una fruta rojiza usada para hacer arrope y aguardiente, y madera muy apreciada en carpintería. *s.m. Argent. BOTÁNICA*
piquiña Picor provocado por una irritación superficial en la piel. *s.f./Colomb., Antillas, Venez.*
piquituerto Ave paseriforme granívora, de pico grande, que vive en bosques de coníferas del hemisferio norte. (*Loxia curvirostra.*) *s.m. ZOOLOGÍA*
pira
I (Del gitano *pirar.*)
1 Fuga, huida de un lugar. *s.f.*
2 irse de pira: 1. Faltar a clase: *como no les gusta la clase de latín, se han ido de pira.* 2. Irse de juerga. *coloquial coloquial*
II (Del lat. *pyra* < gr. *pyra.*)
1 Hoguera en que se quemaban los cuerpos de los difuntos y de las víctimas de sacrificios. *s.f.*
2 Cualquier tipo de hoguera.
3 Punta del escudo. *HERÁLDICA*
pirado, a Que se comporta de manera poco juiciosa o extravagante: *no le hagas caso, es un pirado.* *adj/s./coloquial = chiflado, loco*
piragón (Del gr. *pyr, pyros,* fuego + *agon,* lucha.) Piral, insecto lepidóptero. *s.m. ZOOLOGÍA*
piragua
1 Barca de remo pequeña, muy estrecha y ligera, usada en ríos y lagos para recreo y competiciones. *s.f.*
2 Barca larga y estrecha, mayor que la canoa, usada por los indígenas de América y Oceanía.
3 Planta trepadora de la familia de las aráceas, de hojas grandes lanceoladas, que crece en América meridional. (*Anthurium violaceum.*) *BOTÁNICA*
piragüero, a Persona que gobierna una piragua. *s./NÁUTICA*

piragüismo
1 Deporte que consiste en competiciones de velocidad entre piraguas. *s.m. DEPORTES*
2 Navegación en piragua. *NÁUTICA*
piragüista Deportista que practica el piragüismo. *s.m.f./DEPORTES*
piral (Del gr. *pyrallis.*)
1 Insecto lepidóptero de la familia de los pirálidos, una de cuyas especies es perjudicial para las plantas forrajeras. *s.m./ZOOLOGÍA = piragón, pirausta*
2 piral de la vid: Insecto lepidóptero cuya oruga ataca la vid. (*Sparganothis pilleriana.*) *ZOOLOGÍA*
piramidado, a Que tiene forma de pirámide. *adj.*
piramidal
1 Que tiene forma de pirámide: *vimos una montaña piramidal muy rara.* *adj. = piramidado*
2 De la pirámide.
3 Que es extraordinario o muy grande.
pirámide (Del lat. *pyramis, -idis* < gr. *pyramis.*)
1 Cuerpo geométrico que tiene una base poligonal y cuyas caras son triángulos que se juntan en un punto llamado vértice. *s.f. GEOMETRÍA*
2 Monumento o construcción que tiene esta forma: *visitaron las pirámides de Egipto.* *ARQUITECTURA*
3 pirámide de edades: Medio de representación gráfica de la distribución proporcional de los grupos de edades de una población según su sexo. *ESTADÍSTICA*
4 pirámide de óptica: Figura que forman los rayos ópticos principales, que tiene por base el objeto y por vértice el punto impresionado en la retina. *ÓPTICA*
5 pirámide regular: La que tiene por base un polígono regular y por caras triángulos isósceles iguales. *GEOMETRÍA*
pirandelliano, a (De Luigi *Pirandello,* escritor italiano.)
1 De dicho autor o de su obra. *adj.*
2 Que imita el estilo o la obra de este autor italiano. *adj/s.*
pirandón, a Persona aficionada a ir de pira o juerga.
pirante Persona golfa y sinvergüenza: *desde que sale con esos chicos está hecho un pirante.* *s.m.f.*
piraña Pez que posee unos dientes muy fuertes, conocido por su capacidad de devorar animales de gran tamaño. *s.f. ZOOLOGÍA = caribe*
pirar (Voz gitana.)
1 No ir un estudiante a clase de forma voluntaria. *v.intr.*
2 Irse o huir una persona de un lugar: *yo no aguanto más, me piro.* *v.prnl. coloquial*
3 pirárselas: Huir de un lugar: *en cuanto pudo se las piró.* *coloquial*
pirargirita Mineral de color rojo o gris oscuro y de brillo adamantino que se utiliza como mena de plata. *s.f. MINERALOGÍA*
pirata (Del lat. *pirata* < gr. *peirates,* bandido.)
1 De la piratería. *adj.*
2 Que es clandestino o no está autorizado: *copia pirata; radio pirata.*
3 Que roba en el mar: *le gusta leer novelas de piratas y de aventuras.* *adj/s.m.f. = corsario*
4 Persona cruel y despiadada. *s.m.*
5 pirata aéreo: Persona que, bajo amenazas, obliga a la tripulación de un avión a modificar su rumbo.
piratear
1 Ejercer o practicar la piratería o violencia en el mar. *v.intr.*
2 Copiar o plagiar una cosa incurriendo en un delito: *esos comerciantes piratean; ese club de vídeo piratea películas de ciencia-ficción.* *v.intr/tr.*
piratería
1 Acción de robo o violencia cometidos en el mar contra una embarcación. *s.f.*
2 Robo o presa que hace el pirata. *= botín*
3 Robo o destrucción de los bienes de una persona.
4 Falsificación de un producto comercial.
pirático, a Del pirata o de la piratería. *adj.*
pirausta (Del gr. *pyr, pyros,* fuego + *ano,* arder.) Insecto lepidóptero de la familia de los pirálidos que puede atacar a las plantas forrajeras. *s.f. ZOOLOGÍA = piral*
pirca Tapia de piedras sin tallar que en el campo suele acotar propiedades. *s.f. Amér. Merid.*
pirco Guiso de verduras a base de porotos, choclo y zapallo. *s.m./Chile COCINA*
pirenaico, a
1 Que es natural de los Pirineos o habita en ellos. *adj/s.*
2 De los montes Pirineos: *le gusta el ambiente pirenaico.* *adj./= pirineo*
pireneíta Granate negro que se encuentra en los Pirineos. *s.f. MINERALOGÍA*
pirético, a De la fiebre. *adj./= febril*
pireto- Componente de palabra procedente del gr. *pyretos,* que significa fiebre: *piretología.* *pref.*
piretógeno, a Que produce fiebre. *adj.*
piretología (Del gr. *pyretos,* fiebre + *logos,* ciencia.) Parte de la patología que trata de las fiebres llamadas esenciales. *s.f. MEDICINA*

piretoterapia (Del gr. *pyretos*, fiebre + *therapeia*, curación.) Método terapéutico basado en el aumento de la temperatura del paciente. — s.f. MEDICINA

piretro Pelitre, planta herbácea de la familia de las compuestas. — s.m. BOTÁNICA

pírex (Marca registrada.) Cristal poco fusible y muy resistente al calor que se utiliza para fabricar material de laboratorio y de cocina. — s.m.

pirexia (Del gr. *pyr*, *pyros*, fuego + *exis*, estado.) Fiebre elevada. — s.f. MEDICINA

pirgüín Sanguijuela que vive en los remansos de los ríos y que, una vez penetra en el intestino de los animales, suele causarles la muerte. — s.m. Chile ZOOLOGÍA

pirheliómetro Aparato para medir las radiaciones solares. — s.m. FÍSICA

-piria Componente de palabra procedente del gr. *pyr*, *pyros*, que significa calor: *blenopiria*. — suf. -pirexia

pírico, a (Del gr. *pyr*, *pyros*, fuego.) Del fuego, en especial de los fuegos artificiales: *ofrecieron un precioso espectáculo pírico*. — adj.

piridina Compuesto soluble en agua y disolventes orgánicos, de olor desagradable y que se utiliza como disolvente y reactivo. — s.f. QUÍMICA

piriforme (Del lat. *pira*, pera + *forma*.) Que tiene forma de pera: *un adorno piriforme*. — adj.

pirincho, a
1 Se aplica al pelo levantado y tieso. — adj/s./Argent.
2 Ave trepadora de plumaje pardusco acanelado, desordenadamente erguido en el cuello y la cabeza. — s.m./Argent., Par., Urug./ZOOLOGÍA

pirindola Perinola, peonza que gira sobre su eje. — s.f.

pirineo, a De los Pirineos. — adj.

pirinola Trompo pequeño en forma de disco que se hace girar con los dedos. — s.f./Méx. = perinola

piripi Que está achispado o algo borracho: *con una copa de vino ya me pongo piripi*. — adj. familiar

pirita (Del gr. *pyr*, *pyros*, fuego.)
1 Sulfuro de hierro de color amarillo latón, brillo metálico, frágil y opaco, del que se extrae hierro y también azufre. — s.f. MINERALOGÍA
2 **pirita arsenical:** La que se compone de azufre, arsénico y hierro. — MINERALOGÍA
3 **pirita de cobre:** La que se compone de azufre, hierro y cobre. — MINERALOGÍA
4 **pirita magnética:** Pirrotina, sulfuro de hierro. — MINERALOGÍA

piritoso, a Que contiene pirita. — adj./MINERALOGÍA

pirla Peonza pequeña que baila cuando se hace girar rápidamente con dos dedos un manguillo que tiene en la parte superior. — s.f. JUEGOS

pirlitero
1 Majuelo, espino albar. — s.m./BOTÁNICA
2 Escaramujo, rosal silvestre. — BOTÁNICA

piro
1 Acción y resultado de pirarse o huir. — s.m.
2 **darse el piro:** Escaparse o largarse de un lugar. — coloquial

piro- Componente de palabra procedente del gr. *pyr*, *pyros*, que significa fuego: *pirómano*. — pref.

pirobalística Estudio técnico del lanzamiento de proyectiles con armas de fuego. — s.f. MILITAR

pirobolista (Del gr. *pyrobola*, máquina para lanzar proyectiles incendiarios.) Ingeniero especializado en la construcción de minas militares. — s.m. MILITAR

piroclástico, a
1 Se aplica al material expelido a la atmósfera durante una erupción volcánica. — adj. GEOLOGÍA
2 Se refiere a la roca formada por la acumulación y consolidación de estos materiales volcánicos. — adj/s.m. GEOLOGÍA

piroelectricidad Conjunto de cargas eléctricas que aparecen en la superficie de un cristal por los cambios de temperatura. — s.f. FÍSICA

piroeléctrico, a
1 De la piroelectricidad. — adj./FÍSICA
2 Que tiene piroelectricidad. — FÍSICA

pirofilacio (Del gr. *pyr*, *pyros*, fuego + *phylakeion*, lugar donde se guarda algo.) Caverna muy grande y llena de fuego que se suponía existía en el centro de la Tierra. — s.m.

pirofilita Mineral de color blanco, gris, verde o amarillento, traslúcido, con brillo nacarado y forma de agregados laminares radiales. — s.f. MINERALOGÍA

pirófita Se refiere a la planta que es resistente al fuego o que revive después de un incendio. — adj/s.f. BOTÁNICA

pirofórico, a Que se inflama espontáneamente en el aire. — adj. QUÍMICA

piróforo (Del gr. *pyr*, *pyros*, fuego + *phero*, llevar.) Cuerpo o sustancia que se inflama al contacto con el aire. — s.m. QUÍMICA

pirofosfato Sal del ácido pirofosfórico. — s.m./QUÍMICA

pirofosfórico, a Se aplica al ácido que se obtiene por calentamiento del ácido fosfórico. — adj. QUÍMICA

pirogálico, a Del pirogalol. — adj./QUÍMICA

pirogalol Compuesto químico, empleado como revelador fotográfico. — s.m. QUÍMICA

pirogenación Reacción química que se obtiene al someter los cuerpos a temperaturas elevadas. — s.f. QUÍMICA

pirogenado, a Que se produce por la acción del calor. — adj. QUÍMICA

pirogénesis (Del gr. *pyr*, *pyros*, fuego + *gennao*, engendrar.) Proceso de formación de minerales por la acción de altas temperaturas. — s.f. pl: pirogénesis GEOLOGÍA

pirogenético, a Se aplica al mineral que se ha formado por pirogénesis. — adj. GEOLOGÍA

pirogénico, a Que se produce por la aplicación de una temperatura elevada. — adj.

pirógeno, a
1 Que produce fiebre. — adj/s.m./tb: piretógeno
2 Se refiere al terreno volcánico: *visitaron un terreno pirógeno*. — adj. GEOLOGÍA

pirograbado
1 Técnica para grabar superficialmente en madera mediante el uso de una punta metálica incandescente. — s.m.
2 Talla o grabado que se hace mediante esta técnica: *todavía conserva un pirograbado que hizo en su juventud*. — s.m.

pirograbador, a
1 Persona que hace pirograbados. — s.
2 Aparato para hacer pirograbados: *se trata de un invento seguro y barato, un pirograbador solar*. — s.m.

pirograbar Adornar la madera con un pirograbado. — v.tr.

pirografía Técnica de hacer pirograbados: *la pirografía es una técnica de grabado en madera de bajo relieve*. — s.f.

pirógrafo (Del gr. *pyr*, *pyros*, fuego + *grapho*, escribir.) Aparato eléctrico usado para hacer pirograbados. — s.m. = pirograbador

pirola Apodo despectivo que se aplica a las personas. — s.m.f./Argent., Urug.

piroláceo, a Perteneciente a una familia de plantas angiospermas dicotiledóneas, herbáceas, perennes, de hojas con o sin clorofila, flores solitarias o en racimo y fruto en cápsula o baya. — adj/s.f. BOTÁNICA

pirolatría (Del gr. *pyr*, *pyros*, fuego + *latreuo*, adorar.) Culto religioso del fuego. — s.f. RELIGIÓN

piroleñoso, a Se aplica a un ácido que se obtiene por destilación de la madera. — adj. QUÍMICA

pirólisis Proceso de descomposición química debido a la acción del calor. — s.f./pl: pirólisis QUÍMICA

pirología Conjunto de conocimientos relativos al fuego y a sus aplicaciones. — s.f.

pirolusita (Del fr. *pyrolysite* < gr. *pyr*, *pyros*, fuego + *lysis*, descomposición.) Bióxido natural de manganeso. — s.f. QUÍMICA

piromancia (Del lat. *pyromantia* < gr. *pyromanteia* < *pyr*, *pyros*, fuego + *manteia*, adivinación.) Adivinación por medio de la observación del fuego. — s.f. OCULTISMO tb: piromancía

piromanía (Del gr. *pyr*, *pyros*, fuego + *mania*, pasión.) Tendencia patológica a provocar incendios. — s.f. SIQUIATRÍA

pirómano, a Que padece piromanía: *parece que el incendio fue provocado por un pirómano*. — adj/s. SIQUIATRÍA

piromántico, a
1 De la piromancia. — adj./OCULTISMO
2 Persona que profesa la piromancia. — s./OCULTISMO

pirometría Determinación y medición de temperaturas elevadas. — s.f. FÍSICA

pirométrico, a De la pirometría o del pirómetro. — adj./FÍSICA

pirómetro (Del gr. *pyr*, *pyros*, fuego + *metron*, medida.) Instrumento que sirve para medir temperaturas muy elevadas. — s.m. FÍSICA

piropear Decir piropos a una persona: *se pasaron la tarde piropeando a las chicas que pasaban*. — v.tr. = lisonjear

piropeo Acción de decir piropos. — s.m.

piropo (Del lat. *pyropus* < gr. *pyropos*, semejante al fuego.)
1 Halago o cumplido que se hace a una persona, en especial refiriéndose a su belleza: *no aguanta los piropos machistas*. — s.m. = requiebro
2 Mineral, variedad de granate de color rojo, usado como piedra preciosa. — MINERALOGÍA

piróscafo (Del gr. *pyr*, *pyros*, fuego + *skaphe*, barco.) Barco de vapor. — s.m. NÁUTICA

piroscopio (Del gr. *pyr*, *pyros*, fuego + *skopeo*, mirar.) Termómetro diferencial, con una de sus bolas plateada, usado para estudiar la reflexión y radiación del calor. — s.m. FÍSICA

pirosfera (Del gr. *pyr*, *pyros*, fuego + *sphaira*, globo.) Masa candente que, según algunas teorías, ocupa el centro o núcleo de la Tierra. — s.f. GEOLOGÍA

pirosis (Del gr. *pyr*, *pyros*, fuego.) Sensación de ardor producida por trastornos digestivos, que se extiende desde el estómago hasta la faringe. — s.f. pl: pirosis MEDICINA

pirostato Dispositivo de seguridad que corta la alimentación de combustible o el funcionamiento de una máquina cuando se produce un aumento anormal de la temperatura. *s.m. TECNOLOGÍA = termostato*

pirotecnia (Del gr. *pyr, pyros*, fuego + *tekne*, arte.) Técnica y arte de crear y manejar artefactos de fuego para usos militares o para diversión: *toda la familia se dedica a la pirotecnia.* *s.f.*

pirotécnico, a
1 De la pirotecnia: *presenciaron un bonito espectáculo pirotécnico.* *adj.*
2 Persona que practica la pirotecnia. *s.*

piroxeno (Del gr. *pyr, pyros*, fuego + *xenos*, extranjero.) Silicato de hierro, magnesio, calcio o aluminio, presente en las rocas eruptivas y metamórficas. *s.m. MINERALOGÍA*

piroxilado, a Se aplica a los explosivos compuestos de nitrocelulosa. *adj. QUÍMICA*

piroxilina (Del gr. *pyr, pyros*, fuego + *xylina*, hilos de algodón.) Sustancia explosiva obtenida impregnando algodón en ácidos nítrico y sulfúrico. *s.f./QUÍMICA = pólvora de algodón*

piróxilo Producto resultante de la acción del ácido nítrico sobre una materia celulósica, como algodón, madera y otras materias. *s.m. QUÍMICA tb: piroxilo*

pirquén Se usa en la expresión **trabajar al pirquén** para indicar trabajar tal como el operario quiera, pagando lo convenido al dueño de la mina. *loc.v. Chile*

pirquinero, a Persona que trabaja al pirquén. *s./Chile*

pirrarse Desear con vehemencia una cosa o estar muy aficionado a ella: *me pirro por las patatas fritas.* *v.prnl./+ por coloquial*

pírrico, a (Del gr. *pyrrikos < Pirro*, rey de Epiro.) Se aplica al triunfo o la victoria conseguidos con más daño del vencedor que del vencido. *adj.*

pirriquio (Del gr. *pyrrikhios*, pie propio de la danza pírrica.) Pie de la poesía griega y latina formado por dos sílabas breves. *s.m. POESÍA = periambo*

pirrol Compuesto heterocíclico nitrogenado que se obtiene del alquitrán de hulla. *s.m. QUÍMICA*

pirrólico, a
1 Del pirrol o de sus derivados. *adj./QUÍMICA*
2 Se aplica al compuesto químico que contiene pirrol. *QUÍMICA*

pirroniano, a Pirrónico [en todas sus acepciones]. *adj./FILOSOFÍA*

pirrónico, a (De *Pirrón*, filósofo escéptico griego.)
1 De este filósofo o de sus ideas escépticas: *escuela pirrónica.* *adj./tb: pirroniano FILOSOFÍA*
2 Que profesa el pirronismo. *adj/s./FILOSOFÍA*
3 Que duda de todo, escéptico. *adj.*

pirronismo Escepticismo, doctrina filosófica que consiste en afirmar que la verdad no existe, o que, si existe, no se puede conocer. *s.m. FILOSOFÍA*

pirrotita Sulfuro natural de hierro. *s.f./MINERALOGÍA*

pirueta (Del fr. *pirouette*, cabriola.)
1 Movimiento ágil y hábil hecho con el cuerpo: *había unos chicos haciendo piruetas en la calle.* *s.f. = cabriola*
2 Acción o palabras con que se remedia una situación complicada o se salva una dificultad: *sus piruetas en la empresa le han llevado a altos cargos.*
3 Vuelta rápida que se hace dar al caballo alzándose de manos y girando sobre los pies. *EQUITACIÓN*
4 Vuelta completa que da el bailarín tomando una pierna como eje, y las diversas repeticiones que puede hacer después del primer empuje.

piruétano
1 Peral silvestre, árbol frutal. *s.m./BOTÁNICA*
2 Fruto de este árbol. *BOTÁNICA*

piruetear Hacer una persona piruetas. *v.intr.*

piruja Mujer que se prostituye. *s.f./Méx.*

pirujo, a
1 Se refiere a la persona libre y desenvuelta. *adj/s.*
2 Se refiere a la persona incrédula o hereje. *adj./Guat.*

pirula Mala pasada, jugarreta: *no me ha hecho ninguna gracia la pirula que me has hecho.* *s.f. coloquial*

piruli Se usa para expresar que es muy bueno o divertido en la expresión **chachi piruli**: *os contaré un cuento chachi piruli.* *loc.adj/adv. coloquial*

pirulí Pieza de caramelo de forma cónica y con un palito clavado para cogerlo: *le compré tres pirulís a mi sobrino.* *s.m. pl: pirulis*

pirulo (Voz de creación expresiva.) Recipiente de barro, semejante a una jarra ancha, con un asa y un pitón, usado para contener y beber agua. *s.m. = botijo*

pis Orina, líquido excrementicio que se expele por la uretra. *s.m./pl: pises familiar*

pisa
1 Operación de pisar la uva, estrujar o apretar con un utensilio la tierra, los paños, o tareas semejantes. *s.f./AGRICULTURA = pisado*
2 Cantidad de uva o aceituna pisada o estrujada de una vez para hacer vino o aceite. *AGRICULTURA*
3 Paliza, en especial la que se da a una persona con patadas. *coloquial*

pisada
1 Acción de pisar una vez al andar: *no des pisadas tan fuertes que te cansarás.* *s.f. = pisadura*
2 Huella dejada por el pie al pisar: *no había pisadas ni huellas de ningún tipo en el lugar.*
3 Golpe dado con el pie. *= patada*
4 **seguir las pisadas de una persona**: Seguir los pasos de alguien, imitarle o seguir su ejemplo: *sigue las pisadas de tus maestros y triunfarás.*

pisadero Lugar donde se pisa el barro para la fabricación de adobe. *s.m. Argent.*

pisado Acción de aplastar y estrujar los granos de la uva que se hace antes de la fermentación y el prensado. *s.m. AGRICULTURA = pisa*

pisador, a
1 Que pisa. *adj/s.*
2 Se aplica al caballo que levanta mucho las patas al andar y las posa con fuerza y estrépito. *EQUITACIÓN*
3 Persona que pisa la uva. *AGRICULTURA*

pisadora Máquina que sirve para aplastar la uva. *s.f./AGRICULTURA*

pisadura Pisada, acción y resultado de pisar. *s.f.*

pisapapeles Objeto de cierto peso que se coloca sobre los papeles para sujetarlos: *le han regalado un pisapapeles con forma de elefante.* *s.m. pl: pisapapeles*

pisar (Del lat. vulgar *pinsare < lat. pinsere*, golpear.)
1 Poner el pie sobre una cosa: *¿recuerda el día que el hombre pisó la Luna por primera vez?* *v.tr.*
2 Poner los pies sobre una cosa y apretarla o estrujarla: *no me pises el pie, que me haces daño.* *= pisotear*
3 Entrar en un lugar: *hace tiempo que no pisa un restaurante.*
4 Cubrir una cosa parte de otra. *= tapar*
5 Tratar a una persona con desconsideración: *pisa a sus empleados no reconociéndoles su trabajo y su esfuerzo.* *= humillar, menospreciar*
6 Obtener, aprovechar o realizar una persona una cosa antes que otra: *ya me ha pisado dos veces este empleo.* *coloquial*
7 Cubrir un ave macho a la hembra. *= montar*
8 Apretar las teclas o las cuerdas de un instrumento musical con los dedos. *MÚSICA*
9 Estar fabricado el suelo o el piso de una habitación sobre otra. *v.intr. CONSTRUCCIÓN*

pisasfalto (Del gr. *pissa*, pez + *asphaltos*, asfalto.) Tipo de asfalto semejante a la pez. *s.m.*

pisaúvas Persona que pisa la uva. *s.m.f./pl: pisaúvas*

pisaverde Hombre presumido, afeminado y galanteador. *s.m. = lechuguino*

piscardo Pez ciprínido de agua dulce, de pequeño tamaño, común en acuarios y peceras. (*Phoxinus phoxinus.*) *s.m. ZOOLOGÍA*

piscator (De *Piscator*, astrólogo milanés.) Almanaque con pronósticos meteorológicos. *s.m.*

piscatorio, a
1 De los pescadores o de la pesca. *adj./culto*
2 Se aplica a la composición poética que trata de la vida de los pescadores. *POESÍA*

pisci- Componente de palabra procedente del lat. *piscis*, que significa *pez*: *piscifactoría.* *pref.*

piscícola De la piscicultura. *adj.*

piscicultor, a (Del lat. *piscis*, pez + *cultor*, que cultiva.) Persona que se dedica a criar peces y mariscos en estanques o viveros. *s. INDUSTRIA*

piscicultura Técnica de dirigir y fomentar la reproducción y cría de peces y mariscos. *s.f. INDUSTRIA*

piscifactoría Criadero de peces: *cada vez se come más pescado de piscifactoría.* *s.f. INDUSTRIA*

pisciforme (Del lat. *piscis*, pez + *forma*.) Que tiene forma de pez. *adj.*

piscina
1 Balsa artificial de agua para el baño o la práctica de la natación y otros deportes acuáticos: *va dos veces a la semana a la piscina municipal.* *s.f.*
2 Estanque con peces que se suele tener en el jardín.
3 Estanque para criar peces en una piscifactoría. *INDUSTRIA*
4 Recipiente o sitio donde se vierten, después de empleadas, algunas materias sacramentales, como el agua del bautismo. *RELIGIÓN*
5 **piscina probática**: La que había en el templo de Jerusalén para purificar las reses de los sacrificios. *RELIGIÓN*

piscis (Del lat. *piscis*, pez.)
1 Duodécimo signo del zodíaco representado por dos peces. *s.m./pl: piscis OCULTISMO*
2 Persona nacida entre el 19 de febrero y el 20 de marzo. *s.m.f./adj.*

piscívoro, a (Del lat. *piscis*, pez + *vorare*, comer.) Ictiófago, que se alimenta de peces. *adj/s. ZOOLOGÍA*

pisco
1 Aguardiente elaborado a partir de la uva, en la ciudad peruana del mismo nombre. *s.m./Bol., Chile, Perú*
2 Ave galliforme de plumaje de color pardo verdoso, cabeza y cuello cubiertos de carúnculas rojas y mem- *Colomb., Venez. ZOOLOGÍA*

brana eréctil encima del pico, que es oriunda de América del Norte. = pavo

3 pisco saver: Cóctel de pisco, jugo de limón, azúcar y hielo picado. *Bol., Chile, Perú*

piscolabis
1 Alimento ligero que se toma entre comidas: *después del cine nos podemos tomar un piscolabis.* s.m./pl: piscolabis = tentempié
2 Jugada de algunos juegos de cartas que consiste en echar un triunfo mayor que el que está en la mesa, con lo que se gana la baza. JUEGOS
3 Trago de alguna bebida que suele tomarse como aperitivo. s.m./Amér. Central y Merid.

pisiforme
1 Que tiene forma de guisante. adj.
2 Se refiere a uno de los huesos de la primera fila del carpo. adj/s.m. ANATOMÍA

piso
1 Superficie natural o artificial de un terreno: *el piso estaba mojado por la lluvia.* s.m./= suelo, pavimento
2 Planta o división horizontal de un edificio: *vive en un cuarto piso.* CONSTRUCCIÓN
3 Vivienda en un edificio de varias plantas, ocupe o no toda una planta: *han pedido un préstamo para comprarse un piso.* = apartamento
4 Suela del calzado.
5 Cada una de las capas que componen una cosa: *le regaló una tarta de tres pisos.*
6 Habitación de un seglar en un convento. RELIGIÓN
7 Convite que tenía que pagar a los mozos del pueblo el forastero que cortejaba a una joven.
8 Cada una de las capas de un terreno o de rocas. GEOLOGÍA
9 Conjunto de excavaciones subterráneas situadas a una misma profundidad. MINERÍA = planta

pisolita Corpúsculo calcáreo en forma de grano del tamaño de un guisante. s.f./GEOLOGÍA

pisolítico, a Que contiene pisolitas o que está formado de ellas. adj. GEOLOGÍA

pisón
1 Herramienta de madera formada por un cuerpo con figura de cono truncado y un mango, usada para aplastar y apretar la tierra, piedras u otras sustancias duras. s.m. CONSTRUCCIÓN
2 Máquina textil, provista de mazos para golpear, desengrasar y enfurtir los paños. TEXTIL = batán
3 Mazo de esta máquina. TEXTIL

pisonear Apretar la tierra con un pisón u otro instrumento. v.tr. = apisonar

pisotear
1 Pisar una cosa de manera repetida y violenta: *tiraron al suelo la revista y la pisotearon.* v.tr. = patear
2 Tratar a una persona o una cosa mal, de modo desconsiderado o injusto: *pisoteó la dignidad de aquella persona.* = humillar, machacar

pisoteo
1 Acción de pisar de modo violento y repetido. s.m.
2 Mal trato dado a una persona o cosa: *no les perdonaré el pisoteo de mis sentimientos.* = ofensa

pisotón Pisada fuerte sobre el pie de otra persona: *¡ay qué pisotón!, creo que me has roto un dedo.* s.m.

pispajo
1 Pedazo roto de una tela o prenda. s.m./= harapo
2 Cosa despreciable, de poco valor. = bodrio
3 Persona pequeña o poco desarrollada. despectivo

pispar (Voz de creación expresiva.)
1 Quitar una cosa a una persona contra su voluntad: *le pisparon la cartera en el metro.* v.tr./coloquial = birlar
2 Pispear, espiar u observar con atención y disimulo lo que otros hacen. v.tr./Argent. coloquial
3 Ponerse ebria una persona: *por lo general se pispa con la segunda copa.* v.prnl. = embriagarse

pispear Observar o curiosear lo que otros hacen, sin ser visto. v.tr./Amér. Merid. tb: pispiar

pista (Del ital. *pista*, huella.)
1 Conjunto de señales que pueden conducir a la averiguación de algo: *ésta es una buena pista para atrapar al asesino.* s.f. = indicio
2 Señal que deja una persona o animal en el lugar por donde ha pasado. = huella, rastro
3 Espacio acondicionado para realizar en él distintas actividades como deportes, espectáculos o diversiones: *pista de tenis; pista de baile; pista de circo.* = cancha, escenario
4 Terreno allanado en el campo o en un bosque por el que transcurre un camino: *han construido una pista en el bosque.* = camino
5 Carretera con dos o más carriles en cada sentido y sin cruces a nivel. = autopista
6 Terreno acondicionado de forma especial para el despegue y aterrizaje de aviones. AERONÁUTICA
7 Franja de una cinta magnetofónica o surco de un disco donde se registra la información. AUDIOVISUALES
8 Banda estrecha de una película que lleva la grabación del sonido. AUDIOVISUALES
9 seguir la pista a una persona: Espiarla o perseguirla.

pistache
1 Helado o dulce de pistacho. s.m./COCINA
2 Semilla del pistachero. Méx./tb: pistacho

pistachero Planta arbórea de la familia anacardiáceas que se cultiva por su fruto. *(Pistacia vera.)* s.m. BOTÁNICA

pistacho (Del fr. *pistache* < ital. *pistaccio* < gr. *pistakion.*)
1 Fruto del pistachero. s.m./BOTÁNICA
2 De color verde como el de este fruto. adj/s.m.

pistadero Utensilio para pistar o machacar. s.m.

pistar (Del ital. *pistare* < lat. vulgar *pistare* < lat. *pinsere*, machacar.) Apretar o machacar una cosa para sacarle el jugo. v.tr. = exprimir

pistero, a
1 Se aplica a la persona que es muy aficionada al dinero. adj/s. Amér. Central
2 Recipiente semejante a un porrón pequeño, con un asa, usado para alimentar con líquidos a los enfermos. s.m.
3 Hematoma alrededor del ojo, producido por un puñetazo. Colomb.

pistilo (Del lat. *pistillum*, mano de almirez.) Conjunto de los elementos femeninos provista de una flor, en el que se distinguen el ovario, el estilo y el estigma. s.m. BOTÁNICA

pisto (Del lat. *pistum*, machacado.)
1 Guiso hecho con trozos revueltos de diversas hortalizas: *nos preparó un pisto de pimiento, calabacín, tomate y cebolla.* s.m. COCINA
2 Mezcla desordenada de cosas: *mi despacho es un pisto de libros y papeles.* = revoltijo
3 Jugo obtenido de la carne de ave que se da a los enfermos como alimento. COCINA = caldo
4 Dinero, moneda corriente. Amér. Central, Perú
5 a pistos: Poco a poco, con escasez y miseria. loc.adv.
6 darse pisto: Darse importancia: *desde que se compró el coche nuevo, va en él dándose pisto.* coloquial = presumir

pistola (Del alem. *pistole* < checo *pistal*.)
1 Arma corta de fuego provista de un cargador en la culata que se maneja con una sola mano: *el atracador llevaba la cara cubierta y una pistola en la mano.* s.f. = revólver
2 Aparato que dispara pintura pulverizada. TECNOLOGÍA
3 Barra alargada y pequeña de pan: *se zampa tres pistolas al día.*
4 Martillo neumático de pequeño tamaño y poca potencia, usado por picapedreros y escultores. TECNOLOGÍA
5 pistola ametralladora: Aquella que dispara sus balas en ráfaga. MILITAR
6 pistola de arzón: La que se lleva en el arzón de la silla de montar.
7 pistola de cinto: La que se lleva en una pistolera colgada de un cinturón.
8 poner la pistola en el pecho a una persona: Colocarle en un dilema grave, coaccionarle: *no me pongas la pistola en el pecho, yo no puedo elegir entre lo uno o lo otro.* coloquial

pistolera
1 Funda de cuero para guardar la pistola. s.f.
2 Ensanchamiento, debido a grasa acumulada o a otros factores, a la altura de las caderas: *está muy acomplejada por sus pistoleras.* s.f.pl. coloquial

pistolerismo Modo de actuar de los pistoleros. s.m.

pistolero, a Persona que usa de ordinario la pistola para atracar, asaltar o realizar atentados. s.m. = gánster

pistoletazo
1 Disparo de pistola: *él fue el encargado de dar el pistoletazo de salida.* s.m.
2 Ruido producido por el disparo de una pistola: *le asustó el pistoletazo.* = detonación
3 Herida y daño producidos por disparo de pistola: *sufrió un pistoletazo en la pierna.* = balazo

pistolete (Del fr. *pistolet*.)
1 Arma de fuego más corta que la pistola. s.m.
2 Pistola pequeña de bolsillo. = cachorrillo

pistón (Del ital. *pistone*, mano de almirez.)
1 Émbolo de una bomba o máquina. s.m./MECÁNICA
2 Parte central de la cápsula o cartucho de las armas de fuego, donde está colocado el fulminante.
3 Llave en forma de émbolo de diversos instrumentos músicos de viento. MÚSICA
4 Pulsadores alineados en el teclado de un órgano con los que se acciona. MÚSICA

pistonudo, a Que es muy bueno o agradable: *éste es un asunto pistonudo.* adj./coloquial = fantástico

pistoresca (Del ital. *pistolese*, cuchillo de monte.) Arma semejante al puñal. s.f.

pistraje Brebaje, bebida de mal gusto. s.m./tb: pistraque

pistura Acción y resultado de pistar, machacar o exprimir una cosa. s.f.

pita
I (De origen incierto.)

1 Agave, planta crasa de gran tamaño. — *s.f./BOTÁNICA*
2 Hilo que se hace con fibra de las hojas de esta planta: *con un trozo de pita y unas piedras perforadas se ha hecho un collar.*
II (Voz de creación expresiva.)
1 Voz que, repetida, se usa para llamar a las gallinas. — *s.f.*
2 Gallina, ave galliforme. — *ZOOLOGÍA*
3 Bolita de cristal. — *= canica*
4 Tala, juego de niños. — *JUEGOS/= billarda*
5 Palo pequeño que se usa en este juego. — *JUEGOS*
6 Juego infantil que consiste en echar cuatro piedrecitas al suelo e irlas recogiendo, junto con otra que se lanza al aire. — *s.f.pl. JUEGOS*
III (Derivado de *pitar*.) Acción de silbar como protesta o muestra de desagrado: *el presidente recibió una gran pita de los estudiantes.* — *s.f. = pitada*

pitaco Tallo o bohordo de la pita. — *s.m./BOTÁNICA*

pitada
1 Pitido, sonido de pito. — *s.f.*
2 Demostración de desagrado con silbidos y pitos: *el público despidió al árbitro con una estruendosa pitada.* — *= pita*
3 Salida de tono, dicho inoportuno o impertinente: *es feliz soltando pitadas a propósito de todo.*
4 Acción de inhalar y exhalar el humo de un cigarrillo. — *Amér. = calada*

pitagórico, a (De *Pitágoras*, filósofo griego.)
1 De este filósofo, de su doctrina o de su escuela. — *adj./FILOSOFÍA*
2 Que profesa la doctrina de este filósofo. — *adj/s./FILOSOFÍA*

pitagorismo (De *Pitágoras*, filósofo griego del s. VI a. J.C.)
1 Doctrina de este filósofo griego. — *s.m./FILOSOFÍA*
2 Conjunto de principios y prácticas de los discípulos de este filósofo. — *FILOSOFÍA*

pitancería
1 Lugar donde se reparten raciones de comida. — *s.f.*
2 Distribución de raciones de comida. — *= racionamiento*
3 Ración que se distribuye. — *= pitanza*
4 Oficio de pitancero.

pitancero
1 El encargado de repartir las pitanzas o raciones de comida. — *s.m.*
2 Clérigo encargado de apuntar o avisar las faltas en el coro, en algunas catedrales. — *RELIGIÓN*
3 Persona encargada del refectorio, en los conventos de las órdenes militares. — *RELIGIÓN*

pitanza (Del lat. *pietas*, piedad.)
1 Comida de cada día o del día. — *s.f./coloquial*
2 Distribución diaria de alimentos o dinero. — *= racionamiento*
3 Ración de comida que se distribuye a los pobres o a las personas que viven en comunidad. — *= rancho*

pitar
I (Derivado de *pito*.)
1 Tocar una persona el pito, el silbato o la bocina: *los conductores pitaban sin parar en el atasco.* — *v.intr.*
2 Dar una persona o una cosa el rendimiento que se deseaba de ella: *nuestro negocio pita.* — *coloquial = marchar*
3 Tener una persona una situación de preeminencia o de autoridad: *mi profesor pita mucho en la clase, nadie le contradice nada.* — *coloquial = mandar*
4 Expresar una persona su descontento, disconformidad o disgusto en contra de una persona o una cosa con pitos o silbidos: *los universitarios pitaron al decano.* — *v.tr. = abuchear, silbar*
5 Arbitrar un partido: *le ha tocado pitar la final de la Copa del Rey.* — *DEPORTES*
6 Fumar, aspirar el humo. — *Amér. Merid.*
7 irse, marcharse o salir pitando: Marcharse deprisa o precipitadamente. — *coloquial*
II (Derivado de *pitanza*.) Distribuir las pitanzas entre varias personas. — *v.tr.*

pitarra Legaña, secreción de las glándulas de los párpados que queda seca en sus bordes. — *s.f./FISIOLOGÍA = pitaña*

pitarroso, a Legañoso, que tiene legañas en los ojos. — *adj./= pitañoso*

pitcher (Voz inglesa.) Jugador lanzador que inicia cada jugada en el béisbol. — *s.m./tb: picher DEPORTES*

pitecántropo (Del gr. *pithekos*, mono + *anthropos*, hombre.) Fósil humano primitivo, hallado en Java, hoy considerado junto con el sinántropo como perteneciente a la especie *Homo erectus*. — *s.m. tb: pitecantropo*

piteco- Componente de palabra procedente del gr. *pithekos*, que significa mono: *pitecántropo; antropopiteco.* — *pref./suf. tb: pitec-, -piteco*

pítele Extremo del palo que se usa para jugar al juego de la tala. — *s.m. JUEGOS*

pitezna Pestillo de hierro de las trampas o cepos, que se dispara al más leve contacto. — *s.f.*

pitia Pitonisa, mujer que emitía oráculos en nombre de Apolo, en Delfos. — *s.f. HISTORIA*

pitiático, a
1 Del pitiatismo. — *adj./SIQUIATRÍA*
2 Que padece la enfermedad del pitiatismo. — *adj/s./SIQUIATRÍA*

pitiatismo Conjunto de trastornos originados por sugestión y que se pueden curar por el mismo procedimiento. — *s.m. SIQUIATRÍA*

pítico, a Pitio, del dios Apolo. — *adj./MITOLOGÍA*

pitido
1 Sonido emitido con un pito. — *s.m./= pitada*
2 Silbido de los pájaros. — *= pío*
3 Ruido continuado. — *= zumbido*

pitihué Ave pécida que se alimenta de insectos. (*Colaptes pitiguus.*) — *s.m./Chile ZOOLOGÍA*

pitillera Caja o petaca para guardar pitillos: *le regaló una pitillera de cuero.* — *s.f. = cigarrera*

pitillo Cilindro de tabaco picado envuelto en papel de fumar: *fuma unos diez pitillos al día.* — *s.m. = cigarrillo*

pítima (Del lat. *epitema* < gr. *epithema*.)
1 Cataplasma que se aplica sobre el corazón. — *s.f./MEDICINA*
2 Borrachera o embriaguez. — *coloquial/= curda*

pitiminí (Del fr. *petit*, pequeño + *menu*, menudo.)
1 Se aplica a una variedad de rosal de flores pequeñas. — *s.m./pl: pitiminíes BOTÁNICA*
2 de pitiminí: Se usa para referirse a algo muy pequeño o de poca importancia. — *loc.adv.*

pitio, a Del dios Apolo. — *adj./tb: pítico*

pitipié (Del fr. *au petit pied*, en pequeño.) Escala de un mapa o de un plano. — *s.m. pl: pitipiés*

pitiriasis Cualquier enfermedad que produce descamación de la piel. — *s.f./pl: pitiriasis MEDICINA*

pito
I (Voz onomatopéyica que imita el silbido.)
1 Instrumento pequeño que produce un sonido agudo al soplar en él. — *s.m.*
2 Persona que toca este instrumento. — *MÚSICA*
3 Voz o sonido muy agudo.
4 Castañeta, instrumento y sonido. — *MÚSICA*
5 Pene, órgano sexual masculino. — *coloquial*
6 Bocina de automóvil: *hasta que no oí el pito, no había visto el coche.* — *= claxon*
7 Recipiente pequeño de barro, lleno de agua y con un pitón, que produce un sonido semejante al del gorjeo de los pájaros cuando se sopla. — *JUEGOS*
8 Juego infantil que consiste en tirar una taba de carnero al aire mientras se hacen distintas combinaciones con unas que están en el suelo y se gana o pierde según la posición en que cae. — *JUEGOS = taba*
9 Cigarrillo, tabaco envuelto en papel de fumar. — *= pitillo*
10 pitos flautos: Expresión que designa un entretenimiento frívolo.
11 cuando pitos, flautas, cuando flautas, pitos: Expresión que indica cómo determinados acontecimientos de la vida se resuelven de modo contrario a lo esperado o deseado. — *coloquial*
12 importarle o no importarle a una persona un pito una cosa o una persona: Despreciarla o no darle ningún valor: *me importa un pito lo que diga tu padre.* — *coloquial*
13 no valer un pito una persona o una cosa: Tener muy poco valor o ser fea: *ese reloj no vale un pito.* — *coloquial*
14 por pitos o por flautas: Expresión que designa los diferentes motivos que coexisten en un mismo acontecimiento o circunstancia de la vida: *por pitos o por flautas, siempre nos quedamos sin vacaciones.* — *loc.adv. coloquial*
15 tomar a una persona por el pito del sereno: Abusar de su buena fe: *todos lo toman por el pito del sereno, pero cualquier día les sorprenderá.* — *coloquial*
II (Derivado de *pico*.)
1 Pico, pájaro carpintero. — *s.m./ZOOLOGÍA*
2 pito negro: Pájaro insectívoro de gran tamaño, color negro, pico amarillo y un vistoso píleo rojo en la cabeza. (*Dryocopus martius.*) — *ZOOLOGÍA*
3 pito real: Pájaro insectívoro de tamaño mediano, color verde, píleo rojo y bigotera negra. (*Picus viridis.*) — *ZOOLOGÍA = pico real*

pitoflero
1 Músico torpe que toca sin habilidad algún instrumento musical. — *s./despectivo MÚSICA*
2 Persona chismosa. — *despectivo*

pitón
I (Derivado de *pito*.)
1 Cuerno que empieza a salir en los animales. — *s.m./ZOOLOGÍA*
2 Apéndice del botijo, porrón o vasija parecida, por donde se hace salir el líquido para beber. — *= pitorro*
3 Bulto pequeño que sobresale en la superficie de alguna cosa. — *= pico*
4 Brote recién salido de un árbol. — *BOTÁNICA*
5 Bohordo o tallo central de la pita. — *BOTÁNICA*
6 Bola, más gorda que las otras, usada en el juego de las canicas. — *JUEGOS*
7 Cuerno o asta del toro y en especial la parte de la punta. — *TAUROMAQUIA*
8 Boquilla metálica que remata la manguera. — *Chile, Ecuad., Hond.*
II (De origen incierto.)
1 Persona adivina, maga y hechicera. — *s.m.f./OCULTISMO*
2 Serpiente de Asia y África, de gran tamaño, no venenosa, que asfixia a sus presas enrollándose alrededor de ellas. (*Python, Calabaria y Loxocemus.*) — *ZOOLOGÍA*

pitonazo Golpe que el toro da con la punta del cuerno. — *s.m. TAUROMAQUIA*

pitonisa
1 Sacerdotisa de Apolo, que daba los oráculos en el templo de Delfos sentada en un trípode. — s.f./tb: fitonisa HISTORIA
2 Mujer que realiza encantos o hechicerías.
3 Mujer que se dedica a adivinar el futuro: *una pitonisa le dijo que sería muy feliz en su vida.* — OCULTISMO = vidente

pitora Serpiente muy venenosa cuya mordedura puede producir la muerte. — s.f./Colomb. ZOOLOGÍA

pitorra Chocha perdiz, ave limícola caradriforme. — s.f./ZOOLOGÍA

pitorrearse Hacer burla de una persona o una cosa: *se pitorreó de la muchacha.* — v.prnl./+ de = mofarse

pitorreo Burla irónica o guasa: *se tomó toda la conversación a pitorreo.* — s.m./coloquial = mofa

pitorro
1 Pitón de los botijos. — s.m.
2 Se refiere al carnero que tiene cuernos fuertes y largos. — adj/s.m.

pitosporáceo, a Perteneciente a una familia de plantas angiospermas dicotiledóneas, arbustivas o leñosas, resinosas y en ocasiones espinosas, de hojas alternas, flores hermafroditas y fruto en cápsula o baya. — adj/s.f. BOTÁNICA

pitósporo Planta arbustiva pitosporácea, de hojas ovales, coriáceas y lustrosas y flores blancas o amarillentas, olorosas, en inflorescencias corimbosas. *(Pittosporum.)* — s.m. BOTÁNICA

pitote Barullo, riña o pelea confusa: *¡vaya pitote se organizó!* — s.m./coloquial = mitote

pitpit Bisbita, ave paseriforme de la familia de los motacílidos. — s.m./pl: pitpites ZOOLOGÍA

pitreo Bohordo o tallo de la pita. — s.m./= pitaco

pituco, a
1 Se aplica a las personas cursis, o que se preocupan de seguir las modas y que alardean de ello. — adj/s. Amér. Merid.
2 Se refiere a la persona que viste con elegancia. — Argent.

pituita (Del lat. *pituita*, moco.) Líquido viscoso que segregan las membranas, en especial la de la nariz. — s.f. = moco

pituitario, a
1 Que segrega pituita o moco. — adj.
2 **membrana pituitaria**: Membrana que recubre la cavidad nasal. — ANATOMÍA

pituitoso, a
1 Que tiene pituita. — adj.
2 Pituitario, que segrega pituita.

pituso, a Se refiere al niño pequeño y gracioso: *¡qué pituso!, es una pena que crezcan.* — adj/s. familiar

piular (Del cat. *piular*.)
1 Emitir los pollos de las aves su voz. — v.intr./= piar
2 Desear mucho una cosa: *piulaba por estrenar un vestido nuevo.* — + por = suspirar

piulido
1 Sonido producido al piar un pollo. — s.m./= piada
2 Suspiro, aspiración fuerte seguida de una espiración, que suele denotar pena o deseo.

piuquén Especie de avutarda de colores claros que se domestica con facilidad y cuya carne es muy apreciada. — s.m. Chile ZOOLOGÍA

piure Animal de cuerpo rojo en forma de saco con dos aberturas correspondientes al ano y a la boca, cuya carne es muy estimada. *(Pejura.)* — s.m. Chile ZOOLOGÍA

piuria Presencia de pus en la orina. — s.f./MEDICINA

pívot
1 Jugador de ataque y defensa en baloncesto, cuya misión básica consiste en situarse en las cercanías del tablero para recoger rebotes o anotar puntos. — s.m.f./pl: pívots tb: pivote DEPORTES
2 Jugador de ataque, en balonmano. — DEPORTES

pivotante
1 Que pivota. — adj.
2 Se aplica a la raíz central que se introduce de forma perpendicular en la tierra. — BOTÁNICA

pivotar Moverse una pieza alrededor de un pivote o eje. — v.intr. = girar

pivote (Del fr. *pivot*.)
1 Pieza que gira sobre un soporte. — s.m.
2 Pívot, jugador de ataque y defensa de un equipo de baloncesto o atacante de uno de balonmano. — s.m.f. DEPORTES

pivotear Pivotar, girar sobre un pivote. — v.intr.

pixel El menor de los elementos de una imagen, al que se puede aplicar un color o una intensidad o que se puede diferenciar de los otros elementos mediante un determinado procedimiento, como la fotografía, la telecopia o la televisión. — s.m. AUDIOVISUALES, FOTOGRAFÍA

píxide (Del lat. vulgar *buxis, -idis*, bujeta.)
1 Copón o caja pequeña en que se guardan las hostias consagradas y que se usa también para llevar la comunión a los enfermos. — s.f. RELIGIÓN
2 Pequeño cofre para guardar joyas.
3 Cápsula que contiene las semillas de una planta y cuya parte superior puede levantarse. — BOTÁNICA

pixidio Fruto capsular cuya parte superior se levanta a modo de tapa y deja descubierta la parte inferior. — s.m. BOTÁNICA

piyama Pijama, traje para dormir. — s.m.

piyuyo, a Que no tiene valor o es falso. — adj./Argent., Urug.

pizarra (Del vasco *lapitz-arri*, piedra de pizarra.)
1 Roca de color gris oscuro y estructura hojosa compuesta de mica, cordierita y andalucita, que se utiliza en construcción para tejados. — s.f. GEOLOGÍA = esquisto
2 Trozo de esta roca de forma rectangular, y con marco de madera, usado para escribir sobre él con tiza.
3 Tablero pintado de negro o verde, de distintos materiales, colocado en la pared de las aulas, usado para escribir: *el profesor escribió el esquema de la clase en la pizarra.* — = encerado

pizarral Terreno abundante en pizarra. — s.m./GEOLOGÍA

pizarreño, a De pizarra o que tiene relación o parecido con ella. — adj.

pizarrería Sitio donde se labra la pizarra. — s.f.

pizarrero, a
1 Persona encargada de labrar, pulir y colocar las placas de pizarra en los edificios. — s.
2 Barrita de tiza que se utiliza para escribir en la pizarra. — s.m./Colomb., P. Rico

pizarrín Tiza o barrita de pizarra blanda para escribir sobre un encerado de piedra. — s.m.

pizarrista
1 Persona que hace tejas pizarrosas. — s.m.f.
2 Persona que, en algunos deportes, anota en una pizarra los nombres de los competidores. — DEPORTES

pizarrón Tablero que se coloca en las aulas para poder escribir sobre él. — s.m./Amér. = encerado

pizarroso, a
1 Que tiene mucha pizarra. — adj./GEOLOGÍA
2 Que tiene el color o el aspecto parecido al de la pizarra: *han cubierto la pared con una piedra pizarrosa.*

pizate Pazote, planta herbácea anual. — s.m./BOTÁNICA

pizca
1 Parte muy pequeña de una cosa: *sólo quiero una pizca de tarta.* — s.f. = pellizco, migaja
2 Recolección de los frutos de una cosecha. — Méx./AGRICULTURA
3 **ni pizca**: Nada, ninguna cosa: *no tiene ni pizca de gracia.* — loc.adv.

pizcar
1 Coger con los dedos u otra cosa un poco de piel y carne de una persona y apretar. — v.tr./conj: sacar = pellizcar
2 Coger una pequeña cantidad de una cosa con los dedos. — = pellizcar
3 Recoger o cosechar, en especial el maíz y el algodón. — Méx. AGRICULTURA

pizmiento, a
1 Del color de la pez. — adj.
2 Que es muy moreno.

pizpireta (Voz de creación expresiva.) Se refiere a la mujer que es vivaracha y expresiva: *es muy pizpireta, no para.* — adj.f. tb: pizpereta

pizpirigaña (Del cat. *pecigar*.) Juego infantil que consiste en pellizcarse unos a otros en las manos. — s.f./tb: pipirigaña JUEGOS

pizpita Aguzanieves, ave paseriforme insectívora que vive a orillas del agua. — s.f. ZOOLOGÍA

pizza (Voz italiana.) Plato típico de la cocina italiana consistente en una torta de harina plana y redonda sobre la que se coloca tomate, queso, aceitunas, anchoas, orégano u otros ingredientes, y se cuece al horno. — s.f. COCINA

pizzería Restaurante donde se elaboran y sirven pizzas y otros platos italianos: *han abierto una nueva pizzería en el barrio.* — s.f. COMERCIO

pizzero, a Persona especializada en hacer pizzas. — s.

pizzicato (Voz italiana.)
1 Sonido que se produce al pellizcar con los dedos las cuerdas de un instrumento. — s.m. MÚSICA
2 Fragmento musical ejecutado pellizcando las cuerdas de un instrumento de arco. — MÚSICA

pl/1 Lenguaje de programación de alto nivel, combinación de Fortran y de Cobol, utilizado tanto en aplicaciones de gestión como científicas. — s.m. INFORMÁTICA

placa (Del fr. *plaque*.)
1 Lámina delgada de alguna materia que se forma en la superficie de un objeto o se coloca sobre ella: *se formó una placa de hielo sobre el lago.* — s.f. = capa
2 Insignia de algunas condecoraciones y la misma condecoración: *nos mostró la placa que le dieron tras la guerra.*
3 Insignia que llevan oculta o prendida en el uniforme los agentes de la autoridad: *el policía sacó su placa antes de detenerle.* — = chapa
4 Lámina de metal, plástico u otro material, que lleva una inscripción, en especial la que se coloca en la — = rótulo

puerta de una casa, con el nombre y la profesión de la persona o empresa que la ocupa: *el dentista ha puesto una nueva placa en su casa.*
5 Lámina de metal que llevan los vehículos con su número de matrícula inscrito. **= matrícula**
6 Fogón eléctrico de las cocinas.
7 Lámina de vidrio con una de sus caras cubierta de una sustancia sensible a la luz, para obtener una prueba fotográfica negativa. **FOTOGRAFÍA**
8 Plancha de metal yodurado que se usaba en la técnica fotográfica de la daguerrotipia. **FOTOGRAFÍA**
9 Imagen obtenida por rayos X: *le han hecho placas de la espalda.* **= radiografía**
10 Electrodo de un tubo electrónico. **FÍSICA**
11 **placa antirreflejos:** La oscura que se coloca alrededor de la cámara delante de una maqueta de cristal para evitar que se produzcan reflejos. **CINE**
12 **placa cortical:** Unidad en que se divide la corteza terrestre. **GEOLOGÍA**
13 **placa dental:** Sustancia pegajosa que se forma en la superficie de los dientes y que llega a ocasionar la caries. **= sarro**
14 **placa giratoria:** Plataforma circular con carriles, que puede girar alrededor de su centro y que permite, en las estaciones ferroviarias, el cambio de dirección de las locomotoras. **TECNOLOGÍA**
15 **placa litosférica:** Fragmento de la litosfera. **GEOLOGÍA**
16 **placa madre:** Placa de circuito impreso que sirve de base al sistema, ya que sobre ella se aplican, perpendicularmente, otras placas mediante conectores. **INFORMÁTICA**

placabilidad Posibilidad de que algo se aplaque: *la placabilidad de su ira.* **s.f.** / **≠ implacabilidad**

placable Aplacable, que se puede aplacar o calmar. **adj./≠ implacable**

placador, a Persona que en el rugby placa o coge por la cintura a los jugadores de un contrario. **s.** **DEPORTES**

placaje Manera de detener a un adversario abrazándolo por la cintura o las piernas, en el rugby. **s.m.** **DEPORTES**

placar Coger al adversario, en general por la cintura, para que no pueda seguir avanzando, en el juego del rugby. **v.tr.** **conj: sacar** **DEPORTES**

placard (Voz francesa.) Armario empotrado. **s.m./Argent., Urug.**

placeado, a Se aplica a la res que ha sido lidiada en varias plazas. **adj.** **TAUROMAQUIA**

placear
1 Vender comestibles al por menor en el mercado. **v.tr./COMERCIO**
2 Hacer pública una cosa. **= manifestar**

placebo Sustancia que carece de acción curativa, pero que produce un efecto sicológico de mejora en la persona que lo recibe. **s.m.** **FARMACIA**

placel (Del cat. *placer*, llanura submarina.)
1 Banco de arena o piedra en el fondo del mar, llano y de bastante extensión. **s.m./GEOGRAFÍA** **= placer**
2 Pesquería de perlas en las costas americanas. **PESCA**
3 Banco de arena en que se han depositado, por la acción del agua, oro, platino o diamantes. **MINERÍA**

pláceme Felicitación, expresión de la satisfacción que se siente por algo bueno que le sucede a otra persona. **s.m.** **formal** **= enhorabuena**

placenta (Del lat. *placenta*, torta.)
1 Órgano redondeado y aplastado que, en los mamíferos, relaciona el embrión con el útero materno durante la gestación y que se expulsa después del parto. **s.f.** **ANATOMÍA**
2 Borde del carpelo, por lo general engrosado, en el que se insertan los óvulos. **BOTÁNICA**

placentación
1 Modo de unión de la placenta y los óvulos en el ovario de los vegetales. **s.f.** **BOTÁNICA**
2 Formación de la placenta en el útero de la madre, en los mamíferos. **BIOLOGÍA**

placentario, a
1 De la placenta. **adj./BIOLOGÍA**
2 Perteneciente a una subclase de mamíferos provistos de placenta. **adj./s.m.** **ZOOLOGÍA**

placentería Cualidad de placentero o agradable. **s.f.**

placentero, a Que causa un placer agradable y sosegado: *mantuvimos una placentera conversación.* **adj.** **= agradable, grato**

placer
I (Del lat. *placere*.)
1 Sensación de gusto intensa y profunda: *escuchar música es un verdadero placer.* **s.m./= deleite, delicia, goce**
2 Actitud complaciente con que se hace una cosa: *es un placer para mí acompañarte a casa.* **= agrado, gusto**
3 Cosa que divierte o produce alegría: *sólo se entrega a sus placeres.* **= diversión**
4 Ser una cosa grata a una persona: *tu presencia placía a mi padre.* **v.intr.** **= agradar**
5 **a placer:** Con total satisfacción, sin impedimento alguno. **loc.adv.**
6 **que me place:** Con mucho gusto, expresión que señala el gusto de una persona por algo. **formal**
II (Del cat. *placer*, llanura submarina.)
1 Banco de arena o piedra en el fondo del mar, llano y de bastante extensión. **s.m.**

2 Sitio donde se pescan perlas en las costas de América. **PESCA**
3 Arenal que contiene minerales explotables, como oro, magnetita, gemas. **MINERÍA**
CONJ.: IND.: PRES.: *plazco*, places, place, placemos, placéis, placen. PRET. INDEF.: plací, placiste, plació o *plugo*, placimos, placisteis, placieron o *pluguieron*. SUBJ.: PRES.: *plazca*, plazcas, plazca o *plegue, plazcamos, plazcáis, plazcan*. PRET. IMPERF.: placiera o placiese, placieras o placieses, placiera o *pluguiera* o placiese o *pluguiese*, placiéramos o placiésemos, placierais o placieseis, placieran o placiesen. FUTUR. IMPERF.: placiere, placieres, placiere o *pluguiere*, placiéremos o placiereis, placieren. IMP.: place, *plazca*, plazcamos, placed, *plazcan*.

placero, a
1 Que tiene relación con la plaza. **adj.**
2 Que vende en una plaza o mercado. **adj/s./COMERCIO**
3 Se refiere a la persona ociosa que se entretiene hablando por las plazas. **despectivo**

placet (Voz latina.)
1 Aprobación de un gobierno o de un soberano para la designación, en su territorio, de un representante diplomático extranjero. **s.m.** **pl: placet** **POLÍTICA**
2 Fórmula de adhesión empleada en los concilios. **RELIGIÓN**

placeta Plazuela, pequeña plaza. **s.f.**

placibilidad Situación o forma de ser agradable y placentera. **s.f.**

placible Placentero, que da gusto y satisfacción. **adj.**

placidez Estado de las cosas o personas que son plácidas o sosegadas. **s.f.** **pl: placideces**

plácido, a (Del lat. *placidus*.)
1 Que no tiende a irritarse, enfadarse o alterarse: *su hermano es un chico plácido.* **adj./= tranquilo** **≠ inquieto**
2 Que es agradable o está exento de cualquier violencia o brusquedad: *mar plácido; tarde plácida.* **= apacible** **≠ desapacible**

placiente Agradable, que da gusto. **adj.**

plácito (Del bajo lat. *placitum*.) Opinión o juicio sobre una cosa. **s.m.**

placodermo, a Perteneciente a una subclase de peces de fines de la era primaria, provistos de una armadura torácica, parecidos a los actuales tiburones. **adj/s.m.** **ZOOLOGÍA**

pladur (Marca registrada.) Material de construcción que se compone de placas de yeso, separadas por una de celulosa o cartón, que se emplea en decoración y acabado de interiores. **s.m.** **CONSTRUCCIÓN**

plafón (Del fr. *plafond* < *plat*, plano + *fond*, hondo.)
1 Lámpara circular encajada en el techo o en la pared: *tuvo problemas para colocar el plafón en el techo del salón.* **s.m.**
2 Adorno en la parte central del techo de una habitación donde se halla el soporte para la lámpara.
3 Cara inferior de un cuerpo voladizo como la cornisa o el alero. **ARQUITECTURA** **= sofito**

plaga
I (Del bajo lat. *plagare*, herir.)
1 Desastre o calamidad persistente que aflige a gran cantidad de personas. **s.f.** **= peste**
2 Enfermedad o desgracia que sobreviene a una persona.
3 Organismo vegetal o animal que causa destrucción en la agricultura: *la cosecha se vio afectada por una plaga de langostas.* **AGRICULTURA**
4 Aquello que constituye un infortunio o contratiempo. **= azote**
5 Abundancia de cosas o personas, por lo general desagradables: *una plaga de chavales llenó el tren.* **= caterva**
6 Ú!cera o llaga. **MEDICINA**
II (Del lat. *plagia*, lado, costado.)
1 Espacio que queda entre dos paralelos de la superficie terrestre. **s.f.** **GEOGRAFÍA**
2 Dirección trazada en la representación del horizonte por un círculo o rosa náutica o de los vientos. **NÁUTICA** **= rumbo**

plagar (Del bajo lat. *plagare*.) Cubrir a una persona o una cosa con algo nocivo o no conveniente: *el perro se plagó de pulgas.* **v.tr/prnl.** **conj: pagar**

plagiar (Del lat. *plagiare*.)
1 Imitar o copiar una obra ajena presentándola como propia: *el cantante plagió una canción antigua.* **v.tr.**
2 Tener a un hombre libre como esclavo o utilizar un siervo ajeno como propio, entre los antiguos romanos. **HISTORIA**
3 Retener de forma indebida a una persona, o apropiarse de sus propiedades. **Amér.**

plagiario, a (Del lat. *plagiarius*.) Que plagia o copia. **adj/s.**

plagio (Del lat. *plagium* < gr. *plagios*, oblicuo, engañoso.)
1 Acción y resultado de copiar, o de imitar de modo fraudulento, una obra ajena, en especial literaria o artística: *le han demandado por plagio.* **s.m.** **= imitación**
2 Apropiación de esclavos ajenos o compra de hombres libres para esclavizarlos, entre los antiguos romanos. **HISTORIA**

3 Acción de plagiar o retener a una persona o apropiarse de sus propiedades. *Amér.*

plagio- Componente de palabra procedente del gr. *plagios*, que significa oblicuo o engañoso: *plagióstomos.* *pref.* = plagi-

plagioclasa Denominación dada a los feldespatos que contienen calcio y sodio. *s.f.* MINERALOGÍA

plagióstomo Perteneciente a un orden de peces marinos cartilagíneos de cuerpo fusiforme o deprimido, piel áspera y boca semicircular con numerosos dientes triangulares de bordes cortantes. *adj./s.m.* ZOOLOGÍA = elasmobranquio

plagiotropismo Acción de la gravedad por la que ciertos órganos de las plantas toman una dirección horizontal. *s.m.* BOTÁNICA

plagiotropo, a Se aplica al órgano vegetal que tiene plagiotropismo. *adj.* BOTÁNICA

plaguero, a Persona que dirige un equipo en los tratamientos contra las plagas del campo. *s.* AGRICULTURA

plaguicida (Del lat. *plaga* + *caedere*, matar.) Se refiere a la sustancia que combate las plagas. *adj./s.m.* = pesticida

plan (Del fr. *plant*.)
1 Conjunto de actividades con el que se lleva o se pretende llevar a cabo alguna acción: *siguieron un minucioso plan para hacerse con el poder.* *s.m.* = programa
2 Idea o pensamiento de hacer alguna cosa: *tienen el plan de comprar un coche nuevo.* = propósito, proyecto
3 Diversión o modo de pasar el tiempo: *es un plan aburridísimo.* coloquial
4 Talante expresado externamente: *está en un plan horrible.* coloquial = carácter
5 Persona con quien se mantienen relaciones amorosas informales durante un tiempo. coloquial
6 Representación gráfica de la superficie de un terreno, de un edificio o de una máquina. = plano
7 Altura de un lugar con relación al nivel del mar. = nivel
8 Lista extensa de nombres, partidas u otras cosas. = rol
9 Conjunto de trabajos realizados en una mina a una misma profundidad. MINERÍA
10 Parte inferior y más ancha del fondo de un buque en la bodega. NÁUTICA
11 plan de estudios: Conjunto de materias educativas que deben cursarse en un determinado ciclo de estudios.
12 plan de pensiones: Producto bancario que consiste en ingresar dinero periódicamente en una cuenta de ahorro con la finalidad de disfrutar del capital acumulado en el período de jubilación del ahorrador. ECONOMÍA
13 a todo plan: Sin reparar en gastos, a lo grande: *se ha montado su casa a todo plan.* loc.adv. coloquial
14 en plan de: Con la intención de: *vino en plan de armar bronca.* loc.conj. coloquial
15 no ser plan: No ser conveniente, útil o agradable una cosa: *no es plan tener que salir en medio de la celebración.* coloquial
16 tener un plan: Tener una cita, tener una relación amorosa con alguien. coloquial

plana
I (Derivado de *llano*.)
1 Llana o herramienta compuesta de una plancha de hierro o acero y un asa que utiliza el albañil. *s.f.* CONSTRUCCIÓN = llanura
2 Porción extensa de terreno llano.
3 Martillo pesado de boca ancha que se utiliza para aplanar el hierro. METALURGIA
4 Instrumento cortante con dos mangos, usado por los carpinteros. CARPINTERÍA
II (Del lat. *planus*.)
1 Cada una de las dos caras de una hoja de papel. *s.f.*
2 Escrito que hacen los niños en una cara del papel donde aprenden a escribir.
3 Conjunto de líneas ya ajustadas de que se compone cada página. ARTES GRÁFICAS
4 Página impresa en un periódico o revista: *un artículo en primera plana.* ARTES GRÁFICAS
5 plana mayor: 1. Conjunto de los jefes de un batallón o un regimiento y otras personas, que no están adscritos a una determinada compañía. **2.** Conjunto de jefes, oficiales y marinería de una escuadra que no forman parte de la dotación de ningún barco y están afectos al de la insignia. **3.** Conjunto de las personas de más autoridad en un lugar, empresa o institución: *la plana mayor de la empresa asistió a la reunión.* MILITAR NÁUTICA
6 a plana y renglón: 1. Con la misma distribución en planas y renglones que el texto original. **2.** Totalmente ajustado a lo que se necesita, sin sobrar ni faltar. loc.adv.
7 a toda plana: Ocupando una plana entera de un periódico. loc.adv. ARTES GRÁFICAS
8 cerrar la plana: Acabar y finalizar una cosa. coloquial
9 corregir o enmendar la plana a una persona: 1. Marcar defectos en lo que se ha hecho. **2.** Hacer una cosa mejor que la persona de que se trata: *no es normal que el discípulo enmiende la plana al maestro.*

planada Llanada, terreno llano y extenso. *s.f./GEOGRAFÍA*

planador, a
1 Platero que, con el martillo, aplana las piezas lisas sobre el tas o yunque. *s.m.*

2 Persona que aplana y pule planchas para grabar.

plancha (Del fr. *planche* < lat. *palanga* < gr. *phalanx*, rodillo.)
1 Lámina de metal delgada y lisa. *s.f./= chapa*
2 Máquina para planchar mediante el calor generado por energía eléctrica: *se le cayó la plancha y ya no plancha bien.*
3 Operación de planchar la ropa: *lo que menos le gusta de las tareas domésticas es la plancha.* = planchado
4 Conjunto de ropa planchada o para planchar: *no sé si podré ir porque tengo mucha plancha.*
5 Equivocación, torpeza o indiscreción que provoca una situación ridícula o violenta para quien la comete. = pifia, resbalón
6 Puente provisional entre una embarcación y el lugar que sirve de desembarcadero. NÁUTICA
7 Ejercicio gimnástico que consiste en mantener el cuerpo horizontal, apoyado sólo en las manos, o, en natación, en mantener el cuerpo inmóvil, flotando de espaldas. DEPORTES
8 Dintel de madera que cierra un vano. CARPINTERÍA ARTES GRÁFICAS
9 Reproducción estereotípica o galvanoplástica preparada para la impresión.
10 Tablón con travesaños, usado como puente entre la tierra y una embarcación o entre dos embarcaciones. NÁUTICA
11 Entrada con la planta del pie que un jugador hace al contrario en el fútbol. DEPORTES = plantillazo
12 Placa de hierro o de otro material parecido, que se usa para asar o tostar determinados alimentos. COCINA
13 plancha de agua: Tablado flotante para reparar barcos que están en el agua. NÁUTICA
14 plancha de blindaje: Pieza de metal, de gran dureza y resistencia, que protege puertas, vehículos, barcos de guerra y otros artefactos militares de los proyectiles. TECNOLOGÍA
15 plancha de viento: Andamio que se cuelga en la parte exterior de un barco para realizar desde él diferentes trabajos de reparación. NÁUTICA
16 a la plancha: Se refiere a la manera de preparar ciertos alimentos, asándolos o tostándolos sobre una placa caliente: *tomaron atún a la plancha; la carne la prepara siempre a la plancha.* loc.adj./adv. COCINA
17 hacer o tirarse una plancha: Incurrir en error o torpeza, poniéndose en ridículo. coloquial
18 lanzarse, caerse o tirarse en plancha: Golpear el cuerpo de una persona de barriga y en plano sobre una superficie: *se lanzó a la piscina en plancha.*

planchada
1 Plataforma que desde una costa se adentra en el agua y sirve de puente en los embarcos y desembarcos. *s.f.* NÁUTICA
2 Plataforma que se colocaba en las cubiertas muy curvadas, para servir de base a la artillería de los barcos. NÁUTICA

planchador, a Persona que plancha o que tiene como oficio planchar. *s.*

planchar
1 Quitar las arrugas de una prenda con una plancha u otro aparato: *planchó cuatro camisas y tres faldas.* *v.tr.* tb: aplanchar
2 Destruir por completo: *las bombas plancharon la ciudad.*
3 No bailar una mujer ninguna pieza en una reunión, porque nadie la invite a ello. *v.intr./Argent., Chile, Urug.*

planchazo Error o indiscreción que comete una persona con otra. *s.m.* = plancha

planchear Cubrir una cosa con planchas de metal. *v.tr./= chapear*

plancheta Tablero que sirve para el levantamiento de planos. *s.f.*

planchista Persona que por oficio hace trabajos con las planchas metálicas. *s.m.f.* METALURGIA

planchistería
1 Industria que se dedica al trabajo de las planchas metálicas. *s.f.* METALURGIA
2 Taller donde reparan las carrocerías de los automóviles.

planchita Pez teleósteo marino de color pardo verdoso con manchas bien definidas y alineadas. (*Crenilabrus.*) *s.f.* ZOOLOGÍA

planco (Del lat. *plancus* < gr. *plaggos*.) Planga, ave rapaz de color blanco negruzco. *s.m.* ZOOLOGÍA

plancton
1 Conjunto de plantas y animales diminutos que flotan en el mar o las aguas dulces. *s.m.* BIOLOGÍA
2 plancton aéreo: Conjunto de seres vivos de pequeño tamaño que flotan en la atmósfera. BIOLOGÍA

planctónico, a Del plancton. *adj./BIOLOGÍA*

planeador Avión sin motor que vuela utilizando las corrientes térmicas. *s.m.* AERONÁUTICA

planeamiento Acción y resultado de planear o trazar un plan. *s.m.*

planear
1 Hacer el plan de una obra. — v.tr./= plantear
2 Hacer planes o proyectos: *planean irse de vacaciones* — = idear
al Caribe.
3 Mantenerse un avión en el aire o descender lenta- — v.intr.
mente con el motor parado. — AERONÁUTICA
4 Volar las aves con las alas extendidas sin moverlas.

planeo
1 Vuelo o descenso de un avión sin la acción del mo- — s.m.
tor. — AERONÁUTICA
2 Acción de volar las aves sin mover las alas.

planeta (Del lat. *planeta* < gr. *planetes*, vagabundo.)
1 Cuerpo celeste que gira alrededor de una estrella y — s.m.
que recibe la luz de ésta, en especial los que giran al- — ASTRONOMÍA
rededor del Sol.
2 Astro que gira alrededor de un cuerpo celeste que — ASTRONOMÍA
no sea una estrella. — = satélite
3 Casulla que por la parte de delante no pasa de la — RELIGIÓN
cintura.
4 **planeta exterior o superior:** El que está más aleja- — ASTRONOMÍA
do del Sol que la Tierra.
5 **planeta interior o inferior:** El que está más cerca — ASTRONOMÍA
del Sol que la Tierra.
6 **planeta menor:** Cada uno de los asteroides que gi- — ASTRONOMÍA
ran alrededor del Sol entre las órbitas de Marte y Jú- — = planetoide
piter.
7 **planeta secundario:** El que gira alrededor de otro — ASTRONOMÍA
que lo atrae por la fuerza de gravedad. — = satélite

planetario, a
1 De los planetas. — adj./ASTRONOMÍA
2 Que afecta a toda la tierra: *se puede producir una ca-*
tástrofe planetaria.
3 Aparato que reproduce el sistema solar con los mo- — s.m.
vimientos de los planetas. — ASTRONOMÍA
4 Edificio en que está instalado este aparato: *pasaron*
una tarde inolvidable en el planetario.
5 Mecanismo del diferencial del automóvil. — MECÁNICA

planetícola Habitante imaginario de un planeta que — s.m.f.
no sea la Tierra.

planetoide (Del gr. *planetes*, vagabundo + *eidos*, for- — s.m.
ma.) Asteroide, pequeño cuerpo celeste. — ASTRONOMÍA

planga Ave rapaz de color blanco negruzco, que vive — s.f./ZOOLOGÍA
en los montes con arbolado. — tb: clanga

plani- Componente de palabra procedente del lat. — pref.
planus, que significa plano: *planisferio.*

planicie (Del lat. *planities*.) Llanura extensa. — s.f./GEOGRAFÍA

planificación
1 Acción y resultado de elaborar un plan para obte- — s.f.
ner un objetivo determinado.
2 **planificación familiar:** Estudio y plan de aplicación
de los medios para fijar el número de hijos de una
pareja y la cadencia de los embarazos.

planificador, a
1 De la planificación. — adj.
2 Persona encargada de la planificación. — s.

planificar
1 Hacer el plano de una obra: *el arquitecto está planifi-* — v.tr./conj: sacar
cando las obras de su casa. — = planear
2 Hacer planes o proyectos: *se pasa el día planificando* — = proyectar
lo que tiene que hacer al día siguiente.
3 Someter una actividad o un proceso a un plan estudiado y detallado.

planígrafo (Del lat. *planus*, plano + gr. *grapho*, escri- — s.m.
bir.) Instrumento que sirve para copiar planos a una — TECNOLOGÍA
escala distinta del original.

planilla
1 Liquidación, estado de cuentas. — s.f./Méx.
2 Cada uno de los grupos que contienden en un pro- — Méx.
ceso electoral. — POLÍTICA
3 Boleta para ser llenada con cupones. — Méx.

planimetría
1 Parte de la topografía que estudia la representación — s.f.
de porciones de la superficie terrestre en un plano. — GEOGRAFÍA
2 Técnica para medir las superficies planas. — GEOMETRÍA

planímetro (Del lat. *planus*, plano + gr. *metron*, medi- — s.m.
da.) Instrumento para medir áreas de figuras planas. — GEOMETRÍA

planisferio (Del lat. *planus*, plano + gr. *sphaira*, esfe- — s.m.
ra.) Mapa en que se representa la esfera terrestre o la — GEOGRAFÍA
celeste.

planning (Voz inglesa.)
1 Planificación previa de la producción para conse- — s.m.
guir el coste mínimo óptimo combinando el trabajo y — ECONOMÍA
los medios de producción.
2 Página de la agenda donde se anota una planificación de trabajo.

plano (Del fr. *plant* < lat. *planta*, parte inferior del
pie.)
1 Representación gráfica de la superficie de un terre- — s.m.
no, de un edificio o de una máquina: *dibujar un plano;*
trazar un plano.
2 Punto de vista desde el que se puede considerar
una cosa.

3 Cualquier superficie imaginaria formada por puntos — = nivel
u objetos situados todos a la misma altura: *están en el*
mismo plano.
4 Posición social de una persona: *son de un plano su-* — = nivel
perior al nuestro.
5 Cada situación de los objetos de un cuadro, foto- — ARTE,
grafía u otra cosa que se representan situados a una — FOTOGRAFÍA
distancia semejante a la de la realidad.
6 Escena de una película tomada sin cambio de esce- — AUDIOVISUALES,
nario, que constituye la unidad básica cinematográfi- — CINE
ca y televisiva.
7 Superficie ilimitada que contiene la totalidad de la — MATEMÁTICAS
recta que une dos de sus puntos.
8 **plano aéreo:** Aquel que se toma desde un helicóp- — CINE
tero o una avioneta.
9 **plano corto:** Primer plano, plano de un detalle. — CINE
10 **plano de cobertura:** El que se rueda para ser uti- — CINE
lizado en caso de que cualquiera de los otros planos
rodados no se pueda utilizar.
11 **plano de enlace o de recurso:** Aquel que se in- — CINE
tercala en una escena para disimular un salto en el
montaje o para solucionar cualquier otro problema.
12 **plano de grúa:** Aquel en el cual se efectúa un — CINE
movimiento de cámara característico de los que se
realizan en una grúa.
13 **plano de nivel:** Aquel que es paralelo al nivel del
mar, desde el que se cuentan las alturas del terreno.
14 **plano de simetría:** El que corta un cuerpo de tal — GEOMETRÍA
modo que una de las partes parece la imagen refleja-
da de la otra.
15 **plano estático o fijo:** Aquel en el cual la cámara — CINE
no se mueve en ningún momento.
16 **plano general o largo:** El que graba la totalidad — CINE
de los sujetos u objetos que presenta, así como su
entorno, de modo que se ofrece una sensación de situación o información general.
17 **plano geométrico:** El horizontal situado en la — ARTE
parte inferior de un cuadro, sobre el que se proyectan
los objetos para dibujar su perspectiva.
18 **plano horizontal:** Aquel que pasa por la vista y — GEOMETRÍA
es perpendicular al plano óptico y, por tanto, al horizonte.
19 **plano inclinado:** Superficie inclinada que se utiliza para elevar pesos con menos esfuerzo.
20 **plano medio:** El que corta la figura humana en al- — CINE
gún lugar por debajo de la cintura y por encima de
las rodillas, en el cual el cuerpo es el centro de atención, aunque se sigue teniendo información del entorno.
21 **plano óptico:** Superficie del cuadro donde deben — ARTE
representarse los objetos y que se considera siempre
como vertical.
22 **planos paralelos:** Los que a una línea trazada en — GEOMETRÍA
un plano, se le puede trazar una paralela en el otro.
23 **plano vertical:** El que, pasando por la vista, es — GEOMETRÍA
perpendicular a la vez al plano horizontal y al plano
óptico.
24 **primer plano:** 1. Plano cinematográfico en el que — CINE, FOTOGRAFÍA
sólo se encuadra un detalle. 2. Imagen que muestra
sólo el rostro de una persona.
25 **levantar un plano:** Hacer el plano topográfico de
un terreno.

plano, a (Del lat. *planus*, llano.)
1 Que es llano o liso, sin relieves. — adj.
2 Del plano geométrico. — GEOMETRÍA
3 **de plano:** 1. Con la parte plana: *la escalera chocó de* — loc.adv.
plano con la puerta. 2. De lleno, en perpendicular. 3.
Con claridad o por completo: *acertó de plano; se negó*
de plano a hacerlo.

planta (Del lat. *planta*.)
1 Parte inferior del pie, con que se pisa y sobre la — s.f.
que se sostiene el cuerpo. — ANATOMÍA
2 Cualquier vegetal u ser orgánico que crece y vive — BOTÁNICA
sin mudar de lugar.
3 División de un edificio comprendida entre un suelo — = altura,
y un techo: *un edificio de seis plantas; vive en la segunda* — piso
planta.
4 Aspecto de una persona: *¡vaya planta tiene ese chico!;* — = tipo, facha,
hoy tienes muy buena planta, ¿qué te has hecho? — presencia
5 Vástago tierno de un árbol, arbusto o hierba, plan- — BOTÁNICA
tada o a punto de plantar o trasplantar. — = esqueje, pimpollo
6 Lugar plantado de árboles u otros vegetales. — = plantío
7 Instalación industrial. — INDUSTRIA
8 Proyección de un punto sobre un plano horizontal. — GEOMETRÍA
9 Distribución de servicios y empleados en un esta- — = plantilla
blecimiento de cualquier tipo.
10 Dibujo técnico que representa la sección horizon- — ARQUITECTURA
tal de una construcción.
11 Proyecto que asegura el buen resultado de un ne- — = planning
gocio o pretensión.
12 Conjunto de excavaciones subterráneas situadas a — MINERÍA
una misma profundidad. — = piso
13 Figura que forman sobre el terreno los cimientos — ARQUITECTURA
de un edificio o la sección horizontal de las paredes
en cada piso.

14 Diseño de esta figura. — ARQUITECTURA

15 Cada una de las posturas que han de adoptar los pies en la danza o la esgrima. — DEPORTES

16 planta adventicia: Vegetal que se desarrolla de forma ocasional y cuya existencia no es constante. — BOTÁNICA

17 planta baja: Altura inferior de un edificio. — ARQUITECTURA

18 planta celular: La que no tiene elementos conductores, o los tiene poco desarrollados. — BOTÁNICA = talófito

19 planta inferior: Se usa para designar a los vegetales del antiguo grupo de las criptógamas que no producen flores ni semillas. — BOTÁNICA

20 planta superior: Fanerógama, vegetal con los órganos reproductores visibles. — BOTÁNICA

21 planta tolerante: Se aplica a aquellas que pueden ser portadoras de un virus, pero resistentes al mismo. — BOTÁNICA

22 planta vascular: Vegetal provisto de vasos o elementos conductores. — BOTÁNICA

23 de nueva planta: Desde los cimientos, de nuevo. — loc.adv. CONSTRUCCIÓN

24 echar plantas: Amenazar con presunción. — coloquial

25 fijar una persona las plantas: Estar seguro de lo que piensa. — coloquial

plantación
1 Acción y resultado de plantar esquejes, arbustos o árboles. — s.f./BOTÁNICA, AGRICULTURA
2 Conjunto de plantas de la misma clase plantadas en un terreno. — AGRICULTURA
3 Explotación agrícola extensiva de algunas plantas de gran valor económico. — AGRICULTURA

plantado, a
1 Indica no acudir a una cita en la expresión **dejar plantado.** — loc.v.
2 Se usa para indicar abandonar de modo brusco a una persona en la expresión **dejar plantado.** — loc.v.
3 En la expresión **dejar plantado,** indica romper con brusquedad un compromiso. — loc.v.
4 Indica que tiene buena presencia en la expresión **bien plantado.** — loc.adj.

plantador, a
1 Que planta. — adj/s.
2 Instrumento pequeño de hierro que usan los hortelanos para plantar. — s.m. AGRICULTURA

plantagináceo, a Perteneciente a una familia de plantas angiospermas dicotiledóneas, herbáceas, de hojas estrechas, flores solitarias o en espiga, y con fruto en caja. — adj/s.f. BOTÁNICA

plantaina Llantén, planta plantaginácea. — s.f./BOTÁNICA

plantaje Conjunto de plantas. — s.m.

plantar
I (Derivado de *planta*.) De la planta del pie. — adj.
II (Del lat. *plantare*.)
1 Meter una planta en tierra para que arraigue: *ha plantado una magnolia en el jardín.* — v.tr.
2 Poblar de plantas un terreno: *han plantado de alcornoques el lugar.*
3 Poner una cosa de manera parcial en un lugar para que se sostenga verticalmente: *ya han plantado los postes en el campo de fútbol.* — = clavar
4 Poner una cosa en el lugar en que ha de ser utilizada: *plantaron las tiendas de campaña en esa ladera.* — coloquial = instalar
5 Establecer una institución o un sistema: *esos monjes plantaron la nueva religión.* — = introducir, implantar
6 Dar un golpe a una persona: *le plantó un puñetazo en la mandíbula.* — coloquial = asestar
7 Poner a una persona en un lugar contra su voluntad: *plantó a su abuela en un asilo.* — coloquial = colocar
8 Dejar de modo brusco a una persona: *plantó a su novio dos días antes de la boda.* — coloquial = abandonar
9 Decir una cosa que implica descaro o insolencia a una persona: *le plantó insultos y gritos, pero no llegó a pegarle.* — coloquial = largar, soltar
10 Quedarse una persona quieta y erguida con los pies juntos: *el soldado se plantó ante el coronel.* — v.prnl. = cuadrarse
11 Llegar a un lugar en un corto espacio de tiempo: *se plantó en Barcelona en veinte minutos.* — coloquial = ponerse
12 Quedarse un animal parado negándose a seguir adelante: *el burro se plantó después de andar durante cuatro horas.* — coloquial = pararse
13 No querer una persona hacer una cosa: *le pedí que me ayudara, pero él se plantó.* — coloquial = negarse
14 Quedarse un jugador de naipes con las cartas ya recibidas y sin pedir más: *ya tengo un siete y me planto.* — JUEGOS ≠ ir
15 plantar cara: Enfrentarse a una persona, colocándose frente a ella con ánimo agresivo e intimidatorio: *le plantó cara al portero que no le dejaba entrar en la discoteca.* — coloquial

plantario Lugar donde se siembran las plantas que después se han de plantar. — s.m. = semillero

plante
1 Protesta colectiva que consiste en negarse a hacer determinado trabajo. — s.m.
2 dar plante a: Faltar a una cita: *su novio le dio plante.*

planteamiento Exposición de un asunto. — s.m./= plan

plantear
1 Hacer el plan de una cosa. — v.tr./= planear
2 Empezar una persona una discusión, una lucha o una causa en la que se obliga a intervenir a otra: *yo planteé el debate.* — = sugerir
3 Exponer un asunto o un problema a una persona: *le plantearon el problema del paro.*
4 Establecer un sistema, una institución o una reforma: *este ministro planteó la reforma fiscal.* — = formular
5 Exponer un problema matemático para resolverlo: *planteó una ecuación de segundo grado.* — MATEMÁTICAS

plantel (Del cat. *planter*.)
1 Criadero de plantas. — s.m./= vivero
2 Lugar donde se forman personas con determinadas cualidades o habilidades en algún ramo del saber o el trabajo.
3 Conjunto de animales que pertenecen a un establecimiento ganadero. — Argent.
4 Personal de una institución. — Argent.
5 Conjunto de los integrantes de un equipo deportivo. — Argent. DEPORTES

planteo
1 Planteamiento o exposición de un asunto. — s.m.
2 Protesta colectiva o individual. — Argent.

plantificación
1 Acción y resultado de plantificar a una persona, plantar o golpear. — s.f.
2 Implantación de una institución, sistema o reforma. — = introducción

plantificar (Del lat. *planta* + *facere*, hacer.)
1 Establecer o hacer vigente una institución o un sistema. — v.tr./conj: sacar = implantar
2 Dar un golpe a una persona: *plantificó una bofetada al hombre que quería robarle.* — coloquial = propinar
3 Poner en un lugar: *plantificó su coche en medio de la acera.* — coloquial = colocar
4 Llegar pronto a un lugar: *en cinco minutos se plantificó en mi casa.* — v.prnl. coloquial

plantígrado, a (Del lat. *planta* + *gradi*, caminar.) Se aplica al mamífero que apoya toda la planta de los pies al andar. — adj/s. ZOOLOGÍA

plantilla
1 Suela sobre la que los zapateros arman el calzado. — s.f./= horma
2 Pieza de tela, corcho u otra materia, que se coloca en el interior del zapato: *suele llevar plantillas para tener los pies más calientes.*
3 Relación de los empleados de una oficina o establecimiento y organización de los mismos: *han aumentado la plantilla de la empresa.* — = personal
4 Pieza de tela con la que se remendaban los calcetines o medias rotas.
5 Pieza de madera donde se fijaban las demás de la llave del arcabuz u otras armas de fuego.
6 Pieza de hierro terminada en un arco de círculo usada como patrón para dar la curvatura adecuada a las llantas de las ruedas de un carro.
7 Plancha recortada de igual forma que una pieza determinada y que se utiliza para cortar múltiples ejemplares de esa pieza. — = patrón
8 Arrogancia o fanfarronería. — = chulería
9 Plano reducido o porción del plano total de una obra o de una construcción. — ARQUITECTURA, CONSTRUCCIÓN
10 Figura o tema celeste. — OCULTISMO
11 Dibujo de tamaño natural que en el suelo o en una pared se hace del todo o parte de una obra para hacer el despiezo y señalar los cortes. — = montea
12 plantilla ortopédica: La que sirve para corregir determinados defectos en los pies. — MEDICINA
13 de o en plantilla: Se refiere al empleado fijo que forma parte de la plantilla de un cuerpo o establecimiento: *su hermano no está en plantilla; es un trabajador de plantilla.* — loc.adj/adv.

plantillar Poner plantillas a un calzado. — v.tr.

plantillazo Colocación antirreglamentaria, en el fútbol, de la planta del pie delante de la de otro jugador en el momento en que éste va a golpear el balón: *el árbitro le sacó tarjeta amarilla por hacerle un plantillazo a un contrario.* — s.m. DEPORTES = plancha

plantillero, a
1 Que se comporta con arrogancia y fanfarronería. — adj/= plantista
2 Que hace desplantes.

plantío, a
1 Se aplica al terreno que está o puede ser plantado. — adj/AGRICULTURA
2 Plantación, acción de plantar. — s.m.
3 Lugar plantado de vegetales. — AGRICULTURA
4 Conjunto de vegetales, recientemente plantados. — AGRICULTURA

plantista
1 Persona encargada de plantar árboles y otras plantas en los jardines. — s.m.f.
2 Persona que echa fieras o bravatas. — = plantillero

planto (Del lat. *planctus*, lamentación.)

1 Subgénero literario de la poesía cortesana medieval que tiene como tema el dolor por la muerte de una persona. **s.m.** POESÍA

2 Composición elegíaca. POESÍA

plantón
1 Árbol nuevo que debe ser trasplantado. **s.m./BOTÁNICA**
2 Rama de árbol plantada para que eche raíces. **BOTÁNICA**
3 Persona que vigila la entrada de un establecimiento o edificio. **s.m.f./coloquial** = portero
4 Soldado a quien, como castigo, se obliga a estar de guardia más tiempo del debido. **MILITAR**
5 Soldado destinado a vigilar una dependencia militar. **MILITAR**
6 Grupo de personas que se congrega durante un cierto tiempo en un lugar público para protestar o para exigir que se cumplan determinadas demandas. **s.m.** **Méx.**
7 **dar plantón o un plantón**: Retrasarse en acudir a donde espera una persona, o no acudir: *tuvo que explicarle por qué le dio plantón.*
8 **estar una persona de o en plantón**: Estar parado y fijo en un lugar mucho tiempo. coloquial

plántula Embrión ya desarrollado como consecuencia de la germinación. **s.f.** BOTÁNICA

planudo, a Se aplica al buque que tiene un fondo adecuado para navegar en aguas poco profundas. **adj.** NÁUTICA

plánula Larva de los cnidarios hidrozoos, pequeña, plana y circular, rodeada de cilios y capaz de desplazarse. **s.f.** ZOOLOGÍA

plañidera Mujer a la que se pagaba para asistir a los funerales y llorar al difunto. **s.f.**

plañidero, a
1 Que gime o se queja con frecuencia y sin motivo aparente: *es una persona excesivamente plañidera.* **adj.** = quejica
2 Que es lloroso y lastimero: *daba mucha pena con ese gesto plañidero.*

plañido Lamento acompañado de llanto. **s.m./tb**: plañimiento

plañir (Del lat. *plangere*, lamentarse.)
1 Llorar con sollozos y de modo ostentoso: *todo el pueblo plañe por la muerte del príncipe; todo el pueblo se plañe.* **v.intr/prnl.** conj: mullir
2 Quejarse de una cosa con amargura: *se plañe de su mala suerte con frecuencia.* **v.prnl./+ de, por** = lamentarse

plaqué (Del fr. *plaqué.*) Chapa muy delgada de oro o plata con que se recubre la superficie de un objeto de metal de menos valor. **s.m.**

plaqueta (Del fr. *plaquette.*) Elemento, en forma circular u ovalada, de la sangre de los vertebrados, que actúa en su coagulación. **s.f.** ANATOMÍA = trombocito

-plasia Componente de palabra procedente del gr. *plasis*, que significa formar, modelar: *leucoplasia; mieloplasia.* **suf.** tb: -plastia

plasma (Del gr. *plasma*, materia modelable.)
1 Parte líquida de la sangre que contiene en suspensión las células y sustancias sólidas que la componen. **s.m.** ANATOMÍA
2 Líquido que queda al eliminar de la sangre su parte sólida. **ANATOMÍA**
3 Sustancia orgánica fundamental de la célula y los tejidos. **BIOLOGÍA**
4 Materia gaseosa fuertemente ionizada, con el mismo número de cargas libres positivas y negativas. **FÍSICA**

-plasma Componente de palabra procedente del gr. *plasma*, que significa formación: *protoplasma.* **pref/suf.** tb: plasm-, plasmo-

plasmación Acción y resultado de plasmar o plasmarse. **s.f.**

plasmador, a Que plasma o crea, en especial referido a Dios. **adj/s.m.** = creador

plasmar (Del lat. *plasmare.*)
1 Dar forma concreta o sensible a un proyecto, una idea o un sentimiento: *el escritor plasmó su dolor en esa obra.* **v.tr.** = definir
2 Manifestarse una cosa en otra: *las nuevas ideas se plasmaron en una serie de leyes.* **v.tr/prnl.** = reflejar
3 Formar o modelar una cosa. **v.tr./= moldear**

plasmático, a Del plasma. **adj./BIOLOGÍA**

plasmocito (Del gr. *plasma*, formación + *kytos*, célula.) Célula plasmática, por ejemplo los leucocitos. **s.m.** ANATOMÍA

plasmodesmo Filamento citoplasmático que actúa de puente entre los protoplasmas de dos células vecinas. **s.m.** BIOLOGÍA

plasmodio
1 Masa citoplásmica que contiene varios núcleos. **s.m./BIOLOGÍA**
2 Protozoo parásito, que en el hombre provoca la malaria. (*Plasmodium.*) **BIOLOGÍA**

plasmólisis (Del gr. *plasma*, formación + *lysis*, disolución.) Proceso de contracción que sufre una célula debido a la pérdida de agua por ósmosis. **s.f.** pl: plasmólisis BIOLOGÍA

plasta
1 Pasta o masa blanda y moldeable. **s.f.**
2 Excremento del ganado.
3 Persona pesada, aburrida y fastidiosa: *¡ay qué plasta eres!, déjame en paz.* **adj/s.m.f./coloquial** = pelma, plomazo
4 Cosa imperfecta, mal hecha. **s.f./= pegote**

plaste Masa de yeso para igualar una superficie que se va a pintar. **s.m.** CONSTRUCCIÓN

plastecer Cubrir una superficie con plaste antes de pintarla: *no puede pintar la pared antes de plastecerla.* **v.tr./conj**: carecer CONSTRUCCIÓN

plastecido Cubrimiento de agujeros y hendiduras hecho con plaste. **s.m.** CONSTRUCCIÓN

plastia (Del gr. *plasis*, modelar.) Operación quirúrgica para restablecer, mejorar o embellecer alguna parte del cuerpo: *está decidido a hacerse una plastia para mejorar el aspecto de su nariz.* **s.f.** MEDICINA = cirugía estética

plástica
1 Arte y técnica de plasmar o modelar cosas de barro, yeso u otro material. **s.f.** ARTE
2 Calidad de las cosas de expresar y comunicar gráficamente ideas o sensaciones: *esa fotografía tiene una plástica impactante.*

plasticidad
1 Capacidad que tienen algunos materiales sólidos para cambiar de forma sin romperse: *la madera tiene muy poca plasticidad.* **s.f.** = flexibilidad
2 Propiedad de algunos líquidos orgánicos que alimentan los tejidos propiciando su crecimiento: *la sangre tiene plasticidad.* **BIOLOGÍA**
3 Expresividad y viveza de las manifestaciones artísticas, en especial en las descripciones e imágenes literarias: *me impresionó la plasticidad de las metáforas de un escritor tan joven.* **ARTE, LITERATURA**

plástico, a (Del gr. *plastikos*, relativo a modelar.)
1 Se aplica al material sintético que es moldeable con facilidad y se compone de celulosa, proteínas y resinas entre otras sustancias: *el plástico le gusta más que el papel para forrar libros.* **adj/s.m.** QUÍMICA
2 De la plástica: *artes plásticas; fuerza plástica.* **adj./ARTE**
3 Que puede ser moldeado: *la arcilla es una sustancia plástica.* = blando, dúctil
4 Que puede dar forma: *cirugía plástica.*
5 Se aplica a la obra o a la imagen que tiene mucha viveza o fuerza expresiva: *espectáculo plástico; estilo plástico.* = expresivo
6 Lámina circular de plástico u otro material sobre cuya superficie se han grabado, en microsurcos espirales, las vibraciones de uno o varios sonidos, para ser reproducidos por un tocadiscos. **s.m.** = disco
7 **de plástico**: Que resulta artificial: *mujer de plástico.* **loc.adj.**

plasticultura Utilización de materiales plásticos en la agricultura. **s.f.** AGRICULTURA

plastificación Operación que consiste en revestir con plástico un papel o cualquier otro material o superficie. **s.f.**

plastificado Acción y resultado de plastificar. **s.m.**

plastificante Se refiere a la sustancia que se añade a los plásticos para mejorar las propiedades de éstos. **adj/s.m.** QUÍMICA

plastificar Cubrir papeles, documentos o telas con una lámina de material plástico: *tengo que plastificar la tarjeta de la seguridad social.* **v.tr.** conj: sacar

plasto Orgánulo de vida propia, que se encuentra en la célula vegetal. **s.m./BIOLOGÍA** = leucocito

plastrón
1 Corbata muy ancha que cubría el centro de la pechera de la camisa y se usaba en el siglo XIX. **s.m.** = chorrera
2 Pechera de la camisa, en especial la sobrepuesta.

plasturgia Ciencia y técnica de la transformación de plásticos con vistas a su aplicación. **s.f.** INDUSTRIA

plata (Del lat. *platus, -a*, lámina metálica.)
1 Metal precioso, blanco, brillante, dúctil y maleable, usado en orfebrería y joyería. **s.f.** QUÍMICA
2 Moneda o medalla hecha de este metal.
3 Dinero o riqueza en general. = pasta
4 Alhaja que mantiene su valor aunque pierda la forma o el adorno.
5 Se aplica al color blanco plateado: *se ha comprado un bolso de color plata.* **adj/s.f.**
6 Conjunto de los objetos de plata de una casa: *se ha pasado tres horas limpiando la plata.*
7 **plata agria**: Mineral de color gris y brillo metálico, compuesto de plata, azufre y antimonio. **MINERALOGÍA**
8 **plata alemana**: Aleación de plata, cobre y cinc usada, por ejemplo, para fabricar cubiertos de mesa. **METALURGIA** = alpaca
9 **plata baja**: La de poca riqueza en este metal. **METALURGIA**
10 **plata bruneta**: Aquella que está sin labrar. **METALURGIA**
11 **plata córnea**: Mineral amarillento y dúctil compuesto de cloro y plata. **MINERALOGÍA**
12 **plata de ley**: La que tiene la proporción de metal puro señalada por la ley. **METALURGIA**
13 **plata de piña**: Masa esponjosa de plata. **METALURGIA**
14 **plata encantada**: Obsidiana verde, algo translúcida por los bordes y cubierta la superficie de una sustancia de color blanco nacarado. **MINERALOGÍA**
15 **plata gris**: Mineral cristalino, brillante y de color gris oscuro, compuesto de plata y azufre. **MINERALOGÍA**
16 **plata labrada**: Objetos de plata de una casa o de un templo.

17 plata mejicana: La acuñada fuera de las casas de la moneda, aunque de ley igual a la legítima. `ECONOMÍA`
18 plata nativa: Aquella que es casi pura, que se encuentra en estado natural. `MINERALOGÍA`
19 plata quebrada: Moneda de plata a cuyo valor real, respecto a otra de su clase, se le añade una fracción. `ECONOMÍA`
20 plata roja: Mineral de color y brillo como los del rubí compuesto de arsénico, azufre y plata. `MINERALOGÍA`
21 plata seca: Mineral de plata que no se amalgama con el azogue. `MINERALOGÍA`
22 como una plata: Limpio y reluciente. `loc.adj.`
23 hablar en plata: Expresarse con brevedad, en resumen y con claridad: *hablando en plata, esto es una auténtica porquería.* `coloquial`
24 ser plata: Se usa para indicar que algo es útil o tiene valor.

platabanda
1 Porción de tierra acotada donde hay flores plantadas, en un jardín o patio. `s.f.` `= arriate`
2 Moldura lisa, o cualquier adorno en forma de banda que sobresale de la pared. `ARQUITECTURA, CONSTRUCCIÓN`

plataforma (Del fr. *plate-forme*.)
1 Armazón de tablas u obra de otro material que forma una superficie plana y horizontal, elevado sobre el suelo, donde se colocan personas o cosas: *construyeron una pequeña plataforma en el parque para la actuación del violinista.* `s.f.` `= entarimado, estrado, tablado`
2 Lugar llano y más elevado que los de su entorno.
3 Parte delantera y trasera, sin asientos, de los tranvías, algunos vagones de ferrocarril y autobuses: *había tanta gente en el autobús que tuvieron que ir de pie en la plataforma.*
4 Vagón descubierto y con bordes laterales de poca altura.
5 Suelo superior de las torres y otras edificaciones elevadas. `CONSTRUCCIÓN`
6 Pieza circular de madera de los molinos de arroz, que está fija a altura conveniente sobre la volandera o piedra giratoria.
7 Máquina que sirve para hacer los dientes en las ruedas dentadas de los engranajes. `TECNOLOGÍA`
8 Obra interior de una fortificación que se levanta sobre el terraplén de la muralla, entre dos baluartes. `CONSTRUCCIÓN`
9 Ideal o causa honrosa que alguien utiliza para disimular sus intereses personales y conseguir sus propósitos: *empleó la defensa de los pobres como plataforma para enriquecerse.* `= trampolín`
10 Pretexto que se invoca para hacer una cosa: *su enfermedad es una plataforma para ir al balneario.* `= excusa`
11 Organización abierta para conseguir un objetivo político mediante un programa determinado: *formó parte de la plataforma para la paz.* `POLÍTICA, SOCIOLOGÍA`
12 Programa reivindicativo que presenta un grupo político, sindical o de otra índole: *el partido no supo defender su plataforma reivindicativa.* `POLÍTICA, SOCIOLOGÍA`
13 Andén de una estación de ferrocarril. `Argent.`
14 **plataforma continental:** Suelo submarino en pendiente suave, que se prolonga desde la costa hasta una distancia de unos doscientos metros. `GEOLOGÍA`
15 **plataforma de carga:** Dispositivo móvil sobre cuyo piso se puede reunir una cierta cantidad de mercancías para ser cargadas en algún sitio. `MECÁNICA`
16 **plataforma de lanzamiento:** Construcción para lanzar cohetes, proyectiles u otros objetos. `ASTRONÁUTICA`
17 **plataforma petrolífera:** Armazón apoyado en columnas submarinas que se eleva sobre el mar y sostiene maquinaria para la búsqueda o extracción de petróleo en el subsuelo marino. `INDUSTRIA, MINERÍA`

platal Gran cantidad de plata o dinero. `s.m./= dineral`
platalea Género de aves ciconiformes, al que pertenece la espátula. `s.f.` `ZOOLOGÍA`
platanáceo, a Perteneciente a una familia de plantas angiospermas dicotiledóneas, arbóreas, de hojas alternas palmeadas y lobuladas, flores monoicas y fruto en baya o drupa, como el plátano. `adj/s.f.` `tb: platáneo` `BOTÁNICA`

platanar
1 Conjunto de plátanos que crecen en un lugar. `s.m.`
2 Lugar poblado de plátanos. `tb: platanal`
platanera Platanar, lugar poblado de plátanos. `s.f.`
platanero, a
1 Del plátano. `adj.`
2 Persona que cultiva o vende plátanos. `s.`
3 Plátano, planta musácea. `s.m./BOTÁNICA`
plátano (Del lat. *platanus* < gr. *platanos*.)
1 Planta musácea, que llega a medir hasta tres metros a pesar de ser herbácea, tallo formado por las vainas de las hojas que llegan a medir hasta 2 metros, que presenta las flores en grupos y cuyo fruto es el plátano. *(Musa.)* `BOTÁNICA` `= banano, platanero`
2 Fruta de esta planta, que es una baya alargada, algo encorvada, de corteza amarilla en la madurez, cuya pulpa es feculenta, azucarada y aromática, por lo general sin semillas. `BOTÁNICA` `= banana`

3 plátano de sombra o de los paseos: Árbol corpulento de gran longevidad, cuya corteza se desprende por placas, de fruto en nuececilla, que se utiliza como árbol de adorno. *(Platanus.)* `BOTÁNICA`
4 plátano falso: Árbol de corteza lisa, con hojas de color verde oscuro por el haz y amarillo azulado por el envés. *(Acer pseudoplatanus.)* `BOTÁNICA`
5 plátano grande: Planta musácea, de frutos grandes y que se comen cocidos, como sustituto de las patatas. `BOTÁNICA`
6 plátano guineo: Planta herbácea musácea, que produce fruto pequeño, dulce, aromático y aunque es originario de la India es muy cultivado en América Central y también en España. *(Musanana.)* `BOTÁNICA`
platea (Del fr. *platee*, masa compacta de piedra que forma los cimientos de un edificio.)
1 Patio de butacas de un teatro o de un cine. `s.f./CINE, TEATRO`
2 Palcos correspondientes a la parte baja del teatro o del cine. `CINE, TEATRO`
plateado, a
1 Que está recubierto de plata. `adj.`
2 Que tiene el color o el brillo parecidos a los de la plata: *llevaba unos zapatos plateados.*
3 Acción y resultado de platear. `s.m.`
plateador, a
1 Que platea. `adj.`
2 Persona que por oficio platea objetos o superficies. `s.`
plateadura
1 Plateado, acción y resultado de platear. `s.f.`
2 Plata usada en la operación de plateado.
platear Cubrir una cosa con plata: *le costó mucho platear la bandeja.* `v.tr.` `= argentar`
platel Especie de plato. `s.m.`
platelminto, a Perteneciente a un tipo de gusanos de cuerpo aplanado, sin aparato circulatorio ni respiratorio. `adj/s.m.` `ZOOLOGÍA`
platense Rioplatense [en todas sus acepciones]. `adj/s.m.f.`
plateñismo Expresión o construcción características de la variedad lingüística del español hablado en los países del Río de la Plata. `s.m.` `LINGÜÍSTICA`
plateresco, a Se aplica a un estilo artístico español, desarrollado en el siglo XVI, que se caracteriza por la utilización del repertorio decorativo renacentista. `adj.` `ARQUITECTURA, ARTE`
platería
1 Oficio de platero. `s.f.`
2 Arte de trabajar la plata. `= argentería`
3 Taller donde se hacen objetos de oro y plata.
4 Tienda donde se venden objetos de plata u oro. `COMERCIO`
5 Calle o barrio en que estaban los talleres de los plateros. `HISTORIA`
platero, a
1 Persona que trabaja la plata. `s./= orfebre`
2 Persona que vende objetos de plata u oro, o joyas con pedrería.
3 Mueble de madera para guardar la vajilla. `s.m.`
4 **platero de oro:** Orifice, persona que trabaja el oro.
plati- Componente de palabra procedente del gr. *platys*, que significa ancho: *platicéfalo; platelminto.* `pref.` `tb: plat-`
plática (Del bajo lat. *practice* < gr. *praktike*, ciencia práctica.)
1 Conversación, acto de hablar dos o más personas entre sí. `s.f.` `= charla`
2 Sermón o discurso moralizador.
3 a libre plática: Situación de un barco que ha pasado la cuarentena o es dispensado de ella. `loc.adv.` `NÁUTICA`
platicador, a Que platica: *no hay nada más ameno que tomar una plática con un buen platicador.* `adj/s.` `= conversador`
platicar Hablar dos o más personas entre sí: *platicar es todo un arte.* `v.intr/conj: sacar` `= conversar`
platija (Del lat. *platissa.*) Pez plano de la familia de los pleuronéctidos, de carne apreciada, común en el Atlántico, que a veces remonta los estuarios. *(Pleuronectes platessa.)* `s.f.` `ZOOLOGÍA` `tb: platuja, platusa`
platilla Tela delgada y basta. `s.f./= bocadillo`
platillero, a Persona que toca los platillos en los conjuntos de música. `s.` `MÚSICA`
platillo
1 Pieza pequeña semejante a un plato, cualquiera que sea su uso o la materia de que esté hecho. `s.m.`
2 Cada una de las dos piezas con forma de plato que tiene la balanza. `= plato`
3 Cantidad de dinero que se ponía en un platillo.
4 Extraordinario que comen los religiosos de algunas órdenes en los días festivos, además de la ración habitual. `RELIGIÓN`
5 Recipiente semejante a un plato donde se pone el dinero de las apuestas en algunos juegos de cartas. `JUEGOS`
6 Guiso hecho con carne y verduras. `COCINA`
7 Instrumento musical de percusión formado por dos discos metálicos, planos en los bordes y cóncavos en el centro, que resuenan al chocarlos de frente o rozarlos. `s.m.pl.` `MÚSICA`

8 platillo volador o volante: Supuesta nave espacial a la que suele atribuirse procedencia extraterrestre: *cree haber visto un platillo volante en el cielo.* `= ovni`

platina
I (Derivado de *plata*.) Platino, metal de color de plata. `s.f./QUÍMICA`
II (Del fr. *platine*.)
1 Parte del microscopio donde se coloca el objeto de observación. `s.f.`
2 Plato giradiscos provisto de un mecanismo de arrastre y de un brazo móvil. `AUDIOVISUALES = tocadiscos`
3 Magnetófono de casetes que se conecta a una cadena de sonido. `AUDIOVISUALES = pletina`
4 Disco plano de vidrio o de metal donde se ajusta el borde del recipiente de la máquina neumática. `MECÁNICA`
5 Mesa forrada de una plancha lisa de metal, para ajustar, imponer y acuñar las formas, en imprenta. `ARTES GRÁFICAS = mármol`
6 Mesa de acero de una prensa tipográfica. `ARTES GRÁFICAS`
platinado Acción y resultado de platinar o cubrir con platino. `s.m. INDUSTRIA`
platinador, a Persona que se dedica a hacer el platinado. `s. INDUSTRIA`
platinar Cubrir una cosa con platino. `v.tr./INDUSTRIA`
platinero Persona encargada del ajuste, imposición y acuñado de las formas. `s.m. ARTES GRÁFICAS`
platinífero, a (De *platino* + lat. *ferre*, llevar.) Que contiene platino: *yacimiento platinífero.* `adj. QUÍMICA`
platinista Persona que trabaja el platino. `s.m.f.`
platinita Aleación de hierro y níquel que posee el mismo coeficiente de dilatación que el platino y el vidrio. `s.f. METALURGIA`
platino
1 Metal muy pesado y duro, de color de plata, difícilmente fusible e inatacable por los ácidos. `s.m./QUÍMICA tb: platina`
2 Cada una de las placas de contacto de los dispositivos de encendido en los automóviles: *tuvo una avería en los platinos.* `s.m.pl. MECÁNICA`
platinotipia (De *platino* + gr. *typos*, señal.)
1 Procedimiento fotográfico por el que se obtienen imágenes positivas sobre papel sensibilizado con sales de platino. `s.f. FOTOGRAFÍA`
2 Imagen que se obtiene por este procedimiento. `FOTOGRAFÍA`
platirrinia (Del gr. *platys*, ancho + *rhis, rhinos*, nariz.) Anchura exagerada de la nariz. `s.f.`
platirrino, a (Del gr. *platys*, ancho + *rhis, rhinos*, nariz.) Perteneciente a un grupo de primates que tienen los orificios nasales separados, que viven en América: *el tití es un platirrino.* `adj/s.m. ZOOLOGÍA`
plato (Del lat. vulgar *plattus* < gr. *platys*, ancho.)
1 Recipiente aplanado, con una concavidad en el medio y diferentes formas, usado para servir y comer en él los alimentos: *nos sirvió la comida en unos platos muy originales.* `s.m.`
2 Comida que se sirve en este recipiente: *se ha comido un plato de lentejas.* `= ración`
3 Alimentos preparados para ser comidos. `COCINA`
4 Platillo de una balanza.
5 Asunto para discutir o murmurar: *eso es plato de conversación.* `= tema`
6 Piñón mayor o rueda dentada de la bicicleta, a cuyo eje van unidos los pedales. `MECÁNICA`
7 Parte de un tocadiscos o una cadena de reproducción de sonido que comprende el soporte del disco, el motor que lo pone en movimiento y el brazo con la aguja. `AUDIOVISUALES = giradiscos, platina`
8 Adorno que llevaban los frisos dóricos entre los triglifos. `ARQUITECTURA`
9 Disco de arcilla que sirve de blanco en las pruebas de tiro. `DEPORTES`
10 Se refiere a la persona divertida, original y extravagante: *este chico es un plato, siempre que habla nos hace reír a todos.* `adj/s.m. Argent., Chile coloquial`
11 **plato combinado:** El que se compone de diversos alimentos y que se sirve en cafeterías y restaurantes. `COCINA`
12 **plato compuesto:** Comida elaborada con dulces, leche, huevos y bizcochos. `COCINA`
13 **plato del día:** Menú que ofrecen en cafeterías y restaurantes a precio más bajo que el de la carta. `COCINA`
14 **plato fuerte:** 1. Alimento principal de una comida. 2. Lo más importante o impactante en un conjunto de cosas o actividades. `COCINA coloquial`
15 **plato hondo:** Aquel que es menos llano que los demás, usado para servir alimentos líquidos o que tengan caldo. `COCINA`
16 **plato llano:** El más plano de todos, usado para alimentos sin caldo. `COCINA`
17 **plato montado:** Cualquier manjar que se sirve en la mesa con diversos adornos. `COCINA`
18 **plato sopero:** El hondo, que se usa para comer sopa. `COCINA`
19 **plato trinchero:** El que se usa para trinchar o partir en trozos los alimentos. `COCINA`
20 **comer en el mismo plato:** Tener gran amistad o confianza con una persona. `coloquial`

21 nada entre dos platos: Expresión que se usa para apocar una cosa que se daba a entender que era grande o importante. `coloquial`
22 no haber roto nunca un plato: Tener el aspecto de no haber cometido ninguna falta. `coloquial`
23 no ser plato del gusto de una persona: No ser grato: *no es plato de su gusto tener que regañar a nadie.* `coloquial`
24 pagar los platos rotos: Ser castigada una persona, de modo injusto, por un hecho que no ha cometido o del que no es el único responsable. `coloquial`
25 ¡plato!: Expresión que se usa en el deporte de tiro al plato para que sea lanzado este objeto cuando se está preparado para abatir. `interj. DEPORTES`
26 poner el plato a una persona: Ponerle en situación de hacer o decir lo que no quiere. `coloquial`
27 ser plato de segunda mesa: Ser o sentirse postergado o desatendido. `coloquial`
plató (Del fr. *plateau*.) Escenario de un estudio de cine o televisión: *los focos del plató iluminan las escenas del rodaje.* `s.m./pl: platós AUDIOVISUALES, CINE`
platónico, a (De *Platón*, filósofo griego.)
1 De este filósofo griego o del platonismo. `adj./FILOSOFÍA`
2 Que profesa el platonismo. `FILOSOFÍA`
3 Se aplica al sentimiento que no se manifiesta en actos sino sólo de manera ideal: *su amor es meramente platónico.* `SICOLOGÍA`
platonismo (De *Platón*, filósofo griego.) Escuela y doctrina de este filósofo griego, que defendía la inmortalidad del alma, la inmutabilidad de los conceptos y la idea de virtud como salud del alma, entre otras teorías. `s.m. FILOSOFÍA`
platudo, a Que tiene mucho dinero o es muy acaudalado. `adj. Amér./coloquial`
plausibilidad Posibilidad de que una cosa sea plausible o merezca aplauso o aceptación: *la plausibilidad de una hipótesis; la plausibilidad de una acción.* `s.f.`
plausible (Del lat. *plausibilis*.)
1 Se refiere a la acción que merece ser aplaudida o alabada: *una acción heroica como ésa es muy plausible.* `adj. = loable`
2 Se aplica al motivo o razón que puede ser admitido o aceptado por considerarse cierto: *lo que me dices no me parece plausible.* `= justificado, recomendable`
plausivo, a Que aplaude. `adj.`
plaustro Carro, vehículo de transporte. `s.m./literario`
plautino, a (De *Plauto*, poeta latino.)
1 De este poeta latino o de su obra. `adj./POESÍA`
2 Se refiere al autor o la obra que están influidos por este poeta latino. `POESÍA`
play (Voz inglesa.) Interruptor que pone en marcha algunos mecanismos electrónicos. `s.m.`
playa (Del bajo lat. *plagia* < gr. *plagia*, lados.)
1 Terreno llano de arena a la orilla del mar: *la playa estaba tan llena que casi no se podía poner la toalla.* `s.f. GEOGRAFÍA`
2 Zona de acumulación de arenas y otros sedimentos, en mares, ríos y lagos, con superficie plana o con ligera pendiente. `GEOGRAFÍA`
3 Zona del mar contigua a la arena: *me gusta bañarme en la playa.*
4 Lugar llano y espacioso, explanada. `Amér. Merid.`
5 **playa artificial:** Aquella que se hace extendiendo arena traída de otro lugar.
playado, a Se aplica al río o mar que tiene playa. `adj.`
playazo Playa muy extensa. `s.m.`
play-back (Expresión inglesa.) Técnica que consiste en reproducir música previamente grabada que los cantantes, bailarines o actores interpretan con mimo y movimientos: *cantó en play-back, no en vivo.* `s.m. MÚSICA = presonorización`
playboy (Voz inglesa.) Hombre de aspecto físico agradable y de economía holgada que se dedica a seducir mujeres: *la discoteca estaba llena de ricos playboys.* `s.m. pl: playboys tb: play-boy`
playera
1 Zapatillas de lona, ligeras y cómodas: *en verano siempre llevo playeras.* `s.f.`
2 Canto popular andaluz, en que se lloran penas. `MÚSICA`
playero, a
1 Que tiene relación con la playa: *le han regalado una bolsa playera.* `adj.`
2 Persona que por oficio trae el pescado de la playa para venderlo. `s. PESCA`
3 Peón encargado de una playa de estacionamiento o de maniobras. `s.m. Argent.`
playo, a Se aplica a las cosas que tienen poco fondo o tiende a ser plano. `adj/s.m. Argent., Par., Urug.`
play-off (Expresión inglesa.) Liguilla entre equipos deportivos a la que se llega tras diversas eliminatorias: *a estas alturas el equipo tiene que decidir si luchar por competir en el play-off o perder pensando en el futuro.* `s.m. DEPORTES`
plaza (Del lat. *platea* < gr. *plateia*, calle ancha.)
1 Espacio amplio de una población en el que suelen confluir varias calles: *vive en una plaza en el centro de la ciudad.* `s.f.`

2 Lugar donde se venden artículos diversos, especialmente alimenticios: *siempre hace la compra en la plaza.* — COMERCIO — = mercado
3 Población o zona, consideradas desde un punto de vista comercial: *tenemos un representante en esa plaza.* — COMERCIO
4 Lugar destinado a ser ocupado por una persona o cosa: *hay una plaza libre en el autobús.* — = sitio
5 Empleo, o puesto de trabajo de una persona: *ha ganado una plaza en la administración pública.*
6 Conjunto de los comerciantes de una población — COMERCIO
7 Suelo de un horno.
8 plaza de toros: Espacio circular, rodeado de gradas para los espectadores, donde se celebran corridas de toros. — TAUROMAQUIA
9 plaza fuerte o de armas: Población fortificada. — MILITAR
10 plaza mayor: La que constituye o constituyó el núcleo principal de la vida urbana en numerosos pueblos y ciudades.
11 atacar bien la plaza: Comer mucho. — coloquial
12 ceñir la plaza: Cercar o sitiar la plaza. — MILITAR
13 cerrar plaza: Torear el último toro de la tarde. — TAUROMAQUIA
14 estar sobre una plaza: Tener la plaza sitiada o asediada. — MILITAR
15 hacer plaza: 1. Vender cosas al por menor y de forma pública. 2. Despejar un sitio por violencia o mandato. — COMERCIO
16 pasar o sentar plaza de: Ser tenida una persona o cosa por lo que no es en realidad. — coloquial
17 ¡plaza!: Expresión que se utilizaba cuando salía el rey o para mandar a la gente que deje libre el paso. — interj.
18 romper plaza: Ser un toro primero en la lidia o gozar de este privilegio una divisa o ganadería. — TAUROMAQUIA
19 sacar algo a la plaza: Publicarlo, hacerlo público: *si se lo cuentas a María, enseguida lo saca a la plaza.* — coloquial
20 sentar plaza: Entrar a servir de soldado. — MILITAR
21 socorrer la plaza: Dar socorro a una persona necesitada. — coloquial

plazo (Del ant. *plazdo* < bajo lat. *placitus* < *dies placitus*, día aprobado.)
1 Tiempo señalado para que en él se realice una cosa: *el plazo para matricularse es de una semana.* — s.m. — = término
2 Cada una de las partes de una cantidad pagadera en dos o más veces en fechas fijas: *todavía tiene que pagar el último plazo del coche.* — = aplazamiento
3 Cada una de las cantidades pagadas por la terminada fecha del año por el arrendamiento de una finca. — = alquiler
4 a corto plazo: En breve, dentro de muy poco tiempo: *a corto plazo tendremos que cambiarnos de piso porque aquí ya no cabemos.* — loc.adv.
5 a largo plazo: Dentro de un tiempo relativamente lejano. — loc.adv.
6 a medio plazo: En un tiempo ni breve ni largo, según la consideración que se haga en cada caso. — loc.adv.
7 a plazo: Se aplica al documento u operación cuyo abono no es necesariamente próximo. — loc.adj/adv. ECONOMÍA
8 a plazo fijo: Sin poder retirar un depósito bancario hasta que se haya cumplido el tiempo estipulado. — loc.adj/adv. ECONOMÍA
9 a plazos: Forma de pagar una mercancía en varias veces: *he comprado un ordenador a plazos.* — loc.adv. COMERCIO
10 no hay plazo que no se cumpla: Se usa para advertir que tarde o temprano será preciso cumplir una obligación o deuda contraída. — coloquial

plazoleta Plaza pequeña en un paseo o un jardín: *se citaron en una plazoleta.* — s.f.

plazuela Plaza pequeña. — s.f.

ple (Del ingl. *play*, juego.) Juego de pelota que consiste en arrojarla contra la pared. — s.m. DEPORTES

pleamar (Del port. *prea mar*.)
1 Estado más alto o altura máxima alcanzada por la marea. — s.f./tb: plenamar GEOGRAFÍA
2 Tiempo que dura esta altura. — GEOGRAFÍA

plébano Denominación del cura párroco, en algunas partes. — s.m. tb: plebano

plebe (Del lat. *plebs, plebis,* pueblo.)
1 Clase de los ciudadanos que no eran patricios en la antigua Roma. — s.f./HISTORIA
2 Clase social formada por las personas sin título de nobleza, jerarquía o posición económica especiales. — SOCIOLOGÍA = pueblo
3 Populacho, la clase social más baja: *no le gusta mezclarse con la plebe.* — despectivo

plebeyez
1 Cualidad de plebeyo. — s.f./pl: plebeyeces
2 Actitud plebeya, grosera o muy delicada. — = grosería

plebeyo, a (Del lat. *plebeius.*)
1 De la plebe o que es propio de ella. — adj./SOCIOLOGÍA
2 Que no tiene delicadeza. — = grosero, vulgar
3 Que no es noble ni hidalgo. — adj/s./SOCIOLOGÍA
4 Se refiere a la persona de la plebe, clase social de la antigua Roma. — HISTORIA

plebiscitar Someter una ley o una decisión pública a plebiscito. — v.tr. POLÍTICA

plesbiscitario, a
1 Que tiene relación con el plebiscito. — adj.
2 Que implica un plebiscito.

plebiscito (Del lat. *plebiscitum.*)
1 Consulta electoral que recurre directamente a todos los habitantes de un territorio para obtener la ratificación de la gestión de un gobernante o para decidir sobre alguna cuestión de importancia: *proponen que se haga un plebiscito sobre el aborto.* — s.m. POLÍTICA = referéndum
2 Ley que la plebe romana establecía de forma separada de las clases superiores de la república, a propuesta de su tribuno. — HISTORIA

pleca Pieza pequeña y de una sola raya con la que se imprimen las líneas de separación entre textos o párrafos. — s.f. ARTES GRÁFICAS

pleco- Componente de palabra procedente del gr. *plektos,* que significa plegado: *plecóptero.* — pref. tb: plect-, plecto-

plecóptero, a Perteneciente a un orden de insectos de cuerpo alargado, largas antenas y larva acuática. — adj/s.m. ZOOLOGÍA

plecténquima Falso tejido, propio de los hongos, formado por hifas entrelazadas. — s.m. MICOLOGÍA

plectognato, a Perteneciente un orden de peces teleósteos sin aletas abdominales, con la mandíbula superior fija, cuya piel está a veces provista de púas, formando un caparazón, como el pez orbe y el pez cofre. — adj/s.m. ZOOLOGÍA = tetraodontiformes

plectro (Del lat. *plectrum* < gr. *plektron.*)
1 Palillo o púa que se usaba en la antigüedad para tocar instrumentos de cuerda. — s.m. MÚSICA
2 Inspiración o estilo. — POESÍA

plegable Que está pensado para que pueda ser plegado: *siempre lleva un paraguas plegable en el bolso.* — adj. ≠ desplegable

plegadamente Sin claridad, de un modo confuso. — adv.

plegadera Instrumento de diversos materiales en forma de cuchillo, que se utiliza para plegar y cortar papel. — s.f. ARTES GRÁFICAS

plegadizo, a Que se dobla o se pliega con facilidad. — adj.

plegado Acción y resultado de plegar. — s.m.

plegador, a
1 Que pliega. — adj/s.
2 Instrumento para plegar. — s.
3 Madero grueso y redondo donde se revuelve la urdimbre para tejer la tela. — TEXTIL

plegadura Acción y resultado de plegar o doblar una cosa. — s.f.

plegamiento Alteración producida en la corteza terrestre por el movimiento conjunto de rocas sometidas a una presión lateral. — s.m. GEOLOGÍA = pliegue

plegar (Del lat. *plicare.*)
1 Hacer pliegues en una cosa: *ha plegado el papel; la tela se plegó.* — v.tr/prnl./conj: regar = plisar
2 Doblar los pliegos de un libro que se ha de encuadernar. — v.tr. ARTES GRÁFICAS
3 Formar un rollo con la urdimbre en el plegador, en el tejido de la seda. — TEXTIL
4 Subordinar un juicio o decisión propios a los de otra persona: *se plegó a los deseos de su madre.* — v.prnl./ + a = someterse

plegaria (Del bajo lat. *precaria.*)
1 Oración o súplica para pedir una cosa: *nadie hizo caso de sus plegarias, a pesar de su dramatismo.* — s.f. = rezos
2 Toque de campana a mediodía para que los fieles católicos hagan oración. — RELIGIÓN
3 hacer plegarias: Rogar para que se conceda algo que se desea.

pleguería Conjunto de pliegues, en especial en las obras de arte. — s.f.

pleguete Tijereta o zarcillo de las vides y de otras plantas. — s.m. BOTÁNICA

pleistoceno, a (Del gr. *pleiston,* lo más + *kainos,* nuevo.)
1 Se aplica al primer período de la era cuaternaria, anterior al holoceno o actual. — adj/s.m. GEOLOGÍA
2 De este período: *terreno pleistoceno; fósil pleistoceno.* — adj./GEOLOGÍA

pleita Tira o faja muy flexible de esparto, rafia o similar, usada para realizar trabajos de cestería. — s.f.

pleiteador, a
1 Que pleitea o que gusta de pleitear: *aunque no es un buen jurista, es un buen pleiteador.* — adj/s. = pleiteante
2 Que tiende a pleitear. — = pleitista

pleitear
1 Disputar en juicio sobre una cosa: *el abogado pleitea unas tres veces al mes.* — v.tr./DERECHO = litigar
2 Tener dos o más personas una discusión sobre una cosa. — = disputar

pleitesía (Del ant. *pleités,* apoderado.) Muestra de cortesía con que se honra a una persona: *rindió pleitesía al visitante.* — s.f. = reverencia

pleitista Que tiende a provocar disputas y pleitos por cualquier motivo. — adj/s.m.f. = pleiteador

pleito (Del fr. ant. *plait* < bajo lat. *placitum,* voluntad regia.)
1 Contienda judicial entre distintas partes: *los trabajadores despedidos tienen un pleito con la empresa.* — s.m/DERECHO = litigio

2 Disputa o riña entre dos o más personas. = querella

3 Contienda o batalla que se determina por las armas. = pendencia

4 poner a pleito: Oponerse con energía a algo sin tener razón o motivo para ello. coloquial

5 poner pleito a una persona: Entablarlo contra ella. DERECHO

6 salir con el pleito: Salir vencedor de él, ganarlo. DERECHO

7 tener mal pleito: No tener razón en lo que se pide o no tener medios para conseguirlo. coloquial

8 ver el pleito: Hablar las partes o sus abogados ante los juzgadores. DERECHO

-plejía Componente de palabra procedente del gr. *plege*, que significa golpe: *apoplejía*. suf. tb: -plexia

plemento Conjunto de piedras o dovelas que forman la cubierta de una bóveda de crucería. s.m. ARQUITECTURA

plena Baile portorriqueño cantado. s.f.

plenamar (Del fr. *pleine mer*.) Altura máxima que alcanza la marea. s.f. tb: pleamar

plenamente Por completo: *estoy plenamente convencido de tu valía*. adv.

plenariamente
1 Con juicio plenario. adv./DERECHO
2 Por entero.

plenario, a (Del lat. *plenus*, lleno.)
1 Se aplica al acto que se celebra con la asistencia de todos los componentes: *sesión plenaria; reunión plenaria*. adj. ≠ parcial
2 Parte del proceso criminal que sigue al sumario hasta la sentencia. s.m. DERECHO

pleni- Componente de palabra procedente del lat. *plenus*, que significa lleno: *plenilunio*. pref.

plenilunio (Del lat. *plenus*, lleno + *luna*.) Luna llena, una de las fases lunares. s.m. ASTRONOMÍA

plenipotencia Poder total que se concede a una persona para ejecutar, concluir o resolver una cosa. s.f.

plenipotenciario, a Se refiere a la persona que tiene pleno poder, dado por un soberano o un gobierno, para negociar con otro estado. adj./s. POLÍTICA

plenitud (Del lat. *plenus*, lleno.)
1 Estado de pleno, completo: *era impresionante la plenitud del estadio*. s.f.
2 Punto más alto o intenso de una cualidad o de un espacio de tiempo: *está en la plenitud de su carrera*. = cenit
3 Abundancia o exceso de un líquido en el cuerpo o en una parte de él. MEDICINA = plétora
4 plenitud de los tiempos: Época de la venida de Jesucristo, anunciada por las profecías del Antiguo Testamento, en la teología cristiana. TEOLOGÍA

pleno, a (Del lat. *plenus*, lleno.)
1 Que es total o completo: *tu triunfo le produjo plena satisfacción*. adj./= entero ≠ parcial
2 Antepuesto al sustantivo, enfatiza que se trata precisamente del lugar indicado: *en plena cara; en plena calle*. = mismo, todo
3 Que tiene las características que le son propias al máximo o en su mayor intensidad: *ocurrió en plena noche*.
4 Reunión de todos los miembros que componen una corporación: *el pleno del congreso*. s.m. = asamblea, junta
5 En el juego de la ruleta, apuesta a uno o varios números de manera separada. Argent.
6 en pleno: Con todos los miembros que forman una colectividad: *los asistentes, en pleno, se solidarizaron*. loc.adj.

pleo- Componente de palabra procedente del gr. *pleos*, que significa abundante: *pleonasmo*. pref.

pleocroísmo Propiedad de ciertos minerales coloreados por transparencia de ofrecer colores distintos según la dirección en que se los observa. s.m. FÍSICA = policroísmo

pleomorfo (Del gr. *pleos*, abundante + gr. *morphe*, forma.) Polimorfo, que tiene varias formas. adj. BIOLOGÍA

pleon Abdomen o vientre de los crustáceos, formado por varios segmentos, de cada uno de los cuales salen dos apéndices pequeños relacionados con la función reproductora. s.m. ZOOLOGÍA

pleonasmo (Del lat. *pleonasmus* < gr. *pleonasmos*.)
1 Figura que consiste en emplear, de forma enfática, en la misma frase dos o más palabras o expresiones que tienen el mismo sentido y que repiten la misma idea: *"lo vi con mis propios ojos"* es un pleonasmo. s.m. RETÓRICA
2 Defecto de construcción sintáctica que consiste en la repetición innecesaria de términos o de estructuras gramaticales. GRAMÁTICA

pleonasta Mineral de color verde oscuro o negro, translúcido, de brillo vítreo, que se presenta en forma de cristales o agregados granulares, que es una variedad de la espinela y se utiliza como piedra preciosa. s.f. MINERALOGÍA = pleonasto

pleonásticamente Cometiendo pleonasmo: *lo dijo pleonásticamente*. adv./GRAMÁTICA, RETÓRICA

pleonástico, a
1 Del pleonasmo: *figura pleonástica retórica o gramatical*. adj./GRAMÁTICA, RETÓRICA
2 Que contiene pleonasmo: *su discurso pleonástico estaba mechado y pletórico de palabras innecesarias*. GRAMÁTICA, RETÓRICA

plepa Persona o cosa que tiene muchos defectos. s.f.

plerema Constituyente del plano del contenido, en la glosemática. s.f. LINGÜÍSTICA

plesi- Componente de palabra procedente del gr. *plesso*, que significa golpear: *plesímetro*. pref.

plesímetro (Del gr. *plesso*, golpear + *metron*, medida.) Instrumento consistente en una placa de marfil o caucho duro, que se usaba para explorar por percusión de los dedos sobre ella las cavidades del cuerpo. s.m. MEDICINA

plesio- Componente de palabra procedente del gr. *plesios*, que significa próximo: *plesiosauro*. pref.

plesiosauro (Del gr. *plesios*, próximo + *sauros*, lagarto.) Reptil fósil perteneciente a un grupo de dinosaurios marinos, de gran tamaño y cuello largo, con cuatro extremidades transformadas en aletas, que se extinguió a finales de la era secundaria. s.m. ZOOLOGÍA

pletina
1 Laminado de hierro u otro metal de sección rectangular y poco grosor. s.f. METALURGIA
2 Elemento de una cadena de reproducción de sonido, como el magnetófono. AUDIOVISUALES
3 Laminado de cobre recubierto de material aislante, usado como conductor eléctrico industrial. ELECTRICIDAD

pletismógrafo Instrumento que se emplea para registrar en gráficas las variaciones de volumen de una parte del organismo. s.m. MEDICINA

plétora (Del gr. *plethore*, plenitud.)
1 Exceso de sangre u otros líquidos dentro del cuerpo o en una parte de él. s.f./MEDICINA = plenitud
2 Abundancia de una cosa: *posee una plétora de virtudes*. = sinfín

pletórico, a
1 Que tiene mucha abundancia de una cosa: *está pletórico de salud*. adj./= rebosante ≠ escaso
2 Que tiene exceso de sangre o de otros humores. MEDICINA

pleur- Componente de palabra procedente del gr. *pleuron*, que significa costado: *pleurodinia* pref. tb: pleuro-

pleura (Del gr. *pleura*, costilla.)
1 Conjunto de membranas que recubren el pulmón y la cavidad torácica correspondiente. s.f. ANATOMÍA
2 pleura costal: Parte que cubre las paredes de la cavidad torácica. ANATOMÍA
3 pleura pulmonar: Parte de la pleura adherida a cada pulmón. ANATOMÍA

pleural De la pleura. adj./= pleurítico

pleuresía (Del fr. *pleuresie* < gr. *pleura*, costilla.)
1 Enfermedad que consiste en la inflamación de la pleura o membranas que recubren la región pulmonar. s.f. MEDICINA
2 pleuresía falsa: Dolor de los músculos del pecho. MEDICINA

pleurítico, a
1 De la pleura. adj./ANATOMÍA
2 Que padece pleuresía. adj/s./MEDICINA

pleuritis (Del gr. *pleura*, costilla + *itis*, inflamación.) Inflamación de la pleura. s.f./pl: pleuritis MEDICINA

pleurodinia (Del gr. *pleura*, costilla + *odyne*, dolor.) Dolor en los músculos de las paredes del pecho. s.f. MEDICINA

pleuronéctido, a Perteneciente a una familia de peces óseos, de cuerpo aplanado, que viven apoyados en uno de sus lados en tanto que el otro contiene los dos ojos, sin lenguado. adj/s.m. ZOOLOGÍA

pleuronectiforme Perteneciente a un orden de peces de cuerpo oval y muy aplastado con una cara pigmentada y la otra sin pigmentar. adj/s.m. ZOOLOGÍA

pleuroneumonía Neumonía acompañada de inflamación de la pleura. s.f. MEDICINA

pleurotomía Operación quirúrgica practicada en la pleura. s.f. MEDICINA

plexiglás (Marca registrada.) Sustancia plástica, transparente e incolora, compuesta por metacrilato de metilo, usada en objetos domésticos e industriales. s.m. QUÍMICA

plexo (Del lat. *plexus*.)
1 Red formada por filamentos nerviosos y vasculares entrelazados. s.m. ANATOMÍA
2 plexo sacro: El constituido por las uniones que forman entre sí la mayoría de las ramas nerviosas sacras. ANATOMÍA
3 plexo solar: Red nerviosa que rodea la arteria aorta ventral, que procede especialmente del gran simpático y del nervio vago. ANATOMÍA

pléyade (Del gr. *pleyas*, *-ados*, cenáculo de siete poetas alejandrinos.) Conjunto de personas que destacan al mismo tiempo en una disciplina o arte. s.f. = generación

plica (Del lat. *plicare*, plegar.)
1 Sobre cerrado que contiene un documento que *s.f.*
debe hacerse público en fecha o circunstancia determinada: *el jurado abrió la plica para conocer el nombre
del ganador del concurso.*
2 Enfermedad del pelo, por la que éste se enreda y *MEDICINA*
aglutina.
plié (Voz francesa.) Movimiento de flexión de las dos *s.m.*
rodillas, en el ballet.
pliego
1 Hoja de papel doblada por la mitad: *me lo escribes* *s.m.*
en cualquier pliego y me lo das, ¿vale?
2 Hoja de papel de diferentes tamaños según marcas *ARTES GRÁFICAS*
o clases.
3 Conjunto de páginas de un libro o un folleto que *ARTES GRÁFICAS*
resultan de doblar y cortar por las dobleces una hoja
de tamaño de fábrica.
4 Documento que contiene las condiciones estableci- *DERECHO*
das en un contrato.
5 Carta o documento de cualquier clase.
6 Conjunto de papeles contenidos en un mismo sobre o cubierta.
7 pliego común: Aquel que tiene las dimensiones *ARTES GRÁFICAS*
del papel sellado, 435 mm de largo por 315 de an-
cho.
8 pliego de cargos: Exposición de las faltas que se *DERECHO*
atribuyen a una persona en el expediente que se ha
abierto en su contra.
9 pliego de condiciones: Documento que contiene *DERECHO*
las condiciones o cláusulas de un contrato o subasta.
10 pliego de cordel: Obra literaria de carácter popu- *LITERATURA*
lar, que se exponía para su venta colgada de un cor- *= libro de cordel*
del tendido horizontalmente.
11 pliego de descargo: Documento en que el autor *DERECHO*
se defiende de las acusaciones que se le hacen en el
de cargos.
pliegue
1 Señal o forma que queda al doblar algo que estaba *s.m.*
liso o extendido: *tenía el poster sobre la mesa y se le ha* *= arruga*
hecho un pequeño pliegue en la esquina.
2 Doblez hecho artificial e intencionadamente para *= frunce*
adornar una tela u otra cosa flexible: *le gustan las faldas con muchos pliegues.*
3 Ondulación del terreno. *GEOLOGÍA*
plieguecillo Medio pliego común de papel doblado *s.m.*
por la mitad a lo ancho. *ARTES GRÁFICAS*
plin Significa que no tiene importancia o que no im- *loc.*
porta lo más mínimo en la expresión **¡a mí, plin!:** *si
no vienes, ¡a mí, plin!, pero luego asume las consecuencias.*
plinto (Del lat. *plinthus* < gr. *plinthos*, ladrillo.)
1 Elemento cuadrado que forma la parte inferior de *s.m.*
la basa de una columna. *ARQUITECTURA*
2 Pedestal o base cuadrada de poca altura. *ARQUITECTURA*
3 Aparato gimnástico para pruebas de saltos formado *DEPORTES*
por varias secciones de madera que, colocadas unas
sobre otras, permiten obtener distintas alturas.
plio- Componente de palabra procedente del gr. *pref.*
pleion, que significa más: *plio-.*
plioceno, a (Del gr. *pleion*, más + *kainos*, nuevo.)
1 Se aplica al período geológico que es posterior al *adj./s.m.*
mioceno y es el último de la era terciaria. *GEOLOGÍA*
2 De este período: *terreno plioceno; fósil plioceno.* *adj./GEOLOGÍA*
plisado Plegado de tela o papel en pliegues muy me- *s.m.*
nudos.
plisador, a Persona que plisa o compone los plie- *s.*
gues. *TEXTIL*
plisadora Máquina que se utiliza en el plisado de la *s.f.*
ropa. *TEXTIL*
plisar Hacer pliegues en una tela: *una amiga le plisó el* *v.tr.*
vestido.
ploceido, a Perteneciente a una familia de aves pase- *adj./s.m.*
riformes, de pico grande, duro y fuerte, como el go- *ZOOLOGÍA*
rrión.
plomada
1 Instrumento formado por una pesa de plomo u *s.f.*
otro metal colgada de una cuerda que se usa para *CONSTRUCCIÓN*
señalar la línea vertical.
2 Barrita que, en algunos oficios, se usa para señalar *= estilo*
o reglar.
3 Cuerda para medir la profundidad del agua. *= sonda*
4 Plomo o metal usado para fundir los moldes. *METALURGIA*
5 Azote formado por correas con bolas de plomo en
los extremos.
6 Conjunto de plomos que se ponen en una red de *PESCA*
pesca.
7 Acción y resultado de plomear o disparar con perdigones.
plomar Poner un sello de plomo en un documento. *v.tr.*
plomazo
1 Persona o cosa muy pesada o molesta: *¡qué plomazo* *s.m./coloquial*
de tía!, ¿cuándo se irá? *= plasta*

2 Impacto que hace el perdigón disparado con arma *= perdigonada*
de fuego.
3 Herida o señal producida por disparo de perdigón.
plombagina (Del fr. *plombagine* < lat. *plumbago, -agi-* *s.f.*
nis.) Plumbagina, grafito con el que se hacen minas
de lápiz.
plomear Dar un disparo de perdigones en el blanco. *v.intr.*
plomería
1 Cubierta de plomo de un edificio. *s.f./CONSTRUCCIÓN*
2 Almacén de plomos.
3 Taller del plomero.
4 Oficio de plomero.
5 Profesión relacionada con la colocación de conduc- *Amér.*
tos de agua. *= fontanería*
plomero, a
1 Persona que hace objetos o piezas de plomo. *s.*
2 Persona que se dedica a la plomería o fontanería. *Amér./= fontanero*
plomífero, a
1 Que contiene plomo. *adj.*
2 Se refiere a la persona o cosa a la que cuesta traba- *adj/s.*
jo aguantar por ser aburrida o por no tener gracia ni *= pesado,*
viveza: *tiene fama de ser una plomífera.* *plomazo*
plomizo, a
1 Que contiene plomo. *adj./tb: plomoso*
2 De color gris azulado, como el del plomo: *le gusta* *= aplomado*
cuando el cielo se pone plomizo.
3 Que es pesado como el plomo: *¡qué paquete tan plo-* *= plúmbeo*
mizo!
plomo (Del lat. *plumbum.*)
1 Metal muy blando y pesado, de color gris azulado *s.m.*
y que forma sales venenosas. *QUÍMICA*
2 Persona o cosa pesada o molesta: *ay, no seas plomo,* *coloquial*
déjame en paz. *= plomazo*
3 Plomada, pesa de metal. *CONSTRUCCIÓN*
4 Pieza de plomo usada para dar peso a una cosa.
5 Proyectil de las armas de fuego. *= bala*
6 Fusible, hilo o chapa que, colocado en un circuito *s.m.pl.*
eléctrico, interrumpe, al fundirse, el paso de corriente *ELECTRICIDAD*
cuando la intensidad es demasiado fuerte: *en medio de
la tormenta, de repente se fundieron los plomos.*
7 plomo argentífero o de obra: El que contiene plata. *QUÍMICA*
8 plomo blanco: Carbonato de plomo. *QUÍMICA*
9 plomo corto: Mezcla de plomo y arsénico usado *QUÍMICA*
en la fabricación de perdigones.
10 plomo rojo: Minio, óxido de plomo, de color roji- *QUÍMICA*
zo, que se emplea mucho como pintura.
11 a plomo: 1. De modo vertical. 2. A punto, con *loc.adv.*
oportunidad, a pecho. *coloquial*
12 caer a plomo: Caer con todo el peso del cuerpo. *coloquial*
13 con pies de plomo: Con mucho cuidado: *es una* *loc.adv.*
cuestión delicada, ándate con pies de plomo. *coloquial*
plomoso, a Plomizo, que tiene plomo o es parecido *adj.*
a él.
plotter (Voz inglesa.)
1 Equipo que posee una o varias plumas, y se utiliza *s.m.*
para trazar gráficos procesados por un ordenador. *INFORMÁTICA*
2 Unidad periférica de salida de un ordenador, que se *INFORMÁTICA*
usa para representar gráficos y dibujos por líneas.
pluma (Del lat. *pluma.*)
1 Pieza de origen epidérmico de las aves, formada *s.f.*
por un tubo provisto de barbas y bárbulas, que les *ZOOLOGÍA*
sirve para volar, proteger el cuerpo y mantener una
temperatura constante.
2 Conjunto de estas piezas. *ZOOLOGÍA*
3 Esta pieza de las aves que, convenientemente cortada, servía para escribir.
4 Cualquier instrumento con la forma de esta pieza
que sirve para escribir: *siempre escribe con pluma.*
5 Instrumento que sirve para escribir colocado en un *= plumilla*
mango de madera, hueso u otra materia.
6 Mástil de una grúa: *se tiene que subir a una pluma* *MECÁNICA*
para hacer el tejado.
7 Cada una de las virutas que se sacan al tornear.
8 Habilidad o destreza caligráfica: *tiene una bonita plu-* *= caligrafía*
ma cuando escribe.
9 Escritor, autor de libros: *es una importante pluma de* *= literato*
la literatura de su país.
10 Manera de escribir: *me gusta la pluma fresca y ac-* *= estilo*
tual de este escritor.
11 Pedo, ventosidad expelida por el ano. *coloquial*
12 Una de las categorías de peso del boxeo: *es el* *s.m.*
campeón de los pesos pluma. *DEPORTES*
13 pluma estilográfica: La de mango hueco que fun- *= estilográfica*
ciona con un depósito o carga de tinta.
14 pluma viva: La que se quita a las aves estando vivas, que sirve para rellenar almohadas, colchones u
otras cosas, porque se mantiene siempre hueca.
15 adornarse con plumas ajenas: Atribuirse los mé- *coloquial*
ritos de otros.
16 al correr de la pluma o a vuela pluma: Muy de *loc.adv.*
prisa, sin detenerse a pensar: *suele escribir sus cuentos
a vuela pluma.*
17 dejar correr la pluma: Escribir sin meditar, es- *coloquial*
pontáneamente.

18 sin plumas y cacareando: Expresión que se usa para criticar a quien conserva la arrogancia después de haber sido derrotado en alguna cosa. — *coloquial*

19 tener pluma: Ser afeminado en los gestos y en la forma de hablar. — *coloquial*

plumada
1 Acción de escribir o dibujar algo con brevedad y rapidez: *terminó su trabajo de una plumada.* — *s.f.* = *plumazo*
2 Trazo de adorno o letra adornada, realizado sin levantar la pluma del papel.
3 Plumas que conserva el halcón en el buche después de haber comido una presa. — *CAZA*
4 Plumas preparadas para que las traguen los halcones, en cetrería. — *CAZA*

plumado, a Que tiene plumas: *la artista llegó con un impresionante vestido plumado.* — *adj.*

plumaje
1 Conjunto de plumas que cubren al ave: *tiene un pájaro de plumaje muy llamativo.* — *s.m.* = *plumazón*
2 Plumas que se ponen de adorno en los sombreros, morriones y cascos.

plumajería Abundancia o conjunto de plumas o plumajes de adorno. — *s.f.* = *plumazón*

plumajero, a Persona que hacía o vendía plumas o plumajes de adorno. — *s.*

plumario, a
1 Se aplica al arte de hacer mosaicos con plumas de colores pegadas en una superficie. — *adj.* *ARTE*
2 Persona que ejercita este arte. — *s./ARTE*

plumazo
1 Trazo fuerte hecho en un solo movimiento con la pluma para tachar lo escrito. — *s.m.*
2 Acción de escribir o dibujar algo de un modo rápido. — = *plumada*
3 Colchón o almohada grande rellena de pluma.
4 **de un plumazo:** De manera expeditiva o sin pararse a pensar: *acabó con aquel problema de un plumazo.* — *loc.adv.*

plumazón
1 Conjunto de plumas de un ave: *no le gusta la plumazón del pájaro que le regalaron.* — *s.f.* = *plumaje*
2 Conjunto de plumas de un adorno. — = *plumajería*

plumbado, a Se aplica al documento o la carta que lleva el sello cancilleresco de plomo. — *adj.*

plumbagina (Del lat. *plumbago, -aginis.*) Grafito usado para las minas de los lápices. — *s.f.* tb: *plombagina*

plumbagináceo, a Perteneciente a una familia de plantas herbáceas dicotiledóneas, de hojas simples, flores de cáliz membranoso y fruto seco. — *adj/s.f.* *BOTÁNICA* = *plumbagíneo*

plúmbeo, a (Der. del lat. *plumbum*, plomo.)
1 De plomo. — *adj./QUÍMICA*
2 Que es pesado como el plomo.
3 Que es muy pesado o aburrido: *me he leído los tres plúmbeos tomos.* — *coloquial*

plúmbico, a Del plomo. — *adj./QUÍMICA*

plumbífero, a (Del lat. *plumbum*, plomo + *ferre*, llevar.) Que contiene plomo. — *adj./QUÍMICA* = *plumbífero*

plum-cake (Expresión inglesa.) Bizcocho con ciruelas, pasas y otras frutas: *suele tomar plum-cake para desayunar.* — *s.m./pl:* plum-cakes *COCINA*

plumeado Conjunto de rayas parecidas a las que se hacen con la pluma, para sombrear un dibujo. — *s.m.* *ARTE*

plumear
1 Hacer sombras en un dibujo con rayas finas: *falta plumear el dibujo para terminarlo.* — *v.tr.* *ARTE*
2 Escribir una cosa con pluma.

plúmeo, a Que está cubierto de plumas: *animal plúmeo.* — *adj.*

plumería Conjunto o abundancia de plumas. — *s.f.*

plumerío Conjunto de plumas. — *s.m.*

plumero
1 Atado de plumas sujeto a un mango que se utiliza para quitar el polvo. — *s.m.*
2 Caja o recipiente donde se guardan las plumas: *ya no le caben más plumas en el plumero.* — = *plumier*
3 Conjunto de plumas que adornan un casco, un sombrero o una cosa semejante. — = *penacho*
4 **vérsele a una persona el plumero:** Descubrirse sus intenciones o pensamientos: *con ese comentario se le ha visto el plumero.* — *coloquial*

plumeteado, a
1 Se aplica al escudo o pieza cubiertos de pequeños semicírculos montados entre sí en forma de escamas. — *adj.* *HERÁLDICA*
2 Conjunto de rayas para sombrear un dibujo, imitando las barbas de una pluma. — *s.m./ARTE* = *plumeado*

plumier Cajita de madera o estuche para guardar las plumas, lápices y otros objetos. — *s.m.*

plumífero, a (Del lat. *pluma* + *ferre*, llevar.)
1 Que lleva o tiene plumas. — *adj./literario*
2 Se aplica al escritor o al periodista mediocre: *se cree genial, pero en realidad es un vulgar plumífero.* — *despectivo*

plumilla
1 Plúmula, parte del germen de la planta que da lugar al tallo y las hojas. — *s.f.* *BOTÁNICA* = *pluma*
2 Plumín, parte de la pluma de escribir con la que, mojada en tinta, se hacen los trazos.

plumín Laminilla de metal que se introduce en la punta de una pluma de escribir. — *s.m.* = *plumilla*

plumión Pluma fina y suave de las aves. — *s.m./=* *plumón*

plumista
1 Persona que tiene como profesión escribir, en especial el escribano u otro curial. — *s.m.f.*
2 Persona que por oficio hace o vende objetos de pluma.

plumón
1 Pluma fina y suave que tienen las aves debajo de las alas o debajo de las plumas grandes y que se usa para rellenar almohadas, colchones o edredones: *se ha comprado un edredón de plumón de pato.* — *s.m.*
2 Colcha rellena de plumón. — = *edredón*

plumoso, a Que tiene plumas o es semejante a ellas. — *adj.*

plúmula Pequeño brote de una planta, que durante la germinación proporcionará el tallo y las hojas. — *s.f./BOTÁNICA* = *gémula*

plural (Del lat. *pluralis.*)
1 Que expresa un número gramatical superior a uno, en oposición al singular, y caracterizado en español por las marcas *s* y *es*. — *adj/s.m.* *GRAMÁTICA* ≠ *singular*
2 Forma de plural de una palabra: *el plural de sillón es sillones.* — *s.m./GRAMÁTICA* ≠ *singular*
3 Múltiple, que se presenta en más de un aspecto: *tiene un conocimiento plural del país.* — = *diverso*
4 **plural de modestia:** El pronombre personal de primera persona, empleado en vez del singular cuando alguien se quiere quitar importancia. — *GRAMÁTICA*
5 **plural mayestático:** El pronombre personal de primera persona, empleado en vez del singular para expresar la autoridad de una persona. — *GRAMÁTICA*

pluralidad
1 Abundancia o gran número de cosas: *en la tienda había pluralidad de género.* — *s.f.* = *diversidad*
2 Circunstancia de ser más de uno.
3 **a pluralidad de votos:** Por mayoría. — *loc.adv.*

pluralismo
1 Sistema por el que se acepta la pluralidad política, religiosa, económica, o cualquier otra: *es una nación que se caracteriza por su pluralismo.* — *SOCIOLOGÍA*
2 Actitud de tolerancia hacia diferentes modos de pensar o de actuar: *tu pluralismo te honra.* — *SOCIOLOGÍA*

pluralista Que reconoce la libre expresión de las ideas: *es una sociedad pluralista.* — *adj/s.m.f.* = *plural*

pluralización Acción y resultado de pluralizar. — *s.f.*

pluralizar
1 Poner en plural una palabra que por lo general sólo tiene singular. — *v.tr/conj: cazar* *GRAMÁTICA*
2 Atribuir a varias personas una cosa que es peculiar de una sola: *yo no pluralizaría porque haya ocurrido con una persona.* — = *generalizar*

pluri- Componente de palabra procedente del lat. *plus, pluris*, que significa más: *pluriempleo.* — *pref.*

plurianual Que afecta a varios años. — *adj.*

pluricelular Se refiere al organismo que está compuesto de muchas células. — *adj./BIOLOGÍA* tb: *policelular*

pluridimensional Que tiene varias dimensiones. — *adj.*

pluridisciplinar Que implica a varias disciplinas o áreas de conocimiento: *trabaja en un proyecto de investigación pluridisciplinar.* — *adj.* = *interdisciplinar*

pluriempleado, a Que desempeña varios empleos o trabajos: *en estos tiempos de crisis no hay muchos pluriempleados.* — *adj/s.*

pluriempleo Desempeño de varios empleos u ocupaciones a la vez. — *s.m.*

pluriglandular
1 De varias glándulas. — *adj./MEDICINA*
2 Que afecta a varias glándulas. — *MEDICINA*

plurilateral Que afecta, de manera recíproca, a varias partes. — *adj.* = *multilateral*

plurilingüe (Del lat. *plus, pluris*, más + *lingua*, lengua.)
1 Se refiere a la persona que habla varias lenguas. — *adj./=* *políglota*
2 Que está escrito en diversos idiomas: *me pasaron un texto plurilingüe.*
3 Que tiene varias lenguas: *diccionario plurilingüe; país plurilingüe.*

pluripartidismo Coexistencia de diversos partidos políticos dentro de un mismo régimen político: *el pluripartidismo es natural en las democracias.* — *s.m.* *POLÍTICA*

pluripartidista
1 Del pluripartidismo. — *adj./POLÍTICA*
2 Que es partidario del pluripartidismo. — *adj/s.m.f.*

plurivalente Polivalente, que tiene varios valores. — *adj.*

plus Sobresueldo o gratificación que se entrega en circunstancias extraordinarias: *suele recibir un plus a final de año.* — s.m. / pl: pluses

plus- Componente de palabra procedente del lat. *plus, pluris,* que significa más: *plusmarca.* — pref.

pluscuamperfecto (Del lat. *plus quam perfectum,* más que perfecto.) Se aplica al tiempo verbal del pasado que denota anterioridad a un tiempo también pasado. — adj/s.m. GRAMÁTICA

plusmarca Mejor marca conseguida en competiciones deportivas: *ha batido la plusmarca mundial en cien metros lisos.* — s.f. DEPORTES

plusmarquista Deportista que tiene una plusmarca. — s.m.f./DEPORTES

plus minusve (Expresión latina.) Más o menos. — loc.adv.

pluspetición Exceso cuantitativo de la demanda sobre lo exigible o lo debido y excepción que se produce por esta causa. — s.f. DERECHO

plus ultra (Expresión latina.) Más allá. — loc.adv.

plusvalía (Del lat. *plus, pluris,* más + *valía.*)
1 Aumento del valor de una propiedad. — s.f./ECONOMÍA
2 Aumento de valor de los bienes, experimentado sin adición de nuevas inversiones en los mismos. — ECONOMÍA
3 Impuesto que grava el aumento del valor de una propiedad: *ahora que has vendido tu casa tendrás que pagar la plusvalía.* — DERECHO
4 Diferencia que existe entre el salario del trabajador y el valor de los bienes producidos, en el marxismo. — ECONOMÍA

plúteo Cada uno de los cajones o estantes de una librería. — s.m. culto

pluto- Componente de palabra procedente del gr. *plutos,* que significa riqueza: *plutocracia.* — pref.

plutocracia (Del gr. *plutos,* riqueza + *kratos,* poder.)
1 Régimen político en el que el gobierno está en manos de la clase adinerada o muy influido por ella. — s.f. POLÍTICA
2 Forma de gobierno en el que el poder está mayoritariamente en manos de los más ricos. — POLÍTICA
3 Clase social adinerada de un país. — SOCIOLOGÍA

plutócrata Persona que forma parte de la plutocracia. — s.m.f./SOCIOLOGÍA, POLÍTICA

plutocrático, a De la plutocracia o de los plutócratas. — adj./SOCIOLOGÍA, POLÍTICA

plutón Masa de magma procedente de las grandes profundidades de la Tierra, que se ha solidificado con lentitud. — s.m. GEOLOGÍA

plutónico, a
1 Del plutonismo. — adj./GEOLOGÍA
2 Se aplica a las rocas ígneas cristalizadas a grandes profundidades, como el granito. — GEOLOGÍA

plutonio Elemento radiactivo artificial obtenido por desintegración del neptunio y usado como combustible nuclear. — s.m. QUÍMICA

plutonismo Teoría geológica que atribuye al fuego interior de la tierra el origen y formación de la corteza terrestre. — s.m. GEOLOGÍA

plutonista Que es partidario de la teoría geológica del plutonismo. — adj./GEOLOGÍA = vulcanista

pluvial (Del lat. *pluvia,* lluvia.)
1 De la lluvia o que tiene relación con ella: *recogieron agua pluvial.* — adj.
2 Ave zancuda caradriforme glareólida de las orillas arenosas de los lagos y ríos de África tropical. (*Pluvianus aegyptius.*) — s.m. ZOOLOGÍA

pluviometría Parte de la meteorología que estudia la distribución geográfica y temporal de las lluvias. — s.f.

pluviométrico, a Del pluviómetro. — adj.

pluviómetro (Del lat. *pluvia,* lluvia + gr. *metron,* medida.) Aparato para medir la cantidad de lluvia caída en un sitio. — s.m. tb: pluvímetro

pluviosidad Cantidad de lluvia recibida en un sitio en un período determinado de tiempo: *la pluviosidad de la región es muy baja.* — s.f.

pluvioso, a (Del lat. *pluvia,* lluvia.)
1 Se aplica al tiempo o al país en que llueve mucho. — adj.= lluvioso
2 Quinto mes del calendario republicano francés que iba del 20, 21 o 22 de enero al 19, 20 o 21 de febrero. — s.m. HISTORIA

pm
1 Abreviatura de *post meridiem,* que indica las horas del día desde el mediodía hasta medianoche. — loc.adj.
2 Abreviatura de *policía militar,* cuerpo del ejército que realiza tareas de vigilancia entre los soldados. — s.f. MILITAR

pnb Abreviatura de *producto nacional bruto,* valor de todos los bienes y servicios producidos en la economía de un país en un período de tiempo determinado. — s.m. ECONOMÍA

-pnea Componente de palabra procedente del gr. *pneo,* que significa respirar: *apnea.* — suf.

pnn
I (Acrónimo de *[p]rofesor [n]o [n]umerario.*) Categoría de los profesores de la enseñanza pública española que no son funcionarios. — s.m. = penene
II Abreviatura de *producto nacional neto,* resultado de restarle al bruto el valor asignado a la depreciación del capital utilizado en la producción. — s.m. ECONOMÍA

poa
1 Seno de cabo cuyos chicotes se fijan en dos o tres puntos de las velas. — s.f. NÁUTICA
2 Género de plantas gramíneas silvestres muy común en la flora española. — BOTÁNICA

pobeda Terreno poblado de pobos o álamos. — s.f./BOTÁNICA

poblacho Pueblo pequeño y pobre: *vive en un poblacho de mala muerte.* — s.m. despectivo

población
1 Conjunto de personas que viven en un país o en un lugar determinado: *la población del país aumenta poco.* — s.f. = habitantes
2 Conjunto de personas que presentan características comunes: *la población escolar ha disminuido en los últimos años.*
3 Conjunto de especies animales y vegetales de un lugar determinado.
4 Acción de poblar un lugar. — ≠ despoblación
5 Agrupación, de cualquier tamaño, de edificios habitados organizada en una unidad administrativa: *vive en una pequeña población.* — = ciudad, localidad, pueblo
6 Barrio marginal de chabolas. — s.m./Chile
7 **población activa:** Parte de la población de un país ocupada en el proceso productivo. — ECONOMÍA, ESTADÍSTICA
8 **población flotante:** La que no está avecinada en una ciudad determinada. — ESTADÍSTICA

poblacional De la población. — adj.

poblado Núcleo de viviendas de carácter primitivo o provisional: *un poblado apache; el poblado de la central eléctrica.* — s.m.

poblador, a
1 Que puebla o habita en un lugar: *los pobladores del lugar llegaron aquí hace siglos.* — adj/s. = habitante
2 Que puebla o funda una población.
3 Persona que vive en una chabola. — Chile

poblamiento
1 Acción y resultado de poblar. — s.m.
2 Proceso de asentamiento de un grupo humano en un lugar específico. — SOCIOLOGÍA

poblano, a Se aplica a la persona que habita en el campo o que proviene de él. — adj/s./Amér. Central y Merid.

poblar
1 Fundar uno o varios pueblos o poblaciones: *antiguamente poblaban con mucha facilidad y rapidez.* — v.tr/intr. conj.: contar
2 Llenar u ocupar un lugar con personas, animales o cosas: *poblamos el monte de pinos; el valle se puebla de extranjeros.* — v.tr/prnl. + con, de
3 Vivir en un lugar: *más de mil personas pueblan el municipio.* — v.tr./= habitar, residir
4 Producir los seres vivos otros muchos de su misma especie.
5 Criar las plantas mucho follaje: *el jardín se pobló en muy poco tiempo.* — v.prnl.

poblazo Poblacho, pueblo destartalado. — s.m.

pobo Álamo, árbol salicáceo. — s.m./BOTÁNICA

pobre (Del lat. *pauper, -eris.*)
1 Que no tiene lo necesario para vivir: *cada vez hay más pobres en las grandes ciudades y en sus áreas metropolitanas.* — adj/s.m.f. = indigente, necesitado
2 Que tiene poco dinero: *aunque es pobre, es feliz con lo que tiene.* — adj.= modesto ≠ rico
3 Que es escaso o incompleto: *información pobre; dieta pobre en proteínas.* — = parco ≠ copioso
4 Que causa pena o tristeza: *el pobre hombre hace lo que puede, pero todo le sale mal.* — = infeliz ≠ dichoso
5 Que tiene poco valor: *economía pobre; casa pobre.* — = humilde
6 Que es pacífico y tranquilo: *pobre de espíritu.* — = apocado
7 Persona que habitualmente pide limosna: *le di dinero a un pobre.* — s.m.f. = mendigo
8 Que reúne las condiciones legales necesarias para obtener una defensa gratuita en un juicio. — adj. DERECHO
9 **pobre de:** Indica amenaza hacia la persona a que va dirigida: *pobre de ti si lo haces, te las verás con el jefe.* — coloquial
10 **pobre de solemnidad:** Que es muy pobre.
11 **¡pobre de mí!:** Se utiliza para indicar inocencia o impotencia: *¡pobre de mí!, ¿qué haré ahora?* — interj.

pobremente Con escasez de recursos: *una defensa pobremente argumentada; vestían muy pobremente.* — adv.

pobrería Pobretería, conjunto de pobres. — s.f.

pobrero Persona encargada de dar limosna a los pobres en las comunidades religiosas. — s.m. RELIGIÓN

pobreta Prostituta, mujer que mantiene relaciones sexuales por dinero. — s.f. coloquial

pobrete, a
1 Que es desdichado o infeliz. · adj/s.
2 Que es torpe o tiene poca habilidad, pero de buena · coloquial
intención.
pobretear Hacerse una persona el pobre: *no nos enga-* · v.intr.
ñará por mucho que pobretee.
pobretería
1 Conjunto de pobres. · s.f./= pobrería
2 Escasez o miseria en las cosas. · = pobreza
3 Actitud exagerada del que evita gastos, por necesidad o por tacañería.
pobretón, a Que es pobre. · adj./despectivo
pobreza
1 Carencia de los bienes materiales necesarios para el · s.f./= indigencia,
sustento de la vida: *su pobreza lo empujó a la mendici-* · penuria
dad.
2 Situación económica de la gente que posee pocos · ≠ riqueza
bienes o ingresos.
3 Escasez o falta de alguna cosa: *le preocupa la pobre-* · ≠ abundancia
za de la cosecha.
4 **pobreza de espíritu:** Falta de valentía o de carácter: *sólo heredó de su padre la pobreza de espíritu.*
pocero, a
1 Persona que se dedica a perforar pozos o a trabajar · s.
en ellos.
2 Persona que se dedica a limpiar los pozos o depósitos de las inmundicias.
pochar Cocer ligeramente un alimento en aceite, · v.tr.
agua, caldo o vino. · COCINA
pocho, a (Voz de creación expresiva.)
1 Que está abatido física o anímicamente: *no sé qué le* · adj.
pasa, pero lo veo muy pocho. · = débil, triste
2 Que está podrido o empieza a pudrirse, en especial · = marchito,
la fruta: *manzana pocha; flores pochas.* · pasado
3 Que está pálido o descolorido. · = desvaído
4 Persona de origen mexicano que vive en Estados · s./Méx.
Unidos y ha adoptado las costumbres norteamerica- · SOCIOLOGÍA
nas.
5 Persona que habla español con acento estadouni- · Méx.
dense.
pocholada Cosa bonita y coqueta. · s.f./coloquial
pocholo, a Guapo, bien parecido. · adj./familiar
pochote Planta arbórea silvestre, muy espinosa, cuyo · s.m.
fruto encierra una materia algodonosa con que se re- · Méx., C. Rica,
llenan las almohadas. *(Bombax elepticum.)* · Hond.
pocilga (Del lat. *porcicula.*)
1 Establo para cerdos: *la pocilga se está quedando pe-* · s.f./= cochiquera,
queña con tantos cerdos.* · porqueriza
2 Lugar muy sucio e inhabitable: *tu habitación es una* · coloquial
auténtica pocilga, límpiala un poco. · = cuadra
pocillo (Del lat. *pocillum.*)
1 Tinaja o recipiente empotrado en la tierra para re- · s.m.
coger un líquido. · = pozal
2 Vasija pequeña. · = taza
pócima (Del lat. *apozema* < gr. *apozema,* cocimiento.)
1 Bebida medicinal, en general de sabor desagrada- · s.f./tb: apócima
ble. · MEDICINA
2 Cualquier líquido de sabor desagradable. · = bebedizo
poción (Del lat. *potio, -onis.*)
1 Bebida o compuesto medicinal que suele elaborarse · s.f.
con hierbas y con otras sustancias naturales. · MEDICINA
2 Cualquier líquido que se bebe.
poco, a (Del lat. *paucus, -a, -um,* poco numeroso.)
1 Que es escaso en cantidad o número: *pon poco vina-* · adj.indef.
gre en la ensalada; llenaron pocas maletas.
2 Escasa cantidad o número: *ponme poco; asistieron po-* · pron.indef.
cos.
3 Con escasez, en corto grado, en reducido número o · adv.
cantidad, menos de lo regular, ordinario o preciso:
camino muy poco.
4 Antepuesto a adverbios expresa comparación: *comi-*
mos poco antes de llegar.
5 **a poco de:** 1. A breve término: *están a poco del final.* · loc.adv.
2. Corto espacio de tiempo después: *se fueron a poco*
de que llegaras.
6 **a o por poco que:** Indica que hace falta una condi- · loc.conj.
ción mínima para que se cumpla lo que se expresa: *a*
poco que te esfuerces, aprobarás.
7 **de poco:** De escaso valor o importancia. · loc.adj.
8 **de poco más o menos:** De poca relevancia, que me- · loc.adj.
rece poca estima: *la audiencia era de poco más o menos.*
9 **en poco:** A punto de: *el asunto estuvo en poco de fra-* · loc.adv.
casar.
10 **poco a poco:** Despacio, sin prisa: *cómetelo poco a* · loc.adv.
poco, que te vas a atragantar.
11 **poco más o menos:** Alrededor, cerca de: *tiene* · loc.adv.
poco más o menos mi edad.
12 **por poco:** Casi, a falta de poco: *por poco le toca el* · loc.adv.
gordo.
13 **tener en poco:** No apreciar o dar escaso valor a · coloquial
una persona o una cosa: *éstos me tienen en poco a mí,*
no me conocen.
14 **un poco:** Aporta un valor afirmativo respecto de · loc.adj.
un adjetivo: *es un poco vago.*

póculo Vaso para beber. · s.m./culto
poda
1 Acción y resultado de podar árboles u otras plan- · s.f./BOTÁNICA,
tas. · AGRICULTURA
2 Temporada en que se realiza esta operación.
3 Supresión o eliminación de algo: *se teme una poda* · = recorte
de los cargos directivos.
podadera Herramienta de hoja curva usada para po- · s.f.
dar.
podador, a Que poda. · adj/s.
podagra (Del gr. *podagra,* trampa que coge por el · s.f.
pie.) Enfermedad de gota que afecta al pie. · MEDICINA
podálico, a
1 Que tiene relación con los pies. · adj./ANATOMÍA
2 Se aplica a una maniobra obstétrica por la cual el · MEDICINA
tocólogo ayuda al parto tirando de los pies del feto.
podar (Del lat. *putare.*)
1 Cortar las ramas superfluas de una planta: *en otoño* · v.tr.
podará los rosales.
2 Quitar una parte de una cosa por considerarla inne- · = eliminar
cesaria: *el consejo podó algunas oficinas de la red.*
podazón Tiempo en que se podan los árboles. · s.f.
podenco Se aplica a un tipo de perro muy parecido · adj/s.m.
al lebrel, pero más pequeño y más robusto, muy · ZOOLOGÍA,
apreciado para la caza. · CAZA
podenquero Persona que cuida de los podencos, pe- · s.m.
rros. · CAZA
poder (Del lat. vulgar *potere* < lat. *posse.*)
1 Facultad o capacidad para hacer una cosa: *tiene po-* · s.m.
der para tranquilizar a la gente.
2 Facultad para ejercer el mando, gobierno o dominio · = autoridad,
sobre estados, provincias, o un colectivo cualquiera. · potestad
3 Persona o grupo de personas que ejercen el gobier- · = autoridad,
no de un estado o de un colectivo cualquiera: *el parti-* · mando
do que ocupa el poder; poder militar.
4 Autorización que uno da a otro para que le repre- · = licencia,
sente y en su lugar pueda hacer una cosa: *tiene am-* · permiso
plios poderes para hacer y deshacer.
5 Situación en la que se encuentra una cosa que está · = posesión
en posesión de una persona: *los documentos están en*
mi poder.
6 Capacidad para realizar con esfuerzo una cosa. · = fuerza
7 Tener la capacidad o posibilidad de hacer una cosa: · v.tr.
no puedo hablar, estoy afónico; puedo cantar ópera.
8 Se usa en frases negativas, seguido de verbo en infinitivo para indicar dificultad en la realización de la
acción: *está nerviosa y no puede parar; no se puede valer*
por sí misma.
9 Ser una persona capaz de vencer o superar a otra: · = ganar
en matemáticas tu hermano puede a Juan.
10 Existir la posibilidad o la probabilidad de que ocu- · v.impers.
rra una cosa: *mañana puede que vayamos al centro.*
11 **cuarto poder:** La prensa entendida como organismo social y político capaz de ejercer presión sobre
las instituciones públicas.
12 **plenos poderes:** Capacidad legal o libertad para
tomar decisiones sin consultar a nadie: *otorgaron ple-*
nos poderes al director.
13 **poder absoluto:** El ejercido, sin limitación, por · POLÍTICA
un monarca o gobernante.
14 **poder adquisitivo:** Cantidad de bienes o servicios · ECONOMÍA
que se pueden adquirir con una suma de dinero o
con una moneda.
15 **poder ejecutivo:** 1. Conjunto de personas que · POLÍTICA
ejercen el gobierno de un estado. 2. Facultad para · POLÍTICA
hacer ejecutar las leyes de un estado.
16 **poder espiritual:** El que pertenece a la iglesia. · RELIGIÓN
17 **poderes públicos:** Conjunto de personas que
constituyen el gobierno de un estado.
18 **poder judicial:** Organismo encargado de adminis- · POLÍTICA
trar justicia.
19 **poder legislativo:** El encargado de hacer y refor- · POLÍTICA
mar las leyes.
20 **poder moderador:** El que ejerce el jefe supremo · POLÍTICA
del estado.
21 **poder real:** El que le corresponde al rey. · POLÍTICA
22 **poder separador:** Capacidad del ojo o del mi- · FISIOLOGÍA
croscopio para apreciar por separado dos detalles
contiguos.
23 **a más o hasta más no poder:** 1. Expresión con · loc.adv.
que se indica que una persona realiza una cosa por la · = hasta más no poder
fuerza. 2. Expresión que se utiliza para indicar que
una cosa es de tal medida o grado, que ya no puede
ser más.
24 **de poder:** Indica una condición o una hipótesis: · loc.conj.
de poder venir, iríamos al cine.
25 **de poder a poder:** 1. Enfrentándose cada cual con · loc.adv.
todas sus fuerzas o recursos: *los dirigentes discutieron*
de poder a poder. 2. De igual a igual. 3. Indica la mane- · TAUROMAQUIA
ra de poner las banderillas, citando al toro desde le-
jos, para acabar poniéndolas en un terreno equidistante de los lugares de partida, y sin ningún tipo de
adornos.

26 no poder con: 1. Sentir aversión o repugnancia hacia una persona o una cosa: *no puedo con las arañas; no puedo con su carácter.* **2.** No poder domesticar, educar o someter a una persona, un animal o una cosa: *el perro no me hace ni caso, no puedo con él.* — *coloquial / coloquial*

27 no poder consigo mismo: 1. Estar una persona tan fastidiada o nerviosa que se irrita aun sin que nadie le dé motivos: *este problema le agobia, no puede consigo mismo.* **2.** Tener una persona muy mal genio: *tiene un carácter horrible, no puede consigo mismo.* — *coloquial / coloquial*

28 no poder más: 1. Estar muy cansada una persona: *necesito descansar, no puedo más.* **2.** Expresión con que se señala la necesidad o precisión de hacer una cosa: *he de beber algo, ya no puedo más.* **3.** No tener una persona tiempo y lugar suficientes para concluir lo que está haciendo. — *coloquial / coloquial / coloquial*

29 no poder menos o por menos: No poder evitar o no poder resistir la tentación de hacer una cosa: *si sigues insistiendo, no podré por menos que enfadarme.* — *coloquial*

30 no poderse tener: No poder mantenerse en pie por cansancio, embriaguez o enfermedad: *después de una jornada de trabajo no se puede tener.* — *coloquial*

31 no poder tragar o ver: Detestar o sentir aversión contra una persona o una cosa: *no puede tragar a su suegra.* — *coloquial*

32 poder con una persona o con una cosa: Ser capaz de vencerlo, levantarlo o sostenerlo: *no podrás con él; ya puedo con el televisor.*

33 poderlas: Tener mucho poder o influencia. — *Méx.*

34 poderle una cosa a una persona: Producirle gran pena o tristeza: *me pudo mucho la noticia de su muerte.* — *Méx.*

35 por lo que pudiere tronar: Expresión que indica prevención hacia un riesgo o una contingencia: *tengo asegurada la casa por lo que pudiere tronar.* — *loc.adv. / coloquial*

36 por poder o por poderes: Con la mediación de un apoderado o de un representante autorizado: *se casaron por poderes.* — *loc.adv. / DERECHO*

37 ¿se puede?: Expresión con que se pide permiso para entrar en un sitio donde hay otras personas. — *formal*

CONJ.: IND.: PRES.: *puedo, puedes, puede, podemos, podéis, pueden.* FUTUR. IMPERF.: *podré, podrás, podrá, podremos, podréis, podrán.* PRET.: INDEF.: *pude, pudiste, pudo, pudimos, pudisteis, pudieron.* COND.: *podría, podrías, podría, podríamos, podríais, podrían.* SUBJ.: PRES.: *pueda, puedas, pueda, podamos, podáis, puedan.* PRET. IMPERF.: *pudiera o pudiese, pudieras o pudieses, pudiera o pudiese, pudiéramos o pudiésemos, pudierais o pudieseis, pudieran o pudiesen.* FUTUR. IMPERF.: *pudiere, pudieres, pudiere, pudiéremos, pudiereis, pudieren.* IMP.: *puede, pueda, podamos, poded, puedan.* GERUND.: *pudiendo.*

poderdante Persona que da un poder a otra para que actúe en su nombre o la represente. — *s.m.f. / DERECHO*

poderhabiente Persona que tiene poder legal para representar a otra. — *s.m.f. / DERECHO*

poderío
1 Fuerza grande: *al final salió un toro con mucho poderío.* — *s.m./= energía, potencia*
2 Capacidad de ejercer mando o influencia sobre las personas o los pueblos: *el poderío de los países occidentales.* — *= dominio*
3 Conjunto de bienes y riquezas que posee una persona: *por el tren de vida que llevan se ve que tienen poderío.* — *= fortuna*

poderosamente Con intensidad o fuerza: *llamaba poderosamente la atención por su belleza.* — *adv.*

poderoso, a
1 Que tiene poder: *el ejército se enfrenta a una nación poderosa.* — *adj/s.*
2 Se refiere a la persona que es rica e influyente: *el puerto estaba lleno de poderosos en sus yates.* — *= potente / potentado, pudiente*
3 Que es eficaz: *tenía un dolor muy fuerte, pero le dieron un calmante poderoso.* — *adj/= efectivo, enérgico*
4 Se aplica al motivo o razón que es muy decisivo: *tiene motivos poderosos para no hacerlo.*

podio (Del lat. *podium*, repisa.)
1 Plataforma en la que se coloca una persona para presidir un acto oficial o para ocupar una posición destacada: *los reyes siguieron el desfile desde un podio; el ganador subió al podio.* — *s.m. / tb: podium*
2 Pedestal alargado en el que se apoyan varias columnas. — *ARQUITECTURA*
3 Lugar destinado a senadores y magistrados, en el circo romano. — *HISTORIA*

podo- Componente de palabra procedente del gr. *pus, podos*, que significa pie: *podólogo; cefalópodo.* — *pref/suf. / tb: -podo, -podo*

podocarpáceo, a Perteneciente a una familia de plantas gimnospermas coníferas, de hojas escuaniformes o lineales, flores dioicas y semillas drupáceas. — *adj/s.f. / BOTÁNICA*

podología (Del gr. *pus, podos*, pie + *logos*, ciencia.) Parte de la medicina que estudia las características anatómicas de los pies y sus dolencias. — *s.f. / MEDICINA*

podólogo, a Especialista en el cuidado de los pies: *el podólogo me quitó algunas callosidades.* — *s. / MEDICINA*

podometría Medición, que se hace con el podómetro, de las distancias recorridas a pie. — *s.f.*

podómetro (Del gr. *pus, podos*, pie + *metron*, medida.) Aparato semejante a un reloj de bolsillo para contar los pasos que da la persona que lo lleva y la distancia recorrida. — *s.m. / tb: odómetro*

podón
1 Podadera grande y fuerte. — *s.m.*
2 Herramienta con una boca en forma de hacha y la otra en forma de cuchillo, que se emplea para podar.

podre (Del lat. *puter, putris*, podrido.)
1 Putrefacción de algunas cosas. — *s.f.*
2 Líquido amarillento que segregan a veces los tejidos inflamados. — *= pus*

podredumbre
1 Acción y resultado de pudrir o pudrirse una materia: *la humedad favorece la podredumbre de las frutas.* — *s.f. / = putrefacción*
2 Estado de las cosas podridas: *no se dio cuenta de la podredumbre que había en el frutero.*
3 Falta de moralidad: *le molesta mucho la podredumbre de algunos políticos.* — *= corruptela, corrupción*
4 Enfermedad de algunas plantas producida por bacterias u hongos. — *BOTÁNICA*

podredura Cosa, o parte de ella, podrida: *si le quitas la podredura al melón, podrás aprovechar el resto.* — *s.f.*

podrición Putrefacción de las cosas. — *s.f.*

podridero Pudridero, lugar en que se pudren las cosas. — *s.m.*

podrido, a
1 Se aplica a lo que resulta de pudrirse: *el mueble se mojó y tiene las puertas podridas.* — *adj. / = pútrido*
2 Se refiere a la persona, institución o acción que está corrompida: *la política está podrida.* — *= infectado*

podrigorio Persona con muchos achaques y dolencias: *siempre está en cama, es un podrigorio.* — *s.m.f./coloquial / tb: pudrigorio*

podrimiento Pudrimiento, acción y resultado de pudrir o pudrirse. — *s.m.*

podrir (Del lat. *putrere*.) Pudrir [en todas sus acepciones]. — *v.tr/prnl. / conj: pudrir*

podsol (Voz rusa.) Suelo desarrollado sobre una roca madre ácida, propio de las regiones húmedas con invierno frío. — *s.m. / GEOLOGÍA*

poema (Del lat. *poema* < gr. *poiema*.)
1 Obra de cierta extensión escrita en verso, o en prosa, pero de género poético. — *s.m. / LITERATURA*
2 Pieza musical para un instrumento o para un solista. — *MÚSICA*
3 poema sinfónico: Composición para orquesta inspirada en una obra literaria o en una idea poética. — *MÚSICA*
4 ser un poema o todo un poema: Se aplica a lo que llama la atención por cómico, exagerado u otra cualidad: *era todo un poema verlos bailar y cantar por la calle.* — *coloquial*

poemario Conjunto o colección de poemas. — *s.m./LITERATURA*

poemático, a
1 Del poema. — *adj./LITERATURA*
2 Que tiene caracteres de poema lírico o épico. — *LITERATURA*

poesía (Del lat. *poesis* < gr. *poiesis*, creación.)
1 Arte de expresar la belleza o los sentimientos por medio de la palabra, por lo general en verso, siguiendo procedimientos como el ritmo, la cadencia, la medida y figuras literarias. — *s.f. / LITERATURA, POESÍA*
2 Género literario al que pertenecen las obras escritas de este modo: *es un experto en poesía del XIX.* — *LITERATURA, POESÍA*
3 Obra escrita en verso: *me gustan mucho las poesías románticas.* — *= poema*
4 Sentimiento que nace de la evocación ante la contemplación o el recuerdo de una persona, objeto o lugar: *era un paisaje lleno de poesía.* — *= romanticismo*

poeta (Del lat. *poeta* < gr. *poietes*, creador.)
1 Persona que compone obras poéticas: *invitaron a un joven poeta al coloquio sobre poesía contemporánea.* — *s.m.f./LITERATURA, POESÍA*
2 Persona que hace versos.

poetastro, a Mal poeta: *ningún editor publicará la obra de este poetastro.* — *s.m. / despectivo*

poética (Del lat. *poetica*.)
1 Disciplina que estudia el lenguaje poético y, en general, el literario. — *s.f./LITERATURA, POESÍA*
2 Tratado sobre las reglas de la poesía, tanto de su forma como de su esencia. — *LITERATURA, POESÍA*

poéticamente
1 Según la poesía. — *adv.*
2 Con poesía, de modo romántico: *se miraban poéticamente a los ojos.*

poético, a (Del lat. *poeticus*.)
1 De la poesía. — *adj.*
2 Que tiene características o propiedades de la poesía: *utiliza un lenguaje muy poético.* — *= lírico*

poetisa
1 Mujer que compone obras poéticas. — *s.f./LITERATURA*
2 Mujer que hace versos.

poetización Acción y resultado de poetizar. — *s.f.*

poetizar
1 Componer versos u obras poéticas: *cuando mejor* — v.intr. / poetiza es en invierno. — conj.: *cazar*
2 Hacer poética una cosa: *tiene la habilidad de poetizar* — v.tr. / *las situaciones más banales.*

pogromo (Del ruso *pogrom*, devastación.) Saqueo y — s.m. / matanza de gente indefensa por una multitud enfure- — tb: pogrom / cida, y, en especial, los que se produjeron contra los / judíos en Rusia.

poíno Viga de madera o codal que sirve par sustentar — s.m. / los toneles y las cubas en las bodegas.

pointer (Voz inglesa.) Se aplica a una raza de perros — adj/s. / de caza que se caracteriza por tener la cabeza larga, — ZOOLOGÍA, / las orejas colgantes y el pelo corto de color variable. — CAZA

poiquilotermia (Del gr. *poikilos*, variado + *thermos*, — s.f. / calor.) Incapacidad de regulación de la temperatura — ZOOLOGÍA / del cuerpo.

poiquilotérmico, a De la poiquilotermia. — adj./ZOOLOGÍA

poiquilotermo, a Se aplica a los animales cuya tem- — adj/s.m. / peratura varía según la del medio ambiente: *los repti-* — ZOOLOGÍA / *les son poiquilotermos.*

poise (De *Poiseuille*, físico y médico francés.) Unidad — s.m. / de medida de la viscosidad dinámica. — FÍSICA

póker (Voz inglesa.) Póquer, juego de cartas de envite. — s.m. / JUEGOS

polaca Guerrera o casaca que se usaba en algunos — s.f. / uniformes militares. — MILITAR

polacada Acción despótica o de favoritismo cometi- — s.f. / da por una autoridad. — POLÍTICA

polaco, a
1 De Polonia, país de Europa, o de su lengua. — adj./tb: polonés
2 Persona natural de este país europeo. — s.
3 Lengua eslava occidental, de la familia indoeuro- — s.m. / pea, hablada principalmente en Polonia. — LINGÜÍSTICA
4 Se refiere al individuo de uno de los bandos en que — adj/s. / se dividían los aficionados madrileños al teatro, en el — TEATRO / siglo XVIII y principios del XIX.
5 Se aplica a la persona originaria de Cataluña. — despectivo

polacra (Del cat. *polacra*.) Barco de cruz, con dos o — s.f. / tres palos colgantes y sin cofas. — NÁUTICA

polaina (Del fr. ant. *polaine*.) Prenda de cuero o tela — s.f. / que cubre la pierna desde el tobillo hasta la rodilla. — = sobrecalza

polar
1 Del polo o de los polos terrestres. — adj./GEOGRAFÍA
2 Que tiene alguna de las propiedades del polo o los / polos: *hacía un frío polar.*

polaridad
1 Cualidad que permite distinguir entre sí cada uno — s.f. / de los polos de un imán o de un generador eléctrico. — FÍSICA
2 Condición de lo que tiene propiedades opuestas, — = divergencia / en partes o direcciones contrarias, como los polos.

polarimetría Procedimiento analítico que utiliza la — s.f. / polarímetro. — FÍSICA

polarímetro (Del gr. *polos*, eje + *metron*, medida.) — s.m. / Aparato para medir el sentido y la extensión del po- — FÍSICA / der rotatorio de un cuerpo sobre la luz polarizada.

polariscopio (Del gr. *polos*, eje + *skopeo*, observar.) — s.m. / Instrumento para estudiar las propiedades de la luz — FÍSICA / polarizada.

polarización Acción y resultado de polarizar o pola- — s.f. / rizarse.

polarizado, a
1 Que ha sufrido una polarización: *luz polarizada.* — adj.
2 Se aplica al aparato eléctrico que tiene dos polos de — ELECTRICIDAD / distinta naturaleza.

polarizador, a
1 Que polariza. — adj.
2 Instrumento que transforma la luz natural que reci- — s.m. / be en luz polarizada rectilíneamente. — ÓPTICA

polarizante Que polariza. — adj./ÓPTICA

polarizar
1 Reflejar o refractar los rayos de luz para modificar- — v.tr./prnl. / los de tal manera que quedan incapacitados para re- — conj.: *cazar* / flejarse o refractarse de nuevo en cierta dirección: *la* — ÓPTICA / *luz se polarizó en el estudio.* — = despolarizar
2 Proporcionar una máquina una tensión fija a una — v.intr. / parte de un aparato electrónico. — TECNOLOGÍA
3 Separar las cargas positivas y negativas de una mo- — v.tr. / lécula. — FÍSICA
4 Reunir los efectos de un agente físico en puntos — v.tr. / opuestos de un cuerpo. — FÍSICA
5 Atraer una cosa la atención de una o más personas: — = concentrar / *el fenómeno polarizó la atención de los presentes.*
6 Disminuir la potencia de una pila eléctrica por con- — v.prnl. / centrarse el hidrógeno en uno de los electrodos. — FÍSICA
7 Dirigir una persona su atención hacia una sola — = en / cosa: *el muchacho se polarizó en el estudio.* — = centrarse

polarografía Método de análisis en solución que se — s.f. / basa en la observación de la curva de polarización de — QUÍMICA / un electrodo.

polaroid (Marca registrada.)
1 Hoja transparente que polariza la luz. — s.m.

2 Aparato fotográfico que permite obtener fotogra- — s.f. / fías de modo instantáneo. — FOTOGRAFÍA

polca (Del checo *pulka*.)
1 Danza de origen polaco, de movimiento rápido: *va* — s.f. / *a aprender a bailar la polca.* — tb: polka
2 Música que acompaña a esta danza. — MÚSICA

pólder (Voz neerlandesa.) Región pantanosa rodeada de — s.m. / diques para evitar su inundación, que después se cultiva. — pl.tb: pólders / GEOGRAFÍA

polea (Del lat. vulgar *polidia*.)
1 Rueda con el canto acanalado por donde pasa una — s.f./MECÁNICA / cuerda, que se usa para levantar o mover pesos. — = garrucha
2 Rueda metálica de llanta plana que se usa en las — MECÁNICA / transmisiones por correas.
3 Motón formado por dos cuerpos, prolongación uno — NÁUTICA / del otro, y cuyas roldanas están en el mismo plano.
4 **polea combinada**: La que forma parte de un siste- — NÁUTICA / ma como las de cuadernales o aparejos.
5 **polea fija**: La que no cambia de sitio y, también, la — MECÁNICA / que estando fija sobre un eje gira sobre él.
6 **polea móvil**: La que cambia de sitio bajando o su- — MECÁNICA / biendo.
7 **polea simple**: La que funciona sola y de modo in- — MECÁNICA / dependiente.

poleadas Gachas, papilla o masa cocida de un deter- — s.f.pl. / minado alimento. — COCINA

poleame Conjunto o acopio de poleas de una o más — s.m. / embarcaciones. — NÁUTICA

polémica (Del gr. *polemikos*, referente a la guerra.)
1 Controversia, por lo general pública y por escrito, — s.f. / sobre cualquier materia: *hay una gran polémica sobre la* — = debate, / *ley del aborto.* — discusión
2 Antigua disciplina militar que enseñaba cómo de- — MILITAR / fender o atacar un territorio.

polémico, a (Del gr. *polemikos*, referente a la guerra.)
1 De la polémica. — adj.
2 Que genera polémica: *la eutanasia es un tema polé-* — = controvertido / *mico; esta chica es muy polémica.*

polemista Escritor o cualquier persona que sostiene — s.m.f. / polémicas.

polemizar Sostener una persona polémicas: *no se* — v.intr./conj.: *cazar* / *puede polemizar sobre todo.* — = discutir

polemología Estudio de la guerra considerada como — s.f. / fenómeno de orden social y sicológico. — SOCIOLOGÍA

polemólogo, a Especialista en polemología. — s./SOCIOLOGÍA

polemoniáceo, a Perteneciente a una familia de — adj/s.f. / plantas dicotiledóneas, en su mayoría americanas, de — BOTÁNICA / fruto en cápsula.

polemonio (Del gr. *polemonion*.) Planta herbácea de — s.m. / la familia de las polemoniáceas, de flores olorosas — BOTÁNICA / azules, moradas o blancas, que se cultiva en los jardi- / nes. (*Polemonium.*)

polen (Del lat. *pollen, -inis*, flor de harina.) Conjunto — s.m. / de diminutos granos contenidos en las anteras de los — BOTÁNICA / estambres de las flores, que forman los elementos / masculinos responsables de la fecundación.

polenta (Del. lat. *polenta*.) Puches o masa de harina — s.f. / de maíz que se come cocida. — COCINA

poleo (Del lat. *pulejum*.)
1 Planta herbácea labiada, de hojas ovales y flores de — s.m. / color azul pálido, que se usa como tónica y anties- — BOTÁNICA / pasmódica. (*Mentha polegium.*)
2 Jactancia y vanidad mostradas en el hablar, la acti- — = engreimiento / tud o el andar.
3 Viento frío y recio: *tuvimos que irnos porque corría un* — coloquial / *buen poleo.*

poleví Ponleví, especie de calzado. — s.m./pl.tb: polevíes

poli Policía, persona que se encarga de la seguridad — s.m.f./coloquial / ciudadana: *los polis atraparon al ladrón.* — = pasma

-poli Componente de palabra procedente del gr. *polis*, — suf. / que significa ciudad: *metrópoli.* — tb: -polis

poli- Componente de palabra procedente del gr. *polys*, — pref. / que significa mucho, numeroso: *polideportivo.*

poliácido, a Se aplica al cuerpo que posee varias — adj/s.m. / funciones ácidas. — QUÍMICA

poliadelfo, a (Del gr. *polys*, mucho + *adelphos*, herma- — adj. / no.) Se refiere a la flor que tiene los estambres soldados — BOTÁNICA / por los filamentos, formando tres o más haces.

polialcohol Cuerpo que posee varias funciones alco- — s.m. / hólicas. — QUÍMICA

poliamida Compuesto químico obtenido por con- — s.f. / densación de ácidos y amidas, muy utilizado en la in- — QUÍMICA / dustria textil.

poliandria
1 Estado de la mujer casada con dos o más hombres — s.f. / al mismo tiempo. — SOCIOLOGÍA
2 Condición de la flor que tiene muchos estambres. — BOTÁNICA
3 Condición de la hembra que convive con varios machos. — ZOOLOGÍA

poliándrico, a De la poliandria. — adj.

poliandro, a (Del gr. *polys*, numeroso + *aner, andros*, / hombre.)
1 Se refiere a la mujer que tiene varios maridos. — adj/s.
2 Se aplica al vegetal que tiene varios estambres. — BOTÁNICA

3 Se aplica a la hembra que convive con varios machos. ZOOLOGÍA

poliantea Colección o enciclopedia de noticias de diferentes materiales y de distintos saberes. s.f.

poliarca Gobernador de una ciudad, entre los antiguos griegos. HISTORIA

poliarquía (Del gr. *polys*, numeroso + *arkho*, mandar.) Sistema político de gobierno caracterizado por una pluralidad de centros de poder. s.f. POLÍTICA

poliárquico, a De la poliarquía. adj./POLÍTICA

poliartritis Forma de reumatismo en la que varias articulaciones están afectadas de forma simultánea. s.f./pl: poliartritis MEDICINA

polibán Recipiente de aseo para bañarse sentado. s.m.

policárpico, a Del fruto que es policarpo. adj./BOTÁNICA

policarpo Se aplica al tipo de fruto formado por varios carpelos u órganos reproductores femeninos. adj/s.m. BOTÁNICA

pólice Dedo pulgar. s.m.

polichinela
1 Personaje burlesco de la comedia italiana: *está haciendo una tesis sobre el polichinela italiano.* s.m./tb: pulchinela TEATRO
2 Títere, muñeco de madera que se mueve con hilos u otro sistema. = marioneta

policía (Del lat. *politia* < gr. *politeia*, organización política.)
1 Fuerza pública encargada de velar por el orden público y la seguridad ciudadana y conjunto de los agentes que la integran: *la policía vigiló la manifestación.* s.f.
2 Cada uno de estos agentes: *su padre es policía.* s.m.f.
3 Conjunto de medidas que tienen por objeto garantizar el orden público. s.f.
4 Limpieza, aseo en el lenguaje de los soldados. jerga/MILITAR
5 policía judicial: Conjunto de miembros del cuerpo nacional que actúan a las órdenes de juzgados y tribunales para la averiguación de los delitos y persecución de los delincuentes.
6 policía militar: Unidad que desempeña misiones de seguridad y mantenimiento del orden y disciplina en el ejército. MILITAR
7 policía municipal o urbana: Aquella que vela por el cumplimiento de las normas municipales y que depende del ayuntamiento. = guardia municipal o urbana
8 policía secreta: Conjunto de agentes que no llevan uniforme a fin de pasar inadvertidos.

policíaco, a
1 De la policía: *el local permanecerá cerrado mientras dure la investigación policíaca.* adj. tb: policiaco
2 Se refiere a las obras literarias, cinematográficas, teatrales o televisivas cuyo tema gira en torno a la investigación de un delito. CINE, LITERATURA, TEATRO

policial De la policía: *la manifestación acabó con una carga policial.* adj.

policíclico, a
1 Se aplica a diversos fenómenos periódicos de frecuencias diferentes. adj.
2 Se refiere al compuesto orgánico cuya molécula tiene más de un anillo de átomos. QUÍMICA

policitación Promesa de contrato que aún no ha sido aceptada. s.f. DERECHO

policlínica Clínica de varias especialidades médicas: *tuvieron que ingresarlo en la policlínica porque había que hacerle diversas pruebas.* s.f. MEDICINA

policondensación Conjunto de reacciones mediante las cuales diversas sustancias se unen para dar un cuerpo de elevada masa molecular. s.f. QUÍMICA

policondensado Compuesto químico obtenido por policondensación. s.m. QUÍMICA

policopia Aparato o procedimiento para sacar varias copias de un escrito. s.f.

policopiar Reproducir por policopia. v.tr.

policopista Se aplica a la máquina que se utiliza para hacer fotocopias. adj./Bol. = multicopista

policroico, a Que presenta policroísmo. adj./MINERALOGÍA

policroísmo (Del gr. *polys*, mucho + *khros*, color.) Propiedad que tienen algunos minerales y que consiste en presentar distintos colores, según sea la dirección de la luz que incide en ellos o que los atraviesa. s.m. MINERALOGÍA

policromado, a Que está pintado de varios colores: *compraron una escultura policromada.* adj.

policromar Pintar una cosa de varios colores. v.tr.

policromía (Del gr. *polys*, mucho + *khroma*, color.) Presencia en una cosa de colores diversos. s.f.

polícromo, a De varios colores. adj./tb: policromo

policultivo Sistema de utilización del suelo en el que se practican cultivos diferentes en una explotación agrícola o en una región. s.m. AGRICULTURA

polidactilia Malformación que se caracteriza por la presencia de más dedos de los normales en una o en varias extremidades. s.f. MEDICINA

polideportivo, a Se aplica a la instalación deportiva en la que se pueden practicar varios deportes: *va todos los días al polideportivo a hacer gimnasia y natación.* adj/s.m. DEPORTES

polidipsia (Del gr. *polys*, mucho + *dipsos*, sed.) Sensación de sed excesiva que se presenta en algunos estados patológicos. s.f. MEDICINA

poliédrico, a
1 Del poliedro. adj./GEOMETRÍA
2 Que tiene forma de poliedro. GEOMETRÍA

poliedro (Del gr. *polys*, numeroso + *edra*, cara.)
1 Cuerpo geométrico limitado por superficies planas llamadas caras. s.m. GEOMETRÍA
2 poliedro regular: Aquel cuyas caras son polígonos regulares iguales. GEOMETRÍA

poliembrionía
1 Formación de dos o más embriones en una semilla. s.f./BOTÁNICA
2 Formación de varios embriones a partir de un solo cigoto. ZOOLOGÍA

poliéster Sustancia que se utiliza para hacer materias plásticas y fibras sintéticas. s.m. QUÍMICA

polietileno Sustancia plástica, sólida y traslúcida, compuesta por polímeros de etileno. s.m. QUÍMICA

polifacético, a
1 Que tiene varias facetas o aspectos: *el problema es complejo y polifacético.* adj.
2 Que se dedica a diversas cosas o tiene varias aptitudes: *es muy polifacético, toca el piano, pinta y estudia filosofía.*

polifagia (Del gr. *polys*, mucho + *phago*, comer.) Aumento desmesurado de la sensación de hambre. s.f. MEDICINA

polífago, a (Del gr. *polys*, mucho + *phago*, comer.) Que padece polifagia. adj. MEDICINA

polifarmacia Abuso en la prescripción o toma de medicamentos. s.f. MEDICINA

polifásico, a
1 Que tiene varias fases. adj.
2 Se aplica a la corriente eléctrica que está constituida por la combinación de varias corrientes monofásicas. ELECTRICIDAD ≠ monofásico

polifonía (Del gr. *polys*, mucho + *phone*, sonido.) Música que combina un conjunto de partes musicales distintas, por lo general en contrapunto, y, en especial, cuando se trata de partes vocales. s.f. MÚSICA

polifónico, a De la polifonía. adj./tb: polífono

polígala (Del gr. *polys*, numeroso + *gala*, leche.) Planta herbácea poligalácea cuya raíz, perenne, se emplea como expectorante, diurético, purgante y vomitivo. *(Polygala amara.)* s.f. BOTÁNICA = hierba lechera

poligaláceo, a Perteneciente a una familia de plantas angiospermas dicotiledóneas, herbáceas o arbustivas, de hojas sencillas, flores hermafroditas y fruto en cápsula o drupa, como la polígala y la ratania. adj/s.f. BOTÁNICA tb: poligáleo

poligalia Secreción excesiva de leche en las hembras que acaban de parir. s.f. BIOLOGÍA

poligamia (Del gr. *polys*, numeroso + *gamos*, casamiento.)
1 Régimen familiar en que se permite al varón tener varias esposas: *algunas religiones aceptan la poligamia, pero otras la condenan.* s.f. SOCIOLOGÍA ≠ monogamia
2 Estado del polígamo o casado con dos o más mujeres: *ninguna de sus dos esposas conocía su poligamia.* SOCIOLOGÍA ≠ monogamia

poligámico, a De la poligamia. adj.

polígamo, a
1 Se aplica al hombre que está casado con varias mujeres a la vez: *aunque es polígamo, una de sus mujeres es su favorita.* adj/s.m. ≠ monógamo
2 Que se ha casado varias veces, pero nunca ha estado casado con dos mujeres a la vez.
3 Se aplica a la planta que tiene en uno o más pies flores femeninas, masculinas y hermafroditas. adj. BOTÁNICA
4 Se refiere al animal que se aparea con varias hembras de su especie. ZOOLOGÍA

poligenismo Doctrina según la cual la especie humana podría tener variedad de orígenes. s.m. BIOLOGÍA

poligenista (Del gr. *polys*, mucho + *genos*, origen.) Seguidor de las ideas del poligenismo. s.m.f. BIOLOGÍA

poliginia (Del gr. *polys*, numeroso + *gyne*, mujer.)
1 Caso particular de poligamia según la cual a cada hombre le corresponde un número determinado de esposas. s.f. SOCIOLOGÍA
2 Condición de la flor que tiene muchos pistilos. BOTÁNICA
3 Organización de algunos animales, como los gallos o los ciervos, en que el macho reúne un harén de hembras. ZOOLOGÍA

poliglotismo Dominio práctico de varias lenguas: *viaja por todo el mundo sin problemas gracias a su poliglotismo.* s.m. tb: poliglotía = plurilingüismo

polígloto, a (Del gr. *polys*, numeroso + *glotta*, lengua.)
1 Que está escrito en varias lenguas: *tuvo problemas para interpretar la poesía políglota.* adj.
2 Que habla varias lenguas: *él mismo traduce sus obras porque es un autor políglota.* adj/s.

poligonáceo, a Perteneciente a una familia de plantas sin pétalos, a menudo rojizas y ácidas, como la acedera y el ruibarbo. adj/s.f. BOTÁNICA

poligonal
1 Del polígono. adj./GEOMETRÍA
2 Que tiene forma de polígono.
3 Que tiene por base un polígono: *pirámide poligonal; prisma poligonal.* GEOMETRÍA

polígono (Del gr. *polys*, numeroso + *gonia*, ángulo.)

1 Porción de plano limitado por líneas rectas, cuyos segmentos se llaman lados. — *s.m.* GEOMETRÍA
2 Unidad urbanística constituida por una superficie de terreno delimitada como valoración catastral, planificación industrial, residencial, o para otros fines: *están construyendo una gran zona comercial en un polígono de su ciudad.*
3 polígono de tiro: Campo de tiro destinado a estudios y experiencias de la artillería. — MILITAR
4 polígono regular: Aquel que tiene los ángulos y los lados iguales. — GEOMETRÍA

poligrafía (Del gr. *polys*, mucho + *grapho*, escribir.)
1 Arte de escribir sobre varias materias. — *s.f.*
2 Método de escritura en clave. — = criptografía
3 Técnica de descifrar textos escritos en clave.

poligráfico, a De la poligrafía. — *adj.*

polígrafo,-a (Del gr. *polys*, mucho + *grapho*, escribir.)
1 Persona que se dedica al estudio y cultivo de la poligrafía. — *s.*
2 Persona que escribe sobre materias diferentes.
3 Máquina que se emplea para reproducir documentos. — *s.m./C. Rica* = multicopista

polilla
1 Denominación genérica que reciben diversas especies de insectos lepidópteros, cuyas larvas destruyen los tejidos, en especial la lana. *(Tinea.)* — *s.f.* ZOOLOGÍA
2 Larva de estos insectos. — ZOOLOGÍA
3 Lo que destruye una cosa de forma lenta e insensible.
4 polilla de la cera: Insecto lepidóptero nocturno cuya larva se alimenta de la cera de los panales, que pueden sufrir graves daños. — ZOOLOGÍA
5 comerse una persona de polilla: Sufrir pasiones o preocupaciones que la van consumiendo de forma insensible. — coloquial
6 no tener polilla en la lengua: Hablar con franqueza y libertad. — coloquial

polimastia Carácter atávico de los mamíferos superiores y normal en los inferiores que consiste en la presencia de más de dos mamas. — *s.f.* BIOLOGÍA

polimatía Sabiduría que abarca conocimientos diversos. — *s.f.*

polimería
1 Forma particular de herencia en la que diversos genes alelos pueden sumar sus efectos para dar una gama de variantes en el grado de intensidad de un carácter hereditario determinado. — *s.f.* BIOLOGÍA
2 Relación existente entre dos moléculas cuando una es polímero de la otra. — QUÍMICA

polimérico, a Del polímero. — *adj./QUÍMICA*

polimerizable Que se puede polimerizar. — *adj./QUÍMICA*

polimerización Reacción química en la que dos o más moléculas pequeñas se combinan para formar otra molécula lineal grande. — *s.f.* QUÍMICA

polimerizar Convertir una sustancia en otra de la misma composición, pero de mayor peso molecular: *el ácido sulfúrico se polimerizó en nuestro experimento.* — *v.tr/prnl.* conj: *cazar* QUÍMICA

polímero (Del gr. *polys*, mucho + *meros*, parte.) Compuesto químico formado por polimerización. — *s.m.* QUÍMICA

polimetría (Del gr. *polys*, mucho + *metron*, medida.) Combinación de versos de metros diferentes en una misma composición poética. — *s.f.* POESÍA

polimétrico, a Se aplica a la composición poética compuesta de versos de distintos metros. — *adj.* POESÍA

polimórfico, a Que tiene polimorfismo. — *adj.*

polimorfismo
1 Propiedad que tienen algunos cuerpos de variar de forma sin alterar su naturaleza y composición. — *s.m.* QUÍMICA
2 Variedad de forma que presentan los individuos de una misma especie. — BIOLOGÍA
3 Coexistencia en el seno de una lengua o de un dialecto de formas pertenecientes a sistemas lingüísticos distintos. — LINGÜÍSTICA

polimorfo, a (Del gr. *polys*, mucho + *morphe*, forma.)
1 Que presenta polimorfismo. — *adj./tb:* pleomorfo QUÍMICA
2 Se aplica a la roca o cuerpo que se presenta en más de una forma con la misma composición química.
3 Se refiere a las enzimas, o proteínas en general, que se presentan bajo varias formas moleculares. — BIOQUÍMICA

polín (Del fr. *poulain*.)
1 Rodillo que se coloca debajo de bultos de gran peso para poder transportarlos con más facilidad. — *s.m.*
2 Madero prismático de longitud variable que sirve para apoyar sobre él lo que se desea mantener en alto.

polinesio, a (Del gr. *polys*, mucho + *nesos*, isla.)
1 De las islas de la Polinesia. — *adj./tb:* polinésico
2 Persona natural de estas islas. — *s.*
3 Grupo de lenguas de la familia malayo-polinesia habladas en estas islas. — LINGÜÍSTICA

polineuritis (Del gr. *polys*, mucho + *neuron*, nervio + *itis*, inflamación.) Inflamación simultánea de varios nervios periféricos debida a una intoxicación o a una infección. — *s.f.* pl: polineuritis MEDICINA

polínico, a Del polen. — *adj./BOTÁNICA*

polinio Masa de granos de polen aglomerados, como en la orquídea. — *s.m.* BOTÁNICA

polinización Fecundación de una flor mediante el paso del polen desde el estambre al pistilo, donde se transforma en semilla. — *s.f.* BOTÁNICA

polinizador, a Que poliniza. — *adj.*

polinizar Fecundar el polen una flor pasando del estambre en el que se ha producido al pistilo en que ha de germinar. — *v.tr.* conj: *cazar* BOTÁNICA

polinómico, a Del polinomio. — *adj./MATEMÁTICAS*

polinomio (Del gr. *polys*, mucho + lat. *nomen*, nombre.) Expresión algebraica que consta de dos o más términos. — *s.m.* MATEMÁTICAS

polinosis Alergia producida por el polen: *todas las primaveras padece polinosis.* — *s.f./pl:* polinosis MEDICINA

polinuclear Se refiere a la célula que tiene varios núcleos, como los leucocitos de la sangre. — *adj.* BIOLOGÍA

polio
I (Del gr. *polion*.) Zamarrilla, planta labiada. — *s.m./BOTÁNICA*
II (Abreviatura de *poliomielitis*.) Enfermedad contagiosa que ataca a la sustancia gris de la médula espinal. — *s.f.*

poliomielítico, a De la poliomielitis. — *adj./MEDICINA*

poliomielitis (Del gr. *polios*, gris + *mielos*, médula + *itis*, inflamación.)
1 Enfermedad contagiosa, causada por un virus, que ataca a la sustancia gris de la médula espinal y se caracteriza por la atrofia y parálisis de los músculos afectados: *tiene que ir en silla de ruedas porque de pequeña sufrió una poliomielitis.* — *s.f./pl:* poliomielitis MEDICINA = polio
2 poliomielitis aguda: Parálisis infantil. — MEDICINA

poliorcética Estrategia militar para atacar o defender poblaciones fortificadas. — *s.f.* MILITAR

polipasto Polispasto, aparejo de dos grupos de poleas, uno móvil y el otro fijo. — *s.m.* MECÁNICA

polipatía Estado patológico en el que una persona puede padecer diversas enfermedades, sin aparente relación entre ellas. — *s.f.* MEDICINA

polípero Armazón calcáreo que forma la base sólida de las colonias de coral, que a veces se desarrolla en grandes masas. — *s.m.* ZOOLOGÍA

polipétalo, a Se refiere a la flor o corola que tiene varios pétalos. — *adj.* BOTÁNICA

polipiel Piel sintética: *es un bolso barato porque está hecho de polipiel.* — *s.f.*

poliploide Se aplica al núcleo de la célula que presenta un genotipo formado por más de dos juegos de cromosomas. — *adj/s.m.* BIOLOGÍA

pólipo (Del lat. *polypus* < gr. *polypus*, animal de muchos pies.)
1 Forma fija de los celentéreos marinos, compuesta por un cuerpo cilíndrico con dos paredes entre las que se encuentra la cavidad digestiva. — *s.m.* ZOOLOGÍA
2 Tumor pediculado que se forma en las mucosas de distintos órganos. — MEDICINA
3 Pulpo, molusco cefalópodo. — ZOOLOGÍA

polipodiáceo, a Perteneciente a una familia de plantas teridofitas no arborescentes de rizomas ramificados lateralmente y cubiertos de escamas, de frondas pinadas, con esporangios en el envés: *el helecho común es una planta polipodiácea.* — *adj/s.f.* BOTÁNICA

polipodio Helecho de hojas anchas lobuladas, común en las peñas y muros húmedos. *(Polipodium.)* — *s.m.* BOTÁNICA

polipropileno Compuesto químico que se obtiene por polimerización del propileno. — *s.m.* QUÍMICA

políptico Obra pictórica, escultórica o de orfebrería formada por varios paneles fijos o articulados que pueden cerrarse sobre el panel central: *compraron un políptico bizantino precioso.* — *s.m.* ARTE

poliptoton Traducción reiterada de una misma frase en la que se van sustituyendo las palabras con cierto grado de licencia poética. — *s.f.* RETÓRICA

poliqueto, a Perteneciente a una clase de gusanos marinos provistos de cerdas o quetas en sus anillos. — *adj/s.m.* ZOOLOGÍA

polis (Del gr. *polis*.) Ciudad estado entre los antiguos griegos que se administraba por sí misma. — *s.f./pl:* polis HISTORIA

-polis Componente de palabra procedente del gr. *polis*, que significa ciudad: *necrópolis.* — *suf.* tb: -póli

polisacárido Hidrato de carbono formado por la unión de más de dos moléculas de monosacáridos. — *s.m.* QUÍMICA

polisarcia Obesidad o gordura exagerada de las personas. — *s.f.* MEDICINA

polisemia (Del gr. *polys*, mucho + *sema, -atos*, signo.) Propiedad de las palabras que tienen más de un significado. — *s.f.* GRAMÁTICA ≠ monosemia

polisémico, a Se aplica a la palabra que tiene más de un significado. — *adj.* GRAMÁTICA

polisépalo, a Se aplica a la flor o cáliz que tiene varios sépalos. — *adj.* BOTÁNICA

polisílabo, a (Del gr. *polys*, mucho + *syllabe*, sílaba.) Se refiere a la palabra que tiene más de una sílaba: *en castellano hay muchas palabras polisílabas.* — *adj.* GRAMÁTICA

polisíndeton Figura retórica que consiste en la coordinación múltiple de términos de una misma frase mediante conjunciones. — *s.m.* RETÓRICA

polisíntesis Procedimiento morfológico de la formación de palabras, que consiste en añadir uno o varios afijos al tema radical: *"predeterminación" es una palabra formada por polisíntesis.*
s.f.
pl: polisíntesis
GRAMÁTICA

polisintético, a Se aplica a las lenguas que unen diferentes partes de una frase en una sola palabra de muchas sílabas.
adj.
LINGÜÍSTICA

polisón (Del fr. *polisson*, vestido inmodesto.) Armazón que se ponían las mujeres, atado a la cintura, para que abultara la falda o el vestido por detrás.
s.m.
= ahuecador

polispasto (Del gr. *polyspaston*.) Sistema de poleas compuesto de un elemento móvil y otro fijo.
s.m./MECÁNICA
th: polipasto

polista Jugador de polo.
s.m.f./DEPORTES

polistilo, a (Del gr. *polys*, mucho + *stylos*, columna.)
1 Que tiene muchas columnas: *la catedral tiene un gran pórtico polistilo.*
2 Se aplica a la flor que tiene muchos estilos.
adj.
ARQUITECTURA
BOTÁNICA

polisurco Se refiere al arado que tiene diversos cuerpos montados sobre un mismo bastidor, de forma que abre varios surcos al mismo tiempo.
adj.
AGRICULTURA

politécnico, a (Del gr. *polys*, mucho + *tekhnikos*, relativo a un arte.) Que abarca conocimientos de varias ciencias o artes, en especial centro de enseñanza: *estudia en una escuela politécnica.*
adj.

politeísmo (Del gr. *polys*, mucho + *theos*, Dios.) Doctrina religiosa que admite la existencia de varios dioses.
s.m.
RELIGIÓN

politeísta
1 Del politeísmo.
2 Que profesa una religión que admite la existencia de varios dioses.
adj./RELIGIÓN
adj/s.m.f.
RELIGIÓN

política
1 Actividad o arte de gobernar un estado u otra comunidad.
2 Actividad de los que rigen, o aspiran a regir los asuntos públicos: *la política no le interesa nada.*
3 Actividad del ciudadano cuando interviene en los asuntos públicos, en especial mediante su participación en elecciones y consultas.
4 Modo de actuar de una persona o una entidad en algún asunto o proceso: *no creo que sea una buena política ir criticando a tus clientes.*
5 Cortesía y moderación en el trato o relación con otras personas.
6 **política ficción:** Subgénero literario, entre la utopía y la ciencia ficción, que presenta un futuro inmediato para interpretar relaciones sociales y económicas presentes.
s.f.
POLÍTICA

POLÍTICA

POLÍTICA

= estrategia

= diplomacia, tacto
LITERATURA

politicastro Político inepto o mal intencionado: *¡vaya politicastro!, no va a obtener ni un voto.*
s.m.
despectivo

político, a (Del lat. *politicus* < gr. *politikos*.)
1 De la política: *no me interesan las cuestiones políticas.*
2 Que interviene en los asuntos del gobierno de un estado, comunidad autónoma o municipio: *hay demasiados políticos en este país.*
3 Que es cortés y hábil en el trato con la gente: *se lleva bien con todos, es muy político.*
4 Aplicado a nombres que denotan parentesco, indica el correspondiente parentesco por afinidad: *se lleva muy bien con su padre político.*
adj.
POLÍTICA
adj/s.
POLÍTICA

adj.
= diplomático

politicón, a
1 Que tiene mucho interés por la política.
2 Que es muy ceremonioso o aficionado a cumplir las normas y convenciones.
adj./POLÍTICA
despectivo
= formalista

politiquear
1 Actuar o intervenir una persona en política: *politiquea desde hace ya bastantes años, y en el mismo partido.*
2 Hablar una persona de política de forma superficial: *se pasa el día politiqueando con sus amigos en el bar.*
v.intr./POLÍTICA
despectivo

despectivo

politiqueo Actuación en política, en especial cuando se realiza de una manera superficial.
s.m./despectivo
th: politiquería

politiquero, a Que politiquea o habla de política con superficialidad.
adj/s.
despectivo

politización Acción y resultado de politizar o politizarse.
s.f.
POLÍTICA

politizar
1 Dar formación política a una persona: *este banquero se ha politizado.*
2 Dar contenido o carácter político a una cosa: *no me gustaría que politizaran su trabajo.*
v.tr/prnl.
conj: cazar
v.tr.

politología Ciencia que estudia el poder político y sus aplicaciones.
s.f./POLÍTICA

politólogo, a Que está especializado en politología.
adj/s./POLÍTICA
th: politicólogo

politonal De la politonalidad.
adj./MÚSICA

politonalidad Superposición de melodías que proceden de distintas tonalidades.
s.f.
MÚSICA

politraumatismo Conjunto de lesiones como consecuencia de una misma acción o accidente: *sufrió un politraumatismo como consecuencia de una caída.*
s.m.
MEDICINA

poliuretano Materia plástica usada en la preparación de barnices, adhesivos y aislantes térmicos.
s.m.
QUÍMICA

poliuria (Del gr. *polys*, mucho + *uron*, orina.) Secreción de una cantidad anormal y excesiva de orina.
s.f.
MEDICINA

poliúrico, a De la poliuria.
adj./MEDICINA

polivalencia Cualidad de polivalente.
s.f.

polivalente
1 Que tiene varios valores.
2 Que sirve para varios fines o funciones: *bachillerato polivalente; herramienta polivalente.*
3 Se refiere a la persona que puede realizar diferentes funciones: *las empresas se lo disputan porque es un profesional polivalente.*
4 Se aplica al medicamento que tiene varias valencias o eficacias, en especial suero y vacuna: *suero polivalente.*
5 Que tiene varias valencias: *elemento polivalente.*
adj./tb: plurivalente

= comodín

MEDICINA

QUÍMICA

polivalvo, a (Del gr. *polys*, mucho + lat. *valva*, hoja de puerta.) Se aplica a los testáceos que tienen la concha formada por varias valvas.
adj.
ZOOLOGÍA

polivinilo Producto obtenido de la polimerización del vinilo, que tiene diversas aplicaciones.
s.m.
QUÍMICA

póliza (Del ital. *polizza* < bajo lat. *apodixa* < gr. *apodeixis*, demostración, prueba.)
1 Documento justificativo de un contrato de seguros, de fletamiento, de una operación de bolsa o de otras operaciones comerciales: *se dedica a vender pólizas de seguros.*
2 Sello que se pega en algunos documentos como justificante de haber satisfecho el importe del impuesto con que estén gravados.
3 Documento en que se certifica la legitimidad de los géneros y de las mercancías que se transportan.
4 Documento que contiene una orden de cobro de dinero.
5 Escrito anónimo o cartel clandestino.
s.f.
COMERCIO

ECONOMÍA

COMERCIO

ECONOMÍA

= pasquín

polizón (Del fr. *polisson*, niño travieso.)
1 Persona que viaja de forma clandestina en un barco: *cuando llegaron a puerto descubrieron que había tres polizones en el barco.*
2 Persona ociosa y callejera.
s.m.f.

polizonte Agente de policía.
s.m.f./despectivo

poljé (Voz serbocroata.) Depresión del terreno de forma ovalada en las regiones de relieve calcáreo.
s.m.
GEOGRAFÍA

polka (Del checo *pulka*, medio.) Polca [en todas sus acepciones].
s.f.

polla
1 Gallina joven que aún no pone huevos o que ha empezado a ponerlos hace poco tiempo.
2 Mujer joven: *tu hija ya está hecha una polla.*
3 Pene, órgano sexual masculino.
4 Denominación que reciben diversas aves ralliformes por su parecido con la gallina.
5 Cantidad que deposita el perdedor para jugar en la mano siguiente, en algunos juegos de cartas.
6 **polla de agua:** Ave gruiforme acuática, de plumaje oscuro y pico rojo con la punta amarilla, que anida en aguas dulces europeas y norteafricanas donde haya vegetación densa en las orillas. *(Gallinula chloropus.)*
7 **polla hasta la polla:** Estar muy harto.
s.f.
ZOOLOGÍA
coloquial
vulgar
ZOOLOGÍA

JUEGOS

ZOOLOGÍA

vulgar

pollada
1 Conjunto de pollos que sacan de una vez las aves, en especial las gallinas.
2 Conjunto de granadas que se disparaban al mismo tiempo con el mortero.
3 Tontería, imbecilidad.
s.f.
ZOOLOGÍA
MILITAR

pollancón, a
1 Pollo o polla de mayor tamaño que el normal.
2 Joven que es muy corpulento para su edad.
s.
coloquial

pollastre (Del cat. *pollastre*.)
1 Pollo o polla grandes.
2 Joven que presume de ser ya un hombre.
s.m./ZOOLOGÍA
coloquial

pollear Empezar un chico o chica adolescente a hacer cosas propias de los jóvenes: *su hija de catorce años ya empieza a pollear.*
v.intr.

pollera
1 Cesta de mimbre con tapadera usada para guardar pollos.
2 Lugar en que se crían los pollos.
3 Armazón de mimbres en forma de campana, para aprender a andar sin caerse.
4 Falda de mujer.
s.f.

= pollero

Amér. Merid.

pollería Establecimiento donde se venden pollos y otras aves comestibles.
s.f.
COMERCIO

pollero, a
1 Persona que se dedica a criar o vender pollos.
2 Sitio donde se crían los pollos.
s.
s.m.

pollez Tiempo que pasan las aves de rapiña sin mudar las plumas.
s.f./pl: polleces
ZOOLOGÍA

pollina Flequillo, porción de cabello que cae sobre la frente.
s.f.
P. Rico, Venez.

pollinarmente Cabalgando en un asno o pollino.
adv.

pollino, a (Del lat. *pullus*, cría de un animal cualquiera.)
1 Asno joven y sin domar.
2 Cualquier asno.
3 Se aplica a la persona simple, ignorante o ruda: *es tan pollino que no entiende nada.*
s.

adj/s./coloquial
= pollino

pollito, a Niño o niña de corta edad.
s./coloquial

pollo
I (Del lat. *pullus.*)

1 Cría joven de las aves y en especial de la gallina: *le gustan mucho las pechugas de pollo fritas.* — s.m. ZOOLOGÍA
2 Cría de las abejas. — ZOOLOGÍA
3 Hombre joven: *su novio es un pollo de buena familia.* — coloquial
4 Hombre astuto y sagaz: *¡cuidado con este tipo!, es un pollo de mucho cuidado.* — coloquial = tipo
5 Ave que no ha mudado la pluma, en cetrería. — CAZA
6 **pollo tomatero:** El de gallina que sale de la segunda muda.
7 **sacar pollos:** Incubar huevos.
8 **voló el pollo:** Expresión con que se da a entender que una cosa de que se tenía esperanza se escapa de las manos: *¡voló el pollo!, le han dado el trabajo a otro.* — coloquial = voló el golondrino
II (De origen incierto.) Saliva o flema que se escupe. — s.m./coloquial
polluela Ave zancuda parecida al rascón, que anida entre la hierba a orillas de los cursos de agua y en terrenos pantanosos. *(Porzana.)* — s.f. ZOOLOGÍA
polluelo, a Pollo de pocos días. — s.

polo
I (De origen incierto.)
1 Cualquiera de los dos extremos del eje de rotación de una esfera o cuerpo redondeado, en especial los del planeta Tierra. — s.m. FÍSICA
2 Región del planeta contigua a estos extremos: *están preparando una expedición al polo norte.* — GEOGRAFÍA
3 Concepto que está en completa oposición a otro.
4 Prenda de vestir de punto con cuello abierto o cuello alto que cubre el tronco: *llevaba un polo rojo con pantalón negro.*
5 Punto, persona o cosa en la que converge la atención o el interés: *la ecología se convirtió en el polo del debate.* — = centro
6 Persona o cosa muy diferente de otra: *tu amigo es el polo opuesto a ti, él tan serio y tú tan alegre.*
7 Cada uno de los extremos del circuito de una pila o de algunas máquinas eléctricas. — ELECTRICIDAD
8 Cualquiera de los dos puntos de un cuerpo, en los que se acumula en mayor cantidad la energía de un agente físico. — FÍSICA
9 Cada una de las partes extremas de algunos órganos. — ANATOMÍA
10 Punto que se escoge para trazar desde él los radios vectores, en las coordenadas polares. — GEOMETRÍA
11 **polo antártico o sur:** El opuesto al ártico. — GEOGRAFÍA
12 **polo ártico o norte:** Punto de la esfera terrestre situado en el eje superior de rotación de la Tierra. — GEOGRAFÍA
13 **polo celeste:** Cada uno de los dos puntos de intersección de la esfera celeste con el eje de rotación de la Tierra. — ASTRONOMÍA
14 **polo de crecimiento o de desarrollo:** Conjunto de unidades matrices que ejercen efectos de arrastre sobre otros conjuntos definidos en el espacio económico y geográfico. — ECONOMÍA
15 **polo magnético:** Cada uno de los puntos de la esfera terrestre situados en las regiones polares, adonde se suele dirigir la aguja imantada. — GEOGRAFÍA
16 **polo negativo:** Extremidad de menor potencial del circuito de una pila o de algunas máquinas eléctricas, por la que sale la corriente. — ELECTRICIDAD
17 **polo positivo:** Extremidad de mayor potencial del circuito de una pila o de algunas máquinas eléctricas, por donde entra la corriente. — ELECTRICIDAD
18 **polo terrestre:** Cada uno de los dos puntos de intersección del eje de rotación de la Tierra con la superficie de ésta. — GEOGRAFÍA
19 **de polo a polo:** Pondera la gran distancia que hay entre dos lugares o entre dos opiniones o doctrinas. — loc.adv.
II (Del gr. *polos,* eje.) Canto popular andaluz, de ritmo rápido. — s.m. MÚSICA
III (Del ingl. *polo* < tibetano *polo,* pelota.) Deporte que se practica a caballo, entre dos equipos que golpean una pelota con unos mazos de mango largo para hacerla pasar por la meta contraria. — s.m. DEPORTES
IV (Marca registrada.) Tipo de helado que se come cogiéndolo de un palo en el que va hincado: *le encantan los polos de fresa.* — s.m.
pololear
1 Causar molestia o importunar a una persona con cosas desagradables o inoportunas. — s.m. v.tr./Amér. Central y Merid.
2 Requebrar a una mujer diciéndole piropos. — Chile
3 Tontear, hacer bromas. — Chile
pololo
1 Pantalón corto que usan los niños pequeños. — s.m.
2 Pantalón corto y con peto que usaban las mujeres para hacer gimnasia.
3 Pantalones bombachos cortos que se ponen debajo de la falda y forman parte de algunos trajes regionales femeninos. — s.m.pl.
4 Individuo que pretende a una mujer con fines amorosos. — s.m. Chile
5 Insecto fitófago de cabeza pequeña, élitros cortos y cuerpo con verrugas, que al volar produce un zumbido similar al del moscardón. *(Aulacopalpus viridis.)* — Chile ZOOLOGÍA
polonés, a De Polonia. — adj/s.

polonesa
1 Danza de tres tiempos, de origen polaco, movimiento moderado y ritmo acentuado. — s.f.
2 Música de esta danza que se caracteriza por sincopar las dos primeras notas de cada compás. — MÚSICA
polonio Metal radiactivo obtenido como producto de la desintegración del radio. — s.m. QUÍMICA
poltergeist Fenómeno físico paranormal espontáneo y repetitivo que se manifiesta en el movimiento, desplazamiento y levitación de objetos, acompañado de golpes y sonidos y otros fenómenos inexplicables. — s.m. OCULTISMO
poltrón, a (Del ital. *poltrone,* potro.) Que evita el trabajo y las molestias: *no seas tan poltrón y ayúdame a limpiar la casa.* — adj. = holgazán
poltrona Butaca amplia y cómoda: *el director ha ocupado su poltrona.* — s.f.
poltronear Intentar no trabajar o no hacer una persona una cosa: *no me gusta que te pases el día poltroneando.* — v.intr. coloquial = holgazanear
poltronería Modo de ser o comportarse el poltrón u holgazán. — s.f. = holgazanería
poltronizarse Dejar de ser activa una persona. — v.prnl./conj: *cazar*
polución (Del lat. *polluere,* ensuciar.)
1 Contaminación del aire o las aguas por desechos o residuos de la industria y la tecnología: *cada vez hay más polución en las ciudades.* — s.f. ECOLOGÍA
2 Emisión involuntaria de semen durante el sueño: *tener una polución nocturna.*
3 Estado de corrupción moral. — = perversidad
polucionar Alterar el medio ambiente con sustancias perjudiciales para la salud humana y la naturaleza. — v.tr./ECOLOGÍA = contaminar
poluto, a (Del lat. *poluto,* sucio.) Que está sucio o manchado. — adj. ≠ impoluto, limpio
polvareda
1 Cantidad de polvo que se levanta de la tierra por el viento u otra causa: *con esta polvareda casi no se ve la carretera.* — s.f.
2 Agitación provocada en las personas por una noticia o suceso: *con la separación de los príncipes se montó una buena polvareda.* — = escándalo
3 **armar, levantar o mover polvareda:** Dar motivos de discusión: *la construcción de la central nuclear levantó una gran polvareda.* — coloquial
polvera Recipiente pequeño que contiene los polvos usados en cosmética y la borla con que se aplican. — s.f. tb: polvorera
polvificar Reducir una cosa a polvo. — v.tr./coloquial
polvillo Denominación genérica de algunos hongos que atacan a los cereales. — s.m./Amér. MICOLOGÍA
polvo (Del ant. *polvos* < lat. vulgar *pulvus* < lat. *pulvis, -eris.*)
1 Conjunto de partículas de tierra u otras sustancias sólidas que flotan en el aire y se posan sobre los objetos: *no te gusta nada quitar el polvo de los muebles.* — s.m.
2 Sustancia sólida reducida a partículas: *polvo de oro.*
3 Cantidad de partículas que se puede tomar de una vez con las yemas de los dedos pulgar e índice. — = pellizco, pulgarada
4 Coito, cópula sexual. — vulgar
5 Producto cosmético que se utiliza como maquillaje: *se pone polvos para fijar el maquillaje.* — s.m.pl.
6 **polvo de batata:** Dulce compuesto de pulpa de batata cocida y amasada, almíbar, canela, limón y vainilla. — COCINA
7 **polvo de capuchino:** El de las semillas de la cebadilla. — BOTÁNICA
8 **polvo de salvadera:** Utensilio que contenía los polvos usados para secar lo escrito.
9 **polvo de Soconusco:** Mezcla de polvos de vainilla y otras especias que se ponía al chocolate para darle sabor y aroma. — = pinole
10 **polvos de blanqueo:** Mezcla de hidróxido, cloruro e hipoclorito de calcio que se utiliza como agente blanqueador y se le conoce también como cloruro de cal. — QUÍMICA
11 **polvos de cartas:** Los que se echaban para secar los escritos recientes. — = arenilla
12 **polvos de Juanes:** Mercurio precipitado de rojo. — QUÍMICA
13 **polvos de la madre Celestina:** Modo secreto y maravilloso con el que se hace una cosa. — coloquial
14 **polvos de pica pica:** Polvo de distintas sustancias que producen picor y estornudos.
15 **polvos de tocador:** Los usados como cosmético.
16 **aquellos polvos traen estos lodos:** Se usa para expresar que cierta cosa pasada es causa de lo que ahora se sufre. — coloquial
17 **echar o pegar un polvo:** Practicar el coito. — vulgar
18 **estar o dejar hecho polvo:** Estar o dejar abatido, destrozado o muy cansado: *la noticia lo dejó hecho polvo.* — coloquial
19 **hacer morder el polvo:** Derrotar, humillar en una lucha o disputa. — coloquial
20 **hacer polvo a una persona:** Dejarle muy cansado o abatido, derrotarle en una lucha o discusión: *ha hecho polvo a su contrincante.* — coloquial
21 **hacer polvo una cosa:** Destrozarla, destruirla: *el niño hizo polvo el juguete.* — coloquial

22 levantar del polvo a una persona: Elevarla de la infelicidad y abatimiento a un estado más dichoso. *coloquial*

23 limpio de polvo y paja: 1. Dado o recibido sin trabajo. 2. Se aplica a la ganancia líquida, descontados los gastos. *coloquial* *coloquial*

24 matar el polvo: Regar el suelo para que no se levante polvo. *coloquial*

25 sacar polvo debajo del agua: Se usa para ponderar la viveza o sagacidad de una persona. *coloquial*

26 sacudir el polvo a una persona: 1. Darle golpes, pegarle. 2. Rebatirle, impugnarle con fuerza. *coloquial* *coloquial*

27 sacudir el polvo de los pies o de los zapatos: Huir de un lugar aborrecido. *coloquial*

pólvora (Del lat. *pulvera*, polvos.)
1 Mezcla explosiva sólida que se utiliza para disparar proyectiles o para la propulsión de cohetes o ingenios. *s.f.* *QUÍMICA*
2 Conjunto de fuegos artificiales que se disparan en las fiestas.
3 Tendencia de una persona a irritarse o encolerizarse con facilidad. *= mal genio*
4 Afectividad y vehemencia de una cosa. *= viveza*
5 pólvora de algodón: Piroxilina, explosivo. *QUÍMICA*
6 pólvora de cañón: La de grano grueso que se usaba para cargar las piezas de artillería. *MILITAR*
7 pólvora de caza: La de grano menudo usada en las escopetas de los cazadores. *CAZA*
8 pólvora de fusil: La de grano mediano que se usaba en las cargas de los fusiles. *MILITAR*
9 pólvora de guerra: La destinada a usos militares. *MILITAR*
10 pólvora de mina: Pólvora de grano muy grueso usada para rellenar los barrenos para hacer saltar rocas y piedras. *MILITAR* *MINERÍA*
11 pólvora de papel: La que consiste en hojas de papel bañadas de diversas composiciones, inflamable a un alto grado de calor. *QUÍMICA*
12 pólvora detonante o fulminante: La inflamable por el choque o rozamiento con un cuerpo duro. *QUÍMICA*
13 pólvora lenta o progresiva: La que tarda cierto tiempo en explotar. *QUÍMICA*
14 pólvora prismática: La de granos prismáticos, usada en artillería. *MILITAR*
15 pólvora de duque: Polvoraduque, salsa. *COCINA*
16 pólvora sorda: Persona que hace daño a otra sin estrépito y con gran disimulo. *coloquial*
17 pólvora viva: Aquella cuya inflamación total es casi instantánea. *QUÍMICA*
18 gastar pólvora en salvas: Poner medios inútiles, ineficaces o fuera de tiempo para un fin: *ahora ya no tiene solución, no gastes pólvora en salvas.* *coloquial*
19 no haber inventado una persona la pólvora: Ser poco inteligente. *coloquial*
20 ser una persona una pólvora: Ser muy viva y eficaz: *lo soluciona todo con rapidez porque es una pólvora.* *coloquial*
21 tirar una persona con pólvora ajena: Gastar o jugar con dinero ajeno. *coloquial*
22 volar con pólvora: Se usa para indicar que una persona merece un grave castigo o para amenazarla con él. *coloquial*

polvoraduque Salsa que se hacía con jengibre, azúcar, clavo y canela. *s.f./COCINA* *tb: pólvoras de duque*

polvoreamiento Acción de polvorear o esparcir polvos sobre una cosa. *s.m.*

polvorear Echar o esparcir polvos sobre una cosa: *sólo falta polvorear las ensaimadas con azúcar lustre.* *v.tr.* *= espolvorear*

polvorera Polvera, recipiente para guardar los polvos cosméticos. *s.f.*

polvoriento, a Que está lleno o cubierto de polvo: *después de las vacaciones, nos encontramos la casa muy polvorienta.* *adj.* *= polvoroso*

polvorilla
1 Persona que se irrita con facilidad, pero de una manera pasajera e intrascendente: *no te preocupes por su enfado, es un polvorilla.* *s.m.f.*
2 Persona muy inquieta que suele hacer las cosas con rapidez y sin pensarlas. *coloquial* *tb: pólvora*

polvorín
1 Edificio o lugar acondicionado para almacenar pólvora y otros explosivos: *el polvorín cumplía con todas las normas de seguridad.* *s.m.* *MILITAR*
2 Pólvora muy menuda y otros explosivos usados para cargar las armas de fuego.
3 Pequeño frasco usado para llevar la pólvora.

polvorista Persona especializada en inventos del fuego en máquinas militares y artificios. *s.m.f.*

polvorizable Pulverizable, que se puede polvorizar. *adj.*

polvorizar (Del cat. *polvoritzar*.)
1 Echar polvos sobre una cosa: *debes polvorizar la caseta del perro con un producto que elimine las pulgas.* *v.tr./conj: cazar* *= polvorear*
2 Reducir una cosa a polvo. *= pulverizar*
3 Esparcir un líquido en el aire en gotas muy pequeñas: *polvoriza las hojas de las plantas para limpiarlas.* *= pulverizar*

polvorón Dulce de harina, manteca y azúcar, cocido *s.m.*

al horno fuerte y cuya masa se deshace con facilidad al meterlo en la boca: *le gusta comer polvorones en Navidad.* *COCINA*

polvoroso, a Polvoriento, cubierto de polvo. *adj.*

poma (Del lat. *poma*, frutos comestibles.)
1 Manzana, fruto del manzano. *s.f./BOTÁNICA*
2 Variedad de manzana, pequeña, achatada, de color verdoso y sabor agradable.
3 Vaso o aparato para quemar o esparcir perfumes. *= pebetero*
4 Frasco de perfume y cajita en que se guarda. *tb: pomo*
5 Especie de bola elaborada con varios ingredientes, por lo general odoríferos. *tb: pomo*

pomáceo, a Perteneciente a un grupo de plantas angiospermas dicotiledóneas de la familia de las rosáceas, de hojas alternas, flores hermafroditas en corimbos y fruto en pomo, como el peral y el manzano. *adj/s.f.* *BOTÁNICA*

pomada (Del fr. *pommade*.) Mezcla de una sustancia grasa y otros ingredientes de aplicación cutánea usada como medicamento: *ponte un poco de pomada en la erupción.* *s.f.* *FARMACIA*

pomar Tierra plantada de árboles frutales, en especial manzanos. *s.m.* *AGRICULTURA*

pomarada Terreno plantado de manzanos. *s.f./tb: pumarada*

pomarrosa Fruto del yambo, parecido a una manzana pequeña, de color amarillento con partes rosadas, sabor dulce, olor de rosa y una sola semilla. *s.f.* *BOTÁNICA*

pomelo (Del ingl. *pommelo*.)
1 Planta arbórea de copa redondeada, hojas ovaladas, flores blancas y fruto comestible, que se cultiva en los países cálidos. *(Citrus paradisi.)* *s.m.* *BOTÁNICA*
2 Fruto de este árbol, de sabor agrio, tamaño de una naranja grande y de color amarillo pálido: *siempre toma zumo de pomelo con el desayuno.* *BOTÁNICA* *= toronja*

pómez (Del lat. *pumex*, *-icis*.) Roca volcánica, porosa, ligera y muy dura, que se usa como abrasivo. *s.f./GEOLOGÍA* *= pumita*

pomífero, a Se aplica al árbol que tiene o produce pomas o manzanas. *adj.* *literario*

pomo (Del lat. *pomum*, fruto comestible del árbol.)
1 Tirador o agarrador redondo de una puerta o cajón: *se ha roto el pomo del cajón y no puedo abrirlo.* *s.m.*
2 Fruto carnoso, de forma globosa, con pepitas, procedente de un ovario ínfero sincárpico. *BOTÁNICA*
3 Frasco o recipiente pequeño en que se guardan o conservan licores y perfumes. *tb: poma* *= bujeta*
4 Bola de sustancias aromáticas. *tb: poma*
5 Extremo de la guarnición de la espada, por encima del puño, que sirve para mantenerla unida y firme con la hoja.
6 Recipiente cilíndrico de material flexible en el que se expenden cosméticos, fármacos o pinturas. *Argent.*
7 Juguete, por lo común cilíndrico y flexible, con el que se arroja agua durante el carnaval. *Argent.*
8 Botella de alguna bebida alcohólica. *Méx.*

pomología (Del lat. *pomum*, fruto comestible + *logos*, ciencia.) Parte de la agricultura que estudia los frutos comestibles. *s.f.* *AGRICULTURA*

pompa (Del lat. *pompa* < gr. *pompe*.)
1 Acompañamiento solemne y suntuoso de una ceremonia u otro acto: *celebraron su boda con mucha pompa y derroche de lujo.* *s.f.* *= boato,* *ostentación*
2 Esfera llena de aire, en especial la que se forma en agua con jabón: *el niño hacía pompas de jabón.* *= burbuja*
3 Abombamiento que se forma en la ropa cuando se introduce aire.
4 Cortejo o procesión solemne.
5 Máquina para elevar líquidos e impulsarlos en una dirección determinada. *= bomba*
6 Rueda que hace el pavo real, extendiendo y levantando la cola.
7 Parte eufemística de referirse a las nalgas. *Méx.*
8 pompas fúnebres: 1. Ceremonias en honor de un difunto. 2. Funeraria, empresa dedicada a este tipo de ceremonias.
9 hacer pompa: 1. Extenderse el follaje de los árboles hacia todas partes. 2. Hacer vana ostentación de una cosa. *coloquial*

pompear
1 Mostrar o expresar una persona una cosa creyéndose superior a las demás: *María se pompea en las fiestas.* *v.intr/prnl.* *= pavonear*
2 Mostrar una cosa con orgullo: *nos pompeamos de nuestros títulos.* *v.prnl./+ de* *= pavonearse*

pompeyano, a
1 De Pompeya, ciudad de Italia. *adj./HISTORIA*
2 Persona natural de esta ciudad. *s./HISTORIA*
3 Se refiere al estilo artístico que es propio de las pinturas y otros objetos de arte hallados en esta ciudad italiana. *adj.* *ARTE*

pompier (Voz francesa.)
1 Se aplica a los artistas que se caracterizan por su tendencia académica y por la falta de creatividad. *adj.* *ARTE*
2 Se refiere a las obras realizadas por estos artistas. *ARTE*

pompílido, a Perteneciente a una familia de insectos himenópteros provistos de aguijón, con el abdomen negro y rojo. *adj/s.m.* *ZOOLOGÍA*

pompis Culo, trasero de las personas: *al bebé se le ha enrojecido el pompis.* — s.m./pl: pompis / familiar

pompo, a Se aplica a las cosas que no tienen filo o que son romas. — adj./Colomb., Ecuad.

pompón (Del fr. *pompon*.)
1 Borla de lana u otro tejido que se pone de adorno en la ropa: *la abuela le ha hecho un gorro con pompón a su nieto.* — s.m.
2 Bola de metal o seda que llevaban en la parte alta delantera los chacós y morriones militares a principios del siglo XIX. — MILITAR

pomponearse (Del fr. *se pomponner*.)
1 Hacer ostentación de uno mismo o de sus propiedades: *siempre se pomponea delante de sus subordinados.* — v.prnl. = pavonearse
2 Mostrar una cosa con orgullo: *Juan se pomponea de su coche.* — + de/= pavonearse, pompearse

pomposidad
1 Actitud ostentosa, grandilocuente o exagerada de la propia importancia, que por lo general no se corresponde con la realidad: *hablaba de sus méritos con mucha pomposidad.* — s.f. = sencillez
2 Condición de ostentoso, adornado con exceso o exagerado en tamaño y vistosidad: *ha decorado su casa con una pomposidad casi barroca.* — ≠ sobriedad

pomposo, a
1 Que es ostentoso y exagerado: *celebraron una fiesta muy pomposa; se paseaba pomposo en un descapotable nuevo.* — adj./= suntuoso ≠ sencillo
2 Que es llamativo o demasiado adornado: *le regaló un pomposo ramo de flores.* — = aparatoso ≠ sobrio
3 Se aplica al lenguaje que es altisonante y grandilocuente.

pómulo (Del lat. *pomulum*, fruto pequeño.)
1 Hueso prominente de la mejilla que cierra la cuenca del ojo en su parte inferior externa. — s.m./ANATOMÍA = malar
2 Parte de la cara correspondiente a este hueso: *tienes los pómulos enrojecidos por el calor.*

ponchada Cantidad importante de una cosa. — s.f./Amér. Merid.

poncharse Pincharse una rueda de un automóvil. — v.prnl./ Méx., Guat.

ponchazo
1 Indica de la mejor manera posible y con esfuerzo, en la expresión **a los ponchazos**. — loc.adv. Argent.
2 Indica de cualquier manera, con improvisación, en la expresión **a los ponchazos**. — loc.adv. Argent.

ponche (Del ingl. *punch*.)
1 Bebida elaborada con agua, limón, azúcar y ron, u otro licor: *se tomó un ponche de ron después del café.* — s.m.
2 **ponche de huevo**: Bebida elaborada con ron, leche, clara de huevo y azúcar.

ponchera Recipiente semiesférico y con pie, usado para preparar y contener el ponche. — s.f.

poncho, a
1 Que es vago o perezoso. — adj.
2 Prenda de abrigo que consiste en una manta con un agujero en el centro para pasar la cabeza y que cuelga de los hombros hasta más abajo de la cintura: *se compró un poncho de lana de colores para el invierno.* — s.m.
3 Capote militar con mangas y esclavina y ceñido al cuerpo con un cinturón. — MILITAR
4 **alzar el poncho**: Marcharse, irse de un lugar. — Argent.
5 **perder el poncho**: Enloquecer de amor. — Argent.

poncil (Del cat. *ponsir*.) Se aplica a una especie de limón, de sabor agrio y corteza muy gruesa. — adj/s.m./tb: ponci = poncidre

ponderable
1 Que puede pesarse: *comercian con todo tipo de mercancía ponderable.* — adj. ≠ imponderable
2 Que es digno de atención o consideración: *iniciativa ponderable; idea ponderable.* — = encomiable

ponderación
1 Acción de elogiar mucho a una persona o cosa: *hizo una ponderación de sus virtudes.* — s.f. = elogio
2 Cualidad de la persona que obra y habla sin excesos ni violencias: *no es nada exagerado, siempre habla con ponderación.* — = moderación
3 Igualdad entre el peso de dos cosas. — = equilibrio
4 Acción de pesar una cosa.
5 Procedimiento de elaboración de un índice que consiste en colocar los distintos elementos en el lugar que les corresponde, según su importancia real. — ESTADÍSTICA

ponderado, a
1 Que actúa o habla con tacto, prudencia y sin apasionamiento: *fue muy ponderado con sus palabras.* — adj. = prudente
2 Se aplica a la magnitud cuyo valor ha sido modificado de acuerdo con determinadas reglas. — ESTADÍSTICA

ponderador, a Que pondera. — adj/s.

ponderal (Derivado del lat. *pondus, -eris*, peso.) Del peso. — adj.

ponderar (Del lat. *ponderare*, evaluar.)
1 Alabar las acciones o las cualidades de una persona o una cosa: *le ponderaron su fuerza de voluntad y tesón.* — v.tr. = elogiar
2 Examinar con cuidado e imparcialidad los aspectos positivos y negativos de un asunto: *ponderaremos la propuesta antes de proceder a la votación.* — = sopesar
3 Determinar el peso de una cosa. — = pesar

4 Oponer a una fuerza otra que evite su efecto. — = equilibrar
5 Elaborar un índice colocando los distintos elementos en el lugar que les corresponde según su importancia real. — ESTADÍSTICA

ponderativo, a Que pondera o exagera en sus elogios: *hay que relativizar lo que dice porque es una persona muy ponderativa.* — adj.

ponderosamente
1 Con pesadez. — adv.
2 Con atención y cuidado.

ponderosidad
1 Condición de lo que pesa mucho. — s.f.
2 Actitud ponderada, equilibrada o sensata al hablar, obrar y opinar. — = prudencia

ponderoso, a (Del lat. *pondus, -eris*, peso.)
1 Que pesa mucho. — adj./= pesado
2 Se refiere a la persona o la acción que es sensata o mesurada: *debes ser ponderoso al tomar importantes decisiones.* — = ponderado, sensato

pondo Especie de tinaja. — s.m./Ecuad.

ponedero, a
1 Que se puede poner o está para ponerse. — adj.
2 Se aplica al ave que pone huevos, en especial la gallina.
3 Lugar destinado a que pongan huevos las gallinas y otras aves. — s.m. = nidal
4 Sitio donde se halla el nidal de la gallina.

ponedor, a
1 Que pone. — adj.
2 Se refiere al caballo o yegua que está adiestrado para levantar las patas delanteras y sostenerse sobre las traseras. — EQUITACIÓN
3 Se aplica a la gallina que pone huevos, en especial la que pone muchos.
4 Persona que ofrece precio en subastas. — s./= postor

ponencia
1 Proyecto presentado por un ponente, en algunos casos para ser sometido a examen o aprobación de una asamblea. — s.f. = informe
2 Persona o comisión designada para actuar como ponente. — = comunicante
3 Cargo de ponente.

ponente
1 Que presenta una ponencia. — adj/s.m.f.
2 Se aplica al magistrado, funcionario o miembro de un cuerpo colegiado o asamblea a quien se asigna para tratar de un asunto y proponer una resolución: *es la ponente de la comisión de investigación del parlamento.*

ponentino, a De occidente o poniente. — adj/s.m./tb: ponentisco

poner (Del lat. *ponere*, colocar.)
1 Colocar en un lugar a una persona o una cosa: *me puse en un rincón para dejar pasar a los niños; puso el libro en la estantería.* — v.tr/prnl. = instalar, situar
2 Vestir a una persona o colocarse una prenda: *por la tarde me puse una chaqueta; le pondré una bufanda a la niña.* — v.tr/prnl.
3 Dar un empleo u oficio a una persona: *su padre lo puso de botones en un hotel; se puso de enfermera en ese hospital.* — = emplear
4 Hacer que una persona o una cosa esté de cierta manera: *ayer me puse morena; mi actitud le puso nervioso; lo puso colorado.*
5 Colocar a una persona ante una cosa desagradable: *me puse a una reprimenda diciéndole aquello.* — = exponer
6 Preparar una cosa para un fin determinado: *¿podrías poner la mesa?* — v.tr. = disponer
7 Hacer funcionar un aparato u otra cosa: *en cuanto se levanta pone la radio.* — = encender
8 Contar o calcular una cosa: *yo pongo que tiene unos quince años.*
9 Aceptar un supuesto o una hipótesis: *pongamos que se hace así, ¿qué pasaría?* — = suponer
10 Jugar una cantidad u otra cosa: *puso mil pesetas a que llegarías tarde.* — = apostar
11 Exponer una cosa a la resolución o disposición de una persona: *esta decisión la pongo en tus manos.* — = dejar
12 Escribir o enviar una carta u otra comunicación: *le ha puesto un telegrama.* — = mandar
13 Escribir una cosa en cierta forma: *en el informe lo ponía muy claro.* — = decir
14 Representar una obra de teatro.
15 Proyectar o transmitir una película o programa de televisión o radio: *esta noche ponen una de miedo en la tele.* — = echar
16 Participar en una acción o un esfuerzo: *si no pones nada de tu parte, no lo conseguiremos.* — = apoyar
17 Aplicar un nombre o un mote a una persona o una cosa: *a su hijo le han puesto el nombre del abuelo.* — = dar
18 Aplicar o adaptar una cosa.
19 Soltar o depositar un ave un huevo: *las gallinas ya no ponen mucho.* — v.tr/intr. = desovar
20 Tratar a una persona bien o mal de palabra: *al final de la discusión puso fatal a su jefe.* — v.tr.
21 Añadir una cosa inventada a una narración: *y el resto lo puso de su cosecha.* — = inventar

22 Dar una cantidad para una suscripción o un fondo: *yo pongo mil pesetas para el regalo del profesor.* — = aportar

23 Hacer concebir un sentimiento a una persona: *le puso el miedo en el cuerpo.* — = imbuir

24 Señalar los jugadores una cantidad con la que contribuyen al fondo que ha de llevarse el ganador. — JUEGOS

25 Empezar a hacer una cosa: *se puso a cantar.* — v.prnl./+ a

26 Tratar a una persona de cierta manera: *me puso de mentiroso.* — + de, por / = tildar

27 Oponerse a una persona.

28 Mancharse una persona con una cosa: *se puso de chocolate hasta la cabeza.* — + de

29 Compararse o competir con una persona: *se pone siempre con un millonario.*

30 Ocultarse un astro por debajo del horizonte: *el Sol se ponía con lentitud.*

31 Llegar a un lugar: *nos pusimos en Barcelona en tres horas.*

32 poner a parir: Criticar a una persona con dureza, en especial cuando se hace en su ausencia: *cuando se qudan solas la ponen a parir.* — coloquial

33 no ponérsele a una persona nada por delante: No impedir una cosa ni una persona la realización de una cosa. — coloquial

34 poner en claro una cosa: Explicar una cosa difícil o confusa con claridad.

35 poner por encima: Preferir o anteponer una cosa a otra u otras: *pone por encima su orgullo a nuestra relación.* — coloquial

36 ponerse al corriente: Adquirir el conocimiento necesario de una cosa: *he de ponerme al corriente de lo que ha pasado en mi ausencia.*

37 ponerse bien: 1. Restablecerse de una enfermedad o indisposición: *ha estado enfermo, pero ya se ha puesto bien.* **2.** Está en disposición de hacer una cosa y de aceptarla. — coloquial

38 ponerse perdida una persona: 1. Ensuciarse: *se puso perdido de grasa limpiando el motor.* **2.** Hartarse de comer: *nos pusimos perdidos de gambas en el convite.*

39 ponerse una persona tan alto: Dar muestras una persona de superioridad. — coloquial

CONJ.: IND.: PRES.: *pongo, pones, pone, ponemos, ponéis, ponen.* PRET. INDEF.: *puse, pusiste, puso, pusimos, pusisteis, pusieron.* FUTUR. IMPERF.: *pondré, pondrás, pondrá, pondremos, pondréis, pondrán.* COND.: *pondría, pondrías, pondría, pondríamos, pondríais, pondrían.* SUBJ.: PRES.: *ponga, pongas, ponga, pongamos, pongáis, pongan.* PRET. IMPERF.: *pusiera, -ese, pusieras, -eses, pusiera, -ese, pusiéramos, -ésemos, pusierais, -eseis, pusieran, -esen.* PART.: *puesto.* IMP.: *pon, ponga, pongamos poned, pongan.*

póney (Del ingl. *pony*.) Poni, caballo de poca altura. — s.m./pl: póneys

póngido, a Perteneciente a una familia de primates catarrinos de complexión robusta y extremidades anteriores más desarrolladas que las posteriores, como el chimpancé y el gorila. — adj./s.m. ZOOLOGÍA

pongo
1 Indio que hace el oficio de criado. — s.m./Amér. Merid.
2 Indio que sirve en una finca a cambio del permiso del propietario para sembrar una porción de tierra. — Amér. Merid.
3 Paso angosto y peligroso de un río. — Ecuad., Perú

poni (Del ingl. *pony*.) Caballo de talla pequeña: *mi primer caballo fue un poni.* — s.m. th: póney

ponientada Viento duradero que sopla del oeste o poniente. — s.f.

poniente
1 Occidente, punto cardinal. — s.m./≠ levante
2 Viento que sopla de esta parte. — = céfiro

pontana Losa que cubre el cauce de una acequia o de un arroyo. — s.f.

pontazgo Derecho que se paga en algunos lugares para pasar por los puentes. — s.m.

pontazguero, a Persona que se encarga de cobrar el pontazgo. — s.

pontear Hacer o construir un puente sobre un río o un brazo de mar: *pontearán el río para comunicar los dos pueblos.* — v.tr. CONSTRUCCIÓN

pontederiáceo, a (De *Pontedera*, botánico italiano.) Perteneciente a una familia de plantas acuáticas, angiospermas monocotiledóneas, de hojas radicales y envainadoras, flores solitarias o en espiga, racimo o umbela y fruto en cápsula, como el camalote. — adj/s. BOTÁNICA

pontevedrés, a
1 De Pontevedra, provincia y ciudad españolas. — adj/s.
2 Persona natural de esta provincia o de esta ciudad. — s.

póntico, a
1 Del Ponto Euxino, el actual mar Negro. — adj./HISTORIA
2 Del Ponto, región de Asia antigua. — HISTORIA

pontificado
1 Dignidad de pontífice. — s.m./RELIGIÓN
2 Tiempo que dura el gobierno del pontífice: *fue un pontificado que pasó a la historia como progresista.* — RELIGIÓN

pontifical
1 Del papa o sumo pontífice. — adj./RELIGIÓN

2 Del obispo o del arzobispo. — RELIGIÓN
3 Conjunto de adornos que sirven al obispo para celebrar los oficios divinos. — s.m. RELIGIÓN
4 Libro de ceremonias pontificias y de funciones episcopales. — RELIGIÓN
5 Renta de diezmos eclesiásticos que corresponde a cada parroquia. — RELIGIÓN
6 de pontifical: En traje de ceremonia o de etiqueta: *se puso de pontifical para venir a mi fiesta.* — loc.adv. coloquial

pontificar
1 Oficiar o celebrar funciones religiosas con rito pontifical. — v.intr./conj: sacar RELIGIÓN
2 Hablar una persona con tono de suficiencia y dogmatismo: *cada vez que abre la boca es para pontificar.* — = dogmatizar

pontífice (Del lat. *pontifex, -icis.*)
1 Prelado supremo de la iglesia católica romana: *el sumo pontífice visitó el país.* — s.m./RELIGIÓN = papa
2 Obispo o arzobispo de una diócesis. — RELIGIÓN
3 Magistrado sacerdotal que presidía las ceremonias religiosas, en la antigua Roma. — HISTORIA

pontificio, a Del pontífice. — adj./= papal

ponto Masa de agua salada que cubre la mayor parte del planeta terrestre. — s.m./literario = mar

pontón (Del lat. *ponto, -onis*, barca de paso empleada donde no hay puente.)
1 Puente formado por varios maderos o de una sola tabla. — s.m. CONSTRUCCIÓN
2 Barco chato para pasar ríos, construir puentes o dragar en los puertos. — CONSTRUCCIÓN, NÁUTICA
3 Barco viejo amarrado en un puerto, que sirve de almacén, hospital o de depósito de prisioneros. — NÁUTICA
4 pontón flotante: Barca hecha de maderos unidos, para pasar un río. — NÁUTICA

pontonero, a Persona encargada del manejo o construcción de pontones. — s. NÁUTICA

ponzoña (Del lat. *potio, -onis*, brebaje venenoso.)
1 Sustancia que tiene cualidades nocivas para la salud o destructivas de la vida. — s.f. = veneno
2 Doctrina o práctica que es perjudicial a las buenas costumbres.

ponzoñoso, a
1 Que contiene ponzoña o veneno: *la bruja la quiso matar haciéndole comer una manzana ponzoñosa.* — adj. = venenoso
2 Que implica un daño o un ataque mal intencionado contra una persona: *sus palabras fueron ponzoñosas.* — = dañino, ofensivo
3 Que es perjudicial para las costumbres o valores sociales vigentes: *el escrito ponzoñoso creó polémica en el país.* — = envenenado, venenoso

pool (Voz inglesa.)
1 Acuerdo temporal entre productores que se realiza con el objetivo de dominar el mercado del producto. — s.m. ECONOMÍA
2 Conjunto de personas o instrumentos de todo tipo que prestan servicios a una empresa o a un individuo. — = equipo

pop (Voz inglesa.)
1 Se aplica a la música que se origina en la década de los sesenta a partir del rock y se caracteriza por la electrificación de los instrumentos, una fuerte base rítmica y unos arreglos vocales instrumentales que conceden gran relevancia a la melodía. — adj/s.m. pl: pop MÚSICA
2 pop art: Manifestación plástica que utiliza objetos cotidianos no propios del arte. — ARTE/tb: popart, arte pop
3 pop rock: Música que mezcla elementos propios de este estilo y del rock and roll. — MÚSICA

popa (Del lat. *puppis*.)
1 Parte trasera de un barco. — s.f./NÁUTICA
2 amollar en popa: Arribar hasta ponerse en la misma dirección en que sopla el viento. — NÁUTICA
3 de popa a proa: Por completo. — loc.adv.

popar
1 Despreciar o tener en poco a una persona. — v.tr.
2 Hacer caricias o halagar a una persona. — = obsequiar
3 Tratar a una persona con amabilidad y cuidado: *siempre popaba a su mujer.* — = mimar

pope (Del ruso *pop*, sacerdote.) Sacerdote de las iglesias ortodoxas. — s.m. RELIGIÓN

popel Que está en la parte de popa o más a popa. — adj./NÁUTICA

popelín (Del fr. *popeline*.) Tela de algodón o de seda con un poco de brillo que se usa para hacer camisas. — s.m./TEXTIL tb: popelina

popés Cualquiera de los dos cabos muy gruesos que en ayuda de los obenques se colocan uno por cada banda en el palo mayor y en el trinquete. — s.m./pl: popés NÁUTICA

poplíteo, a (Del lat. *poples, -itis*, rodilla.) De la corva o parte posterior de la rodilla: *músculo poplíteo.* — adj. ANATOMÍA

popó Excremento, caca en el lenguaje de los niños. — s.m./Méx./familiar

popocho Que está repleto o harto. — adj./Colomb.

popoloca Pueblo amerindio, del grupo popoloca-mazateca, que habita en diferentes regiones mexicanas. — s.m.

popote Pajilla para sorber líquidos. — s.m./Méx.

populachería Popularidad fácil conseguida con adulaciones y otros procedimientos engañosos. — s.f. despectivo

populachero, a
1 Del populacho. — adj./despectivo

2 Que halaga al populacho o busca su aplauso: *consigue llegar a la gente con sus discursos populacheros.* — despectivo

populacho (Del ital. *popolaccio*.)
1 Chusma, lo más bajo del pueblo: *dirigió su discurso al populacho.* — s.m. / despectivo
2 Multitud desordenada de gente: *el famoso actor se vio acosado por el populacho.* — = vulgo

populación Poblamiento, acción y resultado de poblar. — s.f.

popular (Del lat. *popularis*.)
1 Del pueblo: *el antropólogo analiza las costumbres populares.* — adj.
2 Que es propio de las clases sociales menos favorecidas. — = sencillo
3 Que está al alcance de las personas de bajo nivel económico o cultural. — = vulgar / ≠ elitista
4 Que gusta al público en general: *el fútbol es un deporte muy popular.*
5 Que es muy conocido o querido: *era una artista muy popular.* — = famoso

popularidad Circunstancia de gozar de la aceptación, aplauso o conocimiento de las gentes: *le molesta bastante su popularidad.* — s.f./= fama, notoriedad / ≠ impopularidad

popularismo Tendencia o afición a lo popular en las formas de vida o en manifestaciones artísticas.

popularista Del popularismo. — adj.

popularización Acción de dar a conocer al público en general una cosa: *han empezado una campaña de popularización de la ópera.* — s.f.

popularizar
1 Dar fama a una persona o una cosa: *el ministro de defensa se ha popularizado por sus atinadas observaciones.* — v.tr/prnl. / conj. cazar
2 Dar carácter popular a una cosa: *el deporte se ha popularizado.*

popularmente
1 Entre el pueblo, por lo común. — adv.
2 En multitud: *el astronauta fue recibido popularmente a su regreso.*

populazo Populacho, lo más bajo del pueblo. — s.m.

populeón Ungüento calmante que se utiliza como astringente antihemorroidal. — s.m. / FARMACIA

populismo Doctrina política que dice defender las aspiraciones e intereses del pueblo. — s.m. / POLÍTICA

populista
1 Del pueblo. — adj.
2 Del populismo. — POLÍTICA
3 Que es partidario del populismo: *política populista; partido populista.* — adj/s. / POLÍTICA
4 Se aplica a la persona que en su discurso defiende los intereses del pueblo, pero sólo para conseguir sus votos o su apoyo. — SOCIOLOGÍA

populoso, a Se aplica al lugar que tiene muchos habitantes: *no quiero vivir en una ciudad populosa.* — adj. / ≠ deshabitado

popurrí (Del fr. *pot-pourri*.)
1 Composición musical formada con fragmentos de varias obras: *en verano proliferan los popurrís de música ligera.* — s.m/pl: popurrís / tb: potpourri, pupurrí/MÚSICA
2 Mezcla de cosas distintas: *su casa es un popurrí de estilos decorativos.* — = cajón de sastre

popusa Tortilla de maíz con queso o trocitos de carne. — s.f./Bol. Guat. / COCINA

poquedad
1 Cantidad muy pequeña de una cosa. — s.f./= escasez
2 Falta de desenvoltura para tratar con la gente o de decisión para emprender una cosa. — = apocamiento, timidez
3 Cosa insignificante o de poco valor. — = pequeñez

póquer (Del ingl. *poker*.) Juego de cartas de envite, en que gana el jugador que tiene la combinación superior o que realiza una apuesta que los demás no cubren. — s.m. / JUEGOS / tb: póker

poquil Planta compuesta cuyas flores se usan en tintorería para dar color amarillo. — s.m./Chile / BOTÁNICA

poquito Indica en pequeñas porciones en la expresión **a poquitos**. — loc.adv.

por (Del lat. vulgar *por* < lat. *pro*.)
1 Indica causa, finalidad u objetivo, así como el agente en las oraciones pasivas: *lo haré por ti; volverá por sus cosas; no te lo digo por molestarte; fue herido por un disparo.* — prep.
2 Indica un lugar o tiempo aproximado, así como el tránsito por ellos: *por Navidad te lo diré; andaba por ahí; iremos a Francia por La Junquera.*
3 Indica modo, medio o instrumento de la acción: *lo mandé por correo; habla por señas; lo hará por fuerza.*
4 En calidad de, como: *¿la quieres por esposa?; recibí por premio un sonoro beso.*
5 Indica multiplicación o reparto proporcional: *tres horas por cuatrocientas pesetas la hora; tocan a tres mil por barba.*
6 Indica sustitución, equivalencia o comparación: *te daré cien por cincuenta; loco por loco, me quedo con éste.*
7 Indica precio o cantidad: *lo compró por cuatro cuartos; lo vendían por kilos.*
8 Indica parte o lugar concreto: *cogí al pez por la cola.*
9 A través de: *pasó la leche por el colador.*

10 Sin, cuando equivale a carencia o falta: *el trabajo está por hacer.*
11 Con el infinitivo de algunos verbos, para: *salí por no caer en la trampa.*
12 Precedida de *no* o seguida de un adjetivo o un adverbio y de *que*, indica concesión: *por raro que te suene, es así; no por mucho comer estarás más fuerte.*
13 por consiguiente: En consecuencia: *los alumnos suspendidos deberán, por consiguiente, examinarse de nuevo en septiembre.* — loc.conj.
14 por cuanto: Puesto que, ya que: *no me importa, por cuanto a mí como ciudadana me ampara la constitución.* — loc.conj.
15 por descontado: Con seguridad: *—¿recuerdas la dirección?, —por descontado, yo nunca olvido un dato como ése.* — loc.adv.
16 por lo tanto: En consecuencia: *preséntese, por lo tanto, ante el juez que le corresponda.* — loc.conj.
17 por más que: Aunque, a pesar de que: *no te creeré por más que me lo jures.* — loc.conj.
18 por mucho que: Por más que, aunque: *por mucho que llores, no voy a perdonarte.* — loc.conj.
19 por qué: Por qué razón: *¿por qué me asustas?* — loc.adv.
20 por si o por si acaso: Indica finalidad hipotética: *callaré por si te pudiera molestar.* — loc.conj.
21 por tanto o por lo tanto: En consecuencia. — loc.adv.

porcelana (Del ital. *porcellana* < lat. vulgar *porcellagine* < lat. *portulaca*, verdolaga.)
1 Loza fina, transparente y muy blanca, compuesta de caolín, feldespato y cuarzo, usada para hacer vajillas. — s.f. / = cerámica
2 Vasija o figura hecha de esta loza: *tiene una colección de porcelanas chinas.* — = cerámica
3 Esmalte blanco con una mezcla de azul usado en platería para adornar joyas y piezas de oro.
4 Se aplica a un color blanco azulado como el de este esmalte. — adj/s.f.
5 Material cerámico usado en las piezas de aislamiento eléctrico. — s.f.

porcentaje (Del ingl. *percentage*.) Tanto por ciento, proporción de una cantidad respecto a otra, con referencia a cien: *ha aumentado el porcentaje de desempleados respecto al año pasado.* — s.m. / tb: percentaje

porcentual Que se expresa o calcula en tantos por ciento: *relación porcentual; índice porcentual.* — adj.

porche (Del cat. *porxe*.)
1 Entrada a un edificio protegida por un tejadillo sostenido por columnas. — s.m. / CONSTRUCCIÓN
2 Cobertizo o soportal. — CONSTRUCCIÓN

porcicultor, a Persona que se dedica a criar cerdos. — s.

porcicultura (Del lat. *porcus*, cerdo + *cultor*, que cultiva.) Conjunto de conocimientos sobre la cría del cerdo, para su mejor aprovechamiento. — s.f.

porcino, a (Del lat. *porcinus*, relativo al cerdo.)
1 Del cerdo: *tiene una granja porcina.* — adj.
2 Cerdo o puerco joven. — s.m.
3 Bulto producido en el cuerpo por un golpe: *le salió un porcino en la cabeza.* — = chichón

porción (Del lat. *portio, -onis*.)
1 Cantidad separada de otra mayor: *se tomó una porción de tarta.* — s.f. / = trozo
2 Cuota individual de una cosa que se distribuye entre varios partícipes: *su porción de trabajo es algo mayor que la del resto del grupo.* — = fracción
3 Cantidad de alimento dada cada día a una persona, en especial la que se da en las comunidades. — = ración
4 Gran cantidad de personas o cosas. — = montón
5 Prebenda de una iglesia catedral o colegial, y que tiene su renta en la mesa del cabildo. — RELIGIÓN
6 en porciones: Que se vende en diferentes partes iguales separadas de un todo homogéneo y con envase individualizado: *a los niños les gusta el queso en porciones.* — loc.adj.

porcionero, a Que es partícipe en una distribución o reparto. — adj/s.

porcionista
1 Persona que tiene derecho a una parte de una cosa. — s.m.f.
2 Persona que paga por su estancia y alimentación en colegios o pensiones: *la pensión tiene cabida para cincuenta porcionistas.* — = pensionista

porcipelo Cerda o pelo fuerte del cerdo. — s.m.

porciúncula Jubileo o indulgencia que se gana el día dos de agosto en las iglesias y conventos de la orden franciscana. — s.f. / RELIGIÓN

porcuno, a
1 Del puerco. — adj.
2 Se aplica al fruto que se da a los puercos por ser de menor calidad. — = cochinero

pordiosear
1 Pedir una persona limosna: *vive del poco dinero que consigue pordioseando por la calle.* — v.intr. / = limosnear
2 Pedir una persona una cosa de forma insistente y humillándose: *pordioseó un aumento de sueldo a su jefe.* — = mendigar

pordioseo Acción de pordiosear o mendigar: *han prohibido el pordioseo en la zona turística del pueblo.* — s.m. / = pordiosería

pordiosero, a (Derivado de la locución *por Dios.*) adj/s.
Que pide limosna: *un pordiosero pedía dinero para poder comer.*

porfía (Del lat. *perfidia*, mala fe.)
1 Acción de porfiar. s.f.
2 **a porfía:** Con emulación, con competencia o rivalidad. loc.adv.

porfiado, a Que es terco y obstinado en sus opiniones o en sus peticiones: *es muy porfiado y nunca cede en su opinión.* adj/s. = porfioso

porfiador, a Que porfía mucho. adj/s.

porfiar
1 Mantener una persona una opinión con terquedad y obstinación: *porfía en llevarme la contraria.* v.intr/conj: vaciar ≠ ceder
2 Importunar e insistir para conseguir una cosa: *por mucho que porfíes no cederé.* = persistir
3 Continuar una acción con insistencia para conseguir una cosa que resulta dificultosa u opone resistencia: *porfiaba en mover la pesada mesa de mármol.* = perseverar ≠ cejar

porfídico, a
1 Del pórfido. adj/GEOLOGÍA
2 Que tiene características del pórfido. GEOLOGÍA

pórfido (Del gr. *porphyros*, de color púrpura.) Roca ígnea y dura, formada por una sustancia amorfa, por lo general de color oscuro y con cristales de feldespato y cuarzo. GEOLOGÍA

porfina Núcleo tetrapirrólico cíclico que origina las porfirinas por sustitución en los átomos de carbono de los pirroles. s.f. QUÍMICA

porfioso, a Que es terco u obstinado: *es tan porfioso que mantendrá su opinión aun sabiendo que es absurda.* adj. = porfiado

porfiria Alteración del metabolismo que se caracteriza por la liberación masiva de porfirinas en el organismo. s.f. MEDICINA

porfiriato (De *Porfirio Díaz*, político mexicano.) Período de la historia de México caracterizado por la dictadura personal de este dictador. s.m. HISTORIA

porfirina Anillo de porfina sustituido, que se encuentra unido a elementos metálicos como hierro o magnesio en sustancias de gran interés biológico. s.f. BIOLOGÍA, QUÍMICA

porfirizar Reducir una sustancia a polvo finísimo, desmenuzándola sobre una losa de materia mineral de gran dureza con moleta de la misma materia. v.tr/conj: cazar FARMACIA

porfirogéneta Se aplica a los miembros de la familia imperial bizantina de oriente nacidos de un padre reinante en el momento de su venida al mundo. adj. HISTORIA

porfolio (Del fr. *porte-feuille*, cartera.) Conjunto de fotografías o grabados de diferentes clases que forman un tomo o volumen encuadernable. s.m.

porífero, a Perteneciente a un tipo de animales acuáticos, casi siempre marinos, muy primitivos, que viven fijos y cuyas paredes están perforadas por canales, como las esponjas. adj/s.m. ZOOLOGÍA

porisma Conjunto de corolarios de una proposición, en la antigua geometría griega. s.m./LÓGICA tb: porismo

porístico, a
1 Del porisma. adj/LÓGICA
2 Que tiene la naturaleza de un porisma. LÓGICA

pormenor
1 Conjunto de detalles y circunstancias particulares y concretas de una cosa: *no te explicaré los pormenores del viaje.* s.m. = particularidad
2 Aspecto o circunstancia no fundamental en un asunto: *eso es un pormenor que no influye en el tema.* = minucia

pormenorizar Explicar o representar una cosa de forma detallada y minuciosa: *pormenorizó todo lo dicho en la reunión.* v.tr. conj: cazar

porno
1 Que es pornográfico, de carácter obsceno o que realiza obras obscenas: *es actriz de cine porno.* adj.
2 Pornografía u obras de carácter obsceno: *hace un espectáculo de porno duro.* s.m.

pornografía (Del gr. *pornographos* < *porne*, ramera + *grapho*, describir.)
1 Carácter obsceno de una obra literaria o artística que pretenda excitar de forma morbosa la sexualidad. s.f.
2 Obra artística o literaria obscena.
3 Tratado acerca de la prostitución.

pornográfico, a
1 De la pornografía: *le gustan las revistas pornográficas.* adj.
2 Se aplica al autor que realiza obras obscenas. = pornógrafo

pornógrafo, a
1 Persona que escribe sobre la prostitución. s.
2 Autor de obras pornográficas.

poro
I (Del lat. *porus* < gr. *poros*, paso.)
1 Orificio, invisible a simple vista, que hay en la superficie de las personas, los animales y los vegetales: *las hojas absorben el agua por sus poros.* s.m. ANATOMÍA
2 Espacio que hay entre las moléculas de los cuerpos. FÍSICA
3 Intersticio que hay entre las partículas de los sólidos de estructura discontinua. FÍSICA
II (Voz quechua.) Calabaza en forma de pera, usada para cebar el mate. Argent., Urug.

porongo
1 Vasija de arcilla para guardar agua, chicha u otros líquidos. s.m./Amér. Merid., Pan.
2 Especie de calabaza. Argent., Par., Urug.
3 Recipiente de hojalata usado para vender leche. Perú

poronguero, a Vendedor de leche. s./Perú

porosidad Calidad de poroso. s.f.

poroso, a Que tiene poros: *es un material poroso que filtra el agua.* adj.

poroto
1 Planta papilionácea similar a la alubia, de la que se conocen muchas variedades. (*Phaseolus.*) s.m./Amér. Merid. BOTÁNICA
2 Guiso que se hace con este vegetal. Amér. Merid/COCINA
3 Niño, hombre de corta edad. s./Amér. Merid.
4 Persona de poca importancia. Amér. Merid.
5 **anotarse un poroto:** Marcarse un tanto en el juego o un acierto en cualquier actividad. Amér. Merid.

porque
1 Indica causa, fundamento o motivo: *si lo digo es porque lo sé; me río porque te estoy escuchando.* conj.
2 Indica finalidad: *lo hicimos porque no nos vieras.* = para que

porqué Causa, razón, motivo: *a veces me pregunto el porqué de las cosas.* s.m.

porquera Lugar del monte donde habitan y se encaman los jabalíes: *es peligroso andar cerca de la porquera.* s.f.

porquería
1 Suciedad, basura o desechos: *no limpiaba la casa y estaba llena de porquería.* s.f. = inmundicia
2 Cosa vieja, rota o que no sirve para nada: *haz limpieza y tira todos estos trastos y porquerías.* coloquial = cacharro
3 Acción sucia o indecente: *le han hecho una porquería en el trabajo.* = guarrada
4 Grosería, falta de respeto: *eso ha sido una porquería.* = cerdada
5 Objeto de poco valor y sin utilidad: *vaya porquería le han regalado.* = tontería
6 Golosina o alimento de poco valor nutritivo o nocivo para la salud, pero apetitoso: *este niño sólo come porquerías.* = chuchería
7 Cosa que no gusta: *esta comida es una porquería; sólo escribe porquería.* coloquial

porqueriza Sitio donde se recogen y crían los puercos: *está en la porqueriza dando de comer a los cerdos.* s.f. = pocilga

porquerizo, a Persona que cuida los puercos: *el porquerizo limpiaba la pocilga.* s. = porquero

porqueta Cochinilla, crustáceo terrestre que al tocarlo se encoge formando una bola. s.f. ZOOLOGÍA

porra
1 Barra de acero con un revestimiento de caucho forrado de piel u otro material, que se usa como arma contundente: *la policía golpeaba a los manifestantes con la porra.* s.f. = cachiporra
2 Palo más grueso por un extremo que por otro. = garrote
3 Masa de harina, agua y sal que se fríe en abundante aceite caliente, quedando una masa crujiente y blanda en forma cilíndrica: *tomamos unas porras con chocolate.* COCINA
4 Martillo con dos bocas iguales y un mango largo y algo flexible que se maneja con las dos manos a la vez.
5 Juego que consiste en apostar dinero a un número o resultado, ganando el que acierta y llevándose todo el dinero apostado: *gané la porra del partido de fútbol.* coloquial JUEGOS
6 Persona pesada y molesta. coloquial
7 Clava, arma antigua.
8 Vanidad, actitud presuntuosa: *este tipo gasta mucha porra y no es nadie.*
9 Maraña de tierra, cerdas y abrojos que se forma en la cola y crines de los yeguarizos. Argent.
10 Pelo abundante, enmarañado. Argent/coloquial
11 Conjunto de palabras que se dicen con fuerza y ritmo para animar a una persona: *los aficionados echaban porras de ánimo a su equipo.* Méx.
12 Conjunto de seguidores de un equipo deportivo. Méx.
13 **a la porra:** Se usa para echar a una persona o para manifestar desagrado o desaprobación ante una propuesta o hecho: *un día mandaré a la porra al jefe.* coloquial
14 **hacer porra:** Pararse sin poder o querer pasar adelante en una cosa. coloquial
15 **¡porra! o ¡porras!:** Indica disgusto o enfado: *¡porras, se ha roto!* interj.

porracear Golpear a una persona, animal o cosa con una porra: *lo porraceó hasta que acabó confesando el nombre de su compinche.* v.tr. = aporrear

porráceo, a De color verde oscuro, como el del puerro, en especial la bilis o el vómito. adj.

porrada
1 Golpe dado con una porra u otro objeto semejante: *tiene contusiones causadas por las porradas de la policía.* s.f. = porrazo
2 Golpe que se recibe a consecuencia de una caída o al chocar con un cuerpo duro: *resbaló y se pegó una buena porrada.* coloquial = porrazo, trastazo
3 Gran cantidad de cosas: *ha traído una porrada de regalos; contó una porrada de chistes.* coloquial = porretada, pila
4 Acción o palabras absurdas, increíbles o imprudentes: *soltó una porrada y abandonó la reunión.* coloquial = disparate

porral Tierra sembrada de puerros. s.m.

porrazo
1 Golpe dado con una porra u otro objeto cualquiera: *le dieron un porrazo en la nuca y quedó inconsciente.* — s.m. / = porrada
2 Golpe fuerte que una persona o animal se da al caer, tropezar o chocar: *no vio el cristal y se dio un porrazo.* — = mamporro, trastazo

porrear Molestar a una persona con pesadez e insistencia sobre una cosa: *por mucho que porrees no te dejaré ir.* — v.intr. / coloquial

porrería
1 Cosa cuya ejecución resulta molesta o pesada: *vaya porrería tener que rellenar tantos impresos.* — s.f./coloquial / = lata
2 Necedad o escasez de entendimiento: *se le perdonan las meteduras de pata por su porrería.* — coloquial / = tontería

porrero, a Se aplica a la persona que suele fumar porros. — adj/s. / argot

porreta
1 Hojas verdes del puerro. — s.f./AGRICULTURA
2 Hojas verdes de los ajos y cebollas. — AGRICULTURA
3 Conjunto de las primeras hojas verdes que brotan en los cereales antes de formarse la caña. — AGRICULTURA
4 **en porreta** o **porretas**: Desnudo, sin ropa: *le gusta tomar el sol en porretas.* — loc.adv. / coloquial

porretada Conjunto de cosas parecidas o de una misma especie: *hace colección de peonzas y ya tiene una porretada.* — s.f. / = montón, porrada

porrilla
1 Martillo de dos brazos algo arqueados con el que los herradores labran los clavos. — s.f.
2 Enfermedad tumoral que afecta a las articulaciones de los bueyes y caballos, privando de flexibilidad y movimiento a la parte enferma. — VETERINARIA

porrillo Indica en abundancia en la expresión **a porrillo**: *en la fiesta hubo música y diversión a porrillo.* — loc.adv. / coloquial

porrina
1 Estado de las mieses o sembrados cuando están pequeños y verdes. — s.f. / AGRICULTURA
2 Hojas verdes del puerro. — = porreta

porrino
1 Semilla de los puerros. — s.m.
2 Planta del puerro criada en un sementero y lista para ser trasplantada. — AGRICULTURA

porrista Persona que forma parte de una porra o hinchada. — s.m.f. / Méx.

porro
I (Del cat. *porro* < lat. *porrum*.) Puerro, planta herbácea de bulbo comestible. — s.m. / BOTÁNICA
II (De origen incierto.) Cigarrillo de hachís o marihuana mezclado con tabaco: *los pillaron fumándose un porro.* — argot / = petardo

porro, a (Derivado de *porra*.) Se aplica a la persona que es torpe y tosca. — adj/s.

porrón (Del cat. *porró* < mozárabe *purrun*.)
1 Recipiente de vidrio de barriga abultada y provisto de dos pitones, uno de boca ancha, por el que se echa la bebida en el interior, y otro de boca muy estrecha, por el que se bebe: *sabe beber con el porrón levantando mucho el brazo.* — s.m.
2 Recipiente de barro, semejante a una jarra ancha, con un asa y un pitón, usado para contener y beber agua: *el porrón conserva fresca el agua.* — = botijo
3 **un porrón de una cosa**: Mucha cantidad de una cosa: *tenía un porrón de dinero.* — coloquial / = porrada

porrón, a (Derivado de *porra*.) Que es pesado o lento. — adj./coloquial / = pelmazo

porrudo, a Se aplica a la persona o animal que tiene porra o el pelo enmarañado. — adj/s. / Argent.

porta (Del lat. *portare*, transportar.)
1 Se refiere a la vena gruesa que lleva la sangre del intestino y el bazo al hígado. — adj/s.f. / ANATOMÍA
2 Abertura cuadrangular en los costados y en la popa de algunos buques que sirve para dar luz y ventilación al interior, para efectuar carga y descarga y, en especial, para el uso de la artillería. — s.f. / NÁUTICA
3 Portezuela de la tronera de la batería. — MILITAR

porta- Componente de palabra procedente del lat. *portare*, que significa transportar: *portalámparas, portaequipajes.* — pref.

portaaeronaves Cualquier barco de guerra acondicionado para el transporte de aviones o helicópteros. — s.m. / pl: portaaeronaves / MILITAR, NÁUTICA

portaalmizcle Almizclero, mamífero artiodáctilo de la familia de los cérvidos. — s.m. / ZOOLOGÍA

portaaviones Barco de guerra que transporta aviones y que está provisto de una cubierta adecuada para el despegue y aterrizaje de éstos. — s.m./pl: portaaviones / MILITAR, NÁUTICA / tb: portaviones

portabandera Banda que se lleva como bandolera, con un hueco para sujetar el extremo inferior del asta de la bandera. — s.f.

portabebés Especie de cuna portátil de lona u otro material flexible y provista de asas: *el niño dormía en el portabebés.* — s.m. / pl: portabebés

portabicicletas Armazón metálico adaptable a la parte superior o trasera de un vehículo que permite transportar bicicletas. — s.m. / pl: portabicicletas

portabilidad
1 Propiedad de un programa o de una aplicación informática que le permite funcionar bajo diferentes sistemas. — s.f. / INFORMÁTICA
2 Propiedad de un sistema informático o de partes de éste para ser transferido sin modificaciones de una aplicación a otra. — INFORMÁTICA

portable Se refiere al programa o a la aplicación informática que se puede transferir de un sistema a otro sin modificaciones importantes: *es un programa portable, funciona en unix y en dos.* — adj. / INFORMÁTICA

portabrocas Parte de una herramienta o de una máquina-herramienta destinada a recibir una broca. — s.m./MECÁNICA / pl: portabrocas

portacaja Correa o cinturón de donde se cuelga el tambor para poderlo tocar. — s.f.

portacarabina Bolsa de cuero que cuelga de la silla de montar y en la que se introduce la carabina por el cañón. — s.f. / MILITAR

portacartas Cartera para llevar o guardar cartas: *le robaron el portacartas con toda la correspondencia.* — s.m. / pl: portacartas

portachuelo Paso o puerto estrecho entre montañas: *con la nevada cerraron el portachuelo.*

portacincha Cada una de las correas con hebilla, bajo las faldas de la silla de montar, donde se abrochan las correas de la cincha. — s.m. / EQUITACIÓN

portada
1 Primera página de un libro u otra publicación en la que aparece el título, el autor, el lugar y el año de la impresión. — s.f. / ARTES GRÁFICAS
2 Tapa o cubierta de una revista, fascículo, libro u otra publicación: *en la portada de la revista se citan los principales artículos.* — ≠ contraportada
3 Fachada principal o puerta de un edificio con adornos arquitectónicos: *la portada de la iglesia es de estilo gótico.* — ARQUITECTURA
4 Cada una de las divisiones que se hacen en el hilo para formar la urdimbre de la seda: *esta tela está hecha con ochenta portadas.* — TEXTIL
5 Pieza de madera de sierra, de nueve o más pies de longitud, una escuadría de veinticuatro dedos de tabla por tres de canto. — CARPINTERÍA
6 Comienzo de un programa de radio o televisión que sirve como presentación de dicho programa. — AUDIOVISUALES / = cabecera
7 Cara principal de cualquier cosa.
8 **en portada**: En la primera página de un periódico o revista. — loc.adv.
9 **salir en portada**: Aparecer en la primera página de un periódico o revista por ser de gran interés o actualidad.

portadera Cada una de las cajas colocadas sobre el aparejo de una caballería para transportar la carga. — s.f. / tb: aportadera

portadilla
1 Hoja que precede a la portada de un libro y en la que sólo se suele poner el título de la obra. — s.f./ARTES GRÁFICAS / = anteportada
2 Hoja, en el interior de una obra dividida por partes, en que sólo se pone el título de la parte inmediata siguiente. — ARTES GRÁFICAS

portado, a Se aplica a la persona que va bien o mal vestida y arreglada: *has de ir bien portado a la reunión; siempre va sucio y mal portado.* — adj.

portador, a
1 Que lleva una cosa de un sitio a otro: *los portadores de mercancías suelen ser corpulentos.* — adj/s. / + de
2 Persona que lleva en su cuerpo el germen de una enfermedad: *es portador del virus del sida.* — s. / MEDICINA
3 Persona que tiene efectos públicos o valores comerciales que no son nominativos, sino transmisibles sin endoso, por estar emitidos a favor de quienquiera que sea poseedor de ellos: *el talón lo cobrará el portador.* — COMERCIO
4 Tabla redonda usada como bandeja. — s.m.
5 Se aplica a la onda que sirve de soporte en la transmisión de una información. — adj/s.f./TELECOMUNICACIONES
6 **al portador**: Indica que el importe reseñado en un documento debe abonarse a quien lo lleve: *hazme el talón al portador.* — loc.adj. / COMERCIO

portaequipaje
1 Parte de los vehículos, cubierta por una tapa, en que se transporta el equipaje y sirve también para guardar otras cosas, como la rueda de repuesto o las herramientas: *todas las maletas no caben en el portaequipaje.* — s.m. / tb: portaequipajes / = portamaletas, maletero
2 Armazón en forma de parrilla que se coloca sobre el techo del automóvil para llevar maletas y otros bultos: *trasladamos la bicicleta en el portaequipaje.* — = baca

portaescobillas Pieza que sujeta las escobillas de una máquina eléctrica rotativa o de un mecanismo de contacto eléctrico. — s.m. / pl: portaescobillas / TECNOLOGÍA

portaestandarte Oficial encargado de llevar el estandarte de un regimiento de caballería. — s.m. / MILITAR

portafirmas Carpeta donde se guardan los documentos que tienen que firmarse.
s.m.
pl: portafirmas

portafolios
1 Carpeta donde se guardan papeles o documentos: *guardó el contrato en un portafolios de plástico.*
2 Cartera de mano, por lo general rectangular, utilizada para guardar o transportar papeles, documentos u otros útiles de uso profesional: *le regalaron un bonito portafolios de piel.*
s.m./pl: portafolios
tb: portafolio

portafusil Correa que pasa por dos anillos que tienen el fusil y otras armas de fuego y que sirve para llevarlo colgado a la espalda.
s.m.

portaguión Oficial o suboficial que, en campaña o en una parada, lleva el guión distintivo de un oficial general.
s.m.
MILITAR

portahelicópteros Barco de guerra destinado al transporte de helicópteros, provisto de una plataforma sobre la que éstos despegan y aterrizan.
s.m./pl: portahelicópteros
MILITAR, NÁUTICA

portaherramientas Pieza que sujeta la herramienta en las máquinas de trabajar metales.
s.m./pl: portaherramientas

portainjerto Planta que recibe el trasplante o injerto.
s.m./AGRICULTURA

portaje Derecho que se paga por pasar por un sitio determinado de un camino: *para atravesar la finca hay que pagar portaje.*
s.m.
= portazgo

portal
1 Espacio inmediato a la puerta de entrada de una casa desde donde se accede a las otras dependencias: *me recibió en el portal y no me invitó a pasar.*
2 Pieza inmediata a la puerta de entrada en una casa de vecinos, que sirve de paso para acceder a las distintas viviendas: *las vecinas charlaban en el portal.*
3 Arcada en los lados de una calle o plaza.
4 Pórtico de un templo o de un edificio suntuoso.
5 Puerta en las murallas de una ciudad.
s.m.
= zaguán

= entrada

= soportal
ARQUITECTURA
CONSTRUCCIÓN

portalada Portada grande de una casa señorial, con uno o más huecos, que da acceso al patio o a un portal grande: *abrieron la portalada del palacio para que entraran los invitados.*
s.f.

portalámparas Parte metálica, de porcelana u otro material, en la que se introduce el casquillo al que se sujetan las bombillas eléctricas.
s.m./pl: portalámparas/ELECTRICIDAD
tb: portalámpara

portalápiz Estuche alargado o tubo de metal para guardar los lápices y proteger la punta.
s.m.
pl: portalápices

portaleña
1 Anteportada o portadilla de un libro.
2 Agujero abierto en el costado de los barcos para colocar los cañones.
s.f./ARTES GRÁFICAS
NÁUTICA

portalero Guarda que estaba a la entrada de una población para registrar los géneros que entraban y hacer pagar los impuestos correspondientes.
s.m.
HISTORIA

portalibros Conjunto de correas enlazadas para sujetar y llevar libros y cuadernos: *se rompió una de las correas del portalibros y se me cayeron las libretas.*
s.m.
pl: portalibros

portaligas Prenda interior femenina en forma de cinta o banda elástica con hebillas para sujetar las medias.
s.m./pl: portaligas
Amér. Merid.
= liguero

portalira Poeta, persona que compone obras líricas o poemas.
s.m.f.
coloquial

portallaves Llavero, utensilio que sirve para guardar las llaves.
s.m./pl: portallaves
Venez.

portalón
1 Portada o puerta grande de algunos edificios, que cierra un patio descubierto: *cruzamos el patio y llegamos al portalón.*
2 Abertura a modo de puerta, hecha en el costado del buque y que sirve para la entrada y salida de personas y cosas.
s.m.
= portalada

NÁUTICA

portamaletas Maletero de un vehículo automóvil: *guardamos el equipaje en el portamaletas.*
s.m.
pl: portamaletas

portamantas Par de correas enlazadas con un travesaño usadas para sujetar y llevar a mano las mantas y abrigos de viaje.
s.m.
pl: portamantas

portamanteo (Del fr. *portamanteau*.) Especie de maletín, abierto por los extremos, que se cierra con cordones.
s.m.
= manga

portaminas Instrumento de metal, madera o plástico que contiene minas recambiables y se utiliza como lápiz.
s.m.
pl: portaminas

portamira Persona que, en los trabajos topográficos de nivelación, lleva la mira o regla graduada.
s.m.f.

portamonedas Cartera o pequeña bolsa para guardar monedas: *miraré en el portamonedas si llevo suelto.*
s.m.
pl: portamonedas

portanario Abertura posterior del estómago hacia el intestino.
s.m./ANATOMÍA
= píloro

portante (Del ital. *portante*.)
1 Se aplica al cuadrúpedo que anda moviendo a la vez la mano y el pie del mismo lado.
2 Se refiere a este estilo de andar propio de algunos cuadrúpedos.
3 Forma de andar de una persona: *tiene un portante decidido.*
adj/s.

adj.

s.m.
= andares

---

4 Paso de las caballerías en el cual mueven a un tiempo la mano y el pie del mismo lado.
EQUITACIÓN
= ambladura

5 **coger o tomar el portante:** Irse, marcharse de un sitio: *se enfadó y cogió el portante.*
coloquial

6 **dar el portante a una persona:** Despedirlo, echarlo a la calle: *está sin trabajo desde que le dieron el portante.*
coloquial

7 **de portante:** A paso ligero, deprisa.
loc.adv.

portantillo Paso corto y ligero de algunas caballerías, en especial del asno.
s.m.
= pasitrote

portanuevas Persona que trae o da noticias.
s.m.f./pl: portanuevas

portañola Abertura en los costados y en la popa de algunos buques para colocar los cañones, que sirve para el uso de la artillería.
s.f.
NÁUTICA
= cañonera, tronera

portañuela Tira de tela con que se tapa la bragueta o abertura delantera de los pantalones o calzones.
s.f.

portaobjetivo Tubo frontal de una cámara fotográfica o de un proyector que sujeta los objetivos.
s.m.
FOTOGRAFÍA

portaobjetos Platina del microscopio donde se coloca el objeto o preparación que quiere observarse: *puso una gota de sangre en el portaobjetos.*
s.m.
pl: portaobjetos
tb: portaobjeto

portapaz Lámina o placa ornamentada con una imagen o signos en relieve, que se besaba en la ceremonia de la paz de las misas solemnes.
s.m./f.
pl: portapaces
RELIGIÓN

portapliegos Cartera que se usa para llevar o guardar papeles o pliegos.
s.m./pl: portapliegos
= portafolios

portaplumas Mango, por lo general de madera, en cuyo extremo se encaja el plumín para dibujar o escribir.
s.m.
pl: portaplumas
= palillero

portar (Del lat. *portare*.)
1 Actuar o proceder de determinada manera: *no te portes como un niño; se portó bien.*
2 Causar buena impresión al salir airoso de una situación o al hacer lo que otros esperan o desean: *el equipo se portó y pasó a la gran final.*
3 Llevar o traer una cosa de un sitio a otro: *tiene permiso para portar armas.*
4 Traer el perro al cazador la pieza cobrada, herida o muerta.
5 Ir las velas del barco llenas y tersas al recibir el viento.
v.prnl.
= comportarse

v.tr.
= transportar

v.tr.
CAZA

v.intr.
NÁUTICA

portarretratos Marco para colocar retratos en él: *puse tu fotografía en un portarretratos de plata.*
s.m.
pl: portarretratos

portarrollos Utensilio de cocina o baño que sirve para sostener un rollo de papel y hacer que se desenrrolle con facilidad.
s.m.
pl: portarrollos

portátil
1 Que es movible y fácil de transportar: *tengo la televisión portátil en la cocina.*
2 Se aplica al ordenador personal de poco peso y tamaño reducido que es de fácil transporte: *cuando voy en avión trabajo con el portátil.*
adj.
= transportable

adj/s.m.
INFORMÁTICA

portatulipa Pieza de metal que sostiene las tulipas de algunas lámparas con tornillos.
s.f.

portaventanero Carpintero que hace puertas y ventanas.
s.m.
CARPINTERÍA

portaviandas Recipiente de plástico o metal, con tapa hermética, usado para guardar o llevar comida: *sentados bajo un árbol, sacamos los portaviandas para comer.*
s.m.
pl: portaviandas
= fiambrera

portaviento
1 Tubo conductor del aire, en el teclado de un órgano.
2 Saco de aire de una gaita.
3 Conducto que lleva el aire caliente a las toberas de soplado de un alto horno.
s.m.
MÚSICA
MÚSICA
METALURGIA

portaviones Barco de guerra que transporta aviones y dispone de la cubierta adecuada para el despegue y aterrizaje de éstos.
s.m./pl: portaviones
tb: portaaviones
MILITAR, NÁUTICA

portavoz
1 Persona que por tener autoridad en una escuela, secta u otro grupo, la representa y habla en nombre del mismo: *el portavoz del gobierno dará una rueda de prensa.*
2 Periódico u otro tipo de publicación que expresa y difunde las opiniones de una colectividad, en especial las de un partido político: *trabaja como periodista en el portavoz del partido comunista.*
s.m.f.
pl: portavoces
= representante

s.m.
= órgano

portazgar Cobrar el portazgo a una persona: *el propietario de las tierras portazgaba a los viajeros.*
v.tr.
conj: pagar

portazgo
1 Derecho que se paga por pasar por un lugar determinado.
2 Edificio donde se cobran estos derechos de tránsito.
s.m.
= peaje, portaje

portazguero Persona que se encarga de cobrar el portazgo.
s.m.

portazo
1 Golpe dado por una puerta al cerrarse o ser cerrada de forma violenta: *un fuerte portazo me despertó.*
s.m.

2 Acción de cerrar la puerta con fuerza para demostrar disgusto al irse de un sitio o al despedir a una persona: *dio un portazo y se fue de la reunión.*

porte
1 Transporte de cosas o mercancías de un lugar a otro por un precio convenido. — s.m.
2 Cantidad que se paga por el transporte de una cosa: *los portes corren a cargo del destinatario.* — = acarreo
3 Aspecto externo que presenta una persona en su manera de vestir, su propia figura y sus modales: *tu hermano tiene un porte señorial y distinguido.* — = aire, presencia
4 Aspecto que ofrecen las cosas, en especial muebles, objetos de decoración y edificios: *vive en un edificio de porte majestuoso; le regalé un jarrón de porte clásico.* — = aire
5 Tamaño o capacidad, en especial de un vehículo o un edificio: *haremos un crucero en un barco de gran porte.*
6 Modo de comportarse: *le enseña a la joven princesa cuál debe ser su porte en sociedad.* — = conducta
7 Nobleza de un linaje. — = alcurnia
8 Clase, tipo, categoría: *es especialista en negocios de este porte.*
9 Aspecto de una planta según su morfología. — BOTÁNICA

porteador, a Que se dedica a portear o transportar cosas: *los porteadores cargaron el piano de la dama.* — adj./s. = transportista

portear
I (Derivado de *portar.*)
1 Llevar una cosa de un lugar a otro por un precio convenido: *portearon todo el equipaje hasta la mansión.* — v.tr./= portar, transportar
2 Ir las aves pasajeras de un lugar a otro. — v.prnl.
II (Derivado de *puerta.*) Dar golpes una puerta o una ventana: *con el viento la ventana del salón portea.* — v.intr.

portento (Del lat. *portentum,* prodigio.)
1 Cualquier cosa, acción o suceso que por su extrañeza o novedad causa admiración, pasmo o terror. — s.m. = monstruosidad
2 Persona admirable por alguna cualidad extraordinaria: *esta niña es un portento tocando el arpa.* — = prodigio

portentoso, a Que causa asombro por ser extraordinario: *ha heredado una portentosa riqueza; fuimos testigos de un hecho portentoso.* — adj. = asombroso, prodigioso

porteño, a
1 De diversas ciudades españolas e hispanoamericanas en las que hay puerto o se llaman Puerto. — adj.
2 Persona natural de estas ciudades. — s.
3 De Buenos Aires, ciudad de Argentina. — adj.
4 Persona natural de esta ciudad. — s.

porteo Acción y resultado de portear. — s.m.

portería
1 Habitación o garita del portero de un edificio, situada en el portal: *no había nadie en la portería del colegio.* — s.f. = conserjería
2 Vivienda o habitación del portero.
3 Oficio de portero: *se dedica a la portería desde que enviudó.*
4 Marco rectangular con red en el que los jugadores de algunos deportes deben meter el balón para marcar un tanto. — DEPORTES = meta
5 Conjunto de todas las portas de una embarcación. — NÁUTICA

portero, a
1 Se aplica al ladrillo que no está bastante cocido. — adj.
2 Persona que guarda la portería en las casas de vecinos: *la portera es quien limpia la escalera.* — s. = conserje
3 Funcionario subalterno que se encarga de la vigilancia, limpieza o servicios auxiliares en oficinas públicas. — = ujier
4 Jugador que en algunos deportes defiende la portería: *el portero detuvo el balón.* — DEPORTES = guardameta
5 portero automático o eléctrico: Mecanismo eléctrico que permite saber quién llama a la puerta y también sirve para abrirle desde el interior de la vivienda. — TECNOLOGÍA
6 portero de estrados: El que sirve en tribunal o consejo para que el público y los que hayan de asistir a las juntas o actos guarden respeto y compostura. — DERECHO
7 portero de golpe: El que en la cárcel cuida de una segunda puerta que suele tener pestillo de ruido para notar cuándo se mueve.
8 portero de sala: El que en palacio presta servicio en los aposentos principales. — HISTORIA
9 portero de vara: Empleado de los tribunales, inferior al alguacil. — HISTORIA

portezuela
1 Puerta de los carruajes. — s.f.
2 Pieza que cubre cualquier abertura en una prenda de vestir. — = tapa

porticado, a Se aplica a la construcción que tiene soportales o pórticos: *tomamos un aperitivo en la plaza porticada.* — adj. CONSTRUCCIÓN

portichuelo Paso en las estribaciones de un monte. — s.m.

pórtico (Del lat. *porticus.*)
1 Galería con columnas situada delante de la puerta de un templo u otro edificio monumental: *los novios se fotografiaron en el pórtico de la iglesia.* — s.m. ARQUITECTURA = atrio

2 Galería con arcadas o columnas a lo largo de un muro de fachada o de patio. — ARQUITECTURA = soportal

portier (Del fr. *portiere.*) Cortina de tejido grueso que se ponía ante las puertas de habitaciones que daban a los pasillos, escaleras y otras partes de la casa. — s.m.

portilla
1 Paso en el cercado de una finca rústica: *el ganado entró por la portilla.* — s.f. = cancilla
2 Abertura pequeña cerrada con un cristal grueso, hecha en los costados de los buques para dar luz y ventilar el interior. — NÁUTICA
3 Paso estrecho entre dos alturas. — tb: portillo

portillera Paso en el cercado de una finca rústica. — s.f./= cancilla

portillo
1 Puerta pequeña en otra mayor. — s.m./= postigo
2 Puerto, camino o paso angosto entre dos alturas. — tb: portilla
3 Abertura en una muralla o en una cerca. — = poterna
4 Punto por donde puede fallar una cosa, sobrevenir algún daño o por donde puede encontrarse la solución de algún problema: *su opinión puede ser el portillo de la negociación.* — = salida
5 Hueco o muesca que queda en un objeto roto.
6 diezmar a portillo: Diezmar el ganado lanar o cabrío al tiempo de desfilar uno por uno por una puerta estrecha. — HISTORIA

portón
1 Puerta grande que separa el portal del resto de la casa. — s.m.
2 Puerta del toril que da a la plaza. — TAUROMAQUIA

portor Acróbata que sostiene o recibe a sus compañeros en los ejercicios de tierra o en el trapecio. — s.m.f.

portorriqueño, a Puertorriqueño [en todas sus acepciones]. — adj./s.

portuario, a Que tiene relación con el puerto de mar: *la policía portuaria encontró un alijo de droga.* — adj.

portuense
1 De cualquier población denominada Puerto. — adj.
2 Persona natural de alguna de estas poblaciones. — s.m.f.

portugués, a
1 De Portugal, país europeo. — adj.
2 Persona natural de este país. — s.
3 Lengua románica, de la familia indoeuropea, que se habla en Portugal, Brasil y otras antiguas colonias portuguesas. — LINGÜÍSTICA
4 Moneda de oro que circulaba en Castilla en el siglo XVI y que equivalía a diez ducados. — HISTORIA

portuguesada Acción o palabras que exageran la importancia de una cosa: *no digas portuguesadas, no fue para tanto.* — s.f./coloquial despectivo = exageración

portuguesismo Voz o giro propio de la lengua portuguesa. — s.m. LINGÜÍSTICA

portuguesista Persona dedicada al estudio de la lengua, literatura o cultura portuguesas. — s.m.f.

portulacáceo, a Perteneciente a una familia de plantas angiospermas dicotiledóneas, herbáceas o fruticosas, de hojas carnosas, flores hermafroditas y fruto en cápsula. — adj/s.f. BOTÁNICA

portulano (Del cat. *portolà.*) Colección encuadernada de planos de varios puertos. — s.m.

porvenir (Del fr. *avenir.*)
1 Tiempo o suceso que ha de venir: *el brujo me explicó mi porvenir.* — s.m. = futuro
2 Situación futura en la vida de una persona, entidad o colectivo: *la empresa tiene muy mal el porvenir.* — = mañana

pos Indica tras o detrás en la expresión **en pos de:** *va en pos de un ascenso; corrimos en pos del ladrón.* — loc.prep.

pos- Componente de palabra procedente del lat. *post,* que significa detrás, después: *posguerra.* — pref. = post-

posa
1 Toque de campanas por los difuntos. — s.f.
2 Parada hecha por el clero que acompaña a un entierro para cantar el responso. — RELIGIÓN

posada
1 Lugar en que se hospedan personas pagando por ello: *los campesinos durmieron en una posada.* — s.f. = fonda
2 Casa donde habita una persona: *no es un palacio, pero sí mi posada.* — = morada
3 Alojamiento dado a una persona en un lugar como invitada o mediante pago: *nos dio posada en su casa cuando estuvimos en París.* — = aposento, hospedaje
4 Campamento militar. — MILITAR
5 Precio que se paga por hospedarse: *la posada la pagaré al irme.* — = hospedaje, pensión
6 Estuche compuesto de cuchara, tenedor y cuchillo, que se lleva cuando se va de camino.
7 Fiesta popular navideña en la que se va de casa en casa. — Méx.
8 posada de colmenas: Lugar donde se instalan colmenas.
9 posada franca: Hospedaje gratuito y hecho sin interés: *les di posada franca, como si fueran de la familia.*

posaderas Nalgas de una persona.   s.f.pl./coloquial

posadero, a
1 Persona que tiene una casa de posadas: *el posadero*   s.
nos acompañó hasta nuestra habitación.
2 Asiento que se hace de espadaña o de soga.   s.m.
3 Parte inferior del intestino recto hasta el ano.   = sieso

posante
1 Que posa.   adj.
2 Se aplica al buque que tiene estabilidad: *los barcos*   NÁUTICA
de pasajeros suelen ser posantes.

posapié Escalón que sirve para subir o bajar de un   s.m.
vehículo.   = estribo

posar (Del bajo lat. *pausare < gr. pauo*, parar.)
1 Poner una cosa sobre otra con suavidad: *posó su*   v.tr.
mano sobre la mía.
2 Permanecer una persona en determinada postura   v.intr.
para retratarse o sirviendo como modelo: *posa para*
un famoso escultor.
3 Quedarse las partículas suspendidas en un líquido   v.prnl./= asentarse,
en el fondo de la vasija en que está: *el azúcar se posó*   depositarse,
en el fondo de la taza.   reposarse
4 Quedarse el polvo sobre una cosa o una superficie.   = depositarse
5 Pararse un ave o un avión en una superficie tras un   v.intr/prnl.
vuelo: *el avión posó para repostar combustible; el pájaro*
se posó en mi ventana.
6 Observar o mirar con atención: *posó sus ojos en ella*   v.tr.
cuando entró en la sala.
7 Estar una persona como huésped en un lugar: *tu*   v.intr./= residir,
amigo posa en aquel hotel.   parar
8 Hacer una persona una pausa tras un trabajo o una   = descansar,
actividad para despejarse o para recuperar fuerzas.   reposar
9 Soltar la carga que se trae a cuestas, para descan-   v.tr.
sar.

posavasos Plato o soporte que se utiliza para poner   s.m.
el vaso con el fin de no manchar la mesa: *nos trajo*   pl: posavasos
unos posavasos para los refrescos.

posaverga Palo largo que se llevaba para reemplazar   s.f.
o para sujetar un mástil roto.   NÁUTICA

posbélico, a (Del lat. *post*, después + *bellicus*, bélico.)   adj.
Que es posterior a una guerra: *acontecimiento posbélico;*   ≠ prebélico;
tiempo posbélico.

posca Mezcla de agua y vinagre que usaban los roma-   s.f.
nos como refresco y para otros usos.   HISTORIA

poscomunión Oración que se dice en la misa católi-   s.f.
ca después de la comunión.   RELIGIÓN

posdata (Del lat. *post datam*, después de la fecha.)   s.f.
Texto que se añade a una carta ya concluida y firma-   th: postdata
da: *en la posdata os manda recuerdos.*

pose
1 Postura física o actitud que adopta la persona que   s.f.
hace de modelo ante un pintor, escultor o fotógrafo: = postura
el artista le indicó en qué pose debía colocarse.
2 Actitud afectada de una persona: *su simpatía hacia*
mí es pura pose, en verdad me detesta.

poseedor
1 Que posee cosas: *es el actual poseedor de los bienes de*   adj/s./= posesor,
la abuela.   poseyente
2 **poseedor de buena fe:** El que ignora que sea ilíci-   DERECHO
to su título o modo de adquirir.
3 **tercer o tercero poseedor:** El que adquirió bienes   DERECHO
por título singular del demandado o condenado u obtuvo bienes gravados con una hipoteca para soportar
los efectos de ésta.

poseer (Del lat. *possidere*.)
1 Tener una persona una cosa en propiedad: *posee*   v.tr./conj: leer
muchas tierras en su pueblo.   part.th: poseso
2 Disponer de una cosa: *posee una sabiduría envidia-*   = gozar
ble; el país posee recursos naturales.
3 Tener relaciones sexuales con una persona.
4 Tener una persona una cosa como propietario, sin   DERECHO
saber que pertenece a otra persona.
5 Dominar una persona sus sentimientos, ímpetus o   v.prnl.
pasiones.   = contenerse

poseído, a
1 Que está dominado por un estado de ánimo, idea,   adj/s.
vicio o pasión: *está poseído por las drogas; estoy poseído*   + de, por
por el miedo.
2 Se aplica a la persona que padece el apoderamiento   OCULTISMO
de algún espíritu: *sometieron a la poseída a un exor-*   = poseso
cismo.
3 Que se comporta con maldad.   = perverso
4 Se refiere a la persona que se comporta con orgullo   = engreído,
o engreimiento.   envanecido

posesión
1 Circunstancia de tener una persona poder sobre   s.f.
cierta cosa para usarla y disponer de ella: *la posesión*   = propiedad
de las joyas es la de la nieta de la difunta.
2 Cosa de la que una persona es dueña, en especial   = dominio
cuando se trata de fincas rústicas: *nunca venderé mis*
posesiones.

3 Captación del espíritu de una persona por otro es-   OCULTISMO
píritu que dispone de él como agente, según algunas
religiones y creencias: *asegura ser víctima de la posesión*
del diablo.
4 Territorio situado fuera de las fronteras de una na-   = colonia,
ción, pero que le pertenece por tratado, ocupación o   dominio
conquista: *en 1898 España perdió sus últimas posesiones*
americanas.
5 **posesión civil:** La adquirida de buena fe y de   DERECHO
acuerdo a la ley y el derecho.
6 **posesión clandestina:** La que se tiene o se adquie-   DERECHO
re de forma oculta o furtiva.
7 **posesión de buena fe:** La que se tiene sin conoci-   DERECHO
miento de ilegitimidad en el título o modo de adquisición.
8 **posesión de mala fe:** La que se tiene con conoci-   DERECHO
miento de la ilegitimidad del título o modo de adquisición.
9 **posesión natural:** Real aprehensión o tenencia de   DERECHO
una cosa corporal.
10 **posesión turbativa:** La que se adquiere con vio-   DERECHO
lencia sobre la que otro tenía de forma pacífica.
11 **posesión violenta:** La que es ilegítima por haber-   DERECHO
se adquirido mediante el uso de la fuerza.
12 **amparar a una persona en la posesión:** Mante-   DERECHO
nerla en la que tiene.
13 **dar a una persona posesión de un cargo:** Otor-
gárselo de forma oficial.
14 **dar posesión a una persona:** Poner de forma real   DERECHO
y efectiva a su disposición la cosa corporal, entregar-
le u otorgar un instrumento como símbolo de la tradición real, o bien dar señal con algún acto u objeto
de transferirle derechos o cosas incorporales.
15 **recobrar o retener la posesión:** Ser una persona   DERECHO
amparada judicialmente, por vía sumaria de interdicto, ante el peligro inminente de verse turbado en el
goce de una cosa o contra el despojo consumado de
ella.
16 **tomar o aprehender posesión:** Hacerse cargo de   DERECHO
lo que se va a poseer, en ejercicio del derecho, uso o
libre disposición.

posesional Que tiene relación con la posesión: *acto*   adj.
posesional.   = posesorio

posesionar
1 Poner en posesión de una cosa a una persona: *esta*   v.tr/prnl.
mañana me he posesionado del nuevo cargo.   + de
2 Tomar una cosa de forma indebida: *mi hermana se*   v.prnl.
ha posesionado de mis vestidos.   + de

posesionero, a Ganadero que ha adquirido la pose-   s.
sión de los pastos arrendados.

posesividad Actitud posesiva y dominante de una   s.f.
persona sobre otra: *su marido tiene una enfermiza pose-*
sividad sobre ella.

posesivo, a
1 De la posesión.   adj.
2 Que actúa de forma dominante y autoritaria hacia   SICOLOGÍA
otro: *mi novio es muy celoso y posesivo.*
3 Se aplica al adjetivo y al pronombre que denotan   adj/s.m.
posesión o pertenencia.   GRAMÁTICA

poseso, a (Del lat. *possessus*; part. pas. irreg. de *po-*
seer.)
1 Que está poseído por algún espíritu: *el sacerdote*   adj/s.
practicó un exorcismo al poseso para liberarlo del demo-   OCULTISMO
nio.   = endemoniado
2 Que está colérico y como fuera de sí: *estaba muy*   = enajenado,
enfadado y gritaba como un poseso.   poseído

posesor, a Se aplica a la persona que posee cosas: *es*   adj/s./+ de
el actual posesor de la fortuna familiar.   = poseedor

posesorio, a Que tiene relación con la posesión: *te-*   adj.
nía derechos posesorios sobre la hacienda.   = posesional

posfijo Se aplica al afijo que en la derivación de pala-   adj/s.m./GRAMÁ-
bras va pospuesto a la raíz.   TICA/tb: postfijo

posglacial Se refiere al período que siguió a la última   adj/s.m.
glaciación cuaternaria europea, o a los últimos depó-   GEOLOGÍA
sitos glaciares en un lugar determinado.   tb: postglacial

posguerra Tiempo inmediatamente posterior a una   s.f.
guerra en la que perduran sus efectos: *la escasez de*   tb: postguerra
alimentos caracterizó la posguerra.

posibilidad
1 Circunstancia de ser una cosa posible, que puede   s.f.
existir, ocurrir o que se puede realizar: *los sismólogos*   = probabilidad,
analizan la posibilidad de un gran terremoto en la zona.   viabilidad
2 Opción o capacidad para hacer una cosa: *tienes tres*
posibilidades, ¿cuál eliges?
3 Medios de que una persona dispone para conseguir   s.f.pl.
lo que desea, en especial bienes materiales: *mis posi-*   = posibles
bilidades de inversión son mínimas.

posibilismo
1 Actitud política de aprovechar las posibilidades de   s.m.
otras doctrinas, instituciones o circunstancias, aun re-   POLÍTICA
nunciando a las propias, para la realización de determinados fines prácticos.

2 Tendencia política propugnada y representada por Castelar a finales del siglo XIX, que defendía una evolución democrática de la monarquía constitucional. — POLÍTICA

posibilista
1 Del posibilismo. — adj./POLÍTICA
2 Que es partidario del posibilismo. — adj/s.m.f./POLÍTICA

posibilitar Hacer una cosa posible o facilitarla: *la beca me posibilita estudiar.* — v.tr. = permitir

posible (Del lat. *possibilis.*)
1 Que puede suceder: *es posible que llueva; no es posible que diga la verdad.* — adj./= probable ≠ imposible
2 Que puede hacerse: *es posible acabarlo en dos horas; tu plan no es posible.* — = factible ≠ irrealizable
3 Facultades o medios, sobre todo económicos, de que se dispone para hacer cierta cosa: *mis posibles no dan para tanto.* — s.m.pl. = posibilidades
4 hacer lo posible o todo lo posible: Procurar por todos los medios el logro de una cosa: *hice todo lo posible por salvarla, pero no pude.*

posición (Del lat. *positio, -onis.*)
1 Actitud o manera en que una persona o una cosa está puesta: *en esta posición me duele la espalda; los soldados estaban en posición de firmes.* — s.f. = disposición, postura
2 Categoría o condición social o económica de una persona: *su familia está en una buena posición económica.* — = situación
3 Lugar donde está situada una cosa o persona: *el ciclista ocupa la primera posición; en esta posición la planta recibe demasiado Sol.* — = emplazamiento
4 Actitud o manera de pensar: *su posición ante el tema es de total indiferencia.* — = conducta, posicionamiento
5 Estado jurídico que determinan para los litigantes las acciones y defensas usadas. — DERECHO
6 Pregunta que un litigante ha de contestar bajo juramento y en presencia de las otras partes. — DERECHO
7 Sitio fortificado, resguardado, protegido o naturalmente ventajoso ocupado por un contingente de tropas: *tuvieron dificultades para mantener la posición en el puente.* — MILITAR
8 falsa posición: Suposición que se hace de uno o más números para resolver una cuestión. — MATEMÁTICAS
9 posición militar: La del soldado cuando se cuadra o cuando adopta la actitud o figura ordenada por un superior. — MILITAR
10 absolver posiciones: Contestarlas, responderlas. — DERECHO
11 tomar posición: Decidirse una persona sobre una cuestión o adoptar una de las posibles actitudes: *tomó posición a favor de la causa.* — DERECHO

posicionamiento Acción y resultado de posicionar o adoptar una determinada actitud o elegir una opción. — s.m.

posicionar Adoptar una persona una determinada actitud o decidirse sobre una cuestión: *se posicionó a favor de la propuesta más radical.* — v.intr/prnl.

positivado Exposición de una imagen negativa sobre una emulsión sensible, y revelado subsiguiente. — s.m. FOTOGRAFÍA

positivadora Máquina para positivar negativos fotográficos. — s.f. FOTOGRAFÍA

positivamente
1 Con certeza: *sé positivamente que su declaración es falsa.* — adv.
2 Bien, con aceptación: *el ministro valoró positivamente el acuerdo con los sindicatos.* — = favorablemente ≠ negativamente
3 Con polaridad positiva: *moléculas positivamente cargadas.* — FÍSICA ≠ negativamente

positivas Realizar un positivado. — v.tr./FOTOGRAFÍA

positividad Carácter de lo que es positivo. — s.f.

positivismo (Del fr. *positivisme.*)
1 Carácter de las cosas, personas o asuntos que se atienen a las realidades materiales y experiencias objetivas. — s.m. = realismo
2 Actitud práctica: *actuemos con positivismo y dejemos de teorizar.*
3 Sistema filosófico que admite como única fuente de conocimiento la experiencia y rechaza las nociones a priori y todo concepto universal y absoluto. — FILOSOFÍA
4 Afición excesiva a goces y comodidades materiales. — = hedonismo

positivista
1 Del positivismo. — adj.
2 Que profesa el positivismo o es partidario de él. — adj/s.m.f./FILOSOFÍA

positivo, a (Del lat. *positus.*)
1 Que revela la existencia de una cosa y no su falta: *sabemos que está embarazada por el resultado positivo del análisis; la empresa tiene un saldo positivo.* — adj. ≠ negativo
2 Que es bueno en cualquier aspecto: *has de valorar la parte positiva del asunto; tiene muchas cualidades positivas.* — = favorable ≠ negativo
3 De existencia indudable: *un hombre de positivo valor; un positivo retroceso.* — = cierto, verdadero ≠ falso
4 Que afirma: *dio una respuesta positiva.* — ≠ negativo
5 Que tiene muy en cuenta el provecho cierto y el aspecto práctico de las cosas: *es un hombre muy positivo.* — = práctico ≠ idealista

6 Que se refiere a los datos de la experiencia sin preguntarse por las causas: *verdades positivas.* — ≠ metafísico
7 Se aplica al punto que un equipo deportivo obtiene en campo contrario: *tienen cuarenta puntos y veinte positivos.* — adj./s.m. DEPORTES
8 Se aplica al adjetivo de significación absoluta o simple, a diferencia del comparativo y superlativo. — adj. GRAMÁTICA
9 Se refiere al número que es mayor de cero. — MATEMÁTICAS
10 Se aplica al polo o electrodo en que hay defecto de electrones. — FÍSICA
11 Se refiere al derecho establecido por leyes, bien sean divinas o humanas. — DERECHO
12 Se aplica a la copia fotográfica en que los claros y oscuros no aparecen invertidos, sino como se ven en la realidad. — adj./s.m. FOTOGRAFÍA
13 de positivo: Con certeza, sin duda: *sé de positivo que está mintiendo.* — loc.adv.

pósito (Del lat. *positus.*)
1 Asociación formada para la cooperación o el mutuo auxilio entre personas de una misma profesión: *trabaja en el pósito de pescadores.* — = cooperativa
2 Instituto de carácter municipal que estaba destinado a hacer acopio de grano, por lo general de trigo, y prestarlo en condiciones módicas a labradores y vecinos en meses de escasez. — s.m. AGRICULTURA, ECONOMÍA
3 Lugar donde se guardaba el grano recogido por este instituto. — = alhóndiga
4 pósito pío: El que está erigido con cláusulas de carácter caritativo o benéfico.

positrón Elemento del átomo que tiene la misma masa que el electrón, pero carga positiva. — s.m./FÍSICA tb: positón

positura
1 Modo en que está puesta o situada una persona, animal o cosa: *estoy en una positura muy incómoda.* — s.f. = postura
2 Estado o disposición de una cosa. — = tesitura

posliminio Reintegración, en derecho romano, del que había sido prisionero del enemigo a sus derechos de ciudadano. — s.m. DERECHO tb: postliminio

posma
1 Se aplica a la persona lenta y que resulta pesada: *es tan posma que siempre llega tarde.* — coloquial = cachazudo
2 Pesadez, flema o cachaza: *con tanta posma vas a acabar perdiendo el avión.* — coloquial = tranquilidad

posmeridiano, a
1 Que es posterior al mediodía: *el Sol posmeridiano daña menos la piel.* — adj. tb: postmeridiano
2 Cualquiera de los puntos del paralelo de declinación de un astro. — s.m. ASTRONOMÍA

posmodernidad Tendencia de la cultura occidental de finales del siglo XX caracterizada por la crítica del racionalismo, la búsqueda de nuevas formas de expresión, el eclecticismo y la falta de compromiso. — s.f. SOCIOLOGÍA tb: postmodernidad

posmodernismo Movimiento sociocultural que se basa en el individualismo práctico y la ausencia de compromiso social. — s.m. SOCIOLOGÍA, ARTE tb: postmodernismo

posmoderno, a
1 Se aplica al movimiento cultural juvenil que defiende el individualismo práctico y la vuelta a formas culturales carentes de compromiso social. — adj. SOCIOLOGÍA tb: postmoderno
2 Que es partidario de este movimiento cultural. — adj/s.SOCIOLOGÍA

poso
1 Conjunto de partículas suspendidas en un líquido que se posan en el fondo de un recipiente: *la sustancia no se disolvió y quedó un poso en el matraz.* — s.m. = asiento, sedimento
2 Huella o resto de un sentimiento anterior más ardiente: *le queda un poso de amargura de todo aquello.* — = señal
3 Descanso o pausa en el trabajo: *hice un poso para tomar un café.*

posó Moño en forma de nudo grande, atravesado por dos o más alfileres, que se hacen las mujeres filipinas con el pelo en la parte posterior de la cabeza. — s.m.

posología (Del gr. *poson*, cuanto + *lego*, decir.) Parte de la terapéutica que estudia las dosis en que deben administrarse los medicamentos. — s.f. MEDICINA

pospalatal Se aplica al sonido consonántico que se articula tocando el velo del paladar con la parte posterior del dorso de la lengua: *la k y la g son consonantes pospalatales.* — adj/s.f. LINGÜÍSTICA tb: postpalatal

posparto
1 Tiempo inmediatamente posterior al parto. — s.m./MEDICINA
2 Debilidad física general que sufre la mujer durante este tiempo. — = postpartum

pospelo
1 Indica en dirección contraria a la del pelo en la expresión a pospelo: *cepilla al perro a pospelo.* — loc.adv. = a contrapelo
2 Se usa en la expresión a pospelo para indicar contra el modo natural de una cosa.

pospierna Muslo de las caballerías. — s.f.

posponer
1 Dejar una cosa para hacerla más tarde: *decidió posponer la reunión porque no se había llegado a ningún acuerdo.* — v.tr. conj: *poner* = aplazar, retrasar

2 Poner a una persona o una cosa después de otra: *me pospuso a ti en la fila porque soy más alta.*
3 Apreciar a una persona o una cosa menos que a otra: *posponía ese collar vulgar al anillo que heredó de su abuela.* = postergar

posposición Acción de posponer. s.f.

pospositivo, a Que se pone después de la palabra que rige: *preposición pospositiva.* adj. LINGÜÍSTICA

pospretérito Se refiere a la forma verbal que indica el futuro de las completivas de una oración de pasado, y es equivalente al condicional simple. s.m. GRAMÁTICA

post- Componente de palabra procedente del lat. *post*, que significa detrás, después: *postdata.* pref. tb: pos-

posta (Del ital. *posta*, lugar del caballo en el establo.)
1 Conjunto de caballerías que estaban apostadas en los caminos a distancia de dos o tres leguas para que, cambiando los tiros, las personas o el correo pudiesen llegar más deprisa. s.f. HISTORIA
2 Casa o lugar donde estaban las caballerías apostadas. HISTORIA
3 Distancia que hay entre un conjunto de caballerías y otra.
4 Bala pequeña de plomo, mayor que los perdigones.
5 Porción de dinero que se pone sobre la mesa en algunos juegos de azar. JUEGOS = apuesta
6 Pedazo de carne, pescado u otra cosa. = tajada
7 Tarjetón con un letrero conmemorativo.
8 Persona que va donde se encuentran apostadas las caballerías para un asunto propio o ajeno. s.m.f.
9 Dibujo de ornamentación compuesto de líneas curvas, que se emplea sobre todo en frisos y espacios semejantes de mucha longitud. s.f. ARQUITECTURA
10 a posta. Con intención deliberada: *me rompió el disco a posta.* loc.adv./coloquial = aposta, adrede
11 irse una persona por la posta: Estar muy enfermo, a punto de morir. coloquial
12 por la posta: Con prisa o velocidad: *relájate, que siempre vas por la posta.* loc.adv. coloquial

postal
1 Que tiene relación con el servicio de correos: *paquete postal; giro postal; servicio postal.* adj.
2 Se aplica a la tarjeta que por uno de sus lados dispone de espacio para escribir, anotar la dirección y pegar el sello y por el otro suele tener una fotografía, grabado o ilustración: *me envió una postal de su pueblo.* adj/s.f.

postdata (Del lat. *post datam*, después de la fecha.) Texto que se añade a una carta ya concluida y firmada. s.f. tb: posdata

postdiluviano, a Que es posterior al diluvio universal. adj. ≠ antediluviano

postdorsal Se aplica al sonido consonántico que se articula tocando con la parte posterior del dorso de la lengua los alvéolos o paladar. adj/s.f. LINGÜÍSTICA

poste (Del lat. *postis*, montante de una puerta.)
1 Madero, piedra o columna que se coloca en posición vertical para servir de apoyo, soporte o señal: *el huracán derribó los postes de la luz.* s.m.
2 Cada uno de los palos verticales de la portería de fútbol y de otros deportes. DEPORTES
3 dar poste: Hacer que una persona espere en el sitio convenido más tiempo del normal. coloquial
4 llevar poste: Esperar a la persona que falta a la cita. coloquial
5 oler una persona el poste: Prever y evitar el daño que podría sucederle. coloquial
6 ser una persona un poste: 1. Ser muy torpe o tonto. 2. Estar muy sordo. coloquial

postelectoral Que se realiza después de las elecciones: *el presidente hará hoy su primera rueda de prensa postelectoral.* adj.

postelero Puntal que sostiene y sujeta las mesas de guarnición o repisas donde se amarran los cabos de los palos mayores para que no padezcan en los balances. s.m. NÁUTICA

postema (Del lat. *apostema* < gr. *apostema*, absceso.) Absceso que supura. s.f. MEDICINA

postemero Instrumento quirúrgico, semejante a una lanceta grande, para abrir postemas o abscesos. s.m. MEDICINA

poster (Voz inglesa.) Cartel que se cuelga de la pared como elemento decorativo: *en su habitación tiene posters de sus ídolos deportivos.* s.m/pl: posters tb: póster = afiche, cartel

postergación Acción y resultado de postergar. s.f.

postergar (Del lat. *postergare*, dejar atrás.)
1 Hacer que se atrase una cosa en el tiempo o en el espacio: *postergó la boda porque no sabía si casarse o no.* v.tr./conj: pagar = aplazar, retrasar
2 Apreciar a una persona o una cosa menos de lo que le corresponde o respecto a otra: *le han postergado a la recepción de la empresa.* = posponer

posteridad (Del lat. *posteritas, -atis*.)
1 Conjunto de los seres humanos que viven, han vivido o vivirán después de cierto momento o cierta persona: *el escritor sabe que sus novelas serán leídas por la posteridad.* s.f.

2 Tiempo futuro: *no sabemos lo que sucederá en la posteridad.* = porvenir
3 Fama después de la muerte.

posterior (Del lat. *posterior, -oris*.)
1 Que se hace o sucede después o más tarde que otra cosa: *tu intervención es posterior a la mía, si yo empiezo primero.* adj. = ulterior ≠ anterior
2 Que está o queda detrás de otra cosa o persona: *se sentó en una silla posterior a la tuya.* ≠ anterior
3 Que está en la parte trasera de una cosa: *no se abre la puerta posterior de la furgoneta.* = trasero

posterioridad Calidad de posterior. s.f.

posteta
1 Porción de pliegos que los encuadernadores alisan de una vez. s.f. ARTES GRÁFICAS
2 Conjunto de pliegos metidos unos dentro de otros para empaquetar las impresiones. ARTES GRÁFICAS

postglacial Posglacial, período geológico. adj/s.m./GEOLOGÍA

postgrado Cualquiera de los estudios universitarios posteriores a la obtención de un título de licenciado: *al acabar la carrera hice un curso de postgrado.* s.m.

postguerra Posguerra, tiempo inmediatamente posterior a una guerra. s.f.

postigo (Del lat. *posticum*, puerta trasera.)
1 Puerta falsa, además de la principal, en una muralla y en algunos edificios. s.m.
2 Puerta pequeña abierta en una de las hojas de otra mayor: *abrió el postigo para ver quién era.* = portillo
3 Puerta pequeña en una ventana o contraventana. = cuarterón
4 Puerta lisa y de una sola hoja. CONSTRUCCIÓN
5 Tablero sujeto con bisagras o goznes en el marco de una puerta o ventana para cubrir cuando conviene la parte encristalada. CONSTRUCCIÓN

postila Glosa o explicación de un texto: *el autor puso postilas a la novela.* s.f./tb: postilla = apostilla

postilación Acción de poner postilas o glosas a un texto. s.f.

postilador, a Persona que postila o glosa un texto. s.f.

postilar Poner postilas o glosas a un texto: *se solía postilar los textos escritos en latín.* v.tr. = apostillar

postilla
I (Del bajo lat. *postilla*.) Glosa o comentario de un texto o de una obra literaria. s.f./LITERATURA = postila, apostilla
II (Del lat. vulgar *pustella* < lat. *pustula*, amapola.) Costra que aparece en heridas y úlceras. s.f. MEDICINA

postillón Mozo que iba a caballo delante de las postas para guiar a los caminantes o delante de un tiro para conducir al ganado. s.m.

postilloso, a Que tiene postillas o costras: *tiene la pierna postillosa a raíz del accidente.* adj. MEDICINA

postimpresionismo Movimiento artístico que se desvía de las características de luz y color del impresionismo y que tiende a la reconstrucción de la forma y la línea. s.m. ARTE

postimpresionista
1 Del postimpresionismo: *pintura postimpresionista.* adj./ARTE
2 Que es partidario del postimpresionismo. adj/s.m.f./ARTE

postín (Del gitano *postin* < indostaní *postin*, piel de abrigo.)
1 Presunción afectada o sin fundamento. s.m./coloquial
2 darse postín: Presumir de una cosa o darse importancia: *se cree muy lista y se da postín.* coloquial = darse tono
3 de postín: Que es lujoso o distinguido: *vive en un edificio de postín.* loc.adj. coloquial

postinear Presumir o darse postín una persona. v.intr./coloquial

postinero, a Se aplica a la persona que presume o se da importancia o postín. adj. coloquial

postiza
1 Castañuela delgada y pequeña usada para acompañar al baile. s.f. MÚSICA
2 Obra muerta que se ponía en el exterior de las galeras y galeotas desde su cubierta principal en ambos costados, para aumentar la manga y colocar los remos en la posición más ventajosa. NÁUTICA

postizo, a (Del lat. vulgar *appositicius* < *apponere*, añadir.)
1 Que no procede del sitio en que está, sino que ha sido añadido: *dentadura postiza; pestañas postizas; lunar postizo.* adj. = artificial ≠ natural
2 Que se puede separar del lugar donde se ha sobrepuesto: *puños postizos; cuello postizo.*
3 Que no es propio ni natural, sino fingido: *simpatía postiza; méritos postizos.* = falso ≠ auténtico
4 Añadido o tejido de cabello que sirve para suplir la falta o escasez de éste: *desde que se quedó calvo usa un postizo.* s.m.

postliminio Ley del derecho romano que permitía reintegrarse con todos los derechos a la vida ciudadana a aquellos que habían sido prisioneros del enemigo. s.m. DERECHO tb: posliminio

postmeridiano, a Posmeridiano [en todas sus acepciones]. *adj.*

post meridiem (Expresión latina.) Después del mediodía. *loc.adv.*

postmodernidad Posmodernidad, tendencia cultural. *s.f.*

postmodernismo Posmodernismo, movimiento sociocultural. *s.m.*

postmoderno, a Posmoderno [en todas sus acepciones]. *adj.*

postnominal Se aplica a la palabra que deriva de un sustantivo o de un adjetivo. *adj/s.m. GRAMÁTICA*

postónico, a Se refiere al elemento de la palabra que está después de la sílaba tónica: *vocal postónica*. *adj. LINGÜÍSTICA*

postoperatorio, a
1 Que sucede después de una operación quirúrgica: *en este caso la fiebre es un síntoma postoperatorio*. *adj. MEDICINA*
2 Se aplica al proceso que sigue al estado del enfermo sometido a una operación quirúrgica, desde ésta hasta la curación o muerte del paciente. *adj/s.m. MEDICINA*

postor
1 Persona que ofrece precio en una subasta. *s.m./= licitador*
2 Persona que en la caza coloca a cada tirador en su puesto. *CAZA*
3 **mejor o mayor postor:** Licitador que hace la postura más ventajosa en una subasta: *se llevó el cuadro el mejor postor*.

postpalatal Se aplica al sonido consonántico que se articula tocando el velo del paladar con la parte posterior del dorso de la lengua: *la k y la g son consonantes postpalatales*. *adj/s.f. LINGÜÍSTICA tb: pospalatal*

postproducción Conjunto de procedimientos seguidos a partir de la grabación de una película de cine o televisión para su realización final. *s.f. CINE tb: posproducción*

postración
1 Estado de debilidad en que se encuentra una persona por efecto de una enfermedad o de la tristeza: *no conseguimos sacarla de esta postración*. *s.f. = abatimiento*
2 Acción y resultado de postrar o postrarse.

postrado, a
1 Que está debilitado por la tristeza o por una enfermedad. *adj./= abatido desfallecido*
2 Se aplica a las plantas y a los tallos débiles y que están caídos. *BOTÁNICA*

postrador, a
1 Que postra o se postra. *adj/s.*
2 Tarima baja de madera, al pie de la silla del coro de la iglesia, en la que se postra el religioso que va a rezar. *s.m. RELIGIÓN*

postrar (Del bajo lat. *prostrare.*)
1 Causar una cosa una fuerte debilidad física o moral a una persona: *su muerte la postró; se postró con tantos meses de enfermedad; está postrado en su lecho de dolor*. *v.tr/prnl. = abatir ≠ fortalecer*
2 Ponerse de rodillas ante una persona en actitud de respeto o de súplica: *se postró ante el obispo para obtener su perdón*. *v.prnl. = arrodillarse ≠ alzarse*
3 Inclinar una cosa hasta el suelo. *v.tr.*

postre
1 Que es el último. *adj./= postrero*
2 Fruta, dulce u otro alimento que se toma al final de las comidas: *de postre tenemos fresas con nata*. *s.m.*
3 **a la postre:** Al fin, en definitiva: *a la postre, nos quedamos en casa*. *loc.adv.*

postremero, a Postrimero [en todas sus acepciones]. *adj.*

postremo, a (Del lat. *postremus.*) Que es el último en una serie: *ocupa el postremo puesto de la clasificación*. *adj. = postrero*

postrer (Apócope de *postrero.*) Postrero [en todas sus acepciones]: *postrer suspiro*. *adj.*

postreramente Al final, en definitiva. *adv.*

postrero, a
1 Que es el último: *me caso el día postrero del año; su postrera voluntad fue desheredar a su hijo*. *adj/s./= postrero, postrimero*
2 Que está, se queda o viene detrás. *= posterior*

postrimer (Apócope de *postrimero.*) Postrimero [en todas sus acepciones]. *adj.*

postrimeramente Al final, en definitiva. *adv.*

postrimerías
1 Último período de duración de una cosa o de un tiempo determinado: *las postrimerías del milenio*. *s.f.pl. = final*
2 Últimos momentos de la vida de una persona. *= ocaso*
3 Lo que aguarda a las personas al término de sus días. *TEOLOGÍA*

postrimero, a Que es el último en una lista o serie. *adj./= postrero*

post scriptum (Del lat. *post*, después + *scriptum*, escrito.) Texto que se añade al final de una carta ya firmada. *s.m. = posdata*

postulación Acción y resultado de postular. *s.f./= póstula*

postulado
1 Acción y resultado de postular. *s.m.*

2 Proposición cuya verdad se admite sin pruebas y que sirve de base para razonamientos posteriores. *= axioma*
3 Reglamento, por lo general referido a normas de comportamiento: *esta sociedad se rige por unos postulados muy estrictos*. *= principio*
4 Supuesto del que se parte para formular una demostración. *FILOSOFÍA*

postulador
1 El que solicita en la curia romana la beatificación y canonización de una persona declarada venerable. *s.m. RELIGIÓN*
2 Cada uno de los capitulares que postulan en derecho canónico. *DERECHO*

postulanta Mujer que pide ser admitida en una congregación religiosa. *s.f. RELIGIÓN*

postulante Que postula. *adj/s.m.f.*

postular (Del lat. *postulare*, pedir.)
1 Pedir donativos para fines benéficos o religiosos: *postula para recoger dinero para luchar contra el cáncer*. *v.tr/intr.*
2 Pedir que se tome una medida de interés general en un discurso o un escrito: *con sus palabras postulaba un cambio en la junta*. *= reclamar, rogar*
3 Pedir para prelado de una iglesia a una persona que según la ley no puede ser elegida. *RELIGIÓN*

póstumo, a (Del lat. *postumus*, el último.)
1 Que nace o sale a la luz después de la muerte del padre o autor: *tuvo un hijo póstumo; van a publicar su obra póstuma*. *adj.*
2 Se aplica a los honores o elogios que se dedican a un difunto: *le hicieron un homenaje póstumo*.

postura
1 Modo en que está puesta o situada una persona, animal o cosa: *se sentó en una postura descarada; el fotógrafo le indicó qué postura debía hacer*. *s.f. = colocación, pose*
2 Actitud que adopta una persona ante un asunto cualquiera: *mantiene una postura inflexible en relación al caso*. *= posición*
3 Conjunto de huevos puestos de una vez por un ave: *la postura ha sido de tres huevos*. *= puesta*
4 Acción de poner huevos un ave: *la gallina se preparaba para la postura*. *= puesta*
5 Precio ofrecido por el comprador o arrendador en una subasta: *mi postura es de cinco millones*. *= puja*
6 Cantidad que se apuesta en algunos juegos de azar: *subí la postura de mi contrincante y la gané*. *JUEGOS = apuesta, puesta*
7 Acción que consiste en plantar árboles tiernos o plantas: *los jardineros proceden a la postura de los pinos*.
8 Planta o árbol tierno que se trasplanta.
9 Pacto o convenio que se establece entre dos o más partes. *= concierto*
10 Precio que ponía la autoridad a los productos comestibles. *HISTORIA*
11 **postura del sol:** Ocaso o puesta del Sol.
12 **hacer postura:** Tomar parte como licitador en una puja o subasta.
13 **plantar de postura:** Plantar poniendo árboles tiernos, a diferencia de los que se plantan con semilla, de garrote u otros métodos.

postventa Posventa [en todas sus acepciones]. *s.f.*

postverbal Se aplica a la palabra que deriva de una forma verbal. *adj/s.m. GRAMÁTICA*

posventa
1 Período de tiempo durante el cual el vendedor o fabricante garantiza al comprador asistencia, mantenimiento y reparación del producto adquirido. *th: postventa COMERCIO*
2 Se aplica al servicio de mantenimiento y reparación de un producto después de haberlo vendido. *adj/s.f.*

pota Molusco cefalópodo ommatostréfido parecido al calamar. *(Ommatostreples sagittatus.)* *s.f. ZOOLOGÍA*

potabilidad Ausencia de sustancias tóxicas en los líquidos, que los hace aptos para ser bebidos: *la potabilidad de las aguas de este río es dudosa*. *s.f.*

potabilizador, a Que potabiliza o hace que se pueda beber. *adj/s.*

potabilizar Hacer un líquido potable o que se pueda beber: *potabilizan el agua de los ríos*. *v.tr. conj: cazar*

potable (Del lat. *potabilis.*)
1 Que puede ser bebido sin que cause daño al organismo: *el agua del estanque no es potable*. *adj. = bebible*
2 Que puede ser admitido o aceptado en relación a los de su clase: *tengo un coche potable*. *coloquial = aceptable*
3 Que tiene un aspecto físico aceptable: *tiene un novio bastante potable*. *coloquial = pasable*

potación
1 Acción de potar o beber. *s.f.*
2 Bebida, líquido que se bebe.

potador, a Se aplica a la persona que igualaba y marcaba las pesas y medidas. *adj/s. = potero*

potaje (Del fr. *potage*, puchero.)
1 Guiso hecho con legumbres secas, verduras, arroz y otros ingredientes: *potaje de garbanzos*. *s.m. COCINA*
2 Caldo de olla o de un guisado. *COCINA*
3 Conjunto de cosas inútiles mezcladas sin orden. *= batiburrillo*

4 Conjunto de legumbres secas.
5 Bebida elaborada con variados y abundantes ingredientes: *empezó haciendo un ponche y le salió un potaje riquísimo.*

potajería
1 Conjunto de legumbres secas para hacer potajes.   s.f.
2 Lugar donde se guardan y distribuyen las semillas o potajes.

potajier (Del fr. *potagier*.) Jefe de la potajería de algunas antiguas casas reales.   s.m. HISTORIA

potala
1 Piedra que se ata a un cabo y sirve para fondear botes o embarcaciones menores.   s.f. NÁUTICA
2 Embarcación pesada y poco marinera.   NÁUTICA

potámide Ninfa de los ríos.   s.f./MITOLOGÍA

potamo- Componente de palabra procedente del gr. *potamos*, que significa río: *potamología*.   pref.

potamología (Del gr. *potamos*, río + *logos*, ciencia.) Estudio de los ríos e hidrología fluvial.   s.f. GEOGRAFÍA

potamoquero Jabalí de río, mamífero suiforme.   s.m./ZOOLOGÍA

potar
I (Del port. *pote*, medida de seis carradas.) Igualar y marcar las pesas y medidas.   v.tr.
II (Del lat. *potare*, beber.) Tomar un líquido.   v.tr./= beber

potasa (Del alem. *pottasche*.) Hidróxido de potasio, usado como base fuerte en las reacciones de neutralización de disoluciones ácidas.   s.f. QUÍMICA / = potasa cáustica

potásico, a Del potasio.   adj./QUÍMICA

potasio Metal de color brillante, blando, ligero e inflamable en contacto con el aire o el agua.   s.m. QUÍMICA

pote (Del cat. *pot*, bote.)
1 Recipiente cilíndrico, alto y hecho de barro, porcelana u otra materia, que sirve para guardar licores, conservas y otros alimentos semejantes: *guarda el arroz en el pote.*   s.m. = bote
2 Olla de hierro, con bandeja y boca ancha y provista de dos asas a los lados y otra grande en forma de semicírculo: *pon un pote con agua al fuego.*
3 Gesto que precede al llanto.   = puchero
4 Maceta en forma de jarra: *planta la manzanilla en unos potes.*
5 Comida típica gallega y asturiana equivalente a la olla castellana.   COCINA
6 a pote: De forma abundante: *estás gordo porque comes a pote.*   loc.adv. coloquial
7 darse pote: Presumir, darse importancia: *cuando anda se da pote.*   coloquial

potencia (Del lat. *potentia*.)
1 Capacidad para hacer una cosa: *potencia muscular; potencia auditiva; potencia militar de un estado.*   s.f. = poder
2 Persona, entidad o nación que tiene gran poder sobre las demás: *las grandes potencias mundiales luchan por poseer gran cantidad de armamento.*
3 Producto que resulta de multiplicar una cantidad por sí misma, una o más veces: *cuatro es la segunda potencia de dos; veintisiete es la potencia de tercer grado de tres.*   MATEMÁTICAS
4 Trabajo desarrollado o energía transformada por unidad de tiempo.   FÍSICA
5 Capacidad de llegar a ser: *todos somos unos asesinos en potencia.*   FILOSOFÍA ≠ acto
6 Cualquiera de las facultades del alma: entendimiento, voluntad y memoria.   TEOLOGÍA
7 Cada uno de los rayos de luz que se ponen sobre la cabeza de las imágenes religiosas.   RELIGIÓN
8 pura potencia: Que se concibe como carente de toda actualidad, pero capaz de recibir alguna.   FILOSOFÍA
9 segunda potencia: Multiplicación de una cantidad por sí misma.   MATEMÁTICAS = cuadrado
10 tercera potencia: Cubo de un monomio, polinomio o número.   MATEMÁTICAS
11 de potencia en potencia: De igual a igual.   loc.adv.
12 elevar a potencia: 1. Multiplicar una cantidad por sí misma tantas veces como su exponente indica. 2. Aumentar en cantidad, grado o intensidad.   MATEMÁTICAS
13 en potencia: En estado de capacidad, aptitud o disposición para una cosa.   loc.adv. FILOSOFÍA
14 lo último de potencia: Todo el esfuerzo de que una persona es capaz.   coloquial

potenciación
1 Acción de comunicar o añadir potencia a una cosa: *se adoptarán medidas orientadas a la potenciación de la creación de empresas.*   s.f.
2 Operación matemática que consiste en multiplicar un número por sí mismo, tomándolo como factor un número determinado de veces.   MATEMÁTICAS

potenciador, a
1 Que potencia o aumenta las características de una cosa: *potenciador de sonido.*   adj./s.
2 potenciador de sabor: Sustancia química que aumenta las cualidades de gusto de un alimento.   QUÍMICA

potencial
1 De la potencia.   adj.

2 Que sólo existe en potencia: *la empresa tiene un trato especial con los clientes potenciales.*   = posible
3 Se aplica a la energía que posee un cuerpo o un sistema físico, por el hecho de su posición o de su estado.   FÍSICA
4 Se refiere a la forma verbal que indica la posibilidad de una acción.   adj/s.m. LINGÜÍSTICA
5 Fuerza o potencia de la que se puede disponer: *nuestro potencial militar es superior al del enemigo.*   s.m. = poder
6 Magnitud que determina la distribución de las fuerzas entre dos puntos de un campo determinado, suponiendo uno de ellos situado en el infinito.   FÍSICA
7 potencial eléctrico: El escalar del campo eléctrico.   ELECTRICIDAD
8 potencial humano: Conjunto de técnicas cuyo objetivo es la búsqueda del pleno desarrollo y la felicidad del individuo: *la meditación trascendental es una técnica basada en el potencial humano.*   SICOLOGÍA

potencialidad
1 Capacidad de la potencia, independiente del acto, de una cosa o una persona para realizar una acción o producir un efecto.   s.f. FILOSOFÍA
2 Equivalencia de una cosa respecto de otra en virtud y eficacia.

potencialización Fenómeno por el que algunos medicamentos aumentan la intensidad de su acción si se administran conjuntamente con otros.   s.f. FARMACIA

potencialmente
1 De forma virtual.   adv./FILOSOFÍA
2 En estado de capacidad, aptitud o disposición para una cosa.

potenciar Comunicar potencia a una cosa o aumentar la que ya tiene: *la campaña publicitaria potenció las ventas.*   v.tr. = incrementar

potenciometría Técnica de análisis electroquímico basado en la medida de potencial de una solución.   s.f. QUÍMICA

potenciómetro
1 Aparato que sirve para medir la diferencia de potencial eléctrico.   s.m. ELECTRICIDAD
2 Resistencia variable de los aparatos electrónicos que permite controlar el volumen, tono y otras funciones.   TECNOLOGÍA

potentado, a
1 Persona que tiene riqueza o poder: *es un rico potentado propietario de numerosas empresas.*   s.
2 Príncipe o soberano que tenía dominio independiente en una provincia o estado, pero toma investidura de otro príncipe superior.   HISTORIA

potente (Del lat. *potens, -tis*.)
1 Que tiene potencia física o mecánica: *necesitamos una máquina potente para elevar este peso.*   adj. = fuerte
2 Que tiene capacidad para dominar: *las naciones potentes suelen oprimir a las débiles.*   = poderoso
3 Que tiene grandes riquezas: *es un potente terrateniente.*   = poderoso ≠ pobre
4 Se aplica al hombre que puede engendrar o tiene mucha capacidad sexual.   ≠ impotente
5 Que es grande, intenso o desmesurado: *habla con voz potente; un potente peñasco dificultaba el paso.*
6 estar potente: Estar una persona muy bien físicamente, o ser una cosa muy buena: *esa chica está potente; este helado está potente.*   coloquial

potentila Tormentila, planta herbácea trepadora.   s.f./BOTÁNICA

potenza Palo que en algunos escudos se coloca, sobre todo en posición horizontal, para formar la figura de una T.   s.f. HERÁLDICA

potenzado, a Se aplica a la pieza que termina en una potenza.   adj. HERÁLDICA

potera Instrumento para pescar calamares formado por una barra de plomo cubierta de ganchos.   s.f. PESCA

poterna (Del fr. *poterne*, puerta trasera.) Puerta pequeña en las fortificaciones que da al foso o al extremo de una rampa.   s.f. CONSTRUCCIÓN

potero, a Persona que igualaba y marcaba las pesas y medidas.   s/HISTORIA = potador

potestad (Del lat. *potestas, -atis*.)
1 Facultad para mandar o ejercer el poder sobre las personas o las cosas: *tiene la potestad de despedir a los trabajadores.*   s.f. = capacidad
2 Espíritus que forman el sexto coro de los ángeles y controlan las relaciones entre los demás espíritus.   s.f.pl. RELIGIÓN
3 potestad tuitiva: La del poder real para remediar los agravios o daños hechos por los jueces eclesiásticos.   DERECHO

potestativo, a Que no es de cumplimiento obligatorio: *la última cláusula del contrato es potestativa.*   adj. = optativo

potetómetro Aparato que se utiliza para determinar la cantidad de agua absorbida por una planta durante un período de tiempo determinado.   s.m. TECNOLOGÍA tb: potómetro

potingue (Del occitano *poutingo*.)
1 Bebida o comida de aspecto o sabor desagradable: *prepara unos potingues incomibles.*   s.m. = mejunje
2 Producto farmacéutico: *al menor dolor de cabeza ya se atiborra de potingues.*   coloquial = medicamento

3 Crema u otro producto cosmético: *sin maquillaje ya eres guapa, no uses tantos potingues.* — *coloquial*

potista Persona que bebe alcohol en exceso: *tiene el hígado destrozado porque es un potista.* — *s.m.f. coloquial*

potito Alimento infantil preparado a modo de puré y envasado en un tarro de cristal: *el bebé ya toma potitos de verduras.* — *s.m.*

poto
1 Vasija de barro pequeña. — *s.m./Perú*
2 Cada una de las dos porciones carnosas que constituyen el trasero de las personas. — *Argent., Chile, Perú*

potosí
1 Riqueza extraordinaria. — *s.m./pl.tb: potosíes*
2 valer una cosa un Potosí: Ser caro, tener un precio elevado: *este coche vale un Potosí y yo no tengo tanto dinero.* — *coloquial = valer un Perú*
3 valer una persona un Potosí: Ser muy válido, eficaz y competente: *le renovaremos el contrato porque es una secretaria que vale un Potosí.* — *coloquial = valer un Perú*

potpurrí (Del fr. *pot-pourri*.) Mezcla de varias cosas: *el cantante interpretó un potpurrí de sus mejores canciones.* — *s.m. tb: popurrí, pupurrí*

potra
I (Derivado de *potro*.) Yegua desde que nace hasta que muda los dientes de leche, por lo general a los cuatros años y medio de edad. — *s.f.*
II (De origen incierto.)
1 Hernia de un órgano o tejido a través de una abertura anormal. — *s.f. coloquial*
2 Buena suerte: *¡qué potra!, le ha vuelto a tocar el premio gordo de la lotería.* — *coloquial = chiripa*
3 cantarle a una persona la potra: Sentir el herniado algún dolor en la parte lastimada. — *coloquial*

potrada Conjunto de potros que se crían juntos o pertenecen al mismo dueño. — *s.f.*

potranco, a Caballo o yegua menor de tres años. — *s.*

potrear
1 Actuar como un joven una persona que no lo es: *tiene setenta años y se dedica a potrear.* — *v.intr.*
2 Molestar a una persona obligándola a hacer muchas cosas o a ir de un lado para otro: *déjame tranquilo y no me potrees más con tus gestiones.* — *v.tr. coloquial = mortificar*

potrera Se refiere a la cabezada de cáñamo que se pone a los potros. — *adj.*

potrerear Jugar los niños con libertad, como lo harían en un potrero o descampado. — *v.intr./Argent. coloquial*

potrero, a
I (Derivado de *potro*.)
1 Persona encargada de cuidar los potros en la dehesa. — *s.*
2 Sitio donde se cría ganado caballar. — *s.m.*
3 Finca cercada dedicada a la cría de ganado. — *Amér.*
4 Parcela en que se divide la estancia ganadera. — *Argent.*
5 Terreno baldío donde suelen jugar los niños. — *Argent., Perú*
II (Derivado de *potra*.) Cirujano que se dedica a curar potras y hernias. — *s. coloquial*

potril Se aplica a la dehesa en que se crían los potros después de separados de las madres, por lo general a los dos años de nacidos. — *adj./s.f.*

potrilla Hombre viejo que tiene aspecto juvenil: *a pesar de su edad es un potrilla.* — *s.m. coloquial*

potrillo, a Caballo o yegua menor de tres años. — *s.m.*

potro
1 Caballo joven, desde que nace hasta que muda los dientes de leche, a los cuatro años y medio de edad. — *s.m.*
2 Aparato gimnástico formado por cuatro patas y un prisma rectangular forrado de cuero u otro material, que se usa para efectuar diferentes saltos. — *DEPORTES*
3 Instrumento antiguo de tortura en el que se sentaba la víctima, a la que se le ataban las extremidades con cuerdas cuyos extremos se fijaban a un torno que al girar tensaba hasta dislocar los miembros. — *HISTORIA*
4 Persona joven que se comporta de forma alocada. — *coloquial*
5 Máquina de madera que se usa para sujetar los caballos cuando no se dejan herrar o curar.
6 Hoyo hecho en la tierra para partir las colmenas de abejas.
7 potro de primer bocado: Caballo desde que muda los cuatro incisivos principales o palas a los dos años y medio hasta que muda los cuatro incisivos adyacentes a las palas alrededor de los tres años y medio.
8 potro de segundo bocado: Caballo desde que muda los cuatro incisivos adyacentes a las palas hasta que muda los otros cuatro incisivos, hacia los cuatro años y medio.
9 manda mucho y da pocos: Se usa para calificar a la persona que promete mucho, pero luego no cumple lo prometido. — *coloquial*

potroso, a
1 Que padece hernia. — *adj/s.*
2 Que tiene buena suerte: *es tan potroso que siempre que va al bingo gana.* — *adj./coloquial = afortunado*

poya Residuo que forman las gárgolas del lino, después de machacadas y separadas de la simiente. — *s.f. AGRICULTURA*

poyal
1 Tela listada que se utiliza en algunos lugares para cubrir los poyos. — *s.m.*
2 Banco de piedra o de otro material que se construye arrimado a la pared. — *= poyo*

poyata
1 Anaquel para vasos y otros recipientes. — *s.f.*
2 Pieza horizontal de una pared, un armario o una estantería, usada para colocar sobre ella libros u otros objetos. — *= estante, repisa*

poyato Espacio de terreno llano, dispuesto en forma de escalón en la pendiente de una montaña y preparado para el cultivo. — *s.m. = bancal, terraza*

poyetón Se usa para indicar que una mujer se queda soltera en la expresión **irse al o sentarse en el poyetón.** — *s.m. coloquial*

poyo (Del lat. *podium* < gr. *podion*, repisa.)
1 Banco de piedra, yeso u otro material que se construye arrimado a la pared y junto a la puerta de la casa: *me senté en el poyo de su casa a esperarla.* — *s.m. = poyal*
2 Derecho que se abonaba a los jueces por administrar justicia. — *HISTORIA*

poza
1 Charca o concavidad en que hay agua detenida: *con la lluvia se formó una poza en el camino.* — *s.f. = charco*
2 Zona bastante profunda de un río donde el agua se remansa: *no me bañé en la poza porque había renacuajos.* — *= pozo*
3 Depósito de agua donde se pone a remojo el lino o el cáñamo.
4 lamer la poza: Ir poco a poco y de forma disimulada quedándose o gastando el dinero de una persona. — *coloquial*

pozal
1 Cubo para sacar agua del pozo: *el pozal lleno de agua pesaba mucho.* — *s.m.*
2 Brocal del pozo.
3 Recipiente empotrado en la tierra para recoger un líquido. — *= pocillo, pozuelo*

pozanco Poza que queda a la orilla de un río al retirarse las aguas después de una crecida. — *s.m.*

pozo (Del lat. *puteus*, hoyo.)
1 Hoyo profundo que se hace en la tierra hasta encontrar una vena de agua o de petróleo: *vete al pozo a buscar agua.* — *s.m.*
2 Hoyo profundo, aunque esté seco. — *= hoya*
3 Parte más profunda de un río. — *= poza*
4 Hoyo o excavación profunda para bajar a las minas. — *MINERÍA*
5 Cosa o persona que posee en gran medida una cualidad o defecto: *esta casa es un pozo de porquería.* — *+ de*
6 Casilla en el juego de la oca de la que el jugador no puede salir hasta que otro caiga en ella. — *JUEGOS*
7 Parte de la bodega de un buque que corresponde verticalmente a cada escotilla. — *NÁUTICA*
8 Parte de la bodega de una embarcación que corresponde a la caja de bombas. — *NÁUTICA*
9 Distancia o profundidad que hay desde el canto de la borda hasta la cubierta superior en las embarcaciones que no tienen combés. — *NÁUTICA*
10 Compartimiento o depósito que en los barcos pesqueros se forma para conservar vivos los peces. — *NÁUTICA, PESCA*
11 Socavón, hoyo que se hace en el pavimento de las calles o caminos. — *Argent., Par., Urug.*
12 Parte de un río apropiada para bañarse. — *Colomb.*
13 pozo airón: 1. El de gran profundidad. 2. Lugar donde alguna cosa se pierde o desaparece sin que haya esperanza de recobrarla, o se olvida. — *coloquial*
14 pozo artesiano: El de gran profundidad, para que el agua contenida entre dos capas impermeables encuentre salida y suba de forma natural a mayor o menor altura del suelo.
15 pozo ciego: El que en áreas no urbanizadas se hace junto a la casa como depósito de aguas servidas o residuales.
16 pozo de la hélice: Largo conducto rectangular que atraviesa verticalmente la popa de algunas embarcaciones de hélice para suspender ésta. — *NÁUTICA*
17 pozo de lobo: Pequeña excavación disimulada con ramaje y con una o varias estacas puntiagudas clavadas en el fondo, que sirve para dificultar el paso de la caballería en guerra o para cazar con trampa algunas fieras. — *CAZA, MILITAR*
18 pozo de nieve: Excavación seca donde se guarda y conservaba la nieve para el verano.
19 pozo de petróleo: Perforación profunda hecha para localizar o extraer petróleo. — *INDUSTRIA, MINERÍA*
20 pozo negro: El que para depósito de aguas inmundas se hace junto a las casas, cuando no hay alcantarillas.
21 pozo sin fondo: Cosa o persona insaciable, con la que se gasta dinero y que continuamente necesita más: *los niños en edad escolar son un pozo sin fondo.* — *coloquial*

22 caer una cosa en un pozo: Quedar en olvido o en riguroso secreto. — *coloquial*

23 ser un pozo de sabiduría: Tener muchos conocimientos en diversas materias. — *coloquial*

pozole
1 Guiso que consiste en un caldo muy condimentado, cuyos ingredientes principales son granos de maíz, chile y carne de cerdo o pollo. — s.m. / Méx. / COCINA
2 Bebida refrescante de agua y harina de maíz batida. — Méx.
3 Triturado que se utiliza para alimentar a las aves de corral. — Guat.

pozuelo Vasija empotrada en el suelo para recoger líquidos. — s.m. / = pocillo, pozal

prácrito Idioma vulgar de la India antigua, en oposición al sánscrito o lengua clásica. — s.m. / LINGÜÍSTICA

práctica (Del làt. *practice* < gr. *praktike*, ciencia práctica.)
1 Realización o ejercicio de una profesión u otra actividad de manera habitual y continuada: *se dedica desde hace años a la práctica de la medicina; la práctica del deporte es buena, para la salud.* — s.f. / = ejercitación
2 Habilidad o destreza que con el tiempo se adquiere en un trabajo o actividad: *no tiene práctica en hacer vendajes.* — = experiencia / ≠ inexperiencia
3 Aplicación de una idea o experimentación de una teoría: *domina tanto la teoría como la práctica.* — = ejercicio, experimento
4 Acción de hacer o usar una cosa de manera habitual: *la circuncisión es una práctica judía.* — = costumbre
5 Ejercicio realizado bajo la dirección de un maestro o especialista, necesario para el posterior ejercicio de una profesión: *haré con otro alumno las prácticas de laboratorio.*
6 en la práctica: En una realidad palpable, en los hechos: *tu idea es buena, pero ya veremos si en la práctica funciona.* — loc.adv.
7 llevar a la práctica o poner en práctica: Realizar las ideas o los proyectos: *tu plan está muy bien, pero no puede ponerse en práctica.*

practicable
1 Que puede ser realizado: *necesitamos propuestas practicables; no considero que este experimento sea practicable con un humano.* — adj. / = realizable / ≠ impracticable
2 Que puede ser transitado: *unas máquinas quitaron la nieve y la carretera volvió a ser practicable.* — = transitable / ≠ impracticable
3 Se aplica a la puerta o ventana de un escenario teatral que se puede abrir y usar. — TEATRO / ≠ impracticable

practicador, a Que practica: *es practicador habitual de deportes de riesgo.* — = practicante

prácticamente
1 Casi, en realidad: *no recuerdo, prácticamente, nada de lo que sucedió aquella noche.* — adv.
2 De hecho, en la práctica: *es prácticamente imposible que falle el mecanismo de seguridad.* — ≠ teóricamente
3 Con la práctica, por medio de la experimentación: *lo aprendí prácticamente.* — ≠ teóricamente

practicante
1 Que profesa una religión y realiza lo ordenado por la misma: *es católico practicante; los mahometanos practicantes no comen carne de cerdo.* — adj.
2 Que practica algún deporte o actividad: *es un practicante convencido del nudismo.* — adj/s.m.f.
3 Persona que posee el título de auxiliar médico menor y pone inyecciones y hace pequeñas curas: *el practicante me tomó la presión.* — s.m.f.
4 Persona que hace prácticas de cirugía y medicina bajo la dirección de un facultativo. — MEDICINA
5 Persona que en los hospitales hace las curaciones, atiende a los enfermos y administra medicamentos según las instrucciones del médico: *la practicante me trajo las pastillas.* — MEDICINA
6 Persona que en las farmacias se encarga de la preparación y despacho de los medicamentos bajo la dirección del farmacéutico. — FARMACIA

practicar
1 Realizar una actividad para adquirir habilidad en ella: *todavía he de practicar estos acordes.* — v.tr/intr. / conj: *sacar*
2 Hacer una cosa de forma habitual: *practica el nudismo; practiqué mucho el tenis.* — v.tr.
3 Hacer una cosa que se ha aprendido y se conoce: *ahora que ya conoces los pasos, practícalos.*
4 Realizar una cosa: *el cirujano practicó tres operaciones aquel día.* — = ejecutar
5 Ejercer una persona una profesión durante un tiempo con una persona experimentada para aprender de ella: *practica en un hospital.* — v.intr.
6 Realizar las prácticas que permiten habilitarse y poder ejercer de forma pública una profesión: *practicó la medicina en una clínica antes de abrir su consultorio.* — v.tr. / = ejercer
7 Llevar a la práctica las normas y preceptos de una determinada religión: *practicamos la religión musulmana.* — = profesar

práctico, a (Del bajo lat. *practice* < gr. *praktike*, ciencia práctica.)
1 De la práctica. — adj.
2 Que es muy útil: *es una estantería muy práctica porque se pueden mover los estantes.* — = provechoso / ≠ inútil
3 Que enseña la manera de hacer una cosa: *me dio consejos prácticos para poder usar el ordenador.* — ≠ empírico, teórico
4 Que se basa en los hechos: *¡seamos prácticos!, si llueve no podemos hacer el concierto.* — = realista
5 Que tiene destreza: *es un hombre práctico en su trabajo.* — + n / = diestro, experto
6 Persona que por el conocimiento del lugar en que navega dirige el rumbo de las embarcaciones: *práctico de costa; práctico de puerto.* — s. / NÁUTICA

practicón, a Persona diestra en una facultad, más por haberla practicado mucho que por saber mucho sobre ella. — s. / coloquial

pradal Pradera [en todas sus acepciones]. — s.m.

pradejón Prado pequeño: *tomamos el Sol en un pradejón cercano a la casa.* — s.m.

pradeño, a Del prado. — adj.

pradera
1 Prado grande. — s.f.
2 Terreno en el campo, extenso y con hierba. — = pradería
3 Conjunto de prados.

pradería Conjunto de prados. — s.f./= pradera

praderoso, a Se refiere al lugar que tiene muchas praderas: *vive en una provincia praderosa.* — adj.

pradial (Del fr. *prairial.*) Noveno mes del calendario republicano francés. — s.m. / HISTORIA

prado (Del lat. *pratum.*)
1 Terreno de cierta extensión en que se cría hierba, de modo espontáneo o por cultivo, para pasto del ganado: *Galicia es una zona rica en prados.* — s.m. / = pradal, pradera
2 Terreno con hierba, tomado como lugar de paseo.
3 prado de guadaña: El que se siega una vez al año.
4 a prado: Pastando el animal en el campo. — loc.adv.

prae mánibus (Expresión latina.) A la mano o entre las manos. — loc.adv.

pragmática Parte de la lingüística que estudia el lenguaje en su relación con los hablantes y con las circunstancias de la comunicación. — s.f. / LINGÜÍSTICA

pragmático, a (Del gr. *pragmatikos*, perteneciente a los negocios políticos.)
1 Que es práctico o útil para cierta cosa: *sé más pragmático y no teorices tanto.* — adj.
2 Se aplica al autor jurista que conoce e interpreta las leyes vigentes. — adj/s. / DERECHO
3 De la pragmática. — adj./LINGÜÍSTICA
4 Del pragmatismo filosófico. — FILOSOFÍA
5 Que sigue la doctrina del pragmatismo. — adj/s./FILOSOFÍA

pragmatismo (Del ingl. *pragmatism.*)
1 Doctrina filosófica y social que defendía que el único criterio válido para juzgar la verdad son los efectos prácticos en la vida. — s.m. / FILOSOFÍA / ≠ idealismo
2 Propensión a adaptarse a las condiciones reales: *su pragmatismo le permite salir airoso y con rapidez de situaciones difíciles.* — = utilitarismo

pragmatista
1 Del pragmatismo filosófico. — adj./FILOSOFÍA
2 Que es partidario del pragmatismo. — adj/s.m.f./FILOSOFÍA

praliné
1 Crema de chocolate y almendra o avellana: *cubrí la tarta con una capa de praliné.*
2 Chocolate que tiene trozos de almendra, avellana u otro fruto seco. — s.m. / COCINA

prandial De la ingestión de alimentos y sus posibles patologías secundarias. — adj. / MEDICINA

prángana Que es pobre en extremo. — adj./Méx.

prao Barco malayo de poco calado, muy largo y estrecho. — s.m. / NÁUTICA

praseodimio Elemento químico empleado en la fabricación de cerámica y en equipos electrónicos. — s.m. / QUÍMICA

prasio (Del gr. *prasios*, de color verde.) Cristal de roca, de color verde oscuro, en cuya masa se encierran muchos cristales largos y delgados de silicatos. — s.m. / MINERALOGÍA

prasma Ágata de color verde oscuro. — s.m./MINERALOGÍA

pratense Que crece o vive en el prado. — adj.

praticultura (Del lat. *pratum*, prado + *cultura*, cultivo.) Parte de la agricultura que estudia el cultivo de los prados. — s.f. / AGRICULTURA

pravedad (Del lat. *pravitas*, *-atis*.) Perversidad, corrupción de costumbres. — s.f. / culto

praviana Canto popular asturiano. — s.f./MÚSICA

pravo, a (Del lat. *pravus*.) Que es depravado o malvado. — adj. / culto

praxis (Del gr. *praxis*, acción.) Práctica, aplicación de una idea: *el conocimiento es necesario, pero la praxis también.* — s.f. / pl: praxis

pre- Componente de palabra procedente del lat. *prae*, **pref.**
que significa anterioridad en el tiempo y en el espacio: *prehistoria*.

preacuerdo Acuerdo entre varias partes antes de ser **s.m.**
ultimado o ratificado.

preadamita Supuesto antecesor del primer hombre **s.m.**
bíblico.

preadamítico, a
1 De los preadamitas o de su época. **adj.**
2 Tiempo o época que es anterior al primer hombre **s.m.**
bíblico.

preadaptación
1 Tiempo necesario para aclimatar un ser vivo o una **s.f.**
cosa a una nueva situación.
2 Predisposición de un ser vivo a adaptarse a las con- **BIOLOGÍA**
diciones de vida de un medio diferente al habitual.

preámbulo
1 Discurso o escrito introductorio que tiene por obje- **s.m.**
to atraer la atención, animar a los oyentes o lectores = **prolegómeno,**
u ofrecer razones o información sobre lo dicho o es- **prólogo**
crito a continuación. ≠ **colofón**
2 Rodeo o digresión innecesarios antes de decir o de = **circunloquio**
hacer una cosa: *entró en materia sin más preámbulos.*

preamplificador Amplificador de tensión situado en- **s.m.**
tre la fuente de la señal y el amplificador de potencia. **TECNOLOGÍA**

preaviso Aviso obligatorio por el que una de las par- **s.m.**
tes contratantes advierte a la otra que desea rescindir **DERECHO**
un contrato antes del plazo previsto.

prebélico, a (Del lat. *prae*, delante de + *bellicus*, béli- **adj.**
co.) Que ocurre antes de una guerra: *los periodistas* ≠ **postbélico**
hablan de la tensión prebélica que se vive en el país.

prebenda (Del bajo lat. *praebenda*.)
1 Renta aneja a un canonicato u otro oficio eclesiás- **s.f.**
tico. **RELIGIÓN**
2 Beneficio eclesiástico superior de las iglesias cate- **RELIGIÓN**
drales y colegiatas, como dignidad, canonicato o ración.
3 Dote que una fundación otorgaba a una mujer para **HISTORIA**
que pudiera casarse o hacerse monja, o a un estudiante para seguir sus estudios.
4 Beneficio del que dispone una persona: *Juan tiene* = **privilegio**
prebenda en su empresa.
5 Estudio, oficio o empleo bien retribuido y de poco **RELIGIÓN**
trabajo.
6 **prebenda de oficio:** Cualquiera de las cuatro ca- **RELIGIÓN**
nonjías: doctoral, magistral, lectoral y penitenciaria.

prebendado Clérigo que forma parte del cabildo ca- **s.m.**
tedralicio, bien por ser dignidad, canónigo o racio- **RELIGIÓN**
nero.

prebendar
1 Dar una prebenda a una persona. **v.tr.**
2 Obtener una persona una prebenda: *el canónigo se* **v.intr/prnl.**
prebendó.

prebostal De la jurisdicción del preboste. **adj.**

prebostazgo Empleo y cargo de preboste. **s.m.**

preboste (Del cat. *prebost*.)
1 Persona que preside y gobierna algunas comunida- **s.m.**
des o asociaciones. = **presidente**
2 Persona que en una colectividad tiene poder o es = **cabecilla**
importante.

precalentamiento
1 Ejercicio o conjunto de ellos que realiza un depor- **s.m.**
tista para prepararse para el esfuerzo principal: *antes* **DEPORTES**
del partido hicimos precalentamiento.
2 Calentamiento de un motor u otro aparato o meca- **MECÁNICA**
nismo antes de someterlo a la función que debe desempeñar.

precalentar Calentar o preparar con anterioridad a **v.tr/intr.**
una acción determinada. **conj.** *pensar*

precámbrico, a Se aplica a la primera era de la his- **adj/s.m.**
toria de la Tierra, cuya duración se calcula en unos **GEOLOGÍA**
cuatro mil millones de años.

precariedad Calidad de precario. **s.f.**

precario, a (Del lat. *precarius*, que se obtiene por ruegos.)
1 Que es inseguro o escaso: *los médicos afirman que su* **adj.**
salud es precaria. = **inestable**
2 Que no posee los medios o recursos suficientes: = **deficiente**
viven en unas condiciones muy precarias.
3 Que se tiene sin título, por tolerancia o inadverten- **DERECHO**
cia del dueño.

precarista Se refiere a la persona que tiene, retiene o **adj/s.m.f.**
disfruta en precario cosas ajenas. **DERECHO**

precaución Actitud propia de la persona que obra **s.f.**
con cuidado o toma las medidas necesarias para evi- = **cautela,**
tar posibles daños o inconvenientes: *la precaución es* **cuidado**
el mejor consejo para el conductor. ≠ **imprudencia**

precaucionarse Tomar las medidas necesarias para **v.prnl.**
evitar un peligro o daño: *se precaucionó contra las infec-* + **de, contra**
ciones. = **prevenirse**

precautelar Prevenir y poner los medios necesarios **v.tr.**
para evitar o impedir un riesgo o peligro. = **precaver**

precautorio, a Que precave o previene: *vacunarse* **adj.**
antes de ir al trópico es una medida precautoria. = **preventivo**

precaver (Del lat. *praecavere*.) Tomar precauciones **v.tr/prnl.**
para evitar o guardarse de un daño, riesgo o peligro: + **de, contra**
me precavió del riesgo de fumar; se precavió contra las = **prevenir**
malas compañías.

precavido, a Que se comporta con precaución y pre- **adj.**
viene los riesgos: *como era precavido llevaba una can-* = **cauto**
timplora y así no se murió de sed.

precedencia
1 Antelación en el orden o en el espacio: *si no hay* **s.f.**
plazas para todos, daremos precedencia a los ancianos.
2 Anticipación temporal con que sucede una cosa = **anterioridad**
respecto a otra: *la precedencia de su fuga lo anula como*
sospechoso.
3 Preeminencia de una cosa sobre otra: *es tan egoísta* = **primacía**
que su interés tiene precedencia sobre el bien común.

precedente
1 Que precede o es anterior: *el día precedente a la* **adj.**
boda estaba lloviendo. = **previo**
2 Acción o resolución realizada o tomada con ante- **s.m.**
rioridad y que sirve de norma o justificación para = **antecedente**
casos semejantes: *sabía cómo reaccionaría el paciente,*
porque había precedentes.
3 **sentar precedente:** Hacer una cosa que puede
obligar a obrar de la misma manera en casos semejantes o autorizar a otros a hacer lo mismo: *si a ella*
la perdonas, sentarás precedente.

preceder (Del lat. *praecedere*.)
1 Ser una cosa anterior a otra: *mi cumpleaños precede* **v.tr/intr.**
al tuyo. = **anteceder**
2 Estar o ir una cosa delante de otra: *el coche de escol-* **v.tr.**
ta precede al del presidente. = **anteceder**
3 Tener una persona o una cosa preferencia sobre
otra: *los enfermos graves preceden a los leves.*

preceptista
1 Que da o enseña preceptos y reglas. **adj/s.m.f.**
2 Que realiza tratados de preceptiva literaria. **LITERATURA**

preceptiva
1 Conjunto de preceptos aplicables a determinada **s.f.**
materia.
2 **preceptiva literaria:** Tratado normativo de retórica **LITERATURA**
y poética.

preceptivo, a
1 Que es de obligado cumplimiento: *las normas del* **adj.**
club son preceptivas. = **normativo**
2 Que incluye preceptos.

precepto (Del lat. *praeceptus*.)
1 Mandato u orden dada por una persona con autori- **s.m.**
dad para ello: *los sacerdotes deben cumplir los preceptos* = **ley**
papales.
2 Disposición obligatoria establecida en la práctica = **regla**
de una actividad.
3 Cada uno de los mandamientos de la ley divina. **RELIGIÓN**
4 **precepto afirmativo:** Aquel mandamiento en que **RELIGIÓN**
se manda hacer una cosa.
5 **precepto formal de obediencia:** El que en las ór- **RELIGIÓN**
denes religiosas usan los superiores para estrechar la
obediencia en alguna cosa a los súbditos.
6 **precepto negativo:** Aquel mandamiento en que se **RELIGIÓN**
prohíbe hacer una cosa.
7 **de precepto:** Se aplica al día o fiesta en que los ca- **loc.adj.**
tólicos deben oír misa porque lo manda la Iglesia. **RELIGIÓN**

preceptor, a (Del lat. *praeceptor, -oris*.)
1 Persona que enseña: *nunca le olvidaré, fue mi amigo,* **s.**
mi maestro y mi preceptor. = **maestro**
2 Persona que enseñaba gramática latina. **HISTORIA**

preceptoril Del preceptor. **adj/despectivo**

preceptuar Mandar una persona u ordenar una ley **v.tr.**
una regla o precepto. **conj.** *actuar*

preces (Del lat. *preces*, ruegos.)
1 Versículos tomados de la Biblia y oraciones desti- **s.f.pl.**
nadas por la Iglesia para pedir a Dios socorro en las **RELIGIÓN**
necesidades generales o particulares.
2 Ruegos, súplicas o peticiones. = **demanda**
3 Oraciones que se dirigen a Dios, a la Virgen o a los **RELIGIÓN**
santos. = **plegaria**
4 Súplicas o instancias con las que se pide y obtiene **RELIGIÓN**
una bula: *cumplir con el precepto.*

precesión
1 Desplazamiento del eje de giro de un cuerpo rígido **s.f.**
giratorio, producido por la acción de pares de fuerza **FÍSICA**
externos.
2 **precesión de los equinoccios:** Movimiento rotato- **ASTRONOMÍA**
rio retrógrado del eje de la Tierra alrededor del polo
de la eclíptica, que produce un movimiento gradual
de los equinoccios hacia el oeste.

preciado, a
1 Que es valioso y de mucha estima: *mi hijo es mi más* **adj.**
preciado bien. = **apreciado**
2 Que hace ostentación de lo que le pertenece. = **jactancioso**

preciarse (Del bajo lat. *pretiare*.) Hacer una persona
ostentación con orgullo de alguna característica suya
o de lo que le pertenece: *se precia de su inteligencia delante de todos.*   v.prnl. / + de / = presumir

precinta
1 Tira de papel estampada que, en las aduanas, se
pone a las cajas de tabaco de calidad superior y a los
tejidos, como marchamo o indicación de que ya han
sido despachados o reconocidos.   s.f.
2 Tira con que se cubren las junturas de las tablas de
una embarcación.   NÁUTICA
3 Tira de lona embreada que se enrolla en espiral alrededor de un cabo, antes de forrarlo con filástica o
meollar.   NÁUTICA
4 Tira de cuero con que se protegen las esquinas de
los cajones.

precintado Sello o ligadura con que se cierra una
cosa, de forma que no puede abrirse sin que esta
sujeción se rompa: *alguien ha abierto el paquete porque
el precintado está roto.*   s.m. / = precinto

precintar
1 Poner precinto a una cosa: *en la aduana
precintan las cajas de tabaco; precinté el paquete antes de
enviarlo.*   v.tr. / = sellar
2 Clausurar o cerrar un local por orden judicial: *han
precintado la discoteca porque se traficaba droga en su interior.*   DERECHO
3 Poner tiras de cuero en las esquinas de los cajones
para protegerlas.
4 Poner tiras de lona embreada alrededor de los
cabos.   NÁUTICA

precinto (Del lat. *praecinctus*, acción de ceñir.)
1 Acción y resultado de precintar.   s.m.
2 Sello, atadura o banda que mantiene cerrada una
cosa, de forma que no puede abrirse sin que esta sujeción se rompa: *puse precinto en el paquete para que
nadie la abriera.*   = precintado

precio (Del lat. *pretrum*.)
1 Cantidad de dinero en que se estima una cosa: *me
parece un precio muy elevado.*   s.m. / = importe, valor
2 Esfuerzo, pérdida o sufrimiento que sirve de medio
para conseguir una cosa: *el éxito tiene un precio.*   = valor
3 Prestación en numerario que un contratante da o
promete a cambio de la cosa, servicio o derecho que
adquiere.   DERECHO
4 **precio fijo:** El que se señala a una mercancía y no
admite variación.   COMERCIO
5 **a precio de coste:** Forma de vender un producto
por la cantidad de dinero en que se importe de producción.   loc.adv. / COMERCIO
6 **no tener precio:** Valer mucho: *este cuadro no tiene
precio; es un trabajador excepcional, no tiene precio.*   coloquial
7 **poner precio:** Apreciar, señalar el valor o tasa que
se ha de dar o llevar por una cosa.
8 **tener en precio o en mucho precio:** Estimar o
apreciar mucho a una persona o cosa: *me sabe mal
que te vayas porque te tengo en mucho precio.*   coloquial

preciosa Distribución que se da en algunas iglesias
catedrales a los prebendados por asistir a la conmemoración que se celebra por el alma de un bienhechor.   s.f. / RELIGIÓN

preciosamente Con primor, con detenimiento: *siempre decora el árbol de Navidad preciosamente.*   adv.

preciosidad
1 Carácter de lo que es hermoso o merece mucho
aprecio: *los críticos reconocen la preciosidad de la obra del
artista.*   s.f.
2 Cosa o persona muy hermosa: *la modelo francesa es
una preciosidad.*

preciosismo
1 Extremado cuidado de los detalles más insignificantes: *hemos de hacerlo rápido, así que déjate de precio-
sismos.*   s.m. / = atildamiento
2 Tendencia al refinamiento y frivolidad excesivos
del lenguaje y comportamiento, características de la
sociedad francesa de mediados del siglo XVII.   HISTORIA

preciosista Del preciosismo.   adj/s.m.f.

precioso, a
1 Que es muy bello o hermoso: *su esposa es una mujer
preciosa; lucía un sombrero precioso; han tenido un niño
precioso.*   adj. / = bello, bonito / ≠ feo
2 Que tiene mucho valor: *la salud es un bien precioso;
la modestia es su más preciosa virtud; lucía un collar de
piedras preciosas.*   = estimado, valioso / ≠ insignificante

preciosura Persona o cosa preciosa, muy bonita:
todos se enamoran de ella porque es una preciosura.   s.f. / = preciosidad

precipicio (Del lat. *praecipitium*.)
1 Terreno escarpado con pendiente casi vertical y
gran altura: *aléjate del precipicio, podrías caerte.*   s.m./= barranco, despeñadero
2 Derrumbamiento o ruina espiritual o material: *la
muerte de su mujer le hundió en un precipicio.*   ≠ abismo, perdición / ≠ salvación
3 **al borde del precipicio:** En una situación límite o
de grave peligro: *los graves problemas económicos han
puesto a la empresa al borde del precipicio.*   loc.adv. / coloquial

precipitable Que puede ser precipitado o precipitarse.   adj. / QUÍMICA

precipitación
1 Acción y resultado de precipitar o precipitarse.   s.f.
2 Agua, en forma líquida o sólida, procedente de la atmósfera que se deposita sobre la superficie de la tierra:
hoy se han registrado precipitaciones en toda la península.
3 Una de las técnicas de evidenciación de la reacción
antígeno anticuerpo, y de demostración de la existencia de éstos en el suero.   MEDICINA
4 Fenómeno que se opera cuando un cuerpo en disolución se separa del disolvente y se deposita en el
fondo del recipiente.   QUÍMICA

precipitadamente
1 Sin consideración ni prudencia: *tomé la decisión precipitadamente y ahora me arrepiento.*   adv.
2 Con mucha prisa: *salí precipitadamente de casa y me
dejé las llaves dentro.*

precipitadero
1 Lugar donde existe el riesgo de caer.   s.m./= precipicio
2 Ocasión de ruina espiritual.

precipitado, a
1 Que se hace con prisa y sin reflexión: *tu decisión fue
muy precipitada.*   adj. / = impetuoso
2 Que actúa sin reflexionar y de forma alocada.   = alocado
3 Sustancia que, como resultado de reacciones químicas, se separa del líquido en que estaba disuelta y
se posa con mayor o menor rapidez en el fondo del
recipiente.   s.m. / QUÍMICA
4 **precipitado blanco:** Protocloruro de mercurio obtenido por precipitación.   QUÍMICA
5 **precipitado rojo:** Bióxido de mercurio que se obtiene por la ebullición de este metal en contacto con
el aire o por descomposición del nitrato mediante el
calor.   QUÍMICA

precipitante
1 Que precipita.   adj.
2 Sustancia que produce la precipitación de otra determinada.   s.m. / QUÍMICA

precipitar (Del lat. *praecipitare*.)
1 Tirar a una persona o una cosa desde un lugar alto:
*las precipitó desde la terraza; se precipitó el coche por el
barranco.*   v.tr/prnl. / + desde, por / = arrojar, despeñar
2 Hacer que una cosa se desarrolle más pronto o más
deprisa: *su dimisión precipitó las elecciones; los aconteci-
mientos se precipitaron a partir de su decisión.*   = acelerar, adelantar / ≠ retardar, retrasar
3 Producir en una disolución una materia sólida que
se deposita en el fondo del recipiente.   v.tr, QUÍMICA
4 Exponer a una persona a un peligro: *su amigo lo precipitó a la ruina.*   = impeler
5 Obrar una persona de forma irreflexiva: *se precipitó
al tomar aquella decisión; piénsalo y no te precipites.*   v.prnl. / ≠ contenerse
6 Ir con rapidez a un lugar: *el público se precipitó hacia
las salidas de emergencia.*   = apresurarse, correr

precipuamente De forma principal o especial.   adv.

precipuo, a Que es principal o señalado.   adj./culto

precisado, a Que está obligado o impelido a hacer
una cosa: *se vio precisado a decírselo.*   adj. / + a

precisamente
1 Con exactitud o precisión: *llegó precisamente cuando
cerrábamos.*   adv.
2 Con necesidad, de forma indispensable: *se lo exigió
precisamente.*
3 A propósito de: *precisamente por eso te lo digo.*

precisar
1 Determinar una cosa con exactitud y precisión: *pre-
cisó cuáles eran sus intenciones; explica el accidente, pero
no precises.*   v.tr/intr. / = detallar, especificar
2 Tener una persona o una cosa necesidad de otra:
precisa nuestra ayuda; no preciso de tu dinero.   = necesitar / ≠ prescindir
3 Hacer que una persona haga una cosa usando la
fuerza o la autoridad.   v.tr/+ de / = obligar

precisión
1 Concisión y exactitud rigurosa en el uso del lenguaje: *el novelista destaca por la precisión de sus descripciones.*   s.f.
2 Rigor y puntualidad en la determinación de una
cosa: *la precisión de este termómetro es asombrosa.*   = exactitud / ≠ imprecisión
3 Actitud del que obra o se expresa de forma clara y
exacta, sin dar lugar a dudas: *dada tu precisión, tú in-
formarás a la prensa de lo sucedido.*   = claridad
4 Circunstancia de ser una cosa necesaria, indispensable u obligatoria.   = necesidad
5 Separación mental que se hace de dos cosas identi-
ficadas en la realidad.   LÓGICA
6 **de precisión:** Se aplica al aparato, máquina o instrumento construido con singular esmero para obtener resultados exactos.   loc.adj.

preciso, a (Del lat. *praecisus*, cortado.)
1 Que se necesita para un fin: *no es una cosa precisa;
es preciso que estés aquí.*   adj. / = indispensable
2 Que es claro y exacto: *el policía hizo una descripción
precisa del lugar del crimen.*   = riguroso / ≠ difuso

3 Que es justo y no aproximado: *llegó en el preciso momento; dime el emplazamiento preciso.* = exacto ≠ impreciso

4 Se aplica al lenguaje o al estilo que utiliza los términos más exactos y concisos. = riguroso ≠ vago

5 Que ha sido abstraído o separado por el entendimiento. LÓGICA

precitado, a Que se ha citado con anterioridad: *estas palabras son del autor precitado en la bibliografía.* adj. = antedicho

precito, a Que está condenado al infierno por sus pecados y su perversidad. adj./TEOLOGÍA tb: prescito

preclaro, a (Del lat. *praeclarus*, muy claro.) Que es digno de admiración y respeto: *asistieron al congreso los más preclaros científicos.* adj. = ilustre, insigne

preclásico, a Se aplica a lo que antecede a lo clásico en artes y en letras. adj. ARTE, LITERATURA

preclusión Carácter del proceso, según el cual el juicio se divide en etapas, cada una de las cuales clausura la anterior sin posibilidad de replantear lo ya decidido en ella. s.f. DERECHO

preclusivo, a Que causa o determina preclusión. adj./DERECHO

precocidad Cualidad de precoz. s.f.

precocinado, a Se refiere a la comida que se vende preparada y a punto para ser consumida: *no tengo ganas de cocinar y he comprado un plato precocinado.* adj/s.m.

precognición
1 Conocimiento anterior de una cosa. s.f.
2 Forma de percepción extrasensorial que permite la previsión de sucesos futuros. OCULTISMO

precolombino, a (Del lat. *prae*, delante de + *Columbus*, navegante y descubridor.) Que es anterior a los viajes y descubrimientos de Cristóbal Colón. adj. ARTE, HISTORIA

precombustión Fase anterior a la inflamación de la mezcla del combustible con el aire en los motores de combustión interna. s.f. MECÁNICA

preconcebir Preparar o planear una cosa antes de ejecutarla: *no fue un asesinato pasional, el criminal lo había preconcebido.* v.tr. conj: pedir

preconización Acción y resultado de preconizar. s.f.

preconizador, a Que preconiza. adj/s.

preconizar (Del bajo lat. *praeconizare*.)
1 Señalar o aconsejar una cosa de interés general: *preconizan la reforma del sistema educativo.* v.tr./conj: cazar = recomendar
2 Alabar a una persona o una cosa de forma pública. = elogiar
3 Designar el papa un nuevo obispo. RELIGIÓN
4 Exponer ante el consistorio romano los méritos de una persona propuesta para una prelacía en el Vaticano. RELIGIÓN

preconocer Saber una cosa con anticipación. v.tr./conj: carecer

precontrato Contrato preliminar según el cual dos o más personas se comprometen a firmar el definitivo en un plazo de tiempo determinado. s.m. DERECHO

precordial Se aplica a la región del pecho que alberga al corazón. adj. ANATOMÍA

precoz (Del lat. *praecox, -ocis*.)
1 Se aplica al fruto temprano o prematuro. adj./pl: precoces = anticipado
2 Se refiere al proceso o a la actividad que aparece antes de lo habitual.
3 Se aplica a la persona que en corta edad muestra cualidades morales o físicas que de ordinario son más tardías: *su especial inteligencia lo convierte en un niño precoz.* ≠ inmaduro
4 De las etapas tempranas de una enfermedad o proceso orgánico: *el médico hizo un diagnóstico precoz.* MEDICINA

precursor, a (Del lat. *praecursor*, el que corre delante de otro.)
1 Que inicia una cosa que tiene su completo desarrollo con posterioridad: *fue uno de los precursores de agrupaciones sindicales.* adj/s. = pionero
2 Se aplica a la persona que profesa una doctrina o una ciencia que todavía no está reconocida.
3 Que precede o va delante.

predador, a
1 Que saquea: *el territorio quedó arrasado por los ejércitos predadores.* adj/s. = saqueador
2 Se refiere al animal que mata y se come a otros animales de distinta especie. ZOOLOGÍA = depredador

predatorio, a
1 De la caza o del acto de hacer presa: *el instinto predatorio de la araña la lleva a elaborar telas para sus víctimas.* adj. = cazador
2 Que tiene relación con el robo o el saqueo: *fuimos atacados por expediciones predatorias de guerrilleros.* = saqueador

predecesor, a (Del lat. *praedecessor*.)
1 Persona que precede a otra en una situación, empleo o cargo: *nunca podrás igualar a tu predecesor.* s. = antecesor
2 Ascendiente de una persona: *conservo la finca en memoria de mis predecesores.*

predecible Que puede ser anunciado antes de que suceda: *creo que el futuro es predecible.* adj. ≠ impredecible

predecir Anunciar o decir lo que ha de ocurrir mediante la adivinación, la ciencia o la suposición: *una gitana me predijo que tendría tres hijos.* v.tr. conj: decir = pronosticar

predefinición Decreto o determinación hecha por Dios para la existencia de las cosas en un tiempo señalado. s.f. TEOLOGÍA

predefinir
1 Determinar una fecha o un plazo para hacer una cosa: *predefinimos los plazos y etapas del proyecto.* v.tr. = prefinir
2 Determinar la voluntad divina el tiempo en que han de ocurrir las cosas. TEOLOGÍA

predela Banco o parte inferior de un retablo de pintura o escultura. s.f. ARTE

predestinación
1 Destinación anterior de una cosa. s.f.
2 Ordenación de la voluntad divina con que desde la eternidad tiene elegidos a los que por medio de su gracia han de lograr la gloria. TEOLOGÍA

predestinado, a
1 Que está inclinado o dirigido de manera irremisible hacia un fin determinado: *creo que estábamos predestinados a conocernos.* adj.
2 Que está elegido por la divinidad para la salvación eterna. adj/s. TEOLOGÍA

predestinar
1 Decidir la divinidad o el destino lo que le va a suceder a una cosa o persona en el futuro. v.tr.
2 Destinar una cosa con anticipación para un fin.
3 Señalar la voluntad divina a las personas que están destinadas a la salvación eterna desde el principio de la creación. TEOLOGÍA

predeterminación Acción y resultado de predeterminar o decidir una cosa con anticipación. s.f.

predeterminar Determinar o resolver una cosa con anticipación. v.tr.

predial Del predio o posesión inmueble. adj.

prédica
1 Discurso de carácter moralizador o para la enseñanza de la doctrina cristiana: *los fieles escucharon con atención la prédica del sacerdote.* = sermón, plática
2 Discurso vehemente y apasionado: *el público aplaudió la prédica del político.* = perorata

predicable
1 Se aplica a los asuntos dignos de ser predicados en un sermón. adj. RELIGIÓN
2 Que se puede decir o afirmar de un sujeto gramatical o de una proposición. GRAMÁTICA, LÓGICA

predicación
1 Acción de predicar. s.f.
2 Doctrina que se predica o enseñanza que se da con ella.

predicaderas Dotes o cualidades para predicar. s.f.pl.

predicado
1 Segmento del discurso que, junto con el sujeto, constituye una oración gramatical. s.m. GRAMÁTICA
2 Aquello que se afirma o niega del sujeto en una proposición. LÓGICA
3 **predicado nominal:** El constituido por un nombre, un adjetivo o un sintagma o proposición en función nominal, y por un verbo como *ser* o *estar*, el cual sirve de nexo con el sujeto, de tal modo que se establece concordancia entre estos tres componentes de la oración. GRAMÁTICA
4 **predicado verbal:** El formado por un verbo que, por sí solo o acompañado de complementos, constituye el predicado de una oración gramatical. GRAMÁTICA

predicador, a
1 Que predica. adj/s.
2 Persona que predica con el evangelio la palabra divina: *los fieles escuchaban con atención las palabras del predicador.* s. RELIGIÓN

predicamental Que tiene relación con el predicamento o con una cosa que es raíz de otra. adj. LÓGICA

predicamento
1 Clase o categoría a la que se reducen todas las cosas o entidades físicas; en general se considera que son diez: sustancia, cantidad, cualidad, relación, acción, pasión, lugar, tiempo, situación y hábito. s.m. LÓGICA
2 Grado de influencia, aprecio o estima de que goza una persona: *el conferenciante goza de gran predicamento entre el público.*

predicante Se aplica al sacerdote que predica una religión no católica. adj/s.m.f. RELIGIÓN

predicar (Del lat. *praedicare*.)
1 Hacer una cosa pública: *si predicas la vida de las vecinas quedarás como una cotilla.* v.tr./conj: sacar = anunciar
2 Pronunciar un sermón. = sermonear
3 Hacer observaciones a una persona para aconsejarla o persuadirla de una cosa. = recomendar
4 Reñir a una persona por un vicio o un defecto: *siempre le predica por su egoísmo.* = amonestar
5 Decir una cosa de un sujeto. GRAMÁTICA

predicativo, a
1 Del predicado: *elemento predicativo.* — adj.
2 Se aplica al verbo o a la oración que tiene predicado: *oración predicativa; verbo predicativo.* — GRAMÁTICA ≠ atributivo
3 Se refiere al complemento o sintagma que modifica a un sustantivo a través de un verbo no copulativo. — adj/s.m. GRAMÁTICA

predicción
1 Acción y resultado de predecir o anunciar una cosa que va a suceder: *quiero ver la predicción del tiempo.* — s.f. = pronóstico
2 Conjunto de palabras con que se anuncia lo que va a suceder.

predigerido Se aplica al alimento que ha sido sometido a una digestión química previa. — adj.

predilección Preferencia a la hora de elegir o en el trato con una persona o cosa: *tiene predilección por una alumna.* — s.f./+ por = predisposición

predilecto, a (Del lat. *prae*, delante de + *dilectus*, amado.) Que es preferido por amor o afecto especial: *el mayor siempre ha sido su hijo predilecto.* — adj. = favorito

predio (Del lat. *praedium*, finca rústica.)
1 Heredad, hacienda, tierra o posesión inmueble. — s.m./DERECHO
2 **predio dominante:** Aquel en cuyo favor está constituida una servidumbre. — DERECHO
3 **predio rústico:** El que, fuera de las poblaciones, está dedicado a uso agrícola, pecuario o forestal. — DERECHO
4 **predio sirviente:** El que está gravado con cualquier servidumbre en favor de una persona o de otra heredad, hacienda o posesión inmueble. — DERECHO
5 **predio urbano:** El que está situado en una población, y edificio que se destina a vivienda. — DERECHO

predisponer
1 Preparar el ánimo de una persona o disponer una cosa para un fin: *predispuso el comedor para la cena; los invitados se predispusieron a frustrar la fiesta.* — v.tr/prnl. conj: poner
2 Hacer que una persona esté a favor o en contra de otra o de alguna cosa: *lo predispuso en mi contra.* — = influir

predisposición Acción y resultado de predisponer o predisponerse. — s.f. = tendencia

predispuesto, a (Part. pas. irreg. de *predisponer.*)
1 Que se encuentra posicionado a favor o en contra de una persona o cosa, con anterioridad a un suceso: *no estoy predispuesto en tu contra; tú venías predispuesto a armar bronca pasara lo que pasara.* — adj.
2 Que es propenso a padecer ciertas enfermedades o disposiciones anímicas: *la falta de defensas te hace más predispuesto a las alergias.*
3 Que está dispuesto hacia un fin. — = inclinado

predominación Acción y resultado de predominar. — s.f.

predominancia Condición de la persona o de la cosa que predomina o es superior, más abundante o frecuente. — s.f. = preponderancia

predominante Que predomina o es más abundante o frecuente: *la tensión es la nota predominante del juicio.* — adj. = preponderante

predominar
1 Ser una cosa o persona superior, más abundante o más frecuente: *los cuadros predominan entre los modistos este verano.* — v.intr. + entre, en
2 Tener una cosa mayor altura que otras que la rodean o están a su lado: *el hospital predomina entre todas las casas.* — + entre, sobre

predominio Superioridad o influjo que se tiene sobre una persona o una cosa: *el meteorólogo destacó el predominio de las bajas temperaturas.* — s.m.

predorsal
1 Que está en la parte anterior de la espina dorsal. — adj./ANATOMÍA
2 Se aplica al sonido consonántico que se articula tocando el paladar con la parte anterior del dorso de la lengua. — LINGÜÍSTICA

predorso Parte anterior al dorso de la lengua. — s.m./ANATOMÍA

preelegir Elegir con anticipación a una persona o una cosa para un fin determinado: *la preeligió como candidata antes de entrevistarla.* — v.tr. conj: regir part.tb: preelecto

preeminencia Privilegio o ventaja que una persona o cosa tiene sobre otras por razón o mérito especial: *los asuntos económicos tienen preeminencia para el director.* — s.f. = prioridad

preeminente (Del lat. *praeeminens.*) Se aplica a la persona, cargo o situación que es superior a otros en categoría o importancia: *ocupaba un lugar preeminente.* — adj. = relevante

preescolar Del período educacional que es anterior a la enseñanza primaria: *la enseñanza preescolar es fundamental para los niños.* — adj.

preestablecer Establecer una cosa con anticipación o de antemano. — v.tr./conj: conocer = prefijar

preestablecido, a Que se ha establecido por ley, norma o reglamento con anterioridad a un momento determinado: *debes respetar las leyes preestablecidas.* — adj. = prefijado

preexcelso, a Que es muy ilustre y excelso. — adj.

preexistencia
1 Existencia anterior a la presente. — s.f.
2 Existencia real de una cosa o de un derecho antes del acto o momento en que tenga que tratarse de ello. — DERECHO

preexistente Que existía con anterioridad: *al final se desataron las iras preexistentes.* — adj.

preexistir Existir una cosa antes o con antelación de naturaleza u origen. — v.intr. FILOSOFÍA

prefabricación Proceso de preparación de un material para su posterior elaboración o transformación. — s.f. INDUSTRIA

prefabricado, a Se aplica a la construcción cuyas partes se envían ya fabricadas al lugar de su emplazamiento, donde sólo se deberá acoplarlas y fijarlas: *las casas prefabricadas son baratas.* — adj. INDUSTRIA

prefabricar Fabricar las piezas o partes de una cosa en serie, de manera que su construcción consista sólo en el acoplamiento de dichas piezas. — v.tr. conj: sacar INDUSTRIA

prefacio (Del lat. *praefatio.*)
1 Prólogo o introducción de un libro: *en el prefacio el autor explica las razones por las que escribió la novela.* — s.m. ≠ epílogo
2 Parte de la misa que se reza antes del canon. — RELIGIÓN

prefecto (Del lat. *praefectus*, puesto como jefe.)
1 Título que concedían los romanos a varios jefes militares o civiles. — s.m. HISTORIA
2 Ministro que preside y manda en un tribunal, junta o comunidad eclesiástica. — RELIGIÓN
3 Persona que cuida del desempeño de ciertos cargos: *es un asunto a tratar con el prefecto de los estudios públicos.* — s.m.f.
4 Gobernador de un departamento de Francia. — POLÍTICA

prefectura
1 Dignidad, empleo o cargo de prefecto. — s.f.
2 Territorio bajo la jurisdicción de un prefecto.
3 Oficina o despacho del prefecto.

preferencia
1 Elección de una cosa o persona entre varias: *él ya ha dicho cuáles son sus preferencias.* — s.f. = predilección
2 Trato favorable o de más consideración a una persona: *el jefe tiene muchas preferencias con la secretaria porque es su sobrina.* — = favoritismo
3 Situación de privilegio o de quien tiene más derecho que otros en cualquier cosa: *en aquel cruce, tú tienes preferencia.* — = primacía, prioridad
4 Conjunto de localidades en algunos espectáculos públicos: *tengo entradas de preferencia.*

preferente Que es mejor, superior o de mayor importancia que otra cosa de su clase: *tu salud es preferente; tengo una localidad preferente.* — adj. = preeminente

preferible Que puede ser preferido por considerarse mejor o más conveniente: *es preferible que vayamos en avión.* — adj. = mejor

preferir (Del lat. *praeferre*, llevar delante.)
1 Querer o gustar más una persona o cosa que otra: *prefiero la blusa roja; te prefiero a ti.* — v.tr. conj: pedir
2 Ser una persona o una cosa mejor que otra. — = aventajar
3 Manifestar una persona una cualidad con orgullo. — v.prnl./= jactarse

prefiguración Idea o imagen anticipada que se tiene de una cosa. — s.f.

prefigurar
1 Dar a conocer una cosa con anticipación, describiéndola o representándola. — v.tr.
2 Imaginarse una cosa con anticipación. — v.prnl.

prefijación Formación de palabras por medio de prefijos. — s.f. LINGÜÍSTICA

prefijal
1 Del prefijo. — adj./LINGÜÍSTICA
2 Que funciona como prefijo. — LINGÜÍSTICA

prefijar
1 Determinar o fijar una cosa con anticipación. — v.tr./= predeterminar
2 Anteponer un afijo a una palabra. — LINGÜÍSTICA

prefijo, a (Del lat. *praefixus*, fijado por delante.)
1 Se aplica al afijo que en la derivación de palabras se antepone a la raíz. — adj/s.m. LINGÜÍSTICA
2 Número propio de un país o de una ciudad que, en la comunicación telefónica automática, se marca antes del número del abonado al que se llama: *no sé cuál es el prefijo de Valencia.* — TELECOMUNICACIONES

prefilatelia Estudio y coleccionismo de las marcas postales anteriores a la invención del sello de correos. — s.f.

prefinición Acción de fijar un plazo para hacer una cosa. — s.f.

prefinir Determinar la fecha o el plazo para hacer una cosa. — v.tr.

prefloración Disposición de los órganos de la flor antes de que ésta se abra. — s.f. BOTÁNICA

prefoliación Disposición de las hojas de una planta antes de que se abran las yemas. — s.f. BOTÁNICA

preformación Teoría que sostenía que en el germen de los seres vivos estaban contenidas, en miniatura, las estructuras del adulto. — s.f. BIOLOGÍA

preformismo Teoría que defendía que el organismo humano constituido se halla ya en miniatura en el germen del individuo. — s.m. BIOLOGÍA

preformista
1 De la preformación o del preformismo. — adj./BIOLOGÍA
2 Que es partidario de esta teoría. — adj./s.m.f./BIOLOGÍA

prefulgente Que refulge y resplandece: *contemplamos las prefulgentes estrellas.* — adj. = refulgente

preglaciar Que es anterior a la época glaciar o a las glaciaciones. — adj./s.m. GEOLOGÍA

pregón (Del lat. *praeco, -onis,* pregonero.)
1 Anuncio que, en la calle, se hace en voz alta: *el alcalde pidió silencio para poder leer el pregón.* — s.m. = proclama
2 Discurso con el que se da inicio a una fiesta popular y se invita al público a participar en ella: *el final del pregón señaló el inicio de las fiestas.*

pregonar (Del bajo lat. *praeconari.*)
1 Dar a conocer una cosa con un pregón: *el alcalde pregonó un aumento de los impuestos.* — v.tr. = proclamar
2 Anunciar una mercancía a gritos por la calle: *el colchonero pregonaba que también vendía almohadas.* — = vocear
3 Hacer pública una cosa que debía callarse: *ya ha pregonado mi falta de dinero por todo el barrio.* — = divulgar ≠ callar
4 Hacer una cosa pública para presumir de ella o para alabar a una persona: *pregona su buen humor en todas las fiestas y reuniones.* — = alardear

pregonería Oficio o ejercicio de pregonero: *sustituye a su abuelo en las tareas de la pregonería.* — s.f.

pregonero, a
1 Que hace pública una cosa de manera indiscreta: *la peluquera del pueblo es la mujer más pregonera.* — adj./s.
2 Oficial público que en voz alta da los pregones, publica y hace notorio lo que se quiere hacer saber a todos. — s.m.
3 **pregonero mayor:** Empleo honorífico por el que se recibían ciertos emolumentos por los arriendos de las rentas públicas. — HISTORIA

pregunta
1 Expresión con que se pide a otro que diga lo que sabe o piensa sobre una cosa: *no sé qué responder a tu pregunta.* — s.f. = demanda, interrogación
2 Cada uno de los puntos de un cuestionario o de un examen: *no me sé la cuarta pregunta.* — = cuestión
3 Interrogatorio expresado por escrito. — s.f.pl. DERECHO
4 **absolver las preguntas:** Responder el testigo a las de un interrogatorio o declarar a su tenor bajo juramento.
5 **andar, estar o quedar una persona a la cuarta pregunta:** Estar escaso de dinero o no tener ninguno: *necesito un pequeño préstamo porque ando a la cuarta pregunta.* — coloquial

preguntador, a
1 Que pregunta. — adj./s.
2 Que pregunta con frecuencia e impertinencia: *en la rueda de prensa había un periodista muy preguntador.* — = preguntón

preguntante Que pregunta. — adj.

preguntar (Del lat. *percontari,* tantear.)
1 Pedir una pregunta a otra que se resuelva una duda o le diga lo que sabe sobre un asunto: *me preguntó cuándo vendrás; te pregunto hacia dónde vas.* — v.tr. = interrogar ≠ responder
2 No saber con seguridad cierta cosa o plantearse algo sobre lo que se duda: *me pregunto dónde habré dejado las llaves.* — v.prnl.

pregunteo Acción y resultado de preguntar o pedir determinada información. — s.m.

preguntón, a Que pregunta demasiado o de manera indiscreta: *me preguntó de todo, es un niño muy preguntón.* — adj./s.

pregustación Acción y resultado de pregustar o probar la comida y bebida que tomaban los reyes o los grandes señores. — s.f. HISTORIA = salva

pregustar Probar la comida y bebida que tomaban los reyes o los grandes señores. — v.tr. HISTORIA

prehelénico, a De la Grecia anterior a la civilización de los antiguos helenos. — adj. HISTORIA

prehispánico, a Se aplica a la América anterior a la conquista y colonización españolas, así como a sus pueblos, lenguas y civilizaciones. — adj. HISTORIA = precolombino

prehistoria
1 Período de la vida de la humanidad anterior a todo documento escrito: *los huesos humanos son vestigios importantes de la prehistoria.* — s.f. HISTORIA
2 Estudio e investigación de este período.
3 Estado de estancamiento o de retraso de una persona o de una cosa: *estás en la prehistoria, chica, ya no se lleva el miriñaque.* — coloquial
4 Período en que se gesta un movimiento cultural, religioso o político: *la prehistoria del romanticismo está en el siglo XVIII.* — = albores
5 Período anterior a la plenitud de una determinada actividad: *los primeros televisores pertenecen ya a la prehistoria de la televisión.* — = inicio, origen

prehistoriador, a Especialista en prehistoria. — s./HISTORIA

prehistórico, a
1 Del período de la vida de la humanidad anterior a todo documento escrito. — adj.
2 Que es muy viejo o anticuado: *lleva un coche destartalado y prehistórico.* — coloquial

prehomínido, a Se aplica al primate fósil próximo a la línea de la especie humana. — adj./s.

preindustrial Que es anterior a la revolución industrial del siglo XVIII. — adj. HISTORIA

preinserto, a Que ha sido insertado con anterioridad. — adj.

preislámico, a Anterior al Islam. — adj.

prejudicial
1 Que requiere o pide decisión anterior y previa a la sentencia de lo principal. — adj. DERECHO
2 Se aplica a la acción o excepción que ante todas las cosas se debe examinar y definir. — DERECHO

prejuicio (Del lat. *praejudicium,* juicio previo.)
1 Acción y resultado de prejuzgar. — s.m.
2 Juicio u opinión que se tiene de una cosa o persona antes de conocerla y que se manifiesta en forma de simpatía o antipatía frente a ellas: *tiene prejuicios contra los negros.* — SICOLOGÍA, SOCIOLOGÍA

prejuzgar Formar juicio sobre una persona o cosa antes de conocerla: *no la prejuzgues, déjala que demuestre lo que es.* — v.tr. conj: *pagar*

prelacía Dignidad u oficio de prelado. — s.f./RELIGIÓN

prelación (Del lat. *praelatio, -onis,* acción de poner antes.) Preferencia con que un asunto ha de ser atendido respecto de otros. — s.f. = prioridad

prelado (Del lat. *praelatus,* puesto delante.)
1 Superior eclesiástico constituido en una de las dignidades de la Iglesia, como abad, obispo o arzobispo. — s.m. RELIGIÓN
2 Superior de un convento o comunidad religiosa. — s./RELIGIÓN
3 **prelado consistorial:** Superior de canónigos o monjes que se provee por el consistorio del Papa. — RELIGIÓN
4 **prelado doméstico:** Eclesiástico que asiste y acompaña al Papa. — RELIGIÓN

prelaticio, a Del prelado. — adj./RELIGIÓN

prelatura Dignidad y oficio de prelado. — s.f./RELIGIÓN

prelavado Lavado preparatorio y opcional en las lavadoras automáticas: *es conveniente hacer un prelavado de las ropas muy sucias.* — s.m.

preliminar
1 Que antecede o prepara una materia más importante: *el presidente pronunció un discurso preliminar.* — adj. = prologal
2 Que es anterior a una acción o a una empresa: *sorteo preliminar.* — adj./s. = previo
3 Cada uno de los artículos generales que sirven de fundamento para la negociación de un tratado de paz entre dos estados o ejércitos. — s.m. POLÍTICA

preliminarmente Con anterioridad o anticipación. — adv.

prelucir Dar un trabajo o un esfuerzo un resultado visible con anticipación. — v.intr. conj: *lucir*

preludiar
1 Hacer una persona escalas o arpegios con un instrumento musical o con la voz, como prueba, antes de comenzar una pieza: *los intérpretes preludiaban antes de salir al escenario.* — v.intr/tr. MÚSICA
2 Anunciar una cosa a otra o iniciarla: *un fuerte viento preludió el invierno.* — v.tr.

preludio (Del lat. *praeludium,* lo que precede a una representación.)
1 Cosa que precede de manera inmediata a otra, sirviéndole de entrada, preparación o principio: *las reuniones fueron el preludio de un acuerdo de cooperación.* — s.m.
2 Conjunto de compases que se tocan o cantan para probar y fijar el tono de la voz o los instrumentos, antes de ejecutar una obra musical. — MÚSICA
3 Composición musical de corta duración y amplia libertad de forma que se ejecuta de forma independiente o como introducción de otra mayor. — MÚSICA
4 Obertura o sinfonía, pieza que antecede a una obra musical. — MÚSICA

prelusión Preámbulo, introducción de un discurso o tratado. — s.f. = preludio

premamá Que es propio de las mujeres en estado de gestación: *lleva un vestido premamá; se vende en las tiendas premamá.* — adj. = prenatal

prematrimonial Se aplica a aquello que se realiza antes del matrimonio o como preparación a él: *la mayoría de parejas tiene relaciones prematrimoniales.* — adj.

prematuramente Antes de tiempo: *los tomates maduran prematuramente por medios artificiales.* — adv.

prematuro, a (Del lat. *prae,* delante de + *maturus,* maduro.)
1 Que ocurre antes de tiempo: *has tomado una decisión prematura; tuvo un parto prematuro.* — adj. = adelantado
2 Se refiere al niño que nace antes del término de la gestación: *su primer hijo fue prematuro.* — adj./s.
3 Que no está suficientemente maduro. — = inmaduro

premeditación
1 Consideración reflexiva de una cosa antes de ejecu- s.f.
tarla.
2 Voluntad de ejecutar un delito de modo reflexivo y DERECHO
deliberado, que constituye una circunstancia agravante: *el asesinato se cometió con premeditación.*

premeditar
1 Pensar una cosa atenta y reflexivamente antes de v.tr.
hacerla: *antes de tomar una decisión quiero premeditar tu* = meditar
oferta.
2 Pensar o planear la ejecución de un delito: *el asesino* DERECHO
premeditó todos los detalles antes de atacar a la víctima.

premenstrual Del período que precede a la mens- adj.
truación: *hemorragia premenstrual.* FISIOLOGÍA

premiador, a Que premia. adj/s.

premiar (Del bajo lat. *praemiare.*) Dar un premio o v.tr.
una recompensa a una persona: *lo premiaron con una* = galardonar
medalla.

premidera Pedal de los telares o máquinas de tejer s.f./TEXTIL
manuales. = cárcola

premier (Voz inglesa.) Primer ministro del Reino s.m.
Unido y países de la Commonwealth. POLÍTICA

première (Voz francesa.) Estreno de una obra teatral s.f.
o cinematográfica: *la prensa asistió a la première.* CINE, TEATRO

premio (Del lat. *praemium*, botín.)
1 Recompensa, galardón o remuneración que se con- s.m.
cede a una persona por algún mérito o servicio: *le* = gratificación,
han dado el premio Nobel de física. recompensa
2 Dinero o recompensa que se otorga en una rifa,
sorteo o concurso: *le ha tocado uno de los premios de la*
lotería de Navidad.
3 Denominación de algunas competiciones literarias,
artísticas o deportivas: *mañana se otorga el premio de*
cine de terror.
4 Persona que ha ganado una de estas competicio- s.m.f.
nes: *hoy entrevistamos al premio Nobel de literatura.* = premiado
5 Aumento de valor dado a algunas monedas o por ECONOMÍA
el curso del cambio internacional.
6 **gran premio:** 1. Competición internacional, por lo DEPORTES
general de automovilismo, motociclismo o atletismo.
2. Galardón que se otorga en algunos concursos y
festivales.
7 **premio de consolación:** El de menor importancia
que se concede en algunos casos a los competidores
que no han tenido suerte.
8 **premio extraordinario:** Máxima calificación que
puede otorgarse en una graduación académica.
9 **premio gordo:** El mayor de la lotería pública, en coloquial
especial el correspondiente a la de Navidad.
10 **a premio:** Con interés o rédito. loc.adv.

premiosidad Cualidad de premioso. s.f.

premioso, a
1 Se aplica a la persona que tiene poca agilidad. adj.
2 Que habla o escribe con mucha dificultad.
3 Se aplica al estilo o lenguaje que no tiene esponta- = pesado
neidad.
4 Que es gravoso o molesto.
5 Que está tan ajustado o apretado que casi no se
puede mover.
6 Que apremia o estrecha.

premisa (Del lat. *praemissa*, enviada por delante.)
1 Proposición que, junto a otra del mismo nombre, s.f.
forma un silogismo y de donde se infiere y saca la LÓGICA
conclusión.
2 **premisa mayor:** Primera proposición de un silo- LÓGICA
gismo.
3 **premisa menor:** Segunda proposición de un silo- LÓGICA
gismo.

premiso, a
1 Que ha sido prevenido, propuesto o enviado con adj.
anticipación.
2 Que precede: *premisa la venia necesaria.* DERECHO

premoción Inclinación natural o previa a obrar de s.f.
cierta manera. culto

premolar Se aplica al molar que está al lado de los adj/s.m.
caninos y que ha reemplazado al de la primera denti- ANATOMÍA
ción.

premonición
1 Sensación, creencia o convencimiento irracional y s.f.
repentino de que una cosa va a ocurrir: *tengo la pre-* = presentimiento
monición de que pronto habrá una boda en tu familia.
2 Advertencia moral.

premonitor, a Que presagia o anuncia. adj/s.

premonitorio, a (Del lat. *prae*, delante de + *monere*,
advertir.)
1 Que presagia o advierte: *sus peleas son premonitorias* adj.
de divorcio. = premonitor
2 Se aplica al síntoma o fenómeno que precede a una MEDICINA
enfermedad.
3 Que tiene carácter de advertencia moral.

premonstratense Que pertenece a una orden fun- adj/s.m.f.
dada por san Norberto. tb: premostratense

premoriencia Muerte de una persona, que se produ- s.f.
ce antes que la de otra persona determinada. DERECHO

premoriente Que premuere. adj/s.m.f./DERECHO

premorir Morir una persona antes que otra que se v.intr./conj: *dormir*
toma como referencia. part. premuerto

premostrar Mostrar una cosa con anticipación a otra v.tr.
condición o circunstancia. conj: *contar*

premura (Del ital. *premura.*) Prisa o urgencia, rapidez s.f.
con que se hace o se debe hacer una cosa: *debemos ir* = prontitud
al hospital con premura.

prenatal
1 Que es anterior al nacimiento. adj.
2 Se aplica a la ropa o complementos especialmente = premamá
adecuados para la mujer embarazada.

prenda (Del ant. *peñdra < peñora <* lat. *pignora.*)
1 Cosa que se entrega como garantía del cumpli- s.f.
miento de una obligación: *dejé como prenda el reloj de* = aval,
oro de mi abuelo. resguardo
2 Cada una de las piezas que componen el vestido y
calzado de una persona: *las prendas de algodón se usan*
en verano.
3 Cosa que se hace o se da como prueba o demostra- = testimonio
ción de otra: *me recitó una poesía como prenda de su*
amor.
4 Cosa o persona por la que se siente un amor pro- coloquial
fundo: *mis hijos son mis prendas; la suele llamar "prenda*
mía".
5 Joya, mueble u objeto de uso doméstico considerado o valorado para su posible venta.
6 Juego en el que quien pierde ha de entregar un ob- s.f.pl.
jeto acordado de antemano o realizar una acción JUEGOS
señalada como castigo.
7 Cada una de las cualidades positivas y sobresalien- s.f.
tes que posee una persona: *es un empleado de grandes* = virtud
prendas.
8 Cosa no material que sirve de seguridad y firmeza
para un objeto.
9 **prenda predatoria:** La constituida por autoridad DERECHO
del juez, comprensiva de los productos de la cosa
empeñada o trabada.
10 **en prenda o en prendas:** En empeño o fianza. loc.adv.
11 **estar por más la prenda:** Indica que la retribu- coloquial
ción o recompensa que una persona hace para mos-
trar su agradecimiento es inferior a los beneficios recibidos.
12 **hacer prenda:** 1. Retener una alhaja para la seguridad de un crédito. 2. Valerse de un dicho o hecho
para reconvenir con él y obligar a la ejecución de lo
que se ha ofrecido.
13 **meter prendas:** Introducirse o participar en un
negocio o dependencia.
14 **no dolerle a una persona prendas:** 1. Ser fiel coloquial
cumplidor de sus obligaciones. 2. No escatimar ga- coloquial
rantías, concesiones, gastos o recursos para lograr un
acuerdo o un propósito cualquiera.
15 **no soltar prenda:** No decir una cosa que podría coloquial
comprometer a una persona, guardar un secreto: *me*
lo contó a mí y no pienso soltar prenda.

prendador, a Que toma una prenda como garantía adj/s.
de un préstamo, de una deuda o de una obligación.

prendamiento Fascinación o atracción que se siente s.m.
por una persona o cosa: *está enamorada y no puede*
vencer su prendamiento.

prendar (Del ant. *peñdrar <* lat. *pignorari*, tomar en
prenda.)
1 Tomar una prenda como garantía de un préstamo. v.tr.
2 Causar una persona o una cosa una impresión muy = cautivar,
agradable a otra persona: *con su simpatía prendó al pú-* encantar
blico. ≠ desagradar
3 Sentir una persona mucha admiración o cariño por v.prnl./+ de
otra o por una cosa: *se prendó de aquel coche; me pren-* = enamorarse,
dé de él en cuanto le vi. maravillarse

prendario, a De la prenda o que tiene relación con adj.
ella.

prendedero
1 Cualquier instrumento que sirve para prender o s.m.
asir una cosa. = prendedor
2 Broche que las mujeres usan como adorno o para = prendedor
sujetar alguna prenda de vestir: *llevaba un prendedero*
en el escote de la blusa.
3 Cinta de tela usada por las mujeres para sujetarse
el pelo: *se recogió el pelo con un prendedero.*
4 Broche que usaban las mujeres para recogerse la
falda.

prendedor, a
1 Persona que prende o sujeta una cosa. s.
2 Cualquier instrumento que sirve para prender. = prendedero
3 Instrumento para prender papeles: *sujetó los docu-* = prendedero
mentos con un prendedor.
4 Broche que se usa como adorno o para sujetar al- = prendedero
guna prenda: *se recogía el doblez de la falda con un*
prendedor.

prendedura Galladura, pinta sanguínea de la yema s.f.
del huevo.

prender (Del lat. vulgar *prendere* < lat. *prehendere*.) | v.tr./part.tb: **preso**
1 Coger o agarrar una cosa: *me prendió del pelo y me arrastró por el suelo.* | = asir
2 Coger a una persona para encarcelarla: *la policía prendió al asesino.* | ≠ liberar
3 Sujetar una cosa a otra: *prendí el broche en tu camisa; Juan prendió una flor a su solapa.* | = enganchar
4 Hacer brotar fuego de una cosa o encender un combustible: *le prendió fuego a la casa; la barbacoa no prende.* | v.tr/intr. = incendiar
5 Extenderse o difundirse una idea o una opinión: *las tendencias anarquistas prendieron entre los obreros.* | v.intr. = arraigar
6 Echar una planta raíces: *las violetas que planté no han prendido.* | = arraigar, enraizar
7 Empezar a actuar o extender su acción una cosa sobre otra: *su mal humor prendió a los asistentes al acto.* | v.tr.
8 Copular el macho y la hembra: *el perro prendió a la perra.* | = cubrir
9 Quedar fecundada una hembra. | v.intr.
10 Adornar o arreglar a una mujer: *ella se prendió con esmero para el baile.* | v.tr/prnl.
11 Conectar la luz o cualquier aparato eléctrico. | v.tr./Amér.

prendería Tienda donde se compran y venden cosas usadas: *este perchero antiguo lo he comprado en una prendería.* | s.f. COMERCIO = ropavejería

prendero, a Persona que tiene una prendería o comercia con cosas usadas. | s. COMERCIO

prendido
1 Adorno femenino, en especial el de la cabeza o el vestido. | s.m. = pasador
2 Patrón o dibujo picado que sirve de regla para hacer los encajes. | TEXTIL
3 Parte del encaje hecha sobre lo que ocupa el dibujo de esta muestra o patrón. | TEXTIL

prendimiento
1 Acción y resultado de prender. | s.m.
2 Prisión o captura de una persona, en especial referido a la de Jesucristo, en el Huerto de los olivos.
3 Pintura o grupo escultórico que representa el apresamiento de Jesucristo en el Huerto de los olivos. | ARTE

prenoción Noción anticipada o primer conocimiento de las cosas. | s.f. FILOSOFÍA

prenombre Apelativo que entre los romanos precedía al nombre de familia. | s.m. HISTORIA

prenotar Percibir una cosa con anticipación. | v.tr.

prensa (Del cat. *premsa* < *premer* < lat. *premere*, apretar.)
1 Máquina de forma variable según su uso, capaz de ejercer una fuerte presión sobre lo que se coloca entre sus piezas para comprimirlo, exprimirlo o estampar o imprimir una cosa. | s.f. TECNOLOGÍA
2 Máquina de imprimir libros o publicaciones de todo tipo. | ARTES GRÁFICAS = imprenta
3 Taller en el que se imprimen libros u otro tipo de publicaciones. | ARTES GRÁFICAS = imprenta
4 Conjunto de las publicaciones periodísticas y en especial las diarias.
5 Conjunto de personas que escriben o trabajan en estas publicaciones periódicas o se dedican al periodismo: *algunos famosos se sienten acosados por la prensa.*
6 Periodismo, actividad consistente en informar al público de las noticias de actualidad: *está especializada en prensa política.*
7 **prensa amarilla:** Conjunto de las publicaciones periódicas caracterizadas por dar a las noticias un tratamiento más sensacionalista que objetivo.
8 **prensa del corazón:** La que se ocupa de informar sobre la vida privada de las personas famosas.
9 **prensa plana:** La de imprimir cuya plancha para fijar el papel para se imprime es horizontal. | ARTES GRÁFICAS
10 **dar a la prensa:** Imprimir y publicar una obra. | ARTES GRÁFICAS
11 **en prensa:** En fase de publicación: *mi última novela está en prensa.* | loc.adv. ARTES GRÁFICAS
12 **entrar o meter en prensa:** Comenzar la tirada del impreso. | ARTES GRÁFICAS
13 **meter en prensa a una persona:** Apretarla y estrecharla mucho para obligarla a ejecutar una cosa. | coloquial
14 **sudar la prensa:** Imprimir mucho o de forma continua. | ARTES GRÁFICAS
15 **tener una persona buena o mala prensa: 1.** Serle favorable o adversa. **2.** Gozar de buena o mala fama. | coloquial coloquial

prensado
1 Acción y resultado de prensar o apretar una cosa. | s.m.
2 Brillo o labor que queda en la tela al ser sometida a esta acción. | TEXTIL

prensador, a Que prensa. | adj/s.

prensadura Acción de apretar o prensar una cosa. | s.f./= prensado

prensaestopas Pieza metálica roscada con que se aprieta la estopa alrededor del vástago movible de un grifo o llave de paso, para evitar que salgan líquidos o gases. | s.f. pl: prensaestopas

prensar Apretar una cosa en una prensa o por otro medio: *vimos cómo prensaban las olivas para hacer aceite.* | v.tr./= comprimir, aplastar

prensil Que sirve para asir o coger: *cola prensil; trompa prensil.* | adj.

prensión Acción y resultado de prender una cosa. | s.f.

prensista Persona que trabaja en la prensa de una imprenta. | s.m.f. ARTES GRÁFICAS

prensor, a
1 Que prende o agarra. | adj.
2 Perteneciente a un antiguo orden de aves de pico robusto, con la mandíbula superior encorvada y con dos dedos de las patas dirigidos hacia atrás, como el loro y el guacamayo. | adj/s. ZOOLOGÍA = sitaciforme

prenunciar Anunciar una cosa de antemano. | v.tr.

prenuncio Anuncio anticipado o predicción de un suceso futuro, basándose en señales exteriores o en presentimientos. | v.tr. = presagio

prenupcial Que es anterior a la boda. | adj.

preñada (Del lat. vulgar *praegnata* < lat. *praegnas, -atis.*) Se refiere a la mujer o a la hembra de mamífero que está en período de gestación. | adj/s.f. = embarazada

preñado (Del lat. *praegnatus.*)
1 Embarazo de la mujer. | s.m.
2 Tiempo que dura el embarazo.
3 Feto en el vientre materno.

preñado, a
1 Se aplica a la pared que está desplomada y abombada, por lo que amenaza con derrumbarse. | adj.
2 Que está lleno o cargado: *es una empresa preñada de dificultades.* | = nutrido, repleto
3 Que oculta en sí una cosa que no se descubre. | = encerrado

preñar
1 Fecundar el macho a la hembra: *éste fue el perro que preñó a mi perra.* | v.tr./BIOLOGÍA = embarazar
2 Llenar o henchir una cosa: *su partida preñó mi corazón de melancolía.* | = colmar

preñez
1 Estado de mujer o de la hembra embarazada: *la preñez me hacía sentir feliz.* | s.f./pl: preñeces = embarazo
2 Tiempo que dura el embarazo: *durante mi preñez me apetecía mucho el chocolate.* | = gestación
3 Estado de un asunto en tramitación o que no ha llegado a su resolución.
4 Confusión o dificultad ante una situación. | = problema

preocupación
1 Acción y resultado de preocupar o preocuparse por una persona, una cosa o una situación. | s.f. ≠ despreocupación
2 Pensamiento que produce temor, inquietud o ansiedad: *mi mayor preocupación es no perder el empleo.* | = afán, desvelo ≠ desinterés

preocupante Que causa preocupación: *la situación de la empresa es preocupante.* | adj.

preocupar (Del lat. *praeoccupare*, ocupar antes que otro.)
1 Ocupar una cosa el pensamiento de una persona, causándole temor o inquietud: *la muerte le preocupa; se preocupa por sus hijos.* | v.tr/prnl. + por = intranquilizar
2 Inclinar el ánimo de una persona a favor o en contra de otra persona o de una cosa: *se preocupó en todo el asunto a favor de su amigo.* | v.tr/prnl.
3 Dar importancia a una cosa: *le preocupa su aspecto externo.* | v.tr. = importar, interesar
4 Ocupar una cosa con anticipación.

preopinante Se aplica a la persona que, en una discusión o conversación, ha dado su opinión con anterioridad a otra. | adj/s.m.f.

preordinación Acción y resultado de preordinar o determinar Dios todas las cosas desde la eternidad. | s.f. TEOLOGÍA

preordinar Determinar Dios todas las cosas desde la eternidad. | v.tr. TEOLOGÍA

prepalatal Se aplica al sonido consonántico que se articula tocando la parte anterior del paladar duro con el dorso de la lengua: *la ch es una consonante prepalatal.* | adj/s.f. LINGÜÍSTICA

preparación
1 Acción y resultado de preparar o prepararse. | s.f.
2 Formación y conocimientos en determinada ciencia o actividad: *le han dado el puesto por su buena preparación.* | = saber
3 Porción de tejido o sustancia orgánica puesta sobre el portaobjetos con un líquido apropiado y cubierto con el cubreobjetos para verla por el microscopio. | BIOLOGÍA
4 Preparado farmacológico. | FARMACIA
5 **preparación anatómica:** Parte del organismo dispuesta para su estudio anatómico. | ANATOMÍA

preparado, a
1 Que ha sido elaborado y está listo para ser consumido o utilizado: *los domingos suelo comer comida preparada.* | adj.
2 Que tiene una buena formación y conocimientos en una ciencia o actividad: *es el candidato más preparado para el puesto.* | entendido, experto ≠ inexperto
3 Se aplica al medicamento confeccionado en una farmacia o laboratorio y listo para su uso. | adj/s.m. FARMACIA

4 Se refiere a la sustancia o mezcla que es el resultado de una serie de operaciones.

preparador, a
1 Persona que prepara.
2 Entrenador o responsable del rendimiento de un deportista o de un equipo. — *DEPORTES*

preparamiento Acción y resultado de preparar o prepararse. — *s.m.*

preparar (Del lat. *praeparare*.)
1 Disponer o hacer una cosa con alguna finalidad: *preparé el salón para los invitados.* — *v.tr./= acondicionar, arreglar*
2 Estudiar una materia para superar una prueba: *he de preparar el examen de lengua; se preparó muy bien y aprobó.* — *v.tr./prnl.*
3 Enseñar a una persona lo necesario para realizar una tarea: *le preparó cuidadosamente para representar la obra* — *v.tr. = adiestrar*
4 Hablar con una persona para que pueda asumir una mala noticia: *antes de decírselo quiero prepararla.*
5 Adiestrar en una materia a una persona: *le preparó en física durante el verano.* — *= enseñar*
6 Entrenar con un fin: *prepara perros a la policía.* — *= adiestrar*
7 Reducir el efecto de una sustancia medicinal para que sea curativa. — *FARMACIA*
8 Haber indicios de que va a ocurrir una cosa: *se prepara una noche fría.* — *v.prnl. = avecinarse*
9 Hacer las operaciones necesarias para obtener un producto. — *v.tr.*

preparativo, a
1 Se aplica a lo que se prepara para un fin. — *adj.*
2 Conjunto de acciones realizadas antes de un acontecimiento: *hemos de hablar de los preparativos para la fiesta.* — *s.m.pl.*
3 Cosa dispuesta y preparada para un fin determinado: *hicieron los preparativos del viaje.*

preparatorio, a
1 Que sirve para preparar: *primero tuvimos unas conversaciones preparatorias.* — *adj.*
2 Que prepara o enseña: *asiste a una academia preparatoria; primero harás un curso preparatorio.*

preponderancia
1 Superioridad de crédito, consideración, autoridad o fuerza: *al director le gusta que se reconozca su preponderancia.* — *s.f. = predominio*
2 Peso excesivo o mayor de una cosa con respecto de otra.

preponderante Que domina o influye: *la opinión preponderante fue favorable a mi propuesta.* — *adj. = predominante*

preponderar
1 Ser una cosa la que más influye o es más importante: *ante todo prepondera su voto.* — *v.intr. = predominar*
2 Ejercer una persona un influjo dominante sobre otra: *el profesor prepondera sobre el alumno.* — *v.intr. = dominar*
3 Ser una cosa más pesada que otra. — *v.intr.*

preponer (Del lat. *praeponere*.) Anteponer o considerar una cosa mejor que otra: *mi hermano prepone su afición deportiva a sus obligaciones.* — *v.tr./conj: poner + a = preferir*

preposición
1 Parte invariable de la oración, cuya función es denotar el régimen o relación que dos palabras o términos tienen entre sí. — *s.f. GRAMÁTICA*
2 preposición inseparable: Prefijo que primitivamente funcionaba como esta parte invariable de la oración. — *GRAMÁTICA*

preposicional
1 De la preposición. — *adj./GRAMÁTICA*
2 Se refiere a la voz que tiene cualidades propias de las preposiciones o que funciona como tal: *locución preposicional; partícula preposicional.* — *GRAMÁTICA = prepositivo*
3 Se aplica al sintagma que se introduce mediante una preposición. — *GRAMÁTICA*

prepositivo, a De la preposición. — *adj./GRAMÁTICA*

prepósito (Del lat. *praepositus*, puesto al frente.) Superior de algunas religiones o comunidades religiosas. — *s.m. RELIGIÓN*

prepositura Dignidad, empleo o cargo de prepósito. — *s.f./RELIGIÓN*

preposteración Acción y resultado de preposterar o cambiar el orden de las cosas. — *s.f.*

prepósteramente Fuera de tiempo o cambiando el orden. — *adv.*

preposterar Cambiar el orden de las cosas. — *v.tr.*

prepóstero, a (Del lat. *praeposterus*, lo de delante atrás.) Que ha sido hecho al revés o fuera de tiempo. — *adj.*

prepotencia
1 Ostentación y superioridad: *siempre se muestra individualista y con prepotencia.* — *s.f.*
2 Abuso de poder: *trata a sus empleados con prepotencia.* — *= despotismo*

prepotente
1 Que es más poderoso o superior que otros: *el tipo es listo, pero va de prepotente.* — *adj/s.m.f.*
2 Que abusa de su poder: *es un jefe prepotente con los trabajadores.* — *= autoritario*

prepucio (Del lat. *praeputium*.)
1 Piel móvil que cubre el bálano del pene. — *s.m./ANATOMÍA*
2 prepucio del clítoris: Pliegue mucoso formado por los labios menores que cubren el clítoris. — *ANATOMÍA*

prerrafaelismo (De *pre*, anterior + *Rafael*, pintor.) Movimiento estético inglés del siglo XIX que apareció como reacción al arte victoriano y a la falta de ideales de la era industrial. — *s.m./ARTE*

prerrafaelista (De *pre*, anterior + *Rafael*, pintor.)
1 Del prerrafaelismo. — *adj./ARTE*
2 Artista seguidor de este movimiento estético o artístico inglés. — *adj/s.m.f./ARTE tb: prerrafaelita*

prerreflexivo, a Se aplica a la modalidad de la conciencia a lo largo de la cual ésta no se refleja a sí misma, pero existe de forma plena y positiva en la fenomenología. — *adj. FILOSOFÍA*

prerrogativa (Del lat. *praerogativa*, privilegio.)
1 Privilegio concedido a una persona por ocupar determinado cargo, dignidad o empleo: *ningún soldado tendrá prerrogativas.* — *s.f. = beneficio, favor*
2 Facultad o poder exclusivo de una autoridad: *declarar la guerra es prerrogativa del rey.* — *= competencia*
3 Excelencia o superioridad de una persona en aspectos inmateriales.

prerromance Se aplica a las lenguas que existieron en los territorios donde después se impuso el latín. — *adj/s.m. LINGÜÍSTICA*

prerrománico, a Se refiere al arte medieval que es anterior al románico pero anticipa sus rasgos. — *adj. ARTE*

prerromano, a Que es anterior al dominio o civilización de los antiguos romanos. — *adj. HISTORIA*

prerromanticismo Conjunto de características de algunos escritores y sus obras, semejantes a los de la escuela romántica, pero anteriores a ella. — *s.m. LITERATURA*

presa (Del cat. *presa* < lat. *praeda*.)
1 Acción y resultado de prender o tomar una cosa. — *s.f.*
2 Cosa, persona o animal que se coge en la caza o en una guerra: *el perro perseguía a su presa; algunos soldados fueron presa de los enemigos.*
3 Especie de muro construido en una corriente para retener el agua o desviarla para su aprovechamiento. — *CONSTRUCCIÓN = dique*
4 Lugar donde las aguas están retenidas o almacenadas. — *= represa*
5 Conducto o canal por donde se lleva el agua para mover las ruedas de los molinos u otras máquinas hidráulicas.
6 Acequia o zanja de riego. — *= azud*
7 Porción pequeña de una cosa comestible.
8 Llave o lance de lucha en que el luchador inmoviliza al contrario. — *DEPORTES*
9 Persona, animal o cosa que sufre o padece aquello que se expresa: *al saber la mala noticia fue presa del llanto.* — *+ de*
10 Cada uno de los colmillos o dientes agudos y grandes que tienen en ambas quijadas algunos animales. — *ZOOLOGÍA*
11 Ave que ha sido prendida por el halcón, en cetrería. — *CAZA*
12 Uña del halcón o de otra ave de rapiña. — *ZOOLOGÍA*
13 presa de caldo: Pisto, jugo de carne machacada y prensada. — *COCINA*
14 buena o mala presa: La que ha sido hecha con arreglo, o en contravención, a las normas jurídicas internacionales de la navegación y del tráfico marítimo. — *NÁUTICA*
15 de presa: Se aplica al perro dogo. — *loc.adj.*
16 caer a la presa: Bajar el halcón a apresar al ave que le ponen de muestra para adiestrarlo, en cetrería. — *CAZA*
17 hacer presa: 1. Asir a una persona, un animal o una cosa y asegurarla a fin de que no se escape. 2. Aprovechar la circunstancia, acción o situación en perjuicio ajeno y en favor del interés propio.

presada Agua que se junta y retiene en el caz del molino para servir de fuerza motriz durante cierto tiempo, si la corriente no basta para el trabajo continuo. — *s.f.*

presado, a (Del gr. *prasios*, de color verde.) De color verde claro. — *adj.*

presagiar
1 Anunciar una cosa: *la oscuridad del cielo presagia fuertes lluvias.* — *v.tr. = pronosticar*
2 Adivinar una cosa: *una bruja me presagió mi boda.* — *= augurar*

presagio (Del lat. *praesagium*.)
1 Señal que, interpretada por una persona, anuncia un suceso futuro, favorable o adverso: *sus frecuentes citas son presagio de una relación.* — *s.m. = indicio*
2 Adivinación, conocimiento o intuición de un suceso futuro por una señal exterior o un presentimiento: *sus presagios se basan en las posiciones astrales.* — *= premonición*

presagioso, a Que presagia o incluye presagio. — *adj.*

présago, a Que anuncia, adivina o presiente una cosa. — *adj./culto tb: presago*

presbicia Defecto de la vista que impide distinguir con claridad las figuras y objetos próximos. — s.f./MEDICINA = hipermetropía

présbita (Del fr. *presbyte* < gr. *presbys, -ytos*, viejo.) Se aplica al ojo o a la persona que padece presbicia en la vista. — adj/s.m.f. MEDICINA th: présbite

presbiterado Dignidad de presbítero. — s.m./RELIGIÓN

presbiteral Del presbítero. — adj./RELIGIÓN

presbiterato Dignidad de presbítero. — s.m./RELIGIÓN

presbiterianismo Doctrina eclesiástica, surgida en el siglo XVI, preconizada por Calvino, que confiere el gobierno de la Iglesia a un cuerpo mixto de pastores y laicos. — s.m. RELIGIÓN

presbiteriano, a 1 Del presbiterianismo. 2 Que profesa el presbiterianismo. — adj./RELIGIÓN adj/s./RELIGIÓN

presbiterio. (Del lat. *presbyterium*, funcion del presbítero.) 1 Parte de una iglesia en torno al altar mayor, por lo general cercada por una reja o barandilla y reservada a los sacerdotes. 2 Reunión de los presbíteros con el obispo. — s.m. RELIGIÓN

presbítero (Del lat. *presbyter, -eri* < gr. *presbyteros*, más viejo.) Clérigo ordenado de misa, o sacerdote. — s.m. RELIGIÓN

presciencia Conocimiento que tiene la divinidad sobre todo lo que ha sucedido. — s.f. TEOLOGÍA

prescindible Que puede ser excluido u omitido por no considerarse necesario: *la reunión se celebró porque su presencia era prescindible.* — adj. ≠ imprescindible

prescindir (Del lat. *praescindere*, separar.) 1 Decidir no tomar una cosa: *su situación económica es delicada y por ello prescinde del coche.* 2 Dejar a una persona o una cosa fuera de un asunto: *han prescindido de mí.* 3 No considerar o mencionar una cosa: *prescindieron de leer toda la lista de preguntas.* — v.intr./+ de = renunciar + de = descartar + de = omitir

prescito, a Que está condenado al infierno, en la religión católica. — adj/s./RELIGIÓN th: precito

prescribir (Del lat. *praescribere*.) 1 Determinar u ordenar una cosa: *las normas del centro prescriben su expulsión.* 2 Recetar una medicina o un tratamiento médico a una persona: *el doctor le prescribió un jarabe.* 3 Perder un derecho, una obligación o una responsabilidad su valor o efectividad por haber transcurrido el tiempo señalado para ello por la ley: — v.tr./conj: escribir part: prescrito MEDICINA v.intr. DERECHO

prescripción Acción y resultado de prescribir. — s.f.

prescriptible Que puede ser prescrito. — adj.

prescrito, a (Part. pas. irreg. de *prescribir*.) 1 Que ha sido determinado, ordenado o indicado. 2 Se aplica a lo que ha sido extinguido o liberado, o ya no tiene vigencia. — adj.

presea (Del lat. *praesidia*, garantías.) Joya, alhaja o cosa preciosa: *el cofre del tesoro estaba lleno de preseas.* — s.f.

preselección Primera selección que se realiza antes de otra definitiva: *los candidatos al puesto pasarán una preselección.* — s.f.

preseleccionado, a Se refiere a la persona que ha sido seleccionada previamente para intervenir en una cosa, en especial en una competición deportiva. — adj/s.

preseleccionar Seleccionar previamente a las personas que van a participar en una actividad: *el entrenador preseleccionó a los atletas para las olimpiadas.* — v.tr.

preselector Dispositivo que permite hacer una preselección, en especial de línea vacante en unas centrales telefónicas automáticas. — s.m. TECNOLOGÍA

presencia (Del lat. *praesentia*.) 1 Asistencia o estado de la persona o cosa que se halla delante de otra u otras o en el mismo sitio que ellas: *el ministro nos honró con su presencia; no digas palabrotas en presencia de los niños.* 2 Circunstancia de suceder o existir una cosa: *los médicos se alarmaron ante la presencia de un brote de cólera.* 3 Aspecto, talle o figura: *se arregla mucho y tiene buena presencia.* 4 Representación, pompa, fausto en la apariencia de las personas o de las cosas: *decoraron la casa con mucha presencia.* 5 Memoria de una imagen o idea, o representación de ella. 6 **presencia de ánimo:** Serenidad o tranquilidad que conserva el ánimo, tanto en los malos momentos como en los buenos. 7 **presencia de Dios:** Consideración de estar delante del Señor. 8 **hacer acto de presencia:** Asistir a una reunión o acontecimiento. — s.f. = comparecencia ≠ ausencia = existencia ≠ inexistencia = apariencia = lujo, suntuosidad RELIGIÓN

presencial 1 De la presencia: *acto presencial.* 2 Que está presente: *asisto al juicio como testigo presencial del accidente.* — adj.

presencialmente De forma personal, con la presencia. — adv.

presenciar Estar presente o ver una persona un suceso: *presencié el atraco.* — v.tr. = observar

presenil Se aplica al estado o fenómeno que ocurre antes de la senectud, aunque sea propia de ésta. — adj. MEDICINA

presentable Que puede ser presentado o mostrado por ser suficientemente bueno: *tu trabajo no es presentable; ven con un aspecto presentable.* — adj. ≠ impresentable

presentación 1 Acción y resultado de presentar o presentarse. 2 Aspecto exterior: *destaca la buena presentación del producto.* 3 Puesta en escena de una obra teatral. 4 Parte del feto que se encaja en la pelvis y aparece al exterior en el parto. — s.f. = apariencia TEATRO FISIOLOGÍA

presentado, a 1 Se aplica, en algunas órdenes religiosas, al teólogo que ha seguido su carrera y que, acabadas sus lecturas, está esperando el grado de maestro. 2 Eclesiástico que ha sido propuesto para una dignidad, un oficio o un beneficio en uso del derecho de patronato. — adj/s. TEOLOGÍA s.m. RELIGIÓN

presentador, a 1 Que presenta. 2 Persona que, por su profesión o de forma ocasional, presenta y comenta un espectáculo o un programa televisivo o radiofónico: *el presentador pidió un aplauso para los concursantes.* — adj/s. AUDIOVISUALES

presentalla (Del cat. *presentalla*.) Objeto que a modo de ofrenda de reconocimiento se dedica a Dios, la Virgen o los santos y que por su forma recuerda una curación, favor o beneficio recibido y se cuelga en los muros y techos de templos y capillas. — s.f. RELIGIÓN = exvoto

presentáneamente Ahora, sin intermisión de tiempo. — adv.

presentáneo, a Que produce efecto inmediato por su eficacia. — adj.

presentar (Del lat. *praesentare*.) 1 Poner una cosa en presencia de una o varias personas: *presentó su tesis ante el tribunal.* 2 Tener unas características o rasgos: *los síntomas que presenta me alarman.* 3 Conducir un espectáculo o un programa televisivo o radiofónico: *presenta un concurso muy divertido.* 4 Mostrar una obra artística al público: *hoy presenta su última novela.* 5 Poner una cosa en un lugar para ver el efecto que produce antes de colocarla definitivamente: *presentaré el cuadro antes de colgarlo.* 6 Introducir a una persona en la casa o el ambiente de otra u otras: *le presentó en el parlamento.* 7 Hablar en favor de una persona para una dignidad, un oficio o un beneficio eclesiástico. 8 Mostrar a una persona otra que ésta no conocía dándole su nombre u otros datos: *te presento a mi marido; se presentó a los asistentes como hija de un embajador.* 9 Ofrecerse una persona voluntariamente para un servicio: *se presentó para colaborar en la tómbola.* 10 Aparecer una persona en un lugar o un acto: *se presentó cuando ya nos íbamos.* 11 Visitar a una persona: *se presentó ante su jefe para disculparse.* 12 Comparecer una persona en un juicio. 13 Producirse o aparecer: *ya se presentó la tormenta.* 14 **presentar armas o las armas:** Ejecutar un movimiento reglamentario del manejo del arma para rendir honores militares. 15 **presentar batalla:** 1. Aprestarse a entrar en batalla. 2. Poner los medios necesarios para oponerse a una persona, animal, cosa o situación: *siempre presenta batalla a todos sus problemas.* — v.tr/prnl. = enseñar v.tr. = manifestar AUDIOVISUALES = exponer = proponer v.tr/prnl. v.prnl. = prestarse = personarse = mostrarse DERECHO MILITAR MILITAR coloquial

presente (Del lat. *praesens, -entis*.) 1 Que está en el mismo sitio del que habla o del que se habla: *se dirigió a las personas presentes en la ceremonia.* 2 Se aplica al tiempo o al suceso que transcurre en el momento en que se habla: *valora las circunstancias presentes; vive el presente.* 3 Expresión que se utiliza dentro de una carta o de un escrito para referirse a esa misma carta o escrito: *en la presente te deseo mucha suerte en tu nuevo trabajo.* 4 Se aplica al tiempo verbal que sirve para denotar que la acción que se expresa se realiza en el mismo instante en que se habla. 5 Cosa que se regala a una persona: *he traído unos presentes para tu familia.* 6 **presente histórico:** El que confiere a un proceso narrativo o histórico cierta sensación de realidad y cercanía. 7 **al o de presente:** 1. Ahora, en este momento. 2. En la época actual. — adj. = asistente adj/s.m. = actual, contemporáneo adj/s.f. adj/s.m. GRAMÁTICA s.m. = regalo GRAMÁTICA loc.adv. loc.adv.

8 hacer presente: Decir una cosa para que se tenga en cuenta.
9 hacerse presente: Ir, personarse alguien en un lugar.
10 mejorando lo presente: Expresión que se utiliza por cortesía cuando se alaba a una persona delante de otras. · formal
11 por el, la o lo presente: Por ahora, en este momento. · loc.adv.
12 ¡presente!: Fórmula con que se expresa la presencia de una persona nombrada en una lista. · interj.
13 tener presente: Recordar, tener en cuenta: *ten presente que a las ocho hay una reunión.*

presentero Eclesiástico que se presenta para obtener prebendas o beneficios. · s.m. RELIGIÓN

presentimiento Sensación, creencia o convencimiento irracional y repentino de que va a ocurrir una cosa: *tengo el presentimiento de que nos tocará la lotería.* · s.m. = corazonada, premonición

presentir (Del lat. *praesentire.*) Tener la sensación o el convencimiento de que va a suceder una cosa: *presiento que acabaremos teniendo problemas.* · v.tr. conj: *sentir* = presagiar

presepio (Del lat. *praesepium.*)
1 Especie de cajón o artesa donde comen los animales, en una cuadra o en un establo. · s.m. = pesebre
2 Lugar cubierto para caballos y bestias de carga. · = cuadra
3 Lugar cubierto para el ganado. · = establo

presera Amor de hortelano, planta. · s.f./BOTÁNICA

presero, a Guarda de una presa o acequia. · s.

preservación Acción y resultado de preservar o evitar un daño. · s.f. = amparo, defensa

preservador, a Que preserva. · adj/s.

preservar (Del bajo lat. *praeservare.*) Evitar que una persona o una cosa sufra un daño: *al empezar el invierno se preservó de los resfriados con una vacuna.* · v.tr./prnl. = amparar, defender

preservativo, a
1 Que tiene la propiedad de preservar. · adj.
2 Funda hecha de látex u otro material, muy fina y elástica, que se coloca en el pene durante las relaciones sexuales para evitar la fecundación o el contagio de enfermedades de transmisión sexual. · s.m. = condón

presidario, a Persona que cumple su condena en un presidio. · s. th: presidiario

presidencia
1 Dignidad, empleo o cargo de presidente o presidenta: *está en la presidencia desde hace dos años.* · s.f.
2 Edificio donde reside y suele tener su oficina el presidente: *fui recibido en la presidencia del gobierno.*
3 Conjunto de personas que presiden una sesión, una ceremonia u otro acto: *la presidencia dio por abierta la sesión.*
4 Acción de presidir.

presidencial De la presidencia: *la modificación de este artículo requiere la firma presidencial.* · adj.

presidencialismo Forma de gobierno en la que el poder ejecutivo pertenece al presidente de una república, que ostenta simultáneamente las funciones de jefe del estado y jefe del gobierno. · s.m. POLÍTICA

presidencialista
1 Del presidencialismo. · adj./POLÍTICA
2 Que es partidario del presidencialismo. · adj/s.m.f./POLÍTICA

presidente, a
1 Que preside: *consejero presidente.* · adj/s.
2 Cabeza o jefe de un gobierno, consejo, tribunal, junta o cualquier otra organización: *el presidente del club se reunió con el entrenador.* · s.
3 Persona que en algunas comunidades religiosas sustituye al prelado. · s.m. RELIGIÓN
4 Juez gobernador de una provincia entre los romanos. · HISTORIA
5 Maestro que presidía el acto literario de algún alumno.

presidiable Que es culpable de un delito por el que debe ser condenado a estar en presidio. · adj. DERECHO

presidiar Poner soldados en una plaza, una fortaleza o un castillo para que estén guardados y defendidos. · v.tr. MILITAR

presidiario, a Persona que cumple una condena en presidio: *los presidiarios paseaban por el patio de la cárcel.* · s. th: presidiario = preso, recluso

presidio (Del lat. *praesidium*, protección.)
1 Establecimiento penitenciario en que cumplen sus penas los condenados por graves delitos. · s. = cárcel, penal
2 Guarnición de soldados encargada de la custodia y defensa de plazas, castillos, fortalezas o de otros lugares. · MILITAR
3 Conjunto de presidiarios en un mismo lugar.
4 Pena señalada para varios delitos, con diversos grados de rigor y tiempo. · DERECHO
5 Ciudad o fortaleza que se podía guarnecer de soldados. · MILITAR

presidir (Del lat. *praesidere*, estar sentado al frente.)
1 Ocupar la presidencia de una empresa o una institución: *preside el gobierno desde hace ocho años.* · v.tr.

2 Tener una cosa una cualidad en grado más alto que otras: *la bondad ha presidido su actuación en la vida.* · = dominar
3 Estar una cosa en el lugar más importante o destacado: *una gran chimenea preside el salón.*
4 Dirigir el maestro desde la cátedra al alumno que realiza un ejercicio literario.

presilla
1 Cordón pequeño de seda u otra materia, con forma de anilla, que se cose al borde de una prenda para pasar por él un botón o corchete. · s.f.
2 Costura de puntos unidos que se pone en los ojales para que la tela no se abra.

presión (Del lat. *pressio, -onis.*)
1 Acción y resultado de apretar, empujar o comprimir. · s.f.
2 Fuerza que ejerce por unidad de superficie un sólido, líquido o gas que tiende a mover o comprimir un cuerpo. · FÍSICA
3 Coacción ejercida sobre una o varias personas para obligar a hacer una cosa: *la presión del parlamento le hizo dimitir.* · = fuerza, influencia
4 presión arterial: La que ejerce la sangre al circular por las arterias. · FISIOLOGÍA
5 presión atmosférica o barométrica: La que ejerce la atmósfera sobre los cuerpos envueltos por ella. · FÍSICA
6 presión crítica: La característica de cada líquido, por encima de la cual no puede hervir. · FÍSICA
7 presión fiscal: Relación existente entre los ingresos de la hacienda pública de un país y el valor del producto nacional neto. · ECONOMÍA
8 presión osmótica: La necesaria para evitar la difusión de un disolvente a través de una membrana semipermeable en un proceso de ósmosis. · FÍSICA
9 presión sanguínea: La de la sangre que circula dentro de las arterias y venas. · FISIOLOGÍA
10 presión social: Conjunto de influencias que ejerce la sociedad sobre los individuos que la componen. · SOCIOLOGÍA

presionar
1 Ejercer coacción sobre una o varias personas: *presionó al empleado para que se jubilase.* · v.tr. = coaccionar
2 Hacer presión o fuerza sobre una cosa: *presiona con fuerza la palanca.* · = apretar
3 Hacer presión sobre el enemigo para vencerlo. · MILITAR

preso, a (Part. pas. irreg. de *prender.*)
1 Se aplica a la persona que está condenada a prisión o está privada de libertad: *los presos recibían visitas los jueves.* · adj/s. = recluso, prisionero
2 Que está dominado por un sentimiento o estado de ánimo: *con el temblor de tierra la población fue presa del pánico.* · + de = cautivo

presocrático, a Se refiere a la filosofía y a los filósofos anteriores a Sócrates y los sofistas. · adj/s.m. FILOSOFÍA

presonorización Play-back, sonido pregrabado para cine o para televisión. · s.f. AUDIOVISUALES

presor Elemento de una herramienta que sujeta una chapa o plancha durante la operación de formado o corte. · s.m. METALURGIA

pressing (Voz inglesa.) Acoso insistente que, en algunos deportes de equipo, se ejerce sobre el atacante o los atacantes para dificultarles el desarrollo de su juego. · s.m. DEPORTES

prestación
1 Acción y resultado de prestar un servicio o ayuda. · s.f.
2 Servicios o comodidades que ofrece una cosa: *los nuevos automóviles ofrecen buenas prestaciones.* · s.m.pl.
3 Servicio exigido por una autoridad o convenido en un pacto. · s.m.
4 Cosa o servicio que un contratante da o promete a otro en virtud de un convenio. · DERECHO
5 Renta o servicio pagador al señor, al propietario o a una entidad corporativa que tenían potestad sobre determinados siervos. · HISTORIA
6 prestación personal: Servicio personal exigido por la ley a los vecinos de un pueblo para obras o trabajos de utilidad común.
7 prestación social: Cada uno de los servicios que el Estado, instituciones públicas o empresas privadas, deben dar a sus súbditos o empleados.

prestadizo, a Que puede ser prestado. · adj.

prestado, a
1 Se aplica a lo que se ha dejado a una persona por un tiempo con la obligación de restituirlo: *dinero prestado.* · adj.
2 de prestado: 1. Con cosas prestadas o por préstamo de alguna persona: *desde que se quedó sin trabajo viste de prestado.* 2. De modo precario, con poca estabilidad o duración, en especial cuando se ocupa un cargo. · loc.adv. loc.adv.

prestador, a Que presta. · adj/s.

prestamente Con brevedad y prontitud. · adv.

prestamera Estipendio o pensión procedente de rentas eclesiásticas que se daba temporalmente a los que estudiaban para sacerdotes o a los que militaban por la Iglesia. · s.f. HISTORIA

prestamería
1 Dignidad de prestamero. — s.f./HISTORIA
2 Goce de una prestamera o pensión. — HISTORIA

prestamero Persona que goza de una prestamera o pensión. — s.m./HISTORIA

prestamista Persona que presta dinero: *acudió a un prestamista porque necesitaba dinero para comprar la casa.* — s.m.f.

préstamo
1 Dinero u otra cosa que se toma u ofrece para luego ser devuelto. — s.m.
2 Dinero que el estado o una corporación toma de los particulares con una garantía. — ECONOMÍA = empréstito
3 Estipendio o pensión que se daba de modo temporal a los que estudiaban para sacerdotes o a los que militaban por la Iglesia. — HISTORIA = prestamera
4 Excavación hecha fuera de la zona de obras para procurarse tierra o material para rellenar un terreno o terraplén. — CONSTRUCCIÓN
5 Denominación contractual genérica que abarca las dos especies de mutuo o simple préstamo y como dato. — DERECHO
6 Elemento, por lo general léxico, que una lengua toma de otra, y que no pertenecía al conjunto patrimonial. — LINGÜÍSTICA

prestancia
1 Distinción y elegancia con que se presenta una persona: *un señor con mucha prestancia y muy educado.* — s.f. = apostura
2 Excelencia o superioridad en una persona o cosa. — = eminencia

prestar (Del lat. *praestare*, distinguirse, proporcionar.)
1 Dar dinero u otra cosa a una persona para que los tenga y use por un tiempo y devuelva después igual cantidad o la misma cosa: *le prestó dinero para comprarse un coche; te presto mi bolso.* — v.tr. = dejar
2 Proporcionar ayuda a una persona para que consiga una cosa: *le prestó su desinteresada colaboración.* — = conceder
3 Transmitir una cosa una cualidad que ella tiene a otra. — = comunicar
4 Tener una persona paciencia o guardar atención o silencio: *debes prestar atención a las explicaciones del maestro.*
5 Servir una cosa para un fin. — v.intr.
6 Ser una cosa susceptible de estirarse hasta servir para un fin, dar de sí.
7 Ofrecerse una persona para hacer una cosa: *se prestó a ayudarme.* — v.prnl. + a, para
8 Dar una cosa ocasión o peligro de otra: *sus afirmaciones se prestan a malos entendidos.*
9 **prestar declaración**: Explicar una persona ante un juez aquello que se le demanda. — DERECHO = declarar

prestatario, a Que recibe un préstamo. — adj/s.

preste (Del ant. *prestre* < fr. ant. *prestre* < bajo lat. *presbyer* < gr. *presbyteros*, más viejo.)
1 Sacerdote que celebra la misa mayor o que preside otra función con capa pluvial. — s.m. RELIGIÓN
2 **preste Juan**: Título legendario del emperador de los abisinios. — HISTORIA

presteza Modo de hacer las cosas con brevedad y rapidez: *ante la emergencia actuó con presteza.* — s.f. = prontitud

prestidigitación Arte y habilidad para hacer juegos de manos para distracción del público: *asistimos a un espectáculo de prestidigitación.* — s.f. = magia

prestidigitador, a (Del fr. *prestidigitateur* < lat. *praestigia*.) Persona experta en hacer juegos de manos y otros trucos: *el prestidigitador sacó un conejo de la chistera.*

prestigiador, a Que da prestigio o buena fama. — adj.

prestigiar Dar una persona o un cosa prestigio o buena fama a otra: *sus títulos lo prestigian.* — v.tr. ≠ desprestigiar

prestigio (Del bajo lat. *praestigium* < lat. *praestigiae*, ilusiones.) Buena fama que disfruta una persona por sí misma o por su profesión: *sus investigaciones le han dado prestigio en el mundo de la ciencia.* — s.m. = crédito

prestigioso, a
1 Que tiene prestigio o buen fama: *es caro, pero de una marca prestigiosa.* — adj. = reputado
2 Que da prestigio o crédito: *conseguir un premio siempre es prestigioso.*

prestímano, a Persona que hace juegos de manos con habilidad. — s. = prestidigitador

prestimonio Préstamo [en todas sus acepciones]. — s.m.

prestiño (Del occitano ant. *prestinh*, panadería.) Pestiño, fruta de sartén. — s.m. COCINA

presto, a (Del bajo lat. *praestus*, pronto.)
1 Que está dispuesto o preparado para un fin: *presto al sacrificio; presto para la misión.* — adj. + a, para
2 Que hace las cosas con rapidez: *es un presto empleado; es muy presto en la respuesta.* — + en = diligente
3 Al instante, con prontitud: *cumple presto mis encargos.* — adv. = rápido

4 Con movimiento muy rápido. — MÚSICA
5 Composición o parte de ella con que se ejecuta este movimiento. — s.m. MÚSICA
6 **de presto**: Con presteza y rapidez. — loc.adv.

presumible Que puede ser previsto o supuesto: *dado su poco éxito, su futuro es presumible.* — adj. = predecible

presumido, a
1 Que presume o se muestra orgulloso: *siempre alardea de lo que sabe, es un presumido.* — adj/s. = fanfarrón
2 Que se arregla mucho y cuida su aspecto exterior: *es tan presumida que continuamente se mira en el espejo.* — = coqueto

presumir (Del lat. *praesumere*, tomar de antemano.)
1 Hacer ostentación de una cualidad o cosa: *Juan presume de inteligente.* — v.intr. = alardear
2 Cuidar una persona mucho su aspecto para resultar más atractiva.
3 Sospechar o conjeturar una cosa a partir de unas señales o indicios: *presumo que su negocio no va a durar mucho.* — v.tr. part.tb: presunto = suponer

presunción
1 Acción y resultado de presumir. — s.f.
2 Actitud del que está convencido de su valía o belleza y presume de ella: *me molesta su chulería y su presunción.* — ≠ sencillez
3 Idea u opinión que se supone o sospecha: *no puedo afirmarlo, sólo es una presunción.* — = conjetura
4 Cosa que se tiene como verdad por disposición de la ley. — DERECHO
5 **presunción de hecho y de derecho**: La de carácter absoluto o preceptivo, que no admite prueba en su contra. — DERECHO
6 **presunción de ley o de solo derecho**: La que se tiene como verdad por disposición legal y mientras no exista prueba en su contra. — DERECHO

presuntivo, a
1 Que puede ser presumido o sospechado. — adj.
2 Que está basado en una presunción o conjetura: *no puedes publicar una noticia presuntiva.* — = presunto

presunto, a (Part. pas. irreg. de *presumir*.) Que es supuesto pero no seguro: *han detenido al presunto asesino.* — adj.

presuntuosidad Modo de ser o comportarse el presuntuoso, o de quien pretende pasar por elegante o lujoso: *su presuntuosidad me saca de quicio.* — s.f. = ostentosidad

presuntuoso, a
1 Que tiene orgullo o presunción: *es inteligente, pero muy presuntuoso.* — adj/s. = vanidoso
2 Que pretende pasar por muy elegante o lujoso: *ha decorado su casa de modo presuntuoso.* — ≠ ostentoso ≠ sencillo

presuponer
1 Dar una cosa por sentada o cierta para pasar a tratar otra: *comprar los muebles presupone que ya hemos podido pagar el alquiler del piso.* — v.tr. conj: poner
2 Hacer el presupuesto de una cosa. — = presupuestar

presuposición
1 Causa o motivo supuesto de una cosa, que se toma como base para desarrollar un argumento o para obrar de una manera determinada: *basas tu razonamiento en una presuposición no demostrada.* — s.f. = supuesto
2 Cosa que se presupone: *no des por verdaderas sus presuposiciones.* — = suposición

presupuestar
1 Hacer un presupuesto. — v.tr.
2 Formar el cómputo de los gastos o ingresos, o de ambas cosas que resultan de un negocio público o privado.
3 Poner una partida en el presupuesto del estado o de una corporación.

presupuestario, a Que tiene relación con el presupuesto, en especial el del estado. — adj.

presupuesto
1 Cómputo anticipado del coste de una obra o de los gastos de una institución: *en el presupuesto debe incluirse un apartado de gastos.* — s.m. = estimación
2 Motivo o pretexto con que se ejecuta una cosa o se lleva a cabo un proyecto. — = causa
3 Suposición o supuesto: *no son sólidos los presupuestos en que basa su tesis.* — = conjetura
4 Cantidad de dinero calculado o destinado a una cosa: *el presupuesto para vacaciones es muy bajo este año.*
5 **presupuestos del estado**: Ley ordinaria que contiene la actividad económica nacional anual, que incluye todos los gastos e ingresos del sector público y consiguen los beneficios fiscales que afectan a los tributos del Estado. — ECONOMÍA
6 **presupuesto que**: En caso que suceda una cosa. — loc.conj.

presura (Del lat. *pressura*, acción de apretar.)
1 Modo de hacer las cosas con rapidez y agilidad: *siempre le sobra tiempo porque todo lo hace con presura.* — s.f. = apremio
2 Apuro o angustia: *su muerte me produjo una gran presura.* — = ansiedad
3 Afán o ahínco con que se hace una cosa: *pone mucha presura en su trabajo.* — = empeño

presurización Acción y resultado de presurizar o mantener constante la presión de un espacio cerrado. — s.f. FÍSICA

presurizar Mantener constante la presión de un espacio cerrado, independientemente de la del exterior. — v.tr./conj.: *cazar* FÍSICA

presurosamente Con prisa: *llegó presurosamente.* — adv.

presuroso, a Que hace las cosas con rapidez y ligereza: *es muy presurosa en las tareas domésticas.* — adj. = ligero, rápido

pretal Correa que rodea y ciñe el pecho de la cabalgadura. — s.m./EQUITACIÓN = petral

prêt-à-porter (Expresión francesa.) Ropa que se vende y se confecciona según unas medidas establecidas: *es más barato el prêt-à-porter que el diseño exclusivo.* — s.m. TEXTIL

pretencioso, a (Del fr. *prétentieux.*) Que pretende ser más de lo que es: *es tan pretencioso que ha embargado la casa para comprarse un coche de lujo.* — adj/s. tb: pretensioso = presuntuoso

pretender (Del lat. *praetendere,* tender por delante.)
1 Desear hacer o conseguir una cosa: *pretende comprarse ese abrigo tan caro.* — v.tr./part.tb: pretenso = procurar
2 Intentar aparentar una cosa que no es verdad: *pretende ser simpática conmigo, pero no lo consigue.* — = simular
3 Hacer gestiones para conseguir una cosa.
4 Hacer la corte a una persona para casarse con ella: *Juan pretende a María.* — = cortejar

pretendido, a Que es supuesto o imaginado: *no se cumplió su pretendido deseo de verle casado.* — adj.

pretendiente, a
1 Que pretende una cosa. — adj.
2 Que aspira al noviazgo o al matrimonio con otra persona: *de joven tuvo muchos pretendientes.* — adj/s. = cortejador
3 Aspirante a desempeñar un cargo público.

pretensión
1 Acción de aspirar a alguna cosa: *ya de niña mi pretensión era ser actriz.* — s.f. = propósito
2 Derecho que una persona considera que tiene sobre una cosa.
3 Presunción o vanidad: *desde que es famoso tiene mucha pretensión.* — = engreimiento
4 barajarle a una persona una pretensión: Ser causa de que se malogre. — coloquial
5 barajársele a una persona una pretensión: Malograrsele. — coloquial

pretensor, a Que pretende. — adj/s.

preter- Componente de palabra procedente del lat. *praeter,* que significa excepto, más allá de: *preternatural.* — pref.

preterición
1 Acción y resultado de preterir. — s.f.
2 Omisión en un testamento de los herederos forzosos según la ley. — DERECHO
3 Figura que consiste en aparentar que se quiere omitir o pasar por alto aquello mismo que se dice clara o encarecidamente. — RETÓRICA
4 Circunstancia en la filosofía antigua de no existir una cosa, pero haber existido. — FILOSOFÍA

preterintencional Que causa un mal superior al deseado o planeado. — adj. DERECHO

preterintencionalidad Condición del delito que produce un resultado más grave que el previsto o deseado por el delincuente. — s.f. DERECHO

preterir (Del lat. *praeterire,* pasar de largo.)
1 Dejar a una persona o una cosa fuera. — v.tr./conj.: *abolir*
2 No hacer mención de los herederos forzosos en un testamento. — DERECHO

pretérito, a (Del lat. *praeteritus.*)
1 Que ya ha pasado o sucedió: *vuelven a mí los pretéritos recuerdos de mi infancia.* — adj. = pasado
2 Se aplica al tiempo verbal que sirve para denotar la acción que ya ha sucedido. — adj/s.m. GRAMÁTICA
3 pretérito anterior: Tiempo que indica una acción acabada antes de otra también pasada. — GRAMÁTICA
4 pretérito imperfecto: Tiempo que indica haber sido presente la acción del verbo, coincidiendo con otra acción ya pasada. — GRAMÁTICA
5 pretérito indefinido: Pretérito perfecto simple. — GRAMÁTICA
6 pretérito perfecto: Tiempo que denota ser ya pasada la significación del verbo, y se divide en simple y compuesto. — GRAMÁTICA
7 pretérito pluscuamperfecto: Tiempo que enuncia que una cosa estaba ya hecha, o podía estarlo, cuando otra se hizo. — GRAMÁTICA

pretermisión (Del lat. *praeter,* excepto + *missio, -onis,* acción de enviar.)
1 Falta por haber dejado de hacer una cosa o por haberla hecho sin las debidas condiciones. — s.f. = omisión
2 Figura que consiste en aparentar que se quiere omitir o pasar por alto aquello mismo que se dice clara o encarecidamente. — RETÓRICA = preterición

pretermitir (Del lat. *praeter,* excepto + *mittere,* enviar.) Dejar a un lado una cosa. — v.tr. = omitir

preternatural Que excede las posibilidades de la naturaleza humana. — adj.

preternaturalizar Cambiar el estado natural de una cosa. — v.tr/prnl. conj.: *cazar*

pretexta (Del lat. *praetexta.*) Toga que usaban los magistrados romanos y los jóvenes nobles. — adj/s.f. HISTORIA

pretextar Decir o hacer una cosa como pretexto: *pretextó un mareo y se fue.* — v.tr. = asacar

pretexto (Del lat. *praetextus.*) Motivo o causa alegada y simulada para hacer una cosa o para excusarse por haberla hecho: *el mejor pretexto es decir que no te encuentras bien.* — s.m. = excusa, disculpa

pretil
1 Antepecho o barandilla de puentes y otros lugares, para evitar caídas: *no te abalances sobre el pretil.* — s.m. = baranda
2 Paseo a lo largo de este antepecho o barandilla. — = acitara

pretina
1 Cinta con una hebilla o un broche que se pone en la cintura para sujetar una prenda de vestir: *se sujetó la falda con una pretina.* — s.f. = cintura
2 Cintura, parte del cuerpo donde se ciñe esta cinta.
3 Parte de los calzones y otras ropas que se ciñe y ajusta a la cintura. — = trincha
4 Objeto que ciñe o rodea una cosa. — = cinto
5 meter o poner a una persona en pretina: Hacer que entre en razón. — coloquial

pretinazo Golpe dado con la pretina o cinturón: *le dio un pretinazo al caballo.* — s.m. = cinchazo

pretinero, a Fabricante de pretinas o cinturones. — s.

pretinilla Cinturón que usaban las mujeres, que solía estar adornado con piedras preciosas. — s.f.

pretónico, a Se aplica al elemento de la palabra que está antes de la sílaba tónica. — adj./LINGÜÍSTICA tb: protónico

pretor
I (Del lat. *praetor.*) Magistrado romano que ejercía jurisdicción en Roma o en las provincias. — s.m. HISTORIA
II (Derivado del ant. *prieto,* negro.) Negrura de las aguas en los lugares donde abundan los atunes. — s.m. PESCA

pretoría Dignidad de pretor o magistrado romano. — s.f./HISTORIA

pretorial Del pretor, magistrado romano. — adj./HISTORIA

pretorianismo Influencia política abusiva de algún grupo militar en un gobierno. — s.m. HISTORIA, MILITAR

pretoriano, a
1 Del pretor o magistrado romano. — adj./HISTORIA
2 Se aplica al soldado que era miembro de la guardia de los emperadores romanos. — HISTORIA

pretoriense Del pretorio. — adj./HISTORIA

pretorio, a
1 Del pretor o magistrado romano. — adj./HISTORIA
2 Palacio donde habitaban y juzgaban las causas los pretores romanos o los presidentes de las provincias. — s.m. HISTORIA

pretura Dignidad, empleo o cargo de pretor en la antigua Roma. — s.f/HISTORIA tb: pretoría

preuniversitario, a Se aplica a la enseñanza preparatoria para el ingreso en la universidad y al alumno que la cursa: *estoy en el curso preuniversitario.* — adj/s.

prevalecer (Del lat. *praevalere.*)
1 Tener una persona o una cosa superioridad o ventaja sobre: *la justicia prevalecerá sobre la injusticia.* — v.intr/conj.: *carecer* + sobre
2 Continuar vigente o existiendo: *las tradiciones siempre prevalecerán.*
3 Conseguir una cosa en oposición a otras.
4 Echar las plantas o las semillas raíces y desarrollarse.
5 Crecer una cosa no material.

prevaler
1 Imponerse o dominar una cosa sobre otras: *tu posición prevale sobre la de tu jefe.* — v.intr/conj.: *valer* = prevalecer
2 Echar las plantas o las semillas raíces y desarrollarse. — = prevalecer
3 Crecer y aumentar una cosa: *en la zona prevale la pobreza.* — = prevalecer
4 Obtener provecho de una cosa con malicia o astucia: *se prevale de su autoridad.* — v.prnl. + de

prevaricación Acción y resultado de prevaricar. — s.f.

prevaricador, a
1 Que prevarica. — adj/s.
2 Que incita a una o más personas a faltar a sus obligaciones laborales o religiosas.

prevaricar (Del lat. *praevaricari,* andar mal.)
1 Hacer un empleado público una cosa contraria a la justicia en las resoluciones propias de su cargo, conscientemente o por ignorancia inexcusable. — v.intr. conj.: *sacar*
2 Cometer el crimen de prevaricato. — DERECHO
3 Cometer una persona una falta leve en el ejercicio de sus deberes.
4 Estar una persona loca y decir desatinos. — coloquial

prevaricato
1 Incumplimiento malicioso, o por ignorancia culpable, de las funciones públicas que se desempeñan. — s.m. DERECHO

2 Injusticia dolosa o culpable cometida por un juez o magistrado. DERECHO

prevención
1 Acción y resultado de prevenir. s.f.
2 Medida tomada para evitar un riesgo: *las prevenciones al hacer fuego son muy importantes.* = precaución
3 Recelo o idea preconcebida que se tiene contra una persona o cosa. = prejuicio
4 Provisión de mantenimiento o de otra cosa que sirve para un fin. = previsión
5 Puesto de policía donde se lleva preventivamente a quien ha cometido supuestamente un delito.
6 Guardia de un cuartel. MILITAR
7 Lugar donde se halla el puesto de guardia de un cuartel. MILITAR
8 Conocimiento de un juez sobre una causa, con exclusión de otros igualmente competentes, por haberse anticipado a ellos. DERECHO
9 a o de prevención: Por si acaso. loc.adv.

prevenidamente De antemano, con prevención. adv.

prevenido, a
1 Que se previene o toma precauciones: *si fueras prevenido habrías cogido el paraguas.* adj. = previsor
2 Que está avisado de lo que va a pasar o preparado para ello. = advertido
3 Que es abundante o está lleno: *tenemos la despensa bien prevenida de provisiones.* = provisto

prevenir (Del lat. *praevenire.*)
1 Preparar y disponer una cosa para un fin: *lo previno todo para la boda.* v.tr. conj: venir
2 Tomar precauciones para evitar un daño: *para prevenir la gripe lo mejor es vacunarse.* = precaver
3 Dar información a una persona sobre una cosa: *él ya me previno de tu mal humor.* = informar
4 Inclinar el ánimo de una persona a favor o en contra de otra persona o una cosa: *tus palabras agresivas ya me previnieron sobre la conducta del jefe.* = predisponer
5 Conocer la proximidad de un daño o un peligro con anticipación.
6 Vencer una dificultad o inconveniente. = superar
7 Realizar un juzgado las diligencias preparatorias más urgentes en un juicio. DERECHO
8 Hacer un juzgado las diligencias necesarias para proteger los bienes de una persona del resultado de un juicio. DERECHO
9 Prepararse para una cosa con anticipación: *se previno de su ira; se prevenía para evitar peligros; Luis se previno contra el riesgo.* v.prnl. + de, para, contra = protegerse
10 Preparar el ánimo a favor o en contra de una persona o de una cosa: *se previno en tu contra.*
11 prevenírsele algo a alguien: Venir una cosa a la mente de una persona. coloquial

preventivo, a Que previene o trata de evitar un daño o peligro: *tomo un medicamento preventivo para las alergias primaverales.* adj. = profiláctico

preventorio Hospital donde se previene el desarrollo o propagación de algunas enfermedades, en especial la tuberculosis. s.m. MEDICINA

prever (Del lat. *praevidere.*)
1 Pensar en la posibilidad de que ocurra una cosa y prepararse para ella: *preví que esta noche haría frío y por eso llevo el abrigo.* v.tr. conj: ver = prevenir
2 Percibir una persona por anticipado una cosa que va a ocurrir: *él ya había previsto el terremoto.* = predecir, presentir

previamente Con antelación: *previamente habrán elegido un representante.* adv.

previdencia
1 Facultad de prever o adivinar una cosa que todavía no ha sucedido: *hay quien cree en la previdencia del brujo.* s.f.
2 Visión o conocimiento anticipados de una cosa.

previdente Que prevé o conoce con anticipación una cosa. adj/s.

previo, a (Del lat. *praevius.*)
1 Que sucede primero o va delante de otra cosa: *el ensayo previo al estreno fue un desastre.* adj. = anterior
2 Técnica que consiste en reproducir un sonido grabado con anterioridad, por lo general canciones, al que un actor procura seguir con mímica. s.m. AUDIOVISUALES

previsible Que puede ser previsto o conjeturado: *su violenta reacción era previsible.* adj. ≠ imprevisible

previsión
1 Acción y resultado de prever. s.f./= predicción
2 Cosa planeada o proyectada: *en mis previsiones no entraba que tú no vinieras.* = proyecto
3 Cálculo realizado con antelación: *la previsión de gastos está elevada de lo que me esperaba.* = presupuesto

previsor, a Que prevé o prepara las cosas con antelación: *siempre lleva un paraguas porque es muy previsor.* adj/s. = prevenido

prez Honor, estima o consideración que se adquiere o gana con una acción meritoria. s.f./pl: preces = fama

priapismo (Del gr. *priapismós < Priapos*, dios de la fecundación.) Erección continua del pene, dolorosa y sin deseo sexual. s.m. MEDICINA

prietamente De forma apretada. adv.

prieto, a
1 Que está muy apretado: *necesito otra talla porque este pantalón me va muy prieto.* adj. = estrecho
2 De color muy oscuro o negro.
3 Que es tacaño: *no seas tan prieto y págame la cena.* = codicioso
4 Que está muy moreno. adj/s./Méx.

prima
I (Derivado de *primo.*)
1 Primera de las cuatro partes iguales en que los romanos dividían el día artificial, y comprendía desde el principio de la primera hora temporal, a la salida del Sol, hasta el fin de la tercera, a media mañana. s.f. HISTORIA
2 Una de las siete horas canónicas, la primera de las menores, cantada o rezada después de laudes. RELIGIÓN
3 Primera de las cuerdas de algunos instrumentos musicales, más delgada que las demás y la que produce un sonido muy agudo. MÚSICA
4 Halcón hembra adiestrada, en cetrería. CAZA
5 Primero de los cuartos en que para los centinelas se dividía la noche, y comprendía desde las ocho a las once. HISTORIA
II (Del fr. *prime < ingl. premium < lat. praemium*, botín.)
1 Cantidad extra de dinero que se da a una persona a modo de recompensa, estímulo o agradecimiento: *cobró el sueldo más una prima.* s.f. = plus
2 Cuota pagada por el asegurado al asegurador: *he de pagar la prima del seguro.*
3 Cantidad que en ciertas operaciones de bolsa se compromete el comprador a pagar al vendedor en caso de rescisión del contrato. ECONOMÍA
4 Premio concedido, la mayoría de las veces por el gobierno, a fin de estimular operaciones o empresas que se reputan de conveniencia pública o que interesan al que lo concede. ECONOMÍA
5 Cantidad pagada por el traspaso de un derecho o una cosa además de su valor en venta. ECONOMÍA

primacía
1 Importancia o superioridad de una persona o cosa con respecto a otras: *pesa más su opinión por la primacía de su cargo.* s.f. = preeminencia
2 Cargo o dignidad de primado. RELIGIÓN

primacial
1 Del primado. adj.
2 De la primacía.

primada Acción propia de una persona incauta, que se deja engañar con facilidad. s.f. coloquial

primado, a (Del lat. *primatus*, primacía.)
1 Que tiene relación con el primero de los obispos y arzobispos de un país o de una región: *silla primada; iglesia primada.* adj. RELIGIÓN
2 Prelado con jurisdicción o precedencia especial sobre los arzobispos y obispos de un país o de una región. s.m. RELIGIÓN
3 Ventaja o superioridad que una cosa tiene con respecto a otras de su especie. = primacía

prima donna (Expresión italiana.) Cantante femenina de ópera que interpreta los primeros papeles: *aplaudimos la interpretación final de la prima donna.* s.f. MÚSICA

prima facie (Expresión latina.) A primera vista. loc.adv.

primal
1 Se aplica a la oveja o cabra que pasa de un año pero no llega a dos. adj/s.
2 Cordón o trenza de seda. s.m.

primar
I (Derivado de *primo < lat. primus.*) Ser una cosa más importante que otra: *la seguridad prima sobre la libertad en muchos países.* v.intr. = predominar
II (Derivado de *prima < fr. prime.*) Pagar o conceder una prima o recompensa a una persona: *han primado a los trabajadores más eficientes.* v.tr. = gratificar

primariamente
1 Principal o fundamentalmente. adv.
2 En primer lugar.

primario, a (Del lat. *primarius*, de primera fila.)
1 Que es primero o principal en orden o grado: *sólo tiene los conocimientos primarios.* adj.
2 Que es poco inteligente o culto: *Sus reacciones son propias de una persona primaria.* = primitivo
3 Se aplica a la primera enseñanza básica. adj/s.f.
4 Se refiere a la era o período que sigue al arcaico y es el segundo de la historia de la tierra. GEOLOGÍA
5 Se aplica al terreno o al fósil que pertenece a esta era geológica. adj. GEOLOGÍA
6 Se refiere a los colores que al combinarse forman todos los demás: *el rojo, el amarillo y el azul son los colores primarios.*
7 Se aplica al circuito o al transformador que sirven de paso a la corriente inductora. ELECTRICIDAD

8 Se aplica a las personas cuyas reacciones son rápi- · SICOLOGÍA
das, de corta duración y poco profundas, se asocian · = secundario
al comportamiento extravertido.

primate (Del lat. *primas, -atis.*)
1 Perteneciente a un orden de mamíferos caracteriza- · adj/s.m.
dos por tener cinco dedos con uñas planas en las ex- · ZOOLOGÍA
tremidades, y el dedo pulgar oponible a los demás al
menos en las extremidades superiores y cerebro muy
desarrollado.
2 Persona muy importante, distinguida o sobresalien- · s.m.
te en una cosa. · = prócer

primavera (Del lat. vulgar *prima vera* < lat. *primo* · = tonto, panoli
vere, al principio de la primavera.) · adj/s.m.f.
1 Se aplica a la persona que es simple y fácil de engañar: *le toman el pelo porque es muy primavera.*
2 Estación del año que, astronómicamente, principia · s.f.
en el equinoccio del mismo nombre y termina en el
solsticio de verano.
3 Época templada del año, correspondiente en el hemisferio boreal a los meses de marzo, abril y mayo,
y en el austral a los meses de septiembre, octubre y
noviembre.
4 Planta herbácea perenne, de hojas ovales o lanceo- · BOTÁNICA
ladas y con el margen dentado, flores amarillas, situadas en tallos desnudos, que crece en sitios húmedos y sombríos. *(Prímula.)*
5 Cada año que ha cumplido una persona que aún es · = abril
joven: *María tiene quince primaveras.*
6 Tiempo en que una persona o una cosa está en su · = flor,
mayor hermosura y vigor: *Juan y María están en la pri-* · plenitud
mavera de su amor.
7 Cualquier cosa vistosa y de hermoso colorido. · = sol
8 Tejido de seda estampado o matizado de flores · TEXTIL
multicolores.

primaveral De la primavera: *con el tiempo primaveral* · adj.
apetece salir a pasear.

primazgo
1 Parentesco que tienen los primos entre sí. · s.m.
2 Dignidad o empleo de primado. · = primacía

primearse Darse tratamiento de primos el rey y los · v.prnl.
grandes, o éstos entre sí. · HISTORIA

primer Apócope de primero, se usa antepuesto al · adj.num.
sustantivo: *cobro el primer día de cada mes.*

primera
1 Juego de naipes en que las cartas tienen otros valo- · s.f.
res que no son los suyos, se reparten cuatro a cada · JUEGOS
jugador y se gana con el flux.
2 Bazas seguidas que un jugador hace al principio de · s.f.pl.
la partida. · JUEGOS
3 Velocidad más corta de un automóvil: *pon la prime-* · MECÁNICA
ra para subir esta cuesta.

primeramente Antes de todo, para empezar: *prime-* · adv.
ramente comprobaremos el carburante.

primeridad Superioridad de una cosa o de una per- · s.f.
sona dentro de su especie. · = supremacía

primeriza Se aplica a la mujer o a la hembra de ma- · adj.
mífero que pare por primera vez. · = primípara

primerizo, a Que hace por vez primera una cosa: *se* · adj/s.
nota que es primerizo porque se equivoca con frecuencia. · = principiante

primero, a (Del lat. *primarius,* de primera fila.)
1 Que precede en orden a todos los demás: *vamos a* · adj.num/s.
la primera planta; es *el primero de la fila.* · ≠ último
2 Que antecede en tiempo o gradación: *vive su prime-* · = inicial
ra juventud. · ≠ final
3 Que es el mejor entre los de su especie: *es la prime-* · = principal
ra bailarina; vende productos de primera calidad. · ≠ último
4 Que se considera fundamental o de la mayor im- · adj./= primordial,
portancia: *su primera preocupación son sus hijos; lo pri-* · principal
mero es encontrar casa.
5 Antes de todo o de otra cosa: *primero jugaré, des-* · adv./= antes
pués saldré. · ≠ luego
6 Antes de, mejor gana: *primero lo regalaré que ven-*
derlo.
7 a la primera o a las primeras de cambio: A la pri- · loc.adv.
mera oportunidad, de repente.
8 a primera vista: 1. En apariencia: *A primera vista* · loc.adv.
había unas mil personas. 2. Desde el primer momento,
con sólo ver: *se gustaron a primera vista.*
9 a primeros: En los primeros días del período de · loc.adv.
tiempo expresado: *vendrá a primeros de abril; hacen re-*
bajas a primeros de año.
10 de buenas a primeras: De repente: *Me dijo de* · loc.adv.
buenas a primeras que se iba y se fue.
11 de primera: Excelente, sobresaliente: *vive en un* · loc.adj/adv.
piso de primera; viste de primera. · coloquial
12 de primera necesidad: Se aplica a los artículos o · loc.adj.
servicios precisos para el desarrollo normal de la
vida: *aumentan los precios de los productos de pri-*
mera necesidad.
13 de primero: Antes o al principio: *si lo hubieras di-* · loc.adv.
cho de primero, tendría solución.
14 no ser el primero: Se usa para excusar la acción

de una persona, dando a entender que otras también
lo han hecho: *no soy la primera que hago nudismo.*
15 venir algo de primera: Ser muy conveniente una · coloquial
cosa en un momento determinado.

prime time (Expresión inglesa.) Franja horaria de · s.m.
mayor audiencia, que es la más apreciada por los · AUDIOVISUALES
anunciantes, en televisión.

primevo, a (Del lat. *primaevus* < *primus,* primero + · adj.
aevum, edad.) Se aplica a la persona que tiene más
edad que otra u otras.

primicerio, a
1 Se aplica a la persona que es primera o superior a · adj.
las demás en su línea.
2 Persona que en algunas iglesias catedrales o cole- · s.m.
giales dirige o gobierna el coro. · = chantre

primichón Madeja pequeña de seda torcida usada · s.m.
para bordados de imaginería.

primicia (Del lat. *primitia.*)
1 Primer resultado o producto de una cosa. · s.f.
2 Primera noticia que un periodista obtiene sobre un
hecho o suceso: *tiene la primicia de la boda del torero.*
3 Tributo en frutos y animales que, además del diez- · RELIGIÓN
mo, se daba a la iglesia.
4 Primeros efectos producidos por una cosa inmate- · s.m.pl.
rial.
5 en primicia: Por primera vez, antes que nadie: *en* · loc.adv.
primicia les informamos de la disolución del gobierno.

primicial Que pertenece a las primicias. · adj.

primiciero
1 Persona que se encargaba de cobrar las primicias o · s.m.
prestaciones que se daban a la iglesia. · RELIGIÓN
2 Local donde se guardaba lo recogido con las primicias o tributos.

primiclerio, a Persona que en algunas iglesias cate- · s.m./RELIGIÓN
drales o colegiales dirige o gobierna el coro. · = chantre

primigenio, a (Del lat. *primus,* primero + gr. *genos,* · adj.
origen.) Que tiene relación con el origen o el princi- · = originario
pio de una cosa: *se desconoce la causa primigenia de la*
enfermedad.

primilla Perdón de la primera culpa o falta que se co- · s.f.
mete.

primípara (Del lat. *primipara* < *primus,* primero + *pa-* · s.f.
rere, parir.) Mujer que pare por primera vez. · = primeriza

primípilo Centurión de mayor graduación, en las le- · s.m.
giones romanas. · HISTORIA

primitivamente
1 Al principio, en el origen: *el Universo era, primitiva-* · adv.
mente, una gran esfera gaseosa.
2 De manera primitiva o poco desarrollada: *cocían*
primitivamente los alimentos en hornos antiguos.

primitivismo
1 Modo de ser o de comportarse los pueblos de los · s.m.
primeros tiempos de la historia.
2 Cualidad de rudo o tosco: *tu primitivismo aleja a las*
mujeres.
3 Carácter peculiar del arte o literatura primitivos.

primitivo, a (Del lat. *primitivus.*)
1 Que tiene relación con el origen o inicio de la his- · adj.
toria de una cosa: *se conserva el manuscrito primitivo.* · = originario
2 Que no procede de otra cosa o es primero en su lí- · adj/s.m.
nea: *verdad primitiva; el primitivo concepto.* · ≠ derivado
3 Que pertenece a la edad o a la población de las pri- · adj/s.
meras épocas de la historia: *el hombre primitivo fabrica-* · = prehistórico
ba sus propias herramientas.
4 Se aplica al pueblo que presenta un retraso en su · adj/s.m.
desarrollo respecto a las sociedades industriales. · ≠ moderno
5 Que es tosco y rudimentario: *es un hombre de pue-* · = elemental
blo, con reacciones primitivas.
6 Se aplica al pintor y a la obra artística que pertene- · ARTE
ce a la edad media: *los primitivos del Museo del Prado.*
7 Se refiere a la palabra que sirve de base a los deri- · GRAMÁTICA
vados.
8 Se aplica a la lotería española en que se sacan seis · adj/s.f.
números entre cuarenta y nueve y se premian los
aciertos.

primo, a
I (Del lat. *primus,* primero.)
1 Que es el primero, el mejor o el principal entre · adj.
otros de su categoría: *se exporta la materia prima.*
2 Se aplica a la persona incauta que se deja engañar: · adj/s.
es tan primo que se lo cree todo. · coloquial
3 Tratamiento que daba el rey a los grandes de Espa- · s.m.f.
ña en cartas y documentos oficiales. · HISTORIA
4 Se refiere al número entero que sólo es divisible · adj/s.m.
por uno y por sí mismo. · MATEMÁTICAS
5 hacer el primo: Dejarse engañar con facilidad. · coloquial
II (Del lat. *consobrinus primus,* primo primero.)
1 Hijo o hija del tío o tía de una persona: *tengo nueve* · s.
primos porque mi madre tenía varios hermanos.
2 primo carnal o hermano: Hijo o hija de los tíos
carnales o hermanos de los padres de una persona.
3 primo segundo: Hijo o hija de los tíos segundos de
una persona.

4 ser algo primo hermano de otra cosa: Ser semejante o muy parecido a una cosa: *esos dos coches son primos hermanos.* — *coloquial*

primogénito, a Se aplica al hijo o la hija que nace el primero: *el primogénito heredó la finca.* — *adj/s.*

primogenitor, a Padres o ascendientes de una persona. — *s.m.*

primogenitura Dignidad, prerrogativa o derecho del hijo o la hija que nace primero de una familia. — *s.f. = progenitura*

primor (Del lat. *primores*, cosas de primer orden.)
1 Habilidad y cuidado en la realización de una cosa: *hace su trabajo con primor.* — *s.m. = esmero*
2 Cosa realizada con esa habilidad y cuidado: *este tapete es un primor.*
3 Persona de buenas cualidades: *cásate con ella, es un primor.* — *= encanto*
4 **que es un primor:** Se usa para enfatizar alguna cosa: *tu abuela cose que es un primor.* — *loc.adv.*

primordial (Del lat. *primordiālis*.) Que es esencial o fundamental: *lo primordial es vivir; el medio ambiente es una cuestión primordial para nuestro futuro.* — *adj. = básico ≠ secundario*

primorear Hacer una persona primores o cosas realizadas con habilidad y cuidado: *cuando toca la flauta primorea.* — *v.intr.*

primoroso, a
1 Cosa hecha con primor, delicadeza y perfección: *presentó un trabajo primoroso.* — *adj. ≠ descuidado*
2 Que hace las cosas con primor o perfección. — *= esmerado*

prímula Primavera, planta herbácea vivaz. — *s.f./BOTÁNICA*

primuláceo, a Perteneciente a una familia de plantas angiospermas dicotiledóneas, herbáceas, de hoja radical o sobre el tallo, flores hermafroditas regulares y fruto en cápsula. — *adj/s.f. BOTÁNICA*

princeps (Del lat. *princeps*, el primero.) Se aplica a la primera edición de una obra: *tengo un ejemplar de la edición princeps.* — *adj/s.f. = príncipe*

princesa (Del fr. *princesse*.)
1 Título que se otorga a la mujer que se casa con un príncipe: *el príncipe acudió acompañado de la princesa.* — *s.f.*
2 Mujer que tiene la soberanía sobre un Estado que tiene el título de principado: *el pueblo recibió calurosamente a la princesa.*
3 Título que en España se concede a la hija del rey que es la inmediata sucesora al trono.
4 Apelativo amoroso o amable para dirigirse a una mujer o a una niña: *¡hola princesa!, ¿cómo te ha ido hoy en el colegio?* — *coloquial = reina*
5 **princesa de Asturias:** La hija del rey heredera al trono.

principada Acción abusiva y arbitraria cometida por una autoridad. — *s.f./coloquial = alcaldada*

principado
1 Título o dignidad de príncipe. — *s.m.*
2 Territorio que está sujeto a la protestad de un príncipe. — *POLÍTICA*
3 Ventaja o superioridad con que una cosa excede en alguna calidad a otra con la cual se compara. — *= primacía*
4 Ángeles o espíritus celestes que forman el séptimo coro. — *s.m.pl. TEOLOGÍA*

principal
1 Que ocupa el primer lugar en estimación o importancia y destaca sobre el resto: *es el actor principal de la película; el tema principal de la novela es el amor.* — *adj. = fundamental ≠ accesorio*
2 Se aplica al piso que en los edificios se halla sobre el bajo o el entresuelo: *vivo en el principal.* — *adj/s.m.*
3 Se refiere a la oración o proposición de la que dependen las proposiciones subordinadas. — *adj/s.f. GRAMÁTICA*
4 Se aplica a la primera edición de un libro. — *= princeps*
5 Jefe de un comercio, fábrica o almacén: *el almacén era gestionado por el principal.* — *s.m. = encargado*
6 Capital de una obligación o censo, en oposición a rédito, pensión o canon.
7 Persona que da poder a otra para que le represente. — *DERECHO*
8 Cuerpo de guardia, en las plazas de armas, encargado de ayudar a las providencias de policía o de justicia, y de comunicar diariamente la orden y el santo a los demás puestos de guardia de la guarnición.

principalidad Situación de lo que es primero y más importante respecto a otras cosas que se expresan. — *s.f./= primacía, supremacía*

principalmente En especial, con preferencia: *el castillo servía, principalmente, como defensa ante los corsarios.* — *adv.*

príncipe (Del lat. *princeps, -cipis < primus*, primero + *caput*, cabeza.)
1 Hijo primogénito del rey y heredero de la corona: *el príncipe acudió en representación de su padre.* — *s.m.*
2 Persona de la familia real o imperial.
3 Título de honor que dan los reyes.
4 Persona o cosa que tiene cualidades excelentes entre las de su clase.
5 Cría de abeja reina que aún no está en estado de procrear.
6 Se aplica a la primera edición de una obra literaria. — *adj/s.f.*

7 príncipe azul: Hombre ideal soñado o esperado por una mujer.
8 príncipe de Asturias: Título que en España se da al hijo del rey, heredero de la corona.
9 príncipe de la sangre: El que era de la familia real de Francia y podía suceder en el reino. — *HISTORIA*
10 príncipe de las tinieblas: Satanás, encarnación del mal.
11 príncipe heredero: El que está destinado a suceder al rey.
12 portarse una persona como un príncipe: Tratarse con fausto y magnificencia o tener rasgos y acciones de tal. — *coloquial*

principela Tela de lana, semejante a la lamparilla pero más fina, usada antiguamente para vestidos de mujer y capas de hombres. — *s.f. TEXTIL*

principesco, a (Del ital. *principesco*.) Del príncipe o de la princesa: *se están haciendo reformas en la zona principesca de palacio.* — *adj.*

principiador, a Que principia. — *adj/s.*

principianta Aprendiza de cualquier arte, oficio o actividad. — *s.f.*

principiante
1 Que principia. — *adj.*
2 Que empieza a estudiar o a ejercer un oficio u otra actividad y es todavía inexperto: *es normal que cometa errores porque es principiante.* — *adj/s. = aprendiz*

principiar
1 Dar principio a una cosa: *el curso ya ha principiado; ordenó principiar la reunión.* — *v.tr/intr. = empezar*
2 Tener una cosa su origen de un modo o en un lugar determinado: *el libro principia con unas palabras del autor.* — *v.intr. + con, por = empezar*

principio (Del lat. *principium*.)
1 Primer instante del ser de una persona o cosa: *conocemos el principio de nuestra vida, pero no el fin.* — *s.m. ≠ fin, final*
2 Punto considerado como primero en una cosa: *quedamos en el principio de la calle; sólo me he leído el principio de la novela.* — *= inicio ≠ fin, final*
3 Base, origen o causa de una cosa: *los celos fueron el principio de sus problemas matrimoniales.* — *= motivo, razón*
4 Idea fundamental sobre la que se basa una teoría o a partir de la cual se puede formular un razonamiento: *Kant formuló el principio de determinabilidad.* — *= presupuesto*
5 Cada uno de los componentes de un cuerpo. — *= constituyente*
6 Pauta moral por la que se rige el comportamiento o la conducta: *mis principios me impiden aceptar colaborar en un negocio ilícito; principio ético.*
7 Todo lo que precede al texto principal de un libro, cuando se ha de imprimir. — *s.m.pl. ARTES GRÁFICAS*
8 Nociones básicas o primeros conocimientos de las artes o las ciencias: *conozco los principios de la física.* — *= fundamentos*
9 **principio activo:** Sustancia contenida en un fármaco o preparado, por obra de la cual ésta adquiere su peculiar propiedad medicinal. — *MEDICINA*
10 **principio de contradicción:** Enunciado lógico y metafísico que consiste en decir que es imposible que una cosa sea y no sea al mismo tiempo. — *FILOSOFÍA*
11 **principio de derecho:** Norma no legal supletoria de ella y constituida por doctrina o aforismos que gozan de general y constante aceptación de jurisconsultos y tribunales. — *DERECHO*
12 **principio inmediato:** Sustancia orgánica de composición definida, que entra en la constitución de los seres vivos o de alguno de sus órganos. — *QUÍMICA*
13 **a los principios o al principio:** Al empezar una cosa: *al principio parecía una película de risa.* — *loc.adv.*
14 **a principios de:** En los primeros días del período de tiempo indicado: *vendré a principios de mes.* — *loc.prep.*
15 **del principio al fin:** Por completo. — *loc.adv.*
16 **desde un principio:** Desde los comienzos o el inicio: *desde un principio pensé que era estúpida.* — *loc.adv.*
17 **en principio:** En un primer momento, sin pensar una cosa o analizarla: *en principio quedamos a las ocho.* — *loc.adv.*
18 **por principios:** Según las propias ideas o consideraciones morales: *no comparto las ideas racistas por principios.* — *loc.adv.*
19 **tener, tomar o traer principio de una cosa:** Proceder o provenir una cosa de otra.

principote Persona que hace ostentación de una clase superior a la suya: *es un principote, en verdad no es tan rico como dice.* — *s.m. coloquial despectivo*

pringada Rebanada de pan untada con grasa animal o vegetal. — *s.f. = pampringada*

pringado, a Se aplica a la persona a la que todo le sale mal o que está en una mala situación de la que no sabe escaparse: *es un pobre pringado al que siempre le tocan los trabajos más duros.* — *adj/s.*

pringar (Del lat. vulgar *pendicare < lat. pendere*, colgar.)
1 Empapar pan u otro alimento de pringue: *pringó unos trozos de pan.* — *v.tr. conj: pagar*
2 Manchar a una persona o una cosa con una sustancia grasa: *se pringó con el aceite del coche.* — *+ con, de = ensuciar*

3 Echar pringue hirviendo a una persona como castigo. — HISTORIA = lardear

4 Causar una herida sangrante a una persona. — coloquial

5 Intervenir una persona en un asunto del que intenta sacar provecho: *Pedro pringó durante el verano en los chanchullos de Juan.* — = sacar tajada

6 Hacer perder el crédito o la honra a una persona: *le pringó con aquella sarta de mentiras.* — coloquial = denigrar, infamar

7 Sacar una persona beneficio de un negocio indebidamente: *tuvo mucha vista y se pringó con el asunto de la ropa.* — v.prnl. coloquial

8 Intervenir una persona en un negocio ilegal: *se pringó en la organización de las timbas del barrio.* — coloquial = implicarse

9 Hacer intervenir a una persona en un asunto: *lo pringó en el traslado de los muebles.* — v.tr. coloquial

10 Trabajar una persona mucho o en malas condiciones: *todos se van y a mí me toca pringar.* — v.intr. coloquial

11 Contagiar'a una persona una enfermedad venérea o adquirirla al mantener relaciones sexuales. — v.tr/intr. *Chile*

12 pringar una persona en todo: Intervenir una persona en varios negocios a la vez. — coloquial

13 pringarla: Cometer un error con consecuencias desfavorables: *otra vez la has pringado, eres un desastre.* — coloquial

pringón, a
1 Que está muy sucio o pringoso: *no dejes estos trapos pringones sobre la mesa.* — adj. = guarro
2 Acción de mancharse con pringue. — s.m.
3 Mancha de pringue o grasa: *no consigo sacar este pringón del delantal.* — = lamparón

pringoso, a
1 Que es pegajoso y ensucia mucho: *este tinte para el pelo es muy pringoso.* — adj. = grasiento
2 Que está sucio de grasa o de otra cosa pegajosa: *no me toques, estás pringoso.* — = grasiento

pringote Mezcla de la carne, el tocino y el chorizo del cocido. — COCINA

pringue
1 Grasa que suelta el tocino u otro alimento al freírlo o asarlo. — s.m/f.
2 Suciedad que se pega a la ropa o a otra cosa: *las paredes de la cocina están llenas de pringue.* — = mugre
3 Cosa fastidiosa que al hacerla produce suciedad o desorden: *es un pringue tener que ordenar el desván.* — coloquial

prionodonte Especie de armadillo fósil de gran tamaño. — s.m. ZOOLOGÍA

prior (Del lat. *prior*, superior.)
1 Que antecede o precede a una cosa. — adj.
2 Superior o prelado ordinario de un convento, en algunas religiones: *el prior ofició la misa.* — s.m. RELIGIÓN
3 Segundo prelado, después del abad, en algunas religiones. — RELIGIÓN
4 Superior de un convento de canónigos regulares y de las órdenes militares. — RELIGIÓN
5 Dignidad que hay en algunas iglesias catedrales. — RELIGIÓN
6 Párroco o cura de algunos obispados. — RELIGIÓN
7 Jefe de un consulado que entiende de asuntos de comercio. — POLÍTICA
8 gran prior: Dignidad superior a las demás de cada lengua, en la orden de San Juan. — RELIGIÓN

priora
1 Prelada de algunos conventos de religiosas. — s.f./RELIGIÓN
2 Segunda prelada que, en algunas religiones, tiene el gobierno y mando después de la superiora. — RELIGIÓN

prioral Del prior o la priora. — adj./RELIGIÓN

priorato
I (Derivado de *prior*.)
1 Oficio, dignidad o empleo de prior o priora. — s.m./RELIGIÓN
2 Distrito o territorio que está bajo la jurisdicción de un prior. — RELIGIÓN
3 Casa en que habitan algunos monjes pertenecientes a un monasterio principal bajo el gobierno de un prior. — RELIGIÓN
II (De la comarca catalana del *Priorat*.) Vino tinto procedente de esta comarca catalana. — s.m.

priorazgo Dignidad de prior o priora. — s.m.

prioridad
1 Anterioridad de una cosa respecto de otra, en importancia, en el tiempo o en el espacio: *tus asuntos tienen prioridad.* — s.f. = preferencia
2 Cosa que debe ser considerada o hecha antes que otra: *una de mis prioridades es comprarme un coche.*
3 Característica utilizada en multiprogramación y que se asigna a una tarea, para determinar el orden en el que ésta se ejecutan. — INFORMÁTICA
4 prioridad de naturaleza: Anterioridad o preferencia de una cosa respecto a otra precisamente en cuanto a causa suya, aunque existan en un mismo instante de tiempo. — FILOSOFÍA
5 prioridad de origen: La que se considera en aquellas personas de la Trinidad que son principio de otra u otras que de ellas proceden. — TEOLOGÍA

prioritario, a Que tiene prioridad o primacía sobre otra cosa: *solucionar tus problemas es una cuestión prioritaria.* — adj. ≠ secundario

prioste (Del fr. ant. *prevost*.) Mayordomo de una hermandad o cofradía. — s.m.

prisa (Del ant. *priessa* < lat. *pressa*, aprieta.)
1 Rapidez con que sucede o se hace una cosa: *el trabajo hecho con prisa sale mal.* — s.f. ≠ lentitud
2 Estado o necesidad de una persona que debe hacer una cosa de forma inmediata o rápida: *hazlo pronto que hay prisa.* — = urgencia
3 Gran afluencia de gente en un determinado lugar para obtener una cosa. — = gentío
4 Acumulación grande de cosas por hacer.
5 andar una persona de prisa: No tener suficiente tiempo una persona para cumplir con sus obligaciones o sus deberes. — coloquial
6 a prisa: Con rapidez o celeridad: *voy corriendo y a prisa porque pierdo el tren.* — loc.adv.
7 a toda prisa: Con la mayor rapidez posible: *fuimos a toda prisa para que no nos pillara la tormenta.* — loc.adv.
8 correr prisa una cosa: Ser muy urgente o necesaria una cosa: *haz rápido la carta que corre prisa.* — coloquial
9 dar prisa: Obligar a una persona a hacer una cosa con rapidez y brevedad. — coloquial
10 dar prisa un cosa: Correr prisa. — coloquial
11 darse prisa una persona: Hacer una cosa con rapidez: *date prisa que llegamos tarde.* — coloquial
12 de prisa: Con rapidez: *se vistió de prisa y se fue.* — loc.adv.
13 de prisa y corriendo: Con rapidez y de manera descuidada. — loc.adv.
14 estar una persona de prisa: Tener que hacer una persona varias cosas con urgencia y rapidez. — coloquial
15 meter una persona prisa: Hacer que una persona haga las cosas con brevedad y rapidez: *no me metas prisa que me pones nervioso.* — coloquial
16 tener una persona prisa: Tener que hacer una persona las cosas con urgencia y rapidez.

priscal Lugar en el campo donde se recogen los ganados por la noche. — s.m.

priscilianismo (De *Prisciliano*, prelado.) Doctrina religiosa de dicho prelado español del siglo IV, que defendía puntos comunes con el agnosticismo y el maniqueísmo. — s.m. RELIGIÓN

priscilianista Que profesa el priscilianismo. — adj/s.m.f./RELIGIÓN

prisciliano, a (De *Prisciliano*, prelado.)
1 De este prelado español del siglo IV, o del priscilianismo. — adj. RELIGIÓN
2 Que profesa el priscilianismo. — RELIGIÓN

prisco (Del lat. *persicum* < *persicum malum*, fruta de Persia.)
1 Albérchigo, planta arbórea. — s.m./BOTÁNICA
2 Fruto de este árbol. — BOTÁNICA

prisión (Del lat. *prehensio, -onis*, acción de coger.)
1 Cárcel o lugar donde se encierra a los detenidos o condenados por un delito: *pagará su delito en la prisión.* — s.f. = penal, presidio
2 Acción de prender, en cetrería, o coger.
3 Presa que hace el halcón volando a poca altura, en cetrería. — CAZA
4 Pena de privación de libertad, inferior a la reclusión y superior a la de arresto: *fue condenado a cuatro años de prisión.* — DERECHO
5 Estado del que está preso o prisionero. — = encarcelamiento
6 Atadura con que están sujetas las aves de caza, en cetrería. — CAZA
7 Situación o lugar en que una persona se siente encerrada: *vivir en un internado fue la prisión de mi infancia.*
8 Lo que une estrechamente las voluntades y sentimientos. — = cárcel
9 Grillos, cadenas o cualquier otra cosa con que se sujeta a los prisioneros: *le quitaron las prisiones de las muñecas.* — s.f.pl.
10 prisión de estado: Cárcel donde se encierran los reos del estado.
11 prisión mayor: La que dura desde seis años y un día hasta doce años. — DERECHO
12 prisión menor: La de seis meses y un día a seis años. — DERECHO
13 prisión preventiva: La que sufre el acusado durante la celebración del juicio. — DERECHO
14 reducir a una persona a prisión: Encarcelar a una persona. — DERECHO

prisionero, a
1 Persona que en la guerra cae en poder del enemigo: *durante el combate fue hecho prisionero.* — s. = preso, cautivo
2 Persona que está presa, en especial la que lo está por causas que no son delito.
3 Persona que se siente incapaz de superar un sentimiento violento o pasión: *es prisionero de su amor.* — + de = esclavo
4 prisionero de guerra: El que se entrega al vencedor precediendo capitulación. — MILITAR, POLÍTICA

prisma (Del lat. *prisma* < gr. *prisma, -atos*.)
1 Cuerpo geométrico de dos bases poligonales iguales y paralelas que tienen entre ellas tantas caras rectangulares como lados tenga cada base. — s.m. GEOMETRÍA

2 Cuerpo geométrico triangular de cristal que se utiliza para producir la reflexión, la refracción o la descomposición de la luz. — ÓPTICA

3 Concepto o parecer que se tiene de una cosa: *con respecto a la política, Luis tiene un prisma propio.* — = perspectiva

4 prisma cenit: Sistema óptico cuyo principal elemento es un prisma de reflexión adaptable al ocular astronómico para facilitar las observaciones cenitales. — ASTRONOMÍA

5 prisma objetivo: El de poco ángulo y mucho diámetro, que se coloca delante del objetivo de un anteojo para observar muchos espectros a la vez. — ASTRONOMÍA

prismático, a
1 Que tiene forma de prisma. — adj.
2 Anteojo en cuya estructura entra algún prisma. — s.m.
3 Instrumento óptico que permite ver objetos que se encuentran lejanos: *con los prismáticos verás mejor el campanario del pueblo.* — s.m.pl. = gemelos

priste (Del gr. *prístis*.) Pez sierra, pez condrictio. — s.m./ZOOLOGÍA

prístino, a (Del lat. *pristinus*.) Que tiene la misma pureza o perfección que tenía en su origen: *ha sido reconstruido en su prístina forma.* — adj. = original, primitivo

prisuelo Bozal que se pone a los hurones para que no puedan chupar la sangre a los conejos que apresan. — s.m. CAZA

pritaneo Edificio público donde se mantenía el fuego sagrado de las ciudades griegas. — s.m. HISTORIA

priva Bebida alcohólica: *está mal de salud porque le da mucho a la priva.* — s.f. argot

privacidad Carácter de lo privado o íntimo: *unos fotógrafos violaron la privacidad del artista.* — s.f. = intimidad

privación
1 Acción de quitar o prohibir una cosa a una persona: *privación de libertad.* — s.f. = prohibición
2 Falta o carencia de alguna cosa: *durante la guerra pasamos muchas privaciones.* — = escasez
3 Ausencia de una cosa deseada.
4 Pena por la que se desposee a una persona de su empleo, derecho o dignidad. — DERECHO

privada
1 Retrete o excusado donde se efectúan las necesidades fisiológicas. — s.f.
2 Plasta grande de suciedad o excremento en lugar visible.

privadamente
1 En particular: *no se invitó privadamente a nadie.* — adv.
2 Sin público, en privado: *lo festejamos privadamente.* — = familiarmente

privadero, a Persona que limpia los pozos negros o fosas sépticas. — s. = pocero

privado, a
1 Que carece de alguna cosa: *a raíz del accidente, quedó privado de la vista.* — adj. + de
2 Que es particular y personal de cada uno: *hablaré de mi trabajo, pero no de mi vida privada.* — = íntimo ≠ público
3 Que se ejecuta a vista de pocos, sin formalidad ni ceremonia: *la boda fue una fiesta privada, sin periodistas.* — = íntimo
4 Que está reservado a una sola persona o a un grupo selecto y escogido: *si no eres socio no puedes entrar porque es un club privado.* — ≠ público
5 Que pertenece a un particular y no al estado: *es partidario de la propiedad privada.* — ≠ público
6 Que está bebido o borracho. — = ebrio
7 Local o compartimiento, en especial de un lugar público, donde se puede estar a solas. — s.m./Méx. = reservado
8 Persona que tiene privanza.
9 en privado: En la intimidad: *la reunión se celebró en privado.* — loc.adv.

privanza Preferencia en el favor y confianza de un príncipe, alto personaje u otra persona. — s.f. = valimiento

privar (Del lat. *privare*, apartar.)
1 Quitar una cosa a su poseedor: *privó a una sustancia de su aroma; una lesión cerebral lo privó del habla.* — v.tr. + de/= despojar
2 Prohibir una cosa a una persona: *privó a su madre de dulces.* — + de = vedar
3 Quitar un empleo o un cargo a una persona: *privó a su secretaria de su ascenso.* — + de = destituir
4 Dejar una cosa sin sentido a una persona: *se privó al ver el desastre.* — v.tr/prnl. = aturdir
5 Gustar mucho una cosa a una persona: *le priva mucho la música africana.* — v.intr. = encantar
6 Estar una persona o una cosa de moda: *este verano privan los colores pastel.* — = llevarse
7 Beber una persona demasiado, en especial bebidas alcohólicas: *no prives tanto o te emborracharás.* — argot
8 Dejar o renunciar a una cosa de forma voluntaria: *se privó de vacaciones para acabar el trabajo.* — v.prnl./+ de = abstenerse
9 Tener una persona influencia con otra. — v.intr.

privatista Especialista en derecho privado. — s.m.f./DERECHO

privativo, a
1 Que implica privación: *le han impuesto un régimen privativo.* — adj.

2 Que es propio y exclusivo de una persona o cosa: *tú no puedes decidirlo, es una competencia privativa del gerente.* — = exclusivo ≠ general

privatización Cesión o transferencia de bienes o servicios del sector público al privado. — s.f. ECONOMÍA

privatizar Pasar una actividad o un bien del sector público al sector privado: *han privatizado la explotación de los bosques.* — v.tr. conj: *cazar* ECONOMÍA

privilegiado, a
1 Que disfruta de un privilegio. — adj.
2 Que disfruta de una situación jurídica, social o económica muy favorables: *no todos podemos vivir como tú, eres un privilegiado.* — adj/s. = acomodado
3 Que tiene unas características positivas y exclusivas: *sabe que es un jugador privilegiado; vive en un lugar privilegiado.* — = extraordinario

privilegiar Dar privilegios o ventajas a una persona o cosa. — v.tr. = beneficiar

privilegiativo, a Que implica privilegio o ventaja. — adj.

privilegio (Del lat. *privilegium*.)
1 Derecho, ventaja o exención excepcional concedida a una persona o colectividad: *es un privilegio poder vivir con tanto lujo.* — s.m. = prebenda
2 Circunstancia o hecho que satisface o gusta a una persona: *es un privilegio para todos contar con tu presencia.* — = honor, placer
3 Documento en que consta la concesión de un privilegio o exención. — DERECHO
4 privilegio convencional: El concedido mediante pacto con el beneficiario. — DERECHO
5 privilegio de introducción: Patente para un procedimiento industrial o una fabricación recién implantada en un país. — DERECHO
6 privilegio de invención: Patente para el aprovechamiento exclusivo, durante cierto tiempo, de una producción o procedimiento industrial nuevo o no conocido. — DERECHO
7 privilegio del canon: El concedido a clérigos y religiosos, en virtud del cual todo aquel que obre violentamente contra ellos incurrirá en pena de excomunión. — RELIGIÓN
8 privilegio del fuero: El concedido a los eclesiásticos para ser juzgados por sus propios tribunales. — RELIGIÓN
9 privilegio favorable: El que favorece al beneficiario sin perjudicar a nadie. — DERECHO
10 privilegio gracioso: El concedido sin tener en cuenta para ello los méritos del beneficiario. — DERECHO
11 privilegio local: El que se concede a un lugar determinado, fuera de cuyos límites no se extiende. — DERECHO
12 privilegio odioso: El que perjudica a terceros. — DERECHO
13 privilegio personal: El concedido a una persona, sin pasar a sus sucesores. — DERECHO
14 privilegio real: El que va unido a la posesión de algo o al ejercicio de un cargo. — DERECHO
15 privilegio remuneratorio: El concedido como premio a una acción meritoria.
16 privilegio rodado: El que se expedía con el signo rodado.

pro (Del lat. vulgar *prode* < lat. *prodes*, es útil.)
1 Utilidad o beneficio de una cosa: *siempre ve el pro de las cosas porque es muy optimista.* — s.m.f. = provecho
2 buena pro: Expresión con que se saludaba al que estaba comiendo o bebiendo o con que se finalizaba o remataba un contrato o un acuerdo.
3 de pro: De provecho: *se ha casado con un hombre de pro.* — loc.adj.
4 el pro y el contra: Expresión con la que se alude a los aspectos favorables y desfavorables de algún asunto o cuestión: *antes de aceptar piensa en los pros y los contras de su propuesta.*
5 en pro de: En favor de: *estoy en pro del fin de los ataques aéreos.* — loc.prep.
6 pro alguien o algo: En favor de una persona o cosa: *colabora de forma desinteresada en una campaña pro minusválidos.* — loc.adj.

pro- Componente de palabra procedente del lat. *pro*, que significa delante de, en vez de, a favor de: *pronombre.* — pref.

proa (Del lat. *prora* < gr. *prora*.)
1 Parte delantera de una embarcación con la que se corta el agua: *ya se divisa la proa de la nave.* — s.f. NÁUTICA
2 Parte delantera de ciertos vehículos: *la cabina está en la proa del avión.*
3 poner la proa a alguien: Ponerse en contra de él. — coloquial
4 poner la proa a una cosa: Proponérselo como objetivo. — coloquial
5 poner proa a un sitio: Dirigirse a él. — coloquial

proal De la proa. — adj.

probabilidad
1 Calidad de probable, que puede suceder o que se puede hacer: *no descartamos la probabilidad de precipitaciones.* — s.f. = posibilidad
2 Verosimilitud o fundada apariencia de verdad.

3 Cálculo de la posibilidad de un suceso aleatorio. — MATEMÁTICAS

probabilismo Doctrina teológica que defiende que — s.m.
en la calificación moral de las acciones humanas se — TEOLOGÍA
puede seguir, de forma lícita y segura, la opinión probable, en contraposición de la más probable.

probabilista Que profesa el probabilismo. — adj./s.m.f.

probable
1 Que se puede prever que ocurra: *su fracaso escolar* — adj.
era probable; es probable que nieve. — = posible
2 Que puede ser probado o demostrado: *una coartada* — = verificable
sólo es válida si es probable. — ≠ indemostrable
3 Que puede ser tomado por verdadero antes que
falso: *me lo creo porque es probable que reaccionara así.*

probación
1 Acción y resultado de probar: *antes de comprarlo lo* — s.f.
sometió a varias probaciones. — = prueba
2 Prueba de vocación que se les hace a los novicios — RELIGIÓN
durante un período mínimo de un año en las órdenes
religiosas.

probado, a
1 Que ha sido experimentado con éxito: *la eficacia de* — adj.
la vacuna es un hecho probado.
2 Que ha sido acreditado como verdad en los autos. — DERECHO
3 Se aplica a la persona que ha soportado muchas
adversidades o penalidades.

probador, a
1 Que prueba. — adj./s.
2 Habitación pequeña en una tienda o taller de cos- — s.m.
tura en la que los clientes se prueban las prendas: *me*
miré en el espejo del probador para ver qué tal me sentaba
el traje.

probadura Acción de probar: *invitaron a una probadu-* — s.f.
ra de vinos.

probanza
1 Averiguación jurídica de una cosa. — s.f./DERECHO
2 Conjunto de pruebas que demuestran una verdad o
un hecho.

probar (Del lat. *probare.*)
1 Examinar las cualidades de una persona o una — v.tr.
cosa: *prueba la máquina antes de comprarla.* — conj: contar
2 Examinar si una cosa se ajusta a otra: *se probó el* — v.tr/prnl.
traje que le había hecho el sastre.
3 Tomar una pequeña cantidad de una comida o una — v.tr.
bebida para apreciar su sabor: *probaré la sopa para ver* — = catar
si le falta sal; si no lo pruebas no sabrás si te gusta.
4 Tomar una comida o una bebida: *hace meses que no* — = ingerir
pruebo el chocolate.
5 Hacer patente la certeza de un hecho o la verdad — = demostrar,
de una afirmación: *el abogado pudo probar la inocencia* — evidenciar
del acusado.
6 Ser una cosa señal de otra: *su nerviosismo probaba* — = demostrar
que él sabía algo del asunto.
7 Empezar una acción para saber si es posible reali- — v.intr.
zarla: *probó a arreglar el reloj, pero no pudo; prueba a* — + a
andar sin las muletas. — = intentar, procurar

probática Se aplica a la piscina que había en Jerusa- — adj.
lén y que servía para lavar y purificar las reses desti- — RELIGIÓN
nadas a los sacrificios.

probativo, a Que sirve para probar o demostrar una — adj.
cosa: *el abogado necesita argumentos probatorios para tu* — = probatorio
defensa.

probatoria Plazo que concede el juez para efectuar — s.f.
las pruebas y presentarlas. — DERECHO

probatorio, a
1 Que prueba o demuestra una cosa: *el abogado pre-* — adj.
sentó unas cartas probatorias de su participación en el de- — = probativo
lito.
2 Se aplica al plazo de tiempo que el juez señala para — DERECHO
proponer y hacer las probanzas.

probatura Puesta en práctica de una cosa para pro- — s.f./coloquial
bar su buen funcionamiento. — = prueba

probeta
1 Tubo de cristal, cerrado por un extremo, que se usa — s.f.
en laboratorios para contener líquidos y gases.
2 Manómetro de mercurio o instrumento para medir — FÍSICA
gases, de poca altura, que se usaba para determinar
la presión del gas en la máquina neumática.
3 Recipiente rectangular de poco fondo que se usa en — FOTOGRAFÍA,
operaciones de fotografía o químicas. — QUÍMICA
4 Máquina que se usaba para probar la fuerza explosiva de la pólvora.
5 Se aplica al niño o bebé que ha sido concebido me- — adj.
diante una técnica de laboratorio que consiste en la
implantación de un óvulo fecundado en el útero materno.
6 probeta graduada: La que tiene señales para medir
volúmenes.

probidad (Del lat. *probitas, -atis.*) Característica de las — s.f.
personas probas u honradas: *durante años demostró su* — = honradez
probidez en el trabajo.

problema (Del lat. *problema* < gr. *problema*, propuesta.)
1 Cuestión que se trata de aclarar o resolver: *hemos* — s.m.
de encontrar una solución al problema. — = enigma

2 Hecho o circunstancia que dificulta la consecución — = inconveniente,
de un fin: *el problema está en que no hay plazas en el* — obstáculo
avión.
3 Cuestión que plantea la resolución de un dato o — MATEMÁTICAS
datos desconocidos a partir de otros conocidos: *no sé*
hacer los problemas de matemáticas.
4 Situación perjudicial, delicada o difícil: *muchas ma-* — = aprieto
dres viven en su propia casa el problema de la droga.
5 Dificultades de una actividad determinada o en relaciones afectivas: *se separaron porque tenían proble-*
mas.
6 Disgusto, preocupación: *sus hijos sólo le dan proble-* — = pena
mas. — ≠ satisfacción
7 problema determinado: Aquel que tiene un nú- — MATEMÁTICAS
mero fijo de soluciones.
8 problema indeterminado: Aquel que tiene un nú- — MATEMÁTICAS
mero indefinido de soluciones.

problemática Conjunto de problemas de una ciencia — s.f.
o actividad determinada: *nos explicó la problemática*
que genera pedir un permiso de residencia.

problemático, a
1 Que causa problemas o complicaciones: *pasó su in-* — adj.
fancia en un reformatorio porque era un chaval problemá- — = conflictivo
tico. — ≠ fácil
2 Que plantea problemas o dudas: *la legalización de* — = dudoso
las drogas es una cuestión problemática. — ≠ seguro

problematismo Carácter de las cosas o asuntos que — s.m.
suscitan o que provocan problemas.

probo, a (Del lat. *probus*, virtuoso.) Que es honrado e — adj.
íntegro: *demostró ser un probo funcionario.* — = honesto, decente

probóscide (Del lat. *proboscis, -idis* < gr. *proboskis*, — s.f.
hocico.) Prolongación tubular de la nariz o de la boca — ZOOLOGÍA
de algunos animales, en especial de algunos insectos
y del elefante.

proboscidio, a (Del lat. *proboscis, -idis,* < gr. *probos-* — adj/s.m.
kis, hocico.) Perteneciente a un orden de mamíferos — ZOOLOGÍA
ungulados provistos de una trompa prensil, como el
elefante.

procacidad
1 Acto o dicho procaz o desvergonzado: *fue una pro-* — s.f.
cacidad preguntarle por su amante. — = atrevimiento
2 Modo de ser o comportarse la persona procaz o — = atrevimiento,
desvergonzada: *su procacidad llega a unos límites incon-* — desvergüenza
cebibles.

procaína Anestésico local de síntesis. — s.f./QUÍMICA

procariota Organismo con organización celular pro- — s.m.
cariótica. — BIOLOGÍA

procariótico, a Se aplica a la célula en la que el nú- — adj.
cleo no está totalmente separado del citoplasma, pro- — BIOLOGÍA
pia de las bacterias y de las esquizofíceas.

procaz (Del lat. *procax, -acis*, imprudente.) Que falta — adj.
al respeto por su atrevimiento: *es muy procaz en sus* — pl: procaces
comentarios. — = desvergonzado

procedencia
1 Origen o principio de una persona o cosa: *todavía* — s.f.
se desconoce la procedencia del virus.
2 Punto de donde procede un vehículo o una perso- — = origen
na: *el tren con procedencia de Burgos entra por la vía uno.*
3 Conformidad con la moral, la razón o el derecho.
4 Fundamento legal y oportunidad de una demanda, — DERECHO
petición o recurso.

procedente
1 Que procede de una cosa, persona o lugar, o tiene — adj.
su origen en ello: *comemos naranjas procedentes de Is-* — = originario
rael.
2 Que es correcto o adecuado para el fin que se per- — ≠ improcedente
sigue: *no me parece procedente llamarla a estas horas.*
3 Que es conforme a lo establecido o resulta razonable: *llegaron a un acuerdo procedente.*

proceder (Del lat. *procedere*, adelantar.)
1 Modo de comportarse: *no me parece correcto su pro-* — s.m./= actitud,
ceder en este asunto. — comportamiento
2 Tener una cosa su origen en otra: *el vino procede de* — v.intr.
la uva.
3 Tener su origen una persona o cosa en un determinado lugar: *toda su familia procede de Italia.*
4 Tener un medio de transporte su punto de partida — + de
en un lugar: *el avión procede de Manchester.* — = venir
5 Obrar de determinada manera: *has procedido de la* — = actuar
mejor forma posible.
6 Empezar a hacer una cosa después de haberla pre- — + a
parado o consultado: *procedamos a dictar el veredicto*
final.
7 Ser una cosa efecto de otra: *su mal humor procede de* — + de
tu comportamiento.
8 Ser una cosa conforme a lo dispuesto en una ley o
reglamento: *según las normas lo que procede es la expul-*
sión.
9 Ir personas o cosas en fila.
10 Tener su origen el hijo en el padre y el espíritu — TEOLOGÍA
santo en ambos.
11 proceder contra una persona: Iniciar o seguir un — DERECHO
procedimiento criminal contra una persona.

procedimiento
1 Acción de proceder — s.m.
2 Método o medio para hacer algunas cosas: *me ense-* — = sistema
ñó el procedimiento más fácil.
3 Actuación por trámites judiciales o administrativos. — DERECHO
4 **procedimiento contradictorio:** El que permite im- — DERECHO
pugnar lo que en él se presente.

procela (Del lat. *procella.*) Tormenta, borrasca. — s.f./literario

proceleusmático Pie de la poesía griega y latina, — s.m.
formado por dos pirriquios. — POESÍA

proceloso, a (Del lat. *procellosus.*) Se aplica al mar — adj.
cuando está borrascoso, tormentoso o tempestuoso. — literario

prócer (Del lat. *procer.*)
1 Que ocupa una posición social elevada. — adj./= magnate
2 Persona de primera distinción constituida en alta — s.m.
dignidad. — = prohombre
3 Persona que, por derecho propio o nombramiento — HISTORIA
del rey, formaba parte, bajo el régimen del Estatuto
Real, del estamento a que daban nombre.

procerato Dignidad de prócer. — s.m.

procero, a Que es eminente, elevado o alto. — adj./tb: prócero

proceroso, a (Del lat. *procerus, -a, -um.*) Que es alto, — adj.
corpulento y de gran peso.

procesado, a
1 Se aplica al escrito y letra del proceso. — adj./DERECHO
2 Se refiere a la persona que está declarada y tratada — adj/s.
como presunto reo en un proceso criminal. — DERECHO

procesador Dispositivo electrónico capaz de proce- — s.m.
sar informaciones recorriendo un programa escrito en — INFORMÁTICA
su lenguaje máquina: *el procesador de textos pagina de*
forma automática el texto escrito.

procesal
1 Que tiene relación con el proceso: *te toca pagar las* — adj.
costas procesales. — DERECHO
2 Se aplica al derecho relativo a los procedimientos — DERECHO
civiles y criminales.

procesamiento Acción de procesar. — s.m.

procesar
1 Formar autos y procesos. — v.tr.
2 Declarar y tratar a una persona como presunto reo — DERECHO
de delito.
3 Someter una cosa a un proceso de elaboración o — TECNOLOGÍA
transformación.
4 Someter datos a un programa específico o ejecutar — INFORMÁTICA
instrucciones o una aplicación.

procesión (Del lat. *processio, -onis.*)
1 Marcha conjunta y ordenada de varias personas — s.f.
con un fin público o religioso: *en Semana Santa se ce-*
lebran procesiones muy populares.
2 Fila de personas o animales que van de un lugar a — coloquial
otro: *una procesión de turistas seguía al guía por el mu-* — = hilera
seo.
3 Acción de proceder una cosa de otra.
4 Acción eterna con que el Padre produce al verbo, y — TEOLOGÍA
acción con que estas dos personas producen al espíritu santo.
5 **ir o andar la procesión por dentro:** Aparentar un — coloquial
estado de ánimo sereno mientras interiormente se
experimenta un sentimiento contrario.
6 **repicar y estar en la procesión:** Dedicar la aten- — coloquial
ción a varios asuntos.

procesional
1 De la procesión. — adj.
2 Que está ordenado en forma de procesión.

procesionaria Oruga de color marrón que se agrupa — s.f.
formando largas hileras para ir hacia los árboles, de — ZOOLOGÍA
cuyas hojas se alimentan y a los que causa grandes
estragos. *(Thaumetopoea.)*

procesionario Se refiere al libro que contiene los — adj/s.m,
cánticos de las procesiones. — RELIGIÓN

proceso (Del lat. *processus.*)
1 Desarrollo o curso que sigue una cosa en su reali- — s.m.
zación: *controla el proceso de fabricación de los medica-* — = procedimiento
mentos.
2 Conjunto de fases sucesivas de un fenómeno natu- — = evolución
ral o una operación artificial: *la enfermedad sigue su*
proceso normal.
3 Transcurso de un determinado tiempo: *en el proceso* — = intervalo
de un mes han sucedido muchas cosas.
4 Unidad de software de un sistema formado por un — INFORMÁTICA
conjunto de subprogramas o rutinas anidadas unas
en otras.
5 Juicio o causa criminal. — DERECHO
6 Conjunto de los escritos de cualquier causa crimi- — DERECHO
nal o civil.
7 **proceso en infinito:** Acción de seguir una serie de
cosas que no tiene fin.
8 **fulminar el proceso:** Hacerlo y sustanciarlo hasta — DERECHO
ponerlo en estado de sentencia.
9 **vestir el proceso:** Formarlo con todas las diligen- — DERECHO
cias y solemnidades requeridas por derecho.

procidencia
1 Salida al exterior de alguna estructura interna del — s.f.
organismo. — MEDICINA
2 Salida previa de alguna estructura del feto o anexos — MEDICINA
por delante de la presentación.

proclama
1 Alocución política o militar, ya sea oral o escrita: — s.f.
hizo una proclama para pedir la asistencia del pueblo a — = arenga
las urnas.
2 Amonestación matrimonial u otro tipo de notifica- — = aviso
ción pública.

proclamación
1 Publicación solemne de un decreto, bando o ley. — s.f.
2 Ceremonia pública para celebrar el comienzo de un — = coronación
nuevo reinado: *televisaron la proclamación del nuevo*
monarca.
3 Alabanza pública que se hace de una persona. — = panegírico

proclamar (Del lat. *proclamare.*)
1 Decir una cosa públicamente: *proclamó que se casa-* — v.tr./= anunciar,
ba por amor. — divulgar
2 Anunciar el principio del reinado de una persona
de forma pública y solemne.
3 Dar una multitud gritos en honor de una persona: — = aclamar
los aficionados proclamaban el nombre del vencedor.
4 Dar varias personas un cargo, un título o un califi- — = elegir,
cativo a una persona o una cosa: *la proclamaron miss* — nombrar
universo.
5 Dar una persona o una cosa muestras de algo: *su* — = revelar
vestido estampado proclama que ya ha superado la muerte
del esposo.
6 Declararse una persona poseedora de un cargo, tí- — v.prnl.
tulo o mérito.

proclisis (Del gr. *proklino,* inclinarse hacia adelante.) — s.f./pl: proclisis
Unión, en la acentuación y en la entonación, de un — LINGÜÍSTICA
monosílabo átono a la palabra que le sigue. — ≠ enclisis

proclítico, a Se aplica a la palabra sin acento prosó- — adj./LINGÜÍSTICA
dico que se une en la frase a la palabra siguiente. — ≠ enclítico

proclive (Del lat. *pro,* delante de + *clivus,* cuesta.)
1 Que es propenso a hacer una cosa censurable: *es*
proclive a sufrir insomnio.
2 Que está inclinado hacia adelante o hacia abajo. — adj.

proclividad Calidad de proclive. — s.f.

procomunal Cosa que es de utilidad pública. — s.m/= procomún

procónsul Gobernador en la antigua Roma de una — s.m.
provincia con jurisdicción e insignias consulares. — HISTORIA

proconsulado
1 Oficio, dignidad o cargo de procónsul — s.m./HISTORIA
2 Tiempo que duraba el mandato de un procónsul. — HISTORIA

proconsular Del procónsul o del proconsulado. — adj./HISTORIA

procordado, a Perteneciente a un tipo de animales — adj/s.m.
próximo a los vertebrados inferiores, que carecen de — ZOOLOGÍA
encéfalo y tienen el sistema nervioso central reducido a un cordón.

procrastinación Acción y resultado de procrastinar — s.f.
o retrasar la realización de una cosa. — = aplazamiento

procrastinar Dejar una cosa para hacerla más tarde: — v.tr.
el juez procrastinó la sesión. — = aplazar

procreación Reproducción natural de las personas o — s.f.
de los animales: *están intentando la procreación de este* — = generación
mono en cautividad.

procreador, a Que procrea. — adj/s.

procrear (Del lat. *procreare.*) Producir las personas o — v.tr.
los animales otros seres de su misma especie. — = engendrar

proct- Componente de palabra procedente del gr. — pref.
proktos, que significa ano: *proctología.* — tb: procto-

proctalgia Dolor en el ano. — s.f./MEDICINA

proctología (Del gr. *proktos,* ano + *logos,* ciencia.) — s.f.
Parte de la medicina que estudia las enfermedades — MEDICINA
del recto.

proctológico, a De la proctología. — adj./MEDICINA

proctólogo, a Médico especialista del ano y recto. — s./MEDICINA

proctoscopia Inspección visual del conducto anal y — s.f./MEDICINA
del recto. — = rectoscopia

proctoscopio (Del gr. *proktos,* ano + *skopeo,* obser- — s.m./MEDICINA
var.) Instrumento usado para explorar el recto. — = rectoscopio

procura
1 Acción y resultado de procurar. — s.f.
2 Cargo de procurador.
3 Oficina del procurador. — = procuración
4 Cuidado asiduo en los negocios. — = procuración
5 **en procura:** Con la intención de procurarse una — loc.adv.
cosa. — Amér.

procuración
1 Diligencia y cuidado con que se maneja un negocio — s.f.
o una empresa. — = procura
2 Poder dado por una persona a otra para que haga — DERECHO
una cosa en su nombre: *el director me concedió la pro-* — = delegación
curación en este asunto.
3 Oficio o cargo de procurador.

4 Oficina del procurador. = procura
5 Contribución que un prelado exige de las iglesias que RELIGIÓN
visita, para gastos de hospedaje y mantenimiento.

procurador, a
1 Que procura. adj/s.
2 Persona que actúa en nombre de otra que le ha s.m.
concedido poder para hacerlo. = delegado
3 Persona que ante los tribunales actúa en represen- DERECHO
tación de cada interesado en un juicio.
4 Persona encargada de los asuntos económicos de
una casa o comunidad.
5 Persona encargada de la administración de un con- RELIGIÓN
vento.
6 procurador de pobres: Persona que se mezcla o coloquial
introduce en negocios o dependencias en que no tiene interés alguno.

procuraduría
1 Oficina del procurador. s.f.
2 Cargo o empleo de procurador. = procura

procurar (Del lat. *procurare*.)
1 Hacer gestiones o esfuerzos para conseguir una v.tr.
cosa: *procura dormir; procura que no se note.* = intentar
2 Proporcionar una cosa a una persona: *se procuraba* v.tr/prnl.
todos los caprichos. = suministrar
3 Ejercer una persona el oficio de procurador.

procurrente Gran extensión de tierra que se adentra s.m.
en el mar formando una península. GEOGRAFÍA

prodición (Del lat. *prodere*, traicionar.) Acto propio s.f.
de un proditor o traidor: *nunca le perdonaré esta prodi-* = felonía
ción.

prodigalidad
1 Modo de comportarse el pródigo, derrochador o s.f.
generoso: *ahora que eres rico mide tu prodigalidad.* = generosidad
2 Abundancia de una cosa: *en el banquete dominó la* = exceso
prodigalidad de la comida. ≠ escasez

prodigar
1 Gastar una cosa con generosidad: *prodiga su fortuna* v.tr/conj: pagar
en caprichos y tonterías. = derrochar
2 Dar una cosa en abundancia: *prodiga sus donaciones* = colmar
a organizaciones benéficas.
3 Dar elogios, favores o consejos con generosidad: v.tr/prnl.
estaba pesadísimo prodigando consejos estúpidos; se pro- = sembrar
diga en elogios.
4 Mostrarse una persona en público de forma excesi- v.prnl.
va: *se prodiga por las fiestas privadas.* = lucirse

prodigio (Del lat. *prodigium*, milagro.)
1 Hecho o fenómeno que excede los límites regulares s.m.
de la naturaleza: *que saliera ileso del accidente fue un* = maravilla
auténtico prodigio.
2 Persona o cosa muy destacada por sus cualidades o = portento
capacidades: *su hermano es un prodigio haciendo proble-*
mas de matemáticas.
3 Acto del poder divino superior al orden natural. = milagro

prodigiosidad Carácter extraordinario de las cosas, s.f.
personas y acciones que no pueden explicarse por = portentosidad
causas naturales: *el historiador destacó la prodigiosidad*
de la hazaña.

prodigioso, a (Del lat. *prodigiosus*.)
1 Que causa admiración por ser extraordinario: *con-* adj.
templamos la prodigiosa belleza de la escultura; tiene una = maravilloso
memoria prodigiosa. ≠ corriente
2 Que no se explica por causas naturales: *nunca olvi-* = milagro
daré el prodigioso suceso; esperaban la aparición prodi- ≠ normal
giosa.

pródigo, a (Del lat. *prodigus*.)
1 Que malgasta: *no le queda nada de la herencia porque* adj/s./= derrochador
es muy pródigo con el dinero. ≠ ahorrador
2 Que se comporta con generosidad y desinterés: *con* adj.
sus amigos es muy pródigo en favores. = generoso
3 Que produce muchos bienes: *la naturaleza es pródi-* = dadivoso
ga con el hombre.

pro domo sua (Expresión latina.) Indica que en una loc.adv.
alegación se aboga por la propia causa.

prodrómico, a Del pródromo o malestar previo a la adj.
declaración de una enfermedad: *el paciente se encuen-* MEDICINA
tra en un estado prodrómico.

pródromo (Del gr. *prodromos*, que precede.) Malestar s.m.
que precede a la declaración de una enfermedad. MEDICINA

producción
1 Acción y resultado de producir. s.f.
2 Cosa producida por una empresa o persona: *la pro-* = producto
ducción de esta sección ha disminuido.
3 Acto o manera de producirse una cosa. = creación
4 Conjunto de productos de la tierra o la industria.
5 Realización material de una película de cine o una AUDIOVISUALES,
obra de teatro, en una realización discográfica o de CINE, TEATRO
un programa de radio o televisión.
6 producción en serie: Proceso de fabricación auto- INDUSTRIA
matizada de un producto en grandes cantidades.

producibilidad Posibilidad de ser producido: *algunos* s.f.
químicos dudan sobre la producibilidad de este compuesto. th: productibilidad

producible Que se puede producir: *no es producible* adj.
con este presupuesto. th: productible

producidor, a Productor [en todas sus acepciones]. adj/s.

producir (Del lat. *producere*, criar.)
1 Generar un ser vivo otro a partir de sí mismo. v.tr/conj: conducir
2 Dar la tierra o los árboles fruto: *el peral produce* = fructificar
peras.
3 Dar una cosa beneficios: *este negocio produce grandes* = rendir
cantidades de dinero.
4 Hacer un producto industrial: *esta fábrica produce* = fabricar
mil coches a la semana.
5 Causar una cosa un estado de ánimo o un estado = ocasionar,
físico: *tu actuación me produce tristeza.* provocar
6 Hacer un trabajo artístico: *este año ha producido dos* = crear
novelas.
7 Realizar, aportando el dinero necesario, una pelícu- AUDIOVISUALES,
la de cine o un programa de radio o televisión. CINE
8 Crear cosas o servicios con valor económico. ECONOMÍA
9 Mostrar pruebas o documentos en un juicio. DERECHO
10 Ocurrir una cosa: *el atraco se produjo a las nueve de* v.prnl.
la mañana.
11 Expresarse una persona de forma verbal.

productibilidad Posibilidad de ser producido. s.f.

productible Que puede ser producido. adj.

productividad
1 Calidad de productivo: *el terreno es caro dada la pro-* s.f.
ductividad de las tierras.
2 Capacidad o grado de producción de una industria, ECONOMÍA
explotación agraria o de cualquier otro tipo, por unidad de trabajo: *el empresario quiere aumentar la produc-*
tividad.
3 Aumento o disminución de los rendimientos físicos ECONOMÍA
o financieros, originado en la variación de cualquiera
de los factores que intervienen en la producción.

productivo, a
1 Que produce o crea. adj.
2 Que es útil o provechoso: *el tiempo que inviertes es-* = fructífero
tudiando es productivo.
3 Que arroja un resultado favorable de valor entre
precios y costes: *es un negocio productivo.*

producto (Del lat. *productum*.)
1 Cosa o conjunto de cosas producidas: *los productos* s.m.
lácteos son fundamentales para el crecimiento. = producción
2 Resultado de una multiplicación: *dime el producto de* MATEMÁTICAS
dos por dos.
3 Consecuencia o resultado: *nuestros hijos son el pro-* = obra
ducto de nuestro amor.
4 Dinero que se obtiene de una cosa que se vende o = provecho
el que ella reditúa: *con este negocio ha sacado un buen*
producto.
5 producto interior: Suma de todos los bienes y ser- ECONOMÍA
vicios producidos en un país durante un periodo de
tiempo, por lo general un año.
6 producto interior bruto: Producto interior al que ECONOMÍA
se le ha añadido las amortizaciones habidas en un
periodo determinado.
7 producto lógico: Multiplicación de conceptos, pro- LÓGICA
posiciones o relaciones.
8 producto manufacturado: El obtenido por el cam- INDUSTRIA
bio o transformación de una materia prima.
9 producto nacional: El interior, deduciéndole la ECONOMÍA
parte que se debe a los factores productivos extranjeros y sumándole los nacionales producidos en el extranjero.

productor, a
1 Que produce: *trabaja en una planta productora de en-* adj/s.
vases.
2 Persona que en la organización del trabajo intervie- s.
ne en la producción de bienes o servicios.
3 Persona que organiza la realización de un obra AUDIOVISUALES,
cinematográfica, televisiva, teatral o discográfica y CINE, TEATRO
aporta el capital necesario para ella: *el productor recor-*
tó el presupuesto.

productora Sociedad financiera para la producción s.f.
de programas televisivos, obras de teatro, discos o ECONOMÍA
películas.

proejar (Del cat. *proejar*.) Remar contra la corriente y v.intr.
el viento que embiste a la embarcación por la proa. NÁUTICA

proel (Del cat. *proer*.)
1 Que está más cerca de la proa. adj./NÁUTICA
2 Marinero que en un bote, lancha u otra embarca- s.m.
ción menor maneja el último remo de proa o el bi- NÁUTICA
chero.
3 Cada uno de los marineros de confianza que ocu- NÁUTICA
paban la proa de una embarcación para dirigir las
maniobras de aquella parte o para defenderla.

proemial Del proemio. adj./= prologal

proemio (Del gr. *prooímion*.) Texto que se antepone a s.m.
una obra literaria o a un discurso retórico: *en el proe-* = preámbulo,
mio alaba a sus maestros. prólogo

proeza Acción valerosa o heroica: *las proezas que me* s.f.
cuentas me parecen inverosímiles. = hazaña

profanación Acción y resultado de profanar o no s.f.
respetar las cosas sagradas. = sacrilegio

profanador, a Que profana.   adj/s.

profanamiento Acción y resultado de profanar o no   s.m.
respetar las cosas sagradas.

profanar (Del lat. *profanare*.)
1 Tratar una cosa sagrada sin respeto o aplicarla a   v.tr.
usos profanos: *profanaron el altar del templo practicando
un ritual mágico.*
2 Hacer perder el buen crédito o la honra a una per-   = deshonrar
sona que ya ha muerto: *no profanes la memoria de tu
padre.*

profanidad
1 Calidad de profano.   s.f.
2 Exceso en el fausto o pompa exterior: *vive en una   = fastuosidad
mansión haciendo gala de profanidad.*

profano, a (Del lat. *profanus*, lo que está fuera de
tiempo.)
1 Que no es sagrado ni sirve a usos sagrados.   adj./= laico
2 Que no respeta las cosas sagradas: *reírse en la iglesia = sacrílego
es profano.*
3 Libertino o muy inclinado a los placeres.   adj/s.
4 Deshonesto en el aspecto o compostura.   adj.
5 Que carece de conocimientos y autoridad en una   adj/s.
materia: *no puedo opinar porque soy profano en el tema.* + en

profase Primera fase de la división de la célula por   s.f.
mitosis, durante la cual los cromosomas se individua-   BIOLOGÍA
lizan en filamentos hendidos longitudinalmente.

profazar Hablar mal de una persona o una cosa.   v.tr./conj: *cazar*

profecía (Del gr. *propheteia*.)
1 Predicción hecha gracias a un don sobrenatural: *los   s.f.
profetas hacían profecías.*   = oráculo
2 Don sobrenatural de la predicción que consiste en   RELIGIÓN
conocer el futuro por inspiración divina.
3 Cada uno de los libros bíblicos que contienen los   RELIGIÓN
escritos de los profetas mayores o menores.
4 Juicio o conjetura que se forma de una cosa por las   = augurio
señales que se observan.
5 Conjunto de libros bíblicos en que se contienen los   s.f.pl.
escritos de los doce profetas menores.   RELIGIÓN

profecticio, a Se aplica a lo bienes o a la hacienda adj.
que adquiere el hijo que vive bajo la patria potestad   DERECHO
con los de su padre, o le vienen por respecto de él.

proferir (Del lat. *proferre*.) Decir palabras o emitir so- v.tr.
nidos: *se puso a proferir insultos contra ellos; empezó a conj: *sentir*
proferir gritos de dolor.*   = clamar, lanzar

profesar (Del lat. *profiteri*, declarar abiertamente.)
1 Ser una persona adepta o partidaria de una doctri-   v.tr.
na, creencia o idea: *profesa una religión oriental; afirma = abrazar
profesar el anarquismo.*
2 Tener un sentimiento hacia una persona: *profesa   = sentir
gran admiración a su profesor.*
3 Enseñar una ciencia o un arte, en especial en una
universidad: *profesa químicas en la complutense.*
4 Ejercer una ciencia, un arte o un oficio: *hace años   = desempeñar
que profesa como informático.*
5 Hacer una persona los votos en un instituto reli-   v.intr.
gioso.   RELIGIÓN

profesión (Del lat. *professio, -onis*, declaración pública.)
1 Actividad a la que se dedica una persona y por la   s.f.
que recibe un sueldo: *es mecánico de profesión y pinta = empleo,
por pasatiempo.*   oficio
2 Acción de ser partidario de determinadas ideas o   = creencia
doctrinas: *su profesión religiosa arranca de su viaje a la
India.*
3 Ingreso en una orden religiosa haciendo los votos   RELIGIÓN
correspondientes.
4 Ceremonia eclesiástica en que una persona hace   RELIGIÓN
votos en una orden religiosa.
5 hacer profesión de alguna cosa: Jactarse de ella.   coloquial
6 hacer profesión de fe: Declararse adepto o partidario de ciertas doctrinas o ideas.

profesional
1 De la profesión: *realiza una actividad profesional muy adj.
gratificante.*
2 Que ejerce una profesión: *es un profesional de la en- adj/s.m.f.
señanza.*
3 Que practica una actividad determinada y vive de
ella: *es un ladrón profesional; los profesionales de la televisión están de huelga.*
4 Se aplica a lo que está hecho por personas especia-   ≠ aficionado,
listas en ello y no por aficionados: *es un futbolista pro- amateur
fesional.*
5 Persona con especial capacidad o aplicación en su   s.m.f.
profesión: *es un gran profesional en derecho internacional.*

profesionalidad
1 Circunstancia de practicar una actividad de forma   s.f.
habitual.
2 Actitud ética y competente en el ejercicio de una   = aptitud
profesión: *demostró su profesionalidad al presentar sus
propuestas.*

profesionalismo
1 Práctica de una actividad, como medio de lucro: *el   s.m.
profesionalismo de la medicina.*
2 Práctica de un deporte como profesional: *el profe-   DEPORTES
sionalismo del baloncesto español es una realidad.*   ≠ amateurismo

profesionalizar
1 Dar carácter de profesión a una actividad: *han con-   v.tr.
seguido profesionalizar el deporte.*   conj: *cazar*
2 Hacer que una persona ejerza una actividad de for-
ma profesional y no como aficionado: *la escuela de esquí le contrató para profesionalizarlo.*

profesionalmente Como profesional, con profesio-   adv.
nalidad: *se comporta profesionalmente.*

profeso, a (Del lat. *professus*.)
1 Se aplica al religioso que ha profesado: *las profesas adj/s.
y las novicias conviven en el convento.*   RELIGIÓN
2 Se refiere a la casa o al colegio que está habitado   adj.
por los profesos.   RELIGIÓN

profesor, a (Del lat. *professor*.)
1 Persona que ejerce o enseña una ciencia o arte: *es   s.
profesor de biología en el instituto; es un buen profesor de = educador,
historia.*   maestro
2 profesor adjunto: El adscrito a una cátedra o departamento.
3 profesor agregado: El que está adscrito a una cátedra o departamento de un instituto de bachillerato y
de rango inmediatamente inferior al de catedrático.
4 profesor asociado: El que no trabaja en la universidad pero es contratado por ella de forma temporal.
5 profesor no numerario: El que no pertenece a una   = penene
plantilla de funcionarios.
6 profesor numerario: El que pertenece a una plantilla de funcionarios.

profesorado
1 Conjunto de profesores de un centro de enseñanza: s.m.
el profesorado se reunió en sesión de claustro.
2 Cargo de profesor: *ejerce el profesorado en un centro
privado.*

profesoral Del profesor o del ejercicio del profeso- adj.
rado.

profeta (Del lat. *propheta* < gr. *prophetes*.)
1 Persona que puede predecir el futuro: *Isaías y Eze-   s.m.
quiel son profetas bíblicos.*   = adivino
2 Persona que por algunas señales conjetura y predice acontecimientos futuros: *no hay que ser un profeta
para ver que, con estas nubes, lloverá.*

profético, a Del profeta o de la profecía: *suele tener adj.
sueños proféticos.*   = profetal

profetisa Mujer que posee el don de la profecía.   s.f.

profetismo Tendencia de algunos filósofos y escrito- s.m.
res de religión, en general antiguos, a profetizar.

profetizador, a Que profetiza: *Nostradamus publicó adj/s.
obras profetizadoras.*

profetizar
1 Anunciar una cosa que ha de suceder por inspira-   v.tr./conj: *cazar*
ción sobrenatural.   = vaticinar
2 Hacer juicios sobre una cosa por algunas señales   = predecir
observadas: *profetizo que con esos resultados la obra
triunfará.*

proficiente Se aplica a la persona que aprovecha o   adj.
progresa en cierta actividad.   culto

proficuo, a Que es provechoso: *no sé si, a la larga, adj.
tanta actividad será proficua para ti.*   culto

profiláctica Parte de la medicina que estudia la con- s.f.
servación de la salud y la preservación de las enfer-   MEDICINA
medades: *la profiláctica es más preventiva que otras disciplinas médicas.*

profiláctico, a
1 Que preserva de la enfermedad: *adoptaron medidas   adj./MEDICINA
profilácticas para evitar la propagación de la enfermedad.* = higiénico
2 Funda muy fina y elástica de látex u otro material   s.m.
que se coloca en el pene durante una relación sexual   = condón,
para evitar la fecundación o el contagio de enferme-   preservativo
dades de transmisión sexual.

profilaxis (Del gr. *prophylatto*.) Conjunto de medidas s.f./pl: profilaxis
que se aplican para prevenir las enfermedades.   MEDICINA

pro forma (Expresión latina.) Se aplica a la factura loc.adv.
provisional que permite al comprador de un bien obtener un crédito, una autorización o cubrir otros requisitos.

prófugo, a
1 Que huye de la justicia o de otra autoridad: *fue acu- adj/s.
sado por cobijar a un prófugo.*
2 Persona que se oculta o huye para eludir el servicio   s.
militar: *le declararon prófugo por no incorporarse a filas.*

profundamente
1 Con intensidad: *estoy profundamente conmovida por   adv.
tu gesto.*   = intensamente
2 Con profundidad: *hablaremos profundamente de lo
ocurrido.*

profundar Estudiar una materia a fondo para obtener un perfecto conocimiento sobre ella: *suele profundar en los temas que se le comentan.* — v.intr. + en = ahondar

profundidad
1 Cualidad de profundo: *las raíces del árbol están a mucha profundidad.* — s.f.
2 Lugar hondo: *le da miedo la profundidad del mar.*
3 Dimensión de los cuerpos, perpendicular a una superficie dada: *la profundidad de la piscina es de tres metros.* — = fondo
4 Intensidad o viveza del pensamiento y de las ideas: *su pena reflejaba la profundidad de sus sentimientos.* — = hondura
5 Cosa complicada y difícil de entender: *no logró penetrar en las profundidades del poema.* — s.f.pl. = complicaciones
6 **profundidad de campo:** Distancia máxima sobre el eje de un campo óptico en la que las imágenes se ven con nitidez. — FOTOGRAFÍA
7 **en profundidad:** Por completo, con intensidad: *no conozco el tema en profundidad.* — loc.adv.

profundización Acción y resultado de profundizar. — s.f.

profundizar
1 Hacer una cosa más honda: *profundizaron el pozo para encontrar agua.* — v.tr./conj. cazar = ahondar
2 Trabajar o estudiar mucho una materia para obtener un perfecto conocimiento sobre ella: *el trabajo le permitió profundizar en su tema predilecto.* — v.tr/intr. + en = penetrar

profundo, a (Del lat. *profundus.*)
1 Que tiene el fondo a mucha distancia del borde o boca: *no podremos cruzar el río andando porque es profundo; la piscina es muy profunda.* — adj. = hondo
2 Que llega muy abajo: *se cayó en un profundo hoyo del camino; tiene una herida profunda en el brazo.*
3 Que penetra mucho: *el árbol tiene raíces profundas.* — = hondo
4 Que es muy extendido en sentido horizontal: *la habitación es estrecha y profunda.*
5 Que no es superficial o fácil de hacer desaparecer o de ser olvidado: *le aflige una pena profunda; la noticia la causó una profunda impresión; se internó en la profunda oscuridad de la noche; tiene un sueño profundo.* — = intenso
6 Que penetra y profundiza en el conocimiento de las cosas: *realizó un estudio profundo del tema; es un filósofo profundo.* — ≠ superficial
7 Se aplica a los ojos o a la mirada que parecen estar observando lo más íntimo de la persona o cosa examinada. — = penetrante
8 Que es muy difícil de comprender: *su profundo discurso no fue comprendido por el público.* — = complicado ≠ sencillo
9 Que es muy acentuado: *la reforma implica un cambio profundo; existen diferencias profundas entre ellos.* — = acusado, notable
10 Se aplica a la voz o al sonido que resuena como si saliera de una profundidad. — = grave
11 Lo más hondo de una cosa o lo más íntimo: *en lo más profundo de su ser sabía que lo lograría.* — s.m.
12 El mar. — literario
13 El infierno de los condenados. — literario

profusión Gran abundancia o exceso de una cosa: *la obra tiene gran profusión de comentarios; me lo explicó con total profusión de detalles.* — s.f.

profuso, a (Del lat. *profusus.*) Que es abundante o excesivo: *han reeditado la profusa obra del autor; me dio profusas muestras de cariño.* — adj./= copioso, numeroso ≠ carente, falto

progenie (Del lat. *progenies.*)
1 Linaje o familia a la que pertenece una persona: *se enorgullece de la aristocrática progenie de la que procede.* — s.f. = casta
2 Descendencia, hijos de una persona: *disfruta rodeado de su numerosa progenie.* — = prole

progenitor, a (Del lat. *progignere,* engendrar.)
1 Pariente en línea recta ascendente de una persona. — s.
2 El padre y la madre de una persona: *sus progenitores le ayudaron a realizar sus sueños.* — s.m.pl. = padres

progenitura Linaje o familia a la que se pertenece: *es de noble progenitura.* — s.f. = progenie

progesterona Hormona sexual femenina segregada por una masa de células que se producen en el ovario durante la segunda parte del ciclo menstrual y durante el embarazo. — s.f. FISIOLOGÍA = luteína

progimnasma Ensayo que hace un orador antes de hablar en público. — s.m. RETÓRICA

proglotis Segmento de una tenia, a excepción del escólex. — s.m./pl: proglotis ZOOLOGÍA

prognatismo Malformación de la mandíbula inferior de las personas, consistente en el adelantamiento excesivo de ésta respecto a la superior. — s.m.

prognato, a (Del gr. *pro,* hacia adelante + *gnathos,* mandíbula.) Se aplica a la persona que tiene las partes bucales prominentes. — adj/s.

progne Golondrina, ave migratoria de plumaje negro y blanco. — s.f. literario

prognosis (Del gr. *prognosis.*) Conocimiento anticipado de una cosa, en especial del tiempo meteorológico. — s.f. pl: prognosis

programa (Del gr. *programma.*)
1 Exposición ordenada de las partes de que se compone una actividad: *el programa del concierto incluía obras de Bach y Satie.* — s.m. = plan, proyecto
2 Hoja de papel o tarjeta en que se detallan las partes de un espectáculo, una fiesta u otra actividad: *me ofreció su programa para poder seguir el concierto; en el programa de fiestas figuran las actuaciones previstas.* — = folleto
3 Proyecto ordenado de actividades: *su programa político ofrece una rápida creación de empleo.* — = ideario
4 Distribución que hace un profesor de las materias de su asignatura para un curso: *el programa del curso abarca toda la prehistoria.* — = temario
5 Serie de las unidades temáticas que componen una emisión de televisión o radio: *las distintas cadenas han presentado ya su programa de verano.* — AUDIOVISUALES = programación
6 Cada una de las unidades temáticas de la programación de la televisión o la radio: *los programas documentales de esa cadena son muy buenos.* — AUDIOVISUALES
7 Serie ordenada de las operaciones necesarias para realizar un proyecto: *el desarme es el primer paso en su programa para la paz.* — = planificación
8 Descripción del conjunto de operaciones, y a veces ciclo, que deben o pueden ejecutar ciertas máquinas. — TECNOLOGÍA
9 Declaración previa de lo que se piensa hacer en algún asunto u ocasión. — = orden
10 Edicto o aviso público. — = bando
11 Secuencia de instrucciones escritas en un lenguaje de programación y organizadas siguiendo un esquema lógico, que realiza una determinada acción o resuelve un problema concreto. — INFORMÁTICA
12 Amorío que no se toma en serio. — *Argent., Urug.*
13 Amante ocasional. — *Argent., Urug.*
14 **programa ejecutable:** El resultante de enlazar uno o varios subprogramas de modo que sea ejecutable. — INFORMÁTICA
15 **programa fuente:** El escrito en un lenguaje de programación. — INFORMÁTICA
16 **programa objeto:** El resultante de la traducción, mediante un compilador, del programa fuente. — INFORMÁTICA

programación
1 Elaboración de un plan o proyecto, o distribución y ordenación de las partes que componen alguna actividad: *la programación del viaje resultó un desastre; realizó una plantilla en la que figuraba la programación de las tareas.* — s.f. = planificación
2 Distribución y ordenación de los programas de radio o televisión. — AUDIOVISUALES = programa
3 Elaboración de programas de ordenador: *realiza un curso de iniciación a la programación.* — INFORMÁTICA

programador, a
1 Que programa: *es necesario un horario programador.* — adj/s./= planificador
2 Se aplica a la persona especializada en la programación de ordenadores. — INFORMÁTICA
3 Aparato que ejecuta un programa de forma automática. — s.m. INFORMÁTICA

programar
1 Exponer las partes que componen una actividad: *la comisión ha programado interesantes actividades infantiles.* — v.tr. = planificar
2 Preparar una máquina para que empiece a funcionar en un momento determinado: *el temporizador me permite programar los electrodomésticos.*
3 Idear y ordenar las acciones necesarias para realizar un proyecto: *tardó mucho en programar el viaje y se quedó sin plaza.* — = planear
4 Preparar los datos para obtener la solución de un problema mediante una calculadora electrónica. — = calcular
5 Elaborar programas informáticos. — INFORMÁTICA
6 Determinar el valor máximo de una función de muchas variables cuyos valores extremos son conocidos. — MATEMÁTICAS

programático, a De la elaboración, distribución y ordenación de las partes que componen un plan. — adj.

progre Se aplica a la persona que tiene ideas sociales y políticas progresistas: *la nueva ley fue muy criticada por el sector progre del partido.* — adj/s.m.f. coloquial = progresista

progresar Hacer una persona progresos o adelantos en determinada materia: *progresa en matemáticas con facilidad asombrosa; el enfermo progresa de forma favorable.* — v.intr. + en = avanzar, mejorar

progresía Conjunto de progresistas: *todo la progresía participó en el concierto pro amnistía.* — s.f.

progresión (Del lat. *progressio.*)
1 Acción de avanzar o progresar en determinada materia: *la progresión en sus estudios no es satisfactoria.* — s.f./= avance, progreso
2 Serie de números o términos algebraicos entre los que hay una ley constante. — MATEMÁTICAS
3 **progresión aritmética:** Aquella en la que se mantiene una diferencia constante entre los términos que la forman. — MATEMÁTICAS
4 **progresión ascendente:** La que cada término tiene un valor mayor que el anterior. — MATEMÁTICAS
5 **progresión descendente:** Aquella en la que cada término tiene un valor menor que el anterior. — MATEMÁTICAS

6 progresión geométrica: Aquella en la que se mantiene un cociente entre cada uno de los términos que la componen.   MATEMÁTICAS

progresismo Doctrina política y social que defiende las ideas avanzadas, en especial aquellas que propugnan el estado del bienestar, el desarrollo cultural, la defensa de los derechos civiles y un cierto reparto de la riqueza.   s.m. POLÍTICA, SOCIOLOGÍA

progresista
1 Del progresismo social o político: *el partido presentó un proyecto progresista.*   adj. POLÍTICA
2 Que es partidario del progresismo: *los progresistas se mostraron a favor de ampliar la ley.*   adj/s.m.f. POLÍTICA
3 Del partido político que, en el segundo tercio del siglo XIX, propugnaba el desarrollo rápido de las libertades públicas.   adj. HISTORIA, POLÍTICA
4 Que era partidario de este partido político o de sus ideas políticas.   adj/s.m.f. HISTORIA, POLÍTICA

progresivo, a
1 Que avanza o favorece la evolución y mejora de las cosas: *es partidario de una orientación progresiva hacia la independencia.*   adj./= avanzado ≠ regresivo
2 Que evoluciona de forma continuada en cantidad o en perfección: *el aumento progresivo de precios está generando serias revueltas.*   = gradual ≠ global

progreso (Del lat. *progressus*.)
1 Evolución y mejora de una cosa: *ha hecho grandes progresos en matemáticas.*   s.m. = adelanto
2 Desarrollo cultural y tecnológico de una sociedad: *el regreso ha contribuido al bienestar social.*
3 Marcha hacia adelante.   = avance

prohibición Acción y resultado de prohibir: *la prohibición de fumar se extiende a todo el edificio; no atendió a la prohibición médica y le subió el azúcar.*   s.f.

prohibicionismo Política favorable a la prohición de libertades elementales de la sociedad.   s.m. POLÍTICA

prohibicionista Del prohibicionismo o que es partidario de él.   adj./s.m.f. POLÍTICA

prohibir (Del lat. *prohibere* < *pro*, lejos + *habere*, tener.) Impedir el uso o ejecución de una cosa a una persona: *no le prohíbas verla porque seguro que lo hará; el cartel prohíbe el paso.*   v.tr. conj: *cohibir*

prohibitivo, a
1 Que prohíbe: *las señales de circulación prohibitivas son rojas y blancas o rojas y azules.*   adj. = prohibitorio
2 Se aplica a lo que tiene un precio que resulta muy elevado: *esa camisa tiene un precio prohibitivo para mi economía.*   = inasequible ≠ asequible

prohibitorio, a Que prohíbe o sirve para prohibir: *el guardia nos echó con gestos prohibitorios.*   adj. = prohibitivo

prohijación Acción y resultado de tomar a una persona como hijo.   s.f. = prohijamiento

prohijador, a Que prohíja.   adj/s.

prohijamiento Acción de prohijar o adoptar un hijo o una idea de otros: *los trámites de prohijamiento fueron largos y lentos.*   s.m. = prohijación

prohijar
1 Tomar a una persona como hijo: *dado que no podían tener hijos, prohijaron a dos hermanos.*   v.tr/conj: aislar = adoptar, ahijar
2 Tomar y defender como propias ideas, doctrinas o teorías de otra persona: *al casarse prohijó las ideas de su mujer.*   = abrazar, adoptar

prohombre
1 Persona que goza de especial consideración entre los de su clase: *es considerado un prohombre entre sus compañeros.*   s.m. = prócer
2 Maestro de un oficio que, por sus conocimientos, se elegía para presidir y gobernar el gremio de artesanos correspondiente.   HISTORIA

proindivisión Situación en la que se encuentran los bienes pro indiviso.   s.f. DERECHO

pro indiviso (Expresión latina.) Se aplica a los bienes que pertenecen a una pluralidad de personas, sin división material de los mismos.   loc.adj. DERECHO

proís (Del cat. *prois*.)
1 Piedra, poste u objeto similar situado en tierra que sirve para amarrar una embarcación.   s.m./pl: proíses NÁUTICA
2 Amarra con que se sujeta una embarcación a tierra.   NÁUTICA

prójima
1 Mujer de dudosa conducta o escasa estimación pública.   s.f. despectivo
2 Mujer respecto del marido.   coloquial

prójimo (Del lat. *proximus*.)
1 Cualquier persona respecto de otra u otras: *trata a sus prójimos sin la más mínima consideración.*   s.m. = semejante
2 No tener prójimo: No preocuparse del mal ajeno.   coloquial

prolapso Descolocación por caída o descenso de una víscera o parte de ella.   s.m./MEDICINA = ptosis

prole (Del lat. *proles*.)
1 Linaje, hijos o descendencia de una persona: *tiene una prole de siete hijos.*   s.f./= descendencia, progenie

2 Conjunto numeroso de personas con alguna relación entre ellas: *una prole de aficionados invadió el campo.*   = pandilla, grupo

prolegómeno (Del gr. *prolegomena*.)
1 Momento anterior al comienzo de un acto o de una competición deportiva: *estamos en los prolegómenos del partido de fútbol.*   s.m. = inicio
2 Escrito que se coloca al principio de una obra científica o literaria, en el que se exponen los fundamentos generales de la materia o del asunto que se va a tratar: *los principios de lo teoría quedan explicados en el prolegómeno.*   = introducción
3 Preparación innecesaria para una cosa: *no me vengas con prolegómenos y cuéntamelo ya.*   s.m.pl. = preámbulo

prolepsis (Del gr. *prolepsis*.)
1 Figura que consiste en proponer uno mismo la objeción que otro pudiera hacerle para refutarla de antemano anticipándose.   s.f./pl: prolepsis RETÓRICA = anticipación
2 Conocimiento anticipado de alguna cosa en el epicureísmo y estoicismo.   FILOSOFÍA

proléptico, a De la prolepsis.   adj.

proletariado Clase social formada por los proletarios y que sólo posee como fuerza su capacidad de trabajo: *el proletariado dirigía su lucha hacia la burguesía.*   s.m. POLÍTICA, SOCIOLOGÍA

proletario, a (Del lat. *proletarius*.)
1 De la clase obrera: *la masa proletaria participó en la huelga.*   adj. HISTORIA
2 Trabajador manual retribuido: *los proletarios forman una clase antagónica a la burguesía.*   s. = obrero
3 Se aplicaba a la persona que carecía de bienes y estaba en las listas vecinales.   adj/s.
4 Ciudadano pobre de la antigua Roma que servía al estado con su descendencia.   s.m. HISTORIA

proletarización Proceso de transformación de una persona en proletario, o de adquisición de la ideología de ese ese grupo social: *el barrio ha sufrido un proceso de proletarización en los últimos años.*   POLÍTICA, SOCIOLOGÍA

proletarizar Convertir a una persona o a una sociedad en proletaria.   v.tr/prnl. conj: *cazar*

proliferación
1 Aumento desmesurado de cualquier cosa: *la proliferación de robos en la zona preocupa a las autoridades.*   s.f. = reproducción
2 Multiplicación y reproducción rápida de organismos y seres vivos.   BIOLOGÍA

proliferante Que prolifera o se reproduce en formas similares.   adj.

proliferar
1 Multiplicarse o reproducirse las células o los organismos inferiores: *las células proliferan por escisión.*   v.intr. BIOLOGÍA
2 Multiplicarse mucho y con rapidez una cosa: *proliferan los ataques de la prensa a los políticos.*   = aumentar, incrementarse

prolífero, a (Del lat. *proles*, descendencia + *ferre*, llevar.) Prolífico [en todas sus acepciones].   adj.

prolífico, a (Del lat. *proles*, descendencia + *facere*, hacer.)
1 Que puede engendrar o reproducirse, en especial se aplica a las especies animales: *los conejos son animales prolíficos.*   adj./= fecundo
2 Se aplica al artista que es autor de muchas obras: *es un escritor prolífico.*   = productivo

prolijear Dar demasiadas explicaciones o detalles al exponer un asunto o decidir una cosa: *prolijeaba la conversación explicando menudencias.*   v.tr.

prolijidad
1 Circunstancia de ser demasiado largo, detallado o pesado lo que se dice o escribe: *me lo explicó con tal prolijidad que creía estar viviéndolo yo mismo.*   s.f.
2 Actitud cuidadosa y esmerada en exceso: *limpia la casa con mucha prolijidad.*   = esmero
3 Actitud impertinente y molesta.   = impertinencia

prolijo, a (Del lat. *prolixus*, profuso.)
1 Que es demasiado extenso: *tantas explicaciones prolijas son innecesarias; recibí una prolija carta con los detalles de la ceremonia.*   adj./= detallado, minucioso ≠ conciso
2 Que se hace o trata con esmero y cuidado: *es prolijo con todos sus objetos personales.*   = cuidadoso
3 Que es pesado o impertinente: *no quiero ser prolijo, así que abreviaré mi relato.*   = impertinente, inoportuno

prolog Lenguaje de programación basado en la lógica de predicados de primer orden utilizado para resolver problemas propios de la inteligencia artificial.   s.m. INFORMÁTICA

prologal Del prólogo: *opino que se extiende demasiado en los agradecimientos prologales.*   adj. = proemial

prologar Escribir el prólogo de una obra: *el académico prologó la obra.*   v.tr.

prólogo (Del gr. *prologos* < *pro*, artes + *lego*, decir.)
1 Escrito o texto que precede a una obra de cualquier tipo: *es el propio novelista quien firma el prólogo de la obra.*   s.m. = prefacio, proemio
2 Cualquier cosa que sirve como introducción o inicio para realizar otra: *tras el prólogo de las obligadas presentaciones, iniciaron la reunión.*   = prolegómeno

3 Primera parte de algunas obras literarias en la que se representa una acción que es consecuencia de la principal y que se desarrolla con posterioridad. *LITERATURA*
4 Discurso que en el texto griego y latino se recitaba entre el público y precedía al poema dramático. *TEATRO*

prologuista Autor de un prólogo. *s.m./f.*

prolonga Cuerda que une la parte delantera de un carruaje de artillería con la cureña cuando se suelta la clavija para salvar un mal paso. *s.f.*

prolongable Que puede ser prolongado: *el plazo de presentación es prolongable en algunos casos.* *adj./= alargable, extensible*

prolongación
1 Aumento de la longitud o duración de una cosa: *han optado por la prolongación del proyecto; han concedido la prolongación de la carretera a mi empresa.* *s.f.*
2 Parte prolongada de una cosa o porción de ella alargada que sobresale del resto: *el alcalde inauguró la prolongación del edificio.* *= prolongamiento / ≠ reducción*

prolongadamente Con extensión, con larga duración. *adv.*

prolongado, a Que es más largo en una dimensión que en otra, en especial el formato de papel y de libro: *el recibo llegó en un sobre prolongado.* *adj. / = alargado*

prolongador, a Que prolonga. *adj/s./= alargador*

prolongamiento
1 Aumento de la longitud o duración de una cosa. *s.m./≠ reducción*
2 Parte prolongada de una cosa. *= prolongación*

prolongar (Del lat. *prolongare*.)
1 Aumentar la longitud de una cosa: *este camino se prolonga hasta la casa; van a prolongar el paseo marítimo.* *v.tr/prnl. / conj: pagar*
2 Aumentar la duración de una cosa: *el plazo de inscripción se ha prolongado por dos meses; una cuestión de última hora prolongó la reunión más de lo esperado.* *= dilatar*

proloquio (Del lat. *pro*, antes + *loqui*, hablar.) Proposición o sentencia sobre un tema. *s.m.*

prolusión Introducción de un tratado o de un discurso. *s.f. / = prelusión*

prom (Acrónimo de *[P]rogramable [R]ead-[O]nly, [M]emory*.) Tipo de memoria rom, programable sólo para lectura. *s.f. INFORMÁTICA*

promanar Tener una cosa su origen en otra: *el hambre promanó de la sequía.* *v.intr./+ de / = provenir*

promediar
1 Sacar el promedio de una cosa: *promedió los gastos para presupuestar la obra.* *v.tr.*
2 Dividir una cosa en dos partes iguales: *promedió su dinero y lo repartió.* *= nivelar, repartir*
3 Llegar una cosa a la mitad de su curso: *al promediar el mes de agosto, se irán de vacaciones.* *v.intr. / = mediar*
4 Intervenir en un trato o asunto entre varias personas para arreglarlo o ajustarlo: *promedió de forma imparcial entre las familias.* *= mediar*

promedio (Del lat. *pro medio*.)
1 Punto en que una cosa se divide por la mitad. *s.m.*
2 Suma de varias cantidades dividida por el número de ellas: *el promedio de aprobados es muy superior al de suspendidos.* *= media*

promesa
1 Cualquier cosa que una persona se obliga o compromete a realizar, ya sea por voluntad propia o como respuesta a otros favores recibidos: *siempre cumple sus promesas; me hizo la firme promesa de que no volvería a hacerlo.* *s.f. / = compromiso*
2 Ofrecimiento religioso mediante el cual una persona se compromete a realizar una cosa que entraña cierto esfuerzo: *ofreció una promesa a la Virgen si ayudaba a su hijo.* *RELIGIÓN / = ofrenda*
3 Persona o cosa con especiales cualidades o aptitudes para una actividad: *es una nueva promesa deportiva.* *= esperanza*
4 Señal o indicio de una cosa: *sus palabras son la mejor promesa de que está dispuesto a ayudar.* *= signo*
5 Cantidad de dinero que se reflejaba en los pagarés de la antigua lotería, referida al premio correspondiente a la cantidad jugada. *HISTORIA*
6 Fórmula ritual con la que se expresa la obligación de cumplir con los deberes propios de un cargo, o de declarar la verdad en un juicio. *DERECHO / = juramento*
7 Documento que precede al contrato definitivo. *DERECHO*

promesante Persona que cumple una promesa piadosa, en general en procesión. *s.m/f. Argent., Chile*

prometedor, a Que promete o parece indicar una cosa agradable, satisfactoria o conveniente: *no me digas esas prometedoras palabras si no van a ser ciertas; hemos obtenido unos resultados iniciales prometedores.* *adj. / = halagüeño*

prometer (Del lat. *promittere*.)
1 Obligarse una persona a hacer, decir o dar una cosa: *prometo ir a verte; no prometas lo que no puedes realizar.* *v.tr.*
2 Afirmar la certeza de lo que se dice: *prometo que lo vi; el testigo prometió que decía la verdad.* *= garantizar / = jurar*

3 Mostrar una persona o una cosa cualidades o defectos: *el nuevo producto promete mucho; es un joven que promete en el mundo empresarial.* *v.intr.*
4 Obligarse mediante una fórmula ritual a cumplir los deberes de un cargo. *v.tr. DERECHO / = augurar*
5 Dar muestras una persona o cosa de lo que sucederá o será en el futuro: *el título de la obra promete una interesante novela.*
6 Esperar conseguir o que suceda una cosa: *nos prometíamos una feliz velada, pero la lluvia la destrozó.* *v.prnl. / = esperar*
7 Darse una pareja palabra de casamiento: *se prometieron intercambiándose unas joyas.*
8 Ofrecerse una persona al servicio de Dios o de sus santos. *RELIGIÓN*
9 prometérselas muy felices: Tener esperanzas, con poco fundamento, de conseguir una cosa.

prometido, a
1 Se aplica a la persona que ya ha concertado su casamiento: *el anillo de prometida era de brillantes.* *adj./s. / = novio*
2 Promesa de hacer o cumplir algo fijado. *s.m.*

prometimiento Expresión de la voluntad de hacer una cosa: *no creo ninguno de sus prometimientos.* *s.m. / = promesa*

prometio Metal del grupo de las tierras raras. *s.m./QUÍMICA*

prominencia
1 Abultamiento o elevación de una cosa: *harta de la prominencia de su nariz, decidió operársela.* *s.f. / = protuberancia*
2 Elevación en el terreno: *desde aquella prominencia se divisa el valle.* *= montículo*

prominente (Del lat. *prominens, -tis*.)
1 Que sobresale o se eleva sobre lo que le rodea o por encima de lo normal: *tiene una barbilla muy prominente.* *adj. / = abultado, saliente*
2 Se aplica a la persona que es ilustre o destacada: *el prominente doctor inauguró la conferencia.* *= eminente, prestigioso*

promiscuación
1 Acción de comer carne y pescado en la misma comida durante los días en que lo prohíbe la iglesia católica. *s.f. RELIGIÓN*
2 Participación en cosas heterogéneas, contrarias o consideradas incompatibles por la moral.

promiscuar
1 Comer una persona carne y pescado en una misma comida en días de cuaresma y en otros días prohibidos por la iglesia. *v.intr. conj: actuar*
2 Intervenir una persona en cosas heterogéneas u opuestas.

promiscuidad
1 Reunión confusa de cosas diferentes. *s.f.*
2 Convivencia de personas de sexos y procedencias distintas. *despectivo*

promiscuo, a (Del lat. *promiscuus*.)
1 Que está mezclado de manera confusa y heterogénea: *una promiscua multitud llenaba el local.* *adj./= revuelto, indiferenciado*
2 Que tiene dos sentidos o usos equivalentes. *= ambiguo*
3 Se aplica a la persona que mantiene relaciones sexuales con otras, sin que sean estables.

promisión
1 Acción de prometer. *s.f./= promesa*
2 Promesa que se hace a una persona sin mediar con ella pacto o estipulación. *DERECHO*

promisorio, a Que implica una promesa. *adj.*

promoción
1 Acción de promover: *el artículo de la revista me parece una promoción gratuita del candidato.* *s.f. / = fomento*
2 Conjunto de personas que obtienen un grado, empleo o título al mismo tiempo: *coincidió en el centro con varios compañeros de promoción.* *= curso, generación*
3 Campaña para dar a conocer o incitar a la compra de un producto: *lo venden barato porque están de promoción; la promoción del producto ha tenido mucho éxito.* *COMERCIO, PUBLICIDAD / = fomento, impulso*
4 Ascenso o mejora de las condiciones de vida, de productividad, intelectuales o de otro orden.
5 en promoción: Se aplica al producto comercial que se promociona: *los artículos en promoción son más baratos.* *loc.adj.*

promocional Que promociona: *él dirige la campaña promocional del nuevo producto.* *adj.*

promocionar
1 Hacer que una persona tenga un nivel profesional o cultural superior al que tenía: *esos arquitectos se han promocionado mucho; su padre le promocionó en la empresa.* *v.tr/prnl. / = fomentar, promover*
2 Hacer que un artículo comercial se venda más: *están promocionando un nuevo detergente y regalan un paquete.* *COMERCIO, PUBLICIDAD*
3 Jugar un equipo una competición para conseguir o disputa un ascenso o un descenso de categoría. *v.intr. DEPORTES*

promocionista Se aplica al equipo que juega en competiciones para ascender y descender de categoría. *adj. DEPORTES*

promontorio (Del lat. *promontorium*.)
1 Altura o elevación considerable desde la que se abarca una gran extensión de terreno: *en lo alto del promontorio hay un mirador.* *s.m. / = cerro, montículo*

2 Peña alta que se adentra en el mar. = peñón,

3 Amontonamiento de cosas: *un promontorio de libros se agolpa sobre su mesa.* = bulto, pila

promotor, a
1 Se aplica a la persona que promueve o promociona de forma profesional a una persona o colectivo: *es la promotora de un cantante local.* adj/s. = manager

2 Que impulsa o apoya la realización de una cosa: *los promotores de la competición se anuncian en carteles.* = impulsor

3 promotor de la fe: Miembro de la sagrada congregación vaticana de ritos que tiene el deber de suscitar dudas u objeciones en las causas de beatificación o canonización. TEOLOGÍA

4 promotor fiscal: Funcionario que se encargaba de defender la observancia de las leyes, de acusar a los responsables de delitos públicos y de sostener los derechos e intereses generales. DERECHO

promovedor, a Que promueve: *sus amigos fueron los promovedores de su aventura.* adj/s. = promotor

promover
1 Activar o impulsar la realización de una cosa: *un grupo de operarios promovió lo creación del comité.* v.tr./conj: mover = fomentar

2 Ascender a una persona a una categoría o cargo superior que la que tenía: *creo que al fin le promoverán a director.* = promocionar

3 Producir una situación de agitación o movimiento: *su comentario en prensa ha promovido una oleada de protestas.* = provocar

promulgación
1 Publicación oficial de una ley o de otra disposición y acto en el que se hace pública. s.f. DERECHO

2 Divulgación de alguna cosa. = difusión

promulgador, a Que promulga: *el presidente es el promulgador de las nuevas disposiciones.* adj/s.

promulgar (Del lat. *promulgare*.)
1 Publicar una cosa con solemnidad: *las autoridades promulgaron un bando.* v.tr./conj: pagar = anunciar

2 Extender o dar a conocer una cosa: *los periodistas promulgaron el embarazo de una conocida actriz.* = divulgar

3 Hacer pública y oficial una ley u otra disposición de la autoridad formal para que las personas la cumplan: *promulgaron la ley del aborto.* DERECHO

pronación Movimiento del antebrazo que hace girar la mano de fuera a dentro para que la palma quede hacia abajo. s.f. FISIOLOGÍA

pronador, a Se aplica al músculo que tiene como función la pronación del antebrazo y de la mano. adj. ANATOMÍA

pronaos Pórtico de los templos clásicos por el que se accedía al santuario o cela. s.m./pl: pronaos ARQUITECTURA

prono, a (Del lat. *pronus*.)
1 Que tiene inclinación o propensión a una cosa. adj./culto

2 Que está echado sobre el vientre: *posición decúbito prono.* ≠ supino

pronombre (Del lat. *pronomen*.)
1 Clase de palabras que suplen o determinan al nombre, o al sintagma nominal, o pueden funcionar como adjetivo y adverbio, dentro de un enunciado. s.m. GRAMÁTICA

2 pronombre demostrativo: El que señala a personas, animales o cosas: *este, ese y aquel son pronombres demostrativos.* GRAMÁTICA

3 pronombre indeterminado o indefinido: El que alude a personas o cosas de forma vaga e imprecisa: *alguien y nadie son pronombres indeterminados.* GRAMÁTICA

4 pronombre interrogativo: El que introduce una oración interrogativa. GRAMÁTICA

5 pronombre personal: El que representa de forma directa a personas, animales o cosas: *yo, tú y él son pronombres personales.* GRAMÁTICA

6 pronombre posesivo: El que denota posesión o pertenencia: *nuestro y vuestro son pronombres posesivos.* GRAMÁTICA

7 pronombre reflexivo o recíproco: El que representa el mismo sujeto de la oración en función de complemento: *me, te y se son pronombres reflexivos.* GRAMÁTICA

8 pronombre relativo: El que se refiere a una persona, animal o cosa al que ya se ha hecho referencia con anterioridad: *cuyo o cual son pronombres relativos.* GRAMÁTICA

pronominado, a Se aplica al verbo que tiene por complemento un pronombre. adj. GRAMÁTICA

pronominal
1 Del pronombre. adj./GRAMÁTICA

2 Se aplica al verbo que se constituye en todas sus formas con pronombres reflexivos. GRAMÁTICA

pronosticación Acción y resultado de pronosticar o de predecir una cosa: *no acertó en su pronosticación de la carrera.* s.f.

pronosticador, a Que pronostica. adj/s.

pronosticar Hacer una predicción sobre una cosa basándose en indicios: *han pronosticado lluvias y vientos para mañana.* v.tr./conj: sacar = predecir

pronóstico (Del lat. *prognosticum* < gr. *prognostikon*.)
1 Anuncio, basado en señales o indicios, de que va a suceder una cosa o del modo como sucederá: *el pronóstico de ventas para el año próximo es esperanzador.* s.m. = augurio, predicción

2 Señal por la que se cree o adivina que una cosa determinada va a suceder: *las nubes son un pronóstico de lluvia.* = indicio

3 Calendario que contiene predicciones o anuncios de fenómenos astronómicos y meteorológicos: *consultó un pronóstico para ver la fase lunar en que nos encontramos.* = almanaque

4 Juicio médico, basado en los síntomas, sobre el curso, la duración y la terminación de una enfermedad: *el doctor que le atendió hará público su pronóstico esta misma tarde.* MEDICINA

5 pronóstico leve: Cuando se prevé que las lesiones o la enfermedad han de curar pronto y sin dejar secuelas. MEDICINA

6 pronóstico grave: Cuando peligra la vida del enfermo o su integridad física o funcional. MEDICINA

7 pronóstico menos grave: Cuando se prevé que el proceso no comprometerá la vida del enfermo. MEDICINA

8 pronóstico muy grave: Cuando las posibilidades de muerte son elevadas. MEDICINA

9 pronóstico reservado: El que se reserva el médico debido a las contingencias que prevé en los efectos de una lesión. MEDICINA

10 de pronóstico reservado: 1. De resultado incierto o malo: *su estado es de pronóstico reservado.* **2.** Peligroso o amenazador: *tiene un carácter de pronóstico reservado.* loc.adj. loc.adj.

prontitud
1 Modo de hacer las cosas con rapidez: *nos atendieron con prontitud en el ambulatorio.* s.f. = presteza, rapidez

2 Viveza de ingenio o de imaginación.

3 Modo de actuar precipitado y vivo: *no decidas las cosas con tanta prontitud y no te equivocarás.* = precipitación

pronto, a (Del lat. *promptus*.)
1 Que es rápido o veloz: *le deseo una pronta mejoría de sus dolencias.* adj. = ligero

2 Que está dispuesto para la ejecución de una cosa: *siempre se muestra pronto para prestar ayuda.* = presto

3 Reacción espontánea del ánimo ante una pasión u ocurrencia inesperada: *le dio un pronto y salió de casa dando un portazo.* s.m. = arrebato, impulso

4 Aparición repentina y aparatosa de un daño o enfermedad: *le dio un pronto en la espalda y se quedó encogido.* = ataque

5 Dentro de poco tiempo: *volveré pronto.* adv./≠ tarde

6 Cuanto antes: *lo que tengas que hacer hazlo pronto.* ≠ lentamente

7 Con tiempo de sobra: *te levantaste pronto hoy.* = temprano

8 Antes, con antelación: *el frío llegó pronto este año; llamaste demasiado pronto.* ≠ tarde

9 al pronto: En el primer momento o a primera vista: *al pronto me pareció que era él, pero no.* loc.adv.

10 de pronto: De forma inesperada y repentina: *estaba tan tranquilo y de pronto se puso a llorar.* loc.adv.

11 más pronto o más tarde: En un momento u otro: *más pronto o más tarde, se dará cuenta de su error.* loc.adv.

12 por de, o por lo pronto: De forma provisional: *por lo pronto retiraremos el cartel y luego ya veremos; por pronto déjalo ahí.* loc.adv.

13 tan pronto como: En cuanto suceda una cosa: *tan pronto como me llame, te lo digo.* loc.conj.

14 tener un pronto: Tener un arranque de genio o de mal humor: *es buena persona, pero a veces tiene prontos.* coloquial

prontuario
1 Manual de datos, fórmulas o conocimientos relativos a una ciencia: *consultó un prontuario de formulación química.* s.m. = compendio

2 Resumen o anotación de varias cosas para tenerlas presentes cuando se necesiten.

pronunciable Que puede ser pronunciado con facilidad: *tiene un nombre pronunciable.* adj. ≠ impronunciable

pronunciación
1 Acción de pronunciar. s.f.

2 Manera de pronunciar los sonidos al hablar: *por su pronunciación creo que no es de aquí; sabe gramática francesa, pero su pronunciación es pésima.* = dicción

3 Parte de la antigua retórica que trataba de los gestos y semblante del orador. RETÓRICA

pronunciado, a Muy marcado o acusado: *tiene un rostro de facciones pronunciadas.* adj. = acentuado

pronunciador, a Que pronuncia. adj/s.

pronunciamiento
1 Rebelión militar destinada a derribar un gobierno o a presionarlo: *el general que encabezó el pronunciamiento fue detenido.* s.m. = levantamiento, sublevación

2 Exposición pública para manifestar una opinión o decisión: *el presidente emitirá su pronunciamiento al respecto en rueda de prensa.* = declaración

3 Sentencia o cualquier decisión del juez: *con todos los pronunciamientos favorables.* DERECHO

4 de previo y especial pronunciamiento: Se aplica al asunto judicial que se ha de resolver por separado y antes del fallo principal. loc.adj. DERECHO

pronunciar (Del lat. *pronuntiare*.)
1 Emitir una persona sonidos articulados para hablar: *cada día pronuncia peor el inglés porque no lo habla.* — v.tr. = vocalizar
2 Decir una cosa en voz alta: *pronunció un bello discurso de apertura.* = proferir
3 Determinar o decidir una cosa: *se pronunció a favor del aborto.* — v.tr./prnl. = resolver
4 Hacer una cosa mayor o más perceptible: *ese vestido de punto pronuncia sus caderas; con los últimos acontecimientos se han pronunciado sus diferencias.* = acentuar, resaltar ≠ suavizar
5 Sublevar o levantar en rebelión: *los militares se pronunciaron en varios cuarteles.* = rebelarse
6 Declararse una o varias personas en contra de una persona o una cosa: *varios trabajadores se pronunciaron aprovechando la huelga.* — v.prnl. = declararse
7 Hacer el juez o un tribunal pública una sentencia. — v.tr./DERECHO

pronuncio Eclesiástico que ejerce las funciones del nuncio pontificio de forma provisional. — s.m. RELIGIÓN

propagación Acción y resultado de extender o extenderse una cosa: *los bomberos no pudieron evitar la propagación del fuego; la prensa contribuyó a la propagación del bulo.* — s.f. = difusión, transmisión

propagador, a Que propaga: *algunos insectos pueden ser propagadores de enfermedades.* — adj./s. = transmisor

propaganda (Del lat. *de propaganda fide*, sobre la propagación de la fe.)
1 Acción de dar a conocer una idea o un objeto comercial con el fin de atraer adeptos o compradores: *se ha iniciado el período de propaganda electoral.* — s.f. PUBLICIDAD = publicidad
2 Conjunto de materiales, medios y recursos que se emplean para dar a conocer un producto o difundir una idea o cualquier otra cosa: *la televisión es un gran medio de propaganda.*

propagandismo Tendencia a hacer propaganda de una persona o de una cosa. — s.m.

propagandista Se aplica a la persona que hace propaganda, en especial política. — adj/s.m.f.

propagandístico, a De la propaganda: *sus comentarios tienen un claro fin propagandístico.* — adj. = publicitario

propagar (Del lat. *propagare*.)
1 Hacer que una persona o una cosa se extienda por generación u otra forma de reproducción: *la especie venenosa se ha propagado.* — v.tr./prnl. conj: *pagar* = multiplicar = transmitir
2 Extender o difundir una cosa: *existe el peligro de que la enfermedad se propague; el viento propagó el fuego por la comarca.*

propagativo, a Que tiene la propiedad de propagar o propagarse. — adj.

propágulo Órgano o parte de un vegetal. — s.m./BOTÁNICA

propalador, a Que propala: *el propalador del rumor es, sin duda, alguien próximo.* — adj/s. = divulgador

propalar (Del bajo lat. *propalare*.) Explicar una cosa que se mantenía en secreto: *propaló la noticia por todo el vecindario.* — v.tr. = divulgar

propanero, a Se aplica a la embarcación utilizada para transportar propano en estado líquido. — adj/s. NÁUTICA

propano Sustancia gaseosa obtenida del petróleo, que se utiliza como combustible. — s.m. QUÍMICA

propao (Del port. *prepau* < cat. *perpal*.) Pieza gruesa de madera colocada al pie de los palos mayores y trinquete donde se colocan unos montones que sirven para el retorno de los diferentes cabos de maniobra del palo correspondiente. — s.m. NÁUTICA

proparoxítono, a Se aplica a la palabra que se acentúa en la antepenúltima sílaba: *último es una palabra proparoxítona.* — adj. LINGÜÍSTICA = esdrújulo

propasar
1 Pasar más adelante de lo debido: *la salida se anuló porque un corredor propasó la línea de marca.* — v.tr. = rebasar
2 Ir más allá de lo razonable en lo que se hace o se dice: *te estás propasando en la comida.* — v.prnl. = excederse
3 Mostrar excesiva confianza o falta de respeto con una persona: *se propasó con ella diciéndole comentarios soeces.* = excederse, extralimitarse

propedéutica Enseñanza preparatoria para el estudio de una disciplina. — s.f.

propedéutico, a De la propedéutica. — adj.

propender Tener una persona, un animal o una cosa determinada tendencia o inclinación: *esta especie propende a desaparecer.* — v.intr./+ a part.tb: propenso = inclinarse

propeno Hidrocarburo etilénico que se produce durante el refino del petróleo. — s.m./QUÍMICA = propileno

propensión Inclinación natural física o síquica de una persona hacia una cosa o una actitud: *su propensión a coger resfriados; su propensión a la depresión se acentúa cada vez más.* — s.f. + a = tendencia

propenso, a (Part. pas. irreg. de *propender*.) Que tiene propensión o tendencia: *es propenso a acatarrarse; tiene un carácter alegre y propenso a la risa.* — adj. + a = proclive

propergol Mezcla de sustancias que reaccionan sin oxígeno en la cámara de propulsión de un cohete, liberando gases calientes que son expulsados originando la propulsión del cohete. — s.m. ASTRONÁUTICA, QUÍMICA

propiciamente Con propiedad: *no se trataba propiamente de un hotel, sino de una casa de reposo.* — adv.

propiciación
1 Acción agradable hecha a Dios con la que se le pretende mover a piedad o misericordia. — s.f. RELIGIÓN
2 Sacrificio que se ofrecía en la ley antigua para aplacar la justicia divina y tener a Dios propicio. — RELIGIÓN

propiciador, a Que propicia: *sopla un viento propiciador para navegar.* — adj/s. = propiciatorio

propiciar (Del lat. *propitiare*.)
1 Hacer que disminuya el enfado o la indignación de una persona: *le regaló un ramo de flores para propiciar su perdón.* — v.tr. = aplacar
2 Ganarse el favor o la benevolencia de una persona: *se propició la estima de sus compañeros.* — v.tr/prnl. = conquistar
3 Favorecer la realización de una cosa: *su rígida actitud propicia la rebeldía.* — v.tr. = posibilitar

propiciatorio, a
1 Que propicia: *su gesto propiciatorio no sirvió en aquella ocasión.* — adj. = propiciador
2 Lámina cuadrada de oro que cubría el arca del testamento o arca de la alianza. — s.m.
3 Santo, imagen, reliquia, templo u oración que propicia la obtención de gracias y mercedes divinas. — RELIGIÓN
4 Mueble para arrodillarse. — = reclinatorio

propicio, a (Del lat. *propitius*.)
1 Que se inclina a hacer el bien: *es propicio a dar su perdón.* — adj./+ a = benigno
2 Que es favorable para hacer o lograr una cosa: *esperó el momento propicio para decírselo.* = oportuno

propiedad
1 Derecho de poseer una cosa y poder disponer de ella según la legalidad y la propia voluntad. — s.f. = posesión
2 Cosa o bienes que posee una persona: *heredó todas las propiedades de su abuelo.* = hacienda
3 Posibilidad o cualidad que tiene una cosa para favorecer o hacer otra: *esta planta tiene muchas propiedades medicinales.* = atributo, característica
4 Semejanza o imitación perfecta: *el equipo de música reproduce con propiedad los graves.* = fidelidad
5 Defecto contrario a la pobreza religiosa en que incurre el profeso que usa una cosa como propia. RELIGIÓN
6 Significado o sentido peculiar y exacto de las voces y enunciados de una lengua: *habla con propiedad.*
7 Accidente necesario e inseparable de la esencia y naturaleza de las cosas. FILOSOFÍA
8 Cada una de las tres especies de gradaciones musicales que se usaban en solfeo del canto llano. MÚSICA
9 **nuda propiedad**: La que carece de usufructo. DERECHO
10 **propiedad horizontal**: La repartida entre los dueños de las casas de un bloque de viviendas. DERECHO
11 **propiedad intelectual**: Derecho del escritor o artista a que sus obras no sean publicadas o usadas sin su permiso. DERECHO
12 **propiedad privada**: La que pertenece a un particular: *no puede pasar, es una propiedad privada.*
13 **en propiedad**: 1. Como propio: *vive en una casa en propiedad.* 2. Se aplica al cargo o empleo que se disfruta durante toda la vida laboral: *tiene una plaza en propiedad en la Seguridad Social.* loc.adv. loc.adv.

propienda (Del fr. ant. *porprendre*, rodear.) Cada una de las dos tiras de lienzo que se fijan en los banzos del bastidor de bordar. — s.f. TEXTIL

propietario, a
1 Que tiene derecho de propiedad sobre una cosa: *no soy el propietario de la finca sino el inquilino.* — adj/s. = dueño, poseedor
2 Que tiene un cargo o empleo que le pertenece: *el titular propietario de la plaza está de baja.* = titular ≠ eventual
3 Se aplica al religioso que incurre en el defecto de propiedad habiendo hecho votos de pobreza. — adj. RELIGIÓN
4 Se aplica al equipo deportivo que juega en campo propio. — adj/s. DEPORTES
5 **nudo propietario**: Que tiene una propiedad que carece de usufructo. DERECHO

propileno Hidrocarburo etilénico que se produce en el refino del petróleo. — s.m./QUÍMICA = propeno

propileo Pórtico de columnas de un templo clásico. — s.m./ARQUITECTURA

propina (Del bajo lat. *propina*.)
1 Gratificación pequeña con que se recompensa un servicio eventual: *recibió una propina por sus horas de dedicación extra.* — s.f. = plus
2 Gratificación que sobre el precio convenido y como muestra de satisfacción se da por algún servicio: *la atención fue excelente, así que dio propina a los camareros.*
3 Agasajo que se repartía entre los concurrentes a una junta y que con el tiempo se redujo a dinero.
4 Pieza musical interpretada en un concierto a petición del público y que no estaba prevista en el programa. MÚSICA

5 de propina: Por añadidura: *tuvo que asistir a clases y de propina se quedó sin vacaciones.* — loc.adv.

propinación Acción y resultado de propinar o dar un golpe a una persona. — s.f.

propinar (Del lat. *propinare* < gr. *propíno*, regalar.)
1 Dar un golpe a una persona: *le propinó una bofetada.* — v.tr./coloquial
2 Ofrecen una propina.

propincuidad Situación en el tiempo o en el espacio • en que se encuentran dos cosas propincuas o próximas. — s.f./culto = proximidad

propincuo, a (Del lat. *propinquus.*) Próximo en el tiempo o en el espacio. — adj./culto = cercano

propio, a (Del lat. *proprius.*)
1 Que es propiedad de una persona: *siempre quiso tener una casa propia y no vivir de alquiler.* — adj.
2 Que es particular o característico de una persona o una cosa: *ha tenido una reacción propia de su carácter.* — = distintivo, peculiar
3 Que es conveniente o adecuado para un fin: *llevaba un peinado muy propio para la ocasión.* — ≠ impropio
4 Que es inherente a la naturaleza de una persona o de una cosa: *lleva el propio color de pelo; conserva la dentadura propia.* — = natural ≠ postizo
5 Que tiene relación con la persona que habla o de la que se habla: *se lo dijo en su propia cara; el propio autor lo explica en el prólogo.* — = mismo
6 Se aplica al significado o al uso de una palabra que es el original o exacto: *sentido propio.* — = literal ≠ figurado
7 Que imita o representa con precisión a un original: *en el cuadro estás muy propio.* — = natural
8 Se aplica al nombre que se refiere a un ser o cosa en concreto, que le distingue de otros semejantes: *los ríos tienen nombre propio.* — GRAMÁTICA ≠ común
9 Se refiere al accidente necesario o inseparable de la esencia de las cosas. — FILOSOFÍA
10 Persona que se envía de un punto a otro con una carta o recado. — s.m. = mensajero
11 Hacienda que tiene una ciudad o población para satisfacer los gastos públicos. — s.m.pl. HISTORIA
12 **al propio:** Con propiedad, de forma justa. — loc.adv.

propioceptivo, a Se aplica a las sensaciones procedentes de los músculos y de sus anexos, que informan sobre la altitud, los movimientos y el equilibrio. — adj. FISIOLOGÍA

propioceptor Estructura nerviosa periférica que proporciona sensibilidad a los huesos, músculos, tendones y articulaciones. — s.m. ANATOMÍA

propóleos (Del gr. *propoleos.*) Sustancia cérea que utilizan las abejas para revestir las colmenas antes de elaborar la miel. — s.m./pl: propóleos ZOOLOGÍA = macon

proponedor, a Que propone: *el proponedor de la reforma fue felicitado por el director.* — adj/s. tb: proponente

proponer (Del lat. *proponere.*)
1 Exponer un plan o un proyecto a una persona buscando su conformidad o su participación: *propuso una nueva orientación y fue aprobada.* — v.tr./conj: poner = plantear, proyectar
2 Determinar hacer una cosa: *se propuso comprarse un anillo de brillantes.* — v.tr/prnl. = pretender
3 Presentar a una persona para un cargo o una concesión: *propuso a su sobrino para la dirección del centro.* — v.tr. = recomendar
4 Presentar los argumentos en pro y en contra de una cuestión, en la argumentación escolástica. — FILOSOFÍA
5 Plantear un problema a una persona para que lo resuelva: *el profesor propuso ejercicios de física a los alumnos.* — = plantear
6 Hacer una proposición matemática. — MATEMÁTICAS
7 Incitar a una persona a tomar nuevas cartas, en el juego del ecarté. — JUEGOS

proporción (Del lat. *proportio, -onis.*)
1 Relación debida entre las partes de una cosa o con respecto a otra: *las fracciones no seguían ninguna proporción; la proporción de aprobados ha superado a la de suspendidos.* — s.f. = armonía, conformidad
2 Volumen o dimensión de una cosa: *tiene una finca de grandes proporciones.* — = tamaño
3 Ocasión u oportunidad para hacer una cosa. — = coyuntura
4 Importancia o intensidad de una cosa: *el incendio adquirió grandes proporciones.* — = alcance, trascendencia
5 Igualdad de dos razones. — MATEMÁTICAS
6 **proporción aritmética:** Aquella en la que las razones son números u operaciones numéricas. — MATEMÁTICAS
7 **proporción armónica:** Serie de tres números en la que existe la misma diferencia entre ellos. — MATEMÁTICAS
8 **proporción continua:** La que forman tres números consecutivos de una progresión. — MATEMÁTICAS
9 **proporción geométrica:** La que expresa una relación de extensión. — MATEMÁTICAS
10 **proporción mayor:** Uno de los tiempos que se usaban en música que se anotaba después de la clave y del compás mayor. — MÚSICA
11 **proporción menor:** Uno de los tiempos que se usaban en música. — MÚSICA
12 **a proporción:** Según, conforme a. — loc.adv.

proporcionable Que puede ser proporcionado: *el material no está proporcionable en este momento.* — adj. = suministrable

proporcionado, a
1 Que tiene una proporción adecuada entre sus partes o con otras cosas: *tiene el cuerpo bien proporcionado; es un edificio bien proporcionado.* — adj. = armonioso ≠ desproporcionado
2 Que se ajusta a lo correcto o adecuado: *recibió el castigo proporcionado a su falta.* — = proporcional

proporcional
1 Que tiene una relación de proporción: *hizo un reparto proporcional; han aprobado una subida proporcional al IPC.* — adj.
2 Se aplica al nombre o al adjetivo numeral que expresa el número de veces que una cantidad contiene en sí a otra menor: *doble es un nombre proporcional.* — GRAMÁTICA

proporcionalidad Carácter de lo que es proporcional: *su sueldo no guarda proporcionalidad con su responsabilidad.* — s.f.

proporcionar
1 Dar a una persona una cosa que necesita: *si te proporcionas unas vacaciones te sentirás mejor; el alimento proporciona el aporte que necesita el cuerpo.* — v.tr/prnl. = facilitar, proveer
2 Ser causa una cosa de otra: *tu visita nos proporcionó gran alegría.* — v.tr. = producir
3 Hacer que una cosa sea proporcionada: *deberías proporcionar tus gastos a tus ingresos.* — v.tr. = equilibrar

proposición
1 Acción y resultado de dar a conocer una cosa, tratando de obtener la conformidad o aceptación de otra persona: *su proposición fue bien acogida en la reunión.* — s.f. = propuesta
2 Oración gramatical. — GRAMÁTICA
3 Expresión de un juicio entre dos términos que afirma o niega el uno al otro o incluye o excluye el primero al segundo. — LÓGICA
4 Enunciado de una cosa que se va a demostrar o de lo que sirve de base a la demostración. — LÓGICA
5 Enunciado de una verdad demostrada o que se trata de demostrar. — MATEMÁTICAS
6 Parte del discurso en que se expone aquello de lo que se quiere convencer a los oyentes. — RETÓRICA
7 Unidad lingüística formada por sujeto y predicado, que se une a otra u otras mediante coordinación o subordinación para formar una oración compuesta. — GRAMÁTICA
8 **proposición afirmativa:** Juicio en el que el término que se toma como sujeto está contenido en la extensión del que se toma como predicado. — LÓGICA
9 **proposición disyuntiva:** Juicio en que se expresa la incompatibilidad de dos o más predicados referidos al sujeto. — LÓGICA
10 **proposición hipotética:** Juicio en que se somete la afirmación o negación de una cosa al cumplimiento de una condición. — LÓGICA
11 **proposición negativa:** Juicio en que el sujeto no está contenido en la extensión del predicado. — LÓGICA
12 **proposición particular:** Juicio en que el sujeto no se toma en toda su extensión. — LÓGICA
13 **proposición universal:** Juicio en que el sujeto se toma en toda su extensión. — LÓGICA
14 **barajar una proposición:** Tomarla en consideración para desecharla o no. — coloquial
15 **recoger una proposición:** Darla por no dicha. — coloquial

proposicional De la proposición. — adj./LÓGICA

propósito
1 Intención de hacer una cosa: *su propósito es acabar su trabajo hoy mismo.* — s.m./= proyecto, voluntad
2 Fin u objetivo que se pretende: *el propósito de la campaña es conseguir el apoyo electoral.* — = finalidad, objeto
3 Asunto o materia de que se trata: *tu comentario no tiene nada que ver con el propósito que nos ocupa.* — = tema
4 **a propósito:** 1. Hecho de forma deliberada y con toda la intención: *llegó tarde a propósito, sólo para molestarme.* 2. Que es apropiado u oportuno para algún fin: *esto viene muy a propósito para lo que yo quiero.* — loc.adv.
5 **a propósito de:** En relación a: *no dijo nada a propósito de los internos.* — loc.adv.
6 **de propósito:** De forma deliberada e intencionada: *salía siempre a la misma hora de propósito para verla.* — loc.adv.
7 **fuera de propósito:** Sin venir al caso: *tus ironías estuvieron fuera de propósito.* — loc.adv.

propretor Pretor que, al acabar el año de pretura, pasaba a gobernar una provincia pretorial. — s.m. HISTORIA

propretura Cargo que tenía el propretor. — s.f./HISTORIA

propuesta
1 Idea que se propone a otros para que sea puesta en práctica si se considera acertada: *acepto tu propuesta de ir a cenar.* — s.f. = oferta
2 Proyecto presentado a una autoridad, consejo, o junta para que lo examine y vea si procede a su aprobación: *la junta directiva desestimó la propuesta.* — = proposición
3 Recomendación de cierta persona para un cargo o beneficio: *la propuesta de nombres para el cargo aún no ha sido anunciada.*
4 **propuesta de ley:** Texto redactado por uno o varios parlamentarios y presentado en la mesa de la cámara de que forma parte, para que sea tramitado como ley si se aprueba. — POLÍTICA = proposición de ley

5 propuesta no de ley: Petición formulada por uno o varios parlamentarios para que la cámara de la que forma parte redacte un texto legal sobre una materia determinada. `POLÍTICA = proposición no de ley`

propugnación Acción y resultado de propugnar o defender la postura o acción que se considera conveniente. `s.f.`

propugnáculo
1 Lugar amurallado usado para defenderse del enemigo. `s.m./MILITAR = fortaleza`
2 Lo que sirve de defensa ante cualquier tipo de ataque. `= amparo`

propugnar (Del lat. *propugnare*.) Apoyar una idea o postura por considerarla conveniente: *propugnaba la no violencia*. `v.tr. = defender, respaldar`

propulsa
1 Acción y resultado de impulsar o impeler hacia delante. `s.f. = impulsión`
2 Acción y resultado de repeler o rechazar. `= repulsa`

propulsar (Del lat. *propulsare*.)
1 Lanzar o impulsar una cosa con fuerza hacia delante: *la falta de gravedad propulsa la aeronave*. `v.tr. = impeler`
2 Estimular el desarrollo de un proyecto o una idea: *las nuevas medidas propulsan la exportación*. `= incitar`
3 Repulsar o denegar una cosa. `= rechazar`

propulsión
1 Acción y resultado de impulsar una cosa hacia delante. `s.f. = impulsión`
2 **propulsión a chorro:** Procedimiento empleado para que un avión, proyectil o nave avance en el espacio mediante la reacción producida por la expulsión de un chorro de fluido en sentido opuesto al del avance. `AERONÁUTICA, TECNOLOGÍA`

propulsor, a Que propulsa: *el sistema propulsor del avión ha fallado*. `adj./s.`

prora (Del lat. *prora*.) La proa de una nave. `s.f./literario`

prorrata
1 Parte proporcional que toca a una persona de lo que se reparte entre varias: *tienes que pagar tu prorrata para la cena*. `s.f. tb: prorrata = cuota`
2 **a prorrata:** Mediante reparto proporcional: *los gastos irán a prorrata entre los asistentes*. `loc.adv. = a pro rata`

prorratear Distribuir una cantidad entre varias personas de forma proporcional: *prorratearon el dinero que les tocó en la lotería*. `v.tr. = repartir`

prorrateo
1 Reparto proporcional de una cantidad entre varias personas: *creo que no has hecho bien el prorrateo, somos veinte, no dieciocho*. `s.m. = cuota, distribución`
2 Procedimiento de jurisdicción voluntaria para distribuir entre varias fincas forales la carga de la pensión de todas. `DERECHO`

prórroga
1 Continuación o prolongación de una cosa por un tiempo determinado: *el comité pidió una prórroga de las negociaciones*. `s.f. = prorrogación`
2 Plazo de tiempo por el cual se prorroga una cosa: *la prórroga termina mañana*. `= moratoria`
3 Periodo suplementario de tiempo de juego que se añade al habitual en caso de empate entre los equipos: *tuvieron que llegar a la prórroga para decidir el partido*. `DEPORTES`
4 Aplazamiento del servicio militar que se concede a los llamados a este servicio. `MILITAR`

prorrogable Que permite o puede ser prorrogado: *tendrá que pedir otro porque su préstamo no es prorrogable; tiene dos semanas de vacaciones prorrogables a tres*. `adj. = prolongable ≠ improrrogable`

prorrogación Continuación de una cosa durante un período de tiempo: *no admitieron una prorrogación del plazo de presentación*. `s.f. = prórroga`

prorrogar (Del lat. *prorogare*.)
1 Hacer que una cosa dure más tiempo: *han prorrogado el plazo por dos meses*. `v.tr./conj: pagar = prolongar`
2 Dejar una cosa para hacerla más tarde: *no prorrogues más tu respuesta*. `= aplazar`

prorrogativo, a Que prorroga. `adj.`

prorrumpir (Del lat. *prorumpere*.)
1 Salir o producirse una cosa con ímpetu: *el gerente prorrumpió en la sala abriendo la puerta sin llamar*. `v.intr./+ en = irrumpir`
2 Emitir gritos, suspiros, aplausos, carcajadas o sollozos de forma brusca: *los invitados prorrumpieron en risas al verla; la viuda prorrumpió en sollozos durante el entierro*. `+ en = estallar`

prosa (Del lat. *prosa*.)
1 Estructura o forma que toma el lenguaje de forma natural, no sujeta a medida, rima o cadencia como el verso. `s.f. LITERATURA ≠ poesía`
2 Lenguaje con esta estructura en la poesía. `LITERATURA`
3 Aspecto o parte vulgar y corriente de las cosas: *la adultez, con su prosa, destruye la frescura de la niñez*. `= vulgaridad`
4 Exceso de palabras para decir cosas apenas importantes: *tanta prosa para no llegar a ninguna conclusión*. `= palabrería`

5 Secuencia que se canta o dice después del aleluya o del tracto en la misa de ciertas solemnidades. `RELIGIÓN`

prosado, a Que está expresado en prosa: *se trata de un poema prosado*. `adj. ≠ versificado`

prosador, a
1 Escritor de obras literarias en prosa: *su última novela demuestra sus dotes como prosador*. `s. = prosista`
2 Hablador impertinente.

prosaico, a
1 De la prosa o escrito en prosa. `adj.`
2 Se aplica a la obra poética que no tiene inspiración o musicalidad. `POESÍA`
3 Que no tiene gracia o ingenio: *lleva una vida prosaica y aburrida; es un hombre de lo más prosaico*. `= insulso, vulgar`

prosaísmo Cualidad de prosaico. `s.m.`

prosapia (Del lat. *prosapia*.) Serie de antecesores de una persona, en especial si es ilustre o aristocrática: *retratos de toda su prosapia adornan las paredes del castillo*. `s.f. = abolengo, alcurnia linaje`

proscenio (Del gr. *proskenion*.)
1 Parte anterior del escenario que va desde el borde del mismo hasta los bastidores. `s.m. TEATRO`
2 Espacio que había en los teatros de la antigüedad clásica entre la escena y la orquesta. `TEATRO`

proscribir (Del lat. *proscribere*.)
1 Echar a una persona de su país en general por causas políticas: *le proscribieron por cometer acciones terroristas*. `v.tr./part: proscrito, proscripto = expatriar`
2 Prohibir el uso de una cosa o una costumbre: *el alcalde proscribió los carnavales durante un lustro*. `= vedar`

proscripción
1 Destierro de una persona, en especial por razones políticas. `s.f.`
2 Prohibición legal de un uso o costumbre: *la proscripción se mantuvo durante veinte años*. `= veda`

proscripto, a (Part. pas. irreg. de *proscribir*.) Que ha sido desterrado proscrito. `adj./s.`

proscriptor, a Persona que proscribe. `adj./s.`

proscrito, a (Part. pas. irreg. de *proscribir*.) Se aplica a la persona que está proscrita o desterrada. `adj./s. tb: proscripto`

prosector, a Persona encargada de preparar las disecciones en las prácticas de anatomía. `s. MEDICINA`

prosecución
1 Acción y resultado de continuar haciendo una cosa: *la prosecución de su historia nos mantuvo en vilo*. `s.f. = proseguimiento`
2 Persecución o seguimiento de una persona o de una cosa: *la policía continuó con la prosecución del sospechoso*.

proseguible Que puede ser proseguido: *es una película fácilmente proseguible*. `adj. = continuable`

proseguimiento Acción y resultado de proseguir. `s.m./= prosecución`

proseguir (Del lat. *prosequi*.)
1 Seguir haciendo una cosa: *prosigue contándome la historia, por favor*. `v.tr./conj: seguir = continuar`
2 Seguir existiendo una cosa: *todo prosigue igual desde tu marcha*. `v.intr. = persistir`

proselitismo Empeño y acciones que intentan conseguir partidarios de una doctrina o una ideología: *su proselitismo lo hace insoportable*. `s.m.`

proselitista Que practica o es partidario del proselitismo: *es un proselitista que siempre busca afectos a su causa*. `adj/s.m.f.`

prosélito, a (Del lat. *proselytus* < gr. *proselytos*.)
1 Persona ganada para una doctrina o ideología: *intenta conseguir prosélitos para su causa*. `s. = seguidor`
2 Persona recién convertida a una religión.

prosénquima Tejido fibroso de los animales y las plantas. `s.m. BIOLOGÍA`

prosificación Acción y resultado de prosificar. `s.f.`

prosificador, a Que prosifica. `adj/s.`

prosificar Poner una composición poética en prosa: *han prosificado uno de mis poemas favoritos*. `v.tr./conj: sacar LITERATURA`

prosimio, a Perteneciente a un suborden de mamíferos primates pequeños, insectívoros, con las cuatro extremidades acabadas en mano y la cara cubierta de pelo. `adj/s.m. ZOOLOGÍA`

prosinodal Se aplica al teólogo o canonista nombrado por el prelado diocesano para examinar a los que han de recibir las órdenes sagradas. `adj. RELIGIÓN`

prosista Escritor de obras literarias en prosa: *es mejor poeta que prosista*. `s.m.f. LITERATURA`

prosístico, a De la prosa. `adj.`

prosodia (Del gr. *prosodia*.)
1 Parte de la gramática que estudia la pronunciación y la entonación. `s.f. GRAMÁTICA`
2 Estudio de los rasgos fónicos que afectan a la métrica, en especial los acentos y la cantidad. `POESÍA`
3 Estudio del ritmo, la estructura, los tipos y las combinaciones de los versos. `POESÍA = métrica`

4 Parte de la fonología que estudia los rasgos fónicos que afectan a unidades inferiores al fonema, como las sílabas. — LINGÜÍSTICA

prosódico, a
1 De la prosodia: *análisis prosódico.* — adj.
2 Se aplica al acento no gráfico que da relieve en la pronunciación. — GRAMÁTICA

prosopo- Componente de palabra procedente del gr. *prosopon*, que significa cara, figura: *prosopopeya.* — pref.

prosopografía (Del gr. *prosopon*, figura + *grapho*, escribir.) Descripción del exterior de una persona o de un animal. — s.f. RETÓRICA

prosopopeya (Del gr. *prosopon*, figura + *grapho*, escribir.)
1 Figura que consiste en atribuir a cosas inanimadas acciones y cualidades propias de seres animados. — s.f./RETÓRICA = personificación
2 Afectación y amaneramiento excesivos en el comportamiento en sociedad: *se comporta ante las mujeres con mucha prosopopeya.* — = ampulosidad, empaque

prospección
1 Exploración de posibilidades futuras basada en indicios presentes: *una prospección de mercado reflejará las posibilidades de la empresa.* — s.f. = estudio
2 Exploración científica o industrial de un terreno para descubrir yacimientos mineros, petrolíferos, de aguas subterráneas, o de restos arqueológicos. — = búsqueda GEOLOGÍA, INDUSTRIA

prospectar Hacer prospecciones en un terreno para explorar sus yacimientos. — v.tr.

prospectiva Serie de investigaciones para prever la evolución social. — s.f. SOCIOLOGÍA

prospectivo, a Que investiga el futuro o se refiere a él: *el estudio prospectivo hablaba de los medios técnicos futuros.* — adj.

prospecto (Del lat. *prospectus.*)
1 Hoja de papel o folleto, de pequeño tamaño, que acompaña a los medicamentos, máquinas y otras cosas que contiene la exposición breve de las características del producto en cuestión: *en el prospecto explicará cómo se conecta; en el prospecto figura la posología y contraindicaciones del medicamento.* — s.m.
2 Impreso o anuncio breve que se hace para el público sobre algún espectáculo o acontecimiento: *el buzón está lleno de prospectos de centros comerciales.*

prosperado, a Que es rico y poderoso: *es un hombre prosperado por una lotería.* — adj.

prosperar (Del lat. *prosperare*.)
1 Tener una persona una buena situación en la vida: *prosperó en la empresa en poco tiempo.* — v.intr./+ en = progresar
2 Tener una persona o una cosa éxito: *su idea no prosperó entre los asistentes.* — = triunfar
3 Dar o proporcionar prosperidad a una persona. — v.tr.

prosperidad
1 Situación de bienestar social y económico: *la creación del balneario ha proporcionado prosperidad a la zona.* — s.f. = auge
2 Desarrollo favorable de las cosas: *le deseo prosperidad en su nueva aventura comercial.*

próspero, a (Del lat. *prosperus, -a, -um.*)
1 Que progresa o riqueza o poder: *el suyo es un negocio próspero; se ha convertido en un próspero empresario después de muchos años de esfuerzo.* — adj. = boyante, floreciente
2 Que es venturoso o bien afortunado: *próspero año nuevo.* — = feliz, propicio

prostaféresis Diferencia que existe entre la anomalía media y la verdadera de un astro. — s.f./pl: prostaféresis ASTRONOMÍA

prostalectomía Ablación o extirpación quirúrgicas de la próstata. — s.f. MEDICINA

próstata (Del gr. *prostates*, que está delante.) Glándula secretora que tienen los machos de los mamíferos unida al cuello de la vejiga y a la uretra, cuya secreción es expulsada con el semen en la eyaculación. — s.f. ANATOMÍA

prostático, a
1 De la próstata: *han detectado una infección prostática.* — adj./ANATOMÍA
2 Que padece afección de la próstata. — adj./MEDICINA

prostatitis (De *próstata* + gr. *itis*, inflamación.) Inflamación de la próstata. — s.f./pl: prostatitis MEDICINA

prosternación Acción de inclinarse, arrodillarse, o ambas cosas, en señal de respeto o para suplicar. — s.f. = inclinación

prosternarse (Del fr. *prosterner* < lat. *prosternere*.) Ponerse una persona de rodillas o inclinarse por respeto o para suplicar: *se prosternó ante él suplicando su perdón.* — v.prnl. = postrarse

próstesis (Del gr. *prosthesis*.) Prótesis, adición de un sonido al comienzo de una palabra. — s.f./pl: próstesis LINGÜÍSTICA

prostético, a De la próstesis. — adj./LINGÜÍSTICA

prostibulario, a Que tiene relación con el prostíbulo o es propio de él. — adj.

prostíbulo (Del lat. *prostibulum*.) Casa donde se ejerce la prostitución: *la dueña del prostíbulo sabe cómo manejar a los hombres que acuden allí.* — s.m. = burdel, mancebía

próstilo Se aplica al templo que, además de tener las dos columnas contiguas, tenía otras dos enfrente de las pilastras angulares. — adj. ARQUITECTURA

prostitución
1 Acción y resultado de prostituir o prostituirse. — s.f.
2 Actividad de la persona que mantiene relaciones sexuales con otras a cambio de dinero. — = lenocinio

prostituir (Del lat. *prostituere*, poner en venta.)
1 Inducir a una persona a mantener relaciones sexuales con otras a cambio de dinero. — v.tr/prnl. conj: *huir*
2 Hacer una persona un uso deshonroso de su cargo o autoridad: *prostituyó su cargo de director; el ejecutivo se prostituyó para obtener pingües beneficios.* — = degradar, deshonrar
3 Usar una cosa noble de forma deshonrosa: *prostituyó su talento.* — v.tr. = envilecer

prostituto, a (Del lat. *prostituta*.) Persona que ejerce la prostitución. — s.f.

prosudo, a Se aplica al orador cuyo discurso es pomposo y recargado. — adj./Chile, Ecuad., Perú

prota Protagonista de una película o narración: *que el prota fallezca es un hecho inusual; la prota acaba casándose con el poli bueno.* — adj/s.m.f. coloquial

protactinio Metal radiactivo obtenido de los minerales de uranio. — s.m. QUÍMICA

protagonismo
1 Circunstancia de ser una persona protagonista de una obra literaria, teatral, de una película o de un suceso cualquiera: *no le gusta hablar en público por el protagonismo que implica.* — s.m.
2 Tendencia a atribuirse la parte principal de una actividad: *se porta muy mal porque siempre busca el protagonismo entre los mayores.*

protagonista (Del gr. *prolos*, primero + *agonistes*, actor.)
1 Personaje principal de la acción en una obra literaria, teatral o cinematográfica: *le ofrecieron el papel de protagonista de la serie.* — s.m.f. CINE, LITERATURA, TEATRO
2 Persona que en un suceso cualquiera tiene la parte principal: *fue protagonista de un salvamento en la playa.*

protagonizar Actuar como protagonista. — v.tr./conj: *cazar*

prótalo Pequeña lámina resultante de la germinación de las esporas de los helechos y plantas afines. — s.m. BOTÁNICA

protamina Molécula formada por moléculas de aminoácidos, usada en la fabricación de ciertas insulinas de efecto retardado y como antídoto de la heparina. — s.f. BIOQUÍMICA

prótasis (Del gr. *protasis*, acción de tender por delante.)
1 Oración subordinada o proposición donde el sentido queda pendiente y se completa en las oraciones condicionales siguientes: *en la oración si mañana llueve, no iré a tu casa, si mañana llueve es la prótasis.* — pl: prótasis LINGÜÍSTICA
2 Exposición de los hechos o primera parte del poema dramático. — POESÍA

protático, a De la prótasis de un poema dramático, en especial se aplica al personaje que sólo aparece en ella para hacer la exposición de la obra. — adj. POESÍA

protáceo, a Perteneciente a una familia de plantas angiospermas dicotiledóneas, arbóreas o arbustivas, de hojas alternas y dentadas, flores hermafroditas en espiga o racimo, y fruto con semilla sin albumen. — adj/s.f. BOTÁNICA

proteasa Enzima que hidroliza los prótidos o proteínas en sus elementos constitutivos. — s.f. BIOQUÍMICA

protección
1 Acción y resultado de ayudar o resguardar de un mal: *corrió a él para que le diera protección.* — s.f. = auxilio
2 Cosa que protege: *una cueva le sirvió de protección contra la fuerte tormenta.* — = amparo
3 Dispositivo utilizado para detectar y neutralizar cualquier tipo de perturbación en una instalación eléctrica. — ELECTRICIDAD, TECNOLOGÍA
4 Pieza u objeto que usan algunos deportistas para cubrir las partes del cuerpo más expuestas a los golpes: *lleva protecciones en las rodillas y en los codos.* — DEPORTES
5 **protección civil**: Organización que coordina las ayudas en caso de guerra o catástrofe.

proteccionismo Sistema económico, opuesto al librecambismo, en que se protege la producción nacional gravando con impuestos o prohibiendo la importación de productos extranjeros. — s.m. ECONOMÍA, POLÍTICA

proteccionista
1 Del proteccionismo: *el gobierno practica una política proteccionista.* — adj./ECONOMÍA, POLÍTICA
2 Que es partidario del proteccionismo: *los proteccionistas querían impedir la venta de productos extranjeros.* — adj/s.m.f./ECONOMÍA, POLÍTICA

protector, a
1 Que protege: *se aplicó una crema protectora para tomar el sol.* — adj/s. tb: protectriz
2 Que cuida de los derechos o intereses de una comunidad: *los agentes de policía son protectores de los ciudadanos.*
3 Pieza que se usa en algunos deportes para proteger las partes más expuestas a golpes. — s.m. DEPORTES

protectorado
1 Cargo y ejercicio de la persona encargada de cuidar de los derechos e intereses de una comunidad. — *s.m.*
2 Parte de soberanía que un estado ejerce en territorio que no pertenece por completo a su país y en el que hay autoridades propias. — POLÍTICA
3 Territorio en que se ejerce una soberanía compartida. — POLÍTICA
4 Alta dirección e inspección que se reserva el poder público sobre las instituciones de beneficencia particular. — POLÍTICA
5 Conjunto de autoridades que ejercen esa potestad. — POLÍTICA

protectoría Puesto y empleo de protector en una comunidad. — *s.f.*

protectorio, a Que tiene relación con la protección. — *adj.*

protectriz Protectora, que protege. — *adj./pl: protectrices*

protegedientes Aparato que los boxeadores se colocan entre los dientes para protegerlos de los efectos de los golpes. — *s.m. pl: protegedientes = protector*

proteger (Del lat. *protegere*.)
1 Evitar que una persona o una cosa sufra un daño: *el casco protege la cabeza de golpes; me protejo las uñas con unos guantes.* — *v.tr./prnl. conj: coger = resguardar*
2 Favorecer o apoyar a una persona, proyecto u otra cosa: *dedicó su vida a proteger las artes; siempre protege a los más necesitados.* — *v.tr. = amparar, preservar*
3 Defender el mercado nacional de los productos extranjeros para evitar la caída de la productividad. — ECONOMÍA, POLÍTICA

protegido, a Se aplica a la persona que recibe la protección de otra: *no le despidieron porque era el protegido de uno de los jefes.* — *adj./s.*

proteico, a
I (Del gr. *Proteus*, dios marino.) Que cambia de forma, de ideas o de aspecto. — *adj.*
II (Del gr. *protos*, primero.) De las proteínas y de los prótidos. — *adj. QUÍMICA*

proteido Macromolécula constituida por un encadenamiento de aminoácidos. — *s.m. BIOQUÍMICA*

proteiforme Que cambia de forma con frecuencia. — *adj.*

proteína (Del gr. *protos*, primero.) Cualquiera de las sustancias que forman parte de la materia fundamental de las células vegetales y animales, formadas por aminoácidos y que suelen ser solubles en agua: *las enzimas son proteínas.* — *s.f. BIOLOGÍA, BIOQUÍMICA = proteido*

proteínico, a De las proteínas: *la carne tiene un alto contenido proteínico.* — *adj./BIOQUÍMICA tb: proteico*

proteinuria Presencia de proteínas, permanente o intermitente, en la orina. — *s.f. MEDICINA*

proteo Persona que cambia con frecuencia de opiniones y afectos. — *s.m.f.*

proteólisis Conjunto de reacciones que se dan en la desintegración de las sustancias protídicas complejas. — *s.f./pl: proteólisis BIOQUÍMICA*

proteolítico, a De la proteólisis. — *adj./BIOQUÍMICA*

proteosíntesis Elaboración de proteínas por las células vivas. — *s.f./pl: proteosíntesis BIOQUÍMICA*

proterandria Estado de una flor cuyos estambres maduran antes que el pistilo. — *s.f. BOTÁNICA*

prótero- Componente de palabra procedente del gr. *proteros*, que significa el primero: *proterozoico.* — *pref.*

proteroginia Estado de una flor cuyos pistilos maduran antes que los estambres. — *s.f./BOTÁNICA = protoginia*

protervia Cualidad de malo o perverso. — *s.f./culto*

protervidad Protervia, cualidad de perverso. — *s.f./= perversidad*

protervo, a (Del lat. *protervus*, violento.) Que es malo o perverso. — *adj/s./culto = malvado*

protésico, a
1 De la prótesis o terapia que remplaza un órgano por otro artificial. — *adj. MEDICINA*
2 Ayudante del odontólogo encargado de preparar y ajustar las piezas y aparatos para la prótesis dental. — *s. MEDICINA*

prótesis (Del gr. *prothesis*, anteposición.)
1 Procedimiento quirúrgico que remplaza un órgano o parte del mismo por otro órgano o parte artificial. — *s.f./pl: prótesis MEDICINA*
2 Pieza destinada a remplazar un órgano o una parte del mismo: *tiene varias prótesis dentales.* — MEDICINA
3 Desarrollo de un elemento vocálico o consonántico no etimológico al principio de una palabra. — LINGÜÍSTICA

protesta
1 Manifestación de oposición o desaprobación respecto de una cosa que se considera injusta: *puede dirigir sus protestas al departamento correspondiente.* — *s.f. = disconformidad ≠ aprobación = crítica*
2 Documento o acto en el que se manifiesta dicha desaprobación: *firmó un manifiesto de protesta por la nueva ley.*
3 Promesa que asegura el cumplimiento de una cosa.
4 Declaración jurídica hecha para asegurar el derecho que uno tiene. — DERECHO
5 **protesta de mar**: Declaración justificada que el mando a un buque, para dejar a salvo su responsabilidad en casos fortuitos. — NÁUTICA

protestable Que puede ser protestado. — *adj./DERECHO*

protestación
1 Protesta, manifestación de disgusto u oposición respecto de una cosa. — *s.f. = oposición*
2 **protestación de la fe**: 1. Confesión pública que una persona hace de la religión o creencia que profesa. 2. Fórmula dispuesta por el Concilio de Trento y por los sumos pontífices para enseñar las verdades de la fe católica. — RELIGIÓN, RELIGIÓN

protestante
1 Que se opone a una cosa por considerarla injusta: *fueron muchos los profesionales protestantes por la normativa nueva.* — *adj.*
2 Del protestantismo religioso: *el culteranismo es una doctrina protestante.* — RELIGIÓN
3 Que profesa el protestantismo en alguna de sus formas. — *adj/s.m.f. RELIGIÓN*

protestantismo Doctrina religiosa nacida en el siglo XVI que se separó del catolicismo y originó un gran número de doctrinas, como el culteranismo, el luteranismo o el anglicanismo. — *s.m. RELIGIÓN*

protestar (Del lat. *protestari*, afirmar.)
1 Manifestar oposición a una cosa por considerarla falsa, ilegal o incorrecta: *protestó contra su afirmación; protesta por su forma de vestir; protesta de esa acusación.* — *v.intr. = criticar, reclamar*
2 Quejarse por sentir dolor o por una cosa que no se quiere hacer: *deja de protestar porque irás a la escuela; protestó mucho mientras le curaban la herida.* — *= lamentarse*
3 Afirmar una cosa con seguridad: *protesto de mi respeto a la opinión ajena.* — *+ de*
4 Hacer el protesto de una letra de cambio. — *v.tr./COMERCIO*
5 Declarar una idea o un propósito.
6 Manifestar una persona sus creencias o ideas.

protestativo, a Que implica protesta: *presentaron firmada una declaración protestativa.* — *adj.*

protesto
1 Protesta, acción y resultado de oponerse a una cosa. — *s.m.*
2 Diligencia por lo común notarial, con que se testifica la negativa a pagar una letra de cambio, para garantizar los derechos y acciones de quienes han intervenido en el giro. — COMERCIO, DERECHO
3 Testimonio por escrito en que consta este requerimiento notarial. — COMERCIO, DERECHO

protético, a (Del gr. *prothesis*, anticipación.) Se aplica al elemento vocálico que se añade al principio de una palabra: *vocal protética.* — *adj. LINGÜÍSTICA tb: prostético*

protídico, a De los prótidos. — *adj./BIOQUÍMICA*

prótido Sustancia fundamental de las células, compuesta únicamente por proteínas o bien por proteínas y otro componente. — *s.m. BIOQUÍMICA*

protisto Ser vivo unicelular de núcleo diferenciado, como el paramecio y la ameba. — *s.m. BIOLOGÍA*

proto- Componente de palabra procedente del gr. *protos*, que significa primero: *prototipo.* — *pref.*

protoalbéitar
1 Primer veterinario entre los albéitares. — *s.m./VETERINARIA HISTORIA*
2 Miembro o vocal del antiguo protoalbeiterato. — HISTORIA

protoalbeiterato Tribunal en que se aprobaban y examinaban a los albéitares o veterinarios para que pudieran ejercer. — *s.m. HISTORIA*

protocloruro Cuerpo compuesto resultante de la combinación del cloro con un radical. — *s.m. QUÍMICA*

protocolar
1 Del protocolo: *las normas protocolares exigen traje de gala en esta ocasión.* — *adj.*
2 Incorporar al protocolo un documento que lo requiere: *protocoló el testamento ante notario.*

protocolario, a Del protocolo o que tiene relación con él: *fue un saludo protocolario, pero no apasionado.* — *adj.*

protocolización Acción y resultado de protocolizar una escritura o documento. — *s.f.*

protocolizar Poner una escritura o un documento en el poder del notario: *no es preciso protocolizar las escrituras de una sociedad civil.* — *v.tr./conj: cazar tb: protocolar DERECHO*

protocolo (Del lat. *protocollum < gr. protokollon*, lo pegado en primer lugar.)
1 Conjunto de escrituras originales y otros documentos autorizados por un notario y custodiados en su despacho. — *s.m. DERECHO*
2 Acta o cuaderno de actas relativas a un acuerdo o cualquier otro asunto diplomático: *buscaré en el protocolo la fecha en que se formalizó el documento.* — POLÍTICA
3 Conjunto de reglas para la celebración de ceremonias diplomáticas o de palacio: *según el protocolo, la disposición de los invitados no es la correcta.*
4 Conjunto de las reglas de cortesía o de urbanidad establecidas en un lugar o en una actividad: *es una norma de protocolo que los hombres cedan el paso a las mujeres.*

5 Conjunto de reglas que rigen el intercambio de informaciones entre dos equipos o entre dos sistemas conectados entre sí. — **INFORMÁTICA**

protoestrella Materia interestelar en proceso de condensación para formar una nueva estrella. — **s.f. ASTRONOMÍA**

protófito Vegetal unicelular. — **s.m./BOTÁNICA**

protogalaxia Galaxia en proceso de formación. — **s.f./ASTRONOMÍA**

protogina Variedad de granito verdoso que ha sufrido un ligero proceso de metamorfización. — **s.f. GEOLOGÍA**

protoginia Estado de una flor cuyo pistilo madura antes que los estambres. — **s.f./BOTÁNICA** = **proteroginia**

protohistoria (Del gr. *protos*, primero + lat. *historia* < gr. *historia*.)
1 Período de la vida de la humanidad intermedio entre la prehistoria y la historia, del cual no se poseen documentos escritos, cuyo conocimiento se basa en la tradición oral. — **s.f. HISTORIA**
2 Estudio e investigación de este período. — **HISTORIA**
3 Obra que trata sobre este período comprendido entre la prehistoria y la historia. — **HISTORIA**

protohistórico, a De la protohistoria: *la edad de los metales se considera una época protohistórica.* — **adj. HISTORIA**

protomártir Título que se da a san Esteban, el primero de los mártires. — **s.m. RELIGIÓN**

protomedicato
1 Tribunal que examinaba a los futuros médicos y concedía las licencias necesarias para el ejercicio de la medicina. — **s.m. HISTORIA**
2 Cargo de protomédico o médico del rey. — **HISTORIA**

protomédico Cada uno de los médicos del rey. — **s.m./HISTORIA**

protón (Del gr. *proton*, primero.) Partícula elemental núcleo del átomo, provisto de carga eléctrica positiva. — **s.m. FÍSICA**

protonema (Del gr. *protos*, primero + *nema, -atos*, hilo, filamento.)
1 Órgano filamentoso, que nace de las esporas de las plantas briófitas y sobre el cual se desarrollan los gametofitos. — **s.m. BOTÁNICA**
2 Talo de las algas, muy sencillo y transitorio. — **BOTÁNICA**

protónico, a
I (Del gr. *protos*, primero + *tónico*.) Se aplica al sonido o sílaba que precede a la tónica. — **adj./LINGÜÍSTICA**
II (Derivado de *protón*.) Del protón. — **adj./FÍSICA**

protonotaría Empleo o título honorífico de protonotario. — **s.f. HISTORIA**

protonotario
1 Notario del rey, jefe de notarios, que refrendaba los despachos, cédulas y privilegios. — **s.m. HISTORIA**
2 protonotario apostólico: Dignidad eclesiástica, con honores de prelacía, que el papa concede a algunos clérigos. — **RELIGIÓN**

protoplaneta Condensación de materia que constituye la primera fase en la evolución de un planeta. — **s.m. ASTRONOMÍA**

protoplasma (Del gr. *protos*, primero + *plasma*, materia modelable.) Sustancia celular que comprende el citoplasma y el núcleo de consistencia más o menos líquida y composición química muy compleja. — **s.m. BIOLOGÍA**

protoplasmático, a Del protoplasma. — **adj./BIOLOGÍA**

protórax Primer segmento de los tres en que se divide el tórax de insectos. — **s.m./pl.: protórax ZOOLOGÍA**

protosol Condensación de materia que constituye la primera fase de la formación de un sistema planetario. — **s.m. ASTRONOMÍA**

protosulfuro Primer grado de combinación de un radical con el azufre. — **s.m. QUÍMICA**

prototerio, a Perteneciente a un orden de mamíferos ovíparos. — **adj/s.m./ZOOLOGÍA** = **monotrema**

prototípico, a Del prototipo: *llevaba un peinado prototípico de los años sesenta.* — **adj.**

prototipo (Del gr. *protos*, primero + lat. *typus* < gr. *typos*, carácter grabado.)
1 Primer ejemplar de una cosa o molde original que sirve de modelo para fabricar otras iguales: *realizaron unas modificaciones en el prototipo antes de comercializarlo.* — **s.m.** = **arquetipo**
2 Modelo perfecto de una cualidad, vicio o virtud: *es un prototipo de virtud; es el prototipo de hombre ambicioso.* — = **paradigma**

protóxido Cuerpo que resulta de la combustión del oxígeno con un radical, en su primer grado de oxidación. — **s.m. QUÍMICA**

protozoo (Del gr. *protos*, primero + *zoon*, animal.) Perteneciente a un tipo de organismos unicelulares de núcleo diferenciado, sin clorofila, en general dotados de boca, como los ciliados, los flagelados, los rizópodos y el hematozoo del paludismo. — **adj/s.m. ZOOLOGÍA** = **protozoario**

protráctil (Del lat. *protractilis*.) Se aplica a la lengua que puede proyectarse mucho fuera de la boca: *la lengua de muchos reptiles es protráctil.* — **adj. ZOOLOGÍA**

pro tribunali (Expresión latina.) Como corresponde al juez o a los tribunales. — **loc.adv. DERECHO**

protrombina Globulina precursora de la trombina en el proceso de coagulación de la sangre. — **s.f. BIOQUÍMICA**

protuberancia (Del lat. *protuberare*.)
1 Prominencia con forma redondeada: *el tronco del árbol está lleno de protuberancias.* — **s.f.** = **abultamiento**
2 Masas de vapores incandescentes visibles en la superficie del sol. — **s.f.pl. ASTRONOMÍA**
3 protuberancia anular o cerebral: Prominencia de forma cuadrada en la cara inferior del encéfalo que antecede al bulbo raquídeo y contiene núcleos y vías nerviosas. — **ANATOMÍA**

protuberante Que sobresale más de lo considerado normal, justo o razonable: *tiene una barbilla protuberante.* — **adj.** = **prominente**

proturo, a Perteneciente a un orden de pequeños insectos muy primitivos, sin alas y sin antenas, que viven en ambientes húmedos. — **adj/s.m. ZOOLOGÍA**

protutor Cargo establecido por el código civil para intervenir las funciones de la tutela y asegurar su recto ejercicio. — **s.m. HISTORIA**

protutoría Función de protutor. — **s.f./HISTORIA**

provecho (Del lat. *profectus*.)
1 Utilidad o beneficio obtenido de una cosa: *obtuvo gran provecho de su dinero con la inversión en bolsa.* — **s.m.** = **ganancia**
2 Utilidad o beneficio proporcionado a una persona: *no le harás ningún provecho si te niegas a hablar con él.* — = **ganancia**
3 Aprovechamiento o adelantamiento en las ciencias, artes o virtudes: *saca provecho de sus clases de repaso.* — = **avance, progreso**
4 Efecto que produce el alimento en el organismo: *come despacio para sacar provecho de la comida.* —
5 Emolumentos que se adquieren fuera del sueldo o salario. — **s.m.pl.** = **plus**
6 buen provecho: Deseo de que una cosa sea útil o conveniente a la salud o bienestar de uno, en especial se usa hacia quien está comiendo o bebiendo. — **formal**
7 de provecho: Se aplica a la persona o cosa útil: *es un hombre de provecho y les sacará adelante.* — **loc.adj.**

provechoso, a Que produce provecho o utilidad: *el negocio resultó provechoso para los inversores; el estudio es provechoso para el futuro.* — **adj.** = **beneficioso** ≠ **perjudicial**

provecto, a (Del lat. *provehere*, avanzar.)
1 Que tiene muchos años: *se casó con un hombre provecto por conveniencia.* — **adj./**= **anciano** ≠ **joven**
2 Que está muy adelantado en un proceso. — = **maduro**

proveedor, a Empresa o persona que se encarga de suministrar los efectos necesarios a otra empresa, persona o comunidad: *el proveedor de papel llegará mañana.* — **s. COMERCIO** = **provisor**

proveeduría
1 Empleo o cargo de proveedor. — **s.f.**
2 Casa donde se almacenan y distribuyen las provisiones: *las conservas están embaladas en la proveeduría.*

proveer
1 Proporcionar las cosas necesarias o convenientes a un fin: *hemos provisto de alimentos a nuestros aliados; la escuela se provee de libros.* — **v.tr/prnl. part.tb: provisto** + **de/= suministrar**
2 Reunir las cosas necesarias para un fin: *se han provisto de bebidas para la fiesta.* — = **preparar**
3 Realizar los trámites necesarios para un asunto o gestión. — **v.tr.** = **gestionar**
4 Dar un empleo a una persona: *proveerán los puestos vacantes con alguno de los asistentes a la prueba.* — = **emplear**
5 Dar o pronunciar un juez una resolución no definitiva. — **DERECHO**
6 Exonerar el vientre. — **v.prnl.**
CONJ.: IND.: PRET. INDEF.: proveí, proveíste, *proveyó*, proveímos, proveísteis, *proveyeron*. SUBJ.: PRET. IMPERF.: *proveyera, -ese, proveyeras, -eses, proveyera, ese, proveyéramos, -ésemos, proveyerais, -eseis, proveyeran, -esen.* FUTUR.: *proveyere, proteyeses, proveyera, proteyéremos, proteyeses, proveyera, proreyeren.*

proveído Resolución judicial interlocutoria o de trámite. — **s.m. DERECHO**

proveimiento Acción de proveer. — **s.m./= provisión**

provena (Del lat. *propago, -aginis*.) Mugrón de la vid que se entierra para que nazca una planta nueva. — **s.f. AGRICULTURA**

proveniencia Origen de una cosa: *desconozco la proveniencia de esa carta.* — **s.f.** = **procedencia**

proveniente Que proviene o tiene su origen en una cosa. — **adj. tb: proviniente**

provenir (Del lat. *provenire*, aparecer.) Venir una cosa de otra: *a menudo la intransigencia proviene de la soberbia; el ruido proviene del piso de abajo.* — **v.intr./conj: venir** + **de** = **derivar, proceder**

provento Producto o renta de una cosa. — **s.m.**

provenzal
1 De Provenza, región histórica del sur de la Francia actual. — **adj.**
2 Persona natural de Provenza. — **s.m.f.**
3 Conjunto de dialectos occitanos hablados en el sur de Francia. — **LINGÜÍSTICA**

provenzalismo
1 Expresión o construcción que se consideran propias y características de la lengua provenzal. — **s.m. LINGÜÍSTICA**

2 Afición o afecto por el mundo y la cultura provenzales.

provenzalista Persona dedicada al estudio de la lengua, literatura o cultura provenzales. | s.m.f.

proverbiador Libro o cuaderno donde se anotaban proverbios, refranes, máximas u otras cosas que merecían ser recordadas. | s.m.

proverbial
1 De los proverbios: *le gusta usar frases proverbiales en su discurso.* | adj.
2 Que es notorio o conocido por todos: *logró coger al gato del árbol con su proverbial agilidad.*

proverbiar Usar una persona proverbios con frecuencia. | v.intr.

proverbio (Del lat. *proverbium*.)
1 Frase de origen popular y de forma fija que expresa una idea, consejo o enseñanza: *suele usar proverbios para aconsejar a sus hijos.* | s.m. = refrán, sentencia
2 Obra dramática en la que se escenifica un refrán. | TEATRO

proverbista Persona aficionada a decir proverbios o a coleccionarlos o estudiarlos. | s.m.f.

provicero, a Persona que vaticina o adivina el futuro. | s.m./= adivino

providencia
1 Prevención o medida encaminada al logro de un fin: *se tomaron todas las providencias para que nada saliera mal.* | s.f. = precaución
2 Disposición o medida que se toma para hacer frente a un hecho o a sus consecuencias. | = prevención
3 Resolución judicial sobre cuestiones de trámite o peticiones sencillas, en la que no se mencionan los motivos. | DERECHO
4 Cuidado y previsión que tiene Dios de sus criaturas: *la divina providencia.* | RELIGIÓN
5 Dios, según la religión cristiana, considerado como sabio gobernante de sus criaturas. | RELIGIÓN
6 a la providencia: Sin más amparo que el de Dios. | loc.adv.
7 como primera providencia: Como primera decisión o disposición: *de momento, como primera providencia, despejaremos la zona del atentado.* | loc.adv.
8 tomar una providencia: Adoptar una determinación: *piénsalo bien antes de tomar una providencia.*

providencial
1 Que es muy oportuno: *qué visita más providencial, estaba pensando en ti.* | adj.
2 Se aplica al suceso que siendo fortuito provoca un resultado positivo: *su salida al campo de juego fue providencial.*
3 De la providencia divina. | RELIGIÓN

providencialismo Creencia en la constante intervención de Dios en los sucesos humanos. | s.m. RELIGIÓN

providencialista
1 Del providencialismo. | adj./RELIGIÓN
2 Que profesa o es partidario del providencialismo. | adj./s.m.f./RELIGIÓN

providenciar
1 Adoptar las disposiciones necesarias para hacer una cosa. | v.tr.
2 Buscar las soluciones necesarias para remediar o concertar un hecho. | = disponer
3 Dar un juez una orden o una disposición para resolver un asunto. | DERECHO

providente Que se comporta con prudencia y precaución. | adj. = prudente

próvido, a (Del lat. *providus*.)
1 Que se muestra dispuesto y diligente para proveer o dar lo que hace falta. | adj. = propicio
2 Que resulta propicio o adecuado para un fin. | = favorable

provincia (Del lat *provincia*.)
1 Cada una de las grandes divisiones de un territorio o estado, sujeta por lo común a una autoridad administrativa. | s.f. = departamento
2 Cada uno de los distritos en que se dividen un territorio las diócesis y que contiene determinado número de conventos. | RELIGIÓN
3 Territorio conquistado por los romanos fuera de la metrópoli y sujeto a las leyes romanas. | HISTORIA
4 El resto del país, por oposición a la capital: *harán una gira por provincias.* | s.f.pl.

provincial
1 De la provincia: *la diputación provincial dirige y administra la provincia.* | adj.
2 Religioso que gobierna las casas y conventos de una provincia. | s.m. RELIGIÓN

provinciala Superiora religiosa que gobierna las casas y conventos de una provincia, en ciertas órdenes. | s.f. RELIGIÓN

provincialato
1 Dignidad de provincial o provinciala. | s.m./RELIGIÓN
2 Tiempo que dura el gobierno de un provincial o de una provinciala. | RELIGIÓN

provincialismo
1 Tendencia a destacar y exagerar los valores o características propias de la provincia en que se ha nacido: *a pesar de vivir en otro país, su provincialismo sigue vivo.* | s.m.
2 Expresión o construcción usadas tan sólo en una provincia o comunidad: *en el diccionario se indican los provincialismos.* | LINGÜÍSTICA = regionalismo

provincianismo
1 Carácter de lo provinciano: *el provincianismo de tu pueblo natal me resulta gracioso.* | s.m.
2 Mentalidad cerrada debido al excesivo apego a las costumbres y modos de vida de una sociedad determinada, con exclusión de los demás. | SOCIOLOGÍA
3 Modo de ser y de comportarse de un provinciano o persona no acostumbrada a las ciudades. | despectivo

provinciano, a
1 Que vive en una pequeña ciudad o capital de provincia: *déjame de capitales, yo me quedo siendo un provinciano.* | adj/s. ≠ capitalino
2 Que tiene relación con la provincia o con los provincianos. | adj.
3 Que se comporta con poca desenvoltura ante formas de vida más adelantadas. | adj/s./despectivo = inculto, paleto

provisión
1 Abastecimiento o suministro de lo necesario para algún fin: *cargaron el barco de provisiones para el viaje.* | s.f. = proveimiento
2 Cosas que se tienen guardadas o reservadas para un fin: *hace provisión de conservas para las fiestas navideñas.*
3 Aprovisionamiento de dinero y útiles de mantenimiento para cuando sean necesarios.
4 Medida o disposición tomada para el logro de un objetivo. | = previsión
5 Despacho o mandamiento en nombre del rey que expedían algunos tribunales para que se ejecutase lo que decían en ellos. | HISTORIA
6 Tienda de comestibles en la que también se venden frutas y verduras. | Argent. Urug. COMERCIO
7 provisión de fondos: Existencia de fondos con que atender al pago de letras o cheques. | ECONOMÍA

provisional Que no es definitivo: *tiene un contrato provisional; han abierto un paso provisional mientras arreglan la carretera.* | adj. = temporal ≠ definitivo

proviso Se usa en la expresión **al proviso** para indicar al instante, de inmediato. | loc.adv.

provisor, a
1 Persona o empresa que suministra lo necesario para otra. | s. = proveedor
2 Juez eclesiástico nombrado por el obispo con potestad para ocuparse de causas eclesiásticas. | s.m. RELIGIÓN

provisora Monja que administra la casa en los conventos. | s.f. RELIGIÓN

provisorato
1 Empleo u oficio de provisor. | s.m./= provisoría
2 Oficinas y tribunal del provisor. | RELIGIÓN

provisoría
1 Provisorato, empleo y oficio de provisor. | s.f./RELIGIÓN
2 Departamento donde se guardan y distribuyen los víveres en los conventos y otras comunidades.

provitamina Sustancia inactiva que contienen muchos alimentos que se transforma en una vitamina activa dentro de un organismo. | s.f. BIOQUÍMICA

provocación
1 Acción con que se intenta producir una reacción violenta en otra persona: *su provocación recibió una dura respuesta.* | s.f. = incitación
2 Incitación a la perpetración de un delito. | DERECHO

provocador, a Se aplica a la persona que provoca o acostumbra a hacerlo: *le advertían que su delantero es un provocador; tiene unos andares muy provocadores.* | adj/s. = incitador

provocante Que provoca. | adj.

provocar (Del lat. *provocare*, llamar para que salga fuera.)
1 Intentar que una persona se enfade con palabras, gestos o acciones: *no le provoques, no te gustará su reacción.* | v.tr. = incitar conj: sacar
2 Incitar a una persona a hacer un cosa con palabras, gestos o acciones: *provocaba a los obreros para que se rebelaran.* | = inducir
3 Ocasionar una cosa otra: *tu actuación provocó muchas críticas; una colilla provocó el incendio.* | = causar, producir
4 Despertar deseo en los demás con palabras, gestos o acciones: *le gusta mucho provocar con la mirada.* | = excitar, insinuarse
5 Causar una cosa una reacción física o emocional: *lo sucedido provocó a risa; el polvo me provoca estornudos.* | v.tr/intr. = incitar, mover
6 Expeler una persona el contenido del estómago. | v.tr/= vomitar Colomb., Perú, Venez.
7 Apetecer, tener ganas de alguna cosa.

provocativamente Con intención de provocar: *viste provocativamente; le habló provocativamente a propósito.* | adv.

provocativo, a Que tiene la propiedad de provocar o excitar: *su actitud provocativa nos ocasionará problemas.* | adj. = incitador

proxémica Ciencia del comportamiento que estudia cómo los seres humanos organizan el espacio. — s.f. SOCIOLOGÍA

proxeneta (Del lat. *proxeneta* < gr. *proxeneo*, hacer de patrono.) Persona que facilita y media en las relaciones sexuales entre otras, con fines lucrativos. — s.m.f.

proxenético, a Del proxeneta. — adj.

proxenetismo Actividad de la persona que facilita las relaciones sexuales entre otras con fines lucrativos. — s.m.

proximal Se aplica a la parte del cuerpo o al órgano que está más próximo al eje o a la línea media del organismo. — adj. ANATOMÍA ≠ distal

próximamente
1 Dentro de poco tiempo: *próximamente en nuestra pantalla el último film de Saura.* — adv. = pronto
2 En lugar próximo o cercano.

proximidad
1 Situación en el tiempo o en el espacio en que se encuentran dos cosas próximas o cercanas: *está nervioso debido a la proximidad del examen.* — s.f. = cercanía ≠ lejanía
2 Lugar próximo o cercano a otro: *vive en las proximidades de la capital.* — = inmediaciones

próximo, a (Del lat. *proximus*, el más cercano.)
1 Que está cerca, respecto al punto espacial o temporal, desde donde se considera: *su casa está próxima a la mía.* — adj. = cercano, contiguo
2 Que está inmediatamente después del lugar o del momento que se considera: *irá la semana próxima; en la próxima calle, gira a la derecha.* — = siguiente ≠ anterior
3 **de próximo:** Dentro de poco tiempo. — loc.adv.

proyección (Del lat. *projectio*, acción de echar adelante.)
1 Acción y resultado de lanzar una cosa. — s.f./= lanzamiento
2 Acción de proyectar una película o dibujo sobre una pantalla: *hoy hay dos proyecciones de la película, a las siete y a las diez.* — AUDIOVISUALES, CINE
3 Película o dibujo animado proyectado en una pantalla: *la proyección tenía cortes en los momentos más importantes.* — = film
4 Figura que resulta al proyectar en una superficie en ella otra figura. — GEOMETRÍA
5 Aquello que sobresale del resto por su importancia o fama: *su nueva obra ha tenido una proyección internacional.* — = envergadura, relieve
6 Localización en el exterior del organismo de las impresiones sentidas por el sujeto. — SICOLOGÍA
7 **proyección cónica:** La que resulta al dirigir todas las líneas proyectantes a un punto. — GEOMETRÍA
8 **proyección ortogonal:** La que resulta al trazar todas las líneas proyectantes perpendiculares a un plazo. — GEOMETRÍA
9 **proyección volcánica:** Materia expulsada por un volcán en erupción. — GEOLOGÍA

proyeccionista
1 Persona que trabaja con un proyector tanto de películas como con focos eléctricos. — s.m.f.
2 Persona que elabora proyectos artísticos, industriales y de todo tipo de planos. — = proyectista

proyectante
1 Que proyecta. — adj.
2 Se aplica a la línea recta que sirve para proyectar un punto en una superficie. — GEOMETRÍA

proyectar (Del lat. *projectare*.)
1 Lanzar una cosa hacia adelante o a cierta distancia: *el buque proyectó varios torpedos hacia el objetivo.* — v.tr. = arrojar, despedir
2 Trazar un plan para realizar una cosa: *proyectaron realizar el robo por la noche.* — = idear, planear
3 Hacer visible la silueta o la sombra de un cuerpo sobre una superficie: *su sombra se proyectó sobre el muro.* — v.tr/prnl.
4 Hacer visible la imagen óptica de una foto, un dibujo o una película sobre una pantalla: *hoy vamos a proyectar las diapositivas del viaje.* — v.tr. = AUDIOVISUALES, CINE
5 Emitir una película en un cine o en la televisión: *proyectan un clásico en versión original.* — CINE
6 Hacer un proyecto de ingeniería o arquitectura. — = diseñar
7 Centrar una persona sus impulsos o sentimientos en otras personas u objetos: *proyectaba sus frustraciones sobre sus hijos.* — SICOLOGÍA
8 Trazar la proyección de una figura sobre un plano. — GEOMETRÍA

proyectil (Del lat. *progicere*.) Cuerpo que se dispara con un arma: *los bombarderos lanzaban proyectiles sobre la ciudad; pudieron extraerle el proyectil que le había alcanzado el brazo.* — s.m. = bala, torpedo

proyectismo Conjunto de actividades, escritos y tendencias de las personas que proponen proyectos para aumentar o mejorar la hacienda pública. — s.m. ECONOMÍA, POLÍTICA

proyectista
1 Persona que hace o dibuja proyectos de obra de ingeniería, arquitectura u otro tipo. — s.m.f. = delineante
2 Persona que idea proyectos de todo tipo para sí mismo o para otras personas. — = planificador

proyectivo, a
1 Que tiene relación con el proyecto o la proyección. — adj.

---

2 Se aplica a las propiedades que conservan las figuras al proyectarse sobre un plano. — MATEMÁTICAS

proyecto, a
1 Que está representado en perspectiva. — adj./GEOMETRÍA
2 Disposición o redacción de un tratado, una ley o un reglamento, o para la ejecución de una cosa: *la ley es todavía un proyecto que debe ser aprobado.* — s.m.
3 Intención o pensamiento de hacer una cosa: *tiene en proyecto pedir una beca para estudiar en el extranjero.* — = plan
4 Conjunto de escritos, cálculos y dibujos que se hacen para diseñar la creación de un obra de arquitectura o de ingeniería.
5 **proyecto de ley:** Propuesta de una ley hecha por el gobierno o jefe del estado a la cámara legislativa. — POLÍTICA

proyector
1 Aparato para proyectar imágenes ópticas: *ya he comprado la pantalla y ahora se estropea el proyector.* — s.m./AUDIOVISUALES, CINE
2 Aparato con el que se obtiene un haz luminoso de gran intensidad: *varios proyectores iluminaban la zona de búsqueda.* — = foco, reflector

proyectura Elemento de construcción que sobresale de un muro. — s.f. ARQUITECTURA

prudencia
1 Templanza o moderación en las palabras o las acciones: *puede comer dulces, pero con prudencia; ten prudencia al darle la noticia.* — s.f. = discreción, mesura
2 Precaución para evitar riesgos: *ten prudencia con el coche para que no te ocurra nada.* — = cautela, sensatez ≠ imprudencia
3 Buen juicio para percibir la diferencia entre las cosas. — = discernimiento
4 Virtud, según la Iglesia católica, que consiste en actuar dentro de los límites de lo que es sensato y moral. — RELIGIÓN, TEOLOGÍA

prudencial
1 Que tiene relación con la prudencia: *esperaré un tiempo prudencial y, si no llega, me voy.* — adj. = discreto
2 Se aplica al cálculo que se hace a bulto, sin pretender ser exacto.

prudente (Del lat. *prudens, -entis*, previsor.) Que tiene o se comporta con prudencia: *es muy prudente conduciendo; deberías moderar tus palabras y ser más prudente con lo que dices; considero más prudente no decírselo.* — adj. = cauteloso ≠ imprudente

prueba
1 Acción y resultado de probar: *antes de lavarlo, haz una prueba con un retal a ver si destiñe; nos hizo una prueba del funcionamiento de la máquina.* — s.f. = demostración
2 Razón, testimonio u otro medio con que se pretende probar la verdad o falsedad de una cosa: *no tienen pruebas que demuestren que estuvo aquí.*
3 Indicio o muestra que se da de alguna cosa: *su llamada es una prueba de que te ama.* — = manifestación
4 Ensayo o puesta en práctica de una cosa: *las pruebas con los conejos no han dado el resultado esperado; se dedica a hacer pruebas con prototipos.* — = comprobación
5 Cantidad pequeña de una cosa que se destina para examinarla: *pedí una prueba del agua para analizarla.* — = muestra
6 Acción o situación difícil o peligrosa: *su enfermedad fue una dura prueba para todos.* — = dificultad, penalidad
7 Examen o ejercicio para demostrar los conocimientos o aptitudes: *le hicieron una prueba antes de contratarle.* — = control, test
8 Análisis médico: *las pruebas han dado un resultado negativo.* — MEDICINA
9 Acción y resultado de competir en algunos deportes: *el vencedor de la prueba subió al podium.* — DEPORTES
10 Operación aritmética realizada para comprobar la exactitud de otra hecha con anterioridad: *antes de darla por buena, haz la prueba de la división.* — MATEMÁTICAS
11 Justificación de la verdad de los hechos debatidos en un juicio, hecha por los medios que autoriza la ley. — DERECHO
12 Muestra de la composición tipográfica, sacada para corregir las erratas antes de imprimir: *las pruebas del libro están listas para ser corregidas.* — ARTES GRÁFICAS
13 Muestras en un grabado o de una fotografía. — ARTES GRÁFICAS
14 Probanzas que se hacían, en especial, para comprobar la limpieza de sangre o nobleza del linaje de una persona. — s.f.pl. HISTORIA
15 **prueba antes de la letra:** La de un grabado en el que aún no se ha escrito la leyenda. — ARTES GRÁFICAS
16 **prueba conjetural:** La que se deduce de indicios o presunciones. — DERECHO
17 **prueba de indicios o indiciaria:** La obtenida a partir de los indicios relacionados con un hecho, en general criminal, que se pretende esclarecer. — DERECHO
18 **prueba de nobleza:** Documento que demuestra la condición de noble.
19 **prueba negativa:** Primera imagen obtenida en la cámara oscura, donde los claros y oscuros salen invertidos. — FOTOGRAFÍA
20 **prueba pericial:** Dictamen de una persona versada en cierta profesión que ilustra al juez para que resuelva con acierto el litigio. — DERECHO

21 prueba positiva: Imagen obtenida sobre papel, cristal o metal resultante de la inversión de la prueba negativa, con sus verdaderas luces y sombras. — FOTOGRAFÍA

22 prueba semiplena: La imperfecta o incompleta, como la que resulta de la declaración de un solo testigo cuando *éste es de excepción*. — DERECHO

23 prueba tasada: Sistema de enjuiciamiento antiguo, y en parte aún subsistente, en que la ley, sin dejar la apreciación al criterio del juzgador, mide la fuerza y suficiencia de las pruebas. — DERECHO

24 prueba testifical: La hecha por testigos no implicados en la controversia. — DERECHO

25 prueba testimonial: La expresada por personas o autoridades que gozan de fe pública judicial o extrajudicial. — DERECHO

26 prueba vocal: La que hace el reo a viva voz por propia confesión. — DERECHO

27 a prueba: 1. Indica que el género que se vende puede ser probado antes de adquirirlo. 2. Bien hecho, perfecto. — loc.adv. loc.adv.

28 a prueba de: Se aplica a una cosa con capacidad para resistir la acción de otra sin deteriorarse ni sufrir daño alguno: *es un material a prueba de golpes*. — loc.prep.

29 de prueba: 1. Con consistencia y firmeza en lo físico y en lo moral. 2. Adecuado para probar el límite de la paciencia de uno. — loc.adv.

30 en prueba de: Como muestra de la cosa que se expresa: *en prueba de mi amistad te haré este regalo*. — loc.prep.

31 estar a prueba: Comprobar si una persona o una cosa se adapta a la función o al empleo que se le da: *está a prueba en una empresa y tal vez le contraten*.

32 poner a prueba: Tener a una persona o una cosa en observación o someterla a alguna acción que permita conocer sus cualidades: *puso a prueba el reloj para confirmar que funcionaba bien*.

33 recibir a prueba: Abrir el período del juicio en que los interesados han de proponer sus justificaciones. — DERECHO

pruina Ligero recubrimiento de cera que aparece en las hojas, tallos o frutos de algunos vegetales. — s.f. BOTÁNICA

pruinoso, a Se aplica a la hoja, tallo o fruto que está cubierto de pruina. — adj. BOTÁNICA

pruna Ciruela, fruto del ciruelo o cirolero en algunas zonas. — s.f. BOTÁNICA

prunela
1 Se aplica a una sal que es mezcla de potasa con un poco de sulfato que se obtiene echando azufre en polvo en el nitro fundido. — adj. QUÍMICA
2 Tela de lana gruesa y tupida usada en prendas que requieren resistencia y solidez. — s.f. TEXTIL

pruno Ciruelo, árbol en algunas zonas. — s.m./BOTÁNICA

pruriginoso, a
1 Del prurigo. — adj./MEDICINA
2 Que causa picor. — MEDICINA

prurigo Denominación genérica de diversas afecciones de la piel, a veces de naturaleza alérgica, que se manifiestan con pápulas y picor intenso. — s.m. MEDICINA

prurito (Del lat. *pruritus*.)
1 Picor intenso: *la urticaria suele producir un intenso prurito*. — s.m./MEDICINA = comezón, picazón
2 Deseo vehemente y exagerado de hacer una cosa de la mejor manera posible: *muestra un prurito de orden y control que llega a molestar*. — = anhelo, empeño
3 Inquietud interior de insatisfacción. — = desazón

prusiano, a
1 De Prusia, antiguo país de Europa. — adj./HISTORIA
2 Persona natural de dicho antiguo país europeo. — s./HISTORIA
3 Se aplica a la que se caracteriza por un exagerado sentido de la disciplina: *estudió en un centro prusiano*. — adj. = espartano
4 Lengua báltica extinguida en el siglo XVIII. — s.m./LINGÜÍSTICA

prusiato Sal compuesta por ácido prúsico combinado con una base. — s.m. QUÍMICA

ps Abreviatura de *post scriptum*, texto que se añade a una carta después de firmada. — s.m.

pseudo- Seudo-, componente de palabra procedente del gr. *pseudo- < pseudes*, que significa falso: *pseudohermafrodita*. — pref.

pseudohermafrodita Seudohermafrodita, individuo con la apariencia del sexo contrario al que en realidad tiene. — adj. BIOLOGÍA

pseudohermafroditismo Seudohermafroditismo, calidad de seudohermafrodita. — s.m. BIOLOGÍA

pseudología (Del gr. *pseudo-* falso + *logos*, palabra.) Seudología, trastorno mental. — s.m. SIQUIATRÍA

pseudónimo Seudónimo [en todas sus acepciones]. — adj.

pseudópodo Seudópodo, prolongación del protoplasma que emiten algunos seres unicelulares. — s.m. BIOLOGÍA

psi Letra del alfabeto griego que se translitera por el grupo ps en español. — s.f.

psicastenia Sicastenia, enfermedad mental. — s.f./SIQUIATRÍA

psicasténico, a Sicasténico [en todas sus acepciones]. — adj.

psico- Sico-, componente de palabra procedente del gr. *psykhe*, que significa alma, mente: *psicología*. — pref.

psicoanálisis Sicoanálisis [en todas sus acepciones]. — s.m.

psicoanalista Sicoanalista, especialista en sicoanálisis. — adj/s.m.f. SICOLOGÍA

psicoanalítico, a Sicoanalítico [en todas sus acepciones]. — adj. SICOLOGÍA

psicoanalizar Sicoanalizar, aplicar el psicoanálisis a una persona: *se psicoanalizó para solucionar sus problemas nerviosos*. — v.tr/prnl. SICOLOGÍA

psicocinesia (Del gr. *psykhe*, alma + *kinesis*, movimiento.) Sicoquinesia [en todas sus acepciones]. — s.f.

psicocrítica Sicocrítica, método de crítica literaria. — s.f./LITERATURA

psicocrítico, a Sicocrítico [en todas sus acepciones]. — adj.

psicodélico, a Sicodélico [en todas sus acepciones]. — adj.

psicodisléptico, a Sicodisléptico, sustancia medicamentosa. — adj/s.m. FARMACIA

psicodrama (Del gr. *psykhe*, alma + *drama*, acción teatral.) Sicodrama, terapia de grupo usada en siquiatría. — s.m. SIQUIATRÍA

psicodramático, a Sicodramático, del sicodrama. — adj./SICOLOGÍA

psicofármaco Sicofármaco, medicamento utilizado en el tratamiento de las enfermedades mentales. — s.m. FARMACIA

psicofarmacología Sicofarmacología, estudio de las repercusiones de los medicamentos en el sistema nervioso. — s.f. MEDICINA

psicofísica Sicofísica, parte de la sicofisiología. — s.f./SICOLOGÍA

psicofísico, a Sicofísico [en todas sus acepciones]. — adj./SICOLOGÍA

psicofisiología Sicofisiología, fisiología de los procesos mentales. — s.f. SICOLOGÍA

psicofisiológico, a Sicofisiológico, de la sicofisiología. — adj. SICOLOGÍA

psicogénesis Sicogénesis, estudio de las causas que explican los trastornos mentales. — s.f/pl: psicogénesis SICOLOGÍA

psicogénico, a Sicogénico, que se ha originado o producido en la mente. — adj. SICOLOGÍA

psicokinesia (Del gr. *psykhe*, alma + *kinesis*, movimiento.) Sicoquinesia [en todas sus acepciones]. — s.f. OCULTISMO

psicoléptico, a Sicoléptico, que actúa sobre las funciones síquicas. — adj/s.m. FARMACIA

psicolingüista Sicolingüista, especialista en sicolingüística. — s.m.f. LINGÜÍSTICA

psicolingüística Sicolingüística, ciencia que estudia el comportamiento verbal. — s.f. LINGÜÍSTICA

psicología (Del gr. *psykhe*, alma + *logos*, ciencia.) Sicología [en todas sus acepciones]. — s.f. SICOLOGÍA

psicológico, a Sicológico [en todas sus acepciones]. — adj./SICOLOGÍA

psicologismo Sicologismo, teoría filosófica. — s.m./FILOSOFÍA

psicólogo, a Sicólogo [en todas sus acepciones]. — s./SICOLOGÍA

psicómetra Sicómetra, especialista en sicometría. — s.m.f./SICOLOGÍA

psicometría (Del gr. *psykhe*, alma + *metron*, medida.) Sicometría [en todas sus acepciones]. — s.f. SICOLOGÍA

psicomotor, a Sicomotor [en todas sus acepciones]. — adj./MEDICINA

psicomotricidad Sicomotricidad, correcta integración de las funciones mentales y motoras. — s.f. MEDICINA

psiconeurosis Siconeurosis, conjunto de perturbaciones síquicas y somáticas que son determinadas por factores sicológicos. — pl: psiconeurosis SICOLOGÍA

psicópata (Del gr. *psykhe*, alma + *pathos*, enfermedad.) Sicópata [en todas sus acepciones]. — s.m.f. SIQUIATRÍA

psicopatía (Del gr. *psykhe*, alma + *epathon*, padecer.) Sicopatía [en todas sus acepciones]. — s.f. SIQUIATRÍA

psicopático, a Sicopático, que tiene relación con la sicopatía: *personalidad sicopática*. — adj./s. SIQUIATRÍA

psicopatología (Del gr. *psykhe*, alma + *pathos*, enfermedad + *logos*, ciencia.) Sicopatología, estudio de las causas y naturaleza de las enfermedades mentales. — s.f. SIQUIATRÍA

psicopedagogía Sicopedagogía, rama de la pedagogía. — s.f. SICOLOGÍA

psicopedagógico, a Sicopedagógico, de la sicopedagogía. — adj. SICOLOGÍA

psicoquinesia (Del gr. *psykhe*, alma + *kinesis*, movimiento.) Sicoquinesia [en todas sus acepciones]. — s.f. SICOLOGÍA

psicorrigidez Sicorrigidez, rasgo patológico del carácter. — s.f/pl: psicorrigideces/SIQUIATRÍA

psicorrígido, a Sicorrígido, que muestra sicorrigidez. — adj./SIQUIATRÍA

psicosensorial Sicosensorial, de los estímulos sensoriales y de la actividad mental. — adj. SICOLOGÍA

psicosis Sicosis [en todas sus acepciones]. — s.f/pl: psicosis

psicosocial Sicosocial, del individuo y de su relación con otros y con la sociedad. — adj./SICOLOGÍA, SOCIOLOGÍA

psicosociología Sicosociología, parte de la sociología que estudia las relaciones humanas a través de la conducta síquica. — s.f. SOCIOLOGÍA

psicosociológico, a Sicosociológico, de la sicosociología. — adj. SICOLOGÍA

psicosociólogo, a Sicosociólogo, especialista en sicosociología. — s. SICOLOGÍA

psicosomático, a Sicosomático, de la interdependencia de los aspectos orgánico y mental de las enfermedades. — adj. MEDICINA

psicotecnia Sicotecnia, rama que explora y clasifica las aptitudes de los individuos mediante pruebas. — s.f. SICOLOGÍA

psicotécnico, a Sicotécnico, de la sicotecnia. — adj.

psicoterapeuta Sicoterapeuta, especialista en sicoterapia. — s.m.f. SIQUIATRÍA

psicoterapéutico, a Sicoterapéutico, de la sicoterapia. — adj. SIQUIATRÍA

psicoterapia Sicoterapia, método de tratamiento de ciertas enfermedades mentales. — s.f. SIQUIATRÍA

psicotónico, a Sicotónico, que estimula las facultades síquicas. — adj. FARMACIA

psicótropo, a Sicótropo, que actúa sobre el siquismo. — adj/s.m. FARMACIA

psicrometría Sicrometría, determinación del estado higrométrico del aire. — s.f. FÍSICA

psicrómetro (Del gr. *psykhros*, frío + *metron*, medida.) Sicrómetro, higrómetro que se compone de dos termómetros ordinarios, con el que se calcula el grado de humedad del aire. — s.m. FÍSICA

psique (Del gr. *psykhe*, alma.) Sique, conjunto de las funciones sensitivas afectivas y mentales de una persona. — s.f. SICOLOGÍA

psiquiatra (Del gr. *psykhe*, alma + *iatros*, médico.) Siquiatra, especialista en enfermedades mentales. — s.m.f. SIQUIATRÍA

psiquiatría (Del gr. *psykhe*, alma + *iatreia*, curación.) Siquiatría, ciencia que trata de las enfermedades mentales. — s.f. SIQUIATRÍA

psiquiátrico, a Siquiátrico [en todas sus acepciones]. — adj/s.m.

psíquico, a Síquico [en todas sus acepciones]. — adj./SICOLOGÍA

psiquis (Del gr. *psykhe*, alma.) Siquis, mente. — s.f./pl: psiquis

psiquismo Siquismo [en todas sus acepciones]. — s.m./SICOLOGÍA

psitácido, a Sitácido, de una familia de aves. — adj/s.m./ZOOLOGÍA

psitacismo (Del gr. *psittakos*, papagayo.) Sitacismo [en todas sus acepciones]. — s.m.

psitacosis (Del gr. *psittakos*, papagayo.) Sitacosis, enfermedad infecciosa que sufren los papagayos y otras aves. — s.f. pl: psitacosis VETERINARIA

psoriasis (Del gr. *psora*, araña.) Soriasis, enfermedad crónica de la piel. — s.f./pl: psoriasis MEDICINA

pta Abreviatura de peseta, unidad monetaria española. — s.f. tb: ptas.

pteridofito, a (Del gr. *pteris*, *-idos*, helecho + *phyton*, planta.) Perteneciente a una subdivisión de plantas criptógamas, como los helechos. — adj/s.f. BOTÁNICA

pterig- Componente de palabra procedente del gr. *pterygion*, que significa aleta: *acantopterigio*. — pret/suf. tb: pterigio-

pterigógeno, a Perteneciente a una subclase de insectos alados con metamorfosis completa o incompleta. — adj/s.m. ZOOLOGÍA

pterigoideo, a Del hueso originado a partir de la fragmentación de un cartílago. — adj/s.m. ANATOMÍA

pterigoides De una apófisis ósea de la parte inferior del esfenoides, en la cabeza, con dos ramificaciones terminales y que forma una cavidad en su cara posterior. — adj/s.f. pl: pterigoides ANATOMÍA

ptero- Componente de palabra procedente del gr. *pteron*, que significa ala: *coleóptero*; *pterópodo*. — pret/suf.

pterobranquio, a Perteneciente a una clase de animales acuáticos que viven fijos y en colonias. — adj/s.m. ZOOLOGÍA

pterodáctilo (Del gr. *pteron*, ala + *daktylos*, dedo.) Reptil saurio fósil, extinguido al final de la era secundaria que tenía grandes alas membranosas, carecía de cola y era capaz de volar. — s.m. ZOOLOGÍA

pterópodo, a Perteneciente a un orden de gasterópodos marinos, nadadores y de concha ligera. — adj/s.m. ZOOLOGÍA

pterosaurio, a (Del gr. *pteron*, ala + *sauros*, lagarto.) Perteneciente a un orden de reptiles del secundario, adaptados al vuelo gracias a una amplia membrana sostenida por el quinto dedo de la mano. — adj/s.m. ZOOLOGÍA

ptialina Enzima de la saliva que empieza la digestión del almidón en la masticación y la continúa en el estómago. — s.f. BIOQUÍMICA tb: tialina

ptialismo (Del gr. *ptyalon*, saliva.) Salivación abundante y patológica. — s.m./MEDICINA tb: tialismo

ptomaína Tomaína, producto tóxico. — s.f./QUÍMICA

ptosis Prolapso o caída de un órgano del cuerpo o de parte de él. — s.f./pl: ptosis MEDICINA

-ptosis Componente de palabra procedente del gr. *ptosis*, que significa caída: *gastroptosis*. — suf.

¡pu! Se usa para expresar repugnancia: *¡pu, qué mal olor!* — interj.

púa
1 Cuerpo pequeño, delgado y rígido, acabado en punta afilada: *clavó la madera con unas finas púas; se pinchó con una púa del rosal.* — s.f. = pincho
2 Diente de un peine o cepillo: *tira el peine ese con las púas rotas.*
3 Diente de alambre de la carda.
4 Causa no material de aflicción o padecimiento: *su desaire fue una púa para él.* — = espina
5 Persona astuta y maliciosa: *¡menudo púa de amigo que te deja ahora que le necesitas!* — coloquial
6 Hierro del trompo o peonza: *ya no podré girar el trompo porque se ha roto la púa.*
7 Vástago de un árbol que se introduce en otro para injertarlo: *tira el peine ese con las púas rotas.*
8 Chapa triangular de material fuerte y flexible usada para tañer o tocar la guitarra y otros instrumentos de cuerda: *toca la bandurria ayudándose de una púa.* — MÚSICA
9 Hoja del pino: *el suelo del bosque estaba cubierto de púas.* — BOTÁNICA
10 Espina del erizo y de otros animales. — ZOOLOGÍA
11 **saber una persona cuántas púas tiene un peine:** Ser astuto y habilidoso en los negocios que maneja. — coloquial
12 **sacar la púa al trompo:** Averiguar el origen o la causa de una cosa mediante trámites y diligencias. — coloquial

puado, a
1 Con púas: *el rosal es una planta puada.* — adj.
2 Conjunto de las púas de un peine u otra cosa. — s.m.

puar
1 Hacer púas en un peine u otro objeto. — v.tr./conj: actuar
2 Clavar púas en un objeto: *puó el marco a la lámina.*

pub (Voz inglesa.) Bar donde se oye música y se beben bebidas alcohólicas: *va cada tarde al pub a tomarse una cerveza.* — s.m.

púber (Del lat. *puber*.) Que ha llegado a la pubertad: *tiene granitos porque está en edad púber.* — adj/s.m.f./tb: púbero = adolescente

pubertad (Del lat. *pubértar*, *-atis*.) Edad en que el hombre y la mujer realizan los cambios morfológicos y fisiológicos que manifiestan la aptitud para la reproducción y el paso a la edad adulta. — s.f.

pubes Pubis, parte inferior del vientre. — s.m./pl: pubes

pubescencia
1 Momento en que el hombre y la mujer pasan de la niñez a la edad adulta. — s.f. = pubertad
2 Calidad de velloso. — ZOOLOGÍA

pubescente
1 Que ha llegado a la pubertad. — adj./= púber
2 Que tiene mucho vello. — BOTÁNICA

pubescer Llegar una persona a la pubertad: *parece que la mujer pubesce antes que el hombre.* — v.intr. conj: carecer

pubiano, a Del pubis. — adj.

pubis (Del bajo lat. *pubis* < lat. *pubes*, *-is*.)
1 Parte inferior del vientre, que forma un triángulo entre los muslos, y en las personas se cubre de vello en la pubertad. — s.m./pl: pubis ANATOMÍA = pubes
2 El anterior de los tres huesos que forman el coxal o hueso innominado. — ANATOMÍA

publicable Que puede ser publicado por considerarse su contenido o su presentación adecuados: *escribió un artículo publicable tan sólo en revistas muy especializadas.* — adj. = editable ≠ impublicable

publicación
1 Acción y resultado de hacer pública o difundir una cosa: *el juez no ha emitido la publicación del veredicto.* — s.f. = difusión
2 Acción de imprimir o editar una obra: *aún no ha salido la publicación de la ley en el boletín.* — = edición
3 Obra impresa o editada: *numerosas publicaciones científicas avalan su categoría.*

publicador, a Que publica. — adj/s.

publicano Adjudicatario de un servicio público y, en particular, recaudador de impuestos, entre los antiguos romanos. — s.m. HISTORIA

publicar (Del lat. *publicare*.)
1 Hacer una cosa pública: *mañana publicarán los resultados de la reunión.* — v.tr./conj: sacar = divulgar
2 Decir una cosa que debía mantenerse en secreto: *ya te dije que no publicaras la noticia todavía.* — = pregonar
3 Imprimir una obra: *trabaja en una editorial que publica obras médicas.* — = editar
4 Contener un periódico u otro medio una noticia de interés público: *el diario publica los resultados de la encuesta.*
5 Leer las amonestaciones para el matrimonio y las órdenes sagradas. — RELIGIÓN

publicata
1 Despacho que se da para que se publique a una persona que tiene que recibir órdenes sagradas. — s.f. RELIGIÓN

2 Certificación de haberse publicado dicho despacho. `RELIGIÓN`

publicidad
1 Circunstancia de ser una cosa pública, conocida por todos o casi todos, u ofrecida al conocimiento de la gente: *su reputación resultó perjudicada por la publicidad que se dio a su caso.* `s.f.` `= difusión, divulgación`
2 Conjunto de medios empleados para divulgar una noticia: *la televisión es un gran medio de publicidad.*
3 Divulgación de anuncios comerciales para atraer a posibles clientes o espectadores: *la campaña de publicidad del artículo resultó un éxito de ventas.* `PUBLICIDAD` `= propaganda`
4 Circunstancia agravante de algunos delitos, en especial los que atentan contra personalidades públicas. `DERECHO`
5 dar publicidad a algo: Hacer que mucha gente se entere de ello. `coloquial`
6 en publicidad: De forma pública. `loc.adv.`

publicista
1 Persona especialista en publicidad: *la labor del publicista es fundamental para el éxito del anuncio.* `s.m.f.` `PUBLICIDAD`
2 Persona que escribe para el público, en especial en diarios y otras publicaciones: *me gusta más como publicista que como novelista.* `= columnista`
3 Persona que sabe o escribe sobre derecho público. `DERECHO`
4 Agente de publicidad. `Amér.`

publicitario, a
1 Que tiene relación con la publicidad: *han iniciado una campaña publicitaria del nuevo vehículo.* `adj.` `= propagandístico`
2 Agente de publicidad. `Amér.`

público, a (Del lat. *publicus*.)
1 Que es conocido por todos: *ya es público el compromiso de la princesa; han hecho pública la solución adoptada.* `adj.` `= sabido` `≠ secreto`
2 De todo el pueblo: *suele pasear por un parque público; no puede impedirme el paso, pues es una vía pública.* `= común` `≠ particular` `≠ privado`
3 Que es conocido por mucha gente debido a la actividad que desarrolla fuera de la casa y familia propias: *los periodistas le acosan, pues es un personaje público.*
4 Que está bajo la administración del estado: *la seguridad social es un ente público.* `= estatal`
5 Conjunto de personas que forman una colectividad: *el nuevo centro se ha abierto ya al público.* `s.m.`
6 Conjunto de las personas que participan de unas mismas aficiones o preferencia concurren a un determinado lugar: *cada música tiene su público.* `= afición`
7 Conjunto de las personas reunidas en determinado lugar para asistir a un espectáculo o con otro fin semejante: *el público aplaudía entusiasmado a los actores.* `= auditorio`
8 dar o sacar al público: Publicar algo, darlo a conocer: *aún no se ha dado al público la noticia.*
9 el gran público: La mayoría de la gente, en especial la que no conoce a fondo el tema del que se trata: *explíquese para que la entienda el gran público.*
10 en público: A la vista de todos: *no tuvo pudor de desnudarse en público.* `loc.adv.`

publirreportaje Publicidad insertada en un medio de comunicación bajo la forma de un artículo o de un reportaje. `s.m.` `PUBLICIDAD`

pucelana Puzolana, roca volcánica muy desmenuzada. `s.f.` `GEOLOGÍA`

¡pucha! Expresión que se emplea para comunicar enfado, contrariedad o sorpresa. `interj.` `Amér.`

puchada
1 Cataplasma hecha con harina desleída a manera de puches o gachas. `s.f.`
2 Mezcla de salvado o harina de centeno y habas, para cebar a los cerdos.

puchar Pronunciar una persona palabras: *lleva horas puchando sandeces.* `v.intr./vulgar` `= hablar`

púcher Traficante de drogas en grandes cantidades. `s.m./argot`

puchera Cocido, guiso de legumbres. `s.f./COCINA`

pucherazo
1 Golpe dado con un puchero. `s.m.`
2 Fraude consistente en falsear o alterar los resultados de una elección: *los interventores se percataron de que querían dar el pucherazo en el colegio electoral.* `= cabildada`

puchero (Del lat. *pultarius*.)
1 Recipiente de barro o hierro esmaltado, semejante a un caldero, con un asa, usado en la cocina: *ya puedes echar la verdura en el puchero.* `s.m.` `COCINA` `= marmita`
2 La comida de cada día: *¿qué hay hoy de puchero?* `COCINA`
3 Cocido, guiso de legumbres. `COCINA`
4 Conjunto de gestos que preceden al llanto verdadero o fingido: *no hagas más pucheros.*
5 Cualquier recipiente usado para cocinar: *coge un puchero pequeño para calentar la leche.* `COCINA` `= cazuela`
6 puchero de enfermo: 1. Cocido que se hace para las personas enfermas o con dolencias sin alimentos fuertes. **2.** Cosa consabida. `COCINA` `coloquial`
7 empinar el puchero: Tener para el alimento aunque no sea abundante. `coloquial`
8 salírsele a una persona el puchero: Fallarle el plan o idea que tenía. `coloquial`

9 volcar el puchero: Cometer fraude en una elección. `coloquial`

puches Gachas, cocido de harina, agua y otros ingredientes. `s.m/f.pl.` `COCINA`

pucho
1 Residuo, pequeña cantidad sobrante de alguna cosa. `s.m./Amér. Merid.`
2 Colilla de cigarro. `Amér. Merid.`
3 a puchos: En pequeñas cantidades, poco a poco. `loc.adv./Amér. Merid.`
4 no valer un pucho: No valer nada. `Amér. Merid.`
5 sobre el pucho: De inmediato, enseguida. `loc.adv./Amér. Merid.`

puchuncay Se aplica al último hijo, cundo éste ha nacido bastantes años después del que le precede. `adj.` `Ecuad.`

puchusco, a Hijo menor de una familia. `s./Chile`

pucia Recipiente semejante a una olla cerrada, que se usaba en las farmacias para cocer ciertas infusiones medicinales. `s.f.` `FARMACIA`

puck (Voz inglesa.) Disco plano de caucho utilizado como pelota, en el juego del hockey. `s.m.` `DEPORTES`

pudding (Voz inglesa.) Pastel hecho en un molde, que puede contener cualquier ingrediente. `s.m.` `COCINA`

pudelación Acción y resultado de pudelar el hierro colado. `s.f.` `METALURGIA`

pudelar (Del ingl. *puddle*, revolver el fango.) Hacer el hierro colado dulce, quemando su carbono en los hornos de reverbero. `v.tr.` `METALURGIA`

pudendo, a (Del lat. *pudendus*.)
1 Que causa pudor o vergüenza: *su pudendo acto fue criticado con dureza.* `adj.` `= feo, indecente`
2 Se aplica a las partes o zonas genitales: *cubría sus partes pudendas con las manos.*

pudibundez Manifestación exagerada de pudor. `s.f./pl: pudibundeces`

pudibundo, a (Del lat. *pudibundus*.) Que se muestra en exceso pudoroso. `adj.` `= mojigato`

pudicia (Del lat. *pudicitia*.) Honestidad y pudor en los actos y en las palabras. `s.f.` `tb: pudicicia`

púdico, a (Del lat. *pudicus*.) Que tiene pudor: *siempre ha sido muy púdico para hablar de sus cosas íntimas; no usa las duchas del polideportivo porque es muy púdico.* `adj.` `= pudoroso, recatado` `≠ impúdico`

pudiente Que es rico y poderoso: *su pudiente padrino le consiguió el puesto; los más pudientes no aportaron nada a la causa.* `adj/s.m.f.` `= opulento, potentado`

pudín (Del ingl. *pudding*.) Budín, pastel en molde: *le encanta el pudín de pasas.* `s.m./COCINA` `tb: pudin, puding`

pudinga (Del ingl. *pudding*, salchicha, budín.) Roca sedimentaria detrítica formada por fragmentos redondeados, mezclados con material más fino y cementados. `s.f.` `GEOLOGÍA`

pudor
1 Sentimiento de reserva hacia lo que puede tener relación con el sexo. `s.m.` `= decoro`
2 Vergüenza o timidez que se puede sentir por cualquier causa. `= embarazo`

pudoroso, a Que tiene pudor: *resulta ridícula con esas pudorosas ropas.* `adj.` `= pudibundo`

pudrición
1 Acción o resultado de pudrir o pudrirse: *la fruta está en estado de pudrición.* `s.f.` `= putrefacción`
2 pudrición roja: Enfermedad del tronco de los árboles que convierte el centro en polvo. `BOTÁNICA`

pudridero
1 Vertedero para que se pudra la basura o los desperdicios dejados por las personas. `s.m.` `tb: podridero`
2 Cámara donde se ponen los cadáveres para que se pudran antes de colocarlos en un panteón.

pudridor Pila de las fábricas de papel donde se ponía a remojo el trapo desguinzado. `s.m.` `INDUSTRIA`

pudrigorio Persona llena de achaques y dolencias. `s.m./= podrigorio`

pudrimiento Acción y resultado de pudrir o pudrirse: *el pudrimiento de algunos alimentos provoca un fuerte y desagradable olor.* `s.m.` `= putrefacción`

pudrir (Del lat. *putrere*.)
1 Hacer una cosa que una sustancia orgánica se altere o se descomponga: *las manzanas se pudren; el calor puede pudrir los alimentos.* `v.tr./prnl.` `part: podrido` `tb: podrir`
2 Causar una persona o una cosa enfado o inquietud a otra: *pudre a su hermano con sus impertinencias; se pudre por dentro de impaciencia.* `= exasperar, impacientar`
3 Estar una persona muerta y enterrada: *se pudre mi padre en la tumba.* `v.intr./prnl.`
4 ¡que se pudra!: Se usa para molestar o despachar a la persona a quien se dirige. `coloquial`
CONJ.: INFINIT.: *pudrir* o *podrir*. PART.: *podrido*.

pudú Mamífero rumiante de tamaño pequeño que se parece a la cabra montés y posee cuernos pequeños y rectos. *(Pudu.)* `s.m.` `Argent., Chile` `ZOOLOGÍA`

puebla Siembra que hace el hortelano de cada género de verduras o legumbres. `s.f.` `AGRICULTURA`

pueblada Revuelta popular. `s.f./Amér. Merid.`

pueble Conjunto de trabajadores de una mina.   s.m./MINERÍA

pueblerino, a
1 Que es de un·pueblo o aldea propio o que ha nacido en él: *no está acostumbrado a las costumbres pueblerinas de sus familiares; los pueblerinos le recibieron con cordialidad.*   adj/s. = lugareño
2 Que tiene una mentalidad estrecha o se escandaliza con facilidad: *el muy pueblerino miraba con ojos saltones a las chicas en biquini.*   despectivo = paleto

pueblerío Conjunto de pequeños pueblos   s.m.

pueblero, a
1 De una ciudad o pueblo.   adj./Argent., Urug.
2 Que habita o que es originario de una ciudad o pueblo, en oposición a campesino.   Argent., Urug.

pueblo (Del lat. *populus*.)
1 Población pequeña: *el pueblo tiene tan sólo quinientos habitantes; causaba desolación ver el pueblo abandonado.*   s.m.
2 Conjunto de los habitantes de un país o de un lugar determinado: *el pueblo madrileño.*   = población
3 Conjunto de personas de la misma etnia, religión u otro vínculo que les une en una comunidad, tanto si vive en un país como si son errantes: *el pueblo palestino.*   = comunidad
4 Conjunto de las personas humildes de una población: *la nueva ley perjudica al pueblo.*   = proletariado
5 Conjunto de todos los ciudadanos de un país respecto a sus gobernantes: *las elecciones mostrarán la voluntad del pueblo.*   = ciudadanía
6 País con un gobierno independiente.
7 **pueblo de Dios:** Denominación aplicada al pueblo judío y en general a la iglesia.   RELIGIÓN
8 **pueblo de mala muerte:** El muy pequeño y con malas condiciones de habitabilidad.   despectivo
9 **parecer o ser de pueblo:** Ser tosco o de mentalidad estrecha: *¡pero hombre, claro que la gente viste como quiere, pareces de pueblo!*   coloquial

puelche
1 Viento que sopla de la cordillera andina hacia poniente.   s.m. Chile
2 Indígena que vive en la parte oriental de la cordillera andina.   Chile

puente (Del lat. *pons, pontis.*)
1 Construcción sobre un obstáculo natural o artificial para poder pasar de un lado a otro: *sólo podrás cruzar la carretera por un puente de peatones.*   s.m. ARQUITECTURA, CONSTRUCCIÓN
2 Día laborable en que no se trabaja por encontrarse entre días festivos: *el martes es puente porque lunes y miércoles son fiestas.*
3 Período de vacaciones en el que hay un día laborable en que no se trabaja en medio de dos festivos: *aprovecharon el puente para viajar.*
4 Parte central de las gafas que une los dos cristales: *en la óptica te colocarán bien el puente para que no te marque la nariz.*
5 Conexión realizada entre dos cables que permite el paso de la corriente eléctrica: *de momento pondré cinta aislante en el puente para que tengas luz.*   ELECTRICIDAD
6 Persona o cosa que sirve de conexión entre otras: *ella fue el puente entre los dos amigos.*   = vínculo
7 Ejercicio gimnástico que consiste en curvar el cuerpo hacia atrás hasta tocar con las manos en el suelo.   DEPORTES
8 Plataforma estrecha con barandilla sobre la cubierta de un barco.   NÁUTICA
9 Pieza metálica que usan los dentistas para sujetar un diente postizo a otro natural: *el dentista puso un puente de oro entre las muelas.*   MEDICINA
10 Tablilla puesta en perpendicular en la tabla armónica de los instrumentos de arco para mantener levantadas las cuerdas y comunicar sus vibraciones a dicha tabla.   MÚSICA
11 Pieza que por la parte inferior de la tapa sujeta la cuerda de los instrumentos.   MÚSICA = cordal
12 Plataforma a cierta altura sobre la cubierta y desde la que puede dar las órdenes el oficial de guardia.   NÁUTICA
13 Cada una de las cubiertas que llevan batería en los buques de guerra.   NÁUTICA
14 Madero puesto horizontalmente entre otros dos, verticales o inclinados, o entre un madero y una pared.   CONSTRUCCIÓN
15 Conjunto de los dos maderos horizontales en que se sujeta el peón de la noria.
16 Palo horizontal que en los carros asegura las estacas verticales de uno y otro lado por la parte superior.
17 **puente aéreo:** 1. Comunicación aérea frecuente y continua entre dos lugares: *el puente aéreo Madrid-Barcelona y viceversa sale cada treinta minutos.* 2. Conjunto de instalaciones en un aeropuerto al servicio de dicha comunicación: *nos veremos en la terminal de puente aéreo.*   AERONÁUTICA AERONÁUTICA
18 **puente cerril:** El que es estrecho y sirve para que pase el ganado.   CONSTRUCCIÓN
19 **puente colgante:** El sostenido por cuerdas o cables.   CONSTRUCCIÓN
20 **puente de barcas:** El que está tendido sobre flotadores y sirve como barca.   CONSTRUCCIÓN

21 **puente de los asnos:** Dificultad en el estudio u otra cosa que quita el ánimo para continuar: *la trigonometría era para él un puente de los asnos.*   coloquial
22 **puente de mando o de navegación:** El situado en la parte delantera del barco y en alto, desde donde se mantiene la guardia durante la navegación.   NÁUTICA
23 **puente de Varolio:** Órgano situado en la parte inferior del encéfalo y que conecta el cerebro, el cerebelo y la médula oblonga.   MEDICINA
24 **puente giratorio:** El que puede girar un cuarto de vuelta permitiendo el paso de las naves.   CONSTRUCCIÓN
25 **puente levadizo:** 1. El formado por estructuras móviles que pueden girar alrededor de ejes horizontales. 2. Tablero móvil que se ponía sobre el foso de los castillos y se elevaba para impedir el acceso al recinto fortificado.   CONSTRUCCIÓN CONSTRUCCIÓN
26 **puente transbordador:** El que soporta un carro del que va colgada una barquilla transbordadora y que se suele construir sobre rías o canales a bastante altura para no obstaculizar la navegación.   CONSTRUCCIÓN
27 **calar el puente:** Bajar el que es levadizo.
28 **hacer puente:** Considerar festivo un día laborable que está entre dos festivos: *no haremos puente porque tenemos mucho trabajo.*
29 **por la puente, que está seco:** Se usa para aconsejar el medio más seguro para hacer una cosa.
30 **tender un puente:** Hacer una persona lo posible para que desaparezca la tirantez o frialdad de sus relaciones con otro: *le llamó para tender un puente y olvidar la discusión.*   coloquial

puentear Poner un puente en un circuito eléctrico.   v.tr/ELECTRICIDAD

puentecilla Puente al que se sujetan las cuerdas de los instrumentos musicales.   s.f. MÚSICA

puenting Actividad deportiva que consiste en arrojarse al vacío sujeto por una cuerda elástica desde lo alto de un puente, quedando el saltador balanceándose.   s.m. DEPORTES

puerca (Del lat. *porca*, lomo entre surco y surco.)
1 Cochinilla, crustáceo isópodo de cuerpo anillado y color gris oscuro.   s.f. ZOOLOGÍA
2 Hinchazón de los ganglios linfáticos, en especial del cuello.   MEDICINA = escrófula
3 Pieza del pernio o gozne donde va el anillo.   TECNOLOGÍA
4 Lomo de tierra entre surco y surco arado.   AGRICULTURA

puercada Acción indigna o injusta: *no te perdonaré la puercada que me has hecho.*   s.f. coloquial

puerco, a (Del lat. *porcus*.)
1 Cerdo o cerda, mamífero artiodáctilo doméstico, de cuerpo muy grueso y carne comestible.   s. ZOOLOGÍA
2 Persona sucia y desaseada: *no seas puerco y lávate ahora mismo.*   = cerdo, guarro
3 Persona grosera y maleducada: *el muy puerco le decía obscenidades.*   = indecente, inmoral
4 Persona ruin, interesada y vil: *ha sido un puerco haciéndole esa jugarreta.*   = miserable
5 Jabalí, mamífero artiodáctilo.   ZOOLOGÍA
6 **puerco de mar:** Marsopa, mamífero cetáceo.   ZOOLOGÍA
7 **puerco de simiente:** Verraco, cerdo padre.
8 **puerco espín o espino:** 1. Mamífero roedor histrícido de cabeza pequeña, hocico agudo y cuerpo rechoncho cubierto de largas espinas, nocturno y tímido, que se alimenta de raíces y frutas. (*Hystrix*.) 2. Madero grueso con púas de hierro que se utilizaba para defender posiciones.   ZOOLOGÍA
9 **puerco jabalí:** Jabalí, mamífero artiodáctilo.   ZOOLOGÍA
10 **puerco marino:** Delfín, mamífero cetáceo.   ZOOLOGÍA
11 **puerco salvaje o montés:** Jabalí, mamífero artiodáctilo.   ZOOLOGÍA

pueri- Componente de palabra procedente del lat. *puer, -i*, que significa niño: *puericultura.*   pref.

puericia (Del lat. *pueritia*.) Edad de la persona que media entre la infancia y la adolescencia.   s.f.

puericultor, a Persona que se dedica al cuidado de los niños y niñas en sus primeros años de vida: *el puericultor aconsejó a las madres que dieran papillas de cereales a los bebés.*   s.

puericultura (Del lat. *puer, -i*, niño + *cultura*, cultivo.) Cuidado de la salud y desarrollo de los niños y niñas en sus primeros años, en especial mientras maman: *se decidió por estudiar puericultura.*   s.f.

pueril (Del lat. *puerilis*.)
1 De los niños o de la puericia: *es una empresa especializada en alimentación pueril; a su edad sigue teniendo actitudes pueriles.*   adj. = infantil
2 Que es poco importante o infundado: *no vale la pena discutir por ese asunto pueril; no sé a qué se debe ese miedo pueril a la oscuridad.*   = fútil, insustancial

puerilidad
1 Modo de ser y de comportarse propio de la edad infantil: *el pequeño nos hizo una pregunta con una puerilidad que nos causó risa a todos.*   s.f.
2 Etapa en la vida de una persona entre la infancia y la adolescencia.   = puericia

3 Acción o palabras que hace o dice un adulto y que por su falta de madurez parecen propias de niños: *eso ha sido una puerilidad por tu parte.* = ingenuidad, niñería

4 Cosa de poca importancia o despreciable: *vamos a dejarnos de puerilidades y estudiemos el asunto.* = tontería

puerilizar Convertir una cosa en algo propio de niños: *puerilizaron su relación al no saber comportarse como adultos.* v.tr/prnl. = trivializar

puerilmente De forma infantil: *habla puerilmente para conseguir sus propósitos.* adv.

puérpera (Del lat. *puerpera* < *puer, -i,* niño + *parere,* parir.) Mujer que acaba de parir. s.f. = parida

puerperal Que tiene relación con el puerperio: *algunas mujeres sufren depresiones puerperales.* adj.

puerperio
1 Tiempo posterior al parto: *durante el puerperio estuvo más feliz que nunca.* s.m./MEDICINA = sobreparto
2 Estado de la salud de la mujer que acaba de dar a luz.

puerro (Del lat. *porrum.*)
1 Planta herbácea anual, con un bulbo alargado y sencillo, tallo dilatado en la zona inferior, hojas lisas estrechas, enteras y flores en umbela con pétalos rosados que se cultiva porque el bulbo de su raíz es apreciado como condimento. *(Allium porrum.)* s.m. BOTÁNICA = ajo puerro
2 Cigarro de droga, porro. argot
3 puerro de viña: Planta liliácea que posee numerosos bulbillos y flores acampanadas rojas o blanco-verdosas. *(Allium vineale.)* BOTÁNICA
4 puerro silvestre: Planta semejante a la anterior, pero de hojas semicilíndricas y flores encarnadas que se cría en lugares sin cultivar. *(Allium ampeloprasum.)* BOTÁNICA

puerta (Del lat. *porta.*)
1 Abertura en una pared, valla o en otro lugar para pasar de un lado a otro de ella: *el camion no pasa por la puerta de la cerca.* s.f.
2 Pieza de madera u otro material que cierra el paso en una pared: *al salir, cierra la puerta; puso una puerta de seguridad en su casa; el baño está en la segunda puerta de la izquierda.*
3 Cualquier abertura útil por la que se accede a un lugar: *la puerta de la cueva era muy pequeña; abre la puerta del mueble y lo encontrarás.*
4 Portería en el fútbol y otros deportes: *el balón no llegó a la puerta contraria.* DEPORTES = meta
5 Posibilidad de lograr un objetivo: *su amistad con el gerente fue una puerta para que lo contrataran.* = recurso
6 Casa o vivienda: *vive en la puerta de enfrente.*
7 Entrada a una población, que había sido una abertura en una muralla, y ahora es el acceso normal.
8 Tributos que se pagaban por entrar en una ciudad o introducir productos para venderlos en ella. HISTORIA
9 Primera carta que aparece al volver la baraja al banquero en el juego del monte. JUEGOS
10 puerta abierta: Régimen de franquicia o igualdad aduanera impuesto a ciertos pueblos. COMERCIO
11 puerta blindada: 1. La reforzada por diversos sistemas que se coloca a la entrada de las viviendas particulares. 2. La de acero o fundición situada en una galería. TECNOLOGÍA / MINERÍA
12 puerta de servicio o accesoria: La de un edificio en el que hay otras principales y ésta se usa para el paso de sirvientes, proveedores y otras personas.
13 puerta excusada o falsa: La que no está en la fachada principal del edificio y da acceso a un lugar secreto u oculto.
14 puerta franca: 1. Acceso libre concedido a cualquier presona. 2. Exención de pagar derechos de aduana de algunas personas.
15 puerta giratoria: La formada por dos o cuatro hojas montadas sobre un eje común sobre el que giran.
16 puerta reglar: Aquella por donde se entra a la clausura de las religiosas.
17 puertas de reflujo: Aquellas cuya abertura puede ser accionada por la marea de un dique o dársena cerrada.
18 puerta secreta: La construida de forma que sólo la pueden ver y usar los que saben dónde está y cómo se acciona: *el cuadro era una puerta secreta en la película.*
19 puerta trasera: 1. La que está en la fachada opuesta a la principal de un edificio. 2. Lugar, real o ficticio, que permite el acceso a una cosa de forma indirecta. coloquial
20 puerta vidriera: La que tiene vidrio o cristal en vez de madera para dar luz a la sala.
21 abrir la puerta: Facilitar que suceda una cosa: *la reunión puede abrir la puerta a interesantes acuerdos.* coloquial
22 a las puertas de: De forma inmediata, muy cercano a suceder: *ya estamos a las puertas del período vacacional.* loc.adv.
23 a las puertas de la muerte: En peligro inminente de muerte: *la familia sabía que el abuelo estaba a las puertas de la muerte.* loc.adv.
24 a puerta cerrada: En secreto: *la celebración tendrá lugar a puerta cerrada.* loc.adv.

25 cerrar a una persona la puerta: Dificultar o impedir que suceda una cosa: *tú mismo has cerrado la puerta a cualquier solución.* coloquial
26 cerrársele a una persona todas las puertas: Quedarse sin nada material o inmaterial: *se le cerraron todas las puertas por su mala gestión.* coloquial
27 coger entre puertas a una persona: Sorprenderle para obligarle a hacer una cosa. coloquial
28 coger o tomar la puerta: Irse de una forma brusca: *cogió la puerta y se largó sin más explicaciones.* coloquial
29 dar a una persona con la puerta en las narices: Desairarle o negarle lo que quería: *cuando fui a pedirle ayuda, me dio con la puerta en las narices.* coloquial
30 de puerta a puerta: Del lugar en que se recoge una mercancía al punto donde debe llegar o al destinatario: *no tienen servicio de transporte de puerta a puerta.* loc.adv.
31 de puerta en puerta: De un lugar o persona a otro: *iba de puerta en puerta pidiendo ayuda.* loc.adv.
32 de puertas adentro: En la intimidad: *que esto que te digo quede de puertas adentro.* loc.adv.
33 de puertas afuera: En público: *su comportamiento de puertas afuera es muy distinto al que tiene en casa.* loc.adv.
34 echar las puertas abajo: Llamar con intensidad y fuerte: *¡vale, vale, vas a echar las puertas abajo!*
35 en puertas: A punto de suceder: *voy a estudiar porque el examen ya está en puertas.* loc.adv.
36 enseñarle a una persona la puerta de la calle: Echarle o despedirle: *le enseñó la puerta de la calle porque estaba insultando a su familia.* coloquial
37 entrar una persona por la puerta grande: Acceder a un trabajo por un protector o favor: *seguro que a él, que entró por la puerta grande, no le pedirán explicaciones.* coloquial
38 entrársele a una persona por las puertas una cosa u otra persona: Venirle a su casa cuando menos se lo esperaba: *de repente se le entró por las puertas su hermano, cuñado y sus dos hijos.* coloquial
39 estar o llamar a la puerta una cosa: Estar a punto de suceder: *parece que ya llama a la puerta el frío.* coloquial
40 franquear las puertas a un persona: Ayudarla o acogerla: *le franqueó las puertas presentándole a personas influyentes.* coloquial
41 llamar a las puertas de una persona: Implorar su favor: *ahora le desprecia, pero ya llamará a las puertas de su padre.* coloquial
42 poner a una persona en la puerta de la calle: Echarla o despedirla de un lugar de forma brusca: *le pusieron en la puerta de la calle por estafa.* coloquial
43 poner puertas al campo: Indica la imposibilidad de poner límite a lo que no se admite: *no puedes poner puertas al campo en el amor.* coloquial
44 por puertas: En extrema pobreza: *un desaprensivo le dejó por puertas al robarle lo que llevaba.* loc.adv.
45 salir una persona por la puerta grande: Salir triunfadora: *el mérito era de ella, pero fue él quien salió por la puerta grande.* coloquial
46 tener una persona todas las puertas cerradas: No encontrar ayuda allá donde se acude: *después de todo el daño que ha hecho, ahora tiene todas las puertas cerradas.* coloquial

puertaventana Puerta por la parte exterior de una ventana que sirve para resguardarla del frío. s.f. = contraventana

puerto (Del lat. *portus.*)
1 Lugar en la costa protegido de los vientos y preparado para que los barcos amarren, carguen y descarguen sus mercancías: *atracaron en varios puertos de la costa mediterránea.* s.m. NÁUTICA = fondeadero
2 Conjunto de instalaciones para carga y descarga de barcos y para el comercio con sus mercancías.
3 Población o barrio construido junto a este lugar: *nació en un puerto cantábrico y por eso adoró el mar.*
4 Paso accesible entre montañas: *es preciso el uso de cadenas para cruzar el puerto.*
5 Montaña o cordillera con uno o varios pasos.
6 Asilo o refugio: *su padre siempre fue su puerto cuando tenía problemas.* = amparo, defensa
7 Punto de un equipo electrónico en el que se inserta un línea que lo conecta con sistemas exteriores. INFORMÁTICA
8 puerto de arrebatacapas: 1. Lugar en el que soplan vientos fuertes. 2. Sitio donde hay riesgo de sufrir fraudes. coloquial / coloquial
9 puerto de arribada: Aquel al que llega un barco después de una travesía. NÁUTICA
10 puerto de depósito: El que está habilitado para el depósito de efectos mercantiles sin pagar derechos de aduana mientras no se introduzcan en el país.
11 puerto de mar: Ciudad costera: *Cádiz es puerto de mar.*
12 puerto fluvial: El construido a la orilla de un río.
13 puerto franco: Zona en la que se pueden depositar mercancías sin pagar aduana.
14 puerto habilitado: El que permite realizar importaciones o exportaciones.
15 puerto seco: Aduana en una frontera.

16 agarrar el puerto: Arribar un barco después de muchas dificultades. — NÁUTICA

17 arribar a puerto de salvación: Conseguir una cosa difícil. — coloquial

18 de puertos allende: Se aplica al territorio situado más allá de una sierra. — loc.adv.

19 de puertos aquende: Se refiere al territorio situado más acá de una sierra.

20 llegar a buen puerto: Concluir bien una actividad: *mi proyecto ha llegado a buen puerto.* — coloquial

21 naufragar una persona en el puerto: Frustrarse un proyecto que parecía seguro. — coloquial

22 tomar puerto: 1. Arribar un barco tras muchas dificultades. — NÁUTICA 2. Refugiarse en un lugar seguro de una persecución. — coloquial

puertorriqueñismo
1 Expresión o construcción características de la variedad lingüística del español hablado en Puerto Rico. — s.m. LINGÜÍSTICA
2 Afición por Puerto Rico y lo puertorriqueño.

puertorriqueño, a
1 De Puerto Rico, país insular de las Antillas. — adj./tb: portorriqueño
2 Persona natural de Puerto Rico. — s.
3 Modalidad del español hablado en este país. — s.m./LINGÜÍSTICA

pues (Del lat. *post*, después.)
1 Indica causa, motivo o razón: *vendrá, pues yo se lo pedí.* — conj.
2 Se usa como afirmación, y deshace una duda: *¡pues claro que lo sabía!*
3 Indica consecuencia: *lo terminé todo, pues págame ya.*
4 Indica continuidad, resumen, ilación entre ideas o vuelta a la idea anterior: *repito, pues, lo que dije el primer día; pues, como íbamos diciendo; pasen, pues, los señores.*
5 Indica duda, titubeo ante una respuesta: *¿qué prefieres?, pues, no sé, no estoy muy segura.*
6 Indica pregunta o duda y equivale a *¿y qué?* o *¿por qué?*: *no estás lista?, ¿pues?*
7 Indica énfasis, apoyo o encarecimiento: *¡pues no faltaba más!, ¡pues sí!, ¡estoy de acuerdo!*
8 Indica el final de una pregunta o una oración, en ciertas regiones: *¿no vienes, pues?, pasen por aquí cuando quieran, pues.*

puesta
1 Acción y resultado de poner o ponerse: *hoy te toca a ti la puesta de la mesa.* — s.f.
2 Acción de ponerse el sol u otro astro: *me encanta ver la puesta desde el mar.* — ASTRONOMÍA = ocaso
3 Acción de poner huevos las aves: *no molestes a las gallinas que están en la puesta.*
4 Cantidad de huevos puestos por un ave. — = postura
5 Período de producción de huevos.
6 Oferta en una subasta superior a la de los demás participantes. — = posta
7 Cantidad que pone, en algunos juegos de naipes, el jugador que pierde para ser disputada en las manos siguientes. — JUEGOS
8 Cantidad que apuesta cada jugador en algunos juegos de banca o cartas. — JUEGOS
9 Tajada de carne o pescado. — = posta
10 **primera puesta:** Conjunto de prendas militares que recibe un quinto al ingresar en el cuartel. — MILITAR
11 **puesta a punto:** Regulación de un mecanismo o dispositivo para su correcto funcionamiento: *antes de salir de viaje haré una puesta a punto al coche.*
12 **puesta de largo:** Fiesta en que una o varias jóvenes se presentan en sociedad.
13 **puesta en antena:** Emisión de un programa de radio o televisión: *el próximo mes es la puesta en escena del nuevo programa.* — AUDIOVISUALES
14 **puesta en escena:** Acción de preparar, dirigir y llevar a cabo la representación de una pieza de teatro: *la puesta en escena de la obra fue un éxito.* — TEATRO
15 **puesta en marcha:** Mecanismo de arranque de un automóvil. — MECÁNICA
16 **a puestas:** Al ponerse el sol. — loc.adv.

puestero, a
1 Persona que tiene un puesto de venta en un mercado. — Amér. COMERCIO
2 Persona que tiene a su cargo un puesto de estancia. — Amér. Merid.

puesto, a (Part. pas. irreg. de *poner*.)
1 Que está vestido o arreglado de determinada manera: *entró una señora muy bien puesta.* — adj./= arreglado, peripuesto
2 Que tiene muchos conocimientos sobre una materia o empeño en alguna cosa: *está muy puesto en biología; estaba puesto en cogerlo él.* — + en = versado
3 Sitio o espacio que ocupa una persona o una cosa: *me cedió su puesto en el autobús.* — s.m. = lugar, plaza
4 Lugar señalado para realizar cierta actividad: *todos conocéis vuestros puestos de observación.* — = sitio
5 Posición en una serie ordenada: *de nuevo ha llegado en el primer puesto a la meta.* — = lugar
6 Trabajo desempeñado por una persona por el que cobra un salario: *tiene un puesto de vigilante en mi empresa.* — = empleo, ocupación

7 Tienda pequeña y por lo general ambulante de venta al por menor: *tiene un puesto de pescado en el mercado; siempre compra en un puesto de verduras del mercadillo.* — COMERCIO
8 Aquello que se lleva como abrigo o adorno: *me lo han robado todo, sólo tengo lo puesto.*
9 Lugar provisional o permanente en el que hay personas armadas dispuestas para el servicio: *puesto de la guardia civil; el centinela abandonó su puesto.* — MILITAR
10 Destacamento permanente de la guardia civil o carabineros. — MILITAR
11 Lugar en el que los cazadores esperan ocultos a la caza y desde el que disparan. — CAZA
12 Lugar destinado a que los caballos cubran a las yeguas. — = acaballadero, remonta
13 Cada una de las partes en que se divide una estancia para cuidar la hacienda, y vivienda que allí tiene su responsable. — Argent., Chile, Urug.
14 puesto de control: Lugar donde una o varias personas inspeccionan a personas o vehículos en misión de vigilancia: *ahora pasaremos por el puesto de control de la aduana.*
15 puesto de mando: Lugar en el que se encuentra la persona que está al mando de una unidad militar: *el general observaba las maniobras desde el puesto de mando.* — MILITAR
16 en el puesto de: En el lugar de, sustituyéndolo. — loc.adv.
17 estar, guardar o mantener el puesto: Encontrarse en la posición o lugar que corresponde al cargo: *siempre se ha mantenido en su puesto, por lo que no tengo ninguna confianza con él.* — coloquial
18 puesto que: Indica causa o razón: *no iré puesto que no me han invitado.* — loc.conj.

puf (Voz de creación expresiva.)
1 Taburete bajo tapizado, de forma cilíndrica: *le gusta reposar los pies sobre el puf.* — s.m.
2 **¡puf!:** Se usa para indicar repugnancia o molestia: *¡puf!, ¡qué asco!* — interj.

pufo Acción o resultado de engañar o estafar: *¡menudo pufo te han dado con ese trasto que has comprado!* — s.m. = estafa

púgil (Del lat. *pugil, -ilis*.)
1 Persona que pelea en un combate de boxeo: *los dos púgiles mantuvieron una disputada lucha.* — s.m./DEPORTES = boxeador
2 Gladiador que peleaba con los puños. — HISTORIA

pugilato
1 Lucha de púgiles: *mañana se celebra un importante pugilato.* — s.m./DEPORTES = boxeo
2 Discusión insistente y obstinada: *mantuvieron un violento pugilato por un mal entendido.*

pugilismo Técnica y organización de los combates entre boxeadores. — s.m. DEPORTES

pugilista Luchador profesional, en especial boxeador: *el famoso pugilista anunció que se retiraba del boxeo.* — s.m./DEPORTES = boxeador

pugilístico, a Del boxeo: *es un aficionado a los combates pugilísticos.* — adj. DEPORTES

pugna
1 Batalla o pelea: *resultó herido en la dura pugna que sostuvo.* — s.f. = lucha
2 Enfrentamiento entre países, ideas, intereses o tendencias: *ambos amigos están en pugna por cuestiones políticas.* — = desacuerdo, disputa

pugnacidad Modo de ser de las personas luchadoras o agresivas: *has llevado el asunto con una pugnacidad absurda.* — s.f. = agresividad

pugnante
1 Que lucha por conseguir un propósito. — adj.
2 Que no es partidario de una persona o una cosa o se opone a ella: *mantuvo una posición pugnante hacia la propuesta.* — = contrario

pugnar (Del lat. *pugnare*.)
1 Luchar dos o más personas para conseguir la misma cosa: *tus dos mejores amigos pugnan por el mismo cargo.* — v.intr./+ por, para = combatir, contender
2 Poner empeño en conseguir una cosa: *pugna por liberarse de la cuerda que la ata.* — + por, para = esforzarse
3 Mantener una persona una acción o una cosa para un fin: *siempre ha pugnado por sus derechos.* — + por = porfiar

pugnaz Que es belicoso o agresivo: *su carácter pugnaz le reportará problemas.* — adj./pl: pugnaces ≠ pacífico

puja
I (Derivado de *pujar* < lat. *pulsare*.) Esfuerzo por realizar cierta acción luchando contra los obstáculos que lo impiden: *su vida ha sido una continua puja por prosperar.* — s.f. = lucha, esfuerzo
II (Del cat. *pujar*.)
1 Acción y resultado de pujar en una subasta: *logró el cuadro tras una reñida puja.* — s.f. = licitación
2 Cantidad ofrecida por un pujador: *la puja por la escultura fue de varios millones de pesetas.* — = oferta

pujador, a Persona que hace puja en una subasta. — s.

pujamen (Del cat. *pujament*.) Orilla inferior de una vela. — s.m./NÁUTICA tb: pujame

pujante (Del fr. *puissant* < lat. vulgar *possiens, tis.*) Que tiene pujanza o vigor: *parece un negocio pujante, así que invertiré en él.* — adj. = potente

pujanza (Del fr. *puissance.*) Fuerza y vigor con que se desarrolla o se ejecuta una cosa: *la pujanza de las nuevas generaciones es esperanzadora.* — s.f. = brío, vigor ≠ debilidad

pujar
I (Del lat. *pulsare*, dar empellones.)
1 Hacer fuerza una cosa para pasar o proseguir una acción: *las lágrimas pujaban por salir; pujaban la puerta para abrirla.* — v.intr/tr. + por = pugnar
2 Tener dificultad en explicarse o no acabar de hacerlo. — v.intr.
3 Vacilar y detenerse en la ejecución de una acción. — = titubear
II (Del cat. *pujar*, subir < lat. vulgar *podiare* < *podium*, altozano.) Aumentar la cantidad que se ofrece por una cosa en una subasta: *no puedo pujar una cantidad tan alta.* — v.tr. = licitar, ofertar

pujavante (De *pujar* < lat. *pulsare* + cat. *avant*, adelante.) Herramienta usada por los herradores para cortar los cascos de las caballerías. — s.m.

pujo
1 Fuerte dolor del abdomen que provoca ganas continuas de evacuar el vientre u orinar, con dificultad para lograrlo. — s.m. MEDICINA
2 Deseo violento de exteriorizar la risa o el llanto u otra manifestación de un sentimiento: *no pudo reprimir el pujo y soltó una carcajada.*
3 Ansia de lograr un propósito: *su pujo es ser un famoso bailarín.* — = anhelo
4 Propensión o tendencia a una cosa. — = inclinación
5 **pujo de sangre**: Evacuación de deposiciones que contienen sangre. — MEDICINA

pularda Gallina engordada de forma especial para ser cocinada. — s.f.

pulchinela (Del ital. *pulcinella*, personaje de la comedia napolitana.) Polichinela, personaje burlesco. — s.m.

pulcritud (Del lat. *pulchritudo*, hermosura.) Característica de la persona que actúa con aseo y cuidado tanto en su arreglo personal como en su manera de comportarse y de hablar: *viste con toda pulcritud; le subieron la nota por la pulcritud de sus trabajos.* — s.f. = esmero, minuciosidad

pulcro, a (Del lat. *pulcher, -a, -um*, hermoso.)
1 Que es limpio y cuidadoso en su aspecto, conducta y forma de hacer las cosas: *tiene sus cosas pulcras y arregladas.* — adj. = impecable
2 Que es bello y bien parecido. — = esmerado

pulga (Del lat. *pulex, -icis.*)
1 Insecto afaníptero, pequeño, sin alas, con el cuerpo comprimido y las extremidades adaptadas al salto, que vive como parásito externo sobre la piel de muchos mamíferos y cuyas larvas no son parásitas y viven sobre materia en descomposición. — s.f. ZOOLOGÍA
2 Peonza pequeña.
3 **pulga acuática o de agua**: Pequeño crustáceo de agua dulce y estancada que se desplaza a saltos. — ZOOLOGÍA
4 **pulga de mar**: Pequeño crustáceo marino que queda en las playas con la bajamar y huye dando grandes saltos. *(Talitrus saltator.)* — ZOOLOGÍA
5 **buscar las pulgas a una persona**: Molestarla o hacerla enfadar: *hoy estoy de mal humor así que no me busques las pulgas.* — coloquial
6 **estar de malas pulgas**: Estar de mal humor o excitable: *menudo grito, hoy está de malas pulgas.* — coloquial
7 **hacer de una pulga un elefante**: Exagerar defectos de otra persona: *no es muy agradable pero estás haciendo de una pulga un elefante.* — coloquial
8 **no aguantar, no sufrir o sacudirse las pulgas**: No tolerar y rechazar ofensas o insultos. — coloquial
9 **tener la pulga detrás de la oreja**: Estar inquieto y escamado por alguna cosa: *tiene la pulga detrás de la oreja porque sabe que tramas algo.* — coloquial
10 **tener malas pulgas**: Tener mal genio, ser irritable: *ese hombre tiene muy malas pulgas.* — coloquial
11 **tener pulgas**: Ser nervioso o inquieto: *tu hijo tiene pulgas ¡no para quieto un momento!* — coloquial

pulgada (Del lat. vulgar *pollicata*.) Medida de longitud, cuyo valor oscila entre 2,3 y 2,5 centímetros según el lugar donde se usa. — s.f.

pulgar (Del lat. *pollicaris* < *pollex, -icis.*)
1 Se aplica al dedo más grueso de la mano que puede oponerse a los otros para agarrar. — adj/s.m. ANATOMÍA
2 Se refiere al dedo primero y más grueso del pie, por analogía con la mano. — ANATOMÍA
3 Parte del sarmiento que algunas yemas que se deja en la vid al podarla, para que brote de nuevo. — s.m. AGRICULTURA
4 **menear los pulgares**: 1. Descubrir poco a poco la parte superior de las cartas de la baraja para ver de qué palo son. — JUEGOS 2. Darse prisa en realizar una tarea que se hace con los dedos o con las manos. — coloquial / coloquial
5 **por sus pulgares**: Por su mano, sin ayuda de otro: *logró el cargo por sus pulgares.* — loc.adv.

pulgarada
1 Golpe dado con el dedo pulgar, en especial el que se da dejándolo escapar después de tenerlo sujeto con la yema de otro dedo. — s.f.
2 Porción de una cosa en forma de polvo o granos, tomada entre las yemas del pulgar y otro dedo: *echa una pulgarada de sal.* — = pellizco, pizca
3 Pulgada, medida de longitud.

pulgón Denominación genérica de un grupo de insectos hemípteros de alas membranosas y pequeño tamaño que se alimentan de savia extraída de las plantas con su aparato bucal, pudiendo causar grandes pérdidas. — s.m. ZOOLOGÍA

pulgoso, a Que tiene pulgas: *llévate de aquí a ese perro pulgoso.* — adj/s.

pulguera
1 Lugar donde hay muchas pulgas. — s.f./= pulguero
2 Zaragatona, hierba con flores pequeñas y verdosas cuya semilla se usa en medicina. — BOTÁNICA
3 Extremo de la verga de la ballesta. — = empulguera

pulguero, a
1 Que tiene pulgas. — adj.
2 Lugar donde hay muchas pulgas: *ese descampado es un pulguero, no te acerques.* — s.m. = pulguera

pulguiento, a Que tiene pulgas, pulgoso. — adj./Amér.

pulguillas Persona muy susceptible: *no seas tan pulguillas, que sólo era una broma.* — s.m.f. pl: pulguillas

pulicán Tenaza de dentista. — s.m./= gatillo

pulidamente Con cortesía y refinamiento. — adv.

pulidero Pedacito de trapo o de cuero que se tiene entre los dedos cuando se devana el hilo. — s.m./TEXTIL = pulidor

pulidez Cualidad de pulido: *la pulidez de sus uñas era perfecta.* — s.f. pl: pulideces

pulido, a
1 Que es muy pulcro o aseado: *es muy pulido con su aspecto personal.* — adj. = aseado
2 Acción y resultado de pulir: *las maderas necesitan un buen pulido.* — s.m. = pulimentado

pulidor, a
1 Que pule, arregla o adorna una cosa: *usó una lija pulidora para los marcos.* — adj/s.
2 Instrumento para pulir. — s.m.
3 Trapo o cuero que se tiene entre los dedos cuando se devana el hilo. — TEXTIL = pulidero

pulidora Máquina que sirve para pulir: *el parquet quedó como nuevo al pasarle la pulidora.* — s.f.

pulimentación Acción y resultado de pulir: *hicieron la pulimentación del suelo antes de habitar la vivienda.* — s.f. = pulido

pulimentar Dar brillo o tersura a la superficie de una cosa: *ese producto sirve para pulimentar metales.* — v.tr. = pulir

pulimento (Del ital. *pulimento.*)
1 Acción y resultado de pulir o pulimentar una superficie: *el pulimento de los muebles ha quedado muy bien.* — = brillo, bruñido
2 Sustancia usada para pulimentar: *aplicó un pulimento especial para coches.* — = cera

pulir (Del lat. *polire.*)
1 Poner una cosa lisa y brillante: *pulió los muebles con una cera especial.* — v.tr. = bruñir, pulimentar
2 Dar el último toque o mano a una cosa para que quede perfecta: *puliré las esquinas con una brocha pequeña.* — = retocar
3 Arreglar o adornar a una persona o una cosa: *se pulió mucho para ir al banquete.* — v.tr/prnl. = acicalar, asear
4 Gastar dinero con insensatez y exceso: *ha pulido todos sus ahorros en tonterías; se pule el sueldo en cuatro días.* — = dilapidar
5 Convertir a una persona tosca en cortés y educada: *pulió a su alumno en poco tiempo; se ha pulido desde que ha cambiado de amistades.* — = instruir, refinar
6 Revisar una cosa para mejorarla: *un corrector de estilo pulirá la traducción.* — v.tr. = depurar, mejorar
7 Quitar una cosa a una persona: *un carterista le pulió lo que llevaba.* — = robar
8 Vender o dar una cosa como prenda o empeño. — = empeñar

pulla
1 Palabra o comentario obsceno. — s.f.
2 Comentario agudo con que se ataca, critica o provoca a una persona: *la oposición lanzó duras pullas al presidente.*
3 Comentario ingenioso y picante, dicho con rapidez: *todos reían sus graciosas pullas.*
4 Planga, ave rapaz diurna con plumaje de color blanco negruzco con manchas redondeadas. — ZOOLOGÍA

pullista Persona que dice o hace comentarios críticos, irónicos o picantes. — s.m.f.

pullman (Voz inglesa.)
1 Coche de lujo en ciertas líneas de ferrocarril. — s.m.
2 Autocar equipado con elementos de confort.

pullover (Voz inglesa.) Jersey con mangas, de lana fina, que se mete por la cabeza. — s.m. tb: pulóver

pulmón (Del lat. *pulmo, -onis.*)
1 Órgano de la respiración de las personas y los vertebrados, en general en número par, alojado en el pecho y de estructura esponjosa, blando, flexible y se comprime y dilata. — s.m. ANATOMÍA
2 Órgano de la respiración de los moluscos terrestres, que consiste en una cavidad con muchos vasos sanguíneos, que comunica con el exterior por un orificio, con una estructura parecida a la de las branquias. — ZOOLOGÍA
3 Voz potente o capacidad para gritar mucho: *menudos pulmones tiene ese chico.* — coloquial
4 Resistencia física: *tiene pulmones para hacer ochenta quilómetros de travesía.* — = fondo
5 **pulmón de acero:** Cámara metálica donde se provocan los movimientos respiratorios del paciente mediante alternativas de la presión del aire reguladas de forma automática. — MEDICINA
6 **pulmón marino:** Medusa, celentéreo provisto de células urticantes. — ZOOLOGÍA
7 **ser una persona el pulmón del equipo:** Ser, por lo general un deportista, el componente que realiza un mayor esfuerzo físico sirviendo de apoyo a sus compañeros. — coloquial

pulmonado, a
1 Que tiene pulmones. — adj./ZOOLOGÍA
2 Perteneciente a un orden de moluscos gasterópodos con respiración pulmonar, como la babosa. — adj/s.m. ZOOLOGÍA

pulmonar De los pulmones: *padece una enfermedad pulmonar.* — adj. ANATOMÍA

pulmonaria
1 Planta herbácea con tallos vellosos, hojas aovadas y ásperas de color verde con manchas blancas, flores agrupadas en racimos terminales y fruto seco. *(Pulmonaria.)* — s.f. BOTÁNICA
2 Liquen de color pardo y superficie con ampollas, coriáceo, semejante a un pulmón cortado, que vive sobre los troncos de diversos árboles. *(Lobaria pulmonaria.)* — BOTÁNICA

pulmonía Inflamación del pulmón o de una parte de él: *el médico diagnosticó que era una pulmonía.* — s.f./MEDICINA = neumonía

pulmoníaco, a
1 De la pulmonía. — adj./MEDICINA
2 Que padece pulmonía. — adj/s./MEDICINA

pulóver Prenda de vestir que se introduce por la cabeza y cubre de los hombros a la cintura, tejida con lana. — s.m. tb: pullover

pulpa (Del lat. *pulpa.*)
1 Parte mollar de las carnes, o carne pura sin huesos ni ternilla: *guisó un pollo de mucha pulpa.* — s.f. = carne
2 Carne o parte mollar de la fruta: *no le gusta el sabor de la pulpa del melocotón.*
3 Médula de las plantas leñosas. — BOTÁNICA
4 Fruta fresca deshuesada y triturada para hacer conservas: *la mermelada se hace con pulpa de fruta y azúcar.*
5 Residuo de la remolacha después de extraer el jugo azucarado, y que, bien seco, sirve para pienso.
6 Cualquier materia vegetal reducida a pasta.
7 **pulpa cerebral:** Sustancia blanca del cerebro. — ANATOMÍA
8 **pulpa dentaria:** Tejido rico en células, con muchos nervios y vasos sanguíneos, contenido en el interior de los dientes de los vertebrados. — ANATOMÍA

pulpación Acción de reducir a pulpa algunas partes de los vegetales. — s.f.

pulpejo
1 Masa carnosa y redondeada, de pequeño tamaño, en algunas partes del cuerpo como el lóbulo de la oreja, el dorso de cada parte de los dedos o la palma de la mano en el nacimiento del dedo pulgar. — s.m. ANATOMÍA
2 Parte blanda y flexible del pie de las caballerías en la parte inferior y posterior, donde se clava la herradura.

pulpería Tienda donde se venden bebidas, comestibles, mercería y otros géneros muy variados. — s.f./Amér. Central y Merid.

pulpero, a
1 Del pulpo o de su pesca. — adj./PESCA
2 Utensilio provisto de ventosas y tentáculos para obtener la pulpa de algunas frutas tropicales. — s.m.
3 Persona que tiene una pulpería. — s./Amér.

pulpeta
1 Tajada sacada de la pulpa de la carne. — s.f.
2 Lonja de carne en la que se enrolla un relleno. — COCINA

pulpitis Inflamación de la pulpa, en especial la de los dientes. — s.f./pl: pulpitis MEDICINA

púlpito (Del lat. *pulpitum*, tarima.)
1 Plataforma que hay en algunas iglesias para predicar o dirigir los rezos de los fieles: *ofició la misa desde el púlpito.* — s.m.
2 Cargo o empleo de predicador en algunas órdenes. — RELIGIÓN

pulpo (Del lat. *polypus* < gr. *polypus*, animal de muchos pies.)

1 Molusco cefalópodo que vive en el fondo del mar, con ocho tentáculos provistos de dos filas de ventosas para adherirse a superficies, voraz y de carne comestible. *(Octopus.)* — s.m. ZOOLOGÍA
2 Persona que tiene la costumbre de tocar y manosear a los demás. — coloquial
3 **poner a una persona como un pulpo:** Darle muchos golpes. — coloquial

pulposo, a Que tiene pulpa o un aspecto semejante: *carne pulposa; fruta pulposa.* — adj.

pulque Bebida alcohólica de origen americano que se obtiene haciendo fermentar el jugo obtenido de la pita o maguey antes de florecer. — s.m.

pulquería Tienda donde se vende pulque. — s.f./COMERCIO

pulsación
1 Acción de pulsar. — s.f.
2 Cada uno de los golpes que se dan en el teclado de un ordenador o una máquina de escribir: *consigue teclear doscientas pulsaciones por minuto.*
3 Cada uno de los latidos que una arteria refleja por el impulso comunicado a la sangre por el corazón. — FISIOLOGÍA = palpitación
4 Cada impulso en el movimiento rítmico de un fluido.
5 Variación periódica de la amplitud de una oscilación al combinarse con otra de frecuencia algo diferente. — FÍSICA
6 Acción de pulsar las teclas de un piano o las cuerdas de un instrumento. — MÚSICA
7 Precisión con que se realiza esta operación. — MÚSICA

pulsada Pulsación o latido del organismo. — s.f.

pulsador, a
1 Que pulsa: *sus ágiles dedos pulsadores no se equivocan de tecla.* — adj/s
2 Llamador o botón de un timbre eléctrico: *cambió el pulsador del timbre porque era demasiado pequeño.* — s.m.

pulsante
1 Que pulsa. — adj.
2 Magnitud periódica que varía conservando siempre el mismo signo. — s.m. FÍSICA

pulsar (Del lat. *pulsare.*)
1 Ejercer presión en una cosa con las manos o con los dedos: *pulsa el timbre otra vez.* — v.tr. = presionar
2 Tocar con las cuerdas de un instrumento musical o los mandos de una máquina: *pulsaba las cuerdas de la guitarra con precisión; pulsa el teclado con gran velocidad.* — = tañer, teclear
3 Considerar un asunto o una cosa para decidir la manera de tratarla: *pulsé la opinión de la clase.* — = examinar, tantear
4 Tomar el pulso a una persona. — MEDICINA
5 Dar latidos una cosa que tiene movimiento sensible: *el corazón pulsaba con fuerza en su pecho.* — v.intr. = latir

púlsar Objeto celeste de pequeño diámetro que emite energía radiante e intensa con un período muy regular y se identifica con estrellas de neutrones de rotación muy rápida. — s.m. ASTRONOMÍA

pulsátil Que pulsa o golpea. — adj./= pulsativo

pulsátila (Del lat. científico *pulsatilla.*) Planta perenne de raíz leñosa, hojas en tres segmentos y flor solitaria sin corola y con frutos secos pelosos. *(Anemone pulsatilla.)* — s.f. BOTÁNICA

pulsativo, a Que pulsa o golpea. — adj./= pulsátil

pulseada Acción y efecto de pulsear. — s.f./Amér. Merid.

pulsear Poner a prueba una persona con otra sus respectivas fuerzas apoyando sus codos y cogiéndose de las manos. — v.intr.

pulsera
1 Aro de cualquier materia, en general de metal, que se lleva en la muñeca para adorno u otro propósito: *lleva varias pulseras de oro en la muñeca derecha.* — s.f. = brazalete
2 Venda con que se sujetaba algún medicamento confortante en el pulso de un enfermo. — MEDICINA
3 Melena o cabello que cae sobre la sien. — = guedeja
4 Abultamiento o surco formado por la acumulación de grasa en las muñecas o tobillos de los niños.
5 **pulsera de pedida:** La que el novio, o su familia, regalan a la novia el día de la petición de mano.

pulsímetro (Del lat. *pulsus*, impulso + gr. *metron*, medida.) Aparato para medir la amplitud y frecuencia del pulso. — s.m. MEDICINA = esfigmómetro

pulsión Fuerza biológica inconsciente que genera ciertas conductas. — s.f. SICOLOGÍA

pulso (Del lat. *pulsus*, impulso.)
1 Serie de pequeños golpes que produce la circulación de la sangre, a consecuencia de la expansión y contracción de las arterias, perceptible en varias partes del cuerpo: *el pulso se acelera con el esfuerzo físico.* — s.m. FISIOLOGÍA
2 Parte de la muñeca donde se percibe el latido de las arterias: *no te encuentro el pulso.*
3 Seguridad y destreza en la mano para realizar una acción: *el animador de dibujos animados tiene buen pulso.* — = tino
4 Tiento o cuidado en un negocio: *intenta tratar el tema con pulso si no quieres perder tu oportunidad.* — = discreción, tacto
5 Oposición o conflicto entre varias personas: *los trabajadores continuaban su pulso a la dirección.* — = pugna

6 pulso acelerado: El que presenta un ritmo demasiado alto, a causa de la fiebre o de una aceleración cardiaca producida por esfuerzo físico o sobresalto anímico. — MEDICINA

7 pulso alternante: El arrítmico, caracterizado por la sucesión regular de pulsaciones fuertes y débiles. — MEDICINA

8 pulso filiforme: El que es muy débil apenas perceptible. — MEDICINA

9 pulso lleno: El que produce al tacto la sensación de que la arteria examinada está llena. — MEDICINA

10 pulso saltón: El que produce una sensación de choque violento. — MEDICINA

11 pulso sentado: El sosegado y firme.

12 a pulso: 1. Haciendo fuerza con la muñeca y la mano, pero sin apoyar el brazo: *levantó la caja del suelo a pulso.* 2. Con mucho esfuerzo, sin ayuda de otros: *consiguió el puesto a pulso.* — loc.adv. / loc.adv.

13 de pulso: Se aplica a la persona que actúa de forma juiciosa y prudente. — loc.adj.

14 echar un pulso: Medirse las fuerzas con otro cogiéndose de la mano derecha, apoyando el codo e intentando abatir el brazo del contrario.

15 quedarse sin pulso: Quedarse turbado por alguna noticia o suceso: *se quedó sin pulso del susto que me llevó.* — coloquial

16 sacar a pulso: Concluir un asunto o negocio venciendo las dificultades. — coloquial

17 tomar a pulso: Examinar el peso de una cosa levantándola y moviéndola. — coloquial

18 tomar el pulso: Tantear un negocio: *aún están tanteando el pulso a su empresa.* — coloquial

pulsorreactor Motor de reacción con válvulas móviles en la entrada y constituido por una sola tobera. — s.m. AERONÁUTICA

pultáceo, a (Del lat. *pultes,* puches.)
1 Que tiene consistencia pastosa o blanda. — adj.
2 Que tiene apariencia de podrido o gangrenado, o que lo está. — MEDICINA

pululación Acción y resultado de pulular. — s.f.

pululante Que pulula. — adj.

pulular (Del lat. *pullulare.*)
1 Haber personas, animales o cosas en un lugar: *desde primeras horas de la tarde pululan paseantes por el parque.* — v.intr./+ por = abundar
2 Echar una planta brotes. — BOTÁNICA
3 Aparecer gusanos o insectos de forma rápida y abundante en un lugar.
4 Proceder una cosa de otra. — = originarse
5 Multiplicarse con rapidez los gérmenes o parásitos en el interior de un tejido. — MEDICINA

pulverizable
1 Que puede esparcirse en gotas menudas: *compró el insecticida en forma de líquido pulverizable.* — adj.
2 Que se puede reducir a polvo: *es una roca pulverizable.* — = polvorizable

pulverización
1 Esparcimiento de un líquido en gotas muy menudas: *ten cuidado no te caiga la pulverización en los ojos.* — s.f.
2 Transformación de una cosa en polvo o en partículas muy finas.
3 Destrucción de una cosa o persona: *la armada facilitó la pulverización del enemigo.* — = aniquilación

pulverizador, a
1 Que puede o se puede pulverizar. — adj.
2 Aparato para pulverizar líquidos: *el medicamento también se presenta en pulverizador.* — s.m. = spray

pulverizar (Del lat. vulgar *pulvus < lat. pulvis, -eris,* polvo.)
1 Echar gotas muy pequeñas de un líquido: *se pulverizó el perfume francés.* — v.tr./prnl./conj.: *cazar* = rociar
2 Reducir una cosa a polvo o a partículas muy finas: *la carta se pulverizó con el fuego.* — = polvificar
3 Destruir a una persona o una cosa: *pulverizaremos al enemigo; el conferenciante pulverizó los argumentos presentados por su oponente.* — v.tr. coloquial = machacar

pulverulento, a (Del lat. *pulvis, -eris,* polvo.) Que está reducido a polvo: *tiene que tomarse una sustancia pulverulenta.* — adj. = pulverizado

pum (Voz onomatopéyica.)
1 Indica nada, en absoluto en la expresión **ni pum:** *no he entendido ni pum.* — loc.adv.
2 ¡pum!: Voz que imita el sonido de una explosión o de un disparo. — interj.

puma (Del quechua *puma.*) Mamífero carnívoro americano, de la familia de los félidos, grande y de color leonado uniforme, que vive en bosques y praderas. *(Puma concolor.)* — s.m. ZOOLOGÍA

pumarada Pomarada, lugar poblado de manzanos. — s.f./= manzanar

¡pumba! Expresión usada para reproducir el ruido producido por un golpe o un estruendo de una explosión: *¿te has caído?, he oído un ¡pumba!* — interj.

pumita Roca ígnea volcánica vítrea, muy porosa, de color agrisado y textura fibrosa. — s.f./GEOLOGÍA = piedra pómez

puna (Del quechua *puna,* tierras altas de la Cordillera.)
1 Altiplanicie próxima a los Andes. — s.f./GEOGRAFÍA
2 Terreno llano, raso y desabrigado, donde sopla el viento con facilidad. — Amér. Central y Merid.
3 Soroche, mal de montaña que da sensación de ahogo por la rarefacción del aire. — Amér. Central y Merid.
4 Tierra alta próxima a una cordillera. — Amér. Central y Merid.

punch (Voz inglesa.)
1 Calidad del boxeador, cuyos golpes son decisivos. — s.m./DEPORTES
2 Reserva de potencia física que permite a un atleta hacer un esfuerzo decisivo en un momento dado. — DEPORTES
3 tener una persona punch: Tener gancho y habilidad.

puncha Púa, espina delgada. — s.f.

punchar Punzar con un objeto puntiagudo. — v.tr.

punching-ball (Voz inglesa.) Balón sostenido de forma vertical por una cuerda, que utilizan los boxeadores para entrenarse. — s.m. DEPORTES

punción (Del lat. *ponctio,* acción de punzar.)
1 Acción y resultado de punzar. — s.f.
2 Operación que consiste en abrir los tejidos con un instrumento punzante y cortante. — MEDICINA

puncionar Hacer punciones en una parte del cuerpo: *le puncionaron para aplicarle la anestesia.* — v.tr. MEDICINA

pundonor (Del cat. *punt d'honor.*) Sentimiento de orgullo o amor propio que anima a mantener una actitud y apariencia dignas y respetables, nunca inferiores a las de los demás: *no aceptó la oferta por su pundonor; le hirió en su pundonor con aquellas duras e injustificadas críticas.* — = autoestima, dignidad

pundonoroso, a Que tiene pundonor. — adj/s.

pundos Forma de elefantiasis que afecta en especial a los pies. — s.m./pl: pundos MEDICINA

pungente Que causa dolor físico o moral. — adj.

pungir (Del lat. *pungere,* punzar.)
1 Herir a una persona o un animal con una cosa aguda: *pungió al toro con la pica.* — v.tr./conj.: *surgir* = punzar
2 Sufrir una persona a causa de un sentimiento o una pasión: *el rencor me punge.* — = compungir

pungitivo, a Que hiere o causa dolor físico o moral. — adj./= punzante

punibilidad Elemento legal que caracteriza un hecho como delito. — s.f. DERECHO

punible Que puede ser castigado por considerarse grave: *creo que has cometido una falta punible, así que asume el castigo.* — adj. = castigable

punicáceo, a Perteneciente a una familia de plantas angiospermas dicotiledóneas, arbóreas, de hojas pequeñas, flores vistosas y fruto con múltiples celdillas, como el granado. — adj/s.f. BOTÁNICA

punición Pena o castigo que se aplica a una persona: *se excedieron aplicándole tan dura punición.* — s.f.

púnico, a
1 De Cartago, antigua ciudad cartaginesa en África, o de su lengua. — adj./HISTORIA
2 Persona natural de Cartago. — s./HISTORIA
3 Lengua fenicia hablada por los cartagineses. — s.m./LINGÜÍSTICA

punir (Del lat. *punire.*) Aplicar un castigo o una condena a una persona. — v.tr. = castigar

punitivo, a Que castiga o tiene relación con el castigo: *justicia punitiva.* — adj.

punk (Voz inglesa.)
1 Se aplica a un movimiento musical y contracultural de protesta ante el convencionalismo aparecido en los años setenta . — adj/s.m. pl: punkis tb: punki
2 Que es seguidor de este movimiento musical y contracultural. — adj/s.m.f.

punta (Del bajo lat. *puncta,* estocada.)
1 Extremo agudo de un instrumento con que se puede herir: *se clavó la punta de las tijeras en el dedo.* — s.f.
2 Extremo de cualquier cosa: *prefiero la punta del pan; se ha roto la punta del lápiz; voy a cortarme las puntas.* — = remate, vértice
3 Saliente más o menos angular en el borde de una cosa: *se golpeó con la punta del armario.* — = esquina
4 Colilla de un cigarro. — = toba
5 Clavo pequeño: *clavó unas puntas en el fondo del mueble.* — = púa
6 Pequeña extensión de tierra llana que penetra en el mar. — GEOGRAFÍA = cabo
7 Cuerno del toro. — = asta
8 Cada una de las protuberancias que tienen los cuernos del toro o del ciervo. — ZOOLOGÍA
9 Pequeña cantidad de una cosa: *echa una punta de comino.* — = pizca
10 Cantidad considerable e indeterminada de personas, animales o cosas. — = puñado
11 Pequeña porción de ganado que se separa del rebaño.
12 Cualidad moral o intelectual que se manifiesta de forma leve en una persona: *tiene una punta de loco.* — coloquial ≠ toque
13 Delantero de fútbol que juega más adelantado. — DEPORTES

14 Extremo más delgado de un madero.

15 Sabor de algo cuando empieza a ponerse ácido, en especial el del vino cuando se empieza a avinagrar.

16 Parada del perro de caza cada vez que se detiene la pieza que persigue. — CAZA

17 Madero correspondiente al extremo del tronco, y que queda después de cortados los que sirven para vigas, puntales y otros objetos. — CARPINTERÍA

18 Tercio inferior de la superficie del campo del escudo. — HERÁLDICA

19 Parte media de este tercio. — HERÁLDICA

20 Figura triangular inversa a la pila, con la base en la parte inferior del escudo y el vértice en la superficie. — HERÁLDICA

21 Punzón que se usa para sacar las letras o palabras del molde. — ARTES GRÁFICAS

22 Encaje que forma un adorno con ondas en una de sus orillas. — s.f.pl. / TEXTIL

23 Primeros afluentes de un río, arroyo u otro caudal de agua. — GEOGRAFÍA

24 Paso de ballet en que el bailarín se apoya sólo en los dedos de los pies.

25 Zapatillas usadas para hacer este paso con un refuerzo en el extremo.

26 **punta de diamante:** 1. Diamante pequeño engastado en acero que se usa para cortar vidrio. 2. Adorno de poca altura y en forma de pirámide cuadrangular. — INDUSTRIA

27 **punta de París:** Clavo de cabeza plana y punta piramidal. — CARPINTERÍA

28 **punta seca:** Aguja para grabar al agua fuerte. — ARTES GRÁFICAS

29 **acabar en punta una cosa:** Acabar de forma brusca e inesperada o mal: *la discusión acabó en punta.* — coloquial

30 **agudo como punta de colchón:** Rudo y torpe de entendimiento. — coloquial

31 **andar en puntas:** Andar en diferencias: *creo que anda en puntas con ella, mejor será que no le preguntes.* — coloquial

32 **a punta de lanza:** Con todo rigor: *llevaban las cuentas a punta de lanza.* — loc.adv.

33 **a punta pala:** En abundancia: *había gente a punta pala en la sala.* — loc.adj/adv. / coloquial

34 **a torna punta:** De forma mutua y recíproca. — loc.adv./coloquial

35 **bogar de punta:** Bogar en cada bancada un solo remo. — NÁUTICA

36 **de punta:** De puntillas: *salió del cuarto andando de punta para no hacer ruido.* — loc.adv.

37 **de punta a cabo o a punta:** De parte a parte, por completo: *recorrió el lugar de punta a cabo; se lo sabe de punta a punta.* — loc.adv.

38 **de punta en blanco:** 1. Con todas las piezas de la armadura antigua. 2. Muy arreglado, con los mejores vestidos que se tienen: *se presentó a la fiesta de punta en blanco.* 3. Modo de disparar un arma de fuego con puntería directa, sin usar el alza por haber poca distancia. 4. Abiertamente, sin rodeos. — HISTORIA / loc.adj/adv. / coloquial / loc.adv. / coloquial

39 **en punta:** Posición del barco amarrado perpendicularmente al muelle. — loc.adv. / NÁUTICA

40 **estar de punta una persona con otra:** Estar enfadado, reñido con él: *están de punta por una chica.* — coloquial

41 **estar hasta la punta de los pelos:** Estar harto: *estoy hasta la punta de los pelos del jaleo del vecino.* — coloquial

42 **hacer punta a una persona:** 1. Sobresalir en un grupo por la ropa, las formas o por otra característica: *hace punta entre sus compañeros por su simpatía.* 2. Dirigirse al primero a un lugar: *yo haré punta, que sé bien el camino.* 3. Oponerse a otro. — coloquial / coloquial / coloquial

43 **por la otra punta:** Negación rotunda de una cosa: *¿que si quiero ir? justo por la otra punta.* — coloquial

44 **puntas y collar:** Asomo o indicio de un vicio o maldad en una persona. — coloquial

45 **sacar punta a una cosa:** 1. Afilar el extremo de un lápiz u otro objeto. 2. Atribuir malicia o un significado que no tiene a lo que se dice: *saca punta a todos sus comentarios y él se molesta.* 3. Aprovecharlo para un fin distinto del que le corresponde. — coloquial / coloquial / coloquial

46 **ser de punta una persona o cosa:** Ser sobresaliente en su línea: *es un atleta de punta.* — coloquial

47 **puntas y ribetes:** Ser una cosa de cierta cualidad: *tiene sus puntas y ribetes de filósofo.* — coloquial

48 **tener una cosa en la punta de la lengua:** 1. Estar a punto de decirla: *¡pero si lo tengo en la punta de la lengua, a ver, espera!* 2. Estar a punto de acordarse de ella: *¿el nombre del actor?, lo tengo en la punta de la lengua.* — coloquial / coloquial

49 **tocar a una persona en la punta de un cabello:** Ofenderle en algo leve y sin importancia. — coloquial

50 **una punta de:** Ponderar la abundancia de alguna cosa. — Amér.

puntada

1 Acción y resultado de pasar la aguja o un instrumento semejante por el tejido u otro material que se quiere coser: *haz las puntadas fuertes para que no se descosa.* — s.f. / TEXTIL

2 Espacio que hay entre dos puntadas: *si estás hilvanando, haz las puntadas largas.* — TEXTIL

3 Figura formada por el hilo sobre la tela cada vez que se pasa la aguja: *la máquina puede hacer puntadas en zig zag.* — TEXTIL

4 Alusión sobre un asunto, hecha en apariencia sin intención, para que se hable de él: *déjate de puntadas y dime qué pasa.* — = indirecta, insinuación

5 Sensación dolorosa aguda e instantánea que suele experimentarse de forma repetida: *sintió una puntada en el costado.* — MEDICINA / = punzada

6 Pinchazo producido por el cuerno de un toro. — = cornada

7 **no dar una puntada:** No hacer nada, no adelantar nada en algún asunto: *si no das puntada no puedes adelantar el trabajo.* — coloquial

8 **tirar una puntada:** 1. Lanzar una indirecta para herir a una persona: *supongo que no le caigo bien porque me tira puntadas todo el rato.* 2. No tener conocimiento de un tema: *no da puntada en geografía.* — coloquial / coloquial

puntador Apuntador, persona que apunta. — s.m.

puntal

1 Madero que sostiene de forma provisional una pared u otra obra que amenaza ruina. — s.m. / CONSTRUCCIÓN

2 Cosa o persona que constituye el apoyo o sostén de otra: *siempre dijo que su hijo menor era el puntal de su vejez.* — = soporte

3 Terreno que sobresale en forma de punta.

4 Parte más fina de la caña de pescar cuando está formada por varias piezas. — PESCA

5 Altura de una embarcación desde el plan o fondo hasta la cubierta superior. — NÁUTICA

6 Tentempié o refrigerio entre comidas. — Amér. Central y Merid.

7 Merienda ligera. — Venez.

puntapié

1 Golpe dado con la punta del pie: *dio un fuerte puntapié a la pelota y la lanzó fuera del campo.* — s.m. / = patada, puntillazo

2 **a puntapiés:** Con violencia y poca consideración: *trata a sus padres a puntapiés.* — loc.adv.

3 **mandar a una persona puntapiés:** Conseguir de él lo que se quiere, tenerlo dominado: *manda a su novio a puntapiés.* — coloquial

puntar

1 Escribir las faltas de los eclesiásticos en el coro para recordarlos. — v.tr./RELIGIÓN / = apuntar

2 Poner los puntos con que se representan las vocales en la escritura hebrea o árabe. — LINGÜÍSTICA

3 Poner los puntos del canto del órgano sobre las letras de la escritura musical. — MÚSICA

puntazo

1 Herida producida por la punta de un arma o por otro instrumento punzante. — s.m. / = pinchazo

2 Cornada leve: *el torero recibió un puntazo en el muslo.* — = cornada

3 Dicho agudo con que se hiere o molesta a una persona: *tus puntazos no perdonan a nadie.* — = puntada

4 Cosa o suceso muy bueno: *el nuevo disco es un puntazo; ¡menudo puntazo de fiesta!* — coloquial

punteado, a

1 Se aplica a la línea formada por una sucesión de puntos. — adj.

2 Acción y resultado de puntear o marcar un dibujo. — s.m.

3 Conjunto de puntos hechos en una marca, señal o dibujo: *trazó unas líneas uniendo los punteados para hacer el dibujo.*

punteador Objeto que se utiliza para facilitar el trazado regular de líneas punteadas de un dibujo. — s.m.

puntear

1 Señalar con puntos. — v.tr.

2 Dibujar o grabar una cosa con puntos: *punteaba el cobre haciendo una bonita figura.* — ARTE

3 Trazar la trayectoria de un móvil a partir de algunos de sus puntos. — GEOMETRÍA

4 Coser o dar puntadas en una prenda. — TEXTIL

5 Tocar la guitarra u otro instrumento semejante hiriendo las cuerdas con un dedo: *el guitarrista punteó las cuerdas con precisión.* — MÚSICA

6 Examinar una cuenta partida por partida: *hay que puntear el balance.* — COMERCIO

7 Dirigir una embarcación la proa hacia la parte de donde viene el viento para aprovecharlo mejor: *punteó la barca hacia la brisa.* — v.intr/tr. / NÁUTICA

8 Lanzarse una res vacuna contra una persona o una cosa con cornadas cortas y repetidas. — v.intr. / = embestir

9 Marchar a la cabeza de un grupo de personas o animales. — Amér. Merid.

10 Ocupar el primer lugar en una competición o torneo deportivo. — Méx.

11 Remover la capa superior de la tierra con la punta de la pala. — v.tr./Argent., Chile, Urug.

puntel (Del cat. *puntill.*) Tubo de hierro que se usa en las fábricas de vidrio para sacar del horno la masa que se ha de soplar. — s.m. / INDUSTRIA

punteo Acción y resultado de puntear: *el punteo de las listas está terminado.* — s.m.

puntera

1 Contrafuerte de piel que se sobrepone en la punta de la pala del calzado. — s.f. / = capellada

2 Golpe dado con la punta del pie. · = puntapié

3 Parte de las medias y calcetines que cubre la punta del pie: *tiene que zurcir la puntera del calcetín.*

4 Remiendo hecho en zapatos, calcetines y medias sobre la parte que cubre la punta del pie. · = bigotera, capellada

puntería

1 Acción de disponer un arma para que su proyectil alcance el objetivo: *se apoyó la escopeta con firmeza para hacer puntería.* · s.f.

2 Habilidad del tirador para dar en el blanco: *tiene muy buena puntería.* · = tino

3 Dirección en que se apunta un arma: *rectificó la puntería a la izquierda.*

4 puntería directa: La dirigida a un blanco que ve el tirador.

5 puntería indirecta: La que se dirige a un blanco que no está a la vista del tirador.

6 afinar la puntería: 1. Apuntar con cuidado y atención: *afina la puntería o darás a la ventana.* 2. Poner mucho cuidado y atención en lo que se hace, se dice o se planea: *afina la puntería para no meter la pata en la reunión.* · coloquial

7 dirigir o poner la puntería: Apuntar en sentido material o figurado, a alguna cosa: *puso la puntería en el objeto más caro de la tienda.* · coloquial

puntero, a

1 Que tiene buena puntería. · adj.

2 Que destaca respecto a los demás en alguna actividad: *es el jugador puntero del equipo.* · = destacado, sobresaliente

3 Punzón o vara con que se señala una cosa y se llama la atención sobre ella: *el profesor señalaba los accidentes geográficos con un puntero.* · s.m.

4 Cincel de boca puntiaguda y cabeza plana, usado por los canteros para labrar las piedras muy duras.

5 Instrumento de acero de boca cuadrangular con el que se abren agujeros en las herraduras.

6 Cañita que está unida a la tapa de las crismeras por la parte de dentro y con la que se unge a los que se confirman y olean. · RELIGIÓN

7 Información que proporciona la colocación de un dato en un soporte para almacenar información, o en un archivo. · INFORMÁTICA

8 Se aplica a la persona o animal que va delante de los demás componentes de un grupo. · adj. Amér. Merid.

9 Jugador o deportista que se coloca en primera fila en algunos deportes. · s./Amér. Merid. DEPORTES

10 Delantero que se desempeña en los laterales, en el fútbol. · Argent. DEPORTES

11 El que se halla en primer puesto en las competencias de velocidad. · Argent. DEPORTES

punterola Herramienta que consiste en una barra de hierro con un ojo en el centro para introducir el mango y sostenerla fija mientras se la golpea con el martillo. · s.f. MINERÍA

puntiagudo, a Que acaba en punta: *no me gustan los zapatos puntiagudos.* · adj.

puntilla

1 Adorno consistente en un encaje estrecho hecho de puntas u ondas que se suele añadir o coser a la orilla de otro encaje ancho. · s.f. TEXTIL

2 Instrumento usado por los carpinteros semejante a un cuchillo pequeño con punta redonda, que sirve para hacer trazos. · CARPINTERÍA

3 Puñal corto y agudo con que se remata a las reses. · = cachetero

4 dar la puntilla: 1. Rematar las reses con el cachetero. 2. Causar la ruina de una persona o cosa: *le dieron la puntilla dejándolo en la más absoluta miseria.* · TAUROMAQUIA coloquial

5 de puntillas: 1. Modo de andar consistente en pisar con las puntas de los pies y levantar los talones. 2. De forma sigilosa. · loc.adv.

6 ponerse una persona de puntillas: Persistir con terquedad en una opinión aunque se contradigan. · coloquial

puntillado, a Se aplica a la figura formada por puntos que indica el metal oro cuando no se emplean colores. · adj/s.m. HERÁLDICA

puntillazo Golpe dado con la punta del pie: *dio un puntillazo a la lata.* · s.m. = puntapié

puntillero, a Persona que clava la puntilla al toro para rematarlo. · s/TAUROMAQUIA = cachetero

puntillismo

1 Procedimiento pictórico usado por los neoimpresionistas, caracterizado por descomponer los tonos en pinceladas separadas. · s.m. ARTE

2 Escuela pictórica del siglo XIX, neoimpresionista, caracterizada por usar esta técnica. · ARTE

puntillista

1 Del puntillismo. · adj./ARTE

2 Que practica el puntillismo. · adj/s.m.f./ARTE

puntillo

1 Amor propio exagerado o basado en cosas insignificantes: *ya le ha salido su puntillo al ser vencido.* · s.m/coloquial = pundonor

2 Punto que, puesto a la derecha de una nota o una pausa, aumenta su duración en la mitad. · MÚSICA

puntillón Golpe dado con la punta del pie: *daba puntillones a una lata.* · s.m. = puntapié

puntilloso, a

1 Que tiene mucho amor propio o es muy susceptible: *ten cuidado con cómo se lo dices, que es muy puntilloso.* · adj./coloquial = quisquilloso

2 Que es detallista y cuidadoso: *no se lo cambies de sitio, que ya sabes lo puntilloso que es.* · = concienzudo

puntisecar Secar las puntas de un vegetal: *el sol puntisecó la planta; se puntisecó la planta por el frío.* · v.tr/prnl. conj: sacar

puntiseco, a Se aplica a la planta que tiene las puntas secas. · adj.

puntizón

1 Cada uno de los agujeros que dejan en el pliego las puntas con que lo sujetan al tímpano o bastidor de las prensas. · s.m. ARTES GRÁFICAS

2 Rayas horizontales y transparentes en el papel de tina. · s.m.pl.

punto (Del lat. *punctum.*)

1 Señal o dibujo redondeado y pequeño, perceptible en una superficie: *la línea de puntos divide ambos párrafos.* · s.m. = pinta, mota

2 Signo ortográfico consistente en una pequeña marca redondeada usado para indicar el fin lógico y semántico de un período o frase o después de una abreviatura: *debes acabar el párrafo con un punto.* · GRAMÁTICA

3 Marca ortográfica que se pone sobre las letras i y j: *tiene la costumbre de no poner el punto sobre la i.* · GRAMÁTICA

4 Sitio o lugar: *siempre usa el autobús para ir de un punto a otro de la ciudad.* · = emplazamiento

5 Momento, pequeña porción de tiempo: *se puso a llorar justo en el punto en que por fin me sentaba.* · = instante

6 Ocasión oportuna para una cosa: *llegó justo a punto de ver el espectáculo.* · = momento

7 Cada uno de los asuntos o materias que se tratan en una reunión o discurso: *aquí tienen una relación de los puntos del día.* · = tema

8 Estado actual de un asunto: *llegados a este punto, ya no podemos retroceder en la decisión.* · = situación

9 Cada uno de los aspectos de un tema o asunto: *hay algunos puntos que quiero hablar contigo.* · = cuestión

10 Unidad de tanteo o valoración de algunos deportes o exámenes: *un triple en baloncesto vale tres puntos; cada pregunta de la prueba vale un punto.* · = tanto

11 Cada una de las puntadas que se hace en una labor: *voy a dar unos puntos a la costura porque se ha descosido.* · TEXTIL

12 Modo de enlazar el hilo en las labores de costura: *remata la tela con un punto de cruz.* · TEXTIL

13 Cada una de las lazadas o nudos que forman el tejido de los calcetines, jerseys y de otras prendas: *hace punto con dos agujas largas y un ovillo de lana.* · TEXTIL

14 Tejido hecho con estas lazadas: *hace jerseys de punto a sus hijos.* · TEXTIL

15 Rotura pequeña hecha en cierto tipo de tejido: *tienes un punto en la media que se hará carrera.*

16 Grado de cocción que debe alcanzar un alimento al cocinarlo: *el asado está en su punto.* · = sazón

17 Grado de intensidad que alcanza una cosa: *la película estaba en su punto máximo cuando llamaron a la puerta.* · = grado, nivel

18 Valor que tienen los naipes o los dados representado por un número. · JUEGOS

19 Valor convencional dado a las cartas de la baraja: *la sota vale dos puntos y el tres, diez.* · JUEGOS

20 El que apunta contra el banquero en algunos juegos de azar. · JUEGOS

21 Grado de perfección al que pueden llegar las cualidades morales: *alcanzó un punto de honradez como nadie.* · = nivel

22 Cada una de las partes en que se divide la punta de la pluma estilográfica.

23 Saliente metálico que tienen algunas armas de fuego en vez de mira.

24 Cada una de las perforaciones en que se divide una pieza: *necesito hacer otro punto al cinturón porque no me llega.* · = agujero

25 Lugar público donde se sitúan los coches para alquilarlos.

26 Asunto de menor importancia de una cosa. · = menudencia

27 Hecho bueno o agradable: *ha sido un punto que vinieras a vernos.* · coloquial

28 Puntada que da el cirujano pasando una aguja por los labios de una herida para que se cierren y cicatricen: *tuvieron que ponerme cinco puntos en la brecha.* · MEDICINA

29 Grado de temperatura necesario para que se produzca determinado fenómeno: *el punto de ebullición del agua es de cien grados a nivel del mar.* · FÍSICA

30 Límite mínimo de extensión que no tiene longitud, latitud ni profundidad. · GEOMETRÍA

31 Medida tipográfica que equivale a unos 37 cienmilímetros. · ARTES GRÁFICAS

32 Dolor que se siente al lado del corazón. · MEDICINA

33 Tono de los instrumentos musicales que hace que estén acordes. · MÚSICA

34 Lugar en una carta marítima que indica dónde se cree que se halla la nave, por la distancia y rumbo o por observaciones astronómicas. **NÁUTICA**

35 dos puntos: Signo ortográfico (:) usado antes de una cita que se intercala en el texto o para indicar que se ha terminado el sentido gramatical, pero no el lógico. **GRAMÁTICA**

36 punto accidental: Aquel en que parecen coincidir todas las rectas paralelas a determinada dirección, que no son perpendiculares al plano óptico. **GEOMETRÍA**

37 punto cardinal: Cada uno de los cuatro en que se divide el horizonte, que están determinados por la posición del polo septentrional, el norte, por la del sol a la hora del mediodía, el sur, por la salida del sol, el este, y por la puesta del astro, el oeste. **GEOGRAFÍA**

38 punto céntrico: 1. Centro de una figura geométrica. 2. Fin al que se dirigen las acciones. 3. Lugar muy concurrido: *vive en el punto céntrico de la ciudad.* **GEOMETRÍA**

39 punto crítico: 1. Estado de un cuerpo determinado por su temperatura y presión críticas. 2. Momento difícil: *está pasando por un punto crítico debido a la reciente separación.* **FÍSICA**

40 punto crudo: Momento preciso en que ocurre una cosa. **coloquial**

41 punto de apoyo: 1. Lugar fijo sobre el que estriba una palanca para que la potencia pueda vencer la resistencia. 2. Aquello sobre lo que se basa o sustenta una cosa o persona: *siempre declaró que su mujer había sido su punto de apoyo para escribir.* **MECÁNICA**

42 punto débil o flaco: Aspecto más vulnerable de una persona o cosa: *su primer nieto es su punto débil.* **coloquial**

43 punto de caramelo: Grado de concentración que se da al almíbar al cocerlo que hace que se endurezca al enfriarse. **COCINA**

44 punto de costado: Dolor con punzadas al lado del corazón. **MEDICINA**

45 punto de ebullición: Temperatura a la que un líquido pasa a estado gaseoso. **FÍSICA**

46 punto de fábrica: Trozo de muro que se rehace por la base dejando el resto intacto. **CONSTRUCCIÓN**

47 punto de fusión: Temperatura a la que un sólido pasa a estado líquido. **FÍSICA**

48 punto de mira: 1. Pieza que sobresale del cañón de un arma de fuego que sirve para apuntar al blanco. 2. Objetivo sobre el que se dirige la atención: *su punto de mira ahora es aprobar la prueba.* **MILITAR**

49 punto de nieve: Aquel en el que la clara de huevo adquiere espesor y consistencia. **COCINA**

50 punto de observación: El que se coloca en las cartas de marear como resultado de observaciones astronómicas. **NÁUTICA**

51 punto de partida: Aquello que se toma como fundamento para deducir o tratar un tema: *el punto de partida de la novela es un hecho histórico.*

52 punto de referencia: Dato o documento que sirve para iniciar o completar el conocimiento exacto de una cosa: *el punto de referencia de su tesis es la obra del famoso investigador.*

53 punto de solidificación: Temperatura a la que un líquido pasa a estado sólido. **FÍSICA**

54 punto de vista: Forma de considerar un asunto: *su punto de vista y el mío son bien diferentes.*

55 punto equinoccial: Cada uno de los dos, el de primavera y el de otoño, en que la eclíptica corta el ecuador. **ASTRONOMÍA**

56 punto fijo: Cada una de las temperaturas que se producen siempre en ciertos fenómenos físicos. **FÍSICA**

57 punto filipino: 1. Persona poco escrupulosa y desvergonzada. 2. Calificación de cero en un examen.

58 punto final: 1. El que da por acabado un escrito o una división importante de un texto. 2. Aquello con lo que se da por terminado un asunto: *y ya, como punto final, veremos un actuación humorística.* **GRAMÁTICA**

59 punto fuerte: Cualidad destacada en una persona: *su punto fuerte son las letras.*

60 punto muerto: 1. Posición de los engranajes de la caja de cambio de un automóvil en que el movimiento del árbol del motor no se transmite al mecanismo que actúa sobre las ruedas. 2. Posición del émbolo en las máquinas de vapor, motores de explosión, u otros aparatos, en que no actúa sobre el cigüeñal por haber terminado la carrera o por no haberla iniciado. 3. Estado de un asunto que no puede llevarse adelante por cualquier motivo: *las negociaciones entre sindicatos y patronal están en punto muerto.* **MECÁNICA** **MECÁNICA** **coloquial**

61 punto musical: Nota en la escritura musical. **MÚSICA**

62 punto negro: 1. Lugar muy peligroso o conflictivo: *el cruce de ambas carreteras nacionales es un punto negro.* 2. Poro de la piel con grasa y suciedad acumulada.

63 punto neurálgico: 1. Aquel en que el nervio se hace superficial o donde nacen sus ramas cutáneas. 2. Parte delicada, importante o difícil de tratar de un asunto: *el tema de la subida salarial es el punto neurálgico del problema.* **MEDICINA** **coloquial**

64 punto radiante: Lugar de la esfera celeste de donde parecen irradiar las estrellas fugaces cuando aparecen en gran cantidad. **ASTRONOMÍA**

65 punto triple: Aquel en que, dadas una serie de condiciones especiales de temperatura y presión, pueden subsistir en equilibrio los tres estados de una sustancia. **FÍSICA**

66 punto visual: Término de la distancia necesaria para ver los objetos con claridad.

67 punto y aparte: 1. El que se pone cuando termina un párrafo y el texto continúa en el renglón siguiente. 2. Comentario que está al margen de lo que se estaba diciendo. **GRAMÁTICA**

68 punto y coma: Signo ortográfico (;) con el que se indica una pausa mayor que en la coma. **GRAMÁTICA**

69 punto y seguido: El que se pone al finalizar un período y el texto continúa en el mismo renglón, después de este signo. **GRAMÁTICA**

70 puntos suspensivos: Signo ortográfico (...) con que se indica que queda incompleto el sentido de una oración, o para indicar la omisión de alguna parte de un texto o autoridad que se copia literalmente. **GRAMÁTICA**

71 a buen punto: A tiempo: *has llegado a buen punto para acompañarnos.* **loc.adv.**

72 al punto: En seguida, sin tardanza: *al punto te traigo lo que me pides.* **loc.adv.**

73 a punto: 1. Con la disposición necesaria para que una cosa sirva para el fin a que se destina: *todo está a punto para la ceremonia; el coche está a punto para el viaje.* 2. A tiempo: *llegas a punto para probar el pastel.* **loc.adj/adv.** **loc.adv.**

74 a punto de: Indica la proximidad de la acción que expresa el infinitivo: *está a punto de salir.* **loc.adj/adv.**

75 a punto fijo: Con certidumbre: *a punto fijo que vendrá.* **loc.adv.**

76 a punto largo: Sin esmerarse, de forma basta. **loc.adv.**

77 aquí finca el punto: En esto está el problema.

78 a o hasta tal punto que: Indica los resultados que se derivan de una acción o situación: *está enfadado hasta tal punto que no quiere verte.* **loc.adj.**

79 bajar de punto: Decaer del estado anterior.

80 bajar de punto: Descender de un signo a otro. **MÚSICA**

81 con puntos y comas: Con todo lujo de detalles: *nos relató su aventura con puntos y comas.* **loc.adv.** **coloquial**

82 dar en el punto: Encontrar o dar con la dificultad: *dimos en el punto al averiguar que el fallo era informático.*

83 dar punto: Cesar en una actividad: *tras varias horas de estudio, dio punto y salió a pasear.* **coloquial**

84 de punto: Se aplica a la tela o prenda tejida: *lleva un pantalón de punto elástico.* **loc.adj.**

85 de todo punto: Por entero, sin que falte nada: *es de todo punto imposible que asista.* **loc.adv.**

86 en buen o mal punto: En buena o mala ocasión o momento: *llegó en mal punto para que le atendiera.* **loc.adv.**

87 en punto: Sin sobrar ni faltar nada: *son las doce en punto; llegó a la cita a la hora en punto.* **loc.adj.**

88 en punto de caramelo: Por completo preparada y dispuesta una cosa para un fin: *todo está en punto de caramelo para la fiesta.* **loc.adj/adv.**

89 estar a o en punto: Estar cercano al momento de que suceda una cosa: *está a punto de dar a luz.*

90 estar una cosa en su punto: Haber alcanzado el grado de perfección: *el melón está en su punto para comérselo.*

91 hacer punto: Tejer a mano labores de punto. **TEXTIL**

92 hasta cierto punto: En cierto modo, no del todo: *tiene razón hasta cierto punto.* **loc.adv.**

93 mirar en puntos: Fijarse en menudencias: *no mires en puntos porque el resultado global es positivo.*

94 no perder punto: Proceder con atención y diligencia en un negocio: *no pierdas punto y lo conseguirás.*

95 no poder pasar una persona por otro punto: Tener que someterse a la necesidad. **coloquial**

96 perder o ganar puntos o muchos puntos: Desmerecer o aumentar el prestigio o estimación de los demás: *su violenta reacción hizo que perdiera puntos a nuestros ojos.* **coloquial**

97 poner en su punto una cosa: 1. Ponerlo en el grado de perfección que le corresponde: *puso la casa en su punto y quedó preciosa.* 2. Apreciarlo del modo justo y adecuado: *puso en su punto el trabajo de sus colaboradores y les felicitó.* **coloquial**

98 ponerle los puntos o una cosa: Proponerse intervenir en ello: *le puso los puntos a la tarea eligiendo la presentación final.* **coloquial**

99 poner los puntos: Dirigir la mirada o atención al fin que se desea: *ambos amigos pusieron los puntos en el mismo puesto de trabajo.* **coloquial**

100 poner los puntos muy altos: Pretender una cosa sin pensar en las aptitudes que se tienen para conseguirla: *puso los puntos muy altos pretendiendo el cargo de dirección.* **coloquial**

101 poner los puntos sobre las íes: 1. Precisar o determinar los aspectos que no estaban suficientemente **coloquial**

claros o especificados: *puso los puntos sobre las íes para que todos cumplieran con sus obligaciones.* 2. Acabar o perfeccionar una cosa. — coloquial

102 por puntos: 1. De un momento a otro. 2. Forma de vencer a un boxeador, al conseguir que los jueces valoren más su actuación en el ring. — DEPORTES

103 punto en boca: Se usa para encargar a una persona que guarde un secreto o para prevenirle para que se calle: *punto en boca que se acerca; y de lo dicho, punto en boca a tu hermano.* — coloquial

104 punto menos: Se usa para indicar que una cosa es casi igual a otra con la que se la compara. — loc.adv.

105 punto por punto: Sin omitir nada: *explícamelo punto por punto.* — loc.adv.

106 sin faltar punto ni coma: Sin que falte nada. — loc.adv./coloquial

107 subir de punto: Crecer o aumentarse una cosa: *su desfachatez sube de punto día a día.* — coloquial

108 y punto: Se usa para zanjar un asunto de forma brusca: *he dicho que no y punto.*

puntoso, a
1 Que tiene muchas puntas. — adj.
2 Que es muy susceptible: *no seas puntoso, te ha gastado una broma.* — coloquial = puntilloso
3 Que procura conservar su prestigio. — coloquial

puntuable Que puede ser puntuado o calificado: *es un examen puntuable para la evaluación; se celebra una prueba puntuable para la final.* — adj.

puntuación
1 Acción y resultado de calificar una prueba o una competición: *necesita una puntuación de seis para entrar en la carrera que quiere.* — s.f. = calificación
2 Conjunto de signos que se usan para indicar los elementos de la frase o de las pausas: *la coma es un signo de puntuación.* — GRAMÁTICA = notación
3 Conjunto de reglas y normas para puntuar un texto con corrección: *deberías leer un manual de puntuación porque te excedes con las comas.* — GRAMÁTICA

puntual
1 Que llega a un sitio a la hora señalada o convenida: *es un alumno muy puntual; mi tren pasa siempre puntual.* — adj.
2 Que cumple con exactitud y rigurosidad con sus obligaciones en el tiempo convenido: *es puntual para realizar sus tareas.* — = cumplidor
3 Que resulta oportuno o adecuado: *eligieron un título puntual para la obra.* — = conveniente
4 Que es circunstancial: *hizo comentarios puntuales, pero en general le gustó la idea.*
5 Con detalle y precisión: *nos dio una puntual explicación de los hechos.* — = detallado
6 Del punto o lugar determinado del espacio.
7 Se aplica al aspecto verbal que no tiene duración. — LINGÜÍSTICA

puntualidad
1 Actitud seria, diligente y cuidadosa de quien hace las cosas a su debido tiempo: *terminó su trabajo con su puntualidad habitual.* — s.f.
2 Condición de llegar en el momento señalado: *su falta de puntualidad me molesta mucho.*
3 Hecho de ser algo exacto, detallado o perfecto para el fin al que está destinado. — = exactitud
4 Circunstancia de ocurrir una cosa en el momento exacto en que se esperaba: *el tren salió con puntualidad; la primavera ha llegado con puntualidad.* — = precisión

puntualizar
1 Expresar todos los detalles de una cosa: *quisiera puntualizar tu comentario.* — v.tr./conj: *cazar* = concretar
2 Acabar y completar una cosa.
3 Grabar una cosa con exactitud en la memoria.
4 Determinar los derechos y los deberes de los contratantes antes de la celebración de un contrato. — DERECHO

puntualmente De manera especial, con exclusión de otros: *trataron puntualmente ciertos temas.* — adv.

puntuar (Del lat. *punctum,* punto.)
1 Poner los signos de puntuación necesarios en un escrito: *la prueba consiste en puntuar un párrafo.* — v.tr./conj: *actuar* GRAMÁTICA
2 Calificar un examen, competición u otra prueba: *puntuó los ejercicios con justicia.* — = evaluar
3 Obtener una persona puntos en un juego o una competición: *puntuó poco en la prueba de salto.* — v.tr/intr.
4 Entrar una prueba o un partido en el cómputo final. — v.intr. DEPORTES

puntuoso, a Que es muy susceptible. — adj./= puntilloso

puntura (Del bajo lat. *punctura.*)
1 Pinchazo o herida de un instrumento punzante.
2 Cada una de las dos puntas de hierro de una prensa de imprimir donde se ajusta el pliego que ha de tirarse. — ARTES GRÁFICAS
3 Sangría que se hace en los cascos de las caballerías. — VETERINARIA

punzada
1 Herida o pinchazo con un instrumento en punta: *me he dado una punzada con la espina.* — s.f.
2 Sensación dolorosa aguda e instantánea que suele experimentarse de forma repetida: *si vuelvo a sentir otra punzada, iré al médico.* — MEDICINA = pinchazo

3 Sentimiento de pena agudo y pasajero experimentado cada vez que se piensa en una cosa triste o desagradable: *sentía punzadas de remordimiento por lo que había hecho.*

punzador, a Que punza. — adj/s.

punzadura Herida o picada con un instrumento de punta: *la punzadura dejó una marca profunda en su piel.* — s.f. = punzada

punzante
1 Que da punzadas o pinchazos: *le hirieron con un arma punzante.* — adj.
2 Que causa dolor agudo: *sintió un dolor punzante y luego se desmayó.*
3 Que causa pena o dolor. — = doloroso
4 Se aplica al estilo, humor o dicho que critica a las personas y a las cosas de manera cruel e irónica: *no me gustan tus punzantes chistes.* — = mordaz

punzar
1 Herir a una persona o un animal con una cosa aguda: *me punzó una avispa y ahora me pica y me duele.* — v.tr./conj: *cazar* = pinchar
2 Decir o hacer una cosa a una persona para que se enfade: *le punzó porque conocía su susceptibilidad.* — = molestar, picar
3 Causar una cosa un dolor físico a una persona: *la herida me punzaba.* — v.intr. = doler
4 Causar una cosa tristeza a una persona: *los recuerdos punzaban cada vez que leía sus poemas.* — = afligir

punzó Color rojo vivo e intenso. — s.m.

punzón (Del lat. *punctio, -onis.*)
1 Herramienta de punta aguzada, para abrir agujeros, ojales y otros huecos. — s.m.
2 Herramienta de acero puntiaguda usada para grabar metales. — = buril
3 Herramienta de acero, cilíndrica o prismática, con una figura en la boca que, por presión o percusión, queda impresa en monedas, medallas, botones, cuero u otros objetos o materiales.
4 Pitón o cuerno de los animales. — ZOOLOGÍA
5 Pequeña lámina de acero con una letra o signo grabada en relieve usada para obtener matrices. — ARTES GRÁFICAS

punzonar
1 Marcar o taladrar con puntos. — v.tr.
2 Cortar con la cizalla una porción de metal de una chapa. — = cizallar
3 Imprimir la marca de un punzón sobre un objeto de metal precioso. — = grabar

punzonería Colección de todos los punzones necesarios para una fundición de letras. — s.f. ARTES GRÁFICAS

puñado
1 Porción de cualquier cosa o cantidad de ella que cabe en el puño: *echó diez puñados de arroz a la cazuela.* — s.m.
2 Cantidad pequeña de una cosa: *tan sólo asistió un puñado de gente.*
3 **a puñados:** En gran cantidad, cuando debería ser con escasez y cortedad; o al contrario, escasa y cortamente, cuando debe ser con abundancia y largueza: *gasta dinero a puñados.* — loc.adv.
4 **un puñado de moscas:** Conjunto de cosas que se separan o desaparecen con facilidad. — coloquial

puñal
1 Arma ofensiva de acero, con hoja puntiaguda que sólo hiere de punta: *tiene una bonita colección de puñales y espadas.* — s.m.
2 **poner un puñal en el pecho a una persona:** Ponerle en una situación violenta de modo que no tenga otro remedio que aceptar la propuesta que se le hace: *le puso un puñal en el pecho obligándole a hacerlo, aunque no quería.* — coloquial

puñalada
1 Golpe que se da con un puñal u otra arma semejante: *la mató a puñaladas.* — s.f. = navajazo
2 Herida de puñal: *la puñalada era profunda.*
3 Sensación de gran malestar o disgusto repentino por una mala noticia o un hecho inesperado: *la noticia de su ascenso fue una puñalada para mí.*
4 **puñalada trapera:** 1. Herida o desgarrón grande producido por un arma de filo, en especial la dada a traición. 2. Traición, mala pasada: *le dieron una buena puñalada trapera dentro de su propio partido político.* — coloquial
5 **coser a puñaladas a una persona:** Propinarle muchas: *se lo encontraron cosido a puñaladas.* — coloquial
6 **ser puñalada de pícaro una cosa:** Ser urgente. — coloquial

puñalero, a Persona que fabrica o vende puñales. — s.

puñera
1 Porción de cualquier cosa que cabe en el hueco de las manos al estar unidas. — s.f. = almorzada
2 Medida de capacidad, equivalente a 1,54 litros, que se usaba en los molinos.

puñeta
1 Adorno de bordados o puntillas colocado en la bocamanga de algunas prendas. — s.f.
2 Dificultad o molestia: *la lluvia resultó un puñeta para la excursión; no me vengas ahora con puñetas y vámonos.* — coloquial = incordio, lata
3 **de la puñeta:** Se usa para indicar desprecio hacia la persona o cosa citada: *el niño este de la puñeta no ha dejado de llorar.* — loc.adj. coloquial

4 hacer la puñeta a una persona: Molestarla o causarle fastidio: *deja de hacerme la puñeta con las cosquillitas, anda.* — coloquial

5 irse una cosa a la o hacer puñetas: Estropearse, salir mal: *lo teníamos todo planeado, pero se fue a hacer puñetas a causa del mal tiempo.* — coloquial

6 mandar a una persona a la o a hacer puñetas: Despedirle o echarle sin contemplaciones: *se puso tan pesado que le mandé a hacer puñetas.* — coloquial

7 ¡puñetas!: Indica enfado o disgusto: *¡puñetas, he dicho que no!* — interj.

puñetazo Golpe dado con el puño: *le rompió la nariz de un puñetazo.* — s.m. = puñada

puñete
1 Golpe dado con el puño. — s.m./= puñetazo
2 Aro de adorno para las muñecas. — = pulsera

puñetería
1 Modo de ser y de comportarse de las personas a las que les gusta fastidiar: *sus puñeterías nos molestan a todos, así que no le invites.* — s.f.
2 Cosa molesta y dificultosa: *es una puñetería tener que volvernos a hacer la revisión médica.* — = incomodidad, molestia
3 Cosa insignificante o de poca importancia: *no os enfadéis por esa puñetería, hombre.* — = bobada

puñetero, a
1 Que molesta o incordia: *es un puñetero, sabe que tengo trabajo.* — adj/s. = fastidioso
2 Que se comporta con astucia y picardía: *el muy puñetero sabe cómo conquistar a los abuelos.* — = pícaro
3 Que es difícil de comprender: *nos puso un examen muy puñetero.* — = complicado ≠ sencillo
4 Que tiene mala intención: *te lo ha dicho porque es un puñetero.* — = malintencionado

puñetita
1 Cosa de poca importancia. — s.f./coloquial
2 Cosa que molesta o fastidia. — = fastidio

puñimiento Dolor punzante. — s.m.

puño (Del lat. *pugnus*.)
1 Mano cerrada: *sus puños dan miedo porque tiene unas manazas enormes.* — s.m.
2 Pieza de las mangas de algunas prendas de vestir que rodea la muñeca: *se puso los gemelos en los puños de la camisa.*
3 Lo que cabe en la mano cerrada: *echa un puño más de macarrones por si viene a comer.*
4 Mango de algunas armas blancas: *el puño de la espada es de marfil.* — = empuñadura
5 Parte o pieza por donde suelen cogerse ciertos utensilios, como un bastón o un paraguas: *reconocía su bastón por llevar sus iniciales grabadas en el puño; cogió el martillo por el puño; las cucharas tienen el puño de plata.* — = empuñadura, mango
6 Pieza con la que se abren y cierran las puertas: *el mueble tiene los puños dorados en la puerta.* — = pomo
7 Casa demasiado pequeña: *se han comprado un puño de casa.*
8 Adorno de encaje o tela fina que se pone en la bocamanga. — = puñeta
9 Fuerza, valor o esfuerzo físico: *es hombre de puños; lava la ropa a fuerza de puños.* — = pecho
10 Vértice de una vela. — NÁUTICA
11 apretar los puños: Esforzarse mucho en conseguir un propósito: *apretó los puños para terminar a tiempo.* — coloquial
12 a puño cerrado: Con la mano cerrada. — loc.adv.
13 comerse los puños: Tener mucha hambre, en especial por pobreza. — coloquial
14 como un puño: Señala que una cosa es muy grande entre las que en general son pequeñas o que una cosa es pequeña entre las que deberían ser grandes: *es una sala como un puño.* — loc.adv. coloquial
15 creer a puño cerrado: Creer firmemente: *se cree a puño cerrado lo que dice su vecino.* — coloquial
16 de propio puño: De mano propia. — loc.adv.
17 de puño y letra: Escrito a mano por la persona a quien se refiere: *tiene una dedicatoria de puño y letra del escritor.* — loc.adj.
18 enseñar los puños a una persona: Amenazarle con violencia: *cuando le enseñó los puños dejó en paz a la chica.* — coloquial
19 meter o tener en un puño a una persona: Intimidarla o dominarla: *tiene en un puño a su compañero por sus malas pulgas.* — coloquial
20 por sus puños: Por su propio esfuerzo: *ganó la plaza por sus puños.* — loc.adv. coloquial
21 ser como un puño: Ser avaro y miserable. — coloquial

pupa (Voz de origen expresivo.)
1 Llaga de los labios. — s.f./= calentura
2 Costra que resulta de un grano o de una herida después de secarse. — MEDICINA
3 Lesión de la piel bien delimitada y de origen muy variado. — MEDICINA
4 Herida, contusión leve o dolor: *el niño dice que se ha hecho pupa en la barriga.* — familiar
5 Crisálida de mariposa. — ZOOLOGÍA

pupila
1 Zona negra que tiene el iris del ojo en su parte media por donde pasa la luz. — s.f. ANATOMÍA
2 Mujer que se dedica a la prostitución. — = prostituta
3 Sagacidad o perspicacia para descubrir las cosas: *tiene buena pupila para los negocios.* — = ojo

pupilaje
1 Estado de quien está bajo la tutela de otra persona: *el joven se crió bajo pupilaje de un tutor.* — s.m.
2 Estado de quien está bajo la voluntad de otra persona porque le alimenta.
3 Casa de huéspedes. — = hospedería
4 Precio que paga quien está en una casa de huéspedes. — = pensión
5 Cuidado de vehículos de motor: *dejó el coche a pupilaje un par de horas.* — MECÁNICA

pupilar
1 Del pupilo. — adj.
2 De la persona menor de edad.
3 De la pupila del ojo. — ANATOMÍA

pupilero, a Persona que hospeda pupilos en su casa. — s.

pupilo, a (Del lat. *pupillus*.)
1 Huérfano o huérfana menor de edad, respecto de su tutor. — s.
2 Persona que se hospeda en una casa particular por un precio convenido.
3 Jugador respecto de su entrenador. — s.m./DEPORTES
4 medio pupilo: 1. El que solamente come el mediodía en una casa de huéspedes. 2. Alumno mediopensionista.
5 a pupilo: Alojado y mantenido por un precio determinado. — loc.adv.

pupíparo, a Se aplica a ciertos insectos dípteros cuyas larvas se desarrollan en las vías genitales de la hembra y hacen eclosión listas para transformarse en pupas. — adj/s.m. ZOOLOGÍA

pupitre (Del fr. *pupitre*.)
1 Mesa para escribir, con tablero inclinado que sirve de tapa a un cajón: *cada niño tiene su pupitre en la clase.* — s.m. = escritorio
2 Tablero de mandos, herramientas u otras cosas: *el técnico manejaba los mandos del pupitre del amplificador de sonido.* — = cuadro, mesa

pupo Ombligo, cicatriz en el vientre formada después de romperse el cordón umbilical. — s.m. Argent., Bol., Chile

puposo, a Que tiene pupas. — adj.

pupurri (Del fr. *pot-pourri*.) Mezcla de varias cosas: *la canción es un pupurri de viejos temas.* — s.m.

puquio Manantial o fuente de agua. — s.m./Amér. Merid.

puramente
1 De forma estricta: *es una nota puramente informativa.* — adv/= estrictamente
2 Sin condición o sin restricción. — DERECHO

purasangre Caballo que procede del cruce de una raza árabe con otra del norte de Europa: *en sus cuadras destaca una purasangre.* — adj/s.m.

puré (Del fr. *purée*.)
1 Sopa espesa hecha con patatas, legumbres, y otros ingredientes, cocidas y pasadas por el colador: *no me gusta que el puré tenga grumos.* — s.m. COCINA
2 estar hecho puré: Estar agotado física o moralmente: *estoy hecho puré porque llevo días sin dormir.* — coloquial

purear Fumarse una persona un puro. — v.intr.

purera Estuche para los cigarros puros: *sobre su mesa hay una preciosa purera de plata.* — s.f.

pureta Persona conservadora: *sus amigos son unos puretas, además de unos aburridos.* — s.m.f. coloquial

pureza
1 Calidad de lo que no tiene mezcla de otra cosa: *se fue al monte a respirar aire puro.* — s.f. = limpieza
2 Estado de la persona que no ha consumado la unión sexual. — = integridad, virginidad
3 Actitud purista al hablar o escribir.

purga
1 Acción y resultado de purgar o purgarse. — s.f.
2 Medicina que se administra por vía oral y tiene acción evacuante. — FARMACIA = purgante
3 Eliminación, violenta o no, de personas que, por motivos políticos, estorban a la dirección de un organismo público u organización social o política: *las purgas del dictador fueron terroríficas.* — = depuración
4 Serie de residuos que en algunas operaciones industriales o en máquinas o aparatos se acumulan y se han de eliminar o expeler. — INDUSTRIA
5 purga de Benito: Remedio que sana desde el momento de tomarlo o incluso antes: *verla de nuevo ha sido la purga de Benito, porque ya está bien.* — coloquial

purgable Que puede o debe ser purgado. — adj.

purgación
1 Acción y resultado de purgar o purgarse: *cada otoño hacen una purgación de los radiadores.* — s.f. = purgamiento
2 Sangre de la menstruación. — FISIOLOGÍA

3 Líquido purulento que se produce en la uretra, por inflamación de la mucosa de los órganos genitales causada por un gonococo, y sale por el orificio exterior. — MEDICINA = blenorragia

4 Refutación de notas o indicios inculpadores contra una persona. — DERECHO

5 purgación canónica: Prueba que establecen los cánones para el caso en que uno de ellos fuera infamado. — DERECHO

6 purgación vulgar: Prueba judicial de la inocencia o culpa del acusado. — DERECHO

purgador, a
1 Que purga. — adj/s./= purgante
2 Accesorio de una caldera de vapor o de una instalación de gas, vapor o agua caliente que se usa para purgarla. — s.m.

purgante
1 Que purga. — adj.
2 Se aplica al medicamento o alimento que sirve para purgar, o limpiar el aparato digestivo facilitando la evacuación intestinal. — adj/s.m. FARMACIA

purgar (Del lat. *purgare*.)
1 Limpiar una cosa de lo nocivo e inútil: *purgó las plantas de hojas secas.* — v.tr/conj: *pagar* = depurar
2 Dar un medicamento a un enfermo para limpiarle el vientre: *se purgó con un medicamento muy fuerte.* — v.tr/prnl. MEDICINA
3 Expeler una cosa una sustancia nociva: *la herida purgaba lentamente; la llaga se purgó en pocos días.* — v.tr/intr/prnl. = evacuar
4 Evacuar el fluido y los sedimentos e impurezas que pueden dificultar el funcionamiento de una máquina o instalación: *suele purgar las cañerías una vez al año.* — v.tr.
5 Cumplir la pena impuesta por una falta: *purgó su crimen en la cárcel.* — = expiar
6 Hacer una cosa más perfecta o refinada: *el técnico purgó su proyecto tras muchas horas de estudio.* — = corregir, depurar
7 Corregir las pasiones: *al fin consiguió purgar su afición excesiva por el vino.* — = moderar
8 Hacer desaparecer los indicios o las sospechas desfavorables para una persona. — DERECHO
9 Padecer el alma en el purgatorio por sus pecados, en la religión católica. — RELIGIÓN = expiar
10 Volver a habilitar a una persona en su cargo mediante un expediente. — = rehabilitar
11 Liberarse de una cosa no material que causa perjuicio o preocupación: *tardó mucho en purgarse del todo tras la muerte de su amigo.* — v.prnl.

purgativo, a Que purga: *el agua tibia en ayunas es un remedio purgativo casero.* — adj. = purgante

purgatorio, a
1 Que purga. — adj.
2 Lugar en que las almas con culpas satisfacen la deuda con las penas que padecen, para luego gozar de la gloria eterna, según la religión católica. — s.m. RELIGIÓN
3 Cualquier lugar o situación donde se sufren penalidades: *su vida junto aquel hombre fue un purgatorio.* — = infierno
4 Esta misma penalidad: *es un purgatorio para toda la familia esta situación.* — = penitencia

puridad
1 Calidad de puro. — s.f.
2 Actitud reservada, cautelosa o discreta. — = cautela
3 en puridad: De forma clara, sin rodeos. — loc.adv.

purificación
1 Acción y resultado de purificar o purificarse: *el humo del tabaco impide la completa purificación del aire.* — s.f.
2 Cada uno de los lavatorios del cáliz que hace el sacerdote. — RELIGIÓN

purificador, a
1 Que purifica: *trabaja en una empresa purificadora de aguas.* — adj. = purificante
2 Instalación o dispositivo para el lavado o depuración de gases o líquidos en los procesos industriales químicos. — s.m. TECNOLOGÍA
3 Paño de lino con el que se seca el cáliz después que el sacerdote ha consumido el agua y el vino. — RELIGIÓN
4 Lienzo con el que el sacerdote se limpia los dedos en el altar. — RELIGIÓN

purificante Que purifica: *la ablución es un acto purificante para los musulmanes.* — adj.

purificar (Del lat. *purificare*.)
1 Limpiar una cosa de impurezas: *purificó la casa con un desinfectante.* — v.tr/prnl/conj: *sacar* = depurar
2 Limpiar una cosa de imperfecciones: *purificó el proyecto para presentarlo al concurso.* — = depurar
3 Hacer Dios más perfectas las almas mediante aflicciones o trabajos: *purificó su alma con el largo ayuno.* — RELIGIÓN
4 Volver a admitir a los sancionados o expedientados por motivos políticos. — v.tr. = rehabilitar
5 Someter a una persona o una cosa a determinadas ceremonias para devolverle la pureza: *tras el expolio purificaron el altar.* — v.tr/prnl.
6 Cumplirse o suprimirse la condición que modifica o de la que depende un derecho. — v.prnl. DERECHO

purificatorio, a Que purifica. — adj.

purín Líquido formado por la orina de los animales, por las aguas de lluvia y por el sobrante de los líquidos de los estercoleros, usado como abono. — s.m. AGRICULTURA

purina Compuesto químico formado por dos componentes orgánicos de cadena cerrada en los cuales, además de átomos de carbono, los hay de otros elementos. — s.f. QUÍMICA

purismo
1 Preocupación o celo extremo por mantener inalterado un modo de hablar, de escribir o de ejecutarse cualquier arte en general. — s.m.
2 Voluntad de adaptarse a un modelo ideal, que se manifiesta por una preocupación exagerada por la perfección.

purista (Del fr. *puriste*.) Del purismo o que lo ejerce. — adj.s.m.f.

puritanismo
1 Escrupulosidad muy rigurosa de algunas personas en su manera de pensar y de proceder: *su intransigencia con los jóvenes es una muestra de su puritanismo.* — s.m. = mojigatería
2 Doctrina religiosa británica, derivada del protestantismo, aparecida en el siglo XVII y caracterizada por ser muy rigurosa en su doctrina y en su moral. — RELIGIÓN

puritano, a (Del ingl. *puritan*.)
1 Del puritanismo. — adj./RELIGIÓN
2 Que es partidario del puritanismo. — adj.s/RELIGIÓN
3 Que guarda con austeridad las virtudes públicas o privadas y hace alarde de ello: *no seas puritano, se besan en la calle porque se quieren.*
4 Que es poco flexible e intransigente en su juicio de los demás. — = severo

puro, a (Del lat. *purus*.)
1 Que no tiene mezcla de otra cosa: *el anillo es de oro puro.* — adj. = simple ≠ adulterado
2 Que no contiene ninguna sustancia extraña que lo adultere o lo haga perjudicial: *aire puro; agua pura; leche pura.*
3 Que tiene una belleza, virtud o corrección no disminuida por ningún defecto: *tiene rostro de líneas puras; se expresa en un castellano muy puro.* — = depurado, perfecto ≠ impuro
4 De transparencia absoluta: *ha amanecido un día de atmósfera pura; el agua del arroyo era pura y cristalina.* — = diáfano, limpio ≠ brumoso
5 Que es único y solo: *la más pura indigencia; te conté la pura verdad.* — = absoluto, estricto
6 Que no tiene lujuria u obscenidad: *siente un amor puro por esa mujer.* — = casto, inocente ≠ impuro
7 Que es rigurosamente fiel a su deber y principios morales: *desde su juventud fue un revolucionario puro.* — = íntegro ≠ corrupto
8 Se aplica a la ciencia que es exclusivamente especulativa o teórica: *matemáticas puras; filosofía pura.* — = teórico ≠ empírico
9 Se refiere a la raza o sangre que no se ha mezclado con otras estirpes: *es un caballo de raza pura.*
10 Reprimenda o castigo por alguna falta: *¡menudo puro le va a caer cuando se enteren de lo que ha hecho!* — s.m. coloquial
11 Rollo de hojas de tabaco: *le gusta fumarse un puro habano después de comer.* — = cigarro
12 puro y duro: Sin paliativos o circunstancias que lo hagan más llevadero: *la verdad pura y dura.*
13 a puro: A fuerza de: *a puro explicárselo, lo entendió.* — loc.adv.
14 de puro: De tan: *de puro tonto hace reír.* — loc.conj.
15 meter un puro: Imponer un castigo: *le metieron puro por no presentarse en el cuartel.* — coloquial

púrpura (Del lat. *purpura* < gr. *porphyra*.)
1 Molusco gasterópodo marino con la concha retorcida y áspera, del que se extraía un conocido tinte color oro, que con el aire se vuelve verde y luego cambia a rojo más o menos oscuro. — s.f. ZOOLOGÍA
2 Tinte que se preparaba con la tinta de este molusco.
3 Tela teñida con este tinte que se usaba para las vestiduras de sumos sacerdotes y emperadores.
4 Prenda de vestir de color rojizo que forma parte del traje característico de emperadores, reyes, cardenales u otras autoridades.
5 Se aplica al color que es rojo intenso tirando a violeta. — adj/s.m.
6 Dignidad imperial, real o cardenalicia. — s.f.
7 Sangre humana. — literario
8 Estado morboso caracterizado por hemorragias, petequias o equimosis. — MEDICINA
9 Color heráldico representado por el morado o por líneas diagonales de derecha a izquierda. — HERÁLDICA ≠ mixtión
10 púrpura cardenalicia o sagrada púrpura: Dignidad de cardenal, por alusión al hábito rojo que visten. — RELIGIÓN
11 púrpura de casio: Oro en estado finísimo de color rojo pardusco que se obtiene por precipitación. — QUÍMICA

purpurado Cardenal de la iglesia católica y romana. — s.m./RELIGIÓN

purpurante Que purpura. — adj.

purpurar
1 Teñir una cosa de púrpura. — v.tr.
2 Vestir a una persona de púrpura. — v.tr/intr.

purpúrea Bardana, planta compuesta. — s.f./BOTÁNICA

purpúreo, a
1 De color o de tono púrpura: *ese vestido purpúreo te sienta bien.* — adj.
2 De la púrpura.

purpurina
1 Sustancia colorante roja obtenida de la raíz de la rubia, usada para la estampación de tejidos. — s.f. QUÍMICA
2 Polvo dorado o plateado usado para preparar pinturas de aspecto metálico. — INDUSTRIA
3 Pintura preparada con purpurina: *decoró su disfraz con purpurina.*

purpurino, a De color púrpura. — adj./= purpúreo

purrela (Voz de creación expresiva.)
1 Vino de ínfima calidad: *acompañaba esa purrela que le ponían con gaseosa para disimular el sabor.* — s.f./coloquial = aguapié
2 Cosa de poco valor o importancia. — = purriela

purria
1 Conjunto de restos que quedan de una cosa después de haber elegido lo mejor: *a final de temporada sólo queda la purria en la tienda.* — s.f. = purriela
2 Gente de mala calaña: *anda con la purria del barrio.* — = gentuza

purriela (Voz de creación expresiva.) Cosa de poco valor, de mala calidad o de poca importancia. — s.f. = purrela

purulencia Segregación de pus: *aún no ha disminuido la purulencia de la herida.* — s.f./MEDICINA = supuración

purulento, a (Del lat. *purulentus.*) Que tiene pus: *se limpió a fondo la purulenta herida.* — adj. MEDICINA

pus (Del lat. *pus.*) Líquido más o menos espeso y de color variable que segregan los tejidos infectados. — s.m. MEDICINA

pusilánime (Del lat. *pusillanimis.*) Que no tiene ánimo o valor: *no seas tan pusilánime y enfréntate a ellos.* — adj./s. = medroso

pusilanimidad Actitud de quien tiene poco ánimo para una cosa: *no se atrevió por su habitual pusilanimidad.* — s.f. = cobardía

pústula (Del lat. *pustula.*)
1 Ampolla de la piel llena de pus. — s.f./MEDICINA
2 Herida con pus o costra. — MEDICINA

pustuloso, a Que tiene relación con la pústula. — adj./MEDICINA

puta (Del lat. *putus*, niño, -a.)
1 Mujer que se dedica a la prostitución. — s.f.
2 Sota de la baraja española: *pinta la puta de espadas.* — coloquial
3 **de puta madre:** Que es muy bueno o está muy bien: *es un coche de puta madre; esta hierba está de puta madre.* — loc.adj/adv. vulgar
4 **de puta pena:** Que es malo o está muy mal: *hicieron una peli de puta pena; este tocata suena de puta pena.* — vulgar
5 **pasarlas putas:** Vivir una situación muy mala o tener dificultades para hacer alguna cosa: *está pasando muy putas desde que está en el paro; las pasó putas para aprobar el examen.* — vulgar

putada Acción malintencionada: *no me esperaba que me hiciera una putada así.* — s.f. vulgar

putaísmo
1 Vida de la persona que se dedica a la prostitución. — s.m./tb: putanismo
2 Reunión de prostitutas o prostitutos.
3 Casa en la que se practica la prostitución. — = prostíbulo

putañear Tener trato o relación con prostitutas o prostitutos. — v.intr. = putear

putañero, a Se aplica a la persona que tiene relaciones con prostitutas o prostitutos. — adj.

putativo, a (Del lat. *putativus*, que se calcula.)
1 Que es reputado como pariente sin serlo. — adj.
2 Que se supone que tiene una existencia legal, aun sin ser cierta. — DERECHO

puteada Insulto grosero. — s.f./Amér./vulgar

puteado, a Que está fastidiado o explotado: *está muy puteado con ese horario que le han puesto.* — adj. vulgar

putear
1 Tener una persona trato o relación con prostitutas o prostitutos. — v.intr./= putañear
2 Dedicarse una persona a la prostitución. — = prostituirse
3 Causar problemas a una persona: *lo putearon en el trabajo.* — v.tr./vulgar = fastidiar
4 Insultar de forma grosera. — Amér.
5 Golpear o reprender con fuerza a una persona: *le asaltaron y le putearon en plena calle.* — vulgar Méx.
6 Vencer de forma apabullante: *se putearon al equipo rival por goleada.* — vulgar Méx.

puteo Acción y resultado de putear. — s.m./vulgar

putería
1 Vida de prostitutas y prostitutos. — s.f.
2 Astucia o coquetería: *se lo explicó con putería para que ella se molestara con él.* — vulgar

puterío
1 Ambiente que se da en torno a los prostíbulos y las personas que se dedican a la prostitución. — s.m./vulgar = prostitución

2 Conjunto de personas que se dedican a la prostitución. — vulgar

putero, a Que frecuenta el trato con prostitutas o prostitutos. — adj/s. vulgar

putesco, a De las prostitutas o prostitutos. — adj./vulgar

puticlub Casa donde se ejerce la prostitución, bar de alterne. — s.m./vulgar = prostíbulo

putifa
1 Que es muy bueno o está muy bien hecho: *lleva una vida muy putifa y enrollada.* — adj/s.m.f. argot
2 Se aplica al estilo y a la expresión, oral o escrita, que utiliza el habla coloquial con ironía y sarcasmo para provocar un efecto cómico o criticar lo que se dice. — ≠ cutre, pringado
3 **de putifa:** Muy bien, de forma espléndida: *el ambiente de esta sala está de putifa.* — loc.adj/adv. coloquial

putiza Golpeo, conjunto de golpes, dados con la finalidad de dañar a una persona o a un animal. — s.f./vulgar Méx.

puto
1 Hombre que mantiene contactos o relaciones sexuales a cambio de dinero. — s.m./vulgar = gigoló
2 Hombre homosexual. — despectivo

putrefacción Acción y resultado de pudrir o pudrirse: *el calor acelera el proceso de putrefacción.* — s.f. = pudrición

putrefactivo, a Que causa putrefacción. — adj.

putrefacto, a (Del lat. *puter, -ris*, podrido + *factus*, hecho.) Que está podrido o corrompido. — adj.

putrescencia Estado de un cuerpo en vías de putrefacción. — s.f.

putrescente Que se pudre. — adj.

putrescible Que se puede pudrir. — adj.

putridez (Del lat. *puter, -ris*, podrido.)
1 Cualidad de pútrido. — s.f./pl: putridices
2 Estado de putrefacción. — = putrescencia

pútrido, a (Del lat. *puter, -ris*, podrido.)
1 Que está podrido. — adj.
2 Acompañado de putrefacción.

putsch (Voz alemana.) Levantamiento organizado por un grupo armado con el fin de hacerse con el poder de un país. — s.m. POLÍTICA = golpe de estado

putrílago Materia pultácea producida por necrosis en los tejidos gangrenados. — s.m. MEDICINA

putto (Voz italiana.) Amorcillo o angelote desnudo que aparece en la pintura y escultura a partir del Renacimiento. — s.m./pl: putti ARTE

pututo Cuerno de buey utilizado como instrumento musical. — s.m. Bol., Perú

puya
1 Punta aguzada de las garrochas con las que los picadores y vaqueros pinchan a las reses. — s.f.
2 Garrocha o vara con esta punta.
3 Frase o dicho hiriente: *salió airado de la sala al oír aquellas puyas.* — coloquial
4 Planta bromeliácea de propiedades medicinales. — Chile/BOTÁNICA

puyazo
1 Herida producida por la puya de la garrocha. — s.m.
2 Dicho o expresión con que se reprende o ataca a una persona: *se pasa el día tirándole puyazos sobre sus amigas.* — coloquial = pulla

puyo, a Se aplica al poncho más corto de lo ordinario. — adj./Argent.

puyón Espolón de acero que llevan los gallos de riña. — s.m./Argent.

puzolana Roca volcánica compuesta de feldespato y piroxena, que se encuentra en una población en la región napolitana y con la que se hace cal y mortero hidráulico. — s.f. GEOLOGÍA tb: puzol

puzzle (Voz inglesa.) Juego que consiste en reconstruir una estampa a partir de unas pequeñas piezas con formas distintas: *separó las piezas del puzzle por los distintos tonos de la imagen.* — s.m. JUEGOS tb: rompecabezas

pvc (Acrónimo de *[P]oly [V]inyl [C]hloride.*) Cloruro de polivinilo, material plástico. — s.m./INDUSTRIA, QUÍMICA

pyme (Acrónimo de *[P]equeña [y] [M]ediana [E]mpresa.*) Empresa de pequeño o mediano tamaño: *el gobierno proporciona ayudas económicas a las pymes.* — s.f. ECONOMÍA

pyrex (Marca registrada.) Vidrio muy resistente al fuego, usado para la fabricación de recipientes de cocina y para otros usos. — s.m. INDUSTRIA

q Decimoctava letra del abecedario español y decimo- **s.f.**
cuarta de las consonantes.

quántico, a Que tiene relación con el quantum de **adj./FÍSICA**
energía. **tb: cuántico**

quantum Cantidad mínima de energía que puede **s.m./pl: quanta**
emitirse, propagarse o absorberse, que es proporcio- **FÍSICA**
nal a la radiación emitida. **tb: cuanto, quanto**

quark Partícula fundamental hipotética que se supone **s.m.**
constituyente de los hadrones. **FÍSICA**

quásar Cuerpo celeste de apariencia estelar, de color **s.m.**
azulado, cuyo espectro se caracteriza por un despla- **ASTRONOMÍA**
zamiento hacia el rojo que indica que se aleja a gran **tb: cuásar**
velocidad.

quattrocentista
  1 Del siglo xv artístico italiano. **adj./ARTE**
  2 Se aplica al artista italiano de esta época. **adj/s.m.f./ARTE**

quattrocento (Voz italiana.) El siglo xv italiano. **s.m./ARTE**

que (Del lat. *quid*.)
  1 El cual, lo cual, los cuales, las cuales: *el perro que me* **pron.relat.**
  regalaron se escapó.
  2 Introduce una oración subordinada sustantiva: *me* **conj.**
  dijo que vendría; quiero que estudies.
  3 Enlaza el verbo con otras partes de la oración: *en*
  seguida que lo vi.
  4 Introduce oraciones que son consecuencia de una
  afirmación, deseo o voluntad no expresada pero sobreentendida: *¡que a mí me tenga que suceder esto!; que*
  érase que se era.
  5 Indica deseo, ruego o mandato: *que pase el siguiente;*
  que salgas, te digo.
  6 Indica el segundo término de una comparación de **conj.compar.**
  igualdad, superioridad o inferioridad: *es más alto que*
  Pedro; es tan alto que asusta.
  7 Porque, puesto que: *me iré pronto, que me esperan en casa.* **conj.causal**
  8 Para que: *ve que te vea el médico; dio voces, que le* **conj.final**
  abrieran.
  9 Introduce el segundo término de una relación de **conj.**
  consecuencia entre dos ideas: *llueve tanto que no sirve*
  de nada el paraguas.
  10 O, ora, ya: *quieras que no quieras tiene sus razones.* **conj.advers.**
  11 Y, y otra vez, y más: *anda que te andarás llegaron a* **conj.**
  un pequeño poblado.
  12 Indica énfasis o refuerzo en la negación, afirmación u orden expresada: *que no y que no, que no lo vas*
  a lograr; ¡que vengas te digo!

  13 Tanto que, de tal manera que: *canta que da gusto*
  oírle; corre que se las pela.
  14 Igual que, lo mismo que: *éste es otro que tal; una*
  que otra, no importa.
  15 Sin que: *no sucede nada que no esté escrito en las es-* **+ no**
  trellas.
  16 Forma parte de locuciones conjuntivas o adverbiales: *a menos que llame; con tal que.*
  17 a que: Para la finalidad que se expresa: *fui al den-* **loc.conj.**
  tista a que me sacara una muela.
  18 a la que: Expresa un sentido temporal: *a la que te* **loc.conj.**
  das la vuelta, ya te están criticando.
  19 el que más y el que menos: Cada uno o todos,
  sin excepción: *el que más y el que menos tiene secretos*
  inconfesables.
  20 para que: Indica finalidad o razón de algo: *ven* **loc.conj.**
  para que pueda verte.
  21 que no: Indica contraposición de ideas: *tú lo has* **loc.conj.**
  dicho, que no yo.
  22 sí o no que: Intensifica aquello que se afirma o se
  niega: *sí que vendrá.*

qué (Del lat. *quid*.)
  1 Introduce oraciones interrogativas, seguido o no de **pron.interr.**
  sustantivo: *¿qué quieres?; ¿qué día vendrás?*
  2 Indica desconocimiento y pregunta sobre la naturaleza de las cosas: *dime qué pasa; no sé qué dices.*
  3 Introduce oraciones exclamativas seguido de un **pron.exclam.**
  sustantivo o de la preposición *de*: *¡qué día tan bonito!;*
  ¡qué de dinero llevas!
  4 Intensifica las cualidades, cantidad o medida de
  una cosa o persona: *¡qué bonito es!; ¡qué bien lo hiciste!*
  5 no haber de qué: Indica que no existe motivo para
  algo, en especial como respuesta a un agradecimiento: *no me des las gracias por mi ayuda, no hay de qué.*
  6 ¡pues qué!: Expresa enfado o disgusto precediendo
  a una frase interrogativa y, en general, negativa: *¡pues*
  qué!, ¿no tengo razón?
  7 ¿qué tal?: 1. Cómo, de qué modo: *¿qué tal te ha ido* **loc.adv.**
  el examen? 2. Fórmula de saludo: *yo bien, y tú ¿qué tal?* **formal**
  8 sin qué ni para qué: Sin motivo ni razón: *se fue* **loc.adv.**
  dando un portazo sin qué ni para qué.
  9 tener su o buen qué: Tener alguna cualidad: *no es*
  muy guapo pero tiene su qué.
  10 ¿y qué?: Expresa que aquello que se dice o se
  hace no importa o no convence a una persona: *vale,*
  tú has llegado antes, ¿y qué?

quebrachal Lugar poblado de quebrachos. — *s.m./Amér. Merid.*

quebracho Árbol de gran altura del que se extrae el tanino, de madera dura usada en la construcción. *(Aspidosperma y Schinopsis.)* — *s.m./Amér. Merid. BOTÁNICA*

quebrada
1 Abertura estrecha y escarpada entre montañas: *tuvieron dificultades para cruzar la quebrada.* — *s.f./GEOGRAFÍA = quebradura*
2 Grieta honda en una montaña. — *GEOGRAFÍA*
3 Arroyo que corre por una zona montañosa encajonado entre valles. — *Amér. Central y Merid. GEOGRAFÍA*

quebradero Indica preocupación por alguna causa en la expresión **quebradero de cabeza**: *el pequeño dio bastantes quebraderos de cabeza a sus padres.* — *loc.*

quebradillo
1 Denominación que se daba al tacón de madera del calzado a la ponleví, que era alto e inclinado hacia adelante. — *s.m.*
2 Movimiento del cuerpo, como quebrándolo, que se hace en algunos bailes.

quebradizo, a
1 Que se rompe con facilidad: *el cristal es un material quebradizo; las galletas están quebradizas.* — *adj./= deleznable, frágil*
2 Que enferma con facilidad: *tiene una salud quebradiza.* — *= enfermizo, delicado*
3 Que tiene agilidad para hacer quiebros en el canto: *voz quebradiza.* — *MÚSICA*
4 Que tiene poca entereza moral. — *= débil*
5 Que es perecedero: *siempre me pareció una teoría quebradiza.* — *= caduco*

quebrado, a
1 Se aplica a la persona o entidad que ha hecho quiebra o bancarrota: *es un comerciante quebrado.* — *adj./s.*
2 Que está debilitado o ha perdido el vigor o la salud: *la enfermedad le dejó el color quebrado.* — *adj. = arruinado*
3 Se aplica al terreno que es desigual, tortuoso o zigzagueante: *el quebrado camino dificultó la ascensión.* — *adj. = enfermizo = abrupto*
4 Que tiene una quebradura o hernia. — *adj./s./MEDICINA*
5 Se aplica al número racional que expresa una o varias partes en que se divide la unidad. — *adj./s.m./= fracción MATEMÁTICAS*
6 Se aplica a la línea compuesta por varias rectas con distintas direcciones. — *GEOMETRÍA*
7 Trechos rayados y sin rayas que hay en una clase de papel pautado en que los niños aprenden a escribir. — *s.m.pl.*
8 Se aplica al cabello ondulado.
9 **quebrado compuesto o de quebrado**: Número compuesto de una o más de las partes en que se divide una fracción. — *adj./Méx. MATEMÁTICAS*
10 **quebrado impropio**: Aquel en el que el numerador es mayor que el denominador. — *MATEMÁTICAS*
11 **quebrado propio**: El que tiene el numerador menor que el denominador. — *MATEMÁTICAS*

quebrador, a
1 Que quiebra algo. — *adj./s.*
2 Que quebranta una ley o estatuto.

quebradura
1 Grieta o hendidura en una superficie: *habrá que arreglar la quebradura de la pared.* — *s.f./= raja, rendija, quebraja*
2 Depresión en el terreno o paso entre montañas: *los rebaños atravesaban siempre por la misma quebradura.* — *GEOGRAFÍA = quebrada*
3 Hernia, en especial la del escroto. — *MEDICINA*

quebraja Grieta o rendija en una superficie. — *s.f.*

quebrajar Romper una cosa dura de modo superficial: *se quebrajó la madera del marco; el golpe quebrajó el jarrón.* — *v.tr/intr/prnl. = resquebrajar, agrietar*

quebrajoso, a
1 Que se quebraja o agrieta con facilidad: *es una pintura mala y quebrajosa.* — *adj./= quebradizo, frágil*
2 Que tiene muchas quebrajas: *lija bien la madera porque está muy quebrajosa.* — *= resquebrajado, agrietado*

quebramiento Acción y resultado de quebrar o quebrarse. — *s.m.*

quebrantable Que se puede quebrantar: *es una regla quebrantable en casos excepcionales.* — *adj. ≠ inquebrantable*

quebrantado, a Que está dolorido o en mal estado: *tiene la salud quebrantada.* — *adj.*

quebrantador, a Que quebranta. — *adj./s.*

quebrantadora Máquina que sirve para quebrantar o trocear minerales, raíces u otras cosas. — *s.f. MECÁNICA*

quebrantadura Acción y resultado de quebrantar o quebrantarse. — *s.f.*

quebrantahuesos
1 Ave rapaz falconiforme, de gran tamaño, con el plumaje del vientre de color anaranjado, cabeza blanca y cola romboide, que en ocasiones se alimenta de huesos que arroja contra las rocas para romperlos. *(Gypaetus barbatus.)* — *s.m. pl: quebrantahuesos ZOOLOGÍA*
2 Pigargo, ave rapaz. — *ZOOLOGÍA*

3 Juego infantil en que dos se agarran por la cintura, pies con cabeza, y se voltean sobre las espaldas de otros dos que se colocan a gatas, de manera que a cada vuelta queda uno de ellos de pie y el otro cabeza abajo. — *JUEGOS*
4 Persona pesada, molesta e importuna. — *coloquial/= plomazo*

quebrantamiento
1 Acción y resultado de quebrantar o quebrantarse: *el quebrantamiento de las normas será castigado.* — *s.m. = quebrantadura*
2 **quebrantamiento de forma**: Omisión o violación de garantías fundamentales en el procedimiento. — *DERECHO*

quebrantaolas
1 Barco inservible, hundido en un puerto para defender de la marejada una obra hidráulica. — *s.m/pl: quebrantaolas/NÁUTICA*
2 Boya pequeña que se ata a otra mayor, cuando el cabo que sujeta ésta al ancla sumergida no tiene suficiente longitud para alcanzar la superficie. — *NÁUTICA*

quebrantapiedras Planta herbácea anual de tallos tumbados cubiertos de pelos cenicientos, hojas pequeñas, enteras, oblongas, flores verdosas en grupos apretados y fruto seco. *(Herniaria cinerea.)* — *s.f. pl: quebrantapiedras BOTÁNICA*

quebrantar
1 Romper una cosa con fuerza: *quebrantó la puerta de un puñetazo.* — *v.tr. = quebrar*
2 Debilitar una cosa dejándola de modo que corra riesgo de romperse: *el fuerte viento quebrantó las ramas del árbol.* — *v.tr/prnl. = cascar, resquebrajar*
3 Romper una cosa en partes muy pequeñas: *quebrantó unos ajos en el mortero.* — *v.tr. = machacar*
4 Dejar de cumplir una ley o una obligación: *quebrantó las normas al faltar varios días.* — *= infringir, transgredir*
5 Entrar en un lugar prohibido o sagrado de forma violenta o ilegal. — *= profanar, violar*
6 Abrir una cosa rompiendo lo que la mantiene cerrada: *alguien quebrantó el candado de la ventana.* — *= forzar*
7 Perder brío o fuerza una persona o una cosa: *la fiebre lo quebrantó.* — *= debilitar*
8 Causar una cosa la pérdida o el empeoramiento de la salud de una persona: *el clima le quebrantó la salud.* — *= empeorar, deteriorar*
9 Causar pesar o molestias a una persona: *le quebrantaban con sus acusaciones.* — *= fatigar, molestar*
10 Causar lástima o compasión a una persona: *le quebrantaba la pobreza de algunos países.* — *= apesadumbrar, afligir*
11 Inducir o convencer a una persona con engaños o tretas: *lo quebrantaron para sacarle dinero.* — *= persuadir*
12 Conseguir moderar el enfado o la severidad de una persona: *con su gracia quebrantó con facilidad su enojo.* — *= vencer*
13 Dejar un testamento sin efecto. — *DERECHO*
14 Sentir un malestar físico por causa de una enfermedad, accidente o fatiga: *se quebrantó con el esfuerzo; se quebranta mucho por la fiebre.* — *v.prnl. = resentirse*
15 Perder su forma la quilla de una embarcación al arquearse. — *NÁUTICA*

quebranto
1 Acción y resultado de quebrantar o quebrantarse: *no pudo salir airoso de su último quebranto económico.* — *s.m.*
2 Abatimiento, falta de fuerza física o moral: *los últimos acontecimientos le han sumido en un profundo quebranto.* — *= debilitamiento, desaliento*
3 Sentimiento de lástima hacia el mal o desgracia ajenos. — *= aflicción*
4 Pérdida, dolor o daño muy grande: *la destrucción de la casa fue un quebranto para todos.* — *= destrozo*
5 **quebranto de moneda**: Gratificación que se da a los cajeros, pagadores o habilitados por las pérdidas que pueden sufrir en el manejo de dinero. — *COMERCIO*

quebrar (Del lat. *crepare, estallar*.)
1 Romper o romperse una cosa con violencia: *con el temblor de tierra se cayó la lámpara de vidrio y quedó hecha añicos.* — *v.tr/prnl. conj.: pensar = quebrantar*
2 Dejar de cumplir una ley o una obligación: *quebró la ley al cometer robo.* — *v.tr/= infringir, transgredir*
3 Interrumpir un empresario o una empresa su actividad por no poder hacer frente a las obligaciones contraídas: *la empresa quebró al poco tiempo de haberse creado.* — *v.intr. COMERCIO = hundirse*
4 Doblar una cosa: *los juncos se quebraban hacia el suelo; quebró la cintura para coger el papel del suelo.* — *v.tr/prnl. = torcer, tronchar*
5 No dejar una cosa que otra continúe: *el despido quebró todos sus sueños.* — *v.tr. = frustrar*
6 Hacer perder fuerza o rigor a una cosa: *consiguió quebrar su propósito.* — *= moderar, suavizar*
7 Palidecer la piel del rostro por alguna razón: *la enfermedad iba quebrándole el color de la cara; se quebró su cara por la fiebre.* — *v.tr/prnl. = ajar*
8 Vencer una dificultad: *tras mucho esfuerzo lograron quebrar los impedimentos.* — *= salvar*
9 Dejar de tener amistad con una persona: *quebró con él por problemas económicos.* — *v.intr/+ con = romper*
10 Perder una cosa resistencia o rigor: *los soportes quebraron por la sobrecarga.* — *= ceder*

11 Interrumpirse el desarrollo de una cosa: *el proyecto quebró por falta de subvenciones.* — v.prnl. = cortarse
12 Padecer una persona una hernia. — = herniarse
13 Perder una persona fuerza moral. — = ceder, flaquear
14 Interrumpirse la continuidad de una cordillera u otro accidente geográfico. — GEOGRAFÍA = cortarse
15 Matar, quitar la vida. — v.tr./*Méx.*
16 quebrarse una cosa por una persona: No conseguirse o frustrarse una cosa por no realizar una persona lo que debía: *quebró el plan por tu hermano, que llegó tarde.*
17 quebrársele a una persona la voz: Flaquearle la voz o quedarse sin habla por un momento: *estaba tan nervioso que se le quebraba la voz.*

quebrazas Defecto de la hoja de una espada que consiste en una serie de grietas muy finas que se descubren al doblarla con fuerza. — s.f.pl.

quebrazón Destrozo grande de objetos de vidrio o loza. — s.f. *Amér.*

queche (Del fr. *caiche* < ingl. *ketch*.) Barco usado en el norte europeo, de un solo palo e igual forma por la proa que por la popa. — s.m. NÁUTICA

quechemarín (Del fr. *caiche marine*.) Embarcación pequeña de dos palos y en general con cubierta. — s.m. NÁUTICA

quechua
1 De un pueblo indígena que habitaba la región de Cuzco, en Perú, en la época de la colonización. — adj./tb: quichua HISTORIA
2 Persona natural de este pueblo. — s.m.f./HISTORIA
3 Se aplica a los actuales descendientes de este pueblo. — adj/s.m.f.
4 Lengua hablada por estas personas. — s.m./LINGÜÍSTICA

quechuismo
1 Expresión o construcción propias de la lengua quechua que se usan en otras lenguas. — s.m. LINGÜÍSTICA
2 Afecto e interés por el mundo y la cultura quechuas.

queda
1 Hora establecida de la tarde o de la noche para que los habitantes de una población se retiren a sus casas, como se hace en tiempos de guerra o de situaciones anormales: *nadie puede circular por la calle después de la queda.* — s.f.
2 Toque de campana con que se anunciaba en algunas poblaciones esta hora. — = retiro
3 Campana con que en algunas poblaciones se anunciaba la hora de retirarse.

quedada
1 Acción de quedarse en un sitio: *alargó su quedada en casa una semana.* — s.f.
2 Acción y resultado de calmarse el viento.
3 Burla o engaño que se hace a una persona para reírse, sin intención de causar daño o molestia: *¡menuda quedada, así que ya lo sabías!* — coloquial
4 Golpe flojo que se da a la pelota o balón para que no vaya lejos: *el delantero recibió la quedada de su compañero.* — DEPORTES
5 Solterona, mujer madura que no se ha casado. — *Méx.*

quedado, a Se aplica a la persona inactiva, floja o que es indolente. — adj./*Argent., Chile*

quedamente Quedo, en voz baja: *habla siempre quedamente.* — adv.

quedar (Del lat. *quietare*, aquietar.)
1 Permanecer en un lugar de modo forzoso o voluntario: *se quedó en la ciudad; se quedó en casa esperando a los niños.* — v.intr/prnl. + en = continuar
2 Permanecer parte de una cosa: *no queda nada por coger; quedaba pan para todos.* — v.intr./= restar, subsistir
3 Llegar una persona a ser merecedora de un concepto o de un cargo, obligación o derecho que antes no tenía: *quedó por especialista en aquella materia.* — + por
4 Ser adjudicada una cosa a una persona en un concurso o una subasta: *el cuadro quedó por el millonario.* — + por jerga
5 Permanecer una persona o una cosa en un estado determinado: *quedó pensativo unos momentos; su oferta quedó sin atender.* — + por = mantenerse
6 Acabar o acordar una cosa de forma definitiva: *quedó en darme la carta; quedamos de acuerdo en el plan.* — + en/= convenir, decidir
7 Reducirse una cosa a otra: *toda la discusión quedó en un simple acuerdo.* — + en = terminar
8 Estar una cosa en un lugar determinado: *su casa queda lejos de la mía.* — = caer
9 Concertar una cita: *hemos quedado para hablar del tema; quedó con ella a las diez.* — coloquial
10 Faltar algo para acabar la acción que expresa el infinitivo: *quedan por llegar dos invitados; no queda nada por hacer.* — + por
11 Faltar cierta distancia para llegar a un lugar: *ya queda poco para el desvío.* — + para
12 Obrar una persona en una acción o salir de un negocio de una determinada manera: *se quedó arruinado tras el desastre; quedó muy mal en la reunión.* — v.intr/prnl.

13 Mantener una persona en su poder una cosa, en vez de devolverla o darla a otras: *se quedó con la fotografía.* — v.prnl. + con = apropiarse
14 Retener en la memoria: *tiene facilidad para quedarse con los nombres.* — + con = memorizar
15 Morirse, perder la vida: *se quedó en el accidente.* — + en
16 Adquirir una cosa por compra o eligiéndola entre varias: *se quedó con el reloj más caro.* — coloquial
17 Ponerse en calma el viento o el mar.
18 Tocar el papel menos agradable de un juego a un niño. — JUEGOS
19 Dejar la bola de billar fácil. — JUEGOS
20 ¿en qué quedamos?: Se usa para indicar a una persona que se aclare o que se decida: *primero dices que sí y luego que no, ¿en qué quedamos?* — coloquial
21 quedar o no quedar por una persona o cosa: Ser o no ser obstáculo al desarrollo o resolución de un asunto: *el tema quedó por resolver por su culpa; por mí que no quede, yo lo hago.* — coloquial
22 quedar o quedarse atrás: No lograr una persona el progreso alcanzado por otras: *su hijo quedó atrás al no superar los exámenes.* — coloquial
23 quedar una persona por otra: Defender o fiar a una persona.
24 quedarse con una persona: Burlarse de una persona o engañarla: *se quedó con su amiga al contarle sus hazañas.* — coloquial

quedo, a (Del lat. *quietus, a, um*.)
1 Silencioso, sin hacer ruido: *salió con pasos quedos.* — adj./= sigiloso
2 Con cuidado: *camina quedo, por su accidente.* — adv.
3 En voz baja: *habla quedo, que te va a oír el niño.*
4 de quedo: Poco a poco, despacio. — loc.adv.
5 ¡quedo!: Se usa para exigir tranquilidad a una persona. — interj.

quehacer Tarea que se ha de realizar: *no puedo acompañaros pues tengo quehaceres.* — s.m. = ocupación

queilitis Inflamación de los labios: *casi no puede comer debido a la queilitis.* — s.f./pl: queilitis MEDICINA

queimada Bebida de origen gallego que se prepara quemando aguardiente de orujo con limón y azúcar. — s.f.

queja
1 Expresión de dolor, pena o descontento: *sus quejas se deben al dolor de espalda.* — s.f./= lamento, lamentación
2 Disgusto o enfado por el trato recibido o por el comportamiento de una persona: *no tengo ninguna queja de su trabajo.* — = descontento, protesta
3 Acusación formal ante un juez o tribunal como parte del proceso. — DERECHO = querella
4 Reclamación que los herederos forzosos hacen a un juez para invalidar un testamento. — DERECHO
5 formar queja: Manifestar disconformidad sin motivo para ello.

quejar (Del lat. vulgar *quassiare* < lat. *quassare*, golpear violentamente.)
1 Expresar una persona un dolor físico o moral con palabras o gritos: *se quejaba mientras le quitaban los puntos.* — v.prnl. = clamar, gemir
2 Expresar disgusto, descontento o disconformidad con una persona o una cosa: *se queja de los vecinos; me quejo porque es injusto.* — + de, por = protestar
3 Presentar una querella contra una persona: *el abogado se quejó contra el acusado.* — DERECHO = querellarse
4 Causar un sufrimiento o una enfermedad dolor a una persona. — v.tr. = aquejar

quejica Que se queja de manera frecuente y exagerada: *sólo es un rasguño, pero es un quejica de cuidado.* — adj/s.m.f./coloquial = quejicoso

quejicón, a Que se queja en exceso: *es tan quejicón que nunca sabes si has de ir corriendo o no hacerle ni caso.* — adj/s./coloquial = quejicoso

quejicoso, a Que se queja con frecuencia y sin motivo aparente: *me tiene frita con su llanto quejicoso.* — adj./= quejica, quejicoso

quejido Voz o sonido lastimoso producido por alguna pena o dolor: *sufría oyendo sus quejidos de dolor.* — s.m. = lamento

quejigal Terreno poblado de quejigos. — s.m./tb: quejigar

quejigo
1 Árbol con tronco grueso y copa recogida, hojas grandes y dentadas, algo vellosas por el envés, flores pequeñas y fruto parecido a una bellota. (*Quercus lusitanica*.) — s.m. BOTÁNICA
2 Roble joven, que aún no ha alcanzado su pleno desarrollo. — BOTÁNICA

quejigueta Arbusto fagáceo, que no supera el medio metro de altura, con las hojas duras, coriáceas, semipersistentes, oblongas, dentadas en la parte superior y flores femeninas sobre pedúnculos cortos. (*Quercus humilis*.) — s.f. BOTÁNICA

quejilloso, a Que se queja mucho. — adj./= quejicoso

quejo Mandíbula o quijada de un animal. — s.m.

quejoso, a Que tiene alguna queja de otra persona: *está quejoso del trato que le dieron.* — adj./+ de = descontento

quejumbrar Quejarse una persona con frecuencia y sin motivo aparente. — v.intr.

quejumbre Queja frecuente y en general sin motivo. — s.f.

quejumbroso, a
1 Que tiende a quejarse sin motivo. | adj./= quejicos·
2 Se aplica a la voz, tono o palabras que expresan | = lastimero
queja: *me explicó su situación con voz quejumbrosa.*

quela Pinza en que terminan algunos órganos y apéndices de un artrópodos. | s.f. ZOOLOGÍA

quelación Tratamiento de una intoxicación o de un exceso de un ión metálico mediante un quelante. | s.f. MEDICINA

quelante Se aplica al producto químico que tiene la propiedad de combinarse con iones positivos para formar complejos estables desprovistos de toxicidad y que se pueden eliminar a través de la orina. | adj./s.m. FARMACIA

quelato Compuesto de coordinación en que el átomo central, un metal, está unido por enlaces covalentes a dos o más átomos. | s.m. QUÍMICA

queldón Maqui, arbusto chileno. | s.m./Chile

quelícero Órgano que en los arácnidos sustituye a las antenas. | s.m. ZOOLOGÍA

quelite Hierbas silvestres, tiernas y comestibles. | s.m./Méx.

quelmahve Mejillón pequeño comestible de color negro o marrón oscuro. | s.m./Chile ZOOLOGÍA

queloide Cicatriz engrosada que tiene aspecto de tumor. | s.f. MEDICINA

quelonio, a (Del gr. *khelone*, tortuga.) Perteneciente a un orden de reptiles con cuatro extremidades cortas, mandíbulas córneas, sin dientes y el cuerpo provisto de un caparazón duro que cubre pecho y espalda, como la tortuga y el galápago. | adj./s.m. ZOOLOGÍA

queltehue Ave zancuda que se domestica y se tiene en los jardines para que destruya los insectos nocivos. | s.m./Chile ZOOLOGÍA

queltro Suelo preparado para la siembra. | s.m./Chile

quema (Del gr. *kaima*, quemadura.)
1 Acción y resultado de quemar o quemarse una cosa: *procedió a la quema de documentos para eliminar cualquier cosa que le comprometiera.* | s.f.
2 Fuego de grandes dimensiones que destruye lo que no está destinado a arder, como edificios, cosas almacenadas o parajes naturales: *la quema del bosque se produjo a causa de una colilla.* | = incendio
3 Lugar donde se queman residuos, basuras u otras cosas. | Argent.
4 **huir o salvarse de la quema:** Apartarse de un peligro o compromiso: *fue astuto y huyó de la quema.* | coloquial

quemada
1 Parte de monte quemado. | s.f.
2 Acción o dicho ridículo. | Méx.
3 Quemadura, acción y resultado de quemar. | Méx.

quemadero, a
1 Que debe ser quemado. | adj.
2 Sitio donde se queman las basuras. | s.m.
3 Sitio donde se quemaba a los condenados a la hoguera. | HISTORIA

quemado, a
1 Que se ha quemado o que se está quemando. | adj.
2 Que está fundido por el calor originado por un exceso de intensidad de corriente: *hay que reparar el circuito quemado.* | adj. ELECTRICIDAD
3 Que está enojado o resentido: *está muy quemado con vosotros por lo que le habéis hecho.* | coloquial = molesto
4 Que está extenuado o harto: *está quemado de tanto trabajo.* | coloquial = agotado
5 Se aplica a la persona que siente un deseo sexual exagerado: *es un quemado que intenta meter mano a las chicas.* | adj/s. coloquial
6 Quemadura en la ropa u otro objeto. | s.m.
7 Que tiene la piel morena por haber tomado el sol, tostado. | adj. Méx., Amér. Merid.
8 Que está muy visto o muy oído: *este cantante está muy quemado.* | Méx. coloquial
9 Desacreditado, que ha perdido su buena reputación. | Méx. coloquial

quemador, a
1 Que quema. | adj.
2 Se aplica a la persona que provoca un incendio de manera intencionada. | adj/s. = incendiario
3 Aparato que facilita la combustión del carbón o de otros carburantes. | s.m. TECNOLOGÍA
4 Regulador de la salida de combustible de un aparato de gas: *el quemador del calentador está obturado.* | TECNOLOGÍA
5 Mechero, encendedor. | Cuba, Guat., Perú

quemadura
1 Descomposición del tejido orgánico causada por el fuego o una sustancia cáustica o corrosiva: *tan sólo sufrió quemaduras leves en las manos.* | s.f. MEDICINA
2 Señal o impresión hecha por el fuego, sustancia cáustica o algo muy caliente en una cosa: *se aplicó una pomada especial en la quemadura.* | s.f.
3 Destrozo o enfermedad sufrida por las plantas que ocasiona el desprendimiento de la corteza y el decai- | BOTÁNICA

miento de las hojas causado por las temperaturas extremas, en especial por las heladas.
4 Tizón, hongo parásito del trigo y otros cereales. | MICOLOGÍA

quemajoso, a Que causa sensación de ardor. | adj.

quemar (Del lat. *caimare < cremare*.)
1 Hacer arder una cosa o abrasarla con fuego: *el incendio quemó cien hectáreas de bosque bajo.* | v.tr./= calcinar, incendiar
2 Producir una cosa caliente o picante una sensación de ardor en la boca: *esa salsa quema el paladar.* | = arder
3 Producir el Sol u otro agente heridas en la piel de una persona: *al caer, el asfalto le quemó el brazo.* | = requemar
4 Poner el Sol morena la piel de una persona. | = tostar
5 Estropear una persona una comida u otra cosa por dejarla demasiado tiempo en el fuego o someterla a fuego demasiado intenso: *vas a quemar la leche, baja el fuego.*
6 Destruir un ácido u otra sustancia corrosiva una cosa: *la lejía puede quemar la ropa.* | = corroer
7 Gastar una cantidad de dinero por completo en cosas inútiles o poco provechosas: *quemó toda su fortuna en inversiones erróneas.* | = derrochar, liquidar ≠ ahorrar
8 Enfadar o inquietar mucho a una persona: *Pedro quemó a sus colaboradores por su repentina huida; se quemó al oír los gritos de su madre.* | v.tr/prnl. = irritar, molestar
9 Secar el excesivo calor o el frío una planta. | v.tr.
10 Destilar vino en alambiques.
11 Estar una cosa demasiado caliente: *no lo cojas, que quema.* | v.intr. = arder
12 Padecer una persona mucho calor: *nunca viaja al sur en verano porque se quema.* | v.prnl. = abrasarse
13 Experimentar una persona una pasión o un afecto con mucha violencia: *se quema de envidia al ver tus resultados.* | = arder, morir
14 Estar una persona muy cerca de acertar o hallar una cosa: *estás a punto de acertar, te quemas.* | = acercarse
15 Perder una persona o una colectividad el prestigio: *los malos resultados de su última obra hicieron que se quemara.*
16 Excederse una acción para con otro: *se quemó contigo al gritarte en público.* | coloquial
17 Matar con revólver. | v.tr/Argent.
18 Estafar o engañar a una persona. | Méx.
19 Denunciar a una persona. | Méx.
20 Calumniar, atribuir con falsedad palabras o actos deshonrosos. | Méx. coloquial

quemarropa
1 Se usa para indicar disparando desde muy cerca en la expresión a quemarropa. | loc.adv.
2 Se usa para indicar de manera directa y brusca en la expresión a quemarropa: *le interrogaron a quemarropa tan pronto asomó la nariz por la puerta.* | loc.adv.

quemazón
1 Acción y resultado de quemar o quemarse. | s.f./= quemadura
2 Calor excesivo.
3 Sensación de ardor o picor. | = comezón
4 Comentario picante y provocativo con el que se pretende ofender o avergonzar a la persona a quien se dirige. | = pulla
5 Sentimiento de irritación o enfado. | = resquemor
6 Desazón moral por un deseo no logrado o satisfecho. | = resentimiento
7 Metal esponjoso, parecido a una espuma, que es una de las señales de la veta. | MINERÍA

quemo Quemada, acción que pone en ridículo. | s.m./Argent.

quemón
1 Quemada, acción o dicho ridículos o que ponen en ridículo a una persona. | s.m. Méx.
2 **darse un quemón:** Conocer algo. | coloquial

quena (Del quechua *kena*.) Flauta de caña usada por los indios de algunas comarcas americanas. | s.f. MÚSICA

quenopodiáceo, a Perteneciente a una familia de plantas herbáceas dicotiledóneas, apétalas, como el quenopodio, la espinaca o la remolacha. | adj/s.f. BOTÁNICA

quenopodio Anserina, planta quenopodiácea. | s.m./BOTÁNICA

quepis (Del fr. *kepi*.) Gorra cilíndrica y con visera que forma parte de los uniformes militares de algunos países. | s.m./pl: quepis MILITAR

queque Bizcocho hecho de harina, huevos, leche, levadura y azúcar. | s.m./Amér. Central, Chile/COCINA

querandí
1 De un pueblo amerindio del grupo pampeano, o de su lengua. | adj.
2 Persona natural de este pueblo. | s.m.f.
3 Lengua hablada por este pueblo. | s.m./LINGÜÍSTICA

querargirita Mineral de plata, traslúcido, de color gris perla a incoloro, que a la luz pasa a pardo violeta. | s.f. MINERALOGÍA

queratina Sustancia proteínica que forma parte de la epidermis y da dureza a las formaciones epidérmicas de los vertebrados terrestres, como el pelo, los cuernos o las uñas. | s.f. BIOLOGÍA

queratinización Formación de tejido córneo y de queratina. | s.f. MEDICINA

queratitis (Del gr. *keras, -atos,* cuerno + *itis,* inflamación.) Inflamación de la córnea. — s.f./pl: queratitis MEDICINA

queratocono Deformación en forma de cono que se produce en la córnea del ojo. — s.m. MEDICINA

queratoma (Del gr. *keras, -atos,* cuerno + *oma,* tumor.) Tumor córneo de la piel. — s.m. MEDICINA

queratoplastia (Del gr. *keras, -atos,* cuerno + *plasis,* formar.) Operación quirúrgica que consiste en practicar un injerto de córnea. — s.f. MEDICINA

queratosis (Del gr. *keras, -atos,* cuerno + *osis,* enfermedad crónica.) Crecimiento anormal de la epidermis por queratinización. — s.f. pl: queratosis MEDICINA

quercitrón Roble tintóreo de Norteamérica, de cuya corteza se extrae una materia colorante amarilla. *(Quercus velutina).* — s.m. BOTÁNICA

querella (Del lat. *querella.*)
1 Enfrentamiento o disputa. — s.f./= discordia = queja
2 Expresión de un dolor físico o de un sentimiento doloroso. — = queja
3 Acusación ante el juez o tribunal competente contra una persona acusada de un delito. — DERECHO
4 Reclamación que los herederos forzosos hacen ante el juez, pidiendo la invalidación de un testamento que lesiona sus derechos. — DERECHO

querellado, a Persona contra la que se presenta una querella. — s. DERECHO

querellador, a Que se querella. — adj./s.

querellante Se aplica a la persona que presenta una querella. — adj./s.m.f. DERECHO

querellarse
1 Expresar una persona un dolor físico o moral con palabras o gritos. — v.prnl. = lamentarse
2 Expresar disgusto, descontento o disconformidad con una persona o una cosa: *se querella de la situación.* — + de, por = quejarse
3 Tener una disputa o desacuerdo.
4 Presentar una querella contra una persona: *nos querellamos contra el ladrón.* — DERECHO

querellosamente Con queja. — adv.

querelloso, a
1 Que se queja con frecuencia y sin motivo aparente. — adj./s.= quejoso
2 Querellante, que se querella ante los tribunales. — DERECHO

querencia
1 Acción de querer o amar a una persona. — s.f.
2 Tendencia del ser humano y de ciertos animales a volver al sitio en el que se han criado o al que acostumbran a ir.
3 Lugar preferido de las personas y animales.
4 Tendencia o inclinación hacia alguien o algo. — = apego
5 Inclinación del toro a preferir un determinado lugar de la plaza donde fijarse. — TAUROMAQUIA

querencioso, a
1 Se aplica al animal que tiene querencia. — adj.
2 Se refiere al lugar que inspira querencia.

querendón, a
1 Querido, persona que habitualmente mantiene relaciones sexuales con otra sin estar casadas. — s. = amante
2 Se refiere a la persona que es muy cariñosa. — adj./s./Amér. Central y Merid.

querer (Del lat. *quaerere,* buscar, inquirir.)
1 Cariño, amor que se siente hacia una persona. — s.m.
2 Desear o tender a la posesión o la realización de una cosa: *quiere un ordenador portátil; quiere cambiar de piso.* — v.tr. = anhelar, ambicionar
3 Sentir amor o cariño por una persona o cosa: *quiere mucho a su hermano.* — = amar, estimar
4 Tener la voluntad o la determinación de hacer una cosa: *quiere dejar de fumar.* — = pretender
5 Resolver o tomar la decisión de realizar una acción: *si él quiere que lo hagamos, tendremos que hacerlo.* — = determinar, decidir
6 Conformarse o avenirse una persona a lo que otra desea: *si quieres, te acompaño.* — = desear, aceptar
7 Ser conveniente una cosa para otra o necesitar un complemento adecuado: *este suelo quiere una buena alfombra.* — = pedir, requerir
8 Dar una persona ocasión o motivo con sus palabras o acciones a que suceda algo que le perjudique: *¿qué quieres, que me enfade?* — = buscar, pretender
9 Solicitar cierto precio por una cosa: *el pintor quiere cincuenta mil pesetas por el cuadro.* — = pedir
10 Aceptar el envite. — JUEGOS
11 Estar próximo un suceso a la realización de una cosa: *parece que quiere salir el Sol.* — v.impers.
12 **como quiera que:** 1. De cualquier modo: *no sé si tiene razón o no, pero como quiera que sea, no es para ponerse así.* 2. Dado que. — loc.conj.
13 **cuando quiera:** En cualquier tiempo. — loc.adv.
14 **cuanto quiera:** Como quiera que. — loc.conj.
15 **donde quiera:** Dondequiera, en cualquier parte. — loc.adv.
16 **estar una persona como quiere:** Ser muy guapo o atractivo: *se ha echado un novio que está como quiere.* — coloquial

17 **¿qué más quieres?:** Se usa para dar a entender que lo que uno ha logrado es todo lo que podía desear o lo que se merecía.
18 **¡qué quieres!** o **¡qué quieres que le haga!:** Expresa conformidad o excusa: *¡qué quieres!, así es la vida.*
19 **querer bien:** Apreciar o tener simpatía hacia una persona o cosa.
20 **querer decir:** Significar, indicar o dar a entender una cosa: *no sé qué quieres decir con eso, no te entiendo.*
21 **querer mal:** Tener antipatía o mala voluntad hacia una persona o cosa.
22 **quieras que no:** Contra la voluntad de una persona: *quieras que no, ella es mayorcita y lo hará.*
23 **sin querer:** 1. De manera involuntaria: *no te enfades, lo ha hecho sin querer.* 2. Por casualidad: *encontró los papeles sin querer.* — loc.adv.
CONJ.: IND.: PRES.: *quiero, quieres, quiere, queremos, queréis, quieren.* PRET. INDEF.: *quise, quisiste, quiso, quisimos, quisisteis, quisieron.* FUTUR. IMPERF.: *querré, querrás, querrá, querremos, querréis, querrán.* COND.: *querría, querrías, querría, querríamos, querríais, querrían.* SUBJ.: PRES.: *quiera, quieras, quiera, queramos, queráis, quieran.* PRET. IMPERF.: *quisiera o quisiese, quisieras o quisieses, quisiera o quisiese, quisiéramos o quisiésemos, quisierais o quisieseis, quisieran o quisiesen.* SUBJ.: FUTUR. IMPERF.: *quisiere, quisieres, quisiere, quisiéremos, quisiereis, quisieren.* IMP.: *quiere, quiera, queramos, quered, quieran.*

queresa Larva de dípteros que se alimenta principalmente de materia orgánica en descomposición. — s.f./ZOOLOGÍA = cresa

querido, a
1 Persona que mantiene relaciones amorosas con otra cuando una o ambas hacen vida de pareja con otra persona. — s. = amante, querendón
2 Apelativo cariñoso hacia una persona.

querindango, a Querido, amante habitual de una persona. — s. despectivo

quermes (Del ár. *qirmiz,* cochinilla.)
1 Especie de chinche que forma unas agallitas en la encina y la coscoja de las que se extrae la grana. *(Kermes.)* — s.m./pl: quermes ZOOLOGÍA
2 **quermes mineral:** Mezcla de óxido y sulfuro de antimonio que se emplea como medicamento en las enfermedades de los órganos respiratorios. — FARMACIA

quermese
1 Fiesta con bailes, rifas y concursos celebrada con fines benéficos. — s.f. tb: kermés, quermés
2 Sitio donde se celebra esta fiesta.
3 Pintura o tapiz flamenco, en general del siglo XVI, que representa esta fiesta. — ARTE

querocha Conjunto de huevos que pone la reina de las abejas. — s.f. = cresa

querochar Poner huevos las abejas u otros insectos. — v.intr.

querosén Queroseno, producto obtenido por destilación del petróleo natural. — s.m./Amér. QUÍMICA

queroseno Líquido hidrocarburado obtenido por destilación del petróleo que se utiliza en el alumbrado y como combustible en los aviones a reacción. — s.m. QUÍMICA

querub (Del hebreo *kerub.*) Querubín [en todas sus acepciones]. — s.m. literario

querube (Del hebreo *kerub.*) Querubín [en todas sus acepciones]. — s.m. literario

querúbico, a
1 Del querubín. — adj.
2 Que es bello como un querubín.

querubín (Del lat. *cherubim* < hebreo *kerubim.*)
1 Espíritu celeste que pertenece al primer coro de la jerarquía angélica, caracterizado por la plenitud de ciencia con que contempla a Dios. — s.m. tb: querub, querube RELIGIÓN
2 Persona de gran belleza, en especial un niño pequeño. — = serafín

querulante Se aplica al delirio de la persona que se dedica a la reparación de las injusticias o perjuicios que, de manera injustificada, cree haber sufrido. — adj. SIQUIATRÍA

querusco, a
1 De un antiguo pueblo germano que cayó bajo influencia romana. — adj. HISTORIA
2 Persona originaria de este pueblo. — s./HISTORIA

querva Ricino, arbusto de origen africano, con tallo ramoso de color verde rojizo. — s.f. BOTÁNICA

quesadilla
1 Pastel de masa y queso. — s.f./COCINA
2 Dulce rectangular de almíbar o de otros ingredientes. — COCINA
3 Pan de maíz, relleno de queso y azúcar, que se fríe en manteca. — Ecuad., Hond. COCINA
4 Tortilla de maíz rellena de diversos ingredientes que se asa o se fríe en el comal, doblada por la mitad, a la que se puede añadir salsa de chile en el momento de comerla. — Méx. COCINA

quesear Hacer quesos. — *v.intr.*

quesera
1 Lugar donde se fabrica queso. — *s.f.*
2 Mesa o tabla a propósito para hacer queso.
3 Bandeja o plato con cubierta, en general de cristal, en que se sirve el queso a la mesa.
4 Vasija de barro para guardar y conservar quesos.

quesería
1 Tienda donde se venden distintos tipos de queso y otros productos lácteos. — *s.f.* COMERCIO
2 Local o fábrica donde se elaboran quesos. — INDUSTRIA
3 Temporada en que se elabora el queso.

quesero, a
1 Del queso. — *adj.*
2 Que gusta de comer queso: *es muy quesero, le gustan todos los tipos de queso.* — *adj/s.*
3 Persona que hace o vende queso. — *s.*

quesiqués Enigma o cosa que se pregunta difícil de averiguar o de explicar. — *s.m./pl: quesiqueses* = quisicosa

quesito Cada una de las porciones envueltas y empaquetadas en que se divide un queso cremoso. — *s.m.*

queso (Del lat. *caseus.*)
1 Producto comestible que se obtiene por maduración de la cuajada de la leche y que puede tener diferentes características según el tipo de leche o el método de fabricación. — *s.m.*
2 Pie de las personas. — coloquial
3 **queso de bola o de Holanda:** El que tiene forma de bola y corteza roja. — = edam
4 **queso de Burgos:** El blando y poco curado hecho con leche de ovejas.
5 **queso de cerdo:** Conserva hecha con carne de cabeza de cerdo o de jabalí, prensada y conglomerada en forma de queso.
6 **queso de hierba:** El cuajado con alguna sustancia vegetal.
7 **queso de nata:** Variedad muy cremosa elaborada con leche de vaca.
8 **queso helado:** Helado compacto hecho en molde.
9 **queso manchego:** El cuajado con la flor del cardo y con forma de cilindro de poca altura, fabricado en la región manchega.
10 **dársela a uno con queso:** Engañarle o burlarse de él. — coloquial
11 **medio queso:** Tabla gruesa de forma semicircular usada por los sastres para planchar los cuellos y las solapas y para sentar las costuras curvas. — TEXTIL

queta Cada una de las sedas inserta en la pared cutánea o los apéndices en algunos invertebrados. — *s.f.* ZOOLOGÍA

quetro Pato grande que tiene alas sin plumas y no vuela. — *s.m.* *Chile*

quetzal (Voz náhuatl.)
1 Ave de los bosques centroamericanos y mexicanos, de plumaje verde tornasolado y rojo escarlata, y un copete de plumas desflecadas desde el pico hasta la cerviz. *(Pharomacrus mocinno.)* — *s.m.* ZOOLOGÍA
2 Unidad monetaria de Guatemala. — ECONOMÍA

quevedesco, a (De *Quevedo*, escritor español.)
1 De este escritor español o de su obra. — *adj/LITERATURA*
2 Se aplica a la obra o al autor que está influido por la obra de este escritor. — LITERATURA

quevedos (De Francisco de *Quevedo*, escritor español.) Lentes pequeñas, circulares, a modo de gafas sin patillas, que se sujetan en la nariz, como las que usaba este escritor español. — *s.m.pl.*

¡quia! Expresión usada para indicar incredulidad o negación. — *interj.* = ¡ca!

quiaca Planta arbórea que tiene flores blancas y pequeñas. — *s.f./Chile* BOTÁNICA

quianti Vino tinto muy estimado que se produce en la región toscana. — *s.m.* tb: chianti

quiasma Entrecruzamiento en forma de equis, de dos estructuras anatómicas, en especial en el nervio óptico. — *s.m.* ANATOMÍA

quiasmático, a Del quiasma. — *adj/ANATOMÍA*

quiasmo Figura que consiste en la ordenación cruzada de dos frases bimembres paralelas, de forma que en la segunda se invierte el orden estructural de la primera. — *s.m.* RETÓRICA

quibey Planta herbácea de la familia de las lobeliáceas, de origen antillano, que contiene un jugo lechoso, acre y cáustico. *(Isotoma longiflora.)* — *s.m.* BOTÁNICA

quiche (Voz francesa.) Tarta salada de pasta hojaldrada rellena con una mezcla de huevos batidos con nata y diversos ingredientes. — *s.f.* COCINA

quiché
1 Se aplica a un pueblo de origen maya que habita varios departamentos guatemaltecos y a sus habitantes. — *adj/s.m.f.*
2 De este pueblo o de su lengua. — *adj.*
3 Lengua de la familia maya-quiché, hablada por este pueblo. — *s.m.* LINGÜÍSTICA

quichua Quechua [en todas sus acepciones]. — *adj.*

quicial
1 Madero que asegura las puertas y ventanas por medio de goznes y bisagras. — *s.m.* CARPINTERÍA
2 Quicio de puertas y ventanas.

quicialera Quicial, madero de las puertas. — *s.f./CARPINTERÍA*

quicio
1 Parte de las puertas o ventanas donde están las bisagras o goznes. — *s.m.* = jamba
2 Rincón formado por la puerta y la pared, en la parte por donde gira la puerta.
3 **fuera de quicio:** Fuera del orden regular. — *loc.adv.*
4 **sacar de quicio a una persona:** Ponerla muy nerviosa.
5 **sacar de quicio una cosa:** Sacarla de su estado natural.

quico
1 Grano de maíz tostado. — *s.m.*
2 **ponerse como el quico:** Comer con exageración. — coloquial

quid (Del lat. *quid*, ¿qué?)
1 Razón esencial o punto más importante de una cosa: *encontró el quid de la cuestión.* — *s.m.* = esencia
2 **dar en el quid:** Acertar en una cosa que se quería resolver.

quídam (Del lat. *quidam.*)
1 Persona indeterminada. — *s.m./coloquial*
2 Persona despreciable y de poco valor de quien se omite o ignora su nombre. — coloquial

quid divínum (Expresión latina.) Según la inspiración del genio. — *loc.adv.*

quid pro quo (Expresión latina.) Con sustitución por algo equivalente. — *loc.adv.*

quiebra
1 Rotura o abertura de una cosa por alguna parte. — *s.f./= fractura*
2 Hendidura producida en la tierra. — = grieta
3 Pérdida o fracaso de algo: *la quiebra de su matrimonio es un hecho innegable.* — = fallo
4 Situación económica de un negocio en que lo que se debe es superior a lo que se tiene. — ECONOMÍA = bancarrota, crac
5 Juicio para liquidar y calificar la situación de un quebrado negociante. — DERECHO
6 **quiebra culpable:** La de un negocio a causa de la imprudencia, el desorden o el derroche del negociante. — ECONOMÍA
7 **quiebra fortuita:** La de un negocio a causa de alguna adversidad imprevista. — ECONOMÍA
8 **quiebra fraudulenta:** La de un negocio a causa del engaño, la falsedad o la apropiación indebida de bienes. — ECONOMÍA

quiebro
1 Flexión del cuerpo por la cintura. — *s.m.*
2 Gorgorito hecho con la voz.
3 Lance o suerte en el que el torero hurta el cuerpo con un rápido movimiento de la cintura al embestirle el toro. — TAUROMAQUIA

quien (Del lat. *quem.*)
1 La persona que: *fue la profesora quien me dijo que el niño tenía problemas de vista.* — *pron.relat.*
2 Con un verbo con negación, indica nadie: *no hay quien lo entienda.*
3 Cualquier persona que: *quien la conozca, sabe que ella no ha podido hacerlo.* — *pron.indef.*
4 **no ser quien para una cosa:** No tener capacidad o habilidad para hacerla: *yo no soy quien para darte órdenes.*
5 **quien más y quien menos:** Indica que lo que se expresa es aplicable a todas las personas: *quien más y quien menos se va de vacaciones en esta época.*

quién (Del lat. *quem.*)
1 Indica desconocimiento y pregunta acerca de la identidad de una persona o personas determinadas: *quisiera saber quién llegó primero.* — *pron.interr.*
2 Introduce oraciones exclamativas: *¡quién te ha visto y quién te ve!* — *pron.exclam.*

quienquiera El que o la que sea: *quienquiera que pase por allí pudo hacerlo; quienquiera que te haya visto se habrá sorprendido de tu aspecto.* — *pron.indef.* pl: quienesquiera = cualquiera

quiescencia
1 Circunstancia de lo que está quieto pudiendo tener movimiento propio. — *s.f.*
2 Estado de reposo que se da en el desarrollo de muchas plantas y que se caracteriza por la incapacidad de crecer, aunque sigan activas sus funciones fisiológicas. — BOTÁNICA

quiescente Que puede moverse pero está en fase o estado de reposo. — *adj.*

quietación Acción y resultado de quietar o quietarse. — *s.f.*

quietador, a Que quieta. — adj/s.

quietar Apaciguar o poner tranquilo: *cuando te vio llegar se quietó.* — v.tr/prnl. tb: aquietar

quiete Tiempo de descanso o recreo que se da después de comer, en algunas órdenes religiosas. — s.f. RELIGIÓN

quietismo (Derivado del lat. *quietus*, quieto.)
1 Falta de acción o actividad.
2 Doctrina mística que basa la perfección cristiana en el amor a Dios y en la pasividad confiada del alma. — s.m./= inacción TEOLOGÍA

quietista
1 Que profesa el quietismo.
2 Del quietismo. — adj/s.m.f./TEOLOGÍA adj.

quieto, a (Del lat. *quietus*.)
1 Que no se mueve: *el perro se quedó quieto en una esquina.*
2 Que es o está sosegado y tranquilo: *es un niño muy quieto.*
3 Que no evoluciona o no cambia de posición: *desde que se fue el director el trabajo está quieto.*
4 Que no se deja llevar por los vicios, en especial por la lujuria. — adj. = inmóvil, quedo ≠ agitado, inquieto = estancado, parado = moderado, virtuoso

quietud (Derivado del lat. *quietus*, quieto.)
1 Falta de movimiento.
2 Estado de tranquilidad y reposo. — s.f. = calma

quif Sustancia que se extrae del cáñamo y se usa como estupefaciente. — s.m. = hachís

quijada (Del ant. *quexada* < lat. vulgar *capseum* < lat. *capsa*, caja.) Nombre que recibe cada una de las mandíbulas que se encuentran en el interior de la boca de los animales vertebrados que son duras, formadas por hueso y dientes. — ANATOMÍA = maxilar, quijal

quijal
1 Cada una de las dos mandíbulas de los vertebrados.
2 Muela de la boca. — s.m./tb: quijar ANATOMÍA

quijarudo, a Que tiene las quijadas grandes y abultadas. — adj.

quijera
1 Hierro que protege el tablero de la ballesta.
2 Cada correa de la cabezada del caballo que va de la frontalera a la muserola.
3 Rama de la horquilla que se forma en el extremo de un madero al hacer una caja, para que entre la garganta de otro. — s.f. EQUITACIÓN CARPINTERÍA

quijero Lado en declive de una acequia. — s.m.

quijones Planta herbácea aromática de la familia de las umbelíferas, que tiene flores blancas y fruto seco, y abunda en la península Ibérica. *(Scandix australis.)* — s.m./pl: quijones BOTÁNICA

quijongo Instrumento de percusión colombiano, que consiste en un tronco ahuecado y recubierto de piel en un extremo. — s.m. MÚSICA

quijotada Acción propia de la persona que actúa como un quijote. — s.f. = quijotería

quijote
I (Del ant. *cuxot* < cat. *cuixot*.)
1 Pieza de la armadura que cubría el muslo.
2 Parte superior de las ancas de las caballerías.
II (De *Don Quijote*, personaje creado por Cervantes.)
1 Persona que está siempre dispuesta a intervenir en asuntos que no le atañen, en defensa de la justicia.
2 Persona que se enfrenta a la opinión general por altruismo.
3 Persona seria o puntillosa con exageración. — s.m. s.m. = idealista = altruista

quijotería Modo de comportarse de un quijote. — s.f.

quijotesa Mujer que tiene las buenas cualidades de un quijote. — s.f.

quijotesco, a (De *Don Quijote*, héroe cervantino.)
1 De este héroe o de un quijote.
2 Que se comporta con quijotería.
3 Que se hace con quijotería. — adj.

quijotil Del quijote. — adj.

quijotismo Actitud del que se comporta con exageración de sentimientos o con orgullo. — s.m.

quila Planta de la familia de las gramíneas, parecida al bambú, pero más fuerte. *(Chusquea quila.)* — s.f./*Amér. Merid.* BOTÁNICA

quilatador, a Persona que quilata el oro, la plata, las perlas o las piedras preciosas. — s.

quilatar Aquilatar, examinar y graduar los quilates del oro, la plata, las perlas o las piedras preciosas. — v.tr.

quilate (Del ár. *qirat* < gr. *keration*, unidad de peso.)
1 Unidad de peso para las perlas y piedras preciosas, equivalente a 205 miligramos.
2 Cada una de las veinticuatroavas partes en peso de oro puro contenida en cualquier aleación de este metal.
3 Antigua moneda castellana.
4 Grado de perfección o valor de cualquier cosa no material: *es un amigo de muchos quilates.* — s.m. HISTORIA s.m.pl.

5 **por quilates**: En pequeñísimas cantidades. — loc.adv.

quilatera Utensilio con agujeros de distintos tamaños que sirve para apreciar los quilates de las perlas. — s.f.

quilco Canasta grande. — s.m./*Chile*

quilfe Ave anátida. — s.m./*Chile*

quiliárea Medida de superficie, equivalente a mil áreas. — s.f./tb: kiliárea

quilico Ave rapaz de plumaje rojizo, parecida al cernícalo. — s.m./*Ecuad.* ZOOLOGÍA

quilífero, a (Del gr. *khylos*, jugo + lat. *ferre*, llevar.) Se aplica al vaso linfático que absorbe el quilo de los intestinos y lo conduce al canal torácico. — adj. ANATOMÍA

quilificación Acción y resultado de quilificar o quilificarse. — s.f. FISIOLOGÍA

quilificar (Del gr. *khylos*, jugo + lat. *facere*, hacer.) Convertir el intestino los alimentos en quilo: *los alimentos se quilifican durante la digestión.* — v.tr/prnl. conj: *sacar* FISIOLOGÍA

quilla (Del fr. *quille* < germ. ant. *kilir*.)
1 Pieza de metal o madera que va de proa a popa por la parte inferior del barco y sirve de base a todo su armazón.
2 Saliente que esta pieza forma a lo largo y por debajo del casco.
3 Parte saliente del esternón de las aves, donde se insertan los músculos que forman la pechuga y que está más desarrollada en los de vuelo más vigoroso.
4 Cada parte saliente y afilada que tienen algunos peces en la cola.
5 Parte de la corola de las plantas papilionáceas formada por los dos pétalos inferiores.
6 **quilla de balance**: Cada una de las piezas salientes de la carena o parte sumergida de una embarcación.
7 **dar de quilla o la quilla:** Inclinar el barco para descubrir todo el costado y poderlo limpiar y componer. — s.f. NÁUTICA NÁUTICA ZOOLOGÍA ZOOLOGÍA BOTÁNICA NÁUTICA NÁUTICA

quillango
1 Manta hecha con retazos de pieles que usaban algunos pueblos indígenas.
2 Cobertor realizado con pieles, principalmente de guanaco. — s.m./*Argent., Chile, Urug.* *Argent., Chile, Urug.*

quillay
1 Arbusto espinoso que mide hasta dos metros de alto y posee flores de color blanquecino amarillento.
2 Planta arbórea de gran tamaño, cuyo tronco, recto y alto, se halla recubierto por una gruesa corteza rica en saponinas que en medios rurales se usa para lavar. *(Quillaja saponaria.)* — s.m./*Argent., Chile* BOTÁNICA *Argent., Urug.* BOTÁNICA

quillotra Amante, mujer que con regularidad mantiene relaciones amorosas con una persona con la que no está casada. — s.f. coloquial

quillotrador, a Que quillotra. — adj/s./coloquial

quillotranza Trance, situación difícil o conflictiva. — s.f./coloquial

quillotrar
1 Estimular o excitar a una persona o una cosa.
2 Enamorar o cortejar a una persona: *se quillotró como un adolescente.*
3 Cautivar o atraer la atención de una persona.
4 Pensar en una cosa con detenimiento.
5 Arreglar o adornar a una persona o una cosa: *se quillotró cuidadosamente.*
6 Quejarse una persona de una cosa: *se quillotraba por todo lo que le mandaban.* — v.tr./coloquial v.tr/prnl. coloquial v.tr./coloquial coloquial v.tr/prnl. coloquial v.prnl./+ de, por coloquial

quilmay Planta trepadora apocinácea, de hermosas flores, por lo general de color blanco. *(Echites chilensis.)* — s.m./*Chile* BOTÁNICA

quilo
I (Del gr. *khylos*, jugo.)
1 Líquido lechoso que se produce en el intestino después de la digestión y que pasa a la sangre.
2 **sudar el quilo**: Trabajar con gran fatiga y desvelo.
II (Del gr. *khilioi*, mil.)
1 Forma abreviada de quilogramo, medida de peso equivalente a mil gramos.
2 Un millón de pesetas.
3 **un quilo**: En abundancia, en gran medida o cantidad: *esta película me gustó un quilo.*
III (De origen incierto.)
1 Planta arbustiva poligonácea, de fruto azucarado y comestible, cuyas raíces se emplean como medicamento. *(Muehlenbeckia chilensis.)*
2 Fruto de esta planta. — s.m. FISIOLOGÍA coloquial s.m./tb: kilo = quilogramo coloquial loc.adv. s.m. *Chile*/BOTÁNICA *Chile*/BOTÁNICA

quilo- Componente de palabra procedente del gr. *khilioi*, que significa mil: *quilogramo.* — pref./tb: kilo- = quili-

quilociclo Unidad de frecuencia equivalente a mil oscilaciones por segundo. — s.m./FÍSICA tb: kilociclo

quilográmetro Unidad de trabajo o energía, equivalente al trabajo de una fuerza de un quilogramo fuerza, cuyo punto de aplicación se desplaza un metro en la dirección de la fuerza. — s.m. FÍSICA tb: kilográmetro

quilogramo
1 Medida de peso equivalente a mil gramos. — s.m./tb: kilogramo

2 Cantidad de alguna materia que pesa un quilogramo.
3 Pieza equivalente al peso de mil gramos.
4 quilogramo fuerza: Medida de fuerza, equivalente al peso de un quilogramo sometido a la gravedad normal.

quilolitro Medida de capacidad equivalente a mil litros. *s.m. tb: kilolitro*

quilombo
1 Choza, cabaña campestre. *s.m./Venez.*
2 Lupanar, casa de mujeres públicas. *Chile, R. de la Plata*
3 Lío, barullo, gresca, desorden. *Argent./vulgar*

quilometraje
1 Distancia quilométrica entre dos puntos, en especial en los ferrocarriles, con relación a la tarifa de transporte. *s.m.*
2 Precio que paga una entidad o una empresa por quilómetro de desplazamiento, en concepto de consumo de combustible y mantenimiento del vehículo, cuando éste pertenece a uno de sus miembros y es utilizado por razones laborales.

quilométrico, a
1 Que está expresado en quilómetros: *punto quilométrico; distancia quilométrica.* *adj. tb: kilométrico*
2 Que es muy largo. *coloquial*

quilómetro
1 Medida de longitud, equivalente a mil metros. *s.m./tb: kilómetro*
2 quilómetro cuadrado: Medida de superficie, que es un cuadrado de un quilómetro de lado.

quilópodo, a (Del gr. *khilioi*, mil + *pus, podos*, pie.) Perteneciente a un orden de artrópodos miriápodos de cuerpo segmentado con apéndices en cada división, que incluye los ciempiés y las escolopendras. *adj/s.m. ZOOLOGÍA*

quiloso, a Del quilo, producto de la digestión intestinal. *adj./FISIOLOGÍA*

quilquil Helecho arbóreo de rizoma comestible, que crece en Chile. *(Blechnum chilense.)* *s.m. BOTÁNICA*

quiltro
1 Perro ordinario. *s.m./Chile*
2 Se aplica a la persona despreciable y sin ninguna importancia. *adj/s. Chile/coloquial*

quimba
1 Calzado rústico. *s.f./Amér. Merid.*
2 Garbo o contoneo, cierta gracia o desenvoltura en actuar o moverse. *Amér. Central y Merid.*

quimbambas Lugar indeterminado y muy lejano. *s.f.pl./coloquial*

quimbo Machete, arma blanca, corta y de un solo filo. *s.m. Cuba*

quimera (Del gr. *khimaira*, animal fabuloso.)
1 Ilusión que se considera real o posible: *la quimera del oro movilizó multitudes en el oeste americano.* *s.f./= fantasía, utopía*
2 Discusión, pelea o riña. *= pendencia*
3 Monstruo fantástico con cabeza de león, cuerpo de cabra y cola de dragón. *MITOLOGÍA*
4 Organismo, o parte de él, integrado por tejidos o células formados a partir de zigotos diferentes. *BIOLOGÍA*
5 Pez holocéfalo de cabeza muy grande, ojos enormes y cola larga y delgada, que termina en una punta filiforme. *(Chimaera monstrosa.)* *ZOOLOGÍA*

quimérico, a Que es ilusorio o irreal. *adj./tb: quimerino*

quimerista
1 Que tiende a imaginar quimeras o ficciones. *adj/s.m.f.*
2 Que provoca riñas o pendencias. *= camorrista*

quimerizar Formarse una persona quimeras. *v.intr./conj: cazar*

química (Del bajo lat. *ars chimica* < lat. *chimia* < ár. *kimiya*, piedra filosofal.)
1 Ciencia que estudia la composición, estructura y propiedades de la materia, así como las transformaciones de unos cuerpos en otros. *s.f. QUÍMICA*
2 Relación peculiar que se establece entre dos personas por tener unas características afines. *coloquial*
3 química biológica: Parte de la química que se aplica al estudio de los seres vivos. *QUÍMICA = bioquímica*
4 química inorgánica o mineral: Parte de la química que estudia los cuerpos que no contienen carbono en sus moléculas. *QUÍMICA*
5 química orgánica: Parte de la química que estudia los derivados de los hidrocarburos y de los hidratos de carbono. *QUÍMICA*

químicamente
1 Según la química. *adv.*
2 En esencia: *fue un amor químicamente puro.*

químico, a
1 De la química. *adj./QUÍMICA*
2 Que tiene relación con la composición de los cuerpos. *QUÍMICA*
3 Persona dedicada al estudio de la química. *s./QUÍMICA*

quimificación Acción y resultado de quimificar o quimificarse. *s.f. FISIOLOGÍA*

quimificar Convertir los alimentos en quimo, sustancia que resulta de la digestión en el estómago: *los alimentos se quimifican en el estómago.* *v.tr/pml. conj: sacar FISIOLOGÍA*

quimio- Componente de palabra procedente de la voz *química: quimioterapia.* *pref.*

quimioluminiscencia Fenómeno de producción de luz debida a una reacción química. *s.f. QUÍMICA*

quimiorreceptor, a Se aplica a las terminaciones receptoras del sistema nervioso, tales como las del gusto y olfato, sensibles a los cambios de la concentración de ciertas sustancias químicas. *adj/s.m. ANATOMÍA = quimioceptor*

quimiosíntesis Síntesis de materiales orgánicos cuando la fuente de energía es de tipo químico, en especial reacciones de oxidación. *s.f. pl: quimiosíntesis BIOLOGÍA*

quimioterapia Tratamiento o prevención de las enfermedades por medio de sustancias químicas. *s.f. MEDICINA*

quimiotropismo Orientación de un órgano o de un organismo bajo la influencia de un agente químico presente en su entorno. *s.m. BIOLOGÍA*

quimo (Del gr. *khymos*, jugo.) Masa líquida espesa en que se convierten los alimentos digeridos en el estómago. *s.m. FISIOLOGÍA*

quimón (Del port. *quimao.*) Tela fina de algodón estampada y pintada, de origen japonés. *s.m. TEXTIL*

quimono (Del japonés *kimono.*) Prenda de vestir japonesa que se caracteriza por sus mangas largas y anchas y por abrirse y cruzarse por delante, ciñéndose a la cintura mediante un cinturón. *s.m. tb: kimono*

quimurgia Rama de la química industrial que utiliza productos agrícolas como materia prima. *s.f./INDUSTRIA, QUÍMICA*

quimosina Fermento para cuajar la leche que se encuentra en el estómago de algunos animales mamíferos. *s.f. QUÍMICA = cuajo*

quina
I (Del lat. *quina*, de cinco en cinco.)
1 Quinterna, acierto de cinco números, en el juego de la lotería. *s.f. JUEGOS*
2 Combinación de dos cincos obtenidos en una tirada, en algunos juegos de dados. *JUEGOS*
3 Escudo de armas portugués, formado por cinco escudos azules en cruz, con cinco monedas en aspa en cada uno. *s.f.pl. HERÁLDICA*
II (Del ár. *qinna.*)
1 Planta arbórea rubiácea, de hojas grandes, fruto en cápsula con numerosas semillas y cuya corteza contiene numerosos alcaloides. *(Chinchona.)* *s.f. BOTÁNICA tb: quino*
2 Corteza de esta planta, amarga y con propiedades tónicas astringentes y antipiréticas. *= quinaquina, quinquina*
3 Bebida fabricada con dicha corteza y otras sustancias que se toma como medicina y como aperitivo tónico.
4 ser más malo que la quina: Ser muy malo: *este chaval es más malo que la quina.* *coloquial*
5 tragar quina: Soportar o aguantar algo a disgusto, sin manifestarlo. *coloquial*

quinado, a Se refiere a la bebida que se prepara con quina: *se tomó un vaso de vino quinado como aperitivo.* *adj.*

quinal (Del ital. *quinale.*) Cabo grueso que sirve para afianzar los palos machos y ayudar a los obenques en los temporales. *s.m. NÁUTICA*

quinao Enmienda concluyente que hace el que argumenta al error de su contrario. *s.m.*

quinaquina
1 Planta arbórea papilionácea maderable. *(Myroxylon balsamum.)* *s.f./BOTÁNICA*
2 Corteza de la quina *= quinquina*

quinario, a (Del lat. *quinarium.*)
1 Que está compuesto de cinco unidades o elementos. *adj/s.*
2 Moneda romana que valía cinco ases o medio denario. *s.m. HISTORIA*
3 Espacio de cinco días consecutivos que se dedican a un culto o devoción. *RELIGIÓN*

quincalla (Del fr. *quincaille*, onomatopeya del ruido de metal.) Conjunto de objetos de metal de poco valor: *todas sus joyas son quincalla.* *s.f.*

quincallería
1 Fábrica donde se produce quincalla. *s.f./tb: quinquillería*
2 Tienda o puesto donde se vende quincalla. *COMERCIO*
3 Actividad de los que comercian con quincalla. *COMERCIO*

quincallero, a Persona que fabrica o vende quincalla: *compró varias herramientas a un quincallero.* *s./tb: quinquillero = tirolés*

quince (Del lat. *quindecim.*)
1 Se aplica al número que resulta de la suma de diez más cinco. *adj.num/s.m.*
2 Que ocupa el lugar número quince en una serie: *quedó la quince en el concurso.* *adj.num/s.m.f. = decimoquinto*
3 Signo o conjunto de signos que representa este número. *s.m.*

4 Primer punto de un juego, en el tenis.　　DEPORTES

quinceavo, a Se aplica a cada una de las quince par-　adj.num/s.m.
tes iguales en que se divide un todo.　　tb: quinzavo

quincena
1 Período de quince días: *nos iremos de vacaciones la*　s.f.
primera quincena de septiembre.
2 Sueldo o paga recibida cada quince días.
3 Detención gubernativa durante quince días.　　DERECHO
4 Juego que consiste en adivinar una cosa, para lo　JUEGOS
cual se puede hacer hasta quince preguntas a quien la
propone.
5 Intervalo que comprende las quince notas sucesi-　MÚSICA
vas de dos octavas.
6 Registro de trompetería en el órgano, que corres-　MÚSICA
ponde a este intervalo.

quincenal
1 Que se hace o sucede cada quincena: *esta revista tie-*　adj.
ne una periodicidad quincenal.
2 Que dura una quincena.　　= quincenario

quincenario, a
1 Que se hace o sucede cada quince días.　　adj./= quincenal
2 Preso que está cumpliendo una quincena.　　s./DERECHO

quincha
1 Pared hecha de cañas o juncos recubiertos de barro,　s.f.
que se suele emplear para construir cercas, corrales y　Argent., Chile, Perú
chozas.　　CONSTRUCCIÓN
2 Tejido o trama de junco con que se afianza un　Amér. Merid.
techo o pared de paja, totora o cañas.　　CONSTRUCCIÓN

quinchamalí Planta santalácea anual de propiedades　s.m./Chile
medicinales. *(Quinchamalium.)*　　BOTÁNICA

quinchar
1 Cercar o cubrir con quinchas.　　v.tr./Amér. Merid.
2 Hacer quinchas.　　v.intr./Amér. Merid.

quinchihue Planta herbácea olorosa, de hojas opues-　s.m.
tas y flores amarillas, de aplicaciones medicinales.　Amér. Central y
(Tagetes.)　　Merid./BOTÁNICA

quincho Cobertizo usado como resguardo en comi-　s.m.
das al aire libre, que consiste en un techo de paja　Argent.
sostenido por columnas de maderas.

quincuagena Conjunto de cincuenta cosas de una　s.f.
misma especie.　　= cincuentena

quincuagenario, a
1 Que consta de cincuenta unidades.　　adj.
2 Que tiene entre cincuenta y sesenta años.　　adj./s.= cincuentón

quincuagésimo, a (Del lat. *quinquagesimus.*)
1 Que ocupa el lugar número cincuenta en una serie　adj.num/s.
ordenada.　　= cincuenteno
2 Se refiere a cada una de las cincuenta partes iguales　adj.num/s.m.
en que se divide un todo.　　= cincuenteno

quincunce Disposición de las hojas semejante a la fi-　s.m.
gura de un cinco de dados.　　BOTÁNICA

quincuncial Que está dispuesto en forma de quin-　adj.
cunce.

quinde Colibrí, pájaro insectívoro muy pequeño.　　s.m./Colomb.,
　　Ecuad., Perú

quindécimo, a Se aplica a cada una de las quince　adj.num/s.m.
partes en que se divide un todo.　　= quinzavo

quindenial
1 Que se hace o sucede cada quince años.　　adj.
2 Que dura quince años.

quindenio Período de quince años.　　s.m.

quines- Componente de palabra procedente del gr.　pref.
kinesis, que significa movimiento: *quinesiología.*　　cines-, kines-

quinesia- Componente de palabra procedente del gr.　suf.
kinesis, que significa movimiento.　　= quinesia

quinésica Disciplina que estudia el significado de los　s.f./tb: cinésica,
movimientos y gestos.　　kinésica

quinesiología (Del gr. *kinesis,* movimiento + *logos,*　s.f.
ciencia.) Conjunto de los procedimientos terapéuti-　tb: kinesiterapia
cos encaminados a restablecer la normalidad de los　MEDICINA
movimientos del cuerpo humano.

quinesiológico, a De la quinesiología.　　adj./tb: kinesiológico

quinesiólogo, a Especialista en la actividad muscu-　s./tb: kinesiólogo
lar y su rehabilitación.　　MEDICINA

-quinesis Componente de palabra procedente del gr.　suf.
kinesis, que significa movimiento.　　tb: -quinesia

quinesiterapeuta Masajista, persona que da masa-　s.m.f./MEDICINA
jes con fines terapéuticos.　　tb: kinesiterapeuta

quinesiterapia Método para el tratamiento de algu-　s.f.
nas enfermedades del aparato locomotor mediante　tb: kinesiterapia
movimientos activos o pasivos.　　MEDICINA

quinesiterápico, a De la quinesiterapia.　　adj./tb: kinesiterápico

quinet- Componente de palabra procedente del gr.　pref.
kinetos, que significa móvil: *quinetoscopia.*　　tb: cinet-, kinet-

quinete (Del fr. *quinette.*) Estameña o tejido de pana　s.m.
de origen francés.　　TEXTIL

quingentésimo, a (Del lat. *quingenti.*)
1 Que ocupa el lugar número quinientos en una serie　adj.num/s.
ordenada.
2 Se aplica a cada una de las quinientas partes igua-　adj.num/s.m.
les en que se divide un todo.

quingombó Planta herbácea africana, de tallo recto y　s.m.
velloso, hojas grandes y flores amarillas. *(Hibiscus escu-*　BOTÁNICA
lentus.)

quingos Zigzag, línea que forma ángulos entrantes y　s.m./pl: quingos
salientes alternativamente.　　Amér. Central y Merid.

quiniela
1 Sistema de apuestas que organiza el estado, en que　s.f.
se hacen pronósticos sobre los resultados de los par-　JUEGOS
tidos de fútbol o de otros deportes: *acerté los quince*
resultados de la quiniela.
2 Boleto para rellenar con apuestas sobre los resulta-　JUEGOS
dos de competiciones deportivas.
3 Juego de pelota vasca entre cinco jugadores.　　DEPORTES
4 Juego que consiste en apostar a la última o a las úl-　Amér. Merid., Dom.
timas cifras de los premios mayores de la lotería.　　JUEGOS

quinielero, a
1 Persona que organiza quinielas.　　s./Amér. Merid., Dom.
2 Persona que recibe o realiza apuestas de quiniela.　　Amér. Merid., Dom.

quinielista Persona que juega a las quinielas.　　s.m.f./JUEGOS

quinientista Del siglo XVI: *escritor quinientista.*　　adj.

quinientos, as (Del lat. *quingenti.*)
1 Se refiere al número que resulta de la multiplica-　adj.num/s.m.
ción de cinco por cien.
2 Que ocupa el lugar número quinientos en una　adj.num/s.
serie.　　= quingentésimo
3 Signo o conjunto de signos que representa el nú-　s.m.
mero quinientos.
4 Denominación que se da al arte, la literatura, la　ARTE, HISTORIA,
historia y la cultura del siglo XVI.　　LITERATURA
5 Hora indeterminada que indica que lo que se dice　s.f.pl.
ha sucedido muy tarde: *nos fuimos de juerga y volvimos*
a las quinientas.

quinina Alcaloide obtenido de la quina que se utiliza　s.f.
en farmacia contra el paludismo y también como an-　FARMACIA,
tipirético o febrífugo: *usaron quinina para combatir la*　QUÍMICA
malaria.

quininismo Conjunto de fenómenos generales y do-　s.m.
lencias que produce en el organismo el uso o abuso　MEDICINA
de la quinina.　　= cinconismo

quino
1 Denominación que se da a varias especies de árbo-　s.m.
les rubiáceos americanos, cuya corteza produce la　BOTÁNICA
quina.　　tb: quiná
2 Zumo solidificado obtenido de varios vegetales　FARMACIA
exóticos, usado como astringente.
3 Quina, corteza del quino.　　BOTÁNICA

quinoa (Voz quechua.) Denominación de diversas　s.f./Argent., Bol.,
plantas anuales de hojas rómbicas, tiernas, y flores　Perú
pequeñas dispuestas en racimos, cuyas hojas y semi-　BOTÁNICA
llas son comestibles. *(Chinopodium quinoa.)*　　tb: quinua

quínola
1 Jugada que consiste en reunir cuatro cartas de un　s.f.
mismo palo, en algunos juegos de naipes.　　JUEGOS
2 Juego de cartas cuya jugada principal es ésta.　　s.f.pl./JUEGOS
3 Cosa rara o extravagante.　　s.f./coloquial
4 estar de quínolas: 1. Reunirse cosas o colores dis-　coloquial
tintos. **2.** Llevar ropa de colores distintos.　　coloquial

quinolear Preparar la baraja para el juego de quí-　v.tr.
nolas.　　JUEGOS

quinoleína Quinolina, hidrocarburo que se utiliza en　s.f.
la síntesis orgánica y en la fabricación de colorantes.　QUÍMICA

quinolillas Quínolas, juego de cartas.　　s.f.pl./JUEGOS

quinolina Hidrocarburo aromático en el que un nú-　s.f.
cleo bencénico está condensado con otro de piridina　QUÍMICA
y que se utiliza en la síntesis orgánica y en la fabrica-　tb: quinoleína
ción de colorantes.　　= benzopiridina

quinoto
1 Planta arbustiva rutácea con flores perfumadas y　s.m.
frutos pequeños de color naranja, usados para prepa-　Argent.
rar dulces y licores.　　BOTÁNICA
2 Fruto de esta planta.　　Argent./BOTÁNICA

quinqué (Del fr. *quinquet.*) Lámpara de mesa alimen-　s.m.
tada con aceite o petróleo y provista de un tubo de
cristal que protege la llama.

quinque- Componente de palabra procedente del lat.　pref.
quinque, que significa cinco: *quinquenal.*

quinquefolio (Del lat. *quinque,* cinco + *folium,* hoja.)　s.m.
Figura que representa una flor de cinco pétalos.　　HERÁLDICA

quinquelingüe
1 Que habla cinco lenguas.　　adj/s.m.f.
2 Escrito en cinco lenguas: *biblia quinquelingüe.*　　adj.

quinquenal
1 Que se hace o sucede cada quinquenio.　　adj.

2 Que dura un quinquenio.

quinquenervia Llantén menor, planta herbácea con hojas de cinco nervios longitudinales. *s.f. BOTÁNICA*

quinquenio (Del lat. *quinquennium*.)
1 Período de cinco años. *s.m./= lustro*
2 Incremento económico de un sueldo por cada cinco años de servicio activo.

quinqui
1 Persona que pertenece a un grupo social marginal y que, en general, se dedica al robo u otras actividades delictivas. *s.m.f.*
2 Persona que comete delitos o robos de poca monta. *coloquial*

quinquillería Quincallería [en todas sus acepciones]. *s.f.*

quinquillero, a
1 Quincallero, persona que vende quincalla. *s.*
2 Quinqui, pequeño delincuente.

quinquina Corteza amarga de la quina que tiene propiedades tónicas. *s.f./BOTÁNICA = quina, quinaquina*

quinta (Del lat. *quinta*.)
1 Finca de recreo en el campo con una casa para sus dueños. *s.f. = villa*
2 Conjunto de personas que entran en el ejército en el mismo año: *su marido aún se reúne con los de su quinta.* *MILITAR = reemplazo*
3 Conjunto de personas que tienen la misma edad: *todos los amigos somos de la quinta del 62.* *= generación*
4 Marcha o velocidad de mayor recorrido en el motor de algunos vehículos. *MECÁNICA*
5 Acción y resultado de quintar.
6 Escalera formada por cinco cartas de mismo palo, en el juego de los cientos. *JUEGOS*
7 Intervalo musical que consta de tres tonos y un semitono mayor. *MÚSICA*
8 **quinta remisa**: Nota que sigue inmediatamente a la cuarta. *MÚSICA*
9 **entrar en quintas**: Ser sorteado o llamado para realizar el servicio militar. *MILITAR*

quintacolumnista
1 Persona que pertenece a la quinta columna de un país. *s.m.f.*
2 Se aplica a la persona que ayuda a los intereses contrarios a los de su grupo. *adj/s.m.f.*

quintada Broma humillante que se hace a los soldados nuevos en un cuartel. *s.f./MILITAR = novatada*

quintador, a Que quinta. *adj/s.*

quintaesencia
1 Aquello que constituye la parte más esencial o pura de una cosa. *s.f. tb: quinta esencia*
2 Última esencia o extracto de algo.

quintaesenciar
1 Sacar la sustancia más pura de una cosa. *v.tr.*
2 Depurar el extracto de algo. *= purificar*

quintal (Del ár. *qintar* < lat. *centenarium*.)
1 Antigua unidad de peso cuyo valor variaba según las regiones. *s.m. = centipondio*
2 **quintal métrico**: Medida de peso del sistema métrico decimal que equivale a cien kilogramos.

quintalada Cantidad que se sacaba del importe de los fletes para repartirla a los individuos de la tripulación que mejor habían servido en el viaje. *s.f. NÁUTICA*

quintaleño, a Que tiene la capacidad de un quintal o lo contiene. *adj.*

quintalero, a Que pesa un quintal. *adj.*

quintana
1 Quinta, finca de recreo. *s.f.*
2 Sitio donde se vendían víveres en los campamentos romanos. *HISTORIA*
3 Variedad de manzana. *AGRICULTURA*

quintante Instrumento astronómico para las observaciones marítimas, que consiste en un sector de círculo graduado de setenta y dos grados con dos reflectores y un anteojo. *s.m. NÁUTICA*

quintañón, a Se refiere a la persona que tiene más de cien años. *adj/s./coloquial = centenario*

quintar
1 Sacar por sorteo una de cada cinco de un grupo de personas o cosas. *v.tr.*
2 Decidir por sorteo las personas que han de prestar el servicio militar. *MILITAR*
3 Labrar la tierra por quinta vez para sembrarla. *AGRICULTURA*
4 Pagar al rey el derecho llamado quinto. *HISTORIA*
5 Llegar al quinto elemento de una serie, en especial llegar la Luna al quinto día de una fase. *v.intr.*
6 Ofrecer una persona la quinta parte en las subastas de arrendamiento y compras. *COMERCIO*

quintería Finca o casa de labor. *s.f.*

quinterno
1 Cuaderno de cinco pliegos. *s.m.*

2 Acierto de cinco números, en el juego de la antigua lotería primitiva o en la lotería de cartones. *JUEGOS tb: quinterna*

quintero, a
1 Persona que tiene arrendada una quinta o cultiva las tierras de la misma. *s.*
2 Persona que ara y cultiva la tierra como jornalero. *AGRICULTURA*

quinteto (Del ital. *quintetto*.)
1 Conjunto de cinco unidades. *s.m.*
2 Estrofa que está formada por cinco versos de arte mayor, de rima consonante, ordenados de manera que no haya tres seguidos con la misma rima y que los dos últimos no formen un pareado. *POESÍA*
3 Composición para cinco voces o cinco instrumentos. *MÚSICA*
4 Conjunto de cinco voces o de cinco instrumentos, cada uno de los cuales ejecuta una parte. *MÚSICA*
5 Conjunto de los cinco jugadores de un equipo deportivo, en especial de baloncesto. *DEPORTES*

quintil Quinto mes del año en el primitivo calendario romano. *s.m. HISTORIA*

quintilla
1 Estrofa que está formada por cinco versos de arte menor de rima consonante, generalmente octosílabos, ordenados de manera que no haya tres seguidos con la misma rima y que los dos últimos no formen un pareado. *s.f. POESÍA*
2 Cualquier combinación de versos de arte menor con dos consonancias. *POESÍA*

quintillizo, a Se refiere a cada uno de los cinco hijos nacidos de un parto quíntuple. *adj/s.*

quintillo Juego de cartas, variante del hombre, que se juega entre cinco personas. *s.m. JUEGOS*

quintillón Conjunto formado por un millón de cuatrillones. *s.m.*

quintín (De *Quentin*, ciudad bretona.)
1 Tela de hilo muy fina que se fabricaba en esta ciudad. *s.m. TEXTIL*
2 **armarse la de san Quintín**: Discutir o pelearse de modo exagerado: *al exponer las conclusiones ante el parlamento se armó la de san Quintín.*

quinto, a (Del lat. *quintus*.)
1 Que ocupa el lugar número cinco en una serie. *adj.num.*
2 Se aplica a cada una de las cinco partes iguales en que se divide un todo. *adj./s.m.*
3 Con sustantivos como *pino* o *infierno*, indica lugar muy alejado: *hace mucho que no voy a verla porque vive en el quinto pino.* *adj. coloquial*
4 Virgen, que no ha tenido relaciones sexuales. *Méx./vulgar*
5 Persona que recibe la instrucción militar. *s./MILITAR*
6 Persona que pertenece a la misma quinta que otras: *los quintos organizaron la fiesta patronal.*
7 Derecho de veinte por ciento.
8 Medida de líquidos que contiene la quinta parte de un litro. *s.m.*
9 Cierto derecho que se pagaba al rey, que era la quinta parte de lo que se hallaba o descubría. *HISTORIA*
10 Quinta parte de la herencia que el testador podía legar libremente a quien quisiera. *DERECHO*
11 Porción de terreno de cultivo. *AGRICULTURA*
12 Cada una de las cinco partes en que dividían los marineros la hora para sus cómputos. *NÁUTICA*
13 Botellín de cerveza.

quintral
1 Muérdago de flores rojas, de cuyo fruto se extrae liga y que sirve para teñir. *s.m./Chile BOTÁNICA*
2 Cierta enfermedad que sufren las sandías y las mazorcas de maíz. *Chile AGRICULTURA*

quintril Fruto del algarrobo. *s.m./Chile/tb: quintil*

quíntuple Que contiene un número cinco veces. *adj.num./tb: quíntuplo*

quintuplicación Acción y resultado de quintuplicar o quintuplicarse. *s.f.*

quintuplicar Hacer cinco veces mayor una cantidad: *quintuplicó su capital en muy poco tiempo.* *v.tr/prnl. conj: sacar*

quíntuplo, a Se aplica al número que contiene a otro cinco veces exactamente. *adj.num/s. tb: quíntuple*

quinzavo, a Quinceavo, cada una de las quince partes en que se divide un todo. *adj.num/s.m.*

quiñazo Empujón o encontronazo entre dos personas. *s.m./Amér. Central y Merid.*

quiñón
1 Tierra que una persona siembra en común con otras. *s.m./AGRICULTURA*
2 Porción de terreno de cultivo de dimensión variable. *AGRICULTURA*

quiñonero, a Dueño de un quiñón. *s./AGRICULTURA*

quiosco (Del turco *kyosk*, casita de recreo.)
1 Pequeña construcción, situada en lugares de paso, donde se venden periódicos, golosinas y otros artículos de poco precio. *s.m./COMERCIO tb: kiosko*

2 Templete de estilo oriental construido en plazas, jardines o parques, usado para conciertos de una banda de música, para descansar o para otros usos. — ARQUITECTURA = glorieta, pabellón

quiosquero, a Persona que trabaja en un quiosco, en especial de periódicos. — s. COMERCIO

quipe Bulto que se lleva a la espalda. — s.m./Perú

quipu Serie de cuerdecillas cuyos colores y nudos funcionaban como signos de un sistema lingüístico y matemático, en la región peruana precolombina. — s.m.

quique
1 Especie de comadreja, mamífero carnívoro mustélido. — s.m./Amér. Central y Merid./ZOOLOGÍA
2 ser como un quique: Ser vivo, rápido y ágil. — Chile

quiquiriquí (Voz onomatopéyica.)
1 Canto del gallo: *el gallo me despierta cada mañana con su quiquiriquí.* • — s.m.
2 Persona que quiere sobresalir: *mi novia siempre es el quiquiriquí de las fiestas.* — pl.th: quiquiriquíes coloquial = gallito
3 Tupé o rizo en forma de cresta: *el quiquiriquí que te has hecho te afea la cara.* — th: quiqui coloquial

quiragra (Del lat. *chiragra.*) Enfermedad de gota que afecta a la mano. — s.f. MEDICINA

quiridio Extremidad de cinco dedos de los vertebrados tetrápodos. — s.m. ZOOLOGÍA

quirigalla Cabra, molusco marino de hasta quince centímetros de largo. — s.f. ZOOLOGÍA

quirinal (De *Quirino,* antiguo dios romano de la guerra.)
1 De este antiguo dios romano de la guerra. — adj./MITOLOGÍA
2 De Rómulo, que se identifica con este dios. — MITOLOGÍA
3 De una de las siete colinas de la capital romana.

quiritario, a De los ciudadanos de la antigua capital romana. — adj. HISTORIA

quirite Ciudadano romano, en la antigüedad. — s.m./HISTORIA

quiro- Componente de palabra procedente del gr. *kheir,* que significa mano: *quiromancia.* — pref.

quirófano Sala acondicionada para realizar operaciones quirúrgicas. — s.m. MEDICINA

quirografario, a Del quirógrafo o acreditado de esta forma. — adj. DERECHO

quirógrafo, a (Del gr. *kheir,* mano + *grapho,* escribir.) Se aplica al documento concerniente a la obligación contractual que no está autorizado por notario ni lleva otro signo oficial. — adj/s.m. DERECHO th: quirografario

quiromancia (Del gr. *kheir,* mano + *manteia,* adivinación.) Adivinación por medio de la interpretación de las líneas y otras señales de las manos. — s.f. OCULTISMO th: quiromancia

quiromántico, a
1 De la quiromancia. — adj./OCULTISMO
2 Persona que profesa la quiromancia. — s/OCULTISMO

quiromasaje Masaje practicado con las manos. — s.m.

quiromasajista Persona especializada en hacer quiromasaje. — s.m.f.

quiropractor, a Persona que practica la quiropraxia. — s/MEDICINA

quiropraxia Tratamiento de ciertas enfermedades por manipulación de las vértebras. — s.f./MEDICINA = quiropráctica

quiróptero, a (Del gr. *kheir,* mano + *pteron,* ala.) Perteneciente a un orden de mamíferos euterios que, como el murciélago, están caracterizados por su adaptación al vuelo, para el que cuentan con extremidades anteriores transformadas en alas. — adj/s.m. ZOOLOGÍA

quiroteca Guante, prenda para cubrir la mano. — s.f.

quirque Lagartija, especie de pequeño lagarto que se alimenta de insectos y vive en los huecos de las paredes. — s.m. Chile/ZOOLOGÍA

quirquincho, a Perteneciente a un grupo de familias de mamíferos edentados, como el armadillo, que se alimentan de invertebrados y vegetales, con abundantes pelos cerdosos sobre su caparazón, con el cual se fabrican charangos. — adj/s. Amér. Merid. ZOOLOGÍA

quirúrgico, a (Del lat. *chirurgicus* < gr. *geirurgikos.*) De la cirugía: *el hospital ha adquirido nuevo material quirúrgico.* — adj. MEDICINA

quirurgo (Del lat. *chirurgus* < gr. *geirurgos* < *kheir,* mano + *ergon,* trabajo.) Cirujano, persona que profesa la cirugía. — s.m. MEDICINA

quisa
1 Ortiga, planta urticácea. — s.f./Perú/BOTÁNICA
2 Plátano maduro y tostado. — Bol./COCINA

quisca
1 Espina grande y muy larga, en especial de las plantas cactáceas. — s.f./Chile BOTÁNICA
2 Quisco, cacto espinoso. — Chile/BOTÁNICA
3 Cuchillo, arma blanca. — Chile/jerga

quisco Cacto espinoso de la familia de las cactáceas, con aspecto de cirio y cuyas espinas alcanzan hasta los treinta centímetros. *(Cereus.)* — s.m. Chile BOTÁNICA

quisicosa (Contracción de la frase ant. *¿qué es cosa y cosá,* con que empezaban tradicionalmente las adivinanzas.)
1 Enigma, o cosa de difícil solución. — s.f./coloquial
2 Cosa extraña. — coloquial

quisque (Voz latina.)
1 Indica cada cual en la expresión **cada quisque:** *tú harás lo que yo diga, como cada quisque.* — loc. th: quisqui
2 En la expresión **todo quisque** indica cualquiera, todo el mundo: *eso lo sabe todo quisque.* — loc.

quisqueyano, a De la República Dominicana o relativo a ella. — adj/s. = dominicano

quisquilla
I (Del lat. *quisquillae,* menudencias.)
1 Dificultad molesta pero de poca importancia. — s.f.
2 Cosa muy pequeña e insignificante. — s.f.
II (Del lat. *squilla,* camarón.) Camarón, crustáceo comestible parecido a una gamba diminuta. — s.f. ZOOLOGÍA

quisquillosidad Actitud de la persona quisquillosa, muy preocupada o irritable por cosas de poca importancia. — s.f.

quisquilloso, a
1 Que gusta de chinchar o molestar: *no me gusta trabajar con el porque es muy quisquilloso.* — adj/s.
2 Que se ofende o enfada con facilidad: *cuidado con lo que le dices, que es muy quisquillosa.* — = puntilloso, susceptible
3 Que se preocupa por cosas de poca importancia. — = melindroso

quistarse Hacerse querer o llevarse bien una persona con las demás. — v.prnl.

quiste (Del gr. *kystis, -eos,* vejiga.)
1 Tumor en forma de bolsa cerrada que contiene una sustancia licuosa y a veces elementos sólidos, que puede desarrollarse en cualquier parte del cuerpo. — s.m. MEDICINA
2 Membrana resistente e impermeable que envuelve a un animal o vegetal de pequeño tamaño, manteniéndolo aislado. — BIOLOGÍA = ciste
3 Cuerpo formado por esta membrana y el pequeño animal o vegetal encerrado en ella. — BIOLOGÍA
4 quiste hidatídico: El que se forma en órganos como el cerebro, hígado o pulmón, provocado por la larva de la tenia del perro. — MEDICINA
5 quiste sebáceo: Aquel que se forma por la obstrucción del conducto de la glándula sebácea. — MEDICINA
6 quiste sinovial: El que sale en un tendón, normalmente alrededor de las articulaciones del pie o de la mano, que es indoloro. — MEDICINA = ganglión

quistectomía Extirpación quirúrgica de un quiste. — s.f./MEDICINA

quístico, a Que tiene relación con el quiste. — adj./MEDICINA

quita
1 Remisión que de una deuda o de parte de ella hace el acreedor al deudor. — s.f./DERECHO = quitamiento
2 quita y espera: Petición que un deudor no comerciante hace judicialmente a sus acreedores para que rebajen los créditos, aplacen el cobro o ambas cosas. — DERECHO

quitación Perdón de una deuda o de parte de ella, que hace el acreedor. — s.f./DERECHO = quita

quitador, a Que quita. — adj/s.

quitaesmalte Sustancia compuesta de acetona, que se usa para eliminar el esmalte de las uñas. — s.m.

quitaguas Paraguas, utensilio portátil para protegerse de la lluvia. — s.m.

quitaipón Quitapón, adorno que se pone en la testera de las cabezadas del ganado de carga. — s.m.

quitamanchas
1 Se aplica a la sustancia que sirve para quitar manchas, por lo general de los tejidos: *ese spray quitamanchas no deja cerco.* — adj/s.m. pl: quitamanchas = sacamanchas
2 Persona que se dedica a quitar las manchas de la ropa. — s.m.f. = sacamanchas

quitameriendas Planta liliácea perenne, muy parecida al cólquico, del que se distingue por no estar soldadas entre sí las largas uñas de sus sépalos y pétalos. *(Merendera.)* — s.f. pl: quitameriendas BOTÁNICA

quitamiedos Cuerda o listón colocado en lugares de peligro, como andamios, carreteras, o escaleras para dar mayor seguridad. — s.m. pl: quitamiedos

quitamiento Perdón de una deuda o de parte de ella, que hace el acreedor. — s.m./DERECHO = quita

quitamotas Se refiere a la persona que hace o dice lo que cree que puede agradar a otra. — adj/s.m.f./coloquial pl: quitamotas

quitanieves Máquina para limpiar la nieve que obstruye una vía de comunicación. — s.m./MECÁNICA pl: quitanieves

quitanza (Del fr. *quitance.*) Recibo que se da al deudor cuando paga. — s.f./COMERCIO = finiquito

quitapelillos Quitamotas, que hace o dice lo que cree que puede agradar. — adj/s.m.f. pl: quitapelillos

quitapenas Licor o bebida alcohólica, por lo general de poca calidad. — s.f./pl: quitapenas = coloquial

quitapón Adorno de lana de colores, con borlas, que suele ponerse en la testera de las cabezadas de los animales de carga. — s.m. / pl: quitapones / tb: quitaipón

quitar (Del lat. *quietus*, tranquilo.)
1 Apartar una cosa de otra con la que está o de la que forma parte: *quitó las malas hierbas del jardín.* — v.tr./= separar / ≠ poner
2 Hacer desaparecer una cosa de un sitio: *no ha podido quitar la pintura del mueble.* — = eliminar
3 Privar a una persona de una cosa contra su voluntad: *no le quites el balón al niño.* — = hurtar, robar / ≠ dar
4 Impedir o estorbar una cosa: *esta visera me quita visibilidad.* — = obstruir
5 Despojar a una persona de la ropa que llevaba: *quítate el abrigo, hace demasiado calor.* — v.tr/prnl.
6 Suprimir un empleo, un oficio o un servicio: *han quitado ese servicio telefónico.* — v.tr. / = eliminar
7 Impedir hacer una cosa a una persona: *me quitó el salir con mis amigos.* — = prohibir
8 Dejar una ley o texto jurídico sin efecto. — = derogar
9 Dejar libre de una obligación a una persona. — = eximir
10 Levantar un censo u otra carga semejante. — = librar
11 Evitar un golpe del contrario desviándolo, en esgrima. — DEPORTES
12 Dejar una persona un vicio: *hace dos años que se quitó de la bebida.* — v.prnl. / + de
13 Irse de un lugar: *se quitó de allí antes de que le vieran.* — + de
14 **de quita y pon:** Fácil de quitar y poner. — loc.adj.
15 **¡quita!** o **¡quita allá!:** Indica rechazo o reprobación: *¡quita!, yo no hago eso.* — interj.
16 **quitando algo:** Prescindiendo de ello: *quitando el comentario final, el texto me parece correcto.* — loc.prep.
17 **quitarse de encima, de delante o de en medio a una persona o una cosa:** Librarse de ella o de lo que resulta molesto o inoportuno: *ya me he quitado de encima el examen; no me puedo quitar de encima a ese pesado.* — coloquial
18 **quitarse una persona de en medio:** Apartarse o desaparecer: *en cuanto vio que su ayuda no era necesaria, se quitó de en medio.* — coloquial
19 **sin quitar ni poner:** Al pie de la letra, sin exagerar ni omitir nada. — loc.adv.

quitasol Sombrilla que sirve para resguardarse del Sol. — s.m. / = parasol

quitasolillo Planta umbelífera de raíz picante y aromática. *(Hydrocotyle umbellata.)* — s.m./Cuba / BOTÁNICA

quitasueño Aquello que produce un sentimiento de gran preocupación e intranquilidad. — s.m. / coloquial

quite
1 Movimiento que se hace para evitar un golpe o un ataque, en especial el hecho en esgrima. — s.m.
2 Suerte o movimiento ejecutado por un torero, generalmente con el capote, para librar a otro de la acometida del toro. — TAUROMAQUIA
3 Acción de quitar o estorbar.
4 **estar** o **andar al quite:** Estar preparado y atento para defender o ayudar a una persona.
5 **ir al quite:** Acudir en defensa o ayuda de una persona: *fue al quite, pero llegó tarde.*

quiteño, a
1 De Quito, capital del Ecuador. — adj/s.
2 Persona natural de esta ciudad. — s.

quitina Sustancia orgánica de aspecto córneo que se encuentra en la pared celular de los hongos, levaduras y artrópodos, a la cual deben éstos su dureza. — s.f. / BIOLOGÍA

quitinoso, a
1 Que contiene quitina. — adj./BIOLOGÍA
2 Que tiene una composición parecida a la de la quitina.

quito, a (Del lat. *quietus*, tranquilo.) Exento o libre de algo. — adj.

quitón (Del lat. *chiton* < gr. *khiton*, túnica.)
1 Túnica de los antiguos griegos, larga o corta, y ceñida a la cintura. — s.m. / HISTORIA
2 Molusco anfineuro, propio de zonas costeras, cuya concha está formada por ocho piezas alineadas. *(Chiton.)* — ZOOLOGÍA

quitrín Carruaje de dos ruedas, abierto y con cubierta de fuelle, que se usó en varios países americanos. — s.m. / pl: quitrines

quiulla Gaviota serrana, de color blanco con una capucha negra en verano, que habita en la cordillera andina. *(Larus serranus.)* — s.f./Chile / ZOOLOGÍA

quivi Kiwi [en todas sus acepciones]. — s.m.

quizá (Del ant. *quiçab* < *qui sabe*, quién sabe.) Tal vez: *quizá venga, quizá no.* — adv. / tb: quizás

quizarrá Planta arbórea de la familia de las lauráceas, de la que existen diversas especies. — s.f./C. Rica / BOTÁNICA

quórum (Del lat. *quorum*, de quienes.)
1 Número de individuos necesario para que sean válidos los acuerdos tomados en una asamblea. — s.m. / pl: quórum
2 Proporción de votos favorables para que haya acuerdo.

R

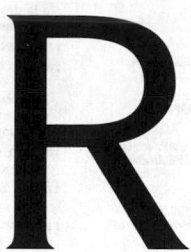

r Decimonovena letra del abecedario español y decimoquinta de las consonantes. — *s.f.*

raba (Del fr. *rabes*.) Cebo que usan los pescadores hecho con huevas de bacalao. — *s.f.* PESCA

rabada Cuarto trasero de una res matada para el consumo. — *s.f.*

rabadán (Del ár. *rabb ad-da'n < da'in*, carnero + *rabb*, hombre de.)
1 Pastor que cuida todos los rebaños de una cabaña y manda a los pastores. — *s.m.* = mayoral
2 Pastor, que a las órdenes del mayoral, se encarga de uno o más rebaños.

rabadilla
1 Extremo de inferior de la columna vertebral, formado por parte del hueso sacro y las tres piezas del coxis. — *s.f.* ANATOMÍA
2 Parte final móvil de la columna vertebral de las aves donde están las plumas de la cola. — ZOOLOGÍA
3 Parte de la carne de vacuno correspondiente a la región de las ancas, entre la tapa y el lomo.

rabal Arrabal, barrio periférico de una ciudad. — *s.m.*

rabalero, a Arrabalero [en todas sus acepciones]. — *adj.*

rabanal Tierra sembrada de rábanos. — *s.m./AGRICULTURA*

rabanera
1 Recipiente para guardar o colocar en la mesa los rábanos. — *s.f.*
2 Verdulera, mujer grosera y soez. — *despectivo*

rabanero, a
1 Se aplica al ademán o modo de hablar que es insolente o desvergonzado. — *adj. despectivo*
2 Persona que vende rábanos. — *s./COMERCIO*

rabanillo
1 Planta herbácea anual, de la familia de las crucíferas, con hojas ásperas y partidas en lóbulos dentados, que es nociva y muy común en los sembrados. (*Raphanus raphanistrum*.) — *s.m.* BOTÁNICA = rabaniza, rábano silvestre
2 Sabor del vino picado o avinagrado. — = punta
3 Desdén y esquivez del genio, en especial en el trato. — *coloquial* = desaire
4 Deseo muy intenso de hacer una cosa. — *coloquial*

rabanito Variedad de rábano de raíz pequeña. — *s.m./BOTÁNICA*

rabaniza
1 Simiente del rábano. — *s.f./BOTÁNICA*
2 Rabanillo, planta herbácea. — BOTÁNICA

rábano (Del lat. *raphanus < gr. raphanos*.)
1 Planta hortícola herbácea, de la familia de las crucíferas, con raíz carnosa comestible. (*Raphanus sativa*.) — *s.m.* BOTÁNICA
2 Raíz de esta planta. — BOTÁNICA
3 Sabor del vino reputando, que va tirando a agrio. — = rabanillo
4 Pene, órgano sexual masculino. — vulgar
5 **coger o tomar el rábano por las hojas**: Equivocarse por completo en la interpretación de algo: *lo siento, pero creo que has cogido el rábano por las hojas, el problema es otro.* — coloquial
6 **importar o no importar una cosa un rábano**: Frase con que se expresa lo poco que le importa un determinado asunto o cuestión a una persona: *¡me importa un rábano lo que me digas!* — coloquial
7 **¡y un rábano!**: Exclamación con que una persona niega o rehúsa algo. — *interj.* coloquial

rabárbaro Ruibarbo, planta herbácea, de la familia de las poligonáceas, con hojas grandes que son ásperas por el haz y vellosas por el envés. — *s.m.* BOTÁNICA

rabassaire (Voz catalana.) Arrendatario sometido al contrato de rabassa morta. — *s.m.f* DERECHO

rabassa morta (Expresión catalana.) Contrato de cultivo catalán por el que el propietario cede al cultivador el dominio útil de la finca para que plante viñas y cultive la tierra hasta la muerte de las cepas, a cambio de una pensión o de la parte alícuota de la cosecha. — *s.f.* DERECHO

rabazuz Extracto del jugo de la raíz del orozuz. — *s.m./pl: rabazuces*

rabdo- Componente de palabra procedente del gr. *rhabdos*, que significa varilla: *rabdomancia*. — *pref.*

rabdomancia (Del gr. *rhabdos*, varilla + *manteia*, adivinación.) Adivinación del futuro y de otras cosas ocultas mediante el uso de determinados objetos a los que se atribuyen propiedades mágicas. — *s.f.* OCULTISMO tb: rabdomancía

rabdomántico, a Persona que practica la rabdomancia o búsqueda de objetos ocultos. — *s.* OCULTISMO

rabear
1 Mover un animal el rabo. — *v.intr.*
2 Mover una embarcación la popa a uno y otro lado. — NÁUTICA

rabel
I (Del ár. *rabab*, especie de violín.)
1 Antiguo instrumento musical de cuerda, parecido al laúd pero con tres cuerdas que se hacen sonar con un arco. — *s.m.* MÚSICA
2 Instrumento musical infantil compuesto por una — MÚSICA

caña, una vejiga de aire y un bordón que se hace sonar con un arco.

II (Derivado de *rabo*.) Asentaderas o posaderas, en especial de las personas jóvenes.   **s.m.** *coloquial*

rabelero, a Persona que toca el rabel.   **s./MÚSICA**

rabeo Acción y resultado de rabear.   **s.m.**

rabera
1 Parte posterior de cualquier cosa.   **s.f.**
2 Zoquete de madera que une, en los carros, las tablas del asiento.
3 Residuo que queda sin apurar después de aventar y cribar los granos.   **AGRICULTURA**

raberón Extremo superior del tronco de un árbol que al labrarlo se separa del resto por no tener las medidas del marco correspondiente.   **s.m.** **CARPINTERÍA**

rabí Ministro del culto religioso judío y jefe espiritual de sus comunidades.   **s.m./pl.tb: rabíes** **RELIGIÓN/= rabino**

rabia (Del lat. vulgar *rabia*.)
1 Enfermedad vírica propia de algunos animales, como el perro, el zorro o el gato, que pueden transmitir al hombre a través de la baba o la saliva, y que provoca contracciones espasmódicas, alteraciones nerviosas y dificultad de tragar.   **s.f.** **MEDICINA** **= hidrofobia**
2 Situación anímica en la que dominan la ira y el enfado: *lo miró con rabia*.   **= furor**
3 Roya u hongo que aparece en los garbanzos cuando, después de la lluvia, calienta fuerte el sol.   **MICOLOGÍA**
4 **coger, tener o tomar rabia:** Sentir antipatía o aversión hacia una persona o cosa: *le tiene mucha rabia a su cuñada por la faena que le hizo*.   **coloquial**
5 **con rabia:** Mucho, en exceso, en general referido a cualidades negativas: *es malo con rabia*.   **loc.adv.**
6 **dar rabia:** Enfadar o disgustar algo: *me da rabia que siempre llegues tarde*.   **coloquial**
7 **de rabia mató la perra:** Expresión que indica que alguien venga su enfado en cualquiera que no tenga culpa de él.   **coloquial**

rabiacana Planta herbácea de la familia de las aráceas, de flores blancas y rojizas. (*Arisarum vulgare*.)   **s.f.** **BOTÁNICA**

rabiar
1 Padecer una persona o un animal rabia.   **v.intr.**
2 Ponerse una persona furiosa: *cuando las cosas no salen como a él le gustan rabia mucho*.   **= enojarse, irritarse**
3 Desear mucho una cosa: *rabiaba por irse de viaje*.   **+ por/= morirse**
4 Sufrir una persona un dolor: *estaba rabiando por el dolor de muelas*.   **+ de, por**
5 Exceder en mucho a lo usual: *rabiaba de ingenuo*.   **+ de/= pasarse**
6 **a rabiar:** Mucho, en alto grado: *le gusta el chocolate a rabiar*.   **loc.adv.**
7 **estar a rabiar con una persona:** Estar muy enfadado.
8 **hacer rabiar a una persona:** Hacerle enfadar o molestarle mucho.

rabiatar Atar a un animal por la cola o el rabo.   **v.tr.**

rabiazorras Solano, viento del este.   **s.m./pl: rabiazorras**

rábico, a De la rabia o hidrofobia.   **adj./MEDICINA**

rabicorto, a Se aplica al animal que tiene corto el rabo.   **adj.** **= rabón**

rábido, a (Derivado del lat. vulgar *rabia*.) Violento, que está fuera de su estado natural.   **adj.** **= rabioso, airado**

rabieta Enfado o llanto violento y de poca duración, por lo común producido por un motivo de poca importancia.   **s.f./= berrinche, pataleo, perra**

rabietas Persona que se enfada con facilidad por motivos nimios: *fulano es un rabietas*.   **s.m.f./pl: rabietas** *coloquial*

rabihorcado
1 Ave palmípeda de los mares tropicales, de plumaje oscuro y vuelo poderoso y rápido. (*Fregata*.)   **s.m./ZOOLOGÍA** **= fragate**
2 Planta de la familia de las ciclantáceas, cuyas hojas, parecidas a las de la platanera, se usan para techar. (*Carludovica wallisi*.)   **Colomb.** **BOTÁNICA**

rabijunco Ave pelecaniforme con grandes timoneras centrales, terminadas en una fina punta, y pico puntiagudo y comprimido por los laterales. (*Phaeton*.)   **s.m.** **ZOOLOGÍA**

rabil Pez perciforme túnido de cuerpo fusiforme, muy apreciado por su carne. (*Germo albacora*.)   **s.m./ZOOLOGÍA** **= atún claro**

rabilargo, a
1 Se refiere al animal que tiene largo el rabo.   **adj.**
2 Ave paseriforme córvida, que tiene la cabeza y la nuca de color negro aterciopelado, alas y cola de un color azul grisáceo y región ventral de color gris, y habita en la península Ibérica. (*Cyanopica cyanus*.)   **s.m.** **ZOOLOGÍA**

rabillo
1 Pendúnculo o rabo pequeño que sostiene la hoja o el fruto.   **s.m./BOTÁNICA** **= peciolo**
2 Extremo o prolongación delgada de cualquier cosa.
3 Mancha negra que aparece en la punta de los granos de los cereales atacados por el tizón.   **AGRICULTURA**
4 Tira de tela con hebilla que sirve para ajustar algunas prendas de vestir como el pantalón, el chaleco o la cazadora.   **TEXTIL**
5 **mirar con el rabillo del ojo:** Mirar de reojo o de lado, disimulando.

rabínico, a
1 De los rabinos, de su escritura o de su doctrina.   **adj./RELIGIÓN**
2 De la época de la dispersión hebrea.   **HISTORIA**

rabinismo
1 Doctrina que siguen y enseñan los doctores de la ley judía.   **s.m.** **RELIGIÓN**
2 Actividad religiosa y literaria del judaísmo posterior a la destrucción del segundo templo y que constituyó una base de la organización de esta religión.   **LITERATURA, RELIGIÓN**

rabinista Seguidor de la doctrina de los rabinos.   **s.m.f./RELIGIÓN**

rabino (Del hebreo *rabbi*, maestro mío.)
1 Maestro hebreo que interpreta la sagrada escritura.   **s.m./RELIGIÓN**
2 Sacerdote y jefe espiritual del culto y de las comunidades religiosas judías: *el rabino ofició en la sinagoga*.   **RELIGIÓN**
3 Remigio, juego de cartas.   **JUEGOS**

rabión Corriente violenta e impetuosa de un río a su paso por un lugar estrecho o muy inclinado.   **s.m.** **= rápido**

rabiosamente En extremo, con exageración: *estás rabiosamente enamorada de tu marido*.   **adv.** *coloquial*

rabioso, a (Del lat. *rabiosus*.)
1 Que padece la rabia: *perro rabioso*.   **adj.**
2 Que siente rabia o cólera: *está rabioso porque su equipo ha perdido el partido*.   **adj/s.** **= furioso**
3 Se aplica al dolor o deseo que es muy fuerte o violento.   **adj.** **= furioso**

rabisalsero, a Se refiere a la persona que tiene carácter vivo y desenvuelto.   **adj/s.f.** *coloquial*

rábita Fortaleza militar y religiosa musulmana, ubicada en las fronteras con los territorios hispanocristianos, durante la ocupación islámica.   **s.f./HISTORIA** **tb: rábida, rápita**

rabiza
1 Punta de la caña de pescar en la que se coloca el sedal.   **s.f.** **PESCA**
2 Cabo pequeño de los barcos, que se ata al extremo de cualquier cosa para manejarla o sujetarla.   **NÁUTICA**
3 Mujer que ejerce la prostitución.   **= ramera**

rabo (Del lat. *rapum*, nabo.)
1 Extremidad de la columna vertebral de algunos animales, en especial de los cuadrúpedos.   **s.m./ZOOLOGÍA** **= cola**
2 Rabillo, pedúnculo que sostiene las hojas, flores y frutos.   **BOTÁNICA** **= peciolo**
3 Cualquier apéndice que cuelga de un objeto.   **= prolongación**
4 Pene, órgano sexual masculino.   **vulgar**
5 Lo que queda después de cribado el trigo u otras semillas.   **AGRICULTURA**
6 **rabo de junco:** Rabijunco, ave pelecaniforme.   **ZOOLOGÍA**
7 **rabo del ojo:** Rabillo o ángulo del ojo.
8 **rabo de zorra:** Carricera, planta gramínea.   **BOTÁNICA**
9 **rabos de gallo:** Nube blanca y ligera.   **= cirros**
10 **asir o coger por el rabo:** 1. Alcanzar con dificultad al que con ventaja huye o va logrando su intento. 2. Expresión que insinúa la falta de esperanza en lograr una cosa.   **coloquial**
11 **estar o faltar el rabo por desollar:** Quedar por hacer lo más difícil para terminar una cosa.   **coloquial**
12 **ir o salir con el rabo entre las piernas:** Avergonzado, confundido o humillado: *llegó muy ufano, pero se fue con el rabo entre las piernas*.   **coloquial**
13 **ir uno al rabo de otro:** Seguirle o acompañarle continuamente.   **coloquial**
14 **mirar con el rabo del ojo:** Querer mal o mostrar un trato severo o cauteloso a una persona.   **coloquial**
15 **volver el rabo:** Volverse las cosas al contrario de lo que se esperaba.   **coloquial**

rabón, a
1 Se aplica al animal que no tiene rabo o lo tiene muy corto.   **adj.** **ZOOLOGÍA**
2 Se aplica a la prenda de vestir que queda corta: *esta camisa me queda muy rabona; Juana trae un vestido muy rabón*.   **Méx.** *coloquial*

rabona Mujer que suele acompañar a los soldados en las marchas y en campaña.   **s.f./Amér. Central y Merid.**

rabopelado Zarigüeya, mamífero marsupial.   **s.m./ZOOLOGÍA**

raboseada Acción y resultado de rabosear o estropear algo.   **s.f.** **= raboseadura**

raboseado, a Se refiere al papel impreso que se presenta sucio por exceso de tinta o defectuoso por haber recibido manchas durante la tirada.   **adj.** **ARTES GRÁFICAS**

raboseadura Raboseada, acción y resultado de rabosear.   **s.f.**

rabosear Estropear o deslucir una cosa.   **v.tr.**

raboso, a Que está deshilachado.   **adj.**

rabotada Expresión destemplada o injuriosa con ademanes groseros.   **s.f.** **tb: rabotazo**

rabotear Cortar el rabo a un animal.   **v.tr./= desrabotar**

raboteo
1 Acción de rabotear.   **s.m.**
2 Época del año, durante el menguante de la luna de marzo, en que se corta el rabo de las ovejas y carneros.

rabudo, a Que tiene el rabo grande.   adj.

rábula (Del lat. *rabula*.) Abogado charlatán e ignoran-   s.m.
te: *este abogado no nos va a solucionar nada, es un rábula.*   despectivo

raca Anilla que se ensarta en un palo de arboladura y   s.f.
que puede hacer correr con facilidad a lo largo de   NÁUTICA
éste una cosa sujeta a ella.

racahút Sustancia dulce, semejante al chocolate, de   s.m.
origen árabe.   COCINA

racamento (Del fr. *racquement < racque < germ. rak-*   s.m.
ki.) Especie de collar que sirve para unir las vergas a   tb: racamenta
sus palos o masteleros para que pueda correr a lo lar-   NÁUTICA
go de ellos.

racanear
1 Obrar una persona como un rácano, en especial   v.intr.
con relación al dinero: *racanea hasta en los gastos más*   = tacañear
necesarios.
2 Trabajar lo mínimo posible.   = holgazanear

racaneo Acción o actitud poco generosa o innoble.   s.m.

racanería
1 Cualidad de rácano o mezquino, sobre todo en lo   s.f.
que se refiere al dinero.
2 Actitud de la persona rácana o tacaña.   = tacañería

rácano, a
1 Que escatima en lo que gasta: *es tan rácano que no*   adj/s.
va al cine por no gastar.   = avaro, tacaño
2 Que evita trabajar.   = gandul, vago
3 Que actúa con astucia.   adj./= artero

raccord (Voz francesa.) Correcta continuidad espacial   s.m.
o temporal entre dos planos consecutivos de una pe-   CINE
lícula.

racel Cada una de las partes de los extremos de popa   s.m.
y de proa en las cuales se estrecha el pantoque o par-   NÁUTICA
te casi plana del casco de un barco.

racer (Del ingl. *racer.*)
1 Canoa automóvil rápida.   s.m./NÁUTICA
2 Barco velero de competición muy rápido.   NÁUTICA

racha (Del ár. *ragga*, tormenta.)
1 Ráfaga de viento.   s.f.
2 Período breve de fortuna o desgracia en cualquier
actividad: *ha tenido una mala racha en el trabajo.*
3 **a rachas**: Con intermitencias, de modo disconti-   loc.adv.
nuo.

racheado, a Se aplica al viento que sopla a rachas.   adj.

rachear Soplar el viento a rachas.   v.impers.

racial (Del ingl. *racial.*) De la raza o que tiene relación   adj.
con ella: *discriminación racial.*   = étnico

racima Conjunto de racimos pequeños que quedan   s.f.
en las vides después de la vendimia.   AGRICULTURA

racimado, a Formando racimo.   adj./tb: arracimado

racimal Que tiene relación con el racimo.   adj.

racimar
1 Buscar los redrojos o racimos pequeños de una   v.tr.
viña o los caídos en la vendimia.   AGRICULTURA
2 Formar varias cosas un racimo.   v.prnl.

racimo (Del lat. vulgar *racimus < lat. racemus.*)
1 Conjunto de granos de uva unidos a un mismo ta-   s.m.
llo: *nos comimos un racimo de uvas.*   AGRICULTURA
2 Conjunto de cosas pequeñas dispuestas en esta   = ramillete
forma.
3 Conjunto de flores o frutos sujetos por un eje común.   BOTÁNICA
4 Grupo de frutos en una rama aunque no tenga esa
disposición.
5 Conjunto de cosas o personas.   = conglomerado

racimoso, a Que tiene o echa muchos racimos.   adj.

racimudo, a Que tiene racimos grandes.   adj.

raciocinación Acción y resultado de obtener ideas   s.f.
mediante razonamientos.   = razonamiento

raciocinar (Del lat. *ratiocinari.*) Hacer uso de la inteli-   v.intr.
gencia para conocer y juzgar una cosa.   = razonar

raciocinio (Del bajo lat. *ratiocinium.*)
1 Facultad de razonar.   s.m./= inteligencia
2 Acción y resultado de razonar.   = reflexión
3 Argumento o discurso.   = argumentación

ración (Del lat. *ratio, -onis*, cálculo.)
1 Cantidad de alimento que se da en una comida a   s.f.
una persona o animal: *mi ración de espinacas era pe-*
queña.
2 Cantidad de algo que se cuenta, se considera o se   = porción
vende por unidades: *he comprado una barra de helado*
de 6 raciones.
3 Cantidad o parte determinada de algún tipo de ali-   COCINA
mentos que se sirve en bares o restaurantes a un precio determinado: *ración de calamares; ración de jamón.*
4 Sueldo diario, en dinero o en especies, que se da a   = jornal
soldados, marineros o criados por un servicio.
5 Medida para líquidos que equivale a ciento veinti-   = copa
séis mililitros.
6 Prebenda de una iglesia catedral o colegial, y que   RELIGIÓN
tiene su renta en la mesa del cabildo.

7 **ración de hambre**: La que es insuficiente: *parece*   coloquial
mentira que en un restaurante tan reputado den estas ra-
ciones de hambre.
8 **a media ración**: Con poca comida o con reducidos   loc.adv.
medios de subsistencia.   coloquial

racionabilidad Facultad mental por la cual se obra   s.f.
según la razón o el buen sentido.   SICOLOGÍA

racional
1 Que tiene relación con la razón: *no es un conocimien-*   adj.
to intuitivo sino racional.   = intelectual
2 Que está dotado de razón o inteligencia: *su conduc-*   adj/s.m.
ta es impropia de un ser racional.   = humano
3 Que está de acuerdo con las normas de la razón: *no*   adj/= lógico,
actúa de forma racional; propone un reparto racional de   razonable
los impuestos.   ≠ irracional
4 Que se determina o establece por la razón: *su acti-*   ≠ sentimental
tud fue poco racional.
5 Se aplica a la expresión algebraica que puede ser   MATEMÁTICAS
expresada por un número entero o fraccionario: *canti-*   ≠ irracional
dad racional; número racional.
6 Ornamento sagrado que llevaba puesto el sumo   s.m.
sacerdote de la ley antigua.   RELIGIÓN

racionalidad Facultad o carácter racional.   s.f.

racionalismo
1 Tendencia a dar supremacía a la razón sobre cual-   s.m.
quier otro modo de comprensión.
2 Doctrina filosófica que defiende que la razón es la   FILOSOFÍA
única fuente del conocimiento humano, en oposición
al empirismo.
3 Sistema filosófico que defiende que las creencias   FILOSOFÍA,
religiosas sólo deben estar basadas en la razón.   TEOLOGÍA
4 Movimiento arquitectónico que se caracteriza por   ARQUITECTURA
concebir el edificio de dentro hacia fuera, en relación
a su función social y a su uso, relegando los aspectos
estéticos inútiles.

racionalista
1 Del racionalismo.   adj.
2 Que profesa el racionalismo.   adj/s.m.f.

racionalización Acción y resultado de racionalizar.   s.f.

racionalizar
1 Reducir algo a conceptos racionales: *si no tratas de*   v.tr.
racionalizar el problema nunca encontrarás la solución.   conj: cazar
2 Organizar la producción o cualquier asunto de   = objetivar
modo que se pueda obtener el mayor rendimiento
con el mínimo esfuerzo.
3 Quitar las raíces del denominador de una fracción.   MATEMÁTICAS

racionamiento Acción y resultado de racionar.   s.m.

racionar
1 Hacer raciones de algo, en general escaso.   v.tr.
2 Poner una autoridad límites a la cantidad que pue-   ECONOMÍA
de adquirirse de un producto: *durante la guerra racio-*
naron el pan y todos los productos básicos.
3 Dividir y distribuir una cosa en raciones.   = repartir

racionero
1 El encargado de distribuir las raciones en una co-   s.m.
munidad religiosa.   RELIGIÓN
2 Prebendado que tenía ración o renta en una iglesia.   RELIGIÓN

racionista
1 Persona que recibe sueldo o pensión para mante-   s.m.f.
nerse por jubilación o enfermedad.   = pensionista
2 Actor teatral de ínfima clase.   TEATRO

racismo
1 Actitud de quien desprecia o rechaza a los indivi-   s.m.
duos de grupos étnicos diferentes al suyo.   SOCIOLOGÍA
2 Doctrina antropológica, política y social que de-   POLÍTICA,
fiende la supremacía de un grupo étnico sobre otro y   SOCIOLOGÍA
justifica su explotación económica, la segregación social o la destrucción física.

racista
1 Del racismo.   adj.
2 Que es partidario del racismo.   adj/s.m.f.
3 Que se comporta con desprecio hacia otros grupos   POLÍTICA,
étnicos o sociales que considera inferiores.   SOCIOLOGÍA

racor
1 Pieza metálica con dos roscas internas en sentido   s.m.
inverso que sirve para unir tubos y otros perfiles ci-   TECNOLOGÍA
líndricos.   tb: rácor
2 Pieza de cualquier material para empalmar sin ros-   TECNOLOGÍA
ca dos tubos.

rad Unidad de dosis absorbida de radiación ionizante,   s.m.
equivalente a la energía de cien ergios por gramo de   FÍSICA
materia irradiada.

rada (Del fr. *rade < ingl. rad*, camino.) Ensenada don-   s.f.
de las naves pueden estar ancladas y protegidas del   = fondeadero
viento.

radal Planta arbórea proteácea de madera muy dura   s.m.
usada en ebanistería. (*Lomatia.*)   BOTÁNICA

radar (Acrónimo de *[Ra]dio [D]etecting [A]nd [R]ang-*   s.m.
ing.) Sistema que sirve para descubrir la presencia y   TECNOLOGÍA
posición de un cuerpo que no se ve, mediante la emi-

sión de ondas eléctricas de alta frecuencia, que al reflejarse en dicho cuerpo vuelven al punto de observación.

radárico, a Del radar. — adj.

radarista Persona especialista en el funcionamiento, conservación y reparación de las instalaciones de radar. — s.m.f. TECNOLOGÍA

radiación
1 Acción y resultado de irradiar algún tipo de energía. — s.f./FÍSICA = irradiación
2 Energía ondulatoria o partículas materiales que se propagan a través del espacio. — FÍSICA
3 **radiación solar:** Energía emitida por el Sol. — ASTRONOMÍA FÍSICA
4 **radiaciones ionizantes:** Rayos emitidos por los cuerpos radiactivos. — FÍSICA

radiactividad Cualidad de radiactivo: *la radiactividad de la central nuclear afectó al ecosistema.* — s.f./FÍSICA th: radioactividad

radiactivo, a
1 Se aplica al cuerpo o sustancia cuyos átomos se desintegran de modo espontáneo. — adj./FÍSICA th: radioactivo
2 De la radiactividad. — FÍSICA

radiado, a
1 Que se dispone de modo simétrico alrededor de un centro como los radios de la circunferencia. — adj. = radial
2 Perteneciente una antigua división del reino animal, que comprendía los equinodermos y los celentéreos. — adj/s.m. ZOOLOGÍA
3 Se aplica al organismo vegetal que tiene sus distintas partes situadas alrededor de un punto o de un eje, como la panoja de la avena. — adj. BOTÁNICA
4 Se refiere a la cabezuela de las plantas compuestas. — BOTÁNICA

radiador
1 Aparato que despide calor para caldear un recinto, en un sistema de calefacción. — s.m. TECNOLOGÍA
2 Serie de tubos por los que circula el agua que refrigera los cilindros de algunos motores de explosión. — MECÁNICA

radial
1 Que tiene relación con el radio. — adj.
2 Que está dispuesto como los radios de una rueda: *carretera radial.* — = radiado

radián Unidad de medida de ángulos que corresponde a un arco de longitud igual a su radio. — s.m. GEOMETRÍA

radiante
1 Que radia o despide rayos o radiaciones: *energía radiante.* — adj.
2 Que es muy brillante o luminoso. — = fúlgido
3 Que muestra gran belleza, alegría o felicidad: *su madre estaba radiante de satisfacción; tiene un aspecto radiante.* — = exultante
4 Se aplica a un estilo arquitectónico gótico caracterizado por la forma radial de las tracerías de los ventanales.

radiar (Derivado del lat. *radius,* rayo de luz.)
1 Transmitir noticias, música u otras cosas por medio de la radio: *radiaron en directo el concierto de su grupo favorito.* — v.tr./TELECOMUNICACIONES = radiodifundir
2 Despedir una cosa rayos o radiaciones: *ese material radia a un nivel muy bajo.* — v.tr/intr. = irradiar
3 Tratar una lesión o una enfermedad con rayos X. — v.tr./MEDICINA

radiativo, a De la radiación. — adj.

radic- Componente de palabra procedente del lat. *radix, -icis,* que significa raíz: *radícula.* — pref. th: radici-

radicación
1 Acción y resultado de radicar o radicarse. — s.f.
2 Larga permanencia por un uso, práctica o costumbre. — = arraigo

radical (Del lat. *radicalis.*)
1 De la raíz. — adj.
2 Que afecta a la raíz o principio de las cosas: *ya no es lo mismo, ha sufrido un cambio radical.* — = sustancial
3 Se refiere a la persona que no emplea término medio en sus afirmaciones o decisiones. — = extremado, extremista
4 Que es partidario del radicalismo: *partido radical.* — adj/s.m.f.
5 Se aplica a la flor u hoja que brota inmediatamente de la raíz. — adj. BOTÁNICA
6 Parte de una palabra que expresa su sentido principal: *las palabras de una misma familia tienen el mismo radical.* — s.m. LINGÜÍSTICA = raíz
7 Se aplica a cada uno de los fonemas que constituyen esta parte. — s.m. LINGÜÍSTICA
8 Se refiere al signo con que se indica la operación de extraer la raíz cuadrada. — adj/s.m. MATEMÁTICAS
9 Parte de un compuesto molecular que puede existir en estado no combinado o que no cambia en una reacción. — s.m. QUÍMICA

radicalario, a Se aplica a la reacción química en el curso de la cual intervienen radicales libres. — adj. QUÍMICA

radicalismo
1 Actitud que busca la mejora de las condiciones sociales, políticas o religiosas mediante la reforma en profundidad del orden establecido. — s.m. POLÍTICA, RELIGIÓN

2 Modo extremado de pensar y de actuar en algún asunto: *su radicalismo en ese tema hace difícil la negociación.* — = extremismo, fanatismo, intransigencia

radicalista
1 Del radicalismo. — adj.
2 Que es partidario del radicalismo. — adj/s.m.f.
3 Que se comporta de manera extrema. — = extremista

radicalización Adopción de ideas extremistas o intransigentes en política, religión, moral u otra materia. — = fanatización

radicalizar
1 Hacer que una persona adopte una actitud radical: *me radicalicé en política al entrar en ese partido.* — v.tr/pml./conj: cazar = extremar
2 Hacer más radical una actitud o una tesis: *ha radicalizado su visión del asunto.* — v.tr.

radicalmente
1 Con firmeza, con vehemencia: *están radicalmente en contra del racismo.* — adv.
2 De raíz, desde su inicio: *trataremos radicalmente cualquier brote de infección.*
3 Según el ideario radical: *siempre he votado radicalmente.*

radicando Número o expresión algebraica de la que se ha de extraer la raíz. — s.m. MATEMÁTICAS

radicante Se aplica a las plantas cuyos tallos emiten raíces en diferentes puntos de su longitud. — adj. BOTÁNICA

radicar (Del lat. *radicari.*)
1 Echar raíces una planta: *ha puesto una rama del geranio en un vaso con agua para que radique; en seguida radicaron todos los esquejes.* — v.intr/pml. conj:sacar BOTÁNICA
2 Estar una casa en un lugar: *el inmueble radica en el centro de la ciudad.* — v.intr. + en
3 Tener una cosa su causa o explicación en otra: *el peligro radica en las bombonas de gas de los balcones.* — + en = estribar

radicela Raíz secundaria, muy pequeña, que es ramificación de la raíz principal. — s.f. BOTÁNICA

radicícola (Del lat. *radix, -icis,* raíz + *cobre,* habitar.) Se aplica al vegetal o animal que vive parásito sobre la raíz de una planta. — adj. BOTÁNICA, ZOOLOGÍA

radiciforme (Del lat. *radix, -icis,* raíz + *forma.*) Que tiene forma de raíz. — adj.

radicoso, a Que tiene un aspecto parecido al de una raíz. — adj.

radícula (Del lat. *radicula.*) Parte del embrión de las plantas que da lugar a la raíz. — s.f./BOTÁNICA = raicilla, rejo

radicular De la raíz. — adj.

radiculitis Inflamación de la raíz de un nervio raquídeo, a veces secundaria a una infección o por fenómenos convulsivos. — s.f. pl: radiculitis MEDICINA

radier Losa de concreto sin armar, de una proporción baja de cemento, que se usa en la construcción. — s.m./*Chile* CONSTRUCCIÓN

radiestesia (Del lat. *radius,* onda + *aisthesis,* sensación.) Facultad o sensibilidad para la percepción de ciertas radiaciones que conducen a las fuentes subterráneas o venas metalíferas que las emiten. — s.f.

radiestesista Persona que practica la radiestesia. — s.m.f.

radio
I (Del lat. *radius,* varita, rayo de luz.)
1 Distancia o línea recta que une un punto de una circunferencia o de la superficie de una esfera con su centro. — s.m. GEOMETRÍA
2 Espacio circular definido por esta línea: *en un radio de 300 metros.* — = círculo
3 Rayo de la rueda.
4 Distancia máxima que un vehículo puede cubrir regresando al lugar de partida sin repostar.
5 Hueso contiguo al cúbito, con el cual forma el antebrazo. — ANATOMÍA
6 Cada una de las piezas que sostienen la parte membranosa de las aletas de los peces. — ZOOLOGÍA
7 **radio de acción:** Máximo alcance de la eficacia o influencia de una cosa.
8 **radio de la plaza:** La mayor distancia a que se extiende la eficacia de una fortaleza. — CONSTRUCCIÓN, MILITAR
9 **radio de los signos:** Figura que sirve para marcar las curvas llamadas de los signos, en los relojes de sol.
10 **radio de población:** Espacio que media desde los muros o última casa del casco de una población hasta una distancia de mil seiscientos metros, medidos por la vía más corta.
11 **radio vector:** 1. Distancia de un punto cualquiera a un polo, en las coordenadas polares. 2. Línea recta tirada en una curva desde su foco, o desde uno de sus focos, a un punto de la curva misma. — GEOMETRÍA GEOMETRÍA
II (De *radium.*) Metal rarísimo, muy radiactivo y conocido sobre todo por sus sales. — QUÍMICA
III (Apócope de *radiorreceptor.*)
1 Aparato de telecomunicaciones usado para transmitir y recibir mensajes a través de ondas hertzianas. — s.f./TELECOMUNICACIONES

2 Aparato receptor de uso doméstico que recibe las diferentes emisiones y programas informativos, culturales y de entretenimiento que son emitidos desde distintas emisoras. *AUDIOVISUALES*

3 Cada una de estas emisoras constituida como empresa o institución, con una programación propia. *AUDIOVISUALES*

4 El conjunto de estas emisoras como medio de comunicación de masas. *AUDIOVISUALES*

5 radio macuto: Lugar imaginario de donde parten las noticias oficiosas y los bulos. *coloquial*

6 radio pirata: Emisora que emite una programación sin licencia, por lo general de carácter radical. *AUDIOVISUALES*

radio- Componente de palabra procedente del lat. *radius*, que significa rayo: *radioactividad*. *pref. tb: radi-*

radioactividad Radiactividad, cualidad de radiactivo. *s.f. FÍSICA*

radioactivo, a Radiactivo [en todas sus acepciones]. *adj./FÍSICA*

radioaficionado, a Persona que se pone en comunicación con otras, por medio de una emisora de radio privada. *s. TELECOMUNICACIONES*

radioastronomía Parte de la astronomía que estudia los astros mediante la observación de las radiaciones que emiten. *s.f. ASTRONOMÍA*

radioastronómico, a De la radioastronomía. *adj./ASTRONOMÍA*

radiobaliza Método radiofónico de poca potencia que se usa para guiar a los buques en el mar o para indicar su posición a los aviones. *s.f./AERONÁUTICA, NÁUTICA*

radiobalizamiento Señalización por medio de radiobalizas para guiar el rumbo de barcos y aviones. *s.m./AERONÁUTICA, NÁUTICA*

radiobalizar Señalizar con radiobalizas. *v.tr./conj: cazar*

radiobiología Parte de la biología que estudia el efecto de las radiaciones ionizantes sobre los organismos vivos. *s.f. BIOLOGÍA*

radiocasete Aparato electrónico en el que se integran un receptor de radio y un magnetófono que puede grabar y reproducir sonidos. *s.m. tb: radiocassete*

radiocompás Aparato que permite a un avión o a una embarcación mantener su dirección o su rumbo gracias a las indicaciones dadas por una emisora situada en tierra. *s.m./pl: radiocompás AERONÁUTICA, NÁUTICA = radiobrújula*

radiocomunicación Transmisión de mensajes y señales a distancia que se realiza por medio de las ondas radioeléctricas que se propagan en la atmósfera. *s.f./TELECOMUNICACIONES = radiotelecomunicación*

radioconductor Conductor cuya resistencia varía por acción de las ondas electromagnéticas. *s.m. FÍSICA*

radiocontrol Control a distancia por medio de ondas radioeléctricas. *s.m./TELECOMUNICACIONES*

radiodermitis Trastornos cutáneos causados por las radiaciones ionizantes. *s.f./MEDICINA pl: radiodermitis*

radiodetección Método que se usa para detectar objetos a través de radiaciones. *s.f./TELECOMUNICACIONES*

radiodiagnóstico Método de diagnóstico que se basa en el uso de los rayos X. *s.m. MEDICINA*

radiodifundir Transmitir noticias, música u otras informaciones a través de una radio: *radiodifundieron una señal de socorro desde un buque en alta mar*. *v.tr./TELECOMUNICACIONES = radiar*

radiodifusión
1 Emisión a través de las ondas hertzianas de diversos programas destinados al público en general.
2 Conjunto de los procedimientos o instalaciones destinados a esta emisión y organismo que la rige. *s.f. AUDIOVISUALES TELECOMUNICACIONES*

radiodifusora Empresa que realiza emisiones radiofónicas destinadas al público. *s.f./Argent. AUDIOVISUALES*

radiodirigir Dirigir o guiar a distancia el movimiento de un objeto mediante la utilización de ondas radioeléctricas. *v.tr./conj: surgir TELECOMUNICACIONES*

radioelectricidad
1 Producción, propagación y recepción de energía eléctrica manifestada en forma de ondas hertzianas.
2 Estudio y tratado de estos fenómenos. *s.f. ELECTRICIDAD ELECTRICIDAD*

radioeléctrico, a De la radioelectricidad. *adj./ELECTRICIDAD*

radioelemento Radioisótopo, átomo de un elemento químico que emite radiaciones radiactivas. *s.m. QUÍMICA*

radioemisión Emisión de informaciones en general o música por radio. *s.f. AUDIOVISUALES*

radioemisora Estación transmisora de radiocomunicaciones. *s.f./TELECOMUNICACIONES*

radioenlace Sistema de transmisión de señales de radio o televisión. *s.m. AUDIOVISUALES*

radioescucha Persona que escucha las emisoras radiofónicas, radiotelefónicas o radiotelegráficas. *s.m.f./TELECOMUNICACIONES*

radiofaro Estación radioeléctrica fija emisora de ondas hertzianas para orientar en su ruta a barcos y aviones. *s.m./AERONÁUTICA, NÁUTICA*

radiofonía Radiotelefonía, sistema de comunicación que utiliza las ondas hertzianas como vehículo. *s.f./TELECOMUNICACIONES*

radiofónico, a De la radiofonía. *adj.*

radiofonista Radiotelefonista, persona que trabaja en la instalación de radiotelefonía. *s.m.f./TELECOMUNICACIONES*

radiófono (Del lat. *radius*, onda + *phone*, voz.)
1 Aparato que transforma la energía radiante en energía mecánica sonora. *s.m. FÍSICA*
2 Radioteléfono, teléfono sin hilos que permite la movilidad del usuario. *TELECOMUNICACIONES*

radiofotografía Fotografía de la imagen obtenida durante una exploración radiológica. *s.f./FOTOGRAFÍA, MEDICINA*

radiofrecuencia Frecuencia de las ondas electromagnéticas que se emplean en radiocomunicación. *s.f./FÍSICA, TELECOMUNICACIONES*

radiofuente Cuerpo celeste que emite sus radiaciones como radiofrecuencias: *el centro de masas de ciertas galaxias nucleoactivas son también poderosas radiofuentes*. *s.f. ASTRONOMÍA*

radiogoniometría Método de localización electrónica usado en la navegación aérea y marítima para determinar la posición y dirección de una emisora de radio. *s.f. AERONÁUTICA, NÁUTICA*

radiogoniómetro Aparato que determina la posición de una emisora fija o móvil y que, a bordo de los aviones y los barcos, sirve para conocer la dirección y la posición. *s.m. AERONÁUTICA, NÁUTICA*

radiografía (Del lat. *radius*, rayo + gr. *grapho*, escribir.)
1 Técnica fotográfica que utiliza las propiedades penetrantes de los rayos X para el estudio de la estructura interna de los cuerpos . *s.f./MEDICINA, TECNOLOGÍA*
2 Fotografía obtenida mediante esta técnica. *MEDICINA*
3 Análisis minucioso y profundo de algún asunto. *coloquial*

radiografiar
1 Hacer fotografías de cosas ocultas a la vista mediante los rayos X. *v.tr./conj: vaciar MEDICINA*
2 Transmitir un programa o mensajes en general mediante telegrafía o telefonía sin hilos. *TELECOMUNICACIONES*

radiográfico, a
1 De la radiografía.
2 Que se obtiene mediante la radiografía. *adj.*

radiograma (Del lat. *radius*, onda + *gramma*, escritura.) Telegrama transmitido mediante telegrafía o telefonía sin hilos. *s.f. TELECOMUNICACIONES*

radiogramola Armario que guardaba un receptor de radio y un gramófono a los que también servía de caja acústica. *s.f. AUDIOVISUALES*

radioguía Aparato que sirve como mando a distancia para un móvil por medio de ondas radioeléctricas. *s.m. TECNOLOGÍA*

radioisótopo Átomo de un elemento químico que emite radiaciones radiactivas. *s.m./QUÍMICA = radioelemento*

radiolario, a Perteneciente a un orden de protozoos rizópodos marinos, formados por un esqueleto silíceo del que surgen finos seudópodos como radios. *adj./s.m. ZOOLOGÍA*

radiolarita Roca sedimentaria silícea de origen marino, formada por caparazones de radiolarios. *s.f. GEOLOGÍA*

radiología (Del lat. *radius*, onda + *logos*, ciencia.)
1 Parte de la medicina que estudia las aplicaciones de los rayos X al diagnóstico de enfermedades. *s.f. MEDICINA*
2 Rama de la física que estudia las radiaciones y, en especial, los rayos X, el material que los produce y sus aplicaciones. *FÍSICA*

radiológico, a Que tiene relación con la radiología: *exploración radiológica*. *adj./FÍSICA, MEDICINA*

radiólogo, a Médico especialista en el diagnóstico y tratamiento de enfermedades mediante la radiación. *MEDICINA*

radiomensaje Mensaje transmitido por un sistema de radiocomunicación. *s.m./TELECOMUNICACIONES*

radiometría (Del lat. *radius*, rayo + gr. *metron*, medida.) Parte de la física que estudia la medición de la intensidad de las radiaciones. *s.f. FÍSICA*

radiómetro Instrumento que se usa para medir el flujo de energía transportado por las radiaciones. *s.m. FÍSICA*

radionavegación Método radiofónico de navegación que se usa para dirigir y detectar barcos y aviones por medio de ondas radioeléctricas. *s.f. AERONÁUTICA, NÁUTICA*

radionavegante Operador de radio que forma parte de la tripulación de un barco o un avión. *s.m./AERONÁUTICA, NÁUTICA*

radionecrosis Lesión destructiva producida por radiaciones ionizantes. *s.f./pl: radionecrosis MEDICINA*

radionovela Narración melodramática emitida por radio en forma seriada. *s.f. AUDIOVISUALES*

radioonda Onda electromagnética que se emplea en radiocomunicación. *s.f. FÍSICA*

radiooperador, a Operador de radiotelegrafía o radiotelefonía. *s./TELECOMUNICACIONES/tb: radio*

radiopatología Rama de la medicina que estudia los efectos de las radiaciones ionizantes en los organismos vivos. *s.f. MEDICINA*

radioquímica Parte de la química que estudia las propiedades de los elementos radiactivos. *s.f. QUÍMICA*

radiorreceptor Aparato que en radiotelegrafía y radiotelefonía recoge y transforma en señales o sonidos las ondas emitidas por el radiotransmisor. — s.m./TELECOMUNICACIONES = radio

radiorresistencia Estado de los tejidos y en particular de los tumores que han perdido la sensibilidad a las radiaciones ionizantes. — s.f. MEDICINA

radioscopia (Del lat. *radius*, rayo + *skopeo*, observar.) Exploración del interior del cuerpo humano y, en general, de los cuerpos opacos mediante los rayos X. — s.f. MEDICINA

radioscópico, a De la radioscopia. — adj./MEDICINA

radiosensibilidad Sensibilidad de los tejidos vivos a la acción de las radiaciones ionizantes. — s.f. MEDICINA

radioso, a Que despide rayos de luz: *foco radioso*. — adj.

radiosonda Globo sonda que transporta un conjunto de aparatos e instrumentos registradores automáticos que transmiten informaciones meteorológicas. — s.f. TECNOLOGÍA

radiotaxi Taxi provisto de un emisor y receptor de radio conectado a una central que transmite la información. — s.m.

radioteatro Obra que se difunde por radiofonía en emisiones sucesivas. — s.m./Argent. AUDIOVISUALES

radiotecnia Técnica relativa a la telecomunicación por radio y a la construcción, manejo y reparación de aparatos emisores o receptores. — s.f./tb: radiotécnica TELECOMUNICACIONES

radiotécnico, a
1 De la radiotecnia. — adj.
2 Persona especialista en radiotecnia. — s.

radiotelefonear Transmitir o comunicar una persona una noticia por radioteléfono: *radiotelefoneé a mi familia*. — v.intr/tr./TELECOMUNICACIONES

radiotelefonía Sistema de comunicación telefónica por medio de ondas hertzianas. — s.f./TELECOMUNICACIONES = radiofonía

radiotelefónico, a Que tiene relación con la radiotelefonía. — adj./TELECOMUNICACIONES

radiotelefonista Persona que se ocupa en el servicio de instalaciones de radiotelefonía. — s.m.f. = radiofonista

radioteléfono
1 Teléfono inalámbrico que permite la movilidad del usuario. — s.m./TELECOMUNICACIONES
2 Aparato transmisor y receptor de radiotelefonía, provisto de un micrófono. — TELECOMUNICACIONES

radiotelegrafía Radiotelefonía, sistema de transmisión de señales por medio de ondas hertzianas. — s.f./TELECOMUNICACIONES

radiotelegrafiar Transmitir un mensaje mediante la telegrafía sin hilos, utilizando las ondas radioeléctricas. — v.tr./conj: vaciar TELECOMUNICACIONES

radiotelegráfico, a
1 Que tiene relación con la radiotelegrafía. — adj.
2 Que se transmite mediante la radiotelegrafía: *mensaje radiotelegráfico*. — TELECOMUNICACIONES

radiotelegrafista
1 Persona encargada de la transmisión de mensajes a través de los aparatos de radiotelegrafía. — s.m.f.
2 Especialista en la instalación y conservación de estos aparatos. — TELECOMUNICACIONES

radiotelégrafo Aparato para transmitir y recibir mensajes de radiotelegrafía. — s.m./TELECOMUNICACIONES

radiotelegrama Telegrama transmitido por radiotelegrafía. — s.m./TELECOMUNICACIONES

radiotelescopio Aparato para captar las radiaciones emitidas por los cuerpos celestes. — s.m. ASTRONOMÍA

radiotelevisado, a Se aplica a la programación emitida de forma simultánea por radio y televisión. — adj. AUDIOVISUALES

radiotelevisión
1 Transmisión y recepción de imágenes y sonidos a distancia por medio de ondas electromagnéticas. — s.f. AUDIOVISUALES
2 Organismo que engloba a la radio y la televisión de un país, una ciudad o una determinada comunidad. — AUDIOVISUALES

radioterapeuta Médico especialista en el tratamiento de enfermedades mediante la radioterapia. — s.m.f. MEDICINA

radioterapéutico, a De la radioterapia: *recibió un tratamiento radioterapéutico para curarse de su lesión*. — adj./MEDICINA = radioterápico

radioterapia Método terapéutico basado en el uso del radio y de otras sustancias radiactivas. — s.f./MEDICINA tb: radiumterapia

radiotransmisión Emisión efectuada por medio de radioondas. — s.f./TELECOMUNICACIONES

radiotransmisor Aparato que en radiotelegrafía y radiotelefonía produce y envía las ondas portadoras de señales o de sonidos. — s.m. TELECOMUNICACIONES

radiotransmitir Transmitir un mensaje por radio. — v.tr.

radioyente Persona que escucha las emisiones de radio: *los radioyentes protestaron por la emisión de ese programa*. — s.m.f. AUDIOVISUALES = radioescucha

radisótopo Nucleido que emite radiaciones por ser inestable. — s.m./FÍSICA tb: radioisótopo

radón Gas noble radiactivo, incoloro, obtenido por la desintegración del radio, que se usa en el tratamiento quirúrgico del cáncer. — s.m. QUÍMICA

rádula Cutícula con muchos dientes quitinosos que recubre la lengua de algunos moluscos. — s.f. ZOOLOGÍA

raedera
1 Utensilio para raer o raspar una superficie. — s.f.
2 Tablilla semicircular con que los albañiles raspan el material pegado en los lados del cuezo o artesa. — CONSTRUCCIÓN
3 Azada pequeña usada en minería. — MINERÍA
4 Herramienta usada en la explotación de resinas para raer la miera solidificada que recubre la entalladura o corte hecho en el árbol.

raedizo, a Que puede ser raído con facilidad. — adj.

raedura
1 Acción de raer o raspar. — s.m.= raimiento
2 Cantidad menuda raída de una cosa. — s.f.= rasura

raer (Del lat. *radere*, pulir.)
1 Limpiar una cosa de sustancias adheridas con algún utensilio áspero o cortante. — v.tr. = raspar
2 Igualar las medidas de los áridos con el rasero. — = rasar
3 Eliminar algo, en especial un vicio o una mala costumbre: *habría que raer la esclavitud*. — = erradicar
CONJ.: IND.: PRES.: raigo, raes, rae, raemos, raéis, raen. PRET. INDEF.: raí, raíste, rayó, raímos, raísteis, rayeron. SUBJ.: PRES.: raiga, raigas, raiga, raigamos, raigáis, raigan. PRET. IMPERF.: rayera o rayese, rayeras o rayeses, rayera o rayese, rayéramos o rayésemos, rayerais o rayeseis, rayeran o rayesen. FUTUR. IMPERF.: rayere, rayeres, rayere, rayéremos, rayereis, rayeren. IMP.: rae, raiga, raigamos, raed, raigan. GERUND.: rayendo.

rafa
1 Grieta del casco de las caballerías. — s.f.
2 Corte hecho en la pared de una acequia para que salga el agua de riego. — AGRICULTURA
3 Macho que se introduce en una pared para reforzarla o para reparar una grieta. — CONSTRUCCIÓN
4 Plano inclinado que se labra en la roca para apoyar un arco de la fortificación. — MINERÍA

rafaelesco, a (De *Rafael*, pintor y arquitecto italiano.)
1 De este pintor y arquitecto o de su obra: *estilo rafaelesco*. — adj. ARTE
2 Se aplica a la obra o al autor que está influido por la obra de este pintor y arquitecto. — ARTE

ráfaga
1 Golpe repentino y momentáneo de viento, luz u otra cosa. — s.f. = racha
2 Serie de disparos de ametralladora u otra arma semejante.
3 Nube pequeña de poca densidad que aparece cuando va a cambiar o cambia el tiempo.

rafania Enfermedad causada por comer semillas de rábano silvestre mezclado con trigo, que se caracteriza por contracciones violentas y dolorosas. — s.f. MEDICINA

rafe
I (Del ár. *raff*, cornisa.) Parte inferior del tejado que sobresale de la pared. — s.m./CONSTRUCCIÓN/= alero
II (Del gr. *rhaphe*, sutura.)
1 Línea que en la semilla forma la unión de ésta con el funículo y que a veces continúa en una especie de cordoncillo. — s.m. BOTÁNICA
2 Línea prominente que da la impresión de haber sido producida por la unión de dos mitades simétricas de un órgano: *rafe escrotal*. — ANATOMÍA

rafear Asegurar un muro con rafas. — v.tr/CONSTRUCCIÓN

rafia
1 Palmera de hojas largas y grandes que proporciona una fibra textil muy sólida. (*Raphia*.) — s.f. BOTÁNICA
2 Fibra textil que se obtiene de esta palmera. — TEXTIL

-rafia Componente de palabra procedente del gr. *rhaphe*, que significa costura. — suf.

raft (Voz inglesa.) Lugar que, en el golf, está situado fuera de los límites de la calle, y en peores condiciones para jugar la bola debido a la hierba alta y los árboles. — s.m. DEPORTES

rafting (Voz inglesa.) Descenso de varias personas en una balsa por aguas rápidas. — s.m. DEPORTES

raglán (Del nombre de lord *Raglan*, general inglés.)
1 Gabán holgado y con esclavina que se usaba a mediados del siglo XIX, cuyas mangas arrancaban desde el cuello. — s.m./tb: ranglán pl: raglanes
2 Se aplica a este tipo de manga. — adj.

ragtime (Voz inglesa.) Música de origen afroamericano, de ritmo sincopado, precursora del jazz. — s.m. MÚSICA

ragú (Del fr. *ragoût*.) Guisado hecho con carne, patatas y verduras. — s.m. COCINA

ragua (Del ár. *ragwa*, espuma.) Remate superior de la caña de azúcar. — s.f. BOTÁNICA

rahez (Del ár. *rahis*, barato.) Que merece desprecio: *un dicho rahez*. — adj/pl: raheces = vil

raíble Que puede ser raído o raspado. — adj.

raicilla
1 Cada uno de los filamentos que nacen del cuerpo principal de la raíz de una planta. — s.f./BOTÁNICA = radícula, rejo

2 Parte del embrión de la planta que da lugar a la raíz. — BOTÁNICA / = radícula, rejo

raid (Voz inglesa.)
1 Incursión rápida y de duración limitada de una formación militar en territorio desconocido o enemigo. — s.m. MILITAR
2 raid aéreo: Vuelo a larga distancia realizado por uno o varios aparatos. — AERONÁUTICA

raído, a
1 Se aplica a la prenda de vestir que está muy estropeada por el uso: *llevaba un traje raído.* — adj. / = ajado, gastado
2 Que actúa con descaro. — = desvergonzado

raigal
1 De la raíz. — adj.
2 Extremo de la madera que corresponde a la raíz del árbol, entre los madereros. — s.m.

raigambre
1 Conjunto de raíces trabadas entre sí en un terreno. — s.f./BOTÁNICA
2 Conjunto de antecedentes o intereses que dan estabilidad a una cosa o ligan a una persona a un lugar o a unas costumbres: *pertenece a una familia de recia raigambre.*

raigón
1 Raíz de las muelas y de los dientes. — s.m.
2 raigón del Canadá: Planta arbórea de la familia de las papilionáceas que se cría en los territorios canadienses. *(Gymnadudas canadensis.)* — BOTÁNICA

raíl (Del ingl. *rail.*) Carril de una vía férrea. — s.m./tb: rail

raimiento
1 Raedura, acción y resultado de raer o raspar. — s.m.
2 Falta de vergüenza. — = desvergüenza

rainal Cuerda delgada donde se engancha el anzuelo de la caña de pescar. — s.m. PESCA

rais
1 Título de algunos oficiales y mandatarios del imperio otomano. — s.m./pl: rais HISTORIA
2 Título dado a los corsarios berberiscos. — HISTORIA
3 Título del presidente de la república, en Egipto. — POLÍTICA

raíz (Del lat. *radix, -icis.*)
1 Parte de la planta que está introducida en la tierra o en el medio del que se nutre, de donde toma los elementos necesarios para su desarrollo. — s.f. pl: raíces BOTÁNICA
2 Parte de algunas cosas que queda incrustada en algún sitio, fijando en él la cosa de la que forma parte, en especial la de los dientes: *raíz de un diente, raíz de una muela.*
3 Base o parte por donde se apoya un objeto en el suelo. — = pie
4 Origen o principio de alguna cosa no material: *todavía no sé cuál pudo ser la raíz del incidente.* — = causa
5 Cada una de aquellas propiedades que la ley considera inmuebles. — DERECHO
6 Cada uno de los valores que puede tener la incógnita de una ecuación. — MATEMÁTICAS
7 Cantidad que se ha de multiplicar por sí misma una o más veces para obtener un número determinado. — MATEMÁTICAS
8 Parte mínima e irreductible de una palabra que contiene la idea básica de la misma y permanece invariable en todas las de su misma familia semántica. — LINGÜÍSTICA
9 raíz cuadrada: Cantidad que se ha de multiplicar por sí misma una vez para obtener un número determinado. — MATEMÁTICAS
10 raíz cúbica: Cantidad que se ha de multiplicar por sí misma dos veces para obtener un número determinado. — MATEMÁTICAS
11 raíz irracional: Cantidad radical que no puede expresarse exactamente con números enteros ni fraccionarios. — MATEMÁTICAS
12 raíz rodia: Aquella que es muy olorosa, parecida a la del costo. — BOTÁNICA
13 a raíz de: Como consecuencia de: *tiene problemas lumbares a raíz del accidente.* — loc.prep.
14 de raíz: Enteramente, desde el principio: *la solución tiene que ser de raíz, no valen medias tintas.* — loc.adv.
15 echar raíces: Fijarse, establecerse en un lugar.
16 extraer raíces: Realizar la operación matemática de hallar cierta raíz de cierto número. — MATEMÁTICAS
17 tener raíces: Estar una cosa, una costumbre o una persona establecida en un sitio.

raja
I (Derivado de *rajar.*)
1 Pequeña abertura de forma lineal en una cosa. — s.f./= hendidura
2 Una de las partes de un leño que resultan de abrirlo con hacha, cuña u otro instrumento.
3 Trozo delgado y largo cortado de una cosa: *una raja de pan, una raja de limón, una raja de chorizo.* — = rebanada, rodaja
4 Vulva, parte externa de la vagina. — vulgar
5 hacer rajas una cosa: Dividirla en porciones.
6 hacerse rajas una persona: Poner excesivo empeño en hacer una cosa: *se hizo rajas intentando terminar el trabajo a tiempo.*
7 sacar rajas: Sacar astillas.
II (Del ital. *rascia.*)
1 Paño basto usado en la antigüedad. — s.f./TEXTIL

2 raja de Florencia: Tejido muy fino y caro de origen italiano. — TEXTIL

rajá
1 Soberano hindú. — s.m.
2 vivir como un rajá: Hacerlo con lujo o opulencia: *desde que le tocó la lotería vive como un rajá.*

rajadiablo Se aplica a la persona aficionada a hacer picardías y travesuras. — adj/s.m./*Chile* tb: rajadiablos

rajadillo Confitura de almendras rajadas y bañadas en azúcar. — s.m. COCINA

rajadizo, a Que se raja con facilidad. — adj.

rajado, a
1 Se refiere a la persona que se raja o desiste de hacer algo en el último momento. — adj/s. = gallina
2 Persona que conduce a gran velocidad un automóvil. — s. *Chile*
3 Que es desinteresado y generoso. — adj/*Chile*/vulgar
4 Se aplica a quien ha sido suspendido en un examen. — *Chile* coloquial

rajador, a Persona que raja madera o leña. — s.

rajadura Acción y resultado de rajar o rajarse. — s.f./= raja

rajar
1 Partir una cosa en rajas. — v.tr.
2 Cortar o romper una cosa de modo que las dos partes no se separen del todo: *el espejo se rajó al caer.* — v.tr/prnl. = resquebrajar
3 Herir a una persona con un arma blanca. — v.tr./vulgar
4 Decir una persona muchas mentiras para presumir de valiente: *llega de cazar y raja delante de todos los amigos.* — v.intr. coloquial
5 Hablar mucho: *a veces mi hijo llega a marearme de todo lo que raja.* — coloquial = cascar
6 Renunciar una persona en el último momento a hacer una cosa que tenía intención de hacer o que se había prometido: *me dijo que iríamos al cine, pero luego se rajó.* — v.prnl. coloquial
7 Desacreditar o hablar mal de una persona. — v.tr./*Amér.*
8 Suspender a una persona en los exámenes. — *Chile*/coloquial
9 Acobardarse a la hora de hacer alguna cosa. — v.prnl./*Amér.*
10 Gastar mucho dinero en obsequios y fiestas. — *Chile*
11 Ser generoso. — *Chile*

rajatabla Indica, sin concesiones, cueste lo que cueste en la expresión **a rajatabla:** *lleva todo eso de las rifas a rajatabla.* — loc.adv. coloquial

rajeta (Del ital. *rascetta.*) Paño parecido a la raja pero más delgado y con mezcla de varios colores. — s.f. TEXTIL

rajuela Piedra delgada y sin labrar que se emplea en obras de poca importancia. — s.f. CONSTRUCCIÓN

ralea (Del fr. ant. *ralee,* ida.)
1 Clase, especie o calidad de un animal, planta o cosa: *es un mueble de mala ralea.* — s.f. = condición
2 Tipo o clase de personas vulgares y despreciables a la que alguien pertenece: *es un individuo de baja ralea.* — despectivo = calaña, estofa
3 Tipo de ave que suele ser cazada por el halcón, el gavilán o el azor con más asiduidad. — CAZA

ralear
1 Hacerse rala una cosa. — v.intr/tr./= arralar
2 Formar los racimos de la vid poco grano. — v.intr./AGRICULTURA

ralentí (Del fr. *ralenti.*)
1 Cámara lenta, visualización de una secuencia cinematográfica a menos revoluciones que las habituales. — s.m./pl.tb: ralentíes CINE
2 Estado en que el motor tiene el mínimo de gases, el vehículo está parado y no hay ninguna velocidad metida. — MECÁNICA

ralentización Acción y resultado de ralentizar o reducir la marcha. — s.f.

ralentizar Hacer lenta o más lenta una acción o una actividad: *el ritmo del equipo local se ralentizó en la segunda parte.* — v.tr/prnl. conj: cazar = lentificar

raleón, a Se aplica al ave de cetrería que es muy diestra en cierta caza. — adj. CAZA

raleza Condición de ralo, poco denso o poblado. — s.f.

rallador, a Utensilio de cocina que sirve para rallar alimentos. — s.m./COCINA = rallo

ralladura
1 Brizna o filamento que resulta de rallar una cosa: *las ralladuras del queso.* — s.f. = raspadura
2 Surco dejado por el rallador, o cualquier surco menudo producido por otras causas. — = raedura

rallante Se refiere a la persona que es fastidiosa o molesta. — adj.

rallar
1 Deshacer una cosa, en especial un alimento, raspándola con un rallador. — v.tr.
2 Causar molestia o enfado a una persona: *me rallan sus impertinencias.* — = molestar

ralliforme Perteneciente a un orden de aves zancudas, cuyas crías nacen cubiertas de plumón y abandonan el nido al momento de nacer, como las grullas y las avutardas. — adj/s.m. ZOOLOGÍA

rallo (Del lat. *rallum.*)
1 Utensilio para rallar, que consiste en lámina metálica con agujeros pequeños de bordes que forman picos salientes y cortantes. — s.m. = rallador

2 Lámina o chapa con agujeros para diversos usos.

3 Vasija en forma de botijo de boca ancha con agujeros pequeños. = alcarraza

rallón Proyectil que se disparaba con una ballesta, en la caza mayor. s.m. CAZA

rally (Voz inglesa.)
1 Competición deportiva automovilística, en la que deben recorrerse unas etapas en el menor tiempo. s.m./pl: rallys DEPORTES
2 Cualquier otro tipo de carreras: *han organizado un rally de coches antiguos.*

ralo, a (Del lat. *rarus.*) Que es poco espeso o poco poblado: *ya tiene el cabello ralo.* adj.

ram (Acrónimo de *[R]andom [A]ccess [M]emory.*) Memoria de acceso rápido, de forma que el tiempo de acceso a la información es prácticamente independiente del lugar o posición donde esté almacenada. s.m. INFORMÁTICA

rama
I (Del lat. vulgar *rama.*)
1 Cada división o subdivisión del tronco o tallo principal de una planta. s.f. BOTÁNICA
2 Serie de personas que descienden del mismo tronco o línea genealógica. = linaje
3 Parte secundaria de una cosa, que se deriva o nace de otra principal. = ramificación
4 Cada una de las partes en que se subdivide algo como una ciencia o una actividad. = ramo
5 **andarse o irse una persona por las ramas:** Exponer un asunto dando rodeos, deteniéndose en lo insignificante y dejando de lado lo esencial. coloquial
6 **asirse una persona a las ramas:** Buscar excusas frívolas para disculparse de un hecho o descuido. coloquial
7 **de rama en rama:** Sin fijarse en un objeto determinado. loc.adv.
8 **en rama:** 1. Se aplica al estado de ciertas materias industriales antes de su última elaboración o transformación: *canela en rama, algodón en rama, manteca en rama.* 2. Se refiere a los ejemplares de una obra impresa que aún no se han encuadernado. ARTES GRÁFICAS
9 **plantar de rama:** Reproducir una planta plantando una rama cortada. BOTÁNICA
II (Del alem. *rahmen,* marco.)
1 Cerco de hierro cuadrangular con el que se ciñe el molde que se ha de imprimir. s.f. ARTES GRÁFICAS
2 Bastidor para secar y estirar las piezas de tela. TEXTIL

ramada
1 Ramaje, conjunto de ramas de las plantas, con o sin hojas. s.f.
2 Puesto de feria que está construido con este material. Chile

ramadán Noveno mes del año lunar en el que los musulmanes mantienen riguroso ayuno durante ciertas horas del día. s.m. RELIGIÓN

ramado, a Se aplica al animal cuyos cuernos son de diferente esmalte que el resto del cuerpo. adj. HERÁLDICA

ramaje (Del cat. *ramatge.*) Conjunto de ramas de las plantas con o sin hojas. s.m.

ramal
1 Cada uno de los hilos o cabos que se retuercen o trenzan juntos para formar una cuerda o soga. s.m. = liñuelo
2 Cada uno de los cabos de una cuerda. = liñuelo
3 Derivación de un camino, de una cordillera o de un río, o cualquier desviación de un línea principal: *los perdieron de vista en el segundo ramal de la carretera.* = bifurcación, desvío
4 Cada una de las partes de una escalera que concurren en el mismo rellano. = tramo
5 Cuerda que se sujeta al cabezón de una caballería. = ronzal
6 División que resulta de una cosa con relación y dependencia de ella. = parte
7 **a ramal y media manta:** Con pobreza y escasez. loc.adv.

ramalazo
1 Golpe dado con un ramal o cuerda. s.m.
2 Señal que deja un golpe de ramal.
3 Señal dejada en el cuerpo por una enfermedad: *la varicela le dejó algunos ramalazos en la cara.* = traza
4 Apariencia de homosexualidad, por los gestos o por formas de comportamiento muy femeninas: *no sé si es marica, pero tiene ramalazos.* coloquial
5 Leve ataque de locura: *cuando le da el ramalazo te puede decir cualquier barbaridad.* coloquial
6 Dolor agudo y repentino. = pinchazo
7 Disgusto o malestar repentino producido por una mala noticia o un hecho inesperado. = puñalada

ramalear Seguir un animal a la persona que lo lleva del cabestro o cuerda. v.intr. = cabestrear

ramalera Cada uno de los cordeles de cáñamo que servían de riendas a la bestia de varas en carros y galeras. s.f.

ramalillo Rienda de la caballería. s.m.

ramasco Rama pequeña. s.m.

ramazón Conjunto de ramas de los árboles. s.f.

rambla (Del ár. *ramla,* arenal.)
1 Cauce natural formado en el terreno por las lluvias torrenciales. s.f. = ramblazo
2 Corriente de agua que pasa por este cauce. = torrente
3 Calle ancha en cuyo centro hay un paseo con árboles: *el domingo la rambla estaba llena de paseantes.* = paseo
4 Armazón para enramblar o estirar los paños, formado por postes unidos por travesaños con ganchos. TEXTIL

ramblar Lugar donde confluyen varias ramblas o cauces. s.m.

ramblazo Rambla, cauce natural por donde fluyen las aguas pluviales. s.m. = ramblizo

rameado, a Se aplica a la tela o papel que tiene dibujos de ramos. adj.

rámeo, a Que tiene relación con la rama: *desarrollo de hojas rámeas.* adj./BOTÁNICA = rameal

ramera
1 Prostituta, mujer que cobra por mantener relaciones sexuales. s.f. = puta
2 Mujer lasciva. despectivo

ramería
1 Prostíbulo, casa donde trabajan las rameras. s.f./= lupanar
2 Oficio de ramera. = prostitución

rameril De las rameras. adj./vulgar

ramial Terreno donde abunda el ramio. s.m.

ramificación
1 Acción y resultado de ramificar o ramificarse. s.f.
2 División de una cosa en ramas.
3 Conjunto de consecuencias necesarias de algún hecho o acontecimiento: *las ramificaciones del asunto son imprevisibles.* = derivación
4 Bifurcación de un arroyo o río en ramales o brazos.
5 División de las arterias, venas y nervios en partes más pequeñas. ANATOMÍA

ramificar (Del lat. vulgar *rama + facere,* hacer.)
1 Echar ramas un árbol, arbusto o planta. v.intr./conj: sacar
2 Dividirse una cosa en ramas o en partes. v.prnl.
3 Multiplicarse las consecuencias de un hecho o de un suceso: *el escándalo se ramificó hasta alcanzar a toda la empresa.* = propagarse

ramilla
1 Rama que sale de una segunda rama. s.f./BOTÁNICA
2 Cualquier cosa ligera a que se recurre para lograr salir de un apuro. coloquial

ramillete (Del cat. *ramellet.*)
1 Ramo pequeño de flores o plantas: *le regaló un ramillete de margaritas silvestres.* s.m. = manojo
2 Conjunto de cosas o personas selectas.
3 Centro de mesa de mármol o metal labrado que se ponía adornado con frutas, dulces u otras cosas.
4 Conjunto de dulces dispuestos de modo artístico formando una figura alta.
5 Conjunto de flores que forman una cima o copa apretada, como la minutisa y la ambrosía. BOTÁNICA

ramilletero, a
1 Persona que hace o vende ramilletes de flores. s.
2 Jarrón o tiesto en el que se ponen flores o plantas con fines decorativos. = florero

ramina Hilaza o fibra textil del ramio. s.f./TEXTIL

ramio (Del malayo *rami.*) Planta herbácea de largos tallos ramosos, hojas alternas, dentadas y puntiagudas, flores axiales y fruto elipsoidal, que se emplea en la industria textil. *(Boehmeria nivea.)* s.m. BOTÁNICA

ramiro Remigio, juego de naipes. s.m./JUEGOS

ramito Cada subdivisión de los ramos de una planta. s.m./BOTÁNICA

ramiza
1 Conjunto de ramas cortadas. s.f./= ramulla
2 Cosa que está hecha de ramas.

ramnáceo, a (Del gr. *rhamnos,* espino.) Familia de plantas arbóreas o arbustivas, de hojas simples y flores en general hermafroditas, como el cambrón y la aladierna. adj/s.f. BOTÁNICA tb: rámneo

ramo (Del lat. *ramus.*)
1 Rama de segundo orden que nace directamente del tronco o tallo. s.m. BOTÁNICA
2 Manojo de flores, ramas o hierbas naturales o artificiales, que se colocan y arreglan de modo que formen un conjunto agradable: *la novia llevaba un ramo de rosas blancas.* = ramillete
3 Rama cortada de un árbol.
4 Trenza de ajos, cebollas u otros alimentos. = ristra
5 Rama de una ciencia o actividad: *trabaja en el ramo de la comunicación.* = división, sección
6 Enfermedad incipiente o poco determinada: *tuvo un ramo de apoplejía.* = ataque
7 Conjunto de hilos de seda con que se hacen las labores, entre pasamaneros. TEXTIL
8 **vender al ramo:** Vender el vino los cosecheros al por menor. COMERCIO

ramojo Conjunto de ramas pequeñas cortadas de los árboles. s.m. = ramulla

ramón
1 Conjunto de ramas que cortan los pastores para pasto del ganado en tiempo de muchas nieves o sequía. — *s.m.*
2 Conjunto de ramas que sale de podar los olivos u otros árboles. — *AGRICULTURA*

ramonear
1 Podar o cortar las puntas de las ramas de los árboles. — *v.intr. AGRICULTURA*
2 Comer los animales las hojas y las puntas de las ramas de los árboles.

ramoneo
1 Acción de ramonear. — *s.m./AGRICULTURA*
2 Temporada en que se ramonea. — *AGRICULTURA*

ramoso, a Se aplica a la planta que tiene muchas ramas. — *adj. BOTÁNICA*

rampa
I (De origen incierto.) Calambre de los músculos. — *s.f.*
II (Del fr. *rampe*, plano inclinado.)
1 Plano inclinado para subir o bajar por él. — *s.f./= cuesta*
2 Cualquier superficie en pendiente: *se le caló el coche cuando subía la rampa.*
3 **rampa de lanzamiento:** Aquella desde donde se lanzan las naves espaciales. — *ASTRONÁUTICA*

rampante
1 Se aplica al león u otro animal que está en el campo del escudo con las garras tendidas. — *adj./tb: rapante HERÁLDICA*
2 Que es ganchudo, como las uñas de estos animales.
3 Que es ambicioso y falto de escrúpulos. — *= insaciable = pujante*
4 Que va en ascenso o en aumento.
5 Que está construido en declive o a distinto nivel: *arco rampante; bóveda rampante.* — *ARQUITECTURA*

rampiñete Aguja grande y terminada en espiral que se usaba para reconocer y limpiar el fogón de las piezas de artillería. — *s.m. MILITAR*

rampla
1 Carrito de mano consistente en una plataforma de madera apoyada en un eje con dos ruedas grandes, que se utiliza para transportar mercaderías o muebles. — *s.f. Chile*
2 Acoplado a un camión. — *Chile*

ramplón, a (Del ital. *rampone*, gancho.)
1 Que es vulgar, falto de originalidad o buen gusto: *la decoración del salón es bastante ramplona.* — *adj./= basto, chabacano*
2 Se aplica al calzado que tiene la suela muy gruesa y ancha.
3 Tacón pequeño que se forma en la cara inferior de las herraduras. — *s.m.*
4 Pieza pequeña piramidal que se pone en los callos de las herraduras de las caballerías.

ramplonería
1 Chabacanería o falta de buen gusto. — *s.f.*
2 Modo de ser y de comportarse de las personas ramplonas. — *= vulgaridad*

rampollo (Del ital. *rampollo*.) Rama que se corta del árbol para plantarla. — *s.m. AGRICULTURA*

ramram Planta betulácea. *(Betula y Alnus.)* — *s.m./Perú*

rana (Del lat. *rana*.)
1 Anfibio anuro saltador y nadador, de piel lisa, verde o rojiza, y extremidades posteriores muy desarrolladas, que vive en aguas dulces. *(Rana.)* — *s.f. ZOOLOGÍA*
2 Juego que consiste en introducir, desde cierta distancia, chapas o monedas en la boca de una rana de metal colocada sobre una mesa. — *JUEGOS*
3 Ránulas, tumor blando sublingual. — *s.f.pl./VETERINARIA*
4 **rana de zarzal:** Batracio parecido a un sapo, que tiene el cuerpo lleno de verrugas y las patas delanteras con cuatro dedos y las posteriores con cinco. — *ZOOLOGÍA = sapillo moteado*
5 **rana marina o pescadora:** Pejesapo, pez teleósteo. — *ZOOLOGÍA*
6 **cuando las ranas críen pelo:** Expresión que indica el tiempo remoto en que ocurrirá algo o la duda de que llegue a ocurrir. — *coloquial*
7 **no ser rana una persona:** Ser hábil o apto en una materia. — *coloquial*
8 **salir rana una cosa o una persona:** Resultar decepcionante o defraudar. — *coloquial*

ranal Perteneciente a un orden de plantas dicotiledóneas de tipo primitivo, de flores helicoidales o cíclicas, con carpelos más o menos separados. — *adj/s.f. BOTÁNICA*

rancajado, a Que está herido por un rancajo. — *adj.*

rancajo Punta o astilla que se clava en la carne. — *s.m.*

rancheado Sitio donde se ranchea. — *s.m.*

ranchear
1 Formar ranchos en un lugar. — *v.intr.*
2 Establecerse una o varias personas en ranchos. — *v.prnl.*

ranchera
1 Canción popular de diversos países de hispanoamericanos. — *s.f./Méx. MÚSICA*
2 **no cantar mal las rancheras:** No hacer alguna actividad mal. — *loc.v. Méx./coloquial*

ranchería
1 Agrupación de chozas o ranchos que forman un poblado. — *s.f. = aduar*
2 Cocina de los cuarteles. — *MILITAR*
3 Pueblo pequeño. — *Méx.*

ranchero, a
1 Persona que guisa el rancho o comida. — *s.*
2 Persona que dirige un rancho.
3 Del rancho. — *adj.*

ranchito Barraca mal construida que se levanta en las afueras de las poblaciones. — *s.m. Venez.*

rancho
1 Comida que se prepara para mucha gente y que, en general, suele limitarse a un solo guisado: *no le gusta mucho el rancho del cuartel.* — *s.m. COCINA*
2 Conjunto de personas que toman a un tiempo esta comida.
3 Comida mal cocinada o de mala calidad. — *coloquial*
4 Granja americana dedicada a la cría de ganado, en especial caballos y vacas.
5 Cortijo andaluz pequeño.
6 Vivienda pobre situada fuera de una población.
7 Campamento fuera de una población donde vive un grupo de personas: *rancho de pastores.*
8 Lugar determinado de los barcos, donde se aloja a los individuos de la dotación. — *NÁUTICA*
9 Cada una de las divisiones que se hacen de la marinería para el buen orden y disciplina en los buques de guerra. — *NÁUTICA*
10 **hacer o formar rancho aparte:** Separarse unas personas de un grupo para formar entre ellas un grupo más pequeño. — *coloquial*

ranciar Poner rancia una cosa. — *v.tr/prnl.*

rancidad
1 Estado de una cosa rancia, en especial el vino y los alimentos. — *s.f. = rancidez*
2 Estado de las cosas antiguas o pasadas de moda o de las personas apegadas a éstas. — *= solera*
3 Cosa anticuada: *en ese mercadillo sólo venden rancidades.* — *= antiguallas*

rancio, a (Del lat. *rancidus*.)
1 Se aplica a la bebida o comida que ha adquirido con el tiempo un sabor o un olor más fuertes, mejorándose o estropeándose: *vino rancio; tocino rancio.* — *adj. = rancioso*
2 Se refiere a la estirpe o costumbre que es muy antigua. — *= añejo*
3 Que sigue los usos o comportamientos antiguos. — *= tradicional*
4 Que es antiguo o pasado de moda. — *= trasnochado*
5 Se refiere a la persona que es antipática o seca. — *coloquial/= agrio*
6 Suciedad grasienta de los paños mientras se trabajan y cuando no se han trabajado bien. — *s.m.*

rand Unidad monetaria de la República de Sudáfrica. — *s.m./ECONOMÍA*

randa
1 Encaje que adorna vestidos, ropa blanca u otras prendas. — *s.f. TEXTIL*
2 Encaje de bolillos. — *TEXTIL*
3 Persona que hurta con maña cosas de poco valor. — *s.m.f./= ratero*

ranger (Voz inglesa.)
1 Cuerpo especial del ejército estadounidense que se destina a combatir guerrillas. — *s.m. MILITAR*
2 Individuo que pertenece a este cuerpo. — *MILITAR*

rangífero (Del fr. *raugifer* < *raugier* < islandés *hreindejri*, reno.) Mamífero rumiante, parecido al ciervo, de astas muy ramosas y pelaje espeso. — *s.m. ZOOLOGÍA = reno*

ranglán Raglán [en todas sus acepciones].

rango (Del fr. *rang*.)
1 Clase o condición de una persona o familia con respecto a su situación social o profesional: *es una familia de rango muy alto.* — *s.m. = categoría*
2 Empleo, graduación o categoría de un militar. — *MILITAR*
3 Amplitud de la variación de un fenómeno entre un límite menor y uno mayor claramente especificados. — *ESTADÍSTICA*

rangoso, a Que es rumboso o generoso con los demás. — *adj./Amér. Central y Merid.*

rangua Pieza en que se apoya un eje vertical. — *s.f.*

rani
1 Reina o princesa hindú. — *s.f.*
2 Mujer de un rajá.

ránido, a Perteneciente a una familia de anfibios anuros que carecen de falanges intercalares cartilaginosas, y son de tonos apagados o de vivos colores. — *adj/s.m. ZOOLOGÍA*

ranilla
1 Parte blanda triangular del casco de las caballerías, entre los dos pulpejos. — *s.f.*
2 Enfermedad del ganado vacuno en la que el intestino se obstruye por una porción de sangre coagulada. — *VETERINARIA*

ranita
1 Denominación común de diversas especies pequeñas de anfibios anuros, de color verde brillante la mayoría, con ventosas en los dedos. — *s.f. ZOOLOGÍA*
2 **ranita brasileña:** Anfibio que vive en sudamérica y anida en huecos de troncos. *(Hyla resinflictrix.)* — *ZOOLOGÍA*

3 ranita de san Antón: Único anfibio arborícola europeo, que vive en los árboles, cerca del agua. *(Hyla arborea.)* — ZOOLOGÍA

4 ranita marsupial: Anfibio americano tropical, que lleva los huevos en una bolsa dorsal hasta la salida de los renacuajos. *(Rhinoderma darwinii.)* — ZOOLOGÍA

ranking (Voz inglesa.) Clasificación que ordena a sus elementos por orden de importancia o preferencia: *ocupa el primer lugar en el ranking de los discos más vendidos.* — s.m.

ranquel
1 De un pueblo araucano indígena sudamericano que habitó en las llanuras de la Pampa, o de su lengua. — adj. HISTORIA
2 Persona originaria de este pueblo. — s.m.f./HISTORIA
3 Lengua hablada por este pueblo. — s.m./LINGÜÍSTICA

ranquelino, a De los indios ranqueles. — adj/s.

ránula (Del lat. *ranula.*) Tumor gelatinoso que se forma debajo de la lengua del ganado caballar y vacuno. — s.f./VETERINARIA = ranas

ranunculáceo, a Perteneciente a una familia de plantas ranales, de flores helicoidales o cíclicas, hermafroditas, con fruto en folículo, baya o aquenio. — adj/s.f. BOTÁNICA

ranúnculo (Del lat. *ranunculus.*) Planta herbácea, de la que existen numerosas especies, con flores amarillas y algunas con flores blancas o rojas, cuyo jugo es venenoso y es común en los terrenos húmedos de la península Ibérica. *(Ranunculus.)* — s.m. BOTÁNICA

ranura (Del fr. *rainure* < lat. vulgar *rucina* < gr. *rhykane,* cepillo de carpintero.)
1 Canal estrecho y largo abierto en un madero, piedra u otro material, para hacer un ensamblaje, guiar una pieza movible, o para otros usos. — s.f.
2 Hendidura pequeña abierta en un cuerpo sólido: *había una ranura en el techo.* — = estría, raja, surco

ranurar Hacer una o más ranuras en una cosa. — v.tr.

ranzal Tela antigua de hilo. — s.m./TEXTIL

ranzón Dinero dado para obtener la libertad de un cautivo. — s.m. = rescate

raña
1 Instrumento para pescar pulpos en fondos rocosos, formado por una cruz de madera o hierro cubierta de garfios. — s.f. PESCA
2 Terreno de monte bajo.
3 Acumulación de cantos más o menos rodados de origen aluvial formados a fines del terciario o principios del cuaternario. — GEOLOGÍA

raño (Del lat. *araneus.*)
1 Cabracho, pez marino teleósteo. — s.m./ZOOLOGÍA
2 Garfio metálico con un largo mango de madera que sirve para arrancar lapas y ostras de las rocas. — PESCA

raó Galán, pez marino teleósteo, de carne suculenta. — s.m./ZOOLOGÍA

rap Estilo de música para bailar de origen estadounidense, caracterizado por el recitado rítmico de la letra en lugar del canto. — s.m. MÚSICA

rapa (Del cat. *rapa.*) Flor del olivo. — s.f./BOTÁNICA

rapabarbas Barbero, persona que tiene como profesión el cuidado y aseo de la barba y cabello masculinos. — s.m. pl: rapabarbas despectivo

rapacejo
1 Núcleo de algodón, hilo o cáñamo sobre el que se enrolla el hilo de seda, metal o estambre para formar los cordoncillos de los flecos. — s.m. TEXTIL
2 Fleco liso.

rapacería
1 Rapacidad, condición de quien tiene inclinación al robo. — s.f.
2 Cosa robada.
3 Chiquillada, acción propia de un chiquillo. — = rapazada

rapacidad
1 Inclinación al robo o hurto: *observo en el chico una rapacidad muy preocupante.* — s.f. = rapacería
2 Característica de las aves carnívoras de garras fuertes y curvas.

rapador, a
1 Que rapa. — adj/s.
2 El que tiene como profesión el cuidado y aseo de la barba y cabello masculinos. — s.m./coloquial = barbero

rapadura Acción y resultado de rapar o afeitar la barba o el cabello. — s.f. tb: rapamiento

rapagón Muchacho imberbe. — s.m.

rapamiento Rapadura, acción y resultado de rapar. — s.m.

rapante
1 Que rapa o hurta. — adj/s.m.f.
2 Rampante, se aplica al animal que aparece en el escudo de armas con las garras tendidas. — adj. HERÁLDICA

rapapiés Cohete sin varilla que al ser encendido corre por el suelo: *sufrió una quemadura en un dedo a causa de un rapapiés.* — s.m. pl: rapapiés = buscapiés

rapapolvo Reprimenda enérgica: *su madre le dio un rapapolvo por llegar tan tarde.* — s.m. coloquial

rapar (Del germ. *hrapon,* arrebatar.)
1 Afeitar la barba a una persona: *estaba harto de su imagen y se rapó la barba.* — v.tr/prnl. = rasurar
2 Cortar el pelo dejándolo muy corto a una persona: *en la mili le raparon el pelo.* — v.tr. = pelar
3 Quitar una cosa a una persona de modo violento: *le rapó el bolso con un fuerte tirón.* — coloquial = robar

rapavelas Sacristán, monaguillo u otro dependiente de una iglesia. — s.m./pl: rapavelas despectivo

rapaz, a (Del lat. *rapax, -acis.*)
1 Perteneciente a un grupo de aves carnívoras, de pico curvado y garras fuertes y encorvadas, como el buitre y la lechuza. — adj/s.f. ZOOLOGÍA
2 Que tiene tendencia al robo o la rapiña. — adj.
3 Muchacho o muchacha de poca edad. — s.

rapazada Chiquillada, acción propia de rapaces o chiquillos. — s.f. = muchachada

rape
I (Derivado de *rapar.*)
1 Corte de pelo muy corto. — s.m.
2 Corte de barba hecho deprisa y sin cuidado.
3 **al rape:** A raíz, sin que sobresalga nada: *se ha cortado el pelo al rape.* — loc.adj/adv.
II (Del cat. *rap* < lat. *rapum.*) Pez comestible, común en las costas mediterráneas y atlánticas, de cabeza enorme, cubierto de apéndices y espinas. *(Lophius piscatorius.)* — s.m. ZOOLOGÍA = pejesapo

rapé (Del fr. *rape,* tabaco raspado.) Se aplica al tabaco reducido a polvo, en especial al preparado para ser aspirado por la nariz. — adj/s.m.

rápel Rappel [en todas sus acepciones]. — s.m.

rápidamente Con prontitud, en un instante: *¡ven aquí rápidamente!; el pelotón pasó rápidamente por nuestro lado.* — adv.

rapidez Forma veloz de hacer o producirse las cosas: *si comes con tanta rapidez tendrás problemas digestivos.* — s.f./pl: rapideces = presteza

rápido, a (Del lat. *rapidus,* arrebatado.)
1 Que tarda poco tiempo en hacer una cosa: *es rápido tomando decisiones.* — adj./= raudo ≠ lento
2 Que tarda poco tiempo en ir de un sitio a otro: *es un corredor muy rápido; tiene un coche muy rápido.* — = raudo, veloz ≠ lento
3 Que dura poco o tarda poco tiempo en realizarse: *operación rápida.* — = raudo ≠ lento
4 Que se hace a la ligera o sin detenimiento: *ha hecho una limpieza rápida.*
5 Curso del río donde la corriente va muy de prisa. — s.m./= rabión
6 Zapatero que repara calzado. — = remendón
7 De prisa, a gran velocidad: *trabaja demasiado rápido.* — adv.

rapingacho Tortilla de queso. — s.m./Perú/COCINA

rapiña (Del lat. *rapina.*) Robo o saqueo que se ejecuta con violencia. — s.f.

rapiñador, a Que rapiña. — adj/s.

rapiñar Quitar una cosa de poca importancia a una persona. — v.tr. = hurtar

rápita Rábita, fortaleza musulmana. — s.f./HISTORIA

rapista Barbero, persona que por oficio cuida y asea la barba y el cabello masculinos. — s.m. coloquial

rapo Raíz del nabo. — s.m./BOTÁNICA

rapónchigo Planta herbácea de la familia de las campanuláceas, de flores azules, fruto en cápsula y raíz comestible, que crece en las zonas montañosas de la península Ibérica. *(Campanula rapunculus.)* — s.m. BOTÁNICA

raposear Usar una persona ardides o trampas. — v.intr.

raposeo Acción y resultado de raposear. — s.m.

raposera Guarida o cueva del zorro. — s.f./= zorrera

raposería
1 Astucia y mañas del zorro. — s.f./= zorrería
2 Mañas y astucias semejantes en el hombre. — = raposeo

raposino, a
1 Del raposo. — adj./tb: raposuno
2 Se refiere al acto o carácter que es propio de raposos o personas astutas y malvadas: *su engaño fue raposino.*

raposo, a
1 Zorro, mamífero cánido de pelaje pardo rojizo, que caza con gran astucia toda clase de animales. — s. ZOOLOGÍA
2 Persona astuta y taimada: *la muy raposa ya lo tenía todo planeado.* — ≠ ingenuo
3 **raposo ferrero:** Zorro azul propio de los países glaciales. — ZOOLOGÍA

rappel (Voz francesa.)
1 Técnica alpinista de descenso, que consiste en deslizarse por una cuerda colgante mediante saltos producidos por el impulso de las piernas contra la pared. — s.m. DEPORTES
2 Práctica comercial que consiste en un descuento suplementario o bonificación que concede una firma a sus clientes, en una cuantía que se relaciona con su cifra de compras. — COMERCIO

rapport (Voz francesa.) Informe, reseña o reportaje. — s.m.

rapsoda (Del gr. *rhapsodos*.)
1 El que, en la antigua Grecia, iba de pueblo en pue- | s.m./HISTORIA,
blo recitando poemas. | LITERATURA
2 Persona que compone o recita poemas. | s.m.f./POESÍA

rapsodia (Del gr. *rhapsodia*.)
1 Fragmento de un poema que se suele recitar de una | s.f.
vez. | POESÍA
2 Obra literaria formada con fragmentos de otras | = centón
obras ajenas. | LITERATURA
3 Pieza musical de forma libre en la que se juntan | MÚSICA
temas de caracteres diferentes y origen común, en
general popular, en la que prevalece la improvisación.

rapsódico, a De la rapsodia o de los rapsodas. | adj.

raptar
1 Coger a una persona con violencia o engaño y rete- | v.tr.
nerla contra su voluntad con la intención de pedir un | = secuestrar
rescate.
2 Capturar a una persona, en especial a una mujer,
con el fin de abusar sexualmente de ella.

rapto (Del lat. *raptus*.)
1 Delito que consiste en sustraer y retener a una per- | s.m.
sona contra su voluntad con fines atentatorios a su li- | DERECHO
bertad sexual.
2 Sustracción y retención de una persona en contra de | = secuestro
su voluntad, en general por motivos políticos o con la
intención de pedir dinero por el rescate: *los secuestradores planearon el rapto para presionar al gobierno.*
3 Impulso súbito y violento provocado por un estado | = arrebato,
pasional: *le pegó en un rapto de ira.* | impulso
4 Estado de intensa unión espiritual con la divinidad. | RELIGIÓN/= éxtasis
5 Causa de anulación de un matrimonio celebrado | DERECHO
entre raptor y raptada, si ésta no confirma su voluntad de contraerlo después de liberada.
6 Accidente que deja sin sentido a una persona. | MEDICINA

raptor, a (Del lat. *raptor*.) Que rapta: *a la policía le* | adj/s.
costó mucho detener a los raptores. | = secuestrador

raque Recogida en la costa de los restos de un naufra- | s.m.
gio o de otras cosas arrojadas por el mar.

raquear Buscar restos de naufragios. | v.intr.

raquero, a
1 Se aplica al barco que va pirateando o robando por | adj.
las costas. | NÁUTICA
2 Persona que raquea o se dedica a recoger restos de | s.
naufragios u otras cosas del mar.
3 Persona que hurta en puertos y costas.

raqueta (Del fr. *raquette* < ár. *raha*.)
1 Bastidor ovalado provisto de una red tensada y ter- | s.f.
minado en un mango, que se utiliza para jugar al te- | DEPORTES
nis y a otros juegos de pelota.
2 Juego de pelota en que se usa este utensilio. | DEPORTES
3 Jugador de tenis: *las dos mejores raquetas del mundo* | s.m.f.
estaban ausentes del torneo. | DEPORTES
4 Marco de madera que encierra una rejilla y que se | s.f.
sujeta al calzado para andar sobre la nieve.
5 Utensilio en forma de rastrillo sin púas, que se usa | JUEGOS
en las mesas de juego para mover el dinero o las
fichas.
6 Desvío lateral de forma semicircular que puede ha- | CONSTRUCCIÓN
ber en una carretera para realizar un cambio de sentido o de dirección.
7 Aguja que sirve para regular el reloj, adelantándolo | MECÁNICA
o atrasándolo. | = roseta
8 Jaramago, planta crucífera. | BOTÁNICA

raquetazo Golpe dado con la raqueta. | s.m.

raquetero, a Persona que fabrica o vende raquetas. | s.

raquetista Pelotari que juega con raqueta. | s.m.f./DEPORTES

raqui- Componente de palabra procedente del gr. | pref.
rhakhis, que significa columna vertebral: *raquianeste-
sia.*

raquialgia (Del gr. *rhakhis*, columna vertebral + *algos*, | s.f.
dolor.) Dolor en la columna vertebral. | MEDICINA

raquianestesia Anestesia producida por inyección | s.f.
en el conducto raquídeo. | MEDICINA

raquídeo, a Del raquis. | adj.

raquis (Del gr. *rhakhis*.)
1 Columna vertebral: *los médicos le han detectado una* | s.m./pl: raquis
lesión seria en el raquis. | ANATOMÍA
2 Eje de cualquier inflorescencia o de una espiga. | BOTÁNICA
3 Eje córneo de las plumas de las aves. | ZOOLOGÍA

raquítico, a
1 Que padece raquitismo: *hace mucho tiempo estuvo ra-* | adj/s./MEDICINA
quítico y ahora ya está bien. | = anémico
2 Que es muy pequeño o ridículo: *por ser su primer* | adj/coloquial
trabajo le dan un sueldo raquítico. | = mezquino
3 Que tiene poca resistencia física o está muy delga- | = débil, endeble
do: *de tanto querer adelgazar se ha quedado raquítica.* | ≠ robusto

raquitismo
1 Enfermedad que se padece principalmente en pe- | s.m.
ríodo de crecimiento por la carencia de vitamina D o | th: raquitis
alteraciones del metabolismo del calcio y del fósforo | MEDICINA
y que consiste en la deformación de los huesos.

2 Desarrollo deficiente de la vid y otras plantas. | BOTÁNICA

raquitomía (Del gr. *rhakhis*, columna vertebral + *tem-* | s.f.
no, cortar.) Operación quirúrgica que consiste en | MEDICINA
abrir el raquis.

raquítomo (Del gr. *rhakhis*, columna vertebral + *tem-* | s.m.
no, cortar.) Instrumento que se usa para abrir el con- | MEDICINA
ducto vertebral sin tocar la médula.

rara avis (Expresión latina.) Persona o cosa poco ha- | s.f.
bitual.

raramente Pocas veces: *raramente pasa alguien por* | adv.
aquí.

rarear Espaciar, hacer menos frecuente: *las fiestas noc-* | v.tr/intr.
turnas rarean últimamente.

rarefacción Acción y resultado de rarefacer o rarefa- | s.f.
cerse. | QUÍMICA

rarefacer (Del lat. *rarus*, poco frecuente + *facere*, | v.tr/prnl.
hacer.) Enrarecer, dilatar o expandir las moléculas de | conj: hacer
un cuerpo gaseoso haciéndolo menos denso: *el neón* | part: rarefacto
no se rarefacce. | QUÍMICA

rareza
1 Rasgo diferencial en alguna cosa que hace que se | s.f.
salga de lo común, de lo corriente: *la rareza de esa* | = singularidad
planta la hace más bonita.
2 Circunstancia de ocurrir pocas veces una cosa. | = excepcionalidad
3 Cosa poco común o rara, tanto si se trata de obje- | = extravagancia
tos como de acciones y comportamientos humanos:
no hay quien aguante sus rarezas

raridad Condición de raro, poco denso o disperso. | s.f.

rarificar (Del lat. *rarus*, poco frecuente + *facere*, hacer.) | v.tr/prnl.
Enrarecer, hacer un gas menos denso: *nos explicó cómo se* | conj: sacar
rarifica un gas. | QUÍMICA

rarificativo, a Que tiene la propiedad de rarificar. | adj/QUÍMICA

rarífico, a Que es raro, extravagante o poco fre- | adj.
cuente. | Chile

raro, a (Del lat. *rarus*, poco frecuente.)
1 Que es extraordinario o poco común o frecuente: | adj.
es muy raro que venga a la fiesta, normalmente no suele | = excepcional
venir.
2 Que es escaso en su clase: *es una perla muy rara.* | = singular
3 Que es insigne o sobresaliente en su línea: *tiene una*
rara sabiduría.
4 Se refiere a la persona extravagante o poco común | adj/s.
de carácter o forma de ser: *es muy raro, siempre está* | = extraño
solo.
5 Que tiene poca densidad y consistencia, en espe- | adj.
cial referido a gases.
6 **de raro en raro:** Pocas veces. | loc.adv.

ras
1 Igualdad en la superficie o la altura de las cosas. | s.m./pl: ras
2 **a ras de:** Al nivel de una cosa, casi tocándola: *vive* | loc.adv.
en un piso a ras del suelo.
3 **a ras del suelo:** Frase con la que se expresa un | loc.adv.
estado de abatimiento en las personas o en las cosas:
la economía quedó a ras del suelo tras la catástrofe.
4 **ras con ras o ras en ras:** 1. Al mismo tiempo. 2. En | loc.adv.
el instante preciso.

rasa
1 Abertura hecha en telas fáciles de romper o rasgar | s.f.
sin que se deshaga la urdimbre ni la trama. | TEXTIL
2 Llanura alta y despejada. | GEOGRAFÍA
3 Raso, tela de seda brillante. | TEXTIL

rasadura Alisamiento, roce o arrasamiento. | s.f.

rasamente De modo claro y abierto: *se expresó rasa-* | adv.
mente.

rasante
1 Que rasa o pasa muy cerca de una superficie: *vuelo* | adj.
rasante.
2 Línea de una calle o de una carretera que se con- | s.f.
sidera en su inclinación con respecto al plano horizontal.

rasar
1 Pasar un rasero para igualar al contenido de un re- | v.tr.
cipiente de modo. | = nivelar
2 Pasar de forma muy ligera tocando un cuerpo con | = rozar
otro.
3 Ponerse limpia una cosa, como el cielo sin nubes. | v.prnl.

rasca
1 Temperatura baja: *por las mañanas ya empieza a* | s.f./coloquial
hacer rasca. | = frío
2 Sensación de hambre.
3 Conversación larga: *estos dos ya llevan una hora de* | = palique
rasca.
4 Persona de trato áspero y desagradable: *tiene pocos* | s.m.f.
amigos porque es un rasca.
5 Persona sin recursos a la hora de actuar o de desenvolverse en una situación.
6 Persona que por oficio limpia y lustra botas y zapa- | = limpiabotas
tos.
7 Borrachera, estado de embriaguez por exceso en el | s.f./Amér. Central
consumo de alcohol. | y Merid.

8 Que es ordinario. — adj./*Argent., Chile*

rascacielos Edificio de muchas plantas con altura superior a la de las construcciones ordinarias en una población. — s.m. pl: rascacielos ARQUITECTURA

rascadera
1 Rascador, herramienta o utensilio para rascar metales, pieles u otros materiales. — s.f.
2 Almohaza, utensilio para limpiar el pelo de las caballerías. — EQUITACIÓN

rascador
1 Instrumento para rascar o raer. — s.m.
2 Instrumento de hierro para desgranar el maíz y otros frutos. — AGRICULTURA
3 Aguja larga de adorno que las mujeres se ponían en el pelo. — = rascamoño

rascadura
1 Acción y resultado de rascar o rascarse. — s.f./= rascamiento
2 Señal o huella dejada al rascar o rascarse. — = restregadura

rascalino Planta parásita que suele vivir sobre el cáñamo, la alfalfa y otras plantas que necesitan mucha agua. — s.m. BOTÁNICA = tiñuela

rascamiento Rascadura, acción y resultado de rascar. — s.m.

rascamoño Rascador, aguja de adorno. — s.m.

rascar (Del lat. vulgar *rasicare*.)
1 Frotar la piel con un objeto áspero o con las uñas: *me rasqué la espalda con el cepillo*. — v.tr/prnl. conj: sacar
2 Arañar una cosa de modo ligero. — v.tr.
3 Limpiar la superficie de una cosa frotándola con un objeto rígido. — = frotar
4 Producir un sonido estridente al tocar un instrumento de cuerda y arco. — MÚSICA
5 Obtener un provecho o beneficio de algo: *a pesar de sus intentos no pudo rascar nada de aquel negocio*. — coloquial
6 **llevar o tener una persona qué rascar:** Haber recibido un daño difícil de remediar. — = llevar o tener qué lamer
7 **no rascar una o no rascar bola:** Equivocarse de modo sistemático: *debe de tener algún problema porque últimamente no rasca una*. — = no dar una

rascatripas Persona que toca mal el violín u otro instrumento musical de cuerda. — s.m.f./pl: rascatripas coloquial

rascazón Sensación de picazón o picor que incita a rascarse. — s.f.

rascle Pieza de hierro en ángulo con una manga de red usada para la pesca del coral. — s.m. PESCA

rascón, a
1 Que es áspero o picante al paladar. — adj.
2 Ave ralliforme de pico largo, rojo, flancos listados y parte inferior de la cola de color blanco, que vive a orillas de los pantanos, lagos y ríos. (*Rallus aquaticus.*) — s.m. ZOOLOGÍA

rascuache
1 Que es pobre, miserable o escaso. — adj./*Méx.*/coloquial
2 Se aplica a lo que es de mala calidad. — *Méx.*/coloquial

rascuñar Arañar con las uñas o con un instrumento cortante. — v.tr.

rasear Lanzar o pasar la pelota a ras de suelo, en el fútbol. — DEPORTES

rasel Racel, parte de los extremos de popa y proa en la que se estrecha el pantoque. — s.m. NÁUTICA

rasera
1 Palo cilíndrico que sirve para rasar las medidas de los áridos. — s.f. = rasero
2 Paleta de metal, plástico u otro material, en general con varios agujeros, que se usa para escurrir y dar la vuelta a los alimentos fritos. — COCINA

rasero (Del lat. vulgar *rasorium*.)
1 Palo para rasar las medidas de los áridos. — s.m.
2 **medir por el mismo rasero:** Dar igual trato a las personas, las cosas o las acciones: *trata de medir por el mismo rasero a todos sus subordinados*.

rasete Raso muy sencillo y de poca calidad. — s.m./TEXTIL

rasgador, a Que rasga. — adj.

rasgadura
1 Acción y resultado de rasgar o romper. — s.f./= desgarradura
2 Abertura producida al romper o engancharse una cosa de tela, papel o material semejante. — = desgarrón, rasgón, rotura

rasgar (Del lat. *resecare*, recortar.)
1 Romper una cosa poco consistente sin servirse de ningún instrumento: *la cortina se rasgó al engancharse*. — v.tr/prnl. conj: pagar
2 Tocar la guitarra rozando varias cuerdas simultáneamente. — v.tr./MÚSICA = rasguear

rasgo
1 Línea trazada al escribir, en especial cuando es ornamental. — s.m. = trazo
2 Facción del rostro: *sus rasgos me son familiares*. — = fisonomía
3 Peculiaridad, propiedad o nota distintiva: *la lealtad es su rasgo más sobresaliente; los rasgos del estilo románico*. — = cualidad
4 Acción notable en que se manifiesta la cualidad, el sentimiento o el estado de ánimo que la ha inspirado: *fue un rasgo de heroísmo*. — = atributo, peculiaridad

5 rasgo pertinente, distintivo o diferencial: El que sirve para distinguir un fonema de otro u otros de la misma lengua. — LINGÜÍSTICA
6 a grandes rasgos: Sin entrar en detalles. — loc.adv.

rasgón Abertura producida al romper o engancharse una cosa de tela, papel o material semejante. — s.m. = desgarrón

rasgueado Rasgueo, acción y resultado de rasgar. — s.m.

rasgueador, a Que rasguea con habilidad al escribir. — adj/s.

rasguear
1 Tocar la guitarra u otro instrumento musical de cuerda pasando los dedos por varias cuerdas en un mismo movimiento. — v.tr. MÚSICA
2 Hacer rasgos escribiendo. — v.intr.

rasgueo Acción y resultado de rasguear. — s.m./= rasgueado

rasguñada Rasguño, pequeña herida o corte hecho con las uñas. — s.f. *Méx.*

rasguñar
1 Arañar o rascar una cosa con las uñas o con un instrumento cortante. — v.tr. tb: rascuñar
2 Hacer el bosquejo de una cosa. — ARTE

rasguño
1 Pequeño corte o herida. — s.m./ARTE
2 Bosquejo de algún motivo.

rashí Sistema de consonantes del alfabeto hebreo, de tipos semicursivos, que se usó con mucha frecuencia para escribir textos sefardíes aljamiados. — s.m. LINGÜÍSTICA

rasilla
1 Tela delgada de lana parecida a la lamparilla. — s.f./TEXTIL
2 Ladrillo delgado y hueco. — CONSTRUCCIÓN

rasión Acción y resultado de rasurar. — s.f.

rasmillarse Rasguñarse la piel ligeramente. — v.prnl./Chile

raso (De *paño de Ras*.) Tela de seda suave más gruesa que el tafetán y menos que el terciopelo, brillante por una cara y mate por la otra. — s.m. TEXTIL

raso, a (Del lat. *rasum*.)
1 Que es liso, llano o suave. — adj.
2 Que pasa o se mueve a poca altura del suelo: *vuelo raso*. — ≠ alto
3 Se aplica al cielo que está despejado de nubes. — = claro
4 Que está lleno hasta el borde: *tómate una cucharada rasa de miel*.
5 Que no tiene título o categoría dentro del grupo al que pertenece: *soldado raso*.
6 Se refiere al asiento que no tiene respaldo.
7 Se aplica al terreno que es llano y despejado y está en un lugar alto. — = abierto
8 **al raso:** Sin ningún techo encima: *no encontraron hotel y tuvieron que dormir al raso*. — loc.adv. = a la intemperie

rasoliso Cierto tipo de raso. — s.m./TEXTIL

raspa
1 Espina de pescado, en especial la central. — s.f.
2 Filamento áspero del grano de trigo y otros cereales. — AGRICULTURA
3 Tallo o pedúnculo de una espiga después de quitar los granos y flores. — AGRICULTURA
4 Persona de corta edad que es muy traviesa: *su hijo es un raspa de mucho cuidado*. — s.m.f.
5 Persona irritable, brusca, falta de amabilidad, que usa contestaciones desabridas. — ≠ amable
6 Brizna desprendida de la pluma de ave que se usaba para escribir. — s.f.
7 Brizna o cuerpo extraño que se pega al punto de la pluma de escribir.
8 Envoltura áspera que recubre la cáscara de algunos frutos como la almendra o la nuez. — AGRICULTURA
9 Zuro o núcleo de la espiga de maíz. — BOTÁNICA
10 Reprimenda, represión ejercida sobre otra persona mediante una regañina. — *Amér. Central y Merid.*
11 Vulgo, pueblo llano. — *Méx.*/coloquial
12 **ir uno a la raspa:** Ir a pillar o hurtar. — coloquial
13 **tender uno la raspa:** Echarse a dormir o descansar. — coloquial

raspadera Cuchilla de acero usada para el raspado de los cortes de los libros antes de aplicarles el dorado. — s.f. ARTES GRÁFICAS

raspadilla Raspado, hielo rallado y endulzado con jarabe. — s.f./*Méx., Perú* COCINA

raspado
1 Acción y resultado de raspar. — s.m./= raspadura
2 Señal que queda en una superficie que se raspa. — = rozadura
3 Operación quirúrgica en que se raspan tejidos enfermos, en especial en el útero: *después del aborto, le hicieron un raspado*. — MEDICINA
4 Que es desvergonzado. — adj./*C. Rica*
5 Hielo raspado al que se añade jarabe de frutas y se come como helado. — s.m./*Méx.* COCINA
6 **raspado por aspiración:** El que, en general, se usa para la interrupción del embarazo bajo control médico. — MEDICINA

raspador Utensilio para raspar, en especial el formado por mango y cuchilla pequeña para raspar lo escrito. — s.m.

raspadura
1 Acción y resultado de raspar una superficie. — s.f./= raspamiento
2 Señal dejada en una cosa al ser raspada o rozada. — = rasponazo
3 Lo que se quita de una superficie al rasparla. — = ralladura

raspahilar Moverse una persona de modo rápido y atropellado. — v.intr.
th: respailar

raspajo Raspa que queda del racimo después de quitarle las uvas. — s.m.
= rampojo

raspallón Pez teleósteo marino, parecido al sargo pero más pequeño y brillante. *(Diplodus annularis.)* — s.m.
ZOOLOGÍA

raspamiento Raspadura, acción de raspar una superficie. — s.m.

raspante
1 Que raspa. — adj.
2 Se aplica al vino que pica en el paladar.

raspar (Del germ. *hraspon*.)
1 Frotar un poco una cosa con un objeto áspero o cortante para quitar parte de su superficie. — v.tr.
= pulir
2 Producir algo, en general un tejido, una sensación desagradable en la piel: *este pantalón raspa*. — v.tr/intr.
3 Poner lisa la superficie de una cosa. — v.tr.
4 Causar un licor o un vino sensación de picor en el paladar.
5 Quitar una cosa a una persona. — coloquial/= robar
6 Pasar una cosa rozando otra. — = rozar
7 Salir de forma apresurada. — v.intr./Venez.

raspear
1 Hacer la pluma arañazos sobre el papel por tener un pelo o una brizna en la punta. — v.intr.
2 Decir a una persona que ha obrado mal: *mi madre me raspeó por llegar tarde*. — v.tr.
= reprender

raspilla Planta herbácea de la familia de las borragináceas, de tallos tendidos y flores azules que crece en la península Ibérica. *(Asperugo procumbens.)* — s.f.
BOTÁNICA

raspón
1 Rasponazo, herida producida por un roce fuerte. — s.m.
2 Sombrero de paja que usan los campesinos. — Colomb.

rasponazo Señal o herida producida por un roce violento: *se ha caído de la moto y tiene las piernas llenas de rasponazos*. — s.m.
= raspón

rasposo, a
1 Que es áspero al tacto o al paladar: *el vino está un poco rasposo*. — adj.
2 Que tiene muchas raspas.
3 Que tiene un carácter irritable. — = irascible
4 Se aplica a la prenda de vestir raída y en mal estado, y al que la lleva. — Argent., Urug.
5 Que es mezquino o tacaño. — adj/s./Argent., Urug.

raspudo, a Se aplica al trigo que tiene raspas o aristas. — adj.
AGRICULTURA

rasqueta Plancha de hierro de bordes afilados y con un mango perpendicular a ella, usada en los barcos y en albañilería para raer o limpiar. — s.f.
CONSTRUCCIÓN, NÁUTICA

rasquetear Pasar un cepillo por el pelo de un caballo para limpiarlo. — v.tr.
Amér. Merid.

rasquiña Escozor, sensación causada por una cosa que pica. — s.f./Argent., Amér. Central

rasta Persona, en general de origen jamaicano, que pertenece a un movimiento social y cultural afroamericano que lucha por la libertad de las personas de origen africano, es seguidor de la música reggae y defiende el consumo de marihuana. — s.m.f.
= rastafari

rastacuero Persona que sabe aprovecharse de las circunstancias para vivir bien. — s.m.f.
= vividor

rastel (Del cat. *rastel*.) Barandilla, especie de valla que sirve de protección y apoyo en lugares como balcones, terrazas o escaleras. — s.m.
CONSTRUCCIÓN

rastillar Rastrillar [en todas sus acepciones]. — v.tr.

rastillo (Del lat. *rastellum*.) Rastrillo [en todas sus acepciones]. — s.m.

rastra
1 Herramienta que consiste en una tablilla con púas en uno de los bordes y un mango perpendicular a ella, usada en tareas agrícolas y de jardinería, como recoger paja o allanar la tierra. — s.f.
AGRICULTURA
= rastrillo, rastro
2 Sarta o ristra de cualquier fruto seco. — AGRICULTURA
3 Instrumento agrícola que se usa para allanar la tierra después de arada. — AGRICULTURA
= grada
4 Objeto que forma parte de un carro y se usa para arrastrar pesos. — = narria
5 Tabla arrastrada por una caballería para recoger la parva de la era. — AGRICULTURA
6 Lo que va colgando y arrastrando: *el vestido tenía una preciosa rastra*.
7 Madero que se asienta a lo largo del muro para apoyo del techo. — CONSTRUCCIÓN
8 Seno del cabo que se arrastra por el fondo del mar para sacar objetos sumergidos. — NÁUTICA
9 Cría lactante de un animal que aún sigue a su madre, entre ganaderos.

10 Señal, material o inmaterial, que queda de un hecho o un acontecimiento. — = rastro, vestigio
11 Persona que con su presencia hace suponer la de otra a quien suele acompañar. — s.m.f.
12 Resultado de una acción que conlleva castigo o indemnización.
13 Pieza para sujetar el tirador del gaucho, hecha de plata labrada, que lleva una chapa central y monedas o botones unidos a ésta por cadenas. — Argent., Urug.
14 **a la rastra, a rastra** o **a rastras:** 1. Arrastrando por el suelo. 2. De mal grado, a la fuerza. — loc.adv.
loc.adv.

rastrallar Producir un sonido seco al sacudir o agitar una cosa con brusquedad. — v.tr.
= restallar

rastreador, a
1 Que rastrea. — adj/s.
2 Se refiere al barco que está destinado a limpiar el fondo de ríos o canales. — adj/s.m.
NÁUTICA
3 Se aplica al barco que está destinado a rastrear minas submarinas. — NÁUTICA

rastrear
1 Buscar a una persona o una cosa siguiendo su rastro: *rastrearon la zona pero no encontraron al desaparecido*. — v.tr.
= batir
2 Llevar arrastrando un utensilio por el fondo del agua para buscar una cosa o para pescar.
3 Vender carne al por mayor en el mercado. — COMERCIO
4 Hacer averiguaciones para encontrar a una persona o una cosa: *rastrearon al asesino por todo el barrio*. — = inquirir
5 Hacer un trabajo con el rastro. — v.intr.
6 Volar un animal casi a ras de tierra. — = rasear

rastrel Listón grueso de madera. — s.m./th: ristrel

rastreo Acción y resultado de rastrear. — s.m.

rastrera Arrastradera, ala del trinquete o verga mayor. — s.f.
NÁUTICA

rastrero, a
1 Que va arrastrando. — adj.
2 Que vuela bajo o a ras de suelo. — = rasante
3 Que utiliza procedimientos viles para lograr sus propósitos. — = innoble, mezquino
4 Se aplica al tallo que se extiende por el suelo y a los rizomas que corren en posición horizontal. — BOTÁNICA
5 Persona que trabaja en el rastro. — s.

rastrilla Rastrillo con el mango clavado en una de las caras estrechas del travesaño. — s.f.

rastrillada
1 Cantidad de una cosa que se recoge de una vez con el rastrillo. — s.f.
2 Surco o huellas que dejan las tropas de animales sobre el pasto o en tierra. — Argent., Urug.

rastrillado Acción y resultado de rastrillar. — s.m./= rastrillaje

rastrillador, a Que rastrilla. — adj/s./th: rastrillador

rastrillaje
1 Trabajo realizado con una rastra o un rastrillo. — s.m./= rastrillado
2 Acción y resultado de rastrillar o batir. — Argent.

rastrillar
1 Llevar y recoger una cosa con el rastrillo. — v.tr./th: rastillar
2 Limpiar el lino o el cáñamo de la arista y la estopa.
3 Pasar la rastra por un terreno para allanarlo. — = rasear
4 Limpiar los parques y jardines de hierba con el rastrillo.
5 Acción de batir áreas urbanas o despobladas para registrarlas, en operaciones militares o policiales. — Argent.

rastrillo (Del lat. *rastellum*.)
1 Herramienta que consiste en una tablilla con púas en uno de los bordes y un mango perpendicular a ella, usada en tareas agrícolas y de jardinería, como recoger paja o allanar la tierra. — s.m.
AGRICULTURA
= rastra, rastro
2 Herramienta semejante a una carda o cepillo de alambre grueso, usada para limpiar y separar bien las fibras del cáñamo y el lino. — TEXTIL
3 Reja o verja de hierro que se usaba como compuerta levadiza para defender las puertas de los castillos y plazas de armas. — CONSTRUCCIÓN
4 Verja o puerta de hierro que defiende la entrada de una fortaleza o de un penal.
5 Reja colocada en una corriente de agua para interceptar las cosas que arrastre.
6 Pieza de acero rayada que tenían las armas de fuego de chispa, sobre la que golpeaba el pedernal para que el fuego saltara a la cazoleta.
7 Instrumento que sirve para afeitar. — Méx.

rastro (Del lat. *rastrum*.)
1 Vestigio, señal o indicio de un acontecimiento: *sospecho que ese rastro nos puede llevar a solucionar el enigma*. — s.m.
= pista
2 Huellas o señales que deja una persona o una cosa de haber pasado por un sitio: *en todas partes se veían rastros de la guerra*. — = vestigio
3 Sitio donde se instalan puestos callejeros en que se venden todo tipo de artículos nuevos y usados: *el domingo fui al rastro a comprar unas zapatillas*. — COMERCIO
4 Herramienta semejante a la azada que, en vez de pala, tiene dientes largos, fuertes y gruesos y que sirve para esparcir piedra partida y otros usos análogos.

5 Rastrillo, herramienta agrícola. — AGRICULTURA

6 Mugrón, sarmiento de la vid. — AGRICULTURA

7 **ni rastro:** Ni huella, sin dejar ninguna señal: *lo buscamos pero no encontramos ni rastro de él.*

rastrojal Rastrojera, tierra que ha quedado en rastrojo. — s.m./AGRICULTURA

rastrojar Sacar el rastrojo de un campo. — v.tr./AGRICULTURA

rastrojear Buscar el ganado comida entre los rastrojos. — v.intr.

rastrojera

1 Conjunto de tierras que han quedado segadas o en rastrojo. — s.f./tb: rastrojal / AGRICULTURA

2 Temporada en que los ganados pastan los rastrojos, hasta que la tierra se vuelve a labrar.

3 Conjunto de rastrojos que quedan como pastos después de segar la mies. — AGRICULTURA

rastrojo (Del lat. vulgar *restuculu*.)

1 Residuo de las cañas de la mies, que queda en la tierra después de segar. — s.m. / AGRICULTURA

2 Tierra segada, antes de ser labrada de nuevo. — AGRICULTURA

3 Residuos que quedan de una cosa. — s.m.pl.

4 **sacar a una persona de los rastrojos:** Sacarle de estado bajo o humilde.

rasura

1 Rasuración, acción y resultado de rasurar y de raer. — s.f.

2 Sustancia que forma una costra cristalina en las vasijas donde fermenta el vino. — s.f.pl.

rasuración

1 Rasurado, acción y resultado de rasurar. — s.f./= rasura

2 Raedura, acción y resultado de raer. — = rasura

rasurada Acción y efecto de rasurarse. — s.f./Méx.

rasurar Quitar el pelo de una parte del cuerpo a una persona: *se rasuró el cabello para ir a la mili.* — v.tr/prnl. / = afeitar

rata

I (De origen incierto.)

1 Mamífero roedor, muy nocivo, de pelaje gris oscuro o pardo, con cabeza pequeña y hocico puntiagudo, que puede transmitir enfermedades infecciosas. — s.f. / ZOOLOGÍA

2 Coleta de cabello, pequeña y delgada.

3 Persona que se comporta con tacañería: *¡uy!, éste es un rata, no creo que le invite.* — s.m.f. / coloquial

4 Persona vil y despreciable.

5 Ratero, persona que hurta cosas de poco valor.

6 Pez óseo que vive en los fondos arenosos, donde se entierra dejando sólo al descubierto los ojos. (*Uranoscopus scaber.*) — s.f. / ZOOLOGÍA / = rata de mar

7 **rata almizclada:** Mamífero roedor de origen americano, cuya piel, de color pardo rojizo, es muy apreciada en peletería. (*Ondatra zibethicus.*) — ZOOLOGÍA

8 **rata de agua:** Mamífero roedor silvestre, parecido a un gran topillo, de cuello poco aparente y hocico romo que vive en galerías excavadas junto a arroyos y corrientes y es hábil nadador. (*Arvicola terrestris.*) — ZOOLOGÍA

9 **rata de trompa:** Mamífero roedor insectívoro africano de hocico desnudo y alargado, que se alimenta básicamente de insectos. (*Elephantulus rozeti.*) — ZOOLOGÍA

10 **rata topo** Mamífero roedor de tronco robusto, cabeza maciza, patas cortas y gruesas, uñas preparadas para excavar y pelo denso de color gris. (*Myospalax myospalax.*) — ZOOLOGÍA

11 **hacerse la rata:** Faltar a clase, hacer novillos. — loc./Argent.

12 **más pobre que una rata:** Frase que se usa para indicar pobreza suma.

II (Del lat. *rata*, constante.)

1 Parte proporcional. — s.f.

2 Variación de una magnitud por unidad de tiempo. — FÍSICA

3 **rata por cantidad:** Mediante prorrateo. — loc.adv.

ratafía (Del fr. *ratafia*.) Licor hecho con zumo de frutas, sobre todo de guindas o cerezas. — s.f.

ratania Planta arbustiva americana cuya raíz se emplea como astringente. — s.f. / BOTÁNICA

rata parte (Del lat. *rata portio*.) En parte proporcional. — loc.adv.

rataplán Voz usada para reproducir el sonido del tambor. — s.m.

ratear

I (Derivado de *rata < lat. rata.*)

1 Disminuir la prorrata de una cosa. — v.tr.

2 Distribuir una cosa de modo proporcional.

II (Derivado de *ratero.*)

1 Hurtar cosas pequeñas o de poco valor con destreza. — v.tr.

2 Andar arrastrándose por el suelo. — v.intr.

3 Comportarse como un tacaño. — = tacañear

4 Hacerse la rata, faltar a clase. — v.prnl./Argent.

ratel Mamífero carnívoro africano de la familia de los mustélidos, de color gris y negro y conocida afición por la miel. (*Mellivora capensis.*) — s.m. / ZOOLOGÍA

ratería

1 Robo de poca importancia. — s.f.

2 Acción de robar con maña cosas de poco valor. — = sisar

3 Modo ruin o mezquino de comportarse en los tratos o negocios. — = tacañería

ratero, a

1 Que roba cosas de poco valor: *un ratero le robó el bolso.* — adj/s. / = rata

2 Que vuela bajo o se arrastra. — adj./= rastrero

3 Que es bajo y despreciable. — = ruin

4 De las ratas.

raticida (De *rata* + lat. *caedere*, matar.) Sustancia que se utiliza para matar a ratas y ratones. — s.m.

ratificación Aprobación de una cosa dándola por válida y cierta. — s.f. / = confirmación

ratificador, a Que ratifica. — adj/s.

ratificar (Del bajo lat. *ratificare*.) Afirmar la validez o la verdad de una cosa dicha o hecha con anterioridad: *mi acusación se ratifica con estas pruebas.* — v.tr/prnl. / conj: sacar / = confirmar

ratificatorio, a Que ratifica. — adj.

ratigar Atar el rátigo en el carro con una soga. — v.tr/conj: pagar

rátigo Conjunto de diversas cosas que se transportaban en un carro. — s.m.

ratihabición Declaración por la que una persona aprueba y confirma un acto que otro hizo por ella. — s.f. / DERECHO

ratímetro (Del lat. *rata* + gr. *metron*, medida.) Aparato que se emplea en radiología para medir la rata o velocidad de dosis. — s.m. / MEDICINA

ratina Tela de lana entrefina delgada y con granillo. — s.f./TEXTIL

ratinado, a

1 Se aplica al tejido que es parecido a la ratina. — adj./TEXTIL

2 Operación que se realiza en tejidos de pelo largo para formar dibujos, imitando a veces la piel de algunos animales. — s.m. / TEXTIL

ratinadora Máquina usada en la industria textil para obtener cierto tipo de acabados en los tejidos de lana y algodón. — s.f. / TEXTIL

ratinar Hacer el ratinado a un tejido. — v.tr./TEXTIL

rating (Voz inglesa.) Cifra expresada en dimensiones lineales, que sirve de criterio para clasificar los veleros en distintas clases o series. — s.m. / DEPORTES

ratio (Del lat. *ratio, -onis*, cálculo.) Unidad de relación entre dos magnitudes, en la política económica de un país o de una empresa. — s.f. / ECONOMÍA

rato

I (Del lat. *ratus*, regulado.) Se refiere al matrimonio celebrado de modo legítimo pero que no ha llegado aún a consumarse. — adj.

II (Del lat. *raptus*, arrebatamiento.)

1 Espacio de tiempo, en general breve: *el rato de descanso; te estuve esperando un rato.* — s.m. / = instante

2 Instante vivido con placer o disgusto: *pasé un buen rato con él; me hizo pasar un mal rato.* — = momento

3 **a cada rato:** A menudo, con gran frecuencia. — loc.adv.

4 **a ratos:** 1. De rato en rato, con interrupciones. 2. A veces: *él es amable a ratos.* — loc.adv.

5 **a ratos perdidos:** Cuando se puede, cuando lo permiten las obligaciones: *lee la novela a ratos perdidos.* — loc.adv.

6 **al poco rato, al rato, a poco rato:** Poco después, al poco tiempo. — loc.adv.

7 **buen rato:** Gran cantidad de una cosa. — loc.adj./coloquial

8 **de rato en rato:** Con algunas intermisiones de tiempo: *de rato en rato me llama por teléfono.* — loc.adv.

9 **para rato:** Por mucho tiempo, en especial hablando de lo venidero: *este trabajo va para rato.* — loc.adv.

10 **pasar el rato:** 1. Ocupar el tiempo con algún entretenimiento. 2. Trabajar en vano: *no hace más que pasar el rato.*

11 **un buen rato:** Durante bastante tiempo: *te esperé un buen rato, pero me tuve que ir.* — loc.adv.

12 **un mal rato:** Un momento desagradable, un disgusto: *cuando se dio cuenta de su error pasó un mal rato.*

13 **un rato largo:** Mucho, en gran cantidad o grado: *me gustó un rato esa novela.* — loc.adv.

ratón

1 Pequeño mamífero roedor, de pelaje gris, cola fina, larga y desnuda, orejas grandes y hocico largo, que es muy prolífico y dañino. (*Mus musculus.*) — s.m. / ZOOLOGÍA

2 Aparato que poseen algunos ordenadores para controlar el cursor de la pantalla, señalar, dibujar y dar órdenes. — INFORMÁTICA

3 Piedra puntiaguda y cortante del fondo de algunos puertos y fondeaderos que roza los cables de fibra vegetal de las anclas. — NÁUTICA

4 **ratón de biblioteca:** Persona estudiosa que pasa gran parte de su tiempo consultando libros. — coloquial

5 **ratón de monte o silvestre:** Pequeño roedor de color gris leonado que vive en los bosques y campos y es perjudicial para la agricultura. (*Apodemus sylvaticus.*) — ZOOLOGÍA

ratona Ave paseriforme de pico largo y delgado, alas cortas y cola levantada. — s.f. / ZOOLOGÍA

ratonar

1 Roer o mordisquear los ratones un alimento. — v.tr.

2 Ponerse el gato enfermo por comer demasiados ratones. — v.prnl. / VETERINARIA

ratonera
1 Trampa para ratones.   s.f.
2 Madriguera de ratones.
3 Agujero de entrada y salida en una madriguera de ratones.
4 Trampa preparada para coger o engañar a una persona.   = celada, emboscada
5 Casa o habitación de pequeñas dimensiones o de poca calidad: *viven hacinados en una ratonera.*   = cuchitril
6 **ratonera de agua:** Gato de agua, ratonera colocada sobre un recipiente de agua.
7 **caer en una ratonera:** Ser atrapado mediante una trampa o emboscada tendida por otra u otras personas.   coloquial

ratonero, a
1 Del ratón.   adj./= ratonil
2 Que es mezquino y astuto: *es muy ratonero, seguro que está urdiendo algo.*   = taimado
3 Que es vulgar o de poca calidad, en especial referido a la música.   = ordinario
4 Ave rapaz diurna, de formas pesadas y de dedos frágiles, que se nutre de roedores, reptiles o pájaros pequeños. *(Buteo buteo.)*   s.m. ZOOLOGÍA

ratonesco, a De los ratones.   adj.

ratonil
1 Del ratón o que tiene relación con él: *tiene una cara ratonil, muy graciosa.*   adj./= ratonero, ratonesco
2 Se aplica al carácter o a la actuación que es mezquino y taimado.   = ratonesco

rauco, a (Del lat. *raucus.*) Que está ronco o afónico.   adj./literario

rauda (Del ár. *rauda,* mausoleo.) Cementerio árabe.   s.f./RELIGIÓN

raudal
1 Abundancia de agua de curso rápido.   s.m.
2 Abundancia de cosas que concurren o se derraman.   = torbellino
3 **a raudales:** En abundancia: *llovía a raudales.*   loc.adv.

raudamente Con rapidez y presteza.   adv.

raudo, a (Del ant. *rabdo < lat. rapitus.*) Que es rápido o sucede con rapidez.   adj.

raulí Planta arbórea fagácea, de hasta cincuenta metros de altura, cuya madera se utiliza en la construcción. *(Nothofagus procera.)*   s.m. Argent., Chile BOTÁNICA

raviolis (Del ital. *ravioli.*) Pequeños rectángulos de pasta doblada sobre sí misma y rellena de carne, verdura o queso.   s.m.pl. tb: ravioles COCINA

raya
I (Del lat. *radius,* rayo de luz.)
1 Señal larga y estrecha hecha o formada de modo natural o artificial en una superficie: *hizo varias rayas en la arena.*   s.f. = línea
2 Límite físico o moral que se pone a una cosa o acción: *no te pases de la raya.*
3 Límite o confín de una nación, provincia, región u otros lugares.   = frontera
4 Pliegue vertical que se marca al planchar los pantalones y otras prendas de vestir.
5 Señal que queda en el peinado entre el pelo que se peina hacia un lado y el que se peina hacia el opuesto: *se hace la raya en el lado derecho.*   = crencha
6 Línea larga usada para separar oraciones incidentales o indicar el diálogo en los escritos.   GRAMÁTICA = guión
7 Estría en espiral hecha en el ánima de las armas de fuego.
8 Zanja ancha que se hace o se deja para que no se propaguen los incendios.   = cortafuego
9 Dosis de cocaína o heroína en polvo para ser esnifada: *necesita un par de rayas al día para ponerse a tono.*   argot
10 Distintivo de un vino de Jerez oloroso.
11 Tanto hecho en el juego, señalado con un trazo.   JUEGOS
12 Salario del obrero o campesino.   Méx.
13 **a raya:** Dentro de los justos límites o sin dejar que se propase o exceda: *no puede mantener a raya a sus alumnos.*   loc.adv.
14 **a rayas:** Con dibujo de rayas: *llevaba una corbata a rayas.*   loc.adv.
15 **pasarse de la raya o raya:** Propasar el límite de lo tolerable: *no te pases de la raya, hay cosas que no se pueden hacer.*   coloquial
16 **tres en raya:** Juego que consiste en colocar tres piezas en una misma línea de las varias en que se divide un cuadrado.   JUEGOS
II (Del lat. *raja.*) Pez cartilaginoso, de cuerpo plano y aletas pectorales triangulares muy desarrolladas y unidas a la cabeza. *(Raia.)*   s.f. ZOOLOGÍA

rayadillo Tela de algodón rayada usada para hacer fundas.   s.m. TEXTIL

rayado, a
1 Que tiene rayas trazadas.   adj.
2 Conjunto de rayas trazadas en un papel o una tela: *ahora no le gusta el rayado del papel pintado.*   s.m. = renglonadura
3 Acción y resultado de rayar.

rayador Ave palmípeda de color blanco y negruzco de pico largo y rojo y mandíbula superior mucho más corta que la inferior. *(Rynchops nigra.)*   s.m. Amér. Central y Merid.

rayano, a
1 Que limita con una cosa.   adj.= lindante
2 Que está en la raya o límite que divide dos territorios o dos cosas.   = limítrofe
3 Que es muy parecido o semejante a lo que se expresa: *esta película es rayana con la vulgaridad.*   = próximo

rayar
1 Hacer rayas sobre una superficie.   v.tr.
2 Hacer rayas sobre un escrito para borrarlo.   = tachar
3 Hacer una raya horizontal debajo de una cosa escrita para llamar la atención sobre ella o darle un sentido particular.   = subrayar
4 Estropear una superficie lisa o pulida con rayas o incisiones: *este disco se ha rayado.*   v.tr./prnl.
5 Tener un lugar límite común con otro: *su campo de cultivo raya con la finca del alcalde.*   v.intr./+ con = lindar
6 Estar una cosa muy próxima a otra: *tu conducta raya en lo intolerable.*   + con, en
7 Empezar a aparecer la luz del día: *rayaba el alba cuando ocurrió la desgracia.*   = alborear
8 Tener una persona superioridad o ventaja sobre otras: *tu hermano raya a gran altura entre los estudiantes de derecho.*   = descollar, destacar
9 Pagar la raya a los obreros o campesinos.   v.tr./Méx.
10 Cobrar la raya o paga.   v.intr./Méx.

ráyido, a Perteneciente a una familia de peces selacios que tienen las aletas pectorales muy desarrolladas y aplastadas, que forman con la cabeza y el tronco un disco en forma de rombo, como la raya y el torpedo.   adj/s.m. ZOOLOGÍA

raymi (Voz quechua.) Fiestas principales de tipo religioso, en especial las dedicadas al Sol, entre los incas.   s.m. HISTORIA

rayo (Del lat. *radius.*)
1 Cada línea, en general recta, que se propaga desde el punto en que se produce una determinada forma de energía y señala la dirección en que es transmitida.   s.m.
2 Línea de luz que procede de un cuerpo luminoso, y en especial del Sol: *entró un rayo de luz a través de la persiana.*
3 Chispa eléctrica de gran intensidad producida por la descarga entre dos nubes o entre una nube y la tierra.   FÍSICA
4 Cada una de las piezas que a modo de radios del círculo unen el cubo a las pinas de una rueda.
5 Lo que tiene gran fuerza o eficacia en su acción: *su decisión fue fulminante como un rayo.*   = exhalación
6 Dolor agudo y momentáneo.   = pinchazo
7 Infortunio o castigo improviso y repentino.   = estrago
8 Persona inquieta y rápida en sus movimientos y acciones: *es un rayo, parece que actúa con el pensamiento.*   = centella
9 Persona muy viva y de agudo ingenio.   = ingenioso
10 **rayo de calor:** Dirección rectilínea en la que se propaga el calor.   FÍSICA
11 **rayo de luz:** 1. Iluminación repentina de la inteligencia con la que se aclara alguna duda o se explica alguna situación: *no sé cómo pude contestar las preguntas del examen, el caso es que me vino un rayo de luz.* 2. Línea de luz transmitida a través de un medio diáfano.   coloquial / FÍSICA
12 **rayo directo:** El que proviene directamente del objeto luminoso.
13 **rayo incidente o de incidencia:** Parte del rayo de luz que va desde el objeto luminoso hasta el punto en el que se quiebra o refleja.   ÓPTICA
14 **rayo láser:** Haz luminoso formado por la radiación coherente emitida por un láser.   TECNOLOGÍA
15 **rayo óptico:** Aquel por medio del cual se puede ver el objeto.   ÓPTICA
16 **rayo reflejo:** El que, después de haber sido reflejado, sigue una dirección distinta de la del incidente.   ÓPTICA
17 **rayo refracto:** El que pasa a través de un cuerpo, quebrándose.   ÓPTICA
18 **rayo verde:** Destello vivo e instantáneo que a veces se observa al ponerse el Sol en el horizonte del mar.
19 **rayo visual:** Línea recta que va desde la vista al objeto, o desde el objeto a la vista.   ÓPTICA
20 **rayo principal:** Línea recta que va desde la vista en dirección perpendicular a la tabla o lienzo.   ARTE
21 **rayos catódicos:** Corriente de electrones emitida por el cátodo de un tubo de vacío.   FÍSICA
22 **rayos cósmicos:** Radiaciones corpusculares que provienen de la galaxia y del Sol, que detectan por la emisión de partículas elementales producidas por el choque con las moléculas y átomos de la atmósfera terrestre.   ASTRONOMÍA, FÍSICA
23 **rayos X:** Radiación muy penetrante que atraviesa los cuerpos de poco peso atómico, aunque sean opacos a la luz que se aplica en las exploraciones médicas del interior del organismo.   FÍSICA, MEDICINA
24 **rayos gamma:** Radiación emitida por los cuerpos radiactivos.   FÍSICA
25 **rayos infrarrojos:** Radiación de onda más larga que la del rojo visible.   FÍSICA
26 **a rayos:** Muy mal: *este río huele a rayos; el jarabe sabe a rayos.*   loc.adv. coloquial

27 echar rayos: Manifestar mediante actos o pala- *coloquial*
bras un fuerte enfado o ira incontrolada: *estaba que*
echaba rayos por no haber podido llegar a tiempo.
28 partirle a una persona un rayo: 1. Se usa para *coloquial*
desear el mal a una persona o rechazarla: *a ése que le*
parta un rayo. **2.** Indica la poca consideración que se *coloquial*
tiene hacia una persona: *todos pueden salir y a mí que*
me parta un rayo.
29 ¡que me parta un rayo!: Exclamación con la que *coloquial*
se quiere remarcar la veracidad de lo que se afirma o
niega: *¡que me parta un rayo si no es verdad lo que te*
digo!
30 ¡rayos! o ¡rayos y centellas!: Expresión usada *interj.*
para indicar sorpresa y asombro.

rayón (Del ingl. *rayon.*)
1 Fibra textil fabricada a base de celulosa con propie- *s.m.*
dades parecidas a las de la seda. **TEXTIL**
2 Tela fabricada con esta fibra. **TEXTIL**

rayonante Que despide rayos. *adj./HERÁLDICA*

rayonismo Tendencia pictórica rusa de principios *s.m.*
del siglo XX, que anticipa la pintura abstracta. **ARTE**

rayoso, a Que tiene rayas. *adj./= rayado*

rayuela
1 Juego infantil que consiste en tirar piedras o mone- *s.f.*
das a una raya hecha en el suelo, y en el que gana **JUEGOS**
quien la toca o se acerca más.
2 Juego que consiste en llegar hasta determinada **JUEGOS**
casilla de un dibujo reticular hecho en el suelo, empujando una piedra con el pie, a la patacoja, y sin poder pisar ninguna línea.

rayuelo Agachadiza, ave limícola que suele estar en *s.m.*
arroyos o lugares pantanosos. **ZOOLOGÍA**

raza (Del lat. *ratio,* cálculo, índole.)
1 Cada uno de los grupos en que se suele dividir la *s.f.*
especie humana de acuerdo con determinados rasgos
comunes, como el color de la piel, la forma del cráneo o el cabello, que se transmiten en su mayor parte de forma hereditaria, y que no merecen mayor
atención científica.
2 Grupo de individuos de una especie botánica o **BOTÁNICA,**
zoológica, cuyos caracteres diferenciales se trans- **ZOOLOGÍA**
miten por herencia.
3 Casta, conjunto de ascendientes y descendientes *= linaje*
de una persona o un animal.
4 Abertura estrecha y alargada en un cuerpo sólido. *= grieta*
5 Rayo de luz que atraviesa una grieta.
6 Calidad de algunas cosas, animales o personas, en *= casta*
relación a las características que las definen: *esta silla*
es de mala raza; es de una raza de grandes trabajadores.
7 Raya o lista formada en una tela al correrse los hi- **TEXTIL**
los y transparentarse el tejido.
8 Grieta o abertura que se puede formar en la parte **VETERINARIA**
superior del casco de las caballerías.
9 Descaro, falta de respeto. *Perú*
10 Grupo de gente. *Méx./coloquial*
11 Plebe, clase social más baja. *Méx./coloquial*
12 de raza: Se aplica al animal que pertenece a un *loc. adj.*
tipo de raza muy apreciada: *le han regalado un perro*
de raza.

razado, a Se aplica al tejido que tiene raza o defecto. *adj./TEXTIL*

rázago Tela basta de estopa que se usa para proteger *s.m./TEXTIL*
del polvo o del agua un objeto. *= arpillera*

razia (Del fr. *razzia* < ár. *gaziya.*)
1 Incursión en un país enemigo sin más objeto que el *s.f.*
botín que se puede obtener. **MILITAR**
2 Redada hecha por la policía. *= batida*

razón (Del lat. *ratio, -onis.*)
1 Facultad de pensar y discurrir una persona. *s.f.*
2 Acto de discurrir el entendimiento.
3 Acierto en lo que una persona dice o hace: *tienes* *= verdad*
toda la razón en lo que dices.
4 Palabras con las que se expresa el discurso: *sus ra-* *= explicación*
zones fueron bastante confusas.
5 Argumento que apoya alguna cosa: *sus razones nos* *= razonamiento*
disuadieron de hacerlo.
6 Motivo o causa de una cosa: *todavía no sabemos cuál* *= móvil*
ha sido la razón de tu divorcio.
7 Justicia en las operaciones o derecho a ejecutarlas. *= equidad*
8 Igualdad entre las compras y las ventas. **ECONOMÍA**
9 Información de una cosa: *para el alquiler del piso,*
razón en portería.
10 Relación entre dos cantidades que se comparan **MATEMÁTICAS**
entre sí.
11 Resultado de dividir cada número por el anterior, **MATEMÁTICAS**
en progresión aritmética.
12 razón aritmética o por diferencia: La que trata **MATEMÁTICAS**
de obtener la diferencia de un número sobre otro en
progresión aritmética.
13 razón armónica: La doble que vale −1. **MATEMÁTICAS**
14 razón de estado: 1. Norma de actuación política **POLÍTICA**
según la cual lo que prima es el interés del estado.
2. Motivo de interés estatal que invoca el gobierno **POLÍTICA**
para hacer una cosa contraria a la ley.

15 razón doble de cuatro números: Cociente de las **MATEMÁTICAS**
formadas por cada uno de los dos primeros números
y los otros dos.
16 razón geométrica o por cociente: Aquella en la **MATEMÁTICAS**
que se comparan dos números para saber cuántas ve-
ces está contenido el uno en el otro.
17 razón natural: Potencia discursiva del hombre sin **FILOSOFÍA,**
ninguna influencia científica. **SICOLOGÍA**
18 razón simple de tres números: Cociente de las **MATEMÁTICAS**
diferencias entre el primer número y cada uno de los
otros dos.
19 razón social: Nombre y firma por los que se co- **COMERCIO**
noce una compañía mercantil.
20 a razón de: Introduce la cantidad que correspon- *loc.prep.*
de a cada uno en un reparto: *nos sale a razón de mil*
pesetas por barba.
21 asistir a una persona la razón: Tenerla de su *coloquial*
parte, estar en lo cierto.
22 atender a razones: Dejarse convencer: *es difícil* *coloquial*
que atienda a razones, es muy tozudo.
23 cargarse o llenarse de razón: Aguardar con pa- *coloquial*
ciencia con el fin de acumular razón y fuerza moral:
cuanto más insistes en tu actitud más me cargo de razón.
24 dar la razón: Reconocer el acierto o verdad de lo
que una persona ha dicho o hecho: *discutimos un rato*
y al final me dio la razón.
25 dar razón: Informar de una cosa: *en secretaría le*
darán razón de las bases del concurso.
26 en razón de o a: En lo que atañe o corresponde a *loc.prep.*
una cosa o una cuestión.
27 entrar en razón: Darse cuenta de lo que es razo- *coloquial*
nable y de lo que no lo es.
28 envolver a alguien en razones: Confundirle de *coloquial*
modo que no sepa responder sobre una cosa.
29 estar cargado de razón: Tener mucha o sobrarle. *coloquial*
30 fuera de razón: Sin justificación. *loc.adv.*
31 meter o hacer entrar a alguien en razón: Obli- *coloquial*
garle a obrar de modo razonable.
32 perder la razón: 1. Volverse loco. **2.** Actuar de
manera insensata.
33 tener razón: Estar en lo cierto.
34 tomar razón o la razón: Anotar una partida en
cuenta o hacer constar una cosa en un registro.

razonable
1 Que es o se comporta conforme a la razón: *es una* *adj.*
persona muy razonable; su propuesta nos pareció muy ra- *= sensato,*
zonable y fue aceptada. *prudente*
2 Que es regular o mediano en cantidad o calidad: *= bastante*
distancia razonable; precio razonable. *≠ pequeño*

razonablemente
1 Conforme a la razón: *siempre actúa razonablemente.* *adv.*
2 Bastante, más que de forma mediana: *tu ejercicio*
está razonablemente mejor que el de tu hermano.

razonado, a Que se basa en razones o en documen- *adj.*
tos: *presentó una factura bien razonada; no es una opi-* *= justificado*
nión razonada.

razonador, a Que razona y explica. *adj/s.*

razonamiento
1 Acción y resultado de razonar: *su razonamiento era* *s.m.*
del todo coherente.*
2 Exposición de una serie de ideas encadenadas para *= argumentación*
llegar a una conclusión o demostración.
3 Serie de actividades mentales por la que la persona **SICOLOGÍA**
pasa de un juicio inicial a uno terminal.

razonar
1 Usar la razón o la inteligencia para estructurar y *v.intr.*
exponer las ideas: *el ser humano es el único animal ca-* *= raciocinar*
paz de razonar.
2 Exponer una cosa justificándola con argumentos: *v.intr/tr.*
no habías razonado bien la segunda pregunta del examen. *= argumentar*
3 Hablar con una persona: *razona mucho con el portero.* *v.intr.*

razzia (Del fr. *razzia* < ár. *gaziya.*) Razia [en todas sus
acepciones].

razziar Hacer una razzia en un lugar. *v.tr/MILITAR*

re Segunda nota de la escala musical. *s.m/MÚSICA*

re- Componente de palabra procedente del lat. *re,* que *pref.*
significa repetición o negación: *repicar; reprobar.*

reabrir Volver a abrir una cosa: *han reabierto la pana-* *v.tr/prnl.*
dería; la herida se reabrió. *part: reabierto*

reabsorber
1 Volver a absorber una cosa. *v.tr.*
2 Absorber el organismo una sustancia producida por *v.prnl.*
él mismo. **FISIOLOGÍA**

reabsorción Acción y resultado de reabsorber. *s.f.*

reacción (Del bajo lat. *reactio.*)
1 Acción provocada por otra de sentido o efectos *s.f.*
contrarios a ésta.
2 Forma en que una persona se comporta ante un de- *= reflejo*
terminado estímulo: *tuvo una reacción muy serena ante*
la mala noticia.
3 Fuerza que un cuerpo sometido a la acción de otro **FÍSICA**
ejerce sobre éste en sentido contrario.
4 Acción recíproca entre dos o más sustancias, de la **QUÍMICA**
que resultan una o varias distintas de las originales.

5 Acción orgánica que tiende a contrarrestar la de un virus u otro agente morbífico o que responde a la aplicación de un remedio: *la vacuna le hizo reacción.* FISIOLOGÍA

6 Período de calor y aumento de las pulsaciones que en algunas enfermedades sucede al de frío. FISIOLOGÍA

7 Depresión o agotamiento que sigue a un estado de excitación. SICOLOGÍA

8 Aumento de actividad que sigue a un estado de depresión. SICOLOGÍA

9 Ideología o acción política tradicionalista y contraria a las reformas progresistas. POLÍTICA

10 Conjunto de los que piensan o actúan según esta ideología. POLÍTICA

11 reacción en cadena: 1. Conjunto de acciones sucesivas, provocadas cada una por la anterior. 2. Proceso físico o químico en el que el resultado de una acción origina otra igual, así de forma sucesiva. FÍSICA QUÍMICA

12 reacción en cascada: Secuencia en la que cada nuevo producto cataliza la transformación subsiguiente de otro. BIOLOGÍA

13 reacción neutra: Combinación química en la que se satisfacen por completo las afinidades de sus elementos, y que se revela por no alterar el color del papel de tornasol. QUÍMICA

14 reacción nuclear: La que desencadena una modificación de los núcleos de los átomos. FÍSICA NUCLEAR, QUÍMICA

reaccionar
1 Dar una determinada respuesta a un estímulo: *la planta está reaccionando bien al tratamiento.* v.intr.

2 Volver una persona al estado de actividad o de conciencia: *le costó mucho reaccionar tras el desmayo.* = recobrarse, recuperarse

3 Mejorar o recuperarse una persona de una enfermedad o una perturbación. = mejorar

4 Recobrar una cosa la actividad que había perdido: *la industria naval empieza a reaccionar tras la crisis.* = reactivar

5 Oponerse a una cosa: *la opinión pública reaccionó ante esa barbaridad.* + ante, contra

6 Defenderse o rechazar un ataque o agresión. = repeler

7 Producir un cuerpo una fuerza igual y contraria a la que actúa sobre él. FÍSICA

8 Producir la combinación de dos sustancias otra nueva. QUÍMICA

reaccionario, a
1 Que es contrario a las innovaciones. adj/s.

2 Que es partidario de la reacción política. POLÍTICA

3 De la reacción política. adj./POLÍTICA

reacio, a (Del bajo lat. *reactio*, reacción.) Que muestra resistencia a obedecer o a secundar una acción: *soy reacio a aceptar tu propuesta.* adj. + a = renuente

reactancia Oposición al paso de una corriente alterna en un circuito eléctrico. s.f. ELECTRICIDAD

reactante Se aplica a la sustancia que participa en una reacción química produciendo otra u otras diferentes de la primitivas. adj/s.m. QUÍMICA

reactivación Acción y resultado de reactivar. s.f.

reactivar Volver a activar o dar más actividad a una cosa: *el nuevo director ha reactivado la producción de la fábrica.* v.tr.

reactividad
1 Capacidad o modo especial de reaccionar de un ser vivo frente a un hecho concreto. s.f. BIOLOGÍA

2 Aptitud para reaccionar presentada por un cuerpo. QUÍMICA

reactivo, a
1 Que produce reacción. adj/s.m.

2 Se aplica a la energía producida en un circuito que posee una reactancia. adj. ELECTRICIDAD

3 Se refiere a la magnitud que, en corriente alterna, no corresponde a una potencia real. ELECTRICIDAD

4 Sustancia química que se usa para descubrir en los análisis la presencia de otra. s.m. QUÍMICA

reactor
1 Lugar donde se producen y regulan escisiones nucleares de átomos. s.m. FÍSICA NUCLEAR

2 Motor de reacción. MECÁNICA

3 Avión que tiene este tipo de motor. AERONÁUTICA

4 reactor nuclear: Instalación en la que puede iniciarse, mantenerse y controlarse una reacción nuclear en cadena. FÍSICA NUCLEAR

reacuñación Nueva acuñación o resello de monedas. s.f.

reacuñar Volver a acuñar la moneda. v.tr.

readaptación Acción y resultado de adaptar o adaptarse de nuevo a unas determinadas condiciones o circunstancias: *tras el accidente, su readaptación laboral fue lenta.* s.f.

readaptar Volver a adaptar a una persona o una cosa para una actividad: *tras la larga baja tuvo que readaptarse al trabajo.* v.tr.

readmisión
1 Acción y resultado de readmitir. s.f.

2 Entrada de impulsos eléctricos ya amplificados en un circuito amplificador, con el fin de obtener una nueva amplificación ELECTRICIDAD

readmitir Volver a admitir: *lo han readmitido en la empresa.* v.tr.

readquirir Volver a adquirir una cosa. v.tr.

readquisición Acción y resultado de readquirir. s.f.

reafirmación Acción y resultado de reafirmar o reafirmarse. s.f.

reafirmar
1 Volver a afirmar una cosa: *en la segunda declaración el acusado reafirmó su inocencia.* v.tr.

2 Mantenerse una persona firme en sus opiniones: *me reafirmo en todo lo que te dije ayer.* v.prnl.

reagravación Acción y resultado de reagravar o reagravarse. s.f.

reagravar Volver a agravar o hacer más grave: *su enfermedad se reagravó a los pocos días.* v.tr/prnl. = reagudizar

reagrupación Acción y resultado de reagrupar o reagruparse. s.f. = reagrupamiento

reagrupar Volver a agrupar o agrupar de forma distinta un conjunto de cosas: *reagrupamos los libros siguiendo un nuevo criterio.* v.tr.

reagudización Acción y resultado de reagudizar o reagudizarse. s.f.

reagudizar Volver a agudizar una cosa: *ese molesto pitido se ha reagudizado.* v.tr/prnl. conj: cazar

reagudo, a Que es muy agudo. adj.

reajustar
1 Volver a ajustar u organizar una cosa: *es necesario reajustar los presupuestos.* v.tr.

2 Aumentar o disminuir los precios o los salarios, según las circunstancias. ECONOMÍA

reajuste
1 Acción y resultado de reajustar. s.m.

2 Ajuste o acuerdo salarial: *los sindicatos acordaron con la empresa el reajuste de los salarios.* ECONOMÍA

real
I (Del lat. *regalis*.)
1 Del rey, de la reina o de la realeza: *la ciudad espera la visita de la familia real.* adj.

2 Que es partidario del rey o de la monarquía. adj/s.m.f./= realista

3 Que es magnífico y suntuoso: *una real comida.* adj./= extraordinario

4 Antigua moneda de plata con valor de treinta y cuatro maravedíes, equivalente a veinticinco céntimos de peseta. s.m. = real de vellón

5 Moneda de otros metales equivalente a veinticinco céntimos de peseta.

6 no valer un real o ni un real: Valer muy poco o nada: *no te mereces el puesto porque no vales un real.* coloquial

7 por cuatro reales: Por muy poco dinero: *acabó vendiendo la finca por cuatro reales.* loc.adv.

II (Del bajo lat. *realis* < lat. *res*, la realidad.) Que existe o ha existido de verdad: *es un personaje real, no de ficción.* adj. = verdadero, histórico

III (Del ár. *rihala*, campamento.)
1 Sitio donde se instala una feria: *miles de luces adornan el real.* s.m.

2 Campamento de un ejército y, en especial, el lugar donde está la tienda del rey o del comandante en jefe de un ejército. MILITAR

3 alzar los reales: Levantar el campamento un ejército. MILITAR

4 asentar o sentar los reales: Instalarse una persona en un sitio.

5 como a real de enemigo: Se usa para expresar una acción en la que se procura hacer el mayor daño posible. loc.adv.

reala Rehala, rebaño de ovejas de distintos dueños. s.f.

realce
1 Acción y resultado de realzar. s.m.

2 Adorno o labor que sobresale en la superficie de una cosa. = relieve

3 Lustre o grandeza sobresaliente: *la actuación del tenor dio gran realce al acto.* = esplendor

4 Parte del objeto iluminado donde tocan de un modo más directo los rayos luminosos. ARTE

5 bordar de realce: 1. Hacer un bordado que sobresalga en la superficie de la tela. 2. Exagerar y desfigurar unos hechos. TEXTIL coloquial

realegrarse Sentir una persona mucha alegría. v.prnl.

realejo
1 Instrumento musical de tecla como un órgano pequeño. s.m. MÚSICA

2 Lugar donde está acampado un ejército. MILITAR

realengo, a
1 Se aplicaba al pueblo que no pertenecía a un señor o a una orden, sino que dependía de forma directa del rey. adj. HISTORIA

2 Se refiere al terreno que pertenece al estado.

3 Se aplica a la persona que es vaga u holgazana, o con poca disposición al trabajo. Colomb. P. Rico, Venez.

4 Que no tiene dueño, en especial aplicado a los animales. Méx., P. Rico

realera Maestril, celda de la abeja maestra. s.f./ZOOLOGÍA

realete
1 Antigua moneda de plata. s.m./HISTORIA
2 Antigua moneda valenciana de vellón de dieciocho dinerillos. HISTORIA

realeza
1 Conjunto de personas que pertenecen a diferentes familias reales: *a la boda asistió toda la realeza europea.* s.f. = realdad
2 Dignidad de rey o reina.
3 Magnificencia propia de un rey o de una reina.

realidad (Del bajo lat. *realitas, -atis*.)
1 Existencia real y objetiva de las cosas. s.f.
2 Todo lo que existe, el mundo: *la realidad no siempre es como quisiéramos.*
3 Cosa que existe y no es imaginaria o ilusoria: *la muerte es una realidad y hay que asumirla.* ≠ fantasía
4 Verdad, lo que de hecho ocurre: *la realidad es que te odia.* = cierto
5 **realidad virtual**: Conjunto de imágenes cuyos puntos se encuentran en la prolongación de los rayos luminosos y que permite la construcción de un espacio simulado en el que una persona puede tener la sensación de ocuparlo y desenvolverse en él. TECNOLOGÍA
6 **en realidad**: De verdad: *en realidad el responsable no soy yo.* loc.adv.

realimentación Fenómeno por el que la corriente de salida de un circuito retorna a su entrada. s.f. ELECTRICIDAD

realismo
I (Derivado de *real* < bajo lat. *realis*.)
1 Tendencia estética que pretende la reproducción exacta de la realidad como objetivo de la obra artística. s.m. ARTE
2 Doctrina filosófica, opuesta al idealismo, que defiende la existencia de objetos reales independientes de la conciencia y accesibles a la capacidad de conocimiento. FILOSOFÍA
3 Doctrina metafísica, opuesta al nominalismo, que defiende la existencia de los universales como esencias aparte y que no son reducibles a conceptos intelectuales ni a las palabras que son su expresión. FILOSOFÍA
4 Actitud o modo de ser de quien prefiere los hechos a las ideas. = idealismo
5 **realismo mágico**: Movimiento literario hispanoamericano que surgió a mediados del siglo xx y que se caracteriza por la introducción de elementos fantásticos en una narrativa realista. LITERATURA = real maravilloso
II (Derivado de *real* < lat. *regalis*.) Doctrina u opinión favorable a la monarquía, en especial a la absoluta. s.m. POLÍTICA

realista
I (Derivado de *real* < bajo lat. *realis*.)
1 Que profesa el realismo filosófico o artístico. adj/s.m.f.
2 Del realismo filosófico y artístico. adj.
II (Derivado de *real* < lat. *regalis*.)
1 Del realismo o la monarquía. adj./tb: realístico
2 Que es partidario del rey, de la reina o la monarquía: *en su familia había más realistas que republicanos.* adj/s.m.f. = monárquico

reality show (Expresión inglesa.) Programa de televisión que trata sobre algún aspecto de la vida real de sus protagonistas. s.m. AUDIOVISUALES

realizable Que puede ser realizado: *tiene varios proyectos realizables.* adj. = factible, posible

realización
1 Acción y resultado de realizar una cosa. s.f.
2 Trabajo, rendimiento o funcionamiento efectivo de un motor, máquina o mecanismo en relación con lo que se espera de ellos. MECÁNICA
3 Manifestación concreta de un fonema. LINGÜÍSTICA
4 Dirección de una película o un programa de televisión. AUDIOVISUALES, CINE

realizador, a Director de cine o televisión: *el realizador no ha podido venir al estreno de la película.* s./AUDIOVISUALES, CINE

realizar (Del fr. *réaliser*.)
1 Hacer o llevar a cabo una cosa: *la excursión se realizó a pesar de la lluvia.* v.tr/prnl. conj: cazar
2 Convertir un deseo o una idea en realidad: *sus planes se han realizado como él quería.*
3 Llegar una persona a la plenitud física o moral: *su aspiración en la vida es llegar a realizarse como persona.* v.prnl.
4 Vender una cosa a un precio bajo para obtener dinero. v.tr. COMERCIO
5 Dirigir una película, un documental o un programa de televisión. AUDIOVISUALES, CINE

realmente De verdad, en realidad: *estoy realmente convencida de ello.* adv.

realquilado, a Se refiere a la persona que vive de alquiler en una vivienda o habitación alquilada por otra. adj/s.

realquilar Alquilar el arrendatario un piso, local o habitación a otra persona. v.tr. = subarrendar

realzado, a Se aplica al arco o a la bóveda que tiene una altura mayor que la mitad de su luz. adj. ARQUITECTURA

realzar
1 Dar importancia a una persona o una cosa: *la nueva pintura de la habitación realza más el mueble.* v.tr/prnl. conj: cazar
2 Levantar o elevar más una cosa: *ese globo se ha realzado con la ayuda del viento.*
3 Hacer un bordado de realce. v.intr./TEXTIL
4 Dar luz o contraste a una figura para destacarla. v.tr./ARTE

reamar Amar una persona mucho a otra. v.tr.

reanimación
1 Acción y resultado de reanimar. s.f.
2 Conjunto de medidas terapéuticas que se aplican para restablecer las funciones vitales del organismo. MEDICINA

reanimar
1 Dar una cosa fuerza o vigor a una persona que está decaída físicamente: *al tomar esas pastillas se ha reanimado.* v.tr/prnl. = revitalizar
2 Hacer que recupere la actividad respiratoria o cardíaca normal una persona que las ha perdido. MEDICINA
3 Dar ánimo y valor a una persona abatida: *él estaba depresivo y su amigo lo reanimó; si no te reanimas no superarás este disgusto.* v.tr/prnl. = confortar

reanudación Acción y resultado de reanudar: *los combates siguen a pesar de la reanudación de las conversaciones de paz.* s.f.

reanudar (Del fr. *rénover*.) Seguir haciendo una cosa que se había interrumpido: *reanudamos la marcha tras la lluvia; la ópera se reanudó después de tres horas.* v.tr/prnl. = reiniciar

reaparecer Volver a aparecer una persona o una cosa: *el manuscrito perdido reapareció en la biblioteca de un convento.* v.intr. conj: carecer

reaparición Acción y resultado de reaparecer: *el público celebra la reaparición del torero que se había retirado.* s.f.

reapertura Acción de abrir de nuevo un establecimiento, una actividad, un expediente o cualquier cosa que hubiera sido cerrada con anterioridad: *haremos una fiesta para celebrar la reapertura del bar.* s.f. = reinicio

reapretar
1 Volver a apretar una cosa. v.tr/conj: pensar
2 Apretar una cosa por fuera.

rearar Volver a arar un terreno. v.tr./AGRICULTURA

reargüir
1 Volver a argumentar o razonar sobre un asunto: *si vuelves a reargüir sobre este tema, me voy.* v.tr. conj: argüir
2 Volverse un argumento contra la persona que lo ha empleado. = redargüir

rearmar Volver a equipar a un ejército o una nación con armamento después de haberse desarmado: *varios países se rearmaron en previsión de una posible guerra.* v.tr/prnl. MILITAR

rearme Acción y resultado de rearmar o rearmarse. s.m.

reasegurar Hacer un reaseguro a una persona. v.tr./DERECHO

reaseguro Contrato por el cual un asegurador toma a su cargo, de modo total o parcial, un riesgo ya cubierto por otro asegurador, sin alterar lo tratado entre ambos. s.m. DERECHO

reasumir
1 Volver a asumir un cargo o una responsabilidad: *reasumió la dirección de la empresa cuando volvió de vacaciones.* v.tr.
2 Tomar una autoridad superior las facultades de otra en algunos casos.

reasunción Acción de reasumir lo que antes se tenía y se había dejado, en especial una autoridad o responsabilidad. s.f.

reasunto, a (Part. irreg. de *reasumir*.) Reasumido. part.

reata
1 Cuerda, tira o faja que se usa para sujetar una cosa. s.f.
2 Cuerda o correa con que se atan dos o más caballerías para que vaya una detrás de la otra.
3 Conjunto de caballerías en hilera sujetas con esta correa. = recua
4 Tercera mula que se añade delante del carro o del coche.
5 Conjunto de vueltas espirales dadas con un cabo alrededor de otro o de un palo. NÁUTICA
6 **de o en reata**: 1. En hilera, formando una fila. 2. En serie, una detrás de otro. 3. De conformidad incondicional con la voluntad de otro. loc.adv. loc.adv.

reatadura Acción y resultado de reatar. s.f.

reatar
1 Volver a atar una cosa: *se rompió la cuerda y tuve que reatar el paquete.* v.tr. = religar
2 Atar una cosa con fuerza: *le reato los cordones de los zapatos para que no se desaten.* = religar
3 Atar varias caballerías para que vayan en hilera unas tras otras.

reato Obligación o resto de pena que queda por cumplir, aun después de perdonado el pecado. s.m. RELIGIÓN

reaventar Volver a aventar o echar al viento el grano recolectado. v.tr. AGRICULTURA

reavivación Acción y resultado de reavivar. — s.f./tb: reavivamiento

reavivar Volver a avivar o dar más vigor a una cosa: *el fuego se reavivó al levantarse un poco de viento.* — v.tr./prnl. = revivificar

rebaba Porción de materia sobrante que sobresale en los bordes, las junturas o en la superficie de un recipiente u objeto cualquiera: *se cortó el labio con la rebaba del vaso.* — s.f. tb: rebarba

rebabador, a Persona que rebaba o elimina la rebaba de una cosa. — s.

rebabar Quitar la rebaba a una cosa. — v.tr./tb: rebarbar

rebaja
1 Acción y resultado de rebajar, en especial de la altura, el nivel o el precio de una cosa: *te haré una rebaja porque me compras muchas cosas.* — s.f. = reducción
2 Cantidad que se le quita a un precio para hacer más barata la venta de una cosa. — COMERCIO = descuento
3 Actividad de vender a bajo precio, durante un período de tiempo, en un establecimiento comercial: *hoy empiezan las rebajas de verano.* — s.f.pl. COMERCIO

rebajado, a
1 Se aplica al objeto que se vende a un precio inferior al que tenía en un principio. — adj. COMERCIO
2 Se refiere al soldado que está dispensado de un servicio. — adj/s./MILITAR
3 Que tiene un perfil de menos de un semicírculo. — adj./ARQUITECTURA

rebajador, a Se aplica al baño que rebaja las imágenes muy oscuras. — adj/s. FOTOGRAFÍA

rebajamiento Acción y resultado de rebajar o rebajarse. — s.m.

rebajar
1 Hacer más baja una superficie o el nivel de una cosa: *han rebajado la altura del andén.* — v.tr.
2 Hacer más bajo el precio de una cosa: *habían rebajado el pantalón porque tenía un defecto.* — = disminuir COMERCIO
3 Disminuir la intensidad de una cosa o de una actitud: *rebajó el tono radical de sus planteamientos.* — = suavizar
4 Quitar importancia o categoría a una persona o una cosa. — = menospreciar
5 Hacer que una persona se sienta humillada o inferior: *le rebajó ante sus amigos; se rebajó para pedirle dinero.* — v.tr/prnl. = humillar
6 Reducir la intensidad de una imagen fotográfica mediante sustancias químicas. — FOTOGRAFÍA
7 Quitar altura a un arco de medio punto haciéndolo menor que un semicírculo. — ARQUITECTURA
8 Dejar libre de un servicio a un militar o a un soldado de reemplazo: *se le rebajó de la guardia por enfermo.* — v.tr/prnl. MILITAR
9 Darse un empleado de un hospital de baja por enfermedad. — v.prnl.

rebaje
1 Rebajo, parte más fina del canto de un madero u otra cosa. — s.m. CARPINTERÍA
2 Dispensa de un servicio a un militar. — MILITAR
3 Documento con el que se dispensa el servicio. — MILITAR

rebajo Parte del canto de un madero u otra cosa, donde se ha disminuido su espesor con un corte a modo de ranura. — s.m. CARPINTERÍA

rebalaje
1 Corriente o remolino que forman las aguas al chocar contra un obstáculo. — s.m.
2 Movimiento de descenso del agua del mar en las playas. — = reflujo
3 Parte de la playa donde se produce el reflujo del mar.
4 Escalón que el reflujo forma en la arena cerca de la orilla.

rebalsa
1 Agua que, al detenerse en su curso, forma un pequeño charco o balsa. — s.f. = embalse
2 Cantidad de algún líquido que se detiene en una parte del cuerpo humano. — MEDICINA

rebalsar
1 Recoger o detener el agua u otro líquido de modo que forme una balsa: *el torrente se rebalsó al llegar al valle.* — v.tr/prnl. = embalsar
2 Salirse un líquido del recipiente que lo contiene, rebosar. — v.intr/Argent., Chile, Urug.

rebalse Acción y resultado de rebalsar o rebalsarse un líquido o una corriente. — s.m.

rebanada Trozo delgado, largo y ancho cortado de una cosa, en especial del pan: *puse dos rebanadas de pan a tostar.* — s.f. = rodaja

rebanar
1 Hacer rebanadas de una cosa: *rebana el pan.* — v.tr/tb: rebanear
2 Cortar o dividir una cosa en dos partes de una vez.

rebañadera Arco de hierro con varios ganchos colgantes que sirve para sacar lo que haya caído en un pozo. — s.f.

rebañador, a Que rebaña. — adj/s.

rebañadura
1 Acción y resultado de rebañar los restos de una cosa. — tb: arrebañadura

2 Restos de alguna cosa, en especial de un comestible, que se recogen rebañando. — s.f.pl.

rebañar
1 Recoger una cosa sin dejar nada de ella. — v.tr.
2 Acabar la comida de un plato: *rebañó la salsa hasta dejar el plato limpio.* — tb: arrebañar

rebañego, a
1 Del rebaño. — adj.
2 Se refiere a la persona que tiende a adherirse a lo que hace, piensa o dice la generalidad: *es un rebañego, no tiene la más mínima iniciativa.* — = gregario

rebaño
1 Conjunto grande de ganado, en especial del lanar: *el pastor tenía un rebaño de cincuenta ovejas.* — s.m.
2 Conjunto de personas que se dejan dirigir en sus opiniones, gustos o actos por lo que hace, dice o piensa la generalidad. — coloquial
3 Congregación de los fieles de la Iglesia católica, respecto de sus pastores espirituales. — RELIGIÓN

rebarba
1 Rebaba, porción de materia que sobresale de un recipiente u objeto. — s.f.
2 Operación de quitar la rebaba.

rebarbar Rebabar, quitar la rebaba a una cosa. — v.tr/= desbarbar

rebarbo, a Se aplica al toro o a la vaca que tiene la piel oscura y el morro blanco. — adj/s. TAUROMAQUIA

rebasadero Sitio por donde una embarcación puede eludir un peligro o un obstáculo. — s.m. NÁUTICA

rebasar
1 Pasar de un límite determinado: *nunca rebasa el límite de velocidad marcado.* — v.tr. = sobrepasar
2 Dejar atrás a una persona o una cosa: *el atleta español rebasó a su contrincante.* — = adelantar
3 Dejar una embarcación, cuando navega, un obstáculo o un peligro atrás: *el barco rebasó el arrecife.* — NÁUTICA

rebatador, a Que arrebata. — adj/s./tb: arrebatador

rebatible Se aplica al argumento que puede ser rebatido por no tener consistencia: *sus ideas son insostenibles y rebatibles.* — adj. = rechazable ≠ aceptable

rebatimiento Acción y resultado de rebatir. — s.m.

rebatinga Acción de coger de forma apresurada una cosa entre muchos que quieren cogerla a la vez. — s.f./Méx. tb: rebatiña

rebatir
1 Refutar u oponerse a una cosa con razones y argumentos: *no pudo rebatir tu argumentación.* — v.tr. = confutar
2 Contrarrestar el ataque o la violencia de una persona. — = rechazar
3 Volver a batir una cosa: *rebatió las claras hasta que quedaron a punto de nieve.*
4 Golpear y remover mucho una cosa.
5 Hacer más fuerte o más intensa una cosa. — = reforzar
6 Sacar una cantidad incluida de forma indebida en una suma.
7 Rechazar tentaciones, sugerencias o propuestas: *rebatió sus consejos.* — = rehusar
8 Desviar la punta de la espada del contrario hacia abajo para evitar una herida, en esgrima. — DEPORTES

rebato (Del ár. *ribat*, ataque contra los infieles.)
1 Llamada hecha a los vecinos de un lugar, por medio de la campana u otra señal, para defenderse de un peligro. — s.m. = alarma
2 Alarma provocada por un acontecimiento repentino y temeroso. — = conmoción
3 Acometida repentina contra el enemigo. — MILITAR
4 **de rebato:** De improviso o de repente: *de rebato entró en la sala y se puso a gritar.* — loc.adv.
5 **tocar a rebato:** Dar la señal de alarma ante cualquier peligro.

rebautizar Volver a bautizar a una persona: *han rebautizado a su hija por el rito ortodoxo.* — v.tr./conj: cazar RELIGIÓN

rebeca (De *Rebeca*, personaje literario y cinematográfico.) Chaqueta de punto, sin cuello y abrochada por delante. — s.f.

rebeco (Del lat. vulgar *ribiccu*.) Mamífero artiodáctilo bóvido, parecido a una cabra pequeña con los cuernos erectos y curvados en la punta, que vive en montañas por encima del límite del bosque. *(Rupicapra rupicapra.)* — s.m. ZOOLOGÍA = gamuza

rebelarse
1 Negarse una persona a obedecer a otra de mayor autoridad o a cumplir una ley, una orden o una costumbre. — v.prnl. + contra
2 Oponer resistencia: *me rebelan tus insolencias; me rebelaré contra esta presión.* — = resistirse
3 Resultar una cosa difícil de controlar o de hacer: *este guiso se me rebela.* — = resistirse

rebelde (Del lat. *rebellis*.)
1 Que se rebela. — adj/s.m.f.
2 Que es difícil de educar o de dirigir por ser desobediente: *no puede con su perro, ha resultado ser más rebelde que el anterior.* — = desobediente, indócil

3 Que es difícil de dominar, resolver o curar: *tos rebelde; material rebelde.* — adj. = persistente

4 Que no corresponde al cariño u obsequios de una persona: *persona rebelde; corazón rebelde.*

5 Que no cede a la razón: *voluntad rebelde; pasión rebelde.*

6 Que no obedece un requerimiento judicial y es declarado en rebeldía. — adj/s.m.f. DERECHO

rebeldía
1 Modo de ser y de comportarse propio de las personas rebeldes: *las injusticias potenciaron la rebeldía de su carácter.* — s.f. ≠ sumisión

2 Acción de rebelarse una persona contra otra o contra una cosa. — ≠ obediencia

3 Estado o situación procesal de la persona que no ha acudido al llamamiento hecho por un juez. — DERECHO

rebelión (Del lat. *rebellio, -onis.*)
1 Acción y resultado de rebelarse contra una persona o cosa. — s.f. = desobediencia

2 Delito contra el orden público, penado por la ley ordinaria y por la militar. — DERECHO = sublevación

rebelón, a Se aplica a la caballería que se resiste a volver a uno o a ambos lados. — adj. EQUITACIÓN

rebencazo Golpe dado con un rebenque. — s.m./*Amér. Merid.*

rebenque (Del fr. *raban* < neerlandés *raband* < *ra*, verga + *band*, lazo.)
1 Látigo de cuero o cáñamo con que se castigaba a los galeotes. — s.m. HISTORIA

2 Cuerda o cabo cortos. — NÁUTICA

3 Látigo recio que usa el jinete para domar o castigar a la caballería. — *Amér. Merid.* EQUITACIÓN

rebina Labor agrícola de rebinar las vides o la tierra. — s.f./AGRICULTURA

rebinar Labrar o cavar por tercera vez las vides u otro tipo de cultivo. — AGRICULTURA

rebisabuelo, a Padre o madre del bisabuelo o bisabuela de una persona. — s. = tatarabuelo

rebisnieto, a Hijo o hija del bisnieto o bisnieta de una persona. — s. = tataranieto

rebitar Golpear la cabeza de un clavo ya clavado para que se introduzca más. — v.tr. = reblar

reblandecer Ablandar o poner blanda o tierna una cosa: *esta carne se ha reblandecido al guisarla.* — v.tr/prnl. conj: carecer

reblandecimiento
1 Acción y resultado de reblandecer o reblandecerse una cosa. — s.m.

2 Disminución de la consistencia normal de los tejidos orgánicos. — MEDICINA

reblar
I (De origen incierto.) Ir una persona hacia atrás. — v.intr.

II (De origen incierto.) Volver a golpear un clavo para asegurarlo. — v.tr.

III (Del lat. *replere*, rellenar.) Llenar un hueco con cascajo. — v.tr. CONSTRUCCIÓN

rebobinado Acción y resultado de rebobinar. — s.m.

rebobinar
1 Enrollar hacia atrás un rollo de película fotográfica o cinematográfica, o una cinta magnética. — v.tr.

2 Hacer que un hilo o una cinta se desenrolle de un carrete para enrollarse en otro.

3 Cambiar el hilo de una bobina por otro en un circuito eléctrico. — ELECTRICIDAD

rebociño
1 Mantilla corta usada por las mujeres para cubrirse la parte inferior del rostro. — s.m. th: rebocillo

2 Toca femenina de tela blanca ceñida a la cabeza y al rostro, que unas veces cae sobre el cuello y los hombros y otras sobre el cuello y el pecho.

rebojo Residuo o desecho de algunas cosas, en especial de pan. — s.m. = mendrugo

reboIIar Terreno poblado de rebollos. — s.m./tb: rebolledo

rebollidura Bulto en el alma de un cañón mal fundido. — s.f.

rebollo (Del lat. vulgar *repullus*, retoño.) Planta arbórea de tronco grueso, copa ancha y hojas oblongas, sinuoso-dentadas o lobuladas. (*Quercus cerris.*) — s.m. BOTÁNICA

rebolludo, a Que tiene aspecto robusto o pesado por ser grueso y de baja estatura. — adj. = rechoncho

rebombar Producir una cosa gran ruido o estruendo: *la explosión rebombó por todo el barrio.* — v.intr.

reborde Saliente a lo largo de una cosa. — s.m.

rebordeador Utensilio para formar un reborde en algunas cosas. — s.m.

rebordear Formar reborde en una cosa. — v.tr.

reborujar Desordenar, sacar las cosas de su sitio. — v.tr./*Méx.*

rebosadero Sitio por donde rebosa un líquido. — s.m.

rebosadura Acción y resultado de rebosar. — s.f.

rebosante
1 Que está muy lleno, o a punto de rebosar: *el embalse está rebosante; la rebosante copa.* — adj. = repleto

2 Que tiene algo en gran cantidad, o es muy abundante: *país rebosante de petróleo; padre rebosante de alegría.* — + de = pletórico

rebosar
1 Salir un líquido por los bordes de su recipiente o dejar salir un recipiente por sus bordes el líquido que contiene: *la olla se rebosó.* — v.intr/prnl. = desbordar

2 Haber abundancia de aquello que se señala: *en muchos países rebosa la miseria; le rebosan los problemas.* — v.intr/tr. = sobreabundar

3 Estar muy lleno, o demasiado: *el supermercado rebosaba de gente.* — v.intr/tr. + de

4 Experimentar una persona un sentimiento o estado de ánimo con tanta intensidad que se manifiesta incluso por signos externos: *su rostro rebosaba emoción.* — v.intr/tr.

rebotación Acción y resultado de rebotar o rebotarse. — s.f.

rebotadera Peine metálico con que se levanta el pelo de un paño para tundirlo. — s.f. TEXTIL

rebotado, a
1 Que estudia una carrera o ejerce una profesión después de haber abandonado otras. — adj/s.

2 Que está enfadado o molesto: *está muy rebotado por la faena que le hicieron.* — coloquial = malhumorado

3 Persona que tiene mal humor y no se comporta con cortesía con los demás. — s./coloquial = amargado

4 Se refiere al sacerdote o religioso que ha abandonado los hábitos. — RELIGIÓN

rebotador, a Que rebota. — adj/s.

rebotar
I (Derivado de *botar.*)
1 Dar botes un cuerpo de manera repetida. — v.intr.

2 Volver a botar un cuerpo elástico por el impulso recibido al chocar con una cosa.

3 Cambiar un cuerpo de dirección al chocar con un obstáculo: *la pelota rebotó en el aro y salió fuera.*

4 Rechazar una cosa a otra que choca con ella.

5 Enfadar o enfurecer a una persona: *se rebota por una simple broma.* — v.tr/prnl. coloquial

6 Cambiar una cosa de color o de calidad: *al comprar el piso rebotó las paredes.*

7 Rechazar el banco un cheque por falta de fondos. — v.tr./*Méx.* Méx.

8 Enturbiar el agua.

II (Derivado de *boto.*)
1 Doblar la punta de una cosa aguda. — v.tr.

2 Levantar el pelo del paño para cortarlo con la rebotadera. — TEXTIL

rebote
1 Movimiento producido al rebotar un cuerpo elástico. — s.m.

2 Cada uno de los botes que, después del primero, da el cuerpo que rebota.

3 Enfado o disgusto de una persona: *¡vaya rebote ha pillado, está que muerde!* — coloquial = enojo

4 Acción y resultado de rebotar el balón en la canasta, en el baloncesto, y luchar por conseguir su posesión. — DEPORTES

5 **de rebote:** De rechazo, como segundo efecto: *tu problema me afecta a mí de rebote.* — loc.adv.

reboteador, a Se aplica al jugador de baloncesto que atrapa la pelota en los rebotes. — adj/s. DEPORTES

rebotica
1 Habitación auxiliar de la botica, o farmacia, que está en la parte posterior de la misma. — s.f. FARMACIA

2 Trastienda o pieza que está detrás de la tienda. — tb: rebotiga

rebotín Segunda hoja que echa la morera cuando la primera ha sido cogida. — s.m. BOTÁNICA

rebozado Masa con que se recubren o rebozan algunos alimentos para ser cocinados. — s.m. COCINA

rebozar
1 Cubrir la carne o el pescado con huevo, harina u otra cosa para poderlos freír: *reboza los libritos de lomo con pan rallado.* — v.tr. conj: cazar COCINA

2 Manchar a una persona o una cosa con una sustancia: *los niños se rebozaron de arena en la playa.* — v.tr/prnl.

3 Cubrir la parte inferior del rostro con la capa o el manto: *tu amigo se rebozó con la capa.*

4 Intentar ocultar un propósito o una idea. — v.tr.

rebozo
1 Modo de llevar la capa u otra prenda de vestir, cubriendo la parte inferior del rostro. — s.m.

2 Mantilla corta usada por las mujeres para cubrirse la parte inferior del rostro. — = rebociño

3 Modo de expresarse o de hacer una cosa con disimulo. — = simulación

4 Manto cuadrangular, amplio, que usan las mujeres a modo de abrigo. — *Méx., Amér. Central*

5 **sin rebozo:** Con sinceridad. — loc.adv.

rebozuelo Seta amarilla en forma de embudo, de carne muy apreciada. (*Cantharellus cibarius.*) — s.m. MICOLOGÍA

rebramar
1 Volver a bramar el viento o el mar. — v.intr.

2 Producir el viento o el mar un ruido fuerte o insistente: *rebramaba enfurecido el mar durante la tempestad.* = bramar
3 Responder un animal a un bramido con otro.

rebramo Bramido fuerte o insistente con que un animal responde al de otro o a un reclamo. s.m.

rebrillar Despedir una cosa mucho brillo. v.intr.

rebrillo Lustre o resplandor de una persona o cosa: *le encanta el rebrillo de la plata limpia.* s.m. = brillo

rebrincar Saltar una persona con alegría de manera reiterada. v.intr. conj: sacar

rebrotar
1 Volver a brotar las plantas. v.intr./BOTÁNICA
2 Volver a vivir o a surgir lo que parecía que se había amortiguado: *le ha rebrotado la depresión.* = resurgir

rebrote
1 Retoño, vástago o tallo nuevo que echa la planta. s.m./BOTÁNICA
2 Acción de rebrotar.

rebudiar Roncar el jabalí. v.intr.

rebudio Ronquido del jabalí. s.m.

rebufar
1 Respirar una persona con fuerza y de forma repetida. v.intr.
2 Respirar un animal muy fuerte y haciendo mucho ruido.

rebufe Acción de rebufar. s.m.

rebufo
1 Vacío que deja una motocicleta y que aprovecha el piloto de atrás para tener menor resistencia al aire, en motociclismo. DEPORTES
2 Expansión del aire alrededor de la boca de un arma de fuego al salir el tiro.

rebujado, a Que está arrugado y en desorden. adj./tb: arrebujado

rebujal
1 Número de reses de un ganado que excede de cincuenta o de un múltiplo de cincuenta. s.m.
2 Tierra de cultivo pequeña y de mala calidad. AGRICULTURA

rebujar Cubrir a una persona o una cosa con mucha ropa. v.tr. tb: arrebujar

rebujiña Alboroto o bullicio de gente. s.f.

rebujo
1 Embozo con el que se cubrían el rostro las mujeres. s.m.
2 Envoltorio de diversos objetos hecho sin ningún orden y con desaliño. tb: rebuño
3 Cualquier cosa o conjunto de cosas revueltas o desordenadas. = maraña

rebullicio Bullicio grande. s.m.

rebullir Empezar a moverse una persona o una cosa que estaba quieta. v.intr/prnl. conj: mullir= agitarse

rebultado, a Que está abultado o es de mucho bulto. adj.

rebumbar Producir una bala de cañón un zumbido. v.intr.

rebumbio Ruido que retumba. s.m.

reburujar Unir y apretar una cosa formando una masa o burujón. v.tr. = arrebujar

reburujón Envoltorio para un objeto, hecho sin ningún orden y con desaliño. s.m. = rebujo

rebusca
1 Acción y resultado de rebuscar. s.f./tb: rebusco
2 Fruto o restos de la cosecha, que quedan en los campos después de la recogida. AGRICULTURA
3 Desecho o desperdicio de algo. = residuo

rebuscado, a
1 Se aplica al estilo o al lenguaje afectado o poco natural. adj.
2 Que es complicado y confuso: *es una historia demasiado rebuscada.* = oscuro
3 Se refiere a la persona que da muchas vueltas a las cosas encontrando explicaciones poco comunes y complejas: *es de ideas rebuscadas.* adj/s. = retorcido

rebuscador, a Que rebusca. adj/s.

rebuscamiento
1 Acción y resultado de rebuscar. s.m./= rebusca
2 Afectación, falta de naturalidad y fluidez en la forma de hablar o expresar los conceptos debido a un exceso de preocupación por la precisión y la elegancia. = amaneramiento

rebuscar
1 Buscar una cosa con cuidado y minuciosidad: *he rebuscado por todos los cajones y no lo encuentro.* v.tr/intr./conj: sacar = escudriñar
2 Revolver en un lugar para curiosear: *no me gusta que rebusques entre mis papeles.*
3 Buscar la fruta que queda en los campos después de recoger la cosecha. v.tr. AGRICULTURA
4 rebuscársela: Ingeniárselas para sortear las dificultades cotidianas. Argent., Chile, Par./coloquial

rebusco Rebusca [en todas sus acepciones]. s.m.

rebusque
1 Acción y efecto de rebuscársela para eludir dificultades y obstáculos. s.m./Argent., Par./coloquial

2 Solución ingeniosa con que se sortean las dificultades cotidianas. Argent., Par. coloquial

rebutir Llenar una cosa por completo apretando mucho el contenido: *rebutió la maleta con ropa.* v.tr. = atiborrar, embutir

rebuznador, a Que rebuzna. adj/s.

rebuznar (Del lat. *bucinare*, tocar la trompeta.) Emitir el asno y otros animales semejantes su voz. v.intr.

rebuzno Voz del asno. s.m./= roznido

recabar
1 Lograr lo que se desea con súplicas: *ha recabado el dinero que pedía tras mucho insistir.* v.tr. = conseguir, obtener
2 Pedir una cosa alegando un derecho. = solicitar

recabita (De *Recabo*, personaje bíblico.)
1 Se aplica al israelita descendiente de este personaje. adj./HISTORIA
2 Persona que desciende de este personaje que defendía la obediencia absoluta de la ley mosaica. s.m.f. HISTORIA

recadero, a Persona que lleva recados: *el recadero me trajo un comunicado urgente.* s. = recadista

recado
1 Mensaje escrito o de palabra que se da o envía a otro: *en cuanto le vea, le daré tu recado.* s.m. = aviso, misiva
2 Paquete u otra cosa que manda una persona a otra: *en la oficina de correos hay un recado para usted.* = envío
3 Quehacer o tarea que tiene que realizar una persona: *salgo un momento a hacer un recado.* = gestión
4 Compras de las cosas necesarias para una casa: *el sábado por la mañana lo dedico a los recados de la casa.* s.m.pl.
5 Conjunto de objetos necesarios para hacer una cosa, en especial de escritorio. s.m. = provisión
6 Documento en que se justifican las cantidades anotadas en una cuenta. COMERCIO
7 Precaución al hacer las cosas: *debes poner más recado para no perder tus cosas.* = cuidado
8 Conjunto de tipos, signos y otras cosas que se aprovechan de un pliego para otro. ARTES GRÁFICAS
9 Memoria del cariño o estimación que se tiene a una persona. = recuerdo
10 Apero de montar, cada uno de los instrumentos usados en una cabalgadura. Amér. Central y Merid.
11 Picadillo con que se rellenan las empanadas. Nicar./COCINA
12 mal recado: Mala acción, travesura.
13 a buen o mucho recado: Bien custodiado, en lugar seguro: *tus cosas están a buen recado en mi casa.* loc.adv.
14 coger o tomar recado: Tomar nota de un mensaje para otra persona: *tomó recado de su aviso para él.* coloquial
15 dar recado para algo: Suministrar lo necesario para ejecutarlo. coloquial
16 llevar alguien recado: Estar castigado o haber sido reprendido. coloquial
17 sacar los recados: Sacar del juzgado eclesiástico el despacho para las amonestaciones de los que quieren casarse. RELIGIÓN

recaer
1 Volver a padecer una persona que parecía curada la misma enfermedad o empeorar la que estaba convaleciente. v.intr. conj: caer = agravar
2 Volver a caer una persona en un vicio o una falta: *tras salir de la clínica recayó en el alcoholismo.* + en = incurrir, reincidir
3 Atribuir una cosa a una persona o a otra cosa: *la culpa recayó sobre él; todo el trabajo recae en mí.* = caer
4 Tratar una conversación sobre un tema determinado: *la conferencia recae sobre la pequeña empresa.* = versar
5 Volver a caer una persona, un animal o una cosa.

recaída Acción y resultado de recaer en una enfermedad, un vicio o un hábito: *su recaída en el juego es un hecho lamentable; el paciente ha sufrido una nueva recaída.* s.f.

recalada Llegada de un barco a la costa. s.f./NÁUTICA

recalar
1 Penetrar poco a poco un líquido en un cuerpo seco humedeciéndolo: *la lluvia me ha recalado por completo.* v.tr/prnl. = empapar, mojar
2 Llegar una embarcación a un lugar de la costa para finalizar el viaje o para reconocerlo: *la barca recaló en el puerto.* v.intr. NÁUTICA
3 Aparecer una persona en un lugar: *recalaron en el último restaurante que encontraron.* = llegar
4 Traer el viento o el mar a un lugar. NÁUTICA

recalcada Aumento de la inclinación de una embarcación sobre la máxima de un balance. s.f. NÁUTICA

recalcadamente
1 De forma apretada. adv.
2 Resaltando o reiterando lo dicho.

recalcado Operación que consiste en comprimir una pieza metálica sobre sí misma, golpeándola en el sentido de su eje longitudinal. s.m. METALURGIA

recalcadora Herramienta para recalcar o formar las cabezas de los pernos. s.f. METALURGIA

recalcadura Acción de recalcar. s.f.

recalcar
1 Decir una cosa con lentitud y énfasis para que no quede ninguna duda sobre lo que se dice: *le recalqué mi negativa a acompañarle.* v.tr/conj: sacar = acentuar, subrayar

2 Repetir una cosa muchas veces: *recalco de nuevo mi agradecimiento a todo el equipo.* = reiterar

3 Llenar un recipiente de cosas apretándolas para que quepan más: *no recalques más el paquete o se abrirá por la presión.* = atiborrar

4 Apretar mucho unas cosas contra otras: *recalcó tanto la ropa que quedó muy arrugada.* = arrebujar

5 Efectuar una operación de recalcado en una pieza metálica. METALURGIA

6 Aumentar una embarcación su inclinación, por una nueva racha de viento u otra causa. v.intr. NÁUTICA

7 Sentarse una persona con comodidad y en actitud de abandono: *se recalca en el sofá y ahí se queda todo el día.* v.prnl. = arrellanarse

recalce
1 Acción y resultado de recalzar. s.m.
2 Refuerzo en los cimientos de un edificio ya construido. ARQUITECTURA = recalzo

recalcificación
1 Acción y resultado de proporcionar calcio al organismo. s.f. MEDICINA
2 Aumento y fijación de calcio en los huesos. MEDICINA

recalcificar Aumentar el calcio del organismo por medios terapéuticos. v.tr./conj: *sacar* MEDICINA

recalcitrante
1 Que se obstina en una opinión o conducta: *tu recalcitrante negativa no te servirá de nada.* adj. = obstinado, terco
2 Que cae con frecuencia en los mismos errores o vicios: *es un bebedor recalcitrante.* = reincidente

recalcitrar (Del lat. *recalcitrare*, echar coces.)
1 Oponerse a una orden: *su carácter hace que recalcitre.* v.intr./= resistirse
2 Dar una persona un paso hacia atrás para afirmar y estabilizar su posición en el suelo. = retroceder

recalentado Guiso que queda de una fiesta y se come al día siguiente. s.m./Méx. coloquial

recalentador, a
1 Que recalienta. adj.
2 Aparato que recupera parte del calor que se escapa en las calderas de vapor. s.m. TECNOLOGÍA

recalentamiento
1 Acción y resultado de recalentar o recalentarse: *el coche se paró a causa de un recalentamiento.* s.m. = calentamiento
2 Calentamiento de un metal, sin que por ello llegue a transformarse su estructura, para neutralizar las tensiones internas y eliminar gases. METALURGIA
3 Aumento de la temperatura de un macizo de carbón producido por oxidación lenta. MINERÍA

recalentar
1 Volver a calentar una cosa: *si no te importa, te recaliento el café que queda.* v.tr. conj: *pensar*
2 Poner una cosa demasiado caliente: *el motor del coche se ha recalentado; has recalentado demasiado la leche.* v.tr/prnl.
3 Volver a despertar una persona o una cosa el apetito sexual de otra persona: *se recalentó mirando las revistas pornográficas.* coloquial
4 Estropearse el fruto de una planta a causa del excesivo calor. v.prnl. AGRICULTURA
5 Alterarse la madera por la descomposición de la savia.

recalentón Calentamiento muy rápido e intenso: *eché agua en el radiador para frenar el recalentón.* s.m.

recalescencia
1 Aumento súbito de la temperatura durante el enfriamiento del hielo. s.f. FÍSICA
2 Fenómeno térmico que se manifiesta por un aumento súbito del brillo en el enfriamiento de aceros ricos en carbono. METALURGIA

recalificación Acción y resultado de recalificar: *el alcalde dijo que no se trataba de una verdadera recalificación de los terrenos.* s.f.

recalificar Cambiar la calificación urbanística de un terreno para modificar su valor o su uso. v.tr. conj: *sacar*

recalmón Disminución repentina y considerable de la fuerza del viento o de la marejada. s.m. NÁUTICA

recalvastro, a Que está calvo de la frente a la coronilla. adj. despectivo

recalzar
1 Poner tierra alrededor de una planta o de un árbol para afirmarlo o por cualquier otra causa. v.tr./conj: *cazar* AGRICULTURA
2 Poner un refuerzo en los cimientos de un edificio. CONSTRUCCIÓN
3 Pintar un dibujo. ARTE

recalzo
1 Recalzón, pina que suple a la llanta de hierro en la rueda del carro. s.m.
2 Refuerzo que se pone en los cimientos de un edificio ya construido. CONSTRUCCIÓN = recalce

recalzón Pina de refuerzo que, sobrepuesta a la ordinaria de la rueda del carro, suple a la llanta de hierro. s.m. th: recalzo

recamado Bordado de realce: *el cuerpo del vestido de novia llevaba un recamado en hilo de plata.* s.m./TEXTIL = recamo

recamador, a
1 Persona que borda realces. s./TEXTIL
2 Telar que sirve para hacer bordados de realce. s.m./TEXTIL

recamar (Del ital. *ricamare*.) Bordar una cosa en realce. v.tr./TEXTIL

recámara
1 Habitación contigua a otra principal, destinada a guardar algunos objetos personales: *el servicio le ayudó a vestirse en la recámara.* s.f.
2 Lugar del hueco del cañón de las armas de fuego opuesto a la boca en que se colocan los proyectiles.
3 Lugar destinado a contener los explosivos en el interior de una mina. MINERÍA
4 Reserva en las intenciones: *actuó con recámara para que no descubrieran sus intenciones.* = cautela
5 Concavidad que se hace en una mina donde se mete la pólvora para producir una voladura. MINERÍA = hornillo
6 Repuesto de alhajas o muebles en las casas ricas.
7 Conjunto de muebles o alhajas destinadas al servicio de un personaje que viaje.
8 Alcoba, dormitorio, habitación para dormir o descansar. Colomb., Méx., Amér. Central

recamarera Criada, persona que se encarga del servicio de una casa. s.f. Méx.

recambiar
1 Sustituir una cosa por otra de la misma clase: *voy a recambiar las ruedas del coche por unas nuevas.* v.tr.
2 Volver a cambiar una cosa. = remudar
3 Devolver una letra que no ha sido pagada. COMERCIO

recambio
1 Acción y resultado de sustituir una cosa por otra de la misma clase: *está haciendo falta un recambio de varias piezas.* s.m. = remuda
2 Pieza dispuesta para sustituir a otra igual de un instrumento, aparato o máquina: *me multaron por no llevar rueda de recambio; no me quedan recambios para ese modelo.* = repuesto
3 **de recambio:** Se aplica a la pieza que sirve para sustituir a otra gastada o estropeada: *correa de recambio; rueda de recambio.* loc.adj.
4 **volver el recambio:** Pagar con la misma moneda, devolver una mala jugada. coloquial

recamo
1 Bordado de realce. s.m./= recamado
2 Especie de presilla hecha de tela recia y estrecha cerrada con una bolita en el extremo.

recancamusa Distracción para deslumbrar o engañar a una persona. s.m./coloquial = cancamusa

recancanilla (Voz onomatopéyica que imita el sonido del tartamudeo.)
1 Modo de andar de los muchachos como cojeando. s.f./coloquial
2 Modo especial de decir una cosa para destacarla o recalcarla: *me contó lo de su boda con recancanilla.* coloquial

recantación Retractación pública de lo que se había dicho. s.f. = palinodia

recantón Poste de piedra en las esquinas de los edificios. s.m. = guardacantón

recapacitar (Del bajo lat. *recapitere*, recordar.) Pensar una cosa con atención y detenimiento: *recapacitando sobre el asunto; recapacita tu decisión antes de que sea demasiado tarde.* v.tr/intr. = considerar, reflexionar

recapitulación
1 Resumen breve y ordenado de lo que se ha manifestado con extensión: *la prensa publica hoy una recapitulación de lo ocurrido.* s.f. = compendio, síntesis
2 Teoría según la cual en un individuo se repiten de forma ordenada las fases de la filogenia. BIOLOGÍA
3 Término empleado por san Pablo para referirse a la reunión en Jesucristo de todas las cosas del cielo y de la tierra. TEOLOGÍA

recapitular Hacer un resumen breve y ordenado de una cosa que se ha expuesto de forma extensa: *vamos a recapitular los temas y acuerdos de la reunión.* v.tr. = compendiar, sintetizar

recarga Acción y resultado de recargar: *el encendedor trae de regalo una recarga de piedra y de gas.* s.f.

recargable Que puede ser recargado: *me han regalado un mechero recargable.* adj.

recargado, a
1 Que se ha vuelto a cargar: *las pilas recargadas parece que duran menos que las nuevas.* adj.
2 Que está adornado en exceso: *es un cuadro muy recargado para mi gusto.* = abigarrado ≠ sencillo
3 Que se ha puesto encima.

recargamiento Acumulación excesiva de elementos o adornos en una cosa, en especial en una obra literaria o artística: *el recargamiento de su lenguaje me resulta pedante.* s.m. = abigarramiento

recargar
1 Volver a cargar: *voy a recargar la pluma estilográfica.* v.tr./conj: *pagar*
2 Aumentar la carga o cargar demasiado: *has recargado el camión.*
3 Poner mucha cantidad de una cosa en otra: *has recargado el guiso de especias.* = atiborrar A

4 Adornar en exceso: *recargaron las paredes de cuadros.* = abigarrar
5 Aumentar la cantidad que hay que pagar por algún = agravar
concepto: *han recargado el impuesto de circulación.*
6 Imponer mucho trabajo a una persona: *esta nueva* v.tr/prnl.
tarea recarga el ya pesado trabajo.
7 Hacer que el aire de un lugar cerrado sea menos v.tr/prnl.
puro: *con tantos fumadores en la sala, el ambiente se ha* = enrarecer
recargado.
8 Tener una persona mucha fiebre. v.prnl./MEDICINA
9 Volver a la carga el toro en la suerte de varas, du- v.intr.
rante la lidia. TAUROMAQUIA

recargo
1 Acción y resultado de recargar o recargarse: *el re-* s.m.
cargo de peso está penalizado.
2 Cantidad o tanto por ciento que se paga de más = gravamen
por algún concepto: *por retraso en el pago del seguro*
tendrás un recargo.
3 Nuevo cargo que se hace contra una persona. DERECHO
4 Aumento de la fiebre. MEDICINA

recata Acción de catar una cosa por segunda vez: *en* s.f.
la recata del vino notó que estaba avinagrado.

recatado, a
1 Que se comporta con recato o modestia: *siempre* adj./= decoroso,
viste con ropas recatadas. pudoroso
2 Que se comporta con prudencia y cautela: *le expuso* = cauto
su opinión de forma recatada. ≠ imprudente

recatar
1 Ocultar una cosa que no se quiere que se vea o sepa: v.tr/prnl.
se recata de su pobreza. = disimular
2 Comportarse con prudencia y cautela. v.prnl.
3 Volver a catar una cosa: *recató el queso antes de deci-* v.tr.
dirse a comprarlo.

recatear
1 Regatear, debatir el precio de una cosa para conse- v.tr.
guirla más barata.
2 Vender al por menor lo que se ha comprado al por COMERCIO
mayor.
3 Rehusar la ejecución de una cosa.

recato
1 Pudor o decoro en el comportamiento: *lo suyo con* s.m./= decencia,
los hombres no es recato sino mojigatería. modestia
2 Precaución o cautela en lo que se dice o hace algu- = reserva
na cosa: *siempre actúa con prudencia y recato, no da un* ≠ desvergüenza
paso en falso
3 sin recato: De forma descarada y abierta: *lo dijo a* loc.adv.
las claras, sin ningún recato o pudor.

recatón, a
1 Que recatea en el precio de las cosas. adj.
2 Que vende al por menor lo que ha comprado al por COMERCIO
mayor.
3 Pieza de metal u otro material resistente que se s.m.
pone como protección en la punta de un bastón, un = contera,
paraguas, de una espada u otros utensilios. regatón

recatonear Recatear, vender al por menor lo que se v.tr.
ha comprado al por mayor. COMERCIO

recauchaje Acción de volver a cubrir con caucho una s.m.
llanta desgastada. *Chile*

recauchutado Acción y resultado de recauchutar s.m.
una superficie con caucho: *en ese taller te harán el re-* tb: recauchado
cauchutado de la rueda.

recauchutar Volver a cubrir de caucho una superfi- v.tr.
cie, en especial una llanta o una cubierta desgastada: tb: recauchar
voy a recauchutar las ruedas porque es más barato que
comprarlas nuevas.

recaudación
1 Acción de recaudar: *han hecho un sorteo para la re-* s.f.
caudación de fondos. = recolecta
2 Cantidad recaudada: *la recaudación del concierto se*
enviará como ayuda a los países pobres.
3 Oficina para la entrega de caudales públicos: *el* ECONOMÍA
horario de la oficina de recaudación es de nueve a una de
la mañana.

recaudador, a Se aplica a la persona encargada de adj/s.
cobrar impuestos, tasas o pagos, en especial los pú- ECONOMÍA
blicos.

recaudamiento
1 Acción de recaudar: *el período de recaudamiento de* s.m.
hacienda empieza mañana. = recaudación
2 Cargo o empleo de recaudador. ECONOMÍA
3 Territorio al que se extiende la actividad de un re- ECONOMÍA
caudador.

recaudar (Del lat. vulgar *recapitare < lat. receptare,* recibir.)
1 Cobrar o recibir dinero por cualquier concepto: *el* v.tr.
estado ha recaudado más impuestos que en años anterio- = recolectar
res.
2 Guardar una cosa bajo protección: *recaudó sus joyas* = custodiar
en una caja fuerte.

recaudatorio, a Que tiene relación con la recauda- adj.
ción.

recaudería Tienda en la que se venden especias, es- s.f./*Méx.*
pecería. COMERCIO

recaudo
1 Acción de recaudar. s.m./= recaudación
2 Actitud de la persona que obra con cuidado o toma = precaución
las medidas necesarias para evitar posibles daños o
inconvenientes: *ten recaudo de los documentos confiden-*
ciales.
3 Medio con que se asegura el cumplimiento de una DERECHO
obligación contraída. = caución
4 a buen recaudo: Bien custodiado, en lugar seguro loc.adv.
y controlado: *tu dinero está a buen recaudo; voy a poner*
a buen recaudo tus joyas.

recavar Volver a cavar la tierra. v.tr.

recazo
1 Parte de la espada y otras armas blancas que está s.m.
entre la hoja y la empuñadura.
2 Parte de un cuchillo opuesta al filo.

recazón Recalzón, pina de refuerzo de la rueda del s.m.
carro.

rección Relación de dependencia sintáctica o morfo- s.f.
lógica entre dos o más palabras, en especial entre un LINGÜÍSTICA
verbo o un adjetivo y una preposición.

recebar
1 Echar arena o grava sobre el firme de una carretera v.tr.
para igualarlo o consolidarlo. CONSTRUCCIÓN
2 Volver a llenar los toneles de vino que han sufrido
alguna pérdida.

recebo
1 Arena o piedra muy fina que se usa para igualar y s.m.
consolidar el firme de una carretera. CONSTRUCCIÓN
2 Cantidad de líquido con que se rellenan los toneles
que han sufrido alguna merma.

recechar
1 Observar una cosa con detenimiento y cautela. v.tr./= acechar
2 Moverse despacio y en silencio para sorprender CAZA
una pieza de caza.

rececho
1 Acción y resultado de recechar u observar con s.m.
atención.
2 Acecho de la caza. CAZA

recejar Andar una persona hacia atrás. v.intr./= recular

recela Se aplica al caballo destinado a incitar a las ye- adj/s.m.
guas.

recelador, a Se refiere al caballo que se destina a ex- adj/s.
citar a las yeguas.

recelamiento Recelo, acción y resultado de recelar. s.m.

recelar
1 Sospechar o desconfiar de una cosa o persona: *todo* v.tr/intr/prnl.
el mundo recela de él. ≠ confiar
2 Poner el caballo frente a la yegua para incitarla al
apareamiento.
3 Embestir el toro con cautela y de forma defensiva, v.prnl.
durante la lidia. TAUROMAQUIA

recelo Temor o desconfianza ante una persona o una s.m.
cosa de la que se sospecha que encierra mala inten- tb: recelamiento
ción o peligro: *la miró con recelo pues no creía sus pro-* = suspicacia
mesas.

receloso, a Que tiene recelo: *no estés receloso, yo sé* adj.
que es una persona de confianza. = desconfiado

recensión Comentario crítico hecho de una obra lite- s.f.
raria o científica, publicado en alguna revista o periódi- = crítica,
co: *en la revista aparece una recensión de su última novela.* reseña

recensor, a Persona que hace una recensión. s.

recentadura Cantidad de levadura que se reserva s.f.
para fermentar otra masa.

recental Se aplica al cordero o al ternero que mama y adj/s.m.f.
no ha pastado todavía. = recentín

recentar (Del lat. vulgar *recentare.*)
1 Poner en la masa del pan la levadura reservada v.tr.
para fermentarla. conj: *pensar*
2 Restablecer o activar una cosa decaída, envejecida v.tr/prnl.
u olvidada. = renovar

recentín, a Se refiere al cordero o al ternero que no adj.
ha pastado aún. = recental

receñir Volver a ceñir una cosa. v.tr./conj: *ceñir*

recepción (Del lat. *receptio, -onis.*)
1 Acción y resultado de recibir: *la recepción del equipo* s.f.
ganador en el aeropuerto fue muy calurosa. = recibimiento
2 Admisión en un empleo, oficio o sociedad: *la pren-*
sa comenta hoy la recepción del nuevo director.
3 Ceremonia en que desfilan ante un jefe de estado u
otro personaje importante, representantes políticos y
sociales: *los soldados saludaban a la tribuna durante la*
recepción.
4 Servicio de atención y recibimiento en un hotel o
empresa: *llamaré a recepción para que nos traigan el de-*
sayuno.
5 Lugar donde se presta dicho servicio: *en recepción no*
había nadie cuando he llegado; en la recepción te harán la
ficha de inscripción.
6 Fiesta que se celebra, en general de etiqueta, en algunas casas particulares: *la recepción en casa de los con-*
des ha sido un éxito.

7 Captación de las ondas radioeléctricas por un receptor: *tengo problemas en la recepción de la emisora.* — TELECOMUNICACIONES

8 Acción de recibir o recoger la pelota tras el pase de la asistencia de otro jugador. — DEPORTES

9 Examen que se hace judicialmente de los testigos para averiguar la verdad. — DERECHO

recepcionista Persona encargada de atender y recibir al público en un hotel y en otros establecimientos: *la recepcionista le dará la llave de su habitación.* — s.m.f.

receptación
1 Delito que comete quien oculta o encubre delincuentes o cosas que son materia de delito. — s.f. DERECHO
2 Delito que comete quien recoge o compra objetos robados y trafica con ellos. — DERECHO

receptáculo (Del lat. *receptaculum.*)
1 Espacio u objeto capaz de contener alguna sustancia líquida o un objeto: *el agua se acumulaba en un receptáculo del jardín.* — s.m. = recipiente
2 Lugar adecuado para refugiarse: *una pequeña cueva le sirvió de receptáculo durante la fuerte tormenta.* — = refugio
3 Extremo dilatado del pedúnculo o eje, donde se asientan las diferentes flores de una inflorescencia. — BOTÁNICA
4 Parte axial de la flor, donde se asientan los diferentes verticilos florales. — BOTÁNICA

receptador, a
1 Persona que oculta o encubre delincuentes o cosas que son materia de delito. — s. DERECHO
2 Persona que recoge o compra objetos robados y trafica con ellos. — DERECHO

receptar (Del lat. *receptare.*) Ocultar a delincuentes o cosas que son materia de delito. — v.tr. DERECHO

receptividad
1 Capacidad para recibir: *la receptividad de sus alumnos le gratifica mucho.* — s.f.
2 Predisposición de un organismo para contraer una enfermedad, en especial infecciosa. — MEDICINA = propensión
3 Capacidad de un sujeto para recibir estímulos externos. — SICOLOGÍA
4 Capacidad de un receptor para captar ondas de longitudes muy diversas. — TELECOMUNICACIONES

receptivo, a
1 Que recibe o es capaz de recibir, en especial sensaciones, conocimientos o enseñanzas: *es un alumnado muy receptivo; todo el mundo le cuenta sus problemas porque es muy receptiva.* — adj. = sensible
2 Se aplica al organismo muy sensible a la acción de un agente químico, físico u orgánico. — BIOLOGÍA

recepto Refugio, lugar seguro. — s.m./culto

receptor, a (Del lat. *receptor.*)
1 Que recibe: *la empresa receptora del envío ha desaparecido de la noche a la mañana.* — adj/s. ≠ emisor
2 Se aplica al motor que recibe la energía de un generador. — adj/s.m. MECÁNICA
3 Se refiere al aparato que recibe señales eléctricas, telegráficas o telefónicas: *receptor telefónico.* — TELECOMUNICACIONES
4 Persona que recibe el mensaje en un acto de comunicación. — s. LINGÜÍSTICA
5 Aparato que recoge las ondas del radiotransmisor: *el receptor de radio está averiado.* — s.m./TELECOMUNICACIONES
6 Escribano comisionado por un tribunal para recibir pruebas u otros actos judiciales. — DERECHO
7 Persona que recibe un órgano o sangre de un donante. — s. MEDICINA
8 Conjunto de personas que reciben una emisión de radio o televisión: *los receptores se preguntarán a qué se ha debido ese ruido.* — s.m.pl. TELECOMUNICACIONES
9 receptor universal: Persona del grupo sanguíneo AB que puede recibir sangre de todos los grupos pero sólo puede dar al del suyo propio. — MEDICINA

receptoría
1 Tesorería donde entran los caudales cobrados por los receptores. — s.f./DERECHO = recetoría
2 Oficio u oficina del receptor. — DERECHO
3 Despacho o comisión para practicar ciertas diligencias judiciales. — DERECHO
4 Comisión que se da a las justicias ordinarias para practicar ciertas diligencias judiciales. — DERECHO

recercador, a
1 Que recerca. — adj/s.
2 Herramienta para cincelar o grabar piedras o metales. — s.m. = cercador

recercar
1 Volver a cercar un terreno. — v.tr./conj: *sacar*
2 Poner una cerca en un terreno. — = cercar

recesar
1 Cesar temporalmente en sus actividades una corporación o una institución. — v.intr./Bol., Cuba, Nicar., Perú
2 Clausurar una cámara legislativa o una universidad. — v.tr./Perú

recesión
1 Acción y resultado de retroceder o disminuir una cosa o actividad. — s.f. = cesión, retroceso

2 Disminución de la actividad económica o industrial: *la industria ha sufrido una fuerte recesión en los últimos meses.* — ECONOMÍA

recesivo, a
1 Que produce recesión o tiende a ella: *el comercio se encuentra en un período recesivo.* — adj. ECONOMÍA
2 Se aplica al carácter hereditario que no se manifiesta en el fenotipo del individuo que lo posee pero puede aparecer en su descendencia. — BIOLOGÍA

receso (Del lat. *recessus,* retirada.)
1 Separación o desviación. — s.m.
2 Acción y resultado de interrumpir o anular una actividad u otra cosa: *haremos un breve receso antes de continuar el trabajo.* — = interrupción
3 Suspensión temporal de actividades en los cuerpos colegiados, asambleas y otros organismos. — Amér.
4 Tiempo que dura esta suspensión. — Amér.
5 receso del Sol: Movimiento aparente con que el Sol se aparta del ecuador. — ASTRONOMÍA

receta (Del lat. *recepta.*)
1 Recomendación o fórmula facultativa: *en la farmacia me dieron una receta para el acné.* — s.f. = prescripción
2 Nota escrita, en hoja de papel o en modelo oficial, en la que el médico indica el medicamento que ha de administrarse a un enfermo: *este medicamento no se vende sin receta médica.* — MEDICINA = recetario
3 Fórmula que indica los componentes que entran en un preparado, en general un plato de cocina o un medicamento, y el modo de prepararlo: *sigue la receta al pie de la letra y la paella te saldrá estupenda.*
4 Procedimiento conveniente para hacer o conseguir una cosa: *la falta de preocupaciones es una buena receta para ser feliz.* — = modo
5 Relación de cosas que se piden. — = listado
6 Relación de partidas pasada de una contaduría a otra para tomar la cuenta al asentista o arrendador. — ECONOMÍA

recetador, a Persona que receta. — s.

recetante Que receta. — adj.

recetar
1 Prescribir un medicamento indicando la dosis necesaria para el paciente: *me han recetado antibióticos.* — v.tr. MEDICINA
2 Pedir alguna cosa de palabra o por escrito. — v.tr/intr.

recetario
1 Conjunto de recetas o fórmulas para la preparación de cosas de una misma clase: *le regaló un recetario de cocina.* — s.m.
2 Libro que contiene una lista de las medicinas más comunes y su composición química. — FARMACIA = farmacopea
3 Escrito que contiene el tratamiento que un médico dispone para un paciente. — MEDICINA
4 Libro o cuaderno en blanco para anotar los tratamientos médicos en los hospitales. — MEDICINA
5 Conjunto de las recetas sin pagar que se guardan en una farmacia. — FARMACIA

recetor, a
1 Receptor, persona que recibe. — s.
2 Tesorero que recibe caudales públicos. — ECONOMÍA

recetoría
1 Tesorería donde entraban los caudales cobrados por los recetores. — s.f. ECONOMÍA
2 Tesorería adonde acudían los prebendados de algunas iglesias a cobrar sus rentas. — HISTORIA

rechace Acción de rechazar o repeler un balón para evitar que entre en la portería: *el rechace del portero les dio la victoria.* — s.m. DEPORTES

rechazador, a Que rechaza. — adj/s.

rechazamiento Acción y resultado de rechazar: *el rechazamiento de su oferta te traerá problemas.* — s.m. = rechazo

rechazar (Del fr. *rechacier < chacier,* dar caza.)
1 No aceptar una cosa: *el editor rechazó mis escritos sin más explicaciones.* — v.tr/conj: *cazar* ≠ admitir
2 Denegar una petición o instancia: *han rechazado mi propuesta.* — = oponerse
3 Hacer retroceder al enemigo: *la ciudad rechazó a las tropas invasoras.* — MILITAR
4 Resistir un cuerpo la fuerza que otro ejerce sobre él imprimiéndole un movimiento opuesto. — = repeler
5 Separar una persona de sí a otra que se le acerca: *intentó cogerle el brazo pero le rechazó.* — = alejar
6 Despejar el balón: *el delantero rechazó la pelota con la cabeza.* — DEPORTES
7 No aceptar el organismo un órgano trasplantado. — MEDICINA

rechazo
1 Acción y resultado de rechazar: *el rechazo que siente hacia ella me duele mucho.* — s.m./= negación, oposición
2 Movimiento de retroceso de un cuerpo al chocar con otro. — = rebote
3 Reacción inmunológica de un organismo ante un trasplante, un cuerpo o una sustancia extraña. — MEDICINA
4 de rechazo: 1. De una manera incidental o indirecta: *sus errores nos han perjudicado de rechazo a los demás.* 2. A causa de haber golpeado antes contra otra cosa: *el balón me golpeó la cabeza de rechazo del portero.* — loc.adv. loc.adv.

rechifla
1 Serie de silbidos de protesta y desaprobación: *la rechifla del público se oía desde la calle.* — s.f.
2 Burla festiva con la que un grupo de personas acoge las palabras a la actuación de otra: *se formó una rechifla cuando el actor se cayó por las escaleras.* — = pitorreo

rechiflado, a Se aplica a la persona enojada y amargada. — adj. Argent., Urug.

rechiflar
1 Mostrar descontento o disconformidad con una persona o una cosa con continuos silbidos: *los aficionados rechiflaban al árbitro.* — v.tr. = abuchear
2 Hacer burla de una persona: *se rechiflaba sin compasión del ministro.* — v.prnl. = pitorrearse

rechinador, a Que rechina. — adj.

rechinamiento Ruido desagradable producido por el rozamiento o fricción de una cosa con otra: *engrasó las bisagras de la puerta para eliminar el rechinamiento que hacían.* — s.m. = chirrido

rechinante Que rechina: *la rechinante puerta del castillo no invitaba a entrar en él.* — adj. = chirriante

rechinar (Voz onomatopéyica.)
1 Hacer una cosa un ruido desagradable al rozar con otra: *los discos de freno del coche rechinan.* — v.intr. = chirriar
2 Hacer ruido los dientes al rozar los de una mandíbula con los de la otra por frío, miedo, dolor o por otra causa: *llevaba tantas horas empapado que me rechinaban los dientes.* — = castañetear
3 Estar furioso: *rechina de ira al pensar que está con otro.* — = rabiar
4 Hacer o aceptar una persona una cosa a disgusto: *siempre rechina en casa.* — coloquial = refunfuñar

rechistar Intentar empezar a hablar, en especial para replicar: *no rechistó durante la fiesta.* — v.intr. = chistar

rechoncho, a Se aplica a la persona o al animal que es gordo y bajo: *el niño se cría rechoncho.* — adj. = regordete

rechupete Indica muy bueno o muy bien en la expresión **de rechupete:** *nos lo pasaremos de rechupete en el barco.* — loc.adv.

recial Corriente fuerte e impetuosa de los ríos. — s.m.

reciario Gladiador que usaba una red como arma. — s.m./HISTORIA

recibí Fórmula que acompaña a la firma de algunos documentos o facturas con la que se declara haber recibido lo que en ellas se expresa. — s.m.

recibidero, a Que es apto para ser recibido. — adj.

recibido, a
1 Que ha terminado un ciclo de estudios. — adj./Amér.
2 Fórmula usada en documentos, recibos y facturas con la que se confirma la recepción de lo que en ellos se especifica. — s.m.

recibidor, a
1 Que recibe. — adj/s.
2 Pieza inmediata a la puerta de entrada en un piso o vivienda en la que se espera ser recibido: *se sentó en una silla en el recibidor a esperar que le llamaran.* — s.m. = antesala, vestíbulo
3 Mueble que está situado en esta pieza: *siempre deja las llaves de casa sobre el recibidor.* — s.m.

recibiente Que recibe. — adj/s.

recibimiento
1 Acción y resultado de recibir. — s.m./= recepción
2 Acogida que se hace a una persona que viene o llega de otro lugar: *toda su familia la esperaba para brindarle un caluroso recibimiento.* — = bienvenida
3 Recibidor o antesala de una vivienda. — = vestíbulo
4 Salón principal
5 Altar que se hace en la calle para que se detengan las procesiones del santísimo sacramento. — RELIGIÓN

recibir (Del lat. *recipere*, tomar.)
1 Llegar una persona una cosa que le dan o envían: *he recibido tu mensaje; aún no he recibido el pedido.* — v.tr. = recoger
2 Salir al encuentro de una persona que llega: *iré a la estación a recibirles.* — = recepcionar
3 Padecer o sufrir lo que se expresa: *recibió una sonora bofetada; recibirás una bronca si no lo haces.* — = experimentar
4 Admitir o incorporar una cosa dentro de sí a otra: *el mar recibe las aguas de los ríos.* — = acoger
5 Aceptar o aprobar una cosa: *recibió tu propuesta con agrado.* — = admitir
6 Percibir una cantidad a la que se tiene derecho: *todavía no he recibido la paga extra.* — = cobrar
7 Aceptar una persona o comunidad a otra en su compañía. — = adoptar
8 Tener una persona la costumbre de admitir visitas: *le recibirá en unos minutos; hoy no recibe.* — v.tr/intr.
9 Tratar de cierta manera a un recién llegado: *les recibieron con todos los honores.* — v.tr. = acoger
10 Aceptar o hacerse cargo de una persona o cosa: *lo recibió como si fuera su propio hijo; recibió el castigo con resignación.* — = asumir
11 Hacer frente a un ataque o contratiempo. — = enfrentar

12 Sujetar una cosa que se introduce en la obra con argamasa. — CONSTRUCCIÓN
13 Estar una cosa debajo de otra para evitar que se caiga o toque en el suelo — = sustentar
14 Esperar el torero al toro sin mover los pies para torearlo. — v.tr/intr. TAUROMAQUIA
15 Tomar una investidura o un título académico: *se recibió de abogado el año pasado.* — v.prnl. = investirse
16 Terminar un ciclo de estudios o graduarse. — Amér.

recibo
1 Acción y resultado de recibir una cosa: *al recibo de tu carta, te enviaré el paquete.* — s.m. = recepción
2 Documento en que se declara haber recibido una cosa o haber efectuado un pago: *guarda los recibos de la hipoteca; firme el recibo del paquete.* —
3 Vestíbulo o antesala. — = recibidor
4 Acción de recibir visitas en una ocasión determinada. —
5 **acusar recibo:** Comunicar a quien envía una cosa que ha sido recibida: *quiero enviar un giro postal con acuse de recibo.* —
6 **estar de recibo:** Estar dispuesto para recibir a una persona. —
7 **ser de recibo:** Tener una cosa las cualidades y condiciones requeridas para resultar satisfactoria. —

reciclable Que puede ser reciclado: *el papel es un material reciclable.* — adj. = reconvertible

reciclado, a
1 Se aplica al material que ha sido fabricado a partir de desechos y desperdicios: *el vidrio reciclado se utiliza en la fabricación de diversos objetos.* — adj. ECOLOGÍA
2 Operación de reciclar un material de desecho. — s.m./= reciclaje

reciclaje
1 Operación de reciclar un material de desecho. — s.m./= reciclado
2 Formación que se recibe en una materia científica o técnica para actualizar los conocimientos que ya se poseían y adaptarlos a nuevas situaciones: *el profesorado ha asistido a cursos de reciclaje para adaptarse al nuevo sistema educativo.* —

reciclamiento Reciclado, operación de reciclar un material de desecho. — s.m. = reciclaje

reciclar
1 Someter un material de desecho a un proceso de transformación para reutilizarlo: *el vidrio es un material que puede reciclarse.* — v.tr/prnl. ECOLOGÍA
2 Poner al día los conocimientos de una persona, una actividad u otra cosa: *la empresa ha creado cursos de formación para que el personal se recicle.* —
3 Someter una cosa a un mismo ciclo para mejorar los efectos de éste. — v.tr. TECNOLOGÍA
4 Hacer que una persona pase de un ciclo de estudios a otro para el que está más cualificado. —

recidiva Repetición de una enfermedad poco tiempo después de terminada la convalecencia. — s.f. MEDICINA

recidivar Volver a caer una persona en una enfermedad que ya había padecido. — v.intr. MEDICINA

reciedumbre Fuerza o fortaleza de ánimo. — s.f./= entereza

recién
1 Desde hace muy poco tiempo: *es un recién nacido precioso; el pan está recién hecho.* — adv. + participio
2 Ahora mismo: *recién se ha ido; recién ahora ha llamado.* — Amér.

reciente (Del lat. *recens, -entis.*)
1 Que ha sucedido hace poco tiempo: *es un gran conocedor de la historia reciente; los recientes acontecimientos son muy preocupantes.* — adj. = próximo
2 Que acaba de hacerse y todavía está fresco o tierno.

recientemente Hace poco tiempo: *tuvo un accidente recientemente.* — adv.

recinchar Unir dos cosas con una faja. — v.tr.

recinto (Del ital. *recinto*.) Espacio cerrado por unos límites: *la entrada al recinto ferial es gratuita.* — s.m.

recio, a
1 Que es grueso: *esta tela es demasiado recia para hacer una camisa.* — adj. = abultado
2 Que tiene un aspecto robusto y fuerte: *él solo podrá con todo porque es recio.* — = vigoroso ≠ débil
3 Que tiene mal carácter. — = arisco
4 Que es difícil de soportar por ser muy fuerte o violento: *se puso tapones en los oídos para no escuchar el recio sonido de la taladradora.* — = intenso
5 Se aplica al tiempo que es riguroso: *se prevén recias nevadas en las zonas montañosas.* — = crudo
6 Se refiere a la tierra que es muy sustanciosa.
7 Con fuerza, ímpetu o rapidez. — adv.
8 **de recio:** Con violencia y fuerza: *se golpeó de recio en la cabeza.* — loc.adv.

récipe
1 Prescripción, recomendación o fórmula facultativa. — s.m./= receta
2 Término con que solía ponerse abreviado en la cabeza de una receta médica.

recipiendario, a (Del lat. *recipiendus*.) Persona que es recibida con solemnidad en una corporación para formar parte de ella. — s.

recipiente (Del lat. *recipiens, -tis.*)
1 Que recibe. — *adj.*
2 Utensilio o lugar de formas, materiales y tamaños diversos, en cuyo interior se coloca una cosa para guardarla, conservarla o con otros fines: *utiliza recipientes con cierre hermético para conservar los alimentos; dame un recipiente para calentar el agua.* — *s.m.* = receptáculo
3 Vaso donde se reúne el líquido que destila un alambique.
4 Campana de cristal que cierra el espacio en que se hace el vacío en la platina de la máquina neumática. — MECÁNICA

recíprocamente De uno hacia otro y a la inversa. — *adv.*= mutuamente

reciprocar Hacer que dos o más cosas se correspondan: *sus teorías del universo se reciprocan.* — *v.tr/prnl.* conj: *sacar*

reciprocidad
1 Correspondencia mutua entre dos personas o dos cosas: *tengo que invitarles a cenar en reciprocidad a su invitación.* — *s.f.* = biunivocidad
2 Trato concedido por un estado a los extranjeros, equivalente al recibido por sus súbditos en el país de origen de los extranjeros. — DERECHO

recíproco, a (Del lat. *reciprocus.*)
1 Se aplica a las acciones o sentimientos que se corresponden entre dos personas o cosas de manera mutua: *el odio que sienten es recíproco.* — *adj.* = mutuo
2 Se refiere al verbo pronominal que expresa la acción mutua de varios sujetos. — LINGÜÍSTICA
3 Se aplica al número que al multiplicarlo por otro, da la unidad. — adj/s.m. MATEMÁTICAS
4 **a la recíproca:** De uno hacia otro y a la inversa. — loc.adv.
5 **estar a la recíproca:** Estar dispuesto a corresponder de igual modo a un comportamiento ajeno. — coloquial

recitación Acción de recitar: *escogió a una conocida actriz para la recitación de sus poemas.* — *s.f.*

recitáculo Lugar del templo donde se recitaba. — s.m./HISTORIA

recitado
1 Composición musical que está a mitad de camino entre la declamación y el canto. — *s.m.* MÚSICA
2 Acción de recitar.
3 Fragmento o composición que se recita.

recitador, a Que recita: *es una gran recitadora de poesía.* — adj/s.

recital
1 Actuación musical realizada por un solo artista o la dedicada a un género concreto: *asistiré al recital de blues; el recital del famoso cantante ha sido un éxito de público.* — *s.m.* = concierto
2 Lectura de composiciones de un poeta.
3 Muestra pública de alguna cualidad o, por el contrario, de algún defecto, en general intelectuales o estéticos: *sus clases son un recital de sabiduría; nos ha dado un recital de memez.* — coloquial = exhibición

recitante, a Actor de teatro. — s./TEATRO

recitar (Del lat. *recitare.*)
1 Decir un discurso o una oración en voz alta: *los alumnos recitaron uno a uno sus respectivas redacciones.* — *v.tr.* = entonar
2 Decir un texto literario o poético de memoria y en voz alta con la debida expresión artística. — = declamar

recitativo, a Se aplica a la declamación musical que es un término medio entre la recitación y el canto: *estilo recitativo.* — adj/s.m. MÚSICA

reciura
1 Cualidad de recio, fuerte o vigoroso. — *s.f.*
2 Dureza del tiempo atmosférico o de la estación. — = crudeza

recizalla Segunda cizalla, nuevo corte hecho a una plancha de metal. — *s.f.* METALURGIA

reclamación
1 Acción y resultado de reclamar: *expuso sus reclamaciones al gerente del hotel.* — *s.f.* = demanda
2 Impugnación o protesta que se hace contra una cosa que se considera injusta. — DERECHO = reclamo

reclamante Que reclama: *la petición de los reclamantes fue atendida de inmediato.* — adj/s. = reclamador

reclamar (Del lat. *reclamare.*)
1 Pedir la anulación de una cosa de palabra o por escrito por considerarla injusta: *los trabajadores reclamaron contra el contrato laboral.* — *v.intr.* = quejarse
2 Pedir una cosa a la que se cree tener derecho con insistencia: *el conferenciante reclamaba atención.* — v.tr./= demandar, solicitar
3 Llamar a una persona para que haga una cosa o se presente en un lugar: *el director te reclama en su despacho.* — = requerir
4 Llamar a las aves con el reclamo. — CAZA
5 Tener una cosa necesidad de otra: *sus interesantes palabras reclamaron toda nuestra atención.* — = pedir
6 Llamar a un prófugo. — DERECHO
7 Tener una palabra o un fragmento literario sonoridad o musicalidad. — *v.intr.* literario
8 Llamar un ave a otra de la misma especie: *nuestras palomas reclamaron a sus compañeras.* — *v.tr/prnl.*

9 Izar una vela o halar un aparejo hasta que las relingas de la vela o los guarnes del aparejo queden muy tensos. — *v.intr.* NÁUTICA

reclame Cajera con sus roldanas situada en el cuello de los masteleros y por donde pasan los cabos con los que se izan las velas. — *s.m.* NÁUTICA

reclamo
1 Ave domesticada que se utiliza para atraer otras de su misma especie y poder darles caza con facilidad. — *s.m.* CAZA
2 Voz con que un ave llama a otra de su especie.
3 Instrumento que imita la voz de un ave. — CAZA
4 Sonido que imita el de un ave para atraer a otras. — CAZA/= señuelo
5 Cualquier cosa que atrae o llama la atención: *el anuncio es un reclamo dirigido a los jóvenes.* — = propaganda
6 Propaganda de una mercancía, espectáculo, doctrina u otra cosa: *con el nuevo reclamo conseguiremos aumentar las ventas.* — PUBLICIDAD = anuncio
7 Señal hecha en un escrito para atraer la atención del lector. — = llamada
8 Voz con que se llama a una persona.
9 Impugnación o protesta que se hace contra una cosa que se considera injusta. — DERECHO = reclamación
10 Palabra o sílaba que solía ponerse en un impreso, al final de cada plana y era la misma con la que debía empezar la plana siguiente. — ARTES GRÁFICAS
11 **acudir al reclamo:** Ir a un sitio donde parece que hay una cosa provechosa o interesante.

reclinación Acción y resultado de reclinar o reclinarse. — *s.f.*

reclinar (Del lat. *reclinare.*)
1 Inclinar el cuerpo o una parte de él apoyándolo en algún lugar: *reclina la cabeza sobre mis hombros; está tan cansado que se reclinó contra la pared.* — *v.tr/prnl.* = recostar
2 Inclinar una cosa apoyándola en otra: *reclinó la silla en la pared; este mueble se reclina contra otro.* — = apoyar

reclinatorio
1 Mueble para rezar de rodillas y reclinado, propio de las iglesias. — *s.m.* = propiciatorio
2 Apoyo adecuado para reclinarse.

recluir (Del bajo lat. *recludere.*) Encerrar a una persona en un lugar del que no pueda salir: *se recluyó en aquella clínica para desintoxicarse; le han recluido en una cárcel de alta seguridad.* — *v.tr/prnl.* conj: *huir/+ en* part.th: recluso = confinar

reclusión
1 Encierro o aislamiento voluntario o forzoso: *no abandonará su reclusión voluntaria mientras no se reconcilie con su espíritu.* — *s.f.* = confinamiento
2 Recinto en que está recluida o encerrada una persona. — = encierro

recluso, a Persona recluida en un establecimiento penitenciario: *dos reclusos han intentado escaparse de la prisión.* — s. preso, prisionero

reclusorio Cárcel o sitio donde se está recluido por propia voluntad o a la fuerza. — *s.m.* = reclusión

recluta
1 Soldado en período de instrucción y que aún no ha jurado bandera: *los reclutas aprenden a desfilar antes de jurar bandera.* — *s.m.f.* MILITAR
2 Soldado voluntario. — MILITAR
3 Persona alistada para el servicio militar obligatorio. — MILITAR
4 Soldado novato. — MILITAR
5 Acción y resultado de reclutar personas para el servicio militar obligatorio. — s.f./MILITAR = reclutamiento
6 **recluta disponible:** El que aún no ha sido llamado a filas. — MILITAR

reclutador, a Persona que recluta o alista soldados. — s./MILITAR

reclutamiento
1 Acción y resultado de reclutar, en especial soldados para el ejército. — *s.m.* = recluta
2 Conjunto de reclutas de un año concreto: *el reclutamiento de este año superó en número al del pasado.* — MILITAR

reclutar (Del fr. *recruter.*)
1 Alistar a una persona para que se incorpore al ejército o para que cumpla el servicio militar. — v.tr./MILITAR = enrolar
2 Buscar o reunir a varias personas para un propósito determinado: *están reclutando voluntarios para ayudar en los juegos.* — = enrolar

recobrante Que recobra. — adj.

recobrar (Del lat. *recuperare.*)
1 Volver a tener una cosa que se poseía: *ya he recobrado las joyas que me habían robado.* — *v.tr.* = recuperar
2 Recuperarse una persona de un daño o una enfermedad: *se recobró de la gripe en cuatro días.* — *v.prnl.* = restablecerse
3 Recuperar el ánimo o el sentido después de una impresión o emoción fuertes: *ya se ha recobrado del susto.* — = reanimarse
4 Reintegrarse de lo perdido: *se ha recobrado de las pérdidas del año anterior.* — = resarcirse

recobro Recuperación, acción y resultado de recobrar o recobrarse. — *s.m.*

recocer
1 Volver a cocer una cosa: *volvió a recocer las verduras.* — v.tr./conj: *torcer*

2 Cocer demasiado una cosa: *las patatas se han reco-* | v.tr/prnl.
cido.
3 Calentar un metal para que vuelva a adquirir la | v.tr.
ductilidad o el temple perdidos al trabajarlo. | METALURGIA
4 Estar una persona muy inquieta por impaciencia o | v.prnl.
envidia: *se recuece de verla feliz.* | = atormentarse

recochinearse Burlarse de una persona o una cosa: | v.prnl./+ de
se recochinea de todos sus compañeros; no te recochinees | coloquial
de mí. | = cachondear

recochineo Burla con la que se pretende molestar o | s.m./coloquial
perjudicar a una persona: *menos recochineo, ya sé que* | = cachondeo,
me queda mal; lo suyo no es cara dura sino recochineo. | guasa

recocho, a Que está muy cocido. | adj/s.

recocida Acción y resultado de recocer. | s.f./= recocido

recocido, a
1 Que es muy experimentado y hábil en una deter- | adj.
minada actividad: *con tantos hijos, ya está recocido en* | = versado
esto de cambiar pañales.
2 Acción y resultado de recocer. | s.m./= recocida

recocina Cuarto contiguo a la cocina. | s.f./COCINA

recodadero Mueble o lugar adecuado para recodarse | s.m.
o apoyarse sobre el codo.

recodar
1 Apoyarse o recostarse sobre el codo: *se recodó sobre* | v.intr/prnl.
su hombro.
2 Formar curva un río o un camino: *en cuanto el camino* | v.intr.
empiece a recodar, ve mirando porque la casa está cerca.

recodo
1 Desviación de la trayectoria de un camino, una | s.m.
calle o un río formando un ángulo con el vértice re- | = recoveco
dondeado: *te esperaré en el recodo de la calle para que*
no nos vean tus padres.
2 Jugada de billar en que la bola toca dos bandas. | JUEGOS

recogeabuelos Abrazadera, en general de concha, | s.m.
usada por las mujeres para sujetar los cabellos de la | pl: recogeabuelos
nuca o abuelos.

recogecable Dispositivo automático o manual para | s.m.
enrollar el cable de un aparato: *la aspiradora tiene re-* | TECNOLOGÍA
cogecable automático.

recogedero
1 Lugar donde se recogen o reúnen objetos o sustan- | s.m.
cias que están dispersas.
2 Instrumento con el que se recogen.

recogedor, a
1 Que recoge o acoge a una persona. | adj.
2 Utensilio que consiste en una pequeña pala cónca- | s.m.
va o con rebordes laterales y en general con un man- | = cogedor
go, con el que se remueven o recogen porciones de
alguna materia: *trae el recogedor para echar la pelusa*
que he barrido.
3 Instrumento de labranza que se utiliza para recoger | AGRICULTURA
la parva de la era.

recogemigas Juego de cepillo y pala para recoger las | s.m.
migas que quedan sobre el mantel: *pasó el recogemigas* | pl: recogemigas
para no quitar el mantel.

recogepelotas Persona encargada de recoger las | s.m.f.
pelotas que salen fuera del terreno de juego: *la pelota* | pl: recogepelotas
no llegó a manos del tenista porque el recogepelotas no se | DEPORTES
la lanzó bien.

recoger (Del lat. *recolligĕre.*)
1 Coger una cosa que se ha caído: *se agachó para reco-* | v.tr./conj: coger
ger las monedas que rodaban por el suelo. | = levantar
2 Reunir cosas o personas dispersas: *recoge juguetes* | = agrupar,
para los niños pobres. | recolectar
3 Poner los objetos de una casa o un establecimiento | = ordenar
en orden: *no saldrás a jugar hasta que no recojas la ropa*
que has dejado por la habitación.
4 Poner en orden y guardar los objetos utilizados
después del trabajo: *recogió sus herramientas en la caja.*
5 Ir en busca de una persona o una cosa al lugar don- | = buscar
de se encuentra: *ahora mismo voy a recogerte a la esta-*
ción; se fue a la oficina de correos a recoger el paquete que
esperaba.
6 Dar asilo o acogida a una persona o animal: *recogió* | = asilar,
a un perro abandonado; recogió a su amigo en casa mien- | albergar
tras se solucionaba su situación.
7 Experimentar una persona los efectos o las conse- | = cosechar
cuencias de sus actos: *sólo recogió críticas después de su*
pésima charla.
8 Guardar una cosa para reservarla: *recogeré los muñe-* | = preservar
cos para que los niños no los estropeen.
9 Tener una persona en consideración lo dicho por | = considerar
otra para aceptarlo o rebatirlo: *recojo tu propuesta para* | ≠ desechar
considerarla.
10 Doblar o encoger una cosa de modo que se re- | v.tr/prnl.
duzca su tamaño: *recoge las persianas para que entre la* | = enrollar
luz; se recogió el pantalón para cruzar el río.
11 Ir reuniendo y guardando una cosa poco a poco, | v.tr.
en especial dinero: *recogía monedas de cien pesetas en* | = almacenar
una hucha.
12 Recolectar la cosecha o los frutos maduros de las | AGRICULTURA
plantas o de las plantaciones. | = cosechar

13 Sacar el servicio de correos la correspondencia de
los buzones.
14 Interrumpir el uso o el desarrollo de una cosa | = suspender
para corregirla o evitar su efecto.
15 Recibir y retener una persona o cosa lo que llega | = acoger
a ella.
16 Volver a doblar o enrollar una cosa que se había
extendido o desenvuelto: *recoge la cuerda para no tro-*
pezar.
17 Dejar a una persona en una institución siquiátrica.
18 Obligar al toro a que se vuelva para embestir la | TAUROMAQUIA
capa o la muleta de nuevo.
19 Irse una persona o animal a un refugio, guarida o | v.prnl.
cualquier lugar protegido, en especial para descansar: | = retirarse
se recogieron a las tres de la mañana; las vacas se reco-
gían en el establo.
20 Separarse una persona del contacto excesivo con | = aislarse
el resto de la gente: *se recogió en un monasterio para*
meditar.
21 Reducirse una persona en sus gastos. | = moderarse
22 Subirse una persona las prendas largas para no | = remangarse
mancharlas o para facilitar sus movimientos: *se reco-*
gió la falda para subirse a la moto.
23 Peinar el cabello reduciendo su volumen: *suele re-*
cogerse la melena en un moño.
24 Mantenerse una persona en estado de meditación | = abstraerse
o contemplación.

recogida
1 Acción y resultado de reunir personas o cosas dis- | s.f.
persas: *se ha iniciado la campaña de recogida de alimen-* | = reunión
tos para los necesitados.
2 Acción de recoger el servicio de correos la correspondencia de los buzones: *hasta mañana no saldrá la*
carta porque por la tarde no hay recogida.
3 Labor agrícola de recolección. | AGRICULTURA
4 **recogida selectiva**: Separación de las basuras o | AGRICULTURA
desechos según sean orgánicos o inorgánicos, o se- | ECOLOGÍA
gún los materiales de que están constituidos, para su
posterior reciclaje.

recogido, a
1 Que ocupa poco espacio o está poco extendido: *el* | adj.
ave descendía veloz con las alas recogidas.
2 Que está resguardado: *se pararon en un paraje muy*
recogido para descansar.
3 Que vive con recogimiento y tiene poco contacto | = retirado
con la gente: *lleva una vida recogida.*
4 Se aplica a la mujer que vivía retirada en un con- | adj/s.f.
vento, de manera voluntaria o forzosa.
5 Se aplica al animal que tiene corto el tronco. | adj.

recogimiento
1 Acción y resultado de recoger o recogerse: *finalizó* | s.m.
su recogimiento en el centro cuando se sintió recuperado | = recogida
por completo.
2 Estado de concentración mental intensa o de devo- | = unción
ción religiosa: *rezaba con recogimiento.*

recolar Volver a colar un líquido. | v.tr/conj: contar

recolección (Del lat. *recollectio, -onis*.)
1 Acción y resultado de recolectar la cosecha o los | s.f./AGRICULTURA
frutos de la tierra: *es la época de la recolección del trigo.* | = cosecha
2 Recopilación o compendio de cosas: *la obra es una* | = acopio
recolección de cuentos.
3 Cobro de frutos o tributos. | = recaudación
4 Observancia rigurosa de las reglas en las órdenes | RELIGIÓN
religiosas.
5 Recogimiento y atención a las cosas divinas. | RELIGIÓN
6 Convento o casa particular en que se vive con re- | RELIGIÓN
cogimiento religioso.

recolectar
1 Recoger la cosecha de productos del campo: *esta* | v.tr/AGRICULTURA
temporada recolectamos muchas patatas. | = cosechar
2 Reunir cosas o personas dispersas: *han recolectado* | = agrupar,
mucho dinero para ayudar a los países en guerra. | recaudar
3 Reunir dinero para un fin, por lo general de carácter humanitario.

recolector, a
1 Que recolecta: *es una de las principales zonas recolec-* | adj/s.
toras de remolacha.
2 Persona que se encarga de cobrar o recaudar cauda- | s.
les públicos o tributos. | ECONOMÍA

recoleto, a (Del bajo lat. *recollectus*.)
1 Se aplica al lugar que es solitario, poco transitado y | adj.
acogedor: *lee en un rincón recoleto del parque.* | = retirado
2 Se refiere al religioso que vive retirado y con auste- | adj/s.
ridad. | RELIGIÓN
3 Se aplica al convento en que se vive en recogimiento | adj.
espiritual. | RELIGIÓN

recombinación
1 Fenómeno por el que aparecen en la descendencia | s.f.
combinaciones de genes que no estaban presentes en | BIOLOGÍA
los padres.
2 Reconstitución de una molécula o de un átomo di- | FÍSICA
sociados.

recomendable Que puede ser recomendado por considerarse bueno o conveniente: *es recomendable hacer ejercicio; es una persona recomendable con toda confianza.* — adj. = aconsejable ≠ desaconsejable

recomendación
1 Acción y resultado de recomendar o recomendarse: *te hago esta recomendación, no sigas por ese camino.* — s.f. = consejo, indicación
2 Circunstancia de tener una persona quien le favorezca: *tenía recomendación del director y por eso le contrataron.* — = enchufe
3 Elogio de una persona ante otra que puede favorecerla. — = alabanza, encomienda
4 Encargo o petición, de palabra o por escrito, que se hace a una persona para que cuide o se ocupe de otra o de una cosa.
5 **recomendación del alma:** Conjunto de oraciones especiales con que un sacerdote suplica a Dios en favor de un moribundo. — RELIGIÓN

recomendado, a Persona que tiene recomendación: *aunque el recomendado del jefe es un inútil, nunca le despedirán.* — s. = enchufado

recomendante Que recomienda: *si el recomendante es usted, haré una entrevista a su hijo y ya veremos.* — adj/s.m.f.

recomendar
1 Sugerir a una persona que haga o deje de hacer una cosa en su propio beneficio: *te recomiendo que vayas a ese hotel.* — v.tr. conj: *pensar* = aconsejar
2 Hablar una persona en favor de otra: *recomendó a su sobrino para al cargo.* — = favorecer, mediar
3 Pedir a una persona que se ocupe de otra o de una cosa. — = encargar
4 Ser bueno para una persona lo que dice o hace: *se recomienda con su brillante expediente.* — v.tr/prnl.

recomendatorio, a Que recomienda. — adj.

recomenzar Volver a comenzar una cosa: *tuvieron que recomenzar el trabajo a causa de errores técnicos.* — v.tr/conj: *empezar* = reanudar

recomerse Consumirse de impaciencia, pesar u otro sentimiento: *se recomía de envidia hacia su amigo por su buena suerte.* — v.prnl. = concomerse

recompensa
1 Acción y resultado de recompensar: *sus actos son dignos de recompensa.* — s.f. = recompensación
2 Gratificación que se da para recompensar por alguna cosa: *ofrecen una elevada recompensa a quien capture al ladrón.* — = remuneración

recompensable
1 Que puede ser recompensado o premiado por considerarse bueno: *ha sido una acción recompensable.* — adj. ≠ sancionable
2 Que es digno de recompensa: *ha hecho un trabajo recompensable.* — = indemnizable, retribuible

recompensación Recompensa, acción y resultado de recompensar. — s.f.

recompensar
1 Dar una cosa a una persona por un daño que se le ha causado: *la empresa recompensará a los damnificados.* — v.tr. = compensar
2 Dar una cosa a una persona como reconocimiento de una buena acción, un servicio o un mérito: *recompensó a su hijo por sus buenos resultados escolares.* — = premiar
3 Retribuir a una persona por un servicio prestado: *recompensaré tu ayuda.* — = gratificar, remunerar

recomponer
1 Volver a componer o reparar una cosa: *no sé si lograré recomponer el reloj y que vuelva a funcionar.* — v.tr/conj: *poner* = arreglar
2 Rehacer la composición de un molde. — ARTES GRÁFICAS
3 Adornar o arreglar a una persona: *recompuso su peinado antes de abrir la puerta; se recompuso mucho para la fiesta.* — v.tr/prnl. = acicalar

recomposición Acción y resultado de recomponer. — s.f.

recompra Acción de volver a comprar una cosa a la persona a quien se vendió. — s.f. COMERCIO

recón Mínima porción de ácido desoxirribonucleico capaz de recombinación. — s.m. BIOQUÍMICA

reconcentración
1 Acción y resultado de reconcentrar o reconcentrarse: *la reconcentración de gente en el lugar de los hechos entorpecía la labor de salvamento.* — s.f. = reconcentramiento
2 Estado de la persona que mantiene fija la atención en la actividad física o intelectual que realiza: *su reconcentración en el trabajo es impresionante, no oye lo que le dicen.* — = concentración

reconcentramiento Reconcentración, acción y resultado de reconcentrar o reconcentrarse. — s.m.

reconcentrar
1 Disminuir el volumen o el espacio ocupado por una cosa haciéndola más densa. — v.tr. ≠ diluir
2 Reunir a personas o cosas que proceden de distintos lugares en un punto: *se reconcentraron en el aeropuerto.* — v.tr/prnl. = agrupar, reunir
3 Dirigir la atención, el interés o el afecto a una persona o una cosa excluyendo a otras: *reconcentró su interés en los negocios.* — = centrar

4 Introducir una cosa en otra: *el agua se reconcentró en el túnel.* — v.tr/prnl. = concentrar
5 Hacer más intenso un sentimiento o un afecto: *reconcentró todo el rencor que sentía; el deseo se reconcentró en su interior.* — = intensificar
6 Dedicarse a un pensamiento o actividad de forma intensa: *me reconcentro en mis estudios; se reconcentró en sus problemas.* — v.prnl. + en = ensimismarse

reconciliable Que se puede reconciliar: *sus respectivas posturas ante el problema son reconciliables.* — adj. ≠ irreconciliable

reconciliación Acción y resultado de reconciliar o reconciliarse: *la reconciliación entre ambos duró poco tiempo.* — s.f.

reconciliador, a Que reconcilia: *un amigo de ambas familias actuará como reconciliador entre ellas.* — adj/s.

reconciliar
1 Hacer que dos o más personas vuelvan a ser amigas: *aquella pareja no se reconciliará jamás.* — v.tr/prnl. ≠ enemistar
2 Volver a admitir a una persona en el seno de la Iglesia: *el joven se reconcilió con su Iglesia.* — RELIGIÓN
3 Recibir una confesión breve o ligera de una persona que ya se había confesado formalmente poco antes. — v.tr. RELIGIÓN
4 Bendecir un lugar sagrado que ha sido profanado. — RELIGIÓN
5 Hacer una confesión breve o ligera quien ya se había confesado poco antes. — v.prnl. RELIGIÓN

reconcomerse Sentir una persona un intenso descontento que mantiene oculto: *se reconcome de celos cuando les ve juntos.* — v.prnl. = consumirse

reconcomio
1 Estado del que mantiene oculto un intenso sentimiento de disgusto contra una persona o cosa. — s.m. = recelo
2 Picazón u otra molestia muy intensa. — = desazón
3 Deseo vehemente y exagerado de hacer una cosa de la mejor manera posible. — = prurito

recondenar Volver a condenar a una persona: *se recondenó al delinquir de nuevo.* — v.tr/prnl.

reconditez
1 Cualidad de recóndito: *se ocultaron en la reconditez del bosque.* — s.f. pl: reconditeces
2 Cosa recóndita.

recóndito, a (Del lat. *reconditus.*) Que está muy escondido: *nos encontramos en un lugar recóndito; conocía sus más recónditos deseos.* — adj. = oculto, reservado

reconducción Acción y efecto de reconducir: *es necesaria una reconducción de las cañerías.* — s.f.

reconducir
1 Llevar una cosa al lugar de donde ha salido o ha sido traída: *tuvo que reconducir la carga al almacén porque se había equivocado al cogerla.* — v.tr. conj: *conducir*
2 Volver a iniciar la realización de una cosa siguiendo un procedimiento distinto al utilizado con anterioridad: *intentaron reconducir la empresa sin éxito; volvamos a reconducir la conversación hacia el tema que nos ocupa.*
3 Aumentar una persona la duración de un arrendamiento. — DERECHO

reconfortante Que reconforta: *me tomaré una reconfortante sopa caliente.* — adj. = confortante

reconfortar Dar ánimos a una persona o devolverle la confianza o la tranquilidad, tanto física como espiritual: *me reconforta saber que estáis bien; sus palabras la reconfortaron en aquel duro trance.* — v.tr. = alentar, confortar

reconocedor, a Que reconoce o examina. — adj/s.

reconocer
1 Examinar a una persona o una cosa con detenimiento para comprobar su estado o sus características: *la policía reconoció el coche en la aduana; en seguida le reconocerá un doctor.* — v.tr. conj: *carecer* = estudiar
2 Conocer a una persona o una cosa por un rasgo físico: *le reconocí por su pelo rojizo.* — = distinguir, identificar
3 Examinar de cerca un lugar, en especial con fines militares: *varios aviones del ejército reconocían la zona.* — = explorar
4 Mostrarse una persona agradecida por un beneficio recibido: *reconozco el favor que me haces.* — = agradecer
5 Aceptar la dependencia o subordinación que se tiene respecto de una persona: *reconozco su poder sobre mí.* — = admitir
6 Aceptar o declarar una relación de parentesco con una persona en público: *reconoció a los hijos que tuvo fuera del matrimonio.* — DERECHO
7 Declararse una persona culpable de una falta o un error: *reconozco que me he excedido.* — = admitir
8 Mostrarse una persona conforme con las afirmaciones o ideas de otra: *reconozco que tiene razón.* — = aceptar, compartir
9 Aceptar o admitir una firma como legítima. — DERECHO
10 Aceptar un nuevo gobierno o sistema político como legítimo. — POLÍTICA
11 Conocer una cosa identificable: *un buen vino se reconoce por el color.* — v.prnl. = identificar
12 Declararse culpable o responsable de una cosa: *se reconoció culpable del delito ante el juez.* — = confesarse
13 Ser una persona consciente de sus propias cualidades: *se reconoce fuerte.* — = saberse

14 Interaccionar dos moléculas o agrupaciones moleculares dando origen a determinadas funciones biológicas.   *BIOLOGÍA*

reconocible Que puede ser reconocido: *su voz es muy reconocible porque es muy aguda.*   adj./= identificable / ≠ irreconocible

reconocido, a
1 Que agradece el favor que otro le ha hecho.   adj./= agradecido
2 Que es destacado o relevante: *el reconocido doctor asistió a la conferencia.*   = famoso

reconocimiento
1 Acción y resultado de reconocer: *el ejército ha realizado un reconocimiento del terreno.*   s.m.
2 Sentimiento de agradecimiento hacia la persona de la que se recibe un beneficio o una atención: *mi reconocimiento por su ayuda será eterno.*   = gratitud / ≠ ingratitud
3 reconocimiento médico: El que se realiza a una persona para comprobar su estado de salud.   MEDICINA

reconquista
1 Acción y resultado de reconquistar o recuperar una cosa perdida con anterioridad: *la reconquista de la ciudad causó muchas bajas.*   s.f.
2 Expansión de los reinos cristianos hacia el territorio de la península Ibérica que había sido invadido por los musulmanes después del dominio visigodo.   HISTORIA

reconquistador, a Que reconquista.   adj.

reconquistar
1 Volver a ocupar una ciudad o un territorio que se había perdido.   v.tr.
2 Recuperar el afecto o la opinion favorable de una persona: *reconquistó su amistad a pesar de su conducta anterior.*   = recobrar

reconsiderar Volver a considerar o pensar una cosa: *creo que debes reconsiderar tu decisión para no equivocarte.*   v.tr. / = repensar

reconstitución Acción y resultado de reconstituir o reconstituirse: *la reconstitución de los estatutos conllevó nuevos gastos notariales.*   s.f.

reconstituir
1 Volver a constituir una cosa: *quieren reconstituir la empresa; la asamblea se reconstituyó tras los disturbios.*   v.tr./prnl./conj: huir / = rehacer
2 Dar o devolver a la sangre y al organismo sus condiciones normales: *el riego sanguíneo se reconstituyó sin problemas.*   MEDICINA

reconstituyente
1 Que reconstituye: *es uno de los miembros de la asamblea reconstituyente.*   adj.
2 Se aplica al medicamento que sirve para fortalecer el organismo: *se toma un reconstituyente porque se nota muy débil.*   adj/s.m. / FARMACIA

reconstrucción Acción y resultado de reconstruir: *han iniciado los trabajos de reconstrucción del edificio dañado.*   s.f. / = reedificación

reconstructivo, a Que reconstruye: *ya se ha iniciado la fase reconstructiva.*   adj.

reconstruir
1 Volver a construir una cosa: *reconstruyeron la fachada en muy poco tiempo; quieren reconstruir el puzzle.*   v.tr./conj: huir / = reedificar
2 Reproducir o completar una cosa fragmentada o un suceso pasado con los restos o los datos que se poseen: *reconstruyeron los hechos a partir de varias declaraciones.*   = rehacer

recontar
1 Volver a contar una serie de cosas: *cuenta y recuenta su dinero porque cree que le han robado.*   v.tr. / conj: contar
2 Dar a conocer un hecho: *me ha contado y recontado lo mismo mil veces.*   = contar, referir

recontento
1 Que siente mucha alegría: *llegó tan recontento por su aprobado que no le dije nada.*   adj.
2 Alegría muy grande: *¡qué recontento que vengáis!*   s.m.

reconvalecer Volver a convalecer una persona: *reconvalece en el hospital.*   v.intr./conj: carecer / MEDICINA

reconvención
1 Acción de reconvenir.   s.f.
2 Falta de que se acusa y con que se reconviene: *escuchó la reconvención de sus padres reconociendo que tenían razón.*   = recriminación
3 Demanda con la que contesta el demandado al que promovió el juicio.   DERECHO

reconvenir
1 Reprender a una persona por lo que ha dicho o hecho: *me reconvino por mis duras palabras.*   v.tr./conj: venir / = censurar
2 Presentar el demandado un escrito de reclamación al demandante.   DERECHO

reconversión
1 Acción y resultado de reorganizar una cosa para adaptarla a una situación nueva: *han iniciado la reconversión de la antigua estación de ferrocarril.*   s.f. / = reestructuración, transformación
2 Proceso económico de modernización de las industrias: *la reconversión de los astilleros no implicará el despido de empleados.*   ECONOMÍA

reconvertir
1 Hacer que una persona o una cosa que ha sufrido un cambio, vuelva a su estado original.   v.tr./conj: sentir / = rehacer

2 Organizar una cosa de manera diferente para conseguir una mejora en su funcionamiento o en cualquier aspecto: *han reconvertido la discoteca en un espacio lúdico.*   = reestructurar, remodelar
3 Modernizar la industria.   ECONOMÍA

recopilación
1 Acción y resultado de recopilar: *hace años que se dedica a la recopilación de discos.*   s.f. / = colección
2 Compendio o resumen breve de una obra o un discurso: *tengo que presentar una recopilación de mis trabajos literarios.*   = compilación
3 Colección de escritos diversos: *estoy leyendo una recopilación de relatos de terror.*   = miscelánea

recopilador, a Persona que recopila.   s.

recopilar (Del lat. *compilare*, saquear.) Reunir cosas diversas, en especial escritos para formar una obra: *lleva años recopilando datos para su tesis; van a recopilar los artículos del famoso columnista.*   v.tr. / = compendiar

recoquín Hombre muy pequeño y rechoncho.   s.m.

¡recórcholis! Indica asombro, susto o enfado: *¡recórcholis, no sabía que estabas aquí!, ¡recórcholis con el niño este!*   interj. / = ¡caramba!

récord (Del ingl. *record*.)
1 Marca máxima obtenida en una competición deportiva: *ha batido el récord de los cien metros lisos; ostenta el récord mundial desde hace cuatro años.*   s.m. / DEPORTES
2 Cualquier hecho o resultado que supera a otros anteriores en cualquier actividad: *ha hecho el viaje en un tiempo récord; ha conseguido el récord de ventas.*   = marca
3 Expediente, historial de una persona o de una actividad.   Méx.
4 en tiempo récord: En el mínimo tiempo posible, muy rápido: *lo tuvo terminado en tiempo récord.*   loc.adv.

recordable
1 Que puede ser recordado: *su número de teléfono es fácilmente recordable.*   adj. / ≠ irrecordable
2 Que merece ser recordado: *sus hazañas son recordables.*   = memorable

recordación
1 Acción de recordar.   s.f.
2 Evocación de cosas pasadas: *se celebrará un acto en recordación del gran actor.*   = memoria, rememoración
3 Aviso que se hace a una persona para que tenga presente una cosa ya pasada o hablada.   = recordatorio

recordador, a Que recuerda.   adj.

recordar
I (Del lat. *recordari*.)
1 Tener en la memoria o retener una cosa en la mente: *la recuerdo con mucho cariño; no recuerdo lo que tenía que decirte.*   v.tr/intr. / conj: contar
2 Tener parecido una cosa o persona a otra: *su cara me recuerda a alguien pero no sé a quién; esta música recuerda a una sinfonía clásica.*   v.tr. / = parecer
3 Hacer que una persona no olvide una cosa: *recuerda cómo te engañó.*   v.tr/intr/prnl.
II (Derivado de *acordar* < lat. *cordatus*.) Recuperar una persona dormida o desmayada la consciencia.   v.intr/prnl.

recordatorio, a
1 Que hace recordar: *se cambió el anillo de dedo como recordatorio de lo que tenía que hacer.*   adj/s.m. / = recordativo
2 Estampa o tarjeta, en general religiosa, que sirve como conmemoración de la primera comunión, aniversarios, fallecimiento u otros acontecimientos: *los novios dieron recordatorios del día de su boda a todos los invitados.*   s.m.

recordman (Voz inglesa.) Hombre que tiene un récord deportivo: *este atleta es el recordmán de salto de altura.*   s.m./pl: recordmen / DEPORTES / = plusmarquista

recordwoman (Voz inglesa.) Mujer que tiene un récord deportivo: *la recordwoman actual intentará batir su tiempo.*   s.f./pl: recordwomen / DEPORTES / = plusmarquista

recorrer
1 Atravesar un lugar o espacio en toda su extensión o longitud: *recorrieron la sabana en un vehículo todo terreno.*   v.tr.
2 Andar una distancia o trayecto determinado: *recorre a pie los diez quilómetros que le separan del trabajo; ese autobús recorre parte del trayecto.*
3 Examinar un lugar o una cosa con detenimiento: *he recorrido toda la casa buscándolo pero no lo encuentro.*   = registrar
4 Leer un escrito por encima: *con sólo recorrer el artículo, detectó una falta de ortografía.*   = repasar
5 Arreglar una cosa deteriorada.
6 Igualar el largo de las líneas de un texto dispuesto para la impresión pasando letras de una línea a otra.   ARTES GRÁFICAS

recorrido
1 Acción y resultado de recorrer un lugar: *tardó varias horas en efectuar el recorrido.*   s.m.
2 Espacio o distancia que se señala como ruta o itinerario: *el recorrido para visitar el parque está señalado con flechas azules.*   = trayecto
3 Reprimenda o corrección que se hace a una persona: *se merece un recorrido por sus malas artes.*   = regañina

4 Reparación de una cosa estropeada. = arreglo

recortable
1 Que se puede cortar o recortar. adj.
2 Hoja de papel o cartulina con figuras marcadas que s.m.
se pueden recortar: *aún conserva algunos recortables de
muñecas de su infancia.*

recortado, a
1 Que tiene muchos entrantes y salientes: *la recortada* adj.
*costa de la zona puede resultar peligrosa para la navega-
ción.*
2 Se aplica a la hoja o parte de la planta con bordes BOTÁNICA
muy desiguales.
3 Figura cortada en papel o cartulina. s.m.
4 Que no tiene dinero: *con las compras de navidad, este* adj.
mes ando muy recortado. Méx.

recortadura
1 Acción y resultado de recortar. s.f.
2 Trozos que quedan cuando se va recortando una s.f.pl.
cosa hasta reducirla a la forma que se quiere: *el suelo* = recortes
quedó lleno de recortaduras de papel de celofán.

recortar
1 Cortar la parte sobrante de una cosa: *recorta la tela* v.tr.
que sobresalga de las costuras.
2 Cortar figuras de papel u otro material: *recortó varios motivos navideños en cartulinas de colores.*
3 Disminuir una cosa: *el concejal recortó el presupuesto* = reducir
del grupo de teatro.
4 Marcar el perfil de una figura. ARTE
5 Dibujarse el perfil de una cosa sobre otra: *el barco* v.prnl.
se recortaba en el horizonte. = perfilarse

recorte
1 Acción y resultado de recortar: *el recorte del presu-* s.m.
puesto no nos beneficia; está haciendo recortes de muñecos. = recortadura
2 Movimiento ágil del cuerpo para evitar la cogida TAUROMAQUIA
del toro. = quiebro
3 Trozos que quedan cuando se va recortando una s.m.pl.
cosa hasta reducirla a la forma que se quiere: *antes de* = cortaduras
irte, barre los recortes que han quedado en el suelo.

recorvar Dar forma curva a una cosa: *el plástico se ha* v.tr/prnl.
recorvado por el calor. = encorvar

recorvo, a Que tiene forma curva. adj.

recoser
1 Volver a coser una cosa: *tendré que recoser el bajo* v.tr.
porque ha vuelto a descoserse.
2 Remendar o zurcir una prenda o una tela.

recosido, a
1 Que tiene muchos cosidos o remiendos: *ya deberías* adj.
jubilar esos calcetines tan recosidos.
2 Acción y resultado de recoser: *el recosido de la cha-* s.m.
queta apenas se nota.

recostadero Sitio adecuado para descansar recos- s.m.
tado.

recostar
1 Apoyar o reclinar la parte superior del cuerpo en v.tr/prnl.
un sitio: *el enfermo se recostó en la cama.* conj: *contar*
2 Hacer descansar una cosa sobre otra: *recuesta unos* v.tr.
libros sobre los otros para que no se caigan.
3 Echarse una persona en la cama para dormir un v.prnl.
rato: *voy a recostarme diez minutos porque estoy agotada.*

recova
1 Compra de huevos y aves de corral para revender- s.f.
los. COMERCIO
2 Puesto público en el que se venden aves de corral. COMERCIO
3 Jauría de perros de caza. CAZA
4 Soportal, espacio cubierto que precede a la entrada Argent., Par., Urug.
de una casa.

recovar Comprar huevos y aves de corral para des- v.tr.
pués revenderlos. COMERCIO

recoveco
1 Desvío en un camino, arroyo o en el curso de una s.m.
cosa en general: *en las callejuelas del casco antiguo hay* = recodo
recovecos muy pintorescos.
2 Sitio escondido: *se ocultó en un recoveco del jardín.* = escondrijo
3 Rodeos para conseguir un fin: *no me vengas con reco-* s.m.pl.
vecos y dime qué quieres.

recovero, a Persona que compra huevos y aves de s.
corral para revenderlos. COMERCIO

recreable Que distrae o recrea. adj.

recreación
1 Acción y resultado de recrear o producir de nuevo s.f.
una cosa: *el decorado es la recreación de un castillo.* = reproducción
2 Circunstancia o situación que produce alegría o en- = distracción,
tretenimiento. diversión

recrear (Del lat. *recreare.*)
1 Volver a crear o reproducir una cosa: *la novela re-* v.tr.
crea el ambiente medieval. = reproducir
2 Hacer que una persona pase el tiempo de forma v.tr/prnl.
agradable y entretenida: *los niños se recreaban viendo* = entretener,
las pantomimas que les hacía el abuelo. divertir
3 Disfrutar con una cosa: *me recreo con las películas de* v.prnl.
humor. = gozar

recreativo, a
1 Que recrea o distrae: *la escuela está dotada de mate-* adj.
rial recreativo. = entretenido
2 Local en el que hay máquinas de juegos: *suele ir a* s.m.pl.
los recreativos a jugar al futbolín.

recrecer (Del lat. *recrescere.*)
1 Hacer una cosa que otra aumente: *las plantas recre-* v.tr/intr.
cen con la lluvia. conj: *carecer*
2 Volver a suceder una cosa. v.intr.
3 Adquirir ánimo o fuerza una persona: *al ver a su hija* v.prnl.
después de tanto tiempo, se le ha recrecido el ánimo. = animarse

recrecimiento Acción y resultado de recrecer o re- s.m.
crecerse: *el recrecimiento de las plantas en primavera es
muy visible.*

recredencial Se aplica a las cartas que se dan a un adj.
embajador o a un ministro para que, al cesar en su POLÍTICA
destino, se despida del jefe del estado donde estaba ≠ credencial
acreditado.

recrementicio, a Del recremento. adj./FISIOLOGÍA

recremento (Del lat. *recrementum.*) Humor que, des- s.m.
pués de ser segregado por el organismo, vuelve a ser FISIOLOGÍA
absorbido por él.

recreo
1 Diversión o actividad placentera o que sirve de s.m.
descanso: *su único recreo era pasear por el parque y leer* = distracción,
el periódico entre semana. entretenimiento
2 Suspensión de las clases, en un centro educativo, = descanso,
durante un período determinado de tiempo, para que patio
los niños jueguen y descansen: *en el recreo, los niños jugaban al corro de la patata.*
3 Lugar adecuado para divertirse y descansar. = patio
4 de recreo: Que se usa para divertirse o descansar: loc.adj.
han salido en un barco de recreo.

recría Acción y resultado de recriar, cebar o engordar s.f.
animales.

recriador, a Persona que recría. s.

recriar
1 Alimentar animales domésticos criados en otro lu- v.tr.
gar con pasto y pienso para aumentar su desarrollo. conj: *vaciar*
2 Dar nuevos elementos de vida a un ser para su
completo desarrollo.

recriminación Acción y resultado de recriminar o s.f.
recriminarse. = reproche

recriminador, a Que recrimina. adj/s.

recriminar
1 Dirigir reproches o censuras a una persona por sus v.tr.
acciones o sentimientos: *le recriminó su comportamiento* = increpar,
con duras palabras. reprochar
2 Responder a las acusaciones de una persona con
otras acusaciones: *el uno acusó al otro y éste le recriminó
las mismas faltas.*
3 Dirigirse dos o más personas reproches unas a v.prnl.
otras.

recriminatorio, a Que recrimina o reprocha. adj.

recristalización
1 Nueva cristalización de una sustancia cuyos crista- s.f.
les habían sido disueltos. QUÍMICA
2 Transformación de las rocas que se produce cuan- GEOLOGÍA
do determinados minerales que la constituyen son
destruidos y reemplazados por otros.
3 Nueva cristalización que tiene lugar en un metal o METALURGIA
en una aleación en estado sólido, durante el proceso
de recocido.

recristalizar Volver a cristalizar una sustancia cuyos v.intr./conj: *cazar*
cristales habían sido disueltos. QUÍMICA

recrucetado, a Se aplica a la cruz cuyos brazos for- adj.
man a su vez más cruces. HERÁLDICA

recrudecer (Del lat. *recrudescere*, volver a sangrar, v.intr/prnl.
una herida.) Aumentar de nuevo los efectos de una conj: *carecer*
cosa desagradable o mala que habían empezado a = agravar,
disminuir: *se recudeció el tumor y tuvieron que operarlo.* exacerbar

recrudecimiento Acción y resultado de recrudecer s.m.
o recrudecerse: *el recrudecimiento de la guerra atemori-
zaba a la población.*

recrujir Hacer una cosa mucho ruido al rozar con v.intr.
otra o al romperse: *la puerta recrujía al abrirse.*

recta
1 Línea que une dos puntos. s.f./GEOMETRÍA
2 Parte de una carretera o de un circuito trazados
como esta línea.
3 recta de llegada: La última antes de llegar a la DEPORTES
meta, en algunos deportes.

rectal Del recto, segmento terminal del intestino adj.
grueso. ANATOMÍA

rectangular (Del lat. *rectus*, recto + *angulus*, ángulo.)
1 Del ángulo recto. adj./GEOMETRÍA
2 Se aplica a la figura que tiene uno o más ángulos GEOMETRÍA
rectos.
3 Que tiene forma de rectángulo. GEOMETRÍA

4 Se refiere a la figura que tiene uno o más rectángu-   GEOMETRÍA
los.
5 Del rectángulo.   GEOMETRÍA

rectángulo, a
1 Se aplica a la figura, en especial al triángulo o al   adj.
paralelepípedo, que tiene ángulos rectos.   GEOMETRÍA
2 Cuadrilátero que tiene los cuatro ángulos rectos y   s.m.
los lados iguales dos a dos.   GEOMETRÍA

rectar Hacer recto, rectificar.   v.tr.

rectificable Que puede ser rectificado: *tu decisión es*   adj.
rectificable, así que no te preocupes.   = modificable

rectificación
1 Acción y resultado de rectificar.   s.f.
2 Palabra o escrito con el que se rectifica una cosa di-   = corrección
cha o escrita con anterioridad.
3 Purificación de un líquido que ha sido destilado.   QUÍMICA
4 Determinación de la longitud de un arco.   MATEMÁTICAS
5 Conversión de una corriente alterna en continua.   ELECTRICIDAD

rectificado Operación de acabado o afinado de su-   s.m.
perficies mecanizadas.   MECÁNICA

rectificador, a
1 Que rectifica.   adj.
2 Aparato que transforma la corriente alterna en co-   s.m.
rriente continua.   ELECTRICIDAD
3 Persona que ajusta piezas mecánicas.   s./MECÁNICA

rectificadora Máquina que ajusta piezas metálicas   s.f.
de precisión.   MECÁNICA

rectificar (Del lat. *rectus*, recto + *facere*, hacer.)
1 Corregir una cosa equivocada o inexacta: *tienes que*   v.tr./conj: sacar
rectificar tu trabajo porque está mal.   = modificar
2 Corregir una persona sus palabras o sus hechos: *se*   v.tr/prnl.
rectificó en sus palabras en público; rectifica tu conducta.   = enmendar
3 Decir o demostrar que lo que dice una persona es   v.tr.
inexacto: *pidió la palabra para rectificar lo dicho por uno*   = contradecir,
de sus contertulios.   refutar
4 Poner una cosa recta: *crearon varios túneles para rec-*   = enderezar
tificar la carretera.
5 Determinar la longitud de un arco.   MATEMÁTICAS
6 Purificar un líquido.   QUÍMICA
7 Convertir la corriente alterna en continua.   ELECTRICIDAD
8 Corregir o ajustar las medidas de una pieza metálica.   METALURGIA

rectificativo, a Que rectifica o se utiliza para recti-   adj/s.m.
ficar.

rectilíneo, a (Del lat. *rectus*, recto + *línea*.)
1 Que está en línea recta o compuesto de ellas: *la ca-*   adj.
rretera tiene un trazado rectilíneo.   ≠ curvilíneo
2 Se aplica a la persona que tiene un carácter recto e   = severo
intransigente.

rectitis (Del lat. *rectus*, recto + gr. *itis*, inflamación.)   s.f./pl: rectitis
Inflamación del recto.   MEDICINA

rectitud
1 Modo de comportarse de la persona recta o justa: s.f.
todos le piden consejo por la rectitud de sus juicios.   = equidad
2 Cualidad de recto.
3 Distancia más breve entre dos puntos.   = recta
4 Exactitud o justificación en las operaciones.

recto, a (Del lat. *rectus*.)
1 Que no se tuerce ni se inclina: *creo que el cuadro no*   adj./= derecho
está recto.   ≠ curvo, torcido
2 Que va derecho y sin desviarse a un punto o des-   = directo
tino: *el camino va recto hasta el pueblo.*
3 Que es severo y firme en sus decisiones: *siempre ha*   = rígido
sido un padre recto con sus hijos.
4 Que se comporta con integridad u honradez: *su rec-*   = íntegro
to comportamiento es digno de admiración.
5 Se aplica al ángulo de noventa grados.   GEOMETRÍA
6 Se refiere al significado de una palabra que es pri-   = propio
mitivo o literal y no figurado: *palabra usada en su sen-*   ≠ figurado
tido recto.
7 Se refiere al folio que queda a la derecha cuando el   ARTES GRÁFICAS
libro está abierto.   ≠ verso
8 Se aplica al caso nominativo y al vocativo de la de-   GRAMÁTICA
clinación.   ≠ oblicuo
9 Última parte del intestino grueso que empieza en   s.m.
el colon y acaba en el ano.   ANATOMÍA

rectocolitis Inflamación simultánea del colon y del   s.f./pl: rectocolitis
recto, en los intestinos.   MEDICINA

rector, a (Del lat. *rector, -oris*.)
1 Que rige o gobierna: *en el impreso encontrarán las*   adj/s.
normas rectoras del centro.
2 Persona que dirige y gobierna una comunidad reli-   s.
giosa, un hospital o un centro de enseñanza.
3 Persona que dirige una universidad.
4 Párroco o cura que se ocupa de una iglesia.   s.m./RELIGIÓN

rectorado
1 Cargo de rector.   s.m.
2 Tiempo que dura el mandato de un rector.
3 Oficina del rector.

rectoral
1 Del rector.   adj.
2 Casa o habitación del párroco.   s.f./RELIGIÓN

rectorar Obtener una persona la dirección o el go-   v.intr.
bierno de un centro.

rectoría
1 Cargo del rector.   s.f.
2 Oficina y casa del rector o párroco.   RELIGIÓN

rectoscopia (Del lat. *rectus*, recto + gr. *skopeo*, obser-   s.f.
var.) Exploración endoscópica del recto.   MEDICINA

rectoscopio Instrumento que sirve para explorar el   s.m.
interior del recto.   MEDICINA

recua (Del ár. *rakab*, montar a caballo.)
1 Conjunto de caballerías o animales de carga que   s.f.
van juntas y sirven para transportar cosas.   = reata
2 Conjunto de cosas o personas que van unas detrás   coloquial
de otras: *una recua de turistas entró en el museo.*   = atajo, fila

recuadrar
1 Trazar una cuadrícula en un papel u otra superficie.   v.tr./= cuadricular
2 Poner una cosa en un recuadro: *le gusta recuadrar*   = encuadrar
los títulos de los apartados para destacarlos.

recuadro
1 División, compartimento o espacio limitado de una   s.m.
superficie, de forma cuadrada o rectangular: *la noticia*   = encuadre
aparece en un recuadro.
2 Línea con la que se enmarca una cosa: *pintó unos re-*   = marco
cuadros azules alrededor de las ventanas.

recuarta Segunda cuerda de la vihuela que se pone   s.f.
en cuarto lugar cuando se doblan las cuerdas.   MÚSICA

recubrimiento
1 Acción y resultado de recubrir: *sólo falta el recubri-*   s.m.
miento de las paredes y la obra estará terminada.
2 Sustancia o material que recubre: *pusieron un recu-*
brimiento especial que aísla de los ruidos.

recubrir
1 Volver a cubrir o cubrir una cosa por completo: *re-*   v.tr.
cubre los muebles con telas para que no se ensucien de   part: recubierto
pintura; recubrió la pared de tapices y fotos.   = cubrir
2 Poner las tejas que faltan en un tejado o sustituir   CONSTRUCCIÓN
las que están rotas.   = retejar

recudida Indica de rebote, de resultas de otra acción   loc.adv.
en la expresión **de recudida.**

recudir
1 Dar o pagar a una persona una cosa que tiene dere-   v.tr.
cho a recibir.   = pagar
2 Ir a un lugar.   = acudir
3 Volver una cosa al punto de salida.   v.intr.
4 Unirse varias cosas en un lugar.   = concurrir

recuelo
1 Lejía muy fuerte, según sale del cernadero, usada   s.m.
para colar la ropa más sucia.
2 Café hecho con los posos que quedan de un primer   COCINA
cocimiento.

recuento
1 Acción y resultado de volver a contar una cosa: *no*   s.m.
me cuadran las cifras, habrá que hacer un recuento.   = cómputo
2 Cuenta o cálculo que se hace para comprobar el   = cómputo
número de elementos que forman un conjunto: *re-*
cuento de votos.
3 Lista o relación ordenada de los bienes y pertenen-   = inventario
cias de una persona o una comunidad.

recuerdo
1 Acción y resultado de recordar.   s.m.
2 Imagen que se tiene en la memoria de las cosas   = evocación
pasadas: *conservo gratos recuerdos de aquel viaje.*
3 Regalo que se hace a una persona como prueba de   = souvenir
afecto o gratitud: *me trajo un recuerdo de su estancia en*
Peñíscola.
4 Saludo dirigido a una persona a través de otra: *re-*   s.m.pl.
cuerdos a la familia.
5 **en recuerdo de:** En memoria, o en homenaje a una   loc.adv.
persona o cosa: *guardaron un minuto de silencio en re-*
cuerdo de las víctimas.

recuero, a Persona encargada de una recua de ani-   s.
males de carga.

recuesta Requerimiento o intimación.   s.f.

recuestar Requerir o pedir una cosa a una persona.   v.tr.

recuesto Cuesta o pendiente, lugar o paraje que está   s.m.
en declive.

recula Línea de puestos de tiro en una batida, que   s.f./CAZA
está situada a espaldas de los que baten.   = retranca

reculada Marcha atrás: *el camión golpeó un coche apar-*   s.f.
cado en su rápida reculada.   = retroceso

recular (Del fr. *reculer*.)
1 Andar una persona, un animal o una cosa hacia   v.intr.
atrás: *recula un poco más y gira el volante a la derecha.*   = retroceder
2 Dejar de defender una actitud o una opinión: *reculó*   = ceder,
en su propuesta de matrimonio.   flaquear

reculo, a Se aplica al pollo o a la gallina que no tiene   adj.
cola.   ZOOLOGÍA

reculón, a
1 Se aplica a la res que, ante el desafío del diestro,   adj.
anda hacia atrás por falta de casta.   TAUROMAQUIA
2 **a reculones:** Andando hacia atrás.   loc.adv.

recuñar Introducir cuñas en las grietas o hendiduras de las minas o canteras para arrancar piedra o mineral. — v.tr. MINERÍA

recuperable Que se puede recuperar: *este envase está hecho de un material recuperable.* — adj. ≠ irrecuperable

recuperación
1 Acción y resultado de recuperar o recuperarse: *la economía del país está en fase de recuperación.* — s.f. = mejoria
2 Examen que se realiza para aprobar una materia suspendida en otro u otros anteriores: *tendrá que presentarse a la recuperación de septiembre.* — = repesca

recuperador, a Que recupera. — adj/s.

recuperar (Del lat. *recuperare.*)
1 Volver a tener una persona una cosa que había perdido: *al fin he recuperado los libros que había prestado.* — v.tr. = recobrar
2 Volver a poner en servicio una cosa usada o inservible: *han recuperado la vieja estación de ferrocarril.* — = rehabilitar
3 Trabajar determinado tiempo para compensar lo que no se ha hecho por alguna razón: *se queda un rato por las tardes para recuperar unos días que pidió de vacaciones.*
4 Aprobar un examen o materia que se había suspendido: *tengo que recuperar dos asignaturas que me han quedado.* — = repescar
5 Volver una persona en sí después de un desmayo. — v.prnl.
6 Volver una persona o cosa a un estado de normalidad después de haber pasado por una situación difícil: *parece que se recupera de la crisis que ha pasado.*

recuperativo, a Que tiene la propiedad de recuperar. — adj.

recura Cuchillo para recurar, con dos filos en forma de sierra. — s.f.

recurar Formar y aclarar las púas de los peines. — v.tr.

recurrencia
1 Propiedad de una secuencia en la que cualquier término se puede calcular conociendo los precedentes. — s.f. MATEMÁTICAS BOTÁNICA
2 Aparición de formas relacionadas con otras especies más o menos afines, alejadas en el tiempo o en el espacio.

recurrente
1 Que recurre. — adj.
2 Que vuelve a ocurrir o a aparecer, en especial después de un intervalo: *su ascendencia judía es un motivo recurrente en su producción cinematográfica.* — = redundante, repetido
3 Se aplica al vaso o al nervio que en algún lugar de su trayecto vuelve hacia el origen. — ANATOMÍA
4 Se refiere a la imagen que persiste en el ojo cuando ha cesado el estímulo, por lo general muy intenso.
5 Persona que tiene entablado un recurso. — s.m.f./DERECHO

recurrible Que puede ser recurrido: *acto recurrible.* — adj./DERECHO

recurrido, a Se aplica a la parte que sostiene o a quien favorece la sentencia, en especial de casación, que se recurre. — adj/s. DERECHO

recurrir (Del lat. *recurrere.*)
1 Acudir a una persona o cosa en busca de ayuda: *tuvo que recurrir a su familia para salir de aquel apuro.* — v.intr. + a
2 Volver una cosa al lugar de donde salió.
3 Entablar recurso contra una resolución. — DERECHO
4 Acudir a un juez o a una autoridad con una petición. — DERECHO

recursividad
1 Cualidad de recursivo. — s.f.
2 Noción que corresponde a la idea intuitiva de calculabilidad efectiva por aproximaciones sucesivas. — LÓGICA

recursivo, a
1 Se refiere al elemento lingüístico susceptible de ser incluido como constituyente de un elemento de la misma naturaleza un número indefinido de veces, en la gramática generativa. — adj. LINGÜÍSTICA
2 Se aplica al programa organizado de modo que puede llamarse a sí mismo en el curso de su desarrollo. — INFORMÁTICA

recurso
1 Acción y resultado de recurrir. — s.m.
2 Medio usado para una necesidad para obtener lo que se pretende: *el único recurso que tiene para salvar su puesto es aceptar las condiciones.* — = opción, procedimiento
3 Reclamación que se presenta ante un tribunal contra una sentencia o una resolución: *el abogado le aconsejó presentar recurso.* — DERECHO
4 Escrito en el que se exponen los motivos para una petición o una propuesta o en el que se defiende una cosa. — = memorial, solicitud
5 Regreso de una cosa al lugar que salió. — = retorno
6 Medios económicos de que se dispone: *no tiene recursos, así que su familia le da dinero.* — s.m.pl. = posibles
7 Conjunto de cosas de las que se dispone para resolver una necesidad o para realizar una cosa determinada: *es una mujer de recursos, así que saldrá airosa del apuro.* — = medios
8 **recurso contencioso administrativo:** Reclamación contra la administración del estado. — DERECHO
9 **recurso de aclaración:** El que se presenta para — DERECHO

que la autoridad que ha dictado la sentencia la explique o la aclare.
10 **recurso de amparo:** 1. El que se presenta, cuando se considera que un tribunal o una autoridad no ha respetado algún derecho reconocido por las leyes fundamentales, ante un alto tribunal de justicia. 2. Aquel que se presenta contra una resolución sindical que se considera que causa un perjuicio económico a un afiliado sindical. — DERECHO / DERECHO
11 **recurso de apelación:** El que se presenta ante un tribunal superior al que dictó la resolución contra la que se reclama. — DERECHO
12 **recurso de casación o de nulidad:** Aquel que se presenta ante el tribunal supremo contra sentencias o resoluciones definitivas. — DERECHO
13 **recurso de fuerza:** El que se presenta ante un tribunal civil contra resoluciones de tribunales eclesiásticos. — DERECHO
14 **recurso de queja:** El que se presenta ante un tribunal superior contra otro inferior que no ha aceptado una apelación u otro tipo de reclamación. — DERECHO
15 **recurso de reforma o de reposición:** Aquel que se presenta contra una resolución judicial que no es sentencia, para pedir que sea reformada. — DERECHO
16 **recurso de responsabilidad:** El que se presenta para exigir a varios jueces o tribunales la responsabilidad civil o criminal en que se considera que han incurrido. — DERECHO
17 **recurso de revisión:** Aquel que se presenta para obtener la revocación de una sentencia firme, en casos extraordinarios previstos por las leyes. — DERECHO
18 **recurso de súplica:** El que se presenta contra las resoluciones incidentales de los tribunales superiores, pidiendo ante los mismos su modificación o revocación. — DERECHO
19 **recursos humanos:** Conjunto de personal de una empresa, o número de personas disponibles para un fin concreto.
20 **recursos naturales:** Aquellos de los que dispone un país y que proporciona la propia naturaleza en forma de materias primas. — ECOLOGÍA, INDUSTRIA
21 **en o como último recurso:** Como última solución: *en último recurso, tendrá que denunciar el robo en la comisaría.* — loc.adv.

recusable Que puede ser recusado o rechazado: *se trata de una oferta por supuesto recusable, no tiene obligación de aceptarla.* — adj. = rechazable ≠ aceptable

recusación Acción y resultado de rechazar o recusar una cosa. — s.f.

recusante Que recusa. — adj/s.m.f.

recusar (Del lat. *recusare.*)
1 No aceptar o admitir una cosa por alguna razón: *recusó su propuesta porque iba contra sus intereses.* — v.tr. = rechazar
2 Poner un impedimento legítimo a un juez o un perito para que no intervenga en un proceso: *recusó al perito por no ser imparcial.* — DERECHO

red (Del lat. *rete.*)
1 Especie de tejido hecho con hilo, cuerda o alambres entrelazados, usado para pescar, cazar, envolver u otras cosas: *la red estaba repleta de peces; la pelota chocó contra la red de la pista.* — s.f. = malla
2 Conjunto sistemático de hilos conductores, vías de comunicación o de servicios para un fin determinado: *red telefónica; red de ferrocarriles.*
3 Conjunto de personas relacionadas y organizadas para un fin común, en general delictivo, secreto o ilegal: *red de narcotraficantes; red de espionaje industrial.* — = organización
4 Conjunto de establecimientos e instalaciones distribuidos por varios lugares sometidos a una única dirección y pertenecientes a una única empresa: *red de supermercados; red de cajeros automáticos.* — = cadena
5 Engaño usado por una persona para atraer a otra: *cayó en las redes de aquel malvado hombre.* — = estratagema, trama, treta
6 Armazón de barras de hierro entrecruzadas usado para proteger o adornar ventanas y otras aberturas de los muros: *el preso se escapó rompiendo la red de la prisión.* — = reja, verja
7 Conjunto de calles que confluyen o se cruzan en un punto. — = cruce
8 Malla para el pelo. — = redecilla
9 Labor o tejido de malla. — TEXTIL
10 Lugar donde se vende pan u otros objetos, que se dan a través de unas rejas. — COMERCIO
11 Conjunto de ordenadores y terminales conectados entre sí de modo que pueden intercambiarse mensajes mediante transmisiones serie. — INFORMÁTICA
12 **red barredera, de jorrar o de jorro:** La de pesca cuya parte inferior es arrastrada por el fondo del mar para capturar los peces que encuentre. — PESCA
13 **red de araña:** Tela que teje la araña. — = telaraña
14 **red del aire:** La que se coloca sujetándola a los árboles para capturar pájaros. — CAZA
15 **red de pájaros:** Cualquier tela de mala calidad. — TEXTIL
16 **red sabogal:** La usada para pescar sabogas. — PESCA
17 **caer una persona en la red:** Caer en una trampa: *cayó en las redes del chantajista.* — coloquial

18 echar o tender las redes: 1. Echarlas al agua para pescar. **2.** Prepararse para obtener alguna cosa o sacar beneficio de una situación: *echó las redes para quedarse con el puesto.* — PESCA / coloquial

redacción (Del lat. *redactio, -onis < redigere*, reducir a cierto estado.)
1 Acción y resultado de redactar: *empezó la redacción de la carta en un tono poco amistoso.* — s.f.
2 Escrito sobre un tema hecho como ejercicio escolar: *mandó a los alumnos que hicieran una redacción sobre el tema que quisieran.*
3 Lugar donde se redactan o preparan las noticias antes de ser comunicadas: *conectaron con la redacción para transmitir una noticia de última hora.*
4 Conjunto de redactores de un periódico.

redactar (Del lat. *redactus < redigere*, reducir a cierto estado.) Expresar por escrito un pensamiento o suceso ocurrido con anterioridad, cosas acordadas o pensadas: *voy a redactar la crónica de lo sucedido.* — v.tr. / = escribir

redactor, a
1 Que redacta. — adj./s.
2 Que es miembro de la redacción de una publicación, emisora de radio o de televisión, o de cualquier entidad: *es uno de los redactores de la editorial.*

redada
1 Acción y resultado de lanzar una red, en especial para pescar. — s.f. / PESCA
2 Operación especial de la policía para intentar apresar a varias personas de una vez: *la policía efectuó ayer una redada de gran importancia.* — = razia
3 Conjunto de personas o cosas que se cogen o toman de una vez: *una redada de narcotraficantes.*

redaño
1 Mesenterio, repliegue del peritoneo. — s.m./ANATOMÍA
2 Agallas o energías para realizar una cosa para la que se necesita valor: *es un torero con redaños; hace falta tener redaños para escalar esa montaña con chirucas.* — s.m.pl. / = brío, fuerzas

redar Echar la red de pescar. — v.tr./PESCA

redargución
1 Acción de redargüir. — s.f.
2 Argumento que se vuelve contra el que lo ha utilizado primero.

redargüir
1 Usar un argumento contra la persona que lo empleó con anterioridad. — v.tr. / conj: *argüir*
2 Declarar un acto jurídico no válido por algún vicio o imperfección en su forma. — DERECHO

redaya Red para pescar en el río. — s.f./PESCA

redecilla
1 Tela de mallas de la que se hacen las redes. — s.f./PESCA
2 Malla en figura de bolsa que se usa para recoger el pelo o adornar la cabeza: *las mujeres llevan el pelo recogido con una redecilla.* — = gandaya, red
3 Segunda de las cuatro cavidades en que se divide el estómago de los rumiantes. — ZOOLOGÍA / = retículo

redecir Repetir una palabra o una expresión de forma continua. — v.tr. / conj: *decir*

rededor
1 Espacio que rodea una cosa: *el rededor de la casa está sembrado de césped.* — s.m. / = contorno, redor
2 al o en rededor: Alrededor, en torno: *los niños corrían en rededor de la mesa.* — loc.adv.

redejón Redecilla de mayor tamaño que la ordinaria. — s.m.

redel Cuaderna que se coloca donde comienzan los raceles o delgados de una embarcación. — s.m./NÁUTICA / = almogama

redención (Del lat. *redemptio, -onis.*)
1 Acción y resultado de redimir. — s.f.
2 Remedio o refugio para una persona: *tus amigos son la redención de tus problemas.* — = amparo
3 redención de pena: Sistema que permite reducir una condena por el trabajo del reo. — DERECHO

redentor, a (Del lat. *redemptor.*)
1 Que redime. — adj./s.
2 Jesucristo para los cristianos. — s.m./RELIGIÓN
3 Religioso que rescataba a los cristianos que estaban en poder de los sarracenos. — RELIGIÓN

redentorista (De la orden del Santo *Redentor.*)
1 De dicha orden. — adj./RELIGIÓN
2 Que es miembro de dicha orden. — adj/s.m.f./RELIGIÓN

redeña Instrumento de pesca formado por una manga de red colocada en un aro usado para sacar los peces de las redes grandes. — s.f. / PESCA / = salabardo

redero, a
1 De las redes. — adj.
2 Persona que caza con red. — s./CAZA
3 Persona que por oficio hace redes.
4 Persona que arma las redes de pesca. — PESCA

redescontar Volver a descontar un valor o efecto mercantil. — v.tr./conj: *contar* / ECONOMÍA

redescubrir Percibir nuevas posibilidades de una cosa que ya existía: *hemos redescubierto el preservativo.* — v.tr. / part: redescubierto

redescuento Nuevo descuento de valores o efectos mercantiles adquiridos por operación análoga. — s.m. / ECONOMÍA

redhibición Anulación de la venta de una finca por ocultar el vendedor los gravámenes que pesaban sobre ella. — s.f. / DERECHO

redhibir (Del lat. *redhibere*, devolver.) Deshacer el comprador una venta por haber ocultado el vendedor los gravámenes que pesaban sobre la finca vendida. — v.tr. / DERECHO

redhibitorio, a
1 Que tiene relación con la redhibición. — adj./DERECHO
2 Que da derecho a la redhibición. — DERECHO

redicho, a Que habla con una perfección afectada y palabras rebuscadas: *ese conferenciante redicho me saca de quicio.* — adj. / = pedante

redición Repetición de lo que se ha dicho: *la conferencia de hoy ha sido una redición de la de ayer.* — s.f.

¡rediez! Expresa enfado o sorpresa: *¡que te calles, rediez!; ¡rediez, qué susto!* — interj. / coloquial

rediezmar Cobrar el rediezmo a una persona. — v.tr./HISTORIA

rediezmo
1 Segundo diezmo o porción extraída legítimamente del acervo. — s.m. / HISTORIA
2 Novena parte de los frutos ya diezmados, u otra porción cualquiera exigida después de pagado el diezmo. — HISTORIA

redil
1 Terreno vallado con estacas y redes, o con trozos de barrera y listones usado para guardar el ganado: *el ganadero dirigía las vacas hacia el redil.* — s.m.
2 volver al redil: 1. Retomar la vida ordenada y las buenas costumbres: *tras varios meses de escarceos amorosos, volvió al redil.* **2.** Volver al grupo o comunidad de la que se había alejado una persona: *volvió al redil junto a su familia tras unos años de aventuras por el mundo.* — coloquial / coloquial

redilar Agrupar o reunir el ganado en un lugar para que lo abone. — v.tr./tb: redilear / = amajadar

redilas Armazón de tablas alrededor de la plataforma de un camión: *camión de redilas.* — s.f.pl. / Méx.

redileo Acción y resultado de reunir el ganado en una tierra de labor para que la abone mientras está en ella. — s.m.

redimible Que puede ser redimido: *es una falta redimible; su redimible conducta recibió el perdón.* — adj./= perdonable / ≠ imperdonable

redimir (Del lat. *redimere.*)
1 Librar a una persona de una obligación o dificultad: *se redimió de sus deudas trabajando con empeño; redimió de la miseria a un pobre.* — v.tr/prnl / + de / = cancelar
2 Dejar libre a un cautivo o un esclavo mediante el pago de un precio determinado: *redimió a varios esclavos.* — = libertar, manumitir
3 Poner fin a una situación difícil o desgraciada: *redimió el dolor con unos masajes; su desesperanza se redimió al recibir la carta.* — = mitigar
4 Dejar libre una cosa hipotecada, empeñada o sujeta a cualquier tipo de gravamen. — v.tr./DERECHO / = librar
5 Volver a comprar una cosa que se había vendido. — COMERCIO

redingote Capote de poco vuelo y mangas ajustadas. — s.m.

¡rediós! Expresa malhumor, sorpresa o enfado: *¡estáte quieto, rediós!* — interj. / coloquial

redistribución Acción y resultado de volver a distribuir: *fue necesaria una redistribución del producto.* — s.f.

redistribuir
1 Volver a distribuir una cosa: *parece que van a redistribuir un disco que estaba fuera de catálogo.* — v.tr. / conj: *huir*
2 Distribuir una cosa de manera diferente: *voy a redistribuir los muebles de la sala.* — = recolocar

rédito (Del lat. *reditus*, regreso.) Renta o beneficio renovable que rinde un capital. — s.m./ECONOMÍA / = interés

redituable Que produce un rédito o beneficio periódica o renovadamente. — adj. / ECONOMÍA

reditual Que produce una renta con regularidad. — adj./ECONOMÍA

redituar Producir un capital un beneficio de forma periódica: *su dinero reditúa en esta cuenta un seis por ciento anual.* — v.tr./conj: *actuar* / ECONOMÍA / = rentar

redivivo, a (Del lat. *redivivus.*) Que ha resucitado o aparecido, en especial se usa para expresar el parecido de una persona con otra ya muerta: *su hijo era la imagen rediviva de su padre.* — adj.

redoblado, a
1 Se aplica a la cosa que es más resistente o gruesa de lo normal. — adj. / = reforzado
2 Se refiere a la persona que es robusta y no muy alta.

redoblamiento Redobladura, acción y resultado de redoblar o redoblarse. — s.m. / = redobladura

redoblante
1 Tambor más largo que los ordinarios usado en orquestas y bandas militares. — s.m. / MÚSICA
2 Persona que toca este tipo de tambor. — s.m.f./MÚSICA

redoblar
1 Aumentar el doble una cosa: *los beneficios se redo- v.tr/prnl.
blaron el pasado año.* = redoblegar
2 Aumentar o intensificar la atención, el cuidado u = redoblegar
otro aspecto no material: *hay que redoblar la vigilancia
en la zona.*
3 Doblar la punta de una cosa hacia sí misma. v.tr.
4 Volver a hacer o decir una misma cosa hecha o di- = iterar,
cha por uno mismo o por otra persona. repetir
5 Tocar una persona redobles en el tambor. v.intr./MÚSICA

redoble
1 Acción y resultado de redoblar: *extiende los redobles s.m.
que hayan quedado en el mantel para que no se arrugue.*
2 Toque de tambor o de otros instrumentos de per- MÚSICA
cusión que se hace hiriéndolo con los palillos y con
movimientos rápidos y repetidos.

redoblegar
1 Volver a doblegar o dominar un animal o una cosa. v.tr./conj: *pagar*
2 Aumentar el tamaño, la cantidad u otra caracterís- = redoblar
tica física de una cosa al doble de lo que era.
3 Aumentar la fuerza o intensidad de una cosa no = redoblar
material: *redoblegué los esfuerzos para lograr el contrato.*

redoblón, a Se aplica al clavo que ha de redoblarse. adj.

redolada Comarca de varios pueblos o lugares con s.f.
alguna unidad o interés común.

redolar Dar una persona o una cosa vueltas. v.intr./= girar

redolente Que tiene redolor. adj./s.m.f.

redolor Pequeño dolor que queda después de un pa- s.m.
decimiento.

redoma Recipiente de vidrio ancho en la base y es- s.f.
trecho en la boca, usado en los laboratorios.

redomado, a
1 Que tiene en alto grado la cualidad, en general ne- adj.
gativa, que se le atribuye: *es un sinvergüenza redomado.* = consumado
2 Que es astuto y muy cauteloso. = ladino

redomón, a Se aplica a la caballería no domada por adj.
completo. *Amér. Merid.*

redonda
1 Figura musical que representa la unidad del valor, s.f.
que equivale a dos blancas. MÚSICA
2 Espacio grande que comprende varios lugares, = comarca
zonas o pueblos.
3 Dehesa de pasto.
4 Vela cuadrilátera de las goletas y balandras. NÁUTICA
5 Se aplica a la letra común, de forma circular y dere- adj./s.f.
cha. ARTES GRÁFICAS
6 a la redonda: En torno, alrededor: *es la única gaso- loc.adv.
linera en varios quilómetros a la redonda.*

redondamente
1 Alrededor, en círculo. adv.
2 Con claridad, de forma rotunda y categórica: *lo negó = rotundamente
todo redondamente.*

redondeado, a Que es casi redondo: *el mantel es re- adj.
dondeado.*

redondear
1 Dar forma redonda a una cosa: *los bordes de este li- v.tr/prnl.
bro se han redondeado.* = curvar
2 Quitar o añadir a una cantidad unidades o fraccio- v.tr.
nes para que resulte otra cantidad determinada: *re-
dondeamos el precio y quedó en dos millones.*
3 Terminar una cosa de forma satisfactoria: *en la reu- = rematar
nión redondearon el negocio y firmaron la venta.*
4 Sanear o redondear una caballería que se re- COMERCIO
caían sobre un bien: *redondeó su negocio de todos los
acreedores.*
5 Adquirir una persona bienes o rentas que le pro- v.prnl.
porcionan una buena posición económica: *este tipo se
ha redondeado al ocupar el cargo directivo.*
6 Quedar libre de una deuda o una obligación: *al co- coloquial
brar la herencia se redondeó de lo que debía.*

redondel (Del fr. ant. *reondel* < *reont*.)
1 Línea curva cerrada cuyos puntos equidistan de s.m./= círculo,
otro situado en el mismo plano. circunferencia
2 Espacio limitado por la barrera destinado a la lidia, TAUROMAQUIA
en las plazas de toros. = ruedo

redondela
1 Círculo, superficie plana contenida dentro de una s.f./*Chile*
circunferencia. coloquial
2 Cualquier objeto circular. *Argent., Chile*

redondeo Acción y resultado de redondear. s.m.

redondez
1 Condición de redondo, circular o esférico. s.f./pl: redondeces
2 Perímetro de una superficie redonda. = circunferencia
3 Superficie de un cuerpo redondo.
4 Partes muy curvas o redondeadas de un cuerpo hu- s.f.pl.
mano: *al engordar, se le han acentuado las redondeces.*
5 redondez de la Tierra: Superficie o extensión total
del planeta.

redondilla
1 Estrofa formada por cuatro versos de ocho sílabas, s.f.
en la que riman el primero con el cuarto y el segundo POESÍA
con el tercero.

2 Se aplica a un tipo de letra, normalmente manus- adj/s.f.
crita, más ancha y redondeada que la ordinaria.

redondo, a (Del lat. *rotundus*.)
1 Que tiene forma circular o esférica: *la Luna llena es adj.
redonda.*
2 Que es perfecto, completo o logrado: *me ha salido
un examen redondo.*
3 Se aplica al número o a la cantidad que se expresa
en unidades enteras al prescindir de porciones o partes pequeñas: *en números redondos, cien mil.*
4 Que ha sido expresado de forma clara y categórica: = categórico,
respondió con un no redondo. rotundo
5 Se aplica al terreno adehesado que no es común.
6 Que es de igual linaje por todos sus ascendientes:
hidalgo redondo.
7 Se aplica al pase que da el diestro girando sobre los TAUROMAQUIA
pies obligando a la res a dar la vuelta en torno a él.
8 Cosa de forma circular o esférica. s.m.
9 Carne del cuarto trasero del buey o ternera situada
junto a la contratapa: *de comer hay redondo con setas.*
10 Perfil de sección circular.
11 Carne arrollada, en general rellena, que se come COCINA
guisada.
12 caer o caerse redondo: 1. Caer al suelo por un coloquial
desmayo u otra causa: *se cayó redondo en la acera de la
borrachera que llevaba.* 2. Asombrarse mucho ante una coloquial
cosa: *se caerá redondo cuando te vea con el pelo teñido.*
13 en redondo: 1. Dando la vuelta completa: *giró en loc.adv.
redondo por la autopista.* 2. De forma contundente y loc.adv.
rotunda: *se negó en redondo a ayudarme.*
14 salir algo redondo: Resultar una cosa perfecta o coloquial
tal y como se esperaba: *el plan le salió redondo y además ganó dinero.*

redondón Círculo o figura circular muy grande. s.m./coloquial

redopelo (Del lat. *retro-*, hacia atrás + *pilus*, pelo.)
1 Pasada a contrapelo, que se hace con la mano o s.m.
con algún utensilio, sobre el paño u otra tela. tb: redropelo
2 Riña entre muchachos con palabras o golpes: *mon- coloquial
taron un buen redopelo disputándose el balón.* = pelea, reyerta
3 a o al redopelo: 1. A contrapelo. 2. De forma vio- loc.adv.
lenta, contra el curso natural de las cosas.

redor (Del lat. *retro*, detrás.)
1 Espacio que rodea una cosa: *deja de dar vueltas en s.m.
redor de la silla.* = alrededor
2 Reborde redondeado de una sotana o una toga.
3 Estera pequeña y redonda.

redorar Volver a dorar una cosa. v.tr.

redova
1 Trozo pequeño de madera hueco que se toca a ma- s.f.
nera de tambor, característico de la música del norte *Méx.*
de México. MÚSICA
2 Grupo musical que toca composiciones típicas del *Méx.*
norte del país. MÚSICA

redrojar Echar una planta redrojos. v.intr./BOTÁNICA

redrojo (Del lat. *retro*, detrás.)
1 Racimos pequeños que quedan después de vendi- s.m.
miar. AGRICULTURA
2 Flor o frutos tardíos que no llegan a desarrollarse BOTÁNICA
por completo.
3 Niño o niña poco desarrollados. = canijo

redropelo (Del lat. *retro-*, hacia atrás + *pilus*, pelo.)
1 Pasada a contrapelo con la mano u otro utensilio s.m.
en el paño o en otra tela. = redopelo
2 a o al redropelo: 1. A contrapelo. 2. Contra el cur- loc.adv.
so natural de las cosas.

redroviento Viento que llega a la pieza desde el sitio s.m.
donde está el cazador. CAZA

reducción
1 Acción y resultado de reducir o reducirse: *los sindi- s.f.
catos pedían una reducción de la jornada laboral.* = disminución
2 Población destinada a los indios creada por los colonizadores hispanos.
3 Pueblo de indios americanos convertidos al cristianismo y organizados bajo un régimen de vida comunitario por los jesuitas.
4 reducción eidética: Retención tan sólo de las no- FILOSOFÍA
tas esenciales de una vivencia o de su objeto, en fenomenología.
5 reducción fenomenológica: Eliminación que se FILOSOFÍA
hace de una vivencia y de su objeto de toda toma de
posición acerca de su realidad, así como de la existencia del sujeto.

reduccionismo Tendencia a simplificar los enuncia- s.m.
dos o fenómenos complejos, exponiéndolos en pro- FILOSOFÍA
posiciones sencillas.

reducible Que se puede reducir: *el estudio de la situa- adj.
ción económica de la empresa indica que los presupuestos = reductible
de la misma son reducibles.* ≠ irreducible

reducido, a Que es pequeño o limitado: *han compra- adj.
do un piso reducido pero suficiente para los dos; quiero
una copia a tamaño reducido.*

reducidor, a Persona que comercia con objetos s.
robados. *Amér. Merid.*

reducimiento Acción y resultado de reducir o reducirse: *el reducimiento de los gastos no salvará la empresa.* — s.m. = reducción

reducir (Del lat. *reducere.*)
1 Disminuir la fuerza, intensidad, tamaño u otra característica física de una cosa: *reduce el volumen del tocadiscos; reduce la fotografía.* — v.tr./conj: *conducir* = disminuir, menguar
2 Hacer un resumen de un texto o discurso: *tuvo que reducir la extensa conferencia para publicarla en una revista.* — = resumir
3 Cambiar una cosa por otra equivalente: *redujimos las cuestiones teóricas a cosas prácticas.* — + a = transformar
4 Hacer que una cosa quede comprendida en una cantidad: *se redujo el presupuesto a la cantidad prevista; redujimos los gastos al máximo permitido.* — v.tr./prnl. + a
5 Consistir una cosa en otra considerada de menos valor: *siempre reduces tus problemas a la misma historia; su tragedia se reduce a un problema de dinero.* — = limitar
6 Someter o dominar a una persona: *la policía redujo a los manifestantes.* — v.tr.
7 Hervir un líquido para que se concentre: *reduce la salsa hasta que espese.* — COCINA
8 Cambiar una marcha larga a otra más corta en un vehículo: *reduce antes de entrar en la curva.* — v.intr. MECÁNICA
9 Volver a situar una cosa en el lugar o el estado en que estaba. — v.tr.
10 Cambiar monedas por otras del mismo valor. — ECONOMÍA
11 Conseguir convencer a una persona con razones o argumentos. — = persuadir
12 Dividir un cuerpo en partes muy pequeñas: *reduce el ajo con el mortero.* — = desmenuzar
13 Hacer que un cuerpo cambie su estado físico: *el calor reduce los sólidos a líquidos.* — FÍSICA
14 Convertir unas unidades en otras: *reduje los metros a centímetros.* — MATEMÁTICAS
15 Transformar una expresión matemática en otra más sencilla: *reduce la fracción; reduce los denominadores a factor común.* — MATEMÁTICAS
16 Convertir una forma imperfecta de silogismo en una forma perfecta. — LÓGICA
17 Volver a colocar un hueso fracturado o una parte herniada en su posición natural. — MEDICINA
18 Separar los elementos que forman un cuerpo. — QUÍMICA
19 Quitar el oxígeno de un cuerpo, parcial o totalmente. — QUÍMICA
20 Mostrarse una persona más moderada en determinados comportamientos: *se redujo mucho en sus gastos.* — v.prnl. = moderarse
21 Proponerse realizar una acción: *me he reducido a pasear una hora cada día.* — = determinarse

reductible Que se puede reducir. — adj./≠ irreductible

reducto (Del ital. *ridotto.*)
1 Lugar o grupo de personas que conservan una cultura o costumbres pasadas o en vías de extinción: *existen reductos de sociedades tribales.* — s.m.
2 Lugar donde una persona o grupo se siente protegido o considera exclusivo: *ese local es el reducto de la nobleza; su casa es su reducto de paz.*
3 Obra provisional de campaña de forma cuadrangular que está aislada y cerrada por un parapeto y que consta de una o más banquetas. — MILITAR

reductor, a
1 Que reduce o sirve para reducir — adj./s.
2 Se aplica al mecanismo que disminuye la velocidad de rotación de un eje. — MECÁNICA
3 Sustancia química que puede reducir a otra. — s.m./QUÍMICA

redundancia
1 Repetición inútil de una palabra, de un concepto o de una idea en un mismo fragmento del discurso o del texto. — s.f. RETÓRICA
2 Sobra o exceso de cualquier cosa. — = demasía
3 Repetición de la información contenida en un mensaje, no necesaria para la comunicación, que favorece la captación pasiva y acrítica por parte del receptor.

redundante
1 Que se repite con frecuencia y de forma innecesaria: *es un artículo redundante.* — adj. = reiterado
2 Que redunda en beneficio o perjuicio de una persona o cosa: *el capital redundante se reinvertirá en la empresa.*

redundar (Del lat. *redundare.*)
1 Resultar una cosa en beneficio o perjuicio de una persona o de una cosa: *las ventas redundaron en beneficio de la empresa.* — v.intr. + en
2 Salir una cosa de los bordes de su recipiente o de sus límites. — = rebosar

reduplicación
1 Acción y resultado de reduplicar una cosa. — s.f.
2 Figura que consiste en repetir un mismo vocablo en un cláusula o miembro del período. — RETÓRICA

reduplicar
1 Hacer que una cosa aumente o se intensifique: *las ventas se han reduplicado este trimestre.* — v.tr./prnl. conj: *sacar*
2 Volver a hacer una cosa. — = repetir

reduplicativo, a Que reduplica. — adj.

reduvio (Del lat. *reduvia,* piel de culebra que muda.) Insecto hemíptero de color oscuro, cuerpo esbelto, patas largas y pico encorvado, que suele vivir en las cercanías del hombre, alimentándose de moscas e insectos de las casas. *(Reduvius personalus.)* — s.m. ZOOLOGÍA

reedición
1 Acción y resultado de reeditar: *en breve se hará una reedición de la novela dado el gran éxito que ha tenido.* — s.f. = reimpresión
2 Nueva edición de un libro o publicación: *en la reedición se han corregido algunos errores.* — ARTES GRÁFICAS

reedificación Acción y resultado de reedificar: *la reedificación de la zona llevará varios años.* — s.f. = reconstrucción

reedificador, a Que reedifica o hace reedificar. — adj/s.

reedificar
1 Volver a edificar una construcción derruida: *tendrán que reedificar los edificios dañados por el seísmo.* — v.tr./conj: *sacar* = reconstruir
2 Volver a construir una cosa material o inmaterial: *reedificó su espíritu socialista ante el trato injusto que sufrían los emigrantes.* — = reconstruir

reeditar Volver a editar una obra: *reeditaron el libro a los dos meses de ponerlo a la venta.* — v.tr. = reimprimir

reeducación
1 Acción de reeducar. — s.f.
2 Conjunto de técnicas y ejercicios encaminados a enseñar a una persona el uso normal de algún miembro o función de su cuerpo que se ha visto afectado. — MEDICINA

reeducar
1 Volver a enseñar a una persona. — v.tr./conj: *sacar*
2 Volver a enseñar a una persona el uso de algún miembro dañado o perdido por enfermedad o accidente: *tuvo que reeducar sus piernas tras el accidente para volver a caminar.* — MEDICINA

reelección Acción y resultado de reelegir: *todos esperaban la reelección del presidente.* — s.f.

reelecto, a (Part. pas. irreg. de *reelegir.*) Que ha sido reelegido. — adj.

reelegible Que puede ser reelegido: *es reelegible para alcalde.* — adj.

reelegir Volver a elegir a una persona o una cosa: *le han reelegido para el cargo.* — v.tr./conj: *regir* part.tb: reelecto

reembarcar
1 Volver a embarcar a una persona o una cosa: *se reembarcaron después de que el motor fuera reparado en el puerto.* — v.tr/prnl. conj: *sacar* NÁUTICA
2 Meterse de nuevo en un asunto, negocio o empresa: *se reembarcó otra vez en política.* — v.prnl. coloquial

reembarque Acción y resultado de reembarcar: *anunciaron el reembarque de los micrófonos.* — s.m. NÁUTICA

reembolsable Que puede o debe ser reembolsado: *pidió un préstamo reembolsable en un año.* — adj./tb: reembolsable = retornable

reembolsar Rembolsar, recuperar una persona una cantidad desembolsada. — v.tr/prnl. = reintegrar

reembolso Rembolso (en todas sus acepciones). — s.m.

reemisor Emisor que repite o aumenta las señales procedentes de otro emisor para que puedan ser recibidas en su destino. — s.m./TELECOMUNICACIONES

reemplazable Que puede ser reemplazado: *es un material reemplazable por otro de menor coste.* — adj./tb: reemplazable ≠ irreemplazable

reemplazante Que reemplaza o sucede a una persona en un empleo o cargo: *es el reemplazante del gerente durante su ausencia.* — adj/s.m.f. tb: reemplazante = suplente

reemplazar (Del fr. *remplacer.*)
1 Sustituir una cosa por otra o ponerla en lugar de ella: *reemplazá la vieja mesa por una nueva.* — v.tr./conj: *cazar* tb: reemplazar
2 Ocupar una persona el cargo o empleo de otra: *ella me reemplazará durante mi período de vacaciones.* — = suplir

reemplazo
1 Acción y resultado de reemplazar: *es preciso el reemplazo de algunas piezas que están en mal estado.* — s.m. tb: reemplazo
2 Sustitución de una persona o cosa por otra: *el presidente ha pedido al comité su reemplazo del cargo por motivos de salud.* — = relevo
3 Conjunto de los quintos que empiezan el servicio militar en sustitución de los soldados que se licencian. — MILITAR = quinta
4 Renovación parcial del contingente de un ejército activo en los plazos fijados por la ley. — MILITAR
5 **de reemplazo:** Se aplica a la situación del militar que no tiene plaza en los cuerpos de su arma pero sí opción a ella en las vacantes que haya. — loc.adj. MILITAR

reemprender Proseguir con una acción que se ha interrumpido: *ya es hora de reemprender la marcha; reemprendamos la conversación.* — v.tr. = reanudar, reiniciar

reencarnación Acción y resultado de reencarnar o reencarnarse: *algunas religiones creen en la reencarnación de las almas.* — s.f.

reencarnar Volver a tomar un espíritu o una idea forma corporal. — v.intr/prnl.

reencauchadora Instalación para reencauchar llantas o cubiertas de vehículos. — s.f. Colomb., Perú

reencauchar Volver a cubrir de caucho una llanta desgastada. — v.tr. *Colomb., Perú*

reencontrar
1 Volver a encontrar a una persona o una cosa: *nos reencontramos tras muchos años sin vernos*. — v.tr/prnl. conj: *contar*
2 Volver a tener una persona las facultades o los hábitos que había perdido: *durante las vacaciones se ha reencontrado con la lectura*. — v.prnl.

reencuadernación Acción y resultado de encuadernar un libro por segunda vez. — s.f. ARTES GRÁFICAS

reencuadernar Volver a encuadernar un libro. — v.tr./ARTES GRÁFICAS

reencuentro
1 Acción y resultado de reencontrar o reencontrarse: *el reencuentro con sus viejos compañeros fue muy emotivo*. — s.m.
2 Encuentro de dos cosas que chocan una con otra. — = choque
3 Choque de dos grupos poco numerosos de fuerzas enemigas que se buscan. — MILITAR

reenganchado, a Persona que, antes de licenciarse, pide continuar en el cuerpo del ejército al que pertenece. — s. MILITAR

reenganchamiento Acción y resultado de reenganchar o reengancharse en el ejército. — s.m./MILITAR = reenganche

reenganchar
1 Volver a alistarse en el ejército un soldado que ha terminado su servicio obligatorio: *se reenganchó por dos años porque no tenía trabajo*. — v.tr/prnl. MILITAR
2 Volver una persona a adquirir un hábito: *se ha reenganchado a la droga*. — v.prnl. coloquial

reenganche
1 Acción y resultado de reenganchar o reengancharse al ejército: *firmó el reenganche por seis meses*. — s.m./MILITAR = reenganchamiento
2 Dinero que se da al que se reengancha. — MILITAR

reengendrador, a Que reengendra. — adj/s.

reengendrar
1 Volver a engendrar a un ser vivo. — v.tr.
2 Dar Dios un nuevo ser espiritual a una persona: *Dios reengendró a María en madre de Cristo*. — RELIGIÓN

reensayar Volver a ensayar una cosa: *tienes que reensayar tu papel hasta que te lo sepas de memoria*. — v.tr.

reensaye Acción y resultado de reensayar o probar la calidad o la ley de un metal precioso. — s.m.

reensayo Segundo o último ensayo de una obra, una máquina u otra cosa: *el reensayo de la obra teatral ha sido perfecto*. — s.m.

reenviar Enviar una cosa que se ha recibido: *te reenvió la mercancía porque está en mal estado*. — v.tr. conj: *vaciar*

reenvidar Hacer una apuesta o un envite sobre otra hecha con anterioridad. — v.tr/JUEGOS tb: *revidar*

reenvío Acción y resultado de reenviar. — s.m.

reenvite Apuesta o envite que se hace como respuesta a otro envite. — s.m. JUEGOS

reestrenar Volver a representar o a exhibir una obra o una película estrenadas con anterioridad: *van a reestrenar una de las películas de ciencia ficción más famosas*. — v.tr. CINE, TEATRO

reestreno
1 Acción y resultado de volver a estrenar, en especial películas u obras teatrales: *como no vi la obra en su momento, no pienso perderme el reestreno*. — s.m. CINE, TEATRO
2 de reestreno: Se aplica al local o a la sala dedicado habitualmente a reestrenar películas: *es un cine de reestreno*. — loc.adj.

reestructuración Acción y resultado de reestructurar una cosa: *la casa parece más grande con la reestructuración de los tabiques*. — s.f. = reorganización

reestructurar Cambiar la estructura o la organización de una cosa: *quieren reestructurar algunos sectores económicos*. — v.tr. = reorganizar

reexaminación Nuevo examen: *se presentó a la reexaminación para subir nota*. — s.f.

reexaminar Volver a examinar a una persona o una cosa: *el profesor reexaminó a todos los alumnos porque el primer examen fue un fracaso*. — v.tr.

reexpedición Acción y resultado de enviar lo que se recibe a su lugar de procedencia o a otro sitio. — s.f.

reexpedir Volver a enviar una cosa que se ha recibido al lugar de procedencia o a otro diferente. — v.tr. conj: *pedir*

reexportación Exportación de mercancías que han sido importadas con anterioridad. — s.f. COMERCIO

reexportar Enviar a otro país una mercancía que se ha importado. — v.tr. COMERCIO

refacción (Del lat. *refectio, -onis < reficere*, rehacer.)
1 Pequeña cantidad de alimento que se toma para reparar las fuerzas. — s.f. = piscolabis
2 Reparación de una cosa estropeada. — = arreglo
3 Aquello que en una venta se daba al comprador por añadidura sobre la medida exacta. — COMERCIO

4 Restitución que se hacía al estado eclesiástico de la porción con que había contribuido a los derechos reales de que estaba exento. — HISTORIA
5 Gratificación que se daba a los militares en compensación del mayor precio de los víveres. — HISTORIA
6 Pieza de repuesto para cualquier aparato mecánico. — *Méx.*

refaccionaria Tienda de refacciones para automóviles y camiones. — s.f./*Méx.* COMERCIO

refaccionario, a
1 De la refacción. — adj.
2 Se aplica a los créditos que proceden de dinero invertido en fabricar o reparar una cosa, con provecho para el sujeto a quien pertenece y para acreedores o interesados en ella. — ECONOMÍA

refajo Falda de tela gruesa que usaban las mujeres como prenda interior de abrigo, o exterior encima de las enaguas. — s.m. = faldellín

refalosa
1 Baile popular. — s.f./*Argent., Chile*
2 Pancutra, guiso hecho de pedacitos de masa de harina cocidos con agua o caldo. — *Chile* COCINA

refalsado, a Que es falso o engañoso. — adj.

refanfinflar Mostrarse por completo indiferente ante una persona o una cosa: *le refanfinfla la política*. — v.tr. coloquial

refección (Del lat. *refectio, -onis < reficere*, rehacer.)
1 Alimento para reparar las fuerzas. — s.f./= refacción
2 Reparación de una cosa estropeada. — = refacción

refeccionario, a Se aplica al crédito que procede de dinero invertido. — adj. ECONOMÍA

refectolero, a Que está al cuidado del refectorio. — adj/s.

refectorio (Del lat. *refectorius*, que rehace.) Comedor de los conventos o de casas de comunidades religiosas. — s.m.

referencia
1 Acción y resultado de referir o referirse: *hizo una referencia a lo que había sucedido*. — s.f.
2 Relación de una cosa con otra a la que se parece o de la que depende: *existe una clara referencia entre su última novela y la anterior*. — = relación, semejanza
3 Nota o indicación, en libros y escritos, del lugar del mismo o de otro al que se remite al lector. — = remisión
4 Noticia o información sobre un hecho o asunto: *me hizo una detallada referencia de lo que había visto y oído en la reunión*. — = crónica, relato
5 Informe dado a una persona sobre las aptitudes y cualidades de otra para un empleo: *con tus buenísimas referencias, seguro que te dan el puesto*. — s.f.pl. = informes
6 Marca o número de identificación de un producto comercial: *la referencia de las etiquetas indica el modelo de la prenda, el color y la talla*. — COMERCIO

referencial
1 De la referencia. — adj.
2 Conjunto de elementos que forman un sistema de referencia. — s.m.
3 Conjunto de los elementos unidos a este sistema.
4 Conjunto general en el que los conjuntos estudiados constituyen subconjuntos. — MATEMÁTICAS

referéndum
1 Procedimiento por el que se somete al voto público alguna ley, acción de gobierno u otro asunto de interés común: *algunos partidos propusieron someter a referéndum la ley del aborto*. — s.m. pl: referéndums POLÍTICA tb: referendo
2 Comunicación oficial en que un agente diplomático pide nuevas instrucciones a su gobierno sobre algún asunto importante. — POLÍTICA
3 referéndum consultivo: Aquel en el que el resultado no implica su aplicación. — POLÍTICA
4 referéndum obligatorio: Aquel en el que se decide un cambio en la constitución. — POLÍTICA
5 referéndum vinculante: El que exige la aplicación del resultado. — POLÍTICA

referente
1 Que se refiere a la persona o cosa que se expresa a continuación: *no comparto sus ideas referentes a la política*. — adj. + a = relativo
2 Aquello a lo que se refiere un signo o una palabra. — s.m./LINGÜÍSTICA

referí Juez o árbitro de una competición deportiva, en especial en el fútbol. — s.m.f./*Amér. Central y Merid.*/DEPORTES

referible
1 Que puede hacer referencia a otro: *sus insinuaciones eran referibles a todos*. — adj./= aplicable ≠ inaplicable
2 Que puede ser referido o contado: *no es una historia referible en público*. — = contable, narrable ≠ inenarrable

referir (Del lat. *referre*.)
1 Dar a conocer de palabra o por escrito un hecho: *solía referir sus aventuras como marinero a sus nietos*. — v.tr./conj: *sentir* = contar, narrar
2 Atribuir o aplicar una cosa a una persona: *algunos historiadores referían el inicio de la revolución a intrigas de algunos ministros*. — v.tr/prnl. = relacionar
3 Remitir al lector de un texto a otro lugar del mismo o a otro texto: *la nota refiere a una obra citada en la bibliografía*. — v.tr. = enviar
4 Aludir a una persona o cosa de forma clara y directa: *no me refiero a ti sino a ella*. — v.prnl./+ a = citar

5 Atenerse a lo dicho o hecho: *debes referirte a las dis-* **+ a**
posiciones acordadas en la reunión.   **= ceñirse**

refigurar Volver a imaginar una persona una cosa **v.tr.**
que había visto antes.

refilar Pasar tocando ligeramente una cosa.   **v.intr./Chile**

refilón
1 Se usa para indicar de soslayo, al sesgo, en la ex- **loc.adv.**
presión **de refilón**: *le di un poco de refilón con el para-*
choques.
2 Se usa en la expresión **de refilón** para indicar de **loc.adv.**
pasada, sin prestar atención: *sólo lo he visto de refilón*
una o dos veces.

refinación Acción y resultado de refinar: *el proceso de* **s.f.**
refinación del petróleo es muy costoso.   **= refinadura**

refinadera Piedra larga y cilíndrica que se usaba para **s.f.**
trabajar el chocolate después de hecha la mezcla.

refinado, a
1 Que es exquisito y delicado: *suele ir a uno de los res-* **adj.**
taurantes más refinados de la ciudad.   **= distinguido**
2 Que se comporta con malicia o astucia: *la suya es* **= malicioso**
una crueldad refinada.
3 Operación de refinar los metales o determinadas **s.m./INDUSTRIA**
sustancias: *esa industria se dedica al refinado del aceite.* **= refino**

refinador, a
1 Que refina.   **adj.**
2 Persona que refina metales, licores o ciertos pro- **s.**
ductos alimenticios.   **INDUSTRIA**

refinadura Acción de refinar.   **s.f.**

refinamiento
1 Actitud de la persona que se caracteriza por su ex- **s.m.**
quisitez y delicadeza: *el refinamiento de sus modales le* **= distinción**
convierte en un auténtico galán.
2 Detalle que denota el máximo cuidado o perfección puesto en una persona o una cosa: *el edificio está*
construido con todo tipo de refinamientos técnicos y estéti-
cos.
3 Crueldad extremada en el daño infligido a una per- **= encarnizamiento,**
sona, animal o cosa.   **ensañamiento**

refinar
1 Hacer una cosa más fina o pura: *la gasolina se obtie-* **v.tr.**
ne al refinar el petróleo.
2 Hacer una cosa perfecta: *refinó su trabajo para que le* **= depurar**
subieran el sueldo.
3 Hacer operaciones industriales de refino para dar **INDUSTRIA**
una mayor calidad a un producto.
4 Perder una persona la rudeza o vulgaridad en el **v.prnl.**
comportamiento o en los modales: *se refinó en aquel* **= educarse,**
centro de señoritas.   **pulirse**

refinería Instalación industrial donde se refina un **s.f.**
producto: *refinería de azúcar; refinería petrolífera.* **INDUSTRIA**

refino, a
1 Que es muy fino o depurado.   **adj.**
2 Acción y resultado de refinar.   **s.m./INDUSTRIA**
3 Lonja donde se vende cacao, azúcar y chocolate. **COMERCIO**

refirmar (Del bajo lat. *refirmare.*)
1 Hacer descansar una cosa sobre otra: *refirma la silla* **v.tr.**
sobre la pared.   **= estribar**
2 Afirmar la validez o veracidad de una cosa.   **= confirmar**

refitolear Curiosear o intentar averiguar cosas de po- **v.tr./intr.**
ca importancia: *estuvo refitoleando toda la tarde por tu* **coloquial**
cuarto.   **= husmear**

refitolería Acción o palabras afectadas, mimosas o **s.f./coloquial**
cursis.   **= cursilería**

refitolero, a
1 Que cuida del refectorio de una comunidad religiosa. **adj./s.**
2 Se aplica a la persona entrometida y curiosa. **coloquial**
3 Se refiere a la persona cursi o redicha: *es muy refito-* **coloquial**
lera hablando.   **= afectado**

reflectante
1 Que reflecta.   **adj./FÍSICA**
2 Instrumento que refleja la luz y permite que un ob- **s.m.**
jeto sea visto.   **FÍSICA**

reflectar (Del ingl. *reflect.*) Reflejar la luz, el calor, el **v.intr.**
sonido o un cuerpo elástico oponiendo una superficie **FÍSICA**
lisa.

reflector, a
1 Se aplica al cuerpo que refleja: *pantalla reflectora;* **adj./s./FÍSICA**
material reflector.   **= reflectante**
2 Aparato que refleja las radiaciones de un foco lumi- **s.m.**
noso o calorífico y la dirige en una determinada di- **ÓPTICA**
rección.
3 Aparato que dirige la luz de un foco en determina- **ÓPTICA**
da dirección: *potentes reflectores iluminan el campo de*
fútbol.
4 Instrumento óptico de gran alcance, usado para es- **ASTRONOMÍA**
tudiar los cuerpos celestes.   **= telescopio**

refleja Reflexión, acción y resultado de reflejar o re- **s.f.**
flexionar.

reflejar (Del lat. *reflectere.*)
1 Hacer una superficie que retroceda la luz, el calor o **v.tr./prnl.**
el sonido que llegan a ella: *la sala está acondicionada* **FÍSICA**
para reflejar el sonido; la luz se reflejó en el cristal. **tb: reflectar**

2 Formarse la imagen de una cosa en una superficie
lisa y brillante: *el lago reflejaba las montañas; su rostro*
se reflejó en el espejo.
3 Dejarse ver una cosa en otra: *su novela refleja el am-* **= plasmar,**
biente del siglo pasado; se refleja su felicidad en la mi- **revelar**
rada.
4 Manifestar o hacer patente una cosa: *el barullo de* **v.tr.**
papeles que hay sobre su mesa refleja su desorden; reflejó **= mostrar**
su desacuerdo con un gesto de disgusto.
5 Sentirse un dolor en una parte del cuerpo distinta **v.prnl.**
del punto en el que se ha originado.   **MEDICINA**

reflejo, a (Del lat. *reflexus.*)
1 Que se refleja.   **adj.**
2 Se aplica al movimiento o acto que se produce de **adj./s.m.**
manera inconsciente como respuesta a un estímulo: **= automático**
insultarle fue un reflejo involuntario.   **≠ voluntario**
3 Se aplica al dolor que se siente en un punto o zona **adj.**
del cuerpo distinto de aquel en el que se originó. **MEDICINA**
4 Luz que se refleja: *el reflejo de la bombilla le moles-* **s.m.**
taba.   **= destello**
5 Imagen que se refleja: *vi el reflejo de un rostro en el*
cristal y me asusté.
6 Aquello que muestra o reproduce lo que se expre- **= imagen**
sa: *su rostro era el reflejo del dolor.*
7 Capacidad de una persona para reaccionar con rapi- **s.m.pl.**
dez: *el jarrón no se rompió porque tuve reflejos y lo cogí* **= reacción**
a tiempo.
8 Mechas suaves y de un tono más claro que el cabello: *el peluquero me ha hecho reflejos en color caoba.*
9 reflejo condicionado: Respuesta ante un estímulo **SICOLOGÍA**
que por sí solo no produciría ninguna, pero, después
de haber actuado junto a otro al que ha sido asociado, sí la produce: *el sonido de una campana provocaba*
en el perro el reflejo condicionado de querer comer.
10 reflejo incondicionado: Respuesta biológica in- **FISIOLOGÍA**
voluntaria provocada por una excitación sensorial: *el*
parpadeo es un reflejo incondicionado.

réflex Se aplica a la cámara fotográfica dotada de un **adj/s.m./pl: réflex**
sistema de lentes que corrige el error de paralaje. **FOTOGRAFÍA**

reflexible Que se puede reflejar: *onda reflexible; sonido* **adj.**
reflexible.   **FÍSICA**

reflexión (Del lat. *reflexio, -onis.*)
1 Acción y resultado de reflejar o reflejarse una luz, **s.f.**
un sonido o el calor: *las gafas tienen unos cristales que* **FÍSICA**
reducen la reflexión de la luz en ellos.
2 Acción y resultado de examinar y considerar las co- **= meditación**
sas con detenimiento: *tras unos instantes de reflexión,*
nos dio su opinión del tema.
3 Advertencia con que una persona intenta conven- **= consejo,**
cer a otra: *su familia le hizo una reflexión sobre los in-* **sugerencia**
convenientes de su decisión.
4 Manera de ejercerse la acción del verbo reflexivo. **LINGÜÍSTICA**
5 Cambio de la dirección o del sentido de propaga- **FÍSICA**
ción de una onda lumínica o sonora: *el eco se produce*
por la reflexión del sonido.

reflexionar Considerar una cosa con detenimiento: **v.intr/tr.**
reflexiona sobre lo que te he dicho; reflexiona tu respuesta **= meditar,**
antes de darla.   **pensar**

reflexividad Propiedad de la relación reflexiva. **s.f.**

reflexivo, a
1 Que reflexiona: *tiene un modo de ser reflexivo y sere-* **adj./= prudente,**
no; deberías ser más reflexivo y pensar en las consecuen- **ponderado**
cias de tus actos.   **≠ irreflexivo**
2 Que refleja o reflecta.   **= reflector**
3 Se aplica al verbo pronominal en que el pronombre **adj/s.m.**
realiza la función de complemento directo o indirecto **LINGÜÍSTICA**
y corresponde a la misma persona que el sujeto.
4 Se aplica a una relación verificada para todo par de **LÓGICA,**
elementos idénticos.   **MATEMÁTICAS**

reflexograma Registro gráfico de un reflejo. **s.m./MEDICINA**

reflexología Estudio científico de los reflejos orienta- **s.f.**
do a establecer la topografía de las conexiones ner- **MEDICINA**
viosas.

reflorecer
1 Volver a florecer las plantas: *hizo tan buen tiempo el* **v.intr/conj: carecer**
pasado otoño que las plantas reflorecieron.   **BOTÁNICA**
2 Recuperar una cosa su importancia y estimación: **= reanimar**
parece que el teatro ha reflorecido tras varios años de cri-
sis.

reflorecimiento Acción y resultado de reflorecer: *la* **s.m.**
política cultural ha contribuido al reflorecimiento de las artes.

reflotar
1 Volver a poner una embarcación a flote. **v.tr./NÁUTICA**
2 Intentar que una empresa o negocio vuelva a dar **= reactivar**
beneficios: *si no logran reflotar la sociedad, tendrán que*
cerrar.

refluir
1 Volver un líquido hacia atrás: *el mar refluye durante* **v.intr.**
la bajamar.   **conj: huir**
2 Tener una cosa como resultado otra: *las nuevas di-* **+ en**
rectrices refluyeron en un aumento de la productividad. **= redundar**

reflujo
1 Movimiento de descenso o retroceso de la marea. — s.m.
2 Parte de la fracción vaporizada que es condensada y reintroducida en estado líquido en el aparato de destilación. — QUÍMICA
3 Flujo de un líquido en sentido inverso al normal. — FISIOLOGÍA

refocilación Acción y resultado de refocilar o refocilarse. — s.f. = regodeo

refocilar (Del lat. *refocilare*, recalentar.)
1 Divertir o alegrar con groserías: *se refocilaba oyendo chistes verdes.* — v.tr/prnl. = regodear
2 Mostrar alegría por el mal ajeno: *se refocilaba viéndole encarcelado.* — v.prnl.

refocilo Refocilación, acción y resultado de refocilar o refocilarse. — s.m. = regodeo

reforestación Repoblación de un terreno o un bosque con árboles o plantas, por lo general criados en viveros: *han iniciado una campaña para que los niños contribuyan a la reforestación de la zona quemada.* — s.f.

reforestar Volver a plantar árboles o plantas en un terreno o en un bosque: *reforestaron la zona con árboles autóctonos.* — v.tr. = repoblar

reforma
1 Acción y resultado de reformar o reformarse. — s.f. = modificación
2 Proyecto propuesto para cambiar, mejorar o corregir una cosa: *el proyecto de reforma agraria fue aprobado por el parlamento.*
3 Movimiento religioso europeo surgido en el siglo XVI, que originó la formación de las iglesias protestantes. — RELIGIÓN
4 Orden o instituto religioso en que se ha restablecido su primitiva disciplina. — RELIGIÓN

reformable
1 Que puede ser reformado: *aunque es arisco, es una actitud reformable con una buena educación.* — adj. = transformable
2 Que merece ser reformado.

reformado, a
1 Que es partidario del movimiento religioso de la reforma. — adj/s. RELIGIÓN
2 Se aplica al religioso que pertenece a una orden reformada. — RELIGIÓN
3 Gasolina cuyo índice de octano ha sido mejorado mediante reforming. — adj/s.m. INDUSTRIA

reformador, a Que reforma: *tiene unas ideas muy reformadoras; fue un reformador político.* — adj/s.

reformar (Del lat. *reformare*.)
1 Arreglar o cambiar una cosa, en general para mejorarla: *quieren reformar los estatutos de la empresa; voy a reformar mi casa para ampliarla.* — v.tr. = modificar
2 Corregir una persona su comportamiento o sus costumbres: *deberías reformar tus hábitos.* — v.tr/prnl. = enmendar
3 Volver a formar o hacer una cosa: *tienes que reformar tu trabajo, está mal.* — v.tr. = rehacer
4 Volver a establecer la disciplina en una orden religiosa u otra asociación. — RELIGIÓN = restituir
5 Moderarse una persona en sus palabras o sus acciones: *refórmate cuando hables con él porque tiene muy mal genio.* — v.prnl. = contenerse

reformativo, a Que reforma: *deberías tener en cuenta que ha adoptado una actitud reformativa.* — adj. = reformatorio

reformatorio, a
1 Que reforma o mejora: *ha presentado un proyecto reformatorio.* — adj. = reformativo
2 Institución pública para menores de edad que han cometido algún delito, donde se intenta reformar su conducta. — DERECHO

reforming (Voz inglesa.) Procedimiento de refino que modifica la composición de una bencina pesada. — s.m. INDUSTRIA

reformismo Actitud que procura el cambio y las mejoras graduales de una situación establecida, en general en política o en religión. — s.m.

reformista
1 Del reformismo: *el país necesita actitudes reformistas y no radicales.* — adj.
2 Que es partidario del reformismo: *pertenece a un partido reformista; es un conocido reformista religioso.* — adj/s.m.f.

reforzado, a
1 Que tiene algún refuerzo o es muy sólido: *han puesto una puerta reforzada para evitar robos.* — adj. = fortalecido
2 Se aplica a la cinta que se cose sobre una prenda de vestir para reforzar alguna parte de ella: *los bajos del pantalón tienen reforzados.* — adj/s.m. TEXTIL

reforzador, a
1 Que refuerza: *se toma un complejo reforzador porque está bastante débil.* — adj.
2 Baño que refuerza o hace más clara una imagen fotográfica débil. — s.m. FOTOGRAFÍA

reforzar
1 Aumentar la fuerza o la eficacia de una cosa: *la policía reforzó el cordón de seguridad para evitar altercados.* — v.tr/conj: forzar = intensificar
2 Hacer más fuerte o resistente una cosa: *reforzó las rodilleras del pantalón; reforzó la puerta con placas de hierro.* — = fortalecer

3 Dar ánimos o fuerza moral a una persona: *le refuerza pensar que ella pronto volverá.* — v.tr/prnl. = animar
4 Dar un baño especial a los clichés para hacer las imágenes más visibles. — v.tr. FOTOGRAFÍA

refracción
1 Acción y resultado de refractar o refractarse. — s.f./FÍSICA
2 Poder refringente del ojo, o capacidad de éste para que los haces de luz converjan en la retina. — MEDICINA
3 **doble refracción**: Propiedad que poseen ciertos cristales de duplicar las imágenes de los objetos. — FÍSICA

refractar Hacer que un rayo de luz u otra radiación cambie de dirección cuando pasa oblicuamente de un medio a otro de diferente densidad. — v.tr/prnl. FÍSICA = refringir

refractario, a (Del lat. *refractarius*.)
1 Que se niega a aceptar una idea, opinión o conducta: *es un hombre refractario al progreso.* — adj./+ a = reacio
2 Que aprende cosas con dificultad: *es refractario a las ciencias.* — + a
3 Que es inmune a una determinada enfermedad: *fue una persona refractaria a la gripe.* — + a MEDICINA
4 Que se niega a cumplir una promesa o una obligación. — = desobediente
5 Se aplica al material que resiste la acción del fuego sin destruirse ni descomponerse: *la chimenea está recubierta con una sustancia refractaria.* — adj/s.m. INDUSTRIA

refractivo, a Que produce refracción: *el prisma es un cuerpo refractivo.* — adj./FÍSICA, ÓPTICA

refracto, a Que ha sido refractado. — adj./FÍSICA

refractómetro Instrumento que sirve para medir el estado de refracción del ojo. — s.m. MEDICINA

refractor Instrumento óptico tubular usado en astronomía, formado por dos lentes. — s.m./ÓPTICA = anteojo

refrán (Del occitano ant. *refranh*, estribillo.) Dicho didáctico o sentencioso de uso popular y estructura invariable. — s.m. = máxima, proverbio

refranero Colección de refranes. — s.m.

refranesco, a Se aplica a la frase o al concepto que está expresado a modo de refrán. — adj.

refrangibilidad Posibilidad de que una radiación sea refractada. — s.f. FÍSICA

refrangible Que se puede refractar: *rayo refrangible; luz refrangible.* — adj. FÍSICA

refranista Persona que con frecuencia cita refranes o es aficionada a ellos: *mi madre es muy refranista.* — s.m.f.

refregadura
1 Acción y resultado de refregar o refregarse: *le quitarás el brillo con tanta refregadura.* — s.f. = restregadura
2 Señal dejada después de haber o haberse refregado una cosa: *hay refregaduras del estropajo en la olla de tanto frotar.* — = refregón, restregón

refregamiento Acción y resultado de refregar o refregarse. — s.m. = restregamiento

refregar
1 Frotar o raspar un lugar repetidamente y con fuerza: *se refregó el cuerpo con una vieja manopla; refriega bien la barandilla para quitarle el óxido.* — v.tr/prnl. conj: regar = restregar
2 Ofender de palabra y de forma insistente a una persona: *le refregaba su falta de talento como escritor.* — v.tr/coloquial = humillar

refregón
1 Acción y resultado de refregar o refregarse. — s.m.
2 Ráfaga de viento. — NÁUTICA

refreír
1 Volver a freír una comida: *el filete está tan frío que tendré que refreírlo.* — v.tr/conj: freír part.th: refrito
2 Freír una cosa mucho o demasiado. — COCINA

refrenable Que puede ser refrenado: *por fortuna, fue un impulso refrenable.* — adj. ≠ irrefrenable

refrenamiento Acción y resultado de refrenar o refrenarse. — s.m.

refrenar (Del lat. *refrenare*.)
1 Sujetar al caballo con el freno. — v.tr./EQUITACIÓN
2 Hacer una cosa menos violenta: *refrenó sus celos; deberías refrenar tus violentos impulsos; parece que el viento empieza a refrenarse.* — v.tr/prnl. = contener, reprimir

refrendación Acción y resultado de refrendar. — s.f./= refrendo

refrendar
1 Dar validez a un documento con la firma de la persona responsable: *el director tiene que refrendar las actas.* — v.tr. = validar
2 Examinar un pasaporte y anotar su presentación.
3 Corroborar una cosa afirmándola: *ella refrendó su versión de los hechos.* — ≠ negar
4 Volver a realizar una acción, en especial comer o beber otra vez de la misma cosa: *él refrendó los postres.* — = repetir

refrendario, a Funcionario que firma un documento después de su superior. — s. = referendario

refrendata Firma del funcionario que refrenda un documento. — s.f. = refrendo

refrendo
1 Acción y resultado de refrendar un documento. — s.m./= refrendación
2 Testimonio que acredita que una cosa ha sido refrendada.
3 Firma con que se refrenda un despacho u otro documento. — = refrendata

refrescador, a Que refresca: *se dio una refrescadora* *ducha en cuanto llegó a casa.* — adj. / = refrescante

refrescamiento Acción y resultado de refrescar o refrescarse. — s.m.

refrescante Que refresca o produce una sensación de frescor: *siempre toma zumo de limón porque es muy refrescante.* — adj.

refrescar
1 Disminuir la temperatura o el calor de una cosa: *abre las ventanas para refrescar la casa; se refrescó la botella en la nevera.* — v.tr./prnl. / conj: sacar / = enfriar, refrigerar
2 Hacer que se recuerde un sentimiento, una costumbre o una materia que se había olvidado: *se le refrescó la memoria al ver los papeles; tendré que refrescar el latín para hacerte la traducción que me pides.* — coloquial / = recordar
3 Hacerse el calor del ambiente más moderado: *parece que ya empieza a refrescar por las tardes.* — v.intr.
4 Empezar una acción de nuevo: *los enemigos refrescaron la lucha.* — v.tr. / = reiniciar
5 Tomar una persona el fresco: *se refrescó en la terraza; se dio una ducha para refrescarse.* — v.intr/prnl.
6 Tomar una bebida refrescante: *se refresca con un vaso de agua; una limonada bien fría te refrescará.*
7 Aumentar el viento su fuerza. — v.intr./NÁUTICA

refresco
1 Bebida muy fría con sabor a frutas u otras sustancias que se toma para quitar la sed: *refresco de naranja; refresco de limón.* — s.m.
2 Alimento y bebida ligeros que se toman para reponer fuerzas: *nos detendremos un momento para tomar un refresco y luego seguimos.* — = refrigerio
3 Agasajo de bebidas, dulces o cualquier alimento que se ofrece a los invitados: *la fiesta se inició con un refresco en la terraza y le siguió una suculenta cena.* — = refrigerio
4 **de refresco:** 1. Se aplica a lo que sirve para sustituir o reforzar. 2. Se refiere al animal que se tiene de previsión en grandes trayectos o en trabajos duros: *caballo de refresco.* — loc.adj. / loc.adj.

refriega
1 Combate de poca importancia: *no hubo que lamentar bajas en la refriega.* — s.f. / = escaramuza
2 Riña o pelea violenta: *recibió un navajazo en una refriega callejera.* — = altercado

refrigeración
1 Acción y resultado de refrigerar o refrigerarse. — s.f.
2 Comida ligera para reponer fuerzas. — = refrigerio
3 Sistema artificial con el que se disminuye la temperatura de un lugar o de otra cosa: *nos quedamos helados en el cine porque la refrigeración era excesiva.* — TECNOLOGÍA

refrigerador, a
1 Se aplica al aparato o instalación que refrigera: *camión refrigerador.* — adj/s. / TECNOLOGÍA
2 Aparato con refrigeración para guardar y conservar alimentos y bebidas. — s.m./= frigorífico, nevera

refrigeradora Nevera, aparato destinado al enfriamiento y conservación de alimentos. — s.f. / Perú

refrigerante
1 Se aplica a la sustancia o al líquido que refrigera: *el motor necesita un líquido refrigerante.* — adj/s.m.
2 Intercambiador de calor utilizado para enfriar un líquido o un gas mediante un fluido más frío. — s.m. / TECNOLOGÍA
3 Líquido frío en que está sumergido el serpentín del alambique. — = corbato
4 Recipiente con agua que se usa para bajar la temperatura de un fluido. — QUÍMICA

refrigerar (Del lat. *refrigerare*.)
1 Poner un lugar o una cosa más frío: *el sistema de aire acondicionado refrigeró la sala en un momento.* — v.tr. / = enfriar, refrescar
2 Bajar la temperatura de un alimento en cámaras especiales para que se conserve. — = enfriar
3 Recuperar una persona las fuerzas tomando un refrigerio: *el agua refrigeró a los participantes en la carrera; después del trabajo se refrigeró con una bebida.* — v.tr/prnl. / = refrescar

refrigerativo, a Que tiene la propiedad de refrigerar. — adj.

refrigerio
1 Comida ligera que se toma entre las principales: *tomaremos un refrigerio a media mañana.* — s.m./= piscolabis, tentempié
2 Sensación de frescor que produce placer. — = alivio
3 Sensación de alivio o consuelo ante un apuro o dificultad. — = descanso

refringencia Cualidad de refringente o capaz de refractar. — s.f. / FÍSICA

refringente Que puede refringir o refractar la luz: *el agua es un medio refringente.* — adj./FÍSICA / = refractivo

refringir (Del lat. *refringere*.) Hacer que un rayo de luz cambie de dirección: *la luz se refringe en el cristal.* — v.tr/prnl./conj: surgir FÍSICA/= refractar

refrito, a (Part. pas. irreg. de *refreír*.)
1 Se aplica al alimento que ha sido recalentado en la sartén o muy frito. — adj/s.m.
2 Comida o condimento compuestos de cebolla, ajo, pimentón y otros ingredientes fritos, que se añade a algunos guisos: *primero rehoga la carne y luego le echas el refrito por encima.* — s.m. / COCINA / = sofrito
3 Cosa rehecha o recompuesta con fragmentos de otras, en especial una obra literaria: *vaya refrito han hecho con esa novela; la decoración de la sala es un refrito de muchos estilos.* — despectivo / = revoltillo

refucilar Relampaguear, producir relámpagos una tormenta. — v.intr./Amér. Central y Merid.

refucilo Relámpago, resplandor súbito producido en las nubes por una descarga eléctrica. — s.m./Amér. Central y Merid.

refuerzo
1 Acción y resultado de reforzar o hacer más fuerte o resistente una cosa: *las paredes de la casa necesitan un refuerzo.* — s.m. / = reforzamiento
2 Aquello con lo que se hace más fuerte, firme o resistente una cosa: *puso unos refuerzos de cuero en las rodilleras del pantalón.* — = apoyo, soporte
3 Ayuda que se presta o se recibe en una necesidad: *hacía horas extras como refuerzo para el sueldo.* — = auxilio, socorro
4 Baño de una sustancia especial a un cliché fotográfico para hacer más visible la imagen. — FOTOGRAFÍA
5 Grueso adicional que se añade a los cañones de las armas de fuego.
6 Tropa que se añade al servicio de guardia en un cuartel, después de finalizar las actividades de la jornada. — MILITAR
7 Tropas enviadas para apoyar a otras y aumentar su fuerza: *han llegado los refuerzos al flanco derecho.* — s.m.pl. / MILITAR

refugiado, a Persona que se ve obligada a abandonar su país y a refugiarse en otro, en general por motivos políticos o bélicos: *refugiado político; refugiado de guerra.* — s. / = asilado, exiliado

refugiar
1 Dar refugio o cobijo a una persona: *refugió a unos maleantes en su casa.* — v.tr/prnl. / = resguardar
2 Buscar refugio en un país extranjero: *se refugió en un país vecino.* — v.prnl. / = exilarse

refugio (Del lat. *refugium*.)
1 Asilo, protección o amparo: *en la iglesia le darán refugio.* — s.m. / = auxilio
2 Lugar adecuado para refugiarse: *los soportales le sirvieron de refugio durante la tormenta.* — = guarida
3 Casa construida en una montaña para que los excursionistas puedan refugiarse en ella: *los montañeros tardaron varias horas en llegar al refugio.* — = albergue
4 Trinchera cubierta o construcción subterránea que sirve de protección de los ataques enemigos, en especial en caso de bombardeo: *utilizaron el metro como refugio antiaéreo.* — MILITAR
5 Zona peatonal protegida del tránsito rodado, que está dentro de la calzada.
6 Hermandad dedicada al servicio y socorro de los pobres. — RELIGIÓN
7 **refugio atómico o nuclear:** Espacio habitable protegido de los efectos y radiaciones de una explosión nuclear.

refulgencia Resplandor que emite un cuerpo resplandeciente: *la refulgencia de la estrella Polar es muy intensa.* — s.f. / = resplandor

refulgente (Del lat. *refulgens, -tis*.) Que refulge o despide destellos. — adj. / = resplandeciente

refulgir (Del lat. *refulgere*.) Despedir una cosa destellos: *las lentejuelas de los vestidos de noche refulgían en el salón de baile.* — v.intr. / conj: surgir / = resplandecer

refundición
1 Acción y resultado de refundir o refundirse. — s.f.
2 Obra que ha sido refundida para mejorarla, perfeccionarla o con otros fines. — = reestructuración

refundidor, a Que refunde. — adj/s.

refundir (Del lat. *refundere*.)
1 Volver a fundir un metal. — v.tr/METALURGIA
2 Dar una nueva estructura a un escrito o a una obra literaria: *refundió la tesis eliminando alguno de sus apartados.* — = reestructurar
3 Unir varias cosas en una sola: *refundió las críticas al final del acta; se refundieron las leyes en un código común.* — v.tr/prnl. / = compendiar
4 Tener una cosa un efecto positivo o negativo: *al final, el esfuerzo refundió en su favor.* — v.intr./+ en / = redundar
5 Guardar una cosa de tal modo que luego no se encuentre. — v.tr. / Méx.

refunfuñador, a Que refunfuña: *me molesta pedirle cualquier cosa porque es muy refunfuñador.* — adj. / = rezongón

refunfuñadura Refunfuño, acción y resultado de refunfuñar: *¡ya basta de refunfuñaduras, a hacer tus deberes!* — s.f. / = rezongamiento

refunfuñante Que refunfuña. — adj./= refunfuñó

refunfuñar (Voz onomatopéyica.) Expresar una persona su enfado en voz baja: *se alejó refunfuñando; no refunfuñes más tonterías y hazlo.* — v.intr/tr. / = renegar, rezongar

refunfuño Acción y resultado de refunfuñar: *estoy oyendo sus refunfuños toda la mañana.* — s.m. / th: refunfuñadura

refunfuñón, a Que refunfuña mucho y sin motivo aparente: *es un abuelo refunfuñón y malhumorado.* — adj/s. / = quejica

refutable Que puede ser refutado: *sus argumentos son claramente refutables.* — adj./= rebatible / ≠ irrefutable

refutación
1 Acción y resultado de refutar argumentos o afirmaciones: *su tesis doctoral se basa en la refutación de ciertas teorías obsoletas.* — s.f.
2 Argumento o prueba que destruye las razones del contrario.
3 Parte del discurso en que se quiere demostrar la falsedad de las objeciones o los argumentos que se oponen o pueden oponerse a lo que se sostiene o defiende. — RETÓRICA
4 Silogismo que tiene como conclusión la proposición que niega otra conclusión. — LÓGICA

refutar (Del lat. *refutare.*) Rebatir con argumentos o razones lo que dice otra persona: *uno de los contertulios refutó de forma contundente la argumentación de su oponente.* — v.tr. / = contradecir, impugnar

refutatorio, a Que refuta o rebate. — adj.

reg (Voz árabe.) Desierto de piedras. — s.m./GEOGRAFÍA

regable Que puede ser regado: *con el trasvase se convertirá en un terreno regable.* — adj.

regacear Recoger la falda por delante, formando un hueco o regazo. — v.tr. / = arregazar

regadera
1 Recipiente provisto de asa y de un pitón agujereado, usado para regar las plantas. — s.f.
2 Canal hecho en la tierra que conduce el agua de riego. — = acequia, reguera
3 Ducha, aparato para esparcir el agua en forma de lluvia. — s.f. *Méx.*
4 **estar como una regadera:** Estar un poco loco, ser extravagante: *está como una regadera, ahora dice que se va a dar la vuelta al mundo.* — coloquial

regaderazo Baño ligero que se toma con una regadera o ducha. — s.m. *Méx.*

regadero Acequia, canal de agua de riego. — s.m.

regadío, a
1 Se aplica al terreno que puede ser regado, en especial el que se dedica al cultivo agrícola: *las tierras de regadío han dado buenos frutos.* — adj/s.m. AGRICULTURA ≠ secano
2 Terreno dedicado a cultivos que se fertilizan con riego. — s.m. AGRICULTURA

regadizo, a Que puede ser regado. — adj./= regadío

regador, a
1 Que riega. — adj/s./= regante
2 Punzón de punta curva usado para señalar la longitud y el número de las púas de los peines. — s.m.

regadura Riego que se hace de una vez. — s.f./AGRICULTURA

regaifa (Del ár. *ragaif.*)
1 Torta, masa de harina. — s.f./COCINA
2 Piedra circular, en los molinos de aceite, por donde baja el líquido que sale de la prensa.

regajal Sitio donde hay regatos o charcos. — s.m.

regajo
1 Charco que se forma de un arroyo. — s.m./tb: regato
2 Este mismo arroyo. — tb: regato

regala Tablón que cubre todas las cabezas de las ligazones en su extremo superior y forma el borde de las embarcaciones. — s.f. NÁUTICA

regalada
1 Caballeriza real donde estaban los caballos reservados para las exhibiciones. — s.f. HISTORIA
2 Conjunto de caballos que la componían. — HISTORIA

regalado, a
1 Que es cómodo y placentero: *no te quejes, que tú llevas una vida regalada.* — adj.
2 Que es muy barato: *los pantalones me salieron a un precio regalado.* — = muelle / = tirado
3 Que es suave o delicado.

regalador, a
1 Que regala o gusta de regalar: *es muy regalador para con sus amigos, pero no tanto para con su familia.* — adj/s./= donante
2 Palo forrado de esparto que utilizan los boteros en el alisado de las corambres. — s.m.

regalar
I (Del fr. *regaler.*)
1 Dar una cosa a una persona como muestra de afecto o consideración: *me han regalado un cachorro de perro; te voy a regalar un disco.* — v.tr. / = obsequiar
2 Mostrar afecto con caricias, halagos u otras expresiones cariñosas: *le regalaba los oídos con piropos.* — = agasajar, halagar
3 Proporcionar placeres o diversiones a una persona para agradarle: *al llegar, la regaló con una fiesta.* — v.tr/prnl. / = agradar, deleitar
4 Vender muy barato: *como están de liquidación, regalan la ropa.* — COMERCIO

5 Darse toda clase de comodidades y caprichos. — v.prnl.
II (De origen incierto.) Ablandar al calor una cosa dura: *el caramelo regaló en mi mano.* — v.tr/prnl. / = derretir

regalía
1 Conjunto de bienes y derechos exclusivos del soberano de un país. — s.f. HISTORIA
2 Privilegio que la iglesia concedía a los reyes o soberanos en algún tema relativo a la disciplina religiosa. — HISTORIA
3 Privilegio de cualquier tipo. — = prerrogativa
4 Beneficio que perciben los empleados de algunas oficinas además de su sueldo. — = plus
5 Participación en los ingresos o cantidad fija que se paga al propietario de un derecho a cambio de usarlo. — ECONOMÍA
6 Instrumento de viento, con depósito de aire y lengüetas batientes. — MÚSICA
7 **regalía de aposento:** Tributo que pagaban los dueños de casas en la corte por estar exentos de alojar a la servidumbre de la casa real o a las tropas. — HISTORIA

regalicia Regaliz (en todas sus acepciones). — s.f./BOTÁNICA

regalillo Rollo de piel abierto por ambos lados que usan las mujeres para llevar abrigadas las manos. — s.m. / = manguito

regalismo Doctrina política propia de los reyes de los siglos XVII y XVIII, que defendía las regalías o privilegios exclusivos de la corona sobre la Iglesia. — s.m. HISTORIA

regalista
1 Del regalismo. — adj./HISTORIA
2 Que es partidario del regalismo. — adj/s.m.f./HISTORIA

regaliz (Del ant. *regaliza* < bajo lat. *liquiritia* < gr. *glykyrrhiza* < *glykys,* dulce + *rhiza,* raíz.)
1 Planta leguminosa vivaz, de hojas puntiagudas y viscosas, flores pequeñas y azuladas, fruto con pocas semillas y rizoma grueso cuyo jugo se usa como pectoral y emoliente. *(Glycyrrhiza glabra.)* — s.m/pl: regalices BOTÁNICA / tb: regaliza / = orozuz
2 Trozo seco de la raíz de esta planta que se chupa como golosina. — = palo dulce, paloduz
3 Pasta hecha con el jugo o extracto de las raíces de esta planta que se toma como golosina en pastilla o en barrita.

regalo
1 Cosa que se regala a una persona: *recibió un montón de regalos por su dieciocho cumpleaños.* — s.m. / = obsequio
2 Sensación placentera que produce una cosa: *su música es un regalo para los oídos.* — = gusto, placer
3 Cosa muy barata: *por dos mil pesetas, esa chaqueta es un regalo.* — = ganga
4 Conveniencia o descanso que una persona se procura o le procuran: *le tratan con delicadeza y regalo.* — = holganza
5 Comida o bebida exquisita. — = exquisitez

regalón, a Que vive o le tratan con mucho regalo o comodidad: *con tantas mujeres en la casa, se ha convertido en un regalón.* — adj/s. / = comodón

regalonear
1 Tratar con excesivo regalo, mimar. — v.tr./*Argent., Chile*
2 Dejarse mimar. — v.intr./*Chile*

regante
1 Que riega. — adj.
2 Persona que se encarga del riego de los campos de cultivo. — s.m.f. AGRICULTURA
3 Persona que tiene derecho a regar con agua de cierta acequia, canal o manantial. — AGRICULTURA

regañadientes Se usa para indicar que una cosa se hace de mala gana o a disgusto en la expresión **a regañadientes:** *obedece siempre pero a regañadientes.* — loc.adv.

regañamiento Acción y resultado de regañar. — s.m./= reprimenda

regañar
1 Reñir a una persona: *le regañaron por no hacer sus tareas.* — v.tr. / = reprender
2 Discutir o pelear: *no sé por qué regañan esta vez, pero se oyen los gritos desde la calle.* — v.intr. / = disputar
3 Dejar de mantener dos personas un amistad o una buena relación: *ha regañado con su novio.* — = enfadarse
4 Expresar una persona su enfado con palabras y gestos: *deja ya de regañar y vete a la escuela.* — = refunfuñar
5 Abrirse la piel de algunos frutos cuando maduran.
6 Dar el perro gruñidos. — = gruñir

regañina Reprimenda que se hace a una persona para criticar, desaprobar o corregir una cosa que ha dicho o hecho: *recibió una buena regañina por suspender dos asignaturas.* — s.f. / = amonestación, regaño

regañir Dar el perro y otros animales rugidos continuos en señal de queja. — v.intr. / conj: mullir

regaño
1 Acción y resultado de regañar: *te mereces el regaño por lo que has hecho.* — s.m. / = regañina
2 Gesto o expresión de enfado o disgusto. — = refunfuño
3 Parte del pan que sale al exterior al cocerlo en el horno y que no tiene corteza.

regañón, a Que regaña mucho y sin motivo aparente: *no seas regañón, sólo se ha retrasado quince minutos.* — adj/s.

regar (Del lat. *rigare.*)
1 Echar agua sobre la tierra o las plantas para beneficiarlas, limpiarlas o refrescarlas: *tienes que regar tus plantas una vez a la semana.* — v.tr. / = irrigar

2 Echar agua sobre un terreno para refrescarlo o limpiarlo: *al atardecer riega el patio para refrescarlo.* = rociar

3 Echar un líquido sobre una cosa: *regó la tarta de licor; siempre regaba su café con un chorrito de coñac.* + con, de / = rociar

4 Atravesar un río o un canal un lugar: *tres ríos riegan la comarca.*

5 Derramar una cosa: *pasó corriendo y regó el suelo de papeles.* = desparramar, esparcir

6 Humedecer las abejas las celdillas donde están sus crías.

7 regarla: Cometer un grave desatino, hacer o decir un inconveniente. *Méx. coloquial*

CONJ.: IND.: PRES.: *riego, riegas, riega, regamos, regáis, riegan.* PRET. INDEF.: *regué, regaste, regó, regamos, regasteis, regaron.* SUBJ.: PRES.: *riegue, riegues, riegue, reguemos, reguéis, rieguen.* IMP.: *riega, riegue, reguemos, regad, rieguen.*

regata
I (Del ant. *riego*, arroyo.)
1 Canal pequeño que se abre en el suelo de las huertas y jardines para conducir el agua. s.f. / = acequia
2 Ranura pequeña que se abre en un muro o en una pared para empotrar una instalación o anclar un elemento. CONSTRUCCIÓN
II (Del ital. *regata*.) Competición deportiva entre dos o más embarcaciones, en la que vence la que llega antes a un punto determinado. s.f. / DEPORTES

regate
1 Movimiento rápido del cuerpo hecho para evitar un golpe, choque o caída: *evitó que le atropellaran con un rápido regate.* s.m. / = quiebro
2 Amago que hace un jugador de fútbol o de otros deportes para no dejarse arrebatar el balón. DEPORTES / = finta
3 Habilidad para eludir un compromiso o dificultad: *resolvió las negociaciones con un buen regate.* = escape

regatear
1 Discutir el vendedor y el comprador el precio de una mercancía: *en los zocos árabes se suele regatear el precio de los productos.* v.tr. / tb: recatear / COMERCIO
2 Intentar dar menos de una cosa: *no regateé esfuerzos para ayudarle.* = ahorrar, escamotear
3 Hacer una persona regates: *regateó con habilidad y superó al delantero contrario.* v.intr.
4 Vender al por menor los comestibles que se han comprado al por mayor. v.tr. / COMERCIO
5 Participar varias embarcaciones en una regata. v.intr./DEPORTES

regateo
1 Acción y resultado de regatear. s.m.
2 Reventa o venta que se hace al por menor de comestibles u otros productos comprados al por mayor. COMERCIO / = regatería
3 Conjunto de regates que se ponen para la ejecución de una cosa: *no consiento este regateo, es tu trabajo y has de hacerlo.* = excusa

regatería Venta al por menor de los géneros que se han comprado al por mayor. s.f./COMERCIO / = regatonería

regatero, a Que regatea: *es tan regatero que incluso en los grandes almacenes intenta que le rebajen el precio.* adj/s. / = regatón

regatista Deportista que participa en regatas o competiciones náuticas. s.m.f. / DEPORTES

regato
1 Arroyo pequeño. s.m./= regajo
2 Remanso poco profundo.
3 Canal por el que se conduce el agua destinada al regadío agrícola. AGRICULTURA / = acequia

regatón, a
1 Que regatea mucho: *no me gusta ir de compras con ella porque es muy regatona y a mí me da vergüenza.* adj/s. / tb: recatón
2 Casquillo colocado en la punta de un bastón o de otro objeto puntiagudo para protegerla. s.m. / = contera
3 Gancho que tienen los bicheros de las embarcaciones en un extremo. NÁUTICA

regatonear Comprar una cosa al por mayor para revenderla al por menor. v.tr. / COMERCIO

regatonería Venta al por menor de los géneros que se han comprado al por mayor. s.f. / COMERCIO

regazar Arregazar, recoger la falda por delante, formando un hueco o regazo. v.tr./conj: cazar / = regacear

regazo (Del lat. vulgar *recaptiare*.)
1 Parte del cuerpo comprendida entre la cintura y las rodillas cuando la persona está sentada: *sentó al niño en su regazo para consolarle.* s.m.
2 Hueco que forma la falda entre la cintura y las rodillas: *hizo un regazo con su falda para colocar los frutos que iba recogiendo.*
3 Sitio donde se encuentra refugio, ayuda o consuelo. = amparo

regencia
1 Acción de regir o gobernar: *su regencia se caracterizó por la estabilidad política.* s.f. / = gobierno
2 Cargo de regente. POLÍTICA
3 Gobierno de un estado por la persona o personas designadas para ello, durante la minoría de edad, ausencia o incapacidad del soberano legítimo. POLÍTICA

4 Tiempo que dura el gobierno de un estado por un regente. POLÍTICA

regeneración
1 Acción y resultado de regenerar o regenerarse: *intentamos su regeneración pero él seguía hundiéndose en el alcohol.* s.f.
2 Capacidad de un órgano para sustituir tejidos lesionados o perdidos. BIOLOGÍA
3 Operación que consiste en renovar la actividad de un catalizador gastado. QUÍMICA

regeneracionismo Movimiento ideológico español surgido a finales del siglo XIX que defendía una serie de reformas políticas, económicas y sociales para mejorar la situación española tras la pérdida de las colonias. s.m. / HISTORIA, POLÍTICA

regeneracionista
1 Del regeneracionismo. adj./HISTORIA
2 Que es partidario del regeneracionismo. adj/s.m.f./HISTORIA

regenerado, a Se aplica al producto industrial que ha sido o que puede ser tratado para volver a ser utilizado de nuevo. adj. / INDUSTRIA / = reciclado

regenerador, a
1 Que regenera: *anuncian el producto como un regenerador celular.* adj/s.
2 Aparato para regenerar un catalizador. s.m./QUÍMICA
3 Apilamiento o enrejado de ladrillos refractarios en el que se acumula el calor sensible de los humos y lo cede al aire o al gas de calefacción. TECNOLOGÍA

regenerar
1 Volver a poner una cosa degenerada o gastada en buen estado: *el tejido orgánico se ha regenerado.* v.tr/prnl. / = reconstruir
2 Hacer que una persona abandone unos hábitos o una conducta reprochables: *gracias a esta terapia se ha regenerado; en el colegio regeneraron su mal comportamiento.* = mejorar, rehabilitar
3 Tratar materias desechadas o gastadas para que puedan ser usadas de nuevo: *en esa empresa regeneran el caucho.* v.tr. / = reciclar
4 Restablecer la actividad de un catalizador. QUÍMICA

regenta
1 Mujer que gobierna un estado durante la minoría de edad, ausencia o incapacidad del soberano legítimo. s.f. / POLÍTICA
2 Mujer del regente.
3 Profesora en algunos establecimientos de educación y enseñanza.

regentar
1 Ejercer un cargo de forma temporal: *hasta que se nombre al nuevo presidente, el secretario de estado regentará el gobierno del país.* v.tr.
2 Dirigir una persona un negocio: *regenta un hotel en la ciudad.* = administrar
3 Ocupar un cargo honorífico o de autoridad.

regente
1 Que rige o gobierna. adj/s.m.f.
2 Persona que gobierna un estado durante la minoría de edad, incapacidad o ausencia del soberano legítimo. s.m.f. / POLÍTICA
3 Persona que, sin ser el dueño, dirige un negocio o establecimiento. = administrador
4 Magistrado que presidía una audiencia territorial. s.m./DERECHO
5 Religioso que gobierna o rige los estudios. RELIGIÓN
6 Persona que estaba habilitada, mediante examen, para regentar ciertas cátedras.

regentear Ocupar un cargo de honor o autoridad ostentando superioridad. v.intr. / = regentar

reggae Estilo musical de origen jamaicano. s.m./MÚSICA

regiamente
1 Con realeza, como un rey. adv.
2 Con lujo y ostentación: *llegaron los invitados regiamente ataviados con sus mejores galas.* = lujosamente

regicida (Del lat. *rex, regis*, rey + *caedere*, matar.) Se aplica a la persona que mata o atenta contra la vida de un rey o soberano: *la escolta real pudo capturar al regicida.* adj/s.m.f.

regicidio Acto y crimen de la persona que mata a un rey o a un soberano. s.m.

regidor, a
1 Que rige o gobierna. adj.
2 Persona elegida para formar parte de una corporación municipal. s./POLÍTICA / = concejal
3 Persona que cuida del orden y realización de los movimientos escénicos dispuesto por el director en una obra teatral, en una producción cinematográfica o en un programa televisivo. CINE, TEATRO

reguduría Cargo de regidor. s.f./tb: regiduría

régimen (Del lat. *regimen*.)
1 Conjunto de normas que reglamentan o rigen una cosa o una actividad: *se alojó en el hotel en régimen de media pensión.* s.m. / pl: regímenes / = norma, regla
2 Forma de gobierno por la que se rige un estado: *régimen monárquico; régimen republicano; régimen constitucional.* POLÍTICA

3 Modo regular y habitual de desarrollarse o produ- = **sistema**
cirse un fenómeno determinado: *el régimen de lluvias
ha cambiado mucho los últimos años.*
4 Conjunto de normas referentes al tipo o cantidad = **dieta**
de alimentos que debe tomar una persona: *las persona diabéticas deben cuidar su régimen alimenticio.*
5 Modo de vida: *lleva un régimen de gastos muy supe-* = **ritmo**
rior al que puede per.mitirse.
6 Estado de una máquina o dispositivo cuando fun- **MECÁNICA**
ciona de un modo regular.
7 Velocidad de rotación de un motor. **MECÁNICA**
8 Preposición que pide un verbo, o caso que pide una **LINGÜÍSTICA**
preposición.
9 Relación de dependencia que se establece entre pa- **LINGÜÍSTICA**
labras de la oración o del sintagma, determinada por
la función de unas respecto de otras.
10 **régimen de crucero:** Funcionamiento de una má- **MECÁNICA**
quina o de un motor que ofrece un alto rendimiento,
un consumo bajo y un desgaste tolerable.
11 **régimen económico:** Situación de la economía de **ECONOMÍA**
una nación en relación con los intercambios con el
exterior.
12 **régimen hidrográfico:** Variación experimentada
por el caudal de una corriente fluvial en función de
los cambios climáticos estacionales.
13 **de régimen:** Se aplica a los alimentos aptos para **loc.adj.**
seguir una dieta alimenticia.
regimental Del regimiento: *unidades regimentales.* **adj./MILITAR**
regimentar Organizar varias compañías o partidas **v.tr.**
sueltas en regimientos. **MILITAR**
regimiento
1 Acción y resultado de regir o regirse. **s.m.**
2 Conjunto numeroso de personas o cosas: *por el* = **multitud**
tronco subía un regimiento de hormigas.
3 Cuerpo de regidores de un ayuntamiento. **POLÍTICA**
4 Cargo de regidor.
5 Unidad homogénea de cualquier cuerpo o arma mi- **MILITAR**
litar cuyo jefe es un coronel.
regio, a (Del lat. *rex, regis.*)
1 Del rey, de la reina o de la realeza. **adj./= real**
2 Que es suntuoso o magnífico: *ofrecieron un regio es-* = **grandioso**
pectáculo.
3 Que es muy bueno o excelente. **Argent., Chile, Urug.**
región (Del lat. *regio, -onis.*)
1 Territorio determinado por unas mismas condicio- **s.f.**
nes físicas o humanas: *es una región rica en yacimientos* = **comarca**
de oro.
2 División territorial de una nación con unas caracte- **POLÍTICA**
rísticas geográficas, étnicas o histórico-sociales propias.
3 Zona amplia y delimitada del organismo con rela- **ANATOMÍA**
ción a un órgano, hueso o músculo: *noto pinchazos en
la región lumbar.*
4 Espacio que se imagina muy amplio: *regiones galác-* = **inmensidad**
ticas.
5 Espacio ocupado por cada uno de los cuatro ele- **FILOSOFÍA**
mentos en la filosofía antigua.
6 **región aérea:** División del territorio nacional para **MILITAR**
el control del espacio aéreo.
7 **región militar:** División del territorio nacional a **MILITAR**
efectos de mando de las fuerzas terrestres.
regional De la región: *le gustan los bailes regionales.* **adj.**
regionalismo
1 Doctrina política que defiende que cada región ha **s.m.**
de administrarse según sus características y aspiracio- **POLÍTICA**
nes particulares.
2 Afición por una región, en especial por la propia. **SOCIOLOGÍA**
3 Palabra o expresión propias de una región. **LINGÜÍSTICA**
regionalista
1 Del regionalismo: *tiene unas ideas regionalistas.* **adj.**
2 Que es partidario del regionalismo político. **adj/s.m.f./POLÍTICA**
regionalización
1 División de un territorio en regiones. **s.f.**
2 Transferencia a las regiones de competencias que **POLÍTICA**
pertenecían al poder central.
regionalizar
1 Dividir un territorio en regiones. **v.tr./conj: cazar**
2 Transferir a las regiones las competencias que per- **POLÍTICA**
tenecían al poder central.
regir (Del lat. *regere.*)
1 Ejercer autoridad sobre una persona o una colecti- **v.tr.**
vidad: *el heredero al trono no podrá regir el reino hasta la* = **dirigir,**
mayoría de edad. **mandar**
2 Dirigir o conducir una cosa: *el director rige el negocio* = **guiar**
con firmeza; la ambición rige su conducta.
3 Funcionar de forma correcta un artefacto, un orga- **v.intr.**
nismo o las facultades mentales de una persona: *el
reloj no rige bien; ya está muy mayor y su cabeza no rige
bien.*
4 Tener una ley o precepto validez. **DERECHO**
5 Tener una palabra bajo su dependencia otra pala- **v.tr.**
bra de la misma oración: *el sustantivo rige a los otros* **LINGÜÍSTICA**
términos del sintagma nominal.

6 Pedir una palabra una preposición, un caso de la **LINGÜÍSTICA**
declinación o un modo verbal determinados: *el verbo
"adscribirse" rige preposición.*
7 Pedir o representar una preposición un caso. **GRAMÁTICA**
8 Expeler una persona los excrementos: *el vientre se* **v.intr/prnl.**
rige gracias a las fibras. = **defecar**
9 Obedecer la embarcación al timón. **v.intr./NÁUTICA**
CONJ.: IND.: PRES.: *rijo, riges, rige, regimos, regís, rigen.*
SUBJ.: PRES.: *rija, rijas, rija, rijamos, rijáis, rijan.* FUTUR.
IMPERF.: *rigiere, rigieres, rigiere, rigiéremos, rigiereis, ri-
gieren.* IMP.: *rige, rija, rijamos, regid, rijan.* GERUND.: *ri-
giendo.*
registrado, a Se aplica a la marca o producto que se **adj.**
registra para evitar falsificaciones, imitaciones o **DERECHO**
apropiación indebida.
registrador, a
1 Que registra. **adj/s.**
2 Se aplica al aparato que registra o anota el resulta- = **medidor**
do de ciertos fenómenos, así como las variaciones
que pueda experimentar: *termómetro registrador.*
3 Persona que se encarga de un registro público. **s.**
4 Persona que reconoce los géneros o mercancías **COMERCIO**
que entran o salen de un lugar.
registrar
1 Examinar una cosa con cuidado: *registró toda la casa* **v.tr./= inspeccionar,**
buscando sus llaves, pero no las encontró. **mirar**
2 Examinar a una persona o una cosa para ver si es- = **cachear**
conde alguna cosa: *en la aduana registraron el coche; el
policía registró a los detenidos.*
3 Señalar o anotar una cosa en un catálogo, en un li- = **inscribir**
bro o en otro lugar: *fue al ayuntamiento a registrar a su
hijo recién nacido en el libro de familia.*
4 Grabar la imagen o el sonido sobre material mag- **AUDIOVISUALES**
nético: *un aficionado registró los hechos con una cámara
de vídeo.*
5 Marcar un aparato un determinado tipo de datos = **medir**
sobre ciertos fenómenos de forma automática: *el sismógrafo registra las oscilaciones de la tierra.*
6 Inscribir una firma o una marca con fines jurídicos **DERECHO**
o comerciales: *registraron el nombre de la empresa en el
registro de la propiedad.*
7 Señalar las veces que se repite un hecho determina- = **fichar**
do: *el conserje registra las entradas y salidas de los visitantes del edificio.*
8 Poner una señal entre las páginas de un libro con = **señalar**
un fin determinado: *registró la página en la que estaba
su poema preferido para recitármelo.*
9 Escribir documentos oficiales o públicos en un libro **DERECHO**
oficial: *el notario registró las actas del acuerdo.*
10 Mostrar o declarar mercancías o bienes para que **COMERCIO**
sean anotados.
11 Tener un edificio vistas sobre un lugar cercano: *mi* = **mirar**
casa registra parte de tu jardín.
12 Matricularse una persona en un lugar: *se ha regis-* **v.prnl.**
trado en una academia de idiomas. = **inscribirse**
13 Ocurrir una cosa que puede medirse: *se ha registrado un aumento de precios muy por encima de lo previsto.*
14 **¡a mí que me registren!:** Se usa para dar a enten- **coloquial**
der que una persona es por completo ajena a un asunto:
yo no tengo esos papeles, ¡a mí que me registren!
registro (Del bajo lat. *regesta, -orum* < lat. *regerere,*
transcribir.)
1 Acción y resultado de registrar: *la policía procedió al* **s.m.**
registro de la casa del sospechoso.
2 Libro o cuaderno en el que se anotan hechos o da- = **índice**
tos: *los nombres de los visitantes se anotan en el registro.*
3 Lugar u oficina pública donde se anotan y registran
documentos oficiales o una patente para que quede
constancia legal de los mismos: *acudió al registro mercantil para legalizar la empresa.*
4 Asiento que se hace de lo anterior.
5 Relación de los habitantes de un lugar: *antes de ir a* = **censo**
*votar, comprobó que su nombre figuraba en el registro de
la ciudad.*
6 Pieza del reloj o de otra máquina que sirve para re- **MECÁNICA**
gular o modificar su movimiento.
7 Abertura o tapa por donde se puede observar y
manipular lo que está subterráneo o empotrado en
un muro o pavimento.
8 Marca que se pone entre las hojas de un libro por = **punto,**
alguna razón: *el misal tiene una cinta que se usa como* **señal**
registro.
9 Pieza móvil del órgano que sirve para modificar el **MÚSICA**
timbre o la intensidad de los sonidos.
10 Cada una de las tres grandes partes en que puede di- **MÚSICA**
vidirse la escala musical, que son grave, media y aguda.
11 Libro o cuaderno donde se anotan los datos con- **COMERCIO**
cernientes a la marcha de las actividades empresariales o mercantiles.
12 Unidad de información asociada a un proceso de **INFORMÁTICA**
entrada o salida: *el fichero de la base de datos está formado por cien registros.*
13 Soporte físico de dichas unidades de información. **INFORMÁTICA**
14 Conjunto de técnicas que permiten la grabación **AUDIOVISUALES**
de imágenes o sonidos sobre un soporte material.

15 Correspondencia exacta de los diversos elementos de un trabajo de superposición. ARTES GRÁFICAS

16 Agujero del hornillo que sirve para dar fuego e introducir aire. QUÍMICA

17 Protocolo notarial. DERECHO

18 registro civil: Aquel en el que constan los nacimientos, defunciones, matrimonios y otros hechos relacionados con el estado civil de las personas. DERECHO

19 registro de actos de última voluntad: Aquel en el que constan los otorgamientos mortis causa. DERECHO

20 registro de aprovechamientos de aguas: Aquel en el que se inscriben los títulos y derechos de los usuarios de aguas derivadas de corrientes públicas. DERECHO

21 registro de la propiedad: Aquel en el que se inscriben los bienes raíces de un partido judicial indicando el nombre de los dueños y los cambios y limitaciones que experimentan dichos bienes. DERECHO

22 registro de la propiedad industrial: El que sirve para registrar patentes de invención, marcas de fábrica, nombres comerciales y recompensas industriales para obtener amparo legal de los derechos referentes a ello. DERECHO

23 registro de la propiedad intelectual: El que ampara los derechos de autores, traductores o editores de obras científicas, literarias o artísticas. DERECHO

24 registro mercantil: El que sirve para inscribir actos y contratos del comercio. COMERCIO, DERECHO

25 echar alguien todos los registros: Hacer todo lo que puede y sabe en un asunto. coloquial

26 salir alguien por tal o cual registro: Cambiar de conducta o razones de modo inesperado: *después de un año pensándolo, ahora me sale por ese registro* coloquial

27 tocar alguien muchos o todos los registros: Emplear todos los medios posibles para conseguir un fin: *tocó todos los registros para obtener la beca.* coloquial

regla (Del lat. *regula*).
1 Instrumento hecho de material rígido de forma rectangular que sirve para trazar líneas rectas o para medir la distancia entre dos puntos: *para hacer dibujo lineal es imprescindible una regla.* s.f.

2 Utensilio empleado para rayar el papel con líneas paralelas. = pauta

3 Principio o fórmula sobre la manera de hacer una cosa: *las reglas del juego de la oca son sencillas.* = reglamento

4 Conjunto de principios por los que se rige una comunidad, en especial religiosa: *guardar silencio a partir de las diez de la noche es una de las reglas de esta comunidad de propietarios.* = precepto

5 Conjunto de principios o normas que indican cómo comportarse: *ceder el asiento a un anciano es una regla de urbanidad y cortesía.* = código, norma

6 Constancia o regularidad en el modo de producirse un fenómeno o un hecho. = ley, norma

7 Moderación o templanza en las acciones: *debes comer con regla.* = medida

8 Menstruación de la mujer: *se ha hecho la prueba del embarazo porque no le bajaba la regla.* FISIOLOGÍA, coloquial

9 Precepto legal o establecido por la costumbre o los usos generales. DERECHO

10 Método para hacer una operación matemática. MATEMÁTICAS

11 Formulación teórica generalizada de un procedimiento lingüístico. LINGÜÍSTICA

12 Conjunto de operaciones que deben llevarse a cabo para realizar una deducción correcta. LÓGICA

13 regla de aligación: La que enseña a calcular el promedio de varios números en función de la proporción en que cada uno de ellos forma parte de un todo. MATEMÁTICAS

14 regla de cálculo: Instrumento para efectuar con rapidez diversas operaciones matemáticas. MATEMÁTICAS

15 regla de compañía: La que enseña a dividir una cantidad en partes proporcionales a otras cantidades conocidas. MATEMÁTICAS

16 regla de falsa posición: La que enseña a resolver un problema por tanteos. MATEMÁTICAS

17 regla de oro: La más importante en una actividad: *la regla de oro de la empresa es la puntualidad.* coloquial

18 regla de tres: Cálculo de una magnitud desconocida a partir de otras tres conocidas, dos de las cuales varían en proporción directa o inversa. MATEMÁTICAS

19 regla magnética: Instrumento rígido con dos pínulas a las que se ajusta una cajita con una brújula dentro y el círculo dividido en 360 grados, que se usa en operaciones de geometría práctica. MATEMÁTICAS

20 las cuatro reglas: Las cuatro operaciones aritméticas básicas, que son la suma, la resta, la multiplicación y la división. MATEMÁTICAS

21 a regla: 1. Que ha sido comprobado con este instrumento. 2. Hecho con arreglo a la razón, de forma razonable. loc.adv., loc. adv.

22 en o en toda regla: Del modo debido, según la norma: *los papeles están en toda regla.* loc.adj/adv.

23 poner en regla algo: Ordenarlo o normalizarlo según los trámites pertinentes: *puso en regla sus papeles de la seguridad social.* coloquial

24 por regla general: Casi siempre, de forma general: *por regla general es puntual, pero hoy se está retrasando.* loc.adv.

25 salir o salirse de la regla: Excederse o propasar los límites de lo normal: *su inteligencia se sale de la regla.*

reglado, a
1 Que es moderado en el comer o en el beber: *se mantiene fuerte y sano porque sigue un régimen alimenticio muy reglado.* adj.

2 Que está sujeto a preceptos y reglas: *en su casa tienen los horarios y las tareas regladas.* = ordenado

3 Se aplica a la superficie engendrada por una recta móvil dependiente de un parámetro. GEOMETRÍA

reglaje
1 Reajuste que se hace de las piezas de un mecanismo para mantenerlo en perfecto funcionamiento: *la moto necesita un reglaje de válvulas.* s.m., MECÁNICA

2 Operación de reglar o trazar líneas en el papel. = pauta

3 Conjunto de líneas o cuadrículas impresas en papel: *el papel de reglaje milimetrado es útil para hacer gráficos.* = pauta

reglamentación
1 Acción y resultado de reglamentar. s.f.

2 Conjunto de reglas: *conoce al detalle la reglamentación futbolística.* = reglamento

reglamentar Sujetar una actividad u otra cosa a un reglamento: *hay que reglamentar los turnos y los horarios.* v.tr., = regular

reglamentariamente Según el reglamento o conforme a él: *los jugadores han de vestir reglamentariamente.* adv.

reglamentario, a Del reglamento o conforme a él: *antes de poner el balón en juego, el árbitro comprobó que fuera reglamentario.* adj., = legal

reglamentista Que cumple y hace cumplir con rigor los reglamentos: *regañó a los niños que jugaban con la pelota en la piscina porque es muy reglamentista.* adj/s.m.f.

reglamento
1 Conjunto ordenado de reglas o normas establecidas que regulan una actividad cualquiera: *debes atenerte a las normas que marca el reglamento.* s.m., = código, ley, norma

2 Publicación editada por las fuerzas armadas que determina los procedimientos tácticos de aplicación preceptiva en las diversas situaciones bélicas. MILITAR

reglar
1 De una regla o comunidad religiosa. adj./RELIGIÓN

2 Trazar líneas en un lugar o una cosa con regla: *regló el papel para no torcerse al escribir en él.* v.tr., = pautar

3 Someter una cosa a una regla o a un orden: *tendrías que reglar los horarios de tus trabajadores.* = reglamentar

4 Moderarse una persona en sus acciones: *deberías reglarte en el comer.* v.prnl., = templarse

reglazo Golpe dado con la regla. s.m.

regleta
1 Lámina de metal que sirve para espaciar la composición. s.f., ARTES GRÁFICAS

2 Soporte aislante sobre el que se colocan uno o varios componentes de un circuito eléctrico. ELECTRICIDAD

regleteado Acción y resultado de regletear o fijar la medida entre las líneas de un texto. s.m., ARTES GRÁFICAS

regletear Poner regletas para fijar la medida de los espacios entre las líneas de un texto. v.tr., ARTES GRÁFICAS

reglón Regla grande que usan los albañiles y soldadores para aplanar los suelos y las paredes. s.m., CONSTRUCCIÓN

regnícola (Del lat. *regnum*, reino + *colere*, habitar.)
1 Que es natural de un reino. adj/s.m.f.

2 Escritor de las costumbres, usos o de otras cosas propias de su patria. s.m.f.

regocijado, a Que produce alegría o regocijo. adj.

regocijador, a Que alegra o regocija: *sus cartas son siempre regocijadoras.* adj/s., = regocijante

regocijante Que regocija: *sus comentarios regocijantes me alegraron la mañana.* adj., = jocoso

regocijar
1 Causar una cosa alegría o placer a una persona: *tus chistes regocijan a pequeños y mayores.* v.tr., = alegrar, deleitar

2 Sentir una persona alegría o placer: *los pequeños se regocijaban jugando en la arena.* v.prnl./= alegrarse, regodearse

regocijo Sentimiento intenso de alegría o placer: *sentí un gran regocijo al volverte a ver.* s.m., = alborozo

regodearse (Del ant. *godo*, rico.)
1 Encontrar una persona gran deleite en una cosa: *se regodea con los pasteles.* v.prnl./ + en, con, = deleitarse

2 Alegrarse o burlarse de los percances o apuros que le pasan a otra persona: *se regodea cuando te sorprende en una falta.* = refocilarse

3 Tardar una persona en decidirse por algo, manifestando duda en la elección y haciéndose rogar. Argent., Colomb., Chile

regodeo
1 Acción y resultado de regodearse: *ya vale de regodeos, si no os gusta, no lo miréis.* s.m., = refocilación

2 Diversión o entretenimiento: *el regodeo de la fiesta duró toda la noche.* = juerga

regodeón, a Se aplica a la persona que es muy exigente o que está descontenta. adj./*Colomb., Chile* coloquial

regojo
1 Trozo de pan que sobra del que se ha partido para comer. s.m.
2 Niño o muchacho poco desarrollado. = canijo

regolaje Buen humor. s.m./coloquial

regoldano, a Del regoldo. adj.

regoldar (Del lat. vulgar *regurgitare,* vomitar.) Expeler una persona los gases del aparato digestivo por la boca. v.intr./conj: *contar* = eructar

regoldo Castaño silvestre. s.m./BOTÁNICA

regolfar
1 Formar una corriente de agua un remanso: *pasado el valle, el río se regolfa.* v.intr./prnl. = remansar
2 Cambiar el viento o el agua de dirección al chocar con un obstáculo: *el viento se regolfa en aquel muro.*

regolfo
1 Vuelta o retroceso del agua o del viento al chocar contra un obstáculo. s.m.
2 Seno o cala en el mar comprendida entre dos puntas de tierra. GEOGRAFÍA = cala, caleta

regolita Manto superficial de productos resultantes de la fragmentación de las rocas subyacentes. s.f./GEOLOGÍA tb: regolito

regona Cauce grande de agua de riego que va del canal a la tierra. s.f./AGRICULTURA = reguera

regordete, a Que es pequeño y un poco gordo: *tiene las piernas regordetas.* adj./coloquial = gordo, rechoncho

regostarse Tomar una persona gusto a una cosa: *se regostó a ir al cine cada día.* v.prnl./+ a = aficionarse

regosto Afición o gusto por una cosa: *siente regosto por la música clásica.* s.m. = afición

regraciar Mostrar una persona su agradecimiento de palabra o de otro modo por una cosa. v.tr. = agradecer

regresar
1 Volver al lugar de partida: *suele regresar a casa hacia las nueve.* v.intr. = retornar
2 Volver a un lugar: *nos regresamos hoy mismo.* v.intr/prnl./*Amér.*
3 Devolver o restituir una cosa a su dueño. v.tr./*Amér.*

regresión (Del lat. *regressio, -onis.*)
1 Acción de volver hacia atrás: *se ha notado una regresión en los sueldos.* s.f. = retroceso
2 Disminución del rendimiento funcional de un órgano o tejido. BIOLOGÍA
3 Método de investigación de una relación entre una variable y otras. ESTADÍSTICA
4 Retroceso hacia una etapa anterior del desarrollo libidinoso que se manifiesta por la búsqueda de satisfacciones pulsionales. SICOLOGÍA

regresivo, a
1 Que retrocede o hace retroceder: *el choque le imprimió un movimiento regresivo.* adj. ≠ progresivo
2 Se aplica al tipo de derivación gramatical en la que la voz se altera acortándose. GRAMÁTICA

regreso (Del lat. *regressus.*) Acción de regresar o volver al sitio de donde se ha salido: *esperamos su regreso al país dentro de una semana; el regreso a su trabajo después de su larga enfermedad fue muy duro.* s.m. = retorno, vuelta ≠ ida, marcha

regruñir Dar una persona o un animal gruñidos de forma continua y con insistencia. v.intr. conj: *mullir*

regüeldo
1 Expulsión por la boca de los gases del estómago: *algunos alimentos provocan regüeldos.* s.m. = eructo
2 Cardencha poco desarrollada, que sale en el tallo de la principal. BOTÁNICA

reguera Surco o canal hecho en la tierra para conducir el agua de riego. s.f./AGRICULTURA = regona

reguero
1 Corriente o chorro pequeño de un líquido que se desliza sobre una superficie: *encontraron al animal herido siguiendo un reguero de sangre.* s.m. = hilo
2 Línea o señal que deja un líquido que se va vertiendo.
3 como un reguero de pólvora: Con mucha rapidez: *la noticia corrió como un reguero de pólvora.* loc.adv. coloquial

reguilar Moverse una persona o una cosa como si estuviera temblando. v.intr tb: rehilar

reguilete Rehilete [en todas sus acepciones].

regulable Que puede ser regulado: *las cañerías de agua tienen una llave regulable.* adj. = graduable

regulación
1 Acción y resultado de regular: *la lámpara tiene un muelle que permite la regulación de la altura.* s.f. = graduación
2 Ajuste del funcionamiento de un aparato o de un mecanismo: *vendrá un técnico para comprobar la regulación del calentador de agua.* TECNOLOGÍA

3 Conjunto de mecanismos que aseguran la constancia de una característica física o química del medio interior de un ser vivo. BIOLOGÍA
4 regulación automática: Ajuste gobernado o mantenido por un dispositivo controlado de forma automática. TECNOLOGÍA
5 regulación de empleo: Ajuste o reducción del número de empleados de una empresa según las necesidades de ésta en un momento determinado. ECONOMÍA
6 regulación de torrentes: Conjunto de obras que sirven de defensa contra la impetuosidad de las corrientes de agua y disminuyen la erosión y el acarreo de materiales aguas abajo. CONSTRUCCIÓN

regulado, a Que se ajusta a una regla: *lleva una vida muy regulada.* adj. = regular

regulador, a
1 Que regula: *los semáforos son medios reguladores del tráfico.* adj.
2 Mecanismo que ordena o normaliza el movimiento o los defectos de una máquina o alguna de sus piezas. s.m. TECNOLOGÍA
3 Signo en figura de ángulo agudo que colocado horizontalmente indica, según la dirección de su abertura, que la intensidad del sonido debe aumentarse o disminuirse de forma gradual. MÚSICA

regular
I (Del lat. *regularis.*)
1 Que se ajusta a una pauta o norma: *la gestión pasó por los cauces regulares antes de solucionarse.* adj./= reglado ≠ irregular
2 Que tiene el tamaño u otra cualidad en grado medio: *la película es de una calidad regular; la casa tiene un tamaño regular.* = mediano, moderado
3 Que es moderado o medido en las acciones y en el modo de vida: *es muy regular con la bebida.* = comedido ≠ desenfrenado
4 Sin cambios o variaciones bruscas: *a pesar del esfuerzo realizado, tenía un pulso regular; el fenómeno se produce a intervalos regulares.* = uniforme ≠ desigual
5 De una orden religiosa que pertenece a ella tras prestar los tres votos: *clero regular.* adj./s.m.f./RELIGIÓN ≠ secular
6 Se aplica a la figura geométrica que tiene iguales todos sus ángulos y sus lados o caras: *un polígono regular.* adj. GEOMETRÍA
7 Se refiere a la expresión o formación que se ajusta a las normas generales de una lengua: *verbo regular.* GRAMÁTICA
8 Se aplica a cada una de las unidades y miembros estables del ejército de un país. MILITAR
9 Soldados marroquíes, encuadrados en los cuerpos militares del antiguo protectorado español en Marruecos. s.m.pl. HISTORIA
10 No muy bien: *sólo estoy regular; no está bien, sólo regular.* adv.
11 por lo regular: Por regla general, por lo común: *por lo regular hace bien sus tareas; es un muchacho por lo regular prudente en sus actos.* loc.adv.
II (Del lat. *regulare.*)
1 Ajustar o poner una cosa en orden: *unos guardias regulaban la circulación en la autopista a causa de un accidente.* v.tr. = reglar, regularizar
2 Determinar las normas a que debe someterse una cosa: *la ley regula sus atribuciones.* = reglamentar
3 Ajustar el funcionamiento de un dispositivo o máquina para un fin determinado: *la presa permite regular el caudal del agua del río.* = adaptar, reglar
4 Ajustar una cosa por comparación o deducción. = computar

regularidad
1 Calidad de regular o sujeto a regla: *la regularidad de las lluvias salvó la cosecha.* s.f. ≠ irregularidad
2 Circunstancia de sujetarse una persona a cierta regla o conducta: *voy al cine con regularidad.* = asiduidad, periodicidad
3 Exacto cumplimiento de la regla de un instituto religioso. RELIGIÓN

regularización
1 Acción y resultado de regularizar: *los trabajadores exigían la regularización de los contratos.* s.f.
2 Conjunto de operaciones aplicadas a una cuenta bancaria para determinar su saldo. ECONOMÍA
3 Disminución de las irregularidades de una forma de relieve. GEOLOGÍA

regularizador, a Que regulariza: *se toma unas pastillas regularizadoras para la tensión arterial.* adj/s.

regularizar Ajustar o poner una cosa en orden: *no podrá comprarse un piso hasta que no regularice sus gastos.* v.tr/prnl. conj: *cazar* = regular

regularmente
1 Por lo común: *regularmente el edificio está custodiado por la policía; viene regularmente a verme cada tarde.* adv. = normalmente
2 No muy bien: *me encuentro regularmente.* = medianamente

regulativo, a Que regula o dirige: *orden regulativa.* adj/s.

régulo Rey o señor de un pequeño dominio o estado. s.m./HISTORIA

regurgitación Acción y resultado de regurgitar. s.f.

regurgitar (Del lat. *regurgitare.*)
1 Expeler por la boca una persona o un animal el contenido del estómago: *algunas aves regurgitan para alimentar a los polluelos.* v.intr. = vomitar

2 Salir un líquido o humor de su conducto orgánico de forma abundante. — FISIOLOGÍA

regusto
1 Gusto o sabor que deja una comida o bebida en la boca: *el vino tiene un regusto afrutado.* — s.m. = saborcillo
2 Impresión o sensación que despierta la vivencia de hechos pasados: *aquella experiencia me dejó un regusto doloroso.* — = sensación, sentimiento
3 Impresión de semejanza despertada por alguna acción o una cosa: *la decoración de su casa tiene regusto rococó.* — = aire, semejanza

rehabilitación
1 Acción y resultado de rehabilitar o rehabilitarse: *se han iniciado las obras de rehabilitación del antiguo mercado.* — s.f.
2 Reintegración legal del crédito, honra y capacidad para el ejercicio del cargo, derecho y dignidad de que fue privada una persona que ha sido condenada. — DERECHO
3 Reintegración a una persona de las posesiones de las que había sido desposeída. — DERECHO
4 Conjunto de métodos cuya finalidad es la readquisición de una actividad o función orgánica perdida o disminuida por accidente o enfermedad: *tras varios meses de rehabilitación ha recuperado la movilidad de la muñeca.* — MEDICINA

rehabilitar Habilitar o restituir una cosa o persona a su estado o condición perdidas: *rehabilitarán una vieja casa que han comprado; su prestigio se rehabilitó con su nueva ocupación.* — v.tr./prnl. = reparar, restaurar

rehacer
1 Volver a hacer una cosa que se ha deshecho o está mal: *tuvo que rehacer buena parte del jersey porque se había deshecho tirando de la lana; tendrás que rehacer tu trabajo hasta que esté bien.* — v.tr. conj: hacer = reconstruir
2 Reparar o reponer lo deteriorado o disminuido: *la lluvia ha dañado de tal modo el tejado que habrá que rehacerlo.* — v.tr/prnl. = restablecer
3 Recobrar una persona la tranquilidad, la serenidad o cualquier sentimiento o cualidad perdidos: *tardó mucho en rehacerse tras la pérdida de su padre; se rehizo cuando le entregaron el premio.* — = recuperarse

rehacimiento Reconstrucción o restablecimiento de una cosa. — s.m.

rehala (Del ár. *rihala.*)
1 Rebaño de ovejas que pertenecen a distintos dueños guiado por un solo mayoral. — s.f. tb: reala
2 Conjunto de perros de caza mayor cuyo número oscila entre catorce y veinticuatro. — CAZA = jauría
3 a rehala: Admitiendo ganado ajeno en el rebaño propio. — loc.adv.

rehalero, a Pastor de un rebaño de ganado lanar que pertenece a distintos dueños. — s.

rehartar Comer una persona hasta que ya no puede más: *se rehartó de salmón.* — v.tr/prnl. = atiborrar

rehecho, a (Part. irreg. de *rehacer.*) Se aplica a la persona que es robusta pero no muy alta. — adj.

rehelear Tener o dar una cosa sabor amargo. — v.intr./= amargar

reheleo Resultado de rehelear. — s.m.

rehén (Del ár. vulgar *rehen,* prenda.)
1 Persona retenida por otra u otras como garantía para obligar a un tercero a cumplir determinadas condiciones: *los atracadores no liberarán a los rehenes mientras la policía no les proporcione un vehículo.* — s.m.f. = cautivo
2 Cualquier cosa que se pone por fianza o seguro. — = fianza

rehenchido Material que sirve para rehenchir. — s.m./= relleno

rehenchimiento Acción y resultado de rehenchir o rehenchirse. — s.m.

rehenchir
1 Volver a henchir o llenar una cosa: *el balón se rehinchió.* — v.tr/prnl. conj: pedir
2 Llenar un mueble de tapicería o un objeto blando con cerda, pluma, lana u otra cosa parecida. — v.tr. = rellenar

reherimiento Rechazo o refutación de un argumento o de una afirmación. — s.m.

reherir Rechazar o rebatir un argumento o una afirmación. — v.tr. conj: sentir

reherrar Volver a poner la misma herradura a un animal con clavos nuevos. — v.tr. conj: pensar

rehervir
1 Volver a hervir una cosa: *tuvo que rehervir la sopa porque se había quedado helada.* — v.intr/tr. conj: sentir
2 Ponerse una persona furiosa: *rehervía viendo cómo le tomaban el pelo sin poder evitarlo.* — v.intr. = encenderse
3 Ponerse las conservas agrias a causa de la fermentación del producto. — v.prnl. = agriarse

rehielo Fenómeno por el que dos masas de hielo que experimentan un principio de fusión se sueldan al ponerse en contacto. — s.m. FÍSICA

rehiladillo Cinta estrecha de hilo o seda. — s.m./= hiladillo

rehilamiento Vibración que se produce en el punto de articulación de algunos sonidos consonánticos y — s.m. LINGÜÍSTICA

que suma su sonoridad a la que origina la vibración de las cuerdas vocales.

rehilandera Juguete formado por una vara con una estrella de papel en la punta que gira con el viento. — s.f. JUEGOS

rehilante Se aplica al sonido consonántico que se articula con rehilamiento. — adj. LINGÜÍSTICA

rehilar
1 Producir demasiado hilo o dar la hebra muchas vueltas al hilarla. — v.tr./conj: aislar TEXTIL
2 Moverse una persona o una cosa como si estuviera temblando. — v.intr. tb: reguilar
3 Producir un arma arrojadiza un zumbido al ser lanzada. —
4 Pronunciar algunas consonantes sonoras con rehilamiento o alargamiento. — v.intr/tr. LINGÜÍSTICA

rehilete
1 Pequeña flecha arrojadiza. — s.m./= dardo
2 Banderilla que se clava al toro en una de las suertes de la corrida. — TAUROMAQUIA
3 Juego parecido al tenis, en el que la pelota es un taco de madera o corcho con plumas. — DEPORTES = bádminton
4 Taco de madera o corcho con plumas que se lanza al aire con raqueta en dicho juego. — DEPORTES
5 Dicho malicioso. — = pulla
6 Juguete de niños que consiste en una varilla en cuya punta hay una estrella de papel que gira movida por el viento. — Méx. JUEGOS
7 Aparato mecánico que echa agua en círculos y se usa para regar el pasto. — Méx.

rehiletero, a Persona que pone las banderillas a los toros durante las corridas. — s./TAUROMAQUIA = banderillero

rehílo Temblor ligero de una cosa. — s.m.

rehogar Freír un alimento de forma ligera en aceite o manteca, a fuego lento y sin agua: *primero rehoga la cebolla y luego echa la carne.* — v.tr./conj: pagar COCINA = sofreír

rehollar Volver a hollar o pisar una cosa. — v.tr./conj: contar

rehostia Se usa para indicar que una persona o una cosa es increíble, impertinente, muy mala o muy buena, en la expresión **ser la rehostia**: *tiene un piso que es la rehostia de grande.* — loc.adj. vulgar

rehoyar Volver a abrir el hoyo hecho antes para plantar árboles. — v.intr. AGRICULTURA

rehuida Acción de rehuir. — s.f.

rehuir
1 Evitar a una persona o una cosa por temor o sospecha: *mi primo rehúye el peligro; se rehúye ante las dificultades.* — v.tr/intr/prnl. conj: huir = eludir
2 No querer admitir una cosa: *es evidente que intenta rehuir el fracaso de su gestión culpando a los demás.* — v.tr. = evitar
3 Evitar el trato o la compañía de una persona: *me rehúye para no devolverme lo que me debe.* — v.tr. = esquivar
4 Cambiar la presa por sus mismas huellas. — v.intr./CAZA

rehumedecer Mojar bien una cosa, o humedecerse en exceso: *la ropa se rehumedeció en el fregadero; el pan estaba rehumedecido.* — v.tr/prnl. conj: carecer = empapar

rehundido Fondo o vaciado que queda en el suelo de un pedestal. — s.m. CONSTRUCCIÓN

rehundir
1 Poner una cosa en lo más profundo de otra: *rehundió la botella en el fregadero para limpiarla bien.* — v.tr. conj: reunir
2 Hacer una cavidad o un agujero más profundo. — = ahondar
3 Refundir, volver a fundir un metal. — METALURGIA
4 Gastar una cosa sin control ni medida. — = derrochar

rehurtarse Seguir la caza perseguida una dirección distinta a la que pretende el cazador. — v.prnl. CAZA

rehusar (Del lat. *refusare.*) No aceptar una cosa: *tuve que rehusar la invitación porque salía de viaje; rehusó atenderme alegando trabajo.* — v.tr. conj: aunar = rechazar

reichstag (Voz alemana.) Asamblea legislativa de Alemania. — s.m. POLÍTICA

reidero, a Que produce risa o regocijo. — adj.

reidor, a Que ríe con frecuencia: *no es guapo, pero es tan reidor que encandila a la gente.* — adj/s. = risueño

reilar Moverse una cosa como si temblara. — v.intr./= rilar

reimplantación
1 Acción y resultado de reimplantar: *algunos sectores piden la reimplantación de la república.* — s.f. = restablecimiento
2 Intervención quirúrgica para colocar un órgano que había sido seccionado. — MEDICINA

reimplantar
1 Volver a implantar una cosa: *el nuevo director quiere reimplantar antiguas normas.* — v.tr.
2 Volver a colocar un órgano seccionado o desprendido en su lugar. — MEDICINA

reimplante Reimplantación [en todas sus acepciones]. — s.m.

reimportación Acción y resultado de importar de nuevo un producto o mercancía que ya se había exportado. — s.f. COMERCIO

reimportar Importar en un país una cosa que se había exportado de él. — v.tr. COMERCIO

reimpresión
1 Acción y resultado de reimprimir una obra o escrito: *en la nueva reimpresión se han corregido algunos errores tipográficos.* — s.f. ARTES GRÁFICAS
2 Conjunto de ejemplares de una publicación que se reimprimen de una vez. — ARTES GRÁFICAS = reedición

reimprimir Volver a imprimir un texto o una obra completa: *el libro se vendió tan rápido que lo reimprimieron al mes de su primera publicación.* — v.tr. part.th: reimpreso = reeditar

reina (Del lat. *regina*.)
1 Mujer que ejerce la potestad real por derecho propio: *la reina y el príncipe consorte asistieron a la recepción.* — s.f.
2 Mujer, animal o cosa del género femenino, que por su excelencia sobresale entre las demás de su clase: *fue elegida reina de la fiesta por su simpatía.*
3 Pieza del ajedrez que puede realizar cualquier movimiento, excepto el del caballo: *le dio jaque mate con la reina y un peón.* — JUEGOS = dama
4 Undécima carta de cada palo, en la baraja francesa. — JUEGOS
5 Se aplica a la hembra fértil, con función eminentemente reproductora en una colonia de insectos sociales: *abeja reina.* — adj/s.f. ZOOLOGÍA
6 Esposa de un rey. — s.f.
7 reina de los mares: Mujer engreída que se cree la mejor o la más bella entre otras. — coloquial
8 reina de los prados: Planta herbácea rosácea, con hojas alternas divididas en segmentos aovados y desiguales, y flores blancas o rosadas en umbela. *(Spiraea ulmaria.)* — BOTÁNICA
9 reina luisa: Luisa, planta verbenácea. — BOTÁNICA
10 reina margarita: Planta herbácea vivaz, parecida a la margarita, con capítulos de color azul, rojo y blanco. *(Aster sinensis.)* — BOTÁNICA
11 reina mora: 1. Infernáculo, juego. **2.** Ave paseriforme de melodioso canto, plumaje azul brillante, domesticable con facilidad. — JUEGOS Argent. ZOOLOGÍA

reinado
1 Período de tiempo gobernado por un rey o una reina. — s.m.
2 Ejercicio de la dignidad real por un monarca determinado.
3 Período de tiempo en que predomina o está en auge una cosa o persona: *su reinado en el mundo del tenis toca a su fin.* — = auge

reinador, a Persona que reina. — s.

reinal Cuerdecilla fuerte de cáñamo compuesta por dos ramales retorcidos. — s.m.

reinante
1 Que reina: *el monarca reinante pertenece a la rama borbónica.* — adj.
2 Que está muy extendido o predomina sobre los demás: *la opinión reinante es que el partido perderá votos en las próximas elecciones; el viento reinante es del norte.* — = dominante, imperante

reinar (Del lat. *regnare*.)
1 Ejercer la dignidad real sobre un territorio. — v.intr.
2 Predominar una persona o una cosa sobre otras: *el mal reinó sobre el bien.* — + sobre = imperar
3 Haber una cosa en un lugar: *hace semanas que reina un frío glacial; hasta hoy reinaba la alegría en esta casa.* — = predominar, prevalecer

reincidencia
1 Repetición de una falta, error o defecto: *la reincidencia de tus retrasos me obliga a sancionarte.* — s.f. = reiteración
2 Circunstancia agravante de la responsabilidad de un acusado, al haber sido condenado con anterioridad por un delito análogo al que se le imputa. — DERECHO

reincidente Que reincide: *fue multado y condenado por reincidente.* — adj/s.m.f.

reincidir Volver a incurrir una persona en un error, falta o delito: *si vuelves a reincidir en no asistir a clase, te expulsarán.* — v.intr. = incurrir, recaer

reincorporación Acción y resultado de reincorporar o reincorporarse: *todos le felicitaron por su reincorporación al puesto de trabajo.* — s.f.

reincorporar
1 Volver a unir a un cuerpo o compuesto una parte separada de él. — v.tr/prnl. = agregar
2 Volver a incorporar a una persona a su anterior empleo o grupo: *se reincorporó cuando se sintió mejor; le reincorporaron a su cargo al demostrar su inocencia.* — = readmitir, rehabilitar

reineta (Del fr. *reinette* < fr. ant. *raine*, rana.) Variedad de manzana achatada, aromática, ácida y de color dorado con pintitas marrones. — s.f.

reingresar Volver a ingresar en un lugar: *ha reingresado en el sanatorio.* — v.intr.

reingreso Acción y resultado de volver a ingresar: *su reingreso en el hospital le ha deprimido mucho.* — s.m.

reiniciar Continuar haciendo una cosa que se ha detenido o interrumpido, o volverla a empezar: *reinició su trabajo cuando se fueron las visitas.* — v.tr. = reanudar, reemprender

reino (Del lat. *regnum*.)
1 Territorio o estado bajo la autoridad de un rey o de una reina. — s.m.
2 Territorio de un estado que en la antigüedad tuvo rey propio.
3 Conjunto de los diputados o procuradores que, en las antiguas cortes españolas, representaban a los habitantes de dicho territorio. — POLÍTICA, HISTORIA
4 Espacio real o imaginario dominado por algo material o inmaterial: *esto es el reino del desorden.* — = ámbito, dominio
5 Cada uno de los tres grandes grupos en que se consideran divididos los seres naturales: *reino animal; reino vegetal; reino mineral.* — BOTÁNICA, MINERALOGÍA, ZOOLOGÍA
6 reino de Dios o de los cielos: El paraíso prometido. — RELIGIÓN
7 reinos de taifas: Entidades políticas musulmanas surgidas tras las guerras civiles que deshicieron el califato cordobés. — HISTORIA

reinserción Acción y resultado de reinsertar: *es un centro que se dedica a la reinserción de jóvenes delincuentes.* — s.f.

reinsertar Proporcionar los medios necesarios a una persona para que se vuelva a adaptar a la vida social: *algunos terroristas se han reinsertado.* — v.tr/prnl. POLÍTICA, SOCIOLOGÍA

reinstalación Acción y resultado de reinstalar: *la reinstalación de ese programa es muy lenta.* — s.f.

reinstalar Volver a instalar a una persona o una cosa: *se reinstaló en su antiguo despacho; reinstaló unos juegos en el ordenador para que lo vieran los niños.* — v.tr/prnl.

reinstaurar Instaurar de nuevo lo que había sido derrocado o eliminado: *tras varios años de dictadura, al fin se reinstauró la democracia en el país.* — v.tr.

reintegrable Que puede o debe ser reintegrado. — adj.

reintegración Acción y resultado de reintegrar o reintegrarse: *la reintegración del préstamo puede ser fraccionada o al contado.* — s.f. = reintegro

reintegrar
1 Volver a incorporar a una persona a su anterior cargo o empleo: *se reintegró a su puesto en cuanto se recuperó.* — v.tr/prnl. = reincorporar
2 Dar una cosa o una cantidad de dinero a la persona a que pertenece: *aún no puedo reintegrarte el dinero que me prestaste.* — v.tr. = devolver
3 Poner la póliza o estampilla en los documentos que lo precisan por ley.
4 Recomponer una cosa. — = reconstruir
5 Recuperar una cosa que se había perdido o que ya no se posee: *se reintegró de todo lo que había aportado a la empresa.* — v.prnl. + de
6 Volver una persona a su anterior actividad o a formar parte de un grupo o colectividad: *se reintegró a su puesto como si no hubiera pasado nada; se reintegró al equipo cuando cumplió la sanción.* — + a = reincorporarse

reintegro
1 Acción y resultado de reintegrar o reintegrarse: *su reintegro al trabajo causó un profundo malestar.* — s.m. = reintegración
2 Pago o devolución de dinero. — = restitución
3 Operación de sacar dinero de una cuenta corriente: *no puedo hacer un reintegro de tu cuenta sin tu autorización.* — ECONOMÍA
4 Premio de la lotería consistente en la devolución de la misma cantidad jugada, cuando los números tienen las mismas terminaciones que los que obtienen los premios mayores. — JUEGOS
5 Cantidad de dinero en timbres y pólizas que se pone en un documento oficial.

reinterpretar Hacer una nueva interpretación de una cosa: *el director de la obra la reinterpreta en su adaptación.* — v.tr.

reinversión Inversión de los beneficios obtenidos de una actividad productiva en el aumento del capital de la misma. — s.f. ECONOMÍA

reinvertir Invertir los beneficios obtenidos de una actividad productiva en el aumento del capital de la misma: *decidió reinvertir en su empresa para intentar sacarla a flote.* — v.tr/intr. conj: *sentir* ECONOMÍA

reír (Del lat. *ridere*.)
1 Mostrar una persona alegría o regocijo con ciertos movimientos del rostro y del cuerpo y con sonidos inarticulados: *se ríe tan fuerte que se la quedan mirando.* — v.intr/prnl. = carcajearse, desternillarse
2 Hacer burla de una persona o una cosa o no tomarla en serio: *ríe de los defectos ajenos; río sus chistes; se ríe de ti.* — v.tr/intr/prnl. = mofarse
3 Tener una cosa un aspecto agradable, alegre o atractivo: *sus ojos ríen.* — v.intr. = sonreír
4 Celebrar lo que hace o dice una persona con risa: *no le rías las gracias.* — v.tr. = aplaudir
5 Empezar a romperse una cosa mostrando una abertura: *mis mocasines se ríen; la tela se ríe de gastada.* — v.prnl. coloquial
6 reírse de una cosa o una persona: Despreciarla, no tomarla en serio: *se ríe de tus consejos.* — coloquial

CONJ.: IND.: PRES.: *río, ríes, ríe, reímos, reís, ríen.* PRET. INDEF.: *reí, reíste, rió, reímos, reísteis, rieron.* SUBJ.: PRES.: *ría, rías, ría, riamos, riáis, rían.* PRET. IMPERF.: *riera, -ese, rieras, -eses, riera, -ese, riéramos, -ésemos, rierais, -eseis, rieran, -esen.* FUTUR. IMPERF.: *riere, rieres, riere, riéremos, riereis, rieren.* IMP.: *ríe, ría, riamos, reíd, rían.* GERUND.: *riendo.*

reis Moneda fraccionaria portuguesa.   *s.m.pl./ECONOMÍA*

réiter Pesa en forma de U invertida que cabalga sobre la cruz de ciertos tipos de balanzas de precisión.   *s.m.*

reiteración
1 Acción y resultado de reiterar: *sus reiteraciones sobre lo ocurrido me aburren.*   *s.f. = repetición*
2 Circunstancia que puede ser agravante, derivada de condenas anteriores del reo por delitos de diferente índole del que se le juzga.   *DERECHO*

reiterar (Del lat. *reiterare.*) Volver a decir o a realizar una cosa: *reiteró su deseo de asistir a la celebración; se reiteró de sus excusas.*   *v.tr./prnl. = insistir, repetir*

reiterativo, a
1 Que se reitera o repite: *la muerte es un idea reiterativa en su obra.*   *adj. = reiterante*
2 Que expresa reiteración: *frase reiterativa; prefijo reiterativo.*   *= repetitivo*

reivindicable Que puede o debe ser reivindicado: *el abogado considera que se trata de una herencia reivindicable; su familia ostenta un título reivindicable por sus sucesores.*   *adj.*

reivindicación (Del lat. *rei vindicatio,* vindicación de una cosa.) Acción y resultado de reivindicar: *la patronal atendió las reivindicaciones salariales de los sindicatos.*   *s.f. = exigencia, petición*

reivindicar
1 Defender o reclamar un derecho: *algunos sectores reivindican una reducción de la jornada laboral.*   *v.tr./conj: sacar = exigir, pedir*
2 Atribuirse la autoría o responsabilidad de un hecho: *ningún grupo ha reivindicado todavía el atentado.*   *= proclamar*
3 Defender la buena fama de una persona: *sus compañeros reivindicaron su memoria en el entierro.*
4 Reclamar una persona un derecho o dominio que le pertenece.   *DERECHO*

reivindicativo, a Que reivindica: *los sindicatos han convocado una huelga reivindicativa de los derechos laborales.*   *adj.*

reivindicatorio, a Que se hace para reivindicar una cosa: *pliego reivindicatorio.*   *adj. = reivindicativo*

reja
I (Del lat. *regula,* barra de metal.)
1 Instrumento de hierro que forma parte del arado, que rompe y remueve la tierra.   *s.f. AGRICULTURA*
2 Labor o vuelta que se da a la tierra con el arado.   *AGRICULTURA*
3 **rejas vueltas:** Se usa para expresar que entre dos pueblos colindantes hay comunidad de pasto o de labor.   *AGRICULTURA*
II (De origen incierto.)
1 Armazón de barras de hierro o de madera que se pone en las ventanas, puertas o en un recinto para impedir el acceso a él o como elemento decorativo: *después del robo, protegieron las ventanas con rejas.*   *s.f.*
2 **entre rejas:** En la cárcel: *pasó varios años entre rejas por robo.*   *loc.adj/adv. coloquial*

rejacar Romper la costra del terreno cuando las plantas sembradas tienen raíz suficiente.   *v.tr./conj: sacar AGRICULTURA*

rejada Aguijada [en todas sus acepciones].   *s.f.*

rejado Verja o enrejado: *el prado está vallado con un rejado.*   *s.m.*

rejal Pila de ladrillos puestos de canto y cruzados unos sobre otros.   *s.m. CONSTRUCCIÓN*

rejalgar (Del ár. *rehy al-gar,* polvos de caverna.) Mineral de color rojo, translúcido, de brillo adamantino, que se utiliza en pintura y pirotecnia.   *s.m. MINERALOGÍA*

rejego, a Que es terco o rebelde.   *adj./Méx/coloquial*

rejera Calabrote, cabo, boya o ancla con que se intenta mantener fija o en posición conveniente una embarcación.   *s.f. NÁUTICA*

rejería
1 Arte y técnica de forjar rejas o verjas.   *s.f.*
2 Conjunto de rejas o verjas.

rejero, a Persona que labra o fabrica rejas.   *s.*

rejilla
1 Estructura formada por alambre, varillas o listones entrecruzados que impide el paso o se pone para dividir una superficie, para obstruir en parte la vista de un recinto desde su exterior o por seguridad.   *s.f.*
2 Abertura pequeña cerrada con una estructura de este tipo: *mira por la rejilla de la puerta antes de abrir.*   *= mirilla*
3 Tejido en forma de red colocada sobre los asientos de los vehículos usada para depositar objetos personales.
4 Tejido fabricado con pequeñas tiras de los tallos duros y elásticos de algunas plantas, como el bejuco: *el asiento de las sillas es de rejilla.*   *TEXTIL*
5 Armazón de hierro que se coloca sobre los hornos, hornillas y aparatos de vapor para sostener el combustible.
6 Calentador para los pies formado por una caja metálica con forma de caja agujereada en cuyo interior se coloca carbón encendido.   *= rejuela*
7 Pantalla que se coloca entre el cátodo y el ánodo para regular el flujo eléctrico.   *ELECTRICIDAD*

8 Emparrillado de barras metálicas que se pone en los registros de aireación de las alcantarillas.   *CONSTRUCCIÓN*

rejín Raedera colocada delante de la reja principal y de la cuchilla de algunos arados.   *s.m. AGRICULTURA*

rejiñol Silbato de barro relleno de agua y en forma de pájaro, que imita el gorjeo de las aves.   *s.m. CAZA, JUEGOS*

rejitar Expeler el halcón el contenido del estómago, en cetrería.   *v.tr. CAZA*

rejo
1 Punta o aguijón de hierro.   *s.m.*
2 Aguijón de la abeja.   *ZOOLOGÍA*
3 Hierro con que se refuerza el cerco de las puertas y ventanas.   *CONSTRUCCIÓN*
4 Hierro redondo para jugar al herrón.   *JUEGOS*
5 Embrión de una planta antofita que al desarrollarse forma la raíz.   *BOTÁNICA = radícula*
6 Tira de cuero.
7 Cuerda gruesa de esparto.   *= soga*
8 Robustez o fortaleza física.   *coloquial*

rejón
1 Barra de hierro que termina en punta.   *s.m.*
2 Especie de puñal.
3 Púa de la peonza.
4 Asta de madera con una punta de hierro ancha y corta y una muesca cerca de ella, usada para rejonear.   *TAUROMAQUIA = pica*

rejonazo Golpe y herida producida por el rejón en el toro que se lidia.   *s.m. TAUROMAQUIA*

rejoncillo Rejón, garrocha usada para rejonear los toros.   *s.m. TAUROMAQUIA*

rejoneador, a Persona que rejonea: *el rejoneador salió de la plaza entre aplausos.*   *s. TAUROMAQUIA*

rejonear Torear o herir al toro con el rejón, en el toreo a caballo.   *v.tr. TAUROMAQUIA*

rejoneo Arte de torear a caballo, que es la base del toreo portugués.   *s.m. TAUROMAQUIA*

rejuela Brasero pequeño para calentarse los pies, con forma de arquilla y una rejilla en la tapa.   *s.f. = rejilla*

rejuntar
1 Unir o reunir personas o cosas: *rejuntó todos los papeles que había sobre su mesa y los guardó en un cajón; la gente se rejuntó en la plaza.*   *v.tr/prnl. = agrupar, congregar*
2 Tapar y repasar las juntas de un paramento con argamasa o mortero.   *v.tr. CONSTRUCCIÓN*
3 Hacer una pareja vida de matrimonio sin estar casados: *se rejuntaron aunque a los padres de ella no les hacía ninguna gracia.*   *v.prnl./coloquial = amancebarse, maridar*

rejuvenecedor, a Que rejuvenece: *el maquillaje produce un efecto rejuvenecedor; se pone una crema rejuvenecedora.*   *adj/s. ≠ envejecedor*

rejuvenecer
1 Dar una cosa el aspecto, el carácter o la energía de la juventud a una persona: *rejuveneció durante las vacaciones; desde que dejó de fumar se ha rejuvenecido.*   *v.tr/intr/prnl. conj: carecer ≠ envejecer*
2 Dar un aspecto más nuevo o moderno a una cosa: *al entrar en la empresa rejuveneció el negocio con sus ideas innovadoras.*   *= modernizar*

rejuvenecimiento Acción y resultado de rejuvenecer o rejuvenecerse: *sigue un tratamiento de rejuvenecimiento de la piel.*   *s.m. ≠ envejecimiento*

relabra Acción y resultado de relabrar o labrar de nuevo una pieza de madera.   *s.f.*

relabrar Volver a trabajar o labrar un trozo de piedra o de madera.   *v.tr.*

relación (Del lat. *relatio, -onis.*)
1 Situación entre dos cosa, ideas o hechos unidos por alguna circunstancia, en la realidad o en la mente de una persona: *la policía asegura que este robo no tiene relación con el anterior; su enfado tiene relación con lo que le has dicho.*   *s.f. = correspondencia*
2 Trato o conexión entre dos o más personas: *entre ellos hay una relación amorosa.*   *= vínculo*
3 Conjunto de personas con las que otra tiene amistad o trato social: *tiene relaciones en el ministerio.*
4 Lista o serie escrita de nombres de personas o cosas: *mi nombre no figura en la relación de admitidos.*   *= enumeración, listado*
5 Narración oral o escrita de un hecho que ha sucedido: *el secretario redactó una relación detallada del suceso.*   *= relato*
6 Párrafo o trozo largo que dice un personaje en un poema dramático.   *TEATRO*
7 Resumen que hace un auxiliar ante un juez o tribunal de lo esencial del proceso o de una de sus partes.   *DERECHO*
8 Conexión gramatical entre dos términos o palabras que forman parte de una misma oración.   *GRAMÁTICA*
9 Resultado de comparar dos cantidades numéricas.   *MATEMÁTICAS*
10 Trato amoroso con propósito matrimonial entre dos personas: *mantienen relaciones desde hace tres años.*   *s.f.pl.*
11 Copla que intercambian los integrantes de las parejas en algunos bailes folclóricos.   *s.f. Argent.*

12 relación jurada: Relato de un hecho que se expone a un superior y que contiene un juramento sobre su veracidad.

13 relaciones diplomáticas: Reconocimiento mutuo de los gobiernos de dos estados y trato oficial para los asuntos que interesan a ambos países. — POLÍTICA

14 relaciones internacionales: Parte del derecho internacional público que estudia la correspondencia entre los gobiernos y las naciones. — DERECHO

15 relaciones públicas: Actividad profesional, o persona que la realiza, que tiene como fin la difusión y el aumento de prestigio entre el público de un determinado producto o empresa, mediante gestiones personales y la aplicación de técnicas especializadas: *trabajo como relaciones públicas en una sala de fiestas.*

16 con o en relación a: En correspondencia con otra cosa: *tengo que decirle en relación a su petición, que ha sido aceptado.* — loc.adv.

relacional De la relación o que relaciona. — adj.

relacionar
1 Poner en relación dos o más personas o cosas: *no le relaciono con su familia, aunque sé que le conozco; esos hechos se relacionaban.* — v.tr/prnl. = conectar, vincular
2 Hacer una relación o listado de varias cosas: *él se encarga de relacionar toda la mercancía que reciben.* — v.tr.
3 Narrar un hecho o suceso: *uno de los tripulantes se encargaba de relacionar los sucesos del crucero.* — = describir, relatar
4 Tener una persona relación con otra: *se relacionaba con todo el mundo; no me relaciono con tu hermano.* — v.prnl. + con
5 Tener trato con muchas personas o con personas importantes: *se relaciona con ejecutivos y directivos por su trabajo.* — + con = codearse

relacionista
1 Persona que trabaja en relaciones públicas. — s.m.f.
2 Persona experta en relaciones públicas.

relajación
1 Acción y resultado de relajar o relajarse: *la música favorece la relajación.* — s.f. = relajamiento
2 Disminución o deterioro de la moralidad. — = disolución
3 Proceso de retorno progresivo al equilibrio de un sistema, al cesar las acciones exteriores que lo alteraban. — FÍSICA
4 Pérdida de tensiones que sufre un material que ha estado sometido a una deformación constante. — METALURGIA

relajado, a
1 Se aplica al sonido que se articula en determinadas posiciones con una tensión muscular menor de lo habitual. — adj. LINGÜÍSTICA
2 Que es vicioso o desvergonzado. — Argent., Urug.
3 Que acostumbra a tomar las cosas en broma. — Pan.

relajador, a Que relaja: *tomaré un baño relajador; pasear es un relajador para mí.* — adj/s. = relajante

relajamiento Acción y resultado de relajar o relajarse: *el masaje favorece el relajamiento muscular.* — s.m. = relajación

relajante
1 Que relaja: *conviene realizar alguna actividad relajante al terminar el trabajo.* — adj. = relajador
2 Se aplica al medicamento que sirve para relajar. — adj/s.m./FARMACIA
3 Se aplica a los alimentos y bebidas muy azucarados y empalagosos. — adj/s. Argent., Chile

relajar (Del lat. *relaxare.*)
1 Poner una cosa floja o destensada: *la cuerda se relajó con los tirones.* — v.tr/prnl. = aflojar, destensar
2 Hacer menos riguroso el cumplimiento de una ley o el respeto a una costumbre: *relajaban mucho sus prácticas religiosas; se relajó el plazo para el pago de las tasas.* — = aliviar, suavizar
3 Descansar realizando una actividad agradable o placentera: *la lectura me relaja mucho.* — v.tr.
4 Disminuir la pena impuesta a una persona. — DERECHO
5 Liberar a una persona de un voto, juramento o de una obligación. — DERECHO
6 Poner el juez eclesiástico un reo de pena de muerte en manos del brazo secular. — DERECHO
7 Disminuir el tono o tensión de una estructura, en especial muscular. — FISIOLOGÍA
8 Ponerse o mantenerse una persona en estado de reposo físico y mental: *conseguía relajarse al final de la jornada laboral haciendo ejercicios de yoga.* — v.prnl. ≠ crisparse
9 Obrar una persona sin respeto a las costumbres establecidas: *se relajaba mucho por las malas compañías.* — = viciarse
10 Perder fuerza una parte del cuerpo por debilidad o por un esfuerzo violento. — FISIOLOGÍA = laxarse
11 Formársele una hernia a una persona. — MEDICINA

relajo
1 Barullo y confusión de voces y ruido que provoca un grupo de personas. — s.m. = alboroto
2 Actitud descuidada y falta de interés en el cumplimiento de las normas y obligaciones. — = holganza
3 Abandono y degeneración de las costumbres de una persona. — = degradación
4 Acción inmoral o deshonesta. — Méx.
5 Escarnio que se hace de una persona. — Cuba, P. Rico

relamer
1 Lamer una cosa repetidas veces: *estuvo relamiendo el polo toda la tarde.* — v.tr. = chupar
2 Pasar la lengua por los labios repetidas veces: *el perro se relamía de morro.* — v.prnl.
3 Encontrar una persona gran satisfacción en una cosa: *se relamía con los recuerdos de aquel viaje.* — = deleitarse
4 Arreglarse o afeitarse una persona mucho: *se relamió para intentar conquistarla.* — = componerse
5 Mostrarse una persona orgullosa por una acción propia: *después del premio, se relamía de su éxito hasta ponerse insoportable.* — = gloriarse, jactarse

relamido, a Que se asea y se arregla en exceso y con pulcritud: *aunque vaya a comprar al mercado, va siempre relamida y pericompuesta.* — adj/s. = peripuesto, repeinado

relámpago
1 Resplandor muy fuerte y momentáneo provocado en las nubes por una descarga eléctrica. — s.m. = fucilazo
2 Cualquier resplandor repentino: *el relámpago de un foco me deslumbró.* — = destello
3 Cualquier cosa o persona muy rápida: *su recuerdo pasó por mi cabeza como un relámpago; su profesor insiste en que practique atletismo porque es rápido como un relámpago.* — = centella, exhalación
4 Rapidez y brevedad con que sucede o se desarrolla una cosa: *hizo un viaje relámpago para concertar un negocio.*
5 Dicho agudo e ingenioso. — = chispa
6 Especie de nube que se forma en los ojos de los caballos. — VETERINARIA

relampagueante Que relampaguea: *tenía los ojos relampagueantes de felicidad.* — adj. = resplandeciente

relampaguear (Del lat. vulgar *lampicare.*)
1 Producirse relámpagos: *lleva toda la tarde relampagueando pero no acaba de llover.* — v.intr.
2 Despedir destellos o luz una cosa: *sus ojos relampagueaban de ira en la oscuridad.* — = centellear, resplandecer

relampagueo Acción de relampaguear: *permanecía horas mirando el relampagueo de las estrellas.* — s.m. = centelleo

relance
1 Segunda redada o lance de una red. — s.m./PESCA
2 Suerte o lance que sigue o sucede a otros en los juegos de envite. — JUEGOS
3 Acción de volver a echar las papeletas electorales en el recipiente en que se depositan.
4 Suceso casual y dudoso. — = casualidad
5 Forma de ejecutar una suerte aprovechando la salida del toro de otra suerte anterior. — TAUROMAQUIA
6 de relance: De forma casual e inesperada: *la encontré de relance en las escaleras.* — loc.adv.

relanzamiento Nuevo impulso que se da a una actividad: *para la campaña de verano han previsto el relanzamiento del producto.* — s.m.

relanzar
1 Dar nuevos impulsos a una actividad: *han relanzado sus viejos discos.* — v.tr/conj: cazar = reanimar
2 Hacer que retroceda una persona o una cosa. — = rechazar
3 Volver a echar las papeletas electorales en el recipiente donde se depositan.

relapso, a (Del lat. *relapsus, -a, -um.*) Que reincide en un pecado del que ya ha hecho penitencia. — adj/s. RELIGIÓN

relatador, a Que relata o cuenta un suceso o historia: *el relatador de la aventura era a la vez el protagonista de la misma.* — adj/s. = relator

relatante Que relata. — adj/s.m.f.= relator

relatar
1 Narrar o explicar un hecho o una historia: *le miraban boquiabiertos mientras relataba anécdotas de su vida.* — v.tr. = contar, referir
2 Hacer relación de un proceso o pleito. — DERECHO

relata refero (Expresión latina.) De oídas. — loc.adv.

relativamente
1 Un poco, algo: *es relativamente complicado.* — adv.
2 De forma aproximada.
3 Con relación a una persona o cosa.

relatividad
1 Cualidad de lo que es relativo o variable: *tendrías que plantearte las cosas con más relatividad.* — s.f.
2 Teoría física que defiende la variación de las leyes físicas cuando se cambia el sistema de referencia. — FÍSICA

relativismo
1 Doctrina filosófica según la cual todo conocimiento depende de factores externos y es siempre relativo y no absoluto. — s.m. FILOSOFÍA
2 Doctrina según la cual la realidad carece de sustrato permanente y consiste en la relación de los fenómenos. — FILOSOFÍA
3 relativismo cultural: Corriente de pensamiento que considera la diversidad cultural como fruto del contexto vital que se desarrollan las personas y las colectividades, y que rechaza la ciencia occidental como punto de referencia. — SOCIOLOGÍA

relativista
1 De la teoría de la relatividad. — adj./FÍSICA
2 Que es partidario de la teoría de la relatividad. — adj/s.m.f./FÍSICA

3 Del relativismo. — adj/s./FILOSOFÍA

4 Que profesa el relativismo como doctrina filosófica, o defiende sus teorías. — adj/s.m.f. FILOSOFÍA

relativización Acción y resultado de relativizar: *la relativización de los problemas puede ayudar a solucionarlos.* — s.f.

relativizar Considerar un asunto introduciendo determinadas circunstancias que, en general, disminuyen su importancia o valor: *suele relativizar la gravedad de lo que le ocurre pensando en lo positivo que pueda haber en ello.* — v.tr. conj: *cazar*

relativo, a

1 Que hace relación a una persona o una cosa: *están realizando una serie de investigaciones relativas al átomo; en lo relativo al tema que nos ocupa, prefiero no opinar.* — adj. = concerniente

2 Que depende o resulta de su relación o comparación con otras cosas: *magnitud relativa; movimiento relativo.* — ≠ absoluto

3 Que no es mucho o muy intenso: *el asunto tiene una importancia relativa; ganaron por una mayoría relativa.* — = limitado, poco ≠ total

4 Se aplica a la relación existente entre dos escalas o dos tonalidades a las que corresponde la misma armadura en la clave pero una es mayor y otra menor. — MÚSICA

5 Se refiere al pronombre o al adverbio que introduce una proposición subordinada y a la vez realiza una función sintáctica dentro de la misma. — adj/s.m. GRAMÁTICA

6 Se aplica a la oración subordinada introducida por dicho pronombre o adverbio. — adj/s.f. GRAMÁTICA

relato (Del lat. *relatum*.)

1 Acción de relatar o contar un suceso de forma detallada: *el comisario escuchó su relato de los hechos.* — s.m. = exposición

2 Exposición oral o escrita de sucesos ficticios que se hace con fines didácticos o de entretenimiento: *estoy leyendo un libro de relatos de terror.* — = cuento, narración

relator, a

1 Que relata o refiere una cosa: *ella fue la relatora de los hechos ante la policía.* — adj/s. = relatador

2 Persona que hace relación de los asuntos tratados en congresos o asambleas. — s. = ponente

3 Letrado que hace relación de los autos o expedientes en los tribunales superiores. — DERECHO

relatoría

1 Oficina o empleo del relator de congresos o asambleas. — s.f.

2 Oficina o empleo de relator en un tribunal o congreso.

relavar Volver a lavar una cosa: *relavó el baño una y otra vez para desinfectarlo.* — v.tr. = relimpiar

relave

1 Acción de relavar una cosa. — s.m. MINERÍA

2 Segundo lavado de los metales. — MINERÍA

3 Partículas de mineral arrastradas por el agua en el lavado de metales que, al mezclarse con barro, necesitan otro talud para ser recuperadas. — s.m.pl. MINERÍA

relax (Voz inglesa.) Descanso físico o mental producido por ejercicios adecuados o por comodidad, bienestar u otra causa: *disfrutaba de un relax merecido tumbado sobre la hierba del jardín.* — s.m. pl: relax = relajación ≠ tensión

relazar Atar una cosa con varios lazos o vueltas: *relazó tan bien la caja con cuerdas que tuve que cortarlas porque no la podía desatar.* — v.tr. conj: *cazar*

relé Aparato que sirve para producir en un circuito una modificación dada, cuando se cumplen determinadas condiciones en este circuito o en otro distinto. — s.m. ELECTRICIDAD

release (Voz inglesa.) Versión software de programas y rutinas que resuelven un determinado problema. — s.m. INFORMÁTICA

releche Se usa para indicar admiración o indignación por una persona o una cosa en la expresión **ser la releche**: *eres la releche, siempre sabes encontrar soluciones a tus problemas.* — loc.adj.

releer Volver a leer un texto: *volveré a releer este libro porque es precioso.* — v.tr. conj: *leer*

relegación

1 Acción y resultado de relegar. — s.f.

2 Pena o castigo de destierro que debía cumplirse en el lugar señalado por el gobierno. — DERECHO, HISTORIA

relegar (Del lat. *relegare*.)

1 Apartar o no hacer caso a una persona o una cosa: *el material fue relegado por su baja calidad; le relegaron de la reunión sin darle explicaciones.* — v.tr./conj: *pagar* = desechar, postergar

2 Echar a una persona de un lugar o un país. — = desterrar

3 Desterrar a un ciudadano sin privarle de la ciudadanía entre los antiguos romanos. — HISTORIA

relejar

1 Aflojar o atenuar la fuerza o intensidad de algunas cosas físicas o morales. — v.tr. tb: relajar

2 Formarse un residuo de sarro o de otras sustancias en la boca o los labios. — v.intr.

3 Formar talud una pared. — CONSTRUCCIÓN

4 Disminuir la pena impuesta a una persona. — v.tr./DERECHO

5 Dejar un resalte en el interior del cañón.

relente

1 Humedad atmosférica propia de las noches serenas: *se notaba relente y me puse una chaqueta sobre los hombros.* — s.m. = rocío

2 Ironía y descaro en el comportamiento. — coloquial

relentecer Lentecer, ablandar o reblandecer una cosa. — v.intr./conj: *carecer*

relevación

1 Acción y resultado de relevar. — s.f.

2 Liberación de una carga u obligación que se debe cumplir. — = alivio, dispensa

3 Exención de una obligación. — DERECHO

relevancia Carácter de lo que es relevante o tiene importancia: *el asunto es de gran relevancia.* — s.f. = importancia

relevante

1 Que destaca o sobresale: *lo más relevante de ella es su generosidad; es una persona relevante en el mundo de la cultura.* — adj. = sobresaliente ≠ corriente, vulgar

2 Que resulta importante o significativo: *se trata de una información relevante para el estudio que nos ocupa.* — ≠ irrelevante

3 Se aplica al rasgo significativo que tiene valor diferencial en la estructura del sistema lingüístico. — LINGÜÍSTICA

relevar (Del lat. *relevare*.)

1 Liberar de una obligación a una persona: *le relevó de su trabajo para que pudiera descansar; se ha relevado de sus responsabilidades.* — v.tr/prnl. = eximir, excusar

2 Quitar a una persona de un cargo o empleo: *le relevó de su puesto en la empresa.* — v.tr. = destituir, echar

3 Sustituir a una persona en un cargo o en un empleo: *él te relevará mientras estás de vacaciones.* — = suplir, reemplazar

4 Alabar una cosa: *relevó su valentía por lanzarse al agua para salvarla.* — = exaltar, relievar

5 Proporcionar ayuda a una persona. — = socorrer

6 Perdonar una falta o un error a una persona: *relevó de sus errores a sus padres.* — = absolver, excusar

7 Ponerse una guardia o centinela en lugar de otra. — MILITAR

8 Sustituir un deportista a otro del mismo equipo en el transcurso de una prueba: *el número siete relevará al jugador lesionado.* — DEPORTES = sustituir

9 Pasar el testigo un atleta a otro o suceder un nadador a otro, en una carrera de relevos. — DEPORTES

10 Pintar una cosa de manera que parezca de relieve. — ARTE

11 Dar relieve a un elemento arquitectónico. — ARQUITECTURA

12 Esculpir una figura fuera del plano. — v.intr./ARTE

13 Alternarse dos o más personas para hacer una cosa: *se relevan para dar el biberón por la noche a la niña.* — v.prnl. = turnarse

relevista Que corre en una carrera de relevos: *el famoso atleta logró una nueva victoria como relevista.* — adj/s.m.f. DEPORTES

relevo

1 Acción de relevar: *una mala gestión provocó su relevo del puesto.* — s.m. = sustitución

2 Acción de relevar o cambiar la guardia. — MILITAR

3 Soldado o cuerpo que releva. — MILITAR

4 Prueba deportiva en la que varios atletas o nadadores se sustituyen de manera sucesiva para recorrer una distancia determinada. — DEPORTES

5 Corredor o nadador que releva a otro. — DEPORTES

relicario

1 Lugar o recipiente donde están guardadas las reliquias. — s.m. = teca

2 Estuche o caja donde se guarda un recuerdo de una persona: *tenía un mechón de su cabello en un relicario.*

relicto

1 Se aplica al caudal o conjunto de bienes que dejó una persona al fallecer. — adj. DERECHO

2 Se refiere a la especie, grupo o comunidad de seres vivos que está aislada en una zona restringida de su antigua área de distribución. — BIOLOGÍA, ECOLOGÍA

relievar Alabar a una persona o una cosa. — v.tr.

relieve (Del ital. *rilievo*.)

1 Figura o cualquier otra cosa que resalta sobre el plano: *en las labores de punto de cruz se aprecia el relieve del hilo; la tabla tiene relieve porque no está bien pulida.* — s.m. = realce

2 Elevación de la parte que resalta sobre el plano: *la cornisa tiene un relieve de diez centímetros.* — = espesor

3 Conjunto de accidentes geográficos de la superficie terrestre o de una parte de ella: *el relieve de la zona es muy accidentado.* — GEOGRAFÍA

4 Mérito o importancia social de una persona o cosa: *es un hombre de relieve en el mundo de las finanzas.* — = prestigio, renombre

5 Realce que aparentan algunas cosas pintadas. — ARTE

6 Realce esculpido sobre un fondo plano. — ARTE

7 **alto relieve:** Aquel en el que las figuras esculpidas salen del plano más de la mitad de su grueso. — ARTE

8 **bajo relieve:** Aquel en el que las figuras resaltan poco del plano. — ARTE

9 **medio relieve:** Aquel en el que las figuras resaltan del plano la mitad de su grueso. — ARTE

10 **dar relieve a una cosa:** Darle importancia: *el comentarista dio más relieve a los asistentes al acto que al acto en sí mismo.* — coloquial

11 **poner de relieve una cosa:** Destacarlo o subrayarlo: *puso de relieve la necesidad de reestructurar la empresa.* — coloquial

religa Cantidad de metal que se añade en una liga o aleación de metales para alterar sus proporciones. — s.f. METALURGIA

religación Acción y resultado de religar. *s.f.*

religar
1 Volver a atar una cosa. *v.tr./conj: pagar*
2 Atar una cosa con fuerza: *religa bien los paquetes para que no se caigan de la baca.*
3 Volver a alear dos metales. *METALURGIA*

religión (Del lat. *religio, -onis.*)
1 Conjunto de creencias, normas morales y prácticas rituales que un individuo o grupo mantiene hacia lo que considera divino o sagrado. *s.f. RELIGIÓN, SOCIOLOGÍA*
2 Cada una de las doctrinas surgidas de los dogmas y prácticas propios de una confesión: *religión musulmana; religión cristiana.* *RELIGIÓN*
3 Obligación o deber moral: *el trabajo es su religión.* *= credo*
4 Virtud que mueve a dar el culto debido a la divinidad. *RELIGIÓN = fe*
5 Orden o instituto religioso. *RELIGIÓN*
6 **religión natural**: La que basa las relaciones del hombre con la divinidad en la misma naturaleza de las cosas. *RELIGIÓN*
7 **religión reformada**: 1. Orden o instituto religioso en que se ha restablecido la disciplina primera u original. 2. Cada una de las que componen el protestantismo. *RELIGIÓN*
8 **entrar en religión**: Tomar una persona el hábito en una institución religiosa. *RELIGIÓN*

religionario, a Que sigue la doctrina del protestantismo. *adj./s. RELIGIÓN*

religiosamente
1 Según la religión. *adv.*
2 Con exactitud y precisión: *asiste religiosamente a sus clases.* *= puntualmente*

religiosidad
1 Calidad de religioso. *s.f.*
2 Fiel observancia de las obligaciones religiosas: *las procesiones son una muestra de la religiosidad popular.* *RELIGIÓN = devoción*
3 Puntualidad o exactitud al hacer o cumplir una cosa: *allí se cumple el horario con religiosidad; hace sus tareas con toda religiosidad.* *= escrupulosidad*

religioso, a (Del lat. *religiosus.*)
1 Que tiene relación con la religión. *adj./RELIGIÓN*
2 Que profesa una religión y cumple sus preceptos: *va a misa cada domingo porque es muy religioso.* *RELIGIÓN = creyente, devoto*
3 Que es miembro de una orden religiosa: *es religiosa en una orden de clausura.* *adj/s./RELIGIÓN = profeso*
4 Que cumple sus obligaciones con rigor: *cumple con sus deberes de forma religiosa.* *adj. = escrupuloso*
5 Que es parco o moderado. *= sobrio*

relimar Volver a limar una cosa: *relima la madera porque aún no está pulida.* *v.tr.*

relimpiar
1 Volver a limpiar una cosa: *tengo que relimpiar el suelo porque aún tiene rastros de pintura.* *v.tr/prnl. = relavar*
2 Limpiar una cosa mucho: *relimpiaba la vajilla para la cena del día siguiente.*

relimpio, a Que está muy limpio: *se pasó la mañana fregando hasta dejar el suelo relimpio.* *adj. = requetelimpio*

relinchador, a Se aplica a la caballería que relincha con frecuencia. *adj. = relinchante*

relinchante Que relincha. *adj.*

relinchar (Del ant. *reninchar* < lat. vulgar *hinniclare* < *hinnitare* < lat. *hinnire.*) Emitir el caballo su voz: *los potros relinchaban intentando liberarse de las cuerdas.* *v.intr.*

relincho
1 Voz del caballo. *s.m.*
2 Grito o manifestación de alegría: *lanzó un relincho al observar el gol de su compañero.* *coloquial*

relinga (Del fr. *ralingue* < neerlandés ant. *ralik* < *ra*, verga + *lik*, cabo.)
1 Cabo con que van reforzadas las orillas de las velas para impedir que se desgarren al izarlas. *s.f. NÁUTICA*
2 Cuerda en la que se fijan los plomos y corchos de las redes para mantenerlas sostenidas o caladas en el agua. *PESCA*

relingar
1 Coser o pegar las relingas en las orillas de las velas de una embarcación. *v.tr./conj: pagar NÁUTICA*
2 Subir una vela hasta que los cabos de sus orillas queden tirantes. *NÁUTICA*
3 Formar los primeros paños de la vela ondas a causa del viento. *v.intr. NÁUTICA*

reliquia (Del lat. *reliquiae*, restos.)
1 Parte del cuerpo de un santo o cosa que ha estado en contacto con él, que es objeto de veneración. *s.f. RELIGIÓN*
2 Huella de cosas pasadas: *el sentimiento hacia ella no es más que una reliquia del amor que sintió.* *= vestigio*
3 Secuela de un dolor que queda tras una enfermedad o un accidente. *MEDICINA*
4 Persona o cosa muy vieja o achacosa: *hay que comprar otro coche porque éste es una reliquia.* *despectivo = momia*
5 Objeto al que se tiene aprecio por haber pertenecido a un ser querido: *conserva una prenda de cada uno de sus hijos como reliquia.* *= recuerdo*

6 Residuo que queda de un todo: *sólo quedan las reliquias de lo que fue mi casa paterna, el resto lo destruyó el tiempo.* *= resto*
7 **reliquia insigne**: Parte principal del cuerpo de un santo. *RELIGIÓN*

rellanar
1 Volver a allanar una cosa: *tuvieron que rellanar el terreno para edificarlo.* *v.tr. = aplanar*
2 Acomodarse en un asiento: *se rellanó en el sillón y se pasó la tarde leyendo.* *v.prnl. = arrellanarse*

rellano
1 Descansillo entre dos tramos de una escalera. *s.m.*
2 Parte llana de un terreno en pendiente: *haremos un descanso en el rellano de la montaña.*

rellena Morcilla, moronga o embutido de carne de cerdo. *s.f./Méx. COCINA*

rellenar
1 Volver a llenar una cosa: *el depósito se rellenó con las fuertes lluvias; rellenó la botella con vino dulce.* *v.tr/prnl.*
2 Llenar una cosa por completo: *rellenaron los estantes de libros para aprovechar el espacio.* *= abarrotar, colmar*
3 Poner determinados ingredientes dentro de un alimento para cocinarlo: *he rellenado los pimientos con carne picada y cebolla para asarlos.* *v.tr. COCINA*
4 Llenar o tapar un hueco o un agujero: *tendré que rellenar los agujeros que han quedado en la pared antes de pintarla.* *= taponar*
5 Escribir los datos necesarios en un impreso: *tienen que rellenar las casillas con sus nombres en mayúscula.* *= cumplimentar*
6 Dar de comer a una persona en exceso: *le rellenaron hasta que no pudo más; se rellenó en la cena porque no había comido.* *v.tr/prnl. coloquial = hartar, atiborrar*

relleno, a
1 Que está lleno o muy lleno: *tiene las piernas más bien rellenas.* *adj. = atiborrado*
2 Se aplica al alimento preparado con diversas sustancias en su interior: *ha preparado pollo relleno.* *COCINA*
3 Acción y resultado de rellenar una cosa: *cuando acabe con el relleno de las botellas, te ayudo.* *s.m.*
4 Cualquier material con que se rellena una cosa o se ocupa un hueco: *el relleno de los almohadones es de pluma de ave.*
5 Picadillo sazonado de carne, hierbas u otros ingredientes con que se rellena un alimento para cocinarlo: *para hacer el relleno, sofríe la carne con la berenjena.* *COCINA*
6 Parte superflua que aumenta el volumen, la longitud o la apariencia de una cosa: *la sala estaba tan vacía de muebles que colocó unos jarrones en el suelo como relleno.* *= paja*
7 **de relleno**: Que es superfluo y sirve para completar o llenar lo que se dice o un hueco. *loc.adv.*

reloj (Del cat. ant. *relotge* < lat. *horologium* < gr. *horologion* < *hora*, tiempo + *lego*, contar.)
1 Cualquier instrumento o mecanismo que sirve para medir el tiempo: *el reloj de la iglesia marca las diez en punto.* *s.m. pl: relojes*
2 Planta geraniácea de tallos ramosos y flores grandes y amoratadas. *(Erodium ciconium.)* *BOTÁNICA*
3 **reloj de agua**: Instrumento con el que se mide el tiempo por medio del agua que pasa de un recipiente a otro. *= clepsidra*
4 **reloj de arena**: Instrumento formado por dos ampollas comunicadas por un cuello estrecho, a través del cual pasa la arena de una ampolla a otra en un tiempo fijo y de valor conocido.
5 **reloj de bolsillo o faltriquera**: El que se lleva en el bolsillo colgado de una cadena.
6 **reloj de campana**: El que da las horas con una campana.
7 **reloj de cuarzo**: El que funciona mediante un oscilador de cuarzo e impulsos eléctricos.
8 **reloj de flora**: Tabla de las diferentes horas del día en que abren y cierran sus flores ciertas plantas. *BOTÁNICA*
9 **reloj de longitud o marino**: Cronómetro que se usa en la navegación de altura para calcular las diferencias de longitud. *NÁUTICA*
10 **reloj de péndulo**: Aquel cuyo movimiento se debe a las oscilaciones de un péndulo.
11 **reloj de pesas**: El que funciona mediante una cuerda con pesas.
12 **reloj de pulsera**: El que se lleva en la muñeca mediante una pulsera o correa.
13 **reloj de repetición**: El que toca dos veces las horas.
14 **reloj desconcertado**: Persona desordenada e informal. *coloquial*
15 **reloj de sol o solar**: Artificio formado por un círculo expuesto al sol que tiene las horas marcadas y un gnomon o estilete que proyecta su sombra sobre ellas.
16 **reloj despertador**: El que hace un ruido fuerte a la hora que se desea. *= despertador*
17 **reloj digital**: El que indica la hora mediante dígitos reflejados en una pantalla de cristal líquido.

18 reloj eléctrico: Aquel cuyo movimiento está regulado por una corriente eléctrica.
19 reloj magistral: El que sirve de patrón para regular otros.
20 a contra reloj: En un tiempo muy breve: *tuvo que hacer su trabajo a contra reloj.* — loc.adv.
21 contra reloj: Se aplica a la carrera ciclista en que los participantes salen de uno en uno, o en pequeños grupos con intervalos regulares de tiempo. — loc.adj. / DEPORTES
22 ir o marchar algo como un reloj: Ir muy bien o suceder con mucha regularidad: *antes de irse a trabajar va al baño como un reloj; todo marcha como un reloj, tal y como estaba previsto.* — coloquial
23 ser alguien un reloj: Ser muy puntual: *siempre llega a la hora prevista porque es un reloj.* — coloquial

relojera Mueble o bolsa para poner o guardar el reloj. — s.f.

relojería
1 Arte de hacer relojes. — s.f.
2 Taller donde se fabrican o arreglan relojes: *en la relojería me dijeron que el reloj no tenía arreglo.* — INDUSTRIA
3 Tienda donde se venden relojes: *iré a una relojería a comprar un despertador.* — COMERCIO
4 de relojería: Se aplica al mecanismo dotado de un reloj que activa o desactiva un dispositivo en un momento determinado: *pusieron una bomba de relojería en el banco.* — loc.adj. / TECNOLOGÍA

relojero, a Persona que por oficio hace, arregla o vende relojes: *el relojero me dijo que el reloj de pulsera de mi padre es de oro.* — s.

reluchar Luchar una persona con tenacidad: *los guerreros relucharon hasta el amanecer.* — v.intr.

reluciente
1 Que reluce o despide destellos: *las mujeres acudieron al estreno exhibiendo joyas relucientes.* — adj./= brillante, resplandeciente
2 Que tiene muy buen aspecto: *apareció reluciente y feliz; al barnizar el mueble, quedó reluciente.* — = lúcido, lustroso ≠ deslucido

relucir
1 Despedir o reflejar luz una cosa: *el diamante relucía al mover la mano.* — v.intr./conj: lucir = resplandecer
2 Lucir mucho una cosa: *las estrellas relucen esta noche.* — = iluminar, brillar
3 Sobresalir una persona o cosa por su valor o por otra cualidad: *este alumno reluce en todas las actividades; el jarrón relucía entre el resto de objetos por su extraordinaria belleza.* — = destacar
4 salir o sacar o relucir: Surgir una cosa en una conversación: *su boda salió a relucir en todas las reuniones.* — coloquial

reluctancia Resistencia que ofrece un circuito al flujo magnético. — s.f. / FÍSICA

reluctante (Del lat. *luctari*, luchar.) Que es reacio o contrario a una cosa: *se mostró reluctante a la venta de las acciones.* — adj. = opuesto, renuente

relumbrante Que relumbra. — adj./= resplandeciente

relumbrar Despedir una cosa mucho brillo: *los suelos relumbraban al estar encerados.* — v.intr. = resplandecer

relumbre Brillo o destello producido por una luz fuerte. — s.m. = resplandor

relumbrón
1 Golpe de luz vivo y momentáneo: *la bombilla dio un relumbrón y se fundió.* — s.m./tb: relumbro = destello
2 Cosa que llama la atención y es de escaso valor. — = oropel
3 de relumbrón: De calidad aparente: *lleva un abrigo de relumbrón.* — loc.adj.

relumbroso, a Que relumbra. — adj./= relumbrante

relvar (Del lat. *relevare*.) Levantar el barbecho de un terreno. — v.tr. / AGRICULTURA

rem (Acrónimo de *[R]oentgen [E]quivalent [M]an*.) Unidad utilizada para medir los efectos de las emisiones radiactivas. — s.m. / FÍSICA

remachado, a
1 Que está sujeto mediante un roblón o clavo: *los zapatos tienen unos adornos remachados.* — adj.
2 Acción y resultado de remachar. — s.m./= remache

remachador, a Que remacha. — adj./s.

remachadora Máquina que sirve para remachar. — s.f.

remachar
1 Golpear la cabeza de un clavo ya clavado para afirmarlo. — v.tr.
2 Golpear la punta de un clavo hasta conseguir formarle cabeza para que quede fijo.
3 Sujetar una cosa con remaches: *quiero remachar las asas de la bolsa para que no se suelten.*
4 Insistir mucho en una cosa que se ha dicho: *remachó una y otra vez su opinión.* — = recalcar, reiterar

remache
1 Acción y resultado de remachar: *el remache ha quedado un poco flojo.* — s.m.
2 Clavo cuya punta, después de clavada, se remacha por el extremo opuesto. — = roblón

3 Jugada de billar que consiste en golpear una bola contra otra que está pegada a la banda, para hacer carambola con una tercera. — JUEGOS

remador, a Persona que rema. — s./= remero

remadura Acción y resultado de remar. — s.f./= remamiento

remake (Voz inglesa.) Nueva versión de una película, tema musical o de una obra teatral o literaria: *han lanzado un remake de una conocida canción de blues.* — s.m.

remallar Arreglar o reforzar las mallas viejas o rotas de una red. — v.tr. / PESCA

remamiento Acción y resultado de remar. — s.m./= remadura

remanar Volver a manar un líquido. — v.intr.

remandar Mandar una cosa muchas veces: *me canso de remandarles que hagan su cama.* — v.tr.

remanecer Aparecer una cosa o persona de nuevo o de forma inesperada. — v.intr. / conj: carecer

remaneciente Que remanece o reaparece de forma inesperada. — adj.

remanencia Propiedad por la que el hierro en proceso de imantación conserva una parte del magnetismo. — s.f. / FÍSICA

remanente Se aplica a la parte que queda de una cosa: *cada mes le queda algún dinero remanente.* — adj/s.m. = restante, sobra »

remanga Instrumento para pescar camarones formado por una red sujeta por dos palos que el pescador arrastra por la orilla. — s.f. / PESCA

remangado, a Que está levantado o vuelto hacia arriba: *siempre lleva las mangas remangadas.* — adj. = subido

remangar
1 Recoger las mangas u otra parte de una prenda de vestir hacia arriba: *se remangó los pantalones para cruzar el arroyo sin mojárselos.* — v.tr/prnl./conj: pagar tb: arremangar = arrezagar
2 Tomar una resolución y disponerse o prepararse para llevarla a cabo: *se remangó y cogió la brocha para pintar la casa.* — v.prnl. coloquial

remango
1 Acción y resultado de remangar o remangarse. — s.m.
2 Parte de la ropa que queda recogida al remangarla: *el remango estaba arrugado al quitarse la camisa.*
3 Disposición para realizar con habilidad y rapidez un trabajo: *tiene remango para las tareas de la casa.* — coloquial = valía

remanguillé Se usa para indicar que una cosa está en mal estado, desordenado o patas arriba en la expresión **a la remanguillé:** *después de la fiesta, la casa quedó a la remanguillé.* — loc.adj/adv.

remansarse Detenerse o suspenderse una corriente de agua: *el río se remansa en un recodo.* — v.prnl. = estancarse

remanso (Del lat. *remanere*, permanecer.)
1 Corriente de agua detenida o suspendida: *en este remanso podemos bañarnos sin peligro.* — s.m.
2 Lentitud y flema en el modo de actuar. — = parsimonia
3 remanso de paz: Lugar tranquilo: *el parque es un remanso de paz a las horas del mediodía.*

remante Que rema. — adj/s.m.f.

remar
1 Mover una persona los remos para impulsar una embarcación: *les costaba mucho remar contra la corriente.* — v.intr./NÁUTICA = bogar
2 Pasar unos trabajos y penalidades para hacer una cosa: *acaba de entrar en la empresa y rema porque no acaba de saber cómo ha de hacer su trabajo.* — = navegar

remarcable Que merece ser remarcado por su importancia: *es una noticia remarcable en primera página.* — adj. = destacable

remarcar
1 Volver a marcar una cosa: *remarcó de nuevo la fecha en su calendario para no olvidarla.* — v.tr. conj: sacar
2 Insistir sobre una cosa: *remarcó sus errores delante del jefe de manera maliciosa.* — = recalcar

rematadamente Mucho, por completo: *está rematadamente enamorado de ella.* — adv.

rematado, a Se aplica a la persona que se halla en tan mal estado que no tiene remedio: *es un loco rematado.* — adj./coloquial = incurable, redomado

rematador, a
1 Que remata: *es un delantero rematador.* — adj/s.
2 Persona que subasta. — s./= subastador

rematamiento Remate [en todas sus acepciones]. — s.m.

rematante Persona a quien se adjudica la cosa subastada. — s.m.f. / COMERCIO

rematar
1 Acabar de hacer una cosa: *remató el dibujo sombreándolo.* — v.tr. = finalizar
2 Gastar o consumir una cosa por completo: *ha rematado todo lo que había en la nevera.* — = agotar
3 Acabar de matar a una persona o un animal: *remataron al perro malherido.*
4 Vender más barato lo último que queda de una mercancía: *rematan el género a mitad de precio.* — COMERCIO = saldar
5 Poner fin a una serie de jugadas lanzando el balón hacia la meta contraria, en el fútbol y otros deportes. — v.tr/intr. DEPORTES

6 Acabar una cosa con un suceso o de una manera determinados: *esta fiesta rematará en tragedia; la casa remata con una veleta.* — v.intr. = terminar

7 Acabar de estropear o agravar lo que estaba mal: *llevaba un tiempo deprimido pero su enfermedad lo ha rematado.* — v.tr. coloquial

8 Asegurar el final de una costura con una puntada que forme nudo o dando varias puntadas una sobre otra: *el dobladillo se ha deshecho porque no lo remataste.* — TEXTIL

9 Matar el cazador a un animal de un tiro. — CAZA

10 Dar por terminada la puja de una subasta, adjudicando la cosa subastada al mejor postor. — COMERCIO

11 Dejar de vivir una persona. — v.intr./= fenecer

12 Acabarse o destruirse una cosa: *se han rematado las existencias de ese producto.* — v.prnl.

13 Comprar o vender un objeto o una mercancía en subasta pública. — v.tr./Méx., Amér. Merid.

remate
1 Acción de rematar una cosa: *pulió la escultura como remate de la obra; el remate de la costura ha quedado poco pulido.* — s.m. = rematamiento, término

2 Fin o conclusión de una cosa: *el desnudo de una chica puso el remate al espectáculo.* — = colofón

3 Elemento arquitectónico o decorativo colocado en la parte superior de un edificio o un mueble. — ARQUITECTURA

4 Acción y resultado de rematar una jugada en fútbol y otros deportes: *el portero pudo desviar el remate del delantero.* — DEPORTES

5 Adjudicación de una cosa subastada al comprador de mejor puja. — COMERCIO

6 Oferta que obtiene la adjudicación en una subasta. — COMERCIO

7 Último tiempo en la ejecución de una suerte. — TAUROMAQUIA

8 Momento final de la embestida del toro. — TAUROMAQUIA

9 Subasta, venta pública en la que se adjudican los objetos al mejor postor. — Méx., Amér. Merid. COMERCIO

10 citar de remate: Citar al ejecutado para que alegue las excepciones legalmente admitidas, abriendo la vía de apremio hasta el fin de bienes para el pago. — DERECHO

11 dar remate a una cosa: Concluirlo, finalizarlo: *dio remate a su novela.* — coloquial

12 de remate: Por completo, sin remedio: *es un tonto de remate y le toman el pelo como quieren.* — loc.adv. coloquial

13 para remate: Se usa para expresar que algo aumenta o complica un asunto o sus consecuencias: *ella se ha dado en paro y, para remate, el niño se ha puesto enfermo.* — loc.adv. coloquial

14 por remate: Por último, como final. — loc.adv.

rembolsable Que se puede rembolsar. — adj./tb: reembolsable

rembolsar Recuperar una persona una cantidad desembolsada por ella en una compra o en un servicio. — v.tr./prnl. tb: reembolsar

rembolso
1 Acción y resultado de rembolsar o rembolsarse una cantidad de dinero. — s.m. tb: reembolso

2 Cantidad que el destinatario de una mercancía recibida por correo o por agencia paga al recogerla.

3 a o contra rembolso: Por medio de un sistema de pago en el que el destinatario paga la mercancía al recibirla. — loc.adv.

remecedor, a
1 Persona que varea los olivos para que caigan las aceitunas. — s. AGRICULTURA

2 Palo largo con un tarugo grueso o una tabla en un extremo, para mover el vino de las tinajas. — s.m.

remecer Mover una cosa de un lado a otro repetidas veces: *se pasó la noche remeciendo al niño en la cuna; se remecía en la hamaca.* — v.tr/prnl./conj: mecer = balancear, mecer

remedable Que puede ser remedado: *la obra es tan original que no es remedable.* — adj./= imitable ≠ inimitable

remedador, a Que remeda o imita: *es un remedador de obras de arte.* — adj/s. = imitador

remedar (Del lat. vulgar *reimitari.*)
1 Imitar una cosa: *remeda voces de animales muy bien.* — v.tr.

2 Seguir las huellas o los ejemplos de una persona: *remeda el método de su maestro.* — = emular

3 Imitar las acciones y ademanes de una persona por burla: *un cómico que remeda a personajes políticos.* — = parodiar

remediable Que puede ser remediado: *todo es remediable en esta vida menos la muerte; no te preocupes, el problema es remediable con facilidad.* — adj. = corregible ≠ irremediable

remediador, a Que remedia un daño. — adj/s.

remediar
1 Poner remedio o arreglar una cosa que ha sufrido un daño o un mal: *al fin se remedió tu situación de paro; una capa de barniz remediará los arañazos; pudo remediar el aparato por poco dinero; la avería del coche no puede remediarse.* — v.tr/prnl. = reparar, subsanar

2 Ayudar o socorrer a una persona en una urgencia o una necesidad: *pudo remediar a los heridos gracias a sus conocimientos de primeros auxilios.* — = amparar, auxiliar

3 Evitar que una persona pase por una situación arriesgada o desfavorable: *si puedes remediarlo, no vayas a esa cita; no puedo remediar entristecerme cuando lo pienso.* — v.tr. = eludir

remediavagos
1 Manual que resume una materia para facilitar su estudio: *se preparó el examen con un remediavagos de aritmética.* — s.m. pl: remediavagos coloquial

2 Procedimiento destinado a hacer una cosa con el mínimo esfuerzo. — coloquial

remedición Acción y resultado de remedir: *una remedición del terreno habría evitado este desastre.* — s.f.

remedio (Del lat. *remedium.*)
1 Acción y resultado de remediar una cosa: *el remedio que hizo en los cables con cinta aislante no sirvió de nada.* — s.m./= arreglo, reparación

2 Medio usado para reparar un daño o inconveniente: *este problema tiene un remedio fácil.* — = solución

3 Recurso o auxilio: *su familia es el remedio al que acude cuando tiene dificultades económicas.* — = refugio

4 Procedimiento utilizado para curar o aliviar una enfermedad: *el mejor remedio contra el dolor de cabeza es dormir mucho.* — MEDICINA = medicamento

5 Diferencia consentida entre el peso efectivo de una moneda y el que se le supone. — = permiso

6 Recurso contra una resolución judicial. — DERECHO

7 remedio casero: El que se aplica de forma tradicional a los enfermos sin necesidad de llamar al médico: *la aplicación de barro en las picaduras de abeja es un remedio casero.*

8 remedio heroico: El de acción muy enérgica que sólo se aplica en casos extremos. — coloquial

9 como último remedio: Se usa para expresar que se recurre a una solución al fallar otra: *les pediré dinero como último remedio si no me conceden el préstamo.* — loc.adv.

10 no haber o tener más remedio: Adoptar una solución aunque no se quiera: *no tengo más remedio que sancionar tus ausencias.*

11 no haber o tener remedio una cosa o una persona: 1. No tener solución, ser incorregible: *a pesar de lo que se ha dicho el médico, sigue fumando, este chico no tiene remedio.* **2.** Ser una calamidad: *si es que no tienes remedio, se te cae todo lo que coges.*

12 poner remedio a una cosa: Arreglarlo o evitar su continuación: *hay que poner remedio a esta situación o acabaremos todos locos.*

13 ¡qué remedio!: Indica resignación ante una cosa que no puede solucionar o cambiar: *tengo que irme, ¡qué remedio!*

14 ser peor el remedio que la enfermedad: Tener más inconveniente la solución dada o un problema que el problema en sí: *se tomó un medicamento para la gripe pero fue peor el remedio que la enfermedad porque tuvo problemas de estómago.* — coloquial

15 sin remedio: Sin poderlo evitar: *tienes que ir sin remedio a la reunión.* — loc.adv.

remedir Volver a tomar las medidas de una cosa: *los números no cuadran, remide el largo de la ropa.* — v.tr. conj: pedir

remedo
1 Acción y resultado de remedar. — s.m.

2 Imitación de una cosa, en especial si está mal hecha o es ridícula: *tu actuación ha sido un simple remedo.* — = copia, parodia

remejer Revolver o remezclar una cosa.

remellado, a
1 Que tiene mella, en especial los labios o los párpados. — adj. = mellado

2 Se aplica a la persona que tiene los labios o los párpados mellados. — adj/s.

3 Operación de remellar o raer el pelo de las pieles. — s.m.

remellar Quitar el pelo de las pieles en las tenerías. — v.tr.

remellón, a Que tiene muchas mellas. — adj/s.

remembranza Recuerdo, evocación de cosas pasadas: *la remembranza de sus días felices la entristecen.* — s.f. = rememoración

remembrar (Derivado del ant. *membrar* < lat. *memorare.*) Recordar una cosa: *remembró a los socios fundadores en señal de homenaje.* — v.tr. = rememorar

rememoración Evocación de cosas pasadas: *la novela es la rememoración de la infancia del protagonista.* — s.f. = recuerdo

rememorar (Derivado del lat. *memorare, recordar.*) Recordar una cosa: *los ex alumnos rememoraban sus días de colegio.* — v.tr. = remembrar, memorar

rememorativo, a Que recuerda o sirve para recordar una cosa: *visité una exposición rememorativa de la guerra.* — adj. = recordatorio

remendado, a
1 Que tiene remiendos: *no salgas a la calle con esos pantalones remendados.* — adj. = zurcido

2 Se aplica al animal que tiene la piel con manchas como recortadas.

3 Acción y resultado de remendar. — s.m.

remendar
1 Arreglar una cosa vieja o rota, poniéndole un parche, en especial una prenda de vestir: *me remendó las rodilleras del pantalón con unos trozos de piel.* — v.tr. conj: pensar

2 Reforzar una parte gastada de una tela o tapar con ellas un agujero: *he de remendar los calcetines porque ya están muy gastados.* — = zurcir

3 Corregir una cosa. — = reparar

remendón, a Que se dedica a remendar, en especial los zapateros y los sastres: *el zapatero remendón me pondrá suelas nuevas en los mocasines.* — adj/s.

remenearse Mover con afectación una persona los hombros y las caderas al andar: *la modelo desfilaba por la pasarela remeneándose.* — v.prnl. = contonearse

remeneo Movimiento rápido y agitado, en especial el de algunos bailes: *la salsa se baila con un buen remeneo de cadera.* — s.m. = meneo

remensa
1 Campesino catalán que, durante la edad media, estaba adscrito a un dominio señorial que sólo podía abandonar mediante el pago de una redención. — s.m. HISTORIA
2 Esta misma redención. — s.f./HISTORIA

remera
1 Se refiere a cada una de las plumas largas y rígidas con que terminan las alas de las aves. — adj./s.f. ZOOLOGÍA
2 Camiseta de manga corta. — s.f./*Argent.*

remero, a Persona que rema: *los remeros eran hombres fuertes y corpulentos.* — = remador

remesa
1 Conjunto de cosas enviadas de una vez: *la remesa de papel acaba de llegar.* — s.f./COMERCIO = partida
2 Envío de una mercancía o de otra cosa, de un lugar a otro. — COMERCIO

remesar
I (Derivado de *mesar*.) Arrancar el cabello o la barba o tirar de ellos: *le remesó un mechón de pelo en un ataque de ira; cuando está nervioso se remesa la barba.* — v.tr./prnl.
II (Derivado de *remesa*.) Enviar una remesa de mercancías o de dinero. — v.tr. COMERCIO

remesón
I (Derivado de *mesar*.)
1 Acción de arrancar o arrancarse pelos de la barba o de la cabeza. — s.m.
2 Mechón de pelo arrancado.
II (De origen incierto.)
1 Carrera corta en que el jinete obliga al caballo a detenerse cuando va con mayor fuerza. — s.m. EQUITACIÓN DEPORTES
2 Treta de esgrima que consiste en correr la espada del adversario desde los últimos tercios hasta el recazo, para echarle fuera del ángulo recto y poder herirle con libertad.

remezón Terremoto o temblor de tierra de poca intensidad. — s.m./*Amér. Central y Merid.*

remiel Segunda miel obtenida de la caña de azúcar. — s.f.

remiendo
1 Trozo de tela que se cose a una prenda que está rota o vieja: *te pondré un remiendo en el agujero del jersey.* — s.m. = perche
2 Obra de poca importancia con que se repara una cosa estropeada o descompuesta: *los remiendos de la cocina no te costarán mucho.* — = apaño
3 Arreglo o reparación provisional que se hace en caso de urgencia: *me han hecho un remiendo en el coche pero he de llevarlo al taller.* — = apaño
4 Adición que se introduce en una cosa. — = enmienda
5 Mancha de distinto color que el fondo, en la piel de los animales.
6 Insignia de las órdenes militares que se cose al lado izquierdo de la capa u otra prenda. — MILITAR
7 Obra de poca entidad o corta extensión. — ARTES GRÁFICAS
8 a remiendos: Con discontinuidad: *escribí el libro a remiendos, cuando tenía tiempo libre.* — loc.adv.
9 echar un remiendo a la vida: Tomar una refrigerio: *antes de cenar echaremos un remiendo a la vida.* — coloquial
10 ser una cosa remiendo del mismo o de otro paño: Ser de la misma materia, origen o asunto que otra cosa o al contrario: *tus problemas y los míos son remiendos del mismo paño.* — coloquial

rémige Cada una de las plumas grandes con que terminan las alas de las aves. — s.f./ZOOLOGÍA = remera

remigio Juego de naipes que consiste en combinar diez cartas, formando tríos o escalas, antes que ningún otro jugador. — s.m. JUEGOS

remilgado, a Que demuestra excesiva delicadeza, escrúpulo o repugnancia en sus actos: *no le gusta dormir en el monte porque es muy remilgado.* — adj. = cursi, remilgoso

remilgarse Arreglarse una persona mucho y hacer gestos afectados. — v.prnl. conj: *pagar*

remilgo Actitud o gesto con que una persona muestra delicadeza o escrúpulo exagerados o fingidos: *no me vengas con remilgos y cómete lo que te han servido.* — s.m. = melindre

remilgoso, a Que es remilgado, delicado o escrupuloso. — adj.

remilitarización Acción y resultado de volver a dar carácter militar a un asunto o institución. — s.f. MILITAR

remilitarizar Volver a dar carácter militar a un asunto o institución. — v.tr/conj: *cazar* MILITAR

rémington (De P. *Remington*, industrial norteamericano.) Fusil que se carga por la recámara. — s.m.

reminiscencia (Del bajo lat. *reminiscentia*.)
1 Acción de recordar o traer de forma voluntaria a la memoria cosas olvidadas: *la película se centra en la reminiscencia de la juventud del protagonista.* — s.f.
2 Recuerdo impreciso de una cosa: *de mi infancia sólo guardo reminiscencias.*
3 Característica de una composición u obra artística que recuerda o hace pensar en obras anteriores: *es una novela con reminiscencias medievales; el edificio tiene reminiscencias árabes.*
4 Facultad del alma que consiste en traer a la memoria aquellas imágenes que no tenemos presentes. — FILOSOFÍA, TEOLOGÍA

remirado, a
1 Que reflexiona o pone mucho cuidado en lo que hace o dice: *es muy remirado con sus palabras.* — adj./= prudente, reflexivo
2 Que es mojigato o melindroso: *es muy remirado con la comida.* — = remilgado

remirar
1 Volver a mirar una cosa: *he mirado y remirado los cajones pero no encuentro este documento.* — v.tr.
2 Poner mucho cuidado al hacer o decir una cosa: *la modista se remira en cortar la fina seda.* — v.prnl. = esmerarse
3 Mirar una cosa recreándose en ella: *nos hemos remirado las pirámides egipcias.*

remisible Que puede ser perdonado por no considerarse muy grave: *pecado remisible; culpa remisible.* — adj./= perdonable ≠ imperdonable

remisión
1 Acción y resultado de remitir o remitirse. — s.f.
2 Indicación o nota que, en un escrito, remite al lector a otro escrito o a otra parte del mismo: *hay muchas remisiones a sus obras anteriores.* — = llamada, referencia
3 remisión condicional de una pena: Suspensión, bajo ciertas condiciones, de la pena privativa de libertad impuesta a un condenado. — DERECHO
4 sin remisión: Sin remedio. — loc.adv.

remisivo, a Que remite o sirve para remitir. — adj.

remiso, a
1 Que es contrario a hacer una cosa o demuestra poco interés: *es remiso a aceptar otra propuesta.* — adj./+ a, para = reacio, renuente
2 Se aplica a la calidad física que tiene poca actividad: *tiene una fuerza remisa.* — ≠ activo

remisoria Despacho con el que un juez remite una causa a otro tribunal. — s.f. DERECHO

remisorio, a Que puede remitir o perdonar: *poder remisorio.* — adj.

remitente
1 Que remite o envía una cosa, en especial una carta o paquete: *le devolvieron la carta al remitente; la empresa remitente paga los portes.* — adj/s.m.f.
2 Que remite o disminuye en intensidad: *la fiebre remitente es señal de mejora.* — adj.
3 Nota escrita en los sobres o paquetes postales, para indicar el nombre y dirección de la persona que los envía. — s.m. = remite

remitido Artículo o noticia que un particular envía a un periódico para que sea insertado en su publicación, a veces mediante pago. — s.m.

remitir (Del lat. *remittere*.)
1 Enviar una cosa a una persona que está en otro lugar: *remití los originales de la novela al editor.* — v.tr. = expedir, mandar
2 Enviar al lector, mediante una nota, a otro lugar del mismo texto o a otro: *el autor me remite a la bibliografía.*
3 Atenerse una persona a lo dicho o hecho por ella misma o por otra: *se remitió a sus propias palabras.* — v.prnl. + a
4 Dejar una persona una resolución o una respuesta a juicio de otra: *remitió la respuesta al portavoz; se remitió a la decisión de su superior.* — v.tr/prnl. = traspasar
5 Disminuir la intensidad de una cosa: *la fiebre remitió pronto; se remite la enfermedad.* — v.tr/intr/prnl. = aminorar
6 Perdonar una obligación o una pena a una persona: *le han remitido la pena.* — v.tr./= eximir ≠ imponer
7 Dejar una cosa para otro momento: *remitimos la reunión para mañana.* — = diferir

remo (Del lat. *remus*.)
1 Pala de madera larga y estrecha que sirve para impulsar y dirigir en el agua pequeñas embarcaciones: *se nos cayó uno de los remos en el agua.* — s.m. NÁUTICA
2 Deporte consistente en recorrer una determinada distancia sobre el agua en una embarcación impulsada por estas palas. — DEPORTES
3 Brazo o pierna en las personas y en los cuadrúpedos. — coloquial
4 Cada una de las alas de un ave. — ZOOLOGÍA
5 Castigo consistente en remar en las galeras: *fue condenado al remo.* — HISTORIA = galeras
6 Trabajo duro y continuado. — coloquial

7 a o al remo: Remando, sirviéndose de estas palas: *se estropeó el motor y llegamos a la costa a remo.* loc.adv. coloquial

8 a remo y sin sueldo: Trabajando mucho y sin utilidad. loc.adv. coloquial

9 a remo y vela: Con rapidez y diligencia: *es un trabajador eficaz, todo lo hace a remo y vela.* loc.adv. coloquial

10 meter el remo: Decir o hacer una cosa que resulta inoportuna o equivocada: *¡ya has metido el remo!, la fiesta era una sorpresa.* coloquial = meter la pata

remoción
1 Acción y resultado de remover o removerse. s.f.
2 Privación de cargo o empleo. DERECHO

remodelación Acción y resultado de remodelar: *la institución necesitaba una remodelación.* s.f. = reestructuración

remodelar
1 Modificar el aspecto o la estructura de una cosa: *han remodelado la parte vieja de la ciudad; voy a remodelar el salón.* v.tr.
2 Cambiar la organización o composición de una cosa: *el nuevo director remodeló por completo la empresa.* = reestructurar, reorganizar

remojadero Lugar donde se pone una cosa en remojo: *el bacalao está en el remojadero.* s.m.

remojar
1 Empapar una cosa por completo, por lo general manteniéndola sumergida en agua durante un cierto espacio de tiempo: *has de remojar el jersey antes de lavarlo.* v.tr.
2 Mojar una cosa o una persona de forma accidental: *al regar han remojado las hamacas; nos hemos remojado con la lluvia.* v.tr/prnl.
3 Celebrar una cosa bebiendo: *vamos a remojar tu aprobado.* v.tr.

remojo
1 Acción de remojar o empapar una cosa en agua. s.m.
2 Propina, gratificación con que se recompensa un servicio eventual. Cuba, Par.
3 Acto de vestir por primera vez una determinada prenda. Amér.
4 **a o en remojo:** Dentro del agua o de otro líquido: *pon el bacalao en remojo durante una hora.* loc.adv.

remojón
1 Acción y resultado de remojar o remojarse. s.m.
2 Baño breve, chapuzón: *se levantó de la arena para darse un remojón en el mar.*

remolacha (Del ital. *ramolaccio* < lat. *armoracium*.)
1 Planta bianual, herbácea, de tallos erectos, hojas grandes y enteras, flores verdosas o púrpuras en espiga, fruto seco en nuez y raíz hinchada, de color rojo y comestible, de la que se extrae azúcar. (*Beta vulgaris*.) s.f. BOTÁNICA
2 Raíz comestible de esta planta: *siempre pone remolacha en la ensalada.* BOTÁNICA
3 **remolacha azucarera:** Cualquiera de las variedades de esta planta empleadas en la industria azucarera. BOTÁNICA
4 **remolacha forrajera:** La que no recibe el cultivo necesario para dar la proporción de azúcar y se usa para alimento del ganado. BOTÁNICA

remolachero, a
1 De la remolacha o de su industrialización y venta. adj.
2 Persona que se dedica al cultivo, industrialización o venta de la remolacha. s.

remolar (Del cat. *remolar*.)
1 Persona que hace remos. s.m.f.
2 Taller donde se hacen remos.

remolcador, a Se aplica al buque que sirve para remolcar: *se necesitó la ayuda de un remolcador para trasladar el petrolero averiado.* adj/s.m. NÁUTICA

remolcar (Del bajo lat. *remulcare* < *remulcum* < gr. *rhymulkeo*.)
1 Mover una embarcación tirando de ella con una cuerda o cable: *remolcamos la barca hasta el puerto.* v.tr./conj: sacar NÁUTICA
2 Mover un vehículo tirando de él: *necesito remolcar el coche hasta el taller.* = arrastrar
3 Hacer que una persona realice una cosa sin sentirse inclinada a ello: *le remolcó para que fuera al cine.* = convencer, forzar

remoler
1 Reducir una cosa a trozos muy pequeños: *has de remoler muy bien los granos de pimienta.* v.tr. conj: mover
2 Ir de juerga, divertirse. v.intr./Chile, Perú
3 Incomodar, fastidiar a una persona. Guat., Perú

remolido, a
1 Que está muy molido. adj.
2 Mineral menudo que está mezclado con ganga y debe lavarse para purificarlo. s.m. MINERÍA

remolienda Juerga, diversión bulliciosa. s.f./Chile, Perú

remolimiento Acción y resultado de remoler una sustancia. s.m.

remolinar
1 Formar una cosa remolinos: *es peligroso bañarse cuando la mar se remolina.* v.intr/prnl.
2 Formar muchas personas grupos desordenados: *los niños se remolinaban en la puerta del colegio.* v.prnl. = arremolinarse

remolinear
1 Mover una cosa dándole vueltas y formando un remolino: *la gimnasta remolinaba la cinta de colores.* v.tr.
2 Juntarse muchas personas de forma desordenada: *la gente se remolinó frente al ayuntamiento.* v.intr/prnl. = arremolinar
3 Formar una cosa remolinos: *el agua se remolinaba por la fuerza de la corriente.*

remolino
1 Movimiento giratorio rápido de una masa de aire, agua, polvo o humo: *al abrir la puerta se formó un remolino de viento.* s.m. = torbellino
2 Retorcimiento natural del pelo que se forma en una parte del cuerpo de una persona o animal: *se me ha formado un remolino en el pelo y no logro peinarlo.* = rizo
3 Amontonamiento de gente: *un remolino de aficionados esperaban a sus ídolos deportivos.* = aglomeración, hormiguero
4 Disturbio, alteración del orden: *me perdí en el remolino de la gran ciudad.* = confusión, revuelo
5 Persona muy inquieta y activa: *este niño travieso parece un remolino.* = torbellino

remolón (Derivado de *muela*.)
1 Colmillo de la mandíbula superior del jabalí. s.m./ZOOLOGÍA
2 Cada una de las puntas en que termina la corona de las muelas de los caballos. ZOOLOGÍA

remolón, a (Derivado de *remorar*.)
1 Que evita trabajar o hacer una cosa: *no seas remolón y ayuda a tu padre.* adj/s. = perezoso
2 **hacerse el remolón:** Remolonear, procurar evitar hacer una cosa: *en cuanto ve que hay trabajo se hace el remolón.*

remolonear Intentar evitar una persona hacer una cosa: *deja de remolonear y vete a comprar el pan.* v.intr/prnl. = gandulear

remolque
1 Acción y resultado de remolcar o ser remolcado. s.m.
2 Vehículo sin motor, remolcado por otro: *llevamos parte del equipaje en el remolque.*
3 Cosa que se lleva remolcada por mar o por tierra.
4 Cabo o cuerda con que se remolca una embarcación. NÁUTICA
5 **a remolque:** 1. Remolcando o siendo remolcado: *trasladamos el coche averiado a remolque.* 2. A la fuerza, sin ganas: *estudiando a remolque no conseguirá nada.* loc.adv. loc.adv.

remonda Se usa para indicar que una persona o una cosa son muy especiales por sus cualidades favorables o desfavorables, o ser muy divertida en la expresión **ser la remonda:** *es la remonda, siempre nos hace reír.* s.f.

remondar Quitar por segunda vez lo inútil o perjudicial de una cosa, en especial al podar los árboles y las vides. v.tr.

remonta
1 Compra, cría y cuidado de los caballos para proveer al ejército. s.f. MILITAR
2 Conjunto de los caballos o mulas destinados a cada cuerpo del ejército. MILITAR
3 Establecimiento destinado a la compra, cría y cuidado de los caballos para el ejército. MILITAR
4 Trozo de paño o de cuero que se pone al pantalón de montar a caballo para evitar su desgaste en el roce con la silla. EQUITACIÓN
5 Relleno de las sillas de las caballerías. EQUITACIÓN
6 Reparación del calzado que consiste en colocarle una nueva suela u otra pieza. = remiendo

remontada Acción de ir subiendo puestos en una clasificación, o conseguir empatar o ganar un partido cuando se estaba perdiendo. s.f. DEPORTES

remontamiento Acción de remontar. s.m.

remontar
1 Subir por un lugar: *pedalea con mucha fuerza para remontar la cuesta.* v.tr. ≠ bajar
2 Vencer un obstáculo o una dificultad: *la empresa remontó el mal momento económico.* = superar
3 Navegar o ir aguas arriba en una corriente: *algunos peces remontan los ríos para desovar.* ≠ bajar
4 Elevar una cosa en el aire: *el viento remontó la cometa.* = alzar
5 Avanzar o ganar puntos, goles o posiciones el equipo o participante que iba perdiendo: *hemos remontado once puntos; el atleta supo remontar.* v.intr/tr. DEPORTES = recuperar
6 Retroceder hasta una época pasada: *sus recuerdos se remontan hasta su infancia.* v.prnl. = retrotraerse
7 Ser una persona, un animal o una cosa de una época remota o lejana: *este fósil se remonta a la época terciaria.*
8 Poner a una persona en una posición social elevada: *el congreso remontó el prestigio de los políticos exiliados.* v.tr/prnl. = encumbrar
9 Subir, ir hacia arriba, en especial las aves o los aviones. v.prnl.
10 Hacer que la caza se asuste y huya o corra hacia un lugar. v.tr. CAZA
11 Proporcionar nuevos caballos a la tropa o a la caballeriza de un particular.
12 Arreglar o rellenar una silla de montar. EQUITACIÓN

13 Poner una suela nueva u otra pieza importante a un calzado. = remendar

14 Alterarse la calidad del vino por oxidación a causa de llevar mucho tiempo embotellado. v.prnl.

15 Ponerse una persona muy enfadada o irritada. = encolerizarse

16 **remontar el vuelo**: Superar una situación: *con este trabajo podrá remontar el vuelo y prosperar.* coloquial

remonte
1 Acción y resultado de remontar o remontarse. s.m.
2 Juego de pelota vasca en que se usa una cesta para recoger la pelota e impulsarla. DEPORTES
3 Cesta usada en este deporte. DEPORTES
4 Aparato utilizado para remontar una pista de esquí, como el telesilla.

remontista
I (Derivado de *remonte*.) Pelotari o jugador de pelota vasca que juega de remonte. s.m.f. DEPORTES
II (Derivado de *remonta*.) Militar empleado en un establecimiento de remonta. s.m.f. MILITAR

remoque Dicho o palabra picante. s.m.

remoquete
1 Apodo o sobrenombre con que se conoce a una persona: *se llama Juan pero su remoquete es "el pipas"* = mote
2 Dicho agudo o satírico. = remoque
3 Puñetazo, moquete: *se enfadó y dio un remoquete en la mesa.* = golpe
4 Cortejo o galanteo.
5 **dar remoquete**: Hacer una persona una cosa delante de otra sabiendo que va a disgustarla o a molestarle. coloquial = dar en los ojos

rémora (Del lat. *remora*.)
1 Pez teleósteo marino, de cuerpo fusiforme y dotado de un disco cartilaginoso en forma de ventosa sobre la cabeza, con el cual se fija a otros peces y ballenas para ser transportado por ellos. *(Echeneis remora).* s.f. ZOOLOGÍA
2 Cualquier cosa o persona que retrasa, detiene o suspende la realización de una cosa: *su falta de experiencia es la rémora de su ascenso laboral.* = freno, obstáculo

remordedor, a Que remuerde o inquieta: *sus pensamientos remordedores no le dejan dormir.* adj.

remorder (Del lat. *remordere*.)
1 Producir en una persona inquietud una cosa que ha hecho y que juzga mala o perjudicial para otra persona: *me remuerde haber sido tan dura con él; sé que le he molestado y me remuerde la conciencia.* v.tr. = desasosegar, pesar
2 Tener un sentimiento reprimido que produce malestar interior: *los celos le remuerden; se remuerde de rabia.* v.tr/prnl. conj: *mover* = concomer
3 Morder varias veces y de forma continua: *el ratón ha ido remordiendo la pared hasta hacer un agujero.* v.tr. = roer
4 Exponer por segunda vez a la acción del ácido partes determinadas de la lámina que se graba al agua fuerte. ARTE

remordimiento Inquietud, pesar y desasosiego que una persona siente en la conciencia después de cometer una mala acción: *no puedo vivir con este remordimiento, confesaré que fui yo.* s.m.

remosquearse
1 Mostrarse una persona recelosa o desconfiada: *me remosqueo porque no veo claras sus intenciones.* v.prnl. coloquial
2 Aparecer borroso el pliego recién tirado. ARTES GRÁFICAS

remostar
1 Echar mosto nuevo en el vino añejo: *remostaron el vino más caro de la bodega.* v.intr/tr. tb: remostecer
2 Salir mosto de la uva antes de llegar al lagar. v.prnl.
3 Salir líquido de las frutas en mal estado, al estar en contacto unas con otras.
4 Estar dulce o saber a mosto el vino.

remosto Acción y resultado de remostar o remostarse. s.m.

remotamente
1 En un tiempo o lugar remoto o lejano. adv.
2 De forma imprecisa o confusa: *de mi infancia me acuerdo vagamente.* = vagamente
3 **ni remotamente**: De ningún modo: *ni remotamente me casaría con un tipo como tú.* loc.adv. = en absoluto

remoto, a (Del lat. *remotus*.)
1 Que está distante o lejano en el tiempo o en el espacio: *hablas de épocas remotas; le gusta hacer viajes exóticos a países remotos.* adj. = alejado
2 Que es poco probable: *es un volcán extinguido y sólo hay un peligro remoto de erupción.* = improbable
3 Se aplica al dispositivo que está a cierta distancia del sistema al que se hace referencia y al que está conectado mediante una línea de comunicación: *el coche se mueve por control remoto.* TECNOLOGÍA

remover (Del lat. *removere*.)
1 Mover una cosa dándole vueltas, por lo general para que los distintos elementos se mezclen: *echa el chocolate y la leche y luego remuévelo.* v.tr. conj: *mover* = revolver
2 Cambiar una cosa de un lugar a otro: *alguien ha removido mis papeles y no encuentro nada.* = mudar
3 Quitar un obstáculo u obviar un inconveniente.
4 Volver a considerar un asunto que estaba olvidado o detenido: *no quiero remover los problemas del pasado.* = revolver, tocar

5 Investigar un asunto para sacar a la luz cosas que estaban ocultas: *si remueves su pasado, no te gustará; al remover en sus negocios se descubrieron los fraudes.* v.tr/intr. = indagar
6 Deponer a una persona de su cargo o empleo. v.tr.
7 Moverse o darse la vuelta: *la fiebre le hacía removerse y delirar.* v.prnl.

removimiento Acción y resultado de remover o removerse. s.m.

remozamiento Acción y resultado de remozar o remozarse: *el casco antiguo de la ciudad necesita un remozamiento.* s.m. = renovación

remozar Dar un aspecto más nuevo o joven a una persona o una cosa: *tener un hijo la ha remozado; con las obras el barrio se ha remozado.* v.tr/prnl. conj: *cazar*

remplazable Que puede ser reemplazado o sustituido: *todos somos remplazables, nadie es imprescindible.* adj. tb: reemplazable

remplazar Reemplazar [en todas sus acepciones]. v.tr/conj: *cazar*

remplazo Reemplazo [en todas sus acepciones]. s.m.

rempujar
1 Hacer fuerza contra una cosa o persona para moverla: *ayúdame a rempujar el coche.* v.tr. tb: empujar
2 Echar a una persona de un sitio con violencia: *iba borracho y le rempujaron del bar.* = expulsar

rempujo
1 Fuerza o resistencia que se hace con una cosa: *necesito una palanca para hacer más rempujo.* s.m. = impulso
2 Disco plano y estriado en dos direcciones que se ponen los veleros en la palma de la mano para empujar la aguja al coser las velas. NÁUTICA

rempujón Impulso violento con que se mueve a una persona o cosa: *salimos del metro a rempujones.* s.m. = empujón

remuda
1 Acción y resultado de remudar o remudarse. s.f./= remudamiento
2 Conjunto de ropa interior: *en la maleta llevo un pantalón, una camisa y una remuda.* = muda

remudar
1 Ocupar una persona o una cosa el lugar dejado por otra: *él remudará al anterior gerente.* v.tr. = reemplazar
2 Cambiar un vegetal del lugar donde está plantado a otro: *es la época adecuada para remudar los pinos.* AGRICULTURA = trasplantar
3 Cambiarse una persona de ropa interior: *has de remudarte cada día.* v.prnl. = mudarse

remugar (Del lat. *rumigare*.)
1 Volver a masticar los animales rumiantes los alimentos: *la jirafa remuga las zanahorias que le has dado.* v.tr./conj: *pagar* = rumiar
2 Considerar una cuestión demasiado o repetidas veces: *remugó su decisión durante varios días.* = pensar, rumiar
3 Hablar una persona en voz baja o para sí mostrando enfado o disconformidad: *estuvo remugando toda la mañana.* v.intr. = rumiar

remullir Poner esponjosa una cosa. v.tr/conj: *mullir*

remunerable Que puede ser remunerado o recompensado: *colaboración remunerable.* adj. = gratificable

remuneración
1 Acción y resultado de remunerar. s.f.
2 Dinero u otra cosa que se da o sirve para remunerar o pagar un servicio: *recibirás tu remuneración cuando acabes el trabajo.* = paga, sueldo

remunerador, a Que remunera: *realiza un trabajo remunerador.* adj/s.

remunerar (Del lat. *remunerari*.)
1 Pagar a una persona por un trabajo o un servicio: *remunera bien a sus empleados.* v.tr. = retribuir
2 Recompensar o premiar a una persona: *remuneraré a quien encuentre a mi perro.* = gratificar
3 Producir ganancias o beneficios una actividad: *han cerrado la tienda porque no les remuneraba casi nada.* = rendir, rentar

remunerativo, a Que remunera o produce provecho o satisfacción: *necesito un trabajo remunerativo.* adj. = remunerador

remuneratorio, a Que se hace o da en premio de un beneficio u obsequio recibidos. adj.

remusgar Desconfiar de una persona o una cosa: *controla al contable porque remusgo de él.* v.intr./conj: *pagar* = sospechar

remusgo
1 Sospecha basada en algún indicio: *sus remusgos resultaron ser ciertos.* s.m. = barrunto
2 Viento tenue, frío y penetrante.

ren- Componente de palabra procedente de lat. *ren, renis*, que significa riñón: *renal.* pref. tb: reni-

renacentista
1 Del renacimiento: *admiré las construcciones renacentistas de la capital toscana.* adj./ARTE, LITERATURA
2 Se aplica a la persona que está especializada en el estudio del arte y cultura del renacimiento. adj/s.m.f./ARTE, LITERATURA

renacer
1 Volver a nacer o brotar: *el rosal ha renacido; cree que todas las personas renaceremos.* v.intr. conj: *carecer*
2 Adquirir una persona fuerzas o ánimos: *al fin renació después de una larga depresión.* = revivir ≠ decaer

3 Adquirir una persona la vida de gracia por el bautismo: *al renacer mi hermano, celebramos una fiesta.* — RELIGIÓN

renacimiento
1 Movimiento cultural europeo surgido a mediados del siglo XV, que se caracterizó por el desarrollo máximo de las artes y las ciencias, y por el despertar del interés por la cultura clásica grecolatina. — s.m. ARTE, LITERATURA
2 Renovación, retorno de lo que se había perdido o estaba en desuso: *estamos viviendo el renacimiento del oscurantismo.* — = resurgimiento, retorno, vuelta
3 Acción y resultado de renacer.

renacuajo
1 Larva de los anfibios, caracterizada por ser exclusivamente acuática, tener la cabeza unida al cuerpo por una masa globulosa y respirar por branquias. — s.m. ZOOLOGÍA
2 Niño o niña pequeños y traviesos: *estoy casado y ya tengo dos renacuajos.* — s.m.f. coloquial

renadío Sembrado que retoña o vuelve a echar vástagos después de cortado en hierba. — s.m. AGRICULTURA

renal (Del lat. *ren, renis,* riñón.) De los riñones: *arteria renal; infección renal.* — adj./ANATOMÍA = nefrítico

renano, a
1 De los territorios situados en las orillas del río Rin, en la Europa central. — adj.
2 Persona natural de estos territorios. — s.

renard (Voz francesa.) Piel de zorro: *le ha regalado un abrigo de renard.* — s.m.

renca Planta herbácea compuesta. *(Hypochoeris grandidentata.)* — s.f./Chile BOTÁNICA

rencilla Riña que provoca hostilidad entre dos o más personas: *rencillas familiares vienen de lejos.* — s.f. = disputa, pelea

rencilloso, a Que tiende a tener rencillas o riñas: *vivirías más tranquilo si no fueras tan rencilloso.* — adj.

renco, a (Del germ. *wrankjan,* torcer.)
1 Que cojea, en especial por tener una lesión en la cadera: *tuvo un accidente y quedó renco.* — adj/s. = cojo, rengo
2 Se aplica al animal que tiene un solo testículo. — adj./= ciclán

rencontrar Reencontrar [en todas sus acepciones]. — v.tr.

rencor (Del lat. *rancor, -oris.*) Sentimiento de odio o antipatía hacia la persona de la que se ha recibido algún daño: *a pesar de lo que me has hecho, no te guardo rencor.* — s.m. = encono, resentimiento

rencoroso, a Que siente rencor o tiene tendencia a sentirlo: *nunca te perdonará porque es muy rencorosa.* — adj/s. = resentido

rencoso, a Se aplica al animal que tiene un solo testículo. — adj. = ciclán

rencuentro Reencuentro [en todas sus acepciones]. — s.m.

renda Labor agrícola de labrar las tierras o cavar las viñas. — s.f./AGRICULTURA = bina

rendaje Correaje de la brida de las caballerías. — s.m./EQUITACIÓN

rendajo Arrendajo, ave paseriforme. — s.m./ZOOLOGÍA

rendar Labrar las tierras o cavar las viñas por segunda vez. — v.tr/AGRICULTURA = binar

rendibú (Del fr. *rendez-vous.*) Manifestación de respeto o atenciones que se tienen hacia una persona, por lo general con la intención de adularla: *le hace el rendibú porque quiere que lo asciendan.* — s.m. coloquial = agasajo

rendición
1 Acción y resultado de rendir o rendirse. — s.f.
2 Producto o utilidad que da una cosa: *este negocio no da la rendición prevista.* — = rendimiento
3 Cantidad de moneda acuñada en un período determinado y cuya circulación no ha sido todavía autorizada. — ECONOMÍA

rendidamente Con sumisión y entrega: *está rendidamente enamorado de ella.* — adv.

rendido, a
1 Que se rinde de forma voluntaria a una persona por amor o admiración: *soy su más rendido admirador.* — adj. = sumiso
2 Que está muy cansado: *los corredores de la maratón acabaron rendidos.* — = agotado, reventado

rendidor, a Que rinde o produce la utilidad o beneficio que se esperaba. — adj.

rendija Abertura larga y estrecha que atraviesa un cuerpo sólido y que deja entrar la luz y el aire o que existe entre dos cosas que están muy próximas: *el terremoto hizo algunas rendijas en la pared.* — s.f. = hendidura, ranura

rendimiento
1 Producto o utilidad que da una cosa o una persona: *el rendimiento de este trabajador es bueno.* — s.m. = provecho
2 Amabilidad con que una persona trata a otra para complacerla: *su rendimiento en el jefe es excesivo.* — = consideración, deferencia
3 Sometimiento de una persona a otra. — = sumisión
4 Decaimiento de las fuerzas: *su constante rendimiento preocupa a los médicos.* — = cansancio, desfallecimiento

rendir (Del lat. vulgar **rendere* < lat. *reddere,* devolver.)
1 Vencer y obligar al enemigo a que se entregue: *el ejército rindió la plaza.* — v.tr. conj: *pedir*

2 Someter a una persona o animal al dominio de otra persona: *la rindió a base de promesas; el perro se rinde a sus órdenes.* — v.tr/prnl. = doblegar
3 Producir una persona o una cosa beneficio o utilidad: *el capital rinde buenos intereses; este trabajador no rinde.* — v.tr/intr. = rentar
4 Dejar un trabajo o un esfuerzo sin fuerzas a una persona: *la carrera me ha rendido; se rinde pronto porque está débil.* — v.tr/prnl. = cansar, fatigar
5 Dar adoración, culto u obsequios a una persona: *algunos pueblos rendían culto al sol.* — v.tr. = agasajar
6 Dejar de oponer resistencia, entregarse al enemigo, o al que se estaba enfrentando: *el ejército se rindió.* — v.prnl. = capitular
7 Tener que admitir una cosa: *se rindió ante la evidencia.* — = claudicar
8 Desanimarse, perder las ganas de hacer una cosa: *estás a punto de conseguir el empleo, ahora no te rindas.* — = ceder, rajarse ≠ resistir
9 Dar o volver a dar una cosa a una persona. — v.tr. = devolver
10 Vomitar la comida.
11 Hacer con ciertas cosas actos de sumisión o respeto: *rendir la bandera; rendir el arma.* — MILITAR
12 Entregar, hacer pasar una cosa al cuidado o vigilancia de otra persona. — MILITAR
13 Llegar al punto de destino en un viaje o un crucero. — NÁUTICA
14 Romperse o rajarse un palo, mastelero o verga. — v.prnl./NÁUTICA

rene Riñón, glándula secretoria de la orina. — s.f./ANATOMÍA

renegado, a
1 Que reniega de su religión o de sus creencias: *cristiano renegado.* — adj/s. = apóstata
2 Que tiene mal carácter y es malhablado: *tiene pocos amigos porque es un renegado.* — = iracundo
3 Tresillo, juego de cartas. — s.m./JUEGOS

renegador, a Que reniega o blasfema con frecuencia. — adj/s.

renegar
1 Negar una cosa con insistencia: *el acusado niega y reniega su participación en el secuestro.* — v.tr. conj: *regar*
2 Dejar una religión o unos ideales para adherirse a otros: *al entrar en esa secta renegó del catolicismo.* — v.intr./+ de = abjurar, apostatar
3 Separarse de una persona o una cosa que antes se estimaba: *reniega de un asesino renegó de su hijo.* — + de = repudiar
4 Protestar diciendo cosas en voz baja o para sí mismo: *deja de renegar y haz tu trabajo.* — = refunfuñar
5 Hablar mal de una persona: *renegó de mí y luego me pidió perdón.* — = maldecir
6 Decir una persona blasfemias. — = blasfemar

renegociación Negociación emprendida o abierta de nuevo. — s.f.

renegociar Volver a negociar una cosa para introducir alguna modificación: *el club renegociará la ficha con el futbolista.* — v.tr.

renegón, a Que reniega o protesta mucho y sin motivo aparente: *es tan renegona que nunca está de acuerdo con nada.* — adj/s. = gruñón, protestón

renegrear Mostrar una cosa un color negro muy intenso: *la chimenea renegrea por el humo.* — v.intr. = ennegrecer

renegrido, a
1 Que se ha puesto negro por el humo o la suciedad: *las paredes de la calle están renegridas por el humo de los coches.* — adj. = ennegrecido
2 Que es de color muy oscuro, en especial la piel: *tengo la rodilla renegrida a causa del golpe.* — = negruzco

renfe (Acrónimo de *[Re]d [N]acional de [F]errocarriles [E]spañoles.*) Empresa española que controla la red ferroviaria nacional. — s.f.

renga Joroba, corvadura de la columna vertebral. — s.f./= jiba

rengar Causar grave daño en las caderas de una persona o animal. — v.tr./conj: *pagar* = descaderar

renglón
1 Serie de palabras o caracteres escritos o impresos en línea recta. — s.m. = línea
2 Cada una de las líneas horizontales que tienen algunos papeles y que sirven para escribir sin torcerse: *quiero una libreta de doble renglón.* — = pauta
3 Parte de renta o gasto que tiene una persona: *el alquiler del piso es un renglón importante.* — coloquial
4 Cualquier escrito o impreso: *estos renglones no merecen mi atención.* — s.m.pl. = líneas
5 a renglón seguido: A continuación, inmediatamente: *primero me dice que sí y, a renglón seguido, que no.* — loc.adv.
6 dejar o quedar algo entre renglones: Olvidarse de una cosa o no acordarse de ella cuando se la debía tener presente: *procura no dejar nada entre renglones en la reunión.* — coloquial
7 leer entre renglones: Llegar a captar en un escrito la intención del autor de forma premeditada no la explicitado: *hay que saber leer entre renglones para entender las canciones de protesta.*

renglonadura Rayado del papel de escribir: *usa papel de carta de renglonadura ancha.* — s.f.

rengo, a
1 Que es cojo por tener una lesión en las caderas. — adj/s.

2 hacer la de rengo: Fingir estar enfermo o lesionado para no hacer un trabajo. — coloquial

renguear Renquear, cojear. — v.intr.

reniego
1 Blasfemia, palabra o expresión injuriosa contra las cosas sagradas. — s.m.
2 Maldición o dicho injurioso contra una persona. — = injuria

reniforme (Del lat. *ren, renis*, riñón + *forma*.) Que tiene forma de riñón. — adj.

renil Se aplica a la oveja machorra o castrada. — adj.

renjo Metal blanco, brillante, muy denso y de difícil fusión. — s.m. QUÍMICA

renitencia
1 Estado de la piel cuando está tersa, lustrosa y resistente. — s.f.
2 Oposición o aversión a hacer una cosa determinada o a consentirla: *su renitencia a participar en un acto político quedó muy clara.* — = reticencia

renitente (Del lat. *renitens, -entis*.) Se aplica a la persona que se resiste a hacer o a admitir una cosa: *se manifestó renitente a practicarle el aborto.* — adj. = reacio, reticente

reno (Del fr. *renne*.) Mamífero rumiante cérvido, de amplia cornamenta y pelaje de color pardo, que habita en los países septentrionales y se domestica como animal de tiro. (*Rangifer tarandus.*) — ZOOLOGÍA

renombrado, a Se aplica a la persona célebre, que tiene fama: *la ha operado un médico renombrado.* — adj. = famoso

renombre
1 Apellido o sobrenombre propio. — s.m.
2 Fama y celebridad: *trabaja con un diseñador de renombre.* — = prestigio

renovable Que puede ser renovado: *es un permiso renovable por un año.* — adj. ≠ anulable

renovación Acción y resultado de renovar o renovarse. — s.f.

renovador, a Que renueva. — adj/s.= renovante

renoval Terreno poblado de renuevos o retoños de árboles. — s.m.

renovar (Del lat. *novus*, nuevo.)
1 Introducir cambios en el aspecto de una persona o en una cosa: *el director ha renovado la empresa; el equipo se ha renovado por completo; ha renovado su vestuario.* — v.tr/prnl. conj: contar = transformar
2 Cambiar una cosa caducada o inefectiva por otra de la misma clase: *he de renovar el carné de conducir; no me renuevan el contrato.* — v.tr. = actualizar
3 Reanudar una cosa que se ha interrumpido: *la clase se renovó tras el apagón.* — v.tr/prnl. = reemprender
4 Cambiar una cosa vieja por otra nueva de la misma clase: *has de renovar los muebles porque están carcomidos.* — v.tr. = sustituir
5 Volver a publicar una cosa. — = reeditar
6 Consumir un sacerdote las sagradas formas y consagrar otras. — RELIGIÓN

renovero, a Usurero, persona que presta dinero cobrando intereses excesivos. — s. = logrero

renquear
1 Andar una persona coja por tener una lesión en la cadera: *renquea a raíz del accidente.* — v.intr. tb: renguear
2 Mostrarse una persona indecisa ante una resolución: *el día anterior a la boda todavía renqueaba ante su matrimonio.* — = dubitar, dudar
3 Vivir una persona con dificultades económicas o con problemas de salud: *a esta edad ya voy renqueando.* — = trampear

renqueo Acción y resultado de renquear. — s.m.

renta (Del lat. vulgar **rendita* < lat. *reddita*.)
1 Beneficio o cantidad de dinero que rinde o proporciona una cosa en un determinado tiempo: *las acciones le producen una buena renta al año.* — s.f. = interés, rédito
2 Ingreso anual de una persona: *es banquero y tiene una renta muy elevada.* — = sueldo
3 Deuda pública o títulos que la representan. — ECONOMÍA
4 Cantidad de dinero que se paga periódicamente por el arrendamiento o uso de una cosa: *todavía no he pagado la renta del piso de este mes.* — = alquiler, arriendo
5 Impuesto calculado según los ingresos de los contribuyentes: *mañana termina el plazo para pagar la renta.* — ECONOMÍA
6 **renta bruta:** La total, antes de realizar ninguna deducción. — ECONOMÍA
7 **renta estancada:** La que procede de un artículo cuya venta exclusiva se reserva el gobierno. — ECONOMÍA
8 **renta nacional:** Conjunto de los ingresos derivados de la participación en el proceso productivo durante un año, y referido a una entidad nacional. — ECONOMÍA
9 **renta neta:** La que queda después de aplicar las deducciones fiscales. — ECONOMÍA
10 **renta per cápita:** La nacional dividida por el número de habitantes de un país. — ECONOMÍA
11 **renta rentada:** La que no es eventual, sino fija y segura. — ECONOMÍA
12 **renta vitalicia:** Contrato aleatorio en el que una parte cede a otra una suma o capital con la obligación de pagar una pensión al cedente o a tercera persona durante la vida del beneficiario. — DERECHO

13 a la renta: En arrendamiento: *el piso no es suyo, lo tiene a la renta.* — loc.adv.

14 vivir de o de las rentas: Obtener beneficio o provecho de lo que se hizo o consiguió en el pasado: *no. escribe desde hace años, vive de las rentas.*

rentabilidad
1 Capacidad de rentar o producir beneficios: *los inversores aseguran la rentabilidad del proyecto.* — s.f.
2 Cualidad de rentable: *los beneficios demuestran la rentabilidad de la empresa.*

rentabilizar Hacer que una cosa sea rentable, beneficiosa o ventajosa: *si reciclamos el material rentabilizaremos más la empresa.* — v.tr. conj: cazar

rentable Que produce renta o ganancia: *los expertos aseguran que es una inversión rentable a corto plazo.* — adj./= provechoso ≠ ruinoso

rentado, a Que tiene una renta para mantenerse. — adj./= rentista

rentar Producir una cosa renta o beneficio en un determinado tiempo: *las acciones le rentan dos millones de pesetas al año.* — v.tr. = redituar

rentero, a
1 Que paga algún tributo. — adj.
2 Colono que tiene arrendada una finca rústica. — s.
3 Arrendatario de una renta pública o persona que participa en la subasta de rentas públicas. — ECONOMÍA

rentilla
1 Juego de cartas que consiste en hacer un número determinado de puntos. — s.f. JUEGOS
2 Juego que se practica con seis dados, numerados en una sola cara del uno al seis. — JUEGOS

rentismo Obtención de beneficios o ventajas de la hacienda pública. — s.m. ECONOMÍA

rentista
1 Persona que tiene conocimientos o práctica en materias de hacienda pública. — s.m.f. = hacendista
2 Persona que percibe renta procedente de papel del Estado.
3 Persona que vive de sus rentas.
4 Persona que percibe renta procedente de una propiedad de cualquier tipo. — = accionista, propietario

rentístico, a De las rentas públicas: *sistema rentístico; reforma rentística.* — adj. ECONOMÍA

rento Renta anual que paga el arrendatario de una finca. — s.m. ECONOMÍA

rentoso, a Que produce renta o beneficio: *vendió las tierras porque no eran rentosas.* — adj. = rentable

rentoy (Del fr. *rends-toi*, entrégate.)
1 Juego de cartas entre dos, cuatro, seis u ocho personas, a cada una de las cuales se le dan tres cartas y se saca una de triunfo. — s.m. JUEGOS
2 Carta que se saca de triunfo en este juego. — JUEGOS
3 Manera de ser y de comportarse las personas con presunción que se alaban a sí mismas. — = jactancia
4 Comentario agudo con que se ataca, critica o provoca a una persona. — = indirecta, pulla, puya

renuencia Actitud de quien se muestra reacio o poco dispuesto a hacer una cosa: *manifestó su renuencia a ayudarnos.* — s.f. = aversión

renuente (Del lat. *renuens, -tis*.)
1 Que está poco dispuesto a hacer una cosa que se le manda: *halágala y dejará de mostrarse renuente.* — adj. = indócil, reacio
2 Que es difícil de manejar o trabajar. — = dificultoso

renuevo
1 Tallo nuevo que brota de una planta o un árbol cortado o podado: *el pino ya tiene varios renuevos.* — s.m./BOTÁNICA = retoño, vástago
2 Acción y resultado de renovar o renovarse. — = renovación

renuncia
1 Acción y resultado de renunciar: *pensaba que aceptarías, no esperaba una renuncia.* — s.f. = abandono
2 Documento en que se expresa esta acción: *firmaré la renuncia de mi cargo ante el director general.*

renunciable
1 Que puede ser renunciado: *tu colaboración es voluntaria y las obligaciones son renunciables.* — adj. ≠ irrenunciable
2 Se aplica al oficio que puede ser transferido a otra persona por renuncia.

renunciación
1 Acción y resultado de renunciar. — s.f.
2 **renunciación simple:** La que se hace sin reservar títulos ni derechos. — DERECHO

renunciamiento Acción y resultado de renunciar: *expresó su renunciamiento a la herencia.* — s.m. = renunciación

renunciante Que renuncia: *la parte renunciante debe firmar aquí.* — adj/s.

renunciar (Del lat. *renuntiare*.)
1 Dejar de forma voluntaria una cosa que se posee o a la que se tiene derecho: *renunciaré a mi puesto en favor de tu amigo; renunció a la herencia de la abuela.* — v.intr/tr.
2 Dejar de hacer una cosa que se proyectaba o deseaba: *renunció a trabajar en el extranjero para no alejarse de su familia.* — v.intr. + a ≠ persistir

3 No querer aceptar una cosa: *renuncio a tu amistad y a tu compañía.* ≠ admitir

4 Faltar a las reglas de algunos juegos de naipes al no seguir el palo al que se juega, pudiendo hacerlo. JUEGOS

5 renunciarse alguien a sí mismo: Dejar una persona de satisfacer sus deseos por sus creencias religiosas o en beneficio de otra persona.

renunciatario, a Persona en cuyo favor se ha hecho una renuncia: *el renunciatario de la herencia será mi hermano.* s. DERECHO

renuncio

1 Falta que se comete en algunos juegos de cartas al no seguir el palo que se juega cuando se tienen cartas del mismo y es obligado hacerlo. s.m. JUEGOS

2 Mentira o contradicción en que se coge a una persona: *es fácil pillarle en un renuncio porque es muy mentiroso.* = falacia

renvalsar Hacer el renvalso o rebajo en una puerta o una ventana. v.tr. CARPINTERÍA

renvalso Rebajo que se hace en el canto de las hojas de las puertas y de las ventanas para que encajen en los marcos o unas con otras. s.m. CARPINTERÍA

reñidamente Con empeño, estrechamente: *disputaron reñidamente el campeonato.* adv.

reñidero Sitio destinado a las peleas de gallos u otros animales. s.m.

reñido, a

1 Que está enfadado con una persona y no quiere tener trato con ella: *está reñido con sus compañeros.* adj. = disgustado

2 Se aplica a la competición, concurso o prueba que implica mucha rivalidad: *la final será reñida porque todos los participantes son muy buenos.* = enconado

3 estar reñido con: Ser incompatible u opuesto: *es un hombre íntegro y no hará nada que esté reñido con sus principios.* coloquial

reñidor, a Que riñe con frecuencia o sin motivo aparente: *dice que su padre es muy reñidor con ella.* adj. = regañón

reñidura Reprimenda, regañina: *sabía que en casa me esperaba la reñidura de mis padres.* s.f. = bronca, rapapolvo

reñir (Del lat. *ringi*, gruñir mostrando los dientes.)

1 Discutir o pelear dos o más personas entre sí: *todos los hermanos riñen cuando son pequeños.* v.intr. conj: ceñir

2 Dejar dos o más personas de mantener buenas relaciones: *los novios han reñido; no sé nada de ella, hemos reñido.* = enemistarse ≠ reconciliarse

3 Regañar a una persona: *la profesora me riñó por estar hablando.* v.tr. = reprender

4 Llevar a cabo un combate o una batalla: *riñó una batalla para conseguir una subvención.* = librar

5 Luchar dos o más personas entre sí con armas. = combatir

reo (De origen incierto.)

1 Variedad de trucha, de color asalmonado, que vive en las desembocaduras de los ríos. s.m. ZOOLOGÍA

2 Vez, turno con el que se suceden las personas en una actividad. = tanda

3 a o al reo: De seguida. loc.adv.

reo- Componente de palabra procedente del gr. *rheos*, que significa corriente: *reóforo.* pref.

reo, a (Del lat. *reus.*)

1 Persona acusada de haber cometido un delito: *el reo entró en la sala para ser juzgado.* s. DERECHO

2 Persona que recibe condena por haber cometido un delito: *entró en la cárcel por el patio de la cárcel.* DERECHO = condenado

3 reo de Estado: Persona que ha cometido un delito contra la seguridad del Estado. DERECHO, POLÍTICA

reobrar Obrar una persona de forma favorable o desfavorable frente a una acción o estímulo anteriores. v.intr.

reoca Se usa para indicar que una persona o una cosa son extraordinarias, tanto por buenas como por malas, en la expresión **ser la reoca:** *me río mucho con tu hermano porque es la reoca.* loc.adj. coloquial

reófilo Se aplica a las plantas que crecen en corrientes de aguas impetuosas. adj. BOTÁNICA

reóforo (Del gr. *rheos*, corriente + *phero*, llevar.) Cada uno de los dos conductores que establecen la comunicación entre un aparato eléctrico y un generador de corriente. s.m. ELECTRICIDAD

reojo

1 Indica mirar con disimulo y por encima del hombro en la expresión **de reojo:** *noté que me estaba controlando porque me miraba de reojo.* loc.adv.

2 Se usa en la expresión **de reojo** para indicar que se mira a una persona con desconfianza, enfado o desprecio: *se nota que no le gustas porque te mira de reojo.* loc.adv.

reología Rama de la física que estudia la viscosidad, la plasticidad, la elasticidad y el derrame de la materia. s.f. FÍSICA

reológico, a De la reología. adj./FÍSICA

reometría

1 Medición de las propiedades reológicas de los materiales y de los fluidos. s.f. FÍSICA

2 Disciplina que estudia estas mediciones. FÍSICA= reología

reómetro (Del gr. *rheos*, corriente + *metron*, medida.)

1 Instrumento que sirve para medir las corrientes eléctricas. s.m. ELECTRICIDAD FÍSICA

2 Instrumento que se usa para medir la velocidad de una corriente de agua u otro fluido o material.

reordenación Acción y resultado de reordenar o reordenarse: *con la reordenación de fichas no encuentro nada.* s.f.

reordenar Volver a ordenar una cosa: *la nueva bibliotecaria ha reordenado los libros.* v.tr.

reorganización Acción y resultado de reorganizar o reorganizarse. s.f.

reorganizador, a

1 Que tiene relación con la reorganización: *esta entidad necesita una persona con ganas y afán reorganizador.* adj.

2 Persona que reorganiza: *el entrenador ha sido el reorganizador del equipo.* s.

reorganizar

1 Volver a organizar una cosa: *han decidido reorganizar el certamen literario; el congreso se reorganizó al cabo de dos años.* v.tr/prnl. conj: cazar

2 Organizar una cosa de manera diferente: *hemos de reorganizar las ventas para tener mayores beneficios; nuestro partido se ha reorganizado.* = reestructurar

reorientación Acción y resultado de reorientar: *tu carrera artística necesita una reorientación.* s.f.

reorientar Dar una nueva orientación a una persona o una cosa: *reorientó al alumno en sus estudios.* v.tr.

reostato (Del gr. *rheos*, corriente + *histemi*, detener.) Resistencia variable que, colocada en un circuito, permite modificar la intensidad de la corriente que circula por él. s.m. ELECTRICIDAD

repacer Comer el ganado la hierba hasta acabarla: *las vacas repacen el pasto.* v.tr. conj: carecer

repagar Pagar cara una cosa. v.tr./conj: pagar

repajo Terreno rodeado de arbustos o matas. s.m.

repajolero, a

1 Que es gracioso, divertido: *¡cómo me río con el repajolero de tu vecino!* adj/s. coloquial

2 Que resulta desagradable o molesto: *lo que le has hecho no tiene repajolera gracia.* adj. coloquial

¡repámpanos! Indica sorpresa, enfado o disgusto: *¡repámpanos!, a ti no te esperaba.* interj.

repampinflar Mostrarse por completo indiferente ante una persona o una cosa: *a mí me la repampinflan lo que piensen los demás.* v.tr. coloquial

repanchigarse Sentarse una persona en un asiento de la manera más cómoda posible: *quiero repanchigarme en el sofá y no hacer nada.* v.prnl. conj: pagar tb: repanchingarse

repanocha Se usa en la expresión **ser la repanocha** para indicar que una cosa o persona es extraordinaria, por buena o por mala: *este pastel es la repanocha, ponme otro trozo.* loc.adj. coloquial

repantigarse (Del lat. vulgar *repanticare.*) Ponerse una persona en un asiento o en otro lugar con la mayor comodidad posible. v.prnl. conj: pagar tb: repantingarse

repapilarse Comer una persona con deleite hasta saciarse: *tenía tanta hambre que se repapiló todo lo que serví.* v.prnl. coloquial

reparable

1 Que puede ser reparado o arreglado: *la avería es reparable pero será bastante caro el arreglo.* adj./= remediable ≠ irreparable

2 Que merece ser considerado con atención: *el guía nos indicó los detalles más reparables del monumento.* = significativo

reparación

1 Acción y resultado de reparar cosas materiales mal hechas o estropeadas: *la reparación de la nevera costará mucho dinero.* s.f. = arreglo, reparamiento

2 Compensación por el daño causado a una persona: *me ha ofendido y pido una reparación.* = desagravio

3 Ejercicio o acto literario que se hacía en los antiguos estudios o escuelas y que consistía en que los estudiantes dijeran la lección o argumentaran unos con otros.

reparada Movimiento inesperado y brusco hecho por el caballo. s.f. EQUITACIÓN

reparado, a

1 Que ha sido reforzado o proveído: *el transporte se hará en un camión reparado.* adj.

2 Que es bizco o tiene otro defecto en los ojos.

reparador, a

1 Que repara o arregla una cosa: *trabaja como reparador de electrodomésticos.* adj/s. = restaurador

2 Que encuentra defectos con frecuencia a las personas o a las cosas: *es muy quisquilloso y reparador, nada le gusta.*

3 Que restablece las fuerzas: *la jalea real es una sustancia reparadora.* adj. = tonificante

4 Que compensa o desagravia una ofensa o un daño: *no supiste captar sus palabras reparadoras.*

5 Se aplica a la caballería que hace reparadas con frecuencia. — EQUITACIÓN

reparamiento Acción y resultado de reparar. — s.m.

reparar (Del lat. *reparare*.)
1 Arreglar una cosa rota o estropeada: *está reparando el televisor.* — v.tr. = recomponer
2 Corregir o remediar un error o un daño: *nunca podrás reparar la ofensa que me has hecho.* — = desagraviar, enmendar
3 Dar a una cosa fuerza o vigor a una persona: *toma vitaminas porque necesita reparar fuerzas.* — = restablecer, tonificar
4 Darse cuenta de una cosa: *no reparó en su gesto de desaprobación.* — v.intr./+ en = percibir
5 Pensar en las dificultades o los inconvenientes de una cosa antes de hacerla: *no repara en los posibles obstáculos.* — + en = ponderar
6 Oponer una defensa contra un golpe o un peligro. — v.tr.
7 Detenerse una persona ante un inconveniente o una dificultad: *no reparó en gastos con el piso nuevo.* — v.tr/prnl.
8 Realizar el vaciador pequeños trabajos de detalle en una obra para quitarle los defectos que saca del molde. — v.tr.
9 Hacer un alto en un lugar. — v.intr.
10 Contenerse o controlarse una persona. — v.prnl.

reparativo, a Que se utiliza para reparar: *he restaurado el mueble con un líquido reparativo.* — adj. = reparador

reparo
1 Advertencia u observación que se hace sobre una cosa, en especial para señalar una falta o defecto: *siempre pone reparos a mi trabajo.* — s.m. = pega, traba
2 Dificultad o escrúpulo para hacer algo: *me da reparo decirle que se está engordando mucho.* — = apuro, corte
3 Arreglo o trabajo hecho en una cosa para repararla: *el reparo de la radio no costará mucho dinero.* — = reparación
4 Obra que se hace para reparar o arreglar una fábrica o edificio deteriorado. — CONSTRUCCIÓN
5 Confortante que se aplica a un enfermo sobre el estómago para darle vigor. — = pegado
6 Cualquier cosa que se pone en otra para defensa o resguardo. — = parapeto
7 Mancha, señal o defecto en el ojo o en el párpado.
8 Movimiento que se hace en esgrima para evitar un golpe o un ataque. — DEPORTES = quite

reparón, a Que encuentra faltas o defectos con mucha frecuencia en personas o cosas: *el jefe es muy reparón y siempre me hace repetir el trabajo.* — adj. = reparador

repartición
1 Acción y resultado de repartir. — s.f.
2 Cada una de las dependencias que, en una organización administrativa, están destinadas a despachar determinadas clases de asuntos. — Amér. Central y Merid.

repartidor, a
1 Que reparte o distribuye: *trabaja como repartidor de folletos publicitarios.* — adj/s. = distribuidor
2 Sitio en que se hace el reparto de las aguas en un sistema de riegos. — s.m. AGRICULTURA
3 Armazón provisto de gran número de terminales, donde se disponen de forma ordenada los distintos circuitos telefónicos conectados a una central. — TELECOMUNICACIONES
4 Persona que reparte los negocios en los tribunales. — s./DERECHO

repartija Reparto desordenado hecho entre varias personas. — s.f. Argent., Chile

repartimiento
1 Acción y resultado de repartir. — s.m./= reparto
2 Oficio y despacho del repartidor de los tribunales. — DERECHO
3 Documento o registro en que consta lo que se ha repartido a cada persona.
4 Contribución o carga con que se grava a cada una de las personas que la aceptan o consienten.
5 Sistema seguido en la repoblación, durante la edad media, consistente en distribuir casas y tierras de las poblaciones reconquistadas entre los que habían tomado do parte en su conquista. — HISTORIA

repartir
1 Distribuir una cosa entre varias personas: *vamos a repartir el pastel; los atracadores se repartieron el dinero.* — v.tr/prnl. = dividir, partir
2 Distribuir una cosa por diversos lugares o a distintas personas: *reparte el periódico por todo el barrio; la lluvia se repartió por toda la península.* — = distribuir
3 Extender con uniformidad una materia sobre una superficie: *reparte el paté sobre las tostadas.* — v.tr/= distribuir, esparcir
4 Proporcionar una cosa: *esperemos que el juez sepa repartir justicia.* — = administrar
5 Poner varias cosas en su lugar correspondiente: *repartió los libros en las estanterías de la biblioteca.* — = clasificar, ordenar
6 Determinar qué actores han de representar los papeles de una obra dramática: *el director todavía no ha repartido todos los papeles.* — CINE, TEATRO
7 Determinar que una contribución o gravamen se distribuya por partes.

reparto
1 Acción y resultado de repartir: *el reparto del dinero no fue proporcional.* — s.m. = distribución
2 Relación de los papeles o personajes de una obra teatral o cinematográfica y de los actores que los re- — CINE, TEATRO = elenco

presentan: *en el reparto figuran los mejores actores del país.*

repasadera Cepillo o garlopa con hierro para sacar perfiles en la madera. — s.f. CARPINTERÍA

repasador, a
1 Persona que tiene por oficio repasar o carmenar la lana. — s.
2 Paño de cocina que se emplea para secar la vajilla y otros utensilios. — s.m./Argent., Par., Urug.

repasar
1 Volver a mirar o a hacer una cosa otra vez para asegurar o perfeccionar el resultado: *repasa la suma; quiero repasar la carta.* — v.tr. = revisar
2 Explicar de nuevo una lección: *esta mañana repasaremos los cinco primeros temas.* — = revisar
3 Leer de nuevo una cosa que ya se ha estudiado o repetirla de memoria para fijarla o recordarla: *antes del examen quiero repasar el último tema.*
4 Coser los desperfectos de la ropa: *repasaré los botones del abrigo nuevo.*
5 Leer una lección o un escrito a la ligera.
6 Pasar una cosa repetidamente por un lugar: *cuanto más repases la gamuza más brillará la plata.*
7 Volver a pasar por un mismo sitio: *repasó varias veces la misma carretera para observar el mar.* — v.tr/intr.
8 Limpiar y esponjar la lana para cardarla después de teñida. — v.tr.
9 Mezclar el mineral de plata con mercurio y magistral hasta conseguir la amalgamación. — MINERÍA
10 Salir un líquido a través de la pared porosa del recipiente que lo contiene. — v.prnl. = rezumarse
11 Mirar con deseo a una persona: *repasó a la chica de arriba abajo sin perder detalle de su anatomía.* — v.tr/prnl. coloquial

repasata Reprimenda, regañina: *tus padres te pegarán una buena repasata con lo que has hecho.* — s.f./coloquial = bronca

repaso
1 Acción y resultado de repasar. — s.m.
2 Estudio ligero de lo estudiado para comprobar si no se ha olvidado y fijarlo mejor en la memoria: *daré un último repaso antes de entrar en clase.*
3 Revisión que se hace de una cosa para ver si está correcta. — = verificación
4 Regañina, amonestación que se hace a una persona: *¡menudo repaso del jefe le espera!* — coloquial = repasata
5 dar un repaso a alguien: **1.** Reñir a una persona: *cuando venga le daré un repaso.* **2.** Demostrarle gran superioridad en conocimientos, habilidad u otra cualidad: *a ese chulo hay que darle un repaso.* **3.** Mirarle de arriba abajo con deseo: *le dio un repaso a la chica que pasaba por la calle.* **4.** Mantener relaciones sexuales con una persona. — coloquial coloquial coloquial coloquial vulgar

repastar
I (Derivado de *pasta*.)
1 Volver a amasar una pasta añadiéndole agua u otro líquido. — v.tr.
2 Añadir agua al mortero resecado para volver a amasarlo. — CONSTRUCCIÓN
II (Derivado de *pasto*.)
1 Volver a pastar el ganado. — v.intr.
2 Volver a dar pasto al ganado. — v.tr.

repasto Pasto añadido al ordinario. — s.m.

repatear Molestar o desagradar mucho una cosa o una persona a otra: *mi suegra me repatea; las gambas le repatean.* — v.tr. = fastidiar

repatriación Acción y resultado de repatriar o repatriarse: *se han iniciado los trámites de repatriación.* — s.f. = regreso

repatriado, a Se aplica a la persona a la que se hace regresar a su patria: *los repatriados ya están en el aeropuerto.* — adj/s. ≠ expatriado

repatriar Hacer que una persona regrese a su patria: *repatriarán a los civiles hechos prisioneros; se repatrió para volver a ver a su familia.* — v.tr/intr/prnl. conj: vaciar ≠ expatriar

repe Manjar preparado con plátano verde triturado, mezclado con queso y cocido con leche. — s.m./Ecuad. COCINA

repechar
1 Subir una persona un repecho o cuesta. — v.intr.
2 Reponerse con lentitud de una enfermedad. — Argent., Urug.

repecho
1 Cuesta corta y con bastante pendiente: *al final de este repecho ya está mi casa.* — s.m. = rampa
2 a repecho: Cuesta arriba, con subida. — loc.adv.

repeinado, a Se aplica a la persona que se arregla en exceso, sobre todo el cabello: *siempre va muy tieso y repeinado.* — adj. = relamido

repeinar
1 Volver a peinar a una persona: *entre foto y foto repeinaban a la modelo.* — v.tr/prnl.
2 Peinar a una persona con mucho cuidado: *se repeina para ir a trabajar.*

repeladura
1 Segunda peladura. — s.f. ARTES GRÁFICAS
2 Falta de limpieza en grabados o impresos.

repelar
1 Cortar por completo el pelo a una persona, un animal o una cosa: *le han repelado el cogote y parece un recluta.* — v.tr. = rapar, trasquilar
2 Quitar una parte de una cosa: *repeló el tallo de la rosa porque no cabía en el jarrón.* — = disminuir, cercenar
3 Cortar las puntas de la hierba: *le dije al jardinero que repelara el césped.*
4 Tirar del pelo o arrancarlo: *se puso histérica, le pegó y lo repeló.*
5 Hacer dar al caballo una carrera corta. — EQUITACIÓN
6 Protestar airadamente, rezongar. — v.intr./Méx.

repelencia
1 Acción y resultado de repeler. — s.f.
2 Rechazo o repugnancia: *siento repelencia hacia las demostraciones racistas.* — = asco

repelente
1 Que repele o rechaza, en especial a algunos animales: *echa repelente para ahuyentar a los mosquitos.* — adj./s.m.
2 Que produce repulsión o repugnancia: *la pensión hacía un olor repelente.* — adj. = repugnante
3 Se aplica a la persona que resulta desagradable por sus aires de prepotencia o por su aspecto: *está tan mimado que es un niño repelente.* — adj/s.m.f. = impertinente

repeler (Del lat. *repelere*.)
1 Echar o apartar de sí una cosa o a una persona con violencia: *quise abrazarla pero me repelió.* — v.tr. = rechazar
2 Causar una persona o una cosa repugnancia o asco: *me repele el olor del ajo; tus dos amigos se repelen.* — v.tr/prml./= repugnar ≠ agradar
3 No dejar una cosa que otra penetre en su masa o composición: *el toldo de plástico repele el agua de la lluvia.* — v.tr.
4 No aceptar una idea o una afirmación. — = rechazar

repellar Lanzar pelladas de cal o yeso a la pared que se está construyendo o reparando. — v.tr. CONSTRUCCIÓN

repello Acción y resultado de repellar. — s.m./CONSTRUCCIÓN

repelo
1 Parte pequeña de una cosa que queda un poco levantada del resto, en especial la piel que rodea las uñas: *me enganché el vestido en un repelo de la silla.* — s.m.
2 Conjunto de fibras torcidas de una madera. — CARPINTERÍA
3 Cosa que va contra la dirección del pelo.
4 Pelea o riña de poca importancia. — = altercado
5 Repelús o repugnancia al hacer una cosa: *la piel de la serpiente me produce repelo.* — = repeluzno
6 **a repelo**: En contra de la dirección del pelo: *cepilla la alfombra a repelo.* — loc.adv.

repelón (Derivado de *pelo*.)
1 Tirón que se da del pelo: *me dio tal repelón que me arrancó unos cabellos.* — s.m.
2 Hebra en las medias que al engancharse encoge los puntos inmediatos.
3 Parte pequeña que se coge de una cosa con brusquedad o se arranca.
4 Carrera corta, rápida e impetuosa del caballo. — EQUITACIÓN
5 Llamas que salen por las hendiduras producidas accidentalmente en la cubierta interior de los hornos. — s.m.pl. METALURGIA
6 **a repelones**: Poco a poco, porque cuesta trabajo o se hace a disgusto: *siempre como las alubias a repelones.* — loc.adv. coloquial
7 **batir el repelón**: Herir al caballo con las espuelas, corriendo un poco el talón de abajo hacia arriba. — EQUITACIÓN
8 **de repelón**: A la ligera, por encima: *revisó los informes de repelón y los firmó.* — loc.adv. coloquial
9 **más viejo que el repelón**: Muy viejo: *ese chiste es más viejo que el repelón.* — loc.adj. coloquial

repeloso, a
1 Se aplica a la madera que levanta repelos al ser serrada o labrada. — adj. CARPINTERÍA
2 Que se ofende o enfada con facilidad: *cuidado con lo que le dices porque es muy repeloso.* — = quisquilloso, rencilloso

repelús
1 Sensación de miedo o repugnancia producida por una persona, un animal o una cosa: *me entra mucho repelús cuando veo una rata.* — s.m./pl: repelús tb: repeluco, repeluzno
2 Sensación desagradable que se localiza en los dientes: *me da repelús tocar esa tela.* — = dentera
3 Escalofrío producido por estas sensaciones: *vio la cucaracha y un repelús le recorrió el cuerpo.*

repensar Pensar una cosa mucho antes de hacerla o decirla: *repiensa lo que dices y te ahorrarás problemas.* — v.tr./conj: pensar = reflexionar

repente (Del lat. *repens, -tis*, súbito.)
1 Movimiento o impulso súbito e inesperado: *le dio un repente y le pegó un bofetón.* — s.m. = arrebato, pronto
2 **de repente**: De manera inesperada e imprevista: *estábamos en la playa y de repente se puso a llover.* — loc.adv. = de pronto

repentino, a (Del lat. *repentinus*.) Que comienza o sucede de una manera inesperada o imprevista: *murió de una repentina enfermedad; el león hizo un movimiento repentino y la atacó.* — adj. = brusco, súbito ≠ previsto

repentista Persona que repentiza o improvisa, en especial en el canto o en la música. — s.m.f.

repentización
1 Acción y resultado de repentizar. — s.f.
2 Ejecución de una canción o pieza instrumental a la primera lectura. — MÚSICA

repentizar
1 Ejecutar una canción o una pieza musical sin haberla preparado o ensayado: *es un pianista que repentiza muy bien.* — v.tr/intr. conj: cazar MÚSICA
2 Hacer una cosa sin haberla preparado: *repentizó una poesía delante del público.* — v.tr. = improvisar

repera Se usa en la expresión **ser la repera** para indicar que una cosa o persona es extraordinaria o se sale de lo corriente: *siempre lleva unos modelitos que son la repera.* — loc.adj. coloquial

repercudida Acción y resultado de repercudir. — s.f.

repercudir Repercutir [en todas sus acepciones]. — v.intr.

repercusión
1 Acción y resultado de repercutir. — s.f.
2 Circunstancia de tener mucha resonancia o trascendencia una cosa: *su dimisión tendrá repercusión en las altas esferas.* — = difusión, eco

repercusivo, a Se aplica al medicamento que puede repercutir un humor. — adj/s.m. FARMACIA

repercutir (Del lat. *repercutere*.)
1 Cambiar un cuerpo de dirección al chocar con otro: *la bala repercutió en la puerta.* — v.intr. = retroceder
2 Tener una cosa consecuencias en otra: *tu mal humor repercute en mi trabajo.* — = afectar, influir
3 Producir eco o rebotar el sonido: *tus gritos repercutían por todo el valle.* — = resonar, retumbar
4 Hacer que un tumor retroceda o refluja hacia atrás. — v.tr./MEDICINA

repertorio (Del lat. *repertorium*.)
1 Conjunto de las obras teatrales o musicales que se tienen estudiadas y preparadas para su representación o ejecución en público: *la mayoría de canciones de su repertorio son románticas.* — s.m. MÚSICA, TEATRO
2 Libro que contiene una lista ordenada de datos sobre determinada materia: *en el repertorio bibliográfico encontrarás la fecha de edición de esta obra.* — = catálogo, inventario
3 Conjunto o serie de cualquier clase de noticias, textos u obras de la misma clase: *su biblioteca es un repertorio de biografías.* — = colección
4 **repertorio de aduanas**: Lista oficial, clasificada y alfabetizada, para la aplicación del impuesto correspondiente. — ECONOMÍA

repesar Volver a pesar una cosa: *por mucho que lo pese y repese, aquí no hay dos kilos de manzanas.* — v.tr.

repesca
1 Acción y resultado de repescar. — s.f.
2 Examen especial hecho a los alumnos que han suspendido en la convocatoria parcial o final ordinaria: *espero aprobar latín en la repesca.* — coloquial = recuperación

repescar
1 Admitir a una persona que ha sido eliminada en un examen, prueba, competición u otra actividad: *repescaremos a los corredores que han bajado de los dos minutos.* — v.tr. conj: sacar = readmitir
2 Recuperar a una persona o una cosa que se había desechado: *como no tengo dinero, he repescado los pantalones de hace años.* — = desempolvar, rescatar

repeso
1 Acción y resultado de pesar una cosa por segunda vez. — s.m.
2 Sitio donde se repesa.
3 Persona encargada de repesar. — s.m.f.
4 **de repeso**: 1. Con todo el peso. 2. Con toda la fuerza de la persuasión o de la autoridad: *y de repeso consiguió un aumento de presupuesto.* — loc.adv.

repetición
1 Acción y resultado de repetir o repetirse. — s.f.
2 Cosa que se hace repitiendo.
3 Figura retórica que consiste en repetir de forma intencionada palabras y conceptos. — RETÓRICA = anáfora
4 Mecanismo de un reloj que sirve para que dé las horas siempre que se toca un muelle o resorte. — MECÁNICA
5 Obra de escultura y pintura, o parte de ella, repetida por el mismo autor. — ARTE
6 Acción ejercida contra un tercero por una persona que ha sido condenada, obligada o desposeída. — DERECHO
7 Discurso que componían los catedráticos en las universidades literarias.
8 Acto literario que precedía al ejercicio secreto necesario para recibir el grado mayor, en algunas universidades antiguas.
9 Lección de hora que se explicaba en este acto.
10 **de repetición**: Se aplica al aparato o mecanismo que, una vez puesto en marcha, repite de forma automática su acción: *disparó con un fusil de repetición.* — loc.adj. MECÁNICA

repetidamente Varias veces en varias ocasiones. — adv.

repetidor
1 Que repite una cosa: *es un loro repetidor de palabrotas.* — adj.
2 Se aplica al alumno que repite un curso o una asignatura: *los repetidores se sentarán en primera fila.* — adj/s.
3 Persona que repasa o toma a otra la lección. — s.

4 Emisor de débil potencia, que retransmite los programas difundidos por una estación principal, en una determinada zona donde no llega la señal.   *s.m./TELECOMUNICACIONES*   *= reemisor*
5 Dispositivo que reproduce un fenómeno.   *TECNOLOGÍA*
6 Conjunto de órganos que permiten la amplificación de las corrientes telefónicas en ambos sentidos de la transmisión.   *TELECOMUNICACIONES*

repetir (Del lat. *repetere*.)
1 Volver a hacer o decir una cosa que ya se había hecho o dicho: *repíteme tu apellido; has de repetir el trabajo; la abuela ya se repite.*   *v.tr/prnl.*   *conj: pedir*
2 Volver a hacer una misma asignatura o un mismo curso por haber suspendido: *repito cuarto; seis alumnos repiten.*   *v.tr/intr.*
3 Venir a la boca el sabor de una cosa que se ha comido o bebido: *el ajo me repite.*   *v.intr.*
4 Volver a servirse o a comer una misma cosa: *repetiré de sopa; si tienes más apetito, repite.*   *+ de*
5 Volver a suceder una misma cosa: *la fiebre puede repetirle; siempre se repiten los mismos problemas de tráfico.*   *v.intr/prnl.*
6 Reclamar contra un tercero una persona que ha sido condenada por una infracción o un delito.   *v.tr. DERECHO*
7 Insistir un artista en sus obras en las mismas ideas o forma de crear.   *v.prnl. ARTE*
8 Decir o contar una persona las mismas cosas a la misma gente.

repetitividad Circunstancia de ser una cosa repetitiva: *el debate cayó en la repetitividad de los mismos argumentos.*   *s.f.*

repetitivo, a Que se repite: *un buen político no puede pronunciar un discurso repetitivo.*   *adj.*

repicado Traspaso del sonido grabado en cinta magnética o en otro soporte, a una película magnética, para que pueda ser sincronizado con la imagen, fotograma a fotograma.   *s.m. CINE*

repicar
1 Tocar las campanas de forma repetida: *las campanas repicaron toda la mañana.*   *v.tr/intr./conj: sacar*   *= repiquetear*
2 Reducir una cosa a trozos muy pequeños: *el pinche repicaba el perejil.*   *v.tr.*
3 Volver a picar o pinchar una cosa: *picaba y repicaba la aceituna pero no lograba cogerla.*
4 Hacer un jugador noventa puntos antes de que el contrario haga ninguno, en el juego de los cientos.   *JUEGOS*
5 Mostrar una cosa con orgullo: *se repicaba de su talento delante de todos.*   *v.prnl.*   *= presumir*

repicoteado, a Que está adornado de ondas, picos o dientes: *la parte superior de la verja es repicoteada.*   *adj.*

repicotear Adornar una cosa con picos, ondas o dientes.   *v.tr.*

repinaldo Variedad de manzana de gran tamaño, forma alargada, sabor exquisito y mucho olor.   *s.m.*

repinarse Elevarse, remontarse: *el avión se repinó y luego lo perdimos de vista.*   *v.prnl.*

repintar
1 Volver a pintar una cosa: *repintaré la verja del jardín porque se está oxidando.*   *v.tr.*
2 Pintarse o maquillarse una mujer mal o en exceso: *no se por qué te repintas si ya eres guapa.*   *v.prnl.*   *= pintarrajearse*
3 Mancharse una página con la impresión fresca de otra.   *ARTES GRÁFICAS*

repinte Acción y resultado de repintar.   *s.m.*

repipi
1 Se aplica a la persona, en especial al niño, que es pedante y habla con presunción: *¡cállate, repipi, que estoy hablando con tu madre!*   *adj/s.m.f. coloquial*   *= pedante*
2 Se refiere a la cosa o persona que resulta ridícula por su aparente elegancia o refinamiento: *siempre lleva blusas muy repipis.*   *coloquial*   *= cursi*

repipiez
1 Cualidad de repipi.   *s.f./pl: repipieces*
2 Dicho o hecho propio de la persona repipi.   *coloquial*

repique
1 Acción y resultado de repicar y repicarse.   *s.m.*
2 Riña de poca importancia: *se te nota en la cara que algún repique has tenido.*   *coloquial*   *= altercado*

repiquete
1 Repique vivo y rápido de campanas.   *s.m.*
2 Choque o encuentro de personas o de tropas enemigas.   *= topada*
3 Camino corto que recorre un velero sin cambiar la orientación de las velas.   *NÁUTICA*

repiquetear
1 Repicar con viveza las campanas u otro instrumento: *durante la fiesta las campanas no dejaron de repiquetear.*   *v.tr/intr.*
2 Dar una persona golpes ligeros y seguidos sobre una cosa: *deja de repiquetear en la mesa.*   *= golpetear*
3 Reñir dos o más personas entre sí diciéndose palabras ofensivas: *tus hermanos se repiquetean otra vez.*   *v.prnl.*   *= insultarse*

repiqueteo Acción y resultado de repiquetear o repiquetearse.   *s.m.*

repisa
1 Pieza horizontal de una pared, un armario o una estantería, usada para colocar sobre ella libros u otros objetos: *en esta repisa pondré la colección de abanicos.*   *s.f.*   *= anaquel*
2 Elemento de una construcción que sobresale de un muro o un plano vertical y sirve de piso de un balcón o para sostener un objeto.   *CONSTRUCCIÓN*   *= ménsula*
3 Parte superior de la caja de las chimeneas donde se colocan cacharros y otros útiles.   *= estante*

repisar
1 Volver a pisar una cosa: *pisó y repisó las gafas hasta hacerlas añicos.*   *v.tr.*
2 Apretar y allanar una cosa por medio de rodillos muy pesados, en especial la tierra.   *= apisonar*
3 Hacer esfuerzos para memorizar una cosa: *la cajera repisó la cara del joven que la estaba atracando para no olvidarla.*   *coloquial*

repiso Vino de baja calidad que se hace con la uva repisada.   *s.m.*

repitiente
1 Que repite.   *adj./= repetidor*
2 Se aplica a la persona que hacía la repetición en la universidad.   *adj/s.m.f.*

repizcar Coger con los dedos u otra cosa un poco de piel y carne de una persona y apretar: *le repizcó el brazo y le hizo daño; se repizcó con las tenazas.*   *v.tr/prnl.*   *= pellizcar, pizcar*

repizco Pellizco, acción y resultado de repizcar.   *s.m.*

replantación Acción y resultado de replantar.   *s.f.*

replantar
1 Volver a plantar un terreno: *van a replantar las zonas de bosque que se quemaron.*   *v.tr.*   *= repodar*
2 Cambiar de lugar una planta junto con sus raíces: *replantaré el rosal en una maceta más grande.*   *= trasplantar*

replanteamiento Acción y resultado de replantear un asunto o cuestión: *debes hacer un replanteamiento de tu vida.*   *s.m.*

replantear
1 Volver a plantear un problema o asunto: *replantearemos la cuestión en otra reunión.*   *v.tr.*   *= reconsiderar*
2 Trazar la planta de un edificio ya estudiado y proyectado sobre un terreno o en el plano de los cimientos.   *ARQUITECTURA*

replanteo Acción y resultado de replantear o replantearse.   *s.m.*

replay (Voz inglesa.)
1 Proceso de repetición inmediata de imágenes de un fragmento de emisión, en televisión: *en el replay veremos si hubo penalti.*   *s.m. AUDIOVISUALES*   *= repetición*
2 Aparato que permite realizar estas repeticiones.   *AUDIOVISUALES*

repleción
1 Acción de repletar o repletarse.   *s.f.*
2 Estado de un órgano que está lleno debido a una disfunción: *sufre una repleción gástrica.*   *MEDICINA*
3 Heterogeneidad de un astro que implica un aumento local de su campo gravitatorio.   *ASTRONOMÍA*

replegar
1 Doblar una cosa muchas veces: *no repliegues tanto las sábanas, que las arrugas.*   *v.tr. conj: regar*
2 Retirarse en buen orden las tropas avanzadas: *el general replegó al batallón.*   *v.tr/prnl. MILITAR*
3 **replegarse alguien en sí mismo:** Encerrarse en sí mismo: *tras el fracaso se replegó en sí mismo.*   *coloquial*

repletar
1 Llenar por completo una cosa apretando mucho el contenido: *repleta el saco antes de cerrarlo.*   *v.tr.*   *= rebutir*
2 Comer una persona hasta saciarse: *te duele la barriga porque te has repletado.*   *v.prnl.*   *= hartarse*

repleto, a (Del lat. *repletus*.)
1 Que está muy lleno: *el estadio estaba repleto de público.*   *adj./+ de*   *= atestado*
2 Se aplica a la persona o animal que ha comido mucho: *no quiero más postre, estoy repleta.*   *= harto*

réplica
1 Acción de replicar o contestar.   *s.f.*
2 Palabras o escrito con que se replica: *han publicado la réplica a mis declaraciones.*
3 Copia de una obra artística que reproduce el original con exactitud: *el cuadro es una réplica del famoso bodegón.*   *= reproducción*
4 Segundo escrito del demandante o el acusador en el juicio de mayor cuantía, para impugnar la contestación, en caso de que la hubiera, la reconvención y fijar los puntos litigiosos.   *DERECHO*
5 dar la réplica: Decir un actor teatral la última frase de su diálogo.   *TEATRO*

replicador, a Que replica con frecuencia: *es tan replicador que casi ocupa todo el tiempo del debate.*   *adj/s.*   *= replicón*

replicante
1 Que replica.   *adj/s.m.f.*
2 Se refiere al androide que es una réplica exacta de un ser humano, en ciencia ficción.   *CINE, LITERATURA*   *= clónico*

replicar (Del lat. *replicare*.)
1 Hablar una persona contra lo que se ha dicho con anterioridad: *quiero replicar porque no estoy de acuerdo con sus argumentos.*   v.intr. conj: *sacar*
2 Poner una persona objeciones a lo que afirma, propone u ordena otra persona: *replicó todas mis órdenes; acepta sus indicaciones sin replicar.*   v.intr/tr. = objetar
3 Presentar el demandante el escrito de réplica en un juicio ordinario.   v.intr. DERECHO

replicato
1 Réplica con que una persona se opone a lo dicho o mandado por otra persona.   s.m. = objeción
2 Réplica del demandante a la respuesta del demandado.   DERECHO

replicón, a Que replica mucho: *no seas tan replicón y haz lo que te mandan.*   adj/s. = respondón

repliegue
1 Pliegue doble o irregular: *guardaste mal las sábanas y están llenas de repliegues.*   s.m. = arruga, doblez
2 Acción militar en que las tropas en combate se retiran en orden a una posición establecida en retaguardia: *el capitán ordenó el repliegue del batallón.*   MILITAR

repoblación
1 Acción y resultado de repoblar o repoblarse.   s.f.
2 Conjunto de las especies vegetales de un terreno repoblado: *no se puede acceder a la zona de repoblación de pinos.*
3 Acción de repoblar, durante la edad media, los territorios que los reinos cristianos conquistaron a los musulmanes.   HISTORIA
4 **repoblación forestal:** Acción de repoblar los montes o bosques con nuevos árboles.

repoblador, a Que repuebla.   adj.

repoblar
1 Ocupar o volver a ocupar un lugar que había quedado deshabitado: *varias personas están repoblando los pueblos abandonados.*   v.tr/prnl. conj: *contar* ≠ despoblar
2 Volver a plantar árboles u otras especies vegetales en un lugar: *el ayuntamiento repoblará el bosque quemado.*   = replantar ≠ talar

repodar Volver a podar una planta: *el jardinero repoda los rosales.*   v.tr.

repodrir Repudrir [en todas sus acepciones].   v.tr/prnl./conj: *pudrir*

repollar Formar una planta repollo: *algunas especies de lechugas se repollan.*   v.intr/prnl. BOTÁNICA

repollo
1 Variedad de col, de hojas grandes, firmes y apretadas una sobre otra en forma redondeada.   s.m. BOTÁNICA
2 Yema o cabeza más o menos redonda que forman algunas plantas, como la lombarda y ciertas especies de lechugas, apiñándose o apretándose sus hojas unas contra otras.   BOTÁNICA

repolludo, a
1 Se aplica a la planta que forma repollo: *la col lombarda es repolluda.*   adj. BOTÁNICA
2 Que tiene forma de repollo.
3 Se refiere a la persona que es gruesa y bajita: *él es alto pero su hermano es repolludo.*   = rechoncho ≠ espigado

reponer (Del lat. *reponere*.)
1 Volver a poner a una persona o una cosa en el lugar o en el estado que le corresponde: *lo han repuesto como director general.*   v.tr. conj: *poner* = restituir
2 Poner una cosa igual a otra que se ha quitado o se ha roto: *compraré unas tazas nuevas para reponer las que rompiste.*   = sustituir ≠ quitar
3 Volver a representar una obra de teatro o volver a proyectar una película tiempo después de haberse estrenado: *reponen la comedia musical en el teatro del pueblo.*   CINE, TEATRO
4 Recuperar una persona la salud o las fuerzas tras una enfermedad o una situación difícil: *nunca se repuso de la muerte de su marido.*   v.prnl. + de = restablecerse
5 Recuperar una persona la tranquilidad: *estaba muy nervioso y no lograba reponerse.*   = serenarse
6 Dar un argumento como respuesta a otro: *repuse a sus sandeces argumentos de peso.*   v.tr./= replicar, responder
7 Volver la causa o pleito a un estado determinado o reformar un auto o providencia el juez que lo dictó.   DERECHO

report (Voz inglesa.) Informe, relación o resumen escrito: *he de redactar un report sobre el proyecto.*   s.m.

reportación Moderación, serenidad en el comportamiento: *no te exaltes, procura actuar con reportación.*   s.f. = sosiego

reportaje (Del fr. *reportage*.)
1 Trabajo periodístico, difundido en cualquier medio de comunicación, en que se informa sobre un personaje o asunto de actualidad: *están elaborando un reportaje sobre las pruebas nucleares.*   s.m. = documental, informe
2 **reportaje gráfico:** Conjunto de fotografías sobre un suceso o tema de actualidad: *vendió el reportaje gráfico de la guerra a una revista extranjera.*

reportamiento Acción y resultado de reportar o reportarse.   s.m.

reportar
1 Evitar una persona que se manifieste un sentimiento o un deseo: *aprende a reportar tu indignación; se reportó y no le dijo nada.*   v.tr/prnl. = contener, reprimir ≠ liberar
2 Proporcionar una cosa un beneficio o satisfacción a una persona o, por el contrario, problemas o disgustos: *la tienda reporta mucho dinero al mes; su actitud sólo nos reporta conflictos.*   v.tr. = producir
3 Obtener una persona un beneficio o una satisfacción: *no me ha reportado ningún provecho la reunión.*   = conseguir, lograr
4 Llevar o traer una cosa.
5 Pasar una prueba litográfica a la piedra para hacer copias.   ARTES GRÁFICAS

reporte
1 Noticia, informe sobre un acontecimiento.   s.m.
2 Chisme, noticia que se difunde sin saber su certeza y para desacreditar a una persona.   = cuento
3 Prueba de litografía que sirve para estampar de nuevo un dibujo en otras piedras y multiplicar las tiradas.   ARTES GRÁFICAS

reporter (Voz inglesa.) Periodista que recoge y difunde noticias y reportajes.   s.m.f. = reportero

reporteril Del reportero o de su oficio.   adj.

reporterismo Oficio de reportero: *viaja por todo el mundo porque se dedica al reporterismo.*   s.m.

reportero, a (Del ingl. *reporter*.) Se aplica al periodista que se dedica a recoger y redactar reportajes o noticias: *trabaja como reportero de guerra.*   adj/s. = periodista

reportista Litógrafo con mucha experiencia en reportar pruebas.   s.m.f. ARTES GRÁFICAS

reposabrazos Soporte que algunos asientos tienen a ambos lados para apoyar los brazos: *el asiento trasero del coche tiene un reposabrazos en el centro.*   s.m. pl: reposabrazos

reposacabezas
1 Almohadilla, por lo general de altura regulable, que sirve para apoyar la cabeza, en especial en los automóviles: *los asientos delanteros van equipados con reposacabezas tapizados en terciopelo.*   s.m. pl: reposacabezas = apoyacabezas
2 Parte superior del respaldo de un sillón.

reposadero Pileta que se coloca en la parte exterior de los hornos para recoger el metal fundido.   s.m. METALURGIA

reposado, a Que se comporta con tranquilidad y sosiego: *con el calmante se quedó más reposado y se durmió.*   adj./= calmado, sereno

reposapiés Especie de estribo que tienen las motocicletas a ambos lados para apoyar los pies.   s.m. pl: reposapiés

reposar
1 Interrumpir una persona una actividad para que se pase el cansancio: *al llegar a la cima reposamos un rato.*   v.intr. = descansar
2 Descansar o dormir un poco: *cada tarde reposa una media hora.*   = echarse
3 Estar una persona enterrada: *rezaremos para que repose en paz.*   = descansar, yacer
4 Permanecer quieta una persona o cosa: *la masa debe reposar durante una hora; el médico le dijo que reposara.*   = descansar ≠ moverse
5 Hacer que una cosa descanse sobre otra: *reposó su cabeza en mis piernas y se durmió.*   v.tr. = apoyar
6 Descansar después de comer para facilitar la digestión: *es conveniente reposar la comida.*
7 Depositarse las partículas que están en suspensión en un líquido o en el aire: *el azúcar se reposó en el fondo de la taza.*   v.intr/prnl. = posarse

reposera Tumbona, silla de tijera con asiento y respaldo de lona.   s.f. *Argent., Par.*

reposición
1 Acción y resultado de reponer o reponerse.   s.f.
2 Cosa que se repone, en especial una película u obra teatral: *la reposición contiene las imágenes que fueron censuradas.*

repositorio Almacén, lugar donde se guardan ciertas cosas.   s.m. = despensa

reposo
1 Acción y resultado de reposar o reposarse.   s.m.
2 Estado de quietud, tranquilidad o descanso: *después de tanto trabajo necesito unos días de reposo.*   = calma ≠ ajetreo
3 Inmovilidad de un cuerpo respecto de un sistema de referencia.   FÍSICA
4 **reposo absoluto:** Régimen curativo recomendado para algunas enfermedades, que consiste en descansar, sin realizar ningún tipo de actividad: *tiene un esguince en la rodilla y ha de estar en reposo absoluto.*   MEDICINA

repostaje Acción y resultado de repostar combustible: *el avión puede hacer el viaje sin necesidad de repostaje.*   s.m.

repostar Reponer provisiones o combustible: *nos detuvimos para repostar agua para el viaje; el barco se repostará en este puerto.*   v.tr/prnl. = proveer

repostería
1 Arte y técnica de elaborar toda clase de pasteles, dulces y fiambres.   s.f. COCINA

2 Conjunto de pasteles y dulces en general, de una región o de algún establecimiento hostelero: *este restaurante es famoso por su repostería.* — COCINA

3 Establecimiento donde se elaboran y venden pasteles y otros dulces: *encargué unos bollos de crema en la repostería.* — COMERCIO

4 Lugar donde se guarda la plata y otros útiles del servicio de mesa.

repostero, a (Del lat. vulgar *repositarius.*)
1 Persona que elabora pastas, dulces y algunos licores: *le he encargado al repostero una tarta de crema de moras.* — s. COCINA
2 Paño cuadrado o rectangular con emblemas heráldicos. — s.m. HERÁLDICA
3 Marinero que está al servicio personal de un jefe u oficial de marina. — MILITAR
4 Persona que, en los palacios de los antiguos reyes y señores, se encargaba de la custodia de los objetos pertenecientes a un ramo de servicio. — s. HISTORIA
5 Despensa, lugar donde se almacenan víveres. — s.m./Chile, Perú

repoyar No aceptar una cosa: *es tan orgulloso que ha repoyado mi ayuda.* — v.tr. = rechazar

repregunta Segunda pregunta que hace al testigo el litigante contrario al que lo presenta para contrastar la veracidad de la declaración o para completar la indagación. — s.f. DERECHO

repreguntar Hacer el litigante una segunda pregunta al testigo. — v.tr. DERECHO

reprendedor, a Que reprende o regaña: *sus palabras reprendedoras fueron demasiado fuertes.* — adj. = represor

reprender (Del lat. *reprenhendere.*) Regañar a una persona mostrando desacuerdo con lo que ha dicho o hecho: *te has portado mal y por eso te reprenden.* — v.tr. tb: reprehender = reñir

reprensible Que puede ser reprendido o censurado por considerarse malo o indigno: *tu comportamiento es reprensible y serás amonestado.* — adj. tb: reprehensible

reprensión
1 Acción y resultado de reprender o reñagar: *sé que me espera la reprensión del jefe.* — s.f. = reprimenda
2 Palabras con que se reprende a una persona: *oímos la reprensión desde el pasillo.*
3 Pena que se ejecuta amonestando al acusado y que se considera grave o leve según se aplique en audiencia pública o ante el tribunal a puerta cerrada. — DERECHO

represor, a Que reprende o regaña: *es un jefe severo y muy represor.* — adj/s. = reprendedor

represa
1 Construcción, por lo general de cemento armado, usada para contener o regular el curso de las aguas: *con las lluvias ha aumentado el nivel de agua de la represa.* — s.f. CONSTRUCCIÓN = presa
2 Lugar donde las aguas quedan estancadas de forma natural o artificial: *nos bañamos en una represa del monte.* — = embalse, presa
3 Acción de represar o recobrar una embarcación. — NÁUTICA
4 Retención de los bienes de un estado con el que se está en guerra. — POLÍTICA
5 Contención de los impulsos, sentimientos o pasiones: *la represa constante de los sentimientos la hace parecer fría y calculadora.* — = represión

represalia
1 Daño que una persona causa a otra en respuesta de otro recibido: *el jefe tomará represalias con los trabajadores en huelga.* — s.f. = venganza
2 Medida hostil de un estado contra otro en respuesta a alguna ofensa, sin llegar a romper las relaciones de forma violenta. — POLÍTICA
3 Retención de bienes o habitantes de una nación con la que se está en guerra. — POLÍTICA = represa

represar
1 Detener o embalsar una corriente de agua: *el muro represó la riada; el río se represó al encontrar el obstáculo.* — v.tr/prnl. = estancar
2 Recuperar una embarcación que había sido apresada por el enemigo. — v.tr. MILITAR
3 Reprimir o contener una cosa: *la policía represó a la multitud con dureza; se represaron las manifestaciones con cargas policiales.* — v.tr/prnl. = refrenar ≠ liberar

representable Que puede ser representado: *tu novela no es una obra representable en escena.* — adj. ≠ irrepresentable

representación
1 Acción y resultado de representar o representarse. — s.f.
2 Obra o espectáculo que unos actores representan: *asistiremos a la representación de una comedia.* — TEATRO = función
3 Idea o imagen mental de la realidad.
4 Conjunto de las personas que actúan en nombre de otras, de una entidad o de una corporación: *el alcalde se reunió con una representación de los vecinos del barrio.* — = comisión, delegación
5 Condición de actuar una persona en nombre de otra: *él tiene la representación del cantante.*
6 Derecho de una persona a ocupar el lugar de otra difunta para la sucesión en una herencia o mayorazgo. — DERECHO
7 Dibujo u otra cosa que representa a otra: *hizo una representación de las normas con dibujos.* — = ideograma, símbolo
8 Sistema de expresión de la voluntad popular por el que los ciudadanos delegan en unos candidatos las decisiones políticas. — POLÍTICA

9 Correspondencia de los elementos de un conjunto con los elementos de otro conjunto. — MATEMÁTICAS
10 Importancia o categoría social de una persona. — = imagen
11 Súplica o petición que se dirige a un superior. — = demanda
12 **representación mayoritaria**: Procedimiento electoral por el que se elige como representantes a quienes obtienen mayoría de votos. — POLÍTICA
13 **representación proporcional**: Procedimiento electoral que establece una proporción entre el número de votos obtenidos por cada partido y el número de sus representantes elegidos. — POLÍTICA
14 **en representación de**: Representando a una persona o entidad: *hablo en representación de mis compañeros.* — loc.prep.

representador, a
1 Que representa. — adj.
2 Comediante, actor de teatro. — s./TEATRO

representante
1 Que representa. — adj.
2 Persona que representa a otra o a una entidad: *es el representante de la viuda; vengo como representante de los afectados.* — s.m.f. = delegado
3 Persona que representa a una casa comercial y promueve y concierta la venta de sus productos: *es el representante con más clientes.* — COMERCIO = comercial
4 Persona que gestiona los contratos y asuntos profesionales a actores, artistas o deportistas: *el representante de la cantante ha concertado sus actuaciones.* — = agente, mánager
5 Actor o actriz de teatro o de cine. — CINE, TEATRO

representar
1 Hacer ver o conocer una cosa a una persona con palabras o gestos: *se levantó y me representó la situación.* — v.tr/prnl. = escenificar
2 Ser ejemplo o muestra de una cosa: *este pintor representa muy bien a la nueva escuela.* — v.tr. = encarnar
3 Servir un gráfico o tabla para mostrar una cosa: *este gráfico representa el aumento de la producción.* — = simbolizar
4 Poner en escena una obra de teatro: *hoy representan una obra de Lope de Vega.* — TEATRO
5 Hacer un papel en una obra de teatro: *la primera actriz representa la reina.* — TEATRO = interpretar
6 Actuar una persona en nombre de otra o de una colectividad o entidad: *representa a los alumnos ante el consejo.*
7 Ser una cosa imagen o símbolo de otra: *la paloma blanca representa la paz.* — = simbolizar
8 Aparentar una persona una edad determinada: *representa más edad de la que tiene.* — = aparentar
9 Importar mucho o poco una cosa o persona a otra: *tu ayuda representa mucho para mí.* — = significar

representatividad Cualidad de representativo. — s.f.

representativo, a
1 Que puede ser tomado como representación de una cosa: *las cifras son representativas de la situación; es el joven representativo de su generación.* — adj.
2 Que es característico o típico: *este súbito enfado es representativo de su carácter.* — ≠ atípico
3 Que es importante o significativo de una cosa: *si las estadísticas no están bien hechas, no son representativas.* — = relevante ≠ insignificante

represión
1 Acción y resultado de reprimir. — s.f.
2 Acciones o conjunto de medidas, por lo general tomadas desde el poder, destinadas a contener o castigar con violencia actuaciones políticas o sociales. — POLÍTICA = coacción, prohibición
3 Acción de impedir el paso a la superficie de la conciencia de un acto o tendencia síquica. — SICOLOGÍA = contención

represivo, a Que reprime el ejercicio de las libertades o cualquier otra actividad o acción: *recibió una educación represiva; se adoptaron medidas represivas.* — adj. = inhibidor

represor, a Que reprime: *era un gobierno autoritario y represor; fuiste el represor de mis impulsos.* — adj/s.

reprimenda Amonestación con que se critica, desaprueba y corrige una cosa que ha dicho o ha hecho una persona: *tu mal comportamiento se merece una reprimenda.* — s.f. = regañina ≠ felicitación

reprimido, a Se aplica a la persona que contiene sus pasiones y sentimientos o que está sujeta a represiones: *tus constantes censuras la han convertido en una mujer reprimida.* — adj/s. SICOLOGÍA

reprimir (Del lat. *reprimere.*) Impedir que una persona exprese o haga con libertad una cosa: *la policía reprimió a los manifestantes; durante la conferencia se reprimía las ganas de bostezar.* — v.tr/prnl. = contener, refrenar

reprise (Voz francesa.)
1 Paso rápido de un régimen de motor a otro superior, en automovilismo. — s.m. MECÁNICA
2 Reposición, en especial de una obra cinematográfica o teatral. — s.f. CINE, TEATRO

reprivatización Acción y resultado de privatizar de nuevo negocios, empresas o bienes públicos. — s.f. ECONOMÍA

reprivatizar Transferir de nuevo al sector privado empresas o bienes públicos: *el estado quiere reprivatizar los terrenos.* — v.tr. conj: cazar ECONOMÍA

reprobable Que puede ser reprobado por considerar-
se malo: *todos censuran tu conducta reprobable.* — adj. = desaprobable

reprobación Acción y resultado de reprobar o censurar una cosa. — s.f. = desaprobación

reprobado, a
1 Que no se puede aceptar o es censurable. — adj.
2 Condenado a las penas eternas por ir contra las leyes divinas. — adj/s. RELIGIÓN
3 Calificación de suspenso en un examen. — s.m./Méx.

reprobador, a Que reprueba o censura una cosa:
capté el tono reprobador de sus palabras. — adj/s. = reprobante

reprobar (Del lat. *reprobare.*)
1 Censurar o desaprobar una cosa o el comportamiento de una persona: *repruebo los métodos adopta-
dos; sé que a menudo repruebas mi conducta liberal.* — v.tr. conj: *contar* = condenar
2 No aprobar un curso. — Méx.

reprobatorio, a Que reprueba o sirve para reprobar
o censurar: *el sacerdote pronunció un sermón reprobatorio.* — adj. = reprobador

réprobo, a (Del lat. *reprobus.*)
1 Que ha sido condenado al infierno, en el catolicismo: *los réprobos desearán estar en el cielo.* — adj/s. RELIGIÓN
2 Que ha sido apartado de la Iglesia católica por su
heterodoxia religiosa. — RELIGIÓN = hereje
3 Que ha sido apartado de la convivencia con otras
personas: *nadie ha vuelto a ver al réprobo socio del club.* — = proscrito
4 Se aplica a la persona que es muy mala y perversa:
ese réprobo sólo puede traerte problemas. — = malvado

reprocesado Tratamiento químico a que se somete
el combustible nuclear, después de ser utilizado en
los reactores, mediante el cual se recuperan el uranio
y el plutonio para reutilizarlos. — s.m. FÍSICA NUCLEAR, QUÍMICA

reprochable Que puede reprocharse o es digno de
reproche o censura. — adj. ≠ irreprochable

reprochador, a Se aplica a la persona que reprocha
o tiene costumbre de hacer reproches. — adj/s.

reprochar (Del fr. *reprocher.*) Dirigir quejas a una persona por sus acciones o sentimientos: *le reprochó su
desconsideración hacia ella.* — v.tr. = recriminar

reproche (Del fr. *reproche* < lat. vulgar **repropium.*)
1 Acción de reprochar una cosa a una persona: *estoy
harta de tus continuos reproches.* — s.m. = recriminación
2 Expresión con que se reprocha o recrimina: *te has
excedido en tus reproches y le has hecho daño.* — = crítica

reproducción
1 Acción y resultado de reproducir o reproducirse. — s.f.
2 Cosa que reproduce o copia otra original, en especial de una obra artística o literaria: *se descubrió que el
valioso cuadro sólo era una reproducción.* — = imitación
3 Función mediante la cual uno o dos organismos
vivos generan un individuo nuevo de la misma especie. — BIOLOGÍA = procreación
4 **reproducción asexual**: La que se realiza a partir de
un solo individuo y en la que no intervienen los gametos, propia de ciertos seres vivos, como los protozoos o las plantas. — BIOLOGÍA
5 **reproducción asistida**: La que utiliza técnicas
como la inseminación artificial o la fecundación in vitro, para paliar las dificultades o incapacidades de
una pareja. — BIOLOGÍA
6 **reproducción sexual**: La que tiene lugar con la intervención de dos individuos que, al generar los gametos, posibilitan la formación del cigoto. — BIOLOGÍA

reproducibilidad Capacidad de reproducirse o de
ser reproducido. — s.f.

reproducible Que puede ser reproducido: *es un fenómeno químico reproducible en el laboratorio.* — adj. = repetible

reproducir
1 Volver a producir una cosa: *la terrible enfermedad se
le reprodujo.* — v.tr/prnl. conj: *conducir*
2 Producir los animales y las plantas otros seres de
su misma especie: *muchas especies no se reproducen fuera de su ambiente.* — v.prnl. BIOLOGÍA = procrear
3 Hacer una copia de una cosa: *reproduce los cuadros
de otros pintores.* — v.tr. = copiar
4 Hacer o decir una cosa ya hecha o dicha con anterioridad: *reproduciré sus palabras exactas.* — = reiterar, repetir
5 Ser copia de un original: *este documento reproduce el
valioso manuscrito.* — = copiar, duplicar

reproductivo, a Que produce mucho beneficio o
provecho: *el nuevo sistema de cultivo es más reproductivo.* — adj. = productivo

reproductor, a
1 Que reproduce: *el altavoz es un aparato reproductor
del sonido.* — adj/s.
2 De la reproducción de una especie: *sistema reproductor; célula reproductora.* — adj. BIOLOGÍA
3 Animal que está destinado a mejorar su raza. — s.

reprografía
1 Técnica de reproducción de documentos por proce-
dimientos eléctricos, lumínicos, caloríficos o similares. — s.f. TECNOLOGÍA
2 Copia de un documento que se obtiene mediante
esta técnica. — TECNOLOGÍA

reprográfico, a De la reprografía: *la nueva técnica re-
prográfica aumenta la calidad de la copia.* — adj. TECNOLOGÍA

reprógrafo, a Persona dedicada a la reproducción de
documentos mediante fotografía, microfilme u otros
medios. — s. TECNOLOGÍA

repropiarse Negarse una caballería a obedecer a la
persona que la conduce. — v.prnl. EQUITACIÓN

repropio, a Se aplica a la caballería que se resiste a
obedecer. — adj. EQUITACIÓN

reprueba Prueba que se realiza después de otra: *hare-
mos una reprueba para asegurar el correcto funcionamiento.* — s.f. = revisión

reps (Voz francesa.) Tela fuerte de seda, lana, algodón
o rayón usada en tapicería. — s.m./pl: reps TEXTIL

reptación
1 Acción y resultado de reptar. — s.f.
2 Modo de locomoción animal en el que el cuerpo
avanza por una superficie deslizándose sin la ayuda
de las extremidades. — ZOOLOGÍA

reptante Que repta: *la serpiente es un animal reptante.* — adj./tb: reptador

reptar (Del lat. *reptare.*) Avanzar por una superficie
deslizando el cuerpo por ella y sin usar las extremidades: *la cobra se alejó reptando; reptó por la habitación
y huyó sin ser visto.* — v.intr.

reptil (Del lat. *reptile.*)
1 Perteneciente a una clase de animales vertebrados,
de piel seca y casi desprovista de glándulas, con escamas córneas, cráneo compacto, con o sin extremidades, ovíparos la mayoría, con respiración pulmonar y
sangre fría, como las serpientes y los lagartos. — adj/s.m. ZOOLOGÍA tb: réptil
2 Persona vil y rastrera. — coloquial

república (Del lat. *res publica,* la cosa pública.)
1 Forma de gobierno en la que los poderes del jefe
del estado o presidente provienen de la voluntad popular expresada a través de su elección: *está en contra
de la monarquía porque cree en la república.* — s.f. POLÍTICA
2 Nación o estado que posee esta forma de gobierno:
Italia es una república. — POLÍTICA
3 Lugar o situación en la que se considera que impera el desorden por exceso de libertades: *la confianza
hizo que las reuniones fueran una república.* — despectivo = anarquía
4 **república bananera**: País hispanoamericano gobernado por una dictadura militar: *esta situación política
es propia de una república bananera, no de una nación
moderna.* — coloquial
5 **república de las letras** o **literaria**: Conjunto de las
personas sabias y eruditas.

republicanismo
1 Sistema político que proclama la república como
forma de gobierno en el estado: *votaré al partido que
defienda el republicanismo.* — s.m. POLÍTICA
2 Amor o afecto por la república como forma de go-
bierno: *su republicanismo le llevó a morir en el frente.* — POLÍTICA
3 Condición de republicano. — POLÍTICA

republicano, a
1 De la república como forma de gobierno: *presidente
republicano; ley republicana.* — adj. POLÍTICA
2 Que es partidario de la república como forma de
gobierno: *los republicanos atacaron al rey.* — adj/s. POLÍTICA
3 Se aplica al ciudadano que vive en una república.

repúblico, a
1 Persona de importante posición social que puede
ejercer oficios o funciones públicas. — s. = prócer
2 Persona versada en materia política. — = estadista

repuchar (Del cat. *rebutjar.*)
1 Rechazar una cosa: *repuchó mi invitación sin ni tan siquiera dar las gracias.* — v.tr. = rehusar
2 Sentir una persona temor: *debes luchar en la vida, no
puedes repucharte.* — v.prnl. = acobardarse

repudiable Que puede ser repudiado o rechazado
por considerarse inmoral o indigno: *nos manifestamos
para condenar el repudiable atentado.* — adj/s. ≠ aceptable

repudiación Acción y resultado de repudiar o rechazar. — s.f. = repudio

repudiar (Del lat. *repudiare.*)
1 No aceptar una cosa que se considera condenable:
repudio la segregación racial. — v.tr. = censurar
2 Rechazar el marido a la mujer legalmente, en algunas sociedades. — DERECHO
3 Rechazar una herencia o un derecho: *repudió las fincas de sus padres.* — DERECHO = rehusar

repudio (Del lat. *repudium.*) Acción y resultado de rechazar legalmente el marido a su mujer, en algunas
sociedades. — s.m. = repudiación

repudrir
1 Pudrir o pudrirse mucho una cosa: *las manzanas se
repudrían a los pies del árbol; el agua repudrió las raíces.* — v.tr/prnl./conj: *pudrir* = descomponer
2 Sufrir al callar o disimular una cosa: *se repudre de
amor por él pero nunca se lo dirá.* — v.prnl./+ de = consumirse

repuesto, a (Part. pas. irreg. de *reponer.*)
1 Que se ha recuperado de un problema físico o anímico: *ya está repuesta de la gripe; todavía no está repuesta del disgusto.* — adj. = restablecido

2 Pieza o parte de un mecanismo que sustituye a otra usada o estropeada: *se ha roto la correa del ventilador y no tengo repuesto.* — s.m. = recambio

3 Abastecimiento de comestibles u otras cosas para cuando se necesiten: *tengo repuesto de todo por si las nevadas me dejan incomunicada.* — = aprovisionamiento, provisión

4 Mesa en que está preparado todo lo necesario para el servicio de la comida. — = aparador, bufet

5 Habitación donde se encuentra este aparador.

6 Cantidad que, en algunos juegos de naipes, pone el que pierde para jugársela en la siguiente mano. — JUEGOS

7 de repuesto: Se aplica a la cosa que se tiene como reserva o para sustituir a otra: *no llevo la rueda de repuesto.* — loc.adj.

repugnancia

1 Sensación física muy desagradable que producen ciertas cosas, por su olor, sabor, tacto o sólo con mirarlas: *el sucio lavabo me dio mucha repugnancia.* — s.f. = asco

2 Sentimiento de rechazo hacia una persona o una cosa: *sus constantes bravuconadas me producen repugnancia.* — = aversión, repulsión

3 Resistencia o desagrado con que se hace o se consiente una cosa: *iré a pedirle perdón pero lo haré con repugnancia.* — ≠ agrado, ganas

4 Incompatibilidad entre dos atributos o cualidades de una misma cosa. — FILOSOFÍA

repugnante

1 Que causa repugnancia: *un repugnante olor me impidió entrar.* — adj. = asqueroso

2 Se aplica a los términos incompatibles entre sí o que no pueden estar en un sujeto al mismo tiempo. — LÓGICA

repugnar (Del lat. *repugnare*, luchar contra algo.)

1 Causar una cosa repugnancia o asco a una persona: *me repugna el olor del pescado podrido.* — v.intr. = asquear

2 Tener repugnancia o aversión a una cosa: *repugna la hipocresía y la falsedad.* — v.tr.

3 Ser una cosa incompatible con otra: *el amor y el odio se repugnan.* — v.tr/prnl. = oponer

repujado

1 Labrado de chapas metálicas o de otro material para obtener figuras en relieve. — s.m.

2 Pieza de artesanía que se obtiene por medio de este labrado.

repujar Trabajar una lámina metálica o de otro material con el martillo formando figuras en relieve en una de sus caras: *repuja cinturones de cuero.* — v.tr.

repulgado, a Que habla y actúa sin naturalidad: *tiene un comportamiento muy repulgado ante sus superiores.* — adj./coloquial = afectado

repulgar Hacer un doblez en el borde de una cosa: *repulgó el contorno de las empanadillas.* — v.tr. conj: *pagar*

repulgo

1 Pliegue cosido que remata los bordes de la ropa: *se me ha descosido el repulgo de los pantalones.* — s.m./TEXTIL = dobladillo

2 Punto pequeño y apretado con que se cosen a mano algunos dobladillos. — TEXTIL

3 Adorno labrado que se hace en el borde de empanadas o pasteles. — COCINA

4 Cicatriz de las heridas de las personas y excrecencia en las heridas de los árboles.

5 Desconfianza sentida por una persona sobre la bondad o necesidad de algún acto suyo. — = recelo

6 repulgos de empanada: Cosas de poca importancia o escrúpulos ridículos: *no te preocupes por repulgos de empanada.* — coloquial

repulido, a Que está muy acicalado o arreglado: *es un hombre presumido y siempre va muy repulido.* — adj. = peripuesto

repulir

1 Volver a pulir una cosa: *por más que repulo la mesa no logro que quede brillante.* — v.tr.

2 Adornar o arreglar mucho a una persona o una cosa: *mi hermana se repule, ¡tan coqueta!* — v.tr/prnl. = acicalar

repullo

1 Flecha pequeña que se lanza a un blanco como juego. — s.m. = rehilete

2 Movimiento brusco y rápido del cuerpo provocado por una sorpresa o un susto: *dio un repullo al verme entrar.* — = respingo, sobresalto

3 Demostración de sorpresa ante una cosa inesperada: *al ver el regalo que no se esperaba, se deshizo en repullos.* — = aspavientos

repulsa (Del lat. *repulsa*.)

1 Acción y resultado de repulsar. — s.f.

2 Condena enérgica de una cosa: *el pueblo manifestó su repulsa hacia el terrorismo.* — = rechazo ≠ aprobación

3 Reprimenda dura y severa: *no creo que merezca esta repulsa.* — = bronca ≠ felicitación

repulsar (Del lat. *repulsare*.)

1 Condenar con energía la conducta de una persona o una cosa hecha por ella: *repulso la forma en que la has tratado.* — v.tr. = repudiar

2 No aceptar una cosa: *repulsó mi colaboración desinteresada.* — = rechazar

3 Negar lo que se pide o pretende. — ≠ conceder

repulsión

1 Acción y resultado de repeler. — s.f.

2 Sentimiento de rechazo hacia una persona o una cosa: *su chulería me produce repulsión.* — = aversión, repugnancia

3 Acción y resultado de repulsar. — = repulsa

4 Fuerza que tiende a separar los cuerpos que tienen la misma polaridad eléctrica. — FÍSICA

repulsivo, a

1 Que produce repulsión: *no pienso tomar nada de esta comida repulsiva; me parece un espectáculo repulsivo y de mal gusto.* — adj. = repugnante

2 Que tiene la propiedad de repulsar. — = repelente

repunta

1 Punta de tierra que sobresale de un cabo y se adentra más que él en el mar. — s.f. GEOGRAFÍA

2 Primer indicio de una cosa: *sus retrasos fueron la repunta de su infidelidad.* — = aviso

3 Pequeña riña o discusión: *se llevan bien aunque tengan sus repuntas.* — coloquial = pique

repuntar

1 Empezar el ascenso o el descenso de la marea. — v.intr.

2 Volver a cobrar impulso un hecho o fenómeno cuya intensidad había disminuido. — Argent.

3 Recuperar una persona o cosa una posición favorable. — Argent., Urug.

4 Reunir el ganado que está disperso. — v.tr./Argent., Urug.

5 Resentirse una persona con otra: *siempre se repuntan por cualquier tontería.* — v.prnl.

6 Empezar a picarse o a avinagrarse el vino.

repunte Comienzo del ascenso o descenso de la marea. — s.m. NÁUTICA

repurgar Volver a limpiar o purificar una cosa. — v.tr/conj: *pagar*

reputación

1 Opinión o juicio que tiene la gente sobre una persona o cosa: *ese bar tiene mala reputación; tus actos influyen en tu reputación.* — s.f. = fama

2 Prestigio que tiene una persona: *la ha operado un cirujano de gran reputación.* — = renombre

reputante Que reputa o da reputación. — adj.

reputar (Del lat. *reputare*, calcular.) Estimar o considerar a una persona o cosa de cierta manera: *me reputan de entendido en política; no lo reputo de cuadro con valor pictórico.* — v.tr/prnl. = considerar

requebrador, a Que requiebra. — adj/s.

requebrajo Dicho con que se alaba o lisonjea a una persona: *tus constantes requebrajos me agobian.* — s.m. = requiebro

requebrar

1 Volver a quebrar una cosa en trozos más pequeños: *requiebra las piedras para obtener grava.* — v.tr. conj: *pensar*

2 Dirigir piropos a una persona: *los obreros requiebran a la secretaria de enfrente.* — = galantear, piropear

3 Dirigir halagos a una persona: *el presidente requiebraba al militar por su heroicidad.* — = adular

requemado, a

1 Que tiene color oscuro por haber estado al fuego o a la intemperie: *el pan requemado tiene mal sabor.* — adj.

2 Tela delgada de color negro con cordoncillo y sin lustre que se usaba para hacer mantos. — TEXTIL

requemamiento Acción y resultado de requemar. — s.m.

requemar

1 Volver a quemar una cosa: *el fuego requemó las mismas zonas del bosque que el año pasado se incendiaron.* — v.tr/prnl. = calcinar

2 Quemar o tostar mucho una cosa: *has dejado el pan en el horno y se ha requemado.* — = chamuscar, torrefactar

3 Provocar un exceso de sol o de calor que una planta se seque: *las altas temperaturas requemaron los rosales; los geranios de casa se han requemado.* — = resecar ≠ reverdecer

4 Producir una cosa picor o ardor en la lengua o el paladar: *el aguardiente me requemó el gaznate.* — v.tr. = picar

5 Hacer que una persona se enfade o irrite mucho: *nuestras bromas requeman al profesor; a veces se requema por nada.* — v.tr/prnl. = encenderse

6 Sufrir una persona en su interior al callar o disimular una cosa: *se requema de envidia.* — v.prnl. = concomerse

requemazón

1 Acción y resultado de requemar o requemarse una cosa. — s.f. = resquemo

2 Sabor y olor desagradable de un alimento que se ha quemado o tostado en exceso: *desde la escalera se huele la requemazón de la comida.*

3 Sensación en la lengua y el paladar producido por algunas comidas: *no puedo soportar la requemazón de la guindilla.* — = ardor, picazón

requeridor, a Que requiere. — adj/s.

requerimiento

1 Acción y resultado de requerir. — s.m.

2 Acto judicial por el que se insta a hacer o dejar de hacer una cosa. — DERECHO

3 Aviso, manifestación o pregunta que se hace, por lo general bajo fe notarial, a alguna persona exigiendo o interesando de ella que exprese y declare su actitud o su respuesta. — DERECHO

requerir (Del lat. *requirere*.)

1 Pedir una cosa la autoridad: *el juez requirió la asistencia de todos los testigos.* — v.tr/conj: *sentir* DERECHO

2 Tener una persona o una cosa necesidad de otra: *mi abuelo requiere muchos cuidados; este vestido requiere unos buenos zapatos.*   = necesitar

3 Pretender a una persona: *la requiere desde hace años.*   = rondar

4 Intentar convencer a una persona de que haga una cosa: *por mucho que la requiera no acepta mi propuesta.*   = persuadir

5 **requerir de amores:** Solicitar una persona a otra para mantener relaciones amorosas.

requesón
1 Masa blanca y mantecosa que se obtiene cuajando la leche y eliminando el suero.   s.m.

2 Sustancia que se saca de los residuos de la leche después de hecho el queso.   = cuajada

requesonero, a Persona que elabora o vende requesón.   s.

requeté
1 Cuerpo de voluntarios que en las guerras civiles españolas del siglo XIX lucharon en defensa del partido carlista tradicionalista, y en la de 1936-1939 junto al ejército rebelde.   s.m. HISTORIA

2 Miembro de este cuerpo de voluntarios.   HISTORIA

requete- Unido a adjetivos o adverbios equivale a muy o mucho: *requetebién; requetebueno.*   pref.

requetebién Muy bien: *te felicito porque ahora lo has hecho requetebién.*   adv. coloquial

requiebro
1 Acción y resultado de requebrar.

2 Dicho o expresión con que se piropea a una persona: *se siente halagada con los requiebros de sus pretendientes.*   = lisonja, piropo

3 Mineral vuelto a quebrantar para reducirlo a trozos de igual tamaño.   MINERÍA

réquiem (Del lat. *requiem.*)
1 Composición musical que se canta con el texto litúrgico de la misa de difuntos, o parte de él.   s.m./pl: réquiems MÚSICA

2 Oración de la Iglesia católica por los difuntos.   RELIGIÓN

requiéscat in pace (Expresión latina.)
1 Indica descanse en paz y se aplica en la liturgia como despedida a los difuntos, además de aparecer en las inscripciones tumularias o en esquelas mortuorias.   loc.v. = rip

2 Indica que una tarea ha finalizado y que no se va a volver a realizar o tratar.   loc.adj. coloquial

requilorio
1 Rodeo o formalidad innecesaria para decir o hacer una cosa: *déjate de requilorios y dime lo que te preocupa.*   s.m./coloquial = divagación

2 Adorno o complemento excesivo o innecesario.   = perifollo

requintador, a Persona que requinta en una subasta de arrendamientos.   s.

requintar
1 Volver a pujar la quinta parte en las subastas de arrendamientos.   v.tr. HISTORIA

2 Ser una cosa mayor o mejor que otra.   = aventajar

3 Subir o bajar una cuerda o un tono cinco puntos.   MÚSICA

requinto
1 Segunda quinta parte extraída de una cantidad.   s.m.

2 Segunda puja de la quinta parte en una subasta de arrendamientos.   HISTORIA

3 Clarinete pequeño y de tono agudo.   MÚSICA

4 Músico que toca este clarinete.   MÚSICA

5 Instrumento de cuatro cuerdas con la forma de una guitarra pequeña.   MÚSICA

requirente Que requiere en juicio.   adj/s.m.f./DERECHO

requisa (Del fr. *requisition.*)
1 Revista o inspección de las personas o de las dependencias de un establecimiento: *el inspector de sanidad vendrá a realizar la requisa del bar.*   s.f. = examen

2 Expropiación y embargo de todo lo necesario para el aprovisionamiento del ejército por causa de guerra, movilización o maniobras.   = confiscación, requisición

3 Expropiación por la autoridad competente de ciertos bienes de propiedad particular, aptos para las necesidades de interés público.   DERECHO

requisar
1 Expropiar una cosa la autoridad, en especial en tiempo de guerra: *el ejército requisó los vehículos privados.*   v.tr. = confiscar

2 Expropiar la autoridad competente ciertos bienes de propiedad particular, considerados aptos para las necesidades de interés público: *el ayuntamiento le requisó las tierras para construir un hospital.*   DERECHO

requisición Expropiación y embargo de todo lo necesario para el aprovisionamiento del ejército por causa de guerra, movilización o maniobras.   s.f. MILITAR = requisa

requisito Condición indispensable para que pueda realizarse una cosa: *disponer de vehículo propio es uno de los requisitos para este empleo.*   s.m. = condición

...itoria Requerimiento judicial que expide el ...structor para citar o emplazar al acusado de un   s.f. DERECHO

requisitorio, a Se aplica al despacho con que un juez requiere a otro para que ejecute un mandato expedido por el requirente.   adj/s.f. DERECHO

requive Arrequive [en todas sus acepciones].   s.m.

res (Del lat. *res,* cosa.)
1 Animal que pertenece a ciertas especies de mamíferos domésticos, como el ganado vacuno o lanar, o de mamíferos salvajes, como venados o jabalíes: *tiene una ganadería de doscientas reses.*   s.f. pl: reses = cabeza

2 **res de vientre:** Hembra destinada a la procreación.

res- Unido a verbos, sustantivos y adjetivos atenúa su significado: *resquebrar; resquemo; resquebrajoso.*   pref.

resaber Saber una persona muy bien una cosa: *resabe toda la historia del siglo XVIII.*   v.tr. conj: saber

resabiado, a
1 Que tiene un vicio o mala costumbre que es difícil de quitar, en especial los caballos y los toros.   adj. = maleado

2 Se aplica a la persona que, por su experiencia vital, ha perdido su ingenuidad y se ha vuelto agresiva o desconfiada: *sus malas experiencias amorosas lo han vuelto muy resabiado.*   = enviciado, pervertido

resabiar
1 Hacer que una persona o animal tome un vicio o una mala costumbre: *mimas mucho al perro y lo resabiarás; en ese grupo de amigas mi hija se ha resabiado mucho.*   v.tr/prnl. = malear, viciar

2 Disgustarse o desazonarse una persona.   v.prnl./= enfadarse

3 Sentir una persona placer con una cosa: *se resabia con el buen vino; me resabio con los libros de aventuras.*

resabido, a
1 Que presume de saber mucho: *no gustas a la gente porque eres muy resabido.*   adj. = enterado

2 Que se sabe muy bien: *este tema lo tengo sabido y resabido.*

resabio
1 Sabor desagradable que queda después de tomar una cosa: *este jarabe deja un resabio amargo en la boca.*   s.m. = regusto

2 Costumbre adquirida en un momento determinado que perdura o reaparece con posterioridad: *de pequeño se chupaba el dedo y aún tiene algún resabio.*   = inclinación, tendencia

resaca
1 Movimiento de retroceso de las olas después de llegar a la orilla: *la resaca se llevaba la barca mar adentro.*   s.f.

2 Malestar físico que siente una persona al día siguiente de haber bebido alcohol en exceso: *la fiesta de ayer me ha dejado una tremenda resaca.*

3 Limo o residuos que el mar o los ríos, después de una crecida, dejan en la orilla.

4 Letra de cambio que el tenedor de otra que ha sido protestada gira a cargo del librador o de uno de los endosantes, para reembolsarse de su importe y de los gastos de protesto y recambio.   COMERCIO

resacar Tirar un cabo para que no estorbe la maniobra.   v.tr./conj: sacar NÁUTICA

resalado, a Que resulta gracioso o ingenioso: *es el crío más resalado de la clase; siempre tiene una frase resalada para todos.*   adj. = saleroso

resalar Volver a salar una cosa: *resala el guiso que está un poco soso.*   v.tr.

resalga Caldo que queda en la pila en la que se hace la salazón de pescados, y que sirve también para salar.   s.f.

resalir Estar una cosa más saliente que otras, en especial en una construcción: *la cornisa de la tercera planta resale.*   v.intr. conj: salir = sobresalir

resallar Volver a sallar o cavar un terreno sembrado.   v.tr./AGRICULTURA

resallo Labor agrícola de resallar o cavar una tierra sembrada por segunda vez.   s.m. AGRICULTURA

resaltador Marcador de fibra, de punta gruesa cortada en sentido transversal, usado para señalar con colores translúcidos diversas partes de un texto.   s.m. Argent.

resaltar
1 Destacar mucho una persona o cosa de otras: *esta modelo resalta por su belleza exótica; tu original cuadro resalta entre los demás.*   v.intr. = brillar, sobresalir

2 Sobresalir un cuerpo o parte de él respecto a otro, en especial en una construcción: *el balcón resalta demasiado.*

3 Desprenderse una cosa de la superficie en que estaba fija o adherida.   = saltar

4 Botar un cuerpo varias veces: *la pelota resaltaba por el patio.*   = rebotar

resalte Parte que sobresale de una cosa: *en el resalte se colocarán unas estatuas.*   s.m. tb: resalto

resalto
1 Acción y resultado de resaltar.   s.m. tb: resalte

2 Parte que sobresale de la superficie de una cosa: *se me cayeron las gafas y se quedaron en el resalto de la pared.*

3 Modo de cazar al jabalí, disparándole cuando sale de su guarida acosado y se detiene para reconocer a su atacante.   CAZA

resaludar Corresponder al saludo o cortesía de una persona: *es tan maleducado que no me ha resaludado.* v.tr.

resalutación Saludo o atención con que se corresponde a otro recibido. s.f.

resalvo Vástago o tallo que al talar un monte, se deja en cada mata para formar un árbol nuevo. s.m.

resanar
1 Cubrir con oro las partes de un dorado que han quedado defectuosas: *el orfebre resanará la lámpara.* v.tr.
2 Arreglar una cosa que estaba dañada: *quiero resanar los viejos muebles de la abuela.* = restaurar
3 Quitar la parte dañada de un cosa: *resana la fruta que quedó marcada por el granizo.*

resarcible Que puede o debe ser resarcido o compensado: *la empresa ha sufrido una pérdida económica resarcible.* adj. = reparable

resarcimiento Acción y resultado de resarcir o compensar un daño o perjuicio: *exige a la aseguradora el resarcimiento que le corresponde.* s.m. = compensación, indemnización

resarcir (Del lat. *resarcire.*) Dar una indemnización o una compensación a una persona por un daño o perjuicio sufrido: *nunca podrá nadie resarcirme de su muerte; ya se ha resarcido de la ruina.* v.tr/prnl. conj: *zurcir* = compensar, indemnizar

resbaladero, a
1 Que se escurre o resbala con facilidad. adj./= resbaladizo
2 Que hace resbalar con facilidad. = deslizante
3 Lugar en el que se resbala con facilidad: *el borde de la piscina es un resbaladero.* s.m. = resbalera
4 Situación que puede provocar un desliz moral.

resbaladilla Tobogán pequeño para niños. s.f./*Méx.*

resbaladizo, a
1 Que se resbala o escurre con facilidad: *no puedo atrapar al pez porque es resbaladizo.* adj. = escurridizo
2 Que puede provocar resbalones o caídas con facilidad: *¡cuidado!, este pavimento es resbaladizo.* = deslizante
3 Se aplica a la situación o asunto que conduce a cometer errores, deslices o indiscreciones: *no quiero intervenir porque es una cuestión muy resbaladiza.* = comprometido

resbalador, a Que resbala. adj.

resbaladura Señal o huella dejada por un resbalón: *todavía se ve en el asfalto la resbaladura del motorista accidentado.* s.f.

resbalar
1 Deslizarse una persona, un animal o una cosa rozando suavemente sobre una superficie sin controlar sus movimientos o dirección: *resbalé con el hielo; se me resbalaron los platos.* v.intr/prnl. = escurrir, patinar
2 Ser una superficie escurridiza: *este suelo tan encerado resbala.* v.intr. = patinar
3 Caer una cosa con lentitud: *no podía evitar que le resbalaran las lágrimas.* = deslizarse
4 Cometer una persona un error o desliz: *procura no resbalar delante del director.* v.intr/prnl. = colarse
5 **resbalarle algo a alguien**: Dejarle o serle indiferente: *sus problemas me resbalan; a mí sus broncas me resbalan.* coloquial

resbalera Lugar en el que se resbala con facilidad. s.f.

resbalín Tobogán pequeño para los niños. s.m./*Chile*

resbalón
1 Acción y resultado de resbalar o resbalarse: *se rompió el tobillo de un resbalón.* s.m. = traspié
2 Indiscreción o desacierto: *¡vaya resbalón tuviste preguntándole por la novia!* coloquial = patinazo
3 Pestillo de algunas cerraduras que queda encajado en el cerradero por la presión de un resorte.

resbaloso, a Resbaladizo [en todas sus acepciones]. adj.

rescacio (Del occitano *rascasso.*) Rascacio, pez teleósteo. s.m. ZOOLOGÍA

rescaldar Volver a escaldar una cosa. v.tr.

rescaño Resto o parte de una cosa: *después del bombardeo sólo quedan los rescaños de una bonita ciudad.* s.m. = fragmento

rescatado Juego infantil que consiste en formar dos bandos de niños y en atraparse un bando al otro. s.m. JUEGOS

rescatador, a Que rescata: *los rehenes nunca olvidarán el rostro de su rescatador.* adj/s.

rescatar (Del lat. *captare,* tratar de coger.)
1 Recuperar por la fuerza o con dinero una cosa o persona de la que otra se había apoderado: *intentaremos rescatar a los soldados hechos prisioneros; quiere rescatar la herencia de su abuelo.* v.tr. = liberar
2 Liberar a una persona de un daño, peligro, trabajo o molestia: *lograron rescatar a los tripulantes del naufragio: ¡suerte que me has rescatado, ya estaba harta de ella!* v.tr/prnl.
3 Recuperar una cosa que se había perdido, olvidado o estropeado, para volver a usarla: *he rescatado vestidos de hace años.* v.tr. = recobrar
4 Recobrar el tiempo o la ocasión perdidos: *quiero rescatar los años que hemos pasado separados.* = recuperar

rescate
1 Acción y resultado de rescatar a una persona o cosa: *la policía está preparada para el rescate del rehén.* s.m. = liberación
2 Precio que se pide o se paga para rescatar a una persona: *la familia asegura que no ha pagado el rescate a los secuestradores.*
3 Rescatado, juego infantil. JUEGOS

rescaza Escorpina, pez teleósteo. s.f./ZOOLOGÍA

rescindible Que puede ser rescindido o anulado: *es un contrato rescindible por ambas partes.* adj./= anulable ≠ irrescindible

rescindir (Del lat. *rescindere.*) Dejar un contrato o una obligación sin efecto o validez: *si rescindes el contrato has de pagar una indemnización.* v.tr. = anular, invalidar

rescisión Acción y resultado de rescindir o anular un contrato u obligación: *firmaremos la rescisión del contrato ante notario.* s.f. = invalidación

rescisorio, a Que rescinde, sirve para rescindir o se deriva de una rescisión. adj.

rescoldar Mover el rescoldo o las brasas para avivar el fuego: *rescolda la hoguera cuando se esté empezando a apagar.* v.tr.

rescoldera Pirosis, sensación de ardor en el estómago, esófago o faringe. s.f. MEDICINA

rescoldo
1 Brasa menuda que queda debajo de la ceniza: *como hay rescoldo podrán avivar el fuego.* s.m. = borrajo
2 Resto que queda de un sentimiento, pasión o afecto: *todavía le queda un rescoldo de odio en su corazón.* = marca, señal

rescontrar Usar las cuentas de una partida para compensar las de otra. v.tr/conj: *contar* COMERCIO

rescripto Decisión del papa, de un emperador u otro soberano para resolver una consulta o responder a una petición. s.m.

rescuentro
1 Acción y resultado de rescontrar o compensar las partidas. s.m. COMERCIO
2 Papeleta provisional que se daba en la lotería y luego se cambiaba por una impresa. = participación

resecación Acción y resultado de resecar o resecarse: *esta crema evita la resecación de los labios.* s.f.

resecar
I (Derivado de *seco.*) Secar una cosa mucho: *el sol resecó las puntas de las hojas; la boca se me reseca.* v.tr/prnl. conj: *sacar*
II (De origen incierto.) Extirpar una parte o la totalidad de un órgano o tejido. v.tr/conj: *sacar* MEDICINA

resección Extirpación total o parcial de un órgano o tejido. s.f. MEDICINA

reseco, a
1 Que está demasiado seco: *tengo la boca reseca; el pan de ayer está reseco.* adj.
2 Que está muy delgado: *con tanto régimen te has quedado reseca.* = flaco, resequido
3 Parte de cera que se queda sin melar. s.m.
4 Parte seca de un árbol o arbusto. BOTÁNICA

reseda (Del lat. *reseda.*)
1 Planta herbácea resedácea anual con racimos flojos o espigas de flores pequeñas. *(Reseda.)* s.f. BOTÁNICA
2 Flor de esta planta. BOTÁNICA

resedáceo, a Perteneciente a una familia de plantas angiospermas, dicotiledóneas y herbáceas, de hojas alternas, enteras o hendidas, flores en espiga o racimo y fruto en cápsula, como la reseda y la gualda. adj/s.f. BOTÁNICA

resegar
1 Volver a segar el heno: *el capataz ordenó resegar todo el campo.* v.tr/conj: *regar* AGRICULTURA
2 Cortar los tocones de los árboles a ras de suelo.

reseguir Quitar las imperfecciones del filo de un arma blanca. v.tr. conj: *seguir*

resellar
1 Volver a sellar una moneda u otra cosa. v.tr.
2 Cambiar una persona de partido político o de ideología: *muchos políticos se resellan a menudo.* v.prnl.

resello
1 Acción y resultado de resellar. s.m.
2 Nuevo sello que se pone a una moneda o en un documento.

resembrar Volver a sembrar un terreno o una parte de él: *tuvimos que resembrar toda la tierra.* v.tr/conj: *pensar* AGRICULTURA

resentido, a Que tiene resentimiento o rencor hacia una persona: *todavía está resentido por lo que le dijiste.* adj/s. = ofendido

resentimiento
1 Acción y resultado de resentirse. s.m.
2 Sentimiento de hostilidad o aversión hacia la persona de que se ha recibido algún daño: *pude percibir resentimiento en tus palabras.* = rencor, resquemor

resentirse
1 Perder una persona o una cosa fuerza: *las vigas se resienten por el peso.* v.prnl/conj: *sentir* = debilitarse
2 Sentir una persona dolor en una parte del cuerpo a causa de una antigua lesión: *el futbolista se resentía del menisco.* + de = dolerse

3 Sentir una persona pena o disgusto a causa de una muestra de desprecio o desconsideración: *él se resintió por el feo que le-hicieron.*
+ con, de, por
= ofenderse

reseña
1 Escrito breve o comentario periodístico de una obra literaria o científica, o de un acto social o cultural: *de su muerte sólo hay una reseña en la última página.*
s.f.
= recensión, nota
2 Nota que se toma de los rasgos distintivos de una persona, un animal o una cosa para su identificación: *la víctima hizo una detallada reseña del atacante.*
= descripción

reseñador, a
1 Persona que reseña una obra literaria o científica: *se nota que el reseñador es un experto en este campo.*
s.
2 Persona que describe los rasgos distintivos de una persona, animal o cosa.

reseñar
1 Dar noticia de una obra literaria o científica en un periódico haciendo su crítica o algún comentario sobre ella.
v.tr.
= comentar
2 Describir una cosa, persona o animal dando sus rasgos distintivos.

resequido, a Que está demasiado seco.
adj./= reseco

resero, a
1 Persona que cuida de las reses.
s.
2 Persona que compra reses para venderlas.
3 Arreador de reses, en especial de ganado vacuno, destinadas al consumo de la población o aprovechamiento industrial.
s.m. Argent., Urug.

reserva
1 Acción de pedir una cosa, de modo exclusivo y con antelación: *no he hecho la reserva de hotel; tengo una reserva en el restaurante.*
s.f.
= reservación
2 Documento que acredita esta acción.
3 Conjunto de cosas que se guardan para usarlas cuando sean necesarias: *tengo una buena reserva de comida.*
= provisión
4 Actitud de prudencia y comedimiento: *durante las negociaciones compórtate con reserva.*
= cautela
≠ confianza
5 Salvedad o condición que se pone al hacer una cosa: *admito tu propuesta pero con reservas.*
= prevención
6 Beneficio no distribuido de una empresa: *las reservas económicas de la empresa disminuyen con la crisis.*
ECONOMÍA
7 Parte del ejército o armada de una nación, que terminó su servicio activo, pero que puede ser movilizado.
MILITAR
8 Conjunto de tropas que no entran en combate hasta que se considera conveniente o necesario.
MILITAR
9 Vino o licor que posee una crianza mínima de tres años en envase de roble o en botella: *acompañamos la cena con un delicioso reserva.*
s.m.
10 Deportista que sustituye a otro en ciertas competiciones deportivas cuando es necesario: *figura como reserva del centrocampista.*
s.m.f. DEPORTES
= suplente
11 Territorio destinado a una comunidad india, sometido a un régimen especial, en Estados Unidos y Canadá.
s.f.
12 Sustancia que almacena un organismo vivo para ser utilizadas en su nutrición en caso necesario: *está desnutrido y sin reservas.*
s.f.pl.
13 Acción de reservar con solemnidad la hostia consagrada en la eucaristía cristiana.
s.f./RELIGIÓN
14 Declaración que hace el juez de que la resolución que dicta no perjudicará ningún derecho, el cual deja a salvo para que se ejercite en otro juicio o de diverso modo.
DERECHO
15 Obligación impuesta por la ley al que se casa siendo viudo o teniendo un hijo, de reservar cierta parte de sus bienes para ese hijo u otras personas.
DERECHO
16 reserva mental: Intención restrictiva del juramento, promesa o declaración en el momento de formularlos.
DERECHO
17 reserva nacional: Terreno salvaje acotado por el estado con el objetivo de proteger su riqueza natural, fauna y vegetación.
= parque nacional
18 a reserva de: Con el propósito o intención de.
loc.prep.
19 de reserva: Que sirve para sustituir a otra cosa o persona: *suerte que tenía sal de reserva.*
loc.adj.
20 sin reservas: De manera franca y sincera: *háblame sin reservas, soy tu amigo.*
loc.adv.

reservable Que puede ser reservado o apartado: *las entradas para el concierto son reservables por teléfono.*
adj.

reservado, a
1 Que tiene un carácter desconfiado y es cerrado con la gente: *es tan reservado que no sé ni lo que siente.*
adj.
= introvertido
2 Que está apartado del uso diario: *esta mantelería está reservada para los días de fiesta.*
3 Que es secreto o confidencial: *es un informe reservado, no lo leas.*
≠ público
4 Compartimiento de un lugar público que se destina a usos o a personas determinadas: *cenamos en un re____ del restaurante.*
s.m.
____ a al pronóstico que se reserva el médico, ____s contingencias que prevé en los efectos ____n.
adj. MEDICINA

reservar (Del lat. *reservare.*)
1 Guardar una cosa para un momento posterior: *reservó la buena noticia para el final.*
v.tr.
2 Guardar una cosa con el fin de tenerla disponible para una persona o una ocasión determinadas: *reservo esta silla para cuando llegue.*
= apartar
3 Dejar lo que puede o debe hacerse en determinado momento para más tarde: *las reformas se reservaron para el año siguiente.*
v.tr/prnl.
= aplazar
4 Guardar con anticipación una plaza en un lugar o en un medio de transporte para sí o para otra persona: *reservamos habitación para dos días; reservaré tres entradas.*
v.tr.
5 Eximir a una persona del cumplimiento de una ley: *le reservaron de la tributación extraordinaria.*
= dispensar
6 Retener o no comunicar una información: *el presidente se reservó la opinión.*
v.tr/prnl.
7 Esperar una persona una ocasión mejor: *se reservó para la cena.*
v.prnl.
8 Desconfiar de una persona: *después de aquella noche se reservó mucho de él.*
+ de
= guardarse
9 Guardar ciertas cartas en algunos juegos de naipes.
JUEGOS
10 Ocultar la hostia consagrada después de haberla expuesto.
RELIGIÓN

reservativo, a De la reserva.
adj.

reservista Se aplica al militar que está en la reserva o que no se encuentra en servicio activo.
adj/s.m.f. MILITAR

reservón, a
1 Que es muy desconfiado y cerrado, bien por cautela o con malicia.
adj/s.
2 Se aplica al toro que acude a las suertes con facilidad.
adj. TAUROMAQUIA

reservorio Embalse donde se almacena el agua para su utilización posterior.
s.m.

reset (Voz inglesa.) Acción de reiniciar un ordenador, contador o registro.
s.m. TECNOLOGÍA

resfriado, a
1 Que sufre una afección respiratoria: *hoy no viene porque está muy resfriado.*
adj.
= acatarrado
2 Afección aguda de las vías respiratorias altas: *me duele la cabeza, estornudo y toso, seguro que tengo un resfriado.*
s.m./MEDICINA
= constipado, catarro
3 Riego que se da a la tierra cuando está seca y dura, para poderla arar.
AGRICULTURA
4 cocer o cocerse el resfriado: Curarse esta afección.

resfriadura Resfriado, afección respiratoria.
s.f./MEDICINA

resfriamiento Acción y resultado de resfriar o resfriarse.
s.m.

resfriante
1 Que resfría o enfría.
adj.
2 Depósito de agua fría para refrigerar el serpentín del alambique.
s.m.
= corbato

resfriar
1 Empezar a hacer frío: *abrígate un poco, que ya resfría por las noches.*
v.intr./conj: vaciar
= refrescar
2 Contraer una persona un resfriado: *siempre me resfrío con las primeras lluvias.*
v.prnl.
= acatarrarse
3 Disminuir o suavizar la fuerza o la violencia de un sentimiento o un deseo: *su pasión se resfrió.*
v.tr/prnl.
= enfriar
4 Poner una cosa fría: *necesito más hielo para resfriar todas las botellas.*
v.tr.
= enfriar

resfrío
1 Afección aguda de las vías respiratorias altas: *me pilló la lluvia y cogí un resfrío.*
s.m./MEDICINA
= catarro, resfriado
2 Acción y resultado de resfriarse.
= resfriamiento
3 Acción y resultado de resfriar o refrescar.
4 Enfriamiento, desestabilización de la temperatura corporal.
Argent.

resguardar
1 Proteger o defender a una persona o una cosa: *la resguardó con su cuerpo; el paraguas resguarda de la lluvia; me resguardé del oso en una cueva.*
v.tr/intr/prnl.
= amparar, guarecer
2 Prevenirse una persona contra un daño: *resguárdate de él, quiere conseguir tu puesto.*
v.prnl.
= precaverse

resguardo
1 Acción y resultado de resguardar.
s.m.
2 Cosa o lugar que sirve para resguardar o proteger.
= abrigo, refugio
3 Documento que acredita a su poseedor de haber realizado un pago, una entrega u otro tipo de gestión.
= recibo
4 Distancia prudencial que toma el buque al pasar por un punto peligroso.
NÁUTICA

residencia
1 Acción y resultado de residir.
s.f.
2 Población o sitio donde se reside: *mi residencia sigue siendo mi ciudad natal.*
= domicilio
3 Casa en que se vive, en especial la lujosa: *daré una fiesta en tu honor en mi residencia de verano.*
4 Establecimiento o casa donde, sujetándose a unas normas, residen estudiantes, ancianos u otras personas con determinadas afinidades: *vive en una residencia universitaria que es sólo para chicas.*

5 Establecimiento público para huéspedes: *me alojé en una residencia en el centro de la ciudad.*   = hotel, pensión
6 Casa donde viven en comunidad los miembros de algunas órdenes religiosas.   RELIGIÓN
7 Casa de jesuitas donde viven en comunidad algunos de ellos, sin llegar a constituir un colegio o casa profesa.   RELIGIÓN
8 Tiempo que debe residir un eclesiástico en el lugar de su beneficio.   RELIGIÓN
9 Conjunto de viviendas familiares independientes: *he comprado una casa en la nueva residencia.*   = urbanización
10 Investigación de la conducta de un funcionario o de cualquier persona que ejerza un cargo.
11 Proceso o auto formados a la persona que ha sido residenciada.   DERECHO
12 Edificio donde una autoridad o corporación ejerce sus funciones.

residencial
1 Se aplica a la zona de una ciudad que está destinada únicamente a viviendas lujosas: *vive en un barrio residencial.*   adj.
2 Se refiere al empleo o beneficio que exige residir en el lugar donde se ejerce.

residenciar
1 Someter un juez la conducta de otro juez o un funcionario público a investigación durante el ejercicio de su cargo.   v.tr. DERECHO
2 Pedir explicaciones a una persona que ejerce un cargo.

residente
1 Se aplica a la persona que reside o vive de forma habitual en un lugar: *es residente en Palma de Mallorca.*   adj/s.m.f.
2 Se refiere al funcionario o empleado que vive en el lugar donde tiene su cargo o empleo: *trabaja como médico residente.*   adj.

residir (Del lat. *residere*, permanecer.)
1 Vivir una persona en un lugar de forma habitual: *es francés pero ya hace seis años que reside aquí.*   v.intr. = habitar
2 Estar una culpa, una facultad o un poder en una persona: *el poder de perdonar las ofensas reside en ti.*   + en = morar
3 Tener una cosa su causa o explicación en otra: *el problema reside en los gastos.*   + en = radicar
4 Vivir una persona en el lugar donde tiene su empleo o cargo.

residual
1 Del residuo.   adj.
2 Que queda como residuo: *trabaja en una depuradora de aguas residuales.*   = remanente
3 Se aplica al residuo de una roca o de un terreno preexistente, del que se ha separado parte de la materia: *grava residual.*   GEOLOGÍA

residuo (Del lat. *residuus.*)
1 Parte o porción que queda o sobra de un todo: *sólo teníamos un residuo de carbón.*   s.m. = resto
2 Resultado de la descomposición o destrucción de una cosa.   = fragmento
3 Material que queda como inservible después de haber realizado un trabajo u operación: *debes aprender a reciclar los residuos de papel.*   = sobra
4 Resto, resultado de la operación de restar.   MATEMÁTICAS

resiembra
1 Acción y resultado de resembrar un terreno.   s.f./AGRICULTURA
2 Siembra que se hace en un terreno sin dejarlo descansar.   AGRICULTURA

resigna Renuncia de un beneficio eclesiástico.   s.f./RELIGIÓN

resignación
1 Acción y resultado de resignar o resignarse.   s.f.
2 Conformidad, tolerancia y paciencia ante obstáculos y adversidades: *la vida es dura y debemos tener resignación.*   = aquiescencia
3 Entrega voluntaria que una persona hace, poniéndose en las manos y la voluntad de otra.   = acatamiento, sumisión

resignante Que resigna un cargo o autoridad.   adj/s.m.f.

resignar (Del lat. *resignare*, anular.)
1 Hacer entrega una persona de la autoridad o el cargo que ejerce a otra, en circunstancias especiales: *resignó el mando en el teniente.*   v.tr. = entregar
2 Aceptar una persona una cosa irremediable: *se resigna a cantar en el coro; se resignó con su desgracia.*   v.prml./+ a, con, en = conformarse = acatar
3 Entregarse una persona a la voluntad de otra.
4 Renunciar un beneficio eclesiástico o hacer dimisión de él a favor de otra persona.   v.tr. RELIGIÓN

resignatario, a Persona en cuyo favor se hacía la resigna.   s. RELIGIÓN

resiliencia Índice de resistencia al choque de un material.   s.f. MECÁNICA

resina (Del lat. *resina.*)
1 Sustancia sólida o semisólida, transparente, viscosa y combustible que fluye de varias plantas y es soluble en alcohol y en los aceites esenciales, pero no en agua.   s.f. BOTÁNICA
2 resina sintética: Producto artificial dotado de las mismas propiedades que la natural.   INDUSTRIA, QUÍMICA

resinación Operación de extraer y recoger la resina de los pinos, mediante incisiones hechas en el tronco.   s.f.

resinar Sacar la resina de los pinos haciendo incisiones en el tronco.   v.tr.

resinero, a
1 De la resina: *industria resinera.*   adj.
2 Persona que tiene por oficio extraer la resina de los pinos.   s.

resinífero, a (Del lat. *resina* + *ferre*, llevar.) Que tiene mucha resina: *el pino es un árbol resinífero.*   adj.

resinificar Convertir una cosa en resina.   v.tr/conj: *sacar*

resinoso, a
1 Que tiene resina: *el pino es un árbol resinoso.*   adj./= resinífero
2 Que tiene alguna de las características de la resina: *gusto resinoso; brillo resinoso.*

resistencia
1 Acción y resultado de resistir o resistirse.   s.f.
2 Capacidad para resistir: *los corredores de maratón tienen mucha resistencia.*   = energía ≠ debilidad
3 Causa que se opone a la acción de una fuerza.   MECÁNICA
4 Fuerza que se opone a la potencia de otra que se considera activa: *la palanca debe vencer la resistencia del peso.*   MECÁNICA
5 Oposición que ofrece un conductor al paso de la corriente.   ELECTRICIDAD
6 Elemento que se intercala en un circuito para dificultar el paso de la corriente o para hacer que se transforme en calor: *se ha fundido la resistencia de la plancha.*   ELECTRICIDAD
7 Conjunto de las personas que, por lo general de forma clandestina, se oponen con violencia a los invasores de un territorio o a una dictadura: *fue miembro de la resistencia francesa contra los alemanes.*   HISTORIA, POLÍTICA
8 resistencia de materiales: Disciplina que determina las dimensiones de los elementos de una construcción para que puedan resistir los esfuerzos que tendrán que soportar.   CONSTRUCCIÓN, TECNOLOGÍA
9 resistencia del aire: Fuerza que el aire opone al desplazamiento de un cuerpo: *los motociclistas reclinan su cuerpo sobre la moto para vencer la resistencia del aire.*   FÍSICA, MECÁNICA
10 resistencia muerta o pura: Conductor en el que toda la energía de la corriente eléctrica se transforma en calor sin producir fuerza electromotriz.   ELECTRICIDAD
11 resistencia pasiva: 1. La que en una máquina disminuye su efecto útil o dificulta su movimiento: *el rozamiento es una resistencia pasiva.* 2. Actitud de la persona que se opone a hacer una cosa, negándose a hacerla o simplemente no colaborando.   MECÁNICA SOCIOLOGÍA

resistente
1 Que puede resistir cualquier tipo de presión o ataque sin deteriorarse o dar muestras de debilidad: *material resistente; virus resistente; atleta resistente.*   adj. = fuerte ≠ frágil
2 Persona que forma parte de la resistencia de un país ocupado o invadido: *los resistentes franceses lucharon desde la clandestinidad contra el nazismo alemán.*   s.m.f. HISTORIA, POLÍTICA

resistero
1 Tiempo después del mediodía en que aprieta más el calor: *durante el resistero no se puede salir a la calle.*   s.m. tb: resistidero
2 Calor muy intenso producido por la reverberación del Sol.   = bochorno
3 Lugar donde se nota de forma especial este calor.

resistible Que puede resistir o resistirse: *hambre resistible; tentación resistible.*   adj. ≠ irresistible

resistidero Tiempo posterior al mediodía en que aprieta más el calor: *durante el resistidero suelo hacer la siesta.*   s.m. tb: resistero

resistidor, a Que resiste.   adj.

resistir (Del lat. *resistere.*)
1 Oponer un cuerpo resistencia a la acción o la fuerza de otro: *el dique resistió la crecida del río; por más que empujo esta puerta se resiste.*   v.intr/tr/prml. = soportar
2 Soportar una persona o una cosa el paso del tiempo o de algún agente destructor: *el coche todavía resiste; resiste al frente de la ruinosa empresa.*   = aguantar
3 Soportar una persona un deseo o una inclinación sin dejarse influir por él: *resistí el impulso de pegarle; no se resistió y comió un trozo de pastel.*   v.tr/prml. = dominar ≠ sucumbir
4 Soportar una persona un sufrimiento o una molestia sin intentar ponerle término: *no entiendo cómo resiste a su marido.*   v.tr. = aguantar
5 Oponerse una persona con fuerza a hacer una cosa: *se resiste a irse del país; la joven se resistió a las amenazas del violador.*   v.prml. ≠ aceptar
6 Ser una cosa difícil para una persona: *las matemáticas se le resisten.*   = tolerar

resistividad Característica de una sustancia conductora, numéricamente igual a la resistencia de un cilindro de esta sustancia de longitud y sección iguales a la unidad.   s.f. ELECTRICIDAD

resistivo, a Que tiene la propiedad de resistir.   adj.

resistor Elemento de un circuito eléctrico que sólo interviene en él por su capacidad de resistencia.   s.m. ELECTRICIDAD

resma (Del ár. *rizma*, paquete.)
1 Conjunto de veinte manos o quinientos pliegos de papel.   s.f. ARTES GRÁFICAS

2 resma sucia: La de papel de hilo que tiene sus dos costeras correspondientes. — ARTES GRÁFICAS

resmilla Paquete de veinte cuadernillos o cien pliegos de papel de cartas. — s.f. / ARTES GRÁFICAS

resobado, a Se aplica al tema o asunto que está muy tratado o del que se ha hablado mucho: *perderemos el tiempo hablando de cuestiones resobadas.* — adj. / = trillado

resobar Tocar mucho a una persona, animal o cosa: *no resobes tanto al perro que lo agobias.* — v.tr. / = toquetear

resobrar Haber mucho más de lo necesario de una cosa: *eres tan exagerado cocinando que resobra arroz.* — v.intr.

resobrino, a Hijo o hija de un sobrino carnal, respecto de una persona. — s.

resol
1 Reflejo o reverberación del Sol: *no veo bien porque tengo el resol de cara.* — s.m.
2 Luz y calor provocados en un lugar por la reverberación del Sol.

resolana Luz y calor producidos por la reverberación del Sol, resol. — s.f. / Amér.

resolano, a Se refiere al lugar que resulta adecuado para tomar el Sol porque está resguardado del viento. — adj/s.f.

resollar
1 Respirar haciendo ruido o de forma entrecortada: *llegó cansado y no podía dejar de resollar.* — v.intr./conj: *contar* / = jadear, resoplar
2 Dar una persona ausente señales de vida.
3 Respirar un persona o un animal: *el trabajador resolló un aire tóxico.* — v.intr/tr.

resoluble Que puede ser resuelto: *todos creemos que el conflicto es resoluble.* — adj. / ≠ irresoluble

resolución (Del lat. *resolutio.*)
1 Acción y resultado de resolver o resolverse. — s.f.
2 Cosa que se decide: *comunícame tu resolución en cuanto puedas.* — = decisión
3 Solución de una duda o un problema, o medio por el que se vence una dificultad: *tu intervención fue la resolución del conflicto.*
4 Decreto, fallo o disposición de una autoridad gubernativa o judicial: *mañana se hará pública la resolución del juez.* — DERECHO
5 Cualidad del que tiene decisión y valor para acometer una empresa: *arremete contra los problemas con gran resolución.* — = determinación / ≠ indecisión
6 Curación de una enfermedad, en especial de un proceso inflamatorio, sin que haya supuración. — MEDICINA
7 Paso de un acorde disonante con otro consonante. — MÚSICA
8 **resolución de un triángulo:** Cálculo de los elementos de un triángulo a partir de tres de dichos elementos. — MATEMÁTICAS
9 **resolución de una ecuación:** Determinación de las raíces de una ecuación. — MATEMÁTICAS
10 **en resolución:** Como conclusión de un razonamiento o exposición: *en resolución, el partido no aprobará la propuesta del gobierno.* — loc.adv.

resolutivo, a
1 Se aplica al método que procede por análisis o resolución: *procedimiento resolutivo.* — adj.
2 Que resuelve una cosa con eficacia y prontitud: *se necesita a una persona ingeniosa y resolutiva.* — = eficiente
3 Se aplica al medicamento que favorece la rápida curación de un proceso patológico. — adj/s.m. / FARMACIA

resoluto, a (Del lat. *resolutus.*)
1 Que actúa con resolución o audacia: *es un hombre muy resoluto ante la vida.* — adj./= decidido, resuelto
2 Que tiene facilidad y destreza para hacer una cosa: *es muy resoluto en su trabajo.* — = diestro, hábil / ≠ inexperto

resolutorio, a Que implica una resolución o decisión: *condición resolutoria; expediente resolutorio.* — adj. / = decisorio

resolver (Del lat. *resolvere.*)
1 Encontrar la solución a una duda o un problema: *no consigo resolver esta ecuación.* — v.tr./conj: *volver* / = solucionar
2 Tomar la determinación de hacer una cosa: *lo he pensado mucho pero no he resuelto que dimito.* — = determinar, zanjar
3 Llevar a cabo una acción para solventarla: *me iré cuando haya resuelto los trámites de divorcio.* — = despachar, zanjar
4 Decidir el resultado de una competición deportiva: *este penalti puede resolver el partido a un minuto del final.* — v.tr/prnl.
5 Hacer que se disipe o evapore una cosa: *la infección se resolvió con esta sustancia.* — FÍSICA, MEDICINA
6 Deshacer o disgregar una cosa. — v.tr.
7 Hacer un resumen de una cosa. — = resumir
8 Realizar una resolución o paso de un acorde a otro. — MÚSICA
9 Reducirse una cosa a otra: *el asunto se resolvió en una multa.* — v.prnl./+ en / = limitarse
10 Decidirse a hacer o a decir una cosa: *se resolvió a hablar conmigo en serio.*
11 Tomar un juez o un árbitro una decisión en una diferencia o disputa: *el árbitro resolvió en su contra.* — v.intr. / = fallar
12 Desaparecer una enfermedad, en especial un proceso inflamatorio. — v.prnl. / MEDICINA

resonador, a
1 Que resuena: *la cueva es una cavidad resonadora.* — adj.

2 Cuerpo sonoro que vibra al recibir ondas acústicas de una determinada frecuencia y amplitud. — s.m. / FÍSICA
3 Cada una de las cavidades que, en la fonación humana, se producen en el canal vocal, por la disposición que adoptan los órganos en el momento de la articulación. — LINGÜÍSTICA

resonancia
1 Prolongación del sonido que va disminuyendo de forma gradual. — s.f.
2 Sonido producido por repercusión de otro: *mueve ese altavoz porque se produce una resonancia muy molesta.* — = reverberación
3 Cada uno de los sonidos elementales que acompañan al principal en una nota musical y comunican timbre particular a cada voz o instrumento. — MÚSICA
4 Gran difusión o divulgación de un hecho o de una persona: *la boda de la princesa tuvo mucha resonancia.* — = eco, notoriedad, propagación
5 Aumento elevado de la amplitud de una oscilación bajo la influencia de una acción periódica de una frecuencia próxima. — FÍSICA
6 **resonancia eléctrica:** La que se produce en un circuito oscilante cuando está alimentado por una tensión alterna de frecuencia próxima a la suya propia. — ELECTRICIDAD
7 **resonancia magnética:** Método de exploración electrorradiológico que se basa en la propiedad de ciertos núcleos atómicos de comportarse como pequeños imanes y que permite reconstruir imágenes anatómicas. — MEDICINA

resonante
1 Que resuena: *las habitaciones vacías son resonantes.* — adj.
2 Que ha alcanzado mucha resonancia o divulgación: *en su último concierto tuvo un éxito resonante.* — = famoso, importante

resonar (Del lat. *resonare.*)
1 Aumentar o prolongarse el sonido de una cosa por repercusiones repetidas: *sus pasos resuenan en el almacén vacío.* — v.intr. / conj: *contar* / = retumbar
2 Sonar una cosa con fuerza: *¡que resuenen las trompetas!*
3 Reproducirse un sonido en la memoria: *todavía resuenan en mi mente sus gritos histéricos.* — = retumbar

resoplar Expulsar el aire por la boca o por la nariz con fuerza y ruido: *vino corriendo y llegó resoplando.* — v.intr. / = jadear, resollar

resoplido Sonido que produce la expulsión del aire de la respiración por la boca o por la nariz con mucha fuerza y ruido: *llegó a la meta dando resoplidos.* — s.m. / = jadeo, resoplo

resorber Absorber una sustancia líquida que se ha expulsado antes. — v.tr. / tb: reabsorber

resorcina Difenol procedente del benceno que se utiliza en la obtención de resinas sintéticas, colorantes y productos farmacéuticos. — s.f. / QUÍMICA

resorción Acción y resultado de resorber o volver a absorber una sustancia líquida. — s.f. / = reabsorción

resorte (Del fr. *ressort.*)
1 Pieza elástica, por lo general de metal, doblada en espiral que recobra su posición inicial tras ser comprimida por una fuerza externa: *el resorte se quedó encallado.* — s.m. / = muelle
2 Medio o capacidad material o inmaterial de una persona para lograr un objetivo: *tu inteligencia es tu mejor resorte; no tiene más resortes para cambiar la situación.* — = recurso
3 Fuerza o capacidad de elasticidad que tienen algunos objetos.
4 **tocar o mover todos los resortes:** Hacer todo lo posible para que una determinada cosa salga bien. — coloquial

resortera Horquilla con mango y con una tira de hule que sirve para disparar piedras. — s.f./Méx. / = tirachinas

respahilar Moverse una persona con rapidez y de forma atropellada. — v.intr./conj: *aislar* / tb: raspahilar

respaldar
1 Parte del asiento donde se apoya la espalda: *busco un sofá con el respaldar abatible.* — s.m. / = respaldo
2 Derrame de jugos producido en los troncos de los árboles por golpes violentos. — BOTÁNICA
3 Servir una persona o una cosa de garantía a una persona: *cuando creó este negocio ya les respaldaba el presidente.* — v.tr. / = ayudar, avalar
4 Escribir una cosa en el respaldo o reverso de un documento: *el notario respaldó el acta.* — v.tr.
5 Utilizar una cosa como defensa o pretexto para poder hacer otra: *si alguien me acusa, me respaldaré en las leyes que rigen la asociación.* — v.prnl. / + en, con / = ampararse
6 Apoyar una persona la espalda en el respaldo de un asiento: *se respaldó en el sillón y se durmió.* — = reclinarse, recostarse
7 Padecer un animal un daño en la espalda. — VETERINARIA

respaldo
1 Parte de un asiento en que se apoya la espalda: *el respaldo de este sofá es muy bajo.* — s.m. / = espaldera
2 Reverso de un papel: *en el respaldo consta el sello del registro.*
3 Anotación hecha en este papel o escrito: *el documento no es válido sin el respaldo del notario.*
4 Ayuda, protección o apoyo: *siempre podrás contar con el respaldo de tu familia.* — = colaboración

5 Espaldera o pared para resguardar las plantas.

respe
1 Lengua de la culebra o de la víbora. *s.m./ZOOLOGÍA*
2 Aguijón de la abeja o de la avispa. *ZOOLOGÍA*

respectar (Del lat. *respectare*.)
1 Atañer una cosa a una persona. *v.tr.*
2 Tener respeto o consideración. *tb: respetar*
3 por lo que respecta a: En lo que toca o atañe a: *loc.prep.*
por lo que respecta a ese tema, no tengo nada que decir.

respectivamente Con correspondencia: *sus edades* *adv.*
son, respectivamente, doce, trece y quince años. *tb: respective*

respectivo, a Que corresponde a cada persona o co- *adj.*
sa de un conjunto: *iban con sus respectivos maridos; se*
sentaron en sus respectivos asientos.

respecto (Del lat. *respectus*, respeto.)
1 Relación o proporción de una cosa en relación a *s.m.*
otra.
2 al respecto: En relación a la cosa de que se trata: *loc.adv.*
no quiso hacer declaraciones al respecto.
3 con respecto a o de: Por lo que se refiere a: *no voy* *loc.prep.*
a opinar con respecto a tu actitud; no hay nada nuevo res-
pecto de este asunto.

résped
1 Lengua de la culebra o de la víbora. *s.m./ZOOLOGÍA*
2 Aguijón de la abeja o de la avispa. *ZOOLOGÍA*
3 Mala intención en las palabras: *todos captamos el*
résped en sus declaraciones.

réspede Respe [en todas sus acepciones]. *s.m./ZOOLOGÍA*

respeluzar Despeinar o revolver el pelo a una perso- *v.tr/prnl.*
na: *no me respeluces, que me acabo de peinar; al salir de* *conj: cazar*
la casa se respeluzó a causa del viento. *tb: despeluzar*

respetabilidad Cualidad de la persona o cosa que *s.f.*
merece ser respetada. *= solvencia*

respetable
1 Que merece respeto: *el anciano es un hombre respeta-* *adj.*
ble; tu acción ha sido muy respetable; todas las opiniones *= digno*
son respetables. *≠ despreciable*
2 Se aplica a la medida o cantidad que es bastante *= considerable*
grande: *cobra un sueldo respetable; se situó a una distan-* *≠ pequeño*
cia respetable del toro.
3 el respetable: Público que asiste a un espectáculo: *coloquial*
los actores saludaron al respetable.

respetador, a Que respeta. *adj/s.*

respetar
1 Tener la debida consideración hacia una persona, *v.tr.*
animal o cosa: *hay que respetar a las personas mayores;* *= honrar*
debemos respetar las costumbres de otros pueblos. *≠ ultrajar*
2 Acatar una orden, norma o acuerdo: *no has respeta-* *= obedecer*
do el pacto; aprende a respetar las ordenanzas munici- *≠ desobedecer*
pales.
3 No destruir o hacer que una cosa desaparezca: *res-* *= conservar*
petemos el medio ambiente; respetarán la muralla romana. *≠ maltratar*

respetivo, a
1 Que actúa con respeto y cortesía. *adj./= respetuoso*
2 Que causa respeto.

respeto (Del lat. *respectus*.)
1 Actitud considerada hacia las personas o las cosas: *s.m./= atención,*
no dije nada por respeto a sus padres; no tienes respeto *deferencia*
por nada. *≠ desconsideración*
2 Miedo o recelo ante una cosa o persona: *las alturas* *= aprensión,*
me dan mucho respeto; miraba los cuernos del toro con *temor*
mucho respeto.
3 Manifestación de cortesía: *presente mis respetos a* *s.m.pl.*
su esposa. *formal*
4 campar alguien por sus respetos: Hacer una per- *coloquial*
sona lo que quiere, sin tener en cuenta ninguna disciplina o consejo: *no hace caso de nada, siempre campa*
por sus respetos.
5 faltar o perder el respeto a alguien: No guardarle la consideración debida, en especial al decirle una
cosa poco apropiada: *el día que me falte el respeto me*
divorciaré.
6 ¡más respeto!: Se usa para reclamar una mayor
consideración o moderación a una persona: *¡más res-*
peto, que no estás en tu casa!

respetuosidad Actitud respetuosa y educada hacia *s.f.*
una persona o cosa: *trata a los ancianos con mucha res-*
petuosidad.

respetuoso, a
1 Que se comporta con respeto y educación: *es respe-* *adj./= atento,*
tuoso con el medio ambiente; fue un gesto respetuoso ce- *considerado*
derle el asiento. *≠ irrespetuoso*
2 Que impone respeto: *la barba blanca te da un aspecto*
respetuoso.

réspice (Del lat. *respice*.)
1 Respuesta seca y desabrida: *cuando está enfadado me* *s.m.*
toca aguantar sus réspices. *= respingo*
2 Reprimenda breve y fuerte.

respigador, a Que respiga y recoge las espigas tras *adj/s.*
la siega. *AGRICULTURA*

respigar Recoger las espigas que han quedado tras la *v.tr/conj: pagar*
siega. *AGRICULTURA*

respigón
1 Pequeño trozo de piel que se levanta alrededor de *s.m.*
la uña. *= padrastro*
2 Llaga que se les forma a las caballerías en los pul- *VETERINARIA*
pejos de los cascos.
3 Inflamación de los pechos de la mujer durante la *MEDICINA*
lactancia.

respingar
1 Sacudirse un animal para quitarse una cosa de enci- *v.intr.*
ma que le molesta: *el burro respingó y tiró la carga.* *conj: pagar*
2 Levantarse una parte de una prenda de vestir por
estar mal hecha o llevarla mal puesta: *la chaqueta te*
respinga, póntela bien.
3 Oponer una persona resistencia a hacer una cosa *= refunfuñar*
que se le manda: *no quiere trabajar y todo el día respinga.*

respingo
1 Movimiento, agitación o sacudida violenta del *s.m.*
cuerpo, o de una parte de él, producida por un susto, *= bote,*
un picotazo u otro motivo: *no me esperaba y al verme* *sobresalto*
dio un respingo.
2 Demostración o gesto de enfado con que una per- *= bufido,*
sona manifiesta su rechazo a hacer lo que se le man- *rebufido*
da: *y si mando hacer algo, nada de respingos.*
3 Acción y resultado de respingar una prenda de vestir: *la falda te hace un espingo por detrás.*
4 Frunce o pliegue que se hace en la piel. *Chile*

respingón, a
1 Se aplica a la nariz que tiene la punta hacia arriba: *adj.*
la nariz respingona le da un aire gracioso.
2 Que se levanta por alguno de los bordes: *esta falda*
te queda respingona.

respirable Que puede ser respirado sin que cause *adj.*
daño al organismo: *el aire del campo es más respirable* *≠ irrespirable*
que el de la ciudad.

respiración
1 Acción y resultado de respirar. *s.f.*
2 Proceso por el cual los seres vivos absorben oxíge- *BIOLOGÍA*
no y liberan dióxido de carbono.
3 Proceso por el cual las células de un ser vivo pluri- *BIOLOGÍA*
celular adquieren energía rompiendo las moléculas
orgánicas.
4 Entrada y salida del aire en un lugar cerrado: *esta* *= ventilación*
habitación interior no tiene respiración.
5 respiración artificial: Método de tratamiento de la *MEDICINA*
asfixia y de las parálisis respiratorias, que consiste en
provocar las contracciones de la caja torácica y restablecer la circulación del aire por los pulmones.
6 respiración asistida: La que se realiza con la ayu- *MEDICINA*
da de aparatos mecánicos.
7 dejar o quedarse sin respiración: Hacer que una *coloquial*
persona esté muy asombrada o impresionada: *me re-*
galó un anillo de diamantes y me quedé sin respiración.
8 llegar sin respiración: Estar muy cansado: *subió las* *coloquial*
escaleras corriendo y llegó sin respiración.

respiradero
1 Abertura o conducto por donde entra o sale el aire: *s.m.*
por suerte, el gas salió por el respiradero de la cocina.
2 Abertura de las cañerías para dar salida al aire.
3 Descanso en un trabajo: *los peones se tomaban un* *= respiro*
respiradero a media mañana.
4 Órgano o conducto de la respiración: *tengo el respi-* *coloquial*
radero mal de tanto tabaco.
5 Lumbrera, ventana por donde entra la luz y el aire. *= tronera*

respirador, a
1 Que respira. *adj.*
2 Se aplica a los músculos que sirven para la respira- *ANATOMÍA*
ción.
3 Aparato para realizar la respiración asistida. *s.m.*

respirar (Del lat. *respirare*.)
1 Aspirar y expeler el aire los seres vivos para tomar *v.tr/intr.*
de él el oxígeno: *necesito respirar aire puro; los peces*
respiran por las branquias.
2 Recuperar una persona la tranquilidad después de *v.intr.*
pasar una situación difícil o dura: *después de tanto tra-* *= descansar,*
bajo necesito respirar. *relajarse*
3 Tener o mostrar una persona una cualidad: *tu her-* *v.tr/coloquial*
mana respira simpatía. *= manifestar*
4 Pronunciar una persona palabras: *ni respiró mientras* *v.intr.*
le reñían. *coloquial*
5 Tener salida o comunicación con el aire exterior: *el* *= ventilarse*
cuarto de baño respira por una pequeña ventana.
6 Gozar de un ambiente más fresco: *salgo al balcón a* *= airearse,*
respirar, aquí hace mucho calor. *refrescarse*
7 Dar una persona noticias de sí misma: *desde la últi-* *coloquial*
ma carta no ha vuelto a respirar.
8 no dejar respirar a alguien: No dejarle tranquilo, *coloquial*
molestarle o agobiarlo: *me importuna tanto que no me*
deja respirar.
9 no poder respirar o ni respirar: Tener mucho tra- *coloquial*
bajo: *no puedo ni respirar con tantas tareas.*
10 sin respirar: 1. Sin descanso: *he trabajado durante* *loc.adv./coloquial*
dos días sin respirar. **2.** Con mucha atención: *el niño* *loc.adv.*
miraba a los payasos sin respirar. *coloquial*

respiratorio, a
1 De la respiración: *aparato respiratorio; órgano respiratorio.* | adj.
2 Que facilita la respiración.

respiro
1 Acción y resultado de respirar: *a todos nos llegará el momento de dar nuestro último respiro.* | s.m.
2 Momento de descanso en una actividad o trabajo: *se toma un respiro a mitad de la mañana.* | = reposo
3 Alivio en una preocupación, pena o dolor: *hablar contigo me da un respiro para mí en estos malos momentos.* | = tregua
4 Prórroga del plazo concedido para pagar una deuda o cumplir una obligación: *mi madre me ha dado un respiro para devolverle el dinero.* | = aplazamiento, tregua

resplandecer (Del fr. ant. *resplendre* < lat. *resplendere.*)
1 Brillar una cosa: *hoy las estrellas resplandecen en el cielo.* | v.intr./conj: *carecer* = destellar, relucir
2 Tener una persona superioridad o ventaja sobre otras por una cualidad: *la joven actriz resplandece por su belleza.* | = destacar, sobresalir
3 Reflejar alegría o satisfacción una persona: *la novia resplandecía de felicidad.*

resplandeciente
1 Que resplandece: *vimos volar un extraño y misterioso objeto resplandeciente.* | adj. = brillante
2 Que refleja alegría o satisfacción: *tenía una mirada resplandeciente; su rostro resplandeciente indicaba su felicidad.* | = radiante, pletórico

resplandecimiento Luz o brillo que despide un cuerpo: *el resplandecimiento del sol me cegó.* | s.m. = resplandor

resplandina Reprimenda fuerte: *me pegó una buena resplandina por llegar tarde.* | s.f. = regañina

resplandor
1 Luz muy intensa que procede de un cuerpo luminoso: *le delató el resplandor de la hoguera; le cegó el resplandor del rayo.* | s.m. = luminosidad
2 Brillo muy intenso: *contemplamos el resplandor de la cúpula dorada.* | ≠ opacidad
3 Esplendor, lucimiento o gloria.

respondedor, a Que responde. | adj/s.

responder (Del lat. *respondere.*)
1 Decir una persona una cosa en relación con lo que otra ha dicho o ha preguntado: *respondió todas las preguntas; respondió que no; no quiero responder.* | v.tr/intr. = contestar
2 Dar una persona muestras de que ha oído una llamada: *llamé a la puerta y nadie respondió; me respondió tu hermano cuando telefoneé.* | = contestar
3 Escribir una carta como respuesta a otra que se ha recibido: *le he escrito, pero no me ha respondido; respondo todas las cartas de sus fans.* | = contestar
4 Asegurar una persona, comprometiendo así su palabra o prestigio, el buen comportamiento o funcionamiento de una persona o una cosa: *respondo de este material; dijo que respondería de él en todo momento.* | v.intr./+ de, por = avalar, garantizar
5 Reaccionar una cosa a una acción ejercida sobre ella o acusar el efecto de ésta: *el organismo no responde a la medicación.* | + a = obedecer
6 Dar una persona o una cosa el resultado o rendimiento que de ella se espera: *lleva a su hijo a colegios de educación especial, pero él no responde.* | = rendir
7 Actuar una persona en función de lo hecho por otra: *respondimos a su orgullo con la decisión de abandonarlo.* | v.tr/intr. = contestar
8 Estar una cosa motivada o justificada por otra: *nuestra actitud responde al deseo de sacarle de la depresión.* | v.intr. + a = obedecer
9 Satisfacer una cosa a lo que se conoce o se tiene en la imaginación: *el concierto no respondió a nuestras previsiones.* | + a = corresponder
10 Protestar o replicar de manera impertinente una persona cuando le mandan hacer una cosa. | = contestar, replicar
11 Mostrarse una persona agradecida por lo que le han dicho o hecho: *sé que si yo la ayudo, ella responderá.* | = corresponder
12 Emitir un animal un sonido como respuesta al emitido por otro o al reclamo: *el perro respondió a los ladridos del cachorro.* | v.tr.
13 Cantar o recitar en correspondencia con lo que una persona canta o recita.
14 Volver a emitir el eco un sonido: *lanzó un grito y el eco respondió.* | v.intr.
15 Estar un edificio orientado hacia un lugar: *mi oficina responde a la avenida principal.* | = dar, orientarse
16 **responder una cosa o una persona al nombre de:** Llamarse de ese modo: *el desaparecido responde al nombre de Luis.*
17 **responder por alguien:** Comprometerse una persona a hacer una cosa en el caso de que no lo haga la que, en principio, estaba destinada a ello.

respondón, a Que replica de manera molesta y continuada: *la profesora lo ha castigado por respondón.* | adj/s. = contestón

responsabilidad
1 Circunstancia de ser una persona responsable de otra o de alguna cosa: *tiene la responsabilidad de administrar la empresa.* | s.f. = deber
2 Circunstancia de ser el culpable de una cosa: *admitió su responsabilidad en el accidente.*
3 Obligación moral o legal de reparar un error propio o ajeno o de pagar por una falta o delito cometido.
4 Importancia de lo que está a cargo de una persona: *es un puesto de gran responsabilidad.* | = compromiso
5 Actitud del que cumple sus obligaciones de la forma debida: *hace su trabajo con mucha responsabilidad.*
6 **responsabilidad civil:** Obligación de indemnizar por los daños materiales o morales producidos a otra persona. | DERECHO
7 **responsabilidad penal:** La que se deriva de un acto que puede constituir delito o falta. | DERECHO
8 **de responsabilidad:** Se aplica a la persona o la entidad digna de crédito. | loc.adj.

responsabilizar
1 Hacer a una persona o entidad responsable de una cosa: *te responsabilizo del fracaso; responsabiliza al director del error cometido en el cálculo de producción.* | v.tr./conj: *cazar* = culpabilizar ≠ exculpar
2 Asumir una persona o entidad la responsabilidad de una cosa: *me responsabilizo de sus actos; la empresa se responsabiliza del accidente.* | v.prnl./+ de ≠ desentenderse

responsable
1 Que responde a su cargo a una persona o una cosa: *todos somos responsables de la limpieza; el profesor es el responsable de los alumnos.* | adj/s.m.f. + de = encargado
2 Culpable de una cosa: *admitió ser el responsable del accidente.* | ≠ inocente
3 Que cumple con rigor sus obligaciones y pone atención en lo que hace o dice: *es un trabajador responsable.* | = cumplidor, serio ≠ irresponsable
4 Persona que tiene capacidad y autoridad para tomar decisiones o dirigir una actividad o el trabajo de un grupo. | s.m.f. = encargado
5 **hacerse responsable de algo:** Asumir la responsabilidad de una cosa: *no me hago responsable de lo que ocurra.*

responsablemente Con sentido de la responsabilidad. | adv.

responsar Decir o rezar responsos: *el sacerdote responsó por el difunto.* | v.intr./+ por tb: responsear

responseo Acción y resultado de responsar | s.m.

responsión Pilastra dispuesta de manera que guarde correspondencia con una columna. | s.f. ARQUITECTURA

responsivo, a De la respuesta. | adj.

responso (Del lat. *responsus,* respuesta.)
1 Oración que se dice por los difuntos: *la viuda lloró al escuchar el responso.* | s.m. RELIGIÓN
2 Regañina, bronca: *el jefe me echará un buen responso cuando lo sepa.* | coloquial = reprimenda

responsorial Se refiere al salmo litúrgico o cantado después de las lecturas de la misa o del oficio. | adj. RELIGIÓN

responsorio Oración en versículos que se dice después de las lecciones en los maitines y después de los capítulos de otras horas. | s.m. RELIGIÓN

respuesta
1 Acción y resultado de responder: *todos esperaban su respuesta.* | s.f. = contestación
2 Cosa que se dice para responder: *mi respuesta es que no.* | = contestación
3 Reacción o efecto que produce una cosa: *me ha sorprendido la respuesta del público ante el espectáculo.*

resquebrajadizo, a Que se resquebraja o agrieta con facilidad: *la loza es muy resquebrajadiza.* | adj. = resquebrajoso

resquebrajadura Grieta o hendidura: *me resbaló el plato y se hizo una resquebrajadura.* | s.f./tb: resquebradura = resquebrajo

resquebrajamiento Acción de resquebrajar o resquebrajarse una cosa. | s.m.

resquebrajar Causar una cosa grietas en un cuerpo duro: *el jarrón se resquebrajó al caerse al suelo.* | v.tr/prnl./conj: *pensar* = agrietar, resquebrar

resquebrajo Grieta o raja: *este plato de porcelana tiene un resquebrajo.* | s.m. = resquebrajadura

resquebrajoso, a Que se resquebraja o agrieta con facilidad: *el barro es un material resquebrajoso.* | adj. = resquebrajadizo

resquebrar Empezar a romperse o agrietarse una cosa: *el golpe resquebró la taza de porcelana; el vaso se resquebró con el calor.* | v.tr/prnl. = rajar, resquebrajar

resquemar
1 Causar una comida o bebida ardor o picor en la boca: *este licor resquema el paladar; la pimienta resquema.* | v.tr/intr. = picar
2 Quemar un poco una cosa: *has resquemado el guiso; resquemó el pan.* | v.tr/prnl. tb: requemar
3 Causar una cosa disgusto a una persona: *tus palabras de desprecio me resquemaron.* | v.tr. = disgustar

resquemazón Acción y resultado de resquemar o resquemarse. | s.f. = resquemo

resquemo
1 Acción y resultado de resquemar o resquemarse. | s.m./= resquemazón

2 Picor o ardor que producen algunas comidas o bebidas en la lengua y el paladar.
3 Sabor y olor desagradables de los alimentos que se han quemado un poco.

resquemor Sentimiento de malestar que no se exterioriza y que produce desasosiego y resentimiento: *necesito hablar con él porque no puedo soportar este resquemor.*
— s.m.
= desazón

resquicio
1 Abertura que hay entre el quicio y la puerta: *supe que había alguien porque se veía luz por el resquicio de la entrada.*
— s.m.
2 Abertura pequeña o estrecha: *el terremoto sólo provocó resquicios en las paredes.*
= grieta
3 Posibilidad pequeña de que ocurra una cosa: *hay un resquicio para la esperanza.*
= ocasión, oportunidad

resta
1 Operación aritmética de restar dos cantidades: *si ya has aprendido la suma, ahora te enseñaré la resta.*
— s.f./MATEMÁTICAS
= sustracción
2 Resultado de la operación de restar: *la resta de cuatro menos uno es tres.*
— MATEMÁTICAS
= resto

restablecer
1 Volver a establecer una cosa o hacer que tenga el estado que antes tenía: *lucharon por restablecer la monarquía.*
— v.tr.
conj: carecer
= restaurar
2 Recuperarse una persona de una enfermedad, daño o contratiempo: *ya se ha restablecido de la hepatitis; no se restablece del disgusto.*
— v.prnl.
+ de
= curarse

restablecimiento Acción y resultado de restablecer o restablecerse: *los médicos se asombraron ante mi rápido restablecimiento.*
— s.m.

restado, a Que tiene arrestos o determinación para hacer una cosa: *es tan restado que ya ha montado varios negocios.*
— adj.
tb: arrestado
= audaz

restallar
1 Producir una cosa un ruido seco al sacudirla en el aire con violencia: *el látigo del domador restallaba.*
— v.intr/tr.
= chasquear
2 Producir una cosa un ruido fuerte: *el árbol restalló al ser cortado y caer al suelo.*
— v.intr.
= crujir

restallido Sonido seco producido al hacer restallar una cosa: *el león obedece a los restallidos del látigo.*
— s.m.
= chasquido

restante Que resta, falta o queda: *congelaré la comida restante.*
— adj./s.m.

restañadero Estuario, desembocadura de un río caudaloso en el mar.
— s.m.
GEOGRAFÍA

restañadura Acción y resultado de restañar o volver a estañar una cosa.
— s.f.

restañar
I (Derivado de *estaño*.) Volver a cubrir de estaño una cosa.
— v.tr.
II (Del lat. *stagnare*, inmovilizar.) Detener el curso de un líquido, en especial la salida de sangre de una herida: *mi herida en la pierna restaña; el corte en la cabeza se restaña.*
— v.tr/intr/prnl.
III (Derivado de *estallar*.) Producir una cosa un chasquido: *la honda restañaba en el aire.*
— v.intr.
tb: restallar

restañasangre Variedad de calcedonia que pulimentada se usa como adorno en joyería.
— s.f./MINERALOGÍA
= ágata, cornalina

restaño
I (Derivado de *estaño*.) Tela antigua de plata u oro usada para ornamentos religiosos.
— s.m.
RELIGIÓN
II (Derivado de *restañar* < lat. *stagnare*.)
1 Operación de restañar las heridas o detener la salida de cualquier líquido.
— s.m.
2 Remanso o estancamiento de las aguas: *nos bañamos en un restaño del río.*

restar (Del lat. *restare*, detenerse.)
1 Quitar una cantidad de otra para hallar la diferencia entre ambas: *si restas cero de ocho, el resultado es ocho.*
— v.tr.
MATEMÁTICAS
≠ sumar
2 Hacer que una cosa disminuya: *la enfermedad le ha restado energía.*
= reducir
≠ aumentar
3 Quedar una parte de una cosa: *estas piedras son todo lo que resta de la casa.*
— v.intr.
4 Faltar algo por hacer o tener que suceder aún una cosa o pasar algún tiempo antes de que ocurra cierta cosa o llegue un momento determinado: *todavía restan dos días para mi cumpleaños.*
= quedar
5 Devolver el saque al contrario en algunos juegos de pelota, como el tenis.
— v.tr.
DEPORTES

restauración
1 Acción y resultado de restaurar.
— s.f.
2 Restablecimiento en un país del régimen político que existía con anterioridad y que fue sustituido por otro: *el pueblo pide la restauración de la democracia.*
— POLÍTICA
3 Reposición en el trono de un rey destronado o del representante de una dinastía derrocada: *algunos sectores son favorables a la restauración del monarca.*
— POLÍTICA
4 Período histórico que empieza con esta reposición: *la situación política durante la restauración se caracterizó por la tensión.*
— HISTORIA, POLÍTICA

5 Actividad y rama de la hostelería que comprende los restaurantes y otros establecimientos en los que se sirven comidas.

restaurador, a
1 Que restaura.
— · adj./s.
2 Persona que por oficio restaura obras de arte u objetos valiosos: *el restaurador barniza el antiguo tocador.*
— s.
= reparador
3 Persona que tiene o dirige un restaurante.

restaurante Establecimiento público de cierta categoría donde se sirven comidas y bebidas para ser consumidas en el mismo local: *fuimos a cenar a un restaurante japonés.*
— s.m./COCINA, COMERCIO
tb: restaurant, restorán

restaurar (Del lat. *restaurare*.)
1 Arreglar los daños que ha sufrido una obra de arte: *restaurarán la fachada del edificio; han restaurado los frescos de la iglesia.*
— v.tr.
ARTE
= recomponer
2 Volver a poner a una persona o una cosa en el estado en que antes estaba: *con su intervención restauró la calma de la sala.*
= restablecer
3 Instaurar de nuevo el régimen político que había en un país: *lo mejor sería restaurar la monarquía.*
— POLÍTICA
= reinstaurar
4 Recuperar o recobrar: *necesito restaurar energías comiendo un poco.*

restaurativo, a Que se utiliza para restaurar: *aplica un aceite restaurativo sobre la vieja madera.*
— adj.

restinga Punta o lengua de arena o rocas a poca profundidad bajo el mar.
— s.f./GEOGRAFÍA
tb: restringa

restingar Zona de la costa donde hay restingas.
— s.m./GEOGRAFÍA

restirador Mesa de tablero movible que usan los dibujantes.
— s.m.
Méx.

restitución
1 Acción y resultado de restituir o restituirse.
— s.f.
2 **restitución in íntegrum**: Reintegración de una persona en todos sus derechos y acciones.
— DERECHO

restituible Que puede ser restituido.
— adj./≠ irrestituible

restituidor, a Que restituye.
— adj./s.

restituir (Del lat. *restituere*.)
1 Dar una cosa a quien la poseía antes: *la policía le restituyó el coche que le habían robado.*
— v.tr./conj: huir
≠ quitar
2 Volver a poner una cosa en el estado que tenía antes: *han restituido la fachada de la iglesia a su forma original.*
= restaurar
3 Hacer que una persona vuelva a tener una cosa inmaterial: *la vida en la montaña me ha restituido la paz interior.*
= restablecer
4 Volver una persona al lugar o a la actividad de la que se había estado ausente: *me restituí a mi puesto.*
— v.prnl./+ a
= reincorporarse

restitutorio, a
1 Que restituye.
— adj.
2 Que incluye o dispone la restitución.
— DERECHO

resto
1 Parte que queda de un todo: *tú limpias la cocina y yo el resto de la casa.*
— s.m.
2 Resultado de la operación de restar dos cantidades o dos expresiones algebraicas: *el resto de cinco menos dos es tres.*
— MATEMÁTICAS
= diferencia, residuo
3 Diferencia entre el dividendo y una división y el producto del divisor por el cociente: *si divides cuatro entre dos, el resto es cero.*
— MATEMÁTICAS
= residuo
4 Devolución de la pelota al saque, en el tenis y otros juegos.
— DEPORTES
5 Lugar desde donde se devuelve la pelota al saque, en el tenis y otros juegos de pelota.
— DEPORTES
6 Jugador de tenis o de otro deporte que devuelve la pelota al saque.
— DEPORTES
7 Cantidad que se juega o apuesta en algunos juegos de cartas.
— JUEGOS
8 Residuos o sobras: *no dejes los restos de la comida en el plato.*
— s.m.pl.
= desperdicios
9 Cuerpo o parte del cuerpo de una persona o animal muertos: *en la cueva sólo había los restos de un oso.*
10 **resto abierto**: El que, en algunos juegos de envite, es ilimitado.
— JUEGOS
11 **restos mortales**: Cuerpo o parte del cuerpo de una persona después de muerta: *los restos mortales de la víctima serán trasladados al cementerio.*
= cadáver
12 **a resto abierto**: Sin límite o restricción.
— loc.adv.
13 **echar o envidar el resto**: 1. Poner un jugador como apuesta todo lo que le queda. 2. Hacer todo el esfuerzo posible para conseguir una cosa: *es mi última oportunidad y estoy dispuesta a echar el resto.*
— JUEGOS
coloquial
14 **hacer el resto**: Fijar un jugador la cantidad que juega: *hago mil pesetas de resto.*
— JUEGOS

restorán (Del fr. *restaurant*.) Restaurante, establecimiento público donde se sirven comidas.
— s.m./COCINA, COMERCIO

restregadura
1 Acción de restregar o restregarse una cosa con otra: *con este detergente te ahorras las restregaduras.*
— s.f.
= restregamiento
= restregón
2 Señal dejada al restregar o restregarse una cosa con otra.

restregar Frotar varias veces una cosa con otra con fuerza: *para limpiar el cuello de la camisa has de restregarlo; el perro se restregaba por el suelo.*
— v.tr./prnl.
conj: regar
= refregar

restreñimiento Estreñimiento, retención de los excrementos. _s.m./FISIOLOGÍA, MEDICINA_

restribar Hacer que una cosa se apoye en otra con fuerza. _v.intr. = estribar_

restricción
1 Acción y resultado de restringir o reducir una cosa. _s.f./= disminución_
2 Limitación o reducción en el uso o gasto de una cosa: _en esta zona tan árida hay restricciones de agua en verano._
3 **sin restricciones**: Sin limitaciones: _cuando se enamora lo hace sin restricciones._ _loc.adv._

restrictivo, a Que restringe o sirve para restringir: _el banco ha adoptado medidas restrictivas en la concesión de créditos._ _adj. = restringente_

restricto, a Que es limitado, ceñido o preciso. _adj./= restringido_

restringa Restinga, punta o lengua de tierra. _s.f./GEOGRAFÍA_

restringente Que restringe o sirve para restringir: _aplicaron medidas restringentes._ _adj/s.m. = restrictivo_

restringido, a Que es limitado, pequeño o poco numeroso: _invitaré a un restringido grupo de amigos._ _adj. ≠ extenso_

restringible Que puede ser restringido o reducido: _todos tenemos gastos restringibles._ _adj. ≠ aumentable_

restringir Hacer que una cosa sea menor o limitarla: _restringiré el gasto de ocio; esta ley restringe la libertad de expresión._ _v.tr./conj: surgir = limitar, reducir_

restriñidor, a Que restriñe. _adj._

restriñimiento Acción y resultado de restriñir. _s.m._

restriñir Constreñir o apretar una cosa. _v.tr./conj: mullir_

restrojo Rastrojo [en todas sus acepciones]. _s.m._

resucitación Acción de volver a la vida a los seres vivos en estado de muerte aparente. _s.f. MEDICINA_

resucitador, a Que reanima o hace resucitar. _adj/s._

resucitar (Del lat. _resucitare._)
1 Hacer que una persona muerta vuelva a vivir: _asegura que con sus poderes resucitó a su madre._ _v.tr. = renacer, revivir_
2 Volver a vivir una persona muerta: _y al tercer día resucitó._ _v.intr. = renacer, revivir_
3 Dar una cosa fuerzas o ánimos a una persona: _el período de vacaciones le resucitó._ _v.tr. = reanimar, tonificar_
4 Restablecer o hacer que vuelva a existir una cosa: _los renacentistas resucitaron las estrofas clásicas; las modas antiguas siempre resucitan._ _v.tr/intr. = restaurar ≠ destruir_

resudación
1 Acción de resudar. _s.f./FISIOLOGÍA FISIOLOGÍA_
2 Resudor, sudor ligero: _una resudación cubría la piel del bebé._

resudar
1 Expeler una persona o un animal un ligero sudor: _resudas porque tienes un poco de fiebre._ _v.intr. FISIOLOGÍA_
2 Perder los árboles recién cortados la humedad superflua.
3 Salir al exterior un líquido por los poros de un cuerpo: _el cántaro resuda._ _v.intr/prnl. = rezumar_

resudor Sudor ligero y tenue. _s.m./FISIOLOGÍA_

resuello
1 Aliento o respiración fuerte y violenta: _mientras hacías abdominales oía tu resuello._ _s.m. = resoplido_
2 Energía o fuerza de una persona: _vino corriendo y llegó sin resuello._ _= aliento_
3 Conjunto de bienes de cualquier clase. _coloquial_
4 **meterle a alguien el resuello en el cuerpo**: Hacerle callar, intimidándole. _coloquial_

resuelto, a
1 Que actúa con decisión o audacia: _no se achica ante los problemas, es muy resuelta._ _adj. = intrépido_
2 Que actúa con prontitud o diligencia: _termina rápido su trabajo porque es muy resuelto._ _= diligente_

resulta
1 Resultado de una acción o un suceso. _s.f._
2 Decisión definitiva tomada en una deliberación. _= acuerdo_
3 Vacante de un empleo, por ascenso o traslado del que la tenía: _hemos de cubrir la resulta de la secretaria._
4 Cantidades de dinero que no pudieron pagarse durante un ejercicio y pasan en concepto especial a otro presupuesto. _s.f.pl. ECONOMÍA_
5 **de resultas**: Como consecuencia: _se marea con frecuencia de resultas del golpe que se dio en la cabeza._ _loc.adv._

resultado
1 Efecto y consecuencia de una cosa: _los estudiantes muertos fueron el resultado de los enfrentamientos._ _s.m. = fruto_
2 Rendimiento que da una cosa: _la nevera costó cara y dio muy mal resultado._ _= servicio_
3 Dato que se obtiene al realizar una operación matemática o una investigación: _nos sorprendió el resultado del experimento; calcula el resultado de esta división._
4 Tanteo con que finaliza una competición deportiva, concurso o juego: _ahora sabremos los resultados de la votación; el resultado del partido es de dos a cero._

resultando Cada fundamento de un hecho que se enumera en las sentencias, autos jurídicos o en resoluciones gubernativas. _s.m. DERECHO_

resultante
1 Que resulta o procede de una cosa: _el beneficio resultante es de dos millones._ _adj._
2 Se aplica a la fuerza o vector que produce los mismos efectos que un conjunto de fuerzas o vectores. _adj/s.f. MATEMÁTICAS_

resultar (Del lat. _resultare_, rebotar.)
1 Derivarse una cosa como consecuencia de otra: _del accidente resultaron muertos cinco pasajeros._ _v.intr._
2 Ser una cosa o una persona de una determinada manera: _la tela ha resultado insuficiente para hacer una falda._ _= salir_
3 Tener una cosa un determinado resultado: _la fiesta resultó un fracaso económico._
4 Dar una cosa o persona un determinado rendimiento: _este coche ha resultado bastante malo._ _= rendir_
5 Ocurrir o descubrirse una cosa de forma imprevista: _ahora resulta que no tengo reserva en este hotel._ _= suceder_
6 Ser una persona atractiva: _no es guapo, pero resulta._
7 **resultar ser**: Descubrir que una cosa o persona es de una determinada manera: _tu amigo resultó ser un chivato._ _loc.v._

resultón, a Que tiene un aspecto agradable y resulta atractivo: _sale con una mujer resultona; llevaba un traje muy resultón._ _adj/s. coloquial = bonito_

resumbruno, a Se aplica al plumaje del halcón entre rubio y negro. _adj._

resumen
1 Acción y resultado de resumir o resumirse. _s.m._
2 Exposición breve de un asunto o materia: _tengo que hacer un resumido capítulo de la novela._ _= síntesis, sinopsis_
3 **en resumen**: Resumiendo, recapitulando: _en resumen, no acepto tu propuesta._ _loc.adv._

resumidamente
1 En resumen: _no pude asistir a la clase, ¿me lo cuentas resumidamente?_ _adv._
2 En pocas palabras: _para decirlo resumidamente, eso no puede ser._

resumidero Conducto por el que desaguan las aguas residuales o de la lluvia. _s.m. Amér._

resumir (Del lat. _resumere._)
1 Reducir un asunto o una materia a términos breves, considerando los aspectos esenciales: _te resumiré el tema para que lo entiendas con rapidez._ _v.tr/prnl. = compendiar, sintetizar_
2 Volver a exponer el actuante el argumento del contrario. _v.tr. RETÓRICA_
3 Quedar una cosa reducida a otra de menor importancia: _la denuncia se resumió en el pago de una multa._ _v.prnl._

resurgencia Reaparición en la superficie terrestre de un curso de agua subterráneo. _s.f. GEOLOGÍA_

resurgente Que reaparece a la superficie: _río resurgente._ _adj._

resurgimiento Acción y resultado de resurgir. _s.m._

resurgir (Del lat. _resurgere._)
1 Volver a aparecer una cosa: _han resurgido las tensiones entre los socios._ _v.intr./conj: surgir = reaparecer_
2 Recobrar una persona o entidad los ánimos o fuerzas: _el equipo ha resurgido y ahora siempre gana._ _= restablecerse ≠ decaer_

resurrección
1 Acción de resucitar o volver a la vida, en especial la de Jesucristo en la religión cristiana. _s.f._
2 **resurrección de la carne**: La de todos los muertos el día del juicio final, en la religión cristiana. _RELIGIÓN_

resurtida Rechace o rebote de una cosa. _s.f._

resurtir (Del fr. _ressortir._) Retroceder un cuerpo al chocar con otro. _v.intr._

resurtivo, a Que resurte. _adj._

retablero, a Persona que construye retablos. _s._

retablo (Del cat. _retaule._)
1 Construcción de madera, piedra u otra materia que cubre y adorna la pared donde se halla un altar. _s.m. ARTE_
2 Serie de cuadros o de figuras talladas que representan una historia o un suceso. _ARTE_
3 Escenario pequeño para el teatro de títeres. _TEATRO_
4 Representación teatral de un episodio de la historia sagrada. _TEATRO_

retacar
1 Golpear la bola de billar dos veces con el taco: _quien retaque la bola será descalificado._ _v.tr./conj: sacar JUEGOS_
2 Apretar el contenido de un recipiente para que quepa más: _retaca la ropa, que ha de caber toda la que queda._ _= comprimir_

retacear
1 Partir una cosa en trozos. _v.tr./= retazar = recortar_
2 Cortar lo que sobra de una cosa.
3 Hacer una cosa de retazos o pedazos: _retaceó un mantel._
4 Escatimar lo que se da a una persona, tanto en lo material como en lo moral. _Amér. Merid._

retaceo Acción y resultado de retacear. _s.m._

retacería Conjunto de retazos o pedazos de diversos tipos de tela: *con toda esta retacería haré una colcha.* — s.f.

retaco, a
1 Se aplica a la persona de poca estatura y, por lo general, rechoncha: *estos pantalones anchos te hacen más retaco.* — adj/s. = achaparrado
2 Escopeta corta reforzada en la recámara. — s.m.
3 Taco de billar más corto, grueso y ancho que el normal. — JUEGOS

retacón, a Se aplica a la persona robusta y de baja estatura. — adj./Amér. coloquial

retador, a Que reta o desafía: *me habló en un tono retador y me enfadé con él.* — adj/s.

retaguardia
1 Parte de una tropa que está en último lugar en una marcha. — s.f./MILITAR ≠ vanguardia
2 Conjunto de fuerzas e instalaciones bélicas que están detrás o alejadas de la línea de combate. — MILITAR ≠ vanguardia
3 Zona de una nación en guerra no ocupada por los enemigos: *la población se desplaza hacia la retaguardia del país.* — MILITAR
4 Parte de atrás de una cosa: *el ciclista se cayó y quedó en la retaguardia del pelotón.* — = cola
5 **a retaguardia**: 1. Fuera de la zona de combate: *las tropas de nuestro país están a retaguardia.* 2. Retrasado respecto a otras personas: *el corredor francés iba a retaguardia.* — loc.adv./MILITAR loc.adv. = rezagado
6 **a retaguardia de**: Detrás de: *iré con el coche a retaguardia de los participantes en el maratón.* — loc.prep.
7 **picar la retaguardia**: Perseguir de cerca al enemigo que se retira. — MILITAR

retahíla Serie de cosas que están, suceden o se nombran una detrás de otra: *soltó una retahíla de insultos.* — s.f. = sarta, tira

retajadura
1 Corte hecho junto al pezón de las ubres de las vacas para que éstas no dejen mamar a los terneros. — s.f.
2 Señal dejada al retajar a las vacas.

retajar
1 Cortar una cosa en redondo. — v.tr.
2 Volver a cortar la pluma de ave para escribir.
3 Cortar de forma circular una porción del prepucio. — = circuncidar

retajo
1 Acción de retajar o cortar. — s.m.
2 Cosa que se retaja o corta. — = tajo

retal (Del cat. *retall.*)
1 Pedazo sobrante de tela, piel, papel, chapa metálica u otro material semejante: *he comprado un retal para hacer un mantel.* — s.m. = recorte
2 Trozo o desecho de piel o tela que sirve para hacer la cola que usan los pintores.
3 Conjunto de trozos sobrantes o de desechos de tela, piel, papel, metal u otro material semejante: *un camión recoge el retal de metal amontonado en la puerta de la fábrica.*

retallar
1 Volver a pasar el buril por una lámina grabada ya gastada. — v.tr.
2 Dejar o hacer retallos o salientes en un muro. — CONSTRUCCIÓN

retallecer Volver a echar tallos una planta: *con la primavera muchas plantas retallecen.* — v.intr/conj: carecer BOTÁNICA

retallo
I (Derivado de *retallar.*) Saliente en un muro debido a la diferencia de espesor entre dos de sus partes sobrepuestas. — s.m. CONSTRUCCIÓN
II (Derivado de *tallo.*) Brote o nuevo tallo de una planta: *el rosal ha echado dos retallos.* — s.m./BOTÁNICA = pimpollo

retama (Del ár. *ratam.*)
1 Planta arbustiva papilionácea, de flores amarillas, muy común en la península ibérica, de la que existen numerosas especies. — s.f. BOTÁNICA = ginesta
2 **retama blanca**: La de mayor tamaño, con flores blancas y fruto rugoso. *(Retama monosperma.)* — BOTÁNICA
3 **retama de escobas o negra**: Planta arbustiva papilionácea, muy ramosa, hojas pequeñas, flores grandes amarillas y fruto en vaina negra. *(Sarthamnus scoparius.)* — BOTÁNICA
4 **retama de tintes o de tintoreros**: Planta arbustiva papilionácea, con ramas herbáceas, hojas ovales o en forma de lanza, flores grandes amarillas, fruto en vaina y cuya raíz contiene una sustancia amarilla que se emplea en tintorería. *(Genista tinctoria.)* — BOTÁNICA
5 **retama macho o de olor**: Planta arbustiva papilionácea, de ramas siempre verdes, con pocas hojas y de flores grandes y olorosas. *(Spartium junceum.)* — BOTÁNICA

retamal Terreno poblado de retamas. — s.m./tb: retamar

retamero, a De la retama: *azadón retamero; tierra retamera.* — adj.

retamón Planta arbustiva papilionácea con flores grandes, amarillas, y fruto en vainillas negruzcas. — s.m./BOTÁNICA = piorno serrano

retar (Del ant. *reptar* < lat. *reputare*, calcular.)
1 Incitar una persona a otra a que luche o compita con ella: *me retó a una carrera y acepté.* — v.tr. = desafiar

2 Reñir a una persona por haber obrado mal. — = reprender

retardación Acción y resultado de retardar o retardarse. — s.f.

retardado, a Se aplica al movimiento cuya velocidad va disminuyendo. — adj. MECÁNICA

retardador, a
1 Que retarda: *proceso retardador.* — adj.
2 Compuesto químico que disminuye la velocidad de reacción de una sustancia. — s.m. QUÍMICA

retardar
1 Hacer que una cosa suceda más tarde de lo previsto: *decidimos retardar el viaje; se retardó a causa de las distintas opiniones de los políticos.* — v.tr/prnl. = atrasar ≠ adelantar
2 Hacer que una cosa se desarrolle con más lentitud: *las tropas consiguieron retardar el avance del enemigo.* — ≠ frenar, detener ≠ acelerar

retardativo, a Que sirve para retardar. — adj.

retardatorio, a Que produce retraso o retardo en la realización de una cosa. — adj.

retardatriz Se aplica a la fuerza que disminuye la velocidad de un movimiento. — adj./MECÁNICA pl: retardatrices

retardo Retraso, demora: *el tren llega con un retardo de dos horas.* — s.m./= atraso ≠ adelanto

retartalillas Retahíla de palabras. — s.f./pl.

retasación Acción y resultado de retasar una cosa. — s.f./= retasa

retasar
1 Volver a tasar una cosa: *quiero que otro perito retase el piso.* — v.tr.
2 Disminuir el precio asignado a una cosa subastada que no ha sido solicitada: *retasaron el cuadro porque nadie pujó por él.* — COMERCIO = rebajar

retazar
1 Hacer varios trozos de una cosa: *retazó la tela para hacer las servilletas.* — v.tr. conj: cazar
2 Dividir el rebaño en hatajos.

retazo
1 Pedazo de tela sobrante: *con estos retazos haré trapos para limpiar.* — s.m. = retal
2 Trozo de cualquier cosa. — = porción
3 Fragmento de un texto o un discurso: *la prensa reproduce algunos retazos del discurso inaugural.* — = pasaje
4 Pedacería de carne de res. — Méx.

retecho Parte del techo que forma saliente en la pared. — s.m. CONSTRUCCIÓN

retejado Acción y resultado de reparar un tejado o ponerle las tejas que le faltan. — s.m. CONSTRUCCIÓN

retejador, a Persona que repara el tejado o las tejas que faltan y sustituye las rotas. — s. CONSTRUCCIÓN

retejar
1 Reparar un tejado poniendo las tejas que le faltan y sustituyendo las rotas. — v.tr. CONSTRUCCIÓN
2 Dar ropa o calzado a una persona que lo necesita: *en aquel asilo retejaron al mendigo.*

retejer Tejer una tela unida y de forma compacta. — v.tr./TEXTIL

retejo Acción y resultado de retejar o retejar un tejado. — s.m./CONSTRUCCIÓN

retel Instrumento de pesca que consiste en un aro con una red que forma bolsa, usado para pescar cangrejos. — s.m. PESCA

retemblante Que retiembla. — adj.

retemblar Temblar una cosa con fuerza y de forma repetida: *con el terremoto retembló toda la casa.* — v.intr/conj: pensar = vibrar

retén
1 Tropa, no numerosa, dispuesta para acudir a cualquier llamada, en especial por la noche: *el retén tuvo que intervenir en el ataque.* — s.m. MILITAR
2 Grupo de personas que permanecen en un lugar para atender a una eventualidad o emergencia: *en el parque de bomberos siempre hay un retén.*
3 Provisión que se tiene de una cosa: *siempre tiene un retén de leña para el invierno.* — = reserva
4 Pequeño cuartel de carabineros, ubicado en campos, caminos o en la periferia de las ciudades. — Chile
5 Puesto militar o policial para controlar las carreteras. — Méx.

retención
1 Acción y resultado de retener. — s.f.
2 Cantidad de dinero que se descuenta de un sueldo o capital, en especial para pagar los impuestos.
3 Detención o marcha muy lenta de los vehículos: *en verano suele haber retenciones en la carretera de la costa.* — = atasco, embotellamiento
4 Detención en el cuerpo humano de un humor o secreción que debiera expelerse: *retención de orina.* — MEDICINA

retenedor, a Que retiene. — adj/s.

retener (Del lat. *retinere.*)
1 Guardar una cosa para sí: *el termo mantiene el café caliente porque retiene el calor.* — v.tr/conj: tener = conservar
2 Mantener una cosa en la memoria: *no logro retener la lista de los reyes godos.* — = memorizar, recordar
3 Impedir que una persona se vaya de un lugar: *los atracadores retienen al director del banco.* — ≠ liberar, soltar

4 Interrumpir o dificultar el curso normal de una cosa: *la presa retiene el agua.* = parar, frenar ≠ agilizar

5 Descontar de un pago o cobro una cantidad, por lo general como impuesto fiscal: *la empresa me retiene el quince por ciento del sueldo.* ECONOMÍA

6 Dejar de pagar el salario a una persona de modo provisional para saldar sus deudas por disposición judicial, gubernativa o administrativa.

7 Imponer prisión preventiva a una persona. DERECHO

8 Contener un sentimiento, deseo o pasión: *no sabe retener su ira y por ello suele tener problemas.* v.tr./prnl. = reprimir

9 Seguir teniendo el empleo anterior cuando se pasa a otro: *le retienen la plaza en el colegio.* = conservar

10 Interrumpir el uso de un documento de petición pontificio. v.tr. RELIGIÓN

11 Tomar un tribunal superior la jurisdicción con exclusión del inferior. DERECHO

retenida Cuerda, palo u otro medio que se usa para guiar o contener la caída de un cuerpo. s.f.

retenimiento Acción y resultado de retener. s.m.

retentar Volver a manifestarse una enfermedad o un dolor: *le ha retentado el dolor de muelas.* v.intr. conj: pensar

retentiva Facultad de recordar las cosas: *no se apunta los teléfonos porque tiene mucha retentiva.* s.f. = memoria

retentivo, a Que tiene la propiedad o la capacidad de retener, en especial en la memoria: *es un buen estudiante porque tiene una mente muy retentiva.* adj/s.

reteñir
I (Derivado de *teñir*.) Volver a teñir una cosa: *he reteñido el vestido porque blanco no me gustaba.* v.tr. conj: ceñir
II (De origen incierto.) Producir el metal o el cristal un sonido vibrante. v.intr./conj: ceñir tb: retiñir

retesamiento Acción y resultado de retesar una cosa. s.m. = reteso

retesar
1 Hacer que una cosa esté más dura. v.tr./= endurecer
2 Poner tirante una cosa. = atirantar

reteso
1 Acción y resultado de retesar una cosa. s.m.
2 Pequeña elevación del terreno. = teso

reticencia (Del lat. *reticentia*.)
1 Reserva o desconfianza: *ha aceptado nuestra propuesta con reticencia.* s.f. = duda, recelo
2 Acción y resultado de callar parte de una cosa o de insinuarla, dando a entender, por lo general con malicia, que se está ocultando una parte: *no me vengas con reticencias, si algo te ha ofendido, dilo.* = indirecta, insinuación
3 Figura que consiste en dejar incompleta una frase, pero dando a entender el sentido de lo que no se dice. RETÓRICA

reticente
1 Que demuestra reticencia o desconfianza: *es reticente a poner las acciones en venta.* adj. = reacio
2 Que se expresa con reticencia o usando indirectas: *no seas reticente y habla claro.* = evasivo
3 Que contiene reticencia: *de sus reticentes palabras deduzco que está ofendido pero no quiere decirlo.*

rético, a
1 De Retia, antigua región centroeuropea, y de su lengua. adj. HISTORIA
2 Persona originaria de esta región. s./HISTORIA
3 Lengua no indoeuropea que se hablaba en esta antigua región. s.m. LINGÜÍSTICA
4 Retorrománico, lengua románica. s.m./LINGÜÍSTICA

retícula (Del lat. *rete*, red.)
1 Conjunto de hilos o líneas que se ponen en un instrumento óptico para precisar la visión o para hacer medidas. s.f. ÓPTICA tb: retículo
2 Red de puntos que, en algunos fotograbados, reproduce las sombras y claros de la imagen con un mayor o menor número de puntos. ARTES GRÁFICAS = trama
3 Placa de cristal dividida en pequeños cuadrados que se usa para determinar el área de una figura en los trabajos topográficos.

reticulación Formación de enlaces químicos que origina una red sólida. s.f. QUÍMICA

reticulado, a
1 Que tiene forma de red. adj./tb: reticular
2 Se aplica a un tipo de aparejo arquitectónico formado por sillares rectangulares dispuestos de modo que sus juntas formen un conjunto de rombos. adj./s.m. ARQUITECTURA

reticular Que tiene estructura o forma de red: *membrana reticular.* adj. tb: reticulado

retículo
1 Tejido en forma de red, en especial el formado por filamentos vegetales. s.m.
2 Conjunto de filamentos o líneas cruzadas que se ponen en el foco de algunos instrumentos ópticos para precisar la visión o efectuar medidas muy delicadas. ÓPTICA tb: retícula
3 Redecilla del estómago de los rumiantes. ZOOLOGÍA

retienta Repetición de la tienta o prueba para apreciar la bravura de las reses vacunas. s.f. TAUROMAQUIA

retín Sonido vibrante producido por un cuerpo metálico o por el cristal. s.m.

retina (Del lat. *rete*, red.) Membrana interior del ojo, en la cual se reciben las impresiones luminosas y se transforman en impulsos nerviosos que se dirigen al cerebro a través del nervio óptico. s.f. ANATOMÍA

retinar Trabajar la lana en las fábricas de paños. v.tr./TEXTIL

retiniano, a De la retina. adj./ANATOMÍA

retinitis (De *retina* + gr. *itis*, inflamación.) Inflamación de la retina. s.f./pl: retinitis MEDICINA

retinte
I (Derivado de *reteñir* < *teñir*.) Acción y resultado de reteñir o volver a teñir una cosa. s.m.
II (Derivado de *retiñir*.) Retintín [en todas sus acepciones]. s.m.

retintín
1 Tono irónico o malicioso con que se dice una cosa: *me dijo con cierto retintín que, esta vez, llegaría puntual.* s.m. = énfasis
2 Sonido que queda en los oídos después de oír sonar una campana u otro cuerpo sonoro.

retinto, a Se aplica a algunos animales de color castaño muy oscuro. adj.

retiñir (Del lat. *retinnire*, resonar.) Producir el metal o el cristal un sonido vibrante. v.intr./conj: mullir tb: reteñir

retiración
1 Acción y resultado de retirar o estampar el revés de un pliego. s.f. ARTES GRÁFICAS
2 Forma o molde para imprimir por la segunda cara el papel que ya está impreso por la primera. ARTES GRÁFICAS

retirada
1 Acción y resultado de retirarse o apartarse. s.f.
2 Retroceso en orden de un ejército para alejarse del enemigo: *el capitán ordenó la retirada de las tropas.* MILITAR = repliegue
3 Toque militar para retirarse o para que la tropa se recoja por la noche en el cuartel. MILITAR = retreta
4 Lugar seguro que se usa como retiro.
5 Terreno que queda seco al cambiar el cauce natural de un río.
6 Paso de la antigua danza española que consistía en avanzar y retirar con rapidez el pie derecho.
7 Parecido o semejante entre dos personas o cosas: *esta chica tiene una retirada a tu novia.*

retiradamente De forma oculta, a escondidas: *el prófugo vivió retiradamente en la montaña.* adv.

retirado, a
1 Que está alejado o apartado de un lugar: *vive en una casa retirada del pueblo.* adj. = distante
2 Se aplica al militar que ha dejado de forma oficial el servicio y conserva algunos derechos. adj/s. MILITAR
3 Se refiere a la persona que ya no trabaja, por tener una determinada edad y que percibe una pensión. = jubilado
4 Se aplica a la persona que vive alejada del trato con los demás, y de la vida mundana. adj.

retiramiento Retiro [en todas sus acepciones]. s.m.

retirar
1 Separar a una persona o una cosa de otra o de un lugar: *retira la silla, que no puedo pasar; se retiró de delante del televisor.* v.tr. = apartar ≠ acercar
2 Dejar un empleado de trabajar o un militar el servicio activo, pasando a percibir la pensión que le corresponde: *la empresa lo retiró a los sesenta años; se retiró del ejército tras sufrir el accidente.* v.tr./prnl. = jubilar
3 Hacer que una persona abandone una competición u otra actividad: *un grave accidente lo retiró; le venció el cansancio y se retiró.* = abandonar
4 Declarar una persona que no mantiene una afirmación o un juicio que ha expresado: *retiro lo que he dicho.* v.tr. = desdecirse
5 Sacar dinero u otra cosa que está guardada o depositada en un sitio: *retiró dinero de la cuenta de la empresa.*
6 Separarse una persona del trato con otras o irse a vivir a un sitio solitario: *se retiró al monte; se ha retirado de sus amigos.* v.prnl. = apartarse
7 Irse una persona a casa: *se retiró pronto y nosotros nos fuimos a bailar.*
8 Irse una persona a dormir: *me retiro porque empiezo a tener sueño.* = acostarse
9 Abandonar un ejército el campo de batalla. MILITAR
10 Imprimir la segunda cara de un pliego impreso por la primera. v.tr. ARTES GRÁFICAS

retiro
1 Acción y resultado de retirarse o ser retirado un empleado de su trabajo o un militar del servicio activo. s.m. = jubilación
2 Lugar apartado y distante de la concurrencia y bullicio de la gente: *busco un retiro para estar tranquila y relajada.* = refugio
3 Situación de la persona que está retirada del trabajo o del servicio militar activo. = jubilación
4 Sueldo o pensión que cobra una persona retirada de su trabajo o del servicio militar activo. = jubilación

5 Práctica, con frecuencia devota, de apartarse durante cierto tiempo de las ocupaciones y lugares cotidianos, para dedicarse a la meditación, al estudio o a otra actividad.
= apartamiento, recogimiento

reto
1 Acción de retar a una persona: *acepté el reto para demostrarle que no era tan fuerte como creía.* s.m. = desafío
2 Dicho o hecho con que se reta a una persona. = desafío
3 Objetivo o acción difícil de llevar a cabo, y que por ello supone un estímulo y un desafío para quien se propone realizarlo: *mi reto era ser el campeón mundial y ya lo he conseguido.*
4 Reprimenda o regañina. = bronca
5 Insulto, palabra injuriante dirigida a una persona. *Bol., Chile*

retobado, a
1 Que tiene por costumbre replicar o responder a todo lo que se le dice. *adj./Méx., Amér. Central, Ecuad.*
2 Que es indómito u obstinado. *Amér. Central, Ecuad.*
3 Que está enojado o airado. *Argent., Méx., Urug.*

retobar
1 Forrar o cubrir con cuero ciertos objetos como las boleadoras, el cabo del rebenque u otros. *v.tr. Argent., Urug.*
2 Envolver o forrar los fardos con cuero o arpillera. *Chile*
3 Rezongar o responder de mala gana. *Méx.*
4 Ponerse displicente y en actitud de reserva excesiva. *v.prnl. Argent., Urug.*
5 Rebelarse o enojarse con una persona. *Argent.*

retocado Acción y resultado de retocar. s.m.

retocador, a Persona que retoca, en especial fotografías. s.

retocar
1 Hacer en una cosa pequeñas correcciones o cambios para quitarle imperfecciones o arreglarla: *retocaré la fotografía; has de retocar el patrón de la falda.* v.tr. conj: sacar
2 Restaurar una pintura deteriorada.
3 Perfeccionar el maquillaje o peinado de una persona: *entre foto y foto retocan a la modelo; voy a retocarme un poco.* v.tr/prnl.
4 Tocar varias veces una cosa: *no retoques tanto la chaqueta que la arrugarás.* v.tr. = toquetear
5 Dar la última mano a una cosa: *cuando se seque la pintura, retocaré los marcos.*

retomar Reanudar una cosa que estaba interrumpida: *cuando él se fue, retomamos la conversación.* v.tr. = reiniciar

retoñar
1 Echar una planta nuevos brotes: *todavía no ha retoñado el laurel.* v.intr./BOTÁNICA = retoñecer
2 Volver a producirse una cosa. = resurgir

retoño
1 Brote nuevo de una planta: *el ciruelo ya tiene varios retoños.* s.m./BOTÁNICA = renuevo
2 Hijo o hija de una persona, en especial de poca edad: *está casada y tiene dos retoños.* coloquial = niño

retoque
1 Trabajo realizado en cualquier obra para corregirla o perfeccionarla, en especial en pintura, maquillaje o fotografía: *le daré un retoque y ya estará listo.* s.m.
2 Toque frecuente y repetido de una campana.
3 Amago de un ataque o de una enfermedad: *sufrió un retoque de parálisis.*

retor (Del fr. *retors*, retorcido.) Tela fuerte de algodón con pequeñas motas y con la trama y urdimbre muy torcidas. s.m. TEXTIL = lienzo

retorcedura Acción y resultado de retorcer. s.f.

retorcer
1 Torcer mucho una cosa, dándole vueltas alrededor de sí misma: *el agresor le retorció el brazo; se retorció el alambre.* v.tr/prnl. conj: torcer part.tb: retuerto
2 Dar sentido erróneo o exagerado a una cosa: *retuerce todo lo que le digo.* v.tr. = tergiversar
3 Usar un argumento contra la persona que lo ha empleado antes: *retorció sus palabras ante el público.* = reargüir
4 Hacer gestos y movimientos bruscos a causa de un dolor muy violento, una risa incontenible u otra sensación fuerte: *se retorcía de dolor de estómago.* v.prnl. + de = doblarse

retorcido, a
1 Se aplica a la persona que ve malas intenciones en todo: *no pienses eso, ¡cómo puedes ser tan retorcido!* adj./coloquial = malpensado
2 Se refiere a la persona que habla u obra ocultando sus intenciones y sentimientos, en especial malignos: *no me fío de ella porque la veo muy retorcida.* coloquial = malicioso
3 Se aplica al lenguaje o al estilo que es confuso o de difícil comprensión. = rebuscado
4 Se refiere a la persona que utiliza un lenguaje confuso o difícil de entender.
5 Acción de torcer dos o más hilos sencillos en el sentido contrario al de su propia torsión para obtener otro más resistente. s.m.

retorcijón Movimiento brusco y violento, en especial de alguna parte del cuerpo. s.m. tb: retortijón

retorcimiento
1 Acción y resultado de retorcer o retorcerse. s.m./= retorcijo
2 Cualidad o actitud de la persona que se comporta ocultando sus sentimientos o intenciones.

retórica
1 Arte y técnica de enseñar a hablar con elocuencia y corrección. s.f. RETÓRICA
2 Tratado de este arte. RETÓRICA
3 Lenguaje demasiado culto, afectado o recargado de expresiones. despectivo = grandilocuencia
4 Palabrería o razones que no vienen al caso: *no me vengas con retóricas.* s.f.pl. = monsergas

retoricadamente Usando retóricas o una retórica impropia. adv.

retóricamente Según las reglas de la retórica. adv.

retoricar
1 Hablar según las leyes y usos de la retórica. v.intr./conj: sacar
2 Emplear retóricas o una retórica impropia. v.intr/tr.

retórico, a (Del lat. *rhetoricus* < gr. *rhetorikos*.)
1 De la retórica o la oratoria: *tratado retórico.* adj.
2 Se aplica a la persona que está especializada en retórica. adj/s. RETÓRICA

retornamiento Acción y resultado de retornar. s.m./= retorno

retornar
1 Volver una persona o una cosa al lugar o situación en que estaba antes: *retornaré a mi país cuando no haya una dictadura.* v.intr/prnl. = regresar
2 Dar una cosa a quien la poseía antes: *el seguro te retornará el dinero de la reparación.* v.tr. = devolver
3 Volver a torcer una cosa = retorcer
4 Hacer que una cosa retroceda.

retornelo (Del ital. *retornello*.) Repetición de la primera parte del aria o de otras composiciones. s.m. MÚSICA

retorno
1 Acción y resultado de retornar: *todos esperan el retorno de su amigo.* s.m.
2 Correspondencia o pago que se da a un beneficio u obsequio recibido.
3 Cambio o trueque de una cosa por otra. = permuta
4 Vehículo o caballería que vuelve al lugar de donde salió.
5 Motón o polea que sirve para cambiar la dirección en que trabaja un cabo. NÁUTICA

retorrománico, a Se aplica al grupo de dialectos románicos, de la familia indoeuropea, hablados en la Suiza oriental, el Tirol y el Friul. adj/s.m. LINGÜÍSTICA = rético, retorromano

retorsión
1 Acción y resultado de retorcer o retorcerse. s.f.
2 Acción de devolver a una persona el mismo daño o agravio que de ella se ha recibido.

retorsivo, a Que implica retorsión. adj.

retorta (Del fr. *retorte*.)
1 Recipiente de cuello largo y encorvado usado en los laboratorios para diversas operaciones químicas. s.f. QUÍMICA
2 Tela de hilo entrefina y muy consistente. con la trama y la urdimbre torcidas. TEXTIL

retortero
1 Vuelta alrededor de una cosa. s.m.
2 al retortero: Alrededor de una cosa. loc.adv.
3 andar o ir al retortero: Estar muy ocupado, tener muchas cosas a que atender: *con los gemelos ando al retortero.* coloquial
4 llevar o traer a alguien al retortero: 1. Hacerle ir de un lado para otro: *me lleva al retortero con todas sus gestiones.* 2. Tener a una persona enamorada o dominada: *trae al retortero a todos los compañeros de la oficina.* coloquial

retortijar Formar ondas o bucles con el cabello u otra cosa. v.tr. = ensortijar

retortijón
1 Dolor breve y agudo en el estómago o en el abdomen: *no quiero comer porque tengo retortijones.* s.m.
2 Ensortijamiento de una cosa.
3 Retorcimiento de una cosa, en especial de alguna parte del cuerpo.

retostado, a De color oscuro. adj.

retostar
1 Volver a tostar una cosa: *retuesta el pan, que está muy blanco.* v.tr. conj: contar
2 Tostar demasiado una cosa. = requemar

retozador, a Que retoza con frecuencia: *este cachorro es muy retozador.* adj. = retozón

retozar (Del ant. *tozo*, burla < lat. vulgar *tautium*.)
1 Jugar los niños o los animales de corta edad, saltando y brincando con alegría: *el perrito retozaba por el césped.* v.intr. conj: cazar
2 Practicar una pareja juegos amorosos.
3 Agudizarse un estado de ánimo en una persona: *el odio retoza en algunas personas.* coloquial

retozo
1 Acción y resultado de retozar. s.m.
2 retozo de la risa: Ataque de risa que se intenta reprimir: *el retozo de su risa descubrió la falsedad de lo que contaba.* coloquial

retozón, a Que retoza mucho: *es un gato juguetón y retozón.* adj. = retozador

retracción
1 Acción y resultado de retraer. — s.f.
2 Reducción del volumen en ciertos tejidos orgánicos. — MEDICINA

retractable Que se puede o debe retractar. — adj.

retractación Acción de retractarse o desdecirse de lo dicho o prometido con anterioridad. — s.f. ≠ ratificación

retractar (Del lat. *retractare*, retocar.)
1 Negar una cosa que se ha dicho antes o quitarle validez: *se retractó ante el juez de su declaración en comisaría.* — v.tr/prnl. = desdecirse ≠ ratificar
2 Ejercer el derecho de retracto sobre una cosa. — v.tr./DERECHO

retráctil
1 Se aplica a las partes del cuerpo animal que pueden retraerse o retroceder quedando ocultas al exterior: *el gato tiene uñas retráctiles.* — adj. ZOOLOGÍA
2 Que puede avanzar o adelantarse y después, por sí misma, retraerse o esconderse: *pieza retráctil.*

retractilidad Calidad de retráctil. — s.f.

retractivo, a Que produce una retracción. — adj.

retracto
1 Derecho que compete a algunas personas para quedarse, por el tanto de su precio, con la cosa que se ha vendido a otra. — s.m. DERECHO
2 **retracto arrendaticio:** El que se concede en algunos casos al arrendatario para favorecer su acceso a la propiedad de lo arrendado. — DERECHO
3 **retracto convencional:** El pactado en la compraventa a favor del vendedor para recuperar la cosa vendida. — DERECHO
4 **retracto de aledaños o de colindantes:** El que concede la ley a los propietarios de la finca colindante a la vendida para evitar el fraccionamiento excesivo de los cultivos. — DERECHO
5 **retracto de comuneros:** El que concede la ley a los condueños para favorecer la consolidación de la propiedad. — DERECHO
6 **retracto de sangre o gentilicio:** El que concede la ley para recuperar fincas por razones de parentesco. — DERECHO

retraducir Volver a traducir una cosa. — v.tr./conj: conducir

retraer
1 Retirar una cosa encogiéndola o metiéndola en el interior de otra de la que forma parte. — v.tr/prnl. conj: traer
2 Hacer desistir o disuadir a una persona de un intento: *retrajo a su padre del proyecto; me retraje de mis planes.* — + de
3 Hacer una persona vida retirada: *se retrajo del bullicio de la ciudad.* — v.prnl. = aislarse
4 Dejar un partido o una colectividad la actividad pública de forma temporal.
5 Retirarse o retroceder: *las tropas se retrajeron ante el ataque.*
6 Volver a traer una cosa — v.tr.
7 Reproducir una cosa en la imaginación o en un retrato.
8 Ejercer el derecho de retracto sobre una finca u otra cosa vendida. — DERECHO

retraído, a
1 Que es tímido y poco comunicativo: *le cuesta hacer amigos porque es muy retraído.* — adj. = solitario
2 Que tiende a la soledad: *es muy retraído, casi no sale de casa.* — = introvertido

retraimiento
1 Acción y resultado de retraerse. — s.m.
2 Carácter o condición de la persona tímida y poco comunicativa: *su retraimiento es un obstáculo en sus relaciones.* — = introversión, misantropía
3 Lugar de retiro o refugio.
4 Habitación interior y retirada.

retranca (Del lat. *redro-*, detrás + *tranca*.)
1 Correa ancha de cuero, cáñamo o esparto que, sujeta a la silla o albarda, rodea las ancas del caballo e impide que el carruaje se mueva hacia delante.
2 Línea de puestos, en la batida, situada a espaldas de los que baten. — CAZA
3 Intención disimulada u oculta. — coloquial
4 Freno de cualquier vehículo o máquina. — Colomb., Cuba

retrancar Hacer retroceder o frenar una caballería el carruaje al que está enganchada. — v.tr. conj: sacar

retranquear
1 Mirar con un solo ojo para ver si un conjunto de cosas están en línea recta o si una superficie está combada. — v.tr.
2 Remeter el muro de fachada en la planta o plantas superiores de un edificio. — ARQUITECTURA

retranqueo Acción y resultado de retranquear un mulo de fachada. — s.m. ARQUITECTURA

retransmisión
1 Acción y resultado de retransmitir: *ha habido problemas en la retransmisión del programa radiofónico.* — s.f./TELECOMUNICACIONES
2 Emisión radiofónica o televisiva de un programa. — AUDIOVISUALES

retransmisor Se aplica al equipo electrónico que recibe una señal y la vuelve a emitir, amplificándola. — s.m./TELECOMUNICACIONES

retransmitir
1 Volver a transmitir. — v.tr.
2 Difundir una estación de radio o televisión un programa desde el lugar en que se produce: *retransmitirán el partido de fútbol en directo.* — AUDIOVISUALES = emitir
3 Explicar o comentar un hecho por radio o televisión: *no me gusta el periodista que retransmite las carreras ciclistas.* — AUDIOVISUALES
4 Difundir una estación de radio o televisión una emisión procedente de otro lugar: *están retransmitiendo imágenes en directo de un canal americano.* — AUDIOVISUALES

retrasado, a
1 Se aplica a la persona que tiene disminuidas sus facultades intelectuales. — adj/s. = deficiente
2 Se refiere al ser vivo que no ha llegado al desarrollo normal de su edad. — adj./BOTÁNICA, ZOOLOGÍA

retrasar
1 Atrasar la realización de una cosa: *retrasaré la boda; se retrasó la paga de navidad.* — v.tr/prnl. = aplazar
2 Dar marcha atrás a las agujas del reloj: *hay que retrasar el reloj.* — v.tr. ≠ adelantar
3 Hacer que una persona o un proceso vaya más lento: *el accidente retrasó el tráfico; me retrasé en los estudios al estar enfermo.* — v.tr/intr/prnl. = atrasar
4 Llegar tarde a un lugar: *siempre se retrasa y yo siempre la espero.* — v.prnl. = demorarse
5 Señalar un reloj una hora ya pasada: *el reloj del abuelo retrasa; mi despertador se retrasa.* — v.intr/prnl. ≠ adelantar

retraso
1 Acción y resultado de retrasar o retrasarse: *el tren llegó con una hora de retraso.* — s.m.
2 **retraso mental:** Disminución o deficiencia de las facultades intelectuales de una persona. — MEDICINA

retratador, a Persona que hace retratos. — s.

retratar (Del ital. *ritrattare*.)
1 Reproducir en un dibujo o fotografía la figura de una persona, animal o cosa: *se retrató en un fotomatón; el pintor retrata a los miembros de la familia real.* — v.tr/prnl. ARTE, FOTOGRAFÍA
2 Describir con exactitud a una persona o cosa: *con pocas palabras retrataré la personalidad del político.* — = dibujar
3 Retractar, desdecirse.
4 Mostrar de forma clara cómo es una persona, en especial cuando ésta quiere ocultarlo: *con sus declaraciones racistas, se retrató.* — v.prnl. coloquial
5 Imitar o asemejarse a una persona. — v.tr.

retratista Persona que hace retratos mediante la pintura, la fotografía u otros medios artísticos. — s.m.f./ARTE = retratador

retrato (Del ital. *ritratto*.)
1 Representación de una persona, animal o cosa mediante el dibujo, la fotografía, la pintura o la escultura: *no tengo ningún retrato de mi bisabuelo.* — s.m. ARTE, FOTOGRAFÍA
2 Arte y técnica de hacer esta representación.
3 Descripción detallada y exacta de una persona o cosa: *me hizo un retrato de su casa de campo.* — = dibujo
4 Retracto, derecho u opción del vendedor. — DERECHO
5 **retrato robot. 1.** Caracterización de los rasgos faciales de una persona buscada por la policía, realizada a partir de la descripción facilitada por uno o varios testigos. **2.** Conjunto de los rasgos atribuibles a una categoría de personas a partir de datos estadísticos, sociológicos o de otro tipo: *el retrato robot del español medio no se corresponde conmigo.* — ESTADÍSTICA, SOCIOLOGÍA
6 **ser el retrato o vivo retrato de alguien:** Parecerse mucho a otra persona: *su hermano es el retrato de su padre.*

retrechar Ir el caballo hacia atrás. — v.intr./EQUITACIÓN

retrechería Maña para eludir un deber o la confesión de la verdad. — s.f. coloquial

retrechero, a
1 Que tiene habilidad para eludir una obligación o una situación incómoda. — adj. coloquial
2 Que tiene atractivo y encanto: *me enamoré de tus ojos retrecheros.* — adj. coloquial = encantador

retrepado, a Que está inclinado o echado hacia atrás. — adj.

retreparse
1 Echar una persona la parte superior del cuerpo hacia atrás. — v.prnl.
2 Apoyarse una persona en el respaldo de una silla, echándola hacia atrás: *se retrepó tanto que se cayó al suelo.*

retreta (Del fr. *retraite*, retirada.)
1 Toque militar de retirada, o para que la tropa se recoja por la noche en el cuartel. — s.f. MILITAR
2 Fiesta nocturna en la cual recorrían las calles tropas del ejército con faroles, música, antorchas, y, a veces, carrozas. — HISTORIA

retrete (Del cat. *retret*, retraído.)
1 Recipiente provisto de tubo de desagüe y cisterna de agua, en el que una persona hace sus necesidades: *hemos de cambiar el retrete porque se ha roto.* — s.m. = inodoro, váter, water

2 Habitación en que se encuentra este recipiente y otras instalaciones de aseo: *el retrete está al final del pasillo.* — = aseo, servicio

retribución
1 Acción de retribuir o pagar a una persona. — s.f.
2 Cosa, por lo general dinero, que se da a una persona para pagarle un trabajo o servicio: *es un empleo con una buena retribución.* — = paga, salario

retribuir (Del lat. *retribuere.*) Pagar a una persona por un trabajo, servicio o favor: *retribuiré a mis empleados con un buen sueldo.* — v.tr./conj: *huir* = pagar, remunerar

retributivo, a
1 Que tiene relación con la retribución: *nivel retributivo; acuerdo retributivo.* — adj.
2 Que produce ganancia o beneficio: *cerró el negocio porque no era retributivo.* — = lucrativo, rentable

retriever (Voz inglesa.) Se aplica a una raza inglesa de perros de caza, cuya especialidad es cobrar piezas. — adj/s.m.

retrillar Volver a trillar la mies. — v.tr/AGRICULTURA

retro Que evoca o imita lo pasado: *los diseñadores apuestan en sus colecciones por la moda retro.* — adj.

retro- Componente de palabra procedente del lat. *retro,* que significa hacia atrás: *retrovisor.* — pref.

retroacción
1 Posibilidad de que una cosa tenga aplicación y efectividad sobre otras ya pasadas. — s.f. = retroactividad
2 Acción de volver hacia atrás. — = regresión
3 Acción de retorno, en cibernética, de las correcciones y regulaciones de un sistema de informaciones sobre el centro de mando del sistema. — TECNOLOGÍA tb: feed-back

retroactividad Posibilidad de que una cosa tenga aplicación y efectividad sobre otras ya pasadas: *la retroactividad de una ley.* — s.f. = retroacción

retroactivo, a Que actúa o influye sobre lo pasado: *esta ley tiene efectos retroactivos.* — adj.

retroalimentación Método consistente en mantener la acción o eficacia de un sistema mediante la continua revisión de los elementos del proceso y de sus resultados, con el fin de realizar las modificaciones que sean necesarias. — s.f. TECNOLOGÍA tb: feed-back

retrocarga
1 Acción y resultado de cargar un arma mediante un mecanismo situado en la parte inferior. — s.f.
2 de retrocarga: Se aplica al arma de fuego que se carga por la parte inferior de su mecanismo. — loc.adj.

retroceder (Del lat. *retrocedere.*)
1 Volver una persona, un animal o una cosa hacia atrás: *retrocedió para volver a mirar el escaparate.* — v.intr.
2 Detenerse una persona ante un peligro u obstáculo: *tengo un propósito y no voy a retroceder.* — = recular

retrocesión
1 Acción y resultado de retroceder. — s.f./= retroceso
2 Devolución a una persona de un derecho o cosa que ella había cedido antes. — DERECHO

retroceso
1 Acción y resultado de retroceder. — s.m./= retrocesión
2 Alejamiento del objetivo o fin que se persigue: *la negociación ha sufrido un retroceso.* — = regresión
3 Impulso hacia atrás producido al disparar un arma de fuego.
4 Jugada de billar que consiste en picar la bola en la parte baja para que vuelva hacia el punto de partida después de chocar con otra bola. — JUEGOS
5 Empeoramiento del estado de un paciente o agravamiento de una enfermedad que empezaba a curarse. — MEDICINA ≠ mejoría

retrocohete Cohete de frenado, utilizado, en astronáutica. — s.m. ASTRONÁUTICA

retrocuenta Operación de contar de un número mayor a otro menor. — s.f.

retroflejo, a (Del lat. *retro,* hacia atrás + *flexio, -onis,* flexión.) Se aplica al sonido que se articula con la punta de la lengua elevada y vuelta hacia el paladar. — adj. LINGÜÍSTICA

retroflexión
1 Inclinación de la matriz hacia atrás. — s.f./MEDICINA
2 Proceso mediante el cual se eleva la punta de la lengua y se vuelve hacia el paladar para articular ciertos sonidos. — LINGÜÍSTICA

retrogradación Acción de retrogradar o retroceder en apariencia un planeta en su órbita. — s.f. ASTRONOMÍA

retrogradar (Del bajo lat. *retrogradare.*)
1 Ir hacia atrás. — v.intr./= retroceder
2 Retroceder en apariencia los planetas en su órbita, vistos desde la Tierra. — ASTRONOMÍA

retrógrado, a (Del lat. *retrogradus.*)
1 Que es partidario de ideas o de instituciones políticas o sociales de tiempos pasados: *tiene constantes problemas con sus hijos porque es muy retrógrado.* — adj/s. = carca ≠ progresista
2 Que retrocede o retrograda. — adj.
3 Se aplica al movimiento que se produce en el sentido de el de las agujas del reloj. — adj. ASTRONOMÍA, MECÁNICA

retronar Producir una cosa un ruido fuerte o repentino: *la explosión de gas retronó por todo el barrio.* — v.intr./conj: *contar* = retumbar

retropié Parte posterior del pie que está formada por el astrágalo y el calcáneo. — s.m. ANATOMÍA

retropilastra Pilastra que se pone justo detrás de una columna. — s.f./ARQUITECTURA = trasdós

retropropulsión Sistema para impulsar un móvil consistente en que la fuerza que causa el movimiento es producida por reacción a la expulsión hacia atrás de un chorro, por lo general de gas. — s.f. TECNOLOGÍA

retroproyector Proyector que reproduce imágenes representadas en una transparencia o diapositiva. — s.m. AUDIOVISUALES

retropulsión Variedad de metástasis que consiste en la desaparición de una inflamación o tumor agudo, que se reproduce en un órgano distante. — s.f. MEDICINA

retrospección Revisión o examen del tiempo pasado: *deberías hacer retrospección de tu vida y entenderías mejor el presente.* — s.f.

retrospectiva Exposición que muestra obras pertenecientes a distintos momentos de la producción de un artista, escuela o época: *hoy se inaugura la retrospectiva del famoso pintor.* — s.f. ARTE

retrospectivo, a (Del lat. *retrospicere,* mirar atrás.) Que se refiere al tiempo pasado o lo recuerda: *emitirán unas imágenes retrospectivas de la ciudad.* — adj.

retrotracción Fingimiento que consiste en suponer que una acción se ejecutó en un tiempo anterior a aquel en el que realmente tuvo lugar y que se admite en algunos casos para efectos legales. — s.f. DERECHO

retrotraer (Del lat. *retro* + *trahere,* echar hacia atrás.)
1 Tomar una época o un hecho pasados como punto de partida para la narración de un suceso: *el escritor se retrotrajo a la época del charlestón.* — v.tr/prnl. conj: *traer* = remontarse
2 Fingir que una cosa sucedió en un tiempo anterior a aquel en que ocurrió en realidad. — DERECHO

retrovender Dar una cosa comprada al vendedor, recuperando el precio pagado. — v.tr. DERECHO

retrovendición Retroventa, acción de retrovender. — s.f./DERECHO

retroventa
1 Acción de retrovender. — s.f./DERECHO
2 Cláusula por la que el vendedor se reserva la facultad de recuperar la cosa vendida devolviéndole al comprador el precio más los gastos de adquisición. — DERECHO

retroversión Desviación hacia atrás de algún órgano del cuerpo, en especial la del útero. — s.f. MEDICINA

retrovisor Espejo pequeño que llevan los vehículos, en la parte superior del parabrisas o en los laterales, y que permite al conductor ver el espacio que está detrás de él: *mira por el retrovisor antes de cambiar de carril.* — s.m.

retrucar
1 Chocar una bola de billar en la banda al ser impulsada por otra, de forma que al volver golpee de nuevo a la que le imprimió el movimiento. — v.intr. conj: *sacar* JUEGOS
2 Hacer un jugador de truque una nueva apuesta en contra de la que se ha hecho con anterioridad. — JUEGOS
3 Replicar una persona cuando se le dice o manda una cosa. — Argent.
4 Replicar una persona con prontitud y de forma acertada y enérgica. — Argent., Perú, Urug. coloquial

retruécano (Del ital. *rintrónico,* nombre de una composición poética.)
1 Figura que consiste en colocar tras una frase o cláusula otra en la que se ha invertido el orden de las palabras de la primera, como por ejemplo: *hacer es ser, ser es hacer.* — s.m. RETÓRICA = conmutación
2 Juego de palabras.

retruque
1 Golpe que da, tras tocar en la banda, la bola de billar a la bola que la impulsó. — s.m./JUEGOS tb: retruco
2 Segunda apuesta hecha en contra de la primera, en el juego de cartas del truque. — JUEGOS

retuerto, a (Part. pas. irreg. de *retorcer.*) Retorcido. — part.

retumbante
1 Que retumba o produce mucho ruido: *la explosión fue retumbante.* — adj. = retronador
2 Que se muestra o se hace de una manera llamativa. — = ostentoso, pomposo

retumbar
1 Hacer gran ruido una cosa: *los cañonazos retumbaron por toda la ciudad.* — v.intr. = retronar
2 Sonar una cosa con fuerza, disminuyendo su intensidad: *los gruñidos del oso retumbaban en el bosque.* — = resonar
3 Reproducirse un sonido en la memoria de una persona: *sus palabras de odio retumban todavía en mi cabeza.* — = resonar

retumbo Acción y resultado de retumbar un sonido. — s.m.

retundir
1 Igualar la superficie de una pared o un muro después de acabado. — v.tr. CONSTRUCCIÓN

2 Hacer que una secreción perjudicial retroceda. — MEDICINA

reucliniano, a (De J. *Reuchlin*, humanista alemán.) Se aplica al sistema de pronunciación del griego clásico propuesto por este humanista, basado en la de los griegos modernos. — adj/s. LINGÜÍSTICA

reuma
1 Enfermedad caracterizada por dolor o inflamación en las articulaciones: *le cuesta andar porque tiene reuma en las piernas.* — s.m/f./MEDICINA / tb: reúma / = reumatismo
2 Edema y vasodilatación que representan el estado inicial de una inflamación. — MEDICINA

reumático, a
1 Del reuma: *sigue un tratamiento reumático.* — adj./MEDICINA
2 Que se produce por el reuma: *dolor reumático; enfermedad reumática; fiebre reumática.* — MEDICINA
3 Se aplica a la persona que padece reuma. — adj/s./MEDICINA

reumátide Enfermedad de la piel causada o mantenida por el reuma. — s.f. MEDICINA

reumatismo
1 Enfermedad caracterizada por una afección inflamatoria en las articulaciones. — s.m/MEDICINA / = reuma
2 **reumatismo articular agudo**: Afección febril causada por un estreptococo, que afecta las estructuras del aparato locomotor y comporta una afección cardíaca. — MEDICINA
3 **reumatismo infeccioso**: Afección debida a la acción directa de diversos gérmenes, por lo general el gonococo, en las articulaciones. — MEDICINA

reumatología (Del lat. *rheuma* < gr. *rheuma*, flujo + *logos*, ciencia) Parte de la medicina que estudia las enfermedades óseas articulares, reumáticas y degenerativas. — s.f. MEDICINA

reumatológico, a De la reumatología: *tratamiento reumatológico.* — adj. MEDICINA

reumatólogo, a Médico especialista en reumatología. — s. MEDICINA

reunificación Acción y resultado de unificar de nuevo: *la reunificación alemana.* — s.f.

reunificar Volver a unificar: *debemos reunificar los distintos criterios.* — v.tr/prnl. conj: sacar

reunión
1 Acción y resultado de reunir o reunirse. — s.f.
2 Conjunto de personas, animales o cosas juntas en un mismo sitio. — = agrupación
3 Conjunto de personas reunidas para tratar un asunto: *celebraremos una reunión de accionistas.* — = asamblea

reunir
1 Volver a unir personas o cosas que se han separado: *el nacimiento de mi hijo reunió a mis padres; nuestras familias se han reunido después de tantos años.* — v.tr/prnl. = juntar
2 Poner juntas a personas o cosas diferentes: *los niños de diferentes clases sociales se reúnen en mi casa.* — ≠ separar
3 Convocar a varias personas para hacer una reunión: *el jefe reunió a todos los empleados; los socios se reúnen una vez al mes.* — = agrupar
4 Ir adquiriendo cosas o cantidades de una cosa: *con los años ha reunido una fortuna.* — v.tr/= acumular, juntar
5 Tener una persona o una cosa ciertas condiciones o cualidades: *este candidato no reúne los requisitos solicitados.* — = cumplir
CONJ.: IND.: PRES.: *reúno, reúnes, reúne, reunimos, reunís, reúnen.* SUBJ.: PRES.: *reúna, reúnas, reúna, reunamos, reunáis, reúnan.* IMP.: *reúne, reúna, reunamos, reunid, reúnan.*

reuntar Volver a untar: *reunta la tostada con más mantequilla.* — v.tr.

reutilizar Volver a utilizar una cosa: *con la recogida selectiva de basuras las industrias pueden reutilizar algunas materias.* — v.tr.

revacunación Acción y resultado de vacunar o vacunarse de nuevo las personas o los animales. — s.f./MEDICINA, VETERINARIA

revacunar Volver a vacunar a una persona o a un animal: *se revacunó dada la gravedad de la epidemia de gripe.* — v.tr/prnl. MEDICINA, VETERINARIA

reválida
1 Examen obligatorio que se hacía al acabar ciertos estudios, como el bachillerato, con el fin de obtener el título correspondiente o para acceder a estudios superiores. — s.f.
2 Acción y resultado de revalidar. — = revalidación

revalidación Acción y resultado de revalidar. — s.f./= reválida

revalidar
1 Dar de nuevo validez o firmeza a una cosa: *el ciclista revalidó su título al volver a ganar.* — v.tr. = ratificar
2 Hacer una persona un examen general al finalizar determinados estudios. — v.tr/prnl.

revalorización
1 Acción y resultado de revalorizar o revalorizarse. — s.f.
2 Procedimiento de regulación económica en situaciones de inestabilidad monetaria. — ECONOMÍA
3 **revalorización de divisas**: Aumento del valor de una moneda en relación con otra. — ECONOMÍA

revalorizar
1 Aumentar el valor de una cosa: *la construcción de la autopista ha revalorizado el suelo.* — v.tr/prnl. conj: cazar
2 Volver a darle a una persona o una cosa el valor o la estimación perdidos: *con su última intervención el político se ha revalorizado.* — = revaluar / ≠ devaluar

revaluación
1 Acción y resultado de revaluar. — s.f.
2 Aumento del valor de la moneda de un país en relación con las monedas extranjeras. — ECONOMÍA

revaluar
1 Volver a evaluar una cosa: *revaluaremos los resultados de la estadística.* — v.tr/conj: actuar / = reconsiderar
2 Aumentar el valor de una cosa, en especial de una moneda. — = revalorizar / ≠ devaluar

revancha (Del fr. *revanche* < lat. *revindica*.) Venganza o desquite: *ahora he perdido pero quiero la revancha.* — s.f.

revanchismo Actitud de quien mantiene deseo de revancha o venganza: *deja de lado tu revanchismo y vivirás más tranquila.* — s.m.

revanchista
1 Del revanchismo: *estoy harta de tu actitud revanchista.* — adj.
2 Se aplica a la persona que se comporta con revanchismo: *es tan revanchista que hará todo lo posible para devolverte el daño.* — adj/s. / = vengativo

revecero, a
1 Que alterna o se remuda, en especial el arado o el ganado de labor: *arado revecero; ganado revecero.* — adj.
2 Persona encargada de cuidar el ganado de revezo. — s.

reveillón (Del fr. *réveillon*.) Cena y fiesta de nochevieja: *celebraré el reveillón en el yate de unos amigos.* — s.m. tb: revellón

revejecer Envejecer una persona antes de tiempo: *los disgustos la revejecieron.* — v.intr/prnl. conj: carecer

revejido, a Envejecido antes de tiempo: *no te cuidas y tienes la piel revejida.* — adj.

revelable
1 Que puede ser revelado o manifestado: *ningún secreto es revelable.* — adj. / = manifestable
2 Que está preparado para ser revelado: *carrete revelable.* — FOTOGRAFÍA

revelación
1 Acción y resultado de revelar o revelarse. — s.f./= revelamiento
2 Manifestación de un misterio o descubrimiento de una verdad por acción divina. — RELIGIÓN
3 Persona, animal o cosa que destaca por sus cualidades y empieza a ser conocido: *este detergente es la revelación en la limpieza; es el actor revelación del año.*
4 Intuición que permite saber o imaginar una cosa: *no subí a ese avión por una revelación.* — = presentimiento

revelado Operación de revelar películas fotográficas: *con el revelado te regalan un carrete.* — s.m. FOTOGRAFÍA

revelador, a
1 Que revela o descubre una cosa: *sus palabras fueron reveladoras.* — adj/s.
2 Líquido que sirve para revelar la placa o película fotográfica. — s.m. FOTOGRAFÍA

revelamiento Acción y resultado de revelar o revelarse. — s.m. / = revelación

revelandero, a Persona que falsamente pretende haber tenido revelaciones divinas. — s.

revelar (Del lat. *revelare*.)
1 Decir o hacer una cosa que se mantenía en secreto: *en sus memorias revela sus amoríos; la noticia se reveló ayer.* — v.tr. = descubrir
2 Dar una persona o una cosa muestras de lo que se desconocía: *el vestido revelaba su mal gusto.* — v.tr/prnl. = mostrar, reflejar
3 Manifestar una acción divina a los hombres una cosa que éstos no pueden descubrir por sí mismos. — RELIGIÓN
4 Hacer que sea visible la imagen impresa en la placa o película fotográfica: *todavía no he revelado el carrete de fotos.* — FOTOGRAFÍA
5 Resultar una cosa de determinada manera: *tus sospechas se han revelado ciertas.* — v.prnl.

reveler Hacer que la causa de una enfermedad que afecta a un órgano importante del cuerpo vaya a otro menos importante. — v.tr. MEDICINA

revellón (Del fr. *réveillon*.) Fiesta que se celebra la noche de final de año: *la discoteca organizó un divertido revellón.* — s.m. tb: reveillón

revenar Echar los árboles brotes por donde han sido cortados o injertados. — v.intr. BOTÁNICA

revendedor, a Que revende: *trabaja en una empresa revendedora de coches; es revendedor de pisos.* — adj/s. COMERCIO

revender Vender una persona una cosa que ha comprado a otra: *revenderé los muebles que compró mi madre.* — v.tr. COMERCIO

revenido Operación que consiste en recocer el acero a temperatura inferior a la del temple. — s.m. METALURGIA

revenimiento
1 Acción y resultado de revenir o revenirse. — s.m.

2 Hundimiento parcial del terreno de una mina. — MINERÍA

revenir
1 Volver a venir una persona. — v.intr./conj: *venir*
2 Volver una cosa al estado que antes tenía.
3 Ponerse una masa o una fritura correosa a causa de — v.prnl.
la humedad o el calor: *el pan de ayer se ha revenido.*
4 Volverse los licores y las conservas agrios: *los toma-* — = avinagrarse,
tes en conserva se han revenido. — agriarse
5 Soltar una cosa humedad: *la pintura de la pared ex-* — ≠ secarse
terior se reviene.

reveno Brote que echan los árboles por donde han — s.m.
sido cortados o injertados — BOTÁNICA

reventa
1 Acción y resultado de revender. — s.f.
2 Conjunto de personas que de forma ilegal reven- — COMERCIO
den entradas para espectáculos: *si quieres una entrada*
para el partido búscala en la reventa.
3 Establecimiento autorizado a vender con recargo — COMERCIO
entradas para espectáculos: *en la reventa cuesta cada*
entrada quinientas pesetas más.
4 Persona que revende de forma ilegal entradas para — s.m.f.
un espectáculo: *a los reventas ya no les quedan entradas* — coloquial
para el partido de fútbol.

reventadero
1 Terreno muy abrupto y pendiente por el que resul- — s.m.
ta difícil caminar.
2 Trabajo muy cansado: *la minería es un reventadero.*
3 Lugar donde revientan las olas del mar. — Chile
4 Manantial por donde fluye el agua. — Méx.

reventado, a
1 Que está agotado o muy cansado: *necesito dormir* — adj.
porque estoy reventada. — = rendido
2 Se refiere a la persona de carácter sinuoso, malin- — adj/s./Argent.
tencionada e intratable. — coloquial

reventador, a Persona que va a una reunión o es- — s.
pectáculo dispuesta a mostrar su desagrado de modo — coloquial
ruidoso para hacerlo fracasar.

reventar
1 Romperse la parte externa de una cosa de manera — v.tr/intr/prnl.
que salga al exterior su contenido: *la presión reventó el* — conj: *pensar*
globo; el neumático reventó; la tubería se ha reventado. — = estallar, explotar
2 Romper una cosa de forma violenta: *la dinamita re-* — = explotar
ventó la vía del tren; el vaso reventó al caer; algunos freso-
nes se reventaron en la bolsa.
3 Convertirse las olas del mar en espuma al romper- — v.intr.
se: *las olas reventaban contra el islote.*
4 Hacer que un caballo u otro animal se canse mu- — v.tr/intr/prnl.
cho: *el caballo se reventó en la carrera.* — coloquial
5 Hacer que una persona se canse mucho: *el sargento* — coloquial
reventó a los soldados en las maniobras; los obreros se re- — = fatigarse
vientan en la fábrica.
6 Causar una persona a una cosa molestia o enfado a — v.tr./coloquial
otra: *sus trampas en el juego le reventaban.* — = irritar, jorobar
7 Desear mucho una persona hacer o decir una cosa: — v.intr.
revienta de ganas de ir al cine; revienta por verte; si no lo — + de, por
digo, reviento. — coloquial
8 Expresar un estado de ánimo: *al conocer la noticia re-* — + de
ventó de alegría. — coloquial
9 Morir una persona o un animal: *espero que este des-* — coloquial
graciado reviente pronto.
10 Hacer que un asunto o un proyecto fracase: *el pú-* — v.tr.
blico reventó el concierto con su falta de atención.
11 Romper o estropear una cosa por usarla mal o en — v.tr/intr/prnl.
exceso: *no subas tanto el volumen que reventarás los al-*
tavoces; el motor reventó.
12 Finalizar una acción o proceso de forma brusca y, — coloquial
por lo general, desastrosa: *esta situación tan tensa aca-*
bará reventando.
13 Estar harto de comida: *no me sirvas más postre,* — coloquial
estoy que reviento.
14 Estar una cosa repleta de otra: *el estadio de fútbol* — v.intr./+ de
reventaba de gente. — coloquial
15 **reventar los precios:** Abaratar mucho el valor de — COMERCIO
venta de un producto comercial con el fin de hacerlo
más competitivo.

reventazón
1 Acción y resultado de reventarse una cosa por im- — s.f.
pulso interior.
2 Acción y resultado de deshacerse en espuma una
ola: *me gusta contemplar la reventazón de las olas.*

reventón, a
1 Que revienta o parece que va a reventar: *le regaló* — adj.
un clavel reventón.
2 Acción y resultado de reventar o reventarse, en es- — s.m.
pecial el de un neumático: *llegué tarde a causa de un*
reventón en la rueda delantera.
3 Esfuerzo intenso que se obliga a hacer o que se pa- — = panzada
dece en un momento de necesidad: *ayer me di un re-*
ventón trabajando porque quería acabarlo todo.
4 Dificultad o apuro en que se encuentra una persona.
5 Cuesta muy pendiente y difícil de subir.
6 Fiesta, reunión de gente para divertirse. — Méx./coloquial

7 **dar o pegar un reventón:** Morir, en especial por — coloquial
comer o beber en exceso: *come tanto que un día pegará*
un reventón.

rever
1 Volver a ver o mirar una cosa: *quiero rever su infor-* — v.tr.
me con más detalle. — conj: *ver*
2 Examinar una cosa con cuidado. — = revisar
3 Volver a examinar un tribunal superior un pleito — DERECHO
visto y sentenciado en otra sala.

reverberación
1 Acción y resultado de reverberar la luz o el calor — s.f.
sobre una superficie. — = reverbero
2 Persistencia de un fenómeno sonoro en un recinto — FÍSICA
o lugar cerrado, después de haber cesado la emisión
del mismo: *un buen auditorio no puede tener reverbera-*
ción.
3 Proceso de calcinación efectuado en un horno de
reverbero.

reverberante Que reverbera — adj.

reverberar (Del lat. *reverberare*, rebotar.)
1 Reflejarse la luz o el calor. — v.intr.
2 Persistir un fenómeno sonoro después de haber cesado la emisión del mismo.

reverbero
1 Reverberación, acción y resultado de reverberar. — s.m.
2 Cuerpo de superficie lisa y pulida en que la luz se
refleja: *el espejo era el reverbero de los rayos de sol.*
3 Farol que hace reverberar la luz.

reverdecer
1 Volver a ponerse verdes las plantas secas o mus- — v.intr/tr.
tias: *la primavera reverdece los campos; con el abono las* — conj: *carecer*
violetas han reverdecido.
2 Tomar una cosa nuevo vigor: *el clima reverdeció su*
salud; reverdecen las ideas liberales.

reverdecimiento Acción y resultado de reverdecer. — s.m.

reverencia (Del lat. *reverentia*.)
1 Inclinación del cuerpo en señal de respeto o vene- — s.f.
ración: *al llegar ante el rey, hizo una reverencia.*
2 Respeto que se tiene a una persona o a ciertas co- — = veneración
sas, en particular a las sagradas: *contemplaba a la vir-*
gen con reverencia.
3 Tratamiento que se da a algunos religiosos. — RELIGIÓN

reverenciable Que puede ser reverenciado o ad- — adj.
mirado por considerarse bueno: *has tenido una actitud*
reverenciable.

reverenciador, a Que reverencia o respeta. — adj.

reverencial Que implica reverencia o respeto. — adj.

reverenciar Sentir y mostrar respeto por una perso- — v.tr.
na o una cosa: *reverenciar al que ayuda al prójimo.* — = respetar, venerar

reverencioso, a Que hace muchas reverencias o in- — adj.
clinaciones en señal de respeto: *el protocolo no exige*
que seas tan reverencioso.

reverendas
1 Cartas dimisorias en las cuales un obispo o prelado — s.f.pl.
da facultad a su súbdito para recibir órdenes de otro. — RELIGIÓN
2 Calidad o méritos de una persona que la hacen dig- — = merecimiento
na de estimación y respeto.

reverendísimo, a Se aplica como tratamiento a los — adj./formal
cardenales, arzobispos y otras dignidades eclesiás- — RELIGIÓN
ticas.

reverendo, a
1 Se aplica como tratamiento a las dignidades ecle- — adj/s.
siásticas y a los prelados y graduados de las órdenes — formal
religiosas: *nos recibió la reverenda madre; el reverendo* — RELIGIÓN
está en la iglesia.
2 Que es digno de reverencia.
3 Que es demasiado circunspecto o adopta actitud de — = serio
gravedad.

reverente Que muestra reverencia o respeto: *fue un* — adj.
acto reverente inclinarte ante ella. — ≠ irreverente

reversa Velocidad o marcha atrás en los vehículos de — s.f./Méx.
motor. — MECÁNICA

reversibilidad Posibilidad que una cosa tiene de ser — s.f.
reversible o volver a un estado o condición anterior. — ≠ irreversibilidad

reversible
1 Que puede volver a un estado o condición anterior: — adj.
por suerte, es un proceso reversible. — ≠ irreversible
2 Se aplica a la prenda de vestir que está pensada
para que pueda ser llevada por el derecho o por el revés: *cazadora reversible.*
3 Se refiere a la alteración o enfermedad que puede — MEDICINA
ser curada: *enfermedad reversible.* — ≠ irreversible
4 Se aplica a la cosa o derecho que puede o debe vol- — DERECHO
ver a su antiguo dueño.
5 Se aplica a la transformación que puede cambiar de — FÍSICA,
sentido en cualquier momento. — QUÍMICA
6 Se aplica al mecanismo que está pensado para que — MECÁNICA
pueda cambiar el sentido del movimiento.

reversión
1 Proceso de restitución de una cosa al estado que te- — s.f.
nía.

2 Acción y resultado de revertir o volver una cosa a su antiguo dueño. · DERECHO

reverso (Del ital. *reverso* < lat. *reversus*.)
1 Parte opuesta a la delantera o principal de una cosa: *no escribáis en el reverso del papel.* · s.m. / = revés
2 Cara de una moneda o medalla opuesta al anverso: *en el reverso de la medalla está la fecha de nacimiento.* · = cruz / ≠ haz

reverter Rebosar, salir una cosa de los bordes de su recipiente o de sus límites: *el agua revertía de la bañera.* · v.intr. / conj: *tender*

revertir
1 Volver una cosa al estado que tenía antes. · v.intr./conj: *sentir*
2 Tener una cosa consecuencias para una persona u otra cosa: *las ventas revierten en beneficio de la empresa.* · + en / = repercutir
3 Volver una cosa al dueño que tenía antes o pasar a un nuevo dueño. · DERECHO

revés (Del lat. *reversus*.)
1 Parte opuesta de una cosa: *me gusta más el revés de la tela que el derecho.* · s.m./pl: reveses / = dorso, reverso
2 Golpe con la mano vuelta: *le pegó un revés y le dejó la mejilla colorada.*
3 Golpe dado, en tenis y otros deportes de raqueta, llevando la raqueta al lado contrario al brazo que la sostiene: *tiene un revés muy bueno.* · DEPORTES
4 Suceso desgraciado o contratiempo: *con la muerte de su hermana ha sufrido un duro revés.* · = infortunio, percance
5 Golpe dado en esgrima con la espada en diagonal y de izquierda a derecha. · DEPORTES
6 Derrota en una discusión, unas elecciones u otra cosa: *ha tenido un severo revés en las elecciones.*
7 Cambio brusco que experimenta una persona en el estado de ánimo o en el trato con la gente: *a veces tiene unos reveses que no entiendo.*
8 revés alto: El que se da al restar la pelota, cuando ha botado hasta la altura o por encima de la cabeza del jugador, en el tenis. · DEPORTES
9 al o del revés: Al contrario, en el otro sentido o en sentido inverso: *te has puesto la falda al revés; lo has hecho al revés de como te he dicho.* · loc.adv.

revesa Corriente derivada de otra principal, y de distinta dirección a la de ésta. · s.f. / NÁUTICA

revesado, a
1 Que resulta difícil de hacer o entender: *no consigo solucionar este revesado problema de lógica.* · adj. / tb: enrevesado
2 Se refiere a la persona que es inquieta y revoltosa. · = indomable, travieso

revesar Expulsar una persona el contenido del estómago. · v.tr./= vomitar / FISIOLOGÍA

revesino (Del ital. *rovescina*.)
1 Juego de cartas entre cuatro personas en que gana quien hace todas las bazas, o bien quien tiene menos. · s.m. / JUEGOS
2 Jugada de este juego en que se consiguen todas las bazas. · JUEGOS
3 cortar el revesino: 1. Quitar una baza al jugador que intenta hacerlas todas. 2. Frustrar el intento de una persona. · JUEGOS / coloquial

revestimiento
1 Acción y resultado de revestir. · s.m./= revestido
2 Capa de cualquier material que recubre una cosa para aislarla, adornarla o protegerla: *las paredes del salón tienen el revestimiento de madera.* · = cobertura

revestir
1 Cubrir una cosa con un material aislante, protector o de adorno: *revestirán el suelo con madera.* · v.tr. / conj: *pedir*
2 Tener una cosa un aspecto, cualidad o carácter: *el accidente reviste mucha gravedad.*
3 Disfrazar la realidad de una cosa: *revistió su actuación para parecer un héroe.* · = disimular
4 Adornar una expresión o escrito con figuras retóricas: *reviste las cartas que envía a su prometida.*
5 Ocultar una acción o un sentimiento, en general modificando la expresión del rostro.
6 Ponerse una persona una ropa sobre otra: *el sacerdote se revistió para la misa.* · v.prnl.
7 Mostrar una cualidad en momentos difíciles: *se revistió de paciencia para aguantar a aquel imbécil.* · + de / = armarse
8 Mostrarse una persona de una determinada manera: *se revistió con la seriedad que exigía el momento.*
9 Dejarse influir por una cosa: *convivió con un grupo y se revistió de sus ideas.* · = imbuirse

reveza Corriente marina desviada de otra principal. · s.f./NÁUTICA

revezar Poner a una persona o una cosa en lugar de otra: *no se sabe quién me revezará en el cargo; revezó la vieja vajilla por otra nueva.* · v.tr/prml./conj: *cazar* / = reemplazar, sustituir

revezo
1 Acción y resultado de revezar o sustituir una cosa o persona por otra. · s.m. / = sustitución
2 Cosa que se reveza o sustituye otra. · = sustituto
3 Par de caballerías o bueyes con que se releva el par que ha trabajado.

revidar Reenvidar, hacer una apuesta sobre otra. · v.tr./JUEGOS

reviejo, a
1 Que es muy viejo: *la casa de huéspedes está regentada por una anciana revieja.* · adj.
2 Rama reseca e inútil de un árbol. · s.m.

reviernes Cada uno de los siete viernes siguientes a la pascua de resurrección. · s.m./pl: reviernes / RELIGIÓN

revigorizar Dar una cosa nuevo vigor o fuerza a otra o a una persona: *revigorizó las plantas con un abono especial.* · v.tr./conj: *cazar* / = fortalecer

revindicar Defender a una persona injuriada: *le defendió ante los periodistas revindicando su buen nombre.* · v.tr. / conj: *sacar*

revirado, a Se aplica a la fibra de los árboles que se retuerce alrededor del eje o corazón del tronco, por lo que su madera resulta defectuosa para la construcción: *corteza revirada; madera revirada.* · adj. / CARPINTERÍA

revirar
1 Hacer que una cosa pierda la posición o dirección habituales: *reviró la lana para formar un ovillo.* · v.tr. / = desviar, torcer
2 Volver contra una persona o una cosa con rapidez: *se reviró enfadado contra él al oír sus insultos.* · v.tr/prml. / = protestar, sublevar
3 Volver a cambiar una embarcación de rumbo. · v.intr./NÁUTICA

revisable Que puede ser revisado: *sistema revisable; propuesta revisable.* · adj./= repasable, corregible

revisada Revisión, acto de revisar. · s.f./Amér.

revisador, a Revisor [en todas sus acepciones]. · adj/s.

revisar
1 Examinar una cosa para comprobar si está correcta o completa: *revisa el trabajo antes de entregarlo para que no queden errores.* · v.tr. / = repasar
2 Observar una cosa con atención: *revisó la sala por si encontraba a alguien conocido.*
3 Examinar una cosa después de un tiempo de funcionamiento para corregir sus posibles desajustes: *antes de un viaje largo es conveniente revisar el motor del coche.* · = reexaminar

revisión
1 Acción de revisar: *él mismo hizo la revisión de los niveles de aceite y agua.* · s.f. / = comprobación
2 Comprobación anual de las excepciones y exenciones variables del servicio militar. · MILITAR
3 revisión médica: Reconocimiento o examen médico. · MEDICINA

revisionismo
1 Tendencia a revisar una doctrina o una norma con el propósito de actualizarlas. · s.m.
2 Doctrina que pone en duda los principios ideológicos en los que se sustenta un determinado movimiento sociopolítico. · POLÍTICA
3 Denominación con la que se designa las posiciones que, partiendo del marxismo, expresan una revisión de sus aspectos filosóficos, económicos y políticos. · POLÍTICA

revisionista
1 Del revisionismo. · adj.
2 Que se aparta del pensamiento y la práctica establecidos por un partido marxista, en especial el que se desvía del soviético. · adj/s.m.f. / POLÍTICA
3 Que es partidario del revisionismo

revisita Nuevo reconocimiento o examen que se hace de una cosa. · s.f.

revisor, a
1 Que revisa o examina: *el revisor no dio por bueno su artículo.* · adj.
2 Persona que revisa, en especial los billetes de los viajeros de un transporte público: *revisor de autobuses; revisor de trenes.* · s.

revisoría Oficio de revisor. · s.f.

revista
1 Publicación periódica con artículos que tratan o informan de una o varias materias: *se ha suscrito a una revista especializada en informática; le gusta hojear las revistas de modas.* · s.f.
2 Noticia o reseña de obras literarias, representaciones teatrales y de espectáculos.
3 Representación escénica que incluye números musicales y cómicos de contenido y tono frívolos o eróticos: *actúa como bailarina en una revista.* · TEATRO
4 Espectáculo teatral que consiste en una serie de cuadros sueltos, por lo general basados en hechos de actualidad. · TEATRO
5 Formación y presentación de tropas para que un superior las inspeccione. · MILITAR
6 Examen que un jefe hace de las personas o cosas sometidas a su autoridad: *cada tarde pasa revista al material de su oficina.* · = inspección
7 Segunda inspección o examen. · = reexamen
8 Nueva vista de una causa ante otro jurado. · DERECHO
9 revista anual: La de los reservistas del servicio militar. · MILITAR
10 revista de comisario: Inspección hecha a primeros de mes por el comisario para comprobar la presencia de los individuos que forman cada cuerpo y abonarles la paga. · MILITAR
11 revista de inspección: La que pasa el inspector cada cierto tiempo a cada cuerpo militar para examinar el estado de instrucción y disciplina. · MILITAR

12 revista del corazón: Publicación periódica de contenido ligero relativo a acontecimientos de la vida de personas públicas o populares.

13 revista musical: Representación escénica con números musicales y cómicos de contenido y tono frívolos. — TEATRO

14 pasar revista: 1. Examinar con cuidado una serie de cosas: *pasó revista a las maletas para comprobar que no olvidaba nada.* 2. Examinar un jefe a las personas o cosas que están sujetas a su autoridad. — coloquial

15 suplicar en revista: Recurrir una sentencia ante el tribunal superior. — DERECHO

revistar Pasar revista un jefe o una autoridad, tanto militar como civil, a las personas o cosas que tiene a su cargo. — v.tr.

revistero, a
1 Mueble para colocar revistas: *le han regalado un revistero de madera.* — s.m.
2 Persona encargada de escribir revistas o reseñas en un periódico. — s.
3 Persona que trabaja o actúa en una revista teatral: *la obra está protagonizada por uno de los revisteros más famosos del momento.* — TEATRO

revitalización Acción y resultado de revitalizar: *las nuevas medidas económicas están encaminadas a la revitalización de las actividades agrarias.* — s.f. = fortalecimiento ≠ debilitamiento

revitalizante Que revitaliza: *se aplica un producto revitalizante del cabello.* — adj. = fortaleciente

revitalizar Dar una persona o cosa fuerza o vitalidad a otras: *el ejercicio revitaliza los músculos; sus visitas le revitalizan.* — v.tr./conj: *cazar* = revivificar ≠ debilitar

revival (Voz inglesa.) Evocación o recuperación de estilos y modas del pasado: *esta canción es un revival del estilo musical de los cincuenta.* — pl: revivals

revividero Local donde se reavivan los huevos de los gusanos de seda. — s.m.

revivificación Acción y resultado de revivificar: *el nacimiento de su nieto contribuyó a la revivificación de su ánimo.* — s.f. = revitalización

revivificar Dar una persona o una cosa nuevas fuerzas o ánimos a otras: *la compañía de sus amigos le revivificaba en aquel momento tan difícil.* — v.tr./conj: *sacar* ≠ desanimar

revivir
1 Volver en sí una persona que parecía muerta. — v.intr./= resucitar
2 Volver a existir una cosa o un sentimiento: *ahora revive la música de los sesenta.* — = renacer
3 Recordar las impresiones de una experiencia o de un suceso vivido con anterioridad: *al volver a ver a su amigo de la infancia revivió sus tiempos de niño.* — v.tr. = evocar, rememorar
4 Volver en sí una persona que parecía muerta. — v.intr./= reanimarse

reviviscencia
1 Acción y resultado de revivir: *la reviviscencia del accidente sufrido le atormentaba.* — s.f. = recuerdo
2 Proceso biológico mediante el cual los seres que se encuentran en vida latente recuperan su actividad. — BIOLOGÍA

reviviscente Que tiene la propiedad de la reviviscencia. — adj. BIOLOGÍA

revocabilidad Posibilidad de que una cosa sea revocada o dejada sin efecto: *se atuvo a la revocabilidad del acuerdo para anularlo.* — s.f. ≠ irrevocabilidad

revocable Que puede ser revocado: *se trata de un contrato revocable por ambas partes.* — adj. ≠ irrevocable

revocación
1 Acción y resultado de revocar: *la revocación de tu contrato puede implicar una demanda.* — s.f.
2 Anulación, sustitución o enmienda de una orden o disposición de una autoridad por otra. — DERECHO
3 Acto jurídico con el que una persona deja sin efecto otro anterior realizado por ella misma. — DERECHO

revocador, a
1 Que revoca: *la nueva disposición tiene un efecto revocador sobre las anteriores.* — adj. = revocante
2 Persona que revoca paredes. — s./CONSTRUCCIÓN

revocadura
1 Revoque de las fachadas y paredes exteriores de las casas. — s.f. CONSTRUCCIÓN
2 Parte del lienzo tapada por el grueso del marco.

revocante Que revoca. — adj./= revocatorio

revocar (Del lat. *revocare*.)
1 Dejar una orden, norma o resolución sin efecto, en especial cuando lo hace una autoridad: *el juez revocó la sentencia anterior.* — v.tr./conj: *sacar* = anular, invalidar
2 Volver a pintar o enlucir las paredes exteriores de un edificio. — CONSTRUCCIÓN
3 Conseguir que una persona desista de un propósito: *no logró revocar su decisión porque es muy obstinado.* — = disuadir
4 Hacer una corriente de aire que retroceda una cosa: *el viento revoca el humo de la chimenea.* — v.tr/intr.

revocatorio, a Que revoca o invalida una norma o resolución anterior: *es una orden revocatoria.* — adj./= revocador, revocante

revoco
1 Acción y resultado de revocar o invalidar una cosa. — s.m./= anulación

2 Acción y resultado de volver a pintar o enlucir las paredes exteriores de un edificio. — CONSTRUCCIÓN
3 Cubierta de retama que se pone en las espuertas de carbón.

revolada
1 Vuelo en círculo que describen algunas aves antes de posarse. — s.f. ZOOLOGÍA
2 Primer vuelo que hacen las perdices al amanecer. — ZOOLOGÍA

revolante Que revuela o revolotea. — adj.

revolar
1 Volar un animal o una cosa alrededor de otra o dando giros en una corta distancia: *las hojas revolaban alrededor del tronco; el gorrión estuvo revolando en busca de comida.* — v.intr. conj: *cortar* = revolotear, volitar
2 Dar un ave un segundo vuelo: *aquel águila se revolaba por las cumbres rocosas.* — v.intr/prnl.

revolcadera Conjunto de personas o animales que se revuelcan formando barullo o jaleo. — s.f.

revolcadero Lugar donde algunos animales suelen revolcarse. — s.m. tb: revolvedero

revolcado Guiso de pan tostado, tomate, chile y otros condimentos. — s.m./Guat. COCINA

revolcar (Del lat. vulgar *revolicare*.)
1 Tirar a una persona al suelo y maltratarla o pisotearla: *el toro revolcó al diestro causándole heridas graves.* — v.tr./conj: *trocar* = derribar
2 Vencer al adversario en una discusión o una competición: *lo revolcó en la disputa después de gritarse mucho.* — coloquial
3 Declarar a una persona no apta en un examen: *lo revolcaron en geografía por tercera vez.* — = suspender
4 Echarse una persona o un animal sobre una cosa y dar vueltas: *el perro se revolcó en el charco toda la tarde y luego no hubo manera de limpiarlo.* — v.prnl.
5 Tener empeño u obstinación en una cosa: *se revolcó en subirse al árbol y no paró hasta conseguirlo.* — coloquial = empeñarse

revolcón
1 Acción o resultado de revolcar o revolcarse: *les encanta ir a la playa para darse revolcones en la arena.* — s.m. = revuelco
2 Acción y resultado de vencer al adversario en una discusión o competición: *¡menudo revolcón me has dado en el dominó!*
3 Jugueteo sexual con intercambio de caricias y abrazos apasionados entre dos personas: *estaban medio desnudos y dándose revolcones cuando les sorprendió un guardia.* — coloquial = retozo

revolear
1 Volar un animal haciendo tornos o giros. — v.intr.
2 Girar a rodeabrazo correas, lazos u otras cosas, o hacer molinetes con cualquier objeto. — v.tr. Argent., Urug.

revolotear
1 Volar un animal alrededor de una cosa o haciendo giros en una corta distancia: *cientos de palomas revoloteaban sobre nuestras cabezas en la plaza.* — v.intr. = revolar, revolear
2 Moverse una cosa ligera en el aire dando vueltas: *las hojas revoloteaban por el viento.*
3 Lanzar una cosa al aire con ímpetu: *el crío se reía cada vez que lo revoloteaban.* — v.tr.

revoloteo Acción y resultado de revolotear: *cerró la puerta para evitar el revoloteo de los papeles sobre su mesa.* — s.m.

revoltijo
1 Conjunto desordenado de muchas cosas: *todo está hecho un revoltijo de cajas porque aún no nos hemos instalado.* — s.m. tb: revoltillo = lío, revoltina
2 Confusión o enredo: *quería explicar tantas cosas que al final se hizo un revoltijo que nadie entendió.* — = barullo, jaleo
3 Conjunto de tripas de una res. — = trenza
4 Plato de cocina que consiste en una mezcla de huevos batidos con tomate o con otros alimentos. — COCINA = revuelto
5 Guisado a la manera de pisto. — COCINA

revoltón
1 Bovedilla o bóveda pequeña entre viga y viga del techo. — s.m. CONSTRUCCIÓN
2 Punto en que una moldura cambia de dirección. — ARQUITECTURA

revoltoso, a
1 Se aplica a la persona que promueve disturbios o sublevaciones. — adj/s./= provocador, rebelde
2 Que es travieso y alborotador: *es un niño revoltoso y desobediente pero simpático.* — = enredador, inquieto
3 Que tiene muchas vueltas y revueltas. — adj./= intrincado
4 Se aplica al toro que no sale con limpieza de la suerte y se torna con rapidez hacia lo que acaba de acometer. — adj/s.m. TAUROMAQUIA

revoltura Desorden, mezcla confusa. — s.f./Méx.

revolución (Del lat. *revolutio, -onis*.)
1 Acción y resultado de revolver o revolverse. — s.f.
2 Cambio radical, y en ocasiones violento, en las instituciones políticas, económicas o sociales de una nación: *el campesinado aprobaba la revolución.* — POLÍTICA, SOCIOLOGÍA
3 Cambio radical en cualquier cosa: *la informática ha sido una revolución en casi todos los ámbitos.* — = transformación
4 Alteración del orden público: *los manifestantes causaron una revolución durante la manifestación.* — = alboroto, rebelión

5 Giro o vuelta completos que da una pieza o un cuerpo sobre su eje o un centro. **MECÁNICA**

6 Vuelta dada por un astro a lo largo de toda su órbita por el espacio. **ASTRONOMÍA**

7 Conmoción y alteración de los humores. **MEDICINA**

8 Rotación de 360 grados de una figura en torno a su eje. **GEOMETRÍA**

revolucionar
1 Provocar cambios políticos, sociales o económicos en una nación: *el comunismo revolucionó la economía capitalista.* **v.tr./POLÍTICA, SOCIOLOGÍA** = alterar

2 Perturbar el orden o la tranquilidad de una persona o comunidad: *su regreso revolucionó a toda la familia.*

3 Provocar un cambio en las ideas o las actitudes de las personas: *ese descubrimiento revolucionó todas las costumbres.* = transformar

4 Dar más o menos revoluciones a un cuerpo que gira al mecanismo que produce el movimiento en un tiempo determinado. **MECÁNICA**

revolucionario, a (Del fr. *revolutionnaire*.)
1 De la revolución política, social o económica de una nación: *participó en los movimientos revolucionarios de los años sesenta.* **adj./POLÍTICA, SOCIOLOGÍA**

2 Que es partidario de la revolución de las instituciones políticas, sociales o económicas. **adj/s./POLÍTICA, SOCIOLOGÍA**

3 Que produce un cambio brusco o innovador: *es un invento revolucionario.* **adj.** = renovador

4 Que causa alboroto: *actitud revolucionaria.* **adj/s.**

revoluto, a Se aplica a la hoja que está enrollada hacia la cara inferior. **adj. BOTÁNICA**

revolvedero Revolcadero, lugar donde se revuelcan los animales. **s.m.**

revolvedor, a Que revuelve o inquieta: *si no fueras tan revolvedor, no te regañarían por coger lo que no debes.* **adj/s.**

revolvedora Máquina en forma de torno para mezclar los materiales de construcción. **s.f./Méx. CONSTRUCCIÓN**

revolver
1 Mover una cosa girándola o dándole vueltas: *revuelve bien la medicina en el agua para que se disuelva.* **v.tr./conj: mover** = menear

2 Mover cosas que estaban en orden, dejándolas desordenadas: *en seguida noté que alguien había revuelto mis cajones.* = desordenar

3 Irritar o enfadar una cosa o una persona a otra.

4 Causar una cosa náuseas o molestias de estómago: *las curvas me revuelven, así que mejor vamos por la autopista.* = remover

5 Andar los niños de un lado para otro: *llevan toda la tarde revolviendo en las habitaciones.* **v.intr.** = enredar

6 Hacer que la gente se subleve o cause disturbios: *su discurso revolvió a los asistentes.* **v.tr.** = sublevar

7 Volverse hacia el enemigo para atacarle: *se revolvió contra los atacantes.* **v.tr/prnl.**

8 Hacer que unas personas se enemisten con otras: *revolvió a los padres con los hijos para lograr la herencia.* = enemistar

9 Pensar sobre un asunto: *revolvía el tema sin dar con la solución; deja de revolver el pasado.* **v.tr./= reflexionar, discurrir**

10 Volver a recorrer el camino andado: *nos revolvimos para esperarle; se revolvieron porque se habían perdido.* **v.tr/intr/prnl.**

11 Volver una cosa al punto de partida después de dar una vuelta completa: *el autocar se revuelve por el mismo camino de ida.* **v.tr/prnl.** = retornar

12 Cubrir una cosa con otra: *revolvió el paquete en papel dorado.* **v.tr.** = envolver

13 Hacer girar el jinete al caballo en poco espacio y con rapidez. **v.tr/intr/prnl. EQUITACIÓN**

14 Moverse una persona de un lado a otro en un espacio pequeño: *se revuelve en la cama; no pueden revolverse de la cantidad de gente que hay.* **v.prnl.**

15 Quejarse de una persona o una cosa: *se revolvió contra su jefe por el trato despectivo.* = encararse, rebelarse

16 Ponerse el tiempo atmosférico borrascoso: *parece que la tarde se ha revuelto.*

17 Moverse el sedimento de un líquido o enturbiarse por esta razón.

18 Volver un astro al punto de partida tras recorrer su órbita. **ASTRONOMÍA**

19 Volverse el toro con rapidez sobre lo que acaba de embestir. **TAUROMAQUIA**

revólver (Del ingl. *revolver*.)
1 Arma de fuego de corto alcance provista de varias recámaras dispuestas en un cilindro giratorio situado entre el cañón y el percutor. **s.m.**

2 Dispositivo que soporta diversas piezas y que, con un simple giro, permite colocar la pieza elegida en la posición adecuada para su utilización. **MECÁNICA**

revoque
1 Acción y resultado de revocar las fachadas y paredes de las casas: *el revoque de la fachada está ya muy estropeado.* **s.m. CONSTRUCCIÓN** = revocadura

2 Sustancia compuesta de cal y arena u otro material semejante usada para revocar las fachadas y paredes de las casas. **CONSTRUCCIÓN**

revotarse Emitir un voto contrario al emitido con anterioridad. **v.prnl.**

revuelco Acción y resultado de revolcar o revolcarse: *jugaban dándose revuelcos en el césped.* **s.m.** = revolcón

revuelo
1 Agitación o confusión que se produce por alguna noticia o suceso o por otra causa: *no puedo dormir con tanto revuelo en la calle; tu dimisión ha levantado revuelo en la oficina.* **s.m.** = alboroto, turbación

2 Agitación o movimiento confuso y desordenado de aves o cosas volando: *el estruendo provocó el revuelo de las aves.* = revoloteo

3 Segundo vuelo que dan las aves. **ZOOLOGÍA**

4 Vuelo hecho dando vueltas.

5 Suerte de capa que se ejecuta aprovechando la salida del toro de una suerte anterior. **TAUROMAQUIA**

6 **de revuelo:** Con rapidez y ligereza: *hizo todos los encargos de revuelo.* **loc.adv.**

revuelta
I (Derivado de *volver*.)
1 Alboroto o alteración del orden público: *la policía detuvo a los causantes de la revuelta.* **s.f.** = disturbio

2 Riña o pelea entre varias personas: *se enzarzó en una revuelta por defender a sus amigos.* = pendencia, reyerta

3 Punto en el que un camino, río u otra cosa cambia de dirección: *la casa se ve desde una revuelta del camino.* = recodo

4 Cambio de un estado o parecer a otro distinto. = mudanza

5 Cambio de una opinión a otro.

II (Derivado de *vuelta*.) Segunda vuelta o repetición de la vuelta. **s.f.**

revueltamente Sin orden ni concierto. **adv.**

revuelto, a (Part. pas. irreg. de *revolver*.)
1 Que es revoltoso o travieso: *es un niño muy revuelto e inquieto.* **adj.** = revoltoso

2 Que está mezclado o en desorden: *al llegar encontró la casa revuelta porque la habían robado.* = desordenado

3 Que no tiene su transparencia natural por estar sucio o mezclado con una cosa: *aguas revueltas.* = turbio ≠ cristalino

4 Se aplica al tiempo o al mar que es inestable y tempestuoso: *no se atrevieron a salir a navegar porque el mar estaba revuelto.* = movido ≠ sereno

5 Que está excitado o inquieto: *los ánimos están revueltos esta tarde.* = agitado

6 Se aplica al caballo que se vuelve con ligereza en poco espacio. **EQUITACIÓN**

7 Complicado, difícil de entender: *nos dio una explicación revuelta y confusa.* = intrincado

8 Plato que se prepara revolviendo huevos con otro alimento: *quiero un revuelto de gambas y espárragos.* **s.m./COCINA** = revoltillo

revuelvepiedras Ave zancuda marina, de pico cónico y muy fuerte apto para mover las piedras en las que captura moluscos. **s.m. pl: revuelvepiedras ZOOLOGÍA**

revulsión Irritación local que se provoca para hacer cesar un estado congestivo o inflamatorio. **s.f. MEDICINA**

revulsivo, a
1 Se aplica al medicamento que produce revulsión. **adj/s.m./FARMACIA**

2 Se aplica a los medicamentos o sustancias que son vomitivos o purgantes. **FARMACIA**

3 Que produce una reacción beneficiosa. = estímulo

revulsorio, a Se aplica al medicamento revulsivo o que produce revulsión. **adj/s. FARMACIA**

rexistasia Período de fuerte erosión del suelo debido a la falta de vegetación. **s.f. GEOLOGÍA**

rey (Del lat. *rex, regis*.)
1 Monarca o príncipe soberano de un reino o estado: *el rey carece de poderes políticos en las monarquías constitucionales.* **s.m. f: reina**

2 Pieza principal del ajedrez cuyo movimiento es de una casilla a la contigua en cualquier dirección, excepto cuando enroca: *me dio el primer jaque al rey en el décimo movimiento.* **JUEGOS**

3 Carta de la baraja, duodécima de cada palo en la española y decimotercera de la francesa, que tiene pintada la figura de un rey: *si no tienes el rey, no puedes cantar las cuarenta.* **JUEGOS**

4 Hombre, animal o cosa del género masculino, que sobresale entre los demás de su especie por sus cualidades: *es el rey de las finanzas.* = as

5 Apelativo cariñoso o afectuoso que se da a los niños o a una persona muy querida: *mi hijo es el rey de la casa.* **familiar**

6 Persona que manda a los demás en un juego o una fiesta. **JUEGOS**

7 Persona que cuida los puercos. = porquerizo

8 **rey de armas:** 1. Caballero que, en las cortes medievales, se encargaba de transmitir mensajes de importancia, ordenar las grandes ceremonias y llevar los registros de la nobleza de la nación. **HISTORIA** 2. Persona que se encargaba de conocer y ordenar los blasones de las familias nobles. **HISTORIA**

9 **rey de banda o de bando:** Perdiz que guía a las demás cuando forman bando. **ZOOLOGÍA**

10 **rey de codornices:** Ave zancuda del tamaño de una codorniz, de plumaje pardo con manchas ceni- **ZOOLOGÍA**

cientas y los bordes de las alas blanquecinos, que acompaña a las codornices en sus emigraciones. *(Crex pratensis.)*

11 rey de gallos: Diversión de carnaval, en que un muchacho hacía de soberano o jefe de los otros. — HISTORIA

12 rey del bosque: Ave paseriforme de pequeño tamaño, de plumaje negro y amarillo, que habita en los montes y zonas boscosas y se adapta a la vida en cautividad. — *Argent.* / ZOOLOGÍA

13 rey de los trigos: Trigo con la espiga larga y gruesa. — AGRICULTURA

14 rey de romanos: 1. Título que se daba en el imperio alemán a los emperadores elegidos de nuevo. 2. Persona que ha de suceder a otra en algún oficio o cargo. — HISTORIA / coloquial

15 reyes magos: Los tres que, guiados desde oriente por una estrella, fueron a adorar al mesías recién nacido, según los evangelios. — RELIGIÓN

16 con el rey en el cuerpo: Con afición a mandar y reacio a obedecer. — loc.adv.

17 echar reyes: Distribuir cartas de la baraja entre cuatro o más jugadores, de los cuales han de ser compañeros en el juego aquellos dos a quienes toquen los primeros naipes que salgan con esta figura. — JUEGOS

18 el rey perico: Personaje que simboliza un tiempo muy lejano: *en tiempo del rey perico.* — coloquial

19 la o lo del rey: La calle: *te pondré en la del rey como vuelvas a faltar al trabajo.* — coloquial

20 ni rey ni roque: Nadie en absoluto sin distinción de categoría o clase: *aquí no manda ni rey ni roque.* — coloquial

21 no conocer uno al rey por la moneda: No tener nada de dinero, ser muy pobre. — coloquial

22 no temer rey ni roque: No temer a nada ni a nadie. — coloquial

23 salir o salirse alguien con algo como el rey con sus alcabalas: Ir adelante con su intento, porfiando hasta lograrlo. — coloquial

reyerta (Del lat. vulgar *referitare* < lat. *referre*, replicar.) Pelea o lucha: *resultó herido de navaja en una reyerta callejera.* — s.f. / = contienda

reyezuelo Ave paseriforme de pequeño tamaño, de color verde, con una vistosa lista amarilla y bordeado de negro en la cabeza, que vive en parques y bosques de coníferas *(Regulus regulus.)* — s.m. / ZOOLOGÍA

reyuno, a
1 Se aplica al caballo que pertenece al estado y que lleva cortada la mitad de la oreja derecha como señal distintiva. — adj/s. / *Argent.*
2 Se aplicaba a una antigua moneda que tenía el sello de un rey español. — *Chile*

rezado, a Se aplica al oficio religioso que se hace rezando, en contraposición al cantado. — adj. / RELIGIÓN

rezador, a Que reza mucho: *es un hombre muy rezador y devoto de los santos.* — adj/s. / = rezandero

rezadora Mujer que se encarga de rezar en los velatorios. — s.f. / *Urug.*

rezaga Retaguardia, cuerpo militar que va en última posición. — s.f. / MILITAR

rezagado, a Que ha quedado atrás en una marcha o en una competición: *uno de los organizadores esperaba al corredor rezagado; va un poco rezagado en la asignatura de física.* — adj/s. / = descolgado, retrasado

rezagar
1 Quedarse atrás en una marcha, en una competición o en otras actividades: *se rezagó en sus estudios a causa de los meses que estuvo hospitalizado.* — v.prnl. / conj: *pagar* / = retrasarse
2 Atrasar la ejecución de una cosa para hacerla más tarde: *no deberías rezagar tu marcha por más tiempo.* — v.tr. / = postergar
3 Dejar una cosa atrás.
4 Separar las reses más débiles de un rebaño.

rezago Residuo que queda de una cosa. — s.m.

rezandero, a Que reza mucho: *es muy rezandero pero a veces olvida los preceptos religiosos.* — adj/s. / = rezador

rezar (Del lat. *recitare.*)
1 Decir una persona una o varias oraciones: *todas las tardes va a la iglesia a rezar; rezad tres padrenuestros como penitencia.* — v.intr/tr./conj: *cazar* / RELIGIÓN / = orar
2 Dirigir súplicas o alabanzas a la divinidad: *rezaba por la salud de sus hijos.* — RELIGIÓN
3 Leer o decir el oficio divino o las horas canónicas. — v.tr./RELIGIÓN
4 Expresar un escrito cierta cosa: *la nota rezaba lo que tenías que hacer.*
5 Expresar una persona su queja o disgusto con otra o una cosa en voz baja: *estoy harto de que reces entre dientes.* — v.intr. / = gruñir, refunfuñar
6 **rezar algo con alguien:** Ser una cosa obligación o derecho de una persona o incumbirle: *esos artículos no rezan con nosotros.* — coloquial

rezno (Del lat. *ricinus.*)
1 Larva del estro o mosca que vive parásita en el estómago del caballo y otros rumiantes. — s.m. / ZOOLOGÍA
2 Ácaro con las patas terminadas en uñas con las que se agarra al cuerpo de ciertos mamíferos para chuparles la sangre. — ZOOLOGÍA / = garrapata

3 Ricino, planta de origen africano de cuyas semillas se extrae un aceite purgante. — BOTÁNICA

rezo
1 Acción y resultado de rezar. — s.m./RELIGIÓN
2 Oración, aquello que se reza: *elevó su rezo a Dios.* — RELIGIÓN
3 Oficio que se reza a diario, o que es particular de cada festividad. — RELIGIÓN

rezón Ancla pequeña, de cuatro uñas y sin cepo, usada en embarcaciones menores. — s.m. / NÁUTICA

rezongador, a Que rezonga con frecuencia: *no seas tan rezongador que a nadie le gusta hacer las cosas de casa pero las hacemos.* — adj/s. / = renegón, rezongón

rezongar Expresar una persona su disconformidad o su disgusto en voz baja cuando se le manda hacer una cosa: *rezonga por cualquier cosa que le pidas; obedece pero antes rezonga.* — v.intr. / conj: *pagar* / tb: rezonglar / = refunfuñar

rezongo Refunfuño, demostración de enfado: *ya basta de rezongos, a trabajar.* — s.m. / = reniego

rezongón, a Que rezonga con frecuencia: *es un niño obediente pero rezongón.* — adj/s. / tb: rezonglón

rezumadero
1 Recipiente o lugar donde se recoge el líquido que rezuma de alguna sustancia. — s.m.
2 Sustancia que rezuma.

rezumante Que rezuma. — adj.

rezumar (Voz de creación expresiva.)
1 Expeler un cuerpo líquido por sus poros: *las paredes rezumaban humedad después de la tormenta.* — v.tr/prnl. / = exudar
2 Salir un líquido por los poros de un cuerpo: *el agua se rezumaba por las cañerías.* — v.intr/prnl. / = sudar
3 Tener una persona una cualidad en alto grado: *su madre rezuma ternura.* — v.tr. / = rebosar
4 Extenderse una noticia. — v.prnl.

rezurcir Volver a zurcir una cosa: *rezurció los talones de los calcetines para seguir usándolos.* — v.tr. / conj: *zurcir*

rho Decimoséptima letra del alfabeto griego que equivale a la erre española. — s.f. / tb: ro

rhythm and blues (Expresión inglesa.) Música popular afroamericana, surgida del blues, el gospel y el jazz. — s.m. / MÚSICA

¡ria! Expresión que se usa para guiar las caballerías hacia la izquierda. — interj.

ría
1 Penetración del mar en la costa debida a la sumersión de la parte litoral de una cuenca fluvial. — s.f. / GEOGRAFÍA
2 Ensenada amplia en la desembocadura de un río en la que las aguas son profundas. — GEOGRAFÍA
3 Balsa de agua que, tras una valla, se pone como obstáculo en competiciones atléticas o ejercicios hípicos. — DEPORTES

riachuelo Río pequeño y de poco caudal: *vimos un riachuelo de agua fresca y cristalina.* — s.m. / = riacho

riada
1 Crecida del caudal de un río: *las fuertes lluvias pueden provocar una riada.* — s.f. / = avenida
2 Inundación producida por esta crecida: *la riada causó graves daños en la agricultura.*

rial Unidad monetaria de Irán. — s.m./ECONOMÍA

riba (Del lat. *ripa.*) Ribazo, terreno con una pendiente pronunciada. — s.f.

ribadoquín Antigua pieza de artillería, menor que la cerbatana, hecha de bronce. — s.m. / HISTORIA

ribaldo, a
1 Que es granuja. — adj/s./= pícaro
2 Se aplica a la persona que trafica con prostitutas. — adj.
3 Soldado de ciertos cuerpos antiguos de infantería, en algunos países europeos. — HISTORIA

ribazo
1 Terreno con una pendiente pronunciada y corta, en especial a la orilla de un camino o un río: *aprovecharon los ribazos del río para hacer unos muros de contención.* — s.f. / = riba, zopetero
2 Talud o lomo de tierra entre dos fincas que están a distinto nivel.
3 Lomo de tierra para andar sin pisar los cultivos o para dirigir el riego. — AGRICULTURA / = caballón

ribazón Afluencia de peces a las costas y puertos en determinadas épocas del año. — s.f. / = arribazón

ribeiro (De *Ribeiro*, comarca gallega.) Vino blanco elaborado en dicha comarca gallega, de sabor ácido y poca graduación. — s.m.

ribera
1 Orilla del mar o de un río: *le gustaba pasear por la ribera del río.* — s.f.
2 Tierra cercana a un río: *la ribera está dividida en pequeñas parcelas cultivables.* — = vega
3 Vallado que se hace a la orilla de las presas para que no se salga el agua. — = ribero
4 Huerto a la orilla de un río.

5 volar de ribera en ribera: 1. Andar buscando y levantando las aves. 2. Ser aficionado a la vida vaga y aventurera.　CAZA　coloquial

ribereño, a
1 De la ribera: *en los terrenos ribereños se cultivan hortalizas.*　adj.
2 Se aplica a la persona que es dueña o moradora de una finca contigua a un río.　adj/s.

riberiego, a
1 Se aplica al ganado que no es trashumante.　adj.
2 Se refiere al propietario de este tipo de ganado.　adj/s.
3 De la ribera.　adj./= ribereño

ribero Vallado de estacas, cascajo y tierra que se hace en las orillas de una presa para que no se pierda el agua.　s.m.　th: ribera

ribesiáceo, a Perteneciente a una familia de plantas parecidas a las rosáceas, como el grosellero.　adj/s.f.　BOTÁNICA

ribete
1 Tira o cinta con que se adorna y refuerza el borde de una prenda de vestir: *el cuello de la camisa tiene un ribete de terciopelo.*　s.m.　= festón
2 Adición que se añade a la narración o discurso: *terminó la charla con unos ribetes ajenos al tema.*　= digresión
3 Indicio o atisbo de una cualidad o actividad: *tiene ribetes de poeta.*　s.m/pl.　= asomo
4 Añadidura puesta a una cosa para aumentarla o alargarla.　s.m.
5 Interés que pacta el jugador que presta dinero a otro para que continúe en la casa de juegos.　JUEGOS

ribeteado, a
1 Que tiene ribetes alrededor como adorno o refuerzo: *chaqueta ribeteada.*　adj.　= festoneado
2 Se aplica al ojo que tiene el borde del párpado rojo o irritado.　MEDICINA
3 Labor de poner ribetes: *el ribeteado ha quedado muy pulido.*　s.m.

ribeteador, a
1 Que ribetea.　adj/s.
2 Persona cuyo oficio es ribetear el calzado.　s.

ribetear Poner ribetes en una cosa: *en vez de hacer un dobladillo en los bajos, los ribeteó con una tira de la misma tela.*　v.tr.

riboflavina Vitamina B₂, que interviene en la respiración celular.　s.f.　BIOLOGÍA

ribonucleasa Denominación genérica de diversas enzimas que catalizan la hidrólisis de los ácidos ribonucleicos.　s.f.　BIOQUÍMICA

ribonucleico, a Se aplica al ácido nucleico presente en los organismos vivos en diversas formas.　adj.　BIOQUÍMICA

ribonucleótido Nucleótido cuyo azúcar constituyente es la ribosa.　s.m.　BIOQUÍMICA

ribosa Aldosa o glúcido de cinco átomos de carbono existente en el ácido ribonucleico.　s.f.　BIOQUÍMICA

ribosoma Corpúsculo diminuto que forma parte de las células vivas y asegura la síntesis de las proteínas.　s.m.　BIOQUÍMICA

ribosómico, a Del ribosoma.　adj./BIOQUÍMICA

ricachón, a Persona acaudalada que alardea de su dinero: *el pueblo está en manos de cuatro ricachones.*　s./despectivo　th: ricacho

ricahembra Antigua mujer de la nobleza, por lo general hija o mujer de un grande o de un miembro de la primera nobleza española.　s.f.　pl: ricashembras　HISTORIA

ricahombría Título que se daba a la primera nobleza española.　s.f.　HISTORIA

ricamente
1 Muy a gusto, sin preocupación y con toda comodidad: *estaban ahí tan ricamente sentados y esperándonos.*　adv.　= cómodamente
2 Con opulencia: *la mesa estaba servida ricamente.*
3 De forma preciosa o primorosa: *su salón está decorado ricamente con tapices y alfombras.*　= primorosamente

ricia
1 Tierra que se siembra aprovechando las espigas que quedaron sin recoger.　s.f.　AGRICULTURA
2 Riza, rastrojo del alcacer o cebada verde en hierba.　AGRICULTURA

ricial
1 Se aplica a las tierras en las que las mieses vuelven a retoñar una vez cortadas en verde.　adj.　AGRICULTURA
2 Se refiere al terreno que está sembrado de forraje para pasto del ganado.　AGRICULTURA　= rizal

ricino (Del lat. *ricinus.*) Planta de origen africano, arborescente en los climas cálidos y anual en los templados, con tallo ramoso de color verde rojizo, hojas muy grandes partidas en lóbulos lanceolados y aserrados por el margen, con flores en racimos axilares o terminales y fruto capsular, esférico y con varias semillas de las que se extrae un aceite purgante. (*Ricinus communis.*)　s.m.　BOTÁNICA　= higuera del infierno, rezno

rico, a (Del germ. *reiks.*)
1 Que tiene dinero o riquezas: *se hizo rico al tocarle una lotería millonaria; es un hombre muy rico.*　adj/s./= adinerado　≠ pobre
2 Que tiene una cosa en abundancia: *es una mina rica en oro; es una tierra rica en árboles frutales.*　adj.　= abundante

3 Que tiene un sabor agradable: *ha preparado un plato muy rico; ¡qué rica está esta salsa!*　= bueno, sabroso　≠ malo
4 Que es fértil: *tierra rica.*
5 Que tiene cualidades o valores que lo hacen bello, perfecto o estimable: *las paredes estaban adornadas con ricos tapices.*　= lujoso, suntuoso
6 Que es muy guapo o simpático: *¡qué rico es mi niño!; la niña se cría muy rica y alegre.*　familiar
7 Se aplica a las personas en tono despreciativo: *¡míralo, qué rico él, siempre fastidiando!*　despectivo

ricohombre Persona que pertenecía a la primera nobleza española.　s.m.　pl: ricoshombres

ricota Pasta cremosa que se obtiene del cuajo de la leche o del suero del queso.　s.f./*Argent.*　= requesón

rictus
1 Aspecto o gesto del rostro que manifiesta un determinado estado de ánimo: *en su cara se reflejaba un rictus de dolor; me miró con un rictus de amargura.*　s.m/pl: rictus　= mueca
2 Contracción de los labios que deja al descubierto los dientes y da la impresión de la risa.　MEDICINA

ricura
1 Calidad de lo que resulta agradable al paladar: *la región es conocida por la ricura de su repostería.*　s.f.　= delicia
2 Circunstancia de ser excelente, muy bueno.　= exquisitez
3 Niño, niña o persona joven muy guapa o bonita: *es una ricura de criatura.*　= monada, preciosidad

ridiculez
1 Dicho o hecho extravagante: *no sé cómo has dicho semejante ridiculez en la reunión.*　s.f./pl: ridiculeces　= sandez, tontería
2 Cosa muy pequeña o de poco valor: *se enfadaron por una ridiculez.*　= menudencia

ridiculizar Burlarse de una persona o de una cosa por los defectos o extravagancias que tiene o que se le atribuyen.　v.tr.　conj: *cazar*　= chancearse

ridículo, a (Del lat. *ridiculus.*)
1 Que causa risa por ser raro, extravagante o cómico: *lleva unos vestidos ridículos; fue un comentario tan ridículo que no pudimos evitar una carcajada.*　adj.　= grotesco
2 Que resulta demasiado pequeño o de escaso valor: *creo que es un regalo ridículo para una boda; lo compré porque tenía un precio ridículo; tiene un tamaño ridículo.*　= irrisorio, insignificante
3 Que se comporta con una delicadeza excesiva y afectada: *acéptalo, ¡no seas ridículo!*　= remilgado　≠ natural
4 Situación extraña que provoca risa o menosprecio y deja una sensación de vergüenza a quien la experimenta: *no le gusta hablar en público por miedo al ridículo; hice un ridículo espantoso al caerme por la escalera mientras todos me miraban.*　s.m.
5 Bolso pequeño de mujer.
6 **en ridículo:** En una situación que causa burla o menosprecio de los demás: *me puso en ridículo delante de su familia; es ella quien queda en ridículo con su comportamiento.*　loc.adv.

riego
1 Acción y resultado de regar: *han llevado canales de riego a las zonas afectadas por la sequía.*　s.m.　= irrigación
2 Agua disponible para regar: *la cosecha se perderá si no tenemos riego.*
3 **riego por aspersión:** Sistema de irrigación hecho con una instalación movible de tuberías y dispersores giratorios que arrojan el agua sobre el campo en forma de lluvia.　AGRICULTURA
4 **riego por desborde:** Sistema de irrigación que consiste en soltar el agua por zanjas hasta que se desborda.　AGRICULTURA
5 **riego por filtración:** Sistema en que el agua circula por canales porosos y se filtra por todo el terreno.　AGRICULTURA
6 **riego por sumersión:** Sistema que consiste en inundar el terreno con una capa de agua.　AGRICULTURA
7 **riego sanguíneo:** Circulación de la sangre por venas y arterias, y sistema que nutre los tejidos y órganos del cuerpo.　FISIOLOGÍA

riel (Del cat. *riell.*)
1 Carril de una vía férrea.　s.m./= rail
2 Barra hueca y en general metálica a la que se acopla un dispositivo o pieza que se desliza por ella: *colgó las cortinas del salón en unos rieles.*
3 Barra pequeña de metal en bruto.　METALURGIA

rielar
1 Despedir una cosa una luz trémula por reflejarse en una superficie transparente, en general el agua: *la luna rielaba en el negro mar.*　v.intr.　literario　= titilar
2 Temblar o vibrar una cosa.

rielera Molde de hierro para hacer rieles o barras de metal.　s.f.　METALURGIA

rienda (Del lat. vulgar *retina* < lat. *retinere*, retener.)
1 Cada una de las correas o cuerdas de la brida que, sujetas a las anillas del bocado, sirven para guiar y sujetar a las caballerías: *coge con firmeza las riendas mientras yo cepillo al caballo.*　s.f.　EQUITACIÓN
2 Gobierno o dirección de una cosa: *es ella quien lleva las riendas de su casa.*　s.f.pl.　= mando

3 Moderación en las acciones o en las palabras: *ten rienda al darle tu opinión.* — **s.f.** = sujeción

4 falsa rienda: Conjunto de dos correas que parten del bocado y sirven para contener el caballo si fallan las principales o para alternarlas cuando calientan el asiento. — **EQUITACIÓN**

5 aflojar las riendas: 1. Disminuir la severidad, el trabajo o el cuidado de una cosa: *creo que te has excedido en el castigo, deberías aflojar las riendas.* 2. Sujetar las correas de la brida de forma más suave. — coloquial = relajar EQUITACIÓN

6 a media rienda: Sin dar al caballo toda la correa, metiéndole las piernas. — **loc.adv.** EQUITACIÓN

7 a rienda suelta: 1. Sin freno, con violencia: *le golpeó a rienda suelta.* 2. Con plena libertad: *se puso a llorar a rienda suelta.* — **loc.adv.** **loc.adv.**

8 a toda rienda: Al galope, forma de andar la caballería, más rápida que el trote. — **loc.adv.** EQUITACIÓN

9 dar rienda suelta: Liberar o dar plena libertad a una persona o cosa: *siempre ha dado rienda suelta a sus hijos a la hora de elegir su futuro; dio rienda suelta a la imaginación.* — coloquial

10 empuñar las riendas: Hacerse cargo de la dirección o gobierno de un lugar: *ella empuñaba las riendas del negocio en ausencia de su marido.* — coloquial

11 ganar las riendas: Apoderarse de ellas para detener al que va sobre la caballería. — **EQUITACIÓN**

12 llevar las riendas: 1. Sostenerlas el jinete. 2. Dirigir la marcha o el funcionamiento de una cosa o de un lugar: *no sabe llevar las riendas de la empresa.* — EQUITACIÓN coloquial

13 soltar la rienda: Entregarse a los vicios o a las pasiones. — coloquial

14 tener las riendas: Llevarlas tensas para detener el paso de una caballería. — **EQUITACIÓN**

15 tirar de las riendas: Contener o moderar a una persona: *tiró de las riendas para que no les castigara.* — coloquial

16 volver riendas: Volver atrás: *volvió riendas de su propósito al darse cuenta de que no lo conseguiría.* — coloquial

riente Que ríe. — **adj./= risueño**

riesgo
1 Posibilidad de un daño, perjuicio o inconveniente: *si vas, te expones a un riesgo por completo innecesario.* — **s.m.** = peligro
2 Cada uno de los imprevistos o infortunios que puede cubrir un seguro. — **DERECHO**
3 a riesgo de: Exponiéndose a algún daño, perjuicio o inconveniente: *saltó por la ventana a riesgo de romperse una pierna.* — **loc.adv.**
4 a riesgo y ventura: Sin certeza ni garantía del resultado de lo que se hace. — **loc.adv.**
5 a todo riesgo: Se refiere al seguro que cubre todas las eventualidades, tanto propias como ajenas, derivadas de un accidente: *ha asegurado el coche nuevo a todo riesgo.* — **loc.adj/adv.**
6 correr el riesgo de: Exponerse una persona o cosa a algún daño, perjuicio o inconveniente. — coloquial

riesgoso, a Que conlleva peligro o riesgo. — **adj./Amér.**

rifa
1 Sorteo de una cosa entre varias personas por medio de papeletas numeradas, resultando ganadora aquella cuyo número coincide con el que se extrae de un bombo: *ha comprado unos números para una rifa de un coche; en la rifa le tocó un oso de peluche.* — **s.f.**
2 Riña o disputa entre dos o más personas. — = contienda

rifador, a
1 Persona que rifa o sortea alguna cosa. — **s.**
2 Persona que riñe o se enemista con otra.

rifadura Rotura de una vela. — **s.f./NÁUTICA**

rifar
1 Sortear una cosa en una rifa: *van a rifar una cesta navideña.* — **v.tr.**
2 Reñir o enemistarse dos personas entre sí: *rifaron por un asunto de dinero.* — **v.intr.** = enfadarse
3 Tener éxito o ser deseada una persona entre las demás: *a tu hermana se la rifan los chicos.* — **v.prnl.**
4 Romperse una vela. — **NÁUTICA**
5 rifárselas: Arriesgar la vida. — **Méx./coloquial**

rifirrafe Alboroto o riña sin importancia: *los niños han montado un rifirrafe por unos lápices de colores.* — **s.m.** = bulla

rifle (Del ingl. *rifle* < fr. ant. *rifler*, desollar.) Fusil de repetición de origen norteamericano, con el interior del cañón rayado. — **s.m.**

riflero Persona que hace negocios ocasionales y deshonestos o ilícitos. — **s.m.** Argent., Chile

rift (Voz inglesa.) Fosa tectónica, en especial la alargada, relacionada con fenómenos de distensión de la corteza terrestre y hundimiento de bóvedas, con pliegues de gran radio de curvatura. — **s.m.** GEOLOGÍA

rigente Que no se puede doblar. — **adj./literario**

rigidez Calidad de rígido: *la rigidez de los músculos le causaba dolor; fue educado con mucha rigidez.* — **s.f.** pl: rigideces

rígido, a (Del lat. *rigidus*.)
1 Que no se puede doblar o torcer: *el acero es un material rígido.* — **adj./= duro** ≠ flexible

2 Que es muy severo e inflexible: *es muy rígido con el horario de las comidas; impone unas normas rígidas a toda su familia.* — = recto, firme ≠ tolerante
3 Que no se acomoda a las circunstancias o a las necesidades: *le cuesta entender lo que hacen sus hijos porque tiene un carácter muy rígido.* — = inflexible
4 Se aplica al rostro que no muestra ninguna emoción. — = inexpresivo

rigodón (Del fr. *rigodon*.)
1 Contradanza de movimiento vivo. — **s.m.**
2 Música de dos tiempos que acompaña esta danza. — **MÚSICA**

rigor (Del lat. *rigor, -oris*.)
1 Dureza y severidad en el modo de comportarse: *imponía las normas disciplinarias con rigor; les educó con mucho rigor.* — **s.m.** = inflexibilidad, dureza
2 Punto o grado de mayor intensidad a que pueden llegar las cosas: *combatimos los rigores invernales con una potente calefacción.* — = crudeza, severidad
3 Exactitud y precisión: *explicó la situación con rigor; la obra está escrita con rigor científico.* — = propiedad
4 Rigidez de los músculos, tendones y demás tejidos fibrosos que impide o dificulta los movimientos corporales. — **MEDICINA**
5 Sensación de frío intenso en el principio de algunas enfermedades. — **MEDICINA**
6 rigor mortis: Estado de rigidez que adquiere un cadáver horas después de la muerte. — **MEDICINA**
7 en rigor: En realidad, de forma precisa: *en rigor no fueron éstas sus palabras.* — **loc.adv.**
8 ser alguien el rigor de las desdichas: Sufrir muchas desgracias o contratiempos: *tiene cicatrices en todo el cuerpo porque es el rigor de las desdichas; es el rigor de las desdichas, siempre le pasa algo que le impide llegar a tiempo.* — coloquial
9 ser de rigor: Ser indispensable o requerido por alguna causa: *la etiqueta es de rigor en este tipo de actos.*

rigorismo
1 Exceso de dureza, en especial en asuntos morales o legales. — **s.m.** = severidad
2 Sistema o doctrina con una moral o disciplina excesivas.

rigorista Que es muy riguroso, sobre todo en materias morales y disciplinarias: *es muy rigorista con la disciplina militar.* — **adj/s.m.f.** = severo

rigorosamente Rigurosamente, con rigor. — **adv.**

rigoroso, a Riguroso [en todas sus acepciones]. — **adj.**

rigüe Tortilla de maíz. — **s.m./Hond.**

rigurosamente Con rigor o exactitud: *acude rigurosamente a misa; reprendió a sus hijos rigurosamente.* — **adv.**

rigurosidad Calidad de riguroso: *la rigurosidad del clima dificulta los asentamientos humanos; educa a sus hijos con rigurosidad; relató sus experimentos con rigurosidad.* — **s.f.** = dureza, rigor

riguroso, a
1 Que es muy severo o estricto: *no seas tan riguroso con el horario de estudio de los niños; le temían porque era muy riguroso con las normas.* — **adj./th: rigoroso** = rígido, severo ≠ benévolo
2 Que es muy exacto o minucioso: *ha realizado una investigación rigurosa de los hechos; necesito un cálculo riguroso y no aproximado.* — = detallado, preciso
3 Que es muy duro y difícil de soportar: *el último invierno fue muy riguroso.* — = extremo ≠ suave
4 Que no se adapta a las circunstancias o a las necesidades. — = estrecho

rija
I (Del ár. *risa*, barra) Conducto ulceroso o fístula que se forma debajo del lagrimal. — **s.f.** MEDICINA
II (Del lat. *rixa*.) Riña o alboroto. — **s.f.**

rijador, a Rijoso [en todas sus acepciones]. — **adj/s.**

rijo Propensión o tendencia a la lujuria o la sensualidad. — **s.m.** = lascivia

rijosidad Calidad de rijoso. — **s.f.**

rijoso, a (Del lat. *rixosus*.)
1 Que está dispuesto a pelear: *se acercaron el uno al otro en actitud rijosa.* — **adj./= rijador, pendenciero**
2 Sensual o lujurioso: *en la obra se relatan las aventuras rijosas del famoso marqués.* — = lascivo, libidinoso
3 Se aplica al animal que se inquieta y alborota ante la presencia de la hembra. — = rijador

rilar
1 Tiritar, moverse una cosa de forma trémula e involuntaria: *las hojas rilaban en las ramas a causa de la brisa.* — **v.intr./th: rielar** = temblar
2 Temblar o estremecerse. — **v.prnl.**

rima
I (Del occitano ant. *rima* < lat. *rhythmus*, ritmo.)
1 Igualdad entre los sonidos de dos o más palabras desde la última vocal acentuada. — **s.f.** POESÍA
2 Forma en que se presenta esta igualdad de sonidos en una composición y en un poema: *sus poemas tienen una rima fácil.* — POESÍA
3 Composición poética, en general de tono lírico: *recitaba las rimas de los poetas del siglo de oro con lirismo.* — POESÍA = poema
4 media rima o rima asonante o imperfecta: Aquella en que sólo se produce igualdad de sonidos vocálicos. — POESÍA

5 rima consonante o perfecta: Aquella en que se produce igualdad de todos los sonidos a partir de la última vocal acentuada. — POESÍA
6 sexta rima: Sextina, cierto tipo de composición poética. — POESÍA
7 tercia rima: Forma de composición poética en la que cada estrofa es un terceto. — POESÍA
II (De origen incierto.) Montón de cosas. — s.f.

rimador, a Se aplica a la persona que se distingue en sus composiciones poéticas por las rimas. — adj/s. POESÍA

rimar
1 Componer versos. — v.intr.
2 Combinar palabras o versos de modo que exista una igualdad de sonidos entre ellos, a partir de la última vocal acentuada: *rimó el primer verso con el cuarto y el segundo con el tercero.* — v.tr. POESÍA
3 Existir una igualdad entre los sonidos posteriores a la última vocal acentuada, entre dos palabras o versos. — v.intr. POESÍA

rimaya Grieta vertical y profunda que separa el hielo de la capa de nieve o los costados del hielo de las paredes rocosas, en un glaciar. — s.f. GEOLOGÍA

rimbombancia Calidad de rimbombante: *la rimbombancia de su forma de hablar causa risa.* — s.f. = ampulosidad

rimbombante
1 Que es aparatoso o llamativo: *se compró un sombrero muy rimbombante para la ceremonia.* — adj. = ostentoso
2 Se aplica al lenguaje o al estilo que es grandilocuente o enfático. — = altisonante

rimbombar (Del ital. *rimbombare.*) Producir una cosa un ruido fuerte o repetitivo. — v.intr. = retumbar

rimbombo Resonancia o repercusión de un sonido: *el rimbombo de los tambores se oía desde muy lejos.* — s.m. = retumbo

rimel (Marca registrada.) Cosmético usado para ennegrecer y endurecer las pestañas: *se puso un poco de sombra en los párpados y rimel en las pestañas.* — s.m. tb: rímel

rimero Conjunto de cosas puestas unas sobre otras. — s.m./= rima

rimú Planta oxalidácea de flores amarillas. (*Oxalis lobata.*) — s.m./Chile BOTÁNICA

rin Aro metálico de la rueda del automóvil, al cual se ajusta la llanta. — s.m. Méx.

rin- Componente de palabra procedente del gr. *rhis, rhinos,* que significa nariz: *rinitis.* — pref. tb: rino-

rinanto Gallocresta, planta medicinal con las hojas con una forma semejante a la cresta de un gallo, y de flores encarnadas. — s.m. BOTÁNICA

rincón (Del ár. *rukun.*)
1 Ángulo interior que se forma en el punto en que se encuentran dos o tres superficies: *en el rincón derecho hay una pequeña mesa.* — s.m. = esquina
2 Lugar apartado y de difícil acceso: *alquiló una casa en un rincón del bosque cercano al río.* — = escondrijo
3 Habitación o vivienda particular de cada persona: *se metió en su rincón para reflexionar sobre lo ocurrido.* — = morada
4 Espacio pequeño: *sólo dispone de un rincón en la casa para tener sus pinturas.*
5 Conjunto de restos almacenados u olvidados que quedan de una cosa: *miraré en los rincones a ver si guardé la pieza que busco.*
6 Rinconada, terreno destinado a ciertos usos de la hacienda. — Argent., Colomb.

rinconada
1 Ángulo entrante que se forma en la unión de edificios, calles, caminos o entre dos montes. — s.f.
2 Porción de un terreno, con límites naturales o artificiales, destinado a ciertos usos de la hacienda. — Argent., Colomb.

rinconera
1 Mueble de forma adecuada para ocupar un rincón de una habitación: *han puesto un sofá de rinconera muy bonito.* — s.f. = cantonera
2 Parte de una pared comprendida entre un rincón y el hueco más próximo. — CONSTRUCCIÓN

rinde Provecho o rendimiento que da una cosa. — s.m./Argent.

rinencéfalo Conjunto de formaciones nerviosas situadas en la cara interna e inferior de cada hemisferio cerebral. — s.m. ANATOMÍA

ring (Voz inglesa.) Espacio cuadrado limitado por cuerdas donde tienen lugar los combates de boxeo y lucha. — s.m. DEPORTES = cuadrilátero

ringar
1 Herir de gravedad a una persona o un animal en las caderas: *el coche ringó al perro al atropellarle.* — v.tr./conj: pagar = descaderar
2 Inclinar una cosa más a un lado que a otro: *el barco se ringa con el embate de las olas.* — v.tr./prnl. = torcer

ringla Fila o hilera de cosas. — s.f./tb: ringle

ringlera (Del germ. *reng.*) Fila o línea de cosas puestas en orden unas tras otras: *los libros estaban colocados en ringleras.* — s.f. = hilera

ringlero Cada una de las líneas del papel pautado con el que aprenden a escribir los niños. — s.m.

ringletear Callejear, corretear por las calles.

ringorrango (Voz onomatopéyica que imita el sonido de la pluma al escribir.)
1 Adorno superfluo y extravagante: *se recoge el pelo con lazos, alfileres y todo tipo de ringorrangos.* — s.m. coloquial
2 Rasgo exagerado e inútil en la escritura. — coloquial

rinitis (Del gr. *rhis, rhinos,* nariz + *itis,* inflamación.) Inflamación de la mucosa de las fosas nasales. — s.f./pl: rinitis MEDICINA

rino- Componente de palabra procedente del gr. *rhis, rhinos* que significa nariz: *rinología; rinoceronte.* — pref.

rinoceronte (Del lat. *rhinoceros, -otis* < gr. *rhinokeros* < *rhis, rhinos,* nariz + *keras,* cuerno.) Mamífero perisodáctilo de cuerpo grande y grueso, con extremidades columnares dotadas de tres dedos, piel muy dura y uno o dos cuernos nasales, que habita en los continentes africano y asiático. (*Rhinoceros, Diceros, Ceratotherium, Dicerhoceros.*) — s.m. ZOOLOGÍA = abada, bada

rinofaringe (Del gr. *rhis, rhinos,* nariz + *pharinx, -yngos,* faringe.) Parte de la faringe situada por detrás de las fosas nasales. — s.f. ANATOMÍA

rinofaríngeo, a De la rinofaringe. — adj./ANATOMÍA

rinofaringitis Inflamación de la rinofaringe que puede dar lugar a diversas complicaciones. — s.f./pl: rinofaringitis MEDICINA

rinología (Del gr. *rhis, rhinos,* nariz + *logos,* ciencia.) Parte de la patología que estudia las enfermedades de las fosas nasales. — s.f. MEDICINA

rinólogo, a Médico especialista en las enfermedades de las fosas nasales. — s. MEDICINA

rinoplastia (Del gr. *rhis, rhinos,* nariz + *plasis,* modelar.) Cirugía estética o plástica de la nariz. — s.f. MEDICINA

rinoscopia Exploración de las cavidades nasales. — s.f./MEDICINA

riña
1 Reprimenda que una persona hace a otra: *te has merecido la riña por tu mal comportamiento.* — s.f. = regañina
2 Enfrentamiento violento entre dos o más personas: *no intervengas en la riña, que no va contigo.* — = disputa, pelea

riñón (Del lat. vulgar *renio, -onis* < lat. *ren, rentis.*)
1 Cada uno de los dos órganos o glándulas que filtran la sangre eliminándola de impurezas y segregan la orina, y están situados a cada lado de la columna vertebral. — s.m. ANATOMÍA
2 Aquello que se considera central o fundamental en un asunto o lugar: *el casco antiguo es el riñón de la vida nocturna de la ciudad; el riñón del problema es su mala gestión.* — = centro, núcleo
3 Trozo con forma redondeada de mineral, contenido en otro de distinta naturaleza. — MINERÍA
4 Parte del cuerpo situada debajo de la espalda: *le duelen los riñones de tanto agacharse.* — s.m.pl. ANATOMÍA
5 riñón artificial: Dispositivo utilizado para la depuración de la sangre extrarrenal cuando los riñones han sido extirpados o están dañados. — MEDICINA
6 riñón flotante: Anormalidad patológica que consiste en un aumento de la motilidad del órgano. — MEDICINA
7 riñones de conejo: Guiso de judías blancas secas. — COCINA
8 costar o valer algo un riñón: Ser muy caro: *el coche que se ha comprado cuesta un riñón.* — coloquial
9 pegarse al riñón: Engordar una comida por ser sustanciosa y alimenticia. — coloquial
10 tener alguien el riñón cubierto o bien cubierto: Ser rico: *tiene el riñón bien cubierto porque posee varias empresas.* — coloquial
11 tener riñones: Ser esforzado: *tiene riñones, así que aprenderá rápido.* — coloquial

riñonada
1 Tejido graso que envuelve los riñones. — s.f./ANATOMÍA
2 Parte del cuerpo donde están los riñones — ANATOMÍA
3 Guiso de riñones. — COCINA
4 costar o valer algo una riñonada: Ser muy caro: *no voy a comprarlo porque vale una riñonada.* — coloquial

riñonera
1 Faja que protege los riñones y la zona lumbar: *los motoristas suelen llevar riñonera en los viajes largos.* — s.f.
2 Pequeño bolso provisto de una correa que se ata a la cintura: *en la riñonera me caben justo la cartera y las llaves.*

río (Del lat. *rivus.*)
1 Corriente continua de agua que va a desembocar a otra, a un lago o al mar: *hay un puente cerca por el que podremos cruzar el río; es un río navegable.* — s.m. GEOGRAFÍA
2 Abundancia de una cosa: *recibe un río de cartas de admiradores; se dedicaron un río de insultos.* — coloquial
3 Gran afluencia de personas: *en las calles había un río de gente para ver el espectáculo.* — = avalancha
4 a río revuelto: En desorden, de forma confusa: *todo estaba a río revuelto.* — loc.adv.
5 bañarse en el río Jordán: Rejuvenecerse, hacerse o sentirse joven: *parece que se ha bañado en el río Jordán al conocer a esa chica.* — coloquial
6 pescar en río revuelto: Aprovecharse del desorden o de la confusión para obtener un beneficio: *tras el apagón, muchos pescaron en río revuelto abriendo coches y casas.* — coloquial

rioja (De *La Rioja,* comarca española.) Vino de fina calidad elaborado y criado en dicha comarca española. — *s.m.*

riojano, a
1 De La Rioja, comunidad autónoma española. — *adj.*
2 Persona natural de esta comunidad autónoma. — *s.*
3 De La Rioja, provincia y ciudad argentinas. — *adj*
4 Persona natural de dicha provincia y ciudad argentinas. — *s.*

riolada Afluencia muy abundante de personas o cosas a un lugar. — *s.f./coloquial* = rio

riolita Roca volcánica ácida que está formada por cuarzo y feldespato. — *s.f.* GEOLOGÍA

rioplatense
1 Del Río de la Plata, región del gran estuario de los ríos Paraná y Uruguay. — *adj.*
2 Persona natural de esta región. — *s.m.f.*

riostra (Del occitano *riosta.*) Pieza que se coloca de forma oblicua en un armazón para que éste no se deforme. — *s.f.* ARQUITECTURA

riostrar Poner piezas o vigas oblicuas en un armazón para evitar que se deforme. — *v.tr.* ARQUITECTURA

rip (Abreviatura de la expresión latina *requiéscat in pace.*) Descanse en paz, inscripción que se coloca en lápidas y esquelas mortuorias. — *loc.v.*

ripia (Del germ. *ribjo,* costilla.)
1 Tabla delgada y sin pulir. — *s.f./CARPINTERÍA* CARPINTERÍA
2 Cara sin pulir de un madero.

ripiar Enripiar, poner cascajo en un hueco de la pared o del suelo para rellenarlos. — *v.tr.* CONSTRUCCIÓN

ripio
1 Residuo que queda de una cosa. — *s.m.*
2 Conjunto de fragmentos de ladrillos, piedras y otros materiales de albañilería con los que se rellena un hueco. — CONSTRUCCIÓN = cascajo
3 Conjunto de palabras o frases inútiles en un discurso o texto: *tras eliminar el ripio del artículo, su contenido podía resumirse en dos líneas.* — = palabrería, paja
4 Palabra o frase superflua o inútil usada para completar un verso o conseguir una rima. — POESÍA
5 Pequeño canto rodado. — = guijarro
6 Casquijo que se usa para pavimentar. — *Argent., Chile, Perú*
7 **dar ripio a la mano:** Dar una cosa con facilidad y en abundancia. — *coloquial*
8 **meter ripio:** Introducir palabras o frases inútiles en un discurso o en un texto: *lo único que hace es meter ripios a mis artículos.* — *coloquial*
9 **no desechar ripio:** No perder una ocasión u oportunidad: *no desechó ripio y en cuanto la vio, se lo dijo.* — *coloquial*
10 **no perder ripio:** Estar muy atento a lo que se ve o se oye sin perder detalle: *ten cuidado con lo que dices delante de la niña porque no pierde ripio.* — *coloquial*

ripioso, a Que tiene muchos ripios o palabras superfluas: *sus poemas son ripiosos; sus discursos suelen ser ripiosos.* — *adj.*

riqueza
1 Abundancia de bienes: *heredó toda la riqueza familiar.* — *s.f.* = fortuna
2 Cosa suntuosa o de gran valor: *en el museo se exponen riquezas exóticas.* — = tesoro
3 Abundancia de cualquier cosa: *la fruta es un alimento con gran riqueza vitamínica.*
4 **riqueza imponible:** Cantidad estimada o fijada que sirve como base para señalar la cuota tributaria de los contribuyentes. — ECONOMÍA

risa (Del lat. *risus.*)
1 Demostración externa de alegría o regocijo con movimientos de la boca y determinados músculos del rostro: *no pudo reprimir la risa al saber que le habían concedido el puesto.* — *s.f.* = carcajada, risotada
2 Sonido que acompaña a dicha demostración de alegría: *tiene una risa muy escandalosa; su risa se oye a lo lejos.*
3 Lo que hace reír: *era una risa verle imitando a sus padres.*
4 **risa de conejo:** Mueca con la que se finge reír. — *coloquial*
5 **risa falsa:** La fingida: *su risa falsa resulta casi humillante.*
6 **risa sardónica:** 1. Contracción convulsiva de los músculos de la cara, semejante a la que se hace al reír, producida en algunas enfermedades. — MEDICINA 2. La forzada que finge alegría: *estoy harta de sus risas sardónicas.* — *coloquial*
7 **caerse de risa:** Reír de forma exagerada y desordenada: *al final, los niños ya se caían de risa.* — *coloquial*
8 **comerse la risa:** Reprimirla o contenerla por respeto o por otra causa: *oigas lo que oigas, tú cómete la risa no sea que te ofendan.* — *coloquial*
9 **descoyuntarse, despedazarse, desternillarse o retorcerse de risa:** Reír con movimientos exagerados o descompasados: *se desternillaba de risa en la silla del cine viendo la película.* — *coloquial*
10 **estar para reventar o muerto de risa:** Evitar reírse cuando se está a punto de hacerlo: *estaba para reventar de risa en la reunión.* — *coloquial*

11 **mearse, mondarse, morirse, partirse o troncharse de risa:** Reírse mucho y con ganas: *iba leyendo un libro y mondándose de risa sola en el autobús; me parto de risa con ese actor; se tronchaban de risa oyéndole contar chistes.* — *coloquial*
12 **tentado a o de la risa:** Propenso a reír: *luego te lo digo porque como eres tan tentado a la risa, montarás un escándalo.* — *coloquial*
13 **tomar a alguien o algo a risa:** No darle crédito o importancia: *no te lo tomes a risa, a mí me preocupa mucho; a veces es mejor tomarse los problemas a risa.* — *coloquial*

risada Risotada, risa sonora. — *s.f.*

riscal Sitio donde hay muchos riscos: *subieron por un riscal a riesgo de caerse.* — *s.m.*

riscar (Del lat. *resecare.*)
1 Cortar o agrietar una cosa. — *v.tr./conj: sacar*
2 Poner una cosa en peligro: *riscó su propia vida al intentar salvarla.* — = arriesgar, aventurar

risco
1 Peñasco alto y muy escarpado: *se subió a un risco para ver una panorámica de la comarca.* — *s.m.* GEOGRAFÍA
2 Abertura alargada y de anchura uniforme en una cosa. — = hendidura
3 Fruta de sartén, hecha con trozos de masa frita rebozados en miel, que se pegan y tiene forma de peñasco. — COCINA
4 Riesgo o peligro de un daño. — = amenaza

riscoso, a
1 Que tiene muchos riscos o peñascos: *terreno riscoso; zona riscosa.* — *adj.* = peñascoso
2 De los riscos.

risibilidad Facultad de reír: *algunos afirman que la risibilidad no es sólo humana sino también animal.* — *s.f.*

risible
1 Que es capaz de reírse. — *adj.*
2 Que causa o mueve a risa: *no creo que el tema sea risible.*

risión
1 Burla que se hace a una persona. — *s.f./= mofa* = hazmerreír
2 Persona o cosa objetos de esta burla.

risorio, a Se aplica a un músculo pequeño unido a la comisura de los labios que contribuye a la expresión de la risa. — *adj/s.m.* ANATOMÍA

risotada Risa impetuosa y ruidosa: *todos le miraron extrañados al oír sus risotadas.* — *s.f.* = carcajada, risada

risotear Soltar una persona risotadas: *el público risoteaba en varios momentos de la obra.* — *v.intr.* = carcajearse

risoteo Acción y resultado de risotear: *dejemos ya el risoteo y sigamos con el trabajo.* — *s.m.* = carcajeo

ríspido, a Que tiene mal carácter y es poco amable: *tiene un marido tan ríspido que sus amigas han dejado de ir a visitarle.* — *adj.* = áspero, rispo

rispo, a De carácter rudo e intratable: *tiene una forma de ser rispa y malhumorada.* — *adj./= áspero, malhumorado*

riss Tercera de las grandes glaciaciones europeas de la era cuaternaria. — *s.m.* GEOLOGÍA

ristra (Del lat. *restis,* cuerda.)
1 Conjunto de ajos o cebollas sujetos formando una trenza con sus tallos: *compró varias ristras de ajos.* — *s.f.*
2 Conjunto de cosas colocadas o que se suceden unas tras otras: *nos dijo una ristra de mentiras; en una de las estanterías tenía una ristra de fotografías.* — = sarta, retahíla

ristre (Del cat. *rest.*)
1 Hierro del peto de la armadura donde se afianzaba el cabo de la lanza. — *s.m.* HISTORIA,
2 **en ristre:** En actitud o posición de acometer, esgrimiendo un objeto: *avanzaba bastón en ristre hacia los ladronzuelos.* — *loc.adv.*

ristrel (Del fr. ant. *listel.*) Listón grueso de madera: *la casa está rematada con ristreles.* — *s.m.* ARQUITECTURA

ristrón Cordero huérfano que sigue al pastor a todas partes. — *s.m.*

risueño, a
1 Que tiene una cara sonriente: *la novia estaba risueña el día de su boda.* — *adj.* = carialegre
2 Que se ríe con facilidad: *es un bebé tan risueño que encandila a la gente.* — = reidor
3 Que causa placer por tener un aspecto agradable: *el paisaje era tan risueño que se detuvieron a contemplarlo.* — = alegre, placentero
4 Que es próspero o favorable: *parece que le espera un porvenir risueño.* — = prometedor

rita
I (Voz de creación expresiva.) Voz usada por los pastores de ganado menor. — *interj.* tb: rite
II (De origen incierto.) Se usa para indicar que una persona se niega a hacer una cosa en expresiones del tipo **que lo haga, trabaje o vaya Rita.** — *loc.*

ritardando (Voz italiana.) Reteniendo el movimiento. — *adv./MÚSICA*

ritidoma Conjunto de tejidos muertos que recubren los troncos, ramas y raíces de los árboles y arbustos. — *s.m.* BOTÁNICA

ritina Mamífero sirénido *(Rhytina.)* — *s.f./ZOOLOGÍA*

ritmar Ajustar una cosa a un ritmo determinado. — v.tr.

rítmica Parte de la métrica que estudia el ritmo de los versos. — s.f. POESÍA

rítmico, a
1 Del ritmo o del verso: *los versos tienen acentos rítmicos.* — adj. POESÍA
2 Que tiene ritmo o compás: *danzaban como movimientos rítmicos; los tamborileros llevaban un repiqueteo rítmico.* — = acompasado

ritmo (Del lat. *rhythmus.*)
1 Manera más o menos armoniosa de combinar los tiempos entre un movimiento y otro, en música. — s.m./MÚSICA = compás
2 Manera armoniosa de combinarse y sucederse las pausas, los acentos u otros elementos en el lenguaje poético y prosaico. — LITERATURA = cadencia
3 Orden en la sucesión de las acciones o los hechos: *los remeros movían los remos al mismo ritmo.* — = marcha, periodicidad
4 Velocidad a la que ocurre o sucede una cosa: *corre a buen ritmo, así que puede ganar la carrera; intenta acelerar el ritmo de trabajo.* — = marcha
5 Metro o clase de verso: *los poetas modernistas introducen en la poesía española ritmos nuevos.* — POESÍA

rito (Del lat. *ritus.*)
1 Acción habitual que se realiza siempre de la misma manera: *afeitarse es uno de sus ritos matinales; la reunión familiar el día del aniversario de bodas es un rito.* — s.m. = costumbre
2 Celebración de carácter religioso que se realiza siempre del mismo modo: *en el reportaje se mostraban algunos ritos budistas.* — RELIGIÓN
3 Conjunto de ceremonias que conforman el culto religioso: *se casaron por el rito católico.* — RELIGIÓN
4 Manera de hacer una cosa siguiendo un orden prescrito: *ahora que ha terminado la tesis doctoral tendrá que cumplir con el rito de la defensa.* — = ceremonia
5 **rito abisinio:** El que usan los católicos centroafricanos. — RELIGIÓN
6 **rito doble:** El más solemne de los ritos, que usa la Iglesia católica en las grandes festividades. — RELIGIÓN
7 **rito semidoble:** El que es menos solemne que el doble. — RELIGIÓN
8 **rito simple:** El ordinario. — RELIGIÓN

ritón Vaso, en general en forma de cuerno o de cabeza de animal, que se usaba en la antigüedad para beber. — s.m. HISTORIA

ritornelo
1 Fragmento instrumental situado antes o después de una vocal. — s.m./MÚSICA tb: retornelo
2 Estribillo, pasaje que se repite en una composición musical. — MÚSICA

ritual (Del lat. *ritualis.*)
1 Del rito: *mañana será la comida ritual de la empresa.* — adj.
2 Conjunto de ritos de una religión o de una iglesia. — RELIGIÓN
3 **de ritual:** Que se hace o se usa siempre: *me hizo los ofrecimientos de ritual.* — loc.adj. = habitual

ritualidad Cumplimiento de los ritos o de las formalidades establecidas para hacer una cosa. — s.f.

ritualismo
1 Tendencia o afición exagerada a las formalidades, a los trámites reglamentarios y a los ritos en general: *aunque hace años que nos conocemos, sigue actuando con el ritualismo de siempre.* — s.m.
2 Doctrina protestante inglesa que pretendía establecer algunos ritos católicos. — HISTORIA, RELIGIÓN

ritualista Seguidor o partidario del ritualismo protestante inglés. — s.m.f./HISTORIA, RELIGIÓN

ritualización Acción y resultado de ritualizar. — s.f.

ritualizar Convertir una costumbre en rito o instaurarlo. — v.tr. conj: cazar

rival (Del lat. *rivalis.*) Se aplica a la persona que compite con otra por la misma cosa: *logró alcanzar a su rival en los últimos metros de la carrera; su mejor amigo es uno de sus rivales por el puesto.* — adj.s.m.f. = adversario, competidor

rivalidad
1 Relación entre los que compiten por conseguir lo mismo: *la prensa se encargó de potenciar la rivalidad entre los dos atletas.* — s.f. = competencia
2 Enemistad entre dos o más personas: *entre ellos existe una antigua rivalidad a causa de un empleo.* — = animadversión, hostilidad

rivalizar
1 Luchar dos o más personas entre sí para conseguir una misma cosa: *rivalizamos por tener la mejor nota; rivalizan por un gran premio; rivalizan en la pista pero son amigos fuera de ella.* — v.intr. conj: cazar = competir
2 Tener dos o más personas, cosas o animales una misma cualidad o cualidad parecida: *esos toros rivalizan en bravura; las tres rivalizan en simpatía.* — + en = competir

rivera
1 Arroyo de pequeño caudal: *con el deshielo se forman múltiples riveras que descienden hasta el río.* — s.f. = riachuelo
2 Cauce por donde corre dicho arroyo.

riyal Unidad monetaria de Arabia Saudí, Yemen, Qatar y Omán. — s.m. ECONOMÍA

riza
1 Rastrojo o residuos del alcacer o cebada verde en hierba. — s.f./AGRICULTURA = ricia
2 Destrozo que se hace en una cosa: *el seísmo causó rizas en algunos edificios.* — = estrago
3 Conjunto de residuos que, por estar duros, dejan en los pesebres las caballerías.
4 **hacer riza:** Causar grandes destrozos y mortandad en una acción de guerra. — MILITAR

rizado Acción y resultado de rizar o rizarse: *le han hecho un rizado en el cabello muy natural.* — s.m.

rizal Ricial [en todas sus acepciones]. — adj.

rizar (De *erizar* < ital. *arricciare.*)
1 Hacer ondas en el pelo: *hace dos días que rizó su melena; estas tenacillas rizan el cabello.* — v.tr./prnl./conj: cazar = ensortijar, ondular
2 Formar el viento ondas en el agua: *la mar se riza por momentos.* — = ondular
3 Hacer pequeños dobleces en una cosa: *riza la tela para darle vuelo; se hizo un abanico rizando un papel.* — v.tr.

rizo (Del fr. *ris* < germ. *rif.*)
1 Cada uno de los pedazos de cabo que pasan por los ollaos abiertos en línea horizontal en las velas y sirven para recoger o disminuir la superficie de la vela o como envergues de la parte de ella que se deja orientada. — s.m. NÁUTICA
2 **tomar rizos:** Recoger una parte de las velas disminuyendo su superficie para que tomen menos viento. — NÁUTICA

rizo- Componente de palabra procedente del gr. *rhiza,* que significa raíz: *rizófago; polirrizo.* — pref./suf.

rizo, a (Derivado de *rizar.*)
1 Que está rizado o ensortijado: *la falda está hecha con tela riza.* — adj.
2 Se aplica a un tipo de terciopelo que no está cortado en el telar y que forma una especie de cordoncillo. — adj/s.m. TEXTIL
3 Mechón de pelo rizado: *los rizos le caen por la frente.* — s.m./= caracol
4 Acrobacia aérea que consiste en hacer dar al avión una vuelta de campana. — AERONÁUTICA
5 **hacer el rizo:** Dar una vuelta de campana en el aire con un avión. — AERONÁUTICA
6 **rizar el rizo:** Complicar las cosas más de lo que están: *en vez de rizar el rizo, vamos a intentar solucionar el asunto.* — coloquial

rizófago, a (Del gr. *rhiza,* raíz + *phago,* comer.) Se refiere al animal que se alimenta de raíces. — adj/s. ZOOLOGÍA

rizófito, a (Del gr. *rhiza,* raíz + *phyton,* planta.) Se aplica a las plantas que se caracterizan por tener tejidos diferenciados. — adj/s.f. BOTÁNICA tb: rizofito

rizoforáceo, a Perteneciente a una familia de plantas leñosas con muchas raíces visibles, hojas sencillas; flores hermafroditas o unisexuales y fruto con una sola semilla, como el mangle. — adj/s.f. BOTÁNICA tb: rizoforeo

rizoide (Del gr. *rhiza,* raíz + *eidos,* forma.) Se aplica al pelo o al filamento que funciona como una raíz en ciertas plantas que carecen de ella. — adj/s.m. BOTÁNICA

rizoma (Del gr. *rhiza,* raíz + *oma,* tumor.) Tallo horizontal y subterráneo: *el lirio tiene rizoma.* — s.m. BOTÁNICA

rizomatoso, a Se aplica a las plantas provistas de rizoma. — adj/s. BOTÁNICA

rizópodo, a (Del gr. *rhiza,* raíz + *pus, podos,* pie.) Perteneciente a un subtipo de protozoos capaces de emitir seudópodos que le permiten moverse y conseguir alimento, como las amebas. — adj/s.m. ZOOLOGÍA

rizoso, a Se aplica al pelo que tiende a rizarse: *le cuesta alisarse el cabello porque lo tiene rizoso.* — adj.

¡ro! (Voz de creación expresiva.) Se usa repetida para arrullar a los niños. — interj.

ro Rho, decimoséptima letra del alfabeto griego. — s.f.

roa Pieza gruesa y curva, de madera o metal, que forma la proa de una embarcación. — s.f./NÁUTICA = roda

roano, a (Del germ. *raudan* < *rauda,* rojo.) Se aplica al caballo o a la yegua que tiene el pelo de color blanco, gris y bayo. — adj. tb: ruano

roast-beef (Expresión inglesa.) Rosbif, carne asada. — s.m./COCINA

rob Arrope o zumo de frutos maduros, mezclado con miel o azúcar cocido hasta que toma consistencia de jarabe. — s.m.

robadera Tabla o plancha que, arrastrada por una o dos caballerías, se usa para allanar terrenos. — s.f./AGRICULTURA = trailla

robadizo
1 Terreno que el agua erosiona o roba con facilidad. — s.m.
2 Hendidura o surco que se forma en un lugar donde la tierra ha sido arrastrada por el agua. — = arroyada

robador, a Que roba. — adj/s.

róbalo Lubina, pez teleósteo marino de cuerpo oblongo, cabeza apuntada, boca grande con dientes pequeños y agudos, con el dorso negruzco y el vientre blanco y dos aletas en el lomo. — s.m. ZOOLOGÍA f: robaliza tb: robalo

robar (Del germ. *raubon,* saquear.)
1 Apropiarse de una cosa que pertenece a otra persona: *al llegar a su casa descubrió que le había robado las joyas.* — v.tr. = hurtar, sisar

2 Arrebatar una cosa a otra persona por fuerza, con violencia o intimidación: *me han robado el bolso a punta de pistola.*

3 Quitar una cosa inmaterial a una persona: *el trabajo me roba horas de sueño.*

4 Cautivar una persona el afecto o el ánimo de otra: *le robó el corazón con su mirada lánguida.* — = atraer

5 Llevarse una corriente de agua terrenos por donde pasa. — = arrastrar

6 Redondear una punta o achaflanar una esquina.

7 Trasladar las abejas de un panal a otro.

8 Coger una carta o una ficha de dominó de las que quedan cuando corresponde. — JUEGOS

9 Engañar en el precio que se cobra por una cosa o en el sueldo que se paga por un trabajo. — coloquial = estafar

10 Actuar de forma injusta en el arbitraje de una competición: *nos robaron el partido al pitar ese penalti.* — DEPORTES coloquial

11 Secuestrar a una persona con fines sexuales. — = raptar

robellón (Del cat. *rovelló*.) Mízcalo, hongo comestible muy jugoso. — s.m. MICOLOGÍA

robezo (De la voz prerromana *ribiccu*.) Gamuza, mamífero artiodáctilo. — s.m. ZOOLOGÍA

robín (Del lat. *robigo, -ginis*.) Orín o herrumbre de los metales. — s.m. = rubín

robinia Planta arbórea o arbustiva de hojas compuestas, con estípulas espinosas e inflorescencias en racimos, con flores blancas, rosadas o purpúreas. (*Robinia*.) — s.f. BOTÁNICA

robinsón (De *Robinsón* Crusoe, protagonista de una novela de Daniel Defoe.) Persona solitaria capaz de valerse y bastarse por sí misma: *sus viajes y aventuras le han convertido en un robinsón.* — s.m.

robinsoniano, a (De *Robinsón* Crusoe, protagonista de una novela de Daniel Defoe.)
1 De dicho héroe novelesco. — adj.
2 Que es propio de una persona solitaria y capaz de valerse y bastarse por ella misma.

robinsonismo (De *Robinsón* Crusoe, protagonista de una novela de Daniel Defoe.) Modo de vida propio de dicho personaje literario o de una persona, que se caracteriza por su afán aventurero y su capacidad para vivir en soledad. — s.m.

robla
1 Agasajo del comprador o del vendedor a los que intervienen en una venta. — s.f. tb: rodra
2 Comida que se obsequia al terminar un trabajo.

robladero, a Que está hecho de modo que puede roblarse o doblarse. — adj.

robladura Remache o doblamiento de la punta de un clavo o de otro objeto semejante. — s.f. = redobladura

roblar (Del lat. *roborare*, fortificar.)
1 Hacer la robla. — v.tr.
2 Doblar o remachar una pieza de hierro para que quede segura: *el clavo se robló.* — v.tr./prnl.

roble (Del lat. *robur, roboris*.)
1 Planta arbórea fagácea, de gran tamaño y copa ancha, muy longeva, caducifolia o perenne, con el tronco grueso, ramas grandes y tortuosas, hojas pequeñas y lampiñas, flores de color verde amarillento y con fruto en bellotas pedunculadas y amargas. (*Quercus*.) — s.m. BOTÁNICA
2 Madera de este árbol, de color amarillento, dura y compacta. — CARPINTERÍA
3 Persona o cosa fuerte y de gran resistencia: *es fuerte como un roble.* — coloquial
4 **roble albar:** Especie con las hojas con lóbulos menos pronunciados y frutos no pedunculados. (*Quercus petraea*.) — BOTÁNICA
5 **roble borne, negral, negro o villano:** Árbol con raíces profundas, tronco irregular, copa ancha y hojas aovadas y vellosas por el envés. (*Quercus pyrenaica*.) — BOTÁNICA = malojo
6 **roble carrasqueño:** Árbol de copa recogida y hojas grandes, lampiñas y duras, con el envés recubierto por un filtro espeso y persistente, y bellotas revestidas de escamas triangulares. (*Quercus faginea*.) — BOTÁNICA = quejigo

robledo Lugar poblado de robles. — s.f./tb: robleda

robledal Robledo de gran extensión. — s.m.

roblizo, a Que es fuerte y duro. — adj./= recio

roblón
1 Clavo o clavija de hierro o de otro metal dulce, con cabeza en un extremo cuya punta, después de clavada, se remacha. — s.m.
2 Clavo especial destinado a ser remachado. — = remache
3 Lomo que forman las tejas por su parte convexa en el tejado. — CONSTRUCCIÓN

roblonado Acción y resultado de roblonar. — s.m.

roblonar Sujetar una cosa con roblones: *roblonó los zapatos para asegurar los adornos que llevan.* — v.tr.

robo
1 Acción y resultado de robar: *planearon el robo al banco durante años; el robo fue realizado por una banda de delincuentes habituales.* — s.m. = hurto, sustracción

2 Cosa robada: *el valor del robo asciende a una cantidad muy elevada.*

3 Cosa muy cara o sueldo muy bajo: *el precio de esa pieza me parece un robo; es un robo, te pagan una miseria.* — coloquial = estafa

4 Conjunto de cartas o fichas que se roban o toman del monte en ciertos juegos. — JUEGOS

5 Delito que consiste en apoderarse con ánimo de lucro de un bien ajeno, empleando violencia o intimidación: *cumple condena por robo.* — DERECHO

6 **robo a mano armada:** El que se comete intimidando con pistola u otra arma. — DERECHO

7 **ir al robo:** Robar, tomar cartas o fichas del monte. — JUEGOS

roboración Acción y resultado de roborar. — s.f.

roborar (Del lat. *roborare*, fortificar.)
1 Dar fuerza o firmeza a una cosa. — v.tr./= afirmar
2 Dar razones o argumentos que confirman una cosa que se sospechaba o se sabía: *roboró su sospecha con esa prueba.* — = corroborar

roborativo, a Que se utiliza para roborar o reforzar una cosa: *es una prueba roborativa de lo que ya sabíamos.* — adj. = corroborativo

robot (Voz inglesa.)
1 Máquina electrónica capaz de ejecutar de forma automática diversas acciones y movimientos: *el etiquetado está realizado por un robot.* — s.m. pl: robots TECNOLOGÍA
2 Autómata, máquina que imita la figura y los movimientos de un ser animado. — = androide
3 Persona que actúa sin voluntad propia o como si fuera una máquina: *estaba tan adormilado que se movía como un robot.* — = autómata

robótica Rama de la ingeniería que estudia la construcción, el diseño y el empleo de robots en actividades industriales. — s.f. TECNOLOGÍA

robótico, a Del robot. — adj./TECNOLOGÍA

robotizar Realizar operaciones mediante robots: *han robotizado el proceso de envasado del producto.* — v.tr./conj.: cazar

robra Agasajo del comprador o del vendedor a quienes intervienen en una venta. — s.f./tb: robla = alboroque

robre (Del lat. *robur, roboris*.) Roble [en todas sus acepciones]. — s.m. BOTÁNICA

robredal Robledal, terreno de gran extensión poblado de robles. — s.m.

robredo Robledo, terreno poblado de robles. — s.m.

robustecedor, a Que robustece: *ahora haremos un ejercicio robustecedor de los glúteos.* — adj. = fortalecedor

robustecer Dar robustez a una cosa o a una persona: *robusteció las estanterías con escuadras de hierro; se ha robustecido mucho con la práctica de la natación.* — v.tr./prnl. conj.: carecer = fortalecer

robustecimiento Acción y resultado de robustecer: *el robustecimiento de los pilares evitará que se caiga; el ejercicio ayuda al robustecimiento muscular.* — s.m. = fortalecimiento, reforzamiento

robustez Calidad de robusto o fuerte: *soportará el peso porque es un material de gran robustez.* — s.f./pl: robusteces tb: robusteza

robusto, a (Del lat. *robustus*.)
1 Que es fuerte y grueso: *el edificio estaba sostenido por columnas robustas.* — adj. = firme, sólido
2 Que tiene un aspecto sano y los miembros fuertes: *es una persona robusta.* — = fornido, vigoroso

roca
1 Cualquier material natural formado por una asociación de minerales o, con menos frecuencia, por un solo mineral: *la petrografía estudia las rocas.* — s.f. GEOLOGÍA
2 Porción grande de masa pétrea que se levanta en la tierra o en el mar, diferenciándose de lo que la rodea: *sobre aquella roca hay una ermita.* — = peñasco
3 Cosa o persona muy dura, firme o estable: *no cambiará de opinión porque es una roca; esa mesa es una roca, no hay manera de romperla.* — ≠ débil
4 Persona muy fría e insensible: *ni se inmutó al oír la noticia porque es una roca.*
5 Sustancia mineral que forma una parte importante de la corteza terrestre. — GEOLOGÍA
6 **roca almacén o depósito:** La permeable, impregnada de petróleo o de gas natural que está recubierta por una capa impermeable que impide la migración de los hidrocarburos hacia arriba. — GEOLOGÍA
7 **roca cristalina:** Aquella en la que los cristales se ven a simple vista. — GEOLOGÍA
8 **roca endógena:** La que se origina en profundidad. — GEOLOGÍA
9 **roca eruptiva o plutónica:** La procedente de la cristalización de un magma en profundidad. — GEOLOGÍA
10 **roca exógena:** La que se forma en la superficie. — GEOLOGÍA
11 **roca metamórfica:** La que resulta de la transformación de otras preexistentes que se encuentran situadas en condiciones de temperatura y presión diferentes de las que había en la época de su formación. — GEOLOGÍA
12 **roca sedimentaria:** La que se forma por compactación de los sedimentos que proceden de la degradación del relieve. — GEOLOGÍA
13 **roca volcánica o efusiva:** La procedente de la cristalización de un magma en la superficie. — GEOLOGÍA

14 ser como una roca: 1. Ser muy fuerte. **2.** Ser fiel a unos principios: *confía en él, es como una roca.* — *coloquial*

rocada Porción de materia textil que se pone cada vez en la rueca. — *s.f. TEXTIL*

rocadero
1 Armazón en forma de piña que tienen las ruecas en su parte superior, donde se coloca la porción de materia textil que se va a hilar. — *s.m. TEXTIL = rocador*
2 Envoltura que se pone en el rocadero de la rueca o armazón para asegurar el copo o porción de materia textil. — *TEXTIL*
3 Capirote que se ponía a algunos delincuentes. — *HISTORIA*

rocador Armazón de la rueca sobre el que se pone el copo que se ha de hilar. — *s.m./TEXTIL = rocadero*

rocalla (Del fr. *rocaille*.)
1 Conjunto de piedrecillas desprendidas de las rocas debido a la erosión o al labrarlas. — *s.f.*
2 Abalorio grueso para hacer collares: *llevaba unos colgantes hechos de rocalla.* — *coloquial = quincalla*
3 Decoración no simétrica inspirada en el arte chino, que imita contornos de piedras y de conchas muy usada en el arte rococó. — *ARTE*

rocalloso, a Se aplica al lugar en el que abunda la rocalla desprendida de las rocas: *zona rocallosa.* — *adj.*

rocambola (Del fr. *rocambole*.) Planta herbácea liliácea de tallo erguido y enroscado en forma de anillo cerca de la inflorescencia, que se usa como condimento en sustitución del ajo. *(Allium controversum.)* — *s.f. BOTÁNICA*

rocambolesco, a Que es enrevesado y exagerado: *me explicó una rocambolesca historia de venganzas y celos.* — *adj. = extraordinario, inverosímil*

roce
1 Acción y resultado de rozar o rozarse dos cosas que entran en contacto: *el roce continuo de las piezas las desgasta.* — *s.m. = rozamiento*
2 Señal dejada al rozar o rozarse una cosa con otra: *tendré que pintar para quitar los roces que hay en las paredes.* — *= rozamiento*
3 Trato frecuente de unas personas con otras: *tiene mucho roce con algunos de sus compañeros de trabajo.* — *= contacto, relación*
4 Discusión o enfado leve entre dos personas: *he tenido varios roces con mi jefe esta mañana.* — *= pique, desacuerdo*

rocero, a Se aplica a la leña que producen las hierbas y matas que se quitan de la tierra para limpiarla. — *adj.*

rocha Acción y resultado de rochar la tierra para sembrarla. — *s.f. AGRICULTURA*

rochar
1 Limpiar el terreno de matas antes de sembrarlo. — *v.tr./AGRICULTURA Chile*
2 Sorprender a alguien en algún acto ilícito.

rochela Bullicio o tumulto grande de gente. — *s.f./Colomb., Venez.*

rocho (Del ár. *ruh*.) Ave fantástica de gran tamaño y fuerza. — *s.m. MITOLOGÍA*

rociada
1 Acción y resultado de rociar un líquido o cualquier otra cosa: *voy a dar una rociada de agua a las plantas.* — *s.f. = rociamiento*
2 Rocío de la tierra y de las plantas.
3 Hierba impregnada de rocío que se da a los caballos como medicina. — *VETERINARIA*
4 Conjunto de cosas que se esparcen al ser arrojadas: *una rociada de balas.* — *= ráfaga*
5 Dicho malicioso contra un gran número de personas. — *= murmuración*
6 Reprimenda fuerte: *la discusión acabó convirtiéndose en una rociada.* — *= bronca, roción*

rociadera Recipiente cilíndrico, provisto de asa y de un pitón cuya boca, más ancha, está agujereada, usado para regar las plantas. — *s.f. = regadera*

rociado, a Que está mojado de rocío: *esta mañana los campos han amanecido rociados.* — *adj.*

rociador
1 Brocha para rociar la ropa. — *s.m.*
2 Aparato que sirve para esparcir un líquido en forma de gotas. — *Ecuad. = pulverizador*

rociamiento Acción y resultado de rociar o esparcir un líquido. — *s.m./tb: rociadura = rociada*

rociar (Del lat. vulgar *roscidare*.)
1 Esparcir un líquido en pequeñas gotas sobre una cosa: *utilizó un pulverizador para rociar las plantas con agua.* — *v.tr. conj: vaciar = salpicar*
2 Lanzar cosas de modo que queden esparcidas al caer: *roció confeti sobre los invitados.* — *= diseminar, esparcir*
3 Dar a un jugador una gratificación a quien le prestó dinero para jugar. — *JUEGOS = gratificar*
4 Caer rocío o llovizna sobre la tierra: *esta noche ha rociado.* — *v.impers.*

rociero, a (De la Virgen del *Rocío* y sus romerías.) Persona que va a esta romería onubense. — *adj/s. RELIGIÓN*

rocín
1 Caballo de poca alzada y de mala apariencia: *no podrás recorrer un trayecto tan largo con ese rocín.* — *s.m. tb: rocino*
2 Caballo de trabajo: *del carro tiran dos rocines.* — *= jamelgo*
3 Persona tosca e ignorante: *mira si es rocín que no sabe cómo funciona un ascensor.* — *coloquial*
4 ir o venir de rocín a ruin: Decaer o ir de mal en peor. — *coloquial*

rocinal Del rocín. — *adj./= rociniego*

rocinante Caballo o rocín flaco, endeble y en general con llagas y heridas. — *s.m.*

rociniego, a Del rocín. — *adj./= rocinal*

rocino Rocín [en todas sus acepciones]. — *s.m.*

rocío
1 Vapor que por la noche se condensa y forma pequeñas gotas que se depositan sobre la tierra y las plantas: *los campos están cubiertos de rocío.* — *s.m. = rociada, rosada*
2 Lluvia ligera y pasajera: *apenas me he mojado porque sólo ha caído rocío.* — *= llovizna*
3 Conjunto de gotas menudas esparcidas sobre una cosa para humedecerla. — *= rociada*

roción
1 Salpicadura violenta del agua del mar que se produce al chocar las olas contra un obstáculo cualquiera: *estaba en un espigón del puerto y un roción me ha dejado empapado.* — *s.m.*
2 Rocío de la tierra y de las plantas. — *= rociada*
3 Reprimenda fuerte: *le cayó un roción por lo que hizo.* — *= bronca, rociada*

rock (Voz inglesa.)
1 Rock and roll [en todas sus acepciones]. — *s.m.*
2 Conjunto de los estilos musicales ligeros derivados del rock and roll de los años cincuenta. — *MÚSICA*
3 De estos estilos musicales: *asistieron a una actuación rock.* — *adj. MÚSICA*
4 rock duro: Estilo musical caracterizado por un importante volumen sonoro y derroche de energía y fuerza en las actuaciones en directo, al incorporar sonido electrónico y amplificadores a la música rock. — *MÚSICA*

rock and roll (Expresión inglesa.)
1 Estilo musical de origen estadounidense de ritmo binario, derivado del rhythm and blues y del country and western. — *s.m. tb: rock MÚSICA*
2 Baile muy rítmico que se practica con esta música: *son campeones de baile de rock and roll.*

rocker (Voz inglesa.) Seguidor de la música rock, que suele vestirse y peinarse al estilo de los jóvenes estadounidenses de los años cincuenta: *como buen rocker, lleva tupé.* — *s.m.f. MÚSICA, SOCIOLOGÍA*

rockero, a
1 Del rock and roll o del rock en general: *es un grupo de estilo rockero con influencias del jazz.* — *adj./MÚSICA tb: roquero*
2 Se aplica a la persona aficionada al rock and roll o al rock en general: *no se pierden un concierto porque son unos rockeros.* — *adj/s. MÚSICA, SOCIOLOGÍA*

rococó (Del fr. *rococo*.) Se aplica al estilo artístico de origen francés, caracterizado por una gran profusión de todo tipo de elementos decorativos, que se desarrolló tras el estilo barroco. — *adj/s. ARTE*

rocoso, a Se aplica al terreno que tiene muchas rocas: *esta tierra no es buena para el cultivo porque es muy rocosa.* — *adj. = roqueño*

rocoto Planta de la familia de las solanáceas, similar a un ají grande, y su fruto. — *s.m./Amér. Merid. BOTÁNICA*

roda (Del cat. *roda*.)
1 Pieza gruesa y curva que forma la proa de una embarcación. — *s.f./NÁUTICA = roa*
2 Comida con la que se obsequia al terminar un trabajo a los que lo han ejecutado. — *= robla*

rodaballo
1 Pez teleósteo marino de cuerpo aplanado, con el rostro desplazado hacia una posición lateral, de color tierra mimético, que vive semienterrado en el fondo y cuya carne es muy estimada. *(Scophthalmus maximus.)* — *s.m. ZOOLOGÍA = rombo*
2 Persona taimada y astuta. — *coloquial*

rodada Señal o surco que deja la rueda de un vehículo en el lugar por donde pasa: *la rodada encontrada junto al cadáver reveló quién era el asesino.* — *s.f. = rodera*

rodadero, a
1 Que rueda con facilidad. — *adj./= rodadizo*
2 Que tiene una forma adecuada para rodar.
3 Terreno pedregoso con fuerte pendiente en el que suelen producirse desprendimientos de tierra y de guijarros. — *s.m.*

rodadizo, a Que rueda con facilidad. — *adj./= rodadero*

rodado, a
I (Derivado de *rueda*.)
1 Se aplica al caballo o a la yegua que tiene muchas manchas más oscuras que el resto del pelo y redondas. — *adj.*
2 Cualquier vehículo con ruedas. — *s.m./Argent.*
II (Derivado de *rodar*.)
1 Se aplica al tráfico o al transporte que se hace con vehículos provistos de ruedas: *intentan disminuir el tráfico rodado en el centro de la ciudad.* — *adj.*
2 Se aplica al período, cláusula o a la frase que se desarrolla con fluidez y naturalidad.

3 Se refiere al mineral que está desprendido de la veta y esparcido de manera natural por el suelo. — *adj./s. MINERÍA*
4 venir rodado: Desarrollarse una cosa, en general favorable, con facilidad y sin haber estado preparada: *la conversación vino rodada y pude pedirle el aumento.* — *coloquial*

rodador, a
1 Que rueda o cae rodando. — *adj.*
2 Corredor especialista en terreno llano, en especial en ciclismo: *no sólo es un gran rodador sino que también es bueno en la montaña.* — *s. DEPORTES = llaneador*
3 Mosquito de algunos países americanos que, al llenarse de sangre, cae y rueda. — *s.m. ZOOLOGÍA*

rodadura Acción y resultado de rodar. — *s.f.*

rodaja
1 Pieza o parte plana y circular de madera, metal o de otro material — *s.f.*
2 Tajo circular y plano de un alimento: *adornó el plato con unas rodajas de limón; corta más rodajas de chorizo.* — *= tajada*
3 Estrella de la espuela. — *EQUITACIÓN*

rodaje
1 Acción y resultado de rodar o impresionar una película cinematográfica: *ya han terminado el rodaje de los exteriores; actores, directores y el resto del equipo estaban orgullosos del rodaje.* — *s.m. CINE = filmación*
2 Situación de un automóvil que no ha circulado la distancia prescrita por el constructor, por lo que debe conducirse con ciertos cuidados con el fin de que las piezas adquieran el juego necesario para la marcha normal: *durante el rodaje no podía circular a más de cien quilómetros por hora.* — *MECÁNICA*
3 Experiencia que tiene una persona en determinado asunto: *tiene rodaje con los niños porque ha cuidado de sus hermanos pequeños.* — *= hábito, práctica*
4 Conjunto de ruedas: *tuve que cambiar el rodaje del coche.*
5 Impuesto sobre los coches.

rodal
1 Pequeña porción de terreno con alguna característica que lo distingue de su entorno. — *s.m.*
2 Parte de una cosa con un color distinto al resto: *la tela está tarada, tiene un rodal blanco en el centro.*
3 Conjunto de plantas que crecen en un terreno que lo hacen diferente del resto. — *BOTÁNICA*
4 Señal que deja impresa la rueda de un vehículo u otra cosa sobre una superficie: *el vaso dejó un rodal sobre el cristal.* — *= rodada*
5 Estera pequeña y redonda. — *= esterilla*

rodamiento Cojinete formado por dos cilindros concéntricos, entre los que se intercala una corona de bolas o rodillos que pueden girar con libertad y facilitan el movimiento del objeto al que se acopla. — *s.m. MECÁNICA, TECNOLOGÍA*

rodamina Denominación genérica que se da a las sustancias colorantes rojas. — *s.f. QUÍMICA*

rodante Que rueda o puede rodar. — *adj.*

rodapelo Pasada a contrapelo de un paño u otra tela que se hace con la mano. — *s.m./= redopelo, redropelo*

rodapié
1 Listón de madera o de otro material que se pone en la parte inferior de las paredes interiores para decorarlas o protegerlas: *el rodapié de la pared es igual que las baldosas del suelo.* — *s.m. = zócalo*
2 Tabla o enrejado que se pone en la parte inferior de la barandilla de los balcones. — *CONSTRUCCIÓN*
3 Adorno o listón con que se cubren los pies de la cama, mesa u otros muebles.

rodaplancha Hendidura que divide el paletón de la cerradura hasta la tija y que permite que la llave gire en ella. — *s.f.*

rodar (Del lat. *rotare*.)
1 Dar una cosa vueltas alrededor de su eje: *la piedra del molino rueda con lentitud; la pelota rodó hasta el hoyo y cayó en él.* — *v.intr. conj. contar = girar*
2 Moverse una cosa sobre ruedas: *los motoristas rodaban a gran velocidad en el circuito.* — *= circular*
3 Caer una cosa dando vueltas por una pendiente: *rodó por la ladera de la montaña.*
4 Ir una persona de un lugar a otro sin tener residencia u hogar fijos: *rodó durante toda su juventud por todo el mundo.* — *= deambular, vagar*
5 Andar una persona de un lugar a otro para hacer gestiones o para buscar una cosa o a una persona: *rodé todo el día para encontrarte.* — *= deambular*
6 Ir o llevar una cosa de un sitio a otro por no tener una colocación o lugar fijo: *los libros ruedan todo el día por la biblioteca.*
7 Seguir una cosa la marcha o camino que se considera adecuado: *los negocios ruedan bien.* — *= funcionar, marchar*
8 Haber mucho dinero en un lugar: *en los casinos rueda el dinero.*
9 Correr una distancia más o menos larga con un ritmo moderado, en los entrenamientos de atletismo. — *DEPORTES*
10 Hacer que una cosa gire: *rueda el tonel hasta la puerta porque pesa mucho para cogerlo.* — *v.tr. = girar, rotar*
11 Hacer que un automóvil marche según los cuidados prescritos para el rodaje. — *MECÁNICA*
12 Realizar la filmación de una película cinematográfica: *mañana rodamos la última escena de la película.* — *CINE = filmar*
13 Proyectar una película cinematográfica sobre una pantalla: *en el cine ruedan una famosa película de ciencia ficción.* — *CINE*
14 echar algo a rodar: Malograr o frustrar un asunto o proyecto. — *coloquial*
15 rodar alguien por otro: Estar una persona dispuesta a hacerlo todo para contentar o complacer a otra: *he rodado por ella todo el curso.* — *coloquial*

rodea Paño o trapo basto que se utiliza en la cocina para limpiar. — *s.f. = rodilla*

rodeabrazo Indica dando vueltas al brazo para lanzar una cosa, en la expresión **a rodeabrazo.** — *loc.adv.*

rodeador, a Que rodea o da rodeos. — *adj.*

rodear
1 Poner una o más cosas o personas alrededor de otra: *la policía rodeó el edificio.* — *v.tr. = cercar*
2 Estar una cosa alrededor de otra: *el río rodea la ciudad.* — *= circuir, circundar*
3 Ir por un camino más largo: *rodeó la plaza en vez de atravesarla; rodeó por otro camino para no encontrarse con su antiguo novio.* — *v.tr/intr.*
4 No hacer o no decir una persona las cosas de forma clara y directa: *rodeó el tema para no tener que dar explicaciones.* — *v.tr. = eludir*
5 Tener alrededor personas o cosas: *se rodeó de gente hipócrita.* — *v.prnl. = envolverse*
6 Volverse una persona a un lado y a otro por estar inquieta o impaciente: *se rodeaba de impaciencia.* — *= revolverse, removerse*
7 Reunir el ganado mayor en un sitio determinado, arreándolo desde los distintos lugares donde pace. — *v.tr./Amér. Central y Merid.*

rodela (Del ital. *rotella*.)
1 Escudo redondo y delgado que se cogía con el brazo para cubrir el pecho mientras se peleaba con espada. — *s.f. HISTORIA*
2 Roncha, porción cortada en láminas circulares. — *Chile*

rodelero
1 Soldado que estaba armado de rodela. — *s.m./HISTORIA*
2 Soldado que llevaba la rodela de su superior. — *HISTORIA*
3 Mozo que rondaba la noche con espada y rodela. — *HISTORIA*

rodenal Terreno poblado de pinos rodenos. — *s.m.*

rodeno, a Se aplica a la tierra, al árbol o a la roca de color o de tono rojo. — *adj.*

rodeo
1 Acción de rodear: *el juego consiste en dar rodeos alrededor de unas sillas.* — *s.m. = giro, vuelta*
2 Camino más largo o desvío del camino directo: *dio un rodeo para despistar a sus perseguidores; al equivocarse de carretera, dio un largo rodeo.* — *= desviación*
3 Manera de hacer o conseguir una cosa, intentando evitar las dificultades que presenta: *siempre hace las cosas con rodeos porque no sabe afrontarlas.* — *coloquial*
4 Manera indirecta o poco clara de decir una cosa: *dime la verdad sin rodeos.* — *= ambages, circunloquio*
5 Reunión de ganado mayor para reconocerlo, contarlo o para cualquier otro fin.
6 Sitio donde se junta el ganado para pasar la noche, sestear, venderlo o para contarlo.
7 Espectáculo y competición, en algunos países americanos, en que se realizan ejercicios de destreza con potros salvajes y reses bravas.
8 Acción de contar o separar el ganado de distintos dueños o el que está destinado a la venta. — *Argent., Chile, Urug.*
9 andar con rodeos: No hablar de forma directa y clara de un asunto: *no te andes con rodeos, si necesitas dinero me lo pides y ya está.* — *coloquial*
10 dar un rodeo o rodeos: 1. Tomar un camino o desvío más largo que el camino directo: *dio un rodeo para que no le vieran los vecinos.* **2.** Hacer una cosa o intentar conseguirla evitando las dificultades que presenta: *siempre da rodeos para eludir las responsabilidades.* **3.** No hablar con claridad y de forma directa de un tema: *deja de dar rodeos y cuéntame qué pasa.* — *coloquial coloquial coloquial*

rodera
1 Rodada o huella que dejan las ruedas de un vehículo en el suelo. — *s.f.*
2 Camino abierto por el paso de los carros a través de los campos.
3 Rueda que encaja en el eje, sin tener el cubo guarnecido con buje de hierro.

rodero, a
1 De la rueda. — *adj.*
2 Persona que cobraba tributo en especies que, además del arriendo, pagaban los ganaderos trashumantes al dejar al fin de verano los pastos de las sierras. — *s.m. HISTORIA*

rodesiano, a
1 De Rhodesia, antiguo territorio de África oriental. — *adj./tb: rhodesiano*
2 Persona natural de este antiguo territorio. — *s.*

rodete
1 Objeto en forma de rosca o rueda, en especial el que se pone en la cabeza para llevar un bulto. — *s.m. = rodilla*

2 Adorno femenino consistente en una rosca hecha con las trenzas del pelo: *cada mañana se recogía la melena en un rodete*. = **moño**

3 Chapa circular de la cerradura que permite girar sólo la llave cuyas guardas se ajustan a ella.

4 Rueda horizontal donde gira el juego delantero del coche. **MECÁNICA**

5 Polea de llanta ancha y plana por la que pasan las correas sin fin en diferentes maquinarias. **MECÁNICA**

6 Rueda hidráulica horizontal con paletas. **MECÁNICA**

7 Cordón que rodea la parte superior del yelmo y sirve de cimera. **HERÁLDICA**

rodezno (Del lat. vulgar *roticinus*.)
1 Rueda hidráulica de paletas curvas y eje vertical. **s.m./MECÁNICA**

2 Rueda dentada, en un molino de harina, que engrana con la que está unida a la muela.

rodilla (Del lat. *rotula*.)
1 Articulación del cuerpo humano que une el fémur con la tibia, y partes blandas que la rodean. **s.f. ANATOMÍA**

2 Articulación de los cuadrúpedos que une el antebrazo con la caña. **ZOOLOGÍA**

3 Paño o trapo basto que se usa para limpiar.

4 Rodete para llevar carga sobre la cabeza.

5 **a media rodilla**: Con una pierna doblada y apoyada en otra. **loc.adv.**

6 **de rodilla en rodilla**: De persona en persona. **loc.adv.**

7 **de rodillas**: 1. Con estas articulaciones dobladas y apoyadas en el suelo: *oraba de rodillas ante el crucifijo*. **loc.adv.**
2. En tono suplicante: *me pidió de rodillas que la ayudara*. **loc.adv.**

8 **doblar o hincar alguien la rodilla**: 1. Poner o apoyar una de estas articulaciones en el suelo. 2. Humillarse o someterse a otra persona: *tuvo que hincar la rodilla para que no le despidieran*. **coloquial**

rodillada
1 Golpe dado con la rodilla o recibido en ella: *me he dado una rodillada contra la puerta; me dio una rodillada en la nariz*. **s.f. = rodillazo**

2 Colocación de la rodilla en tierra. = **genuflexión**

rodillazo Golpe dado con la rodilla o recibido en ella: *tiene un morado del rodillazo que se ha dado*. **s.m. = rodillada**

rodillera
1 Prenda que se pone en la rodilla para comodidad, protección o adorno: *los jugadores llevaban rodilleras y coderas para evitar lesiones*. **s.f.**

2 Pieza o remiendo que se pone en la parte de los pantalones, o de otra prenda, que cubre la rodilla: *le pondré unas rodilleras para que pueda seguir usando estos pantalones*.

3 Convexidad o abombamiento que forma el pantalón en la parte de las rodillas: *en los pantalones de punto se marcan en seguida las rodilleras*.

4 Herida que se hacen las caballerías cuando caen de rodillas. **VETERINARIA**

5 Cicatriz de esta herida. **VETERINARIA**

rodillero, a
1 De la rodilla. **adj.**

2 Cajón que se usaba para lavar en el río de rodillas. **s.m.**

rodillo
1 Utensilio cilíndrico de madera con asas o mangos a ambos lados, que se usa para extender y trabajar masas en panadería y pastelería: *extender la masa con el rodillo y dejarla reposar*. **s.m. COCINA**

2 Cilindro recubierto de un material que se empapa de pintura usada para pintar grandes superficies: *pintó las paredes y el techo de la habitación a rodillo*.

3 Cilindro de madera o de otro material que, haciéndolo rodar, sirve para transportar un objeto con mucho peso con facilidad. = **polín, rodo**

4 Pieza cilíndrica giratoria que forma parte de diversos mecanismos, en especial de máquinas de escribir o de imprimir.

5 Pieza cilíndrica muy pesada de piedra o de hierro, usada para apisonar y allanar. = **rodo, rulo**

rodilludo, a Que tiene las rodillas grandes: *no le gusta llevar faldas cortas porque es muy rodilluda*. **adj.**

rodio (Del gr. *rhodon*, rosa.) Metal raro de color plateado, resistente a los ácidos y difícil de fundir. **s.m. QUÍMICA**

rodio, a (Del lat. *Rhodius*.)
1 De Rodas, isla griega en el mar Egeo. **adj.**

2 Persona natural de esta isla griega. **s.**

3 Se aplica al estilo de los antiguos escritores griegos de esta isla, menos exuberante que el asiático y menos conciso que el ático. **adj. LITERATURA**

rodo
1 Instrumento cilíndrico de madera u otro material que al rodar puede transportar un objeto muy pesado que se coloca encima. **s.m. = rodillo**

2 Cilindro muy pesado que se usa para apisonar y aplanar el suelo. = **rodillo, rulo**

rodo- Componente de palabra procedente del gr. *rhodon*, que significa rosa: *rodomiel*. **pref. tb: rod-**

rododafne (Del gr. *rhodon*, rosa + *daphne*, laurel.)
1 Planta arbustiva muy ramosa de hojas persistentes y grupos de flores blancas, rosas o rojas. **s.f./BOTÁNICA = adelfa**

2 Flor de este arbusto. **BOTÁNICA**

rododendro (Del gr. *rhodon*, rosa + *dendron*, árbol.)
1 Planta arbustiva ericácea, de hojas persistentes, oblongas y agudas, con flores en corimbo de cinco lóbulos desiguales, sonrosadas o púrpuras y de fruto capsular. (*Rhododendron*.) **s.m. BOTÁNICA**

2 Flor de este arbusto. **BOTÁNICA**

rodofíceo, a (Del gr. *rhodon*, rosa + *phycos*, alga.) Perteneciente a una clase de algas, en general marinas, con clorofila coloreada por un pigmento rojo, con un ciclo reproductor complejo, y que a veces están revestidas por un caparazón calcáreo. **adj/s.f. BOTÁNICA**

rodomiel Jarabe de miel y agua de rosas que se preparaba antiguamente en las farmacias. **s.m. FARMACIA**

rodopsina Pigmento de la retina, indispensable para la visión. **s.f. BIOQUÍMICA**

rodriga Palo o caña que se clava junto a una planta para sostener sus ramas y tallos. **s.f./AGRICULTURA = rodrigón**

rodrigar (Del lat. vulgar *rudica*.) Poner rodrigones o palos a una planta para sujetarla. **v.tr. conj: pagar**

rodrigazón Temporada en la que se ponen rodrigones o palos para sostener las ramas y tallos de una planta. **AGRICULTURA**

rodrigón (Del lat. vulgar *rudica*.)
1 Palo o caña que se clava junto a una planta para sostener sus ramas y tallos con ligaduras: *la tomatera va creciendo alrededor del rodrigón*. **s.m. AGRICULTURA = rodriga**

2 Criado anciano que acompañaba a las señoras.

rodríguez Persona que permanece en su lugar de trabajo y domicilio habituales mientras su familia pasa las vacaciones en otro lugar: *ya hace dos semanas que está de rodríguez*. **s.m.f. coloquial**

roedor, a
1 Perteneciente a un orden de mamíferos, en general pequeños y unguiculados, provistos de dos incisivos de gran tamaño en cada mandíbula y de crecimiento continuo, que utiliza para roer, como el ratón y la ardilla. **adj/s.m. ZOOLOGÍA**

2 Que roe: *los perros están dotados de dientes roedores*. **adj.**

3 Que roe o concome el ánimo. **coloquial**

roedura
1 Acción de roer. **s.f.**

2 Porción que se arranca royendo.

3 Señal dejada en la parte roída: *puso ratoneras por toda la casa al encontrar roeduras en algunos alimentos*.

roel Pieza redonda en los escudos de armas. **s.m./HERÁLDICA**

roela Disco de oro o plata en bruto: *las monedas se acuñan en roelas*. **s.f.**

roentgen (De W. C. *Roentgen*, físico alemán descubridor de los rayos X.) Denominación del roentgenio en la nomenclatura internacional. **s.m. FÍSICA**

roentgenio (De W. C. *Roentgen*, físico alemán descubridor de los rayos X.) Unidad electrostática cegesimal de poder ionizante con relación al aire. **s.m. FÍSICA**

roer (Del lat. *rodere*.)
1 Gastar la superficie de una cosa dura con los dientes: *el perro royó el hueso hasta que no quedó nada de él*. **v.tr. conj: leer**

2 Quitar la carne que permanece adherida a un hueso con los dientes: *cogió el hueso de pollo con la mano para roerlo*.

3 Producir una cosa el desgaste de otra: *la lluvia roía la fachada de la catedral; el tiempo ha roído sus trajes*. = **gastar, carcomer**

4 Afligir o atormentar una cosa a una persona: *le roía el resentimiento*. = **corroer, concomer**

5 Comer las abejas el maestril o celda de la reina. **ZOOLOGÍA**

roete (Del lat. *rhoites* < gr. *rhoites* < *rhoia*.) Vino medicinal hecho con zumo de granadas. **s.m.**

rogación
1 Acción de rogar. **s.f.**

2 Letanías en procesiones públicas que se hacían en determinados días del año. **s.f.pl. RELIGIÓN**

3 Propuesta de ley que el magistrado hace al pueblo en los comicios, en el derecho romano. **s.f. DERECHO**

rogado, a Se aplica a la persona que gusta hacerse rogar: *insiste en pedírselo porque es muy rogado*. **adj.**

rogador, a Que ruega: *no seas rogador, ya te he dicho que no puedo ir*. **adj/s.**

rogar (Del lat. *rogare*.)
1 Pedir una cosa a una persona como favor o gracia: *el condenado rogó clemencia*. **v.tr. = solicitar**

2 Pedir una cosa con humildad: *les ruego me comuniquen el resultado de la prueba*. = **implorar**

3 **hacerse rogar o de rogar**: Ofrecer una persona resistencia a hacer una cosa por el gusto de que se le pida que la haga: *se hacía de rogar porque sabía que nos entusiasmaban sus historias*. **coloquial**

CONJ. IND.: PRES.: ruego, ruegas, ruega, rogamos, rogáis, ruegan. PRET. INDEF.: rogué, rogaste, rogó, rogamos, rogasteis, rogaron. SUBJ.: PRES.: ruegue, ruegues, ruegue, roguemos, roguéis, rueguen. IMP.: ruega, ruegue, roguemos, rogad, rueguen.

rogativa Oración pública y colectiva o procesión para conseguir el remedio de una necesidad grave. — s.f. RELIGIÓN

rogativo, a Que implica un ruego: *súplica rogativa.* — adj./= rogatorio

rogatorio, a
1 Que implica ruego o petición. — adj./= rogativo
2 Se refiere a la rogación, en el derecho romano. — DERECHO

rogón, a Se aplica a la persona que ruega mucho o que lo hace con insistencia. — s./Méx. coloquial

roído, a Se aplica a la persona o cosa que es mezquina o despreciable: *menudo regalo roído te ha traído.* — adj. = miserable

rojal
1 De color que tira a rojo, en especial se aplica a la tierra, a la planta o a la semilla de este tono. — adj. = rojizo
2 Terreno de color rojizo. — s.m.

rojeante Que rojea: *las hojas de los árboles caducifolios ya están rojeantes.* — adj.

rojear
1 Tener o ser una cosa de color rojo. — v.intr.
2 Tirar a rojo.

rojete Afeite de color rojo: *se puso rojete en las mejillas para disimular su palidez.* — s.m. = colorete

rojez
1 Calidad de rojo: *la rojez del vestido desentona con los zapatos y con el bolso.* — s.f./pl: rojeces = rojura
2 Zona de la piel que está enrojecida por alguna causa: *tienes una rojez en la rodilla.* — = enrojecimiento

rojizo, a Que tira a rojo: *el cielo estaba rojizo al atardecer.* — adj.

rojo, a (Del lat. *russeus*.)
1 Del color de la sangre o del tomate maduro. — adj.
2 Primer color del espectro solar, anterior al naranja, correspondiente a las radiaciones de mayor longitud de onda del espectro visible. — s.m./= colorado, encarnado
3 Se refiere al cabello de color rubio tirando a rojizo. — adj./= pelirrojo
4 Que es partidario de tendencias políticas revolucionarias o de izquierdas, aplicado, en especial, a los partidarios de la república durante la guerra civil española y en la posguerra. — adj/s. HISTORIA, POLÍTICA = izquierdista
5 **rojo alambrado o vivo:** Del color de la brasa encendida.
6 **al rojo o al rojo vivo:** 1. Se aplica al hierro y a otras materias que toman este color al estar expuestas a una temperatura muy elevada. 2. Que está muy excitado: *la discusión se puso al rojo vivo cuando se habló del tema.* — loc.adj/adv. METALURGIA loc.adv. coloquial
7 **al rojo blanco:** Que tiene una temperatura tan alta que este color se vuelve blanco. — loc.adv. METALURGIA
8 **al rojo cereza:** De color encarnado oscuro. — loc.adv.
9 **ponerse rojo:** Sentir vergüenza: *se puso rojo cuando le llamaron la atención.* — coloquial

rojura Calidad de rojo. — s.f./= rojez

rol (Del fr. *role*.)
1 Lista que contiene una relación de nombres de personas o de cosas que forman parte de un conjunto: *existe un libro en el que figura un rol de todas las obras de la biblioteca.* — s.m. = catálogo, nómina
2 Función que desempeña una persona o una cosa: *hace el rol de madre para esos niños.* — = papel
3 Libro o documento que lleva el capitán de un barco, y que contiene la lista de la tripulación y los datos y características del barco. — NÁUTICA
4 Corro de personas. — = rolde

rolar
1 Dar una embarcación vueltas en círculos. — v.intr./NÁUTICA
2 Cambiar el viento de dirección. — NÁUTICA

roldana (Del cat. ant. *rotlana*.) Anilla por la que corre la cuerda de izar ciertas velas del barco. — s.f. NÁUTICA

roldar Dar vueltas alrededor de una cosa. — v.tr./= rondar

rolde Rueda o corro de personas. — s.m./= rol

roleo (Del fr. *rouleau*.) Motivo decorativo con forma de espiral o caracol que se coloca en los capiteles de los órdenes jónico y compuesto. — s.m. ARQUITECTURA = voluta

rolla Trenza gruesa de espadaña, forrada de cuero, que se pone en el yugo para que éste se adapte a las colleras de las caballerías. — s.f. = rollo

rollar Poner en forma de rollo una cosa: *rolla la tela alrededor del canuto.* — v.tr. = arrollar

rollazo Cosa o persona muy pesada, aburrida o molesta: *menudo rollazo de profesor; la película era un rollazo y me fui del cine antes de que acabara.* — s.m. coloquial

rollista
1 Que explica fantasías o mentiras exageradas: *no seas rollista que yo sé lo que has hecho de verdad.* — adj/s.m.f. = trolero
2 Se aplica a la persona que habla mucho y es pesada: *en cuanto le veo, me voy hacia otro lado porque es un rollista que te cuenta su vida y milagros.* — = latoso, plomo

rollizo, a
1 Que tiene forma redonda. — adj.
2 Que es robusto y grueso: *ya se sostiene sobre sus rollizas piernas.* — = gordo
3 Madero en rollo. — s.m.

rollo (Del lat. *rotulus*.)
1 Trozo de tela, papel u otra cosa enrollado de forma cilíndrica: *el papel de fax viene en rollos de diez metros.* — s.m. = bobina, carrete
2 Utensilio cilíndrico, en general de madera, que se usa para extender masas, en panadería y pastelería. — COCINA = rodillo
3 Película fotográfica enrollada en forma cilíndrica: *voy a poner un rollo en blanco y negro a la réflex.* — FOTOGRAFÍA = carrete
4 Cualquier cosa o persona que resulta pesada, aburrida o fastidiosa: *el libro me ha parecido un rollo; es un rollo de tío así que no pienso invitarle.* — coloquial = aburrimiento, muermo
5 Tema o asunto del que se trata: *no sé de qué va el rollo que me estás contando.* — coloquial
6 Facilidad o exceso de palabra: *tiene rollo para horas; aguanté su rollo durante tres horas.* — coloquial = verborrea
7 Relación amorosa más o menos estable y reservada: *dicen que tiene un rollo con un tío pero yo no lo sé.* — coloquial = ligue
8 Inclinación o tendencia de una persona: *su rollo son los coches, las motos y todo lo que corra mucho.* — coloquial = afición
9 Columna de piedra, por lo general rematada con una cruz, que había a la entrada de los pueblos y que a veces servía como lugar de ejecución.
10 Canto rodado en forma casi cilíndrica.
11 Longitud tipo de la película cinematográfica suministrada en bobinas. — CINE
12 Trenza gruesa forrada de cuero que se pone en el yugo para que se adapte a las colleras de las caballerías. — = rolla
13 Madero redondo, descortezado y sin labrar. — CARPINTERÍA
14 **rollo macabeo:** Aquello que resulta ya insoportable: *menudo rollo macabeo de película.* — coloquial
15 **cortar el rollo:** Interrumpir una cosa: *al venir su familia nos cortó el rollo y nos fuimos.* — coloquial
16 **darle al rollo:** Consumir hachís o marihuana de forma asidua. — argot
17 **el rollo:** El ambiente de la droga o del marginalismo. — argot
18 **irle o gustarle el rollo:** Tener afición hacia lo que se expresa: *le va el rollo de la música rock.* — coloquial
19 **soltar el rollo:** Dar la lata, molestar o resultar pesado: *nos soltó un rollo moralista.* — coloquial
20 **tener mal rollo:** 1. Tener malas relaciones con una o varias personas: *han cortado porque últimamente tenían muy mal rollo.* 2. Estar deprimido. — coloquial coloquial
21 **tener mucho rollo:** 1. Encontrar siempre excusas para no hacer una cosa. 2. Ser muy locuaz, hablar mucho. — coloquial = tener mucho cuento coloquial
22 **tener un rollo:** Tener relaciones con otra persona: *tiene un rollo con su jefe.* — coloquial

roll-on (Expresión inglesa.) Sistema de aplicación de un producto líquido que consiste en una bola en el extremo superior de un envase que, al ir girando sobre una superficie, se empapa del líquido en cuestión y lo esparce sobre ella: *ese desodorante se comercializa en roll-on o en spray.* — s.m.

rom (Acrónimo de *[R]ead [O]nly [M]emory*.) Se aplica a la memoria que sólo puede ser leída y cuyo contenido no se puede modificar. — adj/s.m. INFORMÁTICA

romadizarse (Del lat. *rheumatizare*.) Contraer un resfriado. — v.prnl./conj: cazar MEDICINA

romadizo Catarro de la mucosa de la nariz. — s.m./MEDICINA

romaico, a Se aplica a la variedad lingüística del griego moderno demótico. — adj/s.m. LINGÜÍSTICA

romana (De origen incierto.)
1 Instrumento para pesar, formado por una palanca de brazos desiguales, con el fiel sobre el punto de apoyo, y una pesa que se mueve a lo largo del brazo mayor, central. — s.f.
2 **hacer romana:** 1. Equilibrar o contrapesar una cosa con otra. 2. Trasladar pesos de un lugar a otro.
3 **venir a la romana algo:** Ajustarse al peso que se pretendía comprobar en ella.

romanador, a Oficial del matadero que comprueba el peso de las reses. — s.m. = romanero

romanar Medir el peso de una cosa con la romana. — v.tr./= romanear

romanato Especie de alero que cubre una serie de buhardillas. — s.m. ARQUITECTURA

romance (Del lat. *romanice*.)
1 Se aplica a cada una de las lenguas modernas derivadas del latín. — adj/s.m. LINGÜÍSTICA
2 Idioma español. — s.m./LINGÜÍSTICA
3 Combinación métrica que consiste en repetir la misma asonancia en los versos pares sin rimar los impares. — POESÍA
4 Composición poética formada por versos octosílabos con este tipo de combinación métrica. — POESÍA
5 Novela o libro de caballerías en prosa o en verso. — LITERATURA
6 Composición poética escrita en español. — POESÍA
7 Idilio o aventura amorosa: *tras un bonito romance, rompieron su relación.* — coloquial = amorío
8 Excusas o monsergas: *no me vengas con romances, ya no me creo nada de lo que me dices.* — s.m.pl. = pretextos

9 romance de ciego: Composición poética sobre un suceso que cantaban o vendían los ciegos por la calle. — LITERATURA

10 romance de gesta: El popular en que se referían hechos de personajes históricos, legendarios o tradicionales. — LITERATURA

11 romance heroico o real: El que se compone de versos de once sílabas. — POESÍA

12 en buen romance: Con claridad, de modo que todos lo entiendan: *explicó su opinión en buen romance.* — loc.adv.

13 hablar alguien en romance: Explicarse con claridad y sin rodeos: *me gusta porque habla en romance.* — coloquial

romanceador, a Que romancea o se dedica a la traducción en lengua romance. — adj/s.

romancear Traducir un texto al romance. — v.tr./tb: romanzar

romancerista Autor o editor de romances. — s.m.f.

romancero, a
1 Persona que canta romances. — s.
2 Conjunto o colección de romances: *el profesor recomendó un romancero para estudiar y conocer el tema.* — s.m.

romancesco, a Que es propio de la novela. — adj/= novelesco

romanche Se aplica al conjunto de dialectos retorrománicos hablados en Suiza. — adj/s.m. LINGÜÍSTICA

romancillo Romance formado por versos de menos de ocho sílabas. — s.m. POESÍA

romancista
1 Que escribía en lengua romance en contraposición al que escribía en latín. — adj/s.m.f.
2 Persona que escribe o compone romances. — s.m.f./LITERATURA

romancístico, a De los romances: *está realizando un estudio romancístico.* — adj. LITERATURA

romanear
1 Pesar una cosa con la romana. — v.tr/intr./= romanar
2 Hacer una cosa más contrapeso en el lado en que está colocada. — v.intr.
3 Sostener en vilo un animal cornudo a una persona, un animal o una cosa. — v.tr.
4 Distribuir la carga del buque para perfeccionar la estiba. — NÁUTICA

romaneo Acción y resultado de romanear. — s.m.

romanero, a
1 Oficial encargado de comprobar el peso de las reses en los mataderos. — s. = romanador
2 Fiel de la romana. — s.m.

romanesco, a
1 De los romanos, de su arte y de sus costumbres. — adj.
2 Que es propio de la novela. — = romancesco

romaní Gitano [en todas sus acepciones]. — adj/s.m.f.

románico, a (Del lat. *romanicus*.)
1 Se aplica al estilo arquitectónico europeo que se desarrolló durante los siglos XI, XII y XIII, caracterizado por el uso de arcos de medio punto y bóvedas de cañón. — adj/s.m. ARQUITECTURA
2 Se aplica al estilo escultórico y pictórico, de la misma época, que rehúye el naturalismo, decantándose por la estatura y la rigidez y por el carácter simbólico de las composiciones. — ARTE
3 Se refiere a las lenguas que proceden del latín: *el francés y el italiano son lenguas románicas.* — adj./LINGÜÍSTICA = neolatino

romanilla Especie de verja corrida, a manera de celosía, que se usa en las casas venezolanas, en especial en el comedor. — s.f.

romanina Juego que se practica sobre una mesa larga y estrecha, en la que se disponen unos bolos que hay que derribar con una peonza. — s.f. JUEGOS

romanismo Conjunto de instituciones, cultura o tendencias políticas de los antiguos romanos. — s.m. HISTORIA

romanista
1 Que está especializado en el estudio de las lenguas y literaturas romances. — adj/s.f. LINGÜÍSTICA
2 Se refiere al abogado que está especializado en derecho romano. — DERECHO

romanística
1 Parte de la filología que estudia las lenguas románicas y sus correspondientes literaturas. — s.f./LINGÜÍSTICA, LITERATURA
2 Estudio académico del derecho romano. — DERECHO

romanización Proceso de difusión o de adopción de la civilización romana o de la lengua latina, en las tierras conquistadas por el imperio romano: *la romanización de los pueblos ibéricos.* — s.f. HISTORIA

romanizar
1 Extender la civilización, las leyes, costumbres y lengua romanas en un territorio conquistado por el imperio romano. — v.tr. conj: cazar = latinizar
2 Tomar un pueblo o un lugar características de la civilización romana como propias: *esa zona se romanizó antes que otras.* — v.intr/prnl. HISTORIA

romano, a (Del lat. *romanus*.)
1 De Roma, capital italiana y antigua metrópoli del imperio romano. — adj.

2 Persona natural de esta ciudad o de su antiguo imperio. — s.
3 De cualquiera de las provincias del antiguo imperio romano. — adj/s. HISTORIA
4 Que tiene relación con la Iglesia católica. — adj./RELIGIÓN
5 Se aplica a la lengua latina. — adj/s.m.
6 **a la romana:** Se aplica al alimento rebozado en harina y huevo y luego frito: *pidió un plato de calamares a la romana.* — loc.adj/adv. COCINA

romanticismo
1 Conjunto de movimientos intelectuales y artísticos europeos que dominaron a finales del siglo XVIII y en la primera mitad del siglo XIX, caracterizados por el ansia de libertad y el predominio de la subjetividad contra las reglas clásicas y el racionalismo filosófico. — s.m. ARTE, LITERATURA
2 Época en la que prevaleció dicho movimiento intelectual y artístico: *es un especialista en romanticismo.* — HISTORIA
3 Carácter sentimental de una persona o de una obra artística que exalta el amor y las relaciones amorosas: *habla de sus relaciones con mucho romanticismo.* — = sentimentalismo

romántico, a (Del fr. *romantique* < ingl. *romantic* < fr. *roman*, novela < lat. *romanice*.)
1 Del romanticismo: *la frialdad y la razón fueron sustituidas en el arte romántico por la espontaneidad y la rebelión.* — adj.
2 Se aplica al artista que profesa el romanticismo: *autor romántico.* — adj/s/ARTE, LITERATURA
3 Que actúa según las propias ideas y sentimientos más que según la razón: *tiene un carácter romántico por lo que le cuesta entender la realidad.* — adj./= idealista, fantaseador ≠ materialista

romanza (Del ital. *romanza*.)
1 Aria de una obra musical del género lírico, en general de carácter sencillo y romántico. — s.f. MÚSICA
2 Composición musical instrumental de carácter sencillo y romántico. — MÚSICA

romanzador, a Que romancea o traduce a una lengua romance. — adj/s. = romanceador

romanzar Romancear, traducir un texto al romance. — v.tr/conj: cazar

romaza Planta herbácea de raíz gruesa, tallo nudoso y rojizo y fruto seco con una semilla dura y triangular, usada como tónico y laxante. *(Rumex pulcher.)* — s.f. BOTÁNICA

rombal Que tiene forma de rombo. — adj./= rómbico

rómbico, a
1 Que tiene forma de rombo: *cortó una pieza rómbica en papel dorado.* — adj. = rombal
2 Se aplica al sistema de cristalización cuyas formas holoédricas se caracterizan por tener tres ejes binarios, rectangulares y no equivalentes, tres planos de simetría y centro. — MINERALOGÍA

rombo (Del lat. *rhombus* < gr. *rhombos*.) Paralelogramo de lados iguales y con ángulos no rectos iguales dos a dos. — s.m. GEOMETRÍA

romboédrico, a Del romboedro. — adj./GEOMETRÍA

romboedro (Del gr. *rhombos*, rombo + *hedra*, lado.) Figura geométrica de bases y caras en forma de rombo iguales entre sí. — s.m. GEOMETRÍA

romboencéfalo Estructura nerviosa del embrión situada alrededor del cuarto ventrículo, a partir de la cual se diferencia el metencéfalo y el mielencéfalo, en el desarrollo del sistema nervioso cerebral. — s.m. ANATOMÍA

romboidal
1 Que tiene forma de romboide: *trazó una figura romboidal.* — adj./GEOMETRÍA tb: romboideo
2 Del rombo o del romboide. — GEOMETRÍA

romboide (Del gr. *rhombos*, rombo + *eidos*, figura.) Paralelogramo de ángulos oblicuos cuyos lados contiguos son desiguales pero paralelos dos a dos. — s.m. GEOMETRÍA

romboides Músculo ancho y delgado de la región dorsal, que tiene forma de romboide. — s.m/pl: romboides ANATOMÍA

romboideo, a Romboidal [en todas sus acepciones]. — adj./GEOMETRÍA

romeo Joven enamorado: *cada tarde viene a buscarla su romeo.* — s.m. coloquial

romera Modalidad del cante flamenco. — s.f./MÚSICA

romeraje Romería, peregrinación a un santuario. — s.m.

romeral Terreno donde abundan las plantas de romero. — s.m. BOTÁNICA

romería
1 Peregrinación a una ermita o santuario para celebrar su fiesta o por devoción: *iban cientos de carros en romería hacia la ermita.* — s.f. = romeraje
2 Fiesta popular que se celebra en los alrededores de una ermita o santuario el día de la festividad religiosa del lugar. — RELIGIÓN
3 Afluencia abundante y continuada de gente a un lugar: *llegó una romería de gente para felicitarla.* — = procesión

romeriego, a Que tiene afición a ir de romería por vaguear y no por devoción. — adj. despectivo

romeritos Planta herbácea con la cual se prepara un platillo del mismo nombre con papas, ajonjolí, tortas de camarones y salsas de chile rojo, muy popular en épocas de abstinencia. — s.m. pl: romeritos *Méx.* BOTÁNICA

romero (Del lat. *ros marinus*.) Planta arbustiva de hojas lineales, verdes y lustrosas por el haz, con flores azuladas y aromáticas, usado en medicina, perfumería y cocina. (*Rosmarinus officinalis*.) — *s.m.* BOTÁNICA

romero, a (Del bajo lat. *romaeus < gr. romaíos*, romano.) — *adj/s.* RELIGIÓN
1 Se aplica al peregrino que va en romería con bordón y esclavina. — *adj.*
2 Que participa en una romería.
3 Se aplica a la caballería tordilla de matiz sonrosado.
4 Pez teleósteo marino que tiene una aleta dorsal larga y dos bandas cartilaginosas junto a la cola. (*Naucrates ductor*.) — *s.m.* ZOOLOGÍA = pez piloto

romo, a
1 Que no tiene punta o la tiene redondeada: *dio unas tijeras romas a los niños para que recortaran papel sin pincharse.* — *adj.* = achatado ≠ afilado
2 Que tiene la nariz pequeña y chata: *tiene la nariz roma como su padre.* — ≠ narigudo

rompecabezas
1 Juego en que hay que componer una figura, mediante la combinación del número de piezas en que ha sido descompuesta: *está haciendo un rompecabezas de dos mil piezas.* — *s.m.* pl: rompecabezas JUEGOS = puzzle
2 Problema de difícil solución: *combinar el horario de todos está resultando un auténtico rompecabezas.* — *coloquial*
3 Antigua arma formada por dos bolas de metal sujetas a los extremos de un mango corto y flexible. — HISTORIA

rompecoches Tela de lana basta y tupida que usaba la gente pobre. — *s.m/pl:* rompecoches = sempiterna

rompedera
1 Punzón grande enastado como un martillo, usado para abrir agujeros en el hierro candente. — *s.f.* METALURGIA
2 Criba de piel usada en las fábricas de pólvora para seleccionar el grano del material. — INDUSTRIA

rompedizo, a Que se rompe con facilidad: *es tan torpe y el cristal tan rompedizo que se ha cargado la cristalería de un solo golpe.* — *adj.* = frágil, rompedero ≠ resistente

rompedor, a
1 Que rompe o gasta mucho una cosa. — *adj/s.*
2 Se aplica a la persona o a la cosa que tiene mucho éxito entre la gente por ser innovador o por romper con lo que ya se conocía.

rompedura Acción y resultado de romper o romperse: *tendrás que pagar la rompedura del cristal.* — *s.f.* = rompimiento

rompegalas Persona desaliñada y mal vestida: *su madre se desespera con él porque es un rompegalas.* — *s.m/f.* pl: rompegalas

rompehielos
1 Barco de forma, resistencia y potencia adecuadas para abrir camino en los mares helados. — *s.m/pl:* rompehielos NÁUTICA
2 Espolón situado frente a los pilares de un puente, para protegerlo contra los hielos flotantes. — CONSTRUCCIÓN

rompehuelgas Persona que no se suma a una huelga o que se presta a ocupar el puesto de trabajo de un huelguista. — *s.m/f.* pl: rompehuelgas = esquirol

rompenueces Utensilio que sirve para partir nueces y otros frutos de cáscara dura: *me costó cascar la nuez incluso con el rompenueces.* — *s.m.* pl: rompenueces = cascanueces

rompeolas
1 Dique en el mar para proteger un puerto o rada de la acción de las olas y las mareas. — *s.m/pl:* rompeolas = escollera
2 Grupo natural de rocas donde rompen las aguas. — = rompiente
3 Valla de acero fijada a la proa de la cubierta del castillo de un barco con el fin de que las olas pierdan fuerza y peligrosidad al chocar contra ella. — NÁUTICA

romper (Del lat. *rumpere*.)
1 Separar una cosa del todo al que estaba unida: *rompió la cuerda con unas tijeras; el papel se ha roto con el roce.* — *v.tr/prnl.* part: roto = destrozar, rasgar
2 Hacer pedazos una cosa: *durante la fiesta se han roto tres copas.* — = partir, despedazar
3 Estropear o gastar una cosa: *esa camisa se ha roto por los puños; has roto la bicicleta de tanto usarla.* — = averiar, descomponer
4 Hacer una abertura en una cosa: *se rompió la pared al explotar el artefacto.* — = agujerear, perforar
5 Dejar de cumplir una ley o una obligación: *rompiste las normas de este centro escolar; ha roto con su novio; se ha roto el acuerdo.* — *v.tr/intr/prnl.* = incumplir, quebrantar
6 Hacer que cese la continuidad de un estado o un proceso: *me rompe cada vez que intento explicar algo; rompió el silencio de la sala con su llanto.* — *v.tr.* = cortar, interrumpir
7 Interrumpir la continuidad de un cuerpo fluido al atravesarlo: *rompes el aire con esa vara.* — *v.tr.* = cortar
8 Empezar a hacer una cosa o la acción que se indica: *rompió a llorar al saber la noticia; rompió en carcajadas al oír lo que le decía.* — *v.intr.* + a = prorrumpir
9 Abrirse una persona o una cosa paso por un sitio ocupado u obstruido: *rompe por esa calle para llegar antes; rompí entre la multitud para encontrarlo.* — = irrumpir
10 Pasar un límite o un coto: *romperás el límite de la finca si das un paso más.* — *v.tr.* = atravesar
11 Labrar la tierra que no había sido cultivada para dedicarla al cultivo. — AGRICULTURA = roturar

12 Deshacer un cuerpo de gente armada: *el sargento ordenó que rompiéramos filas.* — MILITAR
13 Pasar la luz de un astro a través de las nubes o la niebla: *por fin el sol rompió las nubes.*
14 Deshacerse las olas en espuma. — *v.intr.*
15 Separarse la caza del camino que se suponía iba a seguir: *la caza rompió por ese monte.*
16 Desaparecer un impedimento físico de forma repentina: *su parálisis rompió a los dos días del tratamiento.* — MEDICINA
17 Abrirse las flores: *ya han roto los claveles.* — BOTÁNICA
18 Adquirir una persona desenvoltura en el porte y las acciones. — *v.prnl.*
19 Quebrantarse el toro al acometer a los caballos. — TAUROMAQUIA
20 **de rompe y rasga**: Se aplica a la persona que es resuelta y no se detiene al hacer lo que se propone por nada ni nadie: *es un ejecutivo de rompe y rasga.* — *loc.adj.* coloquial
21 **romper con alguien**: Manifestar a una persona una queja que de ella se tiene, separándose de su trato y amistad: *rompieron sus relaciones por culpa de las infidelidades.* — *coloquial*

rompesacos Planta gramínea de tallo erecto, hojas planas y ásperas, espigas de tres aristas largas y rígidas y granos rojizos puntiagudos. (*Aegilops triuncialis*.) — *s.m.* pl: rompesacos BOTÁNICA

rompesquinas Persona valentona que se pone en las esquinas de las calles como en espera de otra con quien reñir. — *s.m/f.* pl: rompesquinas coloquial

rompetechos Persona de baja estatura: *le acompleja que le llamaran rompetechos en el colegio por ser pequeño.* — *s.m/f.* pl: rompetechos despectivo

rompible Que se puede romper: *evita dejar los objetos rompibles al alcance de su mano.* — *adj.* ≠ irrompible

rompido Tierra que se rompe para cultivarla. — *s.m/AGRICULTURA*

rompiente
1 Que rompe. — *adj.*
2 Escollo o costa donde el agua rompe y se levanta. — *s.m.*

rompimiento
1 Acción y resultado de romper o romperse: *el rompimiento de las relaciones perjudicó a ambas empresas.* — *s.m.* = ruptura
2 Espacio abierto en un cuerpo sólido o quiebra en él. — = abertura, hueco
3 Derecho que pagaba a la parroquia la persona que, teniendo una sepultura de propiedad, la hacía abrir para enterrar un cadáver. — HISTORIA, RELIGIÓN
4 Telón recortado que en una decoración de teatro deja ver otro u otros en el fondo. — TEATRO
5 Comunicación entre dos excavaciones subterráneas de una mina. — MINERÍA
6 Porción del fondo de un cuadro donde se pinta una abertura que deja ver un paisaje u objeto lejano. — ARTE

rompope Bebida hecha con aguardiente, huevos, leche, azúcar y canela. — *s.m/Méx., Amér. Central, Ecuad.*

ron (Del ingl. *rum*.) Bebida alcohólica de olor y sabor fuertes, hecha con las melazas y el zumo de la caña de azúcar. — *s.m.*

ronca
I (Derivado de *roncar*.)
1 Bramido del gamo y de otros cérvidos cuando están en celo. — *s.f.*
2 Época en que están en celo estos animales. — = brama
3 Amenaza de una persona jactanciosa o arrogante.
4 Reprimenda o bronca: *tuvieron una ronca por una tontería.* — = bronca
II (Del ital. *ronca < lat. runca*.) Arma semejante a la partesana, con pestañas curvas dirigidas hacia abajo, que se usó en el abordaje de navíos. — *s.f.* HISTORIA

roncador, a
1 Que ronca: *es tan roncador que tiene que dormir solo porque despierta a todo el mundo.* — *adj/s.*
2 Pez perciforme marino, de cuerpo alto y comprimido, flancos plateados y una sola aleta dorsal, que produce en el agua un ronquido especial. (*Pomadasis incisus*.) — *s.m.* ZOOLOGÍA

roncal
1 Ruiseñor, ave de plumaje pardo rojizo, de canto melodioso. — *s.m.* ZOOLOGÍA
2 Queso duro, cocido, prensado y salado, elaborado con leche de oveja originario del valle navarro del mismo nombre.

roncamente De manera tosca o grosera: *me contestó roncamente.* — *adv.*

roncar (Del lat. *rhonchare*.)
1 Producir un sonido grave e intenso al respirar, mientras duerme: *roncaba tanto que me levanté de madrugada para no oírle.* — *v.intr.* conj: sacar
2 Llamar el gamo, u otro cérvido, a la hembra en época de celo. — = bramar
3 Producir el búho su voz.
4 Hacer el mar o el viento un ruido sordo. — = bramar
5 Dirigir amenazas a una persona de una manera fanfarrona: *el futbolista roncó al árbitro.* — *v.tr.* = amenazar

ronce Halago o manifestación de cariño para conseguir un fin: *no me vengas con ronces, no te dejo ir.* — *s.m.* = zalamería

roncear
1 Hacer una persona una cosa a disgusto y con lentitud: *roncea cada vez que le mando arreglar su cuarto.* — *v.intr.* = remolonear

2 Intentar conseguir una cosa mediante halagos y palabras persuasivas: *hace días que roncea para irse el fin de semana.* = adular
3 Moverse el barco con demasiada lentitud. NÁUTICA
4 Mover una cosa de un lado a otro, ladeándola con las manos o por medio de palancas. v.tr./*Argent., Méx., Chile*

roncería
1 Tardanza o lentitud con la que se muestra disgusto al hacer una cosa: *su roncería en las tareas de casa me disgusta mucho.* s.f. = remolonería
2 Halago o cariño para conseguir una cosa: *siempre anda con roncerías con los abuelos para que le den dinero.* = zalamería
3 Movimiento lento y pesado de una embarcación. NÁUTICA

roncero, a
1 Que es lento y perezoso en hacer lo que se manda: *no seas roncero y obedece a tu padre.* adj. = remolón
2 Que utiliza roncerías para conseguir lo que se propone o quiere: *no se lo des que es muy roncero.* = zalamero
3 Que es regañón y desabrido.
4 Se aplica a la embarcación que es tarda y perezosa en el movimiento. NÁUTICA

roncha
I (De origen incierto.)
1 Pequeña hinchazón de la piel, enrojecida y que causa mucho picor: *tiene ronchas de las picaduras de los mosquitos.* s.f. MEDICINA
2 Cardenal causado por un golpe. MEDICINA
3 Daño que se causa a una persona a la que se le saca dinero mediante engaño.
4 levantar ronchas: Causar pesadumbre, mortificar: *la actitud de sus hijos levantaba ronchas en su ánimo.* coloquial
II (De origen incierto.) Porción cortada en redondo de una cosa: *puso unas ronchas de embutido como aperitivo.* s.f. = rodaja

ronchar
I (De origen incierto.)
1 Hacer una persona ruido al masticar un alimento duro o quebradizo. v.tr. = ronzar
2 Hacer un alimento ruido al masticarlo por no estar bien cocido o maduro. v.intr.
II (De origen incierto.) Producir una picadura, una enfermedad u otra cosa ronchas en el cuerpo. v.intr. MEDICINA

ronchón Pequeña lesión cutánea producida por un tumor, una picadura u otras causas: *no te rasques los ronchones.* s.m./MEDICINA = bulto, roncha

ronco, a (Del lat. *raucus.*)
1 Que padece ronquera, ha perdido de forma parcial la voz o la tiene lastimada: *tiene la voz ronca de tanto gritar.* adj. = afónico
2 Se aplica a la voz o al sonido que es grave y poco intenso. = rauco
3 Pez marino antillano con rayas azuladas y amarillas. *(Haemulon.)* s.m. ZOOLOGÍA

roncón, a
1 Se aplica a la persona que alardea de lo que no es y fanfarronea. adj. *Colomb., Venez.*
2 Tubo de la gaita gallega unido al cuero y que forma el bajo del instrumento. s.m. MÚSICA

ronda (Del ár. *rubt* < *rabita*, patrulla de jinetes guerreros.)
1 Acción y resultado de recorrer un lugar por la noche en servicio de vigilancia: *mientras hacía la ronda, he visto un movimiento de gente que me ha parecido sospechoso.* s.f.
2 Grupo de personas que andan rondando: *cada noche hay una ronda de muchachos por el barrio.*
3 Paseo o calle que, junto con otras, rodea de modo total o parcial una población o su parte antigua: *la nueva ronda te permite rodear la ciudad por el paso de la antigua muralla.*
4 Conjunto de consumiciones que hace un grupo de personas cada vez en uno o varios locales: *yo pago la próxima ronda.* coloquial
5 Reunión nocturna de jóvenes para cantar y tocar por las calles: *fue con una ronda a cantar a su amada.* = rondalla, tuna
6 Espacio que quedaba entre la parte interior de una muralla y las casas de una plaza fuerte. CONSTRUCCIÓN
7 Las tres primeras cartas que se ofrecen a quienes van a parar, en el juego del sacanete. JUEGOS
8 Mano o vuelta de todos los jugadores en algunos juegos. JUEGOS
9 Carrera dividida en etapas, en ciclismo, que recorre un territorio. DEPORTES = vuelta
10 Caza mayor practicada de noche a pie o a caballo. CAZA
11 Patrulla que vigila las calles.
12 Vigilancia realizada por esta patrulla.
13 ronda mayor: La efectuada por un jefe en la plaza o en el campo. MILITAR
14 ronda ordinaria: La mandada por un oficial o un sargento, en iguales condiciones. MILITAR
15 ronda volante: La que realiza un cabo para comprobar la vigilancia de los centinelas. MILITAR = rondín
16 hacer ronda: Ganar la mano en el juego de cartas del sacanete. JUEGOS

rondador, a Se aplica a la persona que ronda: *es tan rondador que puedes encontrártelo en cualquier sitio.* adj/s.

rondalla
1 Conjunto musical de instrumentos de cuerda: *toca la bandurria en una rondalla estudiantil.* s.f./MÚSICA = ronda, tuna
2 Cosa inventada que se cuenta como verdadera: *no te creas lo que te ha contado, todo son rondallas.* = cuento, patraña

rondana Arandela de plomo o de cuero que se coloca debajo de las tuercas o de las cabezas de los tornillos. s.f.

rondar
1 Recorrer un lugar o población de noche vigilándolo para impedir desórdenes: *se pasa las noches rondando las calles; estoy tranquila porque sé que los guardias rondan por aquí.* v.tr/intr. = patrullar
2 Pasear por la noche: *le gusta rondar por la ciudad para ver la vida nocturna.*
3 Salir los jóvenes a la calle para tocar música y cantar a las chicas a quienes cortejan: *cada noche va a rondar a su amada.*
4 Dar vueltas por un lugar o frecuentarlo: *suelo verlo rondando por aquí; ronda estos bares, así que supongo que lo encontrarás.* = merodear
5 Andar tras una persona para conseguir una cosa de ella: *ronda al jefe para pedirle unos días de vacaciones.* v.tr.
6 Estar a punto de enfermar, dormirse u otra cosa: *creo que me ronda la gripe; algo le ronda en la cabeza.* = acechar, asediar = amagar
7 Cortejar a una persona: *ronda a mi vecina pero ella no le hace caso.* = galantear
8 Visitar los diferentes puestos de una plaza fuerte o campamento para comprobar la vigilancia. v.intr. MILITAR

rondel (Del fr. ant. *reondel.*) Composición poética corta de origen francés en la que se repite el primer verso o las primeras palabras al final de la misma. s.m. POESÍA

rondeña
1 Canto popular andaluz, variante del fandango, en la que se cantan coplas de cuatro versos octosílabos. s.f. MÚSICA
2 Danza que se realiza al compás de este canto.

rondeño, a
1 De Ronda, población malagueña. adj.
2 Persona natural de dicha población. s.

rondín
1 Ronda que hace un cabo para comprobar la vigilancia de los centinelas en sus respectivos puestos de guardia. s.m. MILITAR
2 Antiguo vigilante de los astilleros y de los arsenales de la marina. HISTORIA
3 Persona que vigila o ronda de noche. s.m.f./*Bol., Chile*

rondis (Del fr. *rondies,* cilindros para dar forma redonda a las planchas de plomo.) Mesa o plano principal de una piedra preciosa. s.m. pl: rondis tb: rondir

rondó (Del fr. *rondeau.*) Composición musical en que se repite a intervalos regulares la primera frase o estribillo, con otras llamadas estrofas o coplas. s.m. MÚSICA

rondón
1 Planta de la familia de las anacardiáceas, que es maderable y tiene propiedades medicinales. s.m./*Amér. Central y Merid.*/BOTÁNICA
2 Especie de escarabajo pelotero. *Hond.*/ZOOLOGÍA
3 de rondón: Sin reparos, con impetuosidad e intrepidez: *se dirigió de rondón a los miembros del jurado.* loc.adv. coloquial
4 entrar o colarse de rondón: Entrar en un lugar sin llamar ni pedir permiso: *se coló de rondón en la sala de juntas.* coloquial

ronqueador, a Persona encargada de trocear el atún y otros animales semejantes. s. PESCA

ronquear
I (Derivado de *roncar.*)
1 Estar una persona ronca o tener la voz áspera y debilitada por un exceso o una enfermedad: *ronquea de tanto cantar.* v.intr.
2 Dirigir amenazas contra una persona con jactancia. v.tr./= amenazar
II (De origen incierto.) Partir o trocear atunes u otros animales parecidos. v.tr. PESCA

ronquedad Aspereza o bronquedad de la voz o de un sonido: *supe que se acababa de levantar por la ronquedad de su voz.* s.f. = ronquez

ronquera Afección de la laringe que produce un cambio del timbre de la voz, que resulta más áspera y menos sonora: *no tomes bebidas frías con esa ronquera.* s.f. MEDICINA = ronquez

ronquido
1 Ruido o sonido que se produce al roncar: *nos despierta a todos con sus ronquidos.* s.m.
2 Ruido o sonido bronco: *me despertó el ronquido del viento contra las ventanas.*

ronroneante Que ronronea: *tiene un gato ronroneante y mimoso.* adj.

ronronear (Voz onomatopéyica.)
1 Producir el gato un sonido ronco y suave cuando está satisfecho: *ronronea de gusto cuando le acaricias la barriga.* v.intr.
2 Producir otros animales un sonido parecido al del gato.

3 Rondar una idea en la cabeza de forma persistente: *hace días que le ronronea la idea de cambiar de trabajo.* — v.tr.

ronroneo Acción y resultado de ronronear: *el ronroneo del gato se oye desde la calle.* — s.m.

ronza
1 Indica a sotavento en la expresión **a la ronza.** — loc.adv./NÁUTICA
2 Se usa en la expresión **a la ronza** para indicar que una cosa se dejó ir al garete aprovechando el movimiento de las aguas. — loc.adj. NÁUTICA

ronzal (Del ár. *rasan.*)
1 Cuerda que se ata a la cabeza o al cuello de la caballería para conducirla o sujetarla. — s.m./EQUITACIÓN = ramal
2 Cabo que sirve para recoger los vértices de las velas mayores llevándolos a la cruz de sus vergas respectivas. — NÁUTICA = palanquín, palanca

ronzar (De origen incierto.)
1 Hacer ruido al masticar una comida quebradiza o dura: *ronzar el maíz en la boca.* — v.tr./conj: *cazar* = ronchar
2 Mover una cosa pesada ladeándola con palancas. — v.intr.
3 Andar una persona o una embarcación despacio y de forma intermitente. — v.intr.

roña (Del bajo lat. *aranea.*)
1 Suciedad pegada a una superficie o al cuerpo: *lávate la roña que llevas en las rodillas; la cocina tenía tanta roña que tardé días en limpiarla.* — s.f.
2 Óxido de los metales: *antes de pintar la barandilla, lija bien la roña que tiene.* — = herrumbre, orín
3 Roñería, resistencia excesiva a dar o gastar: *demuestra su roña en los regalos que hace.* — = racanería, tacañería
4 Sarna o enfermedad cutánea del ganado lanar. — VETERINARIA
5 Corteza del pino. — BOTÁNICA
6 Daño moral que se contagia.
7 Tirria, manía que se tiene a una persona: *le tiene roña a su vecino.* — = ojeriza
8 Astucia sutil e ingeniosa para conseguir una cosa: *siempre usa roñas para conseguir sus propósitos.* — = treta
9 Persona tacaña: *es un roña, no nos dio ni un duro para la fiesta.* — s.m.f./coloquial = miserable
10 Enfermedad producida por hongos, que se caracteriza por la aparición de manchas en las hojas y en los frutos en crecimiento. — s.f./Amér. Central y Merid. BOTÁNICA

roñería Calidad de la persona roñosa y tacaña, nunca dispuesta a dar o gastar: *no compra según qué alimentos por pura roñería.* — s.f./coloquial = tacañería, tiñería

roñica Persona roñosa o tacaña: *sí es que es un roñica: viene a comer a mi casa para no gastar.* — s.m.f. coloquial

roñosería Calidad de la persona roñosa o tacaña en lo que gasta o da: *no se compra ropa por roñosería.* — s.f./= tacañería, tiñería, roñería

roñoso, a
1 Que tiene roña o suciedad: *llegó con la cara y las manos roñosas de manipular el motor del coche.* — adj. = mugriento, sucio
2 Que está oxidado: *a ver si arreglas esa pieza de metal roñosa.*
3 Que se comporta con tacañería: *es la persona más roñosa que conozco.* — adj/s. = tacaño
4 Se aplica al animal ovino que padece roña o sarna. — adj./VETERINARIA
5 Que está sin pulir o áspero. — adj./Ecuad.

ropa (Del germ. *raupa, botín.*)
1 Prenda de vestir o conjunto de ellas: *aprovecha la ropa de sus hermanos mayores; lleva siempre ropa buena y muy bonita.* — s.f. = ropaje, vestimenta
2 Tela que sirve para uso o adorno de una persona o una cosa: *compró ropa para hacer unas cortinas.*
3 Prenda de vestir que sirve como distintivo en una profesión o un cargo. — = uniforme
4 ropa blanca: La de uso doméstico como sábanas, toallas y manteles y las prendas de vestir interiores: *voy a poner una lavadora de ropa blanca.*
5 ropa de cama: Aquella con la que se cubre la cama: *ya tiene toda la ropa de cama lista para cuando se case.*
6 ropa hecha: La que se compra ya confeccionada y no se encarga a la medida.
7 ropa interior: Conjunto de prendas de vestir que se llevan debajo de las exteriores: *sólo usa ropa interior de algodón.*
8 ropa usada: La ya utilizada por alguien: *suele comprar en una tienda de ropa usada.*
9 ropa vieja: Guisado hecho de la carne sobrante del cocido. — COCINA
10 a quema ropa: 1. Disparo de un arma de fuego realizado desde muy cerca: *tenía varios tiros a quema ropa.* 2. De improviso, sin preparación y sin rodeos: *me lo dijo tan a quema ropa y me dejó helada.* — loc.adj/adv. = a quemarropa loc.adv.
11 a toca ropa: Muy de cerca. — loc.adv.
12 de buena ropa: 1. Se aplica a la persona digna de particular atención. 2. Se refiere a las cosas de buena calidad: *vino de buena ropa.* — loc.adj. loc.adj.
13 de poca ropa: 1. Persona pobre o mal vestida. 2. Se aplica a la persona de escasa autoridad o poco digna de estimación. — loc.adj./coloquial loc.adj. coloquial
14 guardar alguien la ropa: Obrar o hablar con cautela para preservarse de un peligro: *guárdate la ropa antes de meter la pata y jugarte el ascenso.* — coloquial
15 haber ropa tendida: Estar presentes personas — coloquial

ante las que no conviene hablar sin discreción: *cuidadito con lo que comentáis que hay ropa tendida.*
16 nadar y guardar la ropa: Intervenir en algún asunto con astucia para obtener provecho con el menor riesgo: *es de los que nadan y guardan la ropa, así que nunca sale perjudicado.* — coloquial
17 no tocar a alguien la ropa: No decir ni hacer nada que pueda ofenderle o perjudicarle: *no toques la ropa a mi familia, ¿me oyes?* — coloquial
18 ¡ropa a la mar! Aviso de que la tormenta obliga a aliviar de carga la embarcación. — NÁUTICA
19 tentar a alguien la ropa: Indagar el estado en que se halla o provocarle: *no le tientes la ropa que está de muy mal humor.* — coloquial
20 tentarse alguien la ropa: Considerar con detenimiento las consecuencias que podrá tener una determinación o acto: *se tentó la ropa antes de tomar su decisión.* — coloquial

ropaje
1 Prenda de vestir que se pone para cubrir el cuerpo: *todos los alumnos del centro llevan el mismo ropaje.* — s.m. = indumentaria
2 Prenda de vestir lujosa o vistosa: *llegó ataviado con ropajes de gala.*
3 Conjunto de ropas o vestidos de una persona: *renueva cada temporada su ropaje.* — = ropero
4 Exceso de prendas que se llevan puestas: *¡dónde vas con tanto ropaje con el calor que hace!*
5 Forma o modo de expresión: *su última novela está escrita en ropaje barroco.* — = lenguaje

ropálico, a Se aplica al verso de la poesía griega en el que cada palabra tiene una sílaba más que la que la precede. — adj. POESÍA

ropavejería Tienda de ropas, baratijas y otros objetos usados. — s.f./COMERCIO = prendería

ropavejero, a Vendedor de ropas, baratijas y otras cosas usadas. — s./COMERCIO = prendero

ropería
1 Empleo de guardar la ropa y cuidar de ella. — s.f.
2 Oficio de ropero.
3 Tienda donde se vende ropa hecha. — COMERCIO
4 Habitación donde se guarda la ropa de una comunidad. — = ropero, vestuario
5 Casa donde los pastores trashumantes guardan sus ropas y pertenencias.
6 ropería de viejo: Ropavejería, tienda de objetos usados. — COMERCIO

ropero, a
1 Que sirve para guardar la ropa. — s. = guardarropía
2 Persona encargada de cuidar la ropa de una comunidad: *es el ropero del vestuario del gimnasio.*
3 Persona que vende ropa hecha.
4 Persona que hace los recados de la ropería de los pastores.
5 Persona encargada de la quesería de una cabaña de ovejas.
6 Armario o habitación donde se guarda la ropa: *las camisas están en el ropero.* — s.m.
7 Conjunto de prendas de una persona: *como trabaja en una tienda de modas, tiene un ropero de cientos de prendas.* — = ropaje
8 Institución benéfica que reparte ropa a los necesitados.
9 Persona muy corpulenta. — s./Amér.

ropilla
1 Vestidura corta con mangas y brahones que se usaba sobre el jubón. — s.f.
2 dar a alguien una ropilla: Reprenderle de forma amistosa. — coloquial

ropón
1 Prenda de vestir larga que por lo general se pone suelta sobre las demás. — s.m.
2 Acolchado que se hace cosiendo unas telas gruesas sobre otras.

roque
I (Del ár. *ruhh*, carro.) Torre de ajedrez. — s.m./JUEGOS
II (De origen incierto.) Que está dormido: *se quedó roque viendo la televisión; eran las doce de la mañana y seguía roque.* — adj.

roquedal Sitio donde hay muchas rocas: *no podrás construir una casa en ese roquedal.* — s.m. th: roqueda

roquedo Peñasco o roca. — s.m.

roquefort (De *Roquefort-sur-Soulzon*, región francesa.) Queso de sabor muy fuerte, preparado con leche de oveja, en el que se desarrolla un moho durante la fermentación. — s.m.

roqueño, a
1 Se aplica al terreno o al lugar que tiene muchas rocas: *es una región roqueña.* — adj. = rocoso
2 Que es duro como una roca. — = pétreo

roquero, a
I (Del cat. *roquer.*)
1 De las rocas. — adj.

2 Que está edificado sobre las rocas: *castillo roquero.*

II (De *rock*.) Se aplica a la persona aficionada al rock o especialista en él: *miles de jóvenes roqueros asistieron al concierto.* — adj./s. MÚSICA — th: rocker

roqués Se refiere a un tipo de halcón cuyo plumaje es negro por completo. — adj. ZOOLOGÍA

roqueta Especie de atalaya que se levantaba dentro del recinto de una plaza fuerte. — s.f. CONSTRUCCIÓN

roquete (Del cat. *roquet*.)
1 Vestidura blanca de tela fina, con mangas muy anchas que se ponen los eclesiásticos o los legos sobre la sotana. — s.m. = sobrepelliz
2 Hierro de la lanza de torneo, terminado en varias puntas.
3 Instrumento que sirve para atacar o apretar la carga de los antiguos cañones. — = baqueta
4 Figura de forma triangular que aparece en algunos escudos. — HERÁLDICA

rorcual (Del germ. *royrkval* < danés *hval*, ballena + germ. *reyar*.) Mamífero cetáceo semejante a la ballena, muy grande, con la cabeza cuneiforme, surcos anteriores ventrales y aletas pequeñas, que vive en los mares de todo el mundo y es una especie en peligro de extinción. *(Balaenoptera.)* — s.m. ZOOLOGÍA

rorro (Voz onomatopéyica.) Niño o niña muy pequeños: *cogió a su rorro recién nacido para darle de mamar.* — s.m./familiar = bebé

ros (Del nombre del general *Ros de Olano*, que introdujo esta prenda.) Gorro militar de fieltro más alto por delante que por detrás y con visera. — s.m. MILITAR

rosa (Del lat. *rosa*.)
1 Flor del rosal con muchos pétalos y aromática: *le regaló un ramo de rosas rojas.* — s.f. BOTÁNICA
2 Se aplica al color que se obtiene de la mezcla de blanco y rojo: *el rosa es su color preferido; lleva una camisa de color rosa y pantalón azul marino.* — adj./s.m.
3 Cualquier cosa que tiene la forma o cualquier otra característica de esta flor: *tiene el cutis suave como una rosa.* — s.f.
4 Mancha redonda de color rosado que suele salir en el cuerpo. — MEDICINA
5 Dulce hecho con masa frita en forma de roseta. — COCINA
6 Rosetón de los techos. — ARQUITECTURA
7 Palomitas de maíz: *se pasó la película comiendo rosas de maíz.* — s.f.pl. COCINA
8 **rosa albardera o montés:** Peonía, planta de la familia de las ranunculáceas. — BOTÁNICA
9 **rosa de Jericó:** Planta crucífera anual propia de los desiertos sirios, con flores pequeñas y blancas en espigas terminales, que puede revivir después de seca si se pone en agua. *(Anastatica hierochuntica.)* — BOTÁNICA
10 **rosa del azafrán:** Flor del azafrán. — BOTÁNICA
11 **rosa de los vientos o náutica:** Figura en forma de estrella cuyas puntas señalan las treinta y dos direcciones de la vuelta del horizonte y sus respectivos vientos. — NÁUTICA
12 **rosa de té:** La de color amarillo y con un olor parecido al té. — BOTÁNICA
13 **como las propias rosas:** Muy a gusto: *se encuentra como las propias rosas con sus tíos.* — loc.adv.
14 **como una rosa: 1.** Con aspecto saludable y agradable de ver: *tu abuelo está como una rosa.* **2.** Muy a gusto: *está como una rosa ahí sentado.* — loc.adv. loc.adv.

rosáceo, a
1 De color o de tono rosa claro: *pintó las paredes de un tono rosáceo.* — adj. = rosado
2 Perteneciente a una familia de plantas angiospermas dicotiledóneas, herbáceas, arbóreas o arbustivas, de hojas alternas, flores con numerosos estambres y a veces con doble cáliz, y semillas sin albumen, como el ciruelo, el rosal o el melocotonero. — adj/s.f. BOTÁNICA

rosacruz
1 De una orden fraternal que pretende unir ciertas concepciones religiosas orientales con otras derivadas del cristianismo. — adj/s.m.f. pl: rosacruces RELIGIÓN
2 Persona que es miembro de esta orden. — RELIGIÓN

rosada Escarcha o rocío de la noche congelado: *al levantarme aún había rosada sobre los campos.* — s.f. = rociada

rosadelfa
1 Azalea, arbusto de flores reunidas en corimbo con corolas de matices rosados. — s.f. BOTÁNICA
2 Rododendro, arbusto propio de las regiones montañosas del hemisferio boreal. — BOTÁNICA

rosado, a
I (Derivado de *rosa*.)
1 De color o de tono rosa: *se casó con un vestido en tono rosado.* — adj.
2 Hecho con rosas: *miel rosada; aceite rosado.*
3 Se refiere al vino tinto claro: *trajo un rosado de cosecha muy bueno.* — adj/s.m.
4 Se aplica al caballo o la yegua cuya capa presenta manchas rosadas y blancas, ya por transparencia de la piel, ya porque posee pelos de estos colores. — adj/s. *Argent., Colomb., Chile*

II (Derivado del lat. *ros*, rocío.) Se aplica a la bebida que está algo helada, con grumos congelados o cristales de hielo en su interior. — adj. = escarchada

rosal
1 Planta arbustiva espinosa de tallos ramosos, hojas alternas con estípulas, flores terminales de muchos pétalos y aromáticas, y fruto en baya que corona el cáliz. *(Rosa.)* — s.m. BOTÁNICA
2 **rosal blanco:** El de tallos delgados con aguijones fuertes, hojas dentadas en el margen y flores blancas de poco olor. — BOTÁNICA
3 **rosal castellano:** El de tallos fuertes con hojas aovadas o lanceoladas y algo dobladas en el margen y flores grandes y de color púrpura. — BOTÁNICA
4 **rosal de Alejandría o de olor:** El de flores de tamaño mediano, olor fragante, color pálido y con los pétalos muy apretados. — BOTÁNICA
5 **rosal de cien hojas:** El de tallos fuertes y flores encarnadas y olorosas. — BOTÁNICA
6 **rosal de pitiminí:** El de tallos trepadores que echa muchas flores pequeñas. — BOTÁNICA
7 **rosal perruno o silvestre:** Escaramujo, planta con baya aovada, carnosa y de color rojo al madurar. — BOTÁNICA

rosaleda Tierra plantada de rosales: *le gusta pasear por la rosaleda del parque.* — s.f. th: rosalera

rosanilina Base nitrogenada cuyos derivados son colorantes que tiñen la fibra animal. — s.f. QUÍMICA

rosariera
1 Cinamomo, árbol exótico con flores de color violeta y olor agradable. — s.f. BOTÁNICA
2 Estuche para guardar el rosario.

rosariero, a Persona que hace o vende rosarios. — s.

rosario
1 Rezo católico dedicado a la Virgen que conmemora los misterios de su vida, que consta de diez o quince partes iguales formadas cada una por un padrenuestro, diez avemarías y un gloria. — s.m. RELIGIÓN
2 Conjunto de personas que rezan dicha oración. — RELIGIÓN
3 Acto colectivo de devoción en el que se reza dicha oración: *es la hora del rosario.* — RELIGIÓN
4 Conjunto de cuentas separadas de diez en diez por otras de distinto tamaño, que se utiliza para hacer dicho rezo de forma ordenada. — RELIGIÓN
5 Conjunto de cuentas utilizado en otras religiones para controlar los rezos. — RELIGIÓN
6 Serie de cosas materiales o inmateriales que se suceden en el espacio o en el tiempo: *se oía un rosario de lamentaciones.* — = ristra, sarta
7 Especie de noria usada para elevar agua.
8 Columna vertebral. — coloquial/= espinazo
9 **acabar algo como el rosario de la aurora:** Acabar mal una reunión u otro asunto con desacuerdo o pelea de los participantes: *la fiesta acabó como el rosario de la aurora.* — coloquial

rosarse Ponerse una persona sonrosada por vergüenza o por otra causa. — v.prnl. = sonrosarse

rosbif (Del ingl. *roast beef*.) Pieza de carne de vaca medio asada: *se ha comido un rosbif de segundo plato.* — s.m./pl: rosbifs COCINA

rosca
1 Cualquier cosa de forma más o menos cilíndrica que, cerrada en redondo, deja en el centro un espacio vacío: *ha comprado una rosca de pan.* — s.f. = rosquilla
2 Hélice o resalto en espiral de un tornillo o de una tuerca. — MECÁNICA
3 Cada vuelta de una espiral o el conjunto de ellas: *el tornillo se ha pasado de rosca.*
4 Máquina que se compone de tornillo y tuerca. — MECÁNICA
5 Carnosidad que tienen las personas gruesas alrededor del cuello, de las piernas o de las muñecas: *¡mira qué roscas tiene el niño!* — = michelín
6 **rosca de Arquímedes:** Aparato para elevar agua.
7 **hacer la rosca a alguien:** Adularle para conseguir una cosa: *le hacía la rosca para que le comprara el jersey que quería.* — coloquial
8 **hacerse rosca o una rosca:** Enroscar el cuerpo: *se hizo una rosca porque le dolía el estómago.* — coloquial
9 **no comerse una rosca:** No conseguir lo que se quiere, en especial en una conquista amorosa: *llevo toda la noche invitándola pero no me como una rosca.* — coloquial
10 **pasarse de rosca: 1.** No adaptarse bien un tornillo en la tuerca. **2.** Excederse en lo que se dice o hace: *se pasó de rosca tratándome con tanta confianza, intentó pasarse de rosca y meterme mano.* — coloquial coloquial
11 **ser alguien una rosca:** Ser taimado o malicioso. — coloquial

roscado, a
1 Que tiene forma de rosca. — adj.
2 Acción y resultado de roscar o atornillar un tornillo o una tuerca. — s.m.

roscador, a Que rosca. — adj.

roscadora Máquina que rosca piezas de forma mecánica y automática. — s.f. TECNOLOGÍA

roscar
1 Hacer la rosca en el interior de un tornillo. v.tr./conj: *sacar*
2 Dar vueltas a un tornillo o una tuerca para meter- = atornillar
los en un hueco: *róscalo con fuerza para que no se salga.*

rosco
1 Pieza de pan o de bizcocho con forma de rosca: *en* s.m./COCINA
esa bollería hacen unos roscos muy ricos. = roscón
2 Calificación obtenida en una prueba o examen que coloquial
corresponde a un cero: *me han puesto un rosco en socia-*
les.

roscón
1 Bizcocho en forma de rosca: *os he traído un roscón de* s.m./COCINA
anís. = rosco
2 roscón de reyes: Bollo que se come el día de reyes COCINA
y que contiene pequeños objetos de regalo.

rosear Mostrar una cosa un color parecido al de la v.intr.
rosa.

rosedal Rosaleda, sitio plantado de rosales. s.m./Argent., Urug.

rosela Planta que vive en los terrenos pantanosos de s.f.
las regiones cálidas y templadas, con hojas de limbo BOTÁNICA
redondeado cubierto por unos pelos glandulares irri-
tables que capturan los insectos que se depositan sobre ellos. *(Drosera rotundifolia.)*

rosellonés, a
1 Del Rosellón, comarca francesa. adj.
2 Persona natural de dicha comarca francesa. s.
3 Dialecto catalán del grupo oriental que se habla en s.m.
la Cataluña francesa y en una franja septentrional LINGÜÍSTICA
de la provincia de Gerona.

róseo, a De color rosa: *el cielo estaba róseo esta tarde.* adj.

roséola Enfermedad infecciosa o por intoxicación que s.f./MEDICINA
se caracteriza por la aparición en la piel de pequeñas tb: roseola,
manchas rosáceas. rubeola

rosero Persona que trabaja en la recolección de ro- s.
sas del azafrán. AGRICULTURA

roseta
1 Mancha rosada de las mejillas: *cuando se pone ner-* s.f.
viosa, le salen rosetas en la cara. = anebol
2 Pieza agujereada de la regadera que sirve para es- = rallo
parcir el agua.
3 Conjunto de granos de maíz que al tostarlos se s.f.pl.
abren en forma de flor: *antes de entrar en el cine, com-* = palomitas
pró rosetas.
4 Sortija o pendiente adornado con una piedra pre- s.f.
ciosa rodeada de otras más pequeñas.
5 Pieza del extremo de la barra de la romana que impide que salga el pilón.
6 Chapa metálica con un agujero en el centro por el
que pasa el vástago de la empuñadura de una puerta.
7 Costra de cobre puro, de color rosado, que se for- MINERÍA
ma en los hornos de afino echando agua fría sobre el
metal fundido.
8 Parte móvil de la espuela, en forma de estrella. EQUITACIÓN
9 Adorno arquitectónico cuya forma recuerda a la ARQUITECTURA
flor.

rosetón
1 Cualquier adorno grande, redondo y parecido a s.m.
una flor.
2 Ventana circular, calada o con vidrieras, caracterís- ARQUITECTURA
tica de la arquitectura gótica.
3 Adorno circular que se pone en el techo: *los roseto-* ARQUITECTURA
nes del edificio son de yeso.

rosicler (Del fr. *rose clair*)
1 Color o tono rosa pálido que tiene el cielo al alba. s.m.
2 Mineral de color y brillo como los del rubí com- MINERALOGÍA
puesto de arsénico, azufre y plata. = plata roja

rosillo, a (Del lat. vulgar *rosellus*.)
1 De color rojo claro. adj.
2 Se aplica a la caballería que tiene el pelo mezclado
de blanco, negro y castaño.

rositas
1 Rosetas de maíz: *voy a preparar unas rositas para ver* s.f.pl.
la película. = palomitas
2 de rositas: Gratis, sin esfuerzo. loc.adv.

rosmarino (Del lat. *ros marinus*.) Romero, planta ar- s.m.
bustiva labiada. BOTÁNICA

rosmaro (Del germ. *hroshvalr*.) Morsa, mamífero pa- s.m.
recido a la foca. ZOOLOGÍA

roso, a
I (Del lat. *rusus*.) Que no tiene pelo. adj./= calvo
II (Del lat. *russus*.) Que está rojo o incandescente. adj.

rosoli (Del lat. *ros solis*, rocío del sol.) Licor elaborado s.m.
con aguardiente mezclado con azúcar, anís, canela y tb: rosoli
otras sustancias aromáticas.

rosón Rezno [en todas sus acepciones]. s.m.

rosqueado, a Que hace o forma roscas. adj.

rosquete Rosquilla de masa mayor que las habitua- s.m.
les. COCINA

rosquilla
1 Masa dulce de harina, huevos y otros ingredientes, s.f.
en forma de rosca pequeña: *las rosquillas de anís son* = rosquete
sus preferidas. COCINA

2 Larva de algunos insectos nocivos para las plantas, ZOOLOGÍA
que se enroscan en ellas con facilidad.
3 rosquilla lista: La de masa dulce bañada en azúcar. COCINA
4 rosquilla tonta: La hecha con poco azúcar y con COCINA
anís.
5 saber o no algo a rosquillas: Producir gran satis- coloquial
facción o gran pesar: *su conversación me supo a rosqui-*
llas.

rosquillero, a Persona que elabora o vende rosqui- s.
llas.

rosticería Establecimiento donde se asan y venden s.f./Méx.,
pollos. Chile, Nicar.

rostir (Voz catalana.) Preparar un alimento mediante v.tr.
la acción directa del fuego, sin sumergirlo en agua o COCINA
grasa: *prefiero rostir el pollo en el horno en vez de gui-* = asar
sarlo.

rostrado, a (Del lat. *rostrum*, pico.) Que termina en adj.
punta, como el pico de un pájaro o el espolón de una = rostral
ave: *la columna rostrada tiene el fuste adornado con ros-*
tros de ave o espolones.

rostrillo
1 Adorno consistente en un volante de tela rizada s.m.
que se ponían las mujeres alrededor de la cara y que
en la actualidad se suele poner a las imágenes de la
Virgen y de algunas santas.
2 Aljófar de seiscientas perlas en onza.
3 rostrillo grueso: Aljófar de quinientas perlas en
onza.
4 rostrillo menudo: Aljófar de setecientas perlas en
onza.

rostritorcido, a Que tiene cara de enfado o enojo: adj./coloquial
hoy está rostritorcido, así que no se lo diré. = rostrituerto

rostro (Del lat. *rostrum*.)
1 Parte anterior de la cabeza de una persona: *en su* s.m.
rostro se reflejaba el cansancio que tenía. = cara, semblante
2 Pico del ave. ZOOLOGÍA
3 Cosa en punta parecida al pico del ave.
4 Caradura o descaro: *tiene mucho rostro, me vuelve a* coloquial
pedir dinero sin haberme devuelto el que ya le dejé. = jeta, morro
5 Espolón o remate de la nave. NÁUTICA
6 a rostro firme: Cara a cara, con valor. loc.adv.
7 conocer de rostro a alguien: Conocerlo personal- coloquial
mente: *sé quién es porque le conozco de rostro.*
8 dar algo en rostro: Causar enojo y disgusto: *su de-* coloquial
jadez con las cosas me da en rostro.
9 dar o echar en rostro a alguien con algo: Echarle coloquial
en cara los beneficios que ha recibido o los errores
cometidos: *le dio en el rostro con las barbaridades que*
había cometido.
10 encapotar el rostro: Arrugar el ceño: *encapotó el* coloquial
rostro y se metió en su habitación enfadado.
11 hacer rostro: 1. Resistir al enemigo. 2. Oponerse MILITAR
al dictamen y opinión de otro: *hace rostro a los conse-* coloquial
jos de sus padres. 3. Tolerar con constancia las adver- coloquial
sidades y trabajos que amenazan. 4. Admitir o hacer = asentir
señales de aceptar una cosa.
12 tener rostro: Tener desvergüenza o descaro: *hay* coloquial
que tener rostro para venir aquí como si nada después de
lo que ha pasado.

rota (Del port. *rota* < malayo *rotan*.) Planta vivaz de s.f.
tallos largos, delgados y nudosos, con hojas abraza- BOTÁNICA
doras en los nudos, flores de tres pétalos y fruto aba- = junquillo
yado, que se usa para fabricar cestos, sombreros,
muebles y otros objetos. *(Calamus.)*

rotáceo, a Que tiene forma de rueda. adj.

rotación
1 Acción y resultado de rotar o girar un cuerpo sobre s.f.
su eje, en especial se aplica al movimiento que realizan los cuerpos celestes: *la Tierra tarda veinticuatro*
horas en realizar el movimiento de rotación.
2 rotación de cultivos o de cosechas: Sistema de AGRICULTURA
cultivo de siembras alternativas o simultáneas de especies vegetales, para evitar que el terreno se agote.
3 rotación de personal: Movimiento de personal
dentro de una empresa, con el fin de conseguir una
mayor integración y una información global de la actividad empresarial.

rotacismo Cambio de articulación de una consonan- s.m.
te que de su forma primera pasa a la de *r* alveolar. LINGÜÍSTICA

rotada Se aplica al sonido consonántico que se articu- adj.
la mediante la vibración rápida de un órgano activo LINGÜÍSTICA
elástico que obstruye y permite, de forma alternativa, = vibrante
el paso del aire, según algunas corrientes lingüísticas.

rotador Se aplica al músculo que provoca movimien- adj./s.m.
tos de rotación. ANATOMÍA

rotal Del tribunal eclesiástico de la Rota. adj./RELIGIÓN

rotamente Con desenvoltura. adv.

rotar
1 Dar una cosa vueltas alrededor de su eje: *los satéli-* v.intr.
tes rotan alrededor de los planetas. = rodar

2 Alternar unas personas o cosas a otras para hacer una cosa: *los operarios rotan en el turno de trabajo.* = turnarse

rotario, a
1 Miembro de una institución internacional de origen norteamericano que promueve la comunicación y la ayuda entre personas con fines filantrópicos. s.
2 De dicha asociación o de sus miembros. adj.

rotary (Voz inglesa.)
1 Se aplica a un aparato de perforación que actúa por rotación. adj./s.m. TECNOLOGÍA
2 Se refiere a un sistema de comunicación telefónica automático, en el que determinados órganos están animados por un movimiento de rotación continuo. TELECOMUNICA-CIONES

rotativa Se aplica a una máquina con que se imprimen los periódicos formada por grandes cilindros entre los que se desliza el papel continuo. adj./s.f. ARTES GRÁFICAS

rotativista Persona que maneja la rotativa en un taller de imprenta. s.m.f. ARTES GRÁFICAS

rotativo, a
1 Que rota: *tiene un punto rotativo.* adj./= rotatorio
2 Periódico impreso con una máquina de este tipo: *es un rotativo de difusión internacional.* s.m. ARTES GRÁFICAS

rotatorio, a Que tiene un movimiento circular o cíclico: *tiene un turno rotatorio; la máquina realiza un movimiento rotatorio.* adj. = rotativo

rotería
1 Acción desagradable y desleal. s.f./Chile
2 Dicho que denota falta de cortesía o de educación. Chile

roterío Clase de los rotos o plebe. s.m./Chile

roterodamense
1 De Rotterdam, ciudad de Holanda. adj.
2 Persona natural de dicha ciudad holandesa. s.m.f.

roticería Fiambrería, tienda donde se venden fiambres. s.f./Argent., Chile COMERCIO

rotífero, a Perteneciente a una clase de animales invertebrados, de tamaño microscópico que poseen dos coronas de cilios alrededor de la boca y habitan en las aguas dulces. adj./s.m. ZOOLOGÍA

roto, a (Part. pas. irreg. de *romper*.)
1 Que viste harapos o ropa en mal estado. adj./= harapiento
2 Que está cansado: *llegué roto de la aventura por el río.* = agotado
3 Se aplica a la persona, costumbre o vida que es licenciosa o libertina. = vicioso
4 Desgarrón en la ropa: *llevas un roto en el pantalón.* s.m./= raja, rotura
5 Apodo dado a los chilenos. adj./s./Perú
6 Se aplica a las personas pertenecientes de la clase más baja del pueblo. Chile
7 Que es muy mal educado. Chile
8 Se aplica al petimetre del pueblo. Méx.

rotograbado Procedimiento de heliograbado huecograbado rotativo. s.m. ARTES GRÁFICAS

rotonda (Del ital. *rotonda*.)
1 Plaza circular en un cruce de calles o de carreteras: *al llegar a la rotonda, gira a la izquierda.* s.f.
2 Edificio o cualquier otra construcción de planta circular: *en medio del parque hay una rotonda en la que se sientan los músicos a tocar.* ARQUITECTURA th: rotunda
3 Galería en forma de arco de círculo con una cristalera. ARQUITECTURA
4 Departamento de algunas diligencias.

rotor
1 Parte giratoria de una máquina electromagnética o de una turbina. s.m. MECÁNICA
2 Conjunto de aspas giratorias de un helicóptero que aseguran su sustentación en el aire. AERONÁUTICA

rotoso, a
1 Que viste desharrapado, harapiento. adj./Amér. Merid.
2 Persona de baja condición cultural o social. s./Chile

rótula (Del lat. *rotula*.)
1 Hueso triangular situado en la articulación del fémur con la tibia: *no podrá jugar en mucho tiempo porque se ha roto la rótula.* s.f. ANATOMÍA
2 Conjunto de trocitos de medicamento con los que se hacen las píldoras. FARMACIA
3 Unión articulada entre dos piezas que permite el movimiento rotativo angular en todos los sentidos. MECÁNICA

rotulación Acción y resultado de rotular: *la rotulación del cartel te ha quedado muy bien.* s.f. = rotulado

rotulado Acción y resultado de rotular: *es el encargado de los rotulados.* s.m. = rotulación

rotulador, a
1 Que rotula o sirve para rotular. adj./s.
2 Instrumento para escribir o dibujar con una tinta especial y una punta en general de material absorbente que deja un trazo en general más grueso que el ordinario. s.m.

rotuladora Máquina que rotula. s.f.

rotular
I (Derivado de *rótulo*.)
1 Poner un rótulo en una cosa o un lugar: *rotularon el local con el nuevo nombre comercial.* v.tr.

2 Poner inscripciones o títulos en mapas y planos para hacer una serie de indicaciones: *rotuló el mapa con flechas, indicando el lugar en que se encuentran las capitales.*
II (Derivado de *rótula*.) De la rótula. adj./ANATOMÍA

rotulata
1 Colección de rótulos o letreros. s.f.
2 Título de un escrito o de una de sus partes. = rótulo

rotuliano, a De la rótula, hueso de la rodilla: *las fracturas rotulianas son de lenta recuperación.* adj./ANATOMÍA = rotular

rotulista Persona que hace o pone rótulos: *es rotulista en un diario.* s.m.f.

rótulo (Del lat. *rotulus*.)
1 Inscripción con que se indica el contenido, objeto o destino de una cosa: *en el rótulo figura el nombre de la empresa.* s.m. = letrero
2 Título de un escrito o de una de sus partes: *encabezó el artículo con un rótulo muy sugerente.* = encabezamiento
3 Cartel de aviso o anuncio fijado en un lugar público: *en el vestíbulo del ayuntamiento hay un rótulo con una convocatoria para secretarios.* = anuncio, aviso
4 Documento en que la curia romana ordena realizar una investigación con vistas a una beatificación. RELIGIÓN

rotunda Rotonda, construcción de planta circular. s.f./ARQUITECTURA

rotundamente Sin lugar a dudas, de forma definitiva: *negó rotundamente su relación con los acusados.* adv.

rotundez Rotundidad, calidad de rotundo: *la rotundez de sus palabras me sorprendió.* s.f./pl: rotundeces th: rotundidez

rotundidad Calidad de rotundo: *contestó con rotundidad a sus preguntas; negó haber participado en el robo con rotundidad.* s.f. th: rotundez, rotundidez

rotundo, a (Del lat. *rotundus*.)
1 Que no admite dudas y es terminante: *hizo una afirmación rotunda; me contestó con un no rotundo.* adj./= categórico, tajante
2 Se aplica al lenguaje que es preciso y expresivo.
3 Que tiene forma redonda: *tiene unas caderas rotundas.* = redondeado

rotura
1 Acción y resultado de romper o romperse una cosa: *la rotura del cristal produjo un fuerte ruido.* s.f. = rompimiento
2 Raja o quiebra en un cuerpo sólido: *menos mal que la camisa me tapa la rotura del pantalón.* = fractura, roto
3 Acción de interrumpirse alguna cosa. = ruptura
4 Defecto consistente en la formación de una fisura en el interior de una pieza metálica. METALURGIA

roturación
1 Labor agrícola de roturar o labrar un terreno por primera vez para dedicarlo al cultivo. s.f./AGRICULTURA = roza
2 Terreno recién roturado. AGRICULTURA

roturador, a Que rotura o sirve para preparar un terreno para dedicarlo al cultivo. adj./s. AGRICULTURA

roturadora Máquina que rotura la tierra. s.f./AGRICULTURA

roturar Labrar un terreno por primera vez para dedicarlo al cultivo. v.tr. AGRICULTURA

rouge (Voz francesa.)
1 Lápiz de labios. s.m./Argent., Chile
2 Colorete, cosmético que se aplica a las mejillas para darles color. Chile

roulotte (Voz francesa.) Remolque que se engancha a los turismos y otros vehículos, en cuyo interior hay una pequeña vivienda: *han viajado por Europa con la roulotte a cuestas.* s.f. pl: roulottes = caravana

round (Voz inglesa.)
1 Cada una de las partes de que consta un combate: *venció a su contricante en el tercer round.* s.m./pl: rounds DEPORTES/= asalto
2 Cada una de las situaciones, episodios o ataques de una discusión o competición: *el primer round de la discusión lo ganó ella.* = etapa, fase

roya
1 Cualquier hongo parásito que se cría en los cereales y en otras plantas, y se presenta en forma de polvo amarillo, negro o de otro color. s.f. MICOLOGÍA
2 Enfermedad de algunos árboles que origina la descomposición de la parte interior del tronco, convirtiéndose en un polvo pardusco. BOTÁNICA = alheñar, tizón

royalty (Voz inglesa.) Pago al titular de una patente por utilizarla y explotarla con fines comerciales. s.m. pl: royaltyes

royo, a Se aplica a una especie de pino con la corteza rojiza y ramas gruesas, cuya madera es muy apreciada en construcción. adj. BOTÁNICA

roza
1 Labor agrícola de rozar o limpiar un terreno para labrarlo. s.f. AGRICULTURA
2 Tierra limpia de matas y hierbas para poder sembrar en ella. AGRICULTURA = rocha
3 Hierbas o matas que se sacan al rozar un terreno. AGRICULTURA
4 Canal abierto en una pared u otra parte de una construcción para la instalación de tuberías o conductos con cables. CONSTRUCCIÓN

rozable Que se puede rozar: *la pared ya está rozable porque la pintura se ha secado.* adj.

rozadera Rozón, especie de guadaña para cortar zarzas o malas hierbas. — s.f. AGRICULTURA

rozadero Sitio o cosa en que se roza. — s.m.

rozado Terreno preparado para el cultivo por medio del desmonte y quema de la vegetación, roza. — s.m./Argent. AGRICULTURA

rozador, a Persona que roza o limpia de hierbas malas la tierra. — s. AGRICULTURA

rozadora Máquina utilizada para arrancar minerales por medio de cortes profundos. — s.f. MINERÍA

rozadura
1 Acción y resultado de rozar o rozarse una cosa con otra: *la rozadura del barco con el atracadero deterioró el casco.* — s.f. = roce
2 Señal dejada en una cosa después de haberla rozado o haberse rozado con otra: *la pared estaba llena de rozaduras de los muebles.* — = raspadura, raspón
3 Herida superficial en la piel producida por el calzado o por el roce con alguna superficie áspera: *se desinfectó las rozaduras que le habían causado los zapatos nuevos.* — MEDICINA = raspadura, roce
4 Enfermedad de los árboles que causa la descomposición de la madera en una zona, a consecuencia de haberse desprendido la corteza del líber. — BOTÁNICA

rozagante (Del cat. *rossegant.*)
1 Se aplica al vestido que es vistoso o muy largo. — adj.
2 Que es vistoso o tiene buen aspecto: *su jardín está rozagante en primavera.* — = llamativo

rozamiento
1 Acción y resultado de rozar o rozarse: *el rozamiento de las ruedas sobre el asfalto provocaba chispas.* — s.m. = roce, rozadura
2 Discusión o enfado leve entre dos personas. — = disputa, roce
3 Resistencia opuesta al movimiento o deslizamiento de un cuerpo sobre otro. — FÍSICA
4 **rozamiento interno**: Fenómeno físico responsable del amortiguamiento de las vibraciones en un material. — FÍSICA
5 **rozamiento por deslizamiento**: El de un cuerpo que se desliza sobre otro. — FÍSICA
6 **rozamiento por rodadura**: El de un cuerpo que se desplaza rodando sobre otro. — FÍSICA

rozar (Del lat. vulgar *ruptiare* < lat. *rumpere*, romper.)
1 Tener una cosa ligero contacto con otra al moverse: *rozó la cuchilla y se hizo un corte; se rozaron al cruzarse por la calle.* — v.tr/intr/prnl. conj: cazar
2 Tener una cosa semejanza con otra: *su interpretación rozaba lo divino; la metafísica roza con la teología.* — = lindar, rayar
3 Manchar o estropear una cosa por el contacto con otra: *la chaqueta se rozó con el paso del tiempo; rozó las rodilleras del pantalón jugando al fútbol.* — v.tr/prnl.
4 Producir una cosa una raspadura en la superficie de otra: *la silla roza la pared.* — v.tr.
5 Limpiar un terreno de matas y hierbas inútiles para labrarlo. — AGRICULTURA
6 Cortar leña menuda o hierba para aprovecharla.
7 Cortar los animales la hierba con los dientes para comerla.
8 Hacer surcos en una pared para instalar tuberías o cables eléctricos. — CONSTRUCCIÓN
9 Emitir un cantante una nota con inseguridad o poca claridad. — MÚSICA
10 Tener varias personas confianza y familiaridad entre sí: *estas dos parejas se rozan desde hace años.* — v.prnl. = relacionarse
11 Tener una persona dificultad en pronunciar determinadas palabras: *se rozaba en todas sus alocuciones y no se le entendía nada.*
12 Tener una persona un enfado leve una persona con otra: *se rozaron por un malentendido.* — = reñir
13 Herirse una caballería un pie con otro. — VETERINARIA

roznar
I (Del ant. *ronzar.*)
1 Comer un alimento quebradizo haciendo ruido al masticar. — v.tr/intr. tb: ronzar
2 Mover una cosa pesada con palancas. — v.tr.
II (Del ital. *ronzare.*) Dar un asno rebuznos. — v.intr./= rebuznar

roznido
I (Derivado de *roznar* < ant. *ronzar.*) Ruido que se hace al roznar o masticar. — s.m.
II (Derivado de *roznar* < ital. *ronzare.*) Voz del asno. — s.m./= rebuzno

rozno Burro pequeño. — s.m.

rozo
1 Roza, acción y resultado de rozar o limpiar un terreno de matas y hierbas inútiles. — s.m. AGRICULTURA
2 Leña menuda que resulta de rozar un terreno.
3 **ser de buen rozo**: Ser de buen comer, tener buen apetito: *no me extraña que esté tan grueso porque es de buen rozo.* — coloquial

rozón Guadaña fuerte, de hoja ancha y mango largo, usada para rozar o quitar zarzas, matas u otros arbustos. — s.m. AGRICULTURA = rozadera

r.p.m. (Abreviatura de *[r]evoluciones [p]or [m]inuto.*) Número de vueltas por minuto de un mecanismo, un disco u otro objeto. — s.m. MECÁNICA

-rragia Componente de palabra procedente del gr. *regnymi,* que significa brotar: *hemorragia.* — suf.

-rrea Componente de palabra procedente del gr. *rheos,* que significa corriente: *diarrea.* — suf.

rúa (Del lat. vulgar *ruga.*)
1 Calle de un pueblo: *atravesó el pueblo por una rúa de adoquines.* — s.f.
2 **hacer la rúa**: Ruar, pasear por las calles. — coloquial

ruán (Del nombre de la ciudad de *Rouen.*) Tela de algodón estampada en colores fabricada en dicha ciudad francesa. — s.m. TEXTIL

ruana
1 Tela de lana. — s.f./TEXTIL
2 Manta raída.
3 Especie de poncho. — Amér. Merid.

ruano, a
I (Derivado de *roano.*)
1 Se aplica a la caballería que tiene el pelo mezclado de color blanco, gris y rojo. — adj.
2 Se aplica al caballo con crin y cola blanca, en particular el alazán. — Amér.
II (De origen incierto.) Que tiene forma de rueda o la hace. — adj.

ruante
I (Derivado de *ruar.*) Que rúa o callejea. — adj.
II (Del fr. *rouant.*) Se aplica al pavo real con la cola desplegada. — adj. HERÁLDICA

ruar
1 Andar una persona por las calles o por otros sitios públicos: *rué las calles de la ciudad; rué por el pueblo toda la tarde.* — v.intr/tr. conj: actuar
2 Cortejar un hombre a una mujer pasando por la calle donde vive. — v.intr. = galantear

rubato (Voz italiana.) Indica que un pasaje musical se debe ejecutar con gran libertad de ritmo. — adv. MÚSICA

rubefacción (Del lat. *rubeus,* rojo + *facere,* hacer.)
1 Enrojecimiento de la piel producido por un proceso inflamatorio o irritativo. — s.f. MEDICINA
2 Coloración roja del suelo debida a la impregnación de óxidos férricos liberados por la alteración de las rocas. — GEOLOGÍA

rubefaciente Que produce rubefacción — adj/s.m./MEDICINA

rúbeo, a (Del lat. *rubeus.*) Que tira a rojo. — adj./literario

rubeola Enfermedad vírica contagiosa caracterizada por una erupción cutánea y tumefacción de los ganglios linfáticos. — s.f. MEDICINA tb: rubéola

rubescente (Del lat. *rubescere,* enrojecer.) Que tira a color rojo. — adj.

rubeta Batracio con el cuerpo lleno de verrugas, con pintas en la parte inferior y los pies delanteros con cuatro dedos y los traseros con cinco. — s.f. ZOOLOGÍA = rana de zarzal

rubí (Del cat. *robi* < bajo lat. *rubinus.*)
1 Mineral cristalizado, más duro que el acero, de color rojo oscuro y brillo intenso, que se utiliza en joyería. — s.m. pl.tb: rubíes MINERALOGÍA
2 Cada una de las piezas finas engarzadas o incrustadas en determinadas partes del mecanismo de un reloj. — MECÁNICA
3 **rubí balaje**: Variedad morada de este mineral. — MINERALOGÍA
4 **rubí de Bohemia**: Cristal de roca de color rosado. — MINERALOGÍA
5 **rubí de Brasil**: Topacio violeta o rojizo. — MINERALOGÍA
6 **rubí espinela**: Piedra fina parecida por su color a este mineral. — MINERALOGÍA
7 **rubí oriental**: Corindón de color rojo sangre. — MINERALOGÍA

rubia
1 Planta rubiácea sufrutescente, de tallos anuales, ásperos, con pequeños aguijones ganchudos en los bordes de las hojas, y flores amarillas. *(Rubia tinctorum).* — s.f. BOTÁNICA
2 Raíz de esta planta con que se prepara una sustancia colorante roja muy usada en tintorería. — BOTÁNICA
3 Automóvil con la carrocería de madera.
4 Moneda de una peseta de cobre aleado: *estoy sin una rubia en el bolsillo.* — coloquial
5 Pez teleósteo común en los ríos que se pesca a flor de agua. *(Trigla).* — ZOOLOGÍA

rubiáceo, a Perteneciente a una familia de plantas angiospermas dicotiledóneas, arbustivas, arbóreas o herbáceas, de hojas simples y enteras, opuestas o verticiladas, flores hermafroditas y fruto en cápsula, baya o drupa, como la gardenia y el cafeto. — adj/s.f. BOTÁNICA

rubial
I (De origen incierto.) Terreno donde se crían plantas de rubia. — s.m.
II (Derivado de *rubio.*)
1 Se refiere a la tierra o a la planta que tira a rubio. — adj.
2 Se aplica a la persona joven que es rubia: *es un niño rubiales con cara de pillo.* — adj/s.m.f.pl.
3 Perteneciente a un orden de plantas herbáceas o leñosas, de hojas simples o compuestas y flores pentámeras o tetrámeras. — adj/s.f. BOTÁNICA

rubicán, a (Del fr. *rubican.*) Se aplica a la caballería que tiene el pelo mezclado de blanco y rojo. — adj.

rubicela Espinela de color vinoso, más claro que el del rubí balaje. — s.f. MINERALOGÍA

rubicundez
1 Calidad de rubicundo: *heredó de su madre la rubicundez del cabello.* — s.f. pl: rubicundeces
2 Color rojo o sanguíneo, que aparece como síntoma de alguna enfermedad en la piel o en las mucosas. — MEDICINA

rubicundo, a (Del lat. *rubicundus*.)
1 De color rubio rojizo. — adj.
2 Que tiene buen color y aspecto saludable: *volvió rubicundo de sus vacaciones en la montaña.* — = sonrosado
3 Se aplica al pelo que es de un color rojizo. — = pelirrojo

rubidio (Del lat. *rubidus*, rojo pardusco.) Metal alcalino semejante al potasio pero más blando y más pesado que se encuentra en pequeñas cantidades en las aguas, en las cenizas de las plantas y en algunos minerales. — s.m. QUÍMICA

rubificar Poner rojo o teñir de rojo una cosa. — v.tr./conj: sacar

rubilla Asperilla, planta rubiácea. — s.f./BOTÁNICA

rubín (Del bajo lat. *rubinus*.)
1 Rubí, mineral. — s.m./MINERALOGÍA
2 Herrumbre de los metales. — = orín, robín

rubio, a (Del lat. *rubeus*, rojizo.)
1 De color amarillento, parecido al del oro: *tiene el cabello rubio.* — adj.
2 Se aplica a la persona que tiene el cabello de este color: *es rubio y tiene los ojos verdes.* — adj/s.
3 Se refiere al tabaco de color más claro y sabor más suave que el negro: *suele fumar rubio.* — adj/s.m.
4 Pez perciforme de hocico prominente que habita en los fondos cenagosos de la plataforma continental. *(Trigla lastoviza).* — s.m.
5 Centro de la cruz en el lomo del toro, que señala el punto donde se entra a matar. — s.m.pl. TAUROMAQUIA
6 **rubio platino:** Color amarillento muy claro: *se ha teñido el cabello de rubio platino.*

rublo Unidad monetaria de Rusia y otras repúblicas de la antigua Unión Soviética. — s.m. ECONOMÍA

rubor (Del lat. *rubor.*)
1 Color rojo que aparece en las mejillas, producido por un sentimiento de vergüenza: *el rubor de su rostro demostraba que se sentía avergonzado.* — s.m. = sonrojo
2 Sentimiento ocasionado por un hecho turbador, que se manifiesta en el color encendido en el rostro: *sus groseras palabras le causaron rubor.* — = turbación, apuro, vergüenza
3 Color rojo muy intenso.

ruborizado, a Que siente rubor: *bajó los ojos ruborizada y se echó a reír.* — adj. = avergonzado

ruborizar
1 Causar una cosa rubor a una persona: *muchas de las historias que cuenta me ruborizan.* — v.tr./conj: cazar = avergonzar, turbar
2 Ponerse las mejillas de una persona rojas a causa de la vergüenza: *se ruborizó al oír los piropos que le dedicaban.* — v.prnl. = azorarse
3 Sentir una persona vergüenza: *la madre se ruborizó al ver la fotografía de su hija en la revista.* — = abochornarse

ruboroso, a Que siente rubor o se ruboriza con facilidad: *no le hagas preguntas personales porque es muy ruboroso.* — adj.

rúbrica (Del lat. *rubrica*.)
1 Rasgo o rasgos de figura determinada que acompaña a la firma de una persona. — s.f.
2 Título que precede a un escrito. — = epígrafe
3 Final o conclusión de una cosa: *como rúbrica de la actuación interpretaron un viejo tema.* — = colofón
4 Cada una de las reglas del ceremonial y ritos de la iglesia. — RELIGIÓN
5 Conjunto de estas reglas. — RELIGIÓN
6 **rúbrica fabril:** Herramienta de carpintería usada para señalar las líneas en la madera que se ha de aserrar. — CARPINTERÍA
7 **rúbrica lemnia:** Bol arménico, arcilla usada en medicina y pintura. — MINERALOGÍA
8 **rúbrica sinópica:** 1. Minio, óxido de plomo de color rojo, usado en pintura. 2. Bermellón, polvo de cinabrio, de color rojo, usado en pintura. — QUÍMICA INDUSTRIA
9 **ser algo de rúbrica:** 1. Seguir las reglas del ceremonial y ritos de la Iglesia. 2. Seguir una costumbre o práctica establecida. — RELIGIÓN coloquial

rubricante Que rubrica o firma: *los rubricantes del documento pueden pasar al despacho.* — adj/s.m.f. = firmante

rubricar
1 Poner una persona su rúbrica en un escrito: *el notario tiene que rubricar las actas.* — v.tr./conj: sacar = firmar
2 Poner una persona su firma y su sello en un documento.
3 Afirmar la veracidad de una cosa como testigo de ella: *rubricaba lo ocurrido pero nadie le creía.* — = apoyar, reafirmar

rubro (De origen incierto.)
1 Título o rótulo, cartel anunciador o indicador de alguna cosa. — s.m./Amér. Central y Merid.

2 Conjunto de artículos de consumo de un mismo tipo o relacionados con determinada actividad, asiento o partida. — Méx., Amér. Merid. COMERCIO

rubro, a (Del lat. *ruber, rubra, rubrum*.) De color rojo. — adj.

ruc (Del ár. *ruh.*) Rocho, ave fantástica a la que se le atribuye un gran tamaño y una fuerza extraordinaria. — s.m./pl: ruques MITOLOGÍA

ruca Choza o cabaña. — s.f./Argent., Chile

ruche
1 Burro o rucio. — s.m./= rucho
2 **a ruche:** Que está arruinado, sin dinero. — loc.adv.

rucio, a (Del lat. *roscidus*, lleno de rocío.)
1 Se aplica al animal que es de color pardo claro, blanquecino o canoso. — adj/s.
2 Que tiene canas: *no parece que sea tan joven porque tiene el pelo rucio.* — adj. = canoso
3 Que tiene el pelo de un color parecido al del oro o rubio. — Chile
4 Asno, animal doméstico. — s.m./tb: rucho

ruco, a
1 Que es viejo o inútil, en especial es aplicado a las caballerías. — adj. Amér. Central
2 Anciano, persona de edad avanzada. — s./Méx./familiar

ruda (Del lat. *ruta*.)
1 Planta perenne con hojas divididas en foliolos planos con aroma fuerte, flores amarillo verdosas en grupos terminales y fruto en cápsula, que se usa en medicina. *(Ruta graveolens).* — s.f. BOTÁNICA
2 **ruda de muros:** Culantrillo blanco, helecho. — BOTÁNICA
3 **ser alguien o algo más conocido que la ruda:** Ser muy conocido o famoso: *en el barrio es más conocida que la ruda.* — coloquial

rudamente Con rudeza: *le habló rudamente de lo que había sucedido.* — adv.

rudeza Calidad de rudo: *le reprendió con demasiada rudeza; no me gusta el tejido por su rudeza.* — s.f. = brusquedad

rudimentario, a Que es muy simple o elemental: *sus conocimientos rudimentarios no son suficientes para aprobar; en el museo arqueológico se exponen armas rudimentarias.* — adj. tb: rudimental

rudimento (Del lat. *rudimentum*.)
1 Embrión de un ser orgánico. — s.m./BIOLOGÍA
2 Parte de un ser orgánico no desarrollado por completo. — BIOLOGÍA
3 Nociones o conocimientos elementales sobre una materia: *a lo largo del curso hablaremos de los rudimentos de esta ciencia.* — s.m.pl. = fundamentos, principios

rudista Perteneciente a una familia de moluscos bivalvos fósiles de la era secundaria, que formaban arrecifes. — adj/s.m. ZOOLOGÍA

rudo, a (Del lat. *rudis*.)
1 Que es grosero y descortés: *es una persona ruda y poco educada; no hagas caso de la ruda respuesta que te ha dado.* — adj. = maleducado
2 Que es tosco y sin pulimento: *es una tela ruda para hacer un vestido.* — = basto, ordinario
3 Que es fuerte o violento: *dio un rudo golpe sobre la mesa.* — = brutal, brusco
4 Que resulta difícil o costoso de realizar: *realiza un rudo trabajo.* — = arduo, trabajoso
5 Que funciona sin la suavidad o ligereza propias de su movimiento: *mecanismo rudo.* — = duro
6 Que se comporta con franqueza y naturalidad y con poca delicadeza: *él es así de rudo, aunque no pretende ofenderte con sus palabras.* — = sencillo
7 Que no se ajusta a las reglas del arte.
8 Que tiene dificultad para aprender: *le he explicado la lección varias veces pero es tan rudo que aún no se la sabe.* — = torpe, zopenco

rueca (Del germ. *rokko*.)
1 Instrumento usado para hilar que consiste en una varilla con una pieza en su parte superior, en la que se coloca el copo. — s.f. TEXTIL
2 Torcimiento, vuelta o curvatura de una cosa.

rueda (Del lat. *rota*.)
1 Pieza circular, de poco grosor respecto a su radio, que puede girar sobre un eje: *la motocicleta es un vehículo de dos ruedas.* — s.f. MECÁNICA
2 Corro circular formado por personas o cosas: *bailaban en el centro de una rueda de niños.* — = ruedo
3 Rodaja de fruta, carne o pescado: *sirvió dos ruedas de merluza en cada plato.* — = tajada
4 Turno, vez u orden sucesivo. — = tanda
5 Abanico que forma el pavo al desplegar las plumas de la cola. — ZOOLOGÍA
6 Armadura de cerdas o lana que se ponía en los pliegues de las casacas para mantenerlos ahuecados.
7 Grupos de pliegos de una obra impresa, dispuestos en círculo. — ARTES GRÁFICAS
8 Partida de billar que se juega entre tres, y en la que, en cada mano, un jugador va contra los otros dos. — JUEGOS
9 Máquina para sacar agua. — = noria
10 Fuego de artificio que consiste en un dispositivo de forma circular que, al quemarse, gira sobre un eje formando círculos luminosos.

11 Figura circular dibujada o pintada al pie del privilegio rodado y que solía llevar una cruz y las armas reales en el centro. — HISTORIA = signo rodado

12 Pez marino de forma casi circular, de piel lisa, fosforescente y de color negruzco. (*Mola mola.*) — ZOOLOGÍA = pez luna

13 Noria, aparato de feria en forma circular. — *Amér.*

14 rueda catalina o de santa Catalina: 1. La de dientes agudos y oblicuos que mueve el volante de ciertos relojes. **2.** Elemento esencial en cualquier cosa o asunto: *su participación en el proyecto es la rueda catalina.* — MECÁNICA / coloquial

15 rueda de álabes: Propulsor de buque dotado de álabes fijos y móviles. — NÁUTICA

16 rueda de la fortuna: Inestabilidad en los acontecimientos de la vida o en la suerte. — coloquial

17 rueda de molino: Muela de molino.

18 rueda dentada: La usada en engranajes con dientes en el borde. — MECÁNICA

19 rueda de palas: La de un molino de viento que tiene aspas. — MECÁNICA

20 rueda de prensa: Coloquio que una personalidad pública sostiene con periodistas convocados previamente, para informar sobre algún asunto y responder a las preguntas que se le formulen: *el presidente contestará a sus preguntas en la rueda de prensa.*

21 rueda de presos: Presentación que se hace de varios presos, entre los que se incluye el sospechoso, para que algún testigo lo reconozca. — DERECHO

22 rueda de recambio o de repuesto: La que lleva un vehículo para sustituir a otra cuyo neumático se haya pinchado. — MECÁNICA

23 rueda hidráulica o de agua: La provista de paletas que mueve un salto de corriente de agua para producir electricidad o para otros usos. — MECÁNICA

24 rueda libre: Dispositivo que permite a un motor impulsar un mecanismo sin estar arrastrado por él. — MECÁNICA

25 rueda motriz: La que asegura la tracción de un vehículo y es movida por un motor. — MECÁNICA

26 chupar rueda: 1. Ir un ciclista justo detrás de otro para protegerse del viento. **2.** Aprovecharse del esfuerzo ajeno. — DEPORTES / coloquial

27 comulgar con ruedas de molino: Creer las cosas más inverosímiles: *no te creo, yo no comulgo con ruedas de molino.* — coloquial

28 deshacer la rueda: Conocerse y humillarse. — coloquial

29 hacer la rueda: Describir el gallo o el palomo semicírculos alrededor de la hembra.

30 hacer la rueda a alguien: Andar tras él para intentar conseguir una cosa: *le hacía la rueda para conseguir el puesto.* — coloquial

31 ir una cosa sobre ruedas: Desarrollarse muy bien o avanzar según se tenía previsto: *los preparativos van sobre ruedas y pronto acabaremos el proyecto.* — coloquial

32 ir una persona a rueda: Seguir el ritmo o los pasos de otra que va delante: *el líder iba a rueda del ciclista escapado.*

33 traer en rueda: Tener a otros ocupados en uno mismo: *con el tema de la boda, trae en rueda a toda la familia.* — coloquial

ruedero, a Persona que hace o vende ruedas. — s.

ruedo
1 Espacio limitado por la barrera destinado a la lidia, en una plaza de toros: *el diestro recibió un fuerte aplauso al salir al ruedo.* — s.m. TAUROMAQUIA = arena

2 Corro de personas: *se formó un ruedo de curiosos alrededor del lugar del accidente.* — = rueda

3 Borde de una cosa redonda. — = contorno

4 Parte colocada alrededor de una cosa. — = redondel

5 Estera pequeña y redonda.

6 Esterilla afelpada o de pleita lisa.

7 Refuerzo o forro con que se guarnecen interiormente por la parte inferior los vestidos talares.

8 Línea, punto o lugar que marca la separación entre dos territorios. — = frontera, límite

9 a todo ruedo: En cualquier caso, pase lo que pase. — loc.adv.

ruego Acción y resultado de rogar o suplicar una cosa: *no me ablandaré aunque me vengas con ruegos.* — s.m./= petición, súplica

ruezno (Del lat. vulgar *roticinus*.) Corteza exterior que recubre la cáscara de la nuez. — s.m. BOTÁNICA

rufián
1 Hombre despreciable que vive del engaño: *el muy rufián me ha estafado.* — s.m./= bribón, sinvergüenza

2 Hombre que trafica con prostitutas y vive a costa de ellas. — = chulo, proxeneta

rufianear
1 Actuar con engaño o estafa. — v.intr.

2 Traficar con prostitutas. — = chulear

rufianería
1 Modo de ser y de comportarse de los rufianes. — s.f.

2 Tráfico o comercio de prostitutas. — = alcahuetería

rufianesca
1 Conjunto de rufianes. — s.f.

2 Mundo y costumbres de los rufianes.

rufianesco, a Que es propio de rufianes. — adj.

rufo, a
I (Del lat. *rufus*, rojo.)

---

1 De color rojo o bermejo. — adj.

2 Que tiene el cabello rizado.

3 Que está satisfecho de sí mismo. — = ufano

II (Derivado de *rufián*.) Que se comporta con chulería o fanfarronería. — adj. .= chulo

rugar (Del lat. *rugare*.) Arrugar [en todas sus acepciones]. — v.tr/prnl. conj: *pagar*

rugby (Voz inglesa.) Deporte que se practica con un balón ovalado que se impulsa con las manos y los pies, en el que se enfrentan dos equipos de quince jugadores que intentan colocar la pelota detrás de la portería contraria o hacerla pasar por encima de la barra horizontal de esta portería de un puntapié. — s.m. DEPORTES

rugible Que puede rugir o imitar el rugido. — adj.

rugido (Del lat. *rugitus*.)
1 Voz del león, del tigre y de otros animales felinos. — s.m.

2 Ruido muy fuerte: *a lo lejos se oía el rugido de las olas.*

3 Grito de una persona muy enfadada o colérica: *no se callaron hasta que dio un rugido.* — = bramido

4 Ruido que hacen las tripas.

rugidor, a Que ruge: *uno de los leones del zoológico es muy rugidor.* — adj. = rugiente

ruginoso, a Que tiene moho o herrumbre: *la barandilla del balcón está ruginosa.* — adj. = mohoso

rugir (Del lat. *rugire*.)
1 Emitir un animal felino su voz: *fue emocionante oír rugir a las fieras.* — v.intr. conj: *surgir*

2 Dar una persona gritos muy fuertes por estar enfadada o por sufrir algún dolor físico o moral: *rugió cuando le comunicaron la mala noticia.* — = bramar, chillar

3 Producir una cosa un sonido fuerte y ronco: *las nubes rugían a lo lejos.* — = bramar

4 Empezar a ser conocida una cosa oculta o ignorada. — coloquial

5 Sonar las tripas: *me rugen las tripas de hambre.* — coloquial

rugosidad
1 Calidad de rugoso: *la rugosidad de la tabla se debe a que no está lijada.* — s.f.

2 Pliegue que se forma en la piel, en la ropa o en cualquier cosa flexible: *humedeció las rugosidades del mantel para plancharlo.* — = arruga

rugoso, a (Del lat. *rugosus*.) Que tiene arrugas o asperezas: *la mesa es de un material rugoso.* — adj. = arrugado

ruibarbo (Del lat. *rheu barbarum* < gr. *rheon*.)
1 Planta herbácea vivaz poligonácea de hojas grandes, ásperas por el haz y vellosas por el envés, con flores amarillas o verdosas en espiga y rizoma grueso que se usa en medicina como purgante. (*Rheum.*) — s.m. BOTÁNICA

2 Raíz de esta planta. — BOTÁNICA

ruido (Del lat. *rugitus*, rugido.)
1 Sonido inarticulado, inarmónico y confuso: *hace rato que oigo un ruido pero no sé de qué; supe que alguien entraba por el ruido de la puerta.* — s.m.

2 Follón o alboroto de voces: *el ruido que hace la gente no me deja oírte.* — = escándalo, jaleo

3 Extrañeza y comentarios provocados por una persona o cosa: *los divorcios de los artistas producen mucho ruido.* — coloquial = admiración, alboroto

4 Exageración de una cosa insignificante o sin excesiva importancia: *fue más el ruido que formaron con el tema que en sí lo que había pasado.* — = aparato

5 ruido de fondo: Conjunto de interferencias que acompañan la transmisión de un sonido. — TELECOMUNICACIONES

6 ruido hechizo: Sonido hecho a propósito y con un fin particular. — coloquial

7 hacer o meter ruido: Causar una cosa o persona extrañeza o admiración: *el nuevo coche metió mucho ruido cuando lo presentaron.* — coloquial

8 lejos del mundanal ruido: Lejos de diversiones o del trato social: *ha decidido irse a vivir a la montaña, lejos del mundanal ruido.*

9 mucho ruido y pocas nueces: Se usa para comentar que se le da mucha importancia a una cosa que es insignificante. — coloquial

10 querer alguien ruido: Ser amigo de disputas y peleas. — coloquial

11 quitarse alguien de ruidos: Dejar de intervenir en asuntos complicados o enfadosos: *se quitó de ruidos al rechazar actuar como intermediario entre ellos.* — coloquial

ruidoso, a
1 Que produce mucho ruido: *es una máquina ruidosa.* — adj./= escandaloso

2 Que da mucho que hablar: *el proceso del famoso deportista ha sido muy ruidoso.* — = aparatoso

ruin
1 Que se comporta con maldad e hipocresía: *intentará traicionarte si puede porque es un ser ruin y malicioso.* — adj. = mezquino, vil

2 Que es débil y poco desarrollado: *el cachorro más ruin de la camada acabó muriéndose.* — = raquítico, humilde

3 Se aplica a la persona que tiene malas costumbres. — = bajo, malvado

4 Se refiere a la acción o al comportamiento que es indigno o despreciable: *por mucho que sea tu amigo, conmigo se ha comportado de forma ruin.* — = infame

5 Que se comporta con avaricia: *no seas ruin y dale alguna moneda al muchacho.* — = avaro, tacaño

6 Se refiere al animal que es poco dócil. — = salvaje

7 Extremo de la cola del gato que, en aglunas partes, les arrancan por creer que así crecen. — *s.m.*

ruina (Del lat. *ruina*.)
1 Acción de caer o destruirse una cosa: *acordonaron la zona para proceder a la ruina de la vieja casa.* — *s.f.= caída, destrucción*
2 Hundimiento o destrucción de cualquier cosa material o inmaterial: *la ruina de su prestigio le llevó a la bebida.* — *= decadencia*
3 Causa de este hundimiento o destrucción: *tu mala cabeza será tu ruina.*
4 Pérdida económica muy grande y estado resultante de tal pérdida: *la ruina de la familia se produjo por la mala administración de los bienes.* — *= bancarrota, quiebra*
5 Restos de una construcción arruinada: *en esa ciudad se conservan ruinas de la época romana.* — *s.f.pl.*

ruindad
1 Calidad de ruin: *todos le desprecian por su ruindad.* — *s.f.= vileza*
2 Acción y palabras propias de una persona ruin o despreciable: *lo que le has hecho ha sido una ruindad.* — *= mezquindad, vileza*
3 Actitud o calidad de la persona tacaña: *vive sin ninguna comodidad por ruindad y no por necesidad.* — *= avaricia, racanería*

ruiniforme Se aplica a una roca caliza o de un relieve a los que la erosión ha dado un aspecto de ruina. — *adj. GEOLOGÍA*

ruinoso, a
1 Que amenaza ruina o se empieza a derrumbar: *el edificio está tan ruinoso que resulta peligroso.* — *adj.*
2 Que destruye o arruina: *no participaré en ese negocio ruinoso.*
3 Que es débil y está poco desarrollado: *siempre ha tenido un cuerpo ruinoso y endeble.* — *= ruin, raquítico ≠ corpulento*

ruiponce Rapónchigo, planta campanulácea con flores azules de corola en forma de campana. — *s.m. BOTÁNICA*

ruipóntico Planta poligonácea vivaz, de hojas grandes acorazonadas en la base, flores blancas en panoja, cuya raíz se usa en medicina como purgante *(Rheum rhaponticum.)* — *s.m. BOTÁNICA tb: rapóntico*

ruiseñor (Del occitano *rossinhol* < lat. vulgar **lusciniolus* < lat. *luscinius*.) Ave paseriforme de plumaje pardo intenso en el dorso y blancuzco en el vientre, cola de color castaño, con un canto muy rico y variado en los machos. *(Luscinia megarhynchos.)* — *s.m. ZOOLOGÍA*

rular (Del fr. *rouler* < lat. *rotulare*.) Rodar [en todas sus acepciones]. — *v.tr/intr.*

rulé (Voz gitana.) Trasero o culo. — *s.m./coloquial*

rulemán Pieza que funciona como cojinete o rodamiento. — *s.m. Argent., Urug.*

rulenco, a Se aplica a la persona o animal enclenque y raquítico. — *adj. Chile*

rulero Rulo, cilindro para rizar el cabello. — *s.m./Amér. Merid.*

ruleta (Del fr. *roulette*.)
1 Juego de azar en el que se usa una rueda dividida en treinta y seis casillas numeradas y pintadas unas de rojo y otras de negro, sobre la que se lanza una bolita que, al detenerse, indica la combinación ganadora. — *s.f. JUEGOS*
2 Rueda que se utiliza en este juego. — *JUEGOS*
3 Herramienta de los zapateros, que consiste en una ruedecilla con puntas usada para grabar el cuero.
4 ruleta rusa: Juego suicida que consiste en introducir una bala en el tambor vacío de un revólver, hacerlo girar y comprobar si la cápsula en que se ha detenido está cargada, disparar apuntándose a la sien.

ruletear Conducir un taxi en busca de pasajeros sin parada fija. — *v.intr./Méx., Amér. Central*

ruletero, a Taxista, persona que conduce un taxi y que no tiene parada fija. — *s./Méx., Amér. Central*

rulo
1 Bola gruesa u otra cosa redonda que rueda con facilidad: *el equilibrista hizo sus piruetas sobre una pila de rulos.* — *s.m.*
2 Pequeño cilindro hueco y perforado al que se enrolla el pelo para rizarlo: *me puse unos rulos gruesos para que el cabello quedara poco rizado.* — *= rizador*
3 Cilindro para apisonar el suelo o estirar una masa. — *= rodillo*
4 Bucle de pelo: *tiene unos rulos rubios muy bonitos.* — *= rizo*
5 Piedra giratoria en forma de cono truncado, en los molinos de aceite o de yeso.
6 Tierra de secano o sin riego. — *Chile*

ruma Montón de cosas. — *s.f./Amér. Merid.*

rumano, a
1 De Rumania, país europeo. — *adj.*
2 Persona natural de dicho país europeo. — *s.*
3 Lengua románica, de la familia indoeuropea, hablada en este país. — *s.m./LINGÜÍSTICA*

rumazón Arrumazón, conjunto de nubes. — *s.f./NÁUTICA*

rumba
1 Baile popular de origen cubano: *la rumba se baila con movimientos de las caderas.* — *s.f.*
2 Música que acompaña este baile, de compás binario en la que se utilizan instrumentos de percusión. — *MÚSICA*

rumbada Arrumbada, corredor que tenían las galeras de proa a popa. — *s.f. NÁUTICA*

rumbático, a Que es ostentoso y pomposo. — *adj./= rumboso*

rumbear
1 Bailar la rumba: *estuvieron rumbeando toda la noche.* — *v.intr.*
2 Orientarse en un lugar. — *Amér.*
3 Tomar un rumbo determinado. — *Amér.*
4 Hacer remiendos. — *Nicar.*

rumbero, a
1 De la rumba: *su nueva canción tiene ritmo rumbero.* — *adj.*
2 Que es aficionado a bailar la rumba o es entendido en ella: *desde niña ha sido muy rumbera.* — *adj/s.*

rumbo (Del lat. *rhombus* < gr. *rhombos*, rombo.)
1 Dirección trazada o considerada en el plano del horizonte, en especial cualquiera de las direcciones comprendidas en la rosa náutica: *el timonel puso rumbo a las islas; creo que llevas un rumbo equivocado para llegar a la ciudad.* — *s.m. = camino, ruta*
2 Camino o conducta que sigue una persona: *cambió el rumbo de su vida al iniciar una nueva carrera.* — *= marcha*
3 Orientación que toma un asunto: *las negociaciones han tomado un rumbo positivo.* — *= cariz, sesgo*
4 Generosidad o desprendimiento: *siempre ha actuado con nosotros con mucho rumbo.* — *= dadivosidad, liberalidad*
5 Pompa u ostentación de lujo y riqueza: *me sorprendió el rumbo de su casa, llena de tapices y detalles.* — *= aparato, boato*
6 Cualquier agujero que se hace en el casco de la nave. — *NÁUTICA*
7 Pedazo de tabla que se echa en el costado en la cubierta de la nave cuando esa parte no puede recibir estopa. — *NÁUTICA*
8 Figura en forma de rombo con un agujero redondo en el centro. — *HERÁLDICA = rustro*
9 Ángulo horizontal que forma una visual con una dirección de referencia.
10 abatir el rumbo: Hacer declinar la dirección hacia sotavento. — *NÁUTICA*
11 corregir el rumbo: Reducir a la dirección verdadera la que se ha tomado por la indicación de la aguja sumándole o restándole la variación. — *NÁUTICA*
12 hacer rumbo: Ponerse a navegar con dirección a un punto determinado. — *NÁUTICA*

rumbón Que se comporta con generosidad. — *adj./= rumboso*

rumboso, a
1 Que es generoso o espléndido: *tiene un padrino muy rumboso.* — *adj./coloquial = rumbón*
2 Que es ostentoso y pomposo. — *= rumbático*

rumí Apelativo que utilizaban los musulmanes para referirse a los cristianos. — *s.m. HISTORIA*

rumia Acción y resultado de rumiar. — *s.f.*

rumiador, a Que rumia: *la vaca es un animal rumiador.* — *adj/s.*

rumiajo
1 Persona pequeña y ruin. — *s.m./coloquial*
2 Corazón que queda en las peras y manzanas después de haberlas comido. — *coloquial*

rumiante
1 Que rumia. — *adj.*
2 Perteneciente a un suborden de mamíferos ungulados artiodáctilos, herbívoros, con las patas hendidas, que rumian los alimentos y tienen el estómago dividido en cuatro cavidades, como la vaca, el camello y el ciervo. — *adj/s.m. ZOOLOGÍA*

rumiar (Del lat. *rumigare*.)
1 Volver a masticar los animales rumiantes los alimentos devueltos a la boca desde la panza. — *v.tr. ZOOLOGÍA*
2 Pensar en una cosa con detenimiento: *durante el curso rumiaba la manera de compaginar sus estudios con el trabajo.* — *coloquial = cavilar, meditar*
3 Decir una persona palabras en voz baja y con tono malhumorado como protesta por lo que le ocurre o por lo que le ordenan: *cree que no le oigo cuando rumia insultos contra mí.* — *coloquial = gruñir, refunfuñar, rezongar*

rumlón, a Que rumia o piensa mucho las cosas: *es tan rumión que a veces tarda semanas en decidirse.* — *adj./coloquial = meditador*

rumo Primero de los cuatro aros con que se aprietan las cabezas de los toneles o cubas. — *s.m. = cello*

rumor (Del lat. *rumor*.)
1 Noticia o comentario no confirmado que circula entre la gente: *corre el rumor de que van a despedirle; he oído rumores sobre su relación.* — *s.m. = chisme*
2 Ruido confuso de voces: *se oye el rumor de la gente en la fiesta.* — *= murmullo, runrún*
3 Ruido débil y continuado: *se adormiló en la arena con el rumor de las olas.* — *= runrún*

rumorear Transmitir un rumor entre la gente: *algunos en la oficina rumoreaban que la empresa iba a cerrar; se murmura el divorcio del alcalde.* — *v.tr/prnl. = chismear*

rumoroso, a Que produce rumor: *el viento rumoroso mecía las hojas de los árboles.* — *adj.*

rumy Cierto juego de cartas. — *s.m./JUEGOS*

runa
I (Del nórdico *run*.) Cada uno de los caracteres que empleaban en la escritura los antiguos escandinavos. — *s.f. LINGÜÍSTICA*
II (De origen incierto.) Papa o patata pequeña de cocción lenta. — *s.f./Argent., Bol.*

runcho Marsupial didélfido parecido a la zarigüeya común. *(Didelphis.)* — *s.m./Colomb. ZOOLOGÍA*

rundún
1 Pájaro mosca. — *s.m./Argent.*
2 Juguete parecido a la bramadera. — *Argent.*

runfla (Del cat. *runfla*.)
1 Cierto juego de naipes. — s.f./JUEGOS
2 Triunfo en este juego. — JUEGOS
3 Serie o acumulación de cosas o personas.

rungues Troncos sin hojas. — s.m.pl./*Chile*

rúnico, a De las runas o caracteres que empleaban — adj.
en la escritura los antiguos escandinavos: *caracteres* — LINGÜÍSTICA
rúnicos; poesía rúnica. — = runo

runrún (Voz onomatopéyica.)
1 Zumbido, ruido o sonido de voces u otras cosas, — s.m.
confuso e insistente: *se oye el runrún de un motor; los*
alumnos seguían con su runrún a pesar de las adverten-
cias del profesor.
2 Bramadera, juguete que se hace girar para producir — *Argent., Chile,*
un zumbido. — *Perú*
3 Ave de plumaje negro, con remeras blancas, que — *Chile*
vive a orillas de los ríos y se alimenta de insectos. — ZOOLOGÍA

runrunear
1 Hablar susurrando o en voz baja: *no sé qué está run-* — v.intr/prnl.
runeando en su cuarto. — = susurrar
2 Empezar a difundir una persona un rumor: *se run-* — = rumorear
runea el matrimonio del príncipe.

runruneo
1 Susurro o murmullo: *no me gustan esos runruneos en-* — s.m.
tre vosotros cuando hay más gente delante. — = rumor
2 Ruido confuso e insistente: *con el runruneo del tren,* — = runrún
se durmió.

ruñar Hacer una ranura interior en la boca de un to- — v.tr.
nel para que ajusten las tablas de la tapa.

rupestre (Del lat. *rupestris*.)
1 De las rocas: *planta rupestre.* — adj.
2 Se aplica a la pintura, grabado o relieve que ha sido — HISTORIA
hecho en una roca o caverna: *pintura rupestre.*

rupia
I (De origen incierto.)
1 Unidad monetaria de diversos países asiáticos. — s.f./ECONOMÍA
2 Peseta, unidad monetaria: *no me queda ni una rupia* — coloquial
en el bolsillo.
II (Del ingl. *rupia* < gr. *rhypos*, suciedad.) Enfermedad — s.f.
de la piel causada por la sífilis terciaria caracterizada — MEDICINA
por ampollas, costras y úlceras.

rupicabra Gamuza, mamífero artiodáctilo que habita — s.f.
en las rocas escarpadas de las grandes cadenas mon- — ZOOLOGÍA
tañosas europeas. — tb: rupicapra

ruptor
1 Dispositivo electromagnético o mecánico que abre — s.m.
y cierra de forma sucesiva un circuito eléctrico. — ELECTRICIDAD
2 Dispositivo que produce la chispa en la bujía de un — MECÁNICA
motor de explosión.

ruptura
1 Acción y resultado de romper o romperse una cosa: — s.f.
la ruptura del fémur es grave.
2 Interrupción de la amistad o relación entre perso- — = desavenencia
nas, organismos o países: *la ruptura matrimonial fue el* — ≠ concordia
último paso de su relación.

ruqueta
1 Oruga, planta crucífera con flores blancas y fruto — s.f.
en vainilla cilíndrica. — BOTÁNICA
2 Jaramago, planta crucífera con flores amarillas en — BOTÁNICA
espigas terminales muy largas.

rural (Del lat. *ruralis*.)
1 Del campo: *la vida rural suele ser más tranquila que la* — adj.
de las ciudades. — ≠ urbano
2 Que está apegado a las cosas propias del campo. — = rústico

ruralismo
1 Calidad de rural: *sus costumbres demuestran su rura-* — s.m.
lismo.
2 Palabra o expresión propias de las personas que
viven en el campo.

rus Zumaque, arbusto anacardiáceo que se usa como — s.m.
curtiente. — BOTÁNICA

rusco Brusco, planta liliácea con flores verdosas y ba- — s.m.
yas pequeñas. — BOTÁNICA

rusel Tela de lana asargada. — s.m./TEXTIL

rusentar Poner una cosa roja o candente con la ac- — v.tr.
ción del fuego.

rusiente (Del cat. *rosent* < lat. *rubens, -entis*.) Que se — adj.
pone rojo o candente con el fuego: *el hierro es un ma-*
terial rusiente.

rusificar
1 Comunicar el carácter o las costumbres rusas a una — v.tr.
cosa. — conj: *sacar*
2 Adquirir o seguir una persona las costumbres rusas. — v.prnl.

ruso, a
1 De Rusia, estado europeo. — adj.
2 Persona natural de dicho estado. — s.
3 De la antigua Unión Soviética. — adj/s./coloquial
4 Lengua eslava de la familia indoeuropea que se ha- — s.m.
bla en Rusia y en múltiples comunidades de las repú- — LINGÜÍSTICA
blicas de la antigua Unión Soviética.
5 Gabán de paño grueso.

rusófilo, a Que simpatiza con Rusia o con lo ruso. — adj/s.

rusticación Acción y resultado de salir al campo o — s.f.
vivir en él.

rustical Rural [en todas sus acepciones]. — adj.

rústicamente
1 Con tosquedad: *la madera está rústicamente pulida.* — adv./= toscamente
2 De manera rústica: *la sala está decorada rústicamente.*

rusticano, a Se aplica a la planta que nace sin haber — adj./BOTÁNICA
sido cultivada: *rábano rusticano.* — = silvestre

rusticar
1 Salir una persona al campo: *se ha ido unos días a* — v.intr.
rusticar por motivos de salud. — conj: *sacar*
2 Vivir una persona en el campo.

rusticidad Carácter de lo rústico o tosco: *la rusticidad* — s.f.
de los muebles da un aspecto muy acogedor a la casa. — = rustiqueza

rústico, a (Del lat. *rusticus*.)
1 Del campo: *vive en una pequeña localidad rústica.* — adj./tb: rustical
2 Que se comporta con grosería e ignorancia: *tiene* — = rudo,
unos modales un tanto rústicos. — tosco
3 Que está hecho a imitación de cosas propias del — = rural
campo: *decoración rústica.*
4 Persona del campo. — s./= aldeano
5 Se aplica a cierta forma de labrar los sillares o pie- — adj.
dras de cantería. — CONSTRUCCIÓN
6 Se refiere a las obras con armazón formada por — CONSTRUCCIÓN
troncos y ramas sin descortezar.
7 **a la o en rústica:** Se aplica a las encuadernaciones — loc.adj/adv.
de libros, a la ligera y con cubierta de papel. — ARTES GRÁFICAS

rustiquez Rusticidad, calidad de rústico o tosco. — s.f.

rustro Especie de rombo o losange con un agujero en — s.m./HERÁLDICA
el centro de un escudo de armas. — = rumbo

ruta (Del fr. *route*.)
1 Camino establecido o previsto para una expedición — s.f
o un viaje: *he planeado otra ruta por si encontramos al-* — = itinerario
gún problema en la principal.
2 Camino o carretera por donde se pasa para ir de un sitio a otro: *la ruta está cortada a causa de las fuertes lluvias.*
3 Conducta que se sigue para alcanzar un propósito: — = trayectoria
nada conseguiré apartarle de la ruta que se ha propuesto.

rutabaga Especie de col con raíz muy gruesa, cultiva- — s.f.
da para el alimento del ganado. (*Brassica campestris*.) — BOTÁNICA

rutáceo, a Perteneciente a una familia de plantas di- — adj/s.f.
cotiledóneas dialipétalas, de hojas alternas u opues- — BOTÁNICA
tas, flores amarillas o blancas y fruto en drupa o en
baya, como el limonero y el naranjo.

rutenio (Del bajo lat. *Ruthenia*, Rusia.) Metal seme- — s.m.
jante al osmio del que se distingue por tener óxidos — QUÍMICA
de color rojo.

ruteno, a
1 De un pueblo ucraniano. — adj.
2 Persona natural de dicho pueblo. — s.
3 Se aplica a las iglesias de liturgia ortodoxa que — adj.
aceptaron la autoridad papal. — RELIGIÓN
4 Dialecto ucraniano de Galitzia y Bucovina. — s.m./LINGÜÍSTICA

rutero, a Persona que reparte mensajes o paquetes — s.
en la ciudad, utilizando la moto como medio de loco- — = mensajero
moción.

rutherford (De Ernest *Rutherford*, físico británico.) — s.m.
Unidad de radiactividad equivalente a la de una sus- — FÍSICA
tancia en la que se producen un millón de desinte-
graciones cada segundo.

rutido Ruido lejano de agua. — s.m./*Méx.*

rutilación Acción y resultado de rutilar. — s.f./literario

rutilante (Del lat. *rutilans, -tis*.) Que brilla o resplandece. — adj.
literario

rutilar (Del lat. *rutilare*.) Despedir una cosa mucho — v.intr.
brillo o rayos de luz como el oro. — literario

rutilo Mineral de óxido de titanio. — s.m./MINERALOGÍA

rútilo, a (Del lat. *rutilus*.) De color rubio intenso o — adj.
muy brillante. — literario

rutina (Del fr. *routine*.)
1 Modo de hacer las cosas por costumbre y sin pen- — s.f.
sarlas: *se pasa el día viendo la televisión por pura rutina;* — = hábito
aprovecha las vacaciones para huir de la rutina diaria.
2 Secuencia de instrucciones que permite controlar el — INFORMÁTICA
desarrollo de una función u operación necesarias — = programa
para resolver un problema determinado.

rutinario, a
1 Que se hace por rutina: *después del paseo rutinario,* — adj.
prepararé la cena. — = habitual
2 Que actúa por mera rutina: *es un hombre de costum-* — adj/s.
bres rutinarias. — tb: rutinero
3 Que resulta aburrido por repetitivo. — = monótono

rútulo, a
1 De un antiguo pueblo lacio que fue absorbido por — adj.
los romanos. — HISTORIA
2 Persona natural de este pueblo. — s./HISTORIA

ruz Valle excavado en el flanco de un anticlinal, en el — s.m./pl: ruces
relieve típico del jurásico. — GEOLOGÍA

S

s Vigésima letra del abecedario español y decimosexta de sus consonantes. *s.f.*

s.a.
I (Siglas de *[S]ociedad [A]nónima*.) Empresa con capital propio dividido en acciones. *s.f. ECONOMÍA*
II (Siglas de la expresión alemana *[S]turm [A]bteilung*.) Formación paramilitar del partido nazi alemán. *s.f. HISTORIA*
III (Siglas de *[S]u [A]lteza*.) Título de dignidad real. *s.m.f.*

sabadellense
1 De Sabadell, población de la provincia de Barcelona. *adj.*
2 Persona natural de dicha población barcelonesa. *s.m.f.*

sábado (Del lat. *sabbatum* < hebreo *sabbath*, descanso semanal de los judíos.)
1 Día de la semana entre el viernes y el domingo. *s.m.*
2 Día santo judío en el que se prescribe la oración y se prohíbe todo trabajo que implique lucro o esfuerzo físico. *= shabbat*
3 **sábado de gloria:** Festividad religiosa, en la religión católica. *RELIGIÓN*
4 **hacer sábado:** Hacer la limpieza extraordinaria y a fondo de la casa. *coloquial*

sabalar Red para pescar sábalos. *s.m./PESCA*

sabalera
1 Rejilla de hierro o bóveda calada de un horno de reverbero, donde se coloca el combustible. *s.f.*
2 Red para pescar sábalos, semejante a la jábega. *PESCA*

sabalero, a Pescador de sábalos. *s./PESCA*

sabaleta Denominación de diversos peces similares al sábalo, pero de menor tamaño. *s.f./Colomb., Bol.*

sábalo (Del celta *sabolos*.) Pez teleósteo marino de color verdoso con una gran mancha negra en la espalda, que remonta los ríos en primavera para desovar. (*Alosa alosa*.) *s.m. ZOOLOGÍA = sabega*

sabana (Del taíno de Haití.) Llanura muy extensa caracterizada por el predominio de las hierbas altas y con árboles y arbustos separados, propia de regiones cálidas con prolongada estación seca. *s.f. GEOGRAFÍA*

sábana (Del lat. *sabana* < gr. *sabanon*, toalla de baño.)
1 Pieza de tela que, junto con otra de la misma clase, cubre la cama y entre las que una persona duerme o se arropa: *puso unas sábanas blancas bordadas.* *s.f.*
2 Sabanilla de altar. *RELIGIÓN*
3 Manto que usaban los hebreos y otros pueblos orientales. *HISTORIA*
4 **sábana bajera:** La que se pone sobre el colchón.

5 **sábana de agua:** Lluvia muy densa.
6 **sábana encimera:** La que cubre el cuerpo.
7 **sábana santa:** Aquella en que envolvieron a Cristo para ponerlo en el sepulcro, según los textos bíblicos. *RELIGIÓN*
8 **pegársele a alguien las sábanas:** Levantarse más tarde de lo que debe o acostumbra: *se le deben haber pegado las sábanas, porque se retrasa mucho.* *coloquial*

sabandija
1 Cualquier reptil o insecto pequeño, en especial los molestos o desagradables. *s.f. coloquial*
2 Persona despreciable: *el muy sabandija les ha arruinado con sus negocios.* *coloquial*

sabanear Recorrer la sabana para vigilar el ganado o reunirlo. *v.intr./Amér. Central y Merid.*

sabanero, a
1 De la sabana. *adj.*
2 Se aplica a la persona que habita en una sabana. *adj/s.*
3 Pájaro parecido al estornino que vive en las praderas norteamericanas y antillanas, apreciado por su carne. *s.m. ZOOLOGÍA*

sabanilla
1 Tela pequeña, cuadrada o rectangular usada como pañuelo, toalla u otra cosa: *aprovechó lo que le sobró de tela para hacer unas sabanillas.* *s.f.*
2 Tela blanca rectangular usada para cubrir la mesa del altar. *RELIGIÓN = sábana*

sabañón
1 Hinchazón de tono rojizo causada por el frío, que aparece en especial en las manos, los pies y las orejas, y produce ardor y picores: *siempre se cubre la cabeza con gorro para evitar los sabañones.* *s.m. MEDICINA = friera*
2 **comer como un sabañón:** Comer mucho y con apetito: *estos críos comen como sabañones.* *coloquial*

sabatario, a
1 Se aplicaba a los hebreos porque guardaban el sábado de forma religiosa. *adj/s. HISTORIA*
2 Se refería a los judíos conversos de los primeros siglos del cristianismo que continuaban guardando el sábado. *adj. HISTORIA*

sabático, a
1 Del sábado: *el descanso sabático le daba nuevas fuerzas para reiniciar la semana laboral.* *adj.*
2 Se aplica al año de licencia, con sueldo o no, que se concede a los funcionarios y en determinadas profesiones.

sabatina
1 Oficio divino propio del sábado. — *s.f./RELIGIÓN*
2 Lección compuesta de todas las de la semana que solían dar los estudiantes el sábado.
3 Zurra, felpa o rapapolvo. — *Chile*

sabatino, a Del sábado. — *adj.*

sabatismo
1 Acción o práctica de sabatizar. — *s.m./RELIGIÓN*
2 Descanso tomado después de un trabajo prolongado o asiduo: *tras el largo proyecto, necesitaba una temporada de sabatismo.*

sabatizar Interrumpir los judíos cualquier trabajo para guardar el sábado. — *v.intr./conj: cazar RELIGIÓN*

sabbat Reunión nocturna de brujos y brujas que, según la tradición popular, se celebra la noche del sábado bajo la presidencia del diablo. — *s.m. OCULTISMO*

sabedor, a Que sabe o conoce una cosa: *es un gran sabedor de temas económicos.* — *adj. = conocedor*

sabeísmo Religión de los habitantes de la antigua región yemení de Saba, que daban culto a los astros, en especial al Sol y a la Luna. — *s.m. RELIGIÓN*

sabela Gusano anélido y marino que vive en un tubo quitinoso que él mismo segrega del que sólo asoman las branquias dispuestas en espiral. *(Sabella pavonina.)* — *s.f. ZOOLOGÍA*

sabelianismo (De *Sabelio*, heresiarca del siglo III.) Doctrina religiosa propugnada por dicho heresiarca, que reducía la distinción entre las personas de la santísima trinidad. — *s.m. RELIGIÓN*

sabeliano, a (De *Sabelio*, heresiarca del siglo III.)
1 De dicho heresiarca o de su doctrina. — *adj./RELIGIÓN*
2 Que profesa el sabelianismo — *adj/s./RELIGIÓN*

sabélico, a De los sabinos o los samnitas. — *adj.*

sabelotodo Persona que siempre cree saberlo todo: *ya que eres tan sabelotodo, contéstame tú mismo.* — *s.m.f. pl: sabelotodo*

sabeo, a
1 De Saba, antigua región de Arabia, y de su lengua. — *adj./HISTORIA*
2 Persona natural de esta antigua región de Arabia. — *s.f./HISTORIA*
3 Antigua lengua semítica hablada en esta región. — *s.m./LINGÜÍSTICA*

saber (Del lat. *sapere*.)
1 Conocimiento profundo de una o más materias: *tiene un amplio saber histórico.* — *s.m. = sabiduría*
2 Ciencia o arte: *siempre había querido estudiar el saber filosófico.* — *= cultura*
3 Tener una persona conocimiento de una cosa: *no sabía que te habías casado; ya sé la noticia.* — *v.tr. = conocer*
4 Ser una persona docta en una materia: *sabe cuatro idiomas; sabe matemáticas, pero no tiene idea de literatura.*
5 Tener una persona habilidad o conocimientos para hacer una cosa: *sabe cantar ópera; ya sabe conducir.*
6 Ser capaz de hacer una cosa: *sabe encontrar soluciones para todo; no sabe guardar la compostura.*
7 Conocer el camino para ir a un lugar: *tus amigos saben llegar a mi casa.*
8 Tener noticia de una persona o una cosa: *no sé de mis amigos, tengo que llamarles.* — *v.intr.*
9 Tener una cosa determinado sabor: *este pastel sabe a mantequilla; sabe muy bien el café que preparas.*
10 Ser una persona muy sagaz y astuta: *¡no veas cuánto sabe el renacuajo este!*
11 Agradar o desagradar una cosa: *me sabe mal que te hayas molestado con ella.*
12 Tener una cosa apariencia de otra: *este tumulto sabe a revolución.*
13 Tener una cosa proporción o aptitud para lograr un fin.
14 Tener por costumbre, soler. — *Amér. Merid., Guat.*
15 **a saber:** 1. Se usa para introducir la explicación o desarrollo de una cosa que se acaba de nombrar: *las normas son las siguientes, a saber...* 2. Indica duda o incertidumbre ante el modo en que sucederá una cosa: *¡a saber dónde andará a estas horas!; ¡a saber a qué hora llegará!* — *coloquial / coloquial*
16 **no saber alguien de sí:** Estar una persona tan ocupada que le falta tiempo para cuidar de sí misma: *tiene tanto trabajo que no sabe de sí.* — *coloquial*
17 **no saber dónde meterse:** Estar una persona muy asustada o avergonzada por una cosa: *fue tan sonado el escándalo que no sabía dónde meterme.* — *coloquial*
18 **no saber lo que se pesca:** Estar desorientada una persona o ser ignorante en los asuntos que trata: *tu primo es novato, no sabe lo que se pesca.* — *coloquial*
19 **no saber lo que tiene:** 1. Se usa para alabar la bondad o el valor que tiene una persona: *no puedes imaginar lo cariñoso que es, no sabe lo que tiene.* 2. Se usa para ponderar la riqueza de una persona: *ha acumulado tal fortuna que no sabe lo que tiene.* — *coloquial / coloquial*
20 **no saber por dónde se anda:** No tener habilidad o conocimientos para resolver un asunto o desempeñar una actividad: *no puedes aceptar este trabajo si no sabes por dónde andas.* — *coloquial*

21 **no sé cuántos:** Se usa para sustituir un nombre de persona que no se recuerda: *sí, hombre, el chico este no sé cuántos que trabaja contigo.* — *coloquial*
22 **no sé qué:** Se usa para referirse a una cosa que no se acierta a explicar: *tiene un no sé qué muy grave en la espalda.* — *coloquial*
23 **no sé qué te diga:** Indica vacilación al verse una persona en el caso de emitir una opinión: *no sé qué te diga, tal vez sería mejor que lo aceptaras.* — *coloquial*
24 **saber a poco:** No tener suficiente de una cosa que resulta agradable: *las vacaciones le supieron a poco.* — *coloquial*
25 **saber lo que es bueno:** 1. Sufrir los efectos de una situación adversa: *cuando cambien al director sabrás lo que es bueno.* 2. Enfrentarse a la propia responsabilidad: *cuando nazca el niño vas a saber lo que es bueno.* — *coloquial / coloquial*
26 **sabérselas todas:** Tener mucha habilidad para desenvolverse con éxito en las más diversas circunstancias: *cuando su madre no le hace caso, se va con la abuela porque se las sabe todas este mocoso.* — *coloquial*
27 **sabérselo todo:** Se usa para tildar de presumida a una persona que no admite las advertencias de otra: *no acepta ningún consejo, tu primo se lo sabe todo.* — *coloquial*
28 **un no sé qué:** Se usa para aludir a una cosa indefinible: *tiene un no sé qué de inquietante.* — *coloquial*
29 **vete tú o vaya usted a saber:** Expresión que indica que una cosa es difícil de averiguar: *vete tú a saber dónde estará.* — *coloquial*
30 **¡y qué sé yo!:** Se usa para indicar que, además de lo enumerado, hay muchas cosas más: *me contó que si fue, que si vino y qué sé yo cuántas cosas más.* — *coloquial*
CONJ.: IND.: PRES.: *sé, sabes, sabe, sabemos, sabéis, saben.* PRET. INDEF.: *supe, supiste, supo, supimos, supisteis, supieron.* SUBJ.: PRES.: *sepa, sepas, sepa, sepamos, sepáis, sepan.* PRET. IMPERF.: *supiera, -ese, supieras, esas, supiera, -ese, supiéramos, -ésemos, supierais, -eseis, supieran, -esen.* FUTUR. IMPERF.: *supiere, supieres, supiere, supiéremos, supiereis, supieren.* IMP.: *sabe, sepa, sepamos, sabed, sepan.*

sabiamente Con acierto y sabiduría: *optó, muy sabiamente, por retirarse.* — *adv.*

sabichoso, a Que es un entendido o un sabiondo. — *adj./Cuba, P. Rico*

sabicú Planta arbórea papilionácea, de madera dura y flores blancas y amarillas. *(Lysiloma sabicu.)* — *s.m./Cuba BOTÁNICA*

sabidillo, a Que presume de entendido en un asunto sin serlo: *es una niña sabidilla y entrometida; ¡anda, sabidillo, a ver si aciertas ahora!* — *adj/s. despectivo*

sabido, a
1 Se aplica a la persona que presume de sus conocimientos. — *adj. despectivo*
2 Que sabe mucho o es muy listo.
3 Que es habitual o conocido por todos: *como ya es sabido, si no estudias no aprobaréis.*

sabiduría
1 Conjunto de conocimientos que tiene una persona adquiridos a través del estudio o de la experiencia: *escucha bien lo que dice porque es un hombre de gran sabiduría.* — *s.f. = erudición*
2 Conjunto de saberes adquiridos por la humanidad. — *= saber*
3 Cualidad de sabio: *destaca entre los demás por su sabiduría.* — *= inteligencia*
4 Conducta prudente y juiciosa: *resolvió la situación con decisión y gran sabiduría.* — *= prudencia, sensatez*
5 Noticia o conocimiento de una cosa.
6 **sabiduría eterna:** La divinidad. — *RELIGIÓN*
7 **sabiduría popular:** Conjunto de conocimientos aprendidos con la experiencia y transmitidos de forma oral: *los refranes forman parte de la sabiduría popular.*

sabiendas Indica sabiendo una cosa, con conocimiento de causa en la expresión **a sabiendas**: *me pisó a sabiendas.* — *loc.adv.*

sabiente Que sabe. — *adj.*

sabihondez Calidad de sabihondo: *sus demostraciones de sabihondez me ponen nervioso.* — *s.f. pl: sabihondeces*

sabihondo, a Que presume de saber mucho: *si no fueras tan sabihondo, no te darían los cortes que te dan.* — *adj/s./tb: sabiondo = sabelotodo*

sabina (Del lat. *sabina*.)
1 Planta arbustiva de hojas pequeñas y casi cilíndricas, con bayas globulares de color negro o rojizo. *(Juniperus sabina.)* — *s.f. BOTÁNICA*
2 **sabina albar:** Planta arbustiva cupresácea con la corteza clara. *(Juniperus thunifera.)* — *BOTÁNICA*
3 **sabina rastrera:** Especie muy ramosa de hojas pequeñas adheridas a la rama, que despide un olor muy fuerte. *(Juniperus phoenicea.)* — *BOTÁNICA*

sabinar Terreno poblado de sabinas. — *s.m.*

sabino, a
1 Se aplica a la caballería que tiene el pelo mezclado de blanco, negro y castaño. — *adj. = rosillo*
2 De un antiguo pueblo italiano que habitaba entre el Tíber y los Apeninos. — *adj. HISTORIA*

3 Persona originaria de este pueblo. — s./HISTORIA

4 Lengua que hablaba este pueblo. — s.m./LINGÜÍSTICA

sabio, a (Del lat. *sapidus*.)

1 Se aplica a la persona que tiene conocimientos extensos y profundos: *es un hombre sabio tanto en ciencia como en letras.* — adj./s. = erudito, ilustrado

2 Que instruye o contiene sabiduría: *seguiré su sabio consejo; tomó una sabia decisión.* — adj. = sensato

3 Se aplica al animal que tiene muchas habilidades: *tiene un perro sabio y obediente.* — adj.

sabiondo, a Que presume de sabio: *no seas tan sabiondo y reconoce que no tienes ni idea de ese tema.* — adj./s./tb: sabihondo = sabelotodo

sabir Lengua compuesta reducida a algunas reglas de combinación y a un vocabulario con un campo léxico determinado, cuyo uso se limita a las necesidades de los distintos grupos humanos que convergen en una actividad, por lo general comercial o laboral. — s.m. LINGÜÍSTICA

sablazo

1 Movimiento violento hecho con el sable con intención de herir. — s.m.

2 Herida o señal producida por el sable. — = mandoble

3 Acción de obtener dinero una persona de otra pidiéndoselo con habilidad y sin intención de devolvérselo: *cada vez que cobro me pega un sablazo.* — coloquial

sable

I (Del alem. *sabel* < húngaro *szablya*.)

1 Arma blanca semejante a la espada, algo curva y en general de un solo filo. — s.m.

2 Habilidad para obtener dinero de otro o para hacerse invitar por él.

3 Pez plateado brillante, de cuerpo delgado y aplastado. *(Trichiurus lepturus).* — Cuba ZOOLOGÍA

4 Pene, órgano genital masculino. — Ecuad.

5 Arma ligera usada en el deporte de la esgrima. — DEPORTES

II (Del fr. *sable*.) Se aplica al color heráldico representado por el negro o por líneas horizontales y verticales cruzadas. — adj./s.m. HERÁLDICA

sableador, a Que sablea o da sablazos: *tiene dos hijos que son auténticos sableadores y siempre le sacan dinero.* — s./coloquial sablista

sablear Sacar dinero a una persona con habilidad y sin intención de devolvérselo: *siempre sablea a sus amigos.* — v.tr. coloquial

sablero, a Se aplica a la persona que saca dinero con maña, sablista. — adj./s./Chile coloquial

sablista Que sablea o da sablazos: *otra vez está aquí el sablista de tu amigo para pedir dinero.* — adj./s.m.f./coloquial = sableador

sablón Arena gruesa. — s.m.

saboga (Del cat. *savoga*.) Pez teleósteo marino muy parecido al sábalo, del que se diferencia por la morfología del arco branquial. *(Alosa fallax).* — s.f. ZOOLOGÍA

sabogal Se aplica a la red usada para pescar sabogas. — adj./s.m./PESCA

sabonera (Del cat. *savonera*.) Sayón, planta de mata ramosa, con hojas lanceoladas y flores en espiga. — s.f. BOTÁNICA

saboneta (Del fr. *montre à savonnette*.) Reloj de bolsillo cuya esfera está cubierta con una tapa que se levanta mediante un resorte. — s.f.

sabor (Del lat. *sapor*.)

1 Cualidad de una sustancia que se percibe por el sentido del gusto: *el agua no tiene sabor ni olor.* — s.m. = sapidez

2 Sensación producida en el sentido del gusto por los cuerpos que tienen esta propiedad: *el vino tiene sabor a rancio; tiene un sabor exquisito ese guiso; el caramelo tiene sabor a menta.* — = gusto

3 Impresión que deja en el ánimo una cosa: *su llamada me dejó un sabor amargo.* — = sensación

4 Semejanza que tiene una cosa con un estilo determinado: *un poema de sabor clásico.* — = corte

5 Conjunto formado por los coscojos y la salivera, que se pone en el freno junto al bocado y sirve para refrescar la boca del caballo.

6 **dejar algo buen o mal sabor de boca:** Dejar una buena o mala impresión en el ánimo: *me gustó la película porque, a pesar de ser dura, el final deja buen sabor de boca.* — coloquial

saboreador, a

1 Que da sabor. — adj.

2 Que saborea: *tiene un paladar saboreador y refinado para los vinos.*

saboreamiento Acción y resultado de saborear o saborearse. — s.m. = saboreo

saborear

1 Apreciar el sabor de una cosa con detenimiento y deleite: *le gusta saborear el cava; saborea su plato favorito.* — v.tr/prnl. = catar, degustar

2 Dar sabor a una cosa: *las hierbas aromáticas saborean los guisos.* — v.tr.

3 Sentir placer con una cosa: *saboreó el espectáculo hasta el final; se saborea con las desgracias de los demás.* — v.tr/prnl. = deleitar, recrear

4 Comer o beber una cosa despacio y con deleite. — v.prnl.

5 Intentar atraer o convencer a una persona con halagos: *saborea a sus padres para conseguir lo que quiere.* — v.tr./coloquial = enjabonar

saboreo Acción de saborear: *el saboreo del vino requiere tener un delicado paladar.* — s.m. = saboreamiento

saborizante Se aplica a la sustancia que se utiliza para dar sabor a productos alimenticios, en general envasados: *el plato está hecho con saborizantes autorizados.* — adj./s.m.

sabotaje

1 Daño, deterioro o destrucción producido intencionadamente en la maquinaria, productos o instalaciones, que se usa como medio de lucha o presión en conflictos laborales, sociales o políticos: *los actos de sabotaje no impedirán que la obra se termine en los plazos previstos.* — s.m. = atentado

2 Oposición u obstrucción encubierta a una idea o al desarrollo de un proyecto o una actividad: *se notaba que las críticas al proyecto presentado eran un acto de sabotaje.* — = boicot

saboteador, a Que sabotea: *la empresa sancionará a los saboteadores.* — adj./s. = boicoteador

sabotear (Del fr. *saboter*, hacer un trabajo sin cuidado.) Realizar actos de sabotaje contra una empresa, una entidad o una persona: *algunos trabajadores quieren sabotear la empresa si no les pagan los atrasos.* — v.tr. = boicotear

saboyano, a

1 De Saboya, región francesa e italiana. — adj.

2 Persona natural de esta región. — s.

sabroso, a (Del bajo lat. *saporosus*.)

1 Que tiene un sabor agradable o intenso: *prepara unos postres muy sabrosos.* — adj./= apetitoso ≈ insípido

2 Que está un poco salado: *para mi gusto, te ha quedado un pelín sabroso.* — ≠ soso

3 Que es interesante o importante: *le ofrecieron una sabrosa suma de dinero.* — coloquial = sustancioso

sabucal Terreno poblado de sabucos o saúcos. — s.m./tb: sabugal

sabuco (Del lat. *sabucus*.) Saúco, planta arbustiva cuyas flores se usan como diaforético. — s.m. BOTÁNICA

sabueso, a (Del bajo lat. *segusius*.)

1 Se aplica a un tipo de perro de olfato muy fino: *los cazadores salieron al alba con la jauría de sabuesos.* — adj./s.

2 Persona que es hábil para investigar o descubrir cosas: *buscaba datos en la biblioteca como un sabueso.* — s.

3 Policía o detective que investiga hechos delictivos o persigue a los delincuentes: *ha contratado a un sabueso para que investigue las actividades de su socio.* — despectivo = polizonte

sabugal Sabucal, terreno poblado de sabugos o saúcos. — s.m.

sabugo Saúco, planta arbustiva. — s.m./BOTÁNICA

sabúlico, a Se aplica al animal o a la planta que vive en terrenos arenosos. — adj./BOTÁNICA, ZOOLOGÍA

sábulo Arena gruesa y pesada. — s.m.

sabuloso, a Que tiene arena. — adj.

saburra (Del lat. *saburna*.)

1 Secreción mucosa y espesa que se acumula en las paredes del estómago. — MEDICINA

3 Capa blanquecina que cubre la lengua por efecto de dicha secreción. — MEDICINA

saburral

1 De la saburra. — adj./MEDICINA

2 Que tiene saburra: *lengua saburral.* — MEDICINA

saburroso, a Que tiene saburra: *lengua saburrosa.* — adj./MEDICINA

saca

I (Del germ. *saka*, pleito.)

1 Acción y resultado de sacar: *ten cuidado en la saca del cristal, no todo corte.* — s.f. = extracción

2 Exportación o transporte de mercancías de un país a otro. — COMERCIO

3 Operación de sacar los estanqueros de los depósitos los productos que después venden al público. — COMERCIO

4 Copia autorizada de un documento notarial. — DERECHO

5 Parte rica en mineral de una veta. — MINERÍA

6 **estar de saca:** 1. Estar un producto en venta. 2. Estar una mujer en edad de casarse. — COMERCIO coloquial

II (Derivado de *saco*.) Saco grande, fuerte y alargado, en especial el usado por los carteros para colocar y transportar la correspondencia: *vaciaron las cartas del buzón en sacas de color amarillo.* — s.f. = costal

sacabala Antiguo instrumento de los cirujanos, semejante a unas pinzas, usado para extraer las balas del cuerpo humano. — s.f. MEDICINA

sacabalas Instrumento de hierro usado para extraer las balas y los proyectiles de diversas armas de fuego, y también de los cañones rayados. — s.m. pl: sacabalas = sacatrapos

sacabarros Especie de cuchara usada para limpiar agujeros de barrenos. — s.m./pl: sacabarros MINERÍA

sacabocados

1 Instrumento con boca hueca usado para taladrar: *agujereó el cuero con un sacabocados.* — s.m. tb: sacabocado

2 Instrumento usado por los revisores de los transportes públicos con el que perforan los billetes de los pasajeros.
3 Medio eficaz para conseguir lo que se pretende: *las carantoñas que hace a los abuelos son un sacabocados.* = estratagema

sacabotas Tabla con una muesca en la que se encaja el talón de la bota para descalzarse. s.m. pl: sacabotas

sacabrocas Herramienta usada por los zapateros para desclavar las brocas. s.m. pl: sacabrocas

sacabuche (Del fr. *saqueboute*.)
1 Instrumento musical de viento parecido a una trompeta, que se alarga y se acorta para conseguir la diferencia de voces. s.m. MÚSICA
2 Persona que toca este instrumento. s.m.f./MÚSICA
3 Bomba de mano para extraer líquidos en los toneles de la bodega de una embarcación. NÁUTICA

sacaclavos Herramienta para sacar clavos: *te será más fácil si usas el sacaclavos.* s.m./pl: sacaclavos = desclavador

sacacorchos
1 Utensilio para descorchar botellas: *buena parte del corcho quedó dentro de la botella porque el sacacorchos no funcionaba bien.* pl: sacacorchos = descorchador
2 sacar a una persona las cosas con sacacorchos: Tener dificultades para que se muestre explícita en algo. coloquial

sacacuartos
1 Cualquier cosa de mucha apariencia y poco valor: *ese espectáculo es un sacacuartos; el famoso chisme no vale para nada, sólo es un sacacuartos.* s.m. pl: sacacuartos = sacadineros
2 Persona hábil para sacar dinero a los demás con engaño: *el niño este es un sacacuartos, hombre, no le des ni un duro más.* s.m.f. = sacadineros

sacada
1 Territorio separado de un municipio, un país, u otro lugar. s.f.
2 Jugada del tresillo en que el hombre ha hecho más bazas que los contrarios. JUEGOS

sacadilla Batida corta que coge poco terreno. s.f./CAZA

sacador, a
1 Que saca. adj/s.
2 Tablero de la máquina en el que se pone el papel que sale impreso. ARTES GRÁFICAS

sacadura
1 Corte hecho al sesgo en algunas prendas de vestir. s.f.
2 Acción y efecto de sacar. Chile/= saca

sacafaltas Persona que ve defectos en las cosas y en las personas: *mi abuela es una sacafaltas, cuando no le parece mal la corbata, no le gusta cómo llevo el pelo.* s.m.f. pl: sacafaltas coloquial

sacafilásticas Aguja de fogón hecha con alambre grueso doblado en la punta que se usaba para sacar la clavellina o tapón del oído de los cañones. s.f. pl: sacafilásticas

sacaleches Instrumento que se aplica en los pezones, usado para extraer leche de las glándulas mamarias. s.m. pl: sacaleches

sacalíneas Regleta de latón de la altura del tipo que usa el cajista para interponer entre las líneas que compone y para extraerlas del componedor. s.m. pl: sacalíneas ARTES GRÁFICAS

sacamanchas Se aplica a las sustancias que sirven para quitar las manchas en los tejidos: *me han dicho que este sacamanchas va bien incluso en los tejidos delicados.* adj/s.m. pl: sacamanchas = quitamanchas

sacamantas Persona encargada de apremiar y embargar a los contribuyentes morosos. s.m. pl: sacamantas

sacamantecas Criminal que destripa a sus víctimas después de asesinarlas. s.m. pl: sacamantecas

sacamiento Acción de retirar una cosa del sitio donde está. s.m. = saque

sacamolero, a Sacamuelas [en todas sus acepciones]. s.

sacamuelas
1 Forma despectiva de referirse al dentista, o persona que, sin serlo, se dedica a sacar muelas: *el sacamuelas ese me ha hecho un daño tremendo.* s.m.f./pl: sacamuelas coloquial/despectivo tb: sacamolero
2 Persona que habla mucho, en general para embaucar a los demás: *el sacamuelas ese logrará estafarla.* coloquial
3 Vendedor ambulante que convence con palabrería para que le compren la mercancía. = charlatán

sacanabo Barra metálica alargada con un gancho en uno de sus extremos que se usaba para sacar la bomba del mortero. s.m.

sacanete (Del fr. *lansquenet* < alem. *landsknecht*, mercenario.) Juego de envite y azar, en que se juntan hasta seis barajas. s.m. JUEGOS

sacapelotas
1 Utensilio para sacar las balas de un arcabuz. s.m./pl: sacapelotas
2 Persona despreciable. s.m.f./= ruin

sacaperras Negocio o persona que por medio de engaños saca dinero a la gente: *es un sacaperras porque lo que te vende siempre se estropea.* s.m.f. pl: sacaperras coloquial

sacapliegos Mecanismo de imprenta que extrae el pliego recién impreso y lo deposita en la mesa receptora. s.m. pl: sacapliegos ARTES GRÁFICAS

sacapuntas Utensilio o aparato para afilar los lápices: *en el estuche hay lápices de colores, goma de borrar y sacapuntas.* s.m. pl: sacapuntas = afilalápices

sacar (Del germ. *sakan*, pleitear.)
1 Poner una cosa fuera del lugar donde estaba metida u oculta: *sacó la espada de la funda; saca la vajilla del armario.* v.tr. = retirar ≠ meter
2 Obtener o conseguir una cosa: *no sacamos nada de sus fórmulas; nunca ha sacado beneficios de su empresa.* = lograr
3 Obtener el resultado de una cuenta, o resolver un problema: *no consigo sacar esta suma.* = descubrir, solucionar
4 Ganar u obtener una persona un premio o cierto resultado en un sorteo: *sólo ha sacado la pedrea.* = tocar
5 Librar a una persona de la situación en que se encuentra: *mis amigos me sacaron de un apuro; decidieron sacar al niño de la academia.* v.intr./+ de = liberar ≠ meter
6 Agrandar o alargar una cosa: *saca pecho; voy a sacar el bajo del pantalón.* v.tr./= ampliar, estirar
7 Poner una cosa en uso o circulación: *han sacado una nueva moneda de cien pesetas.* = lanzar
8 Separar u obtener una cosa del conjunto o compuesto del que forma parte: *sacamos gas de algunos minerales; el aceite se saca de la aceituna.* v.tr/intr. = extraer
9 Adquirir una entrada, un billete o un pasaje: *sacó dos billetes de avión.* v.tr.
10 Hacer cierta cantidad de trabajo: *ella sola saca casi todo el trabajo de la oficina.* v.tr. = limpiar
11 Hacer salir a una persona o una cosa en una fotografía, en la televisión o en una película: *lo han sacado muy bien en su última película.*
12 Conocer una persona una cosa por tipo de señal o indicio en ella: *saqué la mentira por el tono de voz.* = descubrir
13 Hacer perder el juicio, enajenar: *tu tranquilidad me saca de quicio; le sacó de sí con sus tonterías.* v.intr. + de
14 Hacer que una persona diga o dé una cosa: *consiguieron sacarle el nombre de sus cómplices; no le sacarás ni una peseta.* v.tr. = sonsacar
15 Tener una determinada ventaja sobre una persona: *me saca varios metros en la carrera; ya le saca un buen trozo a su padre en altura.* = aventajar
16 Elegir a una persona por votación o por sorteo: *los votantes le sacaron alcalde.* = seleccionar
17 Mostrar una característica de la personalidad: *aunque es tranquilo, también saca su genio de vez en cuando.*
18 Echar una carta o una ficha en los juegos de azar: *saca el último triunfo que queda.* DEPORTES
19 Lanzar, pasar o golpear por primera vez el balón, la pelota o el disco en cada período de un partido o cada vez que sale fuera del campo: *el delantero sacó con fuerza el balón; saca el jugador nacional.* v.tr/intr. JUEGOS
20 Quitar manchas: *no consigo sacar la mancha ni con lejía.* v.tr. = limpiar
21 Dejar a una persona o una cosa fuera. = excluir
22 Hacer una copia de un escrito.
23 Anotar o escribir citas o notas de un texto: *saca notas de los libros que lee.*
24 Atribuir motes, defectos u otras cosas a una persona o una cosa: *han sacado muchos errores en el texto.*
25 Ganar una persona la cantidad expuesta en un juego o una apuesta. JUEGOS
26 sacar a bailar o a danzar: **1.** Pedir a una persona para bailar: *la sacó a bailar el chico más guapo del curso.* **2.** Citar a una persona o una cosa sin que venga al caso: *sacaron a bailar al director de la empresa.* coloquial
27 sacar adelante a alguien: Criar, mantener y educar a una persona hasta que es adulta o se puede desenvolver en la vida: *no sé cómo consigue sacar adelante a sus seis hijos con su sueldo.* coloquial
28 sacar adelante algo: Hacer que funcione bien un asunto o un negocio o hacer que salga de una crisis: *lograron sacar adelante el negocio con esfuerzo.* coloquial
29 sacar a pasear: Llevar a una persona o un animal fuera de casa para que le dé el aire o se distraiga: *cada mañana saco a pasear a su perro por el parque.* coloquial
30 sacar de sí a alguien: Hacer que una persona se enfade mucho o se indigne: *logra sacar de sí al jefe con tanta impertinencia.* coloquial
31 sacarle a algo: Tener miedo de ello: *le saco a ir sola.* Méx. coloquial
CONJ.: IND.: PRET. INDEF.: saqué, sacaste, sacó, sacamos, sacasteis, sacaron. **SUBJ.: PRES.:** saque, saques, saque, saquemos, saquéis, saquen. **IMP.:** saca, saque, saquemos, sacad, saquen.

sacárido Denominación genérica de los azúcares y sus derivados. s.m. QUÍMICA

sacarífero, a (Del lat. *saccharum*, azúcar + *ferre*, llevar.) Que contiene o produce azúcar. adj.

sacarificación Acción y resultado de sacarificar. s.f./INDUSTRIA

sacarificar (Del lat. *saccharum*, azúcar + *facere*, hacer.) Convertir las sustancias sacarígenas en azúcar por hidratación.
v.tr.
conj: sacar
QUÍMICA

sacarígeno, a (Del lat. *saccharum*, azúcar + gr. *geno*, origen.) Se aplica a las sustancias que se convierten en azúcar mediante la hidratación.
adj.
QUÍMICA

sacarimetría Procedimiento para determinar la proporción de azúcar que contiene un líquido.
s.f.
QUÍMICA

sacarímetro (Del lat. *saccharum*, azúcar + gr. *metron*, medida.) Instrumento para determinar la proporción de azúcar que contiene un líquido.
s.m.
QUÍMICA

sacarina Sustancia blanca y pulverulenta cuyo poder de endulzamiento es muy superior al del azúcar.
s.f.
QUÍMICA

sacarino, a
1 Que contiene azúcar.
2 Que es parecido al azúcar.
adj./= zucarino

sacaroideo, a (Del lat. *saccharum*, azúcar + gr. *eidos*, forma.) Se aplica a la roca que tiene una estructura semejante a la del pan de azúcar.
adj.
GEOLOGÍA

sacarosa Nombre científico del azúcar común.
s.f./QUÍMICA

sacaruro Preparado de azúcar en polvo con alguna sustancia aromatizante.
s.m.

sacasillas Persona que, en un teatro, retira los muebles al final de la escena.
s.m.f.
pl: sacasillas

sacatapón Instrumento consistente en una espiral con mango o con una palanca que sirve para quitar tapones de corcho del recipiente que lo contiene.
s.m.
= sacacorchos

sacatinta Planta arbustiva de la familia de las acantáceas, de cuyas hojas se extrae un tinte azul violeta de diversas aplicaciones.
s.m./Amér.
Central y Merid.
BOTÁNICA

sacatrapos Instrumento de hierro en forma de espiral usado para extraer los tacos, cuerpos blandos y proyectiles de algunas armas de fuego, y también de los cañones rayados.
s.m.
pl: sacatrapos
= sacabalas

sacavueltas Persona que rehúye una obligación, responsabilidad o trabajo.
s.m.f./pl: sacavueltas
Chile/coloquial

sacciforme (Del lat. *saccus*, saco + *forma*.) Que tiene forma de saco.
adj.

sacerdocio
1 Estado y dignidad de sacerdote.
2 Ejercicio y ministerio propio del sacerdote: *ejerce el sacerdocio en una población rural.*
3 Consagración al desempeño de una función determinada, en general respetable por la abnegación que requiere: *el cuidado de ancianos es su sacerdocio.*
s.m./RELIGIÓN
RELIGIÓN

sacerdotal Del sacerdote: *desde niño ha sentido la vocación sacerdotal.*
adj.
RELIGIÓN

sacerdote (Del lat. *sacerdos, -otis*.)
1 Hombre que ha sido ordenado para celebrar la misa, en la Iglesia católica.
2 Persona con autoridad para celebrar o dirigir ritos sagrados.
3 **sacerdote augustal:** Cada uno de los instituidos por Tiberio para rendir culto divino a Augusto.
4 **simple sacerdote:** El que no tiene dignidad o jurisdicción eclesiástica ni cargo pastoral, en la religión católica.
5 **sumo sacerdote:** Suprema jerarquía religiosa del templo de Jerusalén, entre los antiguos hebreos.
s.m.
RELIGIÓN
s.m.f.
RELIGIÓN
HISTORIA
RELIGIÓN
HISTORIA

sacerdotisa Mujer con autoridad para ofrecer sacrificios y ofrendas a uno o varios dioses y cuidar del templo.
s.f.
HISTORIA,
RELIGIÓN

sachadura Labor agrícola de sachar la tierra sembrada.
s.f./AGRICULTURA
= escarda

sachaguasca Planta enredadera de la familia de las bignoniáceas, que tiene propiedades medicinales.
s.f./Argent.
BOTÁNICA

sachar (Del lat. *sarculare*.) Limpiar un terreno sembrado de malas hierbas cavando con la azada.
v.tr./AGRICULTURA
= escardar

saché Envase sellado de plástico flexible o celofán que sirve para contener líquidos.
s.m./Argent.
tb: sachet

sacho (Del lat. *sarculum*.)
1 Herramienta semejante a una azada pequeña, usada para sachar los sembrados.
2 Instrumento consistente en un armazón de madera con una piedra, que se utiliza como ancla.
s.m.
AGRICULTURA
Chile
NÁUTICA

saciable Que puede ser saciado: *es un niño saciable con muy poca cantidad de alimento.*
adj.
≠ insaciable

saciar
1 Dar a una persona comida o bebida hasta que ya no tiene más hambre o más sed: *la leche materna no sacia el hambre del niño; se sació de agua.*
2 Conseguir o realizar el objeto de una aspiración, un deseo o una pasión: *sació su curiosidad leyendo un tratado sobre el tema; su ambición no se sacia con nada.*
v.tr/prnl.
= hartar,
llenar
= colmar,
satisfacer

saciedad
1 Estado de satisfecho o harto: *la saciedad de estómago le hace sentirse pesado y somnoliento.*
s.f.
= hartura

2 **hasta la saciedad:** Hasta no poder más: *repitió su idea hasta la saciedad; comió hasta la saciedad y luego se fue.*
loc.adv.
coloquial

saco (Del lat. *saccus* < gr. *sakkos*.)
1 Recipiente de tela, plástico u otro material, de forma rectangular o redondeada, abierto por un lado, que se usa para guardar o transportar una cosa: *las patatas se venden en sacos de diez quilos.*
2 Lo contenido en un saco.
3 Órgano o parte del cuerpo con forma de bolsa: *saco lagrimal; saco amniótico.*
4 Persona que tiene la cualidad o el defecto que se indica en alto grado: *es un saco de mentiras.*
5 Especie de gabán grande y holgado.
6 Vestido tosco de paño.
7 Vestido corto usado por los antiguos romanos en la guerra.
8 Saque, en el juego de la pelota vasca.
9 Acción de saquear un lugar.
10 Medida inglesa para áridos, algo mayor que un hectolitro.
11 Entrada del mar en tierra, en especial cuando su boca es muy estrecha en relación al fondo.
12 Chaqueta, prenda exterior de vestir.
13 **saco de dormir:** El que está forrado o almohadillado y que se usa para dormir y abrigarse en él.
14 **saco de noche:** Maletín de mano para viajes.
15 **saco terrero:** El que se llena de tierra y se usa como defensa contra los proyectiles.
16 **saco vitelino:** Bolsa llena de vitelo, del que se alimentan los embriones de ciertos animales durante las primeras etapas de su desarrollo.
17 **entrar, meter o poner a saco:** 1. Apoderarse los soldados de un lugar o de lo que hay en él. 2. Realizar una acción con violencia o brusquedad: *metió las cosas a saco en una bolsa; entró a saco en mi habitación.*
18 **ir a saco:** 1. Correr con mucha rapidez: *iba a saco y cuesta abajo.* 2. Realizar una acción de forma irreflexiva.
19 **no echar algo en saco roto:** No olvidarlo, tenerlo en cuenta: *no eches en saco roto los consejos que te dé.*
20 **no ser o parecer saco de paja:** Merecer el aprecio o consideración de los demás por sus cualidades morales o físicas: *creo que el nuevo director no parece saco de paja.*
s.m.
= costal
ANATOMÍA
= pozo
HISTORIA
DEPORTES
= saqueo
NÁUTICA
= ensenada
Amér.
MILITAR
ZOOLOGÍA
MILITAR
= saquear
coloquial
coloquial
coloquial
coloquial
coloquial

sacón, a Se aplica a la persona miedosa y cobarde: *no seas sacón, no te va a morder el perro.*
adj./Méx.
coloquial

sacra (Del lat. *sacra*.) Hoja de papel, colocada sobre una tabla o enmarcada, que contiene alguna parte de la misa católica y se coloca en el altar para que pueda leerla el sacerdote sin necesidad de usar el misal.
s.f.
RELIGIÓN

sacralización Acción y resultado de atribuir carácter sagrado a lo que no lo tenía.
s.f.
RELIGIÓN

sacralizar Dar carácter sagrado a una cosa que no lo tenía: *la Iglesia católica ha sacralizado algunas costumbres populares a lo largo de la historia.*
v.tr.
conj: cazar
RELIGIÓN

sacramentación Acción y resultado de administrar el sacramento de la eucaristía a un enfermo en peligro de muerte.
s.f.
RELIGIÓN

sacramentado, a
1 Se aplica a la persona que ha recibido la extremaunción.
2 Se refiere a Jesucristo, en la eucaristía.
adj./RELIGIÓN
RELIGIÓN

sacramental
1 De los sacramentos: *el obispo ofició la ceremonia sacramental de la confirmación.*
2 Se aplica a los remedios que tiene la Iglesia católica para limpiar y sanar el alma de los pecados veniales y mortales.
3 Que está consagrado por la costumbre o por la ley.
adj.
RELIGIÓN
adj/s.m.pl.
RELIGIÓN
adj.

sacramentalmente Según los sacramentos.
adv.

sacramentar
1 Convertir el pan en el cuerpo de Jesucristo en el sacramento de la eucaristía: *el pan se sacramenta al final de la misa.*
2 Administrar la eucaristía y la extremaunción a un enfermo en peligro de muerte y, a veces, la penitencia.
3 Poner una cosa de modo que no sea vista: *al marchar de vacaciones sacramentó todas sus cosas de valor.*
v.tr/prnl.
RELIGIÓN
v.tr.
RELIGIÓN
coloquial
= esconder, ocultar

sacramentario, a Que profesa una doctrina protestante que niega la presencia real de Jesucristo en el sacramento de la eucaristía.
adj/s.
RELIGIÓN

sacramente Con respecto a lo divino.
adv.

sacramentino, a De la orden religiosa de la adoración perpetua del santísimo sacramento.
adj/s.
RELIGIÓN

sacramento (Del lat. *sacramentum*.)
1 Acto o signo sensible mediante el cual se recibe un efecto espiritual o de gracia divina, en la religión católica: *acudía a la parroquia para prepararse para recibir el sacramento de la comunión.*
s.m.
RELIGIÓN

2 Cristo sacramentado en la hostia. · RELIGIÓN
3 sacramento del altar: El de la eucaristía. · RELIGIÓN
4 últimos sacramentos: Los de la penitencia, eucaristía y extremaunción, que se administran a los enfermos en peligro de muerte. · RELIGIÓN
5 con todos los sacramentos: Con todos los requisitos. · loc.adv. coloquial
6 recibir los sacramentos: Recibir la confesión, comunión y extremaunción una persona que se encuentra en peligro de muerte. · RELIGIÓN

sacre
1 Halcón de dorso pálido y cabeza clara que habita en el este de Europa y Asia Menor. · s.m. ZOOLOGÍA
2 Persona que roba. · = ladrón
3 Antigua pieza de artillería que tiraba balas de cuatro a seis libras. · HISTORIA

sacrificadero Sitio donde se ofrecían los sacrificios religiosos. · s.m. RELIGIÓN

sacrificador, a Que sacrifica: *renunció a su propio bienestar con un gesto sacrificador.* · adj/s.

sacrificar (Del lat. *sacrificare*.)
1 Ofrecer una cosa a la divinidad: *sacrificaron animales como ofrenda a los dioses.* · v.tr/conj: *sacar* RELIGIÓN
2 Matar reses para el consumo: *sacrificaron un cerdo para tener alimento durante el invierno.*
3 Hacer que una persona o una cosa sufra un daño o un perjuicio en beneficio de un fin que se considera más importante: *sacrificó su matrimonio al trabajo; sacrificó su amor a la comodidad.*
4 Renunciar a una cosa o imponerse un sacrificio para beneficiar a una persona: *tendremos que sacrificarnos para superar la situación; se sacrifica por dar estudios a sus hijos.* · v.prnl. + para, por = privarse
5 Resignarse una persona a hacer una cosa desagradable: *si no queda más remedio, me sacrificaré e iré.* · = resignarse
6 Ofrecerse o sacrificarse a la divinidad: *se sacrificó a Dios.* · RELIGIÓN

sacrificio (Del lat. *sacrificium*.)
1 Ofrenda a los dioses: *algunos pueblos ofrecían sacrificios humanos a los dioses.* · s.m. RELIGIÓN
2 Celebración de la misa en que se ofrece el cuerpo de Cristo bajo la forma del pan y del vino. · RELIGIÓN
3 Acto de abnegación o renuncia voluntaria, inspirado por un ideal o afecto: *la sonrisa de un niño paga con creces cualquier sacrificio que se haga por él.* · = esfuerzo privación
4 Acción o tarea desagradable a la que se debe someter una persona: *hacer las tareas de la casa era un sacrificio para él.*
5 Peligro o trabajo duro o difícil a que se somete una persona.
6 Operación quirúrgica muy peligrosa. · coloquial

sacrílegamente Con sacrilegio. · adv.

sacrilegio (Del lat. *sacrilegium*.) Profanación de una cosa, persona o lugar sagrados: *cometió sacrilegio al escupir sobre la imagen religiosa.* · s.m. RELIGIÓN

sacrílego, a (Del lat. *sacrilegus*.)
1 Del sacrilegio: *fue excomulgado por cometer actos sacrílegos.* · adj.
2 Que comete sacrilegio. · adj/s.
3 Que sirve para cometer sacrilegio.

sacrismoche Persona desaliñada y desaseada que vestía de negro como los sacristanes. · s.m/coloquial tb: sacrismocho

sacrista Dignidad eclesiástica encargada de la sacristía. · = sacristán

sacristán (Del bajo lat. *sacristanis*.)
1 Persona encargada de ayudar al sacerdote en el servicio del altar y cuidar de los ornamentos y aseo de la iglesia y sacristía. · s.m. RELIGIÓN
2 Dignidad eclesiástica que se encarga de la custodia y guarda de los vasos, vestiduras y libros sagrados. · = sacrista
3 Faldellín con aros que servía para ahuecar las faldas. · = tontillo
4 sacristán de amén: Persona que sigue de forma ciega el dictamen de otro: *es un sacristán de amén que dirá lo que diga su jefe.* · coloquial
5 sacristán mayor: El que manda a todos los dependientes de la sacristía. · RELIGIÓN
6 ser alguien bravo o gran sacristán: Ser muy sagaz y astuto engañando a los demás en provecho propio. · coloquial

sacristanesco, a Que es propio de sacristán. · adj./despectivo

sacristanía
1 Empleo de sacristán. · s.f./RELIGIÓN
2 Dignidad de sacristán. · RELIGIÓN

sacristía
1 Sala de una iglesia donde se guardan los objetos del culto y se visten los sacerdotes. · s.f. RELIGIÓN
2 Sacristanía, cargo de sacristán. · RELIGIÓN

sacro, a (Del lat. *sacer, sacra, sacrum*.)
1 De la divinidad o de su culto. · adj./= sagrado

2 Se aplica al hueso formado por la extremidad inferior de la columna vertebral, antes del cóccix, que tiene forma de pirámide invertida. · adj/s.m. ANATOMÍA
3 De la región del cuerpo donde está situado este hueso: *nervios sacros.* · adj. ANATOMÍA

sacroilíaco, a Se refiere a la articulación del sacro con los dos huesos ilíacos. · adj. ANATOMÍA

sacrosanto, a Que es sagrado y santo: *el cementerio es un lugar sacrosanto.* · adj. RELIGIÓN

sacudida
1 Movimiento brusco de cualquier cosa: *le dio una sacudida a la alfombra para quitarle el polvo.* · s.f. = sacudimiento
2 Golpe dado a una persona o cosa: *le dio tal sacudida que se quedó sin aliento.*
3 Alteración emocional o cambio brusco: *la muerte de su padre fue una fuerte sacudida para el niño.*
4 Calambre producido por una corriente eléctrica.

sacudido, a
1 Que tiene mal carácter y es indócil e intratable: *tiene pocos amigos porque es muy sacudido.* · adj. = áspero
2 Que es decidido y resuelto: *soluciona los problemas con rapidez porque es un trabajador sacudido.* · = expeditivo

sacudidor, a
1 Que sacude. · adj/s.
2 Instrumento con que se sacude y limpia una cosa: *golpeaba con fuerza el colchón con un sacudidor.* · s.m.

sacudidura Acción de sacudir una cosa, en especial para quitarle el polvo. · s.f.

sacudimiento Acción y resultado de sacudir o sacudirse. · s.m.

sacudón Sacudida rápida y brusca. · s.m.

sacudir (Del lat. *succutere*.)
1 Mover a una persona o una cosa de un lado a otro con brusquedad: *sacudían los olivos para que cayeran las aceitunas; las maletas se sacudían con el traqueteo.* · v.tr/prnl. = menear, zarandear
2 Golpear o agitar una cosa con fuerza para limpiarla o ahuecarla: *sacude las sábanas para ventilarlas.* · v.tr. = atizar
3 Pegar a una persona: *le sacudieron hasta dejarle sin sentido.* · = zurrar
4 Apartar de sí una cosa con brusquedad: *se sacudía los mosquitos con la mano.* · = espantar
5 Alterar o emocionar a una o varias personas: *el discurso sacudió a la muchedumbre.* · = impresionar
6 Deshacerse de una persona o cosa que resulta molesta: *no sé cómo sacudirme a este pesado.* · v.prnl. = librarse

sacudón Sacudida rápida y violenta. · s.m./Amér.

sáculo Parte de la sección del laberinto membranoso del oído que comunica con el vestíbulo del caracol y que contiene los receptores sensibles del sentido del equilibrio. · s.m. ANATOMÍA

sádico, a (De *Sade*, escritor francés.)
1 Del sadismo: *el sexólogo apreció tendencias sádicas en el paciente.* · adj. SIQUIATRÍA
2 Que practica el sadismo. · adj/s./SIQUIATRÍA
3 Que es cruel o perverso: *las escenas sádicas de la película me desagradaron; sólo un sádico pudo cometer el horrible crimen.* · = salvaje

sadismo
1 Práctica sexual que consiste en experimentar placer con el padecimiento de la persona que es objeto del deseo sexual, y que en algunos casos puede ser patológica. · s.m. SICOLOGÍA, SIQUIATRÍA
2 Crueldad refinada que provoca placer a la persona que la ejecuta. · = brutalidad ≠ piedad

sadomasoquismo Inclinación de una persona a gozar provocando padecimiento físico en su pareja y sufriéndola ella misma durante cualquier práctica de tipo sexual, y que en algunos casos puede ser patológica. · s.m. SICOLOGÍA, SIQUIATRÍA

sadomasoquista
1 Que tiene relación con el sadomasoquismo: *prácticas sadomasoquistas.* · adj. SIQUIATRÍA
2 Se aplica a la persona que practica el sadomasoquismo. · adj/s.m.f. SIQUIATRÍA

saduceísmo Doctrina religiosa y política judía, caracterizada por su trato oportunista con los romanos y su forma helenizante de pensar y entender la vida. · s.m. HISTORIA

saduceo, a
1 Del saduceísmo: *la doctrina saducea negaba la inmortalidad del alma.* · adj. HISTORIA
2 Que profesa el saduceísmo: *los saduceos no creen en la resurrección de los cuerpos.* · adj/s. HISTORIA

saeta (Del lat. *sagitta*.)
1 Arma arrojadiza que se dispara mediante un arco y consiste en una varilla larga que lleva en uno de sus extremos una punta de metal y en el otro unas plumas que ayudan a mantener fija la dirección: *la saeta se clavó en el centro de la diana.* · s.f. = flecha
2 Manecilla del reloj. · = saetilla
3 Flecha de la brújula que se vuelve hacia el polo magnético. · = saetilla

4 Punta del sarmiento que queda en la cepa cuando se poda. — AGRICULTURA
5 Canto popular andaluz que se interpreta, por lo general, en las procesiones de semana santa al paso de algunas imágenes. — MÚSICA, RELIGIÓN
6 echar alguien saetas: Mostrar una persona su enfado o resentimiento con palabras, gestos o acciones. — coloquial

saetar Saetear [en todas sus acepciones]. — v.tr.

saetazo
1 Disparo de una saeta o flecha. — s.m./= flechazo
2 Herida producida por una saeta o flecha.

saetear
1 Disparar saetas o flechas contra una persona o una cosa: *los indígenas saetearon a los invasores*. — v.tr. / tb: asaetear
2 Molestar o disgustar a una persona de forma continuada: *siempre me saetea con sus problemas*.

saetera
1 Ventana larga y estrecha de los antiguos castillos, por la que se disparaban saetas o flechas. — s.f. / = saetía
2 Ventanilla estrecha: *la saetera de la escalera deja pasar la luz*.

saetero, a
1 De las saetas. — adj.
2 Persona que peleaba con arco y saeta. — s./HISTORIA
3 Persona que canta saetas. — MÚSICA

saetía
1 Barco de vela latina, con tres palos y una cubierta. — s.f./NÁUTICA
2 Abertura o ventana por la que se disparan saetas. — = saetera

saetilla
1 Manecilla del reloj. — s.f./= saeta
2 Flecha de la brújula que se vuelve hacia el polo magnético. — = saeta
3 Copla que se canta en algunas procesiones de semana santa. — MÚSICA, RELIGIÓN
4 Sagitaria, planta herbácea que vive en terrenos encharcados. — BOTÁNICA

saetín
1 Clavo pequeño, delgado y sin cabeza. — s.m.
2 Canal estrecho que conduce el agua a la rueda hidráulica en los molinos.

saetón Saeta usada para cazar conejos. — s.m./CAZA

safari
1 Excursión de caza mayor realizada en algunas regiones africanas: *participó en un safari por Kenya*. — s.m. CAZA
2 Expedición o excursión por lugares naturales: *expone el material de su último safari fotográfico*.
3 Lugar donde se hacen estas excursiones.
4 Caravana que realiza estas excursiones.

safena (Del ár. *safin*.) Se aplica a cada una de las dos venas principales que van a lo largo de la pierna. — adj. ANATOMÍA

sáfico, a (De *Safo*, poetisa griega.)
1 Se aplica al verso griego o latino que se compone de once sílabas distribuidas en cinco pies. — adj. POESÍA
2 Se refiere a la estrofa que está compuesta de tres versos de este tipo y uno adónico. — POESÍA
3 Se aplica a la composición formada por estrofas de esta clase. — POESÍA
4 Se aplica al verso de la poesía española que consta de once sílabas, cuyo acento métrico recae en la cuarta y octava sílaba. — POESÍA
5 De dicha poetisa griega.
6 Del safismo o lesbianismo.

safio Pez de la familia de los anguílidos, similar al congrio. *(Uranichthys brachycephalus.)* — s.m./*Cuba* ZOOLOGÍA

saga
I (De origen incierto.)
1 Composición de la literatura medieval escandinava en la que se recogen tradiciones históricas o mitológicas. — s.f. LITERATURA
2 Narración extensa o conjunto de narraciones que relata la historia de una familia a lo largo de varias generaciones. — LITERATURA
3 Linaje o dinastía familiar. — = clan
II (Derivado del lat. *sagax, -acis*, que tiene buen olfato.) Mujer adivina que hace encantos o maleficios. — s.f./OCULTISMO / = hechicera

sagacidad
1 Actitud astuta y prudente: *en los negocios la sagacidad es fundamental*. — s.f. / = agudeza
2 Cualidad del perro que es hábil para rastrear la caza. — CAZA/= olfato

sagapeno (Del lat. *sagapenum* < gr. *sagapenon*.) Gomorresina que se usaba en medicina como antiespasmódico. — s.m./BOTÁNICA / = serapino

sagatí Tela semejante a la estameña, con urdimbre blanca y la trama de color. — s.m./TEXTIL pl. tb: sagatíes

sagaz (Del lat. *sagax, -acis*.)
1 Que es astuto y prevé las cosas: *si fueras más sagaz no te tomarían tanto el pelo*. — adj./pl: sagaces / = agudo, perspicaz
2 Se aplica al perro que es hábil para rastrear la caza: *el lebrel es muy sagaz*. — CAZA

sagita (Del lat. *sagitta*, saeta.) Porción de radio comprendida entre el punto medio de un arco de círculo y el de su cuerda. — s.f. GEOMETRÍA

sagitado, a Se aplica al órgano vegetal que tiene forma de saeta o flecha, en especial las hojas. — adj. BOTÁNICA

sagital
1 De figura de saeta. — adj.
2 Que está dispuesto siguiendo el plano de simetría. — GEOMETRÍA
3 Se aplica a la sutura articular que une los dos huesos parietales de la cabeza. — ANATOMÍA

sagitaria Planta alismácea, herbácea, acuática o propia de las zonas pantanosas, con hojas en forma de punta de flecha, fruto seco en cápsula y raíz fibrosa. *(Sagittaria.)* — s.f. BOTÁNICA

sagitario
1 Noveno signo del zodíaco representado por un centauro. — s.m. OCULTISMO
2 Se aplica a la persona nacida entre el 21 de noviembre y el 22 de diciembre. — adj/s.m.f.
3 Saetero, persona que peleaba con arco y saetas. — s.m.f./HISTORIA

ságoma (Del ital. *sagoma* < gr. *sakoma*, peso.) Regla o plantilla con la que se dibujan las piezas de piedra que hay que cortar o labrar. — s.f. CONSTRUCCIÓN

sagrado, a (Del lat. *sacratus*.)
1 De la divinidad o de su culto: *la iglesia es un lugar sagrado; leyó unos versículos del libro sagrado*. — adj. / = santo
2 Que es digno de respeto o veneración: *nuestra amistad es algo sagrado*. — = venerable
3 Carácter de lo que trasciende a lo humano, en la interpretación de los fenómenos religiosos. — s.m./RELIGIÓN / ≠ profano
4 Lugar que podía servir de refugio a los delincuentes y en el que no podían ser apresados.
5 Cualquier recurso o sitio que protege de un peligro.
6 acogerse alguien a o al sagrado: 1. Refugiarse un delincuente en un lugar dedicado al culto divino o santo. 2. Eludir una dificultad o responsabilidad interponiendo la autoridad de una persona respetable.

sagrario
1 Pequeño recinto, en forma de armario, situado encima del altar mayor en el que se guardan las hostias consagradas. — s.m. RELIGIÓN
2 Parte interior del templo en que se guardan las cosas sagradas, como las reliquias. — RELIGIÓN
3 Capilla que sirve de parroquia en algunas catedrales. — RELIGIÓN

sagú (Del malayo *sagu*.)
1 Palmera palmácea tropical cuyo tronco posee una médula rica en fécula y cuyo palmito es comestible. — s.m./pl.tb: sagúes BOTÁNICA
2 Fécula obtenida de la médula de esta planta, usada como alimento de fácil digestión.
3 Féculas obtenidas de los tubérculos farináceos de diversas plantas.

saguaipé
1 Anélido acuático que vive en las aguas dulces y se alimenta de la sangre de los animales a los que se agarra. — s.m./*Argent.* ZOOLOGÍA
2 Gusano parásito que se aloja en el hígado del ganado ovino y del hombre. — *Argent., Par., Urug.*/= duela

ságula Sayo corto. — s.f.

saharaui
1 Del Sahara, desierto del norte de África. — adj./tb: sahariano
2 Del Sahara Occidental, antiguo territorio español, en la actualidad bajo poder marroquí. — adj/s.
3 Persona natural de este territorio. — s.m.f.

sahariana Chaqueta fina, holgada y de color claro, propia de climas cálidos, suele tener bolsillos de parche y cinturón. — s.f.

sahariano, a Saharaui [en todas sus acepciones]. — adj/s.

sahel Relieve formado por colinas litorales arenosas o de areniscas. — s.m. GEOGRAFÍA

saheliano, a Del sahel. — adj./GEOGRAFÍA

sahib Tratamiento dado por los indígenas a los blancos en la India durante la época colonial. — s.m.

sahína Zahína, planta gramínea de origen hindú. — s.f./BOTÁNICA

sahornarse Ponerse irritada una parte del cuerpo por el roce con otra o con la ropa. — v.prnl. / = excoriarse

sahorno Irritación producida en una parte del cuerpo por rozamiento. — s.m. / = escocedura

sahumado, a Se aplica a cualquier cosa que, siendo buena por sí, resulta mejorada con la adición de otra. — adj.

sahumador
1 Recipiente usado para quemar perfumes: *llenó el sahumador con esencia de violetas*. — s.m.
2 Camilla redonda con un enrejado que se usa para enjugar la ropa.

sahumadura Sahumerio [en todas sus acepciones]. — s.f.

sahumar Echar humo aromático sobre una cosa: *sahumó la habitación con eucalipto para refrescar el ambiente*. — v.tr/prnl. conj.: aunar

sahumerio
1 Acción y resultado de sahumar o sahumarse. *s.m./= sahúmo*
2 Humo que produce una sustancia aromática que se echa al fuego: *el sahumerio del romero se huele desde la escalera.*
3 Sustancia aromática que se quema.

saí Caí, mono platirrino pequeño de cabeza negra y pelaje pardo. *s.m./Colomb. ZOOLOGÍA*

saín (Del lat. vulgar *saginum* < lat. *sagina*, engorde de animales.)
1 Grasa de los animales. *s.m.*
2 Aceite que se extrae de la grasa de algunos peces y cetáceos.
3 Suciedad grasienta formada por el roce con el cuerpo en algunas prendas de vestir.

sainar
I (Del lat. *saginare*, engordar.) Engordar a un animal. *v.tr./conj: aislar*
II (Del cat. *sagnar*.) Sangrar una herida. *v.intr./conj: aislar*

sainete
1 Obra teatral divertida, de carácter popular, que se representa en uno o más actos, como función independiente. *LITERATURA, TEATRO*
2 Pieza dramática divertida, de carácter popular, que se representaba en un acto como intermedio de una función o al final de ella. *LITERATURA, TEATRO*
3 Trozo de comida que se da a las aves de cetrería o cobrarlas. *CAZA*
4 Bocadito muy gustoso al paladar.
5 Cosa que realza el mérito de otra, ya agradable por sí misma.
6 Adorno especial en los vestidos u otras cosas.
7 Acontecimiento grotesco o ridículo. *Argent./coloquial*

sainetear Representar sainetes. *v.intr./TEATRO*

sainetero, a Persona que escribe sainetes: *el siglo XVIII dio grandes saineteros.* *s./LITERATURA = sainetista*

sainetesco, a Del sainete. *adj.*

sainetista Sainetero, persona que escribe sainetes. *s.m.f./LITERATURA*

saíno Mamífero artiodáctilo suido que vive en el centro y sur del continente americano, desprovisto de cola, de pelaje corto, de color rojo grisáceo con un collar blanco en el cuello, y con el aspecto de un jabalí pequeño. *(Tayassu tajacu.)* *s.m. ZOOLOGÍA*

saja
I (Derivado de *sajar*.) Corte hecho en la carne con fines curativos. *s.f. MEDICINA*
II (De origen incierto.) Pecíolo del abacá, del cual se extrae el filamento textil. *s.f. BOTÁNICA*

sajado, a Se refiere a la ventosa que se aplica sobre una superficie escarificada o cortada, en el cuerpo humano. *adj. MEDICINA*

sajador, a
1 Persona que tenía por oficio sajar o hacer incisiones en la carne. *s./MEDICINA tb: jasador*
2 Instrumento de cirugía que permite hacer incisiones en alguna parte del cuerpo. *s.m. MEDICINA*

sajadura Incisión o corte hecho en la carne con fines curativos. *s.f. MEDICINA*

sajar (Del fr. ant. *jarser*.) Hacer cortes en la carne como medida curativa, en especial en un grano o tumor para limpiarlo. *v.tr. MEDICINA*

sajelar Limpiar el barro de alfarería de cuerpos extraños: *sajela el barro antes de trabajarlo.* *v.tr.*

sajón, a
1 De un antiguo pueblo germánico que vivía en el norte del continente europeo, parte del cual se estableció en tierras británicas. *adj. HISTORIA*
2 Persona natural de este pueblo. *s./HISTORIA*
3 De la Baja Sajonia, región alemana. *adj.*
4 Persona natural de esta región alemana. *s.*

sajuriana Baile antiguo que se baila en pareja, escobillando y zapateando el suelo. *s.f. Chile, Perú*

sake (Voz japonesa.) Bebida alcohólica de origen japonés que se obtiene con la fermentación del arroz. *s.m. tb: saki*

sal (Del lat. *sal*.)
1 Sustancia blanca, cristalina y de sabor característico, compuesta de cloro y sodio, usada como condimento: *la sopa está sosa, échale más sal.* *s.f. = sal común*
2 Compuesto químico derivado de la reacción de un ácido con una base. *QUÍMICA*
3 Gracia, desenvoltura y viveza en los movimientos, gestos y expresiones: *es un niño divertido y con mucha sal.* *coloquial = agudeza, salero*
4 Ingenio en la conversación o en un escrito que lo hace deleitoso: *este comentario es la sal del artículo.* *≠ sosería*
5 Sustancia salina que suele contener amoniaco y que se da a respirar a una persona que se ha desmayado para reanimarla. *s.f.pl.*
6 Sustancia perfumada, formada por cristales de pequeño tamaño, que se disuelve en el agua del baño: *llenó la bañera de agua y echó sales para relajarse.* *= sales de baño*

7 **sal amoniaca:** La que se compone de ácido clorhídrico y amoniaco. *QUÍMICA*
8 **sal común o de cocina:** La que se usa en la cocina para dar sabor a los alimentos. *COCINA*
9 **sal de acederas:** Oxalato potásico. *QUÍMICA*
10 **sal de la triguera:** Sulfato de magnesia natural. *QUÍMICA*
11 **sal de nitro:** Nitrato de potasio. *QUÍMICA*
12 **sal de perla:** Acetato de cal. *QUÍMICA*
13 **sal de plomo o de Saturno:** Acetato de plomo. *QUÍMICA*
14 **sal de Vichy:** Bicarbonato sódico. *QUÍMICA*
15 **sal diurética:** Diurético cuya acción sobre el riñón produce una fuerte eliminación de cloruros de sodio y de potasio. *FARMACIA*
16 **sal gema:** 1. Mineral que tiene la composición del cloruro sódico. 2. Roca sedimentaria compuesta de este mineral. *MINERALOGÍA GEOLOGÍA*
17 **sal gorda:** 1. La usada en cocina, de grano grueso. *COCINA*
2. Humor basto y con poco ingenio. *coloquial*
18 **sal infernal:** Nitrato de plata. *QUÍMICA*
19 **sal marina:** La que se obtiene de las aguas del mar.
20 **sal prunela:** Mezcla de nitrato de potasa con un poco de sulfato, que se obtiene al echar una cantidad muy pequeña de azufre en polvo en el nitro fundido. *QUÍMICA*
21 **sal y pimienta:** Gracia picante de una persona: *sus intervenciones son la sal y pimienta de la obra teatral.* *coloquial*
22 **deshacerse algo como la sal en el agua:** Desaparecer, reducirse a nada: *en cuanto se vio su mal humor se deshizo como la sal en el agua.* *coloquial*
23 **echar algo en sal:** Guardar una cosa o reservarla cuando se estaba a punto de darla, enseñarla o decirla. *coloquial*
24 **echarle la sal a algo o a alguien:** Comunicarle la mala suerte. *Méx. coloquial*
25 **estar alguien hecho de sal:** Estar gracioso, alegre y de buen humor: *hoy está hecho de sal porque se ríe por cualquier cosa.* *coloquial*
26 **hacerse o volverse sal y agua:** Consumirse, desaparecer o reducirse a nada: *en poco tiempo su fortuna se hizo sal y agua.* *coloquial*
27 **no alcanzar o llegar a alguien la sal al agua:** Carecer de recursos para mantenerse una persona: *desde que está en el paro no le llega la sal al agua.* *coloquial*
28 **poner sal a alguien en la mollera:** Hacer que una persona sea juiciosa a base de escarmientos. *coloquial*
29 **sal quiere el huevo:** 1. Se usa para indicar que un negocio pronto estará en su mejor momento. 2. Se aplica a la persona que va muy ufana y orgullosa y desea que le alaben sus gracias o virtudes. *coloquial coloquial*
30 **ser una persona o cosa la sal de la tierra:** Preservarse de la corrupción o del error. *literario*

sala (Del germ. *sal*, edificio que consta de una gran habitación.)
1 Habitación principal de una vivienda, donde se reciben las visitas: *la sala estaba llena de amigos.* *s.f. = salón*
2 Mobiliario de esta habitación.
3 Habitación grande de un palacio o edificio público destinada a diferentes usos: *sala de prensa; sala de espera; sala de conferencias.*
4 Conjunto de jueces que forman un tribunal de jurisdicción especial: *sala de lo civil; sala de lo contencioso.* *DERECHO*
5 Habitación o local de una audiencia donde actúa un tribunal de justicia. *DERECHO*
6 Conjunto de personas que asisten a la celebración de una audiencia: *el juez pidió silencio a la sala.* *DERECHO*
7 Edificio o local destinado a fines culturales o recreativos: *sala de exposiciones; sala de lectura; sala de juegos.*
8 Conjunto de personas que asisten a un acto cultural o recreativo: *la sala le dedicó una ovación.*
9 **sala capitular:** Gran habitación de los monasterios o catedrales destinada a las reuniones del capítulo o del cabildo. *RELIGIÓN*
10 **sala de batalla:** Local donde se clasifica la correspondencia, en una oficina de correos.
11 **sala de fiestas:** Local público donde se sirven bebidas y en el que se puede bailar o ver un espectáculo.
12 **sala de gobierno:** Órgano gubernativo de los tribunales colegiados, audiencias y tribunal supremo. *DERECHO*
13 **sala de justicia:** Órgano jurisdiccional del tribunal, que conoce y resuelve los procesos de su competencia. *DERECHO*
14 **sala de operaciones:** Quirófano de una clínica u hospital. *MEDICINA*
15 **sala X:** Cine en el que se proyectan películas pornográficas. *CINE*
16 **guardar sala:** Observar el orden ceremonioso y debido en los tribunales de justicia. *DERECHO*
17 **hacer sala:** Juntarse el número de magistrados suficiente, según la ley, para constituir tribunal. *DERECHO*

salabardear Sacar la pesca de las redes con el salabardo. *v.intr. PESCA*

salabardo Instrumento de pesca formado por una manga o saco de red colocado en un aro que se usa para sacar la pesca de las redes grandes. *s.m. PESCA*

salabre Instrumento de pesca formado por una manga de red sujeta a una armadura con mango o provista de cordeles.
s.m.
PESCA

salacidad Inclinación a la lujuria.
s.f.

salacot (Del tagalo *salakot*.) Sombrero con forma de casquete esférico hecho de tiras de caña o palma y usado en los países cálidos: *los exploradores llevaban salacots.*
s.m.
pl: salacots

saladamente Con agudeza y gracia: *respondió saladamente a sus impertinencias.*
adv.
coloquial

saladar
1 Terreno donde ha quedado depositada y seca la sal, en las marismas.
2 Terreno estéril por exceso de sal.
3 Terreno que es rico en alguna sal.
s.m.

= salobral

saladero Lugar donde se salan carnes o pescados.
s.m.

saladilla Planta quenopodiácea arbustiva y ramosa, de hojas pequeñas y ovales, que crece en la península Ibérica. *(Atriplex glauca.)*
s.f.
BOTÁNICA

saladillo, a
1 Se aplica al tocino fresco poco salado.
2 Se refiere a algunos frutos secos y semillas salados.
adj.

salado, a
1 Que tiene demasiada sal: *el guiso está salado; el bacalao es muy salado.*
2 Que tiene gracia e ingenio: *¡qué niño más salado!*
3 Se aplica al terreno que es estéril por contener mucho salitre.
4 Caramillo, planta que crece en terrenos salados.
5 Acción de salar o sazonar con sal: *el salado del bacalao se realiza en el barco.*
6 Que es desgraciado o gafe.
7 Que es caro o costoso.
adj.
≠ insípido, soso
≠ soso

s.m./BOTÁNICA

adj./Amér.
Argent., Chile, Urug.

salador, a
1 Que sala.
2 Saladero, lugar donde se salan las carnes o los pescados.
adj/s.

s.m.

saladura Acción y resultado de salar.
s.f.

salamanca
1 Cueva natural que hay en algunos cerros o montes de pequeña altura.
2 Salamandra de cabeza chata que se encuentra en las cuevas y que los indios consideran espíritu del mal.
s.f./Argent., Chile, Urug.

Argent.
ZOOLOGÍA

salamandra (Del lat. *salamandra* < gr. *salamandra*.)
1 Anfibio urodelo de color negro con manchas amarillas, que vive en zonas húmedas y montañosas de los continentes europeo y asiático y en el noroeste del africano. *(Salamandra salamandra.)*
2 Estufa de leña o carbón, de combustión lenta.
3 Ser fantástico considerado por los cabalistas como espíritu elemental del fuego.
4 **salamandra acuática o de agua:** Tritón, anfibio.
s.f.
ZOOLOGÍA

MITOLOGÍA

ZOOLOGÍA

salamandria Salamanquesa, reptil saurio.
s.f./ZOOLOGÍA

salamandrino, a De la salamandra o parecido a ella.
adj./ZOOLOGÍA

salamanqués, a
1 De Salamanca, ciudad y provincia españolas.
2 Persona natural de esta ciudad o provincia.
adj./= salmantino

s.

salamanquesa
1 Saurio gecónido, de cuerpo pequeño y rugoso y de patas cortas, que se encuentra distribuido por la región mediterránea, habita en las grietas de los edificios y debajo de las piedras. *(Tarentola mauritanica.)*
2 **salamanquesa de agua:** Tritón, anfibio.
s.f.
ZOOLOGÍA

ZOOLOGÍA

salame
1 Se aplica a la persona que es ingenua o corta de entendimiento.
2 Embutido que se vende prensado dentro de un tubo de material sintético y que se come crudo.
adj/s.m.f./Argent., Par., Urug.

s.m./Amér.
tb: salami

salami (Del ital. *salame*.) Embutido hecho con carne vacuna y carne picada de cerdo.
s.m.
COCINA

salamín
1 Variedad de salame que se presenta en forma de chorizo.
2 Que es tonto e ingenuo.
s.m./Argent., Par., Urug.

Argent./coloquial

salamunda (Del lat. *sanamunda*.) Sanamunda, planta.
s.f./BOTÁNICA

salangana Ave apodiforme que construye sus nidos con algas aglomeradas, los cuales son muy apreciados en gastronomía con el nombre de nidos de golondrina. *(Collocalia.)*
s.f.
ZOOLOGÍA

salar
1 Cuenca endorreica en la que a menudo se forma una laguna temporal que, al desecarse, deposita costras salinas.
2 Poner sal en la comida para darle sabor: *sala la verdura cuando hierva.*
3 Poner demasiada sal en la comida: *has salado las patatas y no se pueden comer.*
s.m.
GEOLOGÍA

v.tr.
= sazonar

4 Poner la carne o el pescado con sal para su conservación: *aquí salan los arenques.*
= curar

5 Manchar, deshonrar, hacer que una persona pierda el honor que tenía.
v.tr/prnl./Cuba, Hond., Perú

6 Desgraciar, echar a perder.
Amér.

7 Dar o comunicar mala suerte a una o varias personas.
Argent., Méx., C. Rica

salariado
1 Sistema de pago del trabajo en que la retribución de los obreros se limita al salario.
2 Clase social formada por las personas que realizan un trabajo a cambio de un sueldo o salario.
s.m.
ECONOMÍA

SOCIOLOGÍA
= proletariado

salarial Del salario: *los trabajadores piden un aumento salarial.*
adj./ECONOMÍA

salariar Fijar un salario a una persona: *los socios se reunieron para salariar al abogado.*
v.tr/ECONOMÍA
tb: asalariar

salario (Del lat. *salarium*, suma que se daba a los soldados para que se compraran sal.)
1 Remuneración que recibe una persona por el trabajo o servicio que desempeña: *cobra un salario muy alto.*
2 **salario base:** Sueldo que cobra una persona, sin considerar las primas u otro tipo de gratificaciones.
3 **salario mínimo:** Retribución mínima, por lo general estipulada por la ley, que debe pagarse a todo trabajador.
s.m./ECONOMÍA
= paga, jornal

ECONOMÍA

ECONOMÍA

salaz (Del lat. *salax, -acis*, que está en celo.) Que se comporta con lujuria.
adj./pl: salaces
= lascivo

salazón
1 Acción y resultado de salar carnes o pescados para conservarlos.
2 Conjunto de carnes y pescados salados.
3 Industria y comercio de estos productos.
4 Desgracia, mala suerte o suceso funesto que acontece a una persona.
s.f.
= saladura

INDUSTRIA
Méx., Amér. Central, Cuba

salazonero, a De la salazón.
adj.

salbanda (Del alem. *salband*.) Capa de material más blando, por lo general de arcilla, que separa la roca estéril del filón.
s.f.
MINERÍA

salce Sauce, árbol.
s.m./BOTÁNICA

salcedo Terreno poblado de sauces.
s.m./tb: salceda

salchicha (Del ital. *salciccia* < bajo lat. *salsicia* < *farta salsicia*, embutidos salados.)
1 Embutido estrecho y alargado, hecho de carne picada de cerdo o ternera, sazonada con sal y especias.
2 Se aplica al perro de cuerpo alargado y patas cortas, por lo general con el pelaje corto y de color marrón.
3 **salchicha de frankfurt:** Embutido de carne de cerdo y especias que se come en bocadillo con mostaza o salsa de tomate.
s.f.
COCINA

adj.
coloquial

COCINA
= frankfurt

salchichería Tienda donde se venden embutidos y fiambres.
s.f.
COMERCIO

salchichero, a Persona que elabora o vende embutidos.
s.

salchichón
1 Embutido hecho con carne de cerdo y tocino picados, mezclado con sal, pimienta en grano y otras especias, que se seca al aire o al humo y se consume crudo.
2 Prisma formado por otros de maderas de colores, hueso y plata, ordenados geométricamente y encolados juntos.
s.m.
COCINA

CARPINTERÍA

salcochado, a Que está cocido con agua y sal: *aquí venden legumbres salcochadas.*
adj.
COCINA

salcochar Cocer un alimento sólo con agua y sal: *primero lo salcochas y luego lo congelas.*
v.tr.
COCINA

salcocho
1 Cocción de un alimento en agua y sal para después condimentarlo.
2 Restos de las comidas que se destinan al engorde de los cerdos.
s.m./Amér. Central y Merid.

Cuba

saldar (Del ital. *saldare*.)
1 Liquidar una deuda: *con este ingreso podremos saldar el crédito bancario.*
2 Terminar una discusión o un asunto: *saldaron sus diferencias después de una larga conversación.*
3 Vender una mercancía a bajo precio para acabar con las existencias: *la tienda cierra y por eso saldan los sofás.*
v.tr.
= finiquitar

= acabar, liquidar

COMERCIO
= liquidar, rematar

saldista
1 Persona que compra y vende géneros procedentes de saldos y de quiebras mercantiles.
2 Persona que salda o vende una mercancía a bajo precio.
s.m.f.
COMERCIO

COMERCIO

saldo (Del ital. *saldo*.)
1 Cantidad resultante en una cuenta a favor o en contra de una persona: *tengo un saldo de dos mil pesetas.*
s.m.
ECONOMÍA

2 Pago o terminación de una deuda u obligación. = liquidación

3 Venta de restos de mercancías o productos a bajo precio: *estos productos están de saldo.* COMERCIO = liquidación

4 Conjunto de mercancías o productos que se venden a bajo precio: *en el fondo de la tienda están los saldos.* COMERCIO

5 Resultado final a favor o en contra de una cosa o persona tras considerar distintos aspectos en pro y en contra: *si llegamos a un acuerdo, el saldo de las reuniones será positivo.* = balance

salea Acción y resultado de salearse o pasear en una embarcación pequeña. s.f. NÁUTICA

salearse Pasear una persona por el mar en una embarcación pequeña. v.prnl. NÁUTICA

saledizo, a
1 Que sobresale: *una cornisa salediza nos protegió de la lluvia.* adj.
2 Elemento de construcción que sobresale de una red maestra. s.m./CONSTRUCCIÓN tb: salidizo

salega Piedra en que se da sal a los ganados en el campo. s.f. = salera

salegar
1 Sitio del campo en donde se da sal a los ganados. s.m.
2 Tomar el ganado la sal que se le da. v.intr./conj: pagar

salema (Del ár. *hallama*.) Salpa, pez teleósteo. s.f./ZOOLOGÍA

salep (Del ár. *sahlab*.) Fécula obtenida de los tubérculos de algunas orquídeas. s.m. BOTÁNICA

salera Piedra o recipiente de madera donde se echa la sal para que coma el ganado. s.f. = salega

salero
1 Recipiente para guardar la sal o para servirla en la mesa: *pásame el salero, por favor.* s.m.
2 Gracia y donaire de una persona: *cuenta las cosas con mucho salero.* coloquial = garbo, sal
3 Persona simpática e ingeniosa: *este niño es un salero.* = saleroso
4 Almacén de sal. = salín
5 Sitio en que se da sal a los ganados en el campo. = salega
6 Base sobre la que se arman los saquetes de metralla. MILITAR
7 Zoquete de madera adaptado al ánima del cañón, usado para servir de base y asegurar las granadas esféricas. MILITAR

saleroso, a Que tiene salero o gracia: *cuenta muy bien los chistes porque es muy saleroso.* adj/s./coloquial = salado

salesa (De san Francisco de *Sales*.) Se aplica a la religiosa de una orden fundada por dicho santo. adj/s.f. RELIGIÓN

salesiano, a (De san Francisco de *Sales*.)
1 De las congregaciones patrocinadas por dicho santo y fundadas por san Juan Bosco. adj. RELIGIÓN
2 Se aplica a los miembros de estas congregaciones. adj/s./RELIGIÓN

saleta Habitación anterior a la antecámara del rey o de las personas reales. s.f. HISTORIA

salgadera Orzaga, planta barrillera que crece cerca de las costas. s.f./BOTÁNICA = salgada

salgar (Del lat. vulgar *salicare*.) Dar sal al ganado. v.tr./conj: pagar

salguera Sauce, árbol con tronco grueso y derecho y copa irregular, estrecha y clara. s.f./BOTÁNICA tb: salguero

salic- Componente de palabra procedente del lat. *salix, -icis*, que significa sauce: *salicilina.* pref.

salicáceo, a Perteneciente a una familia de plantas arbóreas cuyas flores carecen de pétalos, como el sauce. adj/s.f. BOTÁNICA tb: salicíneo

salicaria Planta primulácea, propia de lugares húmedos, con tallo ramoso, hojas enteras, flores purpúreas y fruto seco en cápsula. (*Lythrum salicaria.*) s.f. BOTÁNICA

saliciladо, a Del ácido salicílico o de sus sales. adj./QUÍMICA

salicilato Sal o éster derivado del ácido salicílico. s.m./QUÍMICA

salicílico (Derivado del lat. *salix, -icis*, sauce + *hyle*, madera.) Se aplica al ácido que tiene propiedades antisépticas y antiinflamatorias. adj. FARMACIA, QUÍMICA

salicina Glucósido cristalizable, de color blanco y sabor amargo obtenido de la corteza del sauce, usado como tónico en medicina. s.f. QUÍMICA

sálico, a
1 De los salios o francos. adj./HISTORIA
2 Se refiere a la ley que excluye del trono real a las mujeres y sus descendientes.

salicor (Del cat. *salicor < bajo lat. salicorneum*.) Planta vivaz de la familia de las quenopodiáceas, con tallos ramosos, sin hojas y flores pequeñas, verdes y en espigas, propia de los saladares. (*Salicornia europea.*) s.m. BOTÁNICA

salicultura
1 Explotación de las salinas. s.f./INDUSTRIA
2 Industria salinera. INDUSTRIA

salida
1 Acción y resultado de salir o salirse. s.f.

2 Sitio, parte o abertura por donde se sale de un lugar: *el público se dirigió hacia la salida del teatro.* ≠ entrada

3 Manera o medio de salir de una situación difícil o apurada, de replicar a un argumento o de eludir una responsabilidad: *aunque tenga problemas siempre encuentra alguna salida.* = recurso, escapatoria

4 Dicho o acción graciosa, oportuna o sorprendente: *me encantan las salidas que tienes cuando te critican.* = agudeza, ocurrencia

5 Posibilidad que tiene una determinada mercancía de venderse: *los productos naturales tienen mucha salida.* COMERCIO

6 Fin o solución que se da a un negocio, un problema o una situación: *la única salida es pedir un préstamo al banco.* = recurso, remedio

7 Aparición de un astro: *me gusta contemplar la salida del Sol.* = nacimiento ≠ puesta

8 Momento en que se inicia una carrera deportiva: *el disparo señaló la salida.* DEPORTES

9 Lugar o punto en que se sitúan los participantes de una carrera deportiva en el momento de iniciarse: *los corredores ya se encuentran en la salida.* DEPORTES

10 Conjunto de resultados obtenidos por un ordenador. INFORMÁTICA

11 Posibilidades favorables de futuro de una cosa, en especial las que ofrecen unos estudios: *encuentra trabajo con facilidad porque estudió una carrera con muchas salidas.* s.f.pl. = expectativas, horizontes

12 Cantidad de dinero tomada del haber de una cuenta. s.f. ECONOMÍA

13 Viaje hacia un lugar determinado, por lo general en tiempo de ocio: *hicimos una salida al campo.* = excursión

14 Parte que sobresale en alguna cosa. = saliente

15 Movimiento del barco al emprender la marcha. NÁUTICA

16 Velocidad con que navega un barco. NÁUTICA

17 Misión de combate realizada por cualquier aparato militar, en especial cada una de las penetraciones de un avión militar en el espacio aéreo enemigo. MILITAR

18 Dirección que toma un toro cuando el torero remata un lance o pase. TAUROMAQUIA

19 salida de baño: Prenda que se pone sobre el traje de baño.

20 salida de emergencia: Medio para permitir el acceso al exterior de un local, vehículo u otro espacio, en caso de siniestro.

21 salida de pie de banco: Despropósito, incongruencia o disparate. coloquial

22 salida de teatro: Capa o abrigo usado por las mujeres para ponerse encima del traje de noche, por ejemplo al salir de un espectáculo.

23 salida de tono: Dicho o acción disparatada o inoportuna: *te pones en evidencia con tus salidas de tono.* coloquial

24 salida falsa: Falta que comete el participante de una carrera o competición deportiva al adelantarse a la orden de iniciarla: *el nadador sueco hizo una salida falsa.* DEPORTES

25 dar la salida: Hacer una señal convenida que indique a los participantes el comienzo de una carrera o competición deportiva. DEPORTES

salidero, a
1 Que es aficionado a salir de casa: *se pasa el día paseando por la ciudad porque es muy salidero.* adj. = andariego
2 Salida, lugar por donde se sale de un lugar. s.m.

salidizo Elemento de construcción que sobresale de una pared maestra. s.m. CONSTRUCCIÓN

salido, a
1 Que sobresale más de lo normal. adj.
2 Se aplica a la hembra de algunos animales que está en celo: *la perra está salida y por eso se escapa.* ZOOLOGÍA
3 Se refiere a la persona que siente un fuerte deseo sexual. coloquial = cachondo

salidor, a Se aplica a la persona que es muy andariega o callejera. adj./Amér. Central y Merid.

saliente
1 Que sale. adj.
2 Que sobresale de forma material o por su importancia o interés: *te contaré los aspectos más salientes del problema.* = señalado
3 Parte que sobresale de la superficie de una cosa: *los alpinistas descansan en un saliente de la montaña.* s.m. = saledizo
4 Punto del horizonte por donde sale el Sol. = levante, oriente
5 Se aplica al ángulo cuya medida es inferior a 180°. adj./GEOMETRÍA

salífero, a (Del lat. *sal + ferre*, llevar.) Que contiene sal: *las aguas de este mar son muy salíferas.* adj. = salino

salificable Se refiere a la sustancia que puede ser combinada con un ácido o una base y formar una sal. adj. QUÍMICA

salificación Acción y resultado de salificar o convertir una sustancia en sal. s.f. QUÍMICA

salificar (Del lat. *sal + facere*, hacer.) Convertir una sustancia en sal. v.tr./conj: sacar QUÍMICA

salimiento Salida, acción de salir de un lugar. s.m.

salín Almacén de sal. s.m.

salina (Del lat. *salina*.)
1 Mina de sal. s.f./MINERÍA

2 Yacimiento de sal gema. — GEOLOGÍA

3 Establecimiento industrial donde se obtiene sal me- — INDUSTRIA
diante calor artificial a partir de la sal gema o de una
salmuera.

4 Explotación donde se beneficia la sal de las aguas — INDUSTRIA
del mar o de ciertos manantiales, cuando se ha evaporado el agua.

salinero, a
1 De la salina: *explotación salinera.* — adj.
2 Se aplica al toro que tiene el pelo jaspeado de rojo — TAUROMAQUIA
y blanco.
3 Persona que fabrica, extrae, transporta o vende sal. — s.

salinidad
1 Cualidad de salino. — s.f./= salobridad
2 Contenido cuantitativo de sal que lleva disuelta el — QUÍMICA
agua.

salino, a
1 Que contiene sal: *usa una solución salina para limpiar* — adj.
las lentillas. — = salífero
2 Que tiene alguna de las características de la sal.
3 Se refiere a la res vacuna que está manchada con
pintas blancas.

salio, a
I (Del río *Sala*, en la actualidad Yser.)
1 De un antiguo pueblo franco que habitaba en las — adj.
tierras germánicas inferiores, antes de la unificación. — HISTORIA
2 Persona natural de este antiguo pueblo. — s./HISTORIA
II (De origen incierto.)
1 De los sacerdotes de Marte. — adj./HISTORIA
2 Sacerdote de Marte en la Roma antigua. — s./HISTORIA

salipirina Polvo cristalino, formado por salicilato de — s.f.
antipirina, que se usa contra la fiebre y el dolor. — FARMACIA

salir (Del lat. *salire*, saltar.)
1 Pasar de dentro a fuera: *salgo a tomar el aire; sal de* — v.intr/prnl.
la habitación. — ≠ entrar
2 Sacar una cosa del lugar en que se encuentra o en
que está encajada: *el cajón se ha encallado y no sale;*
este clavo se sale solo.
3 Partir de un lugar: *saldremos mañana hacia París; el* — v.intr.
avión sale a las ocho. — = marchar
4 Dejar de pertenecer a una asociación, partido u — v.intr/prnl.
otra entidad o cesar en un cargo o empleo: *el directivo* — + de
ha salido de la empresa; me he salido del club. — = abandonar
5 Nacer o brotar: *empiezan a salir las flores; todavía no* — v.intr.
le salen los dientes. — = emerger
6 Ir a un lugar como diversión o entretenimiento:
sale mucho por la noche; sólo sale con sus amigos.
7 Mantener una relación sentimental con una perso- — + con
na: *salgo con un chico desde hace un año.*
8 Aparecer una cosa, ser encontrada o descubierta: — = encontrar,
ya ha salido el bolígrafo que perdí. — hallar
9 Surgir una cosa o manifestarse: *todavía no le han sa-* — = aparecer
lido los síntomas de la enfermedad.
10 Aparecer en una obra impresa, medio de comunicación o imagen: *no sales en la foto; el vecino salió en te-*
levisión.
11 Publicarse una obra impresa o comercializarse un
producto: *la revista sale a finales de mes; dentro de un*
mes esta película saldrá en vídeo.
12 Tener una cosa su origen, causa o procedencia en — + de
otra: *el queso sale de la leche.* — = proceder
13 Tener una cosa un determinado precio: *¿a cuánto* — = costar
salen las manzanas?; el coche me salió por medio millón.
14 Resultar una cosa o persona de una determinada
manera: *la sandía salió sosa; el niño le ha salido muy*
travieso; la grabación ha salido bien.
15 Desaparecer una mancha al limpiarla: *no consigo* — = quitar
que salga esta mancha de salsa.
16 Vencer una situación difícil o desembarazarse de — + de
ella: *la empresa salió de la crisis; me ayudaron a salir de* — = escapar
mi adicción al juego. — ≠ caer
17 Estar una cosa más alta o más afuera que otra: *ese* — = sobresalir
estante sale más que el otro.
18 Dar una operación o problema aritmético un determinado resultado: *la suma no me sale igual que a ti.*
19 Conseguir hacer una cosa: *por más que practico, no*
me sale.
20 Parecerse una persona a otra: *el niño ha salido a su* — + a
padre. — = semejarse
21 Presentarse una oportunidad u ocasión: *me ha sa-* — = encontrar
lido un nuevo trabajo.
22 Resultar elegido por votación o por el azar: *¿qué*
número de la lotería ha salido?; salió presidente por una-
nimidad.
23 Ir a parar o desembocar en un punto determina- — + a
do: *este callejón sale al parque.* — = dar
24 Decir o hacer una cosa que resulta inapropiada o — + con
sorprendente: *¿con qué saldrá ahora?; no me salgas con* — = venir
que no estás de acuerdo.
25 Ser una persona la primera que juega: *sales tú; sa-* — JUEGOS
lió con el ocho de copas. — = abrir
26 Tocar a una persona una determinada cantidad en — + a
un pago o reparto: *sale a mil pesetas por cabeza.*

27 Defender a una persona o cosa: *todos me criticaban,* — + por
pero ella salió por mí. — = interceder
28 Sobrepasar un límite: *el agua salió de la bañera; este* — v.intr/prnl.
gasto se sale del presupuesto; esta situación ya se sale de — + de
lo normal. — = excederse
29 Trasladarse dentro del lugar donde se está al sitio — v.intr.
adecuado para realizar una actividad: *los actores salie-* — + a
ron a escena; salí al escenario para agradecer el premio.
30 Representar un papel en una película u obra tea- — + de
tral: *sale de criada del protagonista.* — = hacer
31 Realizar una acción de una determinada manera: — + gerundio
el ladrón salió huyendo; salimos corriendo para poder
atrapar al perro.
32 Acordarse de una cosa determinada: *no me sale su* — = recordar
nombre, pero la conozco.
33 Finalizar una estación u otro período de tiempo: — ≠ entrar
hoy sale el otoño y entra el invierno.
34 Adelantarse una embarcación a otra. — NÁUTICA
35 Rebosar un líquido: *no eches más vino en la botella,* — v.prnl.
que está a punto de salirse.
36 Dejar escapar un recipiente el fluido que contiene: — = escaparse
la bombona se sale.
37 Hacer los tantos o las jugadas necesarias para ga- — JUEGOS
nar algunos juegos.
38 a lo que salga o salga lo que salga: Sin tener en — loc.adv.
cuenta el resultado de una cosa: *se va de viaje a lo que*
salga, sin preparar nada.
39 salir adelante: 1. Vencer una dificultad o peligro: — coloquial
aunque la vida me pone problemas, yo salgo adelante. 2. — coloquial
Llegar un propósito a feliz término: *el proyecto salió*
adelante y ahora trabajamos en otro.
40 salir a relucir: Surgir una cosa de forma acciden- — coloquial
tal en una conversación: *hablábamos de literatura y sa-*
lió a relucir tu nombre.
41 salir cara una cosa: Resultar una cosa perjudicial — coloquial
o desfavorable a una persona: *le salió cara la broma,*
ahora tiene que pagar los desperfectos.
42 salir de una persona: Hacer una cosa de forma — coloquial
voluntaria: *si no sale de él, yo no le pediré que lo haga.*
43 salir ganando o perdiendo: Resultar una persona — coloquial
beneficiada o perjudicada en algún asunto: *monto una*
empresa y la que sale perdiendo soy yo.
44 salir pitando: Marcharse con mucha rapidez de — coloquial
un sitio: *salió pitando porque perderé el tren.*
45 salirse con la suya: Hacer una persona lo que — coloquial
quiere contra la opinión o voluntad de otras: *si no se*
sale con la suya se enfada muchísimo.
CONJ.: IND.: PRES.: *salgo*, sales, sale, salimos, salís, salen. FUTUR. IMPERF.: : *saldré, saldrás, saldrá, saldremos,*
saldréis, saldrán. COND.: *saldría, saldrías, saldría, sal-*
dríamos, saldríais, saldrían. SUBJ.: PRES.: *salga, salgas,*
salga, salgamos, salgáis, salgan. IMP.: *sal, salga, salga-*
mos, salid, salgan.

salitral
1 Que tiene salitre. — adj.
2 Sitio donde se cría y halla el salitre. — s.m.

salitre (Del cat. *salnitre* < lat. *sal + nitrum*, salitre.)
1 Nitrato potásico usado para fabricar explosivos. — s.m./QUÍMICA
2 Cualquier sustancia salina que en forma de agujas
o de polvillo aflora en la superficie de terrenos húmedos o salinos.
3 Nitrato de Chile, abono nitrogenado natural extraí- — *Chile*
do del caliche. — QUÍMICA

salitrera
1 Sitio donde hay salitre. — s.f.
2 Yacimiento o lugar donde se realiza la explotación — *Chile*
industrial del salitre. — INDUSTRIA

salitrería Sitio donde se fabrica el salitre. — s.f./INDUSTRIA

salitrero, a
1 Del salitre. — adj.
2 Persona que por oficio trabaja con salitre o lo vende. — s.
3 Del nitrato de Chile. — adj./*Chile*

salitroso, a Que tiene salitre. — adj.

saliva (Del lat. *saliva.*)
1 Líquido alcalino, un poco viscoso, segregado por — s.f.
glándulas situadas en la boca y que sirve para reblan- — FISIOLOGÍA
decer los alimentos y así preparar y facilitar su diges- — = baba
tión.
2 gastar saliva o gastar saliva en balde: Hablar inú- — coloquial
tilmente, por lo general intentando convencer a una
persona: *no gastes más saliva, no pienso cambiar de opi-*
nión.
3 tragar saliva: 1. Soportar en silencio, sin protestar, — coloquial
una palabra, amonestación o acción que ofende o
disgusta: *ante sus broncas sin fundamento, trago saliva y*
luego me voy. 2. Turbarse, no poder ni hablar. — coloquial

sáliva De un conjunto de tribus amerindias, que in- — adj./s.m.f.
cluye los pueblos sáliva, piaroa y macú, de cultura — tb: sáliba
muy primitiva.

salivación
1 Acción de salivar. — s.f./FISIOLOGÍA

2 Tialismo, secreción excesiva de saliva. | FISIOLOGÍA

salivadera Escupidera, recipiente que sirve para echar saliva. | s.f. Amér. Merid.

salivajo Salivazo, saliva que se escupe. | s.m.

salival
1 De la saliva. | adj.
2 Se aplica a las glándulas que segregan la saliva. | ANATOMÍA

salivar Segregar saliva: *el animal empieza a salivar al ver su comida.* | v.intr. FISIOLOGÍA

salivazo Cantidad de saliva que se escupe de una vez: *no seas guarro y deja de soltar salivazos.* | s.m. tb: salivajo

salivera Cuenta que se pone en el freno del caballo para que se refresque la boca. | s.f. EQUITACIÓN

salivoso, a Que segrega mucha saliva. | adj.

salladura Acción de sallar. | s.f.

sallar (Del lat. *sarculare.*)
1 Cavar un terreno con la azada o azadilla para quitar las malas hierbas. | v.tr./AGRICULTURA = escardar
2 Poner muebles o grandes piezas de madera sobre polines o tacos para conservarlos en un almacén.

sallete Herramienta para sallar. | s.m./AGRICULTURA

salma Medida de capacidad de los barcos, equivalente a una tonelada. | s.f. NÁUTICA

salmantino, a
1 De Salamanca, ciudad y provincia españolas de Castilla-León. | adj. = salmanticense
2 Persona natural de esta ciudad o provincia españolas. | s.

salmear Decir o cantar una persona salmos. | v.intr.

salmer
1 Piedra del machón o del muro cortada en plano inclinado, de la que arranca un arco o una bóveda. | s.m. ARQUITECTURA
2 **mover de salmer:** Sentar sobre esta piedra la primera dovela de un arco o la primera hilada de una bóveda. | ARQUITECTURA

salmerón Se refiere al trigo que tiene la espiga larga y gruesa. | adj/s.m. AGRICULTURA

salmista
1 Persona que compone salmos. | s.m.f./RELIGIÓN
2 Persona que canta los salmos y horas canónicas en las catedrales y colegiatas. | RELIGIÓN
3 Denominación del profeta David. | s.m./RELIGIÓN

salmo (Del lat. *psalmus* < gr. *psalmos.*)
1 Composición o cántico de la religión hebrea y cristiana, que contiene alabanzas a Dios: *los fieles cantaban el salmo.* | s.m. LITERATURA, RELIGIÓN
2 Cada una de estas composiciones que se encuentran recogidas en la Biblia. | RELIGIÓN
3 **cantarle los salmos:** Reprender, advertir o amonestar a una persona: *este niño consentido necesita que alguien le cante el salmo.* | coloquial = leerle la cartilla
4 **saber su salmo:** Saber una persona lo que le conviene. | coloquial

salmodia (Del gr. *psalmodia* < *psalmos,* salmo + *aeido,* cantar.)
1 Canto usado en la iglesia para los salmos. | s.f./RELIGIÓN
2 Canto monótono y sin inflexiones de voz. | coloquial
3 Petición molesta y constante: *ya estoy harta de tu salmodia, ¡te he dicho que no!* | coloquial = cantinela

salmodiar
1 Salmear, cantar o rezar salmos o alabanzas a Dios. | v.intr./RELIGIÓN
2 Cantar una cosa con cadencia monótona. | v.tr.

salmón (Del lat. *salmo, -onis.*)
1 Pez salmónido marino, de color gris azulado y cabeza apuntada, que remonta los ríos para desovar y cuya carne rojiza es muy apreciada. *(Salmo salar.)* | s.m. ZOOLOGÍA
2 Color entre rosa y anaranjado, como el de la carne de este pez.
3 De este color. | adj.
4 **salmón zancado:** El que regresa al mar, flaco y débil, tras el desove. | ZOOLOGÍA

salmonado, a
1 Que tiene la carne parecida a la del salmón: *bonito salmonado.* | adj. tb: asalmonado
2 De un color rojizo, parecido al de la carne del salmón.

salmonella (De D. E. *Salmon,* científico.) Género de bacterias con forma de bacilo, productoras de la salmonelosis. | s.f. BIOLOGÍA

salmonelosis Conjunto de afecciones producidas por las bacterias del género salmonella, contraídas por la ingestión de alimentos que contienen estos microorganismos: *una mayonesa en mal estado causó la salmonelosis a los clientes del hotel.* | s.f. pl: salmonelosis MEDICINA tb: salmonellosis

salmonera
1 Red usada para pescar salmones. | s.f./PESCA
2 Rampa construida en las cascadas de los ríos para facilitar la subida de los salmones.

salmonete (Del fr. *surmulet* < lat. *saurus,* jurel + *mulet,* salmonete.) Denominación común de dos especies de peces marinos múlidos, de color rojo y carne muy apreciada. | s.m. ZOOLOGÍA

salmonicultura Cultivo y reproducción industrial de salmones. | s.f. INDUSTRIA

salmónido, a Perteneciente a una familia de peces óseos que poseen dos aletas dorsales y viven en aguas dulces, frías y oxigenadas, como la trucha y el salmón. | adj/s.m. ZOOLOGÍA

salmorejo
1 Salsa preparada con agua, aceite, vinagre, pimienta y sal. | s.m. COCINA
2 Reprimenda o escarmiento: *te mereces un buen salmorejo.* | = regañina

salmuera (Del lat. *sal* + *muria.*)
1 Líquido con alto contenido de sal, en que se conservan carnes, pescados y otros alimentos: *aceitunas en salmuera.* | s.f.
2 Líquido acuoso que sueltan las cosas saladas.
3 Agua salada concentrada que se evapora para extraer la sal. | = aguasal

salmuerarse Ponerse el ganado enfermo por comer mucha sal. | v.prnl. VETERINARIA

salobral
1 Se aplica a las cosas que tienen sabor de sal. | adj.
2 Terreno que contiene mucha sal. | s.m.

salobre
1 Que tiene sabor de sal. | adj.
2 Que contiene sal. | = salado
3 Se aplica a las aguas que tienen una determinada salinidad, por lo general menor que la del mar.
4 Se refiere a la flora y fauna que vive en estas aguas. | BIOLOGÍA

salobreño, a Se aplica a la tierra que contiene sal: *terreno salobreño.* | adj. = salobre

salobridad Cualidad de salobre. | s.f.

salol Polvo blanco y cristalino, insoluble en el agua, formado por salicilato de fenilo, que se usa en medicina como antiséptico y antipirético. | s.m. FARMACIA

saloma Canto cadencioso, cuyo ritmo se utiliza para sincronizar ciertos trabajos. | s.f. tb: zaloma

salomar Realizar un trabajo cantando o entonando la saloma. | v.tr.

salomón (De *Salomón,* rey de Israel.) Persona de gran sabiduría. | s.m.

salomónico, a (De *Salomón,* rey de Israel.)
1 De este rey. | adj/HISTORIA
2 Que es sabio o justo. | = ecuánime
3 Se refiere a la columna que tiene el fuste en forma helicoidal o de espiral. | ARQUITECTURA
4 Se aplica a la decisión tajante, que no suele beneficiar a nadie, pero que da por acabado un problema o una discusión.

salón
1 Sala grande para celebrar fiestas, reuniones públicas o actos institucionales: *reservamos un salón del restaurante para celebrar el banquete.* | s.m.
2 Habitación más grande de un piso o casa particular, en la que se recibe a las visitas y sirve de cuarto de estar: *está viendo una película en el salón.* | = sala
3 Mobiliario de esta habitación.
4 Instalación destinada a la exposición de obras de arte o a la exhibición de objetos que constituyen novedad en una determinada industria o comercio: *quiero ir al salón del automóvil.* | INDUSTRIA = feria
5 Establecimiento público donde se presta un servicio determinado: *salón de té; salón de masajes.*
6 Reunión de personas de mundo, políticos e intelectuales alrededor de una dama distinguida, en los siglos XVII y XVIII. | HISTORIA
7 Aula o clase de un centro educativo: *los niños entraron al salón con la maestra.* | Méx.
8 **salón de belleza:** 1. Establecimiento donde se prestan servicios de peluquería, manicura, cosmética y otro tipo de tratamientos. 2. Peluquería de señoras.
9 **de salón:** 1. Se aplica al zapato de mujer, abierto, con tacón y sin adornos. 2. Se refiere a algunos bailes por parejas, como el vals: *aprende bailes de salón.* 3. Se aplica a la persona o cosa que es frívola. | loc.adj. loc.adj. loc.adj.

saloncillo Habitación de algunos establecimientos públicos reservada para uso especial. | s.m.

saloon Bar del Far West americano. | s.m.

salpa (Del lat. *salpa.*)
1 Animal urocordado marino, pequeño y transparente, con forma de tonel, con seis u ocho cintas transversales cuyas contracciones le sirven para la locomoción. *(Salpa.)* | s.f. ZOOLOGÍA
2 Pez teleósteo marino, de cuerpo ovoide comprimido y de color verdoso y amarillo a rayas, que vive entre algas y rocas cerca de la costa. *(Sarpa salpa.)* | ZOOLOGÍA

salpicada Acción de esparcir un líquido en gotas. | s.f./Méx.

salpicadera Guardabarros, pieza que va encima de las ruedas de los coches para evitar salpicaduras. — s.f. Méx.

salpicadero
1 Tablero del automóvil, colocado frente al conductor y sobre el que hay unos mandos y aparatos indicadores: *se han fundido las luces del salpicadero.* — s.m.
2 Tablero que llevaban algunos carruajes en la parte anterior para proteger al conductor de las posibles salpicaduras de lodo.

salpicadura
1 Acción y resultado de salpicar o salpicarse. — s.f./= salpicón
2 Señal o mancha dejada al salpicar una cosa: *las puertas del coche tienen salpicaduras de barro.*

salpicar
1 Esparcir o rociar un líquido en pequeñas gotas: *el aceite hirviendo todavía salpica; el cava salpicó el techo del salón.* — v.intr/tr. conj: sacar
2 Mojar a una persona, animal o cosa con un líquido esparcido en pequeñas gotas: *salpicó la camisa con agua para plancharla mejor; no te salpiques con la lejía.* — v.tr/prnl.
3 Esparcir o distribuir una cosa sobre otra: *había salpicado la ensalada con orégano; salpicó la historia de mentiras.* — v.tr. = espolvorear
4 Realizar una actividad con interrupciones frecuentes o de forma desordenada: *a causa de la prisa salpicó la lectura del informe.*

salpicón
1 Guiso de carne, pescado o marisco troceado y sazonado con aceite, vinagre, cebolla, sal y otros ingredientes. — s.m. COCINA
2 Plato frío preparado con trozos de pescado o marisco condimentados con cebolla, sal y otros ingredientes. — COCINA
3 Cualquier cosa desmenuzada. — = picadillo
4 Acción y resultado de salpicar. — = salpicadura
5 Bebida refrescante hecha con zumo de frutas. — Ecuad.
6 **salpicón de frutas:** Mezcla de trozos de diversas frutas, en su propio jugo o en otro líquido. — Colomb. COCINA

salpimentar
1 Añadir a un alimento sal y pimienta para darle sabor: *salpimenta la carne y ponla en la cazuela.* — v.tr/conj: pensar COCINA/= sazonar
2 Amenizar una cosa con palabras o hechos: *salpimentó su discurso con varias anécdotas.* — = animar

salpimienta Mezcla de sal y pimienta. — s.f./COCINA

salping- Componente de palabra procedente del gr. *salpinx, -ingos,* que significa trompa: *salpingitis.* — pref.

salpingitis (Del gr. *salpinx, -ingos,* trompa + *itis,* inflamación.) Inflamación de las trompas del útero. — s.f./pl: salpingitis MEDICINA

salpique Acción y resultado de salpicar. — s.m./= salpicadura

salpresamiento Acción y resultado de salpresar, salar y prensar un alimento. — s.m. COCINA

salpresar Aderezar con sal un alimento y prensarlo para que se conserve. — v.tr. part.tb: salpreso

salpreso, a (Part. pas. irreg. de *salpresar.*) Salpresado. — part.

salpullido Sarpullido [en todas sus acepciones]. — s.m.

salpullir Sarpullir, producir una erupción en la piel. — v.tr/conj: mullir

salsa (Del lat. *salsa,* salado.)
1 Mezcla líquida o pastosa de varias sustancias comestibles, usada para condimentar los alimentos: *la salsa de la carne está muy sabrosa.* — s.f. COCINA
2 Cualquier cosa que da gracia o amenidad a otra: *estos momentos son la salsa de la vida.* — coloquial
3 Música basada en ritmos africanos y latinos, de origen caribeño. — MÚSICA
4 Baile de ritmo rápido con que se sigue esta música. — COCINA
5 **salsa bearnesa:** La preparada con yemas de huevo, vinagre, mantequilla, limón, perejil y otros ingredientes. — COCINA
6 **salsa bechamel o besamel:** La preparada con leche, mantequilla y harina. — COCINA
7 **salsa blanca:** La que se prepara con harina y manteca. — COCINA
8 **salsa de roquefort:** La que se prepara con nata, harina y queso de roquefort. — COCINA
9 **salsa holandesa:** La preparada con yemas de huevo, leche, mantequilla y vinagre. — COCINA
10 **salsa mahonesa o mayonesa:** La que se prepara ligando huevos con aceite crudo. — COCINA
11 **salsa mayordoma:** La preparada con mantequilla y perejil. — COCINA
12 **salsa rosa:** La que se hace con mayonesa, tomate frito y otros condimentos. — COCINA
13 **salsa rubia:** La que se hace rehogando harina en manteca o aceite hasta que toma color. — COCINA
14 **salsa tártara:** La preparada con yemas de huevo, aceite, vinagre, alcaparras y limón. — COCINA
15 **salsa verde:** La que se prepara con aceite y perejil. — COCINA
16 **salsa vinagreta:** La preparada con aceite, vinagre, cebolla y perejil muy picados. — COCINA
17 **dar la salsa:** 1. Dar una paliza. 2. Vencer, derrotar. — Argent/coloquial Argent/coloquial

18 **en su salsa o en su propia salsa:** En su ambiente, a gusto: *le gusta estar con sus amigos porque se encuentra en su salsa.* — loc.adv. coloquial
19 **vale más la salsa que los perdigones:** Se usa para indicar que es más importante lo accesorio que lo principal. — coloquial

salsamentaria Tienda donde se venden embutidos y carnes curadas. — s.f./Colomb. COMERCIO

salsedumbre Cualidad de lo que es o está salado. — s.f.

salsera
1 Recipiente usado para servir las salsas: *me pasó la salsera para que me sirviera mayonesa.* — s.f.
2 Taza pequeña y poco honda usada para mezclar colores. — = salserilla

salserilla Recipiente en forma de taza que se usa para mezclar colores u otras sustancias. — s.f. = salsereta

salsero, a
1 Se aplica al tomillo de olor agradable que se utiliza como condimento, sobre todo en el adobo de las aceitunas. — adj. BOTÁNICA
2 Que tiene relación con el baile y la música de la salsa: *ritmo salsero.* — MÚSICA

salseruela Taza pequeña usada para mezclar colores. — s.f./= salsera

salsifí (Del fr. *salsifis.*)
1 Planta compuesta bienal, de hojas lineares, con hojuelas soldadas en la base, de raíces comestibles. (*Tragopogon porrifolius.*) — s.m./pl.tb: salsifíes BOTÁNICA
2 **salsifí negro:** Escorzonera, planta usada como diurético. — BOTÁNICA

salsoláceo, a Perteneciente a una familia de plantas herbáceas dicotiledóneas, que carecen de pétalos. — adj/s.f./BOTÁNICA = quenopodiáceo

saltabanco
1 Persona que anda y voltea por el aire sobre una cuerda, un alambre u otro objeto y hace otros ejercicios de habilidad: *admiramos las piruetas de los saltabancos en el circo.* — s.m.f. tb: saltabancos = saltimbanqui, volatinero
2 Charlatán que vende remedios medicinales: *un saltabanco aseguraba que sus preparados curaban muchas enfermedades.*
3 Persona de poca sustancia. — = mequetrefe

saltabardales Persona joven, irreflexiva y traviesa: *no es un gamberro, sólo un saltabardales.* — s.m.f. pl: saltabardales

saltabarrancos Persona que se mueve mucho: *no puede estar quieto, es un saltabarrancos.* — s.m.f. pl: saltabarrancos

saltacaballo Parte de la dovela de un arco que monta la hilada horizontal inmediata. — s.m. ARQUITECTURA

saltacharquillos Persona joven que anda de forma afectada dando pasos cortos o de puntillas. — s.m.f. pl: saltacharquillos

saltación
1 Arte de saltar. — s.f.
2 Danza o baile.

saltadero
1 Sitio adecuado para saltar. — s.m.
2 Surtidor de agua. — = fuente

saltadizo, a Que se quiebra con facilidad por estar demasiado tirante. — adj. = frágil

saltado, a
1 Se aplica a los ojos que sobresalen más de lo normal. — adj. = saltón
2 Se aplica al alimento que ha sido sofreído o frito de forma ligera. — Amér. Merid. COCINA

saltador, a
1 Que salta. — adj.
2 Persona que practica algún deporte de saltos: *es el mejor saltador de altura.* — s. DEPORTES
3 Cuerda que se usa para saltar, en especial al jugar a la comba. — s.m. = comba

saltaembancos Saltabanco [en todas sus acepciones]. — s.m.f. pl: saltaembancos

saltaembarca Especie de vestidura corta que se ponía por la cabeza. — s.f.

saltagatos Saltamontes, insecto ortóptero de la familia de los acrídidos, que vive en los prados y hace un ruido característico. — s.m./pl: saltagatos Colomb. ZOOLOGÍA

saltamontes Insecto ortóptero, de tamaño mediano o grande, de color verde o amarillo y patas posteriores saltadoras. (*Tettigonia.*) — s.m. pl: saltamontes ZOOLOGÍA

saltanejoso, a Se aplica al terreno ligeramente ondulado. — adj./Cuba

saltaojos Planta ranunculácea, herbácea, de flores rojas o amarillas, propia de la península Ibérica. (*Adonis aestivalis.*) — s.m. pl: saltaojos BOTÁNICA

saltaparedes Saltabardales, persona joven, irreflexiva y alocada. — s.m.f. pl: saltaparedes

saltaperico
1 Planta herbácea acantácea de flores azuladas, que vive en los terrenos húmedos. (*Ruellia tuberosa.*) — s.m./Cuba BOTÁNICA

2 Planta de la familia de las proteáceas. *(Embothrium grandiflorum.)* — *Perú* BOTÁNICA

saltar (Del lat. *saltare,* bailar.)
1 Levantarse una persona, un animal o una cosa del suelo o del lugar en que está con un impulso súbito, para caer en el mismo lugar o en otro: *he de saltar para tocar el techo; el atleta saltó nueve metros.* — v.intr/tr. = botar
2 Lanzarse una persona o un animal desde un lugar alto: *saltó desde el balcón para escaparse; el paracaidista está listo para saltar.* — v.intr. = arrojarse, tirarse
3 Levantarse una persona de forma repentina: *al oír el teléfono saltó del sofá.* — = brincar
4 Salir un líquido u otra cosa con fuerza: *saltaban chispas de las ruedas de los coches de carreras; el aceite caliente salta.*
5 Soltarse o desprenderse una cosa del lugar donde está fija o sujeta: *me ha saltado el botón del pantalón; este cierre está flojo y saltará.* — v.intr/tr/prnl. = caerse
6 Hacer explosión o estallar una cosa: *con la bomba el coche saltó por los aires.* — v.intr. = explotar
7 Mostrar una persona su irritación o enfado con brusquedad: *hoy está de malhumor y salta por todo.* — = explotar
8 Decir una persona de forma repentina, inesperada o inoportuna: *siempre salta con tonterías.* — ≠ callar
9 Dejarse parte de un escrito al leerlo o copiarlo: *el profesor salta cosas anecdóticas; mi hijo pequeño se salta líneas cuando lee.* — v.tr/prnl. = comerse, omitir
10 Pasar de una cosa a otra sin detenerse en los pasos intermedios: *se ha saltado dos operaciones lógicas.*
11 Incumplir una orden, una ley o un precepto: *no te saltes las normas; te has saltado un semáforo en rojo.* — v.prnl.
12 Tener una cosa una cualidad superior a las demás entre las que se encuentra: *ese color del cuadro salta.* — v.intr. = destacar, resaltar
13 Salir a un lugar determinado: *el equipo saltó al campo entre los aplausos del público.*
14 Dejar una persona de ocupar un cargo o un empleo contra su propia voluntad: *ayer salté del puesto de administrativo.* — = botar
15 Pasar por encima de una cosa: *salta la valla; no sé si podré saltar el hoyo.* — v.tr.
16 Llegar una persona a un puesto superior sin pasar por los intermedios: *ha saltado al puesto de director.* — v.intr.
17 Mover una pieza del ajedrez o de las damas por encima de otra colocada en el tablero. — v.tr. JUEGOS
18 Caer el agua de una corriente salvando un desnivel. — v.intr.
19 Dirigirse con violencia hacia una persona para atacarla: *un aficionado exaltado saltó sobre nosotros.*
20 Romperse o quebrarse una cosa de forma brusca.
21 Presentarse una cosa a la memoria o a la mente de repente: *me saltó a la mente su recuerdo.*
22 Aflojar un cabo. — v.tr/NÁUTICA
23 Cubrir el macho a la hembra. — = copular
24 Poner una cantidad sobre una de las cuatro cartas que hay en la mesa de manera que, si al volverla se gana la apuesta, el jugador cobra la cantidad apostada y tres más iguales, en el juego del monte. — JUEGOS
25 andar o **estar a la que salta: 1.** Estar siempre dispuesto a aprovechar una oportunidad: *si quieres encontrar trabajo has de estar a la que salta.* **2.** Señalar a la menor oportunidad los errores o fallos de otra persona: *aquí no le puedes equivocar porque ella está a la que salta.* — coloquial / coloquial

saltarelo (Del ital. *saltarello.*) Danza antigua española, de movimiento rápido. — s.m. tb: saltarel

saltarén
1 Ritmo de guitarra, que se tocaba para bailar. — s.m/MÚSICA ZOOLOGÍA
2 Saltamontes, insecto con patas posteriores adaptadas para saltar.

saltarilla Denominación de diversas especies de insectos hemípteros homópteros, de pequeño tamaño, que viven sobre las plantas y son muy saltadores. *(Psulla.)* — s.f. ZOOLOGÍA

saltarín, a
1 Que salta o se mueve mucho: *le han regalado un muñeco saltarín.* — adj/s.
2 Se aplica a la persona que es inquieta o muy movida: *ya de pequeño era muy travieso y saltarín.* — = retozón
3 Se refiere a la persona que danza o baila. — = bailarín

saltarregla Instrumento formado por dos reglas movibles alrededor de un eje, que trazan ángulos de diferentes aberturas. — s.f. TECNOLOGÍA

saltaterandate Bordado de puntadas muy largas que se aseguran atravesando otras muy pequeñas. — s.m. TEXTIL

saltatrás Persona que desciende de mestizos y que muestra caracteres propios de uno solo de sus progenitores. — s.m.f. pl: saltatrás = tornatrás

saltatumbas Clérigo que, por lo general, se mantiene de lo que gana asistiendo a los entierros. — s.m/pl: saltatumbas despectivo

salteador, a Persona que saltea o roba en despoblados o caminos. — s.

salteamiento Acción y resultado de saltear. — s.m./= salteo

saltear
1 Atacar a los caminantes o los viajeros para robarles: *unos forajidos saltearon a los pasajeros de la caravana.* — v.tr. = atracar
2 Freír ligeramente un alimento en aceite o manteca: *saltea los guisantes con un poco de jamón.* — COCINA = sofreír
3 Hacer una cosa de forma discontinua: *no sigue un orden alfabético, saltea los nombres de la lista.*
4 Atacar a una persona por sorpresa: *me saltearon por la espalda y no vi a los agresores.* — = asaltar
5 Ocurrir una cosa de forma repentina o imprevista. — = sobrevenir
6 Producir una cosa una impresión fuerte y viva en el ánimo de una persona: *el suceso salteó a la vecindad.* — = conmover
7 Tomar una persona o una cosa anticipándose a otra que también la quería.

salteo Acción y resultado de saltear. — s.m.

salterio (Del gr. *psalterion,* especie de cítara.)
1 Libro del antiguo testamento que consta de ciento cincuenta salmos, la mayoría de ellos compuestos por el rey David. — s.m./tb: psalterio LITERATURA, RELIGIÓN
2 Libro de coro que contiene sólo salmos. — RELIGIÓN
3 Parte del breviario que contiene los oficios litúrgicos de toda la semana, excepto las lecciones y las oraciones. — RELIGIÓN
4 Rezo mariano formado por ciento cincuenta avemarías. — RELIGIÓN = rosario
5 Instrumento musical de cuerda que consiste en una caja de forma triangular sobre la que están dispuestas varias series de cuerdas metálicas que se pulsan con un plectro. — MÚSICA

saltero, a Que se ha criado en el monte o está acostumbrado a él: *los patos salteros son más agresivos con las personas.* — adj. = agreste, montaraz

saltígrado, a (Del lat. *saltus,* salto + *gradi,* caminar.) Se aplica al animal que anda dando saltos. — adj. ZOOLOGÍA

saltimbanqui (Del ital. *saltimbanco.*) Persona que realiza saltos y otros ejercicios de acrobacia. — s.m.f. tb: saltimbanco

salto (Del lat. *saltus.*)
1 Acción y resultado de saltar: *bajó las escaleras de un salto.* — s.m. = bote, brinco
2 Prueba atlética que consiste en saltar determinada altura o longitud o superar unos obstáculos: *es el campeón de salto de vallas.* — DEPORTES
3 Acción de lanzarse al agua, en especial desde un trampolín: *hoy empiezan en la piscina las pruebas de salto.* — DEPORTES
4 Distancia comprendida entre el punto de donde se salta hasta aquel al que se llega: *hizo un salto de diez metros.*
5 Desnivel brusco del terreno.
6 Diferencia grande de cantidad, grado o intensidad entre dos cosas: *de mí al hermano siguiente hay un salto de seis años.*
7 Palpitación violenta del corazón producida por una emoción fuerte: *al verte el corazón me dio un salto.* — = vuelco
8 Paso de una situación a otra sin pasar por las etapas intermedias: *superó con dificultad el salto del primer al tercer curso.*
9 Olvido voluntario de una parte de un escrito al leerlo o copiarlo: *hay un salto de varias lecciones en tus apuntes.* — = omisión
10 Ascenso a una situación, puesto o posición superior sin pasar por otras intermedias: *la marca de su coche muestra un salto social y económico.* — = avance, progreso
11 Juego infantil que consiste en saltar por encima de una persona que se encorva. — JUEGOS
12 Pequeña porción de cabo que se afloja. — NÁUTICA
13 salto atrás: Vuelta a una situación anterior en un proceso o estado cualquiera: *la muerte del juez ha supuesto un salto atrás en la lucha contra el crimen.*
14 salto de agua: Caída natural o artificial de agua que se produce donde hay un brusco cambio de nivel, y que suele aprovecharse para la producción de energía. — = cascada
15 salto de altura: Prueba que consiste en saltar por encima de un listón colocado a una determinada altura. — DEPORTES
16 salto de caballo: Pasatiempo que consiste en distribuir las sílabas de una frase en un cuadro de escaques, de manera que para reconstruirla hay que seguir los movimientos del caballo del ajedrez. — JUEGOS
17 salto de cama: Bata amplia que las mujeres usan al levantarse de la cama.
18 salto de campana: Vuelta que da el torero en el aire al ser volteado por el toro. — TAUROMAQUIA
19 salto de carnero: El que da el caballo encorvándose, para tirar al jinete. — EQUITACIÓN
20 salto de la garrocha: El que el torero de frente y por encima del toro apoyándose en la garrocha. — TAUROMAQUIA
21 salto del ángel: El que se hace en natación desde un trampolín manteniendo los brazos extendidos la- — DEPORTES

teralmente y juntándolos en el momento de la inmersión.

22 salto de lobo: Zanja o trinchera abierta para cercar un terreno.

23 salto de longitud: Prueba que consiste en saltar la mayor distancia posible a partir de un punto determinado.   DEPORTES

24 salto de mata: Huida por temor del castigo.

25 salto de trucha: 1. El que consiste en tenderse en el suelo y, apoyándose sobre las manos, dar la vuelta entera en el aire. 2. El que da la persona que tiene los pies trabados al intentar andar.

26 salto mortal: El que consiste en dar una vuelta completa en el aire.

27 salto y encaje: El dado al mismo tiempo que se retira el pie derecho detrás del izquierdo y que se pone la pierna derecha detrás de la izquierda.

28 triple salto: El de longitud en el que el atleta apoya los pies alternativamente dos veces antes de caer con los dos pies juntos.   DEPORTES

29 a salto de mata: 1. Sin método ni orden: *le gusta improvisar y siempre viaja a salto de mata.* 2. Huyendo, escapando.   loc.adv. / loc.adv.

30 a saltos: 1. Saltando, brincando: *tenéis que andar a saltos hasta el otro extremo del patio.* 2. Sin continuidad: *lee el libro a saltos.*   loc.adv. / loc.adv. / = a rachas

31 cazar al salto: Cazar recorriendo el terreno para disparar sobre las piezas que al paso saltan.   CAZA

32 dar salto en vago: Quedar una persona burlada o decepcionada en su intento.

33 dar saltos de alegría o contento: Manifestar una persona su alegría de forma muy visible: *cuando supo que le había tocado la lotería, se puso a dar saltos de alegría.*   coloquial

34 de o en un salto: Con prontitud o rapidez: *en un salto fue a comprar todo lo que necesitábamos.*   loc.adv.

35 por un salto: Sin seguir el orden normal o natural.   loc.adv.

saltón
1 Que sobresale más de lo normal: *ojos saltones; dientes saltones.*   adj. / = prominente
2 Que anda a saltos o salta mucho.   = saltarín
3 Se aplica a los alimentos ligeramente fritos.   Colomb., Chile
4 Que es suspicaz o receloso.   Chile

salubérrimo, a (Del lat. *saluberrimus,* superlativo de *salubris,* salubre.) Que es muy bueno para la salud.   adj.

salubre (Del lat. *saluber, -ubris.*) Que es bueno para la salud: *el aire de la montaña es más salubre que el de ciudad.*   adj. / = saludable, sano

salubridad
1 Cualidad de salubre: *los médicos defienden la salubridad de estas aguas.*   s.f.
2 Estado de la salud pública: *es preocupante la salubridad en los países pobres.*   = sanidad

salud (Del lat. *salus, -utis.*)
1 Estado en que se encuentra el organismo de un ser vivo en relación al cumplimiento de sus funciones vitales: *tiene una salud débil; su salud no le permite trabajar.*   s.f.
2 Estado en que el organismo de un ser vivo ejerce todas sus funciones con normalidad: *es mayor, pero goza de una salud excelente.*
3 Buen funcionamiento de una entidad o colectivo: *la corrupción altera la salud del país.*
4 Estado de gracia espiritual.   RELIGIÓN
5 Salvación del alma.   RELIGIÓN
6 **¡a tu (...) salud! o ¡a la salud de alguien!:** Expresión que se usa para brindar: *¡levantemos las copas a la salud de los novios!*   coloquial
7 **curarse en salud:** 1. Prevenirse de un daño ante la más leve amenaza o indicio: *le llevaré el contrato al abogado para curarme en salud.* 2. Responder una persona por anticipado a objeciones que se le pueden hacer.   coloquial / coloquial
8 **gastar salud:** Disfrutar de un buen estado físico: *es un chaval muy fuerte y siempre gasta salud.*   coloquial
9 **para poca salud, más vale morirse:** Se usa para indicar que una cosa reporta tan pocos beneficios que no vale la pena conservarla: *ha decidido cerrar el bar porque para poca salud, más vale morirse.*   coloquial
10 **¡salud!** 1. Voz que se usa para saludar a una persona, desearle un bien o al brindar. 2. Se usa en respuesta al estornudo de una persona, con el deseo de que se le cure si está resfriado.   interj. / coloquial
11 **tener una salud de hierro:** Disfrutar de unas condiciones físicas muy buenas que permiten no estar nunca enfermo.   coloquial
12 **vender o verter salud:** Ser o parecer muy robusto o sano: *aunque vende salud, tiene problemas digestivos desde hace años.*   coloquial

saluda Impreso utilizado para comunicaciones breves en que consta el nombre del cargo o de la institución, el nombre del destinatario y la comunicación.   s.m. / = besalamano

saludable
1 Que es bueno para la salud: *el aire del monte es muy saludable; sigue una dieta muy saludable.*   adj. / = salubre
2 Que tiene buena salud: *a pesar de todo, tiene un aspecto saludable.*   = sano / ≠ enfermizo
3 Que resulta provechoso o beneficioso: *las nuevas medidas serán saludables para la empresa.*   ≠ perjudicial

saludador, a
1 Que saluda.   adj./s.
2 Persona que cura la rabia u otros males con el aliento, la saliva y ciertas deprecaciones o fórmulas.   s. / OCULTISMO

saludar (Del lat. *salutare.*)
1 Dirigir un saludo con palabras o gestos a una persona: *le saludé con la mano; no te saludé porque no te vi.*   v.tr.
2 Dirigir palabras agradables a una persona mediante una carta u otra persona: *saluda a tus padres de mi parte.*
3 Realizar un miembro del ejército, policía u otro cuerpo un gesto consistente en dirigir la mano hasta la sien y en posición de firmes como señal de respeto hacia su superior: *el soldado saludó al teniente.*   MILITAR
4 Bajar un barco sus banderas en señal de bienvenida o para desear buen viaje a otro.   NÁUTICA
5 Realizar descargas de artillería, movimientos con las armas o ciertos toques en honor de una persona o un acontecimiento.   MILITAR
6 Realizar un curandero sus prácticas sanadoras con un enfermo.   OCULTISMO
7 Aprender las primeras nociones de una materia.
8 **no saludar a una persona:** Estar enemistado con ella: *se pelearon hace tiempo y todavía no se saludan.*   coloquial

saludo
1 Acción y resultado de saludar: *yo no le niego el saludo a nadie.*   s.m. / = salutación
2 Palabra, gesto o fórmula con que se saluda: *cuando se ven se hacen un saludo muy especial.*
3 Expresión cortés con que se dan recuerdos a otra persona: *dele saludos a su esposa.*   s.m.pl. / = recuerdos
4 **saludo a la voz:** Honor tributado a bordo, que consiste en vítores o hurras a la voz que contesta la tripulación, distribuida sobre las vergas o las bordas.   NÁUTICA

salumbre Espuma rojiza que produce la sal.   s.f.

salutación
1 Acción y resultado de saludar.   s.f./= saludo
2 Parte del sermón de la liturgia católica en que se saluda a la Virgen.   RELIGIÓN
3 **salutación angélica:** 1. La que hizo el arcángel san Gabriel a la Virgen cuando le anunció la concepción del hijo de Dios. 2. Oración del avemaría.   RELIGIÓN / RELIGIÓN

salutífero, a (Del lat. *salus, -utis,* salud + *ferre,* llevar.) Que es bueno para la salud: *estos aires son salutíferos para los asmáticos.*   adj. / = salubre, saludable

salva
1 Disparo o serie de disparos de armas de fuego: *cada cañón disparó una salva.*   s.f. / MILITAR
2 Saludo que se hace disparando armas de fuego, por lo general en honor de una persona.   MILITAR
3 Prueba que se hacía de la comida y bebida servida a los reyes o señores, para comprobar que no estaba envenenada.   HISTORIA
4 Prueba temeraria que hacía una persona para demostrar su inocencia exponiéndose a un grave peligro, confiado en que con la ayuda de Dios saldría indemne.   HISTORIA
5 Juramento o promesa solemne.
6 Bandeja con encajaduras para copas y tazas.   = salvilla
7 **salva de aplausos:** Aplausos unánimes de aprobación dirigidos a una persona: *el público demostró su opinión con una salva de aplausos.*
8 **salva entera:** La de ceremonial hecha con bala, como mayor honor.   MILITAR
9 **salva fría:** La primera de un barco, cuando los cañones están aún fríos.   MILITAR
10 **hacer la salva:** Pedir la venia para hablar o exponer una cosa.

salvabarros Chapa que en un vehículo cubre la parte superior de las ruedas para evitar las salpicaduras: *el salvabarros del jeep estaba muy sucio.*   s.m. / pl: salvabarros / = guardabarros

salvable Que puede ser salvado: *no te preocupes, es un obstáculo salvable.*   adj. / ≠ insalvable

salvachia Especie de estrobo, largo y flexible, consistente en una madeja de filástica con ligaduras de trecho en trecho.   s.f. / NÁUTICA

salvación
1 Acción y resultado de salvar o salvarse: *la policía participó en la salvación de las víctimas del terremoto.*   s.f.
2 Consecución de la gloria y bienaventuranza eternas.   RELIGIÓN / ≈ redención

salvadera Recipiente semejante a un vaso, con la tapa agujereada y lleno de arenilla, que se usaba para secar lo recién escrito.   s.f.

salvado Cascarilla que envuelve algunos cereales, en especial la del trigo, y que se mezcla con la harina al molerlo: *come pan rico en salvado.* — s.m. AGRICULTURA

salvador, a
1 Que salva: *me rescató y nunca le olvidaré porque fue mi salvador.* — adj/s. = liberador
2 Denominación que se suele dar a Jesucristo. — s.m./RELIGIÓN

salvadoreñismo Expresión o construcción características de la variedad lingüística del español hablado en El Salvador. — s.m. LINGÜÍSTICA

salvadoreño, a
1 De El Salvador, país centroamericano. — adj.
2 Persona natural de este país. — s.
3 Modalidad del español hablado en este país. — s.m./LINGÜÍSTICA

salvaguarda Salvaguardia [en todas sus acepciones]. — s.f.

salvaguardar (Del fr. *sauvegarder*, proteger.) Servir de protección: *lucha por salvaguardar el honor de la familia.* — v.tr. = defender, proteger

salvaguardia (Del fr. *sauvegarde*.)
1 Protección o garantía: *uno de los exploradores permanecía despierto para salvaguardia de sus compañeros.* — s.f. tb: salvaguarda
2 Documento u otra cosa que se da a una persona para que no sea detenido. — = salvoconducto
3 Guarda que se pone para la custodia de una cosa. — s.m.
4 Señal que en tiempo de guerra se pone a la entrada de los pueblos o a las puertas de las casas, para que sus soldados no les hagan daño. — MILITAR

salvajada
1 Acción o palabras incivilizadas o crueles, propias de una persona salvaje: *este horrible crimen es una salvajada.* — s.f. = salvajería
2 Acción irresponsable o equivocación grave: *conducir a tanta velocidad es una salvajada.* — = bestialidad, burrada

salvaje (Del cat. *salvatge* < lat. *silvaticus*, propio del bosque.)
1 Se aplica al animal que no está domesticado: *en la selva pudimos ver cómo viven los animales salvajes.* — adj./= montés ≠ doméstico
2 Se refiere al pueblo y a la persona que está en un estado de civilización primitivo: *estudia los ritos y costumbres de algunas tribus salvajes.* — adj/s. = primitivo ≠ civilizado
3 Se aplica a la planta y al terreno que no ha sido cultivado. — adj. = silvestre
4 Que es cruel e inhumano: *no seas salvaje y deja de maltratar al gato; el crimen lo cometió un salvaje.* — adj/s.m.f. = violento
5 Que tiene un carácter independiente o rebelde: *vivía solo en el monte y era un poco salvaje.* — = indómito
6 Que es necio y rudo: *es tan salvaje que me da vergüenza ir con él.* — = zafio
7 Que es desmesurado o no sigue las normas establecidas: *edificación salvaje; fiesta salvaje.* — adj. = incontrolado

salvajería Dicho o hecho cruel o incivilizado: *sometió a su víctima a todo tipo de salvajerías.* — s.f. = salvajada

salvajina
1 Conjunto de fieras montesas. — s.f.
2 Carne de los animales montesas.
3 Piel de los animales montesas.
4 Animal montés: *el jabalí es una salvajina.*

salvajino, a
1 Se aplica a la planta silvestre. — adj.
2 Se refiere al animal que no es doméstico. — = salvaje
3 De los salvajes. — adj.
4 Se aplica a la carne de los animales montesas.

salvajismo
1 Modo de ser o de comportarse la persona salvaje: *algunas tribus rechazan la civilización y defienden su salvajismo.* — s.m.
2 Cualidad de salvaje: *algunos ritos antiguos destacaban por su salvajismo.* — ≠ civismo

salvamanteles Objeto de porcelana, cristal u otro material que se coloca debajo de los recipientes y otras piezas del servicio de mesa para proteger el mantel. — s.m. pl: salvamanteles

salvamente Sin riesgo, con seguridad: *si seguimos las normas todos circularemos salvamente.* — adv.

salvamento
1 Acción y resultado de salvar o salvarse: *participó en el salvamento de los alpinistas perdidos.* — s.m. = salvamiento
2 Lugar que sirve de refugio contra un peligro: *la cueva fue nuestro salvamento durante el bombardeo.*

salvar (Del bajo lat. *salvare*.)
1 Evitar que una persona o una cosa sufran un peligro o un contratiempo: *tu intervención les salvó de morir ahogados; se salvó de un accidente.* — v.tr/prnl. + de = rescatar
2 Dar la divinidad la gloria y bienaventuranza eterna: *se arrepintió al final de su vida y se salvó.* — RELIGIÓN
3 Evitar un inconveniente, una dificultad o un riesgo: *salvamos el peligro escondiéndonos.* — v.tr. = librarse
4 Vencer un obstáculo pasando sobre o a través de él: *el caballo salvó el foso y el jinete ganó la carrera.* — = cruzar
5 Dejar a una persona o una cosa fuera de una observación: *sus amigos son estúpidos, ella es la única que se* — v.tr/prnl. = exceptuar

salva; salvando este punto la reunión se basa en la economía de la asociación.
6 Tener una cosa mayor altura que otra: *el campanario de la iglesia salva todas las casas del pueblo.* — = sobrepasar
7 Recorrer la distancia que hay entre dos lugares: *salvó la distancia caminando.* — v.tr.
8 Poner una nota que da validez a las correcciones al final de un escrito. — = ver
9 Probar jurídicamente la inocencia de una persona acusada de algún delito o falta. — DERECHO = exculpar
10 Hacer una persona la salva a la comida y bebida de los reyes y grandes señores. — v.intr. HISTORIA
11 ¡sálvese quien pueda! Se usa para incitar a una o varias personas a obrar por su cuenta ante un peligro o un ataque.

salva-slip (Marca registrada.) Pequeña compresa higiénica que usan las mujeres para mantener limpia la ropa interior. — s.m. pl: salva-slips

salvavidas
1 Objeto, por lo general en forma de rueda, que al flotar se usa para aprender a nadar o como medio de salvamento. — s.m. pl: salvavidas = flotador
2 Se aplica a cualquier objeto que sirve para mantener a flote a una persona que ha caído al agua: *chaleco salvavidas; bote salvavidas.* — adj/s.m.
3 Se refiere a la persona que en los lugares de baño vigila que nadie se ahogue. — adj/s.m.f.
4 Aparato colocado delante de las ruedas del tranvía, que sirve para evitar desgracias en caso de atropellos.

salve (Del lat. *salve*.)
1 Oración católica con que se reza y ruega a la Virgen María. — s.f. RELIGIÓN
2 Composición musical para el canto de esta oración. — MÚSICA, RELIGIÓN
3 Canto de esta oración. — RELIGIÓN
4 ¡salve! Voz usada para saludar. — interj./literario

salvedad
1 Limitación, condición, distinción o excepción que se expresan acerca de lo que se ha dicho o se va a decir: *invitó a todos sus amigos sin salvedad.* — s.f. = restricción ≠ inclusión
2 Nota con la que se valida una enmienda hecha en un documento.

salvia (Del lat. *salvia*.)
1 Planta herbácea o arbustiva labiada, de flores violáceas, blancas o amarillas, común en los terrenos áridos, que se cultiva por sus propiedades tónicas o como planta ornamental. *(Salvia.)* — s.f. BOTÁNICA
2 Planta olorosa verbenácea, cuyas hojas se usan para hacer una infusión estomacal. — *Argent.* BOTÁNICA

salvilla
1 Bandeja con varias encajaduras para asegurar las copas o tazas que se sirven en ella. — s.f. = tocasalva
2 Conjunto de frascos que se utilizan para poner el aceite y el vinagre. — *Chile* = vinagreras

salvilora Planta arbustiva propia de la región árida del oeste argentino. — s.f./*Argent.* BOTÁNICA

salvo, a (Del lat. *salvus*.)
1 Que ha salido ileso de un peligro: *los rehenes han sido puestos en libertad sanos y salvos.* — adj. = ileso, indemne
2 Que se exceptúa u omite.
3 Con excepción de, excepto: *trabajo todos los días salvo los domingos.* — adv. = menos
4 a salvo: Que está fuera de peligro: *estuvimos a salvo al lograr coger un flotador.* — loc.adv.
5 dejar a salvo: Exceptuar, sacar aparte.
6 en salvo: Fuera de peligro, en seguridad. — loc.adj.
7 salir a salvo: Terminarse de forma afortunada una cosa difícil.
8 salva sea la parte: Se usa para omitir aquellas partes del cuerpo que para algunas personas resulta violento mencionar. — formal

salvoconducto
1 Documento para viajar sin riesgo por el territorio en que se reconoce la autoridad de quien lo firma: *necesito un salvoconducto para poder ir a ese país.* — s.m. = salvaguardia
2 Libertad para hacer una cosa sin temor de castigo: *sus influencias son su salvoconducto en el trabajo.*

salvohonor Culo o nalgas de las personas. — s.m./coloquial

sama Pagel, pez teleósteo. — s.m./ZOOLOGÍA

sámago Albura o parte más blanda de las maderas, que no puede utilizarse en la construcción. — s.m. CONSTRUCCIÓN

samán Planta arbórea mimosácea, muy corpulenta y robusta, de origen americano. *(Pithecolobium saman.)* — s.m. BOTÁNICA

sámara (Del lat. *samara*.) Fruto seco indehiscente con una sola semilla, como el del olmo o el fresno. — s.f. BOTÁNICA

samarilla Planta labiada rastrera, de flores rosadas en cabezuela y hojas estrechas. *(Thymus serpylloides.)* — s.f. BOTÁNICA

samario Metal del grupo de las tierras raras, muy duro y de color blanco grisáceo. — s.m. QUÍMICA

samaritano, a
1 De Samaria, antigua ciudad y región asiáticas palestinas, entre Galilea y Judea. — adj./HISTORIA tb: samarita

2 Persona natural de esta antigua ciudad y región. **s./HISTORIA**
3 Que profesa una de las doctrinas procedentes de un cisma de la religión judía. **adj/s. RELIGIÓN**
4 Persona que ayuda a los demás: *un buen samaritano nos dio refugio en su casa.* **s.**

samba (Voz brasileña.)
1 Baile brasileño popular de ritmo rápido. **s.f.**
2 Música que acompaña este baile. **MÚSICA**

sambar Mamífero rumiante artiodáctilo cérvido, de cuerpo vigoroso, hocico grueso, orejas grandes, de color pardo. *(Rusa unicolor.)* **s.m. ZOOLOGÍA**

sambenitar
1 Dar mala fama o desacreditar a una persona: *con tanto chisme al fin le sambenitaron.* **v.tr. = infamar**
2 Poner el sambenito a una persona por sentencia de la Inquisición. **HISTORIA**

sambenito
1 Calificativo que desacredita a una persona: *si tienes el sambenito de quejica por algo será.* **s.m. coloquial**
2 Capotillo o escapulario que la Inquisición ponía a los penitentes como distintivo. **HISTORIA**
3 Letrero que se ponía en las iglesias con los nombres y los castigos de los condenados por la Inquisición. **HISTORIA**
4 **colgar o poner un sambenito a alguien:** Desacreditar o deshonrar a una persona por una acción que le ha generado una cierta fama: *le han colgado el sambenito de desordenado.* **coloquial**

sambo
1 Se aplica a cierto tipo de lucha autodefensiva y deportiva. **adj/s.m.**
2 Especie de calabaza. **s.m./Ecuad.**

sambuca (Del lat. *sambuca.*)
1 Instrumento musical antiguo de cuerda, parecido al arpa. **s.f. MÚSICA**
2 Máquina de guerra que se usaba para escalar los muros y estaba formada por un armazón de madera y una plataforma levadiza. **HISTORIA**

sambumbia
1 Cosa deshecha en trozos muy pequeños. **s.f./Colomb.**
2 Bebida hecha con miel de caña, agua y ají. **Cuba**

samio, a
1 De Samos, isla del archipiélago griego. **adj.**
2 Persona natural de esta isla. **s.**

samnita
1 De Samnio, antiguo pueblo itálico. **adj./tb: samnite**
2 Persona natural de este antiguo país. **s.m.f./HISTORIA**

samnítico, a De los samnitas. **adj./HISTORIA**

samotana Bulla, algazara o jaleo. **s.f./Amér. Central**

samotracio, a
1 De Samotracia, isla del mar Egeo. **adj.**
2 Persona natural de esta isla. **s.**

samovar (Voz rusa.) Conjunto de recipiente y hornillo, de origen ruso, que se usa para calentar o conservar el agua caliente para el té. **s.m.**

samoyedo, a
1 De un pueblo uralo-altaico que habita en las costas árticas siberianas y rusas. **adj.**
2 Persona natural de este pueblo. **s.**
3 Conjunto de lenguas urálicas habladas por este pueblo. **s.m. LINGÜÍSTICA**
4 Se aplica a una raza de perros que tiene una complexión fuerte y un pelaje espeso, por lo general blanco, y se utiliza para el tiro de trineos en las regiones boreales. **adj/s.m. ZOOLOGÍA**

sampa Planta arbustiva ramosa de hojas de color verde claro, que crece en lugares salitrosos. *(Atriplex pamgarum.)* **s.f./Argent. BOTÁNICA**

sampán Embarcación ligera, movida a remo o a vela, usada en las costas chinas y japonesas y que en algunas poblaciones sirve de vivienda familiar. **s.m. NÁUTICA**

sampling (Voz inglesa.)
1 Se aplica al método de control que permite comprobar la existencia de anomalías en un censo. **adj. ESTADÍSTICA**
2 Se refiere a un procedimiento que permite seleccionar y cortar fragmentos musicales para recomponerlos juntos en una nueva pieza. **AUDIOVISUALES**

sampsuco (Del lat. *sampsuchum* < gr. *sampsukhon*, medicina.) Mejorana, planta medicinal. **s.m. BOTÁNICA**

samuga Silla de tijera con respaldo y brazos de cuero que se coloca sobre el aparejo de las caballerías para montar con más comodidad de lado. **s.f. EQUITACIÓN tb: jamugas**

samuray (Voz japonesa.) Persona que pertenecía a una clase inferior de la nobleza y que servía a un señor, en el antiguo sistema feudal japonés. **s.m./pl: samuráis HISTORIA tb: samurai**

samuro Zopilote, ave rapaz diurna. **s.m./Colomb., Venez.**

san (Apócope de *santo.*)
1 Se aplica a la persona que ha sido canonizada por la iglesia, antepuesto a nombres propios de varón a excepción de Tomás, Tomé, Domingo y Toribio. **adj.**

2 **san Bernardo:** Raza de perros, grandes, peludos, de color blanco con manchas oscuras y orejas caídas, de origen alpino y utilizado para rescatar viajeros perdidos. **ZOOLOGÍA**
3 **san se acabó:** Se usa para afirmar con rotundidad que una cosa se ha terminado: *friego los platos y san se acabó, nos vamos al cine.* **coloquial**

sanable Que se puede sanar: *el médico opinó que el paciente sufría una afección sanable.* **adj./= curable ≠ insanable**

sanador, a Que sana: *acudió a un sanador que le curó usando remedios naturales.* **adj/s.**

sanalotodo
1 Emplasto de color negro, preparado medicinal. **s.m./pl: sanalotodo = curalotodo**
2 Remedio que puede aplicarse a cualquier cosa.

sanamunda (Del lat. *sanamunda* < *sanare*, curar + *mundare*, purificar.) Planta leñosa con ramas anuales casi herbáceas, de hojas sentadas, lanceoladas y agudas, y flores amarillentas. *(Thymelaea sanamunda.)* **s.f. BOTÁNICA tb: salamunda**

sanar (Del lat. *sanare.*)
1 Curar a una persona o un animal: *este tratamiento ha sanado a muchos pacientes.* **v.tr. ≠ enfermar**
2 Recuperar la salud una persona o un animal. **v.intr./= curarse**

sanativo, a Que sana o se utiliza para sanar: *con el clima templado sanarás con más rapidez.* **adj.**

sanatorio Establecimiento hospitalario dispuesto de la forma conveniente para que puedan residir en él personas que necesitan someterse a un determinado tratamiento: *la ingresaron en un sanatorio mental.* **s.m. MEDICINA**

sanchopancesco, a (De Sancho Panza, personaje de *El Quijote.*)
1 De este personaje literario. **adj.**
2 Que es poco imaginativo, conformista o falto de ideales.

sanción (Del lat. *sanctio, -onis.*)
1 Pena establecida por la ley para el que la infringe: *todo delito debe recibir su correspondiente sanción.* **s.f.**
2 Castigo que se impone a una persona: *si llegas tarde al trabajo tendrás una sanción.* **= correctivo ≠ premio**
3 Autorización o aprobación dada a cualquier acto, uso o costumbre: *el libro ha recibido la sanción de los buenos escritores.* **= ratificación ≠ desautorización**
4 Acto solemne por el que un jefe de estado confirma una ley o estatuto. **POLÍTICA**

sancionable Se aplica al delito o falta que puede ser sancionado o castigado: *si cometes una acción sancionable se te impondrá una multa.* **adj.**

sancionador, a Que sanciona. **adj/s.**

sancionar
1 Aplicar una sanción o un castigo a una persona: *me sancionaron por saltarme un semáforo en rojo.* **v.tr. = castigar**
2 Dar autorización legal a un acto o una costumbre.
3 Dar validez a una ley o una disposición. **POLÍTICA**

sancirole Sansirolé, persona muy boba. **s.m.f.**

sanco
1 Barro espeso. **s.m./Chile**
2 Guiso a base de harina, que se cocina con cebolla sancochada, aji y grasa. **Argent. COCINA**
3 Gachas preparadas con harina tostada de maíz o de trigo, agua, sal y grasa. **Chile COCINA**

sancochar Cocer un alimento, dejándolo medio crudo y sin sazonar. **v.tr. COCINA**

sancocho Alimento a medio cocer. **s.m./COCINA**

sancta (Del lat. *sancta,* santa.)
1 Parte anterior del tabernáculo de los hebreos y del templo de Jerusalén, separada por un velo de la parte interior. **s.m. RELIGIÓN**
2 **non sancta:** Se aplica a la persona o a la cosa que se considera mala o pervertida: *en esos ambientes se me tiene por persona non sancta.* **loc.adj.**

sanctasanctórum (Del lat. *sancta,* santa + *sanctorum,* de los santos.)
1 Parte interior y más sagrada del tabernáculo de los hebreos y del templo de Jerusalén. **s.m./RELIGIÓN pl: sanctasanctórum**
2 Parte más reservada y respetada en cualquier sitio: *el estudio de pintura es el sanctasanctórum del artista.* **= santuario**
3 Cosa que es muy querida por una persona.

sanctus (Del lat. *sanctus,* sagrado.) Parte de la misa en que el sacerdote repite tres veces esta palabra. **s.m./pl: sanctus RELIGIÓN**

sandalia (Del lat. *sandalia* < gr. *sandalion.*)
1 Calzado compuesto de una suela sujeta al pie por correas o cintas: *lleva unas sandalias de piel atadas al tobillo.* **s.f.**
2 Zapato ligero y abierto: *suele ir por casa con sandalias.*

sandalino, a De sándalo: *aroma sandalino.* **adj.**

sándalo (Del gr. *santalum.*)
1 Planta arbórea de gran tamaño, de hojas elípticas, lisas y muy verdes, flores pequeñas y fruto muy parecido al de la cereza. *(Santalum.)* **s.m. BOTÁNICA**

2 Madera de este árbol, olorosa y muy usada en eba- · CARPINTERÍA
nistería, de color amarillento.
3 Esencia obtenida por la destilación de la madera de
este árbol, muy usada en perfumería.

sandáraca (Del lat. *sandaraca* < gr. *sandarake*.)
1 Resina que se obtiene del enebro y otras coníferas · s.f.
y se usa en la fabricación de barnices. · BOTÁNICA
2 Rejalgar, mineral compuesto de sulfuro de arsénico. · MINERALOGÍA

sandez
1 Cualidad de sandio o necio. · s.f./pl: sandeces
2 Acción o palabras que revelan poca inteligencia, · = estupidez,
propias de una persona tonta: *no digas más sandeces.* · tontería

sandía (Del ár. *batiha sindiya*, badea del país de Sind,
en la India.)
1 Planta herbácea cucurbitácea, con hojas divididas, · s.f.
flores amarillas y fruto comestible, muy cultivada en · BOTÁNICA
la península Ibérica. *(Citrullus vulgaris.)* · tb: zandia
2 Fruto de esta planta, de gran tamaño, casi esférico, · BOTÁNICA
de color verde oscuro, con la pulpa dulce, rosada y
muy jugosa, con pepitas negras aplastadas.

sandiar Terreno sembrado de sandías: *su sandiar es el* · s.m./tb: sandial
más productivo de la comarca. · AGRICULTURA

sandiego Planta herbácea amarantácea de jardín, de · s.m.
flores moradas y blancas, que crece en Cuba. *(Gom-* · BOTÁNICA
phrena decumbens.)

sandinismo (De A. C. *Sandino*, político nicaragüen- · s.m.
se.) Movimiento político nicaragüense, partidario de · POLÍTICA
las ideas de este político, de carácter popular y de ideología marxista.

sandinista
1 Del sandinismo: *partido sandinista.* · adj./POLÍTICA
2 Partidario del sandinismo. · s.m.f./POLÍTICA

sandio, a Que se comporta de manera indiscreta y · adj./s.
poco inteligente: *sólo un sandio como tú puede decir* · = necio,
estas tonterías. · simple

sandunga
1 Donaire y atractivo que tiene una persona. · s.f./= gracia, salero
2 Jolgorio o parranda en el que se reúnen diversas · *Colomb., Chile,*
personas para divertirse yendo de un lugar a otro. · *Perú, P. Rico*

sandunguero, a Que tiene sandunga o atractivo. · adj.

sandwich (Voz inglesa.) Bocadillo hecho con pan de · s.m./pl: sandwiches
molde y relleno de embutidos, queso, carne o vegeta- · tb: sándwich
les. · = emparedado

sandwichera Aparato electrodoméstico que sirve · s.f.
para preparar sandwiches o emparedados calientes. · COCINA

sandwichería Establecimiento público, a modo de · s.f.
bar, en el que se pueden comer todo tipo de sandwi- · COMERCIO
ches o emparedados.

saneado, a
1 Se aplica a los bienes o renta que están libres de · adj.
cargas o descuentos. · ECONOMÍA
2 Se refiere a la economía o renta que produce bene- · ECONOMÍA
ficios.

saneamiento
1 Acción y resultado de sanear. · s.m.
2 Conjunto de medidas, técnicas y obras destinadas a
mantener y mejorar las condiciones higiénicas de la
población, los edificios y otras cosas.
3 Acción emprendida sobre una economía para ha- · ECONOMÍA
cerla más productiva.

sanear
1 Dar condiciones higiénicas a un edificio, ciudad o · v.tr.
país: *sanearon los solares abandonados quitando todos los* · = higienizar
escombros.
2 Hacer que la economía o las rentas den beneficios: · ECONOMÍA
logró sanear la fábrica y ahora tiene un importante capi-
tal.
3 Pagar el vendedor al comprador una cantidad por · DERECHO
un daño o perjuicio que le sobreviene por algún vicio
de la cosa vendida.
4 Poner remedio al daño causado a una cosa. · = remediar
5 Afianzar una cosa contra un perjuicio que puede
sobrevenir en ella.

sanedrín
1 Tribunal o consejo de los judíos, en el que se trata- · s.m.
ban y decidían los asuntos de estado y religión, du- · HISTORIA
rante la dominación romana. · = sinedrio
2 Lugar donde se reunía este tribunal o consejo. · HISTORIA
3 Reunión de personas para tratar un asunto que se
quiere mantener en secreto.

sanfaina Chanfaina, guiso sofrito a base de hortali- · s.f.
zas. · COCINA

sanfermines (De *san Fermín*, patrón de la ciudad es- · s.m.pl.
pañola de Pamplona.) Fiestas populares que tienen
lugar en esta ciudad con motivo de la festividad de
su santo patrón, que se celebra el siete de julio.

sanforización (De *Sanford* L. Cluett, su inventor.) · s.f.
Tratamiento que da a los tejidos de algodón una · TEXTIL

estabilización dimensional para evitar que se encojan
al lavarlos.

sanfrancia Riña, pelea entre diversas personas. · s.f./= trifulca

sanfrancisco Bebida sin alcohol preparada con gro- · s.m.
sella y otras frutas.

sangacho Franja de carne más oscura situada longi- · s.m.
tudinalmente en el cuerpo del atún, producida por · ZOOLOGÍA
sangre coagulada.

sangley (Del tagalo *sangley* < chino *sang-luy*, la clase
de los mercaderes.)
1 Se aplica al chino que comerciaba en el archipiéla- · adj./s.m.f.
go filipino.
2 Se refiere al chino que reside en estas islas asiáticas.

sangradera
1 Acequia de riego secundaria que se deriva de otra · s.f.
principal. · AGRICULTURA
2 Compuerta por donde sale el agua sobrante de una
acequia.
3 Lanceta para sangrar como remedio terapéutico. · MEDICINA
4 Recipiente que se usaba para recoger la sangre · MEDICINA
cuando se sangraba a una persona.

sangrado Acción y resultado de sangrar un escrito: · s.m.
todos los párrafos empiezan con un sangrado de cinco espa- · ARTES GRÁFICAS
cios. · = sangría

sangrador, a
1 Persona que tenía como profesión sangrar con fines · s.
terapéuticos. · = sajador
2 Abertura hecha para dar salida al líquido de un de- · s.m.
pósito. · = desagüe

sangradura
1 Parte hundida del brazo opuesta al codo: *en la san-* · s.f.
gradura del brazo tenía señales de pinchazos. · ANATOMÍA
2 Corte o punción de la vena para sacar sangre: *le hi-* · = sangría
cieron una sangradura para ver si sanaba.
3 Salida que se da a las aguas de un río, canal o terre- · = desagüe
no encharcado.

sangrante
1 Que sangra: *tenía una gran herida sangrante en el rostro.* · adj.
2 Que hace padecer: *sufrió ante todos una sangrante hu-*
millación.

sangrar
1 Echar una herida sangre: *no lograban que el corte de-* · v.intr.
jara de sangrar. · ≠ coagular
2 Sentirse una persona dolorida por una cosa: *sangra* · = dolerse
todavía por tu ingratitud.
3 Abrir una vena a una persona y dejar salir determi- · v.tr./prnl.
nada cantidad de sangre: *sangraron al enfermo, pero no* · MEDICINA
se curó.
4 Dar salida a un líquido contenido en un recipiente · v.tr.
abriendo un conducto por donde corra: *sangraron la*
tubería obstruida.
5 Sacar resina a ciertos árboles mediante incisiones · = resinar
en su corteza.
6 Empezar un renglón más adentro que los otros de · ARTES GRÁFICAS
la plana: *sangra todos los párrafos.*
7 Quitar o robar una cosa de forma disimulada: *el* · coloquial
funcionario sangraba la caja de caudales. · = rapiñar
8 Conseguir bienes de una persona, por lo general di- · coloquial
nero, mediante zalamerías o adulación: *se casó con él*
para sangrarlo.
9 Cortar una ilustración hasta el límite de la página · ARTES GRÁFICAS
que la ha de contener por ser mayor que ésta.
10 Dar salida a un chorro de metal, en los hornos de · METALURGIA
fundición.
11 estar sangrando: 1. Acabar de suceder una cosa:
aún está sangrando la discusión. **2.** Ser una cosa evidente: *su robo está sangrando.*

sangraza Sangre corrompida. · s.f./tb: sanguaza

sangre (Del lat. *sanguis, -inis.*)
1 Líquido de color rojo que circula por las venas, arte- · s.f.
rias, capilares y corazón de los animales vertebrados y · FISIOLOGÍA
que transporta oxígeno y elementos nutritivos a los
tejidos y los residuos de las células del organismo.
2 Líquido parecido al de los vertebrados que tienen
algunos invertebrados, pero de color blanquecino por
faltar los hematíes.
3 Linaje y familia: *no sabe nada de los de su sangre.*
4 buena o mala sangre: Carácter benigno o vengati- · coloquial
vo de una persona: *le toman el pelo porque tiene buena*
sangre; ¡cuidado con él!, tiene muy mala sangre.
5 pura sangre: Animal de pura raza: *este caballo es un*
pura sangre.
6 sangre arterial o roja: La que aireada en los pul- · FISIOLOGÍA
mones pasa a la aurícula y el ventrículo izquierdo
del corazón para, a través de las arterias, repartir el
oxígeno y los elementos nutritivos a los tejidos orgánicos.
7 sangre azul: Linaje noble: *quiere casarse con un prín-*
cipe de sangre azul.
8 sangre caliente: La que mantiene una temperatura · BIOLOGÍA
constante, como la de los mamíferos.

9 sangre de drago: Resina roja que se obtiene del tronco del drago, y que se utiliza como astringente. — BOTÁNICA

10 sangre de espaldas: La que procede de las venas hemorroidales dilatadas. — FISIOLOGÍA

11 sangre de horchata: Carácter inalterable de una persona demasiado calmosa: *tiene la sangre de horchata, no se altera por nada.* — coloquial

12 sangre fría: 1. La que presenta temperatura variable, como la de los reptiles. 2. Serenidad que se muestra en ocasiones en que se esperaría tensión de ánimo: *tiene la sangre fría y por eso no perdió los nervios.* — ZOOLOGÍA / coloquial

13 sangre venosa o negra: La que procede de los vasos capilares del cuerpo y recoge las sustancias que deben ser desechadas del organismo y es llevada por las venas a la aurícula y ventrículo derechos del corazón y de aquí a los pulmones para ser aireada. — FISIOLOGÍA

14 sangre y leche: Mármol rojo con grandes manchas blancas. — GEOLOGÍA

15 a primera sangre: Se refiere al duelo o desafío que debía terminar cuando era herido uno de los contendientes: *se batieron en duelo a primera sangre.* — loc.adj.

16 a sangre caliente: De forma irreflexiva, movido por la venganza o la cólera: *decidió dimitir a sangre caliente.* — loc.adv.

17 a sangre fría: Con premeditación y cálculo: *disparó a sangre fría sobre la multitud.* — loc.adv.

18 a sangre y fuego: Sin detenerse a considerar el daño o los perjuicios que pueda causar: *la reconquista de la ciudad se hizo a sangre y fuego.* — loc.adv.

19 bajársele o írsele a una persona la sangre a los talones o a los zancajos: Sentir mucho miedo o tener un gran susto: *al verla en el suelo se me bajó la sangre a los talones.* — coloquial

20 beber la sangre a una persona: Sentir mucho odio hacia una persona y tener deseos de vengarse de ella. — coloquial

21 brotar sangre: Ser una pasión o sentimiento muy intenso: *la ira que siente hacia él brota sangre.* — coloquial

22 bullirle, hervirle o arderle a alguien la sangre: 1. Tener el vigor y la lozanía propia de la juventud: *a sus años todavía le bulle la sangre.* 2. Apasionarse, acalorarse: *me hierve la sangre cuando oigo estas estupideces.* — coloquial / coloquial

23 chorrear sangre: Ser una cosa muy injusta o muy grave: *todos sabemos que este despido chorrea sangre.* — coloquial

24 chupar la sangre a una persona: Abusar o aprovecharse de una persona, en especial de sus bienes. — coloquial

25 correr la sangre: Llegar a herirse en una riña: *se pelearon, pero no corrió la sangre.* — coloquial

26 dar la sangre de sus venas: Sacrificar una persona todo por un empeño o afecto: *le quiero tanto que daría la sangre de mis venas.* — coloquial

27 encender, freír, pudrir, quemarle o revolverle la sangre: Disgustar o enfadar a una persona hasta impacientarla o exasperarla: *es tan maleducado que me enciende la sangre.* — coloquial

28 escribir con sangre: Escribir con mucha saña. — coloquial

29 escupir o vomitar sangre: Presumir de noble y jactarse de ser caballero. — coloquial

30 escupir sangre en bacín de oro: Tener poco contento con mucha riqueza. — coloquial

31 estar chorreando sangre algo: Acabar de suceder o ser muy reciente: *tengo una noticia que todavía está chorreando sangre.* — coloquial

32 haber mucha sangre: Haber sido una contienda o batalla muy reñida. — coloquial

33 hacerse mala sangre: Sentir enfado o incomodidad y no poder remediar las causas. — coloquial

34 hacerse sangre: Causarse una herida leve: *se cayó y se hizo sangre en la rodilla.* — coloquial

35 helársele a alguien la sangre en las venas: Quedarse una persona muy impresionada: *al saber la mala noticia se le heló la sangre.* — coloquial

36 llevar o tener algo en la sangre: Ser una cosa innata o hereditaria: *lleva la bondad en la sangre.* — coloquial

37 no llegar la sangre al río: No tener consecuencias graves en una pelea, disputa o discusión: *siempre me peleo con mi novio, pero nunca llega la sangre al río.* — coloquial

38 no tener sangre en las venas: Ser muy calmoso e indolente: *nunca se altera, no tiene sangre en las venas.* — coloquial

39 pedir sangre: Exigir venganza: *tu traición pide sangre.* — coloquial

40 quedarse sin sangre: Sentir mucho miedo o llevarse un gran susto: *cuando vi a los atracadores me quedé sin sangre.* — coloquial

41 sacar sangre: Lastimar, hacer daño. — coloquial

42 subírsele a una persona la sangre a la cabeza: Perder la serenidad, irritarse: *se le subió la sangre a la cabeza y empezó a gritar como un loco.* — coloquial

43 sudar sangre: Hacer un gran esfuerzo para conseguir una cosa: *sudó sangre para sacar adelante a su familia.*

44 tener sangre de horchata: Tener un comportamiento apático o pusilánime.

45 tomar la sangre: Contener o parar la que fluye de una herida. — coloquial

46 verter sangre: Tener una persona el rostro muy colorado o encendido: *cuando se irrita vierte sangre.* — coloquial

sangregorda Se aplica a la persona que actúa con mucha tranquilidad o sosiego. — adj./s.m.f. = cachazudo

sangría
1 Acción y resultado de sangrar o sacar sangre a una persona con fines terapéuticos. — s.f.
2 Acción y resultado de sangrar un renglón. — ARTES GRÁFICAS
3 Gasto, fraude o hurto hecho poco a poco: *tus hijos son una sangría porque les consientes todos los caprichos.* — = ruina
4 Bebida refrescante hecha con agua, vino, azúcar, limón y otras frutas y especias.
5 Corte hecho en un árbol para que fluya la resina.
6 Parte de la articulación del brazo opuesta al codo. — = sangradura
7 Chorro de metal que sale en los hornos de fundición. — METALURGIA
8 Salida que se da a las aguas de un río o canal. — = desagüe

sangriento, a ⟨Del lat. vulgar *sanguinentus*.⟩
1 Que echa sangre: *se hizo una gran herida sangrienta en la frente.* — adj. = sangrante
2 Que está manchado o mezclado con sangre: *escondió las sábanas sangrientas para que la policía no lo acusara.* — = sanguinolento
3 Que es cruel y goza con el derramamiento de sangre: *han detenido al sangriento asesino.* — = atroz, sanguinario
4 Que causa un derramamiento de sangre: *la banda terrorista se ha responsabilizado de este atentado sangriento.* — = cruento ≠ incruento
5 Que ofende de forma grave: *fue víctima de una injuria sangrienta.* — = insultante
6 Que tiene el color de la sangre. — literario

sangriligero, a Se aplica a la persona que inspira simpatía. — adj. Amér. Central

sangripesado, a Se aplica a la persona que causa antipatía. — adj. Amér. Central

sangriza Menstruación, flujo de sangre procedente de la cavidad uterina. — s.f./FISIOLOGÍA = regla

sangrón, a Que es antipático, odioso: *su novio es un sangrón, no lo soporto.* — adj. Méx./coloquial

sanguaraña
1 Circunloquio, rodeo para decir una cosa. — s.f./Ecuad., Perú
2 Baile popular. — Perú

sanguaza
1 Sangre corrompida. — s.f./tb: sangraza
2 Líquido rojo que desprenden algunas frutas y legumbres. — BOTÁNICA

sangüesa Frambuesa, fruto agridulce comestible. — s.f./BOTÁNICA

sangüeso Frambueso, arbusto espinoso parecido a la zarza. — s.m. BOTÁNICA

sanguífero, a ⟨Del lat. *sanguis*, sangre + *ferre*, llevar.⟩ Que contiene sangre. — adj. = sanguíneo

sanguificación Conversión de la sangre negra o venosa en roja o arterial por oxidación de la hemoglobina. — s.f. FISIOLOGÍA

sanguificar ⟨Del lat. *sanguis*, sangre + *facere*, hacer.⟩ Hacer que un organismo produzca más sangre. — v.tr. conj: sacar

sanguijuela ⟨Del lat. vulgar *sanguisugiola*.⟩
1 Gusano anélido de cuerpo negro y aplastado, dotado de una ventosa bucal que utiliza para succionar sangre de los animales a los que se agarra y que se usó en medicina para sangrar a los enfermos. — s.f. ZOOLOGÍA tb: sanguisuela, sanguja
2 Persona que poco a poco se gasta o se apodera de los bienes de otra: *este niño mimado es la sanguijuela de la familia.* — coloquial

sanguijuelero, a Persona que se dedicaba a coger, vender o aplicar sanguijuelas. — s. tb: sanguijolero

sanguina
1 Lápiz rojo en forma de barrita hecho con hematites. — s.f.
2 Dibujo hecho con este lápiz.
3 Variedad de la naranja que da un zumo de color rojo. — BOTÁNICA
4 Hematites roja. — MINERALOGÍA

sanguinaria
1 Piedra parecida a la ágata, de color rojo, a la que se atribuía la propiedad de contener las hemorragias. — s.f. MINERALOGÍA
2 **sanguinaria mayor:** Centinodia, planta poligonácea medicinal. — BOTÁNICA
3 **sanguinaria menor:** Nevadilla, planta herbácea usada como refrescante y para usos medicinales. — BOTÁNICA

sanguinario, a ⟨Del lat. *sanguinarius*.⟩ Que es cruel, vengativo y disfruta matando o hiriendo: *el asesinato múltiple fue cometido por una persona muy sanguinaria.* — adj. = sangriento

sanguíneo, a ⟨Del lat. *sanguineus*.⟩
1 De sangre o que tiene relación con ella: *transfusión sanguínea; célula sanguínea.* — adj. tb: sanguino

2 Que contiene sangre: *vasos sanguíneos.* = sanguífero
3 De color rojo, como el de la sangre. = sanguinolento
4 Se refiere al temperamento humano que es propen- = iracundo
so a la ira y que se manifiesta físicamente mediante
la congestión de la sangre.

sanguino, a (Del fr. *sanguin.*)
1 De la sangre. adj.
2 Se refiere a una variedad de naranja que tiene la adj/s.f.
pulpa de color rojizo. BOTÁNICA
3 Aladierna, planta arbustiva. s.m./BOTÁNICA
4 Cornejo, planta arbustiva. BOTÁNICA

sanguinolencia Cualidad de sanguinolento. s.f.

sanguinolento, a (Del lat. *sanguinolentus.*)
1 Que echa sangre: *primero curaré la herida sanguino-* adj.
lenta. = sangriento
2 Que está manchado o mezclado con sangre: *llegó* = ensangrentado
llorando y con las ropas sanguinolentas.
3 Se aplica al ojo que presenta numerosas venillas ro- = inyectado
jas: *las lentillas te han dejado los ojos sanguinolentos.*

sanguis (Del lat. *sanguis,* sangre.) Vino transformado s.m./pl: sanguis
en la sangre de Cristo, en la religión cristiana. RELIGIÓN

sanguisorba Planta herbácea rosácea de flores ver- s.f.
duscas, purpúreas o blanquecinas. *(Sanguisorba.)* BOTÁNICA

sanguisuela Sanguijuela, gusano anélido que se ali- s.f.
menta de sangre. ZOOLOGÍA

sanícula Planta herbácea umbelífera, con hojas ver- s.f.
des y anchas, flores pequeñas, blancas o rojizas y fru- BOTÁNICA
to seco, que crece en los lugares frescos y se ha usado en medicina para curar llagas o heridas. *(Sanicula.)*

sanidad (Del lat. *sanitas, -atis.*)
1 Conjunto de servicios dedicados a proteger la salud s.f.
pública de los habitantes de un país: *aumenta el presu-*
puesto destinado a la sanidad.
2 Cualidad de salubre o saludable. = salubridad
3 Cualidad de lo que es o está sano. = salud
4 sanidad exterior: La que tiene sus servicios en las
costas y fronteras.
5 sanidad interior: La que tiene sus servicios dentro
del país.
6 sanidad marítima: Parte de la exterior cuyos orga- NÁUTICA
nismos radican en los puertos y se relaciona con la
navegación.
7 sanidad militar: Cuerpo sanitario que atiende a los MILITAR
componentes del ejército.
8 en sanidad: Gozando de buena salud. loc.adv.

sanidina (Del gr. *sanis, -iolos,* tabla.) Variedad de la s.f.
ortosa cuyos cristales, de aspecto vítreo y resquebra- MINERALOGÍA
jado, se hallan en algunas rocas volcánicas.

sanies Líquido seroso sin pus propio de algunas úlce- s.f./pl: sanies
ras malignas. MEDICINA

sanioso, a De la sanies. adj./MEDICINA

sanitario, a
1 Que tiene relación con la sanidad: *se está exigiendo* adj.
una reforma sanitaria.
2 Se aplica a los aparatos de higiene instalados en adj/s.m.pl.
cuartos de baño, como la bañera, el lavabo, el inodoro o el bidet.
3 Empleado de la sanidad civil, o miembro del cuer- s.
po de sanidad militar.
4 Retrete o letrina. s.m./Colomb.

sanjacado Territorio del imperio turco, gobernado s.m.
por un sanjaco o gobernador. HISTORIA

sanjaco Gobernador de un territorio del imperio turco. s.m./HISTORIA

sanjuanada (De san *Juan* Bautista.)
1 Fiesta popular, por lo general campestre, que se ce- s.f.
lebra alrededor del veinticuatro de junio, fiesta de
este santo.
2 Días próximos al veinticuatro de junio, fiesta de
este santo.

sanjuanero, a (De san *Juan* Bautista.)
1 Se aplica a la fruta que madura por las fechas de las adj./tb: sanjuaneño
fiestas de este santo. AGRICULTURA
2 Se refiere al árbol que produce esta fruta. AGRICULTURA

sanjuanista (De la orden militar de san *Juan* de Jeru- adj/s.m.f.
salén.) Que pertenece a esta orden militar. MILITAR

sanmartín (De san *Martín.*)
1 Época próxima a la fiesta de este santo, once de s.m.
noviembre, en que suele hacerse la matanza del = sanmartinada
cerdo.
2 Matanza del cerdo.
3 llegar o venirle a alguien su sanmartín: Se usa coloquial
para indicar que ya llegará el día en que sufra el que
ahora está feliz y satisfecho.

sanmartinada (De san *Martín.*) Época en la que sue- s.f.
le hacerse la matanza del cerdo. = sanmartín

sanmartiniano, a (De José de San *Martín,* general adj.
argentino.) De este general argentino.

sanmiguelada (De san *Miguel.*) Últimos días de sep- s.f.
tiembre, próximos a la festividad de este santo, en
que, por tradición, terminan algunos contratos de
arrendamiento de tierras.

sanmigueleño, a (De san *Miguel.*)
1 Se aplica a la fruta que madura por la época de la adj.
festividad de este santo. AGRICULTURA
2 Se refiere al árbol que produce esta fruta. AGRICULTURA

sano, a (Del lat. *sanus.*)
1 Que tiene buena salud: *con una buena alimentación* adj/s.
crecerás fuerte y sano. ≠ enfermizo
2 Que es bueno para la salud: *sigo una dieta sana; fu-* = saludable
mar no es sano. ≠ insano
3 Se aplica a la planta que no está dañada: *después de* = bueno
la tormenta quedaron pocos perales sanos. ≠ podrido
4 Que no está roto ni estropeado: *no quedó ni un plato* = entero
sano después de la mudanza.
5 Que no tiene malicia: *leer es un vicio sano; tenemos* = inocente
una juventud sana. ≠ vicioso
6 Que influye de modo favorable a una persona: *reci-* = positivo
bí una educación moderna y sana. ≠ perjudicial
7 Que es noble o de buena intención. = honesto
8 cortar por lo sano: Zanjar un asunto por procedi- coloquial
mientos expeditivos: *decidió cortar por lo sano y la des-*
pidió.
9 sano y salvo: Que no ha sufrido ningún daño: *los* loc.adj.
alpinistas volvieron sanos y salvos de la arriesgada expe-
dición.

sanroqueño, a (De san *Roque.*)
1 Se refiere a la fruta que madura por los días de la adj.
celebración de la fiesta de este santo. AGRICULTURA
2 Se aplica al árbol que produce esta fruta. AGRICULTURA

sanscritismo Conjunto de disciplinas que tienen por s.m.
objeto el conocimiento del sánscrito. LINGÜÍSTICA

sanscritista Persona dedicada al estudio de la len- s.m.f.
gua, literatura o cultura sánscrita.

sánscrito, a Se aplica a la lengua sagrada y literaria adj/s.m.
de la civilización brahmánica, perteneciente a la fa- LINGÜÍSTICA
milia de lenguas indoeuropeas, y a los libros escritos
en esta lengua.

sans-culotte Revolucionario que pertenecía a la cla- s.m.
se social popular, durante la Revolución francesa. HISTORIA

¡sanseacabó! Expresión usada para indicar que una interj.
cosa ha terminado o se da por zanjada: *no quiero ir y* coloquial
sanseacabó; ¡sanseacabó el trabajo!

sansimoniano, a
1 Del sansimonismo. adj./POLÍTICA
2 Que profesa el sansimonismo. adj./s./POLÍTICA

sansimonismo (De *Saint-Simon,* filósofo francés.) s.m.
Doctrina política y social de dicho filósofo, según la POLÍTICA
cual cada uno debe ser clasificado y remunerado según su capacidad y su trabajo.

sansirolé Bobalicón, persona de corto entendimien- s.m.f.
to: *es un sansirolé que se cree todo lo que dicen.* tb: sansirolé

sansón (De *Sansón,* juez de Israel.) Persona de mucha s.m.
fuerza: *sólo un sansón puede mover este inmenso baúl.*

santabárbara
1 Pañol o compartimento de un barco que se destina s.f.
al transporte de la pólvora y de las municiones. NÁUTICA
2 Cámara de la embarcación que comunica con este NÁUTICA
compartimento.

santacrucero, a
1 De Santa Cruz de Tenerife, ciudad del archipiélago adj.
canario. tb: santacruceño
2 Persona natural de esta ciudad. s.

santaláceo, a Perteneciente a una familia de plantas adj/s.f.
angiospermas dicotiledóneas, herbáceas o leñosas, de BOTÁNICA
hojas gruesas alternas, flores pequeñas, sin pétalos y
fruto en drupa, por lo general, como el sándalo.

santalal Perteneciente a un orden de plantas dicotile- adj/s.f.
dóneas, de flores cíclicas y con una única envuelta BOTÁNICA
floral.

santamente
1 Con santidad. adv.
2 De forma sencilla.
3 De manera correcta: *has hecho santamente en no ir.*

santanderino, a
1 De Santander, ciudad española, capital de Canta- adj.
bria. = santanderiense
2 Persona natural de esta ciudad española. s.

santanita Mariquita, insecto coleóptero. s.f./ZOOLOGÍA

santateresa Insecto de tamaño medio, con el tórax s.f.
largo y las antenas delgadas y con fuertes espinas en ZOOLOGÍA
sus patas anteriores, que le sirven para sujetar las
presas de las que se alimenta y cuya hembra suele
devorar al macho después de la cópula. *(Mantis religiosa.)*

santería
1 Expresión exagerada y afectada de los sentimientos s.f.
religiosos. = beatería
2 Tienda de objetos religiosos. Amér./COMERCIO

3 Conjunto de prácticas que ejercen los brujos y las brujas. — *Cuba* / OCULTISMO

santero, a
1 Se aplica a la persona que rinde un culto exagerado o supersticioso a las imágenes religiosas. — adj/s. / = beato
2 Persona que cuida de un santuario o ermita. — s.
3 Persona que pide limosna y lleva de casa en casa la imagen de un santo y la deja durante cierto tiempo en cada una.
4 Persona que esculpe, pinta y vende imágenes de santos.

santiago (De *Santiago* de Compostela, ciudad de Galicia.) Tela de mediana calidad fabricada en dicha ciudad. — s.m. / TEXTIL

santiagués, a
1 De Santiago de Compostela, ciudad de la provincia de La Coruña, en Galicia. — adj.
2 Persona natural de esta ciudad gallega. — s.

santiaguino, a
1 De Santiago de Chile, capital de Chile. — adj.
2 Persona natural de esta ciudad. — s.

santiaguista (De la orden militar de *Santiago*.) Que pertenece a esta orden militar. — adj/s.m.f.

santiamén Se usa en la expresión **en un santiamén** para indicar en un segundo, con mucha rapidez: *en un santiamén te preparo unas hierbas*. — loc.adv. / = en un decir amén

santidad
1 Cualidad de santo. — s.f./RELIGIÓN
2 **su o vuestra santidad**: Tratamiento honorífico que se da al máximo mandatario de la Iglesia católica: *su santidad visita hoy el orfelinato*. — RELIGIÓN

santificable Que merece ser santificado. — adj./RELIGIÓN

santificación Acción y resultado de santificar. — s.f./RELIGIÓN

santificador, a Que santifica. — adj/s./RELIGIÓN

santificar (Del bajo lat. *sanctificare*.)
1 Hacer a una persona santa por medio de la gracia divina, convirtiéndola en objeto de culto religioso: *santificaron a la monja misionera*. — v.tr/conj: *sacar* / RELIGIÓN
2 Dedicar una cosa a Dios: *los católicos santifican las fiestas*. — RELIGIÓN
3 Hacer una cosa venerable por la presencia o el contacto con lo que es santo: *sus buenas obras le santificaron*. — RELIGIÓN
4 Dar culto a los santos o a las cosas santas. — RELIGIÓN
5 Celebrar las festividades religiosas. — RELIGIÓN
6 Exponer causas o motivos para disculpar o justificar a una persona: *su padre lo santificó; se santificó delante del jefe*. — v.tr/prnl. / coloquial

santificativo, a Que tiene virtud o facultad de santificar. — adj./RELIGIÓN

santiguadera
1 Acción de santiguar con superstición haciendo cruces sobre una persona. — s.f.
2 Mujer que hace estas cruces. — tb: santiguadora

santiguador, a Persona que santigua a otra de forma supersticiosa y diciendo ciertas oraciones. — adj./fem. / tb: santiguadora

santiguamiento Acción y resultado de santiguar o santiguarse. — s.m. / RELIGIÓN

santiguar (Del bajo lat. *sanctificare*.)
1 Hacer la señal de la cruz sobre una persona o sobre uno mismo ante una imagen o un símbolo sagrado, o como señal de protección: *se santigua cada mañana antes de salir de casa*. — v.tr/prnl. / conj: *aguar* / RELIGIÓN / = persignar
2 Hacer cruces sobre una persona de forma supersticiosa y diciendo ciertas oraciones. — v.tr.
3 Golpear a una persona: *me santiguó con el puño*. — coloquial
4 Mostrar una persona extrañeza, asombro o escándalo: *al ver el lujo de la nueva casa se santiguó*. — v.prnl. / coloquial

santiguo Acción de santiguar o santiguarse. — s.m.

santimonia (Del lat. *sanctimonia*.) Planta herbácea compuesta, de flores muy vistosas, que se cultiva en los jardines y procede de oriente. (*Chrisentemum corona-rium*.) — s.f. / BOTÁNICA

santísimo, a
1 Se aplica al papa como tratamiento honorífico. — adj./RELIGIÓN
2 **el Santísimo**: Cristo en la eucaristía. — RELIGIÓN
3 **descubrir o manifestar el Santísimo**: Exponerlo a la pública adoración de los fieles. — RELIGIÓN
4 **hacerle la santísima**: Mortificar a una persona, causarle molestias.

santo, a (Del lat. *sanctus*.)
1 Que es perfecto y libre de toda culpa: *Dios es santo*. — adj.
2 Se aplica a la persona que por sus cualidades o acciones ha sido canonizada por la Iglesia católica: *siempre reza a santa Clara*. — adj/s. / RELIGIÓN
3 Se refiere a la persona que es de especial virtud o ejemplo: *nunca se queja ante las adversidades, es una santa*. — RELIGIÓN
4 Se refiere a la persona que está consagrada a Dios o vive conforme a su ley: *lleva una vida santa; la iglesia es santa*. — adj. / RELIGIÓN

5 Que es sagrado e inviolable: *el cementerio es un lugar santo*.
6 Que es provechoso: *santo remedio; hierba santa*. — coloquial
7 Se usa para enfatizar el significado del nombre al que acompaña: *hizo su santa voluntad*. — coloquial
8 Imagen que representa a una persona canonizada por la Iglesia católica: *sacaron al santo en procesión*. — s.m. / RELIGIÓN
9 Grabado que ilustra una publicación. — = viñeta
10 Día del año que celebran algunas personas por coincidir su nombre con el del santo que la Iglesia católica ha asignado a aquella fecha. — = onomástica
11 Se aplica a los seis días en los que los católicos rememoran la pasión y la muerte del hijo de Dios: *hoy es jueves santo*. — adj. / RELIGIÓN
12 **santo de pajares**: Persona de cuya santidad no se puede fiar. — coloquial
13 **santo y seña**: Contraseña que permite reconocer a quien la pide: *el centinela me pidió el santo y seña*. — MILITAR
14 **Todos los Santos**: Fiesta que se celebra el uno de noviembre en honor de todas aquellas personas canonizadas o beatificadas que no tienen una festividad particular. — RELIGIÓN
15 **alzarse o cargar una persona con el santo y la limosna o y la cera**: Quedarse una persona con todo, lo suyo y lo ajeno. — coloquial
16 **a santo de qué**: Con qué motivo: *¿a santo de qué me contestas con este desprecio?* — loc.adv.
17 **comerse alguien los santos**: Extremar una persona la devoción en las prácticas religiosas. — coloquial
18 **dar alguien con el santo en tierra**: Dejar caer lo que lleva. — coloquial
19 **desnudar a un santo para vestir a otro**: Quitar una cosa a una persona o de algún sitio donde todavía hace falta para darla a otra o ponerla en otro lugar. — coloquial
20 **encomendarse alguien a buen santo**: Buscar una buena ayuda para salir de un gran peligro o para conseguir una cosa muy difícil. — coloquial
21 **írsele a alguien el santo al cielo**: Olvidarse una persona de lo que iba a decir o de lo que tenía que hacer: *no te he llamado porque se me ha ido el santo al cielo*. — coloquial
22 **llegar y besar el santo**: Conseguir una cosa al primer intento: *llevo todo el día intentando arreglarlo y él llegó y besó el santo*. — coloquial
23 **no ser santo de la devoción de alguien**: Desagradar una persona a otra o no inspirarle confianza: *ya sabes que tu marido no es santo de mi devoción*. — coloquial
24 **por todos los santos o todos los santos del cielo**: Se usa para rogar encarecidamente una cosa: *¡por todos los santos, apaga la televisión de una vez!* — coloquial
25 **quedarse para vestir santos**: Quedarse soltera una mujer: *tuvo muchos pretendientes, pero al final se quedó para vestir santos*. — coloquial
26 **tener el santo de cara o de espaldas**: Tener buena o mala suerte: *no te quejes, que siempre tienes el santo de cara*. — coloquial

santón
I (Derivado de *santo*.)
1 Persona muy respetada e influyente en una colectividad determinada: *si lo criticas serás mal visto, porque es el santón del grupo*. — s.m. / = pope
2 Persona hipócrita que aparenta santidad. — = santurrón
3 Anacoreta de alguna religión no cristiana, en especial de la mahometana. — RELIGIÓN
II (Del lat. *santones*.)
1 De un antiguo pueblo celta, que habitaba en Santonia, hoy Saintonge, comarca de la Galia occidental. — adj. / HISTORIA
2 Persona natural de este antiguo pueblo. — s./HISTORIA

santónico, a (Del lat. *santonicus*.)
1 De los santones, antiguo pueblo celta. — adj.
2 Planta perenne compuesta, con tallo ramoso, hojas blanquecinas y flores pequeñas cuyas cabezuelas se usan en medicina por sus propiedades vermífugas. (*Artemisia coerulescens*). — s.m. / BOTÁNICA
3 Cabezuela de esta planta. — BOTÁNICA
4 Cabezuela de diversas especies de plantas con propiedades vermífugas muy enérgicas. — BOTÁNICA

santonina Sustancia neutra, cristalizable, incolora y amarga que se obtiene del santónico y se usa en medicina como vermífugo. — s.f. / BOTÁNICA, FARMACIA

santoral
1 Lista de los santos cuya festividad conmemora la Iglesia católica en cada uno de los días del año: *consulté el santoral para saber qué día era tu santo*. — s.m. / RELIGIÓN
2 Libro que contiene vidas de santos reconocidos por la Iglesia católica. — RELIGIÓN / = hagiografía
3 Libro de coro que contiene, puestos en canto llano, las introducciones y breves pasajes de los oficios de los santos reconocidos por la Iglesia católica. — RELIGIÓN

santuario (Del lat. *sanctuarium*.)
1 Templo, situado por lo general fuera de las poblaciones, en que se venera la imagen o reliquia de un santo: *visitamos un santuario dedicado al patrón de la ciudad*. — s.m. / RELIGIÓN / = ermita

2 Lugar sagrado. = templo
3 Lugar o edificio en que una persona encuentra protección: *aquella cueva era el santuario de los terroristas.* = asilo
4 Lugar que por alguna circunstancia merece respeto o consideración: *Hollywood es el santuario del cine.* = paraíso

santurrón, a (Del fr. ant. *santoron* < lat. *sanctorum*, de los santos.)
1 Se refiere a la persona que exagera los actos de devoción. adj/s.
= santucho
2 Que tiene una devoción hipócrita o falsa. = gazmoño

santurronería Actitud santurrona, falsa o exageradamente devota: *mucha santurronería, pero tiene vicios como todo el mundo.* s.f.
= beatería

saña
1 Insistencia cruel en el daño que se causa: *golpeaba a su víctima con saña.* s.f./≠ clemencia, piedad
2 Expresión vigorosa de enfado o ira que se manifiesta en la realización de cualquier acto: *tenía tal saña que no controlaba lo que decía.* = furia, rabia

sañudo, a Que tiene saña o actúa con crueldad. adj./= sañoso

sao (Voz indígena antillana.)
1 Labiérnago, arbusto oleáceo. s.m./BOTÁNICA
2 Pradera con montes de arbolado y algunos matorrales o maleza. Cuba

sapaneco, a Que es bajo y rechoncho. adj./Hond.

sapenco Caracol terrestre común, de pequeño tamaño y color claro con rayas pardas transversales. *(Cepaea.)* s.m.
ZOOLOGÍA

sápido, a Se aplica a la sustancia que tiene algún sabor. adj.
≠ insípido

sapiencia (Del lat. *sapientia.*) Sabiduría, conjunto de conocimientos adquiridos por estudio o a través de la experiencia. s.f.
culto

sapiencial
1 De la sabiduría. adj.
2 Se aplica a los libros bíblicos de contenido didáctico y doctrinal. LITERATURA, RELIGIÓN

sapiente (Del lat. *sapiens, -tis.*) Que tiene muchos conocimientos. adj/s.m.f.
= sabio

sapillo Tumor blando que se desarrolla bajo la lengua. s.m.
MEDICINA

sapina Salicor, planta que crece en los saladares. s.f./BOTÁNICA

sapindáceo, a (Derivado del lat. moderno *sapindus.*) Perteneciente a una familia de plantas dicotiledóneas y tropicales, como el jaboncillo. adj/s.f.
BOTÁNICA

sapino Abeto, árbol conífero de alta montaña. s.m./BOTÁNICA

sapo
1 Anfibio anuro que se alimenta de insectos, tiene el cuerpo rechoncho, la piel verrugosa y los ojos saltones. *(Bufo.)* s.m.
ZOOLOGÍA
2 Bicho, animal cuyo nombre se ignora. coloquial
3 Persona gruesa, torpe o fofa. despectivo
4 Mancha o tara en el interior de las piedras preciosas. Chile
5 Juego de la rana. Amér. Merid.
6 Acto casual, chiripa. Chile
7 Pez pequeño de cabeza grande y boca muy hendida, que habita en la desembocadura de los ríos. *(Bufo calamita.)* Cuba
ZOOLOGÍA
8 Vagina o vulva, órgano sexual femenino. Bol.
9 **sapo corredor:** El de menor tamaño que presenta una raya amarilla en el dorso. *(Bufo calamita.)* ZOOLOGÍA
10 **sapo de espuelas:** El de grandes ojos, pupilas verticales y un saliente, a modo de espolón, en las patas traseras. *(Pelobates fuscus.)* ZOOLOGÍA
11 **sapo marino:** Pejesapo, pez teleósteo. ZOOLOGÍA
12 **sapo partero:** El de pequeño tamaño que transporta sobre el dorso y las ancas los huevos puestos por la hembra hasta su eclosión. *(Alytes cisternasii.)* ZOOLOGÍA
13 **echar sapos y culebras:** 1. Decir tonterías o desatinos. 2. Proferir con ira juramentos y blasfemias. coloquial
coloquial
14 **pisar el sapo:** 1. Se aplica a la persona perezosa cuando se levanta de la cama: *ten cuidado, que vas a pisar el sapo.* 2. No atreverse a hacer alguna cosa por miedo a las consecuencias. coloquial
coloquial
15 **ser sapo de otro pozo:** Pertenecer a otra clase, medio social o esfera laboral. Argent.
16 **tragarse un sapo:** Verse obligada una persona a aceptar una situación desagradable. Argent.

sapo, a Que es disimulado y astuto. adj./Chile

sapo- Componente de palabra procedente del lat. *sapo, -onis,* que significa jabón: *saponáceo.* pref.

saponáceo, a De la naturaleza del jabón. adj.

saponaria Jabonera, planta herbácea cuya raíz hace una espuma que se usa como jabón. s.f.
BOTÁNICA

saponificable Que se puede saponificar o convertir en jabón: *grasa saponificable.* adj.

saponificación
1 Acción y resultado de saponificar o saponificarse. s.f.

2 Proceso químico por el que las grasas se transforman en jabón por la acción de una base en sal de ácido graso y en glicerina. QUÍMICA

saponificar (Del lat. *sapo, -onis,* jabón + *facere,* hacer.)
1 Convertir un cuerpo graso en jabón mediante un proceso químico: *los cuerpos grasos se saponifican; saponificar aceites.* v.tr./prnl.
conj. sacar
QUÍMICA
2 Descomponer un éster o compuesto orgánico por la acción de una base. v.tr.
QUÍMICA

saponina Glucósido contenido en la jabonera y en otras plantas, que forma espuma con el agua. s.f.
BIOQUÍMICA

saponita Silicato hidratado natural de magnesio y de aluminio, de color blanquecino y untuoso al tacto. s.f.
MINERALOGÍA

sapotáceo, a Perteneciente a una familia de plantas dicotiledóneas, gamopétalas y tropicales, como el zapote y el ácaria. adj/s.f.
BOTÁNICA

sapote (Del azteca *tzapotl.*) Zapote, árbol americano de fruto parecido a la manzana. s.m.
BOTÁNICA

sapro- Componente de palabra procedente del gr. *sapros,* que significa podrido: *saprofito.* pref.

saprófago, a (Del gr. *sapros,* podrido + *phago,* comer.) Se aplica al animal que se alimenta de materia orgánica en putrefacción. adj/s.m.
ZOOLOGÍA

saprofitismo Modo de vida de los saprófitos. s.m./BIOLOGÍA

saprófito, a (Del gr. *sapros,* podrido + *phyton,* planta.)
1 Se aplica a la planta u otro organismo que extrae su alimento de materias orgánicas en descomposición: *muchos hongos son saprófitos.* adj/s.m.
BIOLOGÍA
th: saprofito
2 Se aplica al microbio que vive en un organismo sin interferir su funcionamiento normal, en especial los que viven en el tubo digestivo, y se nutre de materias en putrefacción. adj.
BIOLOGÍA
≠ patógeno

saprozoico, a Se refiere a los animales que se alimentan de sustancias orgánicas muertas o en descomposición, y a este tipo de alimentación. adj.
BIOLOGÍA

saque
1 Acción de sacar. s.m.
2 Puesta en movimiento o en juego del balón o la pelota desde un punto determinado del terreno de juego. DEPORTES
3 Raya o punto del terreno de juego desde el que se saca el balón o la pelota. DEPORTES
4 Capacidad para comer mucho: *todas las bodas son un buen momento para mostrar el saque.* coloquial
5 **saque de banda:** El que se realiza desde la banda del terreno de juego, en el fútbol y otros deportes. DEPORTES
6 **saque de centro:** El que se hace desde el punto central del terreno al comenzar el partido o después de marcar un gol, en algunos deportes. DEPORTES
7 **saque de esquina:** El que se hace desde una esquina del campo de fútbol por haber salido el balón cruzando la línea de meta y haber sido tocado por un jugador del bando defensor. DEPORTES
= córner
8 **tener buen saque:** Ser capaz de comer mucho: *prepara mucha comida porque mis amigos tienen buen saque.* coloquial

saqueador, a Que saquea. adj/s.

saqueamiento Acción y resultado de saquear. s.m./= saqueo

saquear (Del ital. *saccheggiare.*)
1 Coger las tropas lo que encuentran en un lugar haciendo uso de la violencia: *los soldados saquearon todas las casas del pueblo.* v.tr.
MILITAR
2 Coger la totalidad o la mayor parte de una cosa guardada en un lugar: *los chavales me saquearon los bombones de la caja.* coloquial
= desvalijar

saqueo Acción y resultado de saquear: *todo esto se obtuvo en el saqueo de la ciudad.* s.m.
= saqueamiento

saquera Se aplica a la aguja grande que se usa para coser sacos. adj.

saquería
1 Fabricación de sacos. s.f.
2 Conjunto de sacos: *en el granero está la saquería de trigo.* th: saquerío

saquero, a Persona que por oficio hace o vende sacos. s.

saquete Envoltura en que se empaqueta la carga del cañón. s.m.

saquilada Cantidad de cualquier cosa llevada en un saco sin llenarlo: *me vendió una saquilada de harina.* s.f.

saragüete Fiesta popular casera. s.m.

sarampión (Del lat. vulgar *sirimpio, -onis.*) Enfermedad contagiosa que se caracteriza por síntomas catarrales en el comienzo, fiebre y la aparición en la piel de gran cantidad de pequeñas manchas rojas. s.m.
MEDICINA

sarandí Planta arbustiva euforbiácea, de ramas largas y flexibles que crece en las márgenes de arroyos y ríos. *(Phyllantus zizyphoides.)* s.m.
Argent.
BOTÁNICA

sarao (Del gallego *serao* < lat. *sero,* tarde.)
1 Fiesta nocturna con bailes y música para divertirse: *montaremos un sarao para celebrar tu cumpleaños.* s.m./coloquial
= juerga

2 Situación ruidosa producida por un grupo de gente que se divierte, discute o pelea: *unos chicos montaron tal sarao en la calle que no pude dormir.*
coloquial = follón, jaleo

sarape Poncho de lana o algodón, por lo general con franjas de colores vivos.
s.m. Méx., Guat.

sarapico Zarapito, ave carádrida.
s.m./ZOOLOGÍA

sarasa Hombre homosexual o afeminado.
s.m./coloquial

saraviado, a Se aplica a las aves moteadas.
adj./Colomb. Venez.

sarazo, a
1 Se aplica al fruto o a la planta que empieza a madurar, en especial al maíz.
adj./Colomb., Méx., Cuba, Venez.
2 Se refiere al coco maduro o a su agua.
P. Rico

sarcasmo (Del lat. *sarcasmus* < gr. *sarcasmos*.)
1 Ironía o burla cruel, en especial la dirigida contra una persona o una cosa: *con todo el sarcasmo lo criticó delante de sus compañeros.*
s.m. = mordacidad
2 Figura retórica que consiste en emplear la ironía o la burla.
RETÓRICA

sarcástico, a
1 Que implica sarcasmo: *palabras sarcásticas; risa sarcástica.*
adj.
2 Que se expresa o tiende a expresarse con sarcasmos: *habla claro y no seas tan sarcástico.*
adj./s. = mordaz

sarcía (Del lat. *sarcina*.) Conjunto de fardos que componen una carga.
s.f. = fardaje

sarco- Componente de palabra procedente del gr. *sarx, sarkos,* que significa carne: *sarcoma.*
pref.

sarcocarpio (Del gr. *sarx, sarkos,* carne + *karpos,* fruto.) Parte carnosa o mesocarpio de algunos frutos, como la ciruela o el melocotón.
s.m. BOTÁNICA

sarcocele (Del gr. *sarx, sarkos,* carne + *kele,* tumor.) Tumor duro y crónico del testículo.
s.m. MEDICINA

sarcocola (Del gr. *sarkokolla* < *sarx, sarkos,* carne + *kolla,* goma.) Goma aromática de color amarillento o rojizo y sabor amargo, que brota de un arbusto de Arabia y que se utilizaba para curar las heridas.
s.f. BOTÁNICA

sarcófago (Del lat. *sarcophagus* < gr. *sarkophagos*.) Sepulcro, por lo general de piedra, donde se deposita el cadáver de una persona: *en el museo se conserva el sarcófago del faraón.*
s.m.

sarcoide Se aplica a un pequeño tumor cutáneo parecido al sarcoma, pero benigno.
adj/s.m. MEDICINA

sarcolema (Del gr. *sarx, sarkos,* carne + *lemma,* corteza.) Membrana fina que envuelve cada fibra muscular.
s.m. ANATOMÍA

sarcoma (Del gr. *sarx, sarkos,* carne + *oma,* tumor.) Tumor maligno del tejido conjuntivo.
s.m. MEDICINA

sarcomatoso, a Del sarcoma.
adj./MEDICINA

sarda
I (Del lat. *sarda*.) Caballa, pez teleósteo.
s.f./ZOOLOGÍA
II (De origen incierto.) Matorral, conjunto de matas.
s.f./BOTÁNICA

sardana (Del cat. *sardana*.)
1 Danza popular catalana, que se baila en corro y cogidos de la mano.
s.f.
2 Música que acompaña esta danza.
MÚSICA

sardesco, a
1 Se aplica a la caballería de pequeño tamaño.
adj/s.
2 Se refiere a la persona que tiene mal carácter: *es difícil tratar con él porque es muy sardesco.*
adj. = áspero

sardina (Del lat. *sardina*.)
1 Pez clupeido marino, pequeño y brillante, de color oscuro en el dorso y escamas grandes, que vive cerca de las costas en primavera y verano y cuya carne es muy apreciada. *(Sardina pilchardus.)*
s.f. ZOOLOGÍA
2 **sardina arenque:** Arenque, pez teleósteo.
ZOOLOGÍA
3 **echar otra sardina:** Entrar una persona de fuera, en especial en sitios apretados donde ocasiona molestias.
coloquial
4 **estar como sardinas en lata o en banasta:** Muy apretados por haber un excesivo número de gente: *no cabe nadie más en el vagón, vamos como sardinas en lata.*
coloquial
5 **la última sardina de la lata:** Frase que alude a la persona que llega al final de las cosas.
coloquial

sardinada Reunión de personas para comer sardinas asadas: *celebraremos tu nuevo empleo con una sardinada.*
s.f.

sardinal Red grande y rectangular que se mantiene en posición vertical entre dos aguas para pescar sardinas.
s.f. PESCA

sardinel (Del cat. *sardinell*.)
1 Obra hecha de ladrillos puestos de canto y de modo que coincida en toda su extensión la cara de uno con la del otro.
s.m. CONSTRUCCIÓN
2 Escalón que forma el borde externo de la acera.
Colomb., Perú

sardinero, a
1 De las sardinas o de su pesca: *barco sardinero.*
adj.
2 Persona que por oficio vende sardinas.
s.

sardineta
1 Adorno de dos galones usado en algunos uniformes militares.
s.f. MILITAR

2 Parte de un queso que sobresale del molde en que se hace y que se corta.
3 Golpe dado en la mano de otra persona, con los dedos mojados en saliva.
= papirotazo

sardio (Del gr. *sardion*.) Sardónice, variedad de calcedonia.
s.m. MINERALOGÍA

sardo, a (Del lat. *Sardus,* Cerdeña.)
1 De Cerdeña, isla de Italia.
adj.
2 Persona natural de esta isla.
s.
3 Se aplica a la res vacuna que tiene la piel manchada de negro, blanco y rojo.
s.m./MINERALOGÍA
4 Sardónice, calcedonia de color marrón.
5 Lengua románica, de la familia indoeuropea, hablada en la isla de Cerdeña.
LINGÜÍSTICA
6 Soldado que sirve en el ejército.
Méx./coloquial

sardonia Planta herbácea ranunculácea anual, de hojas lampiñas y brillantes, tallos estriados y flores pequeñas con sépalos aterciopelados, cuyo jugo es muy venenoso y produce unos espasmos faciales parecidos a la risa. *(Ranunculus sceleratus.)*
s.f. BOTÁNICA

sardónice (Del lat. *sardonyx, -onychis* < gr. *sardonyx, -onykhos* < *sardion,* especie de cornalina + *onyx,* uña.) Variedad de calcedonia de color pardo y translucidez roja.
s.f./MINERALOGÍA tb: sardónica, sardonio, sardónique

sardónico, a (Del gr. *sardonikos*.) De la sardonia.
adj./BOTÁNICA

sarga
I (De origen incierto.)
1 Tela cuyo tejido forma líneas diagonales.
s.f./TEXTIL
2 Tela pintada al óleo o al temple, usada para decorar o adornar las paredes.
ARTE
II (Del lat. *salix* < vasco ant. *sarika* < germ. *salicos*.) Planta arbórea salicácea, de hojas lanceoladas de borde enrollado, que es común en España en las orillas de los ríos. *(Salix eloeagnos.)*
s.f. BOTÁNICA

sargadilla Planta quenopodiácea, perenne, de tallo rojizo y ramoso y hojas estrechas y carnosas, terminadas por un pelo blanquecino. *(Suaeda splendens.)*
s.f. BOTÁNICA

sargado, a Parecido a la sarga.
adj./tb: asargado

sargal Terreno poblado de sargas, plantas.
s.m.

sargatillo Especie de sauce con las hojas estrechas y ligeramente aserradas. *(Salix purpurea.)*
s.m. BOTÁNICA

sargazo Alga marina de color pardo que, al acumularse, forma a lo largo de las costas de Florida una pradera en la que las anguilas ponen sus huevos. *(Sargassum.)*
s.m. BOTÁNICA

sargenta
1 Alabarda que llevaba el sargento.
s.f./MILITAR
2 Mujer mandona: *con la sargenta de mi madre no hay quien pueda.*
coloquial
3 Religiosa lega de la orden de Santiago.
RELIGIÓN

sargentear
1 Mandar una tropa como sargento.
v.tr./MILITAR
2 Mandar o dirigir a las personas en una acción: *sargenteaba a unos que estábamos haciendo la mudanza.*
= gobernar
3 Atribuirse una persona el mando en un lugar o en una operación con altanería: *se ganó odios en el grupo al sargentear.*
v.intr. coloquial = mandonear

sargentería Ejercicio de las funciones del sargento.
s.f./MILITAR

sargentía
1 Empleo de sargento.
s.f./MILITAR
2 **sargentía mayor:** 1. Empleo de sargento mayor.
MILITAR
2. Oficina del sargento mayor.

sargento (Del fr. *sergeant* < lat. *serviens, -tis*.)
1 Suboficial de menor graduación que cuida del orden, administración y disciplina de una compañía y está al mando de un pelotón.
s.m.f. MILITAR
2 Persona autoritaria o mandona: *recibió una dura educación porque su padre era un sargento.*
coloquial
3 Oficial subalterno que en las antiguas compañías de infantería tenía el cargo de instruir y alojar a los soldados, estar al cuidado de la disciplina y llevar la contabilidad.
MILITAR
4 Alcalde de corte inmediato en antigüedad a los cinco que tenían a su cargo el juzgado de provincia, de quienes era suplente.
5 **sargento mayor:** Oficial que solía haber en los regimientos, encargado de su instrucción y disciplina.
MILITAR
6 **sargento primero:** Suboficial de categoría comprendida entre la de menor graduación y la de brigada.
MILITAR

sargentona
1 Mujer mandona y autoritaria: *mi profesora es una sargentona.*
s.f./coloquial
2 Mujer corpulenta y hombruna: *de pequeña era enclenque y ahora es una sargentona.*
coloquial

sargo (Del lat. *sargus*.) Pez marino espárido, pequeño y de cuerpo comprimido, dorso y vientre de color plateado, que suele vivir en zonas rocosas y a escasa profundidad. *(Diplodus sargus.)*
s.m. ZOOLOGÍA

sarguero, a
I (Derivado de *sarga,* de origen incierto.) Persona que pinta sargas para adornar las paredes.
s. ARTE

II (Derivado de *sarga* < lat. *salix*.) De la sarga, planta arbustiva. **adj.** BOTÁNICA

sari (Voz hindi.)
1 Vestido femenino usado en la India, formado por una tela de algodón o seda, drapeada y ajustada sin costuras ni alfileres. **s.m.**
2 Tela de algodón o seda con que se hace este vestido. **TEXTIL**

sariama Ave zancuda de color rojo poco brillante, que posee un pequeño copete. **s.f./Argent.** ZOOLOGÍA

sariga Zarigüeya, mamífero marsupial de tamaño mediano y aspecto parecido al de la rata. **s.f./Bol., Perú** ZOOLOGÍA

sarilla Mejorana, planta herbácea. **s.f./BOTÁNICA**

sármata
1 De Sarmacia, antigua región de Europa. **adj./HISTORIA**
2 Persona natural de esta antigua región europea. **s.m.f./HISTORIA**

sarmático, a De los sármatas. **adj./HISTORIA**

sarmentador, a Persona que coge los sarmientos podados. **s.** AGRICULTURA

sarmentar Recoger una persona los sarmientos podados: *los jornaleros sarmientan.* **v.intr./conj: pensar** AGRICULTURA

sarmentazo Golpe dado con un sarmiento. **s.m.**

sarmentera
1 Lugar donde se amontonan los sarmientos dispuestos para leña. **s.f.** AGRICULTURA
2 Recogida de los sarmientos que han sido podados. **AGRICULTURA**

sarmenticio, a Se aplica a los primeros cristianos que se dejaban quemar a fuego lento con sarmientos. **adj.** despectivo

sarmentoso, a Que es largo y delgado como un sarmiento. **adj.**

sarmiento (Del lat. *sarmentum*.)
1 Vástago de la vid, largo, delgado, flexible y nudoso de donde nacen las hojas, las tijeretas y los racimos. **s.m.** BOTÁNICA
2 **sarmiento cabezudo:** El que se corta de la cepa, con parte del tronco, para plantar. **AGRICULTURA**

sarna
1 Enfermedad de la piel, causada por un ácaro, que se caracteriza por multitud de pústulas extendidas por el cuerpo que producen una picazón intensa. **s.f.** MEDICINA
2 **sarna perruna:** La que produce un picor muy intenso y cuyas vesículas no supuran. **MEDICINA**
3 **más viejo que la sarna:** Muy viejo o antiguo: *no me río porque este chiste es más viejo que la sarna.* **loc.adj.** coloquial
4 **no faltar a alguien sino sarna que rascar:** Gozar una persona de buena salud y tener todo lo que necesita. **coloquial**

sarnoso, a Que padece sarna. **adj/s.**

sarong (Voz malaya.) Vestido malayo formado por una tela con la que se envuelve el cuerpo. **s.m.**

sarpullido (Del ant. *sarpullo* < lat. vulgar *serpuculus* < lat. *serpere*, propagarse.)
1 Erupción cutánea formada por pequeños granos o ronchas. **s.m./MEDICINA** tb: salpullido
2 Señal que dejan en la piel las picaduras de las pulgas.

sarpullir Salpullir, producir un sarpullido en la piel: *esta planta me ha sarpullido las piernas.* **v.tr/pml.** conj: mullir

sarracénico, a De los sarracenos. **adj./HISTORIA**

sarraceno, a
1 De un pueblo que habitaba en el norte de Arabia. **adj./HISTORIA**
2 Persona natural de este pueblo. **s./HISTORIA**

sarracina
1 Pelea o riña tumultuosa y confusa: *empezaron discutiendo y acabaron montando una sarracina.* **s.f.** = bronca
2 Riña o combate con muertos o heridos: *varios policías resultaron heridos en la sarracina callejera.* = matanza
3 Castigo o represalia que afecta a todas las personas de un grupo: *si no sale el que lo ha hecho, habrá una sarracina.* **coloquial** = escabechina
4 Destrozo grande.

sarria Red en que se recoge la paja para transportarla. **s.f.**

sarrieta Espuerta honda y alargada usada para dar de comer a las caballerías. **s.f.**

sarrillo Aro, planta arácea. **s.m./BOTÁNICA**

sarro
1 Sedimento que dejan en las vasijas algunos líquidos que llevan sustancias en suspensión o disueltas. **s.m.** = poso
2 Sustancia amarillenta de naturaleza calcárea que forma una costra sobre los dientes: *el dentista me ha eliminado el sarro.*
3 Capa blanquecina que cubre la lengua. = saburra
4 Roya, hongo parásito de los cereales y otros vegetales. MICOLOGÍA

sarroso, a Que tiene sarro. **adj.**

sarta (Del lat. *serta*, guirnalda.)
1 Serie de cosas atravesadas por otra fina y alargada, como un hilo, cuerda o una paja: *sarta de moras.* **s.f.** = ristra

2 Serie de sucesos o cosas no materiales de la misma clase: *nos contó una sarta de mentiras.* = retahíla, sucesión
3 Serie de personas o cosas que van en fila unas tras otras: *una sarta de gente esperaba para entrar en el cine.* = ringlera

sartal Sarta, serie de cosas atravesadas por un hilo, cuerda o paja. **s.m.** = ristra

sartén (Del lat. *sartago, -aginis*.)
1 Recipiente de cocina circular, ancho y con poco fondo, provisto de un mango largo, que se usa para freír y rehogar alimentos: *pon aceite en la sartén para freír las croquetas.* **s.f.** COCINA
2 Cantidad de comida que cabe en este recipiente: *haz dos sartenes de patatas.* **COCINA** = sartenada
3 **saltar de la sartén y dar en las brasas:** Salir de una situación perjudicial o grave y meterse en otra mucho peor. **coloquial**
4 **tener la sartén por el mango:** Poder decidir o mandar en una situación: *el jefe siempre tiene la sartén por el mango.* **coloquial**

sartenada Conjunto de comida que cabe en una sartén que se fríe de una vez. **s.f.** = sartén

sartenazo
1 Golpe dado con una sartén. **s.m.**
2 Golpe fuerte dado con un objeto cualquiera. **coloquial**

sarteneja (Del lat. *sartaginem*.)
1 Hoyo o depresión que dejan las aguas al evaporarse en las marismas y vegas bajas. **s.f.** GEOGRAFÍA
2 Huella del ganado en terrenos lodosos. **Méx., Ecuad.**

sartenejal
1 Terreno agrietado por la sequía. **s.m./Ecuad.**
2 Zona de la sabana donde se forman sartenejas. **s.m./Ecuad.**

sartenero, a Persona que hace o vende sartenes. **s.**

sartorial Del sastre o de sus actividades. **adj.**

sartorio, a (Del lat. *sartor, -oris*, sastre.) Se aplica al músculo de la parte anterior del muslo. **adj/s.m.** ANATOMÍA

sartriano, a (De J.-P. *Sartre*, escritor y filósofo francés.)
1 De dicho escritor o de su obra. **adj.**
2 Se aplica al autor o a la obra que están influidos por el estilo de dicho escritor. **adj/s.**

sasánida
1 Se aplica a la dinastía que reinó en Persia entre los siglos II y VII. **adj.** HISTORIA
2 De esta dinastía. **adj/s.m.f./HISTORIA**

sastre, a (Del lat. *sartor, -oris*.)
1 Se aplica a las prendas de vestir femeninas de línea masculina: *la directora vestía un traje sastre.* **adj/s.m.** TEXTIL
2 Persona que por oficio corta y cose trajes, por lo general de hombre. **s.** TEXTIL
3 **buen sastre:** Persona que tiene muchos conocimientos en una materia. **coloquial**
4 **corto sastre:** Persona de corta inteligencia en la materia de que se trata. **coloquial**
5 **será lo que tase un sastre:** Se usa para señalar que lo que dice o pide una persona se hará o no se hará, o es muy incierto. **coloquial**

sastrería
1 Taller y tienda del sastre: *voy a la sastrería a recoger el traje.* **s.f.** TEXTIL
2 Oficio de sastre. **TEXTIL**

satánico, a
1 De Satanás: *practican ritos satánicos; asistí a una misa satánica.* **adj.** = demoníaco
2 Que es muy perverso o malvado: *maquinó un plan satánico; tiene instintos satánicos.* = diabólico ≠ angelical

satanismo
1 Perversidad satánica. **s.m.**
2 Culto dedicado a Satanás, y creencias y ritos relacionados con él. **RELIGIÓN**

satélite (Del lat. *satelles, -itis*, miembro de una escolta.)
1 Cuerpo celeste sin luz propia que gira alrededor de un planeta. **s.m.** ASTRONOMÍA
2 Astro que gravita alrededor de otro principal. **ASTRONOMÍA**
3 Rueda dentada de un engranaje que gira sobre un eje y transmite el movimiento de otra. **MECÁNICA**
4 Se aplica al estado que está dominado política y económicamente por otro más poderoso. **adj/s.m.** POLÍTICA
5 Se refiere a la población que está situada alrededor de una ciudad importante y está vinculada a ella.
6 Persona que depende de otra o está sometida a ella: *ella es el satélite de su marido.* **s.m.** coloquial
7 Alguacil o funcionario de poca importancia.
8 **satélite artificial:** Vehículo espacial que se sitúa en la órbita de un planeta para recoger información y transmitirla. **ASTRONÁUTICA**
9 **vía satélite:** Se refiere al sistema de telecomunicación establecido entre dos o más puntos de la Tierra a través de un satélite artificial puesto en órbita con la finalidad de retransmitir señales de radio: *la televisión retransmitió el programa vía satélite.* **loc.adj/adv.** TELECOMUNICACIONES

satelizable Que puede ser satelizado. — *adj.*

satelización Acción de satelizar. — *s.f.*

satelizar
1 Poner un móvil sobre una órbita cerrada alrededor de la Tierra o de un astro. — *v.tr./conj: cazar* **ASTRONÁUTICA**
2 Poner un país bajo la estrecha dependencia de otro. — **POLÍTICA**

satén (Del fr. *satin* < ár. vulgar *zaituni* < chino *Tseut-hung,* ciudad donde se fabricaba este tejido.) Tela de seda o algodón que tiene un brillo y un aspecto liso y uniforme parecidos a los del raso y que se usa para hacer forros. — *s.m.* **TEXTIL**

satín Madera americana parecida al nogal. — *s.m./CARPINTERÍA*

satinado, a
1 Que es parecido al satén: *papel satinado.* — *adj.*
2 Acción y resultado de satinar el papel o la tela. — *s.m.*

satinadora Máquina utilizada para satinar o glasear el papel. — *s.f.* **ARTES GRÁFICAS**

satinar (Del fr. *satiner.*) Dar aspecto satinado o brillo a un papel o una tela. — *v.tr.*

satineta Tela de algodón, o de algodón y seda, parecida al raso. — *s.f.* **TEXTIL**

sátira (Del lat. *satira.*)
1 Composición literaria, en prosa o en verso, de carácter crítico moralizador o irónico, que ridiculiza o censura la realidad cotidiana y a sus personajes. — *s.f.* **LITERATURA** ≠ apología
2 Dicho agudo y mordaz con el que se pretende criticar o censurar a una persona o cosa: *dedicó una sátira al presidente.* — ≠ elogio

satiriasis Estado permanente de excitación sexual en el hombre. — *s.f./pl: satiriasis* **SIQUIATRÍA**

satírico, a
I (Derivado de *sátira.*)
1 De la sátira: *respondió a sus acusaciones con un poema satírico.* — *adj.*
2 Se aplica al autor que escribe sátiras. — *adj/s./LITERATURA*
3 Que gusta de criticar con ironía y mala intención: *deberías ser más moderado y menos satírico.* — = irónico
II (Derivado de *sátiro.*) De los sátiros.

satirio (Del gr. *satyrion.*) Rata de agua, mamífero roedor de pelaje pardo que vive a orillas de los arroyos. — *s.m.* **ZOOLOGÍA**

satirión (Del gr. *satyrion.*) Planta herbácea, de hojas ensanchadas y flores purpúreas agrupadas en largos racimos con brácteas rojizas. *(Orchis maculata.)* — *s.m.* **BOTÁNICA**

satirizante Que satiriza: *le dedicó un artículo satirizante.* — *adj.*

satirizar
1 Escribir una persona sátiras. — *v.intr./conj: cazar*
2 Criticar a una persona o una cosa de forma irónica: *en su película satiriza a la nobleza.* — *v.tr.* = ridiculizar

sátiro, a (Del lat. *satyrus* < gr. *satyros.*)
1 Persona que se comporta con lascivia o lujuria: *su jefe es un sátiro que la acosa a todas horas.* — *s.*
2 Divinidad campestre de la mitología grecorromana, con figura de hombre, patas y orejas de cabra y cola de caballo o de chivo. — *s.m.* **MITOLOGÍA**

satisdación Obligación que se impone una persona de responder de un pago o de un cumplimiento que otro debe hacer. — *s.f.* **DERECHO** = fianza

satisfacción (Del lat. *satisfactio, -onis.*)
1 Acción y resultado de satisfacer o satisfacerse. — *s.f.*
2 Gusto o placer que siente una persona: *había aprobado y la satisfacción se reflejaba en su rostro.* — = contento, gozo
3 Cumplimiento de un deseo o gusto: *algún día me daré la satisfacción de viajar por todo el mundo.* — = gustazo
4 Orgullo del que tiene alto concepto de los propios méritos. — = presunción, vanagloria
5 Compensación o explicación que se pide por una ofensa recibida o por otro tipo de daño. — = reparación
6 Parte del sacramento de la confesión, que consiste en cumplir la penitencia impuesta por el confesor. — **RELIGIÓN**
7 **a satisfacción:** De acuerdo con el deseo de la persona que se expresa: *espero que todo esté a satisfacción de los clientes.* — *loc.adv.*

satisfacer (Del lat. *satisfacere.*)
1 Hacer desaparecer el hambre, la sed o una pasión: *satisfizo su apetito voraz comiendo una suculenta cena.* — *v.tr./conj: hacer* = saciar
2 Dar respuesta a una duda o una pregunta: *tu contestación no satisface mi demanda.* — = contestar, responder
3 Cumplir unas condiciones o exigencias: *el local satisface las necesidades del negocio.* — = cubrir, reunir
4 Pagar una deuda por completo: *ya he satisfecho el crédito bancario.* — = abonar
5 Deshacer un agravio o una ofensa a una persona: *nadie me satisface las pérdidas.* — = compensar
6 Cumplir la pena correspondiente a un delito o a una falta: *satisfizo sus años de encarcelamiento.* — **DERECHO**
7 Hacer una persona que se aplaque la intensidad de sus sentimientos. — = moderar
8 Ser una persona o una cosa del agrado de otra: *tu actitud no me satisface.* — *v.intr.* = gustar

9 Dar o hacer una cosa a una persona como reconocimiento de un mérito o un servicio. — *v.tr.* = premiar
10 Ser una cantidad, una magnitud o un elemento lo que hace que se cumplan las condiciones expresadas en un problema o una ecuación. — **MATEMÁTICAS**
11 No pedir más de una cosa: *te satisfarás con el regalo.* — *v.prnl.* = conformarse
12 Vengarse de un agravio u ofensa: *llegará el día en que me satisfaga de esta ofensa.*

satisfactorio, a
1 Que satisface y agrada: *resultados satisfactorios; estado satisfactorio.* — *adj.* = bueno
2 Que puede satisfacer una deuda o un agravio: *pago satisfactorio; explicación satisfactoria.*

satisfecho, a (Part. pas. irreg. de *satisfacer.*)
1 Que presume de sí mismo: *va muy satisfecha con su traje de novia.* — *adj.* = orgulloso
2 Que está complacido o contento: *está muy satisfecho con mi trabajo.* — + de, con = conforme
3 Que ha realizado un deseo o calmado una necesidad: *ya no tengo hambre, estoy satisfecho.* — ≠ insatisfecho

sativo, a (Del lat. *sativus.*) Se aplica a la planta que se cultiva y no es silvestre. — *adj.* **BOTÁNICA**

sato Perro pequeño muy ladrador y vagabundo. — *s.m./Cuba, P. Rico*

sátrapa
1 Gobernador de una provincia de la antigua Persia. — *s.m./HISTORIA*
2 Persona que sabe gobernar o mandar con astucia e inteligencia, por lo general abusando de su poder. — *coloquial*
3 Persona que lleva una vida fastuosa: *es un sátrapa que vive como un rey.* — *coloquial*

satrapía
1 Dignidad de sátrapa. — *s.f./HISTORIA*
2 Territorio que estaba gobernado por un sátrapa. — **HISTORIA**

saturabilidad Cualidad de lo que puede ser saturado. — *s.f.* **QUÍMICA**

saturable Que se puede saturar. — *adj.*

saturación
1 Acción y resultado de saturar o saturarse. — *s.f.*
2 Transformación en enlaces simples de los enlaces múltiples en un compuesto orgánico. — **QUÍMICA**

saturado, a
1 Que está saciado por completo. — *adj.*
2 Se aplica a la solución que no puede disolver más cantidad de la sustancia ya disuelta. — **QUÍMICA**
3 Se aplica al compuesto orgánico que carece de enlaces múltiples. — **QUÍMICA**

saturador
1 Dispositivo que aumenta la proporción de vapor de agua de la atmósfera en un determinado lugar. — *s.m.* **TECNOLOGÍA**
2 Aparato que sirve para disolver un gas en un líquido hasta saturarlo. — **TECNOLOGÍA**

saturante Que satura. — *adj.*

saturar (Del lat. *saturare,* hartar.)
1 Llenar por completo un lugar, un recipiente u otra cosa: *saturó el mercado de naranjas.* — *v.tr/prnl.* = abarrotar
2 Impregnar un fluido de otro cuerpo hasta la mayor cantidad admitida: *el café se saturó de azúcar.*
3 Transformar los enlaces múltiples de un compuesto en enlaces simples. — **QUÍMICA**
4 Hacer desaparecer el hambre o la sed de una persona dándole comida o bebida. — *v.tr.* = saciar

saturnal (De *Saturno,* dios romano.)
1 De este dios. — *adj./MITOLOGÍA*
2 Fiesta en honor de este dios: *rito saturnal; fiestas saturnales.* — *s.f.* **HISTORIA**
3 Orgía desenfrenada. — = bacanal

saturnino, a
1 Se aplica a la persona que es triste y taciturna. — *adj.*
2 Del plomo. — **QUÍMICA**

saturnismo Enfermedad causada por la intoxicación de sales de plomo. — *s.m.* **MEDICINA**

saturno Plomo, nombre con que los alquimistas conocían este elemento químico. — *s.m.* **OCULTISMO**

sauce (Del lat. *salix, -icis.*)
1 Planta arbórea o arbustiva de hoja simple, alterna y caduca, por lo general dentada, flores pequeñas y sin corola, y fruto con semillas provistas de un copete. *(Salix.)* — *s.m.* **BOTÁNICA**
2 **sauce cabruno:** Planta arbórea salicácea, de hojas ovaladas y grandes, con ondas en el margen. *(Salix caprea.)* — **BOTÁNICA**
3 **sauce llorón:** Planta arbórea salicácea de corteza pardusca, ramas largas, delgadas, flexibles y colgantes, hojas estrechas y lanceoladas, que se cultiva a menudo en jardines y paseos fluviales. *(Salix babylonica.)* — **BOTÁNICA**

saucedal Terreno poblado de sauces. — *s.m./tb: sauceda*

saucillo Centinodia, planta. — *s.m./BOTÁNICA*

saúco (Del lat. *sabucus.*)
1 Planta arbórea caprifoliácea, de flores blancas y frutos ácidos en bayas de color rojo o negro. *(Sambucus.)* — *s.m./BOTÁNICA* tb: sabuco

2 Segunda tapa de que se componen los cascos de las caballerías. — ZOOLOGÍA

3 saúco falso: Árbol de unos cinco metros de altura, de hojas pecioladas y flores en umbelas. — *Chile* BOTÁNICA

saudade (Voz gallego-portuguesa.) Nostalgia, sentimiento de tristeza o añoranza: *siento saudade al estar lejos de casa.* — s.f. = morriña

saudí
1 De Arabia Saudí, país del Oriente medio. — adj./pl.tb: saudíes
2 Persona natural de este país. — s.m.f.

saudoso, a Que tiene saudade o añoranza: *volvió a su país porque se sentía muy saudoso.* — adj. = añorante

sauna (Voz finlandesa.)
1 Baño de vapor, a muy alta temperatura, que favorece la sudoración y se toma con fines higiénicos y terapéuticos. — s.f. = vaporario
2 Local donde se dispone de las instalaciones necesarias para tomar este baño.

sauquillo Mundillo, planta arbustiva. — s.m./BOTÁNICA

saurio, a (Del gr. *sauros*, lagarto.) Perteneciente a un orden de reptiles, por lo general provistos de patas y rara vez de gran tamaño. — s.m. ZOOLOGÍA = lacertilio

sauro- Componente de palabra procedente del gr. *sauros*, que significa lagarto: *saurópodo.* — pref. tb: saurio-

saurópsido, a Perteneciente a un grupo de vertebrados con rasgos anatómicos parecidos a los de los reptiles, que comprende a los reptiles actuales y fósiles, y las aves. — adj/s.m. ZOOLOGÍA

sausería Dependencia de palacio que tenía a su cuidado el servicio de mesa y el reparto de los alimentos. — s.f. HISTORIA

sausier Jefe de la sausería de palacio, encargado del servicio de mesa y del reparto de los alimentos. — s.m. HISTORIA

sautor Pieza honorable de un tercio del escudo y banda y de la barra cruzadas. — s.m./HERÁLDICA = sotuer

sauz Sauce, planta arbórea. — s.m./pl: sauces

sauzal Terreno poblado de sauces. — s.m./= saucedal

sauzgatillo Planta arbórea verbenácea, con largos racimos de flores violáceas y propia del litoral mediterráneo. *(Vitex agnus castus.)* — s.m. BOTÁNICA

savia (Del lat. *sapa*, mosto.)
1 Jugo nutritivo de las plantas, consistente en una solución acuosa de sales minerales, azúcares y sustancias orgánicas, que circula por los vasos o conductos de las plantas superiores. — s.f. BOTÁNICA
2 Cualquier cosa que sirva para dar energía, vigor o vitalidad a una persona o una cosa: *el vino de la bota es la savia que aún da vida al abuelo.* — = fuerza

savoir-faire (Expresión francesa.) Tacto, habilidad en decir o hacer las cosas. — s.m.

saxátil Se refiere al animal y a la planta que viven en las rocas o adheridos a ellas. — adj./BOTÁNICA, ZOOLOGÍA

sáxeo, a De piedra. — adj./literario

saxífraga (Del lat. *saxifraga* < *saxum*, piedra + *frangere*, romper.)
1 Planta saxifragácea, herbácea, que crece entre las piedras y se utiliza como ornamental. *(Saxifraga granulata.)* — s.f./BOTÁNICA tb: saxifragia = saxafrax
2 Sasafrás, planta arbórea. — BOTÁNICA

saxifragáceo, a Perteneciente a una familia de plantas herbáceas o leñosas, con flores hermafroditas y cíclicas, como la hortensia. — adj/s.f. BOTÁNICA = grosulariáceo

saxofón (Del ingl. *saxophone* < *Sax*, nombre de su inventor + gr. *phone*, sonido.)
1 Instrumento musical de viento formado por un tubo cónico de metal, con llaves y una boquilla de lengüeta simple. — s.m./MÚSICA = saxo, saxófono
2 Persona que toca este instrumento. — MÚSICA

saxofonista Persona que toca el saxofón. — s.m.f./MÚSICA

saxófono Saxofón, instrumento musical. — s.m./MÚSICA

saya (Del lat. vulgar *sagia* < lat. *sagum*, especie de manto.)
1 Falda, prenda usada por las mujeres. — s.f.
2 Túnica que usaban los hombres.

sayal
1 Tela de lana basta. — s.m./TEXTIL
2 Vestidura talar.

sayalero, a Persona que teje sayales. — s./TEXTIL

sayalesco, a De sayal o que tiene relación con él. — adj.

sayalete Sayal delgado que se usaba para confeccionar túnicas o prendas interiores. — s.m. TEXTIL

sayo
1 Prenda de vestir holgada, larga y sin botones. — s.m.
2 Vestido de cualquier hechura, amplio y con poca forma: *con este sayo pareces un saco.* — coloquial = vestimenta
3 sayo bobo: Vestido estrecho y abotonado que usaban los comediantes en los entremeses. — TEATRO
4 cortar a alguien un sayo: Murmurar de una persona en su ausencia. — coloquial

5 decir alguien a o para su sayo una cosa: Recapacitarla, pensarla. — coloquial

sayón
I (Del lat. *sagio, -onis* < germ. **sagjis*.)
1 Ministro de justicia que, durante la edad media, hacía las citaciones y ejecutaba los embargos. — s.m./DERECHO, HISTORIA
2 Verdugo, persona que ejecutaba la pena de muerte. — HISTORIA
3 Persona que va en las procesiones de semana santa vestido con una túnica larga. — RELIGIÓN = cofrade, penitente
4 Persona de aspecto fiero. — s.m.f.
II (De origen incierto.) Planta subarbustiva parecida a una mata tendida, que crece en las costas de la península Ibérica. *(Atriplex portulacoides.)* — BOTÁNICA

sayuela
1 Camisa de estameña que usan en algunas órdenes religiosas. — s.f. RELIGIÓN
2 Funda de bayeta, por lo general de color verde, con que se cubre la jaula del perdigón cuando se saca al campo. — CAZA
3 Se aplica a una variedad de la higuera. — adj./BOTÁNICA

saz Sauce, planta arbórea. — s.m./pl: saces

sazón (Del lat. *satio, -onis*.)
1 Estado de perfección de una cosa que se desarrolla o evoluciona: *cómete la fruta en sazón.* — s.f. = madurez
2 Sabor que adquiere una comida gracias a los condimentos y arreglos: *sabe darle al guiso el punto de sazón adecuado.*
3 Momento oportuno para hacer una cosa: *nos hemos dado cuenta de que fue mala sazón para invertir.* — = coyuntura, ocasión
4 a la sazón: En aquel tiempo u ocasión: *alquilé un piso porque a la sazón no tenía dinero para comprarlo.* — loc.adv. = entonces
5 en sazón: En el momento oportuno, a tiempo: *llegó en sazón para presenciar la boda.* — loc.adv.

sazonado, a Se aplica a la frase o al estilo que es sustancioso y expresivo: *siempre finaliza sus artículos con una frase sazonada.* — adj.

sazonador, a Que sazona. — adj.

sazonar
1 Dar sazón o sabor a la comida: *antes de freírla, sazona la carne.* — v.tr. COCINA
2 Poner una cosa en la sazón o madurez que debe tener: *el sol sazona las manzanas; la fruta ha sazonado antes de tiempo.* — v.tr/prnl.

scalextric (Marca registrada.)
1 Cruce e interconexión de varias vías de comunicación a distintos niveles: *nos perdimos en una de las salidas del scalextric de la gran ciudad.* — s.m. tb: escaléxtric
2 Juguete que, por lo general, simula estas vías, y que consiste en un circuito electrificado por el que circulan coches dirigidos con un mando.

scanner (Voz inglesa.)
1 Aparato que sirve para explorar un objeto o cuerpo a través de la emisión de las radiaciones electromagnéticas que despide. — s.m. TECNOLOGÍA = escáner
2 Aparato que selecciona los colores de un documento original para reproducirlo. — ARTES GRÁFICAS
3 Aparato de radiodiagnóstico. — MEDICINA
4 Aparato que reproduce imágenes en un ordenador. — INFORMÁTICA

scheduler (Voz inglesa.) Procedimiento utilizado por los sistemas operativos, para establecer el orden según el cual los procesos son habilitados para utilizar los recursos del ordenador y el tiempo de la unidad central. — s.m. INFORMÁTICA

scherzo (Voz italiana.) Composición musical o parte de ella, de frases cortas y movimiento vivo y gracioso. — s.m. MÚSICA

schilling Unidad monetaria de Austria. — s.m./pl: schillings

scooter (Voz inglesa.) Motocicleta ligera con ruedas pequeñas. — s.m. tb: escúter

-scopio, a Componente de palabra procedente del gr. *skopea*, que significa observar, examinar, explorar: *arterioscopia.* — suf.

scotch (Voz inglesa.) Whisky escocés. — s.m./pl: scotchs

scout (Voz inglesa.) Miembro del movimiento juvenil cuyo fin es la formación de la persona por medio de actividades al aire libre. — s.m.f. pl: scouts = boy scout

scrabble (Marca registrada.) Juego que consiste en componer palabras a partir de unas letras escogidas al azar. — s.m. JUEGOS

script (Voz inglesa.) Ayudante del director cinematográfico o de televisión encargado de anotar los detalles de cada escena. — s.m.f./pl: scripts AUDIOVISUALES, CINE

scull (Voz inglesa.)
1 Barco ligero movido por dos personas con ayuda de dos remos cortos. — s.m./pl: sculls NÁUTICA
2 Este remo corto. — NÁUTICA

se
I (Del lat. *se*.)
1 A o para él mismo: *Pedro se peina; los hermanos se casaron con hermanas.* — pron.pers.

2 Entre sí: *los dos amigos jamás se tutearon; al verse se besaron.*
3 Indica refuerzo de la participación de "él, ella, ellos, ellas" en la acción realizada: *se tragaron toda la programación de televisión; se comió él solo una paella para tres.*
4 Indica la persona que habla cuando ésta desea ocultar el yo, generalizar: *se agradece el detalle; se está bien aquí.*
5 Alguien, alguna persona: *se dice que te vas a retirar; se vende y repara pequeños electrodomésticos.*
6 Se usa para la construcción de oraciones de pasiva refleja acompañando al verbo en voz activa: *se pintaron todas las puertas.*
II (Del lat. *illi.*) Le, les, forma variante del dativo del pronombre personal de tercera persona: *no se lo quise decir a mis padres.* — pron.pers.

sebáceo, a
1 Del sebo. — adj.
2 Se aplica a la glándula cutánea anexa a los folículos pilosos, que segrega una grasa que lubrifica el pelo superficial de la piel. — ANATOMÍA

sebastianismo (De *Sebastián*, rey de Portugal.) Fenómeno social surgido en Portugal a raíz de la muerte de dicho rey en el siglo XVI, consistente en la difusión de creencias populares sobre su regreso. — s.m. HISTORIA

sebe (Del lat. *saepes*, seto.) Cerca de estacas altas entretejidas con ramas largas: *la finca está rodeada por una sebe.* — s.f.

sebestén
1 Planta arbórea borraginácea, de hojas vellosas y flores blancas, originaria de Asia menor. (*Cordia.*) — s.m. BOTÁNICA
2 Fruto de esta planta, del que se obtiene un mucílago que se ha empleado en medicina como emoliente y pectoral. — BOTÁNICA

sebo (Del lat. *sebum.*)
1 Grasa sólida y dura de los animales herbívoros usada para hacer velas, jabones, y otros materiales. — s.m.
2 Producto de la secreción de las glándulas sebáceas de los animales superiores. — BIOLOGÍA
3 Grasa o gordura de las personas: *deberías hacer deporte para eliminar el sebo.* — coloquial = adiposidad
4 Grasa o aceite ennegrecido por la frotación de los ejes de un vehículo o de las piezas de una máquina.
5 Suciedad grasienta. — = mugre
6 Dinero, conjunto de monedas y billetes. — Amér.
7 hacer sebo: Vaguear, simular que se trabaja. — Argent./coloquial

seborrea (Del lat. *sebum*, sebo + gr. *rheos*, corriente.) Secreción excesiva de las glándulas sebáceas de la piel. — s.f. MEDICINA

seborreico, a
1 De la seborrea. — adj./MEDICINA
2 Que padece seborrea. — adj/s./MEDICINA

seboso, a
1 Que tiene sebo. — adj.
2 Que está untado de sebo o de otra cosa grasienta.
3 Que está sucio de grasa: *el horno de la cocina está seboso.* — = mugriento

sebucán Talega de tela basta utilizada para exprimir la yuca rallada y hacer el cazabe. — s.m./Colomb., Cuba, Venez/= cibucán

seca
1 Tiempo seco de larga duración: *la seca ha perjudicado a los agricultores.* — s.f. = sequía
2 Período en que se secan las pústulas de ciertas erupciones cutáneas. — MEDICINA
3 Infarto o hinchazón de una glándula. — MEDICINA
4 Banco de arena no cubierto por el agua o pequeña isla árida en la costa. — GEOGRAFÍA

secadal
1 Terreno muy seco. — s.m./= sequedal
2 Tierra de cultivo de secano. — AGRICULTURA
3 Banco de arena fuera de las costas o islita árida cercana a la costa. — GEOGRAFÍA = seca, secano
4 Explanada de los tejares en la que se ponen a orear las piezas antes de meterlas al horno. — INDUSTRIA

secadero, a
1 Que es apto para conservarse seco: *tabaco secadero.* — adj.
2 Lugar donde se ponen a secar embutidos, frutas, tabaco u otros productos. — s.m.

secadillo Dulce que se hacía con almendras trituradas, clara de huevo, corteza de limón y azúcar. — s.m. COCINA

secadío, a Que puede secarse. — adj.

secado Acción y resultado de secar o secarse. — s.m./= secamiento

secador, a
1 Que seca o elimina el líquido de un cuerpo. — adj./= secante
2 Aparato para secar: *en el lavabo hay un secador de manos; necesito un secador de pelo.* — s.m. TECNOLOGÍA
3 Enjuagador de ropa. — Amér. Merid.
4 Aparato para calentar y secar la ropa. — Argent., Chile

5 Paño de cocina para secar los platos, vasos y otros utensilios. — Nicar., Salv.

secadora Máquina que mediante la circulación de aire caliente seca la ropa. — s.f. TECNOLOGÍA

secafirmas Utensilio de escritorio para secar lo escrito, que consiste en un soporte de forma curva al que se fija papel secante. — s.m. pl: secafirmas

secam (Acrónimo de *[Sé]quenciel [C]ouleur [à] [M]émoire.*) Sistema francés de televisión en color. — s.m. AUDIOVISUALES

secamente Con aspereza y sin cortesía: *respondió secamente a mi pregunta.* — adv.

secamiento Acción y resultado de secar o secarse. — s.m./= secado

secano
1 Tierra de cultivo sin riego, que sólo recibe el agua de la lluvia. — s.m./AGRICULTURA ≠ regadío
2 Banco de arena que sobresale del agua o pequeña isla próxima a la costa. — GEOGRAFÍA = seca, secadal
3 Cualquier cosa que está muy seca.

secansa
1 Juego de cartas en el que hay envite cuando los jugadores reúnen las cartas de valor correlativo. — s.f. JUEGOS
2 Reunión de dos cartas de valor correlativo en este juego. — JUEGOS
3 Reunión de tres cartas del mismo palo y valor correlativo, en el juego de los cientos. — JUEGOS
4 secansa corrida: Reunión de tres cartas de valor correlativo. — JUEGOS
5 secansa real: Reunión de sota, caballo y rey. — JUEGOS

secante
I (Derivado de *secar.*)
1 Que seca o elimina la humedad o el agua. — adj/s.
2 Se aplica al papel que es esponjoso y que sirve para secar la tinta de la escritura. — adj/s.m.
3 Jugador que, en el fútbol, intercepta el juego de un contrario. — s. DEPORTES
4 Sustancia que se añade a la pintura para que ésta se seque antes. — s.m.
II (Derivado de *segar.*)
1 Se aplica a la línea o superficie que corta a otra: *recta secante; plano secante.* — adj/s.f. GEOMETRÍA
2 secante primera de un ángulo: La del arco que sirve de medida al ángulo. — GEOMETRÍA
3 secante primera de un arco: Parte de la recta que pasa por el centro del círculo y por un extremo del arco, comprendida entre dicho centro y el punto donde se encuentra a la tangente tirada por el otro extremo del mismo arco. — GEOMETRÍA
4 secante segunda de un ángulo: La segunda del arco que sirve de medida al ángulo. — GEOMETRÍA
5 secante segunda de un arco: Cosecante, inversa del seno. — GEOMETRÍA

secapelos Aparato utilizado para secar el pelo. — s.m/pl: secapelos

secar (Del lat. *siccare.*)
1 Extraer la humedad de una cosa que está mojada: *con este calor la ropa se seca muy deprisa; esta vieja toalla no seca bien.* — v.tr/prnl. conj: sacar
2 Dejar el aire o el calor una cosa seca: *en verano la fruta se seca si no se conserva en el frigorífico.*
3 Cerrarse o cicatrizar una úlcera o una herida: *el aire secó la llaga.*
4 Limpiar las lágrimas, el sudor, la sangre u otra cosa semejante. — = enjugar
5 Causar una cosa fastidio o aburrimiento a una persona: *esta película me seca muchísimo; sé que me secaría en esa fiesta.* — coloquial = aburrir, fastidiar
6 Quedar una corriente o un lugar sin agua: *el río se secó hace años.* — v.prnl.
7 Volverse una persona o un animal débil y flaco: *el perro se fue secando y murió.* — = enflaquecer
8 Perder una planta el verdor o la lozanía: *la hortensia se ha secado.* — = agostarse
9 Volverse el cerebro incapaz de pensar o el alma insensible: *el golpe en la nuca le secó el cerebro; después de la muerte de su esposa se le secó el corazón.* — v.tr/prnl. = embotarse
10 Tener una persona mucha sed: *me seco enseguida al hablar mucho.* — v.prnl.

secaral Sequedal, terreno seco. — s.m./tb: secarral

secatura (Del ital. *seccatura.*) Sosería, falta de gracia. — s.f./= insulsez

sección (Del lat. *sectio, -onis*, cortadura.)
1 Cada una de las partes en que se divide o considera dividido un todo continuo o un conjunto de cosas. — s.f. = fracción
2 Cada uno de los grupos en que se divide o considera dividido un conjunto de personas que constituye una organización: *trabajo en otra sección de la fábrica; desfila la sección de atletismo del club.* — = departamento
3 Acción y resultado de cortar o dividir un cuerpo sólido con un instrumento cortante: *el cirujano practicó una sección de la zona abdominal.* — = corte, división
4 Dibujo o espacio resultante del supuesto corte de un cuerpo por medio de un plano para mostrar su estructura interior: *la sección transversal de una nave industrial.*

5 Figura que resulta de la intersección de una superficie o un sólido con otra superficie. · GEOMETRÍA
6 Pequeña unidad en que se divide una compañía, escuadrón o batería y que está al mando de un oficial, normalmente un teniente o un alférez. · MILITAR
7 sección cónica: Cualquiera de las curvas que resultan de cortar la superficie de un cono circular por un plano. · GEOMETRÍA
8 sección de reserva: Cuadro jerárquico de los generales que han dejado de prestar servicio activo. · MILITAR

seccionador, a
1 Que secciona o divide una cosa. · adj/s.
2 Aparato que abre o cierra un circuito eléctrico, en especial por motivos de seguridad. · s.m. ELECTRICIDAD

seccionar
1 Dividir una cosa en secciones. · v.tr./= fraccionar
2 Cortar una cosa o separar una parte de un todo: *el cristal le seccionó una vena.* · = cercenar

secesión (Del lat. *secessio, -onis.*)
1 Separación de una parte del territorio y población de un país que antes había estado unida política y económicamente a él. · s.f. POLÍTICA / = independencia
2 Apartamiento de los negocios públicos.
3 Separación de un grupo de personas de una corriente artística, de un organismo político, o de cualquier colectivo humano: *se ha producido una secesión entre los miembros del club.* · = escisión

secesionismo Tendencia u opinión favorable a la secesión política. · s.m. POLÍTICA

secesionista
1 De la secesión. · adj.
2 Que es partidario de la secesión. · adj/s.m.f.

seco, a (Del lat. *siccus.*)
1 Que no está mojado ni tiene humedad: *la ropa ya está seca.* · adj. / ≠ empapado
2 Que no tiene agua: *río seco; pantano seco.*
3 Se aplica a la atmósfera que no tiene vapor de agua.
4 Se refiere al tiempo, clima o lugar que es poco húmedo o lluvioso: *empieza la estación seca; es un país muy seco.* · = árido / ≠ lluvioso
5 Se aplica al fruto que tiene cáscara dura como las nueces y avellanas. · BOTÁNICA / ≠ carnoso
6 Se aplica al fruto al que se le ha quitado el jugo para que se conserve: *higo seco.* · ≠ fresco
7 Se refiere a la planta o al órgano vegetal que está muerto o marchito por haberse quedado sin savia: *las hojas están secas.* · = marchito / ≠ verde
8 Se aplica al alimento que se ha puesto duro por llevar mucho tiempo hecho: *pan seco.*
9 Se refiere al pelo o a la piel que tiene poca grasa. · ≠ graso
10 Se refiere al guiso que se ha quedado sin caldo por haber hervido mucho: *el arroz está seco.* · ≠ jugoso
11 Que está muy delgado: *tras la enfermedad se quedó muy seco.* · = flaco / ≠ gordo
12 Se aplica a la persona o al carácter que es áspero y desagradable: *no seas tan seco con tus amigos.* · = desabrido, frío / ≠ cordial
13 Se refiere a la expresión o a la palabra que es tajante y terminante: *me dio una respuesta seca.* · = categórico
14 Que tiene sed: *estoy seco por haber corrido tanto.* · = sediento
15 Que no necesita agua para su uso: *se lava la cabeza con un champú seco.*
16 Se aplica a la voz o al sonido que es ronco y grave. · ≠ agudo
17 Se refiere a la tos que no va acompañada de expectoraciones: *tengo la tos seca.* · MEDICINA
18 Se aplica al sonido o ruido que no tiene resonancia: *impuso silencio con un golpe seco.*
19 Se refiere al vino que no tiene azúcar por haberse convertido todo él en alcohol: *tomamos un vino blanco seco.* · ≠ dulce
20 Se aplica al aguardiente que es puro o sin mezcla.
21 Que no tiene adornos ni cosas superfluas: *cíñete al tema y haz una exposición seca.* · = escueto
22 Que no tiene añadidos o aditamentos.
23 Que es soso o aburrido: *me ha parecido una película muy seca.* · ≠ divertido
24 Que no puede producir fruto: *estas tierras son secas y no tienen valor.* · = estéril / ≠ fértil
25 Puñetazo, coscorrón. · s.m./*Chile*
26 a secas: Solo, sin otra cosa: *me dijo la verdad a secas.* · loc.adv.
27 dejar seco a alguien: 1. Matar a una persona: *le dejó seco de un tiro.* 2. Impresionar mucho una cosa: *la noticia le dejó seco.* · coloquial / coloquial
28 en seco: 1. Que está fuera del agua: *el barco varó en seco.* 2. De manera brusca: *el coche paró en seco.* 3. Sin agua: *la tapicería del sofá se tiene que lavar en seco.* 4. Sin lo necesario para hacer cierta cosa. · loc.adv. / loc.adv. / loc.adv.
29 estar seco: Tener sed, necesitar beber algo. · coloquial

secoya (Del ingl. *sequoia < sequoiah,* indio cheroqui.) Secuoya, planta arbórea. · s.f. BOTÁNICA

secreción (Del lat. *secretio, -onis.*)
1 Acción y resultado de secretar o segregar un órgano o una glándula cierta sustancia. · s.f. FISIOLOGÍA
2 Sustancia segregada por un órgano o una glándula. · FISIOLOGÍA
3 Producto del metabolismo de algunos vegetales que no tiene utilidad para sus procesos vitales. · BOTÁNICA
4 Acción de separar o separarse una persona o una cosa de un punto o un lugar. · = apartamiento, separación
5 secreción externa: La que se vierte por medio de un conducto al exterior del cuerpo o a una cavidad del mismo. · FISIOLOGÍA
6 secreción interna: Conjunto de sustancias elaboradas en las glándulas endocrinas que pasa directamente a la sangre. · FISIOLOGÍA

secreta
1 Se aplica a la policía o al agente que no lleva uniforme con el fin de pasar desapercibido en los lugares en los que realiza su trabajo: *un secreta vigilaba la puerta del edificio.* · adj/s.m.f.
2 Oración del celebrante que clausura el ofertorio de la misa. · s.f. RELIGIÓN
3 Conjunto de las secreciones de un órgano o glándula. · FISIOLOGÍA

secretar Producir y expeler las glándulas, membranas y células una sustancia. · v.tr. FISIOLOGÍA

secretaría
1 Oficina donde trabaja el secretario. · s.f.
2 Empleo o cargo de secretario. · = secretariado
3 Oficina de un establecimiento, organismo o empresa en donde se llevan las cuestiones administrativas: *en secretaría te darán los impresos.*
4 secretaría de estado: 1. Cargo del secretario de estado. 2. Despacho del secretario de estado. · POLÍTICA
5 secretaría general: Cargo del máximo dirigente de un partido político o sindicato. · POLÍTICA

secretariado
1 Empleo o cargo de secretario o de la secretaria. · s.m./= secretaría
2 Conjunto de estudios necesarios para obtener el cargo de secretario: *sabe taquigrafía porque estudia secretariado.*
3 Cuerpo de secretarios.
4 Organismo central que coordina y dirige la acción de las diversas entidades que dependen de él: *el secretariado de actividades culturales de la universidad.*

secretarial Del secretario o del secretariado. · adj.

secretario, a
1 Persona que se ocupa de realizar tareas administrativas en una empresa, organismo o para una sola persona: *mi secretaria te dará hora para visitarme.* · s.
2 Persona que da fe de escritos y actos. · = escribano
3 Persona que se dedica a copiar o escribir al dictado. · = escribiente
4 Serpentario, ave falconiforme. · s.m./ZOOLOGÍA
5 secretario de estado: Persona que, en España, ocupa un cargo de categoría intermedia entre el ministro y el subsecretario y se encarga de dirigir una determinada sección del ministerio al que pertenece. · POLÍTICA
6 secretario general: Máximo dirigente de un partido político o sindicato. · POLÍTICA

secretear Hablar dos o más personas en secreto: *no secretean delante de mí.* · v.intr./coloquial / = chismorrear

secreteo Acción de secretear o chismorrear: *tanto secreteo empieza a molestarme.* · s.m./coloquial / = cuchicheo

secreter (Del fr. *secrétaire.*) Mueble con cajones y compartimentos para papeles, cerrado por una tapa que puede ser abatible y servir de mesa para escribir: *el papel de carta está en mi secreter.* · s.m. pl: secreteres / = escritorio

secretina Hormona estimulante de la secreción de los jugos pancreático e intestinal, producida por la mucosa del duodeno. · s.f. BIOQUÍMICA

secreto, a (Del lat. *secretus.*)
1 Que se oculta para que sólo lo conozcan o sepan pocas personas: *nadie sabe mis ilusiones secretas; le envió una carta secreta.* · adj. = confidencial / ≠ público, sabido
2 Cosa que sólo es conocida por una persona o un grupo reducido de ellas y que se reserva u oculta a los demás: *todos tenemos secretos inconfesables; la operación militar es un secreto.* · s.m.
3 Clave para realizar una cosa: *enséñame el secreto para hacer la tarta de hojaldre.* · = truco
4 Cosa misteriosa o incomprensible: *para mí la muerte es un secreto.* · = enigma, misterio
5 Reserva, sigilo con que se realiza una cosa: *llevan con mucho secreto los preparativos de la fiesta.* · = discreción
6 Escondite que tienen algunos muebles: *guarda las cartas de amor en el secreto del escritorio.*
7 Tabla armónica del órgano, del piano y de otros instrumentos semejantes. · MÚSICA
8 Mecanismo de algunas cerraduras cuyo manejo es preciso conocer de antemano para poder abrirlas.
9 secreto a voces: El que en apariencia sigue siendo un asunto reservado u oculto, cuando en realidad ya · coloquial

es conocido o sabido por muchas personas: *su divorcio es un secreto a voces*.

10 secreto de confesión: El que está obligado a guardar el sacerdote de las cosas oídas en una confesión. | RELIGIÓN

11 secreto de estado: Asunto o decisión política reservada a los altos cargos del estado y cuya divulgación constituye un delito. | POLÍTICA

12 secreto de naturaleza: Aquel efecto natural que por ser poco sabido excita la curiosidad e incluso la admiración. | coloquial

13 secreto de sumario: El que está contenido en el sumario de un caso judicial. | DERECHO

14 secreto profesional: Conocimiento de una cosa, derivado del ejercicio de una profesión y que no se desvela o no puede desvelarse. | DERECHO

15 echar un secreto en la calle: Publicarlo o divulgarlo. | coloquial

16 en secreto: De forma oculta o reservada: *se casaron en secreto; mantienen en secreto el nombre del ganador*. | loc.adv.

secretor, a Se aplica al órgano que secreta: *glándula secretora*. | adj./ANATOMÍA tb: secretorio

secta (Del lat. *secta*.)
1 Doctrina religiosa que se aparta de la ortodoxa o dominante. | s.f. RELIGIÓN
2 Conjunto de creyentes en una doctrina o de fieles a una religión que el hablante considera falsa. | RELIGIÓN
3 Grupo de personas o seguidores que se separan de cualquier doctrina ortodoxa o dominante.
4 Partido político o sociedad secreta minoritaria, que se considera errónea o equivocada.

sectario, a
1 Que es miembro de una secta: *los sectarios obedecen fielmente a su líder*. | adj./s.
2 Que sigue de manera fanática una ideología: *defiéndeles, pero no caigas en actitudes sectarias*. | = partidista

sectarismo Actitud reservada e intransigente propia del sectario. | s.m.

sector (Del lat. *sector*.)
1 Parte de una ciudad, local grande u otro lugar: *hay un repartidor de paquetes para cada sector de la ciudad*. | s.m.
2 Parte de una clase o de una colectividad que presenta caracteres peculiares: *trabaja en el sector alimentario*. | = división, ramo
3 Parte de un círculo comprendida entre un arco y los dos radios que unen los extremos del arco al centro. | GEOMETRÍA
4 Parte de una pista de un disco magnético objeto de una operación de lectura o escritura. | INFORMÁTICA
5 Subdivisión de una red de distribución eléctrica. | ELECTRICIDAD
6 Territorio confiado a una división. | MILITAR
7 Cada una de las divisiones de la actividad productiva de un país. | ECONOMÍA
8 **sector esférico:** Porción de esfera comprendida entre un casquete y la superficie cónica formada por los radios que terminan en su borde. | GEOMETRÍA
9 **sector primario:** El que incluye las actividades relacionadas con la agricultura, la ganadería, la caza, la pesca y la explotación forestal. | ECONOMÍA
10 **sector secundario:** El que comprende las actividades extractivas o minerales, la producción de energía, las industrias y la construcción. | ECONOMÍA
11 **sector terciario, de servicios o residual:** Conjunto de actividades económicas no directamente productivas, sino encaminadas a facilitar el consumo de los productos, como el comercio, las finanzas o las profesiones liberales. | ECONOMÍA

sectorial
1 Del sector de una colectividad que tiene características propias. | adj.
2 Del sector del círculo o de la esfera. | GEOMETRÍA

secuano, a
1 De un pueblo que habitaba la región de la Galia entre el Ródano y el Rin, regada por el río Saona. | adj. HISTORIA
2 Persona natural de esta región. | s./HISTORIA

secuaz (Del lat. *sequax, -acis*.) Que sigue o defiende el interés o doctrina de otra persona: *es un secuaz del jefe*. | adj/s.m.f. pl: secuaces

secuela (Del lat. *sequela*.)
1 Consecuencia o resultado de una cosa: *todos pagamos las secuelas de tu mala administración económica*. | s.f. = resulta
2 Trastorno o lesión que queda como consecuencia de una enfermedad: *tiene secuelas del accidente*. | MEDICINA
3 Curso que sigue un juicio, pleito o causa. | Chile/DERECHO

secuencia (Del lat. *sequentia*.)
1 Serie o sucesión de cosas que siguen un orden o guardan entre sí una determinada relación. | s.f. = continuo
2 Sucesión no interrumpida de planos o escenas de una película que se refieren a una misma parte o aspecto del argumento. | AUDIOVISUALES, CINE

3 Conjunto de cantidades u operaciones ordenadas de tal modo que cada una determina la siguiente. | MATEMÁTICAS
4 Progresión o marcha armónica. | MÚSICA
5 Sucesión de fases operatorias de un automatismo secuencial. | INFORMÁTICA
6 Prosa o verso que se dice en algunas misas después del gradual. | RELIGIÓN

secuencial
1 De la secuencia. | adj.
2 Que está dividido u ordenado en secuencias: *la fabricación de este producto sigue un proceso secuencial*.
3 Se aplica al sistema de televisión en que las tres imágenes de colores fundamentales se transmiten de forma sucesiva. | AUDIOVISUALES

secuenciar Establecer una serie o sucesión de cosas relacionadas entre sí. | v.tr.

secuestración Acción y resultado de secuestrar. | s.f./= secuestro

secuestrador, a Que secuestra: *los secuestradores todavía no han pedido rescate*. | adj/s. = raptor

secuestrar (Del lat. *sequestrare*.)
1 Coger y retener a una persona para pedir dinero u otra cosa como rescate: *secuestraron a la hija del famoso actor*. | v.tr. = raptar
2 Retener un vehículo con sus ocupantes para pedir dinero, la concesión de reivindicaciones políticas u otra cosa como rescate: *un comando secuestró el avión*.
3 Retener las autoridades determinados bienes sin que su dueño pueda disponer de ellos: *le secuestraron la finca por impago de los impuestos*. | DERECHO

secuestrario, a Que tiene relación con el secuestro. | adj.

secuestro (Del lat. *sequestrum*.)
1 Acción y resultado de secuestrar: *con el pago del rescate finalizó el secuestro*. | s.m. = secuestración
2 Bienes que han sido embargados judicialmente. | DERECHO
3 Depósito judicial por embargo de bienes o como garantía en tanto se dilucida si su elaboración o tenencia constituyen transgresiones de la ley. | DERECHO
4 Resto de un hueso que subsiste en el cuerpo, separado de la parte viva. | MEDICINA

sécula (Del lat. *saecula*, siglos.) Se usa en la expresión **para sécula o para in sécula seculórum** para indicar para siempre jamás: *si me traicionas, olvídate de mí para sécula seculórum*. | loc.adv.

secular (Del lat. *saeculum*, siglo.)
1 Que se hace o sucede cada siglo. | adj.
2 Que dura un siglo o desde hace siglos: *debemos respetar las costumbres seculares*.
3 Se aplica al religioso que vive en el siglo, en oposición al que vive en clausura. | adj/s. RELIGIÓN
4 Que es seglar y no religioso. | adj./= laico

secularización Acción y resultado de secularizar o secularizarse. | s.f. RELIGIÓN

secularizar
1 Convertir una cosa eclesiástica o religiosa en laica o civil: *los bienes de la Iglesia se secularizaron con la república*. | v.tr/prnl. conj: cazar RELIGIÓN
2 Dar permiso a un religioso o a una religiosa para vivir fuera de clausura. | RELIGIÓN

secundar (Del lat. *secundare*.) Proporcionar ayuda a una persona para que pueda realizar sus propósitos: *secundo tu candidatura como senador*. | v.tr. = apoyar, colaborar

secundariamente En segundo lugar, después: *este punto lo trataremos secundariamente*. | adv.

secundario, a (Del lat. *secundarius*.)
1 Que ocupa el segundo lugar en una serie o un orden. | adj. tb: segundario
2 Que no es principal o fundamental: *no te preocupes por cuestiones secundarias*. | = accesorio
3 Se aplica a la era geológica comprendida entre el pérmico y el paleoceno. | adj/s.m./GEOLOGÍA = mesozoico
4 Que pertenece a esta era geológica. | adj./GEOLOGÍA
5 Se refiere al fenómeno patológico que está subordinado a otros. | MEDICINA
6 Se aplica al circuito de un transformador que permite el paso de la corriente inducida. | ELECTRICIDAD
7 Se refiere al átomo de carbono saturado que está unido a otros dos de una estructura compleja. | QUÍMICA
8 Se aplica al actor o a la actriz de cine que interpreta un papel no protagonista. | CINE

secundinas (Del lat. *secundina*.) Placenta y membranas que envuelven el feto. | s.f.pl. MEDICINA

secundípara Se aplica a la mujer que pare por segunda vez. | adj. MEDICINA

secuoya (Del ingl. *sequoia*.) Planta arbórea conífera que alcanza ciento cuarenta metros de altura y puede vivir más de dos mil años. *(Sequoia*.) | s.f. BOTÁNICA = secoya

sed (Del lat. *sitis*.)
1 Sensación interna producida por la necesidad de beber: *las comidas muy saladas dan mucha sed*. | s.f.
2 Deseo muy intenso de una cosa: *los padres de la víctima tienen sed de justicia*.

3 Falta o necesidad de humedad que tienen ciertas cosas, en especial las plantas: *voy a regar las plantas porque tienen sed.*

4 apagar o matar la sed: Saciarla bebiendo: *necesito agua para matar la sed.* — coloquial

5 hacer sed: Tomar una cosa que la produzca o hacer tiempo para sentirla de manera más intensa: *los cacahuetes salados hacen sed.* — coloquial

6 una sed de agua: Cosa pequeña o escasa. — coloquial

seda
1 Sustancia segregada en forma de hilo muy fino por algunos artrópodos y por algunas orugas. — s.f. ZOOLOGÍA
2 Hilo fino y suave preparado para tejer y formado por las hebras que se obtienen al solidificarse el líquido viscoso segregado por un determinado gusano. — TEXTIL
3 Tela confeccionada con este hilo: *suele usar camisones de seda.* — TEXTIL
4 Cerda de algunos animales, en especial el jabalí. — ZOOLOGÍA
5 seda ahogada: La que se hila después de ahogado el gusano. — TEXTIL
6 seda artificial: Rayón, fibra textil. — TEXTIL
7 seda azache: La de inferior calidad, que se hila de las primeras capas del capullo después de quitada la borra. — TEXTIL
8 seda cocida: La que ha perdido la goma que tiene de forma natural, al haber sido hervidos los capullos. — TEXTIL
9 seda conchal: La de clase superior que se hila de los capullos escogidos. — TEXTIL
10 seda cruda: La que conserva la goma que tiene de forma natural. — TEXTIL
11 seda de candongo o de candongos: La más delgada, usada en tejidos finos. — TEXTIL
12 seda floja: La que está sin torcer. — TEXTIL
13 seda joyante: La que por ser muy fina y de mucho lustre es la más cotizada. — TEXTIL
14 seda medio conchal: La de calidad inferior a la de candongo y cuyo peso específico es la mitad del de la conchal. — TEXTIL
15 seda ocal o redonda: La de inferior calidad, pero fuerte, que se saca del capullo ocal. — TEXTIL
16 seda salvaje: Tejido confeccionado con algunos hilos más gruesos que el resto. — TEXTIL
17 seda verde: La que se hila estando vivo el gusano dentro del capullo. — TEXTIL
18 como la o una seda: 1. Que es muy suave al tacto. 2. Se aplica a la persona que es muy dócil: *es agradable tratar con él porque es como una seda.* 3. Se refiere a la facilidad conque se realiza o consigue una cosa: *este negocio va como una seda.* — loc.adj. / loc.adv.
19 de seda: Se aplica a lo que es muy suave: *tiene la piel de seda, parece un niño.* — loc.adj.

sedación Acción y resultado de sedar o tranquilizar: *la enfermera optó por la sedación del paciente.* — s.f.

sedadera Herramienta usada para asedar o suavizar el cáñamo. — s.f.

sedal
1 Hilo delgado y muy resistente que pende de la caña de pescar y sostiene el anzuelo: *al lanzar la caña se rompió el sedal.* — s.m. PESCA
2 Hilo o cinta que introducido por un trayecto subcutáneo facilita la evacuación de una supuración. — MEDICINA

sedalina
1 Algodón mercerizado. — s.f./TEXTIL
2 Hilo fino y brillante, poco retorcido y parecido a la seda. — TEXTIL

sedán (Del ingl. *sedan*, berlina.) Automóvil de carrocería cerrada, de cuatro plazas. — s.m.

sedancia Propiedad para sedar, calmar o tranquilizar. — s.f.

sedante (Del lat. *sedentis*, que está sentado.)
1 Se aplica al medicamento o fármaco que calma el dolor o disminuye una excitación nerviosa: *se durmió bajo los efectos del sedante.* — adj/s.m./FARMACIA = calmante, sedativo
2 Que seda, calma o sosiega el ánimo: *la música clásica puede ser un buen sedante.* — adj/s.

sedar (Del lat. *sedare*.)
1 Administrar a una persona un sedante para calmar un dolor o una excitación nerviosa: *estaba histérica y tuvieron que sedarla.* — v.tr./MEDICINA = calmar, tranquilizar
2 Poner tranquila a una persona que está enfadada o excitada: *tus dulces palabras lo sedaron.* — = serenar, sosegar

sedativo, a Se aplica al fármaco que calma el dolor o sosiega la excitación nerviosa. — adj/s.m. FARMACIA

sede (Derivado del lat. *sedere*, sentarse.)
1 Domicilio principal de un organismo público o privado: *los miembros del partido esperaban a su líder en la sede.* — s.f.
2 Capital de una diócesis. — RELIGIÓN
3 Diócesis, jurisdicción de un prelado. — RELIGIÓN
4 Asiento de ceremonia del papa o de un prelado con jurisdicción — RELIGIÓN = sitial
5 santa sede: Jurisdicción del papa. — RELIGIÓN

6 sede apostólica: La fundada por alguno de los doce apóstoles o de sus discípulos y, por antonomasia, la de Roma. — RELIGIÓN
7 sede plena: La que está ocupada por un papa o por el prelado al que corresponda administrarla y regirla. — RELIGIÓN

sedear Limpiar las joyas con la sedera. — v.tr.

sedentario, a (Del lat. *sedentarius.*)
1 Se aplica a la actividad o al sistema de vida que se hace con poco movimiento: *el trabajo de cajera es sedentario.* — adj.
2 Se aplica a la población que permanece en su país de origen y nunca emigra. — SOCIOLOGÍA ≠ nómada
3 Se refiere al animal que no se mueve del lugar donde ha nacido por no tener órganos de locomoción. — ZOOLOGÍA

sedentarismo Modo de vida sedentario. — s.m.

sedentarización Proceso por el cual los pueblos nómadas adoptan formas de vida sedentarias. — s.f. SOCIOLOGÍA

sedentarizar Volver sedentario. — v.tr/conj: *cazar*

sedente (Del lat. *sedentis*.) Se aplica a la figura o imagen artística que está sentada: *esculpió una virgen sedente.* — adj. ARTE

sedeña
1 Estopilla segunda que se saca del lino al rastrillarlo. — s.f.
2 Tela o hilaza que se hace de esta estopilla. — TEXTIL

sedeño, a
1 De seda. — adj./TEXTIL
2 Que es suave o brillante como la seda. — = sedoso
3 Se aplica al animal que tiene sedas o cerdas: *el jabalí es sedeño.* — ZOOLOGÍA

sedera Escoba pequeña o brocha hecha de cerdas. — s.f.

sedería
1 Actividad que comprende la cría del gusano de seda y la elaboración y el comercio de la seda. — s.f. TEXTIL
2 Tienda donde se venden géneros de seda, hilos y otros artículos de mercería. — COMERCIO
3 Conjunto de géneros o mercancías de seda. — COMERCIO, TEXTIL

sedero, a
1 De la seda. — adj.
2 Persona que por oficio labra o trata la seda. — s.

sedicente Se refiere a nombres, títulos o tratamientos que una persona se aplica a sí misma sin derecho o sin propiedad. — adj.

sedición (Del lat. *seditio, -onis.*)
1 Alzamiento colectivo o sublevación en contra de la autoridad establecida o la disciplina militar. — s.f. DERECHO
2 Sublevación de las pasiones.

sedicioso, a (Del lat. *seditiosus.*)
1 Que promueve una sedición o toma parte en ella: *detuvieron a los principales sediciosos.* — adj/s.
2 Que tiene relación con la sedición: *se reprimirán los actos sediciosos.* — adj.

sediento, a
1 Que tiene sed: *vino corriendo sin parar y llegó cansado y sediento.* — adj/s.
2 Se aplica al terreno o a la planta que necesita humedad o riego: *con la sequía los campos están sedientos.* — adj.
3 Que desea mucho una cosa: *está sediento de aventuras.* — + de = anhelante

sedimentación
1 Acción y resultado de sedimentar o sedimentarse. — s.f.
2 Depósito de sedimentos.
3 Proceso por el que se depositan y acumulan materiales en la corteza terrestre, formando estratos, por efecto de la erosión y la precipitación. — GEOLOGÍA

sedimentar
1 Dejar un líquido una sustancia que contiene disuelta en el fondo del recipiente que ocupa. — v.tr/prnl. = precipitar
2 Formar las materias disueltas en un líquido sedimento. — v.prnl. = posarse
3 Acumularse y afianzarse los conocimientos o los sentimientos: *nuestro amor se sedimentó con los años.* — = consolidarse

sedimentario, a
1 Que tiene relación con la sedimentación. — adj.
2 Que se origina por sedimentación: *rocas sedimentarias.*

sedimento (Del lat. *sedimentum.*)
1 Conjunto de partículas suspendidas en un líquido que se posan en el fondo de un recipiente: *analizaremos el sedimento que deje la solución.* — s.m. = poso, precipitado
2 Depósito fragmentario móvil dejado por las aguas, el viento y otros agentes de erosión. — GEOLOGÍA
3 Huella o marca que queda en el ánimo o en la memoria: *su primer fracaso amoroso le dejó un fuerte sedimento de rencor.* — = rastro, señal

sedimentología (Del lat. *sedimentum*, sedimento + gr. *logos*, ciencia.) Parte de la geología que estudia la génesis y procesos de la sedimentación. — s.f. GEOLOGÍA

sedoso, a Que es suave como la seda: *este champú deja el cabello sedoso.* — adj.

seducción
1 Acción y resultado de seducir: *tiene un gran poder de* s.f.
seducción.
2 Fuerza y capacidad para seducir.
3 Aquello que seduce: *las seducciones de la vida mun-*
dana.

seducir (Del lat. *seducere.*)
1 Ejercer una persona o una cosa un gran atractivo v.tr/conj: *conducir*
sobre una persona: *tus ojos azules me sedujeron.* = fascinar
2 Conseguir mediante engaños o halagos que una = embaucar
persona haga una cosa: *la sedujo para que participara*
en el atraco.
3 Conseguir que una persona tenga relaciones sexuales con otra, mediante engaños o por su atractivo: *me*
sedujo y luego se olvidó de mí.

seductor, a Que seduce: *el protagonista es un actor* adj/s.
muy seductor. = seductivo

sefardí
1 De los judíos que habitaron la península Ibérica, adj/s.m.f./HISTORIA
sus descendientes, y su lengua. tb: sefardita
2 Judeoespañol, dialecto del castellano hablado por s.m./LINGÜÍSTICA
los judíos sefardíes. = ladino

sega Persona que juega en segundo lugar, en algunos s.m.f.
juegos. JUEGOS

segable Que puede ser segado: *el campo de trigo ya es* adj/AGRICULTURA
segable.

segada Siega, labor agrícola. s.f./AGRICULTURA

segadera Hoz para segar. s.f./AGRICULTURA

segadero, a Que está en las condiciones óptimas adj/AGRICULTURA
para ser segado. = segable

segador, a
1 Que sirve para segar. adj.
2 Persona que siega. s.
3 Arácnido pequeño, de patas muy largas, con el s.m.
cuerpo redondeado y el vientre aovado y compri- ZOOLOGÍA
mido. *(Phalangium.)*

segadora Se aplica a la máquina que se utiliza para adj/s.f.
segar. AGRICULTURA

segar (Del lat. *secare.*)
1 Cortar la mies o la hierba con la hoz, la guadaña o v.t./conj: *regar*
cualquier máquina adecuada: *segarán los campos de* AGRICULTURA
trigo.
2 Cortar lo que sobresale de una cosa: *le segó el pena-*
cho de plumas.
3 Interrumpir el desarrollo de una cosa de forma = truncar
brusca: *aquel accidente segó todos sus planes para el fu-*
turo.

segazón
1 Acción y resultado de segar. s.f./AGRICULTURA
2 Tiempo en que se siega. AGRICULTURA

seglar Que no es religioso o eclesiástico: *el coro de la* adj/s.m.f.
iglesia lo forman sacerdotes y seglares. = laico, secular

segmentación
1 Acción y resultado de segmentar o dividir una cosa s.f.
en segmentos. = fragmentación
2 División reiterada de la célula huevo de animales y BIOLOGÍA
plantas.

segmentado, a
1 Que está formado por diversos segmentos. adj.
2 Se refiere al animal que tiene el cuerpo formado ZOOLOGÍA
por partes o segmentos dispuestos en serie lineal,
como la lombriz.

segmentar Dividir una cosa en segmentos: *la línea* v.tr/prnl.
continua se segmentaba. = fragmentar

segmento (Del lat. *segmentum.*)
1 Parte cortada o separada de una cosa. s.m.
2 Parte de una recta comprendida entre dos puntos. GEOMETRÍA
3 Parte del círculo comprendida entre un arco y su GEOMETRÍA
cuerda.
4 Cada aro de material elástico que encaja en ranuras MECÁNICA
circulares del émbolo y se ajusta a las paredes del cilindro.
5 Cada una de las partes dispuestas en serie lineal, ZOOLOGÍA
que forman el cuerpo de los gusanos y artrópodos.
6 Signo o conjunto de signos que pueden aislarse en LINGÜÍSTICA
la cadena oral, mediante una operación de análisis.
7 **segmento esférico:** Parte de la esfera cortada por GEOMETRÍA
un plano que no pasa por el centro.

segoviano, a
1 De Segovia, ciudad y provincia españolas. adj/= segoviense
2 Persona natural de esta ciudad o provincia. s.

segregación
1 Acción y resultado de segregar o segregarse. s.f.
2 Separación parcial de diversas partes homogéneas METALURGIA
de una mezcla durante su licuefacción y aleación.
3 **segregación racial:** Fenómeno social consistente SOCIOLOGÍA,
en aplicar trato de inferioridad a una parte de la po- POLÍTICA
blación por motivos raciales o étnicos.

segregacionismo Actitud política y social de discri- s.m./SOCIOLOGÍA,
minación y separación racial, religiosa o política. POLÍTICA

segregacionista
1 De la segregación racial: *el país sigue una política se-* adj.
gregacionista. = racista
2 Que es partidario de la segregación racial. adj/s.m.f.

segregar (Del lat. *segregare*, separar de un rebaño.)
1 Separar una cosa o persona del todo del que forma v.tr/prnl.
parte: *unos cuantos militantes se segregaron; segregan a* conj: pagar
los negros. = escindir
2 Producir y expeler las glándulas una sustancia líqui- FISIOLOGÍA
da: *las glándulas salivares segregan saliva.* = secretar

segregativo, a Que segrega o expele: *glándula segre-* adj.
gativa. = secretor

segrí Tela de seda fuerte y labrada usada para vesti- s.m./pl.tb: segríes
dos de mujer. TEXTIL

segueta (Del ital. *seghetta.*) Sierra de marquetería. s.f./CARPINTERÍA

seguetear Trabajar una persona con la segueta. v.intr./CARPINTERÍA

seguida
1 Acción y resultado de seguir. s.f.
2 Baile antiguo.
3 **a o en seguida:** Inmediatamente después: *acabo de* loc.adv.
peinarme y en seguida te lo doy.
4 **de seguida:** Seguidamente, a continuación. loc.adv.

seguidamente A continuación, después: *seguidamen-* adv.
te pasamos a ofrecerles un avance informativo.

seguidero Regla o pauta para escribir: *usa un seguide-* s.m.
ro para no torcerte al escribir. = seguidor

seguidilla
1 Canción y baile popular de varias regiones españo- s.f.
las, de aire y ritmo vivo. MÚSICA
2 Estrofa que está formada por cuatro o siete versos POESÍA
heptasílabos y pentasílabos combinados de diversas
formas.
3 Sucesión rápida de hechos. *Argent.*

seguido, a
1 Que se desarrolla sin interrupciones de tiempo o adj.
espacio: *estaré fuera una semana seguida; estudié seis*
horas seguidas.
2 Que está en línea recta: *el sendero atravesaba seguido*
el bosque.
3 En línea recta, sin desviarse: *vaya todo seguido y, al* adv.
final, tuerza a la derecha.

seguidor, a
1 Que es discípulo o sigue las enseñanzas o ideas de adj/s.
una persona: *son ya muchos los seguidores de ese líder* = adepto
espiritual.
2 Que siente afición o sigue la trayectoria de un = aficionado
equipo o de un deporte: *el baloncesto tiene muchos se-*
guidores.
3 Que sigue o persigue a una persona o cosa: *el la-*
drón logró escabullirse de los seguidores.
4 Regla o pauta para escribir: *si usaras un seguidor no* s.m.
harías los renglones tan torcidos. = seguidero

seguimiento
1 Acción y resultado de seguir. s.m.
2 Determinación a distancia, instantánea y continua- ASTRONÁUTICA
da, de las características del movimiento de un ingenio espacial.

seguir (Del lat. *sequi.*)
1 Ir una persona o una cosa después o detrás de otra: v.tr/intr.
el coche seguía a la ambulancia. ≠ preceder
2 Acompañar, ir con una persona: *el perro me sigue* v.tr.
por toda la casa. ≠ abandonar
3 Dirigir la vista hacia una persona o cosa que está
en movimiento, sin apartarla en ningún momento: *si*
sigues el balón verás cuál es su trayectoria exacta.
4 Ir por un camino o dirección: *sigue recto y luego tuer-* v.tr/intr.
ce a la izquierda; la carretera sigue hasta el mar.
5 Estudiar una carrera o asistir a un curso: *sigue estu-* v.tr.
dios de música en París. = cursar
6 Observar con atención el desarrollo de un proceso
o una situación: *seguiremos el proceso judicial y te ire-*
mos informando.
7 Entender una cosa: *hablas tan rápido que no logro se-* = comprender
guir lo que dices. ≠ perderse
8 Ser una persona partidaria de otra o de una ideolo- = profesar
gía o doctrina: *sigo la filosofía budista.* ≠ rechazar
9 Ver o escuchar de forma habitual un programa televisivo o radiofónico: *en casa seguimos la telenovela*
del mediodía.
10 Actuar conforme a órdenes, sentimientos o consejos: *seguí mi intuición y me equivoqué otra vez.*
11 Imitar una persona a otra: *sigue a su amiga en la*
forma de vestir.
12 Perseguir a una persona o animal: *el perro seguía a*
la liebre.
13 Continuar haciendo una cosa: *pásame el cuchillo,*
ya sigo yo cortando patatas.
14 Continuar en un determinado estado: *sigue muy* v.intr.
delgada; todos seguimos bien.

15 Ocurrir una cosa como consecuencia de otra: *de tu actitud se sigue una discusión; a estas medidas siguieron una serie de manifestaciones.* — v.intr/prnl. + a, de = derivar

16 Dirigir una cosa por el camino o método adecuado: *las reclamaciones siguen unos trámites antes de hacerse efectivas.* — v.tr/intr.

17 a seguir bien: Fórmula con la que una persona se despide de otra. — coloquial

18 seguir adelante en algo: Perseverar en una cosa: *me he propuesto escribir una novela y voy a seguir adelante.*

CONJ.: IND.: PRES.: *sigo, sigues, sigue, seguimos, seguís, siguen.* PRET. INDEF.: *seguí, seguiste, siguió, seguimos, seguisteis, siguieron.* SUBJ.: PRES.: *siga, sigas, siga, sigamos, sigáis, sigan.* PRET. IMPERF.: *siguiera, -ese, siguieras, -eses, siguiera, -ese, siguiéramos, -ésemos, siguierais, -eseis, siguieran, -esen.* FUTUR. IMPERF.: *siguiere, siguieres, siguiere, siguiéremos, siguiereis, siguieren.* IMP.: *sigue, siga, sigamos, seguid, sigan.*

seguiriya Canto popular andaluz con copla de cuatro versos, de contenido triste y profundo. — s.f./MÚSICA tb: siguiriya

según (Del lat. *secundum*.)
1 Conforme, con arreglo a, de acuerdo con: *te pagaré según lo convenido.* — prep.
2 En opinión de, por testimonio de: *el mundo, según los creyentes, es obra de Dios.*
3 Como, con arreglo a: *hazlo según veas.* — adv.
4 Indica eventualidad o contingencia: *¿irás a la fiesta? —no sé, según.*
5 según que: 1. A medida que: *según que veamos tus progresos, te cambiaremos de aula.* **2.** Como: *actúa según que dijeron los jueces.* — loc.conj.
6 según y como: 1. De la misma manera: *se hizo según y como me lo habían mandado.* **2.** Indica contingencia: *según y como vendré.* — loc.conj.

segunda
1 Vuelta doble que se da en las cerraduras. — s.f.
2 Cuerda que está después de la prima, en algunos instrumentos musicales. — MÚSICA
3 Marcha del motor de un vehículo que tiene mayor velocidad que la primera y menor potencia que la tercera. — MECÁNICA
4 con segundas: Con doble o con segunda intención: *siempre habla con segundas.* — loc.adv.

segundar
1 Volver a realizar una acción que se acaba de hacer. — v.tr.
2 Estar una persona o una cosa en segundo lugar. — v.intr.

segundariamente Secundariamente, en segundo lugar. — adv.

segundario, a Secundario [en todas sus acepciones]. — adj.

segundero, a
1 Manecilla que señala los segundos en un reloj: *el reloj no funciona porque se me mueve el segundero.* — s.m.
2 Se aplica al segundo fruto que dan ciertas plantas dentro del año. — adj/s. BOTÁNICA

segundilla Refrigerio, alimento ligero. — s.f./Colomb.

segundillo
1 Segunda porción de pan, menor que la primera, que se da a los religiosos de ciertas comunidades. — s.m. RELIGIÓN
2 Segundo plato, repetido del primero, que se toma a veces en las comunidades religiosas. — RELIGIÓN

segundino Mezcla de aguardiente y yema de huevo. — s.m./Chile

segundo, a (Del lat. *secundus, -a.*)
1 Que ocupa el número dos en una serie: *ocupa el segundo lugar de la clasificación.* — adj.num/s.
2 Cada una de las sesenta partes iguales del minuto de tiempo. — s.m.
3 Cada una de las sesenta partes iguales del minuto de circunferencia. — GEOMETRÍA
4 Persona que, en una organización, sigue en jerarquía a la principal: *nunca he hablado con el jefe, sólo tengo acceso al segundo.*
5 Breve espacio de tiempo: *en un segundo estará lista la comida.* — = momento
6 segundo de a bordo: Persona más importante después del jefe principal. — coloquial
7 batir segundos: Producir un reloj o un péndulo el ruido indicador de su marcha. — coloquial
8 sin segundo: Extraordinario o asombroso: *su novia es una belleza sin segundo.* — loc.adj. = sin par

segundogénito, a (Del lat. *secundus*, segundo + *genitum*, engendrado.) Que ha nacido después del primogénito. — adj/s.

segundogenitura Prerrogativa o derecho del segundo hijo. — s.f.

segundón
1 Persona que ocupa un puesto o cargo inferior al más importante o de mayor categoría: *no puedo decirlo, yo soy el segundón.* — s.m/coloquial, despectivo
2 Hijo segundo.
3 Hijo no primogénito.

segur (Del lat. *securis*.)
1 Hacha grande. — s.m./pl: segures

2 Herramienta formada por una cuchilla larga y afilada, curva, de dientes muy agudos y un mango de madera, que se usa para segar. — AGRICULTURA = hoz
3 Hacha incluida en las fasces de los lictores romanos. — HISTORIA

segurador, a Persona que fía a otra o responde por ella: *si no tengo un segurador no me conceden el crédito.* — s. = fiador

seguramente Quizá, con bastante probabilidad: *si no llueve, seguramente vendré.* — adv. = posiblemente

segureja Hacha pequeña de mango largo y algo flexible. — s.f.

seguridad
1 Cualidad de seguro. — s.f.
2 Estado de lo que no se mueve ni está en peligro de caer o desatarse: *este edificio ofrece seguridad; la carga está atada con seguridad.* — = firmeza ≠ inseguridad
3 Garantía que se da a una persona sobre la realización o el cumplimiento de una cosa.
4 seguridad social: Conjunto de leyes y organismos que las aplican, que tienen como objetivo proteger a los individuos y a las familias contra ciertos riesgos sociales.
5 de seguridad: 1. Se aplica a un ramo de la administración pública cuya función es procurar la protección de los ciudadanos: *Dirección general de seguridad.* — loc.adj.
2. Se refiere a los mecanismos que sirven para hacer más segura una cosa: *en su casa tiene una cerradura de seguridad.* — loc.adj.

seguro, a (Del lat. *securus*.)
1 Que no corre ningún peligro o riesgo: *el dinero está seguro; me siento seguro.* — adj./= protegido ≠ inseguro
2 Que ocurrirá con toda certeza: *te espera una muerte segura; tuvo un éxito seguro; es seguro que vendrá.* — = cierto, indudable ≠ incierto
3 Que tiene la certeza de una cosa: *estoy seguro de que ocurrirá.* — = cierto ≠ dudoso
4 Que no falla: *es un remedio seguro; invierte porque es un negocio seguro.* — = infalible ≠ inseguro
5 Contrato por el que se asegura o garantiza a una persona o un objeto en el caso de que sufrieran daños o pérdidas: *seguro de vida; seguro de incendios.* — s.m.
6 Salvoconducto o permiso que se concede para hacer una cosa. — = licencia
7 Pieza o aparato destinado a impedir, a voluntad, el funcionamiento de una máquina o de un mecanismo: *el seguro de un arma de fuego.*
8 Casilla o lugar de un tablero de juegos que en la ficha de un jugador no puede ser eliminada por las del contrario. — s.m. JUEGOS
9 Seguridad social, conjunto de leyes y organismos de la administración: *voy al médico del seguro.*
10 Alfiler de seguridad, imperdible. — Méx.
11 Sin duda: *seguro que vendrá.* — adv./= ciertamente
12 seguro de vida: Contrato por el cual el asegurador se obliga, mediante una cuota estipulada, a entregar al contratante o al beneficiario un capital o renta al verificarse el acontecimiento señalado o durante el término señalado.
13 seguro subsidiario: El que cubre el riesgo de que otro asegurador falte al pago de la indemnización que, por virtud de contrato hecho con anterioridad, le sea exigible.
14 a buen seguro o de seguro: Con toda seguridad: *a buen seguro que tienen su dinero bien guardado.* — loc.adv.
15 estar seguro de alguien: Tener confianza en una persona: *no me fallará, estoy segura de ella.*
16 sobre seguro: Sin riesgo: *hay que ir sobre seguro.* — loc.adv.
17 tener por seguro: Considerarlo del todo cierto: *ten por seguro que lo haré.*

seis (Del lat. *sex*.)
1 Que resulta de la suma de cinco y uno. — adj.num/s.m.
2 Que ocupa este lugar en una serie ordenada. — adj.num/s.m.f.
3 Signo o conjunto de signos que representa este número. — s.m.
4 Naipe con este número de imágenes o signos: *yo tengo el seis de espadas.* — JUEGOS

seisavar Dar forma de hexágono regular a una cosa. — v.tr/= sextavar

seisavo, a
1 Se aplica a cada una de las seis partes iguales en que se divide un todo. — adj.num/s.m.
2 Hexágono, polígono que tiene seis ángulos y lados. — GEOMETRÍA

seiscientos, as
1 Que resulta de la multiplicación de seis por cien. — adj.num/s.m.
2 Que ocupa este lugar en una serie ordenada. — adj.num/s.
3 Signo o conjunto de signos que representa este número. — s.m.

seiseno, a Que ocupa el lugar número seis en una serie: *acabó la carrera en el seiseno puesto.* — adj.num/s. = sexto

seisillo Conjunto de seis notas iguales que deben ejecutarse en el tiempo que corresponde a cuatro de ellas en un compás simple. — tb: sextillo MÚSICA

seísmo Terremoto, temblor de tierra: *el seísmo causó numerosas víctimas.*   s.m./GEOGRAFÍA   tb: sismo

seláceo, a (Del gr. *selakhios.*) Perteneciente a una subclase de peces marinos de esqueleto cartilaginoso, como la raya.   adj/s.m.   ZOOLOGÍA   = selacio

selección   s.f.
1 Acción de seleccionar personas o cosas de un conjunto, escogiendo las que se prefieren: *hizo una selección de las muestras textiles.*
2 Operación de escoger animales para la reproducción, para conseguir mejoras en la raza.
3 Equipo deportivo formado por los mejores jugadores o atletas de los diferentes clubs, elegidos para disputar un encuentro o participar en una competición, por lo general de carácter internacional: *hoy juega la selección española de voleibol.*   DEPORTES
4 **selección natural:** Sistema que, según la teoría evolucionista, pretende explicar por la acción continuada del tiempo y del medio, la desaparición más o menos completa de determinadas especies animales o vegetales, y su sustitución por otras de condiciones superiores.   BIOLOGÍA

seleccionable Que puede ser seleccionado: *estás entre los atletas seleccionables para las Olimpiadas.*   adj.

seleccionador, a
1 Que selecciona.   adj/s.
2 Persona que elige los jugadores o atletas que forman parte de una selección: *es el seleccionador nacional del equipo de gimnasia.*   s.   DEPORTES

seleccionadora Máquina que clasifica a gran velocidad fichas perforadas.   s.f.   TECNOLOGÍA

seleccionar Coger o separar las cosas que se consideran mejores de un conjunto: *selecciona las fotos que más te gustan.*   v.tr.   = elegir

selectas Colección de trozos seleccionados de materias literarias.   s.f.pl./LITERATURA   = florilegio

selectividad   s.f.
1 Acción que consiste en seleccionar: *procedieron a la selectividad de los mejores productos.*   = elección
2 Cualidad de selectivo.
3 Propiedad de los radiorreceptores por la cual aíslan una dosis de frecuencia alternando todas las demás.   TELECOMUNICACIONES
4 Conjunto de exámenes a los que se presentan los alumnos para acceder a ciertos niveles del sistema educativo, en especial a los estudios universitarios: *ha sacado una buena nota en la selectividad.*

selectivo, a
1 Que selecciona o implica selección: *es muy selectivo con sus amigos.*   adj.   = selector
2 Se aplica al aparato radiorreceptor que permite seleccionar una onda de longitud determinada sin interferencias de otras ondas más próximas.   TELECOMUNICACIONES
3 Se refiere al curso previo o primero de ciertas carreras.   adj/s.m.

selecto, a (Del lat. *selectus.*)
1 Que es superior respecto a otras cosas de su especie: *venden fruta selecta.*   adj./= escogido   ≠ corriente
2 Que se considera superior por su buen gusto y refinamiento: *la clientela del restaurante es muy selecta.*   ≠ exquisito   ≠ ordinario

selector, a
1 Que selecciona o escoge.   adj.
2 Dispositivo que en ciertos aparatos o máquinas sirve para elegir la función deseada: *éste es el selector de canales.*   s.m.

selen- Componente de palabra procedente del gr. *selene,* que significa luna: *selenita.*   pref.   tb: seleno-

selénico, a De la Luna: *estudia los movimientos selénicos.*   adj.

selenio (Derivado del gr. *selene,* luna.) Metaloide de color pardo rojizo, químicamente similar al azufre, usado en la industria del vidrio y la cerámica y en instalaciones electrónicas por su carácter semiconductor.   s.m.   QUÍMICA

selenita (Del gr. *selenites.*)
1 Hipotético habitante de la Luna.   s.m.f.
2 Mineral con forma de agregados fibrosos, variedad del yeso.   s.f.   MINERALOGÍA

selenitoso, a Que contiene yeso.   adj.

seleniuro Cuerpo resultante de la combinación del selenio con un radical simple o compuesto.   s.m.   QUÍMICA

selenografía Parte de la astronomía que estudia la descripción de la Luna.   s.f.   ASTRONOMÍA

selenográfico, a De la selenografía.   adj./ASTRONOMÍA

selenógrafo, a (Del gr. *selene,* luna + *grapho,* escribir.) Persona dedicada al estudio de la Luna.   s.   ASTRONOMÍA

selenosis (Del gr. *selene,* luna + *osis,* enfermedad no inflamatoria.) Pequeña mancha blanca que aparece en las uñas.   s.f.   pl: selenosis   MEDICINA

seléucida De una dinastía helenística, que gobernó un vasto imperio que terminó absorbido por los romanos.   adj/s.m.f.   HISTORIA

self-service (Expresión inglesa.) Restaurante en donde el cliente se sirve a sí mismo.   s.m.   pl: self-services

sellador, a Que sella o pone el sello: *todos los documentos pasan por el sellador.*   adj/s.

sellar (Del lat. *sigillare.*)
1 Poner un sello en una cosa: *me sellaron el impreso tras pagar la cuota.*   v.tr.
2 Cerrar una cosa con sellos adhesivos: *selló el sobre para que nadie lo abriera.*
3 Dejar una cosa señalada o marcada: *selló sus pañuelos con sus iniciales.*   = marcar
4 Poner fin a una cosa: *sellaron la obra con un poema.*   = concluir
5 Cerrar una cosa: *sellaron el pozo como medida de seguridad.*

sello (Del lat. *sigillum.*)
1 Impreso oficial, de forma rectangular y pequeño tamaño, que se pega a las cartas y otros envíos postales para franquearlos: *necesito un sello de veinte pesetas para esta carta.*   s.m.   = timbre
2 Utensilio con una inscripción y una figura que sirven de distintivo de una persona o institución y pueden estamparse en los documentos para certificarlos: *necesito el sello y la tinta.*   = tampón
3 Inscripción o figura que se ha estampado en un documento para certificarlo: *en el documento figura el sello del registro.*
4 Timbre impreso en un documento oficial para gravarlo con un impuesto.
5 Anillo ancho que en su parte superior lleva grabadas las iniciales de una persona o el escudo de su apellido: *lucía un sello de oro en el dedo corazón.*
6 Despacho u oficina donde se sellan los documentos que lo precisan.
7 Persona encargada de sellar los documentos en una oficina.   = sellador
8 Estilo o características de un autor o de una época que se reconocen en una obra: *esa escultura lleva el sello del renacimiento.*   = marca
9 Conjunto de dos obleas pegadas que envuelven una dosis de una medicina, para que no se perciba su sabor al tragarla.   FARMACIA
10 Empresa o casa comercial: *hace años que trabaja con el mismo sello discográfico.*   = firma
11 Reverso de las monedas, cruz.
12 **sello de Salomón:** 1. Estrella de seis puntas, formada por dos triángulos equiláteros cruzados, a la cual los cabalistas le atribuían ciertas virtudes. 2. Planta herbácea perenne liliácea, de hojas sentadas, ovales y enteras, flores blancas, olorosas y con la punta verde, dispuestas en racimos unilaterales y fruto en baya casi negra. *(Polygonatum officinalis.)*   Colomb., Chile, Perú   OCULTISMO   BOTÁNICA
13 **sello hermético:** Cierre de una vasija hecho con la misma materia que ésta.
14 **echar o poner el sello a algo:** Rematar una cosa, llevarla a la última perfección.

seltz (Del alem. *Seltz,* agua mineral de *Selters.*) Agua carbónica obtenida por medios artificiales.   s.m.   pl: seltz

selva (Del lat. *silva.*)
1 Terreno extenso, sin cultivar y muy poblado de árboles y arbustos, propio de la zona ecuatorial y tropical: *nos adentramos en la selva amazónica.*   s.f.   GEOGRAFÍA   = jungla
2 Lugar o situación en los que hay mucha confusión y desorden: *ordena tu habitación, que es una selva.*   coloquial
3 Ambiente o lugar peligroso o lleno de dificultades en el que dominan los mejores: *el mundo de los negocios es una selva.*

selvático, a (Del ital. *selvatico* < lat. *silvaticus.*)
1 De la selva.   adj./tb: silvático
2 Que no tiene cultura o educación: *es un joven selvático que no sabe tratar con la gente.*   = salvaje

selvatiquez Cualidad de selvático.   s.f./pl: selvatiqueces

selvicultura (Del lat. *silva,* bosque + *cultura,* cultivo.) Disciplina que estudia el cultivo y la explotación científica de los bosques.   s.f.   tb: silvicultura

selvoso, a
1 Se aplica al lugar que tiene muchas selvas: *Brasil es un país selvoso.*   adj.   tb: silvoso
2 De la selva.

sema (Del gr. *sema,* signo.) Unidad mínima de significación que entra, como componente, en el significado de una unidad léxica.   s.m.   LINGÜÍSTICA

semafórico, a Del semáforo.   adj.

semáforo (Del gr. *sema,* signo + *phero,* llevar.)
1 Dispositivo con luces verde, ámbar y roja cuya alternancia sirve para regular la circulación vial y también la ferroviaria: *no cruces, el semáforo está rojo.*   s.m.

2 Telégrafo óptico de las costas para comunicarse con los barcos.   NÁUTICA
3 Cualquier sistema de señales ópticas.

semana (Del lat. *septimana*.)   s.f.
1 Serie de siete días naturales consecutivos, empezando por el domingo y acabando por el sábado: *me pasaré toda la semana fuera*.
2 Serie de siete días consecutivos: *me voy el miércoles y vuelvo en una semana*.
3 Período de siete unidades de tiempo, sean días, meses, años o siglos.
4 Salario ganado por el trabajo realizado en siete días consecutivos: *le da la semana íntegra a su mujer*.   = semanada
5 Variante del juego del infernáculo.   JUEGOS
6 semana grande, mayor o santa: 1. La última de la cuaresma, desde el domingo de ramos hasta el de resurrección, en la cual están comprendidos el jueves, viernes y sábado santos. 2. Libro litúrgico en que están escritos los rezos propios de este período y los oficios que se celebran.   RELIGIÓN   RELIGIÓN
7 mala semana: Menstruación de las mujeres: *no me encuentro muy bien porque tengo la mala semana*.   coloquial   = regla
8 semana inglesa: Régimen de trabajo en que éste se interrumpe desde mediodía del sábado hasta el lunes.
9 entre semana: En cualquier día de ella, menos el sábado y el domingo: *entre semana me encontrarás en el despacho*.   loc.adv.
10 la semana que no tenga viernes: Se usa para negar a alguien lo que pretende o para indicar la imposibilidad de que una cosa se realice.   coloquial

semanada Sueldo que cobra un trabajador por su trabajo semanal: *el viernes me pagan la semanada*.   s.f.   = semana

semanal
1 Que se hace o sucede cada semana: *es una publicación semanal*.   adj.   = semanario
2 Que dura una semana: *la programación de este cine es semanal*.

semanalmente Por semanas, cada semana: *viene semanalmente a planchar la ropa*.   adv.

semanario, a
1 Que sucede o se repite cada semana.   adj./= semanal
2 Periódico que se publica cada semana.   s.m.
3 Juego de siete objetos iguales o que guardan relación entre sí.

semanería
1 Oficio de semanero.   s.f.
2 Inspección semanal que se hacía en los despachos de los tribunales.

semanero, a Se aplica a la persona que trabaja por semanas.   adj/s.

semanilla Libro que contiene el rezo y los oficios de semana santa.   s.f.   RELIGIÓN

semanista Persona que asiste a reuniones de distinto tipo que duran una semana.   s.m.f.

semantema Unidad léxica provista de significado, por oposición a morfema y fonema.   s.m.   LINGÜÍSTICA

semántica (Del fr. *semantique* < gr. *semantikos*.)
1 Parte de la lingüística que estudia el significado de las palabras.   s.f./LINGÜÍSTICA   = semasiología
2 Parte de la metalógica que estudia las interpretaciones de los sistemas formales de la lógica.   LÓGICA
3 Componente de la gramática que interpreta la significación de los enunciados generados por la sintaxis y el léxico, en la teoría lingüística generativa.   LINGÜÍSTICA
4 semántica generativa: Teoría lingüística que establece que toda oración realizada procede, por transformaciones, de una estructura semántica y no sintáctica.   LINGÜÍSTICA

semántico, a De la semántica o del significado de las palabras.   adj./LINGÜÍSTICA   = semasiológico

semantista Persona especializada en semántica.   s.m.f./LINGÜÍSTICA

semasiología (Del gr. *semasia*, significado + *logos*, ciencia.)
1 Parte de la lingüística que estudia el significado de las palabras.   s.f./LINGÜÍSTICA   = semántica
2 Estudio semántico que parte del signo y de sus relaciones, para llegar a la determinación del concepto.   LINGÜÍSTICA

semasiológico, a De la semasiología.   adj./LINGÜÍSTICA

semblante (Del cat. *semblant* < bajo lat. *similare*.)
1 Manifestación del estado de ánimo de una persona en las facciones de su rostro: *supe que estabas triste por tu semblante*.   s.m.
2 Cara o rostro de una persona: *tiene un bello semblante*.   = faz
3 Apariencia o aspecto de una cosa: *no me gusta el semblante que está tomando esta reunión*.   = cariz
4 beber el semblante a una persona: Escucharle y atenderle con mucho interés.   coloquial   = beber las palabras
5 componer una persona el semblante: Mostrar seriedad o modestia: *compuse el semblante antes de entrar en su despacho*.   coloquial

6 mudar de semblante: 1. Alterarse una persona y manifestarlo en el rostro: *al verlo con otra chica mudó de semblante*. 2. Cambiar las circunstancias de una cosa, de forma que se espere un fin distinto del que se suponía: *las negociaciones han mudado de semblante*.   coloquial   coloquial

semblantear Mirar a una persona a la cara para adivinar sus intenciones y sentimientos.   v.tr/intr.   Amér.

semblanza (Del cat. *semblança*, parecido.) Breve esbozo biográfico de una persona: *escribió una semblanza del político*.   s.f.

sembrada Tierra en la que se han esparcido semillas.   s.f./AGRICULTURA

sembradera Sembradora, máquina para sembrar.   s.f./AGRICULTURA

sembradero Porción de tierra labrantía o de sembradura.   s.m./Colomb.   AGRICULTURA

sembradío, a Se refiere al terreno que es apto para ser sembrado.   adj.   AGRICULTURA

sembrado, a
1 Terreno en el que se han esparcido semillas: *no andes por los sembrados*.   s.m./AGRICULTURA   th: sembrada
2 Que está cubierto de cosas esparcidas: *el suelo está sembrado de confeti de la fiesta*.   adj.
3 Se aplica al escudo, pieza o figura llena de pequeñas figuras o piezas en una cantidad determinada.   HERÁLDICA
4 estar sembrado: Estar ingenioso y ocurrente.   coloquial

sembrador, a Que siembra: *los sembradores están trabajando en el campo*.   adj/s.   AGRICULTURA

sembradora Máquina para sembrar: *la sembradora facilita y agiliza el trabajo de la siembra*.   s.f.   th: sembradera

sembradura Siembra, labor agrícola: *empieza la época de la sembradura del trigo*.   s.f.   AGRICULTURA

sembrar (Del lat. *seminare*.)
1 Esparcir semillas en la tierra para que germinen: *he de sembrar esa parcela; sembramos en octubre*.   v.tr/intr./conj: *pensar*   AGRICULTURA
2 Derramar o esparcir una cosa: *sembramos la entrada de la iglesia de arroz*.   v.tr./+ con, de   = diseminar
3 Ser una persona o una cosa causa de una cosa: *el terremoto sembró el pánico*.   = causar, provocar
4 Adornar una cosa con otras de forma desordenada: *sembraron el patio con flores*.   + con, de
5 Empezar a hacer cosas de las que se sacará provecho: *sembró amabilidad para conseguir su puesto*.
6 Extender una noticia.

semejable Que puede ser comparado: *mi actitud es semejable a la tuya*.   adj./+ a   = comparable

semejado, a Que se parece a otra persona o cosa.   adj./+ a/= parecido

semejante
1 Que se parece a otra persona o cosa: *tiene un vestido semejante al tuyo*.   adj/s.   = parecido
2 Se usa para dar intensidad a lo que se dice: *nunca se ha celebrado semejante fiesta*.   = tamaño
3 Tal, usado como demostrativo: *no sé cómo puedes pensar semejantes estupideces*.
4 Se aplica a las figuras que sólo se diferencian por el tamaño y cuyas partes guardan todas respectivamente la misma proporción.   GEOMETRÍA
5 Cualquier persona respecto a otra: *no puedes tratar así a tus semejantes*.   s.m.   = prójimo

semejanza
1 Circunstancia de parecerse una persona o cosa a otra: *no encuentro semejanzas entre tu trabajo y el suyo*.   s.f.   = igualdad, similitud
2 Figura retórica que consiste en expresar el parecido o igualdad entre dos cosas.   RETÓRICA   = símil
3 Correspondencia entre los comportamientos de dos objetos dimensionales distintos.   FÍSICA
4 a semejanza: De igual o parecida forma o manera.   loc.adv.

semejar (Del lat. vulgar *similiare*.) Ser una persona o una cosa parecida a otra: *se semeja mucho a su padre*.   v.intr/prnl.   = parecer

semema Unidad compuesta por un grupo de semas, que se corresponde con un lexema.   s.m.   LINGÜÍSTICA

semen (Del lat. *semen*, semilla.)
1 Líquido espeso y blanquecino, que segregan las glándulas sexuales masculinas de los animales, en el cual están contenidos los espermatozoides.   s.m.   FISIOLOGÍA   = esperma
2 Semilla de los vegetales.   BOTÁNICA

semencontra (Del lat. *semen contra vermes*, simiente contra las lombrices.) Medicamento que se obtiene de la cabezuela de ciertas plantas ricas en santonina.   s.f.   FARMACIA

semental
1 De la siembra.   adj./AGRICULTURA
2 Se aplica al animal macho que tiene unas características especiales y se destina a la reproducción.   adj/s.m.

sementar Esparcir o sembrar las simientes en la tierra para que germinen: *sementaremos los campos*.   v.tr./conj: *pensar*   AGRICULTURA

sementera
1 Siembra, labor agrícola: *los jornaleros realizan la sementera*.   s.f.   AGRICULTURA
2 Terreno sembrado de semillas.   AGRICULTURA

3 Semilla o planta que se siembra: *llevaba las semente-ras en un cesto.* AGRICULTURA
4 Tiempo adecuado para sembrar. AGRICULTURA
5 Origen o principio de algunas cosas: *este noviazgo será para ti una sementera de disgustos.* = germen

sementero
1 Saco o costal para llevar o guardar el grano que se destina a la siembra. s.m. AGRICULTURA
2 Sementera [en todas sus acepciones]. AGRICULTURA

sementino, a De la simiente. adj.

semestral
1 Que se hace o sucede cada semestre: *la asociación organiza una cena semestral.* adj.
2 Que dura un semestre: *he firmado un contrato semestral.*

semestralmente Por semestres, cada semestre: *cobro semestralmente las comisiones.* adv.

semestre (Del lat. *semestris.*)
1 Período de seis meses: *el proyecto debe realizarse en un semestre.* s.m.
2 Renta o sueldo que se paga o cobra al final de este período de tiempo: *no he cobrado este semestre.*
3 Conjunto de los números de un periódico o revista publicados durante este período de tiempo: *guardo el semestre de este periódico.*

semi- Componente de palabra procedente del lat. *semi,* que significa medio, casi: *semicírculo; semicircular.* pref. = hemi-

semiárido, a Se aplica a las regiones y al clima de las zonas próximas a los desiertos. adj./GEOGRAFÍA = subdesértico

semiautomático, a
1 Se refiere al conjunto mecánico cuyo funcionamiento automático requiere una ayuda manual. adj. MECÁNICA
2 Se aplica al arma automática en la que, para hacer fuego, el tirador debe accionar cada vez el disparador. adj./s.

semicadencia Paso sencillo de la nota tónica a la dominante. s.f. MÚSICA

semicapro (Del lat. *semi,* medio + *capra,* cabra.) Monstruo fantástico, mitad cabra y mitad hombre. s.m./MITOLOGÍA = semicabrón

semicilíndrico, a
1 Del semicilindro. adj./GEOMETRÍA
2 Que tiene forma de semicilindro: *la base del salón es semicilíndrica.*

semicilindro Cada una de las dos mitades del cilindro separadas por un plano que pasa por el eje. s.m. GEOMETRÍA

semicircular
1 Del semicírculo. adj./GEOMETRÍA
2 Que tiene forma de semicírculo: *la sala de juntas es semicircular.*

semicírculo
1 Cada una de las dos mitades del círculo separadas por un diámetro. s.m. GEOMETRÍA
2 **semicírculo graduado:** Instrumento de forma semicircular que lleva marcadas las divisiones en grados y sus fracciones. GEOMETRÍA

semicircunferencia Cada una de las dos mitades de la circunferencia. s.f. GEOMETRÍA

sémico, a Del sema. adj./LINGÜÍSTICA

semiconductor, a Se aplica a la sustancia aislante que puede transformarse en conductora por la adición de determinadas impurezas: *el silicio es un material semiconductor.* adj/s.m. ELECTRICIDAD

semiconserva Alimento envasado sin haberse esterilizado previamente y que se conserva durante un tiempo limitado. s.f. INDUSTRIA

semiconsonante Se aplica al sonido vocálico, por lo general la *i* y la *u,* que forma el margen inicial de un diptongo y se pronuncia con los órganos de articulación más cerrados que las vocales y más abiertos que las fricativas. adj/s.f. LINGÜÍSTICA

semicopado, a Sincopado [en todas sus acepciones]. adj./MÚSICA

semicorchea Nota musical que vale la mitad de una corchea o la dieciseisava parte de una redonda. s.f. MÚSICA

semicromático (Del lat. *semi,* medio + gr. *khroma, -atos,* color.) Se aplica al género musical que combina el género diatónico y el cromático. adj. MÚSICA

semicultismo Palabra que, por su introducción tardía u otra razón, no ha realizado por completo la evolución fonética normal de la lengua que la usa. s.m. LINGÜÍSTICA

semiculto, a
1 Se aplica a la persona que tiene una mediana cultura general. adj./s.
2 Del semicultismo: *la palabra tilde es semiculta.* adj./LINGÜÍSTICA

semicupio Bañera para tomar baños de asiento. s.m.

semideo Semidiós, héroe o heroína de la mitología griega y romana. s. MITOLOGÍA

semidesnatado, a Se refiere a la leche o al producto lácteo a los que se les ha eliminado parte de la grasa. adj.

semidiámetro
1 Cada una de las dos mitades de un diámetro separadas por el centro. s.m. GEOMETRÍA
2 **semidiámetro de un astro:** El ángulo formado por dos visuales dirigidas una a su centro y otra a su limbo. ASTRONOMÍA

semidiesel Motor diesel que funciona con menor grado de compresión y que por ello requiere un encendido eléctrico. s.m. MECÁNICA

semidifunto, a Que está a punto de morir: *el enfermo es en estos momentos um semidifunto.* adj. = moribundo

semidiós, a
1 Héroe, hijo de un dios y una persona. s./MITOLOGÍA
2 Héroe o heroína de la mitología clásica que era elevado a la categoría de dios por sus hazañas. MITOLOGÍA = semideo
3 Persona que goza de gran admiración.

semidirecto, a Se aplica al tren que realiza parte de su trayecto sin parar en algunas estaciones: *con el semidirecto llegaremos antes.* adj/s.m.

semidítono Intervalo de un tono y un semitono mayor. s.m. MÚSICA

semidormido, a Que está casi dormido: *estaba semidormido cuando sonó el teléfono.* adj.

semidragón Monstruo fantástico, mitad persona y mitad dragón. s.m. MITOLOGÍA

semieje Cada una de las dos mitades de un eje separadas por el centro. s.m. GEOMETRÍA

semiesfera Cada una de las dos mitades de una esfera que está dividida por un plano que pasa por su centro. s.f. GEOMETRÍA = hemisferio

semiesférico, a
1 De la semiesfera. adj./GEOMETRÍA
2 Que tiene forma de semiesfera.

semifinal Cada una de las penúltimas competiciones de un campeonato deportivo o un concurso, que se gana por eliminación del contrario: *ya es un éxito haber llegado a la semifinal.* s.f.

semifinalista Que participa en la semifinal de una competición deportiva o un concurso: *el atleta español es semifinalista.* adj/s.m.f.

semiflósculo Cada una de las flores con forma de lámina o lengüeta de una flor compuesta. s.m. BOTÁNICA

semifondo Carrera atlética de media distancia. s.m./DEPORTES

semiforme (Del lat. *semi,* medio + *forma.*) Que está a medio formar. adj.

semifusa
1 Nota musical que vale la mitad de una fusa o la sesentaicuatroava parte de una redonda. s.f. MÚSICA
2 Figura que representa esta nota musical. MÚSICA

semigola Línea recta que va del ángulo de un flanco del baluarte a la capital o bisectriz de un ángulo saliente de una fortificación. s.f. CONSTRUCCIÓN

semihilo Tela de hilo mezclada con otra fibra textil. s.m./TEXTIL

semihombre Pigmeo, individuo de un supuesto pueblo fabuloso de enanos. s.m. MITOLOGÍA

semilibertad Condición de semilibre. s.f./HISTORIA

semilibre Persona que gozaba de una cierta libertad, pero sometida al dominio señorial. s.m.f. HISTORIA

semilla (Del lat. *seminia.*)
1 Óvulo fecundado y maduro, que está encerrado en el fruto y que en condiciones adecuadas germina dando origen a una nueva planta. s.f. BOTÁNICA = simiente
2 Granos que se siembran, excepto el trigo y la cebada. s.f.pl. AGRICULTURA
3 Cada uno de los fragmentos de vegetal provistos de yemas. s.f./BOTÁNICA = esqueje
4 Aquello que es causa u origen de una cosa: *la decisión del gobierno fue la semilla del descontento popular.* = germen

semillero
1 Lugar donde se siembran y crían plantas para trasplantarlas más tarde. s.m./AGRICULTURA = plantario
2 Sitio donde se guardan y conservan diferentes tipos de semillas. AGRICULTURA
3 Suceso o situación que es causa u origen de ciertas cosas, en general malas: *su trabajo es un semillero de disgustos.* = foco, semilla

semilunar
1 Que tiene forma de media luna. adj.
2 Se refiere al segundo hueso situado en la primera fila del carpo. ANATOMÍA

semilunio Mitad de un período lunar o lunación. s.m./ASTRONOMÍA

seminal
1 Del semen. adj./= seminífero
2 De la semilla. = seminífero

seminario (Del lat. *seminarium.*)
1 Centro de enseñanza para aspirantes al sacerdocio: *todos sus hermanos fueron al seminario, pero sólo uno es sacerdote.* s.m./RELIGIÓN = seminario conciliar

2 Reunión de especialistas para el estudio de un tema: *han organizado un seminario de derecho constitucional comparado.*
3 Clase con un número pequeño de alumnos donde se realizan trabajos de investigación.
4 Sala de un centro de enseñanza donde se reúnen los profesores que imparten la misma materia: *recibo a los alumnos en el seminario.*
5 Conjunto de profesores de un centro que enseñan la misma asignatura: *hoy hay reunión de seminario.*
6 Semillero de vegetales.   AGRICULTURA

seminarista
1 Alumno de un seminario religioso.   s.m./RELIGIÓN
2 Persona que cursa o asiste a un seminario.   s.m.f.

seminífero, a (Del lat. *semen, -inis,* semilla + *ferre,* llevar.)
1 Que produce, contiene o conduce el semen: *glándula seminífera.*   adj./ANATOMÍA, FISIOLOGÍA
2 Que produce o contiene semillas.   BOTÁNICA

seminívoro, a (Del lat. *semen, -inis,* semilla + *vorare,* comer.) Se aplica al animal que se alimenta de semillas.   adj/s. ZOOLOGÍA

seminola De un grupo amerindio del sureste norteamericano.   adj/s.m.f.

seminoma Variedad de tumor maligno que se desarrolla en un testículo.   s.m. MEDICINA

seminómada Se refiere a la persona que practica el seminomadismo.   adj/s.m.f.

seminomadismo Tipo de vida que combina la agricultura ocasional y la ganadería nómada, en general cerca de los desiertos.   s.m. SOCIOLOGÍA

seminternado
1 Régimen educativo en el que los escolares pasan el día y hacen algunas de sus comidas en el centro de enseñanza, pero no duermen en él.   s.m. = medio internado
2 Centro de enseñanza con este régimen.

semio- Componente de palabra procedente del gr. *semeion,* signo: *semiología.*   pref. = sema-

semioculto, a Que está parcialmente oculto.   adj.

semiología (Del gr. *semeion,* signo + *logos,* ciencia.) Semiótica [en todas sus acepciones].   s.f. LINGÜÍSTICA

semiológico, a De la semiología.   adj./= semiótico

semiólogo, a Persona especialista en semiología.   s./LINGÜÍSTICA

semioruga Vehículo blindado equipado con ruedas en el eje delantero y con cadenas en los ejes traseros.   s.m. MILITAR

semiotecnia Conjunto de conocimientos referidos a los signos gráficos que sirven para la notación musical.   s.f. MÚSICA

semiótica (Derivado del gr. *semeion,* signo.)
1 Ciencia que estudia los sistemas de signos dentro de una sociedad.   s.f./LINGÜÍSTICA = semiología
2 Parte de la medicina que estudia los síntomas de las enfermedades.   MEDICINA = sintomatología

semiótico, a De la semiótica: *está haciendo un estudio semiótico de la publicidad.*   adj./LINGÜÍSTICA = semiológico

semipausa
1 Silencio de igual duración que una blanca.   s.f./MÚSICA
2 Signo que representa este silencio.   MÚSICA

semipedal (Del lat. *semi,* medio + *pedalis,* que tiene un pie de largo.) De medio pie de largo.   adj.

semipelagianismo Doctrina religiosa herética que defendía la conciliación de las ideas de los pelagianos con la doctrina ortodoxa, rechazando la predestinación divina y afirmando que la salvación depende de la voluntad humana.   s.m. RELIGIÓN

semipelagiano, a
1 Del semipelagianismo.   adj./RELIGIÓN
2 Que profesa el semipelagianismo.   adj/s./RELIGIÓN

semiperíodo Mitad del período correspondiente a un sistema de corrientes bifásicas.   s.m./ELECTRICIDAD tb: semiperiodo

semipermeable
1 Que es permeable de forma parcial.   adj.
2 Se aplica a la membrana o tabique que, separando dos soluciones, deja pasar las moléculas de disolvente, pero detiene las de los cuerpos disueltos.   FÍSICA, QUÍMICA

semipesado Se refiere a la categoría de boxeo que comprende a boxeadores profesionales entre 72,574 y 79,378 kg. y aficionados entre 75 y 81 kg.   adj/s.m. DEPORTES

semipila Conjunto formado por un solo electrodo y una solución electrolítica que lo envuelve.   s.f. ELECTRICIDAD

semiplano Cada una de las dos porciones en las que una recta divide un plano.   s.m. GEOMETRÍA

semirrecta Cada una de las dos partes en que queda dividida una recta por cualquiera de sus puntos.   s.f. GEOMETRÍA

semirremolque Conjunto formado por un vehículo tractor y un remolque que puede ser separado del primero.   s.m.

semirrígido, a Se aplica al dirigible que tiene la quilla rígida, pero la cubierta exterior flexible   adj. AERONÁUTICA

semis Antigua moneda romana del valor de medio as.   s.m./HISTORIA

semiseco Se refiere al cava o al vino que están preparados para tener un gusto entre el dulce y el seco.   adj/s.m.

semisótano Conjunto de locales situados en parte bajo el nivel de la calle.   s.m.

semisuma Resultado de dividir por dos una suma.   s.f./MATEMÁTICAS

semita
1 De una familia de pueblos del Próximo oriente que hablaban o hablan en la actualidad lenguas semíticas.   adj.
2 Se refiere a la persona perteneciente a estos pueblos: *los árabes e israelís son pueblos semitas.*   adj/s.m.f.
3 De los semitas.   adj./= semítico
4 Cemita, especie de bollo o galleta hecho con una mezcla de salvado y harina.   s.f./Argent., Bol., Ecuad.

semítico, a
1 De los semitas: *lengua semítica.*   adj.
2 Se refiere a un grupo de lenguas de la familia camitosemítica, entre las que se cuentan la árabe, la hebrea, la acadia, la etíope, la aramea y otras.   adj.m. LINGÜÍSTICA

semitismo
1 Conjunto de doctrinas, tendencias, instituciones y costumbres de los pueblos semitas.   s.m.
2 Expresión o construcción que se consideran propias y características de las lenguas semíticas.   LINGÜÍSTICA
3 Expresión o construcción propias de las lenguas semíticas que se usan en otra lengua.   LINGÜÍSTICA

semitista Persona dedicada al estudio de la lengua, literatura o cultura de los pueblos semitas.   s.m.f.

semitono
1 Cada una de las dos partes desiguales en las que se divide el intervalo de un tono.   s.m. MÚSICA
2 semitono cromático o menor: El que separa dos notas del mismo nombre, una de las cuales está alterada por un sostenido o por un bemol, por lo que comprende dos comas.   MÚSICA
3 semitono diatónico o mayor: Aquel que separa dos notas de distinto nombre, situadas a un grado de distancia, por lo que comprende tres comas.   MÚSICA

semitransparente Que es casi transparente.   adj.

semitrino Trino de corta duración, que comienza por la nota superior.   s.m. MÚSICA

semivida Tiempo que tardan en quedar reducidos a la mitad los átomos de un nucleido radiactivo.   s.f. FÍSICA NUCLEAR

semivivo, a Que está medio vivo o no tiene vida perfecta o cabal.   adj.

semivocal Se aplica a la vocal *i* o *u* cuando forma diptongo con otra vocal precedente.   adj/s.m.f. LINGÜÍSTICA

sémola (Del lat. *simila,* flor de la harina.)
1 Pasta de harina de trigo, arroz u otro cereal en forma de granos diminutos que se usa para preparar sopas.   s.f. COCINA
2 Trigo candeal sin corteza.   AGRICULTURA

semoviente (Del lat. *se movens,* que se mueve a sí mismo.) Se aplica a los bienes que, como el ganado, pueden moverse por sí mismos.   adj/s.m. DERECHO

sempervirente Se refiere a la vegetación que conserva verde el follaje todo el año.   adj. BOTÁNICA

sempiterna
1 Tela de lana basta y tupida.   s.f./TEXTIL
2 Perpetua, planta herbácea.   BOTÁNICA

sempiternamente Para siempre, con perpetuidad: *escucho sempiternamente las mismas excusas.*   adv.

sempiterno, a (Del lat. *sempiternus.*) Que no tiene fin o durará para siempre.   adj. = eterno

sen
I (De origen incierto.) Moneda japonesa cuyo valor es la centésima parte de un yen.   s.m. ECONOMÍA
II (Del lat. *sene* < ár. *sene.*) Planta arbustiva semejante a la casia, con cuyas hojas se prepara una infusión empleada como purgante. *(Cassia.)*   s.m. BOTÁNICA tb: sena

sena (Del lat. *sena.*)
1 Conjunto de seis puntos señalados en una de las caras del dado.   s.f. JUEGOS
2 Suerte del juego de las tablas reales y otros, que consiste en salir apareados los dos lados de los seis puntos.   s.f.pl. JUEGOS

senada Conjunto de cosas que cabe en el seno o hueco que queda entre el pecho y la saya o el delantal.   s.f.

senado (Del lat. *senatus.*)
1 Cuerpo colegislador que junto con la cámara baja o congreso componen el poder legislativo en un estado bicameral y cuya función básica es la de confirmar, modificar o rechazar las resoluciones aprobadas en la cámara baja.   s.m. POLÍTICA
2 Edificio donde los senadores celebran sus sesiones de trabajo.

3 Reunión de personas respetables o entendidas, para tratar algún asunto. = asamblea

4 Asamblea de patricios que formaba el consejo supremo, entre los antiguos romanos. HISTORIA

senadoconsulto (Del lat. *senatusconsultum*.) Decreto o determinación del senado romano. s.m. HISTORIA

senador, a (Del lat. *senator*.) Persona que es miembro del senado. s. POLÍTICA

senaduría Cargo de senador. s.f./POLÍTICA

senara
1 Porción de terreno que dan los dueños a los capataces o a ciertos criados para que la cultiven por su cuenta, como complemento de su salario. s.f. AGRICULTURA
2 Producto de ese cultivo. AGRICULTURA
3 Tierra sembrada. AGRICULTURA
4 Terreno comunal. AGRICULTURA

senario, a (Del lat. *senarius*.)
1 Que está compuesto de seis elementos o unidades. adj.
2 Se aplica al verso latino que tiene seis pies. POESÍA

senatorial
1 Del senado o del senador. adj./= senatorio
2 Se aplicaba a la antigua clase romana compuesta por las familias patricias pertenecientes al senado. HISTORIA

senatorio, a Del senado o del senador. adj./= senatorial

sencillamente
1 Con sencillez: *vestía sencillamente*. adv.
2 Con franqueza, en verdad: *lo que me pides es, sencillamente, una canallada*.

sencillez Cualidad de sencillo. s.f./pl: sencilleces

sencillo, a (Del lat. vulgar *singellus* < lat. *singulus*, uno cada vez.)
1 Que no tiene ninguna dificultad: *en el examen nos pusieron un problema sencillo*. adj./= fácil ≠ difícil
2 Que no tiene lujo ni adornos: *comida sencilla; estilo sencillo*. = llano, sobrio ≠ ostentoso
3 Que está formado por un solo elemento: *cosido con hilo sencillo*. ≠ compuesto
4 Que tiene menos cuerpo o peor calidad que otras cosas de su especie: *es tela sencilla, no te sirve para un vestido*. = delgado
5 Que se comporta con simpatía y naturalidad: *es muy sencillo en el trato*. = llano, natural ≠ distante
6 Que es ingenuo y sin malicia: *es demasiado sencillo, nunca piensa que le pueden estar engañando*. = ingenuo ≠ avispado
7 Se aplica a la flor que tiene menos pétalos que la variedad cultivada: *geranio sencillo*. BOTÁNICA
8 Se aplica al disco fonográfico de corta duración con una o dos grabaciones en cada cara. adj./s.m. AUDIOVISUALES

senda (Del lat. *semita*.)
1 Camino estrecho formado por el paso frecuente de personas o ganado. s.f./= sendero, vereda
2 Procedimiento o medio que se sigue para conseguir una cosa: *ésta es la senda que hay que seguir para conseguir nuestros objetivos*. = camino
3 Conducta que se sigue en la vida: *parece que ya está en la senda del bien*. = camino

senderear
1 Señalar un camino a una persona. v.tr./tb: senderar
2 Abrir camino o senda en un lugar.
3 Seguir procedimientos no habituales en el modo de pensar o de obrar: *sendereaba entusiasmado con las ideas más peregrinas*. v.intr.

sendero (Del lat. *semitarius*.)
1 Senda o camino estrecho. s.m.
2 Procedimiento para conseguir una cosa. = camino, medio

sendos, as (Del lat. *singulos*, uno cada uno.) Se aplica a aquellas cosas de las que corresponde una para cada una de otras dos o más personas o cosas: *llegaron con sendos ramos de flores*. adj.pl.

séneca Persona muy sabia. s.m.f.

senectud (Del lat. *senectus, -utis*.) Período de la vida de una persona que corresponde a la edad senil. s.f./= ancianidad, vejez

senegalés, a
1 Del Senegal, país de África occidental. adj.
2 Persona natural de este país africano. s.

senequismo (De *Séneca*, filósofo latino.) Conjunto de cualidades morales que siguen el ideal de vida y el pensamiento de este filósofo. s.m.

senequista
1 Del senequismo. adj.
2 Que profesa el senequismo. adj/s.m.f.

senescal (Del occitano *senescal* < germ. *siniskalk*.)
1 Mayordomo mayor de la casa real, en algunos países. s.m.
2 Jefe de la nobleza, a la que gobernaba, en especial en la guerra. HISTORIA

senescalado
1 Territorio que estaba bajo la jurisdicción de un senescal. s.m. HISTORIA

2 Antiguo cargo de senescal. HISTORIA

senescalía Dignidad, cargo o empleo de senescal. s.f.

senescencia Estado de lo que empieza a envejecer. s.f./culto

senescente Que empieza a envejecer. adj./culto

senil (Del lat. *senilis*.)
1 De la vejez o de las personas ancianas. adj./= anciano
2 Que muestra señales de decadencia física o mental, aunque no sea viejo. = decrépito

senilidad
1 Cualidad de senil. s.f.
2 Edad avanzada o senil.
3 Proceso por el que se produce una disminución natural y progresiva de las facultades físicas y mentales. MEDICINA

sénior (Del lat. *senior*.)
1 Que es la mayor de dos personas que llevan el mismo nombre. adj/s.m.f. ≠ júnior
2 Se aplica a la categoría deportiva que comprende a los deportistas entre las categorías júnior y de veteranos. adj. DEPORTES

seno (Del lat. *sinus*.)
1 Pecho, mama de la mujer. s.m./ANATOMÍA
2 Espacio vacío o hueco dentro de un cuerpo o un objeto. = cavidad
3 Espacio hueco que queda entre el vestido y el pecho.
4 Matriz de la mujer y de las hembras de los animales mamíferos. ANATOMÍA, ZOOLOGÍA
5 Ensenada o pequeña bahía entre dos salientes de tierra o cabos. GEOGRAFÍA
6 Aquello que acoge a una persona o cosa para protegerla o darle consuelo: *siempre vuelve al seno familiar*. = regazo
7 Parte interna de una cosa: *el seno de una reunión; el seno del puerto*. = interior
8 Cavidad existente en el espesor de un hueso o formada por la reunión de varios. ANATOMÍA
9 Pequeña cavidad que se forma en una llaga. MEDICINA
10 Espacio comprendido entre los trasdoses de arcos o bóvedas contiguas. ARQUITECTURA
11 Comunidad de fieles de una iglesia o de una doctrina religiosa. RELIGIÓN
12 Una de las razones trigonométricas, en matemáticas. MATEMÁTICAS
13 Curvatura que se forma en una vela o cuerda que no esté tirante. NÁUTICA
14 **seno de Abraham**: Limbo o lugar donde estaban detenidas las almas de los fieles que esperaban la llegada del redentor, en la religión católica. RELIGIÓN
15 **seno del ángulo**: El del arco que le sirve de medida. MATEMÁTICAS
16 **seno de un arco**: 1. Parte de la perpendicular tirada al radio que pasa por un extremo del arco desde el otro extremo de éste. 2. Parte comprendida entre este punto y dicho arco. MATEMÁTICAS
17 **seno frontal**: Cada una de las dos cavidades del hueso frontal que comunican con la cavidad nasal. ANATOMÍA

senoniense División estratigráfica del cretácico caracterizado por una expansión de sus mares. s.m. GEOLOGÍA

sensación (Del bajo lat. *sensatio, -onis*.)
1 Impresión que producen las cosas por medio de los sentidos y que llega al sistema nervioso central: *tenía una desagradable sensación de frío*. s.f. FILOSOFÍA
2 Efecto emocional producido por una cosa: *su dimisión causó sensación*. = huella
3 Presentimiento, creencia de que una cosa puede suceder aunque no se tengan razones materiales para saberlo: *tengo la sensación de que no va a venir*. = premonición
4 **de sensación**: Que causa sensación: *tuvo un éxito de sensación*. loc.adj/adv. = sensacional

sensacional
1 Que causa sensación o impresión muy fuerte: *nos dieron una noticia sensacional*. adj./= impactante ≠ estupendo, fenomenal
2 Que gusta o conviene mucho: *se ha comprado un coche sensacional; le hicieron una oferta sensacional*.

sensacionalismo Tendencia a producir sensación o impresión mediante la difusión de noticias o mediante prácticas publicitarias. s.m. SOCIOLOGÍA

sensacionalista Se refiere al periodista, la prensa o la noticia que trata la información con sensacionalismo: *periódico sensacionalista*. adj/s.m.f. SOCIOLOGÍA

sensatamente Con sensatez. adv.

sensatez
1 Actitud sensata o prudente. s.f./pl: sensateces
2 Cualidad de sensato.

sensato, a (Del bajo lat. *sensatus*.) Que piensa y se comporta con buen juicio y prudencia. adj./= cuerdo, moderado

sensibilidad
1 Cualidad de sensible. s.f.

2 Facultad de sentir, percibir sensaciones o impresiones, por medio de los sentidos, que tienen los seres animados: *tiene una gran sensibilidad auditiva.* **BIOLOGÍA**
3 Capacidad para sentir afectos, emociones y otras manifestaciones del espíritu: *admiro su sensibilidad artística.*
4 Grado de respuesta a pequeñas variaciones de un estímulo.
5 Medida de la eficacia de algunos aparatos científicos, en especial ópticos. **ÓPTICA**
6 Calidad de una película fotográfica para ser impresionada por la luz. **FOTOGRAFÍA**

sensibilización
1 Acción y resultado de sensibilizar. **s.f.**
2 Proceso por el que un organismo que ha estado en contacto con antígenos adquiere propiedades de reacción, útiles o no, unidas a la producción de anticuerpos. **MEDICINA**

sensibilizado, a
1 Que ha sido sometido a sensibilización y reacciona de modo positivo. **adj.**
2 Que tiene sensibilidad. **= sensible**

sensibilizador, a
1 Que sensibiliza o aumenta la sensibilidad. **adj.**
2 Producto químico con el que se obtienen sustancias sensibles a la luz. **s.m.** **QUÍMICA**
3 Persona que prepara las placas fotográficas en el laboratorio. **s.** **FOTOGRAFÍA**
4 Impureza en la sustancia luminiscente que modifica sus espectros de absorción o de excitación. **s.m.** **FÍSICA**

sensibilizar
1 Hacer a una persona o a una cosa sensible o más sensible: *su intensa dedicación a la poesía la ha sensibilizado mucho.* **v.tr/prnl.** **conj:** *cazar*
2 Representar una cosa de forma perceptible. **v.tr.**
3 Hacer que el material fotográfico sea sensible a la acción de la luz. **FOTOGRAFÍA**
4 Provocar una sensibilización. **MEDICINA**
5 Hacer que la población muestre mayor interés respecto a un asunto: *es una campaña para sensibilizar a la juventud sobre el peligro de la carretera.* **SOCIOLOGÍA** **= concienciar**

sensible (Del lat. *sensibilis.*)
1 Que puede percibir sensaciones. **adj./= sensitivo**
2 Que se emociona con facilidad: *a pesar de su apariencia es una persona sensible que puede llorar en el cine.* **= emotivo, impresionable**
3 Que reacciona con facilidad a la acción de agentes externos: *persona sensible a la penicilina.* **≠ inalterable**
4 Se aplica al aparato que registra variaciones mínimas: *balanza sensible; termómetro sensible.* **= exacto, preciso**
5 Que puede ser percibido por los sentidos: *cualidades sensibles; mundo sensible.* **= perceptible**
6 Que se percibe con facilidad por ser muy intenso: *descenso de temperatura sensible.* **= notable, perceptible**
7 Que es triste o causa pena: *ha sido una pérdida sensible para todos.* **= lamentable**
8 Se aplica a la séptima nota musical de la escala diatónica. **adj/s.f.** **MÚSICA**

sensiblemente
1 Según los sentidos, con los sentidos: *lo comprobaremos sensiblemente.* **adv.**
2 Con dolor, con pena: *se afectó sensiblemente por la noticia.*
3 Bastante, de manera apreciable: *es sensiblemente inferior en calidad y precio.*

sensiblería Sentimentalismo exagerado y ñoño. **s.f.**
sensiblero, a Que se comporta con sensiblería. **adj.**
sensilio Órgano sensorial de los insectos, constituido por células con pelos o sedas, sensible a diversos tipos de vibraciones. **s.m.** **ZOOLOGÍA**
sensitiva Planta arbustiva o herbácea mimosácea, que vive en las regiones cálidas y cuyas hojas se repliegan al menor contacto. (*Mimosa pudica.*) **s.f.** **BOTÁNICA**

sensitivo, a
1 De los sentidos corporales. **adj./FISIOLOGÍA**
2 Que puede tener sensibilidad. **= receptivo**
3 Que excita la sensibilidad. **= emotivo**
4 Que es muy sensible a las emociones. **= impresionable**

sensitometría Medida de los efectos de la luz sobre materiales fotográficos. **s.f.** **FOTOGRAFÍA**
sensitómetro Instrumento para medir el grado de sensibilidad de las emulsiones fotográficas. **s.m.** **FOTOGRAFÍA**

sensor
1 Dispositivo que detecta variaciones en una dimensión física y las convierte en señales útiles para un sistema de medida o control. **s.m.** **TECNOLOGÍA**
2 Dispositivo que por medio del tacto gobierna la acción de un circuito, como la selección de canales en un receptor de televisión. **TECNOLOGÍA**

sensorial De los sentidos: *percepción sensorial.* **adj./= sensorio**
sensorio, a
1 De los sentidos. **adj.**
2 Centro común de todas las sensaciones. **s.m./SICOLOGÍA**

sensual (Del bajo lat. *sensualis.*)
1 De las sensaciones. **adj./= sensitivo**
2 Se refiere a lo que, percibido por los sentidos, causa placer: *lleva un perfume dulce y sensual.* **= placentero**
3 Que despierta deseo sexual: *movía su cuerpo de forma sensual.* **= voluptuoso**
4 Se refiere a la persona que es muy sensible a los placeres sensuales.

sensualidad
1 Modo de ser o de presentarse una cosa o una persona, que suscita o invita al placer: *la modelo tiene unos labios llenos de sensualidad.* **s.f.** **= voluptuosidad**
2 Tendencia al placer. **= hedonismo**

sensualismo
1 Tendencia a destacar o a mostrarse sensible al placer en cualquiera de sus formas. **s.m.** **= hedonismo**
2 Doctrina filosófica según la cual el origen de las ideas está en las sensaciones recibidas del exterior. **FILOSOFÍA**

sensualista
1 Que profesa el sensualismo. **adj/s.m.f.**
2 Del sensualismo. **adj.**

sentada
1 Tiempo que una persona permanece sentada sin interrupción. **s.f.** **tb: asentada**
2 Acción de permanecer sentadas en el suelo un grupo de personas por un largo período de tiempo, con objeto de manifestar una protesta o apoyar una petición: *participé en la sentada contra el racismo.* **SOCIOLOGÍA**
3 de una sentada: De una vez, sin interrupción. **loc.adv.**

sentadero Cualquier objeto que pueda servir de asiento. **s.m.**

sentado, a
1 Que se comporta con reflexión y sensatez. **adj./= sensato**
2 dar por sentado: Considerar que una cosa está fuera de duda o de discusión: *da por sentado que obtendrá el trabajo.*
3 esperar sentado: Indica que una persona no podrá conseguir aquello que quiere o que ha pedido: *ya puedes esperar sentado, ni sueñes que te suban el sueldo.* **coloquial**

sentador, a Se aplica a la prenda de vestir que sienta bien. **adj.** **Argent., Chile**

sentamiento Asiento de una parte de una obra reciente por la presión de unos materiales sobre otros. **s.m.** **CONSTRUCCIÓN**

sentar (Del ant. *asentar* < lat. vulgar *adsedentare* < lat. *sedere,* estar sentado.)
1 Poner a una persona sobre un asiento: *se sentó en el trono.* **v.tr/prnl.** **conj:** *pensar*
2 Colocar una cosa de modo que permanezca firme. **v.tr./tb: asentar**
3 Establecer o fundamentar una cosa: *sentó las premisas para poder continuar la discusión.* **= basar**
4 Causar un determinado efecto en el organismo o el ánimo de una persona: *no le sentó bien tu crítica; le sentó bien el almuerzo.* **v.intr. coloquial**
5 Resultar una cosa de una determinada manera a una persona: *ese peinado le sienta muy mal.* **coloquial** **= caer**
6 Asentarse o establecerse en un lugar. **v.prnl.**
7 Quedar las sustancias disueltas en un líquido en el fondo de un recipiente. **= posarse**
8 Causar una cosa que viste o calza una herida a una persona: *se le sienta el contrafuerte de la bota.* **= rozar**
9 Hacerse el tiempo estable después de haber estado revuelto. **= calmarse**
10 Hacer asiento o afianzarse una obra recién terminada. **CONSTRUCCIÓN**
11 Sofrenar con brusquedad al caballo haciendo que levante las manos y que se apoye sobre los cuartos traseros. **v.tr./Argent., Chile, Ecuad., Perú, Urug./EQUITACIÓN**

sentencia (Del lat. *sententia.*)
1 Dicho grave y conciso que encierra una doctrina o una moralidad. **s.f.** **= máxima**
2 Resolución de un juez o tribunal en un juicio, o proceso: *la sentencia del juez fue muy criticada por la opinión pública y los medios de comunicación.* **DERECHO** **= dictamen, fallo**
3 Decisión tomada por una persona, cuya autoridad se reconoce, en una controversia cualquiera: *su sentencia final fue justa.*
4 Expresión de un lenguaje fuente que ocupa una o más líneas de programa y expresa un comando ejecutivo. **INFORMÁTICA**
5 Oración gramatical. **LINGÜÍSTICA**
6 sentencia definitiva: Dictamen judicial que pone fin a un asunto o impide la continuación de un juicio, aunque contra ella sea admisible un recurso extraordinario. **DERECHO**
7 sentencia firme: Dictamen judicial que, por estar confirmado, por no ser apelable o por haberlo consentido las partes, debe ejecutarse. **DERECHO**
8 visto para sentencia: 1. Se refiere al juicio que, una vez terminado, está listo para que un juez dictamine la resolución. **loc.adj.** **DERECHO** 2. Se aplica a los asuntos que no pueden ser modificados por no estar ya en las manos de quienes los promovieron. **loc.adj.** **coloquial**

sentenciador, a Que sentencia o puede sentenciar. · adj./s.

sentenciar
1 Decir o pronunciar una sentencia. · v.tr.
2 Dar o pronunciar el juez una sentencia: *el juez sentenció que fuera tres años a la cárcel.* · v.tr./intr. DERECHO
3 Determinar o decidir que alguien o algo se destine a un fin: *lo sentenciaron a una horrible misión; ya ha sentenciado esos zapatos para la basura.* · v.tr.
4 Decidir el resultado de una competición deportiva antes de que termine: *estos puntos van a permitir sentenciar la liga.* · DEPORTES = resolver

sentención Sentencia rigurosa o excesiva. · s.m.

sentencioso, a
1 Que contiene una sentencia o una doctrina: *nos soltó un discurso excesivamente sentencioso.* · adj.
2 Que expresa una gravedad afectada: *lo dijo en un tono sentencioso.* · = solemne

senticar (Del lat. *sentix, -icis,* zarza.) Terreno poblado de espinos. · s.m. = espinar

sentidamente Con sentimiento. · adv.

sentido, a
1 Que incluye o demuestra un sentimiento sincero: *mi más sentido pésame.* · adj.
2 Que se resiente o es muy sensible a la falta de estima o consideración: *intento tratarle bien porque es muy sentido.* · = susceptible
3 Facultad de las personas que permite la captación y transmisión de estímulos periféricos mediante determinados órganos corporales: *el sentido de la vista.* · s.m. FISIOLOGÍA
4 Entendimiento o razón: *no puso suficiente sentido en su réplica.* · = sensatez
5 Manera de entender una cosa y juicio que se hace de ella. · = interpretación
6 Significación cabal: *la frase no tiene sentido.*
7 Inteligencia o conocimiento con que se ejecutan las cosas: *leer con sentido.* · = entendimiento
8 Razón de ser o finalidad: *su participación en la guerra no tuvo sentido.*
9 Aptitud que tiene una persona para aquello que se expresa: *no tiene sentido de la organización.* · = capacidad
10 Valor o importancia: *el amor ya no tiene sentido para ella.* · = significado
11 Manera de recorrer una línea o camino hacia uno u otro de sus extremos. · = dirección, orientación
12 Sien, cada una de las partes laterales de la cabeza, comprendidas entre la frente, la oreja y la mejilla. · Amér. Central y Merid.
13 **doble sentido:** El de una palabra, expresión o circunstancia con dos significados distintos.
14 **sentido común:** Facultad de razonar y juzgar. · = sensatez
15 **sentido del humor:** Capacidad para expresar o admitir lo humorístico.
16 **sentido figurado:** Significado que se atribuye a una palabra o expresión distinto del que le corresponde. · LINGÜÍSTICA
17 **abundar una persona en un sentido:** Mostrarse firme en una opinión, o adicto a la misma. · coloquial
18 **aguzar el sentido:** Poner mucha atención. · coloquial
19 **con los cinco sentidos:** Con toda la atención y el cuidado. · loc.adv.
20 **de sentido común:** Conforme al buen juicio o lógico. · coloquial loc.adj.
21 **hacer perder o quitar el sentido:** Experimentar una fuerte emoción: *es tan guapo que quita el sentido.* · coloquial
22 **perder el sentido:** Desmayarse una persona.
23 **poner los cinco sentidos en algo o alguien:** Dedicarle mucha atención. · coloquial

sentimental
1 Que expresa o provoca sentimientos tiernos: *valor sentimental.* · adj. = emotivo
2 Se refiere a la persona que se emociona o afecta con facilidad o que tiende a obrar por impulsos afectivos. · adj./s.m.f.
3 Que expresa sensibilidad de un modo ridículo o exagerado: *novela sentimental.* · = sentimentaloide
4 Del amor o de la relación amorosa entre dos personas: *aventura sentimental.* · adj.

sentimentalismo
1 Modo de ser o de comportarse las personas que se emocionan con facilidad o con propensión a obrar por impulsos afectivos. · s.m.
2 Carácter de las cosas o asuntos con las que se persigue suscitar la emoción o el sentimiento.
3 Doctrina ética, opuesta al intelectualismo, según la cual sólo los sentimientos mueven la voluntad hacia una elección y resolución moral. · FILOSOFÍA

sentimentaloide Que tiene o expresa emociones de modo exagerado o ridículo: *no me gustó la película, era demasiado sentimentaloide.* · adj. despectivo

sentimiento
1 Acción y resultado de sentir o sentirse. · s.m.

2 Estado afectivo del ánimo: *le embargó un sentimiento de tristeza.* · = sensación
3 Parte afectiva del ser humano, por oposición a la razón. · SICOLOGÍA
4 Afecto o amor: *le profesaba un sentimiento sincero.* · = ternura
5 Pena o dolor que se siente por una cosa: *le acompaño en el sentimiento.*

sentina (Del lat. *sentina.*)
1 Sitio maloliente y lleno de suciedad. · s.f.
2 Lugar en el que se considera que abundan los vicios y comportamientos censurables. · coloquial
3 Parte baja de la bodega a donde van a parar las aguas que se filtran por los costados y cubiertas y que se extraen mediante bombas. · NÁUTICA

sentir (Del lat. *sentire.*)
1 Opinión o parecer de alguien. · s.m.
2 Sentimiento del ánimo.
3 Percibir una sensación a través de los sentidos: *¿sientes calor?* · v.tr. = apreciar, advertir
4 Percibir una sensación con el sentido del oído: *sintió un ruido en la calle.* · = oír
5 Percibir una persona un estado o una alteración del propio organismo: *sentía mucha hambre.* · = notar
6 Tener o experimentar una persona un estado anímico: *siente celos de su hermano.*
7 Experimentar una persona un sentimiento de aflicción por un hecho desgraciado: *siento mucho la muerte de tu hijo.* · = deplorar
8 Considerar una cosa propia de determinada manera: *siento mi profesión como una especie de sacerdocio.* · = percibir
9 Pedir una persona disculpas por algo: *siento llegar tarde.* · = lamentar
10 Tener una persona una opinión: *siempre dice lo que siente.* · = opinar, juzgar
11 Ser una persona capaz de impresionarse o emocionarse con una cosa. · = conmover
12 Sospechar una persona un hecho futuro por indicios indefinidos: *siento que algo malo va a ocurrir.* · = presentir
13 Hacer una queja de una cosa: *se sintió mucho de los retrasos en el pago.* · v.prnl. + de
14 Experimentar una persona una sensación dolorosa en una parte del cuerpo: *desde el accidente me siento bastante de la cadera.* · + de = resentirse
15 Encontrarse una persona en cierto estado físico o de ánimo: *tuvo que irse porque se sintió mal.* · = hallarse
16 Considerarse una persona de determinada manera: *se sintió forzado a hacerlo.* · = verse
17 Empezar a romperse o pudrirse una cosa.
18 Estar una persona dolida por una falta de estimación o de respeto: *se sintió mucho de tu trato tan frío.*
19 **dar o tener algo que sentir:** Ser una cosa causa de disgustos o situaciones desfavorables.
20 **dejarse sentir algo:** Hacerse una cosa muy intensa o muy perceptible.
21 **sin sentir:** Rápidamente o sin darse cuenta. · loc.adv.
CONJ.: IND.: PRES.: *siento, sientes, siente, sentimos, sentís, sienten.* PRET. INDEF.: *sentí, sentiste, sintió, sentimos, sentisteis, sintieron.* SUBJ.: PRES.: *sienta, sientas, sienta, sintamos, sintáis, sientan.* PRET. IMPERF.: *sintiera o sintiese, sintieras o sintieses, sintiera o sintiese, sintiéramos o sintiésemos, sintierais o sintieseis, sintieran o sintiesen.* FUTUR. IMPERF.: *sintiere, sintieres, sintiere, sintiéremos, sintiereis, sintieren.* IMP.: *siente, sentid.* GERUND.: *sintiendo.*

sentón
1 Golpe que se da una persona en las nalgas al caer. · s.m./Méx. Colomb.
2 Sofrenada o remesón.

seña (Del lat. *signa.*)
1 Gesto o ademán hecho para dar a entender una cosa sin decirla. · s.f.
2 Signo convenido entre dos o más personas para entenderse. · = contraseña
3 Medio o signo usado para recordar una cosa. · = señal
4 Vestigio que queda de una cosa y la recuerda. · = rastro
5 Nombre de población que, con el santo, se comunica a jefes de puesto y centinelas para reconocer las rondas y las fuerzas amigas. · MILITAR
6 Indicación del domicilio de una persona: *si me das tus señas, te enviaré una postal.* · s.f.pl.
7 **señas mortales:** Muestras o señales inequívocas de alguna cosa. · coloquial
8 **señas personales:** Rasgos característicos de una persona.
9 **hablar por señas:** Darse a entender por medio de ademanes.
10 **hacer señas:** Indicar con gestos o ademanes lo que uno piensa o quiere, o para llamar la atención.
11 **para o por más señas:** Para ser más preciso: *por más señas, mi casa está al lado del estanco.* · loc.adv.

señal
1 Detalle o particularidad que tiene una cosa, o que se pone en ella para reconocerla o distinguirla de otras. · s.f. = distintivo

2 Mojón o poste para marcar un término. = indicador
3 Cualquier trazo o marca que se pone en un escrito, = seña
un libro, o en otro sitio, para que sirva como referencia, o para acordarse de una cosa: *hizo una señal en la novela.*
4 Nota o distintivo con que se califica una cosa de favorable o adverso: *es una buena señal que el enfermo tenga hambre.* = síntoma
5 Imagen o representación de una cosa. = signo
6 Indicio de algo que no se percibe directamente.
7 Lo que queda como vestigio o impresión de una cosa o un hecho. = huella
8 Cicatriz o marca que queda en el cuerpo al secarse una herida.
9 Prodigio o cosa extraordinaria.
10 Signo convenido o convencional para advertir, anunciar una cosa o dar una orden: *el faro hacía señales al barco para que entrara en el puerto.*
11 Cantidad dada como anticipo del pago total de una cosa como garantía del mantenimiento del trato o contrato. COMERCIO, DERECHO = anticipo
12 Accidente, mutación o especie que induce a hacer juicio del estado de la enfermedad o de su final. MEDICINA
13 señal de la cruz: Gesto ritual que evoca una cruz, hecho con dos dedos de la mano o con el movimiento de ésta. RELIGIÓN
14 señal de tráfico: Cada una de las indicaciones que sirven para regular la circulación de vehículos por las carreteras y las calles.
15 señal de tronca: La que se hace a una res, cortándole una o las dos orejas.
16 en señal de: En prueba, prenda o muestra de una cosa: *le hizo un regalo en señal de amistad.* loc.adv.
17 ni señal: Expresa que una cosa ha desaparecido o ha cesado.

señalada
1 Acción de señalar el ganado. s.f./*Argent.*
2 Ceremonia campesina que consiste en señalar el ganado. *Argent.*

señaladamente
1 En especial, con singularidad: *una obra señaladamente anticlerical.* adv
2 Con expresión determinada.

señalado, a Que se distingue por ser notable, famoso o significado: *un día señalado; favor señalado.* adj.

señalamiento
1 Acción de señalar o determinar una cosa. s.m.
2 Designación del día y del asunto que se va a tratar en un juicio o una vista. DERECHO

señalar
1 Poner una señal en una cosa para distinguirla de otras. v.tr.
2 Mostrar a una persona o una cosa con el dedo: *no me lo señales así, que te va a ver.* = marcar
3 Dar a conocer algo a alguien: *le señaló sus defectos.* = apuntar
4 Ser una cosa indicio de otra: *la dirección del humo señalaba el lugar del incendio.* = indicar = indiciar
5 Fijar una persona, un lugar o una fecha con una finalidad: *ya han señalado lugar y hora para la reunión.* = designar
6 Hacer una herida que desfigura a una persona: *le señaló la cara con una navaja.* = marcar
7 Hacer una señal para informar de la presencia de una cosa. = indicar
8 Hacer el amago de una cosa sin llegar a realizarla. = amagar
9 Fijar la cantidad que hay que pagar o recibir por una obligación o un servicio. = estipular
10 Citar a una persona en una conversación: *te señalaron en la tertulia de ayer.* = mencionar
11 Deshonrar o desprestigiar a alguien.
12 Poner la firma en un documento. = rubricar
13 Calcular los puntos que va ganando cada jugador en los juegos de naipes. JUEGOS
14 Indicar un aparato, instrumento o dispositivo un dato: *el reloj señalaba las diez en punto; la brújula señalaba el norte.* = marcar
15 Hacerse notar o ser conocida una persona por una causa o una cualidad: *siempre se señalaba por su sinceridad.* v.prnl. + en, por

señalero Ferroviario responsable de una cabina de señalización. s.m. *Argent.*

señalización Acción y resultado de señalizar. s.f.

señalizar Poner señales de tráfico o cualquier otro tipo de señal en una vía de comunicación. v.tr. conj. *cazar*

señera (Del cat. *senyera.*) Bandera oficial de Cataluña. s.f.

señero, a (Del bajo lat. *singularius.*)
1 Que está solo o aislado. adj.
2 Que es diferente y mejor que la mayoría: *fue una figura señera del toreo.* = destacado, singular
3 Se aplicaba al territorio que tenía la facultad de levantar pendón en las proclamaciones de los reyes. HISTORIA

señolear Cazar con señuelo. v.intr./CAZA

señor, a (Del lat. *senior,* más viejo.)
1 Fórmula cortés de tratamiento que se dirige a personas de edad madura: *puede pasar el señor; disculpe, señora, si la he molestado.* s. formal
2 Fórmula de tratamiento que se antepone al apellido de un hombre o una mujer, un cargo o una profesión. formal
3 Tratamiento que se da a una persona real para dirigirse a ella de palabra o por escrito. formal
4 Con respecto al criado, persona para la que éste trabaja. = amo
5 Que es propietario de una cosa. adj/s./= dueño
6 Que tiene nobleza y distinción: *mi marido es muy señor.* adj.
7 Que es muy grande o importante: *es un señor piso.* coloquial
8 Poseedor de territorios y lugares con dominio y jurisdicción sobre ellos. s.
9 Persona casada, respecto de su cónyuge.
10 Respecto de una persona, padre o madre de su cónyuge. = suegro
11 Denominación que se suele dar a Dios, entre los cristianos. s.m. RELIGIÓN
12 Jesús, en el sacramento eucarístico. RELIGIÓN
13 Título nobiliario de la época feudal que tenía la persona que poseía y gobernaba un señorío o territorio. HISTORIA
14 señora de compañía: La que tiene por oficio acompañar a otra que lo necesita por edad o enfermedad.
15 señora de honor: Título que se daba en palacio a las que tenían empleo inferior a dama. HISTORIA
16 señor de horca y cuchillo: 1. El que tenía jurisdicción para castigar hasta con la pena de muerte. **2.** Persona que manda como dueño y con mucha autoridad. HISTORIA coloquial
17 señor de los ejércitos: Dios, entre los cristianos. RELIGIÓN
18 descansar o dormir en el Señor: Morir con la muerte de los justos. RELIGIÓN
19 el gran señor: Emperador de los turcos. HISTORIA
20 gloriarse uno en el Señor: Decir o hacer una cosa, reconociendo a Dios por autor de ella y dándole alabanzas. RELIGIÓN
21 Nuestra Señora: La Virgen María. RELIGIÓN
22 quedar uno señor del campo: 1. Haber ganado una batalla. **2.** Haber vencido en cualquier disputa o contienda. MILITAR coloquial

señorada Acción propia de un señor o de una persona que con su comportamiento pretende pasar por tal. s.f.

señoreador, a Que señorea. adj/s.

señoreaje Derecho que tenían el soberano o el príncipe sobre las casas de fabricación de moneda. s.m./HISTORIA tb: señoraje

señorear
1 Tener dominio sobre una cosa como dueño de ella. v.tr.
2 Imponer alguien su voluntad en un lugar.
3 Apoderarse de una cosa de modo violento o ilegal: *se señorea de todo lo que puede.* v.tr/prnl./+ de = adueñarse
4 Estar una cosa a mayor altura que otras que están a su alrededor: *la torre señorea toda la construcción.* v.tr. = alzarse
5 Tener dominio sobre los sentimientos: *señorea sus impulsos violentos.* = dominar
6 Dar a una persona repetidas veces y de modo inoportuno el tratamiento de señor. formal
7 Adoptar señorío en el porte, el comportamiento o el trato. v.prnl.

señoría
1 Fórmula de cortesía que corresponde a personas de cierta dignidad, en especial jueces y parlamentarios: *puede empezar a hablar, señoría.* s.f. formal
2 Persona que recibe este tratamiento: *guarden silencio sus señorías.* formal
3 Dominio sobre una cosa. tb: señorío
4 Soberanía de ciertos estados particulares que se gobernaban como repúblicas: *la señoría de Venecia.* HISTORIA
5 Senado que gobernaba ciertos estados independientes. HISTORIA

señorial (Del fr. *seigneurial.*)
1 Del señorío. adj.
2 Que es majestuoso o noble: *tiene un estilo señorial.* = aristocrático
3 Derecho que se pagaba a un señor. s.m/= dominical

señoril Del señor. adj.

señorío
1 Dominio o poder sobre una cosa. s.m/= mando
2 Territorio que pertenecía a un señor. HISTORIA
3 Dignidad de señor.
4 Modo de comportarse de la persona que demuestra gravedad y mesura en los actos. = distinción, elegancia
5 Modo de comportarse reflexivo y juicioso.
6 Conjunto de señores o personas distinguidas.

señorita
1 Fórmula de tratamiento que se aplica a la mujer soltera. s.f./formal ≠ señora

2 Tratamiento de cortesía que se da a las maestras de escuela.

3 Cigarro puro estrecho y delgado.

señoritingo, a Persona joven acomodada y ociosa. s./despectivo

señoritismo Modo de ser o de comportarse las personas acomodadas y ociosas. s.m. despectivo

señorito, a
1 Hijo o hija de una familia acomodada. s.
2 Persona joven acomodada y ociosa. = señoritingo
3 Con respecto al criado, persona para la que trabaja. = amo, señor
4 Persona refinada y escrupulosa en exceso: *mira el señorito, no quiere mancharse las manos trabajando.* despectivo
5 Persona joven que no ha contraído matrimonio.

señorón, a Que tiene o aparenta señorío o grandeza: *el desfile estaba lleno de señoronas.* adj/s.

señuelo .
1 Cualquier objeto usado para atraer a las aves. s.m./CAZA
2 Cualquier cosa que se usa para atraer o persuadir por medio de mentiras. = añagaza
3 Ave que se emplea para atraer a otra. = cimbel
4 Grupo de cabestros o mansos utilizados para atraer al resto del ganado. Argent., Bol.
5 **caer alguien en el señuelo:** Ser engañado. = caer en el lazo
6 **caer al señuelo:** Bajar el halcón a hacer presa en el ave que le ponen de muestra para adiestrarlo, en cetrería. CAZA = caer a la presa

seo (Del cat. *seu* < lat. *sedes*.) Iglesia catedral. s.f./RELIGIÓN

sépalo (De la combinación de *pétalo* con el lat. *separ*, separado.) Cada una de las hojas en que se divide el cáliz de una flor. s.m. BOTÁNICA

sepaloide Que tiene forma de sépalo. adj./BOTÁNICA

sepancuantos Castigo o zurra. s.m/pl. sepancuantos

separable Que se puede separar. adj.

separación
1 Acción y resultado de separar o separarse dos cosas o personas. s.f. = desunión
2 Distancia o espacio que media entre personas o cosas: *de la mesa a la ventana hay una separación de dos metros.*
3 Interrupción de la vida conyugal por conformidad de ambas partes o sentencia judicial, sin anularse el vínculo matrimonial. DERECHO
4 Proceso de aislar uno o varios constituyentes de una mezcla. QUÍMICA
5 **separación de bienes:** Régimen jurídico en el matrimonio por el que cada uno de los cónyuges conserva sus bienes propios y el derecho a usarlos y administrarlos de forma independiente. DERECHO

separado, a
1 Se refiere a la persona que tiene la separación matrimonial. adj/s.
2 **por separado:** Cada cosa o persona por su lado: *han hecho el mismo trabajo por separado.* loc.adv.

separador, a Que separa. adj/s.

separar (Del lat. *separare*.)
1 Poner a una persona, un animal o una cosa lejos de otra que se toma como referencia: *se separó de la orilla; separó las sillas de la pared.* v.tr/prnl. = alejar
2 Formar grupos homogéneos con cosas que estaban mezcladas con otras: *separó los libros buenos de los malos.* v.tr. = agrupar
3 Considerar varias cosas sin mezclarlas o confundirlas: *separa los aspectos positivos de los negativos.* = distinguir
4 Privar a una persona de su empleo: *lo separaron de su cargo de director.* = retirar, despedir
5 Sujetar a dos personas que riñen para que dejen de hacerlo: *tuvieron que separarlos porque se iban a matar.* = apartar
6 Tomar las personas, los animales o los vehículos que iban juntos caminos distintos. v.prnl.
7 Dejar de convivir una pareja: *se separaron de mutuo acuerdo.*
8 Terminar la relación que se tenía con una persona, un grupo o una asociación. = independizarse
9 Renunciar a una creencia o postura: *se separó de su juicio inicial.*
10 Dejar de realizar una persona un ejercicio o una ocupación.
11 Hacerse una comunidad política autónoma respecto de otra a la cual pertenecía: *la región se separó después de la guerra.* POLÍTICA = independizarse

separata Tirada aparte de un capítulo o artículo de una publicación. s.f. ARTES GRÁFICAS

separatismo Doctrina política que propugna la separación de algún territorio, comunidad u organización, para alcanzar su independencia o anexionarse a otros. s.m. POLÍTICA

separatista
1 Que es partidario del separatismo. adj/s.m.f./POLÍTICA
2 Del separatismo. adj./POLÍTICA

separativo, a Que tiene la propiedad de separar. adj.

separo Lugar donde se encierra de modo temporal a los presuntos responsables de un delito, en las delegaciones de la policía. s.m. Méx.

sepe Comején, nombre de diversas especies de termes. s.m./Bol.

sepedón (Derivado del gr. *sepeo*, pudrir.) Eslizón, reptil saurio parecido a una serpiente con patas. s.m. ZOOLOGÍA

sepelio Entierro de una persona con la ceremonia religiosa correspondiente. s.m. RELIGIÓN

sepia (Del lat. *sepia* < gr. *sepia*.)
1 Molusco cefalópodo de concha interna, cabeza provista de diez tentáculos con ventosas, que vive cerca de las costas, y que al ser atacado proyecta un líquido negro. *(Sepia.)* s.f. ZOOLOGÍA
2 Materia colorante de color pardo rojizo oscuro obtenida de este molusco.
3 De un color parecido a esta sustancia colorante. adj/s.m.

sepiola Molusco cefalópodo, decápodo de cuerpo corto en forma de copa y aletas grandes y redondeadas, que vive en aguas someras, sobre fondos arenosos. *(Sepiola rondeletti.)* s.f. ZOOLOGÍA

sepiolita Silicato hidratado natural de magnesio, que se presenta en masas de color blanco o amarillento, a veces muy porosas, y de aspecto terroso. s.f. MINERALOGÍA = espuma de mar

-sepsia Componente de palabra procedente del gr. *sepsis*, que significa putrefacción: *asepsia.* suf.

sepsis (Del gr. *sepsis*, putrefacción.) Septicemia, proceso de alteración orgánica por introducción de gérmenes patógenos. s.f. pl: sepsis MEDICINA

sept- Componente de palabra procedente del latín *septem*, que significa siete: *septuagésimo.* pref. = hepta-

septembrino, a (Derivado del lat. *september, -bris*, septiembre.)
1 Del mes de septiembre. adj.
2 Que se produce durante el mes de septiembre, en especial referido a ciertos movimientos revolucionarios.

septena Conjunto de siete cosas que se suceden. s.f.

septenal Que dura siete años o que se repite cada siete años. adj.

septenario, a
1 Que está compuesto de siete elementos o unidades. adj.
2 Período de siete días. s.m./tb: setenario
3 Espacio de siete días consecutivos que se dedican a un culto o devoción. RELIGIÓN
4 Verso latino que consta de siete pies. POESÍA

septenio (Del lat. *septennium*.) Período de siete años. s.m.

septeno, a Séptimo [en todas sus acepciones]. adj.num.

septentrión (Del lat. *septentriones*.)
1 Punto cardinal del horizonte situado frente a un observador a cuya derecha está el oriente. s.m. = norte
2 Viento que sopla del norte.
3 Polo ártico. GEOGRAFÍA

septentrional Del norte: *país septentrional.* adj.

septeto
1 Conjunto de siete voces o instrumentos. s.m./MÚSICA
2 Composición para siete voces o instrumentos diferentes. MÚSICA
3 Conjunto de siete personas o de siete elementos.

septi- Componente de palabra procedente del gr. *septos*, que significa podrido: *septicemia.* pref.

septicemia (Del gr. *septos*, podrido + *haima*, sangre.) Enfermedad grave que causa la infección de la sangre por gérmenes patógenos. s.f. MEDICINA = sepsis

septicémico, a
1 De la septicemia. adj./MEDICINA
2 Que padece septicemia. adj/s./MEDICINA

septicida Que anula o deshace las láminas de un septo, en las plantas. adj. BOTÁNICA

septicidad Condición de séptico o que contiene gérmenes patógenos. s.f. MEDICINA

séptico, a (Derivado del gr. *septos*, podrido.)
1 Que produce putrefacción. adj./≠ aséptico
2 Que se produce por gérmenes patógenos.
3 Que contiene gérmenes patógenos: *fosa séptica.*

septiembre (Del lat. *september, -bris*.) Noveno mes del año en el calendario occidental, entre agosto y octubre. s.m. tb: setiembre

septillo Conjunto de siete notas que deben ejecutarse en el tiempo que corresponde a seis de ellas. s.m. MÚSICA

séptima
1 Reunión de siete cartas correlativas, en el juego de los cientos. s.f. JUEGOS
2 Intervalo entre una nota y la séptima superior o inferior en la escala. MÚSICA
3 **séptima aumentada:** Intervalo que consta de cinco tonos y dos semitonos. MÚSICA

4 séptima diminuta: Intervalo de tres tonos y tres semitonos. — MÚSICA

5 séptima mayor: 1. Reunión de siete cartas correlativas a partir del as, en el juego de los cientos. 2. Intervalo de cinco tonos y un semitono. — JUEGOS MÚSICA

6 séptima menor: 1. Reunión de siete cartas correlativas a partir del rey, en el juego de los cientos. 2. Intervalo de cuatro tonos y dos semitonos. — JUEGOS MÚSICA

séptimo, a (Del lat. *septimus*.)
1 Que ocupa el lugar número siete en una serie: *es el séptimo empezando por la izquierda.* — adj.num/s. tb: sétimo
2 Se aplica a cada una de las siete partes iguales en que se divide un todo. — adj.num/s.m.

septingentésimo, a (Del lat. *septingentesimus*.)
1 Que ocupa el lugar número setecientos en una serie ordenada. — adj.num/s.
2 Se aplica a cada una de las setecientas partes iguales en que se divide un todo. — adj.num/s.m.

septisílabo, a De siete sílabas. — adj./= heptasílabo

septo Pared que separa dos cavidades o dos masas de tejido del cuerpo en un animal o en un vegetal. — s.m./BIOLOGÍA tb:septum

septotomía Operación quirúrgica que consiste en realizar una incisión en un septo, en especial el nasal, para corregir su desviación. — s.f. MEDICINA

septuagenario, a Que tiene entre setenta y ochenta años. — adj/s. = setentón

septuagésima Festividad que celebra la Iglesia católica tres domingos antes del primero de cuaresma. — s.f./RELIGIÓN = dominica

septuagésimo, a (Del lat. *septuagesimus*.)
1 Que ocupa el lugar número setenta en una serie. — adj.num/s.
2 Se aplica a cada una de las setenta partes iguales en que se divide un todo. — adj.num/s.m.

septuplicación Multiplicación por siete. — s.f.

septuplicar Multiplicar una cantidad por siete: *su sueldo se septuplicó.* — v.tr/prnl. conj: sacar

séptuplo, a Se aplica al número que contiene siete veces a otro mencionado. — adj.num/s.

sepulcral
1 Que tiene relación con el sepulcro. — adj.
2 Que es fúnebre y sombrío: *en la sala había un silencio sepulcral.*

sepulcro (Del lat. *sepulcrum*.)
1 Construcción funeraria hecha sobre el suelo para dar sepultura a uno o varios cadáveres de personas. — s.m.
2 Hueco del altar, cubierto y sellado, donde están depositadas las reliquias de un santo. — RELIGIÓN
3 Imagen de Jesucristo yacente encerrada en una urna de vidrio. — RELIGIÓN
4 **santo sepulcro:** Aquel donde se supone que estuvo enterrado Jesucristo. — RELIGIÓN
5 **bajar al sepulcro:** Morir una persona. — coloquial
6 **ser alguien un sepulcro:** Guardar bien un secreto: *soy un sepulcro, así que no se lo diré a nadie.* — coloquial

sepultado, a Que está o ha sido puesto en una sepultura, o cubierto por alguna cosa. — adj.

sepultador, a Que sepulta. — adj/s.

sepultar (Del bajo lat. *sepultare*.)
1 Poner un cadáver en una sepultura: *mañana sepultarán al difunto.* — v.tr/part. tb: sepulto = enterrar
2 Cubrir a una persona o a una cosa de modo que quede tapada por completo: *la avalancha sepultó a los montañeros; el animal se sepultó bajo la arena.* — v.tr/prn. = ocultar
3 Quedar una persona inmersa en un estado de ánimo: *se sepultaba en sus recuerdos más agradables.* — v.prnl./= abismarse, sumergirse

sepulto, a (Part. irreg. de *sepultar*.) Sepultado. — part.

sepultura (Del lat. *sepultura*.)
1 Hoyo hecho en la tierra para enterrar un cadáver: *profanaron varias sepulturas del cementerio.* — s.f. = fosa, tumba
2 Lugar donde está enterrado un cadáver: *cada semana lleva flores a la sepultura de su padre.* — = tumba
3 Enterramiento de un cadáver.
4 Sitio que tiene una familia para colocar la ofrenda por los difuntos, en una iglesia. — RELIGIÓN
5 **cavar alguien su propia sepultura:** Insistir en una conducta que puede originar la ruina económica o profesional de quien la practica: *estás cavando tu sepultura con tanto criticar al jefe.* — coloquial
6 **dar sepultura:** Enterrar un cadáver.

sepulturero, a Persona que tiene como oficio abrir las sepulturas y enterrar a los muertos. — s. = enterrador

sequedad
1 Ausencia de agua o de humedad: *los agricultores están preocupados por la sequedad del clima.* — s.f. = secura
2 Modo de ser y de comportarse de las personas poco amables en el trato o poco expresivas: *apenas tiene amigos debido a la sequedad de su carácter.* — = aspereza
3 Palabras o gesto duro y poco amable. — s.f.pl.

sequedal Terreno muy seco: *no creo que pueda cultivar nada en ese sequedal.* — s.m./tb: secadal, sequeral

sequero
1 Tierra sin riego. — s.m.
2 Cosa muy seca. — = secano
3 Paraje destinado a secar una cosa. — = secadero

sequeroso, a Que está falto de humedad o de jugo: *el asado quedó sequeroso.* — adj. ≠ jugoso

sequete
1 Trozo de pan o bollo que está seco. — s.m.
2 Golpe seco dado a una cosa para ponerla en movimiento o detenerla.
3 Comportamiento áspero o brusco.

sequía
1 Estado climático caracterizado por la ausencia prolongada de lluvias: *la persistente sequía está dejando los pantanos a niveles muy bajos.* — s.f.
2 Ausencia de cualquier cosa: *sequía de trabajo; sequía de goles.*

sequillo Dulce de masa azucarada y frita en forma de rosquilla, bollo, bastoncillo. — s.m. COCINA

sequío
1 Terreno de secano. — s.m./= secarral
2 Cosa muy reseca.

séquito (Del ital. *séguito*.)
1 Conjunto de gente que acompaña a un personaje como muestra de reverencia o adhesión: *entró rodeada de todo su séquito de admiradores; los reyes vinieron con su séquito.* — s.m. = comitiva, cortejo
2 Aplauso en aprobación de las acciones de una persona.
3 Conjunto de cosas que se siguen de un suceso. — = consecuencia

sequizo, a Que se seca con facilidad. — adj.

ser (Del lat. *sedere*, estar sentado, y *esse*.)
1 Cualquier cosa, animada o inanimada, material o inmaterial: *ser vivo; seres fantásticos.* — s.m. = ente
2 Conjunto de las características constitutivas de las cosas o de las personas: *la pintura forma parte del ser de ese mueble, yo no la cambiaría.* — = esencia, naturaleza
3 Vida o existencia: *está desesperado, ya no le importa ni su propio ser.*
4 Individuo de la especie humana: *recibió la carta de un ser querido; es un ser extraordinario.* — = ser humano, persona
5 Valor, precio o estimación de las cosas: *en esa palabra está todo el ser de la proposición.*
6 Modo de existir.
7 Tener una persona o una cosa una cualidad o una propiedad de forma permanente: *es muy guapo; la casa es grande.* — v.atrib.
8 Pertenecer una cosa a una persona: *la mesa es de la secretaria; el lápiz es tuyo.*
9 Tener una persona o una cosa su origen en un lugar o un país: *tus padres son de Albacete.*
10 Tener el oficio, cargo o profesión que se expresa: *es catedrático de instituto.*
11 Estar en un día o una fecha determinada: *hoy es viernes.*
12 Dar una operación aritmética un resultado: *tres por dos son seis.*
13 Introduce expresiones temporales: *todavía es pronto, no te vayas.*
14 Residir en determinada causa o razón lo que se expresa: *el fútbol es su vida.*
15 Formar una persona parte de una corporación o una comunidad: *estos vecinos son de la asociación.* — + de
16 Corresponder o parecer propio de una cosa o de una persona: *lo que has hecho es de locos.* — + de
17 Haber o existir una persona o una cosa: *se le considera uno de los mejores escritores que han sido y serán.* — v.intr.
18 Servir una persona o una cosa para hacer algo: *esta máquina no es para esta finalidad.* — + para
19 Ocurrir o suceder una cosa: *¿cómo fue el examen?*
20 Tener una cosa un precio: *¿cuánto es esto?*
21 Se emplea para indicar la hora: *son las tres y media.*
22 Suceder una cosa en el momento o lugar que se expresa: *la reunión será mañana a las seis.*
23 Estar justificado que una cosa produzca cierto efecto: *esto es para mandarle a paseo.*
24 Sirve para formar la voz pasiva. — v.aux.
25 Seguido de la preposición *de* y de un infinitivo, estar una cosa en disposición o inclinación de hacerse o de ocurrir: *es de desear que acierte; era de prever que no lo haría.*
26 **ser supremo:** Ente sobrenatural creador de las cosas. — RELIGIÓN = Dios
27 **ahí es nada:** Indica una cosa tiene mucho valor o importancia: *ha sacado matrícula de honor en todas las asignaturas, ahí es nada.*
28 **a no ser que:** Introduce una salvedad relativa a lo que se ha afirmado antes: *pasamos a otro tema, a no ser que tengáis alguna pregunta.* — loc.conj.
29 **así sea:** Expresión con la que se manifiesta el deseo de que se confirme o realice una cosa.
30 **¡cómo es eso!:** Se utiliza para manifestar extrañeza o sorpresa: *¿que te han despedido? ¡cómo es eso!*

31 ¿cómo es que?: Se usa para pedir una explicación de un suceso o una acción: *¿cómo es que llegas tan tarde?*

32 ¡como ha de ser!: Indica conformidad o resignación.

33 en ser o en su ser: Sin haberse gastado, consumido o deshecho. — loc.adv.

34 es más: Se usa para añadir una razón, un motivo o una apreciación que refuerza o confirma una cosa que ya se ha dicho: *tiene talento, es más, llegará lejos.*

35 eso es: Se usa para afirmar lo que se dice o pretende: *eso es, tienes toda la razón.* — = exactamente

36 es que: Se usa para introducir una explicación, razón, disculpa o excusa: *ya sé que llego tarde, es que se me ha estropeado el coche.* — loc.conj.

37 esto es: Introduce una explicación de una cosa dicha antes: *el nombre es el núcleo del sintagma nominal, esto es la parte fundamental.*

38 lo que sea de cada quien: Hablando con franqueza, para ser sinceros: *no es muy inteligente pero, lo que sea de cada quien, hace bien su trabajo.* — Méx.

39 no sea que: Se usa para justificar una precaución: *comeremos dentro, no sea que empiece a llover.*

40 no ser nada: 1. No tener importancia una cosa o un acontecimiento: *ánimo, que el golpe no ha sido nada.* **2.** Tenerse en poca consideración: *no saldremos de pobres, no somos nada.* — coloquial

41 no ser nadie: 1. Estar infravalorado entre otras personas: *para el feje no soy nadie.* **2.** Tener una persona una característica que le distingue de las otras, por lo general de manera negativa: *¡no es nadie tu amigo, menudo chulo!* — coloquial / coloquial

42 no ser para menos: Se usa para afirmar que es fundada la vehemencia con que se admira, se celebra o se siente una cosa: *su enfado no es para menos.*

43 no ser quién para una cosa: No tener una persona autoridad para hacer una cosa: *yo no soy quién para juzgar lo que haces.* — coloquial

44 no ser ya lo que era: Haber perdido una cosa o una persona algunas de sus cualidades: *desde que enviudó, ya no es lo que era.* — coloquial

45 o somos, o no somos: Se usa para animar a una persona a tomar una decisión o a hacer una cosa que requiere valor. — coloquial

46 por si fuera poco: Se usa para introducir la exposición de un nuevo contratiempo o inconveniente: *se ha roto la pierna y, por si fuera poco, se ha quedado sin trabajo.* — loc.adv.

47 sea lo que fuere: Se utiliza para indicar indiferencia con respecto a las posibilidades de la cosa que se nombra: *sea lo que fuere, yo no voy.*

48 sea ... sea: Expresión conjuntiva, disyuntiva o distributiva: *sea por una cosa, sea por otra, el culpable soy yo.* — loc.conj.

49 será cosa de ver: Se usa para manifestar incredulidad o curiosidad por una cosa que se anuncia: *dicen que quedará muy bien, pero será cosa de ver.* — coloquial

50 ser cosa de alguien: Ser una cosa de la incumbencia de una persona: *yo no entiendo de eso, es cosa tuya.* — coloquial

51 ser cosa o sólo cosa: Hacerse necesaria o conveniente la realización de una cosa: *es cosa de echarle valor y saltar.* — coloquial

52 ser de lo que no hay: Expresión con que se censura o alaba a una persona o una cosa: *eres de lo que no hay, mira que regalarme flores.* — coloquial

53 ser de un...: Poseer una cualidad en alto grado: *la casa es de un lujoso que pasma.* — coloquial

54 ser de ver: Llamar la atención una cosa por una circunstancia determinada: *es de ver lo bonito que lo han dejado.* — coloquial

55 ser el no va más o el todo: Ser una persona o una cosa lo más importante: *su madre es el todo para él.* — coloquial

56 ser muy de...: Ser una persona muy partidaria de otra o de una idea: *es muy de salir y divertirse.* — coloquial

57 ser muy de alguien: Ser una cosa propia de una persona: *es de llegar tarde es muy de él.* — coloquial

58 ser muy otro: Resultar evidente un cambio o diferencia en una persona o una cosa. — coloquial

59 ser muy suyo: Ser una persona muy egoísta o muy especial: *es muy suyo, así que nunca sabes si está contento o no.* — coloquial

60 ser o ser ya otra cosa: Indica que un hecho o una situación se presenta completamente distinta de como se presentaba antes: *esto ya es otra cosa, ahora sí está bien.* — coloquial

61 ser para en uno dos personas: Tener mucho parecido en la condición y costumbres, por lo que se entenderán o convendrán con facilidad. — coloquial

62 ser para poco: Tener una persona poco valor, talento o fuerza. — coloquial

63 ser todo uno: Ser dos cosas la misma o distintos aspectos de la misma cosa: *ver sangre y desmayarse es todo uno.* — coloquial

64 ser uno con otro: Pensar una persona de la misma manera que otra. — coloquial

65 si no es por: Expresión que indica que gracias a una persona o una cosa no ha ocurrido un inconveniente o que nadie ni nada han sido un obstáculo para la realización de algo conveniente: *si no es por ella, la casa se habría incendiado.* — loc.conj.

66 soy contigo o con usted: Expresión que indica que se atenderá con rapidez a la persona a quien se dirige. — coloquial

67 soy mío: Se usa para indicar la libertad o independencia que tiene una persona respecto de otra para obrar. — coloquial

68 un sí es no es: Expresión que se utiliza para indicar cortedad o pequeñez: *ponle un sí es no es de sal al cocido.* — coloquial

CONJ.: IND.: PRES.: *soy, eres, es, somos, sois, son.* PRET. IMPERF.: *era, eras, era, éramos, erais, eran.* PRET. INDEF.: *fui, fuiste, fue, fuimos, fuisteis, fueron.* SUBJ.: PRET. IMPERF.: *fuera o fuese, fueras o fueses, fuera o fuese, fuéramos o fuésemos, fuerais o fueseis, fueran o fuesen.* FUTUR. IMPERF.: *fuere, fueres, fuere, fuéremos, fuereis, fueren.* IMP.: *sé, sea, seamos, sed, sean.* GERUND.: *siendo.* PART.: *sido.*

sera Espuerta o recipiente grande, en general sin asas, para el transporte de carbón y otros usos. — s.f. = serón

serado Conjunto de seras o capazos grandes, en especial para el carbón. — s.m. = seraje

seráfico, a (Del lat. *seraphicus.*)
1 De los serafines. — adj./= angelical
2 Que tiene algún parecido con un serafín.
3 Que tiene relación con la orden franciscana o con su fundador. — RELIGIÓN
4 Que mantiene el voto de pobreza y humildad. — RELIGIÓN

serafín (Del lat. *seraphin* < hebreo *seraphim.*)
1 Espíritu celeste que pertenece al primer coro de la jerarquía angélica. — s.m. RELIGIÓN
2 Persona, en particular mujer o niño, de belleza extraordinaria. — = querubín

serafina Tela de lana parecida a la bayeta, pero más tupida y adornada con dibujos. — s.f. TEXTIL

seraje Conjunto de seras o capazos grandes, en especial para el carbón. — s.m. = serado

serapino (Del lat. *sagapenum* < gr. *sagapenon*, sagapeno.) Sagapeno, gomorresina transparente que se usaba como antiespasmódico. — s.m. FARMACIA

serasquier Antiguo general del ejército turco. — s.m./HISTORIA

serba (Del lat. *sorba.*) Fruto del serbal, parecido a una pera pequeña y de color rojo y amarillo. — s.f. BOTÁNICA

serbal
1 Planta arbórea rosácea, de tronco recto, hojas lobuladas, flores blancas y fruto comestible. *(Sorbus domestica.)* — s.m. BOTÁNICA tb: serbo
2 Madera de este árbol. — CARPINTERÍA

serbio, a
1 De Serbia, república de la antigua Yugoslavia, constituida como estado independiente. — adj. tb: servio
2 Persona natural de esta república. — s.
3 Variedad lingüística del serbocroata hablada en este estado. — s.m. LINGÜÍSTICA

serbo Serbal, planta arbórea. — s.m./BOTÁNICA

serbocroata Se aplica a la lengua eslava, de la familia indoeuropea, que se habla principalmente en Serbia y Croacia, pero que se escribe con alfabetos diferentes. — adj/s.m. LINGÜÍSTICA tb: serviocroata

serena
1 Composición poética o musical de los trovadores que se solía recitar o cantar por la noche. — s.f. MÚSICA, POESÍA
2 Humedad ambiental de la noche. — = sereno

serenar
1 Calmar o tranquilizar a una persona o una cosa: *el oleaje serenó; la tormenta se serenó al poco rato; tuvo que serenar al niño.* — v.tr/intr/prnl. = sosegar
2 Hacer que una persona se comporte con más sensatez: *sólo la experiencia podrá serenarla.* — v.tr/prnl. = moderar
3 Quedar el tiempo o el cielo despejado: *en cuanto se serene la noche, salimos a pasear.* — v.prnl.
4 Quedarse una persona tranquila: *se serenó un poco después de tomar un par de copas; se serenaba cuando olvidaba aquel asunto.* — v.intr/prnl. = sosegar
5 Exponer el agua al sereno para que se enfríe: *como había niebla, el agua se serenó rápidamente.* — v.tr/prnl.
6 Aclarar un líquido dejando que las partículas se posen en el fondo del recipiente: *la mezcla se serenó en un par de minutos.*

serenata (Del ital. *serenata.*)
1 Música que se toca en la calle, por la noche, para festejar a una o varias personas. — s.f. MÚSICA
2 Composición musical o poética destinada a ser cantada para festejar a una persona. — MÚSICA, POESÍA

3 dar la serenata: Causar molestia o aburrimiento: *déjame ya, no me des la serenata.*

serenero Toca que usaban las mujeres para preservarse de la humedad de la noche. — s.m.

serení (Del cat. *sereni.*) Bote muy pequeño que llevaban los antiguos barcos de guerra. — s.m./pl.tb: serenies MILITAR, NÁUTICA

serenidad — s.f.
1 Cualidad de sereno: *su serenidad infunde confianza.*
2 Tratamiento honorífico dado a algunos príncipes.

serenísimo, a
1 Se aplicaba en España como tratamiento a los reyes, príncipes e hijos de reyes: *serenísima majestad.* — adj. formal
2 Título que en los siglos XV y XVI se otorgaba a las repúblicas de Venecia y San Marino. — adj/s.f.

sereno, a (Del lat. *serenus,* apacible.)
1 Que está tranquilo o calmado: *a pesar de sus problemas, lo veo muy sereno.* — adj. = apacible
2 Se aplica al cielo o al tiempo que está despejado: *la noche está serena y se ven muchas estrellas.* — = despejado ≠ nuboso
3 Se aplica al mar que no está agitado.
4 Se refiere a la persona que no está bajo los efectos del alcohol. — ≠ borracho, ebrio
5 Humedad que se siente durante la noche. — s.
6 Vigilante nocturno, para la seguridad del vecindario y de la propiedad.
7 **al sereno:** A la intemperie, sin cobijo alguno durante la noche: *pasamos la noche al sereno oyendo el croar de las ranas.* — loc.adv.

serete Sera pequeña para llevar el carbón. — s.m.

sergenta Religiosa lega de la orden de Santiago. — s.f./RELIGIÓN

seriación Formación de series o conjunto de personas o cosas relacionadas entre sí y que se suceden las unas a las otras. — s.f.

serial
1 De una serie. — adj.
2 Narración radiofónica o televisiva que se emite por episodios: *como cada tarde puso la radio para oír su serial favorito.* — s.m. AUDIOVISUALES

seriamente
1 Con seriedad: *se ve que han hecho el trabajo seriamente y con corrección.* — adv.
2 Con gravedad: *el motor ha quedado seriamente dañado.*

seriar Formar un conjunto con varias cosas o personas relacionadas entre sí y que se suceden las unas a las otras. — v.tr.

sericícola De la sericicultura. — adj.

sericicultor, a (Del lat. *serica,* paños de seda + *cultor,* que cultiva.) Persona que se dedica a la cría del gusano de seda y a la obtención de esta sustancia. — s. INDUSTRIA = sericultor

sericicultura (Del lat. *serica,* paños de seda + *cultura,* cultivo.) Industria y técnica para la obtención de seda mediante la cría de los gusanos que la producen. — s.f. INDUSTRIA tb: sericultura

sericígeno, a (Del lat. *serica,* paños de seda + gr. *gennao,* producir.) Que produce seda: *glándula sericígena.* — adj.

sérico, a (Del lat. *serica,* paños de seda.) De la seda o que está confeccionado con esta sustancia. — adj.

sericultor, a Sericicultor, persona dedicada a la cría del gusano de seda. — s. INDUSTRIA

sericultura Sericicultura, industria de la producción de la seda. — s.f. INDUSTRIA

serie (Del lat. *series.*)
1 Conjunto de cosas relacionadas entre sí y que se suceden unas a otras: *los números forman una serie infinita.* — s.f.
2 Conjunto ordenado de términos regidos por una ley determinada. — = sucesión
3 Conjunto de cosas sin considerar si están relacionadas entre sí: *una serie de problemas.* — = lista
4 Conjunto de sellos u otros valores postales que forman parte de una misma emisión.
5 Relato dividido en partes para emitirlo por radio o televisión: *la nueva serie se emite todos los días a las nueve de la noche.* — AUDIOVISUALES = serial
6 Conjunto de fonemas de una lengua caracterizados por un mismo modo de articulación. — LINGÜÍSTICA
7 Prueba preliminar: *quedó primero en la serie, pero en la final sólo llegó tercero.* — DEPORTES
8 Disposición biológica según el orden natural de sus afinidades. — BIOLOGÍA
9 Par constituido por un sucesión numérica de cantidades que se derivan unas de otras según una ley determinada. — MATEMÁTICAS
10 Grupo de compuestos orgánicos que presentan numerosas analogías y se distinguen por una diferencia constante en ciertos radicales. — QUÍMICA
11 **serie B:** 1. Película realizada con un presupuesto bajo. 2. Película de poca calidad. — CINE CINE

12 en serie: 1. Formando un conjunto de cosas relacionadas entre sí: *las desgracias se sucedieron en serie.* — loc.adv.
2. Se aplica a la fabricación mecánica de objetos iguales. — loc.adj.

13 fuera de serie: 1. Se aplica a las personas y a las cosas materiales o inmateriales, extraordinarias entre las de su clase: *es un fuera de serie, todo lo que hace lo hace bien.* 2. Se aplica a los objetos sueltos que quedan de un conjunto y que por ello se suelen vender más baratos. — loc.adj. COMERCIO

seriedad Cualidad de serio: *la seriedad de su rostro ya indicaba la gravedad del problema.* — s.f.

sérif Representante de la justicia, encargado de hacer cumplir la ley, en Norteamérica y ciertas regiones o condados británicos. — s.m. tb: shérif, sheriff

serigrafía — s.f.
1 Técnica de impresión que consiste en usar un trozo de seda o de tela metálica muy fina y tupida. — ARTES GRÁFICAS
2 Lámina, artística o no, que se obtiene mediante esta técnica: *he comprado una serigrafía de un pintor contemporáneo.*

serijo
1 Sera pequeña que sirve para llevar higos, pasas u otras cosas pequeñas. — s.m. tb: serillo
2 Asiento cilíndrico y bajo, de esparto, anea o corcho.

serillo Serijo, sera pequeña. — s.m.

seringa Goma elástica, nombre de varias plantas euforbiáceas. — s.f./*Amér.* BOTÁNICA

serio, a (Del lat. *serius.*)
1 Se refiere a la persona que es poco propensa a reírse y a manifestar alegría. — adj. ≠ alegre
2 Que obra sin engañar o burlar. — = cumplidor, recto
3 Que muestra preocupación o disgusto: *algo ha debido de pasar, porque está muy serio.* — = circunspecto
4 Que inspira confianza: *tienen un programa muy serio.*
5 Que sigue las normas sociales: *fue una fiesta seria y formal.* — = solemne
6 Se aplica a la ropa, los colores o el estilo que son discretos o poco llamativos: *la decoración de su casa es muy seria.* — ≠ informal
7 Que es grave o importante: *parece que el problema no es tan serio como creían.* — = delicado
8 Que no es cómico o jocoso: *ópera seria.* — ≠ bufo
9 **en serio:** Sin engaño ni burla: *créetelo, porque estoy hablando en serio.* — loc.adv.
10 **ser cosa seria o una cosa seria:** 1. Ser grave, importante, de consideración: *este problema es cosa seria.* 2. Ser muy digno de tenerse en cuenta: *el nuevo ingeniero es cosa seria.*

sermón (Del lat. *sermo, -onis.*)
1 Discurso de carácter moralizador o religioso que suele predicar el sacerdote ante sus fieles. — s.m. RELIGIÓN
2 Reprimenda o serie de consejos o advertencias inoportunos: *no me eches sermones, que ya soy mayorcita.* — = amonestación
3 **sermón de tabla:** Aquel que tiene que pronunciar el canónigo magistral. — RELIGIÓN

sermonario, a
1 Del sermón o que tiene relación con él. — adj.
2 Que es propio del sermón.
3 Colección de sermones. — s.m./RELIGIÓN

sermoneador, a Que sermonea o reprende con frecuencia: *no seas tan sermoneador y deja a la gente que disfrute a su modo.* — adj/s.

sermonear
1 Pronunciar una persona sermones, en especial el sacerdote a los fieles de su iglesia. — v.intr.
2 Dar una reprimenda a una persona: *lo sermonea cada vez que llega tarde a casa.* — v.tr.

sermoneo Acción de sermonear o reprender verbalmente: *¡menudo sermoneo te ha dado!* — s.m.

serna Extensión de tierra para sembrar. — s.f./AGRICULTURA

sero- Componente de palabra procedente del lat. *serum,* que significa suero: *serología.* — pref.

seroalbúmina Ácido constituyente de las proteínas. — s.f./BIOQUÍMICA

serodiagnóstico Diagnóstico que se basa en las reacciones provocadas por la presencia de anticuerpos en el suero sanguíneo. — s.m. MEDICINA

seroja
1 Hojarasca seca que cae de los árboles: *la seroja de los árboles cubría el suelo del parque.* — s.f. = borusca
2 Residuo o desperdicio de la leña: *en la leñera sólo quedan serojas.* — tb: serojo
3 Cada una de las virutas que se le sacan al tronco de los pinos sometidos a resinación por medio de la entalladura.

serología (Del lat. *serus,* suero + gr. *logos,* ciencia.) Estudio científico de los sueros, en especial para diagnosticar la existencia de anticuerpos ante un determinado germen. — s.f. MEDICINA

serón Sera grande, alargada y poco ancha, en general sin asas, que sirve para llevar la carga en una caballería. *s.m.*

serondo, a (Del lat. *serotinus.*) Se aplica al fruto que madura más tarde que otros. *adj./AGRICULTURA* = serótino, tardío

seronegativo, a Que no presenta anticuerpos dirigidos contra un agente infeccioso. *adj/s. MEDICINA*

seronero, a Persona que por oficio hace o vende serones. *s.*

seropositivo, a Se refiere a la persona a la que se le han detectado anticuerpos o el elemento que se analizaba, en especial cuando se trata del sida. *adj/s. MEDICINA*

serosidad
1 Líquido que segregan algunas membranas en estado normal y que por enfermedad o quemaduras puede producir hidropesías o ampollas en la piel. *s.f. FISIOLOGÍA, MEDICINA*
2 Líquido almacenado en las ampollas que se forman en la piel. *MEDICINA*

seroso, a
1 Del suero o de la serosidad, o semejante a estos líquidos. *adj. FISIOLOGÍA*
2 Que produce serosidad. *MEDICINA*

seroterapia Tratamiento de las enfermedades por medio de sueros medicinales. *s.f./MEDICINA* = sueroterapia

serótino, a Se aplica a los frutos tardíos. *adj./= serondo*

serotonina Sustancia que ejerce la función de intermediario químico a nivel de ciertas sinapsis del sistema nervioso central. *s.f. BIOQUÍMICA*

serovacunación Vacunación simultánea de sueros y vacunas. *s.f. MEDICINA*

serpa Sarmiento delgado y estéril que echan las vides por la parte inferior de la cepa. *s.f./AGRICULTURA* tb: jerpa

serpear Serpentear, andar o moverse como una serpiente. *v.intr.*

serpentaria Dragontea, planta arácea que se cultiva como adorno a pesar de su mal olor. *s.f. BOTÁNICA*

serpentario Secretario, ave falconiforme de color gris moteado que se alimenta de serpientes y otros reptiles. *s.m. ZOOLOGÍA*

serpenteado, a Que forma ondulaciones como las de la serpiente al moverse. *adj.*

serpentear Moverse o andar como una serpiente: *el niño serpenteaba por el suelo.* *v.intr./= culebrear, serpear*

serpenteo Acción y resultado de serpentear. *s.m.*

serpentígero, a (Del lat. *serpens, -entis,* serpiente + *gerare,* llevar.) Que lleva o tiene serpientes. *adj. literario*

serpentín
1 Tubo largo en espiral, con forma de hélice o acodado cierto número de veces formando eses, que se usa para enfriar o calentar un líquido que pase por su interior o por su exterior. *s.m. TECNOLOGÍA*
2 Instrumento de hierro en que se ponía la mecha o una cuerda encendida para hacer fuego con el mosquete. *tb: serpentina*
3 Pieza de acero en las llaves de las armas de fuego y chispa, con la cual se forma el movimiento y muelle de la llave.
4 Serpentina, roca de color verdoso parecida al mármol. *GEOLOGÍA*
5 Antigua pieza de artillería. *HISTORIA*

serpentina
1 Tira larga y estrecha de papel enrollado que se arroja, manteniendo sujeto uno de sus extremos, para que se desenrolle sobre los asistentes como diversión, en fiestas y actos sociales. *s.f.*
2 Serpentín, utensilio de hierro en que se ponía la mecha encendida para disparar el mosquete.
3 Serpentín, pieza de acero con que se regula el movimiento de la llave en las armas de fuego.
4 Venablo o dardo de hierro ondulado.
5 Roca verdosa con manchas o venas más o menos oscuras, dura, compuesta de un silicato de magnesia moteado de rojo por óxido de hierro, usada en decoración cuando se pule. *GEOLOGÍA* tb: serpentín

serpentinamente Como serpiente. *adv.*

serpentino, a
1 De la serpiente: *movimiento serpentino.* *adj.*
2 Que serpentea. *camino serpentino.* *literario*

serpentón Instrumento musical de viento formado por un tubo de madera curvado, con agujeros y llaves, y un pabellón de metal semejante a una cabeza de serpiente. *s.m. MÚSICA*

serpiente (Del lat. *serpens, -entis.*)
1 Reptil que carece de extremidades y se desplaza por reptación, del cual se conocen más de dos mil especies, algunas venenosas. *s.f. ZOOLOGÍA* tb: sierpe
2 El demonio, por ser esta una de las formas que adopta o en la que se le representa.

3 **serpiente de anteojos**: Cobra elápida que tiene un dibujo en forma de ojo en la parte anterior del cuerpo, que el animal puede aplanar a voluntad para asustar a los posibles depredadores. *ZOOLOGÍA*
4 **serpiente de cascabel**: La que tiene un conjunto de anillos córneos al final de la cola que hace vibrar al moverse. *(Crotalus durissus.)* *ZOOLOGÍA* = crótalo
5 **serpiente de mar**: 1. Animal fantástico de grandes dimensiones. 2. Denominación genérica de los reptiles hidrofídidos. *MITOLOGÍA ZOOLOGÍA*

serpiginoso, a Del serpigo o que tiene relación con esta úlcera. *adj. MEDICINA*

serpigo Úlcera que se va extendiendo por un extremo, a medida que se va cicatrizando por el otro. *s.m. MEDICINA*

serpol (Del cat. *serpoll* < lat. *serpullum.*) Planta aromática labiada, de hojas ovales o lanceoladas y flores rosa-purpúreas. *(Thymus serpyllum.)* *s.m. BOTÁNICA*

serpollar Echar una planta nuevos brotes. *v.intr./BOTÁNICA*

serpollo (Del lat. *serpullum.*)
1 Cada una de las ramas nuevas que brotan en el pie de un árbol o por donde se ha podado. *s.m. BOTÁNICA*
2 Brote o tallo nuevo de una planta. *BOTÁNICA*

serradizo, a Que puede ser serrado. *adj.*

serrado, a Que tiene dientes parecidos a los de la sierra. *adj.* = dentado

serrador, a
1 Que sirve para cortar. *adj/s.*
2 Persona que se dedica a serrar, por lo general la que tiene por oficio cortar árboles. *s.*

serradora Máquina para serrar o cortar. *s.f.*

serraduras Serrín, partículas de madera que se desprenden al serrar. *s.f.pl.*

serrallo (Del ital. *serraglio* < turco *serai,* palacio.)
1 Departamento de la casa de los musulmanes donde viven las mujeres. *s.m.* = harén
2 Sitio donde hay libertinaje sexual.

serrana
1 Composición poética parecida a la serranilla. *s.f./POESÍA*
2 Canción andaluza, variedad del cante hondo. *MÚSICA*

serranía Espacio de terreno montañoso. *s.f.*

serraniego, a Serrano [en todas sus acepciones]. *adj/s.*

serranil Especie de puñal o cuchillo. *s.m.*

serranilla Composición poética, de género lírico, de tema rústico, campestre o erótico, compuesto por lo general en versos cortos. *s.f. POESÍA*

serrano, a
1 Que es natural de la sierra o vive en ella. *adj/s.*
2 De la sierra o de la serranía: *el clima serrano suele ser seco.* *adj.*
3 Que es hermoso y bien formado: *tiene un cuerpo serrano impresionante.*
4 Se aplica a aquellos productos, por lo general del cerdo, curados según un método tradicional derivado de las condiciones climáticas de la sierra: *jamón serrano.*
5 Pez serránido que se encuentra en las costas rocosas, afín al mero, de cuerpo alargado, con dibujos contorneados y una sola aleta dorsal. *(Paracentropristis scriba.)* *s.m. ZOOLOGÍA*

serrar (Del lat. *serrare.*) Cortar madera con la sierra: *serró unas tablas para hacer un mueble.* *v.tr. conj: pensar*

serrato, a Se aplica a unos músculos del tronco que tienen un aspecto serrado. *adj/s.m. ANATOMÍA*

serrería Taller para serrar madera: *el pueblo vivía de la madera de sus bosques y de la serrería.* *s.f.* = aserradero

serreta
1 Mediacaña de hierro, con dientecillos o puntas en el borde, que se sujeta al cabezón sobre la nariz de la caballería. *EQUITACIÓN*
2 Galón de oro o plata dentado por uno de sus bordes.
3 Ave anseriforme piscívora, de pico fino y aserrado. *(Mergus.)* *ZOOLOGÍA*

serretazo
1 Tirón que se da a la serreta para hostigar al caballo. *s.m./EQUITACIÓN* = sofrenada
2 Reprimenda violenta: *fue necesario un serretazo para que dejara de molestar.*

serrijón Sierra o cordillera de poca extensión. *s.m.*

serrín Conjunto de partículas que se desprenden de la madera al serrarla y que suelen utilizarse para absorber la humedad del suelo y no resbalar en él. *s.m.* tb: aserrín

serrino, a De la sierra de serrar o parecido a ella. *adj.*

serrón Sierra larga con un mango en cada extremo para que pueda ser utilizada por dos personas a la vez. *s.m.* = tronzador

serruchar
1 Aserrar o cortar madera con el serrucho o con otro utensilio semejante. *v.tr./Argent., Méx., Chile, P. Rico*

2 serruchar el piso: Hacer peligrar de forma intencionada la situación laboral de una persona. — *Argent. coloquial*

serrucho
1 Sierra de mano, de hoja ancha, en general con un solo mango. — *s.m.*
2 Inspector de los transportes colectivos que revisa y corta los billetes. — *Chile*
3 Persona que tiene el hábito de aserruchar el piso, es decir, de tratar de hacer perder a alguien su situación laboral. — *Chile*

servador, a Que guarda o defiende. — *adj/s./literario*

serval Mamífero carnívoro africano de la familia de los félidos, cuya piel, amarillenta y con manchas negras, es muy apreciada en peletería. *(Felis serval.)* — *s.m. ZOOLOGÍA*

servato (Del ant. *ervatú* < lat. *herba tus* < *tus*, incienso.) Planta herbácea umbelífera, común en la península Ibérica, cuyos frutos se han usado como carminativos o expulsor de los gases intestinales. *(Peucedanum officinale.)* — *s.m. BOTÁNICA = peucédano*

serventesio (Del occitano ant. *sirventes*.)
1 Estrofa que está formada por cuatro versos de arte mayor y en la que riman en consonante el primer verso con el tercero y el segundo con el cuarto. — *s.m. POESÍA*
2 Género de composición de la poética provenzal de asunto moral o político, y tendencia satírica. — *POESÍA = sirventés*

servible Que puede servir: *el abrigo aún está servible si le das algún retoque.* — *adj. = útil*

serviciador El que cobraba el servicio y montazgo. — *s.m./HISTORIA*

servicial
1 Que siempre está dispuesto a hacer favores o a prestar ayuda: *si se lo pides, él lo hará, es muy servicial.* — *adj. = solícito*
2 Que sirve con complacencia y diligencia: *criado servicial.*
3 Lavativa o enema usado para limpiar y descargar al vientre. — *s.m. MEDICINA*
4 Sirviente o criado. — *Bol.*

serviciar Pagar o cobrar un tributo. — *v.tr.*

servicio (Del lat. *servitium*.)
1 Acción y resultado de servir: *está a su servicio desde hace diez años.* — *s.m.*
2 Conjunto de personas contratadas para realizar las tareas domésticas de una casa y prestación que realizan: *el edificio tiene un ascensor para el servicio.*
3 Organización, medios y personal encargado de cuidar los intereses o satisfacer las necesidades del público o de alguna entidad oficial o privada: *el servicio de becas de la universidad está en la planta primera.*
4 Acto o función realizado por esta organización y su personal: *mañana se cortará el servicio de agua en la ciudad.*
5 Utilidad o ayuda resultante de una acción o función realizada por una persona o cosa: *la chaqueta que me dejaste me hizo un gran servicio; le estoy muy agradecido por el servicio que me prestó.*
6 Cuarto de baño: *perdonad un momento, tengo que ir al servicio.* — *= aseo, retrete*
7 Conjunto de cosas con una misma función, en especial la de servir comidas o bebidas: *le han regalado un servicio de café de porcelana.*
8 Cubierto que se pone a cada comensal.
9 Lavativa para limpiar y descargar el vientre. — *MEDICINA/= enema*
10 Mérito que se hace sirviendo al estado o a otra entidad o persona.
11 Acción de sacar la pelota en algunos deportes, como el tenis: *el tenista perdió su servicio en el momento más decisivo del partido.* — *DEPORTES = saque*
12 Prestación humana que satisface alguna necesidad de las personas y que no consiste en la producción de bienes materiales. — *ECONOMÍA*
13 Recurso extraordinario otorgado por las cortes al soberano para contribuir a los gastos excepcionales del erario o para cubrir su déficit. — *HISTORIA*
14 **servicio activo:** Situación de los empleados que están ejerciendo su empleo.
15 **servicio de inteligencia o secreto:** Cuerpo de agentes que, a las órdenes de un gobierno, se dedica al espionaje con fines políticos o militares. — *POLÍTICA*
16 **servicio de mesa:** Conjunto de utensilios, cubiertos y vajilla, que se ponen en la mesa para comer.
17 **servicio doméstico:** Sirviente o sirvientes de una casa y prestación que realizan.
18 **servicio militar:** El que se presta siendo soldado. — *MILITAR*
19 **servicio posventa:** Organización y personal destinados por una firma comercial al mantenimiento de sus productos después de haberlos vendido. — *COMERCIO*
20 **al servicio de:** A la disposición de una o varias personas o cosas: *los carritos están al servicio de los clientes.* — *loc.adj/adv.*
21 **de servicio:** Con verbos como *estar, entrar, salir* y otros, se refiere al desempeño activo de un cargo o función durante un turno de trabajo: *el policía estaba de servicio cuando ocurrieron los hechos.* — *loc.adj/adv.*

22 fuera de servicio: Que no funciona: *la máquina expendedora de billetes está fuera de servicio.* — *loc.adj.*
23 hacer al servicio: Ejercer el empleo que cada uno tiene en la milicia. — *MILITAR*
24 hacer un flaco servicio a alguien: Causarle un perjuicio: *tu comentario me ha hecho un flaco servicio.* — *coloquial*
25 prestar servicios: Hacerlos, ayudar a una persona: *presta servicios de corrección en una editorial.*

servidor, a
1 Persona que forma parte del servicio doméstico de una casa. — *s. = criado, sirviente*
2 Denominación que se da a sí misma una persona para mostrar cortesía y buena disposición hacia otra y se usa también para dar la vez en un lugar de espera: *servidor de usted; ¿el último? –servidor.*
3 Persona encargada del manejo de un arma, de una maquinaria u otro artefacto. — *= operario*

servidumbre (Del bajo lat. *servitudo, -inis*.)
1 Conjunto de criados de una casa: *la servidumbre dispone de una sala de reunión.* — *s.f.*
2 Estado o condición del siervo. — *HISTORIA*
3 Trabajo o ejercicio propio del siervo o persona sometida a un poder. — *HISTORIA*
4 Obligación o carga pesada que supone una cosa para una persona: *no puede salir a la calle sin que le reconozcan, es la servidumbre de la fama.*
5 Sujeción o dependencia excesiva causada por pasiones o afectos: *su afición por comprar se está convirtiendo en una peligrosa servidumbre.*
6 Derecho u obligación que pesa sobre una finca en favor de las necesidades de otra finca contigua o próxima. — *DERECHO*
7 **servidumbre aparente:** La que se muestra por un signo externo. — *DERECHO*
8 **servidumbre continua:** Aquella que no requiere la acción de una persona para realizarse. — *DERECHO*
9 **servidumbre de paso:** La que da derecho a entrar en una finca que tiene un camino público. — *DERECHO*
10 **servidumbre forzosa:** Aquella a la que puede ser obligado el dueño de una finca. — *DERECHO*
11 **servidumbre legal:** La que recae sobre un inmueble a causa de una ley. — *DERECHO*
12 **servidumbre negativa:** Aquella que prohíbe todos los derechos al dueño de una finca. — *DERECHO*
13 **servidumbre positiva:** La que obliga al dueño de una finca a hacer una cosa determinada y a permitir las acciones del dueño de la finca lindante. — *DERECHO*
14 **servidumbre pública:** La que es para el uso general o de una colectividad. — *DERECHO*

servil (Del lat. *servilis*.)
1 De los siervos o criados. — *adj.*
2 Se refiere a la persona que adula a los poderosos o se humilla ante ellos: *su actitud con los jefes es servil e interesada.* — *adj/s.m.f. = rastrero*
3 Que es humilde o de poca estimación: *los emigrantes se ven obligados a hacer los trabajos más serviles.* — *adj.*
4 Apodo con que los liberales designaban, en el primer tercio del siglo XIX, a los que preferían la monarquía absoluta. — *s.m. HISTORIA*

servilismo Actitud y cualidad de servil: *no soporto el servilismo que tiene hacia sus superiores.* — *s.m.*

servilleta (Del fr. *serviette*.)
1 Trozo de tela o papel usado por los comensales para limpiarse la boca o las manos durante una comida: *colocó las servilletas enrolladas dentro de las copas.* — *s.f.*
2 **doblar la servilleta:** Morir, acabar una la vida. — *coloquial*
3 **doblar uno de servilleta en ojal o prendida:** Comer convidado en casa ajena.

servilletero
1 Aro en que se recoge la servilleta. — *s.m.*
2 Utensilio para poner las servilletas de papel.

servilmente
1 Como siervo: *se rebaja servilmente ante su jefe.* — *adv.*
2 De modo bajo o indecente.
3 Al pie de la letra, sin quitar ni poner nada.

servilón, a Apodo que se daba a los partidarios de la monarquía absoluta durante las luchas políticas del siglo XIX. — *s. HISTORIA = conservador*

servio, a Serbio [en todas sus acepciones]. — *adj/s.*

serviola (Del ant. *cerviola* < cat. ant. *cervia*, cierva.)
1 Pescante muy resistente situado cerca del estrechamiento de la proa y hacia la parte exterior del costado del buque donde se halla instalado el aparejo para izar y suspender el ancla. — *s.f. NÁUTICA*
2 Vigía nocturno que se instala cerca de este soporte. — *s.m./NÁUTICA*

servir (Del lat. *servire*.)
1 Trabajar una persona para otra que le manda o paga: *servía en una casa muy buena; sirve a una anciana desde que tenía catorce años.* — *v.intr/tr. conj: pedir*

2 Ser una persona o una cosa apta para realizar una función: *él no sirve para ser vendedor; esta harina no sirve para hacer el pastel.* — v.intr. = valer

3 Proporcionar una cosa a una persona que la pide o necesita, en especial comida o bebida: *sirvió cuatro platos durante la comida.* — v.tr/prnl.

4 Hacer un favor o prestar voluntariamente un servicio a una persona.

5 Ayudar a una persona, un partido o una causa con actos o sacrificios. — = apoyar

6 Hacer la corte a una mujer. — = galantear

7 Ejercer una persona un empleo o un puesto: *sirve una cátedra.* — v.intr/tr.

8 Ejercer una persona un oficio o una ocupación en lugar de otra: *sirve de electricista mientras su amigo está enfermo.* — v.intr.

9 Realizar el saque de la pelota en ciertos deportes, como el tenis. — DEPORTES = sacar

10 Estar haciendo una persona el servicio militar. — MILITAR

11 Dar culto o adoración a lo sagrado. — v.tr/RELIGIÓN

12 Ocuparse de un cliente en un comercio. — COMERCIO

13 Seguir un jugador de naipes a otro que ha echado primero tirando una carta del mismo palo. — v.intr. JUEGOS

14 Calentar un panadero o un alfarero el horno.

15 Querer o acceder a hacer una cosa: *se sirvió venir hasta mi casa.* — v.prnl. = dignarse

16 Usar a una persona o una cosa como medio o instrumento para un fin: *se sirvió de su padre para cubrir las apariencias.* — = valerse + de

17 ir servido: 1. Expresión que indica que una persona no logrará lo que pretende: *va servido si cree que la va a engañar así.* 2. Estar borracho o drogado. — coloquial / argot

18 no servir de nada: Ser inútil: *no sirve de nada que te enfades, lo tienes que hacer de todas formas.*

19 para servirle: Fórmula de cortesía que se utiliza para indicar que una persona se pone a disposición de otra. — formal

servita Se refiere a quien profesa la orden religiosa de los siervos de María. — adj/s.m.f. RELIGIÓN

servo (Del lat. *servus*, siervo.)
1 Abreviatura de servomecanismo. — s.m./MECÁNICA
2 Abreviatura de servomotor. — TECNOLOGÍA
3 Abreviatura de servofreno. — MECÁNICA

servocontrol Mecanismo para reforzar o sustituir el esfuerzo del piloto en el manejo de los mandos de un avión. — s.m. AERONÁUTICA, MECÁNICA

servocroata Serbocroata [en todas sus acepciones]. — adj/s.m.f.

servodirección Mecanismo auxiliar que permite multiplicar el esfuerzo en el manejo de la dirección de un vehículo automóvil. — s.f. MECÁNICA

servofreno Freno cuya acción es amplificada por un dispositivo eléctrico o mecánico. — s.m. MECÁNICA

servomando Mecanismo auxiliar que permite amplificar la fuerza necesaria para hacer funcionar un aparato o una máquina. — s.m. MECÁNICA

servomecanismo Sistema electromecánico que se regula por sí mismo al detectar un error entre su propia actuación real y la deseada. — s.m. MECÁNICA

servomotor Mecanismo de mando cuya energía se suministra por una fuente exterior con el fin de reducir los esfuerzos que deben realizarse o de facilitar el mando a distancia. — s.m. TECNOLOGÍA

servosistema Sistema de mando a distancia y control automático de aparatos y vehículos, cuyo funcionamiento tiende a anular la desviación entre una magnitud dirigida y la magnitud que dirige, al actuar sobre el propio sistema. — s.m. TECNOLOGÍA

servoválvula Válvula hidráulica equipada con un dispositivo automático que permite el control asistido de su apertura. — s.f. TECNOLOGÍA

sesada
1 Conjunto de sesos de un animal. — s.f.
2 Fritada de sesos. — COCINA

sesámeo, a Que se parece o tiene alguna propiedad del sésamo. — adj. BOTÁNICA

sésamo (Del lat. *sesamum* < gr. *sesamon*.)
1 Ajonjolí, planta pedaliácea. — s.m./BOTÁNICA
2 Semilla de esta planta, usada desde antiguo como condimento. — BOTÁNICA
3 Pasta de nueces, almendras o piñones con ajonjolí. — COCINA LITERATURA
4 ¡ábrete sésamo!: Fórmula mágica de un cuento de *Las mil y una noches,* que se emplea para referirse a un medio que puede producir por arte de magia cierto resultado.

sesamoideo, a Se aplica a unos pequeños huesos de constitución fibrosa que pueden desarrollarse en el metacarpo y en el metatarso. — adj. ANATOMÍA

sesear (Del nombre de la letra *ese*.) Pronunciar la *c* o la *z* como *s*, como es común en el español hablado en las tierras hispanoamericanas, andaluzas y canarias. — v.intr. LINGÜÍSTICA

sesenta (Del lat. *sexaginta*.)
1 Que resulta de la multiplicación de seis por diez. — adj.num/s.m.
2 Que ocupa el lugar número sesenta en una serie. — adj.num/s.m.f.
3 Signo o conjunto de signos que representa el número sesenta. — s.m.
4 Se aplica a la década que empieza en el año sesenta y termina en el setenta. — adj/s.m.

sesentavo, a Se aplica a cada una de las sesenta partes iguales en que se divide un todo. — adj.num/s.m.

sesentena Conjunto de sesenta unidades, o su aproximación: *ya debe de estar en la sesentena.* — s.f.

sesentón, a Que tiene entre sesenta y sesenta y nueve años. — adj.num/s. = sexagenario

seseo Acción y resultado de sesear. — s.m.

sesera
1 Parte de la cabeza del animal donde están los sesos. — s.f. ZOOLOGÍA
2 Seso del cráneo o conjunto de sesos. — = cerebro
3 Inteligencia, facultad humana que permite el entendimiento. — coloquial = mollera
4 Cabeza, parte de la anatomía humana que contiene el seso: *si te caes te puedes romper la sesera.* — coloquial = coco

sesga Pieza triangular que se añade a un vestido para darle vuelo. — s.f. = nesga

sesgadamente
1 Con sosiego o tranquilidad. — adv./tb: sesgamente
2 Al sesgo, en oblicuo. — = oblicuamente

sesgado, a
1 Que está cortado o colocado al bies o de forma oblicua: *llevaba una falda sesgada.* — adj. = atravesado
2 Se aplica a la persona que es sosegada o tranquila. — = calmo
3 Se refiere a la persona que actúa de manera parcial y sin objetividad. — = tendencioso

sesgadura
1 Corte de una cosa, en general un tejido, hecho al bies o en sentido oblicuo en relación a la dirección de los hilos, el dibujo u otra referencia. — s.f.
2 Colocación de una cosa en diagonal respecto a otra.

sesgar
1 Cortar una cosa en oblicuo o en diagonal. — v.tr/conj: pagar
2 Poner una cosa inclinada con respecto a otra que sirve de referencia. — = atravesar

sesgo, a (Del ant. *sesgar* < lat. *sessicare*, hacer reposar.)
1 Que está oblicuo o inclinado. — adj.
2 Que tiene gesto de enfado: *me observaba con una mirada sesga y de odio.*
3 Oblicuidad en la posición de una cosa. — s.m.
4 Orientación o rumbo que toma un asunto: *no me gusta el sesgo que le has dado a la conversación.* — = cariz
5 Medio o recurso que se toma en un asunto dudoso para eludir una dificultad.
6 al sesgo: Al bies, en oblicuo o en diagonal. — loc.adv.

sesí Pez lutiánido, similar al pargo, con aletas pectorales negras y cola amarilla. (*Lutianus bucanella.*) — s.m./Cuba, P. Rico ZOOLOGÍA

sésil (Del lat. *sessilis*.)
1 Se aplica al organismo vegetal que no tiene pedúnculo y está inserto directamente al tallo o a la rama. — adj. BOTÁNICA
2 Se refiere al animal que vive de forma fija en una roca o en el sustrato que le sea propio, como la ostra. — ZOOLOGÍA

sesión (Del lat. *sessio, -onis*.)
1 Cada una de las reuniones de una junta, congreso u otra corporación. — s.f. = junta
2 Acto, representación o proyección, en especial cinematográfica, realizada para el público: *sesión de vídeos musicales; fuimos al cine en la sesión de tarde.* — = función
3 Cada uno de los espacios de tiempo que se emplean en una ocupación de forma ininterrumpida: *hoy se ha alargado un poco la sesión de maquillaje.*
4 Consulta entre varias personas para decidir una cosa. — = reunión
5 sesión continua: Aquella en la que se proyecta de forma repetida el mismo programa de cine, de tal modo que el espectador puede permanecer en la sala presenciándolo de principio a fin o completando aquella parte que no ha visto. — CINE
6 sesión golfa: La que se ofrece en los cines a partir de medianoche. — CINE
7 sesión numerada: Aquella en la que el espectador tiene derecho a ver la película una sola vez. — CINE
8 abrir la sesión: Comenzar una reunión asamblearia o corporativa.
9 levantar la sesión: Darla por terminada.

sesionar
1 Celebrar varias personas una sesión o reunión. — v.intr.
2 Asistir una persona a sesiones participando en ellas.

sesma Sexma, sexta parte de cualquier cosa. — s.f.

seso
I (Del lat. *sensus*, sentido.)
1 Cerebro, masa encefálica contenida en la cavidad del cráneo. — s.m. ANATOMÍA
2 Cerebro de una res o de un cerdo sacrificados para el consumo. — = sesera
3 Madurez, sensatez de una persona para pensar o realizar una cosa: *parece mentira que a tu edad tengas tan poco seso*. — coloquial = cordura
4 **devanarse o calentarse los sesos**: Cavilar, pensar o estudiar mucho una cosa: *se ha devanado los sesos para preparar el examen*. — coloquial
5 **perder una persona el seso**: Perder el juicio, volverse loco. — coloquial
6 **tener sorbido el seso por una cosa o una persona**: Desearla mucho o estar muy enamorado: *su novia le tiene sorbido el seso*. — coloquial
II (Del lat. *sessus*, acción de sentarse.) Piedra o hierro usado para calzar la olla y hacer que se asiente bien sobre una superficie. — s.m.

sesqui- Componente de palabra procedente del lat. *sesqui*, que significa la mitad más: *sesquicentenario*. — pref.

sesquiáltero, a
1 Se aplica a las cosas que se componen de una unidad y media de ella. — adj. MATEMÁTICAS
2 Se refiere a la cantidad que está en razón de tres a dos. — MATEMÁTICAS

sesquicentenario, a
1 Que tiene una centena y media de años o de unidades. — adj.
2 Día o año en que se cumple siglo y medio de un suceso. — s.m.
3 Espacio de tiempo compuesto de ciento cincuenta años.

sesquimodio Antigua medida de capacidad para áridos. — s.m.

sesquióxido Óxido cuya molécula está formada por tres átomos de oxígeno y dos del otro elemento. — s.m. QUÍMICA

sesquipedal Que tiene una longitud de un pie y medio. — adj.

sesquiplano Avión biplano cuyas alas inferiores son mucho más cortas que las superiores. — s.m. AERONÁUTICA

sesteadero Lugar donde el ganado sestea o se recoge durante las horas de calor, en el campo. — s.m. = sestero, sestil

sestear
1 Dormir una persona la siesta. — v.intr.
2 Recogerse el ganado durante el día en un lugar sombrío para que descanse.

sesteo
1 Acción y resultado de sestear. — s.m.
2 Lugar en que sestea el ganado. — = sesteadero

sestercio Antigua moneda romana cuyo valor era de dos ases y medio. — s.m. HISTORIA

sesudez Circunstancia de ser sabio, inteligente y sensato. — s.f. pl: sesudeces

sesudo, a
1 Que tiene seso o es sensato. — adj.
2 Que es inteligente o sabio. — = listo

set (Voz inglesa.)
1 Cada una de las partes en que se divide un partido en tenis, tenis de mesa y balonvolea. — s.m./pl: sets DEPORTES
2 Escenario o plató cinematográfico. — CINE
3 Conjunto de cosas interrelacionadas y que tienen una misma función. — = juego

seta
I (Del lat. *saeta*.) Seda, pelo fuerte característico de algunos animales. — s.f. = cerda
II (De origen incierto.)
1 Cualquier especie de hongo con sombrerillo o casquete, sostenido por un pie. — s.f. MICOLOGÍA
2 Denominación que se da a los hongos comestibles. — MICOLOGÍA

setal Terreno donde abundan las setas. — s.m.

setecientos, as
1 Que resulta de la multiplicación de siete por cien. — adj.num/s.m.
2 Que ocupa el lugar número setecientos en una serie ordenada. — adj.num/s. = septingentésimo
3 Signo o conjunto de signos que representa el número setecientos. — s.m.

setena
1 Conjunto de siete cosas que se suceden. — s.f./= septena
2 Castigo que consistía en pagar siete veces la cantidad estipulada a fin de no ser satisfacía según ley. — s.f.pl. HISTORIA
3 **pagar con las setenas**: Sufrir un castigo mayor que la culpa cometida. — coloquial

setenado, a
1 Que ha sido castigado con una pena superior a la correspondiente por la falta cometida. — adj. coloquial
2 Período de siete años. — adj.

setenar Sacar por sorteo una persona o una cosa de cada siete. — v.tr.

setenario Septenario, tiempo de siete días. — s.m.

setenta (Del lat. *septuaginta*.)
1 Que resulta de la multiplicación de siete por diez. — adj.num/s.m.
2 Que ocupa el lugar número setenta en una serie ordenada. — adj.num/s.m.f. = septuagésimo
3 Signo o conjunto de signos que representa el número setenta. — s.m.

setentavo, a Se aplica a cada una de las setenta partes iguales en que se divide un todo. — adj.num/s.m.

setentón, a Se refiere a la persona que tiene entre setenta y setenta y nueve años. — adj/s. = septuagenario

setiembre (Del lat. *september*, *-bris*.) Septiembre, noveno mes del calendario occidental, entre agosto y octubre. — s.m.

sétimo, a (Del lat. *septimus*.) Séptimo [en todas sus acepciones]. — adj.num.

seto (Del lat. *saeptum*, recinto.)
1 División hecha en un jardín con plantas de adorno que se podan para que formen una especie de pared. — s.m. = cercado
2 Cerca de palos o ramas entretejidas.

setter (Voz inglesa.) Raza inglesa de perros de caza que se caracterizan por tener el pelo largo, suave y ondulado. — s.m.f./pl: setters ZOOLOGÍA

setuní Aceituní, tela de origen oriental, muy usada en la edad media. — s.m./pl.tb: setuníes TEXTIL

seudo- Componente de palabra procedente del gr. *pseudo*, que significa falso: *seudónimo*. — pref. tb: pseudo-

seudohermafrodita
1 Se refiere al individuo que tiene la apariencia, más o menos completa, del sexo contrario, conservando la gónada o glándula sexual de su sexo verdadero — adj/s.m.f. MEDICINA tb: pseudohermafrodita
2 **seudohermafrodita femenino**: Que tiene tejido ovárico y apariencia masculina. — MEDICINA
3 **seudohermafrodita masculino**: Que tiene tejido testicular y apariencia femenina. — MEDICINA

seudohermafroditismo Trastorno congénito en el que un individuo posee las glándulas sexuales de un sexo y los genitales externos del otro. — s.m./tb: pseudohermafroditismo MEDICINA

seudomorfismo Propiedad según la cual un mineral ha sustituido a otro pero conserva la forma externa de este último. — s.m. MINERALOGÍA tb: pseudomorfismo

seudónimo, a (Del gr. *pseudo*, falso + *onoma*, nombre.) Se aplica a la denominación ficticia que emplea una persona para ocultar su verdadero nombre, en especial cuando se trata de un escritor o una escritora. — s.m. tb: pseudónimo

seudópodo (Del gr. *pseudo*, falso + gr. *pus*, *podos*, pie.) Cada una de las prolongaciones que de manera transitoria son emitidas por determinadas células para realizar movimientos y para capturar alimentos. — s.m. BIOLOGÍA tb: pseudópodo

seudoscopio (Del gr. *pseudo*, falso + *skopeo*, observar.) Estereoscopio que invierte la sensación de relieve de la imagen que es observada a través de él. — s.m. ÓPTICA tb: pseudoscopio

severidad Cualidad de severo. — s.f.

severo, a (Del lat. *severus*.)
1 Que es riguroso y exigente con los demás: *profesor severo; padres severos*. — adj. = estricto
2 Que es serio: *rostro severo*. — = grave
3 Que cumple o hace cumplir las leyes con rigor: *es un policía muy severo*. — = exigente
4 Que se aplica a la estación del año que tiene temperaturas muy extremadas: *invierno severo*. — = riguroso

seviche Ceviche, plato elaborado a base de pescado crudo. — s.m./Ecuad., Par., Perú

sevicia (Del lat. *saevitia*.)
1 Crueldad excesiva. — s.f./culto
2 Malos tratos infligidos a una persona sobre quien se tiene potestad o autoridad legítima. — s.f.pl. DERECHO

sevillana
1 Música popular andaluza, con la que se cantan seguidillas de ritmo muy vivo. — s.f. MÚSICA
2 Baile que se ejecuta por parejas con esta música.

sevillano, a
1 De Sevilla, ciudad y provincia andaluzas. — adj/s.
2 Persona natural de esta ciudad o provincia. — s.

séviro
1 Cada uno de los seis jefes de las decurias de los caballeros romanos. — s.m. HISTORIA
2 **séviro augustal**: Miembro de los colegios sacerdotales que honraban la memoria de Augusto. — HISTORIA

sexagenario, a Se refiere a la persona que tiene entre sesenta y sesenta y nueve años. — adj/s. = sesentón

sexagésima Denominación que se daba al segundo domingo antes de cuaresma, en la religión católica. — s.f. RELIGIÓN

sexagesimal Se aplica al sistema numérico de base sesenta, como el de las horas, minutos y segundos. — adj. MATEMÁTICAS

sexagésimo, a (Del lat. *sexagesimus*.)
1 Que ocupa el lugar número sesenta en una serie. · adj.num/s.
2 Se aplica a cada una de las sesenta partes iguales en que se divide un todo. · adj.num/s.m.

sexagonal (Del lat. *sex*, seis + gr. *gonia*, ángulo.) Hexagonal [en todas sus acepciones]. · adj. · GEOMETRÍA

sexaje Operación cuya finalidad es el conocimiento del sexo de los animales desde el momento de su nacimiento. · s.m.

sexángulo, a Hexágono, polígono que tiene seis ángulos y seis lados. · adj/s. · GEOMETRÍA

sex-appeal (Expresión inglesa.) Atractivo físico y sexual: *aunque no tiene una belleza clásica, sí tiene mucho sex-appeal*. · s.m. · pl: sex-appeal

sexcentésimo, a
1 Que ocupa el lugar número seiscientos en una serie ordenada. · adj.num/s.
2 Se refiere a cada una de las seiscientas partes iguales en que se divide un todo. · adj.num/s.m.

sexenal
1 Que sucede cada seis años. · adj.
2 Que dura seis años.

sexenio (Del lat. *sexennium*.) Período de seis años. · s.m.

sexi Sexy [en todas sus acepciones]. · adj.

sexismo Actitud discriminatoria o despreciativa a causa del sexo, en general hacia la mujer. · s.m. · SOCIOLOGÍA

sexista
1 Del sexismo. · adj.
2 Que es partidario del sexismo y tiene una actitud discriminatoria hacia las personas del sexo contrario, en especial hacia las mujeres. · adj/s.m.f. · SOCIOLOGÍA

sexma
1 Sexta parte de un todo, en especial de la vara, antigua medida de longitud. · s.f. · th: sesma
2 Antigua moneda romana cuyo valor era la sexta parte de la onza. · HISTORIA
3 Madero de doce dedos de ancho y ocho de grueso, sin largo determinado. · CARPINTERÍA
4 Conjunto de pueblos en los que había administración comunal de algunos bienes. · HISTORIA

sexmero, a Persona encargada de los negocios y derechos de una sexma o grupo de pueblos asociados. · s./HISTORIA · th: sesmero

sexo (Del lat. *sexus*.)
1 Condición orgánica que distingue al macho de la hembra dentro de una misma especie. · BIOLOGÍA
2 Conjunto de los individuos de una u otra de estas condiciones orgánicas.
3 Órganos sexuales. · ANATOMÍA
4 Actividad sexual: *¡siempre estás pensando en el sexo!*
5 **sexo débil**: El femenino, desde el punto de vista masculino.
6 **sexo fuerte**: El masculino, desde el mismo punto de vista.

sexología (Del lat. *sexus*, sexo + gr. *logos*, ciencia.) Estudio científico del sexo y de los modos de conducta que se relacionan con él. · s.f. · SICOLOGÍA

sexólogo, a Especialista en el comportamiento sexual y en sus patologías. · s. · SICOLOGÍA

sex-shop (Expresión inglesa.) Tienda especializada en la venta de todo tipo de productos relacionados con el erotismo, la pornografía o la excitación sexual. · s.m. · pl: sex-shops

sex-symbol (Expresión inglesa.) Persona, en general vinculada al mundo del espectáculo, que es considerada como prototipo de atractivo sexual. · s.m.f. · pl: sex-symbols

sexta
1 Tercera de las cuatro partes iguales en que los romanos dividían el día, y comprendía desde el final de la hora sexta, a mediodía, hasta el fin de la novena, a media tarde. · s.f. · HISTORIA
2 Una de las horas menores del oficio divino, la siguiente a la tercia. · RELIGIÓN
3 Jugada en que se reúnen seis cartas de valor correlativo, en el juego de los cientos. · JUEGOS
4 Intervalo de seis grados diatónicos. · MÚSICA

sextante (Del lat. *sextans, -antis*.)
1 Instrumento de medición angular, usado en navegación y topografía, cuyo sector de observación es de sesenta grados y sirve para calcular la altura de los astros y el rumbo en la navegación. · s.m. · ASTRONOMÍA, NÁUTICA
2 Moneda de cobre de los antiguos romanos que valía la sexta parte del as. · HISTORIA

sextavado, a Que tiene la forma geométrica de un hexágono. · adj.

sextavar Dar forma sextavada o hexagonal a una cosa. · v.tr.

sexteto
1 Conjunto de seis voces o seis instrumentos que interpretan una composición musical hecha para tal formación: *toca en un sexteto de violines*. · s.m. · MÚSICA

2 Composición musical que se canta o toca entre seis voces o seis instrumentos. · MÚSICA
3 Estrofa que está formada por seis versos, en general endecasílabos, o endecasílabos y heptasílabos, con la estructura de serventesio seguido de un pareado. · POESÍA

sextilla Estrofa que está formada por seis versos de arte menor, con la estructura del sexteto. · s.f. · POESÍA

sextillo Conjunto de seis notas iguales que se ejecutan en el tiempo de cuatro. · s.m./MÚSICA · = seisillo

sextillón Un millón de quintillones o 10^{36}. · s.m/MATEMÁTICAS

sextina
1 Composición poética formada por seis estrofas de seis versos y por una de tres, todos endecasílabos. · s.f. · POESÍA
2 Cada una de las estrofas de seis versos endecasílabos que entran en esta composición. · POESÍA
3 Combinación métrica de seis versos. · POESÍA

sexto, a (Del lat. *sextus*.)
1 Que ocupa el lugar número seis en una serie ordenada. · adj.num/s.
2 Se aplica a cada una de las seis partes iguales en que se divide un todo. · adj.num/s.m.
3 Libro que contiene algunas constituciones y decretos canónicos. · s.m. · DERECHO

séxtula Moneda de cobre de los antiguos romanos, que pesaba la sexta parte de una onza. · s.f. · HISTORIA

sextuplicación Operación que consiste en multiplicar por seis una cantidad. · s.f.

sextuplicar Multiplicar una cantidad por seis: *nuestras ganancias se han sextuplicado*. · v.tr/prnl. · conj: sacar

séxtuplo, a (Del lat. *sextuplus*.) Se aplica al número que contiene a otro mencionado seis veces exactamente. · adj.num/s.

sexuado, a Se aplica a la planta o al animal que tiene órganos sexuales bien desarrollados. · adj. · BIOLOGÍA

sexual (Del lat. *sexualis*, femenino.)
1 Del sexo: *deseo sexual*. · adj.
2 De la sexualidad: *educación sexual*.

sexualidad
1 Conjunto de caracteres sexuales y de fenómenos ligados al sexo. · s.f.
2 Conjunto de fenómenos relativos al instinto sexual y a su satisfacción. · BIOLOGÍA, SICOLOGÍA

sexualización
1 Acción y resultado de sexualizar. · s.f.
2 Diferenciación sexual del embrión. · BIOLOGÍA

sexualizar Conferir carácter sexual a una cosa. · v.tr.

sexy
1 Que tiene mucho atractivo físico y sexual: *su novio es muy sexy*. · adj./pl: sexys · th: sexi
2 Que hace resaltar este atractivo: *llevaba un vestido ceñido muy sexy*.

sha (Voz persa.) Título ostentado por los soberanos iraníes o persas. · s.m. · HISTORIA

shakesperiano, a (De William *Shakespeare*, escritor inglés.) Se aplica al autor o la obra que están influidos por la de este escritor. · adj. · LITERATURA

shantung
1 Tela de seda que presenta un grano muy pronunciado. · s.m. · TEXTIL
2 Tela de algodón o de rayón de características análogas a la de seda. · TEXTIL

shérif (Del ingl. *sheriff*.) Persona encargada de hacer cumplir la ley, en Norteamérica y algunas regiones o condados británicos. · s.m. · pl: shérifs · th: sérif

sherpa
1 Se aplica a un pueblo mongol nepalí cuyos individuos son excelentes porteadores y guías de las expediciones de alpinistas que escalan las montañas del Himalaya. · adj.
2 Persona originaria de este pueblo. · s.m.f.

sherry (Voz inglesa.) Denominación inglesa de los vinos de Jerez. · s.m.

shetland (Voz inglesa.) Paño fabricado con la lana de las ovejas escocesas. · s.m. · TEXTIL

shilling (Voz inglesa.)
1 Chelín, moneda inglesa equivalente a la vigésima parte de una libra, hoy introducida al sistema decimal. · s.m. · ECONOMÍA
2 Unidad monetaria de varios países africanos. · ECONOMÍA

shimmy (Voz inglesa.) Baile de origen norteamericano, de moda en los años veinte, que se bailaba con música de fox-trot y sin doblar las rodillas. · s.m.

shock (Voz inglesa.)
1 Conmoción violenta e imprevista que trastorna o perturba. · s.m. · pl: shocks

2 Profunda depresión nerviosa y circulatoria producida por una conmoción física, tras una operación quirúrgica o por la presencia en el organismo de proteínas extrañas.   *MEDICINA*

3 Tratamiento siquiátrico que consiste en crear una brusca perturbación biológica en un enfermo.   *SIQUIATRÍA*

short (Voz inglesa.) Pantalón corto. *en verano suele ponerse unos shorts muy bonitos.*   *s.m.* / *pl: shorts*

show (Voz inglesa.)
1 Espectáculo de variedades que se representa en un teatro: *asistieron al show de un humorista.*   *s.m.* / *pl: shows*
2 Acto o situación escandalosa: *se enfadó y me montó un show en plena calle.*   *coloquial* / = espectáculo

showman (Voz inglesa.) Actor que presenta y es figura central de un show o espectáculo.   *s.m.* / *pl: showmen*

showoman (Voz inglesa.) Actriz que presenta y es figura central de un espectáculo.   *s.f.* / *pl: showomen*

shunt (Voz inglesa.)
1 Resistencia conectada en derivación en un circuito, de modo que sólo deje pasar una fracción de la corriente por él.   *s.m.* / *ELECTRICIDAD*
2 Derivación de la corriente sanguínea debida a una patología o a una intervención quirúrgica.   *MEDICINA*

si
I (Del lat. *si.*)
1 Indica condición o suposición: *si pudiera hacerlo, lo haría; si vienes, nos veremos.*   *conj.cond.*
2 Introduce oraciones interrogativas: *dime si te quedarás siempre conmigo.*   *conj.*
3 Indica causa o razón de algo: *si lo has prometido, tienes que cumplirlo.*   *conj.causal* / = puesto que
4 Indica ponderación, intensificación o énfasis: *es malo si los hay; ¡si será descarado!*   *conj.*
5 Indica contraposición de ideas: *si lo sabes, malo, si no lo sabes, peor.*   *conj.distribut.*
6 Indica protesta, indignación ante un error o injusticia: *¡si yo no he sido!*   *conj.*
7 Indica concesión: *si una es mala, la otra es peor.*   *conj.conces.*
8 Indica deseo o esperanza: *¡si tu madre te escuchara!; ¡si nos tocara la lotería!*   *conj.* / = ¡ojalá!
9 si bien: Aunque, a pesar de que: *si bien me estorba, la llevaré con gusto.*   *loc.conj.*
10 si no: En caso contrario, de otra suerte: *vete y no vuelvas, si no, no respondo de mis actos.*   *loc.conj.*
II (De origen incierto.) Séptima nota de la escala musical.   *s.m.* / *MÚSICA*

sí
I (Del lat. *sibi.*)
1 Forma reflexiva del pronombre personal de tercera persona: *vuelve en sí lentamente; lo dijeron para sí; apareció ante sí un maravilloso paisaje nevado.*   *pron.pers.*
2 de por sí: Por naturaleza: *ella es de por sí buena.*   *loc.adv.*
3 en sí: En realidad: *esto es, en sí, un interrogatorio.*   *loc.adv.*
4 fuera de sí: Con arrebato y locura, sin control: *nunca lo había visto tan exaltado, estaba fuera de sí.*   *loc.adj/adv.*
5 por sí mismo o por sí solo: 1. Sin ayuda ajena: *hizo todo el trabajo por sí solo.* **2.** De modo espontáneo: *no creo que los problemas se solucionen por sí solos, tendrás que hacer algo.*   *loc.adv.* / *loc.adv.*
II (Del lat. *sic.*)
1 Afirmación que se suele emplear para responder a preguntas: *¿me amas? –sí.*   *adv.*
2 Expresa afirmación enfática de la oración que la contiene: *esto sí lo haré.*
3 Afirmación: *le respondió con un sí.*   *s.m.*
4 ¡a que sí!: Expresión con la que se busca el apoyo de otra persona, en una discusión.
5 porque sí: Sin razón aparente, por voluntad propia únicamente: *se lo doy porque sí, no porque se lo merezca.*   *loc.adv.*
6 por sí o por no: Por si acaso: *yo, por sí o por no, me he preparado bien.*   *loc.prep.*
7 pues sí que: Expresión irónica que indica disgusto o molestia: *y ahora se va la luz, pues sí que estamos bien.*
8 sí, sí: Expresión usada para ironizar acerca de lo que alguien afirma: *nunca te mentiría. –Sí, sí.*   *adv.*

sial Término antiguo que designa la envoltura externa del globo terrestre.   *s.m.* / *GEOLOGÍA*

sial- Componente de palabra procedente del gr. *sialon*, que significa saliva: *sialorrea.*   *pref.* / tb: sialo-

sialagogo, a Se aplica a la sustancia que estimula la secreción de la saliva.   *adj.* / *MEDICINA*

sialismo (Derivado del gr. *sialon*, saliva.) Salivación exagerada y continua.   *s.m.* / *MEDICINA*

sialografía Examen radiográfico de los conductos y de las glándulas salivales.   *s.f.* / *MEDICINA*

sialorrea Secreción excesiva de saliva.   *s.f./MEDICINA*

siamang Primate catarrino de las montañas de Indonesia, de cuerpo muy ágil y tronco pequeño. *(Symphalangus syndactylus.)*   *s.m.* / *pl: siamangs* / *ZOOLOGÍA*

siamés, a
1 De Siam, antiguo reino asiático, actual Tailandia, o de su lengua.   *adj.*

2 Persona natural de este país.   *s.*
3 Lengua thai hablada en este país.   *s.m./LINGÜÍSTICA*
4 Se aplica al gato que pertenece a una raza procedente de este antiguo reino.   *adj/s.* / *ZOOLOGÍA*
5 Se refiere a cada uno de los hermanos gemelos que nacen unidos por alguna parte del cuerpo.   *adj/s.m.f.* / *BIOLOGÍA*

sibarita (Del lat. *sybarita* < gr. *sybarites*, habitante de Síbaris.) Se refiere a la persona aficionada a los placeres refinados: *le encanta vivir bien, es un sibarita.*   *adj/s.m.f.*

sibarítico, a Del sibarita o del sibaritismo.   *adj./= exquisito*

sibaritismo Modo de vivir del sibarita.   *s.m.*

siberiano, a
1 De Siberia, región del norte de Asia enclavada en la Federación Rusa.   *adj.*
2 Persona natural de esta región.   *s.*

sibil
1 Pequeña despensa subterránea para conservar frescos los alimentos.   *s.m.*
2 Cueva subterránea.   *= gruta*

sibila (Del lat. *sibylla* < gr. *sibylla*, profetisa.) Mujer a la que los antiguos atribuían poder para hacer predicciones.   *s.f.* / *MITOLOGÍA*

sibilante (Derivado del lat. *sibilare*, silbar.) Se aplica al sonido que se pronuncia como una especie de silbido: *la "s" es sibilante.*   *adj/s.f.* / *LINGÜÍSTICA* / = silbante

sibilino, a
1 De la sibila o de la adivinación: *oráculo sibilino.*   *adj./= sibilítico*
2 Que encierra misterio.   *= enigmático*

siboney
1 De uno de los pueblos amerindios que habitaban Cuba al ser conquistada por los españoles.   *adj/s.m.* / *pl: siboneyes*
2 Persona originaria de este pueblo.   *s.m.f.*

sic (Voz latina.) Así en el original, transcrito de forma literal.   *adv.*

sicalipsis Malicia sexual o picardía erótica.   *s.f./pl: sicalipsis*

sicalíptico, a (Del gr. *sykon*, vulva + *aleiptikos*, lo que sirve para frotar.) De la sicalipsis: *novela sicalíptica.*   *adj.*

sicambro, a
1 De un pueblo que habitó en tierras germánicas septentrionales y que con posterioridad se unió con los francos.   *adj.* / *HISTORIA*
2 Persona originaria de este pueblo germano.   *s./HISTORIA*

sicamor (Del lat. *sycomorus* < gr. *sycomoron*.) Planta arbórea papilionácea, de tronco y ramas tortuosas y flores de color carmesí.   *s.m.* / *BOTÁNICA* / = ciclamor

sicario (Del lat. *sicarius*.) Asesino asalariado.   *s.m.*

sicastenia Enfermedad mental caracterizada por depresiones, estados de temor y ansiedad, apatía o despersonalización.   *s.f.* / *SIQUIATRÍA* / tb: psicastenia

sicasténico, a
1 De la sicastenia.   *adj./tb: psicasténico*
2 Que padece sicastenia.   *SIQUIATRÍA*

sicigia (Del gr. *syzygia*, unión.) Conjunción u oposición de la Luna con el Sol.   *s.f.* / *ASTRONOMÍA*

siciliano, a
1 De Sicilia, isla italiana.   *adj.*
2 Persona natural de esta isla.   *s.*

sico- Componente de palabra procedente del gr. *psykhe*, que significa alma: *sicoanálisis.*   *pref.* / tb: psico-

sicoanálisis
1 Método de exploración y tratamiento de enfermedades nerviosas o mentales, basado en el análisis retrospectivo de la historia afectiva y mental del enfermo, sus conflictos y el simbolismo onírico.   *s.m.* / *pl: sicoanálisis* / *SICOLOGÍA* / tb: psicoanálisis
2 Doctrina que sirve de base a este método, en la que se concede mucha importancia a la permanencia en el subconsciente de los impulsos instintivos reprimidos.   *SICOLOGÍA*

sicoanalista Se refiere a la persona dedicada al sicoanálisis como médico terapeuta, aunque en algunos países no se exige la titulación médica.   *adj/s.m.f.* / *SICOLOGÍA* / tb: psicoanalista

sicoanalítico, a Del sicoanálisis o relacionado con él.   *adj./tb: psicoanalítico* / *SICOLOGÍA*

sicoanalizar Aplicar el método terapéutico del sicoanálisis a una persona.   *v.tr/pml./conj: cazar* / tb: psicoanalizar

sicocrítica Método de crítica literaria basada en la relación de la obra con la personalidad inconsciente del autor.   *s.f.* / *LITERATURA* / tb: psicocrítica

sicocrítico, a
1 De la sicocrítica.   *adj./tb: psicocrítico*
2 Crítico literario que relaciona la obra con la personalidad inconsciente del autor.   *s.* / *LITERATURA*

sicodélico, a
1 Que se manifiesta por una alteración de los elementos síquicos habitualmente ocultos o por la estimulación de las potencias de la mente.   *adj.* / *SICOLOGÍA* / tb: psicodélico

2 Se aplica a la sustancia que produce una estimulación de los elementos síquicos ocultos. — FARMACIA = alucinógeno

3 Se refiere a la música que pretende ser la expresión musical de los efectos producidos por el lsd u otras drogas alucinógenas. — MÚSICA

sicodelismo
1 Cualidad de sicodélico: *le atrae el sicodelismo de la música de fines de los 60.* — s.m. tb: psicodelismo
2 Estado síquico provocado por el consumo de alucinógenos. — SICOLOGÍA

sicodisléptico, a Se aplica a la sustancia medicamentosa que provoca trastornos semejantes a los de las sicosis. — adj/s.m. FARMACIA tb: psicodisléptico

sicodrama (Del gr. *psykhe,* alma + *drama,* acción teatral.) Terapia de grupo basada en una representación en torno a un tema, en la que los participantes desempeñan un papel que los conducirá a reproducir las situaciones reales que desencadenaron el conflicto personal. — s.m. SICOLOGÍA tb: psicodrama

sicodramático, a Del sicodrama. — adj./tb: psicodramático

sicofanta (Del gr. *sykophantes.*) Persona que calumnia o delata a otras. — s.m. tb: sicofante

sicofármaco Medicamento utilizado en el tratamiento de las enfermedades síquicas. — s.m./FARMACIA tb: psicofármaco

sicofarmacología Estudio de las repercusiones de los medicamentos en el sistema nervioso y en las funciones síquicas. — s.f./MEDICINA tb: psicofarmacología

sicofísica Parte de la sicofisiología que estudia la aplicación de métodos físicos al tratamiento de los fenómenos de la actividad mental o nerviosa. — s.f. SICOLOGÍA tb: psicofísica

sicofísico, a De la sicofísica: *está realizando un estudio sicofísico en un hospital norteamericano.* — adj./SICOLOGÍA tb: psicofísico

sicofisiología Fisiología o estudio de las funciones de los procesos mentales. — s.f./SICOLOGÍA tb: psicofisiología

sicofisiológico, a De la sicofisiología o del estudio de las funciones síquicas. — adj. tb: psicofisiológico

sicogénesis Estudio de las causas síquicas que pueden explicar un comportamiento, una modificación orgánica o un trastorno mental, o del origen de la propia sique. — s.f. pl: sicogénesis SICOLOGÍA tb: psicogénesis

sicolingüista Persona especialista en sicología del lenguaje. — s.m.f./LINGÜÍSTICA tb: psicolingüista

sicolingüística Disciplina que estudia el comportamiento verbal en relación con el mecanismo sicológico que lo hace posible. — s.f. LINGÜÍSTICA tb: psicolingüística

sicología (Del gr. *psykhe,* alma + *logos,* ciencia.)
1 Ciencia que estudia la mente, sus manifestaciones y su actividad: *está estudiando la carrera de sicología.* — s.f./SICOLOGÍA tb: psicología
2 Síntesis de los caracteres espirituales y morales de un pueblo o de una persona: *esa forma de actuar demuestra una sicología muy determinada.* — = temperamento, idiosincrasia
3 Capacidad para conocer e influir en las personas mediante el trato con ellas: *los vendedores tienen mucha sicología con sus clientes.* — coloquial = perspicacia
4 Todo lo que se refiere a la conducta de los animales y su relación con el medio ambiente. — ZOOLOGÍA = etología

sicológico, a
1 De la sicología: *le hicieron un test sicológico.* — adj./tb: psicológico
2 De la mente.

sicologismo Teoría filosófica que pretende explicar la cultura, la religión y los problemas filosóficos a través de la sicología. — s.m. FILOSOFÍA tb: psicologismo

sicólogo, a
1 Persona dedicada al estudio de la sicología: *han tenido que llevar al niño al sicólogo.* — s./SICOLOGÍA tb: psicólogo
2 Persona que observa e intenta comprender el carácter de otras personas: *este chico es muy sicólogo.* — = perspicaz

sicómetra Persona especializada en el estudio o la práctica de la sicometría. — s.m.f./SICOLOGÍA tb: psicómetra

sicometría (Del gr. *psykhe,* alma + *metron,* medida.)
1 Parte de la sicología que estudia la medición de las facultades intelectuales y de otros datos sicológicos. — s.f./SICOLOGÍA tb: psicometría
2 Conocimiento paranormal de las circunstancias que rodean a una persona mediante objetos relacionados con ella. — OCULTISMO

sicométrico, a De la sicometría. — adj./SICOLOGÍA

sicomoro (Del lat. *sycomorus* < gr. *sykomoron* < *sykon,* higo + *moron,* mora.)
1 Planta arbórea morácea, de hojas parecidas a la morera, cuyo fruto es un higo pequeño blanco amarillento y cuya madera es incorruptible. (*Ficus sycomorus.*) — s.m. BOTÁNICA tb: sicómoro
2 Plátano falso, planta arbórea. — BOTÁNICA

sicomotor, a
1 Se aplica al comportamiento del niño en relación con la adquisición de reflejos o de su maduración mental y motriz. — adj./f.tb: sicomotriz MEDICINA tb: psicomotor
2 Se refiere al trastorno en el sistema motor sin que exista soporte orgánico o causa física. — MEDICINA

sicomotricidad Integración de las funciones motoras y mentales por efecto de la maduración del sistema nervioso, mediante ejercicios y la adquisición de unos determinados hábitos. — s.f. MEDICINA tb: psicomotricidad

siconeurosis Conjunto de perturbaciones síquicas y somáticas que son determinadas por factores sicológicos, como la neurosis, la esquizofrenia y otras enfermedades mentales. — s.f. pl: siconeurosis SICOLOGÍA tb: psiconeurosis

sicono Fruto compuesto que resulta de la inflorescencia que tiene lugar dentro de un receptáculo carnoso y hueco, como el higo y especies afines. — s.m. BOTÁNICA

sicópata Persona que manifiesta desequilibrios mentales, en especial anomalías síquicas sin que comporte ninguna anormalidad intelectual: *el secuestrador era un sicópata muy peligroso.* — s.m.f. SIQUIATRÍA tb: psicópata

sicopatía (Del gr. *psykhe,* alma + *epathon,* padecer.)
1 Enfermedad mental: *sólo una sicopatía grave puede explicar un comportamiento tan perverso.* — s.f./SIQUIATRÍA tb: psicopatía
2 Anomalía síquica por la que la conducta social del individuo se ve alterada, sin que se modifique su capacidad intelectual. — SIQUIATRÍA

sicopático, a
1 De la sicopatía. — adj./tb: psicopático
2 Que padece sicopatía: *el asesino padecía un trastorno sicopático.* — adj./s./SIQUIATRÍA

sicopatología (Del gr. *psykhe,* alma + *pathos,* enfermedad + *logos,* ciencia.) Estudio de las causas y naturaleza de las enfermedades mentales. — s.f. SIQUIATRÍA tb: psicopatología

sicopedagogía Rama de la pedagogía que se basa en el estudio del desarrollo mental del niño. — s.f./SICOLOGÍA tb: psicopedagogía

sicopedagógico, a De la sicopedagogía: *métodos sicopedagógicos.* — adj./SICOLOGÍA tb: psicopedagógico

sicoprofilaxis Preparación sicológica tendente a prevenir las reacciones no deseadas que pueden entorpecer el buen funcionamiento del organismo. — s.f. SICOLOGÍA tb: psicoprofilaxis

sicoquinesia (Del gr. *psykhe,* alma + *kinesis,* movimiento.)
1 Supuesta acción del siquismo en la modificación de un sistema físico en evolución, sin causa mecánica o física observable. — s.f. SICOLOGÍA tb: psicoquinesia
2 Capacidad parasicológica de controlar la materia física con la mente, moviéndola o transformándola. — OCULTISMO

sicorrigidez Rasgo del carácter que se manifiesta por la ausencia de flexibilidad de los procesos intelectuales y por la incapacidad de adaptación a las situaciones nuevas de una persona. — s.f. pl: sicorrigideces SICOLOGÍA tb: psicorrigidez

sicorrígido, a Que manifiesta sicorrigidez. — adj./tb: psicorrígido

sicosensorial Que está relacionado con los estímulos sensoriales y con la actividad síquica de las personas. — adj. SICOLOGÍA tb: psicosensorial

sicosis
I (Del gr. *psykhe,* alma + *osis,* enfermedad no inflamatoria.)
1 Término genérico que se aplica a los trastornos mentales, síquicos u orgánicos, en general graves, caracterizados por una alteración global de la personalidad. — s.f. pl: sicosis SIQUIATRÍA tb: psicosis
2 sicosis colectiva: La que se produce en una colectividad, provocada por un grave problema social o político. — SOCIOLOGÍA
3 sicosis disociativa: Esquizofrenia, enfermedad mental que se caracteriza por la manifestación de una doble personalidad. — SIQUIATRÍA
4 sicosis maniaco-depresiva: Aquella en la que se suceden de forma alternativa estados de ánimo de excitación y depresión. — SIQUIATRÍA
II (Del gr. *sykon,* higo + *osis,* enfermedad no inflamatoria.) Dermatosis caracterizada por la inflamación de los folículos pilosos, sobre todo de la barba, con formación de pústulas o ampollas con pus. — s.f. pl: sicosis MEDICINA

sicosocial De la sicología de las personas en relación a su comportamiento social, su adaptación al entorno y los problemas que se generan. — adj./SICOLOGÍA SOCIOLOGÍA tb: psicosocial

sicosociología Parte de la sociología que estudia las relaciones humanas a través de la conducta síquica de las personas que componen la sociedad. — s.f. SOCIOLOGÍA tb: psicosociología

sicosociológico, a De la sicosociología: *análisis sicosociológico.* — adj./SOCIOLOGÍA tb: psicosociológico

sicosociólogo, a Especialista en sicosociología, tanto en su estudio como en su práctica. — s./SOCIOLOGÍA tb: psicosociólogo

sicosomático, a Que trata de la interdependencia de los aspectos orgánico y mental de las enfermedades. — adj./MEDICINA tb: psicosomático

sicote Suciedad entremezclada con sudor que se acumula en el cuerpo, en especial la de los pies. — s.m./Amér. Central, Antillas

sicotecnia Rama de la sicología que explora y clasifica las aptitudes de los individuos mediante pruebas adecuadas con el fin de orientarlos o seleccionarlos para alguna cosa. — s.f. SICOLOGÍA tb: psicotecnia

sicotécnico, a De la sicotecnia: *le hicieron un test sico-* adj./SICOLOGÍA
técnico para renovarle el carné de conducir. tb: psicotécnico

sicoterapeuta Especialista en sicoterapia, médico s.m.f./SICOLOGÍA,
que se dedica al tratamiento de los trastornos síqui- SIQUIATRÍA
cos. tb: psicoterapeuta

sicoterapéutico, a De la sicoterapia o del sicotera- adj./SICOLOGÍA,
peuta: *está siendo sometido a un tratamiento sicoterapéu-* SIQUIATRÍA
tico para dejar el alcohol. tb: psicoterapéutico

sicoterapia Tratamiento de algunas enfermedades sí- s.f./SICOLOGÍA,
quicas o nerviosas por medio de la sugestión, la per- SIQUIATRÍA
suasión o por otros procedimientos mentales. tb: psicoterapia

sicoterápico, a De la sicoterapia o que se relaciona adj./SIQUIATRÍA
con ella. tb: psicoterápico

sicótico, a De la sicosis: *el paciente presentaba claros* adj/s./SIQUIATRÍA
signos sicóticos; tu amigo me da miedo, es un sicótico. tb: psicótico

sicotónico, a Que estimula las facultades síquicas adj./FARMACIA
por medio de un tratamiento o un fármaco. tb: psicotónico

sicótropo, a (Del gr. *psykhe*, alma + *tropos*, cambio.) adj.
Se aplica a la sustancia medicamentosa que actúa so- FARMACIA
bre el siquismo y las facultades afectivas. tb: psicótropo

sicro- Componente de palabra procedente del gr. pref.
psykhros, que significa frío: *sicrómetro.* tb: psicro-

sicrometría Medición de la humedad atmosférica s.f./FÍSICA
mediante el uso del sicrómetro. tb: psicrometria

sicrométrico, a De la sicrometría. adj./tb: psicrométrico

sicrómetro Aparato que sirve para medir la hume- s.m./FÍSICA
dad atmosférica. tb: psicrómetro

sicu Siringa, instrumento aerófono musical compuesto s.m./Argent.
por una doble hilera de tubos de longitud decreciente. MÚSICA

sicuri Tañedor de sicu, persona que hace sonar este s.m./Argent.
instrumento musical. MÚSICA

sida (Acrónimo de *[S]índrome de [I]nmuno [D]eficiencia* s.m.
[A]dquirida.) Enfermedad grave de origen vírico, trans- MEDICINA
mitida por vía sexual o sanguínea, que provoca una
profunda alteración del estado vital debido a la destrucción de los mecanismos inmunitarios del cuerpo.

sidafobia Temor morboso a contraer el sida. s.f./SICOLOGÍA

sidecar Cochecillo de una sola rueda y un asiento, s.m.
que se acopla en el lateral de las motocicletas.

sider-
I Componente de palabra procedente del gr. *sideros,* pref.
que significa hierro: *siderurgia.* tb: sidero-
II Componente de palabra procedente del lat. *sidus,*
-eris, que significa estrella: *sideral.*

sideración Cese brusco y total de las reacciones s.f.
emocionales y motoras, bajo el efecto de un shock SIQUIATRÍA
mental muy fuerte.

sideral (Del lat. *sideralis.*) Que tiene relación con las adj./ASTRONOMÍA
estrellas y, en general, con los astros. = astral, estelar

sideremia Presencia anormal de hierro en la sangre. s.f./MEDICINA

sidéreo, a (Del lat. *sidereus.*) De las estrellas o de los adj./ASTRONOMÍA
astros. = sideral

siderita (Del lat. *sideritis* < gr. *sideros*, hierro.) s.f.
1 Mineral que contiene, en general, una pequeña MINERALOGÍA
cantidad de carbonato de manganeso y carbonatos = siderosa
alcalino-térreos. BOTÁNICA
2 Planta herbácea labiada, de flores amarillas y fruto
seco con semillas pequeñas. *(Sideritis.)*

siderítico, a Que contiene hierro. adj.

siderolito (Del gr. *sideros*, hierro + *lithos*, piedra.) Va- s.m.
riedad de meteorito constituida por metales y silica- ASTRONOMÍA
tos en proporciones similares.

siderosa Siderita, mineral de carbonato de hierro. s.f./MINERALOGÍA

siderosis Afección pulmonar debida a la inhalación s.f./pl: siderosis
de óxido de hierro. MEDICINA

siderostato Aparato dotado de un espejo móvil que s.m.
permite reflejar la imagen de un astro en una direc- ASTRONOMÍA
ción fija.

siderurgia (Del gr. *sideros*, hierro + *ergon*, obra.) Con- s.f.
junto de técnicas para la extracción y tratamiento in- METALURGIA
dustrial del hierro.

siderúrgico, a De la siderurgia: *trabaja en una indus-* adj.
tria siderúrgica. METALURGIA

sidoso, a Que padece sida, en general usado de for- adj/s.
ma despectiva. MEDICINA

sidra (Del lat. *sicera*, bebida embriagante de los he- s.f.
breos.) Bebida alcohólica obtenida por fermentación
del jugo de la manzana.

sidrería
1 Local donde se vende o consume sidra. s.f./COMERCIO
2 Fábrica de sidra. INDUSTRIA

sidrero, a
1 De la sidra. adj.
2 Persona que trabaja en la fabricación de la sidra o s.
que la vende.

---

3 Se refiere a la persona a la que le gusta mucho la adj.
sidra: *mi padre es muy sidrero.*

sidrificación Proceso de elaboración de la sidra. s.f.

siega
1 Acción y resultado de segar: *pronto empezará la sie-* s.f.
ga del trigo. AGRICULTURA
2 Tiempo en que se siegan las mieses. AGRICULTURA
3 Mieses segadas. AGRICULTURA
4 Interrupción violenta del desarrollo de una cosa,
como un momento de la vida, una esperanza o una
ilusión: *la siega de vidas por accidentes de tráfico es alar-*
mante.

siembra
1 Labor agrícola de sembrar la tierra: *la siembra ya no* s.f./AGRICULTURA
es lo que era desde que hay sembradoras. = sembradura
2 Tiempo durante el que se siembra. AGRICULTURA
3 Terreno sembrado. AGRICULTURA
4 Acción de obrar o actuar para dar origen a una
cosa: *la siembra de la discordia produce enemistades.*

siemens Denominación del siemensio en la nomen- s.m/pl: siemens
clatura internacional. FÍSICA

siemensio Unidad de conductancia eléctrica en el s.m.
sistema basado en el metro, el kilogramo, el segundo FÍSICA
y el amperio.

siempre (Del lat. *semper.*)
1 En todo tiempo: *recordaré siempre mi infancia; siem-* adv.
pre hace lo que quiere. ≠ nunca
2 Cada vez que concurre una situación determinada: = cuando
siempre que llueve hay atascos en la ciudad.
3 Cuando menos: *esta reparación costará siempre por*
encima de los mil duros.
4 Con frecuencia: *anda siempre protestando.* ≠ raramente
5 A fin de cuentas, definitiva o finalmente: *siempre no* Méx.
te voy a poder acompañar.
6 de siempre: Acostumbrado o corriente: *han vuelto* loc.adj.
a hacer lo de siempre.
7 desde siempre o de siempre: Desde que se re- loc.adv.
cuerda.
8 siempre que o siempre y cuando: 1. Si, con tal loc.conj.
que: *lo terminaremos hoy, siempre que el tiempo lo permi-*
ta. 2. Si, a condición de que: *lo haré siempre que me lo* loc.conj.
digas.

siempretieso Tentetieso, muñeco de materia ligera s.m.
que lleva un contrapeso en la base y que, movido en = dominguillo,
cualquier dirección, siempre recupera la verticalidad. tentetieso

siempreviva
1 Planta herbácea compuesta, de origen australiano, s.f.
que tiene unas flores ornamentales que pueden pre- BOTÁNICA
sentarse en diferentes colores según la especie. *(Heli-*
chryson.)

sien Cada una de las dos partes laterales de la cabeza, s.f./ANATOMÍA
comprendidas entre la frente, la oreja y la mejilla. = templa

siena
1 De un color ocre, como el de la tierra. adj.
2 Este color. s.m.

sienita (Del nombre de la ciudad de *Siena* en Tosca- s.f.
na.) Roca plutónica, formada por feldespato alcalino con GEOLOGÍA
algo de biotita, hornblenda u otros minerales máficos.

sierpe (Del lat. vulgar *serpes.*)
1 Serpiente, culebra de gran tamaño. s.f./ZOOLOGÍA
2 Persona muy fea, feroz o colérica. = basilisco
3 Cualquier cosa cuyo movimiento imite al de una
serpiente.
4 Vástago que brota de las raíces leñosas. BOTÁNICA

sierra (Del lat. *serra.*)
1 Herramienta formada por una hoja de acero con s.f.
dientes en uno de los bordes, sujeta a un mango,
bastidor o armazón adecuado, que se usa para cortar
madera y otros cuerpos duros.
2 Herramienta formada por una hoja de acero fuerte,
larga y estrecha, con borde liso, sujeta a un bastidor
y usada para cortar piedras.
3 Lugar donde se corta la madera, u otras materias = serrería
primas.
4 Cordillera, serie de picos montañosos: *sierra de* GEOGRAFÍA
Guadarrama.
5 sierra abrazadera: La de grandes dimensiones, con
la hoja montada en medio del bastidor, que se usaba
en la antigüedad para dividir grandes maderos sobre
caballetes.
6 sierra de mano: Aquella que puede ser manejada
por una persona sola.
7 sierra de punta: La de hoja estrecha y puntiaguda,
que se usa para hacer labores delicadas.
8 sierra de trasdós: Serrucho de hoja rectangular y
muy delgada.
9 sierra mecánica: Herramienta semejante a la manual pero movida por un motor.

siervo, a (Del lat. *servus*, esclavo.)
1 Persona que no tiene libertad por estar bajo el do- s.
minio de otra. = esclavo

2 Persona mandada con despotismo por otra o sometida a ella por entero. — = esclavo

3 Denominación que una persona se da a sí misma para mostrar adhesión y rendimiento a otra. — formal / = servidor

4 Persona profesa en orden o comunidad religiosa de las que por humildad se denominan así. — RELIGIÓN

5 siervo de Dios: Persona que sirve a Dios y guarda sus preceptos. — RELIGIÓN

6 siervo de la gleba: Esclavo medieval afecto de una heredad y que no se desligaba de ella al cambiar de dueño. — HISTORIA

7 siervo de la pena: Reo condenado a servir para siempre en las minas u otras obras públicas. — HISTORIA

8 siervo de los siervos de Dios: Nombre que por humildad se da a sí mismo el papa. — RELIGIÓN

sieso (Del lat. *sessus*, de sentarse.) Parte inferior y última del intestino recto hasta el ano. — s.m. ANATOMÍA

siesta (Del lat. hora *sexta*.)
1 Tiempo destinado para dormir o descansar después de la comida del mediodía: *siempre que puede duerme la siesta.* — s.f.

2 Tiempo después del mediodía en que aprieta más el calor. — = resistidero

3 Sueño o cabezada que se echa después de comer.

4 Canto o música que se interpreta en las iglesias por la tarde. — RELIGIÓN

5 siesta del carnero: La dormida antes de la comida del mediodía. — coloquial

siete (Del lat. *septem*.)
1 Que resulta de la suma de seis y uno. — adj.num/s.m.
2 Que ocupa el lugar número siete en una serie. — adj.num/s.m.f.
3 Signo o conjunto de signos que representa el número siete. — s.m.
4 Carta de la baraja con siete signos: *le falta el siete de copas.* — JUEGOS
5 Instrumento de carpintería para sujetar en el banco los materiales. — CARPINTERÍA
6 Desgarrón en forma de ángulo que se hace en una tela o en un vestido: *se ha hecho un siete en el vestido nuevo.* — = roto
7 Ano, orificio con que acaba el intestino. — Amér. Merid/vulgar
8 siete y media: Juego de naipes. — JUEGOS

sietecolores Ave paseriforme tanágrida, de patas y pico negros, plumaje de variados colores, cola y alas negras, un moño rojo vivo en la cabeza y que construye su nido sobre las plantas que crecen en las lagunas. — pl: sietecolores Amér. Merid. ZOOLOGÍA

sietecueros
1 Panadizo o inflamación del tejido celular de los dedos, alrededor de la uña. — s.m./C. Rica, Cuba, Nicar., Perú
2 Callo o tumor carnoso y duro que se forma en el talón del pie. — Colomb., Chile, Ecuad., Hond.

sietelevar Jugada en que se ganan siete tantos, en el juego de cartas de la banca. — s.m. JUEGOS

sietemesino, a
1 Que nace a los siete meses de haber sido engendrado: *el niño está en la incubadora porque ha sido sietemesino.* — adj./s.
2 Se aplica a la persona joven que presume de adulta. — coloquial
3 Que está esmirriado y raquítico. — adj.

sietenrama Tormentila, planta herbácea rosácea usada en medicina como astringente. — s.f./BOTÁNICA tb: sieteenrama

sieteñal Que tiene siete años: *nos tomamos un vino sieteñal bastante bueno.* — adj.

sievert Unidad de dosis de radiación ionizante. — s.m./FÍSICA

sifilicomio Hospital para sifilíticos. — s.m/MEDICINA

sifílide Término general para las dermatosis originadas por la sífilis. — s.f. MEDICINA

sífilis (Del lat. moderno *Syphilis*, título de un poema en el que su protagonista contrae este mal.) Enfermedad venérea infecciosa y contagiosa, producida por una bacteria, que se manifiesta por una úlcera y por lesiones viscerales y encefálicas a largo plazo. — s.f. pl: sífilis MEDICINA = luetismo

sifilítico, a
1 De la sífilis. — adj./MEDICINA
2 Que padece sífilis. — adj/s./MEDICINA

sifilografía Parte de la medicina que estudia las enfermedades sifilíticas. — s.f. MEDICINA

sifilográfico, a De la sifilografía: *le han hecho un análisis sifilográfico.* — adj. MEDICINA

sifilógrafo, a (Del lat. *syphilis*, sífilis + gr. *grapho*, escribir.) Médico especialista en la sífilis. — s. MEDICINA

sifiloma (Del lat. *syphilis*, sífilis + gr. *oma*, tumor.) Tumor de origen sifilítico. — s.m. MEDICINA

sifón (Del lat. *sipho, -onis*, < gr. *siphon*.)
1 Recipiente de vidrio grueso, cerrado con un casquete accionado por una palanca, que permite la salida del líquido que contiene a presión. — s.m.
2 Agua carbonatada de forma artificial, en especial la que está contenida en estos recipientes. — = seltz, soda

3 Célula alargada tubular. — BOTÁNICA

4 Tubería o trozo de ella, doblada en forma de *u* en la que el líquido detenido en ella impide la salida de los gases o de malos olores al exterior.

5 Obra que permite que una conducción pase por un punto inferior a sus dos extremos. — CONSTRUCCIÓN

6 Tubo largo que tienen algunos moluscos lamelibranquios y que les permite la renovación del agua que respiran. — ZOOLOGÍA

sifonado, a Que tiene uno o varios sifones. — adj./BOTÁNICA

sifonáptero, a Perteneciente a un orden de insectos sin alas, afín a los dípteros, como la pulga. — adj/s.m. ZOOLOGÍA

sifonero Sodero, persona que reparte soda. — s.m./Argent.

sifonóforo, a (Del gr. *siphon*, tubo + *phoros*, que lleva.) Perteneciente a un orden de hidrozoos coloniales y pelágicos, con polimorfismo, cuyos individuos están especializados. — adj/s.m. ZOOLOGÍA

sifonogamia (Del gr. *siphon*, tubo + *gamos*, unión.) Modo normal de fecundación de las plantas superiores, por medio de un tubo polínico. — s.f. BOTÁNICA

sifosis Joroba, malformación por corvadura de la columna vertebral. — s.f./pl: sifosis MEDICINA

sifué Sobrecincha de las caballerías que sujeta la manta pasando por debajo de la barriga. — s.m. EQUITACIÓN

siga
1 Seguimiento, acción de seguir. — s.f./Chile
2 a la siga de: En pos de, tras de. — loc.adv./Chile

sigilación Acción y resultado de sigilar o sellar. — s.f./culto

sigilar (Del lat. *sigillare*.)
1 Poner el sello en un documento para darle validez o autorización. — v.tr/culto = sellar
2 Guardar una cosa en secreto. — = silenciar

sigillata Se aplica a la cerámica de uso corriente en la época del imperio romano, de color rojizo y cubierta de barniz brillante. — adj/s.f. ARTE, HISTORIA

sigilo (Del lat. *sigillum*.)
1 Secreto o discreción con respecto a un hecho o a una noticia: *te pido que trates el tema con sigilo.* — s.m. = prudencia
2 Silencio cauteloso: *cuando llega tarde suele entrar en casa con mucho sigilo.*
3 Sello para estampar. — culto
4 Signos estampados con este sello.
5 sigilo profesional: Secreto profesional.
6 sigilo sacramental: Secreto de confesión que deben guardar los sacerdotes. — RELIGIÓN

sigilografía (Del lat. *sigillum*, sello + gr. *grapho*, escribir.) Disciplina auxiliar de la historia que estudia los sellos empleados para autorizar documentos o cerrar pliegos oficiales. — s.f. HISTORIA

sigiloso, a Que guarda sigilo o silencio: *andaba con pasos sigilosos.* — adj. = silencioso

sigla (Del bajo lat. *sigla*.)
1 Cada una de las letras iniciales de un grupo de palabras, que se utilizan unidas en lugar de la expresión entera. — s.f.
2 Cualquier signo que sirve para ahorrar letras o espacio en la escritura.

siglo (Del lat. *saeculum*.)
1 Período de cien años: *el paso de un siglo a otro es un acontecimiento muy especial.* — s.m. = centuria
2 Tiempo en que floreció, existió, sucedió o se inventó una cosa muy notable: *estamos en el siglo del ordenador.* — + de
3 Mucho tiempo: *hace un siglo que no te veo.* — coloquial
4 Comercio y trato de los hombres en cuanto a la vida común y política, en oposición a la vida religiosa: *María deja el siglo para hacerse monja.* — RELIGIÓN
5 siglo de las luces: Siglo XVIII, refiriéndose al movimiento de la enciclopedia francesa. — HISTORIA
6 siglo de oro o dorado: 1. Período considerado de esplendor y prosperidad. **2.** Período de mayor esplendor de la literatura española, que abarca parte de los siglos XVI y XVII. — = edad de oro LITERATURA
7 siglos medios: Tiempo que transcurrió desde la caída del imperio romano hasta la toma de Constantinopla por los turcos. — HISTORIA
8 del siglo: Que destaca mucho sobre otras personas o acontecimientos de su género: *ha sido la boda del siglo.* — loc.adj.
9 por los siglos de los siglos: Por la eternidad. — loc.adv.

sigma (Del gr. *sigma*.) Decimoctava letra del alfabeto griego, correspondiente a la ese del alfabeto latino. — s.f. LINGÜÍSTICA

sigmoide Se aplica a la parte final del colon que describe una *S* antes del recto. — adj. ANATOMÍA

sigmoideo, a (Del gr. *sigma* + *eidos*, forma.)
1 Que tiene la forma de la letra sigma mayúscula. — adj./tb: sigmoides
2 Se refiere a la cavidad articular de ciertos huesos, como el húmero, el radio o el cúbito. — ANATOMÍA

sigmoiditis Inflamación intestinal crónica del colon sigmoide. — s.f./pl: sigmoiditis MEDICINA

signáculo Sello o señal que hay en un escrito.   s.m./culto

signar (Derivado del lat. *signum*, señal.)
1 Poner el signo notarial en un documento.   v.tr./DERECHO
2 Poner la firma en una carta, un documento u otra cosa.   = firmar
3 Hacer la señal de la cruz sobre una persona o una cosa: *al entrar en la iglesia se signó.*   v.tr/prnl./RELIGIÓN   = persignar

signatario, a Se refiere a la persona que firma o que tiene este derecho.   adj./s./culto   = firmante

signatura
1 Acción y resultado de signar.   s.f.
2 Señal de números y letras colocadas en un libro o documento para catalogarlo.
3 Señal formada por letras o números que se ponía al pie de las primeras planas de los pliegos para guía del encuadernador.   ARTES GRÁFICAS
4 Tribunal de la corte romana en que se trataban asuntos de gracia o de justicia en dos secciones diferentes.   HISTORIA

signífero, a (Del lat. *signum*, señal + *ferre*, llevar.) Que lleva una señal o insignia.   adj.   culto

significación (Del lat. *significatio, -onis.*)
1 Acción y resultado de significar.   s.f.
2 Sentido de una palabra, frase o cualquier otra manifestación humana: *no veo bien la significación de esa escultura.*   = significado
3 Importancia o influencia de algo: *su gesto tiene una gran significación política.*   = trascendencia

significado, a
1 Que es conocido, importante o reputado: *es una persona muy significada del mundo de la moda.*   adj.   = significativo
2 Significación o sentido de las palabras, frases o cualquier otra manifestación humana.   s.m.
3 Concepto que se une al significante para constituir un signo lingüístico.   LINGÜÍSTICA

significador, a Que significa.   adj./s.

significante
1 Que significa.   adj.
2 Sonido o grafía que identifican a una palabra y que junto al significado constituye un signo lingüístico.   LINGÜÍSTICA

significar (Del lat. *significare.*)
1 Ser una cosa signo o referencia de otra: *la luz roja del semáforo significa que no se puede pasar.*   v.tr./conj: *sacar*   = simbolizar
2 Ser una palabra o una expresión la representación de un concepto.   = denotar
3 Expresar una persona una opinión propia o ajena.   = exponer
4 Tener una cosa importancia para una persona: *su aprecio significa mucho para mí.*   v.intr.
5 Tener una persona significación o influencia en un lugar: *él significa mucho en la oficina.*   = importar
6 Tener una persona superioridad o ventaja sobre otras: *se significa por encima de los demás.*   v.prnl.   = distinguirse
7 Mostrarse una persona, hablando o actuando, con ideas claras: *Pedro se significó como antibelicista.*   = manifestarse

significativo, a
1 Que conlleva un significado fácil de interpretar: *su mirada fue muy significativa.*   adj.   = expresivo
2 Que tiene importancia por representar o significar algún valor: *una huelga general en un momento tan difícil es algo muy significativo.*   = significado

signo (Del lat. *signum.*)
1 Cualquier cosa, fenómeno o acción que, de modo natural o convencional, representa a otra.   s.m.   = señal
2 Aquello por lo que se adivina o deduce algo: *no cierres todas las persianas, que puede ser un signo demasiado claro de que no estás en casa.*   = indicio, señal
3 Cualquiera de los caracteres que se emplean en la escritura y en la imprenta.   ARTES GRÁFICAS
4 Cada una de las doce partes iguales en que se considera dividido el zodiaco y la figura que las representa.   OCULTISMO
5 Hado o destino de una persona: *el signo de su desgracia.*   = sino
6 Gesto o señal que se hace para indicar una cosa, en especial relacionado con la religión: *se hizo el signo de la cruz.*   = señal
7 Figura que los notarios agregan a su firma en los documentos públicos.   DERECHO
8 Señal o figura que se usa en los cálculos para indicar la naturaleza de las cantidades o las operaciones que se han de ejecutar con ellas.   MATEMÁTICAS
9 Cualquiera de los caracteres con que se escribe la música, en especial el que indica el tono natural de un sonido.   MÚSICA
10 Manifestación elemental de una enfermedad.   MEDICINA
11 **signo lingüístico:** Unidad mínima de la oración, constituida por un significante y un significado.   LINGÜÍSTICA
12 **signo natural:** Aquel que da a entender una cosa por la analogía o dependencia natural que tiene con ella.   = símbolo

siguemepollo Cinta que las mujeres llevaban como adorno dejándola caer sobre la espalda.   s.m.

siguiente
1 Que sigue en orden, espacio o tiempo: *el día siguiente; puede pasar el siguiente.*   adj/s.m.f.   = posterior, ulterior
2 Que va a expresarse inmediatamente después del momento en que se habla: *le dije lo siguiente: no.*

siguiriya Una de las tres formas fundamentales del cante flamenco o, más propiamente, de los cantos gitanoandaluces.   s.f.   MÚSICA   th: seguiriya

siku Instrumento musical de viento, típico del altiplano andino.   s.m./MÚSICA   th: sicu

sil (Del lat. *sil.*) Ocre, mineral terroso de color amarillo.   s.m.   MINERALOGÍA

sílaba (Del lat. *syllaba* < gr. *syllabe.*)
1 Sonido o grupo de sonidos articulados que constituyen un solo núcleo fónico entre dos depresiones sucesivas de la emisión de voz.   s.f.   LINGÜÍSTICA
2 Cada uno de los dos o tres nombres de notas que se añaden a las siete primeras letras del alfabeto para designar los diferentes modos musicales.   MÚSICA
3 **sílaba abierta o libre:** La que termina en vocal.   LINGÜÍSTICA
4 **sílaba aguda:** La que se acentúa.   LINGÜÍSTICA
5 **sílaba átona:** La que no lleva acento prosódico.   LINGÜÍSTICA
6 **sílaba breve:** La de menor duración en las lenguas que, como el latín o el griego, se sirven de dos medidas de cantidad silábica.   LINGÜÍSTICA
7 **sílaba cerrada o trabada:** La que termina en consonante.
8 **sílaba larga:** La de mayor duración en las lenguas que se sirven de dos medidas de cantidad silábica.   LINGÜÍSTICA
9 **sílaba postónica:** La átona o no acentuada que viene detrás de la tónica en una palabra.   LINGÜÍSTICA
10 **sílaba protónica:** La átona que precede a la tónica en la palabra.   LINGÜÍSTICA
11 **sílaba tónica:** La que tiene el acento prosódico.   LINGÜÍSTICA

silabación
1 División en sílabas en la pronunciación y en la escritura.   s.f.   LINGÜÍSTICA
2 Pronunciación de una palabra haciendo pausas entre las sílabas.

silabario Libro breve o cartel con sílabas sueltas o palabras divididas en sílabas, usado para enseñar a leer.   s.m.

silabear Pronunciar las palabras marcando bien las sílabas: *los niños de párvulos empiezan a silabear palabras.*   v.intr/tr.   th: silabar

silabema Fonema que puede funcionar como centro de sílaba.   s.m.   LINGÜÍSTICA

silabeo Acción y resultado de silabear.   s.m.

silábico, a
1 De la sílaba.   adj.
2 Se aplica al sonido que por sí solo puede constituir una sílaba o funciona como centro de sílaba: *fonema silábico.*   LINGÜÍSTICA   ≠ asilábico

sílabo (Del lat. *syllabus.*) Lista o catálogo, en especial el de los errores condenados por el papa, en la religión católica.   s.m.   = índice

silba Pitada realizada como señal de protesta o desaprobación.   s.f.   = pita

silbador, a Que silba.   adj/s.

silbante
1 Que silba: *máquina silbante.*   adj.
2 Se refiere al sonido que se pronuncia con una especie de silbido.   LINGÜÍSTICA   = sibilante

silbar (Del lat. *sibilare.*)
1 Dar o producir silbidos mediante un artefacto apropiado o con la boca.   v.intr.
2 Hacer una cosa un ruido parecido al de un silbido.
3 Mostrar descontento o disconformidad con una persona o una cosa con silbidos: *silbaron durante toda la obra; silbaron el juego de su equipo.*   v.intr/tr.   = abuchear

silbatina Silba, rechifla prolongada contra una persona o cosa que no ha gustado.   s.f.   Amér. Merid.

silbato
1 Utensilio hueco de pequeño tamaño que produce un silbido al soplar por un orificio y salir el aire por otro.   s.m.   = pito, silbo
2 Rotura pequeña por donde sale aire o se escapa un líquido.   = grieta
3 Aparato de señalización sonora accionado por vapor o aire comprimido.

silbido
1 Sonido producido al silbar.   s.m./= silbo
2 Voz aguda y penetrante de algunos animales.   = silbo
3 Oscilación continua de frecuencia acústica, en un circuito telefónico.
4 **silbido de oídos:** Sonido o ruido que se percibe en el interior de los oídos por diversas causas.

silbo
1 Sonido agudo que hace el aire.   s.m.

2 Sonido agudo que resulta de hacer pasar con fuerza el aire por la boca con los labios fruncidos o con los dedos colocados en ella. = silbido

3 Sonido de igual clase que se obtiene al soplar con fuerza un cuerpo hueco. = silbido

4 Silbido agudo y penetrante de algunos animales, como el de la serpiente. = silbido

5 Silbato, instrumento que produce un silbido al soplar por él. = pito

silbón Ánade, ave palmípeda anseriforme, con la cabeza de color castaño con una mancha amarilla, que vive en las costas y lanza un sonido fuerte con su voz. s.m. ZOOLOGÍA

silboso, a Que silba. adj./= silbante

silenbloc (Marca registrada.) Bloque elástico de caucho especial, comprimido e interpuesto entre dos piezas para absorber las vibraciones y los ruidos. s.m. pl: silenblocs TECNOLOGÍA

silenciador
1 Dispositivo aplicado al tubo de escape de los vehículos o al cañón de algunas armas de fuego, para aminorar el ruido que producen. s.m. TECNOLOGÍA
2 Circuito de los receptores de radio que sirve para eliminar los ruidos parásitos que interfieren en la recepción. TELECOMUNICA- CIONES

silenciar
1 Callar o no decir una cosa de modo deliberado: *sabía lo que pasaba pero lo silenció.* v.tr. = omitir
2 Hacer callar a una persona. = acallar

silenciario, a
1 Que guarda silencio. adj.
2 Persona encargada de que se guarde silencio en una casa o en un templo. s. tb: silenciero

silencio (Del lat. *silentium.*)
1 Abstención de hablar: *el profesor nos pidió silencio.* s.m./≠ vocerío
2 Ausencia de ruido o sonido: *siempre le impresionó el silencio del claustro.* = paz
3 Ausencia de comentarios o declaraciones sobre algo: *fue general el silencio de los políticos sobre el atentado.* = reserva
4 Signo que en el pentagrama indica una interrupción. MÚSICA = pausa
5 Desestimación tácita de una petición o de un recurso a causa del vencimiento del plazo que la administración tiene para resolverlo. DERECHO = silencio administrativo
6 en silencio: 1. Sin hablar, sin ruido. 2. Sin protestar, sin quejarse: *sufre todos sus problemas en silencio.* loc.adv.
7 imponer silencio: Hacer callar a una persona.
8 pasar en silencio una cosa: No mencionarla cuando se habla o se escribe. coloquial
9 reducir al silencio: Hacer callar por la fuerza: *los disidentes fueron reducidos al silencio.*
10 romper el silencio: Interrumpirlo con una voz o ruido: *el canto de las aves rompía el silencio.*
11 ¡silencio!: Exclamación que se usa para pedir o imponer silencio. interj./= ¡chitón!, ¡chisss!

silenciosamente
1 En silencio. adv.
2 Con disimulo y ocultación.

silencioso, a
1 Que guarda silencio: *le impresionó mucho ver a aquella multitud silenciosa.* adj. = silente
2 Se aplica al lugar que es tranquilo y apartado: *habitación silenciosa.* = pacífico
3 Que no hace ruido: *es un coche muy silencioso.* ≠ ruidoso

silepsis (Del gr. *syllepsis.*)
1 Figura de construcción que consiste en romper las leyes de concordancia en el género o el número de las palabras. s.f. pl: silepsis GRAMÁTICA
2 Tropo que consiste en el uso de una palabra en sentido literal y figurado al mismo tiempo. RETÓRICA

siléptico, a
1 De la silepsis. adj.
2 Que contiene silepsis: *frase siléptica.*

silería Lugar donde están los silos o depósitos de grano. s.f. AGRICULTURA

silero Silo [en todas sus acepciones]. s.m/AGRICULTURA

sílex (Del lat. *silex, -icis.*)
1 Roca silícea muy dura, compuesta de calcedonia y ópalo, que forma parte de ciertas rocas calcáreas, y puede ser de color variable. s.m. GEOLOGÍA
2 Utensilio prehistórico hecho de esta roca. HISTORIA

sílfide (Del fr. *sylphide.*)
1 Ninfa del aire. s.f./MITOLOGÍA
2 Mujer de gran belleza y esbeltez.

sílfido, a Perteneciente a una familia de insectos coleópteros, una de cuyas especies es perjudicial para la remolacha. adj/s.m. ZOOLOGÍA

silfo (Del fr. *sylphe.*) Ser fantástico de las mitologías celta y germánica, que habita en el aire. s.m. MITOLOGÍA

silga Cabo grueso que sirve para tirar las redes, para arrastrar embarcaciones desde tierra, en especial en la navegación fluvial, y para otras labores. s.f. NÁUTICA tb: sirga

silgado, a Se aplica a la persona que es enjuta y delgada. adj. Ecuad.

silgar
1 Mover una embarcación tirando de ella con cuerdas desde las orillas. v.tr./conj: pagar NÁUTICA/tb: sirgar
2 Remar con un remo colocado en la popa de una embarcación. v.intr./NÁUTICA tb: singar

silguero Jilguero, ave paseriforme de pequeño tamaño y canto agradable. s.m. ZOOLOGÍA

silicato
1 Sal derivada del ácido silícico, como la mica y el talco. s.m. QUÍMICA
2 Grupo de minerales que contienen sílice asociada a otro elemento y que pueden encontrarse en la composición de casi todas las rocas. MINERALOGÍA

sílice (Del lat. *silex, -icis.*) Compuesto formado por silicio y oxígeno, que entra en la composición de algunos minerales como el cuarzo o el ópalo. s.f. QUÍMICA

silíceo, a (Del lat. *silex, -icis.*) De sílice o que es parecido a ella. adj. QUÍMICA

silícico, a
1 De la sílice o del silicio. adj./QUÍMICA
2 Se aplica a unos hipotéticos ácidos derivados de la sílice. QUÍMICA

silicícola Se aplica a la planta que crece en terrenos silíceos, como el castaño y el brezo. adj. BOTÁNICA

silicio Metaloide amarillento, infusible e insoluble en el agua, obtenido de la sílice y del cuarzo. s.m. QUÍMICA

siliciuro Compuesto de silicio y de un metal. s.m/QUÍMICA

silicona Denominación genérica de los compuestos de silicio, que tienen variadas aplicaciones industriales y médicas. s.f. QUÍMICA

silicosis (Del lat. *silex, -icis,* sílice + gr. *osis,* enfermedad no inflamatoria.) Enfermedad de los bronquios y pulmones, causada por la inhalación continuada de polvo de sílice, que suelen padecer los mineros. s.f. pl: silicosis MEDICINA

silicótico, a
1 De la silicosis. adj./MEDICINA
2 Que está afectado por la silicosis. adj/s./MEDICINA

silicua (Del lat. *siliqua,* legumbre.) Fruto seco que se abre por cuatro hendiduras, como el del alhelí y el de otras crucíferas. s.f. BOTÁNICA

silícula Fruto en caja parecido a la silicua, pero tan largo como ancho. s.f. BOTÁNICA

silingo, a
1 De un pueblo germano que en el siglo v se unió con otros para invadir el sur europeo. adj/s. HISTORIA
2 Persona originaria de este antiguo pueblo germano. adj/s./HISTORIA

silla (Del lat. *sella.*)
1 Asiento para una sola persona con respaldo y patas. s.f.
2 Aparejo para montar a caballo, formado por un armazón de madera cubierto de cuero y relleno de crin o pelote. EQUITACIÓN = montura
3 Asiento de ceremonia del papa o de un prelado con jurisdicción. RELIGIÓN = sede
4 Representación de la dignidad de papa u obispo. RELIGIÓN
5 silla bastarda: La de montar, en la que las piernas iban menos estiradas que cabalgando a la brida y más que cabalgando a la jineta. EQUITACIÓN
6 silla curul: Asiento de marfil que usaban los ediles romanos. HISTORIA
7 silla de la reina: Asiento que forman dos personas al asir cada uno de ellos su muñeca y la del otro o al entrecruzar los brazos y asir cada uno de ellos las muñecas del otro.
8 silla de manos: Asiento para una persona montado sobre unas angarillas o camilla de varas.
9 silla de posta: Antiguo carruaje de dos o cuatro ruedas, para el servicio de correos y de viajeros entre poblaciones. HISTORIA
10 silla de ruedas: La que, con dos ruedas laterales grandes y dos pequeñas, permite que se desplace una persona imposibilitada.
11 silla de tijera: Aquella que tiene las patas cruzadas en aspa y puede plegarse.
12 silla eléctrica: Aquella en que son ejecutados los condenados a muerte mediante descargas eléctricas.
13 silla gestatoria: La manual usada por el papa en algunas ceremonias. RELIGIÓN
14 silla jineta: Aquella que tiene los borrenes más altos y próximos, las aciones más cortas y los estribos mayores que en las corrientes. EQUITACIÓN
15 silla poltrona: La de brazos, más baja y cómoda que las corrientes. = poltrona
16 silla turca: Escotadura en forma de silla que tiene el hueso esfenoides. ANATOMÍA

17 silla volante: Carruaje de dos asientos y dos ruedas, tirado por un caballo. — *= carrocín*
18 dar silla a una persona: Hacer que se siente. — *coloquial*
19 de silla a silla: Modo de hablar entre sí dos o más personas sentadas en reunión. — *loc.adv.*
20 pegársele a una persona la silla: Estar mucho tiempo en un lugar. — *coloquial*

sillada Rellano en la ladera de un monte. — *s.f.*

sillar
1 Piedra labrada que se emplea en la construcción para hacer paredes y muros. — *s.m. CONSTRUCCIÓN*
2 Zona del lomo de una caballería donde se pone la silla. — *EQUITACIÓN*

sillarejo Sillar que no atraviesa todo el grueso del muro. — *s.m. CONSTRUCCIÓN*

sillería
I (Derivado de *silla*.)
1 Conjunto de sillas iguales o de sillones y canapés de una misma clase con que se amuebla una habitación. — *s.f.*
2 Conjunto de asientos unidos unos a otros: *nos gustó la sillería del coro de la catedral.*
3 Taller donde se hacen sillas.
4 Tienda donde se venden sillas. — *COMERCIO*
5 Oficio de sillero.
II (Del ant. *sillarería*.)
1 Obra hecha de piedras labradas. — *s.f./CONSTRUCCIÓN*
2 Conjunto de piedras labradas. — *CONSTRUCCIÓN*

sillero, a
1 Persona que fabrica o vende sillas. — *s.*
2 Persona que cuida de las sillas en las iglesias. — *RELIGIÓN*

silleta
1 Orinal para los enfermos. — *s.f.*
2 Piedra sobre la que se muele el chocolate.

silletero Portador de una silla de manos. — *s.m.*

sillín
1 Asiento de las bicicletas, motos y otros vehículos semejantes: *su bicicleta tiene un sillín muy incómodo.* — *s.m.*
2 Silla de montar ligera y sencilla. — *EQUITACIÓN*
3 Silla muy pequeña que lleva la caballería que arrastra un carruaje. — *EQUITACIÓN*
4 Silla de montar semejante a las jamugas pero más cómoda y lujosa. — *EQUITACIÓN*

sillita Se usa para indicar asiento que forman dos personas tomándose por las muñecas, en la expresión **sillita de oro**. — *s.f. Argent. tb: silla de la reina*

sillón
1 Asiento de brazos, por lo general tapizado y mullido, más cómodo que los corrientes: *ha puesto dos sillones nuevos en el salón.* — *s.m.*
2 Silla de montar amplia y cómoda. — *EQUITACIÓN*

silo
1 Edificio o construcción subterránea donde se guardan las semillas, los cereales o el forraje. — *s.m./AGRICULTURA = silero*
2 Cualquier lugar subterráneo, profundo y oscuro.
3 Almacén de misiles en una base militar. — *MILITAR*

silogismo (Del gr. *syllogismos*, razonamiento.) Razonamiento que consta de tres proposiciones, la última de las cuales, o conclusión, se deduce de las otras dos o premisas. — *s.m. LÓGICA*

silogística Teoría de la consecuencia lógica fundada en la metodología aristotélica. — *s.f. LÓGICA*

silogístico, a Del silogismo: *deducción silogística.* — *adj./LÓGICA*

silogizar Disputar o argumentar con silogismos, o hacerlos. — *v.intr. conj: cazar*

silueta (Del fr. *silhouette*.)
1 Contorno de una figura: *sólo pude ver su silueta pero creo que era él.* — *s.f. = perfil*
2 Forma que ofrece a la vista un cuerpo más oscuro que el fondo.
3 Figura de una persona: *a sus años todavía luce una estupenda silueta.* — *= tipo*
4 Dibujo realizado a partir del contorno de la sombra de un cuerpo. — *ARTE*

siluetear Trazar el contorno de una persona o una cosa: *en el cartel se silueta su cara.* — *v.tr/prnl. tb: siluetar*

silúrico, a (Del nombre de los *Silures*, pueblo que habitaba el sudeste del País de Gales.)
1 Se refiere al período geológico que es posterior al cámbrico y anterior al devónico. — *adj./s.m./GEOLOGÍA = siluriano*
2 Se aplica al terreno o fósil que pertenece a este período geológico. — *adj./GEOLOGÍA = siluriano*

siluro (Del lat. *silurus* < gr. *silouros*.)
1 Pez teleósteo de agua dulce, del que existen diversas variedades, con el cuerpo alargado, aleta dorsal y ventral continuas y boca grande rodeada por varios apéndices filiformes. — *s.m. ZOOLOGÍA*
2 Torpedo autopropulsado lanzado desde un barco. — *MILITAR*

silva (Del lat. *silva*, bosque.)
1 Colección de escritos sin relación entre sí. — *s.f.*

2 Combinación métrica formada por versos endecasílabos y heptasílabos distribuidos y rimados a gusto del poeta. — *POESÍA*
3 Composición poética formada por esta combinación métrica. — *POESÍA*

silvano
1 Genio protector de los bosques, en la mitología romana. — *s.m. MITOLOGÍA*
2 De la selva o propio de ella. — *adj./literario*

silvático, a Selvático [en todas sus acepciones]. — *adj.*

silvestre
1 Se aplica a la planta que crece de forma natural en el campo o en la selva. — *adj. BOTÁNICA*
2 Que no está cultivado y es agreste. — *= rústico*

silvi- Componente de palabra procedente del lat. *silva*, que significa selva: *silvicultura.* — *pref.*

silvícola, a (Del lat. *silva*, bosque + *cultor*, que cultiva.) Que vive en un bosque o en una selva. — *adj/s.m.f. BIOLOGÍA*

silvicultor, a (Del lat. *silva*, bosque + *cultor*, que cultiva.) Persona que se dedica al cultivo, cuidado y explotación de montes o bosques. — *s.*

silvicultura Disciplina que estudia el cultivo, el cuidado y la explotación de los bosques. — *s.f.*

silvina Cloruro potásico natural, que se utiliza como abono. — *s.f. QUÍMICA*

silvoso, a Selvoso [en todas sus acepciones]. — *adj.*

sima
1 Cavidad grande y muy profunda que se adentra en el interior de la tierra. — *s.f. GEOLOGÍA*
2 Escocia, moldura cóncava. — *ARQUITECTURA*

simaruba Planta arbórea simarubácea, de hojas alternas, inflorescencia axilar o terminal, cuya corteza se toma en infusión para bajar la fiebre. — *s.f./Amér. Central y Merid. BOTÁNICA*

simarubáceo, a Perteneciente a una familia de plantas angiospermas dicotiledóneas, arbóreas o arbustivas, de hojas alternas, flores regulares y unisexuales y fruto en drupa, como la simaruba y la cuasia. — *adj/s.f. BOTÁNICA*

simbionte Se aplica al organismo que está en simbiosis con otro. — *adj/s.m. BIOLOGÍA*

simbiosis (Del gr. *syn*, junto con + *bios*, vida.)
1 Asociación de individuos vegetales o animales de diferentes especies para favorecerse mutuamente en su desarrollo. — *s.f. pl: simbiosis BIOLOGÍA*
2 Asociación de personas o de organismos sociales constituida para apoyarse mutuamente. — *SOCIOLOGÍA*
3 Mezcla o fusión de cosas o ideas: *su trabajo era una simbiosis de varios artículos sobre el tema.* — *= combinación*

simbiótico, a
1 De la simbiosis. — *adj.*
2 Que implica simbiosis.

simbol Planta gramínea de tallos largos y flexibles empleada como pasto natural para el ganado y cuyas cañas se usan en cestería. (*Pennisetum rigida.*) — *s.m. Argent. BOTÁNICA*

simbólicamente
1 De manera simbólica. — *adv.*
2 Por medio de símbolos.

simbólico, a
1 Del símbolo. — *adj.*
2 Que se expresa mediante un símbolo. — *= alegórico*
3 Que no tiene mucho valor o tiene un valor sólo representativo: *fue un gesto simbólico pero muy bonito.* — *= testimonial*

simbolismo
1 Conjunto o sistema de símbolos, signos o imágenes con que se representan creencias, tendencias o ideas: *simbolismo cristiano; simbolismo patriótico.* — *s.m. = simbología*
2 Escuela literaria y artística de origen francés que surgió en el siglo XIX como reacción al naturalismo y al parnasianismo, caracterizada por una expresión más alusiva y simbólica que representativa o descriptiva. — *ARTE, LITERATURA*

simbolista
1 Del simbolismo. — *adj/s.m.f.*
2 Que profesa el simbolismo.

simbolizable Que puede ser simbolizado. — *adj.*

simbolización Acción y resultado de simbolizar o representar una cosa con símbolos. — *s.f.*

simbolizar Representar una cosa a otra por alguna relación o semejanza que hay entre ellas: *el verde simboliza la esperanza.* — *v.tr. conj: cazar*

símbolo (Del lat. *symbolum* < gr. *symbolon* < gr. *symballo*, hacer coincidir.)
1 Animal, figura u objeto material con que se representa de forma convencional un concepto moral o intelectual, por razón de alguna analogía que se percibe entre ambos: *la paloma es el símbolo de la paz.* — *s.m. = emblema*
2 Carácter tipográfico o grupo de signos que, bajo un convenio, representan de una manera clara cualquier entidad que sea objeto de comunicación. — *= signo*
3 Emblema o figura accesoria añadida al tipo en una moneda o medalla.

4 Letra o letras convenidas en notación química para representar un elemento o cuerpo simple. — QUÍMICA

5 símbolo algebraico: Letra o figura usada para representar números variables o números cuyo valor hay que averiguar en una ecuación. — MATEMÁTICAS

6 símbolo de la fe o de los apóstoles: Oración con la que el creyente expresa su fe en Dios y en los principales puntos de su doctrina, en la religión cristiana. — RELIGIÓN / = credo

simbología (Del gr. *symbolum* + *logos*, ciencia.)
1 Conjunto o sistema de símbolos. — s.f.
2 Estudio científico de los símbolos.

simetría (Del gr. *symmetria* < *syn*, conjuntamente + *metron*, medida.)
1 Modo de estar colocadas las cosas de un conjunto, de tal forma que existen dos partes exactamente iguales, que se contraponen. — s.f.
2 La que se puede distinguir en el cuerpo de una planta o de un animal, cuyos órganos o partes equivalentes se disponen en torno a un eje o un plano. — BOTÁNICA, ZOOLOGÍA
3 Armonía en la proporción y distribución de las partes de un conjunto: *la fachada no guarda ninguna simetría.* — = equilibrio

simétrico, a
1 De la simetría. — adj.
2 Que tiene simetría: *hizo un dibujo simétrico.*

símico, a Del simio. — adj./ZOOLOGÍA

simiente (Del lat. *sementis*, siembra.)
1 Cada uno de los granos contenidos en un fruto que en condiciones adecuadas puede dar lugar a una nueva planta de la misma especie. — s.f. BOTÁNICA / = semilla
2 Semen, conjunto de espermatozoides y sustancias fluidas que se producen en el aparato genital masculino. — BIOLOGÍA

simiesco, a Que es propio de simios. — adj.

símil (Del lat. *similis*.)
1 Comparación o semejanza entre dos cosas. — s.m.
2 Figura que consiste en comparar dos cosas o conceptos para dar una idea más eficaz o expresiva de una de ellas. — RETÓRICA

similar (Del fr. *similaire*.) Que tiene semejanza o analogía con una cosa: *conocí un caso similar.* — adj./= parecido / ≠ distinto

simili- Componente de palabra procedente del lat. *similis*, que significa parecido a: *similicadencia.* — pref.

similicadencia Figura retórica que consiste en colocar al final de dos o más frases o períodos palabras de terminación o sonido semejante, muy usada en la métrica de la poesía latina medieval. — s.f. RETÓRICA

similitud (Del lat. *similitudo*.) Circunstancia de parecerse una persona o cosa a otra en su carácter, actitud o aspecto. — s.f. / = semejanza

similitudinario, a Que tiene similitud con otra cosa. — adj./= similar

similizado Tratamiento del algodón con un álcali, de modo que las fibras se vuelven más delgadas, duras y brillantes. — s.m. TEXTIL

similor (Del fr. *similor* < lat. *similis*, símil + fr. *or*, oro.)
1 Aleación de cinc y cobre de color y brillo similar al oro. — s.m. METALURGIA
2 de similor: Se aplica a lo que es falso o aparenta mejor calidad de la que tiene. — loc.adj.

simio, a (Del lat. *simius*.)
1 Perteneciente a un suborden de primates, de rostro desnudo, manos y pies prensiles, con el pulgar oponible, de cerebro desarrollado y visión binocular. — adj./s.m. ZOOLOGÍA
2 Cualquier primate. — coloquial/= mono

simón (De coche de don *Simón*, nombre que hace referencia a un alquilador de coches madrileño.) Antiguo coche de caballos de alquiler. — s.m.

simonía (Del lat. *simonia*.)
1 Compra o venta ilícita de bienes espirituales o de cargos eclesiásticos. — s.f. RELIGIÓN
2 Pecado que constituye el hecho de negociar con cosas espirituales. — RELIGIÓN

simoníaco, a
1 De la simonía. — adj./RELIGIÓN
2 Que comete simonía: *el cardenal fue acusado de un delito simoníaco.* — adj/s./tb: simoniaco RELIGIÓN

simpa Trenza, peinado formado a base de entretejer el cabello. — s.f./*Argent., Perú*

simpatectomía Operación quirúrgica que consiste en extirpar un ganglio. — s.f. MEDICINA

simpatía (Del gr. *sympatheia*.)
1 Sentimiento de afecto o estima hacia una persona, un animal o una cosa: *tiene mucha simpatía por tu padre.* — s.f. / = apego, cariño
2 Modo de ser y de comportarse de una persona, que la hacen atractiva y agradable a las demás: *todos sus amigos destacan en ella su simpatía.* — = encanto, gracia
3 Modo de comportarse de una persona o cosa idéntica o similar a otra, o producido por atracción: *el* — = afinidad

caos social se ha producido por simpatía con la situación económica.
4 Mecanismo de lesión de una estructura orgánica cuando la simétrica se halla afectada. — MEDICINA
5 Aprobación o apoyo: *el nuevo delegado cuenta con las simpatías de la junta.* — s.f.pl.
6 Fenómeno por el que una onda sonora procedente de una vibración o una explosión provoca en un cuerpo una reacción análoga. — s.f. FÍSICA

simpático, a
1 Que inspira simpatía: *persona simpática; gesto simpático.* — adj/s. = amable, afable
2 Se aplica a la cuerda que resuena cuando se hace sonar otra del mismo instrumento. — adj. MÚSICA
3 gran simpático: Sistema nervioso de la vida vegetativa situado delante de la columna vertebral. — ANATOMÍA

simpaticolítico, a Se refiere al medicamento que suprime los efectos de la excitación del sistema nervioso simpático. — adj/s.m./FARMACIA / ≠ simpaticomimético

simpaticomimético, a Se aplica al medicamento de efectos semejantes a los obtenidos por estimulación de las fibras del sistema nervioso simpático. — adj/s.m. FARMACIA / ≠ simpaticolítico

simpaticón, a Se refiere a la persona que se esfuerza en ser o parecer simpática. — adj. coloquial

simpaticotonía Excitación general por predominio del sistema nervioso simpático, caracterizado por elevación de la presión sanguínea, taquicardia, contracción vascular y otros síntomas. — s.f. MEDICINA / ≠ vagotonía

simpatizador, a Que simpatiza. — adj.

simpatizante Que se siente atraído o inclinado por una persona o cosa y, en especial, por una ideología: *simpatizante del partido comunista; simpatizante del equipo local.* — adj/s.m.f. = adepto, partidario

simpatizar Sentir simpatía, atracción o afecto hacia una persona o cosa: *simpatiza con las causas perdidas.* — v.intr./conj: *cazar* + con

simpatoma Tumor originado a partir de las células del sistema nervioso simpático. — s.m. MEDICINA

simpátrico, a Se aplica a las especies animales o vegetales muy afines que ocupan una misma área geográfica. — adj. ECOLOGÍA

simpecado Insignia que abre marcha en la sección de cofradías marianas, en las procesiones religiosas sevillanas. — s.m. RELIGIÓN

simpétalo, a Se aplica a la flor que tiene la corola formada por pétalos soldados en un tubo corolino único. — adj. BOTÁNICA

simple (Del bajo lat. *simplus*.)
1 Que es sencillo o poco complicado: *es una máquina moderna pero muy simple.* — adj.
2 Que está formado por uno o pocos componentes, comparado con algo del mismo género formado por varios: *un geranio de flor simple.* — ≠ compuesto
3 Que es inocente o incauto. — adj/s.m.f.
4 Que es necio o abobado. — = lerdo
5 Falto de sazón y de sabor. — adj./= desabrido
6 Se aplica al traslado o copia de una escritura que se saca sin firmar su autorización. — DERECHO
7 Se refiere a la palabra que no se compone de otras de la misma lengua. — GRAMÁTICA
8 Se aplica a las formas verbales no compuestas. — GRAMÁTICA
9 Se refiere a un cuerpo formado por átomos idénticos. — QUÍMICA
10 Se aplica al enlace entre dos átomos formado por un par de electrones. — QUÍMICA
11 Se aplica a los órganos que no presentan ni apéndices, ni divisiones ni accidentes importantes. — ZOOLOGÍA
12 Partido de tenis, ping-pong o badminton, disputado por dos jugadores, uno contra otro. — s.m. DEPORTES
13 Material de procedencia orgánica o inorgánica que sirve por sí solo a la medicina o que entra en la composición de un medicamento. — FARMACIA

simplemente
1 Con simpleza o sencillez: *suele vestir simplemente.* — adv.
2 Sin condición alguna: *eso es simplemente inadmisible.*
3 Solamente, nada más: *es simplemente un resfriado.*

simplex
1 Técnica de transmisión, utilizada en telecomunicaciones, que da paso, en cada momento, a un solo mensaje, en un sentido o en otro. — s.m./pl: simplex TELECOMUNICACIONES
2 Conjunto formado por las partes de otro conjunto. — MATEMÁTICAS

simpleza
1 Modo de ser o comportarse la persona simple: *sabía que no era muy listo pero no creía que su simpleza llegara a tanto.* — s.f. = mentecatez
2 Acción o palabras faltas de inteligencia, discreción o sentido. — = memez, necedad
3 Cosa simple, sin importancia: *no te preocupes, discuten por simplezas.* — = bobada, insignificancia

simplicidad
1 Actitud sencilla, carente de refinamiento y de malicia. — s.f. = sencillez

2 Condición de simple, no complicado. — = facilidad
3 Cualidad de la persona simple, boba o muy igno- — = tontería
rante.

simplicista Se refiere a la persona que simplifica o — adj/s.m.f.
tiende a simplificar.

simplificable Que puede ser simplificado: *operación* — adj.
simplificable.

simplificación Acción y resultado de simplificar. — s.f.

simplificador, a Que simplifica. — adj.

simplificar (Del bajo lat. *simplus*, simple + lat. *facere*,
hacer.)
1 Hacer una cosa más sencilla o menos complicada: — v.tr.
habría que simplificar los trámites. — conj: *sacar*
2 Reducir la expresión de una fracción dividiendo nu- — MATEMÁTICAS
merador y denominador por un mismo número.

simplismo Cualidad de simplista. — s.m.

simplista
1 Que piensa o se comporta con exagerada simplici- — adj/s.m.f.
dad al no tener en cuenta la complejidad de un asun- — tb: simplicista
to, situación o cuestión.
2 Que está especializado en componentes farmacoló- — FARMACIA
gicos simples.

simplón, a Que se comporta de manera ingenua o — adj/s.
necia. — coloquial

simpodio Sistema de ramificación en que el eje prin- — s.m.
cipal está integrado por ramas secundarias sucesivas, — BOTÁNICA
cada una de las cuales representa la rama dominante
de una bifurcación.

simposio Reunión de personas en la que un grupo de — s.m.
especialistas en un tema o materia discuten, estudian — tb: simposium
o exponen aspectos relacionados con ellas. — = congreso

simulación
1 Acción con la que se pretende conseguir la aparien- — s.f.
cia de otra acción distinta. — = fingimiento
2 Reproducción por medio de un dispositivo físico, — INFORMÁTICA
de un procedimiento informático o del comporta-
miento de un sistema informático determinado.
3 Alteración aparente de la causa, naturaleza o finali- — DERECHO
dad de un acto o contrato.

simulacro (Del lat. *simulacrum.*)
1 Acción o actividad simuladas con que se imita la — s.m.
manera de realizarse o desarrollarse las verdaderas, — = ensayo
como preparación para una contingencia o con intención de engañar: *hubo un simulacro de incendio en el
metro.*
2 Ficción o falsedad: *sus gestos de cariño no son más* — = fingimiento
que un simulacro.
3 Producto de fantasía. — = imaginación
4 Imagen hecha a semejanza de una cosa o persona. — = símil
5 Acción de guerra fingida para adiestrar a la tropa. — MILITAR

simulador, a
1 Que simula. — adj/s.
2 Dispositivo físico que simula el comportamiento de — s.m.
un sistema informático. — INFORMÁTICA

simular (Del lat. *simulare.*) Hacer creer una cosa que — v.tr.
no es verdad con palabras, gestos o acciones. — = fingir

simultanear Hacer dos cosas al mismo tiempo: *si-* — v.tr.
multanea estudios y trabajo. — = compaginar

simultaneidad Circunstancia de ser simultáneas dos — s.f.
o más cosas. — = concurrencia

simultáneo, a (Del lat. *simultas, -atis,* competencia.) — adj.
Se aplica a lo que se hace u ocurre al mismo tiempo — = coincidente
que otra cosa.

simún (Del fr. *simoun* < ár. *semum.*) Viento abrasador — s.m.
que sopla en los desiertos árabes y africanos.

sin (Del lat. *sine.*)
1 Indica privación o carencia: *estoy sin un duro.* — prep.
2 Fuera de, además de: *son quinientas del aperitivo y* — = sin contar con
dos mil de la comida, sin el postre, que es gratis.
3 no sin: Con, juntamente con: *te lo diré, no sin cierta* — loc.prep.
reserva.
4 sin embargo: Pero, mas: *es algo bizco, sin embargo* — loc.conj.
resulta atractivo.

sin-
I Componente de palabra procedente del gr. *syn,* que — pref.
significa unión, simultaneidad: *sincronía; síntesis; sintonía.*
II Componente de palabra procedente del lat. *sine,* — pref.
que significa sin: *sinrazón.*

sinabafa Tela antigua parecida a la holanda. — s.f./TEXTIL

sinagoga (Del lat. *synagoga* < gr. *synagoge,* lugar de
reunión.)
1 Asamblea religiosa de los judíos. — s.f./RELIGIÓN
2 Templo en que se reúnen los judíos para orar. — RELIGIÓN
3 Reunión de personas para fines ilícitos. — despectivo

sinalagmático, a (Derivado del gr. *synallagma,* con- — adj.
trato.) Se aplica al contrato que es bilateral o recí- — DERECHO
proco.

sinalefa (Del lat. *synaloepha* < gr. *synaloiphe* < *synalei-* — s.f.
pho, mezclar.) Cómputo en una sola sílaba de la vo- — POESÍA
cal o vocales finales de una palabra con la vocal o vocales iniciales de la palabra siguiente.

sinalefar Unir dos vocales en sinalefa: *acostumbra a* — v.intr/tr.
sinalefar las vocales que forman diptongo.

sinalgia (Del gr. *syn,* simultaneidad + *algesis,* dolor.) — s.f.
Dolor que se siente en un punto lejano al de la lesión — MEDICINA
que lo produce.

sinamay Tela muy fina de abacá y pita de origen fili- — s.m.
pino. — TEXTIL

sinantéreo, a Que tiene las anteras concrescentes, — adj.
unidas en un solo cuerpo. — BOTÁNICA

sinántropo Homínido fósil hallado en una región — s.m.
china, cuya antigüedad se estima entre quinientos
mil y trescientos mil años.

sinapismo (Del lat. *sinapismus* < gr. *sinapismos.*)
1 Cataplasma o emplasto hecho con polvo de la se- — s.m.
milla de la mostaza negra. — FARMACIA
2 Carácter de la persona o cosa que molesta o exas- — coloquial
pera.

sinapsis Relación funcional de contacto que existe — s.f.
entre las terminaciones de las células nerviosas o en- — pl: sinapsis
tre una neurona motora y un músculo. — BIOLOGÍA

sináptico, a De la sinapsis. — adj./BIOLOGÍA

sinarca (Del gr. *syn,* simultaneidad + *arkho,* mandar.) — s.m.f.
Persona que gobierna o forma parte de una sinarquía. — POLÍTICA

sinarquía
1 Sistema de gobierno simultáneo en el que cada par- — s.f.
te del estado es administrada por un gobernante dis- — POLÍTICA
tinto.
2 Influencia decisiva de colectivos o personas pode- — ECONOMÍA,
rosas en los asuntos políticos y económicos de un — POLÍTICA
país. — = oligarquía

sinárquico, a Que tiene las características de la si- — adj./POLÍTICA
narquía.

sinartrosis (Del lat. *sine,* sin + gr. *arthron,* articula- — s.f.
ción.) Unión de huesos sin articulación, como la de — pl: sinartrosis
los del cráneo. — ANATOMÍA

sincategoremático, a Se aplica a las palabras que — adj.
sólo tienen funciones determinativas, modificadoras — LÓGICA
o de relación, con contenido objetivo pero sin estructura lógica.

sincerador, a Que sincera. — adj/s.

sincerar
1 Hablar con sinceridad, sin fingir ni ocultar nada: *se* — v.prnl.
ha sincerado con su amigo. — + con
2 Mostrar la inculpabilidad o culpabilidad de una — v.tr/prnl.
persona.

sinceridad Actitud del que dice la verdad sobre algo — s.f.
o expresa sus sentimientos y pensamientos sin fingir — = franqueza
ni ocultar nada.

sincero, a (Del lat. *sincerus.*) Que habla y se compor- — adj.
ta con sinceridad: *te dirá lo que piensa, él siempre es* — = franco,
muy sincero. — abierto

sincinesia Movimiento involuntario asociado a uno — s.f.
voluntario. — FISIOLOGÍA

sincipital Del sincipucio. — adj./ANATOMÍA

sincipucio Parte superior y anterior de la cabeza, — s.m.
opuesta al occipucio. — ANATOMÍA

sincitio Masa de citoplasma que comprende varios — s.m.
núcleos, que se origina por la fusión de dos o más cé- — BIOLOGÍA
lulas, en las plantas y en los animales.

sinclinal Se aplica al pliegue en el que los elementos — adj/s.m.
situados en el interior de la curvatura de tierras o ro- — GEOLOGÍA
cas son los más modernos.

síncopa (Del lat. *syncopa* < gr. *synkope,* acortamiento.)
1 Supresión de uno o más fonemas en el interior de — s.f.
una palabra. — LINGÜÍSTICA
2 Desplazamiento de la acentuación rítmica resultan- — MÚSICA
te del enlace de dos sonidos iguales que se hallan en
distintos tiempos del compás.

sincopado, a
1 Se refiere a la nota que se coloca entre dos o más — adj.
que valen, juntas, lo mismo que ella. — MÚSICA
2 Se aplica al ritmo o canto que tiene este tipo de no- — MÚSICA
tas.

sincopal Del estado de síncope o pérdida de concien- — adj.
cia. — MEDICINA

sincopar
1 Hacer síncopa en el interior de una palabra o en — v.tr./GRAMÁTICA,
una nota musical. — MÚSICA
2 Hacer una cosa más breve: *finalmente sincopó su dis-* — = abreviar
curso.

síncope (Del gr. *synkope.*) Pérdida temporal de con- — s.m.
ciencia debida a una reducción global del flujo san- — MEDICINA
guíneo por paro cardíaco momentáneo o respiratorio.

sincopizar Causar una cosa un síncope a una persona: *el anciano se sincopizó a causa de un infarto.* v.tr/prnl. conj: *cazar*

sincrético, a Del sincretismo. adj.

sincretismo (Del gr. *synkretismos.*)
1 Sistema filosófico que trata de conciliar doctrinas diferentes. s.m. FILOSOFÍA
2 Mezcla o unión de elementos o cosas diferentes. = fusión
3 Concentración de dos o más funciones gramaticales en una sola forma. GRAMÁTICA
4 Tendencia a fundir diversas creencias o elementos religiosos. RELIGIÓN
5 Aprehensión global e indiferenciada propia de la forma de pensar de los niños pequeños. SICOLOGÍA

sincretista
1 Del sincretismo: *religión sincretista.* adj.
2 Que profesa el sincretismo. adj/s.m.f.

sincro- Componente de palabra procedente del lat. *synchronus,* que significa simultaneidad: *sincrotrón.* pref. tb: sincrono-

sincrociclotrón Acelerador de partículas en el que se restablece el sincronismo entre la frecuencia del campo acelerador y la de rotación de partículas. s.m. FÍSICA NUCLEAR

sincronía
1 Coincidencia de hechos que se producen al mismo tiempo. s.f. = sincronismo
2 Método de análisis lingüístico que considera los aspectos de la lengua en un momento dado de su evolución. LINGÜÍSTICA ≠ diacronía

sincrónico, a
1 Se aplica a lo que ocurre o se verifica al mismo tiempo que otra cosa. adj.
2 Se refiere al proceso o al efecto que se desarrolla en perfecta correspondencia temporal con otro. FÍSICA
3 Se aplica a las leyes y relaciones internas propias de una lengua o dialecto en un momento o período dados. LINGÜÍSTICA

sincronismo (Del gr. *synkhronismos.*) Circunstancia de producirse dos o más cosas al mismo tiempo. s.m. = sincronía

sincronización
1 Acción y resultado de sincronizar. s.f.
2 Operación de hacer simultáneos o solidarios los movimientos de dos aparatos. = coordinación

sincronizada Guiso consistente en dos tortillas de maíz o de trigo con una rebanada de jamón y otra de queso entre las dos. s.f. Méx. COCINA

sincronizador, a Que sincroniza o sirve para sincronizar. adj/s.

sincronizar
1 Hacer que dos o más movimientos o fenómenos se produzcan de modo simultáneo. v.tr. conj: *cazar*
2 Preparar las máquinas o aparatos para que funcionen de modo simultáneo: *sincronizaron sus relojes.* = coordinar

sincronoscopio Osciloscopio usado para observar impulsos que tienen una duración muy corta. s.m. FÍSICA

sincrotrón Acelerador de partículas en el que éstas se desplazan en una órbita circular y experimentan repetidas aceleraciones mediante un campo eléctrico alternativo en sincronía con el movimiento orbital. s.m. pl: sincrotrones FÍSICA

sindactilia Adherencia de los dedos de las manos o de los pies. s.f. MEDICINA

sindáctilo, a (Del gr. *syn,* unión + *daktylos,* dedo.) Se aplica a las aves que tienen el dedo externo unido al medio hasta la penúltima falange. adj/s.m. ZOOLOGÍA

sindéresis (Del gr. *synteresis.*) Facultad de pensar y juzgar con rectitud y lucidez. s.f. pl: sindéresis

sindesmo- Componente de palabra procedente del gr. *syndesmos,* que significa unión, lazo: *sindesmología.* pref.

sindesmología Parte de la anatomía que estudia los ligamentos articulares. s.f. ANATOMÍA

sindhi Lengua indoaria, de la familia indoeuropea, hablada en la región pakistaní de Sind y en la India. s.m. LINGÜÍSTICA

sindicable Que puede ser sindicado: *propuesta sindicable.* adj.

sindicación Acción y resultado de sindicar o sindicarse. s.f.

sindicado, a Se aplica a la persona que pertenece a un sindicato o asociación laboral. adj/s.

sindicador, a Que sindica. adj/s.

sindical
1 Del síndico. adj./ECONOMÍA
2 Del sindicato: *reivindicaciones sindicales.* SOCIOLOGÍA

sindicalismo Sistema de organización obrera o social por medio de sindicatos o asociaciones de trabajadores. s.m. HISTORIA, SOCIOLOGÍA

sindicalista
1 Del sindicalismo. adj./SOCIOLOGÍA
2 Adepto al sindicalismo. s.m.f./SOCIOLOGÍA

sindicalizar
1 Inscribir a una persona en un sindicato: *se sindicalizó por razones laborales.* v.tr/prnl. conj: *cazar*
2 Organizar a los trabajadores en sindicatos: *se sindicalizaron para tener más apoyo.* SOCIOLOGÍA
3 Proporcionar conciencia sindical a una persona: *se sindicalizó tras oír un brillante discurso.* SOCIOLOGÍA

sindicar
1 Formar un grupo con las personas de una misma profesión para la defensa de sus intereses. v.tr /conj: *sacar* SOCIOLOGÍA
2 Hacerse una persona miembro de un sindicato. v.prnl./SOCIOLOGÍA
3 Hacer recaer una sospecha o una falta sobre una persona. v.tr. = culpabilizar
4 Sujetar una cantidad de dinero o una cosa de valor a una obligación. ECONOMÍA

sindicato
1 Asociación de trabajadores para la defensa de sus intereses económicos, laborales y sociales. s.m. SOCIOLOGÍA
2 Junta de síndicos. ECONOMÍA
3 **sindicato amarillo:** Organización sindical cuyo objetivo es obstaculizar e impedir la acción reivindicativa de los sindicatos obreros. SOCIOLOGÍA

sindicatura
1 Antiguo cargo de síndico. s.f./ECONOMÍA
2 Oficina del síndico. ECONOMÍA

síndico (Del lat. *syndicus < gr. syndikos,* defensor.)
1 Persona elegida por una comunidad o corporación para cuidar sus intereses económicos. s.m. ECONOMÍA
2 Persona encargada de liquidar el activo y el pasivo del deudor, en una junta de acreedores o en una quiebra. DERECHO, ECONOMÍA
3 Persona que tiene el dinero de las limosnas que se dan a los religiosos mendicantes. RELIGIÓN

sindiós Se aplica a la persona que no cree en ninguna divinidad o que niega la existencia de un ser supremo. adj/s. pl: sindiós = ateo

síndrome (Del gr. *syndrome.*)
1 Temor a que se reproduzca un hecho que ya ha tenido lugar en otras ocasiones: *el síndrome de una suspensión del juicio planeó ayer en el juzgado.* s.m. SICOLOGÍA
2 Conjunto de síntomas de una enfermedad. MEDICINA
3 **síndrome de abstinencia:** Conjunto de alteraciones que aparecen en un sujeto adicto a una droga cuando deja de tomarla. MEDICINA
4 **síndrome de Down:** Estado patológico caracterizado por un complemento cromosómico anormal en el que se presenta triplicado el cromosoma 21, que es la causa del mongolismo. MEDICINA
5 **síndrome de Estocolmo:** Aceptación progresiva por la persona secuestrada de las ideas y puntos de vista del secuestrador. SICOLOGÍA
6 **síndrome de inmunodeficiencia adquirida:** Sida, enfermedad grave de origen vírico. MEDICINA

sinécdoque (Del lat. *synecdoche < gr. synekdokhe.*) Figura retórica que consiste en designar una cosa con el nombre de otra con la que tiene una relación, por ejemplo un objeto por alguna de sus partes o una pluralidad por algo singular. s.f. RETÓRICA

sinecismo Reunión de varias aldeas rurales alrededor de un centro urbano, origen de la ciudad griega o polis. s.m. HISTORIA

sineclisa Abombamiento cóncavo de la corteza terrestre producido por mecanismos térmicos que afectan al manto. s.f. GEOLOGÍA

sinecología Estudio de la ecología de las comunidades vegetales. s.f. ECOLOGÍA

sinecura (Del lat. *sine cura,* sin cuidado.) Empleo o cargo remunerado y que requiere poco o ningún esfuerzo. s.f.

sine die (Expresión latina.) De modo indefinido: *aplazado sine die.* loc.adv.

sinedrio
1 Consejo supremo de los antiguos judíos. s.m./= sanedrín
2 Lugar donde se reunía este consejo. HISTORIA

sine qua non (Expresión latina.) Imprescindible o necesario: *condición sine qua non.* loc.adj.

sinequia Adherencia de tejidos o partes del cuerpo próximas entre sí, en especial la del iris del ojo a la córnea o al cristalino. s.f. MEDICINA

sinéresis (Del gr. *synairesis,* contracción.)
1 Pronunciación, en una sílaba, de dos vocales que forman hiato, por lo que deberían pronunciarse en sílabas diferentes. s.f. pl: sinéresis GRAMÁTICA
2 Licencia poética que consiste en la fusión de dos vocales contiguas en una sola sílaba. POESÍA

sinergia (Del gr. *syn,* simultaneidad + *ergon,* obra.)
1 Acción coordinada de dos o más causas cuyo efecto es superior a la suma de los efectos individuales. s.f.
2 Funcionamiento conjunto de varios órganos para realizar una función fisiológica. FISIOLOGÍA

3 Aumento del poder patógeno de dos parásitos cuando coexisten en el mismo organismo *BIOLOGÍA*

sinérgico, a
1 De la sinergia. *adj.*
2 Que implica sinergia.

sinergismo
1 Tendencia favorable a asignar un cierto valor al libre albedrío para la salvación individual. *s.m.* *TEOLOGÍA*
2 Efecto terapéutico fruto de la administración simultánea de dos medicamentos de acción similar. *MEDICINA*
3 Aumento de una determinada actividad de un compuesto por la presencia en la mezcla de un componente que en otras circunstancias habría resultado inactivo. *QUÍMICA*

sinestesia
1 Sensación que se produce en una parte del cuerpo a consecuencia de un estímulo aplicado en otra. *s.f.* *FISIOLOGÍA*
2 Imagen o sensación subjetiva, propia de un sentido, determinada por otra sensación que afecta a un sentido diferente. *SICOLOGÍA*
3 Tropo que consiste en asociar dos imágenes o sensaciones procedentes de diferentes dominios sensoriales. *RETÓRICA*

sinfín Número muy grande de cosas, normalmente inmateriales: *tiene un sinfín de dudas; un sinfín de posibilidades.* *s.m.* = *infinidad, sinnúmero*

sinfisandrios Se aplica a los estambres que están soldados entre sí por sus filamentos y por sus anteras. *adj.pl.* *BOTÁNICA*

sínfisis (Del gr. *syn*, unión + *physis*, naturaleza.)
1 Masa fibrocartilaginosa que forma parte de la articulación de dos huesos. *s.f./pl: sínfisis* *ANATOMÍA*
2 Adherencia de dos órganos o de dos tejidos a consecuencia de una inflamación. *MEDICINA*

sinfisitis Inflamación de la sínfisis pubiana, muy frecuente en patología deportiva. *s.f./pl: sinfisitis* *MEDICINA*

sínfito Consuelda, planta borraginácea cuya raíz se emplea en medicina. *s.m.* *BOTÁNICA*

sinfonía (Del gr. *symphonia*.)
1 Conjunto musical de voces, sonidos o ambas cosas que suenan acordes a la vez. *s.f.* *MÚSICA*
2 Composición musical para ser ejecutada por una orquesta, configurada en varios movimientos. *MÚSICA*
3 Pieza instrumental que precede a algunas óperas y obras teatrales. *MÚSICA*
4 Denominación que en la antigüedad se aplicaba indistintamente a ciertos instrumentos músicos. *MÚSICA*
5 Conjunto armónico de muchos colores o muchas cosas: *la naturaleza mostraba una sinfonía de colores.*

sinfónico, a De la sinfonía: *concierto sinfónico.* *adj./MÚSICA*

sinfonista
1 Persona que compone sinfonías. *s.m.f./MÚSICA*
2 Persona que toma parte en la ejecución de una sinfonía. *MÚSICA*

singa Acción y resultado de singar o remar a popa. *s.f./NÁUTICA*

singalés Cingalés [en todas sus acepciones]. *adj/s.pl: singaleses*

singamia (Del gr. *syn*, simultaneidad + *gamos*, unión.) Proceso de fusión de dos gametos, uno masculino y otro femenino, para originar un zigoto con los cromosomas duplicados. *s.f.* *BIOLOGÍA* = *fertilización*

singar Remar haciendo un movimiento de avance con un remo colocado en la popa de una embarcación. *v.intr./conj: pagar* *NÁUTICA* *tb: singlar*

singenésicos Se aplica a los estambres que están soldados por las anteras. *adj.pl.* *BOTÁNICA*

singladura
1 Distancia que recorre una nave en veinticuatro horas, contadas en general desde el mediodía. *s.f.* *NÁUTICA*
2 Intervalo de veinticuatro horas, que empiezan a contarse al mediodía. *NÁUTICA*
3 Recorrido o desarrollo de cualquier acontecimiento. = *camino*

singlar (Del fr. *cingler* < germ. ant. *sigla*, navegar.) Navegar una embarcación con rumbo determinado. *v.intr.* *NÁUTICA*

single (Voz inglesa.)
1 Disco fonográfico que tiene una sola grabación en cada cara. *s.m.* *AUDIOVISUALES*
2 Habitación de un hotel o departamento de un coche-cama destinado para el uso de una sola persona. *tb: individual*
3 Se refiere al cabo que se emplea sencillo cuando uno de sus extremos está sujeto a una verga. *adj.* *NÁUTICA*

singletón Conjunto que sólo posee un elemento. *s.m/MATEMÁTICAS*

singlón Pieza con que se refuerzan las varengas para formar las cuadernas de un barco. *s.m./NÁUTICA* = *genol*

singonía Simetría geométrica de los cristales de un mineral que permite agruparlos según sean sus zonas isótropas, ortogonales o inclinadas. *s.f.* *MINERALOGÍA*

singular (Del lat. *singularis*.)
1 Que es uno solo o único: *una pieza singular.* *adj/s.m./≠ común*
2 Que es extraordinario o poco corriente: *un paisaje de singular belleza; un carácter singular.* *adj.* = *peculiar, único*

3 Se aplica al número gramatical de las palabras que se refieren a un solo individuo, o a varios considerados como un conjunto. *adj/s.m.* *GRAMÁTICA* ≠ *plural*
4 en singular: En particular: *no me refiero a nadie en singular.* *loc.adv.*

singularidad
1 Cualidad de lo que es singular y único. *s.f./= rareza*
2 Persona o cosa extraordinaria, fuera de lo normal o poco frecuente: *su hermana ha llegado a ser una singularidad en el mundo de las finanzas.* = *prodigio*
3 Particularidad que hace a una persona o cosa singular, única o extraordinaria. = *excepcionalidad*

singularizar
1 Hacer una cosa singular o distinta de las demás: *tratan de singularizar el diseño del nuevo modelo de coche.* *v.tr.* *conj: cazar*
2 Dar número singular a palabras que ordinariamente no lo tienen. *GRAMÁTICA*
3 Referirse a una persona o una cosa en particular. ≠ *generalizar*
4 Distinguirse por alguna particularidad o apartarse de lo común. *v.prnl.* = *diferenciarse*

singularmente En especial: *una mansión singularmente destacada.* *adv.*

singulto (Del lat. *singultus*, sollozo.)
1 Sollozo, fenómeno nervioso que acompaña al llanto. *s.m./culto*
2 Hipo, movimiento convulsivo del diafragma que produce una respiración interrumpida y violenta acompañada de ruido. *FISIOLOGÍA culto*

sinhueso Lengua de las personas: *no para de darle a la sinhueso porque es muy hablador.* *s.f. coloquial*

sínico, a Se aplica a las cosas de origen chino: *cerámica sínica.* *adj.* = *chino*

siniestra (Del lat. *sinistra.*) Mano o lado izquierdo. *s.f./≠ diestra*

siniestrado, a Que ha sufrido un siniestro o accidente: *buque siniestrado; coche siniestrado.* *adj/s.* = *accidentado*

siniestralidad Frecuencia o índice con que se producen siniestros o accidentes. *s.f.* *ESTADÍSTICA*

siniestro, a (Del lat. *sinister, -tra, -trum.*)
1 Se aplica al lugar o a la cosa que está en el lado izquierdo. *adj.*
2 Que tiene malas intenciones: *le asustó su mirada siniestra.* = *malo*
3 Que causa desgracias o va acompañado de ellas: *día siniestro; casualidad siniestra.* = *funesto*
4 Suceso imprevisto que causa un trastorno en el orden regular o en la marcha prevista de las cosas, en particular aquel en el cual resultan dañadas personas o cosas. *s.m.* = *accidente*

sinistrocardia Desplazamiento del corazón hacia la izquierda del tórax. *s.f.* *MEDICINA*

sinistrórsum (Del lat. *sinistrorsum*) Hacia la izquierda. *adv.* ≠ *dextrórsum*

sinistrosis Estado mental patológico de ciertos accidentados que tienen una idea delirante de perjuicio corporal. *s.f.* *pl: sinistrosis* *SIQUIATRÍA*

sinistroso, a Que gira hacia la izquierda. *adj./≠ dextroso*

sinnúmero Gran número de personas o cosas: *hubo un sinnúmero de problemas; al concierto acudieron un sinnúmero de espectadores.* *s.m.* = *multitud, sinfín*

sino
I (Del lat. *signum*, señal.) Hado, destino que dirige desde un principio la vida de una persona: *ha llegado mi sino.* *s.m.* = *fatalidad*
II (De *si* + *no*.)
1 Indica contraposición o exclusión de dos ideas, personas o cosas: *no es alta sino todo lo contrario.* *conj.advers.*
2 Excepto, con excepción de: *nadie los vio sino un vagabundo que merodeaba por allí.*
3 no sólo... sino: Indica adición o suma: *te quiero no sólo por tu belleza, sino por tu bondad, también.* *loc.conj.*
4 sino que: Indica contraposición o exclusión: *no vino, sino que dejó un recado.* *loc.conj.*

sinoble Se aplica al color heráldico que en pintura se representa por el verde. *adj./HERÁLDICA* *tb: sinople*

sinocal Se refiere a la fiebre continuada que, por lo general, no es grave. *adj.* *MEDICINA*

sinodal
1 Del sínodo eclesiástico. *adj./RELIGIÓN*
2 Se aplica a la decisión que se toma en un sínodo. *RELIGIÓN*

sinódico, a
1 Del sínodo. *adj./RELIGIÓN*
2 revolución sinódica: Período de tiempo que un planeta o un satélite invierte entre dos conjunciones con el Sol. *ASTRONOMÍA*

sínodo (Del gr. *synodos*, reunión.)
1 Concilio de autoridades eclesiásticas. *s.m./RELIGIÓN*
2 Junta de eclesiásticos que nombra el obispo para examinar a los ordenados y confesores. *RELIGIÓN*

3 Junta de ministros protestantes encargados de decidir sobre asuntos eclesiásticos. — RELIGIÓN

4 Conjunción de dos planetas en el mismo círculo de posición o en el mismo grado de la eclíptica. — ASTRONOMÍA

5 santo sínodo: Asamblea de la Iglesia rusa. — RELIGIÓN

6 sínodo diocesano: Junta del clero de una diócesis, convocada y presidida por el obispo para tratar asuntos eclesiásticos. — RELIGIÓN

sinología Estudio de la lengua, la literatura y la cultura chinas. — s.f.

sinólogo, a Persona dedicada al estudio de la lengua, literatura o cultura chinas. — s.

sinonimia
1 Fenómeno que se produce entre dos o más palabras que tienen el mismo significado o parecido. — s.f. / LINGÜÍSTICA
2 Figura que consiste en usar de modo intencionado palabras que tienen el mismo significado. — RETÓRICA

sinonímico, a De la sinonimia o de los sinónimos: *estudio sinonímico.* — adj. / LINGÜÍSTICA

sinónimo, a (Del gr. *synonymos* < *syn*, unión + *onoma*, nombre.) Se aplica a la palabra o expresión que tiene el mismo significado que otra u otras: *aceituna y oliva son sinónimos.* — adj./s.m. / LINGÜÍSTICA / ≠ antónimo

sinopia Dibujo realizado sobre la preparación de un muro que se va a pintar al fresco. — s.f. / ARTE

sinople (Del fr. *sinople* < lat. *sinopis*, especie de almagra.) Se refiere al color heráldico representado por el verde o por líneas diagonales de izquierda a derecha. — adj/s.m. / HERÁLDICA

sinopsia Asociación de fenómenos visuales a sensaciones percibidas por otros sentidos. — s.f. / MEDICINA

sinopsis (Del gr. *synopsis*.)
1 Representación gráfica de las relaciones entre distintas cosas o entre partes de una misma, para facilitar su comprensión global. — s.f. / pl: sinopsis / = esquema
2 Exposición general en que se resume una materia o asunto: *me hizo una sinopsis de lo que se trató en la reunión.* — = resumen

sinóptico, a
1 Que se hace en forma de sinopsis: *presentó un cuadro sinóptico de la organización del centro.* — adj./= esquemático, sinóptico
2 Se aplica a los tres primeros evangelios neotestamentarios por su notable paralelismo y sus mutuas concordancias. — LITERATURA, RELIGIÓN

sinostosis Unión de los huesos del cráneo por obliteración de las suturas o sinartrosis. — s.f./pl: sinostosis / ANATOMÍA

sinovectomía Ablación quirúrgica de la membrana sinovial. — s.f. / MEDICINA

sinovia (Del lat. *sinovia*.) Líquido viscoso segregado por una membrana sinovial que lubrica las articulaciones de los huesos. — s.f. / FISIOLOGÍA

sinovial
1 De la sinovia: *líquido sinovial.* — adj.
2 Se aplica a la glándula o una membrana que segrega sinovia. — ANATOMÍA

sinovitis (Del lat. *sinovia* + gr. *itis*, inflamación.) Inflamación de una membrana sinovial. — s.f./pl: sinovitis / MEDICINA

sinrazón Acción injusta, irreflexiva o irrazonable: *lo que has hecho es una sinrazón que no me explico de una persona justa como tú.* — s.f. / = injusticia

sinsabor
1 Imposibilidad de notar el gusto de las cosas en el paladar. — s.m. / = desabor
2 Padecimiento moral de una persona: *en esta vida se lleva uno muchos sinsabores.* — = pena, pesadumbre

sinsentido Cosa ilógica y absurda. — s.m.

sinsépalo, a Se aplica a la flor cuyo cáliz está formado por sépalos soldados entre sí. — adj. / BOTÁNICA

sínsoras Lugar lejano. — s.f.pl./P. Rico

sinsustancia Persona insustancial, de poco carácter o necia. — s.m.f. / tb: sinsubstancia

sintáctico, a De la sintaxis. — adj./LINGÜÍSTICA

sintagma Grupo de elementos lingüísticos que conforma una unidad aislable dentro de una oración: *sintagma nominal; sintagma verbal.* — s.m. / LINGÜÍSTICA

sintagmático, a Del sintagma o de las relaciones que se producen entre dos o más elementos de una secuencia fónica. — adj. / LINGÜÍSTICA

sintaxis (Del gr. *syntaxis*, acción de disponer conjuntamente.)
1 Parte de la gramática que estudia las funciones de las palabras dentro de la oración. — s.f./pl: sintaxis / LINGÜÍSTICA
2 Conjunto de reglas necesarias para construir expresiones o sentencias correctas para operar con un ordenador. — INFORMÁTICA

sinterizar Producir piezas de gran resistencia y dureza calentando, sin llegar a la temperatura de fusión, conglomerados de polvo de uno o varios metales. — v.tr. / conj: cazar / METALURGIA

síntesis (Del gr. *synthesis*.)
1 Reunión en un todo de las partes que lo componen: *el producto final es una síntesis de muchas cosas.* — s.f./pl: síntesis / ≠ análisis / = resumen
2 Exposición abreviada de un asunto o materia.
3 Operación mental que consiste en la acumulación de datos y la obtención, a partir de los mismos, de una conclusión, definición, ley u otro resultado intelectual. — FILOSOFÍA, LÓGICA
4 Proceso biológico en el que, a partir de moléculas simples, se producen conjuntos y materias más complejas. — BIOLOGÍA
5 Obtención artificial de sustancias compuestas mediante la combinación de moléculas más sencillas. — QUÍMICA
6 Operación mental que se une al sujeto y el predicado en un juicio o proposición. — LINGÜÍSTICA
7 Operación quirúrgica que consiste en unir los fragmentos de un tejido u órgano lesionado. — MEDICINA
8 en síntesis: En resumen: *en síntesis, esto es todo lo que tenía que decir.* — loc.adv.

sintéticamente Resumiendo, en síntesis. — adv.

sintético, a
1 De la síntesis. — adj.
2 Que sigue un procedimiento que va de lo simple a lo complejo. — ≠ analítico
3 Que se obtiene por síntesis química. — QUÍMICA
4 Se aplica a los productos industriales que se obtienen por este procedimiento y que se caracterizan por reproducir o imitar algunos materiales naturales: *piel sintética.* — INDUSTRIA / = artificial
5 Se refiere a las lenguas en que buena parte de los elementos que expresan las relaciones gramaticales aparecen unidos a la raíz: *el latín es una lengua sintética.* — LINGÜÍSTICA

sintetismo
1 Tendencia pictórica francesa de fines del siglo XIX, caracterizada por la simplificación del dibujo, la reducción a dos dimensiones y el uso de zonas de colores puros y aislados. — s.m. / ARTE
2 Conjunto de operaciones necesarias para el tratamiento completo de las fracturas. — MEDICINA

sintetizable Que puede ser sintetizado. — adj.

sintetizador, a
1 Que sintetiza. — adj.
2 Órgano electrónico capaz de producir un sonido a partir de sus constituyentes. — s.m. / MÚSICA

sintetizar
1 Hacer una síntesis con varias cosas. — v.tr./conj: cazar
2 Exponer lo esencial de una cosa: *no pudo sintetizar nos su tesis.* — = condensar
3 Fabricar o preparar un material por síntesis. — QUÍMICA

sintoísmo Religión nacional japonesa, basada principalmente en el culto a los antepasados. — s.m. / RELIGIÓN

sintoísta
1 Del sintoísmo. — adj./RELIGIÓN
2 Que profesa el sintoísmo. — adj./s.m.f./RELIGIÓN

síntoma (Del lat. *symptoma* < gr. *symptoma*, coincidencia.)
1 Fenómeno propio y revelador de una enfermedad. — s.m./MEDICINA
2 Indicio de una cosa que está sucediendo o que va a suceder: *la fuga de divisas es un síntoma de la inestabilidad económica.* — = señal

sintomático, a
1 Del síntoma. — adj.
2 Que revela la inminencia de una cosa. — = significativo

sintomatología (Del gr. *symptoma* + *logos*, ciencia.)
1 Conjunto de síntomas o fenómenos reveladores que caracterizan una enfermedad o que se presentan en un enfermo. — s.f. / MEDICINA
2 Parte de la medicina que estudia los síntomas de las enfermedades para establecer los diagnósticos y seguir su evolución. — MEDICINA

sintonema Conjunto de inflexiones de tono dentro de un grupo tónico que se presenta como unidad secuencial. — s.m. / LINGÜÍSTICA

sintonía (Del gr. *syn*, simultaneidad + *tonos*, tono.)
1 Coincidencia de longitud de onda entre el aparato receptor y la estación emisora: *están ustedes en la sintonía de radio nacional.* — s.f. / TELECOMUNICACIONES
2 Música que caracteriza a un programa de radio o de televisión y que suele preceder al mismo. — AUDIOVISUALES, MÚSICA
3 Igualdad de frecuencia o de tono entre dos sistemas de vibraciones. — FÍSICA
4 Coincidencia de opinión, de actitud o de forma de ser con una persona o cosa: *Juan no está en sintonía con los tiempos que corren.* — = compenetración

sintónico, a Que está o ha sido sintonizado. — adj.

sintonismo Cualidad de sintónico. — s.m.

sintonización Acción y resultado de sintonizar. — s.f.

sintonizador, a
1 Que sintoniza. — adj.

2 Instrumento que se usa para aumentar o disminuir la longitud de onda propia del aparato receptor, para ponerlo en sintonía con una estación emisora determinada. *s.m.* TELECOMUNICACIONES

sintonizar
1 Hacer que un aparato receptor tenga la misma frecuencia de vibración que una estación emisora regulando el circuito oscilante. *v.tr./conj: cazar* TELECOMUNICACIONES
2 Hacer que un aparato receptor capte determinado programa: *no consigue sintonizar en su casa el programa que le recomendaste.* AUDIOVISUALES, TELECOMUNICACIONES
3 Tener dos o más personas gustos o ideas muy similares: *sintoniza mucho con su cuñado.* *v.intr.* = compenetrarse

sintrofia Característica de todos los sistemas ecológicos que consiste en la interdependencia nutritiva entre los organismos que los componen. *s.f.* BIOLOGÍA, ECOLOGÍA

sinuosidad
1 Característica de lo que es sinuoso o tiene ondulaciones. *s.f.*
2 Concavidad o superficie curva que tiene su parte más deprimida en el centro. = curvatura

sinuoso, a (Del lat. *sinuosus.*)
1 Que tiene senos, ondulaciones o recodos: *nos metimos por una carretera muy sinuosa.* *adj.* = serpenteante
2 Que oculta o utiliza medios indirectos para conseguir un objetivo: *me molestó esa acción sinuosa.* *coloquial* = retorcido

sinusal
1 Del seno. *adj./ANATOMÍA*
2 Se aplica a un nódulo o masa celular específico del tejido del corazón. ANATOMÍA

sinusitis (Del lat. *sinus*, concavidad + gr. *itis*, inflamación.) Inflamación de los conductos venosos del cráneo que comunican con la nariz. *s.f.* pl: sinusitis MEDICINA

sinusoidal De la sinusoide. *adj.*

sinusoide Curva con la que se representa mediante gráficos la función trigonométrica del seno. *s.f.* MATEMÁTICAS

sinventura Que padece desgracias. *adj./s.m.f.*

sinvergonzonada Acción o palabras propias de un sinvergüenza. *s.f.*

sinvergüencería
1 Modo de comportarse el sinvergüenza: *¿cómo te atreves a hacer semejante sinvergüencería?* *s.f.* = sinvergonzonería
2 Acción o palabras propias de un sinvergüenza. = sinvergonzonería

sinvergüenza
1 Que se comporta con descaro: *es un chaval muy sinvergüenza, no respeta a nadie.* *adj./s.m.f.* = desvergonzado
2 Que es pícaro o bribón. = tunante
3 Que comete actos ilegales o inmorales: *el muy sinvergüenza resultó ser un ladrón.* = desaprensivo

sionismo
1 Aspiración de los judíos para reconstituir su patria en Palestina. *s.m.*
2 Movimiento internacional de los judíos para reconstituir su patria en Palestina. HISTORIA, POLÍTICA

sionista
1 Que es partidario del sionismo. *adj./s.m.f./POLÍTICA*
2 Del sionismo. *adj./POLÍTICA*

sioux De un conjunto de pueblos amerindios estadounidense que en la actualidad viven en reservas. *adj./s.m.f./pl: sioux* tb: siux

sipedón Eslizón, reptil de la familia de los escíncidos parecido a una pequeña serpiente. *s.m.* ZOOLOGÍA

sique Conjunto de funciones sensitivas, afectivas y mentales del individuo. *s.f.* tb: psique

siquiatra (Del gr. *psykhe*, alma + *iatros*, médico.) Médico especialista en enfermedades mentales. *s.m.f./SIQUIATRÍA* tb: psiquiatra

siquiatría (Del gr. *psykhe*, alma + *iatreia*, curación.) Ciencia que trata de las enfermedades mentales. *s.f./SIQUIATRÍA* tb: psiquiatría

siquiátrico, a
1 De la siquiatría: *sector siquiátrico.* *adj./tb: psiquiátrico*
2 Hospital destinado al tratamiento de afecciones siquiátricas. *s.m.* SIQUIATRÍA

síquico, a De la mente o la sique: *parece que después de la tragedia ha tenido problemas síquicos.* *adj.* tb: psíquico

siquiera
1 Aunque: *mírame, siquiera sea para despedirte de mí.* *conj.conces.*
2 Por lo menos: *dime siquiera si me perdonas.* *adv.*
3 Tan sólo: *no tengo siquiera a quién llamar por teléfono; ni siquiera te dignaste a despedirte de tus padres.*

siquis (Del gr. *psykhe*, alma.) Conjunto de las funciones mentales de un individuo. *s.f./pl: siquis* = psique

siquismo Conjunto de los caracteres y funciones de orden síquico. *s.m.* tb: psiquismo

sir (Voz inglesa.) Tratamiento honorífico empleado por los británicos.

sire Tratamiento propio de los reyes, en algunos países.

sirena (Del bajo lat. *sirena* < lat. *siren, -enis* < gr. *seiren, -enos*.)

1 Ser fantástico que tiene la mitad superior del cuerpo de mujer y la mitad inferior de pez o de ave. *s.f.* MITOLOGÍA
2 Aparato que produce un sonido agudo, que se oye a mucha distancia, y que se usa para avisar en ambulancias, vehículos de la policía, fábricas y barcos. = bocina
3 Instrumento para contar el número de vibraciones sonoras de un cuerpo en un lapso de tiempo determinado. FÍSICA

sirenio, a Perteneciente a un orden de mamíferos herbívoros marinos y fluviales, dotados de aletas, como el manatí y el dugón. *adj./s.m.* ZOOLOGÍA

sírfido, a Perteneciente a una familia de insectos dípteros que viven sobre las flores y en los prados. *adj./s.m.* ZOOLOGÍA

sirga
1 Cabo grueso que sirve para tirar las redes, para arrastrar embarcaciones desde tierra, en especial en la navegación fluvial, y para otras labores. *s.f.* NÁUTICA
2 a la sirga: Tirando de una embarcación con este cabo desde la orilla. *loc.adv.* NÁUTICA

sirgar Mover una embarcación tirando de ella con cabos desde las orillas. *v.tr./conj: pagar* NÁUTICA/= silgar

sirgo (Del gr. *sirikos*, paño de seda.)
1 Seda torcida. *s.m.*
2 Tela hecha o labrada con seda. TEXTIL

sirguero Jilguero, ave paseriforme de la familia de los fringílidos, que tiene un bello canto. *s.m.* ZOOLOGÍA

siriaco, a
1 De Siria. *adj./s./tb: siríaco*
2 Se aplica a los cristianos en cuyo rito se emplea la lengua siriaca. RELIGIÓN
3 Antigua lengua semítica procedente del arameo oriental, que se conserva en la actualidad como lengua literaria y litúrgica por esta comunidad cristiana. *s.m.* LINGÜÍSTICA

sirimiri Lluvia muy fina, persistente y penetrante. *s.m.*

siringa (Del lat. *syringa* < gr. *syrinx*.) Instrumento musical de viento formado por tubos de caña unidos a modo de escala musical. *s.f.* MÚSICA

siringe Órgano de fonación de las aves, situado en la bifurcación de los bronquios. *s.f.* ZOOLOGÍA

siringomielia Enfermedad de la médula espinal, caracterizada por el desarrollo de cavidades en el conducto central, que acarrean la pérdida de la sensibilidad al dolor y a la temperatura. *s.f.* MEDICINA

sirio, a
1 De Siria, país asiático de Próximo oriente, o de su lengua. *adj./s. tb: siro/= siriano*
2 Persona natural de este país.
3 Variante dialectal del árabe hablada en este país. *s.m./LINGÜÍSTICA*

sirionó De un pueblo amerindio del este de Bolivia, del grupo tupí-guaraní. *adj./s.m.f.*

siripita
1 Grillo, insecto que produce un sonido agudo y monótono. *s.f./Bol.* ZOOLOGÍA
2 Persona entrometida y pequeña. *Bol.*

sirirí
1 Denominación genérica de diversos patos, como el yaguasa. *s.m./Argent.* ZOOLOGÍA
2 Denominación vulgar de diversos pájaros, como el benteveo. *Argent.* ZOOLOGÍA

sirka Semilla de ají, empleada como condimento en diversos países sudamericanos. *s.f.* AGRICULTURA

sirla
1 Atraco realizado con una navaja o un objeto contundente. *s.f.* argot
2 Navaja, cuchillo cuya hoja se puede doblar sobre el mango. argot = chaira
3 Serie de golpes dados a una persona que la dejan herida o en mal estado. argot = paliza

sirle (Voz prerromana.) Excremento del ganado lanar y cabrío. *s.m.* = sirria

sirlí Ave paseriforme de alas muy desarrolladas, que vive en las zonas desérticas de África central y septentrional. *(Alaemon alaudipes.)* *s.f.* ZOOLOGÍA

siro, a De Siria. *adj/s./tb: sirio*

siroco (Del cat. *xaloc*.) Viento cálido que sopla del sudeste. *s.m.*

sirope Concentrado de azúcar o de jugo de fruta que se usa para endulzar bebidas refrescantes. *s.m.* = jarabe

sirria Sirle, excremento del ganado. *s.f.*

sirtaki (Voz griega.) Danza de origen griego que se baila con las manos entrelazadas. *s.m.*

sirte Banco de arena que se deposita en el fondo del mar. *s.m.*

sirventés (Del occitano ant. *sirventes*.) Serventesio [en todas sus acepciones]. *s.m./pl: sirventés* POESÍA

sirviente, a
1 Persona que forma parte del servicio doméstico de otra persona o de una casa. *s.* = criado, servidor

2 Soldado que maneja un arma de fuego colectiva.

-sis Componente de palabra procedente del gr. *-sis*, que significa enfermedad: *necrosis*. — *suf.*

sisa (Del fr. ant. *assise*, tributo que se imponía al pueblo.)
1 Cantidad que se defrauda o hurta, en especial en la compra diaria de comestibles y otras cosas. — *s.f.* = hurto
2 Corte hecho en una prenda de vestir para que se ajuste al cuerpo y, en especial, el corte curvo que se hace en la parte de la axila. — TEXTIL
3 Impuesto que se cobraba sobre los comestibles acortando las medidas. — HISTORIA
4 Sustancia de ocre o bermellón cocido con aceite de linaza que usan los doradores para fijar los panes de oro. — = mordente

sisador, a Que sisa. — *adj./s.*

sisal
1 Pita, planta amarilidácea. — *s.m./BOTÁNICA*
2 Fibra textil flexible y resistente obtenida de esta planta, que se utiliza para hacer cuerdas, sacos y cordeles. — TEXTIL

sisallo Caramillo, planta barrillera con hojas agudas de color verde claro. — *s.m.* BOTÁNICA

sisar
1 Quitar una persona una pequeña parte de una cosa que maneja por cuenta ajena. — *v.tr.* = hurtar
2 Hacer cortes en una prenda de vestir para que se ajuste mejor al cuerpo. — TEXTIL
3 Reducir las medidas de las mercancías comestibles aplicando el impuesto de la sisa. — HISTORIA
4 Preparar con la sisa una cosa que se ha de dorar.
5 Pegar, principalmente pedazos de loza y cristal. — *Ecuad.*

sisear Emitir una persona el sonido *s* para llamar la atención o para mostrar desagrado: *los espectadores sisearon la obra teatral*. — *v.intr./tr.* = chichear, chistar

siseo Acción y resultado de sisear. — *s.m./= chicheo*

sisero Empleado que se encargaba de cobrar el impuesto de la sisa. — *s.m.* HISTORIA

sisimbrio (Del lat. *sisymbrium* < gr. *sisymbrion*.) Jaramago, planta crucífera de hojas grandes y ásperas, flores amarillas y fruto en vainillas delgadas. — *s.m.* BOTÁNICA

sismicidad
1 Intensidad y número de sismos que tienen lugar en una región. — *s.f.* GEOLOGÍA
2 Grado en que se presenta este fenómeno. — GEOLOGÍA

sísmico, a
1 Del terremoto o que se relaciona con él: *está haciendo una investigación sísmica*. — *adj.* GEOLOGÍA
2 Que ha sido producido por un terremoto: *grieta sísmica*.

sismo (Del gr. *seismos*.) Terremoto o sacudida de la tierra producida por causas internas. — *s.m/GEOLOGÍA* th: seismo

sismografía Estudio y medida de los sismos registrados en los sismógrafos. — *s.f.* GEOLOGÍA

sismográfico, a De la sismografía. — *adj./GEOLOGÍA*

sismógrafo (Del gr. *seismos*, sismo + *grapho*, escribir.) Aparato que registra la amplitud, duración y otras características de los movimientos en un punto de la corteza terrestre durante un sismo. — *s.m.* GEOLOGÍA

sismograma (Del gr. *seismos*, sismo + *gramma*, letra.) Representación gráfica de un movimiento de tierra, obtenida mediante el uso de un sismógrafo. — *s.m.* GEOLOGÍA

sismología (Del gr. *seismos*, sismo + *logos*, ciencia.) Parte de la geología que estudia los terremotos. — *s.f.* GEOLOGÍA

sismológico, a De la sismología o de los terremotos. — *adj./GEOLOGÍA*

sismólogo, a Persona dedicada al estudio de los terremotos. — *s.* GEOLOGÍA

sismometría Conjunto de las técnicas de registro de las ondas sísmicas. — *s.f.* GEOLOGÍA

sismómetro (Del gr. *seismos*, sismo + *metron*, medida.) Instrumento para medir la intensidad de los movimientos producidos en la corteza terrestre durante un sismo. — *s.m.* GEOLOGÍA

sismoterapia Tratamiento de algunos trastornos síquicos por medio de vibraciones mecánicas. — *s.f.* SIQUIATRÍA

sisón (Del cat. *sisó*.) Ave zancuda, de dorso ocre, vientre blanco y cuello negro y blanco, que vive en llanos abiertos y cultivados. *(Otis tetrax.)* — *s.m.* ZOOLOGÍA

sisón, a Que sisa mucho. — *adj/s.*

sistáltico, a Se aplica al órgano que se dilata y se contrae de forma alternativa. — *adj.* FISIOLOGÍA

sistema (Del gr. *systema*.)
1 Conjunto ordenado de normas o procedimientos que contribuyen a un fin o con que funciona o se hace funcionar una cosa: *sistema político; sistema educativo*. — *s.m.* = modelo

2 Conjunto organizado de cualquier clase de cosas que se usan para un fin determinado: *sistema de signos; sistema monetario*. — = organización
3 Manera o modo de hacer una cosa: *tiene su propio sistema de trabajo; es un buen sistema para adelgazar; sistema de financiación*. — = procedimiento
4 Manera de estar dispuesto un mecanismo o utensilio: *sistema de alta definición; sistema de reproducción en alta fidelidad*. — = técnica
5 Conjunto de cosas que se mueven o funcionan de manera relacionada y coordinada: *sistema solar*. — = estructura
6 Conjunto de órganos que intervienen en alguna de las principales funciones del organismo: *sistema capilar*. — BIOLOGÍA
7 Conjunto de principios o teorías que forman un todo orgánico debido a su coherencia intrínseca: *sistema kantiano*. — FILOSOFÍA
8 La lengua en su totalidad y cada uno de sus sectores, fonológico, gramatical y léxico, considerados como conjuntos organizados y relacionados entre sí. — LINGÜÍSTICA
9 Conjunto de montañas que forman una unidad geográfica. — GEOGRAFÍA
10 sistema astático: Conjunto de dos agujas imantadas que se ponen con los polos invertidos y los ejes paralelos para que sea insensible a la acción magnética de la tierra. — FÍSICA
11 sistema cegesimal: Aquel cuyas unidades fundamentales son el centímetro, el gramo y el segundo.
12 sistema cristalino o cristalográfico: Cada conjunto de formas cristalinas que tienen los mismos elementos de simetría. — MINERALOGÍA
13 sistema decimal: Sistema de numeración formado por órdenes de unidades cada una de las cuales es igual a diez de las del orden anterior. — MATEMÁTICAS
14 sistema de numeración: Conjunto de las unidades de distinto orden y las formas de relacionarlas para expresar cualquier número de cosas. — MATEMÁTICAS
15 sistema distribuido: El que se compone de varios ordenadores separados por una cierta distancia, que operan con cierta autonomía, pero que están conectados entre sí. — INFORMÁTICA
16 sistema experto: Software que desarrolla procesos que resuelven problemas de un sector especializado del conocimiento, simulando las acciones que tomaría una persona experta en dicho sector. — INFORMÁTICA
17 sistema inmunitario: El que poseen todos los vertebrados para defender su organismo de los agentes infecciosos. — BIOLOGÍA
18 sistema inquisitivo: Aquel que permite al juzgador exceder la acusación y condenar sin ella. — DERECHO
19 sistema métrico decimal: El de medidas que tiene como base el metro y cuyas unidades están en la misma relación que las del sistema decimal. — MATEMÁTICAS
20 sistema monetario: Conjunto de unidades monetarias que circulan en un país. — ECONOMÍA
21 sistema nervioso: Aquel que está formado por un conjunto de órganos, de los cuales unos reciben excitaciones del exterior, otros los trasforman en impulsos nerviosos y otros conducen estos impulsos a los lugares del cuerpo en que han de ejercer su acción. — BIOLOGÍA
22 sistema operativo: Conjunto de programas y rutinas que gestionan las funciones de las unidades de que consta un ordenador, controla la ejecución de los programas, asignándoles memoria y gestionando su entrada/salida. — INFORMÁTICA
23 sistema parlamentario: El de los países que fundamentan su política en las cámaras de representantes. — POLÍTICA
24 sistema periódico: Cuadro en el que están ordenados los elementos químicos según su número atómico y agrupados los que tienen propiedades químicas análogas. — QUÍMICA
25 sistema planetario o solar: Conjunto del Sol, sus planetas, satélites y cometas. — ASTRONOMÍA
26 sistema vascular: Conjunto de las venas y arterias de un organismo. — ANATOMÍA
27 por sistema: Por empeño no razonado o justificado de hacer siempre cierta cosa o de cierto modo: *lo niega todo por sistema*. — loc.adv.

sistemática Ciencia de la clasificación de los seres vivos. — *s.f.* BIOLOGÍA

sistemáticamente
1 De modo sistemático. — *adv.*
2 De modo repetido: *te lo he preguntado, sistemáticamente, durante todo el día*.

sistemático, a
1 Que sigue un sistema. — *adj./= metódico*
2 Se refiere a la persona que actúa según un sistema metódico: *es muy sistemático y por eso controla muy bien su trabajo y lo termina siempre a tiempo*. — = metódico, ordenado ≠ anárquico

sistematización Acción y resultado de sistematizar. — *s.f.*

sistematizado, a Que está organizado según unos criterios lógicos. — *adj.* = ordenado

sistematizar Reducir una cosa a un sistema. — v.tr./conj.: *cazar*

sistémico, a
1 Que tiene relación con la totalidad de un sistema. — adj.
2 De la circulación de la sangre. — FISIOLOGÍA
3 Del organismo en su conjunto. — ANATOMÍA

sístilo, a Se aplica al edificio que tiene un espacio entre dos columnas de cuatro módulos de claro. — adj. ARQUITECTURA

sístole (Del gr. *systole*, contracción.)
1 Movimiento de contracción del corazón y de las arterias para empujar la sangre que contienen. — s.f. FISIOLOGÍA
2 Licencia poética de la poesía griega y latina que consiste en usar una sílaba larga como breve. — POESÍA

sistólico, a De la sístole del corazón y las arterias: *movimiento sistólico.* — adj./FISIOLOGÍA ≠ asistólico

sistro (Del lat. *sistrum* < gr. *seistron*.) Antiguo instrumento musical de percusión formado por una barra de metal en forma de arco o herradura y atravesado por varillas. — s.m. MÚSICA

sitácido, a Perteneciente a una familia de aves, casi todas de países tropicales, con plumas de vivos colores y pico corto y encorvado, como el loro. — adj./s.m. ZOOLOGÍA tb: psitácido

sitacismo (Derivado del gr. *psittakos*, papagayo.)
1 Método de enseñanza basado sólo en el ejercicio de la memoria. — s.m. tb: psitacismo
2 Trastorno del habla por el que un enfermo no es capaz de comprender el significado de las palabras que pronuncia. — SIQUIATRÍA

sitacosis (Derivado del gr. *psittakos*, papagayo.) Enfermedad infecciosa aguda que sufren los papagayos y otras aves y que es transmisible al hombre. — s.f./pl: sitacosis VETERINARIA tb: psitacosis

sitar Instrumento musical de cuerda, de origen indio, semejante a un laúd con un mango alargado, que se tañe con plectro y puede tener hasta siete cuerdas. — s.m. MÚSICA

sitatunga Mamífero artiodáctilo, africano, bóvido grande y buen nadador, que vive en las praderas cercanas a masas de agua dulce. *(Tragelaphus spekei.)* — s.f. ZOOLOGÍA

sitiado, a Que está rodeado por el enemigo: *ciudad sitiada; los sitiados se rindieron al enemigo.* — adj./s. = asediado

sitiador, a Que sitia o cerca un lugar para hostigar a sus habitantes y obligarlos a rendirse. — adj./s.

sitial (Voz catalana.) Asiento de ceremonia. — s.m.

sitiar
1 Poner cerco a una plaza o una fortaleza para combatirla y apoderarse de ella. — v.tr./MILITAR = cercar
2 Poner cerco a una persona: *la policía sitió al ladrón en un barrio de la ciudad.* — = acorralar
3 Poner a una persona en una situación que la obliga a aceptar una cosa o ceder en una actitud: *le sitiaron y no tuvo más remedio que aceptar el puesto.* — = presionar

sitibundo, a Que tiene sed. — adj./literario

sitio
I (De origen incierto.)
1 Espacio que es ocupado o puede serlo por una persona, un animal o una cosa: *las llaves pueden estar en cualquier sitio; tu sitio en la clase no es ése.* — s.m. = lugar
2 Lugar concreto a propósito para una cosa: *buscamos un sitio para dormir.* — = hueco
3 Lugar que se asigna a una cosa o a una persona en una clasificación u ordenación no espacial: *el sitio del cine entre las artes.* — = puesto
4 Finca, menor que la hacienda, dedicada al cultivo y a la cría de animales domésticos. — Méx., Cuba
5 Terreno apto para la edificación. — Argent., Chile, Ecuad.
6 Lugar en la vía pública autorizado como base para coches de alquiler. — Méx.
7 **dejar en el sitio a una persona:** Dejarlo muerto. — coloquial
8 **hacer sitio o hacer un sitio:** Hacer un hueco que pueda ser ocupado por una persona o cosa. — coloquial
9 **poner a una persona o una cosa en su sitio:** Hacer ver cuál es su importancia o posición: *no exageremos, vamos a poner las cosas en su sitio.* — coloquial
10 **quedarse uno en el sitio:** Morir de forma súbita. — coloquial
11 **real sitio:** Cada uno de los palacios que los reyes españoles tenían fuera de la corte, como residencia de recreo: *los tapices de los reales sitios.* — HISTORIA
II (Derivado de *sitiar*.) Acción y resultado de sitiar un lugar. — s.m. = asedio, cerco

sito, a (Del lat. *situs.*) Que está situado en un lugar determinado: *finca sita en Cádiz.* — adj. = ubicado

sitofobia Temor morboso a la ingestión de alimentos. — s.f. SIQUIATRÍA

sitogoniómetro Instrumento que sirve para medir ángulos de situación y desvíos angulares. — s.m. TECNOLOGÍA

situación
1 Acción y resultado de situar o situarse. — s.f.
2 Disposición de una cosa respecto del lugar que ocupa: *no me gusta la situación del rosal en el jardín.* — = localización
3 Disposición, estado o constitución de las personas o cosas: *su situación anímica es estable.* — = condición

4 Conjunto de las circunstancias presentes en un determinado momento: *situación política internacional.* — = coyuntura
5 Circunstancia económica o social de una persona: *su situación actual es muy buena, se ve por el cochazo que se ha comprado.* — = posición
6 Sueldo o renta sobre ciertos bienes. — = situado
7 **situación activa:** La del funcionario que está prestando de hecho algún servicio al estado.
8 **situación pasiva:** La del funcionario que, por determinadas causas, no presta servicio, aunque conserva algunos derechos.
9 **tener una situación:** Disponer de un medio de vida estable y satisfactorio.

situado Salario o renta señalados sobre algunos bienes productivos. — s.m. = situación

situar (Del bajo lat. *situare.*)
1 Poner en un lugar determinado: *se situó en la plaza para ver el desfile.* — v.tr./prnl. conj: *actuar*
2 Localizar una cosa en un lugar: *no consigo situar el museo pero creo que está cerca de tu casa.* — = emplazar
3 Hacer un depósito de dinero para un fin. — v.tr.
4 Llegar a tener una buena posición social o económica: *le costó bastante situarse, pero ahora vive muy bien.* — v.prnl. = prosperar

sítula Cubeta de bronce, en arqueología. — s.f./HISTORIA

síu Pájaro americano muy parecido al jilguero. — s.m./ZOOLOGÍA

siútico, a
1 Se aplica a la persona que en sus modales, lenguaje o forma de vestir, presume de fina o imita a las clases sociales más elevadas. — adj. Chile coloquial
2 Que es cursi, de mal gusto, aunque con apariencia refinada. — Chile
3 Se aplica a cierta apariencia de los vestidos. — Chile

siux De un pueblo amerindio estadounidense, que vive actualmente en reservas. — adj./s.m.f./pl: siux tb: sioux

ska Música de origen jamaicano, de ritmo más vivo que el reggae. — s.m./pl: ska MÚSICA

skai (Voz inglesa.) Material sintético que imita la piel. — s.m./tb: skay

skateboard (Voz inglesa.)
1 Plancha de madera, plástico u otra materia provista de ruedas, que se utiliza para desplazarse sobre ella. — s.m./pl: skateboards = monopatín
2 Juego o deporte que se practica con esta plancha. — DEPORTES

skating (Voz inglesa.)
1 Patinaje sobre ruedas. — s.m.
2 Lugar cerrado con las instalaciones necesarias para patinar.

sketch (Voz inglesa.) Escena breve, en general de carácter humorístico, que se intercala en una obra de teatro, cine, radio o televisión. — s.m. pl: sketches AUDIOVISUALES

ski (Del fr. *ski* < germ. *ski.*) Esquí [en todas sus acepciones]. — s.m. DEPORTES

skinhead (Voz inglesa.) Se refiere al joven radical de ideología militarista que, con la cabeza rapada y una indumentaria peculiar, suele adoptar un comportamiento de grupo violento y racista. — adj./s.m.f. pl: skinheads tb: skin

s.l. (Siglas de *Sociedad Limitada.*) Empresa fundada con pocos socios, de conocimiento mutuo, sin posibilidad de suscripción pública. — s.f. ECONOMÍA

slalom Recorrido y prueba de esquí alpino y piragüismo que consiste en descender sorteando diversos obstáculos. — s.m./pl: slaloms DEPORTES tb: eslalon

slam Producto muy fino que se obtiene de minerales machacados. — s.m. METALURGIA

slang (Voz inglesa.) Argot del inglés. — s.m./LINGÜÍSTICA

slip Prenda de vestir interior masculina ajustable y sin pernera. — s.m./pl: slips tb: eslip

slogan (Voz inglesa.) Lema o exposición breve que expresa una idea. — s.m./pl: slogans tb: eslogan

sloop (Voz inglesa.) Embarcación a vela con un mástil de un solo foque, o vela a proa. — s.m./pl: sloops NÁUTICA

slow (Voz inglesa.) Fox-trot de ritmo lento. — s.m.

s.m. (Siglas de *Su Majestad.*) Título de dignidad real. — s.m.f.

smash (Voz inglesa.) Golpe fuerte con el brazo totalmente levantado con que se devuelve una pelota que viene alta, en el tenis: *tiene un smash terrorífico.* — s.m. pl: smashes DEPORTES

smithsonita Mineral de color blanco, amarillo, verde o azul, traslúcido, de brillo vítreo, con forma de cristales, costras o agregados, de la clase de los carbonatos, que se emplea en la fabricación de latón y otras aleaciones. — s.f. MINERALOGÍA

smog (Voz inglesa.) Mezcla de la niebla y del humo de industrias y motores que se forma sobre ciudades industriales, y que constituye una forma de contaminación muy nociva. — s.m. ECOLOGÍA

smoking (Voz inglesa.) Chaqueta masculina de etiqueta, con cuello largo y sin solapas ni faldones. — s.m./pl: smokings tb: esmoquin

snack bar (Expresión inglesa.) Establecimiento con bar y restaurante donde se sirven platos combinados y rápidos. — s.m. tb: snack

¡snif! (Voz onomatopéyica.) Expresión que imita el sollozo. *interj.*

snipe (Voz inglesa.) Embarcación monotipo de regatas a vela para dos tripulantes. *s.m./pl: snipes* NÁUTICA

snob (Voz inglesa.) Esnob, se aplica a la persona que adopta modas o costumbres que considera distinguidas. *adj./s.m.f.* pl: snobs = afectado

snobismo (Del fr. *snobisme* < ingl. *snob*.) Esnobismo, actitud de quien es snob o afectado. *s.m.*

so
I (Contracción de *señor*.) Forma que antecede a adjetivos despectivos para reforzar o enfatizar su significado: *¿qué haces, so animal?* *coloquial*
II (Del lat. *sub*, debajo de.) Bajo, debajo de: *confesará, so pena de quedarse sin comer.* *prep.*

¡so! (Voz de creación expresiva.) Expresión de mando usada para obligar a detenerse a las caballerías. *interj.*

so- Componente de palabra procedente del lat. *sub*, que significa bajo, debajo o ligeramente: *socavar; sofreír.* *pref.*

soas Denominación de dos músculos pares insertos en las vértebras lumbares y en el trocánter menor del fémur, que contribuyen a la flexión del muslo sobre el tronco. *s.m.* pl: soas ANATOMÍA

soasar Asar poco un alimento. *v.tr./COCINA*

soba
1 Acción y resultado de sobar. *s.f./= manoseo*
2 Paliza, zurra de golpes: *el padre le dio una buena soba por llegar tarde.* *coloquial* = tunda
3 Reprimenda enérgica. *coloquial*

sobacal Del sobaco. *adj./= axilar*

sobaco
1 Hueco que forma el nacimiento del brazo con el cuerpo. *s.m./ANATOMÍA* = axila
2 Ángulo de una parte de la planta con el tronco. *BOTÁNICA*
3 Cada espacio que deja en un cuadrado el círculo inscrito en él. *ARQUITECTURA*
4 Pez teleósteo parecido al pez ballesta. *(Balistes sobaco.)* *ZOOLOGÍA*

sobacuno Se aplica al olor que procede del sobaco o que es parecido al que procede de éste. *adj.*

sobadero, a
1 Que se puede sobar. *adj.*
2 Sitio donde se frotan las pieles para curtirlas. *s.m.*

sobado, a
1 Que está manoseado. *adj.*
2 Se refiere al asunto o tema que está muy tratado: *ese tema está ya muy sobado, pasemos a otro.* = manido
3 Se aplica al bollo o torta a cuya masa se ha añadido aceite o manteca. *adj./s.m./COCINA* tb: sobao
4 Que está dormido: *llegué tarde a casa y me lo encontré sobado en el sofá.* *adj.* coloquial

sobadura Acción y resultado de sobar. *s.f./= soba, sobajeo*

sobajadura Acción y resultado de sobajar. *s.f./= sobajamiento*

sobajar
1 Tocar una cosa de modo repetido y con fuerza desgastándola. *v.tr.* tb: sobajear
2 Humillar o rebajar a una persona. *Méx.*

sobajeo Sobajadura, acción y resultado de sobajar. *s.m./= sobajamiento*

sobanda Superficie curva del tonel que se encuentra a más distancia del que lo mira. *s.f.*

sobandero Curandero, persona que se dedica a arreglar los huesos dislocados. *s.m./Colomb.* = algebrista

sobaquera
1 Abertura que se deja en algunas prendas de vestir en la parte del sobaco. *s.f.*
2 Pieza que se usa para reforzar la parte del sobaco de algunas prendas de vestir.
3 Pieza de material impermeable colocada en la parte del sobaco de algunas prendas de vestir para que no traspase el sudor.
4 Pieza de la armadura que cubría el sobaco. HISTORIA

sobaquillo
1 Indica el modo de poner banderillas dejando pasar la cabeza del toro y clavándolas el diestro hacia atrás, al mismo tiempo que emprende la huida, en la expresión de sobaquillo. *loc.adv.* TAUROMAQUIA
2 Indica la manera de lanzar piedras por debajo del sobaco, en la expresión de sobaquillo. *loc.adv.*

sobaquina Mal olor que procede del sudor de los sobacos. *s.f.*

sobar
1 Tocar una cosa con insistencia desgastándola o estropeándola: *no sobes tanto la cortina, que va a quedar muy fea.* *v.tr.* = sobetear
2 Mover y apretar una cosa con las manos para que se ablande. = manosear
3 Tocar a una persona repetidamente: *tenía la costumbre de sobar a todos sus amigos.* = toquetear

4 Golpear a una persona como castigo: *me sobó por lo que había hecho.* = sacudir
5 Dormir una persona: *me voy a casa a sobar porque me caigo de sueño.* coloquial
6 Masajear, friccionar alguna parte del cuerpo para aliviar una tensión o dolor. *Argent., Méx.*
7 Fatigar al caballo. *Argent.*
8 Curar una dislocación ósea. *Amér.*
9 sobar el lomo: Adular, halagar, dar coba. *Argent./coloquial*

sobarba
1 Correa de la brida que rodea el hocico del caballo por encima de la nariz y sirve para asegurar la posición del bocado. *s.f.* EQUITACIÓN = muserola
2 Abultamiento entre la barbilla y el cuello de las personas. = papada

sobarbada
1 Tirón que se da a las riendas de una caballería para controlarla. *s.f./EQUITACIÓN* = sofrenada
2 Reprimenda fuerte. = regañina

sobarbo Álabe o diente de una rueda hidráulica. *s.m./MECÁNICA*

sobarcar (Del lat. vulgar *subbracchicare*.)
1 Poner o llevar bajo el brazo una cosa. *v.tr./conj: sacar*
2 Subir un vestido hacia los sobacos.

sobeo
I (Del lat. vulgar *subigium* < lat. *subjugium*.) Correa fuerte con que se ataba al yugo la lanza del carro o el timón del arado. *s.m.* tb: subeo
II (Derivado de *sobar*.) Acción y resultado de sobar. *s.m./tb: sobe*

soberado Desván, cuarto trastero situado inmediatamente debajo del tejado. *s.m.* Colomb., Chile

soberanamente
1 Con soberanía. *adv.*
2 En extremo, mucho: *nos reímos soberanamente a tu costa.*

soberanear Mandar una persona como soberano. *v.intr.*

soberanía (Derivado del lat. *superius*, más arriba.)
1 Autoridad suprema en el mando y poder público de una nación. *s.f.* POLÍTICA
2 Dignidad de la persona o institución que ejerce la autoridad suprema de una nación. POLÍTICA
3 Excelencia no superada dentro de cualquier orden inmaterial. = supremacía
4 Condición de soberano. = independiente
5 soberanía nacional: La del pueblo en el cual reside la autoridad suprema sobre la nación, y que éste ejerce por medio de sus órganos constitucionales representativos. POLÍTICA

soberano, a (Del lat. vulgar *superianus*.)
1 Que ejerce la autoridad suprema. *adj./s.*
2 Se aplica a la nación que es independiente. *adj./POLÍTICA*
3 Que es grande o intenso: *le dio una soberana paliza.* = enorme
4 Que es soberbio o presumido. = engreído
5 Rey o reina, persona con dignidad real. *s./= monarca*

soberbia (Del lat. *superbia*.)
1 Inclinación desmesurada del que se cree superior y menosprecia a los demás: *la soberbia de ese chico me molesta.* *s.f.* = altivez
2 Magnificencia o pompa exagerada, en especial en los edificios: *la soberbia de un monumento.* = fastuosidad ≠ sobriedad
3 Cualidad del que se irrita o encoleriza en exceso al ser contrariado. = ira

soberbiamente
1 Con soberbia. *adv.*
2 Muy bien: *vimos un piso soberbiamente decorado.* = espléndidamente

soberbiar Rechazar una cosa por soberbia. *v.tr./Ecuad.*

soberbio, a (Del lat. *superbus*.)
1 Que tiene soberbia o se deja llevar por ella: *es muy soberbio, sólo se relaciona con la gente que le interesa.* *adj.* = orgulloso
2 Que se comporta con arrogancia. = gallardo
3 Que es muy grande: *recibí una reprimenda soberbia.* = enorme
4 Que es magnífico: *viven en un palacio soberbio.* = grandioso
5 Se aplica a la persona que se irrita en exceso cuando es contrariada. = iracundo
6 Se aplica al caballo que es fogoso y violento.

soberbioso, a De gran soberbia: *nos dio una respuesta muy soberbiosa.* *adj.*

sobermejo, a De color bermejo o rojo oscuro. *adj.*

sobina Clavo de madera. *s.f./CARPINTERÍA*

sobo Sobadura, acción y resultado de sobar. *s.m.*

sobón, a
1 Que toca o acaricia de manera excesiva y molesta a una persona o cosa. *adj./s.* = magreador
2 Que evita trabajar. = holgazán

sobordo
1 Revisión de la carga transportada por un barco para confrontar las mercancías con la documentación en que éstas se relacionan. *s.m.* NÁUTICA
2 Libro o documento en que el capitán de un barco anota la carga. NÁUTICA

3 Remuneración adicional que reciben los tripulantes de un barco en tiempo de guerra y que equivale a un tanto por ciento del valor de los fletes. — NÁUTICA

sobornable Que puede ser sobornado: *burócrata sobornable.* — adj. ≠ insobornable

sobornador, a Que soborna. — adj/s.

sobornal (Del lat. *supernalis.*) Peso que se añadía a uno de los tercios de la carga de una caballería para equilibrarlos. — s.m.

sobornar (Del lat. *subornare.*) Comprar a una persona con regalos para conseguir una cosa: *quisieron sobornar a la juez para que dictara una sentencia favorable.* — v.tr. = untar

soborno
1 Acción y resultado de sobornar. — s.m./= sobornación
2 Cantidad de dinero o regalo que se da para sobornar a una persona.
3 Lo que sirve para captar la voluntad de una persona o hacerla actuar: *utilizó su amor como soborno para sus crímenes.* — = gancho

sobra
1 Exceso de cualquier cosa. — s.f./= excedente
2 Palabra o acción con que se ofende o humilla a una persona. — = agravio
3 Restos que quedan de la comida al recoger la mesa: *dale las sobras al perro.* — s.f.pl.
4 Desperdicios de cualquier cosa. — = desecho
5 Parte del haber de un soldado que se le entrega en mano semanal o diariamente. — MILITAR
6 de sobra: En abundancia o con exceso: *tengo ropa de sobra para pasar el invierno aquí.* — loc.adv.

sobradamente Bastante, de sobra: *me siento sobradamente pagado con tu sonrisa.* — adv.

sobradar Poner sobrado o desván a un edificio. — v.tr./ARQUITECTURA

sobradillo Tejado construido sobre un balcón, una puerta o una ventana. — s.m. ARQUITECTURA

sobrado (Del lat. *superadditum,* añadido encima.) Desván, parte más alta de una casa, situada debajo del tejado. — s.m. ARQUITECTURA

sobrado, a
1 Que tiene de sobra o más de lo necesario: *está sobrado de fuerzas.* — adj. ≠ escaso
2 Que es audaz y licencioso. — = desenfrenado
3 Que es atrevido o insolente. — = osado
4 Se refiere a la persona que es rica o tiene más de lo necesario: *no anda muy sobrado últimamente.* — = desahogado
5 Que es enorme o colosal. — Chile
6 Que excede cierto límite. — Chile/coloquial
7 Se aplica a la persona arrogante que se muestra convencida de su propia valía. — Chile despectivo

sobrador, a Se aplica a la persona que acostumbra a sobrar a los otros tratándoles con superioridad. — adj/s. Argent.

sobrancero, a Que no trabaja ni tiene oficio. — adj/s.

sobrante
1 Cosa o parte de algo que sobra por superar lo estrictamente necesario. — adj/s.m. = excedente
2 Que tiene más de lo necesario. — adj./= sobrado

sobrar (Del lat. *superare,* abundar.)
1 Haber más de lo necesario de una cosa: *en su casa sobran los problemas.* — v.intr. = abundar
2 Estar una persona de más en un lugar: *tú aquí sobras.*
3 Quedar o restar algo: *no sobró nada.* — ≠ faltar
4 Tratar a los demás con superioridad. — v.tr./Argent.

sobrasada (Del cat. *sobrasada* < ital. *soprassata.*) Embutido típico balear hecho con carne de cerdo muy picada y sazonada con sal, pimienta y pimentón molido. — s.f. COCINA tb: sobreasada

sobrasar Poner brasas al pie de un recipiente para que se caliente antes o mejor. — v.tr.

sobre
I (Del lat. *super.*)
1 Encima de: *ponlo sobre la mesa.* — prep./= en
2 Acerca de: *el libro trata sobre las ciencias ocultas; escribió sobre mí en varias ocasiones.* — = de
3 Indica cantidad o tiempo aproximados: *llegaremos sobre la una; fue sobre el año mil.* — = hacia
4 Indica situación de superioridad o dominio, real o figurado: *está sobre mí en el trabajo; una casa situada sobre el mar.*
5 Indica reiteración o acumulación: *día sobre día lo paso en la misma cama.* — = tras
6 Indica base o garantía en el comercio, así como persona contra quien se gira una cantidad: *me dieron una hipoteca sobre la finca.* — COMERCIO, ECONOMÍA
7 Indica control o vigilancia: *hay que estar sobre él para que trabaje.* — = encima
8 Además de: *pagó un plus sobre el total por excederse en el tiempo de aparcamiento.*
9 Contra una persona o cosa: *el ejército marchó sobre la ciudad.* — = hacia
10 Siguiendo de cerca a una persona, animal o cosa: *están sobre la pista.* — = tras

II (De origen incierto.)
1 Cubierta de papel u otro material parecido donde se meten cartas o documentos para enviarlos de una parte a otra: *necesito sobres de distintos tamaños.* — s.m.
2 Lo que se escribe en dicha cubierta.
3 Cubierta parecida para diversos usos: *sobre de té.*
4 Cama, mueble para descansar y dormir: *se echó a dormir en el sobre.* — coloquial
5 sobre monedero: Estuche de cartón que servía para remitir monedas por correo.

sobre- Componente de palabra procedente del lat. *super,* que significa encima de, énfasis: *sobrenatural; sobreproteger.* — pref.

sobreabundancia Acción y resultado de sobreabundar. — s.f. = superabundancia

sobreabundante Que sobreabunda: *este año, la cosecha fue sobreabundante.* — adj. = superabundante

sobreabundar Ser una cosa muy abundante: *en esa región sobreabunda el agua.* — v.intr. = superabundar

sobreaguar Mantenerse un cuerpo en la superficie de un líquido sin hundirse: *los náufragos heridos se sobreaguaron.* — v.intr/prnl. conj: aguar = flotar

sobreagudo, a Se aplica a los sonidos más agudos del sistema musical. — adj/s. MÚSICA

sobrealiento Respiración difícil y fatigosa. — s.m./= disnea

sobrealimentación Acción y resultado de sobrealimentar o sobrealimentarse. — s.f.

sobrealimentar
1 Dar a una persona o a un animal más alimento del que necesita: *está gordo porque se sobrealimenta.* — v.tr/prnl.
2 Aumentar la presión del combustible en un motor de explosión para incrementar su potencia. — v.tr. MECÁNICA

sobrealimento Comida que se ingiere como refuerzo alimenticio. — s.m.

sobrealzar Levantar mucho o demasiado una cosa. — v.tr./conj: cazar

sobreañadir Volver a añadir una cosa. — v.tr.

sobreañal Se aplica al animal que tiene poco más de un año. — adj. ZOOLOGÍA

sobrearar Volver a arar un terreno. — v.tr./AGRICULTURA

sobrearco Arco construido sobre un dintel para aliviarle la carga. — s.m. ARQUITECTURA

sobreasada (Del ital. *soprassata.*) Sobrasada, embutido típico balear. — s.f. COCINA

sobreasar Volver a poner un alimento cocinado al fuego para que se tueste. — v.tr.

sobreático Piso situado encima del ático de un edificio. — s.m./ARQUITECTURA

sobrebarato, a Que es muy barato. — adj./≠ caro

sobrebarrer Barrer un suelo de manera superficial. — v.tr.

sobrebeber
1 Volver a beber. — v.intr.
2 Beber con exceso.

sobrebota Polaina de cuero curtido. — s.f./Amér. Central

sobrecalentamiento Excesivo calentamiento de una cosa, en especial de un motor o un aparato. — s.m.

sobrecalentar Calentar algo en exceso: *el motor del coche se sobrecalentó.* — v.tr/prnl. conj: pensar

sobrecalza Especie de media calza que cubre la pierna hasta la rodilla. — s.f. = polaina

sobrecama
1 Cobertura para poner en la cama, que sirve de adorno y abrigo. — s.f. = colcha
2 Especie de boa. — Ecuad/ZOOLOGÍA

sobrecaña Tumor óseo que se les forma a las caballerías en las extremidades delanteras. — s.f. VETERINARIA

sobrecarga
1 Exceso de carga normal. — s.f.
2 Cuerda o lazo que se echa encima de la carga para asegurarla.
3 Inscripción suplementaria impresa sobre un sello para alterar su valor, conmemorar un suceso o por otros motivos.
4 Molestia que sobreviene y se añade al estado emocional.
5 Carga suplementaria que puede soportar una construcción, máquina o aparato cualesquiera, en algún caso excepcional que ya está previsto en su construcción. — TECNOLOGÍA
6 Efecto de saturación de la capacidad del ordenador central por exceso de datos. — INFORMÁTICA

sobrecargar
1 Poner sobre una persona, un animal o una cosa objetos demasiado grandes o pesados. — v.tr/conj: pagar = embalumar
2 Volver a coser una costura para ocultar los bordes.

sobrecargo
1 Oficial responsable del cargamento, en los buques mercantes y de pasajeros. — s.m. NÁUTICA

2 Tripulante de avión encargado de supervisar el cargamento y desempeñar otras funciones auxiliares. — AERONÁUTICA

sobrecaro, a Que es muy caro: *fuimos a un restaurante sobrecaro.* — adj. ≠ barato

sobrecarta
1 Sobre de una carta. — s.f.
2 Duplicado de una provisión que daban los tribunales cuando por cualquier motivo no se había cumplido después de la primera expedición. — DERECHO

sobrecartar Dar un tribunal una sobrecarta a una persona. — v.tr. DERECHO

sobrecédula Segunda cédula real que expedía el rey para que se cumpliera lo dispuesto en la primera. — s.f. HISTORIA

sobreceja Parte de la frente inmediata a las cejas. — s.f./ANATOMÍA

sobrecejo Gesto de enfado que consiste en poner el ceño fruncido. — s.m. tb: sobreceño

sobrecelestial Del más alto cielo. — adj.

sobrecenar Cenar dos veces: *sobrecenamos pavo en navidad.* — v.intr/tr.

sobrecerco Cerco con que se protege o refuerza otro. — s.m.

sobrecerrado, a Que está muy bien cerrado. — adj.

sobrecielo Dosel del sitial o del altar. — s.m./RELIGIÓN

sobrecincha Faja o correa que, pasada por debajo de la barriga del caballo y por encima del aparejo, sujeta la manta o el caparazón que le cubre el lomo. — s.f. EQUITACIÓN tb: sobrecincho

sobreclaustro Pieza o habitación situada encima del claustro. — s.m./ARQUITECTURA tb: sobreclaustra

sobrecogedor, a Que sobrecoge: *tu relato es sobrecogedor.* — adj. = aterrador

sobrecoger
1 Coger algo de repente y desprevenida a una persona. — v.tr./conj: coger
2 Sorprenderse o sentir una persona mucho miedo: *se sobrecogió cuando le atacó el perro.* — v.prnl. = aterrar

sobrecogimiento
1 Emoción intensa que suspende de manera momentánea la actividad sensorial producida por miedo o admiración. — s.m.
2 Acción y resultado de coger desprevenido o por sorpresa.

sobrecomida Postre o alimento final de una comida. — s.f.

sobrecompresión
1 Aumento de la compresión de un cuerpo, bien por reducción de volumen, o bien por elevación de la presión a que se le somete. — s.f. FÍSICA
2 Método que consiste en realizar una compresión variable con la altitud, en un motor de avión. — MECÁNICA

sobrecomprimido, a
1 De la sobrecompresión. — adj.
2 motor sobrecomprimido: Aquel en el que el grado de compresión de la mezcla detonante se lleva al máximo. — MECÁNICA

sobrecongelación Congelación rápida a muy baja temperatura. — s.f.

sobrecongelador Aparato para sobrecongelar. — s.m.

sobrecongelar Congelar rápido y a temperatura muy baja. — v.tr.

sobrecopa Tapadera de la copa. — s.f.

sobrecrecer Crecer una cosa en exceso o exceder en crecimiento. — v.intr. conj: carecer

sobrecruz Cada uno de los cuatro brazos que lleva en los lados de las cruces la rueda de la azuda o máquina para sacar agua de los ríos. — s.m. pl: sobrecruces

sobrecubierta
1 Segunda cubierta con que se protege mejor alguna cosa. — s.f.
2 Cubierta con que se protegen las tapas de un libro. — = camisa
3 Cubierta situada sobre la principal de un barco. — NÁUTICA

sobrecuello
1 Cuello sobrepuesto al de una prenda de vestir. — s.m.
2 Alzacuello de los eclesiásticos. — RELIGIÓN/= collarín

sobrecurar Curar una herida o una enfermedad de modo superficial o descuidado. — v.tr.

sobredicho, a Que ya ha sido mencionado antes en el mismo documento o escrito. — adj./= antedicho, susodicho

sobrediente Diente que nace encima de otro. — s.m./MEDICINA

sobredimensionar Hacer que una cosa tenga o parezca tener un tamaño o una importancia superior a los reales: *la televisión sobredimensionó el problema, no era para tanto.* — v.tr. = exagerar

sobredorar
1 Cubrir un objeto con oro. — v.tr.
2 Ser indulgente con una cosa reprensible: *sobredoró sus insultos para no discutir con su amiga.*

sobredosificación Administración de un fármaco en dosis superior a la normal. — s.f. MEDICINA

sobredosis
1 Dosis excesiva de medicamento o de cualquier sustancia: *para lavar ese mantel necesitas una sobredosis de jabón.* — s.f. pl: sobredosis
2 Dosis excesiva de una droga, que causa trastornos físicos y mentales e incluso la muerte: *hoy mueren muchos heroinómanos por sobredosis.* — MEDICINA

sobreedificar Construir un edificio sobre otro. — v.tr./conj: sacar

sobreempeine Parte de la polaina o calza que cubre el empeine del pie. — s.m.

sobreentender Sobrentender, entender lo implícito. — v.tr/prnl./conj: tender

sobreentendido, a Sobrentendido [en todas sus acepciones]. — adj.

sobreesdrújulo, a Que se acentúa en la sílaba anterior a la antepenúltima. — adj./GRAMÁTICA tb: sobresdrújulo

sobreestimar Querer o estimar a una persona o cosa más de lo que vale o se merece. — v.tr. tb: sobrestimar

sobreexceder Sobrexceder, aventajar a otra persona o cosa. — v.intr. = superar

sobreexcitación Acción y resultado de sobreexcitar o sobreexcitarse. — s.f. tb: sobrexcitación

sobreexcitar
1 Producir o producirse un exceso de excitación en la actividad de un órgano, un organismo o en parte de él. — v.tr/prnl. MEDICINA
2 Producir una excitación en una máquina eléctrica por encima de su nivel normal. — ELECTRICIDAD
3 Excitarse una persona, anímica o físicamente, de manera excesiva. — v.prnl.

sobreexponer Sobrexponer, exponer en exceso una superficie sensible a la luz. — v.tr/conj: poner FOTOGRAFÍA

sobreexposición Sobrexposición, exposición demasiado prolongada de una superficie sensible a la luz. — s.f. FOTOGRAFÍA

sobrefalda Falda corta que se pone sobre otra como adorno. — s.f.

sobrefaz
1 Cara exterior de una cosa. — s.f./pl: sobrefaces
2 Distancia que hay entre el ángulo exterior del baluarte y el flanco prolongado, en una fortificación. — CONSTRUCCIÓN

sobreflor Flor que nace dentro de otra, bien por una anomalía espontánea o bien a causa del cultivo. — s.f. BOTÁNICA

sobrefrenada Sofrenada, acción y resultado de sofrenar. — s.f.

sobrefusible Se aplica a la sustancia que se puede mantener en estado de sobrefusión. — adj. FÍSICA

sobrefusión Permanencia de un cuerpo en estado líquido a temperatura inferior a la de la fusión. — s.f. FÍSICA

sobreganar Ganar a una persona un juego con mucha ventaja. — v.tr. JUEGOS

sobregirar Hacer un giro por valor superior al crédito disponible. — v.tr. ECONOMÍA

sobregiro Libranza o giro que excede de los créditos o fondos disponibles. — s.m. ECONOMÍA

sobreguarda
1 Guarda que ejerce su autoridad sobre otros de inferior graduación. — s.m.f.
2 Segundo guarda con que se refuerza un sistema de seguridad.

sobrehaz
1 Sobrefaz o cara exterior de una cosa. — s.m./pl: sobrehaces
2 Lo que se pone encima de una cosa para taparla.
3 Aspecto exterior o superficial de una cosa.

sobreherido, a Que está herido de modo leve o superficial. — adj.

sobrehilado Puntadas en el borde de una tela para que no se deshile. — s.m./TEXTIL = sobrehilo

sobrehilar Dar puntadas sobre el borde de una tela cortada para que no se deshilache. — v.tr./conj: aislar TEXTIL

sobrehueso
1 Tumor duro que se forma sobre un hueso. — s.m./MEDICINA
2 Cosa molesta o difícil. — = molestia

sobrehumano, a Que excede las posibilidades normales de una persona: *hicieron un esfuerzo sobrehumano.* — adj. = enorme, excesivo

sobreimposición Fenómeno que ocasiona un curso de agua al cortar, debido a su hundimiento, estructuras geológicas distintas de aquellas sobre las que se había instalado. — s.f. GEOGRAFÍA

sobreimpresión Acción y resultado de sobreimprimir. — s.f.

sobreimprimir Imprimir algo sobre un texto o sobre una imagen gráfica. — v.tr.

sobreintendencia Superintendencia [en todas sus acepciones]. — s.f.

sobrejuanete
1 Cada una de las vergas cruzadas sobre los juanetes. — s.m./NÁUTICA

2 Vela que se larga en estas vergas. NÁUTICA

sobrelecho Cara inferior de un sillar que descansa sobre la cara superior del que está debajo. s.m. ARQUITECTURA

sobrellavar Poner una segunda cerradura en una puerta. v.tr.

sobrellave
1 Cerradura auxiliar que se añade a una puerta. s.f.
2 Orificio de la segunda cerradura de una puerta, por donde se introduce la llave.

sobrellenar Llenar una cosa en exceso. v.tr.

sobrelleno, a Que está rebosante o es muy abundante. adj.

sobrellevar
1 Soportar una persona con coraje o paciencia una situación penosa: *sobrellevaba su desgracia con gran dignidad.* v.tr. = sufrir
2 Llevar una persona una carga para ayudar a otra.
3 Ayudar a una persona a soportar situaciones penosas: *su mejor amigo la sobrellevaba su enfermedad.* = consolar
4 Intentar ocultar las faltas o descuidos de una persona: *sobrellevaba su informalidad para evitar disputas.* = disimular

sobreltado Escudo pequeño que se superpone sobre otro de mayor tamaño. s.m./HERÁLDICA = escusón

sobremanera En gran manera, mucho: *me disgusta sobremanera tu actitud machista.* adv. = sobremodo

sobremano
1 Tumor óseo que en las caballerías se desarrolla sobre la corona de los cascos delanteros. s.m. VETERINARIA
2 a sobremano: A pulso, sin apoyo. loc.adv.

sobremarcha Marcha suplementaria de un vehículo, mediante la cual se logra más velocidad con menos desgaste y consumo. s.f. MECÁNICA

sobremesa
1 Tiempo que se permanece alrededor de la mesa después de haber comido para reposar y charlar. s.f.
2 Cubierta de tela u otro material, que se pone sobre la mesa. = tapete
3 de sobremesa: 1. Se aplica a los objetos a propósito para ser colocados sobre una mesa u otro mueble. loc.adj.
2. Se refiere a aquello que se hace después de haber comido: *juegos de sobremesa.* loc.adj. 3. Inmediatamente después de comer y sin levantarse de la mesa. loc.adv.

sobremesana Gavia o vela del mástil que está más a popa. s.f. NÁUTICA

sobremodo Sobremanera, mucho. adv.

sobremodulación Fenómeno por el cual una onda moduladora excede el nivel máximo permisible en la modulación. s.f. TELECOMUNICACIONES

sobremolde Molde obtenido a partir de un objeto moldeado. s.m. METALURGIA

sobremoldear Moldear un objeto en un molde obtenido a partir de una figura moldeada. v.tr. METALURGIA

sobremuñonera Pieza de hierro semicilíndrica para sujetar al armazón en el que se coloca el muñón del cañón. s.f. MILITAR

sobrenadar Mantenerse un cuerpo sobre la superficie de un líquido sin hundirse. v.intr. = flotar

sobrenatural
1 Que no tiene respuesta según las leyes de la naturaleza: *fenómenos sobrenaturales.* adj. ≠ natural
2 Que tiene relación con las creencias religiosas o con la existencia del alma después de la muerte: *vida sobrenatural.* RELIGIÓN

sobrenaturalismo Doctrina religiosa que concede especial importancia a los fenómenos que sobrepasan las leyes de la naturaleza, como la gracia y la revelación. s.m. RELIGIÓN

sobrenaturalizar
1 Hacer que una cosa sea sobrenatural. v.tr./conj: *cazar*
2 Atribuir poderes sobrenaturales a una persona o una cosa.

sobrenjalma Manta que se pone sobre la enjalma o especie de aparejo de las bestias de carga. s.f.

sobrenombre
1 Denominación que se añade al apellido para distinguir a dos personas que llevan el mismo. s.m.
2 Calificativo con el que se distingue a una persona. = alias, apodo

sobrentender Percibir o entender una cosa que, aunque no está expresa en un discurso o un escrito, está implícita en ellos. v.tr/prnl. conj: *tender* tb: sobreentender

sobrentendido, a
1 Que se sobrentiende. adj./tb: sobreentendido
2 Aquello que no está expresa pero que se da por supuesto. s.m.

sobrepaga
1 Cantidad que se añade al sueldo. s.f./= sobresueldo

2 Aumento de paga. = plus

sobrepaño Paño que se coloca encima de otro. s.m.

sobreparto
1 Tiempo inmediatamente posterior al parto. s.m./= puerperio
2 Estado de salud delicado que suele seguir al parto. = posparto

sobrepasar (Del fr. *sorpasser.*)
1 Pasar una cosa de un límite o cantidad: *sus exigencias sobrepasan lo admisible.* v.tr. = exceder
2 Superar o aventajar a una persona: *el pequeño sobrepasa al mayor en espabilado.* = rebasar

sobrepastado, a Se aplica a los prados que han sido pastados en exceso por el ganado, provocando la degradación de la vegetación y del suelo. adj.

sobrepelliz Vestidura blanca de tela fina con mangas muy anchas que se ponen los eclesiásticos o los legos sobre la sotana. s.f. pl: sobrepellices RELIGIÓN

sobrepeso
1 Exceso en una carga. s.m./= sobrecarga
2 Excesiva acumulación de grasa en el cuerpo. = obesidad

sobrepié Tumor óseo que en las caballerías se desarrolla sobre la corona de los cascos traseros. s.m. VETERINARIA

sobrepintarse Ponerse una persona demasiado maquillaje: *estaba tan sobrepintada que parecía un payaso.* v.prnl. = repintarse

sobreplán Refuerzo de los que se colocan de trecho en trecho en la armadura del barco sujetos a la sobrequilla y a las cuadernas. s.f. pl: sobreplanes NÁUTICA

sobreponer
1 Poner una cosa sobre otra. v.tr./conj: *tender*
2 Considerar una cosa más importante que otra: *siempre sobrepone sus intereses a los de los demás.* = anteponer
3 Ser una persona capaz de superar una situación angustiosa o adversa: *tras el despido, se sobrepuso en pocas semanas.* v.prnl. = recobrarse
4 Hacer una persona ostentación de superioridad respecto a otra: *se sobrepone a sus empleados con mucho orgullo.* = dominar

sobreprecio Aumento en el precio normal de una cosa: *lleva un sobreprecio por artículo de lujo.* s.m. = recargo

sobreprima Recargo en la cantidad cobrada por el asegurador en un seguro para garantizar un riesgo extraordinario. s.f. DERECHO

sobreproducción Superproducción [en todas sus acepciones]. s.f.

sobreproteger Proteger demasiado a una persona o cosa: *tiende a sobreproteger a sus hijos.* v.tr. conj: *coger*

sobrepuerta
1 Pieza de madera que tapa la barra que sostiene las cortinas de las alcobas. s.f.
2 Cortinilla o cenefa que se pone sobre las puertas.
3 Pintura, tela, talla u otro adorno más largo que alto que se pone sobre las puertas.

sobrepuesto, a (Part. pas. irreg. de *sobreponer.*)
1 Que es o está añadido. adj.
2 Ornamento de materia distinta de aquella sobre la que se pone. s.m. = aplicación
3 Panal muy blanco y de miel delicada que forman las abejas, después de llena la colmena, encima de la obra que hacen primero.
4 Vasija de barro o cesto de mimbres que se pone boca abajo y ajusta sobre los vasos de las colmenas para que las abejas trabajen este panal.

sobrepujamiento Acción y resultado de sobrepujar. s.m.

sobrepujanza Superioridad en una cualidad de una cosa o persona con respecto a otra: *la sobrepujanza de su belleza eclipsa a todas.* s.f. = supremacía

sobrepujar (Del cat. *sobrepujar.*) Ser una persona o una cosa superior a otra en una cualidad: *sobrepuja a su hermana en inteligencia.* v.tr. = exceder

sobrequilla Madero de piezas unido fuertemente a la quilla del barco para asegurar la unión de ésta a las costillas. s.f. NÁUTICA

sobrero, a
1 Que sobra. adj./= sobrante
2 Se aplica al toro que se tiene de reserva por si se inutiliza alguno de los destinados a la corrida. adj/s. TAUROMAQUIA

sobrerrealismo Surrealismo, movimiento artístico y literario. s.m./ARTE, LITERATURA

sobrerronda Ronda que se solía hacer en sentido inverso a la ordinaria. s.f./MILITAR = contrarronda

sobrerropa Prenda de vestir, más ligera que el gabán, que se pone sobre el traje. s.f. = sobretodo

sobresalienta Mujer que en el teatro suple la ausencia de otra. s.f. TEATRO

sobresaliente
1 Que sobresale o destaca: *tuvo una actuación sobresaliente.* adj. = excelente
2 En los exámenes, calificación superior al notable. s.m.

3 El que suple la falta o ausencia de otro, en especial en el teatro y en el toreo. = suplente

sobresalir .
1 Tener una cosa mayor altura que otras que la rodean o están a su lado: *la iglesia sobresale entre las casas*. v. intr. | conj: *salir*
2 Tener una persona una cualidad en grado muy alto o en más grado que la generalidad. = descollar, distinguirse

sobresaltar
1 Dar un susto o una sorpresa a una persona: *se sobresaltó con la noticia del atentado*. v.tr/prnl. = asustar
2 Venirse una cosa a los ojos, en especial la figura que parece salirse del cuadro por estar bien hecha. v.intr.

sobresalto
1 Alteración repentina del estado de ánimo causada por un suceso inesperado: *el portazo le dio un sobresalto*. s.m. = susto
2 de sobresalto: De improviso. loc.adv.

sobresanar
1 Quedar una herida cerrada de manera superficial. v.intr.
2 Ocultar un defecto o una acción cambiando su aspecto. v.tr. = disimular

sobresano
1 Pedazo de madera que se incrusta en la mortaja que queda en un tablón del casco al quitar alguna parte dañada. s.m. NÁUTICA
2 Con fingimiento o engaño, disimuladamente. adv.
3 Con falsa curación.

sobresaturación Estado de una solución líquida o gaseosa que contiene mayor cantidad de componentes disueltos que la correspondiente a la saturación. s.f. FÍSICA

sobresaturar Hacer que una solución líquida o gaseosa tenga mayor concentración que la saturada. v.tr. FÍSICA

sobrescribir
1 Escribir o poner un letrero sobre una cosa. v.tr./part: sobrescrito
2 Poner el sobrescrito o dirección en la cubierta de una carta.

sobrescrito, a (Part. pas. irreg. de *sobrescribir*.)
1 Dirección escrita en un sobre o en la parte exterior de un pliego. s.m. th: sobrescripto
2 El sobre con la dirección.

sobresdrújulo, a Se refiere a la palabra que se acentúa en la sílaba anterior a la antepenúltima. adj./GRAMÁTICA th: sobreesdrújulo

sobreseer (Del lat. *supersedere*, sentarse ante algo.)
1 Renunciar una persona a hacer una cosa. v.intr./conj: *leer*
2 Dejar de cumplir una obligación. = incumplir
3 Dejar de tramitar una causa o un proceso: *el tribunal ha sobreseído el caso por falta de pruebas*. DERECHO

sobreseimiento
1 Acción y resultado de sobreseer. s.m.
2 sobreseimiento libre: Aquel que, por ser evidente la inexistencia del delito o la irresponsabilidad del inculpado, pone término al proceso con efectos análogos a los de la sentencia absolutoria. DERECHO
3 sobreseimiento provisional: El que, por deficiencia de pruebas, paraliza la causa. DERECHO

sobresellar Poner un sobresello en un documento. v.tr.

sobresello Segundo sello puesto para dar más firmeza o autoridad a un documento. s.m.

sobresembrar Volver a sembrar un terreno ya sembrado. v.tr./conj: *pensar* AGRICULTURA

sobreseñal Insignia o distintivo que en la antigüedad tomaban los caballeros de armas. s.f. HISTORIA

sobresolar
I (De *sobre* + *solar*, derivado de suela.) Poner una suela nueva al calzado sobre la vieja. v.tr. conj: *contar*
II (De *sobre* + *solar*, derivado de suelo.) Poner un pavimento sobre otro. v.tr./conj: *contar* CONSTRUCCIÓN

sobrestadía
1 Cada día que pasa después de las estadías, o segundo plazo fijado para cargar o descargar un barco. s.f.
2 Cantidad que se paga por esta demora.

sobrestante
1 Capataz, persona que en una obra dirige a cierto número de obreros, bajo la dirección de un técnico. s.m.f. CONSTRUCCIÓN
2 sobrestante de coches: Empleado que cuidaba de los coches destinados a la realeza. s.m. HISTORIA

sobrestantía
1 Empleo de sobrestante o capataz de una obra de construcción. s.f. CONSTRUCCIÓN
2 Oficina del sobrestante. CONSTRUCCIÓN

sobrestimar Considerar a una persona o una cosa por encima de su valor. v.tr. th: sobreestimar

sobresueldo Cantidad que se añade al sueldo usual o fijo: *al final del año la empresa le dio un sobresueldo*. s.m. = gratificación

sobresuelo Suelo que se pone sobre otro. s.m./CONSTRUCCIÓN

sobretarde Última parte de la tarde, antes del anochecer. s.f.

sobretasa
1 Tasa suplementaria. s.f.

2 sobretasa postal: 1. La que se aplica al destinatario de un envío que no tiene el franqueo necesario. 2. La que se exige para un envío más rápido.

sobretasar Gravar con una sobretasa. v.tr.

sobretendón Tumor que se forma en los tendones de las patas de las caballerías y que dificulta sus movimientos. v.tr. VETERINARIA

sobretensiómetro Instrumento para medir sobretensiones en un circuito de alta frecuencia. ELECTRICIDAD

sobretensión Tensión eléctrica superior al valor más elevado que puede existir en una línea o circuito eléctrico, en régimen normal. s.f. ELECTRICIDAD

sobretercero El que era nombrado junto con el tercero para llevar la cuenta de los diezmos y tener una llave del granero. s.m. HISTORIA

sobretiro Separata, impresión por separado de un artículo o capítulo de una revista o un libro. s.m. ARTES GRÁFICAS

sobretodo Prenda de vestir más ligera que el gabán, que se pone sobre el traje. s.m. = sobrerropa

sobreveedor Superior de los antiguos veedores o inspectores públicos. s.m. HISTORIA

sobrevenida Hecho que ocurre de modo repentino e imprevisto. s.f.

sobrevenir
1 Ocurrir un hecho además o después de otro. v.intr./conj: *venir*
2 Producirse un hecho de modo repentino e imprevisto: *la enfermedad le sobrevino estando de vacaciones*.
3 Producirse un hecho en el tiempo oportuno.

sobreverterse Derramarse un líquido u otra cosa en abundancia. v.prnl. conj: *tender*

sobreveste Túnica que se usaba sobre la armadura o el traje. s.f./HISTORIA th: sobrevesta

sobrevestir Poner un vestido sobre otro: *tuvo que sobrevestirse porque tenía mucho frío*. v.tr/prnl. conj: *pedir*

sobrevidriera
1 Tela metálica que protege una vidriera. s.f.
2 Segunda vidriera de una ventana.

sobrevienta Sorpresa o susto. s.f.

sobreviento Golpe de viento impetuoso. s.m.

sobreviraje Acción y resultado de sobrevirar. s.m.

sobrevirar Tender un automóvil a deslizarse hacia el exterior de una curva al empezar a tomarla. v.intr.

sobrevista Visera metálica del morrión o parte de la armadura que cubre la cabeza. s.f. HISTORIA

sobreviviente Que sobrevive o ha sobrevivido a un accidente o un percance. adj./s.m.f.

sobrevivir
1 Seguir viviendo una persona después de la muerte de otra o después de un determinado suceso: *mi abuela sobrevivió a mi abuelo mucho tiempo*. v.intr.
2 Vivir una persona con los pocos medios económicos de que dispone. = apañarse

sobrevolar Volar sobre un lugar: *sobrevolaron la región en helicóptero*. v.tr. conj: *contar*

sobrexceder Exceder o aventajar a una persona en una actividad o en algún conocimiento. v.tr. th: sobreexceder

sobrexcitación Sobreexcitación, acción y resultado de sobrexcitar o sobrexcitarse. s.f.

sobrexcitar Sobreexcitar [en todas sus acepciones]. v.tr.

sobrexponer Someter una fotografía a un tiempo de exposición excesivo. v.tr./conj: *poner* FOTOGRAFÍA

sobrexposición Exposición demasiado prolongada de una superficie sensible a la luz. s.f./FOTOGRAFÍA th: sobreexposición

sobriedad
1 Característica de la persona que actúa con moderación: *lo suyo no es la sobriedad, es bastante excéntrico*. = frugalidad
2 Sencillez y pocos adornos en las cosas: *la sobriedad de la decoración le da un sabor especial a la casa*. = austeridad

sobrinazgo Relación de parentesco entre tíos y sobrinos. s.m.

sobrino, a (Del lat. *sobrinus*.) Hijo o hija de su hermano o hermana, o de su primo o prima, con respecto a una persona. s.

sobrio, a (Del lat. *sobrius*.)
1 Se refiere a la persona que hace las cosas con moderación, así como a sus palabras o actos: *sobrio en comer*. adj. = comedido
2 Que no es redundante ni exagerado: *llevaba un traje muy sobrio*. = sencillo
3 Que no está borracho. adj/s./≠ ebrio
4 Que mantiene la calma ante situaciones complicadas o difíciles: *a pesar de la tragedia estaba muy sobrio*. = sereno, templado

soca
1 Último retoño de la caña de azúcar, que sirve para trasplantarla. s.f./Amér. AGRICULTURA
2 Brote de la cosecha de arroz. Bol./AGRICULTURA

socaire (Del cat. *socaire*, el que atesa una cuerda.)
1 Protección contra el viento que ofrece algún lugar, por lo general un accidente geográfico costero. — s.m. NÁUTICA
2 al socaire: Con la ayuda de una persona o cosa o tomándola como pretexto: *llegó a su situación al socaire de sus influencias.* — loc.adv.
3 estar o ponerse al socaire: 1. Evitar salir a hacer la guardia en el barco quedándose en la cama o en la hamaca. 2. Evitar el trabajo o esquivar el trato con una persona. — NÁUTICA / coloquial
4 tomar socaire: Enrollar un cabo con el que se está trabajando en un madero para sujetarlo. — NÁUTICA

socairero, a Se aplica al marinero que elude el trabajo. — adj/s.m.f. NÁUTICA

socaliña (Derivado del ant. *sacaliña* < *sacar* + *liña*, línea.) Artimaña con que se saca a una persona lo que no tiene obligación de dar. — s.f. = ardid

socaliñar Pedir u obtener una cosa de una persona con insistencia y habilidad. — v.tr. = sonsacar

socaliñero, a Que emplea socaliñas. — adj/s.

socalzar Asegurar un muro o un edificio que amenaza ruina por la parte inferior. — v.tr./conj: *cazar* CONSTRUCCIÓN

socapa
1 Pretexto para encubrir la verdadera intención con que se hace una cosa. — s.f. = excusa
2 a socapa: Con disimulo o cautela. — loc.adv.

socapar Encubrir faltas ajenas. — v.tr./*Bol., Ecuad.*

socapiscol Sochantre, director del coro en los oficios divinos. — s.m. RELIGIÓN

socar Embriagar o embriagarse una persona por beber bebidas alcohólicas en exceso. — v.tr/prml/conj: *sacar* *Amér. Central*

socarra
1 Acción y resultado de socarrar o socarrarse. — s.f.
2 Socarronería [en todas sus acepciones]. — = burla

socarrar (Del vasco ant. *sukarra*, < *su*, fuego + *karra*, llama.) Quemar una cosa de modo superficial o ligero: *me he socarrado la piel de la mano.* — v.tr/prml. = chamuscar, chamurrar

socarrén (Del lat. vulgar *suggurundia* < lat. *suggrundia*.) Parte del alero que sobresale del tejado. — s.m. CONSTRUCCIÓN

socarrena (Del lat. vulgar *suggurundia* < lat. *suggrundia*.)
1 Espacio hueco dentro de un cuerpo cualquiera. — s.f.
2 Hueco entre dos maderos de un suelo o un tejado. — CONSTRUCCIÓN

socarrina Acción y resultado de socarrar. — s.f.

socarrón, a
1 Se refiere a quien se comporta con socarronería, así como a sus palabras y actos: *su discurso fue bastante socarrón.* — adj/s. = burlón
2 Que es astuto y disimulado. — = ladino

socarronería
1 Habilidad para engañar, acompañada de burla encubierta. — s.f. = socarra
2 Acción o palabras propias de un socarrón. — = socarra

socava
1 Acción y resultado de socavar. — s.f./= socavación
2 Hoyo que se hace al pie de las plantas para detener el agua en los riegos. — AGRICULTURA / = alcorque

socavar
1 Cavar una cosa por debajo, dejándola en falso que la mueve. — v.tr.
2 Debilitar a una persona o una cosa: *tus palabras socavan mi entusiasmo.* — = minar

socavón
1 Hoyo grande producido por el hundimiento del suelo, por lo general debido a una corriente de agua subterránea. — s.m.
2 Cueva excavada en la ladera de un monte, que a veces se prolonga formando una galería subterránea.

socaz Cauce bajo un molino por donde pasa el agua que lo mueve. — s.m. pl: socaces

soccer (Voz inglesa.) Variedad del fútbol, que se juega en Estados Unidos. — s.m./pl: soccer DEPORTES

sochantre Director del coro de una iglesia en los oficios divinos. — s.m./RELIGIÓN = chantre

soche Mamífero rumiante de la familia de los cérvidos. (*Mazama rufina.*) — s.m./*Colomb., Ecuad.*

sociabilidad Cualidad de sociable. — s.f.

sociable (Del lat. *sociabilis*.)
1 Que está inclinado a vivir en sociedad por naturaleza: *la abeja es un animal sociable.* — adj. = social
2 Que gusta del trato con la gente: *es un chico muy abierto y sociable.* — = abierto
3 Se aplica a los animales que conviven con el hombre. — = doméstico

social (Del lat. *socialis*.)
1 De la sociedad humana y de las relaciones entre sus miembros: *se produjo una revolución social.* — adj. SOCIOLOGÍA
2 De los problemas de la sociedad y de sus posibles soluciones: *la princesa se dedica a hacer obras sociales.* — SOCIOLOGÍA

3 Se aplica a los animales que viven en grupos organizados y a lo referente a los mismos: *la abeja es un animal social.* — ZOOLOGÍA
4 De una compañía o sociedad, o de sus socios o aliados.

socialdemocracia
1 Denominación del partido socialista en ciertos países, en especial en Alemania, Austria y en los escandinavos. — s.f. POLÍTICA
2 Conjunto de las organizaciones y los políticos vinculados al socialismo parlamentario, reformista e interclasista. — POLÍTICA

socialdemócrata
1 De la socialdemocracia. — adj./POLÍTICA
2 Partidario de la socialdemocracia: *los socialdemócratas alemanes celebraron su congreso anual.* — adj/s.m.f. POLÍTICA

socialismo
1 Sistema de organización social y económica que se basa en el control por el estado de parte de las actividades económicas para conseguir un reparto equitativo de la riqueza y que prevalezcan los intereses colectivos a los individuales. — s.m. ECONOMÍA, POLÍTICA
2 Movimiento político que intenta establecer este sistema. — POLÍTICA

socialista
1 Que es partidario del socialismo. — adj/s.m.f./POLÍTICA
2 Del socialismo. — adj./POLÍTICA

socialización
1 Transferencia al estado de las propiedades particulares, para que sus beneficios reviertan sobre toda la sociedad. — s.f. ECONOMÍA ≠ privatización
2 Proceso por medio del cual la persona adquiere la facultad de actuar de manera congruente dentro del medio social al que pertenece. — SOCIOLOGÍA

socializador, a Que socializa. — adj./= socializante

socializar
1 Pasar al estado o a un organismo colectivo las propiedades particulares: *han socializado todas las empresas del país.* — v.tr. conj: *cazar* ECONOMÍA
2 Crear las condiciones sociales necesarias para favorecer el desarrollo de las personas de un colectivo. — SOCIOLOGÍA

sociedad (Del lat. *societas, -atis.*)
1 El conjunto de seres humanos como individuos que conviven y se relacionan unos con otros. — s.f. = humanidad
2 Conjunto de personas que se relacionan en un momento o espacio determinado y muestran unos comportamientos y características comunes: *la novela refleja las costumbres de la sociedad victoriana.* — = comunidad
3 Trato o convivencia de unos seres con otros: *la vida en sociedad tiene aspectos positivos y negativos.*
4 Agrupación de personas unidas para cierto fin: *sociedad recreativa; sociedad benéfica.* — = asociación
5 Asociación, en general natural, de personas o animales que colaboran en los mismos trabajos o fines. — = colectividad
6 Conjunto de personas pertenecientes a la clase alta y, en general adineradas, de costumbres y comportamientos considerados elegantes, refinados y lujosos: *ecos de sociedad; presentarse en sociedad.* — SOCIOLOGÍA = alta sociedad, buena sociedad
7 Contrato por el cual dos o más personas físicas o jurídicas se obligan a poner en común dinero, bienes o industria, con ánimo de partir entre sí las ganancias. — DERECHO
8 alta o buena sociedad: Clase social distinguida. — SOCIOLOGÍA
9 sociedad accidental o de cuenta en participación: La que se hace sin establecer sociedad formal, interesándose unos comerciantes en las operaciones de otros. — DERECHO
10 sociedad anónima: La formada por acciones transferibles, quedando limitada la responsabilidad económica de los que las poseen al valor de aquéllas. — DERECHO
11 sociedad colectiva: La que compromete a los socios con el valor de las acciones que poseen y con el total de su fortuna. — DERECHO
12 sociedad comandita: 1. La intermedia entre la anónima y la colectiva, en la que hay dos clases de socios, unos con derechos y obligaciones, y otros que tienen limitada a cierta cuantía su interés y su responsabilidad en los negocios comunes. 2. Práctica laboral que asocia varios trabajadores de una empresa para un trabajo, dirigidos por uno de ellos y distribuyendo lo que cobran según sus acuerdos. — DERECHO
13 sociedad comanditaria por acciones: Aquella en la que el capital de los socios está dividido y representado por acciones. — DERECHO
14 sociedad conyugal: La formada por el matrimonio, desde el punto de vista del derecho civil. — DERECHO
15 sociedad cooperativa: Aquella que está formada por productores, vendedores o consumidores, para su utilidad común. — DERECHO
16 sociedad de consumo: La que estimula la adquisición y consumo de bienes, cuando no existe una necesidad real. — SOCIOLOGÍA

17 sociedad de naciones: Organismo creado des- · POLÍTICA
pués de la primera guerra mundial para la cooperación entre los estados miembros y proteger la paz,
que después de la segunda guerra mundial fue reem-
plazada por la ONU.

18 sociedad de responsabilidad limitada: Aquella · DERECHO
cuyos socios no responden personalmente de las deudas sociales y cuyo capital está dividido en participaciones no negociables.

19 sociedad mercantil o comercial: La formada por · DERECHO
diversas personas con el fin de explotar conjuntamente un negocio.

20 sociedad regular colectiva: La que se ordena bajo · DERECHO
pactos comunes a los socios y participando todos de
los mismos derechos y obligaciones con responsabilidad indefinida.

21 sociedad secreta: Agrupación cuyos miembros
mantienen en secreto su pertenencia a ella.

22 presentar o presentarse en sociedad: Celebrar
una fiesta, en general con baile, para incorporar de
modo simbólico a un joven o grupo de jóvenes a las
reuniones de la clase alta, en las que antes no participaban debido a su poca edad.

societario, a De las asociaciones, en especial de las · adj.
obreras.

socinianismo (De *Socino*, reformador italiano.) Here- · s.m.
jía propugnada por este reformador en el siglo XVI, · RELIGIÓN
que negaba el dogma católico de la Santísima Trinidad y la divinidad de Jesucristo, y hacía una interpretación racional del cristianismo.

sociniano, a (De *Socino*, reformador italiano del siglo
XVI.)
1 De este reformador o del socinianismo. · adj./RELIGIÓN
2 Que profesa el socinianismo. · adj/s./RELIGIÓN

socio, a (Del lat. *socius*, compañero.)
1 Persona o entidad asociada con otra u otras para · = miembro
algún fin: *socios fundadores del club deportivo; socio comercial.*
2 Persona o entidad que es miembro de una socie- · = afiliado,
dad: *un socio del club de ajedrez; socio del banco.* · asociado
3 Amigo o compañero: *¡vaya socio te has buscado para* · coloquial
ir de marcha! · = colega
4 **socio capitalista:** Persona que aporta capital en · ECONOMÍA
una empresa o compañía.
5 **socio industrial:** Persona que aporta a una empresa sus servicios o pericia personales, pero no dinero.

socio- Componente de palabra que significa social: · pref.
sociología; socioeconómico.

sociobiología Corriente de pensamiento que afirma · s.f.
que lo innato del comportamiento humano puede · SOCIOLOGÍA
servir de explicación científica para el estudio de algunos fenómenos sociales.

sociocultural Del estado cultural de una sociedad o · adj.
grupo social. · SOCIOLOGÍA

sociodrama Forma de sicodrama dirigido a un grupo · s.m.
y que tiende a una catarsis colectiva. · SICOLOGÍA

socioeconómico, a De las relaciones económicas y · adj./ECONOMÍA,
sociales de una colectividad. · SOCIOLOGÍA

socioeducativo, a De la difusión de la cultura y · adj./
educación en una colectividad: *el panorama socioedu-* · SOCIOLOGÍA
cativo del país es bastante negro.

sociogénesis Origen y formación de la sique a partir · s.f./pl: sociogénesis
de los condicionamientos sociológicos. · SICOLOGÍA

sociogenético, a De la sociogénesis. · adj./SICOLOGÍA

sociogenia Disciplina que estudia la génesis y forma- · s.f.
ción de la sique a partir de la observación de los con- · SICOLOGÍA
dicionamientos sociológicos y de los acontecimientos
sociales, de los que se derivan los comportamientos,
normales o patológicos, de las personas.

sociogénico, a De la sociogenia. · adj./SICOLOGÍA

sociograma Representación gráfica del conjunto de · s.m.
aspectos sociales de un grupo. · SICOLOGÍA

sociolecto (Del lat. *socius*, compañero + lat. *lectus*, leí- · s.m.
do.) Conjunto de rasgos lingüísticos comunes que · LINGÜÍSTICA
caracterizan a un grupo de hablantes con algún elemento social común.

sociolingüista Persona que se dedica al estudio de la · s.m.f.
sociolingüística. · LINGÜÍSTICA

sociolingüística Disciplina que estudia las relacio- · s.f.
nes que se establecen entre las lenguas y la sociedad. · LINGÜÍSTICA

sociolingüístico, a De la sociolingüística: *análisis so-* · adj.
ciolingüístico. · LINGÜÍSTICA

sociología (Del lat. *socius*, compañero + gr. *logos*, · s.f.
ciencia.) Ciencia que estudia los fenómenos sociocul- · SOCIOLOGÍA
turales que se producen por la relación mutua entre
los individuos, y entre éstos y el medio donde viven.

sociológico, a De la sociología o de las sociedades · adj.
humanas: *análisis sociológico.* · SOCIOLOGÍA

sociologismo Tendencia o doctrina que interpreta la · s.m.
realidad humana desde un punto de vista exclusivo · SOCIOLOGÍA
social y sociológico.

sociólogo, a Persona dedicada al estudio de la socie- · s.m.f.
dad humana y de las relaciones sociales y sus leyes. · SOCIOLOGÍA

sociometría (Del lat. *socius*, compañero + gr. *metron*, · s.f.
medida.) Parte de la sociología que estudia, mediante · SOCIOLOGÍA
métodos estadísticos, los tipos de relaciones existentes en ciertos grupos de personas.

sociométrico, a De la sociometría. · adj./SOCIOLOGÍA

socioterapia Conjunto de medios que tienen por ob- · s.f.
jeto la reducción de los trastornos mentales mediante · SICOLOGÍA
la utilización de la interacción entre el individuo y su
medio vital.

socolar Rozar o desbrozar un terreno para limpiarlo · v.tr./conj: contar
de maleza y dejarlo preparado como tierra de cultivo · Colomb., Ecuad.,
o para otro tipo de aprovechamiento. · Hond., Nicar.

socollada
1 Sacudida que dan las velas cuando hay poco viento · s.f./NÁUTICA
y las jarcias cuando están flojas. · = estrechón
2 Caída brusca de la proa de una embarcación des- · NÁUTICA
pués de haber sido levantada por la marejada. · = estrechón

socollar Tela o paño que se coloca debajo del collar · s.m.
de los animales.

socollón Sacudón, sacudida violenta. · s.m./Amér.

socolor Excusa para disimular y encubrir el motivo o · s.m.
fin de una acción. · = pretexto

soconusco (Del nombre de la región mexicana de
Soconusco.)
1 Mezcla de polvos de vainilla y otras especias aro- · s.m.
máticas que se ponía en el chocolate para darle · COCINA
aroma.
2 Chocolate cocido. · COCINA

socoro Lugar que está debajo del coro. · s.m.

socorredor, a Que socorre. · adj/s.

socorrer
1 Ayudar a una persona en un peligro o una necesi- · v.tr.
dad: *no se ahogó gracias a que un bañista lo socorrió.* · = auxiliar
2 Pagar parte de lo que se le debe a una persona a
cuenta.

socorrido, a
1 Se refiere a lo que ofrece una solución fácil en caso · adj.
de necesidad: *un tema muy socorrido; es un plato muy* · = práctico
socorrido para ocasiones especiales.
2 Se aplica al lugar que ofrece lo que se necesita: *es
una tienda pequeña pero muy socorrida.*
3 Que socorre con facilidad la necesidad de otra per- · = socorredor
sona.

socorrismo Organización y adiestramiento para prestar · s.m.
socorro a personas accidentadas o en peligro.

socorrista Persona adiestrada para prestar socorro en · s.m.f.
caso de accidente.

socorro
1 Auxilio prestado a una persona que se halla en pe- · s.m.
ligro o necesidad. · = ayuda
2 Aquello con que se socorre: *enviaron tres camiones
de socorro para los refugiados.*
3 Tropa que acude en auxilio de otra. · MILITAR
4 Provisión de alimento o municiones que se lleva a · MILITAR
una plaza o una fuerza militar.
5 **¡socorro!:** Exclamación usada para pedir ayuda. · interj./= ¡auxilio!

socoyote Benjamín o hijo o hija menores de una fa- · s.m./Méx.
milia. · tb: xocoyote

socrático, a (De *Sócrates*, filósofo griego.)
1 De este filósofo o su filosofía. · adj./FILOSOFÍA
2 Que profesa la doctrina de este filósofo. · adj/s./FILOSOFÍA

socrocio Emplasto en el que uno de sus ingredientes · s.m.
es el azafrán. · FARMACIA

socucho Sucucho, cuchitril o aposento pequeño, su- · s.m./Amér.
cio y desordenado. · Central y Merid.

soda (Del ár. *sauda*, sosa.) Bebida gaseosa que contie- · s.f.
ne agua, ácido carbónico y, a veces, algún aroma: *se* · = agua de Seltz
tomó un whisky con soda.

sodado, a Que contiene sodio o sosa. · adj.

sodar Aparato basado en el principio del radar tras- · s.m.
puesto a las ondas acústicas, que sirve para medir a · TECNOLOGÍA
distancia los parámetros físicos de la baja atmósfera.

sodero Persona que reparte soda. · s.m./Argent.

sódico, a Del sodio. · adj./QUÍMICA

sodio Elemento metálico, blando, de color y brillo · s.m.
como los de la plata. · QUÍMICA

sodomía
1 Práctica del coito anal. · s.f.
2 Homosexualidad de los hombres. · = pederastia

sodomita (Del lat. *sodomita*, habitante de Sodoma.)
1 De esta antigua ciudad palestina. · adj/s.m.f./HISTORIA

2 Que practica la sodomía.

sodomítico, a De la sodomía. · adj.

sodomizar Practicar la sodomía o coito anal. · v.tr./conj: *cazar*

soez (Derivado del ant. *rehez* < ár. *rahis*, barato.) Que ofende por ser grosero o de mal gusto: *nos hizo un gesto soez.* · adj. · pl: soeces · = bajo, vil

sofá (Del fr. *sofa* < ár. *suffa*, almohadón.)
1 Asiento para dos o más personas, con el respaldo y los brazos acolchados: *se ha comprado un sofá de tres plazas.* · s.m. · = canapé
2 **sofá cama:** El que puede convertirse en cama.

sofaldar
1 Levantar las faldas. · v.tr.
2 Levantar una cosa para ver lo que hay debajo: *sofaldó las mantas de su cama.*

sofaldo Acción y resultado de sofaldar. · s.m.

sofí Del sofismo, doctrina mística musulmana, y de sus seguidores. · adj/s.m.f. · RELIGIÓN

-sofía Componente de palabra procedente del gr. *sophia*, que significa sabiduría: *filosofía.* · suf.

sofión (Del ital. *soffione*, soplete.)
1 Demostración de enfado. · s.m./= bufido
2 Especie de escopeta de boca ancha. · = trabuco
3 Artificio de fuego que usaban los artilleros para hacer señales de noche. · HISTORIA

sofisma (Del lat. *sophisma* < gr. *sophisma*, habilidad.) Argumento que, partiendo de premisas verdaderas o tenidas por tales, desemboca en una conclusión falsa o difícil de refutar, con la que se pretende engañar o confundir al interlocutor. · s.m. · RETÓRICA

sofismo (Del lat. *sophisma* < gr. *sophisma*, habilidad.) Doctrina mística profesada por algunos musulmanes, en especial iraníes, que defiende el arrepentimiento y el abandono del mundo y que se aleja de los criterios ortodoxos del islam. · s.m. · RELIGIÓN · tb: sufismo

sofista (Del gr. *sophistes*.)
1 Que utiliza sofismas en su argumentación. · adj/s.m.f.
2 Filósofo que pertenecía a la sofística, entre los antiguos griegos. · s.m.f. · FILOSOFÍA

sofistería
1 Uso de argumentos o razonamientos sofísticos. · s.f.
2 Argumento o razonamiento sofístico. · = sofisma
3 Engaño o falsificación: *no me vengas con sofisterías.* · = falacia

sofística Movimiento filosófico griego que se basaba en la habilidad dialéctica, escéptica y relativista, cuyos integrantes vendían sus servicios intelectuales. · s.f. · FILOSOFÍA

sofisticación
1 Acción y resultado de sofisticar. · s.f.
2 Cualidad de las personas arregladas con refinamiento amanerado: *¡qué sofisticación!, pareces un príncipe.*
3 Característica de las máquinas de tecnología muy compleja y moderna: *los ordenadores han llegado ya a un alto grado de sofisticación.*

sofisticado, a
1 Que es elegante o refinado: *es una señora muy sofisticada.* · adj/s.
2 Que se comporta con poca naturalidad, con refinamiento afectado o con excentricidad: *su lenguaje es bastante sofisticado y pedante.* · = artificial
3 Se aplica a la maquinaria o sistema que tiene una compleja mecánica o sistema que tiene una compleja mecánica y se considera que tiene una extraordinaria precisión. · adj.

sofisticar
1 Dar demasiado artificio o refinamiento a una persona o una cosa, quitándole naturalidad: *el actor sofisticó su actuación.* · v.tr. · conj: *sacar* · = amanerar
2 Perfeccionar algo adoptando técnicas o criterios más complejos: *el arquitecto ha sofisticado mucho su trabajo.* · = desarrollar
3 Quitar autenticidad a un razonamiento con sofismas. · = falsificar

sofístico, a
1 De los sofistas: *retórica sofística.* · adj./FILOSOFÍA
2 Que incluye sofismas o razonamientos falsos que parecen verdaderos: *discurso sofístico.* · = engañoso, equívoco

sofito (Del ital. *soffitto* < lat. *suffictus*, clavado por debajo.) Cara inferior de la cornisa, el alero u otro cuerpo voladizo de un edificio. · s.m. · ARQUITECTURA

soflama
1 Llama tenue o reverberación de un fuego. · s.f.
2 Discurso vehemente, con el que se pretende exaltar los ánimos de los oyentes. · = arenga
3 Enrojecimiento del rostro provocado por bochorno o sofoco. · = rubor
4 Expresión artificiosa para engañar a alguien. · = fraude
5 Halago o arrumaco. · = lisonja

soflamar (Del cat. *soflamar*, chamuscar.)
1 Hacer creer una cosa que no es verdad a una persona con palabras afectadas. · v.tr.

2 Dar a una persona motivo para que se avergüence: *soflamó a los oyentes con su discurso.* · = ruborizar
3 Quemarse una cosa ligeramente en la llama. · v.prnl.

soflamero, a Que emplea soflamas. · adj./despectivo

sofocación
1 Acción y resultado de sofocar o sofocarse. · s.f.
2 Dificultad respiratoria por obstrucción de la nariz, boca o tráquea. · MEDICINA · = disnea

sofocador, a Que sofoca. · adj./tb: sufocador

sofocante Que produce sofoco: *hacía un calor sofocante.* · adj./tb: sufocante

sofocar (Del lat. *suffocare*.)
1 Causar el calor excesivo sensación de ahogo o dificultad para respirar a una persona. · v.tr./conj: *sacar* · tb: sufocar
2 No dejar que siga desarrollándose una cosa: *los militares sofocaron la revuelta campesina.* · = apagar, oprimir
3 Molestar mucho a una persona: *no me sofoques ahora que estoy trabajando.* · = incordiar
4 Dar motivos para que una persona se ruborice: *este hombre sofoca a todas las mujeres; se sofocó al oír el piropo.* · v.tr/prnl. · = sonrojar

sofoco
1 Sensación de calor experimentada por la persona que se sofoca, que produce sudor y enrojecimiento de la piel y, a veces, dificultad respiratoria. · s.m. · = bochorno
2 Sensación de ahogo producida por un esfuerzo. · = asfixia
3 Grave disgusto que se da o que se recibe. · = sofocón

sofocón Disgusto grave que se da o se recibe y que sofoca o abochorna: *todos los días me da algún sofocón.* · s.m./coloquial · = sofoco

sofometría Técnica de medición de los ruidos. · s.f./FÍSICA

sofómetro Instrumento usado para medir las tensiones parásitas, que pueden producir ruidos o perturbaciones, en las líneas telefónicas y telegráficas. · s.m. · TELECOMUNICACIONES

sofoquina Sofoco intenso. · s.f./coloquial

sófora (Del lat. *Sophora.*) Planta arbórea ornamental papilonácea originaria de Extremo oriente. *(Sophora japonica.)* · s.f. · BOTÁNICA

sofreír Rehogar o freír ligeramente un alimento sazonándolo: *primero hay que sofreír la cebolla y después hay que echar el tomate.* · v.tr./conj: *freír* · part.tb: sofrito · COCINA

sofrenada Tirón que se da a las riendas de una caballería para controlarla. · s.f./EQUITACIÓN · = sobrefrenada

sofrenar
1 Impedir el jinete el movimiento de una caballería tirando de las riendas. · v.tr. · EQUITACIÓN
2 Contener una persona un sentimiento o un deseo: *sofrenaba sus ganas de comer para no engordar.* · = refrenar, reprimir
3 Decir a una persona de modo enérgico que ha obrado mal: *le sofrenó por aquella travesura.* · = reprender

sofrito, a
1 Que está poco frito. · adj./COCINA
2 Condimento compuesto por diversos ingredientes fritos en aceite que se añade a un guiso. · s.m. · COCINA

sofrología Método destinado a dominar las sensaciones dolorosas y el malestar síquico con técnicas de relajación. · s.f. · SICOLOGÍA

softkeys (Voz inglesa.) Teclas situadas en la parte superior del teclado y que llevan asociada una función definida por el usuario, por ejemplo borrado de pantalla. · s.m.pl. · INFORMÁTICA

software (Voz inglesa.)
1 Conjunto de programas y rutinas que permiten al ordenador ejecutar determinadas tareas, así como la documentación correspondiente. · s.m. · INFORMÁTICA
2 **software básico:** El que proporciona el fabricante junto con el ordenador, que suele incluir el sistema operativo, compiladores, intérpretes, editores, rutinas y procedimientos de utilidad. · INFORMÁTICA
3 **software de aplicación:** El destinado a la resolución de problemas específicos. · INFORMÁTICA

soga (Del bajo lat. *soca.*)
1 Cuerda gruesa de esparto. · s.f./= maroma
2 Medida de superficie, variable según las regiones en que se utiliza.
3 Medida de longitud de distinto valor según las regiones en que se usa. · = cuerda
4 Parte de un sillar o ladrillo que queda al descubierto en un muro. · CONSTRUCCIÓN
5 Hombre socarrón por la paciencia que tiene con tal de lograr su objetivo. · s.m.
6 **a soga:** Manera de construir cuando la dimensión más larga del ladrillo o piedra se coloca en paralelo a la dirección del muro. · loc.adv. · CONSTRUCCIÓN
7 **con la soga al cuello:** En dificultad o ante un peligro inminente: *se ha quedado sin trabajo y está con la soga al cuello.* · coloquial
8 **dar soga:** Largar o soltar cuerda poco a poco. · coloquial
9 **dar soga a una persona:** Burlarse de ella. · = dar cuerda

10 hacer soga: 1. Irse quedando atrás respecto del grupo con quien se va. 2. Introducir en la conversación más cosas de las que convienen. — *coloquial* / *coloquial*

11 llevar una persona la soga arrastrando: Haber cometido un delito grave con el que siempre va expuesto al castigo. — *coloquial*

12 mentar o nombrar la soga en casa del ahorcado: Hablar de cuestiones que molesten o avergüencen a los anfitriones. — *coloquial*

13 quebrar la soga por una persona: Faltar en lo que había prometido o se esperaba de ella. — *coloquial*

soguear Pasar una cuerda tirante por encima de las mieses para sacudir el rocío de las espigas. — *v.tr.* / AGRICULTURA

soguería
1 Sitio donde se hacen o venden sogas. — *s.f.*
2 Oficio de soguero.
3 Conjunto de sogas.

soguero, a
1 Persona que hace o vende sogas. — *s.*
2 Persona que se ponía en los lugares públicos con un cordel al hombro para que pudiesen contratarlo para llevar cosas de carga. — *s.m.* / = mozo de cuerda

soguilla
1 Trenza delgada de pelo o de esparto. — *s.f.*
2 Mozo que se dedicaba a transportar objetos de poco peso en mercados o estaciones. — *s.m.*

sogún Título japonés que se otorgaba a las personas que gobernaban en representación del emperador. — *s.m.* / HISTORIA

soirée (Voz francesa.)
1 Fiesta de sociedad que se da por la noche. — *s.f./tb: velada*
2 Función de teatro o cine dada por la noche. — CINE, TEATRO

soja (Del japonés *soy.*) Planta oleaginosa trepadora, de características parecidas a la judía, de cuyas semillas de las que se obtiene aceite y harina, y tallos utilizados como hortaliza y como forraje. *(Glycine hispida.)* — *s.f.* / BOTÁNICA

sojuzgador, a Que sojuzga. — *adj/s.= sojuzgante*

sojuzgar (Del lat. *subjugare.*)
1 Someter o dominar a una persona con violencia: *es inadmisible que un cónyuge sojuzgue así al otro.* — *v.tr./conj: pagar* / = subyugar
2 Tratar a un pueblo de modo tiránico. — = oprimir, someter

sol
I (Del lat. *sol.*)
1 Estrella que ilumina y da calor al planeta Tierra, situada en el centro del sistema planetario en el que ésta se encuentra. — *s.m.* / ASTRONOMÍA
2 Luz y calor que desprende este astro: *le gustan mucho los días de sol.*
3 Tiempo que dura la luz solar. — = día
4 Sitio en el que da la luz solar: *voy a poner la planta al sol.* — ≠ sombra
5 Cualquier estrella fija. — ASTRONOMÍA
6 Antigua moneda peruana de plata. — HISTORIA
7 Tratamiento japonés que se da a personas a las que se quiere o son muy amables: *¡qué sol de criatura!* — *coloquial* / = cielo
8 Conjunto de las localidades que no están protegidas por la sombra en una plaza de toros. — TAUROMAQUIA
9 Líquido que contiene una materia dispersada en su masa pero cuyas moléculas no están separadas y disueltas en el mismo. — QUÍMICA
10 Oro, metal dúctil y maleable de color amarillo.
11 Antigua clase de encaje. — TEXTIL
12 **sol con uñas:** El que brilla a través de unas ligeras nubes que no permiten ver toda su luz. — *coloquial*
13 **sol de justicia:** 1. El que brilla y calienta mucho. 2. Expresión para designar a Cristo. — = *coloquial* / RELIGIÓN
14 **sol de las Indias:** Girasol, planta compuesta. — BOTÁNICA
15 **sol figurado:** El que se representa con cara humana. — HERÁLDICA
16 **sol medio:** El ficticio para establecer el tiempo medio, y que se supone que recorre el ecuador con un movimiento uniforme. — ASTRONOMÍA
17 **sol naciente:** 1. Este astro cuando aparece en el horizonte. 2. Hora del día en la que sale el Sol.
18 **sol poniente:** 1. Puesta del Sol. 2. Hora del día en la que el Sol se pone.
19 **sol y sombra:** Bebida combinada de anís y coñac.
20 **al sol puesto:** 1. A la hora del crepúsculo de la tarde. 2. Tarde, a deshora. — *loc.adv.* / *loc.adv.*
21 **al sol que nace o naciente:** Frase que expresa la adulación con que una persona sigue a otra que ha empezado o va a empezar a ser importante. — *coloquial*
22 **arrimarse al sol que más calienta:** Intentar estar a bien con el más poderoso o el que puede ayudarle. — *coloquial*
23 **de sol a sol:** Todo el día, desde que sale hasta que se pone el Sol: *los campesinos trabajan de sol a sol.* — *loc.adv.*
24 **no dejar ni a sol ni a sombra a una persona:** Perseguirla con importunidad. — *coloquial*
25 **pegar o picar el sol:** Calentar mucho: *en verano pega el sol de un modo insoportable.* — *coloquial*
26 **ser un sol:** Se aplica a la persona, animal o cosa de la que se quieren ponderar de forma afectuosa sus cualidades.

27 **tomar el sol:** 1. Situarse de forma adecuada para disfrutar de él y ponerse moreno. 2. Tomar la altura meridiana de este astro, para poder deducir de ella la latitud del lugar en que se observa. — *coloquial* / NÁUTICA
II (De origen incierto.) Quinta nota de la escala musical. — *s.m.* / MÚSICA

solada Sedimento de un líquido. — *s.f./= suelo*

solado
1 Acción de solar. — *s.m.*
2 Revestimiento del suelo con ladrillos, losas u otro material resistente. — CONSTRUCCIÓN / = pavimento

solador, a Albañil que sola o pavimenta pisos. — *s./CONSTRUCCIÓN*

soladura
1 Acción y resultado de solar o pavimentar pisos: *la soladura de la terraza fue muy difícil y costosa.* — *s.f./CONSTRUCCIÓN* / = pavimentación
2 Material usado para solar. — = pavimento

solamente
1 Sólo, con exclusión de otras situaciones, personas o cosas: *solamente una vez se entrega el alma.* — *adv.* / = únicamente
2 **solamente que:** Con la única condición de aquello que se expresa. — *loc.adv.*

solana
1 Sitio donde el Sol da de lleno. — *s.f.*
2 Balcón o galería de una casa donde da el Sol la mayor parte del día. — = solanera

solanáceo, a (Del lat. *solanum*, hierba mora.) Perteneciente a una familia de plantas gamopétalas, con flores de corola acampanada y bayas con muchas semillas, como la patata, el tomate, la belladona, el tabaco y la petunia. — *adj/s.f.* / BOTÁNICA

solanas Que está solo y sin compañía. — *adj./s.m.f.*

solanera
1 Estancia prolongada al Sol y sus efectos perjudiciales en una persona. — *s.f.* / = insolación
2 Sitio expuesto sin protección alguna a los rayos solares. — = solana
3 Corredor o habitación de la casa donde da el Sol la mayor parte del día. — = solana
4 Exceso de Sol en un sitio. — = solazo

solanina Sustancia tóxica que se halla en algunas plantas solanáceas. — *s.f.* / QUÍMICA

solano
I (Del bajo lat. *solanus.*) Viento que sopla del este. — *s.m.*
II (Del lat. *solanum.*) Hierba mora, planta solanácea. — *s.m./BOTÁNICA*

solapa
1 Parte del cuello de la prenda de vestir doblada hacia fuera: *ponte bien la solapa, que se te ha metido para dentro.* — *s.f. tb: solape, solapo*
2 Prolongación lateral de la cubierta de un libro, doblada hacia adentro sobre las tapas: *utiliza la solapa para marcar por dónde voy leyendo.* — ARTES GRÁFICAS
3 Pieza cosida encima de los bolsillos para cubrir su abertura. — = tapa
4 Punta del sobre que corresponde a la abertura por la que se introduce la carta y que después se pega.
5 Ficción o colorido con que se disimula una cosa. — = pantalla
6 **de solapa:** A escondidas. — *loc.adv.*

solapadamente Con cautela, disimulando algo. — *adv.*

solapado, a Que oculta con engaños sus intenciones o ideas con el fin de realizar sus propósitos. — *adj.* / = taimado

solapamiento
1 Orificio pequeño de una llaga. — *s.m./VETERINARIA*
2 Interferencia de funciones: *no tiene que existir solapamiento entre los distintos organismos públicos.* — = superposición

solapar
1 Poner varias cosas de modo que se superpongan de forma parcial. — *v.tr.* / = traslapar
2 Poner solapas a los vestidos. — TEXTIL
3 Intentar ocultar las intenciones con engaño: *conseguía cualquier cosa solapando sus deseos.* — = falsear
4 Superponerse o coincidir dos o más cosas: *rara vez se solapan nuestras ideas.* — *v.prnl.* / = intricarse
5 Estar una parte de un vestido doblada sobre otra. — *v.intr.*

solapo
1 Solapa [en todas sus acepciones]. — *s.m.*
2 Parte de una cosa que queda cubierta por otra, como las tejas del tejado.
3 **a solapo:** A escondidas. — *loc.adv.*

solar
I (Derivado de *suelo.*)
1 Terreno edificado o destinado a la construcción de edificios. — *s.m.*
2 Casa o linaje de origen noble.
3 Suelo de la era. — AGRICULTURA
4 Casa de vecindad o inquilinato. — *Cuba*
5 Poner un pavimento sobre el suelo. — *v.tr./conj: contar*
II (Del lat. *solaris.*)
1 Del Sol o que tiene relación con él: *le encanta la luz solar.* — *adj.*
2 Que funciona con la energía o con la luz del Sol: *calculadora solar.* — TECNOLOGÍA

3 Se aplica a la sustancia que se utiliza durante la exposición al Sol para favorecer la pigmentación de la piel: *crema solar.*

III (Derivado de *suela.*) Poner suelas al calzado. — v.tr./conj: *contar*

solariego, a
1 De solar o linaje antiguo y noble: *procede de una familia solariega.* — adj/s.
2 Que es antiguo y noble. — adj.
3 Se aplica a los bienes rústicos que pertenecen con pleno derecho a sus dueños. — DERECHO
4 Se refiere al hombre que, en la edad media, vivía en tierra del rey, de la Iglesia o de un señor y quedaba sometido a su poder. — adj/s.m. HISTORIA

solarígrafo Aparato que sirve para medir la radiación solar. — TECNOLOGÍA

solárium Terraza resguardada del aire destinada a tomar el Sol: *su casa tiene un gran solárium.* — s.m. tb: solario

solarización Procedimiento para obtener efectos artísticos en una fotografía, exponiendo a un exceso de luz las superficies sensibles durante el revelado. — s.f. FOTOGRAFÍA

solaz (Del occitano ant. *solatz* < lat. *solacium.*)
1 Aquello que sirve para divertirse o relajarse fuera del trabajo: *la pesca es su solaz.* — s.m./pl: solaces = esparcimiento
2 a solaz: Con gusto y placer. — loc.adv.

solazar Dar solaz o regocijo a una persona: *se solazaba paseando por la playa.* — v.tr/prnl./conj: *cazar* = divertir

solazo Sol fuerte y que calienta mucho: *¡vaya solazo tenemos hoy!* — s.m. coloquial

solazoso, a Que causa solaz. — adj.

soldabilidad Propiedad de soldarse entre sí que tienen algunos cuerpos. — s.f.

soldable Que se puede soldar. — adj.

soldada Sueldo, en especial el que recibía el soldado. — s.f.

soldadera Mujer del soldado. — s.f./Guat.

soldadesca
1 Profesión y ejercicio de soldado. — s.f./MILITAR
2 Conjunto de soldados. — MILITAR
3 Tropa indisciplinada. — MILITAR
4 a la soldadesca: Al uso de los soldados. — loc.adv./MILITAR

soldadesco, a De los soldados. — adj./MILITAR

soldado (Del ital. *soldato.*)
1 Persona que sirve en el ejército. — s.m.f./MILITAR
2 Militar sin graduación. — MILITAR
3 Persona que es esforzada y diestra en la milicia. — MILITAR
4 Partidario de una cosa o un proyecto: *es un convencido soldado de la causa pacifista.* — = defensor
5 soldado blanquillo: El de infantería de línea que usaba uniforme blanco. — MILITAR
6 soldado cumplido: Aquel que ha cumplido todo el tiempo de servicio marcado por la ley. — MILITAR
7 soldado de Cristo: Apóstol o propagandista de la religión cristiana. — RELIGIÓN
8 soldado de cuota: El que, mediante el pago de una cuota, sólo debía estar en filas una parte del tiempo señalado por la ley. — MILITAR
9 soldado de haber: El que no es de cuota. — MILITAR
10 soldado de Pavía: Tajada de bacalao frito rebozado con huevo y harina. — COCINA
11 soldado desconocido: Combatiente no identificado muerto en batalla y convertido en símbolo de los muertos en combate por una nación.
12 soldado desmontado: El de caballería cuando no tiene caballo. — MILITAR
13 soldado distinguido: El que siendo noble gozaba de ciertas distinciones. — MILITAR
14 soldado raso: Militar sin graduación. — MILITAR
15 soldado veterano o viejo: El que ha servido muchos años o es el más antiguo de los que aún cumplen el servicio. — MILITAR
16 soldado voluntario: Aquel que se alista antes de ser llamado a filas. — MILITAR

soldador, a
1 Persona que tiene por oficio soldar. — s.
2 Instrumento para soldar. — s.m.

soldadura
1 Acción y resultado de soldar. — s.f./= estañadura
2 Material usado para soldar.
3 Corrección de un error o un defecto: *tus equivocaciones del último año no tienen soldadura.* — coloquial = arreglo
4 soldadura autógena: La que se hace fundiendo los bordes de las dos piezas que se han de soldar, sin usar otro metal. — TECNOLOGÍA

soldán Soberano musulmán de los antiguos reinos persa y egipcio. — s.m./HISTORIA = sultán

soldar (Del lat. *solidare.*)
1 Unir dos cosas o partes de una cosa de forma sólida con alguna sustancia igual o parecida a ellas: *hay que soldar la barandilla.* — v.tr/prnl. conj: *contar*
2 Corregir un error con acciones o palabras: *tuvo que soldar sus desaciertos pidiendo perdón.* — = enmendar

soldeo Operación de soldar. — s.m./= estañadura

soleá
1 Canto popular andaluz de carácter melancólico, que se ejecuta en compás de tres por ocho. — s.f./pl: soleares MÚSICA
2 Baile con que se acompaña este canto. — = soledad
3 Copla o composición poética breve que sirve de letra para este canto popular. — POESÍA = soledad

soleamiento Exposición al sol. — s.m.

solear Tener una cosa al sol durante un tiempo. — v.tr/prnl.

solecismo (Del lat. *soloecismus* < gr. *soloikismos.*) Error que consiste en alterar la sintaxis normal de un idioma. — s.m. LINGÜÍSTICA

soledad
1 Circunstancia de estar solo, sin compañía: *todos sus problemas derivan de su soledad.* — s.f. = soliud
2 Sentimiento de tristeza y melancolía por la ausencia de una persona, animal o cosa. — = nostalgia
3 Lugar solitario: *es difícil vivir en aquella soledad.* — = desierto
4 Canto popular andaluz de carácter melancólico, ejecutado en compás de tres por ocho. — MÚSICA = soleá
5 Copla o composición poética breve que sirve de letra para este canto popular. — POESÍA = soleá
6 Danza que se baila con este canto popular. — = soleá

soledoso, a
1 Que vive en soledad. — adj.
2 Que siente nostalgia y una cierta tristeza. — = melancólico

solemne (Del lat. *sollemnis,* consagrado.)
1 Que se celebra con esplendor y formalidad: *la toma de posesión de su cargo fue un acto solemne.* — adj. = ceremonioso
2 Se refiere al acto o trámite oficial que se hace siguiendo todos los requisitos necesarios: *promesa solemne; voto solemne.* — = formal, grave
3 Que tiene mucho interés: *ocasión solemne.* — = importante
4 Que es majestuoso o impresionante: *el salón tiene un aire demasiado solemne.* — = suntuoso
5 Se aplica al lenguaje o tono que denota gravedad: *sus discursos son siempre muy solemnes.* — = altisonante, grandilocuente
6 Que es muy grande, en especial antepuesto a un sustantivo: *solemne tontería; solemne disparate.* — = inmenso ≠ pequeño

solemnidad
1 Cualidad de solemne. — s.f.
2 Actitud grave y formal con que se expresa una cosa a la que se da gran importancia. — = seriedad ≠ frivolidad
3 Acto público importante que se celebra con esplendor. — = ceremonial
4 Festividad eclesiástica: *el 15 de agosto es la solemnidad de la Asunción.* — RELIGIÓN
5 Conjunto de los requisitos legales necesarios para la validez de ciertos documentos públicos. — DERECHO
6 de solemnidad: Con notoriedad: *este cuadro es malo de solemnidad.* — loc.adv.

solemnizador, a Que solemniza. — adj/s.

solemnizar
1 Festejar o celebrar una cosa de manera solemne. — v.tr/conj: *cazar*
2 Dar solemnidad a una cosa. — = realzar

soleno- Componente de palabra procedente del gr. *solen, -enos,* que significa canal: *solenoide.* — pref.

solenocito Célula flagelada del organismo de algunos invertebrados. — s.m. BIOLOGÍA

solenodóntido, a Perteneciente a una familia de mamíferos insectívoros, de los que sólo existen dos especies, el almiquí cubano y el haitiano, de gran tamaño, estructura maciza, patas con cinco dedos armados de gruesas uñas y hocico largo y puntiagudo. — adj/s.m. ZOOLOGÍA

solenoidal Del solenoide. — adj./ELECTRICIDAD

solenoide (Del gr. *solen, -enos,* canal + *eidos,* forma.) Circuito eléctrico formado por un hilo conductor enrollado en forma de hélice. — s.m. ELECTRICIDAD

sóleo Músculo situado en la parte posterior de la pierna, en un plano más profundo que los gemelos. — s.m. ANATOMÍA

soler
I (Voz catalana.) Entablado que suele haber en lo bajo del plan de las embarcaciones. — s.m. NÁUTICA
II (Del lat. *solere.*)
1 Tener la costumbre de hacer una cosa: *suele madrugar los domingos.* — v.intr./defectivo conj: *mover*
2 Hacer u ocurrir una cosa con frecuencia: *los atascos suelen suceder en verano.* — = acostumbrar

solera
1 Conjunto de cualidades, recibidas por tradición o herencia, que distingue a una persona o cosa de las de su clase: *la suya es una casa con solera; le han regalado un vino de solera.* — s.f. = abolengo
2 Posos del vino añejo. — = madre
3 Vejez que da una determinada calidad a un vino.
4 Piedra plana puesta en el suelo para sostener pies derechos. — = base
5 Piedra fija del molino, situada debajo de la volandera. — = concha
6 Suelo del horno.
7 Fondo de canales y acequias.
8 Madero de sierra de distinta dimensión según las regiones. — CARPINTERÍA

9 Madero asentado en una obra de albañilería para servir de apoyo de otros. · CONSTRUCCIÓN

10 Encintado de las aceras. · *Chile*

11 Baldosa o ladrillo. · *Méx./*CONSTRUCCIÓN

12 Prenda de vestir ligera, con breteles y sin mangas, que usan las mujeres durante el verano. · *Argent.*, *Chile*

solercia (Del lat. *sollertia*.) Habilidad o astucia para hacer una cosa. · s.f. culto

solería
I (Derivado de *suelo*.)
1 Conjunto de materiales que se emplean para solar o revestir con pavimento. · s.f. CONSTRUCCIÓN
2 Pavimento o revestimiento del suelo. · = solado
II (Derivado de *suela*.) Conjunto de cueros para hacer suelas. · s.f.

solerte (Del lat. *sollers, -tis*.) Que es hábil o astuto. · adj./culto/= sagaz

soleta
1 Trozo de tela usado para remendar calcetines o medias. · s.f.
2 Mujer descarada. · coloquial
3 Sandalia rústica de cuero. · *Dom.*
4 Especie de galleta de forma alargada, dulce y crujiente. · *Méx.* COCINA

soletilla Bizcocho estrecho y alargado con forma de suela. · s.f. COCINA

solevación
1 Acción y resultado de solevar o solevarse o levantar una cosa empujándola de abajo arriba: *la solevación del piano fue dificultosa*. · s.f. = solevantamiento, solevamiento
2 Sublevación [en todas sus acepciones].

solevantado, a Que está inquieto, excitado o en estado de rebeldía. · adj. = agitado

solevar (Derivado del ant. *solevar < lat. sublevare*, por cruce con *levantar*.)
1 Levantar una cosa empujándola desde abajo: *se solevantó el globo*. · v.tr/prnl. = solevantar
2 Inducir a una persona a que se niegue a obedecer a otra persona de mayor autoridad, una ley, una orden o una costumbre. · = solevantar, solivantar

solfa (De *sol* + *fa*.)
1 Arte y técnica de leer y entonar las diversas voces musicales. · s.f. MÚSICA
2 Conjunto de signos con que se escribe la música. · MÚSICA
3 Combinación rítmica de los sonidos mediante la armonía y la melodía. · MÚSICA
4 Paliza o castigo de golpes. · coloquial/= tunda
5 a punto de solfa: Que está preparado o listo para darle el último toque: *he dejado la comida a punto de solfa*. · loc.adj/adv. coloquial
6 estar una cosa en solfa: 1. Estar hecha con arte, regla y acierto. **2.** Estar escrita o explicada de forma ineligible.
7 poner una cosa en solfa: 1. Presentarla bajo un aspecto ridículo o dudoso. **2.** Hacerla con arte, regla y acierto.

solfatara (Del ital. *solfatara*.) Grieta o abertura por la que salen a intervalos vapores sulfurosos, en los terrenos volcánicos. · s.f. GEOLOGÍA

solfeador, a Que solfea. · adj/s.

solfear
1 Cantar una composición marcando el compás y nombrando las notas: *solfea este fragmento, por favor; él es quien mejor solfea*. · v.tr/intr. MÚSICA
2 Dar una paliza a una persona: *cuatro gamberros solfearon a mi vecino*. · v.tr./coloquial = pegar
3 Reñir o censurar a una persona con dureza: *los directivos han solfeado a los jugadores*. · coloquial = reprender

solfeo
1 Acción y resultado de solfear o cantar las notas. · s.m./MÚSICA
2 Disciplina de la enseñanza musical que trata de la técnica para leer un texto de música. · MÚSICA
3 Castigo infligido con golpes. · coloquial/= paliza

solferino, a De color morado rojizo. · adj.

solfista Persona que practica el solfeo. · s.m.f./MÚSICA

solicitación Acción de solicitar. · s.f./= petición

solicitada Nota cuya publicación se solicita. · s.f./= remitida

solicitador, a
1 Que solicita. · adj/s.= solicitante
2 Persona que obra con poder de otra. · s./= agente

solicitar (Del lat. *sollicitare*.)
1 Pedir una cosa a una persona con respeto o haciendo las diligencias necesarias: *solicita tu ayuda para hacer la comida; ha solicitado una beca*. · v.tr. = demandar, instar
2 Intentar conseguir la amistad, la compañía, la presencia o la atención de una persona: *la han solicitado desde una universidad extranjera para dar un curso*. · = requerir
3 Intentar enamorar a una persona: *es tan atractiva que todo el barrio la solicita*. · = cortejar
4 Hacer gestiones para un negocio propio o ajeno. · = gestionar

5 Atraer una fuerza a un cuerpo. · FÍSICA

solícito, a (Del lat. *sollicitus < sollus*, entero + *citus*, movido.)
1 Que actúa con diligencia y cuidado, en especial para hacer una cosa que una persona pide o manda: *es muy solícito con sus jefes*. · adj. = atento, diligente
2 Que es cariñoso y amable: *sus hijos son muy solícitos con ella*. · = afable

solicitor Una de las dos categorías de abogados existentes en Gran Bretaña. · s.m. DERECHO

solicitud (Del lat. *sollicitudo*, cualidad de solícito.)
1 Escrito formal en que se solicita algo: *tiene que rellenar la solicitud y entregarla aquí mismo*. · s.f. = instancia
2 Disposición atenta y amable para hacer una cosa o ayudar a una persona. · = cortesía

solidar (Del lat. *solidare*.)
1 Hacer una cosa más firme y sólida: *su amistad se ha solidado con los años*. · v.tr/prnl. = consolidar
2 Fundar una afirmación en argumentos sólidos: *solidó su teoría con muchos ejemplos*. · v.tr. = reforzar

solidaridad
1 Actitud de quien participa y presta su apoyo a las causas, deberes o responsabilidades de otras personas: *fue a la huelga por solidaridad con sus compañeros*. · s.f. = adhesión, camaradería
2 Relación entre las personas que participan con el mismo interés en una cosa: *era bonito ver la solidaridad que había entre ellos*. · = fraternidad
3 Obligación o derecho compartido por varias personas, que puede ejercerse o debe cumplirse por entero por cada una de ellas. · DERECHO = in solidum

solidario, a Que se comporta con solidaridad o la demuestra: *persona solidaria con los presos*. · adj. ≠ insolidario

solidarizar Hacer a una persona o cosa solidaria con otra: *se solidarizó con los manifestantes*. · v.tr/prnl. conj: *cazar*

solideo (Del lat. *soli Deo*, a Dios solo.) Casquete que usan los eclesiásticos. · s.m. RELIGIÓN

solidez
1 Cualidad de sólido. · s.f./pl: solideces
2 Volumen de un cuerpo. · GEOMETRÍA

solidificación Acción y resultado de solidificar o solidificarse. · s.f. FÍSICA

solidificar (Del bajo lat. *solidus*, sólido + *facere*, hacer.) Hacer sólido un fluido: *el agua del estanque se solidificó*. · v.tr/prnl. conj: *sacar* FÍSICA

sólido, a (Del bajo lat. *solidus*.)
1 Que tiene forma estable y ofrece resistencia a la deformación porque sus átomos oscilan alrededor de posiciones fijas. · adj./FÍSICA ≠ gaseoso, líquido
2 Que resiste bien el uso por su naturaleza o por el material en que está construido: *mueble sólido; tejido de colores sólidos*. · = duro, resistente
3 Que tiene una base fuerte o segura: *cultura sólida; sólidas relaciones*. · = consolidado
4 Que es vigoroso o resistente: *es de espaldas sólidas; tiene una personalidad muy sólida*. · = fuerte, recio
5 Que está establecido con razones fundamentales: *presentó una teoría muy sólida*. · = concluyente
6 Objeto de tres dimensiones que tiene una forma y un volumen determinados. · s.m. = cuerpo
7 Moneda romana que equivalía a veinticinco denarios de oro. · HISTORIA

solifluxión Deslizamiento de material húmedo en la superficie terrestre que fluye como una masa de barro. · s.f. GEOLOGÍA

solífugo, a Perteneciente a un orden de arácnidos que se caracterizan por ser peludos. · adj/s.m. ZOOLOGÍA

soliloquiar Hablar una persona consigo misma. · v.intr./= monologar

soliloquio (Del lat. *soliloquium < solus*, solo + *loqui*, hablar.) Lo que una persona dice en voz alta pero sin dirigirse a ninguna otra. · s.m. = monólogo

solimán Sustancia corrosiva compuesta por cloro y mercurio, obtenida por sublimación. · s.m. QUÍMICA

solio (Del lat. *solium*.)
1 Trono con dosel. · s.m.
2 solio pontificio: Papado, dignidad de papa. · RELIGIÓN

solípedo, -eda (Del lat. *solidipes, -edis*, el de pies macizos.) Perteneciente a un grupo de mamíferos ungulados perisodáctilos, cuyo pie tiene un solo dedo terminado en una pezuña, como el caballo, la cebra o el asno. · adj/s.m. ZOOLOGÍA

solipsismo
1 Doctrina idealista según la cual el sujeto no puede afirmar ninguna existencia excepto la suya propia como percepción o representación de su conciencia. · s.m. FILOSOFÍA
2 Estado mental de la persona que se encierra en sí misma y rehúye toda influencia exterior. · SICOLOGÍA

solipsista
1 Del solipsismo filosófico. · adj./FILOSOFÍA
2 Que padece solipsismo. · adj/s./SICOLOGÍA

solista Persona que ejecuta un solo de una pieza musical. — s.m.f. MÚSICA

solitaria
1 Silla de posta de correo para una persona. — s.f.
2 Gusano parásito del intestino delgado de los mamíferos. — = tenia

solitario, a (Del lat. *solitarius*.)
1 Que está solo, sin compañía: *paseante solitario; vive solitario*. — adj. = soledoso
2 Se aplica al lugar que está deshabitado o retirado: *una casa solitaria; paraje solitario*. — = alejado, desierto
3 Que busca la soledad: *es un chico muy solitario e introvertido*. — adj/s. = insociable
4 Diamante grueso que se engasta solo en una joya. — s.m.
5 Juego que practica una persona sola, en especial de naipes. — JUEGOS
6 Ave paseriforme rinocríptica de tamaño medio, de pico recto y largo, plumaje canela, pardo en el vientre y cola rayada de negro. *(Myiotheretes striaticollis.)* — ZOOLOGÍA

sólito, a (Del lat. *solitus*.) Que es lo acostumbrado o que se suele hacer de ordinario. — adj./culto ≠ insólito

solitud Carencia de compañía. — s.f.= soledad

soliviadura Acción y resultado de soliviar o soliviarse. — s.f.= solivio

soliviantado, a Que está inquieto, alterado o excitado: *los ánimos están soliviantados*. — adj. = solevantado

soliviantar (Derivado del ant. *solevar* < lat. *sublevare*, por cruce con *levantar*.)
1 Incitar a que una persona adopte una actitud rebelde o violenta: *se soliviantó con las declaraciones del general*. — v.tr/prnl. = alborotar, sublevar
2 Causar irritación o inquietud a una persona. — v.tr.= indignar
3 Inducir a una persona a concebir ilusiones infundadas o deseos insensatos.

soliviar
1 Ayudar a levantar una cosa empujándola por debajo. — v.tr.= solevantar
2 Alzarse un poco una persona que está echada, sentada o acostada. — v.prnl. = incorporarse

solivio Acción y resultado de soliviar o soliviarse. — s.m./= soliviadura

solla Pez osteíctio de forma aplanada, de color gris oscuro, con ocelos anaranjados, y con los dos ojos en el lado derecho. *(Pleuronectes platessa.)* — s.f. ZOOLOGÍA

sollado (Del port. *solhado*, piso, suelo.) Cubierta inferior del barco en la que se instalan los compartimentos para guardar víveres y otras cosas, así como los alojamientos. — s.m. NÁUTICA

sollamar Quemar una cosa de modo superficial con una llama: *se sollamó el pelo con el encendedor*. — v.tr/prnl. = socarrar

sollastre (Del occitano *solhart*.)
1 Pinche de cocina. — s.m./COCINA
2 Persona muy pícara o granuja. — s.m.f./= pillastre

sollastría Acción del sollastre o granuja. — s.f.

sollo Esturión, pez condrósteo que remonta los ríos para desovar, y con cuyas huevas se prepara el caviar. — s.m. ZOOLOGÍA

sollozante Que solloza. — adj.

sollozar (Del lat. vulgar *suggluttiare* < lat. *singultare*.) Llorar de manera entrecortada y con movimientos convulsivos. — v.intr. conj: *cazar* = gimotear

sollozo (Del lat. vulgar *suggluttium* < lat. *singultus*.) Acción y resultado de sollozar. — s.m. = gimoteo, llanto

solo, a (Del lat. *solus, -a, -um*.)
1 Que es único en su especie. — adj.
2 Que no está acompañado: *lo vi paseando solo en el parque*. — = solitario
3 Que está sin otra cosa o que se mira separado de ella: *quiero un café solo*.
4 Que no tiene familia, amigos ni nadie que le ampare o socorra: *está solo en la vida*.
5 Paso de danza que se ejecuta sin pareja. — s.m.
6 Composición o parte de ella que canta o interpreta una persona, sin compañía: *tocó un solo de violín*. — MÚSICA
7 Juego de naipes parecido al tresillo y en el cual gana el que hace por lo menos treinta y seis tantos. — JUEGOS
8 Lance en que se hacen todas las bazas necesarias para ganar sin ayuda de robo ni de compañero, en algunos juegos de naipes. — JUEGOS
9 Juego del solitario. — JUEGOS
10 **a solas:** Sin ayuda ni compañía de otra persona. — loc.adv.
11 **quedarse solo:** 1. No tener competidores: *jugando a fútbol se queda solo, es un fenómeno*. 2. Intervenir mucho en una conversación, sin dejar hablar a los demás. — coloquial coloquial
12 **solo que:** Indica contraposición de dos conceptos o ideas: *vendrán todos, solo que no sé si habrá pan para todos*. — loc.conj. = aunque

sólo (Del lat. *solus*, solo.) Solamente, sin otra cosa: *deseo sólo una cosa, la salud*. — adv. th: solo

solomillo
1 Pedazo de carne destinada al consumo que se encuentra entre las costillas y el lomo, muy tierna y apreciada. — s.m. = solomo
2 Filete que se saca de este pedazo de carne: *de primer plato una ensalada y de segundo un solomillo*.

solomo
1 Solomillo, pedazo de carne de consumo que se encuentra entre las costillas y el lomo. — s.m.
2 Lomo de cerdo adobado. — COCINA

solsticial Del solsticio. — adj./ASTRONOMÍA

solsticio (Del lat. *solstitium*.)
1 Cada uno de los dos puntos de la eclíptica más alejados del ecuador. — s.m. ASTRONOMÍA
2 Época del año en la que el Sol alcanza uno de estos puntos. — ASTRONOMÍA
3 **solsticio hiemal:** El de invierno, que hace en el hemisferio boreal el día más corto y la noche más larga del año, y en el hemisferio austral todo lo contrario. — ASTRONOMÍA
4 **solsticio vernal:** El de verano, que hace en el hemisferio boreal el día más largo y la noche más corta del año, y en el hemisferio austral todo lo contrario. — ASTRONOMÍA

soltadizo, a Que se suelta con disimulo. — adj.

soltador, a Que suelta una cosa. — adj/s.

soltaní Antigua moneda del imperio turco. — s.m/HISTORIA

soltar
1 Desatar una cosa que estaba sujeta: *no puedo soltar las cuerdas de este paquete*. — v.tr./part.th: suelto conj: *contar*
2 Dar libertad a una persona o un animal: *el perro se soltó*. — v.tr/prnl. = liberar
3 Expulsar o echar fuera lo que se expresa: *la basura soltaba un líquido repugnante*. — = emitir, expeler
4 Disminuir la presión o la tirantez de algo: *suéltate un poco la coleta, que tienes el pelo muy tirante*. — = aflojar
5 Dejar una cosa: *sólto el puesto de inmediato*. — v.tr./coloquial
6 Dar una cosa de forma violenta o bajo amenaza: *le soltó una bofetada; suelta la pasta*. — coloquial = asestar, pegar
7 Decir una cosa de manera brusca o franca: *soltó cuatro tacos y se quedó tan ancho*. — = largar
8 Expeler una persona el contenido del vientre de modo involuntario. — v.tr/prnl. = obrar
9 Dejar salir una persona una cosa de sí de modo involuntario: *soltó un estornudo*. — v.tr. = lanzar
10 Dar contestación o solución a una cosa.
11 Adquirir una persona soltura en una cosa: *ya se suelta en inglés*. — v.prnl. = manejarse
12 Obrar una persona de manera desenvuelta: *se soltó sin ningún tipo de miramiento*. — = lanzarse
13 Empezar a hacer una persona una cosa: *se soltó a andar a los nueve meses*. — + a = romper

soltería Estado de soltero. — s.f.

soltero, a Que no ha contraído matrimonio: *tiene un hermano casado y otro soltero*. — adj/s. = célibe

solterón, a Que es mayor y no se ha casado. — adj/s./despectivo

soltura
1 Acción y resultado de soltar. — s.f.
2 Modo de hacer una cosa, material o inmaterial, con facilidad y gracia, sin encogimiento ni timidez: *en la soltura con que lo hacía se notaba que no era la primera vez*. — = desenvoltura, desparpajo
3 Facilidad y claridad de dicción.

solubilidad
1 Propiedad de las sustancias disolubles o solubles. — s.f./= disolubilidad
2 Posibilidad de que una cosa sea resuelta. — = solucionabilidad

soluble (Del lat. *solubilis*, que se puede soltar.)
1 Se aplica a la sustancia que se puede disolver o desleír. — adj. = disoluble
2 Que puede ser resuelto: *problema soluble*. — = resoluble

solución (Del lat. *solutio*.)
1 Acción y resultado de solucionar o solucionarse: *la solución del problema fue muy satisfactoria*. — s.f. = resolución
2 Medio para resolver un asunto o dificultad: *hemos discutido varias soluciones*. — = recurso, salida
3 Desenlace de un asunto, en especial de una obra dramática. — = final
4 Acción y resultado de disolver.
5 Sustancia constituida por un líquido y un cuerpo disuelto en él. — = disolución
6 Resultado que satisface las condiciones de un problema o de una ecuación. — MATEMÁTICAS
7 **solución de continuidad:** Interrupción o suspensión de algo durante algún tiempo: *pasó de la risa al llanto sin solución de continuidad*.

solucionar Encontrar la solución de un asunto o un problema. — v.tr. = resolver

solutivo, a Se refiere al medicamento que sirve para ayudar a evacuar el vientre. — adj/s.m./FARMACIA = laxante

soluto (Del lat. *solutus*.) Sustancia que está disuelta en otra. — s.m. QUÍMICA

solutrense Se aplica a un conjunto de rasgos culturales del paleolítico superior. — adj/s.m. HISTORIA

solvatación Fenómeno por el que las moléculas de un cuerpo disuelto pueden combinarse con las del solvente para formar hidratos u otros compuestos.   s.f. QUÍMICA

solvatar Efectuar una solución una solvatación.   v.tr./QUÍMICA

solvato Combinación química de un cuerpo disuelto con su disolvente.   s.m. QUÍMICA

solvencia
1 Acción y resultado de solventar.   s.f.
2 Capacidad para pagar deudas o cumplir cualquier compromiso u obligación.   = crédito
3 Cualidad de solvente.

solventar
1 Pagar una cuenta.   v.tr./= satisfacer
2 Encontrar la solución de un asunto difícil.   = remediar

solvente
1 Que suelta o resuelve.   adj.
2 Que no tiene deudas.   = limpio
3 Que está en buena situación económica y puede satisfacer sus deudas.   = acomodado ≠ insolvente
4 Que reúne las condiciones necesarias para realizar los compromisos u obligaciones propios de su cargo o empleo.   = responsable
5 Se aplica a la sustancia que puede disolver o producir una mezcla homogénea con otra.   adj/s.m. QUÍMICA

soma
I (Derivado de *somo*.) Harina gruesa.   s.f./tb: zoma
II (Del gr. *soma*, cuerpo.)
1 Conjunto de las células no reproductoras de los seres vivos.   s.m. BIOLOGÍA
2 Cuerpo celular de una neurona.   ANATOMÍA

soma- Componente de palabra procedente del gr. *soma*, que significa cuerpo: *cromosoma*.   pref/suf.

somación Modificación que no afecta a la naturaleza de las células y no es hereditaria.   s.f. BIOLOGÍA

somalí
1 De Somalia, país del este de África, o de su lengua.   adj/s.m.f. pl.tb: somalies
2 Persona natural de este país africano.   s.m.f.
3 Lengua cusita de la familia camitosemítica, escrita en caracteres arábigos, hablada, en especial, en Etiopía y Somalia.   s.m. LINGÜÍSTICA

somanta Golpes dados de manera intencionada a una persona que la dejan herida o en mal estado.   s.f./= tunda, zurra, paliza

somatén (Del cat. *sometent*.)
1 Grupo de gente armada, no militar, que se reunía a toque de campana para perseguir a los maleantes o defender del enemigo, en Cataluña.   s.m. HISTORIA
2 Movilización temporal de vecinos armados, en Cataluña.   HISTORIA
3 Bulla o estrépito causado por una o varias personas.   = alboroto

somatenista Persona que forma parte de un somatén.   s.m.f. HISTORIA

somático, a (Del gr. *somatikos*, corporal.)
1 Del cuerpo, por oposición a la mente: *su problema no es síquico sino somático.*   adj.
2 Del soma.   BIOLOGÍA

somatización Proceso por el cual una alteración síquica se transforma en otra de base orgánica.   s.f. SICOLOGÍA

somatizar Convertir un trastorno síquico en un síntoma orgánico y funcional.   v.tr./conj: cazar SICOLOGÍA

somatología (Del gr. *soma, -atos*, cuerpo + *logos*, ciencia.) Parte de la biología que estudia la estructura y desarrollo de los seres vivos.   s.f. BIOLOGÍA

somatoplasma Plasma de las células somáticas, encargado de las funciones vegetativas y de relación.   s.f. BIOLOGÍA

somatotropina Hormona somatótropa.   s.f./BIOQUÍMICA

somatótropo, a Se aplica a una de las hormonas de la hipófisis, que tiene acción directa sobre el crecimiento.   adj. BIOQUÍMICA

sombra (Del lat. *umbra*.)
1 Falta de claridad debida a la intercepción de los rayos de luz por un cuerpo opaco: *descansaba a la sombra de una sombrilla, en el jardín.*   s.f.
2 Zona o lugar donde se produce esta falta de claridad: *deberías poner esa planta en la sombra.*   ≠ sol
3 Proyección o imagen oscura que se produce por la interposición de un cuerpo ante el Sol o un foco luminoso: *la sombra de un árbol; vio la sombra de alguien en la pared.*   = silueta
4 Oscuridad o falta de luz: *las sombras de una sala de cine.*   = tinieblas
5 Recuerdo o imagen que se conserva de una persona, una cosa o una situación: *la sombra del accidente no le dejaba vivir.*   = memoria
6 Suerte para ejecutar alguna cosa: *todo le va mal, tiene mala sombra; tiene buena sombra bailando.*   = gracia
7 Espectro o aparición ilusoria de la imagen de una persona ausente o difunta: *la sombra permanecía inmóvil y amenazante en su sueño.*   = visión

8 Indicio o pequeña cantidad de alguna cosa: *no tiene ni sombra de valor.*   = atisbo
9 Falta de claridad en las ideas o en un asunto: *ese punto todavía está en sombra.*   = laguna
10 Mancha o señal que una cosa deja en un cuerpo: *el cristal tiene sombras.*   = imperfección
11 Persona que siempre acompaña a otra: *la madre de Arantxa es su sombra.*   = rémora
12 Pesimismo y tristeza en el ánimo: *en mi interior todo son sombras y oscuridades.*
13 Condición desde la que una persona puede actuar de modo encubierto: *él movía los hilos del proyecto desde la sombra.*   = clandestinidad
14 Apariencia o parecido de una cosa.
15 Color oscuro con el que se representa esta zona de oscuridad en un dibujo o pintura.   ARTE
16 Zona de las localidades en las que no da el Sol durante las corridas, en una plaza de toros.   TAUROMAQUIA ≠ sol
17 Lugar al que, por cualquier causa, no llegan las imágenes o señales transmitidas por una estación emisora.   TELECOMUNICACIONES
18 **sombra de hueso:** Color pardo, oscuro, que se prepara con huesos quemados y molidos.   ARTE
19 **sombra de ojos:** Cosmético que se usa para pintar los párpados: *siempre se pone sombra de ojos de color gris.*
20 **sombra de Venecia:** Color pardo, oscuro, que se prepara con lignito terroso.   ARTE
21 **sombra de viejo:** Color oscuro y espeso que se prepara con arcilla negra.   ARTE
22 **sombras chinescas:** Espectáculo que consiste en iluminar por detrás del escenario a figuras o bailarines, interponiendo entre éstos y el público un lienzo blanco, de tal manera que el espectador percibe sólo las sombras.   TEATRO
23 **a la sombra:** En la cárcel: *lleva ya tres años a la sombra y todavía le quedan diez.*   loc.adv. coloquial
24 **a la sombra de:** Bajo la protección y amparo de una persona o una cosa: *prosperó a la sombra de su hermano.*   loc.prep. coloquial
25 **a sombra de tejado o de tejados:** A escondidas, de modo clandestino.   loc.adv. coloquial
26 **dar o hacer sombra:** Impedir el paso de la luz: *este árbol nos dará sombra.*
27 **estar sin sombra:** Estar triste y melancólico, desamparado.   coloquial
28 **hacer sombra a una persona:** 1. Impedir que sus méritos sean valorados por compararlos con los de otra que los tiene mayores: *el nombre de Picasso ha hecho sombra a muchos pintores.* 2. Protegerla y favorecerla para que los demás la respeten: *a ése su tío le hace sombra para que prospere en la empresa.*   coloquial

coloquial
29 **mirarse una persona a la sombra:** Ser coqueta y presumida.   coloquial
30 **ni sombra:** De ningún modo.   loc.adv.
31 **no fiarse ni de su sombra:** Ser muy desconfiado.   coloquial
32 **no haber ni sombra:** No haber rastro o huella de una persona o una cosa.   coloquial
33 **no ser ni sombra de lo que era:** Haber cambiado mucho una persona o cosa, en general para mal: *la ciudad ya no es ni sombra de lo que era.*   coloquial
34 **tener mala sombra:** 1. Tener mala suerte y transmitírsela a los demás. 2. Ser patoso y tener poca gracia en lo que se dice o se hace.

sombrajo (Del lat. *umbraculum*.)
1 Resguardo hecho con medios rudimentarios para proporcionar sombra.   s.m. tb: sombraje
2 Sombra producida por una persona que se pone delante de la luz y se mueve para estorbar a quien la necesita.   coloquial

sombrar Hacer una cosa sombra a otra.   v.tr.

sombreado
1 Acción y resultado de sombrear.   s.m.
2 Técnica que se usa en microscopia electrónica, que consiste en metalizar los objetos transparentes para hacerlos visibles.   ÓPTICA

sombreador, a Que sombrea.   adj.

sombrear
1 Hacer sombra sobre una cosa.   v.tr.
2 Poner oscura una zona de una pintura o un dibujo.   ARTE
3 Pintar los párpados con un cosmético oscuro.   v.tr/prnl.

sombrerada
1 Cantidad de una cosa que cabe en un sombrero.   s.f.
2 Golpe dado con el sombrero.   = sombrerazo
3 Saludo hecho con el sombrero.   = sombrerazo

sombrerera Caja para guardar o transportar sombreros.   s.f.

sombrerería
1 Oficio de hacer sombreros.   s.f.
2 Fábrica donde se hacen sombreros.   INDUSTRIA
3 Tienda donde se venden sombreros.   COMERCIO

sombrerero, a Persona que confecciona o vende sombreros.   s.

sombrerete
1 Sombrero o píleo de los hongos.   s.m./MICOLOGÍA
2 Cualquier objeto con forma similar a la de un sombrero, que suele usarse para proteger alguna cosa.

sombrerillo
1 Parte superior abombada o dilatada del aparato esporífero de los hongos, de forma y color variables, que está sostenido por un pedicelo o pie.   s.m./MICOLOGÍA = sombrerete, sombrero
2 Ombligo de Venus, planta crasulácea.   BOTÁNICA
3 Cesto pequeño que usaban los presos en la antigüedad para recoger limosnas de los transeúntes, colgándolo de la reja del calabozo.   HISTORIA

sombrero
1 Prenda de vestir que cubre la cabeza y consta de copa y ala.   s.m. = güito
2 Cualquier cosa que tiene forma parecida a la de un sombrero.
3 Techo que cubre el púlpito para evitar posibles resonancias de la voz del predicador.   CONSTRUCCIÓN
4 Parte ensanchada de los hongos, en cuya cara inferior están las laminillas entre las que se forman las esporas.   MICOLOGÍA = sombrerillo
5 Pieza circular de madera que forma la parte superior del cabrestante.   NÁUTICA
6 Privilegio que tenían los grandes de España de permanecer cubiertos ante el rey.   HISTORIA
7 **sombrero apuntado**: El de ala grande, recogida por ambos lados y sujeta con una puntada por encima de la copa.
8 **sombrero calañés**: El de ala vuelta hacia arriba y copa baja en forma de cono truncado.
9 **sombrero canotier**: El de paja, rígido, de ala pequeña y plana y copa muy baja.
10 **sombrero castoreño**: Aquel que se fabrica con pelo de castor u otra materia similar al fieltro.
11 **sombrero chambergo**: El de ala ancha flexible, levantada por un lado y sujeta con algún adorno a la copa.
12 **sombrero cordobés**: El de fieltro, que tiene el ala ancha y plana y la copa baja y casi cilíndrica.
13 **sombrero de canal, de canoa o de teja**: El que tiene levantadas las dos mitades laterales de su ala en forma de teja y que usaban los eclesiásticos.
14 **sombrero de catite**: El calañés, con copa alta.
15 **sombrero de copa**: El de ala estrecha y copa alta, cilíndrica y plana por encima.
16 **sombrero de jipijapa**: El de ala ancha, tejido con paja muy fina.
17 **sombrero de medio queso**: Aquel que está armado en forma semiesférica y tiene levantadas las dos mitades de su ala por encima de la copa, donde se sujetan con una presilla.
18 **sombrero de muelles**: Clac, sombrero de copa plegable.
19 **sombrero de tres candiles o de candil**: El de tres picos.
20 **sombrero de tres picos o de tricornio**: Aquel que tiene el ala levantada por tres puntos, de modo que forma un triángulo.
21 **sombrero encandilado**: El de tres picos que tiene muy levantado el de delante.
22 **sombrero flexible**: El fieltro sin apresto.
23 **sombrero gacho**: El de copa baja y ala ancha e inclinada hacia abajo.
24 **sombrero hongo**: El de copa baja, rígida y de forma semiesférica.
25 **sombrero jarano**: El de fieltro blanco, de ala ancha y copa baja rodeada de un cordón cuyos extremos caen por detrás rematados con borlas.
26 **sombrero jíbaro**: El de hoja de palma usado en Cuba y Puerto Rico.
27 **sombrero redondo**: El de copa alta.
28 **quitarse una persona el sombrero**: Frase con que se expresa la admiración por algo o alguien.   coloquial
29 **sacarse el sombrero**: Expresión empleada para mostrar admiración.   Amér. Merid. coloquial
30 **tomar el sombrero**: Irse de un lugar o hacer ademán de ello.   coloquial

sombría Terreno sombrío.   s.f./= umbria

sombrilla (Del fr. ombrelle < ital. ombrello.) Utensilio en forma de paraguas de varios tamaños, que se emplea para protegerse del Sol.   s.f. = quitasol

sombrío, a
1 Se aplica al lugar que es oscuro o tiene una sombra excesiva: el salón es grande pero sombrío.   adj./= lóbrego, sombroso, umbrío
2 Que es triste o tétrico: tiene un carácter sombrío.   = taciturno
3 Que es negativo o adverso: las perspectivas son bastante sombrías.   = negro
4 Se aplica a la parte de una pintura o un dibujo que tiene sombra.   ARTE

sombroso, a
1 Que proporciona mucha sombra: árbol sombroso.   adj.
2 Se refiere al lugar que tiene poca luz.   = sombrío

somera (Del fr. sommier.) Cada una de las dos piezas de madera en que se apoya el juego de la máquina antigua de imprimir.   s.f. ARTES GRÁFICAS

somero, a (Derivado del ant. somo < lat. summus, el más alto.)
1 Que es superficial y poco detallado: estudio somero; dibujo somero.   adj. = sucinto
2 Que tiene muy poca profundidad.   = superficial

someter (Del lat. submittere.)
1 Poner bajo la autoridad o dominio de una persona, una comunidad o un estado por la fuerza o por las armas: sometieron a los amotinados; el ejército enemigo se sometió al vencedor.   v.tr/prnl. = dominar, subyugar
2 Hacer depender una cosa de otra: sometió sus ideas a las de la mayoría.   v.tr. = rendir
3 Exponer o mostrar una cosa a una persona para que dé su opinión: nos sometió su plan para que lo discutiéramos.   = plantear
4 Hacer que una persona o una cosa reciba una acción determinada: sometió la planta a la acción del Sol; se sometió a una operación de cirugía estética.   v.tr/prnl. = exponer
5 Poner un litigio o un desacuerdo en manos de una persona para que lo resuelva.   v.tr. = encomendar

sometimiento Acción y resultado de someter o someterse.   s.m.

somier Soporte o armazón metálico o de madera que puede ir provisto de muelles o tablas, sobre el cual se suele poner el colchón.   s.m. pl: somieres tb: sommier

sommelier (Voz francesa.) Persona que está al cuidado de la bodega y de los vinos en un restaurante.   s.m.f. pl: sommeliers

somnambulismo Sonambulismo, conducta motora que se produce durante el sueño.   s.m.

somnámbulo, a (Del lat. somnus, acto de dormir + ambulare, caminar.) Que tiene somnambulismo.   adj/s. tb: sonámbulo

somnífero, a (Del lat. somnus, acto de dormir + ferre, llevar.) Se aplica al medicamento que produce sueño: tiene que tomar somníferos para dormir.   adj/s.m. FARMACIA = narcótico

somnífugo, a Se aplica al medicamento o a la sustancia que elimina el sueño.   adj/s.m. FARMACIA

somnílocuo, a (Del lat. somnus, acto de dormir + loqui, hablar.) Que habla estando dormido.   adj/s.

somniloquia Acción de hablar durante el sueño.   s.f.

somnolencia
1 Estado intermedio entre el sueño y la vigilia conservando una parte de la conciencia.   s.f. = adormecimiento
2 Deseo irresistible de dormir: el vino le produce somnolencia.   = sopor, sueño
3 Pereza, falta de actividad.   = desgana

somnoliento, a Que tiene somnolencia.   adj./= soñoliento

somontano, a Se aplica al territorio que está situado al pie de una montaña: región somontana; terreno somontano.   adj/s. GEOGRAFÍA

somonte
1 Terreno situado al pie o en la ladera de un monte.   s.m./GEOGRAFÍA
2 Zumo de uva que todavía no ha sido convertido en vino.   = mosto
3 **de somonte**: Se aplica a las personas o a las cosas bastas y burdas: paño de somonte.   loc.adj. coloquial

somorgujar
1 Sumergir, introducir a una persona o una cosa en el agua: se somorgujó en la piscina vestido para coger sus gafas.   v.tr/prnl. tb: somormujar
2 Mantenerse una persona nadando bajo el agua.   v.intr/.= bucear

somormujo (Del lat. vulgar mergulio, -onis < lat. mergere, zambullirse, por cruce con lat. submergere, sumergir.) Ave palmípeda podicipitiforme, de dedos lobulados, que vive en aguas tranquilas, se alimenta de peces e insectos y construye nidos flotantes. (Podiceps.)   s.m. ZOOLOGÍA tb: somorgujo

sompesar Sopesar [en todas sus acepciones].   v.tr.

sompopo
1 Variedad de hormiga amarilla.   s.m./Hond., Nicar.
2 Guiso hecho a base de carne rehogada en manteca.   Hond./COCINA

son (Del occitano ant. son < lat. sonus.)
1 Sonido agradable al oído, en especial el que se hace con arte.   s.m.
2 Estilo o manera de hacer una cosa.   = tenor
3 Divulgación o noticia de una cosa.
4 **¿a qué son o a son de qué?**: ¿Con qué motivo?: ¿a son de qué me dices esto ahora?   coloquial
5 **al son de**: Siguiendo el consejo o el ejemplo de una persona o una cosa.   loc.adv.
6 **bailar una persona al son que le tocan**: Acomodar la conducta propia a los tiempos y circunstancias.   coloquial
7 **en son de**: 1. A manera de. 2. Con ánimo de: llegaron en son de paz.   loc.adv.
8 **sin ton ni son**: Sin razón ni fundamento: no se pueden decir esas cosas sin ton ni son.   loc.adv.

sonable
1 Que es ruidoso.   adj.

2 Que es famoso. = sonado

sonadera Acción de sonarse las narices. s.f.

sonado, a
1 Que es muy conocido o muy nombrado: *una fiesta sonada; ésta va a ser sonada.* adj. = famoso
2 Que se divulga con mucho ruido y afán.
3 Que está chalado o no coordina bien las ideas. = chiflado, loco
4 Se refiere al boxeador que tiene lesiones cerebrales por los golpes recibidos. DEPORTES

sonador, a Que suena o hace ruido. adj/s.

sonaja
1 Par o pares de chapas de metal que, atravesadas por un alambre, se ponen en algunos juguetes o instrumentos para que al moverlos suenen. s.f.
2 Instrumento musical equivalente a un pandero sin parche, en cuyos aros se hallan ensartados unos discos de metal. s.f.pl. MÚSICA

sonajear
1 Hacer sonar las sonajas de un instrumento. v.tr/MÚSICA
2 Producir un sonido parecido al de las sonajas con una cosa.

sonajera Juguete con sonajas o cascabeles. s.f./Chile

sonajero Juguete que produce ruido al moverse y con el cual se procura entretener a los niños. s.m.

sonambulismo Alteración del sueño que consiste en que la persona dormida realiza actos diversos, como levantarse o caminar. s.m. tb: somnambulismo

sonámbulo, a (Del lat. *somnus*, acto de dormir + *ambulare*, caminar.) Que padece sonambulismo adj/s. tb: somnámbulo

sonante Que suena. adj./= sonoro

sonántico, a Se aplica a la consonante líquida o nasal que tiene resonancia vocálica y puede ser centro de sílaba. adj/s.f. GRAMÁTICA

sonar
I (Acrónimo de *[So]und [Na]vigation [R]anging.*) Aparato de detección submarina que permite la localización e identificación de los objetos sumergidos por medio de ondas ultrasonoras. s.m. TECNOLOGÍA
II (Del lat. *sonare.*)
1 Producir un sonido o un ruido: *la bomba sonó muy fuerte.* v.intr/conj: contar = resonar
2 Tener una letra un valor fónico determinado. = pronunciar
3 Ser citada una persona o una cosa: *su nombre suena como candidato.* = nombrarse
4 Tener una cosa una apariencia determinada: *su propuesta sonaba a engaño.* = parecer
5 Resultar una persona o una cosa conocida o familiar: *su cara me suena mucho.*
6 Dar las campanadas el reloj: *ya han sonado las dos.* = tocar
7 Hacer que una cosa produzca un sonido armonioso. v.tr/= tañer
8 Limpiar la nariz de una persona haciendo salir el moco con una espiración brusca: *se sonó ruidosamente.* v.tr/prnl.
9 Extenderse o correr un rumor: *la noticia sonó por todo el barrio.* v.impers. = rumorearse
10 Golpear a una persona o una cosa: *se lo sonaron por mentiroso.* v.prnl./Méx. coloquial
11 Morir una persona o padecer una enfermedad incurable y mortal. v.intr./Argent., Chile, Urug.
12 Fracasar, perder o tener mal fin una persona o una cosa. Argent., Chile, Par/coloquial
13 Sufrir las consecuencias de algún hecho o cambio. Chile
14 Ganar en una pelea dejando al adversario fuera de combate. Chile
15 así o tal como suena: Literalmente, con arreglo al sentido estricto de las palabras. loc.adv.
16 hacer sonar: Castigar con severidad. Chile
17 lo que me suena, me suena: Expresión con la que una persona explica que se atiene a la significación obvia y natural de las palabras: *no doy la vuelta a tus palabras, lo que me suena, me suena.* coloquial
18 lo que sea sonará: Indica que ya se verá cómo acaba algo: *vamos a esperar y lo que sea sonará.* coloquial
19 ni suena ni truena: Indica que nadie habla ni se acuerda de determinada persona: *desde que se marchó de casa, ni suena ni truena.* coloquial
20 sonar bien o mal: Causar buena o mala impresión: *tu proposición le ha sonado bien a tu padre.* coloquial

sonata (Del ital. *sonata.*) Composición musical para piano, solo o con otro instrumento, formada por lo general por tres tiempos, a los que se añade a veces otro que suele ser un minueto. s.f. MÚSICA

sonatina Sonata corta de fácil ejecución. s.f./MÚSICA

sonda (Del fr. *sonde.*)
1 Acción y resultado de sondar. s.f./= sondeo
2 Cuerda con un peso en un extremo que sirve para medir la profundidad de las aguas y explorar el fondo. NÁUTICA = plomada
3 Barrena que sirve para abrir en la tierra taladros de gran profundidad.
4 Cohete o globo provisto de instrumentos de medi- FÍSICA

ción, que se usa para estudiar fenómenos atmosféricos.
5 Instrumento mecánico o eléctrico usado para explorar zonas de difícil acceso. TECNOLOGÍA
6 Especie de tubo delgado que se usa para dar salida a la orina de un paciente. MEDICINA = algalia
7 Instrumento quirúrgico para explorar cavidades y conductos del cuerpo. MEDICINA = tienta
8 Instrumento para suministrar alimento líquido a personas que padecen determinadas enfermedades. MEDICINA = catéter
9 Sitio o paraje del mar cuyo fondo es conocido. NÁUTICA
10 sonda espacial: Dispositivo lanzado al espacio interplanetario para realizar investigaciones científicas. ASTRONÁUTICA
11 ir una persona con la sonda en la mano: Considerar muy despacio lo que hace y actuar con reflexión y madurez. coloquial

sondable Que puede ser sondado: *fondo sondable.* adj.

sondador Aparato que sirve para sondar. s.m.

sondaje Acción y efecto de sondar. s./= sonda

sondaleza
1 Cuerda gruesa que se cruza de una orilla a la otra de un río, dividida con señales para determinar los lugares en que se han hecho los diferentes sondeos de la profundidad y trazar luego la figura del corte transversal del fondo del río. s.f.
2 Cuerda que se usa para sondar el mar. NÁUTICA

sondar (Del fr. *sonder.*)
1 Medir la profundidad del mar, de un río o un lago, y examinar las características del fondo con la sonda. v.tr. = hondear
2 Examinar la naturaleza del subsuelo con un instrumento adecuado. MINERÍA
3 Introducir la sonda en una parte del cuerpo. MEDICINA

sondear (Del fr. *sonder.*)
1 Sondar el agua o el subsuelo. v.tr.
2 Intentar enterarse del estado de una cosa o del pensamiento de una persona: *sondeamos la opinión de los contribuyentes.* = indagar, tantear

sondeo
1 Acción y resultado de sondar o sondear. s.m.
2 Método estadístico de encuesta sobre ciertas características de una población, a partir de observaciones sobre una muestra limitada que se considera representativa. ESTADÍSTICA

sondógrafo (Del fr. *sonde*, sonda + gr. *grapho*, escribir.) Instrumento que registra los desniveles del fondo de los ríos y las costas. s.m. TECNOLOGÍA

sonecillo
1 Sonido que se percibe poco. s.m.
2 Son alegre y ligero.

sonería Conjunto de las piezas que sirven para hacer sonar un reloj. s.f. MECÁNICA

sonetear Componer sonetos. v.intr./POESÍA

sonetico Ruido hecho con los dedos sobre una mesa o cualquier superficie. s.m.

sonetillo Soneto compuesto con versos de arte menor. s.m. POESÍA

sonetista Poeta que compone sonetos. s.m.f./POESÍA

sonetizar Hacer o escribir sonetos: *es el poeta que más y mejor ha sonetizado sobre el amor.* v.intr./conj: cazar POESÍA

soneto (Del ital. *sonetto.*) Composición poética formada por catorce versos, de rima consonante, en general de once sílabas, distribuidos en dos cuartetos y dos tercetos. s.m. POESÍA

sónico, a
1 De la velocidad del sonido. adj./FÍSICA
2 Que posee una velocidad igual a la del sonido. FÍSICA

sonido (Del lat. *sonitus*, ruido.)
1 Sensación producida en el oído por el movimiento vibratorio de los cuerpos en el aire. s.m. = ruido
2 Modo especial de sonar una cosa: *me gusta el sonido de esa guitarra.* = sonoridad
3 Manera de sonar un fonema. = articulación
4 Divulgación de un rumor: *me ha llegado un sonido preocupante sobre su salud.* = noticia
5 Efecto de propagación de las ondas producidas por un cuerpo al vibrar. FÍSICA
6 Banda sonora de una película. CINE
7 Conjunto de aparatos y sistemas que sirven para producir, grabar y reproducir música, voces o efectos parecidos: *me he comprado un equipo de sonido.* TECNOLOGÍA

sonio Unidad de sonoridad que corresponde a la sensación producida por un sonido puro con una frecuencia de mil hercios y un nivel de presión sonora de cuarenta decibelios. s.m. FÍSICA

soniquete
1 Sonsonete [en todas sus acepciones]. s.m.
2 Son que se percibe poco.

sonlocado, a Que es alocado, medio loco o chiflado. adj.

sonochada
1 Acción y resultado de sonochar.　　　　　　s.f./= trasnochada
2 Principio de la noche.

sonochar Permanecer una persona despierta en las　v.intr.
primeras horas de la noche.

sonografía
1 Técnica de análisis del fondo marino.　　　　s.f.
2 Imagen del fondo marino obtenida mediante la
emisión de ecos.

sonógrafo (Del lat. *sonus*, sonido + gr. *grapho*, escri-　s.m.
bir.) Aparato usado para analizar y representar gráfi-　FÍSICA
camente los sonidos.

sonoluminiscencia Fenómeno por el que ciertas di-　s.f.
soluciones salinas emiten luz cuando son excitadas　FÍSICA
por ultrasonidos.

sonometría (Del lat. *sonus*, sonido + gr. *metron*, me-　s.f.
dida.) Parte de la física que estudia los sonidos.　　FÍSICA

sonómetro
1 Aparato para medir y comparar sonidos e interva-　s.m.
los musicales.　　　　　　　　　　　　　　　TECNOLOGÍA
2 Instrumento musical antiguo formado por una caja　MÚSICA
de resonancia y una sola cuerda.　　　　　　　= monocordio

sonoridad
1 Cualidad de sonoro.　　　　　　　　　　　s.f.
2 Musicalidad y armonía en la expresión oral o escrita: *la sonoridad de la prosa de un escritor.*
3 Cualidad de la sensación auditiva del sonido que　FÍSICA
permite medir su intensidad en sonios, desde los más
débiles hasta los más fuertes.
4 Resonancia que produce la vibración de las cuerdas　FISIOLOGÍA
vocales.

sonorización Acción y resultado de sonorizar.　s.f.

sonorizador, a
1 Que sonoriza.　　　　　　　　　　　　　adj/s.
2 Persona que ambienta los efectos sonoros en radio　s.
y televisión.　　　　　　　　　　　　　　　AUDIOVISUALES
3 Equipo técnico que sonoriza una emisión de radio　s.m.
o televisión.　　　　　　　　　　　　　　AUDIOVISUALES

sonorizar
1 Convertir una cosa en sonora.　　　　　　v.tr./conj: *cazar*
2 Instalar los equipos sonoros necesarios para mejo-　≠ insonorizar
rar o aumentar la audición en un lugar.
3 Convertir una consonante sorda en sonora: *la p la-*　v.tr/intr/prnl.
tina sonoriza en b en castellano.　　　　　　　LINGÜÍSTICA
4 Grabar o registrar sonidos o ruidos en la banda de　v.tr.
imágenes de cine, televisión o vídeo, previamente　AUDIOVISUALES,
dispuesta.　　　　　　　　　　　　　　　CINE

sonoro, a (Del lat. *sonorus*.)
1 Que suena o puede sonar.　　　　　　　　adj./= sonoroso
2 Que tiene un sonido agradable: *instrumento sonoro.*
3 Que tiene buena resonancia: *bóveda sonora.*
4 Se refiere al lenguaje o al estilo que es armonioso y　= rotundo
grandilocuente.
5 Se aplica al cine o a la película que tiene el sonido in-　adj./s.m./CINE
corporado: *fue la primera película sonora de la historia*　≠ mudo
del cine.
6 Se aplica al sonido que se articula con vibración de　adj./LINGÜÍSTICA
las cuerdas vocales.　　　　　　　　　　　≠ sordo

sonoteca (Del lat. *sonus*, sonido + gr. *theke*, caja.) Ar-　s.f.
chivo de grabaciones sonoras.

sonotone (Marca registrada.) Aparato utilizado por　s.m.
las personas con deficiencias auditivas, que aumenta　= audífono
los sonidos.

sonreír (Del lat. *subridere*.)
1 Reír con suavidad, con un simple movimiento de　v.intr/prnl.
labios, sin emitir ningún sonido: *conseguimos que el*　conj: *reír*
enfermo se sonriera.
2 Tener un aspecto agradable, alegre o atractivo: *su*　v.intr.
mirada sonreía.
3 Ser una cosa favorable a una persona: *la fortuna me*
sonríe.

sonriente Que sonríe.　　　　　　　　　adj/s.m.f.

sonrisa Acción y resultado de sonreír o sonreírse.　s.f./tb: sonriso

sonrisueño, a Que se sonríe: *estaba feliz y sonrisueño*　adj/s.
tras la victoria.　　　　　　　　　　　　= risueño

sonrodarse Quedar las ruedas de un carruaje atasca-　v.prnl.
das.　　　　　　　　　　　　　　　　　　conj: *contar*

sonrojar Hacer que a una persona se le ponga la cara　v.tr/prnl.
roja de vergüenza: *se sonrojó cuando le echaron en cara*　tb: sonrojear,
su error.　　　　　　　　　　　　　　　ruborizar

sonrojo
1 Acción y resultado de sonrojar o sonrojarse: *todo el*　s.m.
mundo pudo ver su sonrojo.　　　　　　　　= rubor
2 Dicho que provoca que se sonroje la persona a
quien se dirige.

sonrosado, a De color rosa: *tiene una cara sonrosada*　adj.
muy graciosa.

sonrosar Dar color rosado a una cosa: *sus mejillas se*　v.tr/prnl.
sonrosaron.　　　　　　　　　　　　　　tb: sonrosear

sonroseo Color rosa del rostro.　　　　　　s.m.

sonsaca Acción de obtener información u otra cosa　s.f.
de una persona, con habilidad y disimulo.　　tb: sonsaque

sonsacador, a Que sonsaca.　　　　　　　adj/s.

sonsacamiento Acción y resultado de sonsacar.　s.m./= sonsaca

sonsacar
1 Sacar una cosa por debajo del sitio donde está, con　v.tr.
habilidad.　　　　　　　　　　　　　　　conj: *sacar*
2 Obtener una cosa de una persona con habilidad:
sonsacó a sus padres el dinero para la moto.
3 Hacer que una persona diga una cosa que mantenía
en secreto: *sonsacó a su hermana el color de su traje de*
novia.

sonsear Decir tonterías o simplezas.　　　v.intr./Argent.

sonsera Zoncera o simpleza en el comportamiento　s.f.
de una persona.　　　　　　　　　　　　Argent.

sonso, a Se aplica a la persona que es tonta o dice　adj/s./Argent.
tonterías.　　　　　　　　　　　　　　　tb: zonzo

sonsonete
1 Sonido resultante de dar golpes poco intensos y re-　s.m.
petidos con cierto ritmo.　　　　　　　　　= soniquete
2 Ruido poco intenso, reiterado, monótono y en ge-　= tabarra
neral desagradable: *el sonsonete del tiovivo no le permi-*
tía estudiar.
3 Tono irónico al hablar o reír: *me irrita el sonsonete*　= soniquete,
con que me llama jefe.　　　　　　　　　tonillo
4 Tono monótono del que habla o lee sin entona-　= soniquete
ción.
5 Aquello que se repite con pesadez: *siempre está con*　= cantilena,
el sonsonete de que le pagan poco.　　　　　cantinela

soñación Indica ni pensarlo en la expresión **ni por**　loc.adv.
soñación.

soñador, a
1 Que sueña mucho.　　　　　　　　　　　adj.
2 Que cuenta cosas que no existen o no han sucedi-　adj/s.
do como si fueran verdaderas o que se las cree.　= iluso
3 Que discurre sin tener en cuenta la realidad: *no seas*　= idealista
soñador, las cosas no son tan fáciles.

soñar
1 Percibir o imaginar cosas que parecen reales, mien-　v.tr/intr.
tras se duerme: *ayer soñé con una amiga de la infancia.*　conj: *contar*
2 Representarse en la mente como posibles o ciertas　= imaginar
cosas que no lo son.
3 Desear una cosa con vehemencia: *mi hermano pe-*　v.intr.
queño sueña con una moto; siempre soñé con un viaje a　+ con
las Seychelles.　　　　　　　　　　　　= anhelar, ansiar
4 **¡ni soñarlo!**: Indica que una cosa desagrada o no
se acepta, o que es irrealizable: *¿te vas de viaje? Ni lo*
sueñes.
5 **soñar a una persona**: Temer a una persona: *era*　coloquial
tan brusco que hasta sus hijos le soñaban.
6 **soñar despierto**: Estar una persona distraída o esperar cosas improbables o difíciles: *siempre está en las*
nubes, soñando despierto.

soñarrera Somnolencia [en todas sus acepciones].　s.f.

soñera Estado del que tiene sueño, ganas muy inten-　s.f.
sas de dormir.　　　　　　　　　　　　　= sopor

soñolencia Somnolencia [en todas sus acepciones].　s.f.

soñoliento, a Somnoliento, que tiene soñolencia.　adj.

sopa (Del germ. *suppa*, pedazo de pan empapado en
un líquido.)
1 Plato que consiste en un caldo de verdura, carne o　s.f.
pescado, que puede contener trozos cocidos de estos　COCINA
ingredientes y otros, como pasta o arroz.
2 Pedazo de pan empapado en cualquier líquido ali-　COCINA
menticio.
3 Plato compuesto de rebanadas de pan y algún ali-　COCINA
mento líquido.
4 Trozos o rebanadas de pan para hacer este plato:　s.f.pl.
ha desayunado café con leche con sopas.　　　COCINA
5 **sopa boba**: La que se da a los pobres en los conventos y en otras instituciones.
6 **sopa de ajo**: La que se hace con rebanadas de pan　COCINA
cocidas en agua, aceite frito con ajos, sal y, a veces,
pimienta y pimentón.
7 **sopa juliana**: La que se hace con diversas verduras　COCINA
cortadas en trozos.
8 **a la sopa boba**: A costa de una persona: *mientras*　loc.adv.
viva en casa a la sopa boba no se preocupará por el tra-　coloquial
bajo.
9 **dar sopas con honda**: Mostrar una gran superiori-　coloquial
dad una persona o cosa sobre otra: *este chico le da so-*
pas con honda a cualquiera.
10 **estar sopa una persona**: 1. Estar muy dormida.　coloquial
2. Estar borracha.　　　　　　　　　　　coloquial
11 **hasta en la sopa**: En todas partes: *estoy harto de*　coloquial
ella, me la encuentro hasta en la sopa.
12 **hecho una sopa o como una sopa**: 1. Muy moja-　loc.adj.
do: *la lluvia le sorprendió en la calle y llegó a casa como*　coloquial

una sopa. 2. Borracho, bajo los efectos del alcohol. 3. Muy resfriado y congestionado. *loc.adj. loc.adj.*

sopaipa (Del ár. *supaipa < suppa*, pedazo de pan mojado en aceite.) Masa frita y untada con miel que forma una especie de hojuela gruesa. *s.f. COCINA*

sopaipilla
1 Masa frita que se hace con harina, manteca, grasa o aceite y zapallo. *s.f./Argent., Chile COCINA*
2 **sopaipilla pasada:** La que se sirve empapada en chancaca, almíbar o miel. *COCINA*

sopalancar Introducir una palanca bajo una cosa para levantarla o moverla. *v.tr. conj: sacar*

sopalanda Hopalanda [en todas sus acepciones]. *s.f.*

sopanda (Del fr. *soupente < fr. ant. souspendre*, suspender.)
1 Madero o viga colocado debajo de otro para reforzarlo. *s.f. CONSTRUCCIÓN*
2 Correa que sostenía la caja de los carruajes antiguos.

sopapear
1 Dar sopapos a una persona. *v.tr.*
2 Maltratar o insultar a una persona. *v.tr./= vapulear*

sopapina Serie de golpes o sopapos. *s.f./= tunda*

sopapo Golpe dado con la mano en la cara, o debajo de la barbilla: *su padre le dio un sopapo por haber llegado tarde a casa.* *s.m./= bofetada, tortazo*

sopar
1 Echar trozos de pan en la leche o hacer sopas con otras sustancias. *v.tr. tb: sopear*
2 Mojar trozos de pan en una salsa. *= pringar*
3 Mojar la lluvia a una persona, un animal o una cosa: *el obrero se sopó al salir del trabajo.* *v.tr./prnl. = empapar*

sope Tortilla de maíz gruesa y pequeña con frijoles, salsa, queso y otros ingredientes. *s.m./Méx. COCINA*

sopear
I (Derivado de *sopa*.) Sopar [en todas sus acepciones]. *v.tr.*
II (De origen incierto.)
1 Pisar o poner los pies sobre una cosa. *v.tr./= hollar*
2 Tener una persona poder o dominio sobre otra: *le sopeaba con sus gritos.* *= domeñar*

sopeña Concavidad que forma una peña por su parte inferior. *s.f.*

sopera Recipiente hondo, provisto de asas y tapadera, que se usa para servir la sopa. *s.f. COCINA*

sopero, a
1 Que se usa para comer sopa: *plato sopero; cuchara sopera.* *adj. COCINA*
2 Que gusta de comer sopa. *adj/s.*

sopesar
1 Examinar las ventajas o los inconvenientes de una cosa: *sopesamos sus decisiones.* *v.tr./tb: sospesar, sompesar*
2 Levantar una cosa para calcular su peso. *= tantear*

sopetear
1 Mojar pan repetidas veces en un caldo o una salsa. *v.tr.*
2 Golpear o insultar a una persona: *cuando se emborracha sopetea a sus hijos.* *= zurrar*

sopeteo Acción y resultado de sopetear. *s.m.*

sopetón
I (Derivado de *sopa*.) Pan tostado que se moja en aceite. *s.m. COCINA*
II (De origen incierto.) Indica de manera brusca e inesperada en la expresión **de sopetón:** *el jefe le comunicó de sopetón su despido.* *loc.adv. = de improviso, de repente*

sopicaldo Sopa con mucho caldo. *s.m./COCINA*

sopié Territorio o terreno que está situado al pie de una montaña. *s.m./GEOGRAFÍA = somonte*

sopista
1 Persona que come de la limosna de los demás. *s.m.f./= sopón*
2 Estudiante sin otros recursos que los de la caridad.

sopitipando Pérdida temporal del conocimiento en una persona. *s.m./coloquial = desmayo*

sopladero Abertura por la que sale con fuerza el aire de las cavidades subterráneas. *s.m. = soplador*

soplado, a
1 Que está demasiado limpio y arreglado. *adj.*
2 Que es estirado y engreído. *= vanidoso*
3 Que está mareado o turbado por haber bebido alcohol con exceso: *por su forma de actuar parecía que estaba soplado.* *coloquial = borracho*
4 Operación de soplar el vidrio fundido para darle la forma y dimensiones deseadas. *s.m. INDUSTRIA*
5 Procedimiento para despellejar las reses en los mataderos.
6 Grieta muy profunda o cavidad grande en el terreno. *MINERÍA*

soplador, a
1 Que sopla. *adj.*
2 Se refiere a la persona que promueve o provoca discordias o rebeldías. *= incordiante*
3 Instrumento para dar viento que puede servir para diferentes fines. *s.m. = aventador*

4 Persona que por oficio sopla en la pasta de vidrio para darle forma. *s. INDUSTRIA*
5 Grieta por donde sale con fuerza el aire de las cavidades subterráneas. *s.m. = sopladero*

sopladura Soplo, acción y resultado de soplar. *s.f.*

soplafuelles Persona entrometida, que tiende a meterse donde no la llaman. *s.m.f. pl: soplafuelles*

soplagaitas Que es tonto y fastidioso: *es un soplagaitas que no deja de decir chorradas.* *adj./s.m.f. pl: soplagaitas*

soplamocos Manotazo dado en la cara: *le dio tal soplamocos que le dejó la cara roja.* *s.m./pl: soplamocos = sopapo*

soplante
1 Que sopla. *adj.*
2 Se aplica a la máquina que se utiliza para forzar la circulación en aparatos como hornos o sistemas de acondicionamiento de aire. *TECNOLOGÍA*

soplapollas Se aplica a la persona que hace o dice tonterías: *¡déjame en paz!, soplapollas, que siempre estás incordiando a todo el mundo.* *adj./s.m.f. pl: soplapollas vulgar*

soplar (Del lat. vulgar *supplare < lat. sufflare.*)
1 Despedir una persona aire por la boca estrechando los labios: *sopló el globo para la fiesta.* *v.intr/tr. = bufar*
2 Expeler aire los fuelles u otros instrumentos. *v.intr.*
3 Moverse el viento: *en la cima soplaba un viento gélido.* *v.intr.*
4 Beber alcohol en exceso: *dicen que sopla, y por eso viene una mujer tan contento.* *coloquial*
5 Apartar una cosa con un soplo: *no soples las migas, ya las recogeré.* *v.tr.*
6 Inflamar una cosa con aire. *v.tr/prml./= inflar*
7 Enviar aire a la pasta de vidrio a fin de obtener las formas previstas. *v.tr. INDUSTRIA*
8 Quitar una cosa a una persona a escondidas: *me han soplado la cartera en el metro.* *= hurtar*
9 Dar un golpe a una persona. *= golpear*
10 Provocar una idea en una persona. *= inspirar*
11 Decir una cosa a una persona con disimulo: *le sopló las preguntas cuando se distrajo el profesor.* *coloquial = apuntar*
12 Contar una cosa que atañe o va en perjuicio de una persona a otra: *sopló lo ocurrido a la policía.* *= acusar, delatar*
13 Quitar un jugador de damas la pieza con que el contrario debió comer y no lo hizo: *sopló una pieza nada más empezar.* *JUEGOS*
14 Comer o beber gran cantidad de una cosa: *se sopló tres platos de macarrones.* *v.prnl. = zampar*
15 Ponerse una persona vanidosa o engreída: *se sopló al obtener el primer puesto.* *coloquial = envanecerse*
16 **¡sopla!:** Indica asombro o sorpresa. *interj.*

soplete (Del fr. *soufflet.*)
1 Aparato con que se aplica un chorro gaseoso a una llama para dirigirla sobre objetos que se han de someter a temperaturas muy elevadas. *s.m. TECNOLOGÍA*
2 Canuto por donde se hincha de aire la gaita gallega. *MÚSICA*

soplido Soplo fuerte: *me desplazó todos los papeles de un soplido.* *s.m. = bufido*

soplillo
1 Utensilio en general de esparto que se usa para avivar el fuego. *s.m. = aventador*
2 Cosa muy delicada o ligera.
3 Tela de seda muy ligera. *TEXTIL*
4 Bizcocho elaborado con una masa muy esponjosa. *COCINA*

soplo
1 Acción y resultado de soplar. *s.m./= sopladura*
2 Período en que el tiempo parece transcurrir muy deprisa o se hace breve: *hizo el examen en un soplo.* *= periquete*
3 Acción de delatar o comunicar a la autoridad un delito y en un modo voluntario: *gracias a un soplo, los pudieron detener.* *= denuncia, delación*
4 Noticia o aviso que se dice con disimulo: *los soplos son frecuentes durante los exámenes.* *coloquial = apunte*
5 Ruido apreciado en la auscultación de distintos órganos que puede ser normal o patológico. *MEDICINA*

soplón, a
1 Se refiere a la persona que, en secreto, acusa, delata o cuenta algo negativo o punible para obtener algún beneficio. *adj/s. coloquial*
2 Apuntador de teatro. *s.m./Amér. Central*

soplonear Acusar a una persona de un delito de forma secreta o confidencial. *v.tr./coloquial = soplar*

soplonería Modo de comportarse el soplón que delata a otros. *s.f. coloquial*

sopón, a Sopista [en todas sus acepciones]. *s.m.*

soponcio
I (De origen incierto.)
1 Desmayo, pérdida momentánea del conocimiento. *s.m./= síncope*
2 Ataque de histeria: *si no llega ya me va a dar un soponcio.* *coloquial*
II (Derivado de *sopa*.) Sopa mal preparada. *s.m./despectivo*

sopor (Del lat. *sopor.*)
1 Adormecimiento o somnolencia: *después de comer siempre me entra un sopor...* *s.m. = modorra*

2 Estado intermedio entre la somnolencia y el coma. MEDICINA

soporífero, a (Del lat. *sopor* + *ferre*, llevar.)
1 Se aplica a la sustancia que produce sueño: *creo que estas pastillas tienen propiedades soporíferas.* adj/s.m. = somnífero
2 Que aburre: *discurso soporífero.* adj./= cargante

soporoso, a
1 Que tiene sopor o ganas de dormir. adj.
2 Que está caracterizado por el sopor: *fiebre soporosa.* MEDICINA

soportable Que puede ser soportado o aguantado: *el dolor es soportable.* adj. ≠ insoportable

soportal
1 Espacio cubierto que en algunas casas puede estar en la entrada principal. s.m. ARQUITECTURA
2 Espacio cubierto en las fachadas de varias casas contiguas que forma un pórtico o corredor. ARQUITECTURA = porticada

soportar (Del lat. *supportare*, llevar de abajo arriba.)
1 Sostener o llevar sobre sí un peso o una carga: *esa estantería no puede soportar tanto peso.* v.tr. tb: suportar
2 Aceptar o aguantar una cosa que molesta o duele: *soportó los insultos porque le convenía; soportaba los dolores con resignación.* = sufrir

soporte
1 Pieza en que se apoya o que sostiene alguna cosa. s.m./= sostén
2 Persona que ayuda o protege a otras: *su madre ha sido siempre su mejor soporte.*
3 Material o procedimiento que se elige entre otros posibles para realizar una obra de carácter artístico, audiovisual o técnico: *prefiero el soporte vídeo para hacer mis películas.* = medio
4 Medio material capaz de recibir una información, transmitirla o conservarla y, después, restituirla a petición del usuario. TECNOLOGÍA
5 Cada una de las figuras que sostienen los escudos de armas. HERÁLDICA
6 soporte publicitario: Cualquier medio de comunicación de masas considerado en su utilización para la publicidad. PUBLICIDAD

soprano (Voz italiana.)
1 La voz más aguda de las voces humanas, propia de mujeres y niños. s.m. = tiple
2 Persona que tiene o canta con esta voz. s.m.f./MÚSICA
3 Registro más agudo de algunas familias instrumentales. s.m. MÚSICA

sopuntar Poner uno o varios puntos debajo de una letra, una palabra o una frase para llamar la atención sobre ella. v.tr.

soquete (Del fr. *socquette*.) Calcetín corto, media que no sobrepasa la mitad de la pierna. s.m./Argent., Chile, Par., Urug.

sor (Del cat. ant. *sor* < lat. *soror*.) Tratamiento dado a las religiosas de un convento, que se suele anteponer al nombre propio: *sor Pilar; sor Mercedes.* s.f. RELIGIÓN = hermana, madre

sorbedor, a Que sorbe. adj/s.

sorber (Del lat. *sorbere*.)
1 Tomar un líquido aspirando con los labios. v.tr./= libar
2 Llevar o atraer a una persona o una cosa hacia su interior: *el remolino lo sorbió.* ≠ expulsar
3 Absorber una cosa un líquido: *la esponja sorbe muchísima agua.* = beber, chupar
4 Aspirar hacia dentro la mucosidad nasal. ≠ sonar
5 Escuchar una cosa con atención: *hemos sorbido las órdenes del entrenador.* = empapar
6 Desear mucho a una persona o cosa: *esa chica le sorbe el seso.*

sorbete (Del ital. *sorbetto* < turco *serbet* < ár. *sarbat*, bebidas.)
1 Refresco compuesto en general de zumos de frutas con azúcar, al que se le da cierto grado de congelación pastosa. s.m. COCINA
2 Paja, tubo pequeño y delgado que se utiliza para sorber líquidos. Amér. Central y Merid.

sorbetera Vasija que se utiliza para hacer sorbetes. s.f./COCINA

sorbible Que puede ser sorbido. adj.

sorbo
1 Acción y resultado de sorber un líquido. s.m.
2 Cantidad de líquido que se sorbe de una vez. = trago
3 Cantidad pequeña de una bebida: *tomé un sorbo de té para saber si estaba caliente.* = gota
4 a sorbos: Poco a poco, con ligeros intervalos. loc.adv.

sorche (Del ingl. *soldier* < fr. ant. *soldeier*, soldado.) Soldado nuevo o recién incorporado. s.m./MILITAR jerga

sorda
1 Agachadiza, ave caradriforme de la familia de los escolopácidos. s.f. ZOOLOGÍA
2 Guindaleza o cabo que se sujeta a la roda para facilitar la maniobra de botadura de una embarcación. NÁUTICA

sordamente Sin ruido: *cayó sordamente sobre la acera.* adv.

sordera Pérdida o disminución de la facultad de oír. s.f./MEDICINA

sordez Rasgo fónico de las consonantes sordas de una lengua. s.f./pl: sordeces LINGÜÍSTICA

sordidez Condición de sórdido, miserable o sucio. s.f./pl: sordideces

sórdido, a (Del lat. *sordidus*.)
1 Que está sucio o es muy pobre: *su celda era un cuchitril sórdido.* adj. = miserable
2 Que es deshonesto o escandaloso. = inmoral
3 Que es tacaño. = avaro
4 Se aplica a la úlcera que segrega un líquido seroso. MEDICINA

sordina (Del ital. *sordina* < fr. *sourdine*.)
1 Pieza que se puede poner o quitar a voluntad en los instrumentos para disminuir la intensidad y variar el timbre del sonido. s.f. MÚSICA
2 Pieza que se pone en otros instrumentos con el mismo fin. = amortiguador
3 Registro del órgano, del armonio y del piano para disminuir la intensidad y variar el timbre del sonido. MÚSICA
4 Muelle del reloj que sirve para impedir que suene la campana. MECÁNICA
5 con o en sordina: En silencio y con disimulo. loc.adv.

sordino (Del ital. *sordino*.) Instrumento músico de cuerda parecido al violín, pero con una tabla plana en vez de caja. s.m. MÚSICA

sordo, a (Del lat. *surdus*.)
1 Que está privado, total o parcialmente, del sentido del oído: *es sordo de un oído.* adj/s. MEDICINA
2 Que apenas hace ruido. adj./= silencioso
3 Que suena poco o sin timbre claro: *ruido sordo; campana sorda.* = apagado, opaco
4 Que no presta atención a las peticiones o súplicas: *no sé cómo puedes permanecer sordo a sus ruegos.* = indiferente, insensible
5 Se aplica al estado de ánimo violento que se mantiene reprimido: *sé que siente un odio sordo hacia mí.* = contenido
6 hacerse el sordo: No hacer caso o no prestar atención: *cuando algo no le interesa se hace el sordo.* coloquial

sordomudez Estado de la persona que no puede oír ni hablar. s.f./pl: sordomudeces MEDICINA

sordomudo, a Que no puede oír ni hablar por padecer algún tipo de anomalía, en especial la persona que es sorda de nacimiento. adj/s. MEDICINA

sordón Antiguo instrumento musical de viento semejante al fagot. s.m. MÚSICA

sorgo (Del ital. *sorgo* < lat. *syricum*, procedente de Siria.) Planta gramínea tropical, alimenticia y forrajera. (*Sorghum.*) s.m. BOTÁNICA

soriano, a
1 De Soria, provincia y ciudad españolas. adj/s.
2 Persona natural de esta provincia y ciudad españolas. s.

soriasis (Derivado del gr. *psora*, araña.) Afección de la piel que se caracteriza por unas placas rojas cubiertas de escamas blancas. s.f. pl: soriasis MEDICINA

sorites (Del lat. *sorites* < gr. *soreites*.) Argumentación compuesta de una serie de proposiciones encadenadas de forma que el predicado de cada una es también sujeto de la siguiente, hasta que al final se une el sujeto de la primera con el predicado de la última. s.m. pl: sorites LÓGICA

sorna (Del occitano ant. *sorn*, oscuro.)
1 Ironía o tono burlón con que se dice una cosa: *lo dijo con sorna pero no me importa.* s.f. = guasa
2 Lentitud con que se hace una cosa, en especial cuando esa tardanza es deliberada y tiene un fin burlesco.

sornar
1 Dejarse vencer una persona por el sueño. v.intr./argot
2 Pasar una persona la noche en un lugar. = pernoctar

soro (Del gr. *soros*, montón.) Grupo de esporangios que se forma en el envés de las hojas de los helechos. s.m. BOTÁNICA

soroche
1 Dificultad para respirar que, a causa de la rarefacción del aire, se siente en ciertos lugares elevados. s.m./Amér. Merid. = mal de las alturas
2 Galena argentífera, mineral de color gris del que se extrae el plomo. Bol., Chile MINERALOGÍA

sóror (Del lat. *soror*.) Sor, tratamiento dado a las religiosas. s.f. RELIGIÓN

sororal De la sor o religiosa. adj./RELIGIÓN

sororato Matrimonio de un hombre con la hermana de su esposa muerta. s.m. SOCIOLOGÍA

sorprendente Que sorprende o asombra: *noticia sorprendente.* adj. = desconcertante

sorprender (Del fr. *surprendre*.)
1 Causar una persona o una cosa asombro o sorpresa a otra: *se sorprendió cuando me vio allí.* v.tr/prnl. = asombrar, chocar
2 Coger desprevenida a una persona o haciendo algo de determinada manera: *le sorprendieron criticando al vecino.* v.tr. = pillar
3 Descubrir lo que una persona oculta. = pescar

sorpresa
1 Efecto producido por algo inesperado en el ánimo de una persona: *¡qué sorpresa!, no te esperábamos.* s.f. = asombro

2 Cosa inesperada que afecta a una persona: *su madre tenía una sorpresa para él.*

3 por sorpresa: De modo inesperado, sin dar tiempo para prepararse.   loc.adv.

sorpresivo, a Que sorprende o produce sorpresa.   adj./*Amér.*

sorra
I (Del cat. ant. *saorra* < lat. *saburra*.) Arena gruesa usada como lastre o peso en los barcos para darles estabilidad.   s.f. NÁUTICA

II (Del cat. *sorra* < ár. *surra*, ombligo.) Costado del vientre del atún.   s.f.

sorrabar
1 Dar un beso a un animal debajo del rabo como castigo por haber robado un perro.   v.tr. HISTORIA

2 Alabar a una persona de modo exagerado o insincero: *sorrabó al chico para sonsacarle información.*   = adular

sorregar Mojar el agua un bancal o rellano de tierra inmediato al que se está regando por accidente.   v.tr. conj: *regar*

sorriego
1 Acción y resultado de sorregar.   s.m.
2 Agua que sorriega.

sorrostrada
1 Insolencia o falta de respeto.   s.f./= descaro
2 dar sorrostrada: Echar en cara cosas que duelen o disgustan.   = oprobiar

sort Denominación genérica que reciben todos los programas o subprogramas cuya función es la de clasificación y ordenación.   s.m. INFORMÁTICA

sorteable
1 Que puede ser sorteado o evitado: *obstáculo sorteable.*   adj.
2 Que debe ser sorteado: *mozo sorteable para el servicio militar.*

sortear
1 Dejar una decisión sobre una persona o una cosa a la suerte: *mañana sortearán los destinos de la mili.*   v.tr. = rifar
2 Evitar una dificultad o una situación comprometida con habilidad: *pudo sortear todas las trampas de sus adversarios.*   = eludir, salvar
3 Lidiar a pie y hacer suertes al toro.   TAUROMAQUIA

sorteo Operación de sortear, en especial los premios de los juegos de azar: *fue a ver un sorteo de lotería.*   s.m. = sorteamiento

sortero, a
1 Adivino, persona que predice o prevé el futuro utilizando magia.   s./OCULTISMO = agorero
2 Cada una de las personas entre las que se reparte por sorteo alguna cosa.

sortiaria Adivinación por medio de las cartas de la baraja.   s.f. OCULTISMO

sortija (Del lat. vulgar *sorticula*, objeto empleado para echar la suerte.)
1 Anillo, joya para ponerse en los dedos de la mano.   s.f.
2 Anilla [en todas sus acepciones].
3 Rizo del pelo.   = bucle
4 Juego infantil que consiste en adivinar a quién ha dado uno de los participantes una sortija que simula dejar entre las manos de cada uno de los jugadores.   JUEGOS
5 correr sortija: Ejercicio a caballo que consistía en ensartar en la punta de una lanza una sortija que colgaba de una cinta.   EQUITACIÓN

sortijero Cajita para guardar sortijas.   s.m.

sortijilla Sortija, rizo del cabello.   s.f./= bucle

sortilegio
1 Adivinación por medio de recursos mágicos.   s.m./OCULTISMO
2 Cualquier acción de carácter mágico.   = hechizo
3 Atracción irresistible que una persona o cosa ejerce sobre alguien.   = encantamiento

sortílego, a (Del lat. *sortilegus*.) Que adivina o pronostica mediante artes mágicas o hechicería.   adj/s./OCULTISMO = hechicero

sos
1 Petición de auxilio emitida en morse por barcos y aviones en peligro inminente.   s.m./TELECOMUNICACIONES
2 Cualquier llamada de auxilio.

sosa (Del cat. *sosa* < ár. *sauda*.)
1 Planta crasa quenopodiácea, fruticosa o herbácea, que crece en suelos salinos del litoral.   s.f. BOTÁNICA
2 Barrilla, planta y cenizas de la misma.   BOTÁNICA
3 Carbonato sódico que se prepara a partir del cloruro sódico.   QUÍMICA
4 sosa cáustica: Sólido blanco que absorbe vapor de agua y dióxido de carbono en contacto con el aire, que es un reactivo de gran uso en la industria química.   QUÍMICA

sosaina Se refiere a la persona que es sosa o no tiene gracia: *es bastante sosaina y aburrido.*   adj/s.m.f. coloquial

sosal Terreno abundante en sosa.   s.m./tb: sosar

sosañar (Del lat. *subsannare*, mofar.) Dirigir insultos contra una persona.   v.tr. = denostar

---

sosedad Sosería o falta de gracia.   s.f./= insulsez

sosegado, a Que se comporta con sosiego o tranquilidad: *carácter sosegado.*   adj. = reposado

sosegador, a Que sosiega.   adj/s.

sosegar (Derivado del ant. *sessegar* < lat. vulgar *sessicare*, asentar.)
1 Tranquilizar o pacificar a una persona: *este chico nunca se sosiega.*   v.tr/prnl. conj: *regar*
2 Hacer que un sentimiento violento o doloroso se aplaque: *sosegaba su miedo con cariño; mi angustia no se sosiega jamás.*   = aplacar, serenar
3 Calmarse o reposar lo que estaba agitado: *pasada la tormenta, el viento se sosegó.*   v.intr/prnl. = calmar
4 Dormir o reposar una persona o un animal.   v.intr./= relajar

sosegate En la expresión **dar o pegar un sosegate** indica reprimenda, cachete, de palabra u obra para corregir la conducta de una persona.   loc.v. Argent., Urug.

soseras Se refiere a la persona que es sosa y sin gracia.   adj/s.m.f. pl: soseras

sosería
1 Falta de gracia y de viveza en una persona.   s.f./tb: sosera
2 Acción o palabras insulsas, sin gracia.   = insulsez

sosero, a Que produce sosa: *planta sosera.*   adj.

sosia Persona que se parece tanto a otra que puede ser confundida con ella.   s.m./tb: sosias = doble

sosiega
1 Descanso en el trabajo.   s.f.
2 Trago de vino o aguardiente que se toma durante ese descanso o después de comer, o antes de acostarse.   = copa

sosiego Estado de ánimo del que se encuentra tranquilo y reposado: *sólo en su casa encuentra el sosiego necesario para escribir.*   s.m. = calma, reposo

soslayar
1 Poner una cosa ladeada o inclinada para que pase por un sitio estrecho.   v.tr. = ladear
2 Evitar una dificultad o una situación comprometida con habilidad: *soslayó la pelea marchándose a su casa.*   = eludir, rehuir

soslayo, a (Del fr. ant. *d'eslais*, a gran velocidad.)
1 Que está oblicuo o desviado.   adj.
2 al soslayo o de soslayo: En oblicuo.   loc.adv.
3 de soslayo: 1. De lado: *pasar de soslayo por la rendija de la puerta.* 2. Dejando de lado una dificultad o compromiso: *al ver la serpiente, pasó de soslayo.*   loc.adv. loc.adv.

soso, a (Del lat. *insulsus*.)
1 Que no tiene sal o tiene muy poca: *la sopa está sosa, ¿me pasas la sal?*   adj. ≠ salado
2 Que tiene menos sabor del deseable.   = insípido
3 Que no tiene gracia ni viveza: *es inteligente, pero muy soso; la película fue muy sosa.*   = aburrido, sosaina

sospecha Acción y resultado de sospechar.   s.f.

sospechar (Del lat. *suspectare*.)
1 Creer una cosa por conjeturas: *sospecho que mañana no vendrá.*   v.tr. = intuir, suponer
2 Dudar o desconfiar de una persona: *sospecha del amigo de su hija.*   v.intr./+ = recelar

sospechoso, a
1 Que inspira sospechas: *el piso es sospechoso para la policía.*   adj.
2 Se refiere a la persona que tiene una conducta, unos antecedentes o una apariencia que llevan a desconfiar de ella: *es el principal sospechoso del crimen.*   adj/s.

sospesar Sopesar [en todas sus acepciones].   v.tr.

sosquín Golpe dado de soslayo.   s.m.

sostén (Del occitano ant. *sostenh*.)
1 Acción de sostener o sostenerse.   s.m.
2 Prenda de vestir interior femenina que ciñe o sujeta el pecho.   = sujetador
3 Persona o cosa que sostiene a otra, física o moralmente: *en la actualidad su hijo es su único sostén; el pilar funciona como sostén de la viga.*   = soporte, sustentación
4 Resistencia que ofrece la embarcación al esfuerzo hecho por el viento sobre sus velas para escorarla.   NÁUTICA

sostenedor, a Que sostiene.   adj/s.

sostener (Del lat. *sustinere*.)
1 Mantener una cosa sujeta o firme: *los andamios se sostuvieron a pesar del fuerte viento.*   v.tr/prnl. conj: *tener*
2 Mantener una persona una proposición o una opinión: *se sostenía en su actitud agresiva.*   = asegurar, defender
3 Decir una cosa con seguridad y convicción: *sostiene que es inocente de los cargos que se le imputan.*   v.tr. = proclamar
4 Soportar o sufrir una persona una cosa: *sostuvo los fuertes dolores sin una queja.*   = aguantar
5 Dar apoyo o ánimo a una persona: *le sostuvo cuando pasó por aquella crisis tan profunda.*   ≠ perjudicar
6 Ayudar a una persona a mantenerse en una posición o un cargo: *a pesar del escándalo, el presidente sostuvo a sus ministros.*   = proteger
7 Dar a una persona lo necesario para su manutención.   = mantener

8 Mantenerse un cuerpo sin caer. — v.prnl./≠ caerse

9 Permanecer una persona en la situación que se expresa. — = mantenerse

sostenido, a
1 Se aplica a la nota musical cuya entonación excede en un semitono a la que corresponde a su sonido natural: *do sostenido; fa sostenido.* — adj MÚSICA
2 Se refiere a la pieza o figura situada debajo de la principal. — HERÁLDICA
3 Signo musical con el que se representa la alteración del sonido natural de la nota o notas a que se refiere elevándolas un semitono. — s.m. MÚSICA
4 Movimiento de la danza española que consiste en levantar el cuerpo sobre las puntas de los pies.
5 doble sostenido: 1. Nota musical cuya entonación excede en dos semitonos a la que corresponde a su sonido natural. 2. Signo musical con el que se representa la doble alteración del sonido natural de la nota o notas a que se refiere. — MÚSICA / MÚSICA

sostenimiento
1 Acción de sostener o sostenerse. — s.m.
2 Conjunto de cosas necesarias para alimentarse. — = sustento

sota
1 Décima carta de cada palo de la baraja española que tiene estampada la figura de un paje. — s.f. JUEGOS
2 Mujer insolente y desvergonzada. — = descarada
3 sota, caballo y rey: Forma de designar los tres platos de la comida ordinaria formada por sopa, cocido y principio. — coloquial

sota- Componente de palabra procedente del cat. *sota* < lat. vulgar *subta*, que significa debajo de: *sotabanco.* — pref.

sotabanco
1 Planta habitable situada bajo el tejado: *ha alquilado un sotabanco con una vista preciosa.* — s.m./CONSTRUCCIÓN = buhardilla
2 Hilada construida sobre la cornisa, de donde arranca un arco o una bóveda. — ARQUITECTURA
3 Planta alta de las casas de labranza donde se guardaba el grano y los aperos. — AGRICULTURA

sotabarba
1 Barba que se deja crecer por debajo de la barbilla. — s.f.
2 Abultamiento carnoso que se forma debajo de la barbilla. — ANATOMÍA = papada

sotacola Correa de una silla de montar que se coloca de manera que rodee las ancas de la caballería para evitar que la silla se mueva hacia delante. — s.f. EQUITACIÓN = ataharre

sotacoro Lugar que está debajo del coro. — s.m./= socoro

sotacura Coadjutor de una parroquia, que ayuda al cura párroco. — s.m./Amér. Central y Merid.

sotalugo Segundo arco con que se aprietan los extremos de los toneles. — s.m.

sotaministro Sotominostro, coadjutor superior de la cocina y de la despensa, entre los jesuitas. — s.m. RELIGIÓN

sotamontero, a Persona que está a las órdenes del montero mayor o lo sustituye en ocasiones. — s. CAZA

sotana (Del ital. *sottana.*)
1 Vestidura negra que llega a los talones y se abotona por delante de arriba abajo, usada por los eclesiásticos o los legos que sirven en las funciones eclesiásticas. — s.f. RELIGIÓN = loba
2 Zurra de golpes dados a una persona que la dejan herida o en mal estado. — coloquial = paliza

sotanear Dar una sotana o paliza a una persona. — v.tr./= zurrar

sotaní Especie de zagalejo o falda corta y sin pliegues que usaban las mujeres para abrigo. — s.m. pl.tb: sotanies

sotanilla Traje de bayeta negra, ajustado al cuerpo y ensanchado de la cintura hasta la rodilla que usaban los colegiales en algunas ciudades. — s.f.

sótano (Del lat. vulgar *subtulum* < lat. *subtus*, debajo.) Planta de un edificio situada por debajo del nivel de la calle. — s.m. CONSTRUCCIÓN

sotaventarse Inclinarse el barco a sotavento: *el velero se sotaventaba.* — v.prnl./NÁUTICA tb: sotaventearse

sotavento (Del cat. *sotavent.*)
1 Costado de la nave opuesto al barlovento o lado que recibe el viento. — s.m. NÁUTICA
2 Parte del espacio que rodea a la nave, situada al lado contrario de donde sopla el viento. — NÁUTICA

sote Nigua, insecto similar a la pulga, cuya hembra, una vez fecundada, deposita sus huevos bajo la epidermis de personas y animales, produciendo gran picazón. — s.f. Colomb. ZOOLOGÍA

sotechado Cobertizo con paredes incompletas o sin ellas. — s.m. CONSTRUCCIÓN

soteño, a
1 Del soto. — adj.
2 Que se cría en sotos.

soteriología Parte de la teología que estudia la salvación de las almas por la intervención de Jesucristo. — s.f. TEOLOGÍA

soteriológico, a De la soteriología. — adj./TEOLOGÍA

soterramiento Acción y resultado de soterrar. — s.m.

soterraño, a Subterráneo [en todas sus acepciones]. — adj.

soterrar
1 Poner una cosa bajo tierra: *soterró los bulbos a principios de la primavera.* — v.tr./conj: *pensar* = enterrar
2 Poner una cosa de modo que no sea vista: *soterró los papeles para que no los viera su socio.* — = esconder

soto (Del lat. *saltus.*) Terreno poblado de árboles y arbustos a la orilla de un río. — s.m.

sotobosque Vegetación formada por las matas y arbustos que crecen bajo los árboles de un bosque. — s.m. BOTÁNICA

sotol
1 Planta herbácea liliácea, de tallo corto, hojas arrosetadas con espinas en los bordes y una púa terminal. *(Dasylirion.)* — s.m. Méx. BOTÁNICA
2 Bebida alcohólica que se obtiene por fermentación del tallo de dicha planta. — Méx.

sotoministro Coadjutor superior que está al cuidado de la cocina y la despensa, entre los jesuitas. — s.m./RELIGIÓN tb: sotaministro

sotrozo
1 Pasador de hierro que atraviesa el pezón del eje para que no se salga la rueda del armazón sobre el que se coloca el cañón de artillería. — s.m. MILITAR
2 Pieza de hierro que se fija en las jarcias para sujetar las jaretas o cabos. — NÁUTICA

sotto voce (Expresión italiana.)
1 Indica que un pasaje musical debe interpretarse a media voz. — loc.adv. MÚSICA
2 En voz baja, en secreto. — loc.adv.

sotuer Pieza del escudo que ocupa su tercera parte y está formada por una banda y una barra cruzadas. — s.m. HERÁLDICA

soturno, a (Del nombre del planeta *Saturno.*) Saturnino [en todas sus acepciones]. — adj.

sotuto Nigua, insecto díptero de origen americano. — s.m./ZOOLOGÍA

soufflé (Voz francesa.) Plato de origen francés elaborado con claras de huevo montadas y otros ingredientes: *soufflé de queso; soufflé de chocolate.* — s.m. COCINA

soul (Voz inglesa.) Estilo musical de origen norteamericano, derivado de varias formas de música afroamericana, de ritmo sincopado. — s.m. MÚSICA

souvenir (Voz francesa.) Objeto de recuerdo de algún lugar determinado, en especial el que se vende a los turistas. — s.m. = recuerdo

soviet (Voz rusa.)
1 Agrupación de obreros, campesinos y soldados durante la revolución rusa. — s.m./pl: soviets HISTORIA
2 soviet supremo: Máximo órgano político de la Unión Soviética. — POLÍTICA

soviético, a
1 De la Unión de Repúblicas Socialistas Soviéticas o URSS. — adj.
2 Del soviet. — POLÍTICA, HISTORIA

sovietización Implantación o adopción del régimen político y económico soviético en un país, siguiendo los dictámenes de la URSS. — s.f. POLÍTICA

sovietizar Establecer o someter al régimen soviético un país. — v.tr./conj: *cazar* POLÍTICA

sovjós Explotación agrícola que estaba basada en la propiedad del estado de los medios de producción, en la Unión Soviética. — s.m. AGRICULTURA, POLÍTICA

sovoz En la expresión **a sovoz** indica en voz baja. — loc.adv.

soya (Del neerlandés *soja* < japonés *soy.*) Soja, planta oleaginosa parecida a la judía. — s.f. BOTÁNICA

sp (Siglas de *[S]ervicio [P]úblico.*) Placa identificativa que llevan los vehículos destinados al transporte público de pasajeros. — s.m.

spaghetti (Voz italiana.) Espagueti, pasta de harina de trigo en forma de cilindros largos y redondos. — s.m./pl: spaghetti COCINA

spanglish (Voz inglesa.) Variedad lingüística construida a partir de elementos de los idiomas español e inglés, que se habla en algunos sectores de la población hispana norteamericana. — s.m. LINGÜÍSTICA

spaniel Se aplica a una raza inglesa de perros que tienen las orejas caídas y el pelo largo, que se suele utilizar para la caza. — adj/s.m. ZOOLOGÍA

sparring (Voz inglesa.) Boxeador que combate con otro de mayor calidad cuando este último entrena. — s.m./pl: sparrings DEPORTES

speaker (Voz inglesa.) Locutor o presentador de radio o televisión. — s.m.f./pl: speakers AUDIOVISUALES

speech (Voz inglesa.) Discurso corto y en general formal. — s.m. pl: speeches

speed (Voz inglesa.) Cierta droga sintética. — s.m./pl: speeds

spencer Chaqueta corta, abierta y con solapas. — s.m.

spider (Voz inglesa.)
1 Automóvil de capota plegable y de un solo asiento. — s.m./pl: spiders

2 Cavidad que hay en la parte trasera de ciertos automóviles para poner equipaje o en la que puede ir un pasajero.

spin (Voz inglesa.) Momento cinético propio de una partícula o grupo de ellas. — s.m./pl: spins — FÍSICA

spinnaker (Voz inglesa.) Vela triangular y con mucha bolsa que se utiliza cuando se navega con viento en popa. — s.m. — pl: spinnakers — NÁUTICA

spleen (Voz inglesa.) Melancolía, tedio de la vida. — s.m./tb: esplín

sponsor (Voz inglesa.) Marca comercial o empresa que paga los gastos de una persona o un acontecimiento público, cultural o deportivo con fines publicitarios: *buscan un sponsor para participar en el rally; ya hay sponsor para el nuevo programa de televisión.* — s.m.f. — pl: sponsors — PUBLICIDAD — = patrocinador

-spora Componente de palabra procedente del gr. *sporos*, que significa semilla: *diáspora.* — suf.

sport (Voz inglesa.)
1 Deporte o ejercicio físico. — s.m./pl: sports
2 de sport: Se aplica a un tipo de indumentaria que se parece a la deportiva: *el fin de semana suele ir de sport.* — loc.adj.

spot (Voz inglesa.)
1 Película publicitaria de corta duración: *¿has visto el spot de tu cerveza?* — s.m./pl: spots — PUBLICIDAD
2 Pequeño proyector con un haz luminoso estrecho. — AUDIOVISUALES

spray (Voz inglesa.) Envase para determinados líquidos, espuma o gas, introducidos a presión, de forma que al oprimir una válvula el contenido sale pulverizado o en el estado que le es propio. — s.m. — pl: sprays — = aerosol

springbok Mamífero artiodáctilo africano, parecido al antílope, de tronco largo y fino, pelo de color pardo canela, con flancos y regiones inferiores blancas, usado como símbolo nacional de Sudáfrica. (*Antidorcas marsupialis.*) — s.m. — pl: springboks — ZOOLOGÍA

sprint (Voz inglesa.)
1 Aceleración momentánea al principio o final de una carrera. — s.m./pl: sprints — tb: esprint
2 Carrera que se disputa en una distancia corta. — DEPORTES
3 sprint final: Última etapa de cualquier actividad. — coloquial

sprintar Hacer una persona un sprint. — v.intr./tb: esprintar

sprinter (Voz inglesa.) Deportista especialista en el sprint. — s.m.f./pl: sprinters — DEPORTES

spútnik (Voz rusa.) Denominación de los primeros satélites artificiales, que lanzaron los rusos. — s.m. — ASTRONÁUTICA

squash (Voz inglesa.) Juego que se desarrolla en un reducido frontón, cerrado por paredes, con raquetas más pequeñas que las del tenis y pelota de goma dura. — s.m. — DEPORTES

squatter (Voz inglesa.) Persona que no tiene vivienda y ocupa de modo ilegal una deshabitada. — s.m.f./pl: squatters — = ocupa

s.s. (Sigla de la expresión alemana *[S]chutz [S]taeffel.*) Policía militarizada del partido nazi alemán. — s.f. — HISTORIA

stabat (Voz latina.)
1 Himno religioso dedicado a los dolores de la Virgen junto a la cruz. — s.m. — RELIGIÓN
2 Música para este himno. — MÚSICA, RELIGIÓN

staccato (Voz italiana.) Indicación para que una serie de notas muy breves sean articuladas por separado. — s.m. — MÚSICA

staff (Voz inglesa.) Conjunto de personas que tiene una función o cargo específico dentro de una organización: *el staff técnico del club.* — s.m. — pl: staffs

stage (Voz inglesa.) Fase de preparación de un deportista o de un equipo, en un lugar adecuado, previa a la época de competición. — s.m. — DEPORTES

stalag (Voz alemana.) Campo de prisioneros alemán reservado a los suboficiales y soldados, durante la segunda guerra mundial. — s.m. — HISTORIA

stalinismo (De *Stalin*, político soviético.) Estalinismo, teoría y práctica políticas de este político. — s.m. — POLÍTICA

stalinista Estalinista [en todas sus acepciones]. — s.m.f./POLÍTICA

stand (Voz inglesa.) Instalación donde se encuentran expuestos los productos de un determinado país, región o empresa, en una feria o exposición. — s.m. — pl: stands

standard (Voz inglesa.) Estándar [en todas sus acepciones]. — adj./s.m. — pl: standards

standarizar Estandarizar, ajustar a un modelo o norma. — v.tr.

standing (Voz inglesa.)
1 Nivel de vida de una persona. — s.m./pl: standings
2 Lujo o comodidad: *es una casa de alto standing.*

star (Voz inglesa.)
1 Persona muy popular del mundo del espectáculo. — s.f./= estrella
2 Embarcación monotipo de regatas a vela para dos tripulantes. — s.m. — DEPORTES

star-system (Expresión inglesa.) Sistema de producción y distribución alrededor de una estrella de prestigio, en el mundo del espectáculo. — s.m. — pl: star-system

starter (Voz inglesa.) Dispositivo del carburador que facilita el arranque en frío de un motor de explosión. — s.m./pl: starters — TECNOLOGÍA

-stasia Componente de palabra procedente del gr. *stasis*, que significa detención: *coprostasia.* — suf.

-statico, a Componente de palabra procedente del gr. *statikos*, que significa estático: *hidrostático.* — suf.

-stato Componente de palabra procedente del gr. *stasis*, que significa detención: *aeróstato.* — suf.

statu quo (Expresión latina.) Indica el estado de cosas o la situación de una persona o una cosa en un momento determinado. — s.m.

status (Voz latina.) Posición social que ocupa una persona derivada del desempeño de un determinado cargo. — s.m. — pl: status

-stenia Componente de palabra procedente del gr. *astheneia*, que significa debilidad: *neurastenia.* — suf.

-stenosis Componente de palabra procedente del gr. *stenos*, que significa estrecho, apretado: *broncoestenosis.* — suf.

sterilet Dispositivo anticonceptivo intrauterino permanente. — s.m. — pl: sterilets

stick (Voz inglesa.)
1 Bastón o palo utilizado para jugar al hockey o en la práctica del golf. — s.m./pl: sticks — DEPORTES
2 Envase o presentación de un producto solidificado en forma de barra: *usa desodorante en stick.*

stock (Voz inglesa.)
1 Conjunto de las mercancías disponibles en un almacén, mercado o tienda: *no tenían la mesa en stock.* — s.m./pl: stocks — COMERCIO
2 Conjunto de las materias primas y productos de todo tipo que son propiedad de una empresa. — INDUSTRIA — = existencias
3 Conjunto de alimentos que se guardan como reserva: *siempre tiene un stock de café en casa.* — = provisión

-stomo, a Componente de palabra procedente del gr. *stoma*, que significa boca: *microstomo.* — suf.

stop (Voz inglesa.)
1 Señal de circulación que ordena una detención. — s.m./pl: stops
2 Término que sirve, en los telegramas, para separar las frases.
3 Señal luminosa situada en la parte trasera de un vehículo, que se enciende al accionar el freno.

stradivarius (De *Stradivarius*, italiano.) Violín fabricado por este violero o su familia. — s.m./pl: stradivarius — MÚSICA

stress (Voz inglesa.) Estrés, estado de tensión nerviosa debido al exceso de trabajo o de responsabilidad, que puede conllevar trastornos físicos o síquicos. — s.m. — pl: stress — MEDICINA

strip-tease (Expresión inglesa.)
1 Espectáculo de variedades durante el cual uno o varios artistas se desnudan de una manera lenta y sugestiva.
2 Local en que se realiza este tipo de espectáculo.

stuka (Voz alemana.) Avión bombardero utilizado por los alemanes durante la segunda guerra mundial. — s.m. — AERONÁUTICA

stupa Monumento funerario de origen indio con reliquias o sólo conmemorativo. — s.f. — HISTORIA

su (Del lat. *suus*.) De él, de ella, de ello, de ellos o de ellas: *llegaron su padre, su madre y sus tíos y primas de Tarragona.* — adj.pos.

suaca Paliza, serie de golpes que se dan a una persona. — s.m./Méx. — coloquial

suahili Swahili, idioma bantú que se escribe en caracteres árabes y se utiliza como lengua franca en África oriental. — s.m. — LINGÜÍSTICA

suarda (Del cat. *suarda*, impurezas de la lana de oveja.) Juarda, grasa o suciedad que sale en la tela y que tenía en su fabricación. — s.f. — TEXTIL

suarismo (De Francisco *Suárez*, jesuita español.) Doctrina filosófica y teológica de este jesuita español, caracterizada por pretender conciliar la libertad humana con la eficacia de la gracia divina, el tomismo con el escotismo. — s.m. — FILOSOFÍA, TEOLOGÍA

suarista
1 Del suarismo. — adj.
2 Que profesa el suarismo. — adj./s.m.f.

suasorio, a De la persuasión o que se utiliza para persuadir. — adj. — culto

suave (Del lat. *suavis*.)
1 Que es liso o blando y sin asperezas: *piel suave; jersey suave.* — adj./= fino — ≠ áspero
2 Que es agradable a los sentidos: *música suave; brisa suave.* — = dulce
3 Que no es brusco ni estridente: *color suave; voz suave; clima suave.* — = apacible, dulce — ≠ fuerte
4 Que es muy pacífico o tranquilo. — = plácido
5 Que es lento y reposado: *es una persona demasiado suave, le falta chispa.* — = pausado
6 Que está dispuesto a complacer y no a contradecir: *desde la última discusión está muy suave.* — = dócil, sumiso

suavidad (Del lat. *suavitas*.) Condición de suave. — s.f.

suavizado Operación que consiste en pulir un material duro. — *s.m.* = pulimentación

suavizador, a
1 Que suaviza. — *adj./= suavizante*
2 Trozo de cuero para suavizar el filo de las navajas de afeitar. — *s.m.*

suavizante Se aplica a la sustancia que suaviza o quita aspereza a cabellos o tejidos. — *adj/s.m.* = suavizador

suavizar Hacer una cosa suave o más suave: *el clima se suavizó al llegar la primavera.* — *v.tr/prnl.* conj: *cazar*

sub- Componente de palabra procedente del lat. *sub*, que significa debajo, inferioridad: *subterráneo; subsuelo.* — *pref.*

sub iudice (Expresión latina.)
1 Se refiere a la cuestión que está pendiente de una resolución judicial. — *loc.adj.* tb: sub júdice
2 Que es opinable.

suba Alza, subida de precios. — *s.f./Argent., Urug.*

subacetato Acetato básico de plomo. — *s.m./QUÍMICA*

subacuático, a Que se realiza bajo el agua: *actividades subacuáticas.* — *adj.* = submarino

subafluente Curso de agua que desemboca en un afluente de un río mayor. — *s.m.* GEOGRAFÍA

subalcaide Teniente de alcaide. — *s.m./POLÍTICA*

subalimentación Alimentación insuficiente en cantidad o calidad. — *s.f.*

subalpino, a Se aplica a la región que tiene menos altura que la alpina y es inmediata a ella. — *adj.* GEOGRAFÍA

subalternar Poner a una persona o una cosa por debajo de otra. — *v.tr.* = subordinar

subalterno, a (Del lat. *subalternus*.)
1 Que tiene un cargo o una categoría inferior a los de otra persona. — *adj.* = subordinado
2 Que tiene cargo inferior al de capitán, tratándose de un oficial del ejército. — MILITAR
3 Persona que en su trabajo en un organismo oficial desempeña labores no técnicas. — *s.*
4 Torero a pie que forma parte de la cuadrilla de un matador. — *s.* TAUROMAQUIA

subálveo, a Que está debajo del álveo o lecho de un río: *aguas subálveas.* — *adj/s./GEOGRAFÍA* = subfluvial

subandino, a Se aplica a la región situada a menor altura que la andina o que se halla cercana a ella. — *adj.* GEOGRAFÍA

subarbusto Sufrútice, planta intermedia entre el arbusto y la hierba. — *s.m.* BOTÁNICA

subarrendador, a Persona que da en subarriendo o realquila alguna cosa. — *s.*

subarrendar Dar o tomar en arriendo o alquiler una cosa que tiene a su vez arrendada otra persona. — *v.tr.* conj: *pensar*

subarrendatario, a Persona que toma en subarriendo o realquiler alguna cosa. — *s.m.f.*

subarriendo
1 Acción y resultado de subarrendar o realquilar: *el subarriendo es una práctica poco común en este país.* — *s.m.* tb: subarrendamiento
2 Precio en que se subarrienda o realquila una cosa.

subártico, a Se aplica a las especies animales y vegetales que viven en el sector meridional circumboreal. — *adj.* BIOLOGÍA

subasta
1 Venta pública de bienes, obras de arte, alhajas o cualquier otra cosa, que se adjudican al que ofrece más por ellas. — *s.f.* COMERCIO = puja
2 Sistema del que se sirve la administración para adjudicar la realización de una obra o cualquier otro servicio a quien ofrece mejores condiciones. — = concurso
3 Venta pública de los bienes embargados de un deudor, adjudicados al mejor postor. — DERECHO
4 **subasta pública:** La realizada sin limitación de participantes. — COMERCIO

subastador, a Persona que subasta. — *s.*

subastar (Del lat. *subhastare*.) Vender una cosa o contratar servicios o arriendos en pública subasta. — *v.tr./COMERCIO* = pujar

subatlántico, a
1 Se refiere a los territorios europeos occidentales que presentan un clima atlántico atenuado. — *adj.* GEOGRAFÍA
2 Se aplica a las plantas atlánticas que sobrepasan los límites de su hábitat. — BOTÁNICA

subatómico, a Se aplica a toda partícula que puede formar parte de un átomo. — *adj.* QUÍMICA

subbético, a De la cordillera montañosa del sur de España. — *adj.* GEOGRAFÍA

subcampeón, a Se refiere a la persona o al equipo que se clasifica en segundo lugar de un campeonato, una competición o un concurso. — *adj/s.*

subcarpático, a Situado al pie de los Cárpatos. — *adj./GEOGRAFÍA*

subcelular Que posee una estructura más elemental que la de la célula. — *adj.* BIOLOGÍA

subclase Grupo de animales o de plantas que forman una categoría de clasificación entre la clase y el orden. — *s.f.* BIOLOGÍA

subclavero Teniente de clavero o segundo clavero, en algunas órdenes militares. — *s.m.* MILITAR

subclavio, a Que está debajo de la clavícula. — *adj./ANATOMÍA*

subclínico, a Se aplica a la afección no sintomática o al período en que ésta no es manifiesta. — *adj.* MEDICINA

subcomendador Teniente comendador en las órdenes militares. — *s.m.* MILITAR

subcomisión Grupo de individuos de una comisión que tiene un cometido determinado. — *s.f.*

subconjunto Conjunto de elementos que está dentro de otro conjunto más amplio. — *s.m.* MATEMÁTICAS

subconsciente
1 De la subconsciencia. — *adj./SICOLOGÍA*
2 Que no es consciente. — = inconsciente
3 Estado y actividad de la mente humana que se desarrolla con independencia de la voluntad del sujeto y no es perceptible por su conciencia: *su subconsciente le delató.* — *s.m.* SICOLOGÍA = subconsciencia

subconservador, a Juez delegado por el juez conservador o persona nombrada para defender las violencias a una iglesia o comunidad. — *s.m.* HISTORIA

subconsumo Consumo en cantidad inferior a lo que se ofrece. — *s.m.* ECONOMÍA

subcontinente Parte amplia y delimitada de un continente con características propias: *el subcontinente indio es una amalgama de culturas.* — *s.m.* GEOGRAFÍA

subcontrario, a Se refiere a dos proposiciones particulares que tienen los mismos términos y diferente cualidad, que pueden ser las dos ciertas pero no falsas. — *adj.* LÓGICA

subcontratación Operación mediante la cual una de las partes de un contrato en vez de ejecutar las obligaciones asumidas en él, contrata con un tercero la realización parcial o total de las referidas obligaciones. — *s.f.* DERECHO

subcontratar Hacer una subcontratación. — *v.tr./DERECHO*

subcostal Que está debajo de las costillas: *tiene una inflamación subcostal.* — *adj.* ANATOMÍA

subcultura
1 Parte de una cultura que tiene algunas características propias, como el lenguaje, la moda o las normas sociales, que la distinguen de la totalidad, y que suele originarse en grupos minoritarios. — *s.f.* SOCIOLOGÍA
2 Modelo cultural muy simple dirigido a los sectores más populares de una sociedad. — SOCIOLOGÍA

subcutáneo, a
1 Que está debajo de la piel. — *adj./ANATOMÍA*
2 Que se pone o se realiza debajo de la piel: *le pusieron una inyección subcutánea.*

subdelegación
1 Acción y resultado de subdelegar en una persona. — *s.f.*
2 Oficina y distrito del subdelegado.
3 Empleo o cargo de subdelegado.

subdelegado, a Se refiere a la persona que sirve a las órdenes del delegado o le sustituye en sus funciones. — *adj/s.*

subdelegante Que subdelega. — *adj.*

subdelegar Transmitir un delegado su jurisdicción o su función a otra persona. — *v.tr./conj: pagar* DERECHO

subdelirio Delirio leve en que el enfermo puede comprender y contestar preguntas aunque pronuncia palabras incoherentes. — *s.m.* SIQUIATRÍA

subdesarrollado, a
1 Que sufre subdesarrollo. — *adj./ECONOMÍA* = tercermundista
2 Se aplica al país, región o área supranacional que tiene un atraso en los medios de producción, la distribución de la renta y en los servicios culturales y asistenciales.
3 Se refiere al sector o a la actividad que no ha alcanzado el nivel de modernización y de equipación necesarios para competir con otras personas o comunidades. — ECONOMÍA

subdesarrollo
1 Desarrollo incompleto o deficiente con relación a las propias posibilidades o al desarrollo alcanzado por otras personas o comunidades. — *s.m.*
2 Situación económica y social propia de los países subdesarrollados. — ECONOMÍA, SOCIOLOGÍA

subdesértico, a
1 Que está en una zona lindante con el desierto. — *adj./GEOGRAFÍA*
2 Que tiene unas condiciones climáticas o biológicas parecidas a las del desierto. — GEOGRAFÍA

subdiaconado Orden sagrada de subdiácono o de epístola. — *s.m./RELIGIÓN* tb: subdiaconato

subdiaconal Del subdiácono. — *adj./RELIGIÓN*

subdiácono Clérigo ordenado de epístola, orden sacerdotal. — *s.m.* RELIGIÓN

subdialecto Variedad que adopta un dialecto en una determinada área de su dominio, cuyas características o isoglosas son insuficientes para establecerse como habla independiente. | s.m. LINGÜÍSTICA

subdirección
1 Puesto o cargo de subdirector. | s.f.
2 Oficina del subdirector.

subdirector, a Persona inferior en la jerarquía al director, a quien ayuda o sustituye en su ausencia. | s.

subdistinción Acción y resultado de subdistinguir. | s.f.

subdistinguir Establecer una distinción dentro de otra: *en este aspecto de la disyuntiva hay que subdistinguir dos cuestiones.* | v.tr. conj: *distinguir*

súbdito, a (Del lat. *subditus*.)
1 Que está sometido a la autoridad de un superior al que debe obediencia. | adj. = subordinado
2 Persona que es natural o tiene la nacionalidad de un país y está sujeta a sus autoridades políticas. | s./POLÍTICA ≠ gobernante

subdividir Dividir las partes de una cosa que ya ha sido dividida: *estos aspectos de la clasificación se subdividen a su vez en otros.* | v.tr./prnl. ≠ unificar

subdivisión
1 División de lo que ya está dividido. | s.f./≠ reunión
2 Cada parte resultante de subdividir una cosa.
3 Tabique u otra cosa que divide un espacio o separa una parte de él. | = división

subdominante Cuarto grado musical de la escala diatónica. | s.f. MÚSICA

subducción Deslizamiento de gran amplitud de una porción de litosfera de una placa bajo otra placa. | s.f. GEOLOGÍA

subduplo, a Se aplica al número que es la mitad exacta de otro. | adj.num/s.m. MATEMÁTICAS

subecuatorial
1 Que está entre el ecuador y los trópicos: *zona subecuatorial.* | adj. GEOGRAFÍA
2 De esta zona: *clima subecuatorial.* | GEOGRAFÍA

subejecutor Persona que ejecuta una cosa en sustitución o bajo la dirección de otra. | s.

subemplear Hacer que una persona trabaje en condiciones inferiores a las normales: *se subempleó para sobrevivir.* | v.tr/prnl. ECONOMÍA

subempleo
1 Falta de empleo de una parte de la mano de obra de la que se dispone. | s.m. ECONOMÍA
2 Empleo de sólo una parte del tiempo o de la capacidad profesional de un trabajador. | ECONOMÍA
3 Empleo con una remuneración muy baja. | ECONOMÍA

subentender Entender una cosa implícita en un discurso o un escrito: *no está claro pero se subentiende.* | v.tr/prnl./conj: *tender* = sobrentender

subeo Correa fuerte con que se ataba al yugo la lanza del carro o el timón del arado. | s.m./AGRICULTURA tb: sobeo

súber (Del lat. *suber*, alcornoque.) Tejido secundario de las plantas cuya función es protectora. | s.m. BOTÁNICA

suberificación (Del lat. *suber*, alcornoque + *facere*, hacer.) Acción y resultado de convertirse en corcho la parte externa de la corteza de los árboles. | s.f. BOTÁNICA

suberificarse Convertirse la parte externa de la corteza de los árboles en corcho. | v.prnl./conj: *sacar* BOTÁNICA

suberina Sustancia orgánica grasa, impermeable y elástica, que forma las paredes celulares del corcho. | s.f. BOTÁNICA

suberosis
1 Conjunto de trastornos respiratorios producidos por el polvo de la madera. | s.f./pl: suberosis MEDICINA
2 Alteración de los tejidos de una planta por un proceso de suberificación. | BIOLOGÍA

suberoso, a Que tiene un aspecto parecido al del corcho. | adj.

subespecie Cada uno de los grupos en que se subdivide una especie. | s.f. BIOLOGÍA

subestación Conjunto de la instalación y los aparatos destinados a la alimentación de una red de distribución de energía eléctrica. | s.f. ELECTRICIDAD

subestimar Considerar a una persona o una cosa por debajo de su valor: *no subestimes a tus colaboradores porque sin ellos no podrías hacerlo.* | v.tr. = menospreciar

subexponer Exponer de modo insuficiente una emulsión fotográfica. | v.tr./conj: *poner* FOTOGRAFÍA

subexposición Exposición insuficiente de una emulsión o preparado fotográfico. | s.f. FOTOGRAFÍA

subfamilia División sistemática de la clasificación, inferior a la familia y que comprende varios géneros. | s.f. BIOLOGÍA

subfebril Que tiene una temperatura superior a la normal en algunas décimas. | adj. MEDICINA

subfiador Fiador subsidiario. | s.m.

subfilo Serie evolutiva derivada de un filo o serie de organismos originados a partir de una misma forma fundamental. | s.m. BIOLOGÍA

subfluvial De las aguas subterráneas y de los procesos resultantes. | adj. = subálveo

subforo Contrato por el que la persona que tiene arrendada una finca cede a otra el dominio útil de la misma. | s.m. DERECHO

subfusil Arma automática, individual y portátil, de gran velocidad de disparo y de menor tamaño que el fusil. | s.m.

subfusión Permanencia de un cuerpo en estado líquido a una temperatura inferior a la de fusión. | s.f. FÍSICA

subgénero Grupo de clasificación intermedio, existente en algunos casos entre el género y la especie. | s.m. BIOLOGÍA

subglaciar De la región donde el glaciar está en contacto con el lecho rocoso. | adj. GEOLOGÍA

subgobernador Persona inferior en la jerarquía al gobernador, a quien ayuda o sustituye en su ausencia. | s.m./POLÍTICA = vicegobernador

subgravedad Estado de un cuerpo sometido a una gravedad inferior a la terrestre. | s.f. FÍSICA

subgrupo
1 Cada una de las divisiones establecidas en un grupo o conjunto. | s.m.
2 Subconjunto de un grupo que adquiere categoría independiente con las operaciones que se han definido en él. | MATEMÁTICAS

subida
1 Acción y resultado de subir o subirse: *lo que más le preocupa es la subida del paro juvenil.* | s.f./= ascenso, subimiento
2 Pendiente, considerada en sentido ascendente: *no sé si podré llegar al final de esa subida con la bici.* | = cuesta

subidero, a
1 Se aplica al instrumento que sirve para subir o levantar cosas. | adj.
2 Lugar por donde se puede subir una pendiente. | s.m.

subido, a
1 Que es elevado o excesivo: *tuvo una reacción muy subida.* | adj.
2 Se refiere al color, olor o sabor que es vivo o intenso: *el tono de ese rojo es demasiado subido.* | = acentuado
3 Que es audaz o atrevido: *contó un chiste muy subido.* | = osado
4 Precedido de adjetivos o sustantivos intensifica lo que denotan: *estaba con el tonto subido.* | coloquial

subiente
1 Que sube. | adj.
2 Follaje que adorna pilastras. | s.m./ARQUITECTURA

subilla (Del lat. vulgar *subella*.) Herramienta de los zapateros y otros artesanos que se usa para agujerear y coser. | s.f. = lezna

subíndice Pequeño signo o número que se añade en la parte derecha e inferior de una letra o de un símbolo para distinguirlo de otro. | s.m.

subinspección
1 Puesto o cargo de subinspector. | s.f.
2 Oficina del subinspector.

subinspector Jefe inmediato después del inspector. | s.m.

subintendencia
1 Cargo de subintendente. | s.f.
2 Oficina del subintendente.

subintendente Persona inferior en la jerarquía al intendente a quien ayuda o sustituye en su ausencia. | s.m.f.

subintración Acción y resultado de subintrar. | s.f./MEDICINA

subintrante Se refiere a la afección en la que comienza un acceso nuevo antes de terminar el anterior. | adj. MEDICINA

subintrar (Del lat. *subintrare*.)
1 Entrar una persona después o en lugar de otra. | v.intr.
2 Ponerse un hueso o un fragmento de hueso debajo de otro. | MEDICINA
3 Empezar a subir la fiebre sin haber terminado la anterior. | MEDICINA

subir (Del lat. *subire* < *sub*, debajo + *ire*, ir.)
1 Pasar de un lugar a otro más alto: *el conferenciante subió al estrado.* | v.intr/prnl. = escalar
2 Entrar en un vehículo: *súbete ya al coche.*
3 Cabalgar sobre una caballería. | = montar
4 Aumentar la altura de una cosa: *el nivel del agua subió mucho.* | v.intr. = elevar
5 Llegar una cuenta a una determinada cantidad: *la factura sube a cuatro mil pesetas.* | + a/= ascender, elevar
6 Pasar una persona a mejor categoría o empleo o a mejor posición económica o social: *tras la muerte de su jefe, subió con rapidez.* | = ascender
7 Elevar el grado o la intensidad de una cosa: *el calor subió a medida que avanzaba el día.* | = aumentar
8 Hacer la voz o el tono de un instrumento musical más alto: *subió la voz para que la oyeran.* | v.intr/tr. MÚSICA

9 Recorrer un lugar hacia arriba: *si subes esa cuesta te-* | v.tr.
vas a cansar. | = remontar
10 Poner a una persona o una cosa en un lugar más | v.tr/prnl.
alto que el que estaba: *las campanas se suben automáti-* | = aupar,
camente. | encaramar
11 Hacer que una cosa aumente de altura: *han tenido* | v.tr.
que subir las rejas para que no les vean desde la calle. | = levantar
12 Poner una cosa que estaba inclinada en posición | = enderezar,
vertical y derecha. | erguir
13 Hacer que aumente el valor o el precio de una | v.tr/intr.
cosa: *el panadero ha subido la barra de pan.* | = incrementar
14 Ir el efecto de la droga o del alcohol en aumento: | v.intr.
la heroína subió tras inyectarse.
15 Ponerse el gusano de seda en las ramas para hilar
el capullo.
16 subírsele a una persona: Sentir los efectos de | *Méx.*
una bebida alcohólica, emborracharse: *a la primera* | coloquial
copa se le subió el tequila.
súbitamente De un modo súbito. | adv.
subitáneo, a (Del lat. *subitaneus.*) Que sucede de | v.tr/prnl.
modo repentino e inesperado. | culto
súbito, a (Del lat. *subitus.*)
1 Que sucede de manera repentina e inesperada: *una* | adj./tb: súpito
súbita respuesta. | = imprevisto
2 Que tiene un carácter impulsivo y violento. | ≠ irreflexivo
3 de súbito: Súbitamente, de repente. | loc.adv.
subjefe Persona que ayuda o sustituye en su ausencia | s.m.
al jefe y realiza sus funciones.
subjetividad
1 Carácter de lo subjetivo o dependiente de la perso- | s.f.
na que lo piensa o siente. | ≠ objetividad
2 Actitud subjetiva, no imparcial en los juicios, opi- | = parcialidad
niones y sentimientos.
subjetivismo
1 Actitud subjetiva. | s.m.
2 Doctrina o actitud filosófica según la cual la reali- | FILOSOFÍA
dad se ofrece al sujeto como producto de su propio | ≠ objetivismo
pensamiento, del cual emana el único criterio de
verdad.
subjetivista
1 Del subjetivismo. | adj.
2 Que es partidario del subjetivismo. | adj/s.m.f.
subjetivización Hecho de interpretar las cosas de | s.f.
manera afectiva y de transformar los fenómenos en | SICOLOGÍA
personales y subjetivos.
subjetivo, a
1 Del mundo síquico interior del sujeto o persona. | adj.
2 Que tiene relación con la manera propia de pensar | = individual,
o sentir y no con el objeto en sí mismo: *opinión subje-* | personal
tiva. | ≠ objetivo
subjuntivo, a (Del lat. *subjunctivus.*) Se aplica al | adj/s.m.
modo del verbo que expresa duda, temor, posibilidad | GRAMÁTICA
u otro sentimiento, o indica que la acción se considera sólo en la mente.
sublevación Acción y resultado de sublevar o suble- | s.f.
varse.
sublevar (Del lat. *sublevare*, levantar.)
1 Incitar a la gente a rebelarse contra la autoridad: *el* | v.tr/prnl.
ejército se sublevó. | = amotinar
2 Causar indignación o ira: *me subleva su avaricia.* | v.tr/= enfurecer
sublimación
1 Acción y resultado de ensalzar a una persona. | s.f./= exaltación
2 Mecanismo inconsciente por el que un impulso o | SICOLOGÍA
un instinto se manifiestan en forma de otros considerados como más elevados.
3 Volatilización de un cuerpo sólido y condensación | QUÍMICA
de los vapores que resultan sin pasar por el estado líquido.
sublimado, a
1 Se aplica a la sustancia obtenida al volatilizar un | adj/s.m.
cuerpo sólido y condensar sus vapores. | QUÍMICA
2 sublimado corrosivo: Sustancia blanca, volátil y | QUÍMICA
venenosa, que se utiliza en medicina como desinfec- | = cloruro
tante. | de mercurio
sublimador Aparato que se utiliza para realizar su- | s.m.
blimaciones. | QUÍMICA
sublimar
1 Alabar a una persona. | v.tr./= exaltar
2 Convertir un cuerpo sólido en gaseoso y condensar | v.tr/prnl.
sus vapores sin pasar por el estado líquido: *la nieve se* | QUÍMICA
ha sublimado.
3 Convertir un impulso o un instinto en una activi- | v.tr.
dad moral o intelectual de carácter superior. | SICOLOGÍA
sublime (Del lat. *sublimis*, muy alto.)
1 Que tiene una gran belleza o calidad: *obra sublime;* | adj.
música sublime. | = excelente
2 Que es noble u honrado: *emoción sublime; acto sublime.* | ≠ ruin
3 Que realiza obras de gran calidad: *músico sublime;* | = eminente
pintor sublime.
sublimidad Carácter de lo sublime, muy excelente o | s.f.
de altura extraordinaria. | = eminencia

subliminal
1 Que se percibe por los sentidos sin que el sujeto | adj.
tenga conciencia de ello: *publicidad subliminal.*
2 Que está por debajo de las posibilidades de percep- | SICOLOGÍA
ción visual o sonora del hombre. | = subconsciente
sublingual Que **está** debajo de la lengua: *tiene un* | adj.
quiste sublingual. | ANATOMÍA
sublitoral Se refiere a la zona faunística litoral situa- | adj/s.m.f.
da entre el límite de la marea baja y la plataforma | ECOLOGÍA
continental.
sublunar Que está debajo de la Luna. | adj./ASTRONOMÍA
submarinismo Conjunto de actividades que se reali- | s.m.
zan bajo la superficie del mar, con fines deportivos o
científicos.
submarinista
1 Del submarinismo. | adj.
2 Que practica el submarinismo. | adj/s.m.f./= buzo
3 Persona de la armada que está especializada en el | s.m.f.
servicio de submarinos. | MILITAR
submarino, a
1 Que está situado o sucede debajo de la superficie | adj.
del mar: *cable submarino; corriente submarina.* | = subacuático
2 Embarcación capaz de navegar por debajo de la su- | s.m.
perficie del mar. | NÁUTICA
submaxilar Que está debajo de la mandíbula infe- | adj.
rior. | ANATOMÍA
subministrar (Del lat. *subministrare.*) Suministrar, | v.tr.
proveer lo que se necesita.
submúltiplo, a Se aplica al número que contiene | adj.num/s.m.
dos o más veces a otro mencionado. | MATEMÁTICAS
submundo Grupo de personas que se dedican a una | s.m.
actividad marginal. | = hampa
subnitrato Nitrato básico. | s.m./QUÍMICA
subnormal
1 Que es inferior a lo normal. | adj.
2 Se refiere a la persona que tiene una deficiencia | adj/s.m.f.
mental patológica, por lo que su edad mental no al- | MEDICINA
canza el desarrollo que corresponde a su edad bioló- | = retrasado
gica.
subnormalidad Cualidad de subnormal. | s.f.
subnota Nota añadida a otra en un escrito o impreso. | s.f./ARTES GRÁFICAS
suboctava Octava situada bajo una nota determinada. | s.f./MÚSICA
suboficial Categoría militar comprendida entre las de | s.m.
oficial y sargento. | MILITAR
suborbital Que está debajo de la órbita del ojo. | adj./ANATOMÍA
suborden Grupo de animales o de plantas que for- | s.m.
man una categoría de clasificación entre el orden y la | pl: subórdenes
familia. | BIOLOGÍA
subordinación
1 Estado de la persona que depende de otra. | s.f.
2 Relación de dependencia de un elemento gramati- | LINGÜÍSTICA
cal o una oración con respecto a otro u otra.
subordinado, a
1 Se refiere a la persona que está sometida a las ór- | adj/s.
denes de otra: *el jefe trata muy bien a sus subordinados.* | = subalterno
2 Se aplica a la oración o proposición que tiene de- | adj.
pendencia gramatical respecto a otra, llamada principal. | LINGÜÍSTICA
subordinante
1 Que subordina o expresa subordinación. | adj.
2 Se refiere a la proposición u oración que convierte | adj/s.f.
en elemento sintáctico propio a otra proposición u | LINGÜÍSTICA
oración subordinada. | = principal
3 Se aplica a la palabra o elemento gramatical que | adj/s.
tiene como función conectar palabras, construcciones | LINGÜÍSTICA
o proposiciones, de diferente nivel sintáctico, hacién- | = transpositor
dolas depender unas de otras.
subordinar (Del bajo lat. *subordinare.*)
1 Hacer que una persona o una cosa dependa de otra | v.tr/prnl.
considerada más importante: *se subordinó a su mujer;* | = someter
subordina las vacaciones al trabajo.
2 Considerar una cosa menos importante que otra: | v.tr.
ya no subordina el amor a su carrera. | = supeditar
3 Depender un elemento lingüístico de otro, en espe- | v.tr/prnl.
cial una oración con relación a otra. | LINGÜÍSTICA
subperíodo Subdivisión del período como unidad | s.m.
geocronológica. | GEOLOGÍA
subpiso
1 Cada una de las divisiones de los pisos. | s.m./GEOLOGÍA
2 Vegetación que crece bajo los árboles de un monte. | BOTÁNICA
subpoblación Nivel demográfico inferior al que per- | s.f.
mite que una población se constituya en sociedad. | SOCIOLOGÍA
subpolar Que está situado o se produce en los lími- | adj.
tes de la zona polar.
subprefecto Jefe o magistrado inmediatamente infe- | s.m.
rior al prefecto.
subprefectura
1 Cargo de subprefecto. | s.f.

2 Oficina del subprefecto.

subproducción Producción insuficiente de una cosa. *s.f.*

subproducto Producto obtenido de manera accesoria en los procesos de elaboración y fabricación de otro producto, o como residuo de una extracción. *s.m.* INDUSTRIA

subprograma Secuencia de instrucciones organizadas de modo autónomo para desempeñar cometidos específicos. *s.m.* INFORMÁTICA

subproletariado Proletariado que vive en malas condiciones económicas o sin ellas. *s.m./SOCIOLOGÍA = lumpen*

subproletario, a Del subproletariado. *adj./s.*

subranquial Que está situado debajo de las branquias: *aleta subranquial.* *adj.* ZOOLOGÍA

subrayable
1 Que puede ser subrayado o destacado: *este texto es subrayable porque tengo una copia.* *adj.*
2 Que merece ser subrayado: *hazaña subrayable.* *= resaltable*

subrayado, a
1 Acción y resultado de subrayar. *s.m.*
2 Que va en carácter cursivo o de otro distinto del empleado en general en la impresión. *adj.* ARTES GRÁFICAS

subrayar
1 Señalar una cosa escrita con una raya horizontal por debajo para llamar la atención sobre ella: *tienes que subrayar los apuntes para el examen.* *v.tr.*
2 Pronunciar una palabra o una frase con énfasis o fuerza para mostrar su importancia. *= remarcar*

subregión Área geográfica con características propias dentro de una región mayor. *s.m.* GEOGRAFÍA

subreino Cada uno de los dos grupos en los que se divide los reinos animal y vegetal. *s.m.* BIOLOGÍA

subrepción (Del lat. *subripere.*)
1 Acción que se realiza a escondidas. *s.f.*
2 Ocultación de un hecho para obtener una cosa que no se conseguiría de otro modo. DERECHO

subrepticio, a (Del lat. *subrepticius.*)
1 Que se hace con ocultación maliciosa: *campaña subrepticia; propaganda subrepticia.* *adj. = encubierto*
2 Que se obtiene con subrepción. *= furtivo*

subrigadier
1 Oficial que desempeñaba las funciones de sargento segundo en el cuerpo de guardias del rey. *s.m.* MILITAR
2 Aspirante distinguido, subordinado y auxiliar del brigadier, en las escuelas navales. *adj.* MILITAR

subrogación Acción y resultado de subrogar o subrogarse. *s.f.*

subrogado, a Persona o cosa puesta en lugar de otra para sucederla en sus derechos o para obrar por ella. *s.* DERECHO

subrogar (Del lat. *subrogare.*) Poner a una persona o una cosa en lugar de otra, en una relación jurídica: *se subrogó en el contrato de su hermano.* *v.tr/prnl. conj: pagar* DERECHO

subrogatorio, a
1 Que subroga. *adj.*
2 Se aplica a la facultad que se concede a una persona para que pueda responder de las obligaciones económicas de otra. *adj/s.* DERECHO

subrutina Parte de un programa que ejecuta algunas de sus órdenes. *s.f./INFORMÁTICA = subprograma*

subsanable Que puede ser subsanado o corregido: *error subsanable.* *adj. = rectificable*

subsanación Acción y resultado de subsanar un error, falta o defecto. *s.f. = rectificación*

subsanar
1 Solucionar un problema o dificultad: *no pudieron subsanar la avería.* *v.tr. = remediar*
2 Disculpar o excusar un error o una falta: *subsanó su olvido de un modo muy elegante.* *= justificar*
3 Poner remedio a una falta cometida o un daño causado. *= corregir, enmendar*

subscapular Se aplica al músculo que está debajo del omóplato. *adj/s.m.* ANATOMÍA

subscribir (Del lat. *subscribere.*) Suscribir [en todas sus acepciones]. *v.tr/prnl. part: subscrito*

subscripción Suscripción [en todas sus acepciones]. *s.f.*

subscriptor, a Suscriptor, persona que subscribe o se subscribe. *s.*

subscrito, a (Part. irreg. de *subscribir.*) Suscrito. *part./tb: subscripto*

subsección Cada una de las partes en que se divide una sección. *s.f.*

subsecretaría
1 Puesto o cargo de subsecretario. *s.f.*
2 Oficina del subsecretario.
3 Departamento ministerial, dirigido por un subsecretario. POLÍTICA

subsecretario, a
1 Persona que ayuda o sustituye en su ausencia las funciones del secretario. *s.*

2 Jefe o jefa superior de un departamento ministerial, en España. POLÍTICA

subsecuente Subsiguiente [en todas sus acepciones]. *adj.*

subseguir Seguir una cosa de forma inmediata a otra anterior. *v.intr/prnl. conj: seguir*

subsidencia
1 Movimiento lento de hundimiento de una parte de la corteza terrestre debido al peso de depósitos sedimentarios y por acción de deformaciones. *s.f.* GEOLOGÍA
2 Descenso de una capa de aire de gran extensión, en una situación anticiclónica.
3 Desaparición gradual de una enfermedad. MEDICINA

subsidiar Conceder un subsidio a una persona o una empresa. *v.tr. = subvencionar*

subsidiariamente De manera subsidiaria. *adv.*

subsidiariedad
1 Tendencia favorable a la participación subsidiaria del estado en apoyo de las actividades privadas o comunitarias. *s.f.* ECONOMÍA
2 **principio de subsidiariedad**: El de delegación vertical de los poderes, en especial en las federaciones. DERECHO

subsidiario, a
1 Que se da como subsidio o socorro. *adj.*
2 Que sirve para reforzar lo principal, o le sirve de complemento.
3 Se aplica a la acción o responsabilidad que sustituye o suple a otra principal en caso de que falle ésta: *acción subsidiaria; responsabilidad subsidiaria.* DERECHO *= sustitutoria*

subsidio (Del lat. *subsidium*, reserva de tropas.)
1 Ayuda o auxilio de carácter económico y oficial otorgado a una persona que no trabaja o que no puede hacerlo: *gracias al subsidio familiar podemos mantenernos.* *s.m. = pensión*
2 Contribución impuesta al comercio y a la industria. ECONOMÍA

subsiguiente
1 Que subsigue. *adj./tb: subsecuente*
2 Que va después del siguiente. *= posterior*

subsistema División del sistema como unidad de la cronología estratigráfica. *s.f.* GEOLOGÍA

subsistencia
1 Hecho de vivir un ser humano: *desde el accidente, su subsistencia es penosa.* *s.f. = existencia*
2 Existencia y conservación de las cosas. *= continuidad*
3 Conjunto de las cosas necesarias e imprescindibles para la vida de una persona o una cosa. *= manutención, sustento*
4 Complemento último de la sustancia o acto por el cual ésta se hace incomunicable a otra y no la necesita para ser lo que es. FILOSOFÍA

subsistir (Del lat. *subsistere.*)
1 Seguir viviendo una persona: *el secuestrado subsistió en condiciones muy duras.* *v.intr. = sobrevivir*
2 Seguir existiendo una cosa: *a pesar de los problemas su plan subsiste.* *= perdurar*
3 Existir una sustancia con todas las condiciones propias de su ser y de su naturaleza. FILOSOFÍA

subsolador Arado especial para subsolar. *s.m./AGRICULTURA*

subsolano Viento que sopla del este. *s.m.*

subsolar
1 Cavar la tierra por debajo de la capa que se puede arar. *v.tr/conj: contar* AGRICULTURA
2 Labrar la tierra a bastante profundidad sin voltear la capa superior. AGRICULTURA

subsónico, a Que tiene relación con la velocidad inferior a la del sonido. *adj.* FÍSICA

substancia (Del lat. *substantia.*) Sustancia [en todas sus acepciones]. *s.f.*

substanciación Sustanciación, acción y resultado de substanciar. *s.f.*

substancial Sustancial [en todas sus acepciones]. *adj.*

substancialmente Sustancialmente, de manera precisa y clara. *adv.*

substanciar Sustanciar [en todas sus acepciones]. *v.tr.*

substancioso, a Sustancioso [en todas sus acepciones]. *adj.*

substantivamente Sustantivamente, como sustantivo. *adv./GRAMÁTICA*

substantivar Sustantivar, dar función y significado de sustantivo a una palabra o a una oración. *v.tr.* GRAMÁTICA

substantividad Sustantividad [en todas sus acepciones]. *s.f.*

substantivo, a (Del bajo lat. *substantivus.*) Sustantivo [en todas sus acepciones]. *adj/s.*

substituible Sustituible, que puede ser substituido. *adj/≠ insubstituible*

substituidor, a Que substituye. *adj/s./tb: sustituidor*

substituir (Del lat. *substituere.*) Sustituir [en todas sus acepciones]. *v.tr. conj: huir*

substitutivo, a Sustitutivo [en todas sus acepciones]. *adj/s.m.*

substituto, a Sustituto [en todas sus acepciones].   adj/s.

substracción Sustracción [en todas sus acepciones].   s.f.

substractivo, a Sustractivo [en todas sus acepciones].   adj.

substraendo Sustraendo, cantidad que se tiene que restar de otra.   s.m. MATEMÁTICAS

substraer (Del lat. *substrahere*.) Sustraer [en todas sus acepciones].   v.tr. conj: *traer*

substrato Sustrato [en todas sus acepciones].   s.m.

subsuelo
1 Capa de terreno que está debajo de la superficie.   s.m.
2 Parte profunda del terreno a donde no llegan los aprovechamientos superficiales, y que, por lo tanto, se considera de dominio público.

subsumir
1 Poner una cosa dentro de otra como componente en una síntesis o clasificación más general.   v.tr. = englobar
2 Considerar una cosa como parte de un conjunto más amplio o como un caso particular sometido a un principio o norma general: *no se puede subsumir esta decisión en el problema global.*
3 Considerar a un individuo como comprendido en una especie o a ésta en un género, o bien entender que un hecho es el resultado de la aplicación de una ley.

subtangente Proyección sobre un eje, y en especial sobre un eje de coordenadas, del segmento de la tangente, en un punto de una curva comprendido entre el de contacto y el punto donde la tangente corta el eje considerado.   s.f. GEOMETRÍA

subte (Apócope de *subterráneo*.) Ferrocarril metropolitano.   s.m./*Argent.*

subtender Unir una recta los extremos de un arco de curva o de una línea quebrada.   v.tr./conj: *tender* GEOMETRÍA

subtenencia Empleo de subteniente.   s.f./MILITAR

subteniente Militar de más alta graduación en la categoría de suboficiales, inmediatamente superior al brigada e inferior al alférez.   s.m. MILITAR

subtensa Línea recta que une dos puntos de la curva de un arco.   s.f. GEOMETRÍA

subtensión Tensión inferior a la normal en el funcionamiento de un aparato o un circuito eléctrico.   s.f. ELECTRICIDAD

subterfugio (Del lat. *subterfugium*.) Pretexto o recurso con que se intenta eludir o justificar una cosa: *siempre encuentra el subterfugio para no asistir.*   s.m. = escapatoria

subterráneo, a
1 Que está debajo de la tierra: *los presos hicieron un túnel subterráneo.*   adj. = soterraño
2 Que está oculto o es profundo: *tiene sentimientos subterráneos y morbosos.*   = íntimo
3 Recinto o espacio situado debajo de tierra: *durante los bombardeos se refugiaban en subterráneos.*   s.m.
4 Ferrocarril metropolitano, metro.   *Argent.*

subtipo Grupo de clasificación de plantas y animales que constituye la subdivisión de un tipo.   s.m. BIOLOGÍA

subtitulado, a Se aplica a la película en versión original a la que se han puesto subtítulos con la traducción de los diálogos.   adj. CINE

subtitular
1 Poner un subtítulo a una cosa.   v.tr.
2 Incorporar subtítulos a una película.   CINE
3 Tener una cosa un subtítulo.   v.prnl.

subtítulo
1 Título secundario que a veces se pone después del principal.   s.m.
2 Escrito que aparece en la pantalla cinematográfica durante la proyección de películas en versión original para traducir la conversación de los actores.   CINE

subtropical
1 Que está cerca de los trópicos, pero a una latitud más elevada.   adj. GEOGRAFÍA
2 Se aplica a la fauna y la flora que habita el subtrópico.   ECOLOGÍA
3 Se refiere al clima tropical atenuado.   GEOGRAFÍA

subtrópico Región cercana a los trópicos pero a una mayor altitud.   s.m. GEOGRAFÍA

subulado, a Que se estrecha hacia el ápex del órgano de una planta.   adj. BOTÁNICA

suburbano, a
1 Que está próximo a la ciudad: *las oficinas están en un terreno suburbano.*   adj.
2 Del suburbio.   = suburbial
3 Persona que vive en un suburbio.   s.
4 Se aplica al ferrocarril que comunica la ciudad con las zonas suburbanas.   adj/s.m.

suburbial Del suburbio.   adj.

suburbicario, a Que tiene relación con las diócesis de la provincia eclesiástica romana.   adj. RELIGIÓN

suburbio (Del lat. *suburbium*.)
1 Núcleo de población que se encuentra alejado de su municipio.   s.m. = arrabal
2 Barrio en las afueras de una ciudad, con población de bajo nivel económico: *el político prometió mejorar el urbanismo del suburbio.*

subvalorar Dar a una cosa menos importancia de la que tiene: *cuando está deprimida se subvalora.*   v.tr./prnl. = infravalorar

subvención
1 Acción y resultado de subvenir: *la subvención de mis gastos corre por su cuenta.*   s.m. = sufragio
2 Cantidad de dinero con que se subviene.   ECONOMÍA
3 Auxilio económico otorgado por la administración pública de un país.

subvencionar Dar una subvención a una persona o una institución.   v.tr.

subvenir (Del lat. *subvenire*.)
1 Ir en auxilio de una persona.   v.intr./conj: *venir* + a
2 Pagar los gastos ocasionados por una persona o una cosa.   = sufragar

subversión Acción y resultado de subvertir o subvertirse.   s.f.

subversivo, a Que tiene la propiedad de subvertir, en especial el orden social o moral: *repartieron panfletos subversivos.*   adj. = perturbador, revolucionario

subversor, a Que subvierte.   adj/s.

subvertir (Del lat. *subvertere*.) Hacer que una cosa deje de estar o marchar con normalidad o según el orden establecido.   v.tr. conj: *sentir* = perturbar

subvirar Tener tendencia un vehículo automóvil a que, en los virajes, sus ruedas delanteras desvíen su trayectoria hacia el exterior de la curva.   v.intr. MECÁNICA

subyacente Que subyace.   adj.

subyacer
1 Estar una cosa debajo de otra.   v.intr./conj: *yacer* = esconderse
2 Estar algo oculto tras otra cosa, como trasfondo: *tras ese discurso populista subyacen ideas muy radicales.*

subyugable Que puede ser subyugado o sometido: *pueblo subyugable.*   adj. = oprimible

subyugación Sometimiento por la fuerza de una persona o un país a la voluntad de otro.   s.f. = dominación

subyugador, a Que subyuga.   adj/s./= subyugante

subyugar (Del lat. *subjugare*.)
1 Someter o dominar con violencia: *sólo con el ejército pudieron subyugar al pueblo.*   v.tr./prnl. conj: *pagar* = cautivar
2 Dominar una pasión o un sentimiento a una persona: *el arte abstracto le subyuga.*

succino (Del lat. *sucinum*.) Ámbar, resina fósil de color amarillo o rojizo.   s.m. MINERALOGÍA

succión (Del lat. *suctio, -onis*.) Acción y resultado de succionar o chupar.   s.f. = absorción

succionar
1 Chupar un líquido con los labios.   v.tr./= sorber
2 Absorber un cuerpo un líquido o un gas en su interior.   = aspirar

sucedáneo, a (Del lat. *succedaneus*, que reemplaza.)
1 Se refiere a la sustancia que reemplaza a otra por tener propiedades parecidas: *sucedáneo de chocolate.*   adj/s.m. = sustitutivo
2 Que imita algo sin alcanzar todas sus cualidades.   adj.

suceder (Del lat. *succedere*.)
1 Producirse un hecho: *al final, lo que tenía que suceder sucedió.*   v.intr. = ocurrir
2 Producirse una cosa a continuación de otra: *la calma sucedió a la tormenta.*   = seguir
3 Tomar una persona posesión del cargo que otra ha dejado: *el vicesecretario sucedió al director al jubilarse éste.*   = reemplazar, sustituir
4 Recibir los bienes de una persona muerta como herencia: *sucedió a su padre.*   = heredar
5 Tener una cosa su origen o principio en otra.

sucedido
1 Hecho considerado de cierto interés o importancia.   s.m./= suceso
2 Relato, por lo general aleccionador, de un hecho más o menos extraordinario.   *Argent.*

sucesión (Del lat. *successio, -onis*.)
1 Acción y resultado de suceder.   s.f.
2 Secuencia ordenada y continuada de personas o cosas: *su vida es una sucesión de éxitos.*   = serie
3 Descendencia directa de una persona.   = prole DERECHO
4 Entrada de una persona como heredera en la posesión de los bienes de un difunto.   DERECHO
5 Conjunto de bienes, derechos y obligaciones que se transmiten a un heredero.   DERECHO
6 Conjunto ordenado de términos, que cumplen una ley determinada.   MATEMÁTICAS
7 **sucesión convergente:** La que tiene límite.   MATEMÁTICAS
8 **sucesión forzosa:** La que está ordenada de forma preceptiva.   DERECHO
9 **sucesión intestada:** La que se verifica por ministerio de la ley y no por testamento.   DERECHO

10 sucesión testada: La que se regula por la volun- `DERECHO`
tad del causante.
11 sucesión universal: La que hace al heredero con- `DERECHO`
tinuador de cuantos bienes, derechos y obligaciones
tenía el causante al morir.
12 deferirse la sucesión: Efectuarse el derecho de `DERECHO`
transmisión sucesoria.

sucesivamente Uno detrás de otro: *recibió sucesiva-* `adv.`
mente a todos sus amigos.

sucesivo, a
1 Que sucede o sigue a otra cosa sin interrupción: `adj.`
días sucesivos.   `= siguiente`
2 **en lo sucesivo:** De aquí en adelante: *en lo sucesivo* `loc.adv.`
no deberían ocurrir estas cosas.

suceso (Del lat. *successus*.)
1 Hecho o situación considerada de cierto interés o `s.m.`
importancia.   `= acontecimiento`
2 Hecho delictivo o accidente que ocurre: *nunca lee*
las páginas de sucesos.
3 Transcurso del tiempo.
4 Éxito o buen resultado de un asunto.
5 Sección en una publicación periódica donde se re- `s.m.pl.`
latan delitos y accidentes.

sucesor, a (Del lat. *successor*.) Que sucede a una per- `adj./s.`
sona en su lugar: *es sucesor de su padre en la empresa.* `= sustituto`

sucesorio, a Que tiene relación con la sucesión o he- `adj.`
rencia.

suche
1 Que está agrio o sin madurar.   `adj./Venez.`
2 Subalterno, empleado de última categoría.   `s./Chile, Nicar.`
3 Planta arbórea apocinácea, de ramas tortuosas y   `Ecuad., Perú`
hojas lanceoladas y lustrosas, cuya madera se usa en   `BOTÁNICA`
la construcción.

suciedad
1 Falta de limpieza en las cosas: *la suciedad de las* `s.f.`
calles; la suciedad de tu conducta.   `= deiaseo`
2 Cosa o conjunto de cosas que, por su aspecto o por   `= inmundicia,`
su olor, produce repugnancia o destruye el buen as-   `porquería`
pecto de las cosas.
3 Acción o palabras sucias, innobles, poco delicadas   `= indecencia,`
u obscenas.   `inmoralidad`

sucintarse Ser una persona breve y concisa.   `v.prnl.`

sucinto, a (Del lat. *succinctus*, apretado.)
1 Que está expresado de manera breve y concisa: *fór-* `adj.`
mula sucinta; sucinta exposición.   `= breve, conciso`
2 Se aplica a la prenda de vestir que cubre muy poco: `= escaso`
sucinto taparrabos.

sucio, a (Del lat. *sucidus*, húmedo.)
1 Que tiene manchas, polvo o impurezas: *mantel su-* `adj.`
cio; mano sucia.   `≠ limpio`
2 Que se ensucia con facilidad: *el blanco es un color* `= sufrido`
muy sucio.
3 Que produce suciedad: *éste es un trabajo muy sucio.*
4 Se refiere a la persona que es poco aseada: *es un*   `= desaseado`
chico muy sucio.   `≠ limpio`
5 Se refiere al trabajo que no tiene buena presenta-   `= chapucero`
ción por estar hecho de manera rápida y descuidada: `≠ pulido`
redacción sucia; dibujo sucio.
6 Se aplica al color que tiene mezcla de gris y negro.
7 Que es contrario a los cánones morales de la socie-   `= obsceno,`
dad: *lleva una vida sucia.*   `pervertido`
8 Que es contrario a la justicia o la legalidad: *no te* `= ilegal,`
metas en asuntos sucios.   `ilícito`
9 Que demuestra falta de escrúpulos.   `= innoble`
10 Que hace trampas: *no valen las jugadas sucias.*   `= marrullero`
11 **en sucio:** En borrador.   `loc.adv.`

sucre Unidad monetaria de Ecuador.   `s.m./ECONOMÍA`

súcubo (Del lat. *succubus*, el que se acuesta debajo.) `adj/s.m.`
Se aplica al espíritu o demonio que seduce al hombre   `OCULTISMO`
bajo la apariencia de mujer.

sucucho
1 Rincón, ángulo entrante que forman dos paredes.   `s.m.`
2 Rincón estrecho que queda en las partes más cerra-   `NÁUTICA`
das de las ligazones de una embarcación.
3 Habitación pequeña y precaria que sirve de vivienda.   `Amér.`

súcula (Del lat. *sucula*, cabria.) Máquina provista de `s.f.`
un cilindro que, al girar, va enrollando una cuerda a   `= torno`
cuyo extremo se encuentra la carga o resistencia.

suculento, a (Del lat. *suculentus*.)
1 Que es sabroso y nutritivo: *la comida estaba suculenta.* `adj.`
2 Se aplica a la planta o la hoja que es carnosa y con   `BOTÁNICA`
mucho jugo.

sucumbir (Del lat. *succumbere*, desplomarse.)
1 Dejar de oponer resistencia a una cosa: *sucumbió a* `v.intr./+ a`
sus peticiones.   `= claudicar`
2 Morir o desaparecer personas, animales o cosas en   `= fenecer`
circunstancias extraordinarias.
3 Perder una persona un pleito.   `DERECHO`

sucursal (Del fr. *succursale* < lat. *succursus*, socorrido.) `adj/s.f.`
Se refiere a cada uno de los establecimientos u ofici-   `= filial`

nas que una empresa tiene en distintos sitios, y que
dependen de una central.

sud- Componente de palabra procedente del ingl. ant. `pref.`
suth, que significa sur: *sudoeste; sudamericano.*   `tb: sur-`

sudaca De algún país de América del Sur.   `s.m.f./despectivo`

sudación
1 Acción y resultado de sudar una persona o un ani- `s.f./FISIOLOGÍA`
mal.   `= exudación`
2 Excreción de sudor, en especial la provocada con   `FISIOLOGÍA`
fines curativos.

sudadera
1 Sudadero [en todas sus acepciones].   `s.f.`
2 Sudor abundante.
3 Camiseta de manga larga que se usa en, en especial,
para hacer ejercicio o deporte.

sudadero
1 Pañuelo para limpiarse el sudor.   `s.m./tb: sudadera`
2 Manta pequeña que se coloca debajo de la silla o   `EQUITACIÓN`
aparejo de las caballerías.
3 Lugar acondicionado para dar baños de sudor.   `= sauna`
4 Lugar donde hay mucha humedad y rezuma agua.   `= rezumadero`

sudafricano, a
1 De la República de Sudáfrica, país meridional de `adj/s.`
África.
2 Persona natural de este país africano.   `s.`

sudamericano, a
1 De América del Sur.   `adj/s./tb: suramericano`
2 Persona natural de Sudamérica.   `s.`

sudamina Erupción de muchas y pequeñas ampollas `s.f.`
en la piel, llenas de un líquido acuoso, que aparece   `MEDICINA`
después de una abundante sudación.

sudanés, a
1 De Sudán, país del este de África.   `adj/s.`
2 Persona natural de este país africano.   `s.`
3 Se aplica a un grupo de lenguas africanas habladas   `adj.`
en diversos países de este continente.   `LINGÜÍSTICA`

sudante Que suda.   `adj/s.`

sudar (Del lat. *sudare*.)
1 Expeler una persona o un animal sudor: *sudó el lí-* `v.intr/tr.`
quido que había bebido.   `FISIOLOGÍA`
2 Expeler una planta un líquido.   `BOTÁNICA`
3 Soltar agua algunas cosas impregnadas de hume-   `v.intr.`
dad.   `= segregar`
4 Obtener una cosa con mucho esfuerzo: *ha sudado*   `v.tr.`
su éxito.   `= bregar`
5 Mojar una persona una cosa con sudor: *los jugado-*
res sudaron la camiseta.
6 Expeler líquido un alimento bajo la acción del fue-   `COCINA`
go lento: *sudar la cebolla.*
7 **sudar la camiseta:** Esforzarse mucho en un trabajo   `coloquial`
o en un empeño para intentar que salga bien, en especial los deportistas.
8 **sudar sangre:** Padecer mucho para conseguir una   `coloquial`
cosa.

sudarábigo, a Se aplica a una lengua semítica afín al `adj.`
árabe.   `LINGÜÍSTICA`

sudario (Del lat. *sudarium*.)
1 Tela con que se envuelve el cuerpo o el rostro de `s.m.`
un cadáver.   `= mortaja`
2 **santo sudario:** Lienzo que sirvió para amortajar el `RELIGIÓN`
cadáver de Jesucristo, según los evangelios.

sudatorio, a Que hace sudar: *medicamento sudatorio.* `adj./= sudorífico`

sudestada Viento fuerte, acompañado de un tempo- `s.f.`
ral, que impulsa desde el sudeste del Río de la Plata.   `Argent.`

sudeste
1 Punto situado entre el sur y el este: *su casa tiene* `s.m.`
orientación sudeste.   `tb: sueste, sureste`
2 Se aplica al viento que sopla de esta dirección.   `adj/s.m./= siroco`

sudista Se aplica a la persona que era partidaria de `s.m.f.`
los estados del sur, en la guerra de secesión norte-   `HISTORIA`
americana.

sudoeste
1 Punto situado entre el sur y el oeste: *vive al sudoeste* `s.m./tb: sudueste,`
del país.   `suroeste`
2 Se aplica al viento que sopla de esta dirección.   `adj/s.m.`

sudor
1 Líquido incoloro que segregan las glándulas sudorí- `s.m./FISIOLOGÍA`
paras de la piel: *llevaba la camisa empapada de sudor; el* `= exudación,`
sudor resbalaba por su frente.   `transpiración`
2 Jugo que segregan algunas plantas.   `BOTÁNICA`
3 Gotas que se forman en la superficie de cosas muy   `= exudación`
húmedas.
4 Gran esfuerzo necesario para conseguir una cosa.   `= trabajo`
5 Sensación de angustia o de nerviosismo: *me entra-*
ron sudores cuando perdí la cartera.
6 **sudor diaforético:** El abundante y continuo que   `MEDICINA`
acompaña a algunos procesos febriles.
7 **sudor frío:** El que se produce en los estados febriles o cuando se siente un gran nerviosismo.

8 con el sudor de la frente: Con gran trabajo y esfuerzo: *consiguió el trabajo con el sudor de su frente.* *loc.adv.*

sudoral Del sudor. *adj.*

sudoriento, a Que está sudado o humedecido con sudor. *adj.*

sudorífico, a (De *sudor* + lat. *facere,* hacer.)
1 Que hace sudar. *adj./tb: sudorífero*
2 Se aplica al medicamento que provoca la secreción de sudor. *FARMACIA* = *diaforético*

sudoríparo, a (De *sudor* + lat. *pario,* parir.) Se aplica a la glándula o folículo que segrega sudor. *adj. FISIOLOGÍA*

sudoroso, a
1 Que está sudando mucho: *después de jugar el partido llegó a casa sudoroso.* *adj.* = *sudoso*
2 Que suda con facilidad. = *sudoriento*

sudsudeste
1 Punto situado entre el sur y el sudeste. *s.m./tb: sursudeste*
2 Se aplica al viento que sopla de este punto. *adj./s.m.*

sudsudoeste
1 Punto situado entre el sur y el sudoeste. *s.m./tb: sursudoeste*
2 Se refiere al viento que sopla de este punto. *adj./s.m.*

sudueste Sudoeste [en todas sus acepciones]. *s.m.*

sueco, a
I (De *Suecia,* país escandinavo.)
1 De Suecia, país europeo, o de su lengua. *adj/s.*
2 Persona natural de este país europeo. *s.*
3 Lengua germánica, de la familia indoeuropea, hablada en este país. *s.m. LINGÜÍSTICA*
II (Del lat. *soccus,* especie de pantufla.) En la expresión **hacerse el sueco** indica disimular, fingir no entender una cosa. *loc.v.*

suegra (Del lat. vulgar *socra* < lat. *socrus*.)
1 Parte de una rosca de pan que corresponde a los extremos del rollo de masa y suele ser la más delgada y cocida. *s.f.*
2 Madre del cónyuge de una persona.
3 Rodete para llevar peso sobre la cabeza.

suegro Padre del cónyuge de una persona: *celebró su cumpleaños con sus padres y suegros.* *s.m.*

suela (Del lat. vulgar *sola* < lat. *solea*.)
1 Parte del calzado que toca el suelo: *llevó a reparar las suelas de las botas.* *s.f.*
2 Piel de vacuno curtida que se usa para fabricar esta parte del calzado. = *cuero*
3 Trozo de cuero o de goma que se pega a la punta del taco de jugar al billar.
4 Lenguado, pez teleósteo marino de cuerpo oblongo y comprimido. *ZOOLOGÍA*
5 Zócalo, cuerpo inferior de un edificio u obra. *CONSTRUCCIÓN*
6 Madero puesto debajo de un tabique para levantarlo. *CONSTRUCCIÓN*
7 Filete de carne seco y duro: *no me pude comer la suela que me pusieron.* *coloquial*
8 Sandalias, en algunas órdenes religiosas. *s.f.pl.*
9 **media suela:** Trozo de cuero para remendar la parte del calzado que cubre la planta desde el enfranque a la punta.
10 **bañado de suela:** Se aplica al calzado con esta pieza más ancha que la planta del pie. *loc.adj.*
11 **de tres, cuatro o siete suelas:** Que es redomado o notable en su línea: *es un pícaro de siete suelas.* *loc.adj. coloquial*
12 **no llegarle a una persona a la suela de los zapatos:** Ser muy inferior en alguna habilidad o cualidad: *sus cualidades son tan grandes que su marido no le llega a la suela de los zapatos.* *coloquial*

suelazo Batacazo, golpe fuerte que una persona o un animal se da al caer. *s.m./Colomb., Chile, Ecuad., Venez.*

suelda Consuelda, planta herbácea con flores en forma de embudo y rizoma mucilaginoso usado en medicina. *s.f. BOTÁNICA*

sueldacostilla Planta liliácea, con hojas radicales erguidas y estrechas, flores en corimbo laxo de color blanco, fruto capsular negro y brillante y raíz de varios bulbos con una cubierta escamosa. *(Ornithogalum umbellatum.)* *s.f. BOTÁNICA*

sueldo (Del bajo lat. *solidus,* ducado.)
1 Remuneración asignada a una persona por el desempeño de un trabajo o servicio: *el nuevo cargo le implica un aumento considerable de sueldo.* *s.m.* = *retribución*
2 Antigua moneda de distinto valor según los países y la época, que equivalía a la vigésima parte de la libra respectiva. *HISTORIA*
3 Antigua moneda romana. *HISTORIA*
4 **sueldo a o por libra:** Interés sobre un capital determinado, en proporción de uno a veinte. *ECONOMÍA*
5 **sueldo regulador:** El mayor de los percibidos por un funcionario y que sirve de base para regular los haberes pasivos de aquél o de su familia. *ECONOMÍA*
6 **a sueldo:** Mediante retribución fija: *colabora en la empresa, pero no está a sueldo.* *loc.adv.*

suelo (Del lat. *solum.*)

1 Parte superficial de la corteza terrestre sometida a la acción de la erosión y de los seres vivos: *el suelo de esta zona es rico en minerales.* *s.m. GEOLOGÍA*
2 Superficie por la que se anda: *se cayó al suelo al resbalar; el suelo estaba cubierto de una capa de hielo.*
3 Superficie inferior sobre la que se apoyan algunas cosas: *el suelo de la cacerola es de un material especial.* = *base*
4 Superficie de un lugar construido: *el suelo es de terrazo; puso un suelo de parqué.* = *piso*
5 Terreno, tierra: *la región se dedica principalmente a la explotación del suelo.*
6 Conjunto de partículas sólidas depositadas en el fondo de un recipiente que contiene un líquido en el que esas partículas estaban en suspensión. = *poso, sedimento*
7 Solar de un edificio: *discutieron largamente el precio del suelo en el que quería construir su vivienda.* *CONSTRUCCIÓN*
8 Espacio geográfico de una nación: *no estará a salvo hasta que no abandone suelo español.* = *territorio*
9 Terreno destinado a determinados usos y sujeto al ordenamiento de la legislación. *DERECHO*
10 Término o fin de alguna cosa.
11 Planeta en el que habita el hombre y que es el tercero en distancia al Sol. = *Tierra*
12 Casco de las caballerías. = *pezuña*
13 Grano que queda en la era después de recoger la parva. *s.m.pl. AGRICULTURA*
14 Paja o grano que queda de un año para otro en los pajares o graneros. *AGRICULTURA*
15 **suelo natal:** La superficie por la que se anda, sin nada que atenúe el contacto con ella: *me resigné a dormir en el santo suelo.* *coloquial*
16 **suelo natal:** Patria, lugar de nacimiento: *al regresar a su suelo natal, lloró de emoción.*
17 **arrastrarse por el o por los suelos:** Humillarse, proceder con bajeza: *se arrastró por los suelos pidiéndole su perdón.* *coloquial*
18 **besar el suelo:** Caerse de bruces: *besó el suelo la primera vez que se puso unos patines.* *coloquial*
19 **dar en el suelo con una cosa:** Dejarla caer o perderla: *acabó dando en el suelo con el jarrón haciéndolo añicos.* *coloquial*
20 **dar una persona consigo en el suelo:** Caerse o tropezar: *se pisó los cordones de los zapatos y dio consigo en el suelo.* *coloquial*
21 **echar una cosa al o por el suelo:** Frustrarla o malograrla: *la nueva situación echó por el suelo sus planes iniciales.* *coloquial*
22 **estar una cosa por los suelos:** Tener poco prestigio o estar muy deteriorada: *su moral está por los suelos con lo que ha ocurrido.* *coloquial*
23 **medir una persona el suelo:** Caerse dando con todo el cuerpo contra el suelo: *midió el suelo al tropezar.* *coloquial*
24 **por el suelo o por los suelos:** Con desprecio o con abatimiento: *dejó a su amiga por los suelos al hablarme de ella; tiene el ánimo por los suelos.* *loc.adv.*
25 **sin suelo:** Con descaro, con mucho exceso: *gasta sin suelo todo el dinero que cae en sus manos.* *loc.adv.*
26 **venirse una cosa o una persona al suelo:** Arruinarse o destruirse: *su reputación se vino al suelo por su incompetencia.* *coloquial*

suelta
1 Acción y resultado de soltar o desatar. *s.f.*
2 Traba con que se atan las manos de las caballerías para dejarlas pastar sueltas. = *maniota*
3 Número de bueyes que se llevan sueltos en una conducción para relevar a los que van tirando de los vehículos.
4 Sitio adecuado para soltar los bueyes de las carretas y darles reposo.
5 **dar suelta a una persona:** Permitirle que se distraiga o salga de su retiro: *dio suelta a su hijo tras un largo período de estudio continuo.* *coloquial*

suelto, a
1 Que no está sujeto o ceñido: *deja la cuerda suelta; el vestido le queda suelto.* *adj.* = *holgado*
2 Que está disperso o poco compacto: *la masa debe quedar suelta.* = *disgregado*
3 Que es hábil o ligero: *es suelto con los pinceles.* = *ágil*
4 Que está separado de aquello de lo que forma parte: *tengo un calcetín suelto y no encuentro la pareja.* ≠ *unido*
5 Que no está envasado o empaquetado: *aquí venden el arroz suelto.* = *a granel*
6 Que no tiene contención o moderación: *tiene la lengua suelta.* = *desenfrenado*
7 Que padece diarrea.
8 Se refiere a la cantidad de dinero que está en moneda fraccionaria: *no tengo suelto para pagar el autobús.* = *flojo* *adj/s.m./= calderilla, cambio*
9 Se aplica al lenguaje o estilo que es fácil o corriente: *escribe con una prosa suelta y natural.* *adj.*
10 Escrito de un periódico que da una noticia sin llegar a la extensión de un artículo: *lee este suelto del periódico, es interesante.* *s.m.*

11 Se aplica al verso que no forma rima con ningún otro. · adj. POESÍA

12 Se refiere al toro que en la lidia no acude a las llamadas de los toreros y rehúsa los engaños. · TAUROMAQUIA

sueño (Del lat. *somnus*.)
1 Estado que se presenta al dormir, en el que queda suspendida la consciencia, y mediante el cual el organismo se repone de las fuerzas gastadas: *tiene un sueño profundo*. · s.m. ≠ vigilia

2 Deseo de dormir: *me voy a acostar, tengo mucho sueño*. · = somnolencia

3 Representación en la mente de imágenes o sucesos mientras se duerme: *suele recordar sus sueños al despertarse*. · = ensueño

4 Imágenes o sucesos que se representan en la fantasía mientras se duerme: *he tenido un sueño en el que aparecían mis amigos*. · = ensoñación

5 Proyecto o deseo al que se le ven pocas probabilidades de realización: *uno de mis sueños es hacer un gran viaje en barco*. · = anhelo, ilusión

6 Cosa muy bonita: *vive en una casa que es un sueño*. · = maravilla

7 **sueño de las plantas:** Posición que adoptan las hojas y las distintas partes de las plantas con relación a las alternativas de luz o de calor. · BOTÁNICA

8 **sueño dorado:** Deseo intenso de lograr una cosa positiva, esperada durante mucho tiempo: *tener una casita en el campo es su sueño dorado*. · coloquial = anhelo, ilusión

9 **sueño eterno:** La muerte.

10 **sueño pesado:** Aquel del que es difícil despertar: *tiene un sueño pesado, así que no se entera de lo que pasa mientras duerme*. · coloquial

11 **caerse de sueño:** Sentir gran necesidad de dormir: *el crío se cae de sueño, pero como le gusta jugar, no hay manera de dormirlo*. · coloquial

12 **coger una persona el sueño:** Quedarse dormida: *le cuesta coger el sueño cuando está preocupado*. · coloquial

13 **conciliar el sueño:** Conseguir quedarse dormido: *algunas infusiones ayudan a conciliar el sueño*. · coloquial

14 **descabezar o echar el sueño o un sueño:** Quedarse dormido un corto período de tiempo sin acostarse en la cama: *descabezó un sueño en el trayecto del autobús*. · coloquial

15 **dormir a sueño suelto:** Dormir con tranquilidad e intensidad: *duerme a sueño suelto en cuanto se mete en la cama*. · coloquial

16 **en o entre sueños:** 1. Mientras se duerme: *ve en sueños a su abuelo*. · loc.adv. 2. Mientras se está adormilado o dormitando: *oyó el teléfono entre sueños y no llegó a cogerlo a tiempo*. · loc.adv.

17 **espantar el sueño:** Impedir o no dejar dormir: *los problemas le espantan el sueño*. · coloquial

18 **guardar el sueño a una persona:** Impedir que le despierten: *nos hacía callar para guardar el sueño a su hijo*. · coloquial

19 **ni en o ni por sueños:** De ninguna manera: *ni en sueños voy a acompañarle*. · loc.adv.

20 **perder el sueño por una cosa o por una persona:** Estar preocupado o sentir una fuerte atracción hacia ella: *esa chica le hace perder el sueño*. · coloquial

21 **quitar una cosa el sueño a una persona:** Preocuparle mucho: *su hijo adolescente le está quitando el sueño*. · coloquial

suero (Del bajo lat. *sorus*, < lat. *serum*.)
1 Parte acuosa que queda de la sangre y otros líquidos orgánicos después de su coagulación. · s.m. FISIOLOGÍA

2 **suero de la leche:** Parte líquida que queda separada al coagularse la leche.

3 **suero de la verdad:** Droga compuesta de ácido barbitúrico que hace perder la consciencia a quien se le inyecta y bajo cuyo efecto es posible obtener confesiones y testimonios. · FARMACIA = pentotal

4 **suero fisiológico:** Solución salina normal usada para diversos tratamientos. · FARMACIA

5 **suero medicinal:** 1. Disolución en agua de ciertas sales, u otras sustancias que se inyectan con fines curativos. · FARMACIA 2. Sustancia preparada con este líquido de animales o de personas curadas de una enfermedad infecciosa, que se inyectan a otra para inmunizarla o curarla de la misma enfermedad. · FARMACIA

suerotal Sustancia elaborada para adulterar la cocaína. · s.m./QUÍMICA

sueroterapia Tratamiento de las enfermedades por medio de sueros medicinales. · s.f./MEDICINA = seroterapia

suerte (Del lat. *sors, sortis*.)
1 Casualidad, relación desconocida que se supone que hay entre los sucesos y las circunstancias, no intencionada ni previsible: *ha tenido mucha suerte en los negocios que ha emprendido; lo encontré por suerte*. · s.m. = acaso, azar

2 Casualidad a la que se fía la resolución de una cosa: *lanzaremos una moneda y que decida la suerte*. · = azar

3 Poder o causa desconocida e hipotética que determina los sucesos favorables o adversos en la vida de una persona: *nadie sabe lo que le depara la suerte*. · = destino, hado

4 Estado o condición variable de las personas o cosas: *mejorar la suerte del pueblo; estoy contento con mi suerte*. · = situación

5 Género o especie de una cosa: *había toda suerte de aparatos*. · = tipo

6 Manera determinada de hacer una cosa: *lo hizo de suerte que resultó un fracaso*. · = modo

7 Medio casual de adivinación del futuro. · OCULTISMO

8 Cada lance o cada tercio de la lidia del toro: *suerte de varas*. · TAUROMAQUIA

9 Parte de tierra de labor, separada de otra u otras por sus lindes. · AGRICULTURA

10 Conjunto de tipos fundidos en una misma matriz. · ARTES GRÁFICAS Argent.

11 Parte cóncava de la taba, en dicho juego.

12 **caer o tocar en suerte:** 1. Corresponder un premio en un sorteo: *le han caído cinco millones en suerte*. · coloquial 2. Suceder por azar: *le ha tocado en suerte una familia política maravillosa*. · coloquial

13 **cargar la suerte:** Desviar al toro, facilitándole la salida, para que no atropelle al diestro. · TAUROMAQUIA

14 **correr bien o mal la suerte a una persona:** Ser afortunada o no: *tras muchas penalidades, parece que ahora le corre bien la suerte*. · coloquial

15 **de suerte que:** De manera que, consecuentemente: *el perro se puso en la carretera, de suerte que no pude esquivarlo*. · loc.conj.

16 **echar suertes o a suerte:** Decidir una cosa o repartirla valiéndose de medios fortuitos o casuales: *nos echaremos a suerte quién se lo dice*. · coloquial

17 **entrar en suerte:** Formar parte de un sorteo: *si envío la carta pronto, entraré en suerte y a ver si me toca el coche*. · coloquial

18 **por suerte:** Por fortuna, afortunadamente: *por suerte no le ha pasado nada*. · loc.adv.

19 **probar suerte:** Intentar conseguir una cosa confiando en el azar: *sé que no tengo posibilidades, pero probaré suerte*. · coloquial

20 **tentar a la suerte:** Afrontar un riesgo para conseguir una cosa: *no tientes a la suerte y deja el tema como está*. · coloquial

suertero, a
1 Que es dichoso, feliz o afortunado. · adj./Ecuad., Hond.
2 Vendedor de billetes de lotería. · s.m./Perú

suertudo, a Que tiene muy buena suerte: *¡qué suertudo, es la tercera vez que le toca la lotería!* · adj. = afortunado

sueste
1 Sudeste, punto cardinal. · s.m.
2 Sombrero impermeable de ala estrecha y levantada por delante, y ancha y caída por detrás. · NÁUTICA

suéter Prenda de vestir cerrada, de punto, con mangas, que cubre la parte superior del cuerpo: *me pondré un suéter encima de la camisa porque hace fresco*. · s.m. pl: suéteres = jersey

suevo, a
1 De un grupo de pueblos germánicos que habitaban entre los ríos Rin, Danubio y Elba y que invadieron las Galias y parte de la península Ibérica. · adj. HISTORIA tb: suévico
2 Persona originaria de dichos pueblos germánicos. · s./HISTORIA

sufete Magistrado supremo de Cartago y de otras colonias fenicias. · s.m. HISTORIA

sufí Que profesa el sufismo, doctrina mística y ascética practicada entre algunos musulmanes. · adj/s./pl.tb: sufíes RELIGIÓN/tb: sofí

suficiencia
1 Capacidad o aptitud para realizar una cosa: *ha demostrado con creces su suficiencia para el puesto*. · s.f. = capacitación
2 Presunción, actitud pedante y engreída: *se pavonea de su suerte con una suficiencia que me resulta molesta*. · despectivo = petulancia
3 **a suficiencia:** En cantidad suficiente o cumplida. · loc.adv.

suficiente (Del lat. *sufficiens, -tis*.)
1 Que basta para un fin determinado: *no tengo suficiente con tu firma para legalizar el documento*. · adj./= bastante ≠ insuficiente
2 Que tiene aptitud para una cosa: *su curriculum vitae es suficiente para el puesto*. · = apto, idóneo
3 Que se muestra afectadamente seguro de sí mismo: *se cree suficiente para solucionar el tema él solo; tan suficiente como eres, no me pidas ayuda ahora*. · = pedante, presumido ≠ modesto
4 Nota de calificación de aprobado: *este trimestre ha sacado tres notables y dos suficientes*. · s.m.

sufijación Procedimiento de formación de palabras mediante sufijos. · s.f. LINGÜÍSTICA

sufijo, a (Del lat. *suffixus*, clavado por debajo.) Se aplica al afijo o elemento que se añade al final de una palabra para formar un derivado: *el sufijo "grafía" es muy productivo en español*. · adj/s.m. LINGÜÍSTICA = posfijo ≠ prefijo

sufismo Doctrina mística profesada por algunos musulmanes, que es opuesta al legalismo, sin ser menos escrupulosos con la moral y el respeto de la ley y hace hincapié en algunos aspectos de las doctrinas preislámicas. · s.m. RELIGIÓN tb: sofismo

sufista
1 Del sufismo. · adj./RELIGIÓN

2 Que profesa o es partidario de la doctrina mística del sufismo. — adj./s.m.f. RELIGIÓN/= sufi

sufocación Sofocación, acción y resultado de sofocar. — s.f.

sufocador, a Que sofoca. — adj./s./tb: sofocador

sufocante Que sofoca. — adj./tb: sofocante

sufocar (Del lat. *suffocare*.) Sofocar [en todas sus acepciones]. — v.tr/prnl. conj: *sacar*

sufra Correón que sostiene las varas del carruaje, apoyado en el sillín de la caballería de tiro. — s.f.

sufragáneo, a (Del bajo lat. *suffraganeus*.)
1 Que depende de la autoridad o legislación o de otra entidad o persona: *institución sufragánea*. — adj.
2 Se aplica al obispo de una diócesis que, con otra u otras, forma la provincia del metropolitano. — adj./s. RELIGIÓN
3 De la jurisdicción de dicho obispo. — adj./RELIGIÓN

sufragar (Del lat. *suffragari*.)
1 Ayudar o favorecer a una persona: *siempre ha sufragado a los necesitados*. — v.tr./conj: pagar = socorrer
2 Pagar los gastos ocasionados por una cosa: *el dinero recaudado sólo sirvió para sufragar los costes de organización*. — = costear, satisfacer
3 Votar a cierto candidato en unas elecciones. — v.intr./Amér.

sufragio (Del lat. *suffragium*.)
1 Manifestación de la voluntad o el parecer de cada persona acerca de determinado punto o tema que se somete a votación. — s.m. = voto
2 Sistema electoral mediante votación: *los dirigentes políticos del país fueron elegidos por sufragio*. — POLÍTICA = votación
3 Ayuda que se presta a una persona que está en un peligro o una necesidad. — = favor, socorro
4 Obra buena u oración que se hace por los difuntos. — RELIGIÓN
5 Consuetas, conmemoraciones que se dicen ciertos días en el oficio divino. — s.m.pl. RELIGIÓN
6 sufragio restringido: Aquel en el que tienen voto los ciudadanos que reúnen ciertas condiciones. — POLÍTICA
7 sufragio universal: Aquel en que tienen derecho a voto todos los ciudadanos mayores de edad que no hayan sido privados de sus derechos políticos a causa de una condena. — POLÍTICA

sufragismo Movimiento reivindicativo, surgido en Gran Bretaña en el siglo XIX, a favor de la concesión a la mujer del derecho al voto. — s.m. HISTORIA, POLÍTICA

sufragista
1 Del sufragismo: *el movimiento sufragista tomó una forma militante a principios del siglo XX*. — adj./HISTORIA, POLÍTICA
2 Que es partidario del derecho al sufragio para las mujeres. — adj/s.m.f. HISTORIA, POLÍTICA

sufrible Que puede ser sufrido o soportado: *es un dolor sufrible para mí*. — adj./= soportable ≠ insufrible

sufridera Pieza de hierro con un agujero en el medio usada por los herreros como sostén de otra que van a penetrar con el punzón. — s.f.

sufridero, a Que se puede sufrir o soportar. — adj./= sufrible

sufrido, a
1 Que sufre o se conforma con una cosa sin quejarse o con resignación: *es un enfermo sufrido que no se queja por nada*. — adj. = paciente, resignado
2 Se aplica al color, tela o prenda de vestir que resiste el uso y no acusa apenas la suciedad: *con tanto crío en casa, tuvo que elegir un color sufrido para tapizar el sofá*. — ≠ sucio
3 Se aplica al marido que consiente la infidelidad de su mujer. — adj/s.m. = consentido

sufridor, a Que sufre: *no seas tan sufridor, que ya son mayorcitos y saben lo que hacen*. — adj./s.

sufrimiento
1 Estado de la persona que sufre o padece física o anímicamente: *la enfermedad fue un auténtico sufrimiento para él y para su familia*. — s.m. = dolor
2 Capacidad para soportar el dolor.

sufrir (Del lat. *sufferre*, soportar.)
1 Sentir una persona un dolor, una enfermedad o un trastorno físico: *sufre de piedras de riñón*. — v.tr/intr. = padecer
2 Recibir una persona un daño o castigo físico o moral: *tuvo que sufrir la pena que le impusieron*. — v.tr.
3 Aguantar una persona un dolor o una dificultad sin quejarse y con resignación: *sufre su situación con paciencia*. — = soportar, tolerar
4 Resistir, sostener: *no puede sufrir esta situación por más tiempo*. — = aguantar
5 Permitir una cosa: *siempre ha sufrido las burlas de los demás*. — = consentir
6 Pagar un delito con una pena. — = penar
7 Sujetar una pieza mientras se trabaja en ella. — = atenazar
8 Someterse a una prueba o a examen. — = examinarse

sufrútice Subarbusto, planta intermedia entre el arbusto y la hierba. — s.m. BOTÁNICA

sufruticoso, a Se aplica a las plantas con porte de sufrútice. — adj. BOTÁNICA

sufumigación Sahumerio que se hace para recibir un humo terapéutico. — s.f. MEDICINA

sufusión
1 Derrame anormal de sangre o de otros líquidos orgánicos fuera de su estructura. — s.f. MEDICINA
2 Enfermedad ocular semejante a las cataratas. — MEDICINA

sugerencia
1 Acción de sugerir: *seguiré tu sugerencia e iré al médico antes de que empeore*. — s.f. = recomendación
2 Cosa que se insinúa o sugiere a una persona: *admito todo tipo de sugerencias para solucionar el problema*. — = insinuación

sugerente Que sugiere: *el vestido está hecho con una tela sugerente*. — adj. = sugeridor

sugerir (Del lat. *suggerere*, llevar por debajo.)
1 Provocar una idea o una cosa en una persona: *aquella experiencia le sugirió el argumento de una novela*. — v.tr./conj: sentir = suscitar
2 Tener una cosa una ligera semejanza con otra: *el dibujo sugiere un paisaje nórdico*. — = evocar
3 Insinuar a otra persona lo que debe hacer o decir: *te sugiero que reflexiones antes de decidirte*. — = aconsejar

sugestibilidad Capacidad de reaccionar de forma automática e involuntaria ante la recepción de estímulos de una voluntad exterior. — s.f. SICOLOGÍA

sugestión (Del lat. *suggestio, -onis*.)
1 Acción y resultado de sugestionar o sugestionarse. — s.f.
2 Cosa que se insinúa o sugiere: *agradezco tu sugestión, pero creo que ya he tomado una decisión*. — = insinuación, sugerencia
3 Influencia que condiciona en grado mayor o menor la libertad de juicio de una persona.

sugestionable Que puede ser influido o sugestionado con facilidad: *es un joven muy sugestionable*. — adj.

sugestionador, a Que sugestiona. — adj.

sugestionar
1 Influir en una persona hipnotizada para conseguir que haga una cosa: *sugestionó a la paciente hasta que recordó lo sucedido en su infancia*. — v.tr. SICOLOGÍA
2 Influir en la manera de pensar u obrar de una persona: *sugestionó a algunos compañeros para ir a la huelga*. — = convencer
3 Causar una cosa admiración o entusiasmo a una persona: *su encanto te sugestionó*. — = fascinar, hechizar
4 Dejarse llevar por una sugestión. — v.prnl.

sugestivo, a
1 Que sugiere: *me enseñó una imagen sugestiva del pasado*. — adj. = insinuador
2 Que resulta emocionante, atrayente o prometedor: *me propuso un viaje tan sugestivo que no pude negarme*. — = fascinante

suicida
1 Del suicidio: *es un enfermo con tendencias suicidas*. — adj.
2 Se aplica al acto o a la conducta que daña o destruye al propio agente: *conduce de una forma suicida*. — = autodestructivo
3 Persona que se quita la vida: *encontraron una nota en la que el suicida explicaba el porqué de su decisión*. — s.m.f.
4 Persona que no es consciente de los riesgos que comporta una determinada acción: *el que escale esa montaña es un suicida*. — = temerario

suicidarse Quitarse una persona la vida por propia voluntad: *no pudo soportar la situación y se suicidó*. — v.prnl. = matarse

suicidio (Del ingl. *suicide* < lat. *sui*, de sí mismo + *caedere*, matar.)
1 Acción y resultado de quitarse una persona la vida por propia voluntad: *ya es el tercer intento de suicidio*. — s.m.
2 Acción hecha o proyectada por una persona, que puede perjudicarle gravemente: *ir a ese lugar esta noche es un suicidio*. — = temeridad

suido, a (Del lat. *sus, suis*, cerdo.) Perteneciente a una familia de mamíferos artiodáctilos con hocico acabado en un morro peculiar con dos dientes, cuatro dedos en cada pata y caninos fuertes y desarrollados, como el cerdo y el jabalí. — adj./s.m. ZOOLOGÍA

sui géneris (Del lat. *sui generis*.) Según su especial característica o singularidad: *tiene un carácter muy sui géneris*. — loc.adv.

suimanga Pequeña ave paseriforme, de pico muy delgado, puntiagudo y a menudo ganchudo que vive en los bosques tropicales. — s.f. ZOOLOGÍA

suindá Ave estrígida, de coloración pardusca, estriada y con manchas negras. *(Scopa brasiliensis.)* — s.m./Argent. ZOOLOGÍA

suirirí Denominación genérica de diversas especies de aves paseriformes tiránidas. — s.m./Argent. ZOOLOGÍA

suite (Voz francesa.)
1 Forma instrumental en varios tiempos constituida por la yuxtaposición de movimientos, cada uno de ellos con carácter propio y escritos en una única tonalidad. — s.f./pl: suites MÚSICA
2 Selección de fragmentos, en general sinfónicos, extraídos de una obra de larga duración y destinados al concierto. — MÚSICA
3 Conjunto de habitaciones de lujo, intercomunicadas, de un hotel que se alquilan a un mismo cliente: *pasaron la noche de bodas en la suite*.

suiza
1 Simulacro bélico que se hacía en la antigüedad como diversión. — s.f./HISTORIA tb: zuiza
2 Conjunto de personas que participaban en este juego. — HISTORIA
3 Contienda o alboroto entre dos bandos. — = enfrentamiento
4 Disputa en justas y certámenes.

suizo, a
1 De Suiza, país del centro de Europa. — adj.
2 Persona natural de dicho país. — s./= helvético
3 Bollo de harina, huevo y azúcar: *he merendado un suizo con café*. — s.m. COCINA
4 Chocolate caliente al que se añade nata. — COCINA
5 Persona que sigue ciegamente a otra en todas sus iniciativas. — s.

sujeción (Del lat. *subjectio*.)
1 Acción de sujetar o sujetarse: *la correcta sujeción de los alpinistas les salvó la vida*. — s.f.
2 Cualquier cosa o medio que sujeta a otra cosa o persona de modo que le impide moverse, caerse o separarse: *la sujeción del paquete es poco resistente*. — = agarre, ligadura
3 Sometimiento de una persona a obediencia, obligación o disciplina: *tanta sujeción con tus hijos te saldrá cara*. — = dominio
4 Figura retórica que consiste en hacer el orador o el escritor preguntas que él mismo responde. — RETÓRICA
5 Figura que consiste en hacerse uno mismo la objeción que otro pudiera hacerle para refutarla de antemano. — RETÓRICA = anticipación, prolepsis

sujetador, a
1 Que sujeta: *puso un clip sujetador en los papeles para tenerlos agrupados*. — adj/s.
2 Prenda de vestir interior femenina que ciñe o sujeta el pecho: *el sujetador con aros realza el pecho*. — s.m. = sostén
3 Pieza del bikini que sujeta el pecho: *siempre toma el sol sin el sujetador*.

sujetalibros Objeto que permite mantener de pie los libros en una estantería. — s.m. pl: sujetalibros

sujetapapeles Instrumento de pinza o de cualquier otra forma que se usa para sujetar papeles. — s.m. pl: sujetapapeles

sujetar (Del lat. *subjectare*.)
1 Aplicar un elemento o pieza a un objeto para que no se caiga o no se mueva: *sujeta la ropa con pinzas para que no se la lleve el viento*. — v.tr. = afirmar
2 Coger a una persona, un animal o una cosa de modo que no se mueva o escape: *sujeta bien al perro para que no se escape*. — v.tr. = agarrar
3 Someter a una persona a una disciplina o una obligación: *sujetaba a sus empleados a una férrea disciplina*. — v.tr/prnl. = dominar

sujeto, a (Del lat. *subjectus*.)
1 Que ha sido bien sujetado o atado: *la bicicleta cayó de la baca porque no estaba bien sujeta*. — adj. = agarrado, atado
2 Que es propenso o está expuesto a lo que se expresa: *el presupuesto está sujeto a modificaciones*. — = expuesto
3 Persona de la que se ignora el nombre o que prefiere omitirse: *un sujeto me asaltó en un semáforo; menudo sujeto está hecho*. — s.m. despectivo
4 Asunto o materia del que se trata: *el sujeto de la charla era la reforma o no del centro*. — = tema
5 Función sintáctica desempeñada por un sustantivo, un pronombre o un sintagma nominal, que concuerda en número y persona con el verbo. — GRAMÁTICA
6 Elemento o conjunto de ellos que desempeñan dicha función sintáctica. — GRAMÁTICA
7 El espíritu humano considerado en oposición al mundo externo. — FILOSOFÍA
8 Ser del cual se predica o anuncia alguna cosa. — LÓGICA
9 **sujeto agente:** El de un verbo en voz activa. — GRAMÁTICA
10 **sujeto paciente:** El de un verbo en voz pasiva. — GRAMÁTICA

sulf- Componente de palabra procedente del lat. *sulphur*, que significa azufre: *sulfúrico*. — pref. tb: sulfo-

sulfamida Compuesto orgánico nitrogenado y sulfurado, que es la base de ciertos grupos de medicamentos antiinfecciosos, antidiabéticos y diuréticos. — s.f. QUÍMICA

sulfatado, a Acción y resultado de sulfatar: *el sulfatado de la vid*. — s.m. = sulfatación

sulfatador, a Que sulfata. — adj/s.

sulfatadora Máquina que sulfata. — s.f.

sulfatar Cubrir las plantas con sulfato de cobre o de hierro para preservarlas de ciertas enfermedades: *sulfataron las vides para evitar el mildiu*. — v.tr/prnl. AGRICULTURA

sulfato Sal o éster que resulta de la combinación del ácido sulfúrico con un radical mineral u orgánico. — s.m. QUÍMICA

sulfhídrico, a Se aplica a un ácido formado por azufre e hidrógeno, que se presenta en estado gaseoso, incoloro y muy tóxico. — adj. QUÍMICA

sulfinización Cementación mediante azufre. — s.f./QUÍMICA

sulfitación Uso del anhídrido sulfuroso como desinfectante, decolorante, antioxidante u otros usos. — s.f. QUÍMICA

sulfito Sal derivada del ácido sulfuroso. — s.m./QUÍMICA

sulfo- Componente de palabra procedente del lat. *sulphur*, que significa azufre: *sulfonamida*. — pref. tb: sulf-

sulfonado, a Se aplica a los compuestos bencénicos que contienen el radical fijado en un átomo de carbono. — adj. QUÍMICA

sulfonal Sustancia blanca, insípida e inodora, que resulta de la acción del ácido sulfhídrico y del oxígeno sobre ciertas sustancias orgánicas, y que se usa como medicamento sedante. — s.m. FARMACIA, QUÍMICA

sulfonamida Sustancia química medicinal en cuya composición entran el azufre, el oxígeno y el nitrógeno, usada como bactericida. — s.f. FARMACIA, QUÍMICA

sulfovínico, a Se aplica a un ácido obtenido por la acción del ácido sulfúrico sobre el etanol. — adj. QUÍMICA

sulfurado, a
1 Se aplica al cuerpo que se halla en estado de sulfuro: *hidrógeno sulfurado*. — adj. QUÍMICA
2 Que está irritado o enojado: *llegó sulfurado por la multa que le habían puesto*. — = colérico, enfadado

sulfurar
1 Combinar una sustancia con azufre. — v.tr./QUÍMICA
2 Hacer que una persona se irrite: *este profesor sulfura a la clase cuando explica; me sulfuro al ver tanta cola en el cine*. — v.tr/prnl. = enojar, irritar

sulfúreo, a
1 Del azufre. — adj./QUÍMICA
2 Que contiene azufre. — QUÍMICA

sulfúrico, a
1 Se aplica al ácido oxigenado derivado del azufre, con gran poder de corrosión, usado en la fabricación de sulfatos, explosivos, colorantes y otros productos. — adj. QUÍMICA
2 Se aplica a las personas irascibles. — Ecuad.

sulfuro (Del lat. *sulphur*, azufre.) Sustancia que resulta de la combinación del azufre con un metal o un metaloide. — s.m. QUÍMICA

sulfuroso, a
1 Del azufre. — adj./QUÍMICA
2 Que contiene azufre. — QUÍMICA
3 Se aplica al ácido que resulta de la combinación del azufre con hidrógeno y oxígeno, que sólo existe en disolución, usado como agente blanqueador. — QUÍMICA

sulky (Voz inglesa.) Carruaje muy ligero, sin carrozar, con dos ruedas, utilizado en las carreras al trote. — s.m.

sulla (Del bajo lat. *sylla*.) Zulla, planta herbácea con flores olorosas y encarnadas en espigas axilares que se asemejan a la cresta del gallo. — s.f. BOTÁNICA

sulpiciano, a (De san *Sulpicio*, clérigo.)
1 De una congregación de sacerdotes dedicada a la dirección de seminarios y casas de formación de clérigos. — adj. RELIGIÓN
2 Que es miembro de dicha congregación. — adj/s./RELIGIÓN

sultán (Del ár. *sultan*, rey.)
1 Emperador de los turcos. — s.m./HISTORIA
2 Príncipe o gobernador mahometano.

sultana
1 Mujer del sultán. — s.f.
2 Embarcación principal que usaban los turcos en la guerra. — NÁUTICA

sultanato
1 Dignidad de sultán y territorio que gobierna. — s.m.
2 Tiempo que duraba el gobierno de un sultán.
3 Territorio que está bajo la jurisdicción de un sultán. — = sultanía

sultanía Territorio gobernado por un sultán. — s.f./= sultanato

sultánico, a Del sultán o que forma parte de su potestad. — adj.

suma (Del lat. *summa*.)
1 Acción y resultado de sumar: *la obra es la suma de los trabajos realizados por varios investigadores*. — s.f.
2 Operación aritmética y resultado de reunir varias cantidades en una sola: *están aprendiendo las propiedades de la suma*. — MATEMÁTICAS = adición
3 Conjunto o reunión de cosas: *posee una gran suma de dinero*. — = partida
4 Lo más esencial o importante.
5 Resumen o recopilación de todas las partes o conocimientos de una ciencia o materia: *he encontrado una suma filosófica del siglo pasado*. — = compendio, tratado
6 **en suma:** En resumen: *ha perdido su trabajo, le van a embargar el piso; en suma, una terrible situación*. — loc.adv.
7 **suma y sigue:** 1. Se usa para indicar que, una vez sumadas las cantidades anotadas en una plana o página, continúa la suma en la siguiente. 2. Indica que una cosa se repite o continúa: *su conducta es un suma y sigue de la de su padre*. — COMERCIO coloquial

sumable Que es susceptible de ser sumado. — adj.

sumaca Embarcación pequeña de dos palos propia para navegar en zonas con poca agua, usada en América del Sur. — s.f. NÁUTICA

sumación
1 Sucesión eficaz de varias excitaciones semejantes que actúan sobre un músculo o nervio. — s.f. FISIOLOGÍA

2 Operación mediante la cual se realiza la adición de varias cantidades. — MATEMÁTICAS

sumador, a Que suma. — adj./s.

sumadora Máquina que se utiliza para sumar y restar. — s.f.

sumamente En grado sumo, mucho: *es sumamente atractivo.* — adv.

sumando Cantidad parcial que ha de añadirse a otra u otras para formar la suma o cantidad total que se busca: *el orden de los sumandos no altera el resultado de la operación.* — s.m. MATEMÁTICAS

sumar
1 Unir cosas distintas: *sumó sus obras particulares a las de sus antepasados consiguiendo una gran colección.* — v.tr.
2 Hacer un resumen de una materia o una obra. — = recopilar
3 Reunir varias cantidades homogéneas en una sola: *suma todos los gastos que hemos tenido y luego lo repartes entre todos.* — MATEMÁTICAS
4 Formar varias cantidades juntas una total: *cinco y cinco suman diez.* — MATEMÁTICAS
5 Unirse una persona a un grupo: *se sumó a la cena de sus vecinos.* — v.prnl./+ a = adherirse

sumaria
1 Proceso escrito. — s.f./DERECHO
2 Conjunto de actuaciones encaminadas a preparar el juicio oral, en el procedimiento criminal militar. — DERECHO = sumario

sumarial Del sumario o de la sumaria: *han iniciado las diligencias sumariales.* — adj. DERECHO

sumariamente De forma breve o por trámites abreviados. — adv.

sumariar Someter a una persona a sumario. — v.tr./DERECHO

sumario, a
1 Que es breve o compendioso: *exposición sumaria.* — adj./= resumido
2 Se aplica al juicio que tiene una tramitación breve, prescindiendo de ciertas formalidades. — DERECHO
3 Resumen o compendio: *el director me ha pedido un sumario de los resultados del pasado trimestre.* — s.m. = síntesis
4 Conjunto de actuaciones judiciales en que se relata un suceso haciendo constar todos los datos que pueden servir para la vista del proceso. — DERECHO

sumarísimo, a Se aplica al juicio civil o militar que tiene una tramitación muy breve por la urgencia o sencillez del caso, o por la gravedad o flagrancia del hecho criminal. — adj. DERECHO

sumatorio, a Que representa una suma. — adj./MATEMÁTICAS

sumergible
1 Que puede ser sumergido en el agua sin que sufra deterioro alguno: *se ha comprado un reloj sumergible.* — adj. ≠ insumergible
2 Se aplica a la nave capaz de navegar bajo el agua: *el submarino es un barco sumergible.* — adj./s.m. NÁUTICA

sumergimiento Acción y resultado de sumergir o sumergirse. — s.m. = sumersión

sumergir (Del lat. *submergere.*)
1 Introducir una cosa en el agua o en otro líquido: *la ropa se sumergió en el agua por falta de pago.* — v.tr/prnl. conj: surgir
2 Concentrar la atención e interés en una cosa permaneciendo ajeno a todo lo demás: *el profesor sumergió a todos los alumnos en la explicación; se sumergió en la lectura de aquella novela de suspense.* — + en = sumirse

sumerio, a
1 De Sumer, antiguo pueblo de origen persa, o de su lengua. — adj. HISTORIA
2 Persona natural de dicho pueblo. — s./HISTORIA
3 Lengua hablada por este pueblo, escrita en caracteres cuneiformes. — s.m. LINGÜÍSTICA

sumersión Acción y resultado de sumergir o sumergirse: *el accidente se produjo durante la sumersión del submarino.* — s.f. = sumergimiento

sumidad Ápice o extremo superior de una cosa. — s.f.

sumidero
1 Conducto o canal por donde se sumen las aguas de lluvia o las residuales. — s.m. = desagüe
2 Boca de alcantarilla. — = cloaca

sumiller (Del fr. *sommelier.*)
1 Jefe o superior en varias oficinas y ministerios de palacio. — s.m. HISTORIA
2 Persona encargada del servicio de los vinos, en los grandes hoteles, restaurantes u otros establecimientos. — = sommelier
3 sumiller de corps: Uno de los jefes de palacio que tenía a su cargo el cuidado de la cámara real. — HISTORIA
4 sumiller de cortina: Eclesiástico de palacio que asistía a los reyes cuando iban a la capilla. — HISTORIA, RELIGIÓN

sumillería
1 Oficina del sumiller. — s.f./HISTORIA
2 Ejercicio y cargo de sumiller. — HISTORIA

suministrable Que puede o debe ser suministrado: *material suministrable.* — adj. = abastecible

suministración Acción y resultado de suministrar: *el retraso de la suministración del agua causó graves pérdidas en la agricultura.* — s.f. tb: subministración = suministro

suministrador, a Que suministra: *trabaja en una empresa suministradora de carbón.* — adj./s. tb: subministrador

suministrar (Del lat. *subministrare.*) Proporcionar a una persona lo que necesita: *necesito que me suministren fluido eléctrico lo antes posible.* — v.tr. tb: subministrar = abastecer, proveer

suministro
1 Acción y resultado de suministrar, proveer o abastecer: *le cortaron el suministro de agua por falta de pago.* — = suministración
2 Conjunto de víveres y utensilios necesarios para un grupo de personas: *los camiones transportan el suministro de las tropas.* — = avituallamiento
3 Cosa suministrada. — = provisión

sumir (Del lat. *sumere,* tomar.)
1 Poner a una persona o una cosa debajo del agua, de la tierra o en un lugar hondo: *al caer al río el anillo, se sumió con rapidez.* — v.tr/prnl. = hundir
2 Causar una cosa una situación desgraciada o desagradable a una persona: *la guerra sumió a muchas personas en el hambre.* — + en = abismar, arrastrar
3 Provocar una cosa un estado determinado en una persona: *la lectura le sumió en una profunda meditación; después de recibir la carta se ha sumido en sus pensamientos.* — + en = sumergir
4 Tomar el sacerdote la eucaristía en la misa. — v.tr./RELIGIÓN
5 Formarse una concavidad anormal en una parte del cuerpo. — v.prnl. MEDICINA
6 Abollar alguna cosa: *le sumieron la puerta al coche de un golpe.* — Méx.

sumisión
1 Sometimiento de una persona a la voluntad o al juicio de otra: *el ejército consiguió el sometimiento de los rebeldes.* — s.f. = obediencia, rendición
2 Actitud de la persona que se somete o se subordina a la voluntad de otra: *acude a sus llamadas con sumisión.* — = docilidad
3 Acto por el que una persona se somete a otra jurisdicción, renunciando o perdiendo su domicilio y fuero. — DERECHO

sumiso, a (Del lat. *submissus.*)
1 Que se somete a la voluntad de otras personas: *le critican por ser sumiso con su jefe.* — adj./= subordinado ≠ insumiso
2 Que ha sido dominado o subyugado: *el ejército sumiso avanzaba cabizbajo.* — = rendido

sumista
1 De la suma o compendio. — adj.
2 Persona rápida y diestra en hacer sumas. — s.m.f.
3 Persona que escribe sumas o compendios.
4 Persona que ha aprendido la teología por sumas o compilaciones morales. — RELIGIÓN

súmmum (Del lat. *summum.*) Grado máximo o límite al que puede llegar una persona o cosa: *su actitud me parece el súmmum de la hipocresía.* — s.m.

sumo (Voz japonesa.) Modalidad de lucha japonesa. — s.m./DEPORTES

sumo, a (Del lat. *summus.*)
1 Que es superior en su especie o clase: *está considerado como la suma autoridad en literatura medieval.* — adj. = máximo
2 Muy grande o muy intenso: *lo que has dicho es una suma tontería.* — = enorme ≠ mínimo
3 a lo sumo: Como máximo: *valdrá, a lo sumo, medio millón de pesetas.* — loc.adv.
4 de sumo: Por completo: *es de sumo inteligente.* — loc.adv.

sumoscapo Parte superior saliente del fuste una columna. — s.m. ARQUITECTURA

súmulas Sumario que contiene los principios elementales de la lógica. — s.f.pl. LÓGICA

sumulista Persona que enseña o estudia súmulas. — s.m.f./LÓGICA

sumulístico, a De las súmulas. — adj./LÓGICA

suncho Abrazadera de hierro o de otro material resistente que se usa para fortalecer las cosas que requieten gran resistencia. — s.m. tb: zuncho = fleje

sunción (Del lat. *sumptio, -onis.*) Acto de ingerir o sumir el sacerdote, en la misa, la hostia y el vino consagrados. — s.f. RELIGIÓN

sunco, a Que ha perdido un brazo o una mano. — adj/s./*Chile*

sundanés Lengua indonesia hablada en la parte occidental de la isla de Java. — s.m. LINGÜÍSTICA

sunlight (Voz inglesa.) Proyector de gran potencia con el que se toman las vistas cinematográficas. — s.m./pl: sunlights CINE

sunna (Voz árabe.) Conjunto de tradiciones sobre las palabras y acciones de Mahoma. — s.f. RELIGIÓN

sunní Se aplica a los seguidores islámicos ortodoxos, en oposición a los chiitas, que sólo admiten la interpretación coránica de los imanes. — adj/s.m.f. pl.tb: sunníes RELIGIÓN

suntuario, a Que tiene relación con el lujo: *impuesto suntuario.* — adj.

suntuosidad Cualidad de suntuoso o lujoso: *la casa está decorada con suntuosidad.* — s.f. = esplendidez

suntuoso, a (Del lat. *sumptuosus.*)
1 Que es lujoso y magnífico: *se presentó en un coche suntuoso.* adj. = opulento
2 Se aplica a la persona que tiene una apariencia o un porte magnífico. = majestuoso

supedáneo (Del lat. *suppedaneus.*) Peana o base que tienen algunos crucifijos. s.m. RELIGIÓN

supeditación Sometimiento o dependencia de una cosa o de una persona respecto a otra: *lo que menos le gustaba del trabajo era la supeditación horaria.* s.f. = subordinación

supeditar (Del lat. *suppeditare*, proporcionar.)
1 Condicionar la realización de una cosa a otra: *tienes que supeditar el ocio a tus obligaciones.* v.tr. = subordinar
2 Hacer obedecer a una persona contra su voluntad. = dominar
3 Sujetar u oprimir con violencia. = tiranizar
4 Someterse una persona a otra o a una cosa: *debes supeditarte a hacer lo que se te ordena.* v.prnl. = sujetarse

súper (Del lat. *super*, alto grado.)
1 Que es muy bueno: *el helado está súper.* adj./coloquial
2 Se aplica a la gasolina de 96 octanos: *el precio de la súper se mantiene.* adj./s.f.
3 Apócope de supermercado: *este mes tienen grandes ofertas en el súper.* s.m.
4 Muy bien, estupendo: *lo pasamos súper en la feria.* adv.

super- Componente de palabra procedente del lat. *super*, que significa sobre, alto grado: *superestructura; supercarburante.* pref.

superable Que puede ser superado: *has tenido una calificación superable.* adj. ≠ insuperable

superabundancia
1 Abundancia excesiva de una cosa: *la superabundancia del producto hará que bajen los precios.* s.f. ≠ escasez
2 **de superabundancia:** Con excesiva abundancia. loc.adv.

superabundante Que superabunda: *han tenido una producción superabundante.* adj. ≠ escaso

superabundar Ser una cosa muy abundante: *superabundan los pisos en venta debido a la crisis.* v.intr. = sobreabundar

superacabado Operación que consiste en eliminar de una superficie metálica la capa superficial de metal descarburado resultante de la acción de la herramienta. s.f. METALURGIA

superación Acción y resultado de superar o superarse: *empieza a notarse una ligera superación de la crisis.* s.f.

superádito Que se añade a una cosa. adj./culto

superador, a Que supera: *trabaja con un tesón superador.* adj.

superaleación Aleación muy resistente al calor y a la corrosión, usada en la fabricación de piezas mecánicas refractarias. s.f. METALURGIA

superante Que supera. adj.

superar (Del lat. *superare.*)
1 Ser una persona o una cosa superior o mejor que otra: *la mayor supera a la menor en inteligencia.* v.tr. = aventajar, ganar
2 Conseguir vencer un obstáculo o una situación desfavorable: *no sé si podrá superar el duro golpe de la muerte de su amigo.* = sobreponer
3 Ir más allá de un punto o un nivel: *su índice de alcoholemia supera los límites permitidos.* = rebasar
4 Hacer una persona una cosa mejor que en otras ocasiones: *se ha superado en su último cuadro.* v.prnl. = mejorar

superávit (Del lat. *superavit.*)
1 Exceso del haber o caudal sobre el debe u obligaciones de la caja, o de los ingresos sobre los gastos: *la empresa cerró el año con un superávit de diez millones.* s.m. pl: superávit COMERCIO
2 Exceso o abundancia de una cosa: *hay un superávit de cereal este año.* ≠ déficit

superbombardero, a Se aplica al aparato de aviación de bombardeo que tiene gran capacidad de carga y extenso campo de acción. adj./s.m. AERONÁUTICA

supercarburante Gasolina de elevada resistencia a la detonación de un carburante. s.m.

supercemento Cemento portland artificial, con unas resistencias inicial y final muy altas. s.m. CONSTRUCCIÓN

superchería (Del ital. *superchieria*, abuso de fuerza.)
1 Engaño o fraude realizado con algún fin: *sus supercherías políticas no son más que un intento de conseguir votos.* s.f.
2 Superstición, en especial la que tiene relación con algunos ritos religiosos. = dolo, falsedad

superchero, a Que se comporta con superchería: *es tan superchero que debes tener cuidado con sus promesas.* adj./s.

superciliar Se aplica al reborde en forma de arco que tiene el hueso frontal en la parte que corresponde a la sobreceja. adj. ANATOMÍA

superconducción Conducción de la corriente eléctrica cuando se presenta el fenómeno de la superconductividad. s.f. ELECTRICIDAD

superconductividad Propiedad de ciertos elementos por la que, a bajas temperaturas, desaparece su resistencia al paso de la electricidad. s.f. ELECTRICIDAD

superconductor, a Se aplica al metal que pierde resistencia eléctrica a temperaturas muy bajas. adj./s.m. ELECTRICIDAD

supercrítico, a Se aplica al perfil del ala de un avión, que, sin sufrir un aumento importante de la resistencia al avance, permite volar a velocidades próximas a las del sonido. adj. AERONÁUTICA

supercúmulo Cúmulo formado por una aglomeración de galaxias. s.m. ASTRONOMÍA

superdirecta Dispositivo de ciertos mecanismos de cambio de velocidades, formado por una combinación de engranajes que proporciona al eje de transmisión una velocidad de rotación superior a la del árbol del motor. s.f. MECÁNICA

superdominante Sexto grado musical de la escala diatónica. s.f. MÚSICA

superdotado, a Se aplica a la persona que tiene cualidades que superan en mucho a lo normal, en especial en la capacidad intelectual: *es un centro especializado en educación para niños superdotados.* adj./s.

superego Función síquica de carácter moralizante, resultante de la represión de los instintos, por influjo del mundo exterior, que se conforma como modelo de conducta. s.m. SICOLOGÍA = superyó

supereminencia Elevación o superioridad de una persona con respecto a otras. s.f.

supereminente Que es muy superior a otros en cualquier aspecto: *la conferencia la dará un científico supereminente.* adj.

superentender Dirigir o vigilar una cosa: *su función en la empresa es superentender el trabajo de los demás.* v.tr./conj: tender = inspeccionar

supererogación Acción que se ejecuta además de la impuesta por obligación. s.f.

supererogatorio, a Que tiene relación con la supererogación. adj.

superestrato
1 Lengua que se extiende por el territorio de otra y que, sin llegar a sustituirla, deja huellas más o menos importantes: *el superestrato árabe dejó numerosas palabras en el castellano.* s.m. LINGÜÍSTICA
2 Fenómeno por el cual una lengua llevada a otro dominio lingüístico en un proceso de invasión desaparece o no es adoptada, aunque sí comunica a la lengua aborigen alguno de sus rasgos. LINGÜÍSTICA
3 Cada uno de los rasgos que una lengua invasora comunica, antes de desaparecer, a otra sobre cuyo territorio se ha extendido. LINGÜÍSTICA

superestrella Persona que sobresale en una actividad relacionada con el mundo del deporte o del espectáculo: *el programa estará presentado por varias superestrellas cinematográficas.* s.m.f. tb: superstar

superestructura
1 Parte de una construcción que está por encima del nivel del suelo. s.f. CONSTRUCCIÓN
2 Conjunto de construcciones que están sobre la cubierta de un barco. NÁUTICA
3 Conjunto formado por el aparato estatal y por las formas jurídicas, políticas, ideológicas, sociales y culturales de una sociedad. POLÍTICA, SOCIOLOGÍA
4 Vía férrea formada por los carriles, traviesas y el resto de accesorios.

superferolítico, a Que es muy sutil, delicado o rebuscado: *desde que se codea con la alta sociedad, se ha vuelto muy superferolítico en sus gustos.* adj. = afectado, fino

superfetación Concepción de un segundo feto durante el embarazo. s.f. BIOLOGÍA

superficial
1 De la superficie: *la composición superficial de la corteza terrestre es distinta a la de su centro.* adj.
2 Que es poco profundo: *tan sólo es una herida superficial, no necesito ir al médico.* = ligero ≠ profundo
3 Que no tiene solidez o fundamento: *no te apruebo el trabajo porque es superficial y poco sólido.* = trivial
4 Que es frívolo: *no pienso ir a esa cena para oír su conversación superficial y ridícula.* = insustancial
5 Se aplica a la superficie de un sólido o de un líquido: *densidad superficial.* FÍSICA

superficialidad Cualidad de superficial: *la superficialidad de la herida ha evitado complicaciones.* s.f./= trivialidad ≠ profundidad

superficiario, a Se aplica a la persona que tiene derecho al uso de una superficie o de un terreno o a quien percibe los frutos del fundo ajeno pagando por ello al dueño del mismo. adj./s. DERECHO

superficie (Del lat. *superficies.*)
1 Límite exterior de un cuerpo, que delimita el espacio que ocupa y lo separa y distingue del espacio circundante: *toda la superficie de su propiedad está cercada.* s.f.

2 Extensión de tierra: *posee una vasta superficie de frutales.*

3 Apariencia externa: *su simpatía sólo es de superficie.* = aspecto

4 Extensión en que sólo se consideran las dimensiones de longitud y latitud. GEOMETRÍA

5 **superficie alabeada:** La reglada que no es desarrollable. GEOMETRÍA

6 **superficie cilíndrica:** La generada por una recta que se mueve paralela a sí misma y recorre una curva dada. GEOMETRÍA

7 **superficie cónica:** La generada por una línea recta que se mueve pasando constantemente por un punto fijo y recorre una curva dada. GEOMETRÍA

8 **superficie curva:** La que no es plana ni compuesta de otras planas. GEOMETRÍA

9 **superficie de onda:** La formada por los puntos que, en un movimiento ondulatorio y en un momento dado, se hallan a igual distancia de sus respectivas posiciones de equilibrio. GEOMETRÍA

10 **superficie de revolución:** La engendrada por el movimiento de una curva que gira alrededor de una recta llamada su eje. GEOMETRÍA

11 **superficie desarrollable:** La reglada que puede extenderse sobre un plano, como la cilíndrica o la cónica. GEOMETRÍA

12 **superficie esférica:** La de la esfera. GEOMETRÍA

13 **superficie plana:** La que puede contener una línea recta en cualquier posición. GEOMETRÍA

14 **superficie reglada:** Aquella sobre la cual se puede aplicar una regla en una o en más direcciones. GEOMETRÍA

15 **a la superficie:** Manifestándose o mostrándose lo que estaba oculto cuando se acompaña de verbos como *salir, aflorar* u otros. loc.adv.

superfino, a Que es muy fino: *llevaba un chal sobre los hombros de un tejido superfino.* adj.

superfluencia Gran abundancia de cierta cosa. s.f.

superfluidad
1 Cualidad que hace que una cosa resulte superflua o innecesaria: *es evidente la superfluidad de sus gastos.* s.f. = inutilidad
2 Cosa o expresión superflua: *lo que has dicho es una superfluidad.* = banalidad

superfluo, a Que es innecesario o inútil: *me dio una explicación superflua de lo ocurrido; se gasta un dineral en cosas por completo superfluas.* adj. = innecesario ≠ útil

superfosfato Fosfato ácido de cal usado como abono. s.m./QUÍMICA

supergén Gen que en grupo actúa de forma solidaria en ciertas combinaciones. s.m. BIOLOGÍA

superhéroe Personaje de ficción, por lo general de origen mutante, que ha desarrollado poderes sobrehumanos. s.m.

superheterodino, a Se aplica al receptor radioeléctrico en el cual las oscilaciones eléctricas generadas en la antena se superponen a las de un oscilador local para obtener una oscilación de frecuencia constante. adj/s.m. TECNOLOGÍA

superhombre Hombre de cualidades superiores a los demás: *alardea de ser un superhombre.* s.m. tb: superman

superhumeral
1 Vestidura de lino, corta y sin mangas que se ponían los sacerdotes israelitas o algunos sumos sacerdotes. s.m./RELIGIÓN = efod
2 Tira que usa el sacerdote echada sobre los hombros y que recoge por los extremos en la parte delantera para sostener la custodia, la patena o las reliquias. RELIGIÓN

superíndice Pequeña letra o número situado en el extremo superior derecho de una palabra o expresión matemática con el que se indica la potencia a la que se eleva una cifra o cualquier otro dato. s.m.

superinfección Infección todavía no curada que aumenta su acción a través del mismo microorganismo que la originó. s.f. MEDICINA

superintendencia
1 Administración suprema en una actividad organizada. s.f. = sobreintendencia
2 Empleo, cargo y jurisdicción del superintendente.
3 Oficina del superintendente.

superintendente Persona encargada de la dirección y cuidado de una cosa, con superioridad a los demás que trabajan en ella. s.m.f.

superior, a (Del lat. *superior.*)
1 Que está situado en la parte más alta de una cosa: *la parte superior de la bóveda está rematada por una cruz.* adj. ≠ inferior
2 Que es mayor, mejor o tiene alguna cualidad que lo hace sobresalir del resto de los de su clase: *he comprado una clase superior de café.* ≠ inferior, peor
3 Que es muy bueno o excelente: *sólo usa prendas de calidad superior; es un hombre de una calidad humana superior.* = supremo ≠ pésimo
4 Que dirige o manda a las personas que tiene a su cargo: *tienes que cumplir las órdenes que te den tus superiores.* adj/s. = jefe

5 Se aplica a los seres vivos de organización más compleja y que se suponen más evolucionados que otros: *los mamíferos son animales superiores.* adj. BIOLOGÍA

6 Se refiere a la zona que está situada en la parte más elevada de un región o en la cuenca alta de un río: *Alemania superior.* GEOGRAFÍA

7 Se aplica a los estudios que se cursan después del bachillerato. = universitario

8 Persona que dirige una comunidad o congregación, en especial una comunidad religiosa: *pidió hablar con la superiora del convento.* s. = prior

superiorato
1 Dignidad que le corresponde al superior de una comunidad religiosa. s.m. RELIGIÓN
2 Tiempo que dura el mandato de un superior. RELIGIÓN

superioridad
1 Carácter de lo que es superior o mejor a otra cosa o persona de su misma clase: *demuestra su superioridad en los exámenes.* s.f. = preeminencia
2 Ventaja que tiene una persona respecto a otra u otras para hacer una cosa: *tiene una clara superioridad sobre él en rapidez.* = preponderancia
3 Persona o conjunto de personas con un poder superior: *voy a elevar una instancia a la superioridad.* = autoridad

superlación Condición de superlativo, muy grande o excelente. s.f.

superlativamente En grado superlativo. adv.

superlativo, a (Del lat. *superlativus.*)
1 Que es muy grande o excelente: *la suya es una inteligencia superlativa.* adj. = insuperable
2 Se aplica al grado de significación que expresa una cualidad llevada a un grado muy alto, o a un grado más o menos alto, en comparación a un grupo: *celebérrimo es el adjetivo superlativo de célebre.* adj/s.m. GRAMÁTICA

superligero Se aplica a la categoría de boxeo cuyos púgiles tienen un peso que oscila entre los 61 y 63 kilogramos. adj/s.m. DEPORTES

superman (Voz inglesa.) Hombre con unas cualidades excepcionales: *ha levantado él solo el coche, es un superman.* s.m. pl: supermen = superhombre

supermercado Establecimiento comercial donde se venden al por menor productos alimenticios y de uso doméstico, que el cliente se sirve por sí mismo y paga a la salida: *suele comprar todo lo que necesita en un supermercado cercano.* s.m.

supermujer Mujer con unas cualidades excepcionales: *es una supermujer, trabaja, cuida a sus hijos y estudia en la universidad.* s.f. tb: superwoman

supernova Etapa final explosiva de la vida de una estrella, que se manifiesta con un aumento de luminosidad. s.f. ASTRONOMÍA

supernumerario
1 Que excede del número establecido. adj.
2 Se aplica al funcionario que deja la plaza de forma temporal y por petición propia, aunque se le reserva durante un tiempo.
3 Persona que trabaja en una oficina pública sin figurar en plantilla. s.

supero- Componente de palabra que significa superior: *superolateral.* pref.

súpero, a Se aplica al ovario que se desarrolla por encima del cáliz de la flor: *el tomate tiene la flor súpera.* adj. BOTÁNICA

superorden Nivel de clasificación de los seres vivos inferior a la clase o subclase que comprende varios órdenes. s.m. BIOLOGÍA

superovárico, a Se aplica a la planta cuyo ovario es súpero. adj. BOTÁNICA

superpetrolero Buque petrolero capaz de desplazar más de setenta mil toneladas. s.m. NÁUTICA

superplasticidad Fenómeno de plasticidad excepcional que presentan ciertos materiales para determinadas temperaturas y velocidades de deformación. s.f. FÍSICA

superpoblación Existencia de más individuos de una cuenta determinada de los que pueden subsistir según las características del medio. s.f.

superponer
1 Poner una cosa sobre otra: *no superpongas unas copas sobre las otras porque se caerán.* v.tr/prnl./conj: poner = sobreponer
2 Dar más importancia a una cosa que a otra: *superpone la educación a la inteligencia.* = anteponer

superponible
1 Que puede ser superpuesto. adj/s.
2 Que es igual o equivalente. adj.

superposición Acción y resultado de superponer o superponerse: *obtuvo un efecto muy bueno con la superposición de las imágenes.* s.f.

superpotencia País dotado de una fuerte industria y un poderoso ejército, en especial con armamento atómico. s.f. POLÍTICA

superproducción
1 Exceso de producción: *la superproducción de grano afectará al precio.* s.f. = sobreproducción
2 Película cinematográfica de elevado presupuesto y de gran espectacularidad: *fui a ver la última superproducción del famoso director norteamericano.* CINE
3 Proceso económico en el que se obtienen cantidades de un producto superiores a las necesarias. ECONOMÍA

superpuesto, a Part. pas. irreg. de *superponer.* part.

superrealismo Surrealismo, movimiento artístico y literario surgido en los años veinte. s.m. ARTE, LITERATURA

superrealista Surrealista [en todas sus acepciones]. adj.

supersónico, a
1 Que supera la velocidad del sonido: *velocidad supersónica; avión supersónico.* adj. FÍSICA
2 Se aplica al avión capaz de superar la velocidad del sonido. adj/s.m. AERONÁUTICA

superstar (Voz inglesa.) Persona que sobresale en el mundo del deporte o del espectáculo. s.m.f. = superestrella

superstición (Del lat. *superstitio, -onis.*) Creencia en vanos presagios o en hechos no explicables de forma científica, en general debida al temor o a la ignorancia: *no creo en la superstición, así que voy a pasar bajo la escalera.* s.f. = superchería

supersticioso, a
1 Que tiene relación con la superstición: *no me cuentes esas historias supersticiosas.* adj.
2 Que cree en la superstición: *es tan supersticioso que cuando ve un gato negro, se santigua.* adj/s.

supérstite (Del lat. *supersters, -itis.*) Superviviente, que sobrevive. adj. DERECHO

supersubstancial Se aplica a la hostia que ha sido consagrada. adj. RELIGIÓN

supertónica Segundo grado musical de la escala diatónica. s.f. MÚSICA

supervaloración Acción y resultado de supervalorar: *aprecio en tu informe una supervaloración de sus aptitudes.* s.f. = sobrevaloración

supervalorar Dar a una cosa un valor mayor del que tiene en realidad: *tiende a supervalorar lo puramente material.* v.tr. = sobrevalorar

supervención Acción y resultado de sobrevenir un nuevo derecho. s.f. DERECHO

supervenir Producirse un hecho de forma repentina: *han avisado que puede supervenir un fuerte descenso de las temperaturas.* v.intr. conj: venir = sobrevenir

supervisar Ejercer una inspección un superior sobre una persona o una cosa: *cada semana supervisan sus tareas.* v.tr. = controlar, revisar

supervisión Acción y resultado de supervisar el trabajo de otros: *cada tarde hace la supervisión de lo que ha hecho su equipo.* s.f. = revisión

supervisor, a Que supervisa: *el supervisor me felicitó por la calidad del trabajo.* adj/s.

supervivencia
1 Acción y resultado de sobrevivir: *las especies animales luchan por la supervivencia.* s.f. = perduración
2 Lo que perdura a lo largo del tiempo.
3 Derecho concedido a una persona para seguir disfrutando una pensión después de fallecido el que la cobraba. DERECHO = renta

superviviente Que sobrevive: *los supervivientes de la catástrofe comentaron su experiencia ante las cámaras.* adj/s.m.f. = sobreviviente

supervivir Seguir viviendo una persona después de determinada fecha o suceso: *supervivimos a dos terremotos.* v.intr. = sobrevivir

superwelter Se aplica a la categoría del boxeo que está compuesta por púgiles cuyo peso oscila entre los 66 y los 69 kilogramos. adj/s.m. DEPORTES

superwoman (Voz inglesa.) Mujer con unas cualidades excepcionales: *por su aspecto y su forma de ser, es el prototipo de superwoman americana.* s.f. pl: superwomen = supermujer

superyó Función síquica que se deriva de la represión de los instintos por el influjo del mundo exterior, que se conforma en el individuo como modelo de conducta, por lo general moralizante. s.m. SICOLOGÍA = superego

supinación
1 Posición de una persona tendida sobre la espalda, o la de la mano con la palma hacia arriba. s.f. = decúbito supino
2 Torsión del antebrazo con que se hace girar la mano de dentro afuera para presentar la palma. ≠ pronación

supinador Se aplica a cada uno de los dos músculos externos del antebrazo que permiten la supinación. adj/s.m. ANATOMÍA

supino, a (Del lat. *supinus,* perezoso.)
1 Que está tendido con el dorso hacia abajo: *se echó en la camilla en posición supina.* adj.
2 De la supinación.

3 Se aplica a la acción, actitud o palabra que es muy necia o estúpida: *lo que has dicho es una supina tontería.* = absoluto
4 Forma nominal del verbo latino. s.m./LINGÜÍSTICA

súpito, a (Del lat. *subitus.*) Que sucede de forma repentina: *apareció de súpito en el jardín.* adj. th: súbito

suplantable Que puede ser suplantado: *tiene una firma suplantable con facilidad.* adj. = usurpable

suplantación Acción y resultado de suplantar: *la suplantación se hizo con malas artes.* s.f. = usurpación

suplantador, a Que suplanta: *la policía descubrió que era un suplantador del científico.* adj/s. = usurpador

suplantar (Del lat. *supplantare.*)
1 Ocupar una persona de forma ilegal el lugar o el puesto de otra: *una banda secuestró al dirigente y lo suplantó por un doble.* v.tr. = desbancar, usurpar
2 Añadir cosas a un escrito para falsearlo.

supleción Fenómeno que consiste en cubrir, en una serie morfológica, algunas formas que le faltan con unas que pertenecen a otra latino. s.f. LINGÜÍSTICA

suplefaltas Persona que suple las faltas de otra sin estar calificada para ello. s.m.f. pl: suplefaltas

suplementario, a Que suple o complementa una cosa: *el ángulo suplementario es el que, junto a otro, forma uno de noventa grados; aceptó un trabajo suplementario.* adj. = complementario, supletorio

suplementero Se aplica al hombre que trabaja como vendedor ambulante de periódicos. adj/s.m./*Chile* COMERCIO

suplemento (Del lat. *supplementum.*)
1 Acción y resultado de suplir. s.m.
2 Cosa con la que se completa, se agranda o se perfecciona otra a la que se añade: *le pagaron un buen suplemento por las horas extras trabajadas.* = complemento
3 Hoja o cuaderno extraordinario publicado por un periódico o una revista: *le encanta leer el suplemento de ocio del periódico.* = separata
4 Ángulo que al ser sumado a otro da como resultado uno llano. GEOMETRÍA
5 Arco que falta a otro para formar una semicircunferencia. GEOMETRÍA
6 Sintagma preposicional que hace de complemento de régimen con aquellos verbos que lo exigen. GRAMÁTICA

suplencia
1 Acción y resultado de suplir o sustituir una persona a otra: *la hija del doctor es quien hace sus suplencias en vacaciones.* s.f. = sustitución
2 Tiempo que dura esta sustitución: *me han llamado para hacer una suplencia de tres meses.* = sustitución

suplente Se aplica a la persona que suple o sustituye a otra: *ha salido a la pista el jugador suplente.* adj/s.m.f. = sustituto, suplidor

supletorio, a
1 Que sirve para suplir o complementar: *siempre tiene unas gafas supletorias en su despacho.* adj. = suplementario
2 Se aplica al aparato telefónico conectado a otro principal. adj/s.m.
3 Que suple lo que falta.

súplica
1 Acción y resultado de suplicar: *nadie atendió sus súplicas.* s.f./= imploración, ruego
2 Palabras o escrito con que se suplica: *elevó sus súplicas al director del departamento.* = petición, solicitud
3 Cláusula final de un escrito dirigido a la autoridad administrativa o judicial en solicitud de una resolución. DERECHO
4 a súplica de: Mediante ruego o instancia. loc.adv.

suplicación
1 Acción y resultado de rogar o pedir una cosa: *sus suplicaciones me conmovieron.* s.f. = súplica
2 Apelación de una sentencia dictada por el mismo tribunal superior ante el que se interponía. DERECHO = recurso
3 Hoja muy delgada de masa de harina, azúcar y otros ingredientes, usada para hacer barquillos. COCINA
4 Barquillo delgado en forma de canuto. COCINA
5 a suplicación de: Mediante ruego o instancia. loc.adv.

suplicacionero, a Persona que vendía suplicaciones o barquillos. s. COMERCIO

suplicante Que suplica: *me miró con ojos suplicantes de perdón.* adj/s.m.f. = implorante

suplicar (Del lat. *supplicare.*)
1 Pedir una cosa con respeto y humildad: *me suplicó que le perdonara.* v.tr./conj: sacar = rogar
2 Presentar un recurso contra la sentencia de un tribunal ante el mismo. DERECHO

suplicatoria Carta u oficio que un juez o tribunal pasa a otro superior. s.f./DERECHO th: suplicatorio

suplicatorio, a
1 Que contiene súplica. adj.
2 Oficio que un juez o un tribunal pasa a otro superior. s.m./DERECHO = suplicatoria
3 Instancia que un juez o un tribunal eleva a un cuerpo legislativo pidiendo permiso para actuar judicialmente contra un miembro de este cuerpo. DERECHO

suplicio (Del lat. *supplicium*, sacrificio.)
1 Lesión corporal, tortura o muerte dada como casti- — **s.m.** = tormento, tortura
go: *en los campos de concentración aplicaban suplicios a*
los presos.
2 Sufrimiento físico o moral prolongado: *no podrá so-* — = padecimiento
portar el suplicio de ver a su hijo enfermo.
3 Cosa que molesta o enoja: *eso de madrugar es un su-* — = engorro
plicio para ella.
4 Lugar donde se torturaba a los reos. — **HISTORIA**

suplido Anticipo que se hace por cuenta y cargo de — **s.m.**
otra persona, con ocasión de mandato o trabajos profesionales.

suplidor, a Que suple. — **adj/s.= suplente**

suplir (Del lat. *supplere*, suplementar.)
1 Añadir una cosa que falta en un lugar o remediar la — **v.tr.** = reemplazar
carencia de ella: *cada día pasea para suplir el ejercicio*
que no hace.
2 Hacer una persona o una cosa el papel de otra que — = sustituir
falta: *supliré a su cartero mientras esté de baja.*
3 Intentar ocultar una persona la falta de otra: *el cari-*
ño de ella suplía al del padre.
4 Entender o dar por supuesto lo que sólo está implí- — = explicitar
cito en una frase.

suponedor, a Que supone una cosa que no es. — **adj/s.**

suponer (Del lat. *supponere*.)
1 Acción y resultado de considerar cierta o posible — **v.tr.** = suposición
una cosa: *es un suponer, pero no lo sé seguro.*
2 Considerar como existente o cierta una cosa que se — **conj; poner** = imaginar
toma como base de un razonamiento o de una consi-
deración: *supongo que sabe lo que se hace.*
3 Tener una cosa o una persona importancia o signi- — **v.intr.** = significar
ficación: *ella no supone nada para él.*
4 Implicar o significar una cosa otra: *una nueva ausen-* — = conllevar, entrañar
cia injustificada supone el despido inmediato.
5 Calcular una cosa por señales o indicios: *le supongo* — **v.tr.** = atribuir
unos cincuenta años.
6 Fingir una cosa: *supón que sí te ha llamado y deja de* — = imaginar
preocuparte.
7 ser una cosa de suponer: Ser lógica, natural o probable: *después de lo que te he dicho, es de suponer que*
dirás la verdad.

suportar (Del lat. *supportare*.) Soportar [en todas sus — **v.tr.**
acepciones].

suposición
1 Acción y resultado de suponer una cosa: *es una su-* — **s.f./= conjetura, suponer**
posición, pero creo que no vendrá.
2 Lo que se supone o se da por sentado: *sus palabras* — = hipótesis
han confirmado mis suposiciones.
3 Calumnia o falsedad. — = impostura
4 Delito en que incurren los que fingen que un niño — **DERECHO**
ha nacido de una mujer que no es su madre.
5 Acepción de un término en lugar de otro. — **LÓGICA**

supositicio, a Que es supuesto o fingido. — **adj./= simulado**

supositivo, a Que implica suposición. — **adj.**

supositorio Preparado farmacéutico sólido y de for- — **s.m.** **FARMACIA**
ma cónica que se introduce en una cavidad natural
como la vagina o el recto.

supra (Voz latina.) Indica arriba y se utiliza en los — **adv.**
textos para remitir al lector a un fragmento o párrafo
anterior.

supra- Componente de palabra procedente del lat. — **pref.**
supra, que significa sobre, más arriba: *supramaxilar.*

supraciliar Que está por encima de las cejas. — **adj./ANATOMÍA**

supraclavicular Se aplica a la región que está enci- — **adj.** **ANATOMÍA**
ma de las clavículas.

supradental Se aplica a la articulación fonética que — **adj.** **LINGÜÍSTICA** = cacuminal
se realiza con la punta de la lengua y la parte supe-
rior del paladar.

supraglotal Se refiere a la articulación fonética que — **adj.** **LINGÜÍSTICA** = eyectiva
se realiza expulsando con violencia la masa de aire
que se sitúa encima de la glotis cerrada.

suprahepático, a Que está situado por encima del — **adj.** **ANATOMÍA**
hígado.

supraliminal Se aplica al estímulo cuya intensidad — **adj.** **FISIOLOGÍA**
sobrepasa la que es necesaria para que se produzca
un estímulo en alguna parte del organismo.

supramaxilar Que está situado encima del maxilar — **adj.** **ANATOMÍA**
superior.

supranacional Que supera el ámbito de los gobier- — **adj.** **POLÍTICA**
nos e instituciones nacionales: *han firmado un acuerdo*
supranacional.

suprarrealismo Surrealismo, movimiento artístico y — **s.m.** **ARTE, LITERATURA**
literario surgido en los años veinte.

suprarrealista Surrealista [en todas sus acepciones]. — **adj/s.m.f.**

suprarrenal (Del lat. *supra,* sobre + *renal.*) Se aplica a — **adj.** **ANATOMÍA**
cada una de las dos glándulas endocrinas que están
situadas encima del riñón.

supraspina (Del lat. *supra,* sobre + *spina,* espina.) — **s.f.** **ANATOMÍA**
Fosa alta del omóplato.

suprayacente Que se extiende por encima de una — **adj.** **GEOLOGÍA**
superficie: *arenas suprayacentes.*

suprema
1 Rodaja de la parte más ancha del rape, de la merlu- — **s.f.** **COCINA**
za, o de la pechuga de pollo y otras aves.
2 Consejo supremo de la inquisición. — **HISTORIA**

supremacía (Del ingl. *supremacy.*)
1 Superioridad absoluta en grado, jerarquía o autori- — **s.f.** = preeminencia
dad: *el director general ostenta la supremacía de esta em-*
presa.
2 Superioridad sobre los demás en cualquier activi- — ≠ inferioridad
dad: *su supremacía en los mil metros no tiene duda.*
3 Prioridad sobre una persona o una cosa: *tus deseos* — = primacía
tienen supremacía sobre todo lo demás.

supremo, a (Del lat. *supremus.*)
1 Que está situado en la posición más alta de una je- — **adj.** = sumo
rarquía: *hoy he conocido al jefe supremo.*
2 Que posee una cualidad en muy alto grado: *es una* — = excelente, extraordinario
mujer de belleza suprema.
3 Que es decisivo o muy importante: *es de suprema* — = crucial, vital
importancia tu asistencia.
4 Que llega a su fin: *no será capaz de engañarte en su* — = último
hora suprema.
5 Se aplica a la suerte en la que se mata al toro. — **TAUROMAQUIA**

supresión Acción y resultado de suprimir: *la supre-* — **s.f.** = eliminación, omisión
sión de términos léxicos se debe en especial a motivos de
uso.

supresor, a
1 Que suprime. — **adj.**
2 supresor de ruidos: Circuito limitador utilizado en — **TECNOLOGÍA**
los radiorreceptores para eliminar los ruidos parásitos
de la recepción.

suprimir (Del lat. *supprimere.*)
1 Hacer desaparecer una cosa: *tienes que suprimir algu-* — **v.tr.= eliminar, prohibir**
nos gastos para sanear tu economía.
2 No decir o pasar por alto: *suprime del texto todo lo* — = callar, omitir
que te parezca ofensivo; suprime los detalles y ve al grano.

suprior Religioso que ayuda o sustituye en su ausen- — **s.m.** **RELIGIÓN**
cia al prior.

supriora Religiosa que ayuda o sustituye en su au- — **s.f.** **RELIGIÓN**
sencia a la priora.

supriorato Cargo de suprior o supriora, en algunas — **s.m.** **RELIGIÓN**
comunidades religiosas.

supuesto, a (Part. pas. irreg. de *suponer.*)
1 Que es admitido por hipótesis o se supone: *el su-* — **adj.** = pretendido
puesto cómplice declarará ante el tribunal.
2 Suposición sobre la que se basa una cosa: *en el su-* — **s.m.** = hipótesis
puesto de que vengas, llama primero.
3 Ser o estar principio de sus acciones. — **FILOSOFÍA**
4 Presupuesto en el que se explican las operaciones — **DERECHO**
de una partición.
5 Objeto y materia que no se expresa en la proposi- — **LÓGICA**
ción, pero que es aquello en lo que se fundamenta la
verdad de ésta.
6 dar una cosa por supuesta: Darla por cierta o real:
él dio por supuesto que tú ya lo sabías.
7 en el supuesto que: En el caso que, si se dan unas — **loc.conj.**
determinadas circunstancias.
8 por supuesto: Con certeza, de seguro: *por supuesto* — **loc.adv.**
que iré, no quiero perdérmelo.
9 supuesto que: Puesto que. — **loc.conj.**

supunoma Ave de Nueva Guinea cuya cabeza está — **s.f.** **ZOOLOGÍA**
adornada con seis plumas finas y largas. *(Parotia sexpennis.)*

supuración Acción y resultado de supurar: *la supura-* — **s.f.** **MEDICINA**
ción de la herida se debe a una infección.

supurante Que supura: *el médico debería verte esa* — **adj.** **MEDICINA**
llaga supurante de la pierna.

supurar (Del lat. *suppurare.*) Formarse o echar pus — **v.intr.** **MEDICINA**
una herida o un grano: *con el golpe se me ha abierto la*
herida y ahora supura.

supurativo, a Que favorece la supuración: *se aplica* — **adj/s.m.** **MEDICINA**
una crema supurativa.

supuratorio, a Que supura. — **adj./MEDICINA**

suquet (Voz catalana.) Plato de pescado con salsa que — **s.m./pl: suquets** **COCINA**
se sirve en cazuela de barro.

sur (Del fr. ant. *su* < ingl. ant. *suth.*)
1 Punto cardinal del horizonte, diametralmente opues- — **s.m.** = mediodía
to al norte: *el barco navega hacia el sur.*
2 Lugar de la esfera terrestre que está más cercano u — **GEOGRAFÍA**
orientado hacia este punto cardinal que otro con el
que se compara: *en el sur, los problemas de sequía com-*
plican la economía.
3 Se aplica al viento que sopla de este punto car- — **adj/s.m.**
dinal.

sura (Voz árabe.) Cualquiera de los capítulos en que se — **s.m.** **RELIGIÓN**
divide el Corán o libro sagrado de los musulmanes.

surá (Del ingl. *surah.*) Tela de seda fina y flexible. — **s.m./TEXTIL**

surada Golpe de viento del sur. — **s.f.**

surafricano Sudafricano [en todas sus acepciones]. · adj.

sural (Del lat. *sura*.) De la pantorrilla: *músculo sural; arteria sural.* · adj. ANATOMÍA

suramericano, a Sudamericano [en todas sus acepciones]. · adj.

surcador, a Que surca. · adj./s.

surcar
1 Navegar una embarcación por el mar, un río o un lago: *el barco surcaba las limpias aguas del lago.* · v.tr./conj.: sacar NÁUTICA
2 Atravesar un ave o un avión el espacio volando: *el avión surcaba el espacio.*
3 Hacer surcos en la tierra al ararla. · AGRICULTURA
4 Hacer rayas o surcos en una cosa. · = rayar

surco (Del lat. *sulcus*.)
1 Hendidura hecha en la tierra con el arado: *echaba la simiente en los surcos de la tierra.* · s.m./AGRICULTURA = zanja
2 Señal o hendidura dejada por cualquier cosa al pasar por encima de otra: *el coche dejó el surco de sus ruedas en el barro.* · = estela, huella
3 Arruga en el rostro o en otra parte del cuerpo: *parece mayor de lo que es por los surcos de su rostro.* · = estría, pliegue
4 Huella que presenta la superficie de un disco fonográfico. · AUDIOVISUALES
5 **echarse una persona al o en el surco**: Abandonar un trabajo o actividad por pereza, desaliento o por haber obtenido lo que se pretendía. · coloquial

surcoreano, a
1 De Corea del Sur, país del este asiático. · adj.
2 Persona natural de este país del este asiático. · s.

surculado, a Se aplica a la planta que no echa más que un tallo. · adj./BOTÁNICA tb: surculoso

súrculo (Del lat. *surculus*.) Tallo o vástago de una planta del que no nacen otros. · s.m. BOTÁNICA

surculoso, a Se refiere a la planta que no echa más que un tallo. · adj./s. BOTÁNICA

surdir (Del fr. ant. *sourdre* < lat. *surgere*, levantarse.) Volver una embarcación a su posición normal después de haberse inclinado a causa de un golpe de mar. · v.intr. NÁUTICA

sureño, a
1 Del sur de un país, región o comarca: *el habla sureña tiene un acento muy peculiar.* · adj.
2 Persona natural del sur de un país, región o comarca. · s.

sureste Sudeste [en todas sus acepciones]. · s.m.

surf (Voz inglesa.) Deporte náutico que consiste en mantener el equilibrio sobre una tabla especial, que se desplaza sobre la cresta de una ola. · s.m. DEPORTES = surfing

surfista Que practica el surf: *impresionaba ver a los surfistas entre las altas olas.* · adj./s.m.f. DEPORTES

surgente Que surge. · adj./= surgidor

surgidero Sitio donde fondean o anclan las embarcaciones. · s.m./NÁUTICA = fondeadero

surgidor, a Que surge. · adj./s./= surgente

surgir (Del lat. *surgere*, levantarse.)
1 Salir un líquido de la tierra o de otro lugar: *durante el deshielo, el agua surge por las laderas de las montañas.* · v.intr. = brotar
2 Aparecer o manifestarse una cosa o una persona: *la idea del viaje nos surgió el verano pasado.* · = presentarse, suceder
3 Alcanzar una cosa cierta altura, destacando sobre el resto: *en el centro de la ciudad surgen grandes rascacielos.* · = elevarse
4 Quedar una embarcación quieta al anclar. · NÁUTICA
CONJ.: IND.: PRES.: *surjo, surges, surge, surgimos, surgís, surgen.* SUBJ.: PRES.: *surja, surjas, surja, surjamos, surjáis, surjan.* IMP.: *surge, surja, surjamos surgid, surjan.*

surimi (Voz japonesa.) Producto alimentario tradicional del Japón fabricado a partir de filetes de pescado, presentado en forma de palitos, de gel, de polvo o de tiras y aromatizado, de manera que recuerda el sabor del cangrejo. · s.m. COCINA

suripanta
1 Corista de un teatro. · s.f.
2 Mujer que se dedica a la prostitución. · despectivo

surmenage (Voz francesa.) Fatiga o agotamiento por exceso de trabajo intelectual: *los ejecutivos se quejan del surmenage que implica su actividad.* · s.m. SICOLOGÍA

suroeste Sudoeste [en todas sus acepciones]. · s.m.

surplus Cantidad de un bien producido por encima de las necesidades de la demanda. · s.m./pl: surpluses ECONOMÍA

surrealismo Movimiento artístico y literario aparecido en los años veinte que defendía la renovación de todos los valores culturales, morales y científicos mediante la exaltación de la vida profunda del subconsciente, más allá de la razón. · s.m./ARTE, LITERATURA = superrealismo, suprarrealismo

surrealista
1 Del surrealismo: *en su obra se perciben tendencias surrealistas.* · adj/ARTE, LITERATURA
2 Que es partidario del movimiento artístico y literario del surrealismo. · adj/s.m.f. ARTE, LITERATURA

3 Se aplica a las personas que tienen ideas extravagantes o que dicen cosas incomprensibles. · coloquial = estrambótico

surrección Levantamiento de una porción de la corteza terrestre. · s.f. GEOLOGÍA

sursudeste Sudsudeste [en todas sus acepciones]. · s.m.

sursudoeste Sudsudoeste [en todas sus acepciones]. · s.m.

sursuncorda Personaje imaginario al que se atribuye mucha importancia o autoridad: *aunque lo diga el sursuncorda, esto no es así.* · s.m. coloquial

surtida (Del fr. *sortie*.)
1 Salida oculta que hacen los sitiados para huir de los sitiadores. · s.f.
2 Puerta falsa o salida secreta.
3 Paso o salida que se hacía en las fortificaciones para comunicar el foso con la plaza sin riesgo del fuego enemigo. · CONSTRUCCIÓN
4 Rampa o plano inclinado dispuesto en algunos muelles para varar o botar embarcaciones pequeñas. · NÁUTICA
5 Lugar donde se limpian los fondos de las embarcaciones. · NÁUTICA = varadero

surtidero
1 Surtidor de agua: *en el centro de la fuente hay un surtidero que se eleva a gran altura.* · s.m.
2 Canal de desagüe de un estanque o balsa.

surtido, a
1 Que es variado dentro de una misma clase de cosas: *he comprado una caja de galletas surtidas.* · adj./s. = vario
2 Que está provisto con abundancia y variedad: *esa tienda está bien surtida.* · = abastecido, aprovisionado
3 Acción y resultado de surtir o surtirse.
4 Lo que sirve para surtir o abastecer: *estoy esperando un nuevo surtido de telas.* · = suministro

surtidor, a
1 Que surte o provee: *mañana vendrá el representante de la empresa surtidora de material.* · adj./s. = abastecedor
2 Chorro de agua o de otro líquido que brota del suelo o de una fuente en sentido vertical u oblicuo: *el surtidor de la fuente es muy bonito.* · s.m. = surtidero
3 Bomba que extrae gasolina de un depósito subterráneo para su distribución: *comprueba que el surtidor es de gasolina sin plomo.* · = poste

surtimiento Acción y resultado de surtir. · s.m./= surtido

surtir
1 Proporcionar una cosa necesaria a una persona: *esta tienda surte al barrio de los artículos de primera necesidad; se surtió de pan.* · v.tr/prnl./+ de = abastecer, proveer
2 Salir agua u otro líquido hacia arriba: *el agua surtía por cualquier recoveco.* · v.intr. = brotar, surgir

surto, a
1 Que está tranquilo, en reposo o en silencio. · adj./= calmo
2 Se aplica a la nave fondeada. · NÁUTICA

surubí Denominación de diversas especies de peces grandes que habitan en la cuenca del Plata, cuya piel es de color pardusco con distintas tonalidades y su carne amarilla y compacta. · s.m./Argent. ZOOLOGÍA tb: suruví

surucuá Ave trogoniforme de cola larga y blanca que vive en las selvas subtropicales de la América Meridional. *(Trogan.)* · s.m. ZOOLOGÍA

surucucú Ofidio de cabeza muy grande, deprimida y en forma de corazón, que vive en América Central y Meridional. *(Laechesis muta.)* · s.m. ZOOLOGÍA

surumbo, a Que es tonto, aturdido o lelo. · adj./Guat., Hond.

surumpe Inflamación ocular producida por la reverberación del sol en la nieve. · s.m. Perú

¡sus! (Voz de creación expresiva.)
1 Se usa para dar ánimo o para exhortar a la realización de una cosa. · interj.
2 Se usa para ahuyentar a los animales.

suscepción Acción de recibir una cosa de uno mismo. · s.f./culto

susceptibilidad Calidad de susceptible: *la susceptibilidad de su carácter hace que se ofenda con facilidad.* · s.f.

susceptible (Del lat. *suscipere*, tomar.)
1 Que puede experimentar una modificación: *tu trabajo es susceptible de mejora.* · adj./tb: susceptivo + de
2 Que se ofende con facilidad: *es un joven muy susceptible.* · = picajoso, quisquilloso

suscitación Acción y resultado de suscitar o provocar una situación o un sentimiento. · s.f.

suscitar (Del lat. *suscitare*, hacer levantar.) Provocar una persona o una cosa comentarios, discusiones o dificultades: *la elección del nuevo director suscitó entusiasmo.* · v.tr. = incitar, levantar

suscribir (Del lat. *subscribere*.)
1 Adherirse a la opinión de otra persona: *siempre suscribo lo que dice su amigo.* · v.tr/part: suscrito tb: subscribir
2 Abonarse a una publicación periódica o a una asociación: *quiero suscribirme a la revista de ciencia.* · v.tr/prnl./+ a = apuntarse

3 Firmar un documento: *el acuerdo lo suscriben ambos representantes.* — v.tr.

4 Comprometerse a contribuir en el pago de una cantidad para cualquier fin. — v.prnl.

suscripción
1 Acción y resultado de suscribir o suscribirse: *he hecho la suscripción a la revista por seis meses.* — s.f. tb: subscripción

2 Cuota o importe por suscribirse a una publicación: *la suscripción sale más barata que comprarlo en el quiosco.* — = abono

3 Compromiso de compra de determinado número de acciones de una empresa. — ECONOMÍA

suscriptor, a Persona que suscribe o se suscribe a una cosa: *este mes regalan una calculadora a los suscriptores de la revista.* — s./tb: suscritor, subscriptor

suscrito, a (Part. pas. irreg. de *suscribir.*) Se aplica a la letra o carácter que se coloca debajo de la línea de escritura. — adj. ARTES GRÁFICAS tb: subscrito

sushi Comida japonesa hecha con arroz, pescado crudo y algas. — s.m. COCINA

susidio Inquietud que causa una cosa. — s.m./= zozobra

susodicho, a (Derivado del ant. *suso,* arriba < lat. *sursum,* hacia arriba + *dicho.*) Que ya ha sido mencionado con anterioridad: *el susodicho propietario habrá de abonar la presente factura.* — adj/s. = antedicho

suspendedor, a Que suspende. — adj/s.

suspender (Del lat. *suspendere.*)
1 Interrumpir una cosa o una acción: *la carrera se ha suspendido por la lluvia.* — v.tr/prnl. part.tb: suspenso

2 Quitar un beneficio, un empleo o un salario a una persona durante cierto tiempo: *me han suspendido las pagas extras.* — v.tr.

3 No pasar una persona un examen: *ha vuelto a suspender la historia.* — = catear, colgar ≠ aprobar

4 Poner a una persona, un animal o una cosa en alto: *la grúa suspende las vigas.* — = alzar, levantar

5 Causar una cosa admiración o entusiasmo a una persona: *su arte nos suspendía; se suspende oyendo música clásica.* — v.tr/prnl. = embelesar

6 Sostenerse un caballo algún tiempo con las patas delanteras en el aire. — v.prnl. EQUITACIÓN

suspense (Voz inglesa.)
1 Género literario o cinematográfico en el que la acción alcanza un alto grado de incertidumbre manteniendo en tensión al lector o al espectador: *le encantan las novelas de suspense.* — s.m. CINE, LITERATURA

2 Estado de ánimo de incertidumbre o misterio: *le gusta contar las cosas con suspense para tenerte escuchándole sin perder palabra.* — = intriga

suspensión
1 Acción y resultado de suspender o colgar una cosa: *la cuerda no soportará la suspensión del mueble.* — s.f.

2 Interrupción o anulación de una cosa durante un tiempo: *la suspensión de la emisión se debe a causas técnicas.* — = aplazamiento ≠ reanudación

3 Conjunto de piezas y mecanismos que dan elasticidad al apoyo de la carrocería de un automóvil sobre las ruedas. — MECÁNICA

4 Censura eclesiástica o sanción gubernativa que priva de forma total o parcial del disfrute de un empleo o de sus beneficios. — DERECHO

5 Estado de ciertas partículas que se mantienen en el seno de un fluido sin disolverse en él. — FÍSICA

6 Tensión o emoción que se produce en el ánimo del espectador o lector, ante el desarrollo de un argumento. — CINE, LITERATURA = suspense

7 Cada una de las ballestas y correas destinadas a suspender la caja de los carruajes.

8 Prolongación de una nota que forma parte de un acorde sobre la siguiente, produciendo disonancia. — MÚSICA

9 Figura que consiste en retrasar la exposición del desenlace para captar el interés y curiosidad del público, y que suele resolverse con un final rápido e inesperado. — RETÓRICA

10 Enajenación de los sentidos causada por un arrebato místico. — RELIGIÓN

11 suspensión coloidal: Disolución en la que las partículas no se depositan. — QUÍMICA

12 suspensión de armas: Cese temporal de hostilidades. — MILITAR

13 suspensión de empleo y sueldo: Sanción laboral y disciplinaria impuesta por el empresario al trabajador que ha cometido un hecho tipificado como falta.

14 suspensión de garantías: Medida gubernativa por la que quedan sin vigencia, durante un tiempo determinado, algunas de las garantías constitucionales. — POLÍTICA

15 suspensión de pagos: Situación judicial en que se declara el comerciante cuyo activo no es inferior al pasivo, pero que no puede atender el pago puntual de sus obligaciones. — DERECHO

16 en suspensión: 1. Se aplica al estado de las partículas o cuerpos que se mantienen en el seno de un fluido durante cierto tiempo, sin depositarse. 2. Se re- — loc.adj/adv. FÍSICA DEPORTES

fiere a aquella jugada en la que el jugador lanza la pelota a la cesta o a portería con el cuerpo suspendido en el aire, en los deportes del baloncesto y el balonmano.

suspensivo, a
1 Que tiene la propiedad de suspender o interrumpir: *una nueva orientación económica puede ser un factor suspensivo de los acuerdos.* — adj.

2 Se aplica a los tres puntos usados como signo ortográfico con los que se denota que el sentido de una oración queda incompleto. — GRAMÁTICA

suspenso, a (Part. pas. irreg. de *suspender.*)
1 Que está perplejo o desconcertado: *el fuerte ruido nos dejó suspensos.* — adj. = sorprendido

2 Que está embelesado: *todos escuchaban suspensos al orador.* — = pasmado

3 Calificación que indica que un examen o cualquier otro tipo de prueba resulta insuficiente: *me han puesto un suspenso en matemáticas.* — s.m.

4 Expectación impaciente o ansiosa por el desarrollo de un suceso, en especial de un relato. — Amér. = suspense

5 en suspenso: Que está aplazado o pendiente de resolución: *el asunto está en suspenso hasta nueva orden.* — loc.adj.

suspensores Tirantes que se usan para sujetar los pantalones por los hombros. — s.m.pl. Chile, Perú, P. Rico

suspensorio, a
1 Que sirve para suspender en el aire o levantar en alto. — adj.

2 Cualquier medio con que se mantiene suspendida una cosa. — s.m.

3 Vendaje para sostener el escroto u otro miembro lesionado. — MEDICINA

4 Ligamento situado entre el diafragma y la porción media de la cara superior del hígado. — ANATOMÍA

suspicacia
1 Calidad de suspicaz: *me mira con suspicacia porque no se fía de mí.* — s.f. = recelo

2 Idea formada sobre una persona o cosa, en general negativa, que se funda en indicios: *lo que me cuentas de su relación es una suspicacia tuya.* — = desconfianza, sospecha

suspicaz (Del lat. *suspicax, -acis.*) Que tiende a desconfiar de los actos o palabras de otras personas: *es tan suspicaz que en cuanto ve a su mujer hablando con un hombre, cree que intenta ligársela.* — adj. pl: suspicaces = desconfiado ≠ confiado

suspirado, a Que es deseado o anhelado: *al fin ha llegado el suspirado momento de volvernos a ver.* — adj. = ansiado

suspirante Que suspira. — adj.

suspirar (Del lat. *suspirare.*)
1 Dar suspiros: *la pena le hacía suspirar una y otra vez.* — v.intr.

2 suspirar una persona por otra: Estar enamorado de ella: *suspira por una compañera de clase.* — coloquial

3 suspirar una persona por una cosa: Desearla mucho: *aquel matrimonio suspira por tener un piso.* — coloquial

suspiro
1 Aspiración fuerte y prolongada seguida de una espiración, acompañada a veces de un gemido, que expresa pena, cansancio, anhelo o alivio: *le salió un suspiro de alivio al saber que había aprobado el último examen.* — s.m.

2 Breve espacio de tiempo: *no te preocupes, ya verás como en un suspiro vuelve a estar aquí.* — = momento

3 Cosa pequeña o casi imperceptible. — = brizna

4 Silbato pequeño de vidrio, de sonido agudo y penetrante.

5 Dulce de harina, azúcar y huevo. — COCINA

6 Pausa breve y signo musical que la representa. — MÚSICA

7 Trinitaria, planta herbácea. — Chile/BOTÁNICA

8 Denominación que se da a distintas especies de enredaderas que tienen hojas alternas y flores de diversos colores. — Argent., Chile BOTÁNICA

9 último suspiro: 1. El dado en el momento de la muerte: *está a punto de exhalar el último suspiro.* 2. Fin de alguna cosa: *ánimo, que ya estamos en el último suspiro.* — = último aliento coloquial

10 deshacerse en suspiros: Suspirar mucho y con pena: *se deshace en suspiros al pensar en lo lejos que está su familia.* — coloquial

11 en un suspiro: En seguida, en un momento: *te lo traigo en un suspiro.* — loc.adv.

suspirón, a Que suspira mucho. — adj/s.

suspiroso, a Que suspira con dificultad. — adj.

sustancia (Del lat. *substantia.*)
1 Cualquier cosa que constituye la esencia o el fundamento de otra: *la sustancia del artículo se resume en dos líneas.* — s.f./tb: substancia = contenido, esencia, fondo

2 Aquello de lo que está constituida una cosa: *la sustancia principal del preparado es el agua.* — = materia

3 Zumo que se extrae de ciertos alimentos o caldo que se hace con ellos. — = jugo

4 Elemento que hace nutritivo un alimento: *la leche es un alimento con mucha sustancia.* — = nutriente

5 Valor o importancia de una cosa: *le han ofrecido un puesto de sustancia en la empresa.* — = enjundia

6 Juicio o madurez de una persona: *siempre ha demostrado ser una mujer de sustancia.* — = seriedad

7 Entidad o esencia que existe por sí misma. — FILOSOFÍA
8 Conjunto de elementos síquicos y fónicos inheren- — LINGÜÍSTICA
tes a la facultad del lenguaje humano.
9 sustancia blanca: Una de las dos partes de que se — ANATOMÍA
componen el encéfalo y la médula espinal, llamada
así por su color.
10 sustancia gris: Una de las dos partes de que se — ANATOMÍA
componen el encéfalo y la médula espinal.
11 convertirlo todo en sustancia: 1. Interpretarlo a — coloquial
favor de uno mismo. 2. Sacar partido de todo, ya sea — coloquial
bueno o malo.
12 en sustancia: De forma precisa y breve: *en sustan-* — loc.adv.
cia, la reunión se reduce a estos puntos.
13 sin sustancia: Sin juicio o sin fundamento: *estoy* — loc.adv.
harto de oír sus argumentos sin sustancia.

sustanciación Acción y resultado de sustanciar. — s.f./tb: substanciación

sustancial — adj./tb: substancial
1 De la sustancia.
2 Que es importante o interesante, o la parte funda- — = esencial,
mental de una cosa: *seleccionó lo más sustancial del ar-* — fundamental
tículo eliminando el resto. — ≠ insustancial
3 Que tiene propiedades alimenticias: *el caldo es un* — = sustancioso
alimento sustancial. — ≠ insustancial

sustancialmente De manera precisa, breve y clara: *me* — adv.
explicó sustancialmente el tema del que habían hablado. — tb: substancialmente

sustanciar — v.tr./tb: substanciar
1 Compendiar o resumir una cosa: *el trabajo consiste* — = extractar
en sustanciar la información de varias obras.
2 Tramitar un asunto por la vía procesal adecuada — DERECHO
hasta dejarlo en condiciones de ser sentenciado.

sustancioso, a — adj./tb: substancioso
1 Que tiene propiedades alimenticias: *preparó un gui-* — = sustancial
so muy sustancioso, con verduras y carne.
2 Que tiene valor o estimación. — = importante

sustantivación Acción y resultado de sustantivar — s.f./LINGÜÍSTICA
una palabra u oración. — tb: substantivación

sustantivamente Como sustantivo o con carácter — adv./LINGÜÍSTICA
de sustantivo. — tb: substantivamente

sustantivar Dar función y significado de sustantivo — v.tr/prnl.
a una palabra o una oración que de ordinario tiene — LINGÜÍSTICA
otro valor. — tb: substantivar

sustantividad — s.f.
1 Individualidad, existencia real e independiente de — tb: substantividad
una cosa.
2 Calidad de sustantivo.

sustantivo, a (Del bajo lat. *substantivus.*) — adj./tb: substantivo
1 Que tiene existencia real e individual: *para algunos,* — = independiente
el alma es una entidad sustantiva.
2 Se aplica a la oración subordinada que hace la fun- — LINGÜÍSTICA
ción de nombre.
3 Se refiere a la clase de palabras caracterizadas por — adj./s.m.
poseer género inherente, por presentar variación nu- — LINGÜÍSTICA
mérica y por desempeñar la función de sujeto oracio- — = nombre
nal y la de vocativo.

sustenido, a Se aplica a la nota cuya entonación ex- — adj/s.m./MÚSICA
cede un semitono mayor a la que corresponde a — tb: sostenido
su sonido natural.

sustentable Que se puede sustentar o defender con — adj.
razones: *es una opinión sustentable.* — = defendible

sustentación — s.f.
1 Acción y resultado de sostener o sustentar una cosa. — = sustentáculo
2 Pieza en que se apoya una cosa.
3 Figura que consiste en retrasar la exposición de lo — RETÓRICA
que se quiere explicar. — = suspensión
4 Fuerza que mantiene en el aire un avión o cual- — AERONÁUTICA
quier otra aeronave.

sustentáculo Pieza en que se apoya o que sostiene — s.m./= soporte,
alguna cosa: *el sustentáculo de la columna es la base.* — sostén, sustentación

sustentador, a Que sustenta: *él es el sustentador de* — adj/s.
toda la familia. — = sostén

sustentamiento Acción y resultado de sustentar o — s.m.
sustentarse: *el sustentamiento del edificio no está termi-* — = sustentación
nado.

sustentante — adj.
1 Que sustenta.
2 Cada una de las partes en que se apoya o sustenta — s.m.
un edificio. — CONSTRUCCIÓN
3 Cualquiera de las barras de hierro clavadas en el — NÁUTICA
costado de un buque en las que se colocan las vergas
de respeto, de gavia y de velacho.
4 Horquilla de hierro colocada en las batayolas de los — NÁUTICA
brazales para asegurar la verga de cebadera por enci-
ma del bauprés.

sustentar (Del lat. *sustentare.*) — v.tr/prnl.
1 Estar una cosa debajo de otra para evitar que se — = aguantar,
caiga o toque en el suelo: *esta columna se sustenta gra-* — sostener
cias a esa viga.
2 Proporcionar alimento u otras cosas necesarias para — = alimentar,
vivir a una persona: *su escaso sueldo no alcanza para* — mantener
sustentar a toda su prole.

3 Tener o defender una idea o una opinión: *sustenta* — v.tr.
extrañas teorías sobre el universo. — = sostener
4 Servir una cosa para que otra no se extinga: *las prome-* — = alentar
sas del director sustentaban la ilusión de los trabajadores.

sustento — s.m.
1 Conjunto de cosas necesarias para vivir, en especial — = manutención
alimento: *las patatas forman parte de su sustento diario.*
2 Persona o cosa que sostiene a otra física o moral- — = sostén
mente.

sustitución — s.f./tb: substitución
1 Acción y resultado de sustituir: *la sustitución de los* — = cambio
cuadros por fotografías ha realzado la sala.
2 Nombramiento de un heredero o legatario en rem- — DERECHO
plazo de otro.
3 Permutación efectuada sobre una serie de elemen- — MATEMÁTICAS
tos distintos.
4 Aplicación biunívoca de un conjunto finito sobre sí — MATEMÁTICAS
mismo.
5 Cambio de variables en una función de diversas va- — MATEMÁTICAS
riables.
6 Reacción química por la que un átomo de un com- — QUÍMICA
puesto es remplazado por otro átomo o por un grupo
de ellos.
7 sustitución ejemplar: Designación de sucesor en — DERECHO
los bienes del que, por causa de demencia, está incapacitado para testar.
8 sustitución fideicomisaria: Designación de otro u — DERECHO
otros herederos o legatarios, a quienes la herencia se
les haya de transferir de forma gradual, después de
la adquisición y disfrute de los que les preceden en la
serie de llamamientos.
9 sustitución pupilar: Nombramiento de sucesor en — DERECHO
los bienes del pupilo que aún no puede hacer testamento.
10 sustitución vulgar: Nombramiento de segundo, — DERECHO
tercero y ulteriores herederos, por si el primero instituido falta o no efectúa la sucesión.

sustituible Que se puede sustituir: *no es sustituible en* — adj./tb: substituible
su cargo porque es el mejor. — = remplazable

sustituidor, a Se aplica a la persona o a la cosa que — adj/s.
sustituye o remplaza a otra. — tb: substituidor

sustituir (Del lat. *substituere.*) — v.tr./conj: *huir*
1 Poner a una persona o una cosa en el lugar o pues- — tb: substituir
to de otra: *le quieren sustituir del cargo; sustituye una co-* — = remplazar
mida por una barrita para adelgazar.
2 Llamar a un heredero a la sucesión en defecto de — DERECHO
otro o tras la muerte de éste.

sustitutivo, a — adj/s.
1 Se aplica a la sustancia que puede remplazar a otra — = substitutivo
en el uso.
2 Producto con que se sustituye a otro: *han lanzado* — s.m.
un nuevo formato como sustitutivo del anterior. — = sucedáneo

sustituto, a — s./tb: substituto
1 Persona que sustituye a otra en un empleo o en — = suplente
una actividad: *el sustituto se adaptó en seguida al ritmo*
de los alumnos.
2 Heredero designado por sustitución. — DERECHO
3 Término que desempeña la función gramatical re- — s.m.
presentante de otro: *el pronombre es el sustituto del* — LINGÜÍSTICA
nombre.

susto — s.m.
1 Impresión repentina de miedo causada por una — = asombro,
persona o cosa: *¡vaya susto me he llevado al abrir la* — sobresalto
puerta!
2 Preocupación por el desenlace de una cosa que se — = temor
teme o inquieta: *sólo pensar lo que puede suceder me da*
susto.
3 susto de muerte: El que es muy grande: *¡me llevé* — coloquial
un susto de muerte cuando sonó el timbre!
4 sentarle el susto: Recibirlo muy grande: *se cayó del* — coloquial
susto al verte con la sábana por encima de la cabeza.
5 no ganar para sustos: Asustarse con frecuencia: — coloquial
con este chico no gano para sustos y cuando no se rompe
la pierna, se hace una brecha.

sustracción — s.f.
1 Acción y resultado de sustraer o sustraerse: *no es po-* — tb: substracción
sible la sustracción de la pieza sin que nadie se dé cuenta.
2 Operación de restar o sustraer una cantidad de otra — MATEMÁTICAS
para obtener una diferencia. — = resta

sustractivo, a Se aplica al término de un polinomio — adj./MATEMÁTICAS
que va precedido del signo menos. — tb: substractivo

sustraendo Cantidad que se resta de otra. — s.m./MATEMÁTICAS

sustraer (Del lat. *substrahere.*) — v.tr.
1 Separar o extraer una parte de un todo: *voy a inten-* — conj: *traer*
tar sustraer algunos gastos del presupuesto para desdo- — tb: substraer
blarlo.
2 Robar una cosa a una persona o de un lugar: *le sus-* — = hurtar
trajeron todas las joyas que tenía.
3 Restar, efectuar una sustracción matemática. — MATEMÁTICAS
4 Eludir una obligación o un proyecto: *se fue de vaca-* — v.prnl./+ de
ciones para sustraerse de los asuntos que le inquietan. — = escabullirse

sustrato (Del lat. *substratus*, acción de extender por debajo de algo.)
1 Lugar que sirve de asiento a una planta o a un animal fijo: *este campo tiene un sustrato rico en sales y minerales.* — s.m./BIOLOGÍA tb: substrato
2 Ser y existencia de una cosa en sí misma y no en otra. — FILOSOFÍA = sustancia
3 Terreno que se halla debajo del que se considera. — GEOLOGÍA
4 Lengua que ha desaparecido de un territorio al implantarse otra, pero a la que ha legado algunos rasgos. — LINGÜÍSTICA
5 Acción por la cual una lengua que se ha extinguido al implantarse otra en su territorio ha legado a esta última algunos de sus rasgos. — LINGÜÍSTICA
6 Rasgo que una lengua, extinguida porque otra lengua ha invadido su territorio, ha legado a esta última. — LINGÜÍSTICA
7 Baño que se aplica a un soporte para permitir la adherencia entre la·capa sensible a la luz y el vidrio o el plástico. — FOTOGRAFÍA
8 Soporte con forma de lámina sobre el que se colocan películas delgadas en la fabricación de circuitos integrados. — TECNOLOGÍA
9 Sustancia sobre la que se ejerce la acción de un fermento. — QUÍMICA
10 Medio de cultivo microbiológico. — BIOLOGÍA
11 Base o raíz de una cosa que resulta perceptible en el estado actual.

susungá Espumadera, utensilio de cocina en forma de paleta. — s.f./Colomb., Ecuad.

susurración Murmuración secreta: *les agradecería que me explicaran de qué trata su susurración.* — s.f. = musitación

susurrador, a Que susurra: *el viento susurrador entraba por las rendijas.* — adj/s. = susurrante

susurrante Que susurra: *en la sala se oyen voces susurrantes* — adj. = susurrador

susurrar (Del lat. *susurrare*, zumbar.)
1 Hablar en voz baja: *no oímos lo que susurraba; le susurraba palabras de amor.* — v.intr/tr.
2 Producir una cosa un susurro: *el arroyo susurraba; sólo se oye susurrar al viento.* — v.intr. = runrunear
3 Empezar a difundirse un rumor: *se susurra que te cambias de trabajo.* — v.prnl. = rumorearse

susurro
1 Ruido sordo y suave producido al hablar en voz baja: *su teoría levantó susurros de desaprobación entre los asistentes.* — s.m. = bisbiseo, murmullo
2 Ruido suave producido de forma natural por algunas cosas: *le cautivó el susurro del viento entre los árboles.* — = murmullo, runruneo

susurrón, a Que tiende a murmurar. — adj/s.= murmurador

sutás (Del fr. *soutache* < húngaro *sujtas*.) Adorno consistente en un cordoncillo con una hendidura en el medio que le da apariencia de dos cordones unidos. — s.m. pl: sutás = soutache

sute
1 Se aplica a la persona que es débil, enteca o de baja estatura. — adj./Colomb., Venez.
2 Especie de aguacate. — s.m./Hond. Colomb.
3 Gorrino, lechón, cría de cerdo que aún mama.

sutil (Del lat. *subtilis*.)
1 Que es delgado, delicado o tenue: *llevaba una gasa muy sutil echada sobre los hombros a modo de chal.* — adj. = leve, liviano
2 Que es de poca intensidad pero gran penetración: *lleva un perfume con un aroma muy sutil.*
3 Que es agudo e ingenioso: *nos ha explicado un chiste muy sutil; es una persona sutil e inteligente.* — = perspicaz

sutileza
1 Calidad de sutil: *la sutileza de su perfume hace que todos se giren a su paso.* — s.f./tb: sutilidad = delicadeza
2 Palabras o concepto agudo y penetrante, pero poco profundo o falso: *me contestó con una sutileza muy irónica.*
3 Habilidad o agudeza para hacer o decir las cosas: *solucionó sus diferencias con mucha sutileza consiguiendo lo que quería.* — = ingenio
4 Instinto de los animales.
5 Propiedad de los cuerpos que han alcanzado la salvación, que consiste en poder penetrar a través de otro. — TEOLOGÍA

6 **sutileza de manos:** 1. Habilidad del ladrón. 2. Habilidad y maña para hacer cosas con las manos: *tiene gran sutileza de manos para la costura.* — coloquial

sutilidad Sutileza [en todas sus acepciones]. — s.f.

sutilizador, a Que sutiliza. — adj/s.

sutilizar
1 Hacer una cosa más delgada o tenue: *hace régimen para sutilizar su figura.* — v.tr. conj: cazar
2 Hacer una cosa no material más perfecta: *el amor sutiliza su espíritu.* — = perfeccionar
3 Decir o hacer una cosa con sutileza: *el periodista sutiliza su estilo en sus columnas.*

sutorio, a (Del lat. *sutor, -oris.*) Que tiene relación con la fabricación de zapatos. — adj.

sutra (Voz sánscrita.) Texto que reúne las reglas del ritual y de la moral y de las prescripciones relativas a la vida cotidiana. — s.m.

sutura (Del lat. *sutura.*)
1 Costura con la que se unen los bordes de una herida o dos órganos: *tuvieron que ponerle siete puntos de sutura.* — s.f. MEDICINA
2 Línea de unión de ciertos huesos del cráneo. — ANATOMÍA
3 Cordoncillo que forma la unión entre los carpelos de un pistilo. — BOTÁNICA

suturar Coser una herida: *la enfermera le suturará la herida.* — v.tr. MEDICINA

suyo, a (Del lat. *suus.*)
1 De él, de ella, de ellos, de ellas, de ello: *el peine es suyo; la manta es suya y los cepillos son suyos también; el suyo es el mejor.* — adj/pron.pos.
2 **darle a una persona lo suyo:** Hacer que reciba lo que merece en justo castigo. — coloquial
3 **de suyo:** Sin ayuda ajena, de forma natural: *le ayudó de suyo sin que se lo pidiera.* — loc.adv.
4 **hacer suyo:** Adherirse o adoptar como propio. — coloquial
5 **hacer una persona de las suyas:** Obrar de la manera habitual en una persona: *otra vez ha vuelto a hacer de las suyas y mira cómo está todo.* — coloquial
6 **ir una persona a lo suyo:** Actuar sin tener en cuenta a los demás: *va a lo suyo y no le interesa lo que te pase.* — coloquial
7 **la suya:** Ocasión favorable para una persona: *ésta es la suya, si no lo consigue ahora, no lo conseguirá nunca.* — coloquial
8 **los suyos:** Los parientes, la familia de una persona: *hoy se reúne con los suyos.* — coloquial
9 **lo suyo:** 1. Dificultad a la hora de resolver una cosa: *este trabajito tiene lo suyo, no creas.* 2. Aquello que es propio de una persona o una cosa, o para lo que sirve o se usa: *cantar es lo suyo.* — coloquial
10 **salirse una persona con la suya:** Acabar consiguiendo lo que quiere: *ha logrado salirse con la suya y no irá.* — coloquial
11 **ser una persona muy suya:** Ser muy peculiar: *es muy suyo con sus objetos personales.* — coloquial

suzón Zuzón, planta compuesta, de tallo ramoso, hojas gruesas y partidas y flores amarillas tubulares. — s.m. BOTÁNICA

svástica Esvástica, cruz gamada. — s.f./tb: swástica

swahili Suahili, lengua bantú con influencias árabes y persas que se habla en África oriental. — s.m. LINGÜÍSTICA

swap (Voz inglesa.) Operación de cambio de moneda realizada entre dos bancos centrales. — s.m. ECONOMÍA

swing (Voz inglesa.)
1 Golpe dado balanceando el brazo, en boxeo. — s.m./DEPORTES
2 Movimiento del golfista al ir a golpear la pelota. — DEPORTES
3 Modo de ejecutar el jazz caracterizado por tener ritmo bailable, vivo y flexible. — MÚSICA
4 Baile que se baila con este modo de ejecutar el jazz. — MÚSICA

switch (Voz inglesa.) Conmutador eléctrico. — s.m./ELECTRICIDAD

syllabus (Voz latina.) Enumeración sumaria de errores doctrinales condenados por la autoridad eclesiástica. — s.m. pl: syllabus RELIGIÓN

T

t Vigésima primera letra del abecedario español y decimoséptima de las consonantes. — **s.f.**

taba

1 Hueso de la parte superior del pie, articulado con los huesos de la pierna. — **s.f./ANATOMÍA = astrágalo**
2 Cara convexa de este hueso, opuesta a la chuca. — **ANATOMÍA**
3 Juego que consiste en tirar una pieza al aire mientras se hacen distintas combinaciones con otras que están en el suelo y se gana o pierde según la posición en que cae. — **JUEGOS**
4 menear una persona las tabas: Andar con mucha prisa: *la vi meneando las tabas de camino a la oficina.* — **coloquial**
5 tomar una persona la taba: Empezar a hablar rápido después que otra calla. — **coloquial**

tabacal Plantación de tabaco: *ya terminan la jornada los trabajadores del tabacal.* — **s.m.**

tabacalero, a

1 Del cultivo del tabaco o de su fabricación o venta: *trabajo en una empresa tabacalera nacional.* — **adj. tb: tabaquero**
2 Que cultiva o vende tabaco. — **adj/s.**

tabachín Planta arbórea o arbustiva, de tronco ramificado y de flores muy vistosas y abundantes, de color rojo. — **s.m. Méx. BOTÁNICA**

tabaco

1 Planta herbácea solanácea, anual o perenne, cuyas hojas, ovales, alternas y lanceoladas, preparadas convenientemente, se fuman, se aspiran o se mascan. *(Nicotiana tabacum.)* — **s.m. BOTÁNICA**
2 Hoja de esta planta, curada y preparada para ser fumada, masticada o absorbida en polvo.
3 Polvo a que se reducen las hojas secas de esta planta, para ser aspirado por la nariz. — **= rapé**
4 Cigarro o cigarrillo en general: *voy a comprar un paquete de tabaco rubio.*
5 Enfermedad de algunos árboles, en que se produce una descomposición de la parte interna del tronco, convirtiéndose en polvo de color rojo pardusco o negro. — **BOTÁNICA**
6 tabaco canario: El producido y elaborado en las islas Canarias.
7 tabaco capero: El usado para las capas de los cigarros.
8 tabaco colorado: Cigarro puro de color claro y menor fortaleza que el maduro, bien por la calidad o por la incompleta madurez de las hojas con que se elabora.
9 tabaco cucarachero o de cucaracha: El de polvo que se elabora con las hojas de esta planta.

10 tabaco de barro: El de polvo aromatizado con barro oloroso.
11 tabaco de hoja: Hoja u hojas escogidas de esta planta, que se emplean para capa de los puros.
12 tabaco de montaña: Árnica, planta herbácea que se utiliza para obtener tintura alcohólica e infusiones. — **BOTÁNICA**
13 tabaco de palillos: El de polvo, fabricado a partir de tallos y venas de la planta, aromatizados con vinagrillo u otras aguas de olor.
14 tabaco de pipa: El cortado en forma de hebra para fumarlo en pipa.
15 tabaco de polvo: El que se toma aspirándolo por la nariz. — **= rapé**
16 tabaco de regalía: El de calidad superior.
17 tabaco de somonte: El que está sin lavar y sin aderezo.
18 tabaco de vena: Picadura fabricada para los cigarrillos de papel, utilizando las venas y tallos de la planta.
19 tabaco groso: El fabricado en forma de granos de mostaza, amasando el polvo de las hojas con aguas de olor.
20 tabaco holandés u holandilla: El flojo y de poco aroma, que se cría y elabora en Holanda.
21 tabaco maduro: Cigarro puro de color oscuro y de mucha fortaleza, debido a la calidad y perfecta madurez de la hoja con que se elabora.
22 tabaco moruno: El que se cría en Europa y África, y se distingue por su fortaleza y lo poco grato de su aroma.
23 tabaco negro: El que, aderezado con miel, se elabora en forma de mecha retorcida y flexible, para picarlo y fumarlo en papel o pipa.
24 tabaco peninsular: El que se elabora en fábricas de la península Ibérica.
25 tabaco rapé: El de polvo más grueso y más oscuro que el ordinario.
26 tabaco rubio: El que resulta de la mezcla de las variedades de color amarillo y cobrizo de Virginia y Oriente.
27 tabaco turco: El picado en hebras, muy suave y aromático.
28 tabaco verdín: El de polvo, elaborado con las hojas cortadas antes de madurar.
29 tabaco vinagrillo: El de polvo, aderezado con cierto tipo de vinagre flojo y aromático.

30 **tomar tabaco:** Aspirar el rapé.

tabacosis Infiltración del pulmón y catarro de las vías respiratorias producido por el polvo del tabaco entre los trabajadores de la industria tabaquera. — s.f. / pl: tabacosis / MEDICINA

tabacoso, a
1 Que tiene manchas de tabaco: *tiene los dedos tabacosos de tanto fumar.* — adj.
2 Se aplica al árbol que tiene la enfermedad del tabaco. — BOTÁNICA

tabal (Del ár. *tabal*.)
1 Tambor, instrumento musical de percusión. — s.m./MÚSICA
2 Barril donde se conservan los arenques y otros pescados.

tabalario Parte posterior del cuerpo humano, asentaderas. — s.m./coloquial / tb: tafanario

tabalear
1 Dar una persona golpes ligeros y seguidos con los dedos sobre una cosa: *deja de tabalear en la mesa, que me pones nervioso.* — v.intr. / = tamborilear, tamborear
2 Mover una cosa a uno y otro lado: *se tabaleaba en la hamaca.* — v.tr./prnl. / = mecer

tabaleo Acción y resultado de tabalear o tabalearse: *con tanto tabaleo me voy a marear.* — s.m.

tabanazo Golpe dado con la mano: *te voy a marcar los dedos en la cara de un tabanazo.* — s.m. / = bofetón

tabanco Puesto o cajón para vender comestibles en las calles o en un mercado. — s.m. / = tenderete

tabanera Lugar donde hay muchos tábanos. — s.f.

tábano (Del lat. *tabanus*.)
1 Insecto díptero, grueso, de constitución pesada, cabeza grande y ojos protuberantes de cloro iridiscente, cuya hembra ocasiona una molesta picadura en las personas y en el ganado. *(Tabanus.)* — s.m. / ZOOLOGÍA
2 Persona muy pesada o molesta: *ya está otra vez el tábano este molestando a las chicas.* — coloquial / = moscón

tabanque
1 Rueda de madera que mueven los alfareros con el pie para girar el torno. — s.m.
2 **levantar el tabanque:** Suspender una reunión o abandonar un lugar: *creo que ya hemos acabado, a levantar el tabanque.* — coloquial

tabaque
I (Del ár. *tabaq*, bandeja.) Cestillo de mimbre. — s.m./= altabaque
II (Del ár. *tabaq*, cubrir.) Clavo más grande que la tachuela. — s.m.

tabaquera
1 Petaca o bolsa para guardar el tabaco: *sobre la mesa hay una tabaquera con cigarros.* — s.f. / = pitillera
2 Cazoleta de la pipa, donde se pone el tabaco.
3 Caja para guardar tabaco picado. — = petaca
4 Caja con agujeros para aspirar o sorber tabaco en polvo.

tabaquería
1 Puesto o tienda donde se vende tabaco: *iré a la tabaquería a comprar unos puros.* — s.f./COMERCIO / = estanco
2 Taller donde se elaboran los cigarros puros. — Méx., Cuba

tabaquero, a
1 Del tabaco: *es una región en la que abunda la industria tabaquera.* — adj. / = tabacalero
2 Que vende tabaco. — adj/s.
3 Que trabaja en la elaboración del tabaco: *el tabaquero envuelve las hojas del tabaco.* — INDUSTRIA

tabaquismo Intoxicación crónica producida por el consumo abusivo de tabaco: *tiene problemas respiratorios debido a su tabaquismo.* — s.m. / MEDICINA / = nicotinismo

tabaquista
1 Persona entendida en tabacos. — s.m.f.
2 Persona que consume tabaco de forma abusiva: *es un tabaquista que no soporta estar sin cigarrillos.* — = fumador

tabardete
1 Persona inquieta y alocada: *este niño es un tabardete que revoluciona a toda la clase.* — s.m.f. / = tabardillo
2 Malestar o trastorno producidos por una exposición prolongada a los rayos solares. — s.m./MEDICINA / = insolación

tabardo
1 Gabán hecho de paño o piel: *lleva un tabardo negro muy viejo.* — s.m.
2 Prenda de vestir ancha y larga, de paño tosco, que usaban los labradores como abrigo.
3 Chaquetón que forma parte del uniforme de invierno del soldado. — MILITAR
4 Prenda de vestir blasonada que usaban los heraldos y reyes de armas. — HISTORIA

tabarra
1 Persona o cosa molesta e impertinente: *menuda tabarra de profesor; es una tabarra tener que ir a comprar.* — s.f./coloquial / = lata, pesadez
2 **dar la tabarra:** Molestar mucho a una persona: *¡deja ya de darme la tabarra, que tengo trabajo!* — coloquial

tabarrera Tabarra grande: *lleva toda la tarde con la tabarrera de los chistes.* — s.f./coloquial / = latazo

tabarro Tábano, insecto díptero que pica a los bóvidos y a las personas. — s.m. / ZOOLOGÍA

tabasco
1 Fruto pequeño, rojo y aromático procedente de una variedad de ají. — s.m./BOTÁNICA / = malagueta
2 Salsa muy picante elaborada a partir de este fruto. — COCINA

tabelladura Acción y resultado de tabellar. — s.f.

tabellar (Del cat. *tabellar* < lat. *tabella*, tablilla.)
1 Doblar los paños y otras telas de modo que queden los orillos sueltos. — v.tr. / TEXTIL
2 Señalar las telas con los sellos de fábrica. — TEXTIL
3 Doblar el papel destinado a la confección de abanicos.

taberna (Del lat. *taberna*.) Bar de carácter modesto y popular donde se venden y consumen bebidas alcohólicas y, a veces, se sirven comidas. — s.f. / = bodega, cantina

tabernáculo (Del lat. *tabernaculum*.)
1 Sagrario donde se guarda el copón y las hostias consagradas. — s.m. / RELIGIÓN
2 Santuario portátil donde los hebreos guardaban el arca de la alianza hasta la construcción del templo de Jerusalén. — RELIGIÓN
3 Tienda en que habitaban los antiguos hebreos. — HISTORIA

tabernario, a
1 De la taberna o de las personas que la frecuentan: *tiene unos modales un tanto tabernarios.* — adj.
2 Que es grosero. — = ordinario

tabernero, a Persona que regenta una taberna o despacha en ella. — s. / = cantinero

tabernizado, a De la taberna o propio de ella: *ambiente tabernizado.* — adj.

tabes (Del lat. *tabes*.)
1 Consumición o atrofia progresiva del cuerpo o de una parte de él. — s.f./pl: tabes / MEDICINA
2 **tabes dorsal:** Enfermedad de los cordones posteriores de la médula espinal, de origen sifilítico. — MEDICINA

tabí (Del ital. *tabi* < ár. *attabi*.) Tela antigua de seda, con labores ondeadas y que forma aguas. — s.m./TEXTIL / pl.tb: tabies

tabica (Del ár. *tatbiqa*, chapa de hierro con cobre.)
1 Tablilla con la que se cubre un hueco. — s.f./CONSTRUCCIÓN
2 Pieza vertical con la que se cubre la parte frontal de un peldaño. — CONSTRUCCIÓN / = contrahuella

tabicado, a
1 Que está separado por medio de tabiques: *la vivienda ya está tabicada.* — adj. / CONSTRUCCIÓN
2 Se aplica a la bobina, condensador o electroimán que tiene los devanados separados por tabiques o membranas de materia aislante. — ELECTRICIDAD
3 Acción y resultado de tabicar. — s.m.

tabicar
1 Cerrar una puerta, una ventana u otro espacio con un tabique: *quiero tabicar la sala para hacer dos habitaciones.* — v.tr. / conj: sacar / = tapiar
2 Obstruir o tapar una cosa que debería estar abierta: *con el resfriado, se me ha tabicado la nariz.* — v.tr/prnl. / = taponar

tabicón Espesor de un muro igual al ancho de los ladrillos puestos a soga. — s.m. / CONSTRUCCIÓN

tábido, a
1 Que está podrido o corrompido. — adj./= corrupto
2 Que padece tabes. — MEDICINA

tabífico, a (Del lat. *tabes*, putrefacción + *facere*, hacer.) Que produce tabes o tiene el cuerpo consumido o atrofiado. — adj. / MEDICINA

tabinete Tela parecida al raso, con trama de algodón y urdimbre de seda, que se usaba para la confección de calzado femenino. — s.m. / TEXTIL

tabique (Derivado del ant. *taxbique* < ár. *tasbik*.)
1 Pared delgada que divide las habitaciones y cuartos de una casa. — s.m. / CONSTRUCCIÓN
2 Parte de un tejido que divide dos cavidades: *le han operado el tabique nasal.* — ANATOMÍA
3 Laminilla que divide la cavidad de un fruto en dos o más compartimentos. — BOTÁNICA
4 Ladrillo de caras cuadrangulares. — Méx.
5 **tabique colgado:** El que no se apoya en el suelo. — CONSTRUCCIÓN
6 **tabique de carga:** El construido con ladrillos puestos de plano, que soporta las vigas de una crujía. — CONSTRUCCIÓN
7 **tabique de panderete:** El que está construido con ladrillos puestos de canto. — CONSTRUCCIÓN
8 **tabique sordo:** El formado por dos panderetes con un espacio entre ellos. — CONSTRUCCIÓN

tabiquería Conjunto o serie de tabiques que delimitan un espacio. — s.f. / CONSTRUCCIÓN

tabla (Del lat. *tabula*.)
1 Pieza de madera plana, más larga que ancha y de poco grosor: *él mismo puede hacer la mesa con unas tablas.* — s.f. / = listón
2 Pieza plana y de poco grosor de un material rígido: *la encimera es una tabla de mármol.* — = plancha
3 Cara más ancha de un madero.

4 Lista por orden alfabético que se pone en los libros: *en la tabla final se recogen los nombres de personalidades que aparecen en la obra.* = índice

5 Lista de personas o cosas puestas en orden sucesivo o relacionadas entre sí: *tabla de materias; tabla de elementos químicos.* = índice

6 Conjunto de líneas que, al entrelazarse, forman casillas ordenadas en las que se escriben datos: *hizo una tabla con los precios de los productos.*

7 Pliegue ancho y plano hecho como adorno en una tela que se forma con dos dobleces simétricos que se encuentran por la parte interior y dejan en el exterior un trozo liso.

8 Trozo liso que queda en el exterior de una prenda al hacer un pliegue.

9 Plancha alargada y redondeada sobre la que se practican deportes acuáticos: *iba con la vela y la tabla de windsurf.* DEPORTES

10 Plato o fuente sobre el que se sirven alimentos variados: *fueron a un conocido restaurante a comer una tabla de quesos.* COCINA

11 Denominación de diversos utensilios domésticos: *apóyate en la tabla para cortar el embutido.*

12 Porción de terreno cultivado entre dos hileras de árboles. AGRICULTURA

13 Porción de terreno de forma cuadrada dispuesta para sembrar verduras, legumbres o árboles frutales. AGRICULTURA

14 División que se hace de un terreno para distribuir el riego. AGRICULTURA

15 Pintura hecha sobre madera: *expone unas tablas de su juventud.* ARTE

16 Superficie del cuadro donde deben representarse los objetos y que se considera siempre como vertical. ARTE

17 Plancha pequeña de madera donde se exponen listas o anuncios: *en la tabla de corcho están las listas de admitidos.* = tablón

18 Conjunto de datos almacenados unos a continuación de otros, que pueden identificarse por su posición relativa. INFORMÁTICA

19 Borrachera, estado de embriaguez: *llegó con una tabla que no podía abrir la puerta.* coloquial = cogorza

20 Parte algo plana de un miembro del cuerpo: *la tabla del pecho.* ANATOMÍA

21 Situación en el juego de damas y el ajedrez en la que ningún jugador gana: *creo que la partida acabará en tablas.* s.f.pl. JUEGOS

22 Estado de cualquier asunto que queda indeciso: *todavía está en tablas la decisión definitiva.* = empate

23 Escenario del teatro: *su primera actuación en las tablas ya fue un gran éxito.* TEATRO

24 Barrera en la plaza de toros. TAUROMAQUIA

25 Dimensión mayor de una escuadría o medidas de la sección transversal de un madero. s.f. CARPINTERÍA

26 Diamante tallado con una superficie plana con cuatro biseles.

27 Casa donde se registraban las mercancías que pagaban derechos en las fronteras. COMERCIO

28 Puesto público de carne. = carnicería

29 Conjunto de tres tablillas usadas para llamar a maitines a los frailes. s.f.pl. RELIGIÓN

30 tabla alcaceña: Pieza de madera de sierra de 2,52 metros de largo, 43,2 centímetros de ancho y 5,4 de canto.

31 tabla barcal: Pieza de madera de sierra de unos siete centímetros de canto.

32 tabla bocal: La que está debajo de la regala en embarcaciones menores. NÁUTICA

33 tabla de armonía: Pieza de madera ligera que cubre la caja de los instrumentos de cuerda para aumentar su resonancia. MÚSICA

34 tabla de chilla: La de ínfima calidad.

35 tabla de Grecia: Representación devota usada en las iglesias orientales. = ícono

36 tabla de juego: Casa de juego. = garito

37 tabla de lavar: Instrumento usado para restregar la ropa al enjabonarla.

38 tabla de planchar: Instrumento de madera con patas para planchar sobre él.

39 tabla de río o de agua: Parte del río donde se ensancha y la corriente es más lenta. = tablar

40 tabla de salvación: Último recurso del que se dispone para salir de un apuro: *su amigo fue su tabla de salvación.* coloquial

41 tabla periódica: Disposición de los elementos químicos en orden creciente según su número atómico. QUÍMICA

42 tabla pitagórica: La de multiplicación de los números dígitos dispuesta en forma de cuadro. MATEMÁTICAS

43 tabla portadilla: Pieza de madera de sierra de 2,52 metros de largo, 36 centímetros de tabla y 5,4 de canto.

44 tabla ranurada: La que lleva en el eje de un canto una ranura. CARPINTERÍA

45 tabla rasa: 1. Poco entendimiento o conocimiento: *a ver si consiguen que esta tabla rasa aprenda algo.* 2. La dispuesta para pintar pero sin ningún trazado. coloquial / ARTE

46 tabla redonda: Reunión de varias personas para discutir o tratar ciertos temas: *en la tabla redonda se oyeron teorías muy interesantes.*

47 tablas de la ley: Piedras en que, según los textos bíblicos, estaba escrito el decálogo o los diez mandamientos. RELIGIÓN

48 tablas reales: Juego semejante al de damas pero en el que las piezas se mueven según el resultado de los dados. JUEGOS

49 a raja tabla: Haciendo lo que se debe sin atenuaciones ni concesiones: *cumple sus obligaciones a raja tabla.* loc.adv.

50 dar tablas: Acercar el torero al toro difícil a la barrera para quebrantarlo. TAUROMAQUIA

51 escapar o salvarse una persona en una tabla: Salir de un peligro en situación límite: *se escapó en una tabla de no ser descubierto.* coloquial

52 hacer tabla rasa de una cosa: Prescindir de ella o desentenderse de forma arbitraria: *hace tabla rasa de tus consejos.* coloquial

53 por tabla: 1. Por choque de la bola de billar en una banda. 2. Por casualidad. loc.adv./DEPORTES / loc.adv/coloquial

54 tener tablas: Tener soltura en cualquier actuación ante el público: *no se la ve nerviosa porque ya tiene tablas ante las cámaras.* loc.adv/coloquial

tablachina (Del ital. *tavolaccina*.) Escudo de madera. s.f./= broquel

tablacho
1 Compuerta para detener o distribuir el agua. s.m.
2 echar o hacer el tablacho: Interrumpirse el que está hablando por alguna razón. coloquial

tablada Lugar próximo al matadero donde se selecciona el ganado para el consumo. s.f. Argent.

tablado
1 Suelo plano formado por tablas unidas por el canto: *pusieron un tablado en la habitación para protegerla del frío.* s.m.
2 Armazón con suelo de tablas construido en alto para espectáculos y otros actos públicos en la calle: *la orquesta tocó en el tablado de la plaza.* = entarimado, tarima
3 Pavimento del escenario de un teatro. TEATRO
4 Escenario de un teatro o sala de espectáculos. TEATRO
5 Escenario donde se canta y se baila flamenco. = tablao
6 Armazón de tablas que cubre la escalera del carro.
7 Conjunto de tablas de la cama sobre las que se pone el colchón.
8 Estructura levantada sobre el suelo y formada por tablones donde se ejecutaba la pena de muerte. HISTORIA / = patíbulo
9 Armazón sobre el cual los caballeros tiraban lanzas hasta derribarlo o destrozarlo, en algunas fiestas antiguas. HISTORIA
10 sacar al tablado: Hacer pública una cosa: *saca al tablado la vida de los demás.* coloquial

tablaje (Del fr. ant. *tablage*.)
1 Conjunto de tablas. s.m./CARPINTERÍA
2 Casa de juegos de azar. = garito

tablajería
1 Inclinación a jugar en las casas de juego. s.f./JUEGOS
2 Ganancia obtenida en un juego de azar. JUEGOS
3 Carnicería, tienda donde se vende carne al público. COMERCIO

tablajero, a
1 Persona que construye tablados. s/CARPINTERÍA
2 Persona que cobra el precio de los asientos en los tablados públicos.
3 Gariero, persona que con frecuencia va a jugar a una casa de juegos. = jugador
4 Vendedor de carne. = carnicero
5 Persona que se encargaba de cobrar los derechos reales. HISTORIA

tablao
1 Escenario dedicado al cante y baile flamencos. s.m./tb: tablado
2 Local donde se celebran espectáculos de cante y baile flamencos.

tablar
1 Conjunto de tablas de un huerto o un jardín. s.m./AGRICULTURA
2 Zona en que un río se extiende al haber poca pendiente. = tabla de río
3 Tabla que se pone a los lados del carro para que no se caiga la carga. = adral
4 Dividir una huerta o un jardín en partes rectangulares. v.tr. AGRICULTURA

tablatura Antigua notación musical, escrita en líneas y con signos, como letras y cifras. s.f. MÚSICA

tablazo
1 Golpe dado con una tabla. s.m.
2 Parte del mar o de un río ancha y poco profunda.

tablazón
1 Serie de tablas. s.f./CARPINTERÍA
2 Conjunto de tablas con que se hacen las cubiertas y el forro de las embarcaciones de madera. NÁUTICA
3 tablazón de bóveda: Conjunto de tablas que forman la cimbra. ARQUITECTURA

tableado, a
1 Que está plegado en tablas: *esa falda tableada te hace más gruesa.* adj.
2 Conjunto de tablas que se hacen en una tela. s.m.

tablear
1 Dividir un madero en tablas. — v.tr./CARPINTERÍA
2 Dividir un jardín o una huerta en tablas. — AGRICULTURA
3 Hacer tablas en una tela: *mide bien la tela antes de tablearla.* — TEXTIL
4 Poner llana la tierra ya sembrada con la atabladera. — AGRICULTURA
5 Hacer barras de perfil de llanta o fleje a partir de una barra cuadrada de hierro. — METALURGIA

tableo Acción y resultado de tablear. — s.m./CARPINTERÍA

tablerazo Golpe dado por el toro contra las tablas de la barrera. — s.m. TAUROMAQUIA

tablería
1 Conjunto de tablas. — s.f./CARPINTERÍA
2 Comercio que se dedica a la venta de tablas. — COMERCIO

tablero, a
1 Se aplica al tronco o al madero que es adecuado para ser cortado en tablas. — adj.
2 Tabla de una materia rígida: *la mesa está hecha con dos caballetes con un tablero encima.* — s.m.
3 Tabla o conjunto de tablas unidas por el canto, de superficie plana y barrotes atravesados por la cara opuesta. — CARPINTERÍA
4 Superficie cuadrada con casillas, dibujos o figuras usada para jugar al ajedrez, a las damas u otros juegos de mesa. — JUEGOS
5 Mostrador de una tienda. — = tabla
6 Palo de la ballesta. — = cureña
7 Casa de juego de los tahúres. — = garito
8 Plano resaltado, liso o con molduras, para ornato de algunas partes del edificio. — ARQUITECTURA
9 Mesa grande en que cortan los sastres. — TEXTIL
10 Tablar, conjunto de tablas de un huerto o un jardín. — AGRICULTURA
11 Suelo bien cimentado de una represa en un canal. — CONSTRUCCIÓN
12 Cuadro de madera pintado de negro que se usaba en las escuelas como encerado. — = pizarra
13 Ave marina palmípeda con el plumaje negro en la cabeza, cuello y espalda, blanco en el pecho, con manchas blancas en las alas y en la cola. — ZOOLOGÍA
14 Ábaco, parte plana que corona el capitel de una columna. — ARQUITECTURA
15 Tablazón que se coloca en los cuadros formados por los largueros y peinazos de una hoja de puerta o ventana. — CARPINTERÍA
16 Tabique que divide en compartimentos el interior de un barco. — NÁUTICA / = mamparo
17 Panel sobre el que se coloca alguna cosa, en especial anuncios o información. — = tablón
18 Plataforma sobre la que se sujeta la canasta de baloncesto. — DEPORTES
19 **tablero contador:** Cuadro con bolas ensartadas para aprender a contar. — = ábaco
20 **tablero equipolado:** Escudo ajedrezado que sólo tiene nueve escaques. — HERÁLDICA
21 **poner o traer el tablero una cosa:** Exponerla o aventurarla. — coloquial

tablestaca Cada una de las tablas que se clavan en el suelo y que se encajan unas a otras, que sirven para formar una pared. — s.f. CONSTRUCCIÓN

tablestacado Pared construida a base de tablestacas de acero laminado. — s.m. CONSTRUCCIÓN

tableta
1 Pastilla medicinal: *tiene que tomarse una tableta cada ocho horas.* — s.f. FARMACIA
2 Pastilla de chocolate dividida en porciones: *se come media tableta de chocolate para merendar.*
3 Madera de sierra de distintas medidas según la región y usada, en especial, para entarimar.
4 Alfajor cuadrado o rectangular hecho con dos hojas de masa unidas entre sí por dulce y que se recubre con un baño de azúcar. — Argent. COCINA
5 Confitura aplanada y más larga que ancha. — Argent./COCINA

tableteado Ruido que se hace al golpear unas tablas u otras piezas de madera contra otras. — s.m. / = tableteo

tableteante Que tabletea. — adj.

tabletear
1 Hacer ruido golpeando tablas o piezas de madera: *la puerta tabletea contra el marco.* — v.intr.
2 Hacer una cosa un ruido semejante al que producen dos piezas de madera al chocar entre ellas.

tableteo Ruido producido al entrechocar tablas, piezas de madera u otras cosas. — s.m. / = tableteado

tablier Salpicadero de los automóviles. — s.m.

tablilla
1 Tabla pequeña para fijar anuncios u otras cosas: *tiene una tablilla en su cuarto para anotar lo que ha de hacer.* — s.f. / = tablero
2 Trozo de banda comprendido entre dos troneras o agujeros, en la mesa de billar. — JUEGOS
3 Pequeña placa sobre la que se escribía antiguamente con punzón. — HISTORIA
4 **tablilla de santero:** Insignia que llevaban los que pedían limosna para los santuarios o ermitas. — HISTORIA

5 **tablillas de san Lázaro:** Conjunto de tres tablas pequeñas unidas por un cordel que hacían sonar los que pedían limosna para los hospitales. — HISTORIA

tabloide Se aplica al periódico cuyo formato es la mitad del tamaño habitual en este tipo de publicaciones. — adj/s.m. ARTES GRÁFICAS

tablón
1 Tabla gruesa: *tendrás que hacer las repisas con tablones para que soporten bien el peso.* — s.m. CARPINTERÍA
2 Estado producido por el alcohol cuando se bebe en cantidad superior a la tolerada por el organismo. — coloquial / = borrachera
3 Faja de tierra preparada para la siembra. — Amér./AGRICULTURA
4 **tablón de anuncios:** Tablero, a veces cubierto con un bastidor con cristal o tela metálica, usado para fijar anuncios: *en el tablón de anuncios está la información sobre los doctorados.*
5 **tablón de aparadura:** El primero del fondo del barco, que va encajado en la ranura de la quilla. — NÁUTICA

tablonaje Conjunto de tablones. — s.m.

tabloncillo
1 Pieza de madera de sierra de diferentes dimensiones según la región. — s.m.
2 Asiento de la fila más alta de las gradas y tendidos de la plaza de toros. — TAUROMAQUIA

tabo Vasija filipina hecha con la cáscara interior del coco. — s.m.

tabor (Del ár. *tabur*, legión.) Unidad de tropa regular marroquí, que perteneció al ejército español. — s.m. HISTORIA

tabú (Del ingl. *taboo*.)
1 Prohibición convencional basada en ciertos prejuicios o actitudes sociales: *para su familia, el tema de la sexualidad es tabú.* — s.m./SOCIOLOGÍA / pl.tb: tabúes
2 Palabra o expresión que debe ser evitada por consideraciones morales o de otro tipo. — LINGÜÍSTICA
3 Persona, animal o cosa que no deben ser mencionados o tocados por considerarse sagrados, en algunas religiones. — RELIGIÓN

tabuco Habitación pequeña y estrecha: *la criada duerme en un tabuco sin ventilación.* — s.m. / = cuchitril

tabulación Acción y resultado de tabular. — s.f.

tabulador Tecla de la máquina de escribir o del teclado de un ordenador que sirve para conservar espacios o márgenes. — s.m.

tabuladora Máquina capaz de leer tarjetas perforadas y realizar una serie de operaciones elementales. — s.f. INFORMÁTICA

tabular
I (Del lat. *tabularis*, de las láminas.) Que tiene forma de tabla. — adj.
II (Del lat. *tabulare*, entablar.)
1 Expresar valores, conceptos o magnitudes en forma de tabla. — v.tr.
2 Señalar los espacios y márgenes de un escrito mediante el tabulador: *tabula el texto a diez centímetros del margen.*
3 Introducir las fichas en la tabuladora. — INFORMÁTICA
4 Imprimir los totales parciales de un grupo de tarjetas y sus indicadores respectivos en una tabuladora. — INFORMÁTICA

tabulario
1 Secretario de la curia, en la antigua Roma, que intervenía en la redacción de los documentos públicos. — s.m. HISTORIA
2 Archivo donde se guardaban estos documentos. — HISTORIA
3 Sala que separaba el peristilo del atrio, en las casas romanas, donde se guardaban los archivos familiares. — HISTORIA

taburete (Del fr. *tabouret* < fr. ant. *tabour*, tambor.)
1 Asiento para una sola persona, sin respaldo ni brazos: *lo encontré sentado en un taburete del bar.* — s.m. / = banqueta
2 Silla con el respaldo muy estrecho.
3 Media luna que había en el patio de los teatros, cerca del escenario. — s.m.pl. TEATRO

tac (Voz onomatopéyica.) Ruido acompasado que producen ciertas cosas: *oía el tac tac del reloj de pared del vecino.* — s.m. / = tic

taca
I (Del ár. *taqa*, ventana.)
1 Alacena pequeña. — s.f.
2 Armario pequeño.
II (Del fr. *taque* < germ. *tak*.) Placa del crisol de una forja. — s.f. MINERÍA
III (Del gótico *taikka*, señal.) Parte de una cosa con un color distinto al general. — s.f. / = mancha

tacada
1 Golpe dado con el taco o la maza del taco a la bola de billar. — s.f./JUEGOS / = tacazo
2 Serie de carambolas que se hacen con golpes seguidos y sin perder el turno. — JUEGOS
3 Conjunto de tacos de madera colocados entre un punto firme y otro movible. — NÁUTICA
4 **de una tacada:** De golpe, de una sola vez. — loc.adv.

tacamaca
1 Planta arbórea burserácea, de origen americano, con cuya corteza fabrican canoas los indios. (*Protium tacamahaca.*) — s.f. BOTÁNICA
2 Resina de este árbol. — BOTÁNICA

3 tacamaca angélica: Resina opaca, de olor persistente y color rojizo. — BOTÁNICA

4 tacamaca común: Resina transparente, de poco olor, insípida y de color claro que fluye de una especie de álamo. — BOTÁNICA

tacana (Del quechua *tacana*, mazo para golpear.) Mineral de cloro negruzco, abundante en plata. — s.f. MINERALOGÍA

tacañear Obrar una persona como un tacaño: *es capaz de tacañear incluso en la comida.* — v.intr. = racanear

tacañería
1 Cualidad de tacaño: *no te dará esa camisa, aunque esté vieja, por tacañería.* — s.f./= roñosería ≠ generosidad
2 Acción propia de una persona tacaña: *no hacerle un regalo es una tacañería por tu parte.* — = racanería

tacaño, a Que escatima lo que gasta o lo que da, de manera exagerada: *es tan tacaño que no acepta invitaciones para no tener que devolverlas.* — adj/s. = avaro, roñoso ≠ generoso

tacar Dejar una cosa una señal o una mancha en una persona o una cosa: *el café tacó la alfombra turca.* — v.tr./conj: sacar = manchar

tacatá Armazón con ruedas pequeñas y asiento, para que los niños aprendan a andar sin caerse: *la pequeña recorre la casa a toda velocidad con el tacatá.* — s.m. tb: tacataca = andador

tacay Planta euforbiácea. *(Caryodendron orinocense.)* — s.m./Colomb.

tacazo Golpe dado con un taco. — s.m.

tácet (Del lat. *tacet*.) Silencio prolongado que debe realizar el ejecutante durante un fragmento musical o hasta su final. — s.m. pl: tácets MÚSICA

taceta Recipiente de cobre, semejante a un caldero pequeño, usado para el trasiego del aceite en los molinos. — s.f.

tacha
I (Del fr. *tache* < lat. vulgar *tacca < germ. *taikn*, señal.)
1 Falta o defecto existentes o atribuidos a una persona o cosa: *siempre pones tachas a todo; es una persona sin tacha alguna.* — s.f. = lacra, mancha, mancilla
2 Clavo mayor que la tachuela: *puso unas tachas en las esquinas del marco.*
3 Motivo legal para desestimar en un pleito la declaración de un testigo. — DERECHO
II (Del occitano ant. *tacha*.) Cubo para fregar los suelos. — s.f./Venez.

tachable
1 Que puede ser censurado por considerarse grave o indigno: *tu conducta es tachable de inmoral.* — adj/= censurable ≠ intachable
2 Que puede ser tachado o borrado: *el último párrafo es tachable, pero no el resto.* — = borrable

tachador, a Que pone tachas o faltas. — adj/s.

tachadura Acción y resultado de tachar lo escrito. — s.f.

tachar
1 Hacer rayas o borrones sobre una cosa escrita para suprimirla: *tachó la carta porque no le gustó como había quedado.* — v.tr. = emborronar
2 Poner una falta o un defecto en una cosa: *los críticos tacharon la película de tendenciosa.* — + de
3 Atribuir un defecto a una persona: *siempre le tacharon de cobarde.* — + de = motejar, tildar
4 Alegar algún motivo legal contra un testigo para desestimarlo en un pleito. — DERECHO

tache Tachadura o falta que se pone a una persona por sus acciones: *le pusieron un tache en su trabajo.* — s.m. Méx.

tachero, a Conductor de un taxi. — s./Argent/coloquial

tachigual Cierto tejido de algodón. — s.m./Méx./TEXTIL

tachismo Corriente artística no figurativa, caracterizada por la utilización espontánea de manchas y chorreaduras. — s.m. ARTE

tachista Que practica o es partidario del tachismo. — adj/s.m.f./ARTE

tacho (Del port. *tacho*.)
1 Taxi, automóvil con conductor destinado al servicio público. — s.m./Argent. coloquial
2 Cubo de la basura. — Amér. Merid.
3 Cubo para fregar los suelos. — Urug.
4 Vasija de metal, de fondo redondeado, con asas, parecida a la paila, así como cualquier recipiente de latón, hojalata, plástico u otros materiales. — Argent., Chile
5 Paila grande en que se acaba de cocer el melado y se le da el punto de azúcar. — Amér. Central y Merid.
6 Recipiente para calentar agua y otros usos culinarios. — Amér. Merid.
7 irse al tacho: 1. Derrumbarse, fracasar una persona o un negocio. 2. Morirse, terminar la vida de un ser vivo. — Argent., Chile Amér. Central y Merid.

tachón
I (Derivado de *tacha* < fr. *tache*.)
1 Raya hecha sobre un escrito para borrarlo o eliminarlo: *el texto estaba lleno de tachones.* — s.m. = tachadura
2 Adorno hecho de cinta o galón, sobrepuesto en la ropa. — s.m.
II (Derivado del ant. *chatón* < *chato* < lat. vulgar *plattus.) Tachuela grande, de cabeza dorada o plateada, usada para adornar muebles o puertas. — s.m.

tachonar Adornar una cosa con tachones: *tachonaron los rebordes del mueble.* — v.tr. tb: tachonear

tachonería Labor o adorno de tachones. — s.f.

tachoso, a Que tiene faltas o defectos. — adj.

tachuela
I (Del occitano ant. *tacha*.)
1 Clavo corto de cabeza grande: *el tapizado está sujeto a la silla con tachuelas.* — s.f.
2 Persona muy baja. — Chile, Nicar.
II (Derivado de *tacho*.)
1 Especie de escudilla de metal que se usa para calentar algunas cosas. — s.f. Colomb.
2 Taza de metal, a veces de plata y con adornos, que se tiene en el tinajero para beber agua. — Colomb., Venez.

tácito, a (Del lat. *tacitus*.)
1 Que puede ser supuesto o sobrentendido sin haber sido expresado: *en la reunión quedó claro, de forma tácita, el acuerdo sobre el asunto.* — adj. = implícito ≠ explícito
2 Que guarda silencio. — = silencioso

taciturnidad Calidad de taciturno. — s.f.

taciturno, a (Del lat. *taciturnus*.)
1 Que habla poco: *me sorprende que te haya contado sus intimidades porque es muy taciturno.* — adj/= callado, silencioso
2 Que está triste y melancólico: *desde que estuvo hablando con él, la noto muy taciturna.* — = apesadumbrado

taclobo Molusco bivalvo de gran tamaño que habita en los mares cálidos, cuyas conchas, muy bonitas, se usan como pilas de agua bendita. *(Tridacna gigas.)* — s.m. ZOOLOGÍA

taco
1 Trozo de madera, metal o de otro material sólido, corto y grueso, que se encaja en algún hueco: *puso unos tacos bajo la lavadora para equilibrarla.* — s.m.
2 Trozo de madera, metal o plástico, cilíndrico y alargado que, empotrado en la pared, sirve para colocar clavos o tornillos: *ese taco es demasiado grande para la alcayata.* — = clavija
3 Conjunto de hojas de papel sujetas en un solo bloque, en especial las que forman un calendario. — = bloc
4 Palo que se usa para jugar al billar. — JUEGOS
5 Pedazo corto y grueso de jamón, queso o de otro alimento que se toma como aperitivo: *sobre la mesa había tacos de tortilla y de chorizo clavados con palillos.* — COCINA
6 Situación o cosa difícil, confusa o poco clara: *vuélvemelo a explicar porque me estoy haciendo un taco.* — coloquial = lío
7 Grosería o palabra malsonante: *no digas tacos delante de tu padre.* — = palabrota
8 Edad de una persona: *tiene veinte tacos.* — s.m.pl./coloquial
9 Palo o barra para apretar la carga de algunas armas de fuego, o el relleno de alguna cosa. — s.m. = baqueta
10 Cilindro de trapo, papel, estopa o algo parecido, que se colocaba entre la pólvora y el proyectil en las armas de fuego o en los barrenos.
11 Cada una de las piezas cónicas que llevan en la suela algunos zapatos deportivos.
12 Trago de vino.
13 Lanza usada en el juego del estafermo y en el de la sortija. — JUEGOS
14 Juguete consistente en un canuto donde se meten dos tacos de papel, estopa u otros pequeños objetos, que se lanzan por medio de aire comprimido. — JUEGOS
15 Utensilio de madera con punta en un extremo usado para apretar y aflojar las cuñas de la forma. — ARTES GRÁFICAS = botador
16 Pieza de madera que afianza y reúne dos o más elementos del casco. — NÁUTICA
17 Pieza que sobresale de la suela de un zapato para proteger y reforzar la parte del talón. — Amér. Merid., P. Rico/= tacón
18 Maza de astil con que se impulsa la bocha en el juego del taco. — Argent. DEPORTES
19 Tortilla de maíz arrollada con algún ingrediente como carne de pollo, de res, papas u otros, en el centro: *comimos taco de pollo con crema, queso y guacamole.* — Méx. COCINA
20 taco de clavellina: Cilindro formado por varios haces de filamento de estaño atados.
21 taco de suela: El del billar que tiene una rodaja de suela en la punta. — JUEGOS
22 taco limpio o seco: El del billar que no tiene suela en la punta. — JUEGOS
23 armarse o hacerse un taco: Aturdirse, confundirse sin encontrar solución: *se hizo un taco buscando la casa donde vives.* — coloquial
24 dejar hecho un taco a alguien: Confundirle o derrotarle en una discusión: *me dejó hecho un taco con lo que me contó.* — coloquial

tacómetro Dispositivo que indica la velocidad de rotación de un eje o una máquina, en general en revoluciones por minuto: *el tacómetro del automóvil.* — s.m. TECNOLOGÍA tb: taquímetro

tacón
1 Pieza de altura variable unida al exterior de la suela del calzado por la parte correspondiente al talón: *nunca ha sabido andar con zapatos de tacón.* — s.m.
2 Cuadro de barras a las cuales se ajusta el pliego en la prensa para ser impreso. — ARTES GRÁFICAS
3 Corte oblicuo en la quilla de un barco que se ajusta con otro hecho en la madre del timón. — NÁUTICA = talón

taconazo Golpe dado con el tacón: *el soldado se puso firme dando un taconazo.* — s.m.

taconeante Que taconea. — adj.

taconear
1 Hacer una persona ruido con los tacones al andar. — v.intr.
2 Andar una persona con altivez y orgullo: *taconea al pasar por delante de sus vecinos.*
3 Bailar haciendo ruido con los tacones: *el bailaor de flamenco taconeaba sobre el tablao.* — = zapatear

taconeo Acción y resultado de taconear: *ya ha llegado la vecina porque se oye su taconeo.* — s.m.

tacopastle Planta aristoloquiácea de aplicaciones medicinales que se utiliza para curar las mordeduras de víbora. — s.m. Méx./BOTÁNICA tb: tacopatle

tacotlí Esclavo azteca, que a su vez podía tener familia, bienes propios y otros esclavos a su servicio. — s.m. HISTORIA

tactación Exploración de una superficie orgánica con las yemas de los dedos. — s.f. MEDICINA

táctica (Del gr. *taktike*.)
1 Método o sistema para realizar una cosa y alcanzar un objetivo: *nos han enseñado tácticas para obtener mayor rendimiento del estudio.* — s.f. = técnica
2 Habilidad y disimulo que se emplea para lograr un fin: *el hacerse la ofendida es una de sus tácticas para que seas tú quien se disculpe.* — = artimaña, treta
3 Conjunto de reglas para la instrucción y ejercicio de la tropa y para la realización de las operaciones militares. — MILITAR = estrategia
4 **táctica naval:** Arte que enseña la posición, defensa y ataque de dos o más naves que forman cuerpo de armada. — MILITAR

táctico, a (Del gr. *taktikos*.)
1 De la táctica: *el entrenador nos expuso un nuevo movimiento táctico.* — adj. = estratégico
2 Que es especialista en táctica: *este militar es un buen táctico.* — adj/s.
3 De la taxis. — adj./BIOLOGÍA

táctil Del sentido del tacto: *sensibilidad táctil.* — adj.

tactilidad
1 Cualidad de táctil. — s.f.
2 Facultad cerebral que permite percibir las sensaciones táctiles. — FISIOLOGÍA

tactismo Movimiento realizado por un microorganismo o un ser vivo como respuesta a un estímulo externo. — s.m. BIOLOGÍA = taxis

tacto (Del lat. *tactus*.)
1 Sentido corporal repartido por toda la superficie del cuerpo, que se percibe el contacto de las cosas y algunas cualidades como la suavidad, aspereza, la temperatura y otras. — s.m. FISIOLOGÍA
2 Acción de tocar o palpar: *las personas ciegas reconocen las cosas al tacto.* — = tocamiento
3 Manera de percibir los objetos con este sentido: *tiene un tacto desagradable.*
4 Habilidad y acierto para conducir un asunto delicado o tratar a las personas: *ten mucho tacto al darle la noticia; llevó la negociación con tacto.* — = acierto, maña, diplomacia
5 Exploración de una superficie orgánica, cutánea o mucosa, con las yemas de los dedos y sin apretar con fuerza la parte explorada. — MEDICINA = tactación
6 **tacto de codos:** 1. Se usa para designar la posición de los soldados en formación correcta. 2. Unión estrecha entre las personas que persiguen cierto fin o tienen intereses comunes. — MILITAR coloquial

tactómetro Instrumento que permite medir la sensibilidad táctil. — s.m./MEDICINA = estesiómetro

tacuache Zarigüeya o tlacuache, mamífero marsupial americano. — s.m./Méx. ZOOLOGÍA

tacuaco, a Que es rechoncho o retaco. — adj./Chile

tacuara Planta gramínea, especie de bambú de cañas muy resistentes. *(Chusquea tacuara.)* — s.f./Argent., Par., Urug./BOTÁNICA

tadzhik
1 De un pueblo musulmán que habita, en especial, el Tadzhikistán, y de su lengua. — adj.
2 Persona natural de este pueblo. — s.m.f.
3 Lengua irania, de la familia indoeuropea, hablada en esta república. — s.m. LINGÜÍSTICA

taekwondo (Voz japonesa.) Deporte de lucha de origen coreano basado en golpes secos con las manos o con los pies. — s.m. DEPORTES

tael Antigua moneda china. — s.m./HISTORIA

taf (Acrónimo de *[T]ren [A]rticulado [F]iat*.) Tren rápido formado por tres unidades, de las cuales la primera y la última son motoras. — s.m.

tafanario Asentaderas, parte posterior del cuerpo humano: *a ver adónde acabas poniendo el tafanario.* — s.m. = posaderas

tafetán (Del cat. *tafetà* < ár. *taftah*.)
1 Uno de los tres ligamentos fundamentales, en la industria textil. — s.m. TEXTIL
2 Tela delgada de seda, muy tupida: *la camisa es de tafetán azul.* — TEXTIL
3 Galas de mujer. — s.m.pl

4 **tafetán de heridas o inglés:** El que está cubierto por una cara de una sustancia aglutinante, empleado para cubrir heridas pequeñas.

tafia Aguardiente obtenido de las melazas y subproductos de fabricación del azúcar de caña. — s.f.

tafilete (Del nombre del reino de *Tafilete* en Berbería, donde se preparaban estos cueros.)
1 Piel de cabra curtida y pulida, fina y flexible usada para hacer zapatos, encuadernaciones, tapizados y otros usos. — s.m. = marroquí
2 Cuero fabricado con otras pieles, parecido a ésta.

tafiletear Adornar o arreglar el calzado u otro objeto con tafilete. — v.tr.

tafiletería
1 Arte y técnica de fabricar o curtir el tafilete. — s.f.
2 Establecimiento donde se curte y vende el tafilete. — COMERCIO
3 Conjunto de artículos hechos de tafilete: *en esa tienda tienen tafiletería marroquí.* — = marroquinería

tafocenosis Agrupación de restos de organismos procedentes de lugares distantes. — s.f./pl: tafocenosis ECOLOGÍA

tafón Molusco gasterópodo marino de concha rayada y espira corta. *(Taphon striatum.)* — s.m. ZOOLOGÍA

tafonomía Rama de la paleontología que estudia los procesos que convierten los organismos en fósiles. — s.f. GEOLOGÍA

tafurea (Del ár. *taifuriya*, plato hondo.) Barco muy plano que se usaba para transportar caballos. — s.f. NÁUTICA

tag (Voz inglesa.) Graffiti trazado o pintado, que se caracteriza por un grafismo parecido a la escritura y que constituye un signo de reconocimiento. — s.m.

tagalo, a
1 De un pueblo indígena de Filipinas, de origen malayo. — adj.
2 Persona natural de este pueblo. — s.
3 Lengua indonesia hablada por este pueblo. — s.m./LINGÜÍSTICA

tagarino, a Se aplica a los moriscos que vivían entre cristianos y hablaban su lengua. — adj/s. HISTORIA

tagarnina (Del ár. *thiqornina*.)
1 Cardillo, planta compuesta con flores amarillas y hojas rizadas y espinosas por el margen. — s.f. BOTÁNICA
2 Cigarro puro de baja calidad.

tagarote
1 Ave rapaz diurna de color gris azulado por encima y colorado con manchas por debajo. *(Falco peregrinus pelagrinoides.)* — s.m. ZOOLOGÍA
2 Escribiente de notario. — = escribano
3 Hidalgo pobre que procuraba comer a costa ajena. — HISTORIA
4 Persona alta y desgarbada.

tagarotear Escribir una persona deprisa y con buena caligrafía. — v.intr.

tagmema Unidad mínima de significación de una forma táctica gramatical a la cual corresponde un significado, como, por ejemplo, la entonación. — s.f. LINGÜÍSTICA

taha (Del ár. *taa*, obediencia.) Comarca o distrito administrativo. — s.f.

tahalí (Derivado del ant. *tahelil* < ár. *tahlil*, acto de pronunciar una fórmula religiosa.)
1 Correa ancha de cuero puesta en bandolera de la que se cuelga la espada, el sable o el tambor. — s.m. pl.tb: tahalíes
2 Pieza de cuero que pende del cinturón donde se lleva el machete o el cuchillo de bayoneta.
3 Caja de cuero pequeña en que los soldados moros llevaban el Corán y los cristianos reliquias y oraciones. — HISTORIA

taharal Terreno poblado de tarayes. — s.m./= tarayal

taheño, a (Del ár. *tahannu*.)
1 Se aplica al pelo que es de color rojizo. — adj.
2 Que el pelo o la barba de color rojizo: *tiene el cabello taheño del sol.* — = barbitaheño, pelirrojo

tahitiano, a
1 De Tahití, isla de Polinesia. — adj.
2 Persona natural de dicha isla polinésica. — s.

tahona (Del ár. *tahuna*.)
1 Establecimiento donde se cuece y se vende pan: *me encanta pasar por la tahona y oler el pan recién horneado.* — s.f./= horno, panadería
2 Molino de harina movido por una caballería.

tahonero, a Persona que tiene una tahona. — s./= panadero

tahúr, a
1 Que es aficionado al juego: *cada noche se reúne con otros tahúres y echan sus partidas de póquer.* — adj/s. = jugador
2 Que hace trampas en el juego: *ten cuidado con él, que es un tahúr en las cartas.* — = cuco, fullero
3 Persona que frecuenta las casas de juego. — s.

tahurería
1 Garito o casa de juego. — s.f.
2 Vicio o afición desmedida al juego.
3 Manera de jugar con trampas y engaños. — = cuquería, fullería

tahuresco, a Que es propio de tahúres. — adj.

tai
1 De un grupo étnico del sur de China y del sudeste asiático, de su cultura y de sus lenguas. — adj/s.m.f.

2 De una familia de lenguas chino-tibetanas habladas en esta zona asiática.   LINGÜÍSTICA

taifa (Del ár. *taifa*, nación.)
1 Banda, facción de gente.   s.f./= pandilla
2 Reunión de personas mal consideradas socialmente.
3 Cada uno de los reinos en que se dividió la península Ibérica bajo el dominio árabe al disolverse el califato cordobés.   HISTORIA

taiga (Voz rusa.) Bosque propio del norte de la región euro-siberiana, entre la tundra y la estepa, de subsuelo helado y formado por coníferas.   s.f. GEOGRAFÍA

tailandés, a
1 De Tailandia, país del Sudeste asiático.   adj.
2 Persona natural de dicho país asiático.   s.

taima
1 Picardía o astucia en los actos o en las palabras.   s.f./= taimería
2 Emperramiento u obstinación en una cosa.   Chile

taimado, a (Del port. *taimado*.)
1 Que es astuto y con gran habilidad para engañar: *nos engañó un hombre taimado*.   adj./s.
= ladino
2 Que es obstinado o está emperrado en alguna cosa.   adj./Chile

taimarse Emperrarse, obstinarse en una cosa.   v.prnl./Chile

taimería Manera de ser o comportarse la persona pícara y astuta: *ten cuidado con sus taimerías o te engañará*.   s.f./= picardía, astucia

taíno, a
1 De un pueblo amerindio que habitaba en La Española, Cuba, Puerto Rico y Jamaica cuando se produjo la conquista de América.   adj. HISTORIA
2 Persona de dicho pueblo.   s./HISTORIA
3 Lengua arahuaca que hablaba este pueblo.   s.m./LINGÜÍSTICA

tairona De un pueblo amerindio extinguido, que habitó la costa norte de Colombia, y desarrolló una importante cultura precolombina.   adj/s.m.f. HISTORIA

taita (Del lat. *tata*.)
1 Expresión infantil que se utiliza para designar al padre.   s.m. familiar
2 Persona que tenía el gobierno de una mancebía.

taja (Del fr. *targe* < germ. *targa*, escudo.)
1 Acción y resultado de dividir una cosa con un instrumento cortante.   s.f. = tajadura
2 Palo o caña partida en la que se señala una cosa con muescas.   = tarja
3 Armazón formado por varios palos paralelos sujetos por dos arqueados que se pone sobre la albarda para sujetar mejor la carga.

tajá Especie de pájaro carpintero.   s.f./Cuba/ZOOLOGÍA

tajada
1 Porción cortada de una cosa, en especial comestible: *pon una tajada de melón con el jamón por encima*.   s.f. = rodaja
2 Ronquera o tos ocasionada por un resfriado.
3 Cortadura que se hace a una herida con algo.   = corte, tajo
4 Estado de embriaguez: *no se acuerda de lo que pasó anoche de la tajada de ron que pilló*.   coloquial = borrachera
5 **hacer tajadas a una persona:** Acribillarle de heridas con arma blanca: *te voy a hacer tajadas como te chives a la policía*.   coloquial
6 **sacar tajada:** Obtener alguien provecho de una cosa manejada entre varios: *él también sacó tajada del negocio*.   coloquial

tajadera
1 Cuchillo curvo, en forma de media luna.   s.f.
2 Cincel para cortar hierro frío o abrir agujeros en las paredes y suelos.   = cortafrío
3 Utensilio pequeño de madera sobre el que se coloca la carne o los alimentos que se han de cortar o picar.   = tajo, tajador, tajadero

tajadero Trozo de madera para picar o cortar carne u otros alimentos: *pica la cebolla sobre el tajadero para no estropear la mesa*.   s.m. = tajador, tajadera, tajo

tajadilla Plato de tajadas guisadas de livianos o pulmones de res vacuna.   s.f. COCINA

tajado, a
1 Se aplica a la costa o a la roca que está cortada de forma vertical.   adj. GEOLOGÍA
2 Se aplica al escudo dividido en dos partes iguales por una línea diagonal.   HERÁLDICA

tajador, a
1 Que taja o corta.   adj./s.
2 Utensilio de madera para partir o picar la carne u otros alimentos.   s.m./= tajadera, tajadero, tajo
3 Cuchilla que sirve para cortar cuero, cartón u otras materias laminadas.

tajadura Acción y resultado de tajar: *partió en dos el hueso de una sola tajadura*.   s.f. = corte, taja

tajamanil Tabla delgada que se coloca como teja en los techos de las casas.   s.m./Méx., Cuba, P. Rico/= tejamanil

tajamar
1 Parte inferior del espolón de los barcos que sirve para hender el agua cuando la embarcación navega.   s.m. NÁUTICA
2 Espolón de un pilón de puente para romper la fuerza de la corriente y repartir el agua con igualdad a ambos lados.   CONSTRUCCIÓN

3 Zanja en la ribera de los ríos para amenguar el efecto de las crecidas.   Argent., Perú
4 Malecón o dique.   Chile, Ecuad., Perú
5 Represa o dique pequeño.   Argent., Ecuad.

tajante
1 Que taja o corta: *ten cuidado con ese cuchillo porque tiene un filo muy tajante*.   adj. = cortante
2 Que no admite réplica o discusión: *me quedé callado ante su respuesta tajante; es una persona tajante en sus decisiones*.   = definitivo, terminante
3 Que es total o no admite término medio: *entre estos políticos hay una diferencia tajante*.   = total

tajaplumas Cortaplumas, navaja pequeña con la que se cortaban las plumas de ave.   s.m. pl: tajaplumas

tajar (Del lat. vulgar *taleare* < lat. *talea*, tallito que se raja y trasplanta.)
1 Dividir una cosa con un instrumento cortante: *tajó la pieza en cuatro trozos*.   v.tr. = cortar
2 Cortar la pluma de ave que se empleaba para escribir.

tajea
1 Caja de ladrillo con que se revisten las cañerías.   s.f./= atarjea
2 Especie de puente con un solo arco que sirve para dar paso al agua por debajo de un camino.   CONSTRUCCIÓN

tajo
1 Corte profundo hecho con un instrumento cortante: *te llevaré al hospital porque el tajo sangra mucho*.   s.m. = cortadura
2 Precipicio estrecho y profundo formado en el terreno por un río o por otro accidente del terreno.   GEOGRAFÍA
3 Tarea o trabajo en que se ocupa una persona: *me voy al tajo a las seis de la mañana*.   coloquial = curro
4 Filo de un instrumento cortante: *me corté con el tajo del cuchillo*.   = arista
5 Trozo de madera grueso para partir o picar la carne u otros alimentos: *corta el pollo sobre el tajo*.   = tajadera, tajadora
6 Asiento rústico, por lo general de tres pies.   = tajuelo
7 Sitio hasta donde ha llegado el trabajo de una cuadrilla de obreros que avanzan sobre el terreno.
8 Apoyo de madera sobre el que se decapitaba a los condenados a muerte.   HISTORIA
9 Corte dado, en esgrima, con la espada u otra arma blanca llevándola de derecha a izquierda.   DEPORTES
10 **tajo diagonal:** Corte, en esgrima, que sigue la dirección de la diagonal trazada en el cuadrado que se considera en el rostro.   DEPORTES

tajón
1 Trozo de madera grueso para partir o picar la carne u otros alimentos.   s.m. = tajo, tajadera
2 Madero de menos longitud que la que le corresponde por su marco.   CARPINTERÍA

tajuela Asiento o banquillo rústico, por lo general de tres pies.   s.f. tajo, tajuelo

take-off (Expresión inglesa.) Despegue económico.   s.m./ECONOMÍA

tal (Del lat. *talis*.)
1 Igual, semejante: *nunca se vio tal suceso ni tales desastres; nunca he dicho tal cosa*.   adj/pron.dem.
2 Tan grande, de tanta importancia: *nunca vi palacio de tal belleza*.
3 Designa a una persona, animal o cosa indefinida: *yo te digo los nombres de tal y tal persona y tú los tachas de la lista*.
4 Expresa un matiz ponderativo o despectivo: *no frecuento tales lugares*.
5 Expresa desconocimiento de la persona de la que se habla con artículo indeterminado y nombre propio: *un tal Antonio me preguntó por ti*.
6 Así, de esta manera: *tal sucedió en aquella ocasión*.   adv.
7 De la misma manera que, así como: *lo encontrarás tal como lo dejé*.
8 **con tal de, con tal que o con tal de que:** En el caso, dado que, si: *haz lo que sea con tal de que se calle; con tal de tenerla a su lado, hará lo que sea*.   loc.prep.
9 **que si tal que si cual:** Hablando de esto y de lo otro, chismorreando: *y ellas todo el día que si tal que si cual y sin hacer caso del timbre*.   coloquial
10 **¿qué tal?:** Se usa como fórmula de saludo o de cortesía para preguntar por una persona: *¡hombre!, ¿qué tal?; ¿qué tal está tu familia?*   coloquial
11 **tal cual:** A su manera, como es: *déjalo así, tal cual, después y se lo arreglaremos*.   loc.adv.
12 **tal para cual:** Igualdad o semejanza entre personas: *estos dos son tal para cual*.   loc.adj/adv. coloquial
13 **y tal:** Expresión que añade un término impreciso pero aproximado a lo que se estaba diciendo: *bebimos vino, gaseosa y tal*.   coloquial

tala
I (Derivado de *talar*.)
1 Operación de talar árboles en masa para dejar la tierra rasa: *la tala masiva de árboles arrasa los bosques*.   s.f.
2 Destrucción de plantas, cosechas, edificios o poblaciones: *el ejército invasor se dedicó a la tala de los lugares conquistados*.
3 Poda de árboles: *la primavera es la época de tala de los árboles*.

4 Defensa formada con árboles talados colocados como barrera. — MILITAR

5 Planta ulmácea maderable, cuya raíz se usa para teñir. — Amér. Merid. BOTÁNICA / Chile

6 Acción de comer los animales la hierba que no puede ser cortada por la hoz. — Chile

II (De origen incierto.)

1 Juego que consiste en dar con un palo en otro pequeño y puntiagudo colocado en el suelo, hacerlo saltar y volverlo a golpear. — s.f. JUEGOS

2 Palo pequeño que se usa en este juego. — JUEGOS

talabarte (Del occitano ant. *talabart* < fr. ant. *talevart*, pavés.) Cinturón de cuero que llevan las caballerías y del que cuelga la espada o el sable. — s.m. HISTORIA

talabartería Taller y tienda donde se hacen o venden artículos de cuero. — s.f.

talabartero, a Persona que hace o repara talabartes y otros correajes para caballerías. — s.

talabricense
1 De Talavera de la Reina, ciudad de Toledo. — adj.
2 Persona natural de dicha ciudad toledana. — s.m.f.

talacho
1 Instrumento para labrar la tierra, parecido a la azada. — s.m./Méx. AGRICULTURA
2 Trabajo o tarea pequeños, en especial los que se relacionan con el cuidado o mantenimiento de una cosa: *estuve haciendo talacha toda la mañana en casa.* — s.f. Méx. coloquial
3 Reparación o compostura, en especial la que se hace a las carrocerías de los automóviles: *voy a llevar el coche para que le hagan talacha.* — Méx.

talador, a Que tala: *los taladores llegaron al bosque con las sierras eléctricas.* — adj/s.

taladrado
1 Acción y resultado de taladrar o agujerear una superficie. — s.m. = taladro
2 Operación que tiene por objeto practicar un agujero cilíndrico mediante una taladradora, barrena u otro utensilio semejante.

taladrador, a Que taladra: *utilizó un aparato taladrador especial para metal.* — adj/s.

taladradora
1 Máquina o herramienta que sirve para taladrar o mandrilar agujeros hechos con anterioridad: *las taladradoras que había en la calle hacían un ruido insoportable.* — s.f. = taladro
2 taladradora radial: Aquella cuyo husillo puede deslizarse sobre un brazo horizontal, lo que permite desplazarla en cualquier sentido.
3 taladradora sensitiva: Aquella en la que el husillo se mueve manualmente mediante una palanca.

taladrante Que taladra: *ese aparato hace un ruido taladrante.* — adj. = penetrante

taladrar
1 Hacer un agujero en una cosa con un taladro u otra herramienta parecida: *taladró la pared para colgar unos cuadros.* — v.tr. = agujerear, perforar
2 Herir el oído un sonido muy agudo: *el ruido de la explosión me taladró el oído.*
3 Causar un dolor agudo o un gran sufrimiento a una persona: *el dolor me taladraba las sienes.* — = herir

taladrilla Barrenilla, insecto coleóptero que horada la corteza de los árboles. — s.f. ZOOLOGÍA

taladro (Del bajo lat. *taratrum*.)
1 Herramienta o instrumento para taladrar madera, metal u otra materia: *este taladro no sirve para agujerear metal.* — s.m. = taladradora
2 Agujero hecho con este instrumento: *has hecho el taladro demasiado pequeño para el taco.* — = taladrado
3 Acción y resultado de taladrar. — = taladrado
4 Broma, molusco bivalvo que causa graves daños a las construcciones navales en las que se fija. — ZOOLOGÍA

talaje
1 Acción de pacer los ganados. — s.m./Chile
2 Precio que se paga por ello. — Chile

talalgia Dolor en el talón que puede tener un origen traumático por haber estado mucho tiempo de pie y que puede producir una bursitis o una malformación. — s.f. MEDICINA

talamanca De un grupo de pueblos de América Central, de lengua chibcha, muchos de ellos extinguidos. — adj/s.m.f.

talamera Árbol en el que se coloca el señuelo para atraer a las palomas. — s.f. CAZA

talamete Entablado o cubierta que ocupa la parte de proa en las embarcaciones menores. — s.m. NÁUTICA

talamifloro, a Se aplica a las plantas angiospermas dicotiledóneas de flores con pétalos y estambres injertos en el receptáculo. — adj/s.f. BOTÁNICA

tálamo (Del lat. *thalamus* < gr. *thalamos*.)
1 Cama conyugal, en especial la de los recién casados: *llevó en brazos a su mujer hasta el tálamo.* — s.m. = lecho
2 Receptáculo de la flor. — BOTÁNICA

3 Parte del encéfalo situada en la base del cerebro que interviene en la regulación de las funciones vegetativas. — ANATOMÍA = tálamo óptico

talamoco, a Se aplica a la persona que carece de pigmentación en la piel. — adj./Ecuad. = albino

talán (Voz onomatopéyica.) Sonido de la campana: *se oye el talán de la campana de la iglesia llamando a misa.* — s.m.

talanquera
1 Valla o pared que se usa como defensa o reparo: *el picadero está rodeado por una talanquera.* — s.f. = barrera
2 Lugar que sirve para protegerse. — = refugio
3 Seguridad y protección de que disfruta una persona. — = amparo
4 hablar de o desde la talanquera: Juzgar o murmurar, estando resguardado y seguro, de los que corren peligro o están en un apuro: *es fácil hablar desde la talanquera, pero ya me gustaría verte a ti en esta situación.* — coloquial
5 mirar o ver de o desde la talanquera: Observar desde un lugar seguro: *no pienso acercarme al sitio donde se están peleando, yo me quedo aquí mirando desde la talanquera.* — coloquial

talante (Del lat. *talentum* < *talanton*.)
1 Modo personal de ser y de comportarse: *es un joven de talante bondadoso y tranquilo; hoy está de mal talante.* — s.m. = carácter, genio
2 Disposición para hacer una cosa: *siempre está de buen talante para ayudarnos.* — = agrado, gana

talar
I (Del lat. *talaris*.) Se aplica a la vestidura que llega hasta los talones: *el sacerdote salió con ropa talar y negra.* — adj.
II (Del germ. *talon*, arrancar.)
1 Cortar los árboles de un bosque por la base: *han talado cientos de hectáreas de terreno.* — v.tr. = cercenar
2 Destruir la vegetación o la población de un lugar: *el ejército taló ciudades enteras a su paso.* — = arrasar

talasemia (Del gr. *thalassa*, mar + *sema*, signo.) Anemia hemolítica hereditaria que se presenta en general en los países mediterráneos y que está causada por un trastorno de la hemoglobina. — s.f. MEDICINA

talásico, a Se aplica a los animales y a las plantas que viven en alta mar, lejos de la costa. — adj. BIOLOGÍA

talaso- Componente de palabra procedente del gr. *thalassa*, que significa mar: *talasoterapia.* — pref.

talasocracia (Del gr. *thalassa*, mar + *krateo*, gobernar.) Poderío naval y dominio de los mares: *la talasocracia griega.* — s.f. HISTORIA

talasófilo, a Se aplica al vegetal que vive cerca del mar. — adj. BOTÁNICA

talasofita Planta marina. — s.f./BOTÁNICA

talasofobia Miedo al mar o a los viajes marinos. — s.f./SICOLOGÍA

talasoterapia (Del gr. *thalassa*, mar + *therapeia*, curación.) Método terapéutico basado en la acción del clima oceánico y en la aplicación de baños, algas y lodos marinos. — s.f. MEDICINA

talayot (Del cat. *talaiot*, atalaya pequeña.) Monumento megalítico de las Baleares, semejante a una torre de poca altura. — s.m. th: talayote HISTORIA

tálbot (De W. H. F. *Talbot*, físico inglés.) Unidad de energía luminosa. — s.m./pl: tálbots FÍSICA

talbotipia Procedimiento fotográfico que consiste en fijar la imagen mediante el sistema de negativo-positivo. — s.f. FOTOGRAFÍA

talbotipo Fotografía obtenida mediante la talbotipia. — s.m./FOTOGRAFÍA

talco (Del ár. *talq*.)
1 Mineral muy blando, de estructura hojosa, de color verde, blanco o pardusco, que se utiliza reducido a polvo en farmacia y en perfumería, o en láminas sustituyendo al vidrio. — s.m. MINERALOGÍA
2 Lámina metálica muy delgada de distintos colores usada en bordados y otros adornos.

talcoso, a Que contiene talco. — adj.

talcosquisto Roca metamórfica de color verde o blanco, formada, en esencia, por talco. — s.m. GEOLOGÍA

talcualillo, a
1 Que tiene una calidad o un tamaño intermedio: *es de calidad talcualilla.* — adj/coloquial = regular
2 Se aplica al enfermo que va experimentando alguna mejoría: *todavía está talcualillo, pero mucho mejor.* — coloquial = mejorcillo

tálea Empalizada que se usaba en los campamentos romanos. — s.f. HISTORIA

taled Prenda de lana con que los judíos se cubren la cabeza y el cuello en sus ceremonias religiosas. — s.m. RELIGIÓN

talega (Del ár. *taliqa*.)
1 Bolsa ancha, corta y de tela, que sirve para llevar o guardar cosas: *metió las prendas en una talega para llevarlas a la tintorería.* — s.f. = saco
2 Conjunto de objetos que se guardan o llevan en esta bolsa: *ha traído una talega de pan.*
3 Aceite que se saca con sólo pisar las aceitunas metidas en una bolsa.
4 Redecilla para el pelo que usaban las mujeres.
5 Bolsa de tela que se ponía a los niños para la higiene íntima. — = culero

6 Caudal monetario de una persona: *aunque no lo parezca, tiene talega.* — coloquial

7 Testículos, glándulas sexuales masculinas. — vulgar

8 Los pecados que una persona va a confesar. — s.f.pl.

talegada Cantidad de una cosa que cabe en una talega o saco. — s.f.

talegazo
1 Golpe dado con un talego. — s.m.
2 Caída de una persona: *se dio un talegazo bajando las escaleras.* — coloquial/= costalazo, costalada
3 Golpe recibido en una caída: *todavía tengo dolorido el talegazo de la espalda.* — coloquial/= tortazo, trompazo

talego
1 Saco largo y estrecho, hecho de lienzo basto u otra tela, en la que se transporta o guarda una cosa: *metió sus cosas en un talego y se fue.* — = costal
2 Cárcel o prisión: *le metieron en el talego por chorizo.* — argot/= trullo
3 Billete de mil pesetas: *¿me dejas dos talegos?* — argot
4 Porción de hachís que cuesta mil pesetas: *me ha pasado una postura de dos talegos de chocolate del bueno.* — argot

taleguilla
1 Calzón que forma parte del traje usado por los toreros. — s.f. TAUROMAQUIA
2 **taleguilla de la sal**: Dinero que se consume en el gasto diario. — coloquial

talento (Del lat. *talentum* < gr. *talanton.*)
1 Capacidad intelectual de una persona: *sus éxitos científicos demuestran que es un hombre de talento.* — s.m. = inteligencia
2 Capacidad o aptitud para realizar una actividad concreta: *tiene talento de bailarina, pero no vale para los estudios.* — = habilidad
3 Unidad monetaria y de peso de los antiguos griegos. — HISTORIA
4 Entendimiento o potencia del alma. — TEOLOGÍA

talentoso, a Que tiene talento: *ese joven talentoso tiene futuro en la empresa.* — adj. tb: talentudo

talero Látigo para azotar a las caballerías formado por un mango corto y una tira de cuero ancha. — s.m./Argent., Chile, Urug.

tálero Antigua moneda alemana de plata. — s.m./= táller

talgo (Acrónimo de *[T]ren [A]rticulado [L]igero [G]oicoechea [O]riol.*) Tren formado por varios elementos de aleación ligera, articulados entre sí sobre ruedas elásticas e independientes. — s.m.

talgüen Planta arbustiva ramnácea, de madera fuerte e incorruptible, muy estimada en carpintería. — s.m./Chile BOTÁNICA

talicón Pieza con que se aumenta la altura de la cuaderna en las embarcaciones pequeñas. — s.m. NÁUTICA

talidad Condición de tener una persona o cosa unas características propias de la individualidad. — s.f.

talidomida Tranquilizante prohibido debido a su acción teratogénica. — s.f. FARMACIA

talio (Del gr. *thallos*, rama verde.) Metal raro parecido al plomo cuyas sales dan color verde a la llama del alcohol en que están disueltas. — s.m. QUÍMICA

talión (Del bajo lat. *talio, -onis.*) Pena por la que el delincuente sufre un daño igual al que causó. — s.m. HISTORIA

talionar Imponer la pena del talión a una persona. — v.tr.

talismán (Del ár. *tilismat* < gr. *telesma*, ceremonia religiosa.) Objeto, figura o imagen a la que se atribuyen poderes mágicos: *una pitonisa me dio una piedra diciéndome que era un talismán de la suerte; siempre lleva un búho porque lo considera un talismán que le protege.* — s.m. = amuleto

talla
I (Del cat. *talla.*)
1 Obra escultórica, en especial de madera: *en el museo se exponen tallas románicas.* — s.f. ARTE
2 Acción y resultado de tallar piedras preciosas: *el diamante tiene una talla perfecta.* — = labrado
3 Forma que se da a las piedras preciosas: *compró un diamante con talla rosa.*
4 Serie de operaciones mecánicas con que se modifica la superficie de los vidrios. — = grabado
5 Operación cruenta que se hacía para extraer los cálculos de la vejiga. — MEDICINA
6 Paño estéril que se usa para delimitar la zona sobre la que se va a operar. — MEDICINA
7 Procedimiento para labrar los dientes de las ruedas y piñones dentados. — METALURGIA
II (Del fr. *taille.*)
1 Estatura de una persona: *siempre se le ve entre el gentío porque es muy alto de talla.* — s.f. = altura
2 Instrumento usado para medir la estatura: *los quintos se ponían bajo la talla.*
3 Altitud moral o intelectual: *es un artista de gran talla en el mundo del cine.* — = importancia, valor
4 Medida convencional usada en la fabricación y venta de prendas de vestir: *usa una talla cuarenta de pantalón; al engordar, he aumentado dos tallas.* — = medida
5 **dar o no la talla**: 1. Alcanzar la estatura mínima exigida para cumplir el servicio militar: *se libró de la* — MILITAR

mili por no dar la talla. 2. Tener las condiciones o aptitudes exigidas para realizar una actividad: *la quitaron del puesto por no dar la talla.* — coloquial

III (Del ital. *taglia.*) Polea o aparejo de un barco. — s.f./NÁUTICA

IV (De origen incierto.) Dicho oportuno y espontáneo. — s.f. Chile

tallado
I (Derivado de *tallar.*)
1 Acción y resultado de tallar: *el tallado del cristal se realiza con un diamante.* — s.m.
2 Técnica escultórica de la madera. — ARTE
II (Derivado de *tallo.*) Se aplica a la flor, ramo o palma que tiene el tallo de diferente esmalte. — adj. HERÁLDICA

tallador, a
1 Persona que graba medallas. — s.
2 Persona que da las cartas o lleva las apuestas en una mesa de juego. — Amér. JUEGOS

talladura Entalladura [en todas sus acepciones]. — s.f.

tallante Que talla. — adj.

tallar
I (De *tallo.*)
1 Que puede ser talado o cortado: *monte tallar.* — adj.
2 Se aplica a un tipo de peine de pequeño tamaño. — adj/s.m.
3 Monte que se está renovando. — s.m.
4 Monte o bosque nuevo en el que se puede hacer la primera tala.
II (Del ital. *tagliare.*)
1 Trabajar la madera o la piedra para hacer esculturas o relieves: *ha tallado una figura femenina en madera.* — v.tr./ARTE = esculpir
2 Hacer las caras o facetas de una piedra preciosa: *en la joyería tallan diamantes.* — = labrar
3 Hacer grabados o relieves sobre un metal. — METALURGIA
4 Medir la estatura de una persona: *tienen que tallarlos antes de entrar en el servicio militar.*
5 Realizar el dentado de una pieza o un instrumento. — METALURGIA
6 Llevar la banca en los juegos de naipes. — JUEGOS
7 Imponer demasiados impuestos a una persona.
8 Tener una persona un lugar predominante en una conversación o en un asunto. — v.intr.
9 Hablar de amores un hombre y una mujer. — Chile

tallarín (Del ital. *taglierino.*) Pasta de harina con forma de tira muy estrecha y plana: *preparó unos tallarines a la carbonara.* — s.m. COCINA

tallarola (Del fr. *taillerole.*) Cuchilla muy fina para cortar la urdimbre del terciopelo y sacar el vello. — s.f.

talle (Del fr. *taille.*)
1 Estrechamiento del cuerpo humano que separa el pecho del vientre. — s.m./ANATOMÍA = cintura
2 Parte de una prenda de vestir correspondiente a la cintura del cuerpo humano: *tendré que estrechar el talle de la falda porque se me cae.*
3 Forma del cuerpo de una persona: *tiene un talle esbelto.* — = figura
4 Traza o apariencia de una cosa: *no me gusta el talle que está tomando el asunto.* — = aspecto
5 Medida que se toma para hacer una prenda de vestir y que comprende la parte que va desde el cuello a la cintura. — TEXTIL
6 Forma que se da a una prenda de vestir cortándola para ajustarla al cuerpo. — TEXTIL
7 **largo de talle**: Se aplica a la cantidad de ciertas cosas, cuando superan el término que se dice: *tenía cincuenta años largos de talle.* — loc.adj.

tallecer
1 Entallecer o echar tallos una planta o un árbol: *el geranio tallece a pesar de estar en invierno.* — v.intr./conj: carecer BOTÁNICA
2 Echar tallos las semillas, bulbos o tubérculos: *en primavera tallecerán las semillas que he plantado.* — v.intr/prnl. BOTÁNICA

taller
I (Del fr. *atelier.*)
1 Local donde se trabaja en una actividad manual ayudándose de herramientas y de maquinaria simple: *trabaja en un taller de carpintería.* — s.m. = obrador
2 Local donde se reparan automóviles, motocicletas u otros objetos: *llevaré el coche al taller para que le hagan una revisión.*
3 Sección de una fábrica donde se realizan operaciones auxiliares del proceso de fabricación.
4 Seminario de trabajo dedicado al aprendizaje práctico de alguna actividad creativa: *asiste cada tarde a un taller de literatura.* — = cursillo
5 Conjunto de colaboradores de un maestro. — ARTE
II (Del fr. *tailloir.*) Utensilio para el servicio de mesa con recipientes para el aceite y el vinagre. — s.m. = vinagreras

táller Antigua moneda alemana de plata. — s.m./= tálero

tallista Persona que hace obras de talla o esculturas en madera: *es un conocido tallista español.* — s.m.f. ARTE

tallo (Del lat. *thallus* < gr. *thallos.*)
1 Parte de la planta que sostiene las hojas, las flores y los frutos: *muchos tallos crecen torcidos.* — s.m. BOTÁNICA
2 Renuevo o brote de una planta: *la planta está llena de nuevos tallos.* — BOTÁNICA
3 Germen de una semilla, bulbo o tubérculo. — BOTÁNICA

4 Trozo de fruta confitada, y en particular, de calabaza, naranja, melón y sandía. `COCINA`
5 Variedad de frijol. `Colomb.`

tallón Cantidad ofrecida por el rescate de un prisionero o como premio por la captura de un delincuente. `s.m. HISTORIA`

talludo, a
1 Que tiene un tallo grande o muchos tallos. `adj./BOTÁNICA`
2 Que ha dejado de ser joven.
3 Que ha crecido mucho en poco tiempo: *tu hijo está muy talludo.* `= crecido`
4 Se aplica a la persona que tiene un vicio que resulta difícil dejar. `= viciado`

talma (Del fr. *talma.*) Especie de esclavina usada para abrigo. `s.f.`

talmente Así como, de tal manera: *parecía talmente como si estuviera loco.* `adv.`

talmud Libro de los judíos que contiene la tradición, doctrinas y reglas que deben observar. `s.m. RELIGIÓN`

talmúdico, a Del Talmud: *estudio talmúdico.* `adj./RELIGIÓN`

talmudista Seguidor de la doctrina del Talmud o persona versada en este libro. `s.m.f. RELIGIÓN`

talo Cuerpo vegetativo de los vegetales inferiores, equivalente a la raíz, tallo u hojas de otras plantas. `s.m. BOTÁNICA`

talocha Tabla cuadrada, con un mango perpendicular con que los albañiles sostienen una porción de la masa que emplean para alisar un muro. `s.f. CONSTRUCCIÓN`

talofito, a (Del gr. *thallos,* rama verde + *phyton,* planta.) Perteneciente a un grupo de vegetales pluricelulares cuyo aparato vegetativo es un talo y que puede estar constituido por una o más células, como las algas y los hongos. `adj/s.f. BOTÁNICA th: talófito`

talón
I (Del lat. vulgar *talo, -onis* < lat. *talus.*)
1 Parte posterior del pie humano, de forma redondeada: *el callista le arregló unas durezas en el talón.* `s.m./ANATOMÍA = calcañar`
2 Parte del calzado, de la media o del calcetín que cubre esta zona del pie: *tira esos calcetines con los talones rotos.*
3 Zona blanda y flexible que tienen las caballerías en la parte posterior del casco. `ZOOLOGÍA = pulpejo`
4 Parte posterior o extremo de ciertos instrumentos: *apoyó el talón del fusil en su hombro.*
5 Borde de las cubiertas de neumáticos que se introducen en la llanta. `MECÁNICA`
6 Moldura convexa por la parte superior y cóncava por la inferior. `CARPINTERÍA`
7 Reborde de una teja.
8 Moldura cuyo perfil se compone de dos arcos de círculo contrapuestos. `CONSTRUCCIÓN ARQUITECTURA`
9 Corte oblicuo en la quilla del barco que se ajusta con otro hecho en la madre del timón. `NÁUTICA`
10 Ángulo de inclinación de un barco. `NÁUTICA`
11 talón de Aquiles: Punto vulnerable o débil de una persona o una cosa: *su familia es su talón de Aquiles.*
12 apretar o levantar una persona los talones: Echar a correr con mucha rapidez: *cuando vio a la policía, apretó los talones en dirección opuesta.* `coloquial`
13 a talón: A pie, caminando: *va y vuelve de su trabajo a talón.* `loc.adv.`
14 pisarle a una persona los talones: **1.** Seguirla de cerca, ir detrás de ella: *unos mafiosos le pisan los talones.* **2.** Competir con ella con buenos resultados: *el alumno pisa los talones a su maestro en habilidad e inteligencia.* `coloquial` `coloquial`
II (Del fr. *etalon,* tipo legal de pesos y medidas.)
1 Documento que contiene una orden de pago dirigida en general a un banco. `s.m. ECONOMÍA`
2 Documento por el que una persona puede retirar la cantidad de dinero que figura en él, de la cuenta de la persona que lo ha extendido. `ECONOMÍA = cheque`

talonada Golpe dado a la caballería con los talones para estimularla o por otra razón. `s.f. EQUITACIÓN`

talonario
1 Libro o cuaderno en el que hay una serie de talones: *no puedo comprarlo porque no llevo el talonario encima.* `s.m.`
2 Bloque de hojas en las que constan determinados datos: *cogió el talonario de recibos y le extendió uno.* `= taco`

talonazo Golpe dado con el talón: *dio un talonazo a la pelota.* `s.m.`

taloneador, a Jugador colocado en una melée entre los dos pilares y que está encargado de sacar el balón, en el rugby. `s. DEPORTES`

talonear
1 Andar una persona mucho y con prisa haciendo gestiones: *lleva toda la mañana taloneando de un banco a otro.* `v.intr.`
2 Prostituirse una persona en la calle. `Méx.`
3 Pedir prestada o regalada alguna cosa, por lo general dinero: *se puso a talonear para reunir lo del pasaje.* `v.tr./Méx. vulgar`
4 Dar al balón con el talón para sacarlo de una melée, en el rugby. `DEPORTES`
5 Incitar al jinete con los talones a la cabalgadura para que arranque a andar o avive el paso. `v.intr./Argent. EQUITACIÓN`

talonera
1 Refuerzo o remiendo puesto en el talón de calcetines, botas o medias. `s.f.`
2 Refuerzo cosido en el bajo de los pantalones para evitar el desgaste.
3 Tira de tela colocada en el interior de la botamanga para protegerlo del roce. `Argent.`
4 Pieza de cuero que asegura la espuela al talón de la bota. `Argent., Chile`

talpa (Del lat. *talpa.*) Absceso o quiste que se forma en el interior de los tegumentos o tejidos que recubren la cabeza. `s.f./MEDICINA = talparia, topinaria`

talque (Del ár. *talq.*) Tierra compuesta de talco, muy refractaria, usada para hacer crisoles. `s.m./GEOLOGÍA = tasconio`

talqueza Planta herbácea gramínea utilizada para recubrir las chozas. (*Paspalum virgatum.*) `s.f./C. Rica BOTÁNICA`

talquita Roca pizarrosa compuesta en su mayor parte de talco. `s.f. GEOLOGÍA`

taltuza Mamífero geómido roedor, de pequeño tamaño, muy similar a la rata. (*Geomys.*) `s.f./C. Rica ZOOLOGÍA`

talud (Del fr. *talus.*)
1 Inclinación de un terreno o de un muro: *hay que tener cuidado al bajar por el talud de la montaña.* `s.m. = rampa`
2 talud continental: Vertiente submarina que desciende desde el borde de la plataforma continental hasta profundidades de dos mil metros o más. `GEOGRAFÍA`

taludín Reptil de origen centroamericano muy similar al caimán. `s.m./Guat. ZOOLOGÍA`

talvina (Del ár. *talbina.*) Papilla hecha con leche de almendras. `s.f. COCINA`

talweg (Voz alemana.) Línea imaginaria que une los puntos más bajos de un valle. `s.m./pl. talwegs GEOGRAFÍA`

tamagá Serpiente de origen centroamericano muy venenosa. (*Vipera nigra.*) `s.f./Amér. Central th: tamagás`

tamal Masa de maíz con manteca, cocida y envuelta en una hoja de maíz o de plátano, que suele rellenarse de carne, pollo, chile u otros ingredientes y a la que se puede dar formas distintas. `s.m. Amér. COCINA`

tamalada Comida en la que se sirven tamales como alimento principal. `s.f./Méx. COCINA`

tamalero, a Se aplica a la persona que hace o vende tamales. `adj. Amér.`

tamanaco, a
1 De un pueblo amerindio caribe, que habitaba a orillas del río Orinoco. `adj. HISTORIA`
2 Persona originaria de este pueblo. `s./HISTORIA`

tamanduá (Del tupí *tamandua.*) Mamífero desdentado parecido al oso hormiguero pero de menor tamaño, arborícola y trepador, de cola prensil. (*Tamandua.*) `s.m. ZOOLOGÍA`

tamango Calzado rústico de cuero. `s.m./Amér. Merid.`

tamañamente Tan grande, muy: *nunca vi algo tamañamente soberbio.* `adv.`

tamañito, a Que está achicado o confuso: *me dejó tamañito con su respuesta.* `adj. = perplejo`

tamaño, a (Del lat. *tam magnus,* tan grande.)
1 Semejante, tal cosa: *¡no harás tamaña tontería!* `adj.`
2 Tan grande o tan pequeño como la cosa que se expresa.
3 Dimensión de una cosa: *es de un tamaño algo menor de lo que necesito.* `s.m. = volumen`
4 Importancia de una cosa: *el tamaño de aquel trabajo le superaba.* `= magnitud`
5 tamaño crítico: Dimensión mínima que ha de tener una masa para que pueda producirse una reacción de fisión en cadena. `QUÍMICA`
6 tamaño natural: El de la imagen u objeto que reproduce las mismas dimensiones del original: *retrato a tamaño natural.*

támara
I (Del ár. *tamra.*)
1 Palmera de dátiles de origen canario. (*Phoenix canariensis.*) `s.f. BOTÁNICA`
2 Terreno en el que crecen muchas palmeras. `= palmeral`
3 Dátiles en racimo. `s.f.pl.`
II (Voz prerromana.)
1 Rama de árbol. `s.f./BOTÁNICA`
2 Astillas, despojos o leña fina que sale al labrar la madera. `= viruta`

tamarear Hacer una persona ruido al andar entre la maleza: *no conseguirás ver a las aves si tamareas de esta manera.* `v.intr.`

tamaricáceo, a Perteneciente a una familia de plantas angiospermas dicotiledóneas, arbóreas o arbustivas, de hojas alternas y flores pequeñas, en racimo o en espiga. `adj/s.f. BOTÁNICA`

tamarilla Jaguarzo, planta arbustiva cistácea. `s.f./BOTÁNICA`

tamarindo (Del ár. *tamar hindi,* dátil de la India.)
1 Planta arbórea leguminosa, de tronco grueso, corteza parda, copa extensa, de flores amarillas con rayas rojas y fruto pulposo comestible. (*Tamarindus indica.*) `s.m. BOTÁNICA`

2 Fruto de este árbol, de sabor agradable, que se utiliza en medicina como laxante. — BOTÁNICA

tamariscíneo, a Se aplica a los árboles o arbustos semejantes al tamarisco. — adj./s.f. BOTÁNICA

tamarisco (Del lat. *tamariscus*.) Taray, arbusto que crece a orilla de los ríos, con flores pequeñas en espiga, de pétalos blancos, y fruto seco capsular. — s.m. BOTÁNICA = tamariz

tamarrusquito, a Que es de un tamaño muy pequeño. — adj./coloquial tb: tamarrizquito

tamarugal Terreno poblado de tamarugos. — s.m./Chile

tamarugo Planta mimosácea, especie de algarrobo. (*Prosopis tamarugo*.) — s.m./Chile BOTÁNICA

tamba Especie de manta usada a modo de abrigo, chiripá. — s.f. Ecuad.

tambache Bulto o envoltorio grande, pila, montón de cosas: *tambache de ropa; tambache de hojas de papel*. — s.m. Méx./coloquial

tambaleante Que se tambalea: *andaba tambaleante a causa de la borrachera que llevaba*. — adj. = bamboleante

tambalear Moverse una persona o una cosa de un lado a otro por falta de fuerza o de equilibrio: *ya ha recobrado el sentido pero aún se tambalea*. — v.intr/prnl. = balancearse, bambolearse

tambaleo Acción de tambalear o tambalearse: *el seísmo provocó el tambaleo de las casas*. — s.m. = oscilación

tambanillo Frontón sobrepuesto a una puerta o a una ventana. — s.m. ARQUITECTURA

tambarillo Caja con la tapa redonda y combada. — s.m.

tambarria Jolgorio o parranda alegre y ruidosa entre numerosas personas. — s.f./Amér. Central y Merid.

tambero, a
1 Se aplica al ganado manso, en especial a las vacas lecheras. — adj./s.f. Argent.
2 Perteneciente al tambo. — adj./Amér. Merid.
3 Persona que tiene un tambo o está encargada de él. — s./Amér. Merid.

también
1 Afirma la igualdad o semejanza de una cosa con otra ya nombrada: *el padre es médico y el hijo también*. — adv. = igualmente
2 Además, añadido a lo que ya se ha nombrado: *es guapa y también agradable*.

tambo
1 Establecimiento ganadero destinado al ordeño de vacas y a la venta de la leche. — s.m./Argent.
2 Corral donde se ordeña. — Argent.
3 Tienda rural pequeña. — Perú
4 Cárcel o prisión: *lo metieron al tambo*. — Méx./coloquial

tambocha Hormiga muy venenosa que tiene la cabeza roja. — s.f./Colomb. ZOOLOGÍA

tambor (Del ár. *tabir*.)
1 Instrumento musical de percusión formado por una caja de resonancia cilíndrica que tiene como bases dos pieles estiradas que se golpean con mazos, baquetas, palillos o con otro instrumento. — s.m. MÚSICA = tambora
2 Persona que toca el tambor en una banda de música o en una orquesta: *es el tambor de una banda de música*. — s.m.f. MÚSICA
3 Cilindro giratorio donde se colocan las balas de un revólver. — s.m.
4 Recipiente cilíndrico que se usa como envase: *vas muy cargado con las bolsas y el tambor de detergente*.
5 Cuerpo cilíndrico de metal o de otra materia que forma parte de una máquina: *no eches el detergente en el tambor de la lavadora*.
6 Tímpano del oído. — ANATOMÍA
7 Aro de madera sobre el que se extienden las telas para bordarlas. — = bastidor
8 Tamiz para pasar el azúcar, usado por los reposteros en pastelería. — = criba
9 Objeto pequeño de hierro, de forma cilíndrica y hueca, usado para tostar café, castañas u otros alimentos.
10 Cilindro hueco usado para repartir la tinta en ciertos tipos de copiadoras automáticas. — ARTES GRÁFICAS
11 Mecanismo que sirve para enrollar un cable cuya rotación permite tirar del mismo. — MECÁNICA
12 Aparato en que se lleva a cabo la disgregación y lavado de rocas heterogéneas, mezclando los materiales que se van a tratar con agua. — MINERÍA
13 Dispositivo de forma cilíndrica y tamaño variable usado en diversas aplicaciones de la industria textil. — TEXTIL
14 Habitación hecha de tabiques dentro de otra. — CONSTRUCCIÓN
15 Muro cilíndrico que sirve de base a una cúpula. — ARQUITECTURA
16 Cuerpo central del capitel, de mayor diámetro que el fuste de la columna. — ARQUITECTURA
17 Cada pieza de fuste de una columna no monolítica. — ARQUITECTURA
18 Cilindro de madera en que se arrollan los guardines del timón. — NÁUTICA
19 Cajón o cubierta de las ruedas de los vapores. — NÁUTICA
20 Disco de acero acoplado a la cara interior de la rueda, provisto de un reborde sobre el que actúan las zapatas del freno. — MECÁNICA

21 Rueda de canto liso de más espesor que la polea. — MECÁNICA
22 Pequeña plaza cerrada por estacas o por una pared que forma una especie de cancel delante de las puertas. — CONSTRUCCIÓN
23 tambor magnético: Dispositivo recubierto de sustancia magnética constituido por un cilindro en el que los datos se almacenan en la superficie y se lee por medio de múltiples cabezas. — INFORMÁTICA
24 tambor mayor: Maestro y jefe de una banda de tambores del ejército. — MILITAR, MÚSICA
25 a tambor o con tambor batiente: 1. Tocando este instrumento musical. 2. Con aire triunfal: *los vencedores anunciaron su victoria con tambor batiente*. — loc.adv./coloquial MÚSICA

tambora
1 Bombo o tambor grande. — s.f./MÚSICA
2 Tambor, instrumento de percusión. — MÚSICA

tamborear Golpear con los dedos sobre una cosa haciendo un ruido semejante al sonido del tambor: *deja de tamborear en la mesa*. — v.intr. = tamborilear

tamboreo Acción y resultado de tamborear. — s.m./= tamborileo

tamborete Trozo de madera grueso y rectangular con un agujero cuadrado y otro redondo que sirve para sujetar a un palo otro sobrepuesto. — s.m. NÁUTICA

tamboril Tambor pequeño que se toca con un solo palillo o con una sola mano. — s.m./MÚSICA tb: tamborín

tamborilada
1 Golpe dado en las nalgas al caerse: *se ha dado una tamborilada a causa del susto*. — s.f. tb: tamborilazo
2 Golpe dado con la mano en la cabeza o en las espaldas: *¡cuántas tamboriladas me gané por no saberme la lección!* — = palmada

tamborilear
1 Tocar una persona el tambor o el tamboril. — v.intr./MÚSICA = tamboritear
2 Imitar una persona el sonido del tambor o del tamboril dando golpes con los dedos sobre una superficie.
3 Alabar mucho a una persona destacando sus buenas cualidades. — v.tr. = elogiar
4 Igualar las letras del molde con el tamborilete. — ARTES GRÁFICAS

tamborileo Acción y resultado de tocar el tambor o golpear de forma ligera y repetida con los dedos sobre una superficie. — s.m. = repiqueteo, tabaleo

tamborilero, a Persona que toca el tamboril: *los tamborileros desfilarán en primer lugar*. — s./MÚSICA tb: tamboritero

tamborilete Tablita con la que se dan pequeños golpes en el molde para que todas las letras queden al mismo nivel. — s.m. ARTES GRÁFICAS

tamborín Tamboril, tambor pequeño que se toca con un solo palillo o con una sola mano. — s.m./MÚSICA tb: tamborino

tamboritear Tamborilear [en todas sus acepciones]. — v.intr.

tamboritero, a Tamborilero, persona que toca el tambor. — s. MÚSICA

tambucho
1 Caja en que está situada encima de las ventanas y dentro de la cual se enrollan las persianas. — s.m.
2 Escotilla protegida por la que se accede a las habitaciones de la tripulación. — NÁUTICA

tamil
1 De un pueblo del sur de la India y de Sri Lanka, de religión hinduista. — adj. tb: tamul
2 Persona originaria de este pueblo. — s.m.f.
3 Se aplica a un tipo de alfabeto usado para escribir la lengua hablada por este pueblo. — adj. LINGÜÍSTICA
4 Lengua de la familia dravídica hablada por este pueblo. — s.m. LINGÜÍSTICA

tamiz (Del fr. *tamis*.)
1 Cedazo muy tupido. — s.m./pl: tamices
2 pasar una cosa por el tamiz: Examinarla a conciencia y con detalle: *antes de aprobar su propuesta, el director la pasó por el tamiz*. — coloquial

tamización
1 Acción y resultado de tamizar. — s.f.
2 Proceso por el que sustancias pulverizadas de diferentes tamaños son separadas por medio de tamices.

tamizar
1 Limpiar una cosa con el tamiz: *tamiza el trigo para separar el grano*. — v.tr. conj: cazar
2 Seleccionar una cosa con cuidado: *tamiza muy bien lo que vayas a decirle, no le ofendas*. — = cribar depurar

tamo
1 Pelusa que se desprende del lino, algodón o lana. — s.m.
2 Polvo o paja menuda de varias semillas trilladas. — AGRICULTURA
3 Polvo y suciedad que se forma debajo de los muebles por falta de limpieza. — = pelusa

tamojal Terreno donde abundan los tamojos. — s.m.

tamojo Matojo, planta de tallos muy ramosos, hojas estrechas y puntiagudas y flores verduscas. — s.m. BOTÁNICA

tampax (Marca registrada.) Cilindro de material absorbente, usado por las mujeres, con fines higiénicos, durante la menstruación. — pl: tampax = tampón

tampico
1 Variedad de agave mexicano que proporciona una fibra vegetal. — s.m. BOTÁNICA
2 Fibra obtenida de esta planta. — TEXTIL

tampoco Se usa para negar una cosa después de haber negado otra: *no me gusta el vino, y tampoco la cerveza.* — adv.

tampón
1 Almohadilla empapada en tinta que se usa para entintar sellos y estampillas. — s.m.
2 Cilindro pequeño de algodón o celulosa que se introduce en la vagina para que absorba el flujo de la hemorragia menstrual. — = tampax

tamtán (Voz onomatopéyica.)
1 Instrumento musical de percusión, parecido al tambor, de origen africano y de gran tamaño, que se toca con las manos. — s.m./pl: tamtanes MÚSICA tb: tam-tam
2 Redoble de dicho instrumento con el que se anuncian ciertos acontecimientos, en África.
3 Instrumento de percusión originario del Extremo Oriente que está formado por un disco de bronce que vibra al golpearlo con una maza recubierta de fieltro o de tela de seda. — MÚSICA = batintín, gong

tamuga Talego o fardo usado para transportar cosas. — s.f./Amér. Central

tamuja Hojarasca de los pinos. — s.f./= borraja

tamujal Terreno donde abundan los tamujos. — s.m.

tamujo Planta arbustiva con ramas mimbreñas, espinosas, puntiagudas y abundantes, con hojas lampiñas y aovadas, flores verdosas y fruto capsular y globoso. *(Colmeiroa buxifolia.)* — s.m. BOTÁNICA

tan
I (Voz onomatopéyica.) Sonido o eco producido al golpear el tambor, la campana u otro instrumento semejante. — s.m.
II (Del fr. *tam* < germ. *tannos*, roble.) Corteza de encina. — s.m. BOTÁNICA
III (Del lat. *tam.*)
1 En tal medida, en tal proporción: *no quiero ser tan sincera, que resulte descortés.* — adv.
2 Muy, mucho: *¡es tan alta!*
3 En la misma medida, igualmente: *es tan inteligente como astuto.*
4 Apócope de tanto.
5 de tan: Se aplica a una cosa que es exagerada hasta el grado que se expresa: *de tan bueno llega a ser tonto.* — loc.prep.
6 tan siquiera: Por lo menos: *si tan siquiera quisiera hablarme, ya me daría por satisfecho.* — loc.conj.

tanaceto (Del bajo lat. *tanacetum.*) Abrótano, planta compuesta de hojas grandes y aserradas, flores amarillas y fruto seco con semillas menudas. — s.m. BOTÁNICA

tanate
1 Cesto cilíndrico de palma o tule que se usa como una mochila. — s.m./Méx., Amér. Central
2 Lío o fardo. — Amér. Central
3 Testículo, cada una de las dos gónadas masculinas. — Méx./vulgar
4 Trastos, cachivaches, cosas inútiles o sin valor material. — s.m.pl./Amér. Central

tanato- Componente de palabra procedente del gr. *thanatos*, que significa muerte: *tanatología.* — pref.

tanatocresis Proceso de aprovechamiento de restos de animales y vegetales muertos, o de sus excreciones y secreciones, por parte de seres vivos. — s.f. pl: tanatocresis ECOLOGÍA

tanatofobia Aprensión a una muerte inminente o a la muerte en general. — s.f. SICOLOGÍA

tanatología (Del gr. *thanatos*, muerte + *logos*, ciencia.) Estudio de la muerte y de sus causas, en especial desde el punto de vista de la medicina legal. — s.f. MEDICINA

tanatomanía Manía suicida u homicida. — s.f./SIQUIATRÍA

tanatorio (Del gr. *thanatos*, muerte.) Edificio destinado a velatorios y servicios relacionados con ellos. — s.m.

tanda (Del ár. *tauzim*, disposición en orden.)
1 Orden o forma de sucesión establecido entre personas o cosas: *con la próxima tanda nos tocará entrar en el museo; ¿quién es el último de la tanda?* — s.f. = turno
2 Número determinado de ciertas cosas de un mismo género: *le van a poner una tanda de inyecciones a ver si se cura.* — = sarta, serie
3 Trabajo que ha de hacerse: *tengo una buena tanda de exámenes que corregir.* — = tarea
4 Cada uno de los grupos de personas o animales que intervienen o se turnan para hacer una actividad: *ya ha llegado la tanda que nos releva.* — = relevo
5 Partida de un juego, en especial de billar: *¿echamos otra tanda al mus?* — JUEGOS
6 Período o serie de días en que de forma alternativa se trabaja o descansa en las minas. — MINERÍA
7 Sucesión de anuncios publicitarios que se intercalan en un programa televisivo. — Argent. PUBLICIDAD

tandear Distribuir una cosa por tandas. — v.intr./= turnar

tándem
1 Bicicleta para dos personas, con doble juego de pedales, en la cual sólo el manillar delantero es de dirección. — s.m. pl: tándems
2 Unión de dos personas que aúnan sus fuerzas y se complementan en el desarrollo de una actividad: *en el trabajo forman un tándem perfecto.* — = pareja
3 Tiro de dos caballerías colocadas en línea. — = par
4 Conjunto de dos o más condensadores variables montados sobre un mismo eje. — ELECTRICIDAD
5 en tándem: Manera de montar algunos aparatos para que funcionen de forma simultánea o sucesiva. — loc.adv.

tandeo Distribución del agua de riego de forma alternativa o por tandas. — s.m. AGRICULTURA

tandero, a Se aplica a la persona que suele bromear. — s./Chile

tanela Pasta de hojaldre que se come acompañada con miel. — s.f./C. Rica COCINA

tang De una dinastía imperial china que reinó de los siglos VII al X. — adj/s.m.f. HISTORIA

tanga
1 Juego del chito y pieza que se utiliza en este juego. — s.f./JUEGOS
2 Braga, calzoncillo o bañador de dimensiones reducidas que sólo cubre la parte delantera. — s.m. = taparrabos

tangada Acción y resultado de engañar: *volvió a caer en sus tangadas.* — s.f. = engaño

tangado, a Que ha sido engañado. — adj.

tangalear Demorar el cumplimiento de una obligación de forma intencionada. — v.intr. Colomb., Hond.

tangán Tablero colgado del techo, articulado con cuerdas, que se usa a modo de despensa. — s.m. Ecuad.

tángana
1 Juego del chito y pieza que se usa en este juego. — s.f./JUEGOS
2 Engaño o fraude. — = tangada
3 Follón o jaleo multitudinario, en especial en el fútbol: *menuda tángana se formó en el campo cuando el árbitro pitó penalti.* — DEPORTES coloquial tb: tangana

tanganillas Indica con poca seguridad o en peligro de caer, en la expresión **en tanganillas**: *la escalera está en tanganillas.* — loc.adv.

tanganillo Objeto que sirve para sostener o apoyar una cosa de forma provisional. — s.m.

tángano Juego del chito y pieza que se utiliza en él. — s.m./JUEGOS

tangar Engañar a una persona: *¡ese tío me ha tangado con sus falsas promesas!* — v.tr./conj: pagar = estafar, timar

tangara Ave paseriforme tráupida de vivos colores, que habita en América. — s.f. ZOOLOGÍA

tangedor Serpiente de cascabel, ofidio que tiene en el extremo de su cola unos anillos óseos con los que puede hacer un ruido peculiar. — s.m./Amér. Central y Merid. ZOOLOGÍA

tangencia Calidad de tangente. — s.f./GEOMETRÍA

tangencial
1 De la recta tangente. — adj/GEOMETRÍA
2 Se aplica a la cuestión o a la idea que se refiere al tema principal de manera parcial y no significativa: *sus comentarios tangenciales no aportaron nada nuevo al asunto.* — = accesorio ≠ básico

tangente (Del lat. *tangens, -tis.*)
1 Que toca o está en contacto con alguna cosa o idea: *sus posturas son tangentes pero no iguales.* — adj. = tocante GEOMETRÍA
2 Se aplica a la línea o a la superficie que toca o tiene algún punto en común con otra sin cortarse.
3 Recta que toca en un punto a una curva o a una superficie. — s.f. GEOMETRÍA
4 tangente de un ángulo: La del arco que le sirve de medida. — GEOMETRÍA
5 tangente de un arco: Parte de la recta comprendida entre el extremo del arco y la prolongación del radio que pasa por el otro extremo. — GEOMETRÍA
6 salirse, irse o escaparse por la tangente: Evadir una situación incómoda o violenta: *en cuanto le hablas de un tema comprometido, se sale por la tangente eludiéndolo.* — coloquial

tangerino, a
1 De Tánger, ciudad de Marruecos. — adj./tb: tingitano
2 Persona natural de esta ciudad marroquí. — s.

tangible
1 Que se puede tocar o es susceptible de ser tocado: *el aire es un fluido tangible.* — adj./= tocable ≠ intangible
2 Que se puede percibir de forma clara y precisa: *necesito pruebas tangibles de sus actos; no veo resultados tangibles en este negocio.* — = evidente, real

tangidera Cabo grueso que se da a la reguera para tesarla y que quede derecha por la banda. — s.f. NÁUTICA

tango (Voz onomatopéyica que imita el son de un tambor.)
1 Baile argentino que se baila por parejas. — s.m.
2 Música y letra de este baile. — MÚSICA
3 Fiesta y baile popular hispanoamericano.

tangón (Del fr. *tangon.*) Cada uno de los dos botalones colocados a uno y otro lado de la proa para amarrar en ellos los botes de servicio auxiliar cuando se hallan fondeados. — s.m. NÁUTICA

tangram Juego formado por un conjunto de figuras poligonales que pueden acoplarse de diferentes maneras para construir figuras geométricas distintas. *s.m. JUEGOS*

tanguear Tocar o cantar tangos. *v.intr./Argent., Urug.*

tanguillo
1 Canto popular andaluz de origen gaditano. *s.m./MÚSICA*
2 Baile que se ejecuta con este canto.

tanguista
1 Persona que canta o baila tangos: *unos tanguistas bailaban en la calle y pasaban la gorra.* *s.m.f.*
2 Persona contratada para que baile con los clientes de un local de esparcimiento: *bailé con una tanguista de la sala que lo hacía muy bien.*

tánico, a
1 Del tanino. *adj./QUÍMICA*
2 Que contiene tanino. *QUÍMICA*

tanificación Acción y resultado de tratar una cosa con tanino. *s.f. QUÍMICA*

tanino (Del fr. *tanin.*) Sustancia con propiedad astringente obtenida de distintas partes de los vegetales, usada para curtir pieles o para elaborar tintes, entre otros usos. *s.m. QUÍMICA*

tanka
I (Voz sánscrita.) Estandarte pintado o imagen religiosa que se utiliza para el culto tántrico, en especial entre los tibetanos. *s.m. RELIGIÓN*
II (Voz japonesa.) Composición poética japonesa de cinco versos. *s.f. POESÍA*

tano (Aféresis de *napolitano.*)
1 Se aplica, de forma despectiva, a la persona de origen italiano que vive en Argentina o en Uruguay. *s.m./Argent., Urug. despectivo*
2 Persona grosera o burda. *Argent., Urug.*

tanoría Servicio doméstico que los indígenas filipinos tenían la obligación de prestar a los españoles. *s.f. HISTORIA*

tanque
I (De origen incierto.) Sustancia cérea usada por las abejas para recubrir las celdas del panal antes de elaborar la miel. *s.m. ZOOLOGÍA = propóleos*
II (Del ingl. *tank.*)
1 Carro de combate blindado y articulado que puede andar sobre terrenos escarpados. *s.m. MILITAR*
2 Depósito cerrado y de gran capacidad que contiene líquidos o gases. *= cisterna*
3 Depósito para líquidos transportable en vehículo. *= cisterna*
4 Persona fuerte y voluminosa: *él solo podrá con todo porque es un tanque.* *= mastodonte*
5 Vaso grande de cerveza o de otra bebida. *coloquial*
6 Barco para transportar agua potable. *NÁUTICA/= aljibe*
7 Recipiente metálico en que se conserva el agua potable de los barcos. *NÁUTICA*

tanqueta Carro de combate más veloz y manejable que el tanque, movido por ruedas. *s.f. MILITAR*

tanquista Soldado de una unidad militar de carros de combate. *s.m.f. MILITAR*

tantalio (Del nombre de *Tántalo*, personaje mítico.) Metal raro, inflamable, pesado, de color gris y difícil de atacar por los ácidos. *s.m. QUÍMICA*

tántalo Ave zancuda parecida a la cigüeña, de plumaje blanco con las remeras negras, la cabeza y el cuello desnudos y pico encorvado. *(Ibis.)* *s.m. ZOOLOGÍA*

tantán (Voz onomatopéyica.) Campana de a bordo en una embarcación. *s.m. NÁUTICA*

tantarantán (Voz onomatopéyica.)
1 Sonido semejante al del tambor u otro instrumento de percusión: *el tantarantán de las teclas de la máquina de escribir me está poniendo nerviosa.* *s.m. th: tantarán*
2 Golpe violento: *¡cállate o te doy un tantarantán!* *coloquial*

tanteador, a
1 Persona que tantea, en especial en el juego. *s.*
2 Aparato en que se marcan los tantos de cada bando, en especial en los juegos de pelota. *s.m./DEPORTES = marcador, tablero*

tantear
1 Calcular el peso, valor, cantidad o magnitud aproximada de una cosa por su apariencia: *tanteó el peso del saco antes de echárselo a la espalda.* *v.tr. = medir*
2 Examinar con cuidado y detenimiento a una persona o una cosa: *tanteó su estado de ánimo antes de hacerle la propuesta.* *= sondear*
3 Marcar o apuntar los tantos en un juego. *v.tr/intr.*
4 Ensayar una operación antes de realizarla para asegurarse del resultado: *tanteó varias soluciones antes de decidirse.* *v.tr. = considerar, sopesar*
5 Medir una cosa con otra para ver si viene bien o ajustada. *= comparar*
6 Buscar una cosa a ciegas: *tanteó la habitación hasta que encontró la puerta.* *v.intr. = palpar*
7 Trazar las primeras líneas de un dibujo o de una pintura. *v.tr./ARTE = esbozar*
8 Comprar una cosa en virtud de cierto derecho por el mismo precio con que se remató en favor de otro en pública subasta. *COMERCIO, DERECHO*
9 Hacer suertes al toro antes de empezar la faena para juzgar su estado y temperamento. *TAUROMAQUIA*
10 Mostrarse una persona conforme a pagar la cantidad en que una renta o alhaja está arrendada o se ha rematado en venta. *v.prnl. DERECHO*
11 Conseguir las villas o lugares exención de señorío a que estaban sujetos, mediante un precio igual a aquel en que fueron enajenados. *DERECHO*
12 Acechar a una persona para asaltarla. *v.tr./Hond.*
13 Tomar el pelo a una persona, burlarse de ella. *Méx./coloquial*

tanteo
1 Acción y resultado de tantear. *s.m.*
2 Número determinado de tantos o puntos ganados en el juego: *el tanteo de ambos equipos sigue estando muy igualado.* *DEPORTES = resulado*
3 Derecho que tiene una persona de adquirir una cosa por el mismo precio en que ha sido vendida o adjudicada a otra. *DERECHO*
4 al o por tanteo: De forma aproximada, a ojo, a bulto: *al tanteo creo que uno pesa más que el otro.* *loc.adv.*

tanto, a (Del lat. *tantus, -a, -um.*)
1 Indica cantidad o número indeterminado: *debe tener treinta y tantos años.* *adj/pron.indef.*
2 Establece una comparación de igualdad: *tiene tantas ganas como tú de ir.* *adj. + como*
3 Tal cantidad o en tal cantidad: *tiene tanta suerte que parece mentira.* *+ que*
4 Muy grande o gran cantidad de una cosa: *no sé para qué quieres tantas revistas.*
5 Cantidad determinada de una cosa: *cobra un tanto extra por trabajar los sábados.* *s.m.*
6 Punto o unidad de cuenta en algunas competiciones deportivas: *el base del equipo ha marcado un nuevo tanto.* *DEPORTES*
7 Ficha, moneda u otro objeto con que se señalan los puntos que se ganan en ciertos juegos. *JUEGOS*
8 Cantidad proporcional respecto de otra según lo estipulado con relación al precio corriente. *COMERCIO*
9 Ejemplar que se da de un escrito trasladado del original. *= copia*
10 Número o fecha que se ignoran o no se quieren expresar: *sucedió el tantos de agosto.* *s.m.pl.*
11 En gran cantidad, en demasía, mucho: *a tanto aspiraba que no conseguió nada; ¡te quiero tanto!* *adv.*
12 Hasta tal punto, tal cantidad: *no corras tanto; no debes trabajar tanto.*
13 tanto por ciento: Cantidad de rendimiento útil que dan cien unidades de una cosa en su estado normal: *tendrá que pagar un tanto por ciento de penalización por retrasar el pago.* *MATEMÁTICAS*
14 al tanto: Por el mismo precio, coste o trabajo. *loc.adv.*
15 al tanto de una cosa: Enterado de ella, al corriente: *estoy al tanto de lo que ha ocurrido; no está al tanto de los pagos del coche.*
16 apuntarse una persona un tanto: Lograr un acierto o un mérito en un asunto: *se apuntó un tanto al conseguir el aplazamiento.* *coloquial*
17 en su tanto: Con la proporción debida. *loc.adv.*
18 en tanto, en tanto que o entre tanto: Mientras que sucede una cosa: *cuidaré del niño en tanto que estás fuera; prepararé la comida y entre tanto tú haz la compra.* *loc.conj.*
19 las tantas: Una hora muy avanzada: *esta noche ha llegado a las tantas a casa; les dieron las tantas charlando de los viejos tiempos.* *coloquial*
20 ni tanto ni tan poco o ni tan calvo: Ni una cosa ni otra, ni un extremo ni el otro. *coloquial*
21 otro tanto: Lo mismo, cosa igual: *ya quisiera yo cobrar otro tanto como él.* *coloquial*
22 por o por lo tanto: Por consiguiente: *suspendiste el examen y por lo tanto te quedas sin viaje.* *loc.conj.*
23 tanto más que: Con más motivo para. *loc.conj.*
24 tanto menos que: Con menos motivo para. *loc.conj.*
25 tanto por tanto: Por el mismo precio o coste: *hombre, tanto por tanto, me gusta más el primero que hemos visto.* *loc.adv.*
26 un tanto: Algo, un poco: *está un tanto alterado con la noticia.* *coloquial*
27 ¡y tanto!: Indica asentimiento de lo que dice otro: *¡y tanto que tiene razón!* *coloquial*

tántrico, a Del tantrismo o del libro sagrado del budismo tibetano. *adj. RELIGIÓN*

tantrismo Forma esotérica de espiritualidad propia del hinduismo y del budismo. *s.m. RELIGIÓN*

tanza Hilo de la caña de pescar. *s.f./= sedal*

tanzano, a
1 De Tanzania, país africano. *adj.*
2 Persona natural de este país africano. *s.*

tañar Descubrir o adivinar las intenciones o cualidades de una persona: *tañaron en seguida sus propósitos en la empresa.* *v.tr. = calar*

tañedor, a Persona que tañe un instrumento musical: *aún se oye a los tañedores de la procesión.* *s. MÚSICA*

tañente Que tañe. *adj.*

tañer (Del lat. *tangere*.)
1 Tocar un instrumento musical de percusión o de cuerda. — v.tr. MÚSICA
2 Sonar las campanas: *las campanas de alguna iglesia tañen a lo lejos*. — v. = tocar
3 Dar golpes ligeros y seguidos con los dedos sobre una cosa: *el que está tañendo en la mesa, que se esté quietecito*. — = tabalear, repiquetear
CONJ.: IND.: PRET. INDEF.: tañí, tañiste, *tañó*, tañimos, tañisteis, *tañeron*. SUBJ.: PRET. IMPERF.: *tañera, -ese, tañeras, -eses, tañera, -ese, tañéramos, -ésemos, tañerais, -eseis, tañeran, -esen*. GERUND.: *tañendo*.
tañido Sonido de un instrumento o cosa que se toca: *el tañido de las campanas le hizo recordar que tenía que ir a misa*. — s.m. = son
tañimiento Acción y resultado de tañer. — s.m.
taño Corteza de árbol usada para curtir. — s.m./= casca
tao
I (De origen filipino.) Se aplica a la persona sencilla u ordinaria, en el archipiélago filipino. — adj./s.m.f.
II (Voz china.) Principio supremo de orden y de unidad del universo, en el confucianismo. — s.m./FILOSOFÍA, RELIGIÓN
taoísmo Doctrina filosófica y religiosa, que se caracteriza por una mezcla de culto a los espíritus de la naturaleza y de los antepasados, y que es una de las tres grandes corrientes del pensamiento tradicional chino. — s.m. FILOSOFÍA, RELIGIÓN
taoísta
1 Del taoísmo: *es un gran conocedor de las doctrinas taoístas*. — adj./FILOSOFÍA, RELIGIÓN
2 Persona que profesa el taoísmo: *en China, el número de taoístas es elevado*. — s.m.f./FILOSOFÍA, RELIGIÓN
tapa (Del germ. *tappa*.)
1 Pieza con que se cierran, por la parte superior, las cajas y otros objetos semejantes usados para guardar o proteger alguna cosa. — s.f. = tapadera
2 Cubierta de un libro: *me devolvió la novela que le presté con las tapas destrozadas*.
3 Ración pequeña de algún alimento, que se sirve en los bares como aperitivo: *vamos a tomar unas tapas y luego comemos*. — = aperitivo
4 Cada una de las capas de suela que forman el tacón del calzado, en especial la que está en contacto con el suelo: *el zapatero me cambió las tapas de los zapatos y han quedado como nuevos*.
5 Vuelta que cubre el cuello de una a otra solapa de una prenda.
6 Carne de ternera correspondiente al medio de la pata trasera.
7 Plancha móvil que corta o gradúa el agua de una presa. — = compuerta
8 Cubierta córnea del casco de las caballerías. — ZOOLOGÍA
9 Conjunto de mantas y colcha de la cama. — s.f.pl.
10 Tapón de una vasija. — s.f./Chile
11 Pechera de la camisa. — Chile
12 tapa de los sesos: Parte superior del cráneo: *se levantó la tapa de los sesos de un balazo*. — coloquial
13 levantar o saltar la tapa de los sesos: Matar de un tiro en la cabeza. — coloquial
14 meter en tapas: Colocar un libro dentro de ellas ya cosido y listo para encuadernar. — ARTES GRÁFICAS
tapabalazo Cilindro de madera envuelto en estopa que se usaba en los barcos de guerra para cerrar los agujeros de las balas. — s.m. NÁUTICA
tapaboca
1 Golpe que se da en la boca con la mano abierta: *como vuelvas a decir un taco, te doy un tapaboca*. — s.m.
2 Prenda de abrigo que cubre el cuello y la boca. — = bufanda
3 Razón o dicho con que se hace callar a una persona: *se puso tan pedante que acabé cortándole con un tapaboca*. — coloquial
tapabocas
1 Prenda de abrigo que se utiliza para cubrir el cuello y la boca: *se puso un tapabocas para preservarse del frío de la noche*. — s.m./pl: tapabocas th: tapaboca = bufanda
2 Taco cilíndrico de madera con que se cierra la boca de las piezas de artillería. — MILITAR
tapacete Toldo o cubierta corrediza que en los barcos cubre la escalerilla que conduce a las cámaras. — s.m. NÁUTICA
tapacosturas Cinta de algodón, empleada para disimular las costuras de una prenda de vestir o como adorno. — s.m. pl: tapacosturas
tapacubos Tapa metálica con que se cubre el buje de las ruedas de los coches: *el tapacubos del coche es de aluminio*. — s.m. pl: tapacubos
tapaculo Escaramujo, fruto del rosal silvestre. — s.m./BOTÁNICA
tapada Acción de tapar. — s.f./Colomb.
tapadera
1 Pieza que se ajusta a la boca de un recipiente o una cavidad para cubrirla: *la tapadera del frasco se cierra a presión*. — s.f. = tapa
2 Persona o cosa que encubre a otra: *puso sus propiedades a nombre de un familiar como tapadera ante el fisco*. — = encubridor

tapadero Instrumento con que se tapa un agujero o la boca ancha de un recipiente. — s.m. = tapa
tapadillo
1 Uno de los registros de flautas del órgano. — s.m./MÚSICA
2 de tapadillo: A escondidas, sin ser visto: *se escondió de tapadillo en la bodega del barco*. — loc.adv. = clandestinamente
tapado, a
1 Se aplica al personaje o candidato político cuyo nombre se mantiene en secreto hasta el momento propicio. — adj/s. Amér. POLÍTICA
2 Se aplica a la caballería sin mancha ni señal alguna en su capa. — Argent., Chile
3 Se refiere a la persona o animal cuya valía se mantiene oculta. — Argent.
4 Comida que preparan los indígenas con plátanos y carne, que se asan en un hoyo hecho en la tierra. — s.m./Colomb., Hond./COCINA
5 Abrigo o capa de señora o de niño. — Amér. Merid.
6 Tesoro enterrado. — Argent., Bol., Perú
tapador, a
1 Que tapa. — adj/s.
2 Pieza que se ajusta a la boca de un recipiente o de una cavidad para cubrirla. — = tapadera
3 Se aplica a la máquina que tapa botellas. — adj/s.f.
tapadura Acción y resultado de tapar o taparse. — s.f./= tapamiento
tapafunda Cubierta de cuero que cierra la boca de las pistoleras. — s.f.
tapajuntas Listón o moldura que se usa para tapar la unión de una puerta o de una ventana con la pared, o para guarnecer los ángulos. — s.m. pl: tapajuntas CARPINTERÍA
tapamiento Acción y resultado de tapar o taparse: *el tapamiento del hueco ha quedado poco estable*. — s.m./= tapadura ≠ destapamiento
tapanco Entarimado o piso de madera que se pone sobre vigas o columnas en habitaciones de gran altura para dividirlas a lo alto en dos espacios, que se usa sobre todo en construcciones con techo de dos aguas. — s.m. Méx. CONSTRUCCIÓN
tapar
1 Cubrir o cerrar lo que estaba abierto o descubierto: *tapa la botella para que no se vaya el gas*. — v.tr. ≠ abrir
2 Poner ropa encima de una persona o una cosa para abrigarla o protegerla: *tapa bien al bebé, que hace frío; se tapó para resguardarse del frío*. — v.tr/prnl. ≠ destapar
3 Intentar ocultar un defecto o una acción reprobable: *tapó su negligencia con astucia*. — v.tr. = encubrir
4 Cubrir una cosa con otra: *tapa la ventana con una cortina; le tapó la herida con un venda para que no se infectara*. — = solapar
5 Estar una cosa delante o encima de otra ocultándola o protegiéndola: *quita de en medio, que me tapas la visión*. — = ocultar
tapara Fruto del taparo. — s.f./BOTÁNICA
tápara Alcaparra, planta de tallos tendidos y espinosos, hojas grandes y gruesas y flores axilares blancas y grandes. — s.f. BOTÁNICA
taparo Planta arbórea de los países cálidos americanos, semejante a la güira, pero de hojas más anchas, flores oscuras y fruto alargado y terminado en punta. *(Crescentia cucurbitina.)* — s.m. BOTÁNICA
taparrabo
1 Prenda de vestir que cubre desde la cintura hasta el principio de los muslos. — s.m. th: taparrabos
2 Prenda de vestir que sólo cubre los órganos genitales. — = tanga
tapauco Azotea, cubierta llana de un edificio, en su parte más elevada. — s.m./Méx. CONSTRUCCIÓN
tapayagua Lluvia menuda. — s.f./Hond.
tape Persona que tiene rasgos físicos de indio y la piel algo oscura. — s.m. Argent., Urug.
tapear Tomar una persona tapas en un bar: *todos los domingos se van a tapear a un bar cercano*. — v.intr. coloquial
tapeo
1 Acción y resultado de tapear: *primero prepararé un tapeo y luego comemos*. — s.m. coloquial
2 Conjunto o variedad de tapas que ofrece un establecimiento: *tienen un tapeo muy variado en esa tasca*.
táper (Derivado de *Tupperware*, marca registrada.) Recipiente, por lo general de plástico, usado para conservar alimentos. — s.m. coloquial = fiambrera
taperujarse Taparse una persona de cualquier manera: *se taperujó en el sofá con una manta*. — v.prnl./th: tapirujarse = arrebujarse
taperujo
1 Tapón mal hecho o mal puesto. — s.m./th: tapirujo
2 Modo desaliñado de taparse con la ropa.
tapetado, a Se aplica al color que es oscuro o negro. — adj.
tapete (Del lat. *tapete* < gr. *tapiti*.)
1 Cubierta de tela, hule u otro material que se pone en las mesas y en otros muebles como adorno o protección: *tiene un tapete de ganchillo en la cómoda*. — s.m.
2 Alfombra pequeña.
3 tapete verde: Mesa de juego de naipes. — JUEGOS

4 estar o poner una cosa sobre el tapete: Estar discutiéndose, en estudio, pendiente de resolución o sacarla o relucir: *el tema de la despenalización del aborto está sobre el tapete*.   *coloquial*

tapetí Tapití, mamífero roedor lepórido.   *s.m./ZOOLOGÍA*

tapia (Del bajo lat. *tapia*.)
1 Pared o trozo de pared que se ha hecho con tierra amasada y tapiales.   *s.f./CONSTRUCCIÓN = tapial*
2 Tierra amasada que se ha empleado en la construcción de una pared.   *CONSTRUCCIÓN*
3 Muro que cerca un terreno: *el extremo superior de la tapia tiene cristales para que no la crucen*.   *= cerca*
4 tapia real: La hecha con mezcla de tierra y cal.   *CONSTRUCCIÓN*
5 más sordo que una tapia o sordo como una tapia: Muy sordo: *háblale más alto porque está sordo como una tapia*.   *coloquial*

tapiador, a Persona que hace tapias.   *s./CONSTRUCCIÓN*

tapial
1 Armazón hecho por dos tableros unidos por agujas y costales que se emplea para hacer las tapias.   *s.m. CONSTRUCCIÓN*
2 Pared o trozo de pared que se ha hecho con tierra amasada y armazones.   *CONSTRUCCIÓN = tapia*

tapialar Rodear con tapias.   *v.tr./Ecuad.*

tapiar
1 Rodear una cosa con una tapia: *tapiaremos el terreno para que no entre nadie*.   *v.tr.*
2 Cerrar una abertura con un muro o un tabique: *tapiaron la entrada del cine*.   *= emparedar*

tapicería
1 Arte o técnica de tapicero: *aprendió tapicería de su abuelo*.   *s.f.*
2 Tienda del tapicero.   *COMERCIO*
3 Tela que se utiliza para decorar, hacer cortinas o tapizar muebles: *ha elegido una tapicería en color verde*.
4 Juego de tapices: *la tapicería que decora el palacio es de lana rica y tejida a mano*.
5 Lugar donde se guardan los tapices.

tapicero, a
1 Persona que teje, adereza o compone tapices: *el tapicero puede hacerte el tapiz a tu gusto*.   *s.*
2 Persona cuyo oficio es tapizar muebles con telas.

tapido, a Que es muy tupido o apretado.   *adj./= espeso*

tapiería Conjunto de tapias que forman una casa o cercan un lugar.   *s.f. CONSTRUCCIÓN*

tapín
1 Tapa metálica que cierra la boquilla del chifle o cuerno de pólvora con que se cebaban los cañones.   *s.m. HISTORIA*
2 Taco pequeño de madera que cubre la cabeza de los clavos en la cubierta de un barco después de apretados.   *NÁUTICA*

tapina Tapadera de corcho.   *s.f.*

tapioca (Del tupí *tipiok*.)
1 Fécula blanca y granulada obtenida de la raíz de la mandioca y usada para sopa.   *s.f. BOTÁNICA*
2 Sopa hecha con esta fécula.   *COCINA*

tapir (Del tupí *tapira*.) Mamífero paquidermo sudamericano y asiático, del tamaño de un jabalí, de color variable y hocico prolongado en una pequeña trompa, pesado y de patas cortas, que vive en los trópicos cerca de ríos y corrientes. *(Tapirus.)*   *s.m. ZOOLOGÍA*

tapirujarse Taperujarse, taparse con la ropa de cualquier modo.   *v.prnl.*

tapirujo Taperujo [en todas sus acepciones].   *v.prnl.*

tapisca Recolección del maíz.   *s.f./Amér. Central*

tapití Mamífero roedor lepórido, de coloración bayo pardusca con matices rojizos que habita en bosques y selvas de América Central y del Sur. *(Sylvilagus.)*   *s.m./Argent. ZOOLOGÍA tb: tapetí*

tapiz (Del fr. ant. *tapiz* < gr. *tapiti*, tapete.)
1 Pieza de tela gruesa con dibujos hechos combinando en el tejido hilos de distintos colores que se usa para adornar las paredes o el suelo: *en la sala hay ricos tapices tejidos a mano*.   *s.m. pl: tapices*
2 Conjunto de cosas que cubren el suelo: *el jardín se ha convertido en un tapiz de flores*.   *= alfombra*
3 arrancado de un tapiz: Se aplica a la persona de aspecto extraño.   *coloquial*

tapizado
1 Acción y resultado de tapizar muebles: *le cobraron mucho dinero por el tapizado del sofá*.   *s.m. = entapizado*
2 Material usado para tapizar muebles: *puso el tapizado de cuero*.   *= entapizado*

tapizar
1 Cubrir una cosa con tapices: *tapizó las paredes del dormitorio*.   *v.tr./conj: cazar = entapizar*
2 Cubrir un mueble con tela: *voy a tapizar las sillas con pana*.   *= entapizar*
3 Cubrir una superficie con una cosa: *tapicé con césped una parte del jardín*.   *= alfombrar*

tapón (Del fr. *tapon* < germ. *tappo*.)
1 Pieza de corcho, hierro u otro material con que se tapan las botellas u otros recipientes: *no puedo quitar el tapón del frasco*.   *s.m.*

2 Acumulación de cera en el oído.   *MEDICINA*
3 Cualquier persona o cosa que produce entorpecimiento u obstrucción al paso: *en el cruce se forma un tapón de vehículos cada tarde*.   *= atasco*
4 Persona gruesa y baja: *es gracioso verles juntos porque ella es muy alta y él un tapón*.   *coloquial = retaco*
5 Acción con que un jugador evita que otro del equipo contrario enceste, en baloncesto.   *DEPORTES*
6 Masa de algodón o de gasas con que se rellena una herida o una cavidad.   *MEDICINA*
7 Pieza con un fusible en su interior introducida en una toma de corriente eléctrica para, introduciéndola o extrayéndola, interrumpir el paso de la corriente por el circuito.   *ELECTRICIDAD*
8 Obstrucción por materiales de desecho en una canalización o tubería.   *MINERÍA*
9 Circuito resonante para eliminar o absorber señales de una frecuencia determinada.   *TELECOMUNICACIONES*

taponador, a Persona encargada de taponar botellas: *los taponadores de la industria vinícola están en huelga*.   *s. INDUSTRIA*

taponadora Máquina para taponar botellas.   *s.f.*

taponamiento
1 Acción y resultado de taponar o taponarse: *el taponamiento de la carretera se debe a un accidente*.   *s.m.*
2 Introducción de algodón o gasa en una herida.   *MEDICINA*

taponar
1 Cerrar un orificio con un tapón: *taponó el escape de agua de la cañería*.   *v.tr. = tapar*
2 Producir una cosa un atasco en un conducto o paso: *un grupo de manifestantes taponó las vías del ferrocarril*.   *= atascar*
3 Impedir que siga saliendo sangre de una herida o una lesión.   *MEDICINA = obstruir*

taponazo
1 Golpe dado por el tapón de una botella de un líquido espumoso al destaparla: *aún se ve en el techo el taponazo de la botella de cava*.   *s.m.*
2 Ruido producido por el tapón de una botella al destaparla: *el taponazo despertó a los niños*.

taponería
1 Conjunto de tapones.   *s.f.*
2 Establecimiento donde se fabrican o venden tapones.   *COMERCIO*
3 Industria taponera.   *INDUSTRIA*

taponero, a
1 De los tapones o de la taponería: *en esta zona abunda la industria taponera*.   *adj.*
2 Persona que fabrica o vende tapones.   *s.*

tapsia (Del lat. *thapsia* < gr. *thapsía*.) Planta herbácea vivaz umbelífera, de tallo corto, hojas pilosas con foliolos dentados, flores amarillas, fruto seco oval, rodeado de una aleta membranosa y de cuya raíz se extrae un jugo usado como revulsivo. *(Thapsia garganica.)*   *s.f. BOTÁNICA = zumillo*

tapujarse Cubrirse una persona la parte inferior del rostro con el embozo: *se tapujó con la capa para que no le reconocieran*.   *v.prnl. = embozarse*

tapujo
1 Disimulo con que se disfraza la verdad: *no me vengas con tapujos y dime qué te han dicho*.   *s.m./coloquial = rodeo*
2 Cosa con que una persona se disfraza para no ser reconocida: *la reconocí a pesar del tapujo que llevaba*.   *= camuflaje*

tapuya De una tribu indígena americana que durante la conquista habitaba tierras brasileñas.   *adj./s.m.f. HISTORIA*

taqué Cada vástago que transmite la acción del árbol de levas a las válvulas de admisión y de escape del motor.   *s.m. MECÁNICA*

taquear
1 Taconear, pisar con fuerza sobre una superficie con los pies.   *v.tr. Argent., Chile*
2 Golpear la bocha con el taco, en juegos como el billar y el polo.   *v.intr. Argent.*
3 Ejercitarse en el uso del taco.   *Argent.*

taqueo Dominio del taco en el juego del polo.   *s.m./Argent.*

taquera Anaquel con un soporte para colocar de forma vertical los tacos de billar.   *s.f. JUEGOS*

taquería Restaurante o expendio de comida donde se venden tacos.   *s.f. Méx.*

taqui- Componente de palabra procedente del gr. *takhys*, que significa rápido: *taquicardia*.   *pref.*

taquiarritmia Forma de arritmia acompañada de taquicardia.   *s.f. MEDICINA*

taquicardia (Del gr. *takhys*, rápido + *kardia*, corazón.) Ritmo acelerado de las contracciones del corazón.   *s.f. MEDICINA*

taquifemia Trastorno al hablar caracterizado por la rapidez en emitir palabras.   *s.f. SIQUIATRÍA*

taquifilaxia Fenómeno por el cual una sustancia medicamentosa que se administra en intervalos breves origina una reacción de intensidad decreciente.   *s.f. MEDICINA*

taquigrafía (Del gr. *takhys*, rápido + *grapho*, escribir.) Sistema de escritura rápida mediante abreviaturas y signos convencionales: *aprendió taquigrafía mientras estudiaba secretariado.* · s.f. = estenografía

taquigrafiar Escribir una cosa en taquigrafía: *un experto taquigrafía todo lo que se dice en el congreso.* · v.tr./conj: *vaciar* = estenografiar

taquigráficamente Según la taquigrafía. · adv.

taquigráfico, a
1 De la taquigrafía: *utiliza signos taquigráficos al tomar apuntes.* · adj. = estenográfico
2 Que es reducido o esquemático en exceso.

taquígrafo, a
1 Persona que sabe o se dedica a la taquigrafía: *trabaja como taquígrafo en un juzgado.* · s. = estenógrafo
2 Aparato registrador de velocidad: *voy a colocar un taquígrafo en la bicicleta.* · s.m./TECNOLOGÍA = velocímetro

taquilla
1 Armario de metal, alto y estrecho, para guardar ropa y efectos personales en lugares públicos o de trabajo: *en el gimnasio, guarda la ropa en una taquilla.* · s.f.
2 Mostrador donde se expenden billetes para un espectáculo: *frente a la taquilla del cine había un montón de gente esperando a que la abrieran.* · = ventanilla
3 Recaudación por la venta de las entradas de un espectáculo: *la película ha sido un éxito de taquilla.* · = taquillaje
4 Armario con casillas para guardar papeles, en especial en las oficinas. · = casillero
5 Taberna, establecimiento público donde se expenden y sirven bebidas. · Amér. Central
6 Clavo pequeño de madera. · Chile, C. Rica, Ecuad.

taquillaje
1 Número de entradas que se ponen a la venta en una taquilla: *el taquillaje del cine es de dos mil entradas.* · s.m. = taquilla
2 Dinero obtenido de la venta de billetes o entradas para un espectáculo o acto público: *la obra de teatro está batiendo récords de taquillaje.* · = recaudación

taquillero, a
1 Persona encargada de la venta de entradas o billetes en una taquilla: *el taquillero de la estación de ferrocarril ya me conoce.* · s.
2 Se aplica al artista o al espectáculo que atrae mucho público: *sus películas son siempre taquilleras.* · adj.

taquillón Mueble de madera parecido a un armario pequeño y estrecho, con poca capacidad y que suele colocarse en los recibidores como elemento decorativo: *al pasar, tiró el jarrón que había sobre el taquillón.* · s.m.

taquimeca Apócope de taquimecanógrafa. · s.m.f.

taquimecanografía Técnica de escribir en taquigrafía y a máquina. · s.f.

taquimecanógrafo, a Persona experta en taquigrafía y en mecanografía: *en el anuncio aparecido en prensa, piden un taquimecanógrafo.*

taquimetría Parte de la topografía que estudia el levantamiento de planos mediante el taquímetro. · s.f.

taquimétrico, a De la taquimetría o del taquímetro: *tratado taquimétrico.* · adj.

taquímetro (Del gr. *takhys*, rápido + *metron*, medida.)
1 Instrumento que sirve para medir a la vez distancias y ángulos horizontales y verticales. · s.m. TECNOLOGÍA
2 Aparato que indica la velocidad, por lo general en revoluciones por minuto, de la máquina en que va instalado. · TECNOLOGÍA = tacómetro

taquín
1 Taba, hueso del pie. · s.m./ANATOMÍA
2 Juego de la taba. · JUEGOS

taquión Partícula material hipotética, con una velocidad mínima de desplazamiento igual a la de la luz. · s.m. FÍSICA

taquipnea (Del gr. *takhys*, rápido + *pneo*, respirar.) Aceleración del ritmo respiratorio. · s.f. MEDICINA

taquisfigmia Aceleración del pulso. · s.f./MEDICINA

taquistoscopio Aparato que permite la representación gráfica de los estímulos visuales de una persona por períodos de tiempo muy breves y graduables. · s.m. SICOLOGÍA

taquitelia Aceleración del ritmo de expansión de un organismo. · s.f. BIOLOGÍA

tara
I (Del ár. *tarah*, deducción.)
1 Peso de un vehículo destinado al transporte, vacío o sin mercancía. · s.f.
2 Parte del peso que se rebaja del total de una mercancía y que corresponde al continente y no al contenido. · COMERCIO
3 Defecto que disminuye el valor de la persona o cosa que lo tiene: *se lo vendo a la mitad porque tiene tara.*
4 Peso que se pone en uno de los platos de la balanza para calibrarla.
II (Del quechua *tara*.)
1 Planta arbustiva cesalpiniácea de hojas pinnadas, flores amarillas y legumbres oblongas y esponjosas, de cuya madera se extrae un tinte. *(Caesalpinia tinctoria.)* · s.f./Chile, Perú BOTÁNICA
2 Serpiente venenosa. · Colomb./ZOOLOGÍA
3 Langosta de tierra de mayor tamaño que la común. · Venez/ZOOLOGÍA

tarabilla
1 Tabla pequeña que cuelga sobre la piedra del molino de harina. · s.f. = cítola
2 Persona que habla mucho, muy deprisa y sin orden: *me lo explicaba como una tarabilla descompuesta.* · coloquial = cotorra
3 Cantidad de palabras dichas deprisa y sin orden: *¡menuda tarabilla de chismorreos!* · coloquial = verborrea
4 Listón de madera que se retuerce para mantener tensa la cuerda del bastidor de una sierra. · = tarabita
5 Zoquete pequeño de madera que sirve para cerrar las puertas o ventanas.
6 Travesaño con el que se gradúa la inclinación de la reja del arado. · AGRICULTURA = telera
7 Ave paseriforme de pico corto y en punta, cabeza redondeada, tronco y cola bastante cortos y tarsos largos y delgados. *(Saxicola.)* · ZOOLOGÍA
8 **soltar una persona la tarabilla**: Hablar mucho y deprisa: *en cuanto me ve, suelta la tarabilla y me cuenta las mil y una.* · coloquial

tarabita
1 Púa de la hebilla para apretar la cincha que ajusta la silla a las caballerías. · s.f. EQUITACIÓN
2 Listón de madera que por torsión mantiene tirante la cuerda del bastidor de sierra. · = tarabilla
3 Maroma por la cual corre la cesta de andarivel. · Amér. Merid.
4 Andarivel para pasar los ríos y hondonadas que no tienen puente. · Ecuad., Perú

taracea (Del ár. *tarsic*.)
1 Mosaico de madera labrada, con incrustaciones de nácar y otros materiales, que forman un dibujo. · s.f. ARTE
2 Entarimado hecho de maderas finas de diversos colores formando un dibujo.
3 Obra realizada con elementos de distinto origen.

taraceador, a Persona que hace taraceas. · s./ARTE

taracear Adornar una cosa con taracea. · v.tr./tb: ataracear

taracol Crustáceo similar al cangrejo. · s.m./Antillas

tarado, a
1 Que tiene una tara o defecto: *no quiero esa tela porque está tarada.* · adj. = defectuoso
2 Que es tonto o idiota: *un conductor tarado casi me atropella.* · coloquial despectivo

taragontía (Del lat. *dracontium* < gr. *dracontion*.) Dragontea, planta herbácea de hojas grandes divididas en cinco lóbulos que se cultiva como adorno. · BOTÁNICA

tarahumara
1 De un pueblo amerindio que habita en diversos estados mexicanos. · adj.
2 Persona natural de este pueblo indígena. · s.

taraje (Del ár. *taraf*.) Taray, arbusto de corteza rojiza, flores pequeñas con pétalos blancos y fruto seco capsular. · s.m. BOTÁNICA

tarambana Que tiene poco juicio o formalidad: *sigue siendo igual de tarambana que en su juventud.* · adj/s.m.f. tb: tarambanas

tarando (Del lat. *tarandus*.) Reno, mamífero artiodáctilo con astas muy ramosas y pelaje espeso. · s.m. ZOOLOGÍA

tarangallo Palo que en tiempo de caza se pone pendiente del collar a los perros de los ganados que pastan en los cotos para que no puedan bajar la cabeza hasta el suelo y así no puedan perseguir la caza. · s.m. CAZA = trabanco

taranta
1 Arrebato pasajero. · s.f./C. Rica, Ecuad.
2 Desvanecimiento o aturdimiento. · Hond.

tarantela (Del ital. *tarantella*.)
1 Baile popular, de origen napolitano y ritmo muy vivo en compás de seis por ocho. · s.f.
2 Música que acompaña este baile. · MÚSICA

tarantín
1 Cachivache, cualquier trasto u objeto inútil o de poco valor. · s.m./Amér. Central, Antillas, Venez.
2 Tienda muy pobre, tenducha.

tarántula (Del ital. *tarantola* < *Taranto, Tarento*, ciudad alrededor de la cual abundaban estas arañas.)
1 Araña de cuerpo grande y recio, color pardo y negro y picadura venenosa que caza en el suelo y es común en todo el continente europeo. *(Lycosa narbonensis.)* · s.f. ZOOLOGÍA
2 **picado de la tarántula**: 1. Se aplica a la persona que tiene algún vicio. 2. Se refiere a la persona que ha contraído una enfermedad venérea. · coloquial coloquial

tarantulado, a
1 Que ha sido picado por una tarántula. · adj.
2 Que es inquieto y bullicioso. · = alborotado
3 Que está aturdido o espantado. · = turbado

tarar
1 Determinar la tara en el peso de una mercancía. · v.tr./COMERCIO
2 Colocar un peso sin calibrar en uno de los platillos de la balanza.

tarara (Voz onomatopéyica.)
1 Toque de trompeta. · s.m./= tararí
2 Persona alocada o de poco juicio: *¿que te deje un millón?, ¿tú estás tarara o qué?* · coloquial

tarará (Voz onomatopéyica.) Toque de trompeta. · s.m.

tararear Cantar una canción en voz baja y sin articular las palabras: *tararea canciones famosas mientras se ducha.* — v.tr. / = canturrear / tb: tatarear

tararéo Acción y resultado de tararear: *ya llega porque oigo su tararéo por la escalera.* — s.m. / = canturreo, tatareo

tararí (Voz onomatopéyica.)
1 Toque de trompeta: *el tararí de la trompeta sobresalía entre los otros instrumentos.* — s.m. / tb: tarara, tararaá
2 **estar tararí:** Estar bebido: *no le hagas caso porque está tararí.* — coloquial
3 **¡tararí!:** No, de ninguna manera: *¡tararí, no te lo doy!* — interj./coloquial

tararira
1 Juerga o bullicio de gentes y voces. — s.f./= bullanga
2 Persona alocada y de poco juicio: *el tararira este un día nos va a dar un buen susto.* — s.m.f. / = tarara

tarasca (Del nombre de la ciudad de *Tarascón,* cerca de la cual habitaba un dragón.)
1 Figura en forma de serpiente monstruosa que, en algunos lugares, se exhibe durante la procesión del corpus. — s.f. / MITOLOGÍA / = gomia
2 Mujer fea y descarada o de carácter violento. — despectivo
3 Persona, animal o cosa que destruye o derrocha una cosa: *algunos insectos son una tarasca para los campos.* — = plaga
4 Boca grande. — Chile, C. Rica

tarascada
1 Herida causada con los dientes: *aún me duele la tarascada que me hizo tu perro.* — s.f. / = mordedura
2 Dicho o respuesta brusca, violenta o grosera que una persona dirige sin motivo a otra. — = exabrupto
3 Derrote o cornada violenta que da el toro. — TAUROMAQUIA

tarascar Herir con los dientes, en especial un perro: *me tarascó la mano al ir a acariciarlo.* — v.tr./conj: sacar / = morder

tarasco, a
1 De un pueblo amerindio mexicano, con cultura de influencia tolteca, que ofreció gran resistencia a la expansión azteca. — adj. / HISTORIA / = purepecha
2 Persona natural de este pueblo. — s./HISTORIA
3 Lengua amerindia, sin parentesco conocido, hablada por este pueblo. — s.m. / LINGÜÍSTICA

tarascón Mordedura o tarascada. — s.m./Amér. Merid.

tarasí Persona que corta y cose vestidos y prendas de vestir. — s.m.f./pl.tb: tarasíes / = sastre

taray (Del ár. *taraf.*)
1 Planta arbustiva de ramas mimbreñas de color rojizo, hojas menudas con punta aguda, flores pequeñas con cáliz rojo y pétalos blancos y fruto seco capsular de tres divisiones. *(Tamarix gallica.)* — s.m./pl: tarayes / BOTÁNICA / = tamarisco
2 Fruto de este arbusto. — BOTÁNICA

tarayal Tereno poblado de tarayes. — s.m./= taharal

taraza
1 Broma, molusco bivalvo que perfora las maderas sumergidas a las que se adhiere. — s.m. / ZOOLOGÍA
2 Polilla, mariposilla cuyas orugas roen tela y celulosa. — ZOOLOGÍA

tarazana (Del ár. *dar as-sinaca.*) Atarazana [en todas sus acepciones]. — s.f./tb: tarazanal / NÁUTICA

tarazar
1 Partir o despedazar una cosa con los dientes: *el perro tarazó con rapidez el hueso que le di.* — v.tr./conj: cazar / = atarazar
2 Causar muchas molestias a una persona: *esa chica me taraza contándome sus problemas personales.* — = incordiar, molestar

tarazón Porción de carne, pescado o de otra cosa que se parte o corta del resto: *arranca un tarazón de jamón para probarlo.* — s.m.

tardador, a Que tarda: *me desespera quedar con él porque es muy tardador.* — adj./s. / = tardón

tardanaos Rémora, pez teleósteo marino de color ceniciento que se adhiere a los objetos flotantes. — s.m./pl: tardanaos / ZOOLOGÍA

tardanza Acción y resultado de tardar: *empieza a preocuparme la tardanza de tu hermano.* — s.f./= demora, retraso

tardar (Del lat. *tardare.*)
1 Emplear un tiempo determinado en hacer una cosa: *no tardo nada en arreglarme; ¿cuánto tardas en hacer el trayecto?* — v.intr. / + en / = invertir, gastar
2 Dejar pasar un tiempo considerable o más tiempo del conveniente antes de hacer una cosa: *tardó en llamarme; has tardado demasiado en venir y ya lo he vendido.* — v.intr./prnl. / + en / = demorarse, retrasarse
3 **a más tardar:** En la fecha o el plazo indicado como máximo para hacer una cosa: *estará listo mañana, a más tardar pasado.* — loc.adv.

tarde (Del lat. *tarde.*)
1 Parte del día comprendida entre el mediodía y el anochecer: *les gusta salir a pasear por la tarde.* — s.f.
2 Últimas horas del día: *hasta la tarde no llega a casa.* — = atardecer
3 A hora avanzada de la noche o de la mañana: *me acuesto siempre tarde; me levanto siempre tarde.* — adv. / ≠ temprano
4 Después del tiempo considerado oportuno, conveniente o acostumbrado: *hoy llegaré tarde del trabajo.* — ≠ pronto

5 buenas tardes: Fórmula de saludo usada después de comer hasta el anochecer. — formal
6 de tarde: Se usa aplicado a las cosas celebradas en esta parte del día o propias de ella: *iremos a la función de tarde; asiste a un cursillo de tarde.* — loc.adj.
7 de tarde en tarde: Que se hace dejando pasar mucho tiempo entre una y otra vez: *lo veo sólo de tarde en tarde.* — loc.adv.
8 más tarde o más temprano: Se usa para expresar que cierto hecho ocurrirá: *más tarde o más temprano, recibirá su merecido.* — loc.adv. / coloquial
9 tarde, mal y nunca: Indica que se ha hecho una actividad mal y fuera de tiempo: *el vestido que me hicieron estuvo tarde, mal y nunca.* — coloquial

tardear
1 Detenerse una persona más tiempo del necesario en hacer una cosa por mero placer o entretenimiento: *le gusta tardear por las salas del museo.* — v.intr. / = demorar
2 Mostrar el toro indecisión antes de embestir. — TAUROMAQUIA

tardecer Empezar a caer la tarde: *se nota que es otoño porque ya empieza a tardecer temprano.* — v.intr./conj: carecer / tb: atardecer

tardíamente Después del momento oportuno o esperado: *terminó tardíamente sus estudios.* — adv. / = tarde

tardígrado, a
1 Se aplica a las personas y los animales que se mueven con lentitud. — adj.
2 Perteneciente a una clase de animales de pequeño tamaño que viven en el mar, en el agua dulce o en los musgos, y que son capaces de revivir después de un período de desecación. — adj/s.m. / ZOOLOGÍA

tardío, a
1 Se aplica a las plantas o a los frutos que tardan en madurar. — adj. / BOTÁNICA
2 Que llega o sucede después de lo esperado o de lo habitual: *este año el otoño llegó tardío.* — = tardo
3 Se aplica a la última fase de existencia de una lengua: *latín tardío.* — LINGÜÍSTICA
4 Sembrado de plantas o frutos que tardan en madurar. — s.m. / AGRICULTURA

tardo, a (Del lat. *tardus.*)
1 Que tarda o va despacio: *se le hacían tardas las horas que le esperaba.* — adj/= lento / ≠ veloz
2 Que sucede después de lo esperado o conveniente: *tardo acontecimiento.* — = retrasado / ≠ puntual
3 Que entiende o explica las cosas con dificultad: *es tardo de comprensión.* — = lento, torpe / ≠ rápido
4 Se aplica al planeta que tiene un movimiento diurno verdadero menor que el medio. — ASTRONOMÍA
5 Se refiere al toro que retrasa su acometida. — TAUROMAQUIA

tardón, a
1 Que tarda mucho en hacer las cosas o llega tarde a los sitios: *su fama de tardón es merecida.* — adj/s. / = lento, tardo
2 Que entiende las cosas con dificultad y torpeza: *no avanza en sus estudios porque es tardón en entender lo que le explican.* — = tardo, torpe

tarea (Del ár. vulgar *tariha < ár. tarah,* lanzar.)
1 Cualquier trabajo o actividad: *las tareas de la casa las hacen entre los dos.* — s.f. / = faena, labor
2 Trabajo que ha sido encomendado a una persona y debe realizarse en un tiempo determinado: *tienes que hacer las tareas que te han pedido en el colegio.* — = deber
3 Cansancio que produce un trabajo continuado. — = estorbo
4 Proceso en ejecución. — INFORMÁTICA

tareco Cachivache o cualquier trasto inútil o de poco valor. — s.m./Cuba, Ecuad., Venez.

targum Cada una de las antiguas versiones arameas de la biblia hebrea. — s.m. / RELIGIÓN

tarifa (Del cat. *tarifa < ár. tacrifa.*)
1 Tabla de precios o aranceles: *las tarifas nocturnas tienen un incremento.* — s.f.
2 Precio único fijado por el estado para los servicios públicos realizados a su cargo.

tarifación Acción y efecto de tarifar. — s.f.

tarifar
1 Señalar o aplicar una tarifa a una cosa o un servicio: *tarifaron los precios de traducción y corrección.* — v.tr.
2 Perder una persona la amistad o la relación con otra. — v.intr. / = reñir

tarifeño, a
1 De Tarifa, ciudad de Cádiz. — adj.
2 Persona natural de esta ciudad gaditana. — s.

tarima (Del ár. *tarima.*)
1 Plataforma de madera algo elevada en relación al nivel del suelo, destinada a múltiples usos: *la mesa del profesor está sobre una tarima.* — s.f. / = entablado
2 Suelo similar al parqué pero de placas mayores y más gruesas.

tarja (Del fr. *targe,* escudo.)
1 Escudo que cubría por entero al combatiente. — s.f./tb: taja
2 Antigua moneda española de vellón cuyo valor era un cuartillo de real de plata. — HISTORIA
3 Chapa usada como contraseña.

4 Palo partido donde se marcaba lo que se fiaba con una muesca en cada mitad, siendo una para el comprador y la otra para el vendedor. | COMERCIO
5 Señal o muesca en forma de hendidura. | = mella
6 Tarjeta de visita. | Amér. Central y Merid.
7 Parte cóncava del fregadero donde se ponen y lavan los platos y utensilios de cocina. | Méx.

tarjador, a Persona que señalaba o rayaba en una tabla o palo muescas para saber lo que se fiaba. | s./= tarjero
| COMERCIO

tarjar
1 Señalar en una tabla o palo una cosa que se vende fiada. | v.tr.
| COMERCIO
2 Tachar o marcar parte de un escrito. | Chile

tarjeta (Del fr. ant. *targette* < *targe* < germ. *targa*.)
1 Pieza rectangular de cartulina, de pequeño tamaño, que lleva impreso el nombre, el domicilio y la actividad de una persona o una entidad y que su titular usa para darse a conocer: *en la tarjeta figura su cargo dentro de la empresa.* | s.f.
2 Pieza rectangular de cartulina en que se imprime o se escribe una invitación, un permiso, un anuncio o alguna cosa semejante: *he recibido una tarjeta con una invitación de boda.*
3 Estampa que se envía por correo: *voy a escribir las tarjetas de navidad.* | = postal
4 Membrete de los mapas y cartas.
5 Adorno plano y oblongo con inscripciones o emblemas que aparece sobrepuesto a un miembro arquitectónico. | ARQUITECTURA
6 Cartulina o plástico que utiliza el árbitro de fútbol y otros deportes como señal de amonestación. | DEPORTES
7 tarjeta amarilla: La que sólo es una amonestación sin implicar expulsión. | DEPORTES
8 tarjeta de crédito: La emitida por entidades bancarias o financieras a nombre de una persona que constituye un medio de pago a crédito. | ECONOMÍA
9 tarjeta de identidad: La que sirve para acreditar la identidad del titular. | = carnet
10 tarjeta electrónica: La que lleva impresa una banda magnética que al ser leída permite identificar a su propietario y con la cual se pueden realizar diferentes operaciones. | TECNOLOGÍA
11 tarjeta monedero: La electrónica que permite el control de una determinada cantidad de dinero, que va disminuyendo en la medida que se van haciendo pagos y que, una vez vacía, se puede volver a recargar. | COMERCIO, ECONOMÍA
12 tarjeta perforada: Aquella de formato normalizado que mediante un código de perforaciones transmite datos a máquinas capaces de interpretarlos. | INFORMÁTICA
13 tarjeta postal: La que se envía por correo sin sobre: *ha recibido una tarjeta postal de un amigo desde China.*
14 tarjeta roja: La que implica la expulsión del campo del jugador al que se muestra. | DEPORTES

tarjetearse Escribirse dos personas tarjetas postales: *cuando están de vacaciones, se tarjetean.* | v.prnl.

tarjeteo Uso frecuente de tarjetas en el trato social. | s.m.

tarjetero Cartera, recipiente o mueble para tarjetas de visita: *miraré en el tarjetero a ver si llevo su dirección.* | s.m.

tarjetón Cartulina grande en que va impresa una participación o una invitación, o está en blanco para escribir en ella. | s.m.

tarlatana (Del fr. *tarlatane*.) Tela rala de algodón semejante a la muselina pero más consistente que ésta. | s.f.
| TEXTIL

tarmacadam (Voz inglesa.) Material utilizado para la pavimentación de calzadas, hecho de piedras machacadas y una emulsión de alquitrán. | s.m.
| CONSTRUCCIÓN

taro Planta que se cultiva en las regiones tropicales por sus tubérculos comestibles. | s.m.
| BOTÁNICA

taropé Planta acuática ninfeácea, parecida a un nenúfar de hojas grandes. | s.m.
| BOTÁNICA

tarot
1 Conjunto de setenta y ocho naipes que llevan estampadas diversas figuras y que se utilizan en cartomancia: *se dedica a la adivinación echando las cartas del tarot.* | s.m.
| OCULTISMO
2 Juego que se realiza con una baraja de tarot. | JUEGOS

tarpán Mamífero perisodáctilo équido, ya extinguido, que vivía en las estepas rusas meridionales. (*Equus gmelini.*) | s.m.
| ZOOLOGÍA

tarpón Pez clupeiforme de cuerpo alargado y comprimido y escamas plateadas, que es objeto de pesca deportiva. (*Magalops atlanticus.*) | s.m.
| ZOOLOGÍA

tarquín Cieno que se deposita en el fondo de las aguas estancadas o en los campos que han sido inundados. | s.m.

tarquina Se aplica a la vela trapezoidal muy alta de baluma y baja de caída. | adj/s.f.
| NÁUTICA

tarquinada Violencia sexual cometida contra una mujer. | s.f.
| = violación

tarra
1 Persona vieja. | s.m.f./vulgar

2 Cabeza humana: *me duele la tarra.* | s.f./vulgar

tarraconense
1 De Tarraco, antigua provincia y ciudad del imperio romano, en la actualidad Tarragona. | adj.
| HISTORIA
2 Persona natural de la antigua Tarraco. | s.m.f./HISTORIA
3 De Tarragona, ciudad y provincia españolas. | adj.
4 Persona natural de Tarragona. | s.m.f.

tarrago Planta labiada, especie de salvia. (*Salvia pratensis.*) | s.m.
| BOTÁNICA

tarraja
1 Tabla guarnecida con una chapa de metal. | s.f./= terraja
2 Orificio circular de la caja de la guitarra. | MÚSICA

tarrasense
1 De Tarrasa, población de Barcelona. | adj.
2 Persona natural de esta ciudad barcelonesa. | s.m.f.

tarraya (Del ár. *tarraha.*) Red redonda de pesca. | s.f./PESCA

tarreña Tarro de barro cocido de las que, emparejadas, se manejan y hacen sonar como las castañuelas. | s.f.
| MÚSICA

tarrico Caramillo, planta con el tallo erguido y hojas de color verde claro agudas. | s.m.
| BOTÁNICA

tarrina Recipiente pequeño para conservar o expender alimentos: *una tarrina de helado de chocolate.* | s.f.
| tb: terrina

tarro (De origen incierto.)
1 Recipiente de vidrio, porcelana o de otro material, redondo, con forma de vaso y con tapadera: *el azúcar está en el tarro azul.* | s.m.
| = bote
2 Cabeza humana: *me he dado un golpe en el tarro.* | coloquial/= coco
3 Ave anseriforme, de gran tamaño, de cabeza verde, pico rojo y collar rojizo, que suele vivir en marismas y dunas costeras. (*Tadorna tadorna.*) | ZOOLOGÍA
4 comer o comerse el tarro: Pensar con insistencia en la misma idea o asunto: *me come el tarro para que vaya con ella.* | coloquial
| = comer el coco

tarsalgia Dolor en el pie y en la pierna, con fatiga y deformación del tarso. | s.f.
| MEDICINA

tarsana Corteza de un árbol sapindáceo, que se utiliza para lavar. | s.f./C. Rica, Ecuad., Perú

tarsectomía Operación quirúrgica que consiste en amputar uno o varios huesos del tarso. | s.f.
| MEDICINA

tarsero Mamífero társido asiático nocturno, de larga cola y ojos grandes. (*Tarsius filippinensis.*) | s.m.
| ZOOLOGÍA

tarsiano, a Del tarso. | adj./ANATOMÍA

társido, a Perteneciente a una familia de primates tarsiformes. | adj/s.m.
| ZOOLOGÍA

tarsiforme Perteneciente a un suborden de mamíferos primates pequeños, de cabeza redondeada, orejas anchas y ojos enormes. | adj/s.m.
| ZOOLOGÍA

tarso (Del gr. *tarsos*, entramado.)
1 Conjunto formado por siete huesos cortos del pie, entre éste y la pierna. | s.m.
| ANATOMÍA
2 Parte más delgada de la pata de las aves que une los dedos con la tibia y por lo general no tiene plumas. | ZOOLOGÍA
3 Quinto segmento de las patas de los insectos formado por tres artejos. | ZOOLOGÍA
4 Articulación de las caballerías, entre la tibia y los huesos metatarsianos. | ZOOLOGÍA
| = corvejón

tarta (Del fr. *tarte*.)
1 Pastel grande, en general de masa de harina, relleno y algunas veces cubierto con chocolate, nata, frutas u otras sustancias dulces. | s.f.
| COCINA
2 Cacerola casi plana que sirve para hacer tartas o tortadas.
3 Gráfico o diagrama que se divide en sectores como si fueran porciones de pastel. | ESTADÍSTICA

tártago
1 Planta herbácea anual, con tallo corto y garzo, hojas lanceoladas, enteras y obtusas, flores unisexuales sin corola y fruto seco capsular con semillas arrugadas que se usan como eméticas y purgantes. (*Euphorbia lathyris.*) | s.m.
| BOTÁNICA
2 Disgusto que sobreviene por algún suceso grave. | coloquial
3 Chasco pesado. | = burla
4 tártago de Venezuela: Ricino, planta euforbiácea. | BOTÁNICA

tartaja Que habla tartamudeando: *cuando se pone nervioso, habla como un tartaja.* | adj/s.m.f./coloquial
| = tartamudo

tartajear (Voz onomatopéyica que imita el habla interrumpida.) Hablar una persona pronunciando de forma entrecortada y repitiendo sílabas por torpeza o por defecto físico. | v.intr.
| coloquial
| = tartamudear

tartajeo Acción y resultado de tartajear: *en cuanto habla en público, empieza con el tartajeo.* | s.m./coloquial
| = tartamudeo

tartajoso, a Que tartajea: *de niño era tartajoso, pero ahora ya no.* | adj/s./coloquial
| = tartaja

tartalear (Voz onomatopéyica que imita el habla interrumpida.)
1 Moverse una persona con temblor o aturdimiento: *tartaleaba a causa del mareo.* | v.intr.
| = tambalear
2 Quedarse una persona sin poder hablar a causa de la turbación. | = turbarse

3 Hablar una persona de manera entrecortada y repitiendo sílabas. · — coloquial / = tartamudear

tartaleta
1 Molde hecho de hojaldre, cocido al horno y en forma de cazoleta. — s.f. / COCINA
2 Pastel dulce o salado cocinado en este tipo de molde de hojaldre: *tartaleta de queso.* — COCINA

tartamudear Hablar una persona articulando las palabras de manera entrecortada o repitiendo las sílabas: *tartamudea sólo si se pone nervioso.* — v.intr. / = tartalear, tartajear

tartamudeo Acción y resultado de tartamudear: *ha conseguido evitar el tartamudeo.* — s.m. / = tartajeo

tartamudez Calidad de tartamudo: *su tartamudez se debe a un problema de inseguridad.* — s.f. / pl: tartamudeces

tartamudo, a Que tartamudea: *es tartamudo desde niño.* — adj/s. / = tartajoso

tartán (Del ingl. *tartan* < fr. *tiretaine*.)
1 Tela de lana con cuadros o listas de diferentes colores. — s.m. / TEXTIL
2 Material compuesto de amianto, plásticos y caucho que se usa como revestimiento para las pistas de atletismo. — INDUSTRIA

tartana (Del occitano *tartano* < occitano ant. *tartana*, *cernícalo*.)
1 Cosa vieja, lenta y muy deteriorada, en especial un vehículo: *nunca llegaremos con esta tartana.* — s.f./coloquial / = cafetera
2 Carruaje de dos ruedas, con cubierta abovedada y asientos laterales.
3 Pequeña embarcación de vela latina con un solo palo perpendicular a la quilla central. — NÁUTICA
4 Red de pesca para rastreo a vela. — PESCA

tartanero, a Persona que conduce una tartana o carruaje con cubierta abovedada. — s.m.

tartáreo, a Del tártaro o infierno. — adj./literario

tartarí Tela lujosa usada en la antigüedad. — s.f./pl.tb: tartaríes

tartárico, a Se aplica al ácido extraído del tártaro. — adj./QUÍMICA

tartarizar Preparar un medicamento u otra sustancia con tártaro. — v.tr./conj: *cazar* / FARMACIA

tártaro
I (Del bajo lat. *tartarus*.)
1 Tartrato ácido de potasio que forma costra cristalina en el fondo y paredes de las vasijas donde fermenta el mosto. — s.m. / QUÍMICA
2 Sustancia calcárea que forma una costra sobre el esmalte de los dientes. — = sarro
3 *tártaro emético:* Tartrato de antimonio y potasio, usado como vomitivo y purgante. — QUÍMICA
II (Del lat. *Tartarus* < gr. *Tártaros*.) Lugar de los condenados por la justicia divina. — s.m./literario / = infierno

tártaro, a
1 De Tartaria, antigua región asiática. — adj./HISTORIA
2 Persona natural de esta antigua región. — s./HISTORIA
3 De los descendientes del pueblo que habitó aquella región, en la actualidad dispersos por Rusia. — adj/s.
4 Lengua del grupo turco hablada por estas personas. — s.m./LINGÜÍSTICA

tartera
1 Recipiente con tapa hermética usado para llevar o guardar comida: *cada día se lleva la tartera con el almuerzo al trabajo.* — s.f. / = fiambrera
2 Especie de cazuela casi plana que se usa para cocer tortas o tartas. — COCINA / = tortera

tartesio, a
1 De un pueblo de la España prerromana que habitaba en la Tartéside. — adj. / HISTORIA
2 Persona natural de dicho pueblo prerromano. — s./HISTORIA

tartrato Sal formada por la combinación del ácido tartárico con una base. — s.m. / QUÍMICA

tártrico, a Del tártaro del mosto. — adj./QUÍMICA

tartufo Persona hipócrita. — s.m./coloquial

taruga Mamífero rumiante americano, parecido al ciervo, de pelaje rojo oscuro y orejas blandas y caídas que vive en manadas. *(Hippocamelus antisensis).* — s.f. / ZOOLOGÍA

tarugo
1 Trozo de madera corto y grueso: *puso un tarugo bajo el mueble para elevarlo.* — s.m.
2 Clavija de madera. — = taco
3 Trozo de pan duro. — = cuscurro
4 Persona de mala traza pequeño y grueso. — coloquial
5 Persona de corto entendimiento: *no seas tarugo, no es esa la respuesta correcta.* — coloquial / = zoquete

tarumba Se usa en la expresión **volver tarumba** para indicar marear, confundir o atolondrar a una persona: *me vuelve tarumba con su problema.* — loc.v. / coloquial

tas (Voz francesa.) Yunque pequeño usado por los plateros, hojalateros y plomeros. — s.m. / pl: tas

tasa
1 Acción y resultado de tasar: *la tasa de la vivienda la efectuará un perito.* — s.f. / = tasación
2 Precio estipulado de forma oficial para un determinado artículo: *las tasas universitarias no han variado este curso.* — ECONOMÍA
3 Medida o moderación en las acciones: *come sin tasa.* — = mesura

4 Relación entre dos magnitudes: *la tasa de natalidad ha descendido.* — ESTADÍSTICA
5 Contraprestación económica que exige la administración a los particulares por el uso de un servicio público. — ECONOMÍA

tasación
1 Acción y resultado de tasar o valorar una cosa: *la tasación del cuadro ha sido de diez millones.* — s.f. / = tasa, valoración
2 Valoración del activo, o de una parte del mismo, de una empresa. — ECONOMÍA

tasadamente
1 Con moderación o medida. — adv.
2 De forma limitada.

tasador, a
1 Que tasa. — adj/s.
2 Persona que tasa cosas vendibles: *el tasador de la joyería me da cincuenta mil por el reloj.* — s. / COMERCIO

tasajo
1 Trozo de carne seca, salada o acecinada. — s.m./= cecina
2 Cualquier trozo de carne, pescado o fruta. — = tajada

tasar (Del lat. *taxare* < gr. *tasso*, arreglar.)
1 Fijar de forma oficial el precio máximo o mínimo de una mercancía. — v.tr. / COMERCIO
2 Valorar el precio de una cosa: *tasaron las obras en cientos de millones.* — = evaluar
3 Poner límites a una cosa: *tasaba los gastos para ahorrar; le tasaban el tabaco por sus problemas respiratorios.* — = racionar, restringir

tasca
1 Establecimiento público donde se venden y sirven bebidas y, a veces, comidas: *en esa tasca tienen buen vino.* — s.f. / = taberna
2 Casa de juego de mala fama. — = garito
3 Corrientes encontradas y oleaje fuerte, que dificultan un desembarco. — Perú

tascador Espadilla para macerar el cáñamo. — s.m.

tascar
1 Golpear el lino o el cáñamo con la espadilla para limpiarlo y poder hilarlo. — v.tr./conj: *sacar* / = espadar, espadillar
2 Romper los animales la hierba al pacer, con un sonido característico: *el ganado tascaba el pasto en el prado.*
3 *tascar el freno:* 1. Morder el caballo el bocado o moverlo entre los dientes. 2. Resistir la represión o sujeción que se le impone a una persona: *no puede tascar las imposiciones de su compañero.* — EQUITACIÓN / coloquial

tasco Estopa gruesa del cáñamo o lino. — s.m.

tasconio Tierra talcosa usada para hacer crisoles. — s.m./= talque

tasquear Ir una persona con frecuencia a las tascas o las tabernas: *tasquea con sus amigos por el barrio antiguo de la ciudad.* — v.intr.

tasqueo Acción y resultado de tasquear: *suelen ir de tasqueo los domingos por la mañana.* — s.m.

tasquera Riña, pelea o discusión: *se metió en una tasquera con unos maleantes.* — s.f. / = bronca

tasquil Partícula que salta de la piedra al labrarla. — s.m.

tassili Meseta de arenisca, en el Sahara. — s.m./GEOGRAFÍA

tastana
1 Costra producida por la sequía en las tierras dedicadas al cultivo. — s.f. / AGRICULTURA
2 Membrana que separa los gajos de ciertas frutas como la naranja o la granada. — BOTÁNICA

tastaz Polvo hecho de los crisoles viejos que sirve para limpiar las piedras de azófar. — s.m./pl: tastaces / METALURGIA

tasto Sabor desagradable producido por alimentos revenidos. — s.m.

tasugo (Del germ. *thahsuks*.) Tejón, mamífero carnívoro con piel dura, pelo largo y espeso de color blanco, negro y pajizo. — s.m. / ZOOLOGÍA

tata (Del lat. *tata*.)
1 Voz infantil con que se designa a la niñera. — s.f./familiar
2 Voz infantil para referirse a la tía o a la hermana. — familiar
3 Voz con la que se designa al padre y, de forma ocasional, al abuelo. — s.m./Amér. / familiar

tatabro Pecarí o báquira, mamífero paquidermo de fuertes colmillos, parecido al jabalí. — s.m./Colomb. / ZOOLOGÍA

tatagua Mariposa nocturna noctuida, oscura y de gran tamaño. *(Erebus odorata.)* — s.f./Cuba / ZOOLOGÍA

tataibá Planta morácea de fruto áspero y amarillo. *(Morus tataiba.)* — s.m./Argent., Par. / BOTÁNICA

tatami (Voz japonesa.) Suelo acolchado sobre el que se practican algunos deportes, como el judo y el kárate. — s.m. / DEPORTES

tatarabuelo, a Respecto de una persona, padre o madre de su bisabuelo o bisabuela. — s. / = rebisabuelo

tataradeudo, a Pariente muy antiguo: *uno de sus tataradeudos fue un noble.* — s. / = antepasado

tataranieto, a (Derivado del ant. *trasnieto* < lat. *trans*, más allá de + *nieto*.) Respecto de una persona, hijo o hija de su bisnieto o bisnieta. — s. / = rebisnieto

tataré Planta arbórea leguminosa, cuya madera, amarilla, se utiliza en ebanistería. *(Pithecellobium tortum.)* — s.m./Argent., Par. / BOTÁNICA

tatarear Cantar una canción en voz baja y sin articular las palabras: *le gusta tatarear mientras se ducha.*
v.tr.
= *tararear*

tatas Indica ir a gatas en la expresión **andar a tatas**:
la niña ya anda a tatas.
loc.v.

¡tate! (Voz de creación expresiva.)
1 Indica asombro, sorpresa o extrañeza: *¡tate, qué me
cuentas!*
2 Indica peligro o atención: *¡tate, que viene un coche!*
3 Se usa para expresar que se recuerda una cosa de
repente: *¡tate!, ya sé lo que te iba a decir.*
interj.

tatemar
1 Quemar alguna cosa: *se tatemó la mano al acercarla a
la parrilla.*
2 Asar alimentos en el horno o en un hoyo de barbacoa.
v.tr.
Méx.

Méx.
COCINA

tatetí Juego del tres en raya.
s.m./Argent.

tato, a
1 Que confunde la *c* y *s* en *t* cuando habla.
2 Voz infantil para designar al abuelo, a los padres, a
los hermanos y a los tíos.
adj.

familiar

tatú Especie de armadillo de gran tamaño, con exoesqueleto dérmico.
s.m./Amér. Merid.
ZOOLOGÍA

tatuaje (Del fr. *tatouage.*)
1 Operación de dibujar la piel con materias colorantes que se introducen bajo la epidermis mediante incisiones: *llevaba el tatuaje de un corazón en el brazo.*
2 Resultado de esta operación.
3 Cerco o marca que queda alrededor de una herida
de arma de fuego disparada desde muy cerca.
s.m.

tatuar (Del ingl. *tattoo* < polinesio *tatau.*)
1 Hacer dibujos o pinturas en la piel de una persona:
se tatuó un nombre en el pecho.
2 Dejar huella en una cosa o persona: *aquella experiencia tatuó su vida.*
v.tr/prnl.
conj: actuar

v.tr.
= *marcar*

tau
1 Nombre de una letra del alfabeto griego, que se
translitera por la *t* del latino.
2 Pieza en forma de "T" con los extremos ensancha-
dos usada como insignia en algunas órdenes de caballería.
3 Última letra del alfabeto hebreo.
s.f.

HISTORIA

s.m.

tauca
1 Talega grande donde se guarda el dinero.
2 Montón, gran cantidad de cosas.
*s.f./Chile
Bol., Ecuad.*

taujel Tabla larga y estrecha de madera usada en carpintería.
s.m.
= *listón*

taujía Ataujía [en todas sus acepciones].
s.m.

taula Monumento megalítico formado por una piedra
hincada de forma vertical en el suelo que soporta
otra plana colocada de manera horizontal.
s.f.
HISTORIA

taumaturgia Facultad de realizar prodigios y milagros.
s.f.
RELIGIÓN

taumatúrgico, a De la taumaturgia: *poder taumatúrgico.*
adj.

taumaturgo, a (Del gr. *thaumaturgos* < *thauma, -atos,*
maravilla + *ergon,* obra.) Persona que hace cosas prodigiosas o maravillosas.
s.
= *mago*

taurino, a Del toro o de las corridas de toros: *fiesta
taurina; costumbres taurinas; crítico taurino.*
adj.
TAUROMAQUIA

tauro (Del lat. *taurus.*)
1 Segundo signo del zodíaco, representado por un
toro: *nació bajo el signo de tauro.*
2 Persona nacida entre el 20 de abril y el 21 de mayo.
s.m.
OCULTISMO

adj/s.m.f.

tauro- Componente de palabra procedente del lat.
taurus, que significa toro: *tauromaquia, minotauro.*
pref/suf.

taurófilo, a (Del lat. *taurus,* toro + gr. *philos,* amigo.)
Que es aficionado a las corridas de toros o a la tauromaquia.
adj/s.
TAUROMAQUIA
≠ *taurófobo*

taurófobo, a (Del lat. *taurus,* toro + gr. *phobos,* miedo.) Que es contrario a la celebración de corridas de
toros.
adj/s.
≠ *taurómano*

taurómaco, a (Del lat. *taurus,* toro + gr. *makhomai,*
pelear.)
1 De la tauromaquia.
2 Se aplica a la persona que es especialista en tauromaquia.
adj/= tauromáquico
adj/s.
TAUROMAQUIA

taurómano, a (Del lat. *taurus,* toro + gr. *mania,* pasión.) Que es aficionado a las corridas de toros.
adj/s.
≠ *taurófobo*

tauromaquia (Del lat. *taurus,* toro + gr. *makhomai,*
pelear.) Arte y técnica de lidiar toros.
s.f.
TAUROMAQUIA

tauromáquico, a De la tauromaquia: *programa tauromáquico.*
adj.
TAUROMAQUIA

tauto- Componente de palabra procedente del gr.
tautos, que significa el mismo: *tautología.*
pref.

tautocronismo Igualdad de duración en los movimientos de un cuerpo.
s.m.
FÍSICA

tautócrono, a Se aplica a los movimientos que se
realizan en tiempos de la misma duración.
adj.
FÍSICA

tautofonía Repetición de un sonido o de un grupo
de sonidos en una misma palabra, que da origen a diversos fenómenos fonéticos.
s.f.
LINGÜÍSTICA

tautofónico, a De la tautofonía o de los sonidos que
la conllevan.
adj.
LINGÜÍSTICA

tautograma Poema que se compone de palabras que
empiezan con la misma letra.
s.m.
POESÍA

tautología (Del gr. *tautos,* el mismo + *logos,* palabra.)
Repetición innecesaria de una misma idea expresada
de varias formas.
s.f.
RETÓRICA

tautológico, a De la tautología: *procedimiento tautológico.*
adj.
RETÓRICA

tautomería (Del gr. *tautos,* el mismo + *meros,* parte.)
Propiedad de las sustancias tautómeras.
s.f.
QUÍMICA

tautómero, a Se aplica a la sustancia que permanece
en equilibrio bajo distintas formas.
adj.
QUÍMICA

tautosilábico, a Se refiere al grupo vocálico o consonántico que se encuentra en un sola sílaba.
adj.
LINGÜÍSTICA

tautozonal Se aplica a los elementos cristalográficos,
como las caras y las aristas, que pertenecen a una
misma zona.
adj.
MINERALOGÍA

taxáceo, a Perteneciente a una familia de plantas
gimnospermas, coníferas, de hojas aciculares y flores
dioicas, como el tejo.
adj/s.f.
BOTÁNICA

taxativamente Sin discusión alguna: *me contestó taxativamente.*
adv.

taxativo, a
1 Que no admite discusión: *me dio unas razones taxa-
tivas.*
2 Que limita y reduce un caso a determinadas circunstancias, o una palabra a un sentido estricto: *ley
taxativa.*
adj.
= *categórico*
DERECHO
= *limitativo*

taxema Rasgo simple de una estructura gramatical,
según algunas escuelas lingüísticas.
s.f.
LINGÜÍSTICA

taxi Coche de alquiler con conductor provisto de taxímetro: *cogeré un taxi para ir al aeropuerto.*
s.m.

taxi- Componente de palabra procedente del gr. *taxis,*
que significa ordenación: *taxidermia.*
pref.
tb: taxo-

taxia Movimiento de un ser orientado por un factor
externo, de forma independiente al crecimiento.
s.f.
tb: taxis

taxiarca Jefe del ejército entre los antiguos griegos.
s.m./HISTORIA

taxidermia (Del gr. *taxis,* ordenación + *derma,* piel.)
Arte y técnica de disecar los animales muertos para
conservarlos con apariencia de vivos.
s.f.

taxidérmico, a De la taxidermia: *técnica taxidérmica;
colección taxidérmica.*
adj.

taxidermista Persona que diseca animales para conservarlos con apariencia de vivos.
s.m.f.
= *disecador*

taxímetro (Del fr. *taximetre* < *taxe,* tasa + *metre,* medida.)
1 Aparato que en un coche de servicio público marca
en cada momento la distancia recorrida y la cantidad
a pagar: *el taxímetro marcaba, al final de la carrera, quinientas pesetas.*
2 Instrumento de navegación semejante al círculo
acimutal.
s.m.
TECNOLOGÍA

NÁUTICA

taxis (Del gr. *taxis,* ordenación.) Movimiento de un
ser vivo provocado por un factor externo.
s.f./pl: taxis
BIOLOGÍA/tb: taxia

taxista
1 Persona que conduce un taxi: *conducía un taxista
muy prudente.*
2 Chulo, proxeneta mantenido por una prostituta.
s.m.f.

s.m./argot

taxodiáceo, a Perteneciente a una familia de plantas
gimnospermas, coníferas, de hojas esparcidas y estró-
bilos lignificados, como la secuoya.
adj/s.f.
BOTÁNICA

taxón
1 Nivel o rango de subdivisión de los seres vivos según un código internacional.
2 Cada uno de los grupos de clasificación de los seres
vivos.
s.m.
BIOLOGÍA
BIOLOGÍA

taxonomía (Del gr. *taxis,* ordenación + *nomos,* ley.)
1 Disciplina que estudia los principios, métodos y fines de la clasificación de los seres vivos.
2 Clasificación de cualquier cosa según unos métodos establecidos, en especial la de los seres vivos.
s.f.
BIOLOGÍA

taxonómico, a De la taxonomía: *estudio taxonómico
del mundo vegetal.*
adj.
BIOLOGÍA

taxonomista Persona especializada en taxonomía.
s.m.f./BIOLOGÍA

taxónomo, a Persona dedicada al estudio de la taxonomía de los seres vivos.
s./BIOLOGÍA
= *taxonomista*

taya Serpiente, reptil ofidio cuya mordedura es muy
venenosa. *(Bothrops lancelatus.)*
s.f./Colomb.
ZOOLOGÍA

taylorismo (De F. W. *Taylor,* ingeniero y economista
norteamericano.) Sistema de organización del trabajo cuyo objeto es aumentar la productividad del trabajo industrial mediante una mayor racionalización del
mismo.
s.m
ECONOMÍA

taza (Del ár. *tassa*.)
1 Recipiente pequeño de porcelana u otro material, con un asa, usado para beber: *se ha roto una de las tazas del juego de café*.   *s.f.*
2 Cantidad de líquido que cabe en una taza: *dame una taza de caldo*.
3 Parte principal y exterior del retrete, que se usa como asiento: *no te sientes en la taza de los retretes públicos para evitar infecciones*.   = váter, water
4 Receptáculo redondo y cóncavo de una fuente, donde cae el agua.   = pila
5 Pieza de metal, redonda y cóncava, de la guarnición de algunas espadas.

tazar Estropear o romper una cosa por el uso: *taza la ropa enseguida*.   *v.tr/prnl.* conj: *cazar*

tazmía
1 Porción de granos que cada cosechero llevaba para pagar el diezmo.   *s.f.* HISTORIA
2 Reparto de los diezmos entre los partícipes en ellos.   HISTORIA
3 Cuaderno donde se anotaban los granos recogidos en la tercia o casa de depósito de los diezmos.   HISTORIA
4 Pliego en que se hacía la distribución de este grano.   HISTORIA
5 Cálculo aproximado de una cosecha que todavía no ha sido recogida.   AGRICULTURA

tazón
1 Recipiente semejante a una taza, pero de mayor tamaño, usado para tomar líquidos: *cada ·mañana se toma un tazón de leche con cereales para desayunar*.   *s.m.*
2 Recipiente de piedra u otro material donde cae el agua de la fuentes.   = pila, taza

te (Del lat. *te*.)
1 Nombre de la letra *t*.   *s.f.*
2 A ti, para ti: *te compraré un vestido; no te lo pienso decir*.   pron.pers.

té (Del chino *te*.)
1 Planta arbustiva teácea de origen asiático, de hojas persistentes, alternas y coriáceas, flores blancas axilares y fruto capsular que tiene virtudes terapéuticas. *(Thea sinensis*.)   *s.m.* BOTÁNICA
2 Hoja de este arbusto, desecada y ligeramente tostada.   BOTÁNICA
3 Infusión que se hace con estas hojas, de sabor agradable y refrescante y virtudes terapéuticas, estimulantes y estomacales.
4 Reunión que se celebra por la tarde en la que se toma esta infusión y pastas: *voy al té a casa de mi amiga*.
5 **té borde, de España o de Europa:** Pazote, planta quenopodiácea de tallo ramoso, hojas lanceoladas y flores en racimo laxo y sencillo.   BOTÁNICA
6 **té de los jesuitas o del Paraguay:** Mate o yerba mate, planta de hojas pecioladas y aserradas en el margen y flores axilares blancas.   BOTÁNICA
7 **té negro:** El tostado después de seco y aromatizado con ciertas hierbas.
8 **té perla:** El verde y selecto, preparado con las hojas más frescas, que se arrollan en bolitas.
9 **té verde:** El que se ha tostado cuando las hojas están frescas y teñido con yeso y añil.
10 **dar a una persona el té:** Cansar o molestar con una conversación pesada: *nos dio el té hablándonos de su enfermedad*.   coloquial

tea (Del lat. *teda*.)
1 Astilla de madera resinosa que arde con facilidad y se usa para encender fuego o como antorcha.   *s.f.* = cuelmo
2 Estado de embriaguez debido a la ingestión abusiva de alcohol: *cogió una tea de ginebra*.   coloquial = borrachera, pea
3 **teas maritales o nupciales:** Las bodas.
4 **llevar por la tea:** Llevar un cable desde una lancha.   NÁUTICA

teáceo, a Perteneciente una familia de plantas angiospermas dicotiledóneas, arbóreas o arbustivas, de hojas enteras y esparcidas, flores axilares y fruto en cápsula, como el té y la camelia.   adj/s.f. BOTÁNICA

teagogo Maestro que, en el neoplatonismo, conducía a sus discípulos a la contemplación divina mediante sus enseñanzas.   *s.m.* FILOSOFÍA

teame (Del lat. *theamedes*.) Piedra a la que se atribuía la propiedad de repeler al hierro.   *s.f.* tb: teamide

teándrico, a Se aplica a la divinidad que a su vez tiene características humanas y a sus acciones, en especial en el cristianismo.   adj. RELIGIÓN

teandrismo Doctrina religiosa relativa a las acciones divinas y humanas de Jesucristo.   *s.m.* RELIGIÓN

teatino, a
1 De la orden religiosa de san Cayetano.   adj/RELIGIÓN
2 Se refiere al clérigo regular de la orden de san Cayetano.   adj/s. RELIGIÓN

teatral
1 Del teatro: *ha innovado las técnicas teatrales*.   adj/TEATRO
2 Que es exagerado y efectista para llamar la atención: *su enfado fue teatral; se sentó en una pose teatral*.   = afectado, aparatoso ≠ natural

teatralidad Calidad de teatral.   *s.f.*

teatralizar
1 Dar forma teatral o representable a un tema o un asunto: *van a teatralizar su última novela*.   v.tr/conj: cazar TEATRO
2 Dar un carácter efectista o exagerado a un suceso: *no teatralices tu intervención en la reunión*.   = exagerar

teatrero, a
1 Que es muy aficionado al teatro.   adj/s.
2 Se aplica a la persona que quiere llamar la atención: *tu amigo es tan teatrero que no hay quien le crea*.   = teatral
3 Persona muy afectada y que gesticula con exceso.   = aparatoso

teatro (Del lat. *theatrum* < gr. *theatron*.)
1 Edificio o lugar destinado a la representación de obras dramáticas y otro tipo de espectáculos: *la platea del teatro estaba casi llena*.   *s.m.* ARQUITECTURA, TEATRO
2 Público que asiste a esta representación: *el teatro se puso en pie para aplaudir a la actriz*.   TEATRO = espectador
3 Género literario cuyas obras dramáticas están compuestas para ser representadas ante un público: *empezó escribiendo teatro*.   LITERATURA, TEATRO = drama
4 Conjunto de obras dramáticas propias de una época, país, estilo o autor: *es un gran conocedor del teatro medieval*.   LITERATURA, TEATRO
5 Conjunto de actividades relacionadas con la representación de estas obras dramáticas: *se dedica al teatro desde que era una niña*.   TEATRO
6 Actitud fingida o exagerada: *no te la creas, su enfado es puro teatro*.   = comedia, cuento
7 Lugar en que se desarrolla un acontecimiento o actividad que se expresa: *el corresponsal se encuentra en el teatro del conflicto bélico*.   = escenario
8 **teatro de bolsillo:** El que se representa en salas de pequeño aforo.   TEATRO
9 **teatro épico:** El que pretende causar en el espectador reflexiones distanciadoras y críticas por medio de una técnica apoyada más en lo narrativo que en lo dramático.   TEATRO
10 **echar, hacer o tener teatro:** Actuar de manera afectada o exagerada: *deja de hacer teatro y dime qué ha pasado en verdad*.   coloquial

tebaico, a De Tebas, ciudad del antiguo Egipto.   adj/HISTORIA

tebaína Alcaloide tóxico, contenido en el opio, que produce convulsiones.   *s.f.* QUÍMICA

tebaísmo Intoxicación producida por el opio o por alguno de sus derivados.   *s.m.* MEDICINA

tebano, a
1 De Tebas, ciudad de la Grecia antigua.   adj/HISTORIA
2 Persona natural de esta antigua ciudad griega.   s./HISTORIA

tebeo (De *T.B.O.*, revista española.)
1 Revista de historietas gráficas: *en la consulta del dentista hay tebeos para los niños*.   *s.m.* = cómic
2 Sección de un periódico en la que se publican historietas gráficas.
3 **estar más visto que el tebeo:** Estar muy vista o ser poco original una persona o cosa: *quiero un regalo original, esto está más visto que el tebeo*.   coloquial

teca
I (De origen incierto.)
1 Planta arbórea verbenácea de hojas grandes, opuestas y redondeadas, flores blanquecinas, cuya madera se usa en construcción de naves por su dureza. *(Tectona grandis*.)   *s.f.* BOTÁNICA
2 Madera de este árbol.   CARPINTERÍA
II (Del lat. *theca* < gr. *theke*.)
1 Cajita para guardar una reliquia.   s.f./= relicario
2 Cada una de las dos mitades que forman una antera completa, y en cuyo interior se encuentran los sacos polínicos de la flor.   BOTÁNICA
3 Cubierta que sirve de protección a un organismo o a un grupo celular, tanto vegetal como animal.   BIOLOGÍA

-teca Componente de palabra procedente del gr. *theke*, que significa caja o depósito: *biblioteca*.   suf.

techado
1 Techo de un edificio o construcción: *el peso de la nieve derrumbó el techado de la choza*.   *s.m.* CONSTRUCCIÓN
2 **bajo techado:** A cubierto: *siempre ha dormido bajo techado*.   loc.adv.

techador, a Persona que se dedica a construir o reparar techos.   *s.* CONSTRUCCIÓN

techar Poner el techo a un edificio: *la casa ya casi está, sólo falta techarla*.   v.tr. CONSTRUCCIÓN

techo (Del lat. *tectum*.)
1 Parte de un edificio o construcción superior que sirve para cubrirlo: *el techo de la cabaña es de cañizo; el granizo destrozó el techo del cobertizo*.   *s.m.* CONSTRUCCIÓN = techumbre
2 Cara interior de esta parte de la construcción: *tiene pósters hasta en el techo de su habitación*.
3 Casa o cualquier lugar que sirva de vivienda o refugio: *es muy triste no tener un techo donde cobijarse*.   = cobijo
4 Límite al que puede llegar una persona o una cosa.   = tope
5 Altura máxima que puede alcanzar un avión.   AERONÁUTICA
6 Terreno situado encima de una capa o vena de material.   MINERÍA

7 techo de nubes: Altitud de la base de la capa inferior de las nubes, cuando el cielo está cubierto.

techolate Planta cactácea. — s.m./BOTÁNICA

techumbre
1 Techo de una construcción, que la cubre y la protege de los agentes externos: *la techumbre de la choza estaba hecha de paja.* — s.f. CONSTRUCCIÓN = techo
2 Conjunto de la estructura y elementos de cierre de los techos. — CONSTRUCCIÓN

teckel Raza alemana de perros basset de cuerpo alargado y patas cortas, del que existen diferentes variedades según el tipo de pelo. — s.m. = perro salchicha

tecla
1 Cada pieza de las que, colocadas en serie en el exterior del piano, órgano o instrumentos similares, son pulsadas con los dedos para poner en funcionamiento el mecanismo y hacer sonar la nota deseada. — s.f. MÚSICA
2 Pieza que se pulsa para poner en acción un mecanismo: *tecla de la máquina de escribir.* — MECÁNICA
3 Materia o cosa delicada que hay que tratar con cuidado.
4 **dar una persona en la tecla:** 1. Tomar la costumbre o manía de hacer una cosa. 2. Acertar en el modo de hacer una cosa: *con este regalo has dado en la tecla.* — coloquial coloquial
5 **pulsar o tocar una persona una tecla:** Recurrir a una persona o poner en juego algún medio para conseguir cierta cosa: *ya he tocado todas las teclas sin haber encontrado la solución a nuestro problema.* — coloquial

teclado
1 Conjunto de las teclas de un instrumento o de un aparato: *teclado de un piano; teclado de una máquina de escribir.* — s.m.
2 Dispositivo constituido por teclas y, a veces, indicadores luminosos, que se utiliza de forma manual para introducir datos y comandos en un ordenador. — INFORMÁTICA
3 Instrumento musical, o conjunto de ellos, que se accionan por teclas. — MÚSICA

tecle (Del ingl. *tackle.*)
1 Aparejo que tiene un solo motón o lugar por donde pasan los cabos. — s.m. NÁUTICA
2 Piso desde el que se inspeccionan las máquinas y calderas y desde donde se maniobra con ellas. — NÁUTICA

tecleado Acción de pulsar las teclas de un instrumento o una máquina con los dedos: *la secretaria tiene mucha velocidad en el tecleado.* — s.m. = tecleo

teclear
1 Accionar una persona las teclas de un instrumento o aparato: *teclea el piano con mucha agilidad.* — v.intr.
2 Golpear con los dedos sobre una superficie: *teclea siempre que no sabe qué decir.* — = tamborilear
3 Usar una persona varios medios para conseguir una cosa: *tecleará todos los caminos antes de darse por vencido.* — v.tr. coloquial

tecleo Acción y resultado de teclear o pulsar las teclas: *el tecleo de la máquina de escribir no me deja dormir.* — s.m. = tecleado

teclista
1 Músico que toca un instrumento con teclado: *es el teclista de la banda.* — s.m.f. MÚSICA
2 Persona que trabaja en los teclados de la linotipia, la monotipia o en la fotocomposición. — ARTES GRÁFICAS

tecnecio Elemento químico obtenido de forma artificial, bombardeando el molibdeno con neutrones o en la fisión del uranio. — s.m. QUÍMICA

-tecnia Componente de palabra procedente del gr. *tekhne,* que significa arte, técnica: *pirotecnia.* — suf.

técnica
1 Conjunto de los procedimientos y recursos de una ciencia o arte. — s.f. = tecnología
2 Procedimiento aplicado a la realización de una cosa: *todos debemos seguir la misma técnica.* — = método
3 Habilidad para usar los procedimientos o recursos de una ciencia o arte: *es un gran teórico, pero le falta técnica.* — = destreza, experiencia
4 Medio o sistema para conseguir una cosa: *me has de enseñar tus técnicas de seducción.* — = arte
5 Conjunto de las actividades relacionadas con la explotación de la naturaleza, la construcción o la fabricación de una cosa. — = tecnología
6 Conjunto de las ciencias aplicadas a esas actividades. — = tecnología

tecnicidad Carácter de las cosas técnicas. — s.f.

tecnicismo
1 Cualidad de técnico. — s.m.
2 Palabra o expresión utilizadas con valores técnicos dentro del lenguaje de un arte, una ciencia o una técnica: *si me hablas con tecnicismos no te entiendo.* — LINGÜÍSTICA

técnico, a (Del lat. *technicus* < gr. *tekhnikos,* relativo a una arte.)
1 De la aplicación de una ciencia o arte a la práctica: *escuela técnica; procedimiento técnico.* — adj. = tecnológico
2 Que es propio de una determinada ciencia, arte u oficio: *lenguaje técnico; palabra técnica.* — = especializado
3 Se aplica a la carrera universitaria que dura de tres

a cuatro años y que se cursa en una escuela universitaria: *estudia ingeniería técnica.* — s.
4 Persona que domina un arte, ciencia u oficio: *han contratado a un técnico en materiales.* — s. = especialista
5 Se aplica a la persona que ha realizado estudios universitarios de tres o cuatro años de duración en una escuela universitaria: *es ingeniero técnico.* — adj.

tecnicolor (De *Technicolor,* marca registrada.) Procedimiento que permite reproducir en la pantalla cinematográfica los colores reales de los objetos. — s.m. CINE

tecnificar (Del gr. *tekhne,* arte + lat. *facere,* hacer.)
1 Introducir procedimientos técnicos en un tipo de producción que no los emplea. — v.tr. conj: *sacar*
2 Mejorar una cosa desde el punto de vista técnico.

tecnígrafo Aparato usado para el dibujo técnico, compuesto de dos reglas móviles, que permite trazar líneas rectas en cualquier dirección sobre una superficie de trabajo. — s.m. TECNOLOGÍA

tecno Música pop, propia de los años ochenta, que se basa en el uso de instrumentos musicales electrónicos, en especial de sintetizadores. — s.m. MÚSICA

tecno- Componente de palabra procedente del gr. *tekhne,* que significa arte, técnica: *tecnocracia.* — pref.

tecnocracia (Del gr. *tekhne,* arte + *kratos,* poder.)
1 Sistema político en el que el gobierno está en manos de técnicos o especialistas en las diversas materias de los ministerios correspondientes. — s.f. POLÍTICA
2 Clase social formada por estos técnicos especialistas. — SOCIOLOGÍA

tecnócrata
1 Se aplica a la persona que es partidaria de la tecnocracia política. — adj/s.m.f. POLÍTICA
2 Técnico o experto que gobierna de acuerdo con un principio de eficacia por encima de factores sociales, políticos o ideológicos. — s.m.f. POLÍTICA

tecnocrático, a De la tecnocracia o de los tecnócratas. — adj. POLÍTICA

tecnografía (Del gr. *tekhne,* arte + *grapho,* escribir.) Descripción de las artes y técnicas industriales y de sus procedimientos. — s.f.

tecnología (Del gr. *tekhne,* arte + *logos,* ciencia.)
1 Estudio de los medios, técnicas y procesos empleados en cualquier campo y orientados al progreso y al desarrollo. — s.f. TECNOLOGÍA = técnica
2 Conjunto de los conocimientos y medios propios de una técnica. — TECNOLOGÍA = técnica
3 Terminología técnica exclusiva de una ciencia o arte. — LINGÜÍSTICA
4 **tecnología punta:** La más avanzada y moderna. — TECNOLOGÍA

tecnológico, a De la tecnología: *ya nadie se asombra ante los avances tecnológicos.* — adj. TECNOLOGÍA

tecnólogo, a Persona dedicada al estudio de la tecnología. — s. TECNOLOGÍA

tecodonto, a Perteneciente a un orden de reptiles que vivieron durante el triásico. — adj/s.m ZOOLOGÍA

tecol Gusano lepidóptero que ataca el tallo del maguey, reduciéndolo a una sustancia pétrea. — s.m./Méx. ZOOLOGÍA

tecolote Búho, ave rapaz nocturna. — sm/Méx. Amér. Central

tecoma Tumor que se desarrolla en el ovario y que pocas veces es maligno. — s.m. MEDICINA

tecomate
1 Planta bignoniácea de aplicaciones medicinales, de fruto alargado, cuya corteza se emplea para hacer vasijas. — s.m. Méx., Guat. BOTÁNICA
2 Vasija de barro de forma similar a la jícara. — Méx.

tecpantlalli Tierras de la comunidad azteca. — s.m.

técpatl Duodécimo de los veinte días del mes en el calendario azteca. — s.m.

tectibranquio, a Perteneciente a un orden de gasterópodos de concha externa o recubierta por el manto. — adj/s.m. ZOOLOGÍA

tectita Especie de vidrio natural, rico en sílice y alúmina, de probable origen cósmico. — s.f. MINERALOGÍA

tectogénesis Conjunto de fenómenos que, de alguna manera, pueden modificar la estructura de la superficie terrestre. — s.f. pl: tectogénesis GEOLOGÍA

tectónica
1 Parte de la geología que estudia las deformaciones que han afectado a los terrenos después de su formación. — s.f. GEOLOGÍA
2 **tectónica de placas:** Hipótesis sobre la formación de los continentes que sostiene que la litosfera está formada por grandes placas rígidas que se desplazan y que están separadas por fallas y zonas de expansión y de hundimiento. — GEOLOGÍA

tectónico, a (Derivado del gr. *tekton,* obrero.)
1 De la estructura de la corteza terrestre: *realiza un estudio tectónico.* — adj. GEOLOGÍA
2 De los edificios u otras obras de arquitectura. — ARQUITECTURA

tectriz
1 Que cubre o protege los órganos de una planta: *pelo tectriz; hoja tectriz.* — adj/s.f./pl: tectrices BOTÁNICA

2 Se aplica a las plumas de las aves que recubren las remeras. — ZOOLOGÍA

tecuhtlallí Tierra de los nobles aztecas, que, al parecer, era utilizada como establecimiento de refugiados extranjeros. — s.m. HISTORIA

tecuhtli Indígena azteca que poseía un cierto rango en la jerarquía. — s.m. HISTORIA

tecuilhuitontli Séptimo mes del calendario azteca de 365 días. — s.m.

tedero Soporte para sostener las teas de alumbrar. — s.m.

tedéum (Del lat. *Te Deum*, primeras palabras de este cántico.) Himno de la Iglesia católica para dar gracias a Dios. — pl: tedéum RELIGIÓN

tedio (Del lat. *taedium*, fastidio.)
1 Aburrimiento extremo o cansancio producido por una cosa que no interesa: *el tedio se reflejaba en la cara del público que asistió a la conferencia.* — s.m. = hastío
2 Estado de ánimo de la persona que no siente interés por lo que le rodea o por la vida en general. — = apatía, desgana ≠ ilusión

tedioso, a Que causa tedio, aburrimiento o desinterés: *estoy harto de su tediosa conversación; hacer siempre lo mismo resulta tedioso.* — adj./= aburrido ≠ ameno

tee (Voz inglesa.) Lugar desde el que se inicia el recorrido de cada hoyo en el juego del golf. — s.m. DEPORTES

teen-ager (Expresión inglesa.) Persona joven de trece a diecinueve años. — s.m.f. tb: adolescente

tee-shirt (Expresión inglesa.) Camiseta de algodón, con mangas cortas, en forma de T. — s.m.

tefe
1 Jirón de tela o piel. — s.m./Colomb., Ecuad.
2 Cicatriz facial. — Ecuad.

tefigrama Diagrama meteorológico en el que se representa, mediante coordenadas, las temperaturas absolutas y los logaritmos neperianos de las potencias. — s.m. ESTADÍSTICA

teflón (Marca registrada.) Materia plástica fluorada, muy resistente al calor y a la corrosión. — s.m.

tefrita Roca volcánica compuesta por plagioclasa y un feldespatoide. — s.f. GEOLOGÍA

teguillo (Del lat. *tigillum*.) Listón que se usa para construir cielos rasos. — s.m. CONSTRUCCIÓN

tegumentario, a Del tegumento: *miró el tejido tegumentario por el microscopio.* — adj./BOTÁNICA, ZOOLOGÍA

tegumento (Del lat. *tegumentum*, lo que cubre o envuelve.)
1 Tejido vegetal que cubre algunas partes de las plantas, en especial los óvulos y las semillas. — s.m. BOTÁNICA
2 Tejido que recubre el cuerpo del animal o alguno de sus órganos internos. — ZOOLOGÍA

teguy Ave paseriforme de plumaje pardo oliváceo, que vive en las selvas tropicales de América del Sur. (*Grallaria ochrolenca.*) — s.m. ZOOLOGÍA

tehuelche De un pueblo amerindio pampeano, que con los ona constituye el grupo patagón. — adj/s.m.f.

teína Principio activo del té, semejante a la cafeína. — s.f./QUÍMICA

teísmo (Del gr. *theos*, dios.) Doctrina teológica que defiende la existencia de un dios personal y providente, creador y conservador del mundo y gobernador de su evolución mediante su influencia constante. — s.m. TEOLOGÍA

teísta Que profesa el teísmo. — adj/s.m.f./TEOLOGÍA

teja
I (Del lat. *tegula*.)
1 Pieza de barro cocido en forma de canal que se emplea para recubrir los tejados: *se han caído algunas tejas de la vieja casa.* — s.f. CONSTRUCCIÓN
2 Pasta de harina, azúcar y otros ingredientes cocida al horno y acanalada. — COCINA
3 Color marrón rojizo, parecido al de estas piezas de barro: *este año se lleva el teja.* — s.m.
4 De este color: *me pongo la falda teja.* — adj.
5 Cada una de las dos hojas de acero que forman la espada. — s.f.
6 Medida equivalente de agua de riego. — AGRICULTURA
7 Plancha curvada de plomo, grabada en negativo y relieve por su parte convexa que, por la cóncava se adapta a la forma de las máquinas rotativas. — ARTES GRÁFICAS
8 Muesca circular que se hace en un palo para ajustar o empalmar otro cilíndrico. — NÁUTICA
9 Pieza metálica semicilíndrica que sirve para transportar proyectiles de gran calibre o sostener un proyectil delante de la recámara de un cañón antes de introducirlo. — MILITAR
10 teja árabe: La de superficie cilíndrica. — CONSTRUCCIÓN
11 teja de canal: La que se coloca con la concavidad hacia arriba. — CONSTRUCCIÓN
12 teja de cubierta: La que se coloca con la concavidad hacia abajo. — CONSTRUCCIÓN
13 teja plana: La que tiene forma cuadrada, marcada con dos o más canales cilíndricos. — CONSTRUCCIÓN

14 a teja vana: 1. Sin otro techo que el tejado. 2. A la ligera, sin reparo. — loc.adv. CONSTRUCCIÓN
15 a toca teja: Al contado, con dinero en efectivo: *no acepto talones, aquí se paga a toca teja.* — loc.adv. coloquial
16 de tejas abajo: 1. Por un orden natural, no contando con las causas sobrenaturales. 2. En el mundo o la tierra. — loc.adv./coloquial
17 de tejas arriba: 1. Según orden sobrenatural, contando con la voluntad divina. 2. En el cielo. — loc.adv./coloquial
II (Del lat. *tilia*, tilo.) Tilo, árbol de la familia de las tiliáceas. — s.f. BOTÁNICA

tejadillo
1 Tejado de una sola vertiente adosado a un edificio para cubrir una ventana o puerta. — s.m. CONSTRUCCIÓN
2 Cubierta de la caja de un carruaje.
3 Parte que cubría los estribos en los coches de viga, para proteger del agua a quien iba en ellos.
4 Manera disimulada y tramposa de coger las cartas necesarias para ganar el juego. — JUEGOS

tejado
1 Parte superior o cubierta de una construcción, protegida con tejas u otros materiales: *la antena de televisión está en el tejado.* — s.m. CONSTRUCCIÓN
2 Afloramiento, por lo general ferruginoso, que forma la parte alta de los filones o las vetas metalíferas. — MINERÍA

tejano, a
1 De Tejas, estado de los Estados Unidos. — adj.
2 Persona natural de este estado. — s.
3 Pantalones de corte ajustado, hechos con una tela de algodón de color azul, fuerte, un poco tiesa y muy resistente. — s.m.pl. = vaqueros
4 Se aplica a la prenda de vestir confeccionada con esta tela: *lleva una camisa tejana.* — adj.

tejar
1 Fábrica de tejas, ladrillos o adobes. — s.m./INDUSTRIA
2 Cubrir un edificio con tejas: *los obreros están tejando la casa.* — v.tr./CONSTRUCCIÓN/= entejar

tejaroz
1 Alero o saliente del tejado: *una canal recorre el tejaroz para recoger el agua.* — s.m./pl: tejaroces CONSTRUCCIÓN
2 Tejadillo construido sobre una puerta o ventana. — CONSTRUCCIÓN

tejaván Construcción rústica y muy pobre, por lo general de techo de teja. — s.m./pl Méx.

tejavana
1 Construcción o cobertizo sin otro techo que lo cubra que el tejado. — s.f. CONSTRUCCIÓN
2 a tejavana: Que está construido sin otro techo que el tejado. — loc.adv. CONSTRUCCIÓN

tejedor, a
1 Que teje: *máquina tejedora.* — adj./TEXTIL
2 Persona que por oficio teje. — s./TEXTIL
3 Insecto hemíptero de cuerpo prolongado, con dos pies delanteros y cuatro posteriores que le permiten correr con mucha agilidad por la superficie del agua. (*Hygrotrechus conformis.*) — ZOOLOGÍA
4 Ave paseriforme de las regiones cálidas, que teje su nido con mucha habilidad. — ZOOLOGÍA
5 Que es intrigante o enredador. — adj/s./Chile, Perú

tejedora Máquina de hacer punto. — s.f./TEXTIL

tejedura
1 Acción y resultado de tejer. — s.f./TEXTIL
2 Disposición de los hilos de una tela. — = textura

tejeduría
1 Arte y técnica de tejer. — s.f./TEXTIL
2 Taller donde se teje. — TEXTIL

tejemaneje
1 Movimiento o actividad que se desarrolla al hacer una cosa: *con el tejemaneje de la mudanza no he podido ni comer.* — s.m. coloquial = ajetreo
2 Asunto enredoso o turbio: *todo esto me parece un tejemaneje para conseguir un ascenso.* — coloquial = chanchullo

tejer (Del lat. *texere.*)
1 Formar un tejido combinando y entrelazando hilos: *en el taller tejemos algodón; la abuela tejía muy bien con el antiguo telar.* — v.tr/intr. TEXTIL
2 Hacer algunas orugas su capullo: *las orugas de la mariposa tejen en los árboles.* — ZOOLOGÍA
3 Hacer una araña su tela: *las arañas tejen su tela para atrapar insectos.* — ZOOLOGÍA
4 Hacer labor de punto o ganchillo para formar un tejido: *está tejiendo una bufanda de lanas de colores; mis vecinas tejen todas las tardes.* — TEXTIL
5 Preparar o hacer una cosa poco a poco: *teje su futuro con su constante estudio.* — v.tr. = forjar, labrar
6 Planear una o más personas un engaño, una intriga o una trampa: *tejimos una farsa para conseguir nuestro propósito.* — = maquinar, tramar, urdir
7 Mezclar movimientos ordenados en un ejercicio físico: *la profesora tejió muy bien la danza.* — = aderezar
8 Intrigar, enredar. — Chile, Perú
9 tejer y destejer: Cambiar de decisión o de idea en lo que se hace o se está dispuesto a hacer: *teje y desteje cuando proyecta algo.*

tejería Tejar, fábrica de tejas, ladrillos o adobes. — s.f./INDUSTRIA

tejero, a Persona que fabrica tejas y ladrillos. — s.

tejido, a
1 Cualquier material que resulta de combinar y entrelazar hilos, en especial los textiles: *necesito un tejido rígido como la lona.* — s.m. = paño, tela
2 Disposición de los hilos que componen la urdimbre de una tela. — TEXTIL = textura, trama
3 Asociación de células diferenciadas de un ser orgánico que tienen la misma estructura y análoga función. — BIOLOGÍA
4 Cosa formada al entrelazar varios elementos: *tu explicación es un tejido de mentiras.* — = urdimbre
5 **tejido adiposo:** El que está formado por células que contienen en su protoplasma una voluminosa gota de grasa o bien muchas pequeñas gotas dispersas en el mismo. — ANATOMÍA
6 **tejido cartilaginoso:** El que forma los cartílagos. — ANATOMÍA
7 **tejido celular:** Estructura formada por células y fibras. — ANATOMÍA
8 **tejido conjuntivo, laminoso o unitivo:** El formado por células de diversos aspectos y por materia homogénea, semilíquida, recorrida por numerosos haecillos de finísimas fibras colágenas. — ANATOMÍA
9 **tejido epitelial:** El que forma la piel y las mucosas. — ANATOMÍA
10 **tejido fibroso:** Una de las variedades del conjuntivo, principal elemento de los ligamentos, tendones y aponeurosis. — ANATOMÍA
11 **tejido linfático:** El formado por un estroma, en parte celular y en parte fibroso, y numerosas células de las que la mayoría son linfocitos. — ANATOMÍA
12 **tejido muscular:** El formado por un conjunto de fibras musculares y que forma la mayor parte de los músculos. — ANATOMÍA
13 **tejido nervioso:** El que forma los órganos del sistema nervioso, que está constituido por los cuerpos de las células nerviosas y sus prolongaciones y por células de la neuroglia. — ANATOMÍA
14 **tejido óseo:** El que forma los huesos. — ANATOMÍA
15 **tejido vegetal:** El formado por células vegetales de origen común y formadas por divisiones celulares en las tres direcciones del espacio. — BOTÁNICA

tejillo Trencilla que usaban las mujeres como ceñidor sujeto a la cintura. — s.m.

tejo
I (Derivado de *techo*.)
1 Trozo pequeño de teja o baldosa que se usa en algunos juegos. — s.m. JUEGOS
2 Cualquier juego en que se emplea este trozo de teja, como el chito y la rayuela. — JUEGOS
3 Plancha metálica gruesa y circular.
4 Trozo de oro fundido y sin labrar.
5 Disco metálico sin labrar preparado para acuñar monedas. — = cospel
6 Plancha sobre la que gira la lanceta del cabrestante. — NÁUTICA
7 Tejuelo, pieza que sirve de apoyo al gorrón o espiga terminal de un eje vertical. — MECÁNICA
8 **tirar los tejos a una persona:** Insinuarse, dándole a entender que se quieren mantener con ella relaciones amorosas. — coloquial
II (Del lat. *taxus*.) Planta árborea conífera gimnosperma, que puede llegar a medir quince metros de alto y a vivir varios siglos, de follaje persistente y bayas rojas, que crece de forma espontánea en las montañas calcáreas. *(Taxus baccata.)* — s.m. BOTÁNICA

tejocote
1 Planta arbustiva mexicana, cuyo fruto, de sabor agridulce y color amarillo, es parecido a la ciruela. — s.m. BOTÁNICA
2 Fruto de esta planta. — BOTÁNICA

tejoleta
1 Pedazo de una teja o de barro cocido. — s.f./= tejuela
2 Castañuela de barro cocido. — = tarreña

tejón
I (Del lat. *taxo, -onis*.) Mamífero carnívoro de la familia de los mustélidos, cuerpo gris y negro, patas oscuras y cabeza blanca con dos bandas negras, que tiene una dieta muy variada y vive en madrigueras. *(Meles meles.)* — s.m. ZOOLOGÍA
II (Derivado de *tejo*, derivado de *techo*.) Trozo de oro fundido y sin labrar. — s.m. = tejo

tejonera Madriguera del tejón. — s.f.

tejú Denominación de diversos saurios téjidos americanos. — s.m. ZOOLOGÍA

tejuela
1 Trozo de teja o de cualquier objeto de barro cocido: *el suelo de la alfarería estaba lleno de tejuelas.* — s.f. = tejoleta
2 Pieza de madera que forma cada uno de los dos fustes de la silla de montar. — EQUITACIÓN

tejuelo
1 Etiqueta de papel que se pega en el lomo de un libro para poner el título, el número, la signatura o cualquier otra indicación. — s.m.
2 Esta etiqueta u otra indicación, aunque no esté sobrepuesta.

3 Pieza donde se apoya el gorrón o espiga terminal de un eje de maquinaria. — MECÁNICA = tejo
4 Hueso muy resistente, con forma de media luna, que sirve de base al casco de las caballerías. — ZOOLOGÍA

tela
I (Del lat. *tela*.)
1 Tejido de fibras textiles usado para hacer prendas de ropa: *el lino es una tela que se arruga mucho.* — s.f./TEXTIL = paño
2 Trozo de este tejido: *no tienes tela suficiente para hacer una falda.* — TEXTIL = trapo
3 Cualquier estructura delgada y flexible, en especial la que se forma en la superficie de algunos líquidos: *la leche al hervir forma una tela.* — = película
4 Tejido que forma la araña y otros animales con el hilo que segregan. — ZOOLOGÍA
5 Cualquier cosa que resulta al entrelazar alambres, fibras plásticas o filamentos. — = tejido
6 Lienzo o cuadro pintado: *una tela abstracta preside el salón.* — ARTE = pintura
7 Asunto a tratar o tarea a realizar: *si tienes ganas de trabajar aquí hay tela para todos.* — coloquial
8 Dinero o capital del que se dispone: *¡con la tela que tienes ya podrías invitarnos!* — coloquial = pasta
9 Tejido de forma laminar y consistencia blanda. — = membrana
10 Túnica que tienen algunas frutas, después de la cáscara o corteza que las cubre. — BOTÁNICA
11 Nube que se forma sobre la niña del ojo. — MEDICINA
12 Capote o muleta del torero. — TAUROMAQUIA
13 Vela de una embarcación. — NÁUTICA
14 Muy, mucho: *te costará tela convencerla.* — adv./coloquial
15 **tela de araña:** Red que forma la araña con el hilo que segrega y que le sirve para atrapar a sus presas. — ZOOLOGÍA = telaraña
16 **tela de cebolla:** 1. Piel muy fina que recubre este bulbo. 2. La muy fina y de poca consistencia. — = binza
17 **tela de punto:** La elástica formada por series alineadas de puntos de un mismo hilo. — TEXTIL
18 **tela metálica:** Tejido hecho con alambre: *rodeamos la zona con unas estacas y tela metálica.*
19 **tela pasada:** Aquella en cuyas flores o labores pasa la seda al envés de ella. — TEXTIL
20 **echar tela:** Hacer o mandar hacer las labores necesarias hasta tejerla. — TEXTIL
21 **haber o tener tela o tela marinera:** Expresa abundancia o magnitud: *¡si tu casa estaba muy sucia, aquí hay tela marinera!* — coloquial
22 **haber tela que cortar:** Haber materia abundante de la que hablar a propósito de cierto asunto: *dejemos este tema para luego porque hay tela que cortar.* — coloquial
23 **hay tela cortada o larga tela:** 1. Indica que el negocio o asunto de que se trata ofrece dificultades. 2. Se usa para censurar la excesiva locuacidad de una persona. 3. Tener preparado mucho trabajo para realizar o tenerlo ya empezado. — coloquial / coloquial / coloquial
24 **llegarle a una persona a las telas del corazón:** Herir mucho su sensibilidad: *lo que has hecho me ha llegado a las telas del corazón.* — coloquial
25 **querer a una persona más que a las telas de su corazón:** Quererla mucho: *quiere a su hija más que a las telas de su corazón.* — coloquial
26 **ver una cosa por tela de cedazo:** Ver o entenderla de forma confusa, o juzgarla bajo el influjo de la pasión o de la preocupación: *estás enfadada y ahora lo ves por tela de cedazo.* — coloquial
II (De origen incierto.)
1 Valla que se solía construir en justas y torneos para evitar que los dos caballos se topasen. — s.f. HISTORIA
2 Plaza o recinto formado con lienzos, para encerrar la caza y matarla con seguridad. — CAZA
3 **en tela de juicio:** 1. En duda: *después de esto, pongo en tela de juicio tu honestidad.* 2. Sujeto a examen de madurez. — loc.adv. / loc.adv.

telamón Columna en forma de estatua masculina que sostiene sobre la cabeza o sobre los hombros los arquitrabes de una obra. — s.m. ARQUITECTURA = atlante

telangiectasia Lesión vascular producida por la dilatación de los vasos capilares. — s.f. MEDICINA

telangioma Tumor formado por vasos capilares dilatados. — s.m. MEDICINA

telangitis Inflamación de los vasos capilares. — s.f./pl: telangitis

telar
1 Máquina para tejer: *todavía trabaja con un telar manual.* — s.f. TEXTIL
2 Fábrica de tejidos. — TEXTIL
3 Parte superior del escenario, oculta a la vista del público, donde se bajan y suben los telones, bambalinas y otros elementos móviles del decorado. — TEATRO
4 Parte del espesor del vano de una puerta o ventana, más próxima al paramento exterior de la pared y que está con él a la escuadra. — ARQUITECTURA
5 Aparato en que los encuadernadores colocan los pliegos para coserlos. — ARTES GRÁFICAS
6 Disco de chapa embutida que sujeta la llanta al cubo, en las ruedas desprovistas de radios.

telaraña (Del lat. vulgar *tela aranea*.)
1 Tela que fabrica la araña con los hilos que segrega: *s.f.*
la mosca quedó atrapada en la telaraña. ZOOLOGÍA
2 Nubosidad real o sensación de tenerla delante de MEDICINA
los ojos por defecto de la vista.
3 **mirar una persona las telarañas:** Estar distraído: coloquial
no hace ni caso a la profesora, se pasa el día mirando las = mirar las
telarañas. musarañas
4 **tener una persona telarañas en los ojos:** No per- coloquial
cibir bien la realidad por tener el ánimo ofuscado.

telarañoso, a Que tiene telarañas: *no quiero entrar en* adj.
el telarañoso desván.

telarquía Desarrollo de las mamas en las hembras de *s.f.*
los animales mamíferos. ZOOLOGÍA

tele (Apócope de *televisión*.)
1 Aparato receptor de televisión: *apaga la tele de una* s.f./coloquial
vez. = televisor
2 Conjunto de los servicios e instalaciones que per- coloquial
miten transmitir imágenes y sonidos a distancia a AUDIOVISUALES
través de un receptor de televisión: *trabaja como pre-* = televisión
sentador en la tele.

tele- Componente de palabra procedente del gr. *tele*, pref.
que significa lejos: *televisión*.

teleadicto, a Persona que siempre está viendo pro- s./coloquial
gramas de televisión. despectivo

telearrastre Teleférico que, mediante un sistema de s.m./DEPORTES
arrastre, transporta a los esquiadores hasta lo alto = telesquí
de las pistas.

telebasura Conjunto de emisiones o programas de *s.f.*
televisión de poca calidad técnica o de escaso interés. coloquial

telecabina Teleférico de cable único para la tracción *s.f.*
y la suspensión, dotado de cabina.

telecinematógrafo Aparato para retransmitir por s.m.
televisión películas cinematográficas. AUDIOVISUALES

teleclinómetro Instrumento que se introduce en los s.m.
pozos de sondeo para medir su inclinación. TECNOLOGÍA

teleclub Local donde la gente se reúne para ver la te- s.m.
levisión: *veremos el partido de fútbol en el teleclub del* pl: teleclubes
barrio.

telecomedia Serie de televisión de contenido ameno *s.f.*
y divertido. AUDIOVISUALES

telecomposición Sistema de composición automáti- *s.f.*
ca en que las máquinas funcionan dirigidas a partir ARTES GRÁFICAS
de un punto central.

telecomunicación
1 Transmisión a distancia de mensajes hablados, so- s.f./TELECOMUNI-
nidos, imágenes u otro tipo de señal. CACIONES
2 Conjunto de medios de comunicación a larga dis- TELECOMUNICA-
tancia. CIONES

telecontrol
1 Control de un aparato, máquina o sistema, realiza- s.m.
do a distancia. TECNOLOGÍA
2 Aparato electrónico para poder realizar este control TECNOLOGÍA
a distancia. = telemando

telecopia Forma de telecomunicación que reproduce s.f./TELECOMUNI-
a distancia un documento gráfico. CACIONES

telecopiadora Aparato que permite transmitir un s.f./TELECOMUNI-
documento gráfico a través de un teléfono. CACIONES

teledetección Detección a distancia de informacio- *s.f.*
nes sobre la superficie terrestre o de un planeta, TECNOLOGÍA
basada en el registro de la radiación electromagnética.

telediario Programa informativo diario de televisión: s.m.
el telediario ha informado del terremoto; le gusta mirar el AUDIOVISUALES
telediario todos los días. = informativo

teledifusión Sistema de transmisión de imágenes de *s.f.*
televisión por medio de ondas electromagnéticas. AUDIOVISUALES

teledirección Mando a distancia de un aparato mó- *s.f.*
vil por medio de ondas hertzianas. TECNOLOGÍA

teledirigido, a Se aplica al aparato o vehículo que es adj.
dirigido desde lejos, en especial por ondas de radio: TECNOLOGÍA
coche teledirigido; proyectil teledirigido. = teleguiado

teledirigir Dirigir un artefacto por radio desde lejos, v.tr.
por medio de ondas hertzianas: *teledirige el coche de* conj: surgir
juguete. TECNOLOGÍA

teledistribución Emisión de televisión distribuida *s.f.*
por cable. AUDIOVISUALES

telefax (Del ingl. *telefacsimile*.)
1 Sistema telefónico de transmisión que permite re- s.m./pl: telefax
producir y enviar a distancia escritos, gráficos, foto- TELECOMUNICA-
grafías, u otros documentos. CIONES/= fax
2 Aparato que permite esta transmisión telefónica de TELECOMUNICA-
documentos. CIONES/= fax
3 Texto reproducido mediante este sistema: *hemos re-* = fax
cibido un telefax.

teleférico Sistema de transporte en el que los vehícu- s.m.
los o cabinas van suspendidos de un cable de tracción:
las dos montañas están comunicadas por un teleférico.

telefilme Película realizada para su transmisión por s.m.
televisión. tb: telefilm

telefio (Del gr. *telephion*.) Planta de la familia de las s.m.
crasuláceas, de tallo erguido, hojas carnosas y denta- BOTÁNICA
das y flores blancas o rosadas. *(Sedum telephium.)*

telefonazo Llamada telefónica, en especial si la co- s.m.
municación es breve, causa sorpresa o sirve para dar coloquial
un aviso: *voy a darle un telefonazo para que venga.*

telefonear
1 Llamar a una persona por teléfono: *no grites, estoy* v.intr.
telefoneando.
2 Decir una cosa a una persona por teléfono. v.tr.

telefonema Telegrama o comunicación transmitido s.m.
por teléfono.

telefonía
1 Sistema de comunicación para la transmisión de *s.f.*
sonidos, en especial de la palabra, mediante corrien- TELECOMUNICA-
tes eléctricas u ondas electromagnéticas. CIONES
2 Servicio público de comunicaciones telefónicas.
3 **telefonía inalámbrica o sin hilos:** Transmisión de TELECOMUNICA-
sonidos mediante ondas electromagnéticas. CIONES
4 **telefonía móvil o celular:** Sistema telefónico que TELECOMUNICA-
permite a sus usuarios efectuar y recibir llamadas CIONES
desde cualquier sitio en que se hallen, siempre que se
encuentren dentro de su área de cobertura.
5 **telefonía múltiple:** La que permite enviar varios TELECOMUNICA-
mensajes por una misma línea. CIONES

telefónico, a
1 De la telefonía o del teléfono: *los técnicos han cam-* adj./TELECOMUNI-
biado el cable telefónico. CACIONES
2 Que se realiza mediante el teléfono: *concurso telefó-*
nico; llamada telefónica.

telefonillo Dispositivo para comunicación oral den- s.m.
tro de un edificio, en especial el que está en conexión TECNOLOGÍA
con el portero automático: *me dijo por el telefonillo que*
mi madre no estaba en casa.

telefonista
1 Persona encargada de una centralita telefónica: *le* s.m.f.
dije a la telefonista que te dejara una nota. = operador
2 Persona que tiene el empleo de servir las comuni- = operario
caciones telefónicas.

teléfono (Del gr. *tele*, lejos + *phoneo*, hablar.)
1 Sistema de comunicación a distancia mediante apa- s.m.
ratos e hilos conductores con los que se transmite TELECOMUNICA-
toda clase de sonidos por la acción de la electricidad: CIONES
si no existiera el teléfono escribiría cartas a los amigos. = telefonía
2 Aparato que se usa para hablar según este sistema: TELECOMUNICA-
en casa tengo dos teléfonos. CIONES
3 Número que se asigna a cada aparato, destinado a TELECOMUNICA-
la comunicación telefónica: *me sé tu teléfono de memo-* CIONES
ria.
4 **teléfono erótico:** Línea telefónica gestionada por
una empresa que ofrece a sus usuarios narraciones eróticas o pornográficas.
5 **teléfono inalámbrico o sin hilos:** El que se comu- TELECOMUNICA-
nica mediante ondas hertzianas está situada CIONES
a corta distancia y conectada a la red telefónica normal.
6 **teléfono móvil, portátil o celular:** El automático TELECOMUNICA-
que puede efectuar y recibir llamadas desde el lugar CIONES
en que se halle, siempre que se encuentre dentro del
área de cobertura del servicio que lo facilita.
7 **coger el teléfono:** Levantar el auricular cuando suena para oír la comunicación: *no dejes que el niño coja el*
teléfono.

telefonómetro Contador que registra el número de s.m.
llamadas que realizan los abonados y su duración. TECNOLOGÍA

telefotografía
1 Técnica de tomar y transmitir fotografías a distan- s.f./FOTOGRAFÍA
cia mediante sistemas electromagnéticos. tb: telefoto
2 Fotografía transmitida a distancia mediante siste- FOTOGRAFÍA
mas electromagnéticos.
3 Técnica para tomar fotografías de objetos lejanos FOTOGRAFÍA
mediante teleobjetivos.
4 Fotografía de objetos lejanos obtenida mediante te- FOTOGRAFÍA
leobjetivos.

telefotograma Fotografía transmitida mediante el sis- s.f.
tema de telefotografía. FOTOGRAFÍA

telega Carro de cuatro ruedas de origen ruso para *s.f.*
transportar mercancías.

telegenia Facultad natural de algunas personas por la *s.f.*
que resultan muy favorecidas al ser transmitida su = fotogenia
imagen por televisión.

telegénico, a Que resulta favorecido al aparecer en adj.
televisión: *el presentador es muy telegénico.* = fotogénico

telegestión Gestión realizada a distancia por medios *s.f.*
técnicos.

telegrafía
1 Sistema de comunicación a distancia para la trans- *s.f.*
misión de mensajes mediante impulsos eléctricos se- TELECOMUNICA-
gún un código preestablecido. CIONES
2 Servicio público destinado a las comunicaciones te- TELECOMUNICA-
legráficas. CIONES

3 telegrafía inalámbrica o sin hilos: Transmisión de mensajes mediante ondas electromagnéticas. — *TELECOMUNICACIONES*
4 telegrafía múltiple: La que permite la transmisión de varios mensajes en una misma línea. — *TELECOMUNICACIONES*
5 telegrafía óptica: La que utiliza señales ópticas para retransmitir. — *TELECOMUNICACIONES*

telegrafiar
1 Transmitir un mensaje mediante el telégrafo: *telegrafiaré a mis padres para decirles que llegaré mañana en el último tren.* — *v.tr./conj.: vaciar TELECOMUNICACIONES*
2 Usar una persona el telégrafo. — *v.intr.*

telegráficamente
1 Por medio del telégrafo. — *adv.*
2 De manera muy breve: *siempre contesta telegráficamente, con monosílabos.* — *= escuetamente*

telegráfico, a
1 De la telegrafía o del telégrafo: *sistema telegráfico; código telegráfico.* — *adj./TELECOMUNICACIONES*
2 Que se realiza mediante el telégrafo: *comunicación telegráfica; mensaje telegráfico* — *TELECOMUNICACIONES*
3 Se aplica a la forma de hablar o escribir sumamente concisa y escueta: *sus respuestas siempre son telegráficas.* — *= lacónico ≠ extenso*

telegrafista Persona encargada de transmitir textos a través de los aparatos telegráficos o que se dedica a instalarlos y conservarlos. — *s.m.f. TELECOMUNICACIONES*

telégrafo (Del gr. *tele*, lejos + *grapho*, escribir.)
1 Sistema de comunicación a distancia mediante señales, en particular aquel en que son transmitidas por conductores eléctricos y traducidas a palabras en el lugar de destino mediante un código preestablecido. — *s.m. TELECOMUNICACIONES*
2 Administración de la que depende este sistema de comunicación. — *s.m.pl./TELECOMUNICACIONES*
3 Edificio destinado al servicio telegráfico.
4 telégrafo eléctrico: El que funciona por medio de la electricidad, transmitiendo a través de hilos conductores. — *TELECOMUNICACIONES*
5 telégrafo marino: Sistema de comunicación basado en la combinación de banderas y señales con el que los buques se comunican entre sí y con las estaciones de tierra. — *TELECOMUNICACIONES*
6 telégrafo óptico: El que funciona por medio de señales que se ven desde lejos y se repiten de estación en estación. — *TELECOMUNICACIONES*
7 telégrafo sin hilos: El eléctrico en que las señales se transmiten por ondas hertzianas, sin conductores entre una estación y otra. — *TELECOMUNICACIONES*

telegrama (Del gr. *tele*, lejos + *gramma*, escritura.)
1 Comunicación que se transmite por telégrafo: *me comunicó que vendría por telegrama.* — *s.m./TELECOMUNICACIONES*
2 Papel normalizado en que se recibe escrito el mensaje telegráfico. — *TELECOMUNICACIONES*
3 telegrama urgente: El que se transmite y se entrega al destinatario con preferencia al ordinario. — *TELECOMUNICACIONES*

teleguiado, a Que es dirigido o accionado desde lejos, en especial por medio de ondas de radio. — *adj./TECNOLOGÍA = teledirigido*

teleimpresor Se aplica al aparato telegráfico que permite la impresión a distancia. — *adj/s.m. = teletipo*

teleindicador Aparato que transmite a distancia medidas o valores eléctricos. — *s.m. TECNOLOGÍA*

teleinformática Informática que se sirve de los medios de telecomunicación. — *s.f. INFORMÁTICA*

telekinesia (Del gr. *tele*, lejos + *kinesis*, movimiento.) Telequinesia, movimiento de objetos que se consigue con el poder de la mente. — *s.f./OCULTISMO tb: telekinesis*

telele Desfallecimiento con pérdida del conocimiento y de la movilidad: *al ver a su marido con otra mujer le dio un telele.* — *s.m./coloquial = desmayo, soponcio*

telemando Mando a distancia de un aparato: *puedes poner en marcha el aire acondicionado con el telemando.* — *s.m. TECNOLOGÍA*

telemarketing Comercialización de un producto a través de la televisión mediante un anuncio. — *s.m. PUBLICIDAD*

telemática Conjunto de técnicas y servicios que asocian la informática y los sistemas de telecomunicación. — *s.f. INFORMÁTICA*

telemático, a De la telemática. — *adj./INFORMÁTICA*

telematizar Introducir los servicios telemáticos. — *v.tr./INFORMÁTICA*

telemedicina Técnica médica en la que el diagnóstico se hace a distancia, gracias a los medios de transmisión de la información. — *s.f. MEDICINA*

telemetría Medición de distancias entre objetos lejanos mediante procedimientos acústicos, ópticos, radioeléctricos o por reflexión de un rayo láser. — *s.f. TECNOLOGÍA*

telemétrico, a Del telémetro. — *adj./FOTOGRAFÍA*

telémetro (Del gr. *tele*, lejos + *metron*, medida.) Sistema óptico que permite apreciar desde el punto de mira la distancia a que se halla un objeto lejano. — *s.m. FOTOGRAFÍA*

telencéfalo Subdivisión anterior del cerebro en el embrión de los vertebrados. — *s.m. BIOLOGÍA*

telendo, a Garboso, que tiene buen aspecto y manifiesta vitalidad en sus actos. — *adj. = airoso, vivo*

telenovela Narración melodramática emitida en televisión por capítulos: *no se pierde la telenovela de la tarde.* — *s.f. AUDIOVISUALES*

telenque Se aplica a la persona enteca y enfermiza. . — *adj./Chile*

teleobjetivo Objetivo fotográfico con una distancia focal que permite obtener imágenes aumentadas de objetos lejanos. — *s.m. FOTOGRAFÍA*

teleogénesis Procedimiento mediante el cual es posible realizar una inseminación artificial en una persona o un animal. — *s.f. pl: teleogénesis BIOLOGÍA*

teleología (Del gr. *telos, -eos*, fin + *logos*, doctrina.) Parte de la metafísica que estudia las causas finales de las cosas. — *s.f. FILOSOFÍA*

teleológico, a De la teleología: *doctrina teleológica; teoría teleológica.* — *adj. FILOSOFÍA*

teleonomía Teoría biológica que defiende que las estructuras y las funciones de los seres vivos están orientadas hacia un fin determinado. — *s.f. BIOLOGÍA*

teleósteo, a Perteneciente a un superorden de peces óseos con boca terminal, branquias con opérculos, escamas lisas y aleta caudal con dos lóbulos iguales o sin lóbulos, como la trucha y la sardina. — *adj/s.m. ZOOLOGÍA*

telépata Que practica la telepatía: *el telépata se concentró y logró comunicarse con la mente con un compañero.* — *adj/s.m.f. SICOLOGÍA*

telepatía (Del gr. *tele*, lejos + *epathon*, experimentar una sensación.) Coincidencia o transmisión de pensamientos o sensaciones entre personas, sin la intervención de ningún agente físico. — *s.f. SICOLOGÍA = telestesia*

telepático, a
1 De la telepatía: *tratado telepático.* — *adj./SICOLOGÍA*
2 Que se transmite por telepatía: *mensaje telepático; comunicación telepática.* — *SICOLOGÍA*

teleplasma Sustancia blanca vaporosa que, bajo diversas formas, se dice que aparece por la boca de un médium. — *s.m./OCULTISMO = ectoplasma*

teleproceso Paso o procesamiento de datos a distancia de un ordenador a otro, mediante el teléfono u otro sistema de comunicación. — *s.m. INFORMÁTICA = teleprocesamiento*

teleprompter Dispositivo electrónico que permite que una persona, cuya imagen se transmite por televisión, pueda ver un texto sin que parezca que lo está leyendo: *el presentador lee las noticias conforme van apareciendo en el teleprompter.* — *s.m. AUDIOVISUALES*

telequinesia (Del gr. *tele*, lejos + *kinesis*, movimiento.) Desplazamiento de objetos sin causa física observable, supuestamente por el poder de la mente. — *s.f. OCULTISMO tb: telekinesia*

telera (Del lat. *telum*, dardo.)
1 Pieza para reforzar la unión de otras dos, a fin de que el conjunto quede indeformable. — *s.f. = refuerzo*
2 Travesaño que sujeta el dental a la cama o al timón del arado. — *AGRICULTURA*
3 Cada uno de los maderos paralelos que forman las prensas de carpinteros, encuadernadores y otros artesanos.
4 Redil hecho con palos y estacas.
5 Travesaño de madera con que se enlaza el pértigo con los largueros de la escalera del carro.
6 Mecanismo usado en las hilaturas para transportar de forma automática las fibras entre dos puntos de trabajo. — *TEXTIL*
7 Tabla que une y afirma los tablones del armazón en las cureñas o soportes de los cañones de artillería.
8 Palo con una fila de agujeros que sirve para mantener separados los cabos de una araña. — *NÁUTICA*
9 Galleta cuadrilonga y delgada. — *Cuba/COCINA Méx.*
10 Pan blanco, grande, de forma más o menos ovalada, con dos hendiduras a lo largo. — *COCINA*

telerón Pieza fuerte de madera o alero con que se unen y aseguran entre sí los tablones que sujetan un armazón por la parte anterior del montaje. — *s.m. CONSTRUCCIÓN*

telerradar Empleo combinado del radar y la televisión por circuito cerrado. — *s.m./TELECOMUNICACIONES*

telerradiografía Radiografía obtenida al alejar el tubo de rayos X de la persona o cosa que se radiografía para suprimir la deformación cónica de la imagen. — *s.f. TECNOLOGÍA*

telerradioscopia Técnica de transmitir por un circuito de televisión las imágenes producidas por un aparato de radiografía, para poderlas ver en otras pantallas. — *s.f. TECNOLOGÍA*

telerradioterapia Aplicación terapéutica a distancia de radiaciones ionizantes. — *s.f. MEDICINA*

telerreceptor Televisor, aparato receptor de imágenes emitidas por televisión. — *s.m. AUDIOVISUALES*

telerruta Servicio oficial de información a los usuarios del estado de las carreteras: *según la telerruta, hay una caravana de diez kilómetros.* — *s.f.*

telescópico, a
1 Del telescopio: *lente telescópica.* — *adj./ÓPTICA*
2 Que se ve o se hace con el telescopio: *observaciones telescópicas; planetas telescópicos.*

3 Que está compuesto de piezas extensibles encajadas unas en otras: *antena telescópica*. = extensible

telescopio (Del gr. *tele*, lejos + *skopeo*, mirar.)
1 Instrumento óptico de gran alcance que permite observar objetos lejanos y que se usa para estudiar los cuerpos celestes. s.m. ASTRONOMÍA, ÓPTICA
2 telescopio de mano: El portátil, cuyas piezas se encajan una dentro de otra para facilitar su transporte. ÓPTICA

teleseñalización Transmisión a distancia de señales, por lo general eléctricas, mediante cable o radio. s.f./TELECOMUNICACIONES

teleserie Película que se emite por capítulos en televisión. s.f. AUDIOVISUALES

telesilla Teleférico formado por asientos suspendidos de un cable que sirve para transportar personas a la cumbre de una montaña o a un lugar elevado. s.f. th: telesillas = remonte

telespectador, a Persona que ve la televisión: *los telespectadores pueden participar en el debate llamando por teléfono*. s./AUDIOVISUALES = televidente

telesquí Aparato que mediante un sistema de arrastre sube a los esquiadores hasta las pistas. s.m./pl.th: telesquíes DEPORTES

teleta
1 Hoja de papel secante con que se cubre lo recién escrito. s.f. = secante
2 Red que se pone en las pilas de los molinos de aceite para que salga el agua y no el material.

teleteatro Transmisión de una obra teatral por televisión. s.m. AUDIOVISUALES

teleteca
1 Colección de grabaciones de emisiones de televisión ya efectuadas. s.f. AUDIOVISUALES
2 Lugar donde se guarda la colección de emisiones de televisión ya efectuadas. AUDIOVISUALES

teletex Servicio telemático para la transmisión de textos que ofrece las prestaciones de una máquina de escribir y las posibilidades del tratamiento de textos a distancia. s.m./pl: teletex TELECOMUNICACIONES

teletexto Servicio de transmisión de textos y de gráficos, por lo general de contenido informativo, para que aparezcan en la pantalla del televisor: *consulta el teletexto para saber el número premiado de la lotería*. s.m. AUDIOVISUALES

teletienda Sistema de venta de productos a través de la televisión. s.f./COMERCIO = televenta

teletipia (Del gr. *tele*, lejos + *typos*, señal.)
1 Sistema de comunicación telegráfico o radiotelegráfico que permite la transmisión de un texto mecanografiado. s.f. TELECOMUNICACIONES
2 Composición tipográfica transmitida a distancia por medio del acoplamiento de un teletipo y una máquina de componer. ARTES GRÁFICAS

teletipo (Del fr. *Téletype*, marca registrada.)
1 Aparato telegráfico con teclado semejante al de una máquina de escribir, para emitir y recibir mensajes e imprimirlos. s.m./TELECOMUNICACIONES = teleimpresor
2 Texto o mensaje transmitido por medio de este aparato. TELECOMUNICACIONES

teletoxia Intoxicación de determinados seres vivos por un producto tóxico difundido en el medio ambiente. s.f. BIOLOGÍA

televidente Persona que ve televisión: *las imágenes violentas del reportaje pueden herir la sensibilidad de los televidentes*. s.m.f. AUDIOVISUALES = telespectador

televigilancia Vigilancia que se realiza mediante un sistema de televisión: *el edificio dispone de televigilancia en cada planta y en el jardín*. s.f. TECNOLOGÍA

televisado, a Que se retransmite o ha sido transmitido por televisión. adj. AUDIOVISUALES

televisar Transmitir imágenes por televisión: *televisarán la final del campeonato*. v.tr. AUDIOVISUALES

televisión
1 Sistema de transmisión de imágenes y sonidos a distancia mediante la ondas hertzianas. s.f. AUDIOVISUALES
2 Aparato receptor de estas imágenes y sonidos: *se pasa el día mirando la televisión*. = televisor, tele
3 Conjunto de los servicios que se encargan de transmitir programas, películas u otro tipo de emisiones mediante este sistema: *trabaja como cámara en una televisión privada*. AUDIOVISUALES

televisivo, a
1 De la televisión: *han aumentado los espacios televisivos de contenido informativo*. adj. AUDIOVISUALES
2 Que tiene buenas condiciones para ser transmitido por televisión: *las imágenes del accidente son televisivas*.
3 Que aparece con frecuencia en televisión: *es el político más televisivo*.

televisor Aparato receptor de televisión: *baja el volumen del televisor, por favor; se ha comprado un televisor con teletexto*. s.m. AUDIOVISUALES = televisión, tele

televisual De la televisión: *está de viaje realizando un reportaje televisual*. adj. AUDIOVISUALES

télex (Del ingl. *telex* < *[tel]eprinter [ex]change*, marca registrada.)
1 Sistema telegráfico internacional con conexión directa entre diversos usuarios abonados a la red, por medio de teletipos. s.m./pl: télex TELECOMUNICACIONES
2 Mensaje o comunicado transmitido mediante este sistema. TELECOMUNICACIONES

telilla
1 Tela delgada de lana. s.f./TEXTIL
2 Capa fina que se forma en la superficie de algunos líquidos: *no me gusta la leche con telilla*. = nata, tela
3 Capa delgada que cubre la masa fundida de la plata cuando se copela. METALURGIA

telina (Del gr. *telline*.) Molusco lamelibranquio marino abundante en las costas españolas, del tamaño de una almeja y con la concha de colores brillantes. s.f. ZOOLOGÍA

tell (Del ár. *tall*.)
1 Colina artificial formada por la superposición de las ruinas de ciudades de distintas épocas. s.m. HISTORIA
2 Región costera argelina y tunecina donde los cultivos son, en teoría, posibles sin la ayuda del riego. GEOGRAFÍA

telliz (Del ár. *tillis* < lat. *trilix, -icis*, de tres lizos.) Cubierta que se pone al caballo que no va montado para tapar la silla. s.m. pl: tellices EQUITACIÓN

telliza (Del ár. *tillisa*.) Colcha, tela de abrigo que se pone en la cama sobre las mantas o sábanas. s.f. = sobrecama

telofase Fase final de la mitosis celular, en que se forman los dos nuevos núcleos y el citoplasma se divide en dos formándose las membranas celulares. s.f. BIOLOGÍA

telofragma Membrana de una fibra muscular que aparece cuando se le hace una sección longitudinal. s.m. ANATOMÍA

telógeno Fase de reposo en el ciclo de crecimiento del pelo. s.m. FISIOLOGÍA

telolecito, a (Del gr. *telos*, fin + *lekithos*, yema de huevo.) Se refiere al huevo que tiene gran cantidad de vitelo nutritivo. adj/s.m. BIOLOGÍA

telómero Cada uno de los extremos polares de un cromosoma, que tienen la función de evitar la adherencia con los otros. s.m. BIOLOGÍA

telón
1 Lienzo o trozo de tela grande que cubre el escenario de un teatro o la pantalla de un cine, y que puede subirse o bajarse: *al abrirse el telón el público contempló el fabuloso decorado*. s.m. CINE, TEATRO
2 telón corto: El que se coloca detrás de la embocadura del escenario, lo que permite representar delante breves escenas y cambiar la decoración detrás. TEATRO
3 telón de acero: Antigua frontera política e ideológica que separaba el oeste europeo de los países de influencia soviética. HISTORIA, POLÍTICA
4 telón de boca: El que oculta el escenario de la vista del público mientras no se representa. TEATRO
5 telón de fondo o de foro: 1. El que cierra la escena formando el frente de la decoración. 2. Circunstancias o ambiente que rodean un acontecimiento y ejercen influencia sobre él: *la reunión se celebró con el telón de fondo de las últimas discusiones*. TEATRO
6 telón griego: Doble cortina que se abre y se cierra por los laterales mediante unos rieles. TEATRO
7 telón metálico: El de metal que sirve para aislar el escenario de la sala, en caso de incendio u otro siniestro. TEATRO
8 bajar el telón: Interrumpir o dejar de desarrollar alguna actividad.

telonero, a
1 Se aplica al artista que actúa en un espectáculo en primer lugar, antes del artista principal: *somos el grupo telonero del famoso cantante*. adj/s.
2 Se refiere a la persona que interviene el primero en un acto público, para subordinar su importancia a los que le siguen.
3 Persona que hace telones o los maneja en un espectáculo. s. CINE, TEATRO

teloplastia Cirugía plástica del pezón de un pecho. s.f./MEDICINA

telorragia Hemorragia por el pezón del pecho. s.f./MEDICINA

telotaxia Fenómeno por el cual un animal capta una fuente de estimulación a través de los sentidos y se dirige hacia ella. s.f. BIOLOGÍA

telotismo Erección del pezón del pecho, por un estímulo nervioso o por una patología. s.m./FISIOLOGÍA, MEDICINA

telson Último segmento del abdomen de los artrópodos. s.m. ZOOLOGÍA

telúrico, a (Derivado del lat. *tellus, -uris*, tierra.)
1 Del planeta Tierra. adj.
2 Del telurismo.

telurio (Del lat. *tellus, -uris*, tierra.) Elemento químico metaloide y cristalino, muy escaso, quebradizo y fusible. s.m. QUÍMICA th: teluro

telurismo Influencia de la configuración orográfica y climatológica de un lugar sobre sus habitantes. s.m.

teluro Telurio, elemento químico metaloide. s.m./QUÍMICA

telurómetro Aparato para medir distancias entre dos puntos visibles teniendo en cuenta el tiempo que tarda en recorrer esta distancia una onda radioeléctrica. — *s.m. FÍSICA*

tema (Del gr. *thema*.)
1 Asunto o materia que se trata en una conversación, discurso o escrito: *el tema de la reunión es la contratación de nuevos empleados*. — *s.m. = contenido, cuestión*
2 Canción o composición musical: *interpretaré dos temas de mi último disco*. — *MÚSICA = pieza*
3 Cada una de las partes en que se divide una asignatura o materia: *mañana me examino de los cinco pimeros temas de sociales*. — *= lección*
4 Suma de radical y vocal temática a la que se añaden los morfemas correspondientes. — *LINGÜÍSTICA*
5 Motivo de una composición musical, con arreglo al cual se desarrolla la totalidad de la obra. — *MÚSICA*
6 Obstinación en un propósito o una opinión infundada. — *s.f.*
7 Idea fija que suelen tener algunos enfermos mentales. — *SIQUIATRÍA = monomanía*
8 **tema celeste:** Representación astrológica de la posición de los astros en un momento determinado. — *= figura celeste*
9 **a tema:** A porfía, a competencia. — *loc.adv.*
10 **ese es el tema de mi sermón:** Se usa cuando se oye alguna cosa sobre la que una persona ya había insistido antes. — *coloquial*
11 **tomar tema:** Obstinarse en una cosa u oponerse por capricho a una persona.

temario Conjunto de temas o asuntos que se proponen para su estudio en una conferencia, un curso o un congreso: *el temario del congreso me parece muy interesante*. — *s.m. = programa*

temática Tema o conjunto de temas de una obra, autor o movimiento literario o artístico: *el amor es la base de la temática del poeta*. — *s.f.*

temático, a
1 Del tema o asunto. — *adj.*
2 Que se hace u organiza según el tema: *exposición temática; melodía temática*.
3 Se aplica al elemento que se añade a la raíz de un vocablo para unir a ella la terminación: *vocal temática*. — *LINGÜÍSTICA*

temazcal Construcción de piedra y argamasa en la que se tomaban baños de vapor, en el México prehispánico. — *s.m. HISTORIA*

tembladal Terreno pantanoso, abundante en turba y cubierto de césped. — *s.m. = tremedal*

tembladera
1 Temblor intenso: *por más que lo abrigo no consigo detener la tembladera*. — *s.f. = tembleque*
2 Vaso ancho con dos asas a los lados y fabricado con una capa muy delgada de plata, oro o vidrio.
3 Joya montada sobre una hélice de alambre. — *= tembleque*
4 Torpedo, pez marino parecido a la raya. — *ZOOLOGÍA*
5 Planta herbácea gramínea, de hojas lampiñas y estrechas y espigas aovadas. — *BOTÁNICA*

tembladero, a
1 Que retiembla. — *adj.*
2 Terreno pantanoso que, por su poca consistencia, tiembla al andar sobre él. — *s.m. = tremedal*

temblador, a
1 Que tiembla. — *adj/s.*
2 Miembro de una secta religiosa cristiana, de origen inglés, que sólo reconoce una persona en la divinidad. — *= cuáquero*

temblante
1 Que tiembla. — *adj.*
2 Argolla o pulsera que usaban las mujeres. — *s.m.*

temblar (Del lat. vulgar *tremulare* < lat. *tremulus*, tembloroso.)
1 Moverse una persona de forma involuntaria, con pequeñas y repetidas convulsiones: *tenía tanto frío que no podía dejar de temblar*. — *v.intr. conj: pensar = estremecerse*
2 Moverse una cosa con rapidez de un lado a otro: *con la fuerte explosión temblaron los cristales*. — *= oscilar, vibrar*
3 Tener una persona mucho miedo o nerviosismo: *tiemblo sólo de pensar que he de enfrentarme a él*. — *= estremecerse*
4 Producirse un terremoto.
5 **dejar o quedar una cosa temblando:** Acabarse o consumirse: *pilló la botella de ron y la dejó temblando*. — *Méx. coloquial*

tembleque
1 Temblor intenso: *la fiebre le produjo un tembleque en todo el cuerpo*. — *s.m./coloquial = tembladera*
2 Joya que al estar montada sobre una hélice de alambre tiembla con facilidad.

temblequear Temblar, moverse una persona, un animal o una cosa con sacudidas muy rápidas y frecuentes: *al salir de la ducha, el niño temblequeaba*. — *v.intr. coloquial tb: tembliquear*

temblequera Movimiento involuntario y continuo del cuerpo: *al salir a la calle me entró una temblequera porque tenía frío*. — *s.f. coloquial = tembleque*

temblequeteo Temblor leve y continuo. — *s.m./coloquial*

temblón, a
1 Que tiembla mucho: *es un niño friolero y temblón*. — *adj.*
2 Se aplica al álamo que tiene las hojas pendientes de pecíolos largos y que se mueven con facilidad al impulso del viento. — *adj/s.m. BOTÁNICA*

temblor
1 Movimiento involuntario, repetido y continuado del cuerpo humano o animal, de algunas de sus partes, o de una cosa: *estaba nerviosa y no podía controlar el temblor de piernas*. — *s.m. = tembleque*
2 **temblor de tierra:** Terremoto, movimiento sísmico. — *GEOLOGÍA*

tembloroso, a
1 Que tiembla: *llegó llorando, nervioso y tembloroso*. — *adj./= temblón*
2 Se aplica a la voz entrecortada: *su voz temblorosa indicaba su nerviosismo*.

temer (Del lat. *timere*.)
1 Tener miedo o temor de una persona o una cosa: *temo su violenta reacción*. — *v.tr/intr. = asustar*
2 Pensar con algún fundamento que puede suceder una cosa mala o perjudicial: *temo que se ha perdido por el bosque; mucho me temo que no vendrá*. — *v.tr/prnl. = recelar, sospechar*
3 **no temer ni deber:** Obrar una persona sin prudencia ni respeto.

temerario, a (Del lat. *temerarius*.)
1 Que se expone a peligros de manera imprudente: *si no fueras tan temerario tendrías menos accidentes*. — *adj./= arriesgado ≠ prudente*
2 Que se hace o se dice sin fundamento ni motivo: *no presentes afirmaciones temerarias como verdades absolutas*. — *= infundado, gratuito*

temeridad (Del lat. *temeritas, -atis*.)
1 Calidad de temerario o arriesgado: *tu temeridad puede llevarte a vivir una mala aventura*. — *s.f. ≠ prudencia*
2 Acción temeraria, muy atrevida o arriesgada: *es una temeridad conducir a tanta velocidad*. — *= imprudencia*
3 Juicio u opinión expresados sin fundamento, razón o motivo: *afirmar algo de ella sin conocerla sería una temeridad*. — *= imprudencia*

temerón, a Que intenta infundir temor con su fanfarronería. — *adj/s. = baladrón*

temeroso, a
1 Que causa temor: *el monstruo temeroso se esconde en esa cueva*. — *adj. = temible*
2 Que tiene o siente temor: *no le gustan los deportes de riesgo porque es muy temeroso*. — *= miedoso*
3 Que recela algún daño. — *≠ valiente*

temible Que causa temor: *nadie subía a las montañas por miedo al temible monstruo*. — *adj. = temeroso*

temor (Del lat. *timor*.)
1 Sentimiento que hace rechazar o evitar las personas, cosas o situaciones que se consideran peligrosas, arriesgadas o pueden resultar dañinas: *obedece a su padre por el temor al castigo*. — *s.m. = espanto, miedo*
2 Sospecha de que puede suceder una cosa desfavorable o perjudicial: *me angustia el temor de que haya habido un accidente*. — *= recelo*
3 **temor de Dios:** Miedo reverencial y respetuoso que se debe tener a la divinidad y que constituye uno de los dones del Espíritu Santo, en el cristianismo. — *RELIGIÓN*

temoso, a Que sostiene una idea con obstinación y tenacidad: *es tan temoso que no cambiará de opinión*. — *adj. = terco*

tempanador Herramienta semejante a un escoplo, usada para levantar las tapas o témpanos de una colmena. — *s.m.*

tempanar
1 Poner un corcho redondo a modo de tapa a una colmena. — *v.tr.*
2 Montar la tapa a un tonel.

témpano (Del lat. *tympanum* < gr. *tympanon*, tambor.)
1 Bloque grande de hielo. — *s.m.*
2 Pedazo de cualquier cosa dura, extendida o plana. — *= plancha*
3 Especie de tambor con caja metálica en forma de media esfera. — *MÚSICA = timbal*
4 Piel extendida del pandero, tambor u otros instrumentos musicales. — *MÚSICA*
5 Atabal, instrumento musical. — *MÚSICA*
6 Tapa de un tonel o de una cuba.
7 Corcho redondo usado para tapar las colmenas.
8 **quedarse una persona como un témpano:** Quedarse aterido de frío.

tempate Piñón, semilla del pino. — *s.m./C. Rica, Hond.*

témpera (Voz italiana.)
1 Variedad de pintura hecha con colores diluidos con agua. — *s.f. ARTE*
2 Obra realizada usando esta variedad de pintura: *compraron una témpera muy original*. — *ARTE*

temperación Acción y resultado de temperar o temperarse. — *s.f.*

temperamental
1 Del temperamento o carácter de una persona: *la indecisión es un rasgo temperamental en él*. — *adj.*
2 Que reacciona con energía y vitalidad, pudiendo cambiar con rapidez de estado de ánimo: *es tan temperamental que igual te pega cuatro gritos*. — *= apasionado, enérgico*

temperamento
1 Conjunto de factores sicológicos que conforman la personalidad: *su temperamento es más bien tranquilo.* — s.m./SICOLOGÍA / = carácter
2 Constitución particular de cada individuo, que resulta del predominio fisiológico de un sistema orgánico. — FISIOLOGÍA
3 Manera de ser de las personas tenaces, emprendedoras e impulsivas en sus reacciones: *el cargo directivo lo ocupa una mujer de gran temperamento.* — = empuje, vitalidad / ≠ pusilanimidad
4 Aptitud para realizar un arte, oficio o actividad: *ya de pequeña hacía gala de su temperamento interpretativo.* — = talento
5 Estado de la atmósfera. — = temperie
6 Arbitrio para terminar las contiendas o para obviar dificultades. — = temperancia
7 Ligera modificación que se hace en los sonidos exactos de ciertos instrumentos al templarlos. — MÚSICA

temperancia Templanza o moderación en las acciones: *ten temperancia y no te dejes llevar por la rabia que sientes.* — s.f. / = temperamento

temperante
1 Que tempera o calma: *si quieres que se relaje háblale en un tono temperante.* — adj. / ≠ intemperante
2 Que no bebe alcohol, abstemio. — Amér. Merid.

temperar (Del lat. *temperare*, moderar.)
1 Moderar la intensidad o fuerza de un sentimiento, pasión o dolor: *tus palabras temperaron su tristeza; su odio se temperó.* — v.tr/prnl. / tb.: atemperar / = calmar, mitigar
2 Hacer que la excitación orgánica desaparezca por medio de calmantes y antiespasmódicos. — v.tr. / MEDICINA
3 Cambiar de clima una persona por razones de salud o de placer. — v.intr./Amér. Central y Merid.

temperatura (Del lat. *temperatura caeli*, composición del cielo.)
1 Magnitud física que mide de forma objetiva la sensación subjetiva de frío o calor que produce el contacto con un cuerpo. — s.f. / FÍSICA
2 Grado de calor de la atmósfera: *las temperaturas bajarán por la noche.*
3 Calentamiento anormal del cuerpo humano o animal a consecuencia de una afección o enfermedad: *la gripe me hace subir la temperatura.* — MEDICINA / = fiebre
4 **temperatura absoluta:** La medida en grados Kelvin, según la escala que parte del cero absoluto. — FÍSICA
5 **temperatura ambiente:** La de la atmósfera que rodea un cuerpo, sin intervención de procedimientos para obtenerla: *el producto debe conservarse a temperatura ambiente.*
6 **temperatura basal:** La del cuerpo de una persona en ayunas, en reposo y en un ambiente de unos 20⁰ centígrados. — FISIOLOGÍA
7 **temperatura crítica:** La máxima en que pueden coexistir las fases líquida y gaseosa de un fluido. — FÍSICA
8 **tener temperatura:** Tener fiebre: *me duele la cabeza y tengo temperatura.*

temperie (Del lat. *temperies*, temperatura.) Estado de la atmósfera según los diversos grados de calor o frío, sequedad o humedad. — s.f. / = temperamento

tempero (Del lat. vulgar *temperium*.) Grado óptimo de humedad en la tierra para la siembra y otras labores. — s.m. / AGRICULTURA

tempestad (Del lat. *tempestas, -átis*, clase de tiempo que hace.)
1 Fenómeno atmosférico que consiste en la perturbación del aire con nubes gruesas y oscuras, lluvia, granizo, truenos, rayos y relámpagos: *la tempestad provocó destrozos e inundaciones.* — s.f. / = temporal
2 Agitación violenta del agua del mar provocada por fuertes vientos y acompañada de grandes olas: *la tempestad hizo que el barco fuera a la deriva.* — = marejada
3 Excitación violenta del ánimo de una o varias personas: *su enfado contenido provocó una tempestad en la reunión.* — coloquial
4 Manifestación ruidosa ante algún acontecimiento: *la actriz recibió una tempestad de aplausos.* — = aluvión
5 **levantar tempestades:** Producir disturbios, desórdenes, o cualquier tipo de exaltación: *sus manifestaciones levantarán tempestades entre la oposición.* — coloquial

tempestividad Cualidad de tempestivo u oportuno: *siempre aparece cuando le necesito, admiro su tempestividad.* — s.f. / ≠ intempestividad

tempestivo, a (Del lat. *tempestivus.*) Que es oportuno: *llegas en el momento tempestivo, ayúdame a pintar.* — adj. / ≠ intempestivo

tempestuoso, a
1 Se aplica al tiempo, clima o lugar que tiene tempestades frecuentes: *no me gustaría vivir en un país tempestuoso.* — adj. / = tormentoso
2 Se refiere a la nube o cielo que amenaza tempestad. — = borrascoso
3 Se aplica al ambiente que es tenso o violento: *me sentía incómoda en aquella reunión tempestuosa.* — = cargado

templa
I (Derivado de *templar.*)
1 Sustancia compuesta de agua con cola o yema de huevo, usada para desleír los colores de la pintura al temple y darles fijeza. — s.f. / ARTE
2 Mezcla de agua caliente y malta triturada, que se utiliza en el proceso de fabricación de la cerveza.
II (Del cat. *templa* < lat. *tempora*, sienes.) Cada lado de la frente entre la oreja y la mejilla. — s.f./ANATOMÍA / = sien

templabilidad Propiedad de ciertas aleaciones que permite darles la dureza y elasticidad necesarias. — s.f. / METALURGIA

templadamente Con templanza: *suele analizar las situaciones templadamente.* — adv.

templadero Horno donde se templa el vidrio o algunos metales. — s.m. / = carquesa

templado, a
1 Que no es ni frío ni caliente: *quiero la leche templada.* — adj./= tibio
2 Se aplica al clima suave, sin altas ni bajas temperaturas, y a la zona que lo tiene: *me parecería aburrido vivir en un país templado.*
3 Que es moderado en el comer, en el beber o en cualquier clase de deseos o pasiones: *nunca pierde los nervios porque es muy templado.* — = comedido / ≠ inmoderado
4 Se aplica al estilo que es exornado y elegante pero no tan expresivo y elevado como el sublime. — = medio
5 Que se comporta con valentía pero con serenidad, sin perder el control. — = decidido

templador, a
1 Que templa. — adj/s.
2 Llave o martillo con que se templan algunos instrumentos de cuerda o se regula la tensión de alambres, cables u objetos similares. — s.m. / MÚSICA

templadura Acción y resultado de templar o templarse. — s.f.

templanza
1 Sobriedad y moderación en el modo de actuar. — s.f./≠ desenfreno / ≠ tempestad
2 Suavidad del clima de un lugar.
3 Combinación y disposición de colores que resulta agradable y adecuada. — ARTE / = armonía
4 Virtud cardinal que consiste en frenar los impulsos y moderar las pasiones y el uso excesivo de los sentidos, sujetándose a la razón: *actúa con templanza y no dejes que la ira te venza.* — TEOLOGÍA / = temperancia

templar (Derivado del ant. *temperar* < lat. *temperare.*)
1 Calentar un poco una cosa: *te templo el café con leche; se templa el cuarto de baño antes de ducharse; el tiempo ha templado.* — v.tr/intr/prnl. / = caldear
2 Calmar la violencia de una pasión o sentimiento o mitigar el enfado de una persona: *la música me templó después de la discusión.* — v.tr. / ≠ excitar
3 Moderar la fuerza o intensidad de una cosa. — v.tr/prnl.
4 Enfriar de forma brusca un material industrial calentado por encima de determinada temperatura, sumergiéndolo en un líquido: *vi como templaban el cristal.* — v.tr. / INDUSTRIA
5 Poner una cosa en tensión o presión moderada. — = tensar
6 Mezclar una cosa con otra para rebajar su fuerza: *creo que han templado el vino.* — = moderar
7 Preparar el halcón para la caza, sometiéndolo a una determinada dieta durante veinticuatro horas, en cetrería. — CAZA
8 Adaptar las velas a la fuerza del viento.
9 Afinar un instrumento musical: *antes del concierto templaba el violín.* — NÁUTICA / MÚSICA
10 Unir y combinar los colores de forma armónica. — ARTE
11 Hacer que el movimiento de la capa o la muleta se ajuste a la embestida del toro para moderarla o alegrarla. — TAUROMAQUIA
12 Dar igual grado de tensión a varios cables o hacer que empiece a trabajar uno de ellos. — NÁUTICA
13 Evitar una persona los excesos: *he conseguido templarme en la bebida.* — v.prnl. / = contenerse
14 Emborracharse un poco: *se templó con un par de copas de vino.* — = entonarse
15 Enamorarse, sentir amor por una persona o cosa. — Amér. Merid.

templario, a (Del *Temple*, orden militar y religiosa.)
1 De dicha orden militar y religiosa, cuyo objetivo era defender Tierra Santa y a sus peregrinos. — adj. / HISTORIA
2 Miembro de esta orden militar y religiosa. — s.m./HISTORIA

temple
1 Forma de ser o estado de ánimo de una persona: *es de temple agradable y cordial.* — s.m. / = carácter, genio
2 Capacidad de una persona para hacer frente a las dificultades y riesgos: *sobrelleva los problemas con mucho temple.* — = entereza, serenidad
3 Acción y resultado de templar el metal, el cristal u otras materias. — INDUSTRIA
4 Punto de dureza o elasticidad que se da al metal, cristal u otro material al templarlo. — INDUSTRIA
5 Procedimiento pictórico en que los colores se diluyen en líquidos glutinosos o calientes. — ARTE
6 Pintura o color preparado de este modo. — ARTE
7 Acción y resultado de templar o afinar un instrumento musical. — MÚSICA
8 Acción y resultado de templar la capa o la muleta. — TAUROMAQUIA
9 Grado mayor o menor de calor que tiene o desprende un cuerpo. — = temperatura
10 Estado de la atmósfera, según la temperatura o el grado de sequedad o humedad. — = temperie

11 al temple: 1. Se aplica a la pintura hecha con colores preparados con líquidos glutinosos y calientes: siempre usa pintura al temple. 2. Realizado con este tipo de pintura: *la pared está esmaltada y las puertas al temple*.   `loc.adj.` `ARTE` `loc.adj./adv.` `ARTE`

templén (Del lat. *templum*, templo.) Pieza del telar que regula el ancho del tejido.   `s.m.` `TEXTIL`

templete
1 Estructura pequeña en forma de templo que sirve para colocar una imagen o forma parte de un mueble.   `s.m.`
2 Construcción aislada, formada por una bóveda sostenida por varias columnas, a veces con bancos en su interior, que hay en algunos parques y plazas: *los músicos tocaban en el templete*.   `= glorieta, pabellón`

templista Persona que pinta al temple.   `s.m.f./ARTE`

templo (Del lat. *templum*.)
1 Edificio destinado al culto religioso: *los fieles acuden cada domingo al templo*.   `s.m./RELIGIÓN` `= santuario`
2 Cualquier edificio monumental que en la antigüedad se dedicó al culto religioso y que en la actualidad forma parte del patrimonio cultural.   `ARQUITECTURA, HISTORIA`
3 Lugar real o imaginario donde se rinde culto a valores inmateriales como el saber o la justicia: *la biblioteca es el templo del saber*.   `= santuario`
4 **templo próstilo:** El clásico que, además de las dos columnas conjuntas, tenía otras dos enfrente de las pilastras angulares.   `ARQUITECTURA`

tempo (Del lat. *tempus, -oris*, tiempo.)
1 Velocidad con que se ejecuta una pieza musical.   `s.m./MÚSICA`
2 Ritmo de una acción, en especial la cinematográfica, novelesca o teatral: *en el último acto se acelera el tempo de la comedia*.   `CINE, LITERATURA, TEATRO`

témpora (Del lat. *tempora*, tiempos.) Tiempo de ayuno al comienzo de cada estación del año en señal de acción de gracias.   `s.f.` `RELIGIÓN`

temporada
1 Conjunto de días, meses o años que se considera unidad de tiempo: *creo que vivo la mejor temporada de mi vida*.   `s.f.` `= época`
2 Período de tiempo con características determinadas o destinado a una actividad concreta: *empieza la temporada de exámenes; trabaja mucho en la temporada de verano*.   `= tiempo`
3 **temporada alta, media o baja:** Época del año en que el turismo es mayor, moderado o escaso: *las tarifas de temporada alta son más elevadas*.
4 **de temporada:** Propio de un determinado tiempo: *debes tomar verduras de temporada*.   `loc.adj.`

temporal
I (Del lat. *temporalis* < *tempus, -oris*, sien.)
1 De las sienes: *músculos temporales*.   `adj./ANATOMÍA`
2 Se aplica al hueso que es irregular y par, forma parte del cráneo y está situado entre el occipital y el esfenoides.   `adj./s.m.` `ANATOMÍA`
II (Derivado del lat. *tempus, -oris*, tiempo.)
1 Que tiene relación con el tiempo.   `adj.`
2 Que no es permanente o fijo: *tiene un trabajo temporal*.   `= eventual`
3 Que no es divino ni eterno: *el dinero es un bien temporal*.   `= mundano` `≠ espiritual`
4 Fenómeno atmosférico que consiste en la perturbación del aire con nubes cargadas de mucha agua, lluvia, granizo, truenos, rayos y relámpagos: *el temporal nos sorprendió en medio de la montaña*.   `s.m.` `= tempestad`
5 Agitación de las aguas del mar, causada por la fuerza y violencia de los vientos.   `= marejada, tempestad`
6 Tiempo de lluvias continuas.
7 **capear el temporal:** 1. Pasar de la mejor manera posible una situación difícil: *como ya no hay solución, mejor será que capeemos el temporal*. 2. Aguantar una tempestad en el mar realizando las maniobras adecuadas.   `coloquial` `NÁUTICA`

temporalidad
1 Cualidad de temporal.   `s.f.`
2 Cualquier clase de beneficios o retribuciones obtenidos por los eclesiásticos por ejercer su misión.   `RELIGIÓN`
3 Tiempo vivido por la conciencia como un presente, que permite enlazar con el pasado y el futuro.   `FILOSOFÍA`
4 **ocupar las temporalidades:** Privar a un eclesiástico de los bienes temporales que poseía.   `RELIGIÓN`

temporalismo
1 Tendencia ideológica, y en su momento política, favorable al poder temporal del papa, en el catolicismo.   `s.m.` `RELIGIÓN`
2 Doctrina religiosa que defiende la necesidad de que los cristianos actúen en las realidades profanas tanto como en las espirituales.   `RELIGIÓN`

temporalmente
1 Por algún tiempo: *se refugió temporalmente en casa de mis tíos*.   `adv.`
2 En lo temporal o terreno.   `RELIGIÓN`

temporero, a (Derivado del lat. *tempus, -oris*, tiempo.) Se aplica a la persona que realiza un trabajo con carácter temporal: *trabaja como empleado temporero*.   `adj/s.`

temporización
1 Acción y resultado de temporizar.   `s.f.`
2 Técnica del control de la duración de las diversas operaciones industriales.   `TECNOLOGÍA`

temporizador Aparato que permite hacer mediar cierto intervalo de tiempo entre el principio y el fin de un dispositivo de aceleración, freno, arranque o protección.   `s.m.` `TECNOLOGÍA`

temporizar
1 Adaptarse una persona al gusto o la opinión de otros por respeto o por algún otro fin: *temporiza con todos sus adversarios*.   `v.intr.` `conj: cazar` `= contemporizar`
2 Ocuparse una persona en una cosa por mera distracción o pasatiempo.   `= distraer`

temporo- Componente de palabra procedente del lat. *tempus, -oris*, que significa sien: *temporal*.   `pref.`

tempranal Se aplica al terreno o campo que produce frutos tempranos.   `adj/s.m.` `AGRICULTURA`

tempranamente Antes de tiempo, pronto: *murió tempranamente a la edad de veintitrés años*.   `adv.`

tempranear Levantarse una persona temprano por la mañana: *le gusta tempranear y suele salir a pasear*.   `v.intr.` `= madrugar`

tempranero, a
1 Que madruga o hace las cosas temprano: *se acuesta pronto porque es muy tempranero*.   `adj.` `= madrugador`
2 Anticipado o anterior al tiempo normal: *este árbol da fruta tempranera*.   `= temprano`

tempranilla Se aplica a una variedad de uva muy apreciada, que produce vino tinto.   `adj/s.` `AGRICULTURA`

temprano, a (Del lat. vulgar *temporanus*, que se hace a tiempo.)
1 Que madura, ocurre o aparece antes del tiempo ordinario: *nadie pronosticó este frío temprano*.   `adj.`
2 Terreno sembrado del fruto que ha madurado antes del tiempo normal.   `s.m.` `AGRICULTURA`
3 Antes de la hora habitual o convenida: *he llegado temprano; es temprano para empezar*.   `adv.` `= pronto`
4 En las primeras horas del día o de la noche: *se ha levantado temprano*.   `≠ tarde`

temu Planta arbórea mirtácea.   `s.m./Chile`

ten Se usa en la expresión **ten con ten** para indicar moderación y prudencia al tratar un asunto o a una persona: *lleva las negociaciones ten con ten porque se interesa el cliente*.   `loc.adv.` `coloquial`

tena (Del lat. *tigna*, vigas.)
1 Tinada, cobertizo para el ganado.   `s.f.`
2 Conjunto de útiles de un determinado arte de pesca.   `PESCA`

tenace Tenaz [en todas sus acepciones].   `adj./literario`

tenacear
I (Derivado de *tenazas*.) Atenacear [en todas sus acepciones].   `v.tr.`
II (Derivado de *tenaz*.) Insistir una persona con terquedad en una cosa: *tenacea en defender su propuesta*.   `v.intr.` `+ en`

tenacero, a
1 Persona que fabrica o vende tenazas.   `s.`
2 Persona que maneja de forma habitual las tenazas.

tenacidad Calidad de tenaz.   `s.f.`

tenacillas
1 Pinza o tenaza pequeña de muelle, usada para coger terrones de azúcar, dulces y otras cosas: *cogía los pastelitos con las tenacillas*.   `s.f.pl.`
2 Utensilio semejante a unas tenazas pequeñas, usado para rizar el pelo: *un mechón se enredó en las tenacillas*.   `= rizador`
3 Pinzas para depilar.
4 Utensilio semejante a unas pinzas, usado para sostener el cigarro encendido.   `= tenazuelas`
5 Tijeras para despabilar o quitar la parte ya quemada de la mecha de las velas o el candil.   `= despabiladeras`

tenáculo Instrumento en forma de aguja, encorvada en uno de sus extremos, que se usa para coger y sostener las arterias que deben ligarse.   `s.m.` `MEDICINA`

tenada Cobertizo donde se recoge el ganado: *condujo a las vacas a la tenada*.   `s.f.` `tb: tinada`

tenalgia Dolor en los tendones.   `s.f./MEDICINA`

tenallón (Del fr. *tenaillon*.) Muro bajo construido delante de las cortinas y flancos de una fortificación.   `s.m.` `CONSTRUCCIÓN`

tenante (Del fr. *tenant*, el que aguanta o mantiene.) Figura de ángel u hombre que junto a otras sostiene un escudo.   `s.m.` `HERÁLDICA`

tenar Se aplica a la región de la base del pulgar de la mano.   `adj.` `ANATOMÍA`

tenaz (Del lat. *tenax, -acis*.)
1 Se aplica a la persona que no desiste con facilidad de sus convicciones o propósitos: *es muy tenaz en sus creencias*.   `adj./pl: tenaces` `= perseverante, terco`
2 Que es difícil de separar o quitar de donde está: *mancha tenaz; dolor tenaz*.   `= rebelde`
3 Que opone mucha resistencia a romperse o deformarse: *este plástico es muy tenaz*.   `= resistente` `≠ dúctil`

tenaza

1 Herramienta o instrumento de metal consistente en dos brazos articulados en un eje o enlazados por un muelle semicircular, que se usa para sujetar una cosa con fuerza, arrancarla o cortarla. *s.f.*

2 Instrumento de metal formado por dos brazos, enlazados en un extremo por un muelle semicircular, que se usa para coger leña o carbón de las chimeneas.

3 Pinzas de las patas de algunos artrópodos: *el cangrejo me hizo daño al clavarme las tenazas.* ZOOLOGÍA = artejo

4 Par de cartas con el que, en algunos juegos, se aseguran dos bazas. JUEGOS

5 Herramienta para clavar sillares, en la que el propio peso del sillar tiende a cerrar los brazos de aquélla, apretándolos contra la piedra. CONSTRUCCIÓN

6 Extremo libre de la viga en los antiguos molinos de aceite.

7 no poder sacar una cosa a una persona ni con tenazas: Resultar muy complicado que diga algo o dé lo que se le pide. coloquial

8 no poderse coger una cosa ni con tenazas: Estar muy sucia o deteriorada. coloquial

tenazazo Golpe dado con unas tenazas. *s.m.*

tenazón

1 Se usa en la expresión **a o de tenazón** para indicar que una cosa sucede de improviso: *a tenazón cambió de opinión y no quiso venir.* loc.adv.

2 Indica al golpe, sin fijar la puntería, en la expresión **a o de tenazón.**

3 parar de tenazón: Parar al caballo de golpe en la carrera, sin haberle avisado antes. EQUITACIÓN

tenazuelas Pinzas para depilar. *s.f.pl.*

tenca (Del bajo lat. *tinca.*)

1 Pez ciprínido de agua dulce, de cuerpo alargado y oval, que vive en los fondos cenagosos y tranquilos con abundante vegetación. *(Tinca tinca.)* *s.f.* ZOOLOGÍA

2 Ave paseriforme mímida, originaria de América, similar a la alondra. *(Mimus thenca.)* Argent., Chile ZOOLOGÍA

3 Mentira, falta de verdad en lo que se dice, hace, cree o piensa. Chile

tendajo Tendejón, tienda pequeña. *s.m.*

tendajón Tienda pequeña. *s.m./Méx.*

tendal

1 Cubierta de tela que sirve para hacer sombra: *hemos instalado un tendal en la terraza.* *s.m.* = toldo

2 Conjunto de cosas puestas a secar en el tendedero. = tendido

3 Trozo largo y ancho de tela en que se recogen las aceitunas al caer de los olivos. AGRICULTURA

4 Secadero de frutos.

5 Conjunto de cuerpos o cosas en cantidad que, por causa violenta, han quedado tendidos. Argent., Chile, Urug.

6 Tiendecilla ambulante, puesto. Chile/COMERCIO

7 Barbacoa empleada en las haciendas para asolear el cacao. Ecuad.

8 Lugar soleado donde se coloca el café y otros granos para secarlos. Amér. Central y Merid.

tendalera Desorden de cosas que se dejan tendidas por el suelo. *s.f.*

tendalero Lugar donde se tiende una cosa. *s.m.*

tendedero

1 Lugar donde se tiende una cosa. *s.m.*

2 Conjunto de cuerdas o alambres que sirve para tender la ropa: *no cabe más ropa en el tendedero.* = tendedor

tendedor, a

1 Persona que tiende. *s.*

2 Tendedero, lugar en que se tiende una cosa. *s.m.*

tendedura Acción y resultado de tender o tenderse. *s.f.*

tendejón

1 Tienda pequeña. *s.m./tb: tendajo*

2 Cobertizo o barraca mal construida. = chabola

tendel

1 Cuerda horizontal que se usa como guía para colocar con igualdad las hiladas de ladrillo o de piedra. *s.m.* CONSTRUCCIÓN

2 Capa de mortero o de yeso que se extiende sobre cada hilada de ladrillos o de piedras para colocar la siguiente. CONSTRUCCIÓN

tendencia

1 Inclinación de las personas o las cosas hacia una cosa o un fin: *siempre ha tenido tendencia a estar sola.* *s.f.* = propensión

2 Modo de pensar o entender la política, la religión, el arte o la economía de una persona: *se han reunido personas de todas las tendencias.* = corriente

3 Fuerza por la que un cuerpo se mueve hacia otro o hacia una cosa: *el cuadro tiene tendencia a torcerse.* = inclinación

tendenciosidad Falta de imparcialidad u objetividad en los juicios o apreciaciones. *s.f.* = parcialidad

tendencioso, a Que no es imparcial u objetivo: *un buen periodista no puede ser tendencioso.* adj. = parcial

tendente Que tiende a un determinado fin: *defiende las posturas tendentes a proporcionar trabajo.* adj./+ a tb: tendiente

tender (Del lat. *tendere.*)

1 Extender una cosa que estaba doblada, arrugada o amontonada: *tendió la tela sobre la mesa para poder ver el estampado.* v.tr. = desdoblar, desplegar

2 Colgar o extender la ropa mojada para que se seque: *ayúdame a tender las sábanas.* = colgar

3 Tumbar a una persona o animal sobre una superficie: *tendieron al perro en la mesa del quirófano; tiéndete un rato y relájate.* v.tr/prnl. = acostar

4 Suspender, colocar o construir una cosa desde un lugar a otro: *están tendiendo los cables del teléfono.* v.tr. = tirar

5 Coger una cosa para acercarla a otra o a una persona: *me tendió la mano para saludarme.* = alargar

6 Tener una inclinación o propensión hacia una cosa, persona o fin: *tiende a enfadarse con frecuencia.* v.intr./+ a = propender

7 Tener una cualidad o característica no bien definida pero que se acerca a otra de la misma naturaleza: *es un azul que tiende a violeta.* + a = tirar

8 Aproximarse de forma progresiva una variable o función a un valor determinado, sin llegar nunca a alcanzarlo: *la función tiende a infinito.* + a MATEMÁTICAS

9 Poner una capa de yeso, cal o mortero en paredes y techos. v.tr. CONSTRUCCIÓN

10 Encamarse o abatirse las mieses y otras plantas a causa del viento o del peso. v.prnl. AGRICULTURA

11 Presentar el jugador todas sus cartas, en la idea de ganar o perder con toda seguridad. JUEGOS

12 Extenderse en la carrera el caballo, aproximando el vientre al suelo. EQUITACIÓN

13 tender la cama: Arreglarla, ponerle las sábanas y las mantas. Méx.

14 tender la mano: 1. Ofrecérsela a una persona para saludarla: *le tendió la mano en señal de amistad.* **2.** Ofrecer ayuda a una persona: *nos tendió la mano para que termináramos antes el trabajo.* **3.** Pedir limosna.

15 tender la mesa: Poner las cosas necesarias en la mesa para comer. Amér. Central y Merid.

CONJ.: IND.: PRES.: *tiendo, tiendes, tiende, tendemos, tendéis, tienden.* SUBJ.: PRES.: *tienda, tiendas, tienda, tendamos, tendáis, tiendan.* IMP.: *tiende, tienda, tendamos, tended, tiendan.*

ténder (Del ingl. *tender.*) Vagón de ferrocarril enganchado a la locomotora, provisto de combustible y agua para alimentarla. *s.m.*

tenderete

1 Puesto de venta, por lo general instalado al aire libre: *compraré caramelos en el tenderete del parque.* *s.m.*

2 Conjunto de cosas desordenadas y esparcidas: *¡menudo tenderete has montado en mi mesa!* coloquial = tendalera

3 Juego de cartas en que se dejan algunas descubiertas en la mesa, para que los jugadores intenten emparejarlas con las suyas. JUEGOS

4 tenderete robador: Aquel en que, además de la carta descubierta, se le puede robar al jugador contrario la baza que empareja con ella. JUEGOS

tendero, a

1 Persona que vende en una tienda, en especial de comestibles: *le he encargado un melón al tendero.* s. COMERCIO

2 Persona que hace tiendas de campaña o que cuida de ellas.

tendidamente De forma extensa o difusa. adv.

tendido, a

1 Se aplica al galope del caballo cuando éste se tiende, o a la carrera fuerte y violenta de una persona o de cualquier animal. adj.

2 Se refiere a la estocada que penetra de forma horizontal más de lo adecuado en el cuerpo de la res. TAUROMAQUIA

3 Acción y resultado de tender. *s.m.*

4 Gradería descubierta próxima a la barrera, en las plazas de toros. TAUROMAQUIA

5 Conjunto de cables que forman una conducción eléctrica: *ha habido una avería en el tendido de mi calle.* ELECTRICIDAD

6 Porción de encaje que se hace sin levantarla del patrón. TEXTIL

7 Porción de ropa que se pone a secar de una vez. = tendal

8 Capa delgada de yeso, mortero o cal que se da en paredes o techos. CONSTRUCCIÓN

9 Parte del tejado desde el caballete al alero. CONSTRUCCIÓN

10 Conjunto de las piezas de masa de pan puestas en el tablero para que fermenten antes de introducirlas en el horno. COCINA

tendiente Que tiende o está inclinado a una cosa: *se han adoptado medidas tendientes a resolver el problema del tráfico.* adj tb: tendente = encaminado

tendinitis (Del lat. moderno *tendo, -inis,* tendón + gr. *itis,* inflamación.) Inflamación de los tendones que unen los músculos con los huesos. s.f./pl: tendinitis = tenonitis MEDICINA

tendinoso, a

1 De los tendones. adj./ANATOMÍA

2 Que tiene tendones o está compuesto de ellos. ANATOMÍA

tendón (Del lat. moderno *tendo, -inis.*)

1 Haz de fibras conjuntivas, de color blanco y brillante, que unen los músculos a los huesos o a otra estructura orgánica. s.m. ANATOMÍA

2 tendón de Aquiles: 1. El grueso y fuerte que une el talón con la pantorrilla. 2. Punto débil de una persona o de una cosa.   ANATOMÍA · = talón de Aquiles

tenebrario Candelabro triangular muy alto, con quince velas, que se encendían en el oficio de tinieblas de la semana santa.   s.m. · RELIGIÓN

tenebrescencia Fenómeno que se produce en algunas sustancias que se oscurecen cuando se les aplica cierta radiación.   s.f. · FÍSICA

tenebrescente Que presenta tenebrescencia.   adj./FÍSICA

tenebriónido, a Perteneciente a una familia de insectos coleópteros, nocturnos, que producen plagas en la agricultura, como el gorgojo.   adj/s.m. · ZOOLOGÍA

tenebrismo Tendencia pictórica, propia del barroco, que se caracteriza por extremar los contrastes entre las zonas iluminadas y las sombras.   s.m. · ARTE

tenebrista
1 Del tenebrismo.   adj./ARTE
2 Se aplica al pintor que practica el tenebrismo.   adj/s.m.f./ARTE

tenebrosidad Calidad de tenebroso.   s.f.

tenebroso, a (Derivado del lat. *tenebra,* tiniebla.)
1 Que está oscuro o en tinieblas: *no se veía nada en el tenebroso callejón.*   adj. · = oscuro
2 Que produce miedo: *no quiero pasar cerca del tenebroso cementerio.*   = tétrico
3 Que tiene intenciones ocultas y perversas: *sé que tienen un plan tenebroso.*   = truculento
4 Que anuncia desgracia: *le espera un porvenir tenebroso.*   ≠ halagüeño

tenedero Lugar del mar donde puede afirmar el ancla una embarcación.   s.m. · NÁUTICA

tenedor, a
1 Persona que tiene o posee una cosa, en especial una letra de cambio u otro valor endosable.   s.
2 Utensilio de mesa en forma de horca con tres o cuatro púas, que sirve para pinchar y coger los alimentos sólidos: *el niño ya sabe comer con el tenedor.*   s.m.
3 Signo con la figura de este utensilio que, en España, sirve para señalar la categoría de los restaurantes: *comieron en un restaurante de tres tenedores.*
4 Persona que, en el juego de la pelota vasca, detiene la que va rodando por el suelo.   DEPORTES
5 **tenedor de libros:** Persona encargada de llevar los libros de contabilidad.   COMERCIO
6 **comer de tenedor:** Tomar alimentos sólidos: *llevo días comiendo puré y ya quiero comer de tenedor.*   coloquial

teneduría
1 Empleo o actividad del tenedor de libros.   s.f./= contabilidad
2 Oficina del tenedor de libros.   COMERCIO
3 **teneduría de libros:** Técnica de llevar los libros de contabilidad.   COMERCIO

tenencia
1 Situación de tener o poseer una cosa: *le juzgan por tenencia ilícita de armas.*   s.f. · = posesión
2 Cargo u oficio de teniente: *tenencia de alcaldía.*
3 Oficina o departamento del teniente.
4 **tenencia de alcaldía:** Cargo administrativo inmediatamente inferior al alcalde.   POLÍTICA

tener (Del lat. *tenere.*)
1 Ser propietario de una cosa: *tiene una casa en el campo; tenemos tres perros.*   v.tr. · = poseer
2 Poseer una determinada cualidad o encontrarse en una situación o estado concreto: *tiene el pelo rubio; tengo un poco de fiebre; tenemos miedo.*
3 Contener una cosa otras en su interior: *el armario tiene dos percheros; la casa tiene tres cuartos de baño.*   = incluir
4 Disponer de una cosa o de una persona: *tiene amigos con los que puede contar; tengo dos días de fiesta.*   = disfrutar
5 Manifestar una determinada actitud o sentimiento hacia una persona o cosa: *le tengo mucho afecto; siempre le he tenido manía.*   = mostrar, sentir
6 Guardar en su interior una cosa: *el depósito tiene poca gasolina.*   = contener
7 Coger o sujetar una cosa: *ten el salero.*   = asir
8 Expresa la relación de parentesco entre dos o más personas: *tiene una hija; tengo doce nietos.*
9 Hospedar o recibir una persona a otra: *tiene a los nietos cada tarde; tengo a mi primo en casa.*
10 Experimentar una determinada cosa o sensación: *tuvo un ataque de histeria; ya he tenido el sarampión; tendrá un ascenso.*
11 Con sustantivos que significan tiempo, expresa duración o edad: *tiene seis años.*
12 Considerar a una persona de una forma determinada: *le tienen por un irresponsable; te tengo en gran consideración; se tiene por un genio.*   v.tr/prnl. · + en, por · = juzgar, reputar
13 Mantener a una persona de un determinado modo: *la tiene confundida con su inseguridad; ya me tienes harto.*
14 Refrenar los sentimientos, las pasiones o los impulsos: *tente y no grites.*   v.prnl. · = contenerse
15 Atenerse o ceñirse a una cosa: *me tengo a lo que ha dicho el jefe.*   = ajustarse, circunscribirse
16 Indica obligación de hacer una cosa: *tengo que ir al dentista; tenemos que llegar pronto.*   v.aux. · + que + inf.

17 Ser necesaria una cosa: *tiene que cambiar el tiempo.*   + que + inf.
18 Haber realizado o decidido una acción: *tengo concertada una entrevista.*   + part.
19 Ser rico y adinerado: *su nivel de vida demuestra que tiene.*   v.intr.
20 Asegurarse una persona para no caer: *se tiene a la mesa porque está un poco mareado.*   v.prnl. · = afirmarse
21 Asentarse una cosa sobre otra: *el arco se tiene sobre dos columnas.*   = sostener
22 Sostenerse en una determinada posición: *va tan borracho que no se tiene en pie.*   = mantenerse
23 **¡ahí tienes!:** Expresión con que se acompaña la exposición de una cosa o el comentario que se considera confirmación o consecuencia de otro ya sabido.   coloquial
24 **¿conque ésas tenemos? o ésas tenemos?:** Se usa para indicar extrañeza y enfado ante lo dicho o hecho por una persona: *¿conque ésas tenemos?, pues estás castigado.*   coloquial
25 **no tener donde caerse muerto:** Vivir una persona en la mayor pobreza: *no tiene donde caerse muerto desde que perdió el trabajo.*   coloquial
26 **no tenerlas una persona todas consigo:** No estar muy segura o tranquila acerca de una cosa: *se acercan los exámenes y no las tiene todas consigo.*   coloquial
27 **no tener nada:** No disponer una persona de medios económicos o fortuna: *vive en la calle porque no tiene nada.*   coloquial
28 **no tener nada de particular:** Ser una persona o una cosa normal, no llamar la atención: *no la encuentro tan original, sus cuadros no tienen nada de particular.*
29 **no tener nada que ver:** No existir relación o semejanza entre dos cosas o personas: *los dos hermanos son muy distintos, no tienen nada que ver.*   coloquial
30 **no tener por donde cogerla:** Ser una persona o una cosa muy mala: *¡menuda porquería de película, no tienes por donde cogerla!*   coloquial
31 **no tener por donde respirar:** No saber una persona qué responder al cargo que se le hace: *le llovieron las acusaciones y no tenía por donde respirar.*   coloquial
32 **no tener una persona nada suyo:** Ser una persona muy generosa: *siempre se regala cosas, no tiene nada suyo.*   coloquial
33 **quien tuvo, retuvo:** Se usa para indicar que siempre se conserva una cosa que en otro tiempo se tuvo.
34 **tanto tienes, tanto vales:** Se usa para indicar que la estimación de que disfrutan las personas depende de su posición económica.
35 **ten con ten:** Expresión que indica tacto en la manera de tratar a una persona o conducir un asunto, para evitar dos riesgos contrapuestos: *había cierto ten con ten en su respuesta.*   coloquial
36 **tener a bien:** Fórmula de cortesía con que se invita a hacer o a aceptar una cosa: *ruego tenga a bien aceptar mi propuesta.*   formal
37 **tener alguna cosa que perder:** Poseer una persona caudal, posición o fama: *no te arriesgues en este negocio porque tienes mucho que perder.*   coloquial
38 **tener a mal:** Desaprobar o recriminar una cosa.
39 **tener a menos:** Rechazar una persona hacer una cosa por considerarla humillante o depresiva.
40 **tener andado:** Haber dado algunos pasos o haber adelantado un poco en un asunto: *conociendo al director ya tienes algo andado.*   coloquial
41 **tener ante sí:** 1. Tener una cosa delante de la vista: *tienes ante ti al nuevo gerente.* 2. Ser inminente que ocurra o se realice una cosa: *tienes ante ti un incremento de sueldo.*
42 **tener atravesada a una persona:** Sentir antipatía hacia una: *tiene atravesada a una.*   coloquial
43 **tener en buenas:** 1. Reservar un jugador las cartas buenas para lograr la mano. 2. Prevenir una persona cualquier riesgo: *tu amigo tuvo en buenas para evitar dificultades.*   JUEGOS · coloquial
44 **tener encima:** Padecer una persona una carga o una pesadumbre: *tiene encima la reciente muerte de su marido.*   coloquial
45 **tener en contra:** Hallar una persona impedimento, contradicción o dificultad en una materia: *tengo en contra la opinión de mi socio.*
46 **tener en menos:** Menospreciar una persona a otra: *le tiene en menos y esto la humilla.*
47 **tenerlas tiesas:** Mantenerse firme una persona contra otra en una contienda o una disputa: *tu amigo las tuvo tiesas con sus vecinos.*   coloquial
48 **tenerla tomada con una persona:** Sentir antipatía hacia ella y reprenderla o censurarla muchas veces: *siempre te riñe porque la tiene tomada contigo.*   coloquial
49 **tener lo suyo:** Ser una cosa graciosa, atractiva o interesante, aunque, a primera vista, no se perciba o no llame la atención: *si te fijas bien verás que el vestido tiene lo suyo.*   coloquial
50 **tener para sí:** Pensar o sospechar una persona una cosa: *tengo para mí que nos está engañando a todos.*   coloquial

51 tener por dicho una cosa: Darla por sobreentendida por ser evidente: *tengo por dicho que no me gustan los animales.* · coloquial

52 tener presente: Conservar una cosa en la memoria con intención de hacer algo en relación con ella en el momento oportuno: *si hay trabajo ya te lo diré, te tengo presente.*

53 tener que ver o tener alguna cosa que ver: 1. Existir conexión, relación o semejanza entre personas o cosas que permite compararlas: *estoy seguro de que estas dos reuniones tienen que ver.* 2. Mantener una persona relaciones sexuales con otra: *creo que la secretaria tiene algo que ver con el jefe.* · coloquial

54 tenerse fuerte: Mantener una persona su posición o sus ideas frente a los ataques de otra aunque sea muy poderosa: *defendió su proyecto y se tuvo fuerte incluso ante el director.* · coloquial

55 tener sobre sí: Mantener una persona a otra: *tiene sobre sí a su esposa, los seis hijos y la suegra.* · coloquial

CONJ.: IND.: PRES.: *tengo, tienes, tiene, tenemos, tenéis, tienen.* PRET. INDEF.: *tuve, tuviste, tuvo, tuvimos, tuvisteis, tuvieron.* FUTUR. IMPERF.: *tendré, tendrás, tendrá, tendremos, tendréis, tendrán.* COND.: *tendría, tendrías, tendría, tendríamos, tendríais, tendrían.* SUBJ.: PRES.: *tenga, tengas, tenga, tengamos, tengáis, tengan.* PRET. IMPERF.: *tuviera, -ese, tuvieras, -eses, tuviera, -ese, tuviéramos, -ésemos, tuvierais, -eseis, tuvieran, -esen.* FUTUR. IMPERF.: *tuviere, tuvieres, tuviere, tuviéremos, tuviereis, tuvieren.* IMP.: *ten, tenga, tengamos, tened, tengan.*

tenería (Del fr. *tannerie.*) Taller o lugar donde se curten y trabajan las pieles. · s.f. = curtiduría

tenesmo (Del gr. *tenesmos*, sensación dolorosa en los intestinos.) Sensación dolorosa y escozor producido por la irritación de los esfínteres. · s.m. MEDICINA = pujo

tenguerengue Se usa en la expresión **en tenguerengue** para indicar sin estabilidad. · loc.adv. coloquial

tenia (Del gr. *tainia.*) Gusano cestodo plano y segmentado, que vive parásito en el intestino del hombre y se transmite a través del cerdo. *(Taenia solium.)* · s.f./MEDICINA, ZOOLOGÍA = solitaria

teniasis Presencia de tenias en el intestino humano por ingestión de carne de cerdo. · s.f./pl: teniasis MEDICINA

tenicida Se aplica a la sustancia que mata o destruye a las tenias. · adj/s.m. FARMACIA

tenida
1 Sesión de una logia masónica. · s.f.
2 Reunión o congregación de varias personas. · Amér.
3 Traje, vestido completo para hombre. · Chile

tenientazgo Cargo de teniente. · s.m.

teniente
1 Se aplica a la persona que tiene o posee una cosa: *es el hijo teniente de la herencia.* · adj.
2 Oficial que tiene el grado inferior al de capitán y manda una sección. · s.m.f. MILITAR
3 Persona que ejerce el cargo de otra: *teniente cura.*
4 Se refiere a la fruta que no está madura. · adj./= verde
5 Se aplica a la persona que está un poco sorda. · coloquial
6 **teniente coronel:** Oficial que tiene el grado inferior al de coronel. · MILITAR
7 **teniente de alcalde:** Concejal encargado de ciertas funciones de la alcaldía. · POLÍTICA
8 **teniente de navío:** Cargo de la marina de guerra equivalente al de capitán del ejército. · MILITAR
9 **teniente general:** Oficial que tiene el grado superior al de general de división e inferior al de capitán general. · MILITAR

tenífugo, a (Del gr. *tainia*, tenia + lat. *fugere*, huir.) Se aplica al medicamento que favorece la expulsión de la tenia. · adj/s.m. FARMACIA

tenis (Del ingl. *tennis* < fr. ant. *tenez*, tened.)
1 Deporte que se practica entre dos o cuatro personas provistas de raquetas, que consiste en enviar una pelota por encima de una red, dentro de los límites de un terreno rectangular. · s.m. pl: tenis DEPORTES
2 Espacio dispuesto de la forma conveniente para poder practicar este deporte. · DEPORTES = pista
3 Calzado de lona, plástico o piel que se ata con cordones, que se usa para hacer ejercicio o practicar algún deporte: *se puso las tenis y se fue a correr.* · s.f.pl.
4 **tenis de mesa:** Pimpón, juego parecido a este deporte, que se realiza sobre una mesa rectangular. · DEPORTES

tenista Persona que juega al tenis: *el tenista español ganó el segundo set.* · s.m.f. DEPORTES

tenístico, a Del tenis: *confrontación tenística.* · adj./DEPORTES

teno- Componente de palabra procedente del gr. *tenon*, que significa tendón: *tenotomía.* · pref. tb: tenon-

tenonitis Tendinitis, inflamación de un tendón: *el atleta sufrió una tenonitis y no terminó la carrera.* · s.f./pl: tenonitis MEDICINA

tenoplastia Operación quirúrgica para reparar un defecto en un tendón. · s.f. MEDICINA

tenor
I (Del lat. *tenor*, curso ininterrumpido.)
1 Constitución esencial o composición de una cosa. · s.m.
2 Contenido literal de un texto o de una oración.

3 a este tenor: Por el mismo estilo, de este modo. · loc.adv.
4 a o al tenor de: Considerando o teniendo en cuenta una cosa: *a tenor de los hechos, recomiendo la expulsión del alumno.* · loc.prep.
II (Del ital. *tenore.*)
1 Voz masculina aguda, entre la de contralto y la de barítono. · s.m. MÚSICA
2 Cantante que tiene esta voz. · MÚSICA
3 Instrumento musical cuyo ámbito corresponde a la tesitura de esta voz. · MÚSICA

tenora Instrumento musical de viento, parecido al oboe pero de mayor tamaño, con el pabellón o campana de metal, que forma parte de la cobla de sardanas. · s.f. MÚSICA

tenorino (Voz italiana.) Tenor ligero, que canta con voz de falsete. · s.m. MÚSICA

tenorio (De don Juan *Tenorio*, personaje teatral.) Hombre que por su forma de actuar seduce o conquista con facilidad a las mujeres. · s.m. = donjuán

tenorita Mineral de óxido de cobre. · s.f./MINERALOGÍA

tenorrafia Sutura de los extremos seccionados de un tendón. · s.f. MEDICINA

tenostosis Osificación de un tendón: *sufre una tenostosis por un problema metabólico.* · s.f./pl: tenostosis MEDICINA

tenotomía (Del gr. *tenon*, tendón + *tomos*, división.) Operación quirúrgica consistente en seccionar un tendón para alargarlo. · s.f. MEDICINA

tenrec Mamífero insectívoro de Madagascar, de tamaño pequeño y con el cuerpo cubierto de púas y pelo. *(Tenrec ecaudatus.)* · s.m. pl: tenreques ZOOLOGÍA

tensar Poner una cosa tensa o tirante: *he de tensar los cables del tendedero.* · v.tr. ≠ destensar

tensímetro (Del lat. *tensus*, tenso + gr. *metron*, medida.) Aparato que se utiliza para medir la tensión superficial de un líquido. · s.m./FÍSICA tb: tensiómetro

tensión
1 Estado de un cuerpo que recibe la acción de fuerzas contrarias. · s.f. FÍSICA
2 Acción de las fuerzas que, actuando sobre un cuerpo y manteniéndolo tirante, impiden que sus partes se separen. · FÍSICA
3 Estado de excitación y nerviosismo producido por determinada situación o actividad: *los problemas laborales lo tienen en tensión.* · = estrés ≠ relajación
4 Oposición u hostilidad latente entre personas o grupos humanos: *la tensión prebélica preocupa a los organismos internacionales.* · = tirantez
5 Fuerza con que los gases tienden a dilatarse. · FÍSICA
6 Diferencia de potencial eléctrico. · ELECTRICIDAD
7 Segunda fase de la articulación de un sonido, en la que los órganos de fonación permanecen inmóviles y tensos. · LINGÜÍSTICA
8 **alta tensión:** La que es superior a los mil voltios. · ELECTRICIDAD
9 **baja tensión:** La que es inferior a los mil voltios. · ELECTRICIDAD
10 **tensión arterial:** Presión que ejerce la sangre sobre la pared de las arterias al circular por ellas. · FISIOLOGÍA
11 **tensión disruptiva:** Voltaje máximo capaz de producir una descarga disruptiva. · ELECTRICIDAD
12 **tensión muscular:** Grado de energía en la articulación de un sonido o grupo de sonidos. · LINGÜÍSTICA
13 **tensión superficial:** Magnitud igual a la relación entre la energía necesaria para aumentar la superficie libre de un líquido y el aumento del área de esta superficie. · FÍSICA
14 **tensión vascular:** La de la pared de los vasos sanguíneos. · FISIOLOGÍA
15 **tensión venosa:** Presión que ejerce la sangre sobre la pared de las venas. · FISIOLOGÍA

tenso, a (Del lat. *tensus.*)
1 Que está sometido a tensión: *los cables que sujetan la antena deben estar muy tensos.* · adj. = tirante ≠ relajado
2 Que está angustiado o nervioso: *suele llegar muy tensa del trabajo.*

tensoactivo, a Se aplica a la sustancia que modifica la tensión superficial del líquido en el que se halla disuelta. · adj. FÍSICA

tensón Composición poética provenzal que consistía en una controversia o discusión, por lo general de tema amoroso. · s.f. LITERATURA tb: tenzón

tensor, a
1 Que tensa o produce tensión: *se rompieron los cables tensores.* · adj/s.
2 Se aplica al músculo que permite juntar o separar dos partes de un miembro. · adj/s.m. ANATOMÍA
3 Mecanismo que sirve para tensar una cosa. · s.m.
4 Magnitud matemática de varios componentes que posee propiedades de invariancia formal por cambio de base. · MATEMÁTICAS

tensorial De los tensores. · adj.

tentación
1 Impulso o estímulo que induce a hacer una cosa: *tuve tentaciones de irme de la reunión.* · s.f. = deseo, ganas

2 Persona o cosa que seduce con intensidad o invita a hacer algo: *guarda los bombones porque son una apetecible tentación.* = estímulo, incitación

3 Ropa interior femenina.

4 Curiosidad o inquietud que siente una persona: *tengo la tentación de saber cómo está.* *Méx.* coloquial

5 caer alguien en la tentación: Dejarse vencer por el impulso que se siente: *caí en la tentación y entré en la pastelería a comprar bombones.*

tentacular De los tentáculos. adj./ZOOLOGÍA

tentáculo (Derivado del lat. *temptare*, palpar.)

1 Apéndice móvil y blando que tienen muchos moluscos, crustáceos y otros animales invertebrados y que les sirven para tocar y agarrar: *el pulpo se agarró a la roca con sus tentáculos.* s.m. ZOOLOGÍA

2 Medios que tiene una persona para extender su influencia y su dominio: *extendió sus tentáculos y su poder por toda la empresa.*

tentadero Corral o cercado donde se hace la tienta para probar la bravura de los becerros. s.f. TAUROMAQUIA

tentado, a Que tiene tentación: *estuve tentada de echarlo de clase.* adj.

tentador, a
1 Que tienta. adj/s.= apetecible
2 Que hace caer en la tentación: *te haré una oferta de trabajo muy tentadora.* = seductor
3 Apelativo con que se designa al diablo. s.m.
4 Persona que pica las reses vacunas en la tienta. s./TAUROMAQUIA

tentadura
1 Ensayo que se hace del mineral de plata tratándolo con el azogue. s.f. MINERÍA
2 Muestra necesaria para realizar este ensayo. MINERÍA
3 Paliza o serie de golpes dados a una persona o animal. = zurra

tentar (Del lat. *temptare*, palpar.)
1 Tocar una cosa para percibir su presencia o para examinarla: *tentaba la pared buscando el interruptor; se tentó el pelo para asegurarse de que llevaba el lazo.* v.tr/prnl. conj: *pensar* = palpar
2 Inducir a una persona a hacer una cosa que no debe o no le conviene: *su amigo la tentó a robar; le tentó con un guiño.* v.tr. + a = incitar, instigar
3 Hacer que una persona sienta deseos o ganas de hacer o conseguir una cosa: *no me tientes, no tengo dinero para irme de viaje.* = provocar
4 Intentar hacer una cosa: *tentaré ahorrar cada mes.* = procurar
5 Examinar o probar una cosa: *antes de venderlos, tientan todos los electrodomésticos.* = experimentar
6 Poner a una persona a prueba para saber su constancia y fortaleza. = probar
7 Reconocer la cavidad de una herida con la tienta. MEDICINA
8 Comprobar si los becerros sirven para criarlos para toros de lidia o, en caso contrario, castrarlos. TAUROMAQUIA

tentaruja
1 Acción y resultado de manosear o sobar: *con tanta tentaruja has arrugado los papeles.* s.f./coloquial = sobamiento
2 a la tentaruja: A tientas, sin ver lo que se hace: *no había luz y tuve que subir las escaleras a la tentaruja.* loc.adv.

tentativa
1 Acción con que se intenta, prueba o tantea una cosa: *mi faceta de cantante fue una tentativa frustrada.* s.f. = intento, propósito
2 Principio de ejecución de un delito por actos externos que no llegan a ser los suficientes para que se realice el hecho, sin que haya mediado desistimiento voluntario del culpable. DERECHO

tentativo, a Que sirve para tantear o probar: *ahora haremos un primer examen tentativo.* adj.

tentemozo
1 Puntal con que se sostiene una cosa que está a punto de caer: *reforzaron el balcón con unos tentemozos.* s.m. = arrimo
2 Palo que cuelga del carro para impedir que éste caiga hacia delante cuando no lo sostienen los animales de tiro.
3 Correa de la cabezada de las caballerías que va de la frontalera a la muserola. EQUITACIÓN = quijera
4 Muñeco que recobra siempre la posición vertical por tener en su interior un contrapeso. = dominguillo, tentetieso

tentempié
1 Alimento que se toma entre comidas: *antes de comer tomamos un tentempié en el bar.* s.m. = refrigerio
2 Tentetieso, muñeco que siempre está en posición vertical. = dominguillo

tentenelaire
1 Hijo o hija de cuarterón y mulata o de mulato y cuarterona. s.m.f.
2 Colibrí, pájaro muy vistoso de pico largo y delgado, y muy pequeño de tamaño. s.m./*Argent., Perú* ZOOLOGÍA

tentetieso Muñeco que recobra siempre la posición vertical por tener en su interior un contrapeso. s.m. = tentemozo

tentón
1 Se aplica al caballo que se utiliza en la tienta de las reses bravas. adj/s.m. TAUROMAQUIA
2 Tiento brusco y rápido. s.m.

tenue (Del lat. *tenuis*, delgado.)
1 Que tiene poco grosor o espesor: *la tenue tela de la cortina deja pasar la luz.* adj./= delgado ≠ espeso

2 Que tiene poca intensidad o importancia: *a la más tenue sospecha te despido; una luz tenue iluminaba el salón.* = débil, velado ≠ fuerte

3 Se aplica al estilo que es sencillo. ≠ afectado

tenuidad
1 Cualidad de tenue. s.f.
2 Cosa de poca importancia, valor o estimación. = simpleza

tenuirrostro, a Se aplica al ave que tiene el pico fino y puntiagudo. adj. ZOOLOGÍA

tenuta (Del ital. *tenuta*, acción de tener.) Posesión de los frutos, rentas y preeminencias de un mayorazgo hasta que se decidía la pertenencia de su propiedad entre dos o más litigantes. s.f. DERECHO

tenutario, a De la tenuta. adj./DERECHO

tenuto (Voz italiana.) Expresión que se coloca encima de algunos pasajes musicales para indicar que los sonidos deben sostenerse durante toda su duración. adv. MÚSICA

tenzón Tensón, composición poética provenzal. s.f./LITERATURA

teñible Que se puede teñir: *las fibras naturales son teñibles.* adj. = tingible

teñido Acción y resultado de teñir o teñirse: *aquí se realiza el teñido de las fibras.* s.m. = teñidura

teñir (Del lat. *tingere*.)
1 Dar a una cosa un color distinto del que tenía: *he teñido mi vestido blanco de negro; se tiñe el pelo de color caoba.* v.tr/prnl. conj: *ceñir* = tintar
2 Dar un tono, un aspecto o un carácter que no es el fundamental a una cosa: *tiñe sus escritos de una cierta melancolía.* v.tr. = pintar
3 Apagar un color con otro más oscuro. ARTE

teo- Componente de palabra procedente del gr. *theos*, que significa dios: *teología.* pref.

teobroma (Del gr. *theos*, dios + *broma*, alimento.) Semilla del árbol del cacao. s.m. BOTÁNICA

teobromina Alcaloide que se extrae del cacao y de las hojas del té. s.f. QUÍMICA

teocali Templo de los aztecas o de otros pueblos mexicanos antiguos. s.m./pl.tb: teocalies HISTORIA

teocéntrico, a Que se centra en un ser supremo que lo gobierna todo. adj.

teocentrismo Concepción filosófica que considera a Dios como centro y fin de todo pensamiento y actividad del ser humano. s.m. FILOSOFÍA

teocracia (Del gr. *theos*, dios + *kratos*, poder.) Forma de gobierno en la que el poder se considera ejercido de forma directa por Dios o en su nombre. s.f. POLÍTICA

teocrata Persona que ejerce el gobierno en una teocracia. s.m.f. POLÍTICA

teocrático, a De la teocracia. adj./POLÍTICA

teocratismo Doctrina política medieval que pretendía que el poder real recibía su constitución por un acto del poder eclesiástico. s.m. HISTORIA

teodicea (Del gr. *theos*, dios + *dike*, justicia.) Parte de la metafísica que se ocupa de la existencia del ser supremo y de sus atributos, intentando justificar su existencia a través de la razón. s.f. TEOLOGÍA

teodolito Instrumento de precisión consistente en un círculo horizontal y un semicírculo vertical, graduados y con anteojos, que se usa para medir ángulos en distintos planos. s.m. ASTRONOMÍA, TECNOLOGÍA

teofanía (Del gr. *theos*, dios + *phanos*, claro.) Manifestación o aparición sensible de la divinidad. s.f. RELIGIÓN

teofilantropía Secta deísta que tuvo cierta vigencia a fines del siglo XVIII, que creía en un dios justo y poderoso, pero que rechazaba la necesidad de culto. s.f. RELIGIÓN

teofilina Alcaloide obtenido de las hojas del té y empleado en medicina como diurético. s.f. QUÍMICA

teofobia (Del gr. *theos*, dios + *phobos*, miedo.) Aversión a Dios y a lo divino. s.f.

teóforo, a Se aplica al nombre propio de persona o de lugar en cuya composición aparece un nombre divino. adj/s. LINGÜÍSTICA

teogamia Boda o unión sexual entre dioses o entre éstos y mortales. s.f./MITOLOGÍA = hierogamia

teogonía (Del gr. *theos*, dios + *gignomai*, ser engendrado.)
1 Doctrina mitológica sobre el origen de los dioses. s.f./MITOLOGÍA MITOLOGÍA
2 Conjunto de divinidades que integran la mitología de un pueblo y que proceden de un tronco común.

teogónico, a De la teogonía. adj./MITOLOGÍA

teologal
1 Que tiene relación con la teología. adj./TEOLOGÍA
2 Se aplica a la virtud cuyo objeto directo es Dios. TEOLOGÍA

teología (Del gr. *theos*, dios + *logos*, tratado.)
1 Disciplina que estudia la esencia, la existencia y los atributos de Dios. s.f. TEOLOGÍA
2 teología ascética: Parte de la dogmática y moral, que se refiere al ejercicio de las virtudes. TEOLOGÍA

3 teología de la liberación: Movimiento teológico cristiano, surgido en Sudamérica, que defiende una nueva lectura del evangelio.   TEOLOGÍA

4 teología dogmática: La que trata de Dios y de sus atributos y perfecciones a la luz de los principios revelados.   TEOLOGÍA

5 teología escolástica: La dogmática que, partiendo de las verdades reveladas, deduce sus conclusiones usando los principios y métodos de la filosofía escolástica.   TEOLOGÍA

6 teología mística: Parte de la dogmática y moral, que se refiere a la perfección de la vida cristiana en las relaciones más íntimas que tiene la inteligencia humana con Dios.   TEOLOGÍA

7 teología moral: La que trata de las aplicaciones de los principios de la dogmática o natural al orden de las acciones humanas.   TEOLOGÍA

8 teología natural: La que trata de Dios y de sus atributos y perfecciones a la luz de los principios de la razón.   TEOLOGÍA = teodicea

9 teología pastoral: La que trata de las obligaciones de la cura de almas.   TEOLOGÍA

10 teología positiva: La dogmática que apoya y demuestra sus conclusiones con los principios, hechos y monumentos de la revelación cristiana.   TEOLOGÍA

teológico, a De la teología: *razonamiento teológico.*   adj./TEOLOGÍA

teologizar Pensar o tratar una persona sobre temas o principios teológicos.   v.intr./conj: *cazar* TEOLOGÍA

teólogo, a
1 De la teología.   adj./= teologal
2 Persona que profesa la teología.   s./TEOLOGÍA
3 Persona que estudia o es especialista en teología.   TEOLOGÍA

teomanía (Del gr. *theos,* dios + *mania,* locura.) Manía que consiste en creerse Dios.   s.f. SIQUIATRÍA

teomaquia Lucha entre dioses, según las antiguas mitologías.   s.f. MITOLOGÍA

teomorfismo Cualidad de teomorfo.   s.m.

teomorfo, a Que tiene la forma o alguna de las características de la divinidad.   adj.

teopasquismo Doctrina cristiana que atribuye el dolor, el sufrimiento y la muerte a Dios encarnado como hombre.   s.m. TEOLOGÍA

teopasquita Del teopasquismo o que lo profesa.   adj/s.m.f.

teorba Instrumento musical parecido al laúd que se usó entre los siglos XVI y XVIII.   s.f./MÚSICA th: tiorba

teorema (Del gr. *theorema,* meditación.)
1 Proposición que afirma una verdad demostrable a través de un razonamiento.   s.m. LÓGICA
2 Expresión de un sistema formal, demostrable en el interior de dicho sistema.   LÓGICA, MATEMÁTICAS

teorética Estudio del conocimiento.   s.f./FILOSOFÍA

teorético, a
1 De la teoría.   adj./= teórico
2 Se refiere a lo que se dirige al conocimiento, no a la acción ni a la práctica.   FILOSOFÍA

teoría (Del gr. *theoria,* contemplación.)
1 Conjunto organizado de ideas o leyes que sirven para explicar determinado orden de fenómenos: *defiende la teoría del big-bang.*   s.f. = doctrina
2 Conocimiento especulativo considerado con independencia de su aplicación: *una cosa es la teoría y otra la práctica.*   = teórica ≠ praxis
3 Conjunto organizado de principios y reglas que constituyen el fundamento de una ciencia o arte: *estudia la teoría de la música.*
4 Razonamiento con que se explica una cosa: *todos tenemos teorías distintas respecto a por qué se fue.*   = hipótesis
5 **teoría del conocimiento:** Sistema de explicación de las relaciones entre el pensamiento y los objetos.   FILOSOFÍA
6 **en teoría:** Sin haberlo comprobado en la práctica: *en teoría ahora no puede fallar.*   loc.adv.

teórica
1 Conocimiento especulativo, ideal, considerado con independencia de toda aplicación práctica.   s.f. = teoría
2 Parte de la instrucción militar en que se procura a los soldados conocimientos teóricos sobre táctica, armamento y otros temas.   MILITAR

teórico, a
1 De la teoría.   adj.
2 Que parece razonable o posible, pero no ha sido probado en la práctica: *no sé si servirá, es una solución teórica.*   = hipotético
3 Se aplica a la persona que estudia la teoría de una ciencia o arte: *es un teórico de la física cuántica.*   adj/s. = ideólogo

teorizador, a Que teoriza: *no seas tan teorizador y dame soluciones reales.*   adj/s. = teorizante

teorizar
1 Tratar un asunto sólo en teoría: *ahora teorizamos la construcción del artilugio.*   v.tr. conj: *cazar*

---

2 Reflexionar en abstracto una persona sobre una cosa: *no teorices, no sabes lo que pasará.*   v.intr. = especular

teosofía (Del gr. *theos,* dios + *sophos,* sabio.)
1 Doctrina religiosa que tiene por objeto el conocimiento de Dios, revelado por la naturaleza, y la elevación del espíritu hasta la unión con la divinidad.   s.f. RELIGIÓN
2 Movimiento religioso esotérico y sincretista, que aúna cierta filosofía y religiones orientales pero insertadas en una forma mental occidental.   RELIGIÓN

teosófico, a De la teosofía: *interpretación teosófica.*   adj./RELIGIÓN

teósofo, a Persona que profesa la teosofía.   s./RELIGIÓN

teotleco (Voz náhuatl.) Duodécimo mes del calendario azteca de 365 días.   s.m.

tepache Bebida fermentada que se prepara con el jugo y la cáscara de diversas frutas.   s.m.

tepalcate
1 Pez de la familia de los pleuronéctidos. *(Achirus mazatlanus.)*   s.m./Méx. ZOOLOGÍA
2 Trasto inútil, cacharro o tiesto.   Méx.
3 Fragmentos de una vasija de barro quebrada.   s.m.pl./Méx.

tépalo Cada una de las piezas que forman el perianto o envoltura de las flores de las plantas monocotiledóneas.   s.m. BOTÁNICA

tepaneca De un pueblo amerindio mexicano, del grupo nahua y de lengua uto-azteca.   adj/s.m.f. HISTORIA

tepe Pedazo de tierra trabado por las raíces del césped, que se usa para hacer malecones y paredes o para trasplantarlo.   s.m. = gallón

tepehua Pueblo amerindio mexicano de lengua maya.   adj/s.m.f.

tepehuano De un pueblo amerindio mexicano del grupo pimanahua, de la familia lingüística uto-azteca.   adj/s.m.f. HISTORIA

tepeilhuitl (Voz náhuatl.) Decimotercer mes del calendario azteca de 365 días.   s.m.

tepeizcuintle Mamífero roedor, del tamaño de un conejo, de cuerpo grueso y piel de color amarillo rojizo, que se alimenta de vegetales y gruñe como el cerdo.   s.m. Méx., C. Rica, Guat. ZOOLOGÍA = paca

tepetate Piedra amarillenta blanquecina, porosa, que cortada en bloques se utiliza mucho en construcción.   s.m. Méx.

tepetomate Especie de madroño con raíces medicinales y fruto comestible, cuya madera se utiliza en ebanistería.   s.m. Méx. BOTÁNICA

tepidario Departamento de agua tibia de las termas romanas antiguas.   s.m. HISTORIA

teporocho, a Indigente que vaga por las calles, en especial el que padece algún trastorno mental o suele estar bajo los efectos del alcohol o de alguna droga.   s. Méx.

tepú Planta arbórea mirtácea, propia de los bosques de Chile, maderable, que se emplea en especial para leña. *(Tepualia stipularis.)*   s.m. BOTÁNICA

tepual Bosque de tepúes, en las desembocaduras de los ríos.   s.m. BOTÁNICA

tequesquite Sal natural que queda al desecarse los lagos salobres, que se emplea en la saponificación de las grasas y en medicina popular.   s.m. Méx.

tequiar Dañar o perjudicar a una persona.   v.tr./Amér. Central

tequiche Plato a base de harina de maíz tostado, mantequilla y leche de coco.   s.m./Venez. COCINA

tequila Bebida alcohólica que se obtiene por destilación del maguey.   s.m.

tequio Molestia, daño o perjuicio causado por una persona o cosa a otra.   s.m. Amér. Central

tequioso, a Que es travieso o molesto.   adj/Amér. Central

ter Se usa para indicar tres veces, unido a un número entero, después de otro que lleva el bis: *vive en el número catorce ter.*   adv.

tera- Componente de palabra procedente del gr. *thera,* que significa un billón: *teragramo.*   pref.

terapeuta (Del gr. *therapeutes,* servidor.)
1 Se aplica al médico que es especialista en terapéutica.   zadj/s.m.f. MEDICINA
2 Se aplica al miembro de una secta de origen judaico que observaba algunas prácticas del cristianismo en los primeros siglos de esta religión.   HISTORIA, RELIGIÓN

terapéutica
1 Parte de la medicina, la veterinaria y la fitopatología que estudia el tratamiento de las enfermedades.   s.f. MEDICINA
2 **terapéutica ocupacional:** Tratamiento de ciertas enfermedades cuyo objetivo es readaptar al paciente haciéndole realizar las acciones y movimientos de la vida diaria.   MEDICINA

terapéutico, a De la terapéutica.   adj./MEDICINA

terapia (Del gr. *therapeia,* curación.) Tratamiento de una enfermedad.   s.f. MEDICINA

-terapia Componente de palabra procedente del gr. *therapeia,* que significa curación: *radioterapia.*   suf.

terato- Componente de palabra procedente del gr. *teras, teratos,* que significa monstruo: *teratología.*   pref.

teratogénesis
1 Rama de la teratología que estudia la causa de las malformaciones. *s.f./pl: teratogénesis* BIOLOGÍA
2 Producción experimental de anomalías del desarrollo en los fetos. BIOLOGÍA

teratógeno, a (Del gr. *teras, teratos,* monstruo + *gennao,* engendrar.) Que puede causar malformaciones congénitas. *adj.* MEDICINA

teratología (Del gr. *teras, teratos,* monstruo + *logos,* tratado.) Parte de la biología que estudia las malformaciones congénitas. *s.f.* BIOLOGÍA

teratológico, a
1 De la teratología. *adj./BIOLOGÍA*
2 Se aplica al órgano de un ser vivo cuya morfología se aparta de la normalidad. BIOLOGÍA

teratoma (Del gr. *teras, teratos,* monstruo + *oma,* tumor.) Tumor de origen embrionario. *s.m.* MEDICINA

terbio Elemento químico perteneciente al grupo de los lantánidos, metal muy raro y de brillo plateado. *s.m.* QUÍMICA

tercamente Con terquedad. *adv.*

tercelete Nervio suplementario de las bóvedas de crucería, que arranca del ábaco del capitel para terminar en las cadenas. *s.m.* ARQUITECTURA

tercena Carnicería, tienda donde se vende carne. *s.f./Ecuad.*

tercer (Apócope de *tercero.*) Que ocupa el lugar número tres en una serie: *vive en el tercer piso.* *adj.num.*

tercera
1 Cuerda de algunos instrumentos musicales que ocupa el tercer lugar a partir de la primera. *s.f.* MÚSICA
2 Intervalo musical de dos tonos o de un tono y un semitono. MÚSICA
3 Escalera de tres cartas del mismo palo, en el juego de los cientos. JUEGOS = tercia
4 Marcha del motor de un vehículo que tiene mayor velocidad y menor potencia que la primera y segunda, y mayor potencia y menor velocidad que la cuarta. MECÁNICA
5 **tercera mayor:** 1. La que consta de dos tonos. MÚSICA/= dítono 2. Reunión de tres cartas correlativas del mismo palo que comienza por el as, en el juego de los cientos. JUEGOS
6 **tercera menor:** La que consta de un tono y un semitono. MÚSICA = semidítono
7 **tercera real:** Reunión de tres cartas correlativas del mismo palo que comienza por el rey, en el juego de los cientos. JUEGOS

tercería
1 Acción de mediar entre dos personas: *si no es por mi tercería todavía estarías enfadada con él.* *s.f.* = mediación
2 Oficio del alcahuete: *con su tercería ya ha emparejado a medio pueblo.* = alcahuetería
3 Derecho que deduce un tercero entre dos o más litigantes, o por el suyo propio, o coadyuvando en pro de alguno de ellos. DERECHO
4 Juicio en que se ejercita este derecho. DERECHO
5 Oficio del encargado de recoger los diezmos. HISTORIA
6 Depósito o tenencia interina de un castillo o fortaleza. HISTORIA

tercerilla
1 Terceto compuesto con versos de arte menor y rima consonante, dos de los cuales riman entre sí. *s.f.* POESÍA
2 Salvado, cáscara del grano. AGRICULTURA

tercerista Parte demandante de una tercería. *s.m.f./DERECHO*

tercermundismo Conjunto de problemas y fenómenos del Tercer Mundo, en especial los que se derivan de su falta de desarrollo tecnológico, económico y social en general. *s.m.* SOCIOLOGÍA

tercermundista
1 Del Tercer Mundo o del tercermundismo. *adj.*
2 Atrasado o poco desarrollado: *la organización caótica de esta empresa es tercermundista.* despectivo ≠ moderno

tercero, a (Del lat. *tertiarius.*)
1 Que ocupa el lugar número tres en una serie: *me senté en la fila tercera.* *adj.num/s.*
2 Se aplica a la persona que tercia o media en un asunto: *necesitamos la ayuda de un tercero.* *adj/s.*
3 Persona que facilita los amores ilícitos: *un tercero planeó toda la cita de la pareja.* *s.* = alcahuete
4 Persona que no es ninguna de las dos o más que intervienen en un asunto: *tú y yo no somos objetivos, necesitamos la opinión de un tercero.* *s.m.*
5 **tercero en discordia:** Persona que interviene en la solución de un conflicto ajeno.
6 **a terceros:** Se aplica al seguro de automóviles que cubre los daños que el asegurado pueda producir a otros. *loc.adj.*

tercerol (Del cat. *tercerol.*) Cosa u objeto que ocupa el tercer lugar en una embarcación, como el remo de la tercera bancada. *s.m.* NÁUTICA

tercerola (Del ital. *terzaruola, -olo.*)
1 Arma de fuego, un tercio más corta que la carabina, usada por la caballería. *s.f.*
2 Flauta pequeña, pero mayor que el flautín. MÚSICA
3 Barril de mediana cabida.

tercerón, a Que ha nacido de blanco y mulata, o de mulato y blanca. *adj/s.*

terceto (Del ital. *terzetto.*)
1 Estrofa formada por tres versos de arte mayor, por lo general endecasílabos. *s.m.* POESÍA
2 Composición musical para tres voces o instrumentos. MÚSICA
3 Conjunto de tres voces o de tres instrumentos. MÚSICA
4 Tercerilla, composición métrica de tres versos de arte menor. POESÍA
5 **terceto encadenado:** Estrofa de tres versos en la que el primer verso rima con el tercero y el segundo rima con el primero y el tercero de la siguiente estrofa de tres versos. POESÍA

tercia
1 Cada una de las tres partes iguales en que se divide un todo. *s.f.* tb: tercio
2 Medida de longitud, equivalente a la tercera parte de una vara.
3 Segunda de las cuatro partes iguales en que los romanos dividían el día, que comprendía desde el fin de la hora tercera, a media mañana, hasta el fin de la sexta, a mediodía. HISTORIA
4 Hora menor del oficio divino, que sigue a la prima. RELIGIÓN
5 Tercera cava o segunda bina dada a las viñas. AGRICULTURA
6 Reunión de tres cartas del mismo palo y de valor correlativo, en el juego de los cientos. JUEGOS = tercera
7 Casa en que se depositaban los diezmos. HISTORIA
8 **tercias reales:** Renta de la hacienda real castellana, que consistía en la percepción de dos novenos de los diezmos eclesiásticos. HISTORIA

terciado, a
1 Que se lleva cruzado o atravesado. *adj.*
2 De tamaño intermedio, ni muy grande ni muy pequeño. = mediano
3 Se aplica al toro de lidia que no tiene el tamaño que debe tener a su edad. TAUROMAQUIA
4 Se aplica al pan elaborado con dos tercios de harina de trigo y un tercio de harina de cebada o centeno.
5 Cinta de seda algo más ancha que el listón. *s.m./TEXTIL*
6 Madero que resulta de dividir en tres partes una alfarjía o madera para marcos de puertas y ventanas. CARPINTERÍA
7 Espada de hoja ancha y un tercio más corta que la ordinaria. HISTORIA

terciador, a Que tercia o media en un asunto: *intervino como terciador en las negociaciones.* *adj/s.* = tercero

terciana
1 Fiebre intermitente que aparece cada tres días. *s.f./MEDICINA*
2 **terciana de cabeza:** Cefalea, dolor de cabeza intermitente. MEDICINA

tercianario, a
1 Que padece terciana o fiebre intermitente. *adj/s./MEDICINA*
2 Que se repite cada tres días, en especial la fiebre. *adj.*

tercianela (Del ital. *terzanella.*) Tela de seda de cordoncillo muy grueso. *s.f.* TEXTIL

terciar
1 Intervenir en una riña entre dos o más personas para ponerle fin o para posicionarse a favor de alguna de ellas: *terció entre sus amigos para que dejaran de pelear.* *v.intr.* = mediar
2 Hablar a una persona en favor de otra: *terció con su jefe para que no despidiera a su amigo.* = interceder
3 Intervenir una persona en una acción de otros, en especial en una conversación para exponer la propia opinión: *no le hizo gracia que terciaras en la discusión.* = inmiscuirse
4 Completar el número de personas necesario para hacer una cosa.
5 Llegar una cosa a la tercera parte.
6 Llegar la Luna al tercer día después de la Luna nueva. ASTRONOMÍA
7 Poner una cosa en diagonal o atravesada. *v.tr.*
8 Dividir una cosa en tres partes: *terciaron las posesiones entre los tres herederos.*
9 Poner la carga repartida por igual a ambos lados de una caballería.
10 Labrar las tierras por tercera vez, después de haberlas barbechado y binado. AGRICULTURA
11 Cortar una planta a un tercio de altura para que brote con más fuerza. AGRICULTURA
12 Coger un fusil por la parte más estrecha de la culata y apoyarlo a lo largo del cuerpo. MILITAR
13 Presentarse la ocasión de hacer una cosa: *si se tercia ya se lo preguntaré.* *v.prnl.*
14 Ocurrir una cosa por casualidad. = acontecer
15 Atravesarse el toro en la suerte. TAUROMAQUIA

terciario, a (Del lat. *tertiarius.*)
1 Que ocupa el lugar número tres en una serie. *adj.num./= tercero*
2 Se aplica a la era geológica que sigue a la secundaria y que se caracteriza por el plegamiento alpino y la diversificación de los mamíferos. *adj/s.m.* GEOLOGÍA
3 Que pertenece a esta era geológica. *adj./GEOLOGÍA*
4 Se aplica al átomo de carbono que está unido a otros tres átomos del mismo elemento. QUÍMICA

5 Se refiere al arco de piedra que se hace en las bóvedas formadas con cruceros. — ARQUITECTURA

6 Se aplica al sector económico de un país en el que se enclavan las actividades relacionadas con los servicios. — adj/s.m. ECONOMÍA

7 Persona que profesa una de las órdenes terceras. — s./RELIGIÓN

terciazón Tercera reja o labor que se da a las tierras después de barbechadas y aradas. — s.f. AGRICULTURA

tercio, a (Del lat. *tertius*, tercero.)
1 Que ocupa el lugar número tres en una serie. — adj.num./= tercero
2 Cada una de las tres partes iguales que resultan de dividir un todo: *un tercio de la herencia es mío.* — s.m.
3 Cada una de las divisiones del cuerpo de la guardia civil. — MILITAR
4 Denominación que se da a algunos cuerpos o batallones de infantería. — MILITAR
5 Cada una de las tres partes concéntricas en que se considera dividido el ruedo de una plaza de toros. — TAUROMAQUIA
6 Cada una de las tres partes en que está dividida una corrida de toros: *tercio de banderillas.* — TAUROMAQUIA
7 Cada uno de los fragmentos de una copla del cante flamenco: *tercio de entrada.* — MÚSICA
8 Cada una de las dos mitades de la carga en fardos de una bestia de carga.
9 Cada una de las tres partes que se diferencian en la altura de una caballería.
10 Cada una de las tres fases consideradas en la carrera de un caballo. — EQUITACIÓN
11 Cada una de las tres partes que se diferencian en el rosario y en su rezo. — RELIGIÓN
12 Regimiento de infantería española de los siglos XVI y XVII. — HISTORIA, MILITAR
13 Cada uno de los antiguos batallones que dotaban las galeras. — HISTORIA
14 Asociación de marineros y de los propietarios de lanchas y redes de un puerto, agremiados para el ejercicio de la pesca. — NÁUTICA
15 Extremidades fuertes y robustas de una persona. — s.m.pl.
16 Parte más ancha de la media que cubre la pantorrilla.
17 tercio de fuerza: Tercera parte de la longitud de la espada más próxima a la empuñadura.
18 tercio flaco: Tercera parte de la longitud de la espada más próxima a la punta.
19 tercio naval: Cada uno de los cuerpos formados por la marinería de un departamento, alistada o matriculada para el servicio de la marina de guerra. — MILITAR
20 ganar los tercios de la espada a una persona: Adelantar mucho la propia espada, impidiendo maniobrar a la contraria, en esgrima. — DEPORTES
21 hacer buen o mal tercio a una persona: Hacer beneficio o daño a una persona en una pretensión u otra cosa. — coloquial
22 hacer tercio: Intervenir una persona en alguna cosa para completar el número de las que toman parte en ella. — coloquial
23 mejorado en tercio y quinto: Que ha sido muy favorecido en un reparto u otra cosa. — loc.adj. coloquial

terciopelado, a
1 Que tiene las características del terciopelo: *el cachorro tenía la piel terciopelada.* — adj. tb: aterciopelado
2 Tejido semejante al terciopelo pero con el fondo de raso o rizo. — s.m. TEXTIL

terciopelero, a Persona que trabaja en la fabricación del terciopelo. — s. TEXTIL

terciopelo Tela de seda o algodón, suave y con fino pelo por una de sus caras: *forró los sofás con terciopelo.* — s.m. TEXTIL

terco, a
1 Que se mantiene en sus ideas o actitudes con obstinación: *es tan terco que nunca cederá.* — adj./= obstinado, pertinaz
2 Que es difícil de dominar o labrar: *animal terco; material terco.* — = rebelde ≠ dócil
3 Que es desabrido o despegado. — Ecuad.

terebeco, a Que tiembla, trémulo. — adj./C. Rica

terebequear Temblar, agitarse con sacudidas rápidas y frecuentes. — v.intr. C. Rica

terebintáceo, a Perteneciente a una familia de plantas leñosas con fruto en drupa, como el mango y el zumaque. — adj/s.f. BOTÁNICA = anacardiáceo

terebinto (Del lat. *terebinthus* < gr. *terebinthos*.) Planta arbórea terebintácea, propia de las regiones mediterráneas, de cuya corteza se obtiene un tipo de trementina. *(Pistacia terebinthus.)* — s.m. BOTÁNICA = cornicabra

terebración Perforación realizada en un órgano del cuerpo. — s.f./MEDICINA = trepanación

terebrante (Derivado del lat. *terebrare*, taladrar.) Se aplica al dolor muy vivo que produce en la parte herida la sensación de ser perforada. — adj. MEDICINA

terebrátula (Derivado del lat. *terebrare*, taladrar.) Animal braquiópodo, con el cuerpo cubierto por dos valvas desiguales y articuladas mediante una charnela. *(Terebratula.)* — s.f. ZOOLOGÍA

teredo Broma, molusco bivalvo que perfora la madera. — s.m. ZOOLOGÍA

tereniabín (Del ár. *tarangubin*.) Sustancia viscosa obtenida de un arbusto de origen persa y árabe, que se usa como purgante. — s.m. BOTÁNICA

tereque Trasto, cacharro o cosa que no sirve para nada útil. — s.m./Amér. Central y Merid.

tereré Bebida que se obtiene por infusión de la yerba mate y que se suele tomar fría. — s.m. R. de la Plata

teresa (De santa Teresa de Jesús.)
1 Se aplica a la monja carmelita descalza que profesa la reforma de dicha santa. — adj/s.f. RELIGIÓN
2 Santateresa, insecto ortóptero de color amarillento o verdoso. — s.f. ZOOLOGÍA

teresiana Especie de quepis usado en el uniforme militar de algunos oficiales. — s.f. MILITAR

teresiano, a (De santa Teresa de Jesús.)
1 De dicha santa o de su obra. — adj./RELIGIÓN
2 Se aplica a la religiosa que pertenece a un instituto que tiene por patrona a dicha santa. — adj/s.f. RELIGIÓN
3 Que tiene por patrona a dicha santa. — adj./RELIGIÓN

tergal (Marca registrada.) Hilo o fibra sintética de poliéster, muy resistente: *lleva camisas de tergal.* — s.m. TEXTIL

tergiversable Que puede ser tergiversado o mal interpretado: *no uses palabras tergiversables.* — adj.

tergiversación Acción y resultado de tergiversar. — s.f.

tergiversador, a Que tergiversa o mal interpreta. — adj/s.

tergiversar (Del lat. *tergiversari* < *tergum*, espalda + *vertere*, volver.) Dar una interpretación errónea a palabras o acontecimientos: *no tergiverses, yo no he dicho eso.* — v.tr. = falsear

tergo Parte dorsal de cada uno de los anillos o metámeros de los artrópodos. — s.m. ZOOLOGÍA

teriacal Triacal, de triaca. — adj./FARMACIA

teristro (Del gr. *theristron*.) Velo o manto delgado que las mujeres palestinas usaban en el verano. — s.m. HISTORIA

terliz (Del lat. *trilix*, *-icis*, de tres lizos.) Tela fuerte de lino o algodón, por lo general de rayas o cuadros, y tejida con tres lizos o hilos. — s.m. pl: terlices TEXTIL

terma Pieza del decorado en un teatro, separada de la armadura principal y que se alza sobre el suelo. — s.f. TEATRO

termal
1 De las termas: *le han recomendado baños termales.* — adj.
2 Se aplica al agua que brota caliente del manantial y a toda agua de fuente utilizada como tratamiento, así como a las instalaciones donde se emplea.

termalismo Conjunto de medios médicos, higiénicos, hoteleros, hospitalarios y sociales al servicio de la utilización terapéutica de las aguas termales. — s.m.

termántico, a Que excita el calor que el cuerpo genera de forma natural, en especial aplicado a ciertas sustancias medicamentosas. — adj. FARMACIA

termas (Del lat. *thermae* < gr. *therma*.)
1 Baños públicos de los antiguos romanos. — s.f.pl./HISTORIA
2 Baños de agua mineral caliente. — = caldas

termatología Estudio científico del calor como agente terapéutico. — s.f. MEDICINA

termes (Del lat. *termes*, insecto masticador de la madera.) Insecto del orden de los isópteros, que suele vivir en colonias en la madera, de la que se alimenta, o bajo tierra, construyendo grandes nidos. — s.m. pl: termes ZOOLOGÍA = termita, termite

-termia Componente de palabra procedente del gr. *thermos*, que significa caliente: *diatermia.* — suf.

térmica
1 Parte de la física que trata de la producción, transmisión y utilización del calor. — s.f. FÍSICA
2 Central eléctrica que transforma la energía térmica en electricidad. — ELECTRICIDAD

termicidad Acción por la que un sistema de cuerpos que sufren una transformación físico-química intercambian calor con el medio exterior. — s.f. FÍSICA, QUÍMICA

térmico, a
1 Del calor o la temperatura: *indicaciones térmicas; equilibrio térmico.* — adj.
2 Que funciona según la temperatura: *instrumento térmico.*
3 Que transforma el calor en energía: *central térmica; máquina térmica.* — FÍSICA
4 Que conserva el calor: *manta térmica.*

termidor Undécimo mes del calendario republicano francés, que iba del 19 o 20 de julio al 17 o 18 de agosto del calendario occidental. — s.m. HISTORIA

terminable Que se puede terminar: *el trabajo que nos queda es terminable en dos horas.* — adj./= acabable = interminable

terminacho
1 Palabra poco culta, incorrecta o malsonante: *no digas terminachos delante del jefe.* — s.m. coloquial
2 Palabra de difícil comprensión o propia de alguna jerga profesional: *el médico explicó los síntomas con unos cuantos terminachos.* — coloquial = terminajo

terminación
1 Acción y resultado de terminar o terminarse. *s.f.*
2 Extremo, conclusión o parte final de una obra o una cosa. *= fin, final*
3 Final de una palabra, sufijo o desinencia variable según los aspectos morfológicos. *LINGÜÍSTICA*
4 Letra o letras que determinan la asonancia o consonancia de unos vocablos con otros. *POESÍA*

terminador, a Que termina. *adj./s.*

terminal
1 Que constituye el fin o término de una cosa o una situación: *enfermedad en fase terminal.* *adj.*
2 Se aplica al órgano que crece en el extremo de cualquier parte de la planta: *flores terminales; hojas terminales.* *BOTÁNICA*
3 Extremo de un conductor preparado para facilitar su conexión con un aparato. *s.m. ELECTRICIDAD*
4 Dispositivo que permite la entrada de datos en el ordenador. *INFORMÁTICA*
5 Punto extremo de una línea de transporte público: *te esperaremos en la terminal de autobuses.* *s.f. = término*
6 Espacio destinado a viajeros y mercancías, en puertos y aeropuertos: *es la nueva terminal de vuelos nacionales.*

terminante
1 Que termina. *adj.*
2 Que no admite réplica, duda o discusión: *su negativa fue tan terminante que nadie dijo nada.* *= concluyente*

terminantemente De manera terminante o concluyente: *el médico le prohibió fumar terminantemente.* *adv.*

terminar (Del lat. *terminare*, limitar.)
1 Poner fin o término a una cosa: *siempre termino yo las peleas.* *v.tr. = acabar*
2 Hacer el final de una cosa: *hoy termino la bufanda; con esta pieza termino el puzzle.* *= acabar, rematar ≠ empezar*
3 Consumir o agotar una cosa: *has terminado el champú; se ha terminado el aceite.* *v.tr/prnl. = gastar*
4 Tener una cosa fin: *la película termina dentro de poco; el día se terminará con lluvia.* *v.intr/prnl. = finalizar*
5 Tener una persona o una cosa un final o resultado: *terminará por no salir de casa con tanta delincuencia.* *v.intr.*
6 Rematar o cuidar los detalles de una cosa: *has terminado muy bien el mueble.* *v.tr.*
7 Destruir o anular por completo una cosa: *necesito un producto para terminar con las termitas.* *v.intr./+ con = exterminar*
8 Tener una cosa su extremo de determinada forma: *la espada termina en punta.* *= en = acabar*

terminativo, a Que tiene relación con el término u objeto de una acción. *adj.*

término (Del lat. *terminus*, mojón.)
1 Punto o momento en que termina una cosa: *llegamos al término del viaje.* *s.m. = final*
2 Espacio de tiempo señalado para la realización de una cosa: *la ley señala un término de seis meses para hacerlo.* *= plazo*
3 Límite o separación entre dos territorios o determinadas extensiones de tierra: *el río marca el término entre los dos pueblos.* *= linde*
4 Territorio a que se extiende la jurisdicción de una autoridad: *término municipal.*
5 Sonido o conjunto de sonidos articulados que expresan una idea: *el texto está lleno de términos científicos.* *= palabra, vocablo*
6 Cada uno de los elementos necesarios en la relación gramatical. *GRAMÁTICA*
7 Elemento que forma parte de una expresión matemática: *el término de una ecuación.* *MATEMÁTICAS*
8 Palabra o frase o junto a otras, integra una proposición o un silogismo simple. *LÓGICA*
9 Cada uno de los elementos que constituyen una enumeración. *= parte*
10 Plano de una escena cinematográfica, teatral o pictórica en relación con el espectador: *el protagonista aparece ahora en segundo término.* *ARTE, CINE, TEATRO*
11 Estado o situación en que se halla una persona o una cosa: *llegados a este término, lo mejor será cerrar la tienda.* *= punto*
12 Punto extremo de una línea de transportes. *= terminal*
13 Forma de hablar: *lo dijo en buenos términos.*
14 Fin a que se tiende. *= finalidad*
15 Aspecto físico de una persona. *= apariencia*
16 Sostén o apoyo que termina, por la parte superior, en una cabeza humana. *ARQUITECTURA*
17 Conjunto de los apartados o especificaciones de un tratado, contrato o una cuestión cualquiera: *en los términos que establece el contrato.* *s.m.pl. = condición*
18 Punto de vista con que se enfoca o plantea un asunto: *me lo explicó en términos económicos.*
19 **término algebraico:** Producto indicado de factores numéricos y literales. *MATEMÁTICAS*
20 **término eclíptico:** Distancia de la Luna a cada uno de los nodos de su órbita. *ASTRONOMÍA*
21 **término medio:** 1. Cantidad que resulta de sumar otras y dividir la suma por el número de ellas. 2. Situación o decisión intermedia entre otras: *en el término medio está la virtud.* *MATEMÁTICAS = media*
22 **término positivo:** El que está en primer lugar de un polinomio con el signo más implícito o explícito. *MATEMÁTICAS*
23 **término probatorio:** El que señala el juez como tiempo para preparar las pruebas de un juicio. *DERECHO*
24 **términos hábiles:** Medios de hacer o conseguir alguna cosa.
25 **términos posibles:** Distancias a los nodos en los que puede haber un eclipse. *ASTRONOMÍA*
26 **dar término:** Terminar o finalizar una cosa: *con su intervención daremos término al debate.*
27 **en buenos términos:** Usando una perífrasis o forma eufemística para evitar la crudeza de lo que se quiere expresar: *aunque en buenos términos, me has dicho que me vaya de tu casa.* *loc.adv.*
28 **en propios términos:** Con puntual y genuina expresión para la inteligencia de una cosa. *loc.adv.*
29 **en último término:** Como solución o remedio que se adopta como un mal menor: *intentaré verle, y si no, en último término le llamaré.* *loc.adv. = en última instancia*
30 **estar en buenos términos:** Existir una situación de buenas relaciones entre dos personas: *estoy en buenos términos con mi suegra.* *coloquial*
31 **invertir los términos:** Cambiar el significado o interpretación de una cuestión: *es imposible entenderse con él, siempre invierte los términos.*
32 **llevar a término:** Hacer o realizar una cosa: *logró llevar a término su sueño de viajar.* *= llevar a cabo*
33 **poner término:** Hacer que una situación acabe o forzar su fin: *necesito poner término a este ambiente tan tenso.* *= poner fin*
34 **por término medio:** Por lo general: *suelo hacer dos o tres llamadas diarias, por término medio.* *loc.adv.*

terminología (Del lat. *terminus*, mojón + gr. *logos*, ciencia.) Conjunto de términos o vocablos propios de una profesión, ciencia o materia: *necesito un diccionario de terminología científica.* *s.f. = léxico, vocabulario*

terminológico, a Del término o de la terminología: *problema terminológico.* *adj.*

terminólogo, a Persona especialista en terminología. *s.*

terminote Palabra muy culta o técnica que resulta ridícula por su utilización fuera de contexto. *s.m. coloquial*

termión Ion emitido por una sustancia incandescente. *s.m. FÍSICA*

termiónico, a De la emisión de electrones provocada por el calor. *adj./FÍSICA tb: termoiónico*

termistancia Elemento que posee una resistencia variable con la temperatura. *s.f. FÍSICA*

termistor Resistencia eléctrica de coeficiente de temperatura elevado y negativo. *s.m. ELECTRICIDAD*

termita
I (Derivado del gr. *thermos*, caliente.) Sustancia compuesta de la mezcla de limaduras de aluminio y óxidos de diferentes metales, usada para soldar. *s.f. QUÍMICA*
II (Del fr. *termite* < lat. *termes, -itis*.) Termes, insecto isóptero que vive en colonias en la madera o bajo tierra. *ZOOLOGÍA tb: térmite*

termitero Nido de termes o termitas, construido en la madera o bajo tierra, que puede alcanzar grandes dimensiones. *s.m. tb: termitera*

termo
I (Marca registrada.) Recipiente con forma de doble botella, una dentro de la otra, con cierre hermético, usado para conservar la temperatura de los líquidos: *el café se mantiene caliente en el termo.* *s.m.*
II (Apócope de *termosifón*.) Aparato que sirve para calentar agua y distribuirla. *s.m. TECNOLOGÍA*

termo- Componente de palabra procedente del gr. *thermos*, que significa caliente: *termoaislante; isotermo.* *pref./suf.*

termoalgesia Estado físico en el cual la aplicación de calor produce una sensación de dolor. *s.f. MEDICINA*

termoanalgesia Eliminación de las sensaciones dolorosas producidas por el calor. *s.f. MEDICINA*

termoanestesia Incapacidad para la percepción de las sensaciones térmicas en el cuerpo. *s.f. MEDICINA*

termobalanza Aparato que permite medir las variaciones de peso que un cuerpo o un elemento sufren por la acción del calor. *s.f. FÍSICA*

termocauterio
1 Cauterización de una herida o de dos tejidos mediante la aplicación de calor. *s.m./MEDICINA*
2 Aparato que se usa para termocauterizar. *MEDICINA*

termocauterizar Utilizar el calor para cicatrizar heridas, unir tejidos o para fines terapéuticos. *v.tr. MEDICINA*

termoclina Capa de agua marítima o lacustre, cuya temperatura disminuye de forma rápida conforme aumenta la profundidad. *s.f. ECOLOGÍA*

termocompresor Aparato que se sirve de la energía sobrante de un sistema de vapor a alta presión para comprimir uno de baja presión. *s.m. TECNOLOGÍA*

termoconductor Resistencia variable con la temperatura, que se usa para graduar las variaciones de la temperatura. — s.m. ELECTRICIDAD

termocopia Procedimiento de impresión mediante sustancias termosensibles que se oscurecen con el calor. — s.f. ARTES GRÁFICAS

termocroico, a Se aplica a las radiaciones infrarrojas que son absorbidas por la materia. — adj. FÍSICA

termocrosis Propiedad por la cual un rayo de luz es más o menos transmisible a través de una sustancia que lo permita. — s.f. pl: termocrosis FÍSICA

termodifusión Difusión térmica o del calor. — s.f./FÍSICA

termodinámica (Del gr. *thermos*, caliente + *dynamis*, fuerza.) Parte de la física que trata de las relaciones entre los fenómenos mecánicos y caloríficos y que estudia el comportamiento macroscópico de la materia. — s.f. FÍSICA

termodinámico, a De la termodinámica. — adj./FÍSICA

termoelasticidad Propiedad de los materiales que sufren variaciones de forma en función de la temperatura. — s.f. FÍSICA

termoelástico, a De la dilatación y la compresión de los cuerpos. — adj. FÍSICA

termoelectricidad
1 Energía eléctrica producida por la acción del calor. — s.f./ELECTRICIDAD
2 Parte de la física que estudia la energía eléctrica producida por la acción del calor. — FÍSICA

termoeléctrico, a
1 De la termoelectricidad. — adj./FÍSICA
2 Se aplica al aparato que produce electricidad mediante el calor. — ELECTRICIDAD, FÍSICA

termoestable
1 Que no se altera con facilidad por la acción del calor. — adj. FÍSICA
2 Se refiere al plástico que no pierde su forma por la acción del calor y la presión. — FÍSICA

termoestesia Sensibilidad a las variaciones de temperatura. — s.f. FISIOLOGÍA

termofilia Tolerancia de los organismos a las altas temperaturas para desarrollarse de forma correcta. — s.f. BIOLOGÍA

termófilo, a (Del gr. *thermos*, caliente + *philos*, amigo.)
1 Se aplica al organismo que necesita temperaturas elevadas para desarrollarse. — adj. BIOLOGÍA
2 Se refiere al microorganismo cuya temperatura óptima es superior a los 45 ºC. — BIOLOGÍA

termofobia Intolerancia de un organismo a las temperaturas elevadas. — s.f. BIOLOGÍA

termófobo, a Se aplica al organismo afectado de termofobia y que habita en aguas frías. — adj. BIOLOGÍA

termofónico, a Se aplica al aparato que produce sonido mediante el calor: *aparato termofónico*. — adj. TECNOLOGÍA

termófono (Del gr. *thermos*, caliente + *phone*, sonido.) Generador de ondas sonoras, basado en las variaciones de temperatura producidas en una pieza de metal por una corriente eléctrica. — s.m. TECNOLOGÍA

termogénesis (Del gr. *thermos*, caliente + *genesis*, creación.) Proceso de creación de calor por parte de los seres vivos. — s.f. pl: termogénesis BIOLOGÍA

termógeno, a (Del gr. *thermos*, caliente + *gennao*, producir.) Que produce calor. — adj. BIOLOGÍA

termografía Técnica de registro gráfico de las temperaturas de los diferentes puntos de un cuerpo. — s.f. FÍSICA

termógrafo Termómetro que permite medir la temperatura de un cuerpo de forma constante. — s.m. FÍSICA

termograma Gráfico obtenido mediante una termografía. — s.m. FÍSICA

termogravimetría Técnica analítica que estudia la evolución de una muestra sometida a diversas temperaturas. — s.f. QUÍMICA

termoiónico, a Termiónico, de la emisión de los electrones provocada por el calor. — adj. FÍSICA

termolábil (Del gr. *thermos*, caliente + lat. *labilis*, lábil.) Que se altera con facilidad por la acción del calor. — adj. FÍSICA

termólisis (Del gr. *thermos*, caliente + *lysis*, disolución.) Proceso de pérdida de calor por parte de los seres vivos. — s.f. pl: termólisis BIOLOGÍA

termología (Del gr. *thermos*, caliente + *logos*, ciencia.) Parte de la física que estudia los fenómenos en que interviene el calor o la temperatura. — s.f. FÍSICA

termológico, a De la termología. — adj./FÍSICA

termoluminiscencia Emisión de luz por ciertos cuerpos, provocada por un cierto calentamiento. — s.f. FÍSICA

termomanómetro Instrumento para medir temperaturas elevadas evaluando la presión del vapor. — s.m. FÍSICA

termometría
1 Parte de la meteorología que estudia la acción del calor sobre la atmósfera. — s.f. FÍSICA
2 Parte de la termología que estudia la acción de la temperatura. — FÍSICA

termométrico, a
1 Del termómetro. — adj./FÍSICA
2 De la termometría. — FÍSICA

termómetro (Del gr. *thermos*, caliente + *metron*, medida.)
1 Instrumento que sirve para medir la temperatura: *el termómetro de la calle marca diez grados*. — s.m. FÍSICA
2 termómetro centesimal: Aquel que comprende cien divisiones entre los cero grados, correspondiente a la temperatura de fusión del hielo, y los cien, que corresponde a la temperatura del agua en estado de ebullición a una presión atmosférica normal. — FÍSICA
3 termómetro clínico: El de precisión que se usa para tomar la temperatura corporal máxima. — MEDICINA
4 termómetro de máxima: El que deja registrada la temperatura máxima. — FÍSICA
5 termómetro de mínima: El que deja registrada la temperatura mínima. — FÍSICA
6 termómetro diferencial: Instrumento para medir pequeñas diferencias de temperatura. — FÍSICA = termoscopio
7 termómetro Fahrenheit: El que comprende ciento ochenta divisiones entre los 32 grados, que corresponde a la temperatura de fusión del hielo, y los 212, correspondiente a la temperatura del agua en estado de ebullición. — FÍSICA
8 termómetro geológico: Modificación mineralógica cuya presencia permite evaluar la temperatura aproximada a la que se formaron ciertos minerales o agregados. — GEOLOGÍA

termonuclear Se aplica a la reacción que produce una fusión nuclear de dos átomos ligeros mediante una gran elevación de temperatura: *explosión termonuclear; bomba termonuclear*. — adj. FÍSICA NUCLEAR

termooxidación Conjunto de las transformaciones químicas que sufre un cuerpo graso por la acción simultánea del oxígeno del aire y del calor. — s.f. QUÍMICA

termopar Circuito formado por dos metales diferentes entre cuyas soldaduras se ha establecido una diferencia de temperatura, y en el que aparece una fuerza electromotriz. — s.m. FÍSICA

termopausa Zona de la atmósfera de un planeta que establece la separación entre la ionosfera y la exosfera. — s.f. ASTRONOMÍA

termopila Pila termoeléctrica. — s.f./ELECTRICIDAD

termoplástico, a Que se ablanda por la acción del calor, puede moldearse mediante presión y se endurece al enfriarse: *el material de las monturas de estas gafas es termoplástico*. — adj.

termopropulsado, a Que se mueve o es propulsado según el principio de termopropulsión. — adj. FÍSICA

termopropulsión Principio de propulsión basado en la única reacción de la energía térmica. — s.f. FÍSICA

termoquímica Parte de la química que estudia los fenómenos de emisión o absorción de calor que acompañan a las reacciones químicas. — s.f. QUÍMICA

termorreceptor Receptor nervioso sensible a los cambios térmicos del cuerpo. — s.m./BIOLOGÍA, FISIOLOGÍA

termorregulación
1 Mecanismo fisiológico que mantiene constante la temperatura corporal de los mamíferos y las aves, dentro de unos límites que posibilitan la realización de sus procesos vitales. — s.f. BIOLOGÍA
2 Regulación automática de la temperatura en un mecanismo. — TECNOLOGÍA

termorregulador, a De la termorregulación. — adj.

termorretráctil Se aplica al plástico que se encoge a la acción del calor de forma uniforme y que es útil para ciertos procesos industriales. — adj. INDUSTRIA, TECNOLOGÍA

termoscopio (Del gr. *thermos*, caliente + *skopeo*, observar.) Especie de termómetro que sirve para medir las pequeñas diferencias de temperatura. — s.m. FÍSICA

termosfera (Del gr. *thermos*, caliente + *sphaira*, globo.) Capa de la atmósfera terrestre superior a la mesosfera, en donde la temperatura aumenta de forma regular con la altura. — s.f.

termosifón (Del gr. *thermos*, caliente + *siphon*, sifón.)
1 Dispositivo en el que se genera una circulación de agua caliente por variación de temperatura. — s.m. TECNOLOGÍA
2 Aparato de calefacción por medio de agua caliente. — TECNOLOGÍA

termostato (Del gr. *thermos*, caliente + *stasis*, detención.) Dispositivo conectado a una fuente de calor que sirve para mantener constante una temperatura. — s.m. TECNOLOGÍA tb: termóstato

termotactismo Movimiento de los animales orientados por las diferencias de temperatura entre los distintos puntos de un medio, según sus preferencias térmicas. — s.m. BIOLOGÍA = termotaxia

termotecnia (Del gr. *thermos*, caliente + *tekne*, técnica.) Técnica de la producción, transmisión y utilización industrial del calor. — s.f. TECNOLOGÍA

termoterapia (Del gr. *thermos*, caliente + *therapeia*, curación.) Método terapéutico basado en el uso del calor. — s.f. MEDICINA

terna
1 Lista de tres personas propuestas para que de entre ellas se designe la que va a desempeñar un cargo o empleo: *han presentado la terna de los candidatos*. — s.f.
2 Grupo de tres personas. — = trío
3 Pareja de tres puntos, en el juego de los dados. — JUEGOS
4 Cada juego o conjunto de dados con que se juega. — JUEGOS
5 Conjunto de tres matadores que alternan en una corrida. — TAUROMAQUIA

ternada Terno o conjunto de pantalón, chaleco y chaqueta. — s.f./*Chile, Perú*

ternario, a
1 Que está compuesto de tres elementos o unidades. — adj.
2 Período de tres días dedicado a un culto religioso o ejercicio espiritual. — s.m. RELIGIÓN
3 Se aplica al compás formado por tres tiempos. — adj./MÚSICA

ternasco Cordero que todavía se alimenta de leche. — s.m.

terne (Del gitano *terno*, joven.)
1 Que presume de valiente o de guapo. — adj./= ternejal
2 Que se mantiene firme en sus decisiones u opiniones con mucha obstinación. — = perseverante, terco
3 Que tiene buena salud. — = robusto

ternejo, a Se aplica a la persona que es fuerte, vigorosa y valiente. — adj./*Ecuad., Perú*

ternera Carne de la cría de la vaca: *tomaré un bistec de ternera*. — s.f.

ternero, a
1 Cría de la vaca. — s.
2 **ternero recental:** El de leche o el que aún no ha pastado.

ternón, a Se aplica a la persona que se enternece con facilidad. — adj/s. tb: ternejón

terneza
1 Calidad de tierno. — s.f./= ternura
2 Palabra o dicho cariñoso. — = requiebro

ternilla Cartílago, tejido de sostén del organismo. — s.f./ANATOMÍA

terno (Del lat. *ternus*, triple.)
1 Conjunto de tres cosas de una misma especie. — s.m./= trío
2 Suerte de tres números, en el juego de la lotería primitiva. — JUEGOS
3 Traje de hombre formado por pantalón, chaqueta y chaleco.
4 Conjunto de oficiante, diácono y subdiácono que celebran la misa mayor u otra función religiosa. — RELIGIÓN
5 Traje que visten estos eclesiásticos, compuesto de una casulla y una capa. — RELIGIÓN
6 Juramento o palabras que se dicen para descargar la ira o el enfado: *salió del despacho echando ternos*. — coloquial/= palabrota
7 Conjunto de tres pliegos impresos metidos uno dentro de otro. — ARTES GRÁFICAS
8 Adorno de joyas formado por pendientes, collar y alfiler. — *Cuba, P. Rico*
9 **terno seco:** Suerte buena e inesperada de una persona. — coloquial

ternura
1 Cualidad de tierno. — s.f.
2 Actitud o acción amable y cariñosa: *trata a sus hijos con ternura*. — = delicadeza
3 Cualidad de lo que produce sensaciones dulces: *lloré ante la ternura de su amor*. — ≠ dureza
4 Palabra o dicho cariñoso con que se adula o alaba a una persona. — = requiebro

tero Teruteru, ave zancuda de plumaje blanco mezclado de negro y pardo. — s.m./*Argent.* ZOOLOGÍA

teromorfo, a Perteneciente a un orden de reptiles fósiles de la era secundaria, quizás emparentados con los mamíferos, que incluye formas terrestres y acuáticas de gran tamaño. — adj/s.m. ZOOLOGÍA

terpeno (Del ingl. *terpentine*.) Hidrocarburo de origen vegetal. — s.m. QUÍMICA

terpina (Del ingl. *terpentine*.) Hidrato de trementina que se emplea como expectorante. — s.f. QUÍMICA

terpineol Sustancia olorosa derivada de la terpina o hidrato de trementina. — s.m. QUÍMICA

terquear Mostrarse una persona terca u obstinada. — v.intr.

terquedad
1 Cualidad o actitud de la persona que se mantiene en sus ideas, opiniones o deseos aun en contra de razones convincentes: *es tan exagerada su terquedad que no lograrás hacerle cambiar de parecer*. — s.f./= obstinación
2 Disputa o discusión obstinada y tenaz: *se enzarzaron en una terquedad absurda*. — = porfía

terracería
1 Tierra que se acumula en terraplenes o camellones de los caminos o carreteras en obra o construcción. — s.f. *Méx.*
2 **de terracería:** Se aplica al camino o carretera que no está asfaltado o revestido. — loc.adj. *Méx.*

terracota (Del ital. *terra cotta*, tierra cocida.)
1 Arcilla modelada y endurecida al horno: *le regalaron un jarrón de terracota*. — s.f.
2 Escultura de pequeño tamaño hecha de arcilla cocida: *es un artista famoso por sus terracotas*. — ARTE

terrada Betún compuesto de almagre, blanquimiento, cola y ajos. — s.f.

terrado Cubierta plana de un edificio o de una construcción: *el tendedero está en el terrado*. — s.m./= azotea

terraja
1 Tabla guarnecida con una chapa recortada, que sirve para dar forma a molduras de yeso, estuco o mortero, que se corre cuando la pasta está blanda. — s.f. tb: tarraja CONSTRUCCIÓN
2 Herramienta que consiste en una barra de acero con una caja rectangular en el centro, donde se ajustan las piezas que sirven para labrar las roscas de los tornillos. — METALURGIA

terraje Terrazgo, renta que paga el labrador al dueño de una tierra que trabaja. — s.m. AGRICULTURA

terral Se aplica al viento que sopla del continente al mar, desde que anochece hasta la mañana. — adj/s.m. NÁUTICA

terramicina Antibiótico derivado de la tetraciclina muy activo, usado en medicina contra neumonías, blenorragias y otras infecciones. — s.f. FARMACIA

terranova (De *Terranova*, isla de Canadá.) Se aplica al perro de pelaje negro, largo y sedoso, de patas palmeadas, originario de esta isla. — adj/s.m. ZOOLOGÍA

terraplén (Del fr. *terre-plein*.)
1 Acumulación de tierra o de material excavado para salvar un desnivel o para rellenar un hueco: *los soldados disparaban protegidos tras el terraplén*. — s.m./= montículo
2 Terreno de pendiente corta y pronunciada: *si subimos al terraplén contemplaremos el valle*. — = desnivel

terraplenar
1 Llenar un hueco con tierra: *terraplenamos la fosa en la que enterramos al gato*. — v.tr.
2 Poner tierra en un lugar para formar un terraplén o montículo.

terráqueo, a (Del lat. *terraqueus < terra*, tierra + *aqua*, agua.) Que está compuesto de tierra y agua, en referencia a la Tierra como planeta: *globo terráqueo; esfera terráquea*. — adj. GEOGRAFÍA

terrario Instalación preparada para mantener vivos y en las mejores condiciones a ciertos animales, en especial los reptiles: *visitamos el terrario del zoológico*. — s.m./= terrarium

terrateniente (Del cat. *terratinent*.) Persona que posee terrenos o fincas rurales extensos: *el terrateniente contrató a varios jornaleros*. — s.m.f./= hacendado

terraza
1 Cubierta plana de una casa: *subimos a la terraza para tomar el sol*. — s.f./= azotea, terrado
2 Balcón grande: *el salón y el dormitorio dan a la terraza del primer piso*. — = balconada
3 Espacio al aire libre ocupado con mesas de un bar o un restaurante donde se sirven bebidas o comidas: *tomamos un aperitivo en la terraza del bar*.
4 Franja de terreno a lo largo de la tapia de un jardín o patio, para cultivar flores. — = parterre
5 Resto de una capa aluvial recortada por la erosión. — GEOLOGÍA
6 Trozo de terreno apto para el cultivo, dispuesto en forma de escalones en la ladera de un monte. — AGRICULTURA
7 Jarra vidriada con dos asas.

terrazgo
1 Tierra de pequeña extensión usada para sembrar. — s.m./AGRICULTURA
2 Renta que paga el labrador al dueño de una tierra. — = terraje

terrazguero, a Persona que paga una determinada renta al dueño de las tierras que labra. — s. AGRICULTURA

terrazo
1 Pavimento o material de revestimiento con aspecto de granito, de mosaico o de mármol: *el suelo de la cocina es de terrazo*. — s.m. CONSTRUCCIÓN
2 Terreno representado en un paisaje pintado. — ARTE

terrear Descubrirse o ser visible la tierra en los sembrados. — v.intr. AGRICULTURA

terregal Tierra suelta o polvareda. — s.m./*Méx.*

terregoso, a Se aplica al terreno que tiene muchos terrones o masas de tierra compacta. — adj.

terremoto (Del ital. *terremoto < lat. terrae motus*, movimiento de la tierra.)
1 Sacudida de la superficie terrestre provocada por las ondas sísmicas originadas por los movimientos de las rocas a lo largo de los planos de falla: *sentimos los temblores del terremoto*. — s.m. GEOLOGÍA/= sismo, seísmo
2 Persona muy movida e inquieta, en especial los niños. — coloquial

terrenal De la tierra: *cree que tras la vida terrenal hay otro tipo de vida*. — adj./≠ celestial

terrenidad Calidad de terreno. — s.f.

terreno, a (Del lat. *terrenus*, terrenal.)
1 De la tierra: *estudia las distintas capas terrenas*. — adj./= terrestre

2 De la tierra, en contraposición al cielo: *el dinero es un bien terreno.* — ≠ **celestial, espiritual**

3 Espacio de tierra más o menos extenso y por lo general delimitado y destinado a un uso concreto: *terreno edificable; terreno de cultivo.* — s.m. = **parcela**

4 Campo de acción en que pueden mostrarse las cualidades de las personas o cosas: *no opino porque éste no es mi terreno.* — = **ámbito, esfera**

5 Orden de materias o ideas de que se trata: *no sé nada del terreno de la medicina.* — = **campo**

6 Espacio acotado y acondicionado para practicar en él determinados deportes: *los futbolistas ya están en el terreno de juego.* — **DEPORTES**

7 Porción de la corteza terrestre, correspondiente a una época determinada o con características que la distinguen y le dan unidad: *terreno arcilloso; terreno volcánico.* — **GEOLOGÍA**

8 Porción de hierba en que es más eficaz la acción ofensiva del toro que la defensiva del torero. — **TAUROMAQUIA**

9 Conjunto de factores genéticos, fisiológicos, inmunológicos o de otra índole, que condicionan la resistencia a una enfermedad. — **MEDICINA**

10 terreno abonado: Cualquier cosa que reúne las condiciones propicias para que en ella se produzca u ocurra determinado fenómeno: *el ocio es terreno abonado para el vicio.* — **coloquial**

11 terreno acotado o prohibido: Cosa o persona vedada para alguien por cualquier razón: *su esposa es terreno acotado para ti.* — **coloquial**

12 terreno de juego: 1. Campo donde tiene lugar un acontecimiento deportivo: *los jugadores saltaron al terreno de juego.* **2.** Espacio real o imaginario en el que se realiza una determinada actividad. — **DEPORTES** / **coloquial**

13 terreno del honor: Campo donde se celebra un desafío o duelo.

14 terreno de transición: El sedimentario abundante en fósiles. — **GEOLOGÍA**

15 terreno franco: El que puede ser concedido libremente por el estado para la industria minera. — **MINERÍA**

16 todo terreno: 1. Se aplica al vehículo preparado para circular por todo tipo de superficies, en especial las abruptas. **2.** Se refiere a la persona que se desenvuelve bien en todos los campos de la vida. **3.** Se aplica al deportista que puede cumplir distintas funciones en un equipo. — loc.adj. / loc.adj./coloquial / loc.adj. **DEPORTES**

17 estar o hallarse en su propio terreno: Estar en condiciones ventajosas. — **coloquial**

18 ganar terreno: Adelantar o progresar en un negocio o actividad. — **coloquial**

19 medir o reconocer el terreno: Tantear las dificultades de un asunto. — **coloquial**

20 minar a una persona el terreno: Trabajar de forma encubierta para desbaratarle sus planes. — **coloquial**

21 perder terreno: Perder ventaja o aumentar la desventaja respecto a otros en un negocio o actividad. — **coloquial**

22 preparar el terreno: Conseguir un ambiente o las condiciones favorables para una cosa. — **coloquial**

23 saber una persona el terreno que pisa: Conocer bien el asunto que se trae entre manos. — **coloquial**

24 sobre el terreno: 1. En el sitio donde se desenvuelve o ha de resolverse la cosa de que se trata: *tengo que resolver esto en la ciudad, sobre el terreno.* **2.** Improvisando, sin preparación previa: *no he tenido tiempo de prepararla y daré la conferencia sobre el terreno.* — loc.adv. / loc.adv.

25 tantear el terreno: Estudiar en qué situación se halla una persona o una cosa antes de tomar pleno contacto con ella. — **coloquial**

terreño, Que se produce en el país o comarca: *prefiero la fruta terreña a la de importación.* — adj.

térreo, a (Del lat. *terreus.*) De la tierra o que tiene alguna de sus propiedades: *color térreo.* — adj.

terrera
1 Terreno escarpado y sin vegetación. — s.f.
2 Alondra, ave paseriforme de color pardo. — **ZOOLOGÍA**

terrero, a
1 De la tierra. — adj.
2 Se aplica a la cesta, saco o espuerta que sirve para llevar tierra.
3 Se refiere al vuelo que algunas aves realizan casi a ras de suelo. — **ZOOLOGÍA**
4 Se aplica a la caballería que levanta poco las patas al andar. — **EQUITACIÓN**
5 Que es bajo y humilde. — = **llano**
6 Terraza, cubierta llana de una casa. — s.m./= **azotea**
7 Montón de tierra. — = **montículo**
8 Depósito de tierras acumuladas por la acción de las aguas: *las riadas dejaron terreros en los caminos.* — = **sedimento**
9 Plaza pública: *los viejos se reunían en el terrero del pueblo.*
10 Objeto o blanco que se pone para tirar a él. — = **diana**
11 Montón formado por los desechos o residuos sacados de una mina. — **MINERÍA**
12 Se aplica a la casa de un solo piso. — adj./*Pan., P. Rico*
13 Lugar en que abunda el salitre. — s.m./*Hond.*
14 Polvareda, polvo que se levanta de la tierra, por lo general a causa del viento. — *Méx.*

terrestre (Del lat. *terrestris.*)
1 De la Tierra: *corteza terrestre; vida terrestre.* — adj.
2 Que se desplaza por la tierra o vive en ella, en oposición a marino o aéreo: *transporte terrestre; comunicaciones terrestres.*

terrezuela Tierra de poco valor: *nadie pagará por estas terrezuelas.* — s.f.

terrible (Del lat. *terribilis.*)
1 Que causa terror o un miedo muy intenso: *el aspecto terrible del castillo me impedía acercarme a él.* — adj. = **temible**
2 Que es difícil de tolerar por ser muy intenso: *hace un calor terrible; tengo una sed terrible.* — = **atroz** ≠ **moderado**
3 Que tiene un carácter rebelde o violento: *nadie lo aguanta porque es un hombre terrible.* — = **horrible** ≠ **amable**
4 Que es muy malo o detestable: *su última película es terrible.* — = **horroroso**
5 Que es muy travieso: *es un niño terrible, no me hace ni caso.* — = **imposible**

terriblemente
1 Mucho, de modo extraordinario: *el protagonista es un actor terriblemente atractivo.* — adv. coloquial
2 De manera violenta u horrible: *el golpe sonó terriblemente.*

terrícola (Del lat. *terra,* tierra + *colere,* habitar.)
1 Habitante de la Tierra. — s.m.f.
2 Se aplica a la planta que vive en la tierra y no en otro medio. — adj. **BOTÁNICA**

terrier (Voz francesa.) Se aplica a una raza de perro inglés, apto para la caza de animales de madriguera. — adj/s.m. **CAZA**

terrífico, a (Del lat. *terrificus.*) Que causa terror o miedo muy intenso. — adj. = **terrorífico**

terrígeno, a (Del lat. *terra,* tierra + gr. *genos,* origen.)
1 Que ha nacido de la tierra. — adj.
2 Se aplica al depósito de los fondos oceánicos, de origen continental. — **GEOLOGÍA**

terrina
1 Vasija pequeña con forma de tronco de cono invertido, usada para conservar o vender alimentos: *abrió una terrina de paté.* — s.f. tb: **tarrina**
2 Tiesto pequeño que se utiliza para cultivos, en especial para los semilleros.

territorial Del territorio: *sus competencias son territoriales.* — adj.

territorialidad
1 Cualidad de territorial. — s.f.
2 Característica peculiar que adquieren las cosas y hechos jurídicos en cuanto se encuentran en el territorio de un estado. — **DERECHO**
3 Defensa que un animal ejerce de su territorio, respecto a otros miembros de su misma especie: *el perro atacó porque vio en peligro su territorialidad.* — **ZOOLOGÍA**
4 Circunstancia jurídica por la que los domicilios de los agentes diplomáticos o los aviones y barcos en los que viajan se consideran parte del territorio de su propia nación. — **DERECHO, POLÍTICA**

territorialismo Fenómeno por el cual ciertas especies dividen su hábitat en territorios. — s.m. **ZOOLOGÍA**

territorio (Del lat. *territorium.*)
1 Extensión de tierra sometida a una misma jurisdicción o que tiene unos límites geográficos: *se sospecha que los terroristas se encuentran fuera del territorio nacional.* — s.m. = **país, región**
2 Espacio físico que un animal o un grupo de animales considera como suyo: *invadir el territorio de un oso puede ser muy peligroso.* — **ZOOLOGÍA**
3 Zona del cuerpo humano regada por una arteria o recorrida por un nervio. — **ANATOMÍA**
4 Esfera de acción en que mejor se muestran las cualidades de una persona o cosa: *el mundo de las finanzas no es mi territorio.* — = **terreno**
5 Entidad política, en países de régimen federal, que no goza de completa autonomía interior o que es administrada por el gobierno central. — **POLÍTICA**

terriza Terrizo, recipiente usado para lavar o lavarse. — s.f.

terrizo, a
1 Que es o está hecho de tierra. — adj./= **terroso**
2 Se aplica al suelo que no está pavimentado.
3 Recipiente de plástico o metal, más ancho en la boca que en la base, usado para lavar o lavarse. — s.m. = **barreño**

terromontero Montículo de tierra. — s.m.

terrón
1 Masa pequeña y suelta de tierra compacta. — s.m./= **tormo**
2 Masa pequeña y suelta de una sustancia en polvo o granulosa: *compra el azúcar en terrones.*
3 Sustancia residual prensada que queda en los capachos de los molinos de aceite después de exprimida la aceituna.
4 Hacienda rústica con viñas o tierras de labor. — s.m.pl.
5 a rapa terrón: A ras de tierra, a raíz: *segaron las matas a rapa terrón.* — loc.adv. **AGRICULTURA**

terror (Del lat. *terror.*)
1 Miedo intenso: *sentí terror al entrar en aquella lúgubre casa.* — s.m. = **pavor**

2 Cosa o persona que produce miedo intenso: *la banda callejera es el terror del barrio.* = pánico

3 Género literario o cinematográfico cuyo objetivo es provocar en el lector o espectador este sentimiento de miedo: *si veo películas de terror después tengo pesadillas.* CINE, LITERATURA

4 Conjunto de métodos expeditivos de justicia revolucionaria y contrarrevolucionaria: *las víctimas de la dictadura vivieron en las cárceles el terror.* POLÍTICA

5 Época de la revolución francesa en que estos métodos eran frecuentes. HISTORIA

terrorífico, a (Del lat. *terror* + *facere*, hacer.) Que causa terror: *asegura haber visto una terrorífica aparición.* adj. = espantoso

terrorismo
1 Concepción y práctica de una forma de lucha política que usa la violencia para obtener cambios sociales, políticos o institucionales. s.m. POLÍTICA
2 Dominación que se ejerce sobre las personas por medio del terror.

terrorista
1 Que practica el terrorismo: *un grupo terrorista se ha responsabilizado del atentado.* adj./s.m.f.
2 Que tiene relación con el terrorismo: *se le juzga por haber participado en un acto terrorista.* adj.
3 Que es partidario del terrorismo: *en el fondo es un partido terrorista.* adj/s.m.f.

terrosidad Cualidad de terroso. s.f.

terroso, a
1 Que tiene el color o el aspecto parecido a la tierra: *el traje del explorador era de color terroso.* adj. = térreo
2 Que tiene tierra: *el agua está terrosa.*

terruñero, a
1 Del terruño. adj.
2 Que sigue apegado a su tierra natal.
3 Persona que trabaja la tierra. s.

terruño
1 Masa compacta de tierra. s.m./= terrón
2 Comarca o tierra, en especial en la que ha nacido una persona. = patria
3 Tierra que se trabaja y de la que se vive.
4 Terreno, espacio de tierra. = parcela

tersar Poner una cosa tersa. v.tr.

terso, a (Del lat. *tersus.*)
1 Que no tiene arrugas o asperezas: *tiene la piel muy tersa.* adj. = estirado
2 Que está limpio o brillante. = bruñido
3 Se aplica al lenguaje o al estilo que es puro y cuidado. = fluido

tersura Calidad de terso: *le gusta la tersura de la seda, es una novela de gran tersura.* s.f.

tertulia
1 Reunión habitual de personas para conversar sobre cualquier tema o pasar el tiempo: *acude a una tertulia literaria.* s.f.
2 La conversación que se lleva a cabo en estas reuniones. = charla
3 Pasillo en la parte más alta de los antiguos teatros. TEATRO
4 Lugar en los cafés destinado a las mesas de juegos: *jugaban al dominó en la tertulia del bar del pueblo.*

tertuliano, a Que toma parte en una tertulia: *los tertulianos se enzarzaron en una absurda polémica política.* adj/s./tb: tertulio, tertuliante

tertuliar Estar varias personas de tertulia o conversando entre ellas sobre algún tema. v.intr./Amér. Central y Merid.

teruteru Ave caradriforme de gran envergadura, de plumaje blanco con manchas de color negro y parduscas. *(Belenopterus chilensis.)* s.m. ZOOLOGÍA

terzuela Distribución que reciben los capitulares de algunas iglesias por asistir al coro a la hora de tercia. s.f. RELIGIÓN

terzuelo
1 Tercio o tercera parte de una cosa. s.m.
2 Halcón macho, en cetrería. CAZA

tesalio, a
1 De Tesalia, antigua y moderna región de la Grecia continental. adj./= tesálico, tesaliense
2 Persona natural de esta región griega. s.
3 Antiguo dialecto eólico hablado en esta región. s.m./LINGÜÍSTICA

tesalonicense De Tesalónica, antigua ciudad macedonia y en la actualidad griega. adj/s.m.f.

tesar
I (Derivado de *tieso.*) Poner tirantes los cabos, las velas y otros aparejos similares de las embarcaciones. v.tr. NÁUTICA
II (De origen incierto.) Andar hacia atrás los bueyes uncidos o atados al yugo. v.intr. AGRICULTURA

tesaurismosis Acumulación anormal en las células del organismo de sustancias que por lo general no quedan depositadas en ninguna parte del cuerpo. s.f. pl: tesaurismosis MEDICINA

tesauro (Del lat. *thesaurus* < gr. *thesaurus.*) Diccionario, catálogo o antología de palabras. s.m. tb: thesaurus

tesela (Del lat. *tessella*, dadito.) Cada una de las piezas cúbicas de mármol, piedra, barro cocido u otro material, con que se hacen los pavimentos de mosaico. s.f. CONSTRUCCIÓN

teselación Composición de una o varias figuras planas que, repitiéndose con regularidad, pueden llegar al plano. s.f. GEOMETRÍA

teselado, a Se aplica al pavimento que está formado con teselas. adj/s.m. CONSTRUCCIÓN

tésera (Del lat. *tessera.*) Pieza cúbica con inscripciones que los antiguos romanos usaban como contraseña, distinción honorífica o prenda de un pacto. s.f. HISTORIA

tesina Trabajo escrito de investigación, de menos importancia que la tesis doctoral, que su autor somete a un tribunal universitario para obtener el grado de licenciatura. s.f.

tesis (Del lat. *thesis* < gr. *thesis*, acción de poner.)
1 Proposición que una persona sostiene por medio de razonamientos. s.f. pl: tesis
2 Opinión que se tiene de una persona o cosa: *comparto tu tesis.* = teoría
3 tesis doctoral: Trabajo escrito de investigación que se expone ante un tribunal universitario para la obtención del grado de doctor.

tesitura (Del ital. *tessitura*, tejedura.)
1 Situación o estado de ánimo en que se encuentra una persona: *no estoy en tesitura para estudiar.* s.f. = coyuntura
2 Altura propia de cada voz o instrumento. MÚSICA

tesla (De N. *Tesla*, físico serbioamericano.) Unidad de inducción magnética en el sistema internacional. s.m. FÍSICA

tesmoforias Fiesta ateniense antigua que se celebraba en honor de la diosa de la agricultura. s.f.pl. HISTORIA

tesmóteto Título que se aplicaba a seis de los nueve altos magistrados de algunas ciudades griegas y antiguas. s.m. HISTORIA

teso, a (Del lat. vulgar *tesus* < lat. *tensus.*)
1 Que se dobla o rompe con dificultad. adj.
2 Colina baja que tiene una extensión llana en la cima. s.m. GEOGRAFÍA
3 Pequeño saliente en una superficie lisa. = salidizo

tesón (Del lat. *tensio, -onis*, tensión.) Firmeza o perseverancia en la ejecución de una cosa: *su tesón le lleva a conseguir todo lo que se propone.* s.m. = constancia, empeño

tesonería Terquedad o perseverancia en la realización de una cosa. s.f. = pertinacia

tesonero, a Que tiene tesón o constancia: *es tan tesonero que no cede en sus propósitos.* adj. = perseverante

tesorería
1 Cargo u oficio del tesorero. s.f.
2 Oficina o despacho del tesorero.
3 Parte del activo de una empresa o entidad disponible en metálico. ECONOMÍA
4 Conjunto de finanzas del estado. ECONOMÍA

tesorero, a
1 Persona encargada de custodiar y administrar los fondos de una entidad pública o particular: *es el tesorero de la empresa.* s. ECONOMÍA
2 Canónigo encargado de la custodia de las reliquias y alhajas de una catedral. s.m. RELIGIÓN

tesorito Ave paseriforme de color amarillo, con la cola larga y furcada, que vive en América Meridional. *(Phibalura flavirostris.)* s.m. ZOOLOGÍA

tesoro (Del lat. *thesaurus* < gr. *thesauros.*)
1 Conjunto de dinero, joyas o cosas de mucho valor que está guardado o escondido: *encontramos el mapa del tesoro.* s.m.
2 Persona o cosa a la que se atribuye mucho valor: *la salud es un tesoro que debemos cuidar; mi hija es mi mayor tesoro.* = alhaja, prenda
3 Conjunto de los bienes del estado. ECONOMÍA
4 Denominación dada por sus autores a ciertos diccionarios, catálogos o antologías.
5 Conjunto escondido de monedas o cosas preciosas, cuyo dueño se desconoce. DERECHO
6 Expresión cariñosa aplicada a personas o animales: *ven aquí, tesoro.* familiar
7 tesoro de duende: Riqueza imaginaria o que se disipa con facilidad. coloquial
8 tesoro público: Servicio del estado que efectúa las tareas y operaciones necesarias para dirigir la política monetaria de un país. ECONOMÍA, POLÍTICA

test (Voz inglesa.)
1 Prueba que se realiza para evaluar las capacidades, destrezas o aptitudes de una persona: *test sicotécnico.* s.m. pl: tests
2 Prueba que permite juzgar una cosa: *el test permite verificar el correcto funcionamiento de la máquina.*
3 Examen de respuestas muy breves y en el que por lo general se presentan varias opciones como posibles soluciones.

testa (Del ital. *testa*, cabeza < lat. *testa*, pedazo de cacharro.)
1 Cabeza de la persona o de los animales. s.f.
2 Entendimiento o sensatez. coloquial

3 Cara o parte anterior de algunas cosas. — **= frente**
4 testa coronada: Monarca o soberano de un estado.

testáceo, a Se aplica al animal que tiene concha. — **adj/s.m./ZOOLOGÍA**

testada Testarada, golpe dado con la cabeza. — **s.f.**

testado, a Se aplica a la persona que ha muerto habiendo hecho testamento y a la sucesión que está regida por un testamento. — **adj. DERECHO**

testador, a Persona que hace testamento. — **s./DERECHO**

testadura Acción y resultado de testar o tachar una cosa. — **s.f.**

testaferro (Del port. *testa de ferro.*) Persona que presta su nombre en un contrato, pretensión o negocio que en realidad es de otra persona. — **s.m.f. DERECHO tb: testaférrea**

testamentaría
1 Ejecución o cumplimiento de lo que se ha dispuesto en un testamento. — **s.f. DERECHO**
2 Conjunto de documentos relacionados con la ejecución de un testamento. — **DERECHO**
3 Conjunto de bienes de una herencia, considerados desde la muerte del testador hasta que termina la liquidación en favor de los herederos. — **DERECHO**
4 Junta o reunión de los testamentarios o personas designadas para ocuparse del cumplimiento de un testamento. — **DERECHO**
5 Juicio, ante juez o tribunal, para inventariar y repartir la herencia de un testador. — **DERECHO**

testamentario, a
1 Del testamento: *deben cumplirse todas las cláusulas testamentarias que se expresan en el documento.* — **adj. DERECHO**
2 Persona encargada por el testador de cumplir su última voluntad. — **s. DERECHO**

testamentifacción Facultad de disponer por acto de última voluntad o de recibir herencia o legado. — **s.f. DERECHO**

testamento (Del lat. *testamentum.*)
1 Declaración en que una persona expresa su última voluntad, para que se cumpla después de su muerte, respecto de sus bienes y los asuntos que le conciernen. — **s.m. DERECHO**
2 Documento legal que contiene las disposiciones que toma una persona, respecto de sus bienes y asuntos, para después de su muerte. — **DERECHO**
3 Obra en que un autor, en el último período de su actividad, expone su pensamiento o las principales características de su labor.
4 Serie de disposiciones que toma una autoridad, en interés propio, antes de cesar en sus funciones.
5 Antiguo Testamento: Parte de los textos bíblicos que contiene los escritos canónicos cristianos y judíos anteriores a Jesucristo. — **LITERATURA, RELIGIÓN**
6 Nuevo Testamento: Parte de los textos bíblicos que contiene los evangelios y las obras canónicas cristianas posteriores a Jesucristo. — **LITERATURA, RELIGIÓN**
7 testamento abierto o nuncupativo: El que se hace de palabra ante un notario o en un escrito que se lee ante él y con testigos y que debe protocolizarse como escritura pública. — **DERECHO**
8 testamento adverado: El que se hace, según el fuero vigente en algunos lugares, ante el párroco y dos testigos y se eleva después a escritura pública. — **DERECHO**
9 testamento cerrado o escrito: El que se guarda en sobre cerrado con sobrescrito del notario y los testigos. — **DERECHO**
10 testamento ológrafo: El escrito y firmado por el propio testador, que después es adverado y protocolizado. — **DERECHO**
11 testamento sacramental: El que se otorga con ciertas formalidades de juramento religioso del derecho regional catalán. — **DERECHO**

testar
I (Del lat. *testari,* atestiguar.)
1 Hacer una persona testamento: *testó a favor de su nieto.* — **v.intr. DERECHO**
2 Hacer una raya o un borrón encima de una cosa escrita para suprimirla. — **v.tr. = borrar, tachar**
II (Derivado de *testa.*) Atestar [en todas sus acepciones]. — **v.intr.**
III (Derivado de *test.*)
1 Someter a una persona a un test: *testó al niño para evaluar su inteligencia.* — **v.tr. tb: testear**
2 Someter una cosa a una prueba para poder juzgarla: *testamos todas las máquinas antes de venderlas.* — **= probar**

testarada
1 Golpe dado con la cabeza: *es tan alto que no vio la viga y se pegó una testarada.* — **s.f. tb: testerada**
2 Testarudez o terquedad en las opiniones y decisiones. — **= obstinación**

testarazo
1 Golpe dado con la cabeza: *no vio la puerta de cristal y se pegó un buen testarazo.* — **s.m. tb: testerazo**
2 Golpe o porrazo violento: *resbaló y del testarazo se rompió una pierna.* — **= trompazo**

testarrón, a Que mantiene una actitud o idea con obstinación. — **adj/s. coloquial**

testarronería Testarudez, cualidad de testarrón o testarudo. — **s.f. coloquial**

testarudez
1 Cualidad de testarudo o terco: *mantiene su opinión con testarudez.* — **s.f./pl: testarudeces = tozudez**
2 Acción propia de la persona terca o testaruda. — **= tozudez**

testarudo, a Que mantiene una actitud o idea con obstinación: *es tan testarudo que no cambiará de opinión.* — **adj/s. = tozudo**

teste (Del lat. *testis,* testigo.)
1 Testículo, glándula genital masculina. — **s.m./ANATOMÍA**
2 Verruga pequeña o grano de consistencia coriácea que sale en los dedos de la mano. — **Argent. MEDICINA**

testectomía Extirpación quirúrgica de uno o de los dos testículos. — **s.f./MEDICINA = orquiectomía**

téster Instrumento que permite medir las magnitudes eléctricas de un circuito, como el voltaje, la intensidad o la resistencia. — **s.m. ELECTRICIDAD**

testera
1 Parte anterior y superior de la cabeza de un animal. — **s.f./ZOOLOGÍA**
2 Adorno para la frente de las caballerías. — **EQUITACIÓN**
3 Parte frontal o delantera de una cosa. — **= frente**
4 Cada pared del horno de fundición. — **METALURGIA**

testerada Testarada, golpe dado con la cabeza. — **s.f.**

testerazo Testarazo [en todas sus acepciones]. — **s.m.**

testero
1 Testera [en todas sus acepciones]. — **s.m.**
2 Losa o plancha que hay en la pared de la chimenea, para su resguardo. — **= trashoguero**
3 Macizo de mineral con dos caras descubiertas. — **MINERÍA**

testicular De los testículos. — **adj/ANATOMÍA**

testículo (Del lat. *testiculus,* testigo de la virilidad.) Cada una de las dos glándulas genitales masculinas que producen los espermatozoides y segregan la hormona masculina. — **s.m. ANATOMÍA = teste**

testificación Acción y resultado de testificar. — **s.f.**

testifical De los testigos: *su declaración no concuerda con la versión testifical.* — **adj.**

testificar (Del lat. *testificare < testis,* testigo + *facere,* hacer.)
1 Afirmar la verdad de una cosa con testigos o documentos auténticos. — **v.tr. conj: sacar**
2 Declarar como testigo en un acto judicial: *hoy testifica la esposa; testificó todo lo que había visto.* — **v.tr/intr. DERECHO**
3 Afirmar la verdad de una cosa: *yo testifico que estuve con el acusado ese día.* — **= atestiguar, testimoniar**
4 Ser una cosa prueba o muestra de otra. — **= indicar**

testificativo, a Que declara con certeza y testimonio verdadero una cosa. — **adj.**

testigo (Derivado del ant. *testiguar < lat. testificare.*)
1 Persona que presencia una cosa o da testimonio de ella, en especial ante un juez: *la defensa llama al testigo; yo fui testigo del accidente.* — **s.m.f.**
2 Persona necesaria en la celebración de un acto jurídico para dar fe del mismo: *fui uno de los testigos de la boda.* — **DERECHO**
3 Cosa por la que se deduce la verdad de un hecho. — **s.m./= indicio**
4 Objeto alargado y cilíndrico que en el lugar marcado intercambian los corredores de un mismo equipo, en una carrera de relevos: *en el momento del relevo, se le cayó el testigo al atleta.* — **DEPORTES**
5 Extremo de una cuerda que se deja sin torcer para indicar que está entera.
6 Hito de tierra que se deja a trechos en las excavaciones, para poder medir después el volumen de tierra extraída. — **CONSTRUCCIÓN**
7 Pieza de escayola u otro material adecuado que se coloca en las grietas de un edificio para comprobar su evolución. — **CONSTRUCCIÓN**
8 Parte del material viviente destinado a una experimentación. — **BIOLOGÍA**
9 Trozo de papel que se deja sin cortar al pie de una hoja para que se acuse el tamaño original de los pliegos. — **ARTES GRÁFICAS**
10 Testículo, glándula genital masculina. — **ANATOMÍA**
11 Trozo de metal que el zahorí lleva como muestra. — **s.m.pl.**
12 Piedras que se arriman al lado de los mojones para señalar la dirección del terreno amojonado.
13 testigo abonado: 1. El que no tiene tacha legal. 2. El que no pudiendo ratificarse, por haberse muerto o hallarse ausente, es abonado por la justificación que se hace de su veracidad y de no tener tachas legales. — **DERECHO DERECHO**
14 testigo de cargo: El que declara en un juicio en contra del acusado. — **DERECHO**
15 testigo de conocimiento: El que, conocido a su vez por el notario, asegura a éste sobre la identidad del otorgante. — **DERECHO**
16 testigo de descargo: El que declara en un juicio a favor del procesado. — **DERECHO**
17 testigo de Jehová: Miembro de una secta religiosa sincrética, mezcla de cristianismo, judaísmo, unitarismo, sinergismo y elementos capitalistas. — **RELIGIÓN**
18 testigo de oídas: El que conoce lo que declara por haberlo oído a otros. — **DERECHO**

19 testigo de vista u ocular: 1. El que se halló presente en el caso sobre el que atestigua o declara. **2.** Persona que se constituye en vigilante para observar lo que se hace o acontece. | DERECHO
20 testigo instrumental: El que en documentos notariales afirma con el notario el hecho y el contenido del otorgamiento. | DERECHO
21 testigo mayor de toda excepción: El que no tiene tacha ni excepción legal. | DERECHO
22 testigo singular: El que es único en lo que atestigua. | DERECHO
23 testigo sinodal: Persona nombrada por el sínodo para velar por la observancia de sus estatutos. | RELIGIÓN
24 examinar testigos: Tomarles el juramento y las declaraciones. | DERECHO
25 hacer testigos: Poner personas de autoridad para que confirmen la verdad de una cosa. | DERECHO
26 mucho aprieta este testigo: Se usa cuando una persona prueba con hechos indudables lo contrario de lo que otra decía.

testimonial
1 Que tiene valor de testimonio: *presencia testimonial*. | adj.
2 Documento que da fe o testifica una cosa. | s.f.pl.
3 Testimonio que dan los obispos de las buenas costumbres de un súbdito que pasa a otra diócesis. | RELIGIÓN

testimoniar
1 Dar una persona testimonio o pruebas de la certeza de una cosa: *testimonió las agresiones de las que fue víctima*. | v.tr. = atestiguar
2 Dar muestras de una cosa: *el público testimonió su admiración hacia el cantante con un sonoro aplauso*. | = demostrar

testimoniero, a
1 Que miente o tiende a levantar falsos testimonios. | adj/s.
2 Que se comporta con hipocresía. | = hipócrita

testimonio (Del lat. *testimonium*.)
1 Acción y resultado de testimoniar. | s.m.
2 Declaración y examen del testigo para provocar la convicción del órgano jurisdiccional. | DERECHO
3 Instrumento legalizado en que se da fe de un hecho. | DERECHO
4 Prueba de la certeza de una cosa. | = vestigio
5 Falsa atribución de una culpa.
6 falso testimonio: Delito que comete el testigo o perito que declara faltando a la verdad en causa criminal o en actuaciones judiciales de índole civil. | DERECHO

testimoñero, a Testimoniero [en todas sus acepciones]. | adj/s.

testitis Orquitis, inflamación de uno o de dos testículos. | s.f./pl: testitis MEDICINA

testón Diversas monedas europeas de plata que tenían la cabeza de un rey grabada. | s.m. HISTORIA

testosterona Hormona segregada por los testículos, que actúa sobre el desarrollo de los órganos genitales y de los caracteres sexuales masculinos. | s.f. BIOQUÍMICA

testudíneo, a De la tortuga o que tiene alguna de sus propiedades. | adj.

testudo (Del lat. *testudo*, tortuga.)
1 Máquina antigua de guerra con la que se cubrían los soldados para acercarse a una muralla enemiga. | s.m./MILITAR = tortuga
2 Cubierta que formaban los soldados uniendo los escudos sobre sus cabezas. | MILITAR = tortuga

testuz
1 Frente del caballo y de otros animales. | s.m.f./pl: testuces
2 Nuca del toro, el buey o la vaca. | s.m.

tesura Calidad de tieso. | s.f.

teta
1 Cada uno de los órganos glandulosos y prominentes que tienen las mujeres y las hembras de los mamíferos que dan de mamar a las crías: *los cachorros maman de las tetas de la perra*. | s.f. ANATOMÍA = mama
2 Pezón de estos órganos. | ANATOMÍA
3 Leche que segregan esos órganos: *le da teta a su bebé*.
4 Pequeño monte en forma de mama de mujer. | = mamila
5 Muy bueno, excelente: *este pastel está teta*. | adj./vulgar
6 Muy bien: *nos lo pasamos teta en tu fiesta*. | adv./vulgar
7 teta de maestra: Maestril de abejas.
8 teta de vaca: 1. Planta compuesta perenne, de tallo recto y ramoso y flores rojizas, que abunda en la península Ibérica. **2.** Merengue grande con forma cónica. | BOTÁNICA = barbaja COCINA
9 dar la teta: Dar de mamar.
10 dar la teta al asno: Se usa para expresar la desproporción o inutilidad en hacer una cosa con una persona que no la va a agradecer o aprovechar. | coloquial
11 de teta: Se aplica al niño o cría de un animal que todavía mama. | loc.adj.
12 mamar una teta: Mostrar una persona, ya adulta, demasiado apego a su madre con comportamientos de niño. | coloquial
13 quitar la teta: Hacer que el niño o la cría del animal deje de mamar. | coloquial

tetada Cantidad de leche que se mama de una vez. | s.f.

tetania Tendencia patológica a la aparición de espasmos y contracturas musculares. | s.f. MEDICINA

tetánico, a Del tétanos: *síntomas tetánicos*. | adj./MEDICINA

tetanismo Hipertonicidad muscular que suele observarse, alguna vez, en los niños pequeños. | s.m. MEDICINA

tetanización Acción de tetanizar. | s.f./MEDICINA

tetanizar Provocar mediante excitación eléctrica contracciones prolongadas de un músculo, parecidas a las que se dan en el tétanos. | v.tr. conj: *cazar* MEDICINA

tétanos (Del gr. *tetanos*, tensión.) Enfermedad infecciosa muy grave, contraída a través de las heridas sucias y caracterizada por la contracción dolorosa de los músculos. | s.m.pl: tétanos tb: tétano MEDICINA

tetar Dar de mamar la hembra de los mamíferos a sus crías. | v.tr. tb: atetar

tête-à-tête (Expresión francesa.) Conversación entre dos personas. | s.m.

tetera
1 Recipiente de formas y materias diversas, usado para preparar y servir el té. | s.f.
2 Tetilla del biberón. | Amér. Central, P. Rico

tetero Biberón, botella pequeña que, provista de una tetina, permite al lactante succionar la leche. | s.m. Colomb.

tético, a
1 Del primer tiempo del compás y de la frase melódica que empieza en él. | adj. MÚSICA
2 De la tesis.

tetilla
1 Cada pecho o abultamiento que los mamíferos machos tienen en el lugar correspondiente al de las mamas de las hembras. | s.f. ANATOMÍA
2 Pezón de goma u otro material que se ajusta al biberón para que el niño chupe por él: *sigue chupando de la tetilla porque tiene más hambre*. | tb: tetina
3 Planta compuesta parecida al alazor pero con flores azules. *(Cardúncellus coeruleus.)* | BOTÁNICA
4 Queso gallego de leche de vaca, de forma cónica característica.
5 dar a una persona en o por la tetilla: Persuadirle, convencerle o tocarle en lo que más siente. | coloquial

tetina Tetilla, especie de pezón que se pone en los biberones: *he comprado una tetina de goma más suave*. | s.f.

tetón, a
1 Se aplica a la persona que tiene las tetas muy grandes. | adj. coloquial
2 Pedazo seco de la rama podada de una planta y que queda unido al tronco. | s.m.
3 Saliente que sobresale de la superficie lisa de algunas piezas de armamento.

tetorras Tetas grandes. | s.f.pl./coloquial

tetra- Componente de palabra procedente del gr. *tettares*, que significa cuatro: *tetrasílabo*. | pref.

tetraatómico, a Que está formado de cuatro átomos. | adj. QUÍMICA

tetrabrik Recipiente cuadrado de cartón impermeabilizado, que se usa como envase de alimentos líquidos: *guarda el tetrabrik de la leche en la nevera*. | s.m. pl: tetrabriks

tetraciclina Antibiótico fungicida que actúa sobre numerosas bacterias. | s.f. FARMACIA

tetracloruro Combinación que contiene cuatro átomos de cloro. | s.m. QUÍMICA

tetracordio (Del gr. *tettares*, cuatro + lat. *cor, cordis*, corazón.) Sucesión descendente de cuatro sonidos, que formaban la base de la estructura del sistema musical griego antiguo. | s.m. MÚSICA

tétrada
1 Conjunto de cuatro cosas iguales o muy relacionadas entre sí. | s.f.
2 Conjunto de cuatro granos de polen unidos que provienen de una misma célula madre. | BOTÁNICA
3 Conjunto formado por un par de cromosomas que se han desdoblado durante la meiosis. | BIOLOGÍA

tetradáctilo, a Se refiere al animal que tiene cuatro dedos en sus extremidades. | adj. ZOOLOGÍA

tetradimensional Se aplica al espacio que tiene cuatro dimensiones. | adj. FÍSICA

tetradinamia Conjunto de cuatro estambres más largos que los otros dos en los seis que tienen las plantas crucíferas. | s.f. BOTÁNICA

tetraédrico, a
1 Del tetraedro. | adj./GEOMETRÍA
2 Que tiene forma de tetraedro. | = tetragonal

tetraedro (Del gr. *tettares*, cuatro + *edra*, cara.)
1 Poliedro de cuatro caras. | s.m./GEOMETRÍA
2 Pirámide de base triangular. | GEOMETRÍA
3 tetraedro regular: Aquel cuyas caras son cuatro triángulos equiláteros iguales. | GEOMETRÍA

tetragonal (Del gr. *tettares*, cuatro + *gonia*, ángulo.)
1 Del tetrágono. | adj./GEOMETRÍA
2 Que tiene forma de tetrágono.

3 Se aplica al sistema de cristalización que tiene un eje principal cuaternario y cuatro binarios equivalentes dos a dos. · MINERALOGÍA

tetrágono, a
1 Se aplica al polígono de cuatro ángulos y cuatro lados. · adj./s.m. GEOMETRÍA
2 Superficie de cuatro ángulos y cuatro lados: *el escenario es un tetrágono.* · s.m./GEOMETRÍA = cuadrilátero

tetragrama (Del gr. *tettares*, cuatro + *gramma*, letra.) Renglonadura formada por cuatro rectas paralelas y equidistantes, usada en la escritura del canto gregoriano. · s.m. MÚSICA

tetragrámaton
1 Palabra compuesta por cuatro letras. · s.m./pl: tetragrámaton
2 El nombre de Dios escrito en alfabeto hebreo, al que los cabalistas atribuyen propiedades mágicas. · RELIGIÓN

tetralogía (Del gr. *tettares*, cuatro + *logos*, ciencia.)
1 Conjunto de cuatro obras, tres tragedias y un drama satírico, que los antiguos poetas trágicos presentaban a los concursos dramáticos. · s.f. LITERATURA
2 Conjunto de cuatro obras literarias o musicales, unidas por una misma inspiración. · LITERATURA, MÚSICA

tetrámero, a (Del gr. *tettares*, cuatro + *meros*, parte.)
1 Se aplica al verticilo que está compuesto por cuatro piezas. · adj. BOTÁNICA
2 Se refiere a la flor que tiene el cáliz y la corola de esta forma. · BOTÁNICA
3 Perteneciente a un grupo de insectos coleópteros que tienen cuatro artejos en cada tarso. · adj/s.m. ZOOLOGÍA

tetrámetro Verso formado por cuatro metros, en la métrica clásica. · s.m. POESÍA

tetramorfo, a
1 Se aplica a un animal fantástico que los antiguos orientales representaban con cabeza de hombre, alas de águila, pies delanteros de león y pies traseros de toro. · adj. MITOLOGÍA
2 Representación, propia de la iconografía románica, de los cuatro evangelistas con sus símbolos. · s.m. ARTE

tetraplejía (Del gr. *tettares*, cuatro + *plixis*, golpe.) Parálisis que afecta a los cuatro miembros. · s.f./MEDICINA = cuatriplejía

tetrapléjico, a
1 De la tetraplejía. · adj./MEDICINA
2 Que padece tetraplejía. · adj/s./MEDICINA

tetraploide Se aplica a los individuos mutantes con el doble de cromosomas. · adj/s.m.f. BIOLOGÍA

tetraploidia Estado de los tetraploides. · s.f./BIOLOGÍA

tetrápodo, a (Del gr. *tettares*, cuatro + *pus, podos*, pie.) Perteneciente a un grupo de vertebrados de vida terrestre, que poseen cuatro extremidades, excepto los que las han perdido de forma secundaria como las serpientes. · adj/s.m. ZOOLOGÍA

tetrapolar Se aplica al aparato o componente eléctrico que tiene cuatro polos. · adj. ELECTRICIDAD

tetráptero, a (Del gr. *tettares*, cuatro + *pteron*, ala.) Se refiere al insecto que tiene dos pares de alas. · adj. ZOOLOGÍA

tetrarca (Del gr. *tettares*, cuatro + *arkho*, mandar.)
1 Jefe de la cuarta parte en un reino o provincia. · s.m.f./HISTORIA
2 Gobernador de una provincia o territorio. · HISTORIA

tetrarcado Dignidad y función de un tetrarca. · s.m./HISTORIA

tetrarquía (Del gr. *tettares*, cuatro + *arkho*, mandar.)
1 Dignidad del tetrarca. · s.f./HISTORIA
2 Territorio bajo la jurisdicción del tetrarca. · HISTORIA
3 Tiempo de su gobierno. · HISTORIA

tetrasílabo, a Que tiene cuatro sílabas: *la palabra chocolate es tetrasílaba.* · adj/s. = cuatrisílabo

tetrástico, a (Del gr. *tettares*, cuatro + *stikhos*, verso.) Se aplica a la composición poética que está formada por cuatro versos. · adj. POESÍA

tetrástilo, a (Del gr. *tettares*, cuatro + *stylos*, columna.) Se refiere a la construcción que tiene cuatro columnas de frente, o que está precedida por ellas: *templo tetrástilo; pórtico tetrástilo.* · adj. ARQUITECTURA

tetrástrofo, a (Del gr. *tettares*, cuatro + *strophe*, vuelta.)
1 Se aplica a la composición que está formada por cuatro estrofas. · adj. POESÍA
2 Se refiere a la estrofa formada por cuatro versos. · POESÍA
3 **tetrástrofo monorrimo:** Estrofa formada por cuatro versos de rima igual. · POESÍA = cuaderna vía

tetravalente Que tiene cuatro valencias. · adj./QUÍMICA

tétrico, a (Del lat. *taetricus*.)
1 Que causa temor o angustia por su oscuridad o relación con la muerte: *el cementerio enmarcaba muy bien aquel tétrico paisaje.* · adj. = sombrío ≠ alegre
2 Que es triste o pesimista: *no te plantees la vida tan tétrica.* · = melancólico ≠ alegre

tetrodo Válvula electrónica compuesta por cuatro electrodos. · s.m. TECNOLOGÍA

tetuaní
1 De Tetuán, ciudad de Marruecos. · adj./pl.tb: tetuaníes
2 Persona natural de esta ciudad. · s.m.f.

tetudo, a Se aplica a la persona que tiene las tetas muy grandes. · adj. = tetón

teucrio (Del gr. *teukrion*.) Planta arbustiva labiada, de tallos leñosos, hojas enteras y flores azuladas. *(Teucrium chamaedris.)* · s.m. BOTÁNICA

teucro, a De Troya, antigua ciudad asiática. · adj/s./HISTORIA

teúrgia Magia que practicaban los antiguos griegos y romanos para comunicarse con sus divinidades y obrar prodigios. · s.f. RELIGIÓN

teúrgico, a De la teúrgia: *práctica teúrgica.* · adj./RELIGIÓN

teúrgo (Del gr. *theurgos < theos*, dios + *ergon*, obra.) Mago dedicado a la teúrgia. · s.m. RELIGIÓN

teutón, a
1 De un pueblo germano que invadió la Galia. · adj./HISTORIA
2 Persona natural de este pueblo. · s./HISTORIA
3 De Alemania. · adj/s.
4 Miembro de la orden Teutónica. · s.m.
5 Lengua germánica de la alta edad media. · LINGÜÍSTICA

teutónico, a
1 De los teutones. · adj./HISTORIA
2 Se aplica a una orden militar alemana. · HISTORIA
3 Se refiere a los caballeros que forman parte de esta orden militar. · HISTORIA
4 Lengua hablada por los teutones. · s.m./LINGÜÍSTICA

tex Unidad de medida empleada para numerar y graduar los hilos textiles, equivalente a un gramo por kilómetro. · s.m. pl: tex TEXTIL

textil (Del lat. *textilis*.)
1 Se aplica a la materia que puede ser reducida a hilos y tejida. · adj/s.m. TEXTIL
2 De los tejidos y de las actividades orientadas a su elaboración: *siempre ha habido industria textil en esta zona.* · adj. TEXTIL

texto (Del lat. *textum*.)
1 Conjunto de palabras que componen un escrito: *el texto ocupa tres páginas.* · s.m.
2 Pasaje citado de una obra literaria, en especial de los escritos bíblicos: *os leeré un texto del famoso novelista.* · = episodio
3 Cuerpo de una obra escrita, prescindiendo de notas, comentarios, portadas, índices u otras partes que van por separado: *el libro son doscientas páginas de texto.*
4 Enunciado o conjunto de enunciados orales o escritos, que constituye la unidad fundamental de la comunicación verbal humana. · LINGÜÍSTICA
5 Libro que se utiliza en la enseñanza para la preparación de una asignatura: *coged el texto y haced los ejercicios.*
6 Grado de letra de imprenta que era menos gruesa que la parangona y más que la atanasia. · ARTES GRÁFICAS

textual
1 Del texto: *he de hacer una crítica textual.* · adj.
2 Que reproduce con exactitud lo dicho o escrito con anterioridad: *sus palabras textuales fueron demasiado insultantes.* · = literal
3 Se aplica a la persona que autoriza sus pensamientos y los prueba con textos.

textualista Persona que se atiene con demasiada rigidez a un texto sin tener en cuenta otras explicaciones, como glosas o comentarios. · s.m.f.

textura
1 Operación de tejer: *estas máquinas facilitan la textura de los tapices.* · s.f./TEXTIL = tejedura
2 Disposición y orden de los hilos en una tela. · TEXTIL/= tejido
3 Disposición que tienen entre sí las partes o partículas que forman una cosa. · = estructura
4 Sensación que se percibe al tocar una cosa, según sean los elementos que la componen: *el bolso tenía una textura rugosa.* · = tacto
5 Disposición y dimensiones relativas de los elementos constitutivos de una roca. · GEOLOGÍA

texturización Operación mediante la cual se mejoran las propiedades físicas de las fibras textiles sintéticas. · s.f. TEXTIL

texturizar Tratar los hilos de fibras sintéticas para darles buenas propiedades textiles. · v.tr./TEXTIL conj: cazar

tez Superficie de la piel del rostro humano: *tiene la tez muy tersa.* · s.f./pl: teces = cutis

tezado, a Que está moreno por el sol. · adj./tb: atezado

tezontle Piedra volcánica de color rojizo, usada en construcción. · s.m./Méx. CONSTRUCCIÓN

tgv (Acrónimo de *[t]rain à [g]rande [v]itesse.*) Tren de gran velocidad de la red ferroviaria francesa. · s.m.

thai
1 De un pueblo que habita en el sureste asiático. · adj./pl: thai/tb: tai
2 Persona natural de este pueblo. · s.m.f.
3 Familia de lenguas habladas por este pueblo. · s.m./LINGÜÍSTICA

thaler Antigua moneda prusiana de plata. · s.m./HISTORIA

thalweg Línea del mayor declive de un valle por la cual van las aguas corrientes cuando existen. · s.m./pl: thalweg tb: tálveg

thenardita Mineral de color gris, amarillento o rojizo, transparente, de brillo vítreo con forma de cristales, masas fibrosas o agregados estrellados, de la clase de los sulfatos, usado en la industria del vidrio. — s.f. MINERALOGÍA

thesaurus Diccionario léxico de filología o arqueología, en especial si es exhaustivo. — s.m./pl: thesaurus = tesoro

theta Nombre de la letra del alfabeto griego que se translitera por la z del español. — s.f.

thriller (Voz inglesa.) Novela o película policíaca, de espionaje o fantástica que proporciona sensaciones fuertes. — s.m. CINE, LITERATURA

ti (Del lat. *tibi*.) Tú, se usa precedido de preposición, y cuando ésta es "con", se dice "contigo": *es para ti; lo hice por ti; se dirige a ti; no puedo estar sin ti.* — pron.pers.

tía (Del bajo lat. *thia < gr. theia*.)
1 Hermana del padre o de la madre, respecto de una persona. — s.f.
2 Mujer que ejerce la prostitución. — vulgar
3 Tratamiento de respeto que se da en algunos pueblos a las mujeres casadas o de edad.
4 Expresión que equivale a amiga o a mujer en general: *¡tía, qué fiesta tan guapa has montado!* — coloquial
5 Mujer de quien se pondera una buena o mala cualidad: *¡qué tía, canta como los ángeles!* — coloquial
6 Mujer grosera o despreciable. — despectivo
7 **cuéntaselo a tu tía:** Indica incredulidad.
8 **no hay tu tía:** Expresa la dificultad o imposibilidad de realizar o conseguir una cosa. — coloquial
9 **quedarse para tía:** Quedarse soltera una mujer. — coloquial
10 **tía buena:** Mujer que tiene un buen tipo y es atractiva. — coloquial
11 **¡tu tía!:** Expresión de rechazo. — coloquial

tiaca Planta arbórea saxifragácea americana, de flores pequeñas y blancas en corimbo y hojas aserradas. (*Wlinnmannia paniculata.*) — s.f. BOTÁNICA

tialina (Del gr. *ptyalon*, saliva.) Fermento de la saliva que transforma el almidón de los alimentos en azúcar. — s.f./FISIOLOGÍA tb: ptialina

tialismo (Derivado del gr. *ptyalon*, saliva.) Secreción excesiva de saliva. — s.m./MEDICINA tb: ptialismo

tianguis Mercado, en especial el que se instala de forma periódica en la calle. — s.m./pl: tianguis Méx./COMERCIO

tiara (Del lat. *tiara < gr. tiara*.)
1 Mitra o tocado de ceremonia, ceñido por tres coronas, usado por el papa en los actos no litúrgicos. — s.f. RELIGIÓN
2 Dignidad del sumo pontífice. — RELIGIÓN
3 Gorro alto, de tela o cuero, que usaban los antiguos persas. — HISTORIA

tiberio Ruido, situación confusa: *con tanto tiberio no puedo estudiar.* — s.m. coloquial

tibetano, a
1 Del Tíbet, región del centro de Asia, o de su lengua. — adj.
2 Persona natural de esta región. — s.
3 Lengua hablada en esta región y en zonas limítrofes. — s.m. LINGÜÍSTICA

tibia (Del lat. *tibia*.)
1 Hueso principal y anterior de la pierna, situado entre la rodilla y el tarso. — s.f. ANATOMÍA
2 Hueso o división de las extremidades de ciertos animales. — ZOOLOGÍA
3 Flauta, instrumento musical de viento. — MÚSICA

tibial De la tibia. — adj./ANATOMÍA

tibiamente Con tibieza o indiferencia: *aplaudían muy tibiamente.* — adv.

tibieza Calidad de tibio: *la tibieza del agua me conforta.* — s.f.

tibio, a (Del lat. *tepidus*.)
1 Que no está ni frío ni caliente: *el agua del baño ha de estar tibia.* — adj. = templado
2 Que es poco afectuoso o apasionado. — = indiferente
3 **ponerse una persona tibia:** 1. Darse un hartazgo, de comida o de bebida: *pilló el ponche y se puso tibio.* — coloquial 2. Mancharse o ensuciarse mucho: *el niño se ha puesto tibio jugando con el barro.* — coloquial
4 **poner tibia a una persona:** Insultarla o hablar muy de ella: *en cuanto se fue, la pusieron tibia.* — coloquial

tibio- Componente de palabra procedente del lat. *tibia*, que significa tibia: *tibiofemoral.* — pref.

tibor Vaso grande de barro, de origen chino o japonés, que puede tener diversas formas y cuyo exterior suele estar decorado. — s.m.

tiburón
1 Pez marino elasmobranquio de gran tamaño, de cuerpo esbelto y fusiforme, aletas pectorales grandes y morro puntiagudo provisto de varias filas de dientes afilados. — s.m. ZOOLOGÍA = escualo
2 Persona que en el mundo de los negocios es implacable y no tiene escrúpulos: *es un tiburón y logrará ser director general.* — coloquial

tic (Del fr. *tic*.)
1 Gesto o movimiento convulsivo habitual producido por la contracción involuntaria de uno o varios músculos: *tiene un tic en el ojo y parece que parpadee.* — s.m. pl: tics MEDICINA
2 Vicio o manía de hacer una cosa determinada: *tiene el tic de tocarse siempre el pelo.* — = hábito

ticholo Dulce de caña de azúcar o de guayaba, que se presenta en panes pequeños. — s.m. /Argent. COCINA

ticket (Voz inglesa.) Tique, billete o vale: *no pierdas el ticket del autobús.* — s.m.

tico, a Denominación corriente que se suele dar a los costarriqueños. — adj/s. Amér. Central

tictac (Voz onomatopéyica.) Sonido acompasado, como el del reloj u otro semejante. — s.m.

tie-break (Voz inglesa.) Sistema para limitar la duración de los partidos de tenis, que consiste en realizar un último juego que decide el vencedor cuando existe igualdad a seis. — s.m. DEPORTES

tiemblo Álamo temblón, el de corteza lisa y blanquecina. — s.m. BOTÁNICA

tiemia Presencia de azufre en la sangre. — s.f./MEDICINA

tiempo (Del lat. *tempus, -oris*.)
1 Sucesión de instantes en los que se desarrollan los cambios de las cosas: *he perdido la noción del tiempo.* — s.m. = momento
2 Cualquier período o espacio más o menos largo: *tardaré mucho tiempo en volver.*
3 Estado de la atmósfera en relación con la temperatura, el viento, la humedad u otros factores, en un momento determinado: *¿qué tiempo hace?; van a dar el parte del tiempo.* — = climatología
4 Momento en el que se vive o sucede una cosa: *vivió en tiempo de los romanos.* — = época
5 Cada uno de los cuatro períodos estacionales en que se divide el año. — = estación
6 Edad de un niño pequeño o de una cría de animal: *tu hijo y el mío son del mismo tiempo.*
7 Momento propio u oportuno para hacer una cosa: *ha llegado el tiempo de las emigraciones de las aves.* — = época
8 Período disponible para hacer una cosa: *no he tenido tiempo para escribir.* — = ocasión
9 Cada uno de los momentos en que se divide la realización de algunas cosas: *todavía no ha empezado el segundo tiempo del partido; lo hizo en tres tiempos.* — = parte
10 Cada una de las partes de igual duración en que se divide el compás musical. — MÚSICA
11 Cada una de las divisiones de la conjugación correspondientes al momento en que se ejecuta o sucede la acción del verbo. — GRAMÁTICA
12 Morfema del verbo que expresa el momento en que se ejecuta o sucede la acción. — GRAMÁTICA
13 Golpe de esgrima que ejecuta el tirador a pie firme para llegar a tocar al adversario. — DEPORTES
14 Temporal o tempestad duradera en el mar. — NÁUTICA
15 Velocidad con que se ejecuta una pieza musical. — MÚSICA/= tempo
16 Cada una de las partes en que se divide una composición musical. — MÚSICA
17 Fase de un motor. — MECÁNICA
18 **tiempo absoluto:** El que expresa el momento de la acción, sin relación con los momentos de otras acciones del mismo contexto. — GRAMÁTICA
19 **tiempo compuesto:** El formado por el verbo auxiliar haber y el participio del verbo que se conjuga. — GRAMÁTICA
20 **tiempo de fortuna:** El de muchas nieves, lluvias o tempestades. — coloquial
21 **tiempo de perros:** Estado de la atmósfera muy desapacible: *hoy hace un tiempo de perros.* — coloquial
22 **tiempo de reverberación:** Tiempo que ha de transcurrir para que el sonido se reduzca en una proporción determinada en el interior de un auditorio. — FÍSICA
23 **tiempo futuro:** El que sirve para denotar la acción que no ha sucedido todavía. — GRAMÁTICA
24 **tiempo geológico:** El transcurrido en las sucesivas eras geológicas y cuya duración se mide en millones de años. — GEOLOGÍA
25 **tiempo inmemorial:** El antiguo no fijado por documentos fehacientes, ni por los testigos más ancianos. — DERECHO
26 **tiempo litúrgico:** División que hace la Iglesia católica del año religioso. — RELIGIÓN
27 **tiempo medio:** El medido por el movimiento uniforme de un astro ficticio que tarda lo mismo en recorrer el ecuador celeste que el Sol verdadero la eclíptica. — ASTRONOMÍA
28 **tiempo muerto:** 1. Breve suspensión del juego solicitada por un entrenador de baloncesto para orientar a su equipo sobre la estrategia que debe seguir. — DEPORTES 2. El que transcurre entre dos actividades, sin que ocurra nada de particular. — coloquial
29 **tiempo pascual:** El que comienza con las vísperas del sábado santo y acaba con la nona antes del domingo. — RELIGIÓN
30 **tiempo perdido:** El que transcurre sin hacer nada de provecho. — coloquial
31 **tiempo presente:** El que sirve para denotar la acción actual. — GRAMÁTICA
32 **tiempo pretérito:** El que sirve para denotar la acción que ya ha sucedido. — GRAMÁTICA

33 tiempo relativo: El que indica el momento de una acción, considerada desde el punto de vista de su relación con el momento del habla, y, también, con el de otra acción expresada en el mismo contexto. · GRAMÁTICA

34 tiempo sidéreo: El medido por el movimiento aparente de las estrellas. · ASTRONOMÍA

35 tiempo simple: El formado por la raíz del verbo que se conjuga con las terminaciones correspondientes, sin verbo auxiliar. · GRAMÁTICA

36 tiempo solar o verdadero: El medido por el movimiento aparente del Sol. · ASTRONOMÍA

37 tiempos heroicos: 1. Aquellos en que se supone que vivieron los antiguos héroes de algunas mitologías. 2. Aquellos en que se ha hecho un gran esfuerzo para sacar adelante una cosa o que, por cualquier circunstancia, se recuerdan con agrado. · MITOLOGÍA / coloquial

38 abrirse del tiempo: Empezar a disiparse los nublados o a cesar las lluvias, fríos o vientos. · coloquial

39 acomodarse una persona al tiempo: Conformarse con lo sucedido o con lo permitido por la ocasión o por las circunstancias. · coloquial

40 acordarse del tiempo del rey que rabió: Se usa para dar a entender que una persona o cosa es muy vieja o antigua. · coloquial

41 agarrarse el tiempo: Afianzarse éste en su mal estado. · coloquial

42 ajustar los tiempos: Investigar o fijar la cronología de los sucesos.

43 a largo tiempo: Después de un largo período: *ni a largo tiempo te perdonaré.* · loc.adv.

44 al correr del tiempo: Después de cierto período, más adelante. · loc.adv.

45 al mejor tiempo: A lo mejor, quizás. · loc.adv.

46 al mismo tiempo: De forma simultánea: *habéis llegado al mismo tiempo.* · loc.adv.

47 alzarse o levantarse el tiempo: Serenarse el estado atmosférico o dejar de llover. · coloquial

48 andando el tiempo: Más adelante, dentro de un período. · loc.adv.

49 andar una persona con el tiempo: 1. Conformarse con él. 2. Alabar a la persona que tiene mucho poder y seguir todo lo que dice o piensa. · coloquial / coloquial

50 asegurarse o sentarse el tiempo: Abonanzar, cesar la lluvia, el viento y el frío. · coloquial

51 a tiempo: En el momento oportuno: *has llegado a tiempo para ayudarme.* · loc.adv.

52 a tiempos: A veces o de vez en cuando. · loc.adv.

53 a un tiempo: De forma simultánea o con la unión de varios. · loc.adv.

54 capear el tiempo: Estar a la capa, o no dar a la nave, cuando corre algún temporal, otro gobierno que el necesario para la defensa. · NÁUTICA

55 cargarse el tiempo: Irse aglomerando y condensando las nubes. · coloquial

56 con el tiempo: Después de un cierto período: *con el tiempo los disgustos se van olvidando.* · loc.adv.

57 con tiempo: 1. De forma anticipada: *yo llego tarde y ella siempre con tiempo.* 2. Con el período suficiente para hacer una cosa: *hoy voy con tiempo, ¿tomamos un café?* · loc.adv. / loc.adv.

58 correr el tiempo: Irse pasando: *el tiempo corre y yo sigo sin saber nada de él.* · coloquial

59 darse buen tiempo: Alegrarse o divertirse una persona. · coloquial

60 dar tiempo: 1. No meter prisa a una persona o no correr prisa una cosa: *dame tiempo y no me pongas nervioso.* 2. Disponer del período suficiente para hacer una cosa: *no me da tiempo a coger el tren.*

61 dar tiempo al tiempo: 1. Esperar la oportunidad para hacer una cosa: *no pidas el aumento hoy, da tiempo al tiempo.* 2. Ser condescendiente con una persona, teniendo en cuenta las circunstancias: *doy tiempo al tiempo porque es su primer día de trabajo.* · coloquial / coloquial

62 dejar una cosa al tiempo: Despreocuparse y esperar que se arregle al pasar algún período: *déjalo al tiempo, ya se le pasará el enfado.* · coloquial

63 del tiempo: 1. Se aplica a la fruta que se produce en una determinada estación. 2. Se refiere a la bebida que se toma a temperatura ambiente, sin enfriarla. · loc.adj. / loc.adj.

64 del tiempo de Maricastaña: Muy antiguo o pasado de moda. · loc.adj. / coloquial

65 descomponerse el tiempo: Destemplarse o alterarse la serenidad de la atmósfera. · coloquial

66 despejarse el tiempo: Despejarse el cielo, quedar sin nubes. · coloquial

67 de tiempo: 1. Se aplica a la criatura o al animal nacido al término natural de la preñez. 2. Desde hace mucho: *sus peleas ya vienen de tiempo.* · loc.adj. / loc.adv.

68 de tiempo en tiempo: A intervalos, con discontinuidad: *me escribe cuando le apetece, de tiempo en tiempo.* · loc.adv.

69 echar los tiempos: Decir a una persona expresiones ásperas. · coloquial

70 en los buenos tiempos: Cuando era joven o se estaba en mejor situación. · loc.adv.

71 en mis... tiempos: En los tiempos en que uno era joven: *en mis tiempos las cosas eran muy distintas.* · loc.adv.

72 en tiempo de Maricastaña o del rey Perico: En épocas muy antiguas. · loc.adv. / coloquial

73 en tiempo o en su tiempo: En ocasión oportuna. · loc.adv.

74 en tiempos: En época pasada: *en tiempos era así, pero ya ha cambiado todo.* · loc.adv.

75 faltar tiempo a una persona para una cosa: Hacerla de modo inmediato: *me faltó tiempo para contarle el chismorreo.* · coloquial

76 fuera de tiempo o sin tiempo: En un momento inoportuno. · loc.adv. / coloquial

77 ganar tiempo: 1. Retardar una cosa para poder realizar otra por la que se tiene interés: *la entretuve con promesas para ganar tiempo.* 2. Hacer cierta cosa que sirve para adelantar o terminar antes otra: *mientras una me peinaba otra me maquillaba para ganar tiempo.* · coloquial / coloquial

78 gozar del tiempo: Usarlo bien o aprovecharse de él: *desde que se jubiló goza del tiempo.* · coloquial

79 hacer tiempo: Entretenerse o esperar hasta el momento oportuno para hacer una cosa: *entró en una cafetería para hacer tiempo mientras tú llegabas.* · coloquial

80 matar, engañar o entretener el tiempo: Hacer cualquier cosa sólo para distraerse: *veo la televisión para matar el tiempo.* · coloquial

81 medir el tiempo: Calcular bien el que se tiene disponible para hacer una serie de cosas. · coloquial

82 no tener tiempo material: No disponer del necesario para hacer una cosa: *no tengo tiempo material para llegar al aeropuerto.* · coloquial

83 no tener tiempo ni para rascarse: Estar muy ocupado. · coloquial

84 obedecer al tiempo: Obrar como exigen las circunstancias. · coloquial

85 pasar el tiempo: Hacer cosas sin interés o por mera distracción: *hace punto para pasar el tiempo.*

86 perder o malgastar el tiempo: 1. Dejarlo pasar sin hacer nada de provecho. 2. Hacer una cosa en vano: *esa chica está perdiendo el tiempo con ese muchacho.* · coloquial / coloquial

87 por tiempo: Por cierto período. · loc.adv.

88 sentarse el tiempo: Abonanzar, dejar de llover o de hacer frío. · coloquial

89 ser una cosa del tiempo del rey que rabió: Ser muy vieja o antigua. · coloquial

90 sin perder tiempo: Enseguida, de forma inmediata. · loc.adv.

91 tener tiempo para una cosa: Disponer del período necesario para hacerla: *sólo tengo tiempo para comer un bocadillo.*

92 todo el tiempo: De forma constante, sin interrupciones: *está todo el tiempo llorando.* · loc.adv.

93 tomar el tiempo como viene: Conformarse con la marcha de las cosas sin angustiarse. · coloquial

94 tomarse una persona tiempo: Dejar para otro momento la realización de una cosa: *necesito tomarme tiempo para pensarlo.*

95 un tiempo: En alguna época, en el pasado o en el futuro: *hubo un tiempo en que fue rico; llegará un tiempo en que no habrá guerras.*

96 y, si no, al tiempo: Se usa para manifestar el convencimiento de que los sucesos futuros demostrarán o confirmarán lo afirmado.

tienda (Del bajo lat. *tenda.*)
1 Establecimiento comercial donde se venden distintos productos al por menor: *acércate a la tienda a comprar pan; han montado una tienda de regalos.* · s.f. / COMERCIO = comercio
2 Armazón de barras fijadas o clavadas en suelo blando, con una cubierta de piel o de tejido impermeable sujeta a tierra con cuerdas o vientos, usada como alojamiento: *el campamento militar estaba formado por veinte tiendas y dos barracones.*
3 Toldo que se pone en algunos barcos para protegerse del sol y el agua. · NÁUTICA
4 Toldo que se pone en los carros para defenderse del sol o de la lluvia.
5 tienda de campaña: Armazón desmontable, con una cubierta de material impermeable, que se monta al aire libre y se usa para acampar: *los excursionistas montaron la tienda de campaña en un saliente de la montaña.*

tienta
1 Operación de tentar a los becerros con la garrocha para probar si tienen la bravura necesaria para ser criados como toros de lidia. · s.f. / TAUROMAQUIA
2 Instrumento usado para explorar cavidades y conductos naturales o la profundidad y dirección de las heridas. · MEDICINA
3 Astucia en la averiguación de una cosa: *vete con tienta o sospechará de ti.* · = sagacidad
4 Barra metálica con la que se explora la calidad de la tierra en que se va a edificar. · CONSTRUCCIÓN = tientaguja
5 a tientas: 1. Tocando las cosas: *se fue la luz y llegué a tientas hasta la puerta.* 2. Con duda, vacilación o incertidumbre: *contesté a tientas y gané el premio.* · loc.adv. / loc.adv.

tientaguja Barra metálica con punta dentada para probar la calidad del terreno en que se va a edificar. · s.f. / CONSTRUCCIÓN

tientaparedes Persona que anda a tientas o a ciegas tanto en lo moral como en lo material. — s.m.f. / pl: tientaparedes

tiento
1 Acción y resultado de tentar, palpar o ejercitar el sentido del tacto. — s.m. / = tanteo
2 Cuidado o habilidad con que se actúa para no producir un efecto perjudicial: *trata a los profesores con mucho tiento.* — = diplomacia, tacto
3 Seguridad y firmeza de la mano para realizar trabajos delicados: *tiene mucho tiento y hace los trazos rectos.* — = pulso
4 Golpe que se da a una persona o cosa: *le recibieron con un par de tientos y se fue llorando.* — coloquial / = porrazo, torta
5 Ejecución de unas cuantas notas para comprobar si está bien afinado un instrumento. — MÚSICA
6 Palo que usan los ciegos para guiarse. — = bastón
7 Cuerda o palo delgado que va desde el peón de la noria hasta la cabeza del animal y le obliga a seguir la pista.
8 Vara larga que usan los equilibristas para no perder el equilibrio. — = contrapeso
9 Vara o palo pequeño que usan los pintores apoyándolo sobre el lienzo con la mano izquierda, de manera que sirva de soporte y guía a la derecha. — ARTE
10 Pellada de yeso con que se afirman las miras y reglones. — CONSTRUCCIÓN
11 Tentáculo de algunos animales, que actúa como órgano táctil o de prensión. — ZOOLOGÍA
12 Composición instrumental con series de exposiciones sobre diversos temas. — MÚSICA
13 Canto popular andaluz con letra de tres versos octosílabos. — s.m.pl. / MÚSICA
14 Baile que se ejecuta al compás de este canto.
15 Tira delgada de cuero sin curtir, empleada para hacer látigos, sogas y otros instrumentos. — s.m./Argent., Chile, Urug.
16 **a tiento:** Usando el sentido del tacto. — loc.adv.
17 **dar un tiento a una cosa:** 1. Reconocer una cosa y examinarla con prevención y advertencia. 2. Beber un trago del vino o licor contenido en un recipiente: *cogió la bota y le dio un tiento.* 3. Comer un bocado de un alimento sólido: *a gusto le daría un tiento a ese bocadillo.* — coloquial / coloquial
18 **de tiento en tiento:** De una en otra tentativa. — loc.adv.
19 **perder el tiento a una cosa:** Dejar de tener destreza o habilidad en ella: *hace tiempo que no conduzco y le he perdido el tiento.* — coloquial
20 **tomar el tiento a una cosa:** Examinarla o verificarla. — coloquial

tierno, a (Del lat. *tener, -era, -erum.*)
1 Que se deforma o se corta con facilidad: *este bistec está muy tierno.* — adj. / ≠ duro
2 Que es joven o de poco tiempo. — ≠ viejo
3 Que llora con facilidad: *se emociona siempre porque es muy tierno.* — ≠ duro
4 Que es dulce y cariñoso con las personas: *es muy tierno con sus hijos.* — = afectuoso / ≠ seco

tierra (Del lat. *terra.*)
1 Planeta del sistema solar habitado por las personas y los seres vivos. — s.f. / ASTRONOMÍA
2 Superficie del globo terrestre no cubierta por el mar: *desde la cubierta vimos tierra.* — GEOGRAFÍA
3 Materia inorgánica desmenuzable de que se compone en gran parte el suelo natural: *echa más tierra en la maceta.*
4 Terreno apto para el cultivo: *los jornaleros trabajan la tierra del propietario.* — AGRICULTURA
5 Territorio, país o región: *viajaré a tierra americana.*
6 Lugar de origen de una persona: *no me gusta estar lejos de la tierra.* — = patria
7 Vida terrena, en oposición al cielo: *cree que lo que haga en la tierra le valdrá en el cielo.* — = mundo
8 Suelo, considerado como un conductor de poca impedancia: *la lavadora tiene toma de tierra.* — ELECTRICIDAD
9 **tierra abertal:** 1. La que con facilidad se abre y forma grietas. 2. La que no está cerrada ni vallada.
10 **tierra campa:** La desprovista de arbolado y que suele dedicarse a la siembra de cereales. — AGRICULTURA
11 **tierra de batán:** Greda o arcilla arenosa que se emplea en los batanes para desengrasar los paños.
12 **tierra de brezo:** Mantillo formado por arena y detritus de brezo muy usado en jardinería.
13 **tierra de Holanda:** Ocre, mineral usado para pintar. — ARTE
14 **tierra de labor o de labranza:** Terreno cultivable. — AGRICULTURA
15 **tierra del piripao:** Lugar o casa donde hay opulencia y abundancia. — coloquial
16 **tierra de miga:** La que es muy arcillosa y se pega mucho a los dedos al amasarla.
17 **tierra de nadie:** 1. Territorio entre dos frentes, que permanece sin ocupar. 2. Lugar imaginario o abstracto donde las personas dejan de tener influencia sobre las cosas. — MILITAR / coloquial
18 **tierra de pan llevar:** La dedicada al cultivo de cereales. — AGRICULTURA
19 **tierra de Segovia o blanca:** Carbonato de cal que se usa en pintura. — ARTE
20 **tierra de sembradura:** La que se destina para plantar cereales y otras semillas. — AGRICULTURA
21 **tierra de Siena:** Arcilla de color ocre o pardo oscuro usada en pintura. — ARTE
22 **tierra de Venecia:** Ocre, mineral usado para pintar. — ARTE
23 **tierra firme:** 1. Terreno sólido donde se puede edificar debido a su consistencia y dureza. 2. Parte sólida del globo terrestre, en oposición al mar: *tardaron tres meses en pisar tierra firme.* — CONSTRUCCIÓN
24 **tierra prometida o de promisión:** 1. La que Dios prometió al pueblo israelita. 2. La que es muy fértil y rica. — RELIGIÓN
25 **tierra Santa:** Conjunto de los lugares palestinos donde nació, vivió y murió Jesucristo. — RELIGIÓN
26 **tierras raras:** Grupo de óxidos metálicos, y de los metales correspondientes, de los elementos del grupo de los lantánidos y el de los actínidos. — QUÍMICA
27 **tierra vegetal:** La que sirve de soporte a las plantas y les proporciona alimento.
28 **a ras de tierra:** A nivel del suelo. — loc.adv.
29 **besar la tierra:** Caerse de cara contra el suelo. — coloquial
30 **besar una persona la tierra que otra pisa:** Tenerle profundo respeto o agradecimiento. — coloquial
31 **dar en tierra con una cosa:** Dejarla caer o arruinarla. — coloquial
32 **de la tierra:** Propio o autóctono de la región o comarca de que se trata: *compraremos quesos de la tierra.* — loc.adj.
33 **echar por tierra una cosa:** Malograrla o frustrarla antes de acabarla. — coloquial
34 **echarse la tierra en los ojos:** Hablar u obrar una persona de tal modo que, queriendo disculparse, se perjudique. — coloquial
35 **echarse por tierra:** Humillarse suplicando o rendirse. — coloquial
36 **echar tierra a un asunto:** Ocultarlo, disimularlo u olvidarlo: *echemos tierra a la cuestión y dejemos de discutir.* — coloquial
37 **en toda tierra de garbanzos:** En todas partes: *en toda tierra de garbanzos hay gente con mala intención.* — loc.adv. / coloquial
38 **estar comiendo o mascando tierra:** Estar muerto y enterrado. — coloquial
39 **irse o venirse a tierra una cosa:** Caer, arruinarse o destruirse. — coloquial
40 **partir la tierra:** Lindar el término de una población con el de otra. — coloquial
41 **perder tierra:** Dejar de estar apoyado o en contacto físico con ella. — coloquial
42 **poner tierra por medio:** Marcharse de un sitio huyendo: *puso tierra por medio pero la policía lo encontró.* — coloquial
43 **quedarse una persona en tierra:** Haber perdido un medio de transporte. — coloquial
44 **sacar una cosa de debajo de la tierra:** Conseguirla aunque exija un esfuerzo muy grande: *para comer sacaré el dinero de debajo de la tierra, si es necesario.* — coloquial
45 **tierra adentro:** Lugar que se aleja o está distante de las costas, hacia el interior. — loc.adv.
46 **¡tierra trágame!:** Se usa cuando se siente mucha vergüenza y se desearía desaparecer. — coloquial
47 **tomar tierra:** 1. Arribar un barco a puerto. 2. Aterrizar un avión. — NÁUTICA / AERONÁUTICA
48 **tragarse la tierra a una persona:** Desaparecer de los lugares que frecuentaba, por lo que nadie lo ha vuelto a ver. — coloquial
49 **ver tierras:** Viajar por distintos países. — = ver mundo

tieso, a (Del lat. vulgar *tesus* < lat. *tensus.*)
1 Que está firme y erguido: *ponte tieso para la foto; el perro tenía las orejas tiesas.* — adj. / = derecho, recto
2 Que no tiene flexibilidad: *esta planta tiene las hojas tiesas.* — = inflexible
3 Que está en buen estado de ánimo o de salud. — = sano
4 Que está satisfecho de sí mismo: *va muy tieso desde que le dieron el premio.* — = orgulloso
5 Que es orgulloso y engreído: *hay que ver qué tiesa es por ser guapa.* — = arrogante / ≠ humilde
6 Que se comporta con frialdad: *su timidez la lleva a ser demasiado tiesa con los desconocidos.* — = seco / ≠ afectuoso
7 **dejar tieso:** 1. Impresionar mucho a una persona: *la noticia lo dejó tieso.* 2. Matar a una persona o animal: *le pegó un tiro y lo dejó tieso allí mismo.* — coloquial / coloquial
8 **quedarse tieso:** 1. Quedarse entumecido por el frío: *me he quedado tieso esperándote en la calle.* 2. Quedarse muy impresionado: *se quedó tieso cuando vio a su mujer con otro.* 3. Morirse una persona o animal: *le dio un ataque y se quedó tieso.* — coloquial / coloquial / coloquial
9 **tenérselas tiesas:** Enfrentarse con entereza y energía a una persona, discutiendo o peleándose con ella. — coloquial
10 **tieso que tieso:** Con terquedad, porfiadamente. — loc.adv.

tiesta Canto de las tablas que forman los fondos o tapas de los toneles. — s.f.

tiesto (Del lat. *testu*, tapadera de barro.)
1 Recipiente de barro, plástico u otro material, que lleno de tierra se usa para criar plantas: *tiene la terraza llena de tiestos con rosales.* — s.m. / = maceta
2 Pedazo de una vasija de barro rota.

3 Vasija de cualquier clase. *Chile*

4 **mear fuera del tiesto**: Salirse del tema, decir una cosa que no viene a cuento. coloquial

5 **salirse una persona del tiesto**: Empezar la persona tímida o vergonzosa a atreverse a hablar o a hacer otras cosas. coloquial

tiesura
1 Cualidad de lo que es duro o rígido. s.f.
2 Modo de comportarse de la persona demasiado seria o afectada. = seriedad

tifáceo, a (Derivado del lat. *typhe* < gr. *typhe*, espadaña.) Perteneciente a una familia de plantas monocotiledóneas que crecen junto al agua, como la espadaña. adj/s.f. BOTÁNICA

tífico, a
1 Del tifus: *fiebre tífica*. adj./MEDICINA
2 Que padece. tifus: *enfermo tífico*. adj/s./MEDICINA

tiflectasis Distensión o aumento de la longitud del intestino ciego. s.f./pl: tiflectasis MEDICINA

tiflitis Inflamación del intestino ciego: *le diagnosticaron una tiflitis aguda*. s.f./pl: tiflitis MEDICINA

tiflo- Componente de palabra procedente del gr. *typhlos*, que significa ciego: *tiflografía*. pref. tb: tifl-

tiflografía Radiografía del intestino ciego introduciéndole bario para que contraste. s.f. MEDICINA

tiflología (Del gr. *typhlos*, ciego + *logos*, ciencia.) Parte de la medicina que estudia la ceguera y los medios para curarla. s.f. MEDICINA

tiflológico, a De la tiflología: *especialista tiflológico*. adj./MEDICINA

tiflólogo, a Médico especialista en tiflología. s./MEDICINA

tiflostomía Operación quirúrgica para abrir un ano artificial en el intestino ciego. s.f./MEDICINA = colostomía

tifo (Del gr. *typhos*, vapor.)
1 Tifus, enfermedad contagiosa grave. s.m./MEDICINA
2 **tifo asiático**: Cólera asiático, enfermedad infecciosa y epidémica. MEDICINA
3 **tifo de América**: Fiebre amarilla, enfermedad endémica de las costas antillanas. MEDICINA = tifus icterodes
4 **tifo de Oriente**: Peste bubónica, enfermedad infecciosa epidémica y febril. MEDICINA

tifo, a (De origen incierto.) Harto o repleto de comida o bebida. adj. coloquial

tifoideo, a (Del gr. *typhos*, vapor + *eidos*, forma.) Se aplica a una enfermedad infectocontagiosa provocada por alimentos que contienen el bacilo de Eberth, que se multiplican en el intestino y actúan por toxinas. adj. MEDICINA

tifón (Del gr. *typhon*, torbellino.) Tormenta tropical en torbellino propia de los mares chinos. s.m.

tifosi (Voz italiana.) Aficionados deportivos italianos, en especial los hinchas de algún equipo de fútbol. s.m.pl. DEPORTES

tifosis Enfermedad de las aves, microbiana y contagiosa. s.f./pl: tifosis VETERINARIA

tifus (Del gr. *typhos*, vapor.)
1 Enfermedad muy contagiosa y epidémica, que puede causar la muerte, caracterizada por manchas en la piel, fiebre alta, delirios, escalofríos y postración. s.m./pl: tifus tb: tifo MEDICINA
2 **tifus abdominal**: Fiebre tifoidea, enfermedad infecciosa originada en el intestino. MEDICINA
3 **tifus exantemático o petequial**: Infección tífica, epidémica, por lo general transmitida por el piojo, caracterizada por la aparición de manchas punteadas en la piel. MEDICINA
4 **tifus icterodes**: Fiebre amarilla, enfermedad endémica de las costas antillanas. MEDICINA = tifo de América

tigmotaxis (Del gr. *thigmos*, contacto + gr. *taxis*, orden.) Movimiento de orientación en respuesta a la estimulación obtenida por un cuerpo sólido. s.f. pl: tigmotaxis BIOLOGÍA

tigmotropismo (Del gr. *thigmos*, contacto + *tropos*, vuelta.) Movimiento de orientación de una planta que se produce por contacto, siendo propio de los tallos volubles. s.m. BOTÁNICA

tigre, esa (Del lat. *tigris* < gr. *tigris*.)
1 Mamífero felino carnívoro, de gran tamaño y piel amarilla rayada en negro. *(Panthera tigris.)* s. ZOOLOGÍA
2 Persona cruel y sanguinaria.
3 Jaguar, mamífero carnívoro, de color amarillento con pequeños anillos negros. s.m./Amér. ZOOLOGÍA
4 Pájaro de mayor tamaño que una gallina, con el plumaje pardo manchado, que se asemeja a la piel de este mamífero félido. Ecuad. ZOOLOGÍA
5 **oler a tigre**: Oler muy mal una persona o un lugar: *este cuartucho huele a tigre*. coloquial
6 **ser un tigre**: Ser una persona fuerte y apasionada, en especial en el amor. coloquial

tigrillo Mamífero carnívoro, de pelaje amarillo con manchas oceladas, vientre claro y orejas negras con una mancha blanca. *(Felis trigrina.)* s.m. Amér. Central y Merid./ZOOLOGÍA

tigrón Híbrido estéril de tigre y león. s.m./ZOOLOGÍA

tihuén Planta de la familia de las lauráceas. *(Ocotea perseifolia.)* s.m./Chile BOTÁNICA

tija (Del fr. *tige* < lat. *tibia*.) Barra pequeña de la llave que media entre el ojo y el paletón. s.f.

tijera (Del lat. *tonsorias* < *forfices tonsorias*, tijera de esquilar.)
1 Utensilio para cortar, formado por dos hojas de acero, o de otro material, con punta y filo, articuladas por un eje que las atraviesa y con un ojo en cada una de ellas para manejarlas con los dedos: *estas tijeras no cortan*. s.f. tb: tijeras
2 Aspa articulada para distintos usos, en especial la que se usa para apoyar los maderos que se van a serrar.
3 Patada que, en el fútbol, se da al balón en el aire, golpeándolo con una pierna y amagando la otra: *marcó el gol haciendo una tijera*. DEPORTES
4 Ejercicio que consiste en cruzar las piernas en el aire, manteniendo la espalda y los codos en el suelo. DEPORTES
5 Llave que consiste en hacer presa en el adversario con las piernas, en el deporte de la lucha. DEPORTES
6 Suerte de capa que se ejecuta citando al toro de frente y teniendo la capa cogida con los brazos cruzados. TAUROMAQUIA
7 Lengua bífida de la culebra. ZOOLOGÍA
8 Zanja que se hace en las tierras húmedas para desaguarlas.
9 Persona que esquila el ganado lanar.
10 Armazón de maderos cruzados en posición oblicua, que atravesaba el cauce de un río para detener las maderas que arrastraba la corriente. s.f.pl.
11 **buena tijera**: 1. Persona hábil en cortar, en especial los sastres y modistas. 2. Persona que come mucho. 3. Persona muy murmuradora. coloquial coloquial coloquial
12 **de tijera**: Se aplica a cualquier cosa formada por dos piezas articuladas por un eje: *escalera de tijera; silla de tijera*. loc.adj.
13 **echar o meter la tijera**: 1. Empezar a cortar con este instrumento una tela, pelo o cualquier otra cosa. 2. Cortar o atajar con decisión los inconvenientes de una cosa. coloquial

tijeral Armazón que sostiene el techo de una edificación. s.m./Chile CONSTRUCCIÓN

tijereta
1 Insecto dermáptero provisto de. dos apéndices en forma de pinza al final de su abdomen, que se encuentra con frecuencia bajo las piedras y en las frutas. s.f. ZOOLOGÍA = cortapicos
2 Cada uno de los zarcillos que por pares nacen a trechos en los sarmientos de las vides. AGRICULTURA
3 Ave migratoria, del tamaño de una golondrina, con una cola que se parece a las hojas de una tijera. *(Rynchops nigra.)* Amér. ZOOLOGÍA

tijeretazo Corte hecho de una vez con las tijeras: *de un tijeretazo se cortó la larga melena*. s.m. = tijeretada

tijeretear
1 Dar cortes a una cosa con las tijeras sin orden ni cuidado: *se entretenía tijereteando el papel*. v.tr.
2 Intervenir en asuntos o negocios ajenos de forma indiscreta: *tijeretea siempre las conversaciones de los demás*. coloquial = inmiscuirse

tijereteo
1 Acción y resultado de tijeretear. s.m.
2 Ruido que hacen las tijeras al ser movidas de forma repetida.

tijerilla Tijereta, cada uno de los zarcillos de los sarmientos de la vid. s.f./AGRICULTURA = tijeruela

tijerillas Planta herbácea de tallo trepador y flores amarillentas agrupadas en espigas. *(Corydalis claviculata.)* s.f./pl: tijerillas BOTÁNICA

tila
1 Tilo, planta arbórea tiliácea. s.f./BOTÁNICA
2 Flor del tilo. BOTÁNICA
3 Infusión hecha con las flores del tilo, con propiedades sedantes: *se tomó una tila y se calmó*.

tilacino Mamífero marsupial carnívoro de la isla de Tasmania, de cola y patas gruesas, pelaje pardo y bandas marrones en el dorso, es parecido a un lobo esquilado. *(Thylacinus cynocephalus.)* s.m. ZOOLOGÍA = lobo marsupial

tílburi (Del ingl. *tilbury*.) Carruaje de dos ruedas grandes, ligero, descubierto, preparado para transportar a dos personas y tirado por una sola caballería. s.m.

tildar
1 Atribuir una falta o un defecto a una persona: *todos sus conocidos le tildaban de fanfarrón*. v.tr./+ de = tachar
2 Poner una tilde a una letra o tildes en un escrito. = acentuar
3 Hacer una raya o un borrón sobre una cosa escrita para suprimirla. = tachar

tilde (Del lat. *titulus*, inscripción.)
1 Símbolo gráfico del acento y pequeña raya que se coloca sobre la letra eñe. s.f.
2 Defecto o falta que se le atribuye a una persona. = tacha
3 Cosa mínima e insignificante. = frusleria

tilia (Del lat. *tilia*.) Tilo, planta arbórea tiliácea. s.f./ BOTÁNICA

tiliáceo, a Perteneciente a una familia de plantas arbóreas, arbustivas o herbáceas, propias de los países cálidos, como el tilo. — *adj/s.f. BOTÁNICA*

tiliche Baratija, cachivache o cosa sin valor o de poca utilidad. — *s.m./Méx. Amer. Central.*

tilichero, a
1 Se refiere a la persona muy aficionada a guardar tiliches o cachivaches. — *adj/s. Méx.*
2 Vendedor de tiliches. — *Amér. Central*
3 Lugar donde se guardan los cachivaches. — *s.m./Méx.*
4 Conjunto de cachivaches. — *Méx.*

tílico, a Se aplica a la persona enclenque y flacucha. — *adj./Méx., Bol.*

tilín (Voz onomatopéyica.)
1 Sonido de una campanilla u otra cosa parecida. — *s.m.*
2 **hacer tilín**: Gustar o resultar atractiva una persona o cosa: *el primer día que te vi ya me hiciste tilín.* — *coloquial*
3 **tener tilín**: Tener gracia o atractivo: *gusta a todos porque tiene tilín.* — *coloquial*

tilingo, a Se aplica a la persona que dice tonterías y se comporta con afectación. — *adj./Argent., Perú, Urug.*

tilla (Del fr. *tille* < germ. *thilja*.) Entablado que cubre una parte de las embarcaciones menores. — *s.f. NÁUTICA*

tillado Entablado o entarimado, suelo construido a base de tablas. — *s.m. CONSTRUCCIÓN*

tillar Entarimar o cubrir un suelo con tillados o tablas. — *v.tr. CONSTRUCCIÓN*

tillita Roca resultante de la compactación de una morrena antigua o un depósito de sedimentos de origen glaciar, cuyos elementos están mal clasificados. — *s.f. GEOLOGÍA*

tilma Manta de algodón que llevan los hombres del campo, a modo de capa, anudada sobre el hombro. — *s.f. Méx.*

tilo (Del fr. ant. *til* < lat. *tilia*.) Planta arbórea tiliácea, de madera fácil de trabajar y flores de color blanco amarillento con las que se prepara una infusión de efectos tranquilizantes. (*Tilia*.) — *s.m. BOTÁNICA tb: tila, tilio*

timador, a Persona que tima a otra: *el timador la enredó y ella no se dio cuenta.* — *s. = estafador*

tímalo (Del lat. *thymallus* < gr. *thymallos*.) Pez teleósteo, de agua dulce, de cola larga, escamas grandes y boca pequeña con dientes poderosos, que vive en ríos de corriente rápida. (*Thymallus thymallus*.) — *s.m. ZOOLOGÍA*

timar
1 Quitar una cosa a una persona con engaño. — *v.tr./ = estafar*
2 Engañar a una persona con promesas que luego no se cumplen. — *= estafar*
3 Hacerse guiños u otras muestras de cariño los enamorados. — *v.prnl. coloquial*

timba
1 Partida de un juego de azar, en especial de cartas: *esta noche tengo una timba con los amigos.* — *s.f. coloquial*
2 Casa de juego. — *= garito*
3 Barriga, conjunto de vísceras del abdomen. — *Méx., Amér. Central*

timbal (Del ár. vulgar *tabal* < ár. *tabl*.)
1 Instrumento musical de percusión, compuesto por una caja metálica semiesférica, sobre cuyos bordes está tendida una piel cuya tensión se regula mediante unas tuercas de palomilla, y que se golpea con unas mazas. — *s.m. MÚSICA*
2 Tambor que suele tocarse en las fiestas públicas: *los timbales encabezaban el pasacalle.* — *MÚSICA = atabal*
3 Masa de harina y manteca, por lo general con forma de cubilete, que se rellena con carne y otros alimentos. — *COCINA*
4 Molde en que se prepara este plato. — *COCINA*

timbalero, a Persona que toca los timbales: *la banda está formada por tres timbaleros.* — *s. MÚSICA*

timbirimba
1 Partida de juego de azar. — *s.f./tb: timba*
2 Casa de juego. — *= garito*

timbó Planta arbórea mimosácea, de gran altura, cuya madera, muy resistente al agua, se utiliza para la construcción de canoas. (*Enterolobium timbouva*.) — *s.m. Argent., Par. BOTÁNICA*

timbón, a Se aplica a la persona barriguda o que tiene el vientre muy prominente. — *adj./Méx., Amér. Central*

timbrado, a
1 Se aplica al papel que tiene sello o marca oficial. — *adj.*
2 Se refiere a la voz que tiene un timbre agradable. — *adj.*
3 Se aplica al escudo adornado de timbres o emblemas. — *HERÁLDICA*

timbrador, a
1 Persona que timbra. — *s.*
2 Utensilio que sirve para timbrar. — *s.*

timbrar
1 Poner un sello oficial o un timbre en un documento: *en el registro te timbrarán el sobre.* — *v.tr. = sellar*
2 Dar a la voz el timbre adecuado.
3 Poner un timbre en un escudo de armas. — *HERÁLDICA*

timbrazo Toque fuerte de un timbre: *el timbrazo me despertó.* — *s.m.*

timbre (Del fr. *timbre* < lat. *tympanum* < gr. *tympanon*, tambor.)
1 Aparato mecánico o eléctrico que produce un sonido y sirve para llamar o avisar: *no he oído el timbre del teléfono.* — *s.m.*
2 Sello estampado en el papel que se usa para algunos documentos oficiales, como signo de la cantidad que debe pagarse al estado en concepto de impuesto. — *= estampilla, póliza*
3 Cualidad que distingue un sonido de otro, dependiendo de la disposición de los elementos de resonancia.
4 Manera propia y característica de sonar un instrumento musical o la voz de una persona: *tiene un timbre de voz apagado.* — *MÚSICA*
5 Renta del estado constituida por el importe de los sellos, papel sellado y otras imposiciones que gravan la emisión, uso o circulación de documentos. — *ECONOMÍA*
6 Insignia que se coloca sobre el escudo de armas. — *HERÁLDICA*
7 Acción gloriosa o cualidad personal que ensalza y ennoblece.
8 Estampilla, sello postal. — *Méx.*

timbrofilia (Del fr. *timbre*, sello + gr. *philos*, que ama.) Afición de coleccionar timbres impresos en papel sellado del estado. — *s.f.*

timbrófilo, a Se aplica a la persona que colecciona timbres impresos en papel sellado del estado. — *adj/s.*

timbrología (Del fr. *timbre*, sello + gr. *logos*, tratado.) Conjunto de conocimientos técnicos relativos a los timbres del papel sellado del estado. — *s.f.*

timbrólogo, a Persona experta en timbrología. — *s.*

timeleáceo, a (Del lat. *thymelaea* < gr. *thymelaia*.) Perteneciente a una familia de plantas angiospermas dicotiledóneas, arbustivas o herbáceas, de hojas alternas u opuestas, flores terminales en racimo, y fruto en baya o cápsula, como el torvisco. — *adj/s.f. BOTÁNICA*

-timia Componente de palabra procedente del gr. *thymos*, que significa aliento: *lipotimia.* — *suf.*

timiama Sustancia olorosa reservada al culto divino entre los judíos. — *s.m. RELIGIÓN*

tímico, a Del timo, glándula. — *adj./ANATOMÍA*

timidez Falta de desenvoltura para tratar con la gente o decisión para emprender una cosa: *su timidez le impide hacer nuevos amigos.* — *s.f./pl: timideces SICOLOGÍA ≠ atrevimiento*

tímido, a (Del lat. *timidus*, temeroso.)
1 Se aplica a la persona a la que resulta difícil relacionarse con la gente o realizar algún tipo de actividad en público: *era tan tímido que tuve que declararme yo.* — *adj/s. = cortado, vergonzoso*
2 Que se manifiesta con poca fuerza o de forma velada: *me dirigió una tímida sonrisa; las tímidas quejas pronto desaparecieron.* — *adj. = leve, ligero ≠ fuerte*

timina Base nitrogenada que se encuentra en los ácidos nucleicos y que interviene en el código genético. — *s.f. BIOQUÍMICA*

timo
I (Del lat. *thymallus* < gr. *thymallos*.) Tímalo, pez teleósteo de agua dulce. — *s.m. ZOOLOGÍA*
II (Derivado de *timar*.)
1 Engaño que se hace en un negocio o venta, o robo efectuado con persuasión: *es tan inocente que fue víctima de un timo.* — *s.m. = estafa*
2 Dicho o frase que se repite a modo de muletilla. — *coloquial*
III (Del lat. *thymum* < gr. *thymon*.) Glándula endocrina de los vertebrados, situada detrás del esternón, que se atrofia en la pubertad y desempeña un importante papel en la resistencia a las infecciones. — *s.m. ANATOMÍA*

timocracia (Del gr. *time*, dignidad + *kratos*, poder.) Forma de gobierno en la que ejercen el poder los ciudadanos más ricos. — *s.f. POLÍTICA*

timócrata Que es partidario de la timocracia: *los timócratas sólo miran por sus intereses económicos.* — *adj/s.m.f. POLÍTICA*

timocrático, a De la timocracia. — *adj./POLÍTICA*

timol (Del lat. *thymum* < gr. *thymon*.) Fenol contenido en la esencia de tomillo y usado como desinfectante. — *s.m. QUÍMICA*

timoma Tumor que se origina a partir de las células linfoepiteliales del timo. — *s.m. MEDICINA*

timón (Del lat. *temo, -onis*.)
1 Pieza de madera o hierro articulada en vertical sobre goznes en el codaste, que se usa para dirigir el barco. — *s.m./ NÁUTICA = gobernalle*
2 Dispositivo que regula la progresión de una aeronave en dirección o en profundidad. — *AERONÁUTICA*
3 Dirección o gobierno de un negocio o asunto: *ella sola lleva el timón de la empresa familiar.* — *= mando*
4 Palo derecho que sale de la cama del arado y al que se fija el tiro. — *AGRICULTURA*
5 Varilla del cohete, que le sirve de contrapeso y le da dirección.
6 Volante del automóvil. — *Colomb.*
7 **cerrar el timón a la banda**: Hacerlo girar todo lo posible hacia un lado. — *NÁUTICA*

timonear
1 Guiar o gobernar el timón. — *v.intr.*
2 Manejar o dirigir un negocio o asunto: *su hijo timonea las negociaciones.* — *v.tr.*

timonel (Del cat. *timoner.*) Persona que gobierna el timón de una embarcación: *el timonel no podía controlar el barco a causa del temporal.* — s.m.f. / NÁUTICA / = timonero

timonera
1 Se aplica a las plumas de la cola de las aves, con las que dirigen el vuelo. — adj./s.f. / ZOOLOGÍA
2 Sitio donde se sentaba la bitácora y estaba el pinzote con que el timonel gobernaba la embarcación. — s.f. / NÁUTICA

timonero, a
1 Del timón. — adj.
2 Se aplica al arado común o de timón. — AGRICULTURA
3 Timonel, persona que gobierna el timón. — s./NÁUTICA

timorato, a (Derivado del lat. *timere*, temer.)
1 Se refiere a la persona que actúa con indecisión, timidez o temor: *no seas timorato y súbete a la noria.* — adj./s. / = miedoso, tímido
2 Se aplica a la persona que se escandaliza con facilidad ante las cosas que considera inmorales. — = mojigato, puritano

timpa (Del fr. *tympe* < germ. *tumpelstein* < *tumpel*, interior del crisol + *stein*, piedra.) Barra de hierro colado que sostiene la pared delantera del crisol de un alto horno. — s.f. / METALURGIA

timpanal Se aplica al hueso en forma de anillo sobre el que está tensada la membrana del tímpano. — adj. / ANATOMÍA

timpánico, a
1 Del tímpano del oído. — adj./ANATOMÍA
2 Se aplica al sonido que produce una cavidad del cuerpo al ser golpeada. — MEDICINA

timpanillo Tímpano pequeño que en las prensas antiguas encajaba detrás del principal. — s.m. / ARTES GRÁFICAS

timpanítico, a
1 De la timpanitis. — adj./MEDICINA
2 Que padece timpanitis. — adj/s./MEDICINA

timpanitis (Del lat. *tympanum* < gr. *tympanon*, pandero + gr. *itis*, inflamación.) Acumulación de gases en el vientre u otras partes del cuerpo, que produce hinchazón. — pl: timpanitis / MEDICINA / = timpanismo

timpanización Proceso de timpanizar o timpanizarse una cavidad del cuerpo. — s.f. / MEDICINA

timpanizarse Ponerse la pared de una cavidad del cuerpo tensa por la acumulación anormal de gases. — v.prnl/conj: cazar / MEDICINA

tímpano (Del lat. *tympanum* < gr. *tympanon*, pandero.)
1 Membrana interior del oído, que separa el conducto medio del externo. — s.m. / ANATOMÍA
2 Espacio triangular comprendido entre el dintel y las cornisas de un frontón. — ARQUITECTURA
3 Instrumento musical compuesto de varias tiras desiguales de vidrio, colocadas sobre dos cuerdas o cintas, y que se toca con una especie de macillo de corcho o forrado. — MÚSICA
4 Tamboril que suele tocarse en las fiestas públicas. — MÚSICA
5 Tapa o fondo de las cubas de vino.
6 Bastidor de las antiguas prensas, donde se colocaba el papel que se iba a imprimir. — ARTES GRÁFICAS

tina (Del lat. *tina*.)
1 Vasija grande de barro: *guarda las aceitunas en una tina.* — s.f. / = tinaja
2 Tonel de madera en forma de media cuba. — = balde
3 Recipiente usado para tintar las telas. — = caldera
4 Recipiente grande y hondo que se instala en el cuarto de baño y se usa para bañarse. — = bañera
5 Maceta para plantas de adorno. — Chile

tinaco
1 Tina pequeña de madera. — s.m.
2 Líquido fétido de la aceituna apilada. — = alpechín
3 Tinaja grande para depositar la chicha. — Ecuad.
4 Depósito de agua situado en la azotea de la casa. — Méx., Amér. Central

tinada
1 Montón de leña: *necesito una tinada para hacer el fuego.* — s.f.
2 Cobertizo para recoger el ganado, en especial para los bueyes. — tb: tinado, tinador

tinaja
1 Recipiente grande de barro cocido u otro material, semejante a un tonel, mucho más ancho por la barriga que en el fondo y la boca, que se usa para guardar agua u otros líquidos. — s.f. / tb: tenaja / = tina
2 Cantidad de líquido que cabe en este recipiente.

tinajero, a
1 Persona que por oficio hace o vende tinajas. — s.
2 Lugar donde se tienen las tinajas. — s.m.

tinajón Vasija de barro cocido, parecida a la mitad inferior de una tinaja. — s.m.

tinamú Ave de tamaño mediano de origen sudamericano, de pico delgado y patas fuertes, que no está bien adaptada para volar. *(Tinamú carape.)* — s.m. / pl.tb: tinamúes / ZOOLOGÍA

tincanque Capirotazo, golpe dado en la cabeza. — s.m./Chile

tincar
1 Dar un papirotazo o un golpe a una cosa para lanzarla con fuerza. — v.tr./conj: sacar / Argent., Chile
2 Tener un presentimiento o intuir una cosa. — v.intr./Chile

tincazo Capirotazo, golpe dado en la cabeza. — s.m./Argent., Ecuad.

tinción Acción y resultado de teñir o tintar una cosa de otro color. — s.f. / = teñido

tincunaco Topamiento, ceremonia del carnaval. — s.m./Argent.

tindalización Proceso de esterilización fraccionada de una sustancia. — s.f.

tindalizar Esterilizar una sustancia alternando fases de calor con fases de cultivo. — v.tr. / conj: cazar

tíndalo Árbol leguminoso de origen filipino. con copa ancha y tronco grueso, flores blancas en panojas, fruto en vainas cortas, y madera de color rojo oscuro, muy apreciada en ebanistería. *(Eperua falcata.)* — s.m. / BOTÁNICA

tindío Ave acuática muy similar a la gaviota. *(Sterna.)* — s.m./Perú

tinelar Del tinelo. — adj.

tinelero, a Persona encargada del cuidado y provisión del tinelo. — s.

tinelo (Del cat. *tinell* < ital. *tinello*, comedor.)
1 Comedor de los criados en las casas señoriales. — s.m.
2 **dar tinelo**: Dar de comer a la servidumbre.

tinerfeño, a
1 De Tenerife, una de las islas Canarias. — adj.
2 Persona natural de esta isla. — s.

tinga Guiso que se prepara con carne deshebrada de pollo o puerco, chile chipotle, cebolla y especias. — s.f./Méx. / COCINA

tinge Búho, ave estrígida mayor y más fuerte que el común. — s.m. / ZOOLOGÍA

tingible (Derivado del lat. *tingere*, mojar.) Que se puede tintar o teñir de otro color. — adj. / = teñible

tingladillo Disposición de las tablas del forro de algunas embarcaciones menores cuando, en vez de juntarse por sus cantos, montan en parte unas sobre otras, como las tejas. — s.m. / NÁUTICA

tinglado (Derivado del ant. *tiglar* < fr. ant. *tingler*, tapar con piezas de madera los huecos de un maderamen.)
1 Cobertizo o espacio techado: *las mercancías se almacenan en los tinglados.* — s.m. / = nave
2 Tablado rudimentario improvisado. — = entablado
3 Intriga, enredo o maquinación: *no sé quién está detrás de este tinglado tan misterioso.* — coloquial / = lío

tingle (Del fr. ant. *tingle*.) Herramienta con que el vidriero abre las tiras de plomo y las ajusta al vidrio. — s.m.

tingo Se usa en la expresión **del tingo al tango** para indicar de aquí para allá. — loc.adv. / Méx.

tinicla (Del lat. *tunicula*.) Cota que usaban los oficiales superiores del ejército. — s.f. / HISTORIA

tiniebla (Derivado del ant. *tiniebra* < lat. *tenebra*.)
1 Falta de luz en algún sitio: *el cementerio en tinieblas daba mucho miedo.* — s.f. / = oscuridad
2 Confusión por falta de conocimientos: *se puso a estudiar para no estar en las tinieblas.* — s.f.pl. / ≠ sabiduría
3 Falta de claridad en la visión abstracta o moral de una persona: *antes de convertirse al budismo, vivía en las tinieblas.*
4 Oficios de maitines de los tres últimos días de semana santa. — RELIGIÓN

tinillo Depósito usado en un lagar para recoger el mosto. — s.m. / AGRICULTURA

tino
I (De origen incierto.)
1 Capacidad de encontrar a tientas las cosas que se buscan: *le vendaron los ojos para demostrar su tino.* — s.m. / = tiento
2 Capacidad de dar en el blanco al tirar o disparar: *hacía prácticas para mejorar el tino con el fusil.* — = puntería
3 Capacidad de calcular una cosa a ojo, sin ayuda de instrumentos u operaciones: *reparte tú la comida, que tienes mucho tino.*
4 Actitud sensata y juiciosa al tratar asuntos difíciles o delicados: *lleva las negociaciones con tino.* — = cordura
5 Actitud moderada o prudente al obrar: *administra el dinero con mucho tino.* — = prudencia / ≠ desatino
6 **a buen tino**: A ojo, por aproximación. — loc.adv.
7 **sin tino**: Sin medida, sin moderación: *está gordo porque come sin tino.* — loc.adv.
II (Derivado de tina.)
1 Tina que sirve para el tinte. — s.m.
2 Depósito de piedra donde se recibe el agua hirviendo que procede de la caldera, en los lavaderos de lana.
III (Del lat. *tinus*.) Durillo, arbusto de la familia de las caprifoliáceas. — s.m. / BOTÁNICA

tinoso, a Se refiere a la persona que es hábil, diestra y segura. — adj./Colomb., Venez.

tinta (Del bajo lat. *tincta*.)
1 Sustancia líquida de color usada para escribir, dibujar o imprimir: *la pluma no tiene tinta.* — s.f.
2 Líquido segregado por ciertos moluscos, como los calamares, para teñir el agua y así protegerse y escapar de sus perseguidores. — ZOOLOGÍA
3 Matices de color. — s.f.pl.
4 Mezcla de colores que se hace para pintar. — ARTE

5 media tinta: 1. Capa general de pintura que se aplica antes de pintar al temple o al fresco, sobre la cual se va colocando el claro y el oscuro. 2. Color intermedio que une o empasta los claros con los oscuros. `ARTE` `ARTE`

6 medias tintas: Soluciones, respuestas o hechos imprecisos o ambiguos: *hablemos claro, no me vengas con medias tintas.* `coloquial`

7 tinta china: La hecha con negro de humo, usada para dibujar.

8 tinta comunicativa: La apropiada para lo que lo escrito con ella pueda reproducirse mediante estampación mecánica en otros ejemplares. `ARTES GRÁFICAS`

9 tinta de imprenta: Sustancia grasa usada para imprimir. `ARTES GRÁFICAS`

10 tinta simpática o invisible: Composición líquida que tiene la propiedad de que lo escrito con ella no aparece si no se le aplica el reactivo adecuado.

11 cargar o recargar las tintas: Exagerar en lo que se dice o se hace: *tuvo que cargar mucho las tintas para que le hicieran caso.* `coloquial`

12 correr la tinta: Estar fluida, escribir con facilidad.

13 correrse la tinta: Extenderse a los lados del trazo escrito o dibujado, motivado por la mala calidad del papel.

14 correr tinta o ríos de tinta: Provocar un asunto gran interés y escribirse mucho sobre ello: *el divorcio de los príncipes hizo correr tinta.* `coloquial`

15 dar o no dar la tinta: Arrojarla bien o mal una pluma sobre la suficiente para escribir.

16 de buena tinta: 1. De fuente fidedigna: *sé de buena tinta el motivo de su dimisión.* 2. De buen humor. `loc.adv.` `loc.adj./coloquial`

17 meter tintas: Colocarlas en los lugares correspondientes. `ARTE`

18 sudar tinta: Costar mucho esfuerzo hacer cierta cosa: *sudaremos tinta haciendo la mudanza.* `coloquial`

tintar Dar a una cosa un color distinto del que tenía: *voy a tintar de negro el vestido blanco.* `v.tr.` `= teñir`

tinte
1 Acción y resultado de teñir: *aquí se realiza el tinte de los hilos.* `s.m.` `= tinción`
2 Sustancia con color usada para teñir: *he comprado tinte rojo.* `= tintura`
3 Establecimiento donde se limpian o tiñen telas o ropas: *llevo el abrigo al tinte.* `COMERCIO` `= tintorería`
4 Matiz adicional o componente superficial que tiene alguna cosa: *el asunto tiene un tinte de verosimilitud.* `= barniz`
5 Artificio con que se desfiguran cosas no materiales. `= tono`
6 Apariencia que adquiere una cosa debido a determinados aspectos: *el hecho tuvo tintes casi ridículos.* `= rasgo`

tinterillo
1 Cagatintas, persona que trabaja en una oficina. `s.m./despectivo`
2 Picapleitos, abogado sin pleitos. `Amér.`

tintero
1 Recipiente usado para contener la tinta de escribir. `s.m.`
2 Mancha negra de la cavidad de los dientes de las caballerías mediante la cual se puede conocer la edad del animal. `= neguilla`
3 Depósito que en las máquinas de impresión recibe la tinta. `ARTES GRÁFICAS`
4 Zoquete de madera usado en los barcos para conservar desleída la almagra con que se tapan las junturas de madera. `NÁUTICA`
5 dejar o quedar una cosa en el tintero: Olvidarla u omitirla: *creo que ya lo he dicho todo y que no me dejo nada en el tintero.* `coloquial`

tintilla
1 Variedad de vid, de sarmientos rojo parduscos, y granos pequeños, redondos y negros. `s.f.` `BOTÁNICA`
2 Vino tinto, astringente y dulce, de origen gaditano.

tintillo, a Se aplica a la variedad del vino poco subido de color. `adj/s.m.`

tintín (Voz onomatopéyica.) Sonido de una campanilla, un timbre, el choque ligero de unas copas u otro sonido semejante. `s.m.`

tintináculo Emblema de algunas basílicas, que consiste en una campana colocada sobre un mango. `s.m.` `RELIGIÓN`

tintinar (Del lat. *tintinnare*.) Producir una cosa el sonido del tintín: *las copas tintinaron al brindar.* `v.intr.` `tb: tintinear`

tintineo Acción y resultado de tintinar o tintinear: *el viento mueve la campanilla y produce un suave tintineo.* `s.m.`

tintirintín (Voz onomatopéyica.) Sonido agudo y penetrante del clarín o de otros instrumentos. `s.m.` `MÚSICA`

tinto, a (Del lat. *tinctus*.)
1 De color rojo oscuro o cárdeno. `adj.`
2 Se aplica al vino de color oscuro, casi tirando a negro: *tomaremos un tinto con el asado.* `adj/s.m.`
3 Se refiere a la uva que tiene negro el zumo y sirve para dar color a ciertos mostos. `adj.`

tintóreo, a Se aplica a la planta que produce sustancias colorantes. `adj.` `BOTÁNICA`

tintorera Pez seláceo carcarínido, de cuerpo fuerte y esbelto, de color azulado en el dorso, con hocico `s.f.` `ZOOLOGÍA`

---

alargado, que vive en los mares tropicales y templados. *(Prionaca glauca.)*

tintorería
1 Establecimiento donde se tiñe o limpia la ropa: *he de llevar los trajes a la tintorería.* `s.f./COMERCIO` `= tinte`
2 Oficio de tintorero.

tintorero, a Persona cuyo oficio es teñir. `s.`

tintorro Vino tinto, por lo general de mala calidad: *este tintorro me ha sentado fatal.* `s.m.` `coloquial`

tintura
1 Acción y resultado de teñir. `s.f./= teñido`
2 Sustancia usada para teñir. `= tinte`
3 Cosmético que se aplica en la cara. `= pintura`
4 Líquido en el que se disuelve una sustancia que le da color.
5 Sustancia medicinal obtenida disolviendo un medicamento en un líquido que extrae de él algunos principios. `FARMACIA`
6 Conocimiento superficial que se tiene de las cosas. `= barniz`

tiña (Del lat. *tinea*, polilla, piojo.)
1 Cualquiera de las enfermedades producidas por parásitos de la piel del cráneo, que ocasionan la caída del cabello, ulceración o aparición de costras. `s.f.` `MEDICINA`
2 Arañuelo o gusanillo que ataca a las colmenas. `ZOOLOGÍA`
3 Miseria, escasez o pobreza en la que puede vivir una persona. `coloquial`
4 Mezquindad o racanería. `= tacañería`
5 más viejo que la tiña: Muy viejo o anticuado: *tira ese abrigo, es más viejo que la tiña.* `loc.adj.` `coloquial`

tiñería Cualidad de tiñoso o tacaño. `s.f.`

tiñoso, a
1 Que padece tiña: *está tiñoso y por eso pierde el pelo a mechones.* `adj/s.` `MEDICINA`
2 Que es miserable, tacaño o ruin: *no seas tiñoso y compártelo con tus hermanos.* `coloquial` `= rácano`

tiñuela
1 Cuscuta, planta parásita del lino. `s.f./BOTÁNICA`
2 Broma, molusco lamelibranquio que ataca la parte sumergida del casco de una embarcación. `NÁUTICA`

tío, a (Del bajo lat. *thius* < gr. *theios*.)
1 Hermano o hermana del padre o de la madre, respecto de una persona. `s.`
2 Tratamiento de respeto que se da en algunos pueblos a las personas casadas o de edad.
3 Expresión que equivale a amigo o a persona en general: *¡tío, qué regalo más chulo me has hecho!* `coloquial`
4 Persona de quien se pondera una cualidad buena o mala: *¡qué tío!, ¡ha batido el récord!* `coloquial`
5 Persona cuyo nombre o condición se ignoran o no se quieren decir: *un tío nos impidió pasar.* `coloquial`
6 Persona grosera o despreciable. `despectivo`
7 tío abuelo: Hermano o hermana de abuelo, respecto de una persona.
8 tío bueno: Hombre que tiene un buen tipo y resulta atractivo. `coloquial`
9 tío segundo: Primo o prima de los padres, respecto de una persona.
10 tener un tío en América o en las Indias: Contar con el favor o la ayuda económica de una persona rica o influyente. `coloquial`

tio- Componente de palabra procedente del gr. *theion*, que significa azufre: *tioácido.* `pref.` `tb: tion-`

tioácido Compuesto derivado de un oxácido por sustitución del oxígeno por azufre. `s.m.` `QUÍMICA`

tiofeno Compuesto de cinco átomos, uno de los cuales es de azufre. `s.m.` `QUÍMICA`

tiónico, a Se refiere a una serie de ácidos oxigenados del azufre. `adj.` `QUÍMICA`

tiorba Instrumento musical de cuerda parecido al laúd, pero con ocho cuerdas más para las notas graves y con dos mangos. `s.f.` `MÚSICA`

tiovivo Plataforma circular giratoria, con asientos con figuras de animales o vehículos, que se instala en las ferias: *el niño se montó en uno de los caballos del tiovivo.* `s.m.` `= carrusel`

tip Dato, pista que sirve para aclarar algún asunto o resolver un problema. `s.m.` `Méx.`

tipa
1 Cesto de varillas o de mimbre, sin tapa. `s.f./Argent.`
2 Planta arbórea papilionácea compuesta, de madera dura y amarillenta, muy empleada en ebanistería. *(Tipuana tipu.)* `Amér. Central y Merid.` `BOTÁNICA`

tiparraco, a Persona insignificante y despreciable: *un tiparraco como tú no da órdenes al jefe.* `s./coloquial` `= tipejo`

tipazo
1 Buen tipo o figura de una persona: *tiene un tipazo que corta la respiración.* `s.m.` `= cuerpazo`
2 Persona alta y apuesta: *es todo un tipazo.*

tipear Mecanografiar, escribir a máquina. `v.intr./Amér. Central y Merid.`

tipejo, a Persona ridícula y despreciable: *un tipejo muy extraño vive en la vieja casa.* `s./coloquial` `= tiparraco`

tipi (Del ingl. *teepee.*) Tienda de forma cónica que **s.m.**
constituía la vivienda de los pueblos amerindios de
las grandes praderas norteamericanas.

-tipia Componente de palabra procedente del gr. *ty-* **suf.**
pos, que significa señal, carácter: *linotipia.*

tipicidad
1 Carácter de lo típico, peculiar o característico de **s.f.**
una persona, de una colectividad o de una cosa.
2 Elemento constitutivo de delito que consiste en la **DERECHO**
adaptación del hecho que se considera delictivo a la
figura o tipo descrito por la ley.

tipicismo Tipismo [en todas sus acepciones].   **s.m.**

típico, a
1 Que reproduce con fidelidad los rasgos de un pro- **adj.**
totipo o modelo: *era la típica chica burguesa; ha escrito* = característico
el típico drama de honor. ≠ atípico
2 Que es propio de una cultura o de un lugar: *bailes* = popular
típicos; costumbres típicas; productos típicos.

tipificación Acción y resultado de tipificar.   **s.f.**

tipificar (Del lat. *typus* < gr. *typos*, tipo + lat. *facere*,
hacer.)
1 Hacer que varias cosas semejantes se ajusten a un **v.tr.**
tipo o norma común: *hay que tipificar todos los modelos* conj: *sacar*
del producto. = normalizar
2 Tener una persona, un animal o una cosa las carac- = simbolizar
terísticas de la especie o clase a que pertenece: *esta*
niña tipifica la juventud burguesa.

tipismo
1 Cualidad de típico: *los turistas admiran el tipismo del* **s.m.**
país.
2 Conjunto de caracteres, costumbres y rasgos típi- = tradición
cos de una época o lugar: *estudia el tipismo de su país*
natal.

tiple
1 Voz humana que es la más aguda, propia de muje- **s.m.**
res y niños. **MÚSICA**
2 Persona que tiene esta voz más aguda: *la tiple inter-* **s.m.f.**
pretó un solo. **MÚSICA**
3 Instrumento musical, parecido al oboe soprano, **s.m.**
que se emplea en la cobla de las sardanas. **MÚSICA**
4 Guitarra pequeña de sonido muy agudo. **MÚSICA**
5 Persona que toca alguno de estos instrumentos **s.m.f./MÚSICA**
musicales.
6 Vela de falucho con todos los rizos tomados. **s.m./NÁUTICA**
7 Palo de una sola pieza. **NÁUTICA**

tiplisonante Que tiene voz o tono de tiple. **adj./MÚSICA**

tipo, a (Del lat. *typus* < gr. *typos*.)
1 Cualquier persona sin especificar: *es un tipo genial;* **s.**
me pareció un tipo raro; no sé, era un tipo ya mayor. = individuo
2 Ejemplar, persona, animal o cosa que reúne las **s.m.**
características propias de un género, grupo o especie, = arquetipo,
o que se toma como modelo ideal: *este es el tipo de* ejemplo
vestido que necesito.
3 Cada una de las clases o grupos con que se clasifi- = categoría
can u ordenan personas, animales o cosas: *un tipo de*
trabajo; un tipo de interés; un tipo de letra.
4 Forma del cuerpo de una persona: *la modelo tiene un* = figura,
buen tipo. talle
5 Personaje de una obra de ficción: *en sus novelas* = figura
siempre aparece el tipo del traidor.
6 Pieza de metal de la imprenta en que está grabada **ARTES GRÁFICAS**
una letra u otro signo.
7 Cada una de las clases de esta letra. **ARTES GRÁFICAS**
8 Cada uno de los grandes grupos taxonómicos en **BOTÁNICA,**
que se dividen los reinos animal y vegetal, y que, a **ZOOLOGÍA**
su vez, se subdividen en clases.
9 Figura principal de una moneda o medalla.
10 **tipo de cambio:** Relación de equivalencia entre **ECONOMÍA**
dos monedas de diferentes países.
11 **tipo de interés:** Precio que debe pagar un deudor **ECONOMÍA**
al acreedor por el dinero prestado, y que se expresa
en un porcentaje por unidad de tiempo.
12 **jugarse el tipo:** Exponer la integridad corporal o **coloquial**
la vida en un peligro: *conduciendo así te juegas el tipo.*
13 **mantener el tipo:** Conservar la calma o el control **coloquial**
en una situación difícil o comprometida.
14 **ser el tipo de una persona:** Gustar una persona a **coloquial**
otra: *me cae bien pero no es mi tipo.*

tipo- Componente de palabra procedente del lat. *ty-* **pref.suf.**
pus < gr. *typos*, que significa señal, carácter: *tipografía.*

tipografía **s.f.**
1 Técnica de impresión mediante moldes cuyas par- **ARTES GRÁFICAS**
tes están en relieve y que, una vez entintados, se
aplican con presión sobre el papel.
2 Imprenta, lugar donde se imprime: *los originales* **ARTES GRÁFICAS**
están en la tipografía.

tipográfico, a De la tipografía: *manual tipográfico;* **adj.**
material tipográfico. **ARTES GRÁFICAS**

tipógrafo, a (Del lat. *typus* < gr. *typos*, carácter + gr. **s.**
grapho, escribir.) Persona que por oficio compone o **ARTES GRÁFICAS**
corrige textos para la imprenta.

tipoi Especie de túnica larga y sin mangas que visten **s.m.**
las indias y campesinas guaraníes. tb: *tipoy*

tipología (Del lat. *typus* < gr. *typos*, carácter + gr. *lo-*
gos, ciencia.)
1 Estudio y clasificación de tipos que se practica en **s.f.**
diversas ciencias.
2 Disciplina que estudia los distintos tipos raciales en
que se divide la especie humana.
3 Ciencia que estudia los varios tipos de la morfolo- **MEDICINA**
gía humana en relación con sus funciones vegetativas
y síquicas.
4 **tipología lingüística:** Disciplina que compara las **LINGÜÍSTICA**
lenguas para clasificarlas y establecer entre ellas relaciones según las afinidades fonológicas, morfológicas
o sintácticas.

tipológico, a De la tipología. **adj.**

tipometría Medición de los puntos de los tipos de **s.f.**
imprenta. **ARTES GRÁFICAS**

tipómetro (Del lat. *typus* < gr. *typos*, carácter + gr. **s.m.**
metron, medida.) Instrumento para medir los puntos **ARTES GRÁFICAS**
tipográficos.

tiposcopio Instrumento que facilita la lectura a las **s.m.**
personas que han perdido agudeza visual o que han **MEDICINA**
sido operadas de cataratas.

típula (Del lat. *tipula.*) Insecto díptero, parecido a un **s.f.**
mosquito de gran tamaño, que es inofensivo para el **ZOOLOGÍA**
ser humano. *(Tipula.)*

tique
1 Papel o cartulina de pequeño tamaño, que acredita **s.m.**
el pago para el uso o disfrute de ciertos servicios pú- tb: tiquet
blicos o privados: *tique de autobús; tique de cine.* = entrada
2 Papel que sirve como resguardo para recoger una = vale
cosa en un establecimiento: *no pierdas el tique de la la-*
vandería.

tiquismiquis (Del lat. macarrónico *tichi michi*, para ti,
para mí.)
1 Persona escrupulosa y remilgada: *no quiere ir de* **s.m.f./pl:** tiquismiquis
acampada porque es un tiquismiquis. tb: tiquis miquis
2 Discusiones frecuentes y sin motivo. **s.m.pl.**
3 Escrúpulos o reparos de poca importancia. = melindres
4 Cumplidos o expresiones afectadas y ridículas. = ñoñerías

tira (Del cat. *tira.*)
1 Trozo largo, estrecho y delgado de tela, papel u **s.f.**
otro material: *necesito otra tira de papel de empapelar.* = banda
2 Franja de viñetas o dibujos que narran una historia
o parte de ella: *siempre leo la tira de humor del periódico.*
3 Parte del cabo que se extiende en horizontal y **NÁUTICA**
sirve para que los marineros se agarren de ella para
halar.
4 Policía, servicio de orden público: *llegó la tira y se* **Méx.**
los llevó por escandalosos. coloquial
5 Trapos o ropas de vestir. **s.f.pl./Chile**
6 **la tira:** Gran cantidad de una cosa: *ha comprado la* **loc. adj/adv.**
tira; tengo la tira de discos. coloquial
7 **hacer tiras:** 1. Convertir en pedazos una cosa. 2. **coloquial**
Amenazar o vencer a una persona con contundencia.

tirabala Taco o canuto que se usa para jugar dispa- **s.m.**
rando bolitas u objetos semejantes. **JUEGOS**

tirabeque (Del cat. *tirabec.*)
1 Variedad de guisante. **s.m./BOTÁNICA**
2 Horquilla con mango, con dos tiras de goma suje- **JUEGOS**
tas en sus extremos y unidas por una badana, usada = tirachinas,
por los muchachos para lanzar piedras, chinas u otras tiragomas,
cosas pequeñas. tirador

tirabotas Gancho de hierro que sirve para calzarse **s.m.**
las botas. pl: tirabotas

tirabraguero Correa tirante para sujetar la ligadura **s.m.**
de una hernia.

tirabuzón (Del fr. *tire-bouchon*, sacacorchos.)
1 Rizo del cabello, largo y arrollado en espiral. **s.m.**
2 Instrumento utilizado para quitar los tapones de = sacacorchos
corcho de las botellas.
3 **sacar una cosa con tirabuzón:** Sacarla a la fuerza, **coloquial**
en especial las palabras de una persona que no quiere
hablar: *le saqué con tirabuzón el porqué de su enfado.*

tiracantos Echacantos, persona que es inepta para **s.m.f.**
un oficio u ocupación. pl: tiracantos

tirachinas Horquilla con mango, con dos tiras de **s.f.pl/pl:** tirachinas
goma sujetas en sus extremos y unidas por una bada- **JUEGOS**
na, usada por los muchachos para lanzar piedras u = tiragomas,
otras cosas pequeñas. tirador

tiracuero Zapatero de oficio. **s.m./despectivo**

tirada
1 Acción y resultado de tirar. **s.f.**
2 Distancia que hay de un lugar a otro o de un tiem- = trecho
po a otro: *hay una buena tirada hasta el parque.*
3 Serie de cosas dichas o escritas sin interrupción: *nos* = sarta
leyó una tirada de diez mil versos.
4 Número de ejemplares de que consta una edición: **ARTES GRÁFICAS**
han hecho una tirada de diez mil ejemplares.
5 Conjunto de los ejemplares impresos en un día de **ARTES GRÁFICAS**
trabajo.
6 Acción y resultado de imprimir. **ARTES GRÁFICAS**

7 Objetivo o propósito de una persona: *mi tirada es terminar hoy el trabajo*. — Méx. coloquial

8 **tirada aparte**: Impresión por separado de un artículo o capítulo publicado en una revista u obra. — ARTES GRÁFICAS

9 **de o en una tirada**: De una sola vez, sin interrupción: *me leí el libro de una tirada*. — loc.adv.

tiradera Flecha muy larga, de bejuco y con la punta de asta de ciervo, que usaban los indios americanos. — s.f.

tiradero
1 Puesto donde el cazador se coloca para tirar. — s.m./CAZA
2 Desorden, conjunto de cosas fuera de sitio: *tiene un tiradero en su cuarto*. — Méx.

tirado, a
1 Que es muy barato o abunda: *lo he comprado porque está tirado*. — adj. = regalado
2 Que es muy fácil: *el examen de física estaba tirado*. — coloquial/≠ difícil
3 Se aplica a la persona que se comporta de manera extraña o despreciable: *le atracó un chico muy tirado*. — adj./s./coloquial = colgado
4 Se refiere a la persona que resulta frustrada, decepcionada o engañada en sus expectativas: *no me han dado el trabajo y estoy tirado*. — adj./coloquial = colgado
5 Se aplica al buque que tiene mucha eslora y poca altura de casco. — NÁUTICA
6 Operación de reducir a alambre o hilo los metales, en especial el oro. — METALURGIA
7 Tirada, acción y resultado de imprimir. — ARTES GRÁFICAS

tirador, a
1 Persona que tira, lanza o dispara: *el tirador disparó desde la azotea*. — s.
2 Persona que estira una cosa.
3 Instrumento con que se estira una cosa. — s.m.
4 Asidero del cual se tira para abrir o cerrar una cosa: *se ha roto el tirador del cajón*. — = asa, picaporte
5 Cordón, cinta, cadenilla o alambre del que se tira para hacer sonar la campanilla o el timbre de una casa.
6 Pluma metálica que sirve de tiralíneas.
7 Horquilla con mango, con dos tiras de goma sujetas en sus extremos y unidas por una badana, usada por los muchachos para disparar piedras, perdigones u otros objetos. — = tirachinas
8 Regla de hierro usada por los picapedreros.
9 Prensista, persona que trabaja en la prensa de una imprenta. — s.m.f. ARTES GRÁFICAS
10 Tirante, cada una de las dos tiras que sostienen un pantalón. — s.m. Argent., Urug.
11 Cinturón de cuero curtido propio de la vestimenta del gaucho. — Argent.
12 **tirador de oro**: Instrumento que reduce este mineral a hilo.

tirafondo (Del fr. *tire-fond*.)
1 Tornillo para asegurar en la madera algunas piezas de hierro. — s.m.
2 Instrumento quirúrgico usado para extraer los cuerpos extraños del fondo de las heridas. — MEDICINA

tiragomas Horquilla con gomas que sirve para tirar piedras pequeñas. — s.m./pl: tiragomas = tirachinas

tiraje
1 Acción y resultado de tirar o imprimir ejemplares de una obra u hojas sueltas. — s.m. ARTES GRÁFICAS
2 Número de ejemplares de que consta una edición: *se ha hecho un tiraje de mil revistas*. — ARTES GRÁFICAS
3 Tiro de la chimenea. — Amér.

tiralevitas Persona que por conseguir el favor de otra se dedica a adularla: *es el tiralevitas del jefe*. — s.m.f./pl: tiralevitas = pelota

tiralíneas Instrumento metálico, semejante a unas pinzas, de separación graduable, para trazar líneas de tinta más o menos gruesas. — s.m. pl: tiralíneas

tiramira
1 Fila o serie continuada de muchas cosas o personas. — s.f.
2 Distancia de espacio o tiempo. — = tirada

tiramollar (Derivado del cat. *tira-amolla*.) Tirar una persona de un cabo para soltar o aflojar la cosa que sujeta. — v.intr. NÁUTICA

tirana Canción popular española, de aire lento y ritmo sincopado en compás ternario. — s.f. MÚSICA

tiranía
1 Gobierno ejercido por un tirano. — s.f./POLÍTICA
2 Abuso de poder, fuerza o superioridad: *los esclavos soportaban la tiranía de sus señores*. — = opresión
3 Dominio excesivo ejercido por una idea o sentimiento sobre una persona: *sufre la tiranía de la envidia*. — = obsesión

tiranicida (Del lat. *tyrannus* < gr. *tyrannos*, tirano + lat. *caedere*, matar.) Persona que mata a un tirano. — adj./s.m.f.

tiranicidio (Del lat. *tyrannus* < gr. *tyrannos*, tirano + lat. *caedere*, matar.) Acto y crimen del que mata a un tirano.

tiránico, a
1 De la tiranía. — adj.
2 Que ejerce tiranía. — = totalitario

tiranización Acción y resultado de tiranizar. — s.f.

tiranizar
1 Gobernar un tirano un estado. — v.tr./conj: cazar
2 Tratar a una persona abusando del poder o la fuerza: *tiraniza a la familia para ser respetado*. — = oprimir, sojuzgar

tirano, a (Del lat. *tyrannus* < gr. *tyrannos*.)
1 Se aplica a la persona que obtiene el gobierno de un estado de forma ilegítima e impone su voluntad sin atenerse a justicia ni razón. — adj./s. POLÍTICA = dictador
2 Se refiere a la persona que abusa de su poder o fuerza: *su padre es un tirano*. — = déspota
3 Se aplica a la pasión o sentimiento que domina a una persona. — adj. = obsesivo

tiranosaurio Reptil carnívoro fósil, que vivió durante el cretácico. — s.m. ZOOLOGÍA

tirante
1 Que está sometido a tensión: *los cables del tendedero han de estar tirantes*. — adj. = tenso
2 Se aplica a la relación de amistad que está próxima a romperse: *desde que se pelearon, su relación está muy tirante*. — = tenso ≠ cordial
3 Se refiere a la situación en que las personas no saben cómo actuar por desconfianza, por temor a desencadenar enfado o violencia: *al entrar ella hubo un momento muy tirante*. — = embarazoso ≠ relajado
4 Cada una de las tiras de tela, piel o material flexible que se cuelgan desde los hombros y sirven para sostener el pantalón u otras prendas: *mi abuelo llevaba tirantes; se me han roto los tirantes del delantal*. — s.m. = elásticos
5 Cuerda o correa que sirve para tirar de los carruajes.
6 Pieza que se coloca horizontal en la armadura del tejado e impide la separación de los pares. — CONSTRUCCIÓN
7 Pieza de hierro o acero que soporta un esfuerzo de tensión. — MECÁNICA

tirantez
1 Calidad de tirante. — s.f./pl: tiranteces
2 Dirección de los planos de hilada en un arco o bóveda. — ARQUITECTURA

tirantillo Tira de cuero o tela que mantiene en posición vertical la tapa de una maleta mientras está abierta. — s.m.

tirapié Correa que usan los zapateros para sujetar el zapato mientras lo cosen y trabajan en él. — s.m.

tirar
1 Soltar una cosa que se tiene cogida con la mano: *tiró el papel al suelo*. — v.tr. = arrojar
2 Lanzar una cosa contra una persona o hacia una dirección determinada: *tiró una piedra contra el cristal*. — = arrojar
3 Hacer caer a una persona o una cosa: *me tiró por las escaleras; tirarán el muro*. — = tumbar
4 Desechar una cosa: *tira ese abrigo viejo; tira las colillas a la basura*. — = rechazar
5 Accionar un arma de fuego contra una cosa: *han tirado tres salvas; este fin de semana iré al plato*. — v.tr./intr.
6 Trazar una línea o una raya: *tiró una línea horizontal*. — v.tr.
7 Gastar una cosa sin prudencia: *ha tirado toda su fortuna jugando a la ruleta*. — = malgastar
8 Hacer objeto de una acción brusca a una persona: *le tiró un pellizco; el burro te tirará una coz*. — = arrear
9 Imprimir un dibujo o un texto. — ARTES GRÁFICAS
10 Hacer un jugador uso de la pelota, carta o dado para realizar la jugada: *tiró los dados y ganó; cuando te toque el turno, tiras*. — v.tr./intr. DEPORTES, JUEGOS
11 Suspender a una persona en un examen o eliminarla de una prueba: *me han tirado en el test sicotécnico*. — coloquial = catear
12 Disparar una cámara fotográfica para que la película quede impresionada. — FOTOGRAFÍA
13 Publicar o editar, por lo general una publicación periódica, el número de ejemplares que se expresa: *han tirado dos mil revistas*. — ARTES GRÁFICAS = imprimir
14 Hacer fuerza para mover una cosa hacia uno mismo: *tiró del coche con el tractor*. — v.intr. + de
15 Atraer una cosa a otra de forma natural: *el imán tira del hierro*.
16 Atraer una persona o cosa el afecto o la simpatía de una persona: *el pueblo natal siempre tira; ya de pequeño le tiraba el teatro*.
17 Ir una persona en una dirección: *tiré a la izquierda cuando llegué a la plaza*. — = tomar
18 Seguir viviendo una persona o seguir funcionando o sirviendo una cosa: *este vestido tirará aún este año*. — coloquial
19 Tener una persona o una cosa parecido con otra: *tu hijo tira a tu padre*. — = a parecer
20 Tener una cosa una cualidad que no está bien definida: *este color tira a rojo*. — = a
21 Usar un arma según una determinada técnica: *tira mal a la espada*. — = a
22 Sacar una cosa con brusquedad, para hacer uso de ella: *tiró de la pistola para matarlo*. — = de
23 Producir un horno u otro dispositivo para quemar la corriente de aire que es efecto y estímulo de la combustión: *la chimenea tira muy bien*.
24 Poner los medios para lograr una cosa de forma disimulada: *su amigo tira a jefe*. — = a = aspirar

25 Estar una persona en camino de ser o hacerse una cosa: *mi hermano tira para médico.* — + para
26 Animar una persona a otra o a otras: *es el líder del grupo y tira de ellos.* — + de
27 Dejarse caer en un lugar: *se tiró desde un cuarto piso.* — v.prnl. = saltar
28 Echarse en el suelo o encima de una cosa: *tírate en la cama y descansa.*
29 Dejar transcurrir el tiempo en un lugar o de una manera determinada: *se tiró la tarde mirando la televisión.* — = pasar
30 Precipitarse a decir o hacer una cosa: *se tiró a correr.* — + a
31 Realizar el acto sexual con una persona. — + a/vulgar
32 tira más tira: En competencia con varias personas. — loc.adv.
33 a todo tirar: Expresión con que se indica, en un cálculo aproximado, el límite máximo: *la factura subirá a mil pesetas, a todo tirar.* — loc.adv.
34 ir tirando: Mantenerse una cosa o una persona en una situación normal: *en casa todos bien, vamos tirando.* — coloquial
35 ni tirarse ni pagarse con una persona o una cosa: No querer trato o relación con ella: *desde su disputa, no se tira ni se paga con su vecino.* — coloquial
36 tirar a matar: Decir algo con intención de herir o fastidiar: *no se anduvo con chiquitas, tiró a matar.* — coloquial
37 tira y afloja: Expresión que se utiliza para indicar que en un asunto se actúa con tacto, alternando el rigor con la suavidad: *llegamos a un acuerdo en un tira y afloja.* — coloquial

tirasse (Voz francesa.) Cada uno de los mecanismos de la consola del órgano, que se acciona con los pies. — s.f. MÚSICA
tirata (Voz italiana.) Dibujo melódico de carácter ornamental. — s.f. MÚSICA
tiratacos Juguete formado por un canuto de madera que lanza bolas o tacos. — s.m./pl: tiratacos = taco
tiravira Cabo doble con el que se arrían cuerpos cilíndricos. — s.f. NÁUTICA
tirela Tela listada o rayada: *necesito una tirela para hacer un toldo.* — s.f. TEXTIL
tirilla
1 Tira de lienzo pequeña y estrecha usada como cuello en las camisas, o para fijar en ellas un cuello postizo. — s.f. TEXTIL
2 Persona pequeña, muy delgada y de poca fortaleza física: *está hecho un tirilla.* — s.m.f. coloquial
tirio, a
1 De Tiro, antigua ciudad fenicia. — adj./HISTORIA
2 Persona natural de esta ciudad. — s./HISTORIA
3 tirios y troyanos: Partidarios de opiniones o intereses opuestos.
tiristor Rectificador que actúa por semiconducción. — s.m./ELECTRICIDAD
tirita (Marca registrada.) Tira de esparadrapo con un preparado desinfectante en su centro, que se usa para proteger heridas pequeñas: *te pondré una tirita en el rasguño.* — s.f.
tiritaña (Del fr. *tiretaine.*)
1 Tela endeble de seda. — s.f./TEXTIL
2 Cosa insignificante o de poca importancia. — = nadería
tiritar (Voz onomatopéyica.) Temblar una persona o un animal a causa del frío, la fiebre o del miedo: *llegó a casa tiritando y empapado.* — v.intr. tb: titiritar
tiritera Temblor producido por el frío o la fiebre.
tiritón Cada uno de los estremecimientos de la persona que tirita: *estaba congelado, me daban tiritones del frío que hacía.* — s.m.
tiritona
1 Temblor producido al iniciarse la fiebre. — s.f.
2 hacer la tiritona: Fingir temblor. — coloquial
tiro
1 Acción y resultado de tirar. — s.m.
2 Disparo de un arma de fuego: *la mató de un solo tiro.* — = descarga
3 Sonido producido por un disparo de arma de fuego: *oí el tiro y gritos.* — = detonación
4 Señal, huella o herida producida por un disparo: *tiene un tiro en el cráneo.* — = balazo
5 Disparo del balón hacia la portería o cesta contraria, en algunos deportes. — DEPORTES = lanzamiento
6 Deporte o ejercicio, de los que existen distintas especialidades, que consiste en disparar con un arma a un objetivo. — DEPORTES
7 Manera de lanzar un proyectil o realizar otro tipo de lanzamiento. — = disparo
8 Anchura de los vestidos, medida de hombro a hombro, por la parte del pecho. — TEXTIL
9 Distancia desde la unión de las perneras hasta la cintura del pantalón. — TEXTIL
10 Medida de la distancia entre dos puntos: *vivo a un tiro de bala; está a un tiro de piedra.*
11 Conjunto de caballerías que tiran de un carruaje.
12 Correa que une la guarnición de la caballería con el carruaje del que tira. — = tirante

13 Cuerda puesta en una polea para subir una cosa.
14 Tramo de escalera.
15 Corriente de aire, en especial la que se produce en un hogar, chimenea o sitio donde arde una cosa, y que favorece la combustión. — = tiraje
16 Longitud de una pieza de cualquier tejido. — TEXTIL
17 Cantidad de munición necesaria para cargar una vez el arma de fuego. — = carga
18 Distancia que puede alcanzar cualquier arma arrojadiza. — = alcance
19 Pozo abierto en el suelo de una galería de la mina. — MINERÍA
20 Profundidad del pozo de una mina. — MINERÍA
21 Costumbre que tienen algunos caballos de apoyar los dientes en el pesebre, en el ronzal o en cualquier otro sitio al mismo tiempo que contraen los músculos del cuello y producen un sonido particular.
22 Correas pendientes de las que cuelga la espada. — s.m.pl.
23 Senda por la que se arrastra la madera. — s.m./Hond.
24 tiro al blanco: 1. Deporte que consiste en disparar a un blanco o diana con una escopeta o con un arco. **2.** Lugar donde se practica. — DEPORTES DEPORTES
25 tiro al plato: 1. Deporte o ejercicio que consiste en disparar con escopeta a un plato lanzado al aire. **2.** Lugar donde se practica este deporte. — DEPORTES DEPORTES
26 tiro de gracia: El que sirve para rematar al ajusticiado.
27 tiro de pichón: 1. Deporte que consiste en disparar con escopeta a un pichón en vuelo. **2.** Lugar donde se practica este deporte. — DEPORTES DEPORTES
28 tiro directo: 1. Lanzamiento realizado contra un blanco visible para el tirador. **2.** Sanción propia del fútbol y otros deportes, por la cual se autoriza a un jugador del equipo contrario a disparar directamente el balón hacia la meta del equipo infractor. — DEPORTES DEPORTES
29 tiro entero: El que consta de seis o más caballerías.
30 tiro indirecto: 1. Lanzamiento contra un blanco oculto para el tirador, el cual ha de recurrir a otros puntos de referencia. **2.** Sanción propia del fútbol y otros deportes, por la cual el jugador que ha de ejecutar la falta no puede disparar directamente hacia la meta del equipo infractor, sino que ha de pasar el balón a un compañero. — DEPORTES DEPORTES
31 tiro libre: El que se hace directo a canasta en baloncesto, con los pies parados en el suelo, como castigo de ciertas faltas. — DEPORTES
32 tiro par: El que consta de cuatro caballerías.
33 tiro rasante: Lanzamiento cuya trayectoria se aproxima a la línea horizontal.
34 al tiro: Enseguida, pronto. — loc.adv./Amér.
35 a tiro: 1. Al alcance de un arma. **2.** Al alcance de las posibilidades o deseos de una persona: *si se pone a tiro, cambio de trabajo.* — loc.adv.
36 a tiro de ballesta: A bastante distancia, desde muy lejos. — loc.adv.
37 a tiro hecho: 1. Con probabilidades de no fallar el disparo o lanzamiento. **2.** Con intención o determinación: *me dirigí a la ventanilla a tiro hecho.* — loc.adv.
38 a tiro limpio: A tiros, con ánimo de herir o matar: *los atracadores entraron a tiro limpio.* — loc.adv.
39 como un tiro: 1. De repente o con mucha rapidez. **2.** Muy mal: *te queda como un tiro; me sentó como un tiro.* — loc.adv./coloquial coloquial
40 de tiros largos: 1. Con vestido o traje de gala. **2.** Con lujo y cuidado. — loc.adj/adv.
41 errar una persona el tiro: Engañarse en el dictamen o fracasar en el intento. — coloquial
42 ni a tiros: De ninguna manera, en absoluto: *no se casará ni a tiros.* — loc.adv.
43 no van por ahí los tiros: Se usa para expresar lo desorientado o desencaminado de una afirmación o conjetura. — coloquial
44 salir el tiro por la culata: Dar una cosa el resultado contrario al que se esperaba. — coloquial

tiro- Componente de palabra derivada de *tiroides*, que significa tiroides: *tiroidectomía.* — pref. tb: tireo-
tiroidectomía Operación quirúrgica que consiste en extirpar la glándula tiroides de manera total o parcial. — s.f. MEDICINA
tiroideo, a Del tiroides: *glándula tiroidea; enfermedad tiroidea.* — adj./ ANATOMÍA = tiroidal
tiroides (Del gr. *thyroeides* < *thyra*, puerta + *eidos*, forma.)
1 Se aplica a la glándula endocrina que está situada en la parte anterior y superior de la tráquea y es esencial para el crecimiento y el metabolismo. — adj/s.m. pl: tiroides ANATOMÍA
2 Se refiere al cartílago que está situado en la parte alta del aparato respiratorio, en posición superficial y palpable con facilidad en la parte anterior del cuello. — adj. ANATOMÍA
tiroidina Sustancia extraída de la glándula tiroides, en especial de oveja, usada para combatir la insuficiencia en la secreción del tiroides. — s.f. FARMACIA
tiroidismo Trastorno producido por la actividad anormal de la glándula tiroides. — s.m./MEDICINA = hipertiroidismo

tiroiditis (De *tiroides* + gr. *itis*, inflamación.) Inflamación de la glándula tiroides. — *s.f./pl: tiroiditis / MEDICINA*

tirol Recubrimiento que se pone en los techos como adorno, y que tiene una apariencia rugosa. — *s.m. / Méx.*

tirolés, a
1 Del Tirol, región austriaca. — *adj.*
2 Persona natural de esta región. — *s.*
3 Variedad lingüística de los dialectos retorrománicos hablada en esta región austriaca. — *s.m. / LINGÜÍSTICA*
4 Persona que se dedica a la venta de juguetes y quincalla. — *s. / = quincallero*

tirón
1 Acción y resultado de tirar de forma brusca de una cosa o de una persona: *me dio un tirón en el pelo*. — *s.m.*
2 Crecimiento en altura o tamaño en poco tiempo: *mi hijo pequeño ha dado un tirón*. — *= estirón*
3 Robo que consiste en apoderarse el ladrón de un bolso u otro objeto, tirando con violencia de él y dándose a la fuga. — *coloquial*
4 Agarrotamiento de un músculo: *no pude seguir corriendo porque tuve un tirón en la pierna*. — *MEDICINA*
5 Aceleración que un corredor de ciclismo o de otro deporte realiza para aventajar a sus seguidores y desgastarles las fuerzas. — *DEPORTES*
6 Atractivo que posee una persona o una cosa. — *= gancho*
7 **al tirón:** Cobrando con anticipación los intereses de un préstamo. — *loc.adv.*
8 **de un tirón:** De una vez, sin parar: *me gustó tanto el libro que me lo leí de un tirón*. — *loc. adv. / = de una tirada*
9 **ni a dos o ni a tres tirones:** Expresa la dificultad para conseguir o hacer una cosa. — *coloquial*

tirona Red de malla grande usada por los pescadores mediterráneos, que se deja calada en el fondo. — *s.f. / PESCA*

tironear Dar tirones a una persona o una cosa: *al niño le ha dado por tironearme la falda*. — *v.tr.*

tiropatía Cualquier enfermedad que se desarrolla en la glándula tiroides. — *s.f./MEDICINA / = tirosis*

tiroriro (Voz onomatopéyica.)
1 Sonido de los instrumentos musicales de viento: *oíamos el tiroriro de las trompetas*. — *s.m. / coloquial*
2 Instrumentos musicales de viento. — *s.m.pl./coloquial*

tirosina Aminoácido cuya oxidación produce pigmentos negros o melanina. — *s.f. / BIOQUÍMICA*

tirosinasa Enzima que provoca la oxidación de la tirosina. — *s.f. / BIOQUÍMICA*

tirotear
1 Disparar armas de fuego portátiles contra personas o cosas: *los dos grupos se tiroteaban en plena calle*. — *v.tr./prnl. / = balear*
2 Discutir varias personas entre sí: *durante la reunión, los delegados se tirotearon discutiendo sobre el convenio*. — *v.prnl./coloquial / = polemizar*

tiroteo Acción y resultado de tirotear o tirotearse. — *s.m.*

tirotricina Antibiótico de uso externo. — *s.f./FARMACIA*

tiroxina Hormona secretada por la glándula tiroides que regula los procesos metabólicos. — *s.f. / BIOQUÍMICA*

tirreno, a
1 Se aplica al mar que está situado en la costa occidental de la península Itálica, y a las islas bañadas por sus aguas. — *adj. / GEOGRAFÍA*
2 De Etruria, antigua región de Italia. — *adj/s./HISTORIA*

tirria Manía que se tiene hacia una persona, un animal o una cosa: *le tengo tirria a los gatos*. — *s.f./coloquial / = ojeriza*

tirrioso, a Que tiene o demuestra tirria. — *adj.*

tirso (Del lat. *thyrsus* < gr. *thyrsos*, tallo de las plantas.)
1 Vara cubierta de hojas que suele llevar como cetro la figura de Baco y que usaban los gentiles en las fiestas dedicadas a este dios. — *s.m. / HISTORIA*
2 Inflorescencia simple o compuesta, más o menos densa, de flores pedunculadas que salen de un eje común y con forma aovada. — *BOTÁNICA*

tirulato, a (Voz de creación expresiva.) Que está pasmado por el asombro o la sorpresa: *se quedó tirulato al saber que le había tocado la lotería*. — *adj. / coloquial / tb: turulato*

tirulo Rollo de hoja de tabaco que forma la tripa del cigarro puro. — *s.m.*

tisana (Del gr. *ptisane*, bebida de cebada machacada.) Infusión de alguna hierba medicinal: *me tomaré una tisana para el dolor de estómago*. — *s.f.*

tisanuro, a Perteneciente a un orden de insectos primitivos, sin alas, con tres apéndices filiformes al final del abdomen, como el lepisma. — *adj/s.m. / ZOOLOGÍA*

tísico, a (Del lat. *phthisicus* < gr. *phthisikos*, en extinción, decadencia.)
1 De la tisis. — *adj./MEDICINA*
2 Que padece tisis. — *adj/s./MEDICINA*

tisiología (De *tisis* + gr. *logos*, ciencia.) Parte de la medicina que estudia la tuberculosis pulmonar y su tratamiento. — *s.f. / MEDICINA*

tisiológico, a De la tisiología: *estudio tisiológico; especialista tisiológico*. — *adj. / MEDICINA*

tisiólogo, a Médico especialista en la tuberculosis pulmonar. — *s. / MEDICINA*

tisis (Del gr. *phthisis*, extinción.)
1 Enfermedad que produce demacración y enflaquecimiento acusados, fiebre héctica y ulceración de algún órgano. — *s.f. / MEDICINA / pl: tisis*
2 Tuberculosis pulmonar. — *MEDICINA*

tiste Bebida refrescante a base de harina de maíz tostado, cacao, achiote y azúcar. — *s.m. / Amér. Central*

tisú (Del fr. *tissu*, tejido.) Tela de seda entretejida con hilos de oro o plata. — *s.m./TEXTIL / pl.tb: tisúes*

tisular Del tejido orgánico. — *adj./BIOLOGÍA*

tisuria (Del gr. *phthisis*, extinción + *uron*, orina.) Estado de debilidad causado por la secreción excesiva de orina. — *s.f. / MEDICINA*

titán (Del lat. *Titan* < gr. *titan*.)
1 Persona de excepcional fuerza y sobresaliente en algún aspecto. — *s.m. / = coloso*
2 Grúa de gran tamaño que puede mover objetos muy pesados.

titánico, a
1 De los titanes. — *adj./MITOLOGÍA*
2 Que es desmesurado o excesivo: *realizó un esfuerzo titánico pero consiguió su propósito*. — *= colosal, gigantesco*

titanio (Del lat. moderno *Titanium*.) Metal gris, pulverulento, casi tan pesado como el hierro y fácil de combinar con el nitrógeno, que arde con centelleo y produce un ácido sólido con aspecto de tierra blanca. — *s.m. / QUÍMICA*

titear (Voz onomatopéyica.) Emitir la perdiz cierto sonido para llamar a sus pollos. — *v.intr. / ZOOLOGÍA*

titeo Canto de la perdiz para llamar a los pollos. — *s.m.*

títere
1 Muñeco que se mueve con cuerdas o metiendo la mano dentro de él: *los niños se divirtieron viendo la representación de títeres*. — *s.m. / = marioneta*
2 Persona falta de energía, carácter o voluntad: *se deja llevar por sus amigos porque es un títere*. — *coloquial / = pelele*
3 Persona de figura insignificante o ridícula. — *coloquial*
4 Idea que se presenta con insistencia en la mente. — *= obsesión*
5 Espectáculo público con estos muñecos, acróbatas y otras atracciones circenses, por lo general ejecutadas por artistas ambulantes y al aire libre. — *s.m.pl. / = guiñol*
6 **no dejar títere con cabeza:** No dejar nada en su sitio, o dirigir censuras a todo y a todos en cualquier cuestión: *el director nos pegó una gran bronca y no dejó títere con cabeza*. — *coloquial*

titerero, a Titiritero, persona que maneja los títeres. — *s.*

titeretada Acción propia de un títere o de una persona informal. — *s.f./coloquial / = informalidad*

titerista Titiritero, persona que maneja los títeres. — *s.m.f.*

titi Persona joven, en especial una mujer: *sale con una titi muy atractiva*. — *s.m.f. / coloquial*

tití (Voz onomatopéyica.) Simio arborícola calitrícido, de cuerpo pequeño que se prolonga en una larga cola tupida. — *s.m. / pl.tb: titíes / ZOOLOGÍA*

titilación Acción y resultado de titilar. — *s.f./= titileo*

titilador, a Que titila. — *adj.*

titilar (Voz onomatopéyica.)
1 Moverse una parte del cuerpo con un ligero y rápido temblor: *me titilan los párpados*. — *v.intr. / = temblar*
2 Centellear con una ligera oscilación un cuerpo luminoso: *las estrellas titilaban en el cielo*. — *= rutilar*

titileo Acción y resultado de titilar. — *s.m./= titilación*

titímalo (Del lat. *tithymalus* < gr. *tithymalos*.) Lechetrezna, planta euforbiácea. — *s.m. / BOTÁNICA*

titipuchal Multitud, muchedumbre o desorden de personas. — *s.m./Méx. / coloquial*

titirimundi Cajón que contenía una colección de figuras con movimiento y que se exhibía en ferias o lugares públicos. — *s.m. / = mundonuevo*

titiritaina (Voz onomatopéyica.)
1 Ruido confuso de flautas u otros instrumentos: *se oía la titiritaina del pasacalle*. — *s.m. / coloquial*
2 Bullicio alegre y festivo: *se han prohibido las titiritainas en la plaza*. — *coloquial / = algazara, bulla*

titiritar (Voz onomatopéyica.) Tiritar, temblar de frío o de miedo. — *v.intr.*

titiritero, a
1 Persona que maneja los títeres: *aplaudimos a los titiriteros al finalizar la actuación*. — *s. / = titerero, titerista*
2 Persona que hace saltos, volteretas y otros ejercicios semejantes sobre una cuerda o alambre. — *= volatinero*

titismo (De *Tito*, antiguo gobernante yugoslavo.) Doctrina política instaurada por este antiguo dirigente, caracterizada por seguir un comunismo heterodoxo que se apartaba de la órbita soviética. — *s.m. / POLÍTICA*

titista
1 Del titismo. — *adj./POLÍTICA*
2 Partidario de esta doctrina política. — *s.m.f./POLÍTICA*

tito
1 Almorta, hierba anual. — *s.m./BOTÁNICA*

2 Orinal alto y cilíndrico. = bacín, perico

tito, a Tío o tía, hermano o hermana del padre o la madre de una persona. s. familiar

titubeante Que titubea. adj.

titubear (Del lat. *titubare*.) v.intr./tb: titubar
1 Estar una persona indecisa: *titubeó antes de dar una respuesta a mi propuesta.* = dudar, vacilar
2 Hablar una persona de forma insegura, sin saber qué palabras elegir o cómo pronunciarlas: *cuando habla en alemán todavía titubea bastante.* = balbucear, balbucir
3 Moverse una persona o una cosa de un lado a otro por falta de estabilidad. = oscilar

titubeo Acción y resultado de titubear. s.m.

titulación
1 Acción y resultado de titular o de poner título a una cosa. s.f.
2 Obtención de un título académico.
3 Título académico: *tiene la titulación necesaria para este puesto.*
4 Conjunto de títulos de propiedad de una finca rústica o urbana. DERECHO
5 Acción y resultado de titular o valorar una disolución química. QUÍMICA

titulado, a
1 Se aplica a la persona que posee un título académico: *se necesita un titulado en medicina.* adj/s./+ en = diplomado
2 Persona que tiene un título nobiliario. s.

tituladora Aparato de fotocomposición para títulos o textos cortos. s.f. ARTES GRÁFICAS

titular
1 Que tiene el título correspondiente al cargo que desempeña: *médico titular.* adj/s.m.f.
2 Se refiere a la persona o entidad a cuyo nombre figura un documento: *ha de venir el titular de la cuenta bancaria.*
3 Se aplica a la persona que tiene algún título, por el cual se la denomina.
4 Se refiere a la letra que se usa en los títulos, en especial en los periódicos. adj/s.f. ARTES GRÁFICAS
5 Se aplica al jugador que acostumbra a salir en la formación inicial de un equipo. adj/s.m.f. DEPORTES
6 Título que encabeza cada información en algunas publicaciones y que está impreso en tipos de mayor tamaño. s.m.
7 Poner título o nombre a una cosa: *todavía no he titulado la novela.* v.tr.
8 Obtener una persona un título nobiliario. = intitular
9 Determinar el valor de una disolución. v.intr. QUÍMICA
10 Obtener una persona una titulación académica. v.prnl.
11 Tener una cosa un título: *no sé cómo se titula su último libro.* = intitularse

titularidad
1 Acción y resultado de titular. s.f.
2 Circunstancia de ser titular en un equipo deportivo: *con la lesión el defensa ha perdido la titularidad.* DEPORTES

titularización Acción y resultado de titularizar. s.f.

titularizar Dar a una cosa carácter de titular. v.tr./conj: cazar

titulatura Conjunto de títulos que posee una persona, casa o entidad. s.f.

titulillo
1 Renglón colocado en la parte superior de la página impresa para indicar la materia de que se trata. s.m. ARTES GRÁFICAS
2 **andar una persona con titulillos:** Reparar en cosas de poca importancia, en materia de cortesía y otras semejantes. coloquial

título (Del lat. *titulus*.)
1 Palabra o frase con que se da a conocer el nombre o contenido de un libro u otra obra, o una parte de ellos: *no sé qué título ponerle a este poema.* s.m.
2 Dignidad adquirida o heredada, que confiere un derecho u honor: *tiene el título de duque.*
3 Persona que goza de esta dignidad: *su hija se ha casado con un título.* = aristócrata, noble
4 Documento jurídico en el que se otorga un derecho o se establece una obligación: *debes presentar el título de propiedad.* DERECHO
5 Documento financiero que representa una deuda pública o un valor comercial. ECONOMÍA
6 Apelativo o distintivo que se da a una persona por un cargo, oficio o grado de estudios: *tiene el título de ingeniero.* = titulación
7 Cada una de las partes en que se dividen las leyes, códigos u otro documento.
8 Cualidad que da derecho para cierta cosa. = mérito
9 Concentración de una disolución. QUÍMICA
10 **a título de:** En calidad de, a causa de: *te lo digo a título de amigo, no como tu jefe.* loc.adv.

tiufado Jefe de un cuerpo de mil hombres en el ejército visigodo. s.m. HISTORIA

tiuque
1 Chimango, ave rapaz de plumaje oscuro y pico grande. s.m/Argent., Chile ZOOLOGÍA

2 Persona malintencionada y astuta. *Chile*

tixo- Componente de palabra procedente del gr. *tixis*, que significa toque: *tixotropía.* pref.

tixotropía (Del gr. *tixis*, toque + *tropos*, cambio.)
1 Fenómeno por el cual ciertas mezclas pasan de gel a sol al ser agitadas. s.f. FÍSICA
2 Propiedad de un sedimento que puede volverse líquido a causa de un movimiento al disolverse sus partículas en el agua que contienen. GEOLOGÍA
3 Propiedad de determinados suelos que pueden presentar un tacto jabonoso cuando está húmedo, o polvoriento cuando está seco. GEOLOGÍA

tixotrópico, a Que presenta tixotropía. adj.

tiza (Del náhuatl *tizatl*, especie de tierra blanca.)
1 Arcilla terrosa blanca, que en forma de barritas se usa para escribir en la pizarra o encerado, y pulverizada sirve para limpiar la plata. s.f. = clarión
2 Sustancia compuesta de yeso y greda, usada para frotar la punta de los tacos de billar para que no resbalen al dar en la bola. JUEGOS
3 Cuerno calcinado de ciervo.

tizate Yeso o tiza. s.m/Guat., Hond., Nicar.

tizna Materia manchada con humo u hollín, usada para tiznar. s.f.

tiznado, a Que está borracho o ebrio. adj/Amér. Central

tiznadura Acción y resultado de tiznar o tiznarse. s.f.

tiznajo Mancha de tizne o de otra cosa semejante: *el deshollinador llevaba la cara llena de tiznajos.* s.m.

tiznar (Derivado del ant. tizon.)
1 Manchar con tizne, hollín u otra materia negruzca: *se tiznó con el hollín de la chimenea.* v.tr/prnl. = ennegrecer
2 Manchar con una sustancia de cualquier color: *tiznaba las manos cada vez que pintaba.* = ensuciar
3 Hacer que una persona pierda su prestigio: *tiznó a su compañero al complicarle en aquel asunto.* v.tr. = mancillar

tizne
1 Humo que se pega a las sartenes, cazuelas u otras cosas que han estado puestas al fuego: *las paredes estaban llenas de tizne después del incendio.* s.m.f. = hollín
2 Tizón, palo o trozo de madera a medio quemar. s.m.

tiznero, a Que tizna. adj.

tiznón Mancha de hollín u otra sustancia semejante al tizne o tizón. s.m. = tiznajo

tizo Pedazo de leña mal carbonizada que despide humo al arder. s.m.

tizón (Del lat. *titio, -onis*.)
1 Palo a medio quemar que al arder produce mucho humo. s.m.
2 Deshonra en la fama de una persona. = mancha
3 Parte del sillar o ladrillo que se acopla con otros. ARQUITECTURA
4 Hongo parásito que destruye los granos de trigo y otros cereales. MICOLOGÍA = tizoncillo
5 **a tizón:** Forma de construir dejando la mayor dimensión del ladrillo perpendicular al paramento. loc.adv. CONSTRUCCIÓN

tizona (De *Tizona*, nombre de la espada del Cid.) Espada, arma blanca de hoja larga. s.f.

tizonazo
1 Golpe dado con un tizón. s.m./= tizonada
2 Tormentos que provoca el castigo del fuego en el infierno a los condenados. s.m.pl. RELIGIÓN

tizoncillo Tizón, hongo parásito de los cereales. s.m./MICOLOGÍA

tizonear Hacer que el fuego se avive removiendo los tizones. v.intr.

tizonera Carbonera hecha con tizos para acabar de carbonizarlos. s.f.

tlachique Aguamiel, mezcla de agua con caña de azúcar. s.m. Méx.

tlaconete Babosa, molusco gasterópodo. s.m/Méx.

tlacuache Mamífero marsupial de color gris o amarillento, cola larga y prensil, hocico puntiagudo y orejas cortas y redondas. *(Didelphis virginiana).* s.m/Méx. ZOOLOGÍA tb: tacuache

tlacoyote Mamífero mustélido de aspecto similar al coyote, pero mucho más pequeño, que hace su madriguera en cuevas y es muy dañino para el campo, ya que ataca los sembrados de maíz y los gallineros. s.m. Méx. ZOOLOGÍA

tlapalería Tienda donde se venden pinturas y artículos de ferretería, albañilería y material eléctrico. s.f./Méx. COMERCIO

tmesis Figura retórica que consiste en cortar una palabra compuesta e intercalar otra entre las dos partes resultantes. pl: tmesis RETÓRICA

tnt (Abreviatura de *trinitrotolueno*.) Sólido cristalizado producido por nitración del tolueno, que constituye un potente explosivo. s.m

toalla (Del germ. *thwahljo*.)
1 Prenda de tela esponjosa usada para secarse después de haberse lavado: *cogió la toalla para secarse las manos.* s.f.
2 Tejido de rizo con que se hace esta prenda y otras: *la toalla del albornoz es muy suave.* TEXTIL

3 tirar o lanzar la toalla: 1. Lanzarla el apoderado del boxeador para dar por terminada la pelea por inferioridad física de su púgil. **2.** Abandonar una persona una empresa o propósito por considerarse vencido: *no puedes tirar la toalla, sigue hasta que lo consigas.* — DEPORTES / coloquial

toallero Soporte donde se cuelgan las toallas. — s.m.

toar (Del fr. ant. *toer* < germ. *toga*, tirar de algo.) Mover una embarcación tirando de ella con una cuerda. — v.tr./NÁUTICA / tb: atoar

toba (Del lat. vulgar *tofa* < lat. *tofus*.)
1 Piedra blanda, ligera y porosa que produce un sonido apagado y sordo bajo el choque del metal. — s.f. / GEOLOGÍA
2 Sarro de los dientes. — MEDICINA
3 Cardo borriquero, planta compuesta. — BOTÁNICA
4 Costra que se forma por diferentes causas en cosas distintas. — = capa
5 Colilla, punta del cigarrillo. — coloquial
6 Golpe que se da haciendo resbalar el dedo índice o el corazón sobre el pulgar. — coloquial
7 Golpe dado con fuerza con el puño cerrado. — = puñetazo
8 **toba calcárea:** Roca sedimentaria formada por la precipitación del carbonato cálcico disuelto en el agua. — GEOLOGÍA
9 **toba volcánica:** Roca ligera, de consistencia porosa, formada por la acumulación de cenizas u otros elementos volcánicos muy pequeños. — GEOLOGÍA

toballa Toalla [en todas sus acepciones]. — s.f.

tobar Cantera de toba. — s.m.

tobelleta
1 Toalla, prenda de tela de rizo usada para secarse. — s.f.
2 Prenda de papel usada por los comensales para limpiarse la boca y las manos. — = servilleta

tobera
1 Abertura tubular por donde entra el aire en un horno o forja. — s.f. / METALURGIA
2 Parte por donde sale el gas de combustión en los motores de reacción. — MECÁNICA
3 Tubo de salida por el que termina el conducto de descarga de un fluido.

tobiano, a Se aplica al caballo cuyo pelaje presenta manchas blancas en la parte superior del cuerpo. — adj. / Argent.

tobillera
1 Venda, por lo general elástica, que sirve para sujetar el tobillo en algunas lesiones o luxaciones o para protegerlo al practicar algún deporte. — s.f. / DEPORTES, MEDICINA
2 Calcetín corto. — Méx.

tobillero, a Que llega hasta los tobillos: *este año se llevan las faldas tobilleras.* — adj.

tobillo (Del lat. vulgar *tubellum*.)
1 Parte del cuerpo humano correspondiente a la unión del pie y la pierna, con dos abultamientos formados por la tibia y el peroné. — s.m. / ANATOMÍA
2 **hasta el tobillo:** Indica lo encharcado que está el suelo por donde se pisa. — loc.adv. / coloquial

tobogán
1 Aparato recreativo en forma de pista inclinada, a la que se sube por una escalera y por la que se desciende deslizándose: *al niño le gusta tirarse por el tobogán.* — s.m.
2 Trineo bajo, montado sobre dos patines largos y cubierto en un extremo por una tabla curvada.
3 Pista inclinada hecha en la nieve, por la que se deslizan a gran velocidad estos trineos.
4 Rampa que se utiliza para el transporte de mercancías.

toboso, a Que está compuesto de piedra toba. — adj./GEOLOGÍA

toca
1 Prenda de vestir de tela blanca que usan las monjas para cubrirse la cabeza. — s.f.
2 Prenda de vestir femenina de diferentes formas que cubre la cabeza.
3 Tela fina de hilo o seda con que se hacen estas prendas. — TEXTIL
4 Sombrero de ala pequeña que usan las mujeres.
5 **tocas de beata y uñas de gata:** Se usa para motejar a la mujer hipócrita. — coloquial

tocable
1 Que puede ser tocado: *está tan caliente el hierro, que no es tocable.* — adj./= tangible / ≠ intocable
2 Se aplica a la pieza musical que es fácil de tocar o interpretar.

tocadiscos Aparato que sirve para reproducir el sonido grabado en un disco: *se ha roto la aguja del tocadiscos.* — s.m. / pl: tocadiscos / AUDIOVISUALES

tocado (Derivado de *toca*.)
1 Prenda que se usa para cubrir la cabeza: *se puso un tocado para entrar en la iglesia.* — s.m.
2 Peinado y adorno femenino de la cabeza: *la novia llevaba un bonito tocado de tul.* — = tocadura
3 Conjunto de objetos que usan las mujeres para su arreglo personal.

tocado, a (Derivado de *tocar*.)
1 Se aplica a la persona que está trastornada o un poco loca: *con tantas desgracias está un poco tocado.* — adj. / = perturbado
2 Se refiere a la fruta que está dañada o que empieza a pudrirse. — = pasado
3 Se aplica al jugador que está afectado por una indisposición o lesión: *el portero no puede jugar porque está tocado.* — DEPORTES

tocador (Derivado de *toca*.)
1 Mueble en forma de mesa, con un espejo, que se usa para peinarse o arreglarse: *se maquilla en el tocador.* — s.m. / = coqueta
2 Habitación destinada al arreglo personal, en especial en un establecimiento público: *fueron juntas al tocador para maquillarse.*
3 Caja o estuche para guardar útiles de aseo, joyas y otros efectos personales. — = neceser

tocador, a (Derivado de *tocar*.) Que toca un instrumento musical: *es un buen tocador de guitarra.* — adj/s. / MÚSICA

tocadura Tocado, peinado y adorno femenino. — s.f.

tocamiento
1 Acción y resultado de tocar o palpar: *denunció a su jefe por los constantes tocamientos.* — s.m.
2 Llamada o inspiración.

tocante
1 Que toca. — adj.
2 **tocante a o en lo tocante a:** Referente a, por lo que respecta a: *en lo tocante a tu vida privada, yo no tengo nada que decir.* — loc.prep.

tocar
I (Voz onomatopéyica.)
1 Percibir una cosa por el tacto: *el aire no se puede tocar; al tocarlo noté su suavidad.* — v.tr. / conj: sacar
2 Llegar hasta una cosa con la mano pero sin cogerla: *lo toco pero no puedo cogerlo.* — = palpar
3 Hacer sonar un instrumento musical: *sabe tocar el violín.* — MÚSICA / = tañer
4 Hacer sonar una campana u otro instrumento para avisar: *toca el timbre; tocan a muerto.* — v.tr/intr.
5 Interpretar una pieza musical: *tocaré un vals; has tocado muy mal.* — MÚSICA
6 Tropezar o rozar una cosa con otra: *al aparcar, el coche tocó la moto.* — v.tr. / = chocar, dar
7 Golpear una cosa para reconocer su calidad o propiedades por el sonido: *si tocas la pared verás que está hueca.*
8 Alterar el estado o la condición de una cosa: *no toques más esta labor, ya está bien así.* — = cambiar, modificar
9 Experimentar una persona el resultado de una cosa: *acabará tocando las consecuencias de su indecisión.* — = sentir
10 Provocar una reacción emocional en una persona: *le tocó el amor propio al hablarle de aquella manera.* — = conmover
11 Tratar una materia o un asunto de forma superficial: *sólo tocaré la parte más interesante del proyecto.* — = mencionar
12 Haber llegado el momento oportuno de hacer una cosa: *te toca tirar a ti; nos toca trabajar.*
13 Ser una cosa obligación o derecho de una persona: *al jefe le toca decidir.* — v.intr.
14 Ser una cosa de interés para una persona: *la economía del país nos toca a todos.* — = atañer, concernir
15 Corresponder una cosa a una persona en un reparto: *nos tocan tres caramelos a cada uno.*
16 Caer en suerte una cosa a una persona en un sorteo: *le ha tocado la lotería.*
17 Estar una cosa cerca de otra. — v.intr/prnl.
18 Ser una persona pariente de otra. — v.intr.
19 Llegar el turno de una cosa a una persona: *ahora te toca hablar a ti.* — = corresponder
20 Acercar una cosa a otra para que le comunique una característica. — v.tr.
21 Usar la piedra de toque para valorar la riqueza del oro o la plata.
22 Arreglar la tensión de un cabo aflojando ligeramente las vueltas con que está sujeto a un aparejo. — NÁUTICA
23 Dar con la quilla del barco en el fondo con suavidad. — NÁUTICA
24 Dar toques a una cosa con un pincel.
25 Llegar de paso a un lugar. — v.intr.
26 **a toca, no toca:** Indica la posición de una persona o una cosa tan cercana a otra que casi está en contacto con ella. — loc.adv.
27 **en o por lo que toca a una cosa:** Por lo que se refiere o afecta a una cosa: *en lo que toca a este asunto prefiero no opinar.* — loc.prep.
28 **estar una persona tocada: 1.** Empezar a sentir una enfermedad: *está tocado de gripe.* **2.** Estar un deportista afectado por alguna indisposición o lesión: *no puedo jugar porque estoy tocado.* — DEPORTES
29 **tocar de cerca: 1.** Tener una persona parentesco próximo con otra. **2.** Tener conocimiento práctico de un asunto.
30 **tocar a una persona bailar con la más fea:** Corresponderle a una persona resolver un asunto difícil o desagradable: *todos evitaron la discusión, por lo que a él le tocó bailar con la más fea.* — coloquial
31 **tocárselas una persona:** Irse de un lugar: *se las tocó en cuanto vio que había peligro.* — coloquial

II (Derivado de *toca*.)
1 Peinar o arreglar con adornos el cabello de una persona: *se tocó para asistir al baile*. — v.tr/prnl. conj: sacar
2 Cubrirse una persona la cabeza con un sombrero o un pañuelo: *se tocó con una mantilla para entrar en la iglesia*. — v.prnl.

tocario, a
1 De un pueblo de origen indoeuropeo establecido en el Asia central. — adj/s./HISTORIA tb: tokario
2 Lengua indoeuropea que se habló en el norte del Turquestán chino. — s.m. LINGÜÍSTICA

tocasalva Bandeja con varias encajaduras para copas o tazas. — s.f. = salvilla

tocata
I (Del ital. *toccata*.) Composición musical breve de forma libre y por lo general destinada a instrumentos de teclado. — s.f. MÚSICA
II (Derivado de *tocadiscos*.) Aparato que reproduce el sonido grabado en un disco. — s.m./coloquial AUDIOVISUALES

tocateja Indica al momento de comprar al contado en la expresión **a tocateja**: *lo pagamos todo a tocateja, sin regatear ni un duro*. — tb: a toca teja

tocayo, a Persona que, respecto de otra, tiene su mismo nombre. — s.

tochedad
1 Calidad de tocho o tonto. — s.f.
2 Dicho o hecho propio de la persona tocha o tonta. — = tontería

tocho, a
1 Que es tonto y poco espabilado: *es tan tocho que ha ido a buscar las llaves y no las ha traído*. — adj/s. = necio, tonto
2 Ladrillo de unos cinco centímetros de grueso: *levantaron una tapia con tochos*. — s.m. CONSTRUCCIÓN
3 Lingote de hierro. — METALURGIA
4 Libro muy grande o de lectura pesada: *¡menudo tocho te estás leyendo!* — coloquial

tocía (Del ár. *tutiya*.) Atutía, óxido de cinc. — s.f./QUÍMICA

tocinera
1 Tablón ancho de madera usado para salar el tocino en las casas. — s.f.
2 Autobús o furgoneta de la policía nacional. — coloquial

tocinería Tienda o puesto donde se vende tocino y otros productos del cerdo. — s.f. COMERCIO

tocinero, a Persona que vende tocino y otros productos del cerdo. — s. COMERCIO

tocineta Tocino, panceta, carne grasa del cerdo. — s.f./Colomb., P. Rico

tocino (Del lat. vulgar *tuccinum*.)
1 Capa de grasa de algunos animales mamíferos, en especial la del cerdo, que salada se utiliza como alimento. — s.m.
2 Conjunto de saltos muy rápidos y seguidos que se dan en el juego de la comba. — JUEGOS
3 **tocino de cielo**: Dulce hecho de yema de huevo y almíbar, que se cuecen juntos hasta que la mezcla está bien cuajada. — COCINA
4 **tocino entreverado**: El que tiene intercalada alguna veta de carne. — COCINA
5 **tocino fresco**: El recién sacado del cerdo, que se utiliza sin salar. — COCINA
6 **tocino saladillo**: El fresco a media sal. — COCINA

tocio, a Se aplica a una especie de roble de pequeño tamaño. — adj. BOTÁNICA

toco Hornacina rectangular muy usada en la arquitectura incaica. — s.m. Perú

toco- Componente de palabra procedente del gr. *tokos*, que significa parto: *tocología*. — pref.

tocofobia Temor exagerado que sienten algunas mujeres a sufrir durante un parto. — s.f. SICOLOGÍA

tocología (Del gr. *tokos*, parto + *logos*, ciencia.) Parte de la medicina que estudia la gestación, el parto y el puerperio. — s.f. MEDICINA = obstetricia

tocólogo, a Médico especialista en la gestación, el parto y el puerperio. — s./MEDICINA = obstetra

tocomocho
1 Estafa o timo que se comete vendiendo un billete de lotería en apariencia premiado por un precio inferior al valor del supuesto premio. — s.m. coloquial
2 Billete de lotería empleado en este timo. — coloquial

tocón (Derivado de *tueco*.)
1 Parte del tronco de un árbol que queda unida a la raíz al cortarlo por el pie. — s.m.
2 Parte de un miembro cortado que queda pegada al cuerpo. — = muñón

tocón, a (De origen incierto.) Que tiene el rabo muy corto, rabón. — adj. Colomb.

tocona Tocón de un árbol cortado, de diámetro grande. — s.f.

toconal
1 Terreno donde hay muchos tocones. — s.m.
2 Olivar formado por renuevos de tocones. — AGRICULTURA

tocotoco Pelícano, ave pelecaniforme de plumaje blanco y pico ancho y muy largo, con la piel de la mandíbula inferior en forma de bolsa. — s.m. Venez. ZOOLOGÍA

tocuyo Tela burda de algodón. — s.m./Amér. Merid.

todabuena Planta sufrutescente hipericácea, de cuyas hojas y flores se hace una infusión que se ha usado en medicina como vulneraria y vermífuga. (*Androsaemum officinale*.) — s.f. BOTÁNICA = todasana

todavía
1 Hasta este momento: *todavía sigue vivo; todavía no ha llegado*. — adv.
2 Incluso, aún: *su voz es todavía mejor que la de su predecesora*. — adv.
3 Con todo eso, no obstante: *es muy bueno, pero todavía podría serlo más*. — adv.

todo, a (Del lat. *totus*.)
1 Que se toma entero, sin excluir nada: *se comió todo el pan; me gustan todos los animales*. — adj./pron.indef.
2 Que afecta a la totalidad de lo que se refiere: *todo fiel cristiano debe ir a misa*. — adj. = cualquiera
3 Que es excesivo en su calidad o circunstancia: *este pez es todo espinas*.
4 Cada, sin excluir ninguno: *cobra todos los meses*.
5 Por completo: *estaba lloviendo y llegó todo empapado*. — adv.
6 El conjunto de las cosas: *todo me da igual; todo es nada; lo quiero todo*. — pron.
7 Cosa íntegra, que consta de la suma y conjunto de sus partes: *el todo es mayor que sus partes*. — s.m.
8 Condición que se pone en el juego del hombre y otros naipes, en que se paga más al que no deja ninguna baza para el contrario. — JUEGOS
9 Palabra que contiene la solución de un acertijo o charada. — JUEGOS
10 Conjunto de personas o cosas consideradas sin excluir ninguna: *todos nos pusimos a reír al verla*. — s.m.pl.
11 **ante todo**: Primera o principalmente: *ante todo debemos solucionar el problema*. — loc.adv.
12 **así y todo**: A pesar de eso, aun siendo así: *así y todo no voy a olvidar lo que pasó*. — loc.conj.
13 **a todo**: Cuanto puede ser en su línea, con el máximo esfuerzo o rendimiento: *a toda máquina; a todo color; a todo correr*. — loc.adv.
14 **a todo esto** o **a todas estas**: Mientras tanto, entre tanto: *a todo esto llegó su marido y la pilló con el amante*. — loc.adv.
15 **como un todo**: En conjunto: *debes considerar los problemas como un todo*. — loc.adv.
16 **con todo** o **con todo y con eso**: No obstante, sin embargo: *con todo, él sigue haciendo lo que le da la gana*. — loc.conj.
17 **del todo**: Sin excepción ni limitación: *eres tonta del todo; ahora se ha estropeado del todo*. — loc.adv.
18 **después de todo**: A pesar de ello, finalmente: *después de todo, no es mala persona*. — loc.conj.
19 **de todas todas**: Con seguridad: *yo la voy a ver de todas todas*. — loc.adv.
20 **de todo en todo**: Entera y absolutamente. — loc.adv.
21 **en todo y por todo**: Con todas las circunstancias. — loc.adv.
22 **en un todo**: De forma absoluta y general. — loc.adv.
23 **ir a por todas**: Hacer una cosa con decisión, con intención de triunfo: *si queréis ganar el partido, id a por todas*. — coloquial
24 **jugarse el todo por el todo**: Correr un gran riesgo para alcanzar un fin: *se jugó el todo por el todo y consiguió reflotar su empresa*. — coloquial
25 **por todo y por todas**: En suma, en total: *son por todas diez mil pesetas*. — loc.adv.
26 **ser todo uno**: 1. Ser en realidad lo mismo varias cosas que parecían distintas. 2. Ser una cosa consecuencia de la otra: *beber vino y tener dolor de cabeza es todo uno*. — coloquial coloquial
27 **ser una persona el todo**: Ser la más influyente o capaz en un asunto, o de la que depende el éxito. — coloquial
28 **sobre todo**: Principalmente, con especialidad: *es caro, sobre todo por sus excelentes prestaciones*. — loc.adv.
29 **todo cuanto**: La totalidad de lo que se expresa: *todo cuanto hice estuvo mal; todos cuantos me oyen creen en mi inocencia*. — loc.adv.
30 **todo es uno**: Indica que una cosa es totalmente diversa e impertinente y fuera de propósito para el caso o fin a que se quiere aplicar. — loc.adj. coloquial
31 **todo lo**: Tanto como: *tira de la cuerda todo lo que puedas*. — loc.conj.
32 **todo lo más**: Lo máximo que se considera posible u oportuno: *todo lo más te puedo dar mil pesetas*. — loc.adv.
33 **y todo**: Además, incluso: *ven a la fiesta, habrá cohetes y todo*. — loc.adv.

todopoderoso, a Que lo puede todo: *confío en tus todopoderosas influencias*. — adj. = omnipotente

todoterreno Se aplica al vehículo que está preparado para circular por terrenos accidentados: *subimos hasta la cima con un todoterreno*. — adj/s.

toesa Antigua medida de longitud francesa. — s.f.

toffee (Voz inglesa.) Caramelo o pastilla de café con leche. — s.m. / tb: tofe

tofo
1 Tumor producido por la acumulación de ácido úrico en los huesos o ligamentos. — s.m. / MEDICINA
2 Arcilla blanca refractaria. — Chile

toga (Del lat. *toga*.)
1 Vestidura larga con mangas y esclavina usada por los magistrados y catedráticos como prenda de ceremonia, sobre el traje ordinario. — s.f.
2 Prenda de vestir semejante a la capa que usaban los romanos sobre la túnica. — HISTORIA
3 **toga palmada o picta**: La ricamente bordada en oro que usaba el cónsul en la celebración del triunfo, y el cónsul y los pretores al presidir los juegos del circo. — HISTORIA

togado, a Que viste toga: *juez togado; magistrado togado*. — adj./s.

togolés, a
1 De Togo, país africano. — adj.
2 Persona natural de este país africano. — s.

toilette (Voz francesa.)
1 Lavabo, cuarto de aseo: *la toilette está al fondo a la derecha*. — s.f. / tb: toilete
2 Peinado o arreglo personal: *voy al aseo a hacerme la toilette*.
3 Mueble donde una persona se arregla y asea. — = tocador

toisón (Del fr. *toison* < lat. *tonsio, -onis*, trasquiladura.)
1 Orden de caballería destinada a propagar el catolicismo. — s.m. / HISTORIA
2 Insignia de esta orden. — HISTORIA
3 Persona condecorada con esta insignia. — HISTORIA
4 Vellocino, vellón que resulta de esquilar las ovejas.
5 Antigua moneda de los Países Bajos, de oro o de plata.

tojal Terreno donde abundan los tojos. — s.m.

tojino (Derivado del ant. *tohino*.)
1 Pedazo de madera que se clava en el interior de una embarcación para asegurar una cosa del movimiento de los balances. — s.m. / NÁUTICA
2 Pedazo prolongado de madera que se clava en el costado de una embarcación y sirve, junto a otros, de escala. — NÁUTICA
3 Taco de madera clavado en los penoles de las vergas para asegurar las empuñiduras. — NÁUTICA

tojo Planta arbustiva papilionácea, de hojas espinosas y flores amarillas, que crece sobre suelos silíceos. (*Ulex europaeus.*) — s.m. / BOTÁNICA

tojolabal De un pueblo amerindio de México y Guatemala, de la familia lingüística maya. — adj/s.m.f.

tojosa Ave columbiforme de color grisáceo con un collar blanquecino, que habita en América Central. (*Columbigallina paserina.*) — s.f. / ZOOLOGÍA

tokamak Máquina empleada en las investigaciones sobre la energía termonuclear. — s.m. / FÍSICA NUCLEAR

tokay Vino húngaro dulce, de color amarillo dorado. — s.m.

tola
1 Planta arbustiva compuesta, que crece en las laderas de las cordilleras. (*Lepidophyllum.*) — s.f./Amér. Merid. / BOTÁNICA
2 Tumba en forma de montículo, perteneciente a diversas culturas precolombinas. — Ecuad. / HISTORIA

tolano (Derivado del lat. *toles*, hinchazón de las amígdalas.)
1 Enfermedad que padecen algunos animales en las encías. — s.m. / VETERINARIA
2 **picarle a una persona los tolanos**: Tener mucha hambre. — coloquial

tolar Unidad monetaria principal de Eslovenia. — s.m./ECONOMÍA

tolda
1 Tela para hacer toldos. — s.f./Amér.
2 Saca que se utiliza para llevar granos. — P. Rico
3 Cubierta de lona que se coloca en las carretas. — P. Rico, Urug.
4 Toldo de las embarcaciones menores.

toldadura Colgadura de alguna tela o cortina que sirve para defenderse del calor o de la luz. — s.f.

toldar Cubrir una cosa con un toldo: *hemos decidido toldar una parte del jardín para estar mejor en verano*. — v.tr. / tb: entoldar

toldilla Cubierta parcial que tienen algunas embarcaciones a la altura de la borda, desde el palo mesana al coronamiento de popa. — s.f. / NÁUTICA

toldillo
1 Silla de manos cubierta. — s.m.
2 Tela que rodea la cama para impedir el paso de los mosquitos. — Colomb. / = mosquitero

toldo (Del fr. ant. *tialt, taud*, tolda de barco.)
1 Cubierta, por lo general de lona, que se tiende sobre un lugar para darle sombra: *la terraza estaba cubierta con un toldo*. — s.m. / = entoldado
2 Cubierta de tela o lona sostenida sobre un carro mediante unos arcos. — = entalamadura
3 Engreimiento del que se cree superior a los demás y desea ser admirado. — = vanidad / ≠ sencillez

4 Tienda de algunos pueblos amerindios hecha con pieles y ramas. — Argent., Chile

tole (Del lat. *tolle*.)
1 Alboroto, confusión y griterío popular: *a la salida del concierto se montó un buen tole*. — s.m.
2 Rumor o murmuración de desaprobación general: *el juez pidió silencio en la sala ante el tole del público*.
3 **tole tole**: Alboroto, pelea o tumulto de gente. — Argent., Urug.
4 **tomar una persona el tole**: Irse una persona de un sitio de forma acelerada: *tomó el tole cuando vio entrar a su ex marido*. — coloquial

toledano, a
1 De Toledo, ciudad y provincia de España. — adj.
2 Persona natural de esta ciudad o provincia. — s.
3 Se aplica a la noche que una persona pasa sin dormir.

tolemaico, a (De Tolomeo, astrónomo griego.) De dicho astrónomo o de su sistema astronómico. — adj./ASTRONOMÍA / tb: ptolemaico

tolerabilidad Condición de tolerable o que se puede soportar. — s.f.

tolerable Que puede ser tolerado o soportado: *hace daño pero es tolerable; su conducta no es tolerable*. — adj. / ≠ intolerable

tolerancia
1 Acción y resultado de tolerar. — s.f.
2 Actitud de respeto y comprensión hacia las ideas y acciones ajenas: *en el debate imperó la tolerancia*. — = condescendencia, transigencia
3 Capacidad del organismo de soportar o asimilar drogas o medicamentos: *ha disminuido su tolerancia a los sedantes*. — MEDICINA
4 Diferencia permitida entre el peso efectivo y el que tienen las monedas. — ECONOMÍA
5 Diferencia que se permite en la calidad o cantidad de las cosas o las obras contratadas.
6 Máxima diferencia que se admite entre el valor nominal y el real en las características físicas y químicas de un material o un producto. — TECNOLOGÍA
7 Capacidad de ciertas especies arbóreas para desarrollarse en condiciones de luminosidad reducida. — BOTÁNICA
8 Capacidad de un organismo parasitado de convivir con el parásito. — BIOLOGÍA
9 Reconocimiento de inmunidad política para los que profesan religiones distintas de la admitida de forma oficial. — POLÍTICA, RELIGIÓN
10 **tolerancia de cultos**: Reconocimiento oficial del derecho o a la práctica de una religión distinta a la oficial. — POLÍTICA, RELIGIÓN

tolerante Que tolera o es propenso a la tolerancia: *es muy tolerante con las opiniones de las otras personas*. — adj. / ≠ intolerante

tolerantismo Opinión de las personas que creen que debe permitirse la libre práctica de todos los cultos religiosos. — s.m. / SOCIOLOGÍA

tolerar (Del lat. *tolerare*.)
1 Soportar o sufrir una cosa o a una persona: *no voy a tolerar más abusos; es tan pedante que no la tolero*. — v.tr. / = aguantar
2 Admitir ideas y opiniones distintas de las propias: *no estoy de acuerdo con lo que dices pero lo tolero*. — = aceptar, transigir
3 Permitir que se haga una cosa: *no tolero que me grites delante de la gente*. — = consentir / ≠ prohibir
4 Resistir o soportar una cosa sin que se reciba daño, en especial alimentos o medicinas: *no tolera los antibióticos; de pequeño no toleraba la leche*. — ≠ rechazar, repeler

tolete
1 Estaca pequeña y redonda que se fija en el borde de una embarcación menor y a la que se ata el remo. — s.m./NÁUTICA / = escálamo
2 Garrote corto. — Amér. Central y Merid.
3 Que es torpe, lerdo o tardo en entendimiento. — adj/s.m./Cuba

tolita Sustancia explosiva obtenida de un derivado del tolueno. — s.f. / QUÍMICA

tolla
I (Derivado de *tollo* < celta *tullon*.) Terreno húmedo que se mueve al pisarlo. — s.f. / = tremedal
II (De origen incierto.) Artesa que se utiliza para dar de beber al ganado. — s.f. / Chile, Cuba

tolladar Terreno donde hay tollas o tremedales. — s.m.

tollina (Del lat. vulgar **thunnina* < lat. *thunnus*, atún.) Serie de golpes dados a una persona, que la dejan herida o en mal estado: *los atracadores le pegaron una buena tollina porque no les quería dar el dinero*. — s.f. / coloquial / = paliza, tunda, zurra

tollo
I (De origen incierto.)
1 Carne que tiene el ciervo junto a los lomos. — s.m.
2 Cazón, pez escualiforme. — ZOOLOGÍA
II (Del celta *tullon*.)
1 Hoyo en la tierra o escondite hecho con ramas donde se ocultan los cazadores en espera de la caza. — s.m. / CAZA
2 Terreno pantanoso que se mueve al pisarlo. — = tolla

tollón Camino o paso estrecho entre montañas. — s.m.

tolmera Lugar donde abundan los tolmos o peñascos. — s.f. / tb: tormera

tolmo Peñasco elevado y parecido a un gran hito o mojón. — s.m. / tb: tormo

toloache Planta herbácea de propiedades narcóticas empleada en la medicina tradicional, que, en dosis muy altas, puede provocar locura e incluso la muerte. — s.m. *Méx.* BOTÁNICA

tololoche Contrabajo, instrumento musical. — s.m./*Méx.*/MÚSICA

tolondro, a (Derivado del ant. *torondo* < bajo lat. *turundus* < lat. *turunda*, bollo.)
1 Que está aturdido o es tonto: *no sé qué decirte, la noticia me ha dejado tolondro.* — adj/s. th: tolondrón
2 Bulto que se forma en la cabeza a consecuencia de un golpe. — s.m. = chichón
3 **a topa tolondro:** Sin reflexión, reparo o advertencia. — loc.adv. = a tolondrones

tolonguear Acariciar o mimar a una persona. — v.tr./*C. Rica*

tolstoyano, a (De L. *Tolstói*, escritor ruso.)
1 De dicho escritor ruso o de su obra. — adj./LITERATURA
2 Se aplica al autor o a la obra que está influido por este escritor ruso. — LITERATURA

tolteca
1 De un pueblo amerindio precolombino que vivía en la meseta de México. — adj. HISTORIA
2 Persona natural de este pueblo. — s.m.f./HISTORIA

tolueno Hidrocarburo aromático líquido, empleado como disolvente y secante en la preparación de colorantes y medicamentos, y para la construcción de algunos termómetros. — s.m. QUÍMICA = metilbenceno

toluidina Anilina derivada del tolueno. — s.f./QUÍMICA

toluol Tolueno impuro. — s.m./QUÍMICA

tolva (Del lat. *tubula*, trompetita.)
1 Caja en forma de pirámide o de cono invertido y abierta por abajo, en la que se echan granos y otros cuerpos para que caigan poco a poco entre las piezas del mecanismo que los triturará, molerá, limpiará o clasificará. — s.f.
2 Parte superior de los cepillos o de las urnas que tiene una abertura para depositar las monedas, las bolas o las papeletas.

tolvanera (Derivado del lat. *turbo, -inis.*) Remolino de polvo. — s.f.

toma
1 Acción de tomar o recibir una cosa. — s.f.
2 Conquista, asalto u ocupación armada de una plaza, ciudad o de otro lugar. — MILITAR
3 Porción de una cosa que se coge o recibe de una vez: *te toca la toma del medicamento.* — = dosis
4 Acción y resultado de fotografiar o filmar: *el director dio por buena la toma.* — CINE
5 Abertura en un depósito o en una conducción de agua para darle salida o desviarla. — = boca, data
6 Abertura por donde se desvía de una corriente de agua o de un embalse parte de su caudal. — = tomadero
7 Lugar por donde se deriva una corriente de fluido o electricidad. — ELECTRICIDAD
8 Cauce, acequia. — *Colomb.*
9 Muro para desviar el agua de su cauce. — *Chile/*= presa
10 **toma de agua:** 1. Acción de desviarla de una canalización para darle un uso determinado. 2. Instalación necesaria para este fin.
11 **toma de aire:** Abertura por la que se ventilan ciertos aparatos o instalaciones. — TECNOLOGÍA
12 **toma de conciencia:** Hecho de darse cuenta una persona de un problema o cuestión después de haber reflexionado. — SICOLOGÍA
13 **toma de corriente:** Dispositivo eléctrico conectado a la línea de alimentación, propio para enchufar en él aparatos de utilización móviles. — ELECTRICIDAD = enchufe
14 **toma de posesión:** Acto por el que se hace efectivo el nombramiento de una persona para el ejercicio de un cargo.
15 **toma de tierra:** Conducto que conecta una instalación eléctrica o radioeléctrica con el suelo, como medida de seguridad. — ELECTRICIDAD

tomacorriente
1 Toma de corriente eléctrica. — s.m./*Amér.*
2 Enchufe, dispositivo eléctrico. — *Argent., Perú*

tomadero
1 Parte de una cosa por donde se toma o ase. — s.m.
2 Abertura para dar salida al agua o desviarla. — = toma
3 Adorno abollonado que se ponía a ciertas prendas de vestir.

tomado, a Se aplica a la voz baja, sin sonoridad, por padecer alguna afección de la garganta: *está resfriada y tiene la voz tomada.* — adj. = ronco

tomador, a
1 Que toma. — adj/s.
2 Se aplica a la persona que es ladrón de carteras y otros objetos de los bolsillos de la gente. — = carterista
3 Persona a cuya orden se gira una letra de cambio. — s/COMERCIO
4 Se refiere al perro que toma o cobra la caza. — adj/s./CAZA
5 Baderna o trenza de filástica que está firme en la verga y sujeta la vela cuando se aferra a ella. — s.m. NÁUTICA
6 Que es aficionado a la bebida. — adj./*Amér.*

tomadura
1 Acción y resultado de tomar. — s.f./= toma
2 Porción de alguna cosa que se toma.
3 **tomadura de pelo:** Broma o burla que se hace a una persona: *decirle que le han robado el coche ha sido una tomadura de pelo.* — coloquial

tomahawk Hacha de guerra de los pueblos amerindios de América del Norte. — s.m. = tomawak

tomaína (Derivado del gr. *ptoma*, cadáver.) Producto tóxico que resulta de la putrefacción de las materias orgánicas. — s.f. BIOLOGÍA th: ptomaína

tomajón, a Se aplica a la persona que roba a menudo o se apropia de las cosas ajenas con facilidad. — adj/s. coloquial

tomar (Del lat. hispánico *tumare* < lat. *autumare*, afirmar.)
1 Coger una persona con cuidado a otra o a una cosa ayudada de las manos, una parte del cuerpo o un instrumento: *toma el jersey; toma tinta con la pluma; tomó al bebé entre sus brazos.* — v.tr. = agarrar, asir ≠ soltar
2 Recibir o aceptar de forma voluntaria una persona, un animal o una cosa: *la tomó por esposa; toma el dinero que te ofrezco.* — = admitir ≠ rechazar
3 Instalarse en un lugar para cerrar o impedir el paso: *estratégicamente es importante tomar el puente.* — = ocupar
4 Ocupar un ejército un lugar mediante un tratado o al asalto: *los soldados tomaron la ciudad por la noche.* — MILITAR = invadir
5 Comer o beber una persona una cosa: *tómate un café conmigo; se toma dos tostadas cada mañana.* — v.tr/prnl. = ingerir
6 Adoptar o alcanzar una persona actitudes o costumbres: *tomó los malos ejemplos; con el tiempo ha tomado una postura radical.* — v.tr. = adquirir
7 Contratar una persona a otra para recibir de ella un determinado servicio: *tomó un mayordomo.* — = emplear ≠ despedir
8 Tener una persona derecho a utilizar una cosa durante un cierto tiempo a cambio de un pago: *hemos decidido tomar un apartamento para las vacaciones.* — = alquilar, arrendar
9 Seguido de ciertos sustantivos verbales indica hacer lo que expresa el verbo del que estos sustantivos derivan: *tomar una resolución; tomar un baño; tomar posesión; tomar bajo su protección; tomar una decisión.*
10 Recibir o adquirir lo que ciertos sustantivos de que se acompaña significan: *tomar fuerza; tomar aliento.*
11 Realizar una determinada acción sirviéndose de un instrumento: *tomar la pluma; tomar las armas.* — = coger
12 Quitar una persona una cosa de poco valor a otra. — = hurtar
13 Padecer una persona los efectos de una sensación física o moral: *tomó frío entrenando; se tomó un disgusto.* — v.tr/prnl. = sufrir
14 Emprender una persona una cosa o encargarse de un negocio, en especial mediante traspaso: *he tomado la carnicería del barrio.* — v.tr. = encargarse
15 Tener una persona un sentimiento hacia otra o hacia una animal o una cosa: *le tomó cariño enseguida.* — = coger
16 Coger una persona una determinada dirección: *tome esta calle hasta el final; tomó a la derecha.* — v.intr. = dirigirse
17 Tener una persona un juicio o una opinión equivocados sobre una persona o una cosa: *lo han tomado por ladrón.* — v.tr. + por = juzgar
18 Hacer una fotografía o realizar una toma cinematográfica: *tomaré un primer plano de la novia.* — CINE, FOTOGRAFÍA
19 Arraigar una planta o un plantón o esqueje recién plantados: *el rosal trasplantado no ha tomado y se secará.* — v.intr. BOTÁNICA
20 Utilizar un medio de transporte público: *toma el autobús de las cinco.* — v.tr. = coger, subir
21 Copiar una cosa mediante un dibujo o una pintura o apuntar una nota por escrito o con una grabación. — = anotar
22 Cubrir el macho a la hembra. — = copular
23 Hacer o ganar baza en un juego de naipes. — JUEGOS
24 Parar la pelota y detener el juego por alguna causa, en algunos deportes. — DEPORTES
25 Asignarse una persona un nombre: *tomó el apellido de su abuela.*
26 Ponerse la voz ronca. — v.prnl.
27 Cubrirse un metal de moho u óxido. — = oxidarse
28 Cargarse la atmósfera de vapores o de nubes, en especial por el horizonte.
29 Coger una persona una borrachera. — = emborracharse
30 **¡toma!:** 1. Expresa la poca importancia de una cosa: *¡toma, ya lo sabía!* 2. Expresa que una persona entiende o se da cuenta de lo que antes no ha comprendido: *¡toma, ahora entiendo su reacción!* 3. Expresa que una cosa desagradable ocurrida a una persona es considerada merecida: *¿no me quisiste escuchar? pues ¡toma!* 4. Indica asombro o sorpresa: *¡toma, tú por aquí!* — interj.
31 **tomarla con una persona:** Reprender o culpar una persona a otra por cuanto hace o dice, en ocasiones sin motivo para ello: *la tiene tomada conmigo y siempre me riñe.* — coloquial
32 **tomar por avante:** Virar una embarcación de forma espontánea por el lado por donde viene el viento. — NÁUTICA
33 **tomarse con una persona:** Reñir o discutir una persona con otra. — coloquial
34 **tomar una persona de más alto o de más lejos una cosa:** Acercarse más o menos al principio u origen de una cosa. — coloquial

35 tomar una persona sobre sí una cosa: Encargarse o responder de ella.   *coloquial*

36 tomar una persona una cosa por donde quema: Atribuir o ver sin razón intención ofensiva, suspicaz o picante en lo que hace o dice otra.   *coloquial*

37 ¡tómate ésa!: Expresión con que una persona acompaña una agresión, o un golpe físico o moral dado a otra.   *coloquial*

38 toma y daca: Indica que hay un trueque simultáneo de cosas o servicios o cuando se hace un favor, esperando la reciprocidad inmediata.   *coloquial*

tomatada Fritada o ensalada de tomate.   *s.f./COCINA*

tomatal Tierra sembrada de tomates.   *s.m./AGRICULTURA*

tomatazo Golpe dado con un tomate.   *s.m.*

tomate (Del azteca *tomatl.*)
1 Fruto de la tomatera, baya roja, de superficie lisa y brillante, y con numerosas semillas aplastadas y amarillas en la pulpa.   *s.m. BOTÁNICA*
2 Tomatera, planta que da este fruto.   *BOTÁNICA*
3 Juego de cartas, parecido al julepe, en el que el jugador que reparte se queda con el triunfo en lugar de una de las tres cartas que le han correspondido y pierde si no hace baza.   *BOTÁNICA JUEGOS*
4 Roto o agujero hecho en una media, calcetín u otra prenda de punto.   *coloquial*
5 Situación o asunto muy complicado o enredado: *no hay quien entienda este tomate.*   *coloquial = lío*
6 Pelea o riña: *le insultó y se montó un buen tomate.*   *coloquial*
7 **tomate verde** Planta herbácea cuyo fruto es parecido al tomate, pero del tamaño de una ciruela, de color verde o amarillo verdoso, que se emplea principalmente para preparar salsas.   *Méx., Guat. BOTÁNICA = miltomate*
8 **ponerse una persona como un tomate:** Ponerse colorada: *la riñeron y se puso como un tomate.*   *coloquial*

tomatera Planta solanácea, herbácea, de origen americano, con hojas alternas y flores amarillas, cuyo fruto es el tomate. (*Lycopersicum esculentum.*)   *s.f. BOTÁNICA*

tomatero, a
1 Persona que por oficio vende tomates.   *s.*
2 Se aplica al alimento que es adecuado para ser preparado con tomate, en especial el pollo pequeño y tierno.   *adj. COCINA*

tomaticán Guiso a base de patatas, cebollas, tomates y otras verduras.   *s.m./Argent., Chile COCINA*

tomavistas
1 Cámara cinematográfica, en especial la de uso profesional en cine y televisión.   *s.m./pl: tomavistas CINE*
2 Operador de fotografía.   *s.m.f./CINE*

tómbola (Voz italiana.)
1 Rifa pública de diversos objetos, a veces con fines benéficos: *en la tómbola me tocó un gran oso de peluche.*   *s.f.*
2 Lugar donde se realiza esta rifa.

tómbolo (Voz italiana.) Istmo de arena que une una isla con una costa.   *s.m. GEOGRAFÍA*

tomento (Del lat. *tomentum.*)
1 Estopa basta, mezclada con impurezas, que queda después de cardar el lino o el cáñamo.   *s.m.*
2 Vello suave que cubre la superficie de los órganos de ciertas plantas.   *BOTÁNICA*

tomentoso, a Que presenta tomento.   *adj./BOTÁNICA*

-tomía Componente de palabra procedente del gr. *tomos*, que significa división: *histerectomía.*   *suf.*

tomillar Terreno donde abunda el tomillo.   *s.m.*

tomillo (Derivado del ant. *tomo* < lat. *thymum* < gr. *thymon.*)
1 Planta arbustiva labiada, de flores blancas o rosadas, muy olorosa, utilizada en perfumería, cocina y farmacología. (*Thymus vulgaris.*)   *s.m. BOTÁNICA*
2 **tomillo blanco:** Santónico, planta compuesta.   *BOTÁNICA*
3 **tomillo salsero:** Planta arbustiva labiada, de hojas estrechas, flores en espigas, que se utiliza como condimento, sobre todo en el aliño de las aceitunas. (*Thymus zygis.*)   *BOTÁNICA*

tomín Antigua medida de peso, equivalente a 596 miligramos.   *s.m. HISTORIA*

tominejo Colibrí, ave paseriforme de tamaño muy pequeño y pico muy largo.   *s.m./ZOOLOGÍA tb: tomineja*

tomismo (De *santo Tomás de Aquino*, teólogo italiano.)
1 Sistema de doctrinas teológicas y filosóficas de dicho santo.   *s.m./FILOSOFÍA TEOLOGÍA*
2 Corriente ideológica inspirada en él.   *FILOSOFÍA*

tomista
1 Del tomismo.   *adj./FILOSOFÍA*
2 Que es partidario o seguidor del sistema de doctrinas del tomismo.   *adj./s.m.f. FILOSOFÍA*

tomiza (Del lat. *thomix, -icis* < gr. *thomix, -ikos.*) Cuerda o soga delgada de esparto.   *s.f.*

tomo (Del lat. *tomus* < gr. *tomos.*)
1 Cada una de las partes con paginación y encuadernación independiente en que se divide una publicación muy extensa: *la enciclopedia tiene veinte tomos.*   *s.m. = volumen*

2 Importancia, valor y estima de una cosa.
3 de tomo y lomo: 1. De consideración o importancia: *lleva una borrachera de tomo y lomo.* 2. De mucho bulto y peso: *llegó con un equipaje de tomo y lomo.*   *loc.adj./coloquial coloquial*

tomo- Componente de palabra procedente del gr. *tomos*, que significa división: *micrótomo.*   *pref/suf.*

tomografía (Del gr. *tomos*, división + *grapho*, escribir.)
1 Procedimiento de exploración radiológica que permite obtener la imagen de un plano interno del organismo de una forma nítida.   *s.f. MEDICINA*
2 Imagen obtenida mediante este procedimiento.
3 tomografía axial computerizada: Técnica de exploración radiológica basada en la reconstrucción informática de la imagen de un plano interno del organismo a partir de una serie de análisis de densidad efectuados mediante barrido o rotación del conjunto formado por el tubo de rayos X y los detectores.   *MEDICINA*

tomógrafo Aparato de radiología que se utiliza para hacer tomografías.   *s.m. MEDICINA*

tomón, a Que toma con frecuencia, facilidad o descaro cosas de otra persona.   *adj. = tomajón*

tomotocia Parto realizado a través de una incisión abdominal.   *s.f./MEDICINA = cesárea*

ton (Apócope de *tono.*) Indica sin motivo, razón o causa en la expresión **sin ton ni son:** *se puso a gritar sin ton ni son.*   *loc.adv.*

toná Modalidad de cante flamenco, cuyas formas constituyen la más antigua creación gitana-andaluza conservada.   *s.f. MÚSICA*

tonada
1 Composición poética destinada al canto.   *s.f./POESÍA*
2 Música de estas composiciones poéticas que se cantan.   *MÚSICA*
3 Tonillo, dejo o entonación al hablar.   *Amér.*
4 Cualquier manifestación del cancionero folclórico, como la baguala o el estilo.   *Argent.*

tonadilla
1 Tonada o canción ligera.   *s.f./MÚSICA*
2 Canción o pieza ligera cantada que se ejecuta en el teatro.   *MÚSICA, TEATRO*

tonadillero, a
1 Persona que canta tonadillas.   *s./MÚSICA*
2 Compositor de tonadillas.   *MÚSICA*

tonafasia Afasia que impide recordar una música, una canción o un tono musical.   *s.f. SICOLOGÍA*

tonal
1 Del tono o la tonalidad.   *adj./MÚSICA*
2 Se aplica a las lenguas que pueden usar diferentes tonos para una misma palabra consiguiendo así significados distintos.   *LINGÜÍSTICA*

tonalidad
1 Sistema de siete sonidos organizados en el que se basa una composición musical.   *s.f. MÚSICA*
2 Relación de tonos y gradación de colores que aparecen en una obra pictórica.   *ARTE*
3 Calidad de reproducción de los receptores radioeléctricos.   *TELECOMUNICA-CIONES*
4 Sucesión de tonos o variaciones de la voz que forman una línea melódica y matizan de forma expresiva lo que se dice.   *LINGÜÍSTICA = entonación*

tonalpohualli (Voz náhuatl.) Calendario sagrado de los aztecas del México precolombino, formado por 260 días y dividido en trece meses de veinte días cada uno.   *s.m. HISTORIA*

tonante (Derivado del lat. *tonare*, tronar.)
1 Que truena.   *adj.*
2 Se aplica al escudo que tiene llamas y humareda.   *HERÁLDICA*

tonario Libro que contiene las antífonas o breves pasajes que se cantan en las misas de todo el año.   *s.m. RELIGIÓN*

tondiz Borra que se produce al realizar la tundidura de los paños.   *s.f./pl: tondices = tundizno*

tondo (Voz italiana.)
1 Adorno circular rehundido en una pared o en un muro de una construcción.   *s.m./ARQUITECTURA*
2 Obra artística pintada o esculpida con forma circular.   *ARTE*

tonel (Del fr. ant. *tonel.*)
1 Recipiente abombado, con la base circular, formado por listones de madera, que sirve para guardar o transportar líquidos.   *s.m. = barrica, barril*
2 Borracho, persona que se encuentra bajo los efectos del alcohol.   *coloquial = cuba*
3 Persona muy gorda: *está hecho un tonel.*   *coloquial*
4 **tonel macho:** Tonelada, unidad de capacidad de los buques.   *NÁUTICA*

tonelada
1 Unidad de medida de masa que equivale a mil kilogramos.   *s.f.*
2 Cantidad enorme: *este baúl pesa una tonelada; tiene toneladas de ropa en su armario.*   *coloquial*

3 Conjunto de toneles.　　　　　　　　　　　　= tonelería
4 **tonelada de arqueo**: Medida de capacidad, equivalente a 2,83 metros cúbicos.
5 **tonelada métrica de arqueo**: Metro cúbico.
6 **tonelada métrica de peso**: Peso de mil kilogramos.

tonelaje
1 Cabida o capacidad de un buque mercante o de un　　s.m.
vehículo de transporte.
2 Peso expresado en toneladas.

tonelería
1 Arte u oficio de tonelero.　　　　　　　　　　　s.f.
2 Taller del tonelero.
3 Conjunto de toneles.　　　　　　　　　　　　= tonelada

tonelero, a
1 Del tonel: *trabaja en la industria tonelera*.　　adj.
2 Persona que por oficio hace o vende toneles.　　s.

tonelete
1 Parte de la armadura que cubría desde la cintura　　s.m./ HISTORIA
hasta la rodilla.　　　　　　　　　　　　　　= brial
2 Falda corta que sólo cubría hasta las rodillas.　　= brial
3 Parte de las armaduras que tenía forma de tonel.　　HISTORIA
4 Traje con falda corta que usaban los niños.
5 Antiguo traje masculino, con falda corta, usado en　　TEATRO
el teatro.

tonema Última fase de la curva melódica de la ento-　　s.m.
nación de una frase.　　　　　　　　　　　　LINGÜÍSTICA

tonética Especialidad de la fonética o de la fonología　　s.f.
que estudia los tonos y la entonación.　　　　　LINGÜÍSTICA

tongada
1 Capa con que se cubre o baña una cosa.　　　s.f./= tonga
2 Cosa apilada encima de otra.　　　　　　　　= tonga
3 Pila de cosas unas sobre otras.　　　　　　= montón, tonga

tongano, a
1 De Tonga, islas y estado de la Polinesia en el océa-　　adj.
no Pacífico, y de su lengua.
2 Persona natural de estas islas.　　　　　　　s.
3 Lengua polinésica hablada en estas islas.　　s.m./LINGÜÍSTICA

tongo Trampa por la que un equipo o jugador se deja　　s.m.
ganar, por lo general por dinero.　　　　　　DEPORTES

tónica
1 Tendencia general o estilo: *los diseñadores franceses*　　s.f.
marcan la tónica de la moda.
2 Firmeza de los valores en bolsa.　　　　　ECONOMÍA
3 Bebida gaseosa no alcohólica y refrescante, que
contiene esencias de naranjas amargas y extractos de
quinina.
4 Primer grado de la escala.　　　　　　　MÚSICA
5 Nota que da su nombre a la tonalidad sobre la que　　MÚSICA
se basa esta escala.

tonicidad Grado de tensión de los órganos del cuer-　　s.f.
po vivo: *con la edad se pierde tonicidad*.　　FISIOLOGÍA

tónico, a
1 Del tono, o relacionado con él.　　　　　adj.
2 Que entona o vigoriza: *se aplica una loción tónica*　　adj./s.m.
para el cutis.
3 Se aplica a la vocal o sílaba que recibe el impulso　　adj./LINGÜÍSTICA
del acento prosódico: *sílaba tónica; vocal tónica*.　　≠ átono
4 Loción ligeramente astringente para el cuidado de　　s.m.
la piel del rostro: *después de desmaquillarse se aplica un*
tónico.
5 Sustancia o medicamento que sirve para mejorar　　MEDICINA
una determinada función o el tono total del organis-　　= reforzante
mo: *está algo débil y por eso toma un tónico*.

tonificación Acción y resultado de tonificar.　　s.f.

tonificante Se aplica a la sustancia, medicamentosa　　adj./s.m./= tónico,
o alimenticia, que tonifica.　　　　　　　tonificador

tonificar Dar una cosa fuerza y vigor al organismo o　　v.tr./conj.: *sacar*
al sistema nervioso: *las vitaminas me han tonificado*.　　MEDICINA

tonillo
1 Tono monótono y desagradable al hablar o al leer:　　s.m.
me aburre el tonillo del conferenciante.　　　= sonsonete
2 Modo de hablar o de entonar las frases propio de　　= dejo
un lugar o de una determinada procedencia.
3 Modo particular de expresar lo que se dice, que de-　　= retintín
nota una cierta burla o reserva de algún tipo: *lo dijo*
con un tonillo sospechoso.

tonina (Del lat. *thunnus*, atún.)
1 Atún, pez teleósteo.　　　　　　　　　s.f./ZOOLOGÍA
2 Delfín, mamífero cetáceo.　　　　　　　ZOOLOGÍA

tono (Del lat. *tonus* < gr. *tonos*.)
1 Intensidad o grado de mayor o menor elevación de　　s.m.
un sonido o de la voz humana.
2 Modo de hablar o de decir una cosa que manifiesta　　= entonación
un estado de ánimo o una intención: *sus palabras te-*
nían un tono de lamento.
3 Estilo de un escrito, obra literaria y discurso.
4 Carácter que se refleja en una reunión de personas,　　= cariz
en una conversación o en un escrito: *la charla acabó*
tomando un tono algo demasiado irónico.
5 Modo en que están dispuestas las notas en una es-　　MÚSICA
cala musical.

6 Escala musical formada a partir de una nota inicial　　MÚSICA
que es la que le da nombre.
7 Matiz o intensidad de un color: *este verano predomi-*
narán los tonos claros.
8 Texto y música de una canción.　　　　　= tonada
9 Pieza móvil de un instrumento de viento que le　　MÚSICA
permite variar el grado de elevación de los sonidos.
10 Intervalo o distancia que media entre una nota　　MÚSICA
musical y su inmediata, excepto del mi al fa y del si
al do.
11 Grado de color y de claroscuro en cada parte de　　ARTE
una pintura, en relación con la armonía de su conjunto.
12 Aptitud y energía que tiene el organismo animal,　　FISIOLOGÍA
o alguna de sus partes, para ejercer las funciones que
le corresponden.
13 Elegancia, clase o distinción: *es una fiesta de mucho*　　= categoría
tono.
14 Energía, vigor, fuerza: *llega muy bien a la gente por-*　　= nervio,
que es un político con mucho tono.　　　　tensión
15 Señal sonora de un teléfono u otro aparato de te-　　TELECOMUNICA-
lecomunicación que indica que se ha establecido la　　CIONES
comunicación.
16 **tono disonante**: Acorde que no es consonante.　　MÚSICA
17 **tono maestro**: Cada uno de los impares del canto　　MÚSICA
llano.
18 **tono mayor**: 1. Aquel en el que la tercera nota　　MÚSICA
dista dos tonos de la primera. 2. Intervalo entre dos　　= modo mayor
notas consecutivas de la escala diatónica cuando
guardan la proporción de ocho a nueve.
19 **tono menor**: 1. Aquel en que la tercera nota dis-　　MÚSICA
ta un tono y un semitono de la primera. 2. Intervalo　　= modo menor
entre dos notas consecutivas de la escala diatónica　　MÚSICA
cuando guardan proporción de nueve a diez.
20 **tono muscular**: Estado de tensión activa de los　　FISIOLOGÍA
músculos, variable según las acciones reflejas que lo
refuerzan o lo inhiben.
21 **a tono**: En armonía con otra cosa: *has de vestirte a*　　loc.adv.
tono con la ocasión.
22 **bajar una persona el tono**: Contenerse una per-　　coloquial
sona después de haber hablado con arrogancia.
23 **darse una persona tono**: Darse importancia o　　coloquial
presumir de una cosa: *desde que sale por la tele se da*
tono y está insoportable.
24 **de buen o mal tono**: Propio de gente distinguida　　loc.adj.
y elegante, o todo lo contrario.
25 **decir una cosa en todos los tonos**: Decirla ha-　　coloquial
ciendo uso de todos los recursos, con repetición e insistencia.
26 **estar o poner a tono**: Acomodar o adecuar una　　coloquial
cosa o persona a otra.
27 **fuera de tono**: Que resulta inoportuno o inade-　　loc.adj/adv.
cuado: *tu crítica estuvo fuera de tono*.　　　= fuera de lugar
28 **mudar una persona de tono**: Moderarse en el　　coloquial
modo de hablar, en especial cuando está enfadada.
29 **ponerse a tono**: Emborracharse o beber más de　　coloquial
la cuenta, en especial cuando una persona se quiere
desinhibir en un ambiente concreto.
30 **subido de tono**: Se aplica a las palabras o accio-　　loc.adj.
nes demasiado groseras, picantes u obscenas: *hizo un*　　coloquial
comentario subido de tono.
31 **subirse de tono**: Aumentar la arrogancia en el　　coloquial
trato o el lujo en la forma de vivir.

tono- Componente de palabra procedente del lat. *to-*　　pref.
nus, que significa tono, tensión: *tonometría*.

tonometría
1 Examen de la presión interna del globo ocular me-　　s.f.
diante el uso del tonómetro.　　　　　　　MEDICINA
2 Técnica de análisis de las disoluciones, usada en　　FÍSICA
especial para determinar las masas moleculares mediante la medición de la presión del vapor.

tonómetro (Del lat. *tonus* < gr. *tonos* + gr. *metron*, me-　　s.m.
dida.) Aparato para examinar la presión interna del　　MEDICINA
globo ocular.　　　　　　　　　　　　= tonógrafo

tonsila (Del lat. *tonsilla*.) Cuerpo glanduloso de color　　s.f.
rojo que las personas y los animales tienen a ambos　　ANATOMÍA
lados de la garganta.　　　　　　　　　= amígdala

tonsilar De las tonsilas.　　　　　　　　adj./ANATOMÍA

tonsura (Del lat. *tonsura*.)
1 Corte del pelo de las personas o la lana de los ani-　　s.f.
males.　　　　　　　　　　　　　　= rapadura
2 Corte del pelo de la coronilla que se hace a los que　　RELIGIÓN
reciben las órdenes sacerdotales.
3 Ceremonia litúrgica por la que se señalaba la entra-　　RELIGIÓN
da de un laico en el estado religioso cortándole cinco
mechones de cabello en forma de corona.
4 Grado que se le concedía a una persona en esta ce-　　RELIGIÓN
remonia.
5 **prima tonsura**: Grado preparatorio para recibir ór-　　RELIGIÓN
denes menores.

tonsurado
1 Hombre que ha recibido la tonsura clerical.　　s.m./RELIGIÓN
2 Sacerdote, cura que dirige los servicios religiosos,　　RELIGIÓN
actos de culto y oraciones de la comunidad.

tonsurando Hombre que va a recibir la tonsura clerical. — s.m. RELIGIÓN

tonsurar
1 Cortar el pelo a una persona o la lana a un animal. — v.tr.
2 Afeitar el pelo de la coronilla al que va a ordenarse sacerdote. — RELIGIÓN
3 Conceder el grado de prima tonsura a una persona. — RELIGIÓN

tontada Acción o palabras sin sentido, propias del tonto o simplón: *para decir tontadas mejor que te calles.* — s.f. = bobada

tontaina Se aplica a la persona de poca inteligencia: *deja de hacer el tontaina.* — adj/s.m.f. coloquial

tontamente De forma absurda o ilógica: *se te pueden ir tontamente unas dos o tres mil pesetas.* — adv. = a lo tonto

tontarrón, a Se aplica de forma cariñosa a la persona que actúa con tontería. — adj. tb: tontorrón

tontear
1 Hacer o decir una persona tonterías. — v.intr.
2 Simular dos personas una relación amorosa por coquetería o mero pasatiempo: *no son novios, sólo tontean.* — = coquetear, flirtear

tontedad Acción o palabra ingenua o de poca inteligencia, razón o sentido. — s.f. = bobería

tontera
1 Modo de comportarse el tonto o simple. — s.f.
2 Persona tonta o de poca inteligencia. — s.m.f.

tontería
1 Modo de comportarse el tonto o simple: *me da vergüenza ir con él por su tontería.* — s.f. = tontera
2 Escasez de entendimiento. — = imbecilidad
3 Acción o palabras faltas de inteligencia, de sentido o de seriedad: *no te lo tomes en serio, todo lo que dice son tonterías.* — = estupidez, simpleza
4 Acción o palabras insignificantes o de poco valor: *siempre se pelean por tonterías.* — = chorrada, nadería
5 Delicadeza exagerada y afectada en palabras, acciones y ademanes: *no me vengas con tonterías y lava los platos.* — = melindre
6 Trámites o requisitos molestos para la obtención de alguna cosa: *¡cuántas tonterías para solicitar el permiso!* — = papeleo
7 Halago o mimo que se le hace a una persona. — = zalamería
8 **dejarse de tonterías:** Dejar de perder el tiempo en asuntos que no conducen a ningún fin. — coloquial

tontillo
1 Prenda armada que llevaban las mujeres debajo de la falda para ahuecarla. — s.m. = polisón
2 Pieza tejida de cerda o de algodón engomado, que ponían los sastres en los pliegues de las casacas para ahuecarlas.

tontiloco, a Que es tonto y alocado. — adj./coloquial

tontina (Del ital. *tontina.*) Operación lucrativa que consiste en poner un fondo entre varias personas para repartirlo en una época dada, con sus intereses, sólo entre los asociados que han sobrevivido y que siguen formando parte de la agrupación. — s.f. COMERCIO

tontivano, a Que es tonto y presumido. — adj.

tonto, a (Voz de creación expresiva.)
1 Que tiene poca inteligencia: *le cuesta estudiar porque es un poco tonto.* — adj/s. ≠ listo
2 Que padece una débil deficiencia mental. — ≠ normal
3 Que no tiene lógica o sentido: *ha sido una equivocación muy tonta.* — adj./coloquial = absurdo
4 Que es ingenuo y no tiene malicia: *si no fueras tan tonto no te tomarían el pelo.* — adj/s./coloquial = infeliz
5 Que es mimoso, cariñoso y zalamero. — familiar/= meloso
6 Que es chulo e insolente: *¡no te pongas tonto conmigo, mocoso!* — coloquial = gallito
7 Que es presumido y orgulloso. — coloquial
8 Que es muy tierno y emotivo. — coloquial
9 Se aplica al tiempo que es inestable: *llévate el paraguas, que el tiempo está tonto.* — coloquial = variable
10 Que causa fastidio o molestia. — coloquial
11 Persona que en algunas representaciones teatrales hace el papel de simple o falto de inteligencia. — s.m. TEATRO
12 **tonto de capirote:** Muy tonto. — loc.adj.
13 **tonto perdido:** Sumamente tonto. — loc.adj./coloquial
14 **a lo tonto:** Como quien no quiere la cosa: *a lo tonto se ha quedado con el mejor trozo del pastel.* — loc.adv. coloquial
15 **a tontas y a locas:** Sin orden ni concierto: *está mal porque lo haces a tontas y a locas.* — loc.adv. coloquial
16 **hacer el tonto:** Comportarse como tal, hacer tonterías: *deja ya de hacer el tonto, que tenemos trabajo.* — coloquial
17 **hacerse el tonto:** Aparentar una persona que no advierte las cosas por su propia conveniencia: *no te hagas el tonto y escúchame.* — coloquial
18 **ponerse tonto:** Comportarse con vanidad y altanería. — coloquial

tontuna Dicho o acto tonto o sin sentido. — s.f./= tontería

toña
1 Tala, juego infantil que consiste en hacer saltar un palo golpeándolo con otro. — s.f. JUEGOS
2 Palo que se utiliza en este juego. — JUEGOS
3 Golpe o bofetada: *le pegó una toña en toda la cara.* — coloquial
4 Estado producido por el alcohol cuando se bebe en cantidad superior a la tolerada por el organismo. — coloquial = borrachera

top (Voz inglesa.)
1 Prenda de vestir femenina, por lo general corta, que cubre la parte superior del cuerpo y puede llevarse en el interior o en el exterior. — s.f. = corpiño
2 Voz de mando para ordenar que pare una maniobra. — NÁUTICA

topa Motón de driza que se usaba para izar las velas de las galeras. — s.f. NÁUTICA

topacio (Del lat. *topazion* < gr. *topazion.*)
1 Silicato fluorado de aluminio, cristalizado, en forma de piedra fina, amarilla y transparente. — s.m. MINERALOGÍA
2 **topacio ahumado:** Cristal de roca pardo oscuro. — MINERALOGÍA
3 **topacio de Brasil:** El de color amarillo rojizo, rosado o morado. — MINERALOGÍA
4 **topacio de Hinojosa o de Salamanca:** Cristal de roca amarillo. — MINERALOGÍA
5 **topacio oriental:** Corindón amarillo. — MINERALOGÍA
6 **topacio quemado o tostado:** El de Brasil, de color pálido, convertido en morado de forma artificial, por la acción del calor. — MINERALOGÍA

topada Golpe que se dan con la cabeza los toros, carneros y otros animales. — s.f. = topetazo

topadizo, a Que se encuentra con otra cosa o persona. — adj. = encontradizo

topador, a
1 Se aplica al animal cornudo que topa con otro. — adj./ZOOLOGÍA
2 Se refiere al jugador que acepta el envite con facilidad y poca reflexión. — adj/s. JUEGOS

topamiento Ceremonia del carnaval durante la cual varios hombres y mujeres se consagran compadres. — s.m. *Argent.*

topar (Voz onomatopéyica.)
1 Chocar una cosa con otra: *el coche topó por accidente con la pared.* — v.tr/intr. + con, contra
2 Encontrar a una persona o una cosa por casualidad: *topamos con un filón; me topé con él al salir del cine.* — v.tr/intr/prnl. + con/= hallar
3 Encontrar una persona o una cosa que buscaba: *después de tanto buscar, al fin topó con la caja.* — v.tr/intr./+ con = hallar
4 Dar golpes con la cabeza un animal que tiene cuernos. — v.intr.
5 Unir dos maderas al tope de una embarcación. — v.tr./NÁUTICA
6 Aceptar el envite o la apuesta en el juego. — JUEGOS
7 Tener una cosa su razón o fundamento en otra: *el problema topa en que no has estudiado nada.* — v.intr/+ en = radicar
8 Encontrar una persona una dificultad: *siempre topamos en el mismo tema; topo cada día con los mismos problemas.* — v.tr/intr/prnl. + con, en = tropezar
9 Salir bien o lograrse una cosa: *nos topó a la perfección el negocio de las camisetas.* — v.intr.
10 Echar a pelear los gallos para probarlos. — v.tr./*Amér.*

toparca Persona que tiene la soberanía de un pequeño estado. — s.

toparquía Territorio gobernado por un toparca. — s.f.

tope
I (Derivado de *topar.*)
1 Parte por donde una cosa puede topar con otra. — s.m.
2 Pieza fija con que se limita la acción o movimiento de un mecanismo: *no puedo abrir más el grifo porque he llegado al tope.* — = protección
3 Extremo al que puede llegar una persona o cosa: *he llegado al tope de mi paciencia.* — = límite
4 Obstáculo o impedimento que detiene alguna cosa. — = tropiezo
5 Punto donde está o de donde depende la dificultad de una cosa. — = quid
6 Enfrentamiento confuso y ruidoso entre dos o más personas, a veces con uso de la violencia. — = riña
7 Golpe dado al chocar una cosa con otra. — = topetazo
8 Golpe dado con la cabeza o recibido en ella. — = coscorrón
9 Refuerzo puesto en la parte interior de la punta del calzado para que no se arrugue.
10 Cada una de las piezas circulares que llevan los vagones de ferrocarril al extremo de una barra terminada en un resorte, para amortiguar los movimientos de arranque y parada. — = mecánica
II (Del fr. ant. *top* < germ. *top*, cumbre.)
1 Extremo superior de cualquier palo de arboladura. — s.m./NÁUTICA
2 Punta del último mastelero, donde se colocan las grímpolas y las perillas. — NÁUTICA
3 Extremo o canto de un madero o tablón. — NÁUTICA
4 Marinero situado de vigía en un punto de la arboladura más alto que la cofa. — NÁUTICA
5 **a o al tope:** 1. Todo lo que se puede: *el maletero está cargado a tope; trabaja al tope para ganar más dinero.* 2. Indica la unión, juntura o incorporación de las cosas por sus extremos, sin interposición de otra. — loc.adv. / loc.adv.
6 **estar hasta los topes:** 1. Tener una persona o cosa hartura o exceso de una cosa: *estoy harto de tanto pastel; el tren está hasta los topes.* 2. Hallarse un buque con excesiva carga. — coloquial / NÁUTICA
7 **hasta el tope o los topes:** Por completo o hasta donde se puede llegar: *llevo las maletas hasta los topes, no cabe nada más.* — loc.adv.

topera Madriguera del topo. _s.f._

topetada Topetazo [en todas sus acepciones]. _s.f._

topetar
1 Golpear con la cabeza una cosa, en especial con los cuernos: _es tan alto que topetó con la lámpara; ese toro siempre topeta contra las paredes._ _v.tr/intr._
2 Chocar una cosa con otra: _el coche topetó contra ese camión._ _v.intr/tr./+ con, contra/= topar_

topetazo
1 Choque de una cosa con otra: _los dos coches acaban de darse un topetazo._ _s.m. tb: topetada_
2 Golpe dado por los animales con la cabeza o los cuernos: _el torero recibió un topetazo de su segundo toro._ _= mochada, morocada_
3 Golpe dado con la cabeza o recibido en ella: _me he dado un topetazo con el armario de la cocina._ _= cabezazo, topetada_

topetear Golpear un toro u otro animal una cosa con los cuernos: _ese toro topetea con la valla para escaparse._ _v.tr/intr. = topar_

topetón Topetazo [en todas sus acepciones]. _s.m._

topetudo, a Se aplica al animal que tiene la costumbre de dar topetadas. _adj. = topador_

tópica (Del gr. _Topika_, título de un tratado de Aristóteles.) Parte de la antigua retórica que estudiaba los tópicos literarios como medio de expresión artística. _s.f. RETÓRICA_

tópico, a (Del gr. _Topika_, título de un tratado de Aristóteles.)
1 De un lugar determinado. _adj./= local_
2 Se aplica al tema o expresión trivial o muy empleado: _se limitó a decir tópicos y no aportó nada nuevo al debate._ _adj/s.m. = manido_
3 Se aplica al medicamento que tiene una aplicación externa y a su uso: _esta pomada es de uso tópico._ _FARMACIA_
4 Lugar común que la retórica antigua convirtió en fórmulas o clichés fijos. _s.m. RETÓRICA_
5 Tema de conversación. _Amér._

topinada Acción torpe, propia de una persona que ve poco o que es torpe. _s.f. coloquial_

topinambur Aguaturma, planta forrajera alimenticia, cuyos tubérculos son similares a la batata. _s.m./Argent., Bol. BOTÁNICA_

topinaria Absceso que se forma en el interior de los tegumentos de la cabeza. _s.f./MEDICINA = talparia_

topinera
1 Madriguera del topo. _s.f./= topera_
2 beber como una topinera: Beber mucho. _coloquial_

topino, a Se aplica a la caballería que tiene cortas las cuartillas y pisa con la parte anterior del casco. _adj._

topiquero, a Persona encargada de la aplicación de tópicos en los hospitales. _s. MEDICINA_

topless (Voz inglesa.)
1 Práctica de llevar descubierta las mujeres la parte superior del cuerpo, en playas y otros lugares. _s.m. pl: topless_
2 Bar o local de espectáculos en que las mujeres que trabajan van desnudas de cintura para arriba.

top-model (Expresión inglesa.) Persona que se dedica a exhibir ropa u otros objetos en desfiles de moda y que por su fama o su profesionalidad está muy bien cotizada. _s.m.f._

topo
I (Del lat. vulgar *_talpus_ < lat. _talpa_.)
1 Mamífero insectívoro tálpido, de hábitos subterráneos, pies anteriores cavadores muy grandes, hocico largo y sensible, ojos pequeños y pelo negro aterciopelado. (_Talpa europaea._) _s.m. ZOOLOGÍA_
2 Persona miope o despistada que tropieza con todo. _coloquial_
3 Persona de cortos alcances que se equivoca en todo. _coloquial_
4 Persona introducida en una organización enemiga, en la que actúa al servicio de otros. _= infiltrado_
5 Persona que, después de la guerra civil española, permaneció escondida durante un cierto tiempo por pertenecer al bando perdedor y por miedo a las represalias. _HISTORIA, POLÍTICA_
II (De origen incierto.)
1 Figura redonda estampada en una tela o impresa o dibujada en un papel: _llevaba una camisa de topos negros sobre fondo azul._ _s.m. = lunar_
2 Alfiler grande que remata en forma de cuchara con grabados nacionales. _Argent., Chile, Perú_

topo- Componente de palabra procedente del gr. _topos_, que significa lugar, terreno: _topografía._ _pref/suf._

topocho, a Se aplica a la persona rechoncha. _adj./Venez._

topodiagnosis Diagnóstico que hace referencia a la localización del lugar donde está la enfermedad. _s.f./pl: topodiagnosis MEDICINA_

topografía
1 Técnica de describir y representar sobre un plano la superficie de un terreno, con los detalles naturales o artificiales que presenta. _s.f._
2 Conjunto de particularidades que presenta la superficie de un terreno.

topográficamente Según la topografía. _adv._

topográfico, a De la topografía: _estudio topográfico; carta topográfica._ _adj._

topógrafo, a (Del gr. _topos_, lugar + _grapho_, escribir.) Persona dedicada a describir y representar con detalle la superficie de un terreno. _s._

topología (Del gr. _topos_, lugar + _logos_, ciencia.) Parte de las matemáticas que estudia las deformaciones continuas en geometría y las relaciones entre la teoría de la superficie y el análisis matemático. _s.f. MATEMÁTICAS_

topológico, a De la topología. _adj._

topólogo, a Especialista en topología. _s./MATEMÁTICAS_

topometría (Del gr. _topos_, lugar + _metron_, medida.) Conjunto de operaciones efectuadas sobre el terreno para la determinación métrica de los elementos de un mapa. _s.f. GEOGRAFÍA_

topón
1 Topetazo, encuentro brusco entre dos o más cosas o personas. _s.m./Colomb., Chile, Hond._
2 Puñetazo, golpe dado con el puño. _Colomb._

toponimia (Del gr. _topos_, lugar + _onoma_, nombre.)
1 Parte de la onomástica que estudia el origen y el significado de los nombres propios de lugar. _s.f./= toponomástica LINGÜÍSTICA_
2 Conjunto de los nombres propios de lugar de un territorio o de una época. _LINGÜÍSTICA_

toponímico, a De la toponimia o de los nombres de lugar: _estudio toponímico._ _adj. LINGÜÍSTICA_

topónimo Denominación propia de un lugar. _s.m./LINGÜÍSTICA_

topotaxis (Del gr. _topos_, lugar + _taxis_, orden.) Fenómeno por el que los organismos móviles se agrupan en un lugar determinado de la esfera de influencia del agente estimulante. _s.f. pl: topotaxis BIOLOGÍA_

topping (Voz inglesa.) Primer proceso de destilación atmosférica de los crudos petrolíferos. _s.m. INDUSTRIA_

top-secret (Expresión inglesa.) Se aplica a la documentación oficial sobre la que hay que guardar un absoluto secreto. _adj._

top-ten (Expresión inglesa.)
1 Clasificación que engloba a las diez personas más importantes en una determinada actividad, en especial en las competiciones deportivas. _s.f. pl: top-ten_
2 Persona que está incluida en esta clasificación. _s.m.f._

toque
1 Acción de tocar una cosa, palpándola o topando con ella de forma momentánea. _s.m. = roce_
2 Golpe suave dado a una persona o cosa: _me dio un toque en el hombro según salía._
3 Llamamiento, advertencia o señal: _les dieron un toque a los implicados en el negocio._ _coloquial = aviso_
4 Sonido de campanas o de algunos instrumentos producido como señal o aviso: _el trompeta dio el toque a la tropa._ _= tañido_
5 Operación o modificación con que se corrige, afina o perfila un trabajo, en especial artístico: _al trabajo le faltan algunos toques para que esté perfecto._ _= remate, retoque_
6 Aplicación ligera y localizada de un medicamento o de otra sustancia.
7 Matiz, detalle o característica: _las cortinas le daban un toque señorial al salón._ _= aire_
8 Ensayo de los objetos de oro o plata, comparando el efecto del ácido nítrico sobre dos rayas trazadas sobre una piedra dura, una con el objeto que se ensaya y otra con una barrita de prueba de ley conocida.
9 Pincelada ligera.
10 Punto esencial en un asunto: _en la publicidad está el toque de su victoria._ _= quid_
11 Calambre que produce en el cuerpo el contacto con una corriente eléctrica. _Méx._
12 Cigarrillo de marihuana. _Méx./coloquial_
13 **toque de ánimas o difuntos:** Aquel de ritmo lento con que se anuncia la muerte de una persona con las campanas. _RELIGIÓN_
14 **toque de atención:** Advertencia con que se intenta cambiar la conducta de una persona.
15 **toque de diana:** Llamada de corneta con que se despierta a los soldados en los campamentos y cuarteles militares. _MILITAR_
16 **toque de fajina:** Aquel que ordena la retirada de las tropas a sus alojamientos, el término de una facción, o llamada para determinados actos, en especial la comida. _MILITAR_
17 **toque del alba:** El de las campanas de los templos, al amanecer, con que se avisa a los fieles para que recen el avemaría. _RELIGIÓN_
18 **toque de luz:** Esplendor o realce de claro. _ARTE_
19 **toque de oscuro:** Apretón, golpe de color oscuro. _ARTE_
20 **toque de queda:** Medida gubernativa que, en circunstancias excepcionales, prohíbe el tránsito o permanencia en las calles de una ciudad durante determinadas horas, por lo general nocturnas. _POLÍTICA_
21 **a toque de campana:** Con disciplina y puntualidad exageradas: _vivió su año de academia a toque de campana._ _loc.adv. coloquial_

22 dar el último toque: Rematar lo que se estaba haciendo para dejarlo listo y terminado: *le dio el último toque al pastel adornándolo con nata.*
23 darse un toque: Aspirar el humo de un cigarrillo de mariguana. *Méx. coloquial*
24 dar un toque a una persona: 1. Avisarla, llamarle la atención: *les dio un toque a los alumnos para que callaran si no querían ser expulsados.* 2. Tantearla sobre algún asunto concreto.

toqueado Son o golpeo acorde que se hace con las manos, pies, palo u otra cosa: *seguía el ritmo de la música con un toqueado de los dedos sobre la mesa.* *s.m.*

toquería
1 Conjunto de tocas. *s.f.*
2 Oficio del toquero.

toquero, a Persona que hace o vende tocas, prendas de tela o sombreros. *s.*

toquetear Tocar una cosa repetidas veces o a una persona de forma molesta: *no toquetees la comida.* *v.tr.* = manosear

toqueteo Acción de tocar a una persona o a una cosa repetidas veces y con pesadez. *s.m.* = manoseo

toqui Caudillo, cacique araucano. *s.m./Chile*

toquilla
1 Prenda de vestir, por lo general de lana, usada por las mujeres como abrigo sobre los hombros o para envolver a los niños pequeños. *s.f.* = chal
2 Pañuelo pequeño, por lo general de forma triangular, que se ponen las mujeres en la cabeza o al cuello. = pañoleta
3 Adorno que se ponía alrededor de la copa del sombrero.
4 Estado producido por el alcohol cuando se bebe en tal cantidad que provoca alteraciones físicas o perceptivas. = delirio

tora (Derivado de *toro*.) Armazón de pólvora que tiene forma de toro. *s.f.*

torá (Del lat. *thora* < hebreo *torah*, ley.)
1 La ley judía contenida en los cinco primeros libros bíblicos. *s.f.* RELIGIÓN
2 Tributo que pagaban los judíos en la antigüedad por familias. HISTORIA

toracentesis (Del gr. *thorax*, tórax + *kentesis*, punción.) Operación quirúrgica que consiste en efectuar una punción en el tórax para evacuar líquidos allí acumulados. *s.f. pl: toracentesis* MEDICINA

torácico, a Del tórax: *caja torácica.* *adj./ANATOMÍA*

toraco- Componente de palabra procedente del gr. *thorax, -akos*, que significa tórax: *toracoespinal.* *pref.*

toracoplastia (Del gr. *thorax, -akos*, tórax + *plasis*, modelar.) Escisión de una o varias costillas para modificar las condiciones funcionales de la cavidad torácica. *s.f.* MEDICINA

toracotomía (Del gr. *thorax, -akos*, tórax + *tomos*, división.) Operación quirúrgica que consiste en abrir la cavidad torácica. *s.f.* MEDICINA

torada Manada de toros. *s.f.*

toral (Del bajo lat. *toralis*.)
1 Que es principal o de mayor importancia: *empezaremos por la cuestión toral.* *adj./= fundamental ≠ nimio*
2 Molde que se utiliza para dar forma a las barras de cobre. *s.m.* METALURGIA
3 Barra de cobre que se forma con este molde. METALURGIA

tórax (Del lat. *thorax* < gr. *thorax, -akos*.)
1 Parte superior del tronco del ser humano y de los animales vertebrados, situada entre el cuello y el abdomen. *s.m. pl: tórax*
2 Cavidad del cuerpo del ser humano y de los vertebrados, limitada por las costillas, el esternón y el diafragma, que contiene los pulmones y el corazón. ANATOMÍA
3 Segunda parte del cuerpo de los insectos, formada por tres anillos, en la que se insertan las patas y las alas. ZOOLOGÍA

torbellino (Derivado del lat. *turbo, -inis*.)
1 Remolino de viento o de agua. *s.m.*
2 Movimiento circular o helicoidal de las moléculas de agua en un curso fluvial.
3 Movimiento de rotación del aire.
4 Desplazamiento por movimiento de rotación de las partículas fluidas alrededor de un eje. MECÁNICA
5 Persona demasiado inquieta, que hace las cosas de forma atropellada: *no para de saltar y correr, este niño es un torbellino.* *coloquial = impetuoso*
6 Abundancia de cosas que ocurren a un mismo tiempo. *coloquial = remolino*

torca Depresión circular en un terreno, con bordes escarpados. *s.f.*

torcal Terreno donde hay torcas. *s.m.*

torcaz (Del lat. vulgar *torquaceus* < lat. *torques*, collar.) Se aplica a una variedad de paloma que tiene el cuello verdoso con una especie de collar de plumas de color muy blanco. *adj. pl: torcaces* ZOOLOGÍA *tb: torcazo*

torce Cada una de las vueltas que un collar da alrededor del cuello. *s.f.*

torcecuello Ave pícida trepadora de color pardo jaspeado de negro y rojo, que vive en jardines y huertos europeos y africanos y se agarra a los troncos como el pájaro carpintero. *(Jynx torquilla.)* *s.m.* ZOOLOGÍA

torcedor, a
1 Que no es recto por tener curvas o estar inclinado: *un camino torcedor llevaba hasta la ermita.* *adj. = torcido*
2 Instrumento que sirve para torcer una cosa. *s.m.*

torcedor, a
1 Que tuerce. *adj/s.*
2 Huso con que se tuerce la hilaza. *s.m./TEXTIL*
3 Cosa que causa un disgusto persistente.

torcedora Máquina que tuerce los hilos metálicos en la fabricación de cable. *s.f.* TECNOLOGÍA

torcedura
1 Acción y resultado de torcer o torcerse. *s.f./= torcimiento*
2 Distensión de las partes blandas que rodean las articulaciones de los huesos: *se cayó y se hizo una torcedura en la rodilla.* MEDICINA *= esguince*
3 Desviación de un miembro u órgano de su dirección normal. MEDICINA
4 Vino hecho del orujo de la uva. *= aguapié*

torcer (Del lat. vulgar *torcere* < lat. *torquere*.)
1 Poner una cosa curva o formando ángulo: *torció el tubo de plomo; la madera se torció por la humedad.* *v.tr./prnl. = curvar, doblar*
2 Poner una cosa en posición distinta de la que le corresponde tener: *torció la cabeza para mirar por la ventana; la columna se torció a causa del golpe.*
3 Dar vueltas en sentido inverso a los extremos de una cosa flexible de modo que tome forma de hélice. *v.tr. = enroscar*
4 Dar muestra de disgusto o enfado con el rostro o el semblante: *torció el morro para expresar su desagrado.* *= amohinar*
5 Obligar a un miembro del cuerpo a realizar un movimiento violento: *se torció el brazo al caer.* *v.tr./prnl.*
6 Cambiar la dirección de una cosa: *la bicicleta torció a la derecha.* *v.tr./intr. = desviarse, girar*
7 Dar una interpretacion errónea a las palabras o hechos de una persona: *torció tus palabras según su conveniencia.* *v.tr. = tergiversar*
8 Hacer cambiar a una persona de opinión o propósito: *el director torció el proyecto de su empleado; sus intenciones se torcieron tras conocer el resultado.* *v.tr./prnl. = doblar, mudar*
9 Hacer que un juez u otra autoridad deje de obrar con rectitud: *torcieron la decisión del juez con un soborno.* *= prevaricar*
10 Fabricar el cigarro puro envolviendo la tripa en la capa. *v.tr.*
11 Estropearse un negocio o un plan: *nuestros deseos se torcieron.* *v.prnl. = frustrarse*
12 Separarse una persona del camino recto de la virtud o de la razón: *con estas amistades, se torció.* *= pervertirse*
13 Ponerse el vino o la leche agrio: *con el calor la leche se ha torcido.* *= agriar*
14 Dejarse ganar un jugador por su contrario, para estafar entre ambos a un tercero: *no quería perder de nuevo y se torció.* JUEGOS
15 Separarse el torero de la rectitud del viaje al dar la estocada para matar. TAUROMAQUIA
16 **andar o estar torcido con alguien:** Estar enemistado con una persona o no tratarla con la familiaridad y confianza que antes. *coloquial*
CONJ.: IND.: PRES.: *tuerzo, tuerces, tuerce, torcemos, torcéis, tuercen.* SUBJ.: PRES.: *tuerza, tuerzas, tuerza, torzamos, torzáis, tuerzan.* IMP.: *tuerce, tuerza, torzamos, torced, tuerzan.*

torcho Lingote de hierro. *s.m./= tocho*

torcida
I (Derivado de *torcer*.) Mecha de algodón retorcido que arde en los candiles, velas o utensilios parecidos y proporciona luz. *s.f. = pabilo*
II (Voz portuguesa.) Conjunto de personas aficionadas a un determinado deporte, en especial el fútbol. *s.f.* DEPORTES

torcido, a
1 Que no es recto, tiene curvas o está inclinado: *endereza el cuadro, está torcido.* *adj. ≠ recto*
2 Se aplica a la persona y a su conducta cuando no es recta o justa: *no te fíes de él, sus intenciones son torcidas.* *≠ honesto*
3 Se aplica a la persona que ha sido agraviada. *Cuba, Hond.*
4 Vino hecho con el orujo de la uva. *s.m./= aguapié*
5 Hebra gruesa y fuerte de seda retorcida o girada sobre sí misma, que sirve para hacer media. TEXTIL
6 Rollo hecho con pasta de ciruela u otras frutas en dulce. COCINA
7 Torsión de las hebras que integran los hilos. TEXTIL
8 Cordón de seda que se utiliza en tapicería. TEXTIL
9 Hilo de urdimbre de algodón. TEXTIL

torcijón
1 Acción y resultado de torcer o torcerse. *s.m.*
2 Dolor agudo en el vientre o en el abdomen, en las personas. *= retortijón*
3 Dolor de tripas de los animales. *= torozón*

torcimiento
1 Acción y resultado de torcer o torcerse. *s.m./= torcedura*

2 Perífrasis con la que se da a entender una cosa que puede explicarse de forma más breve y sencilla. = circunloquio

torculado, a Que tiene forma de tornillo. adj.

tórculo (Del lat. *torculum.*) Prensa usada para estampar grabados o realizar pruebas de imprenta. s.m. ARTES GRÁFICAS

tordella (Del lat. *turdela.*) Especie de tordo más grande que el común. s.f. ZOOLOGÍA

tordillo, a Se refiere a la caballería que tiene el pelo mezclado de negro y blanco. adj. = tordo

tordo, a
I (Del lat. *turdus.*)
1 Se aplica a la caballería que tiene el pelo mezclado de negro y blanco. adj/s. = tordillo
2 Ave paseriforme de la familia de los túrdidos, de color grisáceo o marrón, de formas esbeltas y canto melodioso. *(Turdus.)* s.m. ZOOLOGÍA = zorzal
3 Pez marino de vivos colores, que mide unos quince centímetros de longitud, que vive en el Mediterráneo. *(Symphodus ocellatus.)* ZOOLOGÍA
4 Estornino, ave paseriforme de la familia de los estúrnidos. Argent., Amér. Central, Chile
5 Médico, especialista en medicina. Argent/coloquial
II (De origen incierto.) Se aplica a la persona poco hábil o falta de entendimiento. adj. = torpe

toreador, a Persona que torea: *demostró ser un buen toreador ya en su primera corrida.* s./TAUROMAQUIA = torero

torear
1 Provocar, esperar y esquivar el torero la acometida de un toro, con arte: *torea con maestría y valor; toreó seis toros en una tarde.* v.intr/tr. TAUROMAQUIA = lidiar
2 Echar una persona los toros a las vacas para que se apareen. v.intr.
3 Evitar a una persona o una cosa que resulta molesta o desagradable: *ya lleva meses toreando al cobrador del seguro.* v.tr. = eludir, esquivar
4 Hacer que una persona espere impaciente la solución de un asunto que le interesa: *antes de decirnos las notas, el profesor de lengua nos toreó.* v.tr. = impacientar
5 Hacer burla de una persona con disimulo: *toreamos al orgulloso de tu hermano.* = burlarse
6 Dar distintos encargos u órdenes contradictorias a una persona: *no me torees, que no me gusta perder el tiempo.* = marear
7 Llevar con habilidad un asunto difícil: *los políticos torean muchos problemas sociales.* = sortear
8 Ladrar un perro y amenazar con morder: *el perro torea a los extraños que entran en el jardín.* v.intr. Argent., Bol., Par.
9 Provocar o dirigir con insistencia a una persona palabras que pueden molestarle o irritarle. v.tr. Argent., Chile

toreo
1 Acción de torear. s.m.
2 Arte de torear o lidiar toros: *el diestro demostró en la plaza su habilidad para el toreo.* TAUROMAQUIA = lidia
3 Estilo personal de un torero. TAUROMAQUIA

torera
1 Chaqueta corta y ceñida a la cintura, por lo general sin abotonar. s.f. = chaquetilla
2 saltar a la torera: Saltar sobre una cosa apoyándose en ella con una o ambas manos y pasando por encima el cuerpo con los pies juntos y sin rozarla.
3 saltarse una cosa a la torera: Omitir el cumplimiento de una obligación o compromiso de forma audaz y sin escrúpulos: *se salta las cláusulas del contrato a la torera.* coloquial

torería Conjunto o gremio de toreros. s.f./TAUROMAQUIA

torero, a (Del lat. *taurarius.*)
1 Del toreo o de las personas que lidian toros: *aire torero; sangre torera.* adj. TAUROMAQUIA
2 Persona que lidia toros en las plazas: *el público aplaudió la faena del torero.* s./TAUROMAQUIA = diestro
3 Persona que hace las cosas con habilidad y maestría. coloquial

torés Toro o moldura convexa que se asienta sobre el plinto de la base de la columna. s.m. ARQUITECTURA

toréutica Arte y técnica de tallar los metales, la madera o el marfil. s.f. ARTE

torga Horca que se ajusta al cuello de perros y cerdos para que no salten las cercas. s.f.

tórico, a
I (Derivado de *toro,* bocel.)
1 Del toro o moldura de sección semicircular. adj./ARQUITECTURA
2 Del toro o superficie de revolución engendrada por una circunferencia. GEOMETRÍA
II (Derivado de *torio,* elemento químico.) Se aplica a los compuestos que contienen este elemento químico. adj. QUÍMICA

toril Sitio donde los toros están encerrados, en una plaza de toros, hasta el momento de ser lidiados. s.m. TAUROMAQUIA

torillo
I (Derivado de *toro* < lat. *torus,* bocel.)
1 Espiga que une dos pinas o radios contiguos de una rueda. s.m. MECÁNICA

2 Zona de piel entre el escroto y el perineo. ANATOMÍA
3 Ave ralliforme, similar a una codorniz pero con el pecho rojizo y los flancos moteados de negro, de alas cortas y redondeadas. ZOOLOGÍA
II (Derivado de *toro* < lat. *taurus.*) Pez blénido, de carne insípida, que vive en el Mediterráneo y el Atlántico. *(Blennius ocellaris.)* s.m. ZOOLOGÍA

torio (Derivado de *Thor,* dios escandinavo.) Metal radiactivo de color gris, más pesado que el hierro y soluble en ácido clorhídrico. s.m. QUÍMICA

toriondez Cualidad de toriondo. s.f./pl: toriondeces

toriondo, a Se aplica al ganado vacuno que está en celo, en especial a la vaca. adj. ZOOLOGÍA

torita Silicato hidratado de torio. s.f./MINERALOGÍA

torito
1 Ave paseriforme insectívora, de dorso de color gris y pecho amarillo, pico corto y un gran copete de plumas erizadas. s.m./Chile ZOOLOGÍA
2 Insecto escarabeido, cuya coloración varía entre el castaño y el negro, cuyo macho se caracteriza por tener un cuerno en la frente. Argent., Perú ZOOLOGÍA
3 Especie de orquídea. Ecuad., Nicar.
4 Pez cofre con dos espinas a manera de cuernos. *(Acanthostracion quadricornis.)* Cuba ZOOLOGÍA

torloroto Instrumento musical de viento parecido al orlo. s.m. MÚSICA

tormagal Tolmera, sitio donde abundan los tolmos o peñascos elevados. s.m. = tormellera

tormenta (Del lat. *tormenta.*)
1 Perturbación atmosférica violenta, acompañada de aparato eléctrico, ráfagas de aire y lluvia, nieve o pedrisco: *la tormenta causó graves destrozos en los cultivos frutales.* s.f. = borrasca, tempestad
2 Manifestación violenta de una persona provocada por una agitación del ánimo: *su ira contenida acabó en una tormenta de insultos y reproches.* ≠ paz
3 Desgracia o infelicidad de una persona. = adversidad

tormentario, a Que tiene relación con las máquinas de guerra o artillería destinadas a expugnar o defender las fortificaciones. adj. MILITAR

tormentila Planta herbácea rosácea, que crece en lugares montañosos de la península Ibérica y cuyo rizoma se utiliza como astringente. *(Potentilla tormentilla.)* s.f. BOTÁNICA

tormentín Mástil pequeño que se coloca verticalmente sobre la cabeza del bauprés. s.m. NÁUTICA

tormento (Del lat. *tormentum.*)
1 Acción y resultado de atormentar o atormentarse. s.m.
2 Dolor físico muy intenso: *no soporto más el tormento que me causa la úlcera de estómago.* = angustia ≠ placer
3 Dolor corporal que se causa al reo o acusado para obligarle a confesar un delito: *lo sometieron a los más crueles tormentos pero no consiguieron hacerle hablar.* = martirio, tortura
4 Sufrimiento muy intenso o aflicción del ánimo: *vive un tormento desde que secuestraron a su hijo.* = angustia ≠ placer
5 Persona o cosa que causa disgusto o dolor: *su hijo drogadicto es su tormento.* = suplicio

tormentoso, a
1 Se aplica a la situación o al ambiente que es violento o agitado porque existen muchos problemas o tensiones: *al encontrarse con su ex marido vivió una situación tormentosa.* adj. = tempestuoso
2 Se refiere al tiempo, viento o nubes que producen o amenazan tormenta: *el cielo está tormentoso.* = borrascoso, tempestuoso
3 Se aplica al barco que trabaja mucho con el mar y el viento. NÁUTICA

tormera Sitio donde hay muchos tolmos o peñascos elevados. s.f. tb: tolmera

tormo
1 Peñasco elevado con forma de mojón o hito. s.m./tb: tolmo
2 Pequeña masa suelta de tierra compacta. = terrón
3 Pequeña masa suelta de cualquier sustancia.

torna
1 Acción de tornar, devolver o regresar. s.f.
2 Pequeña presa de tierra y césped hecha en un canal para desviar el agua.
3 volver o volverse las tornas: 1. Cambiar en sentido opuesto la marcha de un asunto: *han vuelto las tornas y ahora el que manda soy yo.* 2. Corresponder una persona al proceder de otra.

tornaboda
1 Día después de la boda. s.f.
2 Conjunto de festejos con que se celebra este día.

tornada
1 Acción de tornar o regresar: *la tornada la hicimos en tren.* s.f. = torna
2 Regreso al lugar de donde se partió. = tornadura
3 Estrofa con que se usaba como despedida al final de algunas composiciones poéticas provenzales. POESÍA
4 Enfermedad del carnero, producida por el desarrollo de un cisticerco en su masa encefálica. VETERINARIA

tornadera Horca de dos puntas que sirve para dar vuelta a las parvas durante la trilla. s.f. AGRICULTURA

tornadizo, a Que se torna o cambia con facilidad: *es un político muy tornadizo, era socialista y ahora es comunista.*
adj/s.
= variable

tornado Torbellino de aire o huracán impetuoso y violento: *el tornado arrancó los árboles del paseo marítimo.*
s.m.
= ciclón

tornadura
1 Acción de tornar.
s.f.
2 Regreso al lugar de donde se partió.
= tornada
3 Medida agraria de longitud equivalente a dos metros y setenta centímetros.
= pértica

tornaguía Resguardo de la guía con que se envió una mercancía, y que sirve para acreditar que dicha mercancía ha sido entregada a su destinatario.
s.f.
= recibo

tornalecho Cubierta ornamental que cubre la cama como si fuera un techo.
s.m.
= dosel

tornamiento Acción y resultado de tornar o tornarse.
s.m.
= mudanza

tornapunta
1 Madero que sostiene de forma provisional una pared u otra obra que amenaza ruina: *aseguraron la vieja cornisa con tornapuntas.*
s.f.
CONSTRUCCIÓN
= puntal
2 Madero ensamblado en uno horizontal, para sostener otro vertical o inclinado.
CONSTRUCCIÓN
3 Cada una de las barras de hierro que van desde la cubierta hasta el borde, en los barcos que tienen ambas partes muy separadas.
NÁUTICA

tornar (Del lat. *tornare.*)
1 Dar una cosa a la persona que la tenía antes: *he de tornarle los libros que me prestó.*
v.tr.
= devolver
2 Volver a poner una cosa en su lugar habitual: *tornaré los libros a la estantería.*
= retornar
3 Cambiar la naturaleza o el estado de una cosa o persona: *la riqueza se tornó en pobreza; tornaron el odio en amor.*
v.tr/prnl.
+ en
= transformar
4 Volver al lugar de donde se partió: *tornó pronto a su país.*
v.intr/+ a
= regresar
5 Volver a hacer una cosa: *tornó a jugar a las cartas.*
+ a + inf.
6 Recuperar una persona el conocimiento: *se desmayó pero pronto tornó.*
≠ perder

tornasol (Del ital. *tornasole.*)
1 Girasol, planta compuesta euforbiácea.
s.m/BOTÁNICA
2 Reflejo que hace la luz en algunas telas o en otras materias muy tersas, haciéndolas cambiar de color.
= matiz, viso
3 Materia colorante de origen vegetal de color azulvioláceo empleada en química para reconocer los ácidos.
QUÍMICA

tornasolado, a
1 Que tiene tornasoles o visos: *la falda estaba hecha con un tejido tornasolado.*
adj.
= irisado
2 Efecto que se consigue mediante un sistema de tintura de tejidos, que consiste en superponer diferentes tonalidades o matices de un mismo color.
s.m.

tornasolar Hacer tornasoles sobre una superficie.
v.tr/prnl.

tornátil
1 Que está hecho con torno o torneado.
adj.
2 Que gira con facilidad y presteza.
literario

tornatrás
1 Persona en la que aparece alguno de los caracteres que se daban en los antepasados de sus progenitores.
s.m.f.
pl: tornatrases
2 Hijo o hija de albina y europeo o de europea y albino.

tornaviaje
1 Viaje de regreso: *hicimos el tornaviaje cansados y con ganas de llegar a casa.*
s.m.
= retorno
2 Conjunto de cosas que se traen al volver de un viaje.

tornavirón (Del fr. *tourneviter.*) Tornisón, golpe que se recibe en la cara o en la cabeza.
s.m.
= sopapo

tornavoz (Del cat. *tornaveu.*) Sombrero del púlpito, concha del apuntador en los teatros, o cualquier cosa que sirve para que el sonido o la voz se amplifiquen y se oigan mejor.
s.m.
pl. tornavoces

torneado, a
1 Que está hecho con torno.
adj./= tornátil
2 De curvas suaves: *la modelo tiene un talle bien torneado.*
= moldeado
3 Operación que consiste en trabajar una pieza en el torno.
s.m.
MECÁNICA
4 Resultado de esta operación.
MECÁNICA

torneador, a
1 Persona que tornea.
s.
2 Persona que tiene por oficio hacer obras en el torno.
= tornero

torneadura Viruta que se saca u obtiene de lo que se tornea.
s.f.

torneante Que tornea o toma parte en un torneo.
adj/s.m.f.

tornear
1 Dar forma a una cosa con el torno: *tornean las distintas piezas del mecanismo.*
v.tr.
MECÁNICA
2 Intervenir o combatir una persona en un torneo.
v.intr.

torneo
1 Competición o campeonato deportivo: *ganó el torneo de fútbol; participa en un torneo de tenis.*
s.m/DEPORTES
= certamen
2 Combate a caballo que se celebraba, en especial durante la edad media, entre dos bandos o cuadrillas.
HISTORIA
= justa
3 Fiesta pública en que se imitaba este combate a caballo.
= justa
4 Danza que se ejecutaba imitando este torneo, llevando varas en vez de lanzas.

tornera Monja que trabaja sirviendo en el torno.
s.f/RELIGIÓN

tornería
1 Tienda o taller del tornero.
s.f.
2 Oficio de tornero.

tornero, a
1 Persona que hace obras en el torno.
s.
2 Persona que hace tornos.

tornillería
1 Conjunto de tornillos o piezas parecidas: *en esa caja está la tornillería, busca ahí la tuerca.*
s.f.
2 Fabricación de tornillos.
INDUSTRIA
3 Tienda o fábrica de tornillos.
COMERCIO

tornillo
1 Pieza cilíndrica o cónica, por lo general de metal, con cuerpo en espiral y cabeza con una ranura para roscarlo de acuerdo a sus distintos usos: *las patas van fijadas a la mesa con tornillos.*
s.m.
2 Instrumento de hierro, acero o madera con que se mantienen sujetas las piezas que se trabajan, por medio de dos topes, uno fijo y otro móvil.
= torno
3 **apretarle a una persona los tornillos:** Someterla a la disciplina debida u obligarla a cumplir su obligación: *a este niño rebelde hay que apretarle los tornillos.*
coloquial
4 **faltarle un tornillo a una persona o tener flojos los tornillos:** Tener poca sensatez o estar algo loco: *hace cosas tan raras que creo que le falta un tornillo.*
coloquial

torniquete (Del fr. *tourniquet.*)
1 Instrumento quirúrgico que contiene la hemorragia en operaciones o heridas de las extremidades al presionar sobre un vaso sanguíneo: *con un torniquete detuvieron la sangre hasta que llegó al hospital.*
s.m.
MEDICINA
2 Dispositivo en forma de cruz con un eje vertical giratorio que se coloca en las entradas por donde sólo han de pasar las personas de una en una: *en la entrada del recinto hay un torniquete.*
3 Palanca angular de hierro, usada para comunicar el movimiento del tirador a la campanilla.
MECÁNICA

torniscón
1 Pellizco retorcido.
s.m.
2 Golpe dado con la mano en la cara o en la cabeza de otra persona.
= bofetada, sopapo

torno (Del lat. *tornus* < gr. *tornos.*)
1 Máquina provista de un cilindro que, al girar, va enrollando una cuerda a cuyo extremo se encuentra la carga o resistencia.
s.m.
MECÁNICA
2 Herramienta de carpintería y herrería, que consiste en una barra con tuerca que, al girar, aprieta dos brazos paralelos a los que está unida, para fijar entre ellos el objeto que se trabaja.
CARPINTERÍA
3 Máquina que hace girar sobre sí mismo un objeto sujeto a ella, para uso de hilanderos, tejedores, alfareros y otros artesanos.
MECÁNICA
4 Aparato eléctrico provisto de un brazo articulado a cuyo extremo se pueden acoplar distintos tipos de piezas giratorias, usado en odontología para perforar, limpiar o acondicionar muelas y dientes.
MEDICINA
5 Armario cilíndrico empotrado en un muro, que gira sobre un eje y se usa en los conventos y monasterios para introducir o extraer objetos sin ver el interior.
6 Freno de algunos carruajes, que se maneja con un manubrio.
MECÁNICA
7 Movimiento circular o vuelta alrededor de una cosa.
= rodeo
8 Adjudicación del remate, en los arrendamientos de rentas, a otro postor cuando el anterior ha dejado de pagar las fianzas estipuladas.
DERECHO
9 Vuelta que forma el cauce de un río y en el cual la corriente suele adquirir mucha fuerza.
GEOGRAFÍA
= recodo
10 **torno de alfarero:** Disco que, por impulso manual o mecánico, gira de forma horizontal y lleva en su eje una pequeña mesa plana, sobre la que se coloca la pieza de arcilla que se ha de tornear.
11 **torno de perforación:** El de gran potencia, con varias velocidades de arrollamiento del cable, que permite izar el trépano desde el fondo de un pozo con gran rapidez.
MECÁNICA
12 **torno paralelo:** Aquel cuyo portaherramientas se mueve en sentido paralelo al eje de la pieza que se tornea y que sirve para roscar.
MECÁNICA
13 **torno revólver:** El automático o semiautomático que dispone de un revólver para el cambio de herramientas.
MECÁNICA
14 **a torno:** Se aplica a lo que está torneado o labrado con esta máquina.
loc.adj.
15 **a o en torno:** Alrededor, rodeando a una persona o cosa.
loc.adv.

16 en torno a o de: 1. Alrededor de una persona o cosa: *en torno a la casa había policía vigilando.* **2.** De forma aproximada: *en torno a las siete me llamará por teléfono.* — loc.prep. / loc.prep.

toro
I (Del lat. *taurus*.)
1 Mamífero artiodáctilo rumiante, de la familia de los bóvidos, grande, con la cabeza provista de dos cuernos curvos y puntiagudos, de piel dura y de pelo corto. *(Bos taurus.)* — s.m. ZOOLOGÍA = astado
2 Persona corpulenta o fuerte: *puede con todo el equipaje porque está hecho un toro.* — = mulo
3 Pez tetraodontiforme ostracciónido parecido al pez cofre. *(Acanthostracion quadricornis.)* — Cuba ZOOLOGÍA
4 Corrida o festejo en que se torea a estos animales: *le gustan tanto los toros que siempre va a la plaza.* — s.m.pl. TAUROMAQUIA
5 toro corrido: Persona difícil de engañar por su experiencia. — coloquial
6 toro de campanilla: Aquel al que de joven se le ha cortado una tira de piel del cuello, que lleva colgando como adorno o señal.
7 toro de fuego: Armazón con la forma de este animal, que arroja cohetes y tracas y se usa en algunas fiestas populares. — = tora
8 toro del aguardiente: El que se lidia a primera hora de la mañana en algunas fiestas populares. — TAUROMAQUIA
9 toro de lidia o de muerte: El que se destina para ser toreado en las corridas y a morir en ellas. — TAUROMAQUIA
10 toro de puntas: El de lidia que no lleva embolados los cuernos. — TAUROMAQUIA
11 toro embolado: Aquel en cuyos cuernos se colocan unas bolas para evitar que puedan herir a una persona, en algunas fiestas populares. — TAUROMAQUIA
12 toro furioso: El que está levantado sobre las patas. — HERÁLDICA
13 toro mexicano: Bisonte, mamífero rumiante. — ZOOLOGÍA
14 ciertos son los toros: Expresión con que se confirma una noticia, por lo general desagradable, que se temía o se había anunciado. — coloquial
15 coger al toro por las astas o los cuernos: Afrontar un problema: *he decidido hablar con él y coger al toro por los cuernos.* — coloquial
16 echarle o soltarle el toro a una persona: Reñirle o echarle en cara una cosa desagradable. — coloquial
17 haber toros y cañas: Haber discusiones sobre una cosa. — coloquial
18 mirar o ver los toros desde la barrera: Observar una cosa sin participar o comprometerse. — coloquial
19 otro toro: Se usa para indicar que se debe cambiar el tema de la conversación. — coloquial
20 pillar el toro a una persona: 1. Sentirse una persona agobiada al hacer una cosa, por lo general por tener poco tiempo. **2.** No encontrar la manera de librarse de una cosa. — coloquial
II (Del lat. *torus*.)
1 Bocel o moldura amplia, saliente y convexa de sección semicircular. — s.m. ARQUITECTURA
2 Superficie de revolución engendrada por un círculo que gira sobre un eje que no pasa por su centro, pero que está situado en su mismo plano. — GEOMETRÍA

toroidal Que tiene forma de toro. — adj./GEOMETRÍA

toroide
1 Superficie generada por una curva cerrada al girar alrededor de un eje contenido en su plano y que no la corta. — s.m. GEOMETRÍA
2 Sólido que está limitado por esta superficie. — GEOMETRÍA
3 Bobina o transformador en forma de anillo cerrado. — ELECTRICIDAD

torón Emanación del torio, isótopo del radón. — s.m./QUÍMICA

toronja (Del ár. *turumya*.) Fruto del toronjo o pomelo, con forma globosa, grande, con sabor algo amargo y corteza de color amarillo pálido. — s.f. BOTÁNICA

toronjil (Del ár. *turunyin*.) Planta herbácea labiada, anual, con hojas pecioladas, dentadas y olorosas, flores blancas, fruto seco en cápsula, utilizada como antiespasmódico y estimulante. *(Melissa officinalis.)* — s.m. BOTÁNICA tb: toronjina

toronjo Variedad de cidro que produce las toronjas o pomelos. *(Citrus paradisi.)* — s.m./BOTÁNICA = pomelo

torozón (Del lat. *tortio, -onis*.)
1 Inquietud o desazón que altera el ánimo de una persona. — s.m.
2 Cólico de las caballerías que produce dolores espasmódicos. — VETERINARIA
3 Movimiento violento de las caballerías cuando padecen enteritis con fuertes dolores. — VETERINARIA

torpe (Del lat. *turpis*, feo.)
1 Que se mueve con dificultad: *con los años se ha vuelto torpe; anda muy torpe porque le duele la pierna.* — adj/s.m.f./= lento ≠ ágil
2 Que no tiene habilidad en hacer una cosa: *soy muy torpe con los trabajos manuales; es muy torpe conduciendo.* — = desmañado ≠ hábil
3 Que comprende con dificultad las cosas: *es muy torpe y por eso saca malas notas; soy torpe en matemáticas.* — = necio, tonto ≠ listo
4 Que resulta inoportuno: *fue muy torpe preguntarle su peso.* — = desacertado ≠ oportuno

torpedeamiento Acción y resultado de torpedear. — s.m./= torpedeo

torpedear
1 Lanzar torpedos contra una embarcación: *el submarino torpedeó la escuadra enemiga.* — v.tr. MILITAR
2 Hacer fracasar un asunto o proyecto: *la dirección de la empresa torpedeó la propuesta.* — = boicotear

torpedero, a Se aplica al barco o al avión que dispara torpedos. — adj/s. MILITAR

torpedista Se refiere a la persona que está especializada en el manejo o construcción de torpedos. — adj/s.m.f. MILITAR

torpedo (Del lat. *torpedo*.)
1 Proyectil explosivo submarino, autodirigido, automóvil y en forma de cilindro. — s.m.
2 Pez marino, parecido a la raya, que puede medir un metro de longitud y que posee a cada lado de la cabeza un órgano capaz de producir descargas eléctricas. *(Torpedo.)* — ZOOLOGÍA
3 Tipo de carrocería de automóvil, de línea aerodinámica y con capota plegable.

torpeza
1 Cualidad de torpe: *anda con torpeza; no sabe bailar y lo hace con torpeza.* — s.f./≠ agilidad, destreza
2 Acción o palabras torpes o desacertadas: *cometió la torpeza de preguntarle la edad; ha sido una torpeza invitarlo.* — = inoportunidad ≠ acierto

tórpido, a (Derivado del lat. *torpere*, estar paralizado.)
1 Que se mueve o reacciona con dificultad o torpeza: *miembro tórpido.* — adj. FISIOLOGÍA
2 Se aplica a la lesión crónica y de difícil curación. — MEDICINA

torpón, a Que es algo torpe en los movimientos o en las acciones. — adj.

torpor Falta de reacción a los estímulos normales del organismo o de parte de él. — s.m./MEDICINA = entumecimiento

torque (Del lat. *torques*.) Collar que usaban los antiguos como insignia o adorno. — s.f./HISTORIA tb: torques

torr (De *Torricelli*, físico italiano.) Unidad de presión equivalente a la ejercida por una columna de mercurio de una altura de un milímetro. — s.m. FÍSICA

torrado, a
1 Que ha sido expuesto al fuego o al calor hasta que ha tomado un aspecto dorado. — adj. = tostado
2 Garbanzo tostado y recubierto de una capa salada. — s.m.
3 Cabeza, parte del cuerpo. — coloquial

torrar (Del lat. *torrere*.) Poner una cosa al fuego para que se dore sin quemarse. — v.tr. = tostar

torre (Del lat. *turris*.)
1 Construcción más alta que ancha, aislada o que sobresale de un edificio: *subimos a la torre del castillo.* — s.f. CONSTRUCCIÓN
2 Pieza del ajedrez con la forma de esta construcción, que está situada en los cuatro ángulos del tablero. — JUEGOS
3 Construcción metálica que sostiene los cables conductores de energía eléctrica. — ELECTRICIDAD
4 Construcción metálica sobre un yacimiento petrolífero. — INDUSTRIA
5 Estructura con cañones en la cubierta de un barco de guerra. — MILITAR, NÁUTICA
6 Casa de campo: *tiene una torre en las afueras de la ciudad.* — = chalé
7 Construcción alta de madera que se empleaba para asaltar las murallas enemigas. — MILITAR
8 torre albarrana: 1. Cada una de las que se ponían a trechos en las murallas como defensa. **2.** Que, levantada fuera de los muros de un lugar fortificado, servía de defensa y de atalaya.
9 torre cubierta: La que en el escudo se representa con techo puntiagudo. — HERÁLDICA
10 torre de Babel: Sitio donde reina gran confusión por lo que la gente no puede entenderse: *la reunión acabó convirtiéndose en una torre de Babel.* — coloquial = babel
11 torre de control: Instalación de un aeropuerto desde la que se controlan las pistas de aterrizaje y el tráfico de aviones. — AERONÁUTICA
12 torre del homenaje: La más importante de un castillo, en la que el gobernador prestaba juramento de fidelidad y de defender la fortaleza con valor. — CONSTRUCCIÓN
13 torre de marfil: Situación de aislamiento en que se encuentra una persona ante la realidad y el resto de la gente.
14 hacer torre: Remontar el vuelo un ave herida de muerte hasta caer sin vida.

torreado, a Se aplica al campo de un escudo que está sembrado de torres. — adj. HERÁLDICA

torrear Poner torres en una plaza fuerte o fortificación. — v.tr. CONSTRUCCIÓN

torrecilla Obra defensiva de pequeñas dimensiones, o torre poco desarrollada unida a un edificio. — s.f. CONSTRUCCIÓN

torrefacción (Del lat. *torrere*, tostar + *factio, -onis*, manera de hacer.) Acción y resultado de torrefactar o tostar una sustancia, en especial el café. — s.f. = tostado, tueste

torrefactar (Del lat. *torrefacere*.) Tostar o someter una sustancia a un fuego vivo que produce una carbonización incompleta, en especial el café y el cacao. — v.tr.

torrefacto, a
1 Que está tostado al fuego. — adj.
2 Se refiere al café que ha sido tostado al fuego con un poco de azúcar.

torreja
1 Torrija, dulce elaborado con pan. — s.f./Amér./COCINA Chile
2 Rodaja de fruta.

torrejón Torre pequeña o mal construida. — s.m.

torrencial
1 Del torrente: *aguas torrenciales*. — adj.
2 Se aplica a la lluvia que cae con mucha intensidad y abundancia. — = tempestuoso

torrente (Del lat. *torrens, -entis*.)
1 Corriente impetuosa de agua formada por las lluvias o el deshielo: *en invierno se forman torrentes en la montaña*. — s.m.
2 Circulación de la sangre: *torrente circulatorio*. — FISIOLOGÍA
3 Muchedumbre de cosas que se dirigen al mismo sitio: *un torrente de personas se agolpa ante el estadio*. — = riada
4 Abundancia de cosas que se producen en el mismo momento: *recibí un torrente de felicitaciones por el premio*. — = lluvia
5 **torrente de voz**: Voz potente y que surge sin esfuerzo, sobre todo para cantar. — = chorro de voz

torrentera Cauce de un torrente. — s.f.

torrentoso, a Se aplica a los ríos y arroyos de corriente impetuosa. — adj. Amér.

torreón Torre fortificada para la defensa de una plaza o castillo. — s.m. CONSTRUCCIÓN

torrero, a Persona encargada de una atalaya o un faro. — s.

torreta
1 Torre blindada de los barcos de guerra y de los tanques. — s.f. MILITAR
2 Construcción blindada donde se colocan las armas de una fortaleza o un vehículo militar. — CONSTRUCCIÓN, MILITAR
3 Estructura metálica, situada en lo alto de una central telegráfica, en que se concentran los hilos de una red aérea. — TELECOMUNICA-CIONES

torreznada Fritada abundante de torreznos de rreznada Fritada de torreznos de tocino frito. — s.f. COCINA

torreznero, a Que es holgazán o comodón: *es tan torreznero que se pasa el día en el sofá*. — adj/s. coloquial

torrezno Trozo de tocino frito o preparado para freír. — s.m./COCINA

tórrido, a (Derivado del lat. *torrere*, tostar.)
1 Que es caluroso: *mañana tendremos una temperatura tórrida*. — ≠ gélido
2 Se aplica al clima que se caracteriza por las elevadas temperaturas y a las zonas que lo tienen. — GEOGRAFÍA

torrija Rebanada de pan empapada en vino o en leche y rebozada con huevo, que se fríe y se recubre con azúcar o miel. — s.f. COCINA

torrontero Montón de tierra que dejan las corrientes o riadas impetuosas de las aguas. — s.m.

torrontés, a (Del port. *terrantes*, del país.)
1 Se aplica a una uva blanca, transparente, con el grano pequeño y el hollejo muy tierno y delgado. — adj/pl: torronteses BOTÁNICA
2 Se refiere a la vid que produce esta uva. — BOTÁNICA

torrotito Bandera pequeña que los barcos de guerra fondeados izan a proa y los correos marítimos a popa en alguna festividad o cuando están en puerto extranjero. — s.m. NÁUTICA

torsiómetro
1 Aparato para medir el grado de rotación del glóbulo ocular en relación al eje visual. — s.m. MEDICINA
2 Aparato usado para determinar la torsión de una barra metálica, entre sus dos extremos. — METALURGIA

torsión (Del lat. *torsio, -onis*.)
1 Acción y resultado de torcer o torcerse. — s.m.
2 Deformación de un cuerpo por la acción de dos fuerzas opuestas que actúan en planos paralelos, de modo que cada sección del mismo experimenta una rotación con relación a la precedente. — MECÁNICA
3 Número de vueltas por metro que se dan a un hilo. — TEXTIL
4 Operación textil por la que se transforman las cintas en mechas redondas. — TEXTIL

torso (Del ital. *torso* < lat. *thyrsus* < gr. *thyrsos*, tallo de las plantas.)
1 Tronco del cuerpo humano: *lo retrató con el torso desnudo*. — s.m. ANATOMÍA
2 Estatua sin cabeza, brazos ni piernas. — ARTE

torsor Conjunto formado por una fuerza y un par de fuerzas cuyo momento está en la misma dirección que la primera. — s.m. MATEMÁTICAS

torta (Del bajo lat. *torta*.)
1 Masa de harina, con otros ingredientes, de figura redonda, que se fríe o se cuece al horno. — s.f. COCINA
2 Golpe dado con la palma de la mano, en especial en la cara: *le pegó una torta en la mejilla*. — coloquial = bofetada
3 Golpe o caída violentos: *se pegó una torta con el coche; resbaló y de la torta se rompió la pierna*. — coloquial = tortazo

4 Borrachera, estado de embriaguez: *lleva tal torta que no puede andar derecho*. — coloquial = cogorza
5 Paquete de caracteres de imprenta formado en las oficinas de la fundición. — ARTES GRÁFICAS
6 Plana mazorral que se guarda para distribuir. — ARTES GRÁFICAS
7 Emparedado hecho con pan de corteza dura: *torta de jamón; torta de queso*. — Méx.
8 Pastel grande, por lo general de forma circular. — Argent.
9 **torta de huevos**: Tortilla, masa de maíz cocida. — Méx./COCINA
10 **torta de Reyes**: La que de forma tradicional se come en esta festividad. — COCINA
11 **torta perruna**: La de harina, manteca y azúcar con que, en algunos lugares, suele tomarse el chocolate. — COCINA
12 **costar la torta un pan**: 1. Ser difícil conseguir una cosa, cuando cuesta más que su propio valor. 2. Exponerse una persona por conseguir una cosa a un daño o riesgo que no había previsto. — coloquial coloquial
13 **ni torta**: Nada, ni lo más mínimo: *no veo ni torta; no entiendo ni torta de lo que dices*. — coloquial
14 **ser una cosa tortas y pan pintado**: 1. Ser un daño, trabajo, disgusto, gasto u otra cosa mucho menor que otro con que se compara. 2. No ofrecer dificultad una cosa. — coloquial coloquial

tortada
1 Torta grande rellena de carne, huevos u otros ingredientes. — s.f. COCINA
2 Capa de yeso o mortero que se extiende sobre cada una de las hiladas de ladrillos. — CONSTRUCCIÓN = tendel

tortazo
1 Golpe dado con la mano en la cara: *le pegó un tortazo en cada mejilla*. — s.m./coloquial = bofetada, sopapo
2 Golpe violento que se da o recibe como consecuencia de una caída, choque o accidente: *se dio un tortazo contra la farola*. — coloquial = torta

tortedad Calidad de tuerto. — s.f.

tortel (Del cat. *tortell*.) Rosco de hojaldre. — s.m./COCINA

tortera
I (Derivado de *torcer*.) Rodaja que se pone en la parte inferior del huso para torcer con más facilidad la hebra. — s.f. TEXTIL tb: tortero
II (Derivado de *torta*.) Se aplica a la cazuela o cacerola casi plana que sirve para hacer tortadas. — adj/s.f. COCINA

tortero (Derivado de *torcer*.) Tortera, rodaja del huso. — s.m./TEXTIL

tortero, a (Derivado de *torta*.)
1 Persona que hace tortas o las vende. — s.
2 Caja o cesta para guardar tortas. — s.m.

torteruelo Planta de la familia de las papilionáceas, del mismo género que la alfalfa. — s.m. BOTÁNICA

tortícolis (Del fr. *torticolis* < ital. *torti colli*, cuellos torcidos.) Dolor de los músculos del cuello que limita los movimientos y obliga a mantener ladeada la cabeza: *no puedo mirar para atrás porque tengo tortícolis*. — s.m.f. pl: tortícolis MEDICINA tb: torticolis

tortilla
1 Fritada de huevos batidos, a la que se le suele dar forma redondeada y pueden añadírsele otros ingredientes como jamón, queso o patata: *haremos una tortilla con tres huevos y dos calabacines*. — s.f. COCINA
2 Pieza circular y delgada compuesta de masa de maíz cocido. — Méx., Amér. Central COCINA
3 Panecillo en forma de disco chato, por lo común salado, que se hace con harina de trigo o maíz y se cuece al rescoldo. — Argent., Chile
4 **tortilla de harina**: La que está hecha con harina de trigo. — Méx. COCINA
5 **tortilla española**: La hecha con huevo batido y trozos de patata ligeramente fritos. — COCINA
6 **tortilla francesa**: La que se hace sólo con huevo. — COCINA
7 **darse la vuelta o cambiar o volverse la tortilla**: 1. Suceder lo contrario de lo que una persona esperaba o había previsto. 2. Cambiar la situación de una persona o cosa. — coloquial
8 **hacer tortilla a una persona o a una cosa**: Aplastarla o romperla: *tiró el vaso al suelo y lo hizo tortilla*. — coloquial = hacer papilla

tortillera Lesbiana, mujer homosexual. — s.f./coloquial

tortillería Establecimiento donde se venden o se hacen tortillas, en especial de maíz. — s.f. COMERCIO

tortillero, a Persona que hace o vende tortillas.

tortillo Cada una de las piezas redondas y de color, que no son de metal. — s.m./HERÁLDICA

tortitas Juego que consiste en dar palmadas delante de un niño pequeño o hacer que sea él quien las dé: *le hice tortitas y dejó de llorar*. — s.f.pl. familiar

tórtola (Derivado del ant. *tórtora* < lat. *turtur, -uris*.) Ave columbiforme, con las partes superiores de color castaño, manchas negras en el cuello y cola oscura en abanico, con una barra blanca y pecho rosa. *(Streptopelia.)* — s.f. ZOOLOGÍA

tortolito, a
1 Se aplica a la persona atolondrada o que no tiene experiencia en alguna cosa: *comete los errores propios de un tortolito*. — adj/s. coloquial

2 Pareja de enamorados: *están hechos unos tortolitos; los tortolitos se besaban en un banco del parque.* — s.m.pl. coloquial

tórtolo
1 Macho de la tórtola. — s.m./ZOOLOGÍA
2 Hombre amartelado o muy enamorado. — coloquial
3 Pareja de enamorados: *los tórtolos no podían dejar de hacerse mimos y caricias.* — s.m.pl. coloquial

tortor (Del lat. *tortor.*)
1 Palo corto o barra con que se aprieta, dándole vueltas, una cuerda atada por sus dos cabos. — s.m.
2 Vuelta que se da con una palanca a un cabo o trinca que liga dos objetos más o menos distantes. — NÁUTICA

tortozón Se aplica a la uva de grano grueso y racimos grandes, de la que se hace un vino que se conserva poco. — adj. BOTÁNICA

tortrícido, a Perteneciente a una familia de insectos lepidópteros cuyas larvas constituyen plagas forestales. — adj./s.m. ZOOLOGÍA

tortuga (Del bajo lat. *tartaruchus* < gr. *tartarukhos,* demonio.)
1 Cualquier reptil del orden de los quelonios, caracterizado por un caparazón óseo recubierto de placas que cubre todo el cuerpo y que pueden vivir en el mar, en aguas dulces o en la tierra. — s.f. ZOOLOGÍA
2 Persona, vehículo u otra cosa que se mueve o funciona con mucha lentitud: *este autobús es una tortuga, no llegaremos nunca.* — coloquial
3 Máquina militar antigua con la que los soldados se cubrían para defenderse de las armas arrojadizas. — HISTORIA = testudo
4 Cubierta que formaban los soldados con los escudos, levantándolos sobre sus cabezas. — HISTORIA = testudo
5 tortuga laúd: La de los mares cálidos, que puede alcanzar los dos metros y medio de longitud, pesar seiscientos kilogramos, y que carece de caparazón. *(Demochelis coriacea.)* — ZOOLOGÍA

tortuosidad Calidad de tortuoso. — s.f.

tortuoso, a (Del lat. *tortuosus.*)
1 Se aplica al camino que tiene vueltas y rodeos: *subimos a la ermita siguiendo una carretera tortuosa.* — adj./= zigzagueante ≠ recto
2 Se refiere a la persona que usa métodos indirectos u ocultos para conseguir su objetivo y a su comportamiento: *es una persona tortuosa que planea con frialdad lo que quiere hacer.* — = sinuoso, taimado ≠ sencillo

tortura (Del lat. *tortura.*)
1 Cualquier procedimiento que causa intenso sufrimiento físico o sicológico a una persona y que por lo general se hace como castigo o para hacerle confesar una cosa: *declaró bajo torturas que había participado en el atraco.* — s.f. = suplicio, tormento
2 Sufrimiento, físico o moral, intenso y prolongado: *necesitaba calmantes para poder sobrellevar la tortura que sentía.* — = calvario
3 Cosa o persona que produce este sufrimiento: *el largo secuestro de su marido es para ella una tortura.* — = martirio
4 Desviación de lo recto. — = curvatura

torturado, a Que manifiesta un sufrimiento sicológico o moral intenso y continuado: *tiene la mente torturada porque se siente culpable.* — adj/s.

torturador, a Que tortura: *nunca olvidaré el rostro de mi torturador.* — adj/s. = torturante

torturar Someter a tortura a una persona: *lo torturaron para que confesara; se torturaba con esa idea.* — v.tr/prnl. = martirizar

torunda (Del lat. *turunda,* bollo.)
1 Apósito de hilas que se coloca sobre una herida para facilitar la supuración. — s.f. MEDICINA
2 Bola de algodón envuelta en gasa que se usa para contener las hemorragias leves durante una operación quirúrgica. — MEDICINA

torva Remolino de lluvia o nieve. — s.f.

torvisca Torvisco, planta arbustiva timeleácea. — s.f./BOTÁNICA

torviscal Terreno donde abunda el torvisco. — s.m.

torvisco (Del bajo lat. *turbiscus.*) Planta arbustiva timeleácea, de flores amarillentas y olorosas y fruto en drupa de color rojo. *(Daphne gnidium.)* — s.m. BOTÁNICA tb: torvisca

torvo, a (Del lat. *torvus.*) Se aplica a la mirada que expresa ira y malos sentimientos. — adj. = fiero

tory (Voz inglesa.) Se aplica al partido conservador y a los miembros del mismo. — adj/s.m./pl: tories POLÍTICA

torzadillo Especie de torzal, más fino que el común. — s.m./TEXTIL

torzal
1 Cordoncillo delgado de seda, hecho de varias hebras retorcidas, usado para coser y bordar. — s.m. TEXTIL
2 Conjunto de varias cosas unidas a manera de hebra retorcida. — s.m.

torzón (Del lat. *tortio, -onis.*) Retortijón doloroso de vientre que sufren las caballerías. — s.m./VETERINARIA tb: torozón

torzonado, a Se aplica a la caballería que padece torzón o retortijones de vientre. — adj. VETERINARIA

torzuelo Macho del halcón. — s.m./tb: terzuelo

tos (Del lat. *tussis.*)
1 Expulsión violenta y ruidosa del aire contenido en los pulmones como acto reflejo o voluntario: *el humo del tabaco le produjo tos.* — s.f. pl: toses FISIOLOGÍA

2 tos blanda o húmeda: La que va acompañada de expectoración. — MEDICINA
3 tos convulsiva o convulsa: La que se presenta en accesos violentos y sofocantes. — MEDICINA
4 tos ferina: Enfermedad infecciosa, por lo general infantil, caracterizada por catarro de las vías respiratorias y expulsión violenta y convulsiva del aire de los pulmones, con contracciones de la laringe, que pueden producir la pérdida del conocimiento. — MEDICINA
5 tos perruna: La bronca que semeja el ladrido de los perros y se produce por espasmos de la laringe. — MEDICINA
6 tos seca: La que no va acompañada de expectoración. — MEDICINA

tosa (Del cat. *tosa.*) Trigo chamorro, de espiga pequeña y achatada y el grano blando y de poco salvado. — s.f. AGRICULTURA

tosca
1 Piedra caliza porosa y ligera, formada por el depósito de la cal que arrastra el agua en ciertos sitios. — s.f. = toba
2 Sustancia calcárea que forma una costra sobre la superficie de los dientes. — = sarro

toscano, a
1 De Toscana, región de Italia. — adj.
2 Persona natural de esta región de Italia. — s.
3 Dialecto italiano hablado en esta región. — s.m./LINGÜÍSTICA

tosco, a (Del lat. vulgar **tuscus.*)
1 Que está hecho con poco esmero y habilidad, y con materiales de escasa calidad: *cerámica tosca; pared tosca.* — adj. = basto ≠ fino
2 Que no tiene delicadeza o educación: *no adoptes posturas toscas ante el director; es un hombre tosco y maleducado.* — adj/s. = inculto, rudo

tosedera Tos persistente. — s.f./Amér.

tosedor, a Que padece tos crónica o es propenso a toser. — adj/s.

tosegoso, a Que padece tos. — adj/s.

toser (Del lat. *tussire.*)
1 Expeler una persona el aire de los pulmones por la garganta de forma violenta y ruidosa. — v.intr.
2 toser a una persona: Poder competir con ella: *haciendo crucigramas no hay quien le tosa.* — coloquial

tosidura Acción y resultado de toser. — s.f./= tos

tosigar
I (Derivado de *tósigo.*) Matar o hacer enfermar a una persona con una sustancia venenosa. — v.tr/conj: *pagar* = envenenar
II (De origen incierto.) Agobiar a una persona, dándole mucha prisa para que haga una cosa: *este capataz tosiga mucho a los obreros; se tosigó al ver que todavía le quedaba mucho trabajo.* — v.tr/prnl. conj: *pagar* = fatigar

tósigo (Del lat. *toxicum* < gr. *toxikon pharmakon,* veneno para flechas.)
1 Sustancia venenosa, que al ser ingerida provoca un grave trastorno a la salud, o incluso la muerte. — s.m. = veneno
2 Angustia o pena muy grande. — = amargura

tosigoso, a
I (Derivado de *tósigo.*) Que ha sido o está envenenado. — adj.
II (Derivado de *tos.*) Que tiene mucha tos y opresión de pecho. — adj/s. tb: tosegoso

tosiguera Tos pertinaz. — s.f.

tosquedad Calidad de tosco. — s.f./= rudeza

tostación
1 Acción y resultado de tostar. — s.f./= tueste
2 Operación de calentar un mineral en contacto con el aire. — MINERÍA

tostada
1 Rebanada de pan tostado que se suele untar con mantequilla, mermelada, miel u otros ingredientes: *desayuna tostadas y un café con leche.* — s.f. = biscotte
2 Cosa molesta, pesada o desagradable: *hacer tantas fotocopias es una buena tostada.* — coloquial = tabarra, tostón
3 dar o pegar a una persona la tostada: Engañarla o hacer una cosa que le resulte perjudicial. — coloquial
4 no ver la tostada: Echar de menos en una cosa la gracia, la utilidad o la razón que se esperaba encontrar en ella: *no le veo la tostada a esa reunión.* — coloquial
5 olerse una persona la tostada: Adivinar una cosa oculta o descubrir algún engaño: *sé que quieren echarme porque me huelo la tostada.* — coloquial

tostadero, a
1 Se refiere al instrumento o máquina que sirve para tostar. — adj/s. = tostador
2 Lugar o instalación donde se tuesta una cosa. — s.m./= tostador
3 Lugar donde hace excesivo calor: *con tantas estufas este salón es un tostadero.* — s.m./= horno, sauna ≠ nevera

tostado, a
1 De color oscuro: *ha tomado el sol y tiene la piel tostada.* — adj. = moreno
2 Acción y resultado de tostar. — s.m./= tostadura

tostador, a
1 Que tuesta. — adj/s.

2 Aparato que sirve para tostar el café en grano.   s.m./tb: tostadora

tostadora Aparato que sirve para tostar, en especial el pan: *puso dos rebanadas en la tostadora eléctrica.*   s.f.   tb: tostador

tostadura Acción y resultado de tostar.   s.f./= tostado

tostar (Del lat. vulgar *tostare.)
1 Poner una cosa al fuego hasta que tome color sin que llegue a quemarse: *en este horno el pan se tuesta con rapidez.*   v.tr/prnl.   conj: contar   = dorar
2 Poner morena el sol o el viento la piel de una persona: *este sol tan fuerte le ha tostado la espalda; se tostó trabajando en el campo.*   = broncear, curtir
3 Calentar una cosa demasiado: *este calentador tuesta el agua; esta sopa se ha tostado y ahora quema.*   = recalentar, requemar
4 Clavar banderillas de fuego a un toro manso.   v.tr.
5 Vapulear, zurrar o dar azotes.   Chile

tostón
1 Persona o cosa latosa y molesta: *ese tío es un tostón; este capítulo del libro es un tostón.*   s.m.   = lata, tabarra
2 Trozo pequeño de pan frito, por lo general en forma de cubo, que se añade a las sopas o purés: *toma el gazpacho con tostones.*   COCINA   = picatoste
3 Garbanzo tostado.   = torrado   COCINA
4 Cochinillo asado o lechón.   COCINA
5 Cualquier alimento demasiado tostado.   COCINA
6 Trozo o rebanada de pan tostado y empapado en aceite.
7 Dardo hecho con una vara tostada por la punta para endurecerla.

tota Primate catarrino de cara negra con una franja blanca en la frente, que se alimenta de vegetales y habita en bosques y sabanas subsaharianos. *(Cercopithecus aethiops.)*   s.m.   ZOOLOGÍA

total (Del lat. *totalis.*)
1 Que abarca una cosa en todos sus aspectos o elementos: *hemos hecho un cambio total en la organización; tiene el total dominio de la empresa.*   adj./= absoluto, completo   ≠ parcial
2 Que es muy bueno y excelente: *esta película es total; he conocido a un tipo total.*   = extraordinario   ≠ pésimo
3 Resultado de sumar dos o más cantidades: *el total de la factura son veinte mil pesetas.*   s.m.   = suma
4 Conjunto de todas las cosas o personas que forman un grupo: *vino a visitarme el total de la plantilla.*   = totalidad
5 En resumen, en conclusión: *total, que este aparato no sirve para nada.*   adv.

totalidad
1 Conjunto de todas las cosas o personas de una misma clase o especie: *la totalidad de los empleados aceptaron la huelga.*   s.f.   = total
2 Cosa íntegra, entera o completa: *ha malgastado la totalidad de la herencia.*   = todo
3 Calidad de total.   = integridad
4 Período durante el cual una ley o propuesta se discute y examina en lo esencial, para luego pasar a los detalles.   POLÍTICA

totalitario, a
1 Que defiende la concentración de todo el poder en una persona, grupo o partido, incluso a costa de los derechos individuales: *régimen totalitario; ideología totalitaria.*   adj./POLÍTICA   = dictatorial   ≠ democrático
2 Que se refiere a todas las partes o aspectos de una cosa: *se exige el conocimiento totalitario de la materia.*   = global, general   ≠ parcial

totalitarismo
1 Régimen político en el que todos los poderes se concentran en manos de una persona, grupo o partido y en el que las libertades individuales están abolidas.   s.m.   POLÍTICA
2 Doctrina política que defiende este régimen.   POLÍTICA

totalitarista
1 Del totalitarismo.   adj./POLÍTICA
2 Que es partidario del totalitarismo.   adj/s.m.f./POLÍTICA

totalizador, a Que totaliza.   adj.

totalizar Determinar el total de varias cantidades.   v.tr/conj: cazar

totalmente Por completo, del todo: *estoy totalmente de acuerdo con tu proposición.*   adv.   = enteramente

tótem
1 Animal, planta o cosa que es objeto de veneración religiosa en una sociedad o tribu y al que se considera, a veces, como progenitor y protector de la misma.   s.m./pl: tótems   RELIGIÓN, SOCIOLOGÍA
2 Figura que representa este animal, planta o cosa.   RELIGIÓN

totémico, a Del tótem: *culto totémico.*   adj./RELIGIÓN

totemismo Sistema de creencias y organización de tribu basado en el tótem, en cualquiera de sus manifestaciones tanto religiosas como sociológicas.   s.m.   RELIGIÓN, SOCIOLOGÍA

totipalmo, a Se aplica al animal que tiene los cuatro dedos unidos por membranas, como el pelícano.   adj.   ZOOLOGÍA

totipotencia Carácter de las células embrionarias que pueden formar diversos tejidos.   s.f.   BIOLOGÍA

totipotente Se aplica a la célula embrionaria apta para formar los tejidos más diversos, según las acciones morfógenas que sufran.   adj.   BIOLOGÍA

totonaca De un pueblo amerindio mexicano precolombino, de lengua maya-zoque.   adj/s.m.f.   HISTORIA

totoposte Torta de harina de maíz, muy tostada.   s.m./Amér. Central

totora Especie de junco que crece a orillas de los lagos y junto al mar.   s.f.   Amér. Merid.

totoral Paraje poblado de totoras.   s.m./Amér. Merid.

totovía (Voz onomatopéyica.) Ave paseriforme aláudida, de color pardo, cola corta y cresta poco visible listada en negro, típica de estepas, de canto melodioso y aflautado. *(Lullula arborea.)*   s.f.   ZOOLOGÍA   tb: cotovía

totuma
1 Fruto del totumo, especie de calabaza utilizada para fabricar vasijas.   s.f./Amér. Central y Merid.
2 Vasija hecha con este fruto.   Amér. Central y Merid.

totumo Güira, planta arbórea bignoniácea cuyo fruto es una calabaza que se emplea seca para fabricar vasijas.   s.m./Amér. Central y Merid.   BOTÁNICA

tótum revolútum (Expresión latina.) Conjunto de muchas cosas desordenadas: *no encuentro nada en este tótum revolútum.*   s.m.   = revoltijo

touchdown (Voz inglesa.) Acción de cruzar la línea de gol con la pelota controlada, en el fútbol americano.   s.m.   DEPORTES

touche (Voz francesa.)
1 Línea que delimita la anchura de un campo de rugby en las bandas.   s.f.   DEPORTES
2 Puesta en juego de un balón cuando ha rebasado dicha línea.   DEPORTES
3 en touche: Se aplica al balón que ha rebasado la línea de banda.   loc.adj.   DEPORTES

tour (Voz francesa.)
1 Viaje o excursión que tiene el recorrido preestablecido: *hemos hecho un tour por la costa francesa.*   s.m.   pl: tours
2 Recorrido hecho por diversos lugares por motivos artísticos: *en su próximo tour el famoso cantante actuará en nuestra ciudad.*   = tournée
3 Vuelta ciclista, en especial la de Francia.   DEPORTES
4 tour de force: Demostración de fuerza o de resistencia: *si hacemos un tour de force podremos acabar a tiempo el trabajo.*
5 tour operador u operator: Persona o empresa que organiza viajes colectivos.

tournedos (Voz francesa.) Filete de solomillo de buey.   s.m./COCINA   tb: tournedós

tournée (Voz francesa.)
1 Recorrido hecho por diversos lugares por razones artísticas: *la compañía teatral está de tournée por el extranjero.*   s.f.   = tour
2 Viaje de placer por distintos lugares.

toxcatl Quinto mes del calendario azteca de 365 días.   s.m.

toxemia Conjunto de accidentes provocados por la presencia de toxinas en la sangre.   s.f.   MEDICINA

toxicar Intoxicar, causar una sustancia un trastorno grave en una persona: *una mayonesa en mal estado la toxicó.*   v.tr/conj: sacar   MEDICINA

toxicidad Presencia de sustancias tóxicas en la composición de un alimento, medicamento o cualquier otro producto: *grado de toxicidad.*   s.f.   MEDICINA   = venenosidad

tóxico, a (Del lat. *toxicum* < gr. *toxikon pharmakon,* veneno para flechas.) Se aplica a la sustancia que envenena o resulta nociva para un organismo vivo.   adj.   MEDICINA   = venenoso

toxicodependencia Condición sicofísica de dependencia del individuo respecto de la droga.   s.f./MEDICINA   = drogodependencia

toxicodependiente Se refiere a la persona que sufre dependencia síquica o física a algún tipo de droga.   adj/s.m.f.   MEDICINA   = drogodependiente

toxicogénesis Proceso por el que determinados organismos patógenos producen toxinas en el medio en que viven.   s.f.   pl: toxicogénesis   BIOLOGÍA

toxicología (Del gr. *toxikon,* veneno + *logos,* ciencia.) Parte de la medicina que estudia las sustancias tóxicas o venenos.   s.f.   MEDICINA

toxicológico, a De la toxicología o de los venenos.   adj./MEDICINA

toxicólogo, a Médico especializado en la toxicología.   s.   MEDICINA

toxicomanía (Del gr. *toxikon,* veneno + *manía,* locura.) Tendencia patológica a consumir sustancias tóxicas que causan un estado de dependencia síquica o física.   s.f.   MEDICINA   = drogadicción

toxicómano, a Que padece toxicomanía o es adicto al consumo de drogas.   adj/s./MEDICINA   = drogadicto

toxicosis (Del gr. *toxikon,* veneno + *osis,* enfermedad no inflamatoria.) Síndrome grave de aparición brusca, en especial en los lactantes, de causas múltiples y en el que predominan los trastornos digestivos y la deshidratación.   s.f.   pl: toxicosis   MEDICINA

toxidermia Conjunto de lesiones cutáneas de origen tóxico.   s.f.   MEDICINA

toxígeno, a (Del gr. *toxikon,* veneno + *gennao,* producir.) Que produce toxinas.   adj.

toxiinfección Proceso patológico en el que se produce de manera simultánea una infección y una intoxicación. — s.f. BIOLOGÍA

toxina Sustancia tóxica de naturaleza proteica, elaborada por un organismo vivo, que tiene poder patógeno para el hombre o los animales infectados. — s.f. BIOLOGÍA

toxoide (Del gr. *toxikon*, veneno + *eidos*, forma.) Toxina que ha perdido su poder nocivo, aunque no la capacidad de actuar como antígeno. — s.m. FARMACIA = anatoxina

toxoplasmosis Enfermedad parasitaria causada por un protozoan. — s.f. pl: toxoplasmosis MEDICINA

toza Pieza grande de madera labrada a esquina viva. — s.f./CARPINTERÍA

tozo (Derivado de *toza*.) Melojo, árbol fagáceo. — s.m./BOTÁNICA

tozo, a (Del ital. *tozzo*.) Que es bajo de estatura: *su hermano es alto pero él es muy tozo*. — adj./= enano ≠ alto

tozolada Golpe dado en el tozuelo o cerviz de un animal. — s.f. = tozolón

tozoztontli Tercer mes del calendario azteca de 365 días. — s.m.

tozudez Calidad de tozudo o terco: *su tozudez me saca de quicio*. — s.f./pl: tozudeces = testarudez

tozudo, a
1 Se aplica a la persona que mantiene sus ideas o actitudes con obstinación: *no lograrás que cambie de opinión porque es muy tozudo*. — adj./s. = terco, testarudo
2 Se refiere al animal que no se deja dominar o que no obedece con facilidad: *el burro es muy tozudo*. — adj. ≠ manso

tozuelo Parte gruesa, carnosa y grasa de la cabeza de un animal, encima de la nuca. — s.m./ZOOLOGÍA = cerviz

traba (Del lat. vulgar *trabe*.)
1 Acción y resultado de trabar. — s.f./= trabadura
2 Instrumento con que se junta, une y sujeta una cosa con otra. — = atadura, ligadura
3 Cosa que dificulta la ejecución de algo o la libertad de acción de una persona: *siempre pone trabas a mis proyectos*. — = impedimento, obstáculo
4 Ligadura con que se atan las patas delanteras o traseras de las caballerías.
5 Pedazo de paño que une las dos partes del escapulario de ciertos hábitos monásticos. — RELIGIÓN
6 Piedra o cuña con que se calzan las ruedas de un carro. — = calza
7 Palo delantero de la red que se usa para cazar palomas. — CAZA
8 Embargo de bienes, incluso derechos, o impedimento para disponer de ellos o para algún acto. — DERECHO
9 Piedra delgada y plana colocada de canto en la pared de mampostería. — CONSTRUCCIÓN

trabacuenta
1 Error o equivocación en una cuenta. — s.f.
2 Discusión o controversia que se establece entre dos o más personas. — = disputa ≠ acuerdo

trabadero Parte entre los menudillos y la corona del casco de las caballerías. — s.m. = cuartilla

trabado, a
1 Se aplica a la caballería que tiene blancas las manos o tiene blancos una mano y un pie de distinto lado. — adj.
2 Se refiere a la sílaba que acaba en consonante. — LINGÜÍSTICA
3 Que es robusto. — = nervudo

trabadura Acción y resultado de trabar. — s.f./= traba

trabajado, a
1 Que está cansado o aviejado por haber trabajado o padecido mucho: *ha pasado muchas penas y está muy trabajada*. — adj. = agotado, castigado
2 Que se ha hecho con minuciosidad, detenimiento y esmero: *se nota que el mantel bordado está muy trabajado*. — = cuidado, elaborado ≠ descuidado
3 Que está lleno de trabajos u ocupaciones: *está tan trabajado que casi no duerme*. — = ocupado ≠ desocupado

trabajador, a
1 Que trabaja. — adj./= trabajante
2 Que se aplica y es predispuesto en el trabajo: *es muy trabajador y por eso le han concedido el ascenso*. — = diligente ≠ vago
3 Persona que realiza un trabajo a cambio de un salario: *en la fábrica hay cincuenta trabajadores*. — s./= asalariado, obrero

trabajar (Del lat. vulgar *tripaliare*, torturar.)
1 Realizar un esfuerzo físico o mental en una actividad: *el escritor trabaja en su estudio; he estado trabajando en el huerto*. — v.intr. ≠ vaguear
2 Realizar un oficio o profesión o estar empleado en una empresa, fábrica o institución: *trabajo en el taller de mi padre; trabaja de auxiliar administrativo*. — = ejercer, laborar
3 Realizar su actividad o función una máquina, establecimiento u otra cosa: *la impresora ha trabajado mucho antes de estropearse*. — = funcionar ≠ descansar
4 Ejercer una determinada actividad una empresa, comercio o industria: *sólo trabaja en el mundo textil; trabajamos mucho con los países sudamericanos*. — = colaborar

5 Aplicarse una persona en la realización de alguna cosa: *ha trabajado mucho el examen; se lo ha trabajado y se nota*. — v.intr/tr/prnl. = elaborar
6 Ejercitar o ensayar una cosa: *debes trabajar más estos acordes para mejorar*. — v.tr. = entrenar
7 Cultivar la tierra: *trabaja toda esta extensión de terreno para producir más cereales*. — = laborar, labrar
8 Manipular una materia o sustancia para darle forma: *el escultor trabaja el mármol con maestría*. — = moldear
9 Usar un determinado producto en la fabricación de otro o en su comercio: *este diseñador trabaja los nuevos tejidos*. — = utilizar ≠ desechar
10 Ejercitar un músculo o una parte del cuerpo: *debes trabajar más los bíceps*. — ≠ paralizar
11 Intentar influir en una persona con el objetivo de conseguir una cosa de ella: *se trabaja al director para que le nombre subdirector*. — v.prnl. = convencer

trabajera Trabajo que resulta molesto o fastidioso: *quitar las malas hierbas del huerto es una trabajera*. — s.f./coloquial = pejiguera

trabajo
1 Acción y resultado de trabajar. — s.m.
2 Actividad desarrollada de forma habitual por una persona, en especial la que se realiza a cambio de dinero: *no tengo trabajo y cobro el paro*. — = empleo
3 Cualquier actividad que requiere un esfuerzo físico o mental: *el trabajo en el jardín es muy agotador*. — = faena, labor
4 Lugar donde una persona desarrolla su actividad habitual: *el trabajo justo enfrente de mi casa*. — = empleo, faena
5 Producto de una actividad intelectual o artística: *el fotógrafo publica sus trabajos en una importante revista*. — = creación, obra
6 Dificultad o molestia que presenta la realización de una cosa: *nos dará mucho trabajo subir el piano hasta el ático*. — = esfuerzo, sufrimiento
7 Esfuerzo humano aplicado a la producción de riqueza. — ECONOMÍA
8 Producto de la intensidad de una fuerza por la proyección, en la dirección de esta fuerza, del desplazamiento de su punto de aplicación. — FÍSICA
9 Dificultades o apuros con que se pasa la vida: *al quedarse viuda y con cinco hijos pasó muchos trabajos*. — s.m.pl. = penalidades
10 **trabajo de chinos**: El que es largo o complicado. — coloquial
11 **trabajo de zapa**: El que se hace de forma solapada para conseguir algún fin. — coloquial
12 **trabajos forzados o forzosos**: Aquellos en que se ocupa por obligación el presidiario como parte de la pena de su delito. — DERECHO
13 **con trabajo**: Con esfuerzo o dificultad: *saca adelante a su familia con trabajo*. — loc.adv.
14 **costar trabajo**: Ser una cosa difícil de conseguir o de realizar: *te costará mucho trabajo hacerle cambiar de opinión*.
15 **tomarse el trabajo de**: Hacer una cosa con esmero u ocuparse de ella: *se tomó el trabajo de decorar toda la casa para tu fiesta de cumpleaños*.

trabajosamente Con mucho trabajo, penalidad o dificultad. — adv.

trabajoso, a
1 Que implica mucho esfuerzo o trabajo: *es una tarea muy trabajosa*. — adj. = laborioso
2 Que padece penalidades o miseria: *tuvo una vida dura y trabajosa*. — = penoso
3 Que está falto de espontaneidad por ser el resultado de mucho trabajo. — ≠ espontáneo
4 Que es poco complaciente y muy exigente. — Colomb.

trabalenguas Palabra o locución difícil de pronunciar, en especial cuando sirve como juego para hacer que una persona se equivoque. — s.m. pl: trabalenguas

trabamiento Acción y resultado de trabar. — s.m.

trabanca Mesa formada por un tablero apoyado sobre dos caballetes. — s.f.

trabanco Tarangallo que se pone al cuello de los perros para que no persigan la caza. — s.m. CAZA

trabar (Derivado del lat. *trabs, -is*, madero.)
1 Juntar dos o más cosas para reforzarlas o estabilizarlas: *trabaremos los maderos con unas cuerdas*. — v.tr. = unir ≠ soltar
2 Sujetar una cosa para impedir o dificultar su movimiento: *trabaremos la ventana con unos listones para que no puedan abrirla*. — ≠ soltar
3 Empezar una conversación, una disputa o una amistad: *hemos trabado una interesante conversación*. — = entablar
4 Poner dos o más cosas de acuerdo: *trabaron sus puntos de vista*. — = concordar, conformar
5 Dar consistencia a un líquido o a una masa pastosa: *la salsa ha de hervir hasta que se trabe*. — v.tr/prnl. = espesar
6 Coger una persona o una cosa: *trabó al jugador para que no se escapara con la pelota*. — v.tr/intr. = asir
7 Llenar las juntas de una obra de albañilería, las piedras o los sillares con mortero. — v.tr. CONSTRUCCIÓN = triscar
8 Dar la sierra tropezones al serrar.
9 Impedir o dificultar el desarrollo o realización de una cosa o el desenvolvimiento de una persona: *el pueblo trabó la construcción de las nucleares; no me apoya en nada y eso me traba*. — = obstaculizar ≠ facilitar
10 Retener o embargar los bienes o los derechos de una persona. — DERECHO

11 Enredarse o engancharse en una cosa: *se me trabaron los pies con la cuerda y me caí.* — v.prnl. ≠ soltarse
12 Atascarse una persona al hablar: *cuando se pone nervioso se traba y tartamudea.* — = liarse

trabazón
1 Enlace o juntura de dos o más cosas entre sí: *no consigo deshacer la trabazón de las tablas.* — s.f. = unión
2 Consistencia que se da a un líquido o masa: *la salsa tiene la trabazón justa.* — = espesor
3 Conexión de una cosa con otra o dependencia que existe entre ellas: *no hay trabazón entre los argumentos de su teoría.* — = relación ≠ incoherencia

trabe (Del lat. *trabs, -is*, madero.) Barra larga y gruesa de madera, hierro u hormigón en la que se apoya el suelo de un piso. — s.f. CONSTRUCCIÓN = viga

trábea Antigua toga romana de gala que usaban los cónsules, los caballeros y algunos sacerdotes en actos oficiales. — s.f. HISTORIA

trabeata Variedad de la comedia de escenas romanas, que tomó su nombre de la indumentaria de los actores. — adj/s.f. TEATRO

trabécula Banda de tejido muscular o fibroso que une la cápsula de un órgano con éste. — s.f. ANATOMÍA

trabilla
1 Tira pequeña vertical que sirve para pasar por ella un cinturón, una cinta u otra cosa similar: *se me ha descosido una de las trabillas del pantalón.* — s.f.
2 Tira pequeña de tela o cuero que pasa por debajo del pie, para sujetar los bordes del pantalón y de otras prendas similares.
3 Tira de tela colocada exteriormente al nivel del talle para reducir el vuelo de la prenda. — = rabillo
4 Punto que queda suelto al hacer media.

trabón
1 Argolla de hierro fija a la que se atan por un pie los caballos para tenerlos sujetos. — s.m.
2 Tablón que sujeta la cabeza de la viga prensadora de los lagares de aceite.

trabuca Buscapiés o cohete sin varilla que estalla al apagarse. — s.f.

trabucación Acción y resultado de trabucar o trabucarse. — s.f.

trabucador, a Que trabuca. — adj/s./= trabucante

trabucaire (Voz catalana.)
1 Que es valiente y osado. — adj.
2 Bandolero catalán de los siglos XVIII y XIX, que iba armado con un trabuco. — s.m. HISTORIA

trabucar (Voz catalana.)
1 Cambiar el orden de las cosas: *la bibliotecaria ha trabucado los libros; se trabucaron todas las fichas.* — v.tr/prnl. conj: sacar
2 Pronunciar o escribir las palabras de forma incorrecta o cambiándolas de sitio: *no conoce mucho el idioma y se trabuca.* — = embarullar
3 Cambiar o confundir datos o noticias con otros distintos: *trabucó todos los nombres.* — = tergiversar
4 Cometer una persona una equivocación por aturdimiento en el manejo de las ideas.

trabucazo
1 Disparo de un trabuco: *oímos los trabucazos de los bandoleros.* — s.m.
2 Herida o daño producido por el disparo de esta arma de fuego: *tiene un trabucazo en la pierna.*
3 Noticia o suceso inesperado que causa susto o pesadumbre y deja impresionado y aturdido: *su muerte fue un trabucazo para todos.* — coloquial

trabuco (Del cat. *trabuc*.)
1 Arma de fuego más corta y de mayor calibre que la escopeta ordinaria y con el cañón ensanchado por la boca. — s.m.
2 Antigua máquina de guerra que lanzaba piedras grandes y se usaba para batir las murallas o torres. — HISTORIA = catapulta

trabuquete (Del cat. *trabuquet*.)
1 Catapulta pequeña. — s.m.
2 Traíña pequeña alrededor de la cual se hace ruido para que se precipite la pesca en ella. — PESCA

traca
I (Voz catalana.)
1 Serie de petardos o cohetes puestos a lo largo de una cuerda y que estallan de forma sucesiva: *la traca rodeaba toda la plaza.* — s.f.
2 Explosión final de este artificio de pólvora.
II (Del fr. ant. *estranque* < ingl. ant. *strake*.) Cada una de las tres hileras de tablas o de planchas metálicas de la cubierta de una embarcación. — s.f. NÁUTICA

trácala Se aplica a lo que se dice o se hace con la intención de engañar o a lo que se usa como trampa. — adj/s.f./Méx., P. Rico/coloquial

tracalada Multitud, gran cantidad de personas o cosas que se amontonan en un mismo lugar. — s.f./Amér. Central y Merid.

tracalero, a Que es embaucador o tramposo. — adj/s./Méx., P. Rico

tracamundana
1 Trueque de cosas de poco valor. — s.f.
2 Desorden, confusión o ruidos grandes. — = jaleo

tracción (Del lat. *tractio, -onis*.)
1 Acción de tirar de una cosa para moverla o arrastrarla. — s.f. = arrastre
2 Acción de arrastrar un vehículo o de hacerle andar por cualquier procedimiento mecánico. — = arrastre
3 Modo de trabajo de un cuerpo sometido a la acción de una fuerza que tiende a alargarlo. — MECÁNICA
4 Técnica de escalada para avanzar de forma lateral por una pared lisa. — DEPORTES

trace Tracio [en todas sus acepciones]. — adj/s.m.f./HISTORIA

traceología Disciplina que estudia el desgaste y las trazas en las herramientas prehistóricas. — s.f. HISTORIA

tracería Adorno arquitectónico formado por figuras geométricas combinadas. — s.f. ARQUITECTURA

traciano, a Se aplica a la persona natural de Tracia, antigua región europea. — adj/s./HISTORIA = trace, tracio

tracias Viento que, según la antigua división, corre entre el euro y el bóreas. — pl: tracias

tracio, a
1 De Tracia, antigua región de Europa. — adj./HISTORIA
2 Persona natural de esta antigua región europea. — s./HISTORIA

tracista
1 Se aplica a la persona que idea y traza los planos de una construcción. — adj/s.m.f. ARQUITECTURA
2 Se refiere a la persona que usa tretas y engaños. — = tramoyista

tracoma (Del gr. *trakhys*, áspero + *oma*, tumor.) Conjuntivitis granulosa causada por un virus específico, que es endémica en algunos países cálidos. — s.m. MEDICINA

tracomatoso, a
1 Que tiene relación con el tracoma. — adj./MEDICINA
2 Que padece tracoma. — adj/s./MEDICINA

tracto (Del lat. *tractus*.)
1 Formación anatómica que media entre dos lugares del organismo y realiza una función de conducción: *tracto intestinal; tracto linfático.* — s.m. ANATOMÍA
2 Grupo o haz de fibras nerviosas que tienen el mismo origen y la misma terminación y cumplen la misma función fisiológica. — BIOLOGÍA
3 Espacio que media entre dos lugares. — = trecho
4 Espacio de tiempo que media entre dos momentos. — = lapso
5 Conjunto de versículos que se cantan o rezan antes del evangelio en la misa de ciertos días. — RELIGIÓN

tractocarril Vehículo de locomoción mixta, que puede circular sobre carriles o sin ellos. — s.m.

tractor, a
1 Que efectúa la tracción o arrastre: *las ruedas delanteras de este vehículo son las tractoras.* — adj/s.
2 Vehículo automotor cuyas ruedas o cadenas se adhieren con fuerza al terreno y se usa para arrastrar remolques u otras máquinas agrícolas y para realizar algunas faenas del campo. — s.m.

tractorear Trabajar la tierra con el tractor: *el campesino tractoreaba los campos.* — v.tr/AGRICULTURA tb: tractorar

tractoreo Acción y resultado de tractorear o trabajar la tierra con el tractor. — s.m. AGRICULTURA

tractorista Persona que conduce un tractor. — s.m.f.

tractriz
1 Que efectúa tracción o fuerza de arrastre. — adj./pl: tractrices
2 Curva de longitud constante. — s.f./GEOMETRÍA

trade union (Expresión inglesa.) Sindicato obrero de los países anglosajones. — s.f./POLÍTICA tb: trade-union

tradición (Del lat. *traditio, -onis*.)
1 Transmisión de conocimientos, costumbres, creencias y obras artísticas o de pensamiento, hecha de unas generaciones a otras: *la tradición oral mantuvo los rasgos arcaicos de nuestra lengua.* — s.f. SOCIOLOGÍA
2 Conjunto de doctrinas, costumbres u otros hechos históricos, transmitidos y conservados de generación en generación: *es un gran conocedor de la tradición del país.* — SOCIOLOGÍA = acervo
3 Costumbre establecida en un determinado ámbito: *en mi casa es tradición esconder los regalos.* — = hábito
4 Entrega a una persona de una cosa: *tradición de una cosa vendida.* — DERECHO

tradicional
1 De la tradición. — adj.
2 Que se conserva o transmite por tradición.
3 Que sigue las costumbres o las ideas propias del pasado: *no entiende a sus nietos porque es muy tradicional.* — = conservador ≠ progresista
4 Que sigue los usos o el estilo más común: *es un diseñador muy tradicional y clásico.* — = corriente ≠ original
5 Referido a la gramática basada en las teorías aportadas por los filósofos griegos. — LINGÜÍSTICA

tradicionalismo
1 Actitud de apego a las costumbres, ideas o normas del pasado. — s.m. = conservadurismo
2 Tendencia política que defiende el mantenimiento o restablecimiento de las instituciones antiguas en la organización del estado y de la sociedad. — POLÍTICA

3 Doctrina filosófica que establece el origen de las ideas en la revelación divina y, de forma sucesiva, en la enseñanza que el hombre recibe de la sociedad. · FILOSOFÍA

tradicionalista
1 Del tradicionalismo como tendencia política o doctrina filosófica. · adj./FILOSOFÍA, POLÍTICA
2 Que es partidario del tradicionalismo político o filosófico. · adj/s.m.f.

tradicionalmente Según la tradición, por costumbre: *el cubano es un pueblo tradicionalmente amable.* · adv.

tradicionista Persona que escribe sobre tradiciones o las recoge y recopila. · s.m.f. = folclorista

traducción
1 Acción y resultado de traducir: *se dedica a la traducción de textos japoneses.* · s.f.
2 Obra o texto que ha sido traducido: *el nivel de esta traducción es muy bueno.*
3 Interpretación que se da a un texto. · = sentido
4 Figura que consiste en emplear en la misma cláusula un mismo nombre o adjetivo con distinto género, número o función, o un mismo verbo con distinto modo, tiempo y persona. · RETÓRICA = poliptoton
5 Etapa de la expresión génica en la que la información contenida en la molécula de ácido ribonucleico mensajero pasa a la de las proteínas. · BIOLOGÍA
6 **traducción automática:** La que se hace de un texto por medio de un ordenador. · INFORMÁTICA, LINGÜÍSTICA
7 **traducción directa:** La realizada del idioma extranjero al propio del traductor. · LINGÜÍSTICA
8 **traducción inversa:** La que se hace del idioma propio del traductor al idioma extranjero. · LINGÜÍSTICA
9 **traducción libre:** La que se atiene al significado, pero se distancia del original en la elección de la expresión. · LINGÜÍSTICA
10 **traducción literal:** La que se atiene con rigor, palabra por palabra, al original. · LINGÜÍSTICA
11 **traducción simultánea:** La oral hecha al mismo tiempo que se pronuncia el discurso o conferencia que hay que traducir.

traducianismo Doctrina según la cual el alma se transmite de padres a hijos desde los principios de la humanidad. · s.m. RELIGIÓN = generacionismo

traducibilidad Posibilidad que un texto o discurso tiene de ser traducido. · s.f. ≠ intraducibilidad

traducible Que puede ser traducido, interpretado o convertido en otra cosa: *su última novela es traducible; tu esfuerzo es traducible en dinero.* · adj. ≠ intraducible

traducir (Del lat. *traducere*, transportar.)
1 Expresar en un idioma una cosa dicha o escrita en otro: *tradujo estos versos del poeta castellano al francés; tradujo el libro en ruso.* · v.tr./LINGÜÍSTICA conj: *conducir* = trasladar
2 Dar una interpretación a un texto o una expresión, en especial para que resulte más comprensible: *tradúceme lo dicho por el físico porque no he entendido nada.* · = explicar, interpretar ≠ embrollar
3 Convertir una cosa en otra: *su deseo de ser rica se tradujo en una obsesión.* · v.tr/prml./+ en = transformar

traductor, a
1 Que traduce. · adj/s.
2 Persona que traduce, en especial cuando lo hace de modo profesional: *necesito un traductor del portugués.* · s.
3 Programa que traduce las sentencias de un programa fuente en sentencias de un programa objeto. · s.m. INFORMÁTICA

traedizo, a Que se trae o puede ser traído. · adj.

traedor, a Que trae: *siempre soy el traedor de las malas noticias.* · adj/s. = portador

traer (Del lat. *trahere*.)
1 Llevar a una persona o una cosa al lugar en que se encuentra el hablante o a un sitio determinado: *te traeré a tu hija; ¿traerás los discos?* · v.tr. = acercar, trasladar
2 Ser una cosa causa de otra: *sólo me traes problemas; tu queja traerá malestar en la empresa.* · = causar, provocar
3 Ser una cosa causa de que una persona padezca una alteración de ánimo: *el trabajo me trae loca; trae un mosqueo considerable.* · = llevar
4 Tener una persona puesta una prenda de vestir o llevar consigo una cosa: *trae una minifalda muy corta; trae unos pendientes nuevos.* · = llevar
5 Citar una persona palabras, razones o hechos en apoyo de lo que dice: *traigo ejemplos que lo testifican.* · = saber
6 Contener un periódico u otra publicación un escrito u otra cosa: *la revista trae un póster; el periódico no trae esta noticia.* · = incluir
7 Atraer una cosa a otra.
8 Obligar a una persona a que haga una cosa.
9 Intentar convencer a una persona para que siga una opinión o un partido: *el profesor trajo a su discípulo a sus ideales.* · = persuadir
10 Estar ocupándose una persona de una cosa o llevándola a cabo: *trae un negocio entre manos; se traen un lío amoroso.* · v.tr/prml. = tratar
11 **traer a una persona a mal traer:** Molestarla o maltratarla de forma constante. · coloquial

12 **traer a una persona arrastrada o arrastrando:** Hacer que se canse mucho: *este trabajo tan duro le trae arrastrado.* · coloquial
13 **traer a una persona de acá para allá:** Hacer que vaya de un sitio a otro sin dejarla ni un momento para descansar: *sus asuntos me traen de acá para allá y ya estoy harto.* · coloquial
14 **traer a una persona sin cuidado una persona o una cosa:** No interesarle o no importarle las consecuencias de una determinada acción: *me trae sin cuidado la política.* · coloquial
15 **traer consigo:** Causar o provocar una cosa: *tu dimisión traerá consigo problemas.*
16 **traérsela a una persona floja:** Indica total indiferencia o desprecio por una persona o una cosa: *tus problemas me la traen floja.* · vulgar
17 **traérselas:** Indica que una persona o una cosa tiene más intención, malicia o dificultades de lo que a primera vista parece: *aunque no lo parecía, este trabajo se las trae.* · coloquial
18 **traer y llevar:** Ir contando intimidades de unas personas a otras. · coloquial
CONJ.: IND.: PRES.: traigo, traes, trae, traemos, traéis, traen. PRET. INDEF.: traje, trajiste, trajo, trajimos, trajisteis, trajeron. SUBJ.: PRES.: traiga, traigas, traiga, traigamos, traigáis, traigan. PRET. IMPERF.: trajera, -ese, trajeras, -eses, trajera, -ese, trajéramos, -ésemos, trajerais, -eseis, trajeran, -esen. FUTUR. IMPERF.: trajere, trajeres, trajere, trajéremos, trajereis, trajeren. IMP.: trae, traiga, traigamos, traed, traigan. GERUND.: trayendo.

traeres Objetos o complementos de adorno. · s.m.pl./= atavíos

trafagador, a Persona que tiene negocios que le ocasionan mucha fatiga o molestias. · s.

trafagar (Del cat. *trafegar*.)
1 Dedicarse al comercio o a negociar con dinero y mercancías: *trafaga con productos de limpieza.* · v.intr./conj: *pagar* = traficar
2 Andar con mucho trabajo o tener muchas cosas que hacer: *trafaga todo el día y casi no descansa.* · = faenar, trajinar
3 Viajar por varios países: *el año que viene trafagaré los países del este.* · v.intr/tr. = trasladar

tráfago (Del cat. *tràfec*.)
1 Actividad intensa que ocasiona mucha fatiga o molestia: *con el tráfago de la inauguración no he podido llamarte.* · s.m. = ajetreo, trajín
2 Movimiento de un lado a otro de mucha gente o de cosas: *en Navidad hay mucho tráfago en la zona comercial.* · = jaleo, follón

trafagón, a Se refiere a la persona que trafica o negocia con mucha solicitud o afán. · adj/s. coloquial

trafagoso, a Se aplica a la persona que sufre mucho tráfago o ajetreo: *está muy trafagoso desde que tiene que ocuparse de la limpieza de la casa.* · adj/s. = ajetreado

trafalgar (Del ingl. *Trafalgar cotton*.) Tela de algodón, especie de linón ordinario. · s.m. TEXTIL

trafallón, a Que hace las cosas mal o las enreda: *eres tan trafallón que mejor será que no me ayudes.* · adj. = liante

trafalmejas (Del ár. *atraf alnes*, hombres de baja condición.) Se aplica a la persona que es bulliciosa y alocada. · adj/s.m.f. pl: trafalmejas tb: trafalmeja

traficante Que trafica o comercia, en especial de forma ilegal o clandestina: *traficante de drogas; traficante de armas.* · adj/s.m.f.

traficar (Del ital. *trafficare*.)
1 Dedicarse una persona al comercio o a los negocios, en especial de forma ilegal o clandestina: *trafica con drogas.* · v.intr. conj: *sacar* COMERCIO
2 Viajar por varios países. · = trafagar

tráfico
1 Acción de traficar o comerciar: *se dedica al tráfico de armas.* · s.m. = comercio
2 Circulación, movimiento o concurrencia de vehículos en vías o lugares públicos: *en las grandes ciudades hay mucho tráfico.* · = tránsito
3 Comunicación y transporte de personas, equipajes o mercancías.
4 Técnica de dar cursos a las llamadas en un sistema telefónico. · TELECOMUNICACIONES
5 **tráfico de esclavos:** Transporte de africanos de raza negra para ser vendidos como esclavos. · HISTORIA
6 **tráfico de influencias:** Acción que consiste en conseguir un beneficio o una ventaja sirviéndose de la situación privilegiada que una persona tiene por su cargo político o de la relación con otras personas relacionadas con el poder.

trafulcar Alterar el orden de las cosas: *no toques el archivo que me trafulcas todo.* · v.tr./conj: *sacar* = desordenar

tragaavemarías Persona muy devota que reza muchas oraciones: *mi abuela es una tragaavemarías y está todo el día con el rosario en la mano.* · s.m.f. pl: tragaavemarías = beato

tragable Que puede ser tragado: *tomo unas pastillas tragables con un poco de agua.* · adj. ≠ intragable

tragabolas Juguete que consiste en un muñeco que tiene una boca muy grande por la que se han de introducir unas bolas pequeñas, lanzándolas desde una distancia determinada.
s.m.
pl: tragabolas
JUEGOS

tragacanto (Del gr. *tragakantha*, espina de macho cabrío.)
1 Planta arbustiva papilionácea, que crece en Asia Menor e Irán, mide unos dos metros de altura y exuda una goma blanquecina. *(Astragalus gummifer.)*
s.m.
BOTÁNICA
th: tragacanta
2 Goma blanquecina exudada por esta planta y usada en farmacia y en la industria.
BOTÁNICA, FARMACIA

tragacete Arma arrojadiza antigua semejante al dardo o a la flecha.
s.m.
HISTORIA

tragaderas
1 Faringe, garganta o parte interior del cuello: *se me ha clavado una espina de pescado en las tragaderas.*
s.f.pl.
coloquial
2 Facilidad para creer cualquier cosa: *¡menudas tragaderas si te crees lo que ha dicho!*
coloquial
= credulidad
3 Pocos escrúpulos, facilidad para admitir o tolerar cosas inconvenientes, en especial en materia moral o sexual.
coloquial
≠ intolerancia
4 Capacidad que tiene una persona o animal para comer de todo y en gran cantidad: *con sus tragaderas no me extraña que esté gordo.*
coloquial
= saque
5 Capacidad que tiene una persona para aguantar o tolerar ofensas, ataques u otra situación desagradable o difícil.
coloquial
= aguante
6 tener una persona buenas tragaderas: Creer o tolerar una persona cualquier cosa: *hay que tener buenas tragaderas para soportar lo que ella soporta.*
coloquial

tragadero
1 Faringe, garganta, parte interior del cuello: *he gritado tanto que me duele el tragadero.*
s.m.
coloquial
2 Agujero, conducto o canal por donde se sume una cosa: *la bañera tiene un mal tragadero.*
= desagüe, sumidero
3 Facilidad que tiene una persona para creer cualquier cosa.
s.m.pl./coloquial
= tragaderas

tragador, a
1 Se aplica a la persona o al animal que come mucho y con ansia: *el niño está gordo porque es muy tragador.*
adj/s.
= tragón
2 Que traga.

tragahombres Valentón que presume de sus actos: *aunque sean verdad las osadías que cuenta, me molesta que sea tan tragahombres.*
s.m.
pl: tragahombres
coloquial

trágala
1 Canción con que los liberales españoles molestaban a los absolutistas en el siglo XIX.
s.m.
HISTORIA
2 cantar el trágala a una persona: Hacer una cosa que obliga a otra a soportar alguna cosa que odia o rechaza.

tragaldabas Persona muy tragona: *ponle un buen plato porque es un tragaldabas.*
s.m.f.
pl: tragaldabas

tragaleguas Persona que anda mucho y deprisa: *es un tragaleguas y ya se ha recorrido casi toda la comarca.*
s.m.f.
pl: tragaleguas

tragaluz Ventana pequeña abierta en la parte superior de un muro, junto al techo.
s.m./pl: tragaluces
= claraboya

tragamallas Persona muy tragona: *come mucho y de todo porque es una tragamallas.*
s.m.f.
pl: tragamallas

tragamillas Persona que nadando recorre grandes distancias.
s.m.f.
pl: tragamillas

tragantada Trago que llena la boca de bebida.
s.f.

tragante
1 Que traga.
adj.
2 Abertura en la parte superior de los hornos.
s.m./METALURGIA

tragantón, a Se aplica a la persona o animal que come o traga mucho.
adj/s./coloquial
= tragón

tragantona
1 Comida, cena o merienda durante la cual se come mucho: *me duele el estómago de la tragantona de ayer.*
s.f./coloquial
= comilona
2 Acción de tragar haciendo fuerza.
coloquial
3 Violencia que hace una persona a su razón para creer o consentir una cosa extraña o inverosímil.
coloquial

tragaperras Se aplica a la máquina para usos recreativos, que funciona automáticamente mediante la introducción de monedas, en especial la de juego.
adj/s.f.
pl: tragaperras

tragar
1 Hacer que una cosa pase de la boca hasta el aparato digestivo: *traga la pastilla con agua; me he tragado el caramelo entero.*
v.tr/prnl.
conj: pagar
= ingerir
2 Comer mucho o con voracidad: *¡cómo traga!, no ha parado de comer en toda la tarde; ya se ha tragado tres trozos de pastel.*
v.intr/tr/prnl.
= devorar, engullir
3 Absorber una cosa a otra: *el desagüe traga el agua; la alcantarilla no traga.*
v.tr/intr.
≠ expulsar
4 Cubrir las aguas o la tierra lo que está en su superficie: *las olas se tragaron la lancha.*
v.tr/prnl.
5 Creer una cosa con facilidad: *se tragó el cuento hasta el final.*
≠ desconfiar
6 Soportar una persona una cosa repulsiva o insultante: *se tragó aquella sarta de insultos sin inmutarse.*
= aguantar, sufrir
7 No darse por enterado de una cosa: *se tragó todas las críticas como si no fueran con él.*
= disimular
≠ asumir
8 Gastar o consumir una cosa otra para su funcionamiento: *las obras se tragaron la mitad del presupuesto.*
= emplear
≠ ahorrar
9 Acceder una persona a una propuesta o proposición: *díselo, igual traga.*
v.intr/coloquial
= condescender
10 hacer tragar una cosa a una persona: Obligarla a escuchar o prestar conformidad a lo que le desagrada: *le hicieron tragar la película hasta el final.*
coloquial
11 no tragar o no poder tragar una cosa o a una persona: Sentir gran antipatía o rechazo hacia ella: *no le tengo, es el tío más fanfarrón que he conocido.*
coloquial

tragasables Artista de circo que realiza ejercicios de destreza que imitan las prácticas de los faquires.
s.m.f.
pl: tragasables

tragasantos Persona muy beata que tiene gran devoción a las imágenes de los santos.
s.m.f./despectivo
pl: tragasantos

tragavino Embudo para trasvasar líquidos.
s.m.

tragavirotes Persona muy seria y tiesa.
s.m.f./pl: tragavirotes

tragazón Gula, glotonería o ansia exagerada por comer.
s.f.
coloquial

tragedia (Del lat. *tragoedia* < gr. *tragoidia*, drama heroico.)
1 Obra dramática que desarrolla un tema serio o trascendente, en la que el protagonista es arrastrado por una pasión o por la fatalidad.
s.f.
LITERATURA
2 Género literario constituido por este tipo de obras.
LITERATURA
3 Suceso desgraciado y funesto de la vida real: *la muerte de sus padres fue una tragedia.*
= catástrofe, desgracia
4 Composición lírica en que se lamentan sucesos desgraciados.
LITERATURA

trágico, a (Del gr. *tragikos.*)
1 De la tragedia.
adj.
2 Que causa tristeza o lástima: *el trágico accidente ha cobrado muchas vidas.*
= desgraciado
3 Se aplica al autor que escribe tragedias.
adj/s./LITERATURA
4 Se refiere al actor que representa tragedias.
TEATRO

tragicomedia
1 Obra dialogada que tiene características de los géneros trágico y cómico.
s.f.
LITERATURA
2 Género literario constituido por este tipo de obras.
LITERATURA
3 Suceso o acontecimiento de la vida real que provoca risa y pena al mismo tiempo.

tragicómico, a
1 De la tragicomedia.
adj./LITERATURA
2 Que es cómico y trágico a la vez.

trago
I (Derivado de *tragar.*)
1 Porción de líquido bebido de una vez: *se tomó el café de un solo trago.*
s.m.
= sorbo
2 Copa de licor u otra bebida alcohólica: *después del café toma un trago; lo celebraremos tomando un trago de ron.*
= lingotazo
3 Inclinación a tomar bebidas alcohólicas: *se ha dado al trago.*
= pimple
4 Circunstancia adversa o situación desgraciada: *vaya trago lo de su padre; ¡qué mal trago!*
coloquial
= contratiempo
5 a tragos: Poco a poco, de forma lenta.
loc.adv.
II (Del gr. *tragos.*) Prominencia de la oreja que está delante del conducto auditivo.
s.m.
ANATOMÍA

tragón, a Que traga o come mucho: *está gorda porque es muy tragona.*
adj/s./coloquial
= comilón

tragonear Comer mucho y con ansia: *estaba hambriento y tragoneó todo lo que le puse.*
v.tr/coloquial
= devorar, engullir

tragonería Vicio de comer mucho y con ansia: *su tragonería le ocasiona problemas digestivos.*
s.f./coloquial
= gula

tragontina (Del lat. *dracontea* < gr. *drakonteion.*) Aro, planta perenne de la familia de las aráceas.
s.f.
BOTÁNICA

traición (Del lat. *traditio, -onis*, entrega.)
1 Quebrantamiento de la lealtad o fidelidad que se le debe a una persona: *de mi amigo no esperaba esta traición.*
s.f.
= deslealtad
2 Delito cometido contra la patria por los ciudadanos o contra la disciplina por los militares, sirviendo al enemigo: *le acusaron de espionaje y de traición al estado.*
DERECHO
3 alta traición: Delito cometido contra la persona del soberano o contra la seguridad e independencia del estado.
DERECHO
4 a traición: Con engaño, faltando a la lealtad o confianza de una persona: *lo planeó todo a traición para herirme.*
loc.adv.

traicionar
1 Hacer traición a una persona o una cosa: *mi mejor amigo me traicionó.*
v.tr.
= vender
2 Ser una persona o una cosa la causa de que una persona fracase en un intento: *los nervios me traicionaron y suspendí el examen.*
≠ ayudar
3 Mostrar una cosa otra que se desea ocultar: *su actitud traiciona sus pensamientos.*
coloquial
= delatar
4 Ser una persona infiel a su pareja, manteniendo relaciones sentimentales o sexuales con otra: *la traiciona con su mejor amiga.*
coloquial
= engañar

traicionero, a
1 Que comete traición: *resultó ser un socio traicionero.*
adj/s./= traidor
2 Que está hecho con traición: *la compra de las acciones fue una acción traicionera.*
adj.

3 Se aplica al animal que no es leal a su dueño: *siempre he pensado que los gatos son misteriosos y traicioneros.* = innoble, traidor

4 Se refiere a las cosas que bajo una apariencia inofensiva, resultan ser perjudiciales: *el vino dulce es muy traicionero.* coloquial = engañoso

5 Se aplica a las cosas que delatan lo que se quería mantener oculto: *se nota su avanzada edad por las arrugas traicioneras.* coloquial = revelador

traída Acción y resultado de traer o transportar una cosa hacia el lugar desde el que se habla. s.f.

traído, a
1 Que está muy usado o gastado, en especial la ropa: *tira estos zapatos, que están muy traídos.* adj. = ajado

2 traído y llevado: Trasladado con frecuencia de un lugar a otro. loc.adj.

traidor, a (Del lat. *traditor*.)
1 Que traiciona: *sé que ninguno de mis empleados es el traidor.* adj/s. ≠ leal

2 Se aplica al animal que, teniendo una apariencia inofensiva, daña: *tienes un perro traidor.* adj.

3 Que muestra traición, falsedad o hipocresía: *se acercó a nosotros con una sonrisa traidora.* = falso, innoble

4 Se aplica a las cosas que parecen inofensivas pero resultan dañinas: *algunas bebidas alcohólicas son traidoras.* coloquial = engañoso

5 Se aplica a la cosa que traiciona o descubre lo que se pretende ocultar: *empiezan a salirle unas canas traidoras.* coloquial = revelador

tráiler (Voz inglesa.)
1 Avance publicitario de una película cinematográfica, compuesto de algunas escenas breves. s.m./pl: tráilers CINE, TELEVISIÓN

2 Camión sin caja, con apoyo sobre una plataforma giratoria, a la que se engancha un remolque de grandes dimensiones.

traílla (Del lat. vulgar *tragella*.)
1 Cuerda o correa con que se lleva atado el perro en las cacerías o en los ejercicios de adiestramiento. s.f./CAZA th: treilla

2 Pareja de perros atados con una cuerda o correa durante las cacerías. CAZA = colla

3 Instrumento agrícola para allanar un terreno. AGRICULTURA

4 Cuerda con que se ata el hurón para poder tirar de él cuando entra en la madriguera. CAZA

traillar Poner el terreno llano con la traílla: *el agricultor traíllaba la tierra.* v.tr./conj: aislar AGRICULTURA

traíña Red de pesca semejante a una gran bolsa o embudo para capturar sardinas, arenques u otros peces. s.f./ PESCA th: traiña

trainera
1 Especie de chalupa de muy poco calado, que remolca la traíña. s.f. NÁUTICA, PESCA

2 Embarcación a remo que se emplea en regatas, en especial en el norte de España. DEPORTES, NÁUTICA

training (Voz inglesa.) Entrenamiento para adquirir un determinado grado de capacidad física. s.m. DEPORTES

traite (Voz francesa.) Acción de sacar el pelo al paño con la carda. s.m. TEXTIL

trajano, a (De *Trajano*, emperador romano.) De dicho emperador romano del siglo I. adj. HISTORIA

traje
1 Vestido masculino compuesto de chaqueta, chaleco y pantalón. s.m. = terno

2 Indumentaria peculiar de una clase de personas, de un país o de una época: *el traje de astronauta; el traje regional gallego.* = vestido

3 Vestido femenino de una sola pieza.

4 Vestido exterior completo de una persona: *su traje revela buena posición económica.* = atuendo, indumentaria

5 traje corto: El usado de forma habitual por los toreros, compuesto de pantalón muy ceñido y chaqueta ajustada a la cintura. TAUROMAQUIA

6 traje de baño: Prenda de vestir usada para bañarse en un sitio público. = bañador

7 traje de ceremonia o de etiqueta: 1. Uniforme propio del cargo o dignidad que se tiene. 2. El que usan los hombres en ciertos actos y que consta de pantalón y frac o esmoquin.

8 traje de chaqueta o sastre: Vestido femenino compuesto de chaqueta y falda o pantalón.

9 traje de luces: El de seda, bordado de oro o plata, con lentejuelas, que se ponen los toreros para torear. TAUROMAQUIA

10 traje de noche: Vestido femenino, por lo general largo, que se usa en ciertos actos y fiestas.

trajeado, a Se aplica a la persona que va arreglada o vistiendo un traje: *¿dónde vas tan trajeado?; iba muy mal trajeado.* adj.

trajear
1 Proporcionar trajes a una persona. v.tr/prnl.

2 Vestirse de manera más elegante que la habitual: *se trajeó para ir a la fiesta.* v.prnl.

trajín
1 Acción de trajinar. s.m.

2 Ajetreo, movimiento o actividad intensa: *no he visto un trajín así desde la última vez que fui a su despacho.* = jaleo, tráfago ≠ calma

3 Actividad irregular o poco clara que realiza una o más personas: *siempre os andáis con unos trajines que no puedo comprender.* = tejemaneje

trajinante Que trajina. adj/s.m.f.

trajinar (Del cat. *traginar* < lat. vulgar **traginare*.)
1 Llevar mercancías de un lugar a otro: *en su camión trajina frutas y verduras.* v.tr. = transportar

2 Moverse una persona mucho con cualquier ocupación: *lleva horas trajinando en el garaje.* v.intr. = bregar, trafagar

3 Poseer sexualmente a una persona, por lo general con menosprecio hacia ella. v.tr/intr/prnl. vulgar/= tirar

trajinera Embarcación pequeña, adornada con flores, que se usa en los canales de Xochimilco. s.f./Méx. NÁUTICA

trajinería Actividad del que comercia con mercancías. s.f. = comercio

trajinero, a Persona que comercia con mercancías. s./= comerciante

tralla (Voz catalana.)
1 Cuerda más gruesa que el bramante. s.f.

2 Trencilla de cáñamo o seda que se empalma al látigo para que restalle.

3 Látigo que tiene esta trencilla en el extremo.

trallazo
1 Golpe dado con la tralla: *el domador le dio un trallazo al fiero tigre.* s.m. = latigazo

2 Ruido producido con la tralla. = chasquido

3 Reprimenda fuerte: *nada más que le vio le echó un trallazo.* = latigazo

4 Trago de bebida alcohólica: *después de comer se bebe un trallazo de aguardiente.* coloquial = lingotazo

5 Patada muy fuerte dada a la pelota o balón de fútbol: *lesionó al portero de un trallazo.* DEPORTES coloquial

trama (Del lat. *trama*.)
1 Conjunto de hilos que cruzados y enlazados con los de la urdimbre forman una tela y van en el sentido del ancho del tejido. s.f. TEXTIL

2 Hilo de seda de dos hebras usado para tramar. TEXTIL

3 Confabulación con que se perjudica a una persona: *han maquinado una trama para que me echen.* = intriga, treta

4 Argumento de una obra literaria o película: *no me cuentes la trama de la película que yo no la he visto.* CINE, LITERATURA

5 Disposición interna, estructura y forma en que se articulan las distintas partes o acciones de un asunto. = entramado

6 Conjunto de elementos celulares o fibrilares que forman la armazón de un tejido. BIOLOGÍA

7 Conjunto de las líneas horizontales descritas en un barrido vertical único. TELEVISIÓN

8 Especie de pantalla transparente que se coloca delante de la placa sensible, para descomponer la totalidad del original en una serie de puntos que darán la imagen impresora del cliché tramado o para fotograbado directo. ARTES GRÁFICAS

9 Floración de los árboles y en particular del olivo. BOTÁNICA

10 Papel transparente y adhesivo con dibujos, líneas o puntos, que se usa en el diseño gráfico. = calcomanía

tramado Red de puntos, líneas o sombreados que se da a los fotograbados para darles variedad de tono. s.m. ARTES GRÁFICAS

tramador, a
1 Que trama los hilos de un tejido. adj/s./TEXTIL

2 Que prepara con astucia una mala acción: *ya se ha descubierto al tramador del atraco.* = maquinador, urdidor

tramar
1 Preparar un plan o un asunto con mala intención: *tramaron un complot para derrocar al monarca.* v.tr. = maquinar, urdir

2 Preparar con habilidad y cuidado una cosa difícil de realizar. = planear

3 Pasar los hilos de la trama entre los de la urdimbre para tejer una tela. TEXTIL

4 Florecer un árbol, en especial el olivo. v.intr./BOTÁNICA

5 Descomponer una imagen en puntos mediante una trama. ARTES GRÁFICAS

tramilla Hilo o cordel muy delgado hecho de cáñamo, usado por lo general para atar paquetes. s.f. = bramante

tramitación
1 Acción y resultado de tramitar: *ha iniciado la tramitación del divorcio.* s.f.

2 Serie de trámites prescritos para un asunto o de los seguidos en él.

tramitador, a Persona que tramita un asunto. s.

tramitar Hacer las gestiones necesarias para solucionar un asunto: *el gestor tramita todos los pagos fiscales de la empresa.* v.tr. = gestionar

trámite (Del lat. *trames, -itis*, senda.)
1 Cada una de las gestiones que hay que recorrer en la resolución de un asunto: *he de hacer los trámites necesarios para obtener el permiso de residencia.* s.m. = diligencia

2 Paso de una parte a otra o de una cosa a otra. = vía

3 Procedimiento legal o administrativo para resolver un contencioso. = proceso

tramo
1 Cada una de las partes en que están divididas determinadas superficies o cosas que se desarrollan de forma lineal: *recorrimos juntos un tramo del camino.* s.m.

2 Cada parte de una escalera comprendida entre dos rellanos: *al final de este tramo está la puerta de mi casa.*
3 Trozo de composición literaria en el que domina la misma idea. — LITERATURA
4 Espacio comprendido entre dos puntos de apoyo principales de una edificación. — ARQUITECTURA
5 Distancia existente entre dos soportes de una línea telegráfica. — TELECOMUNICACIONES

tramojo
1 Atadijo o vencejo hecho con mies para atar los haces de la siega. — s.m. AGRICULTURA
2 Parte de la mies por donde la agarra el segador y le coloca este atadijo. — AGRICULTURA

tramontana (Del cat. *tramuntana*.)
1 Norte o septentrión. — s.f./GEOGRAFÍA
2 Viento frío y seco que sopla del norte.
3 Altivez o soberbia con que actúa una persona. — = vanidad

tramontano, a Que está al otro lado de los montes: *mañana visitaremos un pequeño pueblo tramontano.* — adj. tb: trasmontano

tramontar (Del ital. *tramontare*.)
1 Pasar una persona al otro lado de los montes: *el Sol ya ha tramontado.* — v.intr. tb: transmontar
2 Ayudar a una persona a huir de un peligro: *el asesino se tramontó entre la niebla.* — v.tr/prnl.

tramoya
1 Máquina o conjunto de máquinas para realizar en el escenario del teatro cambios de decoración y efectos mágicos. — s.f. TEATRO
2 Engaño o enredo ingenioso: *maquinaron una tramoya para que le despidieran.* — = confabulación
3 Parte oculta de una acción o gestión cualquiera: *habría que conocer la tramoya del ministerio para llegar a entenderlo.* — = trama

tramoyista
1 Persona que inventa, construye o maneja tramoyas de teatro. — s.m.f. TEATRO
2 Persona que coloca o hace funcionar las tramoyas de los teatros: *el tramoyista cambiaba los decorados.* — TEATRO
3 Persona que trabaja en las mutaciones escénicas en un teatro. — TEATRO
4 Persona que usa de ficciones o engaños. — = tramoyón

tramp (Del ingl. *tramp*, vagabundo.) Buque de carga que se fleta según las ofertas del mercado. — s.m. NÁUTICA

trampa (Voz onomatopéyica.)
1 Cualquier utensilio o medio que sirve para capturar o matar animales: *el conejo quedó atrapado en la trampa del cazador.* — s.f. = cepo, red
2 Plan para engañar a una persona con el fin de conseguir una cosa: *fui víctima de una trampa maliciosa de mis compañeros.* — = ardid, estratagema
3 Infracción maliciosa de las reglas de un juego o de una competición: *no hagas trampas y devuelve la carta que has cogido.* — JUEGOS = fullería
4 Puerta en el suelo o en el techo, que pone en comunicación una parte de un edificio con otra interior: *sube al desván por una trampa.* — = trampilla
5 Tablero horizontal movible, colocado en los mostradores de los bares o tiendas, para poder entrar y salir. — = trampilla
6 Deuda cuyo pago se demora. — COMERCIO
7 Contravención disimulada a una ley, convenio o regla, por lo general con el fin de obtener un beneficio. — = estafa, fraude
8 Tira de tela con que se tapa la abertura delantera de los calzoncillos o pantalones. — = portañuela, trampilla
9 trampa legal: Acto ilícito que se cubre con apariencias de legalidad.
10 caer una persona en la trampa: Ser una persona víctima de un engaño o de un plan malicioso: *caí en la trampa porque soy demasiado ingenuo.* — coloquial
11 coger a una persona en la trampa: Sorprenderla en una mala acción. — coloquial
12 llevarse una cosa la trampa: Echarse a perder o malograrse una cosa. — coloquial
13 trampa adelante: 1. Indica que se sale de un apuro contrayendo nuevas deudas o compromisos. 2. Expresa la costumbre de salirse de un problema con subterfugios, sabiendo que volverán a aparecer en el futuro. — coloquial coloquial

trampal Pantano o zona con tierras poco consistentes. — s.m.

trampantojo Trampa con que se engaña a una persona haciéndole ver lo que no es. — s.m. coloquial

trampazo Última vuelta que se daba en el tormento de cuerda. — s.m.

trampeador, a Que trampea. — adj/s./coloquial

trampear
1 Vivir una persona contrayendo deudas y saliendo de unos apuros para caer en otros: *no tiene trabajo pero va trampeando a unos y a otros.* — v.intr. coloquial
2 Usar una persona medios ilícitos para intentar solucionar sus problemas económicos: *ya lleva años trampeando y un día tendrá problemas.* — = estafar
3 Seguir viviendo una persona a pesar de cualquier tipo de dificultad: *todos vamos trampeando como podemos.* — coloquial = renquear, tirar

4 Engañar a una persona o evitar una dificultad con engaños: *ha trampeado al jefe para irse antes del trabajo.* — v.tr./coloquial = enredar

trampería Actividad o conducta propia de un tramposo. — s.f.

trampero, a Persona que pone trampas para cazar. — s./CAZA

trampilla
1 Abertura en el piso de una habitación para comunicar con otra que está debajo: *baja a la bodega por una trampilla.* — s.f. = trampa
2 Puerta pequeña con que se cierra la carbonera de un fogón de cocina antigua.
3 Tira de tela con que se tapa la abertura delantera o bragueta de los pantalones y calzones. — = portañuela, trampa
4 Portezuela que se levanta sobre goznes colocados en su parte superior. — = trampa

trampolín (Del ital. *trampolino*.)
1 Tabla inclinada y elástica que sirve a los gimnastas para impulsarse en un salto. — s.m. DEPORTES
2 Tabla elástica colocada sobre una plataforma a cierta altura y desde la que se lanza al agua el nadador. — DEPORTES
3 Estructura al final de un plano inclinado, desde el que realiza el salto el esquiador. — DEPORTES
4 Persona, cosa o suceso del que una persona se aprovecha para mejorar su situación o posición: *esta actuación en público puede ser el trampolín que lleve al grupo musical a la fama.* — = resorte

tramposo, a
1 Que tiende a hacer trampas o a engañar en el juego: *no seas tramposo y sigue las reglas.* — adj/s. = fullero
2 Que no paga sus deudas y suele decir embustes. — = trampista

tranca
1 Palo grueso y fuerte que se usa como bastón o como arma: *agredió al ladrón con una tranca.* — s.f. = garrote
2 Palo grueso con que se aseguran puertas y ventanas cerradas: *pusimos una tranca en la puerta para que el viento no la abriera.* — = barra
3 Borrachera, embriaguez producida por el alcohol: *¡menuda tranca de ron que has pillado!* — coloquial = cogorza
4 Pene, miembro sexual masculino. — vulgar
5 Puerta tranquera. — Méx.
6 a trancas y barrancas: Con tropiezos, dificultades e interrupciones: *consiguió resolver el problema a trancas y barrancas.* — loc.adv. coloquial

trancada
1 Tranco, paso o salto largo: *dio una trancada para no pisar el charco de agua.* — s.f. = zancada
2 en dos trancadas: Con mucha rapidez: *el estanco está aquí mismo, llegas en dos trancadas.* — loc.adv./coloquial = en dos trancos

trancahílo Nudo o lazo sobrepuesto para impedir que el hilo o cuerda se deslice. — s.m.

trancanil (Del ital. *trincarino*.) Serie de maderos fuertes tendidos de proa a popa y que unen los baos a las cuadernas y al forro exterior. — s.m. NÁUTICA

trancar
1 Cerrar una puerta con una tranca o un cerrojo: *tranqué la puerta con un palo para que no pudieran abrirla.* — v.tr./conj: sacar tb: atrancar
2 Dar una persona trancos o pasos o saltos largos. — v.intr.
3 Estreñirse, padecer estreñimiento. — v.prnl./Argent., Chile

trancazo
1 Golpe dado con una tranca: *rompió el cristal de un trancazo.* — s.m. = estacazo
2 Gripe o catarro fuerte: *con los primeros fríos pillé un trancazo.* — coloquial
3 Trago largo de licor. — Cuba
4 Golpe muy fuerte: *me di un trancazo en la cabeza.* — Méx./coloquial

trance
1 Situación o momento crítico y decisivo en el desarrollo de un suceso o de una acción: *cuando llegue el trance ya veremos cómo actuamos.* — s.m. = lance
2 Estado de suspensión de las funciones anímicas, debido a la hipnosis o a otros fenómenos paranormales: *el médium entró en trance y se comunicó con los espíritus.* — OCULTISMO = éxtasis
3 Estado en que el alma se siente en unión mística con Dios. — RELIGIÓN
4 Procedimiento judicial por el que se anuncia al deudor el embargo de sus bienes, para pagar con ellos al acreedor. — DERECHO
5 trance de armas: Combate, duelo o batalla.
6 último o postrero trance: Último período de la vida de una persona, en el que se desarrolla el proceso o el hecho que determina su muerte.
7 a todo trance: Con resolución, sin reparar en riesgos. — loc.adv.

trancha (Del fr. *tranche*.) Pieza metálica de canto romo usada para rebordear sobre ella los cantos de la hojalata. — s.f. METALURGIA

tranchete Chaira o cuchilla de zapatero para cortar el cuero. — s.m.

trancho (Voz gallega.) Pez parecido al sábalo, con el lomo azulado, el vientre claro y el cuerpo grueso, que vive en el mar y pasa a desovar a las rías. (*Alosa sapulíssima.*) — s.m. ZOOLOGÍA

tranco
1 Paso o salto largo que se da abriendo mucho las piernas: *dio un tranco para no pisar el charco.* — s.m. = zancada
2 Escalón o parte inferior de una puerta o entrada. — = umbral
3 Juego de la tala. — JUEGOS
4 Palo que se usa en este juego. — JUEGOS
5 **al tranco:** A paso largo: *el caballo andaba al tranco espoleado por el jinete.* — loc.adv./Argent., Chile, Urug.
6 **a trancos:** De prisa y sin cuidado: *te sale mal porque lo haces a trancos.* — loc.adv.
7 **en dos trancos:** Se usa para expresar la rapidez y facilidad con que se llega o puede llegar a un sitio: *en dos trancos se presentó en casa de su suegra.* — loc.adv./coloquial = en dos trancadas o zancadas

trangallo Palo de medio metro de largo, que se pone pendiente del collar a los perros de los ganados que pastan en los cotos, para que no puedan bajar la cabeza hasta el suelo. — s.m. tb: taragallo, tarangallo

tranquear
1 Dar una persona trancos o pasos largos. — v.intr./tb: trancar
2 Mover una cosa con trancas o palos.

tranquera
1 Empalizada de trancas. — s.f.
2 Puerta rústica de un alambrado, hecha con maderos. — Amér. Merid. = tranca

tranquero Piedra labrada de las jambas y dinteles de puertas y ventanas. — s.m.

tranquil Línea vertical, en especial la que marca o ha sido marcada por la plomada. — s.m. ARQUITECTURA

tranquilamente
1 Sin exageración, con normalidad: *te puede costar, tranquilamente, diez o doce mil pesetas.* — adv.
2 De manera tranquila o sosegada: *llega media hora tarde y sigue andando tranquilamente.*

tranquilar Señalar con dos rayitas cada una de las cuentas de un libro de comercio. — v.tr. COMERCIO

tranquilidad Calidad o estado de tranquilo. — s.f.

tranquilizador, a Que tranquiliza: *sus palabras tranquilizadoras consiguieron que dejara de llorar.* — adj. = tranquilizante

tranquilizante
1 Que tranquiliza. — adj.
2 Se aplica al fármaco de efecto sedante: *el tranquilizante te ayudará a dormir.* — adj./s.m. FARMACIA

tranquilizar Poner tranquilo o en calma: *gracias a la infusión él se tranquilizó.* — v.tr./prnl. conj: cazar = sosegar

tranquilla
1 Pasador que está ajustado a una barra y sirve de tope al introducir ésta en alguna parte. — s.f. = tope
2 Palabra o expresión que se dice de forma artificiosa para desorientar a una persona y arrancarle un secreto o conseguir que haga lo que se desea. — = ardid, estratagema
3 **armar tranquilla:** Deshacer o invalidar un negocio o acuerdo poniéndole obstáculos. — coloquial

tranquillo Modo especial y habilidoso de hacer una cosa y que se adquiere con la práctica: *cuando le cojas el tranquillo lo harás más rápido.* — s.m. coloquial = truco

tranquillón Mezcla de trigo y centeno para sembrar o para hacer pan. — s.m./AGRICULTURA, COCINA

tranquilo, a (Del lat. *tranquillus.*)
1 Que no está alterado o agitado: *mar tranquilo; lugar tranquilo.* — adj. = calmado
2 Se aplica a la persona que hace las cosas con calma y despreocupación: *es un tipo muy tranquilo y nunca pierde los nervios.* — ≠ intranquilo, nervioso
3 Que está quieto o que sólo se mueve lo indispensable o lo que es normal: *el niño duerme tranquilo.* — = sosegado
4 Que no tiene ruidos ni agitación que puedan molestar: *vive en una barriada muy tranquila.* — = apacible ≠ ruidoso
5 Que hace las cosas sin poner interés y sin tener en cuenta las consecuencias negativas. — adj/s. ≠ inconsciente
6 Se aplica a la conciencia que está libre de remordimientos: *murió con la conciencia tranquila.* — ≠ culpable

trans- Componente de palabra procedente del lat. *trans,* que significa más allá de, a través de: *transoceánico, transeúnte, transustancial.* — pref. tb: tras-

transa Engaño que se hace para despojar a una persona de sus bienes. — s.f. Méx.

transacción (Del lat. *transactio, -onis.*)
1 Acuerdo o trato comercial: *la transacción ha producido beneficios a las dos empresas.* — s.f./COMERCIO = negocio
2 Acción de transigir o ceder ante las opiniones y deseos de otra persona. — = concesión
3 Contrato mediante el cual las partes, haciéndose mutuas concesiones, evitan un litigio o ponen fin al ya comenzado. — DERECHO

transaccional De la transacción. — adj.

transalpino, a
1 Se aplica a la región o al país que está situado en el otro lado de los Alpes. — adj. tb: trasalpino
2 De estas regiones o países.

transaminasa Enzima que efectúa el transporte de un grupo amino de una molécula a otra. — s.f. FISIOLOGÍA

transandino, a
1 Se aplica a la región o país que está situado en el otro lado de los Andes. — adj. tb: trasandino
2 De estas regiones o países.
3 Se refiere al tráfico y a los medios de locomoción que atraviesan los Andes.

transar
1 Despojar con trampas a una persona de alguna cosa: *me transaron en la tienda, pues me cobraron dos veces.* — v.tr./Méx. coloquial
2 Transigir, ceder en una cosa ante la presión de una persona o de una situación determinada. — v.intr/prnl. Amér.

transatlántico, a
1 Se aplica a la región o al país que está al otro lado del Atlántico. — adj. tb: trasatlántico
2 De estas regiones o países.
3 Se refiere al tráfico y a los medios de locomoción que cruzan el Atlántico: *tráfico transatlántico; navegación transatlántica.*
4 Buque de grandes dimensiones destinado a hacer la travesía del Atlántico o de otro gran mar. — s.m. NÁUTICA

transbordador, a
1 Que transborda o se utiliza para transbordar: *lancha transbordadora.* — adj. tb: trasbordador
2 Embarcación que circula entre dos puntos, en ambos sentidos, para transportar viajeros y vehículos: *cruzaremos el estrecho en el transbordador.* — s.m. NÁUTICA = barcaza
3 Buque que transporta vehículos. — NÁUTICA = funicular
4 Vehículo cuya tracción se hace por medio de una cuerda, cable o cadena.
5 Dispositivo que se utiliza para trasladar vagones y locomotoras de una vía a otra en paralelo. — TECNOLOGÍA
6 Instalación que permite a una embarcación repostar combustible en alta mar desde un petrolero. — NÁUTICA
7 **transbordador espacial:** Nave espacial que despega en vertical, se coloca en órbita y puede aterrizar como un avión convencional. — ASTRONÁUTICA

transbordar Trasladar cosas o personas de una embarcación a otra o de un vehículo a otro, en especial de un tren a otro: *transbordamos los pasajeros a otro tren.* — v.tr/prnl. tb: trasbordar

transbordo Traslado de mercancías, equipajes o personas de un barco o un vehículo a otro: *en la próxima estación haremos el transbordo a otro tren.* — s.m. tb: trasbordo

transcendencia Trascendencia [en todas sus acepciones]. — s.f.

transcendental Trascendental [en todas sus acepciones]. — adj.

transcendentalismo Trancendentalismo [en todas sus sus acepciones]. — s.m.

transcendente Trascendente [en todas sus acepciones]. — adj.

transcender (Del lat. *transcendere,* rebasar.) Trascender [en todas sus acepciones]. — v.intr. conj: tender

transceptor Aparato, por lo general portátil, que es la combinación de un transmisor y un receptor de radio. — s.m. TELECOMUNICACIONES

transconductancia Coeficiente que hace referencia a la sensibilidad de un tubo electrónico. — s.f. ELECTRICIDAD

transcontinental Que atraviesa un continente: *ferrocarril transcontinental.* — adj.

transcribir (Del lat. *transcribere.*)
1 Escribir en una parte lo que está escrito en otra. — v.tr./part: transcrito
2 Escribir con un sistema de escritura lo que está escrito con otro: *transcribe el texto griego en caracteres hebreos.* — = transliterar
3 Representar los elementos de una lengua mediante un sistema de escritura: *transcribe el discurso con signos fonéticos.* — LINGÜÍSTICA
4 Escribir lo que se oye: *transcribe la entrevista grabada.*
5 Arreglar la música escrita para un instrumento para otro. — MÚSICA

transcripción
1 Acción y resultado de transcribir. — s.f./tb: trascripción
2 Cosa transcrita: *en el museo se expone la transcripción del texto original.*
3 Pieza musical que resulta de transcribir otra. — MÚSICA
4 **transcripción fonética:** Representación de los sonidos de una lengua por medio del alfabeto fonético. — LINGÜÍSTICA
5 **transcripción fonológica:** Representación de los fonemas de una lengua por medio de un alfabeto especial. — LINGÜÍSTICA

transcripto, a (Part. pas. irreg. de *transcribir.*) Transcrito. — part./tb: trascripto

transcriptor, a Que transcribe: *es el transcriptor de la conferencia.* — adj/s. tb: trascriptor

transculturación Adopción de formas culturales extranjeras que llegan a sustituir, en mayor o menor grado, a las propias de una nación o una comunidad determinada. — s.f. SOCIOLOGÍA

transcurrir (Del lat. *transcurrere*.) | v.intr.
1 Pasar el tiempo: *cuando tú no estás las horas transcu-* | tb: trascurrir
rren con más lentitud.
2 Pasar un período de tiempo de cierta manera: *mi in-* | = discurrir
fancia transcurrió en el exilio.

transcurso | s.m.
1 Acción de transcurrir o pasar el tiempo: *a veces no* | tb: trascurso
nos damos cuenta del transcurso de los años.
2 Período de tiempo determinado: *si en el transcurso* | = curso,
de una semana no lo recibes, reclámalo a la fábrica. | intervalo

transcutáneo, a Se aplica a las sustancias que pue- | adj.
den pasar a través de la piel.

transducción Tipo particular de intercambio genéti- | s.f.
co, que se realiza por mediación de un bacteriófago. | BIOLOGÍA

transductor Dispositivo que transforma una magni- | s.m.
tud física en otra, función de la anterior. | FÍSICA

transeat (Voz latina.) Consentimiento de una afirma- | s.m.
ción, sin concederla ni negarla. | pl: transeat

transelevador Aparato utilizado para la manuten- | s.m.
ción de cargas aisladas en almacenes que tienen | TECNOLOGÍA
calles de circulación rectilínea.

transepto Cuerpo transversal de una iglesia, que se- | s.m.
para la capilla mayor de la nave, y forma los brazos | ARQUITECTURA
en cruz.

transeúnte (Del lat. *transiens, -euntis*.) | adj./s.m.f.
1 Que transita o pasa por un lugar: *varios transeúntes* | = viandante
presenciaron el atraco de la farmacia. | = visitante
2 Que está de paso en un sitio. | adj./= pasajero
3 Que es transitorio o temporal. | FILOSOFÍA
4 Se aplica a lo que se produce por el agente pero su
efecto termina fuera de él.

transexual Se aplica a la persona que se ha sometido | adj./s.m.f.
a una operación de cambio de sexo, o que mediante
tratamiento hormonal ha adquirido la apariencia del
sexo opuesto.

transexualidad Cualidad o condición de la persona | s.f.
transexual. | = transexualismo

transferasa Enzima que cataliza la transferencia de | s.f.
grupos químicos de un compuesto a otro. | BIOQUÍMICA

transferencia | s.f./tb: trasferencia
1 Acción y resultado de transferir.
2 Operación bancaria por la que se transfiere una | ECONOMÍA
cantidad de dinero de una cuenta a otra.
3 Perturbación producida en el proceso de tratamien- | SICOLOGÍA
to de un enfermo por la vinculación afectiva, y con
frecuencia sexual, establecida entre paciente y doctor, en el sicoanálisis.
4 Sistema de fabricación en cadena en el que las pie- | TECNOLOGÍA
zas que se fabrican pasan, de forma automática, de
una máquina a la que sigue.
5 **transferencia de crédito:** Operación de destinar, | ECONOMÍA
dentro de las normas previstas por la ley, una cantidad del presupuesto a una finalidad para la que no figura en él.

transferible Que puede ser transferido o traspasado | adj./tb: trasferible
a otro: *el carné de socio no es transferible.* | ≠ intransferible

transferidor, a Que transfiere. | adj/s.tb: trasferidor

transferir (Del lat. *transferre*.) | v.tr./conj.: sentir
1 Pasar a una persona o una cosa de un lugar a otro: | tb: trasferir
han transferido al director a otra agencia bancaria.
2 Pasar fondos bancarios de una cuenta a otra. | ECONOMÍA
3 Declararse una persona dispuesta a no reclamar el | = ceder,
derecho sobre una cosa en favor de otra: | conceder
transfirió su poder en su hija.
4 Extender o trasladar el significado de una palabra a | LINGÜÍSTICA
un sentido figurado.
5 Dejar la ejecución de una cosa para hacerla más | = diferir
tarde.
6 Hacer determinados movimientos con la espada en | DEPORTES
esgrima.

transfigurable Que se puede transfigurar. | adj./tb: trasfigurable

transfiguración Acción y resultado de transfigurar o | s.f.
cambiar el aspecto o la forma de una persona o cosa. | tb: trasfiguración

transfigurar Hacer cambiar el aspecto o la forma de | v.tr/prnl.
una persona o una cosa: *el dolor le transfigura la expre-* | tb: trasfigurar
sión; la actriz se transfiguró antes de salir a escena.

transfijo, a Que ha sido atravesado por un arma u | adj.
otra cosa puntiaguda. | tb: trasfijo

transfinito, a Se aplica a los números empleados | adj.
para numerar los conjuntos infinitos. | MATEMÁTICAS

transfixión Acción de herir a una persona atravesán- | s.f.
dola de un lado a otro con un arma de punta. | tb: trasfixión

transflor Pintura sobre metales, en especial de verde | s.m./ARTE
sobre oro. | tb: trasflor

transflorar |
I (Derivado de *transflor*.) | v.tr./tb: transflorear,
1 Adornar una cosa con transflor o pintura sobre me- | trasflorar
tales. | ARTE
2 Hacer una copia de un dibujo al trasluz.

II (Del lat. *transflorare*, traspasar.) Transparentar, ser | v.intr.
una cosa visible a través de otra. | tb: trasflorar

transfluencia | s.f.
1 Cambio en el curso de un río por alcanzar el de | GEOGRAFÍA
otro o por modificación en el propio.
2 Desplazamiento de una parte del hielo de un gla- | GEOGRAFÍA
ciar fuera de su valle, aprovechando un punto bajo
en el interfluvio con otro.

transfluente Se aplica a la imagen de una corriente | adj.
de agua bajo un puente, representada en un escudo. | HERÁLDICA

transfocador Teleobjetivo especial a través del cual | s.m.
el tomavistas fijo puede conseguir un avance o un re- | CINE
troceso rápido de la imagen. | = zoom

transfonologización Transformación de una dife- | s.f.
rencia fonológica en otra, que se encuentra, respecto | LINGÜÍSTICA
al sistema, en una relación distinta.

transforación Operación quirúrgica que consiste en | s.f.
perforar el cráneo de un feto. | MEDICINA

transforador Instrumento quirúrgico usado para | s.m.
hacer transforaciones. | MEDICINA

transformable Que se puede transformar: *es un si-* | adj.
llón transformable en cama. | tb: trasformable

transformación | s.f.
1 Acción y resultado de transformar o transformarse: | tb: trasformación
con la adolescencia el cuerpo sufre una transformación.
2 Fenómeno por el cual ciertas células adquieren ma- | BIOLOGÍA
terial genético de otras.
3 Operación que establece de manera formal una rela- | LINGÜÍSTICA
ción sintáctica relevante entre dos frases de una
lengua.
4 Conversión de un ensayo en gol, en rugby. | DEPORTES
5 Cada una de las reglas u operaciones necesarias | LINGÜÍSTICA
para pasar una frase de la estructura profunda a la
superficial, en la gramática generativa.
6 Aplicación biyectiva de un conjunto en otro o en él | MATEMÁTICAS
mismo.
7 Variación en las funciones de estado de un sistema | FÍSICA
termodinámico.

transformacional |
1 Que tiene relación con la transformación de unos | adj.
elementos oracionales en otros. | LINGÜÍSTICA
2 Se aplica a la gramática generativa que establece | LINGÜÍSTICA
que de un esquema oracional se pasa a otro u otros
por la aplicación de determinadas reglas.

transformacionalismo Corriente lingüística que | s.m./LINGÜÍSTICA
considera desde un punto de vista sincrónico el as- | tb: trasformaciona-
pecto dinámico y creativo del lenguaje. | lismo

transformador, a |
1 Que transforma. | adj/s./tb: trasformador
2 Aparato que convierte una corriente eléctrica en | s.m.
otra de mayor tensión y menor intensidad, o al con- | ELECTRICIDAD
trario.

transformar (Del lat. *transformare*.) | v.tr/prnl.
1 Hacer cambiar a una persona o una cosa: *el bosque* | tb: trasformar
se transformó a causa de la lluvia ácida.
2 Convertir una cosa en otra mediante un proceso
determinado: *la laguna se transformó en un barrizal por*
la sequía.
3 Hacer variar una persona o una cosa el aspecto o | = cambiar
las costumbres de otra: *el trato continuo con ella le*
transformó; se transformó por completo cuando se casó.
4 Convertir un ensayo en gol, en rugby. | DEPORTES

transformativo, a |
1 Que tiene la propiedad de transformar. | adj./tb: trasformativo
2 Se aplica a la gramática generativa que establece | LINGÜÍSTICA
que por la aplicación de determinadas reglas se pasa
de un esquema oracional a otro.

transformismo |
1 Teoría biológica que defiende que las especies ani- | s.m.
males y vegetales se transforman en otras por in- | BIOLOGÍA
fluencia del medio u otras circunstancias, como for- | tb: trasformismo
ma de evolución.
2 Género de variedades en que un artista exhibe una
serie de imitaciones y caracterizaciones, cambiando
con gran rapidez de aspecto y vestuario.

transformista |
1 Del transformismo. | adj./tb: trasformista
2 Partidario del transformismo biológico. | s.m.f./BIOLOGÍA
3 Artista de variedades que practica el transformismo.

transfretano, a Que está al otro lado de un estrecho | adj.
o brazo de mar. | tb: trasfretano

tránsfuga (Del lat. *transfuga*.) | s.m.f./tb: tránsfugo,
1 Persona que pasa huyendo de una parte a otra: *de-* | trásfuga, trásfugo
tuvieron al tránsfuga en la frontera.
2 Persona que abandona un partido político para | POLÍTICA
pasar a otro.

transfundición Acción y resultado de transfundir o | s.f.
transfundirse. | tb: trasfundición

transfundir (Del lat. *transfundere*.) | v.tr.
1 Hacer pasar un líquido de un recipiente a otro poco | tb: trasfundir
a poco.

2 Hacer una cosa pública o divulgarla: *se transfundió la noticia de su boda*. — v.tr/prnl. = difundir

3 Realizar una transfusión de sangre. — v.tr./MEDICINA

transfusible Que puede ser transfundido: *sangre transfusible*. — adj. tb: trasfusible

transfusión
1 Acción y resultado de transfundir o transfundirse. — s.f./tb: trasfusión
2 **transfusión de sangre:** Inyección, en una vena de un enfermo, de sangre extraída de un donante. — MEDICINA

transfusor, a Que transfunde. — adj/s./tb: trasfusor

transgredir (Del lat. *transgredi*, pasar a través de.) No obedecer o incumplir una orden o una ley: *transgredió la ley y ahora está en presidio*. — v.tr. tb: trasgredir

transgresión (Del lat. *transgressio*.)
1 Acción y resultado de transgredir, infringir o violar un precepto o ley. — s.f. = transgresión
2 Avance del mar con ocupación de zonas emergidas, debido a un ascenso del nivel marino o a un hundimiento del continente. — GEOLOGÍA ≠ regresión

transgresivo, a Que transgrede o implica transgresión: *fuerza transgresiva*. — adj. tb: trasgresivo

transgresor, a Que transgrede o comete transgresión: *se castigará a los transgresores de las órdenes*. — adj/s. tb: trasgresor

transiberiano, a
1 Se aplica al tráfico y a los medios de locomoción que atraviesa Siberia: *ferrocarril transiberiano*. — adj.
2 Ferrocarril que realiza este trayecto. — s.m.

transición (Del lat. *transitio, -onis*.)
1 Paso de un estado o modo de ser a otro: *la adolescencia es la transición de la infancia al estado adulto*. — s.f. = cambio
2 Estado intermedio de un proceso, que no tiene un carácter propio y definido al combinarse aspectos del anterior estado con otros nuevos que anuncian el siguiente.
3 Cambio repentino de tono y de forma de expresión. — RETÓRICA
4 Paso de un átomo, núcleo o molécula, de un nivel de energía a otro. — FÍSICA
5 Período histórico español que se desarrolla entre el fin del franquismo y la proclamación de la nueva constitución democrática. — HISTORIA, POLÍTICA
6 Sonido que se desarrolla entre dos articulaciones para facilitar el paso de una a otra. — LINGÜÍSTICA

transicional Que pasa de un estado a otro. — adj.

transido, a (Derivado del lat. *transire*, traspasar.)
1 Que sufre un dolor o pena muy intensos: *está transido de dolor por la muerte de su hermana*. — adj./+ de = angustiado
2 Que escatima en lo que gasta o da. — = tacaño

transigencia
1 Condición o actitud transigente o tolerante: *con tanta transigencia has maleducado a tu hija*. — s.f./= indulgencia ≠ intransigencia
2 Cosa que se hace o se consiente transigiendo.

transigente Que transige o tolera: *sé más transigente y déjala salir con sus amigos*. — adj./= tolerante ≠ intransigente

transigir (Del lat. *transigere*.)
1 Aceptar una personas ideas u opiniones contrarias a fin de llegar a un acuerdo: *primero dice que no pero luego acaba transigiendo*. — v.intr/tr./conj: surgir = consentir, tolerar
2 Llegar dos personas a un acuerdo en un litigio o un trato cediendo ambas partes. — v.tr. = acordar

transilvano, a
1 De Transilvania, región del este de Europa. — adj.
2 Persona natural de esta región. — s.

transistor
1 Dispositivo semiconductor que puede ampliar corrientes eléctricas, generar oscilaciones eléctricas y ejercer funciones de modulación y de detección. — s.m. ELECTRICIDAD
2 Receptor de radio portátil, provisto de estos dispositivos.

transitable Se aplica al lugar por el que se puede transitar: *las máquinas quitanieves han hecho transitable la carretera*. — adj. ≠ intransitable

transitar
1 Pasar por una vía pública: *no le gusta transitar por el centro de la ciudad*. — v.intr. = circular
2 Viajar una persona haciendo paradas.

transitividad Cualidad de transitivo. — s.f./GRAMÁTICA

transitivo, a
1 Se aplica al verbo que se construye con complemento directo. — adj./GRAMÁTICA ≠ intransitivo
2 Se refiere a la oración que tiene un verbo transitivo o uno que se usa como tal. — GRAMÁTICA
3 Que obra más allá de sí mismo o que es trascendente. — FILOSOFÍA

tránsito (Del lat. *transitus*.)
1 Movimiento, paso o circulación de gente y vehículos que van por una vía pública: *durante las fiestas navideñas hay mucho tránsito en la zona comercial*. — s.m. = circulación, tráfico
2 Paso de un estado o situación a otra. — = transformación
3 Paso de un tren por una estación sin detenerse en ella.

4 Paso de un astro por delante del disco aparente de otro. — ASTRONOMÍA
5 Paso de un astro por el meridiano del lugar. — ASTRONOMÍA
6 Sitio por donde se pasa de un lugar a otro. — = paso
7 Muerte de las personas santas y justas, en especial la de la Virgen. — RELIGIÓN
8 Pasillo de los conventos y otros edificios de comunidades religiosas. — RELIGIÓN
9 Sitio elegido para detenerse a descansar en un viaje o marcha. — = parada
10 Derecho a atravesar un estado. — DERECHO
11 **de o en tránsito:** De paso: *estoy aquí de tránsito, mañana sigo mi viaje*. — loc.adj/adv.

transitoriedad Carácter de lo transitorio, pasajero o fugaz. — s.f.

transitorio, a Que es temporal o perecedero: *ocupa el cargo de modo transitorio, hasta que se elija al nuevo gerente*. — adj. = momentáneo

translación Traslación [en todas sus acepciones]. — s.f.

translaticio, a Traslaticio, se aplica al sentido o significado de una palabra que es distinto del propio. — adj. = figurado

translativo, a Que transfiere. — adj.

translimitación
1 Acción y resultado de translimitar. — s.f./tb: traslimitación
2 Envío de tropas al territorio de un estado vecino, para intervenir en favor de una de las partes beligerantes. — MILITAR

translimitar
1 Pasar los límites de lo moral o conveniente. — v.tr./= transgredir
2 Pasar la frontera de un país para una operación militar, sin intención de ocuparlo. — MILITAR tb: traslimitar

translinear Pasar un vínculo hereditario de una línea a otra. — v.intr./DERECHO tb: traslinear

transliteración Acción y resultado de transliterar o representar los signos de un sistema de escritura con otros distintos. — s.f. tb: trasliteración

transliterar Representar los signos de un sistema de escritura mediante los signos de otro. — v.tr. tb: trasliterar

translocación
1 Traslado de un segmento de cromosoma de su posición normal a otra o a un cromosoma distinto. — s.f. BIOLOGÍA
2 Movimiento del agua, las sales minerales y las sustancias orgánicas de una parte a otra en un vegetal. — BOTÁNICA

translucidez Traslucidez, capacidad de un cuerpo de dejar pasar la luz a través de él. — s.f. pl: translucideces

translúcido, a Traslúcido, se aplica al cuerpo que permite el paso de la luz. — adj. tb: trasluciente

translucimiento Traslucimiento, acción y resultado de traslucirse un cuerpo. — s.m.

translucir Traslucir [en todas sus acepciones]. — v.tr./conj: lucir

transmarino, a
1 Se aplica a la región o al país que está situado en el otro lado del mar. — adj. tb: trasmarino
2 De estas regiones o países.

transmediterráneo, a
1 Que cruza el Mediterráneo: *comercio transmediterráneo; transporte transmediterráneo*. — adj. tb: trasmediterráneo
2 Del otro lado del Mediterráneo.

transmigración
1 Acción y resultado de transmigrar. — s.f./tb: trasmigración
2 Paso del alma de un muerto a otro cuerpo humano, animal o vegetal, según la doctrina de la metempsicosis. — RELIGIÓN = reencarnación

transmigrar
1 Irse a vivir a otro país, en especial una nación entera o una gran parte de ella. — v.intr. tb: trasmigrar
2 Pasar un alma de un cuerpo a otro. — = reencarnarse

transmigratorio, a De la transmigración o que puede transmigrar. — adj. tb: trasmigratorio

transmisible Que se puede transmitir: *comunicación transmisible*. — adj. tb: trasmisible

transmisión
1 Acción y resultado de transmitir. — s.f./tb: trasmisión
2 Dispositivo mecánico que sirve para transmitir el movimiento en las máquinas. — MECÁNICA
3 Conductibilidad nerviosa. — FISIOLOGÍA
4 Acto de pasar un derecho o una obligación del patrimonio jurídico de una persona a otra. — DERECHO
5 Servicio que, dentro de los tres ejércitos, tiene a su cargo el mantenimiento del enlace entre los diversos escalones del mando a través de los distintos medios de comunicación. — s.f.pl. MILITAR

transmisor, a
1 Que transmite o puede transmitir. — adj/s./tb: trasmisor
2 Aparato telegráfico o telefónico que sirve para producir las corrientes, o las ondas hertzianas, que han de actuar en el receptor. — s.m. TELECOMUNICACIONES
3 Dispositivo de un aparato telefónico mediante el cual las vibraciones sonoras se transmiten al hilo conductor. — TELECOMUNICACIONES

4 Aparato que se utiliza para transmitir órdenes relativas al movimiento de las máquinas en los barcos y ferrocarriles. — *TECNOLOGÍA*

transmitir (Del lat. *transmittere*.)
1 Hacer llegar una cosa a una persona: *le transmitiré tus saludos*. — *v.tr./tb: trasmitir = transferir*
2 Enviar un mensaje por cualquier medio de difusión: *transmitió la noticia por télex*. — *= emitir*
3 Emitir una estación de radio o de televisión un programa: *transmiten en directo el partido de fútbol*. — *AUDIOVISUALES = radiar, televisar*
4 Comunicar una persona un estado de ánimo o una enfermedad a otra: *esta chica transmite alegría*. — *= contagiar*
5 Ser una cosa el medio a través del cual se mueven las ondas físicas. — *FÍSICA*
6 Comunicar una pieza de una máquina su movimiento a otra. — *v.tr/prnl. MECÁNICA*
7 Pasar derechos o propiedades a una persona. — *v.tr./DERECHO*

transmodulación Deformación de una señal radioeléctrica, como consecuencia de la superposición de otra señal en un elemento de enlace o de amplificación no lineal. — *s.f. TELECOMUNICACIONES tb: trasmodulación*

transmontano, a Que está o viene del otro lado de los montes. — *adj. tb: trasmontano*

transmontar Trasmontar [en todas sus acepciones]. — *v.tr/intr.*

transmudación Transmutación, acción y resultado de transmutar o transmudar. — *s.f./ tb: trasmudación = transmudamiento*

transmudar
1 Llevar a una persona o una cosa de un lugar a otro: *se transmudó de habitación*. — *v.tr/prnl./= trasladar tb: trasmudar*
2 Convertir una cosa en otra. — *tb: transmutar*
3 Hacer que una persona cambie de opinión o de sentimientos: *su padre le transmudó su parecer*. — *v.tr.*

transmundano, a Trasmundano, que está fuera del mundo. — *adj.*

transmundo Trasmundo [en todas sus acepciones]. — *s.m.*

transmutable Que se puede transmutar o convertir en otra cosa. — *adj./tb: trasmutable = cambiable*

transmutación
1 Acción y resultado de transmutar o transmutarse o convertirse en otra cosa. — *s.f. tb: trasmutación*
2 Cambio de identidad de un núcleo atómico, que se realiza de forma espontánea o artificial al variar el número de nucleones que lo forman. — *FÍSICA NUCLEAR*

transmutar Convertir una cosa en otra: *el dolor se transmutó en alegría*. — *v.tr/prnl.*

transmutativo, a Que tiene la propiedad de transmutar o transmutarse. — *adj./tb: trasmutativo = transmutatorio*

transnacional Que afecta a varias naciones: *ya se ha firmado el acuerdo transnacional*. — *adj./tb: trasnacional = multinacional*

transoceánico, a
1 Que está situado al otro lado del océano. — *adj./tb: trasoceánico*
2 Que cruza el océano: *ruta transoceánica*.

transpacífico, a
1 Del otro lado del Pacífico: *regiones transpacíficas*. — *adj./tb: traspacífico*
2 Que cruza el Pacífico: *buque transpacífico*.

transpaleta Carretilla de manutención, motorizada o no, que se introduce debajo de una carga o una paleta para alzarlas lo suficiente para transportarlas en un corto recorrido. — *s.f. TECNOLOGÍA*

transparencia
1 Cualidad de transparente. — *s.f./tb: trasparencia*
2 Fotografía positiva copiada en material transparente para ser proyectada. — *FOTOGRAFÍA = diapositiva*
3 Técnica cinematográfica que consiste en proyectar una película sobre una pantalla que sirve de decorado, delante de la cual evolucionan los personajes, y que permite rodar en el estudio escenas de exteriores. — *CINE*

transparentar
1 Permitir un cuerpo que se vea o perciba otra cosa a través de él: *la gasa transparenta*. — *v.tr/intr/prnl. tb: trasparentar*
2 Percibirse un propósito o un sentimiento que aún no se ha manifestado abiertamente: *en su mirada se transparentaba el odio*. — *v.prnl. = traslucir*
3 Estar una persona demasiado delgada. — *coloquial*

transparente
1 Se aplica al cuerpo que deja ver con toda claridad lo que hay detrás de él: *agua transparente; cristal transparente*. — *adj. tb: trasparente*
2 Se refiere al cuerpo que deja pasar la luz, pero no permite ver con nitidez a través de él: *tela transparente*. — *= translúcido*
3 Que se comprende sin ninguna duda o ambigüedad: *sus argumentos son muy transparentes*. — *= claro ≠ ambiguo*
4 Tela o papel que se coloca delante del hueco de ventanas o balcones para atenuar la luz. — *s.m. = cortina*
5 Cartel iluminado con luces interiores que suele usarse como anuncio.
6 Ventana de cristales que ilumina y adorna el fondo de un altar. — *= cristalera*

transpirable Que puede transpirar o transpirarse: *sudor transpirable*. — *adj. tb: traspirable*

transpiración
1 Acción y resultado de transpirar o transpirarse. — *s.f./tb: traspiración*
2 Salida de vapor de agua efectuada en las plantas a través de las membranas de las células superficiales y en especial por los estomas. — *BOTÁNICA*

transpirar (Del lat. *trans*, a través de + *spirare*, exhalar.)
1 Segregar un cuerpo a través de sus poros un líquido, en forma de vapor o de pequeñísimas gotas, en especial el sudor. — *v.intr/prnl. tb: traspirar*
2 Expulsar las plantas vapor de agua, en especial por los estomas. — *v.intr, BOTÁNICA*
3 Dejar pasar una prenda o un tejido la transpiración o el sudor.

transpirenaico, a
1 Del otro lado de los Pirineos: *regiones transpirenaicas*. — *adj. tb: traspirenaico*
2 Que cruza el Pirineo: *comercio transpirenaico; locomoción transpirenaica*.

transpolar Se aplica al recorrido o a la trayectoria que pasa por un polo terrestre o por sus proximidades. — *adj.*

transponedor, a Se aplica a la persona o la cosa que transpone. — *adj/s. tb: trasponedor*

transponer
1 Cambiar a una persona o una cosa de lugar: *alguien ha transpuesto el documento*. — *v.tr/prnl/conj: poner tb: trasponer*
2 Cambiar una planta con sus raíces de lugar: *es la época adecuada para transponer el jazmín*. — *v.tr./BOTÁNICA = trasplantar*
3 Desaparecer una persona o una cosa detrás de un objeto lejano: *transpusieron el cerro*. — *v.tr/prnl.*
4 Dejar de estar el Sol u otro astro en el horizonte visible. — *v.prnl. ASTRONOMÍA*
5 Quedarse una persona medio dormida: *después de comer se transpone*. — *= adormilarse, adormitarse*

transportable Que puede ser transportado: *las maletas son transportables en el asiento de atrás*. — *adj. tb: trasportable*

transportación Acción y resultado de transportar o transportarse. — *s.f. tb: trasportación*

transportador, a
1 Que transporta: *coloca las pesadas cajas en la cinta transportadora*. — *adj/s. tb: trasportador*
2 Círculo graduado que sirve para medir o trazar los ángulos de un dibujo geométrico. — *s.m. GEOMETRÍA*

transportamiento Acción y resultado de transportar o transportarse. — *s.m. tb: trasportamiento*

transportar (Del lat. *transportare*.)
1 Llevar una cosa o a una persona de un lugar a otro: *transporta los muebles en una furgoneta*. — *v.tr. tb: trasportar*
2 Llevar una cosa de un lugar a otro por un precio convenido: *el camionero transporta fruta*. — *= portear*
3 Pasar una composición de un tono a otro. — *MÚSICA*
4 Quedarse una persona extasiada al contemplar o disfrutar una cosa. — *v.prnl. = extasiarse*

transporte
1 Acción y resultado de transportar: *realiza el transporte de ganado*. — *s.m. tb: trasporte*
2 Medio o vehículo destinado al traslado de personas, animales y objetos: *prefiero el transporte aéreo por su rapidez*.
3 Buque utilizado para transportar tropas o material de guerra. — *MILITAR*
4 Movimiento de los materiales resultantes de la erosión hasta la cuenca de sedimentación. — *GEOLOGÍA*

transportista Persona que se dedica a transportar objetos o mercancías. — *s.m.f. tb: trasportista*

transposición
1 Acción y resultado de transponer o transponerse. — *s.f./tb: trasposición*
2 Figura retórica que consiste en cambiar el orden usual de las palabras en la oración. — *RETÓRICA = hipérbaton*

transpositivo, a
1 Que tiene la propiedad de transponerse. — *adj./tb: traspositivo*
2 Que tiene relación con la transposición.

transpuesta
1 Acción y resultado de transponer o transponerse. — *s.f./tb: traspuesta*
2 Repliegue o elevación del terreno que impide ver lo que hay al otro lado.
3 Fuga u ocultación de una persona, para huir o librarse de algún peligro. — *= huida*
4 Puerta, corral y otras dependencias que están detrás de lo principal de la casa.

transterminar Pasar los límites de un término jurisdiccional o salir del que está señalado. — *v.tr./DERECHO tb: trasterminar*

transtiberino, a Que habita o está al otro lado del río Tíber. — *adj/s. tb: trastiberino*

transubstanciación Conversión total de una sustancia en otra, en especial la del pan y el vino en cuerpo y sangre de Jesucristo en la eucaristía. — *s.f. tb: trasustanciación*

transubstancial Que se transubstancia. — *adj.*

transubstanciar Convertir una sustancia en otra, en especial el pan y el vino en cuerpo y sangre de Jesucristo en la eucaristía. — *v.tr/prnl. tb: trasustanciar*

transuránico, a Se aplica a cada uno de los elementos químicos de número atómico superior al 92, que es el del uranio.
adj/s.m.
QUÍMICA

transvanguardia Tendencia artística que, a partir del análisis del contexto social, moral y político de los años setenta, se definió como arte de transición y buscó el equilibrio entre la tradición y la innovación.
s.f.
ARTE

transvasación Traslado de un líquido de un recipiente a otro.
s.f.
tb: trasvasación

transvasar Pasar un líquido de un recipiente a otro: *transvasan el vino de las cubas a las botellas.*
v.tr.
tb: trasvasar

transvase
1 Acción y resultado de trasladar un líquido de un recipiente a otro.
2 Paso artificial que permite transvasar agua de un río a otro para compensar los desequilibrios hidrográficos.
s.m.
tb: trasvase

transverberación Acción de herir pasando de parte a parte.
s.f.
tb: trasverberación

transverberar Herir pasando de lado a lado.
v.tr./tb: trasverberar

transversal
1 Que atraviesa una cosa de un lado a otro: *tela de listas transversales; corte transversal.*
2 Que se aparta o desvía de la dirección principal o recta.
3 Que cruza una cosa en dirección perpendicular.
4 Se aplica al pariente que no lo es por línea recta o consanguínea.
5 Se refiere a la sección de un órgano o a la división celular que se efectúa según un plano perpendicular al eje mayor.
adj.
tb: trasversal
= secundario
≠ diagonal
adj/s.
= colateral
adj.
BIOLOGÍA

transverso, a (Del lat. *transversus*.) Que está colocado o dirigido al través.
adj.
tb: trasverso

tranvía (Del ingl. *tramway*.)
1 Vehículo que circula sobre raíles, con uno o varios vagones, usado para el transporte de personas dentro de una ciudad o en sus alrededores.
2 **tranvía de sangre**: El que era tirado por caballos o mulas.
s.m.

tranviario, a
1 Que tiene relación con el tranvía: *aún se conservan algunas vías tranviarias en la ciudad.*
2 Persona que trabaja en el servicio de tranvías.
adj.
tb: tranviero
s.

tranzadera Lazo que se forma trenzando una cuerda o una cinta.
s.f.
= trenzadera

tranzado, a Trenzado [en todas sus acepciones].
adj.

tranzar
1 Cortar o partir una cosa: *el fuerte viento tranzó las ramas del árbol.*
2 Hacer una trenza con una cosa: *le tranzaron el cabello.*
v.tr./conj: cazar
= tronchar
= trenzar

tranzón
1 Cada una de las parcelas en que se divide un monte o una finca para su explotación.
2 Finca formada por un trozo de terreno separado de otro mayor y que forma ya una propiedad independiente.
s.m.

trapa
I (Voz portuguesa.)
1 Cabo provisional que se usa para cargar y cerrar una vela cuando hay mucho viento.
2 Aparejos con que se aseguran las lanchas dentro de la embarcación.
II (Voz onomatopéyica.) Ruido de pasos, voces o alboroto producido por la gente: *se oye una trapa trapa en la calle que no sé a qué se debe.*
s.f,
NÁUTICA
s.f.pl.
NÁUTICA
s.f.

trapacear Usar una persona trapacerías o engaños para conseguir algún beneficio: *no me asociaré con él en ese negocio porque es dado a trapacear.*
v.intr.
tb: trapazar

trapacería Trampa, engaño o chisme de que se vale una persona para obtener algún beneficio: *ten cuidado con sus trapacerías porque intentará engañarte.*
s.f.
= trapaza

trapacero, a Que engaña con enredos o mentiras: *era un hombre trapacero que vivía de sus engaños.*
adj/s.
= trapacista

trapacete Libro en que anota el comerciante las partidas de géneros entregados o vendidos.
s.m.
COMERCIO

trapacista Que engaña con mentiras o enredos: *el muy trapacista me explicó un cuento para sacarme dinero.*
adj/s.m.f.
= trapacero

trapajo Trapo o trozo de tela sucio o viejo: *no sé cómo puede salir a la calle con esos trapajos.*
s.m.
despectivo

trapajoso, a
1 Que tiene un aspecto andrajoso o descuidado: *no se te ocurra ir a la fiesta con esas ropas trapajosas.*
2 Que tiene una pronunciación defectuosa debido al cambio o confusión de sonidos: *cuando bebe demasiado habla de modo trapajoso.*
adj.
= andrajoso
coloquial
= estropajoso

trápala
1 Ruido o movimiento confuso de gente: *en la calle había mucha trápala a causa de un accidente.*
2 Ruido acompasado del trote o del galope de un caballo.
s.f./= alboroto, confusión
EQUITACIÓN

3 Engaño o embuste: *no te creas las trápalas que te cuenta.*
= mentira

4 Afán excesivo de hablar: *con su trápala no nos dejó decir ni pío.*
s.m.

5 Persona falsa y embustera: *ya no me creo lo que me explica porque sé que es un trápala.*
s.m.f.
= mentiroso

6 Persona parlanchina: *¡menudo trápala está hecho!, lleva dos horas hablando sin parar.*
= parlanchín

trapalear
1 Hacer una persona ruido con los pies al andar: *deja de trapalear con las botas.*
2 Hablar una persona mucho y sin sustancia: *cuando está nerviosa trapalea sin parar.*
v.intr.
= cascar

trapalón, a Se refiere a la persona mentirosa o que habla mucho y sin sustancia: *no me fío de lo que me cuenta porque es un trapalón.*
adj/s.

trapatiesta Confusión producida por una discusión o una riña: *se montó una trapatiesta en la discoteca entre dos pandillas.*
s.f.
coloquial
= alboroto

trapaza (Del port. *trapaça*.) Engaño o artimaña con que se perjudica y defrauda a una persona en algún negocio: *se valió de una trapaza para quedarse con su dinero.*
s.f.
= fraude

trapazar Valerse una persona de mentiras o engaños para conseguir un fin: *trapazó para robarle dinero.*
v.intr./conj: cazar
= trapacear

trape Entretela con que se armaban los pliegues de las casacas y faldillas.
s.m.

trapeador Trapo, bayeta para limpiar el suelo.
s.m./Méx., Chile

trapear
1 Caer grandes copos de nieve a modo de trapos.
2 Fregar el suelo con un trapo o bayeta.
v.intr.
v.tr./Amér.

trapecial
1 Del trapecio.
2 Que tiene forma de trapecio.
adj./GEOMETRÍA

trapecio (Del gr. *trapezion*.)
1 Cuadrilátero irregular que tiene dos lados paralelos y desiguales.
2 Aparato para ejercicios gimnásticos o circenses formado por un palo en posición horizontal suspendido de dos cuerdas por sus extremos: *el gimnasta estaba especializado en ejercicios sobre el trapecio.*
3 Primer hueso de la segunda fila del carpo.
4 Cada uno de los dos músculos planos y triangulares situados en la parte superior de la espalda que unen el omóplato con la columna vertebral.
5 **trapecio isósceles**: Aquel cuyos lados no paralelos son iguales.
6 **trapecio rectángulo**: Aquel que tiene dos ángulos contiguos rectos.
s.m.
GEOMETRÍA
DEPORTES
ANATOMÍA
ANATOMÍA
GEOMETRÍA
GEOMETRÍA

trapecista Artista de circo que trabaja en el trapecio: *el trapecista realizó un triple salto mortal.*
s.m.f.

trapense
1 De la orden religiosa de la Trapa.
2 Que es miembro de la orden religiosa de la Trapa.
adj./RELIGIÓN
adj/s.m.f./RELIGIÓN

trapería
1 Conjunto de trapos.
2 Tienda donde se venden trapos y cosas usadas: *encontró unos trajes antiguos en una trapería.*
s.f.
COMERCIO

trapero, a
1 Persona que compra o vende trapos y otros objetos usados: *he comprado varios libros al trapero.*
2 Persona que, por su cuenta, retira a domicilio basuras y desechos: *vendrá el trapero a llevarse los muebles viejos.*
s.
COMERCIO

trapezoédrico, a
1 De caras en forma de trapecio.
2 Que tiene la forma de un trapezoedro.
adj./GEOMETRÍA
GEOMETRÍA

trapezoedro (Del gr. *trapezion*, trapecio + *edra*, cara.) Poliedro formado por veinticuatro caras que son trapecios.
s.m.
GEOMETRÍA

trapezoidal
1 Del trapezoide.
2 Que tiene forma de trapezoide.
adj./GEOMETRÍA

trapezoide (Del gr. *trapezion*, trapecio + *eidos*, forma.)
1 Cuadrilátero irregular que no tiene ningún lado paralelo a otro.
2 Hueso corto y esponjoso situado en la segunda fila del carpo o muñeca.
s.m.
GEOMETRÍA
ANATOMÍA

trapicha Traficante de drogas.
s.m./argot

trapichar Contrabandear, comprar y vender objetos prohibidos o que no han pasado el derecho de aduana.
v.intr.
Colomb.

trapiche (Del lat. *trapetus*.)
1 Molino para extraer el jugo de la aceituna o de la caña de azúcar.
2 Molino para reducir a polvo los minerales.
3 Molino para pisar frutas y extraer su jugo.
s.m.
Méx., Chile
Méx.

trapichear
1 Usar una persona medios no siempre lícitos para conseguir un objetivo: *vive de trapichear con lo que le viene a mano.*
2 Realizar operaciones comerciales al por menor.
v.intr.
coloquial
COMERCIO

3 Ponerse o quitarse una persona ropa: *se trapichea para ir al baile.* — v.prnl.

4 Mantener dos personas amoríos ocultos al resto de la gente. — v.intr./*Amér. Central y Merid.*

trapicheo Trato o actividad irregular, ilícita o poco clara: *siempre anda con trapicheos para conseguir lo que quiere.* — s.m. coloquial = enredo

trapichero, a
1 Persona que trabaja en los molinos de aceituna o de caña de azúcar. — s.

2 Persona que usa medios poco claros o ilícitos para conseguir una cosa: *es un trapichero: me ha vendido un mueble robado.* — coloquial

trapillo
1 Relación amorosa superficial y pasajera con una persona de baja condición social: *me han dicho que tiene un trapillo con una moza del barrio.* — s.m. = ligue

2 Pequeña cantidad de dinero ahorrada: *con este trapillo le haré un regalo a los niños.* — coloquial

3 de trapillo: Se refiere a la ropa normal o de andar por casa: *las visitas me encontraron con ropa de trapillo.* — loc.adj.

trapío (Voz portuguesa.)
1 Gracia y garbo de una mujer en su modo de moverse: *los hombres la piropean por su trapío.* — s.m.

2 Buena planta y bravura del toro de lidia. — TAUROMAQUIA

3 Codicia con que el toro de lidia acude al capote. — TAUROMAQUIA

trapisonda (Del nombre del Imperio de *Trapisonda*, que aparece en los libros de caballerías.)
1 Discusión o riña violenta en que hay gritos y agitación: *se organizó una trapisonda por hacer trampas en el juego.* — s.f. = bulla

2 Situación o cosa difícil, confusa o poco clara: *creo que se ha metido en una trapisonda al aceptar ese negocio.* — = lío, embrollo

3 Se aplica a la persona que causa embrollos o líos: *ese chico es la trapisonda, ahora dice que él no sabe nada.* — adj/s.m.f. coloquial

trapisondear Armar o provocar una persona riñas o peleas. — v.intr. = alborotar

trapisondista Persona que arma jaleos o embrollos: *es un trapisondista: siempre está metido en líos.* — s.m.f. coloquial

trapitos
1 Prendas de vestir: *se pasa el día comprándose trapitos; me enseñó todos sus trapitos.* — s.m.pl.

2 Cosas y objetos de primer uso de una persona.

trapo (Del bajo lat. *drappus.*)
1 Trozo de tela viejo, inútil o que queda como retal al hacer una prenda: *con uno de los trapos que habían quedado se hizo un pañuelo.* — s.m.

2 Trozo de tela que se usa para limpiar, secar u otras tareas: *voy a por el trapo del polvo.* — = paño, rodilla

3 Prendas de vestir, en especial de mujer: *cuando se ven tu mujer y la mía se pasan el rato hablando de trapos; sólo piensa en trapos.* — s.m.pl. coloquial

4 Copo grande de nieve. — s.m.

5 Telón del escenario de teatro. — TEATRO

6 Velamen, conjunto de velas de una embarcación. — NÁUTICA

7 Capote que usa el torero en la lidia. — TAUROMAQUIA

8 Tela, en general roja, de la muleta de torear. — TAUROMAQUIA

9 trapos sucios: Faltas o errores que se trata de mantener ocultos. — coloquial

10 a todo trapo: 1. A toda vela: *la nave avanzaba a todo trapo.* 2. Con eficacia, con mucha actividad: *hizo sus tareas a todo trapo para irse de vacaciones.* — loc.adv./NÁUTICA loc.adv. coloquial

11 con un trapo atrás y otro delante: En la pobreza o en situación miserable: *a causa del despido están con un trapo atrás y otro delante.* — coloquial

12 estar o quedar como un trapo: Estar cansado o deshecho: *está como un trapo.* — coloquial

13 poner a una persona como un trapo: Decirle palabras ofensivas y enojosas: *la puso como un trapo porque es una envidiosa.* — coloquial

14 sacar los trapos a relucir: Echar en cara y en público las faltas personales de una persona: *sacó a relucir los trapos sucios de la familia delante de desconocidos.* — coloquial

15 soltar el trapo: Echarse a llorar: *era tanta la tensión acumulada que soltó el trapo en cuanto se vio sola.* — coloquial

16 tratar a una persona como un trapo sucio o viejo: Tratarla mal: *estoy muy enfadada con ella porque me ha tratado como un trapo.* — coloquial

traque (Voz onomatopéyica.)
1 Estallido de un cohete: *a lo lejos se oía el traque del castillo de fuegos artificiales.* — s.m.

2 Guía de pólvora fina puesta entre las piezas de un fuego de artificio para que se enciendan con rapidez.

3 Ventosidad ruidosa. — = pedo

4 a traque barraque: Con mucha frecuencia o por cualquier motivo: *viene a contarnos sus cosas a traque barraque.* — loc.adv.

tráquea (Del gr. *trakheia arteria.*)
1 Conducto de tejido cartilaginoso que forma parte del sistema respiratorio y se encuentra situado entre la laringe y los pulmones y bronquios de las personas y demás vertebrados de respiración aérea. — s.f. ANATOMÍA

2 Vaso conductor de la savia en las plantas leñosas, cuya pared está reforzada por un filamento que forma una espiral. — BOTÁNICA

3 Aparato respiratorio de los insectos y la mayoría de los artrópodos. — ZOOLOGÍA

traqueal
1 De la tráquea. — adj./ANATOMÍA
2 Se aplica al animal que respira por medio de tráqueas: *arácnido traqueal.* — ZOOLOGÍA

traquear
1 Hacer ruido una cosa al moverse: *el coche traquea en el camino pedregoso.* — v.intr. = traquetear

2 Mover o agitar una cosa, en especial un líquido. — v.tr./= traquetear

traqueítis Inflamación de la tráquea: *el médico le diagnosticó una traqueítis.* — s.f./pl: traqueítis MEDICINA

traquelo- Componente de palabra procedente del gr. *trakhelos,* que significa cuello, cuello del útero: *traquelotomía.* — pref.

traquelotomía Incisión quirúrgica del cuello uterino. — s.f./MEDICINA

traqueo
1 Ruido producido por el movimiento constante y repetido de una cosa. — s.m. = traqueteo

2 Serie de detonaciones y el ruido que producen.

3 Ruido producido por el funcionamiento anormal de un motor, semejante a una detonación seca.

traqueo- Componente de palabra procedente del gr. *trakheia arteria,* que significa tráquea: *traqueotomía.* — pref.

traqueobronquitis Enfermedad de las vías respiratorias que se caracteriza por la inflamación simultánea de la tráquea y de los bronquios. — s.f./pl: traqueobronquitis/MEDICINA

traqueoscopia (Del gr. *trakheia arteria,* tráquea + *skopeo,* observar.) Exploración del interior de la tráquea. — s.f. MEDICINA

traqueotomía (Del gr. *trakheia arteria,* tráquea + *tomos,* división.) Operación quirúrgica que consiste en abrir la tráquea para facilitar la respiración cuando hay un obstáculo en la parte superior del aparato respiratorio. — s.f. MEDICINA

traquetear
1 Producir una cosa ruido al moverse: *el autobús es tan viejo que traquetea sin parar.* — v.intr. = traquear

2 Mover con insistencia una cosa, en especial un líquido. — v.tr. = agitar

3 Usar una cosa con frecuencia: *traquetea demasiado mi abrigo.*

traqueteo
1 Sacudidas breves y continuas de un medio de transporte en marcha, que producen un ruido constante: *el traqueteo del tren no me dejó dormir.* — s.m.

2 Ruido producido por el movimiento reiterado de una persona o cosa: *menudo traqueteo de sillas tienen arriba.*

3 Ruido continuo del disparo de cohetes. — = traca

traquido
1 Ruido producido por un disparo. — s.m./= detonación

2 Chasquido de la madera.

3 Ruido seco que producen algunas cosas al romperse: *la rama produjo un traquido al troncharse.*

traquita Roca volcánica compuesta por feldespato alcalino, biotita y anfíbol, muy apreciada en construcción. — s.f. GEOLOGÍA

traro Carancho, ave rapaz, de medio metro de longitud y cola de color pardo, que se alimenta de animales muertos, insectos o reptiles. — s.m. *Argent., Chile* ZOOLOGÍA

tras
I (Del lat. *trans,* más allá de.)
1 Indica posterioridad en el tiempo o en el espacio: *ocurrió tras la contienda mundial; viene tras de mí.* — prep. = detrás, detrás de

2 En busca de, en seguimiento de: *se fue tras la fortuna al nuevo mundo.*

3 Además de: *tras el golpe y el susto, recibí el castigo de mi padre.* — = encima de

4 Culo o nalgas: *tiene un tras redondo y apetitoso.* — s.m./coloquial

II (Voz onomatopéyica.)
1 Voz que, repetida, representa el sonido producido al llamar a una puerta con pequeños golpes. — s.m. = toc

2 Sonido de un golpe con ruido.

trasalcoba Habitación situada detrás de la alcoba. — s.f.

trasalpino, a Que está más allá de los Alpes. — adj./tb: transalpino

trasaltar Sitio que está detrás del altar en las iglesias. — s.m.

trasandino, a Que está más allá de los Andes. — adj./tb: transandino

trasandosco, a Se aplica a la res de ganado menor que es poco mayor de dos años. — adj.

trasanteanoche En la noche de trasanteayer. — adv.

trasanteayer En el día anterior al de anteayer. — adv.

trasañejo, a
1 Que tiene mucho tiempo. — adj.
2 Que tiene más de tres años.

trasatlántico, a
1 Se refiere a lo que está al otro lado del Atlántico: *los países trasatlánticos.* — adj. tb: transatlántico

2 Que atraviesa el océano Atlántico: *el correo trasatlántico.*

3 Embarcación de grandes dimensiones destinada a efectuar viajes entre Europa y América. — s.m. NÁUTICA

4 Embarcación de pasajeros de alto tonelaje que se utiliza en viajes largos por cualquier océano. — NÁUTICA

trasbocar Vomitar, arrojar por la boca lo contenido en el estómago. — v.tr./conj: *sacar* Amér. Central y Merid.

trasbordador, a Transbordador [en todas sus acepciones]. — adj/s.m.

trasbordar Transbordar [en todas sus acepciones]. — v.tr/prnl.

trasbordo Transbordo [en todas sus acepciones]. — s.m.

trasca (Del lat. vulgar *transica.*) Anilla de madera o cuero con que se sujeta el timón del arado al yugo. — s.f. = barzón

trascabo Zancadilla que se pone a una persona para hacerla caer: *me hizo un trascabo y caí de bruces.* — s.m. = traspié

trascacho Lugar que está resguardado del viento. — s.m.

trascantón
1 Poste de piedra que protege las esquinas de los edificios. — s.m. = guardacantón
2 Mozo que se ponía en una esquina para servir a quien lo llamara.

trascantonada Serie de postes de piedra que protegen las esquinas de los edificios. — s.f.

trascartarse Quedar un naipe detrás de otro, cuando se creía que estaría antes. — v.prnl. JUEGOS

trascartón Lance de los juegos de naipes en que sale una carta que hace perder anticipándose a otra que hubiera hecho ganar. — s.m. JUEGOS

trascendencia
1 Acción y resultado de trascender una cosa. — s.f./tb: transcendencia
2 Carácter de lo que es trascendente o muy importante: *los periódicos publican el suceso debido a su trascendencia.* — = importancia
3 Existencia de realidades que traspasan los límites de la experiencia. — FILOSOFÍA
4 Consecuencia grave o muy importante de una cosa: *tu decisión tendrá gran trascendencia en la opinión pública.* — = envergadura, relevancia

trascendental
1 Que tiene gran importancia por sus consecuencias: *éste puede ser un encuentro trascendental para nuestras vidas.* — adj. tb: transcendental = fundamental
2 Se refiere a las condiciones a priori del conocimiento o se aplica a la razón pura que es anterior a cualquier experiencia. — FILOSOFÍA

trascendentalismo
1 Calidad de trascendental: *el trascendentalismo de la nueva situación nos obliga a actuar con eficacia.* — s.m./tb: transcendentalismo
2 Denominación que recibe la filosofía kantiana por ser un objeto y un método de carácter trascendental. — FILOSOFÍA
3 Movimiento religioso norteamericano fundado en el siglo XIX que se caracteriza por su espiritualismo antimaterialista y un misticismo de carácter panteísta. — FILOSOFÍA, RELIGIÓN
4 Tendencia a la divagación abstracta o mística con menosprecio de la más mínima exigencia de comprobación empírica. — despectivo

trascendente
1 Que es muy importante por sí mismo o por sus consecuencias: *la reunión de hoy es decisiva y trascendente.* — adj. tb: transcendente
2 Que tiene consecuencias que van más allá de los hechos o circunstancias puntuales: *pensamiento trascendente; medida trascendente.* — = trascendental
3 Que traspasa los límites de la ciencia experimental, que está fuera del alcance del conocimiento. — FILOSOFÍA
4 Se refiere al número que no es raíz de ninguna ecuación algebraica de coeficientes enteros. — MATEMÁTICAS
5 **curva trascendente:** Aquella cuya ecuación no es algébrica. — MATEMÁTICAS

trascender
1 Empezar a conocerse una cosa que estaba oculta o era conocida por unos pocos: *el fraude ya ha trascendido y está en prensa.* — v.intr. conj: *tender*
2 Extenderse los efectos de una cosa a otra o a un medio más amplio: *los problemas de los obreros han trascendido a otros sectores sociales.* — = divulgarse, propagarse
3 Despedir una cosa un olor tan penetrante que se percibe a distancia.
4 Superar un determinado límite: *la solución de este problema trasciende a mis atribuciones.* — = sobrepasar
5 Traspasar los límites de la experiencia posible, según el sistema kantiano. — FILOSOFÍA

trascendido, a Se aplica a la persona que averigua una cosa con facilidad y rapidez. — adj. = sagaz

trascocina Habitación o espacio que está situado detrás de la cocina. — s.f.

trascoda Trozo de cuerda de tripa que, en los instrumentos de arco, sujeta el cordal al botón. — s.f. MÚSICA

trascolar
1 Hacer pasar un líquido a través de una tela o una cosa parecida: *conseguimos trascolar el agua con un trozo de gasa.* — v.tr/prnl. conj: *contar* = colar
2 Pasar de un lado a otro de un lugar: *trascolamos el río en la excursión.* — = atravesar, cruzar

trasconejarse
1 Quedarse la caza detrás de los perros que la persiguen. — v.prnl. CAZA
2 Quedarse un hurón en la boca de una madriguera para impedir la salida al conejo que ha capturado. — CAZA
3 Perderse una cosa: *se me han trasconejado los apuntes de la facultad.* — coloquial = extraviarse

trascordarse Perder una persona la noción de una cosa por olvido o confusión: *se ha trascordado de la cita que teníamos.* — v.prnl. conj: *contar* + de

trascoro
1 Sitio que está detrás del coro de una iglesia. — s.m.
2 Estructura que, en las iglesias, separa el coro de las naves. — ARQUITECTURA

trascorral Lugar cercado que hay detrás del corral de algunas casas. — s.m.

trascorvo, a Se aplica a la caballería que tiene la rodilla más atrás de la línea de aplomo. — adj. ZOOLOGÍA

trascribir (Del lat. *trascribere.*) Transcribir [en todas sus acepciones]. — v.tr. part: trascrito

trascripción Transcripción [en todas sus acepciones]. — s.f.

trascripto, a (Part. pas. irreg. de *trascribir.*) Trascrito. — part.

trascriptor, a Transcriptor, que transcribe. — adj/s.

trascuarto Habitación o vivienda situada detrás de otra principal. — s.m.

trascurrir Transcurrir [en todas sus acepciones]. — v.intr.

trascurso Transcurso [en todas sus acepciones]. — s.m.

trasdobladura Acción y resultado de trasdoblar. — s.f.

trasdoblar
1 Doblar una cosa en tres partes. — v.tr.
2 Aumentar una cosa al triple. — = triplicar

trasdoblo Número triple. — s.m.

trasdós (Del fr. *extrados.*)
1 Superficie exterior o convexa de un arco o de una bóveda. — s.m./pl: trasdoses ARQUITECTURA
2 Pilastra que está inmediatamente detrás de una columna. — ARQUITECTURA = retropilastra

trasdosear Poner pilastras en la parte posterior de una columna, o, en general, de cualquier construcción que se ha de reforzar. — v.tr. tb: trasdosar ARQUITECTURA

trasegador, a Que trasiega. — adj/s.

trasegar (Derivado del ant. *trasfegar* < lat. vulgar *transficare.*)
1 Remover las cosas que hay en un lugar: *no trasiegues mis cajones.* — v.tr./conj: *regar* = revolver
2 Llevar cosas de un lugar a otro: *estoy trasegando los libros del salón a estudio.* — = trasladar
3 Tomar bebidas alcohólicas en cantidad: *trasegaba con frecuencia vino tinto.* — coloquial = empinar

traseñalar Poner a una cosa una señal distinta de la que tenía. — v.tr.

trasera Parte posterior de alguna cosa: *entra por la trasera de la casa; me golpeé con la trasera del coche.* — s.f.

trasero, a
1 Que está detrás: *ponte en el asiento trasero del coche; tiene herida la pata trasera.* — adj. ≠ delantero
2 Se aplica al carro que va más cargado por la parte de atrás que por la de delante.
3 Culo de las personas o de los animales: *se cayó dando con el trasero en el suelo.* — s.m./coloquial = nalgas
4 Antepasados de una persona. — s.m.pl./coloquial

trasferencia Transferencia [en todas sus acepciones]. — s.f.

trasferible Que puede ser transferido. — adj./tb: transferible

trasferidor, a Que transfiere. — adj/s./tb: transferidor

trasferir (Del lat. *transferre.*) Transferir [en todas sus acepciones]. — v.tr. conj: *sentir*

trasfigurable Que se puede transfigurar o cambiar su aspecto. — adj. tb: transfigurable

trasfiguración Transfiguración, acción y resultado de transfigurar. — s.f.

trasfigurar Transfigurar, hacer cambiar el aspecto o la forma de una persona o cosa. — v.tr.

trasfijo, a Que está atravesado con un arma o una cosa puntiaguda. — adj. tb: transfijo

trasfixión Transfixión, acción de herir a una persona atravesándola de un lado a otro. — s.f.

trasflor Transflor, pintura sobre metales. — s.m./ARTE

trasflorar
1 (Derivado de *transflor.*) Transflorar [en todas sus acepciones]. — v.tr. tb: trasflorear

II (Del lat. *transflorare*, traspasar.) Transflorar, ser una cosa visible a través de otra. — v.intr. = trasparentar

trasfollado, a Se aplica a la caballería que padece trasfollos. — adj. VETERINARIA

trasfollo Tumor sinovial que se forma en la parte anterior del corvejón de las caballerías. — s.m. VETERINARIA

trasfondo
1 Cosa que está o parece estar más allá del fondo visible: *la maleta tenía un trasfondo en el que escondieron las joyas robadas.* — s.m.
2 Significado o intención oculta de una cosa o persona: *sus palabras tenían un trasfondo de rencor.* — = regusto

trasformable Transformable, que se puede transformar. — adj.

trasformación Transformación [en todas sus acepciones]. — s.f.

trasformador, a Transformador [en todas sus acepciones]. — adj/s.

trasformar (Del lat. *transformare*.) Transformar [en todas sus acepciones]. — v.tr.

trasformativo, a Transformativo [en todas sus acepciones]. — adj.

trasformismo Transformismo [en todas sus acepciones]. — s.m.

trasformista Transformista [en todas sus acepciones]. — adj.

trasfretano, a Que está al otro lado de un estrecho o brazo de mar. — adj. tb: transfretano

trásfuga (Del lat. *transfuga*.) Tránsfuga [en todas sus acepciones]. — s.m.f. tb: trásfugo

trasfundición Transfundición, acción y resultado de transfundir o transfundirse. — s.f.

trasfundir (Del lat. *transfundere*.) Transfundir [en todas sus acepciones]. — v.tr.

trasfusible Transfusible, que se puede transfundir. — adj.

trasfusión Transfusión [en todas sus acepciones]. — s.f.

trasfusor, a Que transfunde. — adj/s./tb: transfusor

trasgo
1 Espíritu fantástico que causa trastorno y alboroto donde habita. — s.m. = duende
2 Niño travieso: *ese trasgo de niño no para de tocarlo todo.* — coloquial = trasto
3 **andar hecho trasgo:** Andar de noche. — coloquial
4 **dar trasgo a alguien:** Asustar a una persona, haciendo lo que se atribuye a los duendes. — coloquial

trasgredir (Del lat. *transgredi*, exceder.) Transgredir [en todas sus acepciones]. — v.tr.

trasgresión (Del lat. *transgressio*.) Transgresión [en todas sus acepciones]. — s.f.

trasgresivo, a Transgresivo, que transgrede o implica transgresión. — adj.

trasgresor, a Transgresor [en todas sus acepciones]. — adj/s.

trashoguero, a
1 Se aplica a la persona que se queda en casa cuando los demás van al trabajo. — adj. = perezoso
2 Losa de piedra o plancha de metal que se coloca detrás del hogar para proteger la pared del fuego. — s.m. = trasfuego
3 Tronco grueso que se tiene en el hogar para mantener la lumbre.

trashumancia Acción y resultado de trashumar o trasladar al ganado de las dehesas de invierno a las de verano, y viceversa. — s.f. = trashumación

trashumante
1 Que trashuma. — adj.
2 Que tiene relación con la trashumancia.

trashumar (Derivado del lat. *trans*, más allá de + *humus*, tierra.) Pasar el ganado y sus pastores de las dehesas de verano a las de invierno, y viceversa. — v.intr.

trasiego Traslado o transvase de cosas de un lugar a otro: *¡qué trasiego llevamos con la mudanza!* — s.m. = trasegadura

trasijado, a
1 Que tiene los ijares hundidos por no haber comido o bebido durante mucho tiempo. — adj.
2 Que está muy delgado: *se ha quedado trasijado por la enfermedad.* — = flaco

traslación
1 Acción y resultado de trasladar o trasladarse de lugar. — s.f. tb: translación
2 Acción y resultado de traducir un texto de una lengua a otra. — = traducción
3 Construcción gramatical que consiste en usar en una frase un tiempo verbal fuera de su natural significación. — GRAMÁTICA = enálage
4 Tropo que consiste en usar las palabras en un sentido figurado basado en una similitud de cualquier tipo entre el término real y el imaginario. — RETÓRICA = metáfora
5 Movimiento de la Tierra alrededor del Sol. — ASTRONOMÍA FÍSICA
6 Movimiento de un cuerpo sólido cuyos puntos conservan una dirección constante.

7 **traslación de luz:** Acción de transferir un planeta su luz a otro, sobre todo cuando entre dos planetas se halla otro más veloz que ellos. — ASTRONOMÍA

trasladable Que puede ser trasladado: *ésos son los muebles trasladables a la otra sala.* — adj.

trasladador, a Que traslada o sirve para trasladar. — adj/s.

trasladar
1 Cambiar a una persona o una cosa de lugar: *voy a trasladar los libros a la estantería nueva; nos trasladaremos el próximo fin de semana.* — v.tr/prnl. = desplazar, mover
2 Hacer pasar a una persona de un cargo a otro de la misma categoría: *le han trasladado de departamento.* — v.tr. = transferir
3 Cambiar la fecha o la hora de un acto, una conmemoración o una fiesta: *trasladaron el concierto una semana después.* — = variar
4 Expresar una cosa en un idioma distinto al originario: *trasladó su novela al español.* — + a = traducir
5 Hacer una copia de un escrito. — = copiar
6 Expresar una idea o un sentimiento con palabras o por escrito: *no logro trasladar mis emociones al papel.*

traslado (Del lat. *translatus*.)
1 Acción y resultado de cambiar a una persona de un puesto o cargo a otro: *pidió el traslado a otra población.* — s.m.
2 Acción y resultado de cambiar de domicilio: *en tres años han hecho dos traslados de vivienda.* — = mudanza
3 Comunicación que se da a una parte litigante de las pretensiones de la otra. — DERECHO

traslapar Cubrir una cosa de forma total o parcial con otra: *la cortina traslapa parte de la pared.* — v.tr. = solapar

traslapo Parte de una cosa cubierta por otra. — s.m./= solapo

traslaticio, a Se aplica al sentido o significado que es distinto del propio o habitual. — adj./LINGÜÍSTICA = figurado/≠ recto

traslativo, a Que trasfiere: *firmó el título traslativo de propiedad de la finca.* — adj. tb: translativo

traslinear Translinear, pasar un vínculo hereditario de una línea a otra. — v.intr. DERECHO

trasliteración Transliteración, acción y resultado de transliterar. — s.f.

trasliterar Transliterar, representar los signos de un sistema de escritura con los signos de otro. — v.tr.

traslucidez Capacidad que tienen algunos cuerpos de dejar pasar la luz a través de ellos y dejar entrever de forma confusa lo que está al otro lado. — s.f. tb: translucidez pl: traslucideces

traslúcido, a Se aplica al cuerpo que deja pasar la luz, pero no permite ver con claridad lo que está detrás de él. — adj. tb: translúcido = trasluciente

traslucimiento Acción y resultado de traslucirse un cuerpo. — s.m. tb: translucimiento

traslucir
1 Permitir una cosa o una situación que se perciba o conozca otra a través de ella: *sus ojos traslucían un profundo pesar.* — v.tr. conj: *lucir* tb: translucir
2 Percibirse una cosa a través de un cuerpo traslúcido. — v.prnl. trasparentar

traslumbramiento Acción y resultado de traslumbrar o traslumbrarse. — s.m.

traslumbrar
1 Dejar una luz viva deslumbrada a una persona: *se traslumbró al abrir la persiana.* — v.tr/prnl. = deslumbrar
2 Dejar de percibirse una cosa de forma repentina. — v.prnl.

trasluz
1 Luz que pasa a través de un cuerpo traslúcido. — s.m./pl: trasluces
2 Luz reflejada de forma lateral por la superficie de un cuerpo.
3 **al trasluz:** Forma de contemplar un objeto colocado entre la luz y el ojo para conseguir que se transparente: *miró los negativos de las fotos al trasluz.* — loc.adv.

trasmallo
I (Derivado del ant. *tresmallo* < lat. vulgar *trimaculum*, de tres mallas.) Instrumento de pesca formado por tres redes entrecruzadas. — s.m. PESCA
II (De *tras* + *mallo*.) Virola de hierro para reforzar el cotillo del mazo usado en el juego del mallo. — s.m. JUEGOS

trasmano
1 Persona que en algunos juegos es el segundo en orden de participación. — s.m.f. JUEGOS
2 **a trasmano:** 1. Fuera del alcance de la mano: *alcánzame el libro, que lo tengo a trasmano.* 2. Desviado de los lugares frecuentados: *no me va bien ir a su casa porque me pilla muy a trasmano.* — loc.adv. loc.adv.

trasmarino, a Transmarino [en todas sus acepciones]. — adj.

trasmatar Pensar una persona que ha de vivir más que otra. — v.tr.

trasmediterráneo, a Transmediterráneo [en todas sus acepciones]. — adj.

trasmigración Transmigración, acción y resultado de transmigrar. — s.f.

trasmigrar Transmigrar [en todas sus acepciones]. — v.intr.

trasminar
1 Abrir caminos por debajo de la tierra: *los presos trasminaron la celda y se fugaron.* — v.tr. = minar
2 Pasar un olor o un líquido a través de una cosa: *la humedad se trasminó por la pared.* — v.tr./prnl. = filtrarse

trasmisible Que puede ser transmitido. — adj./tb: transmisible

trasmisión Transmisión [en todas sus acepciones]. — s.f.

trasmisor, a Transmisor [en todas sus acepciones]. — adj/s.

trasmitir (Del lat. *transmittere*.) Transmitir [en todas sus acepciones]. — v.tr.

trasmochar Podar demasiado un árbol. — v.tr./BOTÁNICA

trasmocho, a
1 Se aplica al árbol que ha sido podado para que produzca brotes. — adj/s.m.
2 Se refiere al monte que tiene árboles podados de este modo. — adj.

trasmontana (Del cat. *tramuntana*.) Tramontana [en todas sus acepciones]. — s.f.

trasmontano, a Que está o viene del otro lado de los montes. — adj. tb: transmontano

trasmontar (Del ital. *tramontare*.) Tramontar [en todas sus acepciones]. — v.tr./intr.

trasmudación Transmudación, acción y resultado de transmudar. — s.f. = transmudamiento

trasmudar Transmudar [en todas sus acepciones]. — v.tr/prnl.

trasmundano, a Que está fuera del mundo. — adj./tb: transmundano

trasmundo
1 El más allá: *asegura que se comunica con espíritus del trasmundo.* — s.m. tb: transmundo
2 Mundo fantástico o imaginario: *es un estudioso del trasmundo kafkiano.*

trasmutable Transmutable, que se puede transmutar. — adj.

trasmutación Transmutación, acción y resultado de transmutar o transmutarse. — s.f.

trasmutar Transmutar, convertir una cosa en otra. — v.tr/prnl.

trasmutativo, a Que tiene la propiedad de transmutar o transmutarse. — adj. tb: transmutativo

trasnacional Transnacional, que afecta a varias naciones. — adj. = multinacional

trasnochada
1 Acción de pasar una noche o parte de ella en vela: *con la trasnochada de ayer, hoy no hay quien lo despierte.* — s.f. = vigilia
2 Noche anterior al día actual.
3 Vigilancia por una noche: *hoy me toca a mí la trasnochada cuidando al enfermo.* — = vela
4 Ataque por sorpresa hecho de noche. — MILITAR

trasnochado, a
1 Que está pasado de moda: *ya está otra vez con sus ideas trasnochadas.* — adj.
2 Que tiene un aspecto demacrado o desmejorado: *le vi trasnochado y envejecido.* — = ajado
3 Se aplica al alimento que se ha estropeado por ser del día anterior. — = pasado

trasnochador, a Que trasnocha: *si no fueras tan trasnochador no te costaría tanto madrugar.* — adj/s.

trasnochar
1 Irse una persona a dormir tarde por la noche: *cuando sale de fiesta con los amigos siempre trasnocha.* — v.intr.
2 Pasar una persona la noche en un lugar distinto del propio domicilio: *no sé dónde ha trasnochado pero su cama no está deshecha.* — = pernoctar
3 Dejar la decisión sobre un asunto para el día siguiente: *trasnocharon el veredicto final.* — = aplazar

trasnocho Acción de trasnochar o pasar la noche sin dormir: *no me gustan sus trasnochos entre semana.* — s.m./= trasnoche, trasnochada

trasnombrar Tomar el nombre de una persona o una cosa por el de otra: *me suele trasnombrar por mi hermana.* — v.tr. = trabucar

trasnominación Figura retórica que consiste en designar una cosa con el nombre de otra. — s.f. RETÓRICA

trasoceánico, a Transoceánico [en todas sus acepciones]. — adj.

trasoír Oír una cosa de forma equivocada. — v.tr./conj: oír

trasojado, a Que está demacrado u ojeroso: *llegó trasojado del viaje.* — adj.

trasoñar Creer en la realidad de una cosa que sólo ha existido en nuestra imaginación. — v.tr. conj: contar

trasovado, a Se aplica a la hoja aovada más ancha por la punta que por la base. — adj. BOTÁNICA

traspacífico, a Transpacífico [en todas sus acepciones]. — adj.

traspaís El interior de una región, por oposición al litoral o a un puerto. — s.m. GEOGRAFÍA

traspalar
1 Mover una cosa con la pala de un lugar a otro: *traspaló la tierra del jardín.* — v.tr.
2 Mover una cosa de un lugar a otro. — = trasladar

traspaleo Acción y resultado de traspalar. — s.m.

traspapelar
1 Perder o extraviar un papel por haberlo colocado entre otros en un lugar que no le corresponde: *el empleado traspapeló el contrato.* — v.tr/prnl.
2 Perder una cosa por dejarla en un lugar equivocado: *su hermana le traspapeló el vestido.* — = extraviar

trasparecer Transparentar, ser una cosa visible a través de otra: *esa tela de la falda trasparece.* — v.intr./conj: carecer

trasparencia Transparencia [en todas sus acepciones]. — s.f.

trasparentar Transparentar [en todas sus acepciones]. — v.tr/intr/prnl.

trasparente Transparente [en todas sus acepciones]. — adj.

traspasable Que puede ser traspasado o atravesado: *barrera traspasable.* — adj. ≠ intraspasable

traspasación Acción de traspasar a una persona el derecho o dominio de una cosa. — s.f. DERECHO

traspasador, a Que traspasa o transgrede un precepto: *los traspasadores de la ley serán castigados.* — adj/s.= infractor, transgresor

traspasamiento Acción y resultado de traspasar. — s.m.

traspasar
1 Llevar una cosa de un lugar a otro: *traspasa los libros de la sala al estudio.* — v.tr. = trasladar
2 Atravesar de una parte a otra: *le ayudaron a traspasar el río.* — = cruzar
3 Vender o ceder a otro un negocio en marcha o el alquiler de un local: *traspasó el contrato.* — COMERCIO
4 Pasar un objeto punzante o un líquido de un lado a otro de un cuerpo: *el agua traspasó la pared; se traspasó el zapato con un alambre.* — v.tr/prnl. = atravesar
5 Pasar una cosa más allá de un límite: *ha traspasado con sus palabras la barrera de lo razonable.* — = sobrepasar
6 Producir gran aflicción o impresionar profundamente: *aquella escena me traspasó el corazón de rabia y dolor.* — v.tr. = afectar, afligir
7 No cumplir una ley: *traspasó todas las normas.* — = transgredir
8 Volver a pasar por el mismo lugar.
9 Ceder en favor de una persona el derecho o dominio de una cosa: *traspasó sus bienes a una institución benéfica.* — DERECHO

traspaso
1 Acción y resultado de traspasar: *el traspaso de los muebles a la nueva casa nos llevó varios días.* — s.m. = traspasamiento
2 Acción de traspasar un negocio o propiedad. — COMERCIO
3 Precio por la cesión de géneros o de un local comercial o industrial: *el traspaso de la tienda es de cinco millones.* — COMERCIO
4 Paso de una cosa de una parte a otra: *no hay ninguna zona cerca para que podáis hacer el traspaso del río.* — = cruce
5 Cesión a favor de otro de una propiedad o del dominio de algo mediante el pago de una cantidad de dinero. — = transmisión
6 Transgresión de un precepto o ley. — = quebrantamiento
7 Acción de pasar otra vez por el mismo lugar.
8 Ardid o astucia al hacer una cosa. — = artimaña
9 Angustia o pena muy grande. — = aflicción

traspatio Patio interior de la casa, que se encuentra detrás del patio principal. — s.m. Amér.

traspecho Huesecillo que guarnece la caja de una ballesta por abajo. — s.m.

traspeinar Dar un toque al peinado de una persona para perfeccionarlo o arreglarlo. — v.tr.

traspellar Cerrar una puerta, una ventana o un libro. — v.tr.

traspié
1 Resbalón, tropezón o cualquier percance sufrido al andar: *se rompió la rodilla por un traspié en la escalera.* — s.m./= tropezón, trastabillón
2 Equivocación o indiscreción: *ha tenido varios traspiés en su vida profesional.*
3 Acción de cruzar una persona su pie entre los de otra mientras ésta se mueve, para hacerla caer: *me hizo un traspié y caí de bruces.* — = zancadilla
4 **dar un traspié:** Cometer un error o una equivocación: *dio un traspié en su juventud.*

traspilastra Resalto hecho en un muro a ambos lados de una pilastra o media columna adosada al muro. — s.f. ARQUITECTURA = contrapilastra

traspillar
1 Cerrar una puerta, una ventana u otra cosa. — v.tr.
2 Perder una persona las fuerzas. — v.prnl./= desfallecer

traspintar
1 Dejar ver el jugador que tiene la baraja la pinta de un naipe y sacar otro: *se traspintó con el jugador de al lado.* — v.tr/prnl. JUEGOS
2 Salir una cosa al revés de lo que se esperaba: *se traspintó su proyecto.* — v.prnl. = malograrse
3 Ser lo escrito o dibujado en una tela o un papel visible a través de ellos: *el papel que usa es tan fino que se traspinta.* — = clarearse

traspirable Que puede transpirar o transpirarse. — adj./tb: transpirable

traspiración Transpiración [en todas sus acepciones]. — s.f.

traspirar (Del lat. *trans*, a través de + *spirare*, exhalar.) Transpirar [en todas sus acepciones]. — v.intr/prnl.

traspirenaico, a Transpirenaico [en todas sus acepciones]. — adj.

trasplantable Que puede ser trasplantado: *el corazón es un órgano trasplantable*. — adj.

trasplantación Trasplante [en todas sus acepciones]. — s.f.

trasplantador, a
1 Que trasplanta. — adj/s.
2 Vehículo adecuado para transportar y trasplantar árboles. — s.m.
3 Instrumento que sirve para trasplantar.

trasplantadora Máquina que sirve para trasplantar. — s.f.

trasplantar
1 Cambiar de lugar una planta junto con sus raíces: *voy a trasplantar las violetas a una maceta mayor.* — v.tr.
2 Insertar una porción de tejido vivo o un órgano de un individuo a otro, o a otra parte del cuerpo del mismo individuo: *le han trasplantado piel de la nalga en el brazo; le trasplantarán el corazón hoy mismo.* — MEDICINA
3 Hacer salir a una persona del lugar o del país donde estaba arraigada y trasladarla a otro: *me trasplanté aquí por el clima.* — v.tr/prnl.
4 Establecer una ciudad, una institución u otra cosa en otro lugar: *trasplantamos el departamento a otra población mayor.* — v.tr. = trasladar
5 Introducir en un país o en un lugar ideas, costumbres o instituciones procedentes de otro: *trasplantaron la moda de tomar el té.* — v.tr/prnl.

trasplante
1 Acción y resultado de trasplantar o trasplantarse: *los medios de comunicación facilitan el trasplante cultural.* — s.m. = trasplantación
2 Operación quirúrgica consistente en insertar un órgano o parte de éste en una parte del cuerpo distinta a la original o en otro individuo, sea o no de la misma especie. — MEDICINA

trasponedor, a Que transpone. — adj/s./tb: transponedor

trasponer
1 Poner a una persona o cosa en un lugar diferente al que ocupaba. — v.tr./conj: poner tb: transponer
2 Pasar al otro lado, superar un obstáculo.
3 Quedarse algo dormido: *se traspuso después de comer.* — v.intr/prnl.

trasportable Transportable, que puede ser transportado. — adj.

trasportación Transportación, acción y resultado de transportar o transportarse. — s.f.

trasportador, a Transportador [en todas sus acepciones]. — adj/s.

trasportamiento Transportamiento, acción y resultado de transportar o transportarse. — s.m.

trasportar (Del lat. *transportare*.) Transportar [en todas sus acepciones]. — v.tr.

trasporte Transporte [en todas sus acepciones]. — s.m.

trasportista Transportista, persona que se dedica a realizar transportes. — s.m.f.

trasposición
1 Acción y resultado de trasponer o trasponerse. — s.f./tb: transposición
2 Cambio de vocales, consonantes o sílabas en el interior de una palabra. — LINGÜÍSTICA
3 Inversión del orden de dos elementos en un sistema ordenado. — MATEMÁTICAS
4 Cambio de las filas por las columnas en una matriz. — MATEMÁTICAS
5 Situación inversa anormal de las vísceras. — MEDICINA
6 Reacción en la que no se conserva el esqueleto fundamental del compuesto de partida. — QUÍMICA
7 Figura consistente en alterar el orden normal de las palabras de la oración. — RETÓRICA

traspositivo, a Transpositivo [en todas sus acepciones]. — adj.

traspuesta
1 Acción y resultado de trasponer o trasponerse. — s.f.
2 Elevación o repliegue del terreno que impide ver lo que hay detrás.
3 Fuga u ocultación de una persona para evitar un peligro.
4 Conjunto de dependencias que se encuentran detrás de la parte principal de la casa.

traspuesto, a Se utiliza en la expresión **quedarse traspuesto** para indicar que una persona se ha quedado medio dormida. — loc.v. = adormilarse

traspunte Persona encargada de avisar a los actores cuando han de salir a escena. — s.m.f. TEATRO

traspuntín
1 Asiento plegable y supletorio de algunos vehículos. — s.m./tb: traspontín
2 Carne mollar que en las personas y ciertos animales está situada en la parte final del espinazo y el nacimiento de los muslos. — coloquial = trasero

trasquero, a Persona que hace o vende trascas o correas del yugo. — s.

trasquila Acción y resultado de trasquilar o trasquilarse. — s.f. = trasquiladura

trasquilado, a Se refiere a la persona que ha salido malparada de una situación: *salió trasquilado del negocio.* — adj.

trasquilador, a Persona que trasquila: *ya ha venido el trasquilador de las ovejas.* — s.

trasquiladura Acción y resultado de trasquilar o trasquilarse: *me han dejado el pelo lleno de trasquiladuras.* — s.f. = trasquila, esquila

trasquilar
1 Cortar el pelo a una persona de forma descuidada: *el aprendiz de la peluquería me ha trasquilado.* — v.tr/prnl.
2 Cortar el pelaje o la lana a un animal: *es época de trasquilar las ovejas.* — v.tr. = esquilar
3 Quitar parte de una cosa dejándola incompleta: *el ramo le pareció muy cargado, por eso lo trasquiló.* — = menoscabar

trasquilimocho, a Que está trasquilado al rape: *se ven muchos chicos trasquilimochos porque está de moda.* — adj. = rapado

trasquilón
1 Desigualdad en el corte de pelo: *a ver si me puedes arreglar un poco estos trasquilones.* — s.m./= trasquila, trasquiladura
2 Parte de la fortuna ajena obtenida con astucia y engaño.
3 **a trasquilones**: 1. Manera de cortar el pelo con desorden y sin cuidado: *esa peluquera me deja el pelo a trasquilones*. 2. Sin orden, regularidad o método: *todos los informes y trabajos los hace a trasquilones.* — loc.adv. loc.adv.

trasroscarse Pasarse un tornillo de rosca: *no podrás apretarlo porque se ha trasroscado.* — v.prnl. conj: sacar

trastabillar
1 Dar traspiés o tropezones: *estaba mareado y andaba trastabillando.* — v.intr. tb: trastrabillar
2 Moverse una persona o una cosa a un lado y a otro por falta de estabilidad. — = tambalear
3 Hablar una persona repitiendo los sonidos o enredándose con las palabras: *cuando ha de hablar en público trastabilla.* — v.intr/prnl. = tartamudear

trastada
1 Acción informal, insensata o injusta que provoca perjuicios a una persona: *ha sido una trastada dejarlo plantado durante dos horas.* — s.f. = jugarreta
2 Travesura cometida por una persona, en especial por un niño: *este niño no hace más que trastadas.* — = diablura

trastazo Golpe fuerte dado al caerse o chocarse: *¡vaya trastazo te has dado contra el techo!* — s.m./coloquial = porrazo, trompazo

traste (Del cat. *trast* < lat. *transtrum*, banco de remero.)
1 Cada uno de los resaltos de metal o hueso que se colocan a determinados espacios en el mástil de algunos instrumentos de cuerda que indican el lugar donde debe apoyarse el dedo para obtener una nota. — s.m. MÚSICA
2 Conjunto de cosas necesarias para una determinada actividad: *coge los trastes, que nos vamos.* — s.m.pl. = trastos
3 **dar al traste con una cosa**: Acabar con ella, destruirla: *en un ataque de ira, dio al traste con todo lo que encontró a su paso.* — coloquial
4 **ir alguien fuera de trastes**: Actuar sin concierto diciendo barbaridades: *va fuera de trastes desde que sabe lo de su despido.* — coloquial
5 **irse al traste una cosa**: Frustrarse o estropearse: *las vacaciones se han ido al traste por el trabajo.* — coloquial
6 **sin trastes**: Sin orden, disposición o método. — loc.adv.

trasteado Conjunto de trastes que hay en un instrumento musical de cuerdas pulsadas. — s.m. MÚSICA

trasteador, a Que trastea: *es tan trasteador que con él nunca sabes dónde has dejado las cosas.* — adj/s. = trasteante

trasteante
1 Que trastea: *es un niño trasteante y revoltoso.* — adj./ = trasteador
2 Que es hábil en trastear un instrumento. — MÚSICA

trastear
1 Mover o revolver las cosas: *no trastees en mis cajones.* — v.intr.
2 Comportarse con poca formalidad: *llevan toda la tarde trasteando en la habitación.*
3 Tratar a una persona o un negocio con habilidad para conseguir lo que se desea: *trastea a su primo como quiere.* — v.tr. = manejar
4 Poner los trastes a los instrumentos musicales. — MÚSICA
5 Tocar un instrumento musical de trastes. — MÚSICA
6 Dar el torero pases de muleta al toro. — TAUROMAQUIA

trastejador, a Que trasteja o remienda. — adj/s.

trastejar
1 Retejar, poner las tejas que faltan en un tejado o colocar bien las que se han movido. — CONSTRUCCIÓN
2 Arreglar o repasar una cosa: *trastejó el coche que se había averiado.* — = remendar

trastejo
1 Retejo, acción y resultado de reponer o colocar bien las tejas de un edificio. — s.m. CONSTRUCCIÓN

2 Movimiento o ajetreo continuo: *le despertó el traste-jo de los niños en la cocina.* — coloquial = ajetreo

trasteo
1 Acción y resultado de trastear. — s.m.
2 Acción de manejar con habilidad a una persona o un asunto. — = manejo

trastería
1 Montón de trastos viejos: *el altillo se ha convertido en una trastería.* — s.f.
2 Acción informal o insensata. — = trastada

trasterminar Transterminar, pasar de un término judicial a otro. — v.tr. DERECHO

trastero, a
1 Se aplica al lugar que sirve para guardar trastos o cosas que no se utilizan a diario: *ésa es el cuarto traste-ro; la casa tiene cuatro dormitorios y trastero en el garaje.* — adj/s.
2 Mueble de cocina para guardar platos y vasijas. — s.m./Méx.

trastesado, a Que está endurecido o tieso, en especial las ubres de los animales cuando tienen mucha leche. — adj.

trastesar Aumentar el tiempo de ordeño de una oveja para retirarle la leche. — v.tr.

trastiberino, a Transtiberino, que está al otro lado del Tíber. — adj/s.

trastienda
1 Cuarto situado detrás de una tienda: *iré a la tras-tienda a ver si me queda alguno.* — s.f. = rebotica
2 Astucia o disimulo en la forma de actuar: *tuvo mu-cha trastienda para resolver el asunto.* — coloquial = cautela

trasto (Del lat. *transtrum*, banco de remero.)
1 Mueble o utensilio de una casa: *aún no he decidido cómo distribuir los trastos en la nueva casa.* — s.m.
2 Mueble, utensilio o aparato inservible o que estorba: *a ver si quitas los trastos de en medio; recoge todo tipo de trastos de la calle.* — = estorbo, trastajo
3 Persona inútil o que causa molestias: *tratan al abue-lo como si fuera un trasto.*
4 Persona informal o traviesa, en especial un niño: *hay que tener cien ojos con él porque es un trasto de crío.* — = travieso
5 Bastidor de un decorado teatral. — TEATRO
6 Utensilios de un arte u oficio: *los trastos de pescar; los trastos de matar.* — s.m.pl. = útiles
7 Armas que se llevaban habitualmente encima, como la espada o la daga. — HISTORIA
8 tirarse los trastos a la cabeza: Pelearse o reñir dos o más personas: *no sé cómo siguen juntos porque se pasan el día tirándose los trastos a la cabeza.* — coloquial

trastocar
1 Hacer que una cosa cambie o deje de marchar con normalidad: *su marcha ha trastocado el funcionamiento de la empresa.* — v.tr. conj: *sacar* = trastornar
2 Desordenar y revolver las cosas: *trastocó mis papeles y no los encuentro.*
3 Perder una persona el juicio: *con el accidente se tras-tocó y no ha vuelto a ser lo que era.* — v.prnl. = trastornarse

trastornable Que se trastorna con facilidad: *es una persona muy trastornable.* — adj.

trastornador, a Que trastorna: *fue una noticia trastor-nadora para todos.* — adj/s. = trastornante

trastornante Que trastorna. — adj./= trastornador

trastornar
1 Alterar el orden regular de las cosas: *sus nuevas nor-mas han trastornado el funcionamiento de la oficina.* — v.tr./= desordenar, trabucar
2 Desordenar las cosas: *buscando un documento ha trastornado todos los archivos.* — = revolver, trastocar
3 Intranquilizar o inquietar a una persona: *la noticia de la guerra trastornó a la población.* — = preocupar
4 Causar molestias una cosa a una persona: *el nuevo horario me ha trastornado mucho.* — = molestar, perturbar
5 Alterar el estado mental de una persona: *el consumo de drogas puede trastornar la mente; se trastornó a causa del vino.* — v.tr/prnl. = perturbar, trastocar
6 Gustar mucho una cosa a una persona: *las joyas la trastornan.* — = entusiasmar
7 Causar un enamoramiento apasionado en una persona: *aquella guapa muchacha le trastornó.* — coloquial = enamorar
8 Persuadir a una persona para que cambie de opinión: *trastornó su opinión sobre aquel tema.* — v.tr. = convencer

trastorno
1 Acción y resultado de trastornar o trastornarse: *es un trastorno para mí ir a verte tan lejos.* — s.m.
2 Alteración de la salud: *no vendrá a trabajar porque tiene un ligero trastorno.* — MEDICINA

trastrabado, a Se aplica a la caballería que tiene blancos una mano y un pie de distinto lado. — adj.

trastrabarse Quedar la lengua trabada al hablar: *se le trastraba la lengua cuando tiene que hablar con ella.* — v.prnl. = trabarse

trastrabillar Trastabillar [en todas sus acepciones]. — v.intr/prnl.

trastrás El que llega el penúltimo en algunos juegos infantiles. — s.m. JUEGOS

trastrocamiento Acción y resultado de trastrocar o trastrocarse: *su estancia en casa ha supuesto el trastroca-miento de nuestras costumbres.* — s.m. = trastrueco, trastrueque

trastrocar Cambiar el orden, el estado o el sentido de una cosa: *creo que ha trastrocado tus papeles; se tras-trocaron nuestros planes.* — v.tr/prnl. conj: *trocar* = trastornar

trastrueque Acción y resultado de trastrocar o tras-trocarse. — s.m./= trastrueco, trastrocamiento

trastulo (Del ital. *trastullo*.) Juguete o pasatiempo. — s.m.

trastumbar Dejar caer o hacer que ruede una cosa por el suelo. — v.tr.

trasudación
1 Acción y resultado de trasudar: *los nervios te provo-caron la trasudación.* — s.f.
2 Fenómeno de trasudar un líquido orgánico a través de las paredes del vaso en que se hallaba contenido. — MEDICINA

trasudado Líquido de composición idéntica a la del plasma, contenido en una cavidad serosa como conse-cuencia de un obstáculo en la circulación de retor-no al corazón. — s.m. MEDICINA

trasudante Que trasuda. — adj.

trasudar Expeler una persona un sudor ligero. — v.tr/FISIOLOGÍA

trasudor Sudor ligero, que se debe en general a un trastorno síquico o a un sobresalto. — s.m. FISIOLOGÍA

trasuntar
1 Sacar una copia de un escrito: *ordenó trasuntar los documentos.* — v.tr. = copiar
2 Hacer un resumen de una cosa. — = compendiar
3 Representar una cosa o suscitar en la mente de una persona la idea de ella mediante una imagen.

trasuntivamente En copia o trasunto. — adv.

trasunto (Del lat. *transsumptus*.)
1 Copia o traslado de un texto original: *necesito un trasunto del diploma.* — s.m.
2 Figura o situación que puede compararse a otra por reproducirla o representarla con fidelidad: *su rostro era el trasunto del dolor.* — = imagen

trasvasar Transvasar, pasar un líquido de un reci-piente a otro. — v.tr.

trasvase Transvase, acción de transvasar un líquido. — s.m.

trasvasijo Trasiego de líquidos. — s.m./Chile

trasvenarse
1 Salirse un líquido o sustancia del recipiente que lo contiene. — v.prnl. = extravenarse
2 Esparcirse o derramarse una cosa desperdiciándose: *la leche se trasvenó por la nevera.*

trasver
1 Ver una cosa a través de otra: *puedo trasver su figura a través de la cortina.* — v.tr. conj: *ver*
2 Ver una cosa mal.

trasverberación Transverberación, acción de herir pasando de una parte a otra, en especial referido a los dolores de la Virgen. — s.f. RELIGIÓN = transfixión

trasversal Transversal [en todas sus acepciones]. — adj.

trasverso, a (Del lat. *transversus*.) Que está colocado al través. — adj. tb: transverso

trasverter Salir el contenido de un recipiente por los bordes: *no lo llenes más porque ya trasvierte.* — v.intr./conj: *tender* = rebosar

trasvinar
1 Salir el vino de su recipiente poco a poco: *la vasija trasvinó el jerez.* — v.tr/prnl. = rezumar
2 Manifestarse un propósito o un sentimiento por in-dicios: *su culpabilidad se trasvinó por las huellas de sus botas.* — v.prnl. = traslucirse
3 Hacerse pública una noticia: *ayer se trasvinó la enfer-medad del presidente.* — = trascender

trasvolar Atravesar un territorio volando: *trasvoló la comarca en aeroplano.* — v.tr. conj: *contar*

trata
1 Tráfico o comercio con seres humanos: *la trata de esclavos.* — s.f.
2 trata de blancas: Tráfico de mujeres para la prosti-tución: *han descubierto una red de trata de blancas.*
3 trata de negros: Tráfico de personas de raza ne-gra, en especial de esclavos africanos.

tratable
1 Que puede ser tratado: *es fácil que te relaciones con él porque es muy tratable; no es un tema tratable en público.* — adj. ≠ intratable
2 Que es amable o simpático: *quienes lo conocen afir-man que es tratable y cortés.* — = afable, sociable

tratadista Autor de un tratado sobre una materia concreta: *es un tratadista de historia medieval.* — s.m.f.

tratado
1 Acuerdo o convenio, en especial entre gobiernos: *están negociando un nuevo tratado de paz.* — s.m. = pacto
2 Documento en que consta este acuerdo: *la firma del tratado supuso un momento histórico.*
3 Obra en que se expone de forma completa una ma-teria científica, histórica o literaria siguiendo unos principios y un método: *en este tratado de biología en-contrarás los datos que buscas.* — = ensayo, estudio

tratador, a Que trata o negocia un asunto. · adj/s.

tratamiento · s.m.
1 Manera de relacionarse o comportarse con otras personas: *en su casa nos dieron un tratamiento magnífico.* · = trato
2 Modo de escribir o hablar sobre un asunto determinado: *es interesante el tratamiento que da a la metáfora.*
3 Procedimiento o técnica usados en la elaboración de un producto: *someten los tejidos a un tratamiento impermeabilizante.* · = confección
4 Procedimiento o medios empleados para curar enfermedades, defectos o para combatir plagas: *sigue un tratamiento contra la alergia.*
5 Título de cortesía o manera de dirigirse a una persona, de acuerdo con su cargo, rango o con la relación que se tiene con ella: *recibe el tratamiento de señoría.* · = dignidad, título
6 Fase del proceso del guión cinematográfico consistente en desarrollar la sinopsis antes de la redacción definitiva. · CINE
7 **tratamiento de la información:** Aplicación sistemática de operaciones sobre los datos con el fin de extraer o explotar la información que representan. · INFORMÁTICA
8 **tratamiento de textos:** Conjunto de procesos informáticos orientados a la creación y manipulación de textos con el ordenador. · INFORMÁTICA
9 **tratamiento impersonal:** Aquel que se da al sujeto en tercera persona. · GRAMÁTICA
10 **tratamiento térmico:** El que se aplica a los aceros, metales y aleaciones en estado sólido para, mediante el calor, conferirles características óptimas para su manipulación. · METALURGIA
11 **apear alguien el tratamiento:** No admitirlo el que lo tiene o no dárselo al que habla o escribe: *en cuanto sale por la puerta, apea el tratamiento que le corresponde por linaje.* · coloquial
12 **dar tratamiento a alguien:** Referirse a él con el título que le corresponde.

tratante Persona que compra géneros para revenderlos: *es un tratante de ganado.* · s.m.f. COMERCIO

tratar (Del lat. *tractare.*)
1 Tener una persona relación con otra: *hace tiempo que trata con esos ladrones; se trata con altos dignatarios; nos trata a todos por igual.* · v.tr/intr/prnl. + con = relacionarse
2 Comportarse con una persona de una determinada manera: *tu amigo me trata muy bien.* · v.tr.
3 Usar una cosa de determinada manera: *aquí tratan los piensos para comercializarlos; trata bien los libros que te he prestado.* · = manipular
4 Comerciar con una determinada mercancía: *trata en ropa de calidad; trata con máquinas.* · v.tr/intr./+ en, con COMERCIO
5 Hablar o escribir sobre una materia: *en la reunión trató de todo; trató acerca de la crisis; la charla trata sobre la droga.* · + de, sobre, acerca de
6 Dar un tratamiento de cortesía a una persona: *le trató de excelentísimo.* · v.tr. + de
7 Aplicar un calificativo denigrante a una persona: *le trató de ladrón.* · v.tr. + de = calificar
8 Someter una sustancia a la acción de otra: *trató el hierro con ácido.* · v.tr. + con, por
9 Someter a una persona a tratamiento médico: *le tratan con penicilina.* · MEDICINA
10 Intentar o pretender una cosa: *trato de obtener buenos resultados.* · v.intr. + de
11 Cuidar a una persona bien o mal: *sus hijos no le tratan como se merece.* · v.tr/prnl.
12 Ser una determinada cosa la que interesa o la que constituye el objeto de lo que se habla, se hace o se intenta: *se trata de un asunto complicado.* · v.prnl. + de
13 Tener relaciones amorosas con una persona: *trata desde hace tiempo con un compañero de clase.* · v.tr/intr. + con

tratativa Etapa preliminar de una negociación. · s.f./Argent., Perú

trato
1 Acción y resultado de tratar o tratarse. · s.m.
2 Acuerdo o contrato entre dos o más personas, en especial sobre compraventa: *hemos hecho un trato conveniente para los dos.* · = convenio, tratado
3 Modo de tratar o relacionarse con los demás: *no le gusta el trato que recibe.*
4 Tratamiento de cortesía: *déjate del trato de usted y tutéame.*
5 **trato carnal:** Relación sexual: *afirma no haber tenido trato carnal con ninguna mujer.*
6 **trato de gentes:** Experiencia y habilidad en las relaciones sociales: *la contrataron para el puesto porque tenía trato de gentes.*
7 **trato de nación más favorecida:** El que asegura a una potencia el goce de mayores ventajas que las que concede otro estado a un tercer país. · POLÍTICA
8 **trato doble:** Simulación con la que se afecta amistad para engañar a otro.
9 **trato hecho:** Forma de dar por definitivo un acuerdo: *trato hecho, te doy mis tierras a cambio de tu ganado.*
10 **cerrar un trato:** Fijar las condiciones de un acuerdo aceptándolas las partes implicadas: *cerraron el trato con un apretón de manos.* · coloquial

11 **hacer u ofrecer buenos o malos tratos:** Ofrecer o no condiciones ventajosas: *has hecho buenos tratos con él.*
12 **tener trato:** Saber tratar a la gente. · coloquial

trattoria (Voz italiana.) Pequeño restaurante, por lo general de estilo italiano: *vamos a comer a una trattoria cercana.* · s.f.

trauma (Del gr. *trauma.*)
1 Herida o lesión de origen físico o síquico: *sufrió graves traumas en el accidente.* · s.m. MEDICINA
2 **trauma síquico:** Trastorno o perturbación emocional: *esta noticia puede causarle un trauma síquico.* · MEDICINA

traumar Causar una cosa una lesión física o síquica a una persona: *el accidente le traumó.* · v.tr/prnl./MEDICINA = traumatizar

traumático, a (Del gr. *traumatikos.*) Que produce un trauma físico o síquico: *la separación de sus padres fue un hecho traumático para él.* · adj. MEDICINA

traumatismo
1 Lesión en los tejidos orgánicos causada por un agente externo al organismo: *presenta traumatismos en el pecho y en los brazos.* · s.m. MEDICINA
2 Conjunto de trastornos resultantes de dichas lesiones. · MEDICINA
3 **traumatismo craneal:** Herida o contusión grave del cráneo que comporta a menudo alteraciones neurosíquicas importantes. · MEDICINA
4 **traumatismo síquico:** Trastorno de la mente ocasionado por un acontecimiento de gran impacto emocional en la vida de un individuo. · SICOLOGÍA, SIQUIATRÍA

traumatizante Que traumatiza: *la pérdida del empleo fue traumatizante para mí.* · adj.

traumatizar Causar un trauma a una persona, mediante una lesión física o con un trastorno síquico: *sé que me traumatizaré al verle de nuevo.* · v.tr/prnl/conj: *cazar* MEDICINA = traumar

traumatología (De *traumatismo* + gr. *logos,* ciencia.) Parte de la medicina que estudia las lesiones orgánicas, o traumatismos, y sus efectos: *es médico especialista en traumatología.* · s.f. MEDICINA

traumatológico, a De la traumatología: *gracias a sus conocimientos traumatológicos pudo resituar el hueso fracturado.* · adj. MEDICINA

traumatólogo, a Médico especialista en traumatología. · s. MEDICINA

travelín (Del ingl. *travelling.*)
1 Técnica de filmación consistente en desplazar la cámara montada sobre una superficie móvil para acercarla, alejarla o seguir al objeto en sus movimientos. · s.m. CINE tb: travelling
2 Plataforma con ruedas sobre la que se monta la cámara para realizar estos movimientos. · CINE

traveller's check (Expresión inglesa.) Cheque de viaje emitido por un banco y que puede ser canjeado por dinero en cualquiera de sus agencias en todo el mundo o en otros bancos con los que exista un convenio. · s.m.

traversa
1 Madero que atraviesa el carro para asegurar el brancal. · s.f.
2 Cabo que sujeta la cabeza de un mástil al pie del más inmediato en dirección hacia proa para evitar que caiga hacia la popa. · NÁUTICA = estay

travertino Roca calcárea más o menos porosa que presenta cavidades tapizadas de cristales y se emplea en construcción. · s.m. GEOLOGÍA

través (Del lat. *transversus.*)
1 Inclinación de una cosa con respecto a otra. · s.m./= torcimiento
2 Desgracia que le ocurre a una persona: *la muerte de su amigo ha sido un nuevo través en su vida.* · = fatalidad, revés
3 Cada una de las vigas que se ponen para formar la armadura triangular de un tejado. · ARQUITECTURA
4 Dirección perpendicular a la de la quilla. · NÁUTICA
5 Obra exterior para dificultar el paso en lugares angostos. · MILITAR
6 Muro o parapeto para protegerse de los disparos que pueden venir de cualquier dirección. · MILITAR
7 **a través de:** 1. Por entre: *veía caer la lluvia a través de los cristales.* 2. De un lado a otro: *pasa la aguja a través de la tela.* 3. Por medio de otra persona: *se enteró de lo ocurrido a través de un vecino.* · loc.prep. loc.prep. loc.prep.
8 **dar al través:** 1. Caer en algún peligro: *darás al través si te relacionas con esos maleantes.* 2. Chocar una nave por los lados con una roca o algo similar. · coloquial NÁUTICA
9 **dar al través con una cosa:** Acabar con ella: *dio al través con nuestras ilusiones.* · coloquial
10 **de o al través:** En dirección transversal: *puso la cama de través para que hubiera más espacio; colócalo al través a ver cómo queda.* · loc.adv.
11 **echar al través:** Varar una nave para destruirla cuando se la considera inútil. · NÁUTICA
12 **ir de través una nave:** Ir arrastrada por el viento. · NÁUTICA
13 **mirar de través:** Mirar torciendo la vista y no la cabeza: *noté cómo me miraba de través al pasar junto a ella.* · coloquial

travesaño
1 Pieza de madera o de metal que une dos partes opuestas de una cosa: *algunos travesaños de la escalera están rotos.* — s.m.
2 Almohada que ocupa toda la cabecera de la cama. — = travesero
3 Barra horizontal de la portería de fútbol: *la pelota dio contra el travesaño.* — DEPORTES / = larguero
4 Barra que sostiene una perforadora que se fija de través en una galería. — MINERÍA

travesar (Del bajo lat. *transversare.*) Atravesar [en todas sus acepciones]. — v.tr/prnl. / conj: *pensar*

travesear
1 Andar una persona inquieta y revoltosa de un lugar a otro: *no sé qué hace traveseando por la oficina.* — v.intr.
2 Pensar o discurrir una persona con ingenio y viveza.
3 Vivir una persona de forma desenvuelta y disipada.

travesero, a
1 Que se pone de través: *pon una barra travesera en la estructura para afirmarla.* — adj.
2 Se refiere a la flauta de madera o metal con la embocadura a un lado. — MÚSICA
3 Almohada larga que ocupa la cabecera de la cama. — s.m./= travesaño

travesía
1 Calle o camino, por lo general más corto y estrecho, que une dos más importantes: *gire en la próxima travesía a la derecha.* — s.f.
2 Parte de una carretera que atraviesa el casco urbano de una población: *siempre hay atascos en la travesía del pueblo.*
3 Viaje por mar o por aire: *ha hecho una larga travesía en barco.*
4 Distancia entre dos puntos de tierra o mar: *mañana haremos una travesía de cincuenta quilómetros.* — = traviesa
5 Prueba de natación de resistencia que se realiza en mar abierto o en un puerto o lago. — DEPORTES
6 Viento perpendicular a la dirección de la costa próxima, que ocasiona ciertas dificultades a la navegación. — NÁUTICA
7 Paga que se da al marinero mercante por la navegación desde un puerto a otro. — NÁUTICA
8 Conjunto de traveses construidos para la defensa o para el ataque. — MILITAR
9 Cantidad que hay de pérdida o ganancia entre los que juegan. — JUEGOS
10 Región vasta y desértica. — Argent. Chile
11 Viento oeste que sopla desde el mar.

travesío, a
1 Se aplica al ganado que sale de los términos de donde está sin ir demasiado lejos. — adj.
2 Se refiere al viento que da por los lados y no de frente.
3 Lugar por donde se atraviesa. — s.m.

travesti (Del ital. *travestito.*) Persona que viste ropas propias del sexo opuesto: *en el espectáculo salía un travesti vestido de camarera.* — s.m.f. / th: travestí / = travestido

travestido, a (Del ital. *travestito.*)
1 Que va disfrazado de manera que no puede ser reconocido: *llegó travestido de anciano.* — adj.
2 Persona que usa vestiduras propias del sexo contrario. — s. / = travesti

travestir Usar o ponerse ropas que se consideran del sexo opuesto: *se travestía a escondidas por temor al ridículo.* — v.tr/prnl. / conj: *pedir*

travestismo Inclinación, en general de carácter homosexual, a vestirse con ropas y a adoptar hábitos del sexo contrario. — s.m. / SICOLOGÍA

travesura
1 Acción reprensible de poca importancia, hecha en general por niños, más por diversión que por causar daño: *tenían que reprenderle a menudo por sus travesuras.* — s.f. / = trastada
2 Viveza de ingenio.

traviesa
1 Cada madero, pieza de hormigón o metal sobre las que se asientan las vías del ferrocarril. — s.f.
2 Madero horizontal que une los largueros de un bastidor. — CONSTRUCCIÓN
3 Distancia entre dos puntos o lugares: *la traviesa es de diez kilómetros.* — = travesía
4 Apuesta que hace una persona que no juega a favor de un jugador. — JUEGOS
5 Cantidad a la que se añade la que ha perdido el jugador para disputarla en la mano siguiente, en algunos juegos de cartas. — JUEGOS
6 Cada uno de los cuchillos de una armadura que sirve para sostener un tejado. — CONSTRUCCIÓN
7 Galería transversal al filón o que enlaza otras dos. — MINERÍA
8 Puntal que sostiene una embarcación cuando está en el dique. — NÁUTICA
9 Pared maestra que no está ni en la fachada ni en la medianería. — CONSTRUCCIÓN
10 Postura del cazador que se sitúa en el centro de la zona que se bate. — CAZA

travieso, a (Del lat. *transversus,* transversal.)
1 Que es inquieto y revoltoso: *temo a los niños traviesos, acaban por cansar.* — adj. / = revoltoso
2 Se aplica a la persona que es intrigante e ingeniosa. — = sagaz
3 Que está atravesado o puesto al través.

trayecto (Del lat. *trajectus.*)
1 Espacio existente de un punto a otro: *el trayecto hasta el pueblo es corto.* — s.m. / = recorrido
2 Camino señalado para ser recorrido: *el trayecto del tren; el trayecto de la cabalgata.* — = itinerario, ruta
3 Recorrido de cualquier estructura anatómica alargada, y en especial de los vasos y nervios. — ANATOMÍA

trayectografía Técnica que se usa en el estudio de las trayectorias de los cohetes y vehículos espaciales. — s.f. / ASTRONÁUTICA

trayectoria (Del fr. *trajectoire.*)
1 Línea descrita en el espacio por un punto que se mueve, en especial por el centro de gravedad de un proyectil. — s.f. / FÍSICA
2 Curso que, en el tiempo, sigue el comportamiento de una persona o de un grupo: *su trayectoria artística ha sido espectacular.* — = actuación, carrera
3 Línea descrita en el espacio por un punto móvil, de acuerdo con una ley determinada. — GEOMETRÍA
4 Curso que sigue el cuerpo de un huracán o tormenta giratoria.

trayente Se aplica a la persona que trae alguna cosa. — adj.

traza
1 Apariencia o figura de una persona o de una cosa: *tiene traza de noble; su dibujo tiene traza de león.* — s.f. / = aspecto
2 Proyecto o diseño de un edificio o de otra obra de construcción. — ARQUITECTURA / = esbozo
3 Habilidad para hacer una cosa: *tiene traza para el dibujo.* — = maña, recurso
4 Señal o marca que deja una cosa: *el detective siguió las trazas de la rueda.* — = huella, rastro
5 Trayectoria descrita por el punto luminoso en las pantallas de rayos catódicos. — FÍSICA
6 Eje o línea media de una carretera o ferrocarril. — = trazado
7 **traza de una recta:** Intersección de una recta con un plano tomado como plano de proyección. — GEOMETRÍA
8 **traza de un plano:** Intersección de un plano con otro de referencia o de proyección. — GEOMETRÍA
9 **darse traza o trazas:** Darse maña o habilidad al hacer una cosa: *se da mucha maña con la carpintería.* — coloquial
10 **llevar o traer traza o trazas de:** Estar en vías o en camino de lograr alguna cosa: *la empresa lleva trazas de prosperar.* — coloquial
11 **por las trazas:** Según las apariencias: *por las trazas, está intentando engañarte.* — loc.adv.

trazable Que puede ser trazado: *línea trazable.* — adj.

trazada Modo de tomar una curva o recorrido que realiza un piloto de coches o de motocicletas en las curvas para salir mejor de ellas. — s.f. / DEPORTES

trazado, a
1 Se aplica a la persona que tiene buena o mala traza: *es un joven apuesto y bien trazado.* — adj.
2 Acción y efecto de trazar: *el trazado del dibujo es muy claro.* — s.m.
3 Recorrido o dirección de un camino, canal u otra vía sobre una superficie: *el nuevo túnel modifica el trazado de la carretera.* — = traza
4 Diseño o proyecto de un edificio u otra obra de construcción: *el trazado de la fachada.* — ARQUITECTURA / = planta, traza

trazador, a Que traza o crea una obra: *el trazador del edificio es un famoso diseñador.* — adj/s.

trazar (Del lat. vulgar *tractiare.*)
1 Hacer trazos o líneas: *trazó un esquema de la casa en un papel.* — v.tr. / conj: *cazar*
2 Describir o representar una cosa en sus rasgos más esenciales: *trazó un esbozo del personaje.* — = esbozar
3 Pensar o preparar alguna cosa: *han trazado un plan para robar al banco.* — = planear
4 Diseñar un plano o un proyecto de una obra que se tiene que construir. — ARQUITECTURA
5 Trasladar las formas y medidas de un dibujo o plano a la pieza en bruto. — ARTE / = proyectar

trazo
1 Línea dibujada sobre una superficie: *los trazos de su dibujo quedaron difusos.* — s.m. / = raya
2 Línea del rostro: *tiene un rostro de trazos suaves.* — = perfil
3 Cada una de las partes en que se considera dividida una letra: *escribe con trazos oblicuos.*
4 Pliegue del ropaje.
5 **trazo magistral:** El grueso que forma la parte principal de una letra.
6 **de trazo continuo:** Se refiere al original o al cliché cuyas tonalidades varían del blanco al negro de modo imperceptible. — loc.adj. / ARTES GRÁFICAS, FOTOGRAFÍA
7 **dibujar al trazo:** Señalar con líneas los contornos de una figura. — ARTE

trazumar Salir un líquido a través de los poros o intersticios de un cuerpo: *la jarra trazuma agua.* — v.tr/prnl. / = rezumar

trébede (Del lat. *tripedes.*)
1 Habitación o parte de ella que se calentaba, a través de conductos situados debajo de su suelo, quemando paja. — *s.f.*
2 Utensilio de hierro formado por un aro o triángulo con tres pies, donde se colocan las vasijas sobre el fuego del hogar. — *s.f.pl.*

trebejar
1 Cometer una persona travesuras. — *v.intr./= travesear*
2 Hacer una persona una cosa para divertirse. — *= jugar*

trebejo
1 Utensilio o herramienta de un oficio o actividad: *los trebejos de pintar.* — *s.m. = útil*
2 Cada una de las piezas del juego de ajedrez. — *JUEGOS*
3 Juguete u objeto con que una persona se divierte o entretiene: *no cojas mis cosas como trebejos.* — *JUEGOS*

trébol (Del cat. *trèvol < gr. triphyllon.*)
1 Planta herbácea de hojas casi redondas pecioladas de tres en tres, y flores blancas o rosadas en cabezuelas apretadas, que se usa como forraje. *(Trifolium.)* — *s.m. BOTÁNICA*
2 Palo de la baraja francesa y cada una de las trece cartas que lo componen: *le salió el as de trébol que necesitaba para la escalera.*
3 Adorno formado por tres lóbulos ordenados geométricamente y con un pequeño tallo, que lo distingue del trifolio. — *HERÁLDICA*
4 Cruce de carreteras a varios niveles y con empalmes por curvas. — *= scalextric*
5 **trébol de cuatro hojas:** Aquel que, de manera excepcional, en vez de tener tres hojas tiene cuatro y que según la tradición popular es portador de buena suerte.
6 **trébol hediondo:** Planta herbácea papilionácea de olor desagradable, hojas trifoliadas y flores agrupadas en cabezuelas. *(Psoralea bituminosa.)* — *BOTÁNICA = hierba cabruna*
7 **trébol oloroso o de olor:** Melilото, planta herbácea papilionácea cuyas flores se usan en medicina como emolientes. *(Melilotus officinalis.)* — *BOTÁNICA*

trebolado, a Se aplica a la pieza que termina en forma de hojas de trébol, en especial la cruz. — *adj/s. HERÁLDICA*

trebolar Terreno donde abunda el trébol. — *s.m.*

trece (Del lat. *tredecim.*)
1 Que resulta de la suma de diez y tres. — *adj.num/s.m.*
2 Se aplica al lugar que ocupa este número en una serie. — *adj.num/s.m.f. = decimotercero*
3 Signo o conjunto de signos que representa este número. — *s.m.*
4 **estarse, mantenerse o seguir alguien en sus trece:** Sostener con obstinación una afirmación, actitud o propósito: *ella se mantiene en sus trece y se niega a cooperar; sigue en sus trece afirmando que lo vio.* — *coloquial*

treceavo, a Se aplica a cada una de las partes que resultan de dividir una cosa en trece partes iguales. — *adj.num/s.m. tb: trezavo*

trecemesino, a De trece meses. — *adj.*

trecén Tributo que se pagaba al señor jurisdiccional equivalente a la treceava parte de las cosas vendidas. — *s.m. HISTORIA*

trecenazgo Cuerpo supremo de la orden militar de Santiago integrado por trece caballeros que se encargaban de su gobierno y administración. — *s.m. HISTORIA tb: trecenato*

treceno, a Que ocupa la posición número trece en una serie ordenada. — *adj.num/s.m. = decimotercero*

trecentista Del siglo xiv. — *adj.*

trecento (Voz italiana.) Término que designa al movimiento artístico, literario y cultural italiano del siglo xiv. — *s.m. ARTE, LITERATURA*

trecésimo, a Trigésimo [en todas sus acepciones]. — *adj.num/s.*

trecha Artimaña sutil e ingeniosa: *planearon una trecha para huir.* — *s.f. = treta*

trecheador, a Persona que transporta en una mina una carga a mano o en una espuerta. — *s. MINERÍA*

trechear Llevar una carga a mano o en una espuerta de trecho en trecho. — *v.tr. MINERÍA*

trechel Se aplica al trigo que se siembra en primavera y fructifica el verano de ese mismo año. — *adj. AGRICULTURA*

trecheo Operación de trechear una carga. — *s.m./MINERÍA*

trecho (Del lat. *tractus.*)
1 Tramo o trozo de camino de longitud indeterminada: *de aquí a allí hay un buen trecho.* — *s.m. = distancia*
2 Trozo de terreno, camino o huerta: *tiene un trecho sembrado de patatas.*
3 Parte de una cosa que se hace o se sucede de manera apretada: *hoy he hecho todo este trecho de encaje.*
4 **a trechos:** Con discontinuidad o intermisión: *el vestido está descosido a trechos.* — *loc.adv.*
5 **de trecho en trecho:** Con intervalos de espacio o de tiempo: *sólo le veo de trecho en trecho.* — *loc.adv.*

trechor (Del fr. ant. *trecheor.*) Pieza parecida a la orla, la mitad más estrecha que ésta. — *s.f. HERÁLDICA*

tredécimo, a Que ocupa el lugar número trece en una serie ordenada. — *adj.num/s. = decimotercero*

trefe (Del hebreo *trefa,* carne prohibida.)
1 Que es endeble y ligero: *esa madera es muy trefe para tanto peso.* — *adj. = flojo*
2 Que es falso o contrario a la ley.

trefilado Acción y resultado de trefilar. — *s.m.*

trefilador, a
1 Que trefila. — *adj/s./METALURGIA*
2 Persona que trefila. — *s./METALURGIA*

trefiladora Máquina utilizada para trefilar. — *s.f./METALURGIA*

trefilar
1 Convertir un metal en hilos de diverso grosor por estirado en frío. — *v.tr. METALURGIA*
2 Hacer pasar los hilos metálicos por los agujeros de la hilera para reducir su diámetro. — *METALURGIA*

trefilería
1 Fábrica o taller donde se trefila. — *s.f./METALURGIA*
2 Arte de trefilar. — *METALURGIA*

tregua (Del germ. *triggwa,* tratado.)
1 Suspensión temporal y pactada de una guerra o de otro tipo de hostilidad entre enemigos: *tras largas negociaciones, ambos gobiernos llegaron a una tregua.* — *s.f.*
2 Descanso temporal en cualquier trabajo o actividad: *no puedes tomarte una tregua hasta que la acabes.* — *= pausa*
3 **tregua de Dios:** Decreto eclesiástico que, durante la edad media, prohibía las guerras feudales y todo tipo de violencia. — *HISTORIA, RELIGIÓN*
4 **dar tregua:** 1. Suspenderse por algún tiempo un dolor u otro tormento: *el dolor de cabeza no dio tregua hasta la noche.* 2. Dar tiempo para realizar una cosa: *nos dio una tregua para entregar el trabajo.*
5 **sin tregua:** Sin descanso: *trabaja sin tregua para mantener a su familia.* — *loc.adv.*

treinta (Del lat. *triginta.*)
1 Que resulta de la multiplicación de tres por diez. — *adj.num/s.m.*
2 Que ocupa esta posición en una serie: *llegó el treinta en la carrera.* — *adj.num/s.m.f. = trigésimo*
3 Signo o conjunto de signos que representa este número. — *s.m.*

treintaidosavo, a
1 Se aplica a cada una de las partes que resultan de dividir una cosa en treinta y dos partes iguales. — *adj.num/s.m.*
2 **en treintaidosavo:** Se aplica al libro o folleto cuyo tamaño es el resultado de dividir un pliego de papel ordinario en treinta y dos partes. — *ARTES GRÁFICAS*

treintanario Treinta días, continuos o interrumpidos, que una persona dedica a un mismo asunto, en general de carácter religioso. — *s.m.*

treintañero, a Que tiene treinta años: *es un bar frecuentado por treintañeros solteros.* — *adj. = treintañal*

treintavo, a Se aplica a cada una de las partes que resultan de dividir un todo en treinta partes iguales: *la treintava parte de noventa es tres.* — *adj.num/s.m.*

treintena
1 Conjunto de treinta unidades: *tiene una treintena de botellas en su colección.* — *s.f.*
2 Cada una de las partes que resultan de dividir una cosa en treinta partes iguales.

treja Jugada de billar en la que la bola golpea en una o dos bandas antes que en otra bola. — *s.f. JUEGOS*

trekking (Voz inglesa.) Variedad de turismo deportivo que consiste en recorrer una región a pie. — *s.m. DEPORTE*

trematodo, a Perteneciente a una clase de gusanos platelmintos de cuerpo no segmentado, parásitos de los vertebrados, de reproducción larvaria compleja, que se fijan a las paredes internas del cuerpo mediante dos o más ventosas, como la duela del hígado del cordero. — *adj/s.m. ZOOLOGÍA*

tremble Filete o lámina metálica ondulada que se usa en tipografía. — *s.m. ARTES GRÁFICAS*

tremebundo, a Que causa terror: *de la casa salían unas voces tremebundas.* — *adj./= aterrador ≠ apacible*

tremedal Terreno pantanoso, abundante en turba y cubierto de césped que tiembla al andar sobre él. — *s.m./tb: tremadal = tembladal*

tremendismo
1 Corriente estética española del siglo xx que tiende a exagerar los aspectos más crudos y morbosos de la realidad en la expresión plástica y literaria. — *s.m. ARTE, LITERATURA*
2 Tendencia a contar noticias alarmantes: *una de las características de ese periódico es su tremendismo.* — *= alarmismo*

tremendista
1 Del tremendismo. — *adj./ARTE*
2 Que profesa el tremendismo. — *adj/s.m.f.*
3 Que se aplica a la persona aficionada a contar noticias alarmantes: *no voy a contarle nada de la enfermedad porque es muy tremendista.*

tremendo, a (Del lat. *tremendus.*)
1 Que causa miedo, que es digno de ser temido: *cayó una tormenta tremenda.* — *adj./= terrible, horroroso*
2 Que tiene un gran tamaño o intensidad: *se llevó una desilusión tremenda; tenía un tremendo dolor de cabeza.* — *= formidable, terrible ≠ insignificante*

3 Que hace o dice cosas raras o sorprendentes: *ese hombre es tremendo, hace todo lo posible para llamar la atención.* = terrible

4 Se refiere al niño que es muy travieso: *no le dejes solo ni un momento porque es tremendo.* = inquieto

5 echar por la tremenda: Llevar un asunto de forma violenta: *echó por la tremenda lo del despido y se lió a golpes con el mobiliario de la oficina.* coloquial

6 tomarse una cosa a la tremenda: Darle demasiada importancia: *no te tomes la vida tan a la tremenda porque todo tiene solución.* coloquial

trementina
1 Resina semilíquida que se obtiene del pino, del alerce y del lentisco y se usa como disolvente para lacas, barnices y otros usos industriales y terapéuticos. s.f. BOTÁNICA

2 esencia de trementina: La que se obtiene por destilación de las trementinas, usada como disolvente, para hacer barnices o diluir colores. QUÍMICA

3 trementina de Quío: Resina del lentisco de Quío usada en perfumería y en la preparación de barnices. BOTÁNICA

tremesino, a Que tiene o dura tres meses. adj./tb: tresmesino

tremielga (Del lat. *tremere*, temblar + *merga*, horca.) Pez marino que vive en los fondos arenosos y fangosos, que presenta la cara dorsal amarilla o parda, con cinco manchas circulares azul oscuro, bordeadas de rojo y amarillo. *(Torpedo torpedo.)* s.f. ZOOLOGÍA

tremó (Del fr. *trumeau*, pantorrilla.) Adorno que se pone como marco a un espejo fijo en una pared. s.m.

tremolante Que tremola o se agita en el aire: *desde la orilla se veía la tremolante bandera del velero.* adj. = ondeante

tremolar (Del lat. vulgar *tremulare*.)
1 Mover banderas, estandartes o pendones en el aire: *tremolaban las banderas agitadas por la multitud.* v.tr.
2 Moverse una bandera u otra cosa al ser agitada por el viento. v.intr. = ondear

tremolina
1 Movimiento ruidoso del aire: *la tempestad vino acompañada de una gran tremolina.* s.f.
2 Confusión de voces y personas: *la tremolina que armáis no me deja dormir.* = alboroto, bulla, jaleo

tremolita Silicato natural del género anfíbol. s.f./MINERALOGÍA

trémolo (Del ital. *tremolo.*)
1 Repetición rápida de un mismo sonido. s.m./MÚSICA
2 Temblor de la voz. MÚSICA

tremor (Del lat. *tremor.*)
1 Agitación o movimiento rápido y continuado: *el tremor de su voz delataba su espanto.* s.m. = temblor
2 Comienzo del temblor.

tremoso, a Que tiembla mucho: *llegó tremoso del miedo que había pasado.* adj. = tembloroso

trémulamente Con temblor, o con un movimiento semejante. adv. = temblorosamente

trémulo, a (Del lat. *tremulus.*)
1 Que tiembla: *debe hacer viento porque veo hojas trémulas en el árbol.* adj./tb: tremulante = tembloroso
2 Que produce un movimiento semejante al temblor: *una luz trémula y débil iluminaba la sala.*

tren (Del fr. *train.*)
1 Conjunto articulado de vagones arrastrados por una locomotora: *el tren es un medio de transporte cómodo.* s.m.
2 Conjunto de instrumentos o máquinas dispuestos en serie para una misma operación o servicio: *tren de montaje; tren de embalaje.*
3 Conjunto de las cosas necesarias para un viaje o una expedición. = bagaje
4 tren botijo: El de recreo que, en verano, trasladaba pasajeros a las poblaciones costeras. coloquial
5 tren carreta: El que marcha a poca velocidad y para en todas las estaciones. coloquial
6 tren correo: El que transporta correspondencia pública.
7 tren de alta velocidad: El que circula por una línea férrea especial diseñada para que los trenes alcancen velocidades superiores a los 200 km por hora.
8 tren de aterrizaje: Dispositivo de un avión que guarda y despliega el conjunto de ruedas, flotadores o patines necesarios para el despegue y el aterrizaje. AERONÁUTICA
9 tren de engranajes: Conjunto de engranajes de una maquinaria. MECÁNICA
10 tren de lavado: Sistema automático para limpiar coches.
11 tren de mercancías: El que se usa para el transporte de géneros pero no de viajeros.
12 tren de ondas: Conjunto de ondas de duración limitada que se suceden unas a otras por estar originadas por perturbaciones intermitentes. FÍSICA
13 tren de vida: Modo de vivir con cierto lujo: *lleva un tren de vida exagerado para el dinero que tiene.* coloquial
14 tren especial: El que no está en el cuadro de servicio ordinario y se dispone a petición del interesado y a su costa: *el gobierno ha enviado un tren especial con ayuda humanitaria a la zona en conflicto.*

15 tren expreso: El de viajeros, de gran velocidad y parada sólo en estaciones principales.
16 tren mixto: El que transporta viajeros y mercancías.
17 tren ómnibus: El formado por toda clase de vagones, que para en todas las estaciones.
18 tren ordinario: El que tiene su recorrido previsto en el cuadro del servicio de línea.
19 tren rápido: El de mayor velocidad que la del expreso.
20 tren sanitario: El que transporta heridos o material de socorro.
21 tren tranvía: El que se detiene en todas las estaciones del trayecto que recorre.
22 a todo tren: 1. Con mucho lujo, sin faltar detalle: *amueblaron el piso a todo tren.* **2.** A gran velocidad, lo más rápido posible: *se puso a trabajar a todo tren para acabar antes.* loc.adv. loc.adv.
23 estar una persona como un tren: Ser muy atractivo: *ese actor está como un tren.* coloquial
24 para parar un tren: En cantidad, de forma abundante: *está bueno como para parar un tren; hizo comida para parar un tren.* loc.adv.
25 perder el último tren: Perder la última posibilidad o esperanza: *al no aceptar, perdió el último tren.* coloquial

trena (Del lat. *trina*, triple.)
1 Banda que llevaban los soldados como cinturón o en bandolera. s.f.
2 Plata quemada.
3 Edificio o local para recluir a los presos. argot/= cárcel

trenado, a Que tiene forma de trenza, de enrejado o de redecilla. adj.

trenca
1 Abrigo corto con capucha: *lleva una trenca de paño azul.* s.f.
2 Cada raíz principal de una cepa. AGRICULTURA
3 Cada palo atravesado en el interior de la colmena para sostener los panales.
4 meterse hasta las trencas: 1. Atascarse en un barrizal. **2.** Implicarse en un negocio o asunto del que es difícil salir airoso: *se está metiendo hasta las trencas en un asunto de drogas.* coloquial coloquial

trencellín Cinta de oro o plata que se ponía como adorno en los sombreros. s.m. = trencillo

trencilla Adorno de pasamanería de seda, algodón o lana. s.f. = trencillo

trencillar Adornar una cosa con trencillas: *trencilló los almohadones con un cordón de seda granate.* v.tr.

trencillo
1 Adorno de pasamanería hecho de seda, algodón o lana. s.m. = trencilla
2 Cinta de oro o plata que se ponía en los sombreros como adorno. = trancellín, trencellín

trend (Voz inglesa.) Variación económica de larga duración. s.m. ECONOMÍA

treno Canto fúnebre o lamentación por alguna desgracia, en la antigüedad griega. s.m. HISTORIA

trenza
1 Conjunto de tres cabos, hebras o fibras de cualquier clase que se entretejen cruzando alternativamente cada una de ellas por encima y debajo de la otra: *la tela lleva una trenza como remate.* s.f.
2 Peinado que se hace entretejiendo tres mechones de cabello: *se recogió el pelo en una larga trenza.*
3 Galón de oro o plata que se coloca en el gorro, la gorra o las hombreras, cuya anchura varía según la categoría o el grado militar. MILITAR
4 Cuerda de esparto para armar las redes de pesca. NÁUTICA

trenzadera Lazo que se forma al trenzar una cuerda o cinta. s.f. tb: tranzadera

trenzado, a
1 Modo de estar recogido el cabello o los hilos formando una trenza. adj.
2 Acción y resultado de trenzar: *se le deshizo el trenzado por el viento.* s.m.
3 Movimiento de danza que consiste en dar un salto ligero entrecruzando repetidamente los pies.
4 Paso que hace el caballo piafando. EQUITACIÓN
5 Ornamentación consistente en fajas, junquillos o filetes en forma de trenza. s.m.pl.
6 al trenzado: De forma descuidada, con poco cuidado. loc.adv.

trenzadora Máquina que se usa para obtener productos diversos, como cordones de zapatos, cuerdas, flecos, conductores o hilos telegráficos. s.f. TECNOLOGÍA

trenzar
1 Hacer una trenza con el pelo u otra cosa: *trenzó unas hebras formando un cabo.* v.tr. conj: *cazar*
2 Hacer el caballo trenzados. v.intr./EQUITACIÓN
3 Hacer una persona trenzados en la danza.
4 Retorcer y entrelazar los mimbres, el esparto o la paja para hacer cestas o esteras. v.tr.

treo (Del cat. *treu* < fr. ant. *tref* < lat. *trabs*, poste.) Vela cuadrada o redonda con la que las embarcaciones de vela latina o velas triangulares navegan en popa con viento fuerte. *s.m.* NÁUTICA

treonina Aminoácido esencial, uno de los más corrientes en las proteínas, especialmente en la caseína e indispensable para el organismo humano. *s.f.* BIOQUÍMICA

trepa
I (Derivado de *trepar,* voz onomatopéyica.)
1 Acción y resultado de trepar. *s.f.*
2 Subida a un lugar valiéndose de los pies y las manos: *la trepa al árbol no te será fácil.*
3 Media voltereta que consiste en tenderse boca abajo, apoyar la cabeza y los pies en el suelo, y hacer girar el cuerpo sobre la cabeza hasta quedar tumbado boca arriba.
4 Persona que intenta conseguir una mejor posición económica o laboral valiéndose de procedimientos engañosos: *el trepa ese te quitará el puesto.* *s.m.f.* coloquial = arribista
II (Derivado de *trepar* < cat. *trepar.*)
1 Acción y resultado de agujerear o taladrar una superficie. *s.f.* = taladramiento
2 Adorno en forma de espiral hecho con hilo que se ponía en el borde de los vestidos. = trepado
3 Serie de ondulaciones de la superficie de algunas maderas labradas. CARPINTERÍA
4 Castigo de azotes y golpes. = paliza
5 Plantilla de cinc, cartón u otra materia que se usa en ciertos sistemas de pintura.

trepado, a
1 Se aplica al animal fornido y rehecho. *adj.*
2 Adorno en forma de espiral hecho con hilo que se ponía en el borde de los vestidos. *s.m.* = trepa
3 Taladrado de puntos en algunos papeles para partirlos con facilidad: *dobló la hoja por el trepado para cortar los sellos que necesitaba.* = punteado
4 Acción de trepar o agujerear una superficie. = taladrado

trepador, a
1 Que trepa o es capaz de trepar: *algunos animales están dotados de pies trepadores.* *adj.* = trepante
2 Se aplica a la planta que crece sujetándose a un soporte, ya sea por enroscamiento o por órganos fijadores especiales. BOTÁNICA
3 Se refiere al ave que trepa con facilidad por tener el dedo externo unido al del medio y dirigido hacia atrás. *adj./s.* ZOOLOGÍA
4 Lugar por donde se trepa o se puede trepar. *s.m.*
5 Garfio que se sujeta a los pies con correas y que sirve para subir a los postes del telégrafo. *s.m.*
6 Se aplica a la persona que intenta mejorar su posicion sin importarle los medios: *es un trepador al que no le importa hundirte en su camino.* *adj./s.* coloquial = arribista

trepadora Máquina con que se realiza el trepado. *s.f.*

trepajuncos Arandillo, pájaro insectívoro que se oculta entre las cañas y juncos. *s.m./pl:* trepajuncos ZOOLOGÍA

trepanación Acción y resultado de atravesar el cráneo u otro hueso con un fin terapéutico. *s.f.* MEDICINA

trepanar Abrir el cráneo u otro hueso con el trépano con fines terapéuticos. *v.tr.* MEDICINA

trépano (Del gr. *trypanon.*)
1 Instrumento quirúrgico punzante que se usa para agujerear el cráneo u otro hueso. *s.m.* MEDICINA
2 Herramienta que se usa para disgregar rocas en las perforaciones y exploraciones del subsuelo. MINERÍA
3 Instrumento que en una taladradora sustituye a la broca para hacer taladros de gran diámetro. MECÁNICA
4 Utensilio para agujerear piedra o mármol, en escultura. ARTE

trepante
1 Que trepa. *adj./=* trepador
2 Que utiliza trepas, ardides o engaños para conseguir mejorar su posición social. *adj/s.m.f.* = trepa, trepador

trepar
I (Voz onomatopéyica.)
1 Subir a un lugar alto utilizando las extremidades: *el gato trepa por los árboles.* *v.intr/tr.* = engarabitar
2 Crecer una planta adhiriéndose o agarrándose a un soporte: *el jazmín trepa por la pared.* *v.intr.* BOTÁNICA
3 Llegar a tener una persona una posición económica o social elevada valiéndose de cualquier medio: *trepó en la empresa sin importarle el resto de compañeros.*
II (Voz catalana.)
1 Hacer un agujero en una cosa: *no puedo trepar la pared con el taladro.* *v.tr.* = taladrar
2 Adornar una prenda poniendo una guarnición en los bordes.

treparriscos Ave paseriforme de color carmesí, con las alas redondeadas y negruzcas, dorso gris, cola corta y pico largo y curvado. *(Trichodroma muraria.)* *s.m.* pl: treparriscos ZOOLOGÍA

trepatroncos Herrerillo, ave párida insectívora de cabeza azul y pico pardo con la punta blanca, de la que existen diversas especies. *s.m.* pl: trepatroncos ZOOLOGÍA

trepe Reprimenda con que se critican o desaprueban los actos de los demás: *te van a echar un trepe por llegar tarde.* *s.m.* coloquial = bronca

trepidación
1 Acción de trepidar o temblar una cosa: *la trepidación de las ramas indica que hace viento.* *s.f./=* temblor, retemblor
2 Balanceo aparente de norte a sur, o viceversa, que los astrónomos antiguos atribuían al firmamento. ASTRONOMÍA

trepidante
1 Que trepida: *estaba absorto mirando las llamas trepidantes del fuego.* *adj.*
2 Que resulta excitante por tener mucha acción y suceder muy deprisa: *la película mantiene un ritmo trepidante hasta el final.* = vibrante

trepidar (Del lat. *trepidare.*)
1 Moverse una cosa con movimientos pequeños y rápidos. *v.intr.*
2 Dudar o titubear de miedo. *Amér. Central y Merid.*
3 Funcionar a sacudidas un acoplamiento o embrague. MECÁNICA
4 Realizar un trabajo irregular y brusco una herramienta que adolece de falta de ajuste.
5 Entusiasmarse una persona con alguna cosa. = excitar

treponema (Del gr. *trepo,* dar vueltas + *nema,* hilo.)
1 Bacteria espiroqueta, casi siempre parásita, que puede afectar a las personas y a los animales. *s.m.* BIOLOGÍA
2 **treponema pálido:** Bacteria causante de la sífilis. BIOLOGÍA

treponematosis Denominación genérica de las enfermedades causadas por una bacteria espiroqueta patógena. *s.f.* pl. treponematosis MEDICINA

tres (Del lat. *tres.*)
1 Que resulta de la suma de dos y uno: *tres más uno son cuatro.* *adj.num/s.m.*
2 Que ocupa la tercera posición en una serie. *adj/num/s.m.f.*
3 Signo o conjunto de signos que representa este número. *s.m.*
4 Carta de la baraja con este número: *tengo dos treses.*
5 **tres cuartos:** Prenda de abrigo más larga que un chaquetón y más corta que un abrigo.
6 **tres en raya:** Juego de mesa. JUEGOS
7 **tres por cuatro:** Compás de tres tiempos cuya unidad de tiempo es la negra. MÚSICA
8 **tres por dos:** Compás de tres tiempos cuya unidad de tiempo es la blanca. MÚSICA
9 **cada dos por tres:** Siempre, continuamente: *le castigan cada dos por tres porque es muy desobediente.* loc.adv.
10 **como tres y dos son cinco:** Se usa para indicar la evidencia de una verdad: *por supuesto que es mi padre, como tres y dos son cinco.* coloquial
11 **de tres al cuarto:** Que es malo, está mal hecho o es de mala calidad: *ayer vimos una película de tres al cuarto.* loc.adj.
12 **ni a la de tres:** De ningún modo: *no va al médico ni a la de tres.* loc.adv. coloquial

tresalbo, a Se aplica a la caballería que tiene tres pies blancos. *adj.*

tresañal Que tiene tres años: *sacrificarán a las reses tresañales.* *adj.* tb: tresañejo

tresbolillo Se usa en la expresión **a tresbolillo** para indicar que los objetos se han dispuesto en grupos de cinco de modo que uno de ellos queda en el centro de los otros cuatro. loc.adv.

trescientos, as (Del lat. *trecenti.*)
1 Que resulta de la multiplicación de tres por cien. *adj.num/s.m.*
2 Que ocupa esta posición en una serie: *es el trescientos de la lista.* *adj.num/s.m.f.* = tricentésimo
3 Signo o conjunto de signos que representa este número. *s.m.*

tresdoblar
1 Multiplicar una cantidad por tres: *el ejercicio consiste en tresdoblar las cifras que se os dan.* *v.tr.* = triplicar
2 Hacer la misma cosa tres veces: *ha tresdoblado la tarea por hacerla mal.* = triplicar
3 Doblar una cosa tres veces.

tresillista Persona aficionada al juego del tresillo: *los tresillistas ya están en su mesa de juego.* *s.m.f.* JUEGOS

tresillo
1 Conjunto de un sofá y dos butacas que hacen juego. *s.m.*
2 Juego de cartas entre tres personas en el que cada una de ellas recibe nueve cartas y en el que gana la que hace más bazas. JUEGOS
3 Sortija con tres piedras preciosas que hacen juego.
4 Grupo de tres notas de igual valor que se ejecuta en el tiempo correspondiente a dos de ellas. MÚSICA

tresmesino, a De tres meses. *adj./tb:* tremesino

tresnal Conjunto de haces de mies apilado en forma de pirámide. *s.m.* AGRICULTURA

tresquilar Trasquilar o esquilar, cortar la lana de las ovejas. *v.tr/Chile, C. Rica, Ecuad.*

trestanto Tres veces una cantidad. *adv.*

treta (Del fr. *traite.*)
1 Artimaña sutil e ingeniosa para lograr un fin: *ideó una treta para irse sin pagar.* *s.f.* = jugada

2 Engaño ejecutado por el esgrimista para herir o desarmar al contrario, o para defenderse. — DEPORTES

trezavo, a Se aplica a cada una de las trece partes iguales en que se divide un todo. — adj.num/s.m. = treceavo

trezna Rastro o huella que deja a su paso la caza mayor. — s.f. CAZA

tri- Componente de palabra procedente del lat. *tres, tria*, que significa tres: *trisílabo*. — pref.

tría
1 Acción y resultado de triar o triarse: *es difícil la tría entre tantas cosas.* — s.f. = elección
2 **dar una tría:** Trasladar una colmena débil o poco poblada al lugar de otra fuerte.

triaca (Del lat. *theriaca* < gr. *theriake*, remedio contra el veneno de los animales.)
1 Preparado farmacéutico usado antiguamente compuesto, entre otros ingredientes, de opio. — s.f. FARMACIA
2 Remedio de un mal.

triacal De la triaca o que tiene alguna de sus propiedades curativas. — adj. FARMACIA

triache (Del cat. *triatge*.) Café de calidad inferior, formado por residuos o desperdicio de los granos requemados, partidos, estropeados o con algún otro defecto. — s.m.

triácido Compuesto químico con tres funciones ácidas. — s.m./QUÍMICA

tríada (Derivado del lat. *tres, tria*, tres.)
1 Conjunto de tres cosas. — s.f./= trío
2 Grupo de tres divinidades asociadas a un mismo culto: *la tríada capitolina.* — MITOLOGÍA

triádico, a De la tríada. — adj.

trial Carrera motociclista de habilidad que consiste en sortear diferentes obstáculos por un terreno montañoso: *es el campeón de trial.* — s.m. DEPORTES

trialsín Prueba ciclista de habilidad que consiste en sortear una serie de obstáculos sobre terreno montañoso o en una pista que lo simula. — s.m. DEPORTES

triamcinolona Corticoide sintético que se utiliza como antirreumático. — s.f. FARMACIA

triangulación
1 Operación de triangular: *el equipo de topógrafos procedió a la triangulación del terreno.* — s.f.
2 Conjunto de datos obtenidos mediante esta operación.

triangulado, a Que tiene forma de triángulo o está dividido en triángulos. — adj.

triangular
1 Que tiene forma de triángulo o que tiene tres ángulos. — adj.
2 Que tiene como base un triángulo: *pirámide triangular.*
3 Se refiere a diversos músculos que tienen forma de triángulo. — ANATOMÍA
4 Señalar distintos puntos de un terreno por medio de triángulos para fijar su posición exacta en un plano. — v.tr.
5 Poner las piezas de una armadura de manera que formen un triángulo. — CONSTRUCCIÓN

triángulo, a
1 Que tiene la forma de un polígono de tres lados. — adj.
2 Polígono de tres lados que se cortan formando tres ángulos. — s.m. GEOMETRÍA
3 Instrumento de percusión formado por una varilla metálica con la forma de ese polígono, suspendido por un cordón, que suena al ser golpeado por otra varilla. — MÚSICA
4 Coexistencia de una pareja y el amante de uno de ellos: *la película trata de un triángulo entre un matrimonio y otra mujer.* — coloquial
5 **triángulo acutángulo u oxigonio:** El que tiene sus tres ángulos agudos. — GEOMETRÍA
6 **triángulo amoroso:** Relación sentimental entre tres personas: *nunca le importó formar parte del triángulo amoroso.*
7 **triángulo cuadrantal:** El esférico que tiene por lados uno o más cuadrantes. — GEOMETRÍA
8 **triángulo equilátero:** El que tiene los tres ángulos iguales. — GEOMETRÍA
9 **triángulo escaleno:** El que tiene los tres lados desiguales. — GEOMETRÍA
10 **triángulo esférico:** El trazado en la superficie de la esfera, en especial el formado por tres arcos de círculo máximo. — GEOMETRÍA
11 **triángulo isósceles:** El que sólo tiene dos lados iguales. — GEOMETRÍA
12 **triángulo oblicuángulo:** El que no tiene ningún ángulo recto. — GEOMETRÍA
13 **triángulo obtusángulo o ambligonio:** El que tiene obtuso uno de sus ángulos. — GEOMETRÍA
14 **triángulo plano:** El que tiene sus tres lados en un mismo plano. — GEOMETRÍA
15 **triángulo rectángulo u ortogonio:** El que tiene uno de sus ángulos recto. — GEOMETRÍA

16 **triángulo vocálico:** Representación gráfica del sistema vocálico de las lenguas que presentan una sola vocal en el grado de máxima abertura. — LINGÜÍSTICA

triaquera Caja o bote donde se guardaba la triaca u otros preparados farmacéuticos. — s.f. FARMACIA

triar (Voz catalana.)
1 Elegir una persona o una cosa entre varias: *me gustan todos pero triaré el primero.* — v.tr./conj: vaciar = escoger
2 Entrar y salir con frecuencia las abejas de una colmena muy poblada. — v.intr.
3 Ser transparente una tela por estar desgastada o mal tejida. — v.prnl. = clarearse

triásico, a (Del gr. *trias*, conjunto de tres.)
1 Se aplica al primer período geológico de la era secundaria. — adj/s.m. GEOLOGÍA
2 Que pertenece a este período geológico: *terreno triásico; fósil triásico.* — adj. GEOLOGÍA

triathlón
1 Deporte que combina tres pruebas diferentes, que se suceden la una a la otra sin interrupción de tiempos, y que son, por orden, natación, en que se nada, según las categorías, de uno a tres kilómetros, ciclismo, entre 40 y 200, y carrera atlética, entre los diez kilómetros y un maratón. — s.m. DEPORTES
2 **triathlón blanco o de invierno:** Deporte con las mismas características que el anterior pero en el que se sustituye la natación por el esquí de fondo. — DEPORTES

triatómico, a Se aplica al cuerpo cuyas moléculas están formadas por tres átomos. — adj. QUÍMICA

tribal De la tribu: *en el reportaje se explican los ritos tribales.* — adj. SOCIOLOGÍA

tribalismo Organización de tipo tribal. — s.m./SOCIOLOGÍA

tribo- Componente de palabra procedente del gr. *tribo*, que significa frote, rozamiento: *triboelectricidad.* — pref/suf.

triboelectricidad Electricidad estática producida por frotamiento de dos cuerpos. — s.f. ELECTRICIDAD

tribología (Del gr. *tribo*, frotar + *logos*, ciencia.) Técnica que estudia el rozamiento entre los cuerpos sólidos para mejorar el deslizamiento y el menor desgaste entre ellos. — s.f. FÍSICA

triboluminiscencia Luminiscencia producida por un choque. — s.f. FÍSICA

tribometría Medición de las fuerzas de rozamiento. — s.f./FÍSICA

tribómetro (Del gr. *tribo*, frotar + *metron*, medida.) Instrumento para medir el coeficiente de fricción por deslizamiento de los cuerpos. — s.m. FÍSICA

tribraquio (Del lat. *tres, tria*, tres + *bracchium*, brazo.) Pie de la poesía griega y latina formado por tres sílabas breves. — s.m. POESÍA

tribu (Del lat. *tribus*.)
1 Agrupación homogénea de familias con unas características políticas, sociales y culturales comunes que suelen estar lideradas por un jefe. — s.f. SOCIOLOGÍA
2 Agrupación en que se dividían algunos pueblos antiguos en función de la pertenencia a un determinado linaje o clan: *las doce tribus de Israel.* — HISTORIA
3 Familia numerosa o grupo de personas: *en su familia son una auténtica tribu.* — coloquial = clan
4 Grupo taxonómico intermedio entre la familia y el género. — BIOLOGÍA

tribual De la tribu: *civilización tribual.* — adj.

tribuir (Del lat. *tribuere*.) Atribuir o asignar una cosa a una persona: *no pueden tribuirle la responsabilidad del hecho.* — v.tr. conj: huir

tribulación
1 Sentimiento de disgusto o preocupación que inquieta y atormenta: *la pérdida del empleo es una nueva tribulación para su familia.* — s.f. = aflicción, congoja
2 Situación desgraciada de importancia: *pasó muchas tribulaciones.* — = penalidad, adversidad

tríbulo (Del lat. *tribulus*.)
1 Denominación genérica de varias plantas espinosas. — s.m./BOTÁNICA
2 Abrojo, planta de tallos largos y rastreros y fruto armado de muchas púas. — BOTÁNICA
3 Remate del látigo.

tribuna (Del bajo lat. *tribuna*.)
1 Plataforma elevada desde donde un orador se dirige al público: *se subió a la tribuna y comenzó su discurso.* — s.f. = estrado
2 Plataforma elevada para presenciar un espectáculo o un acto público al aire libre: *los altos cargos presenciaron el desfile desde la tribuna.*
3 Espacio cubierto y preferente en un campo de deportes: *vieron el partido desde la tribuna.*
4 Oratoria política.
5 Galería de fachada en voladizo, cerrada con cristales, que cubre uno o varios pisos. — ARQUITECTURA
6 Galería en las iglesias que corre sobre las naves laterales. — ARQUITECTURA
7 Balcón que sostiene la caja de órganos. — ARQUITECTURA

8 tribuna libre: Sección de un periódico o emisión de radio o televisión en la que cada persona expone su opinión bajo su propia responsabilidad. — AUDIOVISUALES

tribunado
1 Dignidad de tribuno en la antigua Roma. — s.m./HISTORIA
2 Tiempo que duraba este cargo. — HISTORIA
3 Uno de los cuerpos del poder legislativo, en la constitución consular francesa anterior al imperio napoleónico. — HISTORIA

tribunal (Del lat. *tribunal*.)
1 Órgano del estado formado por uno o más magistrados que juzgan conjuntamente: *llevaron el caso a los tribunales*. — s.m. DERECHO
2 Lugar destinado a los jueces para administrar justicia y dictar sentencia: *el tribunal estaba lleno de periodistas*. — DERECHO
3 Conjunto de magistrados que administran justicia y pronuncian la sentencia. — DERECHO
4 Conjunto de jueces ante el cual se efectúan exámenes, oposiciones y otros certámenes o actos análogos: *el tribunal aprobó su exposición*.
5 **tribunal ad quem:** Aquel ante quien se acude contra el fallo de otro inferior. — DERECHO
6 **tribunal a quo:** Aquel de cuyo fallo se recurre. — DERECHO
7 **tribunal colegiado:** El formado por tres o más personas. — DERECHO
8 **tribunal constitucional:** Órgano institucional que vela por el respeto a la constitución y procura que las leyes se ajusten al espíritu de ésta. — DERECHO
9 **tribunal de cuentas:** Oficina central de contabilidad del estado encargada de censurar las cuentas de todas sus dependencias. — ECONOMÍA
10 **tribunal de Dios:** Juicio que Dios hace a las personas después de la muerte, según la religión católica. — RELIGIÓN
11 **tribunal de honor:** El que autoriza, dentro de ciertos cuerpos o colectividades, a juzgar la conducta deshonrosa, aunque no delictiva, de algunos de sus miembros. — DERECHO
12 **tribunal popular:** Aquel que se constituye en un momento revolucionario, al margen de la legislación vigente y cuyos miembros actúan con procedimientos sumarios y aplicando penas graves. — DERECHO, POLÍTICA
13 **tribunal supremo:** El más alto de la justicia ordinaria, cuyos fallos sólo son recurribles ante el constitucional. — DERECHO
14 **tribunal tutelar de menores:** El que, con propósito educador, resuelve acerca de delitos que conciernen a menores de edad y protege el desamparo de éstos. — DERECHO

tribunicio, a Del tribuno u orador político: *elocuencia tribunicia*. — adj. HISTORIA

tribúnico, a De la dignidad de tribuno. — adj./HISTORIA

tribuno (Del lat. *tribunus*.)
1 Magistrado que elegía el pueblo romano con facultad de poner el veto a las resoluciones del senado y de proponer plebiscitos. — s.m. HISTORIA
2 Orador político muy elocuente.
3 **tribuno de la plebe:** Magistrado encargado de defender los derechos de la plebe en tiempos de la república romana. — HISTORIA
4 **tribuno militar:** Jefe de un cuerpo de tropas entre los romanos. — HISTORIA

tributable Que puede tributar: *bienes tributables*. — adj.

tributación
1 Acción de tributar. — s.f.
2 Lo que se tributa al estado. — ECONOMÍA
3 Sistema o régimen tributario. — ECONOMÍA

tributante Que tributa o paga una cantidad como tributo. — adj/s.m.f.

tributar
1 Pagar una cantidad de dinero como tributo. — v.tr.
2 Ofrecer un obsequio o manifestar un sentimiento favorable hacia una persona: *todos le tributan un gran respeto*. — = rendir

tributario, a
1 Del tributo: *legislación tributaria*. — adj./ ECONOMÍA
2 Se aplica a la persona que paga tributo o está obligada a pagarlo: *esta pedanía es tributaria del pueblo más próximo*. — adj/s.
3 Se refiere a la corriente de agua que desemboca en un río o en un mar determinado: *el Duero es tributario del Atlántico*. — adj.

tributo (Del lat. *tributum*.)
1 Impuesto que se paga al estado para contribuir a satisfacer las cargas y atenciones públicas. — s.m. ECONOMÍA
2 Contribución que una nación paga a otra en reconocimiento de sumisión. — POLÍTICA
3 Carga u obligación que se impone a una persona por el uso o disfrute de una cosa: *tendrá que pagar tributo por pasar por mis tierras*. — = impuesto

tricéfalo, a (Del lat. *tres, tria*, tres + gr. *kephale*, cabeza.) Que tiene tres cabezas: *monstruo tricéfalo*. — adj.

tricenal
1 Que se hace o sucede cada treinta años: *celebración tricenal*. — adj.
2 Que dura treinta años.

tricentenario, a
1 Que tiene o dura trescientos años. — adj.
2 Período de trescientos años. — s.m.
3 Fecha en que se cumplen trescientos años de algún suceso famoso: *es el tricentenario del centro*.
4 Fiestas o ceremonias celebradas por este motivo.

tricentésimo, a
1 Que ocupa el lugar número trescientos en una serie. — adj.num/s.m.f.
2 Se aplica a cada una de las partes que resultan de dividir una cosa en trescientas partes iguales. — adj/s.m.

tríceps (Derivado del lat. *tres, tria*, tres + *caput*, cabeza.)
1 Se aplica al músculo que tiene tres cabezas o tendones de inserción en uno de sus extremos. — adj/s.m./pl: tríceps ANATOMÍA
2 **tríceps braquial:** El que extiende el antebrazo sobre el brazo. — ANATOMÍA
3 **tríceps espinal:** El que está a lo largo del espinazo e impide que éste caiga hacia adelante. — ANATOMÍA
4 **tríceps femoral:** El unido al fémur y a la tibia que, al contraerse, extiende la pierna. — ANATOMÍA

tricésimo, a Trigésimo [en todas sus acepciones]. — adj/s.

triciclo
1 Vehículo de tres ruedas: *aquí llega el triciclo de los helados*. — s.m.
2 Juguete infantil de tres ruedas que se mueve mediante la acción de los pedales.

tricípite (Del lat. *tres, tria*, tres + *caput*, cabeza.) Que tiene tres cabezas. — adj. culto

triclínico, a Se aplica al sistema cristalino que tiene las formas holoédricas caracterizadas por poseer el centro como único elemento de simetría. — adj. MINERALOGÍA

triclinio
1 Cama de tres plazas en que los romanos y griegos se reclinaban para comer. — s.m. HISTORIA
2 Comedor de los antiguos griegos y romanos. — HISTORIA

tricloroetileno Compuesto inflamable que se usa como disolvente. — s.m. QUÍMICA

tricloruro Cloruro compuesto de tres átomos de cloro por uno de otro elemento. — s.m. QUÍMICA

trico- Componente de palabra procedente del gr. *thrix, thrikhos*, que significa pelo: *tricocéfalo*. — pref/suf.

tricocéfalo (Del gr. *thrix, trikhos*, pelo + *kephale*, cabeza.) Gusano nematodo de pequeñas dimensiones que vive parásito en el intestino humano, de aspecto filiforme y la parte posterior del cuerpo más gruesa por contener los órganos reproductores. *(Trichocephalus dispar.)* — s.m. ZOOLOGÍA

tricoloma Género de setas de esporas blancas, sombrero plano o convexo, grueso y carnoso y pie robusto sin anillo ni volva. *(Tricholoma.)* — s.m. MICOLOGÍA

tricolor
1 De tres colores: *en el mástil ondea una bandera tricolor*. — adj.
2 **bandera tricolor:** La formada por tres bandas de diversos colores.

tricoma Masa de cabellos con acumulación de polvo, materia sebácea y parásitos. — s.m. MEDICINA

tricóptero, a Perteneciente a un orden de insectos de metamorfosis completa, cuya larva es acuática y se fabrica una envoltura protectora. — adj/s.m. ZOOLOGÍA

tricorne (Del lat. *tres, tria*, tres + *cornu*, cuerno.) Que tiene tres cuernos. — adj./literario = tricornio

tricornio (Del lat. *tres, tria*, tres + *cornu*, cuerno.)
1 Que tiene tres cuernos. — adj.
2 Sombrero que tiene el ala doblada de modo que forma tres puntas, en especial el de la guardia civil española. — s.m.

tricot
1 Género de punto. — s.m./TEXTIL
2 Labor de punto hecha a mano: *hace tricot sentada en una mecedora*. — TEXTIL

tricota Suéter, prenda de punto. — s.f./Argent.

tricotadora Máquina para hacer tejido de punto. — s.f./TEXTIL

tricotar Tejer punto a mano o a máquina: *se pasó la tarde tricotando*. — v.intr. TEXTIL

tricotomía (Del gr. *trikha*, en tres + *temno*, cortar.)
1 División en tres partes de un tallo o una rama. — s.f./BOTÁNICA
2 Método de clasificación en que las divisiones y subdivisiones tienen tres partes. — LÓGICA

tricotómico, a De la tricotomía: *planta tricotómica; división tricotómica*. — adj./BOTÁNICA LÓGICA

tricotosa
1 Máquina para hacer tejido de punto. — s.f./TEXTIL
2 Telar de punto. — TEXTIL

tricromía (Del lat. *tres, tria,* tres + gr. *khroma,* color.)
1 Impresión tipográfica que se hace combinando tres tintas de diferente color. — s.f. ARTES GRÁFICAS
2 Estampación que se obtiene mediante esta técnica. — ARTES GRÁFICAS

tricromo, a Se aplica a la imagen obtenida por tricromía. — adj. ARTES GRÁFICAS

tricúspide
1 Que tiene tres cúspides o puntas. — adj.
2 Se aplica a la válvula que se halla entre la aurícula derecha del corazón de los mamíferos y el ventrículo correspondiente. — adj/s.f. ANATOMÍA

tridacio (Del gr. *thridax, -akos,* lechuga.) Medicamento que se obtiene por la evaporación del jugo de los tallos de la lechuga espigada y se utiliza como calmante. — s.m. FARMACIA

tridáctilo, a (Del lat. *tres, tria,* tres + *dactylus* < gr. *daktilos,* dedo.) Se aplica al animal vertebrado que tiene tres dedos. — adj. ZOOLOGÍA

tridente (Del lat. *tridens, -tis.*)
1 Que tiene tres dientes. — adj.
2 Cetro con tres puntas, atributo de ciertas divinidades griegas y romanas marinas. — s.m. MITOLOGÍA
3 Arma en forma de arpón.

tridentino, a
1 De Trento, ciudad de Italia. — adj.
2 Persona natural de esta ciudad italiana. — adj.
3 De un concilio ecuménico que se reunió en esta ciudad. — adj/RELIGIÓN

tridimensional Que tiene tres dimensiones: *geometría tridimensional; película tridimensional.* — adj.

triduano, a Que tiene o dura tres días. — adj.

triduo (Del lat. *triduum.*) Serie de ejercicios devotos que se practican durante tres días. — s.m. RELIGIÓN

triedro (Del lat. *tres, tria,* tres + gr. *hedra,* base.)
1 Que tiene tres caras. — adj/GEOMETRÍA
2 Se aplica al ángulo o sector poliédrico que tiene tres caras. — adj/s.m. GEOMETRÍA

trienal (Del lat. *tres, tria,* tres + *annus,* año.)
1 Que se hace o sucede cada tres años: *celebraron la reunión trienal.* — adj. tb: trieñal
2 Que dura un trienio: *le han hecho un contrato trienal.*

trienio (Del lat. *tres, tria,* tres + *annus,* año.)
1 Período de tres años. — s.m.
2 Incremento económico de un sueldo por cada tres años de servicio activo: *le pagan varios trienios.*

trieñal Trienal [en todas sus acepciones]. — adj.

trierarca
1 Comandante de un trirreme. — s.m/HISTORIA
2 Ciudadano ateniense acaudalado encargado de equipar un trirreme a sus expensas. — HISTORIA

trifásico, a
1 Se aplica al sistema que tiene tres corrientes eléctricas alternas iguales procedentes del mismo generador: *corriente trifásica.* — adj. ELECTRICIDAD
2 Café cortado con leche y unas gotas de licor. — s.m/coloquial

trifauce Que tiene tres fauces o gargantas. — adj/literario

trifenilmetano Derivado del metano empleado como colorante. — s.m. QUÍMICA

trífido, a Se aplica al órgano que está dividido en tres partes. — adj. BOTÁNICA

trifinio Punto donde confluyen los términos de tres jurisdicciones o divisiones territoriales. — s.m.

trifloro, a Que tiene o encierra tres flores. — adj/BOTÁNICA

trifoliado, a Que tiene tres hojas. — adj/BOTÁNICA

trifolio (Del lat. *tres, tria,* tres + *folium,* hoja.)
1 Trébol, planta herbácea de hojas casi redondas divididas en tres folíolos. — s.m. BOTÁNICA
2 Figura que representa una hoja de tres pétalos y sin tallo. — HERÁLDICA

triforio (Del lat. *tres, tria,* tres + *fores,* puerta exterior.)
1 Galería con ventanas situada sobre los arcos que separan la nave mayor de las laterales en una iglesia. — s.m. ARQUITECTURA
2 Calado de dicha galería. — ARTE

triforme (Del lat. *tres, tria,* tres + *forma.*) Que tiene tres formas o figuras: *dioses triformes.* — adj.

trifulca
1 Enfrentamiento confuso entre varias personas que riñen, discuten o pelean: *a la salida del estadio se formó una trifulca entre los aficionados.* — s.f. = bronca, disputa
2 Aparato formado por tres palancas ahorquilladas en los extremos, que sirve para mover los fuelles de un horno metalúrgico. — METALURGIA

trifurcación Acción y resultado de dividir una cosa en tres ramales, puntas o caminos: *nos encontraremos en la primera trifurcación de la carretera.* — s.f.

trifurcado, a Que está dividido en tres ramales o brazos: *caminos trifurcados.* — adj.

trifurcarse (Del lat. *tres, tria,* tres + *furca,* horca de labrador.) Dividirse una cosa en tres ramales o puntas: *la rama del árbol se trifurca en el extremo.* — v.prnl. conj: *sacar*

triga
1 Carro de tres caballos. — s.f.
2 Tiro de tres caballos enganchados de frente.

trigal Tierra sembrada de trigo: *el pueblo está rodeado de trigales.* — s.m. AGRICULTURA

trigaza Se aplica a la paja del trigo. — adj/AGRICULTURA

trigémino, a Se aplica al quinto par de nervios craneales que se divide en tres ramas. — adj/ANATOMÍA

trigésimo, a (Del lat. *triginta,* treinta.)
1 Que ocupa el lugar número treinta en una serie: *llegó a la meta en la trigésima posición.* — adj.num/s. tb: tricésimo
2 Se aplica a cada una de las partes que resultan de dividir una cosa en treinta partes iguales. — adj.num/s.m.

triglicérido Lípido originado por la esterificación de la glicerina por tres moléculas de ácido graso. — s.m. QUÍMICA

triglifo (Del lat. *tres, tria,* tres + gr. *glypho,* esculpir.) Motivo ornamental del friso dórico que consiste en una superficie rectangular saliente surcada por estrías verticales que van del arquitrabe a la cornisa. — s.m. ARQUITECTURA tb: tríglifo

trigo (Del lat. *triticum.*)
1 Planta herbácea gramínea con espigas terminales compuestas de cuatro o más carreras de granos, de cuyas semillas se obtiene la harina, que se emplea para hacer el pan y otros alimentos. (*Triticum.*) — s.m. BOTÁNICA
2 Grano o semilla de esta planta. — BOTÁNICA
3 Conjunto de granos de esta planta: *la producción de trigo ha aumentado.* — AGRICULTURA
4 Dinero o bienes de una persona. — = caudal
5 **trigo candeal o común:** El aristado, de espiga cuadrada y espiguillas cortas, cuya harina es blanca y con mucho gluten, y el pan que se hace de ella es de gran calidad. (*Triticum aestivum.*) — BOTÁNICA
6 **trigo sarraceno:** Alforfón, planta poligonácea de hojas grandes y acorazonadas con flores blancas en racimo. — BOTÁNICA
7 **echar por esos trigos o por los trigos de Dios:** Ir desacertado o desviado del camino correcto: *echó por los trigos de Dios y ahora sigue un tratamiento de desintoxicación.* — coloquial
8 **no ser trigo limpio:** No ser un asunto o la conducta de una persona tan bueno como parece a primera vista: *ya sé que no es malo, pero tampoco es trigo limpio.* — coloquial

trigón Instrumento musical de figura triangular, con cuerdas metálicas, usado por los antiguos griegos y romanos. — s.m. MÚSICA

trigonal Se aplica a un subsistema cristalográfico del hexagonal. — adj. MINERALOGÍA

trígono (Del gr. *trigonos.*)
1 Conjunto de tres signos del zodíaco equidistantes entre sí 120 grados. — s.m. OCULTISMO
2 Triángulo, figura formada por tres líneas que se cortan. — GEOMETRÍA
3 Espacio triangular de la base de la cara interna de la vejiga. — ANATOMÍA

trigonometría (Del gr. *trigonos,* trígono + *metron,* medida.)
1 Parte de las matemáticas dedicada al estudio de las relaciones entre las amplitudes de los ángulos y las longitudes de los segmentos que sus lados determinan en las rectas que cortan. — s.f. MATEMÁTICAS
2 Cálculo de los elementos de un triángulo definido por datos numéricos. — MATEMÁTICAS
3 **trigonometría esférica:** La que trata de los triángulos esféricos. — MATEMÁTICAS
4 **trigonometría plana:** La que trata de los triángulos planos. — MATEMÁTICAS

trigonométrico, a
1 De la trigonometría: *tratado trigonométrico; problema trigonométrico.* — adj. MATEMÁTICAS
2 Se aplica a cualquiera de las rectas que se consideran en el círculo y sirven para resolver triángulos por cálculo. — MATEMÁTICAS

trigrama (Del gr. *treis,* tres + *gramma,* letra.)
1 Conjunto de tres letras. — s.m.
2 Figura formada por la superposición de tres líneas que se usa en la adivinación china. — OCULTISMO

triguño, a Que tiene el color parecido al trigo: *tiene la piel trigueña.* — adj.

triguera Planta gramínea herbácea anual, parecida al alpiste pero de menor tamaño, de hojas planas ásperas y flores verdosas en espiga densa que crece en yermos y da buen forraje. (*Phalaris.*) — s.f. BOTÁNICA

triguero, a
1 Del trigo: *es un país de gran producción triguera.* — adj.
2 Que se cría o anda entre el trigo: *pájaro triguero; espárrago triguero.*
3 Se aplica al terreno que es adecuado para el cultivo del trigo: *campo triguero.* — AGRICULTURA
4 Persona dedicada al comercio del trigo. — s/COMERCIO
5 Criba o harnero para limpiar el trigo. — s.m/AGRICULTURA

trilátero, a (Del lat. *tres, tria,* tres + *latus, -eris,* lado.) Que tiene tres lados: *el triángulo es una figura trilátera.* | adj./tb: trilateral

trilero, a Persona que se dedica a los triles. | s./JUEGOS

triles Juego de apuestas callejero y fraudulento que consiste en adivinar una carta entre tres que se manipulan. | s.m.pl. JUEGOS argot

trilingüe
1 Que tiene tres lenguas: *vive en un país trilingüe.* | adj.
2 Que habla tres lenguas: *han contratado a un intérprete trilingüe.* | adj/s.m.f.
3 Que está escrito en tres lenguas: *se ha comprado una edición trilingüe de la Biblia.* | adj.

trilita Explosivo muy potente, derivado del tolueno, que se usa en la fabricación de armas. | s.f./QUÍMICA = trinitrotolueno

trilítero, a (Del lat. *tres, tria,* tres + *littera,* letra.) Que tiene tres letras: *sílaba trilítera.* | adj.

trilito Dolmen formado por dos piedras verticales que sostienen una horizontal. | s.m. HISTORIA

trilla
I (Voz gallega.) Pez tríglido perciforme. *(Trigla hirundo.)* | s.f./ZOOLOGÍA
II (Derivado de *trillar*.)
1 Trillo, instrumento agrícola usado para trillar la mies. | s.f. AGRICULTURA
2 Acción y resultado de trillar: *todos los vecinos participan en la trilla.* | s.f. AGRICULTURA = trilladura
3 Tiempo en que se trilla: *durante la trilla, todos están ocupados.* | AGRICULTURA

trilladera Trillo, instrumento agrícola usado para trillar la mies. | s.f. AGRICULTURA

trillado, a Que no tiene originalidad por ser muy conocido o sabido: *no voy a seguir hablando del tema, ya está muy trillado.* | adj. = común, popular

trillador, a Que trilla. | adj/s.

trilladora Máquina agrícola usada para trillar. | s.f./AGRICULTURA

trilladura Acción y resultado de trillar. | s.f./AGRICULTURA

trillar
1 Triturar la mies tendida en la era para separar el grano de la paja. | v.tr. AGRICULTURA
2 Gastar o desgastar una cosa por un uso excesivo: *trillaba su chaqueta poniéndosela cada día.* | = ajar
3 Golpear a una persona: *le trillaban con continuas palizas.* | = apalizar

trillizo, a Que ha nacido junto con otros dos en el mismo parto: *sabían que tendrían trillizos desde el quinto mes de embarazo.* | adj/s.

trillo (Del lat. *tribulum.*)
1 Instrumento agrícola que consiste en un tablón con pedazos de pedernal o cuchillas de acero encajadas en su cara inferior, que arrastrado por una bestia de tiro, sirve para trillar la mies tendida en la era. | s.m. AGRICULTURA = trilla, trilladera
2 Senda o camino angosto abierto, en general, por el continuo tránsito de peatones. | Amér. Central y Merid.

trillón (Del lat. *tres, tria,* tres + *billón.*) Un millón de billones. | s.m.

trilobites Perteneciente a una clase de artrópodos marinos fósiles de la era primaria que tenía el cuerpo dividido en tres partes y con el contorno oval. | adj/s.m. pl: trilobites ZOOLOGÍA

trilobulado, a Que tiene tres lóbulos. | adj.

trilocular (Del lat. *tres, tria,* tres + *locus,* lugar.) Que está dividido en tres partes. | adj.

trilogía (Del gr. *trilogía.*)
1 Conjunto de tres obras literarias de un mismo autor que forman una unidad: *escribió una trilogía sobre el desamor.* | s.f. LITERATURA
2 Conjunto de tres obras trágicas de un mismo autor, presentadas a concurso en los juegos griegos antiguos. | LITERATURA, HISTORIA

trimarán Barco velero con un casco central y dos menores y laterales. | s.m. NÁUTICA

trimembre Que tiene tres miembros o partes: *oración trimembre.* | adj.

trimensual Que se hace o sucede tres veces al mes: *he comprado una revista trimensual.* | adj.

trímero, a
1 Que presenta una simetría axial de orden 3 repitiéndose cada forma tres veces alrededor del eje. | adj/s.m. BOTÁNICA
2 Perteneciente a un suborden de insectos coleópteros con tres artejos bien desarrollados y uno rudimentario, como la mariquita. | ZOOLOGÍA

trimestral
1 Que se hace o sucede cada tres meses: *aún no han publicado la nueva revista trimestral.* | adj.
2 Que dura tres meses: *le han hecho un contrato trimestral.*

trimestralmente Por trimestres: *le pagan trimestralmente por su trabajo en la editorial.* | adv.

trimestre (Del lat. *trimestris.*)
1 Período de tres meses: *tiene que hacer la declaración de impuestos cada trimestre.* | s.m.
2 Cantidad que se cobra o se paga cada tres meses: *me deben un trimestre.*
3 Conjunto de revistas o publicaciones editadas durante tres meses.

trímetro Se aplica al verso compuesto de tres pies o al compuesto de tres dipodias. | adj/s.m. POESÍA

trimielga Torpedo, pez de cuerpo deprimido y discoidal con un par de aletas a cada lado. | s.f. ZOOLOGÍA

trimorfismo Fenómeno que se presenta en las especies integradas por tres formas distintas. | s.m. BOTÁNICA

trimotor, a
1 Que tiene tres motores. | adj.
2 Avión provisto de tres motores. | s.m./AERONÁUTICA

trinacrio, a
1 De Trinacria, actual Sicilia. | adj./HISTORIA
2 Persona natural de Trinacria. | s./HISTORIA

trinado
1 Gorjeo de la voz humana o de los pájaros. | s.m.
2 Trino, sucesión rápida y alternada de notas. | MÚSICA

trinar (Voz onomatopéyica.)
1 Hacer una sucesión rápida y alternada de notas de igual duración. | v.intr. MÚSICA
2 Hacer una persona o un pájaro quiebros con la voz en la garganta. | = gorgoritear, gorjear
3 **estar que trina:** Estar una persona muy enfadada: *mi padre está que trina por los suspensos.*

trinca
1 Conjunto de tres cosas de una misma clase. | s.f./= trío
2 Conjunto de tres personas que compiten en una oposición. | = terna
3 Grupo o pandilla pequeña de amigos: *ha ido al cine con su trinca.* | = panda
4 Cabo o cuerda con que se sujeta una cosa. | NÁUTICA
5 Atadura con que se aseguran los efectos de a bordo. | NÁUTICA
6 Conjunto de tres cartas de la baraja. | JUEGOS/= trío

trincado
1 Barco pequeño de palo caído hacia popa y vela en forma de trapecio muy irregular. | s.m. NÁUTICA
2 Embarcación de dos palos con un casco de tingladillo usada para la pesca y pequeño cabotaje. | NÁUTICA

trincadura Lancha grande de dos palos con velas al tercio. | s.f. NÁUTICA

trincaesquinas Parahúso, herramienta usada por los cerrajeros para taladrar. | s.m. pl: trincaesquinas

trincafía Atadura en espiral, con vueltas muy juntas que se usa para empalmar maderos, para asegurar la rajadura de un palo o para otros usos. | s.f. NÁUTICA

trincapiñones Persona de poco juicio. | s.m.f./pl: trincapiñones

trincar
I (Del cat. *trencar,* romper.) Partir una cosa dura con golpes. | v.tr. conj: sacar
II (De origen incierto.)
1 Atar una cosa con fuerza. | v.tr.
2 Sujetar a una persona por los brazos o las manos para inmovilizarla. | = atar
3 Coger, detener o encarcelar a una persona o sujetar una cosa. | = pillar
4 Sujetar los efectos de a bordo con trincas de cabo o de cadena. | NÁUTICA
5 Estar el barco quieto, con las velas tendidas y largas las escotas. | v.intr./NÁUTICA = pairar
6 Apretar u oprimir una cosa. | v.tr./Amér.
III (Del alem. *trinken.*) Tomar o beber vino, licor o cualquier otra bebida alcohólica. | v.tr./coloquial = pimplar

trincha
1 Tiras que se ponen en las prendas de vestir para ajustarlas a la cintura con una hebilla o un botón. | s.f. = pretina
2 Cada uno de los tirantes de cuero que descansan sobre los hombros, sujetan el pantalón y se usan para colgar de ellos algunos pertrechos militares. | MILITAR

trinchador, a Que trincha. | adj/s.

trinchante
1 Que trincha. | adj.
2 Persona que corta o trincha la carne en la mesa. | s.m.f./COCINA
3 Mueble de comedor que se utiliza para trinchar sobre él la comida y, de forma accesoria, para guardar objetos utilizados en el servicio de mesa. | s.m. COCINA = trinchero
4 Tenedor grande con que se sujeta lo que se trincha. | COCINA
5 Utensilio en forma de martillo que tiene un corte en los dos lados y que se utiliza para picar o labrar piedras o paredes. | = escoda

trinchar (Del occitano *trenchier.*)
1 Partir un alimento en trozos para servirlo. | v.tr./COCINA
2 Llevar la dirección de un asunto: *trincha todas las conversaciones aunque no vayan con él.* | coloquial = mangonear
3 Dejar una cosa inservible: *trinchó la puerta a patadas.* | = destrozar

trinchera
1 Zanja larga y estrecha donde se protegen los soldados del fuego enemigo. | s.f./MILITAR = foso
2 Muletazo o pase de adorno que se ejecuta por bajo y con la mano derecha. | TAUROMAQUIA = trincherazo

3 Prenda de abrigo impermeable. — = gabardina

4 Desmonte hecho en el terreno con taludes a ambos lados para abrir un camino. — CONSTRUCCIÓN

5 abrir trinchera: Excavarla. — MILITAR

6 montar la trinchera: Entrar la guardia en ella. — MILITAR

trinchero Mueble de comedor que sirve para trinchar sobre él los alimentos. — s.m./COCINA / = trinchante

trinchete Cuchilla que usan los zapateros para cortar la suela. — s.m. / = chaira

trineo (Del fr. *traineau*.) Vehículo provisto de patines o esquís, en lugar de ruedas, que se desliza sobre el hielo o la nieve. — s.m.

trinervado, a Se aplica a la hoja que tiene tres nervios unidos en la base y que no se dividen. — adj. BOTÁNICA

trinidad (Del lat. *trinitatem*.)
1 Trío o conjunto de tres personas, animales o cosas. — s.f.
2 Unión de tres personas distintas, que forman un solo Dios, en el cristianismo. — TEOLOGÍA
3 Fiesta en honor de este misterio. — RELIGIÓN

trinitaria
1 Pensamiento, planta herbácea. — s.f./BOTÁNICA
2 Flor de esta planta. — BOTÁNICA
3 Planta nictaginácea espinosa trepadora, de flores moradas y rojas. *(Bougainvillea.)* — Colomb., P. Rico, Venez./BOTÁNICA

trinitario, a (De la orden religiosa de la Santísima Trinidad.)
1 De esta orden religiosa. — adj/s./RELIGIÓN
2 Religioso o religiosa de esta orden. — s./RELIGIÓN

trinitrina Nitroglicerina que se emplea en los tratamientos de angina de pecho, asma y otros. — s.f. FARMACIA

trinitrotolueno Sustancia sólida cristalina obtenida por nitración del tolueno, que constituye un potente explosivo. — s.m./QUÍMICA / = tnt, trilita

trino, a Que es o contiene a la vez tres cosas distintas, en especial Dios en la religión cristiana. — adj.

trino
1 Sonido producido por los pájaros al trinar: *cada mañana le despierta el trino de los pájaros.* — s.m. / = gorgoteo
2 Adorno musical consistente en la sucesión rápida y alternada de dos notas de igual duración, separadas por la distancia de un tono o un semitono. — MÚSICA

trinomio Expresión algebraica formada por la suma o la resta de tres términos. — s.m. MATEMÁTICAS

trinque Hábito de beber: *le da al trinque que da gusto.* — s.m./coloquial

trinquetada
1 Navegación que, a causa del mal tiempo, se hace sólo con el trinquete. — s.f. NÁUTICA
2 correr una trinquetada: 1. Hacer una navegación sólo con el trinquete. 2. Hacer una navegación costosa. — NÁUTICA NÁUTICA

trinquete
I (De origen incierto.)
1 Palo de proa en las embarcaciones que tienen más de uno. — s.m. NÁUTICA
2 Verga mayor que se cruza sobre el palo de proa. — NÁUTICA
3 Vela que se larga en la verga mayor del palo de proa. — NÁUTICA
II (Del fr. *triquet*.) Frontón de pelota cerrado y con doble pared lateral. — s.m. DEPORTES
III (Derivado de *trincar*.)
1 Lengüeta o gancho que impide el retroceso de una rueda dentada. — s.m. MECÁNICA
2 Trampa o engaño para obtener alguna cosa de forma ilícita. — Méx.

trinquetilla Foque pequeño y muy reforzado que se usa para navegar con mal tiempo. — s.f. NÁUTICA

trinquis Trago de vino o de otra bebida alcohólica: *al tercer trinquis ya estaba borracho.* — s.m./pl: trinquis coloquial

trío
I (Derivado de *triar*.) Acción y resultado de entrar y salir las abejas de una colmena con frecuencia. — s.m. / = tría
II (Del ital. *trio* < lat. *tres, tria*.)
1 Conjunto de tres voces o instrumentos: *esta noche actúa un trío de violines.* — s.m./MÚSICA / = terceto
2 Composición musical escrita para tres voces o instrumentos. — MÚSICA
3 Grupo de tres personas o cosas: *sólo le queda un trío de vasos; este es el trío que baila en el espectáculo.*
4 Combinación de tres cartas con valores iguales, en algunos juegos de naipes: *un trío de ases.* — JUEGOS

triodo Lámpara termoiónica de tres electrodos, el ánodo, el cátodo y el electrodo de control. — s.m. ELECTRICIDAD

trióxido Cuerpo químico compuesto de la combinación de tres átomos de oxígeno con un radical. — s.m./QUÍMICA tb: tritóxido

trip (Voz inglesa.)
1 Dosis de la droga LSD. — s.m./argot/tb: tripi
2 Efecto producido por una droga. — argot

tripa
1 Intestino o vísceras completas. — s.f.
2 Zona del cuerpo donde están los intestinos: *me duele la tripa.* — = vientre

3 Vientre voluminoso o muy abultado: *hace gimnasia para rebajar la tripa.* — coloquial
4 Vientre abultado por el embarazo.
5 Trozo de intestino de animal usado como comestible o como material para embutir.
6 Parte abultada o panza de un objeto, en especial de una vasija.
7 Relleno de un cigarro puro.
8 Parte interior, cuando es blanda o compleja, de cualquier cosa: *desarmó el reloj para verle las tripas.*
9 Parte interior de algunas frutas.
10 Cámara de las ruedas del automóvil. — Colomb., Venez.
11 Hoja del pie de la planta de tabaco que por ser muy pequeña se usa para relleno.
12 Laminillas de sustancia córnea que se encuentran en el interior del cañón de las plumas de las aves. — s.f.pl. ZOOLOGÍA
13 Conjunto de documentos que forman un expediente administrativo y a que se refiere el extracto de él. — s.f.
14 tripa del cagalar: Intestino recto. — coloquial
15 devanar las tripas: Causar a una persona mucho disgusto o una incomodidad insoportable: *esa chica me devana las tripas con su pedantería.* — coloquial
16 echar las tripas: Vomitar con muchas ansias: *le sentó mal la comida y echó las tripas.* — coloquial
17 echar tripa: Aumentar el vientre de tamaño: *está echando tripa por no hacer ejercicio.* — coloquial
18 hacer de tripas corazón: 1. Sobreponerse para hacer una cosa que cuesta mucho esfuerzo o repugnancia: *haré de tripas corazón y me comeré lo que me han puesto.* 2. Esforzarse y controlarse para disimular el miedo en una situación adversa: *hizo de tripas corazón y llamó a la puerta de la mansión.* — coloquial
19 revolver a una persona las tripas: Causarle repugnancia física o moral: *me revuelve las tripas la mentira; su hipocresía me revuelve las tripas.* — coloquial
20 rompérsele a una persona una tripa: Ocurrirle una cosa de modo que necesita ayuda de otra persona: *no sé qué tripa se le ha roto pero me ha llamado.* — coloquial
21 sacar las tripas a una persona: Hacerle gastar mucho: *saca las tripas a su novio con tanto capricho.* — coloquial
22 sacar la tripa de mal año: Hartarse de comer después de haber pasado hambre. — coloquial
23 sin tripas ni cuajar: Muy consumido y flaco. — loc.adj.
24 tener alguien malas tripas: Ser cruel o sanguinario: *les tiene atemorizados porque es un hombre que tiene malas tripas.* — coloquial

tripada Ingestión excesiva de bebida o comida: *nos hemos dado una tripada de comer.* — s.f./coloquial / = panzada

tripanosoma Protozoo flagelado, parásito de la sangre o de los tejidos humanos y otros mamíferos, que produce enfermedades infecciosas, como la del sueño. *(Trypanosoma.)* — s.m. BIOLOGÍA

tripanosomiasis Denominación genérica que se da a diversas enfermedades parasitarias causadas por un tripanosoma. — s.f. pl: tripanosomiasis MEDICINA

tripartición Acción y resultado de dividir una cosa en tres partes: *la tripartición de los bienes.* — s.f.

tripartir Dividir una cosa en tres partes: *ya que sólo somos tres, tripartiremos la tarea.* — v.tr.

tripartito, a (Del lat. *tres, tria*, tres + *pars, -tis*, parte.)
1 Que está dividido en tres partes, órdenes o clases: *hoja tripartita.* — adj.
2 Se aplica al pacto o alianza que se realiza entre tres partes o personas: *acuerdo tripartito.*

tripastos Trispasto, aparejo compuesto de tres poleas. — s.m. pl: tripastos

tripe (Del fr. *trippe*.) Terciopelo basto de lana o esparto empleado en especial para la confección de alfombras. — s.m. TEXTIL

tripería
1 Tienda donde se venden tripas o despojos de animal para su consumo. — s.f. COMERCIO
2 Conjunto de tripas usadas para embutir.

tripero, a
1 Persona que vende tripas o despojos. — s.
2 Persona que come mucho. — coloquial
3 Paño, en general de bayeta, usado para abrigar el vientre. — s.m.

tripi Dosis de ácido lisérgico. — s.m/argot

tripicallero, a Persona que vende tripicallos. — s.

tripicallos Guiso que se hace con pedazos de estómago de algunos animales. — s.m.pl. COCINA/= callos

trípili Tonadilla que se cantaba y bailaba en los teatros españoles. — s.f. MÚSICA

tripitas Comida a base de desperdicios o tripas. — s.f.pl./Méx.

triplano Avión que tiene tres planos o superficies de sustentación superpuestos. — s.m. AERONÁUTICA

triplaza Avión de tres plazas. — s.m./AERONÁUTICA

triple (Del lat. *triplus*.)
1 Se aplica al número que contiene tres veces a otro mencionado: *el nueve es el triple de tres.* — adj/s.m. / = triplo

2 Que está compuesto de tres elementos o consta de tres partes: *triple muralla.* — adj.

3 Canasta de baloncesto que vale tres puntos: *ganamos el partido gracias a su triple.* — s.m. DEPORTES

triplete Objetivo fotográfico formado por tres lentes que corrigen las aberraciones por compensación. — s.m. FOTOGRAFÍA

triplicación Acción y resultado de triplicar o triplicarse. — s.f.

triplicado
1 Tercera copia de un escrito o documento. — s.m.
2 por triplicado: Haciendo tres veces la misma cosa tratada: *escribir una carta por triplicado.*

triplicar
1 Multiplicar por tres: *las ventas se han triplicado este mes; el atleta triplicó sus esfuerzos.* — v.tr/prnl. conj: *sacar*
2 Hacer la misma cosa tres veces: *me pidió que triplicara todos los documentos personales.* — v.tr.

triplicidad Calidad de triple. — s.f.

triplo, a (Del lat. *triplus.*) Triple, que contiene tres veces a otro número mencionado: *doce es el tríplo de cuatro.* — adj/s.m.

triploblástico, a Se refiere a las especies animales cuyo embrión presenta tres cavidades, el ectodermo, el mesodermo y el endodermo. — adj/s. ZOOLOGÍA

triploide Se aplica al organismo cuyas células poseen tres dotaciones cromosómicas en vez de dos. — adj/s.m. BIOLOGÍA

trípode (Del lat. *tres, tria,* tres + gr. *pus, podos,* pie.)
1 Mueble de tres pies: *se sentó en un trípode de madera frente a su caballete de pintura.* — s.m/f.
2 Armazón de tres pies para sostener ciertos aparatos o instrumentos: *colocó la cámara fotográfica en un trípode.* — s.m.

trípoli Roca silícea pulverulenta, de origen orgánico, usada para pulir vidrio y metales y para fabricar dinamita. — s.m./GEOLOGÍA tb: trípol = harina fósil

tripolitano, a
1 De Trípoli, capital de Libia, y ciudad del Líbano. — adj.
2 Persona natural de alguna de estas ciudades. — s.

tripollas Vientre de la merluza. — s.f.pl.

tripón, a Que tiene mucha tripa o barriga: *está muy tripón y poco ágil.* — adj/s. coloquial

tripsina Enzima del jugo pancreático que transforma las proteínas en aminoácidos. — s.f. BIOQUÍMICA

tríptico (Del gr. *triptykhos < tris,* tres veces + *ptykhe,* pliegue.)
1 Tratado, libro o composición que consta de tres partes. — s.m.
2 Tabla pequeña para escribir, formada por tres hojas articuladas de modo que las laterales puedan doblarse sobre la central.
3 Composición pictórica, escultórica o de orfebrería distribuida en tres paneles fijos o articulados, de modo que los laterales puedan cerrarse sobre el central. — ARTE
4 Folleto, por lo general publicitario, dividido en tres partes, que se doblan las unas sobre las otras.

triptófano Aminoácido indispensable para el organismo. — s.m. BIOQUÍMICA

triptongar Pronunciar un grupo de tres vocales en una sola sílaba. — v.tr/conj: *pagar* LINGÜÍSTICA

triptongo (Del gr. *treis,* tres + *phthongos,* sonido.) Grupo de tres vocales que se pronuncian en una sola sílaba o emisión de voz. — s.m. LINGÜÍSTICA

tripudiar (Del lat. *tripudiare,* danzar.) Mover una persona todo el cuerpo al ritmo y compás de una música. — v.intr. = bailar, danzar

tripudio Movimiento del cuerpo al ritmo y compás de una música. — s.m. = baile, danza

tripudo, a Que tiene la tripa muy abultada: *está muy tripudo porque come mucho y no hace nada.* — adj/s. = tripón, panzudo

tripulación Conjunto de personas dedicadas a la maniobra y servicio de una embarcación o de un vehículo aéreo: *la tripulación del avión nos enseñó a abrocharnos los cinturones.* — s.f.

tripulante Miembro de una tripulación: *algunos tripulantes de la nave se amotinaron.* — s.m.f.

tripular (Del ant. *entripular < lat. interpolare,* hacer reformas o retoques en algo.)
1 Conducir o prestar servicio en una embarcación o en una aeronave. — v.tr. = pilotar
2 Proporcionar tripulación a un barco o un vehículo aéreo: *en esa compañía alquilan y tripulan barcos.*

tripulina Confusión o barullo de voces o de gente. — s.f./Chile

trique (Voz onomatopéyica.)
1 Estallido leve: *saldré al balcón porque he oído un trique en la calle.* — s.m.
2 a cada trique: A cada momento: *me pregunta por ti a cada trique.* — loc.adv.

triquina (Del gr. *trikhíne,* semejante a un pelo.) Gusano parásito de las personas, cerdo y otros mamíferos que en estado adulto vive en el intestino de estos animales y en estado larvario se enquista en sus músculos. *(Trichinella spiralis.)* — s.f. ZOOLOGÍA

triquinosis (Del gr. *trikhíne,* triquina + *osis,* enfermedad no inflamatoria.) Enfermedad parasitaria de las personas y de otras especies de mamíferos debida a la ingestión de carne cruda o poco cocida, en especial de cerdo, infectada por la triquina. — s.f. pl: triquinosis MEDICINA

triquiñuela (Voz onomatopéyica.) Astucia, rodeo o recurso con que se sortea una dificultad: *ya me conozco sus triquiñuelas para no ir a trabajar.* — s.f. = artimaña

triquitraque
1 Ruido producido por el movimiento de cosas acompañado de golpes desordenados y repetidos: *no pude dormir por el triquitraque del tren.* — s.m. coloquial = traqueteo
2 Serie de golpes que producen las cosas en movimiento. = traqueteo
3 Tubo de papel que contiene pólvora y que está atado en varios dobleces.
4 a cada triquitraque: Con frecuencia y por cualquier motivo: *me llama por teléfono a cada triquitraque.* — loc.adv.

trirrectángulo Se aplica a la figura geométrica que tiene tres ángulos rectos. — adj. GEOMETRÍA

trirreme Antiguo barco de tres órdenes de remos. — s.m./HISTORIA

tris (Voz onomatopéyica.)
1 Sonido leve producido por una cosa delicada al romperse o por un pequeño choque o estallido: *la copa hizo un tris al quebrarse.* — s.m.
2 Golpe que produce este sonido.
3 Tiempo breve o distancia corta: *faltó un tris para que se cayera; al menor tris me despiden.* — = santiamén
4 en un tris: A punto de: *ha estado en un tris de caerse al río.* — loc.adv.
5 por un tris: Por poco, casi: *no me encontraste en casa por un tris.* — loc.adv.
6 tris, tras: Repetición enfadosa del que siempre está diciendo lo mismo.

trisa (Del gr. *trissa.*) Sábalo, pez teleósteo marino con el cuerpo en forma de lanzadera, algo comprimido, que remonta los ríos para desovar. — s.f. ZOOLOGÍA

trisagio Himno católico en honor de la santísima trinidad en el que se repite tres veces la palabra "santo". — s.m. RELIGIÓN

trisar Emitir la golondrina y otras aves su voz. — v.intr.

trisca
1 Ruido que se hace al pisar frutos de cáscara dura u otras cosas que se quiebran. — s.f.
2 Bulla o jaleo de voces o de gente: *toda la comarca se enteró de la trisca de los jóvenes.* — = algarabía, confusión

triscador, a
1 Que trisca. — adj.
2 Instrumento para triscar los dientes de la sierra. — s.m.

triscar (Del germ. *thriskan,* trillar.)
1 Saltar de un lugar a otro como hacen las cabras: *le gusta triscar por el monte.* — v.intr. conj: *sacar*
2 Hacer una persona ruido con los pies.
3 Enredar, mezclar una cosa con otra: *en el campo triscamos el trigo; la cosecha se triscó.* — v.tr/prnl.
4 Doblar los dientes de una sierra de forma alternativa y a uno y otro lado para que la hoja corra sin dificultad por la hendidura: *nos triscaron la sierra en la ferretería.* — v.tr.

trisecar Dividir una cosa en tres partes iguales: *trisecar un ángulo.* — v.tr/conj: *sacar* MATEMÁTICAS

trisección Acción y resultado de dividir una cosa en tres partes. — s.f. MATEMÁTICAS

trisector Que divide en tres partes iguales: *dibujó unas líneas trisectrices; semiplano trisector.* — adj./f: trisectriz MATEMÁTICAS

trisemanal
1 Que se hace o sucede tres veces por semana: *le hacen una cura trisemanal.* — adj.
2 Que se hace o sucede cada tres semanas: *aún no ha salido el nuevo número porque es una publicación trisemanal.*

trisílabo, a (Del lat. *tres, tria,* tres + *syllaba,* sílaba.) Que tiene tres sílabas. — adj/s.m.

trismo (Del gr. *trismós,* chillido.) Contracción de los músculos de la mandíbula inferior que impide abrir la boca. — s.m. MEDICINA

trisomía (Del lat. *tres, tria,* tres + gr. *soma,* cuerpo.) Anomalía que se caracteriza por la aparición de un cromosoma superfluo en un par: *la trisomía es la causa del mongolismo.* — s.f. BIOLOGÍA

trispasto Aparejo formado por tres poleas. — s.m./tb: trispastos

trisque Acción y resultado de triscar los dientes de la sierra para hacerla correr. — s.m.

triste (Del lat. *tristis.*)
1 Que siente pena: *se quedó muy triste al saber que no vendrías; hace días que está triste.* — adj./= afligido, apesadumbrado

2 Que tiene un carácter melancólico: *es un hombre triste.* = **melancólico**

3 Que expresa pena o melancolía: *algo le pasa porque tiene los ojos tristes.* ≠ **risueño**

4 Que causa pena: *fue una noticia triste para todos nosotros; es triste ver el hambre que hay en el mundo.*

5 Que se ha hecho con pesadumbre: *fue una ceremonia triste y casi desagradable.* = **pesaroso**

6 Que es difícil de soportar o molesto: *es triste saber que no volveremos a verle.* = **doloroso, enojoso**

7 Que es insuficiente o nada eficaz: *aunque les pase a los demás, es un triste consuelo.* = **ineficaz, insignificante**

8 Composición popular en décimas, de tema amoroso, que se canta al son de la guitarra. **s.m. Amér. Merid.**

tristemente Con tristeza: *me miró tristemente antes de irse.* **adv.**

tristeza
1 Calidad de triste: *sus ojos reflejaban una profunda tristeza.* **s.f.** = **pesar**
2 Hecho triste o desgraciado: *no vengas ahora a contarme tus tristezas.* = **pena**

tristón, a Que es o está un poco triste: *la noto tristona por la ausencia de su amado.* **adj.**

tristura Sentimiento de tristeza. **s.f.**

trisulco, a
1 Que tiene tres puntas o púas. **adj./literario**
2 Que tiene tres surcos o canales.

tritíceo, a (Del lat. *triticeus.*) Del trigo o que tiene alguna de sus propiedades. **adj.**

tritio Isótopo radiactivo del hidrógeno, cuyo núcleo está formado por un protón y dos neutrones. **s.m. QUÍMICA**

tritón
1 Anfibio urodelo de cola comprimida lateralmente, con una especie de cresta en el dorso, de color pardo con manchas negruzcas y rojizas, que vive en las charcas y estanques. (*Triturus y Euproctus.*) **s.m. ZOOLOGÍA**
2 Cada una de las divinidades marinas a las que se atribuía figura de hombre desde la cabeza hasta la cintura, y el resto de pez. **MITOLOGÍA**

trítono Intervalo musical que está compuesto por tres tonos consecutivos, dos mayores y uno menor. **s.m. MÚSICA**

tritóxido Cuerpo resultante de la combinación de un radical con tres átomos de oxígeno. **s.m. QUÍMICA**

triturable Que puede ser triturado: *llevó al molino el grano triturable.* **adj.** = **machacable**

trituración Acción y resultado de triturar: *de la trituración de la madera se obtiene el papel.* **s.f.** = **machacamiento**

triturador, a Que tritura: *puso la carne en una máquina trituradora.* **adj/s.**

trituradora Máquina que sirve para desmenuzar y reducir a fibras los materiales. **s.f.**

triturar (Del lat. *triturare.*)
1 Romper una materia sólida reduciéndola a partes muy pequeñas: *trituró la fruta para hacer una papilla.* **v.tr.** = **moler**
2 Deshacer los alimentos con los dientes: *tritura bien antes de tragar la comida.* = **mascar, masticar**
3 Molestar a una persona con frecuencia o de forma excesiva: *le trituraban con sus peticiones.* = **maltratar**
4 Hacer una crítica severa de una cosa: *trituró sus argumentos con gran facilidad.* **coloquial** = **censurar, rebatir**

triunfador, a Que triunfa: *el equipo triunfador ganó un viaje.* **adj/s.** = **ganador**

triunfal (Del lat. *triumphalis.*) Que tiene relación con el triunfo: *me miró con una sonrisa triunfal.* **adj.**

triunfalismo Actitud de la persona que demuestra una confianza excesiva en sí misma: *su triunfalismo es ofensivo para los demás.* **s.m.** ≠ **derrotismo**

triunfalista
1 Del triunfalismo: *tu actitud triunfalista no favorece las relaciones con los demás miembros del equipo.* **adj.** ≠ **derrotista**
2 Que tiene una excesiva confianza en sí mismo: *es tan triunfalista que no sabe encajar las derrotas.* **adj./s.m.f.** ≠ **derrotista**

triunfalmente Con orgullo, haciendo ostentación de los propios méritos: *en vez de avergonzarse miró triunfalmente a sus compañeros.* **adv.** = **triunfantemente**

triunfante
1 Que triunfa o sale victorioso: *ha salido triunfante de la prueba.* **adj.** = **triunfador**
2 Que muestra triunfo, victoria o satisfacción: *llegó con una expresión triunfante en el rostro.*

triunfantemente Triunfalmente, con orgullo. **adv.**

triunfar (Del lat. *triumphare.*)
1 Quedar una persona victoriosa: *nuestro equipo triunfó en la competición.* **v.intr.** + **en/** = **vencer**
2 Tener una persona éxito en una actividad o en un empeño: *triunfó en el cine.* + **en** ≠ **fracasar**
3 Echar una persona un triunfo en algunos juegos de naipes. **JUEGOS**
4 Gastar mucho dinero: *en verano le gusta triunfar y tirar el dinero en tonterías.* ≠ **ahorrar**

5 Entrar el vencedor con gran pompa, entre los romanos. **HISTORIA**

triunfo (Del lat. *triumphus.*)
1 Acción y resultado de quedar una persona o un grupo de ellas victoriosas: *el equipo celebró el triunfo de la competición.* **s.m.** = **victoria**
2 Éxito en cualquier empeño: *el aumento de sueldo ha sido un triunfo.*
3 Palo de más valor o carta de dicho palo: *el triunfo es oros.* **JUEGOS**
4 Cosa que acredita una victoria: *el presidente dio el triunfo de oro al capitán del equipo ganador.* = **trofeo**
5 Baile popular. **Argent., Perú**
6 **costar un triunfo:** Costar un gran esfuerzo o sacrificio: *este trabajo me ha costado un triunfo.*
7 **en triunfo:** Entre aclamaciones. **loc.adv.**

triunviral De los triunviros. **adj./HISTORIA**

triunvirato
1 Magistratura de la antigua Roma en que intervenían los triunviros. **s.m. HISTORIA**
2 Tiempo que duraba dicha magistratura. **HISTORIA**
3 Grupo de tres personas que dirigen un asunto o que tienen un cometido específico: *la empresa está dirigida por un triunvirato.* = **troika**

triunviro (Derivado del lat. *vir, viri,* varón.) Cada uno de los tres magistrados romanos que en ciertas ocasiones gobernaban la república. **s.m. HISTORIA**

trivalente Que tiene tres valencias. **adj./QUÍMICA**

trivial (Del lat. *trivialis.*)
1 Que no tiene importancia, trascendencia o interés: *no te preocupes por un problema tan trivial como ese.* **adj.= nimio** ≠ **básico**
2 Que es elemental o sabido por todos: *lo que se ha dicho en la reunión es trivial, no hay ninguna novedad.* = **conocido** ≠ **novedoso, nuevo**
3 Del trivio o cruce de tres caminos.

trivialidad
1 Calidad de trivial: *la trivialidad de sus palabras nos ha sorprendido.* **s.f.**
2 Cosa o dicho carente de importancia o de sentido: *no me vengas con trivialidades, que estoy ocupado.* = **futilidad, banalidad**

trivializar Quitar importancia a una cosa: *intenta trivializar las cosas para que te afecten menos.* **v.tr./conj: cazar** = **minimizar**

trivio (Del lat. *trivium.*)
1 Cruce de tres caminos. **s.m.**
2 Conjunto de las tres artes liberales que constituían la primera parte de la enseñanza medieval: gramática, retórica y dialéctica.

-triz Componente de palabra procedente del lat. *-trix, -tricis,* que significa oficio, profesión o dignidad femenina: *actriz; meretriz; emperatriz.* **suf.**

triza
I (Derivado de *trizar.*)
1 Pedazo pequeño de algún objeto: *encontré sólo una triza de cuerda.* **s.f.** = **brizna**
2 **hacer trizas:** 1. Hacer trozos pequeños de una cosa: *hicieron trizas la carta.* 2. Herir a una persona o animal: *hizo trizas al pobre perro.*
II (Del ital. *drizza.*) Driza, cuerda o cabo para izar o arriar las velas. **s.f. NÁUTICA**

trizar (Del lat. vulgar *tritiare.*) Romper una cosa en trozos muy pequeños: *el perro trizó la ropa que encontró.* **v.tr./conj: cazar** = **destrizar**

troca
1 Devanado y empaquetado del algodón, en la manufactura. **s.f. TEXTIL**
2 Cantidad de hilo igual a diez madejas. **TEXTIL**

trocable Que se puede trocar o cambiar por otra cosa: *el vale que le he dado es trocable por un artículo pero no por dinero.* **adj.** = **permutable**

trocada Indica en sentido contrario en la expresión a la trocada. **loc.adv.**

trocador, a Que trueca: *son trocadores de muebles viejos.* **adj/s.**

trocaico, a (Del gr. *trokhaikos.*) Se aplica a la composición o al verso que está compuesto de troqueos. **adj/s. POESÍA**

trocamiento Acción y resultado de trocar o cambiar una cosa por otra: *el trocamiento de los maletines se hizo de forma discreta.* **s.m.** = **cambio, trueque**

trocánter (Del gr. *trokhanter.*)
1 Prominencia que tienen en su extremidad algunos huesos largos, en especial la del fémur. **s.m. ANATOMÍA**
2 Segunda de las cinco piezas de que constan las patas de los insectos. **ZOOLOGÍA**

trocar
I (Del fr. *trocart.*) Instrumento quirúrgico que consiste en un punzón con punta de tres aristas cortantes y revestido de una cánula, usado para extraer líquidos de las cavidades que los contienen. **s.m. MEDICINA**
II (De origen incierto.)
1 Cambiar una cosa por otra: *trocó buena parte de su cosecha por alimentos.* **v.tr.** = **permutar**
2 Convertir una cosa en otra: *la suerte se trocó en desgracia.* **v.tr/prnl./+ en** = **mudar, variar**
3 Echar la comida por la boca. **v.tr./= vomitar**

4 Tomar una cosa por otra: *trocó su saludo por un gesto de desprecio.* — = equivocar

5 Hacer que una caballería al galope cambie de pie y mano. — EQUITACIÓN

6 Cambiar una persona de vida: *se trocó de vida cuando le tocó la lotería.* — v.prnl.

7 Cambiar una persona el asiento con otra: *se trocaron los asientos para ver mejor la pantalla.*
CONJ.: IND.: PRES.: *trueco, truecas, trueca, trocamos, trocáis, truecan.* PRET. INDEF.: *troqué, trocaste, trocó, trocamos, trocasteis, trocaron.* SUBJ.: PRES.: *trueque, trueques, trueque, troquemos, troquéis, truequen.* IMP.: *trueca, trueque, troquemos, trocad, truequen.*

trocatinta Trueque o cambio equivocado o confuso. — s.f.

trocatinte Color de mezcla o tornasolado. — s.f.

troceado División de una cosa en trozos: *cogió un hacha para hacer el troceado de la pieza.* — s.m. / = troceo

trocear
1 Dividir una cosa en trozos: *trocea la carne antes de servirla.* — v.tr.
2 Hacer que explote un proyectil abandonado para inutilizarlo. — MILITAR

troceo
I (Derivado de *troza,* unión de dos pedazos de cabo grueso.) Cabo grueso forrado de cuero que servía para sujetar por su mitad las vergas a su palo o mastelero. — s.m. / NÁUTICA
II (Derivado de *trocear.*) División de una cosa en trozos: *no se me da bien el troceo del pollo.* — s.m. / = troceamiento

trocha
1 Senda abierta en la maleza. — s.f.
2 Vereda estrecha que sirve de atajo entre dos lugares.
3 Ancho de la vía ferroviaria. — Amér. Central y Merid.

troche Indica con derroche o de forma irreflexiva en la expresión **a troche y moche:** *gasta el dinero a troche y moche, así que nunca tiene una peseta.* — loc.adv./coloquial / = a diestro y siniestro

trociscar Dividir una sustancia medicamentosa en porciones para hacer píldoras u otra cosa. — v.tr./conj: sacar / FARMACIA

trocisco (Del gr. *trokhiskos,* píldora.) Porción de forma variada de una masa medicamentosa de la que luego se forman las píldoras. — s.m. / FARMACIA / = rótula

tróclea Articulación con forma parecida a la de una polea que permite que un hueso adyacente pueda girar en el mismo plano. — s.f. / ANATOMÍA

troco (Del gr. *trokhos.*) Rueda, pez teleósteo marino de forma casi circular y con la piel lisa y fosforescente. — s.m. / ZOOLOGÍA

troco- Componente de palabra procedente del gr. *trokhos,* que significa rueda: *trocoide.* — pref.

trocófora Larva en forma de trompo invertido, característica de los anélidos y moluscos. — s.f. / ZOOLOGÍA

trocoide (Del gr. *trokhos,* rueda + *eidos,* forma.) Curva plana descrita por un punto de la circunferencia cuando ésta rueda por una línea recta. — s.f. / GEOMETRÍA / = cicloide

trócola (Del lat. *trochlea* < gr. *trokhlalia.*) Pieza o rueda con el canto acanalado por el que pasa una cuerda y que sirve para levantar o mover pesos. — s.f./MECÁNICA / th: trocla / = polea

trof- Componente de palabra procedente del gr. *trophe,* que significa alimento, alimentación: *trofismo.* — pref/suf. / th: -trofia, -trofo

trofalaxia Intercambio de alimento entre ciertos insectos adultos y sus larvas. — s.f. / ZOOLOGÍA

trofeo (Del bajo lat. *trophaeum* < gr. *tropaion.*)
1 Objeto que se obtiene en recuerdo de un éxito o una victoria: *el rey entregó el trofeo al capitán del equipo ganador.* — s.m. / = premio
2 Premio que se otorga en una competición.
3 Cabeza disecada de un animal que se ha cazado: *las paredes del salón están llenas de trofeos de caza.*
4 Botín arrebatado al enemigo tras la victoria.
5 Adorno formado por un conjunto de armas u objetos militares. — = panoplia
6 Superioridad o ventaja en una competición. — = triunfo, victoria

trófico, a De la nutrición. — adj./FISIOLOGÍA

trofoblástico, a Del trofoblasto. — adj./BIOLOGÍA

trofoblasto Capa formada por las capas más externas de la mórula que con el tiempo dará lugar a la placenta en los mamíferos. — s.m. / BIOLOGÍA, FISIOLOGÍA

trofología (Del gr. *trophe,* alimentación + *logos,* ciencia.) Ciencia que estudia la nutrición. — s.f.

trofólogo, a Especialista en nutrición. — s.

troglobio, a Se refiere a los seres que viven exclusivamente en las cavernas. — adj/s.m. / BIOLOGÍA

troglodita (Del gr. *troglodytes.*)
1 Que vive en las cavernas: *los trogloditas decoraban sus cuevas con escenas de caza.* — adj/s.m.f. / = cavernícola
2 Que es muy bárbaro y cruel: *sólo un troglodita como él podía hacerle eso al prisionero.* — = bruto
3 Que come mucho: *¡será troglodita, se ha comido un kilo de carne!* — coloquial / = comilón, glotón

troglodítico, a De los trogloditas. — adj.

troica (Voz rusa.)
1 Vehículo ruso, semejante a un trineo y tirado por tres caballos enganchados el uno al lado del otro. — s.f. / th: troika
2 Grupo de tres personas que dirigen una empresa, entidad, país o comunidad de naciones. — = triunvirato

troj
1 Especie de granero limitado por tabiques, donde se guardan frutos y cereales. — s.f./pl: trojes / th: troje, trox
2 Compartimiento de los molinos de aceite. — = algorín

trojero, a Persona encargada del cuidado de las trojes o que las tiene a su cargo. — s.

trojezada Se aplica a la conserva que se hace en trozos muy pequeños. — adj. / COCINA

trol Monstruo maligno que habita en bosques y grutas, según la mitología escandinava. — s.m./th: troll / MITOLOGÍA

trola (Del fr. *drole,* gracioso.) Expresión contraria a la verdad, dicha con intención de engañar: *seguro que lo que te ha contado es una trola.* — s.f. / coloquial / = mentira

trole (Del ingl. *trolley.*)
1 Dispositivo de toma de corriente que la transmite de la red aérea al electromotor del coche, en los vehículos eléctricos. — s.m. / TECNOLOGÍA
2 Vehículo de tracción eléctrica que toma la corriente de un cable aéreo. — = trolebús

trolebús Vehículo de tracción eléctrica que toma la corriente de un cable aéreo mediante un trole. — s.m. / pl: trolebuses

trolero, a Que dice trolas o mentiras: *¡será trolero, dice que he sido yo y ha sido él!* — adj/s. / = embustero

tromba (Voz italiana.)
1 Columna de agua que se eleva sobre la superficie del mar debido a un torbellino o remolino de aire. — s.f. / = manga, trompa
2 tromba de agua: Aguacero intenso y repentino con viento agitado: *la tromba de agua nos cogió por sorpresa.*
3 en tromba: De modo impetuoso: *los niños entraron en tromba en la escuela.* — loc.adv.

trombina Enzima que interviene en la transformación del fibrinógeno en fibrina, en la coagulación de la sangre. — s.f. / BIOQUÍMICA

trombo (Del gr. *thrombos.*) Coágulo de sangre formado en el interior de un vaso sanguíneo. — s.m. / MEDICINA

tromboangitis Inflamación de las paredes internas de un vaso sanguíneo con formación de un coágulo. — s.f./pl: tromboangitis / MEDICINA

trombocinasa Enzima que interviene en la coagulación de la sangre, convirtiendo la protrombina en trombina. — s.f. / BIOQUÍMICA

trombocito (Del gr. *thrombos,* coágulo + *kytos,* célula.) Componente de la sangre de los vertebrados, de forma circular u ovalada, que actúa en su coagulación. — s.m. / ANATOMÍA / = plaqueta

tromboelastografía Técnica de estudio de las diferentes fases de coagulación de la sangre. — s.f. / MEDICINA

tromboembolia Taponamiento completo de un vaso sanguíneo causado por un trombo. — s.f. / MEDICINA

tromboflebitis Inflamación de las venas con formación de coágulos. — s.f./pl: tromboflebitis / MEDICINA

trombón (Del ital. *trombone.*)
1 Instrumento musical de viento formado por un tubo cilíndrico de metal con una vara corredera, cuyo sonido es más grave que el de la trompeta. — s.m. / MÚSICA
2 Persona que toca este instrumento en una banda de música o en una orquesta: *el trombón de la orquesta es muy bueno.* — s.m.f. / MÚSICA
3 trombón de pistones: El que usa llaves para conseguir las variaciones de sonidos. — MÚSICA
4 trombón de varas: El que tiene un tubo de metal flexible que se extiende o se acorta según los tonos deseados. — MÚSICA / = sacabuche

trombosis (Del gr. *thrombos,* coágulo + *osis,* enfermedad no inflamatoria.) Formación de un coágulo en un vaso sanguíneo que impide o dificulta la circulación de la sangre. — s.f. / pl: trombosis / MEDICINA

trompa (Voz onomatopéyica.)
1 Instrumento musical de viento, de la familia del metal, formado por un tubo cónico arrollado, que termina con un pabellón muy abierto, una embocadura cónica y pistones. — s.f. / MÚSICA
2 Persona que toca este instrumento en una banda de música o en una orquesta. — s.m.f. / MÚSICA
3 Juguete de madera de forma cónica y acabado en punta que se enrolla con una cuerda y se azota para hacerlo bailar: *no sabe hacer bailar la trompa.* — s.f./JUEGOS / = peonza, trompo
4 Columna de agua en el mar: *al ver la trompa de agua, la nave retrocedió a puerto.* — = manga, tromba
5 Prolongación muscular larga y flexible de la nariz de algunos animales capaz de absorber fluidos: *la trompa del elefante es larga.* — ZOOLOGÍA
6 Aparato chupador contráctil de ciertos insectos. — ZOOLOGÍA

7 Prolongación, en general retráctil, del extremo anterior del cuerpo de muchos gusanos. — ZOOLOGÍA

8 Estado de embriaguez: *vaya trompa has cogido en la fiesta.* — coloquial = borrachera

9 Aparato para soplar en la forja que consiste en un tubo por donde sale el aire. — METALURGIA

10 Bóveda voladiza fuera del paramento de un muro. — ARQUITECTURA

11 Tallo cortado de la cebolla que hacen soplar los niños para que suene.

12 trompa de Eustaquio: Canal que va desde la parte superior de la faringe al oído medio. — ANATOMÍA

13 trompa de Falopio: Cada uno de los dos conductos que van de la matriz a los ovarios. — ANATOMÍA

14 trompa gallega: Birimbao, instrumento musical que consiste en una barrita de hierro en forma de herradura con una lengüeta en el medio. — MÚSICA

15 trompa marina: Instrumento musical de una sola cuerda, muy gruesa, que se toca con arco. — MÚSICA

16 a trompa y talega: Sin reflexión ni orden. — loc.adv.

trompada
1 Golpe violento y fuerte: *dos coches acaban de darse una trompada en el cruce.* — s.f. = porrazo, trastazo

2 Choque frontal de una persona con otra: *¡qué trompada más tonta!*

3 Golpe dado con el puño cerrado. — = puñetazo

4 Embestida de una embarcación contra otra o contra la costa. — NÁUTICA

trompazo
1 Golpe violento de una persona o cosa al chocar o caerse: *se rompió las gafas de un trompazo contra la puerta.* — s.m. = porrazo, trastazo

2 Golpe dado con el trompo o la trompa.

trompear
1 Jugar una persona al trompo. — v.intr./JUEGOS

2 Dar trompadas o puñetazos a una persona. — v.tr.

trompe-l'œil (Voz francesa.) Pintura que, a distancia, crea ilusión de realidad, en especial de relieve. — s.m. ARTE

trompero, a Persona que hace trompos. — s.

trompeta (Del fr. *trompette*.)
1 Instrumento musical de viento, de la familia del metal, que consiste en un tubo largo de metal que va ensanchándose desde la boquilla al extremo que termina en un pabellón. — s.f. MÚSICA

2 Persona que toca este instrumento en una banda o en una orquesta: *debutó como trompeta en una filarmónica.* — s.m.f. MÚSICA = trompetista

3 Cigarro de hachís o de marihuana en forma cónica: *se pasaban una trompeta unos a otros.* — s.f./argot = porro

4 Clarín, instrumento musical. — MÚSICA

5 Cuerno de caza desprovisto de adornos. — HERÁLDICA

6 trompeta bastarda: La que emite un sonido muy fuerte, usada en especial en la guerra. — MÚSICA

7 trompeta de amor: Girasol, planta con flores amarillas y fruto con muchas semillas. — BOTÁNICA

8 trompeta de los muertos: Hongo basidiomicete de color negruzco con la forma de este instrumento. — MICOLOGÍA

trompetada Acción o palabras inoportunas que causan sorpresa o escándalo: *no sé a qué viene el que digas ahora semejante trompetada.* — s.f. = clarinada

trompetazo
1 Sonido estridente de trompeta u otro instrumento de viento: *se oyeron unos trompetazos desentonando la melodía.* — s.m.

2 Golpe dado con una trompeta.

3 Hecho o dicho inesperado, que provoca sorpresa o escándalo: *la noticia fue como un trompetazo.* — = clarinada, trompetada

trompetear Tocar una persona la trompeta. — v.intr./MÚSICA

trompeteo Acción y resultado de trompetear. — s.m./MÚSICA

trompetería
1 Conjunto de varias trompetas: *la trompetería de la orquesta suena muy bien.* — s.f./MÚSICA

2 Conjunto de registros del órgano formados con trompetas de metal. — MÚSICA

trompetero, a
1 Persona que fabrica o vende trompetas. — s./MÚSICA

2 Persona que toca la trompeta: *el trompetero del barrio nos tiene locos con su música.* — MÚSICA

3 Pez teleósteo marino de hocico muy alargado, en forma de tubo, y dos aletas dorsales, la primera de las cuales está precedida por un radio reforzado. (*Macrorhamphosus scolopax.*) — s.m. ZOOLOGÍA

trompetilla
1 Instrumento en forma de trompeta que usaban los sordos colocándoselo en el oído, para recibir mejor los sonidos. — s.f.

2 Gesto de burla que consiste en hacer ruido expulsando con fuerza el aire por la boca, teniendo la lengua entre los labios. — Méx.

trompetista Persona que toca la trompeta: *esta noche actúa un famoso trompetista de jazz.* — s.m.f./MÚSICA = trompeta

trompicadero Sitio donde es fácil tropezar. — s.m.

trompicar
1 Hacer que una persona tropiece repetidas veces: *se trompicó con las sillas de la clase; trompicaba al pisarse los cordones de los zapatos.* — v.tr./intr/prnl. conj: *sacar* = tropezar

2 Dar a una persona el empleo que pertenece a otra: *le han trompicado por ser el hijo del jefe.* — v.tr.

3 Dar pasos tambaleantes o tumbos. — v.intr.

trompicón
1 Tropezón o paso tambaleante que da una persona: *casi se cae al suelo del trompicón que ha dado.* — s.m.

2 Porrazo o golpe fuerte: *tiene un chichón en la cabeza del trompicón que se ha dado.* — = trompazo

3 Vaivén o tumbo de un carruaje.

4 a trompicones: Con dificultades o con discontinuidad: *hace las cosas a trompicones; viven a trompicones porque ninguno de ellos tiene un sueldo estable.* — loc.adv.

trompillón Dovela que sirve de clave en una trompa o bóveda de planta circular. — s.m. ARQUITECTURA

trompis Trompazo o golpe violento: *¡qué trompis más tonto, mira que no ver la puerta!* — s.m./pl: trompis = porrazo, golpazo

trompiza Riña, pelea a puñetazos. — s.f./Amér. Merid.

trompo
1 Juguete de madera o de otro material de forma cónica y acabado en punta que se enrolla con una cuerda y se pone a hacerlo bailar: *el trompo fue rodando de un lado a otro de la sala.* — s.m. JUEGOS = peón, peonza

2 Molusco gasterópodo marino de concha gruesa y cónica que vive en las costas ibéricas. (*Calliostoma, Gibula, Monodonta y Trochus.*) — ZOOLOGÍA

trompudo, a Se aplica a la persona de labios prominentes. — adj. Amér.

trona (Del ár. vulgar *truna*.) Carbonato de sodio cristalizado, translúcido, vítreo, un poco más duro que el yeso y de sabor acre. — s.f. QUÍMICA

tronada Tempestad de truenos: *me despertó una tronada a medianoche.* — s.f.

tronado, a
1 Que está viejo o deteriorado por el uso: *es un tema tan tronado que no vale la pena volver a comentarlo.* — adj. = gastado

2 Que está arruinado.

3 Que está chalado o ha perdido la razón: *¿tú estás tronado o qué? ¡no pienso hacer esa tontería!* — coloquial = loco, chiflado

4 Que ha perdido vigencia.

tronador, a Que truena. — adj.

tronar (Del lat. *tonare*.)
1 Producirse truenos: *me han dicho que ha estado tronando pero no lo he oído.* — v.impers. conj: *contar*

2 Producir una cosa un ruido fuerte: *las escopetas de los cazadores truenan a lo lejos.* — v.intr.

3 Arruinarse, perder una persona todos sus bienes. — v.intr/prnl.

4 Hablar o escribir de forma ofensiva contra una persona: *el diario tronaba contra el alcalde.* — v.intr. = criticar

5 Reñir dos personas: *han tronado por una tontería.* — = discutir

6 Suspender el curso un estudiante. — Méx./coloquial

7 Romper relaciones una pareja. — Méx.

8 tronárselas: Fumar marihuana. — Méx./vulgar

troncal
1 Del tronco o que procede de él: *las capas troncales pueden determinar la edad del árbol.* — adj.

2 Se aplica a los bienes patrimoniales que en vez de pasar al heredero regular, vuelven al tronco de donde vinieron. — DERECHO

troncalidad Principio jurídico por el que los bienes deben pasar, en la herencia por ley de una persona, a la línea de parientes de la que procedían tales bienes. — s.f. DERECHO

troncar (Del lat. *truncare*.) Truncar [en todas sus acepciones]. — v.tr. conj: *sacar*

tronchado, a
1 Se refiere a los sillares o piedras de construcción de forma irregular con marcas producidas por la introducción de la cuña. — adj.

2 Se aplica al escudo que está dividido por una diagonal que va del ángulo derecho del jefe al izquierdo de la punta. — HERÁLDICA

tronchante Que causa mucha risa: *nos ha contado unos chistes tronchantes; es un espectáculo tronchante.* — adj. = cómico, gracioso

tronchar
1 Romper sin valerse de herramientas una planta, las ramas o cualquier otra parte de un vegetal: *las cañas se troncharon con el ventarrón.* — v.tr/prnl.

2 Romper con violencia cualquier cosa semejante a un tronco: *el viento troncho el poste del telefono; se troncharon dos mástiles.*

3 Detener una cosa su desarrollo o la realización de otra: *el accidente tronchó sus planes.* — v.tr. = malograr, truncar

4 Hacer que una persona se canse mucho: *ese trabajo le troncha la espalda.* — = castigar

5 Reírse una persona mucho y ruidosamente: *se troncha de risa viendo a ese cómico.* — v.prnl./coloquial = mondarse

6 Dislocarse o luxarse una parte del cuerpo. — Colomb.

tronchazo Golpe dado con un troncho. — s.m.

troncho (Del lat. *trunculus*.) Tallo de las hortalizas. — s.m./BOTÁNICA

troncho, a
1 Que es torpe: *es un poco troncho para las ciencias.* — adj./coloquial
2 Porción, trozo o pedazo de la totalidad de cualquier cosa. — s.m./*Argent., Colomb., Nicar.*

tronchudo, a Se aplica a la hortaliza que tiene mucho troncho. — adj.

tronco (Del lat. *truncus.*)
1 Tallo principal, fuerte y macizo de los árboles y arbustos: *el tronco de las secuoyas es muy grande.* — s.m. BOTÁNICA
2 Cuerpo humano o de un animal sin la cabeza ni las extremidades: *el ejercicio consiste en doblar el tronco hacia delante.* — ANATOMÍA
3 Ascendiente común de dos o más ramas o familias: *ambos proceden del mismo tronco.*
4 Conducto o canal principal del que salen o en el que desembocan otros de menor tamaño.
5 Tiro de carruaje formado por dos caballerías.
6 Parte que queda al cortar una pirámide o un cono por una línea paralela a la base. — GEOMETRÍA
7 Persona insensible, inútil o despreciable. — coloquial
8 Amigo o compañero, o persona en general, en el lenguaje juvenil: *¿qué, tronco, nos vamos a tomar unas birras?* — jerga = colega
9 **tronco braquiocefálico:** Arteria gruesa que nace del cayado aórtico y se subdivide en dos, la carótida y la subclavia. — ANATOMÍA
10 **dormir o quedarse como un tronco:** Estar profundamente dormido. — coloquial
11 **estar hecho un tronco:** 1. Estar privado del uso de los sentidos o de los miembros por accidente. 2. Estar profundamente dormido: *está hecho un tronco porque anoche se fue de juerga.* — coloquial / coloquial

troncocónico, a Que tiene forma de tronco de un cono. — adj.

troncón
1 Tronco del cuerpo humano o animal. — s.m.
2 Tocón del árbol.

troncular De un tronco nervioso o vascular. — adj./ANATOMÍA

tronera
1 Ventana pequeña por donde apenas entra la luz: *cambiaron las troneras de la habitación por unos grandes ventanales.* — s.f. = ventanuco
2 Abertura en los costados del barco y en las fortificaciones, para asomar y disparar la artillería.
3 Cada uno de los agujeros situados en los ángulos de la mesa de billar por donde entran las bolas: *la bola negra se quedó justo en el borde de la tronera.* — JUEGOS
4 Persona alocada y de poco juicio. — s.m.f./= calavera
5 Juguete hecho doblando de cierta manera una hoja de papel, de modo que, sacudiéndolo por una punta, hace un chasquido. — s.f.

tronerar Abrir troneras. — v.tr./= atronerar

tronido
1 Estampido del trueno: *se sobresaltó al oír los tronidos de la tormenta.* — s.m.
2 Estruendo o estrépito de cualquier cosa: *se oyó un tronido porque el mueble se vino abajo.* — = estallido, estampido
3 Fracaso ruidoso. — = hecatombe

tronío
1 Ostentación en el gasto del dinero: *celebraron el convite con tronío.* — s.m. coloquial
2 Elegancia pomposa en el porte de una persona. — coloquial

tronitoso, a Que tiene un sonido parecido al del trueno. — adj.

trono (Del lat. *thronus* < gr. *thronos.*)
1 Asiento de ceremonia, con gradas y dosel, destinado a los reyes o a personas de alta dignidad. — s.m. = sitial
2 Dignidad de rey o soberano: *subió al trono a los veinte años.*
3 Sitio en que se coloca la efigie de un santo para hacerle objeto de un culto más solemne. — RELIGIÓN
4 Sagrario en que se expone el santísimo sacramento sobre el altar mayor de una iglesia. — RELIGIÓN = tabernáculo
5 Tercer coro de la suprema jerarquía de los ángeles. — s.m.pl./ RELIGIÓN

tronquista Persona que gobierna los caballos o mulas de un carruaje de dos tiros. — s.m.f.

tronzadera Sierra con un mango en cada extremo que se emplea para cortar árboles entre dos personas. — s.f. = tronzador

tronzado Operación de cortar en trozos maderos, barras u otras piezas de distintos materiales: *el tronzado de los troncos se hace con sierras eléctricas.* — s.m.

tronzador, a
1 Que tronza. — adj.
2 Sierra con un mango en cada extremo, que sirve para cortar troncos entre dos personas. — s.m.= serrón, tronzadera
3 Obrero encargado del manejo de esta sierra.

tronzar
1 Romper una cosa en trozos: *tronzó unos palillos y nos hizo un juego.* — v.tr. conj: *cazar*
2 Adornar una falda con gran número de pliegues muy espesos.
3 Cansar físicamente una actividad: *le tronzaba el trabajo en la mina; se tronzaron cavando todo el día.* — v.tr/prnl. = agotar, tronchar

tronzo, a Se aplica a la caballería que tiene una o las dos orejas cortadas en señal de haber sido dada por inútil. — adj.

tropa (Del fr. *troupe.*)
1 Multitud o reunión de gran número de personas: *en la plaza se agolpaba una tropa de jóvenes para ver el espectáculo.* — s.f. = muchedumbre
2 Categoría formada por soldados, marinos y aviadores y sus graduaciones en la jerarquía militar. — MILITAR
3 Toque militar para que las tropas formen armadas. — MILITAR
4 Reunión de gente despreciable: *menuda tropa está en la esquina esperándole.* — despectivo = gentuza
5 Conjunto de todos los militares que no son oficiales ni suboficiales. — s.f.pl. MILITAR
6 Manada de ganado que se lleva de un lugar a otro. — s.f./*Argent., Urug. Amér. Merid.*
7 Recua de ganado.
8 **tropa de línea:** 1. La organizada para maniobrar y combatir en orden cerrado y por cuerpos. 2. La que es permanente. — MILITAR
9 **tropa ligera:** La organizada para maniobrar y combatir en orden abierto. — MILITAR
10 **en tropa:** En grupos, sin orden ni formación: *los críos entraron en tropa en el aula.* — loc.adv.

tropear Conducir manadas de ganado. — v.intr./*Argent.*

tropel (Del fr. ant. *tropel.*)
1 Conjunto de personas, animales o cosas que se mueven en desorden y con rapidez: *había un tropel de gente en las calles.* — s.m. = muchedumbre
2 Conjunto desordenado de cosas: *recoge el tropel de libros que hay sobre tu mesa.* — = desorden, remolino
3 Aceleramiento confuso y desordenado. — = precipitación
4 Una de las partes en que se dividía el ejército en la antigua milicia. — HISTORIA
5 **de o en tropel:** 1. Con movimiento rápido y violento: *el ganado salió en tropel del cercado.* 2. Yendo muchas personas juntas y sin orden: *fuimos en tropel a visitarle al hospital.* — loc.adv. / loc.adv.

tropelía (Del ant. *eutropelia* < gr. *eutrapelia.*)
1 Acto violento cometido en general por quien abusa de su poder: *la forma en que el guardia te empujó fue una tropelía.* — s.f. = atropello
2 Aceleración confusa y desordenada.

tropeoláceo, a Perteneciente a una familia de plantas angiospermas dicotiledóneas, herbáceas, rastreras o trepadoras, de hojas opuestas, flores cigomorfas, raíz tuberculosa y fruto carnoso o seco, como la capuchina. — adj/s.f. BOTÁNICA tb: tropeoleo

tropero Conductor de tropas, carretas o ganado, en especial vacuno. — s.m. *Argent., Urug.*

tropezadero Lugar donde es fácil tropezar: *ese trozo de acera es un tropezadero porque le faltan baldosas.* — s.m.

tropezador, a Que tropieza con frecuencia: *es bastante patoso y tropezador.* — adj/s.

tropezadura Acción y resultado de tropezar: *¡qué tropezadura más tonta!* — s.f. = tropezón

tropezar (Del ant. *entropeçar* < lat. vulgar **interpediare.*)
1 Topar con los pies en un obstáculo al andar: *tropezó con el bordillo y cayó de bruces.* — v.intr./conj: empezar = trompicar/+ con
2 Encontrar un obstáculo que impide avanzar: *la negociación tropezó con los desacuerdos internos.* — = interrumpir, topar
3 Cometer una persona una falta o equivocación: *durante la entrevista tropecé varias veces en las respuestas.* — = errar, equivocarse
4 Tener una persona una riña o un desacuerdo con otra: *a menudo tropieza con las ideas de su socio.* — + con = discutir
5 Encontrarse una persona con dificultades para realizar una cosa: *tropezó con la falta de dinero para construir el local.* — + con
6 Encontrar una persona a otra por casualidad: *tropezó con su amigo en el mercado.* — v.intr/prnl./+ con = topar
7 Herirse un animal una pata con otra. — v.prnl.

tropezón, a
1 Que tropieza mucho, en especial las caballerías. — adj.
2 Acción y resultado de tropezar: *cayó al suelo por un tropezón en la escalera.* — s.m. = tropezadura
3 Trozo pequeño de jamón u otro alimento que complementa a una comida: *sirvió una sopa con tropezones de huevo.* — COCINA
4 **a tropezones:** Tropezando, con impedimentos y dilaciones. — loc.adv.

tropezoso, a Que no tiene garbo o soltura. — adj.

tropical
1 De los trópicos: *clima tropical.* — adj.
2 Que parece propio de los trópicos por ser frondoso o exagerado: *decoró la casa con estilo tropical.* — coloquial
3 Se aplica al clima caracterizado por una larga estación seca, en invierno, y otra de lluvias, en verano.

tropicalización
1 Tratamiento dado a un material o producto industrial para aumentar su resistencia contra la acción de los climas tropicales, en especial al enmohecimiento y a la corrosión. — s.f. INDUSTRIA
2 Tratamiento de pasivación para piezas de acero recubiertas de cinc o de cadmio. — METALURGIA

trópico, a (Del lat. *tropicus* < gr. *tropikos*.)
1 Se refiere a las plantas que abren y cierran diaria- adj.
mente sus flores a distinta hora, según la luz. BOTÁNICA
2 Cada uno de los dos círculos menores paralelos al s.m.
ecuador en la esfera celeste y que tocan a la eclíptica ASTRONOMÍA
en los solsticios.
3 Cada uno de los dos paralelos situados respectiva- GEOGRAFÍA
mente al norte y al sur del ecuador del globo terráqueo, en correspondencia con los de la esfera celeste.
4 Región intertropical.
5 **trópico de Cáncer:** Círculo menor situado al norte GEOGRAFÍA
del ecuador.
6 **trópico de Capricornio:** Círculo menor situado al GEOGRAFÍA
sur del ecuador.

tropiezo
1 Estorbo o impedimento que impide o dificulta rea- s.m.
lizar una cosa: *encontró muchos tropiezos para desarro-* = dificultad
llar su profesión.
2 Desgracia o contratiempo que surge de improviso: = imprevisto
la lluvia fue el tropiezo que nos impidió hacer la travesía.
3 Discusión o riña: *ya ha tenido varios tropiezos con sus* = encontronazo
compañeros otras veces.
4 Falta, equivocación o indiscreción que comete una = desliz
persona: *ha cometido varios tropiezos por hablar dema-*
siado.
5 Causa de la equivocación cometida.
6 Falta cometida en materia de honestidad. = desliz
7 Oposición en las opiniones: *no se tomó ninguna deci-* = encontronazo
sión porque en la reunión hubo varios tropiezos ideológicos.

tropilla Conjunto de yeguarizos guiados por una ma- s.f.
drina. Argent.

tropismo Movimiento de orientación que se produce s.m.
en algunos organismos como reacción a ciertos estí- BIOLOGÍA
mulos exteriores.

tropo (Del lat. *tropus* < gr. *tropos*.)
1 Uso de las palabras con un sentido distinto del lite- s.m.
ral aunque manteniendo alguna conexión o semejan- RETÓRICA
za con éste: *la metáfora es una forma de tropo.*
2 Texto breve con música que se intercalaba en la li- RELIGIÓN
turgia durante la edad media que, al ser recitado por
el cantor y por el pueblo, originó el teatro litúrgico
medieval.

tropo- Componente de palabra procedente del gr. *tro-* pref./suf.
pos, que significa vuelta, cambio: *heliotropo, troposfera.*

tropología (Del gr. *tropos*, tropo + *logos*, ciencia.)
1 Lenguaje figurado que se emplea con sentido ale- s.f.
górico. RETÓRICA
2 Mezcla de doctrina y moralidad en el discurso. RETÓRICA

tropológico, a
1 Que se expresa con tropos: *sus textos tienen un estilo* adj.
marcadamente tropológico. = figurado, trópico
2 Que pretende corregir o cambiar la moral o las costumbres: *doctrina tropológica.*

tropopausa Zona comprendida entre la troposfera y s.f.
la estratosfera. GEOGRAFÍA

troposfera (Del gr. *tropos*, cambio + *sphaira*, globo.) s.f.
Zona inferior de la atmósfera, en contacto con la su- GEOGRAFÍA
perficie terrestre, que tiene una altura de unos doce
kilómetros, donde se desarrollan los meteoros aéreos, acuosos y algunos eléctricos.

troque Pedazo de paño atado con bramante y separa- s.m.
do de la pieza que se va a teñir, para comparar el co- TEXTIL
lor que se obtiene con el original.

troquel
1 Molde de acero que sirve para acuñar monedas, s.m.
medallas u otros objetos parecidos. = cuño
2 Molde para grabar o estampar piezas metálicas. METALURGIA
3 Instrumento o máquina con bordes cortantes que
se usa para cortar con precisión cartones, cuero u
otros materiales.

troquelado
1 Acción y resultado de troquelar. s.m.
2 Proceso de aprendizaje que tiene lugar en los ani- BIOLOGÍA
males jóvenes del que resulta una reacción estereoti- = impronta
pada frente a un modelo.

troquelar
1 Hacer monedas con un troquel: *en la casa de la mo-* v.tr.
neda troquelan piezas. = acuñar
2 Imprimir o dar forma a una pieza de metal con un
troquel.
3 Cortar una pieza de cuero o cartón con un troquel:
troqueló la figura de un payaso.

troqueo (Del lat. *trochaeus* < gr. *trokhaios*.)
1 Pie de la poesía griega y latina formado por una sí- s.m.
laba larga seguida de una breve. POESÍA
2 Pie de la poesía española formado por una sílaba POESÍA
tónica y otra átona.

troquillón Elemento constitutivo de la madeja. s.m./TEXTIL

troquilo (Del gr. *trokhilos*.) Mediacaña, moldura cón- s.m.
cava de sección semicircular. ARQUITECTURA

troquín Tuberosidad menor de la cabeza del húmero. s.m./ANATOMÍA

troquiter Tuberosidad mayor de las dos existentes s.m.
en la epífisis superior del húmero. ANATOMÍA

trotacalles Persona muy callejera: *es un trotacalles, así* s.m.f.
que es difícil encontrarlo en casa. pl: trotacalles

trotaconventos Persona que encubre, concierta o s.m.f.
facilita una relación amorosa, en general ilícita: *la tro-* pl: trotaconventos
taconventos es un personaje de larga tradición literaria. = alcahuete

trotador, a Que trota mucho: *eligió el caballo más tro-* adj.
tador. EQUITACIÓN

trotamundos Persona aficionada a viajar: *desde muy* s.m.f.
joven ha sido un trotamundos. pl: trotamundos

trotar (Del germ. *trotton*.)
1 Ir un caballo al trote: *trotaba de un modo elegante y* v.intr./EQUITACIÓN
ligero. tb: trotear
2 Ir una persona sobre un caballo que va al trote. EQUITACIÓN
3 Ir una persona de un lugar a otro para hacer gestio- coloquial
nes o por otra causa: *estuvo trotando toda la mañana de*
un banco al otro.

trote
1 Manera de andar las caballerías con paso ligero y s.m.
levantando a la vez el pie y la mano de distinto lado. EQUITACIÓN
2 Actividad o trabajo intenso o complicado: *tiene mu-* = ajetreo,
cho trote en la casa con tantos niños; la subida a la sierra trajín
fue demasiado trote para ti.
3 **trote cochinero:** El corto y apresurado. EQUITACIÓN
4 **al trote o a trote:** Con ligereza y rapidez: *he ido* loc.adv.
toda la mañana al trote para hacer todos los recados.
5 **de mucho trote:** Muy resistente y fuerte: *es un teji-* loc.adj.
do de mucho trote. coloquial
6 **hacer entrar en trotes, meter en trotes o poner** coloquial
en trotes: Encaminar o dirigir a una persona hacia
unas costumbres determinadas.
7 **no estar para muchos o esos trotes:** 1. No permi- coloquial
tirle su salud o su fortaleza física determinados esfuerzos. 2. Estar gastada una cosa: *esta falda ya no está* coloquial
para muchos trotes.
8 **para todo trote:** De mucho uso: *me compré unos za-* loc.adj.
patos baratos para todo trote. coloquial
9 **tomar alguien el trote:** Irse de repente de un lu- coloquial
gar: *tomó el trote al recordar la cita.*

trotón, a
1 Se aplica a la caballería que acostumbra a andar al adj.
trote. EQUITACIÓN
2 Caballo media sangre, seleccionado por su veloci- s.m.
dad al trote.

trotona Señora de compañía. s.f.

trotonería Trote continuo. s.f.

trotskismo (De Leon *Trotski*, político soviético.) Teo- s.m.
ría y práctica política que preconiza la revolución POLÍTICA
permanente.

trotskista (De Leon *Trotski*, político soviético.)
1 De dicho político soviético o de su teoría política. adj./POLÍTICA
2 Que es partidario del trotskismo. adj/s.m.f./POLÍTICA

troupe (Voz francesa.)
1 Compañía ambulante de artistas de circo o de tea- s.f.
tro.
2 Grupo de amigos que se reúnen de forma habitual: = pandilla
ya tienes a toda la troupe en la puerta esperándote.

trousseau (Voz francesa.) Ajuar o equipo que lleva la s.m.
novia al matrimonio.

trova
1 Verso, serie de palabras sujetas a medida y caden- s.f.
cia.
2 Poema que imita a otro siguiendo su estilo, forma POESÍA
métrica o método de composición, ejemplificando
una historia o fábula.
3 Poema destinado al canto. POESÍA
4 Poema de tema amoroso compuesto o cantado por POESÍA
un trovador.

trovador, a
1 Que trova. adj/s.
2 Poeta lírico medieval que escribía o componía ver- s.m.
sos en lengua de oc. POESÍA
3 Persona que improvisa o canta trovos. s./= trovero
4 Persona que compone poemas. = poeta

trovadoresco, a De los trovadores y de su poesía: adj.
lírica trovadoresca; poesía trovadoresca. POESÍA

trovar (Del occitano ant. *trobar* < lat. vulgar *tropare*
< bajo lat. *contropare*, hacer comparaciones.)
1 Componer versos: *solía trovar rememorando a su* v.intr.
amada. POESÍA
2 Componer trovas. POESÍA
3 Imitar una composición métrica aplicándola a otro v.tr.
tema. POESÍA
4 Cambiar el sentido de una cosa que se ha hecho o = tergiversar
dicho: *en ocasiones trovan las palabras de los políticos.*

trovero, a (Del fr. *trouvère*.)
1 Poeta lírico medieval en lengua de oïl. s./POESÍA
2 Persona que improvisa o canta trovos.

trovista Persona que compone versos: *siempre ha sido* s.m.f./POESÍA
un gran trovista. = poeta

trovo Composición métrica popular y, por lo general, de tema amoroso. — s.m. POESÍA

trox Troj [en todas sus acepciones]. — s.f./pl: trojes

troyano, a
1 De Troya, antigua ciudad de Asia. — adj./HISTORIA
2 Persona natural de esta antigua ciudad asiática. — s./HISTORIA

troza
I (Derivado de *trozo*.) Tronco aserrado por los extremos para sacar tablas. — s.f. CARPINTERÍA
II (De origen incierto.) Unión de dos pedazos de cabo grueso, forrados de cuero, que asegura la verga mayor al cuello de su palo. — s.f. NÁUTICA

trozar
1 Poner tirante la troza valiéndose de su aparejo, en una embarcación. — v.tr./conj: cazar NÁUTICA
2 Cortar un tronco en tablones. — CARPINTERÍA
3 Romper una cosa en pedazos: *el perro trozó varios libros que encontró en la sala.* — = destrozar

trozo (Del cat. *tros*.)
1 Parte de una cosa que se considera por separado del resto: *te has quedado con el trozo más grande; parte el tronco en trozos para hacer leña.* — s.m. = fragmento, porción
2 Grupo de personas de mar adscritas a cada distrito marítimo. — NÁUTICA
3 Cada una de las dos partes en que se dividía una columna de soldados, entre las que se colocaban las banderas. — MILITAR
4 **trozo de abordaje:** Cada uno de los tres grupos destinados a los abordajes en la dotación de un buque de guerra. — MILITAR
5 **a trozos:** Sin uniformidad: *la pared está pintada a trozos.* — loc.adv.

truca Máquina que se utiliza para realizar los efectos ópticos y sonoros en las películas de cine o televisión. — s.f. AUDIOVISUALES, CINE

trucaje
1 Modificación de una visión o imagen para obtener otra que no corresponde a la realidad: *los efectos de trucaje están muy logrados en esa película.* — AUDIOVISUALES, CINE
2 Acción y resultado de trucar.

trucar
1 Preparar o manipular una cosa para conseguir el efecto deseado: *trucó los resultados de las pruebas; trucaron la foto para que pareciera una nave.* — v.tr. conj: sacar
2 Hacer una persona trampas en el juego del truque o en el del billar: *trucó las cartas marcándolas.* — JUEGOS
3 Hacer una persona el primer envite en el juego del truque o en el billar. — v.intr. JUEGOS

trucha (Del bajo lat. *tructa*.)
1 Pez teleósteo de agua dulce de color grisáceo con manchas rojas o negras, cuya carne es muy apreciada. *(Salmo trutta.)* — s.f. ZOOLOGÍA
2 Máquina que consiste en una polea suspendida por la que pasa una cuerda de tracción y que sirve para levantar pesos. — MECÁNICA = cabria
3 Persona astuta y poco escrupulosa. — s.m.f./= truchimán
4 Puesto o pequeña tienda de mercería, en general portátil. — s.f./Amér. Central COMERCIO
5 **trucha de mar:** Reo, pez teleósteo. — ZOOLOGÍA
6 **ayunar o comer trucha:** Tomar la decisión de quedarse sin nada o de conseguir lo mejor. — coloquial

truchero, a
1 Se aplica al río que tiene truchas en abundancia. — adj.
2 Que se dedica a la cría o comercio de truchas: *industria truchera.*
3 Persona que vende o pesca truchas. — s.

truchimán, a (Del ár. *turyuman*.)
1 Persona que traduce de una lengua a otra para comunicarlo a otras personas. — = intérprete
2 Persona astuta y poco escrupulosa: *no dudará en jugártela porque es un truchimán.* — coloquial = trucha

truchuela Bacalao curado más delgado que el común. — s.f.

truco
I (Del ital. *trucco*.)
1 Artimaña o trampa utilizada para lograr un fin: *ya me sé sus trucos, así que no me engaña con sus llantos.* — s.m. = treta, triquiñuela
2 Apariencia engañosa con que se consiguen determinados efectos en el ilusionismo, en el cine y en otras actividades: *seguro que el mago no desaparece por arte de magia sino que tiene truco.*
3 Astucia, habilidad o maña adquirida en el ejercicio de un arte u oficio para facilitar alguna operación o tarea: *conoce bien los trucos del oficio.* — = arte
4 Suerte del juego del billar que consiste en echar con la propia bola la del contrario por alguna de las troneras. — JUEGOS
5 Juego de destreza y habilidad que se ejecuta sobre unas tablas con troneras, barras y bolillo. — s.m.pl. JUEGOS
6 Juego de naipes, variedad del truque. — s.m./Argent.
7 **coger el truco:** Descubrir la manera de hacer una cosa o adquirir la habilidad necesaria para hacerla: *tardo mucho porque aún no le he cogido el truco; me vio hacerlo a mí y enseguida le cogió el truco.* — coloquial

II (Derivado del cat. *trucar*, golpear.) Cencerro grande. — s.m.

truculencia Calidad de truculento: *la truculencia de la película es tremenda.* — s.f.

truculento, a (Del lat. *truculentus*.) Que es muy cruel, morboso o dramático: *cometió un crimen truculento; es autor de dramas truculentos.* — adj. = atroz, tremendo

trué (Del nombre de la ciudad francesa de *Troyes*.) Tela de lienzo fina y blanca. — s.m. TEXTIL

trueco
1 Acción y resultado de trocar o cambiar: *tú sales ganando en el trueco.* — s.m. = trueque
2 **a trueco de:** Con tal que. — loc.conj.

trueno
1 Ruido provocado por una descarga eléctrica en las nubes y que se percibe con posterioridad al relámpago. — s.m. = tronido
2 Estampido producido por disparo de un arma de fuego o un artificio de fuego: *a lo lejos se oía el trueno de los cañones.* — = detonación, estrépito
3 Joven alocado y alborotador: *nunca sabes si está haciendo alguna porque es un trueno.* — coloquial
4 **trueno gordo:** Estampido muy ruidoso con que termina una sesión de fuegos artificiales.
5 **dar alguien el trueno gordo o un trueno:** Decir o hacer una cosa que provoca escándalo: *dio el trueno gordo cuando dijo al jefe que era un incompetente.* — coloquial

trueque
1 Acción y resultado de trocar o trocarse: *hizo un trueque de joyas con un anticuario.* — s.m./tb: trueco = cambio
2 Intercambio directo de bienes y servicios sin mediar dinero.
3 **a trueque:** A cambio de otra cosa. — loc.adv.

trufa (Del occitano ant. *trufa* < lat. vulgar *tufera* < lat. *tuber*, criadilla de tierra.)
1 Hongo de forma globosa que vive bajo tierra asociado a raíces de encinas o robles, comestible y que se usa como condimento. *(Tuber.)* — s.f. MICOLOGÍA
2 Bombón de forma redondeada hecho a base de chocolate y mantequilla y espolvoreado con cacao. — COCINA
3 Pasta hecha con chocolate sin refinar y mantequilla: *el pastel está relleno de trufa.* — COCINA
4 Mentira o patraña: *no te creas lo que te ha contado, es una trufa.* — coloquial = embuste

trufador, a Que trufa o miente: *es muy trufador, así que no confíes en lo que te dice.* — adj./s. = mentiroso

trufar
1 Poner trufas en un alimento: *trufó el redondo de ternera para la cena.* — v.tr. COCINA
2 Decir una persona mentiras: *se pasa el día trufando, así que ya no le creo.* — v.intr. = mentir

truhán, a (Del fr. *truand*.)
1 Que vive del engaño y la estafa: *es un truhán que se aprovecha de la buena voluntad de la gente.* — adj./s. = granuja
2 Que divierte a los demás con bufonadas. — = bufón

truhanada
1 Acción propia de un truhán: *estoy harta de sus truhanadas, ya no me engaña más.* — s.f./tb: truhanería = granujada
2 Reunión o grupo de truhanes.

truhanear
1 Obtener dinero con engaño: *truhanea con habilidad y malicia.* — v.intr. = estafar
2 Decir una persona chanzas y burlas propias de un truhán.

truhanería Truhanada [en todas sus acepciones]. — s.f.

truhanesco, a Que es propio de truhanes. — adj.

truja Departamento separado, en los molinos de aceite, que para cada cosechero deje en él su aceituna. — s.f. = algorín

trujal (Del lat. *torculare*.)
1 Prensa para exprimir la uva o la aceituna. — s.m.
2 Molino de aceite. — = lagar
3 Tinaja donde se prepara la sosa para fabricar el jabón. — INDUSTRIA

trujamán, a (Del ár. *turyuman*.)
1 Persona que explica a otras en la lengua que entienden, lo que se ha dicho en otra desconocida para ellas: *con ellos viaja un trujamán.* — s. = intérprete
2 Persona que aconseja o media en el modo de hacer una cosa.

trujamanear
1 Trabajar una persona como trujamán. — v.intr.
2 Cambiar unos géneros por otros. — = trocar

trulla
I (De origen incierto.)
1 Alboroto o bulla de personas que se divierten: *¡qué trulla se oye al lado!* — s.f. = jaleo
2 Multitud de personas: *había una trulla de gente y no entré.* — = tropa, turba
II (Del lat. *trulla*.) Llana de albañil, herramienta para extender el yeso y la argamasa. — s.f. CONSTRUCCIÓN

trullo
I (Derivado de *trulla*.) Ave palmípeda de cabeza negra con moño, lomo de color pardo rojizo, pecho y abdomen blancos y alas y cola con rayas blancas. — s.m. ZOOLOGÍA
II (Del cat. *trull* < lat. *torculum*.)

1 Lagar o prensa con un depósito debajo, donde cae el mosto al pisar la uva. — s.m.

2 Cárcel o calabozo: *le han metido en el trullo.* — argot

trumao Tierra arenisca muy fina procedente de rocas volcánicas. — s.m. *Chile*

truncado, a Se aplica al poliedro al que se ha sustituido un vértice o una arista por un plano. — adj. GEOMETRÍA

truncadura Sustitución de un vértice o una arista de un cristal por una cara. — s.f. MINERALOGÍA

truncamiento Acción y resultado de truncar. — s.m.

truncar (Del lat. *truncare.*)
1 Cortar el extremo u otra parte de una cosa: *truncó las ramas altas del árbol.* — v.tr./conj: *sacar* th: troncar
2 Dejar incompleto el sentido de un texto al omitir algunas palabras o pasajes: *la prensa truncó hábilmente su discurso del día anterior.*
3 Impedir que una cosa se desarrolle o se realice por completo: *la enfermedad truncó su última novela.* — = cortar
4 Quitar las ilusiones o las esperanzas a una persona: *truncó su ilusión al negarle el permiso que pedía.* — v.tr/prnl. = desilusionar
5 Cortar la cabeza a una persona o un animal. — v.tr.

trunco, a (Del lat. *truncus.*) Que está truncado, incompleto o mutilado: *la baraja está trunca, faltan dos cartas.* — adj.

trupial Ave paseriforme americana de vivos colores. *(Icterus.)* — s.m. ZOOLOGÍA

truque (Del cat. *truc.*)
1 Juego de envite en el que se reparten tres cartas a cada jugador y gana quien echa la carta de mayor valor. — s.m. JUEGOS
2 Variante del juego del infernáculo. — JUEGOS

truquero, a Persona encargada de una mesa de trucos, variante del juego de billar. — s. JUEGOS

truquiflor Juego de cartas parecido al truque. — s.m./JUEGOS

trusa Calzoncillos, ropa interior masculina. — s.f./*Méx., Perú*

trusas (Del fr. *trousse.*) Greguescos o calzones anchos con cuchilladas que llegaban hasta la mitad del muslo. — s.f.pl.

trust (Voz inglesa.) Agrupación de varias empresas que se funden en una sola, en general para conseguir una situación de monopolio en el mercado de un determinado bien o servicio. — s.m. pl: trusts ECONOMÍA

tse-tse Mosca africana transmisora del protozoo que produce la enfermedad del sueño. *(Glossina palpalis.)* — s.f. ZOOLOGÍA

tsonga Pueblo bantú de Mozambique. — s.m.

tsunami (Voz japonesa.) Ola oceánica gigante, generada por un plegamiento, una erupción o un seísmo submarinos. — s.m. GEOLOGÍA = maremoto

tsutuhil De un pueblo amerindio maya de Guatemala. — adj/s.m.f.

tswana Pueblo bantú de Botswana y de la República de Sudáfrica. — s.m.

tu (Del lat. *tuus.*) Apócope de tuyo que se usa antepuesto al nombre: *tu casa es de madera; he traído tu libro.* — adj.pos.

tú (Del lat. *tu.*)
1 Indica la persona que escucha cuando el hablante se refiere a ella: *tú eres el culpable; tú lo has dicho; nunca creí que tú pudieras hacerlo solo.* — pron.pers.
2 de tú a tú: Personalmente, cara a cara y sin reservas: *iré a verte para que hablemos de tú a tú un rato.* — loc.adv.
3 hablar, llamar o tratar de tú: Tutear a otra persona: *por favor, llámame de tú; trata de tú a todo el mundo sin importarle su edad.*
4 tratarse de tú: Ser dos o más personas de un nivel cultural semejante: *se tratan de tú en su profesión.* — coloquial

tuareg
1 De un pueblo beréber, de vida nómada. — adj.
2 Persona natural de este pueblo. — s.m.f.

tuátara Reptil rinocefálido, único representante vivo de los rinocéfalos. *(Sphenodon punctatum.)* — s.m. ZOOLOGÍA

tuatuá Planta ornamental euforbiácea, de propiedades medicinales. *(Jatropha gossypifolia.)* — s.f./*Amér. Central y Merid*/BOTÁNICA

tuba (Del lat. *tuba.*) Instrumento musical de viento formado por un tubo cónico de metal de gran tamaño, con pistones o cilindros, parecido al bugle pero de sonido grave. — s.f. MÚSICA

tuberal Perteneciente a un orden de hongos ascomicetes de ascocarpos subterráneos, como la trufa. — adj/s.m. MICOLOGÍA

tuberculina Preparación hecha con gérmenes tuberculosos usada en el tratamiento y diagnóstico de la tuberculosis. — s.f. FARMACIA

tuberculización Infección de un organismo por la tuberculosis. — s.f. MEDICINA

tubérculo (Del lat. *tuberculum.*)
1 Parte de un tallo subterráneo o raíz, que se hace más grueso y acumula gran cantidad de sustancias de reserva: *la patata es un tubérculo.* — s.m. BOTÁNICA
2 Tumor redondeado de color blanco amarillento que adquiere el aspecto y la consistencia del pus. — MEDICINA
3 Protuberancia o bulto natural en el cuerpo de algunos animales. — ZOOLOGÍA
4 Pequeño bulto de la corona de una muela. — ANATOMÍA

tuberculosis
1 Enfermedad infectocontagiosa producida por el bacilo de Koch que se caracteriza por la formación de nódulos en diversos órganos como los pulmones, riñones o meninges. — s.f. pl: tuberculosis MEDICINA = tisis
2 tuberculosis miliar: La caracterizada por pequeñas granulaciones tuberculosas diseminadas en el órgano afectado, en especial en el pulmón. — MEDICINA

tuberculoso, a
1 Que padece tuberculosis. — adj/s./MEDICINA
2 Del tubérculo: *raíz tuberculosa.* — adj./BOTÁNICA
3 Que tiene forma de tubérculo.
4 Que tiene tubérculos. — adj/s./BOTÁNICA

tubería
1 Sistema de tubos empalmados para la conducción de líquidos o gases: *han detectado un escape en la tubería del gas.* — s.f. = cañería
2 Conjunto de tubos: *la tubería de la casa es de cobre.*
3 Fabricación o comercio de tubos.

tuberización Proceso de transformación de la parte inferior del tallo o de los órganos radiculares en tubérculos. — s.f. BOTÁNICA

tuberosa Nardo, planta liliácea de flores blancas muy olorosas. — s.f. BOTÁNICA

tuberosidad
1 Protuberancia de un hueso para inserciones musculares o ligamentosas. — s.f. ANATOMÍA
2 Cada una de las partes abultadas en los extremos del estómago. — ANATOMÍA

tuberoso, a Que tiene tuberosidades. — adj./ANATOMÍA

tubícola (Del lat. *tubus*, tubo + *colere*, habitar.) Se aplica al animal que vive encerrado en un tubo fijo en el fondo del mar que construye él mismo. — adj. ZOOLOGÍA

tubo (Del lat. *tubus.*)
1 Pieza hueca y en general cilíndrica, abierta por uno o ambos extremos: *el tubo de la campana de la cocina está roto; ideó un sistema de riego mediante tubos.* — s.m.
2 Recipiente cilíndrico destinado a contener sustancias blandas, pastillas u otras cosas menudas: *se ha acabado el tubo de dentífrico; déjame el tubo de las medicinas.*
3 Parte inferior y tubular de los cálices o las corolas gamopétalas. — BOTÁNICA
4 Conducto de distintos órganos animales o vegetales: *tubo digestivo; tubo criboso.* — ANATOMÍA, BOTÁNICA
5 Castigo o sanción: *le metieron un buen tubo por no asistir a clase.* — coloquial
6 tubo acústico: El metálico o de madera en el que se puede hacer oír el aire en su interior. — MÚSICA
7 tubo de ensayo: Recipiente de vidrio cerrado por su extremo inferior, usado para ensayos y análisis químicos.
8 tubo de escape: Conducto por donde se evacuan los gases quemados en el motor de un vehículo. — MECÁNICA
9 tubo de humos: El que conduce el humo hacia el final de un cañón de chimenea.
10 tubo electrónico o de rayos catódicos: Elemento de un circuito electrónico consistente en una cápsula cilíndrica en cuyo interior se ha hecho el vacío para permitir el paso libre de los electrones.
11 tubo fluorescente: Aquel que contiene un gas que, a baja presión, se torna incandescente por la acción de una corriente eléctrica. — ELECTRICIDAD
12 tubo lanzallamas: Arma de combate para lanzar gases o líquidos inflamados. — MILITAR
13 tubo lanzatorpedos: El instalado en las proximidades de la línea de flotación para disparar torpedos. — MILITAR
14 mandar a alguien por un tubo: Despedir a una persona de mala manera, apartarse de una persona definitivamente y con enojo: *mándalo por un tubo, es un grosero.* — *Méx.* coloquial
15 pasar por el tubo: Someterse a la voluntad de una persona en contra de la decisión que se había tomado: *no quería ir de viaje con sus padres pero hubo de pasar por el tubo.* — coloquial
16 pegar con tubo: Tener mucho éxito: *pegó con tubo la obra de teatro.* — *Méx.* coloquial
17 por un tubo: En gran cantidad: *bebe cerveza por un tubo.* — loc.adv.

tubulado, a Que tiene tubos o forma de tubo: *hizo una estructura tubulada.* — adj.

tubuladura Abertura que tienen algunos recipientes y vasijas para que entre el extremo de un tubo. — s.f.

tubular (Del lat. *tubulus.*)
1 Del tubo: *las conducciones tubulares están en mal estado.* — adj.
2 Que está compuesto de tubos: *órgano tubular.*
3 Se aplica a la caldera en la que la circulación del fluido se realiza por tubos que ofrecen una gran superficie de calefacción. — TECNOLOGÍA
4 Se refiere al neumático que no tiene cámara de aire: *las ruedas tubulares no suelen reventarse al pinchar.* — adj/s.m.

tubuliforme (Del lat. *tubulus*, tubito + *forma*, forma.) Que tiene forma de tubo. — adj.

túbulo Tubo pequeño, en especial los de los riñones y testículos, y el oviscapto de ciertos insectos. — *s.m.* BIOLOGÍA

tubuloso, a Que tiene forma de tubo. — *adj./BOTÁNICA*

tucán (Del tupí-guaraní *tuka, tukana*.) Ave trepadora americana, dotada de un enorme pico adaptado a un régimen frugívoro, y con un plumaje de vivos colores, de las que se conocen unas cuarenta especies. *(Ramphastos.)* — *s.m.* ZOOLOGÍA

tucano, a De un pueblo amerindio de la Amazonia. — *adj./s.*

tuciorismo Doctrina de teología moral que defiende, en asuntos discutibles, seguir la opinión más segura y la observancia más literal de la ley. — *s.m.* TEOLOGÍA

tuciorista
1 Del tuciorismo.
2 Que profesa el tuciorismo. — *adj./TEOLOGÍA* — *adj/s.m.f./TEOLOGÍA*

tuco, a
1 Se refiere a la persona que le falta una o ambas extremidades superiores. — *adj./Bol. Ecuad., P. Rico*
2 Muñón, parte de un miembro cortado que queda en el cuerpo. — *s.m./Amér. Central y Merid.*
3 Insecto similar al cocuyo con fosforescencias en el abdomen. — *Argent. ZOOLOGÍA*
4 Especie de búho. — *Perú/ZOOLOGÍA*
5 Salsa de tomate cocida con cebolla, orégano, perejil y ají, con la que se acompañan diversos platos, en especial pastas. — *Argent., Chile, Urug. COCINA*

tucuirico Funcionario de las Indias castellanas que nombraba a los alcaldes y regidores de los indios. — *s.m.* HISTORIA

tucumá Planta arbórea de la cuenca del Orinoco y del Amazonas, de la que se obtiene una fibra textil y de cuyo fruto se extrae un aceite. *(Astrocarium vulgare.)* — *s.m.* BOTÁNICA

tucúquere Ave estrígida de gran tamaño, similar al búho. *(Buho magellanicus.)* — *s.m./Chile ZOOLOGÍA*

tucuso Chupaflor, especie de colibrí, ave paseriforme de pequeño tamaño y plumaje brillante. — *s.m./Venez. ZOOLOGÍA*

tucutuco Mamífero roedor insectívoro similar al topo, pero de mayor tamaño, que vive en galerías subterráneas. *(Ctenomys.)* — *Amér. Merid. ZOOLOGÍA*

tudel (Voz onomatopéyica.) Tubo curvado de latón que se adapta al fagot y otros instrumentos semejantes para sujetar el estrangul o boquilla. — *s.m.* MÚSICA

tudelano, a
1 De Tudela, población de Navarra. — *adj.*
2 Persona natural de esta población navarra. — *s.*

tudense
1 De Tuy, población de Pontevedra. — *adj.*
2 Persona natural de esta población. — *s.m.f.*

tueco
1 Parte del tronco de un árbol que queda en el suelo al cortarlo. — *s.m./th: tueca* = *tocón*
2 Hueco de la madera producido por la carcoma.

tuera (Del lat. *phthora* < gr. *phthra*, destrucción.) Coloquíntida, planta cucurbitácea de tallos rastreros y flores amarillas y solitarias. — *s.f.* BOTÁNICA

tuerca Pieza con un hueco con una espiral labrada en su interior para que ajusten los tornillos: *aprieta bien la tuerca con la llave inglesa.* — *s.f.*

tuero (Del lat. *torus*.)
1 Tronco o trozo de un árbol cortado y limpio de ramas. — *s.m.* = *leño*
2 Leño grueso que se pone en el fondo del hogar. — = *trashoguero*

tuerto, a
1 Que no tiene un ojo o lo tiene ciego: *llegó de la guerra tuerto y malherido.* — *adj./s.*
2 Que está torcido: *el cuadro está tuerto.* — *adj.*
3 Injusticia o agravio hecho a una persona: *le hizo un tuerto imperdonable.* — *s.m.* = *ofensa*
4 Dolores de vientre que suelen tener las mujeres después del parto. — *s.m.pl.* = *entuertos*
5 **a tuertas**: Al revés de como debe hacerse una cosa: *hizo su trabajo a tuertas.* — *loc.adv.*
6 **a tuertas o a derechas o a tuerto o a derecho**: Sin pensar o reflexionar en lo que se hace: *recoge las cosas a tuertas o a derechas y luego no sabe dónde las tiene.* — *loc.adv.*

tueste Acción y resultado de tostar una cosa al fuego: *el tueste de café despide un olor característico.* — *s.m.* = *tostadura*

tuétano (Voz onomatopéyica.)
1 Sustancia blanca que rellena los huesos: *el hueso que echó en el caldo tenía tuétano.* — *s.m./ANATOMÍA* = *médula*
2 Parte interior de una raíz o tallo de una planta. — *BOTÁNICA*
3 Fondo o parte fundamental de una cosa: *hablemos del tuétano del asunto.* — *coloquial* = *meollo*
4 **hasta los tuétanos**: Hasta lo más íntimo o profundo: *llegó calado hasta los tuétanos; su desaire le llegó hasta los tuétanos.* — *loc.adv. coloquial*
5 **sacar los tuétanos**: Hacer mucho daño a una persona: *te voy a sacar los tuétanos como sigas molestándome.* — *coloquial*

tufarada Racha de olor fuerte y desagradable que se percibe de repente: *me pasar junto a la fábrica, me llegó una tufarada.* — *s.f.* = *vaharada*

tufillas Persona que se atufa o enoja con facilidad: *no seas tan tufillas, que no ha sido para tanto.* — *s.m.f./pl: tufillas coloquial*

tufo
I (Del lat. vulgar *tufus < lat. *typhus* < gr. *typhos*, humo.)
1 Olor molesto: *me fui de su lado porque echaba un tufo tremendo.* — *s.m.* = *hedor*
2 Emanación gaseosa que se desprende de las fermentaciones y combustiones imperfectas.
3 Exceso de estimación propia que se manifiesta externamente: *¡no te gastes tantos tufos conmigo!* — *s.m.* = *humos, vanidad*
4 Sospecha de alguna cosa: *tengo el tufo de que me está preparando alguna jugarreta.* — *coloquial*
II (Del fr. *touffe*.) Mechón de pelo rizado que cae por delante de las orejas o por la frente. — *s.m.* = *tirabuzón*
III (Del fr. *tuf* < lat. *tufus*.) Toba, roca caliza muy porosa. — *s.m.* GEOLOGÍA

tugurio (Del lat. *tugurium*.)
1 Local, vivienda o habitación sucia y oscura: *no pienso entrar en ese tugurio de bar.* — *s.m.* = *cuchitril*
2 Choza de pastores.

tuición (Del lat. *tuitio, -onis*.) Acción y resultado de guardar o defender. — *s.f.* DERECHO

tuina Chaquetón largo y holgado. — *s.f.*

tuitivo, a Que protege o defiende. — *adj./DERECHO*

tul (Del fr. *tulle*.) Tejido delgado y transparente de seda, algodón o hilo, que forma malla: *llevaba un velo de tul sobre el traje de novia.* — *s.m.* TEXTIL

tularemia Enfermedad infecciosa debida a un microbio específico, epidémica en la liebre y transmisible a las personas. — *s.m.* MEDICINA

tule Planta herbácea cuyas especies pertenecen a la familia de las ciperáceas y de las ticáceas, de tallos largos y erectos, que crece a la orilla de ríos y lagos, las hojas de la cual se emplean para hacer petates. — *s.m. Méx. BOTÁNICA*

tulenco, a Que es cojo o que está lisiado. — *adj./Amér. Central*

tulio Metal del grupo de las tierras raras, de color verde grisáceo y bastante denso. — *s.m.* QUÍMICA

tulipa (Del fr. *tulipe*.)
1 Tulipán pequeño. — *s.f./BOTÁNICA*
2 Pantalla de vidrio de forma parecida a la de un tulipán: *la lámpara del comedor tiene ocho tulipas.*

tulipán (Del turco *tulipant*.)
1 Planta herbácea, liliácea, de hojas grandes, radicales y lanceoladas, flor solitaria en forma de copa, inodora y de hermosos colores y raíz bulbosa que se cultiva como ornamental. *(Tulipa.)* — *s.f.* BOTÁNICA
2 Flor de esta planta. — *BOTÁNICA*

tullido, a Que no puede mover el cuerpo o una parte de él: *quedó tullido de las piernas en un accidente.* — *adj/s./= impedido, imposibilitado*

tullimiento Acción y efecto de tullir o tullirse. — *s.m.*

tullir (Del lat. *tollere*, quitar.)
1 Perder una persona la posibilidad de moverse o mover un miembro. — *v.tr/prnl. conj: mullir*
2 Expeler las aves de rapiña los excrementos. — *v.intr.*

tulpa Cada una de las piedras que forman el fogón de las cocinas campesinas. — *s.f./Colomb., Ecuad., Perú*

tumba
I (Del bajo lat. *tumba* < gr. *tymbos*, montón de tierra.)
1 Sepultura o sepulcro: *en esa tumba están los restos de la familia.* — *s.f.*
2 Ataúd que se coloca sobre el túmulo o en el suelo para celebrar un funeral. — = *sarcófago*
3 Cubierta arqueada de algunos coches.
4 Armazón con recubrimiento de lujo, semejante a un túmulo, que se ponía en el pescante de los coches de gala.
5 **a tumba abierta**: 1. A gran velocidad, en especial refiriéndose a los ciclistas que ruedan por una bajada muy pronunciada. 2. A toda prisa, atropelládose todo. — *loc.adv. DEPORTES loc.adv.*
6 **revolverse alguien en su tumba**: Considerar que una persona fallecida no aprobaría algo que está sucediendo: *el abuelo se revolvería en su tumba si lo viera.* — *coloquial*
7 **ser alguien una tumba**: Guardar silencio o un secreto: *me lo puedes explicar, yo soy una tumba.* — *coloquial*
II (Derivado de *tumbar*.)
1 Tumbo o vaivén violento. — *s.f.*
2 Vuelta dada en el aire. — = *voltereta*
3 Operación de cortar o talar un monte o bosque. — *Colomb., Antillas*

tumbacuartillos Persona que suele tomar bebidas alcohólicas en los bares. — *s.m.f. pl: tumbacuartillos*

tumbadillo Cajón de medio punto que cubre la escotadura de popa de la cubierta del alcázar en algunas embarcaciones menores. — *s.m.* NÁUTICA

tumbado, a
1 Que tiene forma abovedada o de tumba. — *adj.*
2 Se aplica a la composición tipográfica que no está del todo bien encuadrada. — *ARTES GRÁFICAS*
3 Cielo raso de las habitaciones. — *s.m./Colomb., Ecuad.*

tumbaga (Del malayo *tambaga*, cobre.)
1 Aleación muy quebradiza, compuesta de oro y cobre, que se usa en joyería. — *s.f. METALURGIA*
2 Sortija hecha con una aleación de oro y cobre.
3 Anillo de la mano.

tumbagón Pulsera de tumbaga o aleación de oro y cobre. — *s.m.*

tumbal De la tumba. — *adj.*

tumbar (De la onomatopeya *tumb*, que imita el ruido de un objeto al caer.)
1 Hacer caer una cosa o a una persona: *le tumbó de un puñetazo; tumba las sillas.* — *v.tr. = derribar, tirar*
2 Inclinar una cosa hacia un lado sin que llegue a caer: *los motociclistas tumban la moto en la curva.*
3 Causar una cosa una fuerte impresión en el ánimo o en los sentidos de una persona: *al entrar en la tasca, el olor tan fuerte me tumbó.* — *= turbar*
4 Declarar a una persona no apta en un examen: *le tumbaron en física para septiembre.* — *coloquial = catear*
5 Cortar árboles o plantas. — *= talar*
6 Caer una persona o una cosa al suelo y quedar tendida. — *v.intr.*
7 Inclinar un barco hasta descubrir la quilla para poder limpiarlo o repararlo. — *v.tr. NÁUTICA*
8 Echarse o tenderse una persona o un animal sobre un lugar, en especial para dormir: *se tumbó un rato después de comer porque estaba agotado.* — *v.prnl. = acostarse*
9 Dejar de mantener una persona un esfuerzo: *se tumbó después de lograr el aprobado.* — *= relajarse, soltarse*

tumbilla Armazón con un braserillo para calentar la cama. — *s.f.*

túmbilo Vasija hecha de calabaza. — *s.m./Colomb.*

tumbo
I (Derivado de *tumbar*.)
1 Vaivén violento de una cosa que se mueve, en especial de un vehículo: *se mareó con los tumbos que daba el camión.* — *s.m. = tumba*
2 Caída violenta o vuelco: *sufrió un tumbo al bajar por la pendiente.* — *= tumba*
3 Ondulación de las olas del mar, en especial las que son muy grandes.
4 Ondulación del terreno.
5 Retumbo o sonido estruendoso. — *= estruendo*
6 **tumbo de dado:** Peligro inminente. — *coloquial*
7 **tumbo de olla:** Cada uno de los tres platos que se sacan de la olla para comerlos: caldo, legumbres y carne. — *COCINA*
8 **dando tumbos:** Volcándose, dando volteretas. — *loc.adv.*
II (Derivado de *tumba < lat. tumba*.) Libro encuadernado en pergamino que contiene las copias de los antiguos privilegios y escrituras de propiedades de las iglesias, monasterios, municipios y otras comunidades. — *s.m. HISTORIA = libro becerro*

tumbón
I (Derivado de *tumba < lat. tumba*.)
1 Cofre o baúl con tapa abovedada. — *s.m.*
2 Carruaje con techo abovedado.
II (Derivado de *tumbar*.)
1 Que es holgazán y perezoso: *es un tumbón que nunca está dispuesto a ayudar.* — *adj/s. = gandul*
2 Que es socarrón o burlón: *es muy tumbón así que seguro que bromea.* — *= chancero, guasón*

tumbona Hamaca o silla con respaldo largo y reclinable: *se echó en la tumbona a tomar el sol.* — *s.f.*

tumefacción (Del lat. *tumere*, estar hinchado + *factio, -onis,* manera de hacer.) Hinchazón de una parte del cuerpo. — *s.f. MEDICINA*

tumefacto, a Que está hinchado: *tiene las extremidades tumefactas.* — *adj./MEDICINA = túmido*

tumescencia Estado de un órgano que se hincha en el transcurso de ciertas funciones fisiológicas. — *s.f. FISIOLOGÍA*

tumescente Se aplica al órgano que se hincha. — *adj./FISIOLOGÍA*

túmido, a (Del lat. *tumidus*.)
1 Que está hinchado. — *adj.*
2 Se aplica al arco o a la bóveda que tiene una anchura mayor en el centro que en el arranque. — *ARQUITECTURA*

tumor (Del lat. *tumor*.)
1 Crecimiento anormal de un tejido o de un órgano debido a una proliferación celular. — *s.m. MEDICINA*
2 Hinchazón y bulto que se forma en alguna parte del cuerpo de forma anormal. — *MEDICINA*
3 **tumor benigno:** El que no se extiende a otras partes del organismo, es de crecimiento lento y no amenaza la vida de quien lo padece. — *MEDICINA*
4 **tumor maligno:** El de crecimiento rápido e infiltrante, que destruye los tejidos, forma metástasis y recidiva con facilidad. — *MEDICINA = cáncer*

tumoración Abultamiento perceptible de una región orgánica. — *s.f./MEDICINA = tumor*

tumoral Que tiene relación con los tumores: *el análisis tumoral determinará la gravedad del cáncer.* — *adj. MEDICINA*

tumoroso, a Que tiene tumores. — *adj./MEDICINA*

tumulario, a Del túmulo: *en la inscripción tumularia se leía un bonito verso.* — *adj.*

túmulo (Del lat. *tumulus*.)
1 Sepultura que sobresale del suelo. — *s.m.*
2 Armazón de madera recubierta de paños negros y otros adornos de luto sobre la que se coloca el ataúd, durante el funeral.
3 Montículo de tierra que cubre una sepultura.

tumulto (Del lat. *tumultus*.)
1 Alboroto producido por una multitud de personas: *al ver el tumulto de gente que había, se asustó temiendo alguna desgracia.* — *s.m. = desorden*
2 Confusión o desorden ruidoso: *se asomó a la ventana para ver a qué se debía el tumulto que oía.* — *= barullo, jaleo*

tumultuar Provocar un tumulto entre la gente: *tumultuó a la tripulación; el pueblo se tumultuó por el aumento de los impuestos.* — *v.tr/prnl. conj.: actuar tb: atumultuar*

tumultuario, a
1 Que produce o promueve tumulto: *algunos manifestantes lanzaron consignas tumultuarias.* — *adj. = tumultuoso*
2 Que se desarrolla con desorden y violencia: *la policía disolvió la tumultuaria manifestación.* — *= desordenado, revuelto*

tun Unidad del sistema vigesimal y calendario maya. — *s.m./HISTORIA*

tuna
I (Del taíno de Haití *tuna*.)
1 Nopal, planta de tallos aplastados y carnosos formados por una serie de paletas ovales y espinosas, cuyo fruto es el higo chumbo. — *s.f. BOTÁNICA*
2 Higo chumbo, fruto del nopal de color verde, morado o amarillo de pulpa jugosa y cáscara gruesa cubierta de espinas. — *BOTÁNICA*
3 **tuna brava, colorada o roja:** Especie de nopal, silvestre, con más espinas y fruto de pulpa muy roja. — *BOTÁNICA*
II (Del fr. ant. *tune*.)
1 Vida propia de vagabundos u holgazanes. — *s.f.*
2 Conjunto musical formado por estudiantes vestidos con trajes antiguos que suelen actuar por las calles: *la tuna cantó bajo su ventana en plena noche.* — *MÚSICA = estudiantina*
3 **correr alguien la tuna:** Vivir con holgazanería. — *coloquial*

tunal
1 Nopal, planta cactácea. — *s.m./BOTÁNICA*
2 Terreno poblado de nopales.

tunantada Acción propia de un granuja: *eso de colarse en el cine es una tunantada.* — *s.f./= granujada, bribonada*

tunante
1 Que tiene astucia y picardía para aprovecharse de las personas o de las cosas: *¡pero qué tunante es este niño, otra vez me está engañando para que le dé dinero!* — *adj/s. = granuja, pícaro*
2 Que vive holgazaneando: *es un tunante que no trabaja porque no quiere.* — *= holgazán*

tunantear Vivir o comportarse una persona como un pícaro: *cuanto más mayor se va haciendo, más tunantea.* — *v.intr. = tunear*

tunantería
1 Calidad de tunante o pícaro: *se le nota enseguida su tunantería* — *s.f. = tunería*
2 Acción propia de un tunante: *no le castigues, ha sido una tunantería de crío.* — *= granujada*

tunar Ir una persona de un lugar a otro haciendo el holgazán: *ya no tienes edad para tunar si no pensar en el futuro.* — *v.intr. = vaguear, vagabundear*

tunarra Que es pícaro o granuja. — *adj/s.m.f./= tunante*

tunco, a
1 Se refiere a la persona que es manca o que está lisiada. — *adj./Méx., Guat., Hond.*
2 Cerdo o puerco, animal de granja. — *s.m./Méx., Hond.*

tunda
I (Derivado de *tundir < lat. tondere*.) Acción y resultado de tundir los paños. — *s.f. TEXTIL*
II (Derivado de *tundir*, golpear.)
1 Serie de golpes, azotes o palos: *te voy a dar una buena tunda como lo vuelvas a hacer.* — *s.f./coloquial = paliza, zurra*
2 Trabajo o esfuerzo intenso y continuado que agota: *nos hemos dado una buena tunda ordenando la biblioteca.* — *coloquial = paliza*

tundear Dar una paliza a una persona: *su padre le tundeó por quitarle dinero de la cartera.* — *v.tr/coloquial = zurrar*

tundente
1 Que tunde o golpea. — *adj.*
2 Que produce contusión. — *= contundente*

tundición Acción o resultado de tundir los paños: *en esa zona se realiza la tundición de los paños.* — *s.f./TEXTIL = tunda, tundido*

tundidor, a Persona que tunde paños. — *s./TEXTIL*

tundidura Acción y resultado de tundir o cortar el pelo de los paños para igualarlo. — *s.f./TEXTIL = tundición*

tundir
I (Del lat. *tondere*.) Cortar el pelo de los paños para igualarlo con la tijera. — *v.tr. TEXTIL*
II (De origen incierto.)
1 Golpear a una persona con dureza: *en castigo de su falta tundió a su hijo.* — *v.tr/coloquial = azotar, vapulear*

2 Dejar una cosa sin fuerzas a una persona: *la escala-* *coloquial* *da a esa montaña me tundió.* *= agotar, moler*

tundizno Borra que queda de la tundidura de los pa- *s.m./TEXTIL* ños.

tundra Terreno estepario que rodea las regiones pola- *s.f.* res, de clima subglacial y subsuelo helado, suelo cu- *GEOGRAFÍA* bierto de musgo y líquenes y falto de vegetación ar- bórea.

tunear Vivir o comportarse una persona como un pí- *v.intr.* caro: *no me gusta que el crío este tunee continuamente.* *= tunantear*

tunecino, a
1 De Túnez, capital y ciudad de Tunicia, o de este *adj.* país. *= tunecí*
2 Persona natural de esta ciudad, o de este país. *s.*
3 Tipo de punto de ganchillo. *s.m./TEXTIL*

túnel (Del ingl. *tunnel* < fr. ant. *tonel*, tonel.)
1 Camino subterráneo abierto para salvar un obs- *s.m.* táculo: *los dos edificios están conectados por un túnel; el* *= galería* *nuevo túnel atraviesa la montaña a lo largo de cinco quiló-* *metros.*
2 túnel aerodinámico: Construcción con una larga *TECNOLOGÍA* cavidad cilíndrica para ensayar modelos de aviación, náutica o de otros vehículos.
3 túnel de lavado: Circuito con aparatos especiales para lavar vehículos.

tunería Calidad de tunante: *sus ojos reflejan su tunería.* *s.f./= tunantería*

tungro, a
1 De un pueblo de la antigua Germania. *adj./HISTORIA*
2 Persona natural de dicho pueblo. *s./HISTORIA*

tungsteno (Del sueco *tungsten* < *tung*, pesado + *sten*, *s.m.* piedra.) Cuerpo simple, metálico, de color gris acero, *QUÍMICA* muy duro, denso y poco fusible.

túnica (Del lat. *tunica*.)
1 Prenda de vestir exterior amplia y larga: *sobre el* *s.f.* *vestido se puso una túnica.* *= ropón*
2 Prenda de vestir holgada, sin mangas y que llegaba *HISTORIA* hasta los muslos, que usaban los griegos y romanos. *= tunicela*
3 Prenda de vestir de lana que usan los religiosos *RELIGIÓN* debajo del hábito.
4 Telilla pegada a la cáscara y que cubre la carne en *BOTÁNICA* algunas frutas y bulbos.
5 Membrana que envuelve algunas partes del cuerpo: *ANATOMÍA* *túnica del ojo; túnica de las venas.*
6 Membrana que envuelve el cuerpo de los animales *ZOOLOGÍA* tunicados.
7 túnica de Cristo: Planta anual de flor violada por *BOTÁNICA* fuera y blanca por dentro, semejante al estramonio.
8 túnica palmada: La muy rica y adornada que usa- *HISTORIA* ban los romanos debajo de la toga picta.
9 túnica úvea: Capa vascular del ojo, parecida en la *ANATOMÍA* forma al hollejo de la uva.

tunicado, a
1 Que está envuelto por una túnica. *adj./BOTÁNICA*
2 Perteneciente a una clase de animales procordados *adj/s.m.* marinos con cuerpo blando, de aspecto gelatinoso y *ZOOLOGÍA* rodeado de una membrana constituida principalmen- te por una sustancia del tipo de la celulosa.

tunicela (Del lat. *tunicella*.)
1 Prenda de vestir holgada, sin mangas y que llegaba *s.f.* hasta a muslos, que usaban los griegos y los roma- *= túnica* nos.
2 Vestidura litúrgica semejante a la dalmática, usada *RELIGIÓN* en los pontificales debajo de la casulla.

túnico Prenda de vestir amplia y larga que se usa en *s.m.* el teatro. *TEATRO*

tuno, a
1 Que es pícaro: *este niño es muy tuno: en cuanto ve a* *adj/s.* *su madre, llora para que le coja.* *= tunante*
2 Persona que forma parte de una tuna o estudianti- *s.* na: *la estudiantina está formada por quince tunos.* *MÚSICA*

tuntún
1 Indica sin reflexión en la expresión **al buen tun-** *loc.adv.* **tún:** *no hizo al buen tuntún y así ha quedado.*
2 Se usa en la expresión **al buen tuntún** para indicar *loc.adv.* sin conocimiento certero del asunto del que se trata: *dio una respuesta al buen tuntún y de casualidad acertó.*

tuntunita Repetición molesta y fastidiosa. *s.f./Colomb.*

tupa
1 Acción y resultado de tupir una cosa. *s.f./= tupición*
2 Hartazgo de una cosa: *se ha dado una tupa de lim-* *piar.*

tupé (Del fr. *toupet*.)
1 Mechón o rizo de pelo que se levanta sobre la fren- *s.m.* te: *el famoso cantante de rock se peinaba con tupé.* *= copete*
2 Atrevimiento o desfachatez: *me contestó con un tupé* *coloquial* *que me dejó helado.* *= frescura*

tupi Establecimiento modesto donde se sirve café. *s.m.*

tupí Tupí-guaraní [en todas sus acepciones]. *adj/s.m.f.*

tupición
1 Acción y resultado de tupir u obstruir una cosa. *s.f./= tupa*
2 Estado de una cosa que se ha tupido u obstuido. *= obstrucción*
3 Espesura, vegetación densa. *Bol.*

4 Copiosidad o abundancia de una cosa. *Chile*
5 Turbación o confusión. *Amér.*

tupidez Calidad de tupido. *s.f./pl: tupideces*

tupido, a
1 Que tiene los elementos muy juntos o apretados: *adj.* *puso unas cortinas de tela tupida para que no transparen-* *= espeso* *taran.*
2 Que es obtuso o torpe de entendimiento: *hoy tengo* *≠ inteligente* *la cabeza tupida y no doy una.*
3 Que es abundante, copioso: *lluvia tupida.* *Méx.*

tupí-guaraní
1 De un pueblo amerindio, que comprende diversos *adj.* grupos extendidos por Paraguay, Brasil y la cuenca *pl.tb: tupíes* amazónica, y de la familia lingüística a la que perte- *HISTORIA* cen las lenguas que hablan. *tb: tupí*
2 Persona natural de este pueblo amerindio. *s.m.f./HISTORIA*
3 Familia de lenguas habladas por este pueblo. *s.m./LINGÜÍSTICA*

tupinambo (Del fr. *topinambour*.) Aguaturma, planta *s.m.* compuesta de raíz feculenta. *BOTÁNICA*

tupir (De *¡tup!*, voz onomatopéyica que imita el soni- do producido al apisonar algo.)
1 Apretar una cosa haciéndola más cerrada y espesa: *v.tr/prnl.* *el tejido se tupió al lavarlo.*
2 Comer o beber una persona hasta saciarse: *se tupió* *v.prnl.* *de pasteles hasta que no pudo más.* *= hartarse*
3 Alterar o confundir las cosas una persona debido al *= ofuscarse* cansancio.

tupo Especie de alfiler de gran tamaño usado por los *s.m.* pueblos amerindios andinos para sujetar los mantos y ponchos.

tur Período de servicio obligatorio de un marinero. *s.m./NÁUTICA*

turanio, a
1 De Turán, región de la antigua Asia central. *adj./HISTORIA*
2 Persona natural de esta antigua región asiática. *s./HISTORIA*
3 Se aplica a las lenguas que se creen originarias del *adj.* Asia central y no corresponden a los grupos ario y *LINGÜÍSTICA* semítico.

turba
I (Del fr. *tourbe* < germ. *turba*.)
1 Carbón mineral de aspecto terroso formado por la *s.f.* acumulación de restos vegetales en sitios pantanosos. *GEOLOGÍA*
2 Tierra rica en materia orgánica usada en jardinería.
3 Estiércol mezclado con carbón y moldeado en for- ma de adobes, usado como combustible en los hor- nos de ladrillo.
II (Del lat. *turba*.) Grupo confuso y desordenado de *s.f.* mucha gente: *una turba de gente se dirigía a la plaza.* *= muchedumbre*

turbación
1 Acción y resultado de turbar el ánimo: *las palabras* *s.f./= turbamiento,* *de elogio que le dirigieron causaron su turbación.* *embarazo*
2 Alteración o desorden que se produce en una cosa: *= confusión,* *las nuevas medidas económicas causaron turbación entre* *perturbación* *la gente.*

turbador, a Que turba o altera: *agradeció los turbado-* *adj/s.* *res elogios y se fue.*

turbal Lugar donde hay turba. *s.m./= turbera*

turbamulta (Del lat. *turba multa*.) Multitud confusa y *s.f.* desordenada: *en la playa había una turbamulta de gente.* *= muchedumbre*

turbante (Del ital. *turbante* < turco *tülbant*.)
1 Toca oriental que consiste en una faja larga de tela *s.m.* que rodea la cabeza: *durante su estancia en los países* *árabes, aprendió a ponerse el turbante.*
2 Tocado femenino de tejido flexible que rodea la ca- beza.

turbar (Del lat. *turbare*.)
1 Alterar el orden, desarrollo o estado natural de una *v.tr/prnl.* cosa: *el nuevo horario turbó su ritmo de vida; se turbó la* *= perturbar* *marcha de mis pensamientos.*
2 Agitar o alterar el ánimo: *la mala noticia turbó su en-* *= enturbiar* *tusiasmo.*
3 Aturdir a una persona: *la presencia de aquella guapa* *= confundir,* *mujer turbó al muchacho; se turbó visiblemente.* *perturbar*
4 Interrumpir una cosa de forma violenta o molesta: *= cortar* *su llegada turbó el sosiego; se turbó el silencio.*

turbativo, a
1 Que turba o inquieta: *me miró de una forma muy tur-* *adj.* *bativa.* *= turbador*
2 Se aplica a la posesión que adquiere una persona *DERECHO* violentando lo que tenía otro.

turbera Terreno donde hay turba en abundancia. *s.f./= turbal*

turbia Estado del agua corriente enturbiada por arras- *s.f.* tres de tierras.

turbidez Calidad de turbio: *la turbidez del agua se debe* *s.f./pl: turbideces* *a las pasadas lluvias.* *≠ limpidez*

turbidímetro Instrumento que permite la carga de *s.m.* posos y materias de un líquido. *TECNOLOGÍA*

túrbido, a (Del lat. *turbidus*.) Turbio [en todas sus *adj.* acepciones].

turbiedad
1 Calidad de turbio o poco transparente. *s.f./= turbidez*

2 Cantidad de partículas en suspensión en un curso de agua.

turbieza
1 Falta de transparencia, sobre todo en los líquidos: *la turbieza de las aguas impide ver el fondo.* s.f. = turbidez
2 Estado o situación de ofuscamiento, de confusión o de desorden. = perturbación

turbina (Del fr. *turbine* < lat. *turbo, -inis.*)
1 Máquina en la que se aprovecha la energía de un fluido propulsor que hace girar una rueda. s.f. TECNOLOGÍA
2 **turbina de vapor:** La que utiliza la energía de un volumen dado de vapor de agua calentado previamente a presión. TECNOLOGÍA
3 **turbina hidráulica:** La que utiliza la energía de un salto de agua. TECNOLOGÍA

turbinado, a Que tiene forma de peonza: *concha turbinada.* adj. ZOOLOGÍA

turbinar
1 Quitar las impurezas del azúcar con una turbina. v.tr.
2 Aprovechar el agua de un río, un mar o una prensa para mover una turbina acoplada a un alternador. TECNOLOGÍA

turbino Raíz del turbit pulverizada. s.m.

turbinto Planta arbórea terebintácea, a partir de cuyas bayas se elabora una bebida. s.m./Amér. Merid. BOTÁNICA

turbio, a (Del lat. *turbidus.*)
1 Que no tiene su transparencia natural por estar sucio o mezclado con una cosa: *el agua del río baja turbia de barro.* adj. tb: túrbido ≠ nítido
2 Que es confuso o poco claro: *tengo la vista turbia y cansada; se expresa con un lenguaje turbio.* ≠ claro, diáfano
3 Que es deshonesto o poco lícito: *no participaré en él porque es un asunto turbio; creo que tiene turbias intenciones.* ≠ honesto
4 Que está alborotado o agitado: *vivimos unos tiempos políticamente turbios.* = azaroso, turbulento
5 Heces del aceite, del vino o del vinagre. s.m.pl.

turbión (Del lat. vulgar *turbo, -onis.*)
1 Aguacero de corta duración y con fuerte viento: *no salgas hasta que no cese este turbión.* s.m. = argavieso
2 Multitud de cosas desagradables o adversas que ocurren al mismo tiempo: *recibió un turbión de críticas en toda la prensa.* = aluvión

turbit (Del ár. *turbid.*)
1 Planta de origen asiático, herbácea y trepadora, cuyas raíces se han usado como purgante. *(Ipomaea turpethum.)* s.m. BOTÁNICA
2 Raíz de esta planta. BOTÁNICA
3 **turbit mineral:** Mineral compuesto de sulfato de mercurio, de propiedades purgantes. MINERALOGÍA

turbo- Componente de palabra procedente de la abreviación de *turbina,* que significa motor de turbina: *turboeléctrico.* pref.

turboalternador Conjunto de un alternador eléctrico y de la turbina que lo mueve. s.m. TECNOLOGÍA

turbobomba Bomba centrífuga acoplada a una turbina de vapor. s.f. TECNOLOGÍA

turbocompresor
1 Compresor movido por una turbina. s.m./TECNOLOGÍA
2 **turbocompresor de sobrealimentación:** Órgano anexo de un motor térmico de gasolina o diesel que fuerza la mezcla en el colector y en la válvula de admisión. TECNOLOGÍA

turbofán Turborreactor de doble flujo. s.m./TECNOLOGÍA

turbogenerador Generador eléctrico accionado por una turbina. s.m. TECNOLOGÍA

turbohélice Motor de aviación en que una turbina mueve la hélice. s.m./AERONÁUTICA = turbopropulsor

turbomáquina Denominación genérica de los aparatos generadores o receptores que actúan sobre un fluido mediante una rueda móvil. s.f. TECNOLOGÍA

turbomotor Órgano de propulsión cuyo elemento esencial es una turbina de gas. s.m. TECNOLOGÍA

turbonada Fuerte chubasco acompañado de truenos y relámpagos. s.f. = tormenta

turbopropulsor Motor compuesto de una turbina de gas, que acciona una o más hélices por medio de engranajes de reducción. s.m. AERONÁUTICA = turbohélice

turborreactor Turbina de gas que funciona por reacción directa en la atmósfera. s.m. AERONÁUTICA

turboso, a Que contiene turba. adj.

turbosoplante Se aplica a la máquina soplante dotada de gran velocidad de rotación y accionada por una turbina de gas o de vapor. adj/s.f. TECNOLOGÍA

turbotrén Tren automotor propulsado por turbinas de gas aeronáuticas. s.m. TECNOLOGÍA

turbulencia
1 Alteración de las cosas claras y transparentes que se oscurecen al añadirle alguna mezcla: *la turbulencia del agua.* s.f. = turbieza

2 Ruido que produce un grupo de personas o una cosa: *las turbulencias del tren no me dejan dormir.* = alboroto
3 Movimiento desordenado de un fluido en el cual las moléculas, en vez de seguir trayectorias paralelas, describen trayectorias sinuosas y forman torbellinos. FÍSICA

turbulento, a (Del lat. *turbulentus.*)
1 Que no tiene su transparencia natural por estar sucio o mezclado con una cosa: *no sé qué es ese líquido turbulento.* adj. = turbio
2 Que está alborotado o confuso: *tiene las ideas turbulentas.* = turbio
3 Que suele provocar discusiones o disturbios: *un grupo de manifestantes turbulentos causaron graves daños.* = agitador
4 Se aplica al régimen de una corriente fluida cuya velocidad en cada punto varía de dirección o magnitud formando remolinos. FÍSICA

turca
1 Se aplica a la cama que no tiene cabecera, a modo de sofá sin respaldo ni brazos. adj/s.f.
2 Estado producido por el alcohol cuando se bebe en tal cantidad que provoca alteraciones físicas o perceptivas: *llegó de la fiesta con una turca tremenda.* s.f. = borrachera, embriaguez

turco, a
1 De Turquía, país de Asia y Europa. adj.
2 Persona natural de este país asiático y europeo. s.
3 De un pueblo que procedía del Turquestán y se estableció en Asia Menor y la parte oriental de Europa. adj. HISTORIA
4 Persona natural de este pueblo. s./HISTORIA
5 Lengua hablada principalmente en Turquía. s.m./LINGÜÍSTICA
6 Se aplica a las personas de origen árabe, sirio o turco, residentes en un país sudamericano. adj/s. Amér.
7 **gran turco:** Antiguo sultán de Turquía. HISTORIA

turcomano, a
1 De un pueblo turco, muy numeroso en Irán, Afganistán y Turkmenistán. adj.
2 Persona natural de este pueblo. s.

turcople Que es hijo de padre turco y madre griega. adj/s.m.f.

turdetano, a
1 De Turdetania, antigua región del sur de la península Ibérica. adj. HISTORIA
2 Persona natural de esta antigua región. s./HISTORIA

túrdiga Tira de piel. s.f./tb: tórdiga

turdión Danza parecida a la gallarda. s.m.

túrdido, a Perteneciente a una familia de aves paseriformes de colores grisáceos o marrones, como el tordo y el zorzal. adj/s.m. ZOOLOGÍA

túrdulo, a
1 De una antigua región meridional de la península Ibérica. adj./HISTORIA
2 Persona natural de esta antigua región. s./HISTORIA

turf (Voz inglesa.) Pista de un hipódromo. s.m.

turgencia Calidad de turgente. s.f.

turgente (Del lat. *turgens, -entis.*)
1 Que está muy lleno o hinchado y, a la vez, erguido o tirante: *todavía tiene la piel turgente.* adj. = túrgido
2 Se aplica al humor que produce hinchazón. MEDICINA

túrgido, a (Del lat. *turgidus.*) Que está turgente, abultado o hinchado. adj. literario

turibular Echar incienso sobre una cosa agitando el turíbulo. v.tr.

turíbulo Brasero que pende de una o varias cadenas en el que se quema el incienso cuyo olor se esparce mediante movimientos pendulares usado en templos y ceremonias religiosas. s.m. = incensario

turiferario
1 Persona que lleva el incensario. s./tb: turibulario
2 Persona que prodiga elogios a otra. = halagador

turífero, a (Del lat. *tus, turis,* incienso + *ferre,* llevar.) Que tiene o produce incienso. adj.

turificación Acción y resultado de turificar. s.f.

turificar (De lat. *tus, turis,* incienso + *facere,* hacer.)
1 Echar incienso a una persona o una cosa con el incensario. v.tr./conj: sacar = incensar
2 Dirigir lisonjas a una persona. = lisonjear

turión (Del lat. *turio, -onis,* retoño de la vid.) Brote que nace de un tallo subterráneo, como los espárragos. s.m. BOTÁNICA

turismo (Del ingl. *tourism.*)
1 Afición a viajar por placer: *suele hacer turismo en países europeos.* s.m.
2 Organización destinada a facilitar los viajes de placer o recreo: *trabaja en una agencia de turismo.*
3 Automóvil pequeño de uso particular: *tiene un turismo para los desplazamientos diarios y otro coche grande para viajar en familia.*

turista (Del ingl. *tourist.*) Persona que viaja por placer: *la ciudad estaba llena de turistas en verano.* s.m.f.

turístico, a
1 Que tiene relación con el turismo: *haremos un viaje turístico por varios países orientales.* adj.

2 Se aplica al lugar que atrae a muchos turistas por su belleza artística u otro tipo de cualidades: *no le gusta veranear en la costa porque es muy turística.*

turma
1 Testículo del hombre y los animales.   *s.f.*
2 Hongo ascomiceto comestible de color amarillo pardusco y del tamaño de una nuez.   *MICOLOGÍA*
3 Variedad del ñame o de la papa.   *Colomb.*
4 turma de tierra: Criadilla de tierra, hongo carnoso, de buen olor y figura redondeada.   *MICOLOGÍA*

turmalina Mineral formado por un silicato de alúmina con ácido bórico, magnesia, cal y otras sustancias.   *s.f. MINERALOGÍA*

túrmix (Marca registrada.) Batidora eléctrica: *haré una mayonesa con la túrmix.*   *s.m./f. COCINA*

turmódigo De un pueblo celta que habitó en la península Ibérica.   *adj/s. HISTORIA*

turnar (Del fr. *tourner.*)
1 Establecer o alternar un turno una persona con otra: *mis hijos se turnan para lavar los platos.*   *v.intr/prnl. = alternar*
2 Remitir un asunto o expediente un funcionario o empleado gubernamental a otro.   *v.tr. Méx.*

turnio, a (Del lat. vulgar *torneus.*)
1 Se aplica al ojo torcido.   *adj./= bizco*
2 Que tiene los ojos torcidos.   *adj./s.= bizco*
3 Que mira con demasiada severidad.   *= ceñudo*

turno
1 Orden o forma de sucesión establecido entre personas o cosas para hacer o recibir una cosa, o para ser objeto de una acción: *vamos a establecer un turno de vigilancia.*   *s.m. = tanda, vez*
2 Espacio de tiempo en el que corresponde a una persona hacer una cosa: *ahora es mi turno de hablar.*   *= vez*
3 Cada una de las intervenciones previstas para hablar en una asamblea: *consumir un turno.*
4 División de la jornada de trabajo de veinticuatro horas en períodos de trabajo: *yo hago el turno de noche.*
5 Conjunto de los obreros o empleados que trabajan al mismo tiempo en una empresa: *ahora entra el turno de tarde.*
6 de turno: Se aplica a la persona o cosa a la que le corresponde actuar en cierto momento, según la alternativa acordada: *es el médico de turno; hoy estoy de turno en la fábrica.*   *loc.adj/adv.*

turolense
1 De Teruel, ciudad y provincia de España.   *adj.*
2 Persona natural de esta ciudad o provincia españolas.   *s.m.f.*

turón Mamífero carnívoro de la familia de los mustélidos que, al ser atacado, segrega un líquido hediondo, y cuya piel, de color pardo oscuro, es muy estimada. *(Mustela putorius.)*   *s.m. ZOOLOGÍA*

turquesa
I (De origen incierto.) Molde en forma de tenaza que se usa para hacer bodoques de ballesta y balas de plomo.   *s.f. METALURGIA*
II (Del nombre del pueblo turco por la procedencia asiática de este mineral.)
1 Mineral de color azul claro o verdoso, translúcido, de brillo nacarado, de la clase de los carbonatos, que se usa en joyería y como mena de cinc.   *s.f. MINERALOGÍA*
2 De color azul verdoso.   *adj/s.m.*
3 turquesa occidental: Hueso o diente fósil teñido de forma natural de azul por el óxido de cobre, usado en joyería.

turquí
1 Del color azul añil.   *adj.*
2 Se refiere a una variedad de mármol azul, veteado de blanco.   *adj/s.m.*

turrar (Del lat. *torrere.*) Poner una cosa directamente sobre las brasas para tostarla.   *v.tr. = tusturrar*

turrón (Del cat. *torró.*)
1 Dulce elaborado con almendras, piñones, avellanas o nueces, mezclados con miel o azúcar, o con otros ingredientes, que en forma de tabletas se consume tradicionalmente en Navidad: *turrón de chocolate; turrón de guirlache.*   *s.m. COCINA*
2 Empleo o beneficio ventajoso que se obtiene del estado.   *coloquial*

turronada Argamasa confeccionada con cal y guijarros gruesos.   *s.f. CONSTRUCCIÓN*

turronería Tienda donde se vende el turrón.   *s.f./COMERCIO*

turronero, a Persona que elabora o vende turrones.   *s.*

turulato, a (Voz de creación expresiva.) Que está sorprendido y pasmado: *se quedó turulato al saber que le había tocado la lotería.*   *adj. coloquial tb: tirulato*

turullo (Voz onomatopéyica.) Cuerno usado por los pastores para llamar y reunir al ganado.   *s.m.*

turulo Cilindro hecho con un billete, con el que se inhala cocaína.   *s.m. argot*

turumbón Chichón que sale en la cabeza como consecuencia de un golpe.   *s.m. = tolondrón*

tururú (Voz onomatopéyica.)
1 Acción de reunir tres cartas del mismo valor, en algunos juegos.   *s.m. JUEGOS*
2 ¡tururú!: 1. Onomatopeya del sonido de la trompeta. 2. Expresa negación, rechazo, incredulidad o burla.   *interj./coloquial coloquial*

turuta Corneta de un regimiento.   *s.m./MILITAR*

tus
1 Voz que, repetida, se usa para llamar a los perros.   *s.m.*
2 no decir tus ni mus: No decir ni una palabra.   *coloquial*
3 sin decir tus ni mus: Sin responder ni decir palabra: *aguantó la bronca sin decir tus ni mus.*   *coloquial*

tusa
1 Paliza, caminata o trabajo penoso.   *s.f.*
2 Crines del caballo.   *Chile*
3 Cigarrillo que se lía con hojas de maíz.   *Cuba*
4 Mazorca de maíz.   *Cuba*
5 Mazorca de maíz desgranada.   *Colomb., Bol., Venez.*
6 Marca de viruela.   *Colomb.*
7 Barbas de la mazorca de maíz.   *Chile*
8 Gente insignificante o despreciable.   *Amér. Centr. y Merid.*
9 Ramera, mujer que se prostituye.   *Cuba*

tusar
1 Trasquilar, cortar el pelo o la lana.   *v.tr./Amér.*
2 Cortar las crines del caballo.   *Argent.*

tusílago Fárfara, planta compuesta.   *s.m./BOTÁNICA*

tuso, a
1 Se aplica a la persona que lleva el pelo cortado al ras.   *adj./Colomb., P. Rico*
2 Se refiere a la persona que está picada de viruelas.   *Colomb., Venez.*
3 Se aplica al animal que carece de rabo o que lo tiene corto.   *P. Rico*

tusón (Del cat. *tusó.*)
1 Vellón de lana de la oveja o del carnero.   *s.m.*
2 Cuero de oveja o carnero, curtido y con lana.   *= zalea*

tusón, a (De origen incierto.)
1 Potro o potranca menor de dos años.   *s.*
2 Prostituta, mujer que mantiene relaciones sexuales por dinero.   *s.f. coloquial*

tusor Tela de algodón con ligamento tafetán teñida, o teñida y mercerizada.   *s.m. TEXTIL*

tusturrar Poner una cosa directamente sobre las brasas para tostarla.   *v.tr. = turrar*

tute
1 Juego de cartas con múltiples variantes, en el que se señala un palo como triunfo y gana el jugador que obtiene mayor puntuación o que reúne los cuatro reyes o los cuatro caballos.   *s.m. JUEGOS*
2 Reunión de los cuatro reyes o los cuatro caballos en este juego.   *JUEGOS*
3 Esfuerzo excesivo realizado en algún trabajo o ejercicio: *me he pegado un tute limpiando y ordenando el desván.*   *coloquial = paliza*
4 Impulso o acometida en la ejecución de un trabajo, adelantándolo o acabándolo: *si le damos un tute acabaremos a tiempo.*   *coloquial*

tuteamiento Acción y resultado de tutear a una persona.   *s.m. = tuteo*

tutear (Del fr. *tutoyer.*) Hablar a una persona empleando el pronombre de segunda persona para dirigirse a ella: *esos amigos se tutean desde el primer día.*   *v.tr/prnl.*

tutela (Del lat. *tutela.*)
1 Autoridad que, en ausencia de la paterna o materna, se concede a una persona para cuidar de otra y de los bienes de quien, por cualquier circunstancia, no tiene completa capacidad civil: *los abuelos tienen la tutela de los niños huérfanos.*   *s.f. = custodia, tutoría*
2 Cargo de tutor.   *= tutoría*
3 Persona o cosa que sirve de protección o guía a una persona: *aprendí el oficio bajo la tutela de mi jefe.*   *= amparo*
4 tutela dativa: La que se otorga por nombramiento del consejo de familia o del juez.   *DERECHO*
5 tutela ejemplar: La que se otorga para hacerse cargo de la persona y de los bienes de quienes están incapacitados mentalmente.   *DERECHO*
6 tutela legítima: La que se otorga en virtud del llamamiento que hace la ley.   *DERECHO*
7 tutela testamentaria: La que se otorga en virtud del testamento de una persona facultada para ello.   *DERECHO*

tutelaje Acción de tutelar o ejercer de tutor de una persona.   *s.m. = tutoría*

tutelar
1 De la tutela.   *adj./DERECHO*
2 Que guía, ampara o protege.
3 Ejercer la tutela de una persona.
4 Proteger o guiar a una persona: *mi maestro me tutela en mis estudios.*   *= cuidar, supervisar*

tuteo Acción y resultado de tutear a una persona: *guárdate el tuteo para tus amigos.*   *s.m. = tuteamiento*

tutía Atutía, óxido de cinc.   *s.f./QUÍMICA*

tutifruti (Del ital. *tutti-frutti.*) Alimento compuesto de varias frutas, en especial helados y yogures: *de postre tomamos helado de tutifruti.*   *s.m. COCINA tb: tuttifrutti*

tutilimundi (Del ital. *tutti li mundi*.) Cajón que contenía un cosmorama portátil o una colección de figuras en movimiento, y se llevaba por las calles para diversión de la gente. — s.m. = mundonuevo

tutiplén (Del cat. *a tutiplé*.) Se usa en la expresión a **tutiplén** para indicar en abundancia: *fuma a tutiplén*. — loc.adv.

tutor, a (Del lat. *tutor*.)
1 Persona encargada de cuidar a otra de capacidad civil incompleta, y de administrar sus bienes. — s.
2 Persona que ejerce las funciones que la legislación antigua señalaba al curador.
3 Profesor encargado de orientar y aconsejar a los alumnos de un curso o los que estudian una asignatura determinada: *mi madre hablará con el tutor sobre mis notas*.
4 Defensor, protector o director de cualquier clase.
5 Caña ó estaca que se clava junto a un arbusto usada para mantenerlo derecho durante su crecimiento. — s.m. = rodrigón
6 **tutor dativo:** El nombrado por la autoridad competente, a falta del testamento y del legítimo. — DERECHO
7 **tutor legítimo:** El designado por la ley civil, a falta del testamentario. — DERECHO
8 **tutor testamentario:** El designado en testamento por quien tiene facultad para ello. — DERECHO
9 **haber alguien menester de tutor:** Ser incapaz para gobernar sus cosas o demasiado gastador: *sabe administrarse y no ha menester de tutor*. — coloquial

tutorar Poner tutores o rodrigones al lado de una planta para mantenerla derecha. — v.tr.

tutoría
1 Autoridad sobre una persona menor de edad o incapacitada, o sobre sus bienes. — s.f. = tutela
2 Cargo o función de tutor.
3 Tiempo que dura el cargo de tutor.

tutorial De la tutoría. — adj.

tutsi
1 De un pueblo africano que habita en Ruanda, Uganda, Burundi y Tanzania, que se caracteriza por la elevada estatura de sus individuos. — adj.
2 Persona natural de este pueblo. — s.m.f.

tutú Faldellín que utilizan las bailarinas de ballet clásico. — s.m.

tutuna Chichón o bulto que aparece tras un golpe. — s.f./*Chile*

tuturutú (Voz onomatopéyica.) Sonido de la trompeta. — s.m.

tuya (Del gr. *thyía*.) Planta arbustiva o arbórea cupresácea, originaria de Asia o América, cultivada en parques por su follaje ornamental. *(Thuia.)* — s.f. BOTÁNICA

tuyo, a (Del lat. *tuus, -a*.)
1 De ti: *estas cosas son tuyas y estas mías*. — pron.pos.
2 **hacer de las tuyas:** Obrar, en general mal, según lo que tienes por costumbre: *deja ya de hacer de las tuyas, me tienes harto*.
3 **la tuya:** Tu ocasión favorable, tu voluntad: *no te saldrás con la tuya otra vez; ha llegado la tuya, aprovéchala*. — coloquial

tuza Roedor similar al topo, de tamaño pequeño, que construye galerías subterráneas. *(Geomys.)* — s.f./*Méx.* ZOOLOGÍA

tv (Abreviatura de *televisión*.) Aparato receptor de imágenes y conjunto de programas que emite. — s.f. AUDIOVISUALES

tweed (Voz inglesa.) Paño escocés de lana virgen, cálido, fuerte y resistente al desgaste e impermeable. — s.m. TEXTIL

twist (Voz inglesa.) Baile de origen estadounidense que se caracteriza por un rítmico balanceo y que se impuso a principios de los años sesenta. — s.m.

txistu (Voz vasca.) Flauta aguda usada en el País Vasco. — s.m./MÚSICA tb: chistu

txistulari (Voz vasca.) Persona que toca el txistu. — s.m.f./tb: chistulari

U

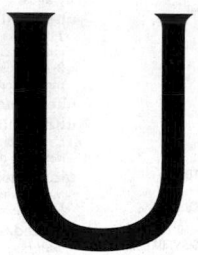

u

I Vigésima segunda letra del abecedario español y última de las vocales. *s.f.*

II (Del lat. *aut.*) Se usa en lugar de *o* para evitar el hiato ante palabras que empiezan por esta letra o por *ho*: *¿quieres diez u once?* *conj.disyunt.*

uadi
1 Denominación que en el norte de África se aplica a los ríos. *s.m.* **GEOGRAFÍA**
2 Curso de agua intermitente de las regiones áridas, alimentado por arroyada. **GEOGRAFÍA**

uapití Ciervo de gran tamaño con los candiles de la cornamenta aplanados. *(Cervus canadensis.)* *s.m.* **ZOOLOGÍA**

ubajay
1 Planta arbórea mirtácea, de fruto comestible. *(Eugenia eduli.)* *s.m./Argent.* **BOTÁNICA**
2 Fruto de esta planta. *Argent.*

ubérrimo, a (Del lat. *uberrimus.*) Que es muy fértil o productivo: *razas ubérrimas; entrañas ubérrimas.* *adj.*

ubicación (Del lat. escolástico *ubicatio, -onis.*)
1 Acción y resultado de ubicar o ubicarse. *s.f.*
2 Lugar donde está situada una cosa: *no sé la ubicación exacta de esta calle.* *= situación*

ubicar Estar una persona o una cosa en un determinado lugar: *la estatua se ubicará en la plaza.* *v.intr/prnl.* *conj: sacar*

ubicuidad (Del lat. escolástico *ubiquitas, -atis* < lat. *ubique,* en todas partes.) Cualidad de ubicuo. *s.f.* *tb: ubiquidad*

ubicuo, a
1 Que está presente en todas partes a un mismo tiempo, en especial la divinidad. *adj.* *= omnipresente*
2 Se aplica a la persona que tiene muchas ocupaciones y quiere estar presente en todo.

ubiquista Se aplica a las especies que se encuentran en medios ecológicos muy diferentes. *adj.* **BIOLOGÍA**

ubiquitario, a Se refiere a la persona que es miembro de una secta protestante que afirma que el cuerpo de Jesucristo está en la eucaristía y en todas partes. *adj/s.* **RELIGIÓN**

ubre (Del lat. *uber, -eris,* teta.) Cada una de las mamas de las hembras de los mamíferos. *s.f.*

ubrera Pérdida de la capa exterior de la piel alrededor de la boca que pueden sufrir los lactantes a consecuencia de la descomposición de la leche que se derrama por sus labios o por mamar mucho. *s.f.*

ucase (Del fr. *ukase* < ruso *ukaz,* edicto imperial.)

1 Decreto del zar. *s.m.*
2 Orden gubernativa injusta y tiránica.
3 Mandato arbitrario y tajante.

-ucho, a Unido a sustantivos y adjetivos forma su despectivo: *casucha; perrucho.* *suf.*

uci (Acrónimo de *[U]nidad de [C]uidados [I]ntensivos.*) Servicio de un centro hospitalario que se encarga de la atención y vigilancia ininterrumpidos de los enfermos graves. *s.f.* **MEDICINA**

ucraniano, a
1 De Ucrania, estado de Europa oriental. *adj./tb: ucranio*
2 Persona natural de este estado europeo. *s.*
3 Lengua eslava, de la familia indoeuropea, hablada en Ucrania. *s.m.* **LINGÜÍSTICA**

ucronía
1 Utopía aplicada a la historia. *s.f.*
2 Historia reconstruida de forma lógica, de tal modo que habría podido ser y no ha sido.

-udo, a Unido a sustantivos forma adjetivos aumentativos: *barbudo; cabezudo.* *suf.*

udo- Componente de palabra procedente del lat. *udor,* que significa lluvia: *udómetro.* *pref.*

udómetro (Del lat. *udor,* lluvia + gr. *metron,* medida.) Aparato que sirve para medir la cantidad de lluvia caída en un lugar. *s.m.* *= pluviómetro*

-uelo, a Unido a sustantivos forma su diminutivo: *hijuelo; aldehuela.* *suf.*

uesnorueste Oesnorueste [en todas sus acepciones]. *s.m.*

uessudueste Oessudueste [en todas sus acepciones]. *s.m.*

ueste Oeste [en todas sus acepciones]. *s.m.*

¡uf! Expresión de desagrado usada para expresar cansancio, fastidio o repugnancia: *¡uf!, vaya tarde llevo.* *interj.*

ufanarse Mostrarse una persona orgullosa de una cualidad considerada como propia: *se ufanaba de ser el mejor de la clase; se ufana con su brillante carrera.* *v.prnl.* *+ con, de* *= jactarse*

ufanía Calidad de ufano. *s.f.*

ufano, a
1 Que es engreído o soberbio. *adj./= creído*
2 Que está satisfecho y orgulloso de sí mismo: *está muy ufano con su trabajo.* *= orondo* *≠ triste*
3 Que se comporta de un modo decidido o resuelto: *iba tan ufana a la tienda y estaba cerrada.* *= decidido* *≠ cauteloso*

4 Se aplica a la planta que está verde y vigorosa: *al regarlas las plantas se ponen ufanas.* — lozano / ≠ mustio

ufo
I (Del ital. *à ufo.*) Se usa en la expresión **a ufo** para indicar de gorra, sin ser invitado: *se presentó en casa y comió a ufo.* loc.adv.
II (Acrónimo de *[U]nidentified [F]lying [O]bject.*) Objeto volador no identificado. s.m. / = ovni

ufología Estudio de los objetos volantes no identificados u ovnis. s.f.

ufólogo, a Especialista en ufología. s.

ugandés, a
1 De Uganda, país de África ecuatorial. adj.
2 Persona natural de este país. s.

ugarítico, a
1 De Ugarit, capital del reino amorrita y centro de la cultura cananea, y de su lengua. adj. / HISTORIA
2 Lengua semítica que se habló en esta ciudad y en su zona de influencia. s.m. / LINGÜÍSTICA

ugrofinés, a De un grupo de lenguas uralaltaicas que comprende el húngaro, el finlandés y el estoniano. adj./s.m. / LINGÜÍSTICA

¡uh! Expresa desilusión o desdén. interj.

uhf (Acrónimo de *[U]ltra [H]igh [F]recuency.*)
1 Onda radioeléctrica de frecuencias comprendidas entre 300 y 3000 megahertzios. s.m./TELECO- / MUNICACIONES
2 Denominación con la que era conocida la segunda cadena de la televisión pública española. AUDIOVISUALES

uigur
1 De una tribu turca que dominó el imperio mogol, y de su lengua. adj.
2 Persona natural de esta tribu, en la actualidad población mayoritaria en la región china de Xinjiang. s.m.f.
3 Lengua turca del Asia central. s.m./LINGÜÍSTICA

ujier (Del fr. *huissier.*)
1 Persona encargada, en un palacio o tribunal, de que el público y los asistentes a juntas o actos guarden silencio y compostura. s.m. / = conserje
2 Empleado subalterno de algunos tribunales. = ordenanza
3 ujier de armas: Criado que tenía el encargo de la custodia de las armas del rey. HISTORIA
4 ujier de cámara: Persona que servía en la antecámara del rey para cuidar de la puerta. HISTORIA
5 ujier de sala o de vianda: Criado de palacio, que tenía a su cargo acompañar el cubierto y copa desde la panetería y cava, y después la comida desde la cocina. HISTORIA

¡újule!
1 ¡Vaya!, expresión utilizada para indicar sorpresa o admiración. interj./Méx. / coloquial
2 ¡Huy!, expresión que se usa para indicar sorpresa o dolor. Méx. / coloquial

ukelele Instrumento musical parecido a una guitarra pequeña con cuatro cuerdas y un mango largo, que es de origen hawaiano. s.m. / MÚSICA

ulaga Aliaga, planta arbustiva. s.f./BOTÁNICA

ulala Especie de cacto. s.f./Bol.

ulano Soldado de caballería ligera y armado de lanza, en los ejércitos austriaco, alemán y ruso. s.m. / MILITAR

ula ula Aro de plástico de cincuenta centímetros con el que juegan los niños. s.m. / Méx.

úlcera (Del lat. *ulcera.*)
1 Lesión de la piel o de las mucosas que causa destrucción gradual de los tejidos. s.f./MEDICINA / = llaga
2 Lesión que causa una destrucción progresiva de los tejidos de las plantas. BOTÁNICA

ulceración
1 Formación de una úlcera. s.f./MEDICINA
2 Úlcera superficial. MEDICINA

ulcerar Causar úlcera en una parte del cuerpo de una persona: *el estómago se le ha ulcerado a causa del alcohol.* v.tr/prnl. / MEDICINA

ulcerativo, a Que produce úlceras. adj./MEDICINA

ulceroso, a Que tiene úlceras. adj./MEDICINA

ulcoate Víbora venenosa de coloración negruzca y pecho amarillo. *(Bothrops.)* s.m./Méx. / ZOOLOGÍA

ulema Doctor de la ley mahometana. s.m./RELIGIÓN

ulfilano, a Se aplica a cierto carácter de la letra gótica. adj.

uliginoso, a (Del lat. *uliginosus.*)
1 Se aplica al terreno que es húmedo. adj.
2 Se refiere a la planta que crece en terrenos húmedos. BOTÁNICA

ulmáceo, a (Derivado del lat. *ulmus,* olmo.) Perteneciente a una familia de plantas arbóreas con flores desprovistas de pétalos, y fruto en nuez o drupa, con frecuencia alado, como el olmo. adj./s.f. / BOTÁNICA

ulmaria (Derivado del lat. *ulmus,* olmo.) Reina de los prados, planta rosácea. s.f. / BOTÁNICA

ulmo
1 Planta arbórea eucrifiácea, cuya corteza se emplea para curtir. *(Eucryphia cordifolia.)* s.m./Chile / BOTÁNICA
2 Madera de esta planta. Chile

ulnar Del antebrazo, en especial del cúbito. adj./ANATOMÍA

ulpo Especie de mazamorra hecha con harina tostada y agua. s.m./Chile, Perú / COCINA

ulterior (Del lat. *ulterior.*)
1 Que se hace o sucede después de otra cosa: *en el ulterior acuerdo se modifican algunos apartados.* adj. / = posterior
2 Que está en el otro lado de un lugar respecto al punto desde donde se considera. ≠ cíterior

ulteriormente Después de un momento determinado. adv.

ultílogo (Del lat. *ultimus,* último + gr. *logos,* palabra.) Discurso o escrito que se añade a una obra literaria después de terminada. s.m. / LITERATURA

ultimación Acción y resultado de ultimar una cosa: *tras la ultimación de las negociaciones, los firmantes celebraron una comida amistosa.* s.f.

ultimadamente Finalmente, a todo esto, a fin de cuentas. adv. / Méx.

ultimador, a Que ultima: *dio unos retoques ultimadores a su nuevo cuadro.* adj./s.

últimamente
1 Hace poco tiempo, en los últimos tiempos: *últimamente no tenía buen aspecto.* adv. / = recientemente
2 Por último: *se leerán los números premiados, y últimamente, se repartirán los premios.* = finalmente

ultimar
1 Concluir una cosa, darla por finalizada: *ella misma se encargó de ultimar los preparativos del viaje.* v.tr. / = acabar, finalizar
2 Llegar a un acuerdo después de unas negociaciones: *ya han ultimado el documento de venta.* = acordar
3 Matar o rematar a una persona o animal. Amér.

ultimátum
1 Aviso o resolución precisa y definitiva que se comunica como última advertencia antes de iniciar una acción drástica: *me ha hecho un ultimátum por el que, si no acabo a tiempo, me despide.* s.m. / pl: ultimátums / tb: ultimato
2 Serie de condiciones definitivas que se impone un estado a otro, cuya no aceptación implica la guerra. POLÍTICA

ultimidad Calidad de último. s.f.

último, a (Del lat. *ultimus.*)
1 Que no tiene otro después en una serie: *vivo en la última planta del edificio; el último corredor llegó exhausto a la meta.* adj. / ≠ primero
2 Que es lo más reciente de ciertas cosas: *ya he oído las últimas noticias; lleva ropas de última moda.* = nuevo, novedoso
3 Que es lejano o remoto: *vive en el último rincón del país.* = extremo / ≠ cercano
4 Que no está sujeto a cambios o modificaciones: *ésta es mi última palabra.* = definitivo
5 Que es el punto culminante o decisivo de una cosa: *te haré una última oferta.* = final / ≠ inicio
6 Se aplica al precio que se pide como mínimo o al que se ofrece como máximo. COMERCIO
7 Se refiere a la finalidad o aspiración a la que se dirigen las acciones o deseos: *su fin último era casarse con aquella mujer.*
8 a la última: Muy de moda: *siempre viste a la última.* loc.adv.
9 a últimos: En los días finales de una semana, mes o año: *el sueldo no me llega a últimos de mes; ya estamos a últimos de semana.* loc.adv.
10 estar alguien a lo último, a los últimos o en las últimas: 1. Estar cercano a la muerte: *no quiere verla porque la abuela está en las últimas.* 2. Estar arruinado o con poco dinero: *tendré que pedir dinero a alguien porque estoy a los últimos.* coloquial / coloquial
11 por último: Después o detrás de todo: *por último actuará una nueva promesa artística; por último accedió a venir.* loc.adv.
12 ser lo último: 1. Estar en el límite de lo tolerable: *esto ya es lo último, me va a oír.* 2. Ser lo más reciente, lo que está de moda.

ultra (Del lat. *ultra,* más allá de.)
1 Además de: *ultra a todo lo sucedido me encuentro sin trabajo.* adv.
2 Se aplica a la persona que tiene ideas políticas de extrema derecha: *unos jóvenes ultras apalearon a un negro en la calle.* adj./s.m.f. / POLÍTICA

ultra- Componente de palabra procedente del lat. *ultra,* que significa más allá o en exceso: *ultracorrección; ultrafamoso.* pref.

ultracentrífuga Máquina que centrifuga a un régimen de rotación muy elevado. s.f. / TECNOLOGÍA

ultracentrifugación Centrifugación a un régimen de rotación muy elevado. s.f. / TECNOLOGÍA

ultracorrección Fenómeno por el que una palabra correcta es sustituida por una incorrecta, al establecerse comparaciones analógicas con otras. s.f. / LINGÜÍSTICA

ultracorto, a Se aplica a las ondas electromagnéticas que tienen una longitud inferior al metro. — adj. FÍSICA

ultraderecha Conjunto de personas o partidos políticos con una ideología política que forma parte de la derecha radical. — s.f. POLÍTICA

ultraderechista
1 De la ultraderecha. — adj./POLÍTICA
2 Que es partidario de la ultraderecha. — adj/s.m.f./POLÍTICA

ultrafiltración Acción de filtrar un sustancia a través de un ultrafiltro. — s.f. TECNOLOGÍA

ultrafiltro Filtro capaz de retener partículas muy finas. — s.m. TECNOLOGÍA

ultraísmo Movimiento poético creado a principios del siglo xx por poetas españoles e hispanoamericanos, caracterizado por la renovación radical del espíritu y de la técnica poética como sentimiento común a varios ideales de vanguardia. — s.m. LITERATURA

ultraísta
1 Del ultraísmo. — adj./LITERATURA
2 Se aplica al poeta o al literato partidario del ultraísmo. — adj/s.m.f. LITERATURA

ultraizquierda Conjunto de personas o partidos políticos con una ideología o tendencia política que forma parte de la izquierda radical. — s.f. POLÍTICA

ultraizquierdista
1 De la ultraizquierda. — adj./POLÍTICA
2 Que es partidario de la ultraizquierda. — adj/s.m.f./POLÍTICA

ultrajador, a Que ultraja: *me hizo una propuesta ultrajadora para mi honra.* — adj/s. = ultrajante

ultrajante Que ultraja o humilla moralmente: *nunca olvidaré las ultrajantes palabras que me dirigió.* — adj/= ofensivo, ultrajador

ultrajar
1 Ofender a una persona de palabra o de obra: *ultrajó el buen nombre de nuestra familia; me ha ultrajado con sus insultos.* — v.tr. = agraviar, injuriar
2 Tratar a una persona con desprecio: *considero que me ultraja al no dirigirme la palabra.* — = despreciar

ultraje (Del cat. *ultratge*.)
1 Ofensa grave de palabra o de obra: *cometió ultraje al renegar de su condición.* — s.m. = agravio, insulto
2 Desprecio hacia una persona.

ultrajoso, a Que ultraja. — adj./= ultrajante

ultraligero, a
1 Muy ligero: *ese nuevo tejido es perfecto para el verano porque es ultraligero.* — adj.
2 Se aplica a un tipo de nave aérea de una o dos plazas, poco pesada y equipada con un pequeño motor: *se ha comprado una avioneta ultraligera.* — adj/s.m. AERONÁUTICA
3 Modalidad de vuelo que se practica con este tipo de nave. — s.m. AERONÁUTICA

ultramar País, lugar o territorio que está al otro lado del mar, considerado desde el lugar en que se habla: *el barco arribó a las costas de ultramar dos meses después de zarpar.* — s.m.

ultramarino, a
1 Que está al otro lado del mar: *el descubrimiento de las tierras ultramarinas supuso un importante avance.* — adj.
2 Se aplica a los géneros comestibles que se traían de otros continentes: *los ultramarinos procedentes de Asia llegaban a las costas mediterráneas.* — adj/s.m.pl.
3 Tienda de comestibles: *me acercaré al ultramarinos de aquí al lado a comprar arroz.* — s.m.pl. COMERCIO

ultramicroscópico, a Que es visible sólo con el ultramicroscopio. — adj.

ultramicroscopio Sistema óptico para percibir objetos de menor tamaño que los que pueden examinarse con el microscopio. — s.m. ÓPTICA

ultramoderno, a Que es muy moderno: *se ha comprado un coche ultramoderno, casi futurista.* — adj. ≠ anticuado

ultramontanismo
1 Conjunto de doctrinas religiosas que defendían la autoridad absoluta del papa frente al poder imperial en los asuntos eclesiásticos. — s.m. HISTORIA
2 Conjunto de personas partidarias de estas doctrinas. — HISTORIA

ultramontano, a
1 Que está situado en la parte posterior de un monte, respecto al punto desde donde se considera: *llegó a tierras ultramontanas tras cabalgar varios días.* — adj.
2 Propio del ultramontanismo. — adj./HISTORIA
3 Que es partidario del ultramontanismo. — adj/s./HISTORIA

ultramundano, a Que sobrepasa los límites de lo mundano: *me parece bien que habléis del más allá, pero yo no voy a entrar en esos temas ultramundanos.* — adj.

ultranza (Del fr. *à outrance*.)
1 Indica con resolución, por encima de todo en la expresión **a ultranza**: *es un monárquico a ultranza, daría todo por su reina.* — loc.adj/adv.

2 Se usa en la expresión **a ultranza** para indicar a muerte: *se retaron a un duelo a ultranza.* — loc.adj/adv.

ultrapuertos Lugar que está más allá o al otro lado de un puerto. — s.m. pl: ultrapuertos

ultrapresión Presión que alcanza varios miles de atmósferas. — s.f. FÍSICA

ultrarrealista Se aplica a los partidarios extremistas de la realeza y de las ideas monárquicas. — adj/s.m.f. POLÍTICA

ultrarrojo, a Que en el espectro luminoso está después del rojo. — adj./FÍSICA = infrarrojo

ultrasensible Que es sensible en extremo: *es un aparato ultrasensible que se desconecta al mínimo roce.* — adj. = hipersensible

ultrasónico, a Del ultrasonido. — adj./FÍSICA

ultrasonido Sonido producido por aparatos especiales, cuya frecuencia de vibraciones no es perceptible por el oído humano. — s.m. FÍSICA

ultrasonoro, a Del ultrasonido: *algunos animales son capaces de percibir sonidos ultrasonoros.* — adj. FÍSICA

ultratumba (Del fr. *outretombe*.)
1 Mundo material o espiritual que se supone que existe después de la muerte: *los agnósticos dudan de la existencia de la ultratumba.* — s.f.
2 **de ultratumba**: Del otro mundo, más allá de la muerte: *afirma haber oído voces de ultratumba.* — loc.adj.

ultravacío Vacío que se produce a una presión muy baja. — s.m. FÍSICA

ultravioleta Se aplica a la radiación que se produce en la parte invisible del espectro luminoso, no perceptible para el ojo humano. — adj. FÍSICA = ultraviolado

ultravirus Virus filtrante. — s.m./pl: ultravirus

ulúa De un pueblo amerindio de Nicaragua, del grupo sumo. — adj/s.m.f.

úlula (Del lat. *ulula*.) Autillo, ave rapaz nocturna, parecida a la lechuza, pero de mayor tamaño. — s.f. ZOOLOGÍA

ulular (Del lat. *ululare*.)
1 Dar un animal gritos o alaridos: *se asustó al oír ulular a un búho.* — v.intr. = aullar
2 Producir el viento un sonido parecido a un alarido: *el viento ululaba en las marismas.*

ululato Alarido o clamor. — s.m./culto

umbela (Del lat. *umbella*, sombrilla.)
1 Grupo de flores o de frutos que nacen en el mismo punto del tallo, alcanzan la misma altura y se disponen en forma de sombrilla. — s.f. BOTÁNICA
2 Tejadillo construido sobre un balcón o una ventana para resguardarlos. — CONSTRUCCIÓN = guardapolvo

umbelado, a Que está dispuesto en umbelas. — adj./BOTÁNICA

umbelífero, a (Del lat. *umbella*, sombrilla + *ferre*, llevar.) Perteneciente a una familia de plantas angiospermas dicotiledóneas, de hojas generalmente alternas, flores en umbela blancas o amarillas y fruto compuesto de dos aquenios, como el apio y la zanahoria. — adj/s.f. BOTÁNICA

umbelifloro, a Perteneciente a un orden de plantas que tienen las flores en umbela. — adj/s.f. BOTÁNICA

umbélula Cada una de las umbelas parciales, cuyo conjunto forma la umbela general. — s.f. BOTÁNICA

umbilicado, a De forma de ombligo. — adj.

umbilical (Del lat. *umbilicus*.) Del ombligo: *el bebé venía con el cordón umbilical enrollado en el cuerpo.* — adj. ANATOMÍA

umbílico Punto de una superficie curva en la que todas las secciones normales tienen la misma curvatura. — s.m. MATEMÁTICAS

umbráculo (Del lat. *umbraculum*.) Cobertizo para resguardar las plantas del Sol: *tendremos que hacer un umbráculo porque esta zona del jardín es una solana.* — s.m.

umbral (Del lat. *liminaris*.)
1 Pieza o escalón que forma la parte inferior en la puerta o entrada de una casa: *se sentó en el umbral de su puerta a esperarla.* — s.m. = limen
2 Principio de una actividad o proceso: *ya estamos en el umbral de un nuevo curso.* — = comienzo
3 Límite o término de una cosa: *su historia está en los umbrales de lo verosímil.*
4 Viga que atraviesa un vano en su parte superior para sostener el muro que hay encima. — ARQUITECTURA
5 Parte poco profunda en el lecho de un curso de agua, situada entre dos sectores que sí lo son. — GEOGRAFÍA
6 Elevación suave que separa dos valles o cuencas en el fondo oceánico. — GEOGRAFÍA
7 Intensidad o valor mínimo para que un fenómeno físico sea perceptible. — FISIOLOGÍA
8 **atravesar o pisar el umbral de un lugar**: Entrar en él: *juro que no permitiré que atraviese el umbral de mi casa.* — coloquial

umbralado Vano o hueco de la puerta de una vivienda asegurado con una viga o madero. — s.m. ARQUITECTURA

umbralar Cubrir el vano de un muro o de una construcción parecida con un umbral. v.tr. ARQUITECTURA

umbrático, a
1 De la sombra: *la temperatura umbrática es inferior a la que se produce en el sol.* adj.
2 Que produce sombra.

umbrátil
1 Que tiene sombra: *es un bosque umbrátil.* adj.
2 Que tiene apariencia de alguna cosa.

-umbre Componente de palabra que significa cantidad, repetición: *muchedumbre; quejumbre.* suf.

umbrela (Del lat. *umbella*, sombrilla.) Parte del cuerpo de la medusa que tiene forma de sombrilla. s.f. ZOOLOGÍA

umbría Paraje donde casi siempre hay sombra debido a su orientación: *en la umbría de la casa está creciendo hiedra.* = ombría, sombría

umbrío, a Que tiene sombra: *vive en una calle umbría y estrecha.* adj. = sombrío

umbroso, a Que está en sombra o la produce: *en el suelo del bosque umbroso hay musgos y helechos.* adj. = umbrátil

umero Omero, árbol betuláceo de copa redonda y flores blancas en corimbos. s.m./BOTÁNICA = aliso

un Apócope de *uno.* adj.

un, a (Del lat. *unus, -a.*) Indica una persona o cosa de forma indeterminada: *se ha comprado un coche nuevo; veo unas barcas a lo lejos; tiene un aire misterioso.* art.

unalbo, a Se aplica a la caballería que tiene un pie o una mano calzados. adj.

unánime (Del lat. *unanimis.*)
1 Se aplica a la idea, sentimiento o voluntad que es compartida por un conjunto de personas: *el público dio una respuesta unánime; la decisión de contratarle ha sido unánime.* adj. = acorde, conforme ≠ dispar
2 Se refiere al conjunto de personas que comparten la misma opinión o sentimiento: *los manifestantes, unánimes, se negaron; todos están unánimes en esta cuestión.*

unánimemente De forma unánime: *votaron unánimemente que sí.* adv.

unanimidad
1 Acuerdo de un grupo de personas en un mismo parecer o dictamen: *la unanimidad de los entrevistados sorprendió a los encuestados.* s.f. = concordancia
2 **por unanimidad:** Por acuerdo de todos: *fue elegido presidente por unanimidad.* loc.adv.

unau Perezoso, mamífero desdentado arborícola de América tropical, de movimientos lentos. s.m. ZOOLOGÍA

uncia (Del lat. *uncia.*)
1 Antigua moneda romana cuyo valor era la duodécima parte del as. s.f. HISTORIA
2 Duodécima parte de la masa hereditaria, entre romanistas. DERECHO

uncial
1 Se aplica a la letra mayúscula y del tamaño de una pulgada, que se usó hasta el siglo VII. adj./s.f.
2 Se refiere al sistema de escritura que utiliza este tipo de letra. adj.

uncidor, a Que unce o sirve para uncir. adj./s./RELIGIÓN

unciforme Se aplica al hueso que está en la segunda fila del carpo o muñeca. adj./s.m. ANATOMÍA

unción (Del lat. *unctio, -onis.*)
1 Acción de ungir: *el párroco procedió a la unción del moribundo.* s.f. = ungimiento
2 Sacramento que consiste en ungir con los santos óleos a los fieles que se hallan en peligro inminente de muerte. RELIGIÓN = extremaunción
3 Gracia comunicada por el espíritu santo que inclina a la virtud y la perfección. RELIGIÓN
4 Acción de entregarse con interés a la realización de una cosa: *se dedica a cuidar enfermos con unción.* = entrega, devoción
5 Vela pequeña que llevan las lanchas pesqueras, que se iza cuando por haber peligro de zozobrar se arrían las otras. NÁUTICA

uncionario, a
1 Se aplica al enfermo que está sometido a la aplicación de unciones. adj./s. MEDICINA
2 Lugar donde se aplicaban estos remedios.

uncir (Del lat. *jungere.*) Sujetar un animal al yugo. v.tr./conj: zurcir

undante Que se mueve haciendo ondas: *la nave avanzaba sobre las aguas undantes.* adj./literario = ondulante

undecágono, a Se aplica al polígono de once lados y once ángulos. adj./s.m. GEOMETRÍA

undécima
1 Intervalo musical formado por una octava y una cuarta. s.f. MÚSICA
2 Redoblamiento a la octava de una cuarta. MÚSICA

undécimo, a
1 Que ocupa el lugar número once en una serie: *llegó en la undécima posición.* adj.num/s.
2 Se aplica a cada una de las partes que resultan de dividir una cosa en once partes iguales. adj.num/s.m.

undécuplo, a Se refiere al número que contiene once veces a otro mencionado. adj.num/s.m.

underground (Voz inglesa.) Se aplica al espectáculo, música, obra literaria u otra expresión artística de vanguardia, realizados fuera de los círculos comerciales habituales: *asiste a menudo a locales donde actúan grupos musicales underground.* adj.

undísono, a (Del lat. *unda*, ola + *sonus*, sonido.) Se aplica a las aguas que producen ruido con el movimiento de sus ondas. adj. literario

undívago, a Que tiene un movimiento parecido al de las olas: *sus undívagas caderas alteran mi corazón.* adj./literario = undante, undoso

undoso, a Que se mueve haciendo ondas: *sobre los mástiles se agitan las undosas banderas.* adj. = ondulante

undulación Acción y resultado de undular. s.f.

undular Moverse una cosa formando ondas: *las aguas del lago undulan a causa del viento.* v.intr. = ondular

undulatorio, a Que forma undulaciones. adj.

ungido, a Persona que ha sido signada con el óleo sagrado. s. RELIGIÓN

ungimiento Acción o resultado de ungir. s.m.

ungir (Del lat. *ungere.*)
1 Poner aceite u otra materia grasa en la superficie de una cosa: *ungió el recipiente con mantequilla antes de meterlo en el horno.* v.tr. conj: surgir
2 Hacer la señal de la cruz sobre una persona con óleo sagrado para denotar el carácter de su dignidad o para administrarle un sacramento. RELIGIÓN

ungüentario, a
1 Del ungüento. adj.
2 Persona que hace ungüentos. s.
3 Sitio donde se guardan los ungüentos. s.m.

ungüento (Del lat. *unguentum.*)
1 Sustancia con la que se unta el cuerpo o cualquier superficie: *se aplicó un ungüento de color verdoso en la cara.* s.m.
2 Mezcla de olorosos usados en la antigüedad para embalsamar cadáveres.
3 Remedio con el que se intenta arreglar una situación o suavizar el ánimo: *sus carantoñas son un ungüento para que le perdone.* coloquial = bálsamo
4 Medicamento que se aplica en la zona dañada: *con este ungüento se le pasará el dolor muscular.* FARMACIA
5 **ungüento amaricino:** Medicamento cuyo principal ingrediente es la mejorana. FARMACIA
6 **ungüento amarillo:** 1. Medicamento supurativo compuesto de colofonia. 2. Remedio que, de forma irónica, se supone aplicable a todos los casos. FARMACIA coloquial
7 **ungüento basilicón:** Medicamento supurativo compuesto de pez negra. FARMACIA
8 **ungüento de soldado:** El compuesto de mercurio. FARMACIA
9 **ungüento mexicano:** Dinero usado para sobornar. = unto de México

unguiculado, a Se aplica al mamífero que tiene los dedos provistos de uñas. adj/s. ZOOLOGÍA

unguiforme (Del lat. *ungula*, uña + *forma*, forma.) Que tiene forma de uña. adj.

unguis Hueso muy pequeño de la parte anterior e interna de cada una de las órbitas oculares. s.m./pl: unguis ANATOMÍA

ungulado, a Perteneciente a un grupo de mamíferos herbívoros y omnívoros cuyos dedos terminan en uña, como el caballo y el elefante. adj/s.m. ZOOLOGÍA

ungular De la uña. adj.

unguligrado, a Se aplica a los animales que andan apoyando la extremidad digital. adj. ZOOLOGÍA

uni- Componente de palabra procedente del lat. *unus*, que significa uno solo: *unicelular; unicornio.* pref. = mono-

uniata Se aplica a los cristianos orientales que reconocen la supremacía papal a la vez que conservan el derecho de emplear su liturgia nacional. adj/s.m.f. RELIGIÓN

uniáxico, a Se aplica al cristal que tiene un eje de simetría de orden superior a dos. adj. MINERALOGÍA

unible Que se puede unir: *nuestras fuerzas son unibles, así que todos a una.* adj. = aunable

únicamente Tan sólo: *me preocupa únicamente tu porvenir.* adv. = solamente

unicameral Se aplica al sistema de gobierno que está formado por una sola cámara legislativa. adj. POLÍTICA

unicaule (Del lat. *unus*, uno + *caulis*, col.) Se refiere a la planta que tiene un solo tallo. adj. BOTÁNICA

unicelular Que está compuesto de una sola célula: *los protozoos son organismos unicelulares.* adj./BIOLOGÍA ≠ pluricelular

unicidad Calidad de único: *para los cristianos, la unicidad es un atributo divino.* s.f.

casos posibles: *es un* | = general / ≠ particular
a en muchas ciencias: |
duos de una espécie. | LÓGICA
yo sujeto se toma en | LÓGICA
por abstracción, que | s.m.pl.
realidades que existen | FILOSOFÍA
de cualquier fenóme- | s.f.
sus teorías le han con- | = universidad
nacional.
y obligaciones del di- | DERECHO
herencia.
género supremo que | adj./FILOSOFÍA
onsidera indefinible. | = supremo
iversales: *su obra sigue* | s.m.
emática. | = universalidad
ende la unificación | POLÍTICA
resión de los obstácu-
nicación.

| adj./POLÍTICA
| adj/s.m.f./POLÍTICA
alismo.
esultado de universali- | s.m.
lización del amor. | = generalización
universal: *hay que uni-* | v.tr./conj: *cazar*
do. | = generalizar
miversal, *por todos: es* | adv.

s, que se celebran cada | s.f.
estudiantes de todo el | DEPORTES
íses. | tb: universiada
us, -atis.)
señanza superior y a la | s.f.
rofesora de universidad.
cios donde se imparte
versidad digna de ser vi-

forman una corpora- |

| = universalidad
de barrios que estaban
s y que formaban una

mundo. | = universo
aza donde se hacían los
y letras, y con autori-
pondientes en las facul-

ación dedicada a la edu- | HISTORIA
a especial a sectores so-
larización
ra: Conjunto de pobla-
unidos bajo una misma

tución educativa dirigi-
iantes en un oficio.
ciación de carácter local
anente de adultos.

campus universitario. | adj.
estudios en la universi- | adj/s.
era universitaria; los uni-
stro.
a una universidad: *profe-* | adj.

ado un teoría de formación | s.m. ASTRONOMÍA
sas que tienen realidad | = mundo
que una pequeña parte del
elementos que se some- | ESTADÍSTICA
as: en su novela se refleja

os gemelos originados a | adj. BIOLOGÍA
ado de univocarse. | s.f.
s cosas una misma pro- | v.prnl. conj: *sacar*
voco. | s.f.
)
significado: *los términos* | adj. / ≠ ambiguo

---

a Que unifica: *el proceso unificador acarreó* | adj.
ociales. | ≠ desunificador
varias cosas una o un todo: *los sindicatos* | v.tr/prnl.
s intereses de los obreros; se han unificado las | conj: *sacar*
en una. | = agrupar, reunir
e dos o más cosas sean uniformes: *hay que* | v.tr.
riterios para que el resultado sea el esperado. | = uniformar
e tiene un solo hilo eléctrico. | adj./ELECTRICIDAD
a (Del lat. *unus* uno + *folia*, hoja.) Que | adj. BOTÁNICA
ola hoja.
or, a Que uniforma: *se trata de un proyecto* | adj.
de la documentación que usa la empresa.
o más cosas uniformes: *uniformó su paso* | v.tr.
ás; conviene uniformar el formato de los do- | = unificar
una persona lleve uniforme: *uniformaron* | v.tr.
entes del supermercado.
Del lat. *uniformis.*)
la misma forma: *ambas figuras son unifor-* | adj.
en distinto color. | ≠ multiforme
ene variaciones o cambios en su conjun- | = regular
vida uniforme y moderada; escribe en estilo
apa de pintura no ha quedado uniforme.
ntivo de las personas de un mismo traba- | s.m.
institución: *sé a qué colegio va por el uni-*
; los soldados desfilaron con el uniforme
ulido.
nte De manera uniforme: *los bailarines* | adv.
formemente.
l Igualdad de forma o aspecto entre dos | s.f.
as o cosas: *el centro comercial optó por la* | = homogeneidad
n el vestuario de los dependientes para que | ≠ heterogeneidad
era con facilidad.
(Del lat. *unus*, uno + *genitus*, engendra- | adj.
a la persona que es hijo único: *muchos*
jeres unigénitos añoran el no haber tenido

ere a una sola parte o a un solo lado: | adj.
un contrato unilateral.
sidera desde un solo punto de vista: *tie-* | = limitado, parcial
nilateral del problema.
locado solamente a un lado: *panoja uni-* | BOTÁNICA
ue tiene una sola cavidad o un solo | adj. BOTÁNICA
onsiderar dos o más cosas idénticas: *no* | v.tr.
unimismar sus ideas a las mías. | = identificar
unio -onis.)
sultado de unir o unirse: *si la unión de* | s.f.
perfecta, se desmontará todo. | ≠ desunión
de personas con unos intereses comu- | = alianza, gremio
o de la unión de agricultores.
ntimental entre dos personas, en espe- | s.f.
al: *la unión se celebró en una pequeña er-*
on ese hombre se remonta a su juventud.
encia de voluntades, opiniones o en- | = concordia
tre varias personas: tan sólo buscaba la
s intereses.
de una cosa a otra: *no me gusta la unión* | = conjunción
e los aros que enlazados forman una | = eslabón
a roto una de las uniones de la pulsera.
h de los labios de una herida. | MEDICINA
dos perlas en tamaño, color y demás

emiconductor en la que los modos de | ELECTRICIDAD
nvierten.
nera: La de dos o más países para eli- | ECONOMÍA, POLÍTICA
cciones comerciales entre ellos.
ctrina que defiende la unión de parti- | s.m. POLÍTICA
es.

o. | adj./POLÍTICA
ario del unionismo. | adj/s.m.f./POLÍTICA
Se aplica a la planta que tiene un solo | adj. BOTÁNICA

lat. *uno* + *pario*, parir.)
namífero que sólo tiene una cría en | adj. ZOOLOGÍA
ie unípara.
n solo cuerpo, miembro o flor. | BOTÁNICA
. *unus*, uno + *pes, pedis*, pie.) Que tie- | adj.

ado por una sola persona: *es un de-* | adj.
sonal.

2 De una sola persona: *las taquillas del gimnasio son unipersonales.* = personal

3 Se aplica al verbo que sólo se usa en tercera persona del singular: *los verbos de fenómenos meteorológicos son unipersonales.* LINGÜÍSTICA = impersonal

unipolar Que tiene un solo polo. adj./≠ bipolar

unir (Del lat. *unire*.)
1 Juntar dos o más cosas para formar un todo: *tardó meses en unir todas las piezas del puzle.* v.tr. ≠ desunir

2 Mezclar cosas líquidas o pastosas para formar un solo cuerpo o sustancia: *une bien las yemas y las claras del huevo.* = ligar

3 Poner en relación o hacer que dos cosas que estaban lejanas se comuniquen: *la nueva carretera une el pueblo con la ciudad.* = comunicar, relacionar

4 Hacer que se espese un líquido o una pasta: *une la mahonesa con una cuchara de palo.* = espesar

5 Concordar voluntades, ánimos o sentimientos: *los une una intensa amistad.* = avenir, conectar

6 Casar de forma legal a dos personas: *el juez los unió en matrimonio.* = maridar, matrimoniar

7 Cerrar una herida. MEDICINA

8 Ponerse dos o más personas de acuerdo para algún fin: *se unieron para luchar contra el tirano.* v.prnl. = aliarse

9 Darse ciertos sentimientos o cualidades en armonía en una persona: *en ella se unen la bondad y la inteligencia.* = conjuntar, ligar

10 Estar muy cercana una cosa a otra: *su casa y la mía se unen por un tabique.*

11 Incorporarse a un grupo de personas: *nos hemos unido a un grupo de artistas.* + a = juntarse

12 Añadir un beneficio eclesiástico a otro. v.tr./RELIGIÓN

13 Estar un padre de acuerdo con la boda de un hijo suyo. v.tr/prnl. = consentir

unisex (Voz inglesa.) Que es para ambos sexos: *una tienda de moda unisex; suele arreglarse el pelo en una peluquería unisex.* adj. pl: unisex

unisexuado, a Que tiene un solo sexo. adj./BIOLOGÍA

unisexual Se aplica al animal o al vegetal que tiene sólo un sexo: *flor unisexual.* adj. BIOLOGÍA

unisón Que tiene el mismo sonido que otra cosa. adj./= unísono

unisonancia
1 Coincidencia de tono de dos o más sonidos o instrumentos musicales. s.f. MÚSICA

2 Modo de hablar monótono por el uso del mismo tono de voz: *la unisonancia del orador aburrió a los asistentes.* = monotonía

unisonar Sonar dos voces o instrumentos en el mismo tono o a la vez. v.intr/conj: *contar* MÚSICA

unísono, a (Del lat. *unus*, uno + *sonus*, son.)
1 Que tiene el mismo tono o sonido que otra cosa: *las chicas del coro tienen voces unísonas.* adj./MÚSICA = unisón

2 Trozo musical en el que las voces o instrumentos suenan en tonos idénticos. s.m. MÚSICA

3 al unísono: De acuerdo, con los mismos propósitos o criterios: *tenemos que actuar al unísono para conseguir nuestro propósito.* loc.adv.

unitario, a
1 De la unidad. adj.

2 Que tiende a la unidad o es partidario de ella: *tiene unas ideas políticas unitarias.* adj/s.

3 Que está formado por una sola unidad. = múltiple

4 Que profesa la doctrina que reconoce en Dios una sola persona. RELIGIÓN

unitarismo
1 Doctrina religiosa que acepta la revelación pero sólo reconoce en Dios una sola persona. s.m. RELIGIÓN

2 Doctrina política que defiende la unidad y la centralización del poder político. POLÍTICA

unitivo, a
1 Que une o sirve para unir: *el puente es la vía unitiva entre ambas costas.* adj.

2 Se aplica al tejido formado por células de diversas formas. ANATOMÍA

univalente Se aplica al elemento químico que tiene valencia uno. adj./QUÍMICA = monovalente

univalvo
1 Se aplica a la concha que tiene una sola valva: *se refiere al molusco cuya concha tiene una sola valva.* adj.

2 Se refiere al molusco cuya concha tiene una sola valva. adj/s.m. ZOOLOGÍA

3 Se aplica al fruto que tiene una sola valva o cáscara. adj./ BOTÁNICA

universal (Del lat. *universalis*.)
1 Del universo o espacio celeste: *ley de gravitación universal.* adj. ASTRONOMÍA

2 Que pertenece o se extiende a todo el mundo: *el amor es un sentimiento universal.* ≠ individual

3 Que es común a un grupo de personas o cosas: *todos los militantes tenían una opinión universal.* = general

4 Que se extiende a todos lo[s] principio de validez universal.

5 Se aplica a la persona versa[da] es un hombre de sabiduría univers[al]

6 Que designa a todos los indi[viduos]

7 Se refiere a la proposición [que] toda su extensión.

8 Ideas o conceptos formado[s] representan en nuestra mente en diversos seres.

universalidad
1 Extensión o validez univers[al] no o hecho: *la universalidad [con]vertido en un filósofo de fama in[ternacional].*

2 Conjunto de bienes, derech[os] junto que se comprenden en [...]

universalísimo, a Se aplica abarca todas las especies y se[...]

universalismo
1 Característica de las cosas u[...] *vigente por el universalismo de s[...]*

2 Tendencia política que def[iende] los estados o, al menos, la su[...] los que impiden su plena com[...]

universalista
1 Del universalismo.

2 Que es partidario del unive[rsalismo.]

universalización Acción y [...] zar: *la novela trata de la univers[...]*

universalizar Hacer una cos[a...] versalizar la ayuda al tercer mu[ndo.]

universalmente De manera [...] *un pintor universalmente conoci[do.]*

universiada Juegos deportiv[os...] dos años, en los que participa[...] mundo representando a sus p[...]

universidad (Del lat. *universi[tas*])
1 Institución dedicada a la e[nseñanza e] investigación: *hace años que e[...]*

2 Edificio o conjunto de ed[ificios de] enseñanza superior: *es una u[niversidad vi]sitada por su valor artístico.*

3 Conjunto de personas q[ue...] ción.

4 Calidad de universal.

5 Conjunto de poblaciones [...] unidos por intereses comun[es...] unidad jurídica.

6 Conjunto de cosas creada[s...]

7 Instituto público de enseñ[anza de] estudios mayores de ciencia[s...] dad para dar los grados corre[spondientes...]tades.

8 universidad abierta: Inst[itución de edu]cación permanente dirigida [...] ciales con dificultades de esc[...]

9 universidad de villa y ti[erra: ...] ciones o barrios que estaba[n...] representación.

10 universidad laboral: In[stitución dedica]da a la formación de los est[udiantes...]

11 universidad popular: A[sociación...] dedicada a la formación per[...]

universitario, a
1 De la universidad: *vive en [...]*

2 Que ha realizado o realiz[a...]dad: *ha decidido hacer una c[arrera uni]versitaria se pasean por el cla[ustro...]*

3 Que ejerce la enseñanza [en un profe]sor universitario.

universo (Del lat. *universum*[)]
1 Espacio celeste: *ha desarro[...] del universo.*

2 Conjunto de todas las c[osas del mundo] material: *el hombre no es má[s que...] universo.*

3 Conjunto de individuos [que se some]ten a estudio estadístico.

4 Conjunto de cosas no fí[sicas...] su universo moral.

univitelino, a Se refiere a [...] partir de un mismo óvulo.

univocación Acción y resu[...]

univocarse Tener dos o m[ás...] piedad o circunstancia.

univocidad Cualidad de un[...]

unívoco, a (Del lat. *univocu[s*...]
1 Que tiene un solo valor [...] *científicos han de ser unívocos[...]*

2 Que tiene igual naturaleza o valor que otra cosa.

3 Se aplica al término que se predica de varios indivi- **adj./s.**
duos con la misma significación. **LÓGICA**

univoltino, a Se aplica a los organismos cuyo ciclo **adj.**
vital dura un año. **BIOLOGÍA**

uno, a (Del lat. *unus, a.*)

1 Que no está dividido en sí mismo. **adj.**

2 Que está muy identificado o unido: *mi hermano y yo
somos uno.*

3 Que es igual o idéntico.

4 Que es aproximadamente la cantidad que se expre- **adj.indef.pl.**
sa a continuación: *unas quince sillas.*

5 Individuo de cualquier especie: *lo dijo uno que pasa- **pron.indef.**
ba por ahí.*

6 La persona que habla, cuando desea generalizar: *es **pron.pers.**
que uno no es de piedra; estas cosas la dejan a una con la
boca abierta.*

7 Algunos, varias cosas o personas: *unos días mas tarde.* **adj.indef.pl.**

8 Alrededor de, más o menos, cerca de: *costará unas
cinco mil, más o menos; eso ocurrió hará unos seis meses.*

9 Que ocupa el lugar número uno en una serie. **adj.num.**

10 Contrapuesto a *otro*, tiene sentido distributivo: **adj.**
unos duermen y otros trabajan.

11 Primer número de la serie cardinal que da origen **s.m.**
a todos los restantes: *uno por uno es uno.*

12 Primer día de cada mes: *nació el uno de marzo.*

13 Guarismo o signo con que se expresa la unidad en **MATEMÁTICAS**
el sistema decimal.

14 **a una:** A un tiempo. **loc.adv.**

15 **cada uno:** Cualquier persona considerada de
modo separado del conjunto del que forma parte.

16 **de uno en uno, uno a uno o uno por uno:** Por **loc.adv.**
orden y de modo separado: *los alumnos pasaban al
despacho de uno en uno.*

17 **lo uno por lo otro:** Indica equivalencia o compensación.

18 **no dar o acertar una:** Estar siempre desacertado: **coloquial**
más vale que te calles porque no das una.

19 **ser todo uno o ser uno:** 1. Parecer varias cosas
una misma. 2. Ocurrir algo a continuación o al mismo tiempo que otra cosa: *llegar ella y empezar a llover
fue todo uno.*

20 **una de:** 1. Seguido de un sustantivo, indica gran
cantidad de lo que denota: *había una de gente...* 2. Seguido de un sustantivo que haga referencia a un género cinematográfico, indica una película de ese género:
fuimos a ver una de terror.

21 **una de dos:** Expresión que plantea una disyuntiva: *una de dos o te quedas o te vas.*

22 **una y no más:** Expresión que indica el firme propósito de no repetir una acción.

23 **uno a otro:** De modo mutuo o recíproco. **loc.adv.**

24 **uno de tantos:** Que no se distingue de otra forma **loc.adj.**
especial.

25 **uno tras otro:** Por orden sucesivo. **loc.adv.**

untada Acción y resultado de untar. **s.f./Méx.**

untado, a Que ha bebido mucho, ebrio. **adj./Argent., Chile**

untador, a Que unta. **adj/s.**

untadura

1 Acción y resultado de untar o untarse con una sus- **s.f./= untamiento,
tancia grasa o pastosa. untura**

2 Untura, sustancia con que se unta.

untar (Del lat. vulgar *unctare* < lat. *ungere.*)

1 Cubrir la superficie de una cosa o parte de ella con una **v.tr.**
sustancia grasa o pastosa: *untó la tostada con mantequilla.*

2 Mojar o empapar una cosa en una sustancia grasa o
pastosa: *untaba siempre el pan en salsa.*

3 Comprar a una persona con regalos o dinero: *tuvo **coloquial
que untar a un funcionario para salir del país.* = sobornar**

4 Mancharse una persona o una cosa de una sustan- **v.prnl./+ de, con
cia grasa o pastosa: *me he untado de grasa.* = pringarse**

5 Quedarse una persona de modo fraudulento con **coloquial**
una parte de las cosas que maneja: *hemos averiguado
que tu primo se untaba robando material de oficina.*

unto (Del lat. *unctum.*)

1 Sustancia grasa alimenticia o medicamentosa, usa- **s.m.**
da para untar.

2 Grasa o gordura del cuerpo animal. **= untaza**

3 Todo lo que es usado para untar. **= untura**

4 **unto de México o de rana:** Dinero, en especial el
usado en soborno.

untuosidad Propiedad de las cosas untuosas. **s.f.**

untuoso, a Que es graso y pegajoso. **adj./tb: untoso**

untura (Del lat. *unctura.*)

1 Acción y resultado de untar. **s.f.**

2 Sustancia usada para untar. **= unto**

uña (Del lat. *ungula.*)

1 Placa córnea que recubre la parte superior de las **s.f.**
extremidades de los dedos de las personas y de algu- **ANATOMÍA**
nos animales por encima de las yemas.

2 Trozo saliente de algunas cosas de forma parecida
a esta placa córnea.

3 Punta corva en que terminan algunos instrumentos
de metal.

4 Agujero que se hace en el espesor de algunos obje- **= escopleadura**
tos de madera, para poder meter los dedos y tirar de
ellos o empujarlos.

5 Especie de dedal abierto y puntiagudo que se utiliza para hacer cigarrillos.

6 Inclinación o habilidad para hurtar o robar.

7 Casco de los cuadrúpedos. **ZOOLOGÍA**

8 Punta corva en que remata la cola del alacrán, con **ZOOLOGÍA**
la cual pica.

9 Espina corva de algunas plantas. **BOTÁNICA**

10 Gancho o punta que queda unida al tronco al po- **BOTÁNICA
dar una rama. = tetón**

11 Costra que se les forma a las caballerías en las
mataduras.

12 Excrecencia de un pequeño grupo de glándulas **FISIOLOGÍA**
del ángulo interno del ojo.

13 Dátil de mar, molusco comestible de concha pare- **ZOOLOGÍA**
cida al fruto de la palmera.

14 Estrechamiento que tienen los pétalos de algunas **BOTÁNICA**
flores en la parte por donde se insertan.

15 Punta triangular en que rematan los brazos del **NÁUTICA**
ancla.

16 **uña de caballo:** Fárfara, planta compuesta de ho- **BOTÁNICA**
jas grandes y flores amarillas de muchos pétalos.

17 **uña de gata:** Gatuña, planta leguminosa. **BOTÁNICA**

18 **uña de la gran bestia:** La del pie derecho de alce,
a la que se atribuían cualidades mágicas.

19 **uña de vaca:** Mano o pie de esta res, después de
cortada para carnicería.

20 **uña olorosa:** Opérculo de una especie de cañadi- **ZOOLOGÍA**
lla índica que al quemarse despide olor agradable, y
se usa en farmacia.

21 **uñas abajo:** 1. Posición en que queda la mano **loc.adv.
cuando se afloja la rienda, vuelta de modo que las EQUITACIÓN
uñas quedan hacia abajo. 2. Estocada que se da en es- DEPORTES**
grima volviendo hacia el suelo la mano y los gavilanes de la espada.

22 **uñas adentro:** Posición de la mano izquierda, ce- **EQUITACIÓN**
rrada y con las uñas hacia abajo, cuando lleva las
riendas.

23 **uñas arriba:** 1. En disposición de defenderse o a **EQUITACIÓN**
no convenirse en algo que le proponen. 2. Posición
de la mano cuando se acorta un poco la rienda. 3. **DEPORTES**
Estocada que, en esgrima, se da volviendo la espada
y los gavilanes hacia arriba.

24 **coger o caer las uñas o entre las uñas a una perso- **coloquial**
na:** Forma de expresar el deseo de castigarle haciéndole daño para vengarse de él.

25 **comerse las uñas:** Estar nervioso: *antes del exa- **coloquial**
men estaba que me comía las uñas.*

26 **con uñas y dientes:** De manera esforzada y de- **loc.adv.
nodada: *se defendió con uñas y dientes.* coloquial**

27 **cortarse las uñas con otro:** Prepararse par reñir
con él.

28 **de uñas:** En actitud hostil o recelosa. **loc.adv./coloquial**

29 **dejarse las uñas en algún trabajo:** Hacerlo con **coloquial**
mucho esfuerzo.

30 **enseñar las uñas:** Amenazar o dejar ver su carác- **coloquial**
ter agresivo.

31 **huir o salir a uña de caballo:** 1. Hacerlo correr **EQUITACIÓN
velozmente. 2. Librarse uno de un riesgo por su cui- coloquial**
dado y diligencia.

32 **largo de uñas:** Inclinado al robo o hurto. **coloquial**

33 **meter o hincar uno la uña:** Pasarse en los pre- **coloquial**
cios o derechos debidos a defraudar algunas cantidades o porciones.

34 **mirarse las uñas:** 1. Jugar a las cartas. 2. Estar **coloquial**
ocioso, sin hacer nada.

35 **no tener uñas para guitarrero:** Carecer una per- **Argent., Par.,
sona de cualidades para llevar a cabo una tarea. Urug/coloquial**

36 **ponerse de uñas:** Enfadarse al oír lo que se pide
negándose a hacerlo.

37 **quedarse uno soplando las uñas:** Ser burlado o **coloquial**
engañado sin pensarlo o por quien no lo esperaba.

38 **rascarse con sus propias uñas:** Valerse por sí **Méx.
mismo. coloquial**

39 **sacar por la uña al león:** Conocer algo por una **coloquial**
leve señal o indicio.

40 **sacar uno las uñas:** 1. Valerse de toda su habili- **coloquial**
dad, ingenio o valor en algún lance. 2. Amenazar o
mostrar una persona su carácter agresivo.

41 **ser uña y carne dos personas:** Ser amigas inse- **coloquial**
parables: *su cuñada y ella son uña y carne.*

42 **tener uñas una cosa:** Tener graves dificultades **coloquial**
para resolver un negocio o para librarse de él.

43 **tener una persona las uñas afiladas:** Estar ejerci- **coloquial**
tado para el robo o dispuesto para robar.

44 **verse en las uñas del lobo:** Estar en grave peli- **coloquial**
gro.

uñada

1 Arañazo hecho con la uña: *el gato se asustó y me dio **s.f./= uñetazo,
una uñada.* uñarada**

2 Señal hecha con el filo de la uña. = uñarada
3 Impulso que se da a algo con la uña.

uñate
1 Uñeta, juego infantil. s.m./JUEGOS
2 Apretón hecho con la uña. = uñetazo
3 Juego infantil que se ejecuta empujando un alfiler JUEGOS
con la uña para montarlo sobre el del contrario.

uñero
1 Inflamación de los tejidos que rodean la uña. s.m./MEDICINA
2 Lesión que produce una uña cuando crece de forma MEDICINA
indebida y penetra en la carne.

uñeta
1 Cincel de boca ancha, recta o encorvada, que usan s.f.
los canteros.
2 Juego en que hay que meter una moneda en un JUEGOS
hoyo hecho en el suelo, tirándola, y ayudando con la
uña si queda fuera.

uñetazo Uñada, arañazo hecho con la uña. s.m.

uñoso, a Que tiene las uñas largas. adj.

uombat Mamífero marsupial excavador, parecido a s.m.
un roedor, de cuerpo pesado y miembros cortos. ZOOLOGÍA
(Phascolomis hirsutus.)

¡upa! (Voz de creación expresiva.)
1 Voz con la que se anima a realizar un esfuerzo. interj.
2 a upa: En brazos. loc.adv.

upar Aupar o levantar una cosa. v.tr.

¡upe! Voz utilizada para llamar a los moradores de interj.
una casa, cuando se entra en ella. C. Rica

uperización Acción y resultado de uperizar un ali- s.f.
mento.

uperizar Someter un alimento, en especial la leche, a v.tr.
altas temperaturas durante unos segundos para este- conj: cazar
rilizarlo.

uppercut (Voz inglesa.) Golpe dado de abajo arriba, s.m.
en boxeo. DEPORTES

upupa (Del lat. *upupa*.) Abubilla, ave coraciforme de s.f.
la familia de los upúpidos. ZOOLOGÍA

urajear Grajear, emitir el grajo o el cuervo su voz. v.intr.

uralita (Marca registrada.) Mezcla de cemento y s.f.
amianto, dura e impermeable, que se utiliza para fa- CONSTRUCCIÓN
bricar placas empleadas para cubiertas de construcción y otros usos.

uraloaltaico, a
1 De los Urales y el Altai considerados de forma con- adj.
junta: *pueblo uralaltaico.*
2 Se refiere a la familia de lenguas que incluye el mo- adj/s./LINGÜÍSTICA
gol, el turco y el ugrofinés, entre otras. th: uralaltaico
3 Lengua que tuvo su origen en esta región y forma s.m.
parte de la mayoría de lenguas aglutinantes de Euro- LINGÜÍSTICA
pa y del norte de Asia.

uranato Sal de ácido uránico. s.m./QUÍMICA

uránico, a Del uranio. adj./QUÍMICA

uranífero, a (Del gr. *uranios*, uranio + lat. *ferre*, lle- adj.
var.) Que contiene uranio. QUÍMICA

uraninita Mineral de color negro, gris o verdoso, s.f.
opaco, de la clase de los óxidos, que es muy radiac- MINERALOGÍA
tivo. = pechblenda

uranio, a (Del gr. *uranios*, celeste.)
1 De los astros y el espacio celeste. adj.
2 Elemento químico radiactivo que se ha usado en la s.m.
bomba atómica y cuyos compuestos se emplean tam- QUÍMICA
bién en fotografía y para dar color a los vidrios.

uranismo Homosexualidad masculina pasiva. s.m.

uranita Denominación genérica de los fosfatos de s.f.
uranio. QUÍMICA

urano- Componente de palabra procedente del gr. pref.
uranos, que significa cielo, firmamento: *uranolito.*

uranografía Parte de la astronomía que estudia la s.f./ASTRONOMÍA
descripción de los cuerpos celestes. = cosmografía

uranógrafo, a Persona dedicada a la descripción de s.
los cuerpos celestes. ASTRONOMÍA

uranolito Fragmento de un bólido que cae a la Tie- s.m.
rra. ASTRONOMÍA

uranometría Parte de la astronomía que estudia la s.f.
medición de las distancias celestes. ASTRONOMÍA

urape Planta arbustiva cesalpiniácea, de flores blan- s.f.
cas, que se usa para formar setos vivos en América BOTÁNICA
Meridional. *(Bauhinia.)*

urato Sal del ácido úrico. s.m./QUÍMICA

urbanidad Modo educado y cortés de comportarse. s.f.

urbanismo Conjunto de conocimientos técnicos y de s.m.
actividades relacionados con el planteamiento, reformas y ampliación de las poblaciones.

urbanista
1 Del urbanismo. adj.

2 Persona especialista en urbanismo. s.m.f.

urbanístico, a Del urbanismo: *el nuevo plan urbanísti-* adj.
co ya está aprobado.

urbanizable Que puede ser urbanizado: *suelo urbani-* adj.
zable.

urbanización
1 Acción y resultado de urbanizar un terreno. s.f.
2 Conjunto de viviendas con jardines y zonas de recreo comunes, que conforman un núcleo de población adscrito a un municipio.

urbanizador, a Se refiere a la persona o empresa adj/s.
que urbaniza terrenos.

urbanizar
1 Convertir un lugar en un centro de población v.tr.
abriendo en él calles y dotándolo de luz y de toda la conj: cazar
infraestructura necesaria: *están urbanizando un terreno*
que hay cerca de su casa.
2 Hacer que una persona se vuelva cortés y educada: v.tr/prnl.
al hacerse mayor se urbanizó.

urbano, a (Del lat. *urbanus*.)
1 De la ciudad: *vía urbana; reformas urbanas.* adj.
2 Que es cortés o educado. = amable
3 Se refiere a la persona que se ocupa de regular el adj/s.
tráfico en el interior de las ciudades.

urbe (Del lat. *urbs, urbis*.) Ciudad, en especial si es s.f.
grande y está muy poblada. = metrópoli

urbi et orbe (Expresión latina.)
1 Se aplica a la bendición solemne que el papa hace loc.adj.
extensible a todas las personas del mundo.
2 A todo el mundo, a todas partes. loc.adv.

urca (Del fr. *hourque*.) Barco de carga, grande y muy s.f.
ancho por el centro. NÁUTICA

urce (Del lat. *ulex, -icis*.) Brezo, planta arbustiva ericá- s.m.
cea. BOTÁNICA

urchilla (Del mozárabe *orchella*.)
1 Liquen que vive en las rocas bañadas por el mar, s.f.
que pertenece a la clase de los ascolíquenes. BOTÁNICA
2 Tinte de color violeta que se obtiene de este liquen.

urcitano, a Que es natural de Almería. adj/s.

urdidera Utensilio semejante a la devanadera, donde s.f.
se preparan los hilos para las urdimbres. TEXTIL

urdido Operación de la fabricación de tejidos que s.m.
consiste en formar la urdimbre disponiendo en para- TEXTIL
lelo los hilos de igual longitud.

urdidor, a
1 Que urde. adj/s./= tramador
2 Máquina o mecanismo donde se colocan los hilos s.m.
para las urdimbres. TEXTIL

urdidura Acción y resultado de urdir. s.f.

urdimbre
1 Conjunto de hilos que se han urdido o preparado s.f./TEXTIL
para colocarlos en el telar. = estambre
2 Conjunto de hilos que cruzados y enlazados con TEXTIL
los de la trama forman una tela y van en el sentido
longitudinal del tejido.
3 Plan para obtener algo con disimulo, en especial = intriga,
cuando se trata de perjudicar a alguien. maquinación

urdir (Del lat. *ordiri*.)
1 Preparar los hilos en la urdidera para colocarlos en v.tr.
el telar. TEXTIL
2 Preparar una cosa en secreto: *el estado mayor urdió* = maquinar,
el golpe hasta sus últimos detalles. tramar

urdu Lengua indoeuropea del grupo indoiranio, que s.m.
es el idioma oficial de Pakistán. LINGÜÍSTICA

urea (Derivado del gr. *uron*, orina.) Sustancia nitroge- s.f.
nada que constituye la mayor parte de la sustancia BIOQUÍMICA
orgánica contenida en la orina.

ureico, a De la urea. adj./BIOQUÍMICA

ureido Sustancia derivada de la urea. s.m./BIOQUÍMICA

uremia Síndrome clínico debido a la retención de s.f.
sustancias nitrogenadas en la sangre, secundario a MEDICINA
una insuficiencia renal.

urémico, a (Derivado del gr. *uron*, orina.)
1 De la uremia. adj./MEDICINA
2 Que está afecto de uremia. adj/s./MEDICINA

urente Que escuece o quema. adj./= urticante

ureo Representación simbólica de la serpiente naja, s.m.
que se reproducía en el tocado de los faraones egip- HISTORIA
cios y en algunas divinidades.

uréter (Derivado del lat. *uretra*.) Cada uno de los dos s.m.
conductos por los que desciende la orina desde los ri- ANATOMÍA
ñones hasta la vejiga.

urético, a De la uretra. adj./ANATOMÍA

uretra (Del lat. *uretra*.) Conducto por el que sale la s.f.
orina al exterior desde la vejiga. ANATOMÍA

uretral De la uretra. adj./ANATOMÍA

uretritis (Del lat. *uretra*, uretra + gr. *itis*, inflamación.)
1 Inflamación de la membrana mucosa de la uretra: *le han diagnosticado uretritis.*
2 Flujo mucoso ocasionado por esta inflamación.
s.f./pl: uretritis
MEDICINA
= blenorragia

uretro- Componente de palabra procedente del lat. *uretra*, que significa uretra: *uretrógrafo.*
pref.
tb: ureter-, uretero-

uretrotomía (Del lat. *uretra*, uretra + gr. *tomos*, división.) Abertura quirúrgica de la uretra.
s.f./MEDICINA
tb: ureterotomía

urgencia
1 Situación o circunstancia urgente: *la urgencia del caso hizo que lo atendieran inmediatamente.*
2 Necesidad apremiante de una cosa: *tengo urgencia de dinero.*
3 Actual obligación de cumplir una ley o precepto.
4 Sección de los hospitales en que se atiende a los enfermos y heridos graves que necesitan cuidados médicos inmediatos.
s.f.
= extremosidad

DERECHO
s.f.pl.
MEDICINA

urgente
1 Que urge: *le encargaron un trabajo urgente y no pudo dormir en toda la noche.*
2 Se aplica a la carta o telegrama que se cursa con especial rapidez.
adj.
= apremiante

-urgia Componente de palabra procedente del gr. *ergon*, que significa trabajo: *metalurgia.*
suf.
= -urgo

urgir (Del lat. *urgere*, apretar.)
1 Ser necesaria la rápida ejecución de algo: *me urge que arreglen la avería.*
2 Tener una ley fuerza o autoridad para obligar.
v.intr.
conj: surgir

DERECHO

uricemia Presencia de ácido úrico en la sangre.
s.f./MEDICINA

úrico, a (Derivado del gr. *uron*, orina.)
1 Del ácido que se encuentra en la orina y es menos oxidado que la urea.
2 De la orina.
adj.
BIOQUÍMICA
= urinario

urinario, a
1 De la orina.
2 Lugar dispuesto para orinar, en especial en zonas públicas.
adj./tb: úrico, urinal
s.m.
= mingitorio

urinífero, a (Del gr. *uron*, orina + lat. *ferre*, llevar.) Que conduce la orina: *conducto urinífero.*
adj.

urna (Del lat. *urna*.)
1 Caja de cristal donde se depositan los números o las papeletas en los sorteos, votaciones o consultas electorales.
2 Caja de cristal, metal u otros materiales que se usa para guardar las cenizas de los cadáveres.
3 Caja de cristal para guardar dentro, siendo visibles, objetos preciosos o de arte.
4 Medida antigua para líquidos.
5 Esporangio de los musgos, cubierto de un opérculo y una cofia.
s.f.

BOTÁNICA

uro (Del lat. *urus*.) Especie de buey salvaje de gran tamaño, casi extinguido en la actualidad. (*Bos primigenius.*)
s.m.
ZOOLOGÍA

uro-
I Componente de palabra procedente del gr. *uron*, que significa orina: *urólogo; urografía.*
II Componente de palabra procedente del gr. *ura*, que significa cola: *anuro; urodelo.*
pref.

pref/suf.

urobilina Pigmento biliario, que constituye una de las sustancias colorantes de la orina.
s.f.
BIOQUÍMICA

urobilinuria Presencia anormal de urobilina en la orina.
s.f.
MEDICINA

urocromo Sustancia nitrogenada amarilla, que constituye el pigmento más abundante de la orina.
s.m.
BIOQUÍMICA

urodelo, a Perteneciente a una subclase de anfibios que conservan la cola en la metamorfosis, como la salamandra o el tritón.
adj/s.m.
ZOOLOGÍA

urogallo Ave gallinácea de gran tamaño, con unos gruesos tubérculos rojos sobre los ojos, que emite gritos parecidos a los del uro, y que es objeto de caza. (*Tetrao urogallus.*)
s.m.
ZOOLOGÍA

urogenital Del conjunto de los aparatos reproductor y urinario.
adj./ANATOMÍA
= genitourinario

urografía (Del gr. *uron*, orina + *grapho*, escribir.) Examen radiográfico del aparato urinario.
s.f.
MEDICINA

urología Parte de la medicina que estudia el aparato urinario y sus enfermedades.
s.f.
MEDICINA

urológico, a De la urología o de las vías urinarias.
adj./MEDICINA

urólogo, a (Del gr. *uron*, orina + *logos*, ciencia.) Médico especialista en urología.
s.
MEDICINA

uromancia (Del gr. *uron*, orina + *manteia*, adivinación.) Adivinación por medio del examen de la orina.
s.f./OCULTISMO
tb: uromancía

urópodo Último apéndice abdominal de los crustáceos, por lo general aplanado y que sirve de aleta.
s.m.
ZOOLOGÍA

uroscopia (Del gr. *uron*, orina + *skopeo*, observar.) Examen de la orina para diagnosticar enfermedades.
s.f.
MEDICINA

urpila Ave de la familia de las colúmbidas, especie de paloma pequeña. (*Columbigallina passerina.*)
s.f./Argent., Bol., Ecuad./ZOOLOGÍA

urque Patata de mala calidad.
s.m./Chile

urraca (Del nombre propio *Urraca*.)
1 Ave paseriforme de plumaje negro y blanco y larga cola, que suele adornar su nido con objetos brillantes. (*Pica pica.*)
2 Persona aficionada a recoger y guardar cosas.
3 hablar más que una urraca: Hablar mucho.
s.f.
ZOOLOGÍA

coloquial

úrsido, a (Derivado del lat. *ursus*, oso.) Perteneciente a una familia de mamíferos carnívoros plantígrados omnívoros o herbívoros, como el oso.
adj/s.m.
ZOOLOGÍA

ursulina Se refiere a las monjas de una congregación agustiniana, dedicada a la educación de niñas y el cuidado de enfermos.
adj/s.f.
RELIGIÓN

urticáceo, a (Derivado del lat. *urtica*, ortiga.) Perteneciente a una familia de plantas dicotiledóneas, arbustivas o herbáceas, de hojas sencillas y vellosas, como la ortiga y el ramio.
adj/s.f.
BOTÁNICA

urticación Antiguo tratamiento médico para las parálisis periféricas que consistía en azotar al paciente con un ramo de ortigas.
s.f.
MEDICINA

urtical Perteneciente a un orden de plantas herbáceas dicotiledóneas, con flores poco aparentes.
adj/s.f.
BOTÁNICA

urticante (Derivado del lat. *urtica*, ortiga.) Que produce picor parecido al de las ortigas.
adj.
= urente

urticaria (Derivado del lat. *urtica*, ortiga.) Enfermedad inflamatoria de la piel que se caracteriza por el picor o el escozor que se produce en la zona afectada.
s.f.
MEDICINA

urubú Zopilote, especie de buitre americano de sesenta centímetros de largo y más de un metro de envergadura.
s.m.
ZOOLOGÍA

urucú Árbol de la familia de las bintáceas, de poca altura, flores rojas y fruto oval.
s.m./Argent.
BOTÁNICA

uruguayismo Expresión o construcción características de la variedad lingüística del español hablado en Uruguay.
s.f.
LINGÜÍSTICA

uruguayo, a
1 De Uruguay, país sudamericano.
2 Persona natural de este país sudamericano.
3 Modalidad de la lengua española hablada en Uruguay.
adj/s.
s.
s.m.
LINGÜÍSTICA

urunday Planta arbórea anacardiácea, que alcanza más de veinte metros de altura, cuya madera, de color rojo oscuro, se usa en la construcción de casas, barcos y muebles. (*Astronium urundeuva.*)
s.f.
Argent.
tb: urundey

urutaú Ave nocturna de plumaje pardo oscuro muy similar a la lechuza. (*Nyctibius griseus.*)
s.m./Argent., Par., Urug.

urzuela Condición del cabello que se abre en las puntas.
s.f.
Méx.

usado, a
1 Que está desgastado y deslucido por el uso.
2 Que es práctico o diestro en una cosa por hacerla de manera habitual.
3 Se aplica al sello de correos que ya ha sido matado, por lo cual sólo tiene valor para los filatelistas.
adj.
= habilidoso

usagre
1 Erupción con pústulas que puede aparecer en la piel de la cara y alrededor de las orejas de los niños durante la primera dentición.
2 Sarna que aparece en el cuello de algunos animales domésticos.
s.m.
MEDICINA

VETERINARIA

usanza
1 Uso, costumbre o práctica de una cosa.
2 a o a la usanza de: Según la costumbre o el gusto de la persona o el país que se expresa.
s.f.
loc.adv.

usapuca Garrapata, ácaro parásito de algunos animales, a los que chupa la sangre.
s.f./Argent.
tb: usupuca

usar (Del lat. vulgar *usare*.)
1 Hacer servir una cosa para algo: *no uses la servilleta para limpiar eso.*
2 Gastar o utilizar una cosa: *para la ensalada siempre usa aceite de oliva.*
3 Llevar una prenda de vestir o adorno personal o tener costumbre de ponerse algo: *nunca usa sombreros.*
4 Hacer una cosa por costumbre.
5 Sacar provecho de una cosa: *usó de todos sus contactos para lograr el empleo.*
6 Estar algo de moda.
v.tr/intr.
= emplear

= acostumbrar
v.intr.
+ de
v.prnl.

usgo Asco o repugnancia que da una cosa.
s.m.

usía (De *vuestra señoría*.) Síncopa de usiría, vuestra señoría.
adj.
formal

usier (Del fr. *huissier*.) Ujier [en todas sus acepciones].
s.m.

usina
1 Instalación industrial, particularmente la destinada a producir gas y energía eléctrica.
2 usina de rumores: Medio que genera informaciones no confirmadas y por lo común tendenciosas.
s.f./Amér. Merid., Nicar.
Argent.
coloquial

uslero Palo cilíndrico de madera que se utiliza en la cocina para extender la masa.
s.m./Chile
COCINA

uso (Del lat. *usus*.)
1 Acción y resultado de usar. — s.m.
2 Modo de emplear o utilizar algo: *se va a mirar las* — = utilización
instrucciones de uso del vídeo.
3 Aquello para lo que se utiliza algo: *esa silla tiene di-* — = utilidad
versos usos.
4 Empleo continuado y habitual de una cosa: *a pesar* — = utilización
del uso, el traje todavía no está muy estropeado.
5 Costumbre o manera de actuar de una persona, — s.m.pl.
grupo, país o época: *los usos amorosos del siglo pasado*
eran muy diferentes a los actuales.
6 Forma del derecho consuetudinario que suele con- — s.m.
vivir como supletorio con algunas leyes escritas. — DERECHO
7 Derecho no transmisible a percibir de los frutos de — DERECHO
la cosa ajena los que basten a las necesidades del
usuario y de su familia.
8 **uso de razón:** Capacidad de juicio que se adquiere
pasada la primera niñez.
9 **al uso:** Conforme o según el uso o la costumbre. — loc.adv.
10 **de uso externo:** Se aplica a los medicamentos — loc.adj.
que se aplican en el exterior del cuerpo o que no se
ingieren.
11 **en el uso de la palabra:** Hablando en el turno co- — loc.adv.
rrespondiente a una persona: *el secretario está en el uso*
de la palabra, luego hablará el presidente.
12 **estar en buen uso:** No estar estropeado o gastado.
13 **estar en uso o fuera de uso:** Estar o no una persona o una cosa en funcionamiento, o ser todavía de
utilidad.
ustaga Ostaga, cabo que sirve para izar las velas del — s.f.
mastelero. — NÁUTICA
usted (De *vuestra merced*.) Tratamiento que se da al — pron.pers.
interlocutor y que indica respeto o jerarquía: *usted es*
un buen trabajador.
ustible Que se puede quemar con facilidad. — adj./culto
ustión (Derivado del lat. *urere*, quemar.) Acción de — s.f.
quemar o quemarse. — culto
usual (Del lat. *usualis*.)
1 Que se usa o practica con frecuencia o según es — adj.
costumbre: *llegar tarde es algo usual en Luis; éste es el* — = habitual
traje usual de la región.
2 Se refiere a la persona que es tratable y de buen genio.
3 Que puede ser usado con facilidad.
usuario, a
1 Que usa una cosa de manera habitual: *usuario de los* — adj/s.
transportes públicos.
2 Que tiene el derecho de usar cosas ajenas con cier- — DERECHO
tas limitaciones.
usucapión (Del lat. *usucapio*.) Adquisición de un de- — s.f.
recho mediante su ejercicio en las condiciones y du- — DERECHO
rante el tiempo previstos por la ley.
usucapir (Del lat. *usucapere*.) Adquirir una cosa por — v.tr./defectivo
usucapión. — DERECHO
usufructo (Del lat. *usus fructus*, uso y disfrute.)
1 Derecho a disfrutar bienes ajenos con la obligación — s.m.
de conservarlos: *mi padre me dejó su casa en usufructo.* — DERECHO
2 Utilidad o provecho sacado de algo. — = disfrute
usufructuar
1 Tener una persona una cosa en usufructo: *de mo-* — v.tr./conj: actuar
mento usufructúan el terreno. — DERECHO
2 Producir una utilidad. — v.intr.
usufructuario, a (Del lat. *usufructuarius*.)
1 Que posee y disfruta una cosa. — adj/s.
2 Que tiene el derecho real de usufructo. — DERECHO
usura (Del lat. *usura*.)
1 Interés llevado por el dinero o género prestado, en — s.f.
especial cuando excede del legal o normal.
2 Contrato de préstamo con este tipo de interés.
3 Provecho o beneficio excesivo que se obtiene de
una cosa.
usurario, a De la usura. — adj.
usurear
1 Dar o tomar una persona un préstamo con usura. — v.intr./tb: usurar
2 Ganar o adquirir algo con excesivo provecho.
usurero, a
1 Persona que presta dinero con usura o interés lu- — s.
crativo excesivo.
2 Persona que abusa en cualquier trato o negocio con
otra.
usurpación
1 Acción y resultado de usurpar. — s.f.
2 Propiedad o derecho usurpado o arrebatado.
3 Delito cometido al apoderarse con violencia o inti- — DERECHO
midación de un inmueble o derecho real ajeno.
usurpador, a — adj/s./= apropiador
usurpar (Del lat. *usurpare*.)
1 Apoderarse de una propiedad o derecho que por — v.tr.
ley pertenece a otra persona, en general con violencia. — DERECHO

2 Quitar a una persona su cargo o su empleo y usar
de ellos como si fueran propios.
usuta Sandalia de cuero o fibra vegetal usada por los — s.f.
campesinos. — Argent., Bol., Perú
ut Denominación antigua y desusada de la nota do. — s.m./MÚSICA
uta Enfermedad de úlceras faciales, muy común en las — s.f.
quebradas hondas de Perú. — Perú
utensilio (Del lat. *utensilia, -ium*.)
1 Objeto o instrumento de uso manual sin mecanis- — s.m.
mo o con mecanismo muy simpre que se emplea
para diversas actividades: *¿dónde guarda los utensilios*
del jardín?.
2 Cualquier herramienta o instrumento que se usa en — = útil
un determinado arte u oficio.
3 Cama y enseres que la administración militar asig- — MILITAR
na a los soldados en los cuarteles o en los estaciona-
mientos.
uterino, a Del útero. — adj./ANATOMÍA
útero (Del lat. *uterus*.) Órgano de la mujer y de las — s.m./ANATOMÍA
hembras de los mamíferos en el que se desarrolla el — = matriz
feto.
útil (Del lat. *utilis*.)
1 Que produce provecho o beneficio, tanto en senti- — adj.
do material como inmaterial: *ha sido una visita muy* — = provechoso,
útil. — beneficioso
2 Que sirve para algún fin: *esta madera me va a resul-* — = apto
tar útil para hacer palanca.
3 Que no tiene ningún impedimento físico que le im- — = capacitado
pida valerse por sí mismo: *aún está útil a pesar de su* — ≠ incapacitado
edad.
4 Se aplica al tiempo o días hábiles de un término — DERECHO
señalado por la ley o la costumbre.
5 Objeto o instrumento de uso manual que se em- — s.m.
plea en ciertas actividades o profesiones: *los útiles de* — = utensilio
labranza.
6 Conjunto de libros, cuadernos, lápices y demás obje- — s.m.pl.
tos que usan los escolares. — Méx.
utilería
1 Conjunto de instrumentos usados en un arte u ofi- — s.f.
cio. — = utillaje
2 Conjunto de objetos usados en un escenario teatral — CINE,
o cinematográfico. — TEATRO
utilero, a Persona encargada de la utilería. — s.
utilidad
1 Posibilidad que tiene una cosa de ser utilizada y — s.f.
sacar provecho de ella: *no le veo ninguna utilidad a eso* — = beneficio,
que has comprado. — rentabilidad
2 Provecho o beneficio que se saca de una cosa no — = conveniencia
material: *una ayuda de gran utilidad.*
3 Capacidad que tiene un bien para satisfacer cualquier tipo — ECONOMÍA
de necesidad del hombre.
utilitario, a
1 Que antepone la utilidad a cualquier otra cualidad — adj.
de las cosas: *tiene una personalidad muy utilitaria.* — = pragmático
2 Se refiere al automóvil pequeño, de carrocería ce- — adj/s.m.
rrada y de precio al alcance de las clases populares,
que consume poco carburante.
utilitarismo
1 Doctrina filosófica que defiende la identificación — s.m.
del bien con lo útil. — FILOSOFÍA
2 Doctrina económica que defiende la identificación — ECONOMÍA
del bien con la satisfacción de las necesidades materiales en las sociedades capitalistas.
utilitarista
1 Del utilitarismo. — adj.
2 Que es partidario del utilitarismo. — adj/s.m.f.
utilizable Que puede o debe ser utilizado: *tiempo uti-* — adj.
lizable.
utilización Acción y resultado de utilizar. — s.f.
utilizar Servirse de una persona o una cosa: *mi herma-* — v.tr./prnl./conj: cazar
no utiliza mi ropa nueva; se utilizaron de ella. — = usar
utillaje Conjunto de útiles necesarios para una indus- — s.m.
tria o un oficio. — = utilería
uto-azteca Familia de lenguas amerindias, algunas — s.m.
ya desaparecidas, de América del Norte y Central. — LINGÜÍSTICA
utopía (Del lat. moderno *utopia*.) Proyecto ideal y — s.f.
perfecto, pero imposible de realizar. — tb: utopia
utópico, a
1 De la utopía. — adj.
2 Que constituye una utopía: *tiene un gran plan, pero* — = quimérico,
parece bastante utópico. — irrealizable
3 Que tiene ideas o deseos muy buenos, pero que no — adj/s.
se pueden realizar. — = utopista
utopismo Tendencia a la utopía. — s.m.
utopista Que tiende a pensar o planear utopías: *sien-* — adj/s.m.f.
do tan utopista es imposible que triunfe en la política. — = utópico
utrero, a Novillo o ternera de dos a tres años. — s.

utricular Del utrículo.   *adj.*

utrículo
1 Cavidad del vestíbulo del oído interno, que contie-   *s.m.*
ne los elementos sensibles a la gravedad y a las ace-   **ANATOMÍA**
leraciones.
2 Pequeña vesícula formada por una hoja o un seg-   **BOTÁNICA**
mento foliar.

ut supra (Expresión latina.) Escrito más arriba.   *loc.adv.*

uva (Del lat. *uva*.)
1 Fruto de la vid en forma de baya o grano redondo,   *s.f.*
jugoso, blanco, negro o rojizo, formando un racimo.   **BOTÁNICA**
2 Cada grano del fruto del arlo, de color rojo vivo y   **BOTÁNICA**
parecidos a los granos de la granada.
3 Verruga o conjunto de verrugas que se forman a
veces en el párpado.
4 Enfermedad de la campanilla, que consiste en un   **MEDICINA**
tumorcillo con forma parecida a la de este fruto.
5 **uva abejar**: Variedad de grano grueso y hollejo
duro que apetece a las abejas y avispas.
6 **uva alarije**: Variedad de color rojo que producen
ciertas cepas altas y de sarmientos duros.
7 **uva albarazada**: Variedad con el hollejo jaspeado
propia de Andalucía.
8 **uva albilla**: Variedad muy dulce, de grano pequeño
y muy dorado.
9 **uva bodocal**: Variedad negra, de granos gordos y
racimos alargados y ralos.
10 **uva de gato o canilla**: Hierba anual crasulácea   **BOTÁNICA**
que suele salir en los tejados. *(Sedum album.)*
11 **uva de playa**: Fruto del uvero del tamaño de una   **BOTÁNICA**
cereza grande, morado, comestible, muy dulce y jugo-
so.
12 **uva de raposa**: Planta perenne liliácea con tallos   **BOTÁNICA**
sencillos terminados en cuatro hojas ovales en cruz,
de cuyo centro sale una flor verdosa que produce una
baya negra del tamaño de un guisante. *(Paris quadrifolia.)*
13 **uva espina**: Variedad de grosellero, que crece de   **BOTÁNICA**
modo espontáneo en Europa y América.
14 **uva hebén**: Variedad blanca, de grano grueso, parecida a la moscatel.
15 **uva herrial**: Variedad gruesa y tinta con racimos
muy grandes.
16 **uva jabí**: Variedad de grano pequeño, propia de
Granada.
17 **uva jaén**: Variedad de grano grande, blanca, de
hollejo grueso y duro, que favorece su conservación.
18 **uva moscatel**: Variedad de granos gruesos, muy
dulce, de aroma particular, muy buena para la mesa
y con la que se hace el vino moscatel.
19 **uva pasa**: La desecada de modo natural o artificial.
20 **uva rosetti**: Variedad blanca y de hollejo fino que
se parece a la de moscatel.
21 **uva teta de vaca**: Variedad de granos gruesos y
largos.
22 **uva tinta o negra**: Variedad de uva de zumo negro que sirve para dar color a ciertos mostos.
23 **uva torrontés**: Variedad de grano pequeño, blanca, transparente y hollejo fino, que da un vino suave,
oloroso y duradero.
24 **uva tortozón**: Variedad de granos y racimos
grandes, de la que se hace un vino poco duradero.
25 **uva turulés**: Variedad de uva fuerte.
26 **uva valdepeñera**: Variedad blanca, muy fina y
buena para colgarla.
27 **uva verdeja**: Variedad de color muy verde aunque esté madura.
28 **de uvas a peras o a brevas**: Que sucede muy de   *loc.adv.*
tarde en tarde.

29 **entrar una persona por uvas**: Arriesgarse a in-   *coloquial*
tervenir en un asunto.
30 **estar de mala uva**: Estar de mal humor: *está de*   *coloquial*
mala uva por la faena que le han hecho.
31 **hecho una uva**: Muy borracho.
32 **meter uvas con agraces**: Confundir unas cosas   *coloquial*
con otras, referir ideas inconexas.
33 **tener mala uva**: Tener una persona mal carácter   *coloquial*
o mala intención.

uvada Abundancia de uva.   *s.f.*

uvaduz Gayuba, planta ericácea, siempre verde y ra-   *s.f.*
mosa con flores en racimos terminales y fruto en   *pl: uvaduces*
drupa roja y esférica.   **BOTÁNICA**

uvaguemaestre Vaguemaestre, oficial militar.   *s.m./MILITAR*

uval Que es parecido a la uva.   *adj.*

uvala (Voz serbocroata.) Depresión del terreno de for-   *s.f.*
ma irregular en zonas kársticas.   **GEOLOGÍA**

uvate Conserva hecha de uvas cocidas con mosto y   *s.f.*
azúcar.   **COCINA**

uvayema Vid silvestre trepadora.   *s.f./BOTÁNICA*

uve (De *u ve*, u que tiene oficio de *v*.)
1 Nombre de la letra *v* del alfabeto español.   *s.f./tb: ve*
2 **uve doble**: Denominación de la letra *w*.

úvea
1 Capa pigmentada del iris.   *s.f./ANATOMÍA*
2 Conjunto constituido por la coroides, el iris y el   **ANATOMÍA**
cuerpo ciliar.

uveítis Inflamación de la úvea.   *s.f./pl: uveítis*

uveral Lugar en que abundan los uveros.   *s.m./Amér. Central*

uvero, a
1 De las uvas: *exportación uvera.*   *adj.*
2 Persona que por oficio vende uvas.   *s.*
3 Árbol silvestre poligonáceo que crece a orillas del   *s.m.*
mar en las costas centroamericanas y cuyo fruto es la   **BOTÁNICA**
uva de playa. *(Coccoloba uvifera.)*

uvi (Acrónimo de *[U]nidad de [V]igilancia [I]ntensiva*.)   *s.f.*
Sección de un hospital donde se extreman los cuida-   **MEDICINA**
dos de los pacientes más graves.

úvula (Del lat. *uvula*.) Pequeño lóbulo carnoso que   *s.f./ANATOMÍA*
pende de la parte posterior del velo del paladar.   *= campanilla*

uvular
1 De la úvula.   *adj./ANATOMÍA*
2 Se refiere al sonido que se pronuncia con interven-   **LINGÜÍSTICA**
ción de la úvula.

uxoricida (Del lat. *uxor, -oris*, esposa + *caedere*, ma-   *adj/s.m.*
tar.) Que mata o ha matado a su mujer.

uxoricidio Acto y crimen del marido que mata a su   *s.m.*
mujer.

¡uy! Voz con la que se expresa sorpresa, dolor o ale-   *interj.*
gría: *¡uy, qué ilusión!*

uyama Denominación genérica de diversas plantas de   *s.f./Pan.*
la familia de las cucurbitáceas.   *tb: auyama*

uzbeko, a
1 De un pueblo turco musulmán de Asia central, que   *adj.*
habita en Uzbekistán y Afganistán, o de su lengua.
2 Persona natural de este pueblo.   *s.*
3 De Uzbekistán, país de Asia central.   *adj.*
4 Persona natural de este país.   *s.*
5 Lengua turca hablada por los uzbekos.   *s.m./LINGÜÍSTICA*

-uzco, a Indica similitud de color, apariencia: *negruz-*   *suf.*
co; blancuzco.   *tb: -usco*

-uzo, a Tiene valor despectivo: *gentuza.*   *suf.*

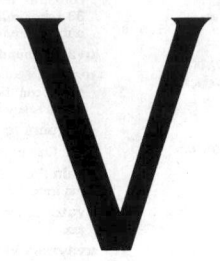

v Vigésima tercera letra del alfabeto español y decimoctava de sus consonantes. — s.f.

vaca (Del lat. *vacca*.)
1 Hembra bóvida de la especie *Bos taurus*. — s.f./ZOOLOGÍA
2 Cuero de este animal que ya ha sido curtido.
3 Carne de vacuno que se vende como comestible.
4 Depósito de agua potable que llevan los barcos. — NÁUTICA
5 Pulpa de coco. — Ecuad.
6 Dinero que queda de una apuesta en la que no hay — Méx. ganador y se juega en una nueva apuesta. — JUEGOS
7 **vaca o vaquita de san Antón**: Mariquita, insecto — ZOOLOGÍA coleóptero.
8 **vaca marina**: Manatí, mamífero sirenio. — ZOOLOGÍA
9 **vacas flacas**: Época de escasez o problemas.
10 **vacas gordas**: Época de abundancia y prosperidad.
11 **vaca tembladera**: Torpedo, pez condrictio. — ZOOLOGÍA

vacación (Derivado del lat. *vacare*, estar ocioso.)
1 Descanso temporal en el trabajo o en el estudio: — s.f. *mañana es día de vacación*.
2 Tiempo que dura este descanso: *lo conoció en vaca-* — s.f.pl. *ciones*.

vacacional De las vacaciones: *período vacacional*. — adj.

vacada
1 Conjunto de ganado vacuno. — s.f./= vaquería
2 Conjunto de ganado vacuno con que negocia un ganadero.

vacancia Vacante, cargo que está sin proveer. — s.f.

vacante
1 Se refiere al espacio o sitio que está desocupado o — adj/s.m.f. vacío. — tb: vagante
2 Se aplica al empleo o cargo que no está ocupado o — adj/s.f. desempeñado: *hay una vacante en su empresa*.
3 Renta devengada en el tiempo que permanece sin — s.f./RELIGIÓN proveerse un beneficio o dignidad eclesiástica. — = vacación

vacar (Del lat. *vacare*.)
1 Cesar por algún tiempo de estudiar o trabajar. — v.intr./conj: *sacar*
2 Quedar un empleo o cargo sin persona que lo desempeñe o posea.
3 Dedicarse a una actividad por completo.
4 Tener una persona o una cosa falta de otra: *hay personas que vacan de sentimientos*.

vacaraí Ternero no nato, que ha sido extraído del — s.m./Argent., Par. vientre de la madre al tiempo de matarla. — tb: vacaray

vacarí De cuero de vaca o cubierto de él: *escudo vacarí*. — adj.

vacceo De un pueblo de la península Ibérica, de ori- — adj/s.m.f. gen celtibérico, que al parecer ocupó la parte central — HISTORIA de la submeseta norte.

vaccinífero, a Se aplica a la ternera a la que se ha — adj. inoculado una vacuna y cuyas pústulas proporcionan — MEDICINA, linfa para la vacunación. — VETERINARIA

vaciadero
1 Sitio en el que se vacía un recipiente. — s.m.
2 Conducto o sitio por donde se vacía una cosa.

vaciadizo, a Se aplica a la obra de metal que está va- — adj. ciada.

vaciado, a
1 Que es gracioso, simpático o chistoso. — adj./Méx.
2 Acción de vaciar. — s.m.
3 Excavación arqueológica para descubrir lo que esté — HISTORIA enterrado.
4 Figura o adorno que se ha formado en un molde.

vaciador, a
1 Persona que deja vacía alguna vasija u otra cosa. — s.
2 Herramienta o utensilio con que se vacía algo o — s.m. pieza por donde se vacía una cosa.

vaciamiento
1 Acción y resultado de vaciar o vaciarse. — s.m.
2 Operación quirúrgica consistente en la eliminación — MEDICINA de las porciones internas de un órgano, respetando su estructura externa.

vaciante
1 Que vacía. — adj.
2 Descenso del agua del mar en la marea. — s.f./= menguante
3 Tiempo que dura este descenso. — = menguante

vaciar
1 Dejar una cosa vacía: *se vació el bolsillo*. — v.tr/prnl.
2 Verter o arrojar el contenido de un recipiente: *se vació el cántaro*.
3 Formar un hueco en una cosa. — v.tr.
4 Formar un objeto echando en un molde materia — = moldear blanda hasta que solidifique.
5 Afilar un instrumento cortante. — = amolar
6 Pasar la totalidad o parte del texto de un escrito a otro: *vació el texto antes de empezar el trabajo*.
7 Explicar una doctrina con todo detalle: *el orador vació el pensamiento de Aristóteles*.
8 Practicar el vaciamiento quirúrgico de una región — MEDICINA del cuerpo humano.

9 Desaguar o desembocar en alguna parte un río o una corriente de agua. — *v.intr.*

10 Disminuir o menguar el agua de un río u otra corriente.

11 Decir sin reparo una cosa que se debía callar: *se vació ante su amigo contándole sus secretos.* — *v.prnl.*

CONJ.: IND.: PRES.: *vacío, vacías, vacía, vaciamos, vaciáis, vacían.* SUBJ.: PRES.: *vacíe, vacíes, vacíe, vaciemos, vaciéis, vacíen.* IMP.: *vacía, vaciad.*

vaciedad Necedad, sandez o tontería. — *s.f.*

vaciero Pastor del ganado que no tiene crías. — *s.m.*

vacila Se refiere a la persona que gusta de hacer bromas y burlas, y que actúa con chulería. — *adj/s.m.f.*

vacilación
1 Movimiento de un cuerpo al desequilibrarse o perder la estabilidad. — *s.f.*
2 Falta de decisión a la hora de elegir entre dos o más posibilidades: *optó por marcharse, sin ninguna vacilación.* — *= duda, indecisión*

vacilada Acción de vacilar. — *s.f./Méx./coloquial*

vacilante
1 Que vacila, se mueve o está poco firme. — *adj.*
2 Que vacila o duda. — *= indeciso*

vacilar (Del lat. *vacillare*, oscilar.)
1 Moverse una persona o una cosa a un lado y otro por falta de estabilidad o equilibrio. — *v.intr.*
2 Existir inestabilidad en una cosa no material: *sus firmes ideas empiezan a vacilar.* — *= tambalear* / *= fluctuar*
3 Estar una persona indecisa: *vaciló a la hora de votar al candidato.* — *= dudar, titubear*
4 Presumir o mostrar algo con orgullo: *Rafa vacila cuando pasea.* — *coloquial*
5 Divertirse, estar de juerga. — *Méx., Amér. Central*
6 Tomar el pelo a una persona: *deja ya de vacilarle, pobre chico.* — *v.tr/intr. coloquial*

vacile
1 Guasa, burla y tomadura de pelo. — *s.m./coloquial*
2 Vacilada o diversión y participa en juergas. — *Méx.*

vacilón, a
1 Se refiere a la persona que es burlona o guasona, o que actúa con chulería. — *adj/s./coloquial*
2 Se aplica a la persona que le gusta la diversión y participa en juergas. — *Méx., Amér. Central, Venez.*
3 Juerga, broma, diversión o fiesta. — *s.m./Méx., Amér. Central*

vacío, a (Del lat. vulgar *vacivus*.)
1 Que no tiene contenido o no tiene algo determinado: *botella de vino vacía.* — *adj.*
2 Que no está ocupado por nadie o que está sin gente o con poca gente: *la ciudad estaba vacía; el cine está vacío.* — *= deshabitado*
3 Que es superficial o falto de interés. — *= frívolo*
4 Que no tiene aquello que se expresa: *es una película vacía de valores artísticos.* — *= carente + de*
5 Se refiere a la persona que está desanimada, sin ilusiones: *la pérdida de su hijo la ha dejado vacía.*
6 Se aplica a la hembra de ganado que no tiene cría.
7 Precipicio o espacio muy profundo: *cayó al vacío.* — *s.m./= abismo*
8 Concavidad o hueco en un cuerpo. — *= cavidad*
9 Falta o ausencia perceptible de una cosa o una persona: *ha dejado un vacío en la oficina.*
10 Movimiento de la danza española, que consiste en levantar un pie de forma brusca y bajarlo de forma natural.
11 Cada uno de los espacios huecos que quedan en el cuerpo, debajo de las costillas. — *ANATOMÍA = ijada*
12 Espacio que no contiene aire ni ninguna materia perceptible. — *FÍSICA*
13 Estado de máximo enrarecimiento de un gas. — *FÍSICA*
14 caer en el vacío: No tener buena acogida una proposición o una acción: *todas sus ideas caen en el vacío.* — *coloquial*
15 de vacío: Sin conseguir lo que se pretendía: *fue a buscar trabajo y se volvió de vacío.* — *loc.adv.*
16 en vacío: 1. Sin descansar en algo sólido. 2. Sin encontrar el objeto al que se dirige un golpe: *dio un martillazo en vacío.* 3. Pisando levemente la cuerda de un instrumento para producir un armónico. — *loc.adv.* / *loc.adv. MÚSICA*
17 hacer el vacío a alguien: Negar o dificultar a una persona el trato con los demás: *está muy preocupado porque sus compañeros le hacen el vacío.* — *coloquial*

vaco Buey, macho vacuno castrado. — *s.m./coloquial*

vaco, a Que está vacante o sin proveer. — *adj./culto*

vacuidad Condición de vacuo o vacío. — *s.f.*

vacuna
1 Sustancia que se introduce en el organismo de un ser vivo para inmunizarlo contra una enfermedad determinada. — *s.f. MEDICINA*
2 Enfermedad vírica de las vacas, caracterizada por una erupción pustulosa. — *VETERINARIA*
3 Esta misma erupción. — *VETERINARIA*

vacunación Acción y resultado de vacunar o vacunarse. — *s.f.*

vacunada Acción de vacunar o vacunarse. — *s.f./Méx.*

vacunador, a Que vacuna. — *adj/s.*

vacunar
1 Introducir un virus en una persona o un animal para inmunizarlos contra una enfermedad: *me vacunaré la próxima semana.* — *v.tr/prnl. MEDICINA, VETERINARIA*
2 Servir una experiencia para preparar a una persona ante la adversidad: *la enfermedad de mi padre me vacunó contra todas las desgracias.* — *= prevenir*

vacuno, a
1 De la vaca y el toro: *tiene más ganado vacuno que lanar.* — *adj. = bovino*
2 Mamífero bovino. — *s.m.*

vacunoterapia Tratamiento o prevención de las enfermedades infecciosas por medio de las vacunas. — *s.f. MEDICINA*

vacuo, a (Del lat. *vacuus.*)
1 Vacío o falto de contenido. — *adj./= insustancial ≠ ocupado*
2 Que está vacante o sin proveer.
3 Hueco o concavidad de algunas cosas. — *s.m./= vacío*

vacuola
1 Vacúolo, pequeña cavidad o espacio en una célula. — *s.f./BIOLOGÍA GEOLOGÍA*
2 Cavidad en la estructura de una roca.

vacuolar Del vacúolo. — *adj./BIOLOGÍA*

vacúolo Cavidad del citoplasma de las células, que encierra diversas sustancias en solución acuosa. — *s.m. BIOLOGÍA*

vacuoma Conjunto de vacúolos de una célula. — *s.m./BIOLOGÍA*

vade (Del lat. *vade mecum*, anda conmigo.)
1 Vademécum, carpeta para llevar papeles o documentos. — *s.m. = cartapacio*
2 Carpeta que se tiene sobre el escritorio para guardar papeles y escribir sobre ella.
3 Mueble en forma de caja, con una tapa inclinada que sirve para escribir sobre ella. — *= pupitre*

vadeable
1 Se aplica a la corriente de agua que puede ser vadeada o atravesada. — *adj.*
2 Que puede ser resuelto: *no te preocupes, esa dificultad es vadeable.* — *= superable*

vadeador, a Persona que conoce bien los vados de los ríos y sirve en ellos de guía. — *s.*

vadear
1 Pasar de un lado al opuesto de una corriente de agua por un tramo poco profundo. — *v.tr.*
2 Vencer una dificultad: *vadeamos el problema tras estudiarlo a fondo.* — *= eludir, esquivar*
3 Intentar conocer el estado de ánimo de una persona: *le vadeé para saber si seguía enfadado.* — *= sondear, tantear*
4 Saber portarse o conducirse bien: *él se vadea bien en estas situaciones difíciles.* — *v.prnl. = manejarse*

vademécum (Del lat. *vade mecum*, anda conmigo.)
1 Libro pequeño de consulta, con las nociones básicas de una ciencia, una técnica o una disciplina. — *s.m.*
2 Cartapacio para llevar papeles o documentos. — *= vade*

vadera Vado ancho por donde pueden pasar carros y ganados. — *s.f.*

vade retro (Expresión latina.) Se emplea para rechazar a una persona o cosa. — *loc.v.*

vado (Del lat. *vadum.*)
1 Sitio poco profundo por donde se puede atravesar con facilidad un río u otro curso de agua. — *s.m.*
2 Espacio de las vías públicas reservado para el acceso de vehículos a garajes o fincas.
3 Solución o alivio en una situación difícil: *no consigue dar vado a su empresa.*
4 hacer vado o a la puente: Se usa en tono exclamativo para animar a tomar una decisión. — *coloquial*
5 tentar el vado: Sondear con precaución un negocio. — *coloquial*

vadoso, a Se aplica al lugar que es difícil de navegar por tener muchos vados: *río vadoso; lago vadoso.* — *adj.*

vaga
1 Hilo que forma una lazada suelta en un tejido. — *s.f./TEXTIL*
2 Hilo que por defecto o por exigirlo el dibujo del tejido pasa por más de uno de los otros hilos que van en dirección contraria. — *TEXTIL*

vagabundeaje Vagancia, holgazanería de las personas. — *s.m. Chile*

vagabundear Hacer una persona vida de vagabundo. — *v.intr./= vagabundear*

vagabundeo Acción y resultado de vagabundear. — *s.m.*

vagabundo, a (Del lat. *vagabundus.*)
1 Que va errante sin destino fijo: *recogen todos los animales vagabundos que encuentran.* — *adj. th: vagamundo*
2 Se refiere a la persona que vive sin domicilio fijo y sin medio de vida regular. — *adj/s.*

vagancia
1 Acción de vagar o de estar sin ocupación. — *s.f./= ociosidad*

2 Cualidad de vago o poco trabajador.   = gandulería

3 Pereza o falta de ganas de hacer algo.   coloquial

vagante Que vaga.   adj.

vagar

I (Del lat. *vagarí*, andar vagando.)

1 Ir una persona por distintos lugares sin un destino   v.intr.
fijo: *daba pena verle vagar por las calles*.   conj: pagar

2 Ir una persona por distintos lugares sin encontrar
una cosa que busca.

3 Moverse una cosa por estar poco sujeta.

II (Del lat. *vacare,* estar ocioso.)

1 Tener una persona tiempo libre.   v.intr./conj: pagar

2 Estar una persona desocupada.

3 Tiempo libre de ocupaciones o preocupaciones.   s.m.

4 Tranquilidad, falta de prisa o de agobio de tiempo.

vagarosidad Cualidad de vagaroso.   s.f.

vagaroso, a Que vaga o se mueve de una o otra parte.   adj./literario

vagido (Del lat. *vagitus*.) Gemido o llanto de un recién   s.m.
nacido.

vagina (Del lat. *vagina*.) Órgano genital interno de las   s.f.
mujeres y de las hembras de los mamíferos, que se   ANATOMÍA
extiende desde la vulva hasta la matriz.

vaginal De la vagina.   adj./ANATOMÍA

vaginismo Contracción dolorosa y espasmódica del   s.m.
músculo vaginal, que puede ser de origen síquico u   MEDICINA
orgánico.

vaginitis (Del lat. *vagina*, vagina + gr. *itis*, inflama-   s.f./pl: vaginitis
ción.) Inflamación de la vagina.   MEDICINA

vago, a

I (Derivado del ant. *vagamundo* < lat. *vagabundus*, vagabundo.)

1 Que tiene poca afición al trabajo: *suspende porque es*   adj.
muy vago.   = holgazán

2 Se refiere a la persona que no tiene ocupación ni la   adj/s.
busca.

3 hacer el vago: Mantenerse ocioso, negándose a
trabajar o a ocuparse de cosas provechosas.

II (Del lat. *vagus*, inconstante.) Que va de una parte a   adj/s.
otra sin detenerse en ningún lugar.   = vagabundo

III (Del lat. vulgar *vacus* < lat. *vacuus*, vacío.)

1 Que es impreciso o indeterminado: *promesa vaga;*   adj.
vago parecido; hacerse una vaga idea.   = indefinido

2 Que es vaporoso, indefinido o desdibujado: *es una*   = sutil
acuarela vaga.

vagón (Del fr. *wagon* < ingl. *waggon,* carro.)

1 Carruaje de ferrocarril, sobre todo de mercancías.   s.m.

2 vagón de cola: El último de un tren.

vagoneta Vagón de mercancías, pequeño y descu-   s.f.
bierto.

vagotomía (De *vago* + gr. *tomos*, división.) Operación   s.f.
quirúrgica consistente en seccionar el nervio vago   MEDICINA
con fines curativos.

vagotonía (De *vago* + gr. *tonos*, tensión.) Excitabili-   s.f.
dad anormal del nervio vago, que se manifiesta en   MEDICINA
alteraciones de la función de los órganos en que se ramifica dicho nervio, en especial el corazón, los bronquios, el estómago y los intestinos.

vagotónico, a

1 De la vagotonía.   adj./MEDICINA

2 Persona que la padece.   s./MEDICINA

vaguada Parte más honda de un valle.   s.f.

vagueación

1 Acción de vagar.   s.f.

2 Inquietud de la imaginación.

vaguear

1 Ir una persona de un lado a otro sin una dirección   v.intr.
determinada.   = deambular

2 Vivir o comportarse una persona como un holga-   = holgazanear
zán.

vaguedad

1 Cualidad de vago, vacío o desocupado.   s.f.

2 Expresión o razonamiento poco preciso o poco cla-   = imprecisión,
ro: *un estudio lleno de vaguedades.*   indeterminación

vaguemaestre (Del alem. *wagenmeister* < *Wagen*, ca-   s.m.
rro + *Meister*, maestro.) Oficial que se encargaba de   MILITAR
los preparativos para la seguridad y forma de condu-   tb: uvaguemaestre
cir del bagaje.

vaguería Tendencia a no hacer nada que suponga es-   s.f./coloquial
fuerzo o trabajo.   = pereza

vahaje Viento suave.   s.m.

vaharada

1 Acción y resultado de arrojar o echar el aliento o el   s.f.
vaho al respirar.

2 Ráfaga de vaho, calor u olor: *salía una vaharada ca-*
liente de la boca del metro.

vaharera Irritación que se forma en la comisura de   s.f.
los labios.   = boquera

vaharina Vaho, niebla o vapor.   s.f.

vahear Expeler vapor o vaho.   v.intr./tb: vahar

vahído Pérdida momentánea del conocimiento o del   s.m.
equilibrio.   = desvanecimiento

vaho (Derivado del ant. *bafo* < de la onomatopeya
baf, que expresa el soplo o aliento del vapor.)

1 Vapor que desprende un líquido o una cosa húme-   s.m.
da caliente.

2 Aliento despedido por la boca.   = hálito

3 Procedimiento curativo consistente en respirar va-   s.m.pl.
pores con alguna sustancia balsámica.   MEDICINA

vaída Se aplica a la bóveda formada de un hemisferio   adj.
cortado por cuatro planos verticales.   ARQUITECTURA

vailahuén Denominación de diversas plantas aromá-   s.m./Chile
ticas compuestas.   BOTÁNICA

vaina (Del lat. *vagina*.)

1 Cubierta de cuero, metal u otra materia, alargada y   s.f.
estrecha, donde se guardan las armas blancas, las he-   = funda
rramientas y otros utensilios: *vaina de la espada.*

2 Cáscara alargada y tierna en que están encerradas   BOTÁNICA
algunas simientes, como las judías, las habas y otras
muchas.

3 Persona inconstante y de poca seriedad en sus ac-   coloquial
ciones: *vaya vaina está hecho.*

4 Ensanchamiento del pecíolo o de la hoja, que en-   BOTÁNICA
vuelve al tallo de algunas plantas.

5 Dobladillo hecho en el borde de la vela de un bar-   NÁUTICA
co para reforzarla.

6 Jareta o dobladillo que se cose al canto vertical de   NÁUTICA
una bandera para que entre el cordel con que se iza.

7 Contrariedad o molestia imprevista que impide o   Méx., Amér.
retrasa el logro de alguna cosa.   Central y Merid.

8 vaina abierta: La de las espadas largas, que sólo
estaba cerrada por la punta.

vainazas Persona perezosa, descuidada o desvaída: s.m.f.
no hay quien mueva al vainazas de su marido.   pl: vainazas

vainero Oficial que hace vainas o fundas para todo   s.m.
género de armas.   MILITAR

vainica Labor de costura que consiste en el previo   s.f.
deshilado de una parte del tejido y en la sujeción de   TEXTIL
los hilos que quedan descubiertos con puntadas que
forman como un pequeño nudo.

vainilla

1 Planta orquidácea trepadora de las regiones tropi-   s.f.
cales que se cultiva por su fruto en forma de cápsula   BOTÁNICA
alargada. *(Vainilla.)*

2 Fruto de esta planta que se utiliza en confitería, fa-   BOTÁNICA
bricación de chocolate y elaboración del coñac y del
ron.

vainillina Sustancia olorosa que se extrae de la vaini-   s.f.
lla, que se utiliza en perfumería y pastelería.

vainiquera Mujer que por oficio hace vainicas.   s.f.

vaivén

1 Movimiento alternativo de un cuerpo en dos senti-   s.m.
dos opuestos a modo de balanceo u oscilación: *el vai-*   = balanceo
vén del abanico; el vaivén del barco.

2 Inconstancia y cambios sucesivos en comportamien-   ≠ estabilidad
tos o actividades: *su carrera profesional es un vaivén.*

3 Riesgo que se corre de perder lo que se intenta o   = altibajo
desea por un cambio de fortuna: *en un vaivén de la*
suerte se hundió en la miseria.

4 Sacudida o movimiento brusco: *los vaivenes del au-*
tobús acabaron por marearle.

5 Cabo delgado, que sirve para entrañar y forrar los   NÁUTICA
más gruesos, dar ligadas y hacer ciertos tejidos.

vajear

1 Adormecer ciertos reptiles a sus víctimas, arroján-   v.tr./Amér. Central
doles el vaho o el aliento.   y Merid.

2 Perturbar o aturdir a alguien con malas artes para   Amér.
conseguir algo de él.

vajilla (Del cat. *vaixella* < lat. vulgar *vascella*, vasijas
pequeñas.)

1 Conjunto de platos, vasos, tazas, fuentes y otros   s.f.
recipientes y soportes para el servicio de la mesa.   = servicio

2 Impuesto que se cobraba de las alhajas de oro y   HISTORIA
plata en Nueva España.

val Apócope de valle.   s.m.

valar (Del lat. *vallaris*.) De la valla o cerca.   adj.

valdepeñas (De *Valdepeñas,* ciudad de la provincia   s.m.
de Ciudad Real.) Vino tinto que se elabora en esta   pl: valdepeñas
ciudad y su área.

valdiviano Guiso a base de charqui, cebollas, pi-   s.m./Chile
mientos y ajos.   COCINA

vale (Derivado de *valer*.)

1 Documento en el que se reconoce una deuda por   s.m.
un importe determinado.

2 Tarjeta o papel canjeable por algún artículo, o que
permite la adquisición de artículos por un cierto valor
en un establecimiento determinado: *al cambiar el traje*
me dieron un vale por la diferencia.

3 Entrada gratuita para un espectáculo.   = invitación

4 Nota que se da a quien tiene que entregar una mercancía, para después acreditar la entrega y cobrar el importe. = recibo
5 Envite hecho con las primeras cartas, en algunos juegos de naipes. JUEGOS

valedero, a
1 Que tiene validez: *valedero hasta mayo.* adj./= válido
2 Que se puede canjear: *valedero por una copa de cava.* = canjeable

valedor, a
1 Persona que vale o protege a otra. s.
2 Camarada o compañero. Méx.

valedura
1 Regalo que el ganador de un juego hace al que pierde o al que está mirando. s.f. Colomb., Cuba
2 Favor o ayuda prestada. Méx.

valencia
1 Valor de combinación o reacción de un elemento, representado por el número de átomos de hidrógeno que cada átomo de dicho elemento puede retener. s.f. QUÍMICA
2 Poder de un anticuerpo para combinarse con uno o más antígenos. BIOLOGÍA

valenciana Dobladillo del pantalón hacia afuera. s.f./Méx.

valencianidad Carácter de lo valenciano. s.f.

valencianismo
1 Palabra o expresión propias del habla valenciana. s.m./LINGÜÍSTICA
2 Afecto por Valencia y lo valenciano.
3 Carácter valenciano de una cosa: *el valencianismo de las obras de Blasco Ibáñez.*

valenciano, a
1 Que es de Valencia, ciudad y provincia españolas. adj./s./= valentino
2 Persona natural de esta ciudad o provincia. s.
3 Variedad lingüística del catalán hablada en Valencia. s.m. LINGÜÍSTICA

valentía
1 Disposición y actitud del que se enfrenta con decisión a los peligros: *todos admiran su valentía.* s.f. = arrojo
2 Acto realizado con valor ante una situación peligrosa o difícil: *fue una valentía salir en su ayuda en semejante situación.* = atrevimiento, osadía

valentinita Mineral de la clase de los óxidos, de color gris, amarillo o rojizo, translúcido, que forma estrías agrupadas. s.f. MINERALOGÍA

valentino, a De Valencia. adj/s.

valentón, a Se refiere a la persona que presume de valiente y es arrogante y, con frecuencia, pendenciero. adj/s. = bravucón

valentonada Acto o dicho propio de un valentón o jactancioso. s.f. = bravuconada

valentonería Actitud arrogante, agresiva y pretendidamente valiente. s.f. = bravuconería

valer (Del lat. *valere,* estar sano.)
1 Ser una cosa útil para algo: *esta masa no vale para hacer el pastel.* v.intr. = servir
2 Ser una cosa válida: *ese certificado no vale porque le falta el sello.*
3 Tener una cosa un precio en representación de su valor: *¿cuánto vale este libro?* v.tr. = costar
4 Proteger o ayudar a una persona. = amparar
5 Tener una cosa un valor comparable o igual al de otra: *estos años un franco belga valía tres pesetas.*
6 Ser algo causa de lo que se expresa: *eso me ha valido un disgusto.*
7 Merecer lo que se expresa: *esa tontería no vale que te enfades.*
8 Estar una cosa permitida en un juego.
9 Ser los datos o el resultado de una cuenta o de un problema igual a una cantidad.
10 Hacer prevalecer una cosa: *hizo valer su autoridad.*
11 Tener una persona o una cosa una cualidad que merezca aprecio y estimación: *esa chica sí que vale, es un portento.* v.intr.
12 Ser de ayuda o amparo una cosa: *esas artimañas no te valdrán con él.*
13 Tener una cosa el mismo valor en cierto aspecto que otra: *este negocio vale por muchos sacrificios.* + por
14 Usar a una persona o una cosa como medio o instrumento para un fin: *se valió de su secretaria para descubrir la trama.* v.prnl. + de = servirse
15 No estar una persona imposibilitada del todo para poder andar y hacer sus cosas: *a pesar de su avanzada edad se vale por sí mismo.*
16 Valía o valor. s.m.
17 más valiera: Expresión irónica utilizada para expresar la extrañeza que causa lo que se propone, como opuesto a lo que se intentaba. coloquial
18 vale: 1. Expresión que indica asentimiento o conformidad: *vale, ahora mismo voy.* 2. Expresión usada para hacer callar a una persona o para detener una acción: *¡vale ya, no grites tanto que no soy sorda!*
CONJ.: IND.: PRES.: *valgo, vales, vale, valemos, valéis, valen.* FUTUR. IMPERF.: *valdré, valdrás, valdrá, valdre-*

mos, valdréis, valdrán. COND.: *valdría, valdrías, valdría, valdríamos, valdríais, valdrán.* SUBJ.: PRES.: *valga, valgas, valga, valgamos, valgáis, valgan.*

valeriana (Derivado de *Valeria,* provincia de la Panonia romana.) Planta herbácea de flores rosas o blancas que crece preferentemente en lugares húmedos y se usa como antiespasmódico o para preparar el licor y el agua de valeriana. *(Valeriana officinalis.)* s.f. BOTÁNICA

valerianáceo, a Perteneciente a una familia de plantas herbáceas, de hojas opuestas, flores en corimbo, y fruto en aquenio, como la valeriana. adj/s.f. BOTÁNICA

valerianato Sal formada por el ácido valeriánico y una base. s.m. QUÍMICA

valeriánico Se aplica a un ácido obtenido de la raíz de la valeriana, que es líquido, incoloro y oleaginoso. adj. QUÍMICA

valerosidad Cualidad de valeroso o muy valiente. s.f.

valeroso, a
1 Que es muy valiente: *soldado valeroso.* adj.
2 Que tiene mucho poder y eficacia. = poderoso
3 Que goza de mucha estimación. = valioso

valet (Voz francesa.)
1 Sirviente o criado. s.m.
2 Naipe de la baraja francesa que lleva la figura de un sirviente de armas y que va marcada con la letra J. JUEGOS

valetudinario, a (Del lat. *valetudinarius.*) Que está enfermizo o achacoso por tener mucha edad. adj/s.

valgo Se refiere al elemento anatómico desviado hacia fuera debido a una malformación congénita. adj./M th: val

valí (Del ár. *wali,* gobernador.) Gobernador de una provincia o de una parte de la misma, en algunos estados musulmanes. s.m. pl.th: POLÍ

valía
1 Valor o calidad de una persona o cosa: *tiene joyas de mucha valía; es un chico de valía.* s.f. = v
2 Preferencia en el favor y confianza de un alto personaje.
3 Grupo de gente separada del común y formada en rebeldía. =
4 mayor valía: Aumento del valor de una cosa por causas externas a ella misma. =

valiato
1 Gobierno de un valí.
2 Territorio gobernado por un valí.

validación
1 Acción y resultado de hacer válida una cosa.
2 Firmeza o permanencia de un acto.

validar Dar validez a una cosa: *la decisión de la junta no fue validada por el presidente.*

validez
1 Cualidad de válido.
2 Hecho de valer una persona o cosa para realizar o cumplir una acción, función o actividad determinada.
3 Duración legal de un acuerdo, de un contrato o de otros documentos.
4 Facultad de un acto jurídico para producir efectos en derecho, en conformidad con la ley.

valido, a Persona que tiene el favor y la confianza de un soberano y extraordinaria influencia en las decisiones de éste.

válido, a (Del lat. *validus,* fuerte.)
1 Que tiene eficacia para producir su efecto: *tu idea e muy válida.*
2 Que tiene valor y fuerza legal: *el documento no es vá lido.*

valiente
1 Se refiere a la persona que tiene carácter decidido se enfrenta a las situaciones difíciles y peligrosas co valentía o valor: *es una mujer valiente, saldrá de ésta.*
2 Que manifiesta valentía o valor: *un artículo valien la valiente defensa de la ciudad.*
3 Que es robusto, extraordinario o excelente en los de su especie: *le propinó una valiente bofetada.*
4 Que resulta decepcionante o chocante en exce *¡valiente amigo!; ¡valiente ayuda la que nos prestas!*

valija (Del ital. *valigia.*)
1 Saco para guardar la correspondencia, en las of nas postales.
2 Esta misma correspondencia.
3 Objeto de piel, lona, plástico u otro material, se usa para transportar ropa y otros enseres cua se viaja.
4 valija diplomática: Cartera precintada que cor ne la correspondencia oficial entre un gobierno y agentes diplomáticos en el extranjero y que, po importancia, no se confía al servicio de correos.

valijero, a
1 Cartero que llevaba la correspondencia a los blos que dependían de una administración prin de correos.

2 Persona que desempeña la función de transportar la correspondencia diplomática. — POLÍTICA

valimiento
1 Hecho de valer una persona o una cosa para realizar una acción. — s.m. / = aptitud
2 Ayuda, favor, confianza o protección de que disfruta una persona por parte de otra: *consiguió el trabajo gracias al valimiento del jefe.* — = privanza

valioso, a Que tiene mucho valor: *consejo valioso; regalo valioso.* — adj. / = valeroso

valla (Del lat. *valla*.)
1 Obstáculo con el que se acota un terreno o se impide el acceso a él: *han cercado el jardín con una valla.* — s.f. / = vallado
2 Panel grande que, colocado en la vía pública se alquila para publicidad. — PUBLICIDAD
3 Obstáculo que se encuentra en el desarrollo de una actividad. — = dificultad, traba
4 Obstáculo que el atleta debe saltar en una carrera: *ganó la prueba de cien metros vallas.* — DEPORTES
5 valla publicitaria: La que contiene el anuncio de un producto de consumo o un mensaje, y se coloca a la vista de la gente como reclamo. — PUBLICIDAD
saltar la valla: 1. Atreverse a realizar algo difícil. 2. Prescindir de normas sociales o morales para hacer algo. — coloquial

[va]lladar
Vallado o cerco para acotar un terreno. — s.m.
Obstáculo defensivo. — = barricada
Jugador que tiene mucha importancia en un equipo [de]portivo: *siempre fue un valladar en su equipo.* — DEPORTES

[vall]adear Poner una valla alrededor de un lugar. — v.tr./= vallar

[vall]ado (Del lat. *vallatus*.) Cerco para acotar o defen[der] un terreno. — s.m. / = valladar

[vall]ar
[(D]el lat. *vallaris*.)
[D]e la valla, muro o cerca. — adj.
[C]erco de estacas o tablas. — s.m./= empalizada
[(]Derivado de *valla*.) Poner una valla alrededor de [un] lugar: *tuvieron que vallar el huerto.* — v.tr./tb: avallar / = valladear

[vall]e (Del lat. *vallis*.)
[D]epresión de terreno alargada, más o menos an[cha] situada entre montañas. — s.m./GEOGRAFÍA / tb: val
[C]onjunto de lugares, casas o pueblos situados en [un] terreno.
[Cu]enca de un río.
[va]lle de lágrimas: La vida terrenal, con todas sus [ca]lidades. — GEOGRAFÍA / coloquial
[va]lle fluvial: El que está regado o cruzado por un [río]. — GEOGRAFÍA
[va]lle glaciar: El que ha sido formado por un gla[ciar]. — GEOGRAFÍA
[va]lle muerto: Aquel que ya no es seguido por un [curso] de agua. — GEOGRAFÍA
[va]lle suspendido o colgado: El secundario, cuya [conflu]encia con el valle principal está marcada por [un des]nivel brusco. — GEOGRAFÍA

[vall]o Ballico, planta gramínea. — s.m./BOTÁNICA

[vallisol]etano, a
[Que] es de Valladolid, ciudad y provincia españolas. — adj/s.
[Pers]ona natural de esta ciudad y provincia. — s.

[vallist]o, a
[Que] es natural de los valles calchaquíes en la Ar[gentin]a. — adj. / Argent.
[Rela]tivo a estos valles. — Argent.

[valon]a
[Del] territorio comprendido entre el Escalda y el [Rin en] la Bélgica románica. — adj/s.
[Pers]ona natural de este territorio. — s.
[Vari]edad lingüística del francés antiguo, hablada en [ese ter]ritorio. — s.m./LINGÜÍSTICA
[Espe]cie de calzones anchos como los que usaban [las p]ersonas. — s.m.pl.
(Del nombre de la corte de *Valonia*.)
[Cuell]o grande y vuelto sobre la espalda, hombros y [que] que se usaba en la antigüedad. — s.f.
[Echa]rle a una persona la valona: Echarle a uno [algo], cubrir a alguien, hacerse cómplice con el si[tio]. — Méx. / coloquial

[valor] (Del lat. *valor*.)
[Cara]cterística o conjunto de características que [hacen] apreciable a una persona o cosa: *las ilustracio[nes son] el mejor valor del libro.* — s.m. / tb: valer
[Preci]o de las cosas: *el valor de esa joya es incalcula[ble].* — = coste
[Grad]o de importancia o significación de una perso[na o co]sa: *no ha sabido calibrar el valor de su interven[ción].* — = valía
[Cualid]ad de una cosa que la hace apreciable: *sus [...] tienen un gran valor para mi trabajo.* — = importancia, significación
[Fuerz]a o virtud de las cosas para producir sus efec[tos: la] votación no tiene ningún valor. — = importancia, significación

6 Cualidad de valiente: *tiene mucho valor para enfrentarse a las dificultades.* — = audacia
7 Atrevimiento y desvergüenza en el modo de actuar: *tuvo el valor de pedírmelo.* — = cara, jeta
8 Persona que posee, o a la que se le atribuyen cualidades positivas para aquello que se expresa: *es un gran valor de la pintura.*
9 Firmeza de un acto. — = entidad
10 Duración relativa de un nota. — MÚSICA
11 Determinación posible de una magnitud o de una cantidad variable. — MATEMÁTICAS
12 Documento representativo que es objeto de operaciones mercantiles. — COMERCIO
13 Proporción de luz y sombra en una pintura. — ARTE
14 Títulos representativos de préstamos o de capitales aportados al estado, a organismos públicos y a sociedades privadas. — s.m.pl. / ECONOMÍA
15 valor añadido: Conjunto de retribuciones generadas en la realización de una actividad productiva y que constituyen un incremento en el valor del bien en cuestión. — ECONOMÍA
16 valor mobiliario: Título negociable emitido por personas jurídicas, que representa una fracción de su capital social o de un préstamo a largo plazo que les es concedido. — ECONOMÍA
17 valor nominal: Cantidad que figura en un título mercantil. — ECONOMÍA
18 valores declarados: Dinero enviado por correo, cuyo valor se declara en la oficina de salida.
19 valores fiduciarios: Aquellos que representan dinero aunque no tengan valor en sí mismos. — ECONOMÍA
20 armarse de valor: Prepararse para afrontar algo temible. — coloquial
21 con valor de: Con la función que se señala. — loc.adv.
22 de valor: Que es muy importante o valioso. — loc.adj.

valoración Acción y resultado de valorar. — s.f.
valorar
1 Determinar el valor o el importe de una cosa: *el anticuario valoró la cómoda de su abuela.* — v.tr. / tb: valorear
2 Reconocer o apreciar el valor de una persona o una cosa: *ha valorado mucho tu trabajo.* — = justipreciar
3 Hacer que aumente el valor de una cosa. — = valorizar
4 Determinar la composición de una disolución. — QUÍMICA
valorativo, a Que valora. — adj.
valoría Valía o estimación de una persona o cosa. — s.f.
valorización Acción y resultado de valorizar. — s.f.
valorizador, a Que valoriza. — adj.
valorizar
1 Valorar o dar un determinado valor a una cosa. — v.tr./conj: cazar
2 Aumentar el valor o la utilidad de una cosa. — = revalorizar
valquiria (Del germ. *valkyrja* < *val*, selección + *ker*, acción de escoger.) Cada una de las diosas de la mitología escandinava que cuidaban de los guerreros, les acompañaban a los combates, designaban a los que debían morir y les conducían a la morada eterna, donde les servían de beber hidromiel. — s.f. / MITOLOGÍA
vals (Del alem. *wala*.)
1 Baile de origen alemán, que se ejecuta en pareja con movimientos giratorios y de traslación. — s.m. / pl.tb: vals
2 Música que acompaña a este baile. — MÚSICA
valsar (Del alem. *walzen*, hacer rodar.) Bailar una persona el vals. — v.intr.
valuación Acción y resultado de valuar. — s.f.
valuador, a Que valora o valúa. — adj/s.
valuar Determinar el valor de una cosa: *han valuado la casa en doce millones.* — v.tr./conj: actuar / = evaluar
valva (Del lat. *valva*, hoja de puerta.)
1 Cada una de las partes de la cáscara de un fruto seco que se abre para dejar salir las semillas. — s.f./BOTÁNICA / = ventalla
2 Cada una de las piezas duras y movibles que constituyen la concha de algunos moluscos. — ZOOLOGÍA
3 Instrumento en forma de lámina curva doblada que se emplea para separar las partes blandas en una exploración o intervención quirúrgica. — MEDICINA
valvar De las valvas. — adj.
válvula
1 Dispositivo que en ciertas máquinas o conductos sirve para abrir o cerrar el paso de un líquido o gas. — s.f. / TECNOLOGÍA
2 Pliegue membranoso que impide el retroceso de los líquidos que circulan por los vasos del cuerpo de los animales. — ANATOMÍA
3 Dispositivo intercalado en un circuito eléctrico para modificar la corriente que lo atraviesa, rectificándola, ampliándola o para otros fines. — ELECTRICIDAD
4 válvula de escape: 1. La que da salida a los gases de una combustión. 2. Actividad a la que se recurre para desahogarse de la tensión acumulada: *el tenis es su válvula de escape.* — TECNOLOGÍA / coloquial
5 válvula de seguridad: La que se coloca en las calderas de las máquinas de vapor para dejar que éste se escape cuando la presión sea excesiva. — TECNOLOGÍA

6 válvula mitral: La que está entre la aurícula y el ventrículo izquierdos del corazón de los mamíferos. — ANATOMÍA

7 válvula tricúspide: Aquella que está entre la aurícula y el ventrículo derechos del corazón de los mamíferos. — ANATOMÍA

valvular
1 De las válvulas. — adj.
2 Se aplica al órgano que tiene válvulas. — BIOLOGÍA

vampiresa
1 Mujer de aspecto misterioso, coqueta y fatal, con un enorme poder de seducción. — s.f. / tb: vamp
2 Actriz de cine especializada en papeles de mujer misteriosa y seductora. — CINE

vampirismo
1 Práctica de los hábitos propios de los vampiros, en especial la consistente en beber sangre humana. — s.m.
2 Creencia en la existencia de los vampiros.
3 Práctica de algunas personas de aprovecharse codiciosamente de los demás por malos medios. — coloquial
4 Necrofilia [en todas sus acepciones].
5 Manifestación sádica que consiste en la mutilación de cadáveres. — SIQUIATRÍA

vampiro (Del húngaro *vampir*.)
1 Ser de ultratumba que, según la tradición, tiene hábitos nocturnos y se alimenta chupando la sangre de los vivos: *le encantan las películas de vampiros.* — s.m.
2 Persona que se enriquece o adquiere prestigio aprovechándose de los demás.
3 Especie de murciélago americano que se alimenta de insectos y chupa la sangre de personas y animales dormidos. *(Desmodus y Diphylla.)* — ZOOLOGÍA

vanadinita Mineral de color rojizo, translúcido, de brillo adamantino y forma fibrosa, usado como mena del vanadio. — s.f. / MINERALOGÍA

vanadio (Del lat. moderno *vanadium*.) Elemento metálico que se utiliza para aumentar la dureza del acero. — s.m. / QUÍMICA

vanagloria Jactancia de las cualidades que uno tiene o se atribuye: *cuando habla de su talento artístico le sobra vanagloria.* — s.f. / = engreimiento

vanagloriarse Hacer una persona ostentación de su propia valía: *se vanagloria de sus apellidos.* — v.prnl./+ de / = jactarse

vanaglorioso, a Que tiende a vanagloriarse. — adj/s.

vanamente En vano: *trataron vanamente de saltar el muro.* — adv.

vandalaje Vandalismo, destrucción irracional de la propiedad ajena. — s.m./Amér. Central y Merid.

vandálico, a
1 Del vandalismo o de los vándalos: *invasión vandálica.* — adj.
2 Que tiene características de los vándalos o del vandalismo: *acto vandálico.* — = bárbaro, salvaje

vandalismo (Del fr. *vandalisme*.)
1 Devastación propia de las incursiones de los antiguos vándalos. — s.m.
2 Inclinación a la destrucción irracional de cualquier cosa: *después del partido los hinchas de uno y otro equipo dieron muestras de vandalismo.* — = gamberrismo

vándalo, a
1 De un pueblo bárbaro, de origen germánico oriental, procedente de Escandinavia. — adj/s. / HISTORIA
2 Individuo de este pueblo. — s./HISTORIA
3 Que comete acciones propias de gente salvaje y bárbara. — adj/s. / = gamberro

vanear Hablar una persona con vanidad. — v.intr.

vanesa Mariposa diurna de la familia de los ninfálidos, de alas muy coloreadas y vuelo rápido, que es propia de los países templados. *(Vanessa.)* — s.f. / ZOOLOGÍA

vanguardia (Del cat. *avantguarda*.)
1 Parte de una tropa que va delante en una marcha o en un ataque. — s.f./MILITAR / ≠ retaguardia
2 Avanzada de un grupo o movimiento ideológico, político, artístico o de otro tipo: *formaba parte de la vanguardia intelectual del momento.*
3 Lugares en los ribazos y orillas de los ríos donde arrancan las obras de construcción de un puente o una presa. — s.f.pl. / CONSTRUCCIÓN
4 a, a la o en vanguardia: El primero, delante de los demás: *está a la vanguardia de la moda.* — loc.adv.
5 de vanguardia: Se aplica a los movimientos, grupos o personas partidarios de la renovación y el avance en cualquier ámbito. — loc.adj.

vanguardismo
1 Escuela o tendencia innovadora en el campo artístico, literario o social. — s.m.
2 Conjunto de escuelas o tendencias artísticas nacidas en el siglo XX con intención innovadora, como por ejemplo el dadaísmo, el surrealismo o el ultraísmo. — ARTE, CINE, LITERATURA

vanguardista
1 Del vanguardismo. — adj.
2 Que profesa el vanguardismo. — adj/s.m.f.

vanidad
1 Orgullo del que tiene y muestra un alto concepto de sí mismo con el deseo de ser admirado y considerado por todos: *es incapaz de controlar su vanidad.* — s.f. / = engreimiento, petulancia
2 Palabra vana, inútil o insustancial: *sólo dice vanidades.* — = simpleza
3 Todo aquello que no se funda en valores morales sino en la simple ostentación: *las vanidades del mundo; construir aquí esa casa es una vanidad.*
4 Cualidad de vano.
5 ajar la vanidad de alguien: Abatir o humillar su soberbia. — coloquial
6 hacer vanidad de una cosa: Jactarse o presumir de una cosa. — coloquial

vanidoso, a Que se comporta con vanidad. — adj.

vanilocuencia Verbosidad inútil e insustancial. — s.f.

vanilocuente Que dice cosas insustanciales: *político vanilocuente.* — adj/s.m.f.

vaniloquio (De vano + lat. *loqui*, hablar.) Discurso inútil e insustancial. — s.m.

vano, a (Del lat. *vanus*, vacío.)
1 Que no tiene fundamento: *no te hagas ilusiones, tus esperanzas son vanas.* — adj./= ilusorio, infundado
2 Que no tiene la utilidad o el efecto deseados: *sus esfuerzos resultaron vanos.* — = ineficaz, infructuoso
3 Falto de realidad o entidad: *cuando se queda solo empieza a ver sombras vanas.* — = inexistente, irreal
4 Se aplica al fruto de cáscara que está vacío: *es una fruta vana; todas las avellanas salen vanas.* — = hueco
5 Que tiene poca profundidad espiritual: *es inconstante, vana y caprichosa, sin el menor atisbo de vida interior.* — = frívolo, ≠ profundo
6 Que muestra orgullo o vanidad. — = engreído, fatuo
7 Hueco en una pared para una puerta o ventana, o espacio sin muro. — s.m. / CONSTRUCCIÓN
8 en vano: 1. Sin efecto ni logro: *en vano te empeñas.* — loc.adv. 2. Sin necesidad o razón. — loc.adv.

vánova Cubrecama de algodón, en especial el de estilo vasco con franjas y dibujos de colores. — s.f. / = colcha

vapor (Del lat. *vapor*.)
1 Gas procedente de una sustancia líquida a temperatura ordinaria. — s.m.
2 Humo procedente de los líquidos calientes: *vapor de agua.* — = vaho
3 Vértigo o desmayo ligero. — coloquial
4 Barco que navega por impulso de una o más máquinas de vapor. — NÁUTICA / = barco de vapor
5 Emanaciones o sustancias volátiles que desprende un cuerpo. — s.m.pl.
6 Gases expulsados en los eructos.
7 al vapor: 1. Se aplica a los alimentos cocinados mediante la vaporización del agua que los contiene: *mejillones al vapor.* — loc.adj. / COCINA 2. Con este método de cocinado: *cocina al vapor.* — loc.adv./COCINA
8 al vapor o a todo vapor: Con gran rapidez. — loc.adv.

vapora Lancha que se mueve por una máquina de vapor. — s.f. / NÁUTICA

vaporación Evaporar, acción y resultado de vaporar o vaporarse. — s.f.

vaporar (Del lat. *evaporare*.) Evaporar, convertir un líquido en vapor por la acción del calor: *se vaporó el agua.* — v.tr/prnl. / = vaporizar

vaporario Aparato para producir vapor, que se usa en los baños rusos. — s.m.

vaporear
1 Convertir un líquido en vapor por la acción del calor. — v.tr/prnl. / = vaporizar
2 Despedir un cuerpo vapor. — v.intr.

vaporización
1 Acción y resultado de evaporar o evaporarse. — s.f.
2 Uso de vapores, en especial los de aguas termales, con fines terapéuticos. — MEDICINA

vaporizado Acción de someter los hilos o los tejidos a los efectos de vapor para darles apresto, fijar los colores u otras cosas. — s.m. / TEXTIL

vaporizador
1 Aparato para vaporizar. — s.m.
2 Aparato que sirve para proyectar un líquido reducido a gotas muy finas. — = pulverizador

vaporizar
1 Convertir un líquido en vapor por la acción del calor: *se vaporizó el agua del cubo.* — v.tr/prnl./conj. cazar / = vaporar, vaporear
2 Proyectar un líquido reducido a gotitas pequeñas: *vaporizó un poco de perfume en el salón.* — v.tr. / = pulverizar

vaporoso, a
1 Que emana o produce vapores. — adj.
2 Se aplica a la tela o prenda de vestir que es muy ligera y transparente: *la novia llevaba un vestido muy vaporoso.*

vapuleador, a Que vapulea. — adj/s.

vapulear (Del lat. *vapulare*.)
1 Golpear a una persona, un animal o una cosa de modo enérgico. — v.tr. / tb: vapular

2 Dirigir críticas o reproches a una persona: *tras el suspenso el profesor vapuleó al alumno.* — = amonestar, criticar
3 Vencer con suficiencia a una persona en una competición o en cualquier otra actividad.

vapuleo
1 Acción y resultado de vapulear o golpear algo o a alguien con fuerza e insistencia. — s.m. = paliza, zurra
2 Reprimenda o crítica fuerte: *te han dado un buen vapuleo tu mujer y tus hijos.* — = amonestación, reproche
3 Victoria aplastante conseguida en una competición o en otra actividad.

vaquear Cubrir los toros a las vacas con frecuencia. — v.tr.

vaqueo Práctica de caza mayor que consiste en esperar a la presa de madrugada para cortarle el camino a su encame diurno. — s.m. CAZA

vaquería
1 Conjunto de ganado vacuno. — s.f./= vacada
2 Lugar donde se crían vacas o se vende su leche.
3 Batida del campo para cazar el ganado salvaje, que se realizó hasta principios del siglo XIX. — Argent., Urug. CAZA
4 Trabajos propios de la recolección del ganado. — Amér.
5 Lugar de pastos naturales en el que abunda el ganado cimarrón. — Argent., Urug.

vaqueriza Corral o establo para el ganado vacuno. — s.f.

vaquerizo, a
1 Del ganado bovino: *corral vaquerizo.* — adj.
2 Vaquero, pastor de reses vacunas. — s.

vaquero, a
1 De los pastores de ganado bovino. — adj.
2 Se aplica a la prenda de vestir hecha de tela tejana: *camisa vaquera; chaqueta vaquera.*
3 Pantalones confeccionados con tela tejana. — s.m.pl.
4 Pastor de reses vacunas. — s.
5 Cow-boy. — s.m.

vaqueta Cuero de ternera curtido y adobado. — s.f.

vaquetón, a Persona vaga y dejada. — s./Méx./coloquial

vaquilla Ternera entre año y medio y dos años. — s.f.

vaquillona Ternera o vaca joven que tiene entre dos y tres años. — s.f./Amér. Central y Merid.

vaquiro, a Pecarí, mamífero artiodáctilo parecido al jabalí. — s./Colomb., Venez.

var Denominación especial del vatio utilizado para medir la potencia eléctrica reactiva. — s.m. ELECTRICIDAD

vara (Del lat. *vara.*)
1 Rama larga y delgada limpia de hojas. — s.f.
2 Palo largo y delgado. — = bastón
3 Bastón de mando usado por algunas autoridades.
4 Esta misma autoridad.
5 Antigua medida de longitud cuyo valor variaba según los países en que se usó.
6 Barra de madera o metal de esa longitud usada en la antigüedad para medir.
7 Cada uno de los maderos delgados que arrancan del carro o coche entre los cuales se engancha la caballería. — = vara de alcándara
8 Grupo de cerdos de montanera que puede cuidar una persona vareándoles la bellota.
9 Palo terminado en púa que utiliza el picador para herir al toro. — TAUROMAQUIA
10 Garrochazo dado al toro por el picador. — TAUROMAQUIA
11 Tallo de algunas plantas. — BOTÁNICA
12 vara de luz: Parte pequeña del arco iris o rayos de luz que pasan a través de las nubes y aparecen ante la vista.
13 vara de oro o de San José: Planta compuesta perenne de hojas oblongo-elípticas y flores amarillas en capítulos que a su vez se agrupan en un racimo erecto. *(Solidago virgaurea.)* — BOTÁNICA
14 vara larga: Pica para guiar a los toros, o para picarlos en la plaza. — TAUROMAQUIA
15 dar la vara: Ser pesado con una persona verbalmente: *vara que me dio el viejo.* — coloquial
16 entrar en vara: Reunirse en montanera un grupo de puercos.
17 tener vara alta: Tener autoridad o influencia. — coloquial

varada
I (Derivado de *varar*.) Varadura de un barco. — NÁUTICA
II (Derivado de *vara*.)
1 Grupo de jornaleros que realiza faenas agrícolas en casas de campo bajo la dirección de un capataz, en Andalucía. — s.f. AGRICULTURA
2 Tiempo que dura este trabajo. — AGRICULTURA
3 Medición del trabajo realizado en una mina durante un período de tiempo determinado. — MINERÍA
4 Tiempo que dura esta medición, al cabo del cual se ajustan cuentas y se reparten las ganancias que haya habido. — MINERÍA
5 Estas mismas ganancias. — MINERÍA

varadera Palo o listón que se coloca al costado de un buque para proteger la tablazón de los roces cuando se suben o bajan botes, cargas o cosas de mucho peso. — s.f. NÁUTICA

varadero
1 Sitio donde quedan las embarcaciones varadas para protegerlas del oleaje o para repararlas. — s.m. NÁUTICA
2 varadero del ancla: Plancha de hierro que protege el costado de un barco en el sitio en que descansa el ancla. — NÁUTICA

varadura Acción de varar un barco. — s.f./NÁUTICA

varal
1 Palo largo para diferentes usos o tareas. — s.m.
2 Cada uno de los largueros que llevan en los costados las andas de las imágenes.
3 Cada uno de los dos palos largos donde se encajaban los travesaños que forman los costados de los carros y galeras.
4 Persona muy alta: *¡está hecho un varal este chico!* — coloquial
5 Barra colocada en vertical entre los bastidores de los teatros para poner las luces que alumbran la escena. — TEATRO
6 Tablón rectangular donde se encaja la quilla de una embarcación para que se deslice al ser botada o varada. — NÁUTICA
7 Armazón de cañas que sirve para tender al aire libre la carne del tasajo, en los saladeros. — Argent.

varamiento Acción y resultado de varar o encallar una embarcación. — s.m. NÁUTICA

varano Reptil saurio, carnívoro, similar a un lagarto, pero de tamaño enorme que vive en islas y zonas tropicales de Asia, África y Australia. *(Varanus.)* — s.m. ZOOLOGÍA

varapalo
1 Palo largo. — s.m./= vara
2 Golpe dado con un palo. — = estacazo
3 Contratiempo o disgusto grande: *la noticia de su cese fue un gran varapalo para ella.* — = adversidad, contrariedad
4 Daño material o moral.

varar
1 Quedar una embarcación detenida en la costa o al tocar el casco con el fondo o con un banco de arena: *la chalupa varó en el arrecife de coral.* — v.intr. NÁUTICA
2 Sacar una embarcación del agua para protegerla del oleaje o para repararla. — v.tr. NÁUTICA
3 Quedar un asunto o un negocio detenido: *el negocio varó por falta de capital.* — v.intr.

varaseto Enrejado hecho de varas.

varazón Cardumen o banco de peces. — s.f./Chile

varbasco Gordolobo, planta escrofulariácea. — s.m./BOTÁNICA

vardasca Vara delgada y verde. — s.f.

várdulo, a
1 De un pueblo prerromano de origen celta, que habitaba en Guipúzcoa. — adj. HISTORIA
2 Persona originaria de este pueblo. — s./HISTORIA

varea Vareaje, acción de varear los árboles para que caigan los frutos. — s.f. AGRICULTURA

vareador, a
1 Persona que varea. — s.
2 Peón encargado de varear los caballos de competición. — s.m. Argent.

vareaje
1 Acción de varear, en especial los frutos de los árboles para que caigan al suelo. — s.m./AGRICULTURA = varea, vareo
2 Medición hecha con vara. — = vareo
3 Venta que se hacía tomando como medida la vara. — = vareo

varear
1 Hacer caer los frutos de los árboles golpeándolos con una vara. — v.tr. AGRICULTURA
2 Dar golpes a una persona, un animal o una cosa con una vara o un palo. — = apalear
3 Herir o picar al toro con una vara. — TAUROMAQUIA
4 Mover el grano con una vara para airearlo y limpiarlo de insectos. — AGRICULTURA
5 Medir una cosa con una vara.
6 Vender mercancías tomando como medida la vara. — COMERCIO
7 Ejercitar un caballo de competición para conservar su buen estado físico. — Argent. EQUITACIÓN
8 Ponerse una persona delgada: *se vareó mucho cuando hizo la mili.* — v.prnl. = enflaquecer

varec (Voz escandinava.) Conjunto de restos de algas pardas que se recogen para abonar las tierras arenosas, para extraer sodio y yodo, para hacer camas en establos y para otros usos. — s.m. BOTÁNICA

varejón
1 Vara larga y gruesa. — s.m.
2 Variedad de yuca. — Colomb./BOTÁNICA
3 Verdasca, vara delgada y verde. — Amér. Merid., Nicar.

varejonazo Golpe dado con un varejón. — s.m.

varenga (Del fr. *varangue.*)
1 Madero que se fija en las bandas de una embarcación para el enjaretado. — s.f./NÁUTICA = brazal
2 Pieza curva con dos ramas o brazos que se coloca atravesada sobre la quilla para formar la base de la cuaderna. — NÁUTICA

vareo Vareaje [en todas sus acepciones]. — s.m.

vareta
1 Ramilla o junco o mimbre que, untado con liga, sirve para cazar pájaros. — s.f. CAZA
2 Lista de color diferente al del fondo de un tejido. — TEXTIL
3 Expresión picante dicha con ánimo de herir a una persona. — coloquial = pulla

varetazo Golpe de lado o paletazo que da el toro al torero con el cuerno. — s.m. TAUROMAQUIA

varetear Hacer varetas en los tejidos. — v.tr./TEXTIL

varetón Ciervo joven cuya cornamenta sólo tiene una punta. — s.m. ZOOLOGÍA

varga
1 Parte más pendiente de una cuesta. — s.f.
2 Variedad de congrio de las islas Baleares. (*Arisoma balearica.*) — ZOOLOGÍA

varganal Cerca o seto hecho de várganos. — s.m.

várgano Cada uno de los palos o estacas usados para construir una empalizada. — s.m. CONSTRUCCIÓN

vargueño (De *Bargueño*, natural de la población toledana de Bargas.) Bargueño, mueble de madera con muchos cajones y compartimentos. — s.m.

varí Ave rapaz diurna de la familia de las falcónidas, de plumaje grisáceo. (*Circus cinereus.*) — s.m./*Chile, Perú* ZOOLOGÍA

variabilidad Cualidad de variable. — s.f.

variable
1 Que varía o puede variar. — adj.
2 Que es inestable o inconstante: *tiene una personalidad variable.*
3 Término indeterminado que, en una relación o una función, puede ser reemplazado por diversos términos determinados. — s.f. LÓGICA, MATEMÁTICAS
4 Característica común a cierto número de individuos, grupos o hechos, que tiene diferentes categorías o grados de magnitud. — ESTADÍSTICA

variación
1 Acción y resultado de variar. — s.f.
2 Cada una de las imitaciones melódicas de un mismo tema. — MÚSICA

variado, a
1 Que tiene variedad: *menú variado; galletas variadas.* — adj./= vario
2 De varios colores.

variancia Cuadrado de la desviación tipo. — s.f./ESTADÍSTICA

variante
1 Que varía. — adj.
2 Cada una de las diversas formas en que se presenta una cosa: *es una variante del traje que llevaba una famosa actriz.* — s.f.
3 Desviación de una carretera o camino. — = desvío
4 Variedad o diferencia que existe en los ejemplares o copias de un texto o libro.
5 Versión de un tema de folclore, por lo común del musical.
6 Conjunto de legumbres maceradas en vinagre. — COCINA
7 Resultado de la quiniela de fútbol en el que empata o pierde el equipo que juega en su campo. — JUEGOS
8 Pronunciación especial de un fonema determinado en ciertos contextos. — LINGÜÍSTICA

variar (Del lat. *variare.*)
1 Hacer que una cosa sea diferente de como era antes: *ha variado la organización.* — v.tr./conj: *vaciar* = modificar
2 Dar variedad a una cosa: *suele variar mucho las comidas.* — = renovar
3 Cambiar una persona o una cosa en su forma de ser o actuar: *su amistad varió con el tiempo; mi hermano varió de actitud.* — v.intr. = mudar
4 Ser una cosa diferente de otra: *tu casa varía de la mía.* — + de
5 Formar la aguja magnética ángulo con el meridiano del lugar. — NÁUTICA

varicela (Del lat. moderno *varicella.*) Enfermedad vírica contagiosa, caracterizada por una erupción de máculas y pápulas que se convierten en vesículas que desaparecen en unos diez días. — s.f. MEDICINA = viruela loca, payuelas

varicocele Tumor formado por la dilatación de las venas del escroto y del cordón espermático. — s.m. MEDICINA

varicoso, a
1 Que tiene relación con las varices. — adj./MEDICINA
2 Que tiene varices. — adj/s./MEDICINA

variedad
1 Circunstancia de ser una cosa diferente de otra en su naturaleza, especie o forma. — s.f. = diferencia
2 Circunstancia de lo que está compuesto por elementos no iguales. — = pluralidad
3 Cada una de las diferentes clases de una cosa: *una variedad de uva es la moscatel.* — = modalidad
4 Circunstancia de ser diferentes los elementos de un conjunto. — = heterogeneidad
5 Condición inconstante, inestable o cambiante de algunas cosas. — = mutabilidad
6 Cada uno de los grupos en que se dividen algunas especies y que se distinguen entre sí por ciertos caracteres que se perpetúan por la herencia. — BIOLOGÍA
7 Espectáculo teatral ligero en el que se alternan actuaciones musicales, humorísticas u otras de carácter desenfadado. — s.f.pl. TEATRO
8 **de variedad**: Divertido, jocoso: *que Juan se apareciera en la cena cayó de variedad y nos quitó lo aburrido.* — loc.adv./*Méx.* coloquial

variegación Estado de la planta que tiene tejidos de distintos colores o diferente constitución. — s.f. BOTÁNICA

variegado, a
1 De diversos colores. — adj.
2 Se aplica a la planta o a las hojas que presentan variegación. — BOTÁNICA

varietés (Del fr. *variétés.*) Espectáculo de variedades, en el que se alternan actuaciones musicales, humorísticas y de otra índole. — s.f. pl: varietés TEATRO

varilarguero Picador, torero a caballo que pica con garrocha a los toros. — s.m. TAUROMAQUIA

varilla
1 Barra delgada y larga, usada para la armazón de abanicos, paraguas y sombrillas. — s.f.
2 Tira de metal o de plástico que se utiliza para hacer algunas prendas de vestir, como sujetadores o bañadores.
3 Vara larga con dos puntas en un extremo, que se usa para colgar y descolgar algo.
4 Cada uno de los huesos que forman la mandíbula uniéndose a la barbilla. — ANATOMÍA
5 Barra larga y delgada de hierro que se usa en la industria de la construcción y constituye el armazón de los cimientos y del edificio, una vez que se cubre con concreto. — *Méx.* CONSTRUCCIÓN
6 Bastidor rectangular en que se mueve el cedazo para cribar. — s.f.pl.
7 **varilla de virtudes**: Varita mágica.

varillaje Conjunto de varillas de un utensilio, en especial de abanicos y paraguas: *el varillaje del abanico es de marfil.* — s.m.

vario, a (Del lat. *varius.*)
1 Que es diverso o diferente: *había varios tipos de panes en la panera.* — adj.
2 Que es variado: *gritos e insultos varios.*
3 Que es más de uno: *vinieron varios policías; sucesos varios impidieron la boda.* — adj.indef.pl. = algunos
4 Que es inconstante o inestable.
5 Más de uno: *¿es uno o son varios?* — pron.indef.
6 Sección de una publicación que recoge textos o noticias heterogéneas. — s.m.pl.
7 Conjunto de libros, folletos o documentos de diferentes autores, materias o tamaños, reunidos en tomos, legajos o cajas.

variólico, a (Derivado del lat. vulgar *variola*, viruela.) De la viruela. — adj. MEDICINA

variolita Roca ígnea de grano fino y composición básica. — s.f. GEOLOGÍA

varioloide Viruela atenuada y benigna, en que las ampollas se desecan sin supurar. — s.f. MEDICINA

varioloso, a
1 Que tiene relación con la viruela. — adj./MEDICINA
2 Que tiene viruelas. — adj/s.= violento

variopinto, a
1 Que muestra distintos colores o aspectos. — adj.
2 Que es heterogéneo o variado: *un grupo muy variopinto.* — = multicolor

varita Varita mágica, varilla con que los magos y hadas de los cuentos infantiles tocan los objetos, los animales o las personas para producir en ellos efectos prodigiosos. — s.f.

varitero Porquero que varea las encinas para que caigan las bellotas. — s.m.

variz (Del lat. *varix, -icis.*) Dilatación permanente patológica de una vena, que suele ser más frecuente en las piernas. — s.f./MEDICINA pl: varices tb: varice, várice

varón (Del germ. *baro*, hombre libre.)
1 Persona del sexo masculino: *tuvieron siete hijos, dos varones y cinco hembras.* — s.m./= hombre ≠ hembra
2 Hombre que ha llegado a la edad viril.
3 Hombre de respeto y autoridad. — = prohombre
4 Cabo o cadena que permite gobernar una embarcación en caso de avería de la caña o cabeza del timón. — NÁUTICA
5 **buen varón**: Hombre juicioso, prudente y experimentado.
6 **santo varón**: Hombre bondadoso y sencillo, pero de pocas luces. — coloquial
7 **varón de Dios**: Hombre santo o de particular virtud. — coloquial

varonía Descendencia por línea de varón. — s.f.

varonil
1 Del varón. — adj./= viril
2 Que se comporta con valor: *actitud varonil.* — = valeroso

3 Que tiene alguna propiedad del hombre: *mujer de* = masculino
aspecto varonil.

varraco (Derivado del lat. *verres*, verraco.) Verraco o s.m.
cerdo, mamífero artiodáctilo.   ZOOLOGÍA

varraquear
1 Enfadarse una persona.   v.intr.
2 Llorar fuerte y seguido los niños.

varraquera Lloro fuerte y continuado de los niños.   s.f.

varsoviana
1 Danza polaca variante de la mazurca.   s.f.
2 Música que acompaña a esta danza.   MÚSICA

varsoviano, a
1 Que es de Varsovia, capital de Polonia.   adj/s.
2 Persona natural de esta ciudad.   s.

vasallaje
1 Vínculo por el que una persona libre se ponía al   s.m.
servicio de otra más poderosa a cambio de protec-   HISTORIA
ción, en el régimen feudal.
2 Tributo pagado por el vasallo.   HISTORIA
3 Relación de dependencia entre personas o cosas.   = subordinación

vasallático, a Del vasallo o del vasallaje.   adj.

vasallo, a (Del germ. *vasallos*.)
1 Que está sujeto a un señor a través del vínculo de   adj/s./HISTORIA
vasallaje.
2 Súbdito de un soberano.
3 Persona que considera a otra superior o se somete   s.
a ella.

vasar Estante que en las despensas o en las cocinas   s.m.
sirve para poner la vajilla u otros objetos.

vasco, a
1 Del País Vasco o de su lengua.   adj/s.
2 Persona natural de esta Comunidad situada en el   s.
norte de la península Ibérica.
3 Lengua hablada en esta región, en Navarra y en el   s.m./LINGÜÍSTICA
País Vasco francés.   = euskera

vascófilo, a (De *vasco* + gr. *philos*, amigo.) Persona s.
aficionada a la lengua y cultura vascas.

vascólogo, a (De *vasco* + gr. *logos*, ciencia.) Persona s.
dedicada al estudio de la lengua, literatura o cultura
vascas.

vascón, a
1 De la Vasconia, región de la Hispania tarraconense.   adj/s./ HISTORIA
2 Persona natural de esta región.   s./HISTORIA

vascongado, a
1 De las provincias de Álava, Guipúzcoa y Vizcaya o   adj/s.
de su lengua.
2 Persona natural de estas provincias.   s.
3 Vascuence, lengua hablada en País Vasco, parte de   s.m.
Navarra y territorio vasco francés.   LINGÜÍSTICA

vascónico, a De los vascones.   adj./HISTORIA

vascuence Lengua vasca.   s.m.

vascular (Derivado del lat. *vasculum*, vasito.)
1 De los vasos de un organismo por los que circula la   adj./BIOLOGÍA
sangre o la savia.   = vasculoso
2 Se aplica a las enfermedades que se derivan de un de-   MEDICINA
fecto de irrigación de los tejidos.

vascularización Presencia y disposición de los vasos   s.f.
sanguíneos linfáticos en un tejido, órgano o región   BIOLOGÍA
del organismo.

vascularizado, a Se refiere a un órgano provisto de   adj.
vasos.   BIOLOGÍA

vasculitis (Del lat. *vasculum*, vasito + gr. *itís*, inflama- s.f./pl: vasculitis
ción.) Inflamación de un vaso orgánico.   MEDICINA

vasectomía (De *vaso* + gr. *ektome*, ablación.) Opera-   s.f.
ción quirúrgica que consiste en la escisión total o   MEDICINA
parcial de los canales deferentes, para conseguir la
esterilización masculina.

vaselina (Del ingl. *vaseline*.)
1 Sustancia crasa, semisólida y translúcida obtenida   s.f.
del petróleo, usada como lubricante en farmacia y en
industria.
2 Cautela, cuidado y prudencia al comunicar una in-   coloquial
formación desagradable para el receptor: *puso mucha
vaselina para darle la mala noticia*.
3 Regate que consiste en pasar el balón por encima   DEPORTES
de un jugador contrario, en el fútbol.

vasera
1 Anaquel o estante donde se guardan los vasos y la   s.f.
vajilla.   = vasar
2 Caja donde se guardan los vasos.
3 Bandeja con asas donde los aguadores llevaban los
vasos.

vasija (Del bajo lat. *vasilia*.)
1 Recipiente pequeño y cóncavo, hecho de materia-   s.f.
les diversos, usado para contener líquidos o conservar y guardar alimentos.
2 Conjunto de cubas y tinajas de una bodega.

vasillo Celdilla del panal de las abejas.   s.m.

vaso (Del lat. vulgar *vasum*.)
1 Recipiente cóncavo y en general cilíndrico, hecho   s.m.
con diversos materiales y tamaños, usado para beber
o contener algo.
2 Cantidad de líquido que cabe en este recipiente: *un
vaso de vino*.
3 Escultura con forma de jarrón o pebetero que, colo-   ARTE
cada sobre un pedestal, zócalo o peana, sirve como
objeto decorativo en edificios o jardines.
4 Orinal alto o cilíndrico.   = bacín
5 Conducto vegetal por donde circula la savia.   BOTÁNICA
6 Conducto por donde circula la sangre o la linfa.   ANATOMÍA
7 Cualquier casco de barco.   NÁUTICA
8 Casco o uña de los caballos.   ZOOLOGÍA
9 **vaso criboso:** Cualquiera de los que conducen la   BOTÁNICA
savia descendente.
10 **vaso de elección:** Persona elegida por Dios para   RELIGIÓN
ser ministro de su Iglesia.
11 **vaso de noche:** Recipiente para recoger los excre-   = orinal
mentos humanos.
12 **vaso de reencuentro:** Recipiente usado para la   QUÍMICA
circulación de los disolventes, compuesto por dos
matraces ensartados.
13 **vaso lacrimatorio:** Recipiente con forma de pomo,   HISTORIA
que se depositaba en la antigüedad en los sepulcros.
14 **vaso leñoso:** Cualquiera de los que conduce la   BOTÁNICA
savia ascendente.
15 **vasos comunicantes:** Recipientes unidos entre sí   TECNOLOGÍA
por un conducto que facilita y permite el paso de un
líquido de unos a otros.
16 **ahogarse en un vaso de agua:** Preocuparse mu-   coloquial
cho por un motivo sin importancia.

vasoconstricción Disminución del calibre de un   s.f.
vaso orgánico por contracción muscular o nerviosa.   MEDICINA

vasoconstrictor, a Que provoca vasoconstricción,   adj/s.m.
en especial los fármacos hipertensores: *la adrenalina   FARMACIA
es una sustancia vasoconstrictora*.   ≠ vasodilatador

vasodilatación Aumento del calibre de un vaso por   s.f.
relajación de sus fibras musculares.   MEDICINA

vasodilatador, a Que dilata los vasos sanguíneos.   adj/s.m./FARMACIA

vasomotor, a Que tiene relación con el movimiento   adj.
regulador de los vasos sanguíneos: *sistema vasomotor*.   FISIOLOGÍA

vasomotricidad Movimiento regulador de las arte-   s.f.
rias y las venas.   FISIOLOGÍA

vasopresina Hormona segregada por el lóbulo pos-   s.f.
terior de la hipófisis y sintetizada por el hipotálamo,   BIOQUÍMICA
que estimula la reabsorción del agua.

vasquismo Tendencia política y cultural que propug-   s.m.
na una forma de autogobierno para el País Vasco y   POLÍTICA
defiende sus valores históricos y culturales.

vástago
1 Retoño o tallo nuevo que brota de una planta: *el   s.m./BOTÁNICA
rosal ya tiene varios vástagos*.   = vástiga
2 Conjunto del tallo y las hojas.   BOTÁNICA
3 Hijo o descendiente de una persona.   = retoño
4 Pieza en forma de varilla que sirve para articular o
sostener otras piezas.
5 Barra que sujeta al centro de una de las dos caras   MECÁNICA
del émbolo y sirve para darle movimiento o transmi-
tir el suyo a algún mecanismo.

vastedad Anchura o grandeza de una cosa.   s.f.

vástiga Vástago de un árbol o de otra planta.   s.f./BOTÁNICA

vasto, a (Del lat. *vastus*.) Que es muy amplio o exten- adj.
so: *un terreno vasto*.

vataje Cantidad de vatios que actúan en un aparato o   s.m.
sistema eléctrico.   ELECTRICIDAD

vate (Del lat. *vates*.)
1 Adivino, persona que predica el futuro.   s.m.f./culto
2 Poeta, persona que compone versos.   culto

váter
1 Cuarto de baño, habitación de la casa con las insta-   s.m.
laciones necesarias para poder orinar, hacer de vien-   = escusado,
tre y lavarse.   water
2 Aparato con una tubería de desagüe para que una   = retrete,
persona haga sus necesidades en él.   taza

vaticanista
1 De la política del Vaticano.   adj./POLÍTICA
2 Que es partidario de esta política.   adj/s.m.f./POLÍTICA

vaticano, a
1 Del Vaticano, ciudad-estado donde está la sede de   adj.
la Iglesia católica.
2 Del papa o del estado pontificio: *decreto vaticano;   RELIGIÓN
concilio vaticano*.
3 Corte pontificia.   s.m./RELIGIÓN

vaticinador, a Que vaticina o predice.   adj/s.

vaticinar (Del lat. *vaticinari*.) Anunciar una cosa que v.tr.
sucederá por adivinación o suposición: *vaticinó la des-   = adivinar
gracia*.

vaticinio (Del lat. *vaticinium* < *vates*, adivino + *canere*, s.m./= adivinación,
cantar.) Acción y resultado de vaticinar.   pronóstico

vatídico, a
1 Que vaticina.   adj/s.
2 Del vaticinio.   adj.

vatímetro (De *vatio* + gr. *metron*, medida.) Aparato   s.m.
para medir los vatios de una corriente eléctrica.   ELECTRICIDAD

vatio (Del nombre del físico escocés *Watt*.) Unidad de   s.m.
potencia eléctrica equivalente a un julio por segundo.   ELECTRICIDAD

vaurien Velero monotipo de regatas.   s.m./NÁUTICA

vaya (Voz onomatopéyica.) Burla o mofa que se hace   s.f.
de alguien.

ve Uve, nombre de la letra *v*.   s.f.

vecera Manada de ganado porcuno, que pertenece a   s.f.
un vecindario.   tb: vecería

vecero, a
1 Se aplica a la planta que alterna un año con mucho   adj.
fruto y otro con muy poco o ninguno.   BOTÁNICA
2 Que ejerce un cargo municipal por turno.   adj/s.
3 Cliente de una tienda.   s./= parroquiano
4 Persona que guarda turno.

vecinal
1 Del vecindario o de los vecinos de un municipio.   adj.
2 Se aplica al camino más estrecho que una carretera,
construido y conservado por el municipio.

vecindad (Del lat. *vicinitas, -atis*.)
1 Conjunto de personas que viven en los distintos   s.f.
cuartos de una misma casa o en varias inmediatas.   = vecindario
2 Cualidad de vecino.
3 Cercanías de un sitio.   = alrededores
4 Conjunto de viviendas populares con patio común,   Méx.
que suele ser una antigua casa adaptada a tal efecto.
5 **hacer mala vecindad**: 1. Ser molesto o perjudicial   coloquial
a los vecinos. 2. Ser dañina una cosa a otra por estar
cerca de ella.

vecindario
1 Conjunto de vecinos: *todo el vecindario vino a solida-*   s.m.
rizarse con la familia.   = vecindad
2 Lista de los vecinos de un pueblo.   = padrón

vecino, a (Del lat. *vicinus*.)
1 Que vive en la misma calle o en el mismo edificio   adj/s.
que otra u otras personas: *se lleva muy bien con los ve-*
cinos del primero.
2 Que vive en una población y contribuye a sus car-   = habitante
gas o impuestos: *el político es vecino de este pueblo*.
3 Se aplica al lugar u objeto que está próximo o cer-   adj.
cano a otro.   = contiguo
4 Que es parecido o coincidente: *nuestras opiniones*   = semejante
son vecinas.

vectación Acción de caminar en un vehículo.   s.f./culto

vector (Del lat. *vector*.)
1 Agente que transporta una cosa de un lugar a otro,   s.m.
en la terminología técnica.
2 Segmento de recta orientado en el que se distingue   MATEMÁTICAS
un origen y un extremo.
3 Artrópodo que transmite el germen de una enfer-   MEDICINA
medad de un sujeto afectado a otro sano.
4 Toda magnitud en la que, además de la cuantía,   FÍSICA
hay que considerar el punto de aplicación, la dirección y el sentido.
5 Vehículo portador de una carga explosiva, en espe-   MILITAR
cial nuclear.

vectorial
1 Del vector.   adj.
2 Se refiere a la magnitud que está definida por un   FÍSICA
valor numérico, una dirección y un sentido: *la fuerza,*
la velocidad y la intensidad del campo eléctrico son magni-
tudes vectoriales.

veda
1 Acción y resultado de vedar o prohibir.   s.f./= vedamiento
2 Temporada durante la cual está prohibido cazar o   CAZA
pescar: *pronto se levantará la veda para pescar truchas*.   PESCA

vedado, a Se aplica al terreno que está acotado y ce-   adj./s.m.
rrado por ley u ordenanza.

vedar (Del lat. *vetare*.)
1 Prohibir una cosa por ley, estatuto o mandato.   v.tr.
2 Impedir una acción: *le vedaron la lectura del manifiesto*.   = prohibir

vedegambre (Del lat. *medicamen, -inis*, droga.) Planta   s.m.
liliácea perenne con muchas hojas alternas y grandes,   BOTÁNICA
flores blancas en espiga y fruto capsular. (*Veratrum al-*   = ballestera
bum.)

vedeja (Del lat. *viticula*, vid pequeña.)
1 Melena o cabellera larga.   s.f.
2 Melena del león.

vedette (Voz francesa.)
1 Artista principal de un espectáculo de cine, varie-   s.f.
dades o teatro.   CINE, TEATRO
2 Figura más importante de un deporte, equipo o   DEPORTES
competición.   = estrella

védico, a
1 De los Veda o libros sagrados hindúes.   adj./RELIGIÓN

2 Lengua en la que están escritos estos libros, que es   s.m.
una forma arcaica del sánscrito.   LINGÜÍSTICA

vedija (Del lat. *viticula*.)
1 Mechón de lana.   s.f.
2 Pelo enredado en cualquier parte del cuerpo animal.
3 Mata de pelo enredada y ensortijada.
4 Pubis, parte inferior del vientre, que forma un   coloquial
triángulo entre los dos muslos, cubierta de vello en   = verija
los adultos.

vedijero, a Persona que recoge la lana de las patas   s.
de las reses cuando se esquilan.

vedijoso, a Que tiene mucha lana o pelo, o que lo   adj.
tiene enredado.   = vedijudo

vedismo Religión brahmánica cuyos ritos y creencias   s.m.
están escritas en los Vedas o libros del saber revelado.   RELIGIÓN

veduño Viduño, variedad de vid.   s.m./AGRICULTURA

veedor, a
1 Que mira con curiosidad las acciones ajenas.   adj/s.
2 Inspector público en la edad media y durante el   s.m.
Antiguo régimen.   HISTORIA
3 Oficial que se ocupaba de la intendencia en la ad-   MILITAR
ministración de las capitanías.
4 Criado de confianza que en las casas de los grandes   HISTORIA
vigilaba al despensero.

veeduría
1 Cargo u oficio de veedor.   s.f./HISTORIA
2 Oficina del veedor.   HISTORIA

vega (De la voz prerromana *baika*, terreno regable.)   s.f.
Terreno fértil regado por un río.   GEOGRAFÍA

vegetación
1 Conjunto de los vegetales propios de un lugar o re-   s.f.
gión: *vegetación mediterránea*.
2 Acción y resultado de vegetar.
3 Hipertrofia de las amígdalas faríngea y nasal y, so-   s.f.pl./MEDICINA
bre todo, de los folículos linfáticos de la parte poste-   = vegetaciones
rior de las fosas nasales.   adenoideas

vegetal (Derivado del lat. *vegetare*, animar.)
1 De las plantas.   adj./BOTÁNICA
2 Que vegeta.
3 Ser orgánico que crece y vive, pero que carece de   s.m.
sensibilidad y movimiento voluntario: *en su jardín hay*   BOTÁNICA
todo tipo de vegetales.

vegetar (Del lat. *vegetare*.)
1 Crecer y multiplicarse las plantas.   v.intr/prnl.
2 Vivir una persona sin ningún interés o inquietud   v.intr.
moral o intelectual.
3 Disfrutar una persona por propia voluntad de una
vida tranquila, sin trabajo ni preocupaciones: *desde*
que se jubiló, se dedica a vegetar.

vegetarianismo Régimen alimenticio que consiste   s.m.
en comer casi de modo exclusivo vegetales o sustan-   tb: vegetalismo,
cias de origen vegetal.   vegetarismo

vegetariano, a (Del fr. *vegetarien*.)
1 Del vegetarianismo.   adj.
2 Se refiere a la persona que practica el vegetarianis-   adj/s.
mo: *su hermano es vegetariano*.   tb: vegetalista

vegetativo, a
1 Que vegeta.   adj.
2 Se aplica a las funciones vitales básicas de nutrición   BIOLOGÍA
o reproducción.
3 De estas funciones.   BIOLOGÍA

veguer
1 Magistrado que, en Aragón, Cataluña y Mallorca,   s.m.
ejercía la misma jurisdicción que el corregidor en   HISTORIA
Castilla.
2 Cada uno de los delegados de las soberanías pro-   POLÍTICA
tectoras en Andorra.

veguería Territorio o distrito bajo la jurisdicción del   s.f.
veguer.   tb: veguerío

veguero, a
1 De la vega.   adj.
2 Cigarro puro hecho de una sola hoja de tabaco en-   s.m.
rollada.
3 Persona que trabaja en el cultivo de una vega, en   s.
especial de tabaco.   AGRICULTURA

vehemencia Cualidad de vehemente.   s.f.

vehemente (Del lat. *vehemens, -entis*.)
1 Que tiene una fuerza impetuosa: *no pudo negarse a*   adj.
una petición tan vehemente.   = impetuoso
2 Que actúa de forma irreflexiva, dejándose llevar   = impulsivo
por los impulsos: *para ser político es demasiado vehe-*   ≠ frío
mente.
3 Que es ardiente y lleno de pasión: *es un poeta vehe-*   = apasionado,
mente.   ardoroso

vehicular
1 De los vehículos.   adj.

2 Se aplica a la lengua que se utiliza como medio de relación en una determinada comunidad o en una actividad concreta. `LINGÜÍSTICA`

3 Dirigir o guiar hacia un lugar. `v.tr./= conducir`

4 Difundir o transmitir un conocimiento u otra cosa. `= comunicar`

vehiculador Producto utilizado en el teñido de las fibras textiles formadas por poliéster, para acelerar la velocidad de difusión de los colorantes en la fibra. `s.m.` `TEXTIL`

vehículo (Del lat. *vehiculum*.)
1 Máquina o aparato que por tierra, agua o aire transporta personas o cosas. `s.m.`
2 Lo que sirve de conductor o transmisor de algo, como puede ser el sonido, la electricidad o las enfermedades: *el aire puede ser vehículo de enfermedades.*

veinte (Del lat. *viginti*.)
1 Que resulta de la multiplicación de dos y diez. `adj.num/s.m.`
2 Que ocupa el lugar número veinte en una serie: *es el veinte de su clase.* `adj.num/s.m.f.` `= vigésimo`
3 Signo o conjunto de signos que representan este número. `s.m.`
4 **veinte o las veinte:** Número de puntos que gana en el juego del tute el que reúne el rey y el caballo de un palo que no sea triunfo. `JUEGOS`

veinteavo, a Se refiere a cada una de las veinte partes iguales en que se divide un todo. `adj.num/s.m.` `th: veintavo`

veintena Conjunto de veinte unidades: *ya ha publicado una veintena de libros.* `s.f.` `th: veintenar`

veintenario, a Que tiene veinte años. `adj.`

veintenero Director del coro en los oficios divinos. `s.m./RELIGIÓN`

veinteno, a
1 Que ocupa el lugar número veinte en una serie ordenada. `adj.num/s.m.` `= vigésimo`
2 Se aplica a cada una de las veinte partes iguales en que se divide un todo. `adj.num/s.m.` `= veinteavo`

veinteñal Que dura veinte años. `adj.num.`

veintésimo, a
1 Que ocupa el lugar número veinte en una serie ordenada. `adj.num/s.` `= vigésimo`
2 Se refiere a cada una de las veinte partes iguales en que se divide un todo. `adj.num/s.m.`

veinticinco
1 Que resulta de la suma de veinte más cinco. `adj.num/s.m.`
2 Que ocupa el número veinticinco en una serie. `adj.num/s.m.f.`
3 Signos o conjunto de signos que representan este número. `s.m.`

veinticuatreno, a
1 Del número veinticuatro. `adj.num.`
2 Que ocupa el número veinticuatro en una serie. `adj.num/s.`

veinticuatro
1 Que resulta de la suma de veinte más cuatro. `adj.num/s.m.`
2 Que ocupa el lugar número veinticuatro en una serie: *el veinticuatro de junio.* `adj.num/s.m.f.`
3 Signo o conjunto de signos que representan este número. `s.m.`

veintidós
1 Que resulta de la suma de veinte más dos. `adj.num/s.m.`
2 Que ocupa el lugar número veintidós en una serie: *posición veintidós; el veintidós de mayo.* `adj.num.` `s.m.f.`
3 Signo o conjunto de signos que representan el número veintidós. `s.m.`

veintidoseno, a Que ocupa el lugar número veintidós en una serie. `adj.num/s.`

veintinueve
1 Que resulta de la suma de veinte más nueve. `adj.num/s.m.`
2 Que ocupa el lugar número veintinueve en una serie: *el veintinueve de septiembre.* `adj.num/s.m.f.`
3 Signo o conjunto de signos que representan el número veintinueve. `s.m.`

veintiocheno, a Que ocupa el lugar número veintiocho en una serie. `adj.num/s.`

veintiocho
1 Que resulta de la suma de veinte más ocho. `adj.num/s.m.`
2 Que ocupa el lugar número veintiocho en una serie: *el veintiocho de diciembre.* `adj.num/s.m.f.`
3 Signo o conjunto de signos que representan este número. `s.m.`

veintiséis
1 Que resulta de la suma de veinte más seis. `adj.num/s.m.`
2 Que ocupa el lugar veintiséis en una serie: *el veintiséis de febrero.* `adj.num/s.m.f.`
3 Signo o conjunto de signos que representan este número. `s.m.`

veintiseiseno, a
1 Del número ventiséis. `adj.num.`
2 Que ocupa el lugar número veintiséis en una serie. `adj.num/s.`

veintisiete
1 Que resulta de la suma de veinte y siete. `adj.num/s.m.`
2 Que ocupa el lugar número veintisiete en una serie. `adj.num/s.m.f.`
3 Signo o conjunto de signos que representan este número. `s.m.`

veintitantos, as Se aplica a la cantidad que está entre veinte y treinta: *tiene veintitantos años.* `adj.num/s.`

veintitrés
1 Que resulta de la suma de veinte más tres. `adj.num/s.m.`
2 Que ocupa el lugar número veintitrés en una serie: *el veintitrés de julio.* `adj.num/s.m.f.`
3 Signo o conjunto de signos que representan este número. `s.m.`

veintiún Apócope de veintiuno: *veintiún caballos de vapor.* `adj.num/s.m.`

veintiuna Juego de cartas o de dados, en que gana quien hace veintiún puntos o se acerca más a ellos sin pasar. `s.f.` `JUEGOS`

veintiuno, a
1 Que resulta de la suma de veinte más uno: *veintiuna pesetas.* `adj.num/s.m.`
2 Que ocupa el lugar número veintiuno en una serie: *piso veintiuno.* `adj.num/s.`
3 Signo o conjunto de signos que representan el número veintiuno. `s.m.`

vejación Acción de maltratar a una persona para humillarla y ofenderla. `s.f.` `= ultraje, vejamen`

vejador, a Que veja. `adj/s.`

vejamen (Del lat. *vexamen, -inis*.)
1 Vejación, acción y resultado de vejar. `s.m./pl: vejámenes`
2 Sátira festiva sobre los defectos físicos o morales de una persona. `= vaya`
3 Poesía o discurso burlesco que se leía en ciertos grados o certámenes universitarios. `LITERATURA`

vejaminista Persona que se encargaba del vejamen o discurso en los certámenes o funciones literarias. `s.m.` `LITERATURA`

vejar (Del lat. *vexare*.)
1 Tratar a una persona con desconsideración haciendo que se sienta humillada: *vejaron a la pobre chica sólo por ser nueva.* `v.tr.` `= denigrar, ofender`
2 Dar vejamen o sátira a una persona.

vejarrón, a Que es muy viejo. `adj./despective`

vejatorio, a Que veja o humilla: *el mendigo vivía en condiciones vejatorias.* `adj.` `= ofensivo`

vejestorio Persona vieja: *se las da de joven, pero no es más que un vejestorio.* `s.m.` `despectivo`

vejete Se refiere a la persona vieja: *me encontré con un vejete muy simpático.* `adj/s.m.` `coloquial`

vejez
1 Cualidad o estado de viejo. `s.f./pl: vejeces`
2 Último período de la vida del hombre, caracterizado por cambios morfológicos, como arrugas en la piel y pelo cano, y funcionales, como disminución de la agilidad y disminución de la agudeza sensorial y de la memoria. `= senectud` `≠ juventud`
3 Actitud impertinente y maniática de una persona vieja, así como sus achaques y enfermedades. `= chochez`
4 Dicho o narración muy viejo o conocido. `= antigualla`
5 **a la vejez, viruelas:** 1. Expresión que indica que una persona de edad avanzada hace cosas que no corresponden a su edad. 2. Indica que algo llega tarde o fuera de momento. `coloquial` `coloquial`

vejiga (Del lat. vulgar *vessica* < lat. *vesica*.)
1 Receptáculo abdominal en el que se acumula la orina que llega de los riñones a través de los uréteres, y que comunica con el exterior por el canal de la uretra. `s.f.` `ANATOMÍA`
2 Ampolla formada por la elevación de la piel. `MEDICINA`
3 Bolsita formada en cualquier superficie y llena de aire u otro gas o de un líquido. `= burbuja`
4 Bolsita hecha de tripa de carnero en que se guardaba un color para la pintura al óleo. `ARTE`
5 Viruela, enfermedad eruptiva. `MEDICINA`
6 **vejiga biliar o de la hiel:** Bolsita membranosa en la que se deposita la bilis que llega a ella por el conducto cístico. `ANATOMÍA`
7 **vejiga de perro:** Aquequenje, planta solanácea. `BOTÁNICA`
8 **vejiga natatoria:** Receptáculo membranoso lleno de aire que tienen muchos peces al lado del tubo digestivo y que puede aumentar o disminuir de volumen. `ZOOLOGÍA`

vejigoso, a Que tiene vejigas o ampollas. `adj.`

vejiguilla
1 Vesícula o ampolla de la piel. `s.f.`
2 Vejiga de perro, planta solanácea. `BOTÁNICA`

vela
I (Derivado de *velar*.)
1 Acción y resultado de velar o estar sin dormir. `s.f./= vigilia`
2 Tiempo en que se vela por cualquier motivo. `= bujía, candela`
3 Cilindro o prisma de cera, sebo u otra materia crasa, con pabilo en el eje para que pueda encenderse y dar luz: *encendió dos velas en la iglesia.*
4 Servicio de vigilancia nocturna en los castillos y plazas fuertes. `HISTORIA`
5 Romería o peregrinación, en especial a un santuario. `RELIGIÓN`
6 Asistencia por horas o turnos delante del santísimo sacramento. `RELIGIÓN`

7 Mocos que cuelgan de la nariz, en especial de los niños. **s.f.pl.**

8 en vela: Sin dormir. **loc.adv.**

9 estar o quedarse a dos velas: Tener poco o nada de dinero: *a final de mes siempre está a dos velas.* **coloquial**

10 no darle a uno vela en este entierro: No haber justificación ni motivo para intervenir en algo: *a ti nadie te ha dado vela en este entierro, así que cállate.* **coloquial**

II (Del lat. *vela.*)

1 Pieza de lona u otro tejido fuerte que, desplegada desde la verga de una embarcación, forma una superficie que, presionada por el viento, impulsa el barco y permite la navegación. **s.f. NÁUTICA**

2 Barco que tiene una o más de estas piezas de lona. **NÁUTICA**

3 Cubierta, generalmente de lona, que se tiende sobre un lugar para darle sombra. **= toldo**

4 Oreja de un animal, cuando la pone erguida.

5 Deporte náutico, con diferentes categorías, que consiste en recorrer un trayecto en una embarcación de vela. **DEPORTES**

6 vela al tercio: La de forma trapezoidal parecida a la tarquina, pero de distinta medida. **NÁUTICA**

7 vela bastarda: La mayor de las embarcaciones latinas. **NÁUTICA**

8 vela cangreja: La de cuchillo, de forma trapezoidal sujetada por dos relingas. **NÁUTICA**

9 vela cuadra: La de forma rectangular. **NÁUTICA**

10 vela de abanico: Aquella que está formada por paños cortados al sesgo, reunidos por su parte más estrecha. **NÁUTICA**

11 vela de cruz: Cualquiera de las cuadradas o trapezoidales que se ponen en las vergas que se cruzan sobre los mástiles. **NÁUTICA**

12 vela de cuchillo: Cualquiera de las que van en los nervios o perchas puestos en el plano longitudinal del buque. **NÁUTICA**

13 vela encapillada: Aquella que el viento echa sobre la verga o el estay. **NÁUTICA**

14 vela latina: La triangular que suelen usar las embarcaciones pequeñas. **NÁUTICA**

15 vela mayor: La principal de una embarcación que va en el palo mayor. **NÁUTICA**

16 vela redonda: La cuadrilátera que se pone en el trinquete de las goletas y en el único palo de las balandras. **NÁUTICA**

17 velas mayores: Las tres principales de un barco, mayor, trinquete y mesana. **NÁUTICA**

18 vela tarquina: La trapezoidal muy alta de baluma y baja de caída. **NÁUTICA**

19 aguantar, sujetar o sostener la vela: Ayudar servilmente a alguien. **coloquial**

20 a la vela: Con la prevención o disposición necesaria para algún fin. **loc.adv.**

21 alzar velas: 1. Zarpar, comenzar a navegar una embarcación. 2. Salir o marcharse alguien de repente del sitio donde está. **NÁUTICA coloquial**

22 a toda vela: 1. Navegando con mucho viento una embarcación. 2. Con mucha actividad o poniendo todos los medios disponibles en lo que se hace. **loc.adv./NÁUTICA loc.adv. coloquial**

23 a vela: Se aplica a la embarcación que navega por la fuerza del viento. **loc.adj.**

24 cambiar la vela: Volverla para que reciba el viento. **NÁUTICA**

25 dar la vela o hacer o hacerse a la vela: Salir un barco de vela del puerto, para navegar. **NÁUTICA = zarpar**

26 de vela: Se aplica a los barcos que se mueven con vela. **loc.adj. NÁUTICA**

27 levantar o alzar velas una persona: Marcharse de repente del sitio donde está. **coloquial**

28 recoger velas: Contenerse, moderarse o desistir de un propósito. **coloquial**

29 tender las velas: 1. Aprovecharse del tiempo favorable para navegar. 2. Aprovechar una oportunidad favorable. **NÁUTICA coloquial**

velacho Vela que se coloca en el palo de proa. **s.m./NÁUTICA**

velación

1 Ceremonia instituida por la iglesia católica que consistía en cubrir con un velo a los cónyuges en la misa nupcial. **s.f. RELIGIÓN**

2 abrirse o cerrarse las velaciones: Empezar o terminar la época en que la iglesia permite que se velen los desposados. **RELIGIÓN**

velada

1 Reunión nocturna que se hace después de cenar para conversar: *la velada se alargó hasta bien entrada la madrugada.* **s.f.**

2 Fiesta musical o literaria que se celebra por la noche.

3 Acción y resultado de velar o permanecer despierto.

4 Concurrencia de gente a un lugar público con motivo de alguna festividad o para asistir a algún espectáculo.

velador, a

1 Que vela o está despierto. **adj/s.**

2 Que vela o cuida algo. **= vigilante**

3 Mesa pequeña y redonda que tiene un solo pie. **s.m.**

4 Soporte para mantener derecha la vela y que consiste en un cilindro hueco unido a un pie. **= candelero**

5 Mesa de noche. **Amér. Merid.**

6 Vigilante nocturno de oficinas o edificios en construcción. **s./Méx.**

7 Lámpara o luz portátil que suele colocarse en la mesita de noche. **s.m./Argent, Méx., Urug.**

veladora

1 Vela gruesa y corta en forma de cono truncado e invertido, que se prende por devoción ante la imagen de un santo. **s.f. Méx.**

2 Luz débil encendida en una vasija de aceite o parafina. **Méx.**

veladura

1 Tinta transparente que se da para suavizar el tono de lo que se ha pintado. **s.f. ARTE**

2 Técnica que consiste en oscurecer o colorcar la película fotográfica o cinematográfica mediante iluminación artificial. **CINE, FOTOGRAFÍA**

velamen (Del cat. *velam.*) Conjunto de velas de una embarcación. **s.m./NÁUTICA = velaje**

velar

I (Del lat. *vigilare.*)

1 Permanecer una persona despierta durante las horas en que se suele dormir. **v.intr. = trasnochar**

2 Cuidar o preocuparse por una persona o cosa: *la policía vela por su seguridad.* **+ por = custodiar**

3 Cuidar de un enfermo o un difunto durante la noche. **v.tr.**

4 Seguir una persona el trabajo después de la jornada ordinaria. **v.intr.**

5 Hacer una persona de centinela durante la noche. **MILITAR**

6 Observar una cosa con atención. **v.tr.**

7 Permanecer varias personas por turnos ante el sacramento de la eucaristía: *velaron el altar toda la noche.* **v.intr/tr. RELIGIÓN**

8 Sobresalir un escollo u objeto peligroso para la navegación sobre la superficie del agua. **v.intr. NÁUTICA**

9 Seguir soplando el viento durante la noche. **NÁUTICA**

II (Derivado de *velo.*)

1 Del velo del paladar. **adj.**

2 Se aplica al sonido que se articula con aproximación o contacto del dorso de la lengua y el velo del paladar: *la j y la k* son sonidos velares. **adj/s.f. LINGÜÍSTICA**

3 Cubrir a una persona o una cosa con un velo: *la muchacha se veló como señal de luto.* **v.tr/prnl.**

4 Ocultar o disimular una cosa: *veló su fallo ante el jefe de personal; sus intenciones se velaron tras una sonrisa.*

5 Hacer desaparecer la imagen de una placa o un cliché fotográficos de modo total o parcial por la acción de la luz: *el carrete se veló al abrir la cámara fotográfica.* **FOTOGRAFÍA**

6 Celebrar la ceremonia nupcial de las velaciones. **RELIGIÓN**

7 Aplicar veladuras a una pintura. **v.tr/ARTE**

velarium (Voz latina.) Tela con la que cubrían los circos, los teatros y los anfiteatros romanos para abrigar a los espectadores del sol y de la lluvia. **s.m. HISTORIA tb: velario**

velarización

1 Pronunciación de un sonido usando el velo del paladar como punto de articulación. **s.f. LINGÜÍSTICA**

2 Asimilación de un sonido a un elemento velar, que le propaga esta característica. **LINGÜÍSTICA**

velarizar Convertir un sonido en velar: *las nasales se velarizan en contacto con las velares.* **v.tr/prnl./conj: cazar LINGÜÍSTICA**

velarte Paño negro, tupido y lustroso usado para prendas de abrigo. **s.m.**

velatorio

1 Acto de velar a un cadáver. **s.m./= velorio**

2 Lugar de los hospitales, clínicas o tanatorios donde se vela a un cadáver. **= velorio**

¡velay!

1 Indica asentimiento: *¡velay!, puedes venir cuando quieras.* **interj. = ¡claro!**

2 Indica resignación o indiferencia.

velazqueño (De *Velázquez*, pintor español.)

1 Se aplica a la obra o al autor que está influido por la obra de este pintor. **adj. ARTE**

2 De este pintor o de su obra. **ARTE**

velcro (Marca registrada.) Sistema de cierre flexible que consiste en dos fibras de tela, cada una de ellas con un tipo especial y distinto de urdimbre, que al unirse quedan adheridas entre sí. **s.m.**

veleidad (Del lat. escolástico *veleitas, -atis.*)

1 Deseo caprichoso, no razonable en ninguna causa razonable: *las veleidades del destino.* **s.f. = antojo**

2 Inconstancia y ligereza en la realización de una cosa: *está desmoralizado y hace las cosas con veleidad y desgana.* **= volubilidad**

veleidoso, a Que es inconstante. **adj.**

velejar (Del cat. ant. *velejar.*) Usar una embarcación las velas para navegar. **v.intr. NÁUTICA**

velería

I (Derivado de *vela < de velar.*) Tienda donde se venden velas de alumbrar. **s.f. COMERCIO**

II (Derivado de *vela* < lat. *vela*.)
1 Arte y técnica de hacer velas para embarcaciones. **s.f./NÁUTICA**
2 Taller donde se fabrican velas y se realizan trabajos **NÁUTICA**
relacionados con el aparejo de las embarcaciones.

velero, a
I (Derivado de *vela* < de *velar*.)
1 Persona que por oficio hace o vende velas para **s.**
alumbrar.
2 Se refiere a la persona que asiste a velas y romerías. **adj/s.**
II (Derivado de *vela* < lat. *vela*.)
1 Se aplica a la embarcación que es muy ligera o na- **adj.**
vega mucho. **NÁUTICA**
2 Barco que tiene vela o velas. **s.m./NÁUTICA**
3 Que hace velas para barcos. **adj/s./NÁUTICA**

veleta
1 Pieza giratoria, en general metálica y de formas di- **s.f.**
versas que, colocada en lo alto de un edificio, es movida por los vientos, mostrando así la dirección de
éstos.
2 Persona inconstante, voluble o mudable: *es un vele-* **coloquial**
ta, tan pronto está simpático como enfadadísimo.
3 Plumilla o señal que los pescadores de caña ponen **PESCA**
sobre el corcho para saber cuándo pica el pez, o boya
que se usa con esa finalidad.
4 Cinta o banderola de la lanza de los lanceros de **MILITAR**
caballería.

velete Velo delgado que usan las mujeres como tocado. **s.f.**

veleto, a Se aplica al toro o la res que tiene la corna- **adj.**
menta alta. **TAUROMAQUIA**

velicación Punción para hacer salir un líquido cor- **s.f.**
poral. **MEDICINA**

velicar (Del lat. *vellicare*.) Dar salida a los humores **v.tr./conj: sacar**
punzando en una parte del cuerpo. **MEDICINA**

velillo Tela delgada y rala con flores de hilo de plata. **s.m./TEXTIL**

velintonia Especie de secuoya, propia de la sierra ne- **s.f.**
vada californiana, que pasa por ser el árbol más alto **BOTÁNICA**
del mundo.

velívolo Se aplica al velero que navega a toda vela. **adj./literario**

veliz Maleta de mano que puede ser de cuero o de **s.m./Méx.**
metal. **tb: velis**

vellido, a Que tiene vello. **adj./= velloso**

vello (Del lat. *villus*.)
1 Conjunto de pelos cortos y finos que cubren algu- **s.m.**
nas partes del cuerpo humano: *tiene bastante vello en* **ANATOMÍA**
las piernas.
2 Pelusilla blanca que cubre algunas frutas o plantas **BOTÁNICA**
dándoles un aspecto aterciopelado.

vellocino Vellón que resulta de esquilar las ovejas. **s.m./= vedija**

vellón
I (Derivado de *vello*.)
1 Toda la lana que sale de esquilar a un carnero u **s.m.**
oveja.
2 Cuero del carnero o de la oveja curtido con su lana. **= zalea**
3 Mechón de lana. **= vedija**
II (Derivado del ant. *billon* < fr. *billon*, lingote.)
1 Aleación de plata y cobre con la que se hacían mo- **s.m.**
nedas. **QUÍMICA**
2 Moneda de cobre fabricada en sustitución de la **HISTORIA**
plata.

vellonero, a Persona encargada de recoger los vello- **s.**
nes y llevarlos a la pila, en los esquiles.

véllora (Del lat. *vellera*, vedijas de lana.) Bolsa o mo- **s.f.**
tas que algunos paños tienen por el revés. **TEXTIL**

vellorí (Del cat. *velludi*.) Paño entrefino del color na- **s.m./pl.tb: vellories**
tural de la lana o pardo. **TEXTIL/tb: vellorín**

vellorio, a Se aplica a la caballería que tiene la piel **adj.**
con algunos pelos blancos.

vellorita
1 Maya, planta compuesta con hojas gruesas y flor **s.f.**
única con el centro amarillo y la corola blanca, que **BOTÁNICA**
es común en los prados.
2 Primavera, planta primulácea de flores amarillas. **BOTÁNICA**

vellosidad Abundancia de vello. **s.f.**

vellosilla Planta herbácea compuesta, de flores amari- **s.f.**
llas, que crece en la península Ibérica. *(Hieracium pilose-* **BOTÁNICA**
lla.)

velloso, a Que tiene mucho vello. **adj./= vellido**

velludillo Felpa o terciopelo de algodón de pelo muy **s.m./TEXTIL**
corto. **tb: velludillo**

velludo, a (Derivado del ant. *velludi* < cat. *vellut*, terciopelo.)
1 Que tiene mucho vello: *al nacer el niño era bastante* **adj.**
velludo. **= peludo, piloso**
2 Tela de seda, algodón u otra fibra con pelo por una **s.m./TEXTIL**
cara. **tb: veludo**

vellutero, a Persona cuyo oficio es hacer telas de **s.**
seda, en especial felpa. **TEXTIL**

velmez Vestidura que se solía poner debajo de la ar- **s.m./HISTORIA**
madura. **pl: velmeces**

velo (Del lat. *velum*.)
1 Tela fina y transparente que se emplea para cubrir **s.m.**
una cosa.
2 Prenda de vestir femenina de tela transparente que
cubre la cabeza o el rostro: *el vestido de la novia lleva-*
ba un largo velo.
3 Pieza de tul o gasa con que se adornan algunas
mantillas por la parte superior.
4 Parte del hábito de las religiosas que cubre la cabe- **RELIGIÓN**
za y la parte superior del cuerpo.
5 Cosa delgada y ligera que oculta la vista de otra: *un* **= cortina**
velo de humo nos ocultaba el paisaje.
6 Confusión del entendimiento con respecto a una
cosa.
7 Aquello que encubre o disimula la verdad: *esa acti-* **= excusa,**
tud no es más que un velo de compasión. **subterfugio**
8 Tela blanca con que se cubría a los esposos en la **RELIGIÓN**
ceremonia nupcial de las velaciones.
9 Paño blanco que el sacerdote se pone sobre los **RELIGIÓN**
hombros para coger el copón o la custodia. **= humeral**
10 Ceremonia en que una novicia toma los hábitos. **RELIGIÓN**
11 Instrumento de pesca compuesto de un varal y **PESCA**
una red.
12 **velo del paladar:** Pliegue muscular y membrano- **ANATOMÍA**
so que separa parcialmente la boca de la faringe.
13 **correr el velo:** Descubrir lo que estaba oculto. **coloquial**
14 **correr o echar un velo o un tupido velo sobre** **coloquial**
una cosa: Callarla u ocultarla: *sobre ese asunto, mejor*
corramos un tupido velo.
15 **tomar una mujer el velo:** Profesar una monja. **RELIGIÓN**

velocidad
1 Ligereza o prontitud con que se realiza una acción: **s.f.**
salió de casa a toda velocidad. **= rapidez**
2 Relación entre el espacio recorrido y el tiempo em- **FÍSICA**
pleado en recorrerlo: *iba a una velocidad de cien kiló-*
metros por hora.
3 Cada una de las posiciones motrices de la caja de **MECÁNICA**
cambio del motor de un vehículo automóvil: *el coche* **= marcha**
tiene cinco velocidades.
4 **velocidad angular:** Ángulo descrito por cada radio **FÍSICA**
en la unidad de tiempo, en un cuerpo que gira alrededor de su eje.
5 **velocidad de crucero:** Media horaria que un vehículo es capaz de mantener durante un largo recorrido.
6 **velocidad virtual:** Camino que puede recorrer el **FÍSICA**
punto de aplicación de una fuerza en un tiempo muy
pequeño.

velocímetro (Del lat. *velox, -ocis*, rápido + gr. *metron*, **s.m./TECNOLOGÍA**
medida.) Aparato para medir la velocidad de un ve- **= cuentaquilómetros**
hículo.

velocipédico, a Del velocípedo. **adj.**

velocipedismo Deporte de los aficionados al velocí- **s.m.**
pedo. **DEPORTES**

velocipedista Persona que anda en velocípedo. **s.m.f.**

velocípedo (Del lat. *velox, -ocis*, rápido + *pes, pedis*,
pie.)
1 Vehículo ligero de dos o tres ruedas, movido con **s.m.**
pedales, precursor de la bicicleta.
2 Bicicleta, vehículo sin motor con dos ruedas, que se
mueven con pedales.

velocista Se aplica al atleta especializado en las ca- **adj/s.m.f.**
rreras cortas de velocidad. **DEPORTES**

velódromo (Del fr. *velodrome*.) Recinto acondiciona- **s.m.**
do para disputar carreras de bicicletas. **DEPORTES**

velomotor Bicicleta provista de un pequeño motor. **s.m.**

velón
1 Lámpara metálica de aceite, compuesta de un de- **s.m.**
pósito con uno o varios picos por los que pasa la mecha, y provista de una pantalla de hojalata.
2 Vela de sebo muy gruesa, que suele ser corta. **Chile, Perú**

velonera Repisa para colocar el velón u otra luz. **s.f.**

velonero, a Persona que por oficio hace o vende ve- **s.**
lones.

velorio
I (Derivado de *velar* < lat. *vigilare*.)
1 Velatorio, acción de velar a un cadáver. **s.m.**
2 Velada con canciones y bailes que se celebra con
motivo de haber terminado ciertas faenas domésticas, como la matanza u otras.
II (Derivado de *velo*.) Ceremonia en que toma el velo **s.m.**
una religiosa. **RELIGIÓN**

velorta Vilorta [en todas sus acepciones]. **s.f.**

velorto
1 Vilorta, especie de clemátide de hojas anchas. **s.m./BOTÁNICA**
2 Vilorta, varita flexible que sirve para aro.
3 Palo para jugar a la vilorta. **JUEGOS**
4 Viburno, planta arbustiva. **BOTÁNICA**

veloz (Del lat. *velox, -ocis*, rápido.)
1 Que se mueve o puede moverse con rapidez, muy deprisa: *es un caballo muy veloz.* — adj./pl: veloces = raudo
2 Que se hace a gran velocidad: *una galopada veloz.* — ≠ lento
3 Se refiere a la persona que es ágil de pensamiento o de acción.

veludillo Velludillo, felpa o terciopelo de algodón. — s.m./TEXTIL

veludo Velludo, tela que tiene pelo por una cara. — s.m./TEXTIL

velvetón Tela de algodón que imita el terciopelo. — s.m./TEXTIL

vena (Del lat. *vena*.)
1 Cada uno de los vasos por donde vuelve al corazón la sangre, que ha corrido por las arterias después de bañar los tejidos. — s.f. ANATOMÍA
2 Nervio de una hoja. — BOTÁNICA
3 Hebra o fibra de la vaina de ciertas legumbres. — BOTÁNICA
4 Depósito mineral que rellena una antigua grieta de las rocas de un terreno: *han encontrado una vena de plata.* — MINERALOGÍA = veta
5 Faja o incrustación de tierra o piedra que por su calidad o color se distingue de la masa en que se halla interpuesta. — GEOLOGÍA
6 Conducto natural, subterráneo, por donde corre el agua. — GEOLOGÍA
7 Cada lista ondulada, de distinto color, que tienen ciertas piedras o maderas: *vena de mármol.* — = veta
8 Estado de ánimo o humor que hace que una persona actúe de cierta forma: *cuando se enfada le da la vena violenta.*
9 Disposición especial para cierta actividad: *tiene vena de poeta.* — = madera
10 vena ácigos: La situada en la parte anterior derecha de la porción torácica del raquis, que comunica la cava superior con la inferior. — ANATOMÍA
11 vena basílica: Una de las del brazo. — ANATOMÍA
12 vena cava: Cada una de las dos venas más importantes del cuerpo, que desembocan en la aurícula derecha; una procede de la parte superior del cuerpo y la otra de los órganos situados debajo del diafragma. — ANATOMÍA
13 vena cefálica: La del brazo cercana al codo a la que, antiguamente, se creía en relación con la cabeza. — ANATOMÍA
14 vena coronaria o cardíaca: Cada una de las venas que coronan la aurícula derecha del corazón, en la que penetran juntas por un orificio. — ANATOMÍA
15 vena de agua: Conducto natural de agua subterránea. — GEOLOGÍA
16 vena de loco: Manías o extravagancias que tiene una persona. — coloquial
17 vena emulgente: Cada una de las venas por donde sale la sangre de los riñones. — ANATOMÍA
18 vena láctea: Vaso linfático de los intestinos. — ANATOMÍA
19 vena porta: Aquella que lleva la sangre del intestino al hígado. — ANATOMÍA
20 vena ranina o leónica: La situada en la cara inferior de la lengua. — ANATOMÍA
21 vena safena: Cada una de las dos venas importantes que recorren la parte interior y exterior de la pierna. — ANATOMÍA
22 vena subclavia: La que pasa por debajo de la clavícula. — ANATOMÍA
23 vena yugular: Cada una de las dos venas situadas a ambos lados del cuello. — ANATOMÍA
24 acostarse la vena: Cambiarse la inclinación del filón. — MINERALOGÍA
25 coger o hallar a una persona de vena: Hallarle en disposición favorable para conseguir de él lo que se pretende. — coloquial
26 dar una persona en la vena o hallar la vena: Encontrar un medio que antes desconocía para conseguir su deseo. — coloquial
27 darle o entrarle a una persona la vena: Excitarse o inquietarse hasta llevarle a realizar una resolución poco pensada o poco cuerda. — coloquial
28 estar una persona en vena: Estar inspirado para componer versos o hacer alguna cosa. — coloquial
29 picar una persona la vena a otra: Sangrarle. — coloquial
30 picarle a una persona la vena: Estar en vena. — coloquial

venable Que se puede vender. — adj./= vendible

venablo (Del lat. *venabulum*.)
1 Lanza corta y arrojadiza. — s.m.
2 echar venablos: Prorrumpir en expresiones de enfado. — coloquial

venada
1 Ataque de locura. — s.f.
2 Cierva, hembra del venado. — Amér.

venadear Asesinar a alguien en el campo y a mansalva. — v.tr./Méx.

venadero Sitio donde se aparean los venados. — s.m.

venado (Del lat. *venatus*, producto de la caza.) Ciervo, rumiante que vive en manadas en los bosques europeos, asiáticos y americanos. — s.m. ZOOLOGÍA

venaje Conjunto de manantiales y corrientes subterráneas que dan origen a un río. — s.m. GEOLOGÍA

venal
I (Derivado de *vena*.) De las venas. — adj./ANATOMÍA
II (Del lat. *venalis*.)
1 Que está destinado a ser vendido: *esta publicación es venal.* — adj. = venable
2 Que se deja sobornar con dádivas. — = sobornable

venalidad
1 Posibilidad de que una cosa sea vendida. — s.f.
2 Inclinación de una persona a aceptar el soborno. — = corruptibilidad

venático, a Que tiene vena de loco o ideas extravagantes: *cuando le da el ataque venático no hay quien lo aguante.* — adj./s. = lunático

venatorio, a (Derivado del lat. *venatus*, producto de la caza.) De la caza. — adj. culto

vencedero, a Que vence o finaliza en cierto plazo: *pago vencedero.* — adj.

vencedor, a Que vence. — adj/s.

vencejo
I (De origen incierto.) Ave apodiforme insectívora, de color oscuro, pico corto, alas largas y puntiagudas y cola ahorquillada, que pasa la mayor parte del tiempo cazando insectos al vuelo. (*Apus apus.*) — s.m. ZOOLOGÍA
II (Derivado del lat. *vincire*, atar.)
1 Cinta o cuerda para atar una cosa, en especial la que ata los haces de la mies. — s.m. = ligadura
2 Cinta con una hebilla o un broche que se pone en la cintura para sujetar una prenda de vestir. — = cinturón, pretina

vencer (Del lat. *vincere*.)
1 Derrotar o rendir al enemigo o competidor: *el equipo portugués venció al suizo.* — v.tr. conj: mecer
2 Ser una persona o una cosa mejor en una cualidad que otra u otras: *él vence a todos en compañerismo.* — = ganar, superar
3 Pasar o dejar atrás obstáculos o dificultades. — = superar
4 Rendir a una persona algo que es difícil de resistir: *después de correr le vence el sueño.* — v.tr/prnl. = poder
5 Prevalecer una cosa sobre otra: *al final, el sentido común venció al absurdo.* — v.tr. = triunfar
6 Inducir a una persona a seguir un parecer. — = instigar
7 Subir o superar la altura o la aspereza de un lugar.
8 Ladear o inclinar el peso de una cosa a una persona o una cosa: *esta puerta me vence.* — v.tr/prnl.
9 Acabarse un plazo. — v.intr.
10 Quedar un contrato anulado o hacerse exigible una obligación por cumplirse la condición fijada para ella. — = prescribir
11 Conseguir una persona su propósito en una contienda, disputa o pleito: *no sé cómo lo hace, pero siempre vence.* — = ganar
12 Dominar o refrenar un sentimiento: *venció el temor a hablar en público.* — v.tr/intr/prnl. ≠ reprimir

vencetósigo Planta herbácea asclepiadácea, cuyas raíces son medicinales y tiene flores pequeñas y blancas de olor parecido al del alcanfor. (*Vincetoxicum officinale.*) — s.m. BOTÁNICA

vencible Que puede ser vencido: *enemigo vencible.* — adj.

vencida
1 Vencimiento, acto de vencer o ser vencido. — s.f.
2 a la tercera va la vencida: Expresa que a la tercera tentativa se suele conseguir el fin deseado.
3 de vencida: Disminuyendo en intensidad o violencia la fuerza de una persona o cosa, estando a punto de concluir: *la tormenta va de vencida; la enfermedad va de vencida.* — loc.adv.

vencimiento
1 Acción de vencer o de ser vencido. — s.m.
2 Cumplimiento del plazo de una deuda o de una obligación: *se le pasó el vencimiento de la factura.* — = término
3 Inclinación o hundimiento de una cosa por el peso de otra.

venda (Del germ. *binda*.)
1 Tira de gasa o lienzo, usada para cubrir una parte del cuerpo herida o dañada, o para sujetar la cura aplicada a ella: *el médico le puso una venda en el tobillo.* — s.f. = vendaje
2 Banda que llevaban algunos reyes antiguos como distintivo. — HISTORIA
3 caérsele o quitarle la venda de los ojos a una persona: Desengañarse, salir del estado de ofuscación. — coloquial
4 poner a una persona una venda en los ojos: Influir en ella para que viva engañada. — coloquial
5 tener una venda en los ojos: No querer ver la verdad por ofuscación: *sufrirá, cuando se le caiga la venda de los ojos.* — coloquial

vendaje
I (Derivado de *venda*.)
1 Ligadura hecha con vendas o piezas de lienzo utilizada para sujetar una parte del cuerpo o sostener un apósito. — s.m.
2 Venda o conjunto de vendas.
II (Derivado de *vender*.) Comisión dada a una persona por la venta de algo. — s.m. COMERCIO

vendar (Derivado de *venda*.)
1 Cubrir una parte del cuerpo con una venda: *ya te* v.tr.
vendo yo el brazo que tú no puedes.
2 No dejar un sentimiento que una persona piense o
aprecie las cosas tal como son: *su enamoramiento le
vendó los ojos y no vio que lo engañaba.*

vendaval (Del fr. *vent d'aval*, viento de alta mar.)
1 Viento muy fuerte sin llegar a ser temporal: *el ven-* s.m.
daval le rompió el paraguas.
2 Viento muy fuerte que sopla del sur con tendencia
al oeste.

vendedor, a Que vende.   adj/s./COMERCIO

vendehúmos Persona que finge tener influencia con s.m.f.
algún poderoso para obtener provecho de los que pl: vendehúmos
pretenden algo de él.

vendeja
1 Venta pública, como la que se hace en una feria.   s.f./COMERCIO
2 Conjunto de mercancías destinadas a la venta.   COMERCIO

vender (Del lat. *vendere*.)
1 Dar una cosa a una persona por un precio conveni- v.tr.
do: *le vendió su coche a un precio razonable.* ≠ comprar
2 Tener mercancías a disposición del público: *en esa* COMERCIO
tienda venden todo tipo de cosas.
3 Faltar una persona a la confianza o la amistad que = delatar
debe a otra: *vendió a sus compañeros para obtener la recompensa.*
4 Obtener dinero o provecho material por cosas que
tienen valor moral: *se habrá enriquecido, pero ha vendido su reputación.*
5 Dejarse sobornar una persona: *no tiene escrúpulos, se* v.prnl.
vende al mejor postor.
6 Ofrecerse una persona a todo riesgo en favor de
otra: *tu hermano se vende por sus amigos para evitar problemas.*
7 Decir o hacer una persona una cosa con la que des- = delatar
cubre de modo involuntario lo que quiere mantener
oculto: *se vendió al cerrar precipitadamente la puerta.*
8 Atribuirse una persona una cualidad que no tiene: + por
se vende por inteligente, pero aún tiene mucho que aprender.
9 **estar como vendido:** Estar una persona inquieta y coloquial
temiendo un peligro.
10 **estar vendido:** 1. Estar una persona en un peligro coloquial
conocido: *con estos socios, estoy vendido.* 2. Estar en una coloquial
situación difícil que otros pueden controlar, con el
consiguiente prejuicio para él.
11 **ir vendido:** No tener una idea cabal de un asunto: coloquial
va vendido si tiene que dar clases con lo poco que sabe.
12 **vender cara una cosa:** 1. Lograr que a otro le coloquial
cueste mucho esfuerzo conseguirla. 2. Intentar per- coloquial
suadir a una persona de la bondad o utilidad de una
cosa que en realidad no la tiene: *le vendieron caro el
nuevo invento.*
13 **venderse uno caro:** 1. No prodigar su presencia: coloquial
ven a vernos, no te vendas tan caro. 2. Dar una persona coloquial
su amistad o su compañía con mezquindad, por or-
gullo o presunción.
14 **¡a mí que las vendo!:** Indica que se conoce muy coloquial
bien una cosa, por lo que no cabe el engaño: *no me
vengas con gangas, ¡a mí que las vendo!*

vendetta (Voz italiana.)
1 Venganza de un asesinato por medio de otro asesi- s.f.
nato.
2 Estado de enemistad producido por una muerte o
una ofensa y que se transmite a toda la familia de la
víctima.

vendí Certificado de venta extendido por el vendedor s.m.
para acreditar la procedencia y el precio de lo com- COMERCIO
prado.   pl.tb: vendíes

vendible Que está a la venta o es fácil de vender.   adj.

vendimia (Del lat. *vindemia*.)
1 Recolección de la uva.   s.f./AGRICULTURA
2 Temporada en que se efectúa esta recolecta.   AGRICULTURA
3 Beneficio o provecho grande que se saca de algo.   = cosecha

vendimiador, a Persona que vendimia.   s.

vendimiadora Máquina para la recolección de la s.f.
uva.   AGRICULTURA

vendimiar (Del lat. *vindemiare*.)
1 Coger el fruto de las viñas: *todos los años vendimian* v.tr/intr.
veinte personas en su finca. AGRICULTURA
2 Sacar provecho de una cosa con violencia o injusti- v.tr.
cia: *estuvo vendimiando sus rentas durante años.* = cosechar
3 Matar a una persona: *lo vendimiaron por su traición.* coloquial/= pelar

vendimiario Primer mes del calendario republicano s.m.
francés, cuyos días primero y último correspondían HISTORIA
al 22 de setiembre y el 21 de octubre del calendario
occidental.

vendo Orilla de una tela en pieza.   s.m./TEXTIL

veneciano, a
1 Que es de Venecia, ciudad italiana.   adj/s./= véneto
2 Persona natural de esta ciudad italiana.   s.

3 Variante dialectal del italiano hablado en esta ciu- s.m./LINGÜÍSTICA
dad y en su región.

venencia Cacillo metálico para sacar pequeñas canti- s.f.
dades de vino que contiene una bota.

venenífero, a (De *veneno* + lat. *ferre*, llevar.) Que tie- adj.
ne o incluye veneno. literario

veneno (Del lat. *venenum*.)
'1 Sustancia que introducida o aplicada a un organis- adj.
mo le produce un grave trastorno o la muerte: *no hay* = tósigo,
antídoto para el veneno de esa serpiente. tóxico
2 Cualquier cosa nociva para la salud: *el alcohol es un
veneno para él.*
3 Cualquier cosa capaz de causar un daño moral: *el
chantaje es un veneno.*
4 Mala intención puesta en lo que se dice.
5 Envidia, rencor o cualquier sentimiento que quita
tranquilidad a quien lo tiene.

venenosidad Calidad de venenoso.   s.f.

venenoso, a
1 Que produce envenenamiento: *la planta produce* adj.
una sustancia venenosa. = tóxico
2 Que contiene veneno: *líquido venenoso.* = ponzoñoso
3 Que desacredita o calumnia: *esa señora tiene una* = ponzoñoso
lengua venenosa.

venera
I (Del lat. *veneria*.)
1 Concha semicircular de dos valvas de la vieira.   s.f.
2 Insignia que llevaban sobre el pecho los caballeros MILITAR
de ciertas órdenes militares.
3 Adorno formado por una valva convexa parecida a ARQUITECTURA
la concha del peregrino.
II (Derivado de *vena*.) Venero, manantial de agua.   s.f.

venerable
1 Que es digno de veneración: *aspecto venerable; vene-* adj.
rable anciano. = honorable
2 Se aplica como epíteto a las personas de conocida
virtud.
3 Primer título que la Iglesia católica concede a los s.m.f.
que mueren con fama de santidad. RELIGIÓN
4 Presidente de una logia masónica.   s.m.

veneración
1 Sentimiento de respeto y devoción por una perso- s.f.
na o una cosa. = reverencia
2 Culto que se rinde a Dios, a los santos y a las cosas RELIGIÓN
sagradas.

venerando, a Que merece ser venerado.   adj./= venerable

venerar (Del lat. *venerari*.)
1 Sentir o mostrar una persona mucho respeto por v.tr.
una persona o una cosa: *venera a sus abuelos.* = reverenciar
2 Dar culto a Dios o a las cosas sagradas.   RELIGIÓN

venéreo, a (Del bajo lat. *venereus* < lat. *venerius*, perteneciente a *Venus*.)
1 Del placer o trato sexual.   adj./= sexual
2 Se aplica a la enfermedad contagiosa que se con- adj/s.
trae a través de relaciones sexuales. MEDICINA

venereología (De *venéreo* + gr. *logos*, ciencia.) Parte s.f.
de la medicina que estudia las enfermedades infec- MEDICINA
ciosas de transmisión sexual.

venereológico, a De la venereología o de las enfer- adj.
medades venéreas. MEDICINA

venereólogo, a Médico especialista en venereología. s./MEDICINA

venero
1 Manantial de agua.   s.m./tb: venera
2 Línea horaria en un reloj de sol.
3 Depósito abundante de una virtud o de algo prove- = pozo
choso: *venero de sabiduría.*
4 Filón de mineral.   MINERÍA

véneto, a Veneciano [en todas sus acepciones].   adj/s.

venezolanismo Expresión o construcción caracterís- s.m.
ticas de la variedad lingüística del español hablado en LINGÜÍSTICA
Venezuela.

venezolano, a
1 De Venezuela, país sudamericano.   adj/s.
2 Persona natural de este país sudamericano.   s.
3 Modalidad lingüística adoptada por el español ha- s.m.
blado en este país. LINGÜÍSTICA

vengador, a Que venga o se venga.   adj/s.

venganza Daño o agravio afligido a alguien como s.f.
respuesta a satisfacción de otro recibido. = revancha

vengar (Del lat. *vindicare*.) Tomar satisfacción de un v.tr/prnl.
agravio o un daño por medio de otro: *se vengó de su* conj: *pagar*
enemigo pegándole una paliza.

vengativo, a Que tiende a vengarse: *es una persona* adj.
vengativa. = rencoroso

venia (Del lat. *venia*.)
1 Permiso o licencia dada por una autoridad: *con la* s.f.
venia del tribunal.

2 Perdón de una culpa u ofensa: *el confesor le dio la venia*.   ≠ penitencia

3 Saludo que consiste en una inclinación de la cabeza.

4 Permiso que un tribunal concede a un menor para que pueda administrar sus propios bienes.   DERECHO

venial Que infringe de manera leve un precepto: *es un delito venial*.   adj. = insignificante

venialidad Cualidad de lo que es venial o leve.   s.f.

venida

1 Acción y resultado de venir.   s.f.

2 Acción de regresar o volver al lugar de donde se ha salido: *su venida a casa fue celebrada con gozo*.   = regreso, vuelta

3 Aumento repentino e impetuoso del caudal de un río o un arroyo.   = avenida

4 Acometimiento mutuo de los contrincantes, después de presentar la espada, en esgrima.   DEPORTES

venidero, a

1 Que vendrá o sucederá: *en días venideros; las generaciones venideras*.   adj. = futuro

2 Personas que suceden a otra u otras en un lugar.   s.m.pl.

3 Personas que han de nacer en el futuro.   = descendientes

venimécum Libro pequeño que contiene el resumen de una ciencia, una técnica o una disciplina.   s.m. = vademécum

venir (Del lat. *venire*.)

1 Moverse una persona o una cosa hacia el lugar donde está la que habla: *puedes venir a casa sola*.   v.intr.

2 Presentarse una persona ante otra: *¿cómo has venido?*   = llegar

3 Llegar o estar próximo una tiempo: *ya viene el otoño*.   = llegar

4 Adaptarse o convenir una cosa a una persona del modo que se expresa: *la reunión del jueves me viene mal; la camisa le viene estrecha*.

5 Tener una cosa su origen en otra: *el mal genio le viene del padre*.   + de = proceder

6 Ser una cosa consecuencia de otra: *su fama viene de su buen trato*.   + de = derivar

7 Seguir una cosa a otra: *el capítulo 3 viene después del 2, claro*.   = continuar

8 Aparecer en una persona una idea, una sensación o un sentimiento: *me vino mucha rabia, pero me tuve que aguantar; le vino un malestar*.   = dar, producir

9 Volver a tratar un asunto, después de una digresión: *venid al caso, dejad las cuestiones laterales*.   + a

10 Llegar varias personas a ponerse de acuerdo en una cuestión conflictiva: *los vecinos vinieron a paz después de la reunión*.   + a

11 Pasar el dominio o el uso de una cosa de una persona a otra: *este coche le viene de su abuelo*.   + de = provenir

12 Estar incluida una cosa en una publicación: *eso viene al principio del libro*.

13 Producirse una cosa en un terreno.

14 Empezar a manifestarse una cosa: *parece que ya la viene un poco de cordura*.   = aparecer

15 Ocurrir finalmente una cosa que se esperaba o se temía: *vino a enfermar, después de muchas penalidades*.   + a

16 Ser una cosa aproximadamente equivalente a otra o a una cantidad: *este vestido viene a costar cinco mil pesetas*.   + a

17 Presentarse una persona en un lugar llamado o convocado por otra.   + ante = comparecer

18 Decidir una autoridad sobre una cosa: *el juez vino en disponer esto*.   + en

19 Aducir o traer a colación lo que se expresa: *no me vengas con chorradas*.   + con

20 Incluir o llevar incorporado: *el sobre ya viene con todo lo necesario*.   + con

21 Seguido de la preposición *en* y de un sustantivo, toma el significado correspondiente a dicho sustantivo: *vino en deseo de tomarse unas vacaciones*.   + en

22 Caer una persona o una cosa sobre otra: *tu primo tropezó y vino sobre el montón de libros*.   + sobre

23 Ocurrirle una cosa a una persona: *viene sobre mi padre una desgracia tras otra*.   + sobre = caer

24 Llegar una persona a transigir o avenirse: *al final se vino a lo que yo decía*.   v.intr/prnl.

25 Realizar la masa del pan o el mosto la fermentación correspondiente.   v.prnl. = fermentar

26 Seguido de gerundio, intensifica la idea de duración de éste: *viene diciéndolo desde hace tiempo*.   v.aux.

27 *¿a qué viene eso?*: Expresión que indica que una cosa se considera inoportuna o injustificada.   loc.adv.

28 *en lo por venir*: En el futuro.

29 *¡venga!*: **1.** Se utiliza para animar a una persona o pedirle que haga algo deprisa: *¡venga!, que te falta poco*. **2.** Indica rechazo, incredulidad o fastidio por algo: *¡venga!, no puede ser*.   interj.

30 *venga lo que viniere*: Expresión con que se indica la decisión de realizar una cosa sean cuales sean sus consecuencias.

31 *venir a menos*: Pasar a ocupar una persona una posición social o económica más baja: *desde que cambió de barrio ha venido a menos*.   coloquial

32 *venir a parar*: **1.** Acabar o finalizar en un lugar: *el arroyo viene a parar a este río*. **2.** Llegar a una conse-   coloquial   coloquial

cuencia o una decisión después de hablar, discutir o pensar.

33 *venir mal dadas*: Presentarse de manera adversa cosas, asuntos o circunstancias: *las próximas elecciones vienen mal dadas para tu partido*.   coloquial

34 *venir rodada una cosa*: Suceder una cosa que resulta conveniente sin haberla planeado: *la excursión del fin de semana vino rodada*.   coloquial

35 *venirse abajo*: **1.** Caer, arruinarse o destruirse una cosa: *el negocio se vino abajo*. **2.** Perder el ánimo una persona.   coloquial coloquial

CONJ.: IND.: PRES.: *vengo, vienes, viene, venimos, venís, vienen*. PRET. INDEF.: *vine, viniste, vino, vinimos, vinisteis, vinieron*. FUTUR. IMPERF.: *vendré, vendrás, vendrá, vendremos, vendréis, vendrán*. COND.: *vendría, vendrías, vendría, vendríamos, vendríais, vendrían*. SUBJ. PRES.: *venga, vengas, venga, vengamos, vengáis, vengan*. PRET. IMPERF.: *viniera o viniese, vinieras o vinieses, viniera o viniese, viniéramos o viniésemos, vinierais o vinieseis, vinieran o viniesen*. FUTUR. IMPERF.: *viniere, vinieres, viniere, viniéremos, viniereis, vinieren*. IMP.: *ven, venid*. GERUND.: *viniendo*.

venoso, a

1 Que tiene relación con las venas.   adj.

2 Que tiene venas.

venta (Del lat. *vendita*.)

1 Acción y resultado de vender.   s.f.

2 Conjunto de cosas vendidas: *la venta de hoy ha sido escasa*.   COMERCIO ≠ compra

3 Posada de los caminos o despoblados, destinada al alojamiento de los que van de paso.   = mesón

4 Contrato bilateral y oneroso, por el cual una de las partes se obliga a entregar a la otra una cosa a cambio de un precio convenido.   COMERCIO, DERECHO

ventada Ráfaga de viento.   s.f.

ventaja (Del fr. *avantage*.)

1 Circunstancia de estar por delante de otro o tener mejores condiciones para hacer una cosa: *él tiene ventaja sobre ti porque conoce mejor el tema*.   s.f. ≠ desventaja

2 Trato o condiciones favorables concedidas a una persona para hacer algo: *te doy una ventaja de cien puntos para que haya más disputa*.

3 Cualidad o superioridad de una cosa que hace que la prefiramos a las demás: *vivir en la ciudad tiene muchas ventajas*.

4 Provecho o utilidad de algo: *no veo bien la ventaja de hacerlo así*.   = beneficio

5 Sueldo sobreañadido al común.   = sobresueldo

6 Beneficio que se obtiene de una falta cometida por el contrario, en algunos juegos de equipo.   DEPORTES

7 Punto que desempata el iguales a cuarenta, en el tenis.   DEPORTES

ventajear Sacar ventaja a una persona mediante procedimientos reprobables.   v.tr./Argent., Colomb., Guat., Urug.

ventajero, a Ventajista, que intenta obtener ventaja sin importarle los medios empleados.   adj/s./Argent., Dom., P. Rico, Urug.

ventajista Que intenta obtener ventajas en un asunto o juego, sin importarle los medios utilizados.   adj/s. = ganguista

ventajoso, a Que proporciona alguna ventaja o beneficio: *contrato ventajoso*.   adj. = conveniente

ventalla (Del fr. *ventaille*.)

1 Dispositivo que en algunas máquinas o conductos sirve para abrir o cerrar el paso de un líquido o un gas.   s.f./TECNOLOGÍA = válvula

2 Cada una de las partes en que se dividen las cápsulas, legumbres y otros frutos, que se unen a otras partes similares por suturas.   BOTÁNICA = valva

ventalle

1 Instrumento para dar o darse aire.   s.m./= abanico

2 Pieza movible del casco de la armadura, que en unión con la visera cerrada la parte delantera del mismo.   HISTORIA

ventana

1 Abertura que se deja en la pared de un edificio para dar luz y ventilación.   s.f. CONSTRUCCIÓN

2 Armazón de marco y bastidores con cristales con que se cierra esta abertura.   CONSTRUCCIÓN

3 Cualquier abertura.

4 Cada uno de los orificios de la nariz.   ANATOMÍA

5 Área rectangular de la pantalla de un ordenador a través de la cual se pueden gestionar mensajes, tablas de datos, pantallas gráficas y movimientos del cursor.   INFORMÁTICA

6 *ventana oval*: Abertura situada en el tabique interno de la caja del tímpano.   ANATOMÍA

7 *arrojar, echar o tirar una cosa por la ventana*: Desperdiciarla o malgastarla, en especial cuando se trata de una oportunidad.   coloquial

8 *salir una persona por la ventana*: Abandonar un lugar de modo desafortunado.   coloquial

ventanaje

1 Conjunto de ventanas de un edificio.   s.m.

2 Conjunto de elementos de una ventana.

ventanal Ventana grande.   s.m.

ventanazo Golpe dado por la ventana al cerrarse o ser cerrada de manera violenta. *s.m.*

ventanear Asomarse a la ventana con frecuencia. *v.intr.*

ventaneo Costumbre de asomarse a la ventana. *s.m.*

ventanero, a
1 Que construye ventanas. *s./CONSTRUCCIÓN*
2 Que ventanea o se asoma con frecuencia a la ventana: *en el pueblo hay un ventanero casi enfermizo.* *adj.*

ventanilla
1 Abertura pequeña en un cerramiento para comunicación con el público en un banco o despacho. *s.f. = taquilla*
2 Mostrador o lugar donde un empleado atiende al público.
3 Abertura provista de cristal de los laterales de los vehículos: *le gusta ir mirando el paisaje a través de la ventanilla.*
4 Cada uno de los orificios nasales. *ANATOMÍA*
5 Abertura rectangular y transparente de los sobres, que sirve para ver la dirección del destinatario que está escrita en la carta.

ventanillo
1 Contraventana interior de una ventana o balcón para impedir el paso de la luz. *s.m. tb: ventanico*
2 Pequeña abertura en la puerta exterior de una casa para ver quién llama. *= mirilla*
3 Abertura en el piso de una habitación para mirar o acceder a la que está debajo. *= trampilla*

ventano Ventana pequeña. *s.m.*

ventar
1 Soplar el viento. *v.imp./conj: pensar*
2 Oler los animales el aire para orientarse. *v.intr./= ventear*

ventarrón Viento muy fuerte. *s.m.*

venteadura
1 Fisura producida en una cosa por el calor o la sequedad. *s.f. = grieta*
2 Formación de una ampolla en un ladrillo o un objeto de cerámica.
3 Deterioro de una cosa producido por su exposición a la acción del aire.
4 Ventosidad o gas intestinal. *= pedo*

venteamiento Alteración del vino por efecto del aire. *s.m.*

ventear
1 Soplar el viento: *hacía frío y venteaba.* *v.impers.*
2 Seguir los animales el rastro olfateando el aire. *v.tr./= ventar*
3 Exponer una cosa al viento: *venteó la alfombra del dormitorio.* *= airear*
4 Intentar averiguar una cosa: *venteó lo sucedido entre sus compañeros para saber la causa.* *= husmear*
5 Producirse grietas en una cosa por la acción de la sequedad o el calor. *v.prnl. = agrietarse*
6 Formar ampollas los ladrillos o los objetos de cerámica.
7 Estropearse el tabaco u otra cosa por la acción del aire.
8 Expeler una persona los gases intestinales por el ano: *el niño se venteó repetidamente.* *= ventosear*

venteril De la venta o del ventero. *adj.*

ventero, a
I (Derivado de *viento*.) Se aplica al animal que ventea: *perro ventero.* *adj.*
II (Derivado de *venta*.) Persona que se encargaba de una venta u hospedaje. *s.*

ventila
1 Serie de ventanitas que se abren y se cierran horizontalmente y que permiten controlar la entrada del aire en una habitación. *s.f. Méx.*
2 Ventanilla pequeña de un automóvil. *Méx.*

ventilación
1 Acción y resultado de ventilar o ventilarse una habitación, un local u otro lugar cerrado. *s.f. = ventilado*
2 Abertura que sirve para ventilar un recinto. *= respiradero*
3 Corriente de aire que se establece al ventilar un recinto.
4 Instalación con que se ventila un recinto. *= aireación*
5 **ventilación asistida**: Asistencia respiratoria de un enfermo. *MEDICINA*

ventilador
1 Aparato para ventilar una habitación, un aparato, un motor o un recinto cerrado: *en verano aquí no se puede estar ni con ventilador.* *s.m.*
2 Abertura hacia el exterior en una habitación, para renovar el aire sin tener que abrir puertas o ventanas. *= respiradero, ventilación*

ventilar (Del lat. *ventilare*.)
1 Hacer que el aire circule en un lugar para que se le vaya el olor: *la cocina se ventila bien.* *v.tr./prnl. = airear*
2 Poner o agitar una cosa al aire libre para que se le vaya el polvo o algún olor: *tuve que ventilar la ropa porque olía a tabaco.* *v.tr.*

3 Tratar y resolver un asunto: *al fin ventilamos el problema de los salarios.*
4 Difundir un asunto privado o íntimo: *la revista ventiló la enfermedad de un famoso actor.* *≠ ocultar*
5 Matar a una persona: *dos terroristas ventilaron al policía; la mafia se ventiló a dos jefes.* *v.tr/prnl. coloquial*
6 Cambiar una persona su aspecto, sus ideas o pensamientos. *v.prnl. coloquial*

ventisca
1 Tormenta de viento y nieve: *no podemos salir a pasear en medio de esta ventisca.* *s.f. tb: ventisco*
2 Viento fuerte. *= ventarrón*

ventiscar
1 Nevar con viento fuerte: *el último día del año ventiscó toda la tarde.* *v.impers/conj: sacar tb: ventisquear*
2 Levantarse la nieve por la fuerza del viento.

ventiscoso, a Se refiere al tiempo o lugar en que son frecuentes las ventiscas: *zona ventiscosa.* *adj.*

ventisquero
1 Altura de los montes más expuesta a las ventiscas. *s.m.*
2 Lugar de la montaña donde se conserva mucho tiempo la nieve y el hielo. *= helero, nevero*
3 Masa de nieve o hielo que se conserva en un lugar de la montaña. *= glaciar*

ventola Esfuerzo que el viento hace contra un obstáculo cualquiera. *s.f. NÁUTICA*

ventolera
1 Golpe de viento fuerte. *s.f./= ventada*
2 Juguete que consiste en una varilla con una cruz o estrella en la punta que gira movida por el viento. *= molinete, rehilandera*
3 Acción o palabras inesperadas y sorprendentes: *no hagas caso, se ha ido porque le ha dado la ventolera.* *= repente, venada*
4 Fanfarronería o soberbia de una persona. *coloquial*

ventolina Viento ligero y variable. *s.f./NÁUTICA*

ventor, a (Del fr. ant. *venteor*.) Se aplica al animal que guiado por el olfato y del viento busca un rastro o huye del cazador. *adj. CAZA*

ventorrero Sitio alto y muy ventoso. *s.m.*

ventorro Venta pequeña para hospedar a gente de paso. *s.m. = ventorrillo*

ventosa
1 Objeto que consiste en una concavidad que, al hacerse el vacío, queda adherida por presión a una superficie. *s.f.*
2 Abertura que se hace en algunos sitios para dar paso y entrada al aire. *= respiradero, ventilación*
3 Órgano de fijación de algunos animales como el pulpo, la sanguijuela u otros. *ZOOLOGÍA*
4 Ampolla de vidrio que se aplica sobre la piel para producir una revulsión local, enrareciendo el aire en su interior. *MEDICINA*
5 **pegar a una persona una ventosa**: Sacarle con artificio o engaño dinero u otra cosa. *coloquial*

ventosear Expeler una persona ventosidades: *procura no ventosear en público.* *v.intr/prnl. = zullarse*

ventosidad
1 Acumulación de gases en el intestino: *le duele el estómago porque tiene ventosidad.* *s.f. = flatulencia*
2 Gas intestinal expulsado por el ano. *= pedo*

ventoso, a
1 Que está batido por los vientos o que transcurre con mucho viento: *lugar ventoso.* *adj.*
2 Que produce flato. *= flatulento*
3 Se aplica al animal que ventea u olfatea bien el aire. *= ventero*
4 Sexto mes del calendario republicano francés, cuyos días primero y último coincidían con el 19 de febrero y el 20 de marzo del calendario occidental. *s.m. HISTORIA*

ventral Del vientre: *aleta ventral.* *adj./= abdominal*

ventrecha (Del fr. ant. *ventresche*.) Vientre de los pescados. *s.f. = ventrisca*

ventregada
1 Conjunto de crías que han nacido de un parto. *s.f./= camada*
2 Abundancia de cosas que vienen juntas o de una vez. *= alud*

ventrera
1 Faja que se pone en el vientre. *s.f.*
2 Armadura que cubría el vientre. *HISTORIA*

ventricular Del ventrículo. *adj./ANATOMÍA*

ventrículo (Del lat. *ventriculus*.)
1 Cada una de las dos cavidades del corazón de aves y mamíferos, por las que pasa la sangre procedente de las aurículas. *s.m. ANATOMÍA*
2 Cavidad del corazón de los moluscos, peces, batracios y casi todos los reptiles, que recibe la sangre de las aurículas. *ZOOLOGÍA*
3 Cada una de las cuatro cavidades del encéfalo de los vertebrados. *ANATOMÍA*
4 Cada una de las dos cavidades que hay a uno y otro lado de la glotis, entre las cuerdas vocales de los mamíferos. *ANATOMÍA*

5 ventrículo succenturiado: Cavidad del extremo posterior del esófago de las aves, en cuyas paredes hay glándulas secretoras de jugos que digieren los alimentos reblandecidos en el buche.   ZOOLOGÍA

ventriculografía (De *ventrículo* + gr. *grapho*, escribir.) Examen radiológico de los ventrículos cerebrales.   s.f. MEDICINA

ventril Pieza de madera usada para equilibrar la viga en los molinos de aceite.   s.m.

ventrílocuo, a (Del lat. *venter, -tris*, vientre + *loqui*, hablar.) Se refiere a la persona que domina la ventriloquía.   adj/s.

ventriloquía Arte y técnica de emitir sonidos sin mover los labios y los músculos faciales.   s.f.

ventrisca Vientre de los pescados.   s.f./= ventrecha

ventrón Túnica muscular que cubre el estómago de algunos rumiantes, y se usa para cocinarla como callos.   s.m. ZOOLOGÍA

ventrudo, a Que tiene el vientre abultado: *¿comes mucho, no?, te veo muy ventrudo.*   adj./tb: ventroso = barrigudo

ventura (Del lat. *ventura*.)
1 Sentimiento de felicidad.   s.f./= dicha
2 Suerte o buena suerte: *tuvo la ventura de vivir aquellos años de paz.*   = fortuna
3 Conjunto de circunstancias que no se pueden prever ni evitar.   = casualidad
4 Peligro o riesgo.   = desventura
5 **a la buena ventura:** A lo que depare la suerte.   loc.adv.
6 **por ventura:** Por casualidad: *si por ventura vieras a quien yo más quiero.*   loc.adv.
7 **probar ventura:** Probar suerte: *se fue de casa a probar ventura.*

venturado, a Que es afortunado o feliz.   adj.

venturanza Felicidad o buena ventura.   s.f.

venturero, a
1 Que va de un lado a otro sin ocupación fija, pero está dispuesto a trabajar en cualquier cosa.   adj.
2 Afortunado, que tiene buena suerte.
3 Aventurero, aficionado a la aventura.   adj/s.

venturina
1 Mineral de color pardo amarillento con laminillas de mica dorada en su masa, que es una variedad de cuarzo y se usa como piedra fina y decorativa.   s.f. MINERALOGÍA
2 **venturina artificial:** Vidrio de color rojizo fundido con limaduras de cobre, usado en joyería.

venturo, a Que ha de venir o suceder.   adj./= futuro

venturoso, a
1 Que es afortunado o feliz.   adj.
2 Que causa ventura o felicidad: *vivimos un venturoso acontecimiento.*   = feliz ≠ desgraciado

vénula Vena pequeña.   s.f./ANATOMÍA

venus (Del lat. *Venus*.)
1 Mujer muy hermosa.   s.f.
2 Acto sexual o deleite sensual.
3 Denominación que se da a unas estatuillas prehistóricas de mujer elaboradas en marfil, piedra o hueso.   HISTORIA

venusiano, a Del planeta Venus o que tiene relación con él.   adj. ASTRONOMÍA

venusino, a
1 De la diosa Venus o que tiene relación con ella.   adj./MITOLOGÍA
2 Que está influido por la diosa Venus.   MITOLOGÍA
3 Hipotético habitante del planeta Venus.

venustidad Característica de la persona que es muy hermosa.   s.f. = venustez

venusto, a Se refiere a la persona que es muy bella.   adj./= hermoso

ver (Del lat. *videre*.)
1 Percibir una persona o un animal una cosa por la vista: *lo vio todo; creía que no podría volver a ver.*   v.tr/intr.
2 Percibir una cosa con los sentidos o con la inteligencia.   v.tr. = captar
3 Entender una cosa: *ya está, ya lo veo, no sigas explicándolo.*   = comprender
4 Examinar o mirar una cosa con atención: *vamos a ver este asunto con calma.*   = observar
5 Visitar una persona o estar con ella para tratar de un asunto: *nos vemos mañana y lo comentamos, ¿vale?*   v.tr/prnl.
6 Experimentar una persona una cosa: *yo nunca había visto nada parecido.*   v.tr. = vivir
7 Asistir a un espectáculo o acontecimiento social y seguir su desarrollo: *vimos la obra el día del estreno.*   = presenciar
8 Juzgar a una persona o cosa: *yo eso lo veo ridículo.*
9 Hacer lo necesario para enterarse de algo: *¿puedes ver si hace frío?*
10 Prevenir lo que va a ocurrir o inferirlo de lo que sucede en el presente: *veo que llegaremos tarde otra vez.*
11 En futuro o pasado, se usa para hacer referencia, el que habla o escribe, a una cosa ya tratada o que se tratará después: *como hemos visto, ésta es la cuestión central.*
12 Obrar una persona con precaución en las cosas que realiza.   = mirar
13 Ser un lugar escenario de un acontecimiento: *esta catedral ha visto hechos históricos.*
14 Estar un juez presente en la discusión oral de un pleito o una causa que ha de sentenciar.   DERECHO
15 Intentar hacer una cosa: *vio de arreglar la situación para que no empeorara.*   v.intr. + de
16 Estar una persona o una cosa en lugar o postura para ser visible: *se le ve de perfil.*   v.prnl.
17 Estar una persona en un estado o una situación: *se vio indefenso.*   = sentirse
18 Representarse de modo material o inmaterial la imagen o semejanza de una cosa.
19 Manifestarse una cosa.   = aparecer
20 Sentido de la vista.   s.m.
21 Apariencia de las cosas y de las personas: *el actor está de muy buen ver.*
22 **a más ver o hasta más ver:** Expresión que se utiliza como despedida.   coloquial
23 **a mí, tu, su ver:** Según el juicio o parecer de uno.   loc.adv.
24 **a ver o veamos:** 1. Expresión que se utiliza para pedir algo: *a ver, dónde está ese chocolate.* 2. Indica extrañeza o curiosidad: *a ver qué hace ahora.*
25 **a ver si...:** Seguido de un verbo o de una oración, indica expectación, curiosidad o temor: *a ver si lo haces bien.*
26 **estar una cosa por ver:** Poner en duda la bondad o la maldad de lo que se dice o hace: *está por ver que hayas conseguido el puesto por tu inteligencia.*
27 **¡habráse visto!:** Indica reproche ante un proceder que se considera inoportuno e inesperado: *¡habráse visto!, qué se habrá creído este chaval.*
28 **hacer ver:** 1. Procurar que una persona se dé cuenta de una cosa. 2. Disimular que se está haciendo una cosa: *hacía ver que trabajaba, pero se lo hacían todo sus colaboradores.*   coloquial coloquial
29 **hay que ver:** Expresión con que se pondera una cosa notable.
30 **no veas o que no veas:** Expresión con que se enfatiza lo que se dice: *tengo un trabajo que no veas.*   coloquial
31 **no tener una cosa nada que ver:** No tener ninguna relación con lo que se dice o hace: *no tiene nada que ver que seas el jefe para que pisotees a los trabajadores.*   coloquial
32 **te veo o te veo venir:** Expresión que se utiliza para advertir a una persona que se han adivinado sus intenciones.   coloquial
33 **ver para creer:** Expresión con la que se indica sorpresa ante lo que se dice u observa: *ver para creer, tan alto que subió en la empresa y ha terminado en el paro.*
34 **verás, verá, veréis o verán:** 1. Introducen una explicación aclaratoria o una descripción o relato: *verás, esto es muy sencillo...* 2. Advertencia, amenaza o pronóstico que se dirige a una persona: *cásate y verás.*
35 **veremos o ya veremos:** Expresión que se emplea para diferir la resolución de una cosa, sin concederla ni negarla: *de momento no hay nada que hacer, más adelante, veremos.*
36 **verse uno en ello:** Pensar en la resolución o en la ejecución de una cosa: *mañana te daré la respuesta porque aún me veo en ello.*   coloquial
37 **vérselas con una persona:** Tener una contienda o un enfrentamiento, por lo general verbal, con alguien: *se las vio con su jefe porque le menospreciaba.*   coloquial
38 **vérselas y deseárselas una persona:** Costarle mucho conseguir una cosa.   coloquial
39 **ver o verlas venir:** Esperar una persona, para la resolución de una cosa, la determinación o intención de otra persona: *prefiero verlas venir antes de tomar partido.*

CONJ.: IND.: PRES.: veo, ves, ve, vemos, veis, ven. PRET. INDEF.: vi, viste, vio, vimos, visteis, vieron. SUBJ.: PRET. IMPERF.: viera o viese, vieras o vieses, viera o viese, viéramos o viésemos, vierais o vieseis, vieran o viesen. FUTUR.: IMPERF.: viere, vieres, viere, viéremos, viereis, vieren. IMP.: ve, ved. GERUND.: viendo. PART.: visto.

vera
I (Del port. *beira*.)
1 Orilla [en todas sus acepciones].   s.f.
2 **a la vera:** Al lado.   loc.adv.
II (De origen incierto.) Planta arbórea americana semejante al guayaco, con madera muy dura y pesada de color rojizo oscuro. (*Bulnesia arborea.*)   s.f. BOTÁNICA

veracidad Calidad de veraz.   s.f./= sinceridad

veranada Temporada de verano, respecto de los ganados.   s.f.

veranadero Sitio donde pastan los ganados en verano.   s.m.

veranda
1 Galería que rodea una casa o un patio: *muchas casas indias y tropicales tienen verandas ligeras y descubiertas.*   s.f. = pórtico = galería
2 Mirador o balcón acristalado.

veraneante Que veranea: *el año pasado hubo muchos veraneantes en la zona.*   adj/s.m.f. = turista

veranear Pasar el verano en un lugar distinto del que normalmente se reside.   v.intr. tb: veranar

veraneo
1 Acción y resultado de veranear. s.m.
2 Sitio donde algunos animales pasan el verano. = veranero

veraniego
1 Que es propio del verano: *traje veraniego; se tostaba* adj.
bajo el sol veraniego. = estival
2 Se refiere a la persona que suele enloquecer o enfermar en verano.
3 Que es ligero, de poca importancia: *amor veraniego.*

veranillo Temporada calurosa a comienzos o mediados del otoño. s.m.

veranito
1 Período corto de bonanza. s.m./Argent./coloquial
2 **veranito de san Juan**: Veranillo que en el hemisferio sur suele presentarse a fines de junio. Argent.

verano (Del lat. vulgar *veranum tempus*, tiempo primaveral.)
1 Época más calurosa del año que, en el hemisferio s.m.
septentrional, corresponde a los meses de junio, julio = estío
y agosto, y en el austral a diciembre, enero y febrero.
2 Temporada de sequía que dura aproximadamente seis meses, en los países ecuatoriales.
3 **de verano**: Se usa cuando una persona da a entender que no piensa hacer o dar lo que se pide o espera de ella. loc.adv. coloquial

veras (Derivado del lat. *verus*, verdadero.)
1 Verdad o realidad con que se dice o hace algo. s.f.pl.
2 Actitud seria y eficaz con que se hace o desea una cosa.
3 **de a veras**: De verdad, no falso. loc.adv./Méx.
4 **de veras**: 1. Con verdad. 2. Con seriedad y eficacia. loc.adv./coloquial
3. Muy o mucho: *es tonto de veras; me dolió de veras.* loc.adj.

verascopio (Del lat. *verus*, verdadero + gr. *skopeo*, s.m.
observar.) Cámara fotográfica con la que se obtienen FOTOGRAFÍA
de modo simultáneo dos negativos cuyas imágenes tb: veráscopo
traspasadas a papeles o placas positivas, pueden observarse con un estereoscopio.

veratrina (Derivado del lat. *veratrum*, baladre.) Alca- s.f.
loide tóxico que se obtiene del veratro o eléboro QUÍMICA
blanco.

veraz (Del lat. *verax, -acis*.)
1 Que dice o usa siempre la verdad: *yo me fío de él, es* adj.
un chico veraz. pl: veraces
2 Que describe la realidad tal como es. = sincero

verba Facilidad de palabra y gracia para expresarse. s.f./= locuacidad

verbal (Del lat. *verbalis*.)
1 Que se refiere a la palabra o se sirve de ella. adj.
2 Que se hace o estipula sólo de palabra y no por es- = oral
crito: *tienen un contrato verbal.* ≠ escrito
3 Del verbo. GRAMÁTICA
4 Se aplica a las palabras que nacen o se derivan de GRAMÁTICA
un verbo.

verbalismo
1 Tendencia a conceder excesiva o mayor importan- s.m.
cia a las palabras que a las ideas. ≠ conceptualismo
2 Método de enseñanza basado en la memoria verbal.

verbalista
1 Del verbalismo. adj.
2 Que es partidario del verbalismo.

verbasco (Del lat. *verbascum*.) Gordolobo, planta es- s.m.
crofulariácea con hojas blanquecinas y vellosas, flo- BOTÁNICA
res en espiga y fruto que encierra varias semillas pequeñas.

verbena (Del lat. *verbena*.)
1 Planta verbenácea, arbustiva, subarbustiva o herbá- s.f.
cea, de tallo erguido, cuadrangular, flores de color BOTÁNICA
rosa o lila pálido, dispuestas en espigas terminales,
largas y delgadas. *(Verbena.)*
2 Fiesta popular nocturna que se celebra la víspera de algunas festividades: *sus padres se conocieron en una verbena de verano.*
3 Baile al aire libre.
4 **coger una persona la verbena**: Madrugar mucho coloquial
para irse a pasear.

verbenácco, a Perteneciente a una familia de plan- adj/s.f.
tas herbáceas o leñosas que crecen en los países cáli- BOTÁNICA
dos y templados del hemisferio austral, como la verbena o la hierba luisa.

verbenear
1 Moverse muchas personas, animales o cosas con v.intr.
agitación: *los manifestantes verbenean en la pieza.* = bullir
2 Multiplicarse las personas, los animales o las cosas en un lugar.

verbenero, a
1 De las verbenas populares. adj.
2 Que es aficionado a las verbenas populares. adj/s.
3 Se refiere a la persona que es bulliciosa y de ánimo = alegre
festivo.

verberación Acción y resultado de verberar. s.f.

verberar (Del lat. *verberare*.)
1 Dar azotes a una persona. v.tr./= azotar
2 Golpear el viento o el agua contra un lugar: *el viento verberaba en los cristales.*

verbigeración Emisión automática de palabras o de s.f.
frases enteras, incoherentes y sin continuidad, que se SIQUIATRÍA
da especialmente en los estados demenciales.

verbigracia (Del lat. *verbi gratia*, por causa de una adv.
palabra.) Por ejemplo. tb: verbi gratie

verbo (Del lat. *verbum*, palabra.)
1 Parte de la oración que expresa acciones, procesos s.m.
o estados, y que morfológicamente presenta variacio- GRAMÁTICA
nes de número, persona, tiempo y modo.
2 Modo de expresarse mediante palabras: *tiene el ver-* culto
bo fácil.
3 Juramento contra una persona o cosa: *echar verbos.* = maldición
4 Segunda persona de la santísima trinidad, en el ca- RELIGIÓN
tolicismo: *el verbo se hizo carne.*
5 **verbo auxiliar**: El que unido a una forma no perso- GRAMÁTICA
nal de otro verbo forma la voz pasiva, los tiempos
compuestos de la activa y las perífrasis, y que indica
modo y aspecto.
6 **verbo copulativo o atributivo**: El que, dado su ca- GRAMÁTICA
rácter sustantivo, sirve de unión entre el sujeto y el
atributo.
7 **verbo defectivo**: Aquel que carece de alguna de las GRAMÁTICA
formas que constituyen la conjugación completa de
un verbo.
8 **verbo deponente**: El que se conjuga en pasiva, GRAMÁTICA
pero tiene significado activo.
9 **verbo determinado**: Aquel que es regido por otro GRAMÁTICA
verbo con el que forma oración.
10 **verbo determinante**: Aquel que rige a otro for- GRAMÁTICA
mando oración con él.
11 **verbo frecuentativo o iterativo**: El que expresa GRAMÁTICA
una acción reiterada o repetida: *patear y hojear son
verbos frecuentativos.*
12 **verbo impersonal o unipersonal**: El que sólo se GRAMÁTICA
conjuga en tercera persona, normalmente del singular, y que no hace referencia a ningún sujeto.
13 **verbo incoativo**: Aquel que expresa el comienzo GRAMÁTICA
de una acción o de un proceso, o el paso a cierto
estado: *florecer es un verbo incoativo.*
14 **verbo intransitivo o neutro**: Aquel que se cons- GRAMÁTICA
truye sin complemento directo.
15 **verbo irregular**: El que presenta en su conjuga- GRAMÁTICA
ción variaciones con respecto al paradigma de conjugación correspondiente.
16 **verbo pasivo**: El que tiene significado pasivo a GRAMÁTICA
pesar de conjugarse en activa.
17 **verbo pronominal o pronominado**: Aquel que GRAMÁTICA
se conjuga unido a un pronombre átono o reflexivo.
18 **verbo recíproco**: El que unido a un pronombre GRAMÁTICA
personal átono indica que la acción expresada por el
verbo es mutua, realizada o sentida recíprocamente
por dos o más sujetos.
19 **verbo reflexivo o reflejo**: Aquel que se conjuga GRAMÁTICA
unido a un pronombre reflexivo y que indica que la
acción del verbo recae o tiene sus efectos sobre
la misma persona que la produce y que está representada por el pronombre.
20 **verbo regular**: El que en su conjugación no pre- GRAMÁTICA
senta variaciones respecto al paradigma de conjugación correspondiente.
21 **verbo sustantivo**: Aquel que en sí mismo expresa GRAMÁTICA
la idea de sustancia y esencia.
22 **verbo transitivo**: El que exige o admite un complemento directo.
23 **en un verbo**: En un instante, sin demora. loc.adv.

verborrea (Del lat. *verbum*, palabra + gr. *rheo*, fluir.) s.f.
Verbosidad excesiva. = verborragia

verbosidad Tendencia a emplear excesivas palabras s.f.
para decir una cosa.

verboso, a Que tiene tendencia a emplear más pala- adj.
bras de las necesarias. = locuaz

verdacho (Del ital. *verdaccio*.) Arcilla de color verde s.m.
claro teñida de modo natural por silicato de hierro, MINERALOGÍA
que se usa para la pintura al temple.

verdad (Del lat. *veritas, -atis*.)
1 Correspondencia o adecuación de la realidad con lo s.f.
que se dice, piensa o siente de ella: *lo que dices no es* = realidad
verdad, yo lo vi y no fue así. ≠ falsedad
2 Dicho, juicio o proposición que no se puede negar ≠ falsedad
de modo racional: *es una verdad científica.*
3 Hecho de existir algo realmente. = realidad
4 Propiedad de mantenerse siempre igual a sí mismo. = entereza
5 Expresión franca y sin rodeos de la opinión crítica ≠ mentira
o negativa que uno tiene sobre alguien, dirigida a él
personalmente: *a veces la verdad no gusta; le he dicho
dos verdades.*
6 Actitud del que por costumbre relata o describe = sinceridad,
algo sin alterar nada. veracidad

7 verdad de perogrullo: Expresión innecesaria de algo muy evidente y sabido por todos. = perogrullada

8 verdades como puños: Las evidentes e innegables. coloquial

9 a decir verdad: 1. Expresión con la que se reconoce la opinión, intención o sentimiento auténtico de una persona: *a decir verdad, yo tampoco lo creo.* 2. Expresión con la que se rectifica o desvirtúa alguna idea consabida o expresada antes. loc.adv. / loc.adv.

10 de verdad: 1. Como debe ser: *es una profesional de verdad.* 2. En serio, con sinceridad: *de verdad, yo no fui.* loc.adj. / loc.adv.

11 en verdad: Con verdad. loc.adv.

12 faltar a la verdad: Decir lo contrario de lo que es o de lo que se sabe. = mentir

13 una verdad como un templo: Aquella que es evidente o se tiene por tal. coloquial

verdadero, a
1 Que es conforme a la verdad: *la respuesta verdadera es ésta y no otra.* adj./= cierto ≠ falso
2 Que es real o auténtico: *el verdadero arte es éste.*
3 Que es ingenuo y sincero. = inocente
4 Que dice siempre la verdad. = veraz

verdal
1 Se aplica a la fruta que es de color verde aún después de madura: *ciruela verdal.* adj. / = verdejo
2 Se aplica al árbol que produce este tipo de fruta.

verdasca Vara o ramo delgado, en general verde. s.f.

verdascazo Golpe dado con una verdasca. s.m./tb: vardascazo

verde (Del lat. *viridis.*)
1 Del color de la hierba fresca o de la esmeralda. adj.
2 Color que es el cuarto del espectro solar, entre el amarillo y el azul. s.m.
3 Se aplica a la planta que conserva savia. adj./≠ seco
4 Se refiere a la leña que está recién cortada y aún conserva la humedad.
5 Se aplica a la legumbre que se consume fresca: *judía verde; guisante verde.*
6 Se refiere al fruto que no ha alcanzado la sazón o madurez suficiente para ser consumido. ≠ maduro
7 Se aplica a lo que está en los comienzos y le falta mucho para perfeccionarse, lograrse o dar frutos: *el proyecto todavía está verde.* = inmaduro ≠ maduro
8 Se refiere a la persona joven e inexperta: *este chico todavía está verde.* = bisoño, novato
9 Se aplica al chiste, cuento o imagen que es obsceno o escabroso. = picante
10 Se refiere a la persona a la que le gustan este tipo de imágenes o chistes o que los cuenta: *un humorista muy verde.* = lascivo
11 Se aplica al vino elaborado con mezcla de uva agraz con la madura.
12 Se aplica a los movimientos ecologistas y a sus partidarios. SOCIOLOGÍA
13 Unido a sustantivos como *zona, espacio* u otros de este tipo, lugar destinado a parque o jardín y en el que no se puede edificar: *los niños van a jugar a una zona verde que hay cerca de casa.*
14 Hierba que se corta verde y se usa como alimento para el ganado. s.m.
15 Conjunto de hojas de los árboles y de las plantas. = follaje
16 Billete de mil pesetas: *dame un verde, por favor.* coloquial
17 **darse un verde:** Hacer algo en cantidad y con mucho placer. coloquial = hartarse
18 **poner verde a alguien:** Reprenderle con dureza o criticarle. coloquial

verdea Vino de color verdoso. s.m.

verdear
1 Mostrar una cosa el color verde que tiene: *la esmeralda verdeaba en su dedo.* v.intr. tb: verdequear
2 Mostrar una cosa un color parecido al verde.
3 Empezar a brotar los sembrados o las plantas: *el prado empezó a verdear con la llegada de la primavera.* BOTÁNICA = verdecer
4 Coger la uva o la aceituna cuando llega la época de la recolección. v.tr. AGRICULTURA

verdeceladón Celadón, color verde claro que se da a ciertas telas con tinte claro y amarillo. s.m./TEXTIL tb: verdeceladón

verdecer Cubrirse la tierra y los árboles de verdor. v.intr./conj: *carecer*

verdecillo Ave paseriforme fringílida, de forma rechoncha, pico corto y grueso y color amarillento listado. *(Serinus serinus.)* s.m. ZOOLOGÍA

verdegal Sitio que está verde en el campo porque empiezan a brotar los sembrados. s.m.

verdegay (Del fr. *vert gai,* verde alegre.) De color verde claro. adj./s.m.

verdejo, a Verdal [en todas sus acepciones]. adj.

verdel Caballa, pez teleósteo de color azul y verde con rayas negras por el lomo. s.m. ZOOLOGÍA

verdemar
1 Color verde, como el que en ocasiones toma el mar. s.m.
2 De este color. adj.

verdemontaña
1 Mineral de color verde claro de aspecto terroso, de la clase de los carbonatos, compuesto de carbonato de cobre. s.m. MINERALOGÍA
2 Se aplica al color verde claro hecho con este mineral. adj/s.m.

verdeo Recolección de las aceitunas antes de madurar para consumirlas aderezadas o encurtidas. s.m. AGRICULTURA

verderón Ave paseriforme fringílida de color verde, que se alimenta de semillas y vive en áreas de setos y árboles dispersos. *(Carduelis chloris.)* s.m./ZOOLOGÍA tb: verderol = verdezaino

verderón, a De color o de tono verde. adj./= verdino

verdete (Del cat. *verdet.*)
1 Carbonato de cobre, de color verdoso o azulado, que se forma cuando se expone el citado metal al aire húmedo. s.m. QUÍMICA
2 Color verde claro hecho con el carbonato de cobre, que se emplea en pintura y en tintorería.

verdevejiga Sustancia de color verde preparada con hiel de vaca y sulfato de hierro, que se conserva en vejigas y es usada en pintura. s.m.

verdiales Canto popular andaluz, variante del fandango. s.m.pl. MÚSICA

verdín
1 Capa verde formada por ciertas plantas en la superficie de aguas dulces estancadas, en paredes y lugares húmedos y en la corteza de algunos frutos, como la naranja o el limón cuando se pudren. s.m. BOTÁNICA
2 Primer color verde claro que tienen las plantas recién brotadas. BOTÁNICA tb: verdina
3 Esas mismas plantas recién brotadas, o que aún no han alcanzado la madurez. BOTÁNICA
4 Mancha que queda al rozar o frotar algo con una planta verde.
5 Cardenillo, carbonato de cobre, de color verdoso o azulado. QUÍMICA

verdinal Parte de una pradera que ha sido limpiada en verano y que se conserva verde por la humedad natural del terreno. s.m.

verdinegro, a De color verde oscuro. adj.

verdino, a De color o tono verde o verdoso. adj./= verderón

verdiseco, a Que está medio seco. adj.

verdolaga (Del ár. **berdolaca* < lat. *portulaca.*)
1 Planta herbácea portulácea, de hojas carnosas comestibles y flores amarillas o, a veces, rojas. *(Portulaca oleracea.)* s.f. BOTÁNICA
2 Cualquier verdura. coloquial

verdón Verderón, ave paseriforme de la familia fringílidos de color verde. s.m. ZOOLOGÍA

verdor
1 Color verde intenso de las plantas. adj/s.
2 Aspecto vigoroso de las plantas u otras cosas: *envidio el verdor de tu jardín.* = vigor
3 Edad que está entre la niñez y la madurez. = juventud

verdoso, a De color que tira a verde: *azul verdoso.* adj.

verdoyo Primer color verde claro que tienen las plantas recién brotadas. s.m./BOTÁNICA = verdín

verdugada Hilada de ladrillos en una pared hecha con otro material. s.f. CONSTRUCCIÓN

verdugado Prenda de vestir que las mujeres usaban debajo de las basquiñas o faldas para ahuecarlas. s.m.

verdugal Monte bajo que, después de cortado o quemado, se cubre de verdugos o renuevos. s.m.

verdugazo Golpe dado con un verdugo o azote. s.m.

verdugo
1 Funcionario de justicia que ejecuta la pena de muerte. s.m.
2 Estoque delgado. = verduguillo
3 Vara, mimbre o cualquier otra materia flexible que se usaba para azotar. = azote
4 Señal que deja en el cuerpo el golpe del azote. = verdugón
5 Aro de sortija.
6 Prenda de vestir de abrigo que cubre toda la cabeza excepto los ojos y la nariz. = pasamontañas
7 Persona que trata con crueldad a las que dependen de ella. = victimario
8 Cosa que atormenta o molesta mucho. = martirio
9 Verdugón, tallo verde o renuevo de un árbol. BOTÁNICA
10 Hilada horizontal que se intercala en una obra de otro material. CONSTRUCCIÓN = verdugada
11 Ave paseriforme, de plumaje ceniciento, pico robusto y ganchudo y alas y cola negras, que fue usado en cetrería. ZOOLOGÍA

verdugón
1 Brote de un árbol. s.m./BOTÁNICA
2 Señal coloreada que deja en el cuerpo el golpe de un azote. = cardenal

verduguillo
1 Señal redonda que aparece a veces en las hojas de las plantas. s.m. BOTÁNICA

2 Navaja de afeitar más pequeña y estrecha que las ordinarias.

3 Estoque muy delgado. = verdugo

4 Pendiente con forma de aro. = arete

5 Listón estrecho de madera con forma de media caña, en especial el que guarnece el costado del barco por la parte superior y a nivel del agua. NÁUTICA

verdulería
1 Tienda o puesto donde se vende verdura. s.f./COMERCIO
2 Cualidad de verde u obsceno. = lascivo
3 Hecho o dicho que posee esta cualidad. = obscenidad

verdulero, a (Derivado del ant. verdurero.)
1 Vendedor de verduras. s./COMERCIO
2 Mueble de cocina donde se guardan las verduras y las hortalizas. s.m.
3 Persona descarada y ordinaria. s./= ordinario

verdura
1 Hortaliza, en especial la que se come cocida. s.f.
2 Color verde. = verdor
3 Cualidad de verde obsceno o escabroso. = lascivia
4 Representación pictórica del follaje en lienzos y tapicerías. ARTE

verdusco De color que tira a verde oscuro: *amarillo verdusco.* adj. / tb: verduzco

verecundia (Del lat. *verecundia.*) Vergüenza [en todas sus acepciones]. s.f. / culto

verecundo, a Que tiende a sentir vergüenza. adj./culto

vereda (Del bajo lat. *vereda* < lat. *veredus*, caballo de posta.)
1 Senda o camino estrecho formado por el tránsito de ganado y personas. s.f.
2 Cañada estrecha para la trashumancia.
3 Orden o aviso transmitidos a determinados sitios próximos entre sí.
4 Ruta que seguían los frailes para predicar por los pueblos. RELIGIÓN
5 Lugar de una calle reservado para la circulación de peatones. Amér. Merid., Cuba
6 **entrar en vereda**: Sujetar una persona su vida a una conducta regular. coloquial
7 **meter, poner o hacer entrar en vereda**: Obligar a una persona a seguir una conducta ordenada. coloquial

veredero Persona que se enviaba a uno o varios lugares con despachos u otros documentos para notificarlos, publicarlos o distribuirlos. s.m. / HISTORIA

veredicto (Del ingl. *verdict* < fr. *veir dit*, dicho verdadero.)
1 Fallo o decisión que dicta sobre un hecho el tribunal del jurado o el propio juez. s.m. / DERECHO
2 Dictamen que emite una persona sobre algún asunto, de forma reflexiva. = juicio

verga (Del lat. *virga*, vara.)
1 Miembro genital de los mamíferos. s.f.
2 Arco de acero de la ballesta.
3 Vara o palo delgado.
4 Varilla de plomo o cinc con ranuras en los cantos que sirve para unir entre sí los cristales de una ventana o vidriera. CONSTRUCCIÓN
5 Percha giratoria que se coloca en la parte de proa de un palo o mástil y sirve para sujetar el grátil de una vela. NÁUTICA
6 **verga seca**: La mayor del palo mesana que no lleva vela. NÁUTICA
7 **verga toledana**: Medida de longitud antigua equivalente a dos codos. NÁUTICA
8 **vergas en alto**: Forma de indicar que la nave está a punto de zarpar. NÁUTICA

vergajazo Golpe dado con un vergajo o una vara. s.m.

vergajo
1 Verga del toro que, después de seca y retorcida, se usa como látigo. s.m.
2 Azote corto y flexible. = látigo

vergel (Del occitano ant. *vergier* < lat. vulgar *viridiarium* < lat. *viridarium*, arboleda.) Huerto con abundancia de flores y árboles frutales: *fuera de su casa tiene un vergel.* s.m. / = jardín

vergencia Inverso de la distancia focal de un sistema óptico centrado. s.f. / ÓPTICA

vergeta (Del fr. *vergette.*)
1 Vara o rama delgada, en general verde. s.f./= verdasca
2 Palo más estrecho que lo ordinario. HERÁLDICA

vergeteado, a Se aplica al escudo o pieza cubiertos de varas o vergetas. adj./HERÁLDICA / tb: vergueteado

verglás Capa de hielo muy fina que cubre el suelo o la superficie de los cuerpos sólidos. s.m.

vergonzante Que tiene vergüenza o se encubre por ella. adj.

vergonzoso, a
1 Que tiende a sentir vergüenza: *es muy vergonzoso, por eso habla poco.* adj./s. / ≠ atrevido

2 Que causa vergüenza: *es un asunto vergonzoso.* adj.

3 Tabú, mamífero parecido al armadillo, que tiene el cuerpo y la cola cubiertos de escamas. s.m. / ZOOLOGÍA

verguear Golpear con una vara o verga. v.tr.

vergüenza (Del lat. *verecundia.*)
1 Sentimiento humillante de pérdida de dignidad experimentado como consecuencia de alguna falta cometida por uno mismo o por una persona con quien uno está ligado. s.f. / = verecundia
2 Estimación de la propia honra: *si tiene vergüenza vendrá a verte.* = pundonor
3 Turbación del ánimo que cohíbe a una persona para ejecutar una cosa. = pudor
4 Acción que deshonra al que la ejecuta: *es una vergüenza que te trate así.* = infamia
5 Órganos sexuales. s.f.pl.
6 **perder la vergüenza**: Abandonarse una persona, desestimando el honor y la dignidad que le corresponden. = descararse
7 **sacar o poner a una persona a la vergüenza pública**: 1. Imponerle como castigo que haga público su mal comportamiento. 2. Empujar a una persona para que demuestre lo que sabe cuando tiene desconfianza en ejecutarlo bien. coloquial / coloquial

vergueta (Voz catalana.) Varita delgada. s.f./= verdasca

verguío, a Se refiere a la madera que es flexible y correosa. adj.

vericueto (Derivado del ant. *pericueto.*)
1 Sitio escarpado por el que es difícil andar. s.m.
2 Cualquier camino por el que es difícil andar.
3 Aspectos más complicados de un asunto. s.m.pl.

verídico, a (Del lat. *veridicus* < *verus*, verdadero + *dicere*, decir.)
1 Que dice verdad. adj.
2 Que es verdadero: *historia verídica.* = veraz

verificación
1 Examen de la verdad o exactitud de un cosa: *pidió una verificación de los resultados del análisis.* s.f. / = comprobación
2 Cumplimiento de una predicción.

verificador, a Que verifica o comprueba: *aparato verificador.* adj/s.

verificar (Del lat. *verus*, verdadero + *facere*, hacer.)
1 Probar la veracidad o exactitud de una cosa: *tendrías que verificar esa cuestión.* v.tr. / conj: sacar
2 Mostrar la veracidad o exactitud de una cosa a una persona. = demostrar, probar
3 Llevar a cabo algo: *ya se ha verificado el envío de las invitaciones.* v.tr/prnl. / = ejecutar
4 Llegar a ser verdadera una cosa que se había pronosticado. v.prnl. / = cumplirse

verificativo, a Que se utiliza para verificar. adj.

verigüeto Molusco lamelibranquio bivalvo, comestible, que vive en las costas ibéricas. *(Venus verrucosa.)* s.m. / ZOOLOGÍA

verija (Del lat. *virilia.*)
1 Pubis, parte inferior del vientre, que forma un triángulo entre los dos muslos, cubierta de vello en los adultos. s.f. / ANATOMÍA / tb: vedija
2 Ijar o ijada. Amér. Central y Merid.

veril Orilla o borde de un bajo o sonda. s.m./NÁUTICA

verilear Navegar una embarcación por un veril o por sus inmediaciones. v.intr. / NÁUTICA

verisímil (Del lat. *veri similis.*) Verosímil [en todas sus acepciones]. adj.

verisimilitud Verosimilitud, cualidad de verisímil. s.f.

verismo (Derivado del lat. *verus*, verdadero.) Tendencia artística afín al naturalismo, surgida en Italia a principios del siglo XX, que se caracterizaba por su preocupación por mostrar la realidad sin idealizarla. s.m. / ARTE

verista
1 Del verismo. adj./ARTE
2 Que profesa el verismo. adj/s.m.f./ARTE

verja Estructura de barras que sirve de puerta, ventana o cerca: *tiene una verja en la entrada al jardín.* s.f. / = reja

verme (Del lat. vulgar *vermen* < lat. *vermis.*) Gusano, en especial la lombriz intestinal. s.m. / ZOOLOGÍA

vermi- Componente de palabra procedente del lat. *vermis*, que significa gusano: *vermífugo.* pref.

vermicida (Del lat. *vermis*, gusano + *caedere*, matar.) Se aplica a la sustancia que combate los parásitos intestinales. adj/s.m. / FARMACIA

vermiculado, a Que tiene ornamentos, relieves o surcos irregulares, de forma vermicular o imitando las galerías que abren los gusanos en la madera. adj. / ARQUITECTURA

vermicular (Derivado del lat. *vermis*, gusano.)
1 Que tiene gusanos o vermes: *enfermedad vermicular.* adj.
2 Que se parece a los gusanos y tiene alguna de sus propiedades.

vermiforme (Del lat. *vermis*, gusano + *forma.*) Que tiene forma de gusano. adj.

vermífugo, a (Del lat. *vermis*, gusano + *fugere*, huir.) Se aplica al medicamento que combate las lombrices intestinales.
adj./s.m.
FARMACIA
= vermicida

verminosis Afección parasitaria debida a los gusanos.
s.f./pl: verminosis
MEDICINA

verminoso, a (Derivado del lat. *vermis*, gusano.) Se refiere a la úlcera o enfermedad que produce gusanos o vermes.
adj.
MEDICINA

vermis (Del lat. *vermis*, gusano.) Parte media del cerebelo, entre los dos hemisferios.
s.m./pl: vermis
ANATOMÍA

vermú (Del alem. *wermut*, ajenjo.)
1 Licor hecho con vino blanco, ajenjo y otras sustancias amargas y tónicas, que se toma como aperitivo.
2 Conjunto de bebidas y tapas que se toman antes de las comidas.
3 Función de cine o de teatro que se ofrece por la tarde.
s.m./pl: vermús
tb: vermut
= aperitivo
Argent., Colomb., Chile

vernación Disposición de las hojas en una yema, antes de abrirse ésta.
s.f.
BOTÁNICA

vernáculo, a (Del lat. *vernaculus*, indígena.) Que es propio del país, en especial la lengua.
adj./= autóctono
≠ extranjero

vernal (Del lat. *vernalis*.) De la primavera: *equinoccio vernal.*
adj.

vernier Regla de cálculo.
s.m./pl: verniers

vernissage (Voz francesa.) Acto de inauguración de una exposición de arte: *estaba invitado al vernissage de la exposición de un amigo.*
s.m.
ARTE

vero (Del lat. *verus*, verdadero.)
1 Piel de marta cebellina, que se usa en peletería.
2 Forro heráldico representado por figuras de campanas opuestas por las bocas combinando un metal y un color.
s.m.
HERÁLDICA

veronal Cierto fármaco barbitúrico que se utiliza como somnífero o tranquilizante.
s.m.
FARMACIA

verónica (Del bajo lat. *veronix, -icis*, resina olorosa.)
1 Planta herbácea escrofulariácea anual o vivaz de flores azules o coloreadas de blanco o púrpura y fruto capsular. *(Veronica.)*
2 Lance que consiste en esperar el torero la acometida del toro, teniendo la capa extendida o abierta con ambas manos enfrente de la res.
s.f.
BOTÁNICA
TAUROMAQUIA

verosímil (Derivado del lat. *veri similis*.)
1 Que tiene apariencia de verdadero: *una novela realista ha de ser verosímil.*
2 Que puede ser creído: *nos dio una disculpa verosímil.*
adj./tb: verisímil
= posible
= creíble

verosimilitud Cualidad de verosímil: *la verosimilitud de tu historia es incuestionable.*
s.f.
tb: verisimilitud

verraco (Derivado del lat. *verres*.)
1 Cerdo macho, empleado para la procreación.
2 Pecarí, mamífero tayasuido parecido al jabalí, originario de América.
s.m./= verrón
Amér. Central y Merid./ ZOOLOGÍA

verraquear
1 Expresar una persona su enfado en voz baja: *verraqueó cuando le riñeron.*
2 Llorar un niño con ruido y rabia: *mi hermanito verraquea cuando llora.*
v.intr.
tb: varraquear
tb: varraquear
= berrear

verraquera Llanto prolongado y con rabia de los niños.
s.f.
tb: varraquera

verriondez
1 Circunstancia de estar en celo un animal.
2 Circunstancia de estar las hierbas o las verduras crudas o mal cocidas.
s.f./pl: verriondeces
COCINA

verriondo, a
1 Se refiere al animal que está en celo, en especial el cerdo.
2 Se aplica a las hierbas o verduras que están marchitas o mal cocidas y duras.
adj.
COCINA

verrón Verraco, cerdo macho.
s.m.

verruga (Del lat. *verruca*.)
1 Excrecencia cutánea, dura y rugosa, de forma redondeada.
2 Abultamiento que la acumulación de savia produce en la superficie de una planta.
3 Persona o cosa molesta.
s.f.
MEDICINA
BOTÁNICA
= chinche

verrugato (Del bearnés *bourrugat*.) Pez teleósteo marino, con los flancos surcados por bandas doradas bordeadas de azul, que presenta un barbillón bajo la boca. *(Sciaena cirrosa.)*
s.m.
ZOOLOGÍA

verrugo
1 Persona tacaña y avara.
2 Persona que da dinero a préstamo.
s.m.
= prestamista

verrugosidad
1 Abundancia de verrugas en la piel de una persona.
2 Verruga o carnosidad pequeña y redondeada que sale en la piel.
s.f./MEDICINA
MEDICINA

verrugoso, a Que tiene muchas verrugas.
adj.

verrugueta Trampa que se hace en el juego de naipes que consiste en marcar las cartas.
s.f.
JUEGOS

verruguetar Poner marcas en los naipes.
v.tr./JUEGOS

versado, a Que tiene buenos conocimientos y experiencia en una materia: *un abogado versado en derecho mercantil.*
adj.
= instruido, experimentado

versal Se refiere a las letras mayúsculas usadas en imprenta.
adj/s.f.
ARTES GRÁFICAS

versalita Se aplica a las letras mayúsculas de igual altura que las minúsculas del mismo cuerpo, en las imprentas.
adj/s.f.
ARTES GRÁFICAS
tb: versalilla

versallesco, a
1 De Versalles, palacio y sitio real cercano a París.
2 Que es propio del modo de vida de la corte francesa en el siglo XVIII.
3 Que es galante y cortés.
adj.
= caballeroso

versar (Del lat. *versari*, encontrarse habitualmente en un lugar.)
1 Dar una cosa vueltas alrededor de otra.
2 Tratar una cosa de un asunto o tema: *ese libro versa sobre historia.*
3 Hacerse experto en algo.
v.intr.
+ acerca de, sobre
= especializarse

versátil (Del lat. *versatilis*.)
1 De carácter voluble e inconstante.
2 Que sirve para múltiples aplicaciones.
3 Que se vuelve o se puede volver con facilidad.
4 Se aplica al órgano o miembro que puede doblarse o volverse hacia distintos lados: *algunas aves tienen dedos versátiles.*
5 Se aplica a la persona multifacética.
adj./= veleidoso
= reversible
Méx.

versatilidad Capacidad de adaptarse a las necesidades de cada momento: *hasta dónde puede llegar en capacidad y versatilidad un ordenador es algo que intentamos descubrir.*
s.f.

versear Hacer o componer versos.
v.intr.

versería Conjunto de versos de artillería.
s.f./HISTORIA

versicolor, a Que tiene varios colores o que muda de color.
adj.
BIOLOGÍA

versícula Parte de la iglesia donde se ponen los libros de coro.
s.f.
RELIGIÓN

versiculario
1 El que canta los versículos.
2 El que cuida los libros de coro.
s.m./RELIGIÓN
RELIGIÓN

versículo
1 Cada una de las breves divisiones de los capítulos de algunos libros como la Biblia o el Corán.
2 Parte del responsorio que se dice en las horas canónicas, en especial antes de la oración.
3 Cada uno de los versos de un poema escrito sin rima ni metro fijo y determinado, en especial, cuando el verso constituye unidad de sentido.
s.m.
RELIGIÓN
RELIGIÓN
POESÍA

versificación Acción y resultado de versificar: *la versificación de ese soneto es muy creativa.*
s.f./POESÍA
= metrificación

versificador, a Que compone versos.
adj/s.

versificar (Del lat. *versus*, verso + *facere*, hacer.)
1 Componer versos: *en aquella época versificaba con mucha facilidad.*
2 Poner una cosa en verso.
v.intr./conj: sacar
= metrificar
v.tr.

versión (Derivado del lat. *vertere*, girar.)
1 Traducción de un texto.
2 Modo que tiene cada persona de referirse a un mismo suceso: *las versiones de los testigos del accidente no coincidían.*
3 Cada una de las formas diferentes que adopta un texto o la interpretación de una obra, un tema artístico o musical: *la nueva versión de esa canción es muy bonita.*
4 Operación para cambiar la postura del feto que se presenta mal para el parto.
5 en versión original: Se aplica a la película que lleva incorporada la banda sonora original.
s.f.
MEDICINA
CINE

versista
1 Persona que hace o compone versos.
2 Persona que, sin ser poeta, tiene facilidad para versificar o es aficionada a ello.
s.m.f./POESÍA

verso
I (Del lat. *versus*.)
1 Conjunto de palabras medidas según ciertas reglas y provistas de un determinado ritmo, regido por diferentes criterios según las lenguas.
2 Género literario de las obras compuestas por este tipo de conjuntos de palabras, en oposición a las compuestas en prosa.
3 Poesía o composición en verso.
4 Cada una de las breves divisiones de los capítulos de las Sagradas Escrituras.
5 verso alejandrino: El de catorce sílabas, dividido en dos hemistiquios.
6 verso blanco, suelto o libre: El que no forma con otro rima perfecta o imperfecta.
s.m.
POESÍA
LITERATURA
coloquial
RELIGIÓN
= versículo
POESÍA
POESÍA

7 verso de arte mayor: 1. El de doce sílabas, que consta de dos hemistiquios. 2. Cualquiera de los que tienen más de ocho sílabas. — POESÍA / POESÍA

8 verso de arte menor: Cualquiera de los que no pasan de ocho sílabas. — POESÍA

9 verso de redondilla mayor: El de ocho sílabas u octosílabo. — POESÍA

10 verso de redondilla menor: El de seis sílabas o hexasílabo. — POESÍA

11 verso quebrado: El de cuatro sílabas cuando alterna con otros más largos. — POESÍA

12 correr el verso: Tener fluidez o sonar bien el oído.

II (De origen incierto.) Pieza ligera de la artillería antigua. — s.m. HISTORIA

verso, a (Del lat. *versus, a, um.*) Se aplica a la segunda cara o reverso de un folio: *no escribas en el verso.* — adj./s.m.

versolari Persona que improvisa versos que se apoyan en melodías populares, en el País Vasco. — s.m.f.

versta Medida rusa de longitud, equivalente a 1067 metros. — s.f.

versus (Voz latina.) Frente a: *imaginación versus rutina.* — prep.

vértebra (Del lat. *vertebra.*) Cada uno de los huesos cortos, articulados entre sí, que forman la columna vertebral. — s.f. ANATOMÍA

vertebración Acción y resultado de vertebrar. — s.f.

vertebrado, a
1 Que tiene vértebras. — adj./s.m.
2 Que posee una estructura: *propuesta vertebrada en dos alternativas.* — adj. = estructurado
3 Perteneciente a un tipo de animales provistos de columna vertebral y, en general, de dos pares de extremidades, y que comprende los mamíferos, aves, reptiles, peces y anfibios. — adj./s.m. ZOOLOGÍA

vertebral De las vértebras. — adj./ANATOMÍA

vertebrar Dar a una cosa consistencia y estructura interna: *vertebró el plan para no fallar.* — v.tr. = estructurar

vertedera Especie de orejera o pieza lateral que se usa para voltear y extender la tierra levantada por el arado. — s.f. AGRICULTURA

vertedero
1 Sitio donde se vierten basuras, escombros y otros desperdicios que provienen de la actividad humana. — s.f./= derramadero, muladar
2 Sitio donde se vierte cualquier cosa.
3 Conducto por el que se arrojan basuras, desperdicios o cosas que no sirven.

vertedor, a
1 Que vierte. — adj./s.
2 Conducto o canal que da salida al agua y los desperdicios. — s.m.
3 Instrumento de hojalata u otro material usado en las tiendas para poner las mercancías en el peso. — = librador
4 Instrumento para achicar el agua. — NÁUTICA

vertello (Del cat. *vertell* < lat. *verticulus,* charnela.) Bola de madera que, ensartada con otras, forma el racamento o especie de anillo que sujeta las vergas. — s.m. NÁUTICA

verter (Del lat. *vertere,* girar.)
1 Derramar o dejar caer un líquido o una materia disgregada del recipiente que lo contiene: *al moverse la jarra se vertió todo el vino; la harina se vertió en el saco de azúcar.* — v.tr/prnl. conj: tender
2 Inclinar un recipiente o volverlo boca abajo para vaciar su contenido: *vertió la jarra de vino en las copas.*
3 Pasar un texto a una lengua o una escritura distintas: *vertió el poema al alemán.* — v.tr. = traducir
4 Decir sentencias o máximas para expresar un sentimiento o idea, en general desagradable: *vertió insultos durante toda la noche.* — = propagar
5 Acabar una corriente de agua en un lugar: *aquel torrente vierte en la laguna.* — v.intr. = desaguar

vértex (Del lat. *vertex, -icis,* polo en torno al cual gira el cielo.) Parte más alta del cráneo de los vertebrados. — s.m. ANATOMÍA

vertibilidad Cualidad de vertible. — s.f.

vertible
1 Que se puede verter. — adj.
2 Que puede cambiar o mudar. — = mudable

vertical (Del bajo lat. *verticalis.*)
1 Se aplica a la línea o plano que es perpendicular a otra línea o plano horizontal. — adj./s.f./= plomado ≠ horizontal
2 Que está dispuesto de arriba abajo. — = erguido
3 Se refiere a la organización o estructura que está jerarquizada: *sindicato vertical.* — adj.
4 Cada uno de los semicírculos perpendiculares al horizonte en la esfera celeste. — s.m. ASTRONOMÍA
5 Ejercicio gimnástico que consiste en ponerse boca abajo aguantándose con las manos y manteniendo el cuerpo recto. — DEPORTES
6 **primario o primer vertical:** Plano que determina los puntos este y oeste, y es perpendicular al meridiano. — ASTRONOMÍA

verticalidad Situación de lo que es o está en posición vertical. — s.f.

verticalismo Organización sindical española, caracterizada por la integración de empresarios y obreros en un mismo sindicato, durante la época franquista. — s.m. HISTORIA

verticalista
1 Del verticalismo. — adj./HISTORIA
2 Que es partidario del verticalismo. — adj/s.m.f./HISTORIA

vértice (Del lat. *vertex, -icis,* polo en torno al cual gira el cielo.)
1 Punto en que concurren los dos lados de un ángulo. — GEOMETRÍA
2 Punto en que concurren tres o más planos. — GEOMETRÍA
3 Cúspide de la pirámide o del cono. — GEOMETRÍA
4 Punto de una curva en el cual la curvatura es máxima o mínima. — GEOMETRÍA
5 Parte más elevada de un monte. — = cima
6 Parte más elevada de la cabeza humana. — = coronilla

verticidad Capacidad que tiene un cuerpo para girar sobre sí mismo o moverse en distintas direcciones. — s.f. FÍSICA

verticilado, a Que está dispuesto en verticilos. — adj./BOTÁNICA

verticilo (Del lat. *verticillus.*) Conjunto de tres o más hojas, pétalos u órganos florales dispuestos en un mismo plano alrededor de un eje. — s.m. BOTÁNICA

vertido
1 Acción y efecto de verter: *el vertido del líquido se realizó sin dificultad.* — s.m.
2 Materiales de desecho que se arrojan a vertederos: *vertidos radiactivos.* — s.m.pl. = residuo

vertiente
1 Que vierte. — adj.
2 Declive de un sistema montañoso por donde corren o pueden correr las aguas de los ríos. — s.m.f. GEOGRAFÍA
3 Pendiente de un tejado. — CONSTRUCCIÓN
4 Aspecto o punto de vista: *analizaron todas las vertientes del problema.* — s.f./= matiz

vertiginosidad Cualidad de vertiginoso. — s.f.

vertiginoso, a
1 Que tiene relación con el vértigo. — adj.
2 Que produce vértigo.
3 Que padece vértigo. — MEDICINA
4 Que es muy rápido: *carrera vertiginosa.* — = veloz

vértigo (Del lat. *vertigo.*)
1 Trastorno del sentido del equilibrio que produce una sensación de movimiento rotatorio u oscilante de su cuerpo o de los objetos próximos. — s.m. MEDICINA
2 Sensación de desazón producida por una fuerte impresión. — = turbamiento
3 Situación de apresuramiento anormal en la actividad de una persona o colectividad: *la vida de las grandes ciudades es de vértigo.*
4 Pérdida brusca y pasajera de la razón que puede provocar acciones descontroladas o violentas. — SIQUIATRÍA
5 **vértigo de la altura:** Alteración del sentido del equilibrio que produce la altura.
6 **de vértigo:** Que impresiona mucho. — loc.adj.

vertisuelo Unidad de la clasificación de los suelos, que designa los de climas cálidos con fuertes alternancias estacionales y una estación seca muy acentuada. — s.m. GEOLOGÍA

vesania (Del lat. *vesania.*) Enfermedad mental o furia muy intensa. — s.f. SIQUIATRÍA

vesánico, a
1 De la vesania. — adj./SIQUIATRÍA
2 Que padece vesania. — adj/s./SIQUIATRÍA

vesicación Efecto producido por un medicamento vesicante. — s.f. MEDICINA

vesical (Derivado del lat. *vesica,* vejiga.) De la vejiga. — adj./ANATOMÍA

vesicante Se aplica a la sustancia que produce ampollas en la piel. — adj.m. = vesicatorio

vesícula (Del lat. vulgar *vessica* < lat. *vesica.*)
1 Órgano vacío y en forma de saco. — s.f./ANATOMÍA
2 Ampolla pequeña que se forma en la piel, por lo general llena de líquido seroso. — MEDICINA
3 Cavidad cerrada que en algunas plantas acuáticas actúa como flotador. — BOTÁNICA
4 **vesícula aérea:** Ensanchamiento hemisférico en que terminan las últimas ramificaciones de los bronquios. — ANATOMÍA
5 **vesícula biliar:** Cavidad hueca del conducto biliar, en que se deposita la bilis. — ANATOMÍA
6 **vesícula ovárica:** La que encierra el óvulo. — ANATOMÍA
7 **vesícula seminal:** Cada una de las dos que contienen el semen. — ANATOMÍA

vesicular
1 De la vesícula. — adj.
2 Que tiene forma de vesícula.

vesiculoso, a Que tiene vesículas. — adj.

vespa (Marca registrada.) Vehículo de dos ruedas con el motor protegido por un capó, sobre el que el conductor va sentado igual que en un scooter. — s.f.

vespasiana Urinario público. — s.f./Argent., Chile

vesperal Libro que contiene los cantos católicos de vísperas y completas. — s.m. RELIGIÓN

véspero (Derivado del lat. *vespera*, la tarde y el anochecer.)
1 El planeta Venus, como lucero de la tarde. — s.m./literario
2 Últimas horas de la tarde. — = anochecer

vespertina Acto literario que se celebraba por la tarde en las universidades. — s.f.

vespertino, a (Del lat. *vespertinus*.)
1 De las últimas horas de la tarde. — adj./= vesperal
2 Se aplica a la prensa que se publica por la tarde. — adj/s.
3 Se refiere al astro -que traspone el horizonte después del ocaso del sol. — s./RELIGIÓN
4 Sermón que se predica por la tarde. — s./RELIGIÓN

véspido, a (Derivado del lat. *vespa*, avispa.) Perteneciente a una familia de insectos himenópteros provistos de aguijón, como las avispas y avispones. — adj/s.m. ZOOLOGÍA

vesre Creación de palabras por inversión de sílabas que se usan como jerga o con fines humorísticos: *gomia por amigo, vesre por revés*. — s.m. Argent.

vestal
1 De la diosa Vesta. — adj./MITOLOGÍA
2 Se refiere a la doncella romana que estaba consagrada a la diosa Vesta. — adj/s.f. MITOLOGÍA
3 Mujer de gran belleza.

veste (Del lat. *vestis*.) Vestido, prenda de vestir. — s.f./literario

vestfaliano, a
1 De Vestfalia, región alemana. — adj/s./tb: westfaliano
2 Persona natural de esta región. — s.

vestibular Del vestíbulo del oído. — adj./ANATOMÍA

vestíbulo (Del lat. *vestibulum*.)
1 Portal o patio que está situado en la entrada de un edificio. — s.m. ARQUITECTURA
2 Sala dentro de una casa que comunica la entrada con las demás piezas o habitaciones. — = recibidor
3 Sala de grandes dimensiones, próxima a la entrada, que suele haber en los hoteles y otros edificios. — = hall
4 Espacio o cavidad que comunica con otra. — ANATOMÍA
5 Cavidad central del laberinto óseo del oído interno. — ANATOMÍA

vestido (Del lat. *vestitus*.)
1 Prenda o conjunto de prendas que se emplean para cubrir y abrigar el cuerpo humano: *tenía un armario lleno de vestidos*. — s.m. = veste, vestimenta
2 Prenda de vestir femenina de una sola pieza que cubre todo el cuerpo: *llevaba un elegante vestido de manga corta*.
3 **vestido de ceremonia o de etiqueta**: Aquel que se utiliza en determinados actos solemnes.
4 **vestido de corte**: El que usaban las mujeres en las ceremonias de palacio. — HISTORIA

vestidor Habitación o espacio de una casa en el que se viste y se guarda la ropa: *se han hecho un vestidor contiguo al dormitorio*. — s.m.

vestidura
1 Prenda que cubre o abriga el cuerpo humano: *su vestidura era muy adecuada para la ocasión*. — s.f./= vestido, vestimenta
2 Vestido que, sobrepuesto al ordinario, usan los sacerdotes en las ceremonias del culto. — RELIGIÓN = ornamento
3 **rasgarse las vestiduras**: Escandalizarse por algo, en general con hipocresía: *ahora no te rasgues las vestiduras, tú ya sabías lo que pasaba*.

vestigial Se aplica al órgano que ha perdido su función, pero que la tuvo en los antepasados de la especie que se trata. — adj. BIOLOGÍA

vestigio (Del lat. *vestigium*.)
1 Señal o huella que queda del paso o existencia de algo o alguien en un lugar: *esa sortija es el único vestigio que le queda de su bisabuela*. — s.m. = huella
2 Ruina o memoria de una antigua civilización: *en la región hay muchos vestigios incas*. — HISTORIA
3 Indicio por el que se infiere o averigua algo. — = rastro, señal

vestiglo (Del bajo lat. *besticulum*.) Monstruo fantástico de apariencia horrible. — s.m. MITOLOGÍA

vestimenta
1 Vestido, prenda o conjunto de prendas que sirven para cubrir el cuerpo humano. — s.f.
2 Conjunto de vestidos que, sobrepuestos al ordinario, usan los sacerdotes en las ceremonias de culto. — = vestidura, ornamento

vestimentario, a Que tiene relación con el vestido. — adj.

vestir (Del lat. *vestire*.)
1 Cubrir el cuerpo de una persona con un vestido: *le costó mucho vestir al niño; se suele vestir muy bien*. — v.tr/prnl. conj: pedir
2 Cubrir una cosa con otra para adornarla: *ha vestido la mesa con un bonito mantel; el pueblo se vistió de fiesta*. — = adornar
3 Llevar un vestido de ciertas características: *viste pantalón corto; el almirante viste de uniforme*. — v.tr/intr. + de

4 Hacer o confeccionar los vestidos a otras personas: *viste a toda la familia real*. — v.tr.
5 Pagar o proporcionar los vestidos a una persona: *la comunidad viste a los más necesitados*.
6 Mostrar una persona una actitud: *el chico vistió su rostro de ira*.
7 Expresar un concepto en un lenguaje elegante: *vistió su solicitud con hermosas expresiones*.
8 Resultar una prenda de vestir adecuada o elegante: *la americana viste más que un jersey*. — v.intr.
9 Estar de moda algo: *ya no viste tanto vivir en el campo*. — = llevarse
10 Intentar ocultar la realidad con adornos: *vistió su situación personal para ocultar su pobreza; sus malas intenciones se vistieron con un ademán dulce*. — = disimular
11 Acudir a cierto modisto o establecimiento para comprar la ropa: *se viste en la mejor tienda de la ciudad*. — v.prnl. + en
12 Levantarse de la cama una persona que ha estado enferma: *tu abuelo se vistió tras curarse de su gripe*.
13 Adoptar una actitud engreída o dominante tras conseguir un empleo: *Pedro se vistió tras obtener éxitos sonados*. — = envanecerse
14 **el mismo que viste y calza**: Expresión con la que se confirma la identidad de una persona a la que se nombra. — coloquial
15 **vestirse de largo**: Ponerse la ropa apropiada para una fiesta, celebración o banquete donde se exige una determinada etiqueta.
16 **vísteme despacio que tengo prisa**: Expresión con la que se subraya la necesidad de no proceder con prisas para ganar tiempo.

vestón Americana o chaqueta que llega un poco más abajo de la cintura. — s.m. Chile

vestuario
1 Conjunto de prendas que sirven para vestir: *tiene un vestuario muy completo*. — s.m.
2 Conjunto de vestidos que se emplean en una representación escénica: *la película recibió un premio por su vestuario*. — CINE, TEATRO
3 Lugar destinado al cambio de ropa en un sitio donde es necesario cambiar de vestimenta para practicar una actividad: *vestuarios de la piscina*.
4 Lugar del teatro donde se visten los artistas. — TEATRO
5 Denominación que se daba a toda la parte interior del teatro. — TEATRO
6 Uniforme completo de un soldado. — MILITAR
7 Sitio donde se revisten los eclesiásticos en la iglesia. — RELIGIÓN
8 Renta que se da en algunas catedrales a los que se tienen que revestir en algunas funciones. — RELIGIÓN
9 Vestidos o dinero para adquirirlos que se da en algunas comunidades eclesiásticas a sus miembros. — RELIGIÓN

vestugo Rama o vástago del olivo. — s.m./AGRICULTURA

veta (Del lat. *vitta*, cinta.)
1 Faja o lista de una materia que por su calidad y color se distingue de la masa en que está intercalada: *veta de tocino; veta de tierra caliza*. — s.f. = banda
2 Lista de ciertas piedras y maderas. — = vena
3 Depósito mineral que rellena una antigua grieta de las rocas de un terreno y que suele ser objeto de explotación minera: *han encontrado una veta de plata*. — MINERÍA, MINERALOGÍA = filón
4 Conjunto de hilos o fibras que retorcidos entre sí forman un cuerpo alargado y flexible que se usa para atar o sujetar cosas. — = cuerda
5 Aptitud de una persona para una ciencia o arte. — = madera, vena
6 **dar uno en la veta**: Encontrar un modo, que antes se ignoraba, para conseguir algo. — coloquial = dar en la vena
7 **descubrir la veta de una persona**: Descubrir sus inclinaciones, intenciones o propósitos. — coloquial

vetado, a Que tiene vetas. — adj.

vetar Poner el veto a una propuesta, acuerdo o medida. — v.tr/= impedir ≠ consentir

vetarro, a Se aplica a la persona que es vieja o está envejecida. — adj/s./Méx. coloquial

vetazo Golpe dado con un látigo. — s.m./Ecuad.

veteado, a Que tiene vetas. — adj./tb: vetado

vetear Pintar una cosa con vetas que imitan las de la madera o el mármol. — v.tr.

veteranía
1 Circunstancia de ser veterano o experto en una actividad por llevar mucho tiempo ejerciéndola. — s.f. = experiencia
2 Circunstancia de llevar un militar muchos años en servicio. — MILITAR

veterano, a (Del lat. *veteranus*.)
1 Que es experto en una profesión por llevar mucho tiempo ejerciéndola. — adj/s. ≠ novato
2 Se refiere al militar que lleva mucho tiempo de servicio. — MILITAR

veterinaria Ciencia que estudia la prevención y curación de las enfermedades de los animales, en especial los domésticos. — s.f. VETERINARIA

veterinario, a (Del lat. *veterinarius*.)
1 Que tiene relación con la ciencia veterinaria.   adj./VETERINARIA
2 Persona que profesa y ejerce la veterinaria.   s./= albéitar
vetisesgado, a Que tiene las vetas al través.   adj.
vetiver Raíz aromática, usada para perfumar la ropa y   s.m.
para preservarla de la polilla.   BOTÁNICA
veto (Del fr. *veto* < lat. *veto*.)
1 Derecho que tiene una persona, corporación, insti-   s.m.
tución o país para impedir algo.
2 Acción y resultado de vedar o prohibir.   = prohibición
vetón, a
1 Se aplica a un pueblo prerromano que habitaba en   adj.
el centro de la península Ibérica.   HISTORIA
2 Persona originaria de este pueblo prerromano.   adj/s./HISTORIA
vetustez Cualidad de vetusto o viejo.   s.f./pl: vetusteces
vetusto, a (Del lat. *vetustus*.) Que es muy viejo o muy   adj/= anticuado,
antiguo: *casa vetusta; vetustos habitantes.*   decrépito
vexillum (Voz latina.) Estandarte de los ejércitos   s.m.
romanos.   HISTORIA
vexilo
1 Estandarte, pétalo superior de la corola de las plan-   s.m.
tas papilionáceas.   BOTÁNICA
2 Cada uno de los lados de la pluma de un ave.   ZOOLOGÍA
vexilología
1 Disciplina auxiliar de la historia que estudia las   s.f.
banderas, los pendones y los estandartes.   HISTORIA
2 Coleccionismo de banderas.
vexilólogo, a Que se dedica a la vexilología.   adj/s.
vez (Del lat. *vicis*.)
1 Cada realización de un suceso o de una acción en   s.f.
momentos y circunstancias diferentes: *la primera vez*   pl: veces
que hablé en público fue terrible.
2 Momento determinado en que se ejecuta una acción: *una vez perdió el sentido; algunas veces cenan fuera.*
3 Momento u ocasión de hacer una cosa por turno u   = oportunidad
orden: *le llegó la vez de hablar.*
4 Lugar que le corresponde a una persona en una
cola, turno u orden: *ahora ya no sé cuál es mi vez en la
cola.*
5 Alternancia de las cosas por turno u orden sucesivo.   = ciclo
6 Ganado perteneciente a un vecindario.   = vecera
7 Con el verbo hacer, autoridad o jurisdicción ejerci-   s.f.pl.
da por una persona supliendo a otra o representándola: *hace las veces de madre con sus hermanos pequeños.*
8 **a las veces:** En algunas ocasiones.   loc.adv.
9 **a la vez:** De modo simultáneo: *quiere hacer dema-*   loc.adv.
siadas cosas a la vez.
10 **alguna que otra vez:** En algunas, pocas ocasio-   loc.adv.
nes: *nos llamamos por teléfono alguna que otra vez.*
11 **algunas veces:** No siempre, en alguna oportuni-   loc.adv.
dad: *aquí llueve algunas veces.*
12 **alguna vez:** En alguna ocasión.   loc.adv.
13 **a mi, tu, su vez:** 1. Por orden sucesivo y alterna-   loc.adv.
do. 2. Por su parte, por separado de los demás.
14 **a veces:** 1. Por orden alternativo. 2. En algunas   loc.adv.
ocasiones, no siempre: *no tiene insomnio, pero a veces
duerme mal.*
15 **cada vez:** Se usa para expresar progreso en una   loc.adv.
acción o proceso: *está cada vez más alto, cada vez escribo peor.*
16 **cada vez que:** Siempre que: *cada vez que necesites*   loc.conj.
algo, pídemelo.
17 **cien veces, cien mil veces, cientos de veces, mil**   loc.adv.
veces, miles de veces: Muchas veces, en muchas
oportunidades: *te he dicho cien veces que no puedes salir
por la noche.*
18 **de una vez:** 1. Con una sola acción, en un acto   loc.adv.
continuo o sin interrupciones: *se tragó las dos pastillas
de una vez; hizo de una vez el trabajo de la mañana y el
de la tarde.* 2. De modo definitivo: *acabemos con esta
disputa de una vez.*
19 **de una vez para siempre:** De modo definitivo: loc.adv.
escarmentó de una vez para siempre.
20 **de vez en cuando:** En ocasiones.   loc.adv.
21 **en vez de:** 1. En sustitución de la cosa o persona   loc.adv.
expresada: *vino ella en vez de su hermana.* 2. Al contrario, lejos de: *en vez de quererme me odia*
22 **hacer las veces de:** 1. Desempeñar el papel de. 2.   coloquial
Sustituir a una persona en su cargo.
23 **rara vez:** En muy contadas ocasiones o casi nun-   loc.adv.
ca: *rara vez se pone sombrero.*
24 **tal cual vez o tal y tal vez:** En rara ocasión.   loc.adv.
25 **tal vez:** Quizá, posiblemente: *no sé si creerle, tal*   loc.adv.
vez nos mintiera.
26 **toda o una vez que:** Después que: *una vez que le*   loc.conj.
oigamos, sabremos lo que quiere.
27 **tomarle a uno la vez:** Adelantársele en una cola.   coloquial
28 **una vez que:** Se usa para suponer o dar por cierta   loc.conj.
una cosa para pasar adelante en el discurso.
29 **varias, repetidas o muchas veces:** Con fre-   loc.adv.
cuencia.

veza Arveja, planta herbácea leguminosa.   s.f./BOTÁNICA
vezar (Del ant. *bezo* < lat. *vitium*, defecto.) Adquirir   v.tr/prnl./conj: cazar
costumbre o hábito de algo.   tb: avezar
vhf (Acrónimo de *[V]ery [H]igh [F]requency*.) Onda ra-   s.m.
dioeléctrica de muy alta frecuencia.   FÍSICA
vhs (Acrónimo de *[V]ideo [H]ome [S]ystem*.) Se aplica al   adj/s.m.
sistema de grabación y reproducción de imágenes   AUDIOVISUALES
por vídeo.
vía (Del lat. *via*.)
1 Camino o carretera: *la autovía es la mejor vía para*   s.f.
llegar a su pueblo.
2 Raíles sobre los que circula el tren.
3 Terreno sobre el que están dispuestos dichos raíles.
4 Sistema o medio de transporte o comunicación: *el
mensaje llegó por vía telegráfica; el sonido llegaba vía satélite.*
5 Ruta que se sigue en un viaje: *fueron a Bruselas vía
París.*
6 Manera de hacer o conseguir algo: *es la mejor vía de*   = camino,
solución.   modo
7 Procedimiento judicial: *el pago de la letra se tramitó*   DERECHO
por vía ejecutiva.
8 Cada uno de los conductos del cuerpo para cumplir   ANATOMÍA
las funciones fisiológicas: *se le obstruyeron las vías urinarias.*
9 Modo o lugar a través del cual se administra un   MEDICINA
medicamento: *le recetaron una vacuna vía oral.*
10 Modo u orden de vida espiritual de los ascéticos,   RELIGIÓN
encaminada a la perfección de la virtud, y que se divide en tres estados: vía purgativa, iluminativa y unitiva.
11 Mandatos o leyes divinas.   s.f.pl./RELIGIÓN
12 **vía ancha:** La de los trenes españoles de la red
principal, más ancha que la europea.
13 **vía contenciosa:** Procedimiento para resolver un   DERECHO
asunto ante un tribunal de justicia.
14 **vía de agua:** Rotura o grieta en una embarcación   NÁUTICA
por la que entra el agua.
15 **vía de apremio:** Vía ejecutiva, procedimiento ju-   DERECHO
dicial.
16 **vía de comunicación:** Cualquier ruta terrestre o
marítima.
17 **vía ejecutiva:** Procedimiento judicial para obligar   DERECHO
al pago de una deuda.
18 **vía estrecha:** La de algunos trenes españoles de la
red secundaria, cuyos raíles están menos separados
que los de la red principal.
19 **vía gubernativa:** Procedimiento para reclamar   DERECHO
ante la administración, que sirve de antecedente a la
vía contenciosa.
20 **vía húmeda:** Procedimiento de análisis químico   QUÍMICA
mediante la disolución del cuerpo que se analiza.
21 **vía libre:** Ausencia de obstáculos para realizar: *el
gobierno concedió vía libre al proyecto de inversión.*
22 **vía muerta:** Aquella que no tiene salida, y se usa   = apartadero
para apartar los trenes que no circulan.
23 **vía ordinaria:** Procedimiento procesal, usado en   DERECHO
los juicios declarativos.
24 **vía pública:** Calle o plaza.
25 **vía reservada:** Procedimiento extraordinario por   HISTORIA
el que el rey o sus secretarios resolvían algunos asuntos sin consulta de los tribunales.
26 **vía seca:** Procedimiento de análisis químico me-   QUÍMICA
diante la aplicación de calor al cuerpo que se analiza.
27 **vía sumaria:** Procedimiento judicial abreviado   DERECHO
para resolver asuntos urgentes.
28 **cuaderna vía:** Estrofa compuesta de cuatro versos   POESÍA
alejandrinos monorrimos.
29 **de vía estrecha:** Sin importancia o mediocre: *un*   loc.adj.
jugador de vía estrecha.
30 **en vía muerta:** Sin posibilidad de avanzar, estan-   loc.adv.
cado.
31 **en vías de:** En trámite: *tu problema ya está en vías*   loc.prep.
de solución.
32 **por vía de:** Se usa para expresar la finalidad con   loc.prep.
que se hace algo: *por vía de ensayo.*
33 **por vía de buen gobierno:** En uso de la autori-   loc.adv.
dad gubernativa.
34 **por vía oral:** Por la boca.   loc.adv./MEDICINA
viabilidad Posibilidad de que una cosa sea realizada: s.f.
destacaron la viabilidad del proyecto presentado.   ≠ inviabilidad
viabilizar Hacer viable o realizable una cosa o asunto.   v.tr/conj: cazar
viable (Del fr. *viable*.)
1 Que puede vivir, en especial las criaturas recién na-   adj.
cidas.   ≠ inviable
2 Que puede ser realizado: *solución viable; proyecto*   = posible
viable.   ≠ irrealizable
3 Se aplica al camino que se puede transitar.   = transitable
vía crucis (Expresión latina.)
1 Conjunto de estaciones o pasos que se recorren re-   s.m.
zando en cada unos de ellos en memoria de los pasos   RELIGIÓN
que dio Jesucristo caminando hacia el calvario.

2 Conjunto de 14 cruces o cuadros que, en las paredes de las iglesias, recuerdan los pasos del calvario. — RELIGIÓN

3 Ejercicio en que se rezan y conmemoran estos pasos. — RELIGIÓN

4 Libro en que se recoge los rezos de este ejercicio. — RELIGIÓN

5 Aflicción o carga continuada que sufre una persona: *las disputas familiares son su particular vía crucis.* — = cruz

viada
1 Arrancada o salida violenta. — s.f.
2 Primer empuje del barco al emprender la marcha. — NÁUTICA

viador (Del lat. *viator, -oris.*) Criatura racional que está en esta vida y aspira y camina a la eternidad. — s.m. TEOLOGÍA

viaducto (Del ingl. *viaduct.*) Puente construido para que una carretera o vía férrea salve un desnivel del terreno. — s.m CONSTRUCCIÓN

viajante
1 Que viaja. — adj/s.m.f.
2 Representante comercial que viaja para promocionar o vender un producto. — s.m.f. COMERCIO

viajar
1 Ir de un lugar a otro, en general alejado: *ha viajado por todo el mundo.* — v.intr.
2 Desplazarse un vehículo o medio de transporte siguiendo una ruta: *cuando pasa por la selva, el tren viaja lentamente.*
3 Estar una persona bajo los efectos de drogas alucinógenas: *por la pinta que tiene, debe de estar viajando.* — argot

viajata Caminata, viaje largo y fatigoso. — s.f./coloquial

viaje
I (Del cat. *viatge* < lat. *viaticum*, provisiones para el viaje.)
1 Acción y resultado de viajar. — s.m.
2 Recorrido hecho al viajar de un lugar a otro. — = ruta
3 Camino por donde se hace este recorrido. — = trayecto
4 Ida de un lugar a otro para llevar o transportar algo: *tuve que hacer diez viajes para trasladar todo el equipaje.*
5 Carga o peso que se lleva de un lugar a otro de una vez: *calculo que quedan por traer tres viajes de carbón.* — = cargamento
6 Estado de alucinación producido por estupefacientes. — argot
7 Arrancada o velocidad grande de una embarcación. — NÁUTICA
8 agarrar viaje: Aceptar una propuesta. — Argent., Perú, Urug.
9 ¡buen viaje!: 1. Expresión con que usualmente se despide a un viajero. 2. Expresión con que se manifiesta la indiferencia ante algo o ante la marcha de alguien: *si se enfada y se va, ¡buen viaje! y peor para él.* — coloquial / coloquial
10 de un viaje: De una vez. — loc.adv.
11 para este viaje no se necesitan alforjas: No ser necesarias determinadas ayudas para resolver una cuestión. — coloquial
II (Del cat. *biaix.*)
1 Corte oblicuo. — s.m.
2 Agresión de una persona a otra. — coloquial
3 Con el verbo *tirar*, ataque inesperado con arma blanca corta. — = navajazo
4 Oblicuidad o inclinación de un muro o del eje de una bóveda. — ARQUITECTURA = esviaje
5 Derrote, acometida rápida del toro levantando la cabeza. — TAUROMAQUIA

viajero, a
1 Que viaja: *tiene un amigo que es muy viajero, siempre anda de un lado para otro.* — adj/s. = viajador
2 Que está relacionado con los viajes: *tiene mucho afán viajero.* — adj.
3 Persona que relata viajes. — s.

vial
I (Derivado de *vía*.)
1 De la vía o camino: *asistió a una charla sobre seguridad vial.* — adj.
2 Calle formada por dos filas paralelas de plantas o árboles. — s.m.
II (Voz inglesa.) Frasco en el que se conserva un medicamento líquido inyectable. — s.m. MEDICINA

vialidad
1 Cualidad de vial o perteneciente a la vía. — s.f.
2 Conjunto de servicios de las vías públicas.

vianda
1 Comida o sustento de los humanos. — s.f.
2 Ración de comida que se sirve en la mesa. — = comida

viandante
1 Persona que va a pie en la vía pública: *cada vez hay menos sitio para los viandantes en las ciudades.* — s.m.f. = peatón, transeúnte
2 Persona que hace un viaje o anda un camino. — = caminante

viaraza
1 Diarrea, flujo de vientre. — s.f./= cámaras Amér. Merid.
2 Acción inconsiderada y repentina.

viario, a Que tiene relación con las vías de comunicación. — adj.

viaticar Administrar el viático o comunión a una persona en peligro de muerte. — v.tr./conj: sacar RELIGIÓN

viático (Del lat. *viaticum.*)
1 Provisiones o dinero que se preparan para un viaje. — s.m.
2 Dieta dada a los funcionarios que tienen que viajar, en especial a los diplomáticos.
3 Comunión dada a los enfermos que están en peligro de muerte. — RELIGIÓN

víbora (Del lat. *vipera.*)
1 Denominación común a las serpientes de la familia de los vipéridos, venenosas, con un par de colmillos en la parte anterior de la cabeza, y que vive con preferencia en lugares pedregosos y soleados. — s.f. ZOOLOGÍA
2 Persona que murmura y maldice de otras. — despectivo
3 Pez perciforme de color amarillo con manchas negras redondeadas y cabeza rojiza y violácea (*Trachinus radiatus.*) — ZOOLOGÍA

viborear Hablar mal de alguien a sus espaldas, inventar chismes. — v.intr./Méx. coloquial

viborera
1 Planta herbácea borraginácea bienal de hojas grandes y ásperas y flores azules en grupos piramidales densos. (*Echium vulgare.*) — s.f. BOTÁNICA = viperina
2 Persona maligna y de malas intenciones.

viborezno, a De la víbora. — adj./ZOOLOGÍA

vibración
1 Acción y resultado de vibrar. — s.f.
2 Movimiento oscilatorio de una partícula o de un cuerpo que se genera alrededor de su posición central o de equilibrio. — FÍSICA = oscilación
3 Procedimiento para compactar el hormigón, sometiéndolo a una elevada oscilación mecánica. — CONSTRUCCIÓN
4 buenas o malas vibraciones: Simpatía o antipatía hacia algo o alguien: *esta historia me da malas vibraciones.* — coloquial

vibrado Se aplica al hormigón que ha sido sometido al proceso de vibración. — adj. CONSTRUCCIÓN

vibrador, a
1 Que vibra o hace vibrar. — adj./= vibrante
2 Aparato que transmite vibraciones eléctricas.
3 Aparato, eléctrico o no, en forma de pene, utilizado como excitador sexual. — = consolador

vibrafonista Persona que toca el vibráfono. — s.m.f./MÚSICA

vibráfono (De *vibrar* + gr. *phone*, sonido.) Instrumento musical de percusión formado por una serie de placas metálicas que vibran al ser golpeadas con unas pequeñas mazas. — s.m. MÚSICA

vibrante
1 Que vibra o hace vibrar. — adj.
2 Se aplica al discurso, espectáculo o acción que conmueven. — = electrizante
3 Se refiere al sonido consonántico que se articula mediante la vibración rápida de un órgano activo elástico que obstruye y permite el paso del aire: *la r y la rr son vibrantes.* — adj/s.f. LINGÜÍSTICA

vibrar (Del lat. *vibrare.*)
1 Moverse una cosa fija con movimientos rápidos y pequeños: *durante el terremoto toda la casa vibraba.* — v.intr. = temblar
2 Sonar la voz trémula o entrecortada: *estaba tan emocionado que le vibraba la voz.*
3 Emocionarse o conmoverse por algo: *vibré al escuchar los aplausos del público.* — = excitarse
4 Moverse las partículas de un cuerpo elástico de modo rápido y alternativo a uno y otro lado del punto de equilibrio. — MECÁNICA = oscilar
5 Dar un movimiento trémulo a la espada u otra cosa semejante. — v.tr.
6 Lanzar o agitar una cosa con violencia de modo que avance con un movimiento trémulo.

vibrátil Que puede vibrar: *pestañas vibrátiles.* — adj.

vibrato Ligera ondulación de sonido que se obtiene en los instrumentos de cuerda oscilando con rapidez el dedo sobre ella, o en los de viento con una emisión irregular de aire. — s.m. MÚSICA

vibratorio, a Que vibra o puede vibrar: *movimiento vibratorio.* — adj.

vibrión Denominación común de algunas bacterias en forma de coma, dotadas de movimiento ondulatorio, que en algunos casos pueden transmitir enfermedades, como el cólera. — s.m. BIOLOGÍA

vibrisas
1 Pelos rígidos que tienen en el hocico ciertos mamíferos, que actúan como receptores táctiles. — s.f.pl. ZOOLOGÍA
2 Producción epidérmica en forma de cerdillas que tienen ciertas aves junto al pico o entre las patas. — ZOOLOGÍA
3 Pelos sensoriales de las plantas insectívoras. — BOTÁNICA

vibrógrafo Aparato que mide las vibraciones de la marcha de los relojes, usado para detectar la existencia de defectos en los engranajes. — s.m. TECNOLOGÍA

vibroscopio (De *vibrar* + gr. *skopeo*, observar.) Instrumento para el estudio de las vibraciones de los cuerpos sonoros. — s.m. FÍSICA

vibromasaje Masaje que se realiza con un aparato especial que transmite al cuerpo las vibraciones producidas por un motor eléctrico.   *s.m.* TECNOLOGÍA

viburno (Del lat. *viburnum*.) Planta arbustiva caprifoliácea de hojas ovales y flores blancas. *(Viburnum lantana.)*   *s.m.* BOTÁNICA

vicaría
1 Cargo de vicario.   *s.f./RELIGIÓN*
2 Oficina o tribunal donde despacha el vicario.   RELIGIÓN
3 Territorio que está bajo la jurisdicción de un vicario.   RELIGIÓN
4 **llevar a alguien a la vicaría:** Conseguir casarse con una persona.   coloquial
5 **pasar por la vicaría:** Contraer matrimonio: *éste seguro que pasa pronto por la vicaría.*   coloquial

vicarial Del vicario.   *adj.*

vicariante
1 Que reemplaza a una cosa.   *adj.*
2 Se aplica al órgano capaz de suplir la insuficiencia de otro órgano.   FISIOLOGÍA
3 Se refiere a la especie vegetal que puede reemplazar a otra de iguales características biológicas.   BOTÁNICA
4 Se aplica a los pares de caracteres genéticos mutuamente excluyentes, que sirven para diferenciar especies.   BIOLOGÍA

vicariato Vicaría [en todas sus acepciones].   *s.m.*

vicario, a (Del lat. *vicarius*.)
1 Que sustituye a una persona en sus facultades o poderes.   *adj/s.*
2 Persona que, en las órdenes regulares, sustituye a algún superior en su ausencia.   *s.* RELIGIÓN
3 Juez eclesiástico elegido por los prelados para ejercer la jurisdicción ordinaria.   *s.m.* RELIGIÓN
4 Sueldacostilla, planta liliácea.   BOTÁNICA
5 **vicario apostólico:** Prelado que representa a la santa sede en un territorio donde no está introducida la organización eclesiástica católica.   RELIGIÓN
6 **vicario capitular:** Eclesiástico que gobierna la sede vacante de una diócesis, en la Iglesia católica.   RELIGIÓN
7 **vicario de Jesucristo:** El papa de los católicos.   RELIGIÓN
8 **vicario general:** Juez eclesiástico que ejerce la jurisdicción ordinaria en todo el territorio.   RELIGIÓN
9 **vicario general castrense o de los ejércitos:** El que, como delegado apostólico, ejerce toda la jurisdicción eclesiástica sobre todos los que dependen del ejército y de la armada.   MILITAR, RELIGIÓN

vice- Componente de palabra procedente del lat. *vice*, que significa sustituto o representante: *vicecónsul; viceministro.*   *pref.* = viz-, vi-

vicealmiranta Segunda galera de una escuadra.   *s.f./MILITAR*

vicealmirantazgo Dignidad de vicealmirante.   *s.m./MILITAR*

vicealmirante Oficial general de la armada, inmediatamente inferior al almirante, equivalente al general de división en el ejército de tierra.   *s.m.* MILITAR

vicecanciller
1 Persona que, siendo inferior en jerarquía al canciller, le ayuda o sustituye en su ausencia.   *s.m.* POLÍTICA
2 Cardenal presidente de la curia romana para el despacho de las bulas y breves apostólicos.   RELIGIÓN

vicecancillería
1 Cargo de vicecanciller.   *s.f.*
2 Oficina de vicecanciller.

viceconsiliario, a Persona que ayuda o hace las veces de consiliario o consiliaria en su ausencia.   *s.* = viceconsejero

vicecónsul Funcionario de la carrera consular, de categoría inmediatamente inferior al cónsul.   *s.m.* POLÍTICA

viceconsulado
1 Cargo de vicecónsul.   *s.m./POLÍTICA*
2 Oficina del vicecónsul.   POLÍTICA

vicediós Título que se da al papa como representante de Dios en la Tierra.   *s.m./RELIGIÓN* = vicecristo

vicegerencia Cargo de vicegerente.   *s.f.*

vicegerente Persona que ayuda o hace las veces de gerente en su ausencia.   *s.m.f.*

vicegobernador, a Persona que ayuda o hace las veces de gobernador en su ausencia.   *s.* POLÍTICA

vicenal (Del lat. *viannalis*.)
1 Que se hace o sucede cada veinte años.   *adj.*
2 Que dura veinte años.   = veinteñal

vicepresidencia
1 Cargo de vicepresidente o vicepresidenta.   *s.f.*
2 Oficina del vicepresidente o vicepresidenta.

vicepresidente, a Persona inmediatamente inferior en la jerarquía al presidente, a quien ayuda o sustituye en su ausencia.   *s.*

vicerrector, a Persona que ocupa el cargo inmediatamente inferior al de rector y lo ayuda en sus funciones o sustituye en su ausencia.   *s.*

vicesecretaría
1 Cargo de vicesecretario o vicesecretaria.   *s.f.*

2 Oficina del vicesecretario o vicesecretaria.

vicesecretario, a Persona que en determinadas circunstancias puede hacer las funciones del secretario.   *s.*

vicésimo, a (Del lat. *vigesimus*.) Vigésimo [en todas sus acepciones].   *adj.num/s.*

vicetesorero, a Persona que hace las veces del tesorero.   *s.*

vicetiple
1 Cantante de voz algo más grave que la tiple o soprano.   *s.f.* MÚSICA
2 Cada una de las cantantes que intervienen en los números de conjunto en las zarzuelas, operetas y revistas.   MÚSICA

viceversa Al contrario, al revés: *yo te lo entrego a ti, y viceversa.*   *adv.*

vichear Espiar, acechar u observar a una persona, un animal o una cosa con disimulo.   *v.tr./Argent.* tb: vichar

vichy (Voz francesa.) Tela fina de algodón, con hilos de colores vivos y sólidos, que forman listas y cuadros.   *s.m.* TEXTIL

vichyssoise (Voz francesa.) Sopa fría.   *s.f./COCINA*

vicia (Del lat. *vicia*.)
1 Arveja o algarroba, planta leguminosa que se utiliza como forraje.   *s.f.* BOTÁNICA
2 Semilla de esta planta.   BOTÁNICA

viciado, a
1 Se refiere al aire cargado o no renovado de una habitación.   *adj.*
2 Se aplica a la atmósfera o ambiente en el que hay tensión o problemas: *tras la dimisión del presidente el ambiente del Consejo está viciado.*   = enrarecido

viciar
1 Dañar o corromper física o moralmente: *ha viciado al perro con tanto azúcar; su primo se ha viciado con el juego.*   *v.tr/prnl.*
2 Quitar la pureza de una sustancia: *me parece que han viciado el chocolate.*   = adulterar
3 Alterar el sentido de algo con adiciones o enmiendas.   *v.tr.*
4 Explicar o entender una cosa de forma errónea: *he viciado las palabras de mi padre.*   = tergiversar
5 Anular la validez y un documento o un acto público.   = invalidar
6 Tomar mucha afición a una cosa: *me estoy viciando con el baloncesto.*   *v.prnl./+ con, en* = enviciarse
7 Tomar una cosa una forma defectuosa por estar un tiempo en mala posición: *la chaqueta se ha viciado de estar mal colgada.*   = enviciarse

vicio (Del lat. *vitium*.)
1 Apetito exagerado de una cosa, que incita a usar de ella en exceso: *tiene el vicio de comer dulces a todas horas.*   *s.m.* = manía
2 Hábito o rasgo de la personalidad censurable o que no está bien visto por los demás: *su peor vicio es llegar tarde.*   ≠ virtud
3 Aquello a lo que es fácil aficionarse: *bañarse de noche en verano es un vicio.*
4 Imperfección de una cosa que altera su calidad o disminuye su valor.   = defecto
5 Forma torcida o defectuosa que toma la superficie de una cosa.   = alabeo
6 Error, falsedad o engaño en un documento o acto oficial.   = defecto
7 Celo excesivo en la educación de un niño.   = mimo
8 Mala costumbre que adquiere una caballería u otro animal domesticable.
9 Condición demasiado frondosa o lozana de una planta, que resulta perjudicial para su rendimiento.   BOTÁNICA
10 **vicio de dicción:** Incorrección o falta cometida en el uso del lenguaje.
11 **de vicio: 1.** Sin motivo o necesidad, por costumbre: *no llores, se queja de vicio.* **2.** Muy bien o muy bueno: *su hermano escribe de vicio; me han regalado un disco de vicio.*   loc.adv. loc.adv/adj. coloquial

vicioso, a
1 Que tiene o causa vicio.   *adj.*
2 Se refiere a la persona entregada a los vicios.   adj/s./≠ virtuoso
3 Se aplica a la planta que es frondosa en exceso.   adj./BOTÁNICA
4 Se refiere al niño que está muy mimado.   = consentido

vicisitud (Del lat. *vicissitudo*.)
1 Alternancia de sucesos de carácter opuesto, prósperos y adversos: *la vida está llena de vicisitudes.*   *s.f.* = acontecimiento
2 Suceso negativo que produce un cambio brusco en la marcha de algo: *cualquier vicisitud puede arruinar su vida; el viaje estuvo lleno de vicisitudes.*   = incidente

vicisitudinario, a Que sucede en orden alternativo respecto a otras cosas.   *adj.*

víctima (Del lat. *víctima*.)
1 Persona o animal que sufre o padece daño por culpa ajena o por causa fortuita: *fue víctima de una salvaje paliza.*   *s.f.* = damnificado
2 Persona que muere por estas causas: *el terremoto se cobró treinta víctimas.*   = muerto

3 Persona que sufre las consecuencias negativas de sus propios actos o de los ajenos: *acabó siendo víctima de su avaricia.* — ≠ beneficiado

4 Persona o animal sacrificado o destinado al sacrificio. — = inmolado

5 hacerse alguien la víctima: Quejarse sin motivo: *ya estoy harta de ella, siempre haciéndose la víctima.* — coloquial

victimario

1 Persona que mata o asesina. — s.m.

2 Sirviente de los sacerdotes gentiles, que asistía en el sacrificio, encendiendo el fuego y atando a las víctimas. — RELIGIÓN

victo (Del lat. *victus.*) Alimento diario. — s.m./culto

victorear (Derivado del lat. *victor*, vencedor.) Vitorear [en todas sus acepciones]. — v.tr.

victoria

I (Del lat. *victoria.*)

1 Superioridad o ventaja que obtienen una o varias personas sobre otra u otras a las que se oponen en una lucha o en una competición: *el equipo celebró la victoria.* — s.f. = éxito, triunfo

2 ¡victoria!: Expresión que se emplea para celebrar un triunfo. — interj.

3 cantar victoria: Jactarse o presumir del triunfo: *no cantes victoria antes de comprobar si tienes razón.*

II (Del nombre de la reina *Victoria* de Inglaterra.) Coche de caballos, de dos asientos, abierto y con capota. — s.f.

victorial Planta herbácea liliácea perenne, de hojas elípticas flores blanco-verdosas que se vuelven amarillentas, dispuestas en umbelas sobre un tallo rígido y cilíndrico. *(Allium victorialis.)* — s.f. BOTÁNICA = victorial largo

victoriano, a (De la reina *Victoria* de Inglaterra.)

1 De dicha reina o de su época. — adj./HISTORIA

2 Que es propio de las formas de vida y educación de dicha reina y de su corte.

victorioso, a Que ha conseguido o producido la victoria: *ejército victorioso.* — adj./= ganador, vencedor

vicuña (Del quechua *wikuña.*)

1 Mamífero artiodáctilo sudamericano del tamaño de un cordero, de pelaje lanoso, que vive en estado salvaje en los altiplanos andinos. *(Lama vicugna.)* — s.f. ZOOLOGÍA

2 Pelo de este mamífero.

3 Tejido hecho de dicho pelo. — TEXTIL

4 Imitación de este tejido lograda con lana fina o con lana y algodón. — TEXTIL

vid (Del lat. *vitis.*)

1 Planta arbustiva, con frecuencia trepadora, cultivada desde la prehistoria por sus bayas azucaradas o uva, cuyo jugo fermentado produce el vino. *(Vitis.)* — s.f. BOTÁNICA

2 vid silvestre o salvaje: La que no se cultiva, procedente de antiguos viñedos, frecuente en sotos, riberas y en umbrías, donde trepa a los árboles o entre matorrales. *(Ampelopsis parthenocissus.)* — BOTÁNICA = labrusca

vida (Del lat. *vita.*)

1 Facultad y actividad de vivir que caracteriza a los seres orgánicos: *vida animal; vida vegetal.* — s.f. ≠ muerte = existencia

2 Espacio de tiempo transcurrido desde el nacimiento hasta la muerte de un ser orgánico: *aunque es consciente de estar llegando al final de su vida, no le da miedo la muerte.*

3 Duración de cualquier cosa: *la vida de un coche depende de muchos factores.*

4 Manera de ser o de comportarse o de dirigir la propia existencia: *vida activa; vida religiosa; vida espiritual.* — = conducta

5 Medios necesarios para vivir: *se gana bien la vida; tiene la vida resuelta.*

6 Hecho de existir seres vivos en un lugar: *no creo que haya vida en otros planetas.*

7 Historia de la existencia de una persona. — = biografía

8 Aquello que produce mucho placer o bienestar, o se considera muy importante para la existencia de una persona o de un grupo o colectividad: *el alpinismo es su vida.* — = vivir

9 Ser humano: *se han perdido muchas vidas en la batalla.* — = persona

10 Modo de vivir, en relación con una determinada actividad: *su vida social es muy rica.*

11 Sensación de viveza, animación o vitalidad producida por un cuadro, una persona, una relato u otra cosa: *sus ojos tienen mucha vida; me impresionó la vida de ese cuadro; el pueblo tiene mucha vida.* — = energía, vitalidad

12 Referido a las mujeres, prostitución: *lo vimos con una mujer de la vida.*

13 Vista y posesión de la divinidad en el cielo: *la vida eterna.* — RELIGIÓN

14 Estampa que contiene la explicación de un tema en versos pareados y forma parte de un pliego. — POESÍA = aleluya

15 Existencia del alma después de la muerte, en algunas religiones. — RELIGIÓN

16 vida arrastrada: La de quien tiene muchos trabajos y penalidades. — coloquial

17 vida marital: Convivencia de un hombre y una mujer como si estuvieran casados.

18 vida mía o mi vida: Se usa como apelativo cariñoso dirigido a una persona. — familiar

19 vida perra o de perros: La de quien tiene muchos problemas y dificultades. — coloquial

20 vida privada: Conjunto de las actividades de una persona ni profesionales ni públicas.

21 vida vegetativa: Conjunto de los procesos fisiológicos involuntarios que mantienen las funciones vitales. — FISIOLOGÍA

22 vida y milagros: Expresión que se aplica a la información, excesiva o inoportuna, de la historia y conducta de una persona hecha por ella misma o por otra: *me contó vida y milagros de su familia.* — coloquial

23 a vida o muerte: Referido a una decisión tomada o acto realizado, último intento posible. — loc.adv. coloquial

24 con la vida en un hilo: En peligro de morir. — coloquial

25 dar la vida: Morir por intentar salvar a una persona o, en general, por lo que se considera una causa justa. — coloquial

26 dar mala vida: Hacer padecer una persona a otras por culpa de sus actos o por malos tratos. — coloquial

27 de mi vida: Expresión pospuesta a un nombre, usada para expresar afectuosidad. — loc.adj. familiar

28 de por vida: Por todo el tiempo que le queda de vida. — loc.adv.

29 de toda la vida: Desde hace mucho tiempo, desde que se recuerda. — loc.adv.

30 dejarse la vida en algo: Hacer todo lo posible para que salga bien lo que se indica: *se ha dejado la vida en ese proyecto.* — coloquial

31 en la, mi, tu, su vida: Nunca, jamás. — loc.adv.

32 enterrarse alguien en vida: Retirarse de todo tipo de relación social. — coloquial

33 en vida: Mientras vive la persona de que se habla. — loc.adv.

34 entre la vida y la muerte: En peligro de muerte. — loc.adv.

35 hacer la vida imposible a alguien: Incordiarle y fastidiarle continuamente.

36 la gran vida: Buena vida. — coloquial

37 ganarse la vida: Trabajar, procurarse el sustento. — coloquial

38 la otra vida o la vida eterna o futura: La que sigue a la muerte.

39 la vida padre: Muy buena vida. — coloquial

40 mala vida: Vida de malas costumbres. — coloquial

41 nivel o calidad de vida: Grado o nivel de bienestar de una persona o de una sociedad. — = calidad de vida

42 pasar a mejor vida: Morir, dejar de existir. — coloquial

43 por mi, tu, su o por vida de: Se usa para reforzar una afirmación, una amenaza, o mostrar disgusto por algo. — loc.adv.

44 ¿qué es de tu, su vida? Se usa para saludar a alguien que no se ha visto desde hace tiempo e interesarse por él.

45 tener siete vidas como los gatos: Se usa para indicar la fortaleza y suerte de alguien para evitar riesgos y peligros de muerte. — coloquial

46 vender uno cara la vida: Perderla habiéndola defendido con todas sus fuerzas, creando muchos problemas al enemigo. — coloquial

vidalita

1 Canción melancólica acompañada con guitarra solista, en la que suele repetirse su nombre a manera de estribillo. — s.f. Argent. MÚSICA

2 Denominación que se da a otras canciones, como por ejemplo, la baguala o la vidala. — Argent. MÚSICA

vidarra Planta ranunculácea trepadora. — s.f./BOTÁNICA

vide (Voz latina.) Se emplea en impresos y manuscritos españoles precediendo a la indicación del lugar o página que ha de ver el lector para encontrar alguna cosa. — loc.

vidente (Derivado del lat. *videre*, ver.) Se refiere a la persona que es capaz de adivinar el futuro o cosas ocultas. — adj/s.m.f. OCULTISMO = adivino, profeta

vídeo

1 Aparato que graba y reproduce imágenes: *se han comprado un vídeo de cuatro cabezales.* — s.m. AUDIOVISUALES

2 Técnica de grabación y reproducción de la imagen y del sonido en un soporte magnético. — AUDIOVISUALES

3 Filmación hecha con esta técnica: *tienen un vídeo de la fiesta de cumpleaños.* — AUDIOVISUALES

4 Cinta magnética en que se registran imágenes y sonidos, en especial la que ya está grabada: *le han regalado el vídeo de un clásico del cine mudo.* — AUDIOVISUALES = videocinta, videocasete

vídeo- Componente de palabra que significa visión, imagen: *videocámara; videofrecuencia.* — pref.

videocámara Vídeo, aparato compuesto por un tomavistas y un magnetoscopio portátil. — s.f. AUDIOVISUALES

videocasete Casete o cinta magnética que sirve de soporte para grabar y reproducir imágenes y sonidos. — s.f./AUDIOVISUALES = vídeo, videocinta

videoclip Filmación de corta duración para promocionar una canción o un disco de un grupo musical. — s.m. AUDIOVISUALES

videoclub Establecimiento donde se alquilan o venden cintas de vídeo. *s.m. pl: tb: videoclubs*

videoconsola Aparato para reproducir juegos electrónicos, provisto de mandos de control. *s.f. AUDIOVISUALES*

videocontrol Control u observación de un lugar por medio de un circuito cerrado de televisión. *s.m. TECNOLOGÍA*

videodisco Disco donde se pueden grabar imágenes y sonidos para ser reproducidos en un televisor. *s.m. AUDIOVISUALES*

videofonía Videotelefonía, sistema de comunicación por viodeófono. *s.f./TELECOMUNICACIONES*

videófono Videoteléfono, aparato telefónico que lleva incorporado un vídeo para reproducir la imagen del interlocutor. *s.m. TELECOMUNICACIONES*

videofrecuencia Frecuencia de onda que se usa en la transmisión de imágenes. *s.f. AUDIOVISUALES*

videojuego 1 Aparato que reproduce diversos juegos y entretenimientos en una pantalla de rayos catódicos. 2 Juego electrónico presentado a través de este aparato. *s.m. AUDIOVISUALES JUEGOS*

viodeomagnético, a De la grabación de imágenes en cinta magnética. *adj. AUDIOVISUALES*

videomontaje Obra audiovisual en soporte de vídeo, editada a partir de diferentes grabaciones originales. *s.m. AUDIOVISUALES*

videoportero Portero automático provisto de cámara y pantalla de televisión. *s.m. TECNOLOGÍA*

videoteca (De *vídeo* + gr. *theke*, caja.) 1 Conjunto o colección de grabaciones de vídeo. 2 Sitio donde se guardan estas grabaciones. *s.f.*

videotelefonía Sistema de comunicación por medio del videoteléfono. *s.f./TELECOMUNICACIONES*

videoteléfono Teléfono que incorpora un sistema de vídeo para reproducir en una pantalla de televisión la imagen del interlocutor. *s.m./TELECOMUNICACIONES = videófono*

videoterminal Monitor capaz de recibir y mostrar imágenes de vídeo. *s.f. AUDIOVISUALES*

videotex Transmisión de textos informatizados a una pantalla a través de la red telefónica. *s.m.pl: videotex INFORMÁTICA*

vidiconoscopio Tubo analizador de imágenes basado en el efecto fotoeléctrico interno, utilizado en algunas cámaras. *s.f. AUDIOVISUALES = vidicón*

vidorra Vida muy cómoda y placentera: *¡jo qué vidorra! siempre estás de viaje.* *s.f. coloquial*

vidorria Vida cargada de penalidades. *s.f./Colomb., Venez.*

vidriado, a 1 Que se rompe con facilidad, como el vidrio. 2 Acción y resultado de vidriar. 3 Pieza hecha de barro y cubierta de barniz vítreo. 4 Este barniz. 5 Conjunto de platos, vasos, tazas, fuentes y soportes para el servicio de la mesa. *adj./= vidrioso s.m. = vajilla*

vidriar 1 Dar a las piezas de céramica un barniz que una vez fundido en el horno toma un aspecto duro y brillante semejante al del vidrio. 2 Ponerse una cosa vidriosa. *v.tr. = vitrificar v.prnl.*

vidriera 1 Bastidor o armadura de vidrios con que se cierra el hueco de puertas y ventanas. 2 Escaparate de una tienda. 3 **vidriera de colores:** La formada por vidrios de distintos colores y dibujos, unidos con varillas de plomo. *s.f. = cristalera = aparador*

vidriería 1 Taller donde se trabaja el vidrio. 2 Tienda donde se venden vidrios para muebles, puertas y ventanas. *s.f. COMERCIO = cristalería*

vidriero, a 1 Persona que por oficio trabaja o vende el vidrio. 2 Persona que vende o coloca vidrios. *s./= cristalero = cristalero*

vidrio (Del lat. *vitreum < vitrum*.) 1 Material duro, frágil, por lo común transparente y con brillo, que se obtiene por fusión y rápido enfriamiento del óxido de sílice y otras sustancias y se usa para tapar huecos de ventanas, fabricar vasos, lentes y otros objetos. 2 Placa de material que se pone en ventanas, puertas y otros lugares para tapar sus huecos, al tiempo que deja pasar la luz. 3 Cualquier objeto hecho de este material. 4 Objeto delicado y quebradizo. 5 Persona susceptible. 6 **vidrio bufado:** Hojuelas obtenidas al soplar con un canuto de hierro una masa de vidrio fundido que revienta y se esparce por el aire. 7 **pagar los vidrios rotos:** Cargar con la culpa ajena. *s.m. = cristal = cristal = quisquilloso*

vidriosidad Cualidad de vidrioso. *s.f.*

vidrioso, a 1 Que se quiebra o rompe con facilidad, como el vidrio. 2 Se aplica al asunto delicado, que debe ser tratado con gran cuidado. 3 Se refiere a los ojos cubiertos por una capa líquida y que no miran a un lugar determinado. 4 Se refiere a la persona que se enfada o desazona con facilidad y a su carácter. 5 Se aplica al piso que está resbaladizo después de haber helado. *adj. = quebradizo = espinoso = susceptible*

vidual De la viudez. *adj.*

viduño Casta o variedad de vid. *s.m./tb: vidueño*

vidurria Vida regalada. *s.f./Argent/coloquial*

vieira 1 Moviejolusco bivalvo comestible que puede nadar en el mar cerrando sus valvas con brusquedad. *(Pecten.)* 2 Valva de este molusco. *s.f./ZOOLOGÍA = concha de peregrino*

vieja 1 Pez gregario escárido de carne muy apreciada, que vive en bancos y frecuenta escollos y arrecifes. 2 Mujer, persona del sexo femenino. *s.f. ZOOLOGÍA Méx.*

viejales Se refiere a la persona de mucha edad, en especial la de carácter alegre. *s.m.f./pl: viejales coloquial*

viejarrón, a Que es muy viejo. *adj./coloquial*

viejera 1 Vejez, edad senil. 2 Cosa inservible y vieja. *s.f./P. Rico P. Rico*

viejerío Conjunto de mujeres, no necesariamente viejas. *s.m. Méx.*

viejo, a (Del lat. *vetulus*.) 1 Se refiere a la persona que tiene mucha edad: *su padre ya es viejo.* 2 Se aplica al animal o cosa que hace mucho que existe o tiene, relativamente, muchos años: *mueble viejo; viejas historias.* 3 Se refiere a la persona que aparenta tener más edad de la que tiene: *lo encontré muy viejo y triste.* 4 Que está envejecido o deslucido por el uso o por el paso del tiempo: *estos zapatos sólo tienen un año, pero ya están viejos.* 5 Que lleva tiempo en un lugar o situación o sucedió hace tiempo: *viejo soldado; viejo amigo; no des tantas vueltas a ese viejo incidente.* 6 Apelativo cariñoso que se aplica a los padres y también entre cónyuges y amigos. 7 **viejo verde:** Persona de edad madura con tendencias libidinosas. 8 **de viejo:** Se aplica a los establecimientos que venden objetos de segunda mano. *adj/s. = anciano adj. = antiguo, vetusto = avejentado ≠ nuevo ≠ nuevo s. Amér. loc.adj. COMERCIO*

viejorrón Mujer muy guapa. *s.m./Méx.*

vienés, a 1 Que es de Viena, capital de Austria. 2 Persona natural de esta ciudad. *adj/s. s.*

vientecillo Viento suave. *s.m./= brisa*

viento (Del lat. *ventus*.) 1 Corriente de aire producida por causas naturales en la atmósfera: *se levantó un fuerte viento.* 2 Cuerda o alambre que se ata a una cosa para que se mantenga derecha en alto o para moverla con seguridad hacia un lado. 3 Cuerda para asegurar una tienda de campaña. 4 Gas intestinal, en especial el expelido por el ano. 5 Hueso que tienen los perros entre las orejas. 6 Espacio que queda entre la bala y el ánima del cañón. 7 Cualquier cosa que mueve el ánimo con violencia: *lo hizo movido por un viento de amor.* 8 Vanidad o jactancia excesiva: *tiene un viento inaguantable.* 9 Olfato de algunos animales. 10 Rumbo o dirección de una embarcación. 11 Cable con que se sujetan las puntas de la carga en un barco. 12 Olor que dejan las piezas de caza para que sirva de rastro. 13 **viento abierto:** Aquel que forma con la derrota un ángulo superior a seis cuartas. 14 **viento a la cuadra:** El que sopla perpendicular al rumbo de navegación. 15 **viento altano:** El que sopla alternativamente del mar a la tierra y de la tierra al mar. 16 **viento blanco:** Borrasca de viento y nieve. 17 **viento calmoso:** El que es flojo y sopla con interrupciones. 18 **viento cardinal:** Aquel que sopla de alguno de los cuatro puntos cardinales. 19 **viento de bolina:** El que sopla de la proa de un barco y obliga a ceñir cuanto puede la embarcación. *s.m. coloquial ZOOLOGÍA = turbulencia coloquial NÁUTICA NÁUTICA CAZA NÁUTICA NÁUTICA NÁUTICA Argent. NÁUTICA*

20 viento en popa: 1. El que sopla hacia la misma dirección a la que se dirige el barco. 2. Frase que se usa para expresar que algo se desarrolla favorablemente.   NÁUTICA

21 viento en proa: Aquel que sopla hacia la dirección contraria a la que se dirige el barco.   NÁUTICA

22 viento entero: Cada uno de los vientos cardinales y de los cuatro intermedios.   NÁUTICA

23 viento escaso: El que sopla de tal forma que no permite al barco seguir su rumbo en línea recta.   NÁUTICA

24 viento etesio: El que cambia de dirección en una época del año.   NÁUTICA

25 viento frescachón: Aquel que sopla muy fuerte e impide llevar orientadas las velas pequeñas de un barco.   NÁUTICA

26 viento fresco: El que sopla de tal forma que hincha bien el aparejo y permite llevar largas las velas altas.   NÁUTICA

27 viento largo: Aquel que sopla de un punto intermedio entre el perpendicular al rumbo de la nave y el de popa.   NÁUTICA

28 viento maestral: El que sopla de un punto medio entre el poniente y la tramontana.

29 viento marero: Aquel que sopla del mar.

30 viento terral: El que sopla de la tierra.

31 vientos alisios: Los constantes que soplan en la zona tórrida del nordeste en el hemisferio norte y del sudeste en el hermisferio sur.

32 vientos generales: Aquellos que soplan constantemente en varios climas durante un cierto tiempo.

33 a buen viento o a mal viento va la parva: Frase que se usa para indicar que algo va bien o va mal.   coloquial

34 a los cuatro vientos: Frase que se usa, con los verbos anunciar, pronunciar o decir para indicar que algo se hace para que se entere todo el mundo.   loc.adv.

35 a tomar viento: Expresión para rechazar algo o despedir a alguien con enfado.   despectivo

36 beber una persona los vientos por alguien: Estar muy enamorado.   coloquial

37 como el viento: Con rapidez.   loc.adv.

38 con viento fresco: Frase que se usa para echar a alguien de un lugar con enfado.   loc.adv. / coloquial

39 contra viento y marea: Frase que se usa para indicar que alguien hace algo enfrentándose a dificultades.   loc.adv. / coloquial

40 correr malos vientos: Ser las circunstancias desfavorables para algún asunto.   coloquial

41 de viento: Se aplica a los instrumentos musicales que suenan al hacer pasar por ellos una corriente de aire.   loc.adj. / MÚSICA

42 medio viento: Cada uno de los ocho que equidistan los enteros en la rosa náutica.   NÁUTICA

43 picar el viento: 1. Llevar a buen término los negocios. 2. Ser favorable para el rumbo que se lleva.   coloquial / NÁUTICA

44 saltar el viento: Cambiar repentinamente de un sitio a otro.   coloquial

45 tomar el viento: Acomodar y disponer las velas de modo que el viento las hiera.   NÁUTICA

vientre (Del lat. *venter, -tris*.)
1 Cavidad del cuerpo de los animales vertebrados que contiene los principales órganos del aparato digestivo y del genitourinario.   s.m / ANATOMÍA
2 Conjunto de vísceras contenidas en dicha cavidad.   ANATOMÍA
3 Parte exterior del cuerpo, correspondiente a esa cavidad separada del pecho por la cintura.   ANATOMÍA
4 Parte abultada de una vasija u otra cosa.   = panza
5 Cavidad grande en el interior de algo.
6 Parte más ancha de una onda estacionaria.   FÍSICA
7 **bajo vientre:** Parte inferior del vientre.   = hipogastrio
8 **descargar, evacuar o exonerar el vientre:** Hacer de vientre, defecar.
9 **hacer de vientre:** Expulsar los excrementos del intestino por el ano.   coloquial

viernes (Del lat. *dies Veneris*, día de Venus.)
1 Día de la semana, entre el jueves y el sábado.   s.m/pl: viernes
2 **viernes santo:** El de semana santa.   RELIGIÓN
3 **comer de viernes:** Comer de vigilia, comida de la que queda excluida la carne.   RELIGIÓN
4 **haber aprendido u oído una cosa alguien en viernes:** Repetir esa cosa muchas veces.   coloquial

vierteaguas
1 Piedra, madera u otro material con superficie inclinada para desviar de un muro o de una ventana las aguas de lluvia.   s.m. / pl: vierteaguas / CONSTRUCCIÓN
2 Raíl que hay encima de las puertas del coche, para recoger el agua del techo.
3 Dispositivo para impedir la entrada del agua de lluvia entre las grietas de una obra de carpintería.   CARPINTERÍA, CONSTRUCCIÓN

vietnamita
1 De Vietnam, país asiático, o de su lengua.   adj/s.m.f.
2 Persona natural de este país del Sudeste asiático.   s.m.f.
3 Lengua hablada en este país.   s.m./LINGÜÍSTICA
4 Multicopista rudimentaria y manual utilizada para confeccionar propaganda clandestina.   s.f.

viga
1 Barra larga y gruesa de madera, hierro u hormigón, en especial la que se emplea para sostener la estructura de los techos.   s.f. / CONSTRUCCIÓN
2 Prensa compuesta de un gran madero horizontal que puede girar alrededor de uno de sus extremos y que se utiliza para exprimir la aceituna.
3 Porción de aceituna molida que se pone cada vez debajo de esta prensa del molino para comprimirla.
4 **viga de aire:** La que se sostiene sólo por los extremos.   CONSTRUCCIÓN
5 **viga maestra:** La que sirve para sostener otras vigas, así como para sustentar cuerpos superiores del edificio.   CONSTRUCCIÓN

vigencia
1 Período de validez o de uso de una ley, moda o costumbre.   s.f.
2 Situación de vigente.

vigente (Del lat. *vigens, -entis*.) Se aplica a la ley, moda o costumbre que está en vigor: *esa moda sigue vigente.*   adj.

vigesimal Se refiere al sistema de numeración que cuenta de veinte en veinte.   adj.

vigésimo, a (Del lat. *vigesimus*.)
1 Que ocupa el lugar número veinte en una serie.   adj.num/s.
2 Se aplica a cada una de las veinte partes iguales en que se divide un todo.   adj.num/s.m.

vigía (Del port. *vigia*, vela.)
1 Persona que vigila para dar cuenta de cosas importantes que puede ver: *el vigía vio tierra; el vigía dio la voz de alarma al divisar al enemigo.*   s.m.f. / = centinela
2 Atalaya, torre para vigilar.   s.f.
3 Acción de vigilar.
4 Escollo que sobresale en la superficie del mar.   NÁUTICA

vigiar Vigilar desde un lugar adecuado para descubrir a una persona o una cosa.   v.tr. / conj: *vaciar*

vigilancia
1 Atención que se presta a una persona o una cosa para prevenir un daño o perjuicio.   s.f. / = custodia
2 Organización dispuesta para prevenir un daño o perjuicio: *no ocurrió nada grave gracias a la vigilancia.*   = guardia

vigilante
1 Que vigila.   adj.
2 Que está en vela o despierto.   = velador
3 Persona encargada de vigilar algo: *vigilante nocturno.*   s.m.f./= guarda
4 **vigilante jurado:** Aquel que presta sus servicios en una empresa privada de seguridad y jura su cargo.

vigilar (Del lat. *vigilare*.) Cuidar de una persona o una cosa para evitar que cause o reciba daño: *vigilo la casa; no te preocupes, yo vigilo por ti.*   v.intr/tr. / = velar

vigilativo, a Que produce vigilia o desvelo: *pastilla vigilativa.*   adj.

vigilia (Del lat. *vigilia*.)
1 Estado del que está despierto o en vela en las horas en que se suele dormir.   s.f. / = insomnio
2 Tiempo que se permanece despierto, en horas destinadas al sueño.
3 Trabajo intelectual, en especial el realizado por la noche.
4 Día que antecede a cualquier acontecimiento y en cierto modo lo ocasiona.   = víspera
5 Víspera de una festividad religiosa.   RELIGIÓN
6 Abstinencia de carne en las comidas por precepto de la iglesia.   RELIGIÓN
7 Cada una de las partes en que se divide la noche para los soldados.   MILITAR

vigo Parche o emplasto.   s.m./Hond.

vigor (Del lat. *vigor*.)
1 Capacidad y fuerza de las personas, los animales y las cosas para desarrollarse o para afrontar situaciones difíciles o desfavorables.   s.m. / = brío, vitalidad
2 Circunstancia de tener validez las leyes o las costumbres: *esa disposición ya no está en vigor.*
3 Fuerza en la expresión de un discurso o de las obras artísticas o literarias: *me impresionó el vigor de sus palabras.*

vigorar Dar vigor o fuerza: *parece que durante estos días tu hijo se ha vigorado.*   v.tr/prnl. / = vigorizar, entonar

vigorizador, a Que vigoriza o da vigor.   adj.

vigorizar
1 Dar vigor o energía a una persona o una cosa: *se vigoriza con unas vitaminas.*   v.tr/prnl. / conj: *cazar*
2 Dar ánimos o valor a una persona: *los amigos le vigorizaron para presentarse a la prueba; se vigorizaba pensando que ganaría la carrera.*   = animar

vigorosidad Cualidad de la persona vigorosa, que tiene fuerza para realizar o resistir trabajos difíciles.   s.f. / = fortaleza

vigoroso, a Que tiene vigor: *desde que le operaron de las amígdalas, el niño está más vigoroso.*   adj. / = robusto, vital

vigota Especie de motón o polea achatada, redonda, sin roldana y con dos o tres agujeros por donde pasan los acolladores o cabos para tesar el cabo más grueso. *s.f. NÁUTICA*

vigüela Vihuela, denominación genérica de varios instrumentos musicales de cuerda. *s.f./Méx. MÚSICA*

viguería Conjunto de vigas de una estructura o de una construcción. *s.f. CONSTRUCCIÓN*

vigués, a
1 Que es de Vigo, capital de Pontevedra. *adj/s.*
2 Persona natural de esta ciudad gallega. *s.*

vigueta Pieza de madera, de hierro o de hormigón que se emplea en la construcción de techos o pisos. *s.f. CONSTRUCCIÓN*

vihuela Antiguo instrumento musical parecido a la guitarra, con cuerdas dobles. *s.f. MÚSICA*

vihuelista Persona que toca la vihuela. *s.m.f./MÚSICA*

vikingo, a
1 De un pueblo de comerciantes, guerreros y navegantes escandinavos que entre los siglos VIII y XI realizaron expediciones guerreras por las islas atlánticas y por casi todo el occidente europeo. *adj. HISTORIA*
2 Persona originaria de este pueblo. *s./HISTORIA*

vil (Del lat. *vilis.*)
1 Se refiere a la persona innoble, que traiciona la confianza ofrecida que se había depositado en ella. *adj/s.m.f. = indigno, infame*
2 Se aplica a la cosa que no tiene valor material o espiritual estimable: *es una historia tan vil que no merece ningún respeto.* *adj. = bajo, malo*

vilano
1 Corona de filamentos largos y finos que rodea las semillas o fruto de muchas plantas compuestas y les sirve para ser transportadas por el viento. *s.f. BOTÁNICA*
2 Flor del cardo. *BOTÁNICA*

vilela
1 De un grupo de pueblos amerindios del norte de Argentina, en la actualidad extinguidos. *adj/s.m. HISTORIA*
2 Persona perteneciente a este grupo de pueblos. *s.m.f./HISTORIA*

vileza
1 Modo de ser, de comportarse y de hablar infame y despreciable. *s.f. = ruindad*
2 Acción o palabras viles y despreciables. *= villanía*

vilificar (Del lat. *vilis*, despreciable + *facere*, hacer.) Mostrar desprecio a una persona con palabras o actos. *v.tr. = vilipendiar*

vilipendiador, a Que vilipendia. *adj/s.*

vilipendiar Despreciar o denigrar a una persona con palabras o actos. *v.tr. = agraviar, insultar*

vilipendio (Del bajo lat. *vilipendium.*) Desprecio y modo ofensivo de tratar a una persona. *s.m. = afrenta*

vilipendioso, a Que causa vilipendio. *adj.*

villa (Del lat. *villa.*)
1 Casa independiente con jardín, en especial la que está en el campo. *s.f. = chalé*
2 Localidad que tuvo privilegio o ley especial
3 **villa miseria**: Barrio marginal de chabolas. *Argent., Urug.*

villadiego Indica desaparecer de modo repentino por huir de algún peligro o compromiso no deseado en la expresión **coger o tomar las de Villadiego**. *loc.v.*

villaje (Del fr. *village.*) Pueblo pequeño. *s.m.*

villamaninita Mineral de la clase de los sulfuros, de color negro verdoso y brillo metálico. *s.f. MINERALOGÍA*

villamelón Profano que habla con aire de suficiencia de lo que no entiende, aplicado sobre todo al aficionado a los toros. *s.m. Méx. coloquial*

villanada Acción innoble y vil, propia de villanos: *mentirle de ese modo ha sido una villanada.* *s.f.*

villanaje
1 Conjunto de villanos o gente del estado llano. *s.m./= villanería*
2 Circunstancia de ser alguien un villano o persona no perteneciente a la nobleza. *≠ noble*

villanchón, a Que es rústico y tosco. *adj/s.*

villancico (Del ant. *villan.*)
1 Canción popular propia de la época navideña, que normalmente trata de temas religiosos. *s.m./tb: villancejo = villancete*
2 Canción popular con estribillo. *MÚSICA*
3 Composición poética con estribillo. *POESÍA*

villanciquero, a Persona que compone o canta villancicos. *s.*

villanesca
1 Canto antiguo de tipo popular. *s.f./MÚSICA*
2 Danza que se ejecutaba con este canto.

villanesco, a De los villanos o propio de ellos: *me molesta su actitud villanesca.* *adj.*

villanía
1 Acción o palabras viles y despreciables: *lo que hiciste fue una villanía que ella no se merecía.* *s.f. = vileza*
2 Expresión obscena o indecorosa. *= obscenidad*
3 Condición, acción o palabras propias de una persona perteneciente al estado llano. *= villanería*

villano, a (Del lat. vulgar *villanus.*)
1 Se aplica al vecino de una villa o aldea. *adj/s.*
2 Se aplica a la persona ruin, que tiene un carácter vil.
3 Que tiene poca formación y se comporta con rusticidad.
4 Música y baile españoles de los siglos XVI y XVII. *s.m./MÚSICA*

villar (Del lat. *villaris.*) Pueblo pequeño. *s.m.*

villazgo
1 Calidad, característica o privilegio de villa. *s.m.*
2 Tributo que se imponía a las villas. *HISTORIA*

villista (De Pancho *Villa*, revolucionario y político mexicano.)
1 De este revolucionario o de su política. *adj./HISTORIA*
2 Persona partidaria de las ideas revolucionarias de este político mexicano. *s.m.f. HISTORIA*

villoría Granja o casa de campo. *s.f.*

villorín Vellorín, paño de color pardo o de lana sin teñir. *s.m. TEXTIL*

villorrio Población pequeña y poco urbanizada. *s.m./despectivo*

vilo
1 Indica suspendido o sin estabilidad en la expresión **en vilo**: *me llevó en vilo por todo el patio.* *loc.adv.*
2 En la expresión **en vilo** indica pendiente, expectante, con inquietud: *estoy siempre con el alma en vilo, pendiente de ti.* *loc.adv.*

vilordo, a Que es perezoso o tardo. *adj.*

vilorta
1 Vara de madera flexible a la que se da forma de aro para atar o sujetar una cosa. *s.f. tb: velorta*
2 Abrazadera de hierro que sujeta el timón a la cama del arado. *AGRICULTURA*
3 Arandela metálica usada para evitar el roce de dos piezas.
4 Juego en que se golpea una bola de madera con el vilorto, para hacerla pasar sobre una fila de estacas dispuesta entre los dos jugadores. *JUEGOS*
5 Vilorto, variedad de clemátide de hojas anchas. *BOTÁNICA*

vilorto
1 Especie de clemátide de hojas más anchas que la común. *s.m./BOTÁNICA tb: vilorta*
2 Vara de madera flexible empleada para hacer ataduras o vencejos.
3 Especie de raqueta para jugar a la vilorta. *JUEGOS*

viltrotear Andar una persona por la calle sin hacer nada de provecho. *v.intr./= callejear, pindonguear*

viltrotero, a Que callejea. *adj/s.*

vimbrera (Derivado del ant. *vimbre* < lat. *vimen, -inis*, mimbre.) Mimbrera, arbusto de hojas lanceoladas y muy estrechas, cuyas ramas se emplean en obras de cestería. *s.f. BOTÁNICA*

vina Instrumento musical de la India, provisto de cuatro cuerdas. *s.f. MÚSICA*

vinacha Bebida alcohólica de mala calidad que se obtiene del zumo de uva fermentado. *s.f. despectivo*

vinagrada Refresco hecho con agua, vinagre y azúcar. *s.f.*

vinagre (Del cat. *vinagre.*)
1 Líquido agrio y astringente compuesto de ácido acético y agua, producido por la fermentación ácida del vino, y que se utiliza como condimento. *s.m.*
2 Persona irritable o malhumorada.
3 **vinagre de yema**: El del medio de la cuba o tinaja, considerado de mejor calidad.

vinagrera
1 Vasija que contiene el vinagre de uso diario. *s.f.*
2 Conjunto de dos o más recipientes de metal, cristal, madera u otra materia para servir en la mesa el aceite y el vinagre solos o con otros condimentos. *s.f.pl. = angarillas*
3 Acidez de estómago. *s.f./Amér. Merid.*

vinagrería Fábrica o tienda donde se vende vinagre. *s.f.*

vinagrero Persona que elabora o vende vinagre. *s.*

vinagreta (Del cat. *vinagreta.*) Salsa hecha con aceite, vinagre, cebolla y otros ingredientes: *mejillones a la vinagreta.* *s.f. COCINA*

vinagrillo
1 Vinagre de poca fuerza. *s.m.*
2 Cosmético compuesto con vinagre, alcohol y esencias aromáticas.
3 Vinagre aromático que se utiliza para aderezar el tabaco en polvo.

vinagrón Vino de baja calidad y sabor ácido. *s.m.*

vinagroso, a
1 Que tiene un sabor ácido parecido al del vinagre. *adj.*
2 Que tiene mal genio. *= ácido*

vinajera (Del fr. ant. *vinagiere.*)
1 Cada una de las dos jarritas en las que se sirven el vino y el agua en la celebración de la misa. *s.f. RELIGIÓN*

2 Contenido de estas jarritas y de la bandeja donde se colocan. **s.f.pl.**

vinar Del vino. **adj.**

vinariego, a Persona que tiene hacienda de viñas y la cultiva. **s. AGRICULTURA**

vinario, a Del vino. **adj.**

vinatera Cabo con una gaza en un extremo y una maletilla en el otro para mantener unidos otros cabos o perchas. **s.f. NÁUTICA**

vinatería
1 Actividad de los que comercian con vinos. **s.f.**
2 Tienda donde se vende vino. **COMERCIO**

vinatero, a
1 Del vino: *es una gran región vinatera.* **adj.**
2 Persona que transporta o vende vino: *compró un buen vino al vinatero.* **s.**

vinaza Especie de vino que se saca de los posos y de las heces. **s.f.**

vinazo Vino espeso de sabor fuerte. **s.m.**

vincapervinca (Del lat. *vinca per vinca*.) Planta apocinácea, tumbada, de hojas ovales o lanceoladas, flores solitarias, axilares, de color azul o violeta, que crece en bosques y roquedos y se cultiva en los jardines. *(Vinca minor.)* **s.f. BOTÁNICA = vinca**

vincha Cinta o pañuelo que se ciñe a la cabeza para sujetar el pelo. **s.f. Amér. Merid.**

vinchuca Denominación genérica de diversos insectos hematófagos alados, de tamaño mediano que, en general, representan un peligro para el hombre por transmitirle el mal de Chagas. **s.f. Argent., Chile, Perú**

vinculable Que puede ser vinculado. **adj.**

vinculación Acción y resultado de vincular o vincularse: *no sé cómo has aceptado una vinculación tan larga a esas personas.* **s.f.**

vinculante Que vincula: *la votación es vinculante.* **adj.**

vincular
1 Poner en relación dos personas o cosas: *fue su amor por la música lo que les vinculó.* **v.tr/prnl. = asociar**
2 Hacer depender una cosa de otra: *no debes vincular tu suerte a la de la empresa.* **v.tr. = subordinar**
3 Presentar una cosa como fundamento de otra: *vincula sus errores al descuido.* **= fundamentar**
4 Sujetar a una persona a una obligación: *vinculó a sus empleados a trabajar dos horas más cada día.* **= obligar**
5 Sujetar una persona sus bienes a sucesión o uso a perpetuidad. **DERECHO**
6 Del vínculo. **adj.**

vínculo (Del lat. *vinculum*, atadura.)
1 Lo que une una cosa o persona con otra: *no sé qué vínculo les une, pero siempre están juntos.* **s.m. = atadura**
2 Sujeción de un bien o propiedad, por disposición de su dueño, a ser transmitida a determinados herederos y en determinada forma, o a una institución benéfica. **DERECHO**
3 Conjunto de bienes sometidos a esta sujeción. **DERECHO**

vindicación Acción y resultado de vindicar o vindicarse. **s.f.**

vindicador, a Que vindica o venga. **adj/s.**

vindicar (Del lat. *vindicare*.)
1 Causar un daño a una persona como respuesta a otro o a un agravio recibido de ella: *se vindicó de los males recibidos.* **v.tr/prnl. conj: sacar = vengar**
2 Defender, en especial por escrito, a una persona que es atacada o calumniada injustamente: *se vindica para recuperar su buena fama.*
3 Recuperar una persona una cosa que le pertenece. **v.tr./= reivindicar**

vindicativo, a
1 Que tiende a vengarse: *es muy vindicativo, nunca perdona una afrenta.* **adj. = vengativo**
2 Se aplica al escrito o discurso en que se defiende a quien ha sido calumniado o injuriado de modo injusto.

vindicatorio, a Que reivindica o defiende. **adj./= vindicativo**

vindicta (Del lat. *vindicta*, venganza.)
1 Satisfacción del daño o el agravio recibidos. **s.f./= venganza**
2 vindicta pública: Satisfacción de los delitos por la sola razón de justicia. **DERECHO**

vínico, a Del vino o que tiene sus propiedades. **adj.**

vinícola (Del lat. *vinum*, vino + *colere*, cultivar.)
1 De la elaboración del vino: *tiene una importante empresa vinícola.* **adj.**
2 Que produce vino: *región vinícola.*
3 Persona que cultiva la viña. **s.m.f./= vinariego**

vinicultor, a (Del lat. *vinum*, vino + *cultor*, que cultiva.) Persona que se dedica a la vinicultura. **s. = vitivinicultor**

viniebla (Del bajo lat. *bislingua*.) Cinoglosa, planta borraginácea. **s.f. BOTÁNICA**

vinífero, a (Del lat. *vinum*, vino + *ferre*, llevar.) Que produce vino. **adj.**

vinificación Proceso de fermentación del mosto de la uva para su transformación en vino. **s.f.**

vinillo Vino muy flojo. **s.m.**

vinilo
1 Radical derivado del eteno que se utiliza en la fabricación de discos de microsurco. **s.m. QUÍMICA**
2 Este mismo tipo de discos: *prefiere el vinilo al compacto.* **MÚSICA**

vino (Del lat. *vinum*.)
1 Bebida alcohólica hecha con zumo de uva fermentado. **s.m. = caldo**
2 Zumo de otras plantas o frutos que fermenta como las uvas.
3 Se aplica al color rojo oscuro, como el del vino tinto. **adj.**
4 vino abocado o embocado: El de mesa, más suave que el seco sin llegar a ser dulce.
5 vino amontillado: El de Jerez fino, de color ámbar, semejante al de Montilla. **= amontillado**
6 vino añejo: Aquel que tiene más de un año.
7 vino atabernado: El que se vende al por menor, como se hace en las tabernas.
8 vino blanco: El de color dorado que se obtiene de la uva blanca.
9 vino clarete o aloque: El tinto de color claro.
10 vino de aguja: Aquel que tiene burbujas de gas carbónico que se han formado durante la fermentación.
11 vino de cabezas: El obtenido del orujo ya pisado. **= aguapié**
12 vino de cava: El espumoso sometido a elaboración y crianza especiales.
13 vino de garrafa: El de baja calidad.
14 vino de lágrima: El que se obtiene de la uva sin prensarla.
15 vino de mesa: Aquel que se toma en las comidas de diario.
16 vino de quema: Aquel destinado a la destilación por carecer de condiciones para el consumo.
17 vino de solera: El añejo que se mezcla con el nuevo para darle sabor.
18 vino de yema: El del centro de la cuba.
19 vino dulce: El que tiene este sabor por tener parte del azúcar sin fermentar o por estar aderezado con arrope.
20 vino generoso o de postre: El que es más selecto y añejo que el de mesa. **= vino de postre**
21 vino moscatel: Aquel que se hace con la uva moscatel. **= moscatel**
22 vino noble: El que tiene una crianza mínima de dos años.
23 vino pardillo: El de baja calidad y de color intermedio entre blanco y tinto.
24 vino peleón: El ordinario, que se vende corrientemente en las tabernas.
25 vino rosado: El de este color.
26 vino seco: Aquel que no es dulce.
27 vino tinto: El de color rojo oscuro.
28 bautizar o cristianar el vino: Añadirle agua. **coloquial**
29 tener buen o mal vino: Reaccionar mal o bien a una ingestión excesiva de vino. **coloquial**

vinolencia Gusto excesivo por el vino. **s.f.**

vinolento, a (Del lat. *vinolentus*.) Que bebe vino con exceso o tiende a emborracharse. **adj. = vinoso**

vinosidad Cualidad de vinoso o que tiene apariencia de vino. **s.f.**

vinoso, a
1 Que tiene un aspecto parecido al del vino o alguna de sus características. **adj.**
2 Que bebe vino en exceso. **= vinolento**

vinote Líquido que queda en la caldera del alambique después de destilado el vino y hecho el aguardiente. **s.m.**

viña (Del lat. *vinea*.)
1 Tierra plantada de vides. **s.f./AGRICULTURA**
2 arropar las viñas: Abrigar las raíces de las cepas viejas con basura, trapos u otras cosas, para lo cual se cavan antes y se vuelven luego a cubrir con la misma tierra. **AGRICULTURA**
3 de todo hay en la viña del Señor: Indica que en el asunto de que se trata hay tanto cosas buenas como malas. **coloquial**
4 ser una cosa una viña: Ser muy provechosa. **coloquial**
5 tener una viña: Sacar mucho provecho de cierta cosa. **coloquial**

viñadero, a Viñador, guarda de una viña. **s./AGRICULTURA**

viñador, a
1 Persona que cultiva las viñas. **s./AGRICULTURA**

vinicultura (Del lat. *vinum*, vino + *cultura*, cultivo.) Técnica de elaboración del vino. **s.f.**

2 Guarda de una viña. **tb: viñadero**

viñatero, a Persona que se dedica a la viticultura. **s./Argent., Perú**

viñedo (Del lat. *vinetum*.) Terreno extenso plantado de vides. **s.m. AGRICULTURA**

viñero, a Persona que tiene viñas. **s.**

viñeta (Del fr. *vignette*, adorno en figura de sarmientos.)
1 Dibujo, en general acompañada de un texto, que representa una escena humorística, o forma parte de una serie que narra una historieta de humor o de otro género. **s.f.**
2 Dibujo con el que se adorna el principio o el fin de un libro o de sus capítulos.
3 Emblema gráfico de una empresa o institución. **= logotipo**
4 Plancha o grabado de medias tintas, en las que el fondo va difuminándose. **ARTES GRÁFICAS**

viñetero Armario para guardar los moldes de las viñetas y adornos. **s.m. ARTES GRÁFICAS**

viola
I (Del ital. *viola*.)
1 Instrumento musical de cuerda, de la familia del violín, pero más grande y con las cuerdas más gruesas. **s.f. MÚSICA**
2 Persona que toca este instrumento. **s.m.f./MÚSICA**
II (Del lat. *viola*.) Violeta, planta violácea. **s.f./BOTÁNICA**

violáceo, a
1 De color violeta. **adj.**
2 Perteneciente a una familia de plantas herbáceas o leñosas, de flores dialipétalas y cigomorfas, como la violeta. **adj/s.f. BOTÁNICA**

violación
1 Acción y resultado de violar. **s.f.**
2 Delito contra la honestidad que se comete cuando una persona mantiene relaciones sexuales con otra que sea menor de doce años, o esté privada de razón o de sentido, o lo haga utilizando para ello la fuerza y la intimidación. **DERECHO**

violado, a
1 Del color de la flor de la violeta. **adj./= violeta**
2 Color que es el séptimo del espectro solar, después del añil. **s.m. = morado, violeta**

violador, a Que viola. **adj/s.**

violão (Voz portuguesa.) Instrumento musical de cuerda típico de Brasil. **s.m. MÚSICA**

violar
I (Del lat. *viola*, violeta.) Tierra sembrada de violetas. **s.m.**
II (Del lat. *violare*.)
1 Infringir o desobedecer una ley, un precepto o una disposición. **v.tr. = transgredir**
2 Cometer violación. **= estuprar**
3 Tratar un lugar sagrado sin el debido respeto: *violaron varias tumbas.* **= profanar**

violencia (Del lat. *violentia*.)
1 Cualidad de violento: *la violencia del golpe le sorprendió.* **s.f.**
2 Acción que se realiza con brusquedad o fuerza excesivas con la finalidad de causar daño: *no es fácil explicar la violencia de ese país.*
3 Actitud del que abusa de la fuerza con esta finalidad: *me horrorizó la violencia del asesino de la película.*
4 Acción y resultado de violentarse o ponerse en una situación difícil o comprometida: *se notaba que le causaba violencia tener que compartir su cama.*
5 Acción de violar a una persona. **= violación**

violentar
1 Aplicar la fuerza para vencer la resistencia de una persona o cosa. **v.tr. = forzar**
2 Cambiar el sentido de un texto: *violentó el escrito dándole otro sentido.* **= desvirtuar, tergiversar**
3 Entrar en un lugar contra la voluntad de su dueño: *violentó la casa de su vecino.*
4 Poner a alguien en una situación difícil o comprometida. **v.tr/prnl.**
5 Vencer una persona su repugnancia a hacer una cosa. **v.prnl. = contenerse**

violento, a (Del lat. *violentus*.)
1 Que se hace o sucede con brusquedad, ímpetu, fuerza o intensidad excesiva: *lluvia violenta; dolor violento.* **adj. = intenso**
2 Que se ejecuta por la fuerza contra toda razón o justicia: *no convencerás a nadie con esos medios violentos.* **= agresivo**
3 Que actúa con violencia. **= brutal**
4 Que se encoleriza con facilidad: *tiene pocos amigos debido a su carácter violento.* **= arrebatado, impetuoso**
5 Que está fuera de su estado, situación o modo natural: *una postura violenta de la pierna.* **= forzado**
6 Se refiere a la acción, sensación o situación que es embarazosa o incómoda y produce tensión: *me resulta violento que me trates así ante desconocidos.*

7 Que se siente incómodo y tenso en una situación: *me parecían tan descorteses que me sentí violento.*
8 Se aplica a la interpretación falsa o torcida de lo que se dice o se escribe. **= falso, torcido**

violero
1 Persona que hace instrumentos de cuerda. **s.m./MÚSICA**
2 Mosquito, insecto díptero cuyo vuelo produce un zumbido agudo parecido al sonido de una trompetilla. **ZOOLOGÍA**

violeta (Del fr. *violette* < *viole* < lat. *viola*.)
1 Planta herbácea muy apreciada en jardinería por sus flores. *(Viola odorata.)* **s.f./BOTÁNICA = viola**
2 Flor de esta planta. **BOTÁNICA**
3 Color morado claro, parecido al de esta flor. **s.m./QUÍMICA**
4 **violeta de genciana:** Sustancia colorante derivada de la anilina, empleada como antiséptico. **MEDICINA**

violetera Mujer que vendía violetas, en general por la calle. **s.f.**

violetero Florero pequeño para violetas. **s.m.**

violeto
1 Peladillo, variedad del pérsico. **s.m./BOTÁNICA**
2 Fruto de este árbol. **BOTÁNICA**

violín (Del ital. *violino*.)
1 Instrumento musical formado por una caja de madera curva, en forma de óvalo estrechado en el medio, que tiene cuatro cuerdas que se tocan con un arco, y es el más agudo de los instrumentos de su familia. **s.m. MÚSICA**
2 Persona que toca este instrumento. **s.m.f./MÚSICA**
3 Soporte de madera o metal para apoyar los tacos llamados medianos, en el juego del billar. **JUEGOS**
4 **violín en bolsa:** Indica la intención de eliminar a alguien de un asunto o de no opinar al respecto. **loc.adv./Argent. coloquial**

violinista Persona que toca el violín. **s.m.f./MÚSICA**

violle (De Jules *Violle*, físico francés.) Unidad de intensidad luminosa. **s.m. FÍSICA**

violón (Del ital. *violone*.)
1 Contrabajo antiguo. **s.m./MÚSICA**
2 Persona que toca este instrumento. **s.m.f./MÚSICA**
3 **tocar el violón:** Actuar o hablar de manera distraída. **coloquial**

violonchelista Persona que toca el violonchelo: *es violonchelista en una orquesta.* **s.m.f./MÚSICA tb: violoncelista**

violonchelo (Del ital. *violoncello*.) Instrumento de cuerda que se toca con arco, más grande que el violín y más pequeño que el violón, que el ejecutante toca sentado y apoyando la caja en el suelo. **s.m. tb: violoncelo MÚSICA**

vip (Acrónimo de *[V]ery [I]mportant [P]erson*.) Persona popular o influyente: *estaba en la tribuna de los vips.* **s.m.f. pl: vips**

vipérido, a Perteneciente a una familia de serpientes venenosas que incluye las diferentes especies de víboras. **adj/s.m. ZOOLOGÍA**

viperino, a (Derivado del lat. *vipera*, víbora.)
1 De la víbora. **adj./= vipéreo**
2 Que es parecido a la víbora.
3 Que es malintencionado y busca hacer daño: *entre amigos esos comentarios viperinos sobran; siempre maldice de los demás con su lengua viperina.*

vira (Del fr. ant. *vire*.)
1 Flecha delgada y de punta muy aguda. **s.f.**
2 Tira cosida entre la suela y la pala, para reforzar el calzado. **= cerquillo**

viracocha Apelativo que los súbditos de los incas dieron a los conquistadores españoles. **s.m. HISTORIA**

virada
1 Cambio de rumbo. **s.f./NÁUTICA**
2 Giro del cabrestante para levar las anclas. **NÁUTICA**

virador
1 Líquido que se utiliza en fotografía para virar. **s.m./FOTOGRAFÍA**
2 Cabo grueso por el que pasa el cable del cabrestante o torno. **NÁUTICA**
3 Cabo usado para levantar y bajar los masteleros. **NÁUTICA**

virago Mujer de aspecto varonil. **s.f./= machota**

viraje
1 Cambio de dirección o de orientación, en la marcha de un vehículo, en particular de un barco. **s.m. = giro**
2 Cambio de ideas, intereses o manera de actuar: *tanto viraje en tu conducta te traerá problemas.*
3 Operación de virar o tratar una fotografía para variar su color. **FOTOGRAFÍA**

viral Del virus: *infección viral.* **adj.**

virapitá Planta arbórea de la familia de las leguminosas que alcanza treinta metros de altura. **s.m./Argent. BOTÁNICA**

virar (Del celta *virare*.)
1 Cambiar un vehículo, un avión o una embarcación su dirección: *de repente el coche viró a la derecha.* **v.intr. = girar**
2 Cambiar una persona de ideas o de manera de actuar: *viró a lo largo de toda su vida.* **= evolucionar**

3 Cambiar de rumbo pasando de una amura a otra para que el barco reciba el viento por el costado opuesto: *el barco no viró a tiempo en la regata.* — v.tr/intr. NÁUTICA

4 Dar vueltas al cabrestante para levar las anclas o para subir o bajar cosas. — v.tr. NÁUTICA

5 Someter las fotografías de prueba a la acción de ciertas sustancias químicas para fijar el color de la imagen o para variar su color. — FOTOGRAFÍA

6 virar en redondo: Girar una embarcación haciendo pasar la popa por la dirección del viento y provocando que la vela cambie bruscamente de banda. — NÁUTICA

7 virar por avante: Cambiar una embarcación de dirección haciendo pasar la proa por la dirección del viento. — NÁUTICA

8 virar una baliza: Girar una embarcación sobre una baliza comenzando la virada por el lado que prescriben las instrucciones de regata. — NÁUTICA

viraró Planta arbórea leguminosa, de hojas lustrosas, que llega a unos veinte metros de altura. — s.m./Argent., Urug. BOTÁNICA

virasis Denominación genérica de las enfermedades causadas por virus filtrables o ultravirus. — s.f./pl: virasis MEDICINA

vira vira Planta herbácea de la familia de las compuestas, cubierta de una pelusa blanca, que se emplea en infusión como pectoral. — s.f. Argent., Chile BOTÁNICA

virazón (Del port. *viração*.) — s.f.

1 Viento procedente del mar que sopla en las costas durante el día.

2 Cambio repentino de viento, en especial cuando al del sur huracanado, sucede al noroeste.

3 Viraje repentino de las ideas o de la conducta en una persona.

virescencia Metamorfosis de las partes coloreadas de las flores en hojas verdes. — s.f. BOTÁNICA

virgación Disposición de las cordilleras de forma que sus ejes orogénicos forman figuras semejantes a un haz abierto en una serie de bifurcaciones. — s.f. GEOLOGÍA

virgaza Clemátide, planta ranunculácea trepadora. — s.f./BOTÁNICA

virgen (Del lat. *virgo, -inis.*)

1 Se refiere a la persona que no ha realizado unión sexual con otra. — adj/s.m.f.

2 Que conserva su estado o pureza original: *le gusta mucho el aceite de oliva virgen.* — adj. = puro

3 Que no ha sido tocado ni manipulado por las personas: *he comprado una cinta virgen para grabar el disco; selva virgen.*

4 Madre de Jesucristo o su imagen. — s.f./RELIGIÓN

5 Cada uno de los dos pies derechos que en los lagares y molinos de aceite guían el movimiento de la viga. — s.m.

6 fíate de la virgen, y no corras: Se aplica al que por estar demasiado confiado no pone nada de su parte para conseguir lo que se propone. — coloquial

7 ser una persona o una cosa un viva la virgen: Ser una persona irresponsable y despreocupada en exceso. — loc.adj. coloquial

virgiliano, a (De *Virgilio*, poeta latino.)

1 De este poeta latino o de su obra. — adj/LITERATURA LITERATURA

2 Se refiere al autor o a la obra que está influida por la de este poeta.

virginal (Del lat. *virginalis.*)

1 De virgen: *pureza virginal; rostro virginal.* — adj./= virgíneo = virgíneo

2 Que está puro.

3 Instrumento musical de tecla y cuerda con una caja armónica rectangular. — s.m. MÚSICA

virginia

1 Tabaco virginiano, procedente del estado norteamericano que le da nombre. — s.m.

2 Tejido de algodón, semejante a la cretona. — TEXTIL

virginidad

1 Estado de la persona que no ha consumado la unión sexual. — s.f.

2 Cualidad de puro o no contaminado. — ≠ impureza

virgo (Del lat. *virgo.*)

1 Sexto signo zodiacal, representado por una virgen. — s.m./OCULTISMO

2 Se refiere a la persona nacida entre el 23 de agosto y el 23 de setiembre. — adj/s.m.f.

3 Se aplica a la persona que no ha realizado nunca el acto sexual. — = virgen

4 Himen, membrana que reduce el orificio externo de la vagina mientras conserva su integridad física. — s.m. ANATOMÍA

virguería

1 Adorno o detalle refinado o exquisito que se añade a una obra o trabajo. — s.f. = floritura

2 Cosa realizada con gran detalle y perfección: *este chaval hace virguerías con el balón.* — coloquial = maravilla

3 Cosa insignificante, sin importancia. — = nadería

virguero, a

1 Que es muy bueno, magnífico o extraordinario: *se ha comprado un coche virguero.* — adj. coloquial

2 Se refiere a la persona que hace muy bien las cosas: *ha encontrado un carpintero virguero.* — adj/s. coloquial

vírgula

1 Trazo pequeño usado en la escritura como el acento, la coma o la cedilla. — s.f.

2 Vara pequeña.

3 Bacilo que causa el cólera morbo. — MEDICINA

virgulilla

1 Cualquier signo ortográfico en forma de coma o de tilde. — s.f.

2 Raya o línea corta y de trazo muy fino.

viriasis Virasis, denominación genérica de las enfermedades causadas por virus. — s.f./pl: viriasis MEDICINA

vírico, a

1 De los virus. — adj./= viral

2 Se aplica a la enfermedad originada por la acción de un virus. — MEDICINA

viril

I (Del lat. *beryllus* < gr. *beryllos*.)

1 Vidrio muy claro y transparente usado para colocarlo delante de las cosas que se quieren proteger o preservar sin ocultarlas. — s.m.

2 Caja de cristal formada por dos cristales paralelos y circulares con cerquillo dorado, que encierra la hostia consagrada o que guarda reliquias. — RELIGIÓN

II (Del lat. *virilis.*)

1 Del varón u hombre. — adj./= varonil

2 Que tiene las características que se consideran propias del hombre.

virilidad

1 Cualidad de viril. — s.f.

2 Actitud viril, enérgica o valerosa. — = valor

3 Edad adulta de un hombre. — = madurez

virilismo Distrofia femenina relacionada con perturbaciones endocrinas, que provoca la aparición de caracteres sexuales masculinos. — s.m. MEDICINA

virilización Acción y resultado de virilizarse una mujer. — s.f.

virilizarse Adquirir una mujer caracteres sexuales masculinos. — v.prnl. conj: cazar

virilmente Como un hombre o como si lo fuera. — adv.

viringo, a Que está despojado de toda ropa. — adj./Colomb.

virio (Del lat. *vireo.*) Oropéndola, ave paseriforme de la familia de los oriólidos. — s.m./ZOOLOGÍA

virión Unidad estructural de los virus, que está constituida por un núcleo de ácido nucleico adn o arn y protegido por una envoltura proteica. — s.m. BIOLOGÍA = partícula viral

virol Perfil circular de la boca de la bocina y de otros instrumentos semejantes que forma parte de algunos escudos o emblemas. — s.m. HERÁLDICA

virola

1 Casquillo metálico puesto como remate en algunos utensilios y herramientas, como navajas, espadas o destornilladores. — s.f.

2 Anillo de hierro colocado cerca de la punta de una garrocha o vara para picar toros, para que la púa no pueda penetrar en la piel del toro más que lo justo para avivarlo sin maltratarlo.

3 Remate en la punta de un bastón o de un paraguas. — = contera

4 Casquillo interior de la espiral de un volante, fijado por fricción al eje del mismo, en los relojes de cuerda. — MECÁNICA

virolento, a

1 Que tiene viruela. — adj/s./MEDICINA

2 Que tiene señales de viruela. — = picado

virolo, a Que es bizco o bisojo.

virología (Del lat. *virus*, virus + gr. *logos*, ciencia.) Parte de la microbiología que estudia los virus. — s.f. BIOLOGÍA

virológico, a De la virología. — adj./BIOLOGÍA

virólogo, a Que está especializado en virología. — adj./BIOLOGÍA

virosis Virasis, denominación genérica de las enfermedades causadas por virus. — s.f./pl: virosis MEDICINA

virotazo

1 Disparo de un virote. — s.m.

2 Herida o señal producida por el virote o flecha.

virote

1 Especie de flecha guarnecida con un casquillo. — s.m.

2 Hierro largo que se colgaba de la argolla sujeta al cuello de un esclavo que había intentado fugarse.

3 Vara cuadrangular de la ballestilla.

4 Muchacho soltero, ocioso y presumido.

5 Hombre demasiado serio y estirado.

6 virote palomero: Aquel que se dispara con ballesta, más largo que el normal.

virotillo Madero corto, vertical y sin zapata, que se apoya en uno horizontal y sostiene otro horizontal o inclinado. — s.m. ARQUITECTURA

virotismo Cualidad de arrogante o presuntuoso. — s.m./= presunción

virreina

1 Mujer del virrey. — s.f./HISTORIA

2 Mujer que gobierna como virrey. — HISTORIA

virreinal Del virrey, de la virreina o del virreinato. — adj./HISTORIA

10 hacer viso: Llevarse el aprecio de las personas.
11 hacer visos: Aparecer tornasoles en un tejido al darle la luz.

visón (Del fr. *vison.*)
1 Mamífero carnívoro mustélido, grande, de pelaje **s.m.** pardo a negro, de tacto lanoso y suave, con una **ZOOLOGÍA** mancha blanca en el hocico, vive cerca de ríos y pantanos y en la actualidad se cría en granjas por su valor peletero. *(Mustela lutreola.)*
2 Piel de este mamífero utilizada en peletería.
3 Prenda de vestir hecha con piel de este animal.

visor
1 Prisma o sistema óptico de una máquina fotográfi- **s.m.** ca formado por varias lentes y espejos que sirve para **FOTOGRAFÍA** centrar la imagen.
2 Pantalla de dimensiones reducidas incorporada a **AUDIOVISUALES** una cámara tomavistas para que el operador pueda observar las imágenes captadas.
3 Instrumento óptico dotado de un sistema de lentes **AUDIOVISUALES** de aumento que permite ver imágenes proyectadas.
4 Dispositivo óptico que ayuda a establecer o corregir la puntería en algunas armas de fuego.

visorio, a
1 De la visión. **adj.**
2 Se aplica al instrumento que sirve para ver.
3 Visita o examen pericial. **s.m./DERECHO**

víspera (Del ant. *viespera* < lat. *vespera,* tarde:)
1 Día inmediatamente anterior a otro determinado: **s.f.** *la víspera de su boda estaba muy nerviosa.*
2 Tiempo anterior a un suceso determinado: *está en vísperas de la jubilación.*
3 Cualquier cosa que antecede a otra y en cierto modo la ocasiona.
4 Una de las divisiones del día entre los antiguos **HISTORIA,** romanos, que correspondía al crepúsculo de la tarde **RELIGIÓN** y que se corresponde con la penúltima de las horas canónicas de la iglesia.
5 Oración del oficio divino que se dice al anochecer. **RELIGIÓN**
6 **en vísperas:** En tiempo anterior: *el proyecto está en* **loc.adv.** *vísperas de ser aprobado.*

vista
1 Sentido corporal localizado en los ojos que permite **s.f.** percibir los objetos mediante la acción de la luz: *perdió la vista en un accidente.*
2 Acción y resultado de ver: *no me alcanza la vista* **= visión** *para leer las letras de aquel letrero.*
3 Fijación de los ojos en un objeto o punto en concre- **= mirada,** to: *fijó la vista en un débil destello que se percibía a lo* **vistazo** *lejos.*
4 Facultad de ver: *no tiene buena vista y debe usar gafas.*
5 Cada uno de los ojos o conjunto de ellos como órganos de la visión. **ANATOMÍA**
6 Conjunto de cosas que se perciben desde un punto **= panorámica** determinado con la mirada: *la vista desde el mirador es extraordinaria.*
7 Posibilidad que ofrece un lugar de ver una cosa, en especial cuando es agradable: *la casa tiene una terraza con vistas al mar.*
8 Obra artística que representa un lugar o cosa toma- **ARTE, CINE,** da del natural: *la fotografía es una vista de la ciudad.* **FOTOGRAFÍA**
9 Capacidad para comprender las cosas o darse cuen- **= perspicacia,** ta de la conveniencia o no de ellas: *tiene mucha vista* **sagacidad** *para las inversiones en bolsa.*
10 Encuentro entre dos o más personas: *hasta la vista.*
11 Aspecto o apariencia de las cosas: *el plato tenía* **= presencia** *buena vista, pero mal sabor.*
12 Mirada superficial o ligera: *no he leído el periódico,* **= vistazo** *sólo le he echado una vista.*
13 Conocimiento claro de las cosas. **= claridad**
14 Parte de una cosa que se oculta a la visión.
15 Apariencia de las cosas respecto de otras: *a vista de la oscura noche, sus ojos eran luminosos.*
16 Actuación en que se desarrolla ante un tribunal **DERECHO** un juicio o incidente para dictar el fallo.
17 Concurrencia de dos o más personas con un fin **s.f.pl.** determinado.
18 Regalos que se hacen los novios uno al otro.
19 Ventana o hueco de los edificios por donde entra **CONSTRUCCIÓN** la luz o desde donde puede verse al exterior.
20 Empleado de aduanas encargado del registro de **s.m.** los géneros.
21 **doble vista:** Facultad extraordinaria de ver cosas que existen aunque no están al alcance de los demás.
22 **vista actuario:** El empleado de aduana que realiza un despacho u otra operación.
23 **vista cansada:** Presbicia, defecto visual. **MEDICINA**
24 **vista corta:** Miopía, defecto visual. **MEDICINA**
25 **vista de águila o de lince:** La que alcanza mucho **coloquial** y es muy aguda: *tiene vista de águila si puede leer el cartel desde aquí..*
26 **vista de ojos:** Diligencia judicial o extrajudicial de **DERECHO**

ver uno mismo una cosa para informarse de ello con seguridad.
27 **aguzar la vista:** Dirigir la mirada hacia una cosa con atención: *aguzó la vista para ver al pájaro en su nido.*
28 **a la vista:** 1. De forma visible: *tenía las joyas en* **loc.adv.** *una caja a la vista.* 2. De inmediato, sin más tardanza. **loc.adv.** 3. Según parece, en apariencia. 4. En perspectiva: *ten-* **loc.adv.** *go un negocio a la vista que parece interesante.*
29 **a la vista de o a vista:** 1. En presencia o delante **loc.adv.** de: *a la vista de los resultados, la campaña publicitaria ha sido un éxito.* 2. En consideración o en compara- **loc.adv.** ción. 3. En un lugar desde donde se puede ver: *pon el* **loc.adv.** *cuadro en el salón a la vista de todos.*
30 **apartar la vista:** Desviar la mirada o el pensamiento de un objeto o persona: *aparta la vista de ese coche porque es demasiado caro.*
31 **a primera o a simple vista:** 1. De forma superfi- **loc.adv.** cial: *a primera vista parece de gran calidad pero no lo es.* 2. Con facilidad para aprender o reconocer las cosas: **loc.adv.** *aprende las lecciones a primera vista.*
32 **a vista de pájaro:** Desde un punto muy elevado **loc.adv.** sobre las cosas que se ven: *desde la torre puede verse la ciudad a vista de pájaro.*
33 **bajar la vista:** Bajar la mirada por vergüenza, su- **coloquial** misión o por otra causa: *al oír la sentencia, el acusado bajó la vista.*
34 **clavar o fijar la vista:** Ponerla en un objeto o **coloquial** punto determinado con atención: *clavó la vista en el horizonte en busca del barco.*
35 **comerse con la vista o alguien o algo:** Mirarlo **coloquial** con ansia o deseo: *se comía con la vista a aquella mujer cada vez que pasaba delante suyo.*
36 **con vistas a:** Con la finalidad o el propósito de: **loc.prep.** *decidieron no casarse aún con vistas a ahorrar.*
37 **conocer de vista a alguien:** Conocerlo por haber- **coloquial** lo visto, pero no de trato: *no puedo darte referencias porque sólo lo conozco de vista.*
38 **corto de vista:** 1. Se aplica a la persona que pade- **loc.adj.** ce miopía. 2. Se refiere a la persona poco perspicaz: **loc.adj.** *es corto de vista, estaba claro que le engañaba.*
39 **dar una vista:** Mirar o visitar un lugar de paso y **coloquial** sin detenerse mucho.
40 **dar vista a algo:** Alcanzar a verlo. **coloquial**
41 **derramar la vista:** Mirar los caballos sin volver la **coloquial** cabeza, sino torciendo los ojos.
42 **echar la vista a algo:** Elegirlo entre varias cosas: **coloquial** *en cuanto entró en la tienda echó la vista a un precioso oso de peluche.*
43 **echar la vista o la vista encima a alguien:** **coloquial** Llegarlo a ver o a conocer: *al fin he conseguido echar la vista encima a mi vecino.*
44 **echar una vista:** Cuidar de una cosa mirándola **coloquial** de vez en cuando: *me pidió que echara un vista al fogón, pero se me olvidó y se quemó la comida.*
45 **empañarse la vista:** 1. Ver de forma confusa y **coloquial** poco nítida. 2. Llenarse los ojos de lágrimas: *cada vez* **coloquial** *que piensa en su difunto marido, se le empaña la vista.*
46 **en vista de:** En consideración o atención de un **loc.prep.** cosa: *en vista de tu buena voluntad, te perdono lo ocurrido.*
47 **estar a la vista:** Ser evidente o visible una cosa: **coloquial** *está a la vista que tu intuición era acertada; no dejes la cartera en el coche porque está a la vista.*
48 **hacer la vista gorda:** Fingir que no se ha visto **coloquial** una cosa, pasar por alto algo sobre lo que se tenía que llamar la atención: *por hoy haré la vista gorda, pero mañana debes hacerte la cama.*
49 **hasta la vista:** Se usa para despedirse de alguien: **formal** *bueno, me tengo que ir, hasta la vista.*
50 **herir o hacer daño a la vista:** Percibir una sensa- **coloquial** ción desagradable con la vista.
51 **írsele a alguien la vista:** Perder el sentido: *se le* **coloquial** *fue la vista al ver la sangre.*
52 **no perder de vista a alguien o algo:** 1. Estarlo **coloquial** observando, cuidando o vigilando: *no pierdas de vista el bolso en esta zona.* 2. Seguir intentando un propó- **coloquial** sito.
53 **nublarse la vista:** Empezar a ver mal o de forma **coloquial** confusa: *voy a tomar el aire porque se me nubla la vista.*
54 **perder de vista a alguien o algo:** Dejar de verlo: **coloquial** *he perdido de vista al corredor; no sé nada de él hace meses, lo he perdido de vista.*
55 **perderse de vista alguien o algo:** 1. Tener gran **coloquial** superioridad en su línea. 2. Ser muy listo, agudo o as- **coloquial** tuto.
56 **poner la vista en una persona o cosa:** 1. Fijar la **coloquial** atención en ella. 2. Interesarse por ella o desearla.
57 **saltar a la vista algo:** Ser muy evidente: *salta a la* **coloquial** *vista que ha estado llorando.*
58 **tener algo a la vista:** Tenerlo en perspectiva: *tiene* **coloquial** *un asunto a la vista.*
59 **tener vista algo:** Tener buena apariencia: *la casa* **coloquial** *tiene vista, pero es muy vieja.*

60 volver alguien la vista atrás: Recordar sucesos pasados y meditar sobre ellos: *si vuelvo la vista atrás, tal vez cambiaría mi actuación en algunos casos.* — coloquial

vistazo
1 Mirada rápida o superficial: *bastó un vistazo al escrito para detectar varias faltas ortográficas.* — s.m. = ojeada
2 **dar o echar un vistazo a algo:** Observarlo de forma superficial: *daré un vistazo a tus deberes; eché un vistazo en la sala, pero no la vi.* — coloquial

vistillas
1 Mirador, lugar alto desde el que se divisa mucho terreno. — s.f.pl.
2 **irse a las vistillas:** Tratar de ver las cartas del contrario. — JUEGOS

visto
1 Que es conocido o sabido por todos: *ese chiste ya está muy visto.* — adj. ≠ original
2 Que es considerado de cierta manera: *no está bien visto interrumpir una conversación.*
3 Se aplica a la fórmula con que se indica que no procede dictar resolución sobre un asunto. — DERECHO
4 Se refiere a la fórmula con que se da por terminada la vista pública de un negocio o se anuncia el pronunciamiento del fallo. — DERECHO
5 Dato de la sentencia, resolución o informe que precede a los considerandos y contribuye a fundar un dictamen, acuerdo o fallo. — s.m. DERECHO
6 **visto bueno:** Fórmula al pie de ciertos documentos oficiales que los autoriza.
7 **dar el visto bueno:** Autorizar o dar validez a la ejecución de algo: *el director dio el visto bueno a la propuesta.* — coloquial
8 **estar o ser algo bien o mal visto:** Juzgar a una persona o cosa de forma positiva o negativa: *sus costumbres son mal vistas entre los amigos de ella.* — coloquial
9 **está visto:** Se usa para dar una cosa por cierta o segura: *está visto que no se puede confiar en ella.* — coloquial
10 **ni visto ni oído:** 1. Con rapidez: *salió de la casa ni visto ni oído.* 2. Insólito, raro o extraordinario. — loc.adj.
11 **no visto, nunca visto o lo nunca visto:** Muy raro o extraordinario: *la potencia de su disparo es lo nunca visto.* — coloquial
12 **por lo visto:** Al parecer, según parece: *por lo visto ella cree que yo soy el culpable.* — loc.adv.
13 **visto que:** Pues que, una vez que: *visto que no hay preguntas, concluimos la sesión.* — loc.conj.
14 **visto y no visto:** Se usa para indicar que ha sucedido una cosa con gran rapidez: *el pastel fue visto y no visto en la mesa.* — loc.adj/adv. coloquial

vistosidad Cualidad de lo que resulta atractivo o vistoso: *los invitados comentaron la vistosidad de la decoración de la sala.* — s.f. = brillantez

vistoso, a Que llama la atención por su apariencia ostentosa, por su brillo o por su colorido: *lleva una camisa muy vistosa.* — adj. = atractivo

visu (Voz latina.) Se usa en la expresión **de visu** para indicar que uno ve por sí mismo o con sus propios ojos una cosa. — loc.adv.

visual
1 De la vista o de la visión: *con la edad le ha disminuido la capacidad visual.* — adj.
2 Línea recta imaginaria que va desde el ojo del observador al objeto observado. — s.f. FÍSICA

visualidad Efecto o sensación agradable que produce la visión de objetos vistosos. — s.f. = vistosidad

visualización Acción y resultado de visualizar: *los aparatos telescópicos permiten la visualización de cuerpos celestes.* — s.f.

visualizar
1 Hacer visible por medios artificiales una cosa que no puede verse a simple vista: *el microscopio permite visualizar microbios.* — v.tr. conj: cazar = visibilizar
2 Representar un fenómeno mediante imágenes ópticas o gráficos.
3 Representarse en la mente la imagen de una cosa que no se tiene a la vista: *a pesar de los años transcurridos, aún puedo visualizar su rostro.* — = imaginar
4 Formar en la mente una imagen visual de un concepto abstracto.
5 Hacer que los resultados del tratamiento de una información aparezcan en una pantalla. — INFORMÁTICA

visura
1 Examen o reconocimiento visual de una cosa. — s.f./= visión
2 Visorio, visita o examen pericial. — DERECHO

vitáceo, a Perteneciente a una familia de plantas angiospermas dicotiledóneas, en general leñosas, trepadoras, de tallo nudoso, hojas alternas y palmeadas, flores regulares en racimos y fruto en baya, como la vid. — adj/s.f. BOTÁNICA

vitáfono (De *Vitaphone*, empresa norteamericana.) Aparato antiguo que proyectaba películas sonoras sincronizadas con discos gramofónicos. — s.m. CINE

vital (Del lat. *vitalis*.)
1 De la vida: *los médicos han conseguido mantener sus funciones vitales.* — adj. = biológico
2 Que es tan importante que resulta imprescindible: *la firma del tratado es de importancia vital para la nación.* — = básico, fundamental
3 Que tiene energía, impulso o aptitud para actuar o vivir: *siempre ha sido un hombre vital y alegre.* — = vitalista

vitalicio, a
1 Que dura desde que se obtiene hasta el final de la vida: *el presidente de la sociedad tiene el cargo vitalicio; le han asignado un pensión vitalicia por su incapacidad física.* — adj. = indefinido
2 Póliza de seguro de vida. — s.m.
3 Renta que se concede a una persona y que dura hasta el final de la vida del perceptor. — = pensión

vitalicista Persona que disfruta de una pensión o seguro vitalicio. — s.m.f.

vitalidad
1 Cualidad de ser vital o muy importante una cosa: *es de máxima vitalidad que se encuentre un trabajo.* — s.f. = importancia
2 Actitud enérgica, activa y decidida al pensar, expresarse y obrar: *es un niño que no se cansa nunca porque tiene mucha vitalidad; su gran vitalidad hace que supere los contratiempos con facilidad.* — = dinamismo, vigor

vitalismo
1 Cualidad de vital: *tiene un vitalismo envidiable.* — s.m.
2 Doctrina que defiende que los fenómenos que suceden en el organismo se deben a la acción de fuerzas vitales, propias de los seres vivos, y no de forma exclusiva por la acción de las fuerzas físico-químicas de la materia. — BIOLOGÍA

vitalista
1 Del vitalismo. — adj./BIOLOGÍA
2 Se refiere a la persona que es partidaria de la doctrina del vitalismo. — adj/s.m.f. BIOLOGÍA
3 Que tiene energía o aptitud para actuar o vivir. — adj./= vital

vitalizar Dar o infundir fuerza o energía a una persona o cosa. — v.tr. conj: cazar

vitamina (Del lat. *vita*, vida + *amoníaco*.) Sustancia orgánica que existe en los alimentos y que, en pequeñas cantidades, es necesaria para el crecimiento y el perfecto equilibrio de las funciones vitales. — s.f. BIOQUÍMICA

vitaminado, a Se aplica al alimento o al preparado farmacéutico que contiene vitaminas. — adj./BIOLOGÍA, FARMACIA

vitamínico, a
1 De las vitaminas. — adj./BIOLOGÍA
2 Que tiene vitaminas: *me han recetado un complejo vitamínico.* — BIOLOGÍA, FARMACIA

vitaminoterapia Tratamiento terapéutico de las enfermedades basado en el uso de vitaminas. — s.f. MEDICINA

vitando, a (Del lat. *vitandus*.)
1 Que inspira repulsión o rechazo: *el parricidio es un crimen vitando.* — adj./culto = execrable, odioso
2 Que debe evitarse. — culto

vitar (Del lat. *vitare*.) Evitar [en todas sus acepciones]. — v.tr.

vitela (Del ital. *vitella* < lat. *vitella*.) Piel de vaca o ternera, muy pulida, en particular, la que se usa para escribir o pintar en ella. — s.f.

vitelino, a
1 Del vitelo. — adj./BIOLOGÍA
2 Se aplica a la membrana que envuelve el óvulo humano y el de algunos animales. — BIOLOGÍA
3 Se aplica a la bolsa o saco con sustancias alimenticias cuya función es nutrir al embrión humano y al de algunos animales hasta que se establece la circulación materno-fetal. — BIOLOGÍA

vitelo (Del lat. *vitellus*.) Conjunto de sustancias almacenadas en el óvulo que sirven para nutrir al embrión. — s.m. BIOLOGÍA

vitícola (Del lat. *vitis*, vid + *colere*, cultivar.)
1 De la viticultura: *ésta es una región vitícola.* — adj./AGRICULTURA
2 Persona que se dedica al cultivo de la vid. — s.m.f./AGRICULTURA

viticultor, a Persona que se dedica al cultivo de la vid. — s. AGRICULTURA

viticultura (Del lat. *vitis*, vid + *cultura*, cultivo.) Técnica del cultivo de la vid. — s.f. AGRICULTURA

vitíligo Enfermedad de la piel, consistente en la aparición de manchas blancas por un defecto de la pigmentación. — s.m. MEDICINA = leucodermia

vitivinícola De la vitivinicultura. — adj./AGRICULTURA

vitivinicultor, a Persona que se dedica a la vitivinicultura. — s. AGRICULTURA

vitivinicultura Arte y técnica de cultivar las vides y de elaborar el vino. — s.f. AGRICULTURA

vito
1 Baile popular andaluz, de ritmo vivo. — s.f. MÚSICA
2 Música que acompaña a este baile.
3 Letra que se canta con esta música.

8 Que es muy expresivo: *tiene una mirada viva; nos explicó un vivo relato.* = brillante

9 Que es ágil y rápido: *le contrataron en la empresa porque es muy vivo en su trabajo.* ≠ torpe, lento

10 Que tiene una vida cultural intensa: *es un centro muy vivo.*

11 Que se altera con facilidad: *su vivo carácter le ha reportado alguna contrariedad.* = alterable, ≠ tranquilo

12 Que es poco considerado. = desconsiderado

13 Que es sutil e ingenioso. = ingenioso

14 Que está en actual ejercicio de un empleo, en especial en la milicia.

15 Se aplica a la arista o al ángulo que es muy agudo. ARQUITECTURA

16 Trenza o tira de tela que se pone como adorno al borde de una prenda de vestir: *la camisa tiene vivos de terciopelo.* s.m.

17 Borde o canto de una cosa.

18 Enfermedad que padecen los perros y otros animales semejante a la usagre. VETERINARIA

19 Absceso que aparece en las heridas de las caballerías cuando se declara la gangrena. VETERINARIA = ardínculo

20 a lo vivo, al vivo o a lo más vivo: 1. Con viveza, de forma eficaz. 2. Sin nada que palie el dolor o la crudeza: *le sacaron la muela a lo vivo, sin anestesia; se lo dijo a lo vivo.* loc.adv.

21 de lo vivo a lo pintado: Se usa para manifestar la gran diferencia que hay entre una cosa y otra.

22 en vivo: En directo, con los músicos tocando: *en este local hay música en vivo cada noche.* loc.adv.

vizcacha Mamífero roedor de color gris oscuro, con el vientre blanco y la cara blanca y negra, de costumbres nocturnas y que habita en grandes madrigueras en grupos muy numerosos. *(Lagidium y Lagostomus).* s.f. Amér. Merid. ZOOLOGÍA

vizcachera Madriguera de la vizcacha. s.f./Amér. Merid.

vizcaíno, a
1 De Vizcaya, provincia española. adj.
2 Persona natural de esta provincia. s.
3 Variedad lingüística de la lengua vasca hablada en esta provincia. LINGÜÍSTICA
4 a la vizcaína: Al estilo o según las costumbres de esta provincia vasca: *han preparado bacalao a la vizcaína.* loc.adv.

vizcaitarra
1 Vizcaíno, de Vizcaya, provincia vasca. adj.
2 Persona natural de dicha provincia. s.m.f.
3 Que es partidario de la independencia o autonomía de Vizcaya. adj/s.m.f. POLÍTICA

vizcondado
1 Título de vizconde. s.m.
2 Territorio que gobernaba un vizconde.

vizconde (Del bajo lat. *vice comitis.*)
1 Título nobiliario inmediatamente inferior al de conde. s.m.
2 Persona que goza de dicho título nobiliario.
3 Persona que era nombrada por el conde para que le sustituyera en sus funciones en un territorio. HISTORIA

vizcondesa
1 Mujer que goza del título nobiliario de vizconde. s.f.
2 Esposa del vizconde.

vocablo (Del lat. *vocabulum.*)
1 Palabra aislada y fuera de todo contexto o relación gramatical o lógica con otras: *soltó un par de vocablos y se quedó tan fresco.* s.m. = voz
2 Sonido o conjunto de sonidos articulados que tienen un significado en la lengua. LINGÜÍSTICA = palabra
3 jugar alguien del vocablo: Hacer juegos de palabras. coloquial

vocabulario
1 Conjunto de todas las palabras de una lengua o de un dialecto: *el libro tiene un vocabulario difícil para los niños.* s.m. LINGÜÍSTICA
2 Diccionario, obra en la que se recoge el conjunto de palabras de un idioma. LINGÜÍSTICA = glosario, léxico
3 Conjunto de palabras de un idioma propias de una región, de un grupo social de hablantes, de una ciencia, de una técnica, de un arte o de una profesión: *el vocabulario de la pintura; el vocabulario de los médicos.* LINGÜÍSTICA = léxico
4 Conjunto de palabras utilizadas por una persona: *tienes un vocabulario de lo más barriobajero.* LINGÜÍSTICA = idiolecto
5 Catálogo de palabras ordenadas según un sistema determinado y con definiciones y explicaciones breves: *al final de la novela hay un pequeño vocabulario de algunos términos específicos.* = glosario

vocabulista
1 Autor de un vocabulario. s.m.f.
2 Persona dedicada al estudio de los vocablos o palabras. LINGÜÍSTICA

vocación (Del lat. *vocatio, -onis.*)
1 Inclinación personal o preferencia hacia una cosa, en especial a la hora de elegir una profesión, una ca- s.f. = tendencia

rrera, forma de vida u otra cosa: *desde niño sintió vocación por la literatura.*
2 Sentimiento o inclinación de quien se cree llamado por la divinidad para dedicarse a la vida religiosa. RELIGIÓN
3 Persona que escoge la vida religiosa como única dedicación: *la iglesia católica se queja de la falta de vocaciones.* RELIGIÓN
4 Advocación [en todas sus acepciones].
5 errar la vocación: Dedicarse a una actividad para la que no se tiene disposición: *erró la vocación al meterse a bombero.* coloquial

vocacional Que tiene relación con la vocación. adj.

vocal (Del lat. *vocalis.*)
1 De la voz: *tiene las cuerdas vocales irritadas.* adj.
2 Que se expresa con la voz. = oral
3 Persona que tiene voz en una junta o consejo: *los vocales del consejo pueden opinar, pero no tomar decisiones.* s.m.f.
4 Sonido del lenguaje humano que se produce por la espiración del aire y por la vibración de las cuerdas vocales, y sin que ningún órgano intervenga obstruyendo el paso del aire: *en español las vocales son los únicos sonidos que por sí solos pueden formar sílaba.* s.f. LINGÜÍSTICA
5 Cada una de las letras, cinco en español, que representan un sonido de este tipo. LINGÜÍSTICA
6 vocal abierta: Aquella en la que la lengua queda más alejada del paladar que otras. LINGÜÍSTICA
7 vocal breve: La que tiene menor duración en las lenguas que se sirven de dos medidas de cantidad vocálica. LINGÜÍSTICA
8 vocal cerrada: Aquella en la que la lengua queda a menor distancia del paladar que en otras. LINGÜÍSTICA
9 vocal débil: La de menor duración en los diptongos y triptongos. LINGÜÍSTICA
10 vocal fuerte: La de mayor duración en los diptongos y triptongos. LINGÜÍSTICA
11 vocal larga: La que tiene mayor duración en las lenguas que se sirven de dos medidas de cantidad vocálica. LINGÜÍSTICA
12 vocal mixta: La que se pronuncia elevando el dorso de la lengua hacia la parte media del paladar mientras los labios están en posición neutral. LINGÜÍSTICA
13 vocal nasal: La pronunciada dejando salir por la nariz parte del aire espirado. LINGÜÍSTICA
14 vocal temática: Elemento que modifica la raíz de una palabra y constituye el tema de la misma. LINGÜÍSTICA

vocálico, a De la vocal: *ha realizado un estudio vocálico; sonido vocálico.* adj. LINGÜÍSTICA

vocalismo Conjunto de vocales de una lengua. s.m./LINGÜÍSTICA

vocalista (Del ingl. *vocalist.*) Persona que canta acompañada de los instrumentos de una orquesta o de un conjunto musical: *es la vocalista de un grupo de salsa.* s.m.f. MÚSICA

vocalización
1 Acción y resultado de vocalizar: *me cuesta entender lo que dice porque su vocalización es pésima.* s.f.
2 Transformación, por lo general en la evolución histórica de una palabra, de una consonante en una vocal. LINGÜÍSTICA
3 Ejercicio preparatorio del canto que consiste en practicar escalas, arpegios, trinos o el cambio de notas, valiéndose de un sonido vocálico. MÚSICA
4 Pieza musical compuesta expresamente para ejecutar estos ejercicios. MÚSICA

vocalizador, a Que vocaliza. adj.

vocalizar
1 Pronunciar las palabras distinguiendo bien los vocales, las consonantes y las sílabas. v.intr. conj. *cazar*
2 Convertir una consonante en vocal: *en algunas palabras la b se ha vocalizado en u.* v.intr/prnl. LINGÜÍSTICA
3 Añadir las vocales pertinentes en los textos de lenguas que se escriben sólo con consonantes, como la árabe o la hebrea. v.intr.
4 Cantar la escala musical sin nombrar las notas, sino repitiendo una sola vocal. MÚSICA
5 Hacer una persona ejercicios de vocalización para aprender a cantar. MÚSICA

vocalmente Con la voz: *tendrán que contestar a las preguntas vocalmente y no por escrito.* adv. = verbalmente

vocativo (Del lat. *vocativus.*) Caso de la declinación de las lenguas flexivas, que se usa para invocar, llamar o nombrar a la persona o cosa a la que se dirige el hablante. s.m LINGÜÍSTICA

voceador, a
1 Que vocea o da voces. adj/s.
2 Persona encargada de dar pregones. s./= pregonero
3 Persona que vende periódicos en la calle voceándolos. Méx.

vocear
1 Dar una persona voces o gritos: *deja de vocear que ya te he oído.* v.intr. = gritar, vociferar
2 Publicar o manifestar una cosa a gritos: *el vendedor voceaba los productos que vendía.* v.tr. = pregonar

3 Llamar a una persona dando voces: *me molesta que me voceen por la calle.* = gritar

4 Dar vítores a una persona o una cosa: *los aficionados vocearon al torero por su gran actuación en la plaza.* = aclamar

5 Ser una cosa clara muestra de otra: *su casa vocea su riqueza.* = manifestar

6 Hacer una persona ostentación de la ayuda prestada a otra persona: *voceó su ayuda delante de todos.* = jactarse

voceras Boceras, persona habladora y jactanciosa. s.m.f./pl: voceras

vocería
1 Vocerío, confusión de voces o gritos: *la vocería de los chiquillos no me deja descansar.* s.f.
2 Cargo de vocero. = griterío

vocerío Griterío o confusión de voces o gritos: *salió al balcón para ver a qué se debía el vocerío de la calle.* s.m. tb: vocería

vocero, a Persona que habla en nombre de otra. s./= portavoz

vociferación Acción y resultado de vociferar o gritar. s.f.

vociferador, a Que vocifera o grita: *no me gusta ir a ese bar porque el camarero es muy vociferador.* adj/s. = vociferante

vociferar (Del lat. *vociferari.*)
1 Hablar una persona a voces: *alguien está vociferando llamándote.* v.intr. = gritar, vocear
2 Publicar o manifestar una cosa de forma jactanciosa: *ha vociferado su ascenso por todo el barrio.* v.tr. = jactarse

vocinglería
1 Actitud de la persona que suele hablar mucho y en voz muy alta. s.f.
2 Ruido y alboroto producidos por voces de muchas personas: *deben estar haciendo una fiesta porque se oye vocinglería abajo.* = bulla, jaleo

vocinglero, a
1 Que habla en voz muy alta. adj/s.
2 Que habla mucho y de forma vana.
3 Se aplica al pájaro que canta mucho. adj./ZOOLOGÍA

vodevil (Del fr. *vaudeville.*) Comedia de tema intrascendente, divertido y algo picante. s.m./LITERATURA, TEATRO

vodevilesco, a Del vodevil. adj.

vodka (Voz rusa.) Aguardiente hecho con centeno u otros cereales, muy consumido en territorio ruso y polaco. s.m.f. tb: vodca

voila Palabra que se usa en el juego de la taba para detenerlo o anular la tirada. s.m JUEGOS

voivoda Alto dignatario civil y militar, en los países de origen eslavo. s.m. POLÍTICA

voivodato
1 Territorio gobernado por un voivoda. s.m./POLÍTICA
2 División administrativa mayor de Polonia. POLÍTICA

volada
1 Vuelo a corta distancia hecho de una vez. s.f.
2 Cada una de las veces que se ejecuta un vuelo corto.

voladera Paleta de la rueda hidráulica. s.f.

voladero, a
1 Que puede volar. adj.
2 Que pasa o se desvanece. = fugaz
3 Terreno alto, escarpado y muy pendiente: *no te acerques al voladero no sea que te caigas.* s.m. = despeñadero

voladizo, a Se aplica al elemento o parte de un edificio que sobresale de la pared. adj/s.m. CONSTRUCCIÓN

volado, a
1 Se refiere al carácter o letra de tamaño inferior que se coloca más alto que los otros. adj/ARTES GRÁFICAS/tb: voladito
2 Se aplica a la parte de un edificio que sobresale del muro o pared que lo sostiene, sin tener ningún otro soporte. CONSTRUCCIÓN
3 Que está intranquilo o impaciente: *está volada porque aún no la han llamado.* coloquial
4 Volante que adorna una prenda de vestir. s.m./Argent.
5 Moneda lanzada al aire para decidir la suerte. Méx.
6 salir alguien volado: Salir a escape o con rapidez. Méx/coloquial

volador, a
1 Que vuela: *nunca he subido a ningún aparato volador; las alas de las aves son órganos voladores.* adj.
2 Se aplica a lo que está colgando, de manera que el aire lo pueda mover. = volandero
3 Que corre o va con rapidez. = raudo
4 Cohete que se lanza al aire y se utiliza en los fuegos artificiales. s.m.
5 Pez teleósteo marino, de cabeza gruesa con hocico saliente, con la piel manchada de rojo, blanco y pardo, y con las aletas pectorales muy desarrolladas que le permiten elevarse sobre el agua y dar pequeños vuelos. *(Dactilopterus volitans.)* ZOOLOGÍA
6 Molusco cefalópodo comestible, semejante al calamar pero de mayor tamaño. ZOOLOGÍA
7 Planta arbórea laurácea tropical americana de copa ancha, hojas enteras y flores en panojas terminales, cuya madera se emplea en construcciones navales. BOTÁNICA
8 Práctica ritual prehispánica que consistía en girar en el aire en un trapecio suspendido de una rueda gi- Méx. HISTORIA

ratoria asegurada a cierta altura en el tope de un árbol cortado a cercén, y que en la actualidad todavía se practica como espectáculo.
9 Molinete, juguete infantil. P. Rico/JUEGOS

voladura Acción y resultado de volar una cosa, en especial una construcción, mediante la utilización de un explosivo. s.f.

volandas
1 Indica levantado o por el aire en la expresión **en volandas:** *trajeron en volandas los manjares solicitados.* loc.adv.
2 Se usa en la expresión **en volandas** para indicar que se hace una cosa con rapidez. loc.adv.

volandera
1 Arandela de hierro que se pone como suplemento en los extremos del eje del carro para sujetar las ruedas. s.f.
2 Rueda de piedra sujeta por un eje horizontal que gira con movimientos de rotación y traslación alrededor del árbol del alfarje en los molinos de aceite. = piedra voladora
3 Muela del molino.
4 Mentira dicha con intención de que sea creída. = falsedad
5 Tableta delgada que entra en el rebajo y por entre los listones de la galera. ARTES GRÁFICAS

volandero, a
1 Se aplica al pájaro que está a punto de aprender a volar o realiza sus primeros vuelos. adj. ZOOLOGÍA
2 Que está colgado y se mueve por el impulso del aire: *flor volandera.* = volador
3 Que no se fija ni detiene en ningún lugar: *noticia volandera; especie volandera.*
4 Que sucede de una manera casual o imprevista: *ha sido un hecho volandero lo que me ha impedido llegar a tiempo.* = accidental

volandillas Indica levantado o por el aire en la expresión **en volandillas:** *el torero abandonó la plaza en volandillas.* loc.adv.

volantazo Movimiento brusco realizado con el volante de un automóvil: *logró esquivar al perro dando un volantazo.* s.m.

volante
1 Que vuela: *afirma haber visto platillos volantes la pasada noche.* adj. = volador
2 Que va o se lleva de un sitio a otro: *la carrera fue retransmitida por varios equipos volantes.* = itinerante
3 Adorno formado por una tira de tela fruncida que se pone en una prenda de vestir o en una tapicería: *las mangas están rematadas por unos volantes de seda.* s.m.
4 Rueda que se utiliza para controlar la dirección en los automóviles y otros vehículos: *gira el volante a la derecha o chocaremos contra el poste.* MECÁNICA
5 Deporte automovilístico: *en la carrera participan los ases del volante.* DEPORTES
6 Rueda grande y pesada de una máquina que sirve para dirigir o regularizar el movimiento y, por lo general, transmitirlo al resto del mecanismo. MECÁNICA
7 Anillo con dos topes que regulariza el movimiento de un reloj al detener y dejar libres alternativamente los dientes de la rueda de escape. MECÁNICA
8 Máquina con forma de husillo vertical donde se colocan los troqueles para acuñar. TECNOLOGÍA
9 Hoja de papel en la que se manda, pide o recomienda una cosa de forma precisa: *el médico me ha dado un volante para que vaya al oculista.*
10 Pelota confeccionada con diversos materiales y coronada de plumas que se usa en el deporte del bádminton. DEPORTES
11 Bádminton, deporte practicado con esta pelota que se juega con raquetas en un campo dividido en dos partes por una red alta, a la manera del tenis pero sin dejar que la pelota toque el suelo. DEPORTES
12 Pantalla movible y ligera.

volantín, a
1 Que vuela. adj.
2 Especie de cordel con uno o más anzuelos que se usa para pescar. s.m. PESCA

volantón, a Se aplica al pájaro que está a punto de aprender a volar o realiza sus primeros vuelos. adj/s. = volandero

volapié
1 Suerte que consiste herir el matador al toro cuando éste se halla parado pasando a la carrera a su lado. TAUROMAQUIA
2 a volapié: 1. Manera de atravesar un vado, río o laguna a veces haciendo pie en el fondo y otras nadando. **2.** Ejecutando esta suerte. **3.** Modo de correr algunas aves ayudándose con las alas. TAUROMAQUIA loc.adv./ZOOLOGÍA

volapuk Idioma inventado, con elementos latinos, alemanes e ingleses, creado con la finalidad de servir de lengua universal. s.m. LINGÜÍSTICA

volar (Del lat. *volare.*)
1 Moverse un animal o aparato mecánico por el aire, ayudándose de las alas o por otros medios: *hay una* v.intr. conj: contar

mosca volando sobre tu cabeza; los aviones vuelan a muchos quilómetros de altitud.

2 Ir una persona de un lugar a otro en un medio de transporte aéreo: *voló a su ciudad natal para asistir a la boda.*

3 Moverse una cosa en el aire por el impulso del viento: *la cometa voló mucho tiempo; los papeles se volaron.* — v.intr/prml.

4 Caminar o ir una persona de un lugar a otro con rapidez: *se me ha hecho tarde, me voy volando al trabajo.* — v.intr.

5 Pasar el tiempo rápidamente: *los años vuelan sin darte cuenta.* — = correr

6 Desaparecer una persona o una cosa de forma rápida e inesperada: *me descuidé un momento y mi lápiz voló; cuando volví a buscarle, ya había volado de la sala.* — coloquial

7 Hacer una cosa muy deprisa o muy pronto: *vuela a comprar el periódico.*

8 Extenderse o propagarse una cosa con rapidez: *los sucesos de la jet vuelan.* — = difundir

9 Ir por el aire una cosa lanzada con violencia: *los discos volaron sobre su cabeza.*

10 Sobresalir un elemento de construcción en el paramento de un edificio: *el tejado vuela sobre el jardín.* — ARQUITECTURA, CONSTRUCCIÓN

11 Independizarse los hijos de los padres: *la mayor ya va a la univesidad y pronto volará de casa.* — = emanciparse

12 Hacer saltar una cosa por los aires con material explosivo: *los ladrones volaron la caja fuerte.* — v.tr. = explosionar

13 Causar una cosa enfado o irritación a una persona: *ya sé que las acciones de mi amigo te vuelan.* — = enojar, irritar, molestar

14 Hacer que un ave se eleve en el aire para disparar sobre ella. — CAZA

15 Soltar el halcón para que persiga a la presa, en cetrería. — CAZA

16 Levantar una letra o un signo por encima del renglón para que resulte volado. — ARTES GRÁFICAS

17 Encontrarse una persona bajo los efectos de una droga estimulante: *algunos jóvenes se lo pasan bien volando.* — v.intr. argot

18 Sustraer, arrebatar, robar. — v.tr./Méx.

19 como volar: Se usa para indicar la dificultad de una cosa.

volateo Indica persiguiendo y tirando el cazador a las aves en vuelo, en la expresión **al volateo.** — loc.adv. CAZA

volatería (Del cat. *volateria.*)
1 Caza de aves que se hace con otras amaestradas para ello. — s.f./CAZA = cetrería
2 Conjunto de aves de diversas clases.
3 Modo de adquirir o hallar una cosa por casualidad.
4 Conjunto de ideas o imágenes que andan revueltas en la imaginación.
5 de volatería: De forma casual. — loc.adv.
6 hablar alguien de volatería: Hacerlo sin razón ni fundamento. — coloquial

volatero Cazador de volatería. — s.m/CAZA

volátil (Del lat. *volatilis.*)
1 Que vuela o puede volar. — adj/s.m.f.
2 Que se mueve ligeramente y por el aire: *no hay modo de eliminar las partículas volátiles de polvo.* — adj.
3 Se aplica a la persona que es voluble o inconstante: *tiene un carácter muy volátil, tan pronto se ríe como se enfada.* — = mudable
4 Se aplica al líquido que se volatiliza con rapidez. — QUÍMICA

volatilidad
1 Capacidad de algunos líquidos o sólidos para volatilizarse o transformarse en vapor o gas. — s.f. QUÍMICA
2 Capacidad para volar.

volatilizable Que se puede volatilizar: *la gasolina es un líquido volatilizable.* — adj. QUÍMICA

volatilización Acción y resultado de volatilizar o volatilizarse un cuerpo sólido o líquido. — s.f. QUÍMICA

volatilizar
1 Convertir un cuerpo sólido o líquido en vapor o en gas: *el alcohol se volatilizó.* — v.tr/prml./conj: *cazar* QUÍMICA
2 Desaparecer una cosa: *había dejado dinero en el cajón, pero se ha volatilizado.* — v.prml. = esfumarse

volatín, a
I (Del ant. *buratín* < ital. *burattino*, títere.)
1 Volatinero, persona que hace acrobacias sobre una cuerda o alambre. — s.
2 Ejercicio que realiza el volatinero. — s.m/= acrobacia
II (Del cat. *volantí.*) Se aplica al hilo de cáñamo, más grueso que el normal, que se usa para coser las velas de las embarcaciones. — adj. NÁUTICA

volatinero, a Persona que hace acrobacias y otros ejercicios de habilidad sobre una cuerda o alambre: *el volatinero dio un salto y volvió a caer de pie sobre la cuerda.* — = equilibrista, volatín

volatizar Volatilizar [en todas sus acepciones]. — v.tr/prml./conj: *cazar*

vol-au-vent (Expresión francesa.) Volován, especie de pastel de hojaldre hueco y redondo. — s.m. COCINA

volaverunt (Voz latina.) Se usa para expresar que faltó, se perdió o desapareció una cosa. — loc.v.

volcado
1 Acción o resultado de volcar. — s.m.
2 Operación consistente en traspasar la información de un soporte a otro. — INFORMÁTICA
3 Visualización, en pantalla o papel, de la totalidad o parte de la memoria del ordenador, generalmente para encontrar la causa de un error que se ha producido. — INFORMÁTICA

volcán (Del port. *volcao* < lat. *vulcanus.*)
1 Montaña con una abertura en su superficie a través de la cual salen al exterior gases y materiales en estado de fusión procedentes del interior de la tierra. — s.m. GEOLOGÍA
2 Pasión ardiente o violenta: *su inicial enfado se convirtió en un auténtico volcán.*
3 Persona que siente una intensa pasión: *su enamoramiento le ha convertido en un volcán.*
4 Precipicio o despeñadero. — Colomb.
5 Conjunto desordenado de cosas puestas unas sobre otras. — P. Rico
6 volcán apagado o extinto: El que no tiene erupciones. — GEOLOGÍA
7 estar sobre un volcán: Estar amenazado de un gran peligro: *su vida está sobre un volcán porque le persigue la mafia.* — coloquial

volcancito Pequeño volcán que emite coladas de barro, y promontorio que éstas forman. — s.m. GEOLOGÍA

volcánico, a
1 Del volcán: *lava volcánica; erupción volcánica.* — adj./GEOLOGÍA
2 Que es muy ardiente y fogoso: *su carácter volcánico hace que se enamore de cada mujer con la que sale.* — = apasionado

volcanismo Vulcanismo, conjunto de procesos y fenómenos relacionados con los volcanes. — s.m. GEOLOGÍA

volcanología (Del lat. *vulcanus*, volcán + *logos*, ciencia.) Parte de la geología que estudia los fenómenos volcánicos. — s.f. GEOLOGÍA tb: vulcanología

volcanológico, a De la volcanología o de los volcanes. — adj. tb: vulcanológico

volcanólogo, a Vulcanólogo, experto en volcanología. — s. GEOLOGÍA

volcar
1 Inclinar una cosa de modo que pierda la posición que tenía: *el coche volcó en el camino porque se le reventó un neumático.* — v.tr/intr/prml. conj: *trocar* = tumbar, voltear
2 Derramar el contenido de un recipiente inclinándolo o dándole la vuelta: *volcó una copa de vino sobre mi camisa.* — v.tr/prml. = verter
3 Trastornar un olor muy fuerte a una persona. — v.tr.
4 Hacer cambiar de opinión a una persona a fuerza de insistencia: *volcó a toda la reunión.*
5 Hacer que una persona se irrite con bromas e impertinencias: *el niño volcó a tu hermano.* — = irritar, molestar
6 Poner una persona el máximo interés para conseguir una cosa: *se volcó para llegar el primero.* — v.prml. = afanarse, esforzarse
7 Mostrarse una persona muy amable con otra: *te volcaste con los invitados.* — = interesarse

volea Golpe dado a una cosa en el aire antes de que toque el suelo: *el tenista devolvió la pelota de volea.* — s.f. = voleo

volear
1 Golpear una cosa en el aire para impulsarla. — v.tr/intr.
2 Sembrar la tierra arrojando la semilla al aire a puñados. — v.tr. AGRICULTURA

voleibol Balonvolea, deporte que se juega entre dos equipos de seis jugadores, y en el que ha de lanzarse la pelota, golpeándola con las manos, por encima de una red. — s.m. DEPORTES

volemia Volumen de sangre que circula por el organismo. — s.f. FISIOLOGÍA

volémico, a De la volemia. — adj./FISIOLOGÍA

voleo
1 Golpe dado a una cosa en el aire antes de que toque el suelo, en especial a una pelota. — s.m. = volea
2 Movimiento rápido de la pierna española en que se levanta un pie de frente lo más alto posible.
3 Bofetón dado con fuerza. — = tortazo
4 a o al voleo: 1. Manera de esparcir las semillas en el aire a puñados, en la siembra. **2.** De forma arbitraria, sin criterio: *eligió cinco trajes a voleo y pagó.* — loc.adv. AGRICULTURA loc.adv.
5 de un o del primer voleo: Con rapidez: *arregla la casa de un voleo antes de ir a trabajar.* — loc.adv.

volframato Sal del ácido volfrámico. — s.m./QUÍMICA

volfrámico, a Del volframio: *ácido volfrámico.* — adj./QUÍMICA

volframio (Del alem. *wolfram.*) Metal de color gris acero, muy duro y denso, difícil de fundir, que se utiliza para fabricar los filamentos de las lámparas incandescentes. — s.m. QUÍMICA tb: wolframio = tungsteno

volframita Mineral de hierro y manganeso de color negro que se utiliza para fabricar filamentos de lámparas y aleaciones de gran dureza. — s.f. QUÍMICA tb: wolframita

volición (Del lat. *volitio.*) Acto de la voluntad, que se manifiesta en la acción. — s.f./FILOSOFÍA, SICOLOGÍA

volitar Volar un animal alrededor de una cosa o haciendo giros en una corta distancia. — v.intr. / = revolotear, revolar

volitivo, a
1 Se aplica a la forma verbal o construcción que sirve para expresar la voluntad. — adj. LINGÜÍSTICA
2 Que se hace o sucede por propia voluntad: *acto volitivo.* — FILOSOFÍA / = voluntario

volován (Del fr. *vol-au-vent.*) Pastel individual de hojaldre hueco y redondo que se rellena con diversos alimentos: *de segundo comeremos volovanes de marisco.* — s.m. COCINA

volquearse Revolotear o dar una cosa vuelcos. — v.prnl.

volquetazo Vuelco violento. — s.m.

volquete (Del cat. *bolquet.*)
1 Camión provisto de un mecanismo para volcar la carga transportada. — s.m.
2 Carro cuyo cuerpo consiste en un cajón que se puede vaciar girando sobre un eje.

volquetero, a Persona que conduce un volquete. — s.

volsco, a
1 De un antiguo pueblo de la península Itálica. — adj./HISTORIA
2 Persona originaria de dicho pueblo. — s./HISTORIA

volt (De *Volta,* físico italiano.) Denominación del voltio en la nomenclatura internacional. — s.m./pl: volts ELECTRICIDAD

voltaico, a (De *Volta,* físico italiano.) Se aplica a la pila eléctrica inventada por este físico italiano, y a la electricidad que produce. — adj. ELECTRICIDAD

voltaíta Mineral de hierro, de color verde oscuro, traslúcido, de brillo sedoso y que se usa como fertilizante. — s.f. MINERALOGÍA

voltaje Cantidad de voltios que actúan en un aparato o sistema eléctrico. — s.m. ELECTRICIDAD

voltámetro Instrumento que se usa para medir una cantidad de electricidad liberada por electrólisis. — s.m. ELECTRICIDAD

voltamperímetro Instrumento para medir en voltamperios una corriente alterna. — s.m. ELECTRICIDAD

voltamperio Unidad de medida de la potencia aparente de la corriente eléctrica alterna. — s.m. ELECTRICIDAD

voltariedad Volubilidad, cualidad de la persona inconstante. — s.f.

voltario, a
1 Que tiene un carácter inconstante. — adj./= voluble
2 Que es dadivoso o gastador. — Chile
3 Que es obstinado o caprichoso. — Chile

volteada Indica verse una persona comprometida de forma casual en una situación desagradable y ajena, en la expresión **caer en la volteada.** — loc.v. Argent. coloquial

volteado Homosexual, persona que mantiene relaciones eróticas con individuos del mismo sexo. — s.m. Méx./coloquial

volteador, a
1 Que voltea. — adj./= volteante
2 Persona que voltea o da volteretas con habilidad. — s.

volteante Que voltea. — adj./= volteador

voltear
1 Dar vueltas a una persona o una cosa. — v.tr.
2 Poner una cosa al revés de como estaba colocada. — = girar
3 Hacer que una cosa cambie de estado o de lugar. — = cambiar
4 Dar una persona o una cosa vueltas de forma voluntaria o involuntaria: *cayó por la ladera de la montaña volteando.* — v.intr. / = rodar
5 Dar un paseo: *le gusta voltear por la ciudad.*
6 Derribar, volcar o derramar a una persona o una cosa con violencia. — v.tr/prnl. Amér. Merid.
7 Volver, cambiar la dirección o posición de algo. — Amér.

voltejear (Del cat. *voltejar.*)
1 Mover una cosa dándole vueltas. — v.tr./= voltear
2 Navegar una embarcación de bolina virando de vez en cuando para aprovechar mejor el viento. — NÁUTICA

voltejeo Manera de navegar consistente en virar de cuando en cuando para aprovechar la dirección del viento. — s.m. NÁUTICA

volteo Acción de voltear, dar vueltas: *se han ido a dar un volteo por el parque.* — s.m.

voltereta
1 Vuelta dada en el aire o en una superficie haciendo girar el cuerpo enroscado con la cabeza junto a las piernas: *la gimnasta dio varias volteretas seguidas.* — s.f. / = voltvta
2 Acción de descubrir una carta en los juegos de naipes para saber qué palo ha de ser triunfo. — JUEGOS / = vuelta

volterianismo (De *Voltaire,* escritor y pensador francés.)
1 Sistema filosófico ideado por dicho escritor y pensador francés caracterizado por la crítica encarnizada contra el sectarismo, la tiranía y otros aspectos del poder establecido. — s.m. FILOSOFÍA
2 Actitud de incredulidad o impiedad, manifestada con cinismo o sarcasmo. — = escepticismo

volteriano, a (De *Voltaire,* escritor y pensador francés.)
1 De dicho escritor y pensador francés o de su obra y filosofía. — adj. FILOSOFÍA
2 Que es partidario del volterianismo. — adj/s./FILOSOFÍA
3 Que manifiesta incredulidad de forma irónica y crítica ante los valores establecidos. — adj. / = escéptico

voltímetro Aparato para medir en voltios la potencia eléctrica de un circuito. — s.m. ELECTRICIDAD

voltio (De *Volta,* físico italiano.) Unidad de fuerza electromotriz y de diferencia de potencial o tensión. — s.m. ELECTRICIDAD

voltizo, a
1 Que está retorcido o ensortijado. — adj.
2 De carácter voluble o inconstante. — = inestable
3 Se aplica al calzado de piel curtida o cruda cuando el envés queda hacia afuera.

volubilidad Cualidad de voluble: *es difícil saber lo que le ocurre por la volubilidad de su carácter.* — s.f. / = inconstancia

voluble (Del lat. *volubilis.*)
1 Que tiene un carácter inconstante: *es una persona voluble en todos sus actos; tiene un carácter muy voluble y le convencen de cualquier cosa.* — adj./= inestable, variable / ≠ constante, firme
2 Que se enrolla con facilidad.
3 Se aplica al tallo o a la planta que crece en espiral alrededor de un soporte. — BOTÁNICA

volumen (Del lat. *volumen.*)
1 Espacio físico que ocupa un cuerpo: *el volumen de la caja es tan grande que no cabe en la habitación; parece que ha aumentado el volumen, la veo más gruesa.* — s.m.
2 Libro encuadernado que forma un cuerpo material independiente: *la obra se publicará en diez volúmenes; me han regalado un volumen de mi novela preferida.* — = ejemplar
3 Magnitud de un hecho, negocio o asunto: *el volumen de la operación supera los mil millones; ha sido un hecho histórico de gran volumen.* — = importancia
4 Intensidad de la voz o de otros sonidos: *sube el volumen de la radio.* — MÚSICA
5 Espacio que ocupa un cuerpo: *el volumen de un cubo se obtiene multiplicando la arista tres veces por sí misma.* — GEOMETRÍA
6 Grosor de la moneda o medalla.

volumetría
1 Ciencia que se ocupa de la medición y determinación de los volúmenes. — s.f./FÍSICA, MATEMÁTICAS
2 Procedimiento de análisis cuantitativo, basado en la medición del volumen de reactivo que hay que gastar hasta que se produce determinado fenómeno en el líquido analizado. — QUÍMICA

volumétrico, a
1 De la medición del volumen. — adj.
2 De la volumetría. — QUÍMICA

volúmico, a Se aplica al cociente de una magnitud por el volumen correspondiente: *masa volúmica.* — adj. FÍSICA

voluminoso, a Que tiene mucho volumen: *me parece demasiado voluminoso para que quepa en el maletero.* — adj. / ≠ reducido

voluntad (Del lat. *voluntas, -atis.*)
1 Facultad humana para elegir o rechazar las cosas, tomar decisiones o actuar de determinada manera: *decidió marcharse por propia voluntad.* — s.f./SICOLOGÍA / = albedrío
2 Intención o deseo de hacer una cosa: *tengo la voluntad de ir, aunque no sé si podré.* — = determinación, propósito
3 Capacidad para perseverar en una cosa que supone un esfuerzo: *tiene mucha voluntad y ha dejado de fumar; pone mucha voluntad en su trabajo.* — = ánimo, empeño
4 Mandato de una persona: *impuso su voluntad para que lo hiciera.* — = poder
5 Autorización o aprobación dada por una persona para que se haga una cosa: *no tuvo en cuenta la voluntad de sus padres para hacer semejante disparate.* — = consentimiento
6 Inclinación o afecto hacia una persona o cosa: *le tiene voluntad al chico.* — = cariño
7 Disposición divina. — RELIGIÓN
8 **buena voluntad:** 1. Buena disposición para hacer las cosas con agrado e interés: *los dos tenían buena voluntad y por ello llegaron a un acuerdo.* 2. Deseo de hacer bien las cosas: *no le salió muy bien, aunque le puso buena voluntad.*
9 **mala voluntad:** 1. Antipatía hacia alguien: *siempre ha tenido mala voluntad hacia su vecino.* 2. Disposición contraria hacia una cosa.
10 **última voluntad:** 1. Deseo último expresado a la hora de morir o en testamento. 2. Testamento, declaración y documento en que se expresan los últimos deseos de una persona.
11 **voluntad de hierro o férrea:** La enérgica e inflexible: *hay que tener una voluntad de hierro para hacer un régimen tan estricto.* — coloquial
12 **voluntad virgen:** La ineducada e indomable. — coloquial
13 **ajeno a la voluntad de alguien:** Se usa para indicar que algo ha sucedido sin intención de la persona a la que se refiere: *lo lamento, ha sido un error ajeno a mi voluntad.* — loc.adj.

14 a voluntad: 1. Según los deseos de alguien: *siempre ha actuado a voluntad, en esta casa nadie le ha reprimido.* 2. Según aconseja la conveniencia o no del momento: *puedes abrirlo o cerrarlo a voluntad.* — loc.adv. / loc.adv.
15 de buena voluntad: Con gusto y buena disposición: *se ofreció a ayudarnos de buena voluntad.* — loc.adv.
16 ganar alguien la voluntad de otro: Lograr que una persona haga lo que quiere otra: *es un niño tan simpático que gana la voluntad a toda la familia.* — coloquial
17 negar alguien su propia voluntad: Privarse de los propios deseos ateniéndose a los de otra persona.
18 no tener alguien voluntad propia: Ser demasiado dócil y obediente de las indicaciones de los demás: *sus amigos hacen de él lo que quieren porque es un chico que no tiene voluntad propia.*
19 quitar la voluntad a alguien: Inducirle o persuadirle a que no haga lo que quiere o desea.
20 zurcir voluntades: Actuar como alcahuete. — coloquial

voluntariado
1 Alistamiento voluntario para el servicio militar. — s.m./MILITAR
2 Conjunto de soldados voluntarios. — MILITAR
3 Conjunto de personas que se ofrecen voluntarias para hacer una cosa: *el voluntariado que presta sus cuidados a los ancianos es cada vez mayor.* — SOCIOLOGÍA

voluntariamente De manera voluntaria, según el propio deseo: *se ofreció voluntariamente para hacer esta tarea.* — adv.

voluntariedad
1 Cualidad de voluntario: *la ayuda económica a las asociaciones benéficas se hace por voluntariedad.* — s.f. / ≠ obligatoriedad
2 Acción de hacer o de llevar a cabo una cosa por mero capricho.
3 Actitud de la persona que cumple con esfuerzo y convicción sus obligaciones. — = disposición

voluntario, a (Del lat. *voluntarius*.)
1 Se aplica al acto que se hace por propia voluntad o deseo: *se casaron de forma voluntaria.* — adj. / ≠ obligatorio
2 Se refiere a la persona que realiza determinada actividad sin tener obligación de hacerla: *es uno de los voluntarios para cuidar de los niños.* — adj/s.
3 Se refiere al toro que acude con prontitud a las citas. — adj. / TAUROMAQUIA
4 Persona que se alista por deseo propio en el ejército. — s. / MILITAR

voluntarioso, a
1 Que cumple sus obligaciones o hace las cosas con buena voluntad y esfuerzo: *es muy voluntarioso y nos ayuda siempre que puede.* — adj. / = afanoso
2 Que se obstina en hacer siempre su voluntad: *siempre quiere llevar la razón porque es muy voluntarioso.* — = obstinado, terco

voluntarismo
1 Doctrina filosófica que defiende que la voluntad es el fundamento del ser y da más valor a la acción que al conocimiento. — s.m. / FILOSOFÍA
2 Doctrina política que se basa en los propósitos y deseos propios y no en la realidad. — POLÍTICA
3 Actitud de las personas que atribuyen a la voluntad la capacidad de cambiar o conseguir las cosas. — BOTÁNICA

voluntarista
1 Que es partidario del voluntarismo como sistema filosófico. — adj/s.m.f. / FILOSOFÍA
2 Que es partidario del voluntarismo político. — POLÍTICA
3 Del voluntarismo. — adj.

voluptuosidad Tendencia o gusto por el placer. — s.f.

voluptuoso, a (Del lat. *voluptuosus*.)
1 Que causa placer en los sentidos: *me encanta su voluptuoso perfume.* — adj. / = sensual
2 Que es dado al placer sensual. — adj/s.

voluta
1 Motivo decorativo, en general representando elementos vegetales con forma de espiral propio de los capiteles jónicos. — s.f. / ARQUITECTURA / = roleo
2 Cosa que tiene forma de espiral.

volva Membrana gruesa que envuelve el sombrero y el pie de algunos hongos antes de madurar. — s.f. / MICOLOGÍA

volváceo, a Se aplica a los hongos que tienen volva. — adj./MICOLOGÍA

volver (Del lat. *volvere*.)
1 Andar una persona en sentido inverso por un camino que se acaba de recorrer: *se volvió al darse cuenta que había olvidado el reloj; volverá a casa a la hora de cenar.* — v.intr/prnl. / = regresar, retornar
2 Reanudar un relato en el punto en que se había dejado para hacer una digresión: *volviendo a lo que estábamos diciendo; volvió a la historia que nos relataba tras hablar por teléfono.* — v.intr. / = retomar
3 Dejar la línea recta e ir en otro sentido: *al llegar a la plaza volvió hacia la derecha.* — = torcer
4 Hacer una acción de nuevo: *volvió a cantar tras un descanso; la casa volvió o llenarse de gente en Navidad.* — = a / = repetir
5 Salir en defensa de una persona o una cosa: *volvió por su amigo al oír las críticas que le dirigían.* — = por / = defender

6 Dirigir la cabeza o la mirada hacia una persona o una cosa: *se volvió a los asistentes para empezar el discurso.* — v.prnl. / = dirigirse, girarse
7 Ponerse un líquido agrio. — = agriarse
8 Cambiar la posición de una cosa haciéndola girar en determinado sentido o dirección: *vuelve el libro para que pueda ver la contraportada.* — v.tr. / = invertir
9 Dar a una persona o una cosa su estado anterior: *en cinco o seis lavados, el pelo volverá a su color natural.* — = devolver
10 Hacer cambiar a una persona o una cosa de estado o aspecto: *se volvió calvo en un año; esa chica se le volvió tonto.* — v.tr/prnl.
11 Traducir un texto de una lengua a otra. — v.tr.
12 Cambiar una cosa en otra: *volvió las pérdidas en ganancias.* — = convertir, mudar
13 Expeler el contenido del estómago por la boca. — = vomitar
14 Enviar la pelota a la persona que la había lanzado antes, o en un deporte o en un juego: *el tenista no pudo volver el revés de su contrincante y perdió el partido.* — DEPORTES / = devolver
15 Devolver una cosa prestada a su propietario: *en cuanto acabe de leer el libro, te lo vuelvo.* — = retornar, restituir
16 Dirigir o encaminar una cosa hacia otra. — = orientar
17 Corresponder a un sentimiento, actitud o acción con otro: *algún día podré volverte el favor que me has hecho.*
18 Entregar la cantidad de dinero que excede a un pago por haber sido hecho con moneda superior al importe del mismo: *de las dos mil pesetas me volvió diez.* — COMERCIO
19 Hacer girar una puerta o una ventana para cerrarla o entornarla.
20 Hacer cambiar de opinión a una persona: *se volvió de derechas con los años.* — v.tr/prnl.
21 Poner una cosa de modo que quede por fuera la parte interior o al revés: *vuelve las mangas para que, al plancharlas, no quede la tela brillante.* — = girar
22 Deshacer una prenda de vestir y rehacerla de modo que el revés de la tela quede como derecho.
23 Rechazar un regalo. — v.tr.
24 Dar la segunda reja a la tierra. — AGRICULTURA
25 todo se o se le vuelve: Indica que la actividad de una persona se resuelve o concentra en una determinada cosa: *todo se le vuelve llanto.* — coloquial
26 volver a nacer: Haber estado una persona en un gran peligro y haber salido indemne de manera sorprendente: *mi hermana volvió a nacer ayer, tras aquel accidente.* — coloquial
27 volver de arriba a abajo: Alterar una persona el orden de las cosas: *volvió la habitación de arriba a abajo para limpiarla.*
28 volver en sí: Recobrar una persona el conocimiento después de un desmayo: *le sacaron a la calle para que volviera en sí.*
29 volver por sí: Recuperar una persona el crédito u opinión que había perdido con buenas acciones: *tras su confesión, mi amigo volvió por sí.* — coloquial
30 volverse algo contra: Ponerse las cosas de manera que perjudican a una persona: *el tiempo se volvió algo contra nosotros y no pudimos salir a navegar.* — coloquial
31 volverse atrás: Desdecirse de la promesa o palabra dada: *iba a participar en el concurso, pero en el último momento se volvió atrás.* — coloquial
32 volverse contra: 1. Dirigirse a atacar a una persona o una cosa: *se volvió contra el joven que se reía y le dio un puñetazo.* 2. Echar la culpa o enfadarse con una persona por un contratiempo sufrido: *se volvió contra mí en el juicio por rencor.* — coloquial / coloquial
33 volver sobre sí: 1. Reflexionar una persona sobre los propios actos. 2. Recuperarse de una pérdida. 3. Recuperar una persona la serenidad y el ánimo. — coloquial / coloquial / coloquial
CONJ.: IND.: PRES.: *vuelvo, vuelves, vuelve, volvemos, volvéis, vuelven.* SUBJ.: PRES.: *vuelva, vuelvas, vuelva, volvamos, volváis, vuelvan.* IMP.: *vuelve, vuelva, volvamos, volved, vuelvan.*

volvible Que se puede volver. — adj.

volvox Alga clorofícea colonial, formada por múltiples individuos más o menos especializados formando una colonia esférica que vive en aguas dulces estancadas. (*Volvox.*) — s.m. / pl: volvox / BOTÁNICA

vólvulo (Del ital. *volvolo*.) Obstrucción del intestino que se produce por la torsión de este órgano. — s.m./MEDICINA / = volvo

vómer (Del lat. *vomer*.) Huesecillo impar que forma la parte posterior del tabique nasal en los vertebrados. — s.m. / ANATOMÍA

vómica Expulsión por la boca de secreciones purulentas pulmonares. — s.f. / MEDICINA

vómico, a
1 Que produce vómitos. — adj./= emético, vomitivo
2 Se aplica al vómito de origen purulento.

vomipurgativo, a Vomipurgante, que es a la vez vomitivo y purgante. — adj/s.m. / FARMACIA

vomitado, a Que está demacrado o pálido y tiene un aspecto raquítico. — adj./coloquial / = raquítico

vomitador, a Que vomita con frecuencia. — adj/s.

vomitar (Del lat. *vomitare*.)
1 Expeler el contenido del estómago: *algo le sentó mal y estuvo vomitando toda la mañana.* — v.tr/intr. = devolver, gormar
2 Arrojar una cosa algo que tiene dentro: *los fusiles vomitaban fuego sin cesar; el volcán vomitaba lava.* — v.tr. = expulsar, lanzar
3 Proferir insultos o maldiciones: *el taxista vomitaba injurias sin parar.* — = soltar, prorrumpir
4 Descubrir una persona lo que mantenía en secreto: *en el interrogatorio, vomitó todo lo que sabía del chantaje.* — = desembuchar, revelar
5 Dar una persona una cosa que retenía de forma indebida en su poder: *le hicieron vomitar todo lo robado.* — = devolver, restituir
6 Manchar la ropa con vómito. — v.tr/prnl.

vomitera Vómito intenso o repetido. — s.f./= vomitona

vomitivo, a
1 Se aplica a la sustancia o medicamento que provoca el vómito: *le dieron un fuerte vomitivo para que expulsara el veneno.* — adj/s.m.FARMACIA = emético, vómico ≠ antiemético
2 Que es desagradable: *el suyo ha sido un acto vomitivo; la película es vomitiva.* — adj/coloquial = repugnante

vómito (Del lat. *vomitus*.)
1 Acción de vomitar o expulsar de forma violenta el contenido del estómago. — s.m.
2 Lo que se vomita.
3 **vómito de sangre**: Hemoptisis, expulsión de sangre por la boca, en general procedente de los pulmones. — MEDICINA
4 **vómito negro o prieto**: Fiebre amarilla, enfermedad infecciosa y contagiosa. — MEDICINA
5 **provocar a vómito alguien o algo**: Producir repugnancia o fastidio: *su hipocresía me provoca a vómito.* — coloquial
6 **volver alguien al vómito**: Volver a cometer los delitos o culpas de los que se había apartado. — coloquial

vomitón, a Se aplica al niño o a la niña de pecho que vomita mucho. — adj.

vomitona Vómito intenso o repetido. — s.f./= vomitera

vomitorio, a
1 Que provoca el vómito. — adj/s.FARMACIA
2 Abertura o puerta para acceder a las gradas de los teatros o circos antiguos. — s.m.
3 Pasillo para entrar y salir de las gradas en una plaza de toros, campo de fútbol o estadio deportivo.

vorace Voraz [en todas sus acepciones]. — adj./literario

voracidad Calidad de voraz: *la voracidad del incendio destruyó el bosque en pocas horas; no es bueno que comas con tanta voracidad.* — s.f.

vorágine (Del lat. *vorago, -inis*.)
1 Remolino muy fuerte que forman las aguas en algunas zonas. — s.f. = vórtice
2 Aglomeración de sucesos, cosas o personas que se mueven de forma confusa: *en la entrada del edificio había una vorágine de gente.* — = tumulto
3 Pasión desenfrenada o mezcla de sentimientos muy intensos.

voraginoso, a Se aplica al lugar o zona en el que se producen vorágines o remolinos fuertes. — adj.

voraz (Del lat. *vorax, -acis*.)
1 Que come mucho y con ansia: *llegó del paseo con un hambre voraz; los dos jóvenes son muy voraces.* — adj./pl: voraces tb: vorace
2 Que destruye o consume con rapidez: *el voraz incendio asoló la zona.* — = destructor, devorador

vorita Roca intrusiva semejante al gabro. — s.f./GEOLOGÍA

vormela Mamífero carnívoro mustélido, parecido al hurón. *(Putorius sarmaticus.)* — s.f. ZOOLOGÍA

-voro, a Componente de palabra procedente del lat. *vorare*, que significa comedor, devorador: *carnívoro.* — suf.

vórtice (Del lat. *vortex, -icis*.)
1 Torbellino o remolino que forman las aguas. — s.m.
2 Centro de un ciclón.

vorticela Protozoo ciliado de agua dulce con un pedúnculo de fijación en el que se sostiene para no ser arrastrado por las corrientes. *(Vorticella.)* — s.f. ZOOLOGÍA

vortiginoso, a Se aplica al movimiento que hace el agua o el aire en forma espiral. — adj.

vos (Del lat. *vos*.)
1 Tú, en relación a personas de autoridad moral, religiosa o política: *a vos, señor, dirijo mis súplicas.* — pron.pers.
2 Pronombre personal de segunda persona del singular, masculino y femenino, usado como forma de tratamiento de confianza. — Amér. Central y Merid. = tú

vosear Usar el pronombre *vos* en vez de *tú* como tratamiento de confianza, en algunos países iberoamericanos. — v.tr.

voseo Uso de *vos* como pronombre personal de segunda persona en lugar de *tú* o *usted*. — s.m.

vosotros, as Conjunto de personas a las que se dirige el hablante: *me acordé de vosotros en Navidad.* — pron.pers.

votación
1 Acción y resultado de votar para elegir a alguien o tomar una decisión: *ya han anunciado los resultados de* — s.f. = votada

finales de la votación; haremos una votación para decidir si vamos o no a la huelga.
2 Sistema de emisión de votos: *hicieron una votación a mano alzada.*
3 Conjunto de votos emitidos.
4 **votación de confianza**: Resolución que se sigue al planteamiento de una cuestión de confianza o de una moción de censura en los debates parlamentarios. — POLÍTICA
5 **votación nominal**: Aquella en la que consta el nombre de la persona en el voto que emite.
6 **votación ordinaria**: La hecha de modo que queda a la vista quién vota y quién en otra votación.
7 **votación secreta**: La hecha de tal modo que no se sabe quién ha emitido cada voto.

votador, a
1 Que vota o emite su voto. — adj/s./= votante
2 Persona que vota o jura con frecuencia. — s./= maldiciente

votante Que vota o emite un voto: *el número de votantes ha sido superior al de las pasadas elecciones.* — adj/s.m.f. = elector

votar
1 Dar una persona su voto a otra persona o una cosa o emitir su opinión en una reunión o consulta: *votamos al mismo partido; voto que lo mejor es hacerlo; aún no tienes la edad legal para votar.* — v.intr/tr.
2 Someter una cosa a votación: *convocaron una asamblea para votar el convenio.* — v.tr.
3 Hacer una persona un voto a Dios o a los santos. — v.intr/tr./RELIGIÓN
4 Echar una persona votos o juramentos. — v.intr.
5 **¡voto a!**: Se utiliza para expresar enfado, sorpresa o amenaza. — interj.

votivo, a Que se ofrece como voto o promesa, o que tiene relación con él. — adj. RELIGIÓN

voto (Del lat. *votum*.)
1 Manifestación de la voluntad o el parecer de cada uno acerca de determinado punto o tema que se somete a consulta o elección: *los votantes depositaron sus votos en las urnas; daré mi voto al candidato que considere mejor preparado.* — s.m.
2 Derecho a votar: *los menores de edad no tienen voto en las elecciones.*
3 Cada una de las opiniones emitidas en una votación: *ganaron las elecciones por tres votos.*
4 Promesa que se hace a Dios, a la Virgen o a los santos, bien por devoción, bien para obtener una gracia o bien para agradecer un favor recibido. — RELIGIÓN
5 Cada una de las tres promesas que se hacen al entrar a formar parte del estado religioso, en la Iglesia católica. — RELIGIÓN
6 Ruego o petición con el que se pide una gracia a la divinidad. — RELIGIÓN = exvoto
7 Expresión de deseo en favor de una persona o cosa: *mis mejores votos de recuperación para esta niña.*
8 Juramento con que se maldice y se demuestra ira. — = blasfemia
9 **voto activo**: Derecho a votar que tiene un individuo perteneciente a una corporación.
10 **voto acumulado**: 1. El que permite al votante reunir todos sus sufragios en un solo candidato. 2. El que recoge la posibilidad que tiene el candidato de acumular los votos obtenidos en las distintas circunscripciones.
11 **voto consultivo**: Opinión que dan algunas corporaciones a los dirigentes encargados de tomar una decisión para que sepan cuál es su parecer, pero que carece de efecto ejecutivo.
12 **voto cuadragesimal**: Promesa que se hace en algunas órdenes religiosas de guardar abstinencia durante todo el año. — RELIGIÓN
13 **voto de amén**: 1. El de la persona que siempre está de acuerdo con el parecer ajeno. 2. Persona que siempre está de acuerdo con el parecer ajeno. — coloquial coloquial
14 **voto de calidad**: El que, por venir de una persona que es considerada de mayor autoridad, decide una cuestión en caso de empate.
15 **voto de censura**: El que niega la confianza de una cámara o una asamblea a sus dirigentes. — POLÍTICA
16 **voto de confianza**: 1. Aprobación que dan las cámaras legislativas para que un gobierno actúe libremente en determinado caso. 2. Aprobación que se da a alguien para que actúe con libertad en cierto caso. — POLÍTICA
17 **voto de reata**: 1. El que se da sin reflexionar, sólo por seguir el parecer de otro. 2. Persona que da su opinión sin reflexionar. — coloquial coloquial
18 **voto de Santiago**: Tributo en trigo o pan que los campesinos de algunas provincias pagaban a la iglesia de Santiago de Compostela de las yuntas que tuvieran. — HISTORIA
19 **voto informativo**: El que no tiene efecto ejecutivo.
20 **voto nominal**: Aquel en el que aparece el nombre del votante.
21 **voto obligatorio**: Aquel que, de no ejercerse, conlleva sanción.
22 **voto particular**: El emitido por uno o varios indi-

viduos de un colectivo, disintiendo del acordado por su grupo.

23 voto pasivo: Posibilidad y aptitud de alguien para ser elegido en una votación.

24 voto restringido: Aquel en que se votan menos representantes de los que van a elegirse, para facilitar la representación de las minorías.

25 voto secreto: El que se emite de tal manera que sea imposible identificar a su emisor.

26 voto simple: El que se hace interiormente a Dios, sin formalidades ni protocolos. · RELIGIÓN

27 voto solemne: El que se hace públicamente, con las formalidades establecidas. · RELIGIÓN

28 ¡voto va!: Se usa para amenazar o expresar enfado, sorpresa o admiración. · interj.

29 hacer votos por: Desear una cosa y expresar dicho deseo.

30 ser o tener voto: 1. Tener derecho a votar y a opinar en una junta, comunidad o grupo: *en esta casa los de fuera no tienen voto.* **2.** Tener la facultad y el conocimiento necesarios, reconocidos por otras personas, para poder opinar sobre determinado asunto: *en asuntos de economía yo no tengo voto.* · coloquial

vox populi (Expresión latina.) Se usa para afirmar la veracidad de un juicio u opinión difundido entre la gente. · loc.adj.

voyeur (Voz francesa.) Persona que obtiene placer sexual mirando a otras en situaciones eróticas o excitantes. · s.m.f. SICOLOGÍA = mirón

voyeurismo (Del fr. *voyeurisme.*) Práctica sexual en la que el placer se obtiene contemplando a otras personas en situaciones eróticas, y que puede degenerar en una sicopatología. · s.m. SICOLOGÍA

¡vóytelas! Indica sorpresa o extrañeza ante un hecho inesperado. · interj./Méx. coloquial

voz (Del lat. *vox, vocis.*)

1 Sonido producido al vibrar las cuerdas vocales cuando se expulsa el aire de los pulmones y produce resonancia en determinada cavidad, en el hombre y en algunos animales. · s.f. pl: voces

2 Característica o conjunto de características de este sonido: *tiene una voz muy potente; tiene buena voz para el canto.*

3 Grito dado para llamar a alguien o para expresar sentimiento: *dio voces de alegría al conocer la noticia; si me necesitas dame una voz.* · = chillido

4 Cantante en un conjunto musical: *es una de las voces de un grupo de blues.* · MÚSICA = vocalista

5 Rumor u opinión sobre una persona que afecta a su fama: *corrió la voz de que se había escapado.*

6 Influencia espiritual, moral o intelectual que nos hace sentir o conocer una cosa: *la voz de la conciencia me indicó que debía pedirle perdón; se dejó llevar por la voz del corazón.*

7 Aquello que recoge la opinión de un grupo o colectividad: *este periódico es la voz del partido.*

8 Derecho de una persona a expresar su opinión en una asamblea o reunión, aunque no tenga voto en ella: *siempre tuve voz, pero no voto, en la pandilla.*

9 Sonido producido por determinadas cosas inanimadas debido a la acción del viento: *la voz del mar; la voz de las hojas.*

10 Sonido o conjunto de sonidos articulados que tienen un significado en la lengua. · LINGÜÍSTICA = palabra, vocablo

11 Sonido particular de cada una de las notas o claves en la voz del que canta o en los instrumentos: *las clases de voces son: aguda, grave, de tenor, tiple.* · MÚSICA

12 Cada una de las líneas melódicas que forman una composición polifónica. · MÚSICA

13 Accidente gramatical que expresa si el sujeto del verbo ejecuta la acción o la recibe, es decir si es agente o paciente. · GRAMÁTICA

14 Dictamen dado en una junta o asamblea. · = voto

15 Derecho para hacer una cosa en nombre propio o en nombre de otro.

16 Autoridad o aprobación que reciben las cosas gracias a una opinión común.

17 mala voz: Denuncia o reclamación contra el crédito de una persona o contra la legítima posesión o la libertad de una cosa. · coloquial

18 pública voz y fama: Se usa para expresar que algo es verdadero porque la opinión pública general así lo indica. · coloquial

19 segunda voz: La que acompaña una melodía entonándola en general una tercera más baja. · MÚSICA

20 voz activa: Forma de conjugación que expresa que el sujeto realiza la acción, o sea que es agente. · GRAMÁTICA

21 voz aguda: La del alto y tiple. · MÚSICA

22 voz argentina o argentada: La clara y sonora como la de los niños.

23 voz cantante: 1. Melodía que se destaca del acompañamiento. **2.** Mando, autoridad: *yo tengo la voz cantante en este asunto.* · MÚSICA coloquial

24 voz de cabeza: La muy aguda. · MÚSICA/= falsete

25 voz del cielo: Aviso o inspiración divinos: *no esperes que una voz del cielo te resuelva el problema.*

26 voz de mando: La que usa un jefe para dirigirse a un conjunto de subordinados o la usada para dar órdenes: *me lo dijo con voz de mando.*

27 voz de trueno: La muy potente y retumbante. · coloquial

28 voz empañada u opaca: La que no es bastante sonora y clara para el canto. · MÚSICA

29 voz en off: La que, en cine, televisión o teatro, se emite desde el exterior a la escena representada. · AUDIOVISUALES, CINE, TEATRO

30 voz media: Forma de conjugación que expresa la implicación o voluntariedad del sujeto en la realización de una acción. · GRAMÁTICA

31 voz pasiva: 1. Forma de conjugación que expresa que el sujeto recibe la acción, o sea que es paciente. **2.** Poder o aptitud de ser elegido en una votación. · GRAMÁTICA

32 voz popular: Palabra que ha sufrido todas las transformaciones fonéticas a lo largo de la historia debido al uso cotidiano que se ha hecho de ella. · LINGÜÍSTICA

33 voz pública: Aquello que es conocido y creído por la mayoría de la gente: *es voz pública que permitieron su huida.*

34 voz ronca o tomada: La que tiene poca sonoridad, en general debido a alguna alteración física, como un catarro.

35 voz sumisa: La baja y suave como la empleada al implorar o suplicar.

36 aclarar la voz: Quitar el impedimento que había para hablar con claridad: *al iniciar su discurso, carraspeó para aclararse la voz.*

37 ahuecar la voz: Abultarla para que parezca más grave.

38 a la voz: Pudiendo ser oído. · loc.adv./NÁUTICA

39 alzar o levantar la voz: Hablarle o contestarle sin el debido respeto: *ni se te ocurra levantar la voz a tu abuelo.* · coloquial

40 a media voz: En tono bajo o más bajo que el regular. · loc.adv.

41 anudársele a alguien la voz: No poder hablar por estar emocionado. · coloquial

42 apagar la voz a un instrumento: Hacer que suene menos. · MÚSICA

43 a una voz: 1. Todos al mismo tiempo: *se pusieron a llamarle a una voz.* **2.** De común acuerdo o por decisión unánime: *firmaron el acuerdo a una voz.* · loc.adv. loc.adv.

44 a voces: A gritos, en tono demasiado alto: *no me llames a voces por la calle.* · loc.adv.

45 a voz en cuello o en grito: Gritando todo lo que se puede: *cantaban a voz en cuello por la calle.* · loc.adv.

46 correr, echar la voz: Divulgar una noticia: *ha corrido la voz de su próximo despido.* · coloquial

47 dar una voz: Intentar solucionar un problema o una situación preguntando a diversas personas. · coloquial

48 dar una voz a alguien: Llamarle desde lejos y a gritos: *cuando te vayas, dame una voz que te acompaño.* · coloquial

49 dar voces: Gritar, decir las cosas con la voz en grito. · coloquial

50 dar voces al viento o en el desierto: Esforzarse inútilmente en conseguir algo: *ya puedes seguir dando voces al viento, que está claro que no te harán caso.* · coloquial

51 de o a viva voz: De forma oral: *son historias relatadas de viva voz.* · loc.adv.

52 en voz: 1. De palabra, verbalmente. **2.** Con la voz dispuesta para cantar: *no está hoy en voz.* · loc.adv. MÚSICA

53 en voz alta: 1. En tono suficientemente alto como para ser oído: *diga su nombre y apellidos en voz alta.* **2.** En público, sin reservas: *dilo en voz alta para que nos enteremos todos.* · loc.adv. loc.adv.

54 en voz baja: 1. En tono tan bajo que apenas se oye: *te lo diré al oído en voz baja.* **2.** En secreto: *no sigáis hablando en voz baja que aquí estamos más personas.* · loc.adv. loc.adv.

55 estar pidiendo a voces: Mostrar mucha necesidad: *tu situación está pidiendo a voces un cambio de aires.* · coloquial

56 jugar alguien la voz: Cantar haciendo quiebros e inflexiones. · MÚSICA

57 llevar la voz cantante: Dirigir una actividad o imponerse a los demás: *quien lleva la voz cantante en esta empresa no es ella.* · coloquial

58 meter a voces algo: Formar jaleo o bulla. · coloquial

59 pedir a voces: Ser muy necesaria una cosa. · coloquial

60 ser alguien la voz de su amo: Tener las mismas opiniones y criterios que otro que le influencia. · coloquial

61 tomar alguien la voz: Hablar de un tema o asunto que habían iniciado otros: *en cuanto oyó el tema político que más le gusta, tomó la voz y no dejó hablar a nadie más.* · coloquial

62 tomar voz: 1. Informarse acerca de una cosa. **2.** Publicarse o autorizarse una cosa por haber sido dicha por mucha gente. · coloquial

vozarrón Voz muy fuerte y potente: *menudo vozarrón tiene el crío este.* · s.m. = vozarrona

voznar Dar algunas aves una voz bronca. — v.intr.

voznear Emitir el cisne su voz. — v.intr.

vudú
1 Culto animista muy difundido en las islas antillanas y otras zonas caribeñas, mezcla de religiones africanas y de cristianismo. — s.m. RELIGIÓN = vuduismo
2 Divinidad venerada en este culto. — RELIGIÓN OCULTISMO
3 Práctica supersticiosa en la que se utilizan muñecos para influir o producir un mal a otra persona.

vuduista
1 Del vudú. — adj.
2 Persona que practica el vudú. — s.m.f.

vuecelencia Tratamiento de respeto que equivale a vuestra excelencia. — s.m.f. formal

vuecencia Síncope de vuecelencia. — s.m.f./formal

vuelapié Indica modo de cruzar un río o cauce de agua en la expresión a **vuelapié**. — loc.adv.

vuelapluma Indica con agilidad e improvisación en la expresión a **vuelapluma**. — loc.adv.

vuelco
1 Acción de volcar o volcarse un recipiente u otra cosa: *el coche dio un vuelco en una curva.* — s.m. = volteo, tumbo
2 Cambio brusco que trastorna y modifica por completo una actividad: *la carrera de ayer dio un vuelco a la clasificación.* — = variación
3 a **vuelco de dado**: Se usa para expresar la eventualidad a que está expuesta una cosa. — loc.adv.
4 **darle a alguien un vuelco el corazón**: 1. Sufrir una impresión o un susto muy grande: *al ver a tu novia me dio un vuelco el corazón.* 2. Tener un presentimiento. — coloquial / coloquial
5 **dar un vuelco en el infierno**: Se usa para expresar el deseo de conseguir algo que va en contra de la propia conciencia: *dio un vuelco en el infierno marchándose de casa.* — coloquial

vuelillo Adorno de encaje que se pone en las bocamangas de algunas vestiduras de ceremonia. — s.m. = vuelo

vuelo
1 Acción de volar, elevarse y moverse por el aire: *el vuelo del águila es majestuoso.* — s.m.
2 Espacio que recorre el ave volando sin posarse: *el gorrión avanzaba dando cortos vuelos.*
3 Viaje en avión o en otro transporte aéreo: *la duración del vuelo es de unos cincuenta minutos.*
4 Amplitud de un vestido en la parte que no se ajusta al cuerpo: *el vuelo de la falda.*
5 Amplitud de una tela que está fruncida o recogida: *el vuelo de la cortina.*
6 Conjunto de plumas del ala del ave que sirven para volar.
7 Ala del ave.
8 Adorno de encaje que se pone en las bocamangas de algunas vestiduras de ceremonias. — = vuelillo
9 Arbolado o conjunto de árboles de un monte.
10 Tramoya de treatro en que va por el aire una persona o cosa. — TEATRO
11 Parte de una construcción que sobresale del parámetro de pared que la sostiene. — ARQUITECTURA
12 Extensión de esa parte contada en dirección perpendicular al parámetro. — ARQUITECTURA
13 Derecho al arbolado con separación del que otro tenga sobre el suelo, en divisiones tradicionales de la propiedad. — DERECHO
14 Ave de caza amaestrada para perseguir a otras aves. — CAZA
15 **vuelo a vela**: Modalidad de aviación sin motor realizada por planeadores de características muy especiales. — AERONÁUTICA
16 **vuelo espacial**: El que realizan las naves en el espacio exterior de la atmósfera terrestre. — ASTRONÁUTICA
17 **vuelo planeado**: El que se realiza sin motor que consiste en descender utilizando sólo la componente del peso de modo que se consiga la suficiente velocidad de sustentación. — AERONÁUTICA
18 **vuelo sin motor**: Tipo de aviación realizado por planeadores desprovistos de motor que navegan gracias a la acción de la gravedad y al aprovechamiento de las corrientes de aire. — AERONÁUTICA
19 **alzar o levantar el vuelo**: 1. Echarse a volar. 2. Marcharse alguien de repente, en especial para independizarse de la familia: *alzó el vuelo cuando cumplió los dieciocho años.* — coloquial
20 **a o a vuelo**: 1. Con rapidez: *comprende las cosas al vuelo.* 2. Por casualidad, al paso: *oí un fragmento de vuestra conversación al vuelo.* — loc.adv. / loc.adv.
21 **cazarlas o cogerlas al vuelo**: Entender las cosas con rapidez: *esta niña las caza al vuelo.* — coloquial
22 **cortar los vuelos a alguien**: Quitarle libertad: *cortó los vuelos al gerente por sus descabelladas decisiones.* — coloquial
23 **de altos o cortos vuelos**: De mucha o poca importancia: *es un empresario de altos vuelos.* — loc.adj. coloquial
24 **de bajo vuelo**: De ínfima calidad. — loc.adv./coloquial

25 **de o en un vuelo**: Con ligereza, sin detención: *te lo traigo en un vuelo.* — loc.adv. coloquial
26 **no oírse el vuelo de una mosca**: Estar en absoluto silencio: *cuando el director entró en aula, no se oía el vuelo de una mosca.* — coloquial
27 **tomar vuelo algo**: Adquirir importancia: *está tomando vuelo la lucha antitabaco.* — coloquial

vuelta
1 Acción y resultado de regresar o volver al lugar de donde se ha salido: *la vuelta a su país natal fue muy emotiva.* — s.f. = regreso
2 Movimiento de una cosa que gira o a la que se hace girar alrededor de un punto o de sí misma, hasta recobrar su posición inicial: *la tierra da una vuelta sobre sí misma cada veinticuatro horas.* — = giro, rotación
3 Movimiento que da o se imprime a una cosa para que ocupe la posición opuesta a la que tiene: *al darle la vuelta a la tortilla, se le cayó.*
4 Desviación o curva de una cosa: *una vuelta en el camino; en ese tramo el río tiene muchas vueltas.* — = revuelta
5 Cada vez que se pasa una cosa alrededor de otra a la que se quiere fijar o sujetar: *dio dos vueltas a la bufanda alrededor del cuello.*
6 Parte de una cosa opuesta a la que se tiene a la vista o que se considera primera o principal: *en la vuelta de la foto había una dedicatoria.* — = dorso, revés, reverso
7 Cambio en el curso de las cosas, en una situación o en la manera de pensar o los sentimientos de una persona: *su vida dio una gran vuelta al casarse; he notado una vuelta en su caracter.* — = vuelco
8 Acción y resultado de pasear: *me voy a dar una vuelta por la playa.* — = paseo
9 Cantidad de dinero que se devuelve cuando, al efectuar un pago, se entrega una moneda, billete o efectivo bancario de valor superior al importe que se ha de pagar: *comprueba que el tendero te da bien la vuelta de la compra.* — = cambio
10 Devolución de una cosa a quien la tenía antes. — = retorno
11 Cada labor que se da a una tierra. — AGRICULTURA
12 Acción de hacer girar la llave en la cerradura: *cuando te vayas, dale dos vueltas a la llave.*
13 Cada fila paralela de puntos que se va tejiendo en una labor de punto: *da una vuelta del derecho y otra del revés.* — TEXTIL
14 Cada una de las veces que se repite una acción en la que hay sucesión o turno: *mañana se inicia la segunda vuelta de la competición.* — = ronda, turno, vez
15 Paliza, tunda de golpes: *te voy o dar una vuelta como vuelvas a coger dinero sin mi permiso.* — = zurra
16 Repetición de un hecho o de una cosa.
17 Tira de tela sobrepuesta en la extremidad de las mangas o en otras partes de una prenda de vestir.
18 Embozo de una capa.
19 Adorno sobrepuesto al puño de una prenda de vestir.
20 Carrera dividida en etapas que recorre un territorio: *vuelta ciclista.* — DEPORTES
21 Segunda parte de cada estrofa en la que, con la misma rima que el villancico, se repite éste en todo o en parte. — POESÍA tb: volta
22 Curva de intradós de un arco o bóveda. — ARQUITECTURA
23 Retornelo, repetición de la primera parte de una composición musical. — MÚSICA
24 Acción de descubrir una carta en el juego del tresillo, para saber qué palo ha de ser triunfo. — JUEGOS = voltereta
25 Destello de luz despedido por la plata en el momento en que termina la copelación. — MINERÍA
26 Curvatura de las piezas de ligazón, en especial cuando no son simétricas. — NÁUTICA
27 Denominación de algunos nudos marineros. — NÁUTICA
28 Rumbo directo hacia un punto determinado. — NÁUTICA
29 **media vuelta**: Giro dado de modo que el cuerpo u objeto queda orientado hacia la parte que antes estaba a la espalda: *dio media vuelta y se fue a paso ligero.*
30 **vuelta al ruedo**: La del torero a la plaza al acabar su faena para recibir los aplausos del público. — TAUROMAQUIA
31 **vuelta de campana**: La que se da en el aire, volviendo luego a la posición inicial: *el coche dio una vuelta de campana.* — coloquial = salto mortal
32 **vuelta de podenco**: Paliza o castigo dado a palos. — coloquial
33 **vuelta en redondo**: 1. La que se da girando por completo hasta volver a la posición inicial. 2. Cambio radical de una cosa o asunto: *su actitud ha dado una vuelta en redondo.* — coloquial / coloquial
34 **a la vuelta**: Al volver: *a la vuelta, compraré el pan.* — loc.adv.
35 **a la vuelta de**: Al cabo de cierto tiempo: *a la vuelta de los años, lo entenderá.* — loc.adv.
36 **a la vuelta de la esquina**: 1. En el lado de la esquina opuesto al lado en que se está: *la tienda está a la vuelta de la esquina.* 2. Muy próximo: *tu cumpleaños está a la vuelta de la esquina.* — loc.adv. / loc.adv. coloquial
37 **a la vuelta lo venden tinto**: Se usa para desentenderse de lo que nos piden. — coloquial

38 andar alguien en vueltas: Poner dificultades para no hacer una cosa. — coloquial

39 andar o estar a vueltas con algo o alguien: Insistir mucho en una cosa o en ver a una persona: *anda a vueltas con encontrarle para pedírselo.* — coloquial

40 andarle a las vueltas a alguien: Seguirle, observando lo que hace o dice: *le anda a las vueltas para ver si miente o no.* — coloquial

41 a vuelta de: A fuerza de: *a vuelta de insistir, lo conseguirá.* — loc.adv.

42 a vuelta de correo: Después de recibir una carta: *a vuelta de correo te lo mando.* — loc.adv.

43 a vuelta de ojo o de ojos: En un instante, con rapidez. — loc.adv.

44 buscar las vueltas a alguien: Intentar sorprenderle descuidado o en una falta: *le está buscando las vueltas al secretario para despedirle.* — coloquial

45 cogerle las vueltas a alguien: Conocer su carácter o adivinar sus intenciones: *a pesar de tener ese carácter, acabarás cogiéndole las vueltas.* — coloquial

46 dar cien vueltas a alguien: Aventajar mucho en inteligencia o habilidad a alguien: *da cien vueltas a su hermano en los estudios.* — coloquial

47 dar demasiadas o muchas vueltas a algo: Pensar mucho sobre ello: *le das demasiadas vueltas al tema, ya se arreglará.* — coloquial

48 dar una vuelta: Ir a pasear: *se fue a dar una vuelta con los niños.* — coloquial

49 dar vueltas: 1. Andar de un sitio a otro sin rumbo fijo: *llevo toda la mañana dando vueltas por tiendas sin encontrar lo que busco.* 2. Remover un líquido u otra sustancia: *da vueltas despacio a la sopa para que no se pegue.* — coloquial

50 dar vueltas la cabeza: Producir la cabeza sensación de mareo.

51 de vuelta: Regresando de un lugar: *te llamaré de vuelta a casa.* — loc.adv.

52 estar de vuelta: Estar enterado de las cosas por tener mucha experiencia: *no se sorprenderá porque está de vuelta de casi todo.* — coloquial

53 no hay que darle más vueltas: Indica que por más que se piense en una cosa, no se solucionará: *habrá que esperar a ver cómo se desarrollan las cosas, no hay que darte más vueltas.* — coloquial

54 no tener algo vuelta de hoja: No admitir discusión: *si no estudias no apruebas, no tiene vuelta de hoja.* — coloquial

55 poner a alguien de vuelta y media: Criticarle mucho, hablar mal de una persona: *puso a su vecina de vuelta y media.* — coloquial

56 tener alguien vueltas: Ser de carácter inconstante. — coloquial

vuelto, a
1 Se aplica al lado de una hoja que no está escrito ni numerado. — adj. ARTES GRÁFICAS
2 Cambio, dinero sobrante de un pago. — s.m./Amér.

vueludo, a Se refiere al vestido que tiene mucho vuelo. — adj.

vuelvepiedras Ave limícola caradriforme de tamaño pequeño, pico corto, garganta negra y dorso marrón con líneas negras y obispillo blanco, que vive en playas rocosas y con restos de vegetales. *(Arenaria interpres.)* — s.m. pl: vuelvepiedras ZOOLOGÍA

vuestro, a (Del lat. *voster, -tra, - trum.*)
1 Se aplica a lo que pertenece a varias personas a las que se dirige el hablante: *me gusta mucho vuestra casa.* — adj/pron.pos.
2 Se usa como tratamiento de cortesía o respeto aplicado a una sola persona: *sólo hablaré con vuestra majestad en privado.* — adj. formal
3 la vuestra: Oportunidad u ocasión favorable para las personas con las que se habla: *ésta es la vuestra.*
4 los vuestros: Los familiares o miembros del mismo partido, asociación o equipo de las personas con las que se habla: *ya han llegado los vuestros.*

vulcaniano, a (Del lat. *vulcanus*, incendio.) Se aplica a un tipo de erupción volcánica caracterizado por el predominio de explosiones sobre las emisiones de lava. — adj. GEOLOGÍA

vulcanio, a (Del lat. *Vulcanus*, dios romano.) De este dios del fuego. — adj. MITOLOGÍA

vulcanismo
1 Conjunto de fenómenos y procesos relacionados con los volcanes. — s.m. GEOLOGÍA
2 Teoría que atribuye la formación del globo terráqueo a la acción del fuego de su interior. — GEOLOGÍA = plutonismo

vulcanista
1 Del vulcanismo o conjunto de fenómenos relacionados con los volcanes. — adj. GEOLOGÍA
2 Del vulcanismo o teoría de formación del globo terráqueo.
3 Que es partidario de dicha teoría de formación del globo terráqueo:*científico vulcanista.* — adj/s.m.f./GEOLOGÍA = plutonista

vulcanita Roca volcánica. — s.f./GEOLOGÍA

vulcanización Operación que consiste en mejorar el caucho tratándolo con azufre. — s.f. INDUSTRIA

vulcanizadora Negocio en el que se arreglan llantas de coche. — s.f./Méx. COMERCIO

vulcanizar Poner azufre en el caucho para darle más elasticidad, impermeabilidad y duración. — v.tr/conj: *cazar* INDUSTRIA

vulcanología (Del lat. *vulcanus*, volcán + *logos*, ciencia.) Parte de la geología que estudia los fenómenos volcánicos. — s.f. GEOLOGÍA th: volcanología

vulcanológico De la vulcanología: *están haciendo un estudio vulcanológico.* — adj./GEOLOGÍA th: volcanológico

vulcanólogo, a Persona dedicada al estudio de los volcanes. — s./GEOLOGÍA th: volcanólogo

vulgacho Pueblo llano. — s.m./despectivo

vulgar (Del lat. *vulgaris.*)
1 Que es común y no llama la atención: *lleva siempre una ropa muy vulgar.* — adj.= normal ≠ original
2 Que es grosero: *tiene unos modales muy vulgares; no digas expresiones tan vulgares.* — = chabacano ≠ educado, distinguido
3 Del vulgo o pueblo. — = popular
4 Se aplica a los nombres usuales de las plantas y animales por oposición al término culto.
5 Se refiere a las lenguas romances o actuales por oposición al latín o al griego clásicos. — LINGÜÍSTICA

vulgaridad
1 Calidad de vulgar o poco distinguido y refinado: *la vulgaridad de un vino.* — s.f. = ordinariez
2 Cualquier cosa carente de novedad o de importancia: *el texto está lleno de vulgaridades.* — ≠ originalidad
3 Acción o palabras impropias de una persona culta y educada: *eso que has hecho es una vulgaridad.* — ≠ trivialidad

vulgarismo
1 Dicho o frase propio del lenguaje popular. — s.m.
2 Cualquier palabra derivada del latín vulgar. — LINGÜÍSTICA

vulgarización Acción y resultado de convertir algo en vulgar: *sus amistades han influido en la vulgarización de sus costumbres.* — s.f.

vulgarizador, a Que vulgariza. — adj/s.

vulgarizar
1 Hacer una cosa vulgar: *esa moda se ha vulgarizado entre la gente.* — v.tr/prnl. conj: *cazar*
2 Hacer que una ciencia o una materia técnica sea asequible a un mayor número de personas: *han vulgarizado la ópera.* — v.tr. = popularizar
3 Traducir un texto de otra lengua a la común y vulgar. — = trasladar
4 Obrar una persona de manera vulgar: *se ha vulgarizado desde que va con esos muchachos.* — v.prnl.

vulgarmente
1 Por lo común, en general. — adv.
2 De forma vulgar.

vulgata (Del lat. *vulgata.*) Denominación usual que se da desde el medioevo a la traducción latina de los textos bíblicos, que es la versión oficial de la Iglesia católica romana. — s.f. LITERATURA, RELIGIÓN

vulgo (Del lat. *vulgus.*)
1 Conjunto de personas que no tienen conocimientos especiales sobre una materia o actividad. — s.m. = chusma, plebe
2 La mayoría de personas que no se distinguen por ninguna circunstancia.

vulnerabilidad Calidad de vulnerable o que puede se herido o atacado: *se echa a llorar con frecuencia por la vulnerabilidad de su carácter.* — s.f. = debilidad ≠ invulnerabilidad

vulnerable Que puede ser herido, dañado o perjudicado: *es una persona muy vulnerable; la herida es vulnerable de infección.* — adj./= atacable, sensible ≠ invulnerable

vulneración Acción y resultado de ser dañado o perjudicado. — s.f.

vulnerante Que vulnera: *aún recuerdo sus vulnerantes palabras.* — adj. = hiriente

vulnerar (Del lat. *vulnerare.*)
1 Dañar o perjudicar a una persona: *me vulneró con sus palabras.* — v.tr. = lastimar
2 No cumplir una ley, un precepto o una disposición. — = transgredir

vulneraria Planta papilionácea pubescente de flores amarillas rojizas que se usó como resolutiva en cataplasmas. *(Anthyllis vulneraria.)* — s.f. BOTÁNICA

vulnerario, a
1 Se aplica a la sustancia o medicamento que cura las heridas. — adj/s.m./FARMACIA = cicatrizante
2 Se refiere al clérigo que ha herido o matado a una persona. — adj/s. DERECHO

vulpeja (Del lat. *vulpecula.*) Zorra, mamífero carnívoro. — s.f./ZOOLOGÍA = vulpécula

vulpino, a
1 De la zorra. — adj.
2 Que tiene la astucia que se le atribuye a la zorra. — = astuto/≠ tonto

vultuosidad Congestión, enrojecimiento e hinchazón del rostro. — s.f. MEDICINA

vultuoso, a Se aplica al rostro que está abultado por la congestión.   *adj.* **MEDICINA**

vulva (Del lat. *vulva.*) Conjunto de las partes genitales externas de la mujer y las hembras de los mamíferos.   *s.f.* **ANATOMÍA**

vulvar De la vulva.   *adj./* **ANATOMÍA**

vulvaria Planta quenopodiácea anual, extendida, con muchas hojas pequeñas, ovales y grises, flores diminutas y verdes, que despide un olor fétido. *(Chenopodium vulvaria.)*   *s.f.* **BOTÁNICA**

vulvario, a De la vulva.   *adj./* **ANATOMÍA**

vulvitis (De *vulva* + gr. *itis,* inflamación.) Inflamación de la vulva.   *s.f./pl: vulvitis* **MEDICINA**

vulvodinia Sensación patológica de ardor.   *s.f./* **MEDICINA**

vúmetro Aparato que, en las emisoras de radiodifusión y televisión, representa gráficamente la amplitud de la modulación, para regularla e impedir que determinados sonidos intensos se transmitan al receptor con un volumen excesivo.   *s.m* **AUDIOVISUALES**

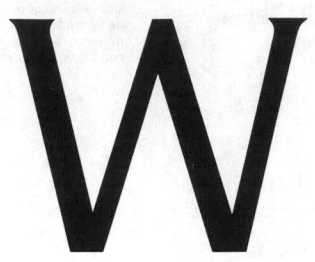

W

w Vigésima cuarta letra del abecedario español y decimonona de sus consonantes. — *s.f.*

wad Mineral de manganeso de aspecto terroso y color pardo o negro. — *s.m. MINERALOGÍA*

wagneriano, a (De R. *Wagner*, compositor alemán.)
1 De dicho compositor alemán o de su obra. — *adj./MÚSICA*
2 Que es seguidor o partidario de la música de dicho compositor. — *adj/s. MÚSICA*

wagon-lit (Expresión inglesa.) Coche cama de un tren. — *s.m.*

walkie-talkie (Expresión inglesa.) Aparato receptor o transmisor portátil de ondas de radio para comunicaciones a corta distancia. — *s.m. TECNOLOGÍA*

walkman (Marca registrada.) Reproductor estereofónico portátil de casetes o cintas, que sólo se puede oír con auriculares. — *s.m. TECNOLOGÍA*

walk-over (Expresión inglesa.)
1 Carrera en la que sólo toma parte un caballo. — *s.m./DEPORTES*
2 *ganar por walk-over:* Ganar una competición porque el contrincante ha sido eliminado o se ha retirado. — *DEPORTES*

wampum (Voz inglesa.) Cinturón bordado con cuentas de vidrio de colores, que usaban algunos pueblos amerindios como adorno o como prenda de matrimonio, y posteriormente como moneda. — *s.m. ARTE*

wapití Uapití, mamífero cérvido. — *s.m./ZOOLOGÍA*

warrant (Voz inglesa.) Documento que certifica que una persona ha depositado mercancías en un almacén fiscal. — *s.m. COMERCIO*

washingtoniano, a
1 De Washington, capital de los Estados Unidos de América. — *adj.*
2 Persona natural de dicha ciudad. — *s.*

water (Voz inglesa.)
1 Habitación acondicionada con las instalaciones sanitarias para el aseo personal e íntimo. — *s.m./tb: váter, water-closet*
2 Retrete, recipiente para poder orinar y evacuar el vientre. — *= taza*

waterpolista Jugador de waterpolo. — *s.m.f./DEPORTES*

water-polo (Expresión inglesa.) Deporte que se juega en una piscina entre dos equipos de siete jugadores, y que consiste en introducir una pelota en la portería contraria. — *s.m./DEPORTES tb: waterpolo*

watt (De J. *Watt*, ingeniero escocés.) Denominación del vatio en la nomenclatura internacional. — *s.m. FÍSICA*

wau (Voz griega.) Denominación de la *u* considerada como semiconsonante, posterior a una consonante, o como semivocal, posterior a una vocal. — *s.f. LINGÜÍSTICA*

wéber Denominación del weberio en la nomenclatura internacional. — *s.m. FÍSICA*

weberio (De *Weber*, físico alemán.) Unidad de flujo de inducción magnética que, al atravesar una espira, produce en ésta una fuerza electromotriz de 1 voltio. — *s.m. ELECTRICIDAD tb: weber*

week-end (Expresión inglesa.)
1 Fin de semana: *pasaremos el week-end en el apartamento de la playa.* — *s.m.*
2 Maleta pequeña o bolso especial para el fin de semana.

welter (Voz inglesa.) Categoría que comprende a los boxeadores amateurs de un peso entre 67 y 71 kilos, y a los profesionales de 66,678 kilos hasta menos de 69,853. — *s.m. pl: welter DEPORTES*

werhlita Roca plutónica formada por clinopiroxeno y olivina. — *s.f. GEOLOGÍA*

western (Voz inglesa.) Película cuya acción se sitúa en el oeste norteamericano, que narra las aventuras de los colonizadores y cow-boys del siglo XIX: *esta noche dan un western muy bueno.* — *s.m. CINE*

westfaliano, a
1 De Westfalia, región de Alemania. — *adj.*
2 Persona natural de dicha región alemana. — *s.*
3 Que tiene relación con la paz de Westfalia. — *adj.*

whisky (Voz escocesa.) Licor hecho con granos de cereales, en especial de cebada. — *s.m. tb: whiskey, güisqui*

whist (Voz inglesa.) Juego de cartas precursor del bridge que se juega entre dos parejas. — *s.m./pl: whists JUEGOS*

wichita
1 De un grupo de pueblos amerindios que habita en el estado norteamericano de Texas. — *adj.*
2 Persona que pertenece a este grupo de pueblos. — *s.m.f.*

winch (Voz inglesa.) Chigre, pieza rotativa de una embarcación. — *s.m. NÁUTICA*

winchester (Voz inglesa.) Fusil de repetición norteamericano. — *s.m.*

windsurf (Voz inglesa.)
1 Deporte acuático que se practica sobre una tabla con vela, impulsada por la acción del viento. — *s.m./DEPORTES tb: wind-surfing*

2 Tabla especial sobre la que se coloca una vela que dirige el deportista para deslizarse sobre el agua. `DEPORTES`

windsurfista
1 Del windsurf. `adj./DEPORTES`
2 Que practica el windsurf: *varios windsurfistas practicaban cerca de la orilla.* `adj/s.m.f.` `DEPORTES`

wolframio Volframio, metal usado para fabricar los filamentos de las lámparas incandescentes. `s.m./QUÍMICA` `tb: wolfram`

won Unidad monetaria de ambas repúblicas de Corea. `s.m.` `ECONOMÍA`

wormiano, a Se aplica a cada uno de los pequeños huesos situados entre el occipital y los parietales. `adj.` `ANATOMÍA`

würm Última de las cuatro grandes glaciaciones del cuaternario. `s.m.` `GEOLOGÍA`

wurmiense De la última glaciación del cuaternario. `adj./GEOLOGÍA`

X

x 1 Vigésima quinta letra del abecedario español y vigésima de las consonantes.
2 Signo con el que se suple el nombre de una persona.
3 Signo con el que suele representarse una incógnita.
4 Letra numeral cuyo valor es diez en la numeración romana. — s.f. / MATEMÁTICAS

xana (Del lat. *Diana*, diosa de la caza.) Ninfa de los montes y de las fuentes en la mitología popular asturiana. — s.f. / MITOLOGÍA

xantelasma Conjunto de manchas que aparecen en el ángulo interno del ojo, en el párpado superior, debidas a depósitos intradérmicos de colesterol. — s.m. / MEDICINA

xanto- Componente de palabra procedente del gr. *xantos*, que significa amarillo: *xantofila*. — pref.

xantodermo, a Se refiere a las personas que tienen la piel amarilla como característica étnica. — adj.

xantofíceo, a Perteneciente a una subclase de algas unicelulares cuya célula tiene dos flagelos desiguales. — adj/s.f. / BOTÁNICA

xantofila (Del gr. *xantos*, amarillo + *phyllon*, hoja.) Pigmento amarillo de las células vegetales que se encuentra en la clorofila formando parte de su estructura. — s.f. / BOTÁNICA

xantogénico, a Se aplica a los ácidos poco estables que derivan del sulfuro de carbono. — adj. / QUÍMICA

xantoma (Del gr. *xantos*, amarillo + *oma*, tumor.) Tumor benigno, cutáneo o subcutáneo, de coloración amarilla, que contiene esencialmente colesterol. — s.m. / MEDICINA / tb: nódulo

xeno- Componente de palabra procedente del gr. *xenos*, que significa extranjero, extraño: *xenofobia; xenófobo*. — pref.

xenofilia (Del gr. *xenos*, extranjero + *philos*, amigo.) Simpatía hacia todo lo extranjero. — s.f. / ≠ xenofobia

xenófilo, a De la xenofilia o que la siente. — adj/s./≠ xenófobo

xenofobia (Del gr. *xenos*, extranjero + *phobos*, aversión.) Odio a lo extranjero o a los extranjeros. — s.f. / ≠ xenofilia

xenófobo, a De la xenofobia o que la siente: *en algunas zonas se han denunciado tratos xenófobos*. — adj/s. / ≠ xenófilo

xenón Elemento gaseoso e inerte que se encuentra en el aire en pequeñas cantidades. — s.m. / QUÍMICA

xero- Componente de palabra procedente del gr. *xeros*, que significa seco: *xerocopia; xerófilo*. — pref.

xerocopia Copia fotográfica realizada mediante la xerografía. — s.f. / ARTES GRÁFICAS

xerocopiar Reproducir escritos o dibujos por medio de la xerografía. — v.tr. / ARTES GRÁFICAS

xerófilo, a (Del gr. *xeros*, seco + *philos*, amigo.) Se aplica a la planta y al animal que vive en lugares muy secos. — adj. / BOTÁNICA, ZOOLOGÍA

xerofítico, a De los xerófitos. — adj./BOTÁNICA

xerófito, a Se aplica a los vegetales adaptados a zonas secas por reducción de alguna de sus partes, por la carnosidad de sus hojas, por tener una vida principalmente subterránea o por tener una vida vegetativa muy corta. — adj/s. / BOTÁNICA

xeroftalmia Enfermedad de los ojos producida por la carencia de alguna vitamina, que se caracteriza por la sequedad de la conjuntiva y opacidad de la córnea. — s.f. / MEDICINA / tb: xeroftalmía

xerografía 1 Procedimiento de impresión en seco que consiste en un sistema electrostático que concentra polvo colorante en las zonas negras y grises de una imagen previamente registrada por una cámara oscura.
2 Copia que se obtiene mediante este procedimiento. — s.f. / ARTES GRÁFICAS / ARTES GRÁFICAS

xerografiar Reproducir escritos o dibujos por medio de la xerografía. — v.tr./conj: vaciar / ARTES GRÁFICAS

xerográfico, a 1 De la xerografía.
2 Que se obtiene mediante la xerografía. — adj./ARTES GRÁFICAS / ARTES GRÁFICAS

xerógrafo, a Persona dedicada a la reproducción de textos o imágenes mediante procedimiento xerográfico. — s. / ARTES GRÁFICAS

xeroma Ojo seco con atrofia de la conjuntiva bulbar que provoca la opacidad de la córnea y la pérdida más o menos completa de la visión. — s.m. / MEDICINA

xerorradiografía Técnica radiológica que permite estudiar, en clichés positivos, en el plano osteoarticular, ciertos elementos de sus lesiones. — s.f. / MEDICINA

xerosuelo Suelo de las regiones subdesérticas en el que la vida biológica se reduce a algunos meses del año. — s.m. / GEOLOGÍA

xeto, a Se aplica a la persona que tiene labios leporinos. — adj. / Méx.

xi Nombre de la letra del alfabeto griego que se translitera por la *x* del latino. — adj./ANATOMÍA

xifoideo, a De la apófisis xifoides. — adj./ANATOMÍA

xifoides (Del gr. *xiphoeides*, semejante a una espada.) Se aplica a una apófisis que tiene forma de espada y que está en el final del esternón. — adj/s.m. / pl: xifoides / ANATOMÍA

xilema Conjunto de todas las partes leñosas de las plantas. *s.m. BOTÁNICA*

xileno Hidrocarburo aromático que se extrae del alquitrán de hulla y se obtiene a partir del petróleo. *s.m. QUÍMICA*

xilidina Amina derivada del xileno utilizada en la fabricación de colorantes. *s.f. QUÍMICA*

xilo- Componente de palabra procedente del gr. *xylon*, que significa madera: *xilófono*. *pref.*

xilócopo Insecto himenóptero del grupo de las abejas, que construye su nido en el interior de maderas viejas. *(Xylocopa violacea.)* *s.m. = abeja carpintera*

xilófago, a (Del gr. *xylon*, madera + *phago*, comer.) Se aplica al insecto que se alimenta de madera. *adj/s.m. ZOOLOGÍA*

xilofonista Persona que toca el xilófono. *s.m.f./MÚSICA*

xilófono (Del gr. *xylon*, madera + *phone*, sonido.) Instrumento musical de percusión formado por un conjunto de listones de madera o metal graduados, que se golpean con dos mazos pequeños. *s.m. MÚSICA tb: xilofón*

xilografía (Del gr. *xylon*, madera + *grapho*, escribir.)
1 Arte y técnica de grabar en madera.
2 Impresión tipográfica hecha con planchas de madera grabadas. *s.f./ARTE ARTES GRÁFICAS*

xilográfico, a De la xilografía. *adj.*

xilógrafo, a Persona que graba en madera. *s.*

xilópalo Madera fósil que conserva su estructura porque sus moléculas orgánicas han sido sustituidas por sílice que se ha dispuesto igual que aquéllas. *s.m.*

xiloprotector, a Se aplica al producto o sustancia que sirve para proteger la madera. *adj/s.*

xilórgano Instrumento musical antiguo de viento formado por varillas o cilindros de madera sonora y compacta. *s.m. MÚSICA*

xipella Subdialecto del catalán central, fronterizo entre el occidental y el oriental. *s.m. LINGÜÍSTICA*

xiuhpohualli Calendario solar azteca de 365 días. *s.m.*

xóchitl Vigésimo de los veinte días del mes azteca. *s.m.*

xocotlhuetzi Décimo mes del calendario azteca de 365 días. *s.m.*

xocoyote El último de los hijos de una familia, benjamín. *s.m./Méx. tb: socoyote*

xtabentún
1 Enredadera de flores blancas, cuyas semilla posee un fuerte narcótico que enloquece y emborracha. *s.m./Méx. BOTÁNICA*
2 Bebida embriagante muy aromática, de sabor parecido al del anís, que se elabora con esta planta. *Méx.*

xueta (Voz catalana.) Se aplica a los judíos mallorquines y a sus descendientes. *adj/s.m.f.*

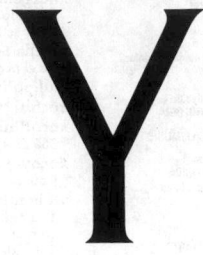

Y

y

I Vigésima sexta letra del abecedario español y vigésima primera de las consonantes. — s.f.

II (Del lat. *et*.)

1 Indica unión o agrupación de palabras u oraciones: *vino su padre y se lo llevó; disfruto del aire y del sol.* — conj.cop.

2 Se usa como refuerzo o énfasis situada al principio de cláusula o período sin enlace con ninguna palabra o frase anterior: *¡y yo que me lo creí todo!*

3 Indica repetición indefinida, reiteración: *llevo horas y horas esperándote.*

4 Se usa como interrogación para preguntar por una circunstancia, estado o lugar en que se encuentra una persona o cosa: *¿y el coche?, ya está arreglado; ¿y tu familia?, bien, gracias.*

ya (Del lat. *jam*.)

1 Antes, en el pasado: *ya he visto esta película.* — adv.

2 Después, en el futuro: *ya lo sabrás a su debido tiempo.*

3 En este momento, ahora, haciendo referencia al pasado: *estaba mal, pero ya está mejor; ya tengo la solución.*

4 A partir de ahora, desde este momento: *¡ya no te aguanto más!*

5 Jamás, nunca más: *no lo podrás saber ya.*

6 En seguida: *ya vuelvo, no te muevas de aquí; ya voy a coger el teléfono.*

7 Se usa para confirmar o apoyar lo que se dice: *ya veo ya que estás bien.*

8 Indica ironía o duda respecto de lo que alguien dice: *-llegué tarde porque no sonó el despertador. -Ya, ya.*

9 O, bien: *ya sea por unos, ya sea por otros, la casa sin barrer.* — conj.distribut.

10 Indica mandato u orden: *preparados, listos, ¡ya!* — interj.

11 Expresa que se recuerda o se ha caído en la cuenta de una cosa: *¡ya sé quién eres!*

12 no ya: No tan solo: *no ya por mí, sino por ellos.* — loc.conj.

13 si ya: Siempre que: *lo haré si ya no me molestas más.* — loc.conj.

14 ya que: Dado que, puesto que: *ya que has venido, quédate a cenar.* — loc.conj.

yaacabó Pájaro insectívoro americano de color pardo por el dorso, pecho rojizo y vientre rayado, que es considerado ave de mal agüero por los indígenas. — s.m. ZOOLOGÍA

yabuna Denominación de diversas plantas herbáceas gramíneas muy abundantes en las sabanas. — s.f./*Cuba* BOTÁNICA

yabunal Sitio donde crecen las yabunas. — s.m./*Cuba*

yac Mamífero artiodáctilo bóvido, similar a un toro, de pelo muy largo, que vive en las llanuras tibetanas. *(Bos grunniens.)* — s.m. ZOOLOGÍA tb: yak

yaca Guanábano, árbol de flores grandes y blancas. — s.f./BOTÁNICA

yacaré Reptil similar al cocodrilo, pero de tamaño más pequeño, que no suele sobrepasar los dos metros y medio, que se alimenta de peces y vertebrados y cuya piel se aprovecha comercialmente en la industria de curtidos. *(Caiman latirostris.)* — s.m. *Argent., Bol., Par.* ZOOLOGÍA

yacedor, a Persona encargada de llevar las caballerías a pacer de noche. — s.

yacente (Del lat. *jacens, -entis*.)

1 Que yace. — adj.

2 Cara inferior de un criadero. — s.m./MINERÍA

yacer (Del lat. *jacere*.)

1 Permanecer una persona echada. — v.intr.

2 Estar una persona enterrada en un lugar: *aquí yacen mis antepasados.*

3 Tener una persona relación sexual con otra. — = acostarse

4 Estar una persona o una cosa en un lugar.

5 Comer las caballerías la hierba del campo por la noche.

CONJ.: IND.: PRES.: *yazco, yazgo o yago, yaces, yace, yacemos, yacéis, yacen.* SUBJ.: PRES.: *yazca, yaza o yaga, yazcas, yazgas o yagas, yazca, yazga o yaga, yazcamos, yazgamos o yagamos, yazcáis, yazgáis o yagáis, yazcan, yazgan o yagan.* IMP.: *yace o yaz, yazca, yazga o yaga, yazcamos, yazgamos o yagamos, yaced, yazcan, yazgan o yagan.*

yacht (Voz inglesa.) Yate, embarcación de recreo. — s.m./NÁUTICA

yachting (Voz inglesa.) Práctica de la navegación deportiva de placer en sus diversas modalidades. — s.m. NÁUTICA

yaciente

1 Que yace. — adj.

2 Se aplica a la colmena que está echada.

yacifate Planta burserácea leñosa, de hojas esparcidas y trifoliadas, y de fruto en drupa. *(Icica cuspidata.)* — s.m./*Venez.* BOTÁNICA

yacija (Del lat. vulgar *jacilia*.)

1 Cama o cualquier cosa que sirve para tumbarse en ella: *se preparó una yacija con hierbas para pasar la noche.* — s.f. despectivo

2 Sepultura, lugar en que está enterrado un cadáver. — = sepulcro

yacimiento

1 Lugar donde se halla de forma natural un mineral, — s.m.

una roca o un fósil: *han descubierto un yacimiento neolítico; trabajo en un yacimiento de oro.* **GEOLOGÍA**
2 Lugar en el que existen restos de valor arqueológico. **HISTORIA**

yacio Planta arbórea euforbiácea americana, que da látex por incisión en el tronco. *(Ilevea guayanensis.)* **s.m. BOTÁNICA**

yagua
1 Planta palmácea utilizada por los indios para cubrir los techos de las casas. *(Maximilianea magnifolia.)* **s.f./Colomb., Venez. BOTÁNICA**
2 Tejido fibroso que envuelve la parte más tierna de la palma real. **Cuba., P. Rico BOTÁNICA**

yagual Rodete que se pone sobre la cabeza para llevar pesos. **s.m. Amér. Central**

yaguar (Del tupí-guaraní *yaguara.*) Jaguar, mamífero carnívoro. **s.m./ZOOLOGÍA = yaguareté**

yaguaré Mofeta, mamífero mustélido. **s.m./ZOOLOGÍA**

yaguasa Ave anseriforme acuática similar al pato salvaje. *(Dendrocygna.)* **s.f./Cuba, Hond./ZOOLOGÍA**

yaití Planta euforbiácea de madera muy dura, que se emplea para hacer vigas y horcones. *(Gymnanthes lucida.)* **s.m./Cuba BOTÁNICA**

yak Yac, bóvido parecido al toro que habita en las llanuras tibetanas. **s.m. ZOOLOGÍA**

yal Denominación de diversas aves fringílidas, de pico amarillo y el plumaje gris. *(Melanodera.)* **s.m./Chile ZOOLOGÍA**

yámbico, a Del yambo o pie poético. **adj/s./POESÍA**

yambo
I (Del lat. *iambus* < gr. *iambos.*) Pie de la poesía griega y latina, formado por una sílaba breve seguida de una larga. **s.m. POESÍA**
II (De origen incierto.) Planta arbórea mirtácea cultivada en las Antillas, cuyo fruto es la pomarrosa. *(Jambosa vulgaris.)* **s.m. BOTÁNICA**

yanacona Se aplica al indio que estaba al servicio personal de los españoles en algunos países americanos. **adj/s.m.f. HISTORIA**

yang (Voz china.) Fuerza cosmológica o principio activo y masculino, en el taoísmo. **s.m./FILOSOFÍA ≠ yin**

yanqui
1 De Nueva Inglaterra, estado de Estados Unidos. **adj.**
2 Persona natural de dicho estado. **s.m.f.**
3 De Estados Unidos. **adj.**
4 Persona natural de Estados Unidos. **s.m.f.**

yantar
1 Comer, ingerir alimentos. **v.tr.**
2 Comida, conjunto de alimentos: *le gusta el buen yantar.* **s.m.**
3 Tributo que los habitantes de un lugar pagaban en especie al rey cuando debían darle alojamiento a él y a su séquito. **HISTORIA**
4 Pago que se hacía al propietario del dominio directo de una finca. **HISTORIA**

yapa Gratificación con que se compensa un servicio habitual, añadidura. **s.f./Amér. Central y Merid.**

yapar Añadir el vendedor algo a la mercancía adquirida por el comprador. **v.tr./Amér. Central y Merid.**

yápigo
1 De un pueblo ilirio que se estableció en la Italia meridional. **adj/s.m./HISTORIA = yapigio**
2 Persona natural de este pueblo. **s.m.f./HISTORIA**

yapól Mamífero marsupial sudamericano didélfido, especie de zarigüeya, adaptado a la vida acuática, con las patas traseras palmeadas y que se alimenta de peces y crustáceos. *(Chironectes minimus.)* **s.m. ZOOLOGÍA**

yaqui
1 De un pueblo amerindio del grupo pima-nahua que vive en México. **adj.**
2 Persona natural de este pueblo. **s.m.f.**

yarará Ofidio venenoso vipérido, de color pardo claro con dibujos más oscuros en forma de semicírculos y ángulos, cuya mordedura puede ser mortal. *(Bothrops jararaca.)* **s.f. Amér. Merid. ZOOLOGÍA**

yaraví Canto melancólico y dulce de origen incaico. **s.m./Bol., Perú**

yarda (Del ingl. *yard.*) Medida inglesa de longitud, equivalente a 91 centímetros. **s.f.**

yare
1 Jugo venenoso que se extrae de la yuca amarga. **s.m./ Venez.**
2 Masa de yuca dulce con la que se hace el cazabe. **Venez.**

yareta Planta umbelífera pequeña que crece en los páramos andinos. *(Azorella.)* **s.f./Amér. Merid. BOTÁNICA**

yarey Planta palmácea con cuyas fibras se hacen sombreros. *(Inodes causiarum.)* **s.f./Cuba BOTÁNICA**

yaro
1 De un pueblo amerindio, ya extinguido, originario de Brasil. **adj. HISTORIA**
2 Persona natural de este pueblo. **s.m.f.**
3 Aro, planta arácea. **s.m./BOTÁNICA**

yatagán Alfanje usado por los turcos y los árabes. **s.m.**

yate (Del ingl. *yacht* < neerlandés *jacht*, barco corsario ligero.) Barco, a vela o a motor, de recreo. **s.m. NÁUTICA**

yatrogenia Efectos nocivos debidos a la actuación médica o a la acción de medicamentos. **s.f. MEDICINA**

yautía Planta herbácea arácea, cuyos tubérculos son comestibles. *(Xanthosoma.)* **s.f./Amér. Central y Merid./BOTÁNICA**

yaya
1 Especie de ácaro. **s.f./Perú**
2 Planta mirtácea. **Cuba/BOTÁNICA**

yayo, a Abuelo o abuela de una persona: *mi yayo fue a la guerra de Cuba.* **s. familiar**

yazz Jazz, género musical de origen norteamericano. **s.m.**

ye Denominación de la letra *y.* **s.f.**

yedra (Del lat. *hedera.*) Hiedra, planta trepadora araliácea. **s.f. BOTÁNICA**

yegua (Del lat. *equa.*)
1 Équido hembra del género *Equus,* cuyo macho es el caballo. **s.f. ZOOLOGÍA**
2 La que, por contraposición a potra, tiene al menos cinco años. **ZOOLOGÍA**
3 Colilla de cigarro. **Amér. Central**
4 Que es estúpido, tonto. **adj./Amér. Central**
5 **yegua caponera:** La utilizada como guía de recua o de mulada.

yeguada
1 Conjunto de ganado caballar. **s.f./tb: yegüería**
2 Tontería, cosa dicha sin sentido. **Amér. Central, P. Rico**
3 Manada o recua de yeguas. **Méx.**

yeguadizo, a Se aplica al lugar donde se guardan los caballos. **adj/s. Argent.**

yegüería Yeguada, manada de ganado caballar. **s.f.**

yegüero, a Persona encargada de cuidar las yeguas. **s.**

yeísmo Pronunciación de la letra *elle* como *ye.* **s.m./LINGÜÍSTICA**

yeísta
1 Del yeísmo. **adj./LINGÜÍSTICA**
2 Que comete yeísmo. **adj/s.m.f.**

yeldo Plancton superficial visible a simple vista, en el mar Cantábrico. **s.m. ZOOLOGÍA**

yelmo (Del germ. *helm.*) Parte de la armadura que cubría la cabeza y la cara. **s.m. HISTORIA**

yema (Del lat. *gemma.*)
1 Brote recién aparecido en una planta, cuando las hojas todavía están envolviéndose unas a otras y el conjunto tiene aspecto de botón escamoso. **s.f. BOTÁNICA**
2 Parte central del huevo de los vertebrados ovíparos, que contiene el embrión y que en las aves es de color amarillo. **ZOOLOGÍA**
3 Parte extrema del dedo y opuesta a la uña: *en la yema tenemos las huellas dactilares.*
4 Dulce seco hecho de azúcar y de esta parte del huevo de la gallina. **COCINA**
5 Lo mejor de una cosa.
6 Porción carnosa que crece en el cuerpo de algunos animales y se desarrolla hasta formar un nuevo individuo. **= crema ZOOLOGÍA**
7 Corpúsculo más pequeño que resulta al dividirse una célula por germinación. **BIOLOGÍA**
8 **yema de coco:** Dulce en forma de bola hecho con coco rallado. **COCINA**
9 **yema mejida:** La de huevo batida con azúcar y leche que se usa como medicamento contra el catarro.
10 **dar alguien en la yema:** Dar en la dificultad. **coloquial**

yemení
1 De Yemen, país del sur de la península arábiga. **adj./pl.tb: yemeníes**
2 Persona natural de este país. **s.m.f.**

yemita Dulce a base de yema de huevo, azúcar y otros ingredientes. **s.f./Méx. COCINA**

yen Unidad monetaria japonesa. **s.m.**

yente Que va. **adj.**

yeral Tierra sembrada de yeros. **s.m.**

yerba (Del lat. *herba.*)
1 Hierba [en todas sus acepciones]. **s.f.**
2 Producto industrializado, elaborado a partir del mate, que se consume en infusión. **R. de la Plata**
3 **yerba mate:** Planta arbórea de hojas lampiñas, oblongas y aserradas en el borde, fruto en drupa y flores axilares blancas, con cuyas hojas se prepara una infusión. **Amér. Merid. BOTÁNICA = mate**

yerbal
1 Plantación de yerba mate. **s.m./Argent., Par.**
2 Matorral, conjunto de yerbas intrincadas. **Colomb.**

yerbatal Yerbal, conjunto de hierbas. **s.m./Argent.**

yerbatero, a
1 Se aplica al médico o curandero que cura con hierbas. **adj/s./Amér.**
2 De la yerba mate o de su industria. **adj./R. de la Plata**
3 Vendedor de hierbas o de forraje. **s./Amér.**

4 Persona que se dedica al cultivo, industrialización o venta de la yerba mate. — *R. de la Plata*

yerbero, a Curandero, persona que, sin ser médico, ejerce algún tipo de medicina. — s. *Méx.*

yerbilla Tela de algodón con cuadros de colores diferentes. — s.f./*Guat.* TEXTIL

yermar Dejar un terreno yermo. — v.tr.

yermo, a (Del bajo lat. *eremus* < gr. *eremos*, desierto.)
1 Se aplica al terreno estéril o que no está cultivado: *estas tierras yermas no tienen valor.* — adj/s.m. = inculto
2 Se refiere al lugar que no está habitado. — = deshabitado

yerno (Del lat. *gener, -eri.*) Marido de la hija respecto de una persona. — s.m.

yero (Del lat. vulgar *erum* < lat. *ervum* < gr. *orobos*.)
1 Planta herbácea papilionácea, de tallo erguido, flores en racimo y fruto en legumbre, cuya harina se utiliza como pienso. *(Eruum ervilia.)* — s.m. BOTÁNICA
2 Semilla de esta planta. — BOTÁNICA

yerra Acción y efecto de marcar con hierro al ganado. — s.f./*R. de la Plata*

yerro
1 Falta o equivocación cometida por ignorancia o descuido: *me responsabilizaron de los yerros ajenos.* — s.m. = error, fallo
2 Falta cometida contra los preceptos artísticos morales o religiosos: *debes reconocer tus yerros y enmendarlos.* — = pecado, culpa RELIGIÓN
3 yerro de cuenta: El que se comete por equivocación o descuido con algún daño o provecho para otro, como en las cuentas y cálculos.
4 yerro de imprenta: Errata en un texto impreso. — ARTES GRÁFICAS

yérsey
1 Jersey, prenda de vestir que cubre la parte superior del cuerpo. — s.m./*Amér. Central y Merid.*/tb: yersi
2 Tejido fino de punto. — *Amér. Central y Merid.*

yerto, a (Del lat. vulgar **erctus*.) Que está rígido o inmóvil debido al frío, a una emoción fuerte o a la muerte: *se quedó yerto de frío.* — adj. = inerte

yervo Yero, planta herbácea papilionácea. — s.m./BOTÁNICA

yesal
1 Terreno abundante en mineral de yeso. — s.m./tb: yesar
2 Cantera de yeso. — = yesera

yesca (Del lat. *esca*, alimento.)
1 Materia tratada para que resulte muy seca e inflamable a fin de que la chispa prenda con rapidez en ella: *preparamos una yesca con trapos quemados.* — s.f.
2 Cosa que está muy seca y arde con facilidad.
3 Cosa o hecho que puede provocar pasiones o enfrentamientos: *los malos tratos fueron la yesca de su separación.*
4 Cualquier cosa que provoca ganas de beber, en especial de beber vino.
5 Conjunto formado por esta materia seca, eslabón y pedernal. — s.m.pl.

yesera
1 Terreno abundante en yeso. — s.f./= yesal
2 Cantera de yeso. — = yesal

yesería
1 Fábrica de yeso. — s.f./INDUSTRIA
2 Tienda o lugar donde se vende yeso. — COMERCIO
3 Obra hecha de yeso.

yesero, a
1 Del yeso: *cantera yesera.* — adj.
2 Persona que por oficio hace o vende yeso. — s.
3 Persona que hace guarnecidos de yeso.

yeso (Del lat. *gypsum* < gr. *gypsos*.)
1 Roca sedimentaria formada por sulfato cálcico dos veces hidratado, por lo común de color blanco y que se raya con facilidad con la uña. — s.m. GEOLOGÍA
2 Material resultante de la deshidratación parcial de esta roca, que al mezclarlo con agua forma una masa sólida y blanda, muy utilizado en construcción. — CONSTRUCCIÓN
3 Obra de escultura vaciada en este material: *hoy expone sus yesos.* — ARTE
4 yeso blanco: El más fino y blanco, usado para el enlucido exterior de tabiques y muros. — CONSTRUCCIÓN
5 yeso espejuelo: El cristalizado en láminas brillantes. — = espejuelo
6 yeso mate: El de color blanco y muy duro que, molido y amasado con agua de cola, sirve para preparar los lienzos y otros objetos para pintarlos o dorarlos. — ARTE
7 yeso negro: El más basto y de color gris, usado para el primer enlucido de tabiques y muros. — CONSTRUCCIÓN

yesón Cascote de yeso que suele utilizarse para construir tabicones. — s.m. CONSTRUCCIÓN

yesoso, a
1 De yeso: *preparó una masa yesosa para enlucir el muro.* — adj.
2 Que tiene un aspecto parecido al del yeso.
3 Se aplica al terreno que tiene mucho yeso.

yesquero, a .
1 Se refiere al cardo y al hongo con que se hace yesca. — adj.

2 Persona que fabrica o vende yesca. — s.
3 Encendedor que utiliza la yesca como materia combustible. — s.m.
4 Mechero o encendedor. — *P. Rico*
5 Bolsa de cuero para llevar la yesca y el pedernal.

yeta Desgracia continua, mala suerte. — s.f./*Argent., Urug.*

yeti (Voz tibetana.) Ser legendario gigantesco de apariencia humana, que habita en el Himalaya. — s.m./= hombre de las nieves

ye-yé Se aplica a la música pop de los años sesenta, a su estética y costumbres: *¡qué vestido tan ye-yé!; cantaba en un grupo ye-yé.* — adj/s.m.f.

yeyuno Segunda porción del intestino delgado de los mamíferos, situada entre el duodeno y el íleon. — s.m. ANATOMÍA

yezgo (Del bajo lat. *educus.*) Planta herbácea caprifoliácea, vivaz, con rizoma rastrero, hojas compuestas, de olor desagradable, con los foliolos lanceolados y dentados en su margen, flores blancas o rosadas y bayas negras no comestibles y cuyo rizoma tiene virtudes medicinales. *(Sambucus ebulus.)* — s.m. BOTÁNICA = ébulo, sauquillo

yiddish (Del alem. *jüdissch Deutsch*, alemán judaico.) Lengua germánica, procedente de un dialecto del alto-alemán y escrita en caracteres hebreos, usada por los judíos de origen alemán. — s.m. LINGÜÍSTICA

yihad (Voz árabe.) Guerra santa de los musulmanes contra los infieles. — s.f. RELIGIÓN

yin (Voz china.) Fuerza cosmológica o principio pasivo y femenino, en el taoísmo. — s.m./FILOSOFÍA ≠ yang

yinn (Voz árabe.) Espíritu benefactor o maléfico, según las creencias preislámicas. — s.m. RELIGIÓN

yiro Prostituta, mujer que se dedica a mantener relaciones sexuales con hombres a cambio de dinero. — s.m./*Argent., Urug.* coloquial

yiu-yitsu (Voz japonesa.) Arte marcial originario de Japón en que se realizan golpes y presas con las manos, los pies y otras partes del cuerpo. — s.m. DEPORTES tb: jiu-jitsu

yo (Del lat. vulgar *eo* < lat. *ego*.)
1 Indica la persona que habla cuando ésta se refiere a sí misma: *vamos tú y yo; yo lo vi todo.* — pron.pers.
2 Uno mismo en cuanto a su esencia de persona: *mi yo romántico aflora en todos mis escritos.* — s.m.
3 Conjunto dinámico de facultades que constituyen el núcleo de la personalidad de un individuo y su relación con el medio. — SICOLOGÍA
4 no yo: Conjunto de todo lo que es distinto del principio de subjetividad. — FILOSOFÍA
5 super yo: Una de las tres entidades de la estructura síquica, según la teoría freudiana. — SICOLOGÍA
6 yo ideal: Posición en la que se representa el ideal infantil de omnipotencia heredado del narcisismo. — SICOLOGÍA
7 yo que tú, usted: Si yo estuviera en lugar de: *yo que tú no lo haría; yo que él me lo pensaría bien.* — coloquial

yod Elemento palatal muy cerrado, que aparece en la posición seminuclear de los diptongos como semiconsonante o semivocal y que influye en los sonidos contiguos. — s.f. LINGÜÍSTICA

yodación Esterilización de las aguas de consumo por yodo. — s.f.

yodado, a Que contiene yodo. — adj.

yodar Tratar con yodo: *aquí yodan el agua que nos bebemos.* — v.tr.

yodato Sal derivada del ácido yódico. — s.m./QUÍMICA

yodhídrico, a Se aplica al ácido que está compuesto por yodo e hidrógeno. — adj. QUÍMICA

yódico, a Se refiere al ácido que se obtiene por oxidación del yodo. — adj. QUÍMICA

yodismo Intoxicación por yodo. — s.m./MEDICINA

yodo (Del fr. *oide*, < gr. *oides*.) Elemento químico sólido, negro y cristalino, del grupo de los halógenos, poco soluble en agua y muy soluble en alcohol, se encuentra en el suelo, en las algas y otros organismos marinos y se utiliza como desinfectante. — s.m. QUÍMICA tb: iodo

yodoformo Elemento compuesto de yodo, hidrógeno y carbono, que se usa como antiséptico. — s.m. QUÍMICA

yodurado, a
1 Que contiene yoduro. — adj./QUÍMICA
2 Que está revestido o cubierto por una capa de yoduro. — QUÍMICA

yodurar
1 Convertir una sustancia en yoduro. — v.tr./QUÍMICA
2 Preparar una cosa con yoduro. — QUÍMICA

yoduro Sal del ácido yodhídrico. — s.m./QUÍMICA

yoga (Del sánscrito *yoga*, unión, esfuerzo.)
1 Doctrina filosófica y religiosa hindú, que se basa en las prácticas ascéticas, el éxtasis y la contemplación para llegar a la perfección espiritual. — s.m. FILOSOFÍA, RELIGIÓN
2 Conjunto de técnicas basadas en el dominio del movimiento, del ritmo y de la respiración, que conducen a la relajación y la concentración anímica.

yogui (Del hindú *yogi*.)
1 Asceta hindú adepto al sistema filosófico del yoga.
2 Persona que practica los ejercicios físicos y mentales del yoga.
s.m.f./FILOSOFÍA

yogur (Del turco *yoghurt*.) Producto lácteo elaborado con leche fermentada, que se prepara reduciendo por evaporación su volumen a la mitad y sometiéndola a la acción de un determinado fermento.
s.m.
tb: yoghourt, yoghurt

yogurtera Aparato eléctrico para preparar yogur.
s.f.

yohimbina Sustancia alcaloide obtenida de la corteza del yoimboa, de acción opuesta a los efectos del sistema simpático.
s.f.
FARMACIA

yoimboa Planta arbórea apocinácea, cuya madera se utiliza en trabajos de minas, construcciones navales y traviesas. *(Coryanthe yohimbe).*
s.m.
BOTÁNICA
= yohimbé

yola (Del fr. *yole*.) Embarcación muy ligera, provista de remos y vela.
s.f.
NÁUTICA

yonqui (Del ingl. *junkie*.) Persona adicta al consumo de drogas duras, en especial de heroína.
s.m.f.
argot

yóquey (Del ingl. *jockey*.) Jinete profesional que participa en las carreras de caballos: *el público aplaudió al yóquey ganador.*
s.m.
tb: jockey, yoqui
EQUITACIÓN

yoruba
1 De un pueblo de África occidental.
2 Persona natural de este pueblo.
adj.
s.m.f.

yoyó (Marca registrada.) Juguete de origen chino que consiste en dos discos unidos por un eje y que se puede hacer subir o bajar a través de un cordón que se enrolla o desenrolla en este eje.
s.m.
tb: yo-yo

yperita Sustancia gaseosa asfixiante usada como arma química por los alemanes en la primera guerra mundial.
s.f./MILITAR, QUÍMICA
tb: iperita

yuan (Voz china.) Unidad monetaria de la República Popular de China.
s.m.

yubarta (Del ingl. *jubarte* < fr. *gibbar* < *gibe*, joroba < lat. *gibbus*.) Mamífero cetáceo, de unos quince metros de longitud, con dos enormes aletas pectorales cubiertas, que vive en todos los mares. *(Megaptera nodosa.)*
s.f.
ZOOLOGÍA
= gubarta, jubarte

yuca
I (Del taíno *yuca*.) Planta euforbiácea cuya raíz constituye un importante alimento popular de los habitantes de América tropical. *(Manihot.)*
II (De una lengua indígena de América Central.) Planta liliácea de tronco cilíndrico arborescente de dos metros de altura, coronado por un penacho de hojas afiladas, con flores blancas y globosas, que se cultiva en Europa como planta ornamental. *(Yucca.)*
s.f.
BOTÁNICA
= mandioca

s.f.
BOTÁNICA

yucal Tierra sembrada de yuca.
s.m.

yucateco, a
1 De Yucatán, estado de México.
2 Persona natural de este estado mexicano.
adj.
s.

yudo (Del japonés *ju*, blando + *do*, modo.) Sistema de defensa personal japonés, que en la actualidad se practica como deporte, y que se basa en la utilización de la fuerza del contrario en beneficio propio, por medio de llaves que provocan la caída del contrincante o su inmovilización.
s.m.
DEPORTES
tb: judo

yudoca Persona que practica el yudo: *los yudocas tienen gran flexibilidad en las piernas.*
s.m.f./DEPORTES
tb: judoca

yudogui Traje con que se practica el yudo.
s.m./DEPORTES

yugada
1 Extensión de tierra que puede arar una yunta en una jornada de trabajo.
2 Par de animales, en especial bueyes, que se usan en el cultivo del campo o en los acarreos.
3 Medida antigua de superficie que adoptó distintos valores.
s.f.
AGRICULTURA
AGRICULTURA
= yunta
HISTORIA

yuglandáceo, a Perteneciente a una familia de plantas angiospermas dicotiledóneas, arbóreas, de hojas compuestas, flores monoicas y fruto en drupa con semillas sin albumen, como el nogal y la pacana.
adj/s.f.
BOTÁNICA

yugo (Del lat. *jugum*.)
1 Instrumento de madera en forma de dos arcos unidos, a la que se unce la yunta de bueyes o caballerías que tira de un carro o de un arado.
2 Obligación, atadura o dependencia que pesa sobre una persona: *prefiero la soltería al yugo del matrimonio.*
3 Ley o dominio despótico ejercido sobre una persona, pueblo o país: *los amotinados luchan por liberar al pueblo del yugo del dictador.*
4 Armazón de madera para voltear una campana.
5 Horca por debajo de la cual los antiguos romanos hacían pasar a sus enemigos, vencidos y desarmados.
6 Componente formado por material magnético y bobinas, que rodea el cuello de un tubo de rayos catódicos y sirve para mandar la desviación del haz electrónico.
7 Cada uno de los tablones curvos que forman la popa de un barco.
s.m.
AGRICULTURA

= atadura, carga

= esclavitud, tiranía

HISTORIA

FÍSICA

NÁUTICA

8 Velo que se ponía a los desposados durante la ceremonia de velación.
9 **sacudirse alguien el yugo:** Librarse de la opresión o dominio molesto.
coloquial
10 **sujetarse al yugo de alguien:** Someterse a su dominio o ceder a su influencia.
coloquial

yugoslavo, a
1 De Yugoslavia, tanto del antiguo estado federal europeo como de la actual unión de las repúblicas serbia y montenegrina.
2 Persona natural de alguno de estos dos estados.
adj.
tb: yugoeslavo

s.

yuguero, a Persona que labra la tierra con una yunta de animales.
s./AGRICULTURA
= yuntero

yugular
I (Del lat. *jugularis* < *jugulum*, garganta.)
1 De la garganta.
2 Se aplica a una de las grandes venas del cuello.
II (Del lat. *jugulare*.)
1 Cortar el cuello a una persona o a un animal: *el cazador yuguló al conejo.*
2 Parar el desarrollo de una enfermedad, aplicando medidas terapéuticas: *yugularon el proceso infeccioso cuando subió la fiebre.*
3 Detener una persona el desarrollo de una actividad de forma brusca: *la comisión yuguló el proyecto por falta de fondos.*
adj/ANATOMÍA
adj/s.f./ANATOMÍA

v.tr.
= degollar

= cortar

yuma
1 De un pueblo amerindio de América del Norte.
2 Persona natural de este pueblo.
adj.
s.m.f.

yumbo, a Se aplica al indio de una tribu indígena peruana.
adj/s.

yunga
1 Que es natural de los valles cálidos que hay a ambos lados de la cordillera andina.
2 Antigua lengua del norte y centro de la costa peruana.
adj/s.m.f.
tb: yunca
s.m.
LINGÜÍSTICA

yunque (Del ant. *incue* < lat. vulgar *°incude* < lat. *incus, -udis*.)
1 Pieza de hierro acerado, en forma de prisma cuadrado, a veces acabada en punta en uno de sus lados y encajada en un banco o tajo de madera, que sirve para trabajar a martillo los metales.
2 Hueseciillo del oído medio de los mamíferos, situado entre el martillo y el estribo.
3 Persona firme y paciente ante las adversidades: *se ha de ser un yunque para soportar tantas desgracias.*
4 Persona muy perseverante en el trabajo.
5 **estar alguien al yunque:** Estar tolerando o sufriendo las molestias de otra persona, los golpes del destino o cualquier otro trabajo.
s.m.
METALURGIA

ANATOMÍA

= tesonero
coloquial

yunta (Del lat. *juncta*, juntada.)
1 Par de animales que se usan en el cultivo del campo o en los acarreos.
2 Porción de tierra de labor que puede arar una yunta en una jornada de trabajo.
3 Gemelos, juego de dos botones iguales usado para cerrar los puños de la camisa.
s.f.
AGRICULTURA
AGRICULTURA
= yugada
s.f.pl.
Venez.

yuntería
1 Conjunto de yuntas o parejas de animales.
2 Sitio o lugar donde se recogen las yuntas o parejas de animales.
s.f./AGRICULTURA
AGRICULTURA

yuntero, a Persona que labra la tierra con una pareja de animales o yuntas.
s./AGRICULTURA
= yuguero

¡yupi! (Voz de creación expresiva.) Expresión con la que se manifiesta alegría.
interj.

yuppie (Voz inglesa.)
1 Persona joven con preparación universitaria y cierta ideología conservadora en el ámbito profesional, que desempeña puestos de responsabilidad y consigue una rápida promoción social.
2 Del grupo social formado por estas personas: *los nuevos bares de la ciudad son muy yuppies.*
s.m.f.
tb: yuppy

adj.

yuquerí Planta mimosácea de fruto similar a la zarzamora. *(Acacia riparia.)*
s.m./Argent.
BOTÁNICA

yuré Especie de paloma pequeña y silvestre, que se encuentra en todo el país. *(Scafandela inca.)*
s.m./C. Rica
ZOOLOGÍA

yurro Manantial, pequeña corriente de agua.
s.m./C. Rica

yurta (Voz rusa.) Tienda plegable, circular y con techo en forma de cúpula usada por los pueblos nómadas del norte de Mongolia.
s.f.

yuruma Médula de una planta palmácea con la que se elabora una harina panificable.
s.f./Venez.
BOTÁNICA

yurumí Especie de oso hormiguero. *(Myrmecophaga tridactyla.)*
s.m.
Amér. Merid.

yusera Piedra circular o conjunto de piedras o ladrillos que sirve de suelo en el alfarje de los molinos de aceite.
s.f.

yusión (Del lat. *jussio, -onis*.) Mandato o precepto.
s.f./DERECHO

yusivo, a Se aplica al término que designa el modo subjuntivo cuando éste expresa un mandato u orden.
adj.
GRAMÁTICA

yute (Del ingl. *jute* < bengalí *jhuto*.)
1 Fibra textil que se obtiene de los tallos de una planta de la familia de las tiliáceas y que se usa para hacer cuerdas y tejidos de arpillera. — s.m. TEXTIL
2 Planta de la que se obtiene esta fibra textil. — BOTÁNICA
3 Tejido hecho con esta fibra. — TEXTIL

yuxta- Componente de palabra procedente del lat. *juxta*, que significa junto a: *yuxtaponer*. — pref.

yuxtalineal Se aplica a la traducción que acompaña a su original, o al cotejo de textos cuando se disponen a dos columnas de modo que se correspondan línea por línea. — adj.

yuxtaponer Poner una cosa junto a otra: *yuxtapuso los dos informes para comparar los criterios seguidos.* — v.tr/prnl. conj: *poner*

yuxtaposición
1 Acción y resultado de yuxtaponer o yuxtaponerse. — s.f.
2 Relación de dependencia o de coordinación entre — LINGÜÍSTICA
dos o más términos lingüísticos concatenados sin nexo alguno. — = parataxis
3 Modo de crecimiento propio de los minerales. — GEOLOGÍA

yuxtapuesto, a Se aplica al vocablo, sintagma u oración que están en relación sin estar ligados por ninguna preposición o conjunción. — adj. LINGÜÍSTICA

yuyal Paraje poblado de yuyos. — s.m./Amér. Merid.

yuyo
1 Hierbajo, hierba de poco valor. — s.m./Amér. Merid.
2 Hierbas tiernas comestibles. — s.m.pl./Argent., Perú
3 Hierbas que sirven de condimento. — Colomb., Ecuad.

yuyu Prohibición convencional que se sustenta en prejuicios o por el carácter sagrado de determinadas cosas y acciones, y miedo visceral que esta actitud produce en ciertas personas o comunidades. — s.m. SOCIOLOGÍA = tabú

yuyuba Fruto del azufaifo, pequeño, rojo o pardusco, dulce, con la piel coriácea y la carne muy blanda. — s.f./BOTÁNICA = azufaifa

Z

z Vigésima séptima y última letra del abecedario español y vigésima segunda de sus consonantes. — *s.f.*

¡za! Voz usada para ahuyentar a los animales domésticos. — *interj.*

zabarcera Mujer que revende frutos y otros comestibles en pequeñas cantidades. — *s.f.*

zabazala Encargado de dirigir la oración pública en una mezquita. — *s.m.* RELIGIÓN

zabazoque Persona que se encarga de contrastar las pesas y medidas. — *s.m.f.* = almotacén

zabila (Del ár. *sabbara*.) Áloe, planta liliácea. — *s.f./BOTÁNICA*

zaborda Encalladura y varadura de una embarcación en la arena o en las rocas: *una fuerte tormenta provocó la zaborda del buque.* — *s.f./NÁUTICA* th: zabordo = zabordamiento

zabordar Quedar una embarcación detenida o encallada en la arena o en las rocas: *el capitán no pudo evitar que el barco zabordara.* — *v.intr.* NÁUTICA = embarrancar

zabordo Zaborda, encalladura de una embarcación. — *s.m./NÁUTICA*

zabra Barco de dos palos, de cruz, usado en la antigüedad en los mares cántabros. — *s.f.* NÁUTICA

zabullida Zambullida, acción y resultado de zambullir o zambullirse. — *s.f.*

zabullidor, a Zambullidor, que zambulle o se zambulle. — *adj.*

zabullir (Del ant. *sobollir* < lat. vulgar *sepullire* < lat. *sepelire*.) Zambullir [en todas sus acepciones]. — *v.tr/prnl.* conj.: *mullir*

zaca Odre que se usa para desaguar los pozos y excavaciones de las minas. — *s.m.* MINERÍA

zacatal Pastizal, terreno dedicado al pasto para dar de comer al ganado. — *s.f./Méx., Amér. Central*

zacate
1 Hierba, pasto o forraje que se utiliza para dar de comer al ganado. — *s.m./Méx., Amér. Central*
2 Estropajo de fibras naturales. — *Méx.*

zacateca Sepulturero, empleado de pompas fúnebres. — *s.m./Cuba*

zacatín Plaza o calle donde se venden ropas. — *s.m.*

zacatón, a
1 Persona huidiza y cobarde. — *s/Méx./coloquial*
2 Hierba alta para pasto. — *s.m./Méx., C. Rica*

zacear Pronunciar una persona la s como la z: *al faltarle los dientes delanteros cuando habla zacea.* — *v.intr.* = cecear

zaceo Pronunciación de la s como la z. — *s.m./= ceceo*

zaceoso, a Que zacea o pronuncia la s como la z. — *adj./= ceceoso*

zadorija Pamplina, planta papaverácea. — *s.f./BOTÁNICA*

zafacoca Riña, discusión o enfrentamiento entre varias personas. — *s.f./Amér. Central y Merid.*

zafacón Cubo de basura. — *s.m./Antillas*

zafada Acción de zafar o zafarse. — *s.f./NÁUTICA*

zafado, a
1 Que es atrevido, descarado e insolente. — *adj/s./Argent.*
2 Que está loco o chiflado. — *Méx.*

zafadura
1 Acción y resultado de zafar o zafarse. — *s.f.*
2 Dislocación o luxación de un hueso. — *Amér. Central y Merid.*

zafaduría Conducta o lenguaje atrevidos. — *s.f./Argent., Urug.*

zafar
I (De origen incierto.) Adornar o cubrir un cosa. — *v.tr.*
II (Del gallego ant. *çafar, irse.*)
1 Huir o esconderse para evitar un riesgo: *el ladrón se zafó de la policía.* — *v.prnl.* = escabullirse
2 Librarse de una persona o de hacer una cosa molesta o desagradable: *se zafa de lavar los platos cada día; el futbolista se zafó del contrario* — *= liberarse*
3 Salirse la correa de una máquina del canto de la rueda.
4 Dislocarse o descoyuntarse un hueso. — *Amér. Central y Merid.*
5 Quitar los estorbos en una embarcación. — *v.tr/prnl./NÁUTICA*

zafarrancho
1 Retirada de estorbos y preparación de una parte de la embarcación para dejarla dispuesta para la realización de determinadas faenas. — *s.m.* NÁUTICA
2 Destrozo o destrucción: *se le cayó la bandeja con las copas y montó un buen zafarrancho.* — *coloquial = desastre*
3 Enfrentamiento confuso y ruidoso entre varias personas, a veces con uso de violencia: *empezaron discutiendo y acabaron liando un zafarrancho.* — *coloquial = riña*
4 Limpieza general de las dependencias de un cuartel. — *MILITAR*
5 **zafarrancho de combate:** Preparación de las armas y útiles de combate para llevar a cabo una inmediata acción de guerra. — *MILITAR*

zafero Armazón de metal o madera que sostiene una palangana. — *s.m. = palanganero*

zafiedad Modo de ser y de comportarse la persona grosera y tosca. — *s.f. = ordinariez*

zafio, a (Cruce del ár. *safin*, necio, con *safi*, pura.) — *adj/s.*

zafíreo Que se comporta de manera tosca y grosera: *tus zafios modales me avergüenzan.* = ordinario, rudo

zafíreo, a Del color azul propio del zafiro. adj./= zafirino

zafirina Calcedonia de color azul. s.f./MINERALOGÍA

zafiro (Del ár. *safir*.)
1 Piedra preciosa de color azul, y gran dureza, variedad del corindón, muy utilizada en joyería. s.m. MINERALOGÍA
2 De color azul oscuro. adj.
3 **zafiro blanco:** Corindón cristalizado, incoloro y transparente. MINERALOGÍA
4 **zafiro oriental:** El que es muy apreciado por su brillo. MINERALOGÍA

zafo, a Que está libre o desembarazado. adj./NÁUTICA

zafra
I (De origen incierto.)
1 Recipiente grande de metal para guardar el aceite. s.f.
2 Recipiente de metal, ancho, poco profundo y agujereado en el fondo que usaban los comerciantes para escurrir las medidas de aceite.
II (Del port. *safra*, cosecha.)
1 Cosecha de la caña de azúcar. s.f./AGRICULTURA
2 Fabricación de azúcar de caña y de remolacha. INDUSTRIA
3 Tiempo que dura esta fabricación. INDUSTRIA
III (De origen incierto.) Conjunto de desechos de la explotación de una mina o cascotes de la extracción y labra en una cantera. s.f. MINERÍA = escombro

zafrán (Del ár. *zafaran*.) Azafrán [en todas sus acepciones]. s.m.

zafre (Del fr. *safre*.) Óxido de cobalto y cuarzo, usado para dar azul a la cerámica y al vidrio. s.m. QUÍMICA

zafrero, a Persona que transporta las zafras o escombros de una mina o cantera. s. MINERÍA

zaga (Del ár. *saqa*, retaguardia de un ejército.)
1 Parte trasera de una cosa. s.f.
2 Defensa o retaguardia de un equipo: *la zaga madridista estuvo muy eficaz durante todo el partido.* DEPORTES
3 Carga que se coloca en la parte posterior de un carruaje.
4 **a la zaga o en zaga:** Atrás, detrás: *ya cansado, se quedó a la zaga de los demás corredores.* loc.adv.
5 **no ir o quedarse a la zaga:** No ser inferior una persona o cosa, en una determinada cualidad, a otra: *si ella es guapa, su madre no se queda a la zaga.* coloquial

zagal (De origen incierto.) Refajo que llevan las mujeres. s.m. = zagalejo

zagal, a (Del ár. *zagall.* valiente.)
1 Muchacho o muchacha que ha llegado a la adolescencia: *su hijo mayor ya es un zagal.* s.
2 Niño o niña de cualquier edad: *los zagales del pueblo jugaban en la plaza.* s.
3 Pastor o pastora joven que está a las órdenes del mayoral.
4 Muchacho que ayudaba al mayoral en los carruajes de caballerías. s.m.

zagala Muchacha soltera: *esta zagala tiene muchos pretendientes.* s.f.

zagalesco, a Que es propio de muchachos o zagales. adj.

zagalón, a Adolescente muy crecido y desarrollado para su edad: *a los dieciséis años ya era una zagalona.* = mocetón

zagua Planta arbustiva quenopodiácea de unos dos metros de altura, muy ramificado, hojas opuestas, carnosas siempre verdes y flores axilares de dos en dos, que se cría en la zona sur del continente europeo y en el norte del africano. (*Salsola oppositifolia.*) s.f. BOTÁNICA

zagual Remo corto con la pala plana acorazonada que se usa en embarcaciones pequeñas y no se apoya en ellas. s.m. NÁUTICA

zaguán (Del ár. *ostowan*.) Espacio cubierto situado en el interior de una casa e inmediato a la puerta de la calle: *no me dejó entrar en la casa, me quedé en el zaguán.* s.m. = portal, vestíbulo

zaguero, a
1 Que se queda o va detrás: *no ganará porque es el zaguero de los corredores.* adj/s.
2 Se aplica al carro que lleva exceso de carga en la parte de atrás.
3 Defensa, jugador de un equipo de fútbol: *el zaguero logró detener al delantero contrario.* s.m. DEPORTES
4 Jugador que se coloca en la parte de atrás de la cancha, en los partidos de pelota por parejas. DEPORTES
5 Jugador que cierra la línea de defensa en un equipo de rugby pero que, por sus características, hace funciones atacantes. DEPORTES

zahareño, a (Del ant. *çahareño* < ár. *sahri*.)
1 Se aplica al pájaro bravo que es difícil de domesticar. adj.
2 Que es arisco e intratable: *es tan zahareño que no tiene amigos.* = desdeñoso

zaheridor, a Que zahiere o humilla: *tus zaheridoras palabras la han hecho llorar.* adj/s. = humillador

zaherimiento Acción de zaherir o humillar. s.m.

zaherir (Del ant. *fazfirir* < *faz*, cara + *herir*.) Hacer o decir una cosa para molestar o humillar a una persona: *sus ataques verbales zahieren a cualquiera.* v.tr. conj: *sentir* = ofender

zahína (Del lat. *sagina*, engorde de animales.)
1 Planta anual graminea, con cañas altas, llenas de un tejido blanco, hojas ásperas, flores en panoja y granos rojizos, blanquecinos o amarillos que sirven para hacer pan o como alimento de las aves. (*Sorghum doura.*) s.f. BOTÁNICA = sorgo
2 Semilla de esta planta. BOTÁNICA

zahinar Tierra sembrada de zahína o sorgo. s.m.

zahón Prenda de vestir de cuero o paño que cubre desde la cintura hasta media pierna, con perneras abiertas que se atan a los muslos, usada para resguardar el pantalón: *el cazador vestía unos zahones de piel curtida.* s.m.

zahonado, a Se refiere a la pata de la res que tiene distinto color por delante que por detrás. adj.

zahondar
1 Cavar o excavar la tierra. v.tr.
2 Hundirse los pies en la tierra. v.intr.

zahorí (Del ár. *zuhari*.)
1 Persona capaz de descubrir lo que está oculto, en especial aguas subterráneas: *el zahorí detectó un pozo de agua.* s.m.f. pl.tb: zahories
2 Persona perspicaz que adivina con facilidad lo que otras piensan o sienten. = adivino

zahorra (Del cat. ant. *saorra* < lat. *saburra*.) Lastre de una embarcación. s.f. NÁUTICA

zahúrda Pocilga, establo de cerdos. s.f.

zaida (Del ár. *saida*, pescadora.) Grulla damisela, ave zancuda. s.f. ZOOLOGÍA

zaíno, a
1 Se aplica a la persona que es falsa o traidora: *nunca imaginó que su socio fuera tan zaíno.* adj. tb: zaino
2 Se refiere a la caballería que es resabiada y falsa. ≠ noble
3 Se aplica a la caballería o res de color oscuro o negro.
4 **a lo zaíno:** Al soslayo, con mala intención: *miraba a lo zaíno a su contrincante.* loc.adv.

zaire Unidad monetaria de la república africana del Zaire. s.m. ECONOMÍA

zaireño, a
1 De Zaire, país centroafricano. adj.
2 Persona natural de este país. s.

zajarí
1 Se aplica al higo muy dulce. adj./tb: zafarí
2 Se refiere a la granada que tiene los granos cuadrados. tb: zafari
3 Se aplica a la naranja que produce el injerto de naranja dulce sobre el naranjo borde.

zalá
1 Azalá, oración de los musulmanes. s.f./RELIGIÓN
2 **hacer la zalá a alguien:** Agasajar con sumisión a una persona para conseguir alguna cosa: *por mucho que me hagas la zalá no te lo compraré.* coloquial

zalagarda
1 Emboscada para coger descuidado al enemigo. s.f./MILITAR = escaramuza
2 Pelea entre jinetes o soldados de a caballo.
3 Astucia maliciosa con que una persona intenta engañar a otra, simulando cortesía. coloquial = zalamería
4 Riña, por lo general fingida, con mucho alboroto. = bronca
5 Alegría bulliciosa. = algarabía
6 Alboroto repentino para asustar a los que están descuidados.
7 Trampa para cazar animales con lazo. CAZA

zalamería Demostración exagerada de cariño: *sus zalamerías siempre persiguen un fin.* s.f./= adulación, halago, zalama

zalamero, a
1 Que demuestra cariño de forma exagerada: *es un niño zalamero y consentido.* adj/s. = adulador
2 Que se hace o dice con zalamería: *no sé cómo pudiste creer sus zalameras promesas.* adj.

zalea (Del ár. *saliha*.) Piel de oveja o carnero curtida con su lana. s.f.

zalear
1 Mover una cosa de un lado a otro con facilidad. v.tr.
2 Hacer huir a un animal.

zalema
1 Reverencia hecha en señal de sumisión. s.f.
2 Demostración de cariño. = zalamería

zaleo Acción de zalear. s.m.

zallar (Del occitano *salha* < occitano ant. *salhir* < lat. *salire*, saltar.) Hacer rodar o resbalar una cosa hacia la parte exterior de la embarcación. v.tr. NÁUTICA

zaloma Voz cadenciosa con que los marineros acompañan un trabajo colectivo. s.f./NÁUTICA tb: saloma

zamacuco, a (Del ár. *samakuk*.) — s./coloquial = cazurro
1 Persona que tiene poca inteligencia o que comprende con dificultad las cosas: *¡presta atención!, que pareces un zamacuco.*
2 Persona maliciosa y reservada, que calla y hace su voluntad: *es un zamacuco que sin que se note hace lo que quiere.* — coloquial = ladino
3 Borrachera, embriaguez: *con este zamacuco no puedo ir a mi casa.* — s.m./coloquial = trompa

zamanca Paliza, zurra: *le robaron el dinero y encima le dieron una buena zamanca.* — s.f./coloquial = somanta

zamarra (Del vasco *Zamar*, vellón del ganado lanar.)
1 Prenda de vestir rústica, de forma de chaqueta, hecha de piel con pelo o lana: *el pastor se abriga con una zamarra.* — s.f. = pelliza
2 Chaqueta de abrigo, hecha de piel o de otro material.
3 Piel de carnero. — = zalea

zamarrada
1 Acción tosca, propia de un zamarro: *ha sido una zamarrada decirle que estaba gorda.* — s.f.
2 Acción astuta.

zamarrazo
1 Golpe dado con un palo o una correa. — s.m.
2 Desgracia o cualquier percance serio que sufre una persona. — = revés

zamarrear
1 Mover con violencia un animal la presa que tiene entre los dientes para matarla: *el perro zamarreaba la perdiz.* — v.tr.
2 Mover o golpear con violencia a una persona: *le zamarreó enfadado cuando se lo encontró anoche.* — coloquial = zarandear
3 Poner en apuros a un contrincante en una disputa para demostrar superioridad: *le zamarreó sacando a relucir todos los trapos sucios.* — coloquial = arrinconar

zamarreo Acción de zamarrear: *con tanto zamarreo me vas a romper el brazo.* — s.m.

zamarrico Bolsa o zurrón hecho de cuero con lana o zalea. — s.m.

zamarrilla Planta anual leñosa y aromática labiada, que crece en la península Ibérica. *(Teucrium.)* — s.f. BOTÁNICA

zamarro
1 Prenda de vestir rústica, de forma de chaqueta, hecha de piel, con pelo o con lana. — s.m. tb: zamarra
2 Piel de cordero. — tb: zamarra
3 Hombre tosco, rústico y lerdo. — = patán
4 Hombre astuto y bribón: *no te fíes de él, es un zamarro.* — = pillo
5 Especie de zahones que usan los jinetes para montar a caballo. — s.m.pl./Colomb., Ecuad., Venez.

zamarronear Zamarrear, mover o golpear con violencia a una persona. — v.tr./Argent., Chile, Ecuad.

zamba
1 Danza en compás de seis octavas, que se baila en pareja suelta y con revoleo de pañuelos. — s.f.
2 Música y canto de esta danza. — MÚSICA

zambapalo
1 Danza grotesca, originaria de América, que se practicó en España durante los siglos XVI y XVII. — s.m.
2 Música que acompaña a esta danza. — MÚSICA

zambarco
1 Correa ancha que ciñe el pecho de las caballerías de tiro y a la que se sujetan los tirantes. — s.m.
2 Correa con una hebilla usada para oprimir o asegurar una cosa. — = francalete

zambiano, a
1 De Zambia, país africano. — adj.
2 Persona natural de este país. — s.

zambo, a
1 Se aplica a la persona o al animal que tiene juntas las rodillas y separadas las piernas hacia fuera: *anda con torpeza porque es un poco zambo.* — adj/s. = patizambo zámbigo
2 Se refiere al hijo de negro e india o indio y negra. — Amér.
3 Mono americano que tiene la cola prensil y casi tan larga como el cuerpo. *(Ateles hybridus.)* — s.m. ZOOLOGÍA

zamboa Especie de toronja. — s.f./tb: azamboa

zambomba (Del cruce de *zampoña* con *bombo* o *bomba*.)
1 Instrumento musical rústico, formado por un cilindro tapado en uno de sus extremos por una piel tensa, que tiene en su centro una varilla que, al frotarla de arriba abajo y de abajo arriba con la mano humedecida, produce un sonido fuerte, ronco y monótono: *cantan villancicos y tocan la zambomba.* — s.f. MÚSICA
2 ¡zambomba!: Voz usada para indicar sorpresa: *¡zambomba, lo encontré!* — interj. coloquial

zambombazo
1 Explosión o estampido fuerte y muy ruidoso: *oí el zambombazo, pero no pensé que fuera una bomba.* — s.m. = estallido
2 Porrazo, golpe fuerte. — = golpazo

zambombo, a Persona tonta, torpe y bruta. — s./= zamacuco

zamborotudo, a
1 Se refiere a la persona que es torpe, gruesa y mal formada: *es tan zamborotudo que le hacen la ropa a medida.* — adj/s. tb: zamborrotudo ≠ zamborondón
2 Se aplica a la persona que no hace bien las cosas: *es tan zamborotudo que los cuadros que cuelga se caen.* — = chapucero, zamborondón

zambra (Del ár. *zamr*, instrumentos musicales.)
1 Bulla o jaleo: *con tanta zambra no hay quien duerma.* — s.f.
2 Antigua fiesta morisca o gitana, bulliciosa y con baile. — HISTORIA

zambucar Esconder con rapidez una cosa entre otras para que no se vea: *zambucó el dos de picas y así ganó la partida.* — v.tr. conj: sacar

zambuco Acción de zambucar, en especial en el juego al esconder alguna carta de la baraja. — s.m.

zambullida Acción y resultado de zambullir o zambullirse. — s.f. tb: zambullidura

zambullidor, a Que zambulle o se zambulle. — adj./tb: zabullidor

zambullimiento Zambullida, acción y resultado de zambullir o zambullirse. — s.m. = zambullidura

zambullir (Del ant. *sobollir* < lat. vulgar *sepullire* < lat. *sepelire*.)
1 Meter de golpe a una persona, animal o cosa debajo del agua o de otro líquido: *se zambulló en el mar para pescar pulpos.* — v.tr/prnl./conj: mullir tb: zabullir = sumergir
2 Esconderse en alguna parte para no ser visto: *el conejo se zambulló en la maleza.* — v.prnl. = ocultarse
3 Meterse una persona en una actividad o un asunto. — = enfrascarse

zambullo
1 Olivo silvestre. — s.m./= acebuche
2 Bacín, orinal alto y grande.

zambullón Acción de zambullirse. — s.m./Amér. Merid.

zambutir Introducir o retacar una cosa a la fuerza en un lugar estrecho. — v.tr. Méx./coloquial

zaminar Maltratar a golpes. — v.tr.

zamorano, a
1 De Zamora, ciudad y provincia españolas. — adj.
2 Persona natural de esta ciudad o provincia. — s.

zampa Cada una de las estacas que se clavan en un terreno para hacer el firme sobre el que se va a edificar. — s.f. CONSTRUCCIÓN

zampalimosnas Persona pobre o estrafalaria que pide comida o dinero de forma ansiosa e impertinente. — s.m.f. pl: zampalimosnas coloquial

zampapalo Persona glotona o que come mucho: *el zampapalo de mi hermano se ha comido todo el pastel.* — s.m.f./coloquial = zampatortas

zampar
1 Comer o beber una cosa de forma apresurada: *se zampó los cuatro bollos en dos minutos.* — v.tr/prnl. = tragar
2 Meter una cosa dentro de otra con brusquedad para ocultarla. — v.tr. = embuchar
3 Lanzar una cosa con violencia contra una persona u otra cosa: *estaba tan enfadado que zampó la copa contra la pared.* — = estampar, tirar
4 Meterse en un lugar sin pedir permiso: *se zampó en mi habitación mientras yo me vestía.* — v.prnl. = colarse

zampatortas
1 Persona que come en abundancia y con glotonería: *ese zampatortas se comió un pollo entero y después todavía pidió postre.* — s.m.f./pl: zampatortas = zampadogos, zampabollos
2 Persona patosa, falta de capacidad y modales: *se comportó como un zampatortas y me dejó en ridículo.* — coloquial

zampeado Obra de cimentación que se hace con cadenas, madera y macizos de mampostería para edificar sobre terrenos falsos, poco estables o invadidos por el agua. — s.m. CONSTRUCCIÓN

zampear Afirmar un terreno con zampeados antes de edificar. — v.tr. CONSTRUCCIÓN

zampón, a Que come con glotonería: *da gusto dar de comer a un niño tan zampón.* — adj/s. coloquial

zampoña (Del lat. vulgar *sumponia* < lat. *symphonia* < gr. *symphonia*, concierto.)
1 Instrumento musical rústico, parecido a una flauta o formado por varias flautas unidas. — s.f./MÚSICA = caramillo
2 Dicho superficial o sin sentido: *para decir zampoñas será mejor que te calles.* — coloquial

zampullín Ave ribereña, pequeña y oscura, de la que se distinguen varias especies por el color de su plumaje. *(Podiceps ruficollis.)* — s.m. ZOOLOGÍA

zamuco
1 De un pueblo amerindio del norte del Chaco y su cultura. — adj. tb: samuco
2 Persona natural de este pueblo. — s.m.f.

zamujo, a Se aplica a la persona vergonzosa, retraída o que habla poco. — adj.

zamuro Zopilote, ave rapaz. — s.m./Colomb., Venez.

zanahoria (Del ár. vulgar *safunariya*.)
1 Planta bianual umbelífera con flores blancas, fruto seco y raíz fusiforme y comestible. *(Daucus carota.)* s.f. BOTÁNICA
2 Raíz comestible de esta planta, de unos dos decímetros de largo, gruesa y carnosa y de color anaranjado. BOTÁNICA

zanahoriate Dulce hecho con zanahoria. s.m./COCINA

zanata
1 De un pueblo beréber del norte de África. adj/s.m.f./= cenete
2 Persona natural de este pueblo. s.m.f.

zanatal Bandada de zanates. s.m./Méx.

zanate Denominación de diversas aves paseriformes ictéridas. s.m./Amér. ZOOLOGÍA

zanca (Del bajo lat. zanca < persa ant. *zanga*, pierna.)
1 Parte de la pata de las aves desde el tarso hasta la juntura del muslo, cuando es larga. s.f. ZOOLOGÍA
2 Pierna de la persona o de cualquier animal, en especial cuando es muy larga y delgada: *no andes tan rápido que yo no tengo tus zancas.* coloquial
3 Madero inclinado que sirve de soporte a los peldaños de una escalera. CONSTRUCCIÓN
4 **zanca de asnado:** Madero de los que se usan para asegurar los costados de la mina. CONSTRUCCIÓN, MINERÍA
5 **andar alguien en zancas de araña:** Usar rodeos para huir de una dificultad: *no andes en zancas de araña que yo no tengo tus zancas.* coloquial
6 **por zancas o por barrancas:** Por varios y extraordinarios medios y sin reparar en obstáculos: *por zancas o por barrancas logramos salir de ese lío.* loc.adv. coloquial

zancada
1 Paso largo dado por ir deprisa o por tener las piernas largas: *cruzó el charco de una zancada; el atleta daba grandes zancadas.* s.f. = tranco
2 **en dos zancadas:** Se usa para expresar la rapidez o facilidad con que se llega o se puede llegar a un sitio: *si quieres, me acerco a tu casa en dos zancadas.* loc.adv. coloquial

zancadilla
1 Acción de cruzar una persona su pierna entre las de otra mientras ésta se mueve, para hacerla tropezar o caer: *me puso la zancadilla, pero el árbitro lo vio.* s.f. = trascabo
2 Engaño o trampa con que se intenta perjudicar a una persona: *le pusieron tantas zancadillas que tuvo que dejar su puesto.* coloquial = traba

zancadillear
1 Poner la zancadilla a una persona para que tropiece o se caiga: *me zancadilleó y por poco me rompo el brazo.* v.tr.
2 Poner dificultades o engañar a una persona para perjudicarla: *me zancadillea porque quiere ocupar mi cargo.* coloquial

zancajear Andar una persona mucho y deprisa de un lugar a otro. v.intr. = zanquear

zancajera Parte del estribo para apoyar el pie al subir o bajar de un carruaje. s.f.

zancajiento, a Zancajoso [en todas sus acepciones]. adj.

zancajo
1 Hueso del pie que forma el talón. s.m.
2 Parte trasera del pie, donde sobresale el talón. s.m.
3 Parte de un zapato, calcetín o media que cubre el talón, en especial si está rota. = talón
4 Hueso grande de la pierna y sin carne. = zancarrón
5 **no llegarle a alguien a los zancajos:** Existir gran diferencia entre una persona y otra en el concepto de que se habla: *tú eres inteligente y ella no le llega a los zancajos.* coloquial = no llegarle a la suela del zapato
6 **roer los zancajos a alguien:** Murmurar de él o criticarle cuando no está presente: *me fui y todos empezaron a roerme los zancajos.* coloquial

zancajoso, a
1 Que tiene los pies torcidos hacia fuera. adj.
2 Que tiene los zancajos del pie muy grandes.
3 Que tiene rotos o sucios los talones de los calcetines o medias.
4 Se aplica a la caballería o la res que tienen los corvejones excesivamente juntos.

zancarrón
1 Cualquier hueso grande y sin carne, en especial los de la pierna. s.m.
2 Hombre flaco, viejo, feo y desaseado. coloquial/= adán
3 Profesor poco versado en la materia que explica. coloquial

zanco
1 Instrumento formado por un palo con un soporte a cierta distancia del suelo donde se coloca el pie, usado para hacer ejercicios de equilibrio y destreza. s.m.
2 Madero o puntal vertical que forma la parte principal de un andamio. CONSTRUCCIÓN
3 Palo que se coloca en la cabeza del mastelero cuando se quitan los mastelerillos de juanete. NÁUTICA

zancón, a
1 Que tiene las zancas largas. adj.
2 Se aplica al traje que es demasiado corto. Amér.

zancudo, a
1 Que tiene las zancas largas. adj./= zancón
2 Perteneciente a un grupo de aves que tienen los tarsos muy largos y la parte inferior de la pata desprovistas de plumas, como la cigüeña y la grulla. adj/s.f. ZOOLOGÍA
3 Mosquito, pequeño insecto cuya picadura provoca inflamación y picor. s.m./Amér. ZOOLOGÍA

zandía (Del ár. *batiha sindiya*, badea del país de Sind, en la India.)
1 Sandía, planta herbácea anual. s.f./BOTÁNICA
2 Fruto comestible de esta planta. BOTÁNICA

zanfonía Instrumento musical de cuerda, que se toca haciendo dar vueltas con un manubrio a un cilindro armado de púas. s.f. MÚSICA tb: zanfoña

zanga
1 Juego de cartas en el que el último toma las ocho cartas sobrantes. s.f. JUEGOS
2 Conjunto de las ocho cartas sobrantes en este juego. JUEGOS

zangala Tela de hilo muy engomada. s.f./TEXTIL

zanganada Hecho o dicho impertinente y torpe: *ha sido una zanganada decirle que la cigüeña y la vieja.* s.f. = majadería

zangandungo, a Persona inhábil, desmañada y holgazana. s./tb: zangandongo = zangandullo

zanganear Vivir o comportarse una persona como un zángano o un holgazán: *se pasa el día zanganeando, sin hacer nada.* v.intr. coloquial = holgazanear

zanganería Actitud perezosa, inclinada a holgazanear: *no pienso tolerar tu zanganería, ayúdame a limpiar.* s.f./coloquial = holgazanería

zángano, a (De la voz onomatopéyica *zang*, que imita el zumbido del abejorro.)
1 Macho de la abeja reina, de mayor tamaño, antenas largas y carente de aguijón. s.m. ZOOLOGÍA
2 Persona holgazana que vive a costa de los demás: *no tiene trabajo porque es una zángana.* s/coloquial = gandul
3 Persona desmañada y torpe. coloquial

zangarilleja Muchacha desaseada y vagabunda. s.f.

zangarrear Tocar una persona la guitarra sin arte. v.intr.

zangarriana
1 Especie de hidropesía de los animales. s.f./VETERINARIA
2 Enfermedad leve y pasajera que se repite con frecuencia. coloquial = achaque
3 Tristeza que produce abatimiento: *cuando me da la zangarriana no puedo dejar de llorar.* coloquial = melancolía

zangarullón Muchacho alto, desgarbado y holgazán. s.m./= zangón

zangolotear
1 Mover una cosa de forma continua: *el viento zangolotea las hojas de los árboles; la barca se zangoloteaba por el fuerte oleaje.* v.tr/prnl./coloquial tb: zangotear = zarandear
2 Moverse una persona de un lado a otro sin ningún propósito: *zangoloteaba sin parar porque estaba nerviosa.* v.intr. coloquial = vagar
3 Moverse una cosa por estar mal sujeta o ajustada: *los cristales de las ventanas se zangolotean.* v.prnl./coloquial = traquetear

zangoloteo Acción de zangolotear o zangolotearse una persona. s.m./coloquial tb: zangoteo

zangolotino a Se aplica al muchacho o la muchacha que quiere hacerse pasar por niño. adj/s.

zangón Muchacho alto, desgarbado y holgazán. s.m.

zanguanga
1 Simulación de una enfermedad o de otra cosa que impida trabajar: *dice que le duele la cabeza, pero está haciendo la zanguanga.* s.f. coloquial
2 Demostración fingida de cariño, hecha para conseguir una cosa. coloquial = lagotería

zanguangada Acción o palabras propias de una persona gandula y perezosa. s.f.

zanguango, a (Voz gallega.)
1 Se aplica a la persona que es muy perezosa. adj/s./= gandul
2 Persona, por lo general corpulenta, que se comporta de manera estúpida y torpe. s. Amér. Merid.

zanguayo Hombre alto, desgarbado y ocioso que se hace el tonto. s.m. coloquial

zanja
1 Excavación larga y estrecha que se hace para echar los cimientos de una obra, realizar canalizaciones o para otros fines: *una profunda zanja separaba los dos terrenos sembrados.* s.f. CONSTRUCCIÓN = cuneta, foso
2 Surco que abre en la tierra la corriente de un arroyo o un torrente. Amér. Central y Merid.
3 **abrir las zanjas:** 1. Empezar a construir un edificio. 2. Iniciar una cosa. CONSTRUCCIÓN coloquial

zanjar
1 Abrir o cavar zanjas en un terreno: *zanjarán la calle para canalizar el gas.* v.tr. CONSTRUCCIÓN
2 Dar una solución eficaz a un asunto: *con su intervención el director zanjó la discusión.* = solucionar, solventar

zanjón
1 Cauce o zanja grande y profunda por donde corre el agua. s.m.

2 Precipicio o despeñadero. *Chile*

zanqueador, a
1 Que anda torciendo las piernas. adj/s.
2 Que anda mucho o deprisa.

zanqueamiento Acción de zanquear. s.m.

zanquear
1 Torcer una persona las piernas al andar: *sufre una* v.intr.
malformación en las piernas y por eso zanquea.
2 Andar una persona mucho y deprisa de un lado = zancajear
para otro: *se pasa el día zanqueando y haciendo gestiones.*

zanquilargo, a Se aplica a la persona que tiene las adj/s.
piernas muy largas: *todos los pantalones le van cortos* coloquial
porque es muy zanquilargo.

zanquilla Persona de baja estatura o de piernas del- s.m.f./coloquial
gadas y cortas: *ella es alta y su novio un zanquilla.* tb: zanquita

zanquituerto, a Se refiere a la persona que tiene las adj/s.
piernas torcidas. coloquial

zapa
I (Del ital. *zappa*, azada.)
1 Pala herrada en la mitad inferior, con un corte de s.f.
acero, que usan en el ejército los zapadores o gasta- MILITAR
dores.
2 Excavación de galerías subterráneas, o de trincheras o zanjas al descubierto.
3 Zanja abierta al pie de un muro o de una obra con CONSTRUCCIÓN
el fin de destruir sus cimientos.
4 caminar a la zapa: Avanzar los soldados por las MILITAR
trincheras.
5 labor o trabajo de zapa: Perjuicio causado desde coloquial
dentro y con disimulo: *el proyecto fracasó por la labor*
de zapa de algunos de los miembros.
II (Del ant. *zapo*.)
1 Piel áspera de la lija u otro pez escualo o seláceo, pre- s.f.
parada y teñida para encuadernaciones y otros fines.
2 Piel o metal labrado de modo que imite el granulado de esta piel.

zapador
1 Militar perteneciente o encuadrado en unidades bá- s.m.
sicas del arma de ingenieros. MILITAR
2 Soldado destinado a obras de excavación. MILITAR

zapallo
1 Calabacera, planta de tallos rastreros cuyo fruto es s.m./Amér. Merid.
la calabaza. BOTÁNICA
2 Fruto de esta planta. BOTÁNICA

zapalote Maíz que tiene granos de varios colores en s.m.
la mazorca. Amér. Central

zapapico Herramienta que consiste en un mango de s.m
madera con punta en un extremo y corte estrecho en CONSTRUCCIÓN
el opuesto, usada para excavar y demoler. = pico

zapar
1 Trabajar una persona con la zapa o pala. v.intr.
2 Hacer excavaciones en un lugar: *los arqueólogos za-* v.intr/tr.
paron una explanada. = cavar

záparo
1 De un pueblo amerindio amazónico y de su lengua. adj.
2 Lengua hablada por este pueblo. s.m./LINGÜÍSTICA

zaparrada Golpe dado con la zarpa: *el tigre le arañó el* s.f.
brazo de una zaparrada. = zarpada

zaparrastrar Llevar arrastrando una persona los vesti- v.intr.
dos: *la falda te va larga y la zaparrastras por el suelo.*

zaparrastroso, a Que está desaliñado, sucio o hara- adj/s./coloquial
piento: *un niño zaparrastroso pedía limosna en la calle.* tb: zarrapastroso

zaparrazo Golpe dado con la zarpa. s.m./= zarpada

zapata
1 Calzado que llega a media pierna. s.f.
2 Pieza del freno de algunos automóviles, que actúa MECÁNICA
por fricción contra el eje o contra las ruedas para impedir o moderar su movimiento.
3 Pedazo de cuero que se pone debajo del quicio de
la puerta para que ésta no rechine o roce.
4 Pieza puesta sobre una columna u otro elemento ARQUITECTURA
arquitectónico para sostener la viga que lo cubre.
5 Tablón que se clava en la cara inferior de la quilla NÁUTICA
para defenderla de las varadas.
6 Pedazo de madera que se pone en la uña del ancla NÁUTICA
para proteger el costado de la embarcación o llevar el
ancla por tierra.

zapatazo
1 Golpe dado con un zapato: *mató a la mosca de un* s.m.
zapatazo.
2 Caída y ruido producido por este golpe: *ayer escu-* = trompazo
ché varios zapatazos contra la puerta de la vecina.
3 Golpe producido al caerse: *se dio tal zapatazo que se* = costalada,
rompió un brazo. trompazo
4 Golpe dado por las caballerías al apoyar con fuerza
el casco y resbalar.
5 Sacudida y golpe violento de una vela. NÁUTICA
6 mandar a alguien a zapatazos: Conseguir con faci- coloquial
lidad todo lo que se quiere de una persona.

7 tratar a alguien a zapatazos: Tratar a una persona coloquial
con dureza, sin consideración ni miramientos: *trata a*
sus empleados a zapatazos.

zapateado
1 Baile español que se ejecuta en compás ternario y s.m.
golpeando el suelo con los zapatos.
2 Música que acompaña este baile. MÚSICA

zapateador, a Que zapatea: *este bailarín es un buen* adj/s.
zapateador.

zapatear
1 Golpear una cosa con el zapato: *clavó la chincheta en* v.tr/intr.
la pared, zapateándola; no zapatees que molestas a tus ve-
cinos.
2 Golpear el suelo con los pies calzados: *zapateó a rit-* = taconear
mo de sevillanas.
3 Golpear el conejo el suelo con las patas delanteras v.tr.
con rapidez, al sentir al cazador o al perro. CAZA
4 Tratar mal a una persona: *le zapateó con insultos de* coloquial
todo tipo. = maltratar
5 Dar, en esgrima, muchos golpes al adversario con DEPORTES
el botón o zapatilla, sin recibir ninguno.
6 Tropezarse una caballería con los pulpejos de las EQUITACIÓN
manos cuando corre.
7 Moverse el caballo como si estuviese andando, v.intr.
pero sin cambiar de lugar. EQUITACIÓN
8 Dar las velas golpes o sacudidas violentas. NÁUTICA
9 Mantenerse una persona firme en una riña o una v.prnl.
disputa: *él se zapatea hasta el final de la pelea.* coloquial

zapateo Acción y resultado de zapatear. s.m.

zapatería
1 Tienda donde se venden zapatos, botas y otro tipo s.f.
de calzado: *en esta zapatería suelen tener números grandes.* COMERCIO
2 Taller donde se hacen o arreglan zapatos u otro
tipo de calzado: *he de llevar las botas a la zapatería*
para que me pongan suelas nuevas.
3 Arte u oficio de hacer zapatos.
4 zapatería de viejo: Taller donde se remiendan zapatos viejos o tienda donde se venden.

zapatero, a
1 Del zapato: *trabaja en la industria zapatera.* adj.
2 Persona que hace, arregla o vende zapatos: *el zapa-* s.
tero me ha puesto tapas nuevas en las botas.
3 Se aplica a la legumbre que queda dura al echar adj.
agua fría en la olla mientras se está cociendo: *garban-* COCINA
zos zapateros.
4 Se refiere a la comida que se pone correosa por COCINA
estar guisada con demasiada anticipación: *patatas za-*
pateras.
5 Pez teleósteo, plateado, de cabeza puntiaguda, que s.m.
vive en los mares meridionales americanos. *(Chorinemus* ZOOLOGÍA
quiebra).
6 Insecto hemíptero de patas largas, que se desliza ZOOLOGÍA
con velocidad sobre la superficie del agua. *(Gerris na-* = tejedor
tans).
7 Mueble para guardar zapatos u otro tipo de calzado: *las zapatillas están en el zapatero.*
8 Renacuajo, cría de la rana. ZOOLOGÍA
9 zapatero de viejo o remendón: El que arregla los
zapatos rotos o gastados.
10 quedarse zapatero: Quedarse un jugador sin JUEGOS
hacer bazas o tantos.

zapateta
1 Salto acompañado de un golpe dado con la mano s.f.
en un zapato o con un zapato en el otro, hecho en
señal de alegría.
2 Brinco que se da sacudiendo los pies con habilidad. = cabriola
3 Golpes dados con el zapato en el suelo en algunos s.f.pl.
bailes.
4 ¡zapateta!: Voz usada para expresar admiración. interj.

zapatiesta Alboroto causado por varias personas. s.f.

zapatilla
1 Calzado de material blando, ligero y cómodo, que s.f.
se usa para estar en casa: *he de comprar unas zapatillas*
de invierno.
2 Calzado ligero, de lona o piel, por lo general con DEPORTES
cordones, que se usa para hacer deporte: *al chutar la*
pelota se me salió la zapatilla.
3 Zapato ligero y de suela muy delgada.
4 Pieza de goma, cuero u otro material que se usa
para mantener adheridas de forma hermética dos
partes diferentes que están en comunicación.
5 Pieza de ante que en los instrumentos musicales de MÚSICA
viento se pone debajo de la pala de las llaves para
que se adapte bien a su agujero.
6 Suela del taco de billar. JUEGOS
7 Rasgo horizontal que llevan los trazos rectos de las
letras como adorno.
8 Forro de cuero o metal con que, en esgrima, se cu- DEPORTES
bre el botón o espiga de hierro de los floretes y espadas negras para que no hieran.
9 Casco o uña de los animales de pata hendida. ZOOLOGÍA

10 Pieza de cuero, ante o plomo que se ponía detrás del muelle de la llave de un arma de fuego para que no lastimase la mano.
11 zapatilla de la reina: Pamplina, planta de la familia de las papaveráceas. BOTÁNICA
12 zapatilla de orillo: La que se hace con recortes de orillos u otro tejido parecido.
13 ser alguien una zapatilla: No valer una persona casi nada en comparación con otra: *tú a su lado eres una zapatilla.* coloquial

zapatillazo Golpe dado con una zapatilla: *rompió el cristal de un zapatillazo.* s.m.

zapatillero, a Persona que hace o vende zapatillas. s.

zapatista (De E. *Zapata,* revolucionario mexicano.)
1 Del movimiento agrarista mexicano dirigido por dicho revolucionario. adj./POLÍTICA
2 Partidario de este movimiento o de dicho revolucionario. s.m.f./POLÍTICA

zapato
1 Calzado que no pasa del tobillo, compuesto de una suela inferior y el resto de piel, fieltro u otro material: *se me han roto los cordones del zapato.* s.m.
2 zapato botín: Media bota que no pasa de media pierna.
3 andar alguien con zapatos de fieltro: Proceder con secreto y recato. coloquial
4 como tres en un zapato: Se usa para indicar que varias personas tienen que acomodarse en un espacio reducido, o que se ven en estrechez o penuria. loc.adv. coloquial
5 meter a alguien en un zapato: Intimidarle u oprimirle: *el jefe tiene metida en un zapato a su secretaria.* coloquial = meter en un puño
6 no llegarle al zapato o a la suela del zapato: Ser una persona inferior a otra en alguna cualidad: *tú eres lista y ella no te llega al zapato.* coloquial
7 saber alguien dónde le aprieta el zapato: Saber bien lo que le conviene: *déjale que dimita, ya sabe dónde le aprieta el zapato.* coloquial

zapatudo, a
I (Derivado de *zapato.*)
1 Que tiene los zapatos muy grandes o de cuero fuerte y duro. adj.
2 Se refiere al animal que tiene los cascos muy grandes.
3 Se aplica al alimento que está correoso por falta de cocción. Cuba, P. Rico COCINA
II (Derivado de *zapata.*) Que está asegurado o reforzado con una zapata. adj.

¡zape!
1 Voz usada para ahuyentar a los animales domésticos, en especial a los gatos o para manifestar extrañeza o miedo. interj. coloquial
2 Se usa en algunos juegos de naipes para negar la carta que pide el compañero. JUEGOS

zapear
1 Hacer huir al gato con la voz "¡zape!". v.tr.
2 Decir zape a un compañero de juego para negarle la carta que éste había pedido. JUEGOS
3 Hacer que una persona huya: *el granjero zapea a los muchachos.* = ahuyentar

zapotal Terreno poblado de zapotes. s.m.

zapotazo Golpe dado por una persona al caer al suelo. s.m./Méx/coloquial

zapote (Del náhuatl *tzapotl.*)
1 Planta arbórea sapotácea, originaria del continente suramericano, que destila el chicle, y cuyo fruto, en forma de manzana, es comestible. *(Achras sapota.)* s.m. BOTÁNICA = zapotero, zapotillo
2 Fruto comestible de esta planta. BOTÁNICA

zapoteca
1 De un pueblo amerindio mexicano, creador en la época precolombina de una importante cultura, o de su lengua. adj.
2 Persona natural de este pueblo. s.m.f.
3 Lengua hablada por este pueblo. s.m./LINGÜÍSTICA

zapoyolito Ave trepadora americana similar un perico pequeño. s.m./Amér. Central y Merid.

zapping (Voz inglesa.) Práctica consistente en cambiar de forma continua el canal de televisión por medio del mando a distancia, sin ver ningún programa en concreto. s.m. AUDIOVISUALES tb: zaping

zaque (Del ár. *ziqq,* odre.) Odre pequeño. s.m.

zaquear
1 Pasar un líquido de un odre a otro. v.tr.
2 Transportar un líquido en un odre o zaque.

zaquizamí (Del ár. *saqf sama.*)
1 Desván, parte más alta de la casa, debajo del tejado. s.m. pl.tb: zaquizamíes
2 Habitación muy pequeña, sucia y poco cómoda. = cuchitril
3 Enmaderado de un techo. CONSTRUCCIÓN

zar (Del ruso *tsar.*) Título que se daba al emperador ruso y al soberano búlgaro. s.m. HISTORIA

zara Maíz, planta gramínea. s.f./BOTÁNICA

zarabanda
1 Antigua danza popular española, de movimiento vivo, considerada provocativa por los moralistas de la época. s.f.
2 Música que acompaña esta danza. MÚSICA
3 Letra que se cantaba con esta danza.
4 Cualquier cosa que provoca alboroto. = barullo

zarabandista
1 Que baila, tañe, canta o compone zarabandas. adj/s.m.f.
2 Se aplica a la persona que es alegre y bulliciosa. = bullanguero

zarabutero, a Zaragutero [en todas sus acepciones]. adj/s.

zaracear Caer llovizna y nevisca con viento. v.impers.

zaragalla Carbón vegetal menudo. s.f./= cisco

zaragata (Del ár. *bazr qatuna.*)
1 Riña o alboroto. s.f.
2 Payaso que entre un número y otro finge entorpecer el trabajo de los demás. s.m.
3 Que da muestras fingidas y exageradas de cariño. adj./= zalamero

zaragate Persona despreciable e informal que se entremete en las cosas de otras personas. s.m.f./Amér. Central, Perú, Venez.

zaragatear
1 Alborotar, armar zaragata. v.intr.
2 Hacer zalamerías o halagos fingidos y exagerados. v.intr/prnl.

zaragatero, a
1 Que es aficionado a alborotar. adj./s.
2 Que hace halagos fingidos y exagerados. = zalamero

zaragatona (Del ár. *bazr qatuna.*)
1 Planta herbácea anual cuyas semillas, ricas en mucílago, se usan como emolientes. *(Plantago.)* s.f. BOTÁNICA
2 Semilla de esta planta. BOTÁNICA

zaragocí
1 De Zaragoza, ciudad y provincia españolas. adj./pl.tb: zaragocíes
2 Se aplica a la ciruela amarilla, originaria de esta provincia española.

zaragozano, a
1 De Zaragoza, ciudad y provincia españolas. adj.
2 Persona natural de esta ciudad o provincia. s.

zaragüelles (Del ár. *sarawil.*)
1 Calzones anchos con pliegues usados antiguamente, y que ahora llevan las gentes del campo en Valencia y Murcia. s.m.pl.
2 Calzones muy anchos, largos y mal confeccionados.
3 Planta gramínea, de cañas débiles y espiguillas colgantes formado panoja. BOTÁNICA

zaragutear
1 Embrollar, provocar enredo. v.tr./tb: zarabutear
2 Hacer una cosa con prisas y de forma descuidada.
3 Holgazanear o vagabundear. v.intr./Venez.

zaragutero, a
1 Que zaragutea. adj/s.
2 Que es enmarañado o confuso. = enredado

zaramagullón Somorgujo, ave palmípeda. s.m./ZOOLOGÍA

zaramullo Bellaco, persona despreciable. s.m./Perú, Venez.

zaranda
1 Armazón formado por un aro al que va fijado un fondo de tela metálica o de otro material agujereado, que sirve para separar granos o partículas de distinto grosor. s.f. = cernedor, criba, harnero
2 Criba rectangular con fondo de red hecha con cuerdas delgadas de esparto, usada en los lagares.
3 Colador de metal para la jalea y otros dulces. COCINA Venez.
4 Trompo hueco que zumba al girar.

zarandador, a Persona que limpia el grano con la zaranda. s. AGRICULTURA

zarandaja (Del ant. *serondaja* < lat. *serotinus.*) Cosa de poco valor o escasa importancia: *tira todas esas zarandajas.* s.f. coloquial = nadería

zarandar
1 Limpiar el grano o la uva, pasándolos por la zaranda o criba. v.tr. AGRICULTURA
2 Colar el dulce de fruta con la zaranda. COCINA
3 Mover una cosa o persona de un lado a otro con energía y rapidez: *el viento zaranda las velas.* v.tr/prnl. tb: zarandear
4 Separar lo más valioso de una cosa: *zarandó una camisa de aquel montón de ropa.* v.tr. = escoger

zarandear
1 Mover a una persona o una cosa de un lado a otro con rapidez y energía: *la agarró por los brazos y la zarandeó; la veleta se zarandeaba con el ventarrón.* v.tr/prnl. tb: zarandar = agitar
2 Limpiar una cosa con la zaranda o criba. v.tr.
3 Hacer ir a una persona de un lado a otro realizando encargos o trabajos: *sus jefes le zarandeaban sin dejarle un momento; se zarandeó toda la tarde con un montón de recados.* = ajetrear, azacanear
4 Contonearse, mover una persona las caderas a uno y otro lado al caminar. v.prnl. Perú, P. Rico, Venez.

zarandeo Acción y resultado de zarandear o zarandearse. s.m.

zarandero, a Persona que mueve la zaranda. s.

zarandillo
1 Persona que anda de una parte a otra con inquietud, en especial el niño travieso: *no se cansa nunca, este niño es un zarandillo.* s.m. coloquial
2 Zaranda o criba pequeña.
3 **traer** o **llevar a alguien como un zarandillo:** Hacerle ir con frecuencia de una parte a otra: *le lleva como un zarandillo, siempre haciendo gestiones.* coloquial

zarapatel Guiso hecho con berenjenas, tomate, calabaza y pimiento, todo picado y revuelto. s.m. COCINA

zarapito Ave migratoria carádrida, de pico largo y arqueado hacia abajo, que habita cerca de las extensiones de agua dulce o en las zonas costeras. *(Numenius.)* s.m. ZOOLOGÍA

zaratán Cáncer de pecho. s.m./MEDICINA

zarate Sarna, afección contagiosa de la piel, causada por un ácaro. s.m./Hond. MEDICINA

zaraza Tela de algodón muy fina con listas de colores o con flores estampadas. s.f. TEXTIL

zarbo Pez de río semejante al gobio. s.m./ZOOLOGÍA

zarcear
1 Limpiar los conductos o las cañerías con ramas de zarza: *zarceamos las cañerías para desatascarlas.* v.tr.
2 Entrar el perro en un zarzal para levantar la caza. v.intr./CAZA
3 Pasar con rapidez una persona por un lugar, al ir de un sitio a otro: *zarceaba por la plaza repartiendo paquetes.*

zarceño, a De la zarza. adj.

zarcero, a Se aplica al perro pequeño y de pies cortos, que entra con facilidad en las zarzas a buscar la caza. adj/s.m. CAZA

zarceta (Del lat. vulgar *cercedula* < lat. *querquetula*.) Cerceta, ave palmípeda. s.f. ZOOLOGÍA

zarcillitos Tembladera, planta gramínea. s.m.pl./BOTÁNICA

zarcillo
I (Del ant. *cercillo* < lat. *circellus*, circulito.)
1 Pendiente o arete: *estos zarcillos me aprietan mucho la oreja.* s.m.
2 Marca que se practica al ganado lanar en las orejas.
3 Órgano filamentoso y delgado de algunas plantas que se enrolla alrededor de un soporte: *los zarcillos de la vid trepan por la encañizada.* BOTÁNICA
II (De origen incierto.) Azada pequeña usada para limpiar la tierra y trasplantar flores y arbustos. s.m./AGRICULTURA = almocafre

zarco, a (Del ár. vulgar *zarqa*, azul.) De color azul claro; *se enamoró de sus ojos zarcos: recuerdo el zarco mar.* adj.

zarevich (Del ruso *tsarewitz*.)
1 Hijo del zar. s.m./HISTORIA
2 Príncipe primogénito del zar reinante. HISTORIA

zargatona Zaragatona, planta plantaginácea. s.f./BOTÁNICA

zariano, a Del zar: *visitamos el palacio zariano.* adj/HISTORIA

zarigüeya (Del guaraní *sarigueya*.) Mamífero marsupial americano, de pelaje pardo rojizo, hocico alargado y negro y cola desnuda y prensil, de costumbres nocturnas y omnívoro. *(Didelphis.)* s.f. ZOOLOGÍA

zarina
1 Esposa del zar. s.f./HISTORIA
2 Emperatriz rusa. HISTORIA

zarismo Régimen político de la antigua Rusia, caracterizado por una forma de gobierno en la que el poder absoluto era ejercido por los zares. s.m. HISTORIA

zarista
1 Del zar o de la época de los zares: *visitamos los palacios zaristas.* adj. HISTORIA
2 Que es partidario del zar o del zarismo: *los zaristas huyeron del país durante la revolución.* adj/s.m.f. HISTORIA, POLÍTICA

zarja Instrumento para devanar la seda cruda. s.f./tb: azarja

zarpa
1 Mano, con dedos y uñas afiladas de ciertos animales: *el león le hizo una herida con la zarpa.* s.f. ZOOLOGÍA
2 Mano de persona: *¡no me toques con estas zarpas tan sucias!* coloquial
3 Acción de zarpar un barco. NÁUTICA
4 Lodo o barro que se queda pegado en la parte baja de la ropa. = cazcarria
5 Parte que, en la anchura de un cimiento, excede a la del muro que se levanta sobre él. ARQUITECTURA
6 **echar alguien la zarpa: 1.** Manos o uñas de las personas: *en cuanto vio el juguete, el niño le echó la zarpa.* **2.** Apoderarse de una cosa con violencia o engaño: *el ladrón le echó la zarpa de la chica.* coloquial / coloquial

zarpada Golpe dado con la zarpa: *le hirió el brazo de una zarpada.* s.f./= zaparrazo, zarpazo

zarpanel Se refiere al arco que consta de varias porciones de circunferencia tangentes entre sí y trazadas desde distintos centros. adj. ARQUITECTURA tb: carpanel

zarpar (Del ital. *sarpare*.)
1 Hacerse una embarcación a la mar: *el barco zarpará en cuanto estén todos los tripulantes a bordo.* v.intr. NÁUTICA

2 Soltar una embarcación el ancla del fondeadero para emprender la navegación. v.tr/intr. NÁUTICA

zarpazo
1 Golpe dado con la zarpa: *el domador tiene en la cara la señal de un zarpazo de tigre.* s.m. = zaporrado, zaparpada
2 Batacazo, golpe violento: *resbaló y se pegó un buen zarpazo contra el suelo.* = porrazo, trompazo

zarposo, a Que tiene restos de barro seco o zarpas en la parte baja de la ropa. adj.

zarracatería Halago fingido y engañoso: *no te creas lo que te dice, son zarracaterías.* s.f. = zalamería

zarracatín, a Persona que regatea para comprar barato y vender caro. s.

zarracina Ventisca con lluvia. s.f.

zarramplín, a
1 Persona chapucera y poco hábil en su trabajo. s.
2 Pelagatos, persona mediocre.

zarramplinada Labor o trabajo mal hecho, propios de una persona chapucera. s.f. = chapuza

zarrapastra Cazcarria, lodo o barro que se queda pegado en la parte baja de la ropa. s.f. = zarria

zarrapastro
1 Persona sucia o andrajosa: *lávate que vas hecha un zarrapastro.* s.m. = zarrapastroso
2 Persona de mal vivir. = pendón

zarrapastrón, a Que va muy sucio y andrajoso: *un niño zarrapastrón me pidió dinero para comer.* adj/s. coloquial

zarrapastroso, a Que va sucio y viste con ropas andrajosas y rotas: *no salgas a la calle con este aspecto tan zarrapastroso.* adj/s. tb: zaparrastroso = desaliñado

zarria
I (Del vasco *zahar*.)
1 Barro o lodo que se queda pegado en la parte inferior de la ropa: *no consigo quitar la zarria del bajo de la falda.* s.f. = cazcarria
2 Andrajo, ropa sucia o rota. = harapo
II (De origen incierto.) Tira de cuero que se mete entre los ojales de la abarca para asegurarla bien. s.f.

zarriento, a Que tiene zarrias o barro seco en los bajos de la ropa: *quítate ese vestido zarriento.* adj. = zarrioso

zarza
1 Planta arbustiva espinosa rosácea, con tallos sarmentosos, hojas divididas, flores blancas o rosadas en racimos y fruto compuesto de pequeñas drupas. *(Rubus.)* s.f. BOTÁNICA
2 Cualquier arbusto espinoso. BOTÁNICA

zarzagán Cierzo flojo y muy frío: *abrígate, que hoy sopla el zarzagán.* s.m.

zarzaganillo Cierzo que causa tempestades. s.m.

zarzahán Tela de seda delgada y con listas de colores: *la falda del traje es de zarzahán.* s.m. TEXTIL

zarzal Terreno cubierto de zarzas o matorral de zarzas: *tiene rasguños en las piernas porque cayó en medio del zarzal.* s.m.

zarzaleño, a Del zarzal. adj.

zarzamora
1 Fruto de la zarza, semejante a la mora, pero más pequeño y redondo. s.f. BOTÁNICA
2 Zarza, planta arbustiva espinosa. BOTÁNICA

zarzaparrilla
1 Planta arbustiva, voluble, con tallos largos y espinosos y rizomas depurativas. *(Smilax aspera.)* s.f. BOTÁNICA
2 Cocimiento de la raíz de este arbusto, con propiedades depurativas, diuréticas y sudoríficas.
3 Bebida refrescante que se prepara con esta planta.
4 **zarzaparrilla de Indias:** Arbusto americano que se emplea con fines medicinales. BOTÁNICA

zarzaparrillar Terreno donde abunda la zarzaparrilla. s.m.

zarzaperruna Escaramujo, especie de rosal silvestre. s.f./BOTÁNICA

zarzarrosa Flor del escaramujo, parecida en la forma a la rosa castellana. s.f. BOTÁNICA

zarzo Tejido plano de cañas, varas, juncos o mimbres, que tiene diversos usos: *cubrimos la terraza con zarzo.* s.m. = cañizo

zarzoso, a Se aplica al terreno que tiene muchas zarzas. adj.

zarzuela
1 Obra dramática española en la que se combinan los fragmentos hablados y cantados. s.f./MÚSICA, TEATRO
2 Letra de esta obra.
3 Música de esta obra. MÚSICA
4 Plato en el que se combinan varios tipos de pescado y marisco, condimentado con una salsa. COCINA

zarzuelero, a De la zarzuela: *es un gran aficionado a las representaciones zarzueleras.* adj.

zarzuelista
1 Persona que escribe la letra o texto de las zarzuelas. s.m.f.
2 Persona que compone la música de las zarzuelas. MÚSICA

¡zas! (Voz onomatopéyica.) Expresión usada para reproducir el ruido producido por un golpe o una acción rápida y brusca. — *interj.*

zascandil Persona informal, que va de un lado a otro sin hacer nada de provecho. — *s.m.f.*

zascandilear Ir de un lado a otro sin hacer nada de provecho: *se pasa el día zascandileando por la calle.* — *v.intr.*

zascandileo Acción y resultado de ir de un lado a otro sin hacer nada de provecho. — *s.m.*

zatara Armazón de madera, a modo de balsa, usada para el transporte fluvial. — *s.f.* = zata

zatico Mendrugo o pedazo de pan. — *s.m./th:* zatillo

zeda Zeta, letra. — *s.f.*

zegrí Cegrí, miembro de una dinastía del reino nazarí de Granada. — *adj./s.m.f. pl./s.m.:* zegríes

zéjel (Del ár. *zeyel*.) Composición poética popular de origen árabe, formada por un estribillo temático inicial y por un número variable de estrofas compuestas de tres versos monorrimos seguidos de otro verso de rima constante igual a la del estribillo. — *s.m.* POESÍA

zelote Miembro de un partido nacionalista judío, muy activo durante el primer siglo de nuestra era. — *s.m.f./HISTORIA th:* celota

zen (Voz japonesa.) Se aplica a una secta budista, originaria de China y extendida en Japón desde el siglo XVIII. — *s.m. RELIGIÓN*

zenit (Del ár. *semt ar-ras*, el paraje de la cabeza.) Cenit [en todas sus acepciones]. — *s.m.*

zeolita Silicato natural complejo de ciertas rocas de origen volcánico. — *s.f. MINERALOGÍA*

zepelín (De F. *Zeppelin*, industrial alemán.) Globo dirigible alargado, con barquilla cerrada, para transporte de personas y cargas. — *s.m. AERONÁUTICA th:* zeppelin

zeta (Del lat. *zeta* < gr. *zeta*.)
1 Nombre de la letra z.
2 Sexta letra del alfabeto griego, que corresponde a la letra z en el español. — *s.f./th:* zeda
3 Coche policial. — *s.m./argot*

zeugma (Del gr. *zeugma*, enlace.) Figura de construcción que consiste en utilizar una sola palabra en períodos que tienen alguna conexión, teniendo que sobreentenderse esta palabra en los otros sintagmas u oraciones. — *s.m. RETÓRICA th:* zeuma

zigo- Componente de palabra procedente del gr. *zygos*, que significa yugo: *zigofiláceo.* — *pref. th:* cigo-

zigofiláceo, a Perteneciente a una familia de plantas angiospermas. — *adj./s.m./BOTÁNICA th:* cigofiláceo

zigomorfo, a (Del gr. *zygos*, yugo + *morphe*, forma.)
1 Se aplica al verticilo de la flor que tiene un solo plano de simetría. — *adj./BOTÁNICA th:* cigomorfo

zigoto (Del gr. *zygotos*, unido.) Cigoto, célula fecundada. — *s.m. BIOLOGÍA*

zigurat Torre escalonada y piramidal, característica de la arquitectura religiosa asiria y caldea. — *s.m. ARQUITECTURA*

zigzag (Del fr. *zigzag* < alem. *zickzack*.)
1 Línea o trayectoria formada por ángulos entrantes y salientes alternativos: *está mareado y anda haciendo zigzag.* — *s.m. pl:* zigzags
2 en zigzag: Formando ángulos entrantes y salientes. — *loc.adv.*

zigzaguear Moverse una persona o un animal formando ángulos entrantes y salientes: *la carretera hasta la ermita zigzaguea.* — *v.intr.* = serpentear

zigzagueo Movimiento que describe una línea formada por ángulos entrantes y salientes. — *s.m.*

zinc (Del fr. *zinc* < alem. *zink*.) Cinc, metal. — *s.m./QUÍMICA*

zíngaro, a Cíngaro, de la etnia gitana. — *adj./s.*

zinnia Planta ornamental compuesta, de tallos ramosos, hojas opuestas y flores grandes de diverso color según la variedad. *(Zinnia elegans).* — *s.f. BOTÁNICA*

zíper (Del ingl. *zipper*.) Cremallera, cierre dentado para las aberturas longitudinales de las prendas de vestir. — *s.m. Méx.*

zipizape Riña, discusión o alboroto: *empezaron hablando y acabaron montando un zipizape.* — *s.m./coloquial* = follón

¡zis! (Voz onomatopéyica.) Indica la acción de golpear, de forma repetida y de un lado a otro, una persona o una cosa, en la expresión ¡zis, zas! — *interj.*

zloty Unidad monetaria de Polonia. — *s.m./ECONOMÍA*

zoantropía (Del gr. *zoon*, animal + *anthropos*, persona.) Alienación mental en la que el afectado cree ser un animal. — *s.f. SIQUIATRÍA*

zoc Murciélago, mamífero insectívoro volador, de hábitos nocturnos. — *s.m./Méx. ZOOLOGÍA*

zócalo (Del ital. *zoccolo*, zueco.)
1 Franja que se adhiere o se pinta en la parte inferior de una pared: *el zócalo es de madera.* — *s.m./CONSTRUCCIÓN/ friso*
2 Cuerpo inferior del exterior de un edificio que se — *ARQUITECTURA*

distingue del resto y que sirve para elevar los basamentos al mismo nivel.
3 Parte inferior de un pedestal, debajo del neto. — *ARQUITECTURA*
4 Especie de pedestal. — *ARQUITECTURA*
5 Conjunto de terrenos antiguos que constituyen plataformas rígidas recubiertas en parte de depósitos sedimentarios más recientes. — *GEOLOGÍA*
6 Plaza mayor de una población. — *Méx.*

zocatearse Ponerse un fruto reseco y correoso sin llegar a madurar. — *v.prml.*

zocato, a
1 Que usa la mano izquierda. — *adj./s.*
2 Se aplica al fruto que se pone reseco y correoso sin llegar a madurar. — *adj.*

zoclo (Del vasco *txokolo* < ital. *zoccolo*, zueco.) Zapato de cuero con suela de corcho o de madera: *las pescaderas suelen llevar zoclos.* — *s.m.* = chanclo, zueco

zoco
I (Del ital. *zoccolo*, zueco.)
1 Zueco, calzado. — *s.m.*
2 Zócalo de un pedestal. — *ARQUITECTURA*
3 andar alguien de zocos en colodros: Ir de mal en peor: *ha montado un nuevo negocio y anda de zocos en colodros.* — *coloquial*
II (Del ár. *suq*, bazar.) Mercado o lugar en que se celebra, en los países norteafricanos. — *s.m.*

zoco, a (De origen incierto.) Se aplica a la persona que usa la mano izquierda. — *adj./s.* = zocato

zodiac (Marca registrada.) Embarcación de caucho que puede ir equipada con un motor fuera borda. — *NÁUTICA*

zodiacal Del zodiaco. — *adj.*

zodiaco (Del gr. *zodiakos*.)
1 Zona o faja de la esfera celeste que recorre el Sol, en su movimiento aparente, la Luna y algunos planetas. — *s.m. ASTRONOMÍA th:* zodíaco
2 Cada una de las doce partes en que se distribuye esta zona celeste.
3 Representación material de estos signos.

zoea Forma larvaria de algunos crustáceos. — *s.f./ZOOLOGÍA*

zoecia Celdilla que contiene un individuo de una colonia de briozoos. — *s.f. ZOOLOGÍA*

zofra Tapete o alfombra morisca. — *s.f.*

zoilo (De *Zoilo*, sofista griego.) Crítico presumido que censura con malicia las obras ajenas. — *s.m.*

zolcuate Serpiente venenosa crotálida que emite una voz que imita el canto de la codorniz. — *s.m./Méx. ZOOLOGÍA*

zollipar Dar una persona zollipos o sollozos. — *v.intr.*

zollipo Sollozo con hipo. — *s.m.*

zolocho, a Que se comporta con necedad o simpleza: *no entiende nada, es muy zolocho.* — *adj./s.* = tonto

zoma Soma, harina gruesa. — *s.f.*

zombi (Voz africana.)
1 Muerto que vuelve a la vida mediante un rito mágico y que sólo alcanza a ser un autómata carente de voluntad. — *s.m.f. OCULTISMO th:* zombie
2 Se aplica a la persona que está atontada: *por la mañana soy un zombi; estaba tan zombi que puse sal en el café.* — *adj./s.m.f. coloquial*
3 Deidad de la serpiente pitón en los cultos vudúes procedentes del occidente africano. — *RELIGIÓN*

zompo, a
1 Se aplica al pie que está torcido. — *adj.*
2 Se refiere a la persona que tiene el pie torcido.
3 Que es tonto o torpe.

zompopo Hormiga de cabeza grande, que se alimenta de hojas. — *s.m./Amér. Central ZOOLOGÍA*

zona (Del lat. *zona* < gr. *zona*.)
1 Parte o extensión de un terreno o superficie, limitada de forma más o menos precisa: *viajó a la zona sur del país.* — *s.f.*
2 Parte de cualquier cosa: *iluminó una zona del escenario.*
3 Extensión de terreno cuyos límites están determinados por razones administrativas o políticas. — = circunscripción
4 Cada una de las cinco partes en que se considera dividida la superficie de la Tierra por los trópicos y los círculos polares. — *GEOGRAFÍA*
5 Parte de la superficie de la esfera comprendida entre dos planos paralelos. — *GEOMETRÍA*
6 Área del campo de baloncesto, en forma de cono, situada en la parte más cercana a la canasta. — *DEPORTES*
7 Afección viral debida a un herpes, caracterizada por erupciones vesiculosas de la piel localizadas a lo largo del nervio sublumbar. — *MEDICINA*
8 zona azul: Conjunto de calles en que, durante el día, los vehículos sólo pueden aparcar por un tiempo determinado, pagando una determinada cantidad de dinero.
9 zona crepuscular: De la indeterminación o de — *ESTADÍSTICA*

margen de error en una estimación obtenida por sondeo.

10 zona de ensanche: Terreno que en una población está destinado para su expansión futura.

11 zona de influencia: Parte de un país débil respecto de la que varias potencias aceptan la preponderante expansión económica o cultura de alguna de aquéllas. — *POLÍTICA*

12 zona erógena: Parte del cuerpo susceptible de provocar excitación sexual.

13 zona fiscal: Demarcación próxima a fronteras en que rigen preceptos excepcionales en materia de tributos. — *ECONOMÍA*

14 zona franca: Espacio acotado de libre comercio, regulado de forma legal por las instituciones fiscales de un país, en cuyo interior no rigen los derechos de aduana vigentes para el resto del territorio. — *COMERCIO*

15 zona glacial: Cada uno de los dos casquetes esféricos formados en la superficie de la Tierra por los círculos polares. — *GEOGRAFÍA*

16 zona polémica: Espacio en que para defensa de una fortificación se establecen disposiciones legales especiales. — *MILITAR*

17 zona templada: Cada una de las dos comprendidas entre los trópicos y los círculos polares inmediatos. — *GEOGRAFÍA*

18 zona tórrida: La comprendida entre ambos trópicos y dividida por el ecuador en dos partes iguales. — *GEOGRAFÍA*

19 zona urbana: Conjunto de edificaciones de una ciudad.

20 zona verde: Terreno en zona urbanizada que se destina a arbolado o parques: *los vecinos piden más zonas verdes en el barrio.*

zonación Distribución de animales y vegetales en zonas según factores topográficos o climáticos. — *s.f. BIOLOGÍA*

zonal
1 De la zona: *haremos una defensa zonal en el próximo partido de baloncesto.* — *adj.*

zoncera
1 Comportamiento tonto. — *s.f./Amér. Argent.*
2 Dicho, hecho u objeto de poco o ningún valor. — *Argent.*

zoncería Sosería, falta de gracia. — *s.f.*

zonda Viento cálido y seco proveniente del oeste, que sopla en el área de la cordillera y alcanza particular intensidad en la región de Cuyo. — *s.m. Argent.*

zonificación División de una ciudad o área territorial en zonas que se caracterizan por tener una función determinada. — *s.f.*

zonote Pozo o depósito natural de agua. — *s.m./= cenote*

zonzo, a
1 Que es soso o no tiene gracia: *sus zonzos chistes no me hacen reír.* — *adj./s. = insulso*
2 Que se comporta con simpleza. — *adj./= tonto*

zoo (Del gr. *zoon*, animal.) Lugar extenso y acondicionado donde viven y se exhiben animales en cautividad: *en el zoo podremos ver focas.* — *s.m. = zoológico*

zoo- Componente de palabra procedente del gr. *zoon*, que significa animal: *zoología; protozoo.* — *pref/suf.*

zoofagia Alimentación basada en materias animales. — *s.f./ZOOLOGÍA*

zoófago, a (Del gr. *zoon*, animal + *phago*, comer.) Que se alimenta de materias animales: *insecto zoófago.* — *adj/s. ZOOLOGÍA*

zoofilia (Del gr. *zoon*, animal + *philos*, amigo.)
1 Cariño o amor por los animales. — *s.f.*
2 Desviación sexual que consiste en sentir atracción o gozo erótico hacia los animales. — *SICOLOGÍA = bestialismo*

zoófilo, a
1 Que siente cariño o amor hacia los animales. — *adj/s.*
2 Que siente atracción o gozo sexual hacia los animales. — *SICOLOGÍA*

zoófito, a (Del gr. *zoon*, animal + *phyton*, planta.) De un grupo que forma parte de las cuatro divisiones en que se dividía el reino animal. — *adj/s.m. ZOOLOGÍA*

zoofobia (Del gr. *zoon*, animal + *phobos*, miedo.) Miedo patológico hacia los animales. — *s.f. SICOLOGÍA*

zoogeografía Disciplina que estudia la distribución geográfica de los animales en la superficie terrestre. — *s.f. ZOOLOGÍA*

zooglea Masa de bacterias o algas inferiores aglutinadas por el mucílago de sus membranas hinchadas. — *s.f./BIOLOGÍA, BOTÁNICA*

zoografía (Del gr. *zoon*, animal + *grapho*, escribir.) Parte de la zoología que estudia la descripción de los animales. — *s.f. ZOOLOGÍA*

zoográfico, a De la zoografía. — *adj./ZOOLOGÍA*

zoógrafo, a Persona dedicada a la descripción de los animales. — *s. ZOOLOGÍA*

zooide (Del gr. *zoon*, animal + *eidos*, forma.) Individuo que forma parte de un cuerpo con organización colonial y cuya estructura es variable, según el papel fisiológico que deba desempeñar en el conjunto. — *s.m. ZOOLOGÍA*

zoólatra Que adora o rinde culto a los animales. — *adj/s.m.f.*

zoolatría (Del gr. *zoon*, animal + *latreia*, adoración.) Adoración y culto a los animales: *algunas religiones primitivas practicaban la zoolatría.* — *s.f. RELIGIÓN*

zoología (Del gr. *zoon*, animal + *logos*, ciencia.) Ciencia que estudia los animales. — *s.f. ZOOLOGÍA*

zoológico, a
1 De la zoología. — *adj./ZOOLOGÍA*
2 Lugar extenso, debidamente acondicionado, donde viven y se exhiben animales en cautividad. — *s.m. = zoo*

zoólogo, a Persona dedicada a la zoología o estudio de los animales. — *s. ZOOLOGÍA*

zoom (Voz inglesa.)
1 Objetivo de una cámara fotográfica, de cine o televisión, que permite el cambio de planos mediante una distancia focal continuamente variable. — *s.m. CINE, FOTOGRAFÍA*
2 Movimiento que se hace con este objetivo. — *CINE, FOTOGRAFÍA*

zoomorfismo Acción de dar forma de animal a una persona o una cosa por simbolismo. — *s.m.*

zoomorfo, a (Del gr. *zoon*, animal + *morphe*, forma.) Que tiene forma de animal. — *adj.*

zoonosis (Del gr. *zoon*, animal + *nosos*, enfermedad.) Enfermedad microbiana o parasitaria que afecta a los animales y puede ser transmitida a las personas. — *s.f. pl: zoonosis VETERINARIA*

zooplancton Conjunto de organismos animales que forman parte del plancton marino. — *s.m. BIOLOGÍA*

zoopsia (Del gr. *zoon*, animal + *opsis*, visión.) Alucinación visual en la que las personas creen ver formas de animales. — *s.f. SIQUIATRÍA*

zoospermo (Del gr. *zoon*, animal + *sperma*, semilla.) Espermatozoide, célula sexual masculina. — *s.m. ZOOLOGÍA*

zoospora (Del gr. *zoon*, animal + *sporos*, semilla.) Espora con órganos filiformes que le sirven para nadar. — *s.f. BOTÁNICA*

zoosporangio Esporangio que produce zoosporas. — *s.m./ZOOLOGÍA*

zootecnia (Del gr. *zoon*, animal + *tekne*, técnica.) Conjunto de conocimientos y métodos para la cría, producción y explotación de los animales domésticos. — *s.f.*

zootécnico, a De la zootecnia. — *adj.*

zooterapéutico, a De la terapéutica de los animales. — *adj./VETERINARIA*

zooterapia Terapéutica de los animales. — *s.f./VETERINARIA*

zootomía (Del gr. *zoon*, animal + *tomos*, división.) Parte de la zoología que estudia la anatomía de los animales. — *s.f. ZOOLOGÍA*

zootómico, a De la zootomía. — *adj./ZOOLOGÍA*

zoótropo (Del gr. *zoon*, animal + *tropos*, vuelta.) Caja giratoria cilíndrica con figuras dibujadas en las fases sucesivas de un movimiento, de modo que al girar producen la ilusión óptica de una figura en movimiento. — *s.m. CINE*

zopas Persona que, al hablar, cecea mucho: *habla como un zopas porque le faltan los dientes delanteros.* — *s.m.f./pl: zopas coloquial/= zopitas*

zopenco, a Que actúa con torpeza o simpleza: *es tan zopenco que me da vergüenza presentarlo a mis amigos.* — *adj/s./coloquial = torpe, tosco*

zopetero Porción de tierra en declive. — *s.m./= ribazo*

zopilote Ave falconiforme catártida, parecida al buitre, de color negro con reflejos pardos, y la región desnuda de la cabeza y del cuello de tono pardorrojizo oscuro. *(Coragyps atratus.)* — *s.m. Amér. ZOOLOGÍA = iribú, urubú*

zopisa (Del gr. *zopissa < zoos*, vivo + *pissa*, la pez.)
1 Brea, sustancia viscosa de color rojo oscuro. — *s.f.*
2 Resina del pino. — *BOTÁNICA*

zopo, a
1 Se aplica a la mano o al pie que está torcido o contrahecho. — *adj. tb: zompo*
2 Se refiere a la persona que tiene las manos o los pies torcidos.

zoque
1 De un pueblo amerindio del sur de México y de su lengua. — *adj/s.m.f.*
2 Lengua hablada por este pueblo. — *s.m./LINGÜÍSTICA*

zoquete (Del ár. *suqat*, sin valor.)
1 Se aplica a la persona que aprende o percibe las cosas con dificultad o lentitud o actúa con poca inteligencia: *sacas malas notas porque eres el más zoquete de la clase.* — *adj/s.m.f. coloquial = torpe, tonto*
2 Trozo de madera corto y grueso que queda al cortar un madero. — *s.m. = tarugo*
3 Trozo de pan duro: *sólo tengo un zoquete de pan para cenar.* — *= mendrugo*

zoquetudo, a Que es basto y está mal hecho: *el arreglo de la tubería quedó zoquetudo.* — *adj. = chapucero*

zorcico (Del vasco *zortziko*, composición de ocho versos.)
1 Baile popular vasco. — *s.m.*
2 Música en compás de cinco por ocho, que acompaña este baile. — *MÚSICA*
3 Letra que se canta con esta música.

zorito, a Se aplica a la paloma silvestre. — *adj./ZOOLOGÍA*

zoroástrico, a (De *Zoroastro* o Zaratustra, reformador religioso.) Del zoroastrismo. — adj. RELIGIÓN

zoroastrismo (De *Zoroastro* o Zaratustra, reformador religioso.) Doctrina religiosa de este reformador, que valora la trascendencia divina y predica una moral de acción basada en la certeza del triunfo de la justicia. — s.m. RELIGIÓN = mazdeísmo

zorollo (Del ár. *zarura*.)
1 Que es blando o tierno. — adj.
2 Se refiere al trigo que ha sido segado antes de su completa madurez. — AGRICULTURA

zorongo
1 Pañuelo doblado que se coloca alrededor de la cabeza, usado por los aragoneses. — s.m. = cachirulo
2 Moño ancho y aplastado que llevan algunas mujeres.
3 Baile popular andaluz.
4 Música de este baile. — MÚSICA
5 Canto con que se acompaña este baile. — MÚSICA

zorra
I (Derivado del port. ant. *zorrar*, arrastrar.)
1 Mamífero carnívoro cánido, de cola larga y tupida, hocico puntiagudo y orejas empinadas, con el pelaje de color pardo rojizo y que se alimenta de aves y de pequeños mamíferos. *(Vulpes vulpes.)* — s.f. ZOOLOGÍA = raposa
2 Prostituta, mujer que mantiene relaciones sexuales a cambio de dinero. — vulgar/despectivo = puta, ramera
3 Borrachera, embriaguez: *¡menuda zorra lleva, no sabe ni dónde vive!* — coloquial
4 zorra de mar: Pez zorro, pez selacio. — ZOOLOGÍA
5 zorra mochilera: Zarigüeya, mamífero marsupial. — ZOOLOGÍA
6 a la zorra, candilazo: Se usa para indicar que una persona es más astuta que otra que presume de ello. — coloquial
7 desollar o dormir la zorra: Dormir una persona mientras le dura la borrachera: *está durmiendo la zorra de ayer por la noche.* — coloquial
8 no tener ni zorra idea: No tener ni idea. — coloquial
9 no ser la primera zorra que alguien ha desollado: Estar acostumbrado a hacer una cosa. — coloquial
10 pillar la zorra: Emborracharse, coger una borrachera: *le tocó la lotería y pilló una buena zorra.* — coloquial
II (De origen incierto.)
1 Carro de cuatro ruedas que se desliza sobre rieles, movido por medio de una palanca, vagoneta. — s.f. Argent.
2 Vulva, partes que constituyen la abertura exterior de la vagina. — Chile vulgar

zorrastrón, a Que se comporta con astucia, cautela y malicia: *¡cuidado con él, es un zorrastrón en los negocios!* — adj/s. coloquial = pícaro

zorreado, a Se aplica a la caza que percibe el peligro y se aleja con cautela de él. — adj. CAZA

zorrear
1 Obrar una persona con la astucia y la cautela propias de la zorra. — v.intr.
2 Dedicarse una mujer a la prostitución.
3 Tener relaciones sexuales con prostitutas. — = putear
4 Quitar el polvo de una cosa con zorros. — v.tr.

zorrera
1 Guarida de la zorra: *las crías estaban en la zorrera.* — s.f.
2 Acción y resultado de azorrarse o amodorrarse.
3 Habitación llena de humo: *no se puede ni respirar en esta zorrera.*

zorrería
1 Modo de comportarse la persona astuta y zalamera para conseguir lo que persigue: *su zorrería con los jefes es descarada.* — s.f. = picardía
2 Acto o dicho propio de la persona astuta y zalamera: *no te dejes enredar con sus zorrerías.*
3 Astucia y cautela con que la zorra busca su alimento y evita los peligros. — = raposería

zorrero, a
1 Que se comporta con astucia y cautela. — adj.
2 Se aplica al perro de tamaño mediano, pelo corto y orejas grandes, caídas y dobladas, muy usado en la caza de monterías, y en especial la de zorras. — adj/s. CAZA
3 Que va detrás o queda rezagado del grupo. — = último
4 Se refiere a la embarcación que navega de manera pesada o lenta. — adj. NÁUTICA

zorrino Mamífero carnívoro mustélido americano, de pelaje negro y blanco muy apreciado. *(Conepatus.)* — s.m./ZOOLOGÍA tb: zorrillo

zorro, a (Derivado del port. ant. *zorrar*, arrastrar.)
1 Que es astuto o taimado: *nadie le toma el pelo, es muy zorro.* — adj/s.
2 Macho de la zorra. — s.m./ZOOLOGÍA
3 Persona perezosa que hace las cosas a desgana o que finge torpeza para no trabajar. — s. = gandul
4 Piel curtida de carnero. — s.f.
5 Tiras de piel, orillo o colas de cordero que puestas en un mango se utilizan para limpiar el polvo de los muebles. — s.m.pl.
6 zorro ártico o azul: Mamífero carnívoro de la familia de los cánidos, de color blanco en invierno y pardo-gris o gris ceniciento en verano. *(Alopex lagopus.)* — ZOOLOGÍA

7 zorro orejudo: Mamífero carnicero surafricano, de orejas muy desarrolladas. — ZOOLOGÍA
8 estar alguien hecho un zorro: 1. Tener mucho sueño y no poder despejarse. 2. Estar callado o silencioso. — coloquial coloquial
9 estar hecho unos zorros: Estar una persona muy cansada o maltrecha o una cosa en mal estado o muy estropeada: *llegó de la excursión hecha unos zorros; este bolso está hecho unos zorros, tíralo.* — coloquial
10 hacerse alguien el zorro: Aparentar ignorancia o distracción. — coloquial

zorrocloco
1 Individuo que, fingiéndose tonto o con la apariencia de serlo, hace lo que le conviene. — s.m. coloquial
2 Gesto o manifestación de cariño o afecto exagerada y fingida. — coloquial = zalamería

zorronglón, a Se refiere a la persona que se queja ante las cosas que le mandan o las cumple de mala gana: *no seas zorronglón y haz lo que te dicen.* — adj/s. coloquial

zorruno, a De la zorra, mamífero cánido. — adj.

zorrupia Zorra, prostituta. — s.f./despectivo

zorzal (Voz onomatopéyica que imita el canto de este pájaro.)
1 Ave paseriforme túrdida, de color pardo azul o gris, de formas esbeltas y canto melodioso. *(Turdus.)* — s.m./ZOOLOGÍA = tordo
2 Hombre astuto y sagaz. — = zorro
3 la zorzal: Papanatas, hombre simple al que se engaña con facilidad. — s.f. vulgar
4 zorzal marino: Pez acantopterigio lábrido, de color oscuro, cabeza grande y lisa, hocico puntiagudo y labios abultados que abunda en los mares de la península Ibérica. *(Symphodus doderleini.)* — ZOOLOGÍA = budión

zorzalear
1 Sacar dinero a una persona, sablear. — v.tr./Chile
2 Abusar de una persona que tiene buena fe. — Chile

zorzaleño, a Se refiere a la aceituna muy pequeña y redonda. — adj.

zorzalero, a Persona que caza zorzales. — s./CAZA

zoster (Del gr. *zoster*, cinturón.) Zona, afección viral. — s.f./MEDICINA

zote Se aplica a la persona que comprende las cosas con dificultad o las hace con torpeza. — adj/s.m.f. = zoquete

zozobra (Del cat. *sotsobre*.)
1 Acción y resultado de zozobrar. — s.f.
2 Estado de intranquilidad, desasosiego y congoja: *tanta zozobra te producirá una úlcera.* — = angustia ≠ tranquilidad
3 Estado del mar o los vientos que hace difícil o peligrosa la navegación. — NÁUTICA
4 Lance del juego de dados. — JUEGOS

zozobrar (Del cat. *sotsobrar*.)
1 Estar una embarcación en peligro por la fuerza y el contraste de los vientos: *durante la tormenta el barco zozobraba.* — v.intr. NÁUTICA
2 Hundirse una embarcación: *el capitán no pudo evitar que el barco zozobrara.* — v.intr/prnl./NÁUTICA = naufragar
3 Estar una cosa en peligro de perderse o fracasar: *su puesto de trabajo zozobra.* — = naufragar
4 Estar una persona insegura ante una cosa incierta: *zozobra ante su futuro.*
5 Hacer peligrar o fracasar una cosa. — v.tr.

zozobroso, a Que tiene zozobra o angustia: *teme perder el empleo y está muy zozobroso.* — adj. = intranquilo

zuavo (Del berberisco *zwawa*, confederación de tribus argelinas.) Soldado de un cuerpo de infantería francesa, creado en la época colonial. — s.m. HISTORIA

zubia Lugar por donde corre mucha agua. — s.f.

zucarino, a Que tiene azúcar. — adj/.= sacarino

zuda (Del ár. *sudd*, obstáculo.) Azud [en todas sus acepciones]. — s.f. tb: zúa

zueca Zueco, calzado de madera. — s.f./Chile

zueco (Del lat. *soccus*.)
1 Calzado de madera de una sola pieza que usan los labradores de algunos países: *sólo le faltan los zuecos para el disfraz de holandesa.* — s.m. tb: zoco
2 Zapato de cuero con suela de corcho o madera: *las enfermeras suelen llevar zuecos.* — = zanco
3 Calzado de estilo llano, en oposición al de suela alta o coturno, usado en las representaciones teatrales. — TEATRO

zuela Azuela, herramienta de carpintero. — s.f./CARPINTERÍA

-zuelo, a Unido a sustantivos forma su diminutivo despectivo: *ladronzuelo; plazuela.* — suf.

zuiza Suiza [en todas sus acepciones]. — s.f.

zulacar Cubrir una cosa con zulaque o betún: *el fontanero zulacó las cañerías.* — v.tr./conj.: *sacar* tb: zulaquear

zulaque (Del ár. *sulaqa*.) Betún compuesto de estopa, cal, aceite y vidrio molido que se usa para taponar las junturas de las cañerías y obras hidráulicas. — s.m. tb: azulaque

zulla
1 Pipirigallo, planta papilionácea. — s.f./BOTÁNICA

2 Excremento humano. — coloquial

zullarse
1 Expulsar una persona o animal los excrementos. — v.prnl./coloquial
2 Expeler una persona o animal ventosidades. — coloquial

zullenco, a Que evacua o ventosea con mucha frecuencia o de forma involuntaria. — adj. coloquial

zullón, a
1 Que ventosea con frecuencia. — adj./coloquial
2 Follón, ventosidad sin ruido. — s.m./coloquial

zulo (Voz vasca.) Escondite o guarida, por lo general pequeño y subterráneo: *encontraron armas en un zulo; permaneció en el zulo el tiempo que duró el secuestro.* — s.m.

zulú
1 De un pueblo que habita en el sudeste del continente africano. — adj. pl.tb: zulúes
2 Persona natural de este pueblo. — s.m.f.
3 Lengua hablada por este pueblo. — s.m./LINGÜÍSTICA

zumacal Tierra plantada de zumaques. — s.m./tb: zumacar

zumacar Curtir las pieles con zumaque. — v.tr./conj: sacar

zumacaya Zumaya, ave zancuda. — s.f./ZOOLOGÍA

zumaque (Del ár. *summaq* < arameo *summaga*, encarnado.)
1 Planta arbustiva anacardiácea, propia de las regiones cálidas y de la que se obtienen barnices, taninos y lacas. (*Rhus.*) — s.m. BOTÁNICA
2 Vino, bebida alcohólica. — coloquial
3 **zumaque del Japón:** Sustancia resinosa producida por diferentes especies de este arbusto.
4 **zumaque falso:** Ailanto, árbol. — BOTÁNICA

zumaya
1 Martinete, ave zancuda. — s.f./ZOOLOGÍA
2 Autillo, ave rapaz nocturna. — ZOOLOGÍA
3 Chotacabras, ave insectívora nocturna. — ZOOLOGÍA

zumba
1 Cencerro grande que suele llevar la caballería delantera de una recua o el buey que hace de cabestro. — s.f.
2 Juguete que produce un sonido semejante a un zumbido. — = bramadera, zurrumbera
3 Burla o chasco ligero. — = vaya
4 Zurra, paliza. — Amér.
5 Efecto de emborracharse. — Méx.

zumbado, a Que ha perdido la cordura: *si te vas a rapar al cero es que estás zumbada.* — adj/s. coloquial

zumbador, a Que zumba: *algunas moscas son zumbadoras.* — adj. = zumbante

zumbar
1 Producir una cosa un ruido sordo y continuado: *me zumban los oídos.* — v.intr. = silbar
2 Estar una cosa muy próxima: *no tiene los veinte años, pero le zumban.* — coloquial
3 Dar un golpe a una persona: *le zumbó un par de tortazos.* — v.tr. coloquial
4 Burlarse de una persona: *se zumbó de sus chistes.* — v.tr./prnl.
5 Hablar mal de una persona. — v.intr./Guat.
6 **zumbando:** Muy deprisa: *vio a la policía y salió zumbando.* — loc.adv. coloquial

zumbel
1 Cuerda que se enrolla a la peonza para hacerla bailar. — s.m./JUEGOS
2 Expresión de seriedad, enfado o mal humor en el rostro. — coloquial

zumbido
1 Acción y resultado de zumbar: *el zumbido del mosquito no me deja dormir.* — s.m. tb: zumbo
2 Golpe dado a una persona: *le rompió las gafas de un zumbido.* — = porrazo

zumbo
1 Zumbido [en todas sus acepciones]. — s.m.
2 Cencerro de gran tamaño usado en el pastoreo trashumante.

zumbón, a Se aplica a la persona que hace burla con frecuencia o es poco seria y bromista: *con él siempre te ríes porque es muy zumbón.* — adj/s. = guasón

zumillo Planta umbelífera de raíces gruesas y cuyos frutos se emplean como comino. (*Thapsia villosa*.) — s.m. BOTÁNICA

zumo (Del gr. *zomos*, jugo.)
1 Líquido obtenido de las frutas, flores o hierbas al exprimirlas o majarlas: *zumo de naranja; zumo de zanahoria.* — s.m. = jugo
2 Utilidad y provecho que se saca de una cosa: *este abrigo ya ha dado todo su zumo, ahora tíralo.* — = jugo
3 **zumo de cepas o de parras:** Vino, bebida alcohólica. — coloquial

zumoso, a Que tiene zumo: *estas naranjas son muy zumosas.* — adj. = jugoso

zuna Conjunto de doctrinas y creencias de la religión islámica, sacadas de los dichos y sentencias de Mahoma. — s.f. RELIGIÓN tb: suna, sunna

zunchar Poner zunchos a una cosa para reforzarla. — v.tr.

zuncho
1 Abrazadera de hierro o cualquier otro material resistente, con que se refuerza o sujeta una cosa. — s.m. = arandela
2 Refuerzo de acero para unir y sujetar las partes de un edificio en ruinas. — CONSTRUCCIÓN
3 Armadura en forma de hélice que reemplaza a las bridas en los pilares de hormigón armado, y sirve para aumentar su resistencia. — CONSTRUCCIÓN

zunteco Avispa de color negro. — s.m./Hond.

zunzún Colibrí, pájaro insectívoro. — s.m./Cuba

zuñir
1 Frotar los plateros una filigrana con una pizarra para igualar las imperfecciones. — v.tr.
2 Zumbar, en especial los oídos. — v.intr.

zupia
1 Sedimento o poso del vino. — s.f.
2 Vino turbio por estar revuelto con el poso.
3 Líquido de mal aspecto y sabor. — = brebaje
4 Parte inútil y despreciable de una cosa. — = sobra

zurano, a Se aplica a la paloma silvestre. — adj./= zurito

zurcido
1 Operación de zurcir un roto o un desgarrón en una tela: *estos calcetines necesitan un zurcido.* — s.m. = remiendo
2 Costura hecha en una tela con puntadas juntas y ordenadas a imitación del mismo tejido: *el zurcido del jersey casi no se nota.* — TEXTIL

zurcidor, a
1 Que zurce: *ya casi no quedan zurcidoras de medias.* — adj/s.
2 **zurcidor de voluntades:** Alcahuete, persona que facilita o encubre una relación amorosa. — coloquial

zurcir (Del lat. *sarcire*, remendar.)
1 Coser la rotura o agujero de una tela imitando el mismo tejido con puntadas juntas y ordenadas: *te zurciré el calcetín.* — v.tr. TEXTIL
2 Unir dos cosas con sutilidad. — = coser
3 Combinar con habilidad varias mentiras en un relato: *zurció con cierta maña el relato.* — = urdir
4 **que te, le zurzan:** Expresión que se utiliza para desentenderse de una persona o de lo que dice o pretende: *no me cuentes tus problemas, que te zurzan.* — coloquial
CONJ.: IND.: PRES.: *zurzo, zurces, zurce, zurcimos, zurcís, zurcen.* SUBJ.: PRES.: *zurza, zurzas, zurza, zurzamos, zurzáis, zurzan.* IMP.: *zurce, zurza, zurzamos, zurcid, zurzan.*

zurdazo
1 Golpe dado con la mano o el puño izquierdo. — s.m.
2 Lanzamiento potente hecho, en algunos deportes, con el brazo o la pierna izquierda. — DEPORTES

zurdear Acometer con la mano izquierda. — v.tr./Méx.

zurdera Condición de zurdo. — s.f.

zurdo, a
1 Que utiliza con preferencia la mano o el pie izquierdos para hacer las cosas: *cuando firmó me di cuenta de que era zurdo.* — adj/s. = zocato, zoco ≠ diestro
2 Se aplica a la mano o pierna que está en el lado izquierdo del cuerpo: *ese jugador maneja muy bien la zurda.* — adj/s.f. = siniestra
3 Que tiene relación con la mano o pierna izquierda. — adj.
4 **a zurdas:** 1. Con la mano izquierda. 2. Al revés de como debía hacerse: *siempre lo hace todo a zurdas.* — loc.adv.

zurear Hacer arrullos la paloma. — v.intr.

zureo Acción y resultado de hacer arrullos las palomas. — s.m.

zurito, a Se aplica a la paloma silvestre. — adj/tb: zorito

zuro (De origen incierto.) Corazón de la mazorca de maíz desgranada. — s.m.

zuro, a (De la voz onomatopéyica *zur*, que imita el sonido que emiten las palomas.) Se aplica a la paloma y al palomo silvestre. — adj. = zurano, zurito

zurra
1 Paliza, conjunto de golpes: *nunca olvidé la zurra que me diste por escaparme de casa.* — s.f./coloquial = azotaina
2 Esfuerzo intenso en la realización de un trabajo: *se han dado una buena zurra preparando el escenario.* — coloquial = paliza
3 Pelea o enfrentamiento violento: *se han dado una buena zurra por una mísera moneda.* — = paliza, tunda
4 Acción de zurrar las pieles.

zurracapote Bebida preparada con vino y otros ingredientes, muy popular en algunas regiones españolas. — s.m. = sangría

zurradera Herramienta usada para zurrar las pieles. — s.f.

zurrador, a
1 Que zurra. — adj/s.
2 Persona que por oficio zurra las pieles. — s.

zurrapa
1 Brizna o pequeña porción de materia que se halla en los líquidos y que poco a poco se va sentando y formando poso: *el café está lleno de zurrapas.* — s.f.
2 Cosa o persona despreciable.
3 Mancha de excremento en la ropa interior. — = palomino
4 **con zurrapas:** Con suciedad, física o moral. — loc.adv.

zurrapiento, a Que tiene zurrapas: *no te bebas ese vino zurrapiento.* — adj. = zurraposo

zurrar (Derivado de *zurra*.)
1 Golpear a una persona como castigo: *le zurró por haber desobedecido a su madre.* — v.tr./coloquial = pegar
2 Quitar el pelo a las pieles y curtirlas.
3 Vencer a una o varias personas en una riña, una discusión o una competición: *lograron zurrar a sus rivales.* — coloquial
4 Criticar con dureza a una persona en público: *lo zurró sin compasión.* — coloquial
5 **zurra, que es tarde:** Expresión utilizada para censurar la insistencia impertinente de una persona. — coloquial

zurrarse (Derivado de *zurrapa*.)
1 Expulsar una persona los excrementos de forma involuntaria. — v.prnl. = zurruscarse
2 Tener una persona mucho miedo: *con las películas de terror me zurro.* — coloquial

zurriaga Zurriago [en todas sus acepciones]. — s.f.

zurriagar Golpear con un látigo o zurriago. — v.tr./conj: pagar

zurriagazo
1 Golpe dado con el zurriago o con otra cosa flexible: *le pegó un par de zurriagazos con el cinturón.* — s.m. = azote, latigazo
2 Desgracia inesperada: *no se ha recuperado del zurriagazo de la muerte de su hijo.*
3 Mal trato o desprecio recibido de quien no se esperaba: *el zurriagazo de su indiferencia acabó rindiéndole a sus pies.*

zurriago (Del lat. vulgar *excorrigiata*.)
1 Látigo usado para castigar o zurrar. — s.m./tb: zurriaga
2 Cuerda que se enrolla a la peonza para hacerla bailar. — = zumbel

zurriar Producir una cosa un ruido bronco o desagradable. — v.intr. conj: vaciar

zurribanda
1 Paliza, conjunto de golpes: *¡menuda zurribanda le dieron por llegar tarde!* — s.f./coloquial = zurra
2 Pelea o riña ruidosa con golpes: *se montó una zurribanda al finalizar el partido de fútbol.* — coloquial

zurriburri
1 Alboroto, barullo: *cada noche se monta un buen zurriburri en la puerta del bar.* — s.m./coloquial = jaleo, follón
2 Conjunto de personas viles y despreciables: *no te juntes con el zurriburri del barrio.* — coloquial = chusma

zurrido
1 Sonido bronco, desapacible y confuso. — s.m.
2 Golpe, en especial el dado con un palo.

zurrir Producir una cosa un ruido bronco o desagradable. — v.intr.

zurrón (Del vasco *zorro*.)
1 Bolsa de cuero, en especial la que usan los pastores o los cazadores: *guardaba las piezas cazadas en el zurrón.* — s.m./= macuto, talego
2 Cáscara tierna que protege algunos frutos, como la almendra o la castaña. — BOTÁNICA
3 Bolsa formada por las membranas que envuelven al feto. — BIOLOGÍA
4 Membrana que aísla y envuelve a algunos animales o vegetales de pequeño tamaño. — BIOLOGÍA = quiste

zurronada Cantidad de una cosa que cabe en un zurrón: *trajo una zurronada de castañas.* — s.f.

zurrumba Juguete que consiste en una tabla de forma de rombo, con un agujero por el que pasa una cuerda sobre la que se hace girar la tabla, para producir un sonido semejante al bramido del viento. — s.f. JUEGOS = bramadera, zumba

zurrumbanco, a Se aplica a la persona que está atolondrada por el alcohol. — adj. Méx., C. Rica

zurruscarse Expeler una persona los excrementos de forma involuntaria. — v.prnl./conj: sacar coloquial

zurrusco Trozo de pan quemado o demasiado tostado: *no me pienso comer este zurrusco.* — s.m. tb: churrusco

zurullo
1 Parte de una masa líquida o pastosa que es más espesa, compacta o dura que el resto: *esta besamel está llena de zurullos.* — s.m. = grumo
2 Excremento sólido. — coloquial

zurumbático, a Que está aturdido o pasmado: *hoy no se entera de nada, está zurumbático.* — adj. coloquial

zurupeto
1 Corredor de bolsa no inscrito en registro oficial. — s.m./coloquial DERECHO
2 Intruso en la profesión notarial. — s.

zutano, a Persona indeterminada: *no me importa lo que diga ni fulano, ni mengano ni zutano.* — s. coloquial

zutujil
1 De un pueblo indígena que habita en Guatemala, o de su lengua. — adj. tb: zutuhil
2 Persona natural de este pueblo. — s.m.f.
3 Lengua de la familia maya hablada por este pueblo. — s.m./LINGÜÍSTICA

¡zuzo! (Voz onomatopéyica.) Voz usada para espantar al perro. — interj.

zuzón (Del lat. *senecio, -onis*.) Hierba cana, planta compuesta. — s.m. BOTÁNICA